Birkenstock **Verfahrensrügen im Strafprozess**

Verfahrensrügen im Strafprozess

Rechtsprechungs-Sammlung

von

Reinhard Georg Birkenstock
Rechtsanwalt
Fachanwalt für Strafrecht
Köln

II. Band
§§ 261-495 StPO
AO · BRAO · BZRG · GVG
GG · G 10 · JGG · MRK

2004

Verlag
Dr. Otto Schmidt
Köln

Inhaltsübersicht

Band I

	Seite
Vorwort	V
Inhaltsverzeichnis	XI
Strafprozeßordnung §§ 1–260	1

Band II

Strafprozeßordnung §§ 261–495	2247
Abgabenordnung	3999
Bundesrechtsanwaltsordnung	4033
Bundeszentralregistergesetz	4063
Gerichtsverfassungsgesetz	4077
Grundgesetz	4239
Gesetz zur Beschränkung des Brief-, Post- und Fernmeldegeheimnisses (Gesetz zu Artikel 10 Grundgesetz) (G 10)	4293
Jugendgerichtsgesetz	4299
Konvention zum Schutze der Menschenrechte und Grundfreiheiten (MRK)	4369
Fundstellenverzeichnis	4433
Sachverzeichnis	4525

Bibliografische Information Der Deutschen Bibliothek

Die Deutsche Bibliothek verzeichnet diese Publikation in der Deutschen Nationalbibliografie; detaillierte bibliografische Daten sind im Internet über <http://dnb.ddb.de> abrufbar.

Verlag Dr. Otto Schmidt KG
Unter den Ulmen 96–98, 50968 Köln
Tel.: 0221/93738-01, Fax: 0221/93738-921
e-mail: info@otto-schmidt.de
www.otto-schmidt.de

ISBN 3-504-16561-8

© 2004 by Verlag Dr. Otto Schmidt KG, Köln

Das Werk einschließlich aller seiner Teile ist urheberrechtlich geschützt. Jede Verwertung, die nicht ausdrücklich vom Urheberrechtsgesetz zugelassen ist, bedarf der vorherigen Zustimmung des Verlags. Das gilt insbesondere für Vervielfältigungen, Bearbeitungen, Übersetzungen, Mikroverfilmungen und die Einspeicherung und Verarbeitung in elektronischen Systemen.

Das verwendete Papier ist aus chlorfrei gebleichten Rohstoffen hergestellt, holz- und säurefrei, alterungsbeständig und umweltfreundlich.

Umschlaggestaltung: Jan P. Lichtenford, Mettmann
Gesamtherstellung: Bercker Graphischer Betrieb GmbH & Co. KG, Kevelaer

§ 261 StPO

Über das Ergebnis der Beweisaufnahme entscheidet das Gericht nach seiner freien, aus dem Inbegriff der Verhandlung geschöpften Überzeugung.

Erfolgreiche Rügen

1. Beweiswürdigung des Zeitpunkts einer Beweisantragstellung zu Lasten des Angeklagten nur dann möglich, wenn naheliegende unverfängliche Erklärungsmöglichkeiten für den späten Beweisantritt erörtert und ausgeräumt werden (BGH Beschl. v. 23. 10. 2001 – 1 StR 415/01).

2. Liegen mehrere Beweisanzeichen vor, so genügt es nicht, sie jeweils einzeln abzuhandeln, erforderlich ist vielmehr eine Gesamtwürdigung (BGH Urt. v. 12. 9. 2001 – 2 StR 172/01).

3. Eine Sitzungsniederschrift ist auslegungsfähig, wenn der dort festgehaltene Verfahrensgang keinen vernünftigen Sinn ergibt und deshalb so nicht stattgefunden haben kann (BGH Beschl. v. 6. 9. 2001 – 3 StR 285/01).

4. Sind mehrere Tatmotive ausdrücklich als gegeben festgestellt, gebietet es – nach Ausschöpfung aller Aufklärungsmöglichkeiten – der Zweifelssatz, das für den Angeklagten günstigste als leitend anzusehen (BGH Beschl. v. 9. 5. 2001 – 2 StR 123/01).

5. Wirkstoffanteile von Betäubungsmitteln können als Befundtatsachen in zulässiger Weise nur durch Gutachtenerstattung eines Sachverständigen in der Hauptverhandlung oder durch dortige Verlesung nach § 256 I StPO ordnungsgemäß eingeführt werden (BGH Beschl v. 23. 3. 2001 – 2 StR 449/00).

6. Der Konstanz des bloßen Bestreitens eines Angeklagten unter bloßer Beschuldigung eines früheren Mitangeklagten kommt in der Regel nicht der gleiche Beweiswert zu wie der Konstanz einer Zeugenaussage (BGH Urt. v. 17. 1. 2001 – 2 StR 437/00).

7. Bei Aussage gegen Aussage und Unwahrheit eines Aussageteils muß der Tatrichter außerhalb der Zeugenaussage liegende gewichtige Gründe nennen, die es ihm ermöglichen, der Zeugenaussage im übrigen dennoch zu glauben (BGH Beschl. v. 19. 10. 2000 – 1 StR 439/00).

8. Die wörtliche Verwertung eines nicht in die Hauptverhandlung eingeführten schriftlichen Gutachtens verstößt gegen § 261 StPO (BGH Urt. v. 6. 9. 2000 – 2 StR 190/00).

9. Wenn es auf den genauen Wortlaut eines Schriftstücks ankommt, muß dieses als Urkunde verlesen werden. Ein Vorhalt reicht nicht aus (BGH Urt. v. 30. 8. 2000 – 2 StR 85/00).

10. Eine Beweiswürdigung, die zu Ungunsten des Angeklagten sprechende Umstände nicht ausreichend würdigt, ist fehlerhaft (BGH Urt. v. 20. 6. 2000 – 5 StR 173/00).

11. Gericht muß nachprüfbar darlegen, daß die nach seiner Beurteilung glaubwürdigen Angaben einer Vertrauensperson durch ein oder mehrere andere Beweismittel, die auf eine Tatbeteiligung des Angeklagten hinweisen, ihre Bestätigung finden (BGH Beschl. v. 7. 6. 2000 – 3 StR 84/00).

12. Die Auffassung des Revisionsgerichts zur Beweiswürdigung bindet den neuen Tatrichter (BGH Beschl. v. 30. 5. 2000 – 1 StR 610/99).

13. Gericht darf im Rahmen seiner Beweiswürdigung eine naheliegende, dem Angeklagten günstigere Beurteilung des Aussageverhaltens eines Zeugen nicht unberücksichtigt lassen (BGH Beschl. v. 23. 5. 2000 – 5 StR 142/00).

14. In Fällen sexuellen Mißbrauchs ist es in aller Regel erforderlich, die Entstehung und Entwicklung der Aussage aufzuklären (BGH Beschl. v. 23. 5. 2000 – 1 StR 156/00).

15. Aus falschen Angaben des Angeklagten allein darf kein sicherer Schluß auf die Täterschaft gezogen werden (BGH Beschl. v. 17. 5. 2000 – 3 StR 161/00).

16. Wenn „Aussage gegen Aussage" steht und sich die Unwahrheit eines Teils der Aussage des Belastungszeugen herausstellt, müssen außerhalb der Zeugenaussage liegende Gründe von Gewicht vorliegen, die es dem Tatrichter ermöglichen, dem Zeugen im übrigen dennoch zu glauben (BGH Beschl. v. 10. 5. 2000 – 1 StR 181/00).

17. Schweigen des Angeklagten zu einer von mehreren Taten darf nicht zu seinem Nachteil verwertet werden (BGH Beschl. v. 3. 5. 2000 – 1 StR 125/00).

18. Wenn die Aussage eines Angeklagten gegen die Aussage eines anderen Angeklagten steht und die Entscheidung allein davon abhängt, welchen Angaben das Gericht folgt, müssen die Urteilsgründe erkennen lassen, daß der Tatrichter alle Umstände, die die Entscheidung beeinflussen können, erkannt und in seine Überlegungen einbezogen hat (BGH Beschl. v. 16. 2. 2000 – 3 StR 28/00).

19. Wenn das Gericht auf Freispruch erkennt, obwohl nach dem Ergebnis der Hauptverhandlung gegen den Angeklagten ein ganz erheblicher Tatverdacht besteht, muß es in seine Beweiswürdigung und deren Darlegung die ersichtlich möglicherweise wesentlichen gegen den Angeklagten sprechenden Umstände und Erwägungen einbeziehen (BGH Urt. v. 8. 2. 2000 – 5 StR 310/99).

20. Ein Bestehen auf die Schweigepflicht des Verteidigers darf nicht zum Nachteil des Angeklagten gewertet werden (BGH Beschl. v. 19. 1. 2000 – 3 StR 531/99).

21. Weigerung der Entbindung des Verteidigers von der Schweigepflicht darf nicht zum Nachteil des Angeklagten gewertet werden (BGH Urt. v. 22. 12. 1999 – 3 StR 401/99).

22. Die Schuldfrage betreffende Wahrnehmungen des beauftragten Richters dürfen nicht als dienstliche Erklärungen in die Hauptverhandlung eingeführt werden (BGH Urt. v. 9. 12. 1999 – 5 StR 312/99).

23. Die Einlassung des Angeklagten ist nur verwertbar, wenn sie gem. § 273 StPO protokolliert ist (BGH Beschl. v. 28. 10. 1999 – 4 StR 370/99).

24. „In dubio pro reo" gebietet nicht, Angaben eines Angeklagten als unwiderlegt hinzunehmen, für die es keine unmittelbaren Beweise gibt; die Zurückweisung einer Einlassung erfordert nicht, daß sich ihr Gegenteil positiv feststellen läßt (BGH Urt. v. 21. 10. 1999 – 4 StR 376/99).

25. Eine rechtsfehlerfreie Beweiswürdigung ist dann nicht gegeben, wenn der Tatrichter sich nicht mit allen wesentlichen für und gegen den Angeklagten sprechenden Umständen auseinandergesetzt hat (BGH Urt. v. 29. 9. 1999 – 2 StR 218/99).

26. Urteilsgründe müssen erkennen lassen, daß Beweiswürdigung auf einer tragfähigen, verstandesmäßig einsehbaren Tatsachengrundlage beruht und die vom Gericht gezogene Schlußfolgerung nicht nur eine Annahme oder Vermutung ist, die nur einen Verdacht begründet (BGH Beschl. v. 15. 9. 1999 – 2 StR 373/99).

27. Steht bei Vermögensstraftaten ein strafbares Verhalten des Täters fest, so kann die Bestimmung des Schuldumfangs im Wege der Schätzung erfolgen (BGH Urt. v. 12. 8. 1999 – 5 StR 269/99).

28. Ein auf die Sachrüge zu beanstandender Rechtsfehler liegt vor, wenn das Tatgericht zu hohe Anforderungen an die Überzeugungsbildung von der Schuld des Angeklagten gestellt hat (BGH Urt. v. 23. 6. 1999 – 3 StR 132/99).

29. Ist der Inhalt einer Urkunde beweiserheblich, dann muß sie verlesen werden (BGH Beschl. v. 13. 4. 1999 – 1 StR 107/99).

30. Falsches Alibi kann Indiz für Täterschaft sein, wenn es Umstände enthält, die nur der Täter wissen kann (BGH Urt. v. 31. 3. 1999 – 5 StR 689/98).

31. Geht das Gericht einem Beweisantrag auf Vernehmung eines Zeugen nach erfolgloser Ladung ohne weitere Entscheidung nicht weiter nach, kann dies zur umfassenden Aufhebung der Verurteilung führen (BGH Beschl. v. 3. 3. 1999 – 5 StR 566/98).

97. Das Gericht muß sich mit einer entlastenden Zeugenaussage, die in der Hauptverhandlung durch Verlesung eingeführt worden ist, im Urteil auseinandersetzen und darf sie nicht verschweigen (BGH Beschl. v. 8. 8. 1990 – 3 StR 153/90).

98. Wenn ein Mitangeklagter, auf dessen Aussage die Verurteilung eines Angeklagten gestützt werden soll, diesen jedenfalls teilweise zu Unrecht belastet hat, dann ist das in der Regel zunächst ein gewichtiges Indiz gegen seine Glaubwürdigkeit (BGH Beschl. v. 27. 7. 1990 – 2 StR 324/90).

99. Wenn der Verteidiger Äußerungen zur Sache abgibt, dürfen diese nur dann als Einlassung eines Angaben verweigernden Angeklagten verwertet werden, wenn durch Erklärung eines von beiden klargestellt wird, daß der Angeklagte diese als eigene verstanden wissen will (BGH Beschl. v. 29. 5. 1990 – 4 StR 118/90).

100. Beweiswürdigung fehlerhaft, wenn sich die Schlußfolgerungen des Gerichts so sehr von einer festen Tatsachengrundlage entfernen, daß sie nur einen Verdacht, nicht aber die zur Verurteilung erforderliche Überzeugung begründen können (BGH Beschl. v. 8. 5. 1990 – 3 StR 448/89).

101. Teilt das Urteil lediglich mit, der Zeuge habe den Angeklagten „an seinen hellen Augenbrauen, seiner Statur und seiner Sprache" erkannt, ist die Darlegung erforderlich, warum diese Indizien so auffällig waren, daß sie zu einer zuverlässigen Identifizierung ausreichten (BGH Beschl. v. 6. 4. 1990 – 2 StR 627/89).

102. Bei möglicher Identität eines V-Mannes mit einem in der Hauptverhandlung gehörten Zeugen darf das Gericht seine Überzeugung nicht auf Übereinstimmung beider Aussagen stützen (BGH Beschl. v. 5. 4. 1990 – 1 StR 129/90).

103. Was nur in einem Aktenvermerk festgehalten und von der Zeugin auch nach Vorhalt inhaltlich nicht bestätigt wurde, ist nicht in die Hauptverhandlung eingeführt und darf zur Überzeugungsbildung nicht verwertet werden (BGH Beschl. v. 27. 3. 1990 – 1 StR 67/90).

104. Angaben eines Asylbewerbers im Asylverfahren dürfen im Strafverfahren gegen ihn verwendet werden (BGH Beschl. v. 15. 12. 1989 – 2 StR 167/89).

105. Schuldfeststellung im Wege der Hochrechnung als alleiniger Tatnachweis ungeeignet (BGH Urt. v. 14. 12. 1989 – 4 StR 419/89).

106. Bei Aussage gegen Aussage muß die Aussage des Belastungszeugen im Urteil wiedergegeben und gewürdigt werden, wenn feststeht, daß er bereits in einem anderen Fall objektiv die Unwahrheit gesagt hat (BGH Urt. v. 12. 12. 1989 – 5 StR 495/89).

107. Erklärungen des Angeklagten dürfen, sofern sie – aus seiner Sicht – nicht gänzlich des Charakters einer Rechtfertigung gegenüber dem Anklagevorwurf entbehren, nicht als strafbegründendes tatbestandsrelevantes Verhalten gewertet werden (BGH Beschl. v. 29. 11. 1989 – 3 StR 328/89).

108. Feststellungen zu Verletzungen, die nur ein Arzt feststellen kann, beruhen nicht auf dem Inbegriff der mündlichen Verhandlung, wenn weder der Arzt als Sachverständiger in der Hauptverhandlung vernommen, noch sein Gutachten dort verlesen worden ist (BGH Beschl. v. 10. 8. 1989 – 4 StR 393/89).

109. Selbst wenn einzelne Indizien jeweils für sich genommen noch keine „vernünftigen Zweifel" an der Richtigkeit einer belastenden Aussage aufkommen lassen, so kann doch deren Häufung bei einer Gesamtbetrachtung zu Zweifeln führen (BGH Urt. v. 19. 7. 1989 – 2 StR 182/89).

110. Verwertbarkeit eines rechtswidrig aufgenommenen Tonbands nicht ausgeschlossen (BGH Urt. v. 12. 4. 1989 – 3 StR 453/88).

111. Es ist unstatthaft, den Umstand, daß ein weigerungsberechtigter Zeuge nicht zu einem früheren Zeitpunkt Angaben zur Sache gemacht hat, bei der Beweiswürdigung zum Nachteil des Angeklagten zu werten (BGH Urt. v. 2. 3. 1989 – 2 StR 590/88).

112. Gericht darf Antrag auf Einholung eines weiteren Sachverständigengutachtens nicht mit der Begründung ablehnen, gegen die Sachkunde des gehörten Sachverständigen spreche nicht, daß möglicherweise andere Sachverständige andere Kriterien zur Beurteilung von Affekttaten heranziehen, wenn diese abweichenden Kriterien die Billigung der Rechtsprechung gefunden haben (BGH Beschl. v. 28. 2. 1989 – 1 StR 32/89).

113. Für Verurteilung genügt ein nach der Lebenserfahrung ausreichendes Maß an Sicherheit, das vernünftige Zweifel nicht aufkommen läßt. Zweifel aufgrund einer abstrakt-theoretischen Möglichkeit sind unbeachtlich (BGH Urt. v. 24. 1. 1989 – 1 StR 683/88).

114. Eine konsularische Vernehmung eines Zeugen im Ausland ist auch dann nicht Teil der Hauptverhandlung, wenn alle Richter einschließlich der Schöffen daran teilnehmen (BGH Urt. v. 18. 1. 1989 – 2 StR 583/88).

115. Das Gericht darf daraus, daß der Angeklagte von seinem Recht Gebrauch macht, nicht zur Sache auszusagen, keine nachteilige Schlüsse ziehen (BGH Beschl. v. 17. 1. 1989 – 5 StR 624/88).

116. Schweigen des Angeklagten zu Beginn des Ermittlungsverfahrens darf bei der Beweiswürdigung nicht gegen ihn verwertet werden (BGH Beschl. v. 23. 11. 1988 – 2 StR 619/88).

117. Das Urteil muß erkennen lassen, daß der Tatrichter solche Umstände, die geeignet sind, die Entscheidung zugunsten oder zuungunsten des Angeklagten zu beeinflussen, erkannt und in seine Überlegungen einbezogen hat (BGH Beschl. v. 22. 11. 1988 – 1 StR 559/88).

118. Wörtliche Textzitate aus polizeilichen Vernehmungsprotokollen, die nicht als Urkunden verlesen worden sind, sind zu Beweiszwecken nicht verwertbar (BGH Beschl. v. 21. 9. 1988 – 2 StR 457/88).

119. Der Geburtstag der niederländischen Königin ist jedenfalls nicht so allgemeinkundig, daß er für jedermann selbstverständlich wäre und damit in der Hauptverhandlung erörterungsbedürftig. (BGH Beschl. v. 20. 9. 1988 – 5 StR 405/88).

120. Selbst Vorhalt eines polizeilichen Vernehmungsprotokolls durch wörtliches Vorlesen bewirkt für sich allein nichts; auch in einem solchen Fall ist nur verwertbar, was der Zeuge aus der Erinnerung über seine frühere Aussage berichtet (BGH Urt. v. 7. 9. 1988 – 2 StR 390/88).

121. Der Wirkstoffgehalt von Betäubungsmitteln kann nur durch die Aussage eines Gutachters in der Hauptverhandlung oder durch dortige Verlesung eines Behördengutachtens zum Inbegriff der Verhandlung gemacht werden (BGH Beschl. v. 3. 5. 1988 – 1 StR 181/88).

122. Unterbliebene Auseinandersetzung mit auffälligem Tatnachverhalten als Revisionsgrund (BGH Beschl. v. 25. 2. 1988 – 4 StR 73/88).

123. Fehler bei der Glaubwürdigkeitsprüfung wegen Nichtberücksichtigung oder unzulänglicher rationaler Würdigung von Auffälligkeiten im Verhalten einer Zeugin vor und nach der „Tat" und ihrer schweren Alkoholisierung (BGH Urt. v. 8. 1. 1988 – 2 StR 551/87).

124. Eine Beweisführung, die im Ergebnis aus einem anfänglichen Schweigen des Angeklagten zu dem gegen ihn erhobenen Vorwurf nachteilige Schlüsse zieht, ist fehlerhaft (BGH Beschl. v. 18. 12. 1987 – 2 StR 633/87).

125. Auch wenn Widersprüche und Unstimmigkeiten einer Zeugenaussage so gedeutet werden, daß sich aus jedem einzelnen von ihnen keine durchgreifenden Bedenken gegen die Richtigkeit ergeben, muß in einer späteren Gesamtschau geprüft werden, ob aus einer Häufung, auch – jede für sich noch erklärbaren – Fragwürdigkeiten in der Aussage nicht doch ernsthafte Zweifel an deren Richtigkeit erwachsen (BGH Urt. v. 16. 12. 1987 – 2 StR 495/87).

126. Gericht darf die Ansicht von Zeugen zur Glaubhaftigkeit der Angaben der Geschädigten nicht ungeprüft übernehmen, sondern muß die Umstände, aufgrund derer sie zu ihrer Einschätzung gekommen sind, feststellen und selbst würdigen (BGH Beschl. v. 11. 11. 1987 – 2 StR 575/87).

127. Niederschriften über die Tonbandaufzeichnungen, die einem Zeugen in der Hauptverhandlung vorgehalten worden sind, können dessen Aussage nicht ersetzen (BGH Beschl. v. 11. 8. 1987 – 5 StR 162/87).

128. Wenn zur Zahl der Einzelakte keine genauen Feststellungen getroffen werden können, darf unter Anwendung des Zweifelssatzes nur von den sicher feststellbaren Einzelakten ausgegangen werden (BGH Beschl. v. 7. 7. 1987 – 4 StR 313/87).

129. Der Tatrichter muß sich mit nach der Sachlage auf der Hand liegenden Möglichkeiten der Fallgestaltung auseinandersetzen (BGH Beschl. v. 30. 4. 1987 – 4 StR 164/87).

130. Auf die Einlassung des Angeklagten darf das Tatgericht die Verurteilung nur stützen, falls es von ihrer Richtigkeit überzeugt ist, nicht dagegen schon dann, wenn es sie nur für unwiderlegt ansieht (BGH Urt. v. 29. 4. 1987 – 2 StR 62/87).

131. Wenn bei Aussage gegen Aussage die Entscheidung allein davon abhängt, welcher Aussage das Gericht Glaubwürdigkeit beimißt, müssen die Urteilsgründe erkennen lassen, daß der Tatrichter alle Umstände, die die Entscheidung zugunsten oder zuungunsten des Angeklagten zu beeinflussen geeignet sind, erkannt und in seine Überlegung einbezogen hat (BGH Beschl. v. 22. 4. 1987 – 3 StR 141/87).

132. Fehlerhafte Beweiswürdigung, wenn das Gericht wesentliche, für den Angeklagten sprechende Indizien nicht oder nur unzureichend würdigt (BGH Beschl. v. 8. 4. 1987 – 2 StR 134/87).

133. Eine dem Angeklagten widerlegte Einlassung darf allein nicht zur Grundlage einer anderen Sachverhaltsfeststellung gemacht werden, auf sie kann eine Verurteilung ebensowenig gestützt werden wie auf das Scheitern eines Alibis (BGH Urt. v. 6. 2. 1987 – 2 StR 630/86).

134. Anfängliches Schweigen des Angeklagten darf nicht zu seinem Nachteil verwertet werden (BGH Beschl. v. 27. 1. 1987 – 1 StR 703/86).

135. Wenn ein Gericht naheliegende Schlußfolgerungen deshalb nicht zieht, weil sie „nicht zwingend", sondern auch andere (zum Teil fernliegende) möglich sind, läßt dies besorgen, daß es sich über die Erfordernisse richterlicher Überzeugungsbildung nicht im klaren war (BGH Urt. v. 21. 1. 1987 – 2 StR 656/86).

136. Der Tatrichter muß sich mit seinen Feststellungen mit allen für das Urteil wesentlichen Gesichtspunkten auseinandersetzen, wenn sie geeignet sind, das Beweisergebnis zu beeinflussen (BGH Beschl. v. 10. 12. 1986 – 2 StR 614/86).

137. Die Zeugnisverweigerung eines Angehörigen darf auch dann nicht gegen den Angeklagten verwertet werden, wenn der Angehörige erst später Angaben macht (BGH Urt. v. 21. 11. 1986 – 2 StR 473/86).

138. Wenn ein zur Zeugnisverweigerung Berechtigter es zunächst unterläßt, von sich aus Angaben zu machen, kann dies später nicht zur Prüfung, ob die den Angeklagten entlastenden Angaben glaubhaft sind, herangezogen werden (BGH Beschl. v. 23. 10. 1986 – 4 StR 569/86).

139. Einzelne Belastungsindizien, die für sich genommen zum Beweise der Täterschaft nicht ausreichen, können doch in ihrer Gesamtheit die für eine Verurteilung notwendige Überzeugung des Tatrichters begründen (BGH Urt. v. 17. 9. 1986 – 2 StR 353/86).

140. Selbst wenn jedes einzelne Indiz noch keine Zweifel an der Richtigkeit der den Angeklagten belastenden Aussagen aufkommen läßt, kann doch eine Häufung solcher Indizien bei einer Gesamtbetrachtung zu berechtigten Zweifeln führen (BGH Beschl. v. 3. 7. 1986 – 2 StR 98/86).

141. Der Schluß auf den bedingten Tötungsvorsatz ist nur dann rechtsfehlerfrei, wenn der Tatrichter in seine Erwägungen auch alle die Umstände einbezogen hat, die eine derartige Folgerung in Frage stellen könnten (BGH Beschl. v. 27. 6. 1986 – 2 StR 312/86).

142. Angeklagter muß das Gericht nicht durch Angabe entlastender Umstände bei der Wahrheitsfindung unterstützen (BGH Urt. v. 12. 6. 1986 – 4 StR 210/86).

143. Bei der Verurteilung im Wege des Ausschlusses anderer möglicher Täter ist immer besondere Vorsicht erforderlich (BGH Urt. v. 3. 6. 1986 – 1 StR 187/86).

144. Das Revisionsgericht ist an Schlußfolgerungen des Tatrichters nicht gebunden, wenn deren Grundlagen nur in einer so losen Beziehung zur Tat stehen, daß sich das Ergebnis der Bewertung als bloße Vermutung erweist (BGH Beschl. v. 25. 3. 1986 – 2 StR 115/86).

145. Für widerlegt erachtete Behauptungen eines Angeklagten dürfen nicht Grundlage oder Beweisanzeichen für eine Verurteilung sein (BGH Beschl. v. 18. 3. 1986 – 5 StR 74/86).

146. Unzulässige Überschreitung der Grenzen freier Überzeugungsbildung, wenn das Urteil die verlesene Aussage eines kommissarisch vernommenen Zeugen oder den Wortlaut einer verlesenen Urkunde falsch wiedergibt (BGH Urt. v. 20. 2. 1986 – 4 StR 684/85).

147. Gebot äußerster Vorsicht bei der Beweiswürdigung, wenn die Zahl der Zwischenglieder in der Beweisführung wächst (BGH Urt. v. 5. 2. 1986 – 3 StR 477/85).

148. Der Tatrichter darf wesentliche Feststellungen für eine Verurteilung nicht auf eine Einlassung des Angeklagten stützen, von der er nicht überzeugt ist (BGH Urt. v. 22. 1. 1986 – 3 StR 474/85).

149. Die Beweiswürdigung ist fehlerhaft, wenn das Gericht einerseits keinen Zweifel an der Glaubwürdigkeit einer Belastungszeugin hat, andererseits aber trotz deren Aussage teilweise freispricht (BGH Beschl. v. 23. 7. 1985 – 5 StR 374/85).

150. Aus dem Umstand, daß der Angeklagte sich bei früheren Vernehmungen nicht zur Sache eingelassen, insbesondere keine Angaben zu seinem Alibi gemacht hat, darf das Gericht keine ihm nachteilige Schlußfolgerung ziehen (BGH Beschl. v. 4. 7. 1985 – 4 StR 349/85).

151. Bekanntschaft eines Zeugen mit dem Angeklagten macht dessen Zeugenaussage nicht von vornherein unglaubwürdig (BGH Urt. v. 13. 3. 1985 – 3 StR 15/85).

152. Beweiswürdigung fehlerhaft, wenn außerhalb der Hauptverhandlung gewonnene Erkenntnisse berücksichtigt werden (BGH Urt. v. 20. 2. 1985 – 2 StR 746/84).

153. Bei Angabe eines falschen Alibis muß sich das Gericht auch damit auseinandersetzen, ob dies nicht der Abwendung eines unbegründeten Verdachts dienen sollte (BGH Urt. v. 11. 7. 1984 – 2 StR 177/84).

154. Bei der Urteilsfindung dürfen nicht die Ergebnisse einer Verhandlung verwertet werden, die nur gegen andere Angeklagte geführt worden ist, gleichviel ob später eine Wiederverbindung stattgefunden hat oder nicht (BGH Urt. v. 26. 6. 1984 – 1 StR 188/84).

155. Wenn das Gericht eine Frage im Widerspruch zu der Auffassung eines gehörten Sachverständigen entscheiden will, muß es dessen Darlegungen im einzelnen wiedergeben und seine Gegenansicht so begründen, daß dem Revisionsgericht eine Nachprüfung ermöglicht wird; dabei müssen die Urteilsgründe eine genügende Sachkunde des Gerichts ausweisen (BGH Beschl. v. 16. 2. 1984 – 1 StR 44/84).

156. Wenn ein Polizeibeamter als Zeuge von seinem Auskunftsverweigerungsrecht nach § 55 StPO Gebrauch macht, drängte es sich auf zu erforschen, ob der Vorwurf gegen den Zeugen mit dem vorliegenden Verfahren zusammenhängt (BGH Beschl. v. 14. 2. 1984 – 5 StR 895/83).

157. Beweiswürdigung bei teilweiser Beweisvereitelung eines Zeugen (BGH Urt. v. 26. 10. 1983 – 3 StR 251/83).

158. Schweigen des Angeklagten zu einer früheren Tat darf nicht zu seinem Nachteil gewertet werden (BGH Urt. v. 26. 10. 1983 – 3 StR 251/83).

159. Bei der Bewertung der Aussage eines gesperrten V-Mannes muß das Gericht den Beweiswert dieses weniger sachnahen Beweismittels bei seiner Überzeugungsbildung besonders sorgfältig und vorsichtig prüfen und würdigen (BGH Beschl. v. 2. 8. 1983 – 5 StR 152/83).

160. Anfängliches Schweigen des Angeklagten darf nicht zu seinem Nachteil berücksichtigt werden (BGH Beschl. v. 11. 5. 1983 – 2 StR 238/83).

Übersicht § 261 StPO

161. Gericht darf bei der Würdigung der Aussagen von Zeugen, die außerhalb der Hauptverhandlung durch die Berufsrichter der Kammer als beauftragte Richter vernommen worden sind, nicht deren persönlichen Eindruck verwerten (BGH Beschl. v. 21. 12. 1982 – 2 StR 323/82).

162. Tatsächliche Feststellungen bei Verurteilung mehrerer Angeklagter wegen fahrlässiger Tötung bei einer Operation müssen die einzelnen Pflichtwidrigkeiten genauestens wiedergeben (BGH Beschl. v. 21. 12. 1982 – 5 StR 361/82).

163. Liegen mehrere Beweisanzeichen vor, so genügt es nicht, sie jeweils einzeln abzuhandeln; erforderlich ist vielmehr eine Gesamtwürdigung (BGH Urt. v. 25. 11. 1982 – 4 StR 564/82).

164. Der Umstand, daß ein bestreitender Angeklagter seine subjektive Befindlichkeit bei der Tatbegehung dem Sachverständigen nicht mitteilt, darf nicht gegen ihn verwertet werden (BGH Beschl. v. 14. 10. 1982 – 4 StR 546/82).

165. Die Beweiswürdigung ist fehlerhaft, wenn sie die Einlassung des Angeklagten nicht berücksichtigt (BGH Beschl. v. 9. 9. 1982 – 4 StR 433/82).

166. Die Überzeugungsbildung kann vom Revisionsgericht dann beanstandet werden, wenn die Beweiswürdigung gegen Denkgesetze oder gesicherte Erfahrungssätze verstößt (BGH Urt. v. 3. 8. 1982 – 1 StR 371/82).

167. Der Tatrichter darf nicht übersehen, wenn die Exekutive eine erschöpfende Sachaufklärung verhindert und es der Verteidigung unmöglich macht, einem geäußerten Verdacht nachzugehen (BGH Beschl. v. 29. 6. 1982 – 5 StR 125/82).

168. Besagt ein Schriftsachverständigengutachten nur, daß der Angeklagte „mit hoher Wahrscheinlichkeit" der Täter sein kann, bleiben „vernünftige" Zweifel bestehen und andere Möglichkeiten offen, die nicht „rein theoretisch" sind (BGH Beschl. v. 24. 6. 1982 – 4 StR 183/82).

169. Beweiswert einer fehlerhaften, weil Einzelgegenüberstellung, gering (BGH Urt. v. 17. 3. 1982 – 2 StR 793/81).

170. Wenn mehrere Möglichkeiten gleichermaßen in Betracht kommen, müssen vom Tatgericht die Gründe für die angenommene Möglichkeit aufgezeigt werden, die es gestatten, ihr den Vorzug zu geben (BGH Urt. v. 1. 12. 1981 – 1 StR 499/81).

171. Es gibt keinen Erfahrungssatz dahingehend, daß jemand nicht durch eine als beleidigend empfundene Bezeichnung in eine zu einem Tötungsakt führende Wut versetzt werden kann, wenn die Bezeichnung der Wahrheit entspricht (BGH Beschl. v. 2. 9. 1981 – 3 StR 314/81).

172. Fehlerhafte Beweiswürdigung, wenn Gericht Wahrnehmungsfähigkeit mit Merkfähigkeit verwechselt (BGH Beschl. v. 12. 3. 1981 – 1 StR 598/80).

173. Die Beweiswürdigung ist lückenhaft, wenn sie die Auseinandersetzung mit wesentlichen Umständen vermissen läßt, deren Erörterung sich aufdrängte (BGH Urt. v. 17. 12. 1980 – 2 StR 622/80).

174. Will das Gericht aufgrund eigener Sachkunde von der Auffassung eines Sachverständigen abweichen, muß es seine Sachkunde näher belegen (BGH Urt. v. 4. 12. 1980 – 1 StR 570/80).

175. Erkennt ein Zeuge den Angeklagten auf einem älteren Lichtbild als den Täter wieder, obwohl er damals anders aussah als zur Zeit der Tat und der Hauptverhandlung, nicht aber in dieser, muß das Gericht erklären, warum es die Identifizierung anhand des Lichtbilds für zutreffend hält (BGH Beschl. v. 1. 11. 1980 – 2 StR 522/80).

176. Beweiswürdigung fehlerhaft, wenn Zeugnisverweigerung eines Angehörigen zu Lasten des Angeklagten gewertet wird (BGH Beschl. v. 22. 10. 1980 – 2 StR 612/80).

177. Revisionsgericht nicht an die Überzeugung des Tatrichters vom Tatgeschehen gebunden, wenn sich die Schlußfolgerungen so sehr von einer festen Tatsachengrundlage entfernen, daß sie letztlich bloße Vermutungen sind, die nicht mehr als einen schwerwiegenden Verdacht begründen (BGH Urt. v. 2. 7. 1980 – 3 StR 204/80).

178. Alle in die Hauptverhandlung eingeführten Beweismittel müssen auch verwertet werden (BGH Urt. v. 10. 10. 1979 – 3 StR 281/79 [S]).

179. Das Verbot, Schlüsse aus der Zeugnisverweigerung zu ziehen, gilt auch für den Fall, in dem ein Angehöriger nach anfänglicher Zeugnisverweigerung später doch noch aussagt (BGH Urt. v. 12. 7. 1979 – 4 StR 291/79).

180. Fehlende Auseinandersetzung mit als wahr unterstellten Tatsachen im Urteil (BGH Urt. v. 21. 2. 1979 – 2 StR 749/78).

181. Haltereigenschaft bei Privatfahrzeugen allein ist bei einem Angeklagten, der sich nicht zur Sache einläßt, kein ausreichendes Beweisanzeichen für Fahrereigenschaft zur Tatzeit (BGH Beschl. v. 29. 8. 1974 – 4 StR 171/74).

182. „Im Zweifel für den Angeklagten" gilt nicht für den Alibibeweis (BGH Urt. v. 13. 2. 1974 – 2 StR 552/73).

183. Zeugnisverweigerung eines Angehörigen nicht gegen den Angeklagten verwertbar (BGH Beschl. v. 2. 4. 1968 – 5 StR 153/68).

184. Revisionsgericht kann äußeren Verlauf der Hauptverhandlung im Wege des Freibeweises nachprüfen (BGH Urt. v. 13. 12. 1967 – 2 StR 544/67).

185. Frühere polizeiliche Aussagen eines Zeugen, der in der Hauptverhandlung von seinem Zeugnisverweigerungsrecht Gebrauch macht, sind nicht verwertbar (BGH Urt. v. 7. 10. 1966 – 1 StR 305/66).

186. Nachteilige Schlüsse auf Schweigen des Angeklagten bei erster Vernehmung durch Polizei unzulässig (BGH Urt. v. 26. 10. 1965 – 5 StR 515/65).

187. Scheitern des Abwesenheitsbeweises kein Beweisanzeichen für die Täterschaft (BGH Urt. v. 24. 9. 1963 – 5 StR 330/63).

188. Ein Geschehensablauf, der zum Teil den vom Gericht für erwiesen erachteten Tatsachen widerspricht, kann nicht als möglich angesehen werden (BGH Urt. v. 16. 7. 1963 – 1 StR 118/63).

189. Im Zweifel für Verjährung (BGH Beschl. v. 19. 2. 1963 – 1 StR 318/62).

190. Die Einführung erheblicher gerichtskundiger Tatsachen in die Hauptverhandlung und die Gelegenheit zur Stellungnahme hierzu muß den Prozeßbeteiligten erkennbar sein (BGH Urt. v. 10. 1. 1963 – 3 StR 22/62).

191. Unzulässige Verwertung von Zusatztatsachen nach Zeugnisverweigerung (BGH Urt. v. 26. 10. 1962 – 4 StR 318/62).

192. Gericht muß Überzeugung von dem Vorhandensein der Tatbestandsmerkmale auf Grund eigener Prüfung gewinnen. Bezugnahmen auf Entscheidungen in anderen Strafsachen unzulässig (BGH Urt. v. 1. 8. 1962 – 3 StR 34/62).

193. Beweiswert des wiederholten Wiedererkennens in der Hauptverhandlung (BGH Urt. v. 28. 6. 1961 – 2 StR 194/61).

194. Gericht darf ein in die Verhandlung eingeführtes Beweismittel (hier: polizeiliche Zeugenaussage) im Urteil nicht bewußt übergehen (BGH Urt. v. 1. 3. 1961 – 2 StR 629/60).

195. Verwertungsverbot eines Polizeiprotokolls bei mangelndem Erinnerungsvermögen der Verhörsperson und Bestreiten des Inhalts (BGH Urt. v. 31. 5. 1960 – 5 StR 168/60).

196. Lückenhafte Beweiserwägungen bei Außerachtlassen mehrerer Möglichkeiten (BGH Urt. v. 4. 3. 1960 – 4 StR 31/60).

197. Gericht muß Darlegungen des Sachverständigen im Urteil wiedergeben, wenn es sich ohne eigene Erwägungen anschließt (BGH Urt. v. 18. 12. 1958 – 4 StR 399/58).

198. Schöffe darf die Anklageschrift nicht lesen (BGH Urt. v. 17. 11. 1958 – 2 StR 188/58).

199. Genauer Inhalt komplexer Urkunden nur durch Verlesung verwertbar (BGH Urt. v. 24. 10. 1957 – 4 StR 320/57).

200. Entscheidungserhebliche Schriften müssen verlesen werden (BGH Urt. v. 23. 10. 1957 – 3 StR 37/57).

201. Gericht darf sich dem Sachverständigen nicht einfach anschließen (BGH Urt. v. 8. 3. 1955 – 5 StR 49/55).

202. Grenzen freier Beweiswürdigung durch gesicherte wissenschaftliche Erkenntnisse (BGH Urt. v. 18. 3. 1954 – 3 StR 87/53).

203. Bei Zweifeln an bestimmten Feststellungen des Sachverständigen muß das Gericht Ergänzung und Klarstellung veranlassen oder Obergutachten einholen (BGH Urt. v. 16. 6. 1953 – 1 StR 809/52).

204. Nach dem Grundsatz der freien Beweiswürdigung kommt es nur auf die eigenen Zweifel des Tatrichters an. Der Begriff der Überzeugung schließt die Möglichkeit eines anderen, auch gegenteiligen, Sachverhalts nicht aus (BGH Urt. v. 21. 5. 1953 – 3 StR 9/53).

205. Aus der Aussageverweigerung von Angehörigen dürfen nachteilige Schlüsse gezogen werden (BGH Urt. v. 8. 5. 1952 – 3 StR 1199/51).

Erfolgreiche Rügen

1. Beweiswürdigung des Zeitpunkts einer Beweisantragstellung zu Lasten des Angeklagten nur dann möglich, wenn naheliegende unverfängliche Erklärungsmöglichkeiten für den späten Beweisantritt erörtert und ausgeräumt werden.

StPO § 261 – BGH Beschl. v. 23. 10. 2001 – 1 StR 415/01 LG Augsburg (= NStZ 2002, 161)

Die Revision rügt die Verletzung sachlichen Rechts.

Sachverhalt: Nach den vom Landgericht getroffenen Feststellungen missbrauchte der verheiratete Angeklagte seine 1973 geborene Tochter in wenigstens 33 Fällen sexuell.

Das Landgericht hat die nur pauschal bestreitende Einlassung des zur Sache im Übrigen schweigenden Angeklagten für widerlegt gehalten. Dabei hat es sich im Wesentlichen auf die für glaubhaft erachtete Aussage der mittlerweile – zum Zeitpunkt der Hauptverhandlung – 28-jährigen Tochter, die es durch die Angaben von Zeugen aus dem Freundes- und Verwandtenkreis zu entsprechenden früheren Äußerungen der Tochter bestätigt gesehen hat, gestützt.

Bei der Bewertung der Glaubwürdigkeit der Geschädigten und der Glaubhaftigkeit ihrer Angaben würdigt die Strafkammer auch die Aussage der Mutter des Angeklagten zu einer bedeutsamen Einzelheit, nämlich zu dem Zeitpunkt eines Telefonanrufes dieser Zeugin beim Angeklagten am Tage des Todes von dessen Vater. Dieser Anruf sollte den Angeklagten der Aussage der Geschädigten zufolge während der Ausführung einer der Taten erreicht haben. Nach Auffassung der Verteidigung war dies wegen des behaupteten späten Zeitpunkts des Anrufs im Verlaufe des Vormittags und des Schulbesuchs der Geschädigten nicht möglich. Die Kammer führt dazu bewertend aus, der entsprechende Beweisantrag auf Einvernahme der Zeugin, die im Hinblick auf ihr im Ermittlungsverfahren geltend gemachtes Zeugnisverweigerungsrecht und ihre aktenkundige Gebrechlichkeit von der Kammer nicht geladen worden war, sei erst am ursprünglich vorgesehenen Ende der Beweisaufnahme gestellt worden, obwohl sich dieser Entlastungsbeweis bereits seit Kenntnis der Anklageschrift aufgedrängt habe. – Das Rechtsmittel hatte Erfolg.

Gründe: ... Die Beweiswürdigung des Landgerichts weist rechtlich erhebliche Mängel auf (§ 337 StPO). Die Beweiswürdigung ist zwar Sache des Tatrichters und das Revisionsgericht hat sie grundsätzlich hinzunehmen. Das gilt aber dann nicht, wenn die Beweiswürdigung in sich widersprüchlich, lückenhaft oder unklar ist, oder gegen die Denkgesetze oder gesichertes Erfahrungswissen verstößt. Zumal in Fällen, in denen Aussage gegen Aussage steht, bedarf es in besonderem Maße einer Gesamtwürdigung aller für und gegen die Täterschaft sprechenden Umstände (vgl. nur BGHR StPO § 261 Beweiswürdigung 2 [BGH Urt. v. 10. 12. 1986 – 3 StR 500/86; vgl. § 261 StPO erfolglose Rügen], 14, 17; Beweiswürdigung, unzureichende 1 [BGH Urt. v. 17. 9. 1986 – 2 StR 353/86; vgl. § 261 StPO erfolgreiche Rügen]). Diesen Anforderungen wird die Beweiswürdigung des Landgerichts nicht in jeder Hinsicht gerecht. ...

Dies läßt besorgen, daß die Strafkammer zum Nachteil des Angeklagten ein zulässiges prozessuales Verhalten berücksichtigt hat (vgl. dazu BGHSt. 45, 367, 369, 370 [BGH Beschl. v. 19. 1. 2000 – 3 StR 531/99; vgl. § 261 StPO erfolgreiche Rügen]; BGHR StPO § 261 Aussageverhalten 13, 21). Das begegnet hier deshalb rechtlichen Bedenken, weil der Angeklagte die Tat mit einer allgemeinen Erklärung in Abrede gestellt hatte. Mangels Mitwirkung des Angeklagten an der Aufklärung des Sachverhalts konnte das noch als nur teilweises Schweigen gewertet werden, das einer Würdigung zugänglich gewesen wäre (vgl. BGHR StPO § 261 Aussageverhalten 14). Der Angeklagte darf aber nicht nur schweigen, sondern ebenso auf den Antritt eines Entlassungsbeweises verzichten, ohne deshalb in Kauf nehmen zu müssen, daß dieses Verhalten als belastender Umstand bewertet wird und ihm damit zum Nachteil gereicht (BGHR StPO § 261 Aussageverhalten 13, Überzeugungsbildung 8[1]). Es ist grundsätzlich seine Entscheidung, wann er einen Beweisantrag stellt (Rechtsgedanke des § 246 I StPO). Allerdings darf durchaus bei der Würdigung eines solchen, spät angetretenen Beweises in Rechnung gestellt werden, daß eine etwa entlastende Aussage erst während des Verlaufs der Hauptverhandlung zustande gekommen ist und es dem Zeugen mithin möglich war, seine Aussage auf das bisherige Beweisergebnis einzurichten (BGHR StPO § 261 Aussageverhalten 21; BGH Beschl. v. 6. 9. 2001 – 3 StR 302/01).

Selbst wenn der Zeitpunkt einer Beweisantragstellung als solcher einer Beweiswürdigung ausnahmsweise zugänglich sein sollte (so noch Senat BGHR StPO § 261 Überzeugungsbildung 10[2]; differenzierend auch BGHSt. 45, 367, 369, 370), ist eine darauf abstellende Beweisführung nur dann lückenlos und tragfähig, wenn naheliegende unverfängliche Erklärungsmöglichkeiten für den späten Beweisantritt erörtert und ausgeräumt werden. Zu

---

1 „Es kann nicht gegen den Angeklagten verwendet werden, daß er es unterlassen habe, die Zeugin P. zum Beweis dafür zu benennen, daß er nicht mit den anderen Tätern gemeinsam von der Wohnung P. zum Tatort gefahren sei. Abgesehen davon, daß die Zeugin vom Gericht geladen war und die Aussage verweigert hat, würde ein solches Verlangen darauf hinauslaufen, daß ein Angeklagter bei Meidung von Nachteilen bestimmte entlastende Beweise anzutreten habe. So wie der Angeklagte das Recht hat, auf die Beschuldigung zu schweigen, ohne daß daraus für ihn nachteilige Schlüsse hinsichtlich des Tatgeschehens gezogen werden dürfen, kann er nicht verpflichtet werden, bestimmte entlastende Beweisanträge zu stellen. Hier greift gegebenenfalls die Amtsaufklärungspflicht des Gerichts (§ 244 Abs. 2 StPO) ein." (BGH Beschl. v. 21. 4. 1988 – 4 StR 125/88].
2 „Auch die Nachprüfung des Urteils aufgrund der Sachbeschwerde deckt keinen Rechtsfehler zum Nachteil des Angeklagten auf. Der Erörterung bedürfen nur die folgenden Punkte.
Zu Unrecht meint die Revision, das Landgericht hätte den Zeitpunkt der Benennung der Zeugin S. nicht in die Beweiswürdigung einbeziehen dürfen. Das Gesetz verbietet nicht, den Zeitpunkt, zu dem der Angeklagte ein bestimmtes Entlastungsvorbringen erstmals geltend macht und unter Beweis stellt, im Rahmen der Beweiswürdigung zu werten, sofern nicht ein besonderes Verbot eingreift (etwa der Angeklagte bis dahin von seiner Befugnis, nicht zur Sache auszusagen, Gebrauch gemacht hat). Freilich ist Zurückhaltung am Platz; oft wird diesem Umstand kein oder nur geringer Beweiswert zukommen. Jedoch ist hier kein Rechtsfehler ersichtlich. Das Landgericht hat neben anderen gegen die Richtigkeit der Aussage der Zeugin S. sprechenden Umständen dem Zeitpunkt der Stellung des Beweisantrages Bedeutung beigemessen und dies näher begründet. Die Vorschrift des § 246 StPO hat entgegen dem Vortrag der Revision mit dieser Frage nichts zu tun. (BGH Urt. v. 25. 4. 1989 – 1 StR 97/89].

Recht weist die Revision darauf hin, daß der Angeklagte hier aus seiner Sicht zunächst gute Gründe haben konnte, seiner – wie auch das Urteil erwähnt – gebrechlichen Mutter die mit einer Aussage in der Hauptverhandlung gegen ihren Sohn verbundenen Belastungen verschiedener Art zu ersparen. Zudem hatte die Mutter sich im Ermittlungsverfahren auf ihr Zeugnisverweigerungsrecht berufen, was letztlich ihre eigene Entschließung war. Unter diesen Umständen erweist es sich als rechtlicher Mangel der Beweiswürdigung, daß das Landgericht – wenn auch nur neben anderen Umständen – auf den erst späten Zeitpunkt der Beweisantragstellung abhebt, ohne naheliegende Erklärungsmöglichkeiten dafür in den Blick zu nehmen.

2. Die Urteilsgründe lassen darüber hinaus nicht hinreichend erkennen, daß die Strafkammer eine Gesamtwürdigung und –abwägung aller für und gegen die Täterschaft des Angeklagten sprechenden Indizien vorgenommen hat. Bei der Beurteilung der Glaubhaftigkeit der Angaben des Tatopfers darf sich der Tatrichter nicht darauf beschränken, Umstände, die gegen die Zuverlässigkeit der Aussage sprechen könnten, gesondert und einzeln zu erörtern sowie getrennt voneinander zu prüfen, und festzustellen, daß sie jeweils nicht geeignet seien, die Glaubhaftigkeit in Zweifel zu ziehen (BGHR StPO § 261 Beweiswürdigung 14; Beweiswürdigung, unzureichende 1). Die Strafkammer hat zwar die Bekundungen der Zeugin B. B. (Ehefrau des Angeklagten und Mutter des Tatopfers) sowie der Zeugen A. B. (Bruder des Angeklagten) und M. B. (Sohn des Angeklagten und Bruder des Tatopfers) jeweils für sich bewertet; dazu gehörten neben zahlreichen anderen Punkten auch die Angaben von Bruder und Mutter der Geschädigten, von dem jahrelangen sexuellen Mißbrauch (im selben Haushalt) nichts bemerkt zu haben. Es fehlt jedoch eine Gesamtschau und Gesamtabwägung aller Beweise; daß diese vorgenommen worden wäre, läßt sich dem Urteil nicht entnehmen. Das wäre indessen hier geboten gewesen, weil die Anzeigeerstattung erst viele Jahre nach den in Rede stehenden Taten erfolgt ist und zum Tatgeschehen – beim Fehlen objektiver Tatspuren – Aussage gegen Aussage steht. ...

2. Liegen mehrere Beweisanzeichen vor, so genügt es nicht, sie jeweils einzeln abzuhandeln, erforderlich ist vielmehr eine Gesamtwürdigung.

StPO § 261 – BGH Urt. v. 12. 9. 2001 – 2 StR 172/01 LG Gießen (= NStZ 2002, 48)

Die Revisionen der Staatsanwaltschaft und der Nebenklägerin rügen, die Beweiswürdigung sei nicht frei von Rechtsfehlern und erstrebten eine Verurteilung des Angeklagten auch wegen versuchten sexuellen Mißbrauchs eines Kindes in Tateinheit mit versuchter sexueller Nötigung.

Sachverhalt: Bei dem Angeklagten entwickelten sich seit Sommer 1999 Phantasien, in denen er sich konkrete Situationen vorstellte, die ihm durch Beobachtung von Angst und Hilflosigkeit anderer ein Gefühl der Macht vermittelten, was bei ihm eine sexuelle Erregung erzeugte. So stellte er sich vor, daß er in Häuser eindringe, Gartenhäuser anzünde, Inder entführe, sich ihrer bemächtige oder erwachsene Frauen vergewaltige. Nach einigen Monaten begnügte er sich nicht mehr mit den Phantasien allein, sondern suchte konkrete Situationen auf, um sich den gewünschten „Kick" – die sexuelle Erregung – zu verschaffen. So fuhr er durch Gegenden mit Gartenhäusern, beobachte ihm geeignet erscheinende Objekte und stellte sich vor, einzubrechen und sie in Brand zu setzen. Einige Male hielt er nach Kindern Ausschau, die ihm besonders unterlegen schienen. Bei den konkreten Begegnungen hatte er die Macht- und Ohnmachtsvorstellungen, aber niemals die Vorstellung von sexuellen Handlungen in Bezug auf das jeweilige Kind.

Am 24. 1. 2000 überkam ihn während einer Autobahnfahrt wieder der Wunsch, sich durch Beobachten von Kindern, verbunden mit der Vorstellung, sich eines Kindes zu bemächtigen bzw. es zu entführen, einen „Kick" zu verschaffen. Er fuhr deshalb von der Autobahn ab und begegnete der 7-jährigen W., der Nebenklägerin, die von der Schule kommend auf dem Nachhauseweg war. Der Angeklagte fuhr zunächst eine Strecke von 50–100 m langsam mit dem Auto hinter dem Mädchen her. Plötzlich fasste er den Entschluß, sich des Kindes wirklich zu bemächtigen und es zu entführen. Er fuhr an ihm vorbei, hielt kurz davor an, stieg aus, ging um den Wagen herum und öffnete die hintere rechte Fahrzeugtür. Er packte das Mädchen am Schulranzen, warf es auf die Rückbank des Autos, schlug die Tür zu und stieg auf der Fahrerseite wieder ein, um weiterzufahren.

Dies misslang jedoch, da der Zeuge Wi., der das Geschehen beobachtet hatte und dem es merkwürdig vorkam, sein Fahrzeug schräg vor den Wagen des Angeklagten stellte. Als der Zeuge Wi. an die Scheibe klopfte, ließ der Angeklagte sie herunter und antworte auf die Frage des Zeugen, was mit dem Kind sei, er sei der Onkel. Auf den Hinweis des Zeugen, daß das Kind weine, erklärte er, das Mädchen sei „ausgebüxt", er wolle es zurückbringen.

W. war inzwischen durch die nicht verriegelte rechte hintere Fahrzeugtür aus dem Auto gestiegen und stand auf dem Bürgersteig daneben. Nachdem der Zeuge den Namen des Angeklagten aus dessen Ausweis und die Fahrzeugnummer notiert hatte, bot der Angeklagte dem verstörten Mädchen an, es nach Hause zu fahren, worauf dieses einging. Dem Angeklagten tat sein Verhalten leid. Als W. einige Minuten später ausgestiegen war, lief sie weinend ihrer Mutter entgegen und erzählte, was geschehen war. Die Mutter erstattete Anzeige bei der Polizei. Diese konnte aufgrund der vom Zeugen Wi. erhaltenen Informationen den Angeklagten bereits am nächsten Tag festnehmen.

Der Angeklagte war bei der Tat aufgrund einer Triebanomalie mit Suchtcharakter, die als schwere andere seelische Abartigkeit einzustufen ist, in seiner Steuerungsfähigkeit erheblich beeinträchtigt.

Das Landgericht hat den Angeklagten wegen Nötigkeit in Tateinheit mit versuchter Freiheitsberaubung und mit versuchter Entziehung einer Minderjährigen zu einer Freiheitsstrafe unter Strafaussetzung zur Bewährung verurteilt. Seine Unterbringung in einem psychiatrischen Krankenhaus wurde angeordnet und deren Vollstreckung ebenfalls zur Bewährung ausgesetzt. – Die Rechtsmittel hatten Erfolg.

Gründe: ...

2. Die Beweiswürdigung des Landgerichts ist nicht frei von Rechtsfehlern.

a) Das Revisionsgericht ist zwar nur eingeschränkt zur Überprüfung der Beweiswürdigung berufen und in der Lage. Es kann nur dann eingreifen, wenn die Beweiswürdigung rechtsfehlerhaft ist, etwa weil sie Widersprüche, Unklarheiten oder Lücken aufweist oder wenn sie gegen Denkgesetze oder gegen gesicherte Erfahrungssätze verstößt (st. Rspr.; BGH NStZ-RR 2000, 171 f. [BGH Urt. v. 8. 2. 2000 – 5 StR 310/99; vgl. § 261 StPO erfolgreiche Rügen]; NStZ 2000, 436 f. [BGH Urt. v. 11. 4. 2000 – 1 StR 55/00; vgl. § 261 StPO erfolglose Rügen]; BGHR StPO § 261 Überzeugungsbildung 33; Beweiswürdigung 2 [BGH Urt. v. 10. 12. 1986 – 3 StR 500/86; vgl. § 261 StPO erfolglose Rügen], 11, 13, 14). Liegen mehrere Beweisanzeichen vor, so genügt es nicht, sie jeweils einzeln abzuhandeln, erforderlich ist vielmehr eine Gesamtwürdigung (vgl. BGH NStZ 1983, 133, 134 [BGH Urt. v. 25. 11. 1982 – 4 StR 564/82; vgl. § 261 StPO erfolgreiche Rügen]; BGHR StPO § 261 Indizien 1 [BGH Beschl. v. 3. 7. 1986 – 2 StR 98/86; vgl. § 261 StPO erfolgreiche Rügen], 2 [BGH Beschl. v. 8. 4. 1987 – 2 StR 134/87; vgl. § 261 StPO erfolgreiche Rügen], 7). Auch bei entlastenden Angaben des Angeklagten hat der Tatrichter sich eine Überzeugung von Richtigkeit oder Unrichtigkeit aufgrund des gesamten Beweisergebnisses der Beweisaufnahme zu bilden. Er darf solche Angaben, deren Wahrheitsgehalt fraglich ist, nicht ohne weiteres als unwiderlegt hinnehmen und seiner Entscheidung zugrundelegen, wenn für deren Richtigkeit keine zureichenden Anhaltspunkte bestehen (BGHSt. 34, 29, 34[1]; BGHR

---

[1] „Im übrigen weist der Senat für die neue Hauptverhandlung darauf hin, daß der Tatrichter auch entlastende Angaben eines Angeklagten zu seinem Alkoholgenuß, für deren Richtigkeit oder

StPO § 261 Überzeugungsbildung 29.). An diesen Maßstäben gemessen hat das angefochtene Urteil keinen Bestand.

b) Nach den Feststellungen hat der Angeklagte sich dahin eingelassen, er habe keine Vorstellung, wie das Geschehen weiter verlaufen wäre, wenn der Zeuge Wi. ihn nicht aufgehalten hätte. Er habe sich bei seinem Tatentschluß darüber keine Gedanken gemacht. Vermutlich hätte er das Kind irgendwo wieder freigelassen, wie in einem 15 Jahre zurückliegenden Fall. Diese Einlassung hält das Landgericht für nicht widerlegt. Es ist zwar der Auffassung, daß die Angaben lebensfremd erscheinen, da nach allgemeiner Erfahrung immer ein Sexualakt oder jedenfalls eine genital sexuelle Befriedigung am Ende entsprechender sexualbezogener Handlungen stehe, meint jedoch, diese Angaben als unwiderlegt hinnehmen zu müssen, weil der psychiatrische Sachverständige Professor Sch. dargelegt hat, daß die Einlassung des Angeklagten zu seinem Sexualleben zu einer in der Wissenschaft bekannten präsexuellen Triebdevianz passe. Außer dieser medizinisch aufgewiesenen Möglichkeit führt das Urteil keine weiteren Indizien für die Richtigkeit der Einlassung an.

Das Landgericht befasst sich mit Beweisanzeichen für die Unrichtigkeit der Einlassung und gelangt zu dem Ergebnis, daß diese nicht genügten, um den Angeklagten der Planung sexueller Handlungen zu überführen. Dabei handelt es die Äußerung des Angeklagten gegenüber dem Psychotherapeuten K. unmittelbar nach der Tat, er wäre beinahe zum Sexualstraftäter geworden, die eigenen Aufzeichnungen des Angeklagten vom Tattag über das Geschehen sowie die ihn belastenden Angaben in seiner polizeilichen und richterlichen Vernehmung jeweils einzeln ab und unterzieht sie einzeln einer Wertung. Das Landgericht ist der Meinung, daß die Aussage des Angeklagten vor dem Haftrichter – er habe sich keine Vorstellungen gemacht, welche sexuellen Handlungen er an dem Kind vornehmen wollte – mehrdeutig sei und allein zur Überführung des Angeklagten im Sinne des Versuchs eines sexuellen Mißbrauchs bzw. des Versuchs einer sexuellen Nötigung nicht ausreiche. Das Urteil beschränkt sich darauf, die Umstände, die für die Unrichtigkeit der Einlassung sprechen, gesondert und einzeln zu erörtern und getrennt voneinander zu prüfen. Es läßt eine zusammenschauende Würdigung aller dieser Beweisanzeichen vermissen.

Darin liegt ein Rechtsfehler. Der Tatrichter hat nicht auf der Grundlage des gesamten Beweisergebnisses entschieden, ob die entlastenden Angaben des Angeklagten geeignet sind, seine Überzeugungsbildung zu beeinflussen. Er hätte im Rahmen einer Gesamtwürdigung nachvollziehbar darlegen müssen, daß hinreichende Anhaltspunkte für die Richtigkeit der ihm lebensfremd erscheinenden Einlassung bestehen. Nur dann darf er sie als unwiderlegt erachten. Daran fehlt es hier, was zur Aufhebung des Urteils führt.

3. Eine Sitzungsniederschrift ist auslegungsfähig, wenn der dort festgehaltene Verfahrensgang keinen vernünftigen Sinn ergibt und deshalb so nicht stattgefunden haben kann.

StPO § 261 – BGH Beschl. v. 6. 9. 2001 – 3 StR 285/01 LG Düsseldorf (= StV 2002, 120 = NStZ 2002, 47)

Die Revision rügt, das Gericht habe das Ergebnis der Beweisaufnahme nicht erschöpfend gewürdigt.

Unrichtigkeit es keine Beweise gibt, nicht ohne weiteres als unwiderlegt hinzunehmen braucht. Er hat sich vielmehr aufgrund des gesamten Ergebnisses der Beweisaufnahme eine Überzeugung von der Richtigkeit oder Unrichtigkeit der Behauptung zu bilden. Dabei ist es für die richterliche Überzeugung erforderlich aber auch genügend, daß ein nach der Lebenserfahrung ausreichendes Maß an Sicherheit besteht, demgegenüber vernünftige Zweifel nicht mehr aufkommen können." (BGH Urt. v. 6. 3. 1986 – 4 StR 48/86).

Sachverhalt: Das Landgericht hat in der Hauptverhandlung den Aktenvermerk des Kriminalkommissars S. vom 25. 9. 2000 (Bl. 125 d.A.) und das Protokoll über die polizeiliche Nachvernehmung des Angeklagten vom 27. 9. 2000 Blatt 125 und 138 der Akte verlesen. Aus dem Aktenvermerk vom 25. 9. 2000 ergibt sich lediglich die Mitteilung des Verteidigers, der Angeklagte habe ihm gegenüber seinen Heroinlieferanten bezeichnet. Seite 1 (= Bl. 138 d.A.) der Nachvernehmung enthält allein die allgemeinen Belehrungen sowie die Ankündigung des Angeklagten, nunmehr die Wahrheit über seine Betäubungsmittelgeschäfte bekunden und insbesondere seinen Lieferanten benennen zu wollen, und endet mitten im Satz. Die – für Schuld- und Strafausspruch allein bedeutsame – eigentliche Aussage zur Sache folgt erst auf den folgenden Seiten des Vernehmungsprotokolls (Bl. 139–142 d.A.).

Das Landgericht hat den Angeklagten wegen unerlaubten Handeltreibens mit Betäubungsmitteln in nicht geringer Menge in 2 Fällen zu einer Gesamtfreiheitsstrafe verurteilt. – Das Rechtsmittel hatte Erfolg.

Gründe: Das Landgericht hat in der Hauptverhandlung den Aktenvermerk des Kriminalkommissars S. vom 25. 9. 2000 (Bl. 125 d.A.) und das Protokoll über die polizeiliche Nachvernehmung des Angeklagten vom 27. 9. 2000 (Bl. 138–142 d.A.) verlesen. Dies steht auf Grund der Sitzungsniederschrift fest (§ 274 StPO). Zwar sind nach deren Wortlaut lediglich Blatt 125 und 138 der Akte verlesen worden. Damit ist der Umfang der Beweiserhebung aber ersichtlich unzutreffend wiedergegeben. Aus dem Aktenvermerk vom 25. 9. 2000 ergibt sich lediglich die Mitteilung des Verteidigers, der Angeklagte habe ihm gegenüber seinen Heroinlieferanten bezeichnet. Seite 1 (= Bl. 138 d.A.) der Nachvernehmung enthält allein die allgemeinen Belehrungen sowie die Ankündigung des Angeklagten, nunmehr die Wahrheit über seine Betäubungsmittelgeschäfte bekunden und insbesondere seinen Lieferanten benennen zu wollen, und endet mitten im Satz. Die – für Schuld- und Strafausspruch allein bedeutsame – eigentliche Aussage zur Sache folgt erst auf den folgenden Seiten des Vernehmungsprotokolls (Bl. 139–142 d.A.). Für die Entscheidungsfindung war daher nur dessen vollständige Verlesung sinnvoll. Es ist daher auszuschließen, daß tatsächlich nur Blatt 125 und 138 der Akte verlesen wurden. Die danach gebotene und zulässige Auslegung der Sitzungsniederschrift (BGHSt. 31, 39, 41 [BGH Urt. v. 20. 4. 1982 – 1 StR 833/81; vgl. § 274 StPO erfolglose Rügen]) ergibt vielmehr, daß durch den Vermerk, Blatt 138 der Akte sei verlesen worden, tatsächlich die Verlesung des gesamten Protokolls der Nachvernehmung vom 27. 9. 2000 beurkundet werden sollte.

Nach dem verlesenen Inhalt der Nachvernehmung hat der Angeklagte gegenüber den ermittelnden Beamten sowohl zum Lieferanten als auch zum Abnehmer des von ihm gehandelten Heroins umfassende Angaben gemacht. Er hat sie namentlich bezeichnet und insbesondere zu Person und Aufenthalt seines Lieferanten zahlreiche Hinweise gegeben. Darüber hinaus hat er den Umfang von deren Verwicklung in die Betäubungsmittelgeschäfte dargelegt. Aufgrund dieser Aussage konnte die Anwendung des § 31 BtMG in Betracht kommen, so daß seine Erörterung geboten war. Indem das Landgericht sich mit der Anwendung dieser Vorschrift nicht auseinandergesetzt hat, hat es daher das Ergebnis der Beweisaufnahme nicht erschöpfend gewürdigt und damit gegen § 261 StPO verstoßen (BGHR StPO § 261 Inbegriff der Verhandlung 7 und 22 [BGH Beschl. v. 8. 8. 1990 – 3 StR 153/90; vgl. § 261 StPO erfolglose Rügen]; vgl. auch BGHSt. 38, 14, 16 f. [BGH Urt. v. 3. 7. 1991 – 2 StR 45/91; vgl. § 261 StPO erfolgreiche Rügen]).

Der Strafausspruch kann daher keinen Bestand haben, denn der Senat vermag nicht auszuschließen, daß das Landgericht von der Milderungsmöglichkeit nach § 31 BtMG Gebrauch gemacht und auf niedrigere Einzel- sowie auf eine geringere Gesamtstrafe erkannt hätte, wenn es die verlesene polizeiliche Aussage des Angeklagten in seine Würdigung des Beweisergebnisses mit einbezogen hätte.

4. Sind mehrere Tatmotive ausdrücklich als gegeben festgestellt, gebietet es – nach Ausschöpfung aller Aufklärungsmöglichkeiten – der Zweifelssatz, das für den Angeklagten günstigste als leitend anzusehen.

StPO § 261 – BGH Beschl. v. 9. 5. 2001 – 2 StR 123/01 LG Bonn (= StV 2001, 666)

Die Revision rügt die Verletzung sachlichen Rechts.

Sachverhalt: Der Angeklagte, dem die Voraussetzungen des § 21 StGB zur Tatzeit zugebilligt wurden, hat seiner schlafenden Frau in Tötungsabsicht mit einer gußeisernen Bratpfanne auf den Kopf geschlagen und sie, als der Griff der Pfanne abbrach, mit beiden Händen erwürgt. Der Angeklagte, der die finanzielle Situation der Familie als aussichtslos empfand, seiner stark alkoholkranken Frau hiervon aber nichts mitgeteilt hatte, war entschlossen, sich selbst umzubringen. Zugleich hatte er sich entschieden, auch seine Frau zu töten. Denn er schämte sich vor ihr und hatte große Angst, ihr die wahren Umstände zu offenbaren. Er war zudem der Meinung, daß seine Frau es in dieser desolaten finanziellen Situation nicht ohne ihn schaffen würde und ihr Obdachlosigkeit und Verwahrlosung drohten. Nach der Tötung seiner Frau unternahm der Angeklagte verschiedene Selbsttötungsversuche, die aber alle scheiterten. – Das Rechtsmittel hatte Erfolg.

Gründe: Ohne Rechtsfehler ist der Tatrichter davon ausgegangen, daß der Angeklagte bei der Tötung bewußt die Arg- und Wehrlosigkeit seiner Ehefrau ausgenutzt hat.

Die vom Landgericht für die – allerdings naheliegende – Bejahung der erforderlichen feindlichen Willensrichtung gegebene Begründung ist aber rechtlich nicht fehlerfrei. Zum einen ist die Feststellung zu einem der Tatmotive nicht nachvollziehbar. Zum anderen liegt ein Verstoß gegen den Zweifelssatz vor.

Der Tatrichter läßt zunächst die Frage offen, ob die Befürchtung des Angeklagten, „seine Ehefrau komme ohne ihn nicht zurecht, ihr drohe Obdachlosigkeit und Verwahrlosung bereits objektiv nicht nachvollziehbar ist und ob hier insoweit allein auf die subjektive Sichtweise des Angeklagten abzustellen ist." Das Landgericht führt dann aus: „Denn jedenfalls kann schon nicht festgestellt werden, daß das ‚pseudoaltruistische' Motiv, der Ehefrau ein Leben in Obdachlosigkeit und Verwahrlosung zu ersparen, bei der Tötung im Vordergrund stand. Wie bereits ausgeführt, lag der Tat vielmehr ein Motivbündel zugrunde, das auch eigensüchtige Beweggründe enthielt. Denn nach der eigenen Einlassung des Angeklagten war ein weiteres wichtiges Tatmotiv, daß er sich vor seiner Ehefrau schämte und große Angst vor ihrer Reaktion hatte, wenn er ihr die Kündigung und deren Hintergründe sowie die aktuelle finanzielle Situation offenbaren würde. Er rechnete damit, daß seine Frau ihm Vorwürfe machen würde, zumal er ihr in der Vergangenheit immer Vorhaltungen wegen ihrer Alkoholkrankheit gemacht hatte.

In den Fällen, in denen der Tat ein ganzes Motivbündel zugrundeliegt, wobei nicht feststeht, welches Motiv im Vordergrund stand, muß nicht zugunsten des Täters angenommen werden, daß das „pseudoaltruistische" Moment leitend war. Das Fehlen sicherer Erkenntnisse über die Beweggründe des Angeklagten steht der Annahme einer feindseligen Willensrichtung nicht entgegen (vgl. BGH MDR 1974, 366; NJW 1978, 709)."

Diese Überlegungen des Tatrichters sind schon deshalb nicht tragfähig, weil das „weitere wichtige Tatmotiv" einer unangenehmen Offenbarung der Ehefrau gegenüber kein Motiv für die Tötung auch der Ehefrau sein konnte. Denn bereits durch den beabsichtigten Selbstmord hätte der Angeklagte sich etwaige Vorwürfe erspart. Seine Annahme, er müsse hierzu – vorab – auch seine Ehefrau töten, ist ohne nähere Darlegung nicht nachvollziehbar.

Es ist auch ein Verstoß gegen den Zweifelssatz gegeben. Richtig ist zwar, daß der Zweifelssatz nicht bedeutet, daß das Gericht von der dem Angeklagten jeweils (denkbar) günstigsten Fallgestaltung auch dann ausgehen muß, wenn hierfür keine Anhaltspunkte bestehen (st. Rspr.). Sind aber mehrere Tatmotive ausdrücklich als gegeben festgestellt, gebietet es – nach Ausschöpfung aller Aufklärungsmöglichkeiten – der Zweifelssatz, das für den Angeklagten günstigste als leitend anzusehen. Dem werden die Ausführungen des Landgerichts nicht gerecht.

Der Senat kann nicht ausschließen, daß auf diesen rechtlich bedenklichen Feststellungen und Erwägungen die Annahme des Mordmerkmales Heimtücke beruht. Das angefochtene Urteil war daher mit den Feststellungen aufzuheben.

Der Senat kann weiter nicht ausschließen, daß ein neuer Tatrichter aufgrund rechtsfehlerfrei getroffener Feststellungen und Überlegungen erneut zu einem Schuldspruch wegen Heimtückemordes gelangt. Es ist nämlich nicht ohne weiteres ersichtlich, daß der Angeklagte begründet meinte, zum Besten des Opfers zu handeln. Ein Fall des erweiterten Selbstmordes (vgl. BGH NJW 1978, 709) scheidet aus, weil der Angeklagte und seine Frau nicht übereinstimmend handelten. Vielmehr hat der Angeklagte einseitig seiner Frau das Lebensrecht abgesprochen. Der Senat ist daher nicht dem Antrag des GBA auf Schuldspruchänderung in Totschlag gefolgt, sondern hat die Sache insgesamt zu neuer Verhandlung und Entscheidung an das Landgericht zurückverwiesen.

Der neue Tatrichter wird auch zu beachten haben, daß eine strafschärfende Wertung des Umstandes, daß der Angeklagte nach dem Scheitern des ersten Angriffs mit der Pfanne sofort hartnäckig nachgesetzt hat, besorgen läßt, daß dem Angeklagten rechtsfehlerhaft (§ 46 Abs. 3 StGB) die Tatvollendung als solche zur Last gelegt wurde (vgl. auch BGHR StGB § 46 Abs. 3 Vollendung 1).

5. Wirkstoffanteile von Betäubungsmitteln können als Befundtatsachen in zulässiger Weise nur durch Gutachtenerstattung eines Sachverständigen in der Hauptverhandlung oder durch dortige Verlesung nach § 256 I StPO ordnungsgemäß eingeführt werden.

StPO § 261 – BGH Beschl v. 23. 3. 2001 – 2 StR 449/00 LG Wiesbaden (= StV 2001, 667)

Die Revision rügt, das Gericht habe seine Überzeugung von dem Wirkstoffgehalt der sichergestellten Betäubungsmittel nicht aus dem Inbegriff der Hauptverhandlung geschöpft, insbesondere in der Hauptverhandlung weder die Gutachten über die Wirkstoffanteile der Betäubungsmittel verlesen noch deren Verfasser oder ein sonstiger Angehöriger der begutachtenden Behörde als Sachverständiger gehört.

Der Sachverhalt ergibt sich aus dem Revisionsvorbringen. – Das Rechtsmittel hatte Erfolg.

Gründe: Zur Rüge der Verletzung des § 261 StPO hat der GBA in seiner Zuschrift an den Senat ausgeführt:

„Das Landgericht hat seine Überzeugung von dem Wirkstoffgehalt der sichergestellten Btm nicht aus dem Inbegriff der Hauptverhandlung geschöpft (BGHR StPO § 261 Inbegriff der Verhandlung 10 [BGH Beschl. v. 3. 5. 1988 – 1 StR 181/88; vgl. § 261 StPO erfolgreiche Rügen], 19 [BGH Beschl. v. 10. 8. 1989 – 4 StR 393/89; vgl. § 261 StPO erfolgreiche Rügen]). Die Revision beanstandet zu Recht, daß in der Hauptverhandlung weder die Gutachten des Hessischen LKA v. 1. 2. und 7. 12. 1999 über die Wirkstoffanteile der Btm gem. § 256 Abs. 1 StPO verlesen noch deren Verfasser oder ein sonstiger Angehöriger der genannten Behörde als Sachverständiger gehört wurde. Die Gutachten sind auch nicht auf eine andere zulässige Weise in die Hauptverhandlung eingeführt worden. Zwar wurden ausweislich der dienstlichen Stellungnahme des Berichterstatters mit dem Kriminalbeamten Sch. auch die Position des Gutachtens des Hess. LKA v. 1. 2. 1999 erörtert. Ausweislich dieser dienstlichen Erklärung wurden dem Polizeibeamten jedoch die festgestellten einzelnen Wirkstoffanteile nicht vorgehalten. Unbeschadet dessen können die Wirkstoffanteile als Befundtatsachen in zulässiger Weise nur im Wege der Gutachtenerstattung durch den Sachverständigen in der Hauptverhandlung oder durch Verlesung nach § 256 Abs. 1 StPO ordnungsgemäß in die Hauptverhandlung eingeführt werden (BGHR a.a.O. Inbegriff der Verhandlung 10). Der Zeuge Sch. konnte hingegen zu den Befundtatsachen keine Angaben machen.

Der Rechtsfehler nötigt zur Aufhebung des Urteils nicht nur im Straf-, sondern auch im Schuldspruch, weil die Höhe des – im Falle der Heroinzubereitung zudem vom Landgericht unzutreffend berechneten – Wirkstoffanteils für die Frage von Bedeutung ist, ob der Tatbestand des unerlaubten Handeltreibens mit Btm in nicht geringer Menge nach § 29a Abs. 1 BtMG erfüllt ist.

Die Feststellungen können jedoch mit Ausnahme derjenigen zum Wirkstoffgehalt der sichergestellten Btm aufrechterhalten werden, weil nur die Letztgenannten von dem Verfahrensfehler berührt sind. Die Feststellungen, daß es sich um Heroin- und Kokainzubereitung gehandelt hat, beruhen, wie sich aus den Urteilsgründen und der dienstlichen Erklärung des Berichterstatters ergibt, auf den Aussagen der Kriminalbeamten St., H., R. und Sch."

Dem tritt der Senat bei.

6. Der Konstanz des bloßen Bestreitens eines Angeklagten unter bloßer Beschuldigung eines früheren Mitangeklagten kommt in der Regel nicht der gleiche Beweiswert zu wie der Konstanz einer Zeugenaussage.

StPO § 261 – BGH Urt. v. 17. 1. 2001 – 2 StR 437/00 LG Trier (= NStZ 2001, 491)

Die Revisionen der Staatsanwaltschaft und der Nebenkläger rügen die Verletzung sachlichen Rechts.

Sachverhalt: Das Landgericht hat den Angeklagten wegen unerlaubten Handeltreibens mit Betäubungsmitteln in nicht geringer Menge zu einer Freiheitsstrafe verurteilt. Von dem Vorwurf des Mordes und des Raubs mit Todesfolge hat es ihn freigesprochen. – Das Rechtsmittel hatte Erfolg.

Gründe: ... Die Sachrüge führt zur Aufhebung des Freispruchs, weil die Beweiswürdigung des Landgerichts rechtlicher Nachprüfung nicht standhält.

a) Die Beweiswürdigung ist grundsätzlich Sache des Tatrichters und vom Revisionsgericht nur auf Rechtsfehler zu überprüfen. Die bloße Unwahrscheinlichkeit eines vom Tatrichter festgestellten Geschehens führt für sich allein ebenso wenig zur Rechtsfehlerhaftigkeit wie der Umstand, daß abweichende Feststellungen möglich wären. Die Beweiswürdigung muß jedoch in sich schlüssig und frei von Lücken und Widersprüchen sein; mit naheliegenden Möglichkeiten eines von den Feststellungen abweichenden Geschehensablaufs hat sich der Tatrichter auseinander zusetzen. Aus den Urteilsgründen muß sich ergeben, daß die einzelnen Beweisergebnisse nicht nur isoliert gewertet, sondern von einem zutreffenden Ausgangspunkt betrachtet und unter diesem Blickwinkel in eine umfassende Gesamtwürdigung eingestellt wurden.

b) Diesen Anforderungen genügt das angefochtene Urteil nicht, soweit sich das Landgericht nicht davon zu überzeugen vermochte, daß der Angeklagte an der Tötung des Rauschgiftlieferanten M. beteiligt war. Da der frühere Mitangeklagte P. sich sowohl als Angeklagter, als auch – nach Verfahrensabtrennung – als Zeuge zur Sache nicht eingelassen hat, stützen sich die Feststellungen des Landgerichts weitgehend auf die Einlassung des Angeklagten selbst. Dieser hat die festgestellten Rauschgift-Geschäfte eingeräumt, eine Beteiligung an der Tötung des M. jedoch bestritten. Der Ansatz, von welchem aus das Landgericht diese Einlassung gewürdigt hat, erweist sich insoweit als rechtsfehlerhaft, als sich die Beweiswürdigung im Wesentlichen auf die Prüfung beschränkt, ob die durchweg als „Geständnis" bezeichnete, den Mitangeklagten P. belastende Einlassung des Angeklagten durch andere Beweisergebnisse widerlegt sei. Durch diesen Ansatz hat sich das Landgericht den Blick darauf verstellt, daß es sich bei der Tatschilderung des Angeklagten nicht um eine Zeugenaussage im Verfahren gegen P. und im Kern auch nicht um ein Geständnis handelte, sondern um das Bestreiten des gegen den Angeklagten selbst gerichteten Tatvorwurfs. Der unzutreffende Ansatzpunkt wird etwa in der Erwägung deutlich, für die Glaubhaftigkeit der Einlassung des Angeklagten spreche die Konstanz seiner Schilderung des Kerngeschehens. Tatsächlich beschränkte sich, wie die umfangreiche Darstellung der verschiedenen im Verfahrensverlauf gegebenen Einlassungen des Angeklagten zeigt, diese Kostanz im Wesentlichen auf die Behauptung, nicht er, sondern P. hatte den M. getötet. Der bloßen Konstanz des Bestreitens eines Beschuldigten kommt das vom Landgericht genommene Gewicht in der Regel nicht zu. ...

7. Bei Aussage gegen Aussage und Unwahrheit eines Aussageteils muß der Tatrichter außerhalb der Zeugenaussage liegende gewichtige Gründe nennen, die es ihm ermöglichen, der Zeugenaussage im übrigen dennoch zu glauben.

StPO § 261 – BGH Beschl. v. 19. 10. 2000 – 1 StR 439/00 LG Ellwangen (= NStZ 2001, 161)

Die Revision rügt die Verletzung sachlichen Rechts.

Sachverhalt: Das Gericht hat keinen Zweifel an den weitergehenden, sich nur aus der Aussage der Geschädigten ergebenden Tatmodalitäten, obwohl es selbst davon ausgeht, daß die Geschädigte im Hinblick auf die histrionische Persönlichkeitsstörung bei der Schilderung der sexuellen Übergriffe zu Übertreibungen – insbesondere hinsichtlich der Intensität der Übergriffe – neigt. – Das Rechtsmittel hatte Erfolg.

Gründe: Die von der Revision erhobene Sachrüge gibt keinen Anlaß zur Beanstandung des Schuldspruchs. Jedoch hat das Landgericht die Frage, ob der Angeklagte in den Fällen II. 5., 7. und 8. zusätzliche Tatmodalitäten erfüllt hat, nicht rechtsfehlerfrei behandelt. Dieser Fehler berührt indessen nur den Schuldumfang und damit den Strafausspruch. Wenn Aussage gegen Aussage steht und die Entscheidung im wesentlichen davon abhängt, welchen Angaben das Gericht folgt, müssen die Urteilsgründe erkennen lassen, daß der Tatrichter alle Umstände, die die Entscheidung beeinflussen können, erkannt und in seine Überlegungen einbezogen hat (St. Rspr.; vgl. nur BGH NStZ-RR 1999, 108 [BGH Beschl. v. 25. 11. 1998 – 2 StR 496/98; vgl. § 261 StPO erfolgreiche Rügen]). Das gilt besonders, wenn sich sogar die Unwahrheit eines Aussageteils herausstellt. Dann muß der Tatrichter jedenfalls regelmäßig außerhalb der Zeugenaussage liegende gewichtige Gründe nennen, die es ihm ermöglichen, der Zeugenaussage im Übrigen dennoch zu glauben (BGHSt. 44, 153, 158 [BGH Urt. v. 29. 7. 1998 – 1 StR 94/98; vgl. §§ 200, 261 StPO erfolgreiche Rügen]; 256, 257 [BGH Urt. v. 17. 11. 1998 – 1 StR 450/98; vgl. § 261 StPO erfolglose Rügen]).

a) Diesen erhöhten Anforderungen ist das angefochtene Urteil zwar zu der grundsätzlichen Frage, ob in den einzelnen zur Entscheidung stehenden Fällen überhaupt sexuelle Übergriffe des Angeklagten gegenüber der Zeugin M. M. stattgefunden haben, noch gerecht geworden.

Die insoweit ausführliche Glaubwürdigkeitsprüfung läßt relevante Lücken nicht erkennen. Die Strafkammer hat insbesondere die hier durchaus naheliegende Möglichkeit einer auf die histrionische Persönlichkeitsstörung der Zeugin zurückzuführenden bewußt unwahren Aussage mit rechtlich nicht zu beanstandender Begründung ausgeschlossen. Sie begründet dies nicht nur mit dem Aussageverhalten der Zeugin in der Hauptverhandlung und den im Gegensatz zu den vorgetäuschten Straftaten detailhaften Schilderungen, sondern vor allem auch mit außerhalb der Zeugenaussage liegenden gewichtigen Indizien. Hierzu zählen die für glaubhaft erachteten Bekundungen des Zeugen A. M. über Angaben der Zeugin zu sexuellen Übergriffen des Angeklagten, die diese ihm gegenüber bereits als Acht- oder Neunjährige und damit vor Entwicklung der Persönlichkeitsstörung gemacht hatte. Ferner hat die Kammer die Feststellungen zu vergleichbaren Übergriffen auf die Zeugin S. und auf C. H., die Tochter der Zeugin S. H., herangezogen, die auf die Angaben der Zeugin S. zu derartigen Übergriffen und auf der – durch weitere Beweisanzeichen bestätigten – Aussage der Zeugin S. H. zu einem Bericht ihrer Tochter C. gestützt werden. Weitere Indizien ergeben sich aus den Angaben der Zeugin Dr. Me. über Anhaltspunkte für einen sexuellen Mißbrauch und des Zeugen Z. über Rufe der Geschädigten im Schlaf.

Wenn die Strafkammer in der Gesamtschau dieser Indizien zur Glaubhaftigkeit der Angaben der Zeugin gelangt ist, läßt dies insoweit einen Rechtsfehler nicht erkennen, als es um die Frage geht, ob es in den zur Entscheidung stehenden Fällen überhaupt zu sexuellen Übergriffen des Angeklagten gekommen ist.

b) Das Landgericht hält indessen über die Grundstruktur alle angeklagten Fälle – Betasten des nackten Körpers des Opfers und Onanieren – hinausgehend auch für erwiesen, daß in den Fällen II. 2. und 7. M. M. zusätzlich den Angeklagten mit der Hand befriedigen mußte und daß in den Fällen II. 5. und 8. der Angeklagte sich zusätzlich auf M. M legte und seinen Penis an deren Scheide rieb. Hierbei stützt es sich allein auf die Aussage der Geschädigten. Diese weitergehenden Tatmodalitäten erfahren in keiner anderen Zeugenaussage eine Bestätigung. Die Zeuginnen S. und S. H. sprechen hinsichtlich der vergleichbaren anderen sexuellen Übergriffe des Angeklagten gegenüber Kindern ausdrücklich nur von einem Onanieren im Beisein des jeweiligen Tatopfers. Auch der Zeuge A. M. bestätigt nur, die Geschädigte habe ihm bereits früher erzählt, der Angeklagte habe sie „im Brustbereich betatscht und ihr zwischen die Beine gelangt". Objektive Indizien für weitergehende sexuelle Handlungen fehlen.

Das Urteil genügt daher insoweit nicht den für derartige Fallgestaltungen geltenden Grundsätzen der Beweiswürdigung. Die Beweiswürdigung des Landgerichts ist zudem widersprüchlich, wenn dieses keinen Zweifel an den weitergehenden, sich nur aus der Aussage der Geschädigten ergebenden Tatmodalitäten hat, obwohl es selbst davon ausgeht, daß die Geschädigte im Hinblick auf die histrionische Persönlichkeitsstörung bei der Schilderung der sexuellen Übergriffe zu Übertreibungen – insbesondere hinsichtlich der Intensität der Übergriffe – neigt.

Der aufgezeigte Fehler betrifft nicht den Schuldspruch insgesamt, sondern nur den Schuldumfang. Die Glaubwürdigkeit der Zeugin hinsichtlich des Grundgeschehens aller 8 sexuellen Übergriffe wird dadurch, daß ihr hinsichtlich zum Teil weitergehender Tathandlungen nicht geglaubt werden kann, nicht in Frage gestellt. ...

8. Die wörtliche Verwertung eines nicht in die Hauptverhandlung eingeführten schriftlichen Gutachtens verstößt gegen § 261 StPO.

StPO §§ 261, 249 – BGH Urt. v. 6. 9. 2000 – 2 StR 190/00 LG Kassel (StV 2000, 655)

Die Revision rügt, das Landgericht habe gegen § 261 StPO verstoßen, indem es bei seiner Entscheidung den Wortlaut ärztlicher Gutachten verwertet habe, ohne diese Gutachten ordnungsgemäß durch Verlesung gem. § 249 I StPO in die Hauptverhandlung eingeführt zu haben.

Sachverhalt: Die Strafkammer teilt in den Urteilsgründen im Rahmen der Feststellungen zum Sachverhalt das schriftliche Gutachten des Prof. Dr. S. v. 8. 3. 1991 auszugsweise im Wortlaut mit. Die wörtliche Wiedergabe erstreckt sich über mehr als sechs Urteilsseiten. Eine förmliche Verlesung des Gutachtens gem. § 249 Abs. 1 StPO ist in der Hauptverhandlung nicht erfolgt, was durch das Schweigen des Hauptverhandlungsprotokolls bewiesen wird (BGH NStZ 1999, 424 [BGH v. 13. 4. 1999 – 1 StR 107/99; vgl. § 261 StPO erfolgreiche Rügen]; NStZ 1993, 51 [BGH v. 18. 8. 1992 – 5 StR 126/92; vgl. § 274 StPO erfolgreiche Rügen]; BGHR StPO § 261 Inbegriff der Verhandlung 11 [BGH Urt. v. 7. 9. 1988 – 2 StR 390/88; vgl. § 261 StPO erfolgreiche Rügen]). – Das Rechtsmittel hatte Erfolg.

Gründe: Jedenfalls mit der die Verwertung des Gutachtens des Prof. Dr. S. v. 8. 3. 1991 betreffenden Verfahrensbeanstandung dringt die Rüge durch. Das Landgericht hat Prof. Dr. S. nicht als Sachverständigen angehört, sondern als sachverständigen Zeugen dazu vernommen, daß er dieses Gutachten erstattet hat.

Durch ggfls. auf nicht protokollierungspflichtige Vorhalte gemachte Bekundungen des in der Hauptverhandlung als sachverständigen Zeugen vernommenen Prof. Dr. S. oder des darüber hinaus als Auskunftsperson in Betracht kommenden Sachverständigen Prof. Dr. Sc. ist der Wortlaut des Gutachtens v. 8. 3. 1991 ebenfalls nicht in die Hauptverhandlung eingeführt worden. Dem Urteil läßt sich lediglich entnehmen, daß der sachverständige Zeuge glaubhaft bestätigt hat, das auszugsweise zitierte Gutachten angefertigt zu haben. Demgegenüber fehlt ein Hinweis auf eine den Inhalt des Gutachtens bestätigende Erklärung des sachverständigen Zeugen oder des gerichtlichen Sachverständigen Prof. Dr. Sc. Wird ein nicht verlesenes Schriftstück ohne einen solchen Hinweis auf eine bestätigende Erklärung einer in der Hauptverhandlung vernommenen Auskunftsperson im Urteil auszugsweise wörtlich wiedergegeben, so deutet dies in der Regel darauf hin, daß der Wortlaut selbst zum Zwecke des Beweises verwertet worden ist und nicht nur eine ggf. auf einen Vorhalt abgegebene Bekundung (vgl. BGH NStZ 1999, 424; BGHSt. 11, 159, 161 f. [BGH Urt. v. 24. 10. 1957 – 4 StR 320/57; vgl. § 261 StPO erfolgreiche Rügen]). Bei den im Urteil wörtlich zitierten Auszügen aus dem Gutachten v. 8. 3. 1999 handelt es sich zudem um umfangreiche, sowohl inhaltlich als auch sprachlich komplex gestaltete Textpassagen, in denen anamnestische Angaben des Angeklagten sowie eigene umfängliche Untersuchungsergebnisse referiert werden und eine zusammenfassende gutachterliche Wertung der erhobenen Befunde formuliert ist. Die Einzelheiten dieser Gutachtenteile, insbes. der genaue Wortlaut, können nach der Lebenserfahrung von einer Auskunftsperson auch auf Vorhalt nicht aus der Erinnerung heraus wiedergegeben werden. Der Senat schließt daher aus, daß das Landgericht den Wortlaut der im Urteil zitierten Abschnitte des Gutachtens auf Grund der Angaben des sachverständigen Zeugen Prof. Dr. S. oder des Sachverständigen Prof. Dr. Sc. festgestellt hat (vgl. BGHSt. 5, 278 [BGH Urt. v. 12. 1. 1954 – 5 StR 668/53; vgl. § 249 StPO erfolglose Rügen]; 11, 159; BGHR StPO § 261 Inbegriff der Verhandlung 5 [BGH Beschl. v. 11. 8. 1987 – 5 StR 162/87; vgl. § 261 StPO erfolgreiche Rügen], 11, 12 [BGH Beschl. v. 21. 9. 1988 – 2 StR 457/88; vgl. § 261 StPO erfolgreiche Rügen]; BGH bei Holtz MDR 1991, 704).

Mit der wörtlichen Verwertung des nicht in die Hauptverhandlung eingeführten schriftlichen Gutachtens hat das Landgericht gegen § 261 StPO verstoßen. Der Senat kann bei der gegebenen Sachlage nicht ausschließen, daß das Urteil auf diesem Verfahrensfehler beruht. Denn die Strafkammer hat im Rahmen der Sachverhaltsfeststellungen auf eine eigene Schilderung des simulierten Verhaltens des Angeklagten verzichtet und sich statt dessen darauf beschränkt, verschiedene ärztliche Gutachten, darunter das Gutachten des Prof. Dr. S. v. 8. 3. 1991, auszugsweise wörtlich wiederzugeben und pauschal festzustellen, daß die „vorstehend genannten und in den Gutachten bescheinigten" gesundheitlichen Beeinträchtigungen niemals bestanden hätten.

Das Urteil kann demnach keinen Bestand haben, ohne daß es einer Erörterung der weiteren Verfahrensrügen oder der Sachbeschwerde bedarf.

Erfolgreiche Rügen Nr. 10 § 261 StPO

9. Wenn es auf den genauen Wortlaut eines Schriftstücks ankommt, muß dieses als Urkunde verlesen werden. Ein Vorhalt reicht nicht aus.

StPO §§ 261, 249 – BGH Urt. v. 30. 8. 2000 – 2 StR 85/00 LG Mühlhausen (StV 2000, 655 = NStZ 2001, 161)

Die Revision rügt, daß ein Schriftstück, das dem Urteil zugrundegelegt wurde, nicht Gegenstand der Verhandlung gewesen ist.

Sachverhalt: Die Urteilsgründe nehmen mehrfach auf ein Schreiben der V. v. 16. 11. 1992 Bezug, das im Wortlaut wiedergegeben und zusätzlich als Anlage 3 dem Urteil beigefügt ist. Ausweislich der Sitzungsniederschrift (§ 274 StPO) wurde dieses Schreiben nicht im Wege des Urkundenbeweises verlesen oder in sonst zulässiger Weise (z.B. im Wege des Selbstleseverfahrens nach § 249 Abs. 2 StPO) in die Hauptverhandlung eingeführt. – Das Rechtsmittel hatte Erfolg.

Gründe: Der Senat kann nicht ausschließen, daß das Urteil auf diesem Verstoß beruht. Zwar wurde das Schreiben der V. wiederholt Zeugen vorgehalten. Unter Umständen kann ein Vorhalt an Zeugen, Sachverständige oder Angeklagte eine Beweiserhebung im Rahmen des Urkundenbeweises erübrigen, dies gilt aber nicht, wenn es auf den genauen Wortlaut ankommt. Dies ist hier der Fall. Die Strafkammer stützt auf den Wortlaut dieses Schreibens maßgeblich die Feststellung, daß eine für die Erlangung von Fördermitteln erforderliche Finanzierungsbestätigung einer Bank nicht vorlag und der Angeklagte dies wußte. Die Urteilsgründe belegen somit, daß der genaue Wortlaut des – allerdings nur zweiseitigen – Schreibens von erheblicher beweismäßiger Bedeutung war. Ein Vorhalt war deshalb kein geeignetes Verfahren zur Beweiserhebung, da in einem solchen Falle nicht die Urkunde selbst, sondern nur die dazu abgegebene Erklärung der Person, der sie vorgehalten wurde, Beweisgegenstand ist. Dazu kommt, daß dann, wenn in der Hauptverhandlung nicht verlesene Schriftstücke ohne Hinweis auf eine bestätigende Einlassung des Angeklagten oder eine solche Erklärung einer anderen Auskunftsperson im Urteil wörtlich wiedergegeben werden, dies in der Regel darauf hindeutet, daß der Wortlaut selbst zum Zwecke des Beweises verwertet worden ist und nicht nur eine ggf. auf einen Vorhalt abgegebene Erklärung (vgl. BGH NStZ 1999, 424 [BGH v. 13. 4. 1999 – 1 StR 107/ 91; vgl. § 261 StPO erfolgreiche Rügen]; vgl. auch BGH StV 1987, 421 [BGHSt. 34, 397; vgl. § 261 StPO erfolglose Rügen]).

Das Urteil unterliegt somit schon auf Grund dieses Verfahrensverstoßes der Aufhebung.

10. Eine Beweiswürdigung, die zu Ungunsten des Angeklagten sprechende Umstände nicht ausreichend würdigt, ist fehlerhaft.

StPO § 261 – BGH Urt. v. 20. 6. 2000 – 5 StR 173/00 LG Cottbus (= NStZ 2000, 550)

Die Revisionen der Staatsanwaltschaft und der Nebenklägerin rügen die Verletzung materiellen Rechts.

Sachverhalt: Das Landgericht hatte den Angeklagten wegen Vergewaltigung in Tateinheit mit sexuellem Mißbrauch eines Kindes und wegen sexuellen Mißbrauchs eines Kindes in 90 Fällen sowie wegen sexueller Nötigung in Tateinheit mit sexuellem Mißbrauch eines Kindes und sexuellem Mißbrauch einer Schutzbefohlenen (jeweils begangen zum Nachteil seiner am 7. 9. 1979 geborenen Tochter M.) zu einer Gesamtfreiheitsstrafe verurteilt. Dieses Urteil hatte der Senat auf Revision des Angeklagten durch Beschluß vom 25. 11. 1997 wegen eines Verfahrensfehlers aufgehoben. Nunmehr hat das Landgericht den Angeklagten aus tatsächlichen Gründen freigesprochen.

Der Angeklagte hat sich dahin eingelassen, seine Tochter, die Nebenklägerin, zu keiner Zeit in der ihm vorgeworfenen Weise sexuell mißbraucht zu haben. Dies war ihm nach

Auffassung des Tatrichters in der erneuten Hauptverhandlung nicht zu widerlegen. Die Aussage der Nebenklägerin, die der Sachverständige – ein Kinder- und Jugendpsychiater – für glaubhaft befunden hat, konnte der Strafkammer nicht die Überzeugung von der Täterschaft des Angeklagten verschaffen. – Das Rechtsmittel hatte Erfolg.

Gründe: Die Beweiswürdigung des Landgerichts hält rechtlicher Überprüfung nicht stand.

Die Ausführungen zur Glaubwürdigkeit der Nebenklägerin sind teilweise widersprüchlich, es fehlt in wesentlichen Punkten an der erforderlichen Auseinandersetzung mit dem Gutachten des Sachverständigen und die Urteilsgründe lassen nicht ausreichend erkennen, daß das Gericht alle Umstände, die Schlüsse auch zuungunsten des Angeklagten ermöglichen, in die Gesamtwürdigung einbezogen hat.

a) Zunächst führt das Landgericht bei Beurteilung der Glaubwürdigkeit der Zeugin aus, daß ihre Aussage keine vordergründige Belastungstendenz aufweise. Es spreche auch nicht gegen ihre Aussage, daß sie erst nach Jahren – die Zeugin war inzwischen 16 Jahre alt – angefangen habe, den Angeklagten zu belasten. Insoweit folge es dem Gutachter, daß das Pubertätsalter für die Nebenklägerin ein günstiger Zeitpunkt gewesen sein könnte, eventuell über Jahre Aufgestautes auszusprechen. Demgegenüber wird die Glaubwürdigkeit der Nebenklägerin an anderer Stelle gerade mit der Erwägung in Zweifel gezogen, es sei unverständlich, daß sie sich trotz der jahrelang andauernden Vorfälle erst so spät jemandem offenbart habe. Hinzu komme, daß die Nebenklägerin mit den Beschuldigungen erst begonnen habe, als sie sich längst nach Beendigung der sexuellen Übergriffe in einem auf der allgemeinen Erziehungssituation beruhenden Konflikt mit dem Angeklagten befunden habe. Zur Begründung nimmt das Landgericht auch den Sachverständigen mit dem allgemeinen Erfahrungssatz in Anspruch, in Mißbrauchsfällen seien belastende Angaben, die aus einem Spontankonflikt erwachsen seien, grundsätzlich eher glaubhaft als solche, die im Zusammenhang mit einer allgemeinen Konfliktsituation stünden. Hierbei läßt die Strafkammer jedoch die relativierende Äußerung des Sachverständigen unerörtert, daß bei langanhaltenden Übergriffen auch eine Aussage in allgemeinen Konfliktsituationen glaubhaft und daß der Nebenklägerin die Aussage dadurch erleichtert worden sei, daß sie zum Zeitpunkt ihrer ersten Anschuldigungen nicht mehr bei dem Angeklagten gewohnt habe.

b) Das Landgericht hat sich auch deshalb nicht von der Täterschaft des Angeklagten zu überzeugen vermocht, weil die Aussagen der Zeugin gewisse Abweichungen und Unstimmigkeiten enthielten, die den Wahrheitsgehalt ihrer Bekundungen in Frage stellten. So habe die Zeugin in der erneuten Hauptverhandlung erstmals angegeben, daß ihr Vater bei der ersten Mißbrauchshandlung „total betrunken" gewesen sei. Die zeitliche Einordnung dieser ersten Tat stehe teilweise im Widerspruch zu anderen Beweisergebnissen. Zweifel seien auch deshalb angebracht, weil die Nebenklägerin hinsichtlich einer sexuellen Beziehung zu dem Zeugen W. unterschiedliche Angaben gemacht habe.

Auch vor dem Hintergrund dieser von dem Landgericht angenommenen Unstimmigkeiten war eine Auseinandersetzung mit dem Gutachten unerläßlich. Zwar ist der Tatrichter nicht gehindert, die Glaubwürdigkeit eines Zeugen anders zu beurteilen als der Sachverständige, da dessen Gutachten stets nur eine Grundlage der eigenen Überzeugungsbildung sein kann. Jedoch muß er, sofern er in einer schwierigen Frage den Rat eines Sachverständigen in Anspruch genommen hat und diese Frage dann im Widerspruch zu dem Gutachten lösen will, die Darlegungen im einzelnen wiedergeben, insbesondere dessen Stellungnahme zu den Gesichtspunkten, auf welche der Tatrichter seine abweichende Auffassung stützt. Anderenfalls ist dem Revisionsgericht die Prüfung nicht möglich, ob das Tatgericht das Gutachten zutreffend gewürdigt und aus ihm rechtlich zulässige Schlüsse gezogen hat (vgl. BGH NStZ-RR 1997, 172 [BGH Urt. v. 23. 1. 1997 – 4 StR 256/96; vgl. § 261 StPO erfolgreiche Rügen]; BGHR StPO § 261 – Sachverständiger 1 und 5]. Denn Abweichungen des Aussageinhalts erlauben nicht ohne weiteres den Schluß auf die Unglaubhaftigkeit; jedenfalls darf das Kriterium der Widerspruchsfreiheit und Konstanz einer Aussage nicht überbewertet werden (BGH NStZ-RR 1997, 172). Gerade deshalb hätte es einer Erörterung der Frage bedurft, welches Gewicht den vom Landgericht im einzelnen dargestellten Abweichungen und Unstimmigkeiten in der Aussage der Nebenklägerin, die im übrigen das Kerngeschehen nicht oder nur unwesentlich berühren, nach Auffassung des Sachverständigen sowie in Bezug auf die Beurteilung der speziellen Glaubwürdigkeit dieser Zeugin zukommt.

c) Die Beweiswürdigung begegnet schließlich insofern durchgreifenden Bedenken, als das Landgericht es versäumt hat, alle aus dem Urteil ersichtlichen wesentlichen Umstände, die Schlüsse auch zuungunsten des Angeklagten ermöglichen, in die gebotene Gesamtwürdigung einzubeziehen (vgl. BGHSt. 25, 285, 286 [BGH Urt. v. 13. 2. 1974 – 2 StR 552/73; vgl. § 261 StPO erfolgreiche Rügen]; BGH NStZ-RR 1997, 172, 173). Dies gilt namentlich für die im Urteil ausführlich dargestellte Entstehungsgeschichte der Aussage der Nebenklägerin. Nach den Feststellungen hat sie sich zunächst eher zögerlich und zurückhaltend gegenüber ihrer Freundin und später gegenüber professionellen Helfern geäußert, wobei sie erst allgemeine Andeutungen machte und erst auf näheres Befragen der Zeugin G., einer Psychologin des Jugendnotdienstes, von konkreten sexuellen Übergriffen ihres Vaters berichtete. In diesem Zusammenhang hätte auch berücksichtigt werden müssen, in welcher Verfassung sich die Nebenklägerin bei diesen ersten Angaben befand und in welcher Weise sie sich im einzelnen äußerte. Für die Glaubhaftigkeit sprechende Gesichtspunkte hätten auch darin gefunden werden können, daß die Zeugin nach den Urteilsfeststellungen zum Kerngeschehen identische Aussagen gemacht hat wie im Vorverfahren und daß Belastungstendenzen nicht erkennbar waren. Schließlich hätte es einer vertieften Erörterung bedurft, daß der Angeklagte einen Tag, nachdem er von den Anschuldigungen seiner Tochter erfahren hatte, dieser gegenüber als erste Reaktion erklärte, es tue ihm leid, was zwischen ihnen geschehen sei. Das Landgericht hält es für möglich, daß sich diese Entschuldigung auf andere Fehler des Angeklagten im Umgang mit seiner Tochter bezogen habe, wobei es den engen zeitlichen Zusammenhang zwischen der Mitteilung über die Anschuldigungen und dem Gespräch außer Acht läßt. Gerade dieser zeitliche Aspekt läßt die Erwägung des Landgerichts eher als fernliegend erscheinen. Daß das Landgericht auf die genannten Umstände nicht oder nur unvollständig eingeht, gibt Anlaß zu der Annahme, daß es die erforderliche Gesamtwürdigung aller Umstände, die für und gegen die Zuverlässigkeit der Angaben der Nebenklägerin sprechen, nicht vorgenommen hat.

11. Gericht muß nachprüfbar darlegen, daß die nach seiner Beurteilung glaubwürdigen Angaben einer Vertrauensperson durch ein oder mehrere andere Beweismittel, die auf eine Tatbeteiligung des Angeklagten hinweisen, ihre Bestätigung finden.

StPO § 261 – BGH Beschl. v. 7. 6. 2000 – 3 StR 84/00 LG Düsseldorf (607 = StV 2000, 603 = NStZ 2000)

Die Revision rügt die Verletzung materiellen Rechts.

Sachverhalt: Nach den Feststellungen gehörte der Angeklagte zu den Hintermännern eines gescheiterten Rauschgiftgeschäftes, bei dem 30 kg Heroin und 1 kg Kokain für 670 000 DM an die polizeiliche Vertrauensperson B. verkauft werden sollten. Nach deren Angaben kam es zu zahlreichen Treffen, bei denen für die Verkäuferseite unterschiedliche Personen tätig wurden. Der Angeklagte soll an 5 solcher Treffen teilgenommen und dabei neben weiteren im einzelnen dargestellten Handlungen die Vertrauenswürdigkeit des Scheinaufkäufers B. überprüft und seine Beteiligung an dem geplanten Geschäft mit zunächst 10 bis 12 kg, dann mit 8 kg Heroin angegeben haben.

Das Landgericht hat den Angeklagten wegen unerlaubten Handeltreibens mit Betäubungsmitteln in nicht geringer Menge zu einer Freiheitsstrafe von 9 Jahren verurteilt. – Das Rechtsmittel hatte Erfolg.

Gründe: Die Beweiswürdigung unterliegt durchgreifenden Bedenken. Das Landgericht stützt seine Überzeugung von der Täterschaft des nicht vorbestraften, die Tat bestreitenden Angeklagten auf die Angaben der Vertrauensperson, die diese gegenüber ihrem Führungsbeamten KHK E. in einer Vernehmung 2 Monate nach der Tat und in 4 weiteren Nachvernehmungen während der Zeit der Hauptverhandlung gemacht und die dieser als Zeuge in der Hauptverhandlung wiedergegeben hat. Von der Glaubwürdigkeit der Vertrauensperson konnte sich die Strafkammer nicht unmittelbar selbst überzeugen, weil der zuständige Innenminister eine Sperrerklärung abgegeben hatte.

Das Urteil muß schon deshalb aufgehoben werden, weil der Tatrichter bei der Beurteilung der Glaubwürdigkeit der Vertrauensperson einen rechtlich fehlerhaften Maßstab angelegt hat. Die Strafkammer hat die bestreitende Einlassung des Angeklagten als widerlegt angesehen durch die Angaben der Vertrauensperson, die durch eine „Vielzahl von Kriterien" gestützt würden und bei denen „sich im Laufe der Hauptverhandlung in keinem einzigen Punkt das Gegenteil zu der Darstellung der Vertrauensperson herausgestellt" habe. In den im Laufe der Hauptverhandlung erforderlich gewordenen Nachvernehmungen, die „zu Modifikationen der Schilderung und ihrer Ergänzung durch zahlreiche Details geführt" habe, sei die Vertrauensperson „in keinem Punkt völlig von ihrer ursprünglichen Aussage abgerückt". Die Beweisaufnahme habe ergeben, daß die Angaben der Vertrauensperson „nicht durch andere Beweismittel widerlegt worden" seien, andere Beweismittel diesen ihren Angaben nicht entgegenstehen oder ihre Richtigkeit in Frage stellten. Damit ist den Anforderungen der Rechtsprechung an die Glaubwürdigkeitsüberprüfung einer Vertrauensperson nicht Genüge getan.

1. Zwar werden die Angaben der Vertrauensperson teilweise durch andere Beweismittel gestützt. Diese anderen Beweismittel betreffen jedoch nicht die Tatbeteiligung des Angeklagten, sondern Mitangeklagte und andere anderweitig verfolgte Tatverdächtige, die, so die früheren Mitangeklagten H. und Ha., in Abrede gestellt haben, den Angeklagten zu kennen, oder bei denen dahinstehen könne, ob sie den Angeklagten persönlich kennengelernt hätten.

Damit fehlt es an Beweismitteln, die die Aussage der Vertrauensperson einerseits in bezug auf seine Wahrnehmungen von der Tatbeteiligung des Angeklagten, andererseits von der Zugehörigkeit des Angeklagten zur Personengruppe der Verkäuferseite bestätigen.

2. In dieser besonderen Beweissituation darf die Strafkammer sich bei der Bildung ihrer Überzeugung von der Täterschaft des Angeklagten nicht darauf beschränken, festzustellen und im einzelnen zu begründen, daß und warum sie die Angaben der Vertrauensperson durch die Beweisaufnahme nicht für widerlegt erachtet. Vielmehr muß sie nachprüfbar darlegen, daß die nach ihrer Beurteilung glaubwürdigen Angaben der Vertrauensperson durch ein oder mehrere andere Beweismittel, die auf eine Tatbeteiligung des Angeklagten hinweisen, ihre Bestätigung finden. Nach der Rechtsprechung des BGH ist bei der Beurteilung der Aussage eines Zeugen vom Hörensagen besondere Vorsicht geboten. Handelt es sich bei den von dem Vertrauensperson-Führer bezeugten Angaben um diejenigen eines anonymen Gewährsmanns, so darf darauf eine Feststellung regelmäßig nur dann gestützt werden, wenn diese Angaben durch andere wichtige Beweisanzeichen bestätigt worden sind (BGHSt. 42, 15, 25 [BGH Urt. v. 12. 1. 1996 – 5 StR 756/95; vgl. § 136 StPO erfolglose Rügen; § 261 StPO erfolgreiche Rügen]; 39, 141, 145 f. [BGH Urt. v. 10. 2. 1993 – 5 StR 550/92; vgl. § 244 III S. 1 StPO erfolgreiche Rügen]; 36, 159, 166 ff. [BGH Urt. v. 31. 3. 1989 – 2 StR 706/88; vgl. § 244 II StPO erfolgreiche Rügen]; BVerfG NStZ 1995, 600 [BVerfG Beschl. v. 19. 7. 1995 – 2 BvR 1142/93; vgl. § 110a StPO erfolgreiche Rügen]).

12. Die Auffassung des Revisionsgerichts zur Beweiswürdigung bindet den neuen Tatrichter.

StPO §§ 261, 358 – BGH Beschl. v. 30. 5. 2000 – 1 StR 610/99 LG Traunstein (= StV 2002, 14 = NStZ 2000, 551)

Die Revision rügt die Verletzung materiellen Rechts.

Sachverhalt: Das Landgericht hat den Angeklagten zu einer Gesamtfreiheitsstrafe verurteilt. Dieses Urteil hat der Senat auf die Revision des Angeklagten aufgehoben.

Zur Beweiswürdigung hat der Senat in seinem Urteil ausgeführt, die Strafkammer sei sich der Fallkonstellation „Aussage gegen Aussage" nicht ausreichend bewußt gewesen. Sie habe vor dem Hintergrund sich im Ergebnis widersprechender Gutachten über die Glaubhaftigkeit der Aussage des einzigen Belastungszeugen erhebliche Zweifel nicht ausgeräumt, die durch den Angeklagten entlastende Aussagen von Familienangehörigen entstanden waren. Außerdem habe die Einbeziehung dieser Aussagen in die erforderliche Gesamtwürdigung aller Beweise gefehlt. ...

Mit dem jetzt angefochtenen Urteil hat das Landgericht den Angeklagten wegen sexuellen Mißbrauchs von Kindern in 4 Fällen zu einer Gesamtfreiheitsstrafe von 2 Jahren und 6 Monaten verurteilt und ihn in 2 Fällen freigesprochen. Die gegen die Verurteilung gerichtete Revision des Beschwerdeführers hatte wiederum Erfolg. – Das Rechtsmittel hatte Erfolg.

Gründe: ...

II.

1. Nach § 358 1 StPO ist nach Aufhebung einer Verurteilung und Zurückverweisung einer Sache der neue Tatrichter bei seiner Entscheidung auch an die Auffassung des Revisionsgerichts zur Beweiswürdigung gebunden, wenn das Urteil an lückenhaften Feststellungen und Mängeln bei der Würdigung von Beweisen leidet. Die Mißachtung dieser Bindungswirkung im sachlich-rechtlichen Bereich ist auf die Sachrüge hin bei der erneuten Revision zu beachten. Der neue Tatrichter hat diese Fehler bei der neuen Entscheidung zu vermeiden. Das nunmehr angefochtene Urteil verstößt gegen § 358 StPO. Es weist im wesentlichen die gleichen Beweiswürdigungsfehler auf wie das seinerzeit aufgehobene landgerichtliche Urteil. Die Überzeugungsbildung der Strafkammer hält erneut rechtlicher Überprüfung nicht stand.

a) Es bestehen bereits Bedenken dagegen, daß die Strafkammer die vom Geschädigten behaupteten ersten sexuellen Übergriffe des Angeklagten in M. und zu der körperlichen Züchtigung im kalten Wasser der Badewanne lediglich als Vorgeschichte in der Form eines Berichts zu den die Verurteilung tragenden Tathandlungen darstellt und sie damit der Beweiswürdigung entzieht. Auf den vom Senat ausdrücklich angesprochenen Widerspruch bezüglich angeblicher Mißbrauchshandlungen an Samstagvormittagen geht das angefochtene Urteil nicht ein. Über den Vorfall in der Badewanne wird schlicht mitgeteilt, der Geschädigte habe wie festgestellt ausgesagt.

Eine an Realkennzeichen orientierte Analyse der Aussage über diesen Zeitraum enthält die Beweiswürdigung nicht, obwohl die Strafkammer erkennbar ihre Überzeugung von der Glaubhaftigkeit der Aussage des Geschädigten insgesamt auch auf diese Angaben stützt. Nach der Rechtsprechung des BGH hätte die Strafkammer die Aussage zu diesen Punkten besonders kritisch prüfen müssen. Hält der einzige Belastungszeuge seine Vorwürfe ganz oder teilweise nicht aufrecht oder stellt sich sogar die Unwahrheit eines Aussageteils heraus, muß der Tatrichter regelmäßig außerhalb der Zeugenaussage liegende gewichtige Gründe nennen, die es ihm ermöglichen, der Zeugenaussage im übrigen dennoch zu glauben (BGHSt. 44, 153, 159 [BGH Urt. v. 29. 7. 1998 – 1 StR 94/98; vgl. §§ 200, 261 StPO erfolgreiche Rügen]).

b) Bedenken bestehen auch dagegen, wie die Strafkammer ihre durch die Zeugenaussage der Schwester G. hervorgerufenen Zweifel überwindet. Die Schwester hat wiederum ausgesagt, der Angeklagte habe sie nicht mißbraucht und habe nicht mit ihr im Bett gelegen. Während der Widerspruch im ersten Urteil mit einem Irrtum des Zeugen begründet wurde, führt die Kammer nun aus, sie könne diesen Vorfall nicht aufklären. Dies sei jedoch für die Lösung des Falles nicht entscheidend, denn es sei der Zeugin nicht gelungen, ihre Behauptung, ihr Bruder habe eine blühende Phantasie und neige zu Übertreibungen, zu belegen. Damit entzieht sich die Kammer jeder Auseinandersetzung mit diesem Teil der Aussage des Geschädigten. Sie läßt die Möglichkeit gezielter Falschbezichtigung des Angeklagten hinsichtlich der Schwester C. weiter offen. Gleichwohl stützt sie ihre Überzeugung uneingeschränkt auf die Angaben des Geschädigten, ohne die Zweifel über dieses erhebliche Detail auszuräumen. Die Beweiswürdigung bleibt weiterhin widersprüchlich. ...

d) Insbesondere vermeidet die Strafkammer eine Auseinandersetzung über den Inhalt der sich widersprechenden Aussagen der Schwester S. und des Geschädigten. Diese Zeugin hat unter Eid ausgesagt, ihr Bruder habe ihr gegenüber zugegeben, den Angeklagten zu Unrecht belastet zu haben. Die Strafkammer hält die Zeugin „selbst trotz der Vereidigung nicht für glaubwürdig". Sie habe einen von ihr später geschriebenen Brief an die neue Ehefrau des Angeklagten – darin hat sie, wie sie selbst einräumt, diesen des sexuellen Mißbrauchs auch an ihr bezichtigt – „nicht erklären" können. Wie die Revision zutreffend ausführt, verkennt die Strafkammer, daß es keinen schlechthin glaubwürdigen oder schlechthin unglaubwürdigen Menschen gibt. Die Strafkammer unterläßt es, die sich widersprechenden Aussagen des Geschädigten und seiner Schwester zu einem entscheidungserheblichen Punkt auf ihren konkreten Aussagegehalt zu untersuchen.

2. Auch im angefochtenen Urteil fehlt wiederum die vom Senat für unerläßlich gehaltene Gesamtwürdigung aller Aussagen, die für oder gegen die Glaubhaftigkeit der Aussage des Geschädigten sprechen. ...

13. Gericht darf im Rahmen seiner Beweiswürdigung eine naheliegende, dem Angeklagten günstigere Beurteilung des Aussageverhaltens eines Zeugen nicht unberücksichtigt lassen.

StPO § 261 – BGH Beschl. v. 23. 5. 2000 – 5 StR 142/00 LG Braunschweig (= StV 2002, 4 = NStZ 2000, 546)

Die Revision rügt die Verletzung sachlichen Rechts.

Sachverhalt: Das Landgericht hat den Angeklagten wegen Brandstiftung in Tateinheit mit Sachbeschädigung zu einer Gesamtfreiheitsstrafe von 3 Jahren und wegen vorsätzlicher Körperverletzung und Diebstahls zu einer weiteren Gesamtfreiheitsstrafe verurteilt.

Bei beiden Taten stützt das Landgericht seine Überzeugung von der Täterschaft des bestreitenden Angeklagten maßgeblich auf die Angaben der Ehefrau des Angeklagten, die sie im Ermittlungsverfahren gemacht hat. In der Hauptverhandlung hat sie von ihrem Zeugnisverweigerungsrecht nach § 52 I Nr. 2 StPO Gebrauch gemacht. – Das Rechtsmittel hatte Erfolg.

Gründe: Bedenken, die über den Ermittlungsrichter in die Hauptverhandlung eingeführten Angaben der Ehefrau zur tragenden Grundlage der Verurteilung zu machen, ergeben sich schon daraus, daß diese Angaben in den Urteilsgründen in außerordentlich knapper Form wiedergegeben sind. So wird hinsichtlich der Brandstiftung, die der Angeklagte seiner Frau „gestanden" haben soll, weder deutlich, aus welchem Anlaß der Angeklagte seiner Ehefrau von der Tat berichtet hat, noch ob seine Schilderung Details enthielt, die auf Täterwissen schließen lassen, noch ob er seiner Ehefrau von weiteren Straftaten berichtet hat.

Angesichts des Fehlens jeglicher Anknüpfungspunkte kann der Senat nicht überprüfen, ob sich der Angeklagte gegenüber seiner Ehefrau zu Unrecht der Tat bezichtigt hat. Allein der Umstand, daß die Ehefrau ihm geglaubt haben will, reicht entgegen der Auffassung des Landgerichts nicht aus, um die Möglichkeit einer falschen Selbstbezichtigung auszuschließen.

Darüber hinaus hätte das Landgericht auch darlegen müssen, unter welchen Umständen es zu den den Angeklagten belastenden Angaben der Ehefrau gekommen ist. Dies war schon deshalb erforderlich, weil sich aus dem Gesamtzusammenhang der Urteilsgründe ergibt, daß die Eheleute seinerzeit in Streit lebten, sich möglicherweise sogar in Unfrieden getrennt hatten. Ein Motiv der Ehefrau, den Angeklagten zu Unrecht zu belasten, war deshalb nicht von vornherein auszuschließen.

Soweit das Landgericht die Möglichkeit einer Falschbezichtigung aus Verärgerung, Rache oder Haß mit der Erwägung ausschließt, in diesem Falle hätte es angesichts der inzwischen wieder bestehenden Lebensgemeinschaft für die Ehefrau nahegelegen, ihre falschen Angaben in der Hauptverhandlung richtigzustellen, anstatt die Aussage zu verweigern, kann dem nicht gefolgt werden. Diese Argumentation läßt außer Acht, daß die Ehefrau hätte einräumen müssen, sich selbst wegen einer falschen Verdächtigung strafbar gemacht zu haben. Dieser Umstand konnte sie dazu veranlassen, von einer Korrektur ihrer Aussage Abstand zu nehmen und statt dessen von der Möglichkeit des ihr zustehenden Aussageverweigerungsrechts Gebrauch zu machen. Damit hat das Landgericht im Rahmen seiner Beweiswürdigung eine naheliegende, dem Angeklagten günstigere Beurteilung des Aussageverhaltens eines Zeugen außer Betracht gelassen. Dieser Fehler ist bei einem Zeugen, der Angehöriger der Angeklagten i.S. des § 52 StPO ist, wie bei jedem anderen Zeugen, aus dessen Aussageverhalten der Tatrichter Rückschlüsse auf seine Glaubwürdigkeit zieht, auf die Sachrüge hin zu berücksichtigen und führt zur Aufhebung der auf diesem Fehler beruhenden Verurteilungen. Ob der – hier ebenfalls vorliegende – Verstoß gegen § 52 StPO, der darin liegt, daß aus der Zeugnisverweigerung eines Angehörigen grundsätzlich keine Rückschlüsse auf die hierfür maßgeblichen Motive gezogen werden dürfen, weil der Angehörige andernfalls von den ihm zustehenden prozessualen Rechten nicht mehr frei und unbefangen Gebrauch machen könnte (st. Rspr.; vgl. nur BGHSt. 22, 113, 114 [BGH Beschl. v. 2. 4. 1968 – 5 StR 153/68; vgl. § 261 StPO erfolgreiche Rügen]), nur mit einer – hier nicht erhobenen – Verfahrensrüge geltend gemacht werden könnte, kann daher offen bleiben.

14. In Fällen sexuellen Mißbrauchs ist es in aller Regel erforderlich, die Entstehung und Entwicklung der Aussage aufzuklären.

StPO § 261 – BGH Beschl. v. 23. 5. 2000 – 1 StR 156/00 LG Mosbach (= StV 2001, 551 = NStZ 2000, 496)

Die Revision rügt die Verletzung sachlichen Rechts.

Sachverhalt: Nach den Feststellungen des Landgericht hat der Angeklagte im Sommer 1996 in 2 Fällen sexuelle Handlungen an seiner zur Tatzeit 13 Jahre alten Nichte L. B. vorgenommen. Der erste Vorfall spielte sich in einem im Garten aufgestellten Zelt ab. Dort übernachteten L. B. und die 2 Jahre jüngere Tochter des Angeklagten S. Die Kinder entdeckten eine Spinne und riefen ängstlich den Angeklagten herbei, der die Spinne beseitigte. Da die Kinder weiter Angst hatten, blieb der Angeklagte über Nacht bei ihnen im Zelt; er legte sich zwischen die Mädchen. In der Folgezeit faßte er L. B. mit der Hand unter dem Schlafanzug an die Scheide. Der zweite Vorfall ereignete sich einige Tage später im Schlafzimmer des Angeklagten, wo dieser – bekleidet mit einer kurzen Hose und einem T-Shirt – auf dem Bett liegend fernsah. L. B. und S. kamen hinzu und legten sich links und rechts neben den Angeklagten aufs Bett. Nach einiger Zeit schickte der Angeklagte S.

weg; sie sollte Zigaretten holen. Als der Angeklagte mit L. – die mit einer Unterhose und einem T-Shirt bekleidet war – allein war, zog er das Mädchen auf sich und bewegte es mehrfach mit beischlafähnlichen Bewegungen auf und ab.

Das Landgericht hat den Angeklagten wegen sexuellen Mißbrauchs eines Kindes zu der Freiheitsstrafe von 1 Jahr und 2 Monaten verurteilt, deren Vollstreckung zur Bewährung ausgesetzt wurde.

Der Angeklagte hat die sexuellen Handlungen bestritten. Das Landgericht stützt sich bei seiner Überzeugungsbildung im wesentlichen auf die belastenden Bekundungen L.'s. Es hält – in Übereinstimmung mit der Glaubwürdigkeitsgutachterin – die Aussage der Zeugin für glaubhaft.

L. habe zwar das Tatgeschehen nur knapp geschildert; das sei aber auf das in sich gekehrte und ängstliche Wesen der Zeugin zurückzuführen. Für eine zuverlässige Aussageanalyse liege gleichwohl ein hinreichend guter quantitativer Detailreichtum vor. Auch seien die Aussagen der Zeugin seit ihrer Erstaussage gegenüber dem Zeugen B. B., einem weiteren Onkel der Zeugin, konstant geblieben.

Bei der Aussageentstehung sei das ängstliche Wesen der Zeugin zu bedenken. So erkläre sich auch, warum sie die Vorfälle für eine lange Zeit zunächst für sich behalten habe. Erst der Aufruhr, welcher durch den von der Zeugin verübten Diebstahl der Geldbeutel der Töchter des Angeklagten entstanden sei, habe ihr Anlaß und Gelegenheit gegeben, sich über die sexuellen Handlungen zu offenbaren. Den Diebstahl habe sie verübt, um zu erreichen, daß sich ihre Familie und die des Angeklagten entzweien; so habe sie zukünftige Begegnungen mit dem Angeklagten verhindern wollen. Die Aufdeckung des Diebstahls scheide mithin als Motiv für eine Falschbelastung aus. Die sexuellen Handlungen habe die Zeugin nicht deshalb offenbart, um den Diebstahl zu rechtfertigen.

Der Entlastungsaussage von S. glaubt das Landgericht nicht. Diese hatte bekundet, der Angeklagte habe in beiden Fällen nicht in der Mitte, sondern neben ihr gelegen. Von sexuellen Handlungen habe sie nichts bemerkt, auch sei sie nicht aus dem Schlafzimmer zum Zigarettenholen gegangen. Zwar habe S. auch B. B. gegenüber, der sie auf die Übernachtungen angesprochen hatte, die Vorgänge so geschildert. Diese „Aussagekonstanz" führe indes nicht zur Glaubhaftigkeit ihrer Aussage, denn S. habe sich schon vor der ersten Befragung durch B. B. mit den Vorwürfen auseinandersetzen können. Aufgrund einer Frage L.'s an sie nach der Übernachtung im Zelt, was es mit der Berührung der Scheide auf sich habe, hätte S. geahnt, was in jener Nacht vor sich gegangen sein mußte. – Das Rechtsmittel hatte Erfolg.

Gründe: Das angefochtene Urteil enthält durchgreifende Beweiswürdigungsfehler. In einem Fall, in dem Aussage gegen Aussage steht und die Entscheidung im wesentlichen davon abhängt, welchen Angaben das Gericht folgt, müssen die Urteilsgründe erkennen lassen, daß der Tatrichter alle Umstände, die die Entscheidung beeinflussen können, erkannt und in seine Überlegungen einbezogen hat (St. Rspr.; vgl. nur BGH NStZ-RR 1999, 108).

a) So ist es in Fällen der vorliegenden Art in aller Regel erforderlich, die Entstehung und Entwicklung der Aussage aufzuklären (BGH Urt. v. 17. 8. 1999 – 1 StR 293/99; BGHSt. 45, 164 [BGH Urt. v. 30. 7. 1999 – 1 StR 618/98; vgl. § 244 IV StPO erfolgreiche Rügen]; BGH NStZ 1995, 558 [BGH Beschl. v. 16. 5. 1995 – 4 StR 237/95; vgl. § 261 StPO erfolgreiche Rügen]; 1996, 295 [BGH v. 19. 12. 1995 – 4 StR 691/95; vgl. § 265 StPO erfolgreiche Rügen]; StV 1998, 250 [BGH Beschl. v. 17. 12. 1997 – 2 StR 591/97; vgl. § 261 StPO erfolgreiche Rügen]; 1999, 307 [BGH Beschl. v. 25. 3. 1998 – 2 StR 49/98; vgl. § 261 StPO erfolgreiche Rügen]; NStZ-RR 1999, 108 [BGH Beschl. v. 25. 11. 1998 – 2 StR 496/98; vgl. § 261 StPO erfolgreiche Rügen]). Das gilt vor allem dann, wenn ein Zusammenhang mit familiären Auseinandersetzungen nicht von vornherein auszuschließen ist (BGH NStZ 1999, 45 [BGH Beschl. v. 10. 9. 1998 – 1 StR 476/98; vgl. § 261 StPO erfolgreiche Rügen]). Wenn zudem – was hier ersichtlich der Fall ist – vor Beginn der strafrechtlichen Ermittlungen „private Befragungen" zu den Tatvorwürfen erfolgt sind, so ist der Beweiswert belastender Angaben – insbesondere vor dem Hintergrund familiärer Auseinandersetzungen und bei dem Kind möglicherweise geweckter Erwartungen zum Inhalt seiner Aussage – besonders kritisch zu prüfen. Zur erforderlichen Gesamtwürdigung aller Umstände, die die Entscheidung zu beeinflussen geeignet sind, sind die Erkenntnisquellen zur Aussageentstehung auszuschöpfen (vgl. BGH NStZ 1995, 558). In solchen Fällen ist auch die Aussagemotivation kritisch zu prüfen (vgl. BGHSt. 45, 164).

b) Diesen erhöhten Anforderungen wird das angefochtene Urteil nicht gerecht.

aa) Die Aussageentstehung ist nur sehr knapp geschildert, wenn es heißt, erst der Aufruhr, welcher durch das Verschwinden der Geldbeutel entstanden war, habe L. Anlaß und Gelegenheit gegeben, sich zu offenbaren. Der Zeitpunkt des „Aufruhrs" und die Umstände der Strafanzeige werden nicht mitgeteilt. Eher beiläufig erfährt man, daß die Zeugin die „Erstaussage" gegenüber ihrem Onkel B. B. gemacht hat. Wie es zu der Erstaussage – vor allem im Zusammenhang mit dem Anlaß „Diebstahlsvorwurf innerhalb der Familie" – gekommen ist, wird pauschal damit wiedergegeben, daß B. B. den Hintergrund der ersten Äußerung beschrieben habe. Der Inhalt jener Erstaussage – auf deren Konstanz mit späteren Aussagen das Landgericht abhebt – wird nicht einmal im Aussagekern wiedergegeben.

Das Landgericht begründet nicht näher, warum die Schilderung der Zeugin glaubhaft sei, sie habe mittels des Diebstahls die Familien entzweien und dadurch weitere sexuelle Übergriffe verhindern wollen. Die Revision beanstandet zu Recht, daß das Zwietrachtmotiv schon deshalb nicht ohne weiteres nachvollziehbar ist, weil die Zeugin den Diebstahl ersichtlich erst nach dem „Aufruhr" zwischen den Familien offenbart hat. Schon deshalb konnte der Ausschluß des Falschbelastungsmotivs „Rechtfertigung für den Diebstahl" nicht allein mit der Persönlichkeit der Zeugin begründet werden.

bb) Da der wesentliche Inhalt der – hier entscheidungserheblichen – Erstaussage nicht mitgeteilt wird, ist auch die Begründung der Glaubhaftigkeit mit der Aussagekonstanz einer revisionsrechtlichen Überprüfung nicht zugänglich. Zudem waren die rechtsfehlerfrei festgestellten (siehe unten) Bekundungen der Zeugin zum Kerngeschehen offenbar nicht so detailliert, daß die angenommene Widerspruchsfreiheit hinreichend aussagekräftig ist. In diesem Zusammenhang wäre zudem zu erörtern gewesen, inwieweit die Aussage der Zeugin zum Kern des Geschehens durch intensive „private Befragungen" im Familienkreis beeinflußt und die „Erinnerung" der Zeugin durch nachfolgende Informationen „überschrieben" wurde.

cc) In diesem Fall wäre auch eine Aussageanalyse anhand von Realitätskriterien wenig aussagekräftig (BGHSt. 45, 164). Hinzu kommt, daß die Zeugin das (sexuelle) Kerngeschehen – jedenfalls nach der Darstellung im Urteil – keineswegs signifikant detailreich geschildert hat. Die Erwähnung der Spinne ist zwar ein außerordentlich originelles Detail, auch im Zusammenhang mit dem Anlaß für das Übernachten des Angeklagten, allerdings ist es nicht untrennbar mit dem sexuellen Kerngeschehen verflochten. Dem Urteil lassen sich als einzige tatbezogene Glaubwürdigkeitskriterien „eigene psychische Vorgänge" und „vermutete psychische Vorgänge des Angeklagten während des Tatgeschehens" entnehmen; diese werden aber nicht näher beschrieben. Ob das geschilderte Gespräch zwischen der Zeugin und S. nach der Nacht im Zelt – ein signifikantes Gesprächskennzeichen – tatsächlich und auch mit diesem Inhalt stattgefunden hat, wird keiner Beweiswürdigung unterzogen. ...

15. Aus falschen Angaben des Angeklagten allein darf kein sicherer Schluß auf die Täterschaft gezogen werden.

StPO § 261 BGH Beschl. v. 17. 5. 2000 – 3 StR 161/00 LG Hannover (= StV 2001, 439 = NStZ 2000, 549)

Die Revision rügt die Beweiswürdigung des Gerichts.

Sachverhalt: In der Nacht zum 18. 7. 1998 wurde G. in seiner Wohnung durch 19 in Tötungsabsicht geführte wuchtige Messerstiche getötet. Am Nachmittag vor der Tat hatte vor dem Haus, in dem der Angeklagte und das Tatopfer wohnten, ein Trinkgelage stattgefunden, an dem mehrere Bekannte des G., nicht aber der Angeklagte teilnahmen und bei dem es zu einer tätlichen Auseinandersetzung zwischen dem Zeugen K. und G. kam.

Nach den Feststellungen war der Angeklagte, der sich bei der Tatausführung eine blutende Wunde zuzog und im Wohnungsflur Bluttropfspuren hinterließ, der Täter.

Der Angeklagte hat die Tötung des G. bestritten. Er hat sich dahingehend eingelassen, zu dem Getöteten keinen Kontakt gehabt zu haben und niemals in dessen Wohnung gewesen zu sein.

Das Landgericht stützt seine Überzeugung von der Täterschaft des Angeklagten im wesentlichen auf folgende Beweiswürdigung:

An einem im Wohnzimmer der Wohnung des G. gefundenen Zigarettenrest befanden sich molekulargenetische Spuren, die nach den Ausführungen eines Sachverständigen mit einer Wahrscheinlichkeit von 1:48,6 Milliarden dem Angeklagten zuzuordnen sind. Verursacher von 2 im Flur der Wohnung vorgefundenen Bluttropfspuren ist nach dem DNA-Gutachten der Angeklagte mit einer Sicherheit von ca. 1:60 Billionen aller männlichen Personen.

Hierzu hat das Landgericht ausgeführt: Aus den am Zigarettenrest vorgefundenen Spuren des Angeklagten folge noch nicht zwingend, daß dieser in der Wohnung des Getöteten gewesen sein müsse, weil nach dem Ergebnis der Beweisaufnahme G. den Zigarettenrest, der in einem Beutel mit weiteren Zigarettenresten sichergestellt worden sei, auch außerhalb des Hauses gefunden und mitgenommen haben könne, um den restlichen Tabak – seiner Gewohnheit entsprechend – für sich zu verwerten. Jedoch sei auf Grund der Blutspuren zwingend davon auszugehen, daß der Angeklagte in der Wohnung des G. gewesen und seine Einlassung in diesem Punkt falsch sei. Aus dieser Tatsache allein könne zwar noch nicht zwingend geschlossen werden, daß der Angeklagte G. auch getötet habe. Dies lasse sich jedoch aus dem weiteren Umstand folgern, daß er wahrheitswidrig behauptet habe, niemals in der Wohnung gewesen zu sein, und diese Behauptung auch nach eindringlichen Vorhalten des Sachverständigengutachtens aufrechterhalten habe. Wenn der Angeklagte die Tat nicht begangen hätte, hätte es sich spätestens nach den eindringlichen Vorhalten aufgedrängt, den Aufenthalt in der Wohnung einzuräumen, und Zeit sowie Umstände eines „harmlosen" Besuchs zu schildern. Da an der Eingangstür zur Wohnung des G. keine Aufbruchsspuren vorgefunden worden seien, müsse dieser den Täter gekannt und in die Wohnung eingelassen haben. Der Angeklagte habe die Möglichkeit gehabt, sich im Einverständnis mit G. Zutritt zu dessen Wohnung zu verschaffen, da er in demselben Haus wie der Getötete gewohnt und diesen vom Sehen her gekannt habe. Nach dem Gutachten des rechtsmedizinischen Sachverständigen sei es möglich, daß sich der Täter bei dem Tatgeschehen eine blutende Verletzung zugezogen hat.

Einzelheiten zur Tatausführung und zum Motiv des Angeklagten konnten nicht festgestellt werden.

Das Landgericht hat den Angeklagten wegen Totschlags verurteilt. – Das Rechtsmittel hatte Erfolg.

Gründe: Diese Überzeugungsbildung des Tatrichters begegnet durchgreifenden rechtlichen Bedenken.

a) Die aus der widerlegten Einlassung des Angeklagten, er sei niemals in der Wohnung des G. gewesen, hergeleitete Schlußfolgerung auf die Täterschaft des Angeklagten ist nicht frei von Rechtsfehlern. Die Annahme, daß sich aus dem Leugnen des Angeklagten nur schließen lasse, er habe G. getötet, läßt besorgen, daß der Tatrichter nicht ausreichend bedacht hat, daß der Widerlegung einer bewußt wahrheitswidrigen Einlassung allein nur ein begrenzter Beweiswert für die Täterschaft zukommt, weil auch ein Unschuldiger vor Gericht Zuflucht zur Lüge nehmen kann (vgl. BGHSt. 41, 153, 156 [BGH Urt. v. 5. 7. 1995 – 2 StR 137/95; vgl. § 261 StPO erfolgreiche Rügen]; BGH NStZ 1986, 325 [BGH Beschl. v. 18. 3. 1986 – 5 StR 74/86; vgl. § 261 StPO erfolgreiche Rügen]; StV 1985, 356, 357 [BGH Urt. v. 13. 3. 1985 – 3 StR 15/85; vgl. § 261 StPO erfolgreiche Rügen]; BGHR StPO § 261 Beweiskraft 3). Aus diesen falschen Angaben des Angeklagten allein darf ebenso wenig ein sicherer Schluß auf die Täterschaft gezogen werden wie bei einem mißlungenen Alibibeweis. Insbesondere muß sich das Tatgericht bei der Beweiswürdigung bewußt sein, daß eine wissentlich falsche Einlassung des Angeklagten ihren Grund nicht nur darin haben kann, daß er die ihm zur Last gelegte Tat begangen hat und verbergen will, vielmehr auch eine andere Erklärung finden kann. Soll die nachgewiesene Lüge als Belastungsindiz dienen, setzt dies voraus, daß mit rechtsfehlerfreier Begründung dargetan wird, warum eine andere Erklärung nicht in Betracht kommt oder den Umständen nach so fern liegt, daß sie ausscheidet (BGHSt. 41, 153 ff.).

Diesen Anforderungen wird die Beweiswürdigung nicht gerecht. Die Formulierung des Landgerichts, daß aus dem widerlegten Leugnen des Angeklagten „nur" der Schluß auf dessen Täterschaft gezogen werden kann, deutet darauf hin, daß es eine andere Erklärungsmöglichkeit nicht bedacht haben könnte. Insbesondere befaßt sich das Urteil nicht mit der Möglichkeit, daß der Angeklagte, dessen Intelligenz im unteren Normbereich liegt, mit seiner Einlassung von vorneherein keine Verdachtsmomente gegen sich aufkommen lassen wollte, weil er, worauf die Revision zu Recht hinweist, nicht mit einer von ihm nicht begangenen Tat in Verbindung gebracht werden wollte und weil er auf Grund seiner eingeschränkten intellektuellen Fähigkeiten nicht in der Lage ist, seine eingeschlagene Verteidigungsstrategie zu ändern.

b) Ein Mangel der Beweiswürdigung liegt vor allem auch darin, daß die Strafkammer nicht erkennbar geprüft hat, ob die im Flur der Wohnung des Getöteten gefundenen Blutspuren des Angeklagten überhaupt in einem engen zeitlichen Zusammenhang mit dem Tötungsdelikt gelegt worden sind oder sein können. Zu ihrem Alter verhält sich das Urteil nicht. Dieses ist für den Indizwert der Blutspuren von wesentlicher Bedeutung. Nur wenn die Blutspuren des Angeklagten im Zusammenhang mit dem Tatgeschehen verursacht worden sein können, wäre dies ein gewichtiges Indiz für die Täterschaft des Spurenverursachers. ...

16. Wenn „Aussage gegen Aussage" steht und sich die Unwahrheit eines Teils der Aussage des Belastungszeugen herausstellt, müssen außerhalb der Zeugenaussage liegende Gründe von Gewicht vorliegen, die es dem Tatrichter ermöglichen, dem Zeugen im übrigen dennoch zu glauben.

StPO § 261 – BGH Beschl. v. 10. 5. 2000 – 1 StR 181/00 LG Ellwangen (= NStZ 2000, 496)

Die Revision rügt die Verletzung materiellen Rechts.

Sachverhalt: Das Landgericht hat den Angeklagten. wegen Vergewaltigung in 2 Fällen zur Gesamtfreiheitsstrafe von 3 Jahren und 6 Monaten verurteilt und ihn im übrigen freigesprochen.

Das Landgericht hat die Aussage der geschädigten Zeugin S., der Angeklagte habe sie im Jahr 1994 zweimal vergewaltigt, für glaubhaft erachtet, obgleich die Zeugin in der Hauptverhandlung einräumen mußte, den Angeklagten hinsichtlich eines dritten Anklagevorwurfs bewußt wahrheitswidrig der Täterschaft bezichtigt zu haben; dieser Vorwurf ging dahin, im Jahr 1998 eine gefährliche Körperverletzung zum Nachteil der Zeugin begangen zu haben (Schnitte mittels einer Rasierklinge im Gesicht). In ihrer Beweiswürdigung stellt die Strafkammer hinsichtlich des Rahmengeschehens neben der Aussage der Geschädigten zwar auch auf weitere Zeugenaussagen ab. Die Beweisführung zur Täterschaft gerade des Angeklagten ist jedoch allein auf die Bekundungen der Zeugin S. gestützt; ein weiteres Beweismittel, das auf den Angeklagten als Täter hindeuten würde, wird in den Urteilsgründen nicht angeführt. Da der Angeklagte die Vergewaltigungen von Anfang an bestritten hat, stand somit zur Frage der Täterschaft „Aussage gegen Aussage". – Das Rechtsmittel hatte Erfolg.

Gründe: Der BGH hat in solchen Fällen, in denen „Aussage gegen Aussage" steht und sich die Unwahrheit eines Teils der Aussage des Belastungszeugen herausstellt, außerhalb der Zeugenaussage liegende Gründe von Gewicht gefordert, die es dem Tatrichter ermöglichen, dem Zeugen im übrigen dennoch zu glauben. Diese gewichtigen Gründe sind im Urteil darzulegen (BGHSt. 44, 153, 158 f. [BGH Urt. v. 30. 7. 1999 – 1 StR 618/98; vgl. §§ 200, 261 StPO erfolgreiche Rügen]). Das ist hier nicht geschehen.

Die Urteilsgründe lassen nicht erkennen, daß über die Angaben der Zeugin S. hinaus weitere Umstände von Gewicht gerade auf die Täterschaft des Angeklagten hingedeutet hätten. Soweit das Landgericht weitere Beweismittel verwertet, namentlich Zeugenaussagen in seine Würdigung einbezieht, ergeben sich aus diesen – jedenfalls nach den hier allein maßgeblichen Urteilsgründen – keine unmittelbaren Hinweise auf die Person gerade des Angeklagten als Täter. Weitergehender Gründe von Gewicht hätte es indessen bedurft, wenn das Landgericht der Geschädigten insoweit glauben wollte.

17. Schweigen des Angeklagten zu einer von mehreren Taten darf nicht zu seinem Nachteil verwertet werden.

StPO § 261 – BGH Beschl. v. 3. 5. 2000 – 1 StR 125/00 LG Ulm (= StV 2000, 598)

Die Revision rügt die Verletzung materiellen Rechts.

Sachverhalt: Das Landgericht hat die Angeklagten wegen Handeltreibens mit Btm in nicht geringer Menge in zwei Fällen in Tateinheit mit Einfuhr von Btm in nicht geringer Menge zu einer Gesamtfreiheitsstrafe verurteilt.

Nach den Feststellungen hat die Angeklagte im Zeitraum April bis Juli 1999 zusammen mit ihrem Lebenspartner in der gemeinsamen Wohnung etwa 1,3 kg Haschisch und Marihuana aufbewahrt. Ende Juli 1999 haben dann beide mit dem von der Angeklagten gesteuerten Wagen über 16 kg Marihuana aus den Niederlanden nach Deutschland verbracht. Sämtliche Rauschgifte wollten sie gewinnbringend weiterverkaufen.

In der Hauptverhandlung vor dem Landgericht hat die Angeklagte sich dahingehend eingelassen, sie sei bei dem Erwerbsvorgang in den Niederlanden und beim Verstecken des Rauschgiftes im Wagen nicht zugegen gewesen. Sie habe ihr Fahrzeug dann aber in der Kenntnis, daß sie eine nicht geringe Menge Rauschgift mitführe, von Holland nach Deutschland gefahren, da ihr Lebenspartner über keine Fahrerlaubnis verfüge. Ansonsten habe sie mit seinen legalen oder illegalen Geschäften nichts zu tun. Weitergehende Angaben zur Sache hat die Angeklagte abgelehnt.

Die Kammer hat die Einbindung der Angeklagten in beide Rauschgiftstraftaten ihres Lebensgefährten u.a. aus einem sog. Teilschweigen hergeleitet. Der Umstand, daß die Angeklagte sich auf die dargelegte Einlassung beschränkt habe und zu weitergehenden Angaben nicht bereit gewesen sei, „also lediglich Teileinlassungen" abgegeben habe, sei „ein massiver Hinweis darauf, daß sie Belastendes zu verschweigen" habe. – Das Rechtsmittel hatte Erfolg.

Gründe: Diese Würdigung des Aussageverhaltens der Angeklagten hält rechtlicher Prüfung nicht stand.

Der Grundsatz, daß niemand im Strafverfahren gegen sich selbst auszusagen braucht, insoweit also ein Schweigerecht besteht, ist notwendiger Bestandteil eines fairen Verfahrens. So steht es dem Beschuldigten frei, sich zu äußern oder nicht zur Sache auszusagen, §§ 136 Abs. 1 S. 2, 243 Abs. 4 S. 1 StPO. Macht ein Angeklagter von seinem Schweigerecht Gebrauch, so darf dies nicht zu seinem Nachteil gewertet werden (BGHSt. 32, 140 [BGH Urt. v. 26. 10. 1983 – 3 StR 251/83; vgl. §§ 81c, 261 StPO erfolgreiche Rügen]; 38, 302, 305 [BGH Urt. v. 26. 5. 1992 – 5 StR 122/92; vgl. § 261 StPO erfolgreiche Rügen]; BGH NJW 2000, 1426 [BGH Urt. v. 22. 10. 1999 – 3 StR 401/99 = BGHSt. 45, 363; vgl. § 261 StPO erfolgreiche Rügen]). Allerdings darf bei einer Teileinlassung des Angeklagten sein Schweigen zu einzelnen Fragen gegen ihn verwertet werden (BGHSt. 20, 298, 300 [BGH Urt. v. 3. 12. 1965 – 4 StR 573/65; vgl. § 261 StPO erfolglose Rügen]; BGHSt. 38, 302, 307; BGH bei Dallinger MDR 1968, 203). Durch die Einlassung macht sich der Angeklagte freiwillig zum Beweismittel (BGH NJW 1966, 209 [BGH Urt. v. 3. 12. 1965 – 4 StR 573/65; vgl. § 261 StPO erfolglose Rügen]). Sein teilweises Schweigen bildet dann einen negativen Bestandteil seiner Aussage, die in ihrer Gesamtheit der freien richterlichen Beweiswürdigung (§ 261 StPO) unterliegt. Eine Teileinlassung i. d. S. ist jedoch nicht gegeben, wenn der Angeklagte seine Schuld lediglich grundsätzlich bestreitet (BGHSt. 38, 302, 307).

Mithin kann hier allein in dem pauschalen Bestreiten, „sie habe ansonsten mit legalen oder illegalen Geschäften des Mitangeklagten nichts zu tun", keine Teileinlassung gesehen werden. Die darüber hinausgehende Einlassung, sie habe in Kenntnis, daß Btm in den Niederlanden erworben, dann nach Deutschland eingeführt und hier verkauft werden sollen, das Fahrzeug mit der nicht geringen Menge geführt, ist hinsichtlich der zweiten Tat (Einfuhr der 16 kg Marihuana und Handeltreiben hiermit) sicherlich eine Teileinlassung, so daß ihre Ablehnung, weitere Angaben zu machen, bei dieser zweiten Tat der Beweiswürdigung unterliegt.

Davon zu unterscheiden ist jedoch die Frage, ob aufgrund dieser Aussage auch hinsichtlich der ersten Tat im Zusammenhang mit den in der Wohnung sichergestellten Rauschgiften eine Teileinlassung vorliegt und insoweit ihr Schweigen auf weitere Fragen zu ihrem Nachteil gewertet werden kann.

Die Tatsache, daß ein Angeklagter sich überhaupt – zu einer Tat – zur Sache einläßt, führt nicht dazu, daß sein Schweigen zu anderen Taten indiziell gegen ihn verwertet werden kann (BGHSt. 32, 140, 145 [§ 81c StPO erfolgreiche Rügen]). Werden einem Angeklagten zwei Taten zur Last gelegt und will er sich nur zu einer davon einlassen, so darf die Bewertung dieses Verhaltens nicht von der oft mit Zufälligkeiten verbundenen Frage abhängen, ob die Taten getrennt oder gemeinsam angeklagt bzw. verhandelt worden sind. Bei der Prüfung, ob von einem (verwertbaren) Teilschweigen oder einem (nicht verwertbaren) vollständigen Schweigen hinsichtlich des zweiten Tatvorwurfs auszugehen ist, ist entscheidend, ob die Tatvorwürfe lediglich eine oder mehrere Taten im prozessualen Sinne gem. § 264 StPO betreffen.

Hier stellen die in Tatmehrheit i.S.d. § 53 StGB zueinander stehenden Verstöße gegen das BtMG unterschiedliche prozessuale Taten dar. Eine getrennte Würdigung ist durchaus möglich, zumal es zu keiner Vereinigung der beiden Rauschgiftmengen gekommen ist.

Hinsichtlich der selbständigen Tat bezüglich der 1,3 kg Rauschgift in der Wohnung lag mithin ein vollständiges Schweigen der Angeklagten vor, das die Kammer zu Unrecht zum Nachteil der Angeklagten gewertet hat.

Wenngleich das Landgericht in seiner Beweiswürdigung eine Vielzahl von Indizien für die Beteiligung der Angeklagten an den beiden Taten nennt, kann ein Beruhen des Urteils auf dem aufgezeigten Fehler nicht ausgeschlossen werden.

Vielmehr führt der Fehler auch zur Aufhebung des Urteils hinsichtlich der zweiten Tat bezüglich der 16 kg Marihuana. Zwar ist die Kammer rechtsfehlerfrei bereits aufgrund der insoweit geständigen Einlassung von einer täterschaftlich begangenen Einfuhr von Btm in nicht geringer Menge ausgegangen. Die Täterschaft bei der Einfuhr von Btm bedingt aber nicht notwendig auch hinsichtlich des darin zugleich liegenden Handeltreibens die Behandlung als Täter; vielmehr bedarf es der gesonderten Abgrenzung der (Mit-)Täterschaft zur Beihilfe. Insoweit spielen die Feststellungen der Kammer zur Einbindung der Angeklagten in die beide Taten betreffenden Aktivitäten ihres Lebensgefährten eine Rolle. Bei der diesbezüglichen Beweiswürdigung hat die Kammer zu Unrecht auch das vollständige Schweigen der Angeklagten zur ersten Tat berücksichtigt.

18. Wenn die Aussage eines Angeklagten gegen die Aussage eines anderen Angeklagten steht und die Entscheidung allein davon abhängt, welchen Angaben das Gericht folgt, müssen die Urteilsgründe erkennen lassen, daß der Tatrichter alle Umstände, die die Entscheidung beeinflussen können, erkannt und in seine Überlegungen einbezogen hat.

StPO § 261 – BGH Beschl. v. 16. 2. 2000 – 3 StR 28/00 LG Osnabrück (StV 2000, 599)

Die Revision rügt die Verletzung materiellen Rechts.

Sachverhalt: Das Landgericht hat den Angeklagten wegen unerlaubter Einfuhr von Btm in nicht geringer Menge in Tateinheit mit unerlaubtem Handeltreiben mit Btm in nicht geringer Menge zu einer Freiheitsstrafe verurteilt.

Nach den Feststellungen des Landgerichts beauftragte der Beschwerdeführer den wegen derselben Tat rechtskräftig verurteilten Mitangeklagten C., gegen Bezahlung eines Kurierlohns von 1500 DM ca. 1,7 kg Haschisch von dem Lieferanten „U." in De./Niederlande abzuholen und zu ihm nach H. zu bringen. Das Rauschgift sollte in Deutschland gewinnbringend weiterverkauft werden.

Am 8. 12. 1998 fuhr C. zusammen mit dem wegen dieser Tat ebenfalls rechtskräftig verurteilten Mitangeklagten D. mit seinem Pkw nach Dc. Da sich die Kontaktaufnahme mit dem Lieferanten und die Lieferung des Rauschgiftes verzögerten, hielten sich C. und D. von ca. 6.30 Uhr bis längstens ca. 14.00 Uhr in De. auf. Während dieser Zeit führte C. mehrere Telefongespräche. Zwischen 13.00 Uhr und 14.00 Uhr übergab eine männliche Person dem Verurteilten C. eine Plastiktüte, die dieser in seinem Pkw abstellte. Anschließend traten C. und D. die Rückreise nach Deutschland an. Spätestens zu diesem Zeitpunkt wußte auch D., daß sich in der Plastiktüte eine größere Menge Rauschgift befand, die unerlaubt nach Deutschland eingeführt und dort verkauft werden sollte.

Gegen 15.30 Uhr reisten C. und D. in die Bundesrepublik Deutschland ein. Dabei führten sie in der Plastiktüte 1004 g Haschisch (Wirkstoffmenge: 75,3 g THC) und 386 g Kokain (Wirkstoffmenge: 315 g KHC) bei sich. Bei einer Überprüfung durch Grenzschutzbeamte wurden die Drogen gefunden.

Bei mehreren Beschuldigtenvernehmungen vor der Hauptverhandlung gaben die Verurteilten C. und D. an, sie seien in De./Niederlande gewesen, um dorthin Waren auszuliefern, sie wüßten nicht, wie das Rauschgift in den Pkw gekommen sei. Bei seinen Beschuldigtenvernehmungen v. 15. 1. 1999 und 23. 2. 1999 sagte C. aus, von dem Beschwerdeführer den Auftrag erhalten zu haben, vier Kartons mit Haushaltswaren nach Dc. zu bringen. Erst in der Hauptverhandlung bezeichnete C. den Beschwerdeführer als Hintermann und Auftraggeber des Drogentransports.

Die Strafkammer hat die Einlassungen der Verurteilten C. und D. in der Hauptverhandlung, sie seien davon ausgegangen, in der Plastiktüte befinde sich nur Haschisch, als unwiderlegt behandelt und sie nur wegen Einfuhr von und Handeltreiben mit dem Haschisch verurteilt. Sie hat den den Tatvorwurf bestreitenden Angeklagten Y. aufgrund der schlüssigen, detaillierten und glaubhaften Aussage des C. als überführt angesehen. Die Angaben des C. seien vor allem deshalb von großem Gewicht, weil er in der Hauptverhandlung nicht nur seine eigene Tatbeteiligung schonungslos eingeräumt, sondern auch die Tatbeteiligung des Beschwerdeführers als Auftraggeber und Hintermann i.S.v. § 31 BtMG zuverlässig dargelegt habe. Es sei kein konkreter Anlaß zu erkennen, daß C. den Mitangeklagten Y. zu Unrecht als Hintermann und Haupttäter bezeichnet haben könnte. C. sei auch nicht deshalb unglaubwürdig, weil er sich zunächst bei mehreren Beschuldigtenvernehmungen als unschuldig bezeichnet und die Tatbeteiligung des Beschwerdeführers nicht sofort offenbart habe. – Das Rechtsmittel hatte Erfolg.

Gründe: Die Verurteilung des Beschwerdeführers beruht ausschließlich auf den Angaben des Mitangeklagten C. in der Hauptverhandlung. In einem solchen Fall, in dem Aussage gegen Aussage steht und die Entscheidung allein davon abhängt, welchen Angaben das Gericht folgt, müssen die Urteilsgründe erkennen lassen, daß der Tatrichter alle Umstände, die die Entscheidung beeinflussen können, erkannt und in seine Überlegungen einbezogen hat (st. Rspr., vgl. BGHR StPO § 261 Beweiswürdigung 1 [BGH Beschl. v. 22. 4. 1987 – 3 StR 141/87; vgl. § 261 StPO erfolgreiche Rügen] und 14; § 267 Abs. 1 S. 1 Beweisergebnis 8; BGH StV 1995, 6 f.). Zudem ist in besonderem Maße eine „Gesamtwürdigung" aller Indizien geboten (BGHR StPO § 261 Indizien 2 [BGH Beschl. v. 8. 4. 1987 – 2 StR 134/87; vgl. § 261 StPO erfolgreiche Rügen] und Beweiswürdigung 14). Diesen Anforderungen werden die Urteilsgründe nicht gerecht. Die Darstellung der für die Beweiswürdigung wesentlichen Tatsachen ist in einzelnen Punkten unvollständig und ermöglicht dem Senat keine rechtliche Überprüfung. Außerdem würdigt die Strafkammer wesentliche, für den Angeklagten sprechende Indizien nicht oder unzureichend.

Im Urteil fehlt eine geschlossene, ausreichend substantiierte Darstellung der Aussagen der Mitangeklagten C. und D. in ihren Vernehmungen vor und in der Hauptverhandlung, insbes. zu den in De. geführten Telefonaten, zur Kontaktaufnahme mit dem Rauschgiftlieferanten, zur Rauschgiftübergabe ohne Bezahlung und zu dem Inhalt des oder der Gespräche mit dem Übergeber „U.". Eine ausführliche Wiedergabe der Aussagen zu diesen Punkten ist schon deshalb erforderlich, weil das Landgericht zu den geführten Telefonaten und zur Kontaktaufnahme mit dem Rauschgiftlieferanten offensichtlich an der Zuverlässigkeit der Angaben des C. zweifelte („angeblich", „wahrscheinlich") und deshalb keine sicheren Feststellungen treffen konnte. Wegen der substanzarmen und lückenhaften Feststellungen zu diesen für die Beweiswürdigung wesentlichen Umständen ist eine revisionsgerichtliche Kontrolle, ob die Beweiswürdigung des Landgerichts rechtsfehlerfrei ist, nicht möglich. Weiterhin sind die Ausführungen der Kammer, daß in der Hauptverhandlung keine erkennbaren Widersprüche, Ungereimtheiten oder relevant erscheinende Ungenauigkeiten aufgetreten seien, sondern die Aussage des C. insgesamt geschlossen und das Darstellungsbild plastisch wirke, für den Senat nicht ohne weiteres nachvollziehbar.

Auch ist im Urteil die Entwicklung der Aussagen der Verurteilten C. und D. im Laufe ihrer mehrfachen Vernehmungen, der für die Bewertung der Zuverlässigkeit der Angaben des C. Bedeutung zukommt, nicht mit der für die Beurteilung erforderlichen Ausführlichkeit dargestellt (vgl. BGH StV 1994, 227 [BGH Beschl. v. 17. 2. 1974 – 1 StR 723/93; vgl. § 244 StPO erfolgreiche Rügen]). Die Urteilsgründe verhalten sich vor allem nicht dazu, welche Umstände C. und D. zu einer Änderung ihrer Aussagen veranlaßt haben, insbes. welche Vorhalte ihnen in diesem Zusammenhang gemacht oder welche Hinweise ihnen erteilt wurden.

Die Beweiswürdigung des Landgericht ist auch sonst widersprüchlich und nicht in allen Punkten nachvollziehbar. Die Kammer hat die Einlassung des C., er habe von dem in seinem Pkw von Grenzschutzbeamten aufgefundenen Kokain – dem schwerwiegendsten Vorwurf – nichts gewußt, als nicht widerlegt angesehen und somit bei der Strafzumessung unberücksichtigt gelassen. Dies läßt sich nicht ohne weiteres mit der Wertung vereinbaren, für die Glaubhaftigkeit der den Beschwerdeführer belastenden Aussage des C. spreche, daß dieser in vollem Umfang geständig gewesen sei und ein schonungsloses Geständnis abgelegt habe. Weiterhin verhält sich das Urteil nicht zu dem Widerspruch, daß einerseits zu den Vorgängen in Dc. aufgrund der Angaben des C. keine sicheren Feststellungen getroffen werden konnten, andererseits die den Beschwerdeführer belastenden Angaben des C. als uneingeschränkt glaubhaft bezeichnet werden. Dies hätte einer näheren Begründung bedurft. Nicht nachvollziehbar und bedenklich ist die Meinung der Kammer, das Gewicht des Geständnisses des C. werde dadurch erhöht, daß er eine Tatbeteiligung des Beschwerdeführers als Hintermann und Haupttäter aufgedeckt habe. Mit dem möglichen und sich aufdrängenden Motiv des C., den Angeklagten Y. zu Unrecht zu belasten, um eine Strafmilderung gem. § 31 BtMG zu erhalten, setzt sich das Urteil nicht auseinander. Die Kammer geht vielmehr davon aus, daß kein konkreter Anlaß erkennbar sei, weshalb C. den Beschwerdeführer zu Unrecht als Täter bezichtigt haben sollte.

19. Wenn das Gericht auf Freispruch erkennt, obwohl nach dem Ergebnis der Hauptverhandlung gegen den Angeklagten ein ganz erheblicher Tatverdacht besteht, muß es in seine Beweiswürdigung und deren Darlegung die ersichtlich möglicherweise wesentlichen gegen den Angeklagten sprechenden Umstände und Erwägungen einbeziehen.

StPO § 261 – BGH Urt. v. 8. 2. 2000 – 5 StR 310/99 LG Lüneburg (= NStZ-RR 2000, 171)

Die Revisionen der Nebenkläger rügen die Verletzung materiellen Rechts.

Sachverhalt: Der Angeklagte hat sich zu dem Anklagevorwurf, seine Freundin D., die sich von ihm getrennt hatte, getötet zu haben, nicht eingelassen. Das Schwurgericht hat sich aufgrund von Indizien rechtsfehlerfrei davon überzeugt, daß der Angeklagte die Leiche des Opfers unmittelbar nach Todeseintritt – als die Eltern der jungen Frau, wie er wußte, nach der Vermißten suchten – zu einem mehr als 50 Kilometer entfernt liegenden Sperrwerk transportierte und sie dort – mit gefesselten Armen und Beinen, gebunden an einen 30 Kilogramm schweren Regenablaufrost – im Fluss versenkte, aus dem sie Monate später derart verstümmelt geborgen wurde, daß die genaue Todesursache durch Obduktion nicht feststellbar war. Das Gericht hat sich ferner rechtsfehlerfrei davon überzeugt, daß D. bei einem zeitlich genau zu fixierenden Zusammentreffen mit dem Angeklagten – am 12. 12. 1994 zwischen 18.15 Uhr und 18.25 Uhr – zu Tode gekommen ist, und zwar weder aufgrund einer natürlichen Todesursache noch aufgrund eines Unfalls ohne Einwirkung des Angeklagten, der in diesem Fall keinen vernünftigen Anlaß für die festgestellte Beseitigung der Leiche gehabt hätte.

Das Schwurgericht hat andererseits ausgeschlossen, daß der Angeklagte seiner Freundin in Tötungsabsicht aufgelauert habe. Es ist davon überzeugt, daß D. – naheliegend im Rahmen eines Streits – durch irgendeine Einwirkung des Angeklagten zu Tode gekommen ist. Hierfür sieht es eine „weite Bandbreite nicht ausschließbarer Geschehensabläufe" – von vorsätzlicher Tötung über Körperverletzung mit Todesfolge bis hin zu bloßer fahrlässiger Tötung oder gar Körperverletzung ohne Zurechenbarkeit der Todesfolge. Die anschließende Beseitigung der Leiche hält das Schwurgericht auch für den Fall nur geringen Verschuldens des Angeklagten für erklärbar, und zwar als „kurzschlußartige" Reaktion aufgrund der Labilität des Angeklagten und seiner außerordentlich schlechten Beziehung zum Vater der Getöteten, von dem er unberechtigte weitergehende massive Anschuldigungen hätte erwarten müssen. Wegen letztlich nur möglicher spekulativer Feststellungen zur

Todesursache und unmöglicher Bestimmung des Maßes des Verschuldens sah sich das Schwurgericht zu einer Verurteilung des Angeklagten „wegen fahrlässiger Tötung oder fahrlässiger Körperverletzung als Auffangtatbestand" außerstande.

Das Landgericht Lüneburg hat den Angeklagten aus tatsächlichen Gründen freigesprochen. – Die Rechtsmittel hatten Erfolg.

Gründe: Die Beweiswürdigung des freisprechenden Urteils hält sachlich-rechtlicher Prüfung nicht stand. ...

2. Zwar muß das Revisionsgericht grundsätzlich hinnehmen, wenn der Tatrichter den Angeklagten freispricht, weil er Zweifel an seiner Täterschaft nicht zu überwinden vermag. Die Beweiswürdigung ist Sache des Tatrichters; die revisionsgerichtliche Prüfung beschränkt sich darauf, ob diesem Rechtsfehler unterlaufen sind. Das ist in sachlich-rechtlicher Hinsicht der Fall, wenn die Beweiswürdigung widersprüchlich, unklar oder lückenhaft ist oder gegen Denkgesetze oder gesicherte Erfahrungssätze verstößt (st. Rspr.; BGHR StPO § 261 Überzeugungsbildung 33).

a) Hier erweist sich die Beweiswürdigung des Landgerichts als lückenhaft. Freilich können und müssen die Gründe auch eines freisprechenden Urteils nicht jeden irgendwie beweiserheblichen Umstand ausdrücklich würdigen. Das Maß der gebotenen Darlegung hängt von der jeweiligen Beweislage und insoweit von den Umständen des Einzelfalls ab; dieser kann so beschaffen sein, daß sich die Erörterung bestimmter einzelner Beweisumstände erübrigt. Insbesondere wenn das Tatgericht auf Freispruch erkennt, obwohl – wie hier – nach dem Ergebnis der Hauptverhandlung gegen den Angeklagten ein ganz erheblicher Tatverdacht besteht, muß es allerdings in seine Beweiswürdigung und deren Darlegung die ersichtlich möglicherweise wesentlichen gegen den Angeklagten sprechenden Umstände und Erwägungen einbeziehen (BGHR, StPO § 261 Überzeugungsbildung 33). Dem wird das angefochtene Urteil nicht in jeder Hinsicht gerecht.

Nach den Feststellungen klingelte der Angeklagte gegen 18.30 Uhr, mithin wenige Minuten, nachdem D. durch sein Zutun zu Tode gekommen war, bei Bekannten und stellte – vorgeblich ahnungslos – Nachforschungen über den Verbleib seiner Freundin an. An die Tür des dem Tatort nahen Wohnhauses der Familie D. heftete er einen – von den Eltern der Getöteten dort kurz nach 19.30 Uhr aufgefundenen – Zettel mit der – gelogenen – Nachricht, er habe D. um 18.30 Uhr dort, wie verabredet, aufgesucht, aber nicht angetroffen. Gegen 19 Uhr fragte er im Fitnesscenter, wo sich D., wie er wußte, aufgehalten hatte, bevor sie mit ihm zusammengetroffen war, heuchlerisch nach ihrem Verbleib. Diese Umstände sind ein signifikantes Indiz für ein überlegtes, gar geplantes Vorgehen des Angeklagten, mit dem er das ihn belastende Zusammentreffen mit der Getöteten alsbald wirksam zu vertuschen suchte. Dies tat er kurze Zeit nachdem D. durch sein Zutun zu Tode gekommen war; jedenfalls die Nachfrage bei den Bekannten erfolgte nach nur wenigen Minuten. Das spricht bezogen auf die etwa zeitgleich begonnene Beseitigung der Leiche augenfällig gegen eine unüberlegte Kurzschlußreaktion, die das Schwurgericht für den Fall der Tatvariante lediglich leicht schuldhaften Verhaltens des Angeklagten für möglich hält. Ohne nähere Erörterung dieses in seiner Bedeutung verkannten Belastungsindizes erweist sich diese Überlegung nicht als tragfähig; die Beweiswürdigung ist mithin jedenfalls schon insoweit lückenhaft.

Ebenso unerlässlich war die Erörterung dieses auf überlegtes Vorgehen hindeutenden Nachtatverhaltens im Zusammenhang mit den Erwägungen des Schwurgerichts zur Möglichkeit einer vom Angeklagten geplanten Tötungshandlung. Ob auch die von der Revision der Nebenklägerin zu 1 im Rahmen der sachlich-rechtlichen Beanstandungen zur Beweiswürdigung vorgetragenen Bedenken und das Unterbleiben eingehenderer Erörterung der zeitlichen, räumlichen und sachlichen Begleitumstände der Leichenbeseitigung Anlaß zu durchgreifenden Bedenken gegen die Beweiswürdigung hätten geben müssen, bedarf danach keiner Entscheidung.

b) Abgesehen davon hätte das Urteil auch insoweit keinen Bestand haben können, da das Schwurgericht selbst auf der Grundlage seiner Feststellungen nicht zu einer Freisprechung des Angeklagten gelangen durfte.

Das Gericht wäre gehalten gewesen, die von ihm für möglich erachtete, nach dem Zweifelsgrundsatz denkbar mildeste Variante schuldhaften gewaltsamen Einwirkens des Angeklagten auf D. im Zusammenhang mit ihrer Tötung konkret festzustellen und hiernach die strafrechtliche Verantwortung des Angeklagten zu bestimmen. Dass eine so bei verschiedenen möglichen, aber jeweils als Gewaltdelikt strafbaren Tatvarianten nach dem Zweifelsgrundsatz festgestellte Tat nach der vorgegebenen zeitlichen, örtlichen und sachlichen Eingrenzung keine hinreichend konkrete Grundlage für eine Verurteilung hätte bieten können (vgl. BGHR StPO § 261 Tatsachenalternativität 1 [BGH Urt. v. 29. 4. 1987 – 2 StR 62/87; vgl. § 261 StPO erfolgreiche Rügen], 2 [BGH Urt. v. 27. 7. 1988 – 3 StR 139/88; vgl. § 261 StPO erfolglose Rügen], 4), ist nicht erkennbar. Die beträchtliche Divergenz im Ausmaß der Schuld zwischen der denkbar schlimmsten und der denkbar harmlosesten Tatvariante berechtigt – offenbar entgegen der Auffassung des Schwurgerichts – nicht zur Freisprechung, wenn nach dem Zweifelsgrundsatz im Ergebnis keine Geschehensvariante verbleibt, wonach der Angeklagte sich nicht wegen gewaltsamer Einwirkung auf die Getötete strafbar gemacht hätte.

Abgesehen davon hat es das Schwurgericht unterlassen, im Zusammenhang mit der Erörterung der angeblich großen Bandbreite in Betracht zu ziehender Tatvarianten bis hin zu lediglich fahrlässiger Körperverletzung die von ihm für möglich erachteten Varianten vollständig darzustellen. Sämtliche im Urteil konkret beschriebenen Möglichkeiten der Tatbegehung würden mindestens den Tatbestand der Körperverletzung mit Todesfolge (§ 226 StGB a.F.) erfüllen, der kein erhöhtes Maß der Fahrlässigkeit für die Todesverursachung verlangt. Jenseits davon verliert sich der Tatrichter in vagen Vermutungen. Es versteht sich auch nach seiner eigenen Ausgangsbetrachtung nicht etwa von selbst, daß andere Tatvarianten, bei denen der Angeklagte unvorsätzlich gewaltsam gegen die Getötete vorgegangen sein könnte oder gar ihren Tod unvorhersehbar verursacht hätte, hier konkret in Betracht zu ziehen waren. Für etwa gerechtfertigtes oder entschuldigtes Vorgehen des Angeklagten gegen D. bestehen keinerlei Anhaltspunkte.

Die in diesem Zusammenhang erhöhten Begründungsanforderungen gelten verstärkt vor dem Hintergrund der zutreffenden eigenen Wertung des Tatrichters, bei einem Unglücksfall hätte für den Angeklagten kein vernünftiger Anlaß zu der anschließenden Leichenbeseitigung bestanden. An dieser Überlegung hätte der Tatrichter jede weitere etwa von ihm konkret erwogene Tatvariante messen müssen.

3. Der Freispruch des Angeklagten kann daher keinen Bestand haben. Mit der Urteilsaufhebung erledigt sich auch die sofortige Beschwerde der Staatsanwaltschaft gegen die Zubilligung von Entschädigung.

Der Senat sieht sich erneut veranlaßt, die Sache an ein anderes Landgericht zurückzuverweisen. Der neue Tatrichter wird bei unveränderter Beweislage die Grundsätze der Rechtsprechung des BGH, wonach keine überhöhten Anforderungen an die Überzeugungsbildung gestellt werden dürfen (vgl. BGH, NStZ-RR 1999, 332 [BGH Urt. v. 23. 6. 1999 – 3 StR 132/99; vgl. § 261 StPO erfolgreiche Rügen]), besonders zu beachten haben. Hinsichtlich des Verschlechterungsverbots hat sich der neue Tatrichter an der ersten, lediglich vom Angeklagten angefochtenen Verurteilung zu orientieren, aus der sich die Obergrenze für den Strafausspruch ergibt.

20. Ein Bestehen auf die Schweigepflicht des Verteidigers darf nicht zum Nachteil des Angeklagten gewertet werden (Abgrenzung zu BGHSt. 20, 298).

StPO §§ 81 c, 136 I, 137 I, 243 IV, 261 – BGH Beschl. v. 19. 1. 2000 – 3 StR 531/99 LG Hannover (= BGHSt. 45, 367 = NJW 2000, 1962 = StV 2000, 293 = NStZ 2000, 386)}

Die Revision rügt die Verletzung sachlichen Rechts.

Sachverhalt: Das Landgericht hat den Angeklagten wegen Totschlags zu einer Freiheitsstrafe verurteilt. Der Angeklagte hat nach einem Anruf am Vortag die Prostituierte D. S. in ihrer Wohnung aufgesucht, mit ihr den Geschlechtsverkehr mit Kondom ausgeführt, ihr den Fuß einer Tischlampe an den Kopf geschlagen und sie sodann mit einer Krawatte und einem Lampenkabel erdrosselt. Der Angeklagte hat sich dahin eingelassen, das Opfer weder gekannt, noch es angerufen, aufgesucht und schließlich getötet zu haben. Die Strafkammer stützt ihre Überzeugung von der Täterschaft des Angeklagten auch darauf, daß dieser seinem Verteidiger, Rechtsanwalt Sch., gegenüber zugegeben habe, zur Tatzeit doch bei der Prostituierten D. S. gewesen zu sein. Das habe die Freundin des Angeklagten, die Zeugin M. M., in einem Gespräch mit dem Verteidiger erfahren und an die Zeugen J. M. und S. B. weiterberichtet, die dies als Zeugen in der Hauptverhandlung bekundet haben. Zwar hat die Zeugin M. M. in der Hauptverhandlung bestritten, eine solche Information vom Verteidiger erhalten zu haben, doch spreche für die Richtigkeit dieses Teilgeständnisses und seine Weitergabe an die Zeugin M. M., daß der Angeklagte seinen Verteidiger hierzu auf Anfrage des Gerichts nicht von seiner anwaltlichen Schweigepflicht entbunden habe, weshalb dieser dann die Aussage verweigert hat. Dies lasse den Schluß zu, daß der Angeklagte seinem Verteidiger gegenüber tatsächlich ein solches Teilgeständnis abgegeben und dieser die Information auch weitergegeben hat. Schließlich hat die Strafkammer zu Lasten des Angeklagten gewertet, daß er bei einer Vorladung zu einem Speicheltest im Vorfeld der Ermittlungen als einziger von zahlreichen potentiellen Kontaktpersonen mit anwaltlichem Beistand erschienen sei; bei einem reinen Gewissen hätte es dessen nicht bedurft. – Das Rechtsmittel hatte Erfolg.

Gründe:

1. Die Schlußfolgerung der Strafkammer, aus der Weigerung des Angeklagten, seinen Verteidiger von seiner beruflichen Schweigepflicht zu entbinden, ergebe sich, daß er ihm gegenüber tatsächlich eingeräumt habe, am Tattag bei D. S. gewesen zu sein, und daß dieser die Information an seine Freundin M. M. weitergegeben habe, verstößt gegen mehrere Beweisverwertungsverbote und ist zudem in der Sache rechtlich bedenklich.

a) Nach dem Grundsatz „nemo tenetur se ipsum prodere" braucht niemand im Strafverfahren gegen sich selbst auszusagen, § 136 Abs. 1 Satz 2, § 243 Abs. 4 Satz 1 StPO. Macht er von diesem Schweigerecht Gebrauch, so darf dies nicht zu seinem Nachteil verwertet werden (vgl. BGHSt. 38, 302, 305 [BGH Urt. v. 26. 5. 1992 – 5 StR 122/92; vgl. § 261 StPO erfolgreiche Rügen]). Ebenso wie ein Angeklagter nicht zur Sache aussagen muß, ist er grundsätzlich auch nicht verpflichtet, aktiv zur Sachaufklärung beizutragen (BGHSt. 34, 324, 326 [BGH Urt. v. 2. 4. 1987 – 4 StR 46/87; vgl. § 261 StPO erfolglose Rügen]).

Für den zur Sache schweigenden Angeklagten ist anerkannt, daß weder aus seinem Schweigen, noch aus seinem sonstigen prozessualen Verhalten wie der Verweigerung einer Mitwirkung an der Sachaufklärung ein belastendes Indiz hergeleitet werden darf (BGHSt. 45, 363 [BGH Urt. v. 22. 12. 1999 – 3 StR 401/99; vgl. § 261 StPO erfolgreiche Rügen]).

Schweigt ein Angeklagter nicht umfassend, sondern macht er zu einem bestimmten Sachverhalt eines einheitlichen Geschehens Angaben zur Sache und unterläßt insoweit lediglich die Beantwortung bestimmter Fragen, so kann dieses Schweigen (sog. Teilschweigen) nach der Rechtsprechung des Bundesgerichtshofs von indizieller Bedeutung sein (BGHSt.

20, 298, 300 [BGH Urt. v. 3. 12. 1965 – 4 StR 573/65; vgl. § 261 StPO erfolglose Rügen]; 32, 140, 145 [BGH Urt. v. 26. 10. 1983 – 3 StR 251/83; vgl. §§ 81c, 261 StPO erfolgreiche Rügen]; 38, 302, 307]. Fraglich ist, inwieweit diese Grundsätze über die Verwertbarkeit des Teilschweigens auf die Bewertung des sonstigen prozessualen Verhaltens eines Angeklagten, der sich zur Sache einläßt, übertragen werden können. Die zur Begründung der Verwertbarkeit des Teilschweigens herangezogene Erwägung, der sich zur Sache einlassende Angeklagte unterwerfe notwendigerweise seine Einlassung und sein Prozeßverhalten der umfassenden Beweiswürdigung (vgl. BGHSt. 20, 298, 300), begegnet – jedenfalls in dieser weitgefaßten Form – Bedenken. So hat die Rechtsprechung des Bundesgerichtshofs anerkannt, daß das prozessuale Verhalten eines Angeklagten, der zunächst von seinem Schweigerecht Gebrauch macht und erst in einem späteren Stadium eine Einlassung abgibt, – entgegen dieser Erwägung – nicht zu seinem Nachteil verwertet werden darf („anfängliches Schweigen" – st. Rspr. vgl. BGHSt. 38, 302, 305). Ebensowenig darf nachteilig gewertet werden, daß ein Angeklagter zu einer von mehreren selbständigen Taten schweigt, da er sich insoweit eben nicht selbst zum Beweismittel macht (BGHSt. 32, 140, 145).

Der Senat ist der Auffassung, daß nachteilige Schlüsse aus der Wahrnehmung prozessualer Rechte durch einen Angeklagten jedenfalls dann nicht gezogen werden dürfen, wenn dieses Prozeßverhalten nicht in einem engen und einem einer isolierten Bewertung unzugänglichen Sachzusammenhang mit dem Inhalt seiner Einlassung steht. Dies gilt insbesondere in einem Fall wie hier, in dem es der Angeklagte abgelehnt hat, seinen eigenen Verteidiger von der Schweigepflicht zu entbinden und zwar zu einem Beweisthema, das nicht Gegenstand seiner Einlassung war, sondern ein vertrauliches, potentiell tatrelevantes Gespräch zwischen ihnen betrifft. Die Verwertung der Ablehnung ist unzulässig, da sich der Angeklagte durch sie nicht in irgendeiner Form zum Beweismittel gemacht, sondern sein Recht ausgeübt hat, ein Beweismittel, über das er verfügen konnte, nicht gegen sich verwenden zu lassen.

Wie der Generalbundesanwalt zu Recht hervorgehoben hat, unterscheidet sich damit der Sachverhalt wesentlich von dem, der der Entscheidung in BGHSt. 20, 298 zugrundegelegen hat. Dort hatte sich der Angeklagte zu seiner Verteidigung auf den Inhalt eines in einer anderen Sache geführten Beratungsgesprächs mit einem Rechtsanwalt berufen und dabei eine Einlassung abgegeben, die nur von dem Rechtsanwalt bestätigt oder widerlegt hätte werden können. In diesem besonders gelagerten Fall hat es der Bundesgerichtshof für zulässig erachtet, daß das Landgericht aus dem Umstand, daß der Angeklagte den Rechtsanwalt nicht von seiner Schweigepflicht entbunden hat, den Schluß gezogen hat, seine Behauptung sei unwahr (a.a.O. 301).

Damit hatte sich dort der Angeklagte mit der Angabe eines bestimmten Gesprächsinhalts selbst zum Beweismittel gemacht, das der kritischen Würdigung des Tatrichters unterliegt. Dieser konnte dabei berücksichtigen, daß die Einlassung des Angeklagten – letztlich als Folge der fehlenden Entbindungserklärung – durch andere Beweismittel nicht bestätigt worden ist.

b) Die nachteilige Wertung der Weigerung des Beschuldigten, seinen Verteidiger von der Schweigepflicht zu entbinden, verstößt darüber hinaus auch gegen das durch Art. 6 Abs. 3 Buchst. c MRK und das Rechtsstaatsprinzip verfassungsrechtlich verbürgte Recht des Beschuldigten auf Beiziehung eines Verteidigers. Die Gewährleistung einer wirksamen Strafverteidigung setzt ein Vertrauensverhältnis zwischen Verteidiger und Beschuldigtem voraus (vgl. BGHSt. 33, 347, 349 [BGH Urt. v. 5. 11. 1985 – 2 StR 279/85; vgl. § 100a StPO erfolgreiche Rügen]), zu dem die Verschwiegenheit des Rechtsanwalts über das ihm vom Beschuldigten Anvertraute gehört. Dem trägt die Rechtsordnung durch das Zeugnisverweigerungsrecht nach § 53 Abs. 1 Nr. 2 und 3 StPO, die Beschlagnahmefreiheit nach § 97 Abs. 1 Nr. 1 und 2 StPO und die strafrechtliche Bewehrung eines Bruchs der Schweigepflicht nach § 203 Abs. 1 Nr. 3 StGB Rechnung. Müßte ein Beschuldigter gewärtigen, daß sein Bestehen auf der Schweigepflicht über anvertraute Mitteilungen als belastendes Indiz zum Nachweis seiner Schuld herangezogen werden könnte, würde dieses Recht auf wirksame Strafverteidigung unterlaufen werden.

c) Schließlich begegnet die Schlußfolgerung der Strafkammer unabhängig von ihrer beweisrechtlichen Unzulässigkeit auch sachlich-rechtlichen Bedenken. Sie setzt sich nämlich nicht mit der Möglichkeit auseinander, daß ein Beschuldigter – insbesondere auf Anraten seines Verteidigers – es aus prinzipiellen Gründen ablehnen kann, seinen Verteidiger über den Inhalt der mit ihm geführten vertraulichen Gespräche als Zeugen aussagen zu lassen, auch wenn die Entbindung auf einen bestimmten Punkt beschränkt werden könnte und im konkreten Fall eine Belastung in der Sache nicht befürchtet werden müßte. Die weitere Schlußfolgerung der Strafkammer, die Verweigerung einer Entbindungserklärung lasse nicht nur den Schluß zu, der Angeklagte habe seinem Verteidiger gegenüber die Anwesenheit am Tatort eingestanden, sondern rechtfertige darüber hinaus auch die Annahme, daß dieser die fragliche Information an die Zeugin M. M. weitergegeben habe, würde ohnehin voraussetzen, daß der Angeklagte bei dieser Weitergabe anwesend war oder sonst davon Kenntnis erhalten hatte. Dazu ist jedoch nichts festgestellt.

2. Die Strafkammer durfte auch den Umstand, daß sich der Angeklagte bei der Entnahme einer Speichelprobe von einem anwaltlichen Beistand hat begleiten lassen, obwohl er bei einem „reinen Gewissen" dessen nicht bedurft hätte, nicht als Indiz für seine Täterschaft werten. Zwar war der Angeklagte zu diesem Zeitpunkt noch nicht Beschuldigter in einem gegen ihn gerichteten Ermittlungsverfahren, sondern gehörte lediglich zum Kreis von Personen, die in die Ermittlungen einbezogen worden waren, weil Anhaltspunkte für einen telefonischen Kontakt mit dem späteren Tatopfer gegeben waren. Damit standen ihm zu diesem Zeitpunkt die förmlichen Rechte eines Beschuldigten, insbesondere das Recht auf Aussagefreiheit und Verteidigung, noch nicht zu. Ob und in welchem Umfang derartige Rechte auf Verdächtige im Vorfeld einer Beschuldigung entsprechend anzuwenden sind, braucht der Senat nicht zu entscheiden. Jedenfalls ist eine verdächtige Person, die Gegenstand gezielter Ermittlungsmaßnahmen wird – wie hier der Einbeziehung in einen Speicheltest zur Durchführung molekulargenetischer Untersuchungen –" berechtigt, sich eines anwaltlichen Beistandes zu bedienen (vgl. § 3 BRAO; für den Beistand eines Zeugen: §§ 68b, 406f, 406g StPO; BVerfGE 38, 105). Das Recht einer fairen Verfahrensgestaltung erfordert es, auch ihr die Möglichkeit einzuräumen, mit der Hilfe eines Beistandes nicht nur die Rechtmäßigkeit solcher Ermittlungsmaßnahmen überprüfen zu lassen, sondern auch sonst mit geeigneten Maßnahmen darauf hinzuwirken, baldmöglichst aus dem Kreis der Tatverdächtigen ausgeschieden zu werden.

Die Strafkammer stellt zwar ein solches Recht grundsätzlich nicht in Frage, bedenkt jedoch nicht, daß sie mit der Verwertung der Beistandsbestellung als belastendes Indiz dieses Recht unterlaufen und aushöhlen würde. Denn wenn ein Verdächtiger in einer derartigen Situation mit nachteiligen Konsequenzen zu rechnen hätte, könnte er nicht mehr frei und unbefangen von seinem Recht Gebrauch machen. Im übrigen ist die Schlußfolgerung der Strafkammer auch in der Sache rechtlich bedenklich, da die Annahme, daß sich nur ein schuldiger Verdächtiger eines anwaltlichen Beistandes bediene, nicht gerechtfertigt ist und außer Acht läßt, daß auch ein Unschuldiger ein Interesse daran haben kann, einen bestehenden Verdacht mit anwaltlicher Hilfe baldmöglichst auszuräumen. Den Verstoß gegen dieses Beweisverwertungsverbot, der mehr dem materiellen Beweiswürdigungsrecht zuzurechnen ist, mußte der Senat auch ohne entsprechende Verfahrensrüge auf die Sachrüge hin berücksichtigen (vgl. BGHSt. 25, 100 [BGH Urt. v. 10. 1. 1973 – 2 StR 451/72; vgl. § 49 BZRG erfolgreiche Rügen]).

21. Weigerung der Entbindung des Verteidigers von der Schweigepflicht darf nicht zum Nachteil des Angeklagten gewertet werden (Ergänzung zu BGHSt. 20, 298 f. [vgl. § 261 StPO erfolglose Rügen]).

StPO §§ 53 I Nr. 3, 261 – BGH Urt. v. 22. 12. 1999 – 3 StR 401/99 LG Dortmund (= BGHSt. 45, 363 = NJW 2000, 1426 = StV 2000, 234)

Die Revision rügt die Verletzung sachlichen Rechts.

Sachverhalt: Das Landgericht hat den Angeklagten wegen Nötigung in zwei tateinheitlichen Fällen in Tateinheit mit vorsätzlicher Körperverletzung und mit einer Zuwiderhandlung gegen ein vereinsrechtliches Betätigungsverbot zu einer Freiheitsstrafe verurteilt.

An Repressalien gegen die Geschwister M. und G. K. war ein Kurde, der unter dem Namen „Brusk" aufgetreten war, maßgeblich beteiligt. Die Überzeugung der Strafkammer, daß der Angeklagte mit „Brusk" identisch sei, beruht jedoch auch auf einer unzulässigen Schlußfolgerung.

Der Angeklagte hat Angaben zur Sache umfassend verweigert. Die Geschädigte G. K. konnte nicht gehört werden, da sie unbekannten Aufenthalts ist. Der Zeuge M. K. hat in der Hauptverhandlung angegeben, bei dem Angeklagten handle es sich nicht um „Brusk". Die Strafkammer geht jedoch davon aus, daß er aus Angst vor weiteren Repressalien den Angeklagten deckt. Ihre Überzeugung von der Identität mit „Brusk" stützt sie auf Übereinstimmungen, insbesondere eine auffällige Armverletzung, zwischen den von den Geschädigten bei der Polizei abgegebenen Personenbeschreibungen und dem Aussehen des Angeklagten. Schließlich ergebe sich aus der Aussage des Polizeibeamten S., daß in Bielefeld nur eine Person mit dem Namen „Brusk" bekannt sei und „Brusk" in einem abgehörten Telefongespräch einen Gesprächspartner gebeten habe, einen Termin beim Arzt Dr. M. in Bielefeld abzusagen. Da aber der Angeklagte diesen Arzt nicht von seiner Schweigepflicht entbunden habe und ein solches Recht nur einem Patienten zustehe, lasse dies den Schluß zu, daß der Angeklagte Patient dieses Arztes gewesen sei. – Das Rechtsmittel hatte Erfolg.

Gründe: ...

1. Diese Folgerung ist rechtlich unzulässig. Die Strafkammer durfte bei dem zur Sache umfassend schweigenden Angeklagten den Umstand, daß er von seinem prozessualen Recht Gebrauch gemacht hat, einen ärztlichen Zeugen von seiner Schweigepflicht nicht zu entbinden, nicht als belastendes Indiz verwerten. Die freie richterliche Beweiswürdigung nach § 261 StPO findet ihre Grenze an dem Recht eines jeden Menschen, nicht gegen seinen Willen zu seiner Überführung beitragen zu müssen (Grundsatz des „Nemo tenetur se ipsum prodere". Dieses Abwehrrecht eines Beschuldigten gegen staatliche Eingriffe wird durch Artikel 2 Abs. 1 GG gewährleistet (BVerfGE 56, 37, 49).

Danach ist ein Angeklagter im Strafverfahren grundsätzlich nicht verpflichtet, aktiv zur Sachaufklärung beizutragen (BGHSt. 34, 324, 326 [BGH Urt. v. 2. 4. 1987 – 4 StR 46/87; vgl. § 261 StPO erfolglose Rügen]). So steht es ihm frei, sich zu der Beschuldigung zu äußern oder nicht zur Sache auszusagen, § 136 Abs. 1 Satz 2, § 243 Abs. 4 Satz 1 StPO. Macht er von seinem Aussageverweigerungsrecht umfassend Gebrauch, so ist allgemein anerkannt, daß daraus für ihn keine nachteiligen Schlüsse gezogen werden dürfen (vgl. BGHSt. 32, 140, 144 [BGH Urt. v. 26. 10. 1983 – 3 StR 251/83; vgl. § 261 StPO erfolgreiche Rügen; § 81c StPO erfolgreiche Rügen]).

Nichts anderes kann für das sonstige prozessuale Verhalten eines umfassend schweigenden Angeklagten gelten, insbesondere wenn er eine Mitwirkung an der Sachaufklärung verweigert, etwa Zustimmungs- oder Entbindungserklärungen nicht erteilt; auch hieraus darf kein belastendes Indiz gegen ihn hergeleitet werden. So hat es die Rechtsprechung des Bundesgerichtshofs bei einem schweigenden Angeklagten für unzulässig erachtet, die in Beweisanträgen des Verteidigers enthaltenen Tatsachenbehauptungen als eine der Beweiswürdigung unterliegende Teileinlassung des Angeklagten (BGH NStZ 1990, 447 f. [BGH Beschl. v. 29. 5. 1990 – 4 StR 118/90; vgl. § 261 StPO erfolgreiche Rügen]), oder die Formulierung, mit der er eine Einlassung zur Sache verweigert hat (BGHR StPO § 261 Aussageverhalten 14), zu verwerten. Danach war es nicht zulässig, daß die Strafkammer die Verweigerung einer Entbindungserklärung im Rahmen der Beweiswürdigung zum Nachteil des Angeklagten berücksichtigt hat. Ein Angeklagter der bei der Abgabe prozessualer Erklärungen mit nachteiligen Schlußfolgerungen rechnen müßte, könnte von seinem Recht auf Aussage- und Mitwirkungsfreiheit nicht mehr unbefangen Gebrauch machen; dieses wäre unzulässig beschränkt.

Etwas anderes folgt auch nicht aus der Entscheidung in BGHSt. 20, 298 f., wonach aus der Weigerung eines Angeklagten, bei der Aufklärung eines bestimmten Punktes mitzuwirken, jedenfalls dann ein ihm nachteiliger Schluß gezogen werden dürfe, wenn er sich im übrigen zum Anklagevorwurf eingelassen habe. In der Begründung wurde entscheidend darauf abgestellt, daß sich der Angeklagte durch seine Einlassung zur Sache selbst zu einem Beweismittel gemacht und so seine Erklärungen der freien Beweiswürdigung durch den Tatrichter unterstellt habe. Bei dieser Sachlage könne es dem Tatrichter nicht verwehrt sein, Schlüsse daraus zu ziehen, daß der Angeklagte sich zwar in einer bestimmten Weise zum Hergang eines Gespräches mit seinem Rechtsanwalt geäußert, indes die Überprüfung dieser Darstellung dadurch verhindert hat, daß er seinen Gesprächspartner nicht von der Verschwiegenheitspflicht entbunden hat. Die Begründung der Entscheidung spricht im Gegenteil dafür, daß auch der damals erkennende Senat das Aussageverhalten bei einem umfassend schweigenden Angeklagten anders beurteilt und eine Beweisverwertung der Verweigerung der Entbindungserklärung als unzulässig angesehen hätte.

2. Unabhängig von diesem Beweisverwertungsverbot beruht die der Schlußfolgerung des Landgerichts zugrundeliegende Prämisse, ein Zeugnisverweigerungsrecht des Arztes habe nur dann bestanden, wenn der Angeklagte tatsächlich bei ihm Patient gewesen war, auf einer Verkennung der rechtlichen Tragweite des ärztlichen Schweigerechts und ist daher auch aus diesem Grund sachlichrechtlich fehlerhaft.

Die Vertrauensbeziehung zwischen Arzt und Patient erstreckt sich auch auf die Anbahnung des Beratungs- und Behandlungsverhältnisses. Demgemäß ist anerkannt, daß sich die Befugnis des Arztes zur Verweigerung des Zeugnisses auch auf die Identität des Patienten und die Tatsache seiner Behandlung bezieht (BGHSt. 33, 148, 152 [BGH Urt. v. 20. 2. 1985 – 2 StR 561/84; vgl. § 53, 97 StPO erfolgreiche Rügen]). Steht in Frage, ob ein Angeklagter bei einem bestimmten Arzt in Behandlung war; hat der Arzt, der nicht von seiner Schweigepflicht entbunden worden ist, ein Zeugnisverweigerungsrecht gleich ob er den Patienten tatsächlich behandelt hatte oder nicht. Ähnlich wie bei der Frage nach dem Bestehen eines Auskunftsverweigerungsrechts nach § 55 StPO ist auch hier die Möglichkeit einer Bejahung und Verneinung der Frage in gleicher Weise in Betracht zu ziehen, da anderenfalls der Sinn des ärztlichen Zeugnisverweigerungsrechts verfehlt würde.

Denn nach der Logik der Argumentation der Strafkammer könnte die der ärztlichen Schweigepflicht unterliegende Frage, ob ein Angeklagter bei einem bestimmten Arzt in Behandlung war, unabhängig von einer Entbindungserklärung des mutmaßlichen Patienten geklärt werden. Hätte nämlich ein Behandlungsverhältnis nicht bestanden, wäre der Arzt nach dieser Ansicht mangels eines ein Schweigerecht begründenden Patientenvertrags verpflichtet, diese Tatsache ohne jegliche Entbindung als Zeuge zu bekunden; hätte es dagegen bestanden, dürfte er zwar das Zeugnis verweigern, doch könnte allein aus dieser Erklärung der zu beweisende Umstand gefolgert werden. Daß hierbei die ärztliche Schweigepflicht unterlaufen würde, liegt auf der Hand.

Wenn daher in Frage steht, ob eine Person bei einem Arzt in Behandlung war, so hat der Arzt ein Zeugnisverweigerungsrecht, gleich ob er die Frage bejahen oder verneinen müßte. Über die Entbindung von dieser Schweigepflicht hat der mutmaßliche Patient zu entscheiden, gleich ob er tatsächlich in Behandlung war oder nicht.

22. Die Schuldfrage betreffende Wahrnehmungen des beauftragten Richters dürfen nicht als dienstliche Erklärungen in die Hauptverhandlung eingeführt werden.

StPO §§ 223, 251 I, 261 – BGH Urt. v. 9. 12. 1999 – 5 StR 312/99 LG Darmstadt (= BGHSt. 45, 354 = NJW 2000, 1204 =StV 2000, 121)

Die Revision rügt, daß das Gericht den persönlichen Eindruck des Berichterstatters von der Glaubwürdigkeit eines Zeugen der lediglich durch mündlichen Bericht in die Hauptverhandlung eingeführt wurde, bei der Beweiswürdigung berücksichtigt hat.

Sachverhalt: Von maßgeblicher Bedeutung für die Überführung der Angeklagten war ein Vormerkkalender, in dem der Angeklagte C. B. Geschäftseinnahmen vermerkt hatte, die deutlich über den im „offiziellen" Kassenbuch eingetragenen Einnahmen lagen. Nach der Einlassung des Angeklagten C. B. fehlte diesen Angaben jeder reale Hintergrund. Sie hätten dazu gedient, dem am Kauf von Geschäftsanteilen interessierten Zeugen J. höhere Umsätze vorzutäuschen und seien J. zu diesem Zweck vorgelegt worden.

Auf entsprechende Beweisanträge der Verteidigung beschloß das Landgericht, den in New York lebenden Zeugen J. der aus gesundheitlichen Gründen nicht zur Hauptverhandlung erscheinen konnte, konsularisch vernehmen und den Berichterstatter an der Vernehmung teilnehmen zu lassen. In seiner konsularischen Vernehmung, bei der neben dem Berichterstatter auch der Angeklagte C. B., sein Verteidiger, der Sitzungsvertreter der Staatsanwaltschaft und zwei dem Konsulat zugewiesene Rechtsreferendare anwesend waren, bestätigte der Zeuge die in sein Wissen gestellten, die Angeklagten entlastenden Tatsachen nicht.

Die Niederschrift über die Vernehmung wurde gemäß § 251 Abs. 1 Nr. 2 StPO durch Verlesung in die Hauptverhandlung eingeführt. Im Anschluß daran schilderte der Berichterstatter – zum Teil unter Bezugnahme auf Äußerungen des Zeugen, die keinen Eingang in die Vernehmungsniederschrift gefunden hatten (die Schmuckbranche sei ein „Haifischbecken") – seinen persönlichen Eindruck von der Glaubwürdigkeit des Zeugen. Das Landgericht erachtete den Zeugen „wovon sich die Kammer über den in der Hauptverhandlung berichteten Eindruck des beauftragten Richters mittelbar ein Bild machen konnte", im wesentlichen für glaubwürdig. Unter anderem aufgrund der Aussage des Zeugen hielt es die Angeklagten für überführt, die ihnen zur Last gelegten Straftaten begangen zu haben. – Das Rechtsmittel hatte Erfolg.

Gründe: Die Verwertung des persönlichen Eindrucks des Berichterstatters von der Glaubwürdigkeit des Zeugen J., die lediglich durch einen mündlichen Bericht in die Hauptverhandlung eingeführt wurde, verstieß gegen § 261 StPO.

1. Eine nach § 223 Abs. 1 StPO angeordnete konsularische Zeugenvernehmung, die gemäß § 15 KonsularG im Wege der inländischen Rechtshilfe vorgenommen wird, ist nicht Teil der Hauptverhandlung (BGH NStZ 1989, 382, 383 [BGH Urt. v. 18. 1. 1989 – 2 StR 583/88; vgl. § 261 StPO erfolgreiche Rügen]). Dies ergibt sich schon daraus, daß sie nicht durch das Gericht selbst erfolgt, sondern auf Ersuchen des Gerichts durch einen Konsularbeamten. Zudem haben hier nicht sämtliche Verfahrensbeteiligten an ihr teilgenommen. Voraussetzung für die Verwertung von Inhalt und Umständen einer solchen Vernehmung (wie auch einer von einem beauftragten Richter selbst vorgenommenen Vernehmung) ist daher, daß diese Umstände in die Hauptverhandlung eingeführt werden.

Geschieht dies im Wege der Beweiserhebung, so können Tatsachen, die dem Freibeweis unterliegen, auch durch die dienstliche Erklärung eines Richters in zulässiger Weise zum Gegenstand der Hauptverhandlung gemacht werden. Dies ist beispielsweise möglich, wenn im Blick auf Verfahrenshindernisse oder Verwertungsverbote allein die äußeren Umstände des Zustandekommens einer Zeugenaussage von Bedeutung sind, ohne daß diese Umstände Auswirkungen auf die Beurteilung des Inhalts der Aussage haben (vgl. BGH Urt. v. 8. 12. 1976 – 3 StR 363/76; Urt. v. 9. 5. 1978 – 1 StR 93/78). Gleiches gilt, wenn die in Form einer dienstlichen Äußerung erfolgende Information dazu dient, den Verfahrensbeteiligten Umstände bekanntzugeben, die für den Fortgang des Verfahrens von Bedeutung sind (vgl. BGHSt. 44, 4, 12 [BGH Urt. v. 28. 1. 1998 – 3 StR 575/96; vgl. § 338 Nr. 2 StPO erfolglose Rügen]).

Um solche Mitteilungen handelt es sich im vorliegenden Fall jedoch nicht. Vielmehr kann der Eindruck, den ein möglicher Entlastungszeuge bei seiner Vernehmung – verbal durch seine Aussage und nonverbal durch sein Auftreten – vermittelt, für die Glaubhaftigkeit seiner Aussage und damit mittelbar für die Beurteilung der Schuldfrage von Bedeutung sein. Die Feststellung schuldrelevanter Tatsachen ist dem Freibeweis jedoch nicht zugänglich, sondern unterliegt den in §§ 244 bis 256 StPO festgelegten Regeln des Strengbeweises. Diese sehen ausschließlich eine Beweiserhebung durch Vernehmung von Zeugen und Sachverständigen, Verlesung von Urkunden oder Einnahme eines Augenscheins (vgl. auch § 255a StPO) vor (BGHR StPO § 244 Abs. 3 Satz 2 Ungeeignetheit 20). Dienstliche Äußerungen scheiden im Bereich des Strengbeweises als zulässige Beweismittel aus.

2. Entgegen der von Foth (MDR 1983, 716, 718) und Itzel (NStZ 1989, 383) vertretenen Auffassung handelt es sich bei dem persönlichen Eindruck, den ein beauftragter Richter bei einer kommissarischen Zeugenvernehmung von dem Zeugen gewinnt, auch nicht um eine gerichtsbekannte Tatsache, die einer förmlichen Beweiserhebung in der Hauptverhandlung nicht mehr bedürfte, sondern den Prozeßbeteiligten – zur Wahrung des rechtlichen Gehörs (vgl. BVerfGE 10, 177) – in der Hauptverhandlung lediglich mitgeteilt werden müßte.

a) Nach der im Anschluß an die ständige Rechtsprechung des Reichsgerichts (vgl. nur RGSt 31, 185) vom Bundesgerichtshof entwickelten Definition ist gerichtskundig, was der Richter im Zusammenhang mit seiner amtlichen Tätigkeit zuverlässig in Erfahrung gebracht hat (BGHSt. 6, 292, 293 [BGH Urt. v. 14. 7. 1954 – 6 StR 180/54; vgl. § 244 StPO erfolglose Rügen]). Da mit der Annahme von Gerichtskundigkeit als Unterfall der Offenkundigkeit der Unmittelbarkeitsgrundsatz eingeschränkt wird, bedarf es innerhalb dieser weiten Definition jedoch weiterer Differenzierung. So soll einerseits vermieden werden, daß das Verfahren durch Beweiserhebungen über gerichtsbekannte Tatsachen in überflüssigen Formalismus ausartet. Von daher ist Gerichtskundigkeit unbedenklich auf Gebieten anzunehmen, die im Hintergrund des Geschehens stehen und gleichsam den Boden für die Verübung einer größeren Zahl gleichartiger Straftaten abgeben. Tatsachen von allgemein kennzeichnender Bedeutung, die in einer wesentlich unveränderten Weise immer wieder mit strafrechtlich zu beurteilenden Vorgängen verknüpft sind, brauchen nicht jeweils erneut durch eine Beweisaufnahme ermittelt zu werden (BGH a.a.O. S. 295).

Andererseits darf aber der in § 261 StPO enthaltene Grundsatz, daß die Hauptverhandlung die alleinige Erkenntnisquelle des Tatrichters ist, nicht durch ein zu weitreichendes Verständnis der Gerichtskundigkeit in seinem Kern angetastet werden. Deswegen wird allgemein vertreten, daß alle unmittelbar erheblichen Tatsachen, die Einzelheiten der Tatausführung betreffen, stets in der Hauptverhandlung aufzuklären sind (BGHSt. 6, 292, 295).

b) Auch für mittelbar erhebliche Tatsachen, die sich von unmittelbar erheblichen zudem nicht immer klar trennen lassen werden, darf aber nicht uneingeschränkt auf eine außerhalb der laufenden Hauptverhandlung durchgeführte Beweisaufnahme zurückgegriffen werden. Es kann dahinstehen, ob einzelfallbezogene Beweisergebnisse, die im anhängigen Verfahren von erkennenden Richtern außerhalb der Hauptverhandlung gewonnen worden sind, überhaupt als gerichtskundig behandelt werden dürfen (bejahend BGHSt. 39, 239, 241 [BGH Urt. v. 23. 6. 1993 – 3 StR 89/93; vgl. § 338 Nr. 2 StPO erfolglose Rügen]; BGHSt. 44, 4, 9). Für knappe, leicht überschaubare Informationen, die einem Mitglied des erkennenden Gerichts in einem laufenden Verfahren „aufgedrängt" werden, bevor dieses das Gespräch abbrechen und den Informanten auf eine Zeugenvernehmung in der Hauptverhandlung verweisen kann (vgl. BGHSt. 39, 239), mag dies zutreffen. Jedenfalls aber können Beweisergebnisse, die auf komplexen, ausschließlich auf den Einzelfall bezogenen Wahrnehmungen eines Richters beruhen und die für die Überführung des Angeklagten von wesentlicher Bedeutung sind, auch dann nicht als gerichtsbekannt behandelt werden, wenn sie „nur" mittelbar beweiserhebliche Indiztatsachen betreffen. Solche Beweisergebnisse unterscheiden sich weder in ihrer Bedeutung für die Wahrheitsfindung noch in der Schwierigkeit ihrer Ermittlung grundlegend von Beweisergebnissen, die die Tatausführung selbst betreffen.

c) Dies gilt auch für Tatsachen, die einem beauftragten Richter anläßlich einer kommissarischen Zeugenvernehmung bekannt werden, und zwar gleichermaßen für Tatsachen, die sich auf den Inhalt der Zeugenaussage beziehen, wie für Tatsachen, die das Aussageverhalten des Zeugen und dessen Erscheinungsbild betreffen. Zwar läßt § 223 StPO eine Beweiserhebung außerhalb der Hauptverhandlung durch ein Mitglied des erkennenden Gerichts ausdrücklich zu. Sie dient jedoch zunächst ausschließlich der Beweissicherung. Der Urteilsfindung kann eine solche Vernehmung erst dann zugrunde gelegt werden, wenn sie in der verfahrensrechtlich gebotenen Weise in die Hauptverhandlung eingeführt wird.

aa) Hierfür sieht § 251 Abs. 1 StPO die Verlesung der über die Vernehmung gefertigten Niederschrift vor. Einer Anhörung des beauftragten Richters in der Hauptverhandlung bedarf es dagegen in aller Regel nicht. Beobachtungen des beauftragten Richters, die mit der kommissarischen Vernehmung in engem Zusammenhang stehen und die für die Beweiswürdigung, insbesondere die Beurteilung der Glaubwürdigkeit des Zeugen, von Bedeutung sein können, wie das Erscheinungsbild des Zeugen, Körpersprache, zögernde oder flüssige Aussage, oder erkennbare Emotionen des Zeugen sind Teil der prozessualen Vernehmung. Sie können in die Vernehmungsniederschrift aufgenommen und ohne Verstoß gegen § 250 StPO (vgl. nur RGSt 37, 213) nach § 251 Abs. 1 StPO im Urkundenbeweis in die Hauptverhandlung eingeführt werden (BGHSt. 2, 1, 3[1]; BGH NStZ 1983, 182 [BGH Beschl. v. 21. 12. 1982 – 2 StR 323/82; vgl. § 261 StPO erfolgreiche Rügen]; 1989, 382 [BGH Urt. v. 18. 1. 1989 – 2 StR 583/88; vgl. § 261 StPO erfolgreiche Rügen]). Dies gilt auch für persönliche Eindrücke des beauftragten Richters, sofern die Anknüpfungstatsachen hierfür ebenfalls in die Niederschrift aufgenommen werden und dem erkennenden Gericht ermöglichen, insoweit etwa vorgenommene Wertungen einer eigenen Beurteilung zu unterziehen.

bb) Auch wenn der beauftragte Richter seine Beobachtungen nicht durch mündlichen Bericht als gerichtskundig in die Hauptverhandlung einbringen darf, sind daher gewichtige Aufklärungslücken durch sorgfältige Führung der Niederschrift über die kommissarische Vernehmung vielfach zu vermeiden. Findet – wie hier – im Ausland eine kommissarische Vernehmung statt, bei der ein Mitglied des erkennenden Gerichts anwesend ist, die Vernehmung aber nicht selbst führen darf, so hat dieser Richter zwar keinen unmittelbaren Einfluß auf den Inhalt der Vernehmungsniederschrift. In ähnlicher Weise, wie er durch Fragen, Vorhalte und Anregungen den protokollierten Aussageinhalt mitgestalten kann, wird es ihm jedoch regelmäßig auch möglich sein, den Konsularbeamten zur Protokollierung beweisrelevanten Aussageverhaltens des Zeugen zu veranlassen. Besteht eine solche Einflußmöglichkeit – etwa bei Vernehmungen durch den Hoheitsträger eines fremden Staates im Wege der ausländischen Rechtshilfe – nicht, so werden allerdings die einer

---

1 „Gegenstand der Hauptverhandlung und Urteilsgrundlage kann also nur die Vernehmungsniederschrift des beauftragten Richters sein (§ 429c Abs. 4 Satz 2), nicht anders, als wenn ein beauftragter Richter nach § 225 StPO einen Augenschein eingenommen hat (§ 249 StPO; RGSt 20, 149). Sofern ein Richterkommissar nicht förmlich als Zeuge vernommen wird, dürfen Beobachtungen, die er bei einer Vernehmung gemacht hat, vom erkennenden Gericht allenfalls dann verwertet werden, wenn er seine Beobachtungen in seinem Vernehmungsprotokoll, das in der Hauptverhandlung verlesen wird, niedergelegt hat (RGSt 37, 212)."

kommissarischen Vernehmung als Erkenntnisquelle allgemein gesetzten Grenzen besonders deutlich. Sie ergeben sich zwangsläufig aus der Natur dieses Rechtsinstituts, das dadurch gekennzeichnet ist, daß die Vernehmung außerhalb der Hauptverhandlung und damit außerhalb der unmittelbaren Einflußnahme und Erkenntnismöglichkeit aller Prozeßbeteiligten durchgeführt wird. Daraus entstehende Defizite mögen verstärkt den nonverbalen Teil der Vernehmung betreffen, sind aber keineswegs auf diesen Bereich beschränkt. Sie in vollem Umfang auszugleichen, wäre selbst durch die protokollergänzende mündliche Erklärung eines Mitglieds des erkennenden Gerichts, das an der kommissarischen Vernehmung teilgenommen hat, nicht möglich. Eine solche mündliche Erklärung entgegen der Gesetzessystematik zuzulassen, besteht daher keine Veranlassung. Vielmehr ist dem eingeschränkten Erkenntniswert der kommissarischen Vernehmung bereits bei der Entscheidung über einen entsprechenden Beweisantrag Rechnung zu tragen; dieser kann – etwa bei der oben beschriebenen Situation – wegen Unerreichbarkeit und/oder Ungeeignetheit des Beweismittels abzulehnen sein (st. Rspr.; vgl. BGHSt. 22, 118, 122 [BGH Urt. v. 8. 3. 1968 – 4 StR 615/67; vgl. § 251 StPO erfolgreiche Rügen]; BGH StV 1981, 601[1]). Kommt dem Aussageverhalten des Zeugen eine vorhersehbar besondere Bedeutung zu, so kann das Gericht zudem in geeigneten Fällen anstelle der Beauftragung eines Mitglieds des erkennenden Gerichts mit der Teilnahme an der kommissarischen Vernehmung von der Möglichkeit einer audiovisuellen Zeugenvernehmung gemäß § 247a StPO Gebrauch machen (vgl. BGHSt. 45, 188 [BGH Urt. v. 15. 9. 1999 – 1 StR 286/99; vgl. § 247a StPO erfolgreiche Rügen]).

cc) In der Regel besteht auch nicht die Gefahr, daß es in das Belieben der Prozeßbeteiligten gestellt wäre, den beauftragten Richter für Vorgänge im Rahmen der kommissarischen Vernehmung als Zeugen zu benennen, und ihn damit gemäß § 22 Nr. 5 StPO von der Ausübung des Richteramts auszuschließen. Insoweit ist die Situation nicht anders als beispielsweise bei der Zeugenbenennung eines Mitglieds des erkennenden Gerichts, das an einer ausgesetzten Hauptverhandlung in gleicher Sache oder an einer gesondert geführten Verhandlung gegen andere Tatbeteiligte teilgenommen hat. Einem Mißbrauch des Beweisantragsrechts kann mit dem Instrumentarium des § 244 Abs. 3 StPO hinreichend begegnet werden, ohne daß es hierfür einer „besonderen Form der Gerichtskundigkeit" bedürfte. So besteht insbesondere die Möglichkeit, durch eine – in zulässiger Weise im Freibeweisverfahren eingeholte – dienstliche Äußerung des als Zeugen benannten Richters zu klären, ob mit dem Beweisantrag lediglich prozeßfremde Zwecke verfolgt werden und, wenn dies zutrifft, den Beweisantrag wegen Unzulässigkeit bzw. Prozeßverschleppung zurückzuweisen (vgl. BGHSt. 7, 330, 331 [vgl. § 244 StPO erfolglose Rügen]). Ergibt die dienstliche Äußerung, daß der Richter die in sein Wissen gestellten Tatsachen bestätigen könnte, so wird zu prüfen sein, ob nicht andere Personen, die ebenfalls an der kommissarischen Vernehmung teilgenommen haben, die behaupteten Tatsachen in gleicher Weise als Zeugen bekunden können. Erst wenn diese Möglichkeiten ausscheiden und wenn auch eine Wahrunterstellung nicht in Betracht kommt, kann es im Einzelfall erforderlich sein, den beauftragten Richter über eine streitige, beweiserhebliche Tatsache, über die sich die Vernehmungsniederschrift nicht verhält, förmlich als Zeugen zu hören mit der Folge, daß er in der Sache vom Richteramt ausgeschlossen wäre.

dd) Wollte das Landgericht – was sich nach den Urteilsgründen nicht unbedingt aufgedrängt hätte – in Ergänzung der Vernehmungsniederschrift Angaben über Auftreten und Aussageverhalten des Zeugen J. in die Hauptverhandlung einführen, so hätte dies hier bei-

---

1 „Es ist aus Rechtsgründen nicht zu beanstanden, daß der Tatrichter wegen der Wichtigkeit des persönlichen Eindrucks nur eine Vernehmung des Zeugen in Gegenwart aller Richter in Betracht zieht, eine konsularische Vernehmung, die Vernehmung durch einen ersuchten Richter und die Anhörung des Verteidigers übe ein mit dem Zeugen geführtes Gespräch dagegen nicht für ausreichend hält." (BGH Urt. v. 23. 6. 1981 – 5 StR 164/81).

spielsweise durch eine zeugenschaftliche Vernehmung des Konsularbeamten oder der diesem zugewiesenen Rechtsreferendare erfolgen können. Die Entgegennahme einer entsprechenden mündlichen Erklärung des zum beauftragten Richter bestellten Berichterstatters verstieß dagegen gegen § 261 StPO. Auf dieser Rechtsverletzung beruht das Urteil auch, da das Landgericht die vom Berichterstatter geschilderten Eindrücke seiner Beurteilung der Glaubwürdigkeit des Zeugen J. ausdrücklich zugrunde gelegt hat.

23. Die Einlassung des Angeklagten ist nur verwertbar, wenn sie gem. § 273 StPO protokolliert ist.

StPO §§ 261, 273 274, 257, 258 – BGH Beschl. v. 28. 10. 1999 – 4 StR 370/99 LG Chemnitz (StV 2000, 123 = NStZ 2000, 217)

Die Revision rügt, daß das Gericht die Verurteilung auf Angaben des Angeklagten in der Hauptverhandlung stützt, die dieser nicht gemacht hat.

Sachverhalt: Das Landgericht hat den Angeklagten der Vergewaltigung und der fahrlässigen Trunkenheit im Verkehr jeweils in Tateinheit mit vorsätzlichem Fahren ohne Fahrerlaubnis in 3 Fällen schuldig gesprochen. – Das Rechtsmittel hatte Erfolg.

Gründe: Soweit das Landgericht den Angeklagten der fahrlässigen Trunkenheit im Verkehr in 3 Fällen – jeweils in Tateinheit mit Fahren ohne Fahrerlaubnis – schuldig gesprochen hat, dringt die Revision mit der Rüge der Verletzung des § 261 StPO durch.

Die Strafkammer hat die Verurteilung wegen dieser Taten auf die geständige Einlassung des Angeklagten gestützt. Dazu macht die Revision geltend, daß das Gericht seine Überzeugung nicht aus dem Inbegriff der Verhandlung geschöpft haben könne; der Angeklagte habe sich in der Hauptverhandlung nämlich nicht zur Sache geäußert.

Die Rüge ist, wie durch die Niederschrift über die Hauptverhandlung belegt wird, begründet. Danach hat sich der Angeklagte zu Beginn der Verhandlung – im Anschluß an die Belehrung über sein Schweigerecht – zu seinen persönlichen und wirtschaftlichen Verhältnissen geäußert und erklärt, „daß er sich zur Sache nicht äußern werde". Daß der Angeklagte im weiteren Gang des Verfahrens abweichend von dieser Absichtserklärung – sei es auch nur im Rahmen einer Äußerung nach § 257 StPO oder nach § 258 StPO – doch Angaben zur Sache gemacht hat, läßt sich dem Protokoll nicht entnehmen. Eine solche Einlassung ist in der Niederschrift auch nicht dadurch protokolliert, daß in ihr – im Anschluß an die Wiedergabe der Schlußvorträge und Anträge der Staatsanwaltschaft und des Verteidigers – festgehalten ist, daß „der Angeklagte ... Gelegenheit zur abschließenden Stellungnahme (erhielt) und ... das letzte Wort (hatte)." Mit dieser Formulierung belegt das Protokoll lediglich, daß das Recht des Angeklagten auf das letzte Wort gem. § 258 II Halbs. 2 III StPO gewahrt ist. Daß er von diesem Recht Gebrauch gemacht und sich in seinem letzten Wort zur Sache eingelassen hat, besagt die Eintragung dagegen nicht.

Damit steht aufgrund der Beweiskraft der Sitzungsniederschrift gem. § 274 StPO fest, daß sich der Angeklagte – entgegen den Urteilsgründen – in der Hauptverhandlung nicht zur Sache eingelassen und das Gericht seine auf die Einlassung des Angeklagten gestützte Überzeugung nicht aus der Hauptverhandlung geschöpft haben kann. Macht nämlich ein Angeklagter, der sich zunächst nicht geäußert hat, im Laufe der Hauptverhandlung doch noch Angaben zur Sache, ist diese Tatsache als wesentliche Förmlichkeit i.S. des § 723 I StPO in die Sitzungsniederschrift aufzunehmen; das gilt auch dann, wenn die Einlassung im Rahmen einer Äußerung nach § 257 StPO oder nach § 258 StPO erfolgt (BGHR StPO § 274 Beweiskraft 18).

24. „In dubio pro reo" gebietet nicht, Angaben eines Angeklagten als unwiderlegt hinzunehmen, für die es keine unmittelbaren Beweise gibt; die Zurückweisung einer Einlassung erfordert nicht, daß sich ihr Gegenteil positiv feststellen läßt.

StPO § 261 – BGH Urt. v. 21. 10. 1999 – 4 StR 376/99 LG Rostock (= NStZ 2000, 86)

Die Revision der Staatsanwaltschaft rügt die Verletzung sachlichen Rechts.

Sachverhalt: Nach den Feststellungen planten die Angeklagten E. und G. eine „Party" mit unbekannt gebliebenen Vietnamesen, denen dabei junge Frauen in sexueller Hinsicht zur Verfügung stehen sollten. Zu diesem Zweck beauftragte E. mit Wissen und Billigung des G. den Angeklagten T., „Mädchen zu beschaffen". T., der von E. hierfür einen nicht näher festgestellten Geldbetrag erhielt, begab sich zusammen mit Frank J. nach Polen, wo sie von einem Russen namens K. die beiden seinerzeit 19-jährigen Russinnen Oksana M. und Ludmilla R. „übernahmen", die K. zuvor in Rußland für eine Arbeit in Deutschland in einer russischen Bar als Putzfrau oder Kellnerin gewonnen hatte. Daß bei dieser Gelegenheit Geld an K. übergeben wurde, hat das Landgericht nicht festgestellt. Der Angeklagte T. und J. brachten die beiden Frauen am 13. 2. 1995 über die deutsche Grenze in die Wohnung des Angeklagten E. Zuvor hatte T. ihnen ihre Pässe abgenommen, die er nach der Ankunft an G. übergab. Das Gepäck der Frauen brachte der Angeklagte E. in eine andere Wohnung im selben Haus. Im Übrigen hielt sich ständig entweder der Angeklagte E. oder der Angeklagte G. in der Nähe der Zeuginnen auf. Durch diese Maßnahmen sollte verhindert werden, daß sich die Frauen entfernten. Im weiteren Verlauf des Tatgeschehens, an dem der Angeklagte T. nicht mehr beteiligt war, machte der Angeklagte E. den beiden Frauen durch Vorzeigen einer Tüte mit Kondomen deutlich, was von ihnen erwartet wurde. Diese lehnten das Ansinnen ab, beugten sich aber schließlich am Abend angesichts der Ausweglosigkeit ihrer Situation und aus Angst deren Forderung, nachdem beide Angeklagten sich schon im Laufe des Tages in aggressivem Ton nachdrücklich dazu aufgefordert hatten, und führten jede von ihnen mit 7 Vietnamesen den Geschlechtsverkehr durch. Zwischendurch waren sie entschlossen aufzuhören; jedoch wurde ihnen gesagt, daß sie weitermachen sollten, was sie dann auch taten. Nicht festgestellt ist dagegen, daß hierbei Gewalt ausgeübt oder Drohungen geäußert worden sind. Ebenso hat das Landgericht nicht festzustellen vermocht, daß die Vietnamesen Geld für die sexuellen Handlungen bezahlt haben. Nachdem die Vietnamesen die Wohnung verlassen hatten, wollte der Angeklagte E. mit der Geschädigten R. geschlechtlich verkehren. Als sie sich gegen seine Annäherung wehrte, versetzte er ihr Schläge, um sie gefügig zu machen, und führte sodann gegen ihren Widerstand den Geschlechtsverkehr mit ihr aus. Am nächsten Tag wurde die Geschädigte M. von 2 unbekannt gebliebenen Vietnamesen in eine andere Wohnung verbracht, wo ihr bedeutet wurde, daß man von ihr erneut die Ausführung des Geschlechtsverkehrs verlangte. Auf ihre Bitte, sie gehen zu lassen, setzte man sich mit dem Angeklagten E. in Verbindung, der daraufhin zusammen mit der Geschädigten R. erschien, schließlich aber beide Frauen in seine Wohnung zurückbrachte. Von dort konnten die Geschädigten am nächsten Tag entkommen, weil die Wohnungstür nicht verschlossen war.

Das Landgericht hat den Angeklagten E. unter Freispruch im Übrigen wegen Vergewaltigung in Tateinheit mit Freiheitsberaubung unter Einbeziehung einer einjährigen Freiheitsstrafe aus einer rechtskräftigen früheren Verurteilung zu einer Gesamtfreiheitsstrafe verurteilt. Den Angeklagten G. hat es wegen Freiheitsberaubung mit einer Geldauflage (§ 15 I Nr. 4 JGG i.H. von 1000 DM belegt und ihn im übrigen, ebenso wie auch den Angeklagten T., freigesprochen. – Das Rechtsmittel hatte Erfolg.

Gründe: Die Beschwerdeführerin beanstandet zur Recht, daß das Landgericht die Angeklagten nicht – auch – wegen Menschenhandels und schweren Menschenhandels verurteilt hat.

1. Die Annahme des Landgerichts, die tatbestandlichen Voraussetzungen des Menschenhandels nach § 180b II Nrn. 1 und 2 StGB lägen nicht vor, beruht auf einer lückenhaften und deshalb rechtsfehlerhaften Beweiswürdigung. Das Landgericht hat nicht hinreichend bedacht, daß der Zweifelsgrundsatz nicht gebietet, Angaben eines Angeklagten als unwiderlegt hinzunehmen, für die es keine unmittelbaren Beweise gibt, und die Zurückweisung einer Einlassung nicht erfordert, daß sich ihr Gegenteil positiv feststellen läßt (st. Rspr.; vgl. BGH wistra 1989, 264, 266; BGHR StPO § 261 Einlassung 5; BGHR StGB § 52 I in dubio pro reo 6).

a) Zutreffend ist das Landgericht davon ausgegangen, daß die Angeklagten E. und G. auf die noch nicht 21jährigen Geschädigten in Kenntnis von deren Hilflosigkeit in dem für sie fremden Land i.S. des § 180b II StGB „eingewirkt" haben, „um sie zum Geschlechtsverkehr mit den Vietnamesen zu bewegen". Einwirken in diesem Sinne erfaßt alle Formen der intellektuellen Beeinflussung, verlangt darüber hinaus aber auch eine gewisse Hartnäckigkeit (BGH NJW 1989, 1044, 1045). Als Mittel kommen wiederholtes Drängen, Überreden, Versprechungen, Wecken von Neugier, Einsatz von Autorität, Täuschung, Einschüchterung, Drohung und auch Gewalteinwirkung in Betracht (BGH NJW 1990, 196). Die Angeklagten haben sich nicht darauf beschränkt, sich die „auslandsspezifische Hilflosigkeit" der Geschädigten (vgl. BGHSt. 42, 179, 181) zunutze zu machen, sondern haben sie „verbal sehr aggressiv", durch ihr Verhalten „unter Druck" gesetzt.

b) Das Landgericht hat sich an einer Verurteilung der Angeklagten E. und G. nach § 180b II StGB nur deshalb gehindert gesehen, weil es sich nicht davon zu überzeugen vermochte, daß die Angeklagten die Geschädigten zur „Aufnahme der Prostitution" bestimmen wollten. Dabei ist es zwar von einem zutreffenden rechtlichen Verständnis des Begriffs der „Prostitution" als der auf gewisse Dauer angelegten – entgeltlichen – Vornahme sexueller Handlungen mit wechselnden Partnern ausgegangen. Doch begegnet die Begründung des angefochtenen Urteils durchgreifenden rechtlichen Bedenken, weil es an der für die Überzeugungsbildung gebotenen Gesamtschau aller Beweisumstände fehlt (vgl. BGH Urt. v. 15. 7. 1999 – 5 StR 155/99):

Nicht entscheidungserheblich ist zunächst, daß nach den Feststellungen weder die Geschädigten noch die Angeklagten für die sexuellen Handlungen mit den Vietnamesen anläßlich der „Party" Geld gefordert oder erhalten haben. Selbst wenn es danach mangels Entgeltlichkeit dieser sexuellen Handlungen im Ergebnis nicht zur Ausübung der Prostitution gekommen ist, steht dies der Annahme vollendeten Menschenhandels nicht entgegen, weil § 180 b StGB den Erfolg der Einwirkung nicht voraussetzt (BGH NJW 1990, 196). Auch wenn nach den Bekundungen der Geschädigten „ihnen gegenüber nie von Geld die Rede gewesen" ist, schloß dies nicht aus, daß die Angeklagten das Ziel verfolgten, die Geschädigten – wie diese es in früheren Vernehmungen angegeben hatten – „als Prostituierte arbeiten" zu lassen. Sprachen schon die gesamten Umstände eher für eine solche Absicht der Angeklagten, so hätte sich das Landgericht jedenfalls damit auseinandersetzen müssen, daß nach den Bekundungen der Zeugin R. ihnen gesagt worden war, „sie und die Zeugin M. sollten das Geld der Angeklagten abarbeiten". Daß sich diese Äußerung allein auf die den Vietnamesen auf der „Party" erwiesene „Gefälligkeit" bezog, ist nicht ersichtlich und liegt auch nicht nahe, zumal die Angeklagten die Geschädigten nach der „Party" gerade nicht haben gehen lassen und auch sonst keine Maßnahmen getroffen haben, um die Geschädigten etwa der von diesen in Deutschland erwarteten „richtigen Arbeit" zuzuführen. Sollten die Geschädigten den finanziellen Einsatz des Angeklagten E. „abarbeiten", so läßt dies bei verständiger Würdigung die Annahme, die Geschädigten sollten den Angeklagten nur zu „Gefälligkeiten" zur Verfügung stehen und nicht zumindest auch der Prostitution nachgehen, als so fernliegend erscheinen, daß es dafür einer einleuchtenden Begründung bedurft hätte. Diese fehlt. Dabei hätte das Landgericht zu bedenken gehabt, daß auch die Einlassung des Angeklagten G. wonach „die Mädchen zu einem bestimmten

Zeitpunkt abgeholt und in einen Club gebracht werden" sollten, darauf hindeutet, daß die Angeklagten es darauf abgesehen hatten, die Geschädigten der Prostitution zuzuführen.

25. Eine rechtsfehlerfreie Beweiswürdigung ist dann nicht gegeben, wenn der Tatrichter sich nicht mit allen wesentlichen für und gegen den Angeklagten sprechenden Umständen auseinandergesetzt hat.

StPO § 261 – BGH Urt. v. 29. 9. 1999 – 2 StR 218/99 LG Limburg (= NStZ 2000, 48)

Das Vorbringen der Revision ist nicht bekannt.

Sachverhalt: Der Angeklagte war seit der 2. Jahreshälfte 1995 in Drogengeschäfte seines Bruders B. und des Mitangeklagten G. eingebunden und auch an den erzielten Gewinnen beteiligt. Anfang Oktober 1995 bestellten und erhielten der Angeklagte und sein Bruder aus den Niederlanden 1800 g Heroin. Das Rauschgift wurde mit Streckmittel vermischt und an Zwischenhändler zum Verkauf weitergegeben.

Am 4. 1. 1996 fuhr der Angeklagte mit einem Mietwagen in die Niederlande und übernahm dort 2 kg Heroin. Das Rauschgift brachte er in der Nacht zum 5. 1. 1996 nach Wetzlar, wo er „etwa um 2 Uhr ankam". Auf seine Anweisung wurde dann noch Streckmittel von Köln nach Wetzlar verbracht, mit dem Heroin vermischt und an Dritte zum Verkauf weitergeleitet.

Der Angeklagte hat die ihm zur Last gelegten Taten bestritten und behauptet, an der Tat vom 4./5. 1. 1996 könne er schon deswegen nicht beteiligt gewesen sein, da er in dieser Nacht wegen erheblicher gesundheitlicher Beschwerden im Limburger Krankenhaus zur Behandlung gewesen sei. Das Landgericht hat den Angeklagten wegen Bandenhandels mit Betäubungsmitteln in nicht geringer Menge in 2 Fällen zu einer Gesamtfreiheitsstrafe von 6 Jahren und 6 Monaten verurteilt. ... – Das Rechtsmittel hatte Erfolg.

Gründe: Die Beweiswürdigung des Landgericht, das von einer Beteiligung des Angeklagten auch am Rauschgiftgeschäft vom 4./5. 1. 1996 ausgeht, ist unvollständig.

Dem Tatrichter kann zwar nicht vorgeschrieben werden, unter welchen Voraussetzungen er zu einer bestimmten Schlußfolgerung oder einer bestimmten Überzeugung zu kommen hat. Er muß aber die Beweise erschöpfend würdigen, um eine rechtsfehlerfreie Grundlage für die Verurteilung zu schaffen. Eine umfängliche Wiedergabe der Zeugenaussagen in den Urteilsgründen ohne Bezug zu den Einzelheiten der Beweiswürdigung (die bloße Aneinanderreihung erhobener Beweise) genügt nicht (BGH NStZ 1998, 51[1]; vgl. auch BGH Beschl. v. 4. 5. 1999 – 1 StR 104/99; v. 9. 4. 1999 – 3 StR 54/99 und v. 12. 8. 1999 – 3 StR 271/99). Eine rechtsfehlerfreie Beweiswürdigung ist dann nicht gegeben, wenn der Tatrichter sich nicht mit allen wesentlichen für und gegen den Angeklagten sprechenden Umständen auseinandergesetzt hat (BGHSt. 14, 162, 164/165 [BGH Urt. v. 4. 3. 1960 – 4 StR 31/60; vgl. § 261 StPO erfolgreiche Rügen]; BGHR StPO § 261 Beweiswürdigung, unzureichende 5 [BGH Beschl. v. 10. 12. 1986 – 2 StR 614/86; vgl. § 261 StPO erfolgreiche Rügen] und

---

1 „Die schriftlichen Urteilsgründe dienen nicht dazu, den Inhalt der in der Hauptverhandlung erhobenen Beweise zu dokumentieren. Sie sollen das Ergebnis der Hauptverhandlung wiedergeben und die rechtliche Nachprüfung der getroffenen Entscheidung ermöglichen. Die Beweiswürdigung setzt sich mit der Einlassung des Angeklagten, soweit diese von den für Schuld- und Rechtsfolgenausspruch wesentlichen Feststellungen abweicht. Mit der Beweiswürdigung soll der Tatrichter lediglich belegen, warum er bestimmte, bedeutsame tatsächliche Umstände so festgestellt hat. Hierzu wird er Zeugenaussagen, Urkunden o.ä. heranziehen, soweit deren Inhalt für die Überzeugungsbildung wesentlich ist. Deshalb ist es regelmäßig verfehlt, nach den tatsächlichen Feststellungen die Aussagen sämtlicher Zeugen der Reihe nach und in ihren Einzelheiten mitzuteilen." (BGH Beschl. v. 4. 9. 1997 – 1 StR 487/97).

6 [BGH Beschl. v. 30. 4. 1987 – 2 StR 614/86; vgl. § 261 StPO erfolgreiche Rügen]; StGB § 177 I Beweiswürdigung 4). Dies ist hier der Fall.

Aus Rechtsgründen wäre es nicht zu beanstanden gewesen, wenn das Landgericht nach vollständiger und fehlerfreier Würdigung der erhobenen Beweise der Einlassung des Angeklagten nicht gefolgt wäre, die Angaben des Belastungszeugen Ki. zu den Vorgängen in der Nacht vom 4. zum 5. 1. 1996 für glaubwürdig erachtet und darauf seine Überzeugung von der Beteiligung des Angeklagten. am Rauschgiftgeschäft vom 4./5. 1. 1996 gestützt hätte. Die auch für Alibibehauptungen zu fordernde vollständige Erörterung von wesentlichen Beweisergebnissen hätte es aber notwendig gemacht, in die Abwägung einzubeziehen, daß nach den im Urteil wiedergegebenen Bekundungen der Zeugin A., einer Ärztin des St. Vincenz Krankenhauses in Limburg, der Angeklagte am 5. 1.1996 gegen 1 Uhr dort zur Behandlung gewesen sei und die durchgeführte Untersuchung „zwischen 1/2 und maximal 1 Stunde gedauert" habe. Damit ist nicht ohne weiteres die Feststellung vereinbar, er sei am 5. 1. 1996 gegen 2 Uhr von der Beschaffungsfahrt aus den Niederlanden nach Wetzlar zurückgekehrt. ...

26. Urteilsgründe müssen erkennen lassen, daß Beweiswürdigung auf einer tragfähigen, verstandesmäßig einsehbaren Tatsachengrundlage beruht und die vom Gericht gezogene Schlußfolgerung nicht nur eine Annahme oder Vermutung ist, die nur einen Verdacht begründet.

StPO § 261 – BGH Beschl. v. 15. 9. 1999 – 2 StR 373/99 LG Frankfurt/M. (StV 2000, 67)

Die Revisionen rügen die Verletzung sachlichen Rechts.

Sachverhalt: Nach den Urteilsfeststellungen wurden die Angeklagten zusammen in einer Wohnung angetroffen, bei deren Durchsuchung an verschiedenen Stellen – teils versteckt und portioniert – Kokain, Crack sowie Bargeld aufgefunden wurde. Die Angeklagten haben in der Hauptverhandlung bestritten, etwas mit dem Rauschgift zu schaffen zu haben.

Die Jugendkammer hat weder feststellen können, daß einer der Angeklagten das sichergestellte Crack hergestellt oder verpackt hatte, noch daß das Crack in dieser Wohnung hergestellt worden war. Die Kammer ist aber davon ausgegangen, daß jeder der Angeklagten jederzeit Zugriff zu dem Rauschgift hatten, um es, „hiervon muß zugunsten der Angeklagten ausgegangen werden, auf eigene Rechnung ... zu verkaufen" (gemeint ist wohl: gegenüber dem Angeklagten bandenmäßigen Handeln – Anm. des Senats).

Diese Überzeugung hat die Jugendkammer darauf gestützt, daß

– der Angeklagte T.-M. bei einer richterlichen und polizeilichen Vernehmung angegeben hatte, er besuche seit drei bis vier Monaten täglich diese Wohnung, seine Freunde seien immer in der Wohnung, er habe einmal Rauschgift im Kühlschrank gesehen,

– der hier nicht revidierende Mitangeklagte A. ebenfalls in einer früheren Vernehmung erklärt hatte, „die Leute in dieser Wohnung würden Crack kaufen, um es selbst zu rauchen und um es an andere weiterzuverkaufen,"

– nach den Angaben dieser beiden Angeklagten der Angeklagte T., der erst am Nachmittag aus Italien gekommen sei, „Material"/Kokam mitgebracht habe,

– der Angeklagte S. nach der Beobachtung eines Polizeibeamten bei Beginn der Durchsuchung 80 Crack-Kügelchen aus dem Fenster geworfen hat,

– ein Zeuge bekundet hat, der Angeklagte T.-M. habe ihm zuvor zweimal einen Crackstein verkauft,

– ein weiterer Zeuge bekundet hat, der Angeklagte S. sowie zwei weitere frühere Mitangeklagte, die bei der Durchsuchung ebenfalls anwesend waren, seien ihm aus der Drogenszene bekannt.

Das Landgericht hat die Angeklagten des versuchten unerlaubten Handeltreibens mit Btm in nicht geringer Menge, den Angeklagten T.-M. in Tateinheit mit unerlaubtem Handeltreiben mit Btm für schuldig befunden und die Angeklagten zu Freiheitsstrafen verurteilt. – Die Rechtsmittel hatten Erfolg.

Gründe: Auch wenn aufgrund des sichergestellten Rauschgifts und der Geldbeträge davon ausgegangen werden kann, daß aus dieser Wohnung heraus Rauschgiftgeschäfte getätigt worden sind, bilden die aufgeführten Indizien auch in ihrer Gesamtheit keine tragfähige Grundlage, jedem der Angeklagten das gesamte aufgefundene Kokain und Crack zuzurechnen. Zwar ist es Sache des Tatrichters, das Ergebnis der Hauptverhandlung festzustellen und zu würdigen. Die Urteilsgründe müssen jedoch erkennen lassen, daß die Beweiswürdigung auf einer tragfähigen, verstandesmäßig einsehbaren Tatsachengrundlage beruht und daß die vom Gericht gezogene Schlußfolgerung nicht etwa nur eine Annahme ist oder sich als bloße Vermutung erweist, die letztlich nicht mehr als einen Verdacht zu begründen vermag (BGHR StPO § 261 Überzeugungsbildung 26, Vermutung 11). Diesen Anforderungen wird das angefochtene Urteil nicht gerecht.

Es mag dahinstehen, ob durch die Angaben des Angeklagten T.-M. und des Mitangeklagten A. ausreichend belegt ist, daß die Angeklagten – mit Ausnahme des Angeklagten T., der erst am Abend aus Italien angereist ist und Rauschgift mitgebracht hat – sich mehr oder weniger ständig in der Wohnung aufgehalten haben. Konkrete Feststellungen zu Aktivitäten der Angeklagten in der Wohnung konnten nicht getroffen werden. Auch Verkaufsgeschäfte wurden nur bei einem der Angeklagten (außerhalb der Wohnung) nachgewiesen. Das Rauschgift war innerhalb der Wohnung nicht an einem Platz verwahrt, was auf eine gemeinsame Lagerhaltung hätte schließen lassen können, sondern an unterschiedlichen Stellen versteckt. Unter diesen Umständen begegnet die Schlußfolgerung der Kammer, jeder der Angeklagten habe Kenntnis von allem in der Wohnung verwahrten Rauschgift gehabt und darüber nach Gutdünken verfügen können, durchgreifenden Bedenken.

Das Urteil unterliegt danach – auch soweit der Angeklagte T.-M. verurteilt worden ist, aus einem Gesamtvorrat, zu dem das sichergestellte Rauschgift gehörte, zwei Cracksteine verkauft zu haben – der Aufhebung.

27. Steht bei Vermögensstraftaten ein strafbares Verhalten des Täters fest, so kann die Bestimmung des Schuldumfangs im Wege der Schätzung erfolgen.

StPO §261 – BGH Urt. v. 12. 8. 1999 – 5 StR 269/99 LG Frankfurt/O. (StV 2000, 600)

Die Revision der Staatsanwaltschaft rügt die Verletzung materiellen Rechts. Sie ist der Auffassung, daß der Tatrichter die Anforderungen überspannt hat, die an die Konkretisierung bei Serienstraftaten zu stellen sind.

Sachverhalt: Der Angeklagten wird zur Last gelegt, in der Zeit vom 1. 2. 1997 bis zum 27. 10. 1997 in 553 Fällen Eingangsabgaben dadurch verkürzt zu haben, daß sie gemeinsam mit weiteren Personen in großem Umfang, zum Teil mehrmals täglich, unversteuerte und unverzollte Zigaretten aus Polen in ihrem Pkw nach Deutschland verbracht hat, ohne die mitgeführten Waren beim Grenzübertritt den zuständigen Zollbehörden zu gestellen. Hierdurch seien Eingangsabgaben in Höhe von 1 180 449,10 DM verkürzt worden.

Das Landgericht hat die Angeklagte wegen dieser Tatvorwürfe insgesamt freigesprochen. Zwar habe die Angeklagte in erheblichem Umfang als Mitglied einer Bande Zigaretten geschmuggelt; es habe aber nicht festgestellt werden können, wann und wie oft die einzelnen Schmuggelfahrten vorgenommen worden seien und wie viele Zigaretten die Angeklagten dabei jeweils ohne Gestellung in das Erhebungsgebiet verbracht habe. Damit fehle es an der erforderlichen Individualisierung der einzelnen Taten. – Das Rechtsmittel hatte Erfolg.

Gründe: ...

2. Dies hält sachlich-rechtlicher Nachprüfung nicht stand.

Zwar ist es erforderlich, bei einer Tatserie die Einzelakte so konkret und individualisiert zu ermitteln und festzustellen, daß sich daraus die Verwirklichung des objektiven und subjektiven Deliktstatbestandes ergibt (BGHSt. 40, 374 [BGH Urt. v. 6. 12. 1994 – 5 StR 305/94; vgl. § 261 StPO erfolglose Rügen]).

Steht aber bei Vermögensstraftaten, wie hier, nach der Überzeugung des Tatrichters ein strafbares Verhalten des Täters fest, so kann die Bestimmung des Schuldumfangs im Wege der Schätzung erfolgen (BGHSt. 36, 320, 328 [BGH Urt. v. 14. 12. 1989 – 4 StR 419/89; vgl. § 261 StPO erfolgreiche Rügen]; 38, 186, 193[1]; 40, 374, 376). Ein solches Verhalten ist stets zulässig, wenn sich Feststellungen auf andere Weise nicht treffen lassen (BGHR StGB vor § 1/Serienstraftaten Betrug 1). Die Schätzung ist dann sogar unumgänglich, wenn – wie bei Zigarettenschmuggel häufig der Fall – über die kriminellen Geschäfte keine Belege oder Aufzeichnungen vorhanden sind (BGHSt. 40, 374, 376 f.).

In Fällen dieser Art hat der Tatrichter einen als erwiesen angesehenen Mindestschuldumfang festzustellen (BGHSt. 40, 374, 376). Die Feststellung der Zahl der Einzelakte und die Verteilung des Gesamtschadens auf diese Einzelakte erfolgt sodann nach dem Grundsatz „in dubio pro reo" (BGHSt. 40, 374, 377).

In Fällen, in denen sich im Rahmen der Schätzung konkrete Kriterien für die Aufteilung des festgestellten Mindestschuldumfangs auf Einzeltaten trotz sorgfältiger Würdigung aller Beweisanzeichen nicht feststellen lassen, gebietet dieser Grundsatz im Extremfall die Annahme lediglich einer Tat (vgl. zur Untreue: BGHR StGB § 266 Abs. 1 Nachteil 31). Ein Freispruch kommt hingegen nicht in Betracht, wenn die Schuld des Täters als solche feststeht.

3. Für die neue Hauptverhandlung weist der Senat vorsorglich auf folgendes hin:

a) Im Rahmen der Beweiswürdigung reicht es nicht aus, wie bisher vom Landgericht vorgenommen, die Belastungsindizien isoliert zu erörtern und auf ihren jeweiligen Beweiswert zu prüfen. Einzelne Belastungsindizien, die für sich genommen zum Beweise der Täterschaft nicht ausreichen, können doch in ihrer Gesamtheit die für eine Verurteilung notwendige Überzeugung des Tatrichters begründen (vgl. BGHR StPO § 261 Beweiswürdigung, unzureichende 1 [BGH Urt. v. 17. 9. 1986 – 2 StR 353/86; vgl. § 261 StPO erfolgreiche Rügen]; vgl. auch BGHSt. 20, 333, 341/342[2]). Eine Gesamtschau aller für und gegen die Angeklagten sprechenden Umstände ist außer für die Frage der Täterschaft auch für die Schätzung der Zahl der Taten und des jeweiligen Tatumfangs notwendig.

b) Steht die Zahl der Taten, soweit erforderlich im Wege der Schätzung, zur Überzeugung des Gerichts fest, hat dieses im Rahmen freier Beweiswürdigung gem. § 261 StPO auch die Besteuerungsgrundlagen festzustellen. In Steuerstrafverfahren ist hierbei grundsätzlich auch die Schätzung von Besteuerungsgrundlagen zulässig (vgl. BGHR AO § 370 Abs. 1 Steuerschätzung 1; BGHR AO § 370 Abs. 1 Nr. 2 Steuerschätzung 1, 2, 5). Welche Schätzungsmethode dem vorgegebenen Ziel, der Wirklichkeit, durch Wahrscheinlich-

---

1 „Kommt der Tatrichter zu der Überzeugung, daß ein Schaden entstanden ist, dann darf er dessen Höhe unter Beachtung des Zweifelssatzes schätzen, wenn seine genaue Ermittlung nicht möglich ist." (BGH Urt. v. 8. 1. 1992 – 2 StR 102/91).

2 „Der Täter wird in einem solchen Falle nur durch einen sorgfältig geführten Anzeichenbeweis überführt werden können. Die Eigenart eines solchen Beweises besteht darin, daß gerade eine Häufung von Beweisanzeichen, von denen jedes für sich allein betrachtet viel oder wenig besagen mag, einen überzeugenden Schluß nahelegt." (BGH Beschl. v. 28. 10. 1965 – KRB 3/65).

keitsüberlegungen möglichst nahe kommt, hat der Tatrichter selbst zu entscheiden. Er darf hierbei Schätzungen des Finanzamts oder der Steuerfahndungsstellen nach § 162 AO allerdings nur übernehmen, wenn er sie überprüft hat und von ihrer Richtigkeit auch unter Berücksichtigung der vom Besteuerungsverfahren abweichenden strafrechtlichen Verfahrensgrundsätze (§ 261 StPO), insbes. des Grundsatzes „in dubio pro reo", überzeugt ist. Die Schätzung muß schon nach steuerrechtlichen Grundsätzen in sich schlüssig sein; ihre Ergebnisse müssen darüber hinaus wirtschaftlich vernünftig und möglich sein (BFH BStBl. II 1986, 226; 732). Ihre Grundlagen müssen in den Urteilsgründen für das Revisionsgericht nachvollziehbar mitgeteilt werden. Im Rahmen der Schätzung muß der Tatrichter bei seiner Überzeugungsbildung vom wirklichen Sachverhalt alle geeigneten Erkenntnisquellen erschließen und alle vorhandenen Beweisanzeichen heranziehen, um sich von den Besteuerungsgrundlagen in Höhe eines bestimmten Mindestbetrages seine Überzeugung zu verschaffen.

28. Ein auf die Sachrüge zu beanstandender Rechtsfehler liegt vor, wenn das Tatgericht zu hohe Anforderungen an die Überzeugungsbildung von der Schuld des Angeklagten gestellt hat.

StPO § 261 – BGH Urt. v. 23. 6. 1999 – 3 StR 132/99 LG Krefeld (= NStZ-RR 1999, 332)

Die Revisionen der Staatsanwaltschaft und der Nebenklage rügen, daß der Angeklagte anstatt wegen Totschlags in Tateinheit mit vorsätzlicher Körperverletzung und versuchter schwerer räuberischer Erpressung mit Todesfolge wegen Mordes, jedenfalls aber wegen Totschlags in einem besonders schweren Fall hätte verurteilt werden müssen.

Sachverhalt: Das Landgericht hat festgestellt, daß sich der in einem finanziellen Engpaß fühlende Angeklagte dazu entschlossen hatte, einen Raubüberfall zu begehen. Er klingelte am 18. 12. 1997 um 9 Uhr an der Haustür der Zeugin S. und beabsichtigte, zunächst in das Haus einzudringen und sodann unter Anwendung körperlicher Gewalt Geld zu verlangen. Der Zeugin, die die Türe geöffnet hatte, dann aber mißtrauisch wurde, gelang es, die Haustüre zuzudrücken, woraufhin der Angeklagte unverzüglich den Tatort verließ. Insoweit ist das Verfahren gem. § 154 II, 1 Nr. 1 StPO eingestellt worden.

Am Abend des nächsten Tages entschloß sich der Angeklagte erneut, einen solchen Raubüberfall durchzuführen. Da er wegen seiner Erfahrung am Vortage mit dem Widerstand der Hausbewohner rechnete, steckte der Angeklagte, der als Schlachter über Erfahrung im Umgang mit Messern verfügte, ein Fleischmesser mit einer Klingenlänge von 18 cm ein, um damit zu drohen und Widerstand zu brechen. Kurz vor 20 Uhr zog er sich einen Damenstrumpf über den Kopf, nahm das Messer aus der Jackentasche und klingelte an der Haustüre der Nebenklägerin, der Zeugin M. Der Angeklagte, der – wie die Kammer rechtsfehlerfrei festgestellt hat – zu diesem Zeitpunkt trotz geflossenen Alkohols voll schuldfähig war, hatte die Absicht, die sich im Hause aufhaltenden Personen durch Vorhalten des Messers zu bedrohen und auf diese Weise zur Herausgabe von Geld zu veranlassen. Die den Besuch sofort durch die Tür, hielt der Zeugin das Messer in Brusthöhe vor den Körper und sagte mehrmals „ich will Geld". Während die Zeugin zurückwich, setzte der Angeklagte mit vorgehaltenem Messer nach und wiederholte die Geldforderung. Als die Nebenklägerin laut nach ihrem Ehemann rief, erkannte der Angeklagte, daß er es zumindest mit zwei Hausbewohnern zu tun hatte. Er schlug die Zeugin mit einem kräftigen Faustschlag nieder; diese fiel bewußtlos zu Boden.

Durch die offene Wohnzimmertür sah der Angeklagte nun, wie sich das spätere Tatopfer, der 80jährige Ehemann der Nebenklägerin, vom Sofa erhob. Der Angeklagte ging einige Schritte, mindestens 2 bis 3 Meter, auf ihn zu. Das Landgericht ist der Überzeugung, „daß der Angeklagte auch zu diesem Zeitpunkt noch an seinem Erpressungsvorhaben festgehalten (hat) und nunmehr Herrn N. bedrohen und Geld von ihm verlangen wollte". Entgegen der Erwartung des Angeklagten zeigte sich das spätere Tatopfer aber nicht eingeschüchtert, sondern es ging mit vorgestreckten Armen auf den Angeklagten zu. Dieser versuchte nun, den Ehemann der Nebenklägerin zum Sofa zurückzudrängen. Dabei kam es zu einem kurzen Handgemenge, in dessen Verlauf der Angeklagte seinem Opfer einen wuchtigen Stich, der einen 24 cm langen Stichkanal verursachte, in die linke Körperseite in Höhe des Bauchnabels versetzte. Dabei nahm der Angeklagte zumindest billigend in Kauf, daß der Getroffene durch den Stich tödliche Verletzungen erlitt.

„Die Kammer vermochte nicht festzustellen, daß es dem Angeklagten bei der Ausführung des Stichs darum ging, sein ursprüngliches Ziel, die Erlangung von Geld, weiter zu verfolgen. Insbesondere konnte nicht festgestellt werden, daß der Angeklagte Herrn N. niedergestochen hat, um nunmehr selbst in der Wohnung nach Geld oder Wertgegenständen suchen zu können. Auch vermochte die Kammer nicht sicher festzustellen, daß der Angeklagte Herrn N. deshalb niedergestochen hat, weil er sich einem Festhalten und einer Bestrafung wegen der bereits begonnenen Tat entziehen wollte. Vielmehr hält es die Kammer auch für denkbar und möglich, daß der Angeklagte angesichts der unerwarteten Reaktion des Herrn N. spontan und impulsiv reagierte und den Stich nur deshalb ausgeführt hat, weil er sich aus dem Handgemenge lösen wollte, ohne sich jedoch in diesem Moment weitergehende Vorstellungen über eine etwaige Festnahme und anschließende Strafverfolgung zu machen".

Nach dem Stich wandte sich der Angeklagte von seinem Opfer, das kurze Zeit später durch inneres Verbluten verstarb, ab und bemerkte, daß die Nebenklägerin inzwischen aus ihrer Bewußtlosigkeit erwacht war und das Haus verlassen hatte. Da er alsbald mit dem Eintreffen der Polizei rechnete, hielt er es für ausgeschlossen, nunmehr noch Geld oder Wertgegenstände zu finden, und verließ das Haus. – Die Rechtsmittel hatten Erfolg.

Gründe: ...

II.

Die Beweiswürdigung hält sachlich-rechtlicher Nachprüfung nicht stand, weil zu besorgen ist, daß die Anforderungen an die richterliche Überzeugung überspannt worden sind. Die Feststellung von Tatsachen verlangt keine absolute, von niemandem anzweifelbare Gewißheit. Es genügt vielmehr, daß ein nach der Lebenserfahrung ausreichendes Maß an Sicherheit besteht, demgegenüber vernünftige Zweifel nicht laut werden können. Außer Betracht zu bleiben haben solche Zweifel, die eines realen Anknüpfungspunkts entbehren und sich lediglich auf die Annahme einer bloß gedanklichen, abstrakt-theoretischen Möglichkeit gründen (BGH, NStZ 1988, 236 [BGH Urt. v. 8. 1. 1988 – 2 StR 551/87; vgl. § 261 StPO erfolgreiche Rügen]). Ein auf die Sachrüge zu beanstandender Rechtsfehler liegt vor, wenn das Tatgericht zu hohe Anforderungen an die Überzeugungsbildung von der Schuld des Angeklagten gestellt hat (vgl. BGHR StPO § 261 Überzeugungsbildung 25, 22, 5 [BGH Urt. v. 18. 9. 1987 – 2 StR 341/87; vgl. § 244 II StPO erfolgreiche Rügen]). Die bloße gedankliche Möglichkeit, daß der Tathergang auch anders gewesen sein könnte, kann die Verurteilung nicht hindern (BGH, bei Pfeiffer/Miebach, NStZ 1984, 212 Nr. 25[1]). Diesen Grundsätzen wird das angefochtene Urteil nicht gerecht.

Nach den getroffenen Feststellungen war das Landgericht der Überzeugung, daß der Angeklagte, als er auf den Ehemann der Nebenklägerin zuging, an seinem Erpressungsvorhaben

---

1 „Der Verzicht auf die Mitteilung realer Anknüpfungspunkte für einen Irrtum im vorliegenden Fall läßt befürchten, daß die verbliebenen Zweifel ihre Grundlage nicht in der konkreten Sach- und Beweislage, sondern allein in der Berücksichtigung einer gedanklich nicht ausschließbaren Möglichkeit habe. Des Ausschlusses einer solchen Möglichkeit bedarf es jedoch für die richterliche Überzeugungsbildung nach feststehender Rechtsprechung nicht." (BGH Urt. v. 19. 7. 1983 – 1 StR 395/83).

festhielt, ihn bedrohen und Geld von ihm verlangen wollte. Unmittelbar danach stach er wuchtig und mit tödlicher Wirkung auf sein Opfer ein. Daß bei festgestellter fortbestehender Erpressungsabsicht Sekunden vor dem Zustechen ein Täter, der geplant und zielgerichtet sein Tage vorher überlegtes Erpressungsvorhaben (nun zum zweiten Mal) in die Tat umsetzt, ganz plötzlich den Stich nur deshalb geführt haben könnte, weil er sich aus dem von ihm provozierten Handgemenge lösen wollte, ohne sich in diesem Moment weitergehende Vorstellungen zu machen, ist nicht nachvollziehbar. Mit der Lebenserfahrung ist mangels gegenteiliger realer Anhaltspunkte die Erwägung der Kammer unvereinbar, daß der Angeklagte nur spontan und impulsiv deshalb zugestochen haben könnte, weil das Tatopfer mit vorgestreckten Armen auf ihn zugekommen ist und dies für ihn eine unerwartete Reaktion des Opfers darstellte. Dies gilt um so mehr, als es sich bei dem Angeklagten um einen zur Tatzeit 27jährigen Mann handelte, der sich gegen ein 80 Jahre altes Tatopfer zur Wehr gesetzt hat. Angesichts der Vorerfahrung des Angeklagten am Vortage, dem Verhalten der Nebenklägerin und seiner bereits ihr gegenüber gezielt eingesetzten Gewalt, seiner Bewaffnung, um seiner Erpressung besonderen Nachdruck verleihen zu können, sowie seiner festgestellten fortbestehenden Erpressungsabsicht stellt diese im übrigen nicht näher begründete Erwägung eine bloße theoretische Möglichkeit dar. Für die Auffassung der Strafkammer fehlt es auch in der in den Urteilsgründen mitgeteilten Einlassung des Angeklagten, soweit die Kammer ihr gefolgt ist, an konkreten Anhaltspunkten. Der Angeklagte hat ausgesagt, er habe Angst gehabt, von dem Ehemann der Nebenklägerin festgehalten zu werden. Er habe den Mann, als dieser vom Sofa aufgestanden war, nicht mehr bedrohen oder berauben wollen, sondern nur noch weg gewollt. Er habe sein Opfer deshalb auf das Sofa zurückdrücken wollen, an das Messer in seiner Hand habe er nicht mehr gedacht. Angesichts des Tatbildes und des Sachverständigengutachtens hält die Kammer diese Aussage für widerlegt und stellt rechtsfehlerfrei fest, daß der Angeklagte nicht etwa „aus Angst", festgehalten zu werden, sofort zugestochen hat, sondern zunächst mehrere Schritte – zwei bis drei Meter – auf sein Opfer zugegangen ist und es erst dann zu dem Handgemenge kam, in dessen Verlauf der Angeklagte zugestochen hat. Wäre die Strafkammer der Einlassung des Angeklagten – unerwartetes Handgemenge unmittelbar nach dem Niederschlagen der Ehefrau – gefolgt, hätten ihre Überlegungen konkrete Anhaltspunkte. Diese fehlen jedoch, wenn die Strafkammer die Einlassung des Angeklagten gerade in diesem Punkt für widerlegt ansieht und in Übereinstimmung mit dem Tatbild davon ausgeht, daß der Angeklagte mit gezückter Waffe vor dem Beginn des Handgemenges bei fortbestehender Erpressungsabsicht mehrere Meter auf sein Opfer zugegangen ist.

Im übrigen steht das Streben des Täters, sich zu befreien und loszukommen, der Annahme der Verdeckungsabsicht nicht entgegen (BGH, NJW 1999, 1039 [1040]).

29. Ist der Inhalt einer Urkunde beweiserheblich, dann muß sie verlesen werden.

StPO 261 – BGH Beschl. v. 13. 4. 1999 – 1 StR 107/99 LG Kempten (= StV 1999, 359 = NStZ 1999, 424)

Die Revision rügt, die Strafkammer habe gegen § 261 StPO verstoßen, soweit sie den Angeklagten wegen sexuellen Mißbrauchs verurteilt hat. Sie habe den Inhalt von 5 von der Geschädigten an ihn gerichteten Briefen bei der Beweisführung zu seinem Nachteil verwertet, obwohl diese in der Hauptverhandlung nicht verlesen, sondern lediglich in Augenschein genommen worden sind.

Sachverhalt: Dem Protokoll über die Hauptverhandlung vor dem Landgericht läßt sich lediglich entnehmen, daß die „asservierten Schreiben ... in Augenschein genommen wurden". Gleichwohl gibt die Kammer den Inhalt der Briefe im Rahmen ihrer Beweiswürdigung auf über 2 Seiten wörtlich wieder. – Das Rechtsmittel hatte Erfolg.

Gründe: Diese Rüge trifft zu. Die Verlesung einer Urkunde ist eine wesentliche Förmlichkeit, deren Beurkundung durch § 273 I StPO vorgeschrieben ist. Schweigt das Protokoll, so gilt die Verlesung wegen dessen Beweiskraft nach § 274 StPO als nicht erfolgt (BGH NStZ 1993, 51 [BGH Beschl. v. 18. 8. 1992 – 5 StR 126/92; vgl. § 274 StPO erfolgreiche Rügen]; Urt. v. 8. 6. 1994 – 3 StR 280/93).

Dem Protokoll über die Hauptverhandlung vor dem Landgericht läßt sich lediglich entnehmen, daß die „asservierten Schreiben ... in Augenschein genommen wurden". Gleichwohl gibt die Kammer den Inhalt der Briefe im Rahmen ihrer Beweiswürdigung auf über 2 Seiten wörtlich wieder.

Diese Verfahrensweise war rechtsfehlerhaft. Zwar kann eine Urkunde auch Gegenstand des Augenscheinsbeweises sein, jedoch nur, soweit es auf ihr Vorhandensein oder ihre äußere Beschaffenheit ankommt. Soweit ihr Inhalt – wie hier – beweiserheblich ist, ist dieser grundsätzlich zu verlesen.

Die vom GBA in seiner Antragsschrift in Betracht gezogene Möglichkeit, die Briefe könnten im Wege des Vorhalts an die Geschädigte verlesen und deren Inhalt von dieser bestätigt und auf diese Weise in die Hauptverhandlung eingeführt worden sein, wäre unter den gegebenen Umständen kein geeignetes Verfahren gewesen, die Briefe in die Hauptverhandlung einzuführen. Dazu läßt sich dem Urteil vielmehr nur entnehmen, daß die Geschädigte, deren Vernehmung sich „schwierig" gestaltete, obwohl diese „kindgerecht und behutsam" durchgeführt wurde, angegeben hat, die Briefe geschrieben zu haben. Hinzu kommt, daß dann, wenn nicht verlesene Schriftstücke ohne Hinweis auf eine bestätigende Einlassung des Angeklagten oder eine solche Erklärung einer anderen Auskunftsperson im Urteil wörtlich wiedergegeben werden, dies in der Regel darauf hindeutet, daß der Wortlaut selbst zum Zwecke des Beweises verwertet worden ist (vgl. BGHSt. 11, 159, 161 f. [BGH Urt. v. 24. 10. 1957 – 4 StR 320/57; vgl. § 261 StPO erfolgreiche Rügen]) und nicht nur eine ggf. auf einen Vorhalt abgegebene Erklärung. Es kam daher für die Zulässigkeit der Rüge auch nicht darauf an, daß die Revision zu einem möglichen Vorhalt keine Ausführungen enthält.

Der Senat vermag bei dieser Sachlage nicht auszuschließen, daß die Verurteilung des Angeklagten wegen der 5 Mißbrauchsfälle auf diesem Verfahrensfehler beruht. Denn die Strafkammer hat die Glaubwürdigkeit der Geschädigten „letztendlich" auch durch den Inhalt der Briefe bestätigt gefunden. Die Verurteilung wegen der 5 Fälle des sexuellen Mißbrauchs hat daher keinen Bestand. ...

30. Falsches Alibi kann Indiz für Täterschaft sein, wenn es Umstände enthält, die nur der Täter wissen kann.

StPO § 261 – BGH Urt. v. 31. 3. 1999 – 5 StR 689/98 LG Berlin (= NStZ 1999, 423)

Die Revision der Staatanwaltschaft rügt, die Strafkammer habe sich mit einem wesentlichen, den Angeklagten möglicherweise belastenden Indiz, einem nachweislich falschen Alibi, das Wissen enthielt, das nur der Täter haben konnte, nur unzureichend auseinandergesetzt.

Sachverhalt: Nach den Feststellungen des Landgericht wurde die wohlhabende 84-jährige Großtante des verschuldeten Angeklagten in den Abendstunden des 25. 11. 1997 in ihrer Wohnung in Berlin-Spandau durch mehrere Messerstiche in den Oberkörper getötet. Der Täter täuschte nach der Tat einen Raubmord vor, indem er im Wohnzimmer und im Küchenvorraum Schranktüren öffnete, Schubkästen herauszog und deren Inhalt wahllos auf dem Fußboden verstreute, ohne systematisch nach Geld oder Wertsachen zu suchen. Diversen Schmuck und Bargeld i.H. von über 30 000 DM ließ der Täter in der Wohnung zurück. Das Opfer wurde erst am Abend des 2. 12. 1997 aufgefunden.

Das Landgericht hat den Angeklagten vom Vorwurf des Mordes zum Nachteil seiner Großtante freigesprochen. – Das Rechtsmittel hatte Erfolg.

Gründe: ...

II.

2. Die Beweiswürdigung des Landgericht weist indessen Lücken auf, denn die Strafkammer hat sich mit einem wesentlichen, den Angeklagten möglicherweise belastenden Indiz nur unzureichend auseinandergesetzt. Freilich können und müssen die Gründe auch eines freisprechenden Urteils nicht jeden irgendwie beweiserheblichen Umstand ausdrücklich würdigen. Das Maß der gebotenen Darlegung hängt von der jeweiligen Beweislage und insoweit von den Umständen des Einzelfalls ab. Dieser kann so beschaffen sein, daß sich die Erörterung bestimmter einzelner Beweisumstände erübrigt. Um einen solchen Fall handelt es sich hier aber nicht. Das Tatgericht hat vielmehr auf Freispruch erkannt, obwohl nach dem Ergebnis der Hauptverhandlung gegen den Angeklagten – so das Landgericht – weiterhin ein ganz erheblicher Tatverdacht besteht. Bei solcher Sachlage muß es in seine Beweiswürdigung und deren Darlegung alle für und gegen den Angeklagten sprechenden Umstände und Erwägungen einbeziehen. Dem wird das angefochtene Urteil nicht in jeder Hinsicht gerecht:

a) Der Angeklagte hat versucht, bei seiner polizeilichen Vernehmung am 4. 12. 1997 als Zeuge, 2 Tage nach dem Auffinden der Leiche, sich ein falsches Alibi zu besorgen. Er hat Mutter und Schwester als Zeugen angeboten zum Beweis seiner Behauptung, seine Großtante habe am 26. 11. 1997 – also einen Tag nach seinem Besuch bei ihr – noch gelebt. Damit wollte er bewirken, als (möglicher) Täter nicht in Betracht gezogen zu werden. Das Landgericht hat den Beweiswert dieser falschen Angaben des Angeklagten relativiert, da auch ein Unschuldiger falsche Angaben machen könne, um einen gegen ihn bestehenden Tatverdacht zu entkräften.

b) Diese Erwägung ist im Ansatz durchaus zutreffend und entspricht der Rechtsprechung des BGH. Danach ist die widerlegte Alibibehauptung des Angeklagten für sich allein kein Beweisindiz für dessen Täterschaft. Der widerlegten Alibibehauptung kommt nur ein sehr begrenzter Beweiswert zu. Auch ein nachweisbar erlogenes Alibi läßt sich nur mit Vorsicht als Beweiszeichen für die Schuld eines Angeklagten werten, weil auch ein Unschuldiger Zuflucht zur Lüge nehmen kann. Entsprechendes gilt in Fällen der Lüge des Angeklagten zu anderen beweisrelevanten Umständen, einer Fallgruppe, von der die Konstellation der widerlegten (nicht etwa nur fehlgeschlagenen) Alibibehauptung einen Ausschnitt bildet (vgl. BGHSt. 41, 153 [vgl. § 261 StPO erfolgreiche Rügen]; BGHR StPO § 261 Überzeugungsbildung 30).

c) Der Tatrichter hat indes nicht erörtert, ob und in welchem Umfang von dem Grundsatz, daß auch Unschuldige Zuflucht zu einer Lüge nehmen können, Ausnahmen zu machen sind. Treten nämlich besondere Umstände hinzu, so darf – und muß gegebenenfalls – auch der Umstand zum Nachteil des Angeklagten berücksichtigt werden, daß dieser sich wahrheitswidrig auf ein Alibi berufen hat, indem er bewußt unwahre Behauptungen aufgestellt hat. Dabei kann es insbesondere auf die Gründe und die Begleitumstände des Vorbringens der Alibibehauptung ankommen (BGH a.a.O.). Eine nachweisbar erlogene Alibibehauptung kann vor allem dann ein belastendes Indiz sein, wenn sie im Wege der Vorwegverteidigung darauf gerichtet ist, einen den Ermittlungsbehörden noch nicht bekannten Tatumstand zu entkräften, den nur der Täter wissen kann. Solches Täterwissen könnte den Schluß auf die Täterschaft begründen. In Fällen dieser Art ist der Tatrichter gehalten, die Umstände des Vorbringens der falschen Alibibehauptung zu erörtern. Wenn der Angeklagte ein solches falsches Alibi bei seiner Vernehmung im Ermittlungsverfahren behauptet, sind in der Regel – und so auch hier – besondere Begründungsanforderungen an das Urteil zu stellen. Der Tatrichter ist dann gehalten, sich einerseits mit der Aussageentstehung, der Vernehmungstechnik und der Protokollierung (vgl. Nr. 45 II RiStBV) und andererseits mit dem damaligen – etwa durch Vorhalte zustande gekommenen – Informationsstand des Angeklagten und dessen Verteidigungsstrategie auseinanderzusetzen.

d) Hier hatte der Angeklagte in seiner polizeilichen Vernehmung vom 4. 12. 1997 behauptet, vor Zeugen noch am 26. 11. 1997 mit seiner Großtante telefoniert zu haben. Wäre diese durch objektive Beweisanzeichen widerlegte und ersichtlich erlogene Behauptung zutreffend gewesen, so hätte der Angeklagte damit belegt, daß er die Tat anläßlich seines Besuches am 25. 11. nicht begangen haben konnte. Im Urteil ist nicht dargetan, daß den Ermittlungsbehörden der Tag der Tat zum Zeitpunkt der ersten Vernehmung des Angeklagten schon bekannt war und daß gegen diesen ein entsprechender Vorwurf bereits erhoben, ein entsprechender Vorhalt gemacht worden war. Für den Fall, daß die Tatzeit den Ermittlungsbehörden zum Zeitpunkt der ersten Vernehmung nicht bekannt war und diese dem Angeklagten auch nicht einen entsprechenden Vorhalt gemacht haben, hätte dies zu näherer Erörterung gedrängt, ob der Angeklagte sich deswegen vorweg gegen einen Vorwurf der Tötung anläßlich seines Besuches verteidigt hat, weil nur er als Täter wissen konnte, daß seine Großtante an diesem Tag getötet wurde. Daß die Tat zur Überzeugung des Landgericht in den Abendstunden des 25. 11. 1997 begangen wurde, stellte sich erst nach einer umfangreichen Beweisaufnahme heraus. Eine Erwägung, ob sich der Angeklagte möglicherweise mit Täterwissen vorweg verteidigt hat, enthält das angefochtene Urteil nicht. Das Landgericht hat deshalb auch nicht geprüft, ob eine andere – für einen Unschuldigen plausible – Erklärung für die Lüge über das Telefonat am 26. 11. 1996 denkbar ist. Diese lückenhafte Beweiswürdigung stellt einen Rechtsfehler dar, auf dem das Urteil beruht.

31. Geht das Gericht einem Beweisantrag auf Vernehmung eines Zeugen nach erfolgloser Ladung ohne weitere Entscheidung nicht weiter nach, kann dies zur umfassende Aufhebung der Verurteilung führen.

§ 261 StPO – BGH Beschl. v. 3. 3. 1999 – 5 StR 566/98 LG Berlin (StV 1999, 360 = NStZ 1999, 419)

Die Revision rügt die Nichtbescheidung seines Beweisantrages auf Vernehmung eines Zeugen.

Sachverhalt: Nachdem der Vorsitzende auf den von der Pflichtverteidigerin des Beschwerdeführers gestellten Beweisantrag auf Vernehmung des Zeugen P. dessen Ladung angeordnet hatte, diese Anordnung aber auch nach einem wiederholten Versuch ebenso wie die polizeiliche Vorführung des Zeugen erfolglos geblieben war, ist dessen Vernehmung unterblieben, ohne daß das Gericht eine Entscheidung über den Beweisantrag getroffen hätte. – Das Rechtsmittel hatte Erfolg.

Gründe: ... Allein aufgrund der mißlungenen Vorladung lag eine Unerreichbarkeit des benannten Zeugen nicht ohne weiteres offen zutage. Auch kann ein schlüssiger Verzicht des Beschwerdeführer auf die beantragte Beweiserhebung seinem Schweigen in der vorliegenden Verfahrenssituation nicht entnommen werden. Es kann dahinstehen, ob dies mit dem GBA ohne weitere Besonderheiten zu erwägen gewesen wäre (vgl. BGHR StPO § 244 VI Entscheidung 2). Jedenfalls hier konnte der Verteidigung nicht abverlangt werden, ein Beharren auf dem Beweisantrag nochmals ausdrücklich hervorzuheben. Der Strafkammer-Vorsitzende hatte nämlich gegenüber der antragstellenden Verteidigerin als Reaktion auf den Beweisantrag erklärt, „daß er von der gesetzlichen Bestimmung des § 143 StPO Gebrauch machen könne, wenn das Verfahren länger als bisher terminiert andauern werde" (Beschl. der Strafkammer nach § 26a StPO v. 13. 5. 1998). Dies konnte die Verteidigerin hier als unangemessene Androhung ihrer Entpflichtung für den Fall des Beharrens auf dem Beweisantrag werten.

Die Rüge zieht die umfassende Aufhebung der Verurteilung des Beschwerdeführer nach sich. Es ist nämlich nicht auszuschließen, daß konkreter Schuldspruch und Bestimmung des Schuldumfangs, selbst soweit der Beschwerdeführer teilgeständig war, für den Fall verfahrensfehlerfreier Behandlung des Beweisantrages abweichend zu beurteilen gewesen wären.

Es bedarf danach keiner Entscheidung, ob die im Zusammenhang mit der Reaktion des Vorsitzenden auf den Beweisantrag erhobene, auf die Verwerfung eines deshalb gestellten Ablehnungsantrags wegen Besorgnis der Befangenheit gestützte Rüge vom Beschwerdeführer ausreichend begründet worden ist und ob die Rüge gegebenenfalls durchgreifen müßte. Letzteres liegt hier jedenfalls im Blick darauf nicht ganz fern, daß das Ablehnungsgesuch – im Gegensatz zu vielen üblichen Fällen – kaum nachvollziehbar als unzulässig nach § 26a I Nr. 2 StPO behandelt worden ist. Diese Erledigung des Befangenheitsantrags hätte – anders als es bei Rügen nach § 338 Nr. 3 StPO sonst regelmäßig der Fall ist – hier auch deshalb Anlaß zu durchgreifenden Bedenken geben können, weil infolgedessen die sonst gebotene, für die Entscheidung über die Befangenheitsfrage hier wesentliche dienstliche Erklärung des Vorsitzenden nicht eingeholt worden ist (vgl. BGHSt. 23, 200, 202 f. [BGH Urt. v. 16. 12. 1969 – 5 StR 468/69; vgl. § 338 Nr. 3 StPO erfolgreiche Rügen]).

Hierdurch ist zugleich die Chance vertan worden, durch den Inhalt einer dienstlichen Erklärung des Vorsitzenden den bei vorläufiger Betrachtung erweckten Eindruck zu beseitigen, er habe als Reaktion auf den Beweisantrag unangemessenen Druck auf die Pflichtverteidigerin ausgeübt. ...

32. Bei Vergewaltigungsopfern, bei denen eine Therapie nach der Methode des sog. „begleiteten Wiedererlebens" durchgeführt wird, muß sich das Gericht mit einer möglichen Beeinflussung der Angaben der Geschädigten durch die Therapie eingehend auseinandersetzen.

StPO § 261 – BGH Beschl. v. 25. 11. 1998 – 2 StR 496/98 LG Marburg (= NStZ-RR 1999, 108)

Die Revision rügt die Verletzung sachlichen Rechts.

Sachverhalt: Der Angeklagte K. hat die ihm angelasteten Tatvorwürfe bestritten. Die Strafkammer stützt sich bei ihrer Überzeugungsbildung entscheidend auf die als glaubhaft bewerteten Angaben der geschädigten Nebenklägerin.

Von den im Frühjahr 1991 begangenen Taten berichtete die Nebenklägerin erstmals in ihren polizeilichen Vernehmungen im Januar 1996. In der Zwischenzeit hatte sie ab September 1993 an ca. 200 Therapiesitzungen teilgenommen, welche die Psychologin G. nach der Methode des sog. „begleiteten Wiedererlebens" durchgeführt hatte. In diesen Therapiesitzungen hatte die Geschädigte nach den Bekundungen der Psychologin eine Fülle von Mißbrauchshandlungen „wiedererlebt", darunter eine Tat des Angeklagten K. in dem von der Anklage umfaßten Zeitraum. – Das Rechtsmittel hatte Erfolg.

Gründe: ...

b) Die Beweiswürdigung des angefochtenen Urteils hält rechtlicher Überprüfung nicht stand. Der Angeklagte K. hat die ihm angelasteten Tatvorwürfe bestritten. Die Strafkammer stützt sich bei ihrer Überzeugungsbildung entscheidend auf die als glaubhaft bewerteten Angaben der geschädigten Nebenklägerin. In einem Fall, in dem Aussage gegen Aussage steht und die Entscheidung allein davon abhängt, welchen Angaben das Gericht folgt, müssen die Urteilsgründe erkennen lassen, daß der Tatrichter alle Umstände, die die Entscheidung beeinflussen können, erkannt und in seine Überlegungen einbezogen hat (BGHR StPO § 261 Beweiswürdigung 1 [BGH Beschl. v. 22. 4. 1987 – 3 StR 141/87; vgl. § 261 erfolgreiche Rügen] und 14; BGH Beschl. v. 25. 3. 1998 – 2 StR 49/98 [vgl. § 261 StPO erfolgreiche Rügen]).

Diesen erhöhten Anforderungen wird das angefochtene Urteil hinsichtlich des Angeklagten K. nicht gerecht ... Das Landgericht hat sich darüber hinaus mit der Entstehungsgeschichte der den Angeklagten K. belastenden Angaben der Geschädigten nicht im gebotenen Maße auseinandergesetzt. Von den im Frühjahr 1991 begangenen Taten berichtete sie erstmals in ihren polizeilichen Vernehmungen im Januar 1996. In der Zwischenzeit hatte sie ab September 1993 an ca. 200 Therapiesitzungen teilgenommen, welche die Psychologin G. nach der Methode des sog. „begleiteten Wiedererlebens" durchgeführt hatte. In diesen Therapiesitzungen hatte die Geschädigte nach den Bekundungen der Psychologin eine Fülle von Mißbrauchshandlungen „wiedererlebt", darunter eine Tat des Angeklagten K. in dem von der Anklage umfaßten Zeitraum. Da die Strafkammer die von der Psychologin angewandte Methode des „begleiteten Wiedererlebens" im Rahmen ihrer Beweiswürdigung zu dem Teilfreispruch des Angeklagten R. als zur Ermittlung einer beweiskräftigen Tatsachengrundlage ungeeignet ansieht, wäre es geboten gewesen, sich auch hinsichtlich des Angeklagten K. mit einer möglichen Beeinflussung der Angaben der Geschädigten durch die zwischenzeitlich intensiv betriebene Therapie eingehend auseinanderzusetzen. Dies hat die Strafkammer unterlassen. Schließlich hätte der Umstand, daß die Geschädigte im September 1992 gegenüber der Psychologin G. und einer Rechtsanwältin zwar die am 31. 8. 1992 erfolgte Vergewaltigung durch den Angeklagten R. nicht jedoch vom Angeklagten K. im Frühjahr 1991 begangenen Taten offenbarte, einer näheren Erörterung durch den Tatrichter bedurft.

33. Der Zweifelssatz ist nicht bei einzelnen Beweiselementen, sondern erst bei der abschließenden Gewinnung der Überzeugung aufgrund der gesamten Beweissituation anzuwenden.

StPO § 261 – BGH Urt. v. 25. 11. 1998 – 3 StR 334/98 LG Oldenburg (= NStZ 1999, 205)

Die Revision der Staatsanwaltschaft rügt die Verletzung sachlichen Rechts.

Sachverhalt: Das Landgericht hat den Angeklagten wegen Diebstahls zu einer Freiheitsstrafe verurteilt und wegen einer weiteren Tat freigesprochen.

Nach den Feststellungen hatte der vielfach, auch einschlägig vorbestrafte Angeklagte in der Nacht zum 29. 12. 1994 von einer Baustelle einen Radlader entwendet und damit in einem nahegelegenen Einkaufsmarkt einen Geldautomaten abgerissen, zu einer einsamen Hütte transportiert und nach dem Öffnen über 200 000 DM erbeutet. Soweit dem Angeklagten zur Last gelegt wird, bereits in der Nacht zum 29. 8. 1994 einen Radlader entwendet und damit in einem provisorischen Holzgebäude einer Raiffeisenbank einen Geldautomaten herausgerissen und anschließend in einem Maisfeld versucht zu haben, ihn zu öffnen, hat es ihn freigesprochen, weil es nicht die „gänzlich zweifelsfreie" Überzeugung von seiner Täterschaft hat gewinnen können.

Die Zeugin Wa. hat in der Nacht zum 29. 8. 1994 vor ihrem Wohnhaus den vorbeifahrenden, auf dem Weg zum Tatort befindlichen Radlader aus Ärger über die nächtliche Ruhestörung intensiv und konzentriert beobachtet und dabei nicht nur eine Schilderung des Fahrzeugs nach Art, Farbe und Details der Schaufel abgegeben, die sich außer ihrer Angabe zum Inhalt der Schaufel als zutreffend erwiesen hat, sondern auch eine Beschreibung des Fahrers vorgenommen, die auf den Angeklagten paßt. Bei einer Wahlgegenüberstellung hat sie den Angeklagten „mit größter Sicherheit (99,9%)" identifiziert.

Die Strafkammer hat gleichwohl „letzte Zweifel" daran, ob die Zeugin, die wohl subjektiv die Wahrheit gesagt habe, den Angeklagten auch objektiv zu Recht wiedererkannt hat. Sie stützt ihre Bedenken auf ein lichttechnisches Gutachten eines Sachverständigen, der aufgrund „neuester Untersuchungen" zum Ergebnis gekommen war, die von Zeugen geschilderten Lichtquellen hätten nach den örtlichen und wettermäßigen Gegebenheiten nicht ausgereicht, die Gesichtszüge einer Person zu erkennen. – Das Rechtsmittel hatte Erfolg.

Gründe: Spricht der Tatrichter den Angeklagten frei, weil er Zweifel an seiner Täterschaft nicht zu überwinden vermag, so ist dies durch das Revisionsgericht in der Regel hinzunehmen. Denn die Beweiswürdigung ist grundsätzlich Sache des Tatrichters. Der Beurteilung durch das Revisionsgericht unterliegt insoweit nur, ob dem Tatrichter bei der Beweiswürdigung Rechtsfehler unterlaufen sind. Das ist dann der Fall, wenn die Beweiswürdigung widersprüchlich, unklar oder lückenhaft ist oder gegen Denkgesetze oder gesicherte Erfahrungssätze verstößt. Rechtlich zu beanstanden sind die Beweiserwägungen ferner dann, wenn sie erkennen lassen, daß das Gericht überspannte Anforderungen an die zur Verurteilung erforderliche Überzeugungsbildung gestellt und dabei nicht beachtet hat, daß eine absolute, das Gegenteil denknotwendig ausschließende und von niemanden anzweifelbare Gewißheit nicht erforderlich ist, vielmehr ein nach der Lebenserfahrung ausreichendes Maß an Sicherheit genügt, das vernünftige und nicht bloß auf denktheoretische Möglichkeiten Zweifel nicht zuläßt (vgl. BGHR StPO § 261 Beweiswürdigung 5 [BGH Urt. v. 24. 1. 1989 – 1 StR 683/88; vgl. § 261 StPO erfolgreiche Rügen]).

Die dem Freispruch zugrundeliegende Beweiswürdigung hält einer rechtlichen Nachprüfung nach diesen Maßstäben nicht stand. ...

... Diese Beweiswürdigung begegnet in mehrfacher Hinsicht rechtlichen Bedenken. Zum einen wird nicht mitgeteilt, worin die „neuesten Untersuchungen" bestehen und ob es sich dabei um gesicherte wissenschaftliche Erkenntnisse handelt. Zum anderen beruht die Annahme des Sachverständigen auf einer ungesicherten Tatsachengrundlage. Er ist davon ausgegangen, daß lediglich die Beleuchtung einer gegenüberliegenden Omnibushalle und einer Lichtreklame als Lichtquelle zur Verfügung gestanden habe. Die Zeugen B. und K. – zum Tatzeitpunkt nicht anwesend – haben nur zur Beschaffenheit der Beleuchtung der Omnibushalle etwas aussagen können. Die Zeugin Wa. hat sich demgegenüber zwar nur an die genannten Lichtquellen konkret erinnern, jedoch auch nicht ausschließen können, daß noch weitere vorhanden gewesen waren. Bei dieser Sachlage hätte die Strafkammer die Möglichkeit einer besseren Ausleuchtung des Sichtfeldes durch weitere Lichtquellen, etwa durch den Scheinwerferkegel eines in der Nähe passierenden Fahrzeuges, durch eine Außenbeleuchtung oder ein beleuchtetes Fenster, bei der Würdigung bedenken und erörtern müssen. Eine solche Möglichkeit liegt auch deswegen nahe, weil die Zeugin immerhin die Farbe des Radladers mit „verschlissen orange" zutreffend beschrieben hat, was mit den Ausführungen des Sachverständigen, nur Silhouetten seien erkennbar gewesen, kaum vereinbar erscheint. Die Erwägungen der Strafkammer, wonach es einen Zirkelschluß darstellen würde, aufgrund der detaillierten Beobachtungen der Zeugin auf weitere Lichtquellen zu schließen, ist jedenfalls im Hinblick auf die durch die Beweisaufnahme bestätigten Details des Radladers rechtsfehlerhaft. Im übrigen lassen sie besorgen, das Landgericht könne dem Umstand, daß weitere Lichtquellen nur möglich, aber nicht bewiesen sind, eine rechtlich unzutreffende Bedeutung beigemessen haben. Ist es nur möglich, daß die Lichtverhältnisse der Zeugin das von ihr geschilderte Erkennen des Angeklagten erlaubt haben, so hat die Strafkammer bei der abschließenden Würdigung, ob sie die Überzeugung von der Täterschaft des Angeklagten gewinnen kann, diese Möglichkeit ebenso einzubeziehen wie die fehlende Möglichkeit. Der Zweifelssatz gebietet es nicht, von fehlenden weiteren Lichtquellen auszugehen, da dieser nicht auf das einzelne Beweiselement, sondern erst bei der abschließenden Gewinnung der Überzeugung aufgrund der gesamten Beweissituation anzuwenden ist.

Aber auch auf der Grundlage des lichttechnischen Gutachtens hätte die Strafkammer den verbleibenden Beweiswert der Beobachtungen der Zeugin Wa. zu Größe, Statur, Form der Haartracht, Körperhaltung u.a. in ihre Erwägungen einbeziehen und in einer zusammenfassenden Würdigung sich die Frage stellen müssen, ob die Gesamtschau aller gegen den Angeklagten sprechenden Indizien mit den übereinstimmenden Beobachtungen der Zeugin ihr nicht die Überzeugung von der Täterschaft verschaffen. Dabei hätte sie bedenken müssen, daß die Feststellung von Tatsachen keine absolute, von niemanden anzweifelbare Gewißheit verlangt.

34. Änderung der Aussage eines Zeugen zum Kerngeschehen ist gewichtiges Indiz, das Zweifel an der Glaubwürdigkeit des Zeugen und der Glaubhaftigkeit seiner Aussage insgesamt begründen kann.

StPO § 261 – BGH Beschl. v. 12. 11. 1998 – 4 StR 511/98 LG Dortmund (= StV 1999, 136)

Das Revisionsvorbringen ist nicht bekannt.

Sachverhalt: Der verheiratete Angeklagte hat eingeräumt, am 15. 1. 1998 in seiner Wohnung mit der Zeugin Olga S. Geschlechtsverkehr gehabt zu haben, jedoch bestritten, diesen erzwungen zu haben. Das Landgericht stützt die Verurteilung im wesentlichen auf die Aussage der Zeugin. – Das Rechtsmittel hatte Erfolg.

Gründe: ... In einem solchen Fall, in dem Aussage gegen Aussage steht, müssen die Urteilsgründe erkennen lassen, daß der Tatrichter alle Umstände, welche die Entscheidung zugunsten oder zuungunsten des Angeklagten zu beeinflussen geeignet sind, erkannt, in seine Überlegungen einbezogen.

Diesen Anforderungen wird das Urteil nicht gerecht. Die Würdigung der Hauptbelastungszeugin weist vielmehr in wesentlichen Punkten Lücken und Erörterungsmängel auf:

1. Das Landgericht hat zwar gesehen, daß die Zeugin in einem wesentlichen Punkt bei der Polizei anders als in der Hauptverhandlung ausgesagt hat: Bei der polizeilichen Vernehmung hatte sie angegeben, der Angeklagte habe, um sie zur Duldung sexueller Handlungen zu veranlassen, das Messer gegen sich gerichtet, während sie in der Hauptverhandlung hierzu ausgesagt hat, sie selbst habe das Messer ergriffen und gedroht, sich damit umzubringen. Dennoch hat es der Zeugin geglaubt und dazu lediglich ausgeführt, zu seiner „Überzeugung" sei „wegen dieses Details auch ein Mißverständnis möglich". Diese Annahme entbehrt aber einer ausreichenden Tatsachengrundlage und stellt daher eine bloße Vermutung dar. Dadurch hat sich das Landgericht den Blick dafür verstellt, daß eine solche Änderung im das Kerngeschehen betreffenden Aussageverhalten ein gewichtiges Indiz ist, welches Zweifel an der Glaubwürdigkeit der Zeugin und der Glaubhaftigkeit ihrer Aussage insgesamt begründen kann (vgl. BGHR StPO § 261 Beweiswürdigung, widersprüchliche 1 [BGH Beschl. v. 10. 12. 1986 – 2 StR 614/86; vgl. § 261 StPO erfolgreiche Rügen]).

Im übrigen hat sich das Landgericht auch nicht ausreichend mit den von der Zeugin für das Betreten der Wohnung des Angeklagten genannten Gründen auseinandergesetzt. Daß sie mit dem Angeklagten mitgegangen sei, „weil sie gegenüber der Schwester des Angeklagten habe klarstellen wollen, daß sie keine Beziehung mit dem Angeklagten habe eingehen wollen", ist – wie die Revision zu Recht einwendet – nach den bisher getroffenen Feststellungen entgegen der Auffassung des Landgericht nicht ohne weiteres „nachvollziehbar". Anders könnte es sich verhalten, wenn sie mit dem Angeklagten, wie dieser behauptet, bereits eine Beziehung hatte. Davon geht das Landgericht aber gerade nicht aus.

2. Die Beweiswürdigung begegnet darüber hinaus auch durchgreifenden Bedenken, soweit das Landgericht die Einlassung des Angeklagten schon aus sich heraus für unglaubhaft erachtet hat. Es meint nämlich, daß der Angeklagte, der bei seiner polizeilichen Vernehmung geleugnet hatte, mit der Zeugin überhaupt geschlechtlich verkehrt zu haben, dann, wenn er „nur den Geschlechtsverkehr mit der Zeugin verbergen wollte, das Angebot der Diskretion durch die Ermittlungsbeamten (hätte) annehmen und in Abwesenheit seiner Frau den Geschlechtsverkehr (hätte) zugeben müssen". Dabei geht das Landgericht aber ersichtlich von einem Erfahrungssatz aus, daß ein Beschuldigter in einer Situation, in der sich der Angeklagte bei seiner polizeilichen Vernehmung befand, grundsätzlich einen ein-

vernehmlichen Geschlechtsverkehr einräumt und seine geeignete Verteidigung nicht auch darin sehen kann, geschlechtliche Beziehungen insgesamt zu bestreiten. Einen solchen Erfahrungssatz gibt es indes nicht.

Auch im übrigen hat das Landgericht sich für seine Erwägungen, mit denen es Widersprüche der Einlassung des Angeklagten aufzeigt, auf eine „Lebenserfahrung" gestützt, für die der Senat keine ausreichende Tatsachengrundlage erkennt.

Hinzu kommt, daß das Landgericht die Einlassung des Angeklagten, er habe zuvor mit der Zeugin im PKW des Zeugen H. Geschlechtsverkehr gehabt, damit widerlegen zu können meint, daß H. nicht bestätigt hat, sein Fahrzeug dem Angeklagten „geliehen" zu haben. Dabei hat es nicht bedacht, daß es insoweit entscheidend darauf ankommt, ob das Fahrzeug dem Angeklagten überhaupt zur Verfügung gestanden hat. Dies hat aber der Zeuge H., dem das Landgericht folgt, bestätigt und dazu ausgesagt, der Angeklagte habe den PKW „einmal" gegen seinen Willen „zu einer kurzen Spritztour benutzt". Dies konnte ein für die Einlassung des Angeklagten sprechendes Indiz sein.

3. Der Senat kann nicht mit der notwendigen Sicherheit ausschließen, daß die aufgezeigten Mängel die Urteilsbildung beeinflußt haben. Die Sache bedarf deshalb erneuter Prüfung und Entscheidung.

35. Es stellt einen Fehler bei der Beweiswürdigung dar, wenn das Gericht Zeugenaussagen einerseits für glaubwürdig hält und andererseits davon absieht, diese Aussagen dem Urteil zugrunde zu legen.

StPO § 261 – BGH Urt. v. 6. 11. 1998 – 2 StR 636/97 LG Gießen (= NStZ-RR 1999, 301)

Die Revisionsbegründungen der Staatsanwaltschaft und des Nebenklägers sind nicht bekannt.

Sachverhalt:

1. Nach den Feststellungen war die Ehe der Angeklagten mit dem Nebenkläger zerrüttet. Zwischen den Eheleuten kam es des öfteren zu verbalen und auch tätlichen Auseinandersetzungen. Die Angeklagte hatte sich einem anderen Mann, dem amerikanischen Staatsangehörigen P., zugewandt. Dem Nebenkläger blieb das Verhältnis nicht verborgen. Sie selbst konfrontierte ihn schon bald mit ihrem Entschluß, sich scheiden zu lassen und mit P. und den Kindern zusammenleben zu wollen. Eine Scheidung akzeptierte der Nebenkläger aber nicht. Die Eheleute lebten danach „distanziert und weitgehend wortlos nebeneinander".

2. Am Sonntag, dem 3. 8. 1986, kam es zwischen den Eheleuten W. zu einer tätlichen Auseinandersetzung. Die Angeklagte fuhr danach mit den Kindern und P. zum Baden. Nachdem sie die Kinder wieder nach Hause gebracht hatte, wo sich der Nebenkläger aufhielt, verließ sie gegen 20.15 Uhr die Wohnung und verbrachte den Abend mit P. Gegen 3.20 Uhr kehrte sie in die Wohnung zurück.

3. Am Vormittag des 4. 8. 1986 erledigte die Angeklagte mit dem Familien-Pkw verschiedene Besorgungen in einem Nachbarort. Gegen 11 Uhr wurde sie an der Stelle gesehen, an der 3 Tage später die Leichen von M. und K. gefunden wurde. Nach ihrer Rückkehr zur Wohnung beteiligte sie sich an der Suche nach den Kindern, die zwischenzeitlich vermißt wurden. Am 7. 8. 1986 wurden die Leichen der Kinder gefunden.

4. Die Angeklagte erklärte in mehreren Vernehmungen, die Kinder hätten noch gelebt, als sie am Montagvormittag (4. 8. 1986) die Wohnung verlassen habe. Am 29. 8. 1986 bekundete sie in einer Beschuldigtenvernehmung, die Kinder hätten tot in ihren Betten gelegen, als sie am 4. 8. 1986 gegen 3.20 Uhr nach Hause gekommen sei. Ihr Mann habe, während sie außer Haus gewesen sei, die Kinder getötet, damit, wie er geäußert habe, keiner sie im Scheidungsfalle bekomme.

5. Nach den Feststellungen des Landgericht sind die Kinder M. und K. entweder in der Nacht vom 3. zum 4. 8. 1986 durch den Nebenkläger oder am Vormittag des 4. 8. 1986 von der Angeklagten getötet worden. Die Kammer des Schwurgerichts hat sich nicht in der Lage gesehen zu klären, ob der Nebenkläger während der Abwesenheit der Angeklagten die Kinder tötete und sie diese bei ihrer Ankunft tot vorfand, oder ob die Angeklagte sie am Vormittag des nächsten Tages tötete und an den späteren Fundorten ablegte.

6. Wenn die Kinder am Vormittag des 4. 8. 1986 noch gelebt haben, kommt nach Ansicht des Landgericht nur die Angeklagte als Täterin in Betracht. Freigesprochen hat das erkennende Gericht die Angeklagte, weil es sich von dieser Tatsache nicht zu überzeugen vermochte. Das Landgericht hat zwar eine Reihe von Umständen festgestellt, die die Angeklagte in starkem Maße belasten. Es hat sich aber nicht in der Lage gesehen, die Täterschaft mit letzter Sicherheit zu klären, zumal es kein Motiv für die Tötung der Kinder durch die Angeklagte hat feststellen können und – sachverständig beraten – das Verhalten der Angeklagten nach dem Tod der Kinder als „psychologisch nachvollziehbar und mit der Persönlichkeit der Angeklagten vereinbar" beurteilt hat. In diesem Zusammenhang vermochte es auch den Angaben der Eheleute F. nicht zu folgen, die bekundet hatten, sie hätten die Kinder am Vormittag des 4. 8. 1986 noch gesehen. – Die Rechtsmittel hatte Erfolg.

Gründe: ...

III.

Die Beweiswürdigung ist rechtsfehlerhaft.

1. Spricht das Gericht einen Angeklagten frei, weil es Zweifel an seiner Täterschaft nicht zu überwinden vermag, so ist dies durch das Revisionsgericht in der Regel hinzunehmen. Die Beweiswürdigung ist grundsätzlich Sache des Tatrichters. Die revisionsrechtliche Beurteilung ist auf die Prüfung beschränkt, ob dem Tatrichter bei der Beweiswürdigung Rechtsfehler unterlaufen sind. Das ist in sachlich-rechtlicher Hinsicht der Fall, wenn die Beweiswürdigung widersprüchlich, unklar oder lückenhaft ist oder gegen die Denkgesetze oder gegen gesicherte Erfahrungssätze verstößt. Rechtlich zu beanstanden sind tatrichterliche Beweiserwägungen ferner dann, wenn sie erkennen lassen, daß das Gericht überspannte Anforderungen an die zur Verurteilung erforderliche Überzeugungsbildung gestellt und dabei verkannt hat, daß eine absolute, das Gegenteil denknotwendig ausschließende und von niemand anzweifelbare Gewißheit nicht erforderlich ist, vielmehr ein nach der Lebenserfahrung ausreichendes Maß an Sicherheit genügt, das vernünftige und nicht bloß auf denktheoretische Möglichkeiten gegründete Zweifel nicht zuläßt (st. Rspr. vgl. BGHSt. 10, 208 [BGH Urt. v. 9. 2. 1957 – 2 StR 508/56; vgl. § 261 StPO erfolglose Rügen]; BGH, StV 1994, 580 [BGH Urt. v. 27. 7. 1994 – 3 StR 225/94; vgl. § 261 erfolglose Rügen]; BGH, BGHR StPO § 261 Überzeugungsbildung 22, 25; zuletzt BGH Urt. v. 21. 8. 1997 – 5 StR 339/97 und Senat Urt. v. 18. 2. 1998 – 2 StR 471/97).

2. Solche Rechtsfehler liegen hier vor. Sie betreffen die Würdigung der von den Eheleuten F. als Zeugen gemachten Angaben. Nach den rechtsfehlerfreien Feststellungen sind die Kinder entweder in der Nacht vom 3. zum 4. 8. 1986 vom Ehemann oder am Vormittag des 4. 8. 1986 von der Angeklagten getötet worden. Die Eheleute F. haben von ihrer ersten Vernehmung am 11. 8. 1986 an und auch in der Hauptverhandlung vor dem Landgericht Gießen „sicher und widerspruchsfrei in konstanter Weise übereinstimmend" geschildert, die Kinder am Montagvormittag gesehen zu haben. Traf dies zu, dann konnte unter den gegebenen, von der Kammer des Schwurgerichts festgestellten Umständen, nicht der Ehemann der Angeklagten, sondern nur diese selbst die Kinder umgebracht haben. Das Landgericht ist den Bekundungen der Eheleute F. jedoch nicht gefolgt. Die dafür gegebene Begründung begegnet in mehrfacher Hinsicht Bedenken.

a) Das Landgericht prüft die Aussagen eingehend und stellt fest, daß „ein Irrtum der Eheleute F. trotz lediglich kurzer Wahrnehmung und unzureichender Lichtbildvorlage unwahrscheinlich erscheine", es bestehe „kein ernsthafter Anhalt für das Vorliegen von Wahrnehmungsmängeln", eine Verwechslung der Kinder durch die Zeugen „erscheine kaum vorstellbar", für eine bewußt unwahre Aussage der Zeugen gebe es keine „greifbaren Anhaltspunkte". Nach diesen Ausführungen hat das Landgericht keine ernsthaft in Betracht kommenden Hinweise dafür gesehen, daß die Angaben der Zeugen F. unrichtig sein könnten. Weshalb das Landgericht den Bekundungen gleichwohl nicht gefolgt ist, bleibt unklar. Die Urteilsgründe sind in diesem Punkt widersprüchlich. Konnte das Landgericht nach Prüfung aus den Bekundungen selbst oder aus dem sonstigen Beweisergebnis keine rational nachvollziehbaren Gründe für Zweifel an der Zuverlässigkeit der Zeugen oder an der inhaltlichen Richtigkeit der Aussagen finden, so waren diese zutreffend. Daraus mußte das Landgericht dann aber die Folgerungen ziehen. Es konnte nicht die Zeugen einerseits für glaubwürdig halten, andererseits davon absehen, ihre Aussagen dem Urteil zugrundezulegen.

b) Das Landgericht führt allerdings auch aus, insgesamt sei ein Irrtum der Eheleute F. „unwahrscheinlich". Damit könnte zwar zum Ausdruck kommen, ein Irrtum der Zeugen sei nicht völlig ausgeschlossen, ihre Angaben genügten deshalb nicht für die Feststellung, die Kinder hätten noch am Montagvormittag gelebt. Wie dargelegt, hat das Landgericht einen Irrtum der Zeugen aber nicht als eine ernsthaft in Betracht zu ziehende Möglichkeit angesehen. Wenn die Kammer des Schwurgerichts dann trotzdem an der Richtigkeit der Bekundungen zweifelte, ist dies allenfalls mit einer Überspannung der Anforderungen an die richterliche Überzeugungsbildung zu erklären (vgl. dazu BGHR StPO § 261 Überzeugungsbildung 7 [BGH Urt. v. 8. 1. 1988 – 2 StR 551/87; vgl. § 261 StPO erfolgreiche Rügen]; zuletzt Senat, NStZ-RR 1998, 275 [BGH Urt. v. 29. 4. 1998 – 2 StR 65/98; vgl. § 261 StPO erfolgreiche Rügen]). Denn eine höhere Gewißheit für die Richtigkeit der Zeugenbekundungen als die festgestellte wäre nur als Ausschluß von abstrakt-theoretischen Zweifeln denkbar. Ein solcher kann aber nicht gefordert werden.

c) Soweit die Schwurgerichts-Kammer die Bekundungen der Eheleute F., obwohl sie „insgesamt auch heute noch eindeutig einen schwerwiegenden Tatverdacht" gegen die Angeklagte begründen, ihrer Entscheidung deshalb nicht zugrundelegt, weil „ihre Aussagen – im Gegensatz zu den sehr viel weiterreichenden Erkenntnisgrundlagen des Landgericht Fulda – nach dem Ergebnis dieser Beweisaufnahme nicht mehr neben zahlreichen anderen nicht zu erschütternden Indizien stehen", ist zu besorgen, daß das Landgericht dabei von einem unrichtigen Maßstab ausgegangen ist. Maßgebend war allein das Beweisergebnis der neuen Hauptverhandlung, das eigenständig gewürdigt werden mußte. Wenn dies für die Überzeugung von der Täterschaft der Angeklagten ausreichte, war es unerheblich, ob früher als wesentlich angesehene Beweise entkräftet oder in ihrem Gewicht gemindert waren. Mit der Beweissituation im früheren Verfahren vor dem Landgericht Fulda mußte die Kammer des Schwurgerichts sich nicht auseinandersetzen, sie durfte vor allem nicht deshalb, weil früher als Beweis dienende Umstände nicht mehr als erwiesen oder aussagekräftig angesehen werden konnten (z.B. das Faserspurengutachten), eine Verurteilung als nicht mehr möglich ansehen.

d) Bedenken unterliegt die Beweiswürdigung auch insoweit, als das Landgericht meint, auf die Aussagen der Zeugen F. könne eine Verurteilung allein nicht gestützt werden, da zusätzliche Belastungsmomente fehlten.

aa) Die Strafkammer hat insoweit schon versäumt, die Aussagen der Eheleute F. zusammen mit den Bekundungen der weiteren Zeugen zu würdigen, welche die Kinder ebenfalls noch lebend gesehen haben. Die Zeugin N. hat durchgängig, die Zeugin A. zumindest in früheren Verfahrensabschnitten bekundet, die Kinder an jenem Vormittag gesehen zu haben, und zwar unabhängig voneinander, bei verschiedenen Gelegenheiten und aus verschiedenen Wahrnehmungspositionen.

Zwar ist die Annahme der Schwurgerichts-Kammer, daß sich die Zeugin N. und die Zeugin A. (die Großmutter der Angeklagten), die ihre diesbezügliche frühere Aussage widerrufen hatte, jeweils geirrt haben könnten, für sich genommen möglich und daher grundsätzlich vom Revisionsgericht hinzunehmen. Die Kammer hat jedoch nicht erwogen, ob gegen einen Irrtum der Zeugen sprechen kann, daß mehrere Personen bekundet haben, unabhängig voneinander die Kinder in unterschiedlichen Situationen lebend gesehen zu haben. Nicht bedacht ist, daß die Wahrscheinlichkeit eines gleichzeitigen Irrtums bei mehreren Personen – die unabhängig voneinander im Kern dasselbe Beweisthema bestätigen – geringer sein kann als bei einer einzelnen Zeugenaussage.

Dem muß nicht entgegenstehen, daß andere Personen, vor allem die Spielkameraden von M. und K., diese am Vormittag nicht gesehen haben. Da deren Beobachtungsmöglichkeiten sich zeitlich unterschieden von denen der Zeugen, die die Kinder gesehen haben, waren deren Bekundungen für die Überzeugungsbildung des Landgericht ohne Bedeutung.

bb) Zweifel an der Richtigkeit der von den Zeugen F. gemachten Angaben lagen angesichts des gesamten Beweisergebnisses auch nicht dergestalt auf der Hand, daß die Bedeutungslosigkeit ihrer Bekundungen für das Ergebnis offenkundig war. Das Gegenteil ist vielmehr der Fall.

Als gewichtige Anhaltspunkte für eine Täterschaft der Angeklagten hat das Landgericht nämlich rechtsfehlerfrei festgestellt: Die in sich wenig plausible, nicht nachvollziehbare Einlassung der Angeklagten, ihr Verhalten an den Tagen bis zur Auffindung der Leichen der Kinder, das Ergebnis der Obduktion, die Kleidung der Kinder, die zeitliche Möglichkeit der Angeklagten, die Tat am Vormittag des 4. 8. 1986 begehen zu können sowie die Beobachtungen der Zeugin E., der Schwester der Angeklagten, in der Nacht vom 3. zum 4. 8. 1986. Vor allem die Obduktionsbefunde deuten auf eine Tötung der Kinder nach der Einnahme eines Frühstücks, also am Montagvormittag, hin. Gegen deren Tötung in der Nacht spricht auch, daß sie Tageskleidung trugen, zum Teil gekämmt waren und Haarspangen bei sich hatten, die sie üblicherweise vor dem Schlafengehen ablegten.

36. In Fällen, in denen es um sexuellen Mißbrauch von Kindern geht, ist der Entstehungsgeschichte der Beschuldigung besondere Aufmerksamkeit zuzuwenden.

StPO § 261 – BGH Beschl. v. 10. 9. 1998 – 1 StR 476/98 LG Mannheim (= StV 1999, 306 = NStZ 1999, 45)

Die Revision rügt, das Landgericht hätte zur Entstehung der Beschuldigung den Mitarbeiter B. des Jugendamtes der Stadt Mannheim als Zeugen vernehmen müssen.

Sachverhalt: Die Taten, wegen derer der Angeklagte verurteilt worden ist, hat er nach den Feststellungen in den Jahren 1984 bis 1989 an seiner Tochter M. begangen. Hinsichtlich weiterer Vorfälle im Jahre 1991 hat das Landgericht das Verfahren wegen Verjährung eingestellt.

1994 zog der Angeklagte aus dem von den Eheleuten gemeinsam erbauten Haus aus, 1995 wurde die Ehe geschieden. Anzeige erstattete die Geschädigte im Oktober 1996, wenige Wochen vor einem familiengerichtlichen Verfahren zwischen ihren geschiedenen Eltern bezüglich des Umgangsrechts für den Sohn S. Schon vorher hatte die Geschädigte gegenüber dem Diplom-Psychologen H. und dem Arzt und Psychotherapeuten Dr. He. Angaben über sexuelle Übergriffe ihres Vaters gemacht, wobei sie H. gegenüber 1992 äußerte, der Vater habe sie wiederholt an den Brüsten und am Gesäß angefaßt, Dr. He. gegenüber 1995, der Vater habe sich zu ihr ins Bett gelegt, ihr zwischen die Beine gefaßt und sie an sich gedrückt. Dazu, welche Gründe das Mädchen bewogen, gerade im Oktober 1996 Anzeige zu erstatten, äußert sich das Urteil nicht; ausgeschlossen wird jedoch das Motiv, sie habe der Mutter im familiengerichtlichen Verfahren beistehen wollen. – Das Rechtsmittel hatte Erfolg.

Gründe: In einem Fall, in dem wie hier nicht nur Aussage gegen Aussage steht, sondern ein Zusammenhang mit familiären Auseinandersetzungen jedenfalls nicht von vornherein auszuschließen ist und die Beteiligten, Vater, Mutter und die betroffene Tochter sich jeweils über längere Zeiträume in psychiatrischer oder psychotherapeutischer Behandlung befunden haben, muß das Gericht nicht nur alle Umstände, die die Entscheidung beeinflussen können, erkennbar in seine Überlegungen einbeziehen (BGHR StPO § 261 Beweiswürdigung 1, 14); auch an die Aufklärungspflicht sind hohe Anforderungen zu stellen. Besondere Aufmerksamkeit ist in Fällen, in denen es um sexuellen Mißbrauch von Kindern geht, der Entstehungsgeschichte der Beschuldigung zuzuwenden (BGH StV 1994, 227 [BGH Beschl. v. 17. 2. 1994 – 1 StR 723/93]; vgl. § 244 II StPO erfolgreiche Rügen]; 1995, 6, 7; BGHR StPO § 261 Beweiswürdigung, widersprüchliche 4 [= StV 1995,451]).

In diesem Zusammenhang rügt die Revision zu Recht, daß das Landgericht nicht darauf eingegangen ist, daß der anwaltliche Vertreter des Angeklagten in dem 1996 anhängigen familiengerichtlichen Verfahren, dessen Akten das Landgericht beigezogen hatte, vorgetragen hatte, die Antragsgegnerin, die Mutter der Geschädigten, habe bereits während der Trennungsphase im Jahre 1993 den Vorwurf erhoben, der Antragsgegner, der Angeklagte habe seine Kinder sexuell mißbraucht. Darüber habe er im Laufe des ersten Gesprächs beim Jugendamt den dortigen Mitarbeiter B. informiert.

Der Senat kann nicht ausschließen, daß, sofern B. als Zeuge dieses Vorbringen bestätigt, die Genese der Beschuldigung in einem anderen Licht erscheinen könnte. Hätte die Mutter bereits 1993 solche Vorwürfe erhoben, würde sich die Frage stellen, woher sie dieses Wissen hatte; weitere Fragen würden sich anschließen.

37. Bei teilweise widerlegter Aussage eines Belastungszeugen muß Glaubhaftigkeit in anderen Punkten durch objektive Umstände begründet werden.

StPO §§ 200, 261, 265 I u. IV, 273 I – BGH Urt. v. 29. 7. 1998 – 1 StR 94/98 LG Bamberg (= BGHSt. 44, 153 = NJW 1998, 3788 = StV 1998, 580 = NStZ 1999, 43)

Die Revision rügt die Verletzung sachlichen Rechts.

Sachverhalt: Nach der unverändert zur Hauptverhandlung zugelassenen Anklage lag dem Angeklagten zur Last, er habe die am 1. 10. 1981 geborene S. N. in seiner damaligen Wohnung oder in der Wohnung des Vaters der Geschädigten „im Zeitraum von 1985 bis März 1995" in sechs Fällen sexuell mißbraucht.

Das Landgericht hat den Angeklagten wegen der drei im Anklagesatz zuerst genannten Taten unter Freisprechung im übrigen wegen sexuellen Mißbrauchs von Kindern in drei Fällen zu einer Gesamtfreiheitsstrafe von vier Jahren verurteilt, wobei es die Tatzeit der beiden ersten Fälle im Urteil weiter auf den Zeitraum von 1987 bis 1988 eingegrenzt hat, während für die dritte Tat schon in der Anklage der Zeitraum von 1993 bis 1994 angenommen worden war. Das Verfahren wegen der beiden folgenden Taten hat das Landgericht nach § 154 Abs. 2 StPO eingestellt. Vom Vorwurf der Tatbegehung am 9. 3. 1995 hat es den Angeklagten freigesprochen, weil er für die Tatzeit den Alibibeweis geführt habe. – Das Rechtsmittel hatte Erfolg.

Gründe: Die Beweiswürdigung im angefochtenen Urteil unterliegt durchgreifenden Bedenken. Das Tatgericht ist zwar entgegen der Auffassung der Revision nicht grundsätzlich schon dann aufgrund des Zweifelssatzes an der Verurteilung gehindert, wenn „Aussage gegen Aussage" steht und außer der Aussage des einzigen Belastungszeugen keine weiteren belastenden Indizien vorliegen. Im Hinblick darauf, daß der Zeuge unmittelbare eigene Wahrnehmungen wiedergeben soll, unterscheidet sich seine Aussage von derjenigen des „Zeugen vom Hörensagen", die für sich genommen ohne zusätzliche Indizien einen Schuldspruch nicht tragen kann. Wird die Tat vom Tatopfer selbst in einer Zeugenaussage geschildert, so kann der Angeklagte auf dieser Grundlage verurteilt werden, wenn das Tatgericht von der Glaubhaftigkeit der Aussage dieses einzigen Belastungszeugen überzeugt ist.

Der Tatrichter muß sich jedoch bewußt sein, daß die Aussage dieses Zeugen einer besonderen Glaubwürdigkeitsprüfung zu unterziehen ist, zumal der Angeklagte in solchen Fällen wenig Verteidigungsmöglichkeiten durch eigene Äußerungen zur Sachlage besitzt. Eine lückenlose Gesamtwürdigung der Indizien ist dann von besonderer Bedeutung (vgl. BGHR StPO § 261 Indizien 1 [BGH Beschl. v. 3. 7. 1986 – 2 StR 98/86; vgl. § 261 StPO erfolgreiche Rügen], 2 [BGH Beschl. v. 8. 4. 1987 – 2 StR 134/86; vgl. § 261 StPO erfolgreiche Rügen]; StV 1996, 582; 1997, 513 [BGH Beschl. v. 18. 6. 1997 – 2 StR 140/97; vgl. § 261 StPO erfolgreiche Rügen]). Nach der Rechtsprechung des Bundesgerichtshofs müssen Urteilsgründe erkennen lassen, daß der Tatrichter alle Umstände, die die Entscheidung beeinflussen können, erkannt und in seine Überlegungen einbezogen hat (BGHR StPO § 261 Beweiswürdigung 1 [BGH Beschl. v. 22. 4. 1987 – 3 StR 141/87; vgl. § 261 StPO erfolgreiche Rügen], 13; § 267 Abs. 1 Satz 1 Beweisergebnis 8; BGH StV 1995, 6, 7; 1997, 513; 1998, 362 [BGH Beschl. v. 5. 11. 1997 – 3 StR 558/97; vgl. § 261 StPO erfolgreiche Rügen]).

Dies gilt besonders, wenn der einzige Belastungszeuge in der Hauptverhandlung seine Vorwürfe ganz (BGH StV 1998, 250 [BGH Beschl. v. 17. 12. 1997 – 2 StR 591/97; vgl. § 261 StPO erfolgreiche Rügen]) oder teilweise nicht mehr aufrechterhält, der anfänglichen Schilderung weiterer Taten nicht gefolgt wird (vgl. NJW 1996, 206; StV 1998, 469 [BGH Beschl. v. 1. 4. 1998 – 3 StR 22/98; vgl. § 200 StPO erfolgreiche Rügen]) oder sich sogar die Unwahrheit eines Aussageteils herausstellt. Dann muß der Tatrichter jedenfalls regelmäßig außerhalb der Zeugenaussage liegende gewichtige Gründe nennen, die es ihm möglichen, der Zeugenaussage im übrigen dennoch zu glauben.

1. Ins Gewicht fällt hier zunächst, daß die Geschädigte eingeräumt hat, die angeblich am 9. 3. 1995 vom Angeklagten begangene Tat erfunden zu haben; dies ist nach den Urteilsgründen geschehen, nachdem der Angeklagte insoweit ein Alibi nachgewiesen hatte. Das Landgericht hat angenommen, daß die Glaubwürdigkeit der Geschädigten dadurch hinsichtlich der übrigen Taten nicht erschüttert werde. Denn sie habe die Falschbelastung „freimütig" eingeräumt und plausibel damit erklärt, sie habe diesen als einzigen genau datierten und in Begehungsweise – Fesselung – obendrein von anderen Taten abgewandelten Tatvorwurf nur erfunden, damit ihr hinsichtlich der Taten, für die sie keine Tatzeitangabe mehr machen konnte, geglaubt werde.

Diese Erwägung greift zu kurz. Wird – so wie hier geschehen – die Aussage des einzigen Belastungszeugen hinsichtlich einzelner Taten und Tatmodalitäten widerlegt, so ist damit seine Glaubwürdigkeit in schwerwiegender Weise in Frage gestellt. Seinen übrigen Angaben kann dann nur gefolgt werden, wenn außerhalb der Aussage Gründe von Gewicht für ihre Glaubhaftigkeit vorliegen. Diese sind in den Urteilsgründen darzulegen. Dies ist nicht geschehen.

Insbesondere die für ihre Fehlbelastung von der Zeugin gegebene Erklärung hätte vom Landgericht kritisch hinterfragt werden müssen. Ihre Behauptung, man habe ihr zunächst nicht geglaubt oder sie habe dies befürchtet, hätte näherer Prüfung bedurft. Es ist davon auszugehen, daß die Schwierigkeiten der Opfer sexuellen Mißbrauchs, lange zurückliegende Taten zeitlich genau einzuordnen, den Ermittlungsbehörden bekannt sind und deshalb daraus Vorbehalte gegen die Glaubwürdigkeit in der Regel nicht hergeleitet werden.

2. Das Urteil setzt sich auch nicht näher damit auseinander daß die Geschädigte zunächst eine weitere Person des sexuellen Mißbrauchs bezichtigt hatte, deren Verfolgung aus nicht erkennbaren Gründen in der Hauptverhandlung aber nicht mehr gewollt hat. Diese Tatsache durfte nicht isoliert betrachtet werden. Sie konnte im Rahmen einer Gesamtwürdigung der Beweise für die Glaubwürdigkeit Bedeutung erlangen. Dort ist sie vom Landgericht aber nicht mehr in die Überlegungen einbezogen worden.

3. Das Tatgericht hat schließlich das Verfahren wegen zweier weiterer Taten, die „bis März 1995" begangen worden sein sollen, nach § 154 Abs. 2 StPO eingestellt. Warum dies

geschehen ist, obwohl es sich nach der Anklageschrift um zwei in jüngerer Zeit begangene Taten gehandelt hat, die auch im Hinblick auf die Begehungsweise von gleichem Gewicht wie im abgeurteilten Fall II 3 waren, teilt das Urteil nicht mit. Darin liegt hier ein Erörterungsmangel. Denn wenn ein Anklagevorwurf von sechs Taten allein auf die Aussage der einzigen Belastungszeugin aufbaut, der Angeklagte in einem Falle wegen erwiesener Unschuld freigesprochen und nur in drei Fällen eine Verurteilung erfolgt, kann den Gründen dafür, daß das Gericht bezüglich zweier weiterer Fälle von einer Verurteilung absieht, durchaus Beweisbedeutung für die allein entscheidende Frage der Glaubwürdigkeit der einzigen Belastungszeugin zukommen.

38. Enthält das Urteil weder Beweisgründe noch Beweiswürdigung, ist es auf die Sachrüge hin aufzuheben.

StPO § 261 – BGH Beschl. v. 7. 5. 1998 – 4 StR 88/98 LG Stendal (= NStZ-RR 1999, 45)

Die Revision rügt die Verletzung materiellen Rechts.

Sachverhalt: Das angefochtene Urteil enthält keine Mitteilung über die Einlassung des Angeklagten. Die Strafkammer hält dem Angeklagten im Rahmen der Strafzumessung zugute, „daß er zumindest teilweise geständig war." Der Inhalt dieses Teilgeständnisses wird nicht mitgeteilt. Das Urteil gibt auch keine den Angeklagten belastenden Zeugenaussagen wieder. – Das Rechtsmittel hatte Erfolg.

Gründe: ...

1. Die Revisionsbegründungsfrist ist abgelaufen, der Senat kann in der Sache entscheiden. Weder das nicht fehlerfreie Rubrum (vgl. BGH, NStZ 1989, 584 [BGH Urt. v. 12. 5. 1989 – 3 StR 24/89; vgl. § 275 StPO erfolglose Rügen]) noch die Verwechslung mit früheren Mitangeklagten bei der Darstellung der persönlichen Verhältnisse führen zur Unwirksamkeit der Urteilszustellung. Das gleiche gilt für die zweimalige – dazu inhaltlich unterschiedliche – Aufnahme des den Angeklagten betreffenden Urteilstenors. Ein ordnungsgemäßer Berichtigungsbeschluß des Landgericht ist allerdings, wie der GBA zu Recht ausführt, nicht ergangen. Indessen liegt insoweit, als einmal – bei ansonsten identischem Wortlaut – eine Freiheitsstrafe von „9 Monaten" genannt wird, ein offensichtlicher Schreibfehler vor. Der authentische Wortlaut der Urteilsformel ergibt sich allein aus der nach § 274 StPO maßgebenden Sitzungsniederschrift (BGHR StPO § 274 Beweiskraft 10). Aus dem dort protokollierten, in Anwesenheit des Angeklagten und seiner Verteidigerin verkündeten Urteilstenor folgt, daß der Angeklagte zu einer Freiheitsstrafe von 12 Monaten (mit Bewährung) verurteilt worden ist.

2. Das Urteil ist bereits deswegen aufzuheben, weil es im Hinblick auf den Angeklagten Beweisgründe und Beweiswürdigung vermissen läßt. Dies ist auf Sachrüge zu beachten (vgl. BGH, GA 1965, 208; BGH, StV 1984, 64[1]).

Das angefochtene Urteil enthält zwar in der – überflüssigen – Aufzählung der verwendeten Beweismittel den Hinweis auf die „Einlassungen der Angeklagten, soweit ihnen gefolgt werden konnte". Indessen wird die Einlassung des Angeklagten nicht mitgeteilt, so daß das Revisionsgericht nicht nachprüfen kann, ob die Überzeugung des Tatrichters auf tragfähigen Erwägungen beruht (vgl. OLG Düsseldorf, NStZ 1985, 323; OLG Köln, VRS 87, 205). Auf die Wiedergabe der Einlassung und deren Würdigung anhand der erhobenen Beweise konnte hier nicht wegen einfacher Sach- und Beweislage verzichtet werden (vgl. BGH bei Dallinger, MDR 1975, 198). Vielmehr mußte das Landgericht seine Überzeugung

---

1 „Es ist grundsätzlich auch ein sachlich-rechtlicher Fehler, wenn die Beweisgründe im Urteil fehlen und die Gründe weder die Einlassung des Angeklagten wiedergeben noch diese unter Berücksichtigung der erhobenen Beweise würdigen." (BGH Beschl. v. 27. 9. 1983 – 4 StR 550/83).

von Art und Umfang der Beteiligung des Angeklagten an dem komplexen Gesamtgeschehen begründen. Dem steht nicht entgegen, daß die Strafkammer dem Angeklagten im Rahmen der Strafzumessung zugute hält, „daß er zumindest teilweise geständig war." Der Inhalt dieses Teilgeständnisses wird nämlich rechtsfehlerhaft nicht mitgeteilt (vgl. BGHR StPO § 267 I 2 Geständnis 1[1]). Das Urteil gibt auch keine den Angeklagten belastenden Zeugenaussagen wieder; soweit Einlassungen von 2 der 3 früheren Mitangeklagten dargelegt werden, verhalten sich diese ebenfalls nicht zur Beteiligung des Angeklagten.

39. Gericht darf keine bloß gedankliche, abstrakt-theoretische Möglichkeit unterstellen, die realer Anknüpfungspunkte entbehrt.

StPO § 261 – BGH Urt. v. 29. 4. 1998 – 2 StR 65/98 LG Köln (= NStZ-RR 1998, 275)

Die Revision der Staatsanwaltschaft rügt die Verletzung materiellen Rechts.

Sachverhalt: Der im Urteil des Landgerichts Köln nur zeitlich und örtlich näher beschriebene Anklagevorwurf knüpft an eine Betrugstat an, durch die eine Gruppe von Tätern, zu der auch der Ehemann der Angeklagten gehörte, den vermögenden Zeugen S. unter Vortäuschung eines Devisentauschgeschäfts um einen Millionenbetrag schädigte. Hierzu stellt das Urteil im wesentlichen folgendes fest: Die Täter hatten sich für ihr Vorhaben der Mithilfe des Bankangestellten H. versichert, der bei der Dresdner Bank in K. beschäftigt war und als Mitangeklagter in diesem Verfahren wegen Betrugs verurteilt ist. Dem Zeugen S. spiegelte man vor, er könne gegen Barzahlung von 15 Millionen DM Devisen im Werte von 20 Millionen DM erwerben, die sich im Depot der Bank befänden. S. ging darauf ein. Am 31. 3. 1995 brachte er das Bargeld in die Dresdner Bank, um das Geschäft abzuwickeln; er erhielt eine (gefälschte) Devisendepotbescheinigung. Nachdem H. von seiner Ankunft benachrichtigt worden war, ließ er sich absprachegemäß von seinem Arbeitsplatz abrufen und traf in den Toilettenräumen des Erdgeschosses den Ehemann der Angeklagten. Dieser ging daraufhin statt seiner in die Schalterhalle, spielte dort den sachbefaßten Bankangestellten H., nahm in dieser Rolle von S. einen Pilotenkoffer und eine Tasche mit insgesamt 15 Millionen DM Bargeld entgegen und verschwand. Den gegen die Angeklagte erhobenen Tatvorwurf beschreibt die Anklage wie folgt: „Die Angeschuldigte ... verbarg ... Teile der Beute in unbekannter Höhe, die sie vom Angeschuldigten ..." ihrem Ehemann, erhalten hatte, auf ihrem Pferdehof in L. an verschiedenen Stellen, wobei sie wußte, daß das Geld aus einer Straftat stammte. Bei einer polizeilichen Durchsuchung am 17. 5. 1995 gab sie wahrheitswidrig an, über den Verbleib der Beute nichts zu wissen; dies wiederholte sie bei der zweiten Durchsuchung am 7. 2. 1996. Tatsächlich ließ sie 310 000 DM davon ihrem Ehemann nach Ibiza zukommen, weitere 383 000 DM wurden bei einer zweiten Durchsuchung aufgefunden. Weitere Teile der Beute verbrauchte die Angeschuldigte für sich, indem sie davon im wesentlichen ihren Lebensunterhalt bestritt, ihre Miete in Höhe von 6000 DM für 6 Monate im voraus bezahlte, eine Reihe von Pfer-

---

1 „Die Verurteilung wegen Meineids kann nicht bestehenbleiben, da der Vorsatz nicht nachgewiesen ist. Aus dem Urteil geht hervor, daß der Angeklagte den festgestellten Sachverhalt „im vollen Umfange ... eingeräumt" hat. Ob dies richtig ist, kann der Senat nicht prüfen, da der Inhalt des Geständnisses nicht mitgeteilt wird. Der Verteidiger hatte auf die Möglichkeit eines fahrlässigen Falscheides hingewiesen. Jedoch hat das Landgericht das Geständnis dahin interpretiert, daß der Angeklagte bewußt der Wahrheit zuwider ausgesagt hat. Die Ausführungen dazu lassen besorgen, daß der Angeklagte nur den äußeren Sachverhalt eingeräumt hat, die innere Tatseite hingegen von dem Geständnis nicht umfaßt war; sie deuten eher darauf hin, daß es sich bei der Feststellung, der Angeklagte habe bewußt der Wahrheit zuwider ausgesagt, um das Ergebnis einer eigenen Wertung handelt. Ob diese Wertung richtig ist, kann aber ebenfalls nicht geprüft werden, da das Urteil nicht mitteilt, was der Angeklagte ausgesagt hat." (BGH Beschl. v. 26. 11. 1987– 1 StR 569/8).

den kaufte und diese mitsamt einer Pferdepflegerin unterhielt. In der Zeit vom 7. 4. 1995 bis zu ihrer Festnahme beglich die Angeschuldigte Rechnungen über insgesamt 110 511,21 DM in bar." Soweit es die Angeklagte betrifft, hat das Landgericht folgendes festgestellt: Nach der Betrugstat erschien der Ehemann der Angeklagten auf deren Hof in L., erklärte ihr, er müsse schnell verschwinden, und ließ ihr einen Bargeldbetrag von mindestens 703 000 DM in Tausendmarkscheinen da. Danach reiste er ab und ließ sich auf Ibiza nieder. Die Angeklagte versteckte das Geld zunächst über ihrem Wohnzimmerkamin. Bei zwei Besuchen im Spätsommer und kurz vor Weihnachten 1995 brachte die Angeklagte ihrem Ehemann jeweils 10 000 DM. Im November 1995 ließ sie ihm durch einen Dritten weitere 300 000 DM überbringen. Die restlichen 383 000 DM verbarg sie in einem Gläserkarton im Keller, in einer Katzenfutterschachtel im Küchenschrank und in einer Kaffeedose, die sie im Vorgarten ihres Hofes vergrub; das Geld wurde am 6. 2. 1996 bei einer Durchsuchung gefunden. Was die Herkunft des der Angeklagten überlassenen Geldes angeht, so heißt es im Urteil, die Angeklagte habe sich zu dem gegen sie erhobenen Vorwurf in der Hauptverhandlung über ihren Verteidiger dahin eingelassen, sie berufe sich auf die „Aussage ihres Mannes im Ermittlungsverfahren, er habe das erbeutete Geld vollständig einer Person übergeben, deren Namen er nicht nennen wolle. Diese Person habe ihm im Tausch eine Summe anderen Geldes, deren Höhe er ebenfalls nicht angeben wolle, ausgehändigt". Diese Angabe hat das Landgericht für unwiderlegbar erachtet und seiner rechtlichen Bewertung zugrunde gelegt.

Das Landgericht hat die Angeklagte vom Vorwurf der Begünstigung und Hehlerei freigesprochen. – Das Rechtsmittel hatte Erfolg.

Gründe: ... Der Freispruch der Angeklagten hält rechtlicher Prüfung nicht stand. Die Beweiswürdigung des Landgerichts ist rechtsfehlerhaft. Ein Rechtsfehler liegt darin, daß es seiner Beurteilung – als nicht ausschließbar – die Annahme zugrunde gelegt hat, der Ehemann der Angeklagten habe den ihr überlassenen Bargeldbetrag von mindestens 703 000 DM von einem Dritten gegen Aushändigung der gesamten Tatbeute erhalten. Diese Annahme ist äußerst unwahrscheinlich und fernliegend. Der damit unterstellte Tausch von „Geld gegen Geld" ergibt für sich genommen keinen Sinn. Es leuchtet nicht ohne weiteres ein, wieso ein Tatbeteiligter seinen Beuteanteil auf dem umständlichen und risikobehafteten Weg einer gesonderten, aus erst noch herbeigeschafftem Bargeld zu zahlenden Vergütung erhält, obwohl sich die Tatbeute in seinen Händen befindet und es deshalb viel einfacher wäre, seinen Anteil vor Weitergabe unmittelbar von dem betrügerisch erlangten Bargeldbetrag abzuzweigen. Das Landgericht hätte daher Umstände darlegen oder Erwägungen anstellen müssen, die für seine Annahme sprechen und die Besorgnis ausräumen, es könnte insoweit eine bloß gedankliche, abstrakt-theoretische Möglichkeit unterstellt haben, die realer Anknüpfungspunkte entbehrt; denn Zweifeln, die sich auf die Unterstellung einer solchen Möglichkeit gründen, darf das Tatgericht nicht Raum geben – andernfalls überspannt es die Anforderungen an die richterliche Überzeugungsbildung (St. Rspr., BGH, NJW 1951, 83; BGH, VRS 24, 207; BGH, VRS 39, 103; BGH bei Holtz, MDR 1978, 806; BGH bei Pfeiffer/Miebach, NStZ 1984, 212[1]; BGH, NStZ 1988, 236 [BGH Urt. v. 8. 1. 1988 – 2 StR 551/87; vgl. § 261 StPO erfolgreiche Rügen]; BGHR StPO § 261 Beweiswür-

---

1 „Das LG hatte einen von zwei Zeugen stark belasteten Angeklagten freigesprochen. Es war den Bekundungen der Zeugen nicht gefolgt, weil nicht auszuschließen sei, daß sie „in bezug auf den Angeklagten möglicherweise einem Irrtum erlegen sind". Worin dieser Irrtum bestanden haben soll, wurde nicht mitgeteilt.
„Der Verzicht auf die Mitteilung realer Anknüpfungspunkte für einen Irrtum im vorl. Fall läßt befürchten, daß die verbliebenen Zweifel ihre Grundlage nicht in der konkreten Sach- und Beweislage, sondern allein in der Berücksichtigung einer *gedanklich nicht ausschließbaren Möglichkeit* haben. Des Ausschlusses einer solchen Möglichkeit bedarf es jedoch für die richterliche Überzeugungsbildung nach feststehender Rechtsprechung nicht (Urt. v. 19. 7. 1983– 1 StR 395/83)."

digung 5 [BGH Urt. v. 24. 1. 1989 – 1 StR 683/88; vgl. § 261 StPO erfolgreiche Rügen], § 267 V Freispruch 6; BGH, StV 1994, 580 [BGH Urt. v. 27. 7. 1994 – 3 StR 225/94; vgl. § 261 StPO erfolglose Rügen]).

Derartige Umstände oder Erwägungen führt das Landgericht aber nicht an. Es meint lediglich, ein Vorgehen wie das behauptete sei „bei Straftätern durchaus üblich weil sinnvoll, um zu gewährleisten, daß der unmittelbare Tatbeteiligte nicht etwa noch in der Nähe des Tatortes im Besitz der Tatbeute angetroffen werden kann". Diese Erwägung mag zwar in ihrer allgemeinen, die „Üblichkeit" betreffenden Aussage zutreffen; sie liefert jedoch für das hier unterstellte Vorgehen der Beteiligten unter keinem denkbaren Gesichtspunkt eine plausible Erklärung. Dabei kann offenbleiben, ob und inwieweit eine Person, die kurz nach dem Betrug in Tatortnähe im Besitz eines Bargeldbetrags von 703 000 DM angetroffen worden wäre, dadurch Verdacht erregt hätte, an der Tat beteiligt gewesen zu sein; denn es liegt auf der Hand, daß es für das Risiko des Besitzers, mit der Tat in Zusammenhang gebracht zu werden, jedenfalls ohne Bedeutung gewesen wäre, woher der bei ihm vorgefundene Bargeldbetrag tatsächlich stammte. Da es sich jedenfalls um Bargeld in Scheinen handelte, dem sich seine Herkunft in der Regel nicht sofort ansehen läßt, ist unverständlich, wieso ein Austausch der Tatbeute gegen anderes, als Beuteanteil zu übergebendes Bargeld geeignet gewesen sein soll, das Risiko der Tatentdeckung in irgendeiner Weise zu mindern. Sonstige Erwägungen, die geeignet sein könnten, den unterstellten Tausch der Geldbehältnisse aus der Sicht der Täter als zweckdienlich, sinnvoll oder auch nur plausibel erscheinen zu lassen, sind weder im Urteil mitgeteilt noch sonst ersichtlich. Unerheblich ist auch, daß die Strafkammer die angenommene Möglichkeit des Geschehensablaufs nicht von sich aus erwogen, sondern auf Grund einer entsprechenden Behauptung des Ehemanns der Angeklagten in Betracht gezogen hat; dabei macht es keinen Unterschied, ob – was der Verteidiger der Angeklagten in Abrede stellt – und gegebenenfalls wie diese Behauptung in die Hauptverhandlung eingeführt worden ist.

Für die Frage, ob der Annahme einer Möglichkeit das zu fordernde Mindestmaß an inhaltlichem Realitätsbezug innewohnt oder abgeht, ist es gleichgültig, wer sie „ins Spiel gebracht" hat. Bedeutsam für die Würdigung kann jedoch sein, in welchem Stadium des Verfahrens, unter welchen Umständen und aus welchen, sich möglicherweise daraus ergebenden Beweggründen diese Behauptung aufgestellt worden ist. Daß die Urteilsgründe hierüber keine Auskunft geben, stellt eine Würdigungslücke dar, die vor dem Hintergrund der sonst getroffenen Feststellungen ebenfalls als Rechtsmangel zu bewerten ist. Nach alledem muß der Freispruch mitsamt den ihm zugrunde liegenden Feststellungen aufgehoben werden. ...

40. Wenn das Gericht einem Sachverständigen mit Methoden und Verfahren folgt, die noch nicht allgemein anerkannt sind, muß es bei der Beweiswürdigung diesen Umstand einer kritischen Betrachtung unterziehen.

StPO § 261 – BGH Beschl. v. 15. 4. 1998 – 3 StR 129/98 LG Hannover (= NStZ 1998, 528)

Die Revision rügt die Verletzung sachlichen Rechts.

Sachverhalt: Das Landgericht hält den Angeklagten auch aufgrund der Aussagen von unmittelbaren Tatzeugen unter Berücksichtigung der Photos der Überwachungskameras für überführt.

„Die Zeugen S., der Rentner Si., der Sparkassenkaufmann B., die Rentnerin D., der Sparkassenbetriebswirt Sch., die Sparkassenangestellte U. und die Hausfrau F. haben sämtlich den Angeklagten in der Hauptverhandlung in Augenschein genommen. Sie haben völlig übereinstimmend angegeben, daß der Angeklagte nach Statur und Größe die Person gewesen sein könnte, die sie zu den betreffenden Zeitpunkten gesehen haben. Darüber hinaus hat die Zeugin F. angegeben, daß der Angeklagte der Person ähnlich sehe, die sie damals am 9. 12. 1996 beobachtet habe. Keine Merkmale seien ihr an dem Angeklagten aufgefallen, die er seinerzeit nicht gehabt habe.

Die Kammer hat ebenso wie die anderen Prozeßbeteiligten die von den Überwachungskameras am 4. 12. und 12. 12. 1996 gefertigten Schwarz/Weiß-Fotos aus den betreffenden beiden Sparkassenfilialen in Augenschein genommen und hat dagegen das äußere Erscheinungsbild des Angeklagten in der Hauptverhandlung sowie die bei den Akten befindlichen und zum Gegenstand des Verfahrens gemachten Fotos von dem Angeklagten verglichen und hat eine auffallende Übereinstimmung der dort abgelichteten Täterperson mit der Person des Angeklagten feststellen können, und zwar sowohl nach der Statur, der auffallend breiten Nasenwurzel sowie dem insbesondere auf den Fotos zu erkennenden Haaransatz."

Zur Überführung des Angeklagten stützt sich die Strafkammer auf ein Gutachten, in dem die Jeanshosen des Angeklagten mit den Blue Jeans verglichen werden, die auf den Photos der Überwachungskameras zu sehen sind. Der Sachverständige kommt zu dem Ergebnis, daß mit an Sicherheit grenzender Wahrscheinlichkeit davon auszugehen sei, daß 2 der insgesamt 4 bei dem Angeklagten asservierten Jeanshosen bei den beiden Überfällen getragen worden sind. Dabei hat der Sachverständige „aus den Lichtbildern der beiden Tatkomplexe diejenigen Bilder bestimmt, die die Details der Hose des Täters in quantitativer und qualitativer Hinsicht am besten darstellen. Soweit erforderlich hat er über die mitgelieferten Negative die für die Untersuchung erforderlichen Arbeitsvergrößerungen in Form von Papierabzügen und Videodrucken angefertigt. Die Bildrollen wurden zur Vermeidung von Verwechslungen durchgehend numeriert. Die Bestimmung der individuellen Faltenbildung der Hosen erfolgte mittels Schaufensterpuppen, mit denen die Beinstellungen des Tatgeschehens nachvollzogen wurden. Das sich dabei ergebende Faltenbild hat der Sachverständige den Tatlichtbildern gegenüber gestellt und mit ihnen verglichen. Dabei hat er auch lupen- und lichttechnische Hilfsmittel angewandt".

Zur Entstehung der von dem kriminaltechnischen Sachverständigen angewandten Methode teilt die Strafkammer mit, daß Basis der Untersuchungen grundlegende Erkenntnisse auf dem Gebiet der Textil- und Bekleidungskunde sowie eigene anhand von Versuchsreihen gewonnene Erfahrungen seien, die er im Rahmen seiner Beschäftigung mit der Aufklärung von Banküberfällen zunächst hinsichtlich Fußspuren und dann seit 1985 durch eine vertiefte Beschäftigung mit Stoffen, und zwar nicht nur mit Jeansstoffen gesammelt hat. Im Anschluß daran führt die Kammer näher aus, warum nach Darstellung des Sachverständigen die angewandte Methode zur sicheren Bestätigung der Identität oder zu ihrem Ausschluß führt. Abschließend heißt es im Urteil:

„Das überzeugende und anschaulich durch Fotos dargestellte Gutachten des Sachverständigen war für die Kammer nachvollziehbar. Das Gericht schließt sich ihm aufgrund eigener Überzeugungsbildung an. Es teilt im übrigen auch die vom Sachverständigen abschließend vertretene persönliche Aussage, daß er persönlich nicht den geringsten Zweifel habe, daß die beiden genannten Hosen des Angeklagten bei den Überfällen vom 4. und 12. 12. 1996 getragen worden sind." – Das Rechtsmittel hatte Erfolg.

Gründe: Danach hat keiner der Zeugen den Angeklagten zweifelsfrei wiedererkannt; seine Identität ergibt sich auch nicht aus den Photos der Überwachungskameras. Bei einer solchen Beweislage, bei der die vorhandenen Beweismittel nur eine „auffallende Übereinstimmung" der beobachteten oder fotografierten Person mit der Person des Angeklagten ergeben, hätte die Kammer näher darlegen müssen, warum sie insoweit auf die Einholung eines Gutachtens verzichtet hat (vgl. zum Beweiswert eines solchen Gutachtens BGHR StPO § 261 Identifizierung 4). Ein Sachverständiger könnte nach den gegebenen Umständen ein geeignetes Beweismittel darstellen, um sich von der Identität der mehrfach fotografierten Person und der Person des Angeklagten zu überzeugen oder aber den Angeklagten als Tatverdächtigen auszuschließen.

Das Landgericht war – wie der GBA zutreffend ausführt – nicht gehindert, auch eine neue, bislang nicht in größerem Umfang erprobte kriminaltechnische Erkenntnisquelle im Rahmen der Beweiserhebung zu berücksichtigen. Die Pflicht zu einer umfassenden Aufklärung kann gebieten, sich auch über Methoden und Verfahren zu unterrichten, die noch nicht allgemein anerkannt sind (vgl. BGHSt. 41, 206, 215 [BGH Urt. v. 2. 8. 1995 – 2 StR 221/94; vgl. §§ 74, 261 StPO erfolgreiche Rügen]; BGH NStZ 1994, 250 [BGH Beschl. v. 12. 1. 1994 – 5 StR 620/93; vgl. § 244 II StPO erfolgreiche Rügen]). Bei der Beweiswürdigung hat es dann aber diesen Umstand einer kritischen Betrachtung zu unterziehen, die sich sowohl auf die allgemeinen Grundsätze der neuen Methode als auch auf ihre konkrete Anwendung beziehen muß. Der Senat vermißt insoweit eine nähere Erörterung möglicher Zweifel sowohl an der Methode selbst als auch an ihrer Anwendbarkeit, z.B. wenn als Vergleichsmaterial Schwarz-Weiß-Photos der mitgeteilten Qualität Verwendung finden müssen, oder wenn die individuellen Übereinstimmungsmerkmale bezüglich des angeblich unverwechselbaren Faltenwurfs der beiden Hosen unter Zuhilfenahme einer Schaufensterpuppe bestimmt werden.

Zwar hat die Strafkammer den Beweiswert des Gutachtens im Rahmen einer Gesamtwürdigung aller Indizien gewichtet. Da es aber die Auffassung des Sachverständigen teilt, der „nicht den geringsten Zweifel" an der Identität der fotografierten Hosen mit den dem Angeklagten gehörenden Jeanshosen hat, besorgt der Senat, daß es die Beweiskraft des Gutachtens überbewertet hat (vgl. zum Beweiswert eines Fasergutachtens BGH NStZ 1993, 395 f. [BGH Urt. v. 4. 3. 1993 – 2 StR 503/92; vgl. § 244 IV StPO erfolglose Rügen]). Es kann sich empfehlen, zur Zuverlässigkeit der vom Sachverständigen angewandten Methode einen weiteren Sachverständigen zu hören.

41. Bei der Bewertung kindlicher Zeugen in Mißbrauchsfällen kommt der Entstehungsgeschichte der polizeilichen Aussage des Opfers besondere Bedeutung zu und muß in den Urteilsgründen erörtert werden.

§ 261 – BGH Beschl. v. 25. 3. 1998 – 2 StR 49/98 LG Kassel (= StV 1999, 307)

Die Revision rügt die Verletzung materiellen Rechts.

Sachverhalt: Der nicht vorbestrafte Angeklagte bestreitet jeglichen sexuellen Übergriff gegen die Nebenklägerin. Die Strafkammer stützt sich bei ihrer Überzeugungsbildung entscheidend auf die Bekundungen des Tatopfers. Nach Überzeugung des Tatrichters ist „die Zeugin nämlich glaubhaft und sind ihre Angaben richtig".

Das Landgericht verurteilte den Angeklagten wegen Vergewaltigung zu einer Freiheitsstrafe. Dazu hat es festgestellt, daß der Angeklagte im September 1994 die Nebenklägerin mit Gewalt zum außerehelichen Beischlaf genötigt hat. Soweit der Angeklagte weiter wegen dreier Fälle des sexuellen Mißbrauchs einer Schutzbefohlenen in Tateinheit mit sexuellem Mißbrauch eines Kindes angeklagt war, wurde das Verfahren abgetrennt, da nach Ansicht des Tatrichters noch nicht geklärt war, ob die Nebenklägerin, die jeweils Opfer dieser Taten war, 1980 oder 1982 geboren ist. – Das Rechtsmittel hatte Erfolg.

Gründe: ...
II.
Die Beweiswürdigung des Tatrichters leidet an durchgreifenden sachlich-rechtlichen Mängeln.

In einem Fall, in dem Aussage gegen Aussage steht und die Entscheidung allein davon abhängt, ob diesem einen Zeugen zu folgen ist, müssen die Urteilsgründe erkennen lassen, daß der Tatrichter alle Umstände, die die Entscheidung beeinflussen können, erkannt und in seine Überlegungen einbezogen hat.

Diesen erhöhten Anforderungen wird das tatrichterliche Urteil hier nicht gerecht. Dies gilt hier um so mehr, als ein weiteres Mädchen bei dem Vorfall dabei gewesen sein und von einer Vergewaltigung nichts bemerkt haben will.

In den Urteilsgründen wird die Entstehungsgeschichte der polizeilichen Aussage des Opfers nicht erörtert, obgleich dieser bei der Bewertung kindlicher Zeugen in Mißbrauchsfällen besondere Bedeutung zukommt (vgl. u.a. Senatsbeschl. v. 17. 12. 1997 – 2 StR 591/97 [vgl. § 261 StPO erfolgreiche Rügen]). Eine Erörterung lag hier schon deshalb nahe, weil die Nebenklägerin bei der polizeilichen Vernehmung einen erzwungenen Geschlechtsverkehr verschwiegen hat. Zur Beurteilung der Glaubwürdigkeit der Zeugin hätte einer näheren Darlegung bedurft, ob die Zeugin diese Tat gar nicht erwähnt oder bewußt anders geschildert hat.

Der Tatrichter hat sich auch mit der Persönlichkeit der Nebenklägerin nicht hinreichend auseinandergesetzt. Solches war aber für die Beurteilung ihrer Glaubwürdigkeit und der Glaubhaftigkeit ihrer Angaben wichtig. Der Tatrichter nimmt in diesem Punkt statt dessen zahlreiche Wahrunterstellungen zu falschen Angaben der Zeugin vor. Die Falschangaben ordnet er dann dem Randbereich zu und teilt mit, sie würden seiner Überzeugungsbildung nicht entgegenstehen. Die Wahrunterstellungen beziehen sich aber nicht nur auf verschiedene wahrheitswidrige Angaben der Zeugin zu Randgebieten, sondern auch zum Kernbereich. Wenn die Aussage der Zeugin zum Motiv, sich nicht gynäkologisch untersuchen zu lassen, falsch war, und ihre Angabe, der Angeklagte habe bei seinen sexuellen Übergriffen die Zimmertür abgeschlossen, nicht zutrifft, da diese sich gar nicht abschließen ließ, berührt solches bereits den Bereich des Kerngeschehens und ist geeignet, die Glaubwürdigkeit der Zeugin in Frage zu stellen. Der Senat hat bereits darauf hingewiesen, daß Wahrunterstellungen im Bereich des Kerngeschehens und hinsichtlich zentraler Beweistatsachen problematisch erscheinen (vgl. Senatsbeschl. v. 17. 12. 1997 – 2 StR 591/97).

In diesem Zusammenhang gewinnt auch an Bedeutung, daß eine Beweiswürdigung bezüglich der angedeuteten weiteren sexuellen Übergriffe nicht erkennbar vorgenommen wurde. Der Tatrichter hat ersichtlich deshalb davon abgesehen, weil er insoweit das Verfahren abgetrennt hat. Im vorliegenden konkreten Einzelfall läßt sich die Glaubwürdigkeit der Belastungszeugin aber nicht umfassend überprüfen, wenn nur die Glaubhaftigkeit ihrer Angaben zu einem – wenn auch vielleicht dem schwersten – sexuellen Übergriff erörtert wird. Die Vorfälle haben hier einen derart engen zeitlichen, räumlichen und persönlichen Zusammenhang, daß eine gänzlich voneinander losgelöste Betrachtung den hier gebotenen erhöhten Anforderungen an die Beweiswürdigung nicht gerecht wird.

Soweit der Tatrichter zur Bestätigung seiner Überzeugung die Angaben der Diplom-Psychologin, die die Nebenklägerin untersucht und begutachtet hat, heranzieht, fehlt es an näherer Angabe dazu, ob die spezielle Glaubwürdigkeit gerade auch hinsichtlich der zunächst verschwiegenen Vergewaltigung gegeben ist.

Da es sich bei der Nebenklägerin um das entscheidende Beweismittel handelt, vermag der Senat nicht auszuschließen, daß die Beweiswürdigung insgesamt von den Rechtsfehlern erfaßt ist.

42. Bei der Bewertung kindlicher Zeugen in Mißbrauchsfällen kommt der Entstehungsgeschichte der polizeilichen Aussage des Tatopfers besondere Bedeutung zu und muß in den Urteilsgründen erörtert werden.

StPO § 261 – BGH Beschl. v. 17. 12. 1997 – 2 StR 591/97 LG Kassel (= StV 1998, 250)

Die Revision rügt die Verletzung sachlichen Rechts.

Sachverhalt: Der nicht vorbestrafte Angeklagte hat sich zur Sache nicht eingelassen. Seine Verurteilung stützt sich ausschließlich auf die Angaben, die das Tatopfer dem Zeugen

PHK S. anläßlich seiner polizeilichen Vernehmung am 12. 2. 1996 gemacht hat. Das zu den Tatzeiten sechs bis zehn und in der Hauptverhandlung 14 Jahre alte Tatopfer hat vor dem erkennenden Gericht seine polizeilichen Angaben als „erlogen" bezeichnet. – Das Rechtsmittel hatte Erfolg.

Gründe: ... Die Beweiswürdigung des angefochtenen Urteils ist jedoch nicht frei von Rechtsfehlern.

In einem Fall, in dem Aussage gegen Aussage steht – oder wie hier ein Angeklagter sich nicht einläßt und nur die Aussage des einzigen Belastungszeugen zur Verfügung steht – und die Entscheidung allein davon abhängt, ob diesem einen Zeugen zu folgen ist, müssen die Urteilsgründe erkennen lassen, daß der Tatrichter alle Umstände, die die Entscheidung beeinflussen können, erkannt und in seine Überlegungen einbezogen hat. Dies gilt erst recht, wenn der einzige Belastungszeuge in der Hauptverhandlung seine Vorwürfe nicht mehr aufrecht hält und seine polizeilichen Angaben nur durch die Verhörsperson eingeführt werden.

Diesen erhöhten Anforderungen wird das tatrichterliche Urteil hier nicht gerecht.

In den Urteilsgründen wird die Entstehungsgeschichte der polizeilichen Aussage des Tatopfers nicht erörtert, obgleich dieser bei der Bewertung kindlicher Zeugen in Mißbrauchsfällen besondere Bedeutung zukommt (vgl. BGH Beschl. v. 5. 11. 1997 – 3 StR 558/97 [vgl. § 261 StPO erfolgreiche Rügen]). Der Tatrichter hat sich auch mit der Persönlichkeit des Tatopfers und seinem Umfeld nicht näher auseinandergesetzt. Dies war aber für die Beurteilung seiner Glaubwürdigkeit und der Glaubhaftigkeit seiner Angaben wichtig. In diesem Zusammenhang gewinnt auch der Umstand Bedeutung, daß der Tatrichter nicht nur Bedenken hinsichtlich der zeitlichen Einordnung der Taten durch den Zeugen hat, sondern auch bezüglich der Anzahl der Taten.

Die rechtsfehlerhafte Beweiswürdigung führt zur Aufhebung des Urteils und zur Zurückverweisung der Sache zu neuer Verhandlung und Entscheidung. Der Senat kann nicht ausschließen, daß der neue Tatrichter aufgrund einer rechtsfehlerfreien Beweiswürdigung wiederum zu einer Verurteilung des Angeklagten gelangt, zumal da die Erklärung des Zeugen, weshalb er bei der Polizei falsche Angaben gemacht habe, vom Tatrichter zutreffend als „kein auch nur annähernd plausibles Motiv" angesehen wird. Möglicherweise können sich aus einer Aufklärung der dem Angeklagten mit der Anklage weiter vorgeworfenen und gem. § 154 Abs. 2 StPO eingestellten Sexualstraftaten zum Nachteil anderer Jungen Indizien für eine Begehung der Taten durch den Angeklagten ergeben.

43. Das Gericht darf nicht aufgrund ungenauer Schätzungen des Tatopfers hochrechnen, es muß davon überzeugt sein, daß der Angeklagte jede einzelne individuelle Straftat begangen hat.

StPO § 261 – BGH Beschl. v. 12. 11. 1997 – 3 StR 559/97 LG Itzehoe (= StV 1998, 472)

Die Revision rügt die Verletzung materiellen Rechts.

Sachverhalt: Das Landgericht hat in den Urteilsgründen festgestellt:

„Ab Anfang April 1991 faßte der Angeklagte seiner Tochter B. fast täglich, außer an den Tagen, an welchen sie ihre Regel hatte, unter der Kleidung gezielt an ihr Geschlechtsteil und an ihre Brust. Unter Berücksichtigung ihrer monatlichen Regelblutung von sieben Tagen, einer einwöchigen Klassenfahrt nach Berlin und von zwei Tagen im Juli 1991 anläßlich der Eröffnung des Weinhandels, an der die Ehefrau des Angeklagten und der Zeuge H. teilnahmen, berührte er sie bis zu ihrem Auszug im Juli 1991 insgesamt mindestens 40 Mal in der geschilderten Weise in der Wohnung in W." – Das Rechtsmittel hatte Erfolg.

Gründe: ... Hinsichtlich der Taten zum Nachteil seiner Tochter B. ist das Urteil allerdings auf die Sachrüge des Angeklagten aufzuheben.

Diese pauschalen – in der Beweiswürdigung nicht ergänzten –Feststellungen sind keine ausreichende Grundlage, um einen bestreitenden Angeklagten wegen 40 selbständiger Straftaten abzuurteilen.

Schon die Ermittlung der Tathäufigkeit und die Festlegung auf gerade 40 Taten genügt nicht den an ein Strafurteil zu stellenden Anforderungen. Nicht eine aufgrund ungenauer Schätzungen des Tatopfers („fast" täglich) hochgerechnete Gesamtzahl von Straftaten ist entscheidend, sondern daß der Richter i.S.v. § 261 StPO davon überzeugt ist, daß der Angeklagte jede einzelne individuelle Straftat begangen hat (BGHSt. 42, 107 109 ff. [BGH Beschl. v. 27. 3. 1996 – 3 StR 518/95; vgl. § 261 StPO erfolgreiche Rügen]). Dabei ist zu bedenken, daß sich entsprechend psychologischer Erkenntnisse nach längerer Zeit die Erinnerung an Tatfrequenzen verwischt haben kann (BGHSt. a.a.O. 110). Die vom Landgericht nicht nachvollziehbar begründete Anzahl von 40 Delikten schließt nicht aus, daß es tatsächlich z.B. nur 35 Taten waren und erscheint objektiv willkürlich. Eine willkürliche Festlegung ist aber rechtlich nicht zulässig (BGHR BtMG § 29 Bewertungseinheit 8). Bei nur wenigen konkretisierten Taten – im Verfahren gegen den Angeklagten wurde nur ein einziges Tatgeschehen konkretisiert – darf der Richter die Anzahl der weiteren (nicht konkretisierten) Fälle nicht ohne Angabe von Anhaltspunkten schätzen, die belegen, daß eine noch geringere Anzahl von Taten ausgeschlossen ist (BGH bei Holtz MDR 1985, 91). Um eine bestimmte Anzahl von Straftaten einer in allem gleichförmig verlaufenden Serie festzustellen, muß der Richter darlegen, aus welchen Gründen er die Überzeugung gerade von dieser Mindestanzahl von Straftaten gewonnen hat. Das bedeutet nicht, daß er bei einer gleichförmigen Tatserie immer nur eine einzige Tat aburteilen könnte. In aller Regel werden es mindestens zwei, meist mehr Taten sein (vgl. BGHR StPO § 261 Überzeugungsbildung 28 [BGH Beschl. v. 24. 4. 1997 – 1 StR 103/97; vgl. § 261 StPO erfolgreiche Rügen]). Ausgeschlossen ist es aber, daß ohne nähere Begründung aufgrund einer ungenauen Schätzung objektiv willkürlich eine Zahl von Straftaten festgelegt wird.

Auch die Feststellungen zum Tatgeschehen und den Tatumständen der 40 Delikte sind unzureichend. Zwar dürfen in Fällen, in denen dem Angeklagten eine Vielzahl erst nach Jahren aufgedeckter sexueller Übergriffe zur Last gelegt wird, an die Individualisierung der einzelnen Mißbrauchshandlungen nach Tatzeit und Geschehensablauf keine überspannten Anforderungen gestellt werden. Aber andererseits darf eine unzureichende Konkretisierung auch nicht dazu führen, daß der Angeklagte in seinen Verteidigungsmöglichkeiten beschränkt wird (BGHR StGB § 176 Serienstraftaten 7 = StV 1996, 365 [BGH Beschl. v. 21. 3. 1996 – 4 StR 79/96; vgl. § 267 StPO erfolgreiche Rügen]). Von einer heute 22jährigen Zeugin ist zu erwarten, daß sie 40 Straftaten, die an ihr als 15- und 16jähriger begangen wurden, genauer schildert, als mit den Worten, er faßte „unter der Kleidung gezielt an ... Geschlechtsteil und an ... Brust" (vgl. BGHSt. 42, 107, 110). Dabei steht nicht die zeitliche Einordnung innerhalb des Tatzeitraums im Vordergrund, sondern die Feststellung der Geschehensabläufe und des Tatrahmens entsprechend den Bekundungen des Tatopfers, um im Vergleich zu früheren Aussagen konkrete Anknüpfungspunkte zur Beweiswürdigung zu erhalten. Das gilt um so mehr, wenn frühere Beschuldigungen abgeschwächt werden (BGHR StGB § 176 Serienstraftaten 7), wofür die Urteilsgründe mit dem Hinweis auf weitere sexuelle Übergriffe einen Anhalt zu geben scheinen. Anders als das LG meint, ist nicht so sehr das „hinreichend bestimmte Einordnen", sondern die Wiedergabe der Schilderungen der beiden Zeuginnen entscheidend, um individualisierte Straftaten festzustellen, die sich aufgrund der mitgeteilten äußeren Tatbegebenheiten in aller Regel auch in einen Zeitrahmen einfügen.

44. Bei Aussage gegen Aussage muß das Urteil nachvollziehbar erkennen lassen, daß der Tatrichter alle Umstände, die die Entscheidung beeinflussen können, erkannt und in seine Überlegungen einbezogen hat.

StPO § 261 – BGH Beschl. v. 5. 11. 1997 – 3 StR 558/97 LG Mönchengladbach (= StV 1998, 362)

Die Revision rügt die Verletzung sachlichen Rechts und beanstandet dabei insbesondere eine unzureichende Beweiswürdigung.

Sachverhalt: Das Landgericht hat den Angeklagten wegen sexuellen Mißbrauchs eines Kindes verurteilt.

Der nicht vorbestrafte Angeklagte, der die Taten bestritten und sich auf ein Komplott zwischen seiner mittlerweile geschiedenen Ehefrau und den geschädigten Kindern, die im Tatzeitraum sieben und neun Jahre alt waren, berufen hat, wird durch die beiden Mädchen belastet, ohne daß weitere aussagekräftige Beweismittel zur Tatbegehung zur Verfügung stehen. – Das Rechtsmittel hatte Erfolg.

Gründe: Bei einer solchen Sachlage, bei der Aussage gegen Aussage steht und die Entscheidung allein davon abhängt, welcher Aussage das Gericht Glauben schenkt, müssen die Urteilsgründe für das Revisionsgericht nachvollziehbar erkennen lassen, daß der Tatrichter alle Umstände, die die Entscheidung zu beeinflussen geeignet sind, erkannt und in seine Überlegungen einbezogen hat (BGH StV 1995, 6, 7). Unter diesem Gesichtspunkt hält das Urteil rechtlicher Nachprüfung nicht stand.

In den Urteilsgründen wird die Entstehungsgeschichte der Aussagen der beiden Töchter mit keinem Wort erörtert, obgleich dieser bei der Bewertung kindlicher Zeugen in Mißbrauchsfällen besondere Bedeutung zukommt.

Die Strafkammer führt aus, daß ein Motiv für eine Falschbelastung nicht ersichtlich sei, ohne zu erörtern, ob die Belastungen im Zusammenhang mit dem Ehescheidungs- und Sorgerechtsverfahren stehen könnten. Schließlich wertet die Strafkammer den Umstand, daß die beiden Mädchen im Ermittlungsverfahren je zwei Vorfälle geschildert hatten, in der Hauptverhandlung aber nur noch die Beschuldigung für ein Geschehen aufrechterhalten haben, als ausdrücklichen Beleg für die „Wahrheitsliebe" der Zeuginnen, weil sie bei einer „eingetrichterten" Aussage eine solche Reduzierung nicht vorgenommen hätten. Sie hätte jedoch näher der Frage nachgehen müssen, ob nicht die fehlende Aussagekonstanz Anlaß zu Zweifeln an der Glaubwürdigkeit gibt, und sich hierzu mit der Entwicklung des Aussageverhaltens näher auseinandersetzen müssen. Den Urteilsgründen ist nicht zu entnehmen, wie detailliert die Zeuginnen ursprünglich beide Vorfälle geschildert, wie sie diese Schilderungen jeweils gegenüber Angehörigen, Polizei, Ermittlungsrichter und der Sachverständigen wiederholt hatten und ob es nachvollziehbare Erklärungen für die Aussageeinschränkung gibt.

Unzureichend ist schließlich die Darstellung des Ergebnisses der Glaubwürdigkeitsbegutachtung. Die Strafkammer hat sich damit begnügt, lediglich pauschal darauf hinzuweisen, daß die Sachverständige zu „demselben Ergebnis" gelangt sei. Will sich der Tatrichter der Beurteilung eines Sachverständigen anschließen, muß er entweder die eigenen Erwägungen oder aber die Anknüpfungstatsachen und die Ausführungen des Sachverständigen in einer Weise wiedergeben, die dem Revisionsgericht die rechtliche Nachprüfung ermöglicht (vgl. BGH Urt. v. 15. 10. 1997 – 2 StR 393/97).

45. Wenn ein Zeuge den Angeklagten ursprünglich belastet hat, in der Hauptverhandlung aber nicht mehr, kann die Annahme seiner Glaubwürdigkeit nicht auf Aussagekonstanz in Ermittlungsverfahren und Hauptverhandlung gestützt werden.

StPO § 261 – BGH Beschl. v. 21. 10. 1997 – 1 StR 538/97 LG Stuttgart (= StV 1999, 305)

Das Revisionsvorbringen ist nicht bekannt.

Sachverhalt: Dem Angeklagten lag zur Last, sich zwischen 1988 und 1996 in insgesamt 84 Fällen an seiner Tochter A. und in insgesamt 320 Fällen an seiner Tochter H. sexuell vergangen zu haben.

a) In der Hauptverhandlung wurde (nach Vernehmung der Geschädigten) das Verfahren „hinsichtlich der für die Zeit von Mitte 1988 bis 13. 7. 1994 und die Zeit v. 28. 7. 1994 bis 31. 12. 1995 sowie für die Zeit v. 15. 1. 1996 bis 3. 5. 1996 angeklagten Tatvorwürfe gem. § 154 Abs. 2 StPO eingestellt". In der Begründung dieses Beschlusses ist ausgeführt:

„Die Beurteilung des Beweisergebnisses – insbes. der Glaubwürdigkeit der vernommenen Zeugen – ist erst in der Urteilsberatung vorzunehmen. Selbst wenn aber für die Einstellungsentscheidung die Glaubwürdigkeit der Belastungszeuginnen unterstellt wird, muß es als extrem schwierig und problematisch angesehen werden, deren Bekundungen den angeklagten Tatvorwürfen zuzuordnen." Dieser Beschluß umfaßte sämtliche die Tochter A. betreffenden Taten, während hinsichtlich der Tochter H. noch 15 Fälle Verfahrensgegenstand blieben.

b) Verurteilt wurde der Angeklagte wegen sexuellen Mißbrauchs von Schutzbefohlenen in 7 Fällen, wobei bei der Strafzumessung die Taten, hinsichtlich derer das Verfahren vorläufig eingestellt worden ist, ausdrücklich „ohne Einfluß" blieben.

c) Wegen der verbleibenden Vorwürfe wurde der Angeklagte freigesprochen.

Soweit ihm Taten zwischen dem 1. und 7. 1. 1996 zur Last lagen, hatte H. E. angegeben, „der Angeklagte sei jeweils nach der Spätschicht zu ihr ins Wohnzimmer gekommen und habe sie sexuell mißbraucht". Die Strafkammer konnte dem nicht folgen, weil der Personalbetreuer bei der Arbeitgeberin des Angeklagten glaubhaft bekundet hatte, daß der Angeklagte im fraglichen Zeitraum teils in der Frühschicht, teils gar nicht gearbeitet hatte.

Vom Vorwurf, H. E. in den Sommerferien 1994 einmal durch Gewalt zur Duldung sexueller Handlungen gezwungen zu haben, wurde der Angeklagte ebenfalls freigesprochen. Entscheidend war hierfür die Aussage der Zeugin, der Angeklagte „habe sie niemals durch Ohrfeigen gezwungen, sexuelle Handlungen ... zu dulden". – Das Rechtsmittel hatte Erfolg.

Gründe: ...

2. ...

a) Die Strafkammer sieht ihn aufgrund der Aussagen der Zeugin H. E. als überführt an, deren Aussage von der Zeugin A. insoweit bestätigt wird, als diese angab, der Angeklagte habe sich ihr in gleicher Weise genähert, wie es ihre Schwester in bezug auf ihre Person schilderte. Darüber hinaus ist hervorgehoben, daß die Konstanz der Aussagen, die sich mit den Aussagen im Ermittlungsverfahren deckten, für deren Beurteilung ein wesentlicher Gesichtspunkt sei.

b) Die Strafkammer versäumt bei ihrer Beweiswürdigung jedoch, sich damit auseinanderzusetzen, daß die Aussagen der Zeuginnen, die ursprünglich Grundlagen eines sehr viel weitergehenden Eröffnungsbeschlusses waren, sich letztlich nur noch als geeignet erwiesen, einen sehr kleinen Bruchteil der ursprünglichen Vorwürfe zu bestätigen.

Hinsichtlich der vorläufigen Verfahrenseinstellung bewertet die Strafkammer, „selbst wenn man die Glaubwürdigkeit der Belastungszeuginnen unterstellt", es als „extrem problematisch", darin eine Bestätigung der Anklagevorwürfe zu sehen, hinsichtlich eines großen Teils der noch verbliebenen Vorwürfe wurde der Angeklagte freigesprochen.

Der Tatrichter ist zwar grundsätzlich nicht gehindert, einem Zeugen teilweise zu glauben und teilweise nicht, er ist aber bei einer solchen Beweiswürdigung gehalten, die hierfür maßgebenden Gründe zu verdeutlichen (st. Rspr, BGH StV 1986, 236 [BGH Beschl. v. 23. 7. 1985 – 5 StR 374/85; vgl. § 261 StPO erfolgreiche Rügen]; BGHR StPO § 261 Zeuge 8 [BGH Beschl. v. 25. 9. 1990 – 1 StR 483/90; vgl. § 261 StPO erfolgreiche Rügen]).

c) Hinzu kommt folgendes:

Den Vorwurf, in einem Fall gewaltsam die Tochter H. zur Duldung sexueller Handlungen gezwungen zu haben, hat diese in der Hauptverhandlung nicht bestätigt. Anhaltspunkte dafür, daß sich gerade dieser Vorwurf – anders als alle anderen Vorwürfe – ursprünglich auf andere Grundlagen als die Aussage dieser Zeugin gestützt hätte, ergeben sich aus den Urteilsgründen nicht. Wenn aber davon auszugehen ist, daß die Zeugin den Angeklagten ursprünglich entsprechend belastet hat, in der Hauptverhandlung aber nicht mehr, so kann die Annahme der Glaubwürdigkeit dieser Zeugin nicht darauf gestützt werden, daß sie in der Hauptverhandlung und im Ermittlungsverfahren konstant dasselbe ausgesagt hätte.

3. Die Sache bedarf daher insgesamt erneuter Verhandlung und Entscheidung.

46. Eine Häufung von – jeweils für sich erklärbaren – Fragwürdigkeiten einer Zeugenaussage kann bei einer Gesamtschau zu durchgreifenden Zweifeln an der Richtigkeit eines Tatvorwurfs führen.

StPO § 261 – BGH Beschl. v. 18. 6. 1997 – 2 StR 140/97 LG Gießen (= StV 1997, 513)

Das Revisionsvorbringen ist nicht bekannt.

Sachverhalt: Der Angeklagte bestreitet die gegen ihn erhobenen Vorwürfe. Seine Verurteilung stützt sich im wesentlichen auf die Angaben des zur Tatzeit (Juli und August 1990) 10 Jahre und im Zeitpunkt der Hauptverhandlung 16 Jahre alten Tatopfers, der Tochter des Angeklagten. – Das Rechtsmittel hatte Erfolg.

Gründe: Die Beweiswürdigung des angefochtenen Urteils ist nicht frei von Rechtsfehlern. Der Angeklagte bestreitet die gegen ihn erhobenen Vorwürfe.

... In einem Fall, in dem Aussage gegen Aussage steht und die Entscheidung allein davon abhängt, welchen Angaben das Gericht folgt, müssen die Urteilsgründe erkennen lassen, daß der Tatrichter alle Umstände, die die Entscheidung beeinflussen können, erkannt und in seine Überlegungen einbezogen hat (St. Rspr., vgl. BGHR StPO § 261 Beweiswürdigung 1 [BGH Beschl. v. 22. 4. 1987 – 3 StR 141/87; vgl. § 261 StPO erfolgreiche Rügen]; § 267 Abs. 1 S. 1 Beweisergebnis 8; StV 1995, 6). In einem solchen Fall ist zudem in besonderem Maße eine „Gesamtwürdigung" aller Indizien geboten (BGHR StPO § 261 Indizien 1 [BGH Beschl. v. 3. 7. 1986 – 2 StR 98/87; vgl. § 261 StPO erfolgreiche Rügen], 2 [BGH Beschl. v. 8. 4. 1987 – 2 StR 134/87; vgl. § 261 StPO erfolgreiche Rügen]). Bei der Beurteilung der Glaubwürdigkeit der Angaben des Tatopfers darf sich der Tatrichter nicht darauf beschränken, Umstände, die gegen die Zuverlässigkeit der Aussage sprechen können, gesondert und einzeln zu erörtern sowie getrennt voneinander zu prüfen, und festzustellen, daß sie jeweils nicht geeignet seien, die Glaubwürdigkeit in Zweifel zu ziehen. Selbst wenn nämlich jedes einzelne die Glaubwürdigkeit der Angaben möglicherweise in Frage stellende Indiz noch keine Bedenken gegen die den Angeklagten belastende Aussage aufkommen ließe, so kann doch eine Häufung von – jeweils für sich erklärbaren – Fragwürdigkeiten bei einer Gesamtschau zu durchgreifenden Zweifeln an der Richtigkeit eines Tatvorwurfs führen (St. Rspr., vgl. BGHR StPO § 261 Zeuge 3 [BGH Urt. v. 16. 12. 1987 – 2 StR 495/87; vgl. § 261 StPO erfolgreiche Rügen]; Indizien 1 [BGH Beschl. v. 3. 7. 1986 – 2 StR 98/86; vgl. § 261 StPO erfolgreiche Rügen], 7).

Diesen Anforderungen wird das angefochtene Urteil nicht gerecht. Das Landgericht hat sich zudem mit einzelnen, möglicherweise Zweifel begründenden Indizien in nur unzureichender Weise auseinandergesetzt.

Gegen die Annahme, der Angeklagte habe seine Tochter sexuell mißbraucht, können im wesentlichen folgende Umstände sprechen: Als die Eltern sich trennten, war die Geschädigte (die Tochter M.) auf eigenen Wunsch beim Angeklagten geblieben. Dieser versuchte später nicht, das Kind von anderen Personen fernzuhalten, denen es einen sexuellen Mißbrauch durch den Angeklagten hätte offenbaren können. Im Jahre 1991 zog er vielmehr mit M. nach Gießen, nahm dort Kontakt zu der Mutter des Kindes auf und ließ zu, daß M. ihre Mutter und ihren Bruder häufig besuchte. Im Jahre 1992 brachte der Angeklagte M. zur Jugendschutzstelle des Jugendamtes Neumünster, um sie in einem Kinderheim unterbringen zu lassen. Das Kind beschuldigte den Angeklagten nicht von sich aus und spontan, sondern erst, nachdem die Heilpädagogin R., in deren Familie es untergebracht worden war, es immer wieder gefragt hatte, „ob es sexuelle Handlungen ihres Vaters gegeben habe". Bereits bei der Befragung ging man davon aus, daß der Angeklagte seine Tochter sexuell mißbraucht haben müsse, weil man sich „anders den Zustand von M. und ihre Überstellung an die Jugendschutzstelle nicht erklären konnte". Als M. von den Vorfällen berichtet hatte, wurden die polizeilichen Ermittlungen durch Vernehmung des Kindes erst 1 Jahr später aufgenommen, weil Frau R. der Ansicht war, „M. sei noch nicht so weit". In der Zwischenzeit wurde das Kind von Frau R. durch Therapiegespräche, Rollenspiele und das Lesen von Büchern, z.B. einem solchen, das den sexuellen Mißbrauch eines Mädchens durch ihren Vater behandelt, auf die Vernehmung vorbereitet.

Nach den Angaben der Zeugin R. soll M. ihr berichtet haben, der Angeklagte habe sie 1 Jahr lang einmal in der Woche ans Bett gefesselt und dann vergewaltigt. Dieser Sachverhalt widerspricht den Angaben des Mädchens in der Hauptverhandlung, durch die der Angeklagte in wesentlich geringerem Umfang belastet wird, in starkem Maße.

Das Landgericht erörtert nur einzelne dieser Umstände, die für den Angeklagten sprechen können, und diese nur unzureichend. Vor allem fehlt es an einer Gesamtwürdigung der Gesichtspunkte, die Zweifel an der Täterschaft des Angeklagten begründen können.

Bei der Art und Weise, in der hier vor Beginn der strafrechtlichen Ermittlungen Befragungen des Kindes durch Privatpersonen und „Vorbereitungen" auf die polizeiliche Vernehmung durchgeführt wurden, war der Beweiswert der belastenden Angaben besonders kritisch zu würdigen (vgl. BGHR StPO § 261 Beweiswürdigung, widersprüchliche 1 [BGH Beschl. v. 10. 12. 1986 – 2 StR 614/86; vgl. § 261 StPO erfolgreiche Rügen]; BGH Beschl. v. 23. 8. 1995 – 3 StR 163/95 [vgl. § 252 StPO erfolgreiche Rügen]; Urt. v. 3. 11. 1993 – 2 StR 434/93 [vgl. § 261 StPO erfolgreiche Rügen]). Das Landgericht hält eine Beeinflussung der Aussage des Kindes durch die Art der privaten Ermittlungen deswegen für ausgeschlossen, weil M. über „intakte Gewissensfunktionen verfüge und ihren Vater immer noch sehr liebe". Wollte das Landgericht aber eine Prägung der Aussage des Kindes durch suggestive Einwirkungen dritter Personen deshalb ausschließen, weil das Kind den Angeklagten besonders liebe, dann hätte es sich auch mit der Frage auseinandersetzen müssen, warum M. dennoch eine Bestrafung des Vaters erreichen wollte und ausdrücklich gerade deshalb von ihrem Zeugnisverweigerungsrecht keinen Gebrauch gemacht hat.

Auch den besonders krassen Widerspruch zwischen den Angaben der Zeugin R. und denen des geschädigten Kindes M. erörtert das Landgericht nur unzureichend. Die Erklärung, die Zeugin R. habe die Angaben des Kindes „in übertriebener Weise in Erinnerung behalten", ist in Anbetracht der Intensität, mit der sich die Zeugin R. um die Aufklärung des Geschehens bemüht hatte und der Dimension der Widersprüche nicht ausreichend. Einen für die Entscheidung wesentlichen Punkt erörtert das Landgericht im Rahmen der Beweiswürdigung nicht: Der Angeklagte erstattete – bevor gegen ihn ermittelt wurde – Strafanzeige u.a. gegen den nichtehelichen Sohn seiner Ehefrau wegen sexuellen Mißbrauchs an M., seiner Halbschwester. Das Landgericht teilt dazu lediglich mit, daß das Verfahren eingestellt wurde. Im Rahmen der hier gebotenen umfassenden Erörterung aller für und gegen die Richtigkeit des Anklagevorwurfs sprechenden Umstände hätte aber dargelegt werden müssen, aus welchen Gründen das Verfahren eingestellt wurde und ob sich für derartige Taten Verdachtsmomente ergeben hatten oder nicht. Es hätte ausgeschlossen werden müssen, daß M. Vorfälle, die sie mit ihrem älteren Halbbruder erlebt hat (z.B. manuelle Befriedigung) auf den Angeklagten projiziert hat.

Abschließend bemerkt der Senat: Der Tatrichter ist zwar nicht gehindert, den Angeklagten allein aufgrund der Aussage der Geschädigten in der Hauptverhandlung zu verurteilen. Er muß sich jedoch in den Urteilsgründen mit den einzelnen und der Gesamtheit der Umstände auseinandersetzen, die Zweifel an der Täterschaft des Angeklagten begründen können, und in einer rationalen und nachvollziehbaren Weise darlegen, warum diese Umstände seine Überzeugung nicht zu erschüttern vermögen. Das Urteil war allein deshalb aufzuheben, weil es diesen Anforderungen nicht entspricht.

47. Sind gegen zwei Angeklagte noch weitere Ermittlungsverfahren anhängig, in denen sie sich gegenseitig beschuldigen, ist dies bei der Beweiswürdigung ihrer sich gegenseitig belastenden Einlassungen zu berücksichtigen.

StPO § 261 – BGH Beschl. v. 24. 4. 1997 – 1 StR 103/97 LG Coburg (= StV 1997, 401 = BGHR StPO § 261 Überzeugungsbildung 28)

Die Revision rügt die Verletzung sachlichen Rechts.

Sachverhalt: Das Landgericht hat die Angeklagte u.a. wegen schweren Bandendiebstahls verurteilt. Mittäter der Angeklagten bei allen Diebstahlstaten war nach den Urteilsfeststellungen F. Er wurde durch das angefochtene Urteil deshalb und wegen eines von ihm allein begangenen Einbruchsdiebstahls abgeurteilt. Da er bereits rechtskräftig wegen Mordes und versuchten Mordes zu lebenslanger Gesamtfreiheitsstrafe verurteilt ist und die vorliegend verhängten Strafen hiermit gesamtstrafenfähig sind, verblieb es im Ergebnis bei der gegen ihn verhängten lebenslangen Gesamtfreiheitsstrafe.

Die Angeklagte hat eingeräumt, bei drei der Taten beteiligt gewesen zu sein. Sie gibt an, sie habe „aus Angst vor F." ihn entsprechend seinen jeweiligen Aufforderungen zu den Tatorten gefahren. Entgegen den Urteilsfeststellungen sei sie nicht mit im Inneren des C.-Marktes gewesen. An allen anderen Diebstahlstaten sei sie nicht beteiligt gewesen.

Die Strafkammer sieht die Angeklagte dagegen insgesamt aufgrund der glaubhaften Angaben F.'s als überführt an. Sie führt in diesem Zusammenhang an, F. habe „kein Motiv, die Mitangeklagte zu Unrecht zu belasten". – Das Rechtsmittel hatte Erfolg.

Gründe: ... Diese – mögliche und daher für sich genommen revisionsrechtlich nicht zu beanstandende – Erwägung wird den Besonderheiten des Falles jedoch nicht gerecht.

Die Urteilsgründe ergeben, daß gegenwärtig gegen die Angeklagte und F. wegen des Verdachts der Ermordung eines Herrn Gr. „als Hauptverdächtige" ermittelt wird. Wie die Strafkammer aufgrund der Vernehmung des ermittlungsführenden Kriminalbeamten festgestellt hat, belasten sich die beiden Angeklagten in jenem Fall gegenseitig. Nach dem bisherigen Stand der Ermittlungen in jenem Fall könne „ein Schluß ... daß nur F. auf Gr. eingeschlagen habe, nicht hingegen die ... Angeklagte S., nicht mit Sicherheit gezogen werden".

Auf der Grundlage dieser Feststellungen kann der Senat, dem als Revisionsgericht eine eigene Beweiswürdigung verwehrt ist, jedenfalls nicht ausschließen, daß die Angeklagte F. in jenem Ermittlungsverfahren wegen Mordes zu Unrecht belastet. Daß dies aber ein Motiv für F. sein kann, die Angeklagte hinsichtlich der Diebstahlstaten zu Unrecht zu belasten, ist offenkundig. Ebenso erscheint es aber auch umgekehrt möglich, daß F. die Angeklagte wegen des Mordes zu Unrecht belastet. Dies könnte die Möglichkeit nahelegen, daß er die Angeklagte auch im vorliegenden Fall zu Unrecht belastet.

Zwar wäre die Strafkammer aus Rechtsgründen nicht gehindert, gleichwohl die Überzeugung zu gewinnen, daß die belastenden Angaben F.'s hinsichtlich der Diebstahlstaten glaubhaft sind. Sie hätte sich dann aber erkennbar mit den genannten Gesichtspunkten auseinandersetzen müssen und sich nicht, wie geschehen, auf die Feststellung beschränken dürfen, F. habe kein Motiv für eine Falschbelastung der Angeklagten und auch aus den Feststellungen zum Stand der Ermittlungen wegen des Mordes z. N. Gr. hätten sich „keine für die Glaubwürdigkeit des Angeklagten F. nachteiligen Schlüsse ergeben".

3. Der aufgezeigte Mangel führt nicht nur dazu, daß die Schuldsprüche hinsichtlich der Diebstahlstaten aufzuheben sind, hinsichtlich derer die Angeklagte jede Tatbeteiligung bestreitet. Aufzuheben sind auch die Schuldsprüche hinsichtlich der Taten, hinsichtlich derer die Angeklagte in gewissem Umfang ihre Tatbeteiligung einräumt. Hinsichtlich der Tat z. N. C.-Markt ergibt sich dies schon daraus, daß die Angeklagte aufgrund der Angaben F.'s wegen einer wesentlich intensiveren Form der Tatbeteiligung schuldig gesprochen ist. Aber auch die Schuldsprüche in den beiden anderen Fällen, in denen die Strafkammer entsprechend der insoweit übereinstimmenden Angaben F.'s nur zum Tatort gefahren hat und im Pkw auf ihn gewartet hat, können nicht bestehen bleiben, da in diesen Fällen jedenfalls die Feststellung, den Taten habe – wie allen anderen Diebstahlstaten – eine Bandenabrede zugrundegelegen, auf den Angaben F.'s beruht.

48. Freisprechendes Urteil muß sich mit der Einlassung des Angeklagten auseinandersetzen.

StPO § 261 – BGH Urt. v. 23. 1. 1997 – 4 StR 526/96 (NStZ-RR 1997, 172)

Die Revision der Nebenklägerin rügt u.a. die Verletzung materiellen Rechts.

Sachverhalt: Das Landgericht sprach den Angeklagten vom Vorwurf, sich in drei Fällen der Vergewaltigung in Tateinheit mit sexuellem Mißbrauch einer Schutzbefohlenen zum Nachteil seine Stieftochter K., der Nebenklägerin, schuldig gemacht zu haben, aus tatsächlichen Gründen frei. – Das Rechtsmittel hatte Erfolg.

Gründe: Der Freispruch hält sachlichrechtlicher Nachprüfung nicht stand; eines Eingehens auf die Verfahrensbeschwerden bedarf es deshalb nicht. Das Landgericht hat sich von den dem Angeklagten angelasteten sexuellen Übergriffen im Ergebnis deshalb nicht zu überzeugen vermocht, weil „die verschiedenen Aussagen der Zeugin K. in wesentlichen Details gravierend voneinander ab(weichen), ohne daß diese Abweichungen eine nachvollziehbare Erklärung finden". Dies allein vermag den Freispruch aber nicht zu tragen, da die Beweiswürdigung lückenhaft ist:

1. In den Urteilsgründen fehlt jegliche Auseinandersetzung mit der Einlassung des Angeklagten. Es wird nicht einmal mitgeteilt, ob der Angeklagte sich überhaupt, geschweige denn, wie er sich zu dem Anklagevorwurf geäußert hat. Zwar ist die Wiedergabe der Einlassung kein Selbstzweck. Jedoch ermöglicht regelmäßig erst eine Auseinandersetzung mit der Einlassung in den Urteilsgründen die Nachprüfung, ob der Tatrichter den Anklagevorwurf zu Recht für nicht nachweisbar erachtet hat (vgl. BGHR StPO § 267 V Freispruch 4 [BGH Urt. v. 17. 5. 1990 – 4 StR208/90; vgl. § 267 StPO erfolgreiche Rügen], 7 [BGH Urt. v. 4. 7. 1991 – 4 StR 233/91; vgl. § 267 StPO erfolgreiche Rügen], 8).

2. Ein durchgreifender Rechtsmangel ist ferner darin zu erblicken, daß sich das Landgericht nur unzureichend mit den Gutachten der beiden zur Glaubwürdigkeit gehörten Sachverständigen auseinandergesetzt hat. Das Urteil beschränkt sich zum Inhalt der Ausführungen der Sachverständigen auf die Mitteilung, „die Sachverständige R. hält die Zeugin für glaubwürdig, wobei sie lediglich in den Aussagen der Zeugin vom Einsatz des Mes-

sers gravierende Abweichungen sieht, wohingegen der Sachverständige B. die gesamte Schilderung der Zeugin als nicht erlebnisbestätigt bewertet". Der Aufgabe, „den Streit zwischen den beiden qualifizierten Sachverständigen" zu entscheiden, hat sich die Strafkammer im Hinblick auf ihre eigenen, aus der Entstehungsgeschichte der Aussage der Nebenklägerin hergeleiteten Bedenken gegen deren Glaubhaftigkeit enthoben gesehen; diese Bedenken seien „durch das Gutachten der Sachverständigen R. nicht zerstreut, (die) nämlich die sonstigen zahlreichen Abweichungen der Zeugenaussage ... nicht genügend bewertet und gewichtet" habe. Damit ist das Landgericht seiner Darlegungspflicht zum Ergebnis der Anhörung der Sachverständigen nicht in ausreichendem Maße nachgekommen. Wenn der Tatrichter eine Frage, für die er – wie hier – geglaubt hat, sachverständiger Hilfe zu bedürfen, im Widerspruch zu dem Gutachten lösen will, muß er die Gründe hierfür in einer Weise darlegen, daß das Revisionsgericht nachprüfen kann, ob er das Gutachten zutreffend gewürdigt und aus ihm rechtlich zulässige Schlüsse gezogen hat (BGHR StPO § 261 Sachverständiger 1). Das gilt auch dann, wenn – wie hier – einander widersprechende Gutachten erstattet worden sind.

Die von der Strafkammer aufgezeigten Abweichungen in den Aussagen der Nebenklägerin machten die Auseinandersetzung mit den Gutachten der Sachverständigen auch nicht ausnahmsweise entbehrlich. Abweichungen des Aussageinhalts erlauben nicht ohne weiteres den Schluß auf die Unglaubhaftigkeit; jedenfalls darf das Kriterium der Widerspruchsfreiheit und Konstanz einer Aussage – ganz abgesehen von allgemeinen Abgrenzungsschwierigkeiten zwischen Angaben zum Kerngeschehen einerseits und zum Randgeschehen andererseits – nicht überbewertet werden. Gerade deshalb hätte es einer Erörterung der Frage bedurft, welches Gewicht den vom Landgericht im einzelnen dargestellten Abweichungen in der Aussage der Nebenklägerin nach Auffassung der gehörten Sachverständigen allgemein sowie in Bezug auf die Beurteilung der speziellen Glaubwürdigkeit dieser Zeugin zukommt (vgl. BGHR StPO § 261 Zeuge 14). Ohne eine solche Darlegung läßt sich nicht beurteilen, ob das Landgericht von einem falschen Maßstab ausgegangen ist oder ob es zu Recht angenommen hat, die Sachverständige R. habe die Abweichungen in der Aussage der Zeugin „nicht genügend" bewertet und gewichtet.

3. Die Beweiswürdigung begegnet noch in weiterer Hinsicht durchgreifenden Bedenken. Das Landgericht hat es nämlich versäumt, alle aus dem Urteil ersichtlichen wesentlichen Umstände, die Schlüsse auch zugunsten des Angeklagten ermöglichen, in den Gründen zu erörtern, wie dies geboten war (vgl. BGHSt. 25, 285 [276] [BGH Urt. v. 13. 2. 1974 – 2 StR 552/73; vgl. § 261 StPO erfolgreiche Rügen]).

Nach den Feststellungen bat die Beschwerdeführerin ihre Freundin R. an dem Tag, an dem sich laut Anklage der dritte Vorfall ereignete (15. 2. 1995), bei ihr die Nacht zu verbringen, „da sie Angst habe, mit dem Angeklagten in der Wohnung allein zu bleiben". Als die Beschwerdeführerin sich am Abend in der Küche aufhielt, „näherte sich der Angeklagte ... R., machte ihr Komplimente, nahm sie in den Arm, küßte sie und faßte ihr unter den Pullover, ließ aber von ihr ab, als K. ins Wohnzimmer kam". Des weiteren hat das Landgericht festgestellt, am Morgen des folgenden Tages seien beide Mädchen zur Schule gegangen; dabei habe die Beschwerdeführerin „dem Schulleiter W. und dem Lehrer L. pauschal von mehreren versuchten Vergewaltigungen (berichtet), die sie seitens ihres Stiefvaters seit Herbst 1994 erlitten habe". Mit diesen Umständen setzt sich die Strafkammer an keiner Stelle des Urteils weiter auseinander. Das wäre aber schon deshalb geboten gewesen, weil, wenn es zutraf, daß sich der Angeklagte in der betreffenden Situation R. in ersichtlich sexueller Absicht genähert hat, dies auch Rückschlüsse auf den Wahrheitsgehalt der Angaben der Nebenklägerin zu den ihm von ihr angelasteten sexuellen Übergriffen zuließ. Ein für die Glaubhaftigkeit der Aussage sprechender Gesichtspunkt konnte zudem darin gefunden werden, daß sich K. in unmittelbarem zeitlichen Zusammenhang mit dem angeklagten Tatgeschehen (nämlich schon am 16. 2. 1995) gegenüber ihrem Schulleiter und Lehrer offenbarte. Aufschlußreich konnte insoweit etwa sein, in welcher Art und

Weise dies geschah und in welcher Verfassung sich das Mädchen dabei befand. Daß das Landgericht auf diese Umstände nicht eingeht, gibt Anlaß zu der Annahme, daß es die erforderliche Gesamtwürdigung aller Umstände, die für und gegen die Zuverlässigkeit der Angaben der Beschwerdeführer sprechen (vgl. BGH, NStZ 1996, 98 [BGH Beschl. v. 5. 10. 1995 – 4 StR 330/95; vgl. § 261 StPO erfolgreiche Rügen]; BGH, StV 1996, 367), nicht vorgenommen hat.

49. Die zur richterlichen Überzeugung erforderliche persönliche Gewißheit setzt objektive Grundlagen voraus, die aus rationalen Gründen den Schluß erlauben, daß das festgestellte Geschehen mit hoher Wahrscheinlichkeit mit der Wirklichkeit übereinstimmt.

StPO § 261 – BGH Beschl. v. 8. 11. 1996 – 2 StR 534/96 (= NStZ 1997, 377)

Die Revision rügt die Verletzung sachlichen Rechts.

Sachverhalt: Nach den Urteilsfeststellungen ist der Angeklagte zusammen mit dem Mitangeklagten H. und einem weiteren, unbekannt gebliebenen Mittäter in eine Sparkassenfiliale eingebrochen. Die Täter erbeuteten Geld, Wertpapiere und Wertgegenstände im Wert von ca. Millionen DM.

Das Landgericht stützt seine Überzeugung von der Mittäterschaft des Angeklagten darauf, daß

– der Angeklagte einschlägig, u.a. wegen Beteiligung an 33 Diebstählen bestraft ist,

– er mit dem Mitangeklagten H., dessen Verurteilung durch Beschluß des Senats vom heutigen Tage rechtskräftig geworden ist, in engerer Verbindung stand,

– die Beschreibung von 2 Zeugen, die die Täter beim Verlassen der Filiale und beim Abtransport der Beute beobachtet haben, auf ihn zutrifft,

– einer der beiden Zeugen ihn bei einer Wahllichtbildvorlage, bei der allerdings nur der Angeklagte das von dem Zeugen beschriebene auffallend helle kurze Haar aufwies und sich dadurch von den anderen abgebildeten Personen in einem wesentlichen Vergleichsmerkmal unterschied, identifiziert hat. – Das Rechtsmittel hatte Erfolg.

Gründe: Diese Indizien können weder allein noch in ihrer Gesamtheit eine tragfähige Grundlage für eine Verurteilung des Angeklagten bilden.

Die zur richterlichen Überzeugung erforderliche persönliche Gewißheit des Richters setzt objektive Grundlagen voraus. Diese müssen aus rationalen Gründen den Schluß erlauben, daß das festgestellte Geschehen mit hoher Wahrscheinlichkeit mit der Wirklichkeit übereinstimmt. Das ist der Nachprüfung durch das Revisionsgericht zugänglich. Deshalb müssen die Urteilsgründe erkennen lassen, daß die Beweiswürdigung auf einer tragfähigen verstandesmäßig einsehbaren Tatsachengrundlage beruht und daß die vom Gericht gezogene Schlußfolgerung nicht etwa nur eine Annahme ist oder sich als bloße Vermutung erweist, die letztlich nicht mehr als einen Verdacht zu begründen vermag (BGHR StPO § 261 Identifizierung 6 [BGH Beschl. v. 6. 4. 1990 – 2 StR 627/89; vgl. § 261 StPO erfolgreiche Rügen]; BGHR StPO § 261 Vermutung 11).

Diesen Anforderungen wird das angefochtene Urteil nicht gerecht. Der Angeklagte ist zwar von einem der Zeugen bei einer Wahllichtbildvorlage wiedererkannt worden, die aber, wie die Strafkammer nicht verkannt hat, nicht fachgerecht durchgeführt worden ist. Zu Recht ist die Strafkammer deshalb davon ausgegangen, daß diese Identifizierung ebenso wie die Täterbeschreibung der Zeugen nur den Schluß auf eine Ähnlichkeit des Angeklagten mit dem Täter, insbesondere hinsichtlich der Statur und der kurzen hellen Haare zuläßt. Die beschriebenen Merkmale treffen aber auf eine Vielzahl von Personen zu.

Unter diesen Umständen können auch die weiteren als solche wenig aussagekräftigen Tatsachen, die die Strafkammer für ihre Überzeugungsbildung von der Täterschaft des Angeklagten herangezogen hat, insbesondere seine Bekanntschaft mit dem Mitangeklagten H., nur einen – wenn auch schwerwiegenden – Verdacht gegen ihn begründen. Angesichts der sorgfältigen Vorbereitung der Tat ist zwar davon auszugehen, daß sich die Täter vor der Tatausführung gekannt haben. Das Landgericht hat aber nicht die Möglichkeit bedacht, daß auch auf weitere Personen aus dem Umfeld des H. oder des unbekannten weiteren Mittäters die Täterbeschreibung zutreffen kann."

50. Wenn der Nachweis für ein einheitliches Geschehen zum Teil auf die alleinigen Aussagen des Geschädigten gestützt wird, zum anderen Teil dessen Angaben nicht bestätigt werden, muß sich der Tatrichter bei der Beweiswürdigung umfassend und vor allem auch zu dem Teil äußern, den er meint, dem Angeklagten nicht nachweisen zu können.

StPO § 261 – BGH Beschl. v. 7. 10. 1996 – 5 StR 499/96 LG Berlin (= StV 1997, 292)

Die Revision rügt die Verletzung sachlichen Rechts.

Sachverhalt: Die unverändert zugelassene Anklage warf dem Angeklagten vor, gemeinsam mit den gesondert verfolgten jugendlichen Mittätern am 25. 11. 1994 gegen 1.30 Uhr in die Wohnung des Geschädigten eingedrungen zu sein, diese gemeinschaftlich verwüstet und unter Drohung mit Waffen daraus diverse Gegenstände entwendet zu haben. Die Strafkammer stützt die Verurteilung wegen Sachbeschädigung allein auf die Aussage des Tatopfers, soweit es die Beteiligung des bestreitenden Angeklagten betrifft. Vom Raubvorwurf hat sie ihn mit der pauschalen Begründung freigesprochen, dieser sei nach dem Ergebnis der Beweisaufnahme nicht mit der für eine Verurteilung erforderlichen Sicherheit nachzuweisen. – Das Rechtsmittel hatte Erfolg.

Gründe: Die seine Verurteilung tragende Beweiswürdigung hält sachlich-rechtlicher Überprüfung nicht stand. Der GBA hat hierzu zutreffend ausgeführt:

„... Das genügt hier nicht ... Bei dem vorliegenden Tatgeschehen liegt es nahe, daß der Raubvorwurf sich ebenfalls hauptsächlich auf die Bekundungen des Tatopfers stützte. Ein Freispruch hiervon dürfte vor allem in dem fehlenden Nachweis begründet sein, ob ein Raub überhaupt stattgefunden hatte oder ob der Angeklagte während dieser Tat in der Wohnung des Opfers anwesend war. Der Freispruch vom Raubvorwurf ist dann darauf zurückzuführen, daß die belastende Opferaussage nicht bestätigt wurde. Daß die Strafkammer zwar dem Opfer glaubte, der Raub folglich zwar in Anwesenheit, aber lediglich ohne das Wissen des Angeklagten von den anderen Tatbeteiligten allein ausgeführt worden wäre, liegt hier fern, da die Wegnahmehandlung zahlreicher großvolumiger Gegenstände dem Angeklagten nicht hätte verborgen bleiben können, so daß zumindest Beihilfe zum Raub in Betracht kommt. Liegt es jedoch nahe, daß der Nachweis für ein einheitliches Geschehen zum Teil auf die alleinigen Aussagen des Geschädigten gestützt wird, aber zum anderen Teil dessen Angaben nicht bestätigt werden, so hat der Tatrichter sich bei der Beweiswürdigung umfassend und vor allem auch zu dem Teil zu äußern, den er meint, dem Angeklagten nicht nachweisen zu können.

Im übrigen erscheint auch die Beweiswürdigung angreifbar, als sie die Einlassung des Angeklagten in Zweifel zieht, weil er sein Alibi nicht bereits viel früher der Polizei mitgeteilt habe. Da der Angeklagte überhaupt keine Angaben zu machen brauchte und auch ein Unschuldiger zur Lüge greifen kann, ist die Heranziehung des Zeitpunktes, zu dem der offenbar die Tat pauschal bestreitende Angeklagte einen Entlastungszeugen für einen anderweitigen Aufenthalt zur Tatzeit benannt hat, rechtlich bedenklich (BGHR StPO § 261 Aussageverhalten 4 [BGH Beschl. v. 27. 1. 1987 – 1 StR 703/86; vgl. § 261 StPO erfolgreiche Rügen], 6 [BGH Urt. v. 2. 4. 1987 – 4 StR 46/87 = BGHSt. 34, 327; vgl. § 261 StPO erfolglose Rügen], 9 [BGH Beschl. v. 17. 1. 1989 – 5 StR 624/88; vgl. § 261 StPO erfolgreiche Rügen], 13 [StV 1995, 510]; Senat Beschl. v. 16. 7. 1996 – 5 StR 370/96]."

51. Widerlegte Einlassung des Angeklagten allein kann nicht zur Grundlage einer für diesen ungünstigen Sachverhaltsfeststellung gemacht werden.

StPO § 261 – BGH Urt. v. 2. 10. 1996 – 2 StR 332/96 LG Köln (= StV 1997, 291 = NStZ 1997, 96)

Die Revision rügt die Verletzung sachlichen Rechts.

Sachverhalt: Wegen des Verdachts der Beteiligung an Betäubungsmittelgeschäften seines Sohnes (Kokainhandel) war richterlich die Durchsuchung der Wohnräume des Angeklagten angeordnet worden. Zur Vollstreckung der Durchsuchungsanordnung nahm ein Spezialeinsatzkommando der Polizei vor der Wohnung des Angeklagten Aufstellung, um die Wohnungstür aufzubrechen. Der Angeklagte bemerkte, daß sich jemand an der Tür zu schaffen machte. Er befürchtete, daß Feinde seines Sohnes eindringen und ihm etwas antun, ihn möglicherweise umbringen würden. Er rief: „Wer ist da?" und eilte von der Diele in den unmittelbar angrenzenden Wohnraum. Dort entnahm er einem Versteck eine Schußwaffe, um sich sodann erneut dem Eingangsbereich der Wohnung zuzuwenden. Die Polizeibeamten erkannten, daß ihr Einsatz bemerkt worden war. Sie riefen mehrfach laut „Polizei" und „Tür aufmachen". Letzteres verstand der Angeklagte. Daß er auch den Ausruf „Polizei" verstandesmäßig umgesetzt und deshalb erfaßt hätte, daß sich Polizei vor der Tür befand, konnte nicht mit Sicherheit festgestellt werden. Der Angeklagte war erregt. Er nahm die durch den Einsatz einer „Ramme" hervorgerufenen Stoßgeräusche wahr und sah, daß die Tür zu splittern begann. Um sich gegen die Eindringlinge zu verteidigen und um diesen zu demonstrieren, daß er sich zu verteidigen wisse, schoß er aus einer Entfernung von ca. 2–2,5 m auf die Wohnungstür. Die Kugel durchschlug das Türblatt und traf den Polizeibeamten B. in den Hals. Die Polizeibeamten schossen zurück. Der Angeklagte erkannte, daß er weitere Schüsse nicht würde abgeben können, ohne sein eigenes Leben zu gefährden. Seine Waffe war auch nicht mehr funktionstüchtig, da sich die nachfolgenden Patronen verklemmt hatten und der Verschluß offenstand. Er wandte sich zur Flucht, um durch ein Fenster seines Schlafzimmers über den Innenhof zu entkommen. Sein Fluchtvorhaben gab der Angeklagte jedoch auf, nachdem sich der im Innenhof postierte Zeuge K. als Polizeibeamter zu erkennen gegeben hatte. Der Angeklagte zog sich in das Wohnungsinnere zurück und versteckte die Schußwaffe, ehe es den eingesetzten Beamten gelang, die Wohnungstür zu öffnen und den Angeklagten festzunehmen. Die bei B. hervorgerufene Verletzung war nicht lebensbedrohlich. Der Angeklagte hielt es jedoch für möglich, durch den Schuß eine vor der Tür stehende Person tödlich zu verletzen, und nahm dies billigend in Kauf. Er wußte, daß seine Vorgehensweise zu seiner Verteidigung nicht erforderlich und ihm folglich verboten war.

Das Landgericht hat angenommen, der Angeklagte habe sich nicht in einem den Vorsatz ausschließenden Irrtum über die Erforderlichkeit seiner Verteidigungshandlung (§ 32, 16 Abs. 1 StGB) befunden. Zwar habe er bei Tatbegehung irrig das Bestehen einer Notwehrlage angenommen (Putativnotwehr). In der von ihm vorgestellten Notwehrsituation habe er jedoch nicht mehr tun dürfen als das zu seiner Verteidigung Erforderliche. Der Angeklagte sei aber selbst davon ausgegangen, daß die Abgabe eines Schusses in einen für die vermeintlichen Angreifer ungefährlichen Bereich (Decke) diese zum Abzug bewegen würde. Mit dem Schuß durch die Tür habe er daher auch nach seiner Vorstellung die Grenzen einer erforderlichen Verteidigung überschritten. – Das Rechtsmittel hatte Erfolg.

Gründe: ...

3. Der Schuldspruch hält rechtlicher Prüfung nicht stand. Die Verurteilung wegen vorsätzlicher Tatbegehung kann nicht bestehen bleiben, da sie auf rechtsfehlerhaft erlangten Feststellungen beruht.

Das Landgericht hat seine Überzeugung, der Angeklagte habe die Grenzen der nach der vermeintlichen Notwehrlage erforderlichen Verteidigung bewußt überschritten, ausschließlich auf die als widerlegt erachtete Einlassung des Angeklagten gestützt, er habe lediglich einen Warnschuß in den Bereich oberhalb der Tür abgeben wollen; hierbei sei er ausgerutscht und habe nach unten geschossen.

Dies ist rechtsfehlerhaft.

Eine widerlegte Einlassung kann allein nicht zur Grundlage einer dem Angeklagten ungünstigen Sachverhaltsfeststellung gemacht werden (vgl. BGHR StPO § 261 Aussageverhalten 5 [BGH Urt. v. 6. 2. 1987 – 2 StR 630/86; vgl. § 261 StPO erfolgreiche Rügen]; Beweiskraft 3; BGH, StV 1986, 369, 371 [BGH Beschl. v. 14. 5. 1986 – 2 StR 854/84; vgl. §§ 229, 338 Nr. 3 StPO erfolgreiche Rügen]; 1985, 356, 357 [BGH Urt. v. 13. 3. 1985 – 3 StR 15/85; vgl. § 261 StPO erfolgreiche Rügen]). Bei der Würdigung einer widerlegten Einlassung ist zu beachten, daß ein Angeklagter meinen kann, seine Lage durch falsche Angaben verbessern zu können. Deshalb lassen sie regelmäßig keine tragfähigen Schlüsse darauf zu, was sich wirklich ereignet hat. Die widerlegte Behauptung des Angeklagten, er habe einen Warnschuß in den oberen Bereich der Tür abgeben wollen, besagt nichts darüber, ob er einen solchen Schuß im Augenblick der Schußabgabe für ausreichend hielt, sondern belegt nur, daß er diese Einlassung nach der Tat für geeignet hielt, um sich gegen den Vorwurf des versuchten Totschlags erfolgreich zu verteidigen. Auf der fehlerhaften Beweiswürdigung kann das Urteil beruhen. ...

52. Äußerung des Beschuldigten, er müsse sich das, was er heute gehört habe, zunächst überlegen, bevor er sich dazu äußere kann nicht als Teilgeständnis gewertet werden.

StPO § 261 – BGH Beschl. v. 17. 7. 1996 – 3 StR 248/96 OLG Stuttgart (= StV 1997, 6)

Die Revision rügt die Verletzung sachlichen Rechts.

Sachverhalt: Das OLG hat den Angeklagten wegen geheimdienstlicher Agententätigkeit zu einer Freiheitsstrafe verurteilt, deren Vollstreckung es zur Bewährung ausgesetzt hat. Erstmals erfuhr der Angeklagte am 21. 9. 1994 bei der Hausdurchsuchung, daß er verdächtig sei, von 1973 bis 1993 über einen Instrukteur nachrichtendienstlichen Kontakt zum MfS gehabt und Informationen zu den Wintex/Cimex-Übungen geliefert zu haben. Bei der anschließenden staatsanwaltlichen Vernehmung verweigerte er Angaben zur Sache. Bei der Vernehmung durch den Ermittlungsrichter am nächsten Tag erklärte er:

„Das, was ich heute gehört habe, muß ich mir zunächst überlegen, bevor ich mich dazu äußere. Ich kann aber jetzt schon sagen, daß ich dazu beitragen möchte, die gegen mich erhobenen Vorwürfe zu klären und zu lösen. Die Vorwürfe sind aber so schwerwiegend, daß ich mir eine Äußerung zuvor überlegen muß."

Nachdem der Vertreter der Bundesanwaltschaft im Rahmen der Erörterung der Fluchtgefahr dargelegt hatte, daß der Angeklagte möglicherweise wegen Landesverrats im besonders schweren Fall (mindestens fünf Jahre Freiheitsstrafe) verurteilt werde, trat der Angeklagte der Fluchtgefahr entgegen und erklärte schließlich:

„Ich bin mir bewußt, daß ich zu den gewaltigen Tatvorwürfen etwas sagen muß. Sie stellen sich dann möglicherweise in einem anderen Licht dar, so daß nicht von der empfindlichen Freiheitsstrafe auszugehen ist, die von der Bundesanwaltschaft angeführt wird."

Mitentscheidend für die Überzeugungsbildung des OLG von der Täterschaft des Angeklagten sind diese beiden Äußerungen des Angeklagten alsbald nach seiner Verhaftung, die das OLG als „das Eingeständnis" wertet, daß sich der Angeklagte „im Zusammenhang mit an das MfS gelangten Wintex/Cimex-Unterlagen und im Zusammenhang mit Informationen zum fälschungssicheren Ausweis (gemeint ist Reisepaß) in strafrechtlich relevanter Weise schuldig gemacht hat". – Das Rechtsmittel hatte Erfolg.

Gründe: ... Die Wertung dieser beiden Äußerungen des Angeklagten als pauschales Eingeständnis der ihm im Urteil zur Last gelegten Handlungen hält rechtlicher Nachprüfung nicht stand.

Mit beiden Erklärungen hat sich der Angeklagte gerade nicht – auch nicht teilweise – zur Sache eingelassen, sondern von seinem Recht Gebrauch gemacht, zu den gegen ihn erhobenen Beschuldigungen zu schweigen (§ 136 Abs. 1 S. 2 StPO). Er hat zum Ausdruck gebracht, daß er sich nicht zur Sache einlassen werde, sondern zunächst überlegen müsse, bevor er sich zu den Vorwürfen äußere. Ein solches Verhalten ist das Recht eines Angeklagten und darf ihm nicht zum Nachteil gereichen, geschweige denn als Geständnis gewürdigt werden.

Der Angeklagte hat sich damit auch nicht teilweise zur Sache eingelassen. Völliges Schweigen bedeutet nicht das Unterlassen jeder Erklärung. Vielmehr kommt es darauf an, ob die Erklärung als nur teilweises Schweigen zu verstehen ist, ob also der Angeklagte durch seine Erklärung an der Aufklärung des Sachverhalts in einem oder in einigen Teilpunkten mitwirkt, dann aber andere Punkte nicht erwähnt, auf Fragen oder Vorhalte keine oder lückenhafte Antworten gibt. Der Angeklagte hat sich mit seinen Worten zu keinem Teilpunkt des vorgeworfenen Verhaltens geäußert, sich nicht teilweise, oder wie das OLG meint: „pauschal", eingelassen.

Entgegen der Auffassung des OLG mußte der Angeklagte „wäre er wirklich unschuldig", nicht sagen, er möchte beitragen die Vorwürfe „zu entkräften", statt „zu klären und zu lösen". Vielmehr verkennt das OLG die Situation eines Tags zuvor festgenommenen, mit schwerem Vorwurf konfrontierten Beschuldigten. Gerade die Bemerkung des OLG „wäre er wirklich unschuldig", begründet die Besorgnis, daß es das Schweigerecht verkennt (vgl. BGHR StPO § 261 Aussageverhalten 4 [BGH Beschl. v. 27. 1. 1987 – 1 StR 703/86; vgl. § 261 StPO erfolgreiche Rügen], 7 [BGH Beschl. v. 18. 12. 1987 – 2 StR 633/87; vgl. § 261 StPO erfolgreiche Rügen]). Auch der „wirklich Unschuldige" darf sich seine Einlassung überlegen und dies mit – vielleicht – ungeschickten, mißdeutbaren Worten zum Ausdruck bringen.

Die weitere Äußerung des Angeklagten nach „gewaltigen" (mit mindestens fünf Jahren Freiheitsstrafe bedrohten) „Tatvorwürfen" ist ebenfalls nicht als Teileinlassung oder gar als Eingeständnis geheimdienstlicher Agententätigkeit zu werten. Ein Angeklagter macht sich zwar zum Beweismittel, wenn er zu einem bestimmten Sachverhalt eines einheitlichen Geschehens Angaben zur Sache macht (BGHSt. 32, 140, 145 [BGH Urt. v. 26. 10. 1983 – 3 StR 251/83; vgl. § 261 StPO erfolgreiche Rügen]). Das hat der Angeklagte mit seiner Erklärung, daß sich die Vorwürfe, wenn er etwas sage, „dann möglicherweise in einem anderen Licht darstellen würden", aber nicht getan. Auch wenn man bei der Formulierung die psychische Belastung eines kurz zuvor festgenommenen Beschuldigten, die Situation durch die soeben erhobenen „gewaltigen Tatvorwürfe" und das Bestreben, eine Fluchtgefahr zu entkräften, nicht in Rechnung stellt, beinhaltet auch diese Äußerung das Aufschieben der Einlassung und das heutige Schweigen. Daran ändert nichts, daß der Angeklagte – zur Entkräftung der Fluchtgefahr – meint, es sei nicht von der von der Bundesanwaltschaft ins Auge gefaßten „empfindlichen Freiheitsstrafe" auszugehen. Das Fürmöglichhalten einer (nicht empfindlichen) Freiheitsstrafe bedeutet keine Teileinlassung zu einem bestimmten Tatvorwurf, jedenfalls dann nicht, wenn mehrere Straftaten in Betracht kommen (vgl. BGH a.a.O.). In einer solchen Situation befand sich der Angeklagte. Denn er wußte, daß nun, abgesehen von Dienstpflichtwidrigkeiten wie etwa der nicht genehmigten Gutachtertätigkeit und der möglichen Verletzung von Dienstgeheimnissen, Steuerhinterziehungen durch das jahrelange Nichtdeklarieren von Gutachtereinnahmen aufgedeckt worden waren.

Die Sache bedarf unter Berücksichtigung des Umstandes, daß das Schweigen des Angeklagten nicht als belastendes Indiz gewertet werden darf (BGHSt. 32, 140, 144), erneuter tatrichterlicher Prüfung.

53. Bei Zuziehung eines Sachverständigen muß das Gericht dessen Ausführungen in einer zusammenfassenden Darstellung unter Mitteilung der zugrundeliegenden Anknüpfungstatsachen und der daraus gezogenen Schlußfolgerungen wiedergeben.

StPO § 261 – BGH Beschl. v. 24. 4. 1996 – 3 StR 131/96 LG Kleve (= StV 1997, 63)

Die Revisionen rügen die Verletzung sachlichen Rechts.

Sachverhalt: Nach den getroffenen Feststellungen hat der Angeklagte S. die Zeugin H. ihrer Freiheit beraubt, indem er sie an einer Bushaltestelle nicht aus seinem Kfz aussteigen ließ und gegen ihren Willen zum Angeklagten A., einem pakistanischen Landsmann, verbrachte, der sie in seinem Zimmer eingesperrt und gegen ihren Willen zweimal mit ihr geschlechtlich verkehrt hat, um sie – zum Schutz vor einer Abschiebung – zur Heirat zu bewegen. Bei der Geschädigten handelt es sich um eine zur Tatzeit 20 Jahre alte, jedoch in der Persönlichkeitsentwicklung einem Mädchen in der zweiten Phase der Geschlechtsreife entsprechende, schlicht strukturierte, intellektuell minderbegabte Frau, die seit ihrer Kindheit an Epilepsie leidet. Sie ist Mutter von zwei Kindern verschiedener Väter und im Hinblick auf ihre Sexualpartner nicht wählerisch. Die Angeklagten haben sich dahin eingelassen, die Geschädigte habe selbst gewünscht, zur Wohnung des Angeklagten A. gefahren zu werden und habe dort freiwillig – wie schon Wochen zuvor – mit diesem verkehrt, hierzu sogar die Initiative ergriffen. Die Strafkammer stützt ihre Verurteilung im wesentlichen allein auf die Aussage der Geschädigten. – Das Rechtsmittel hatte Erfolg.

Gründe: Die Beweiswürdigung hält jedoch einer rechtlichen Nachprüfung nicht stand.

In einem Fall, in dem – wie hier – Aussage gegen Aussage steht und die Entscheidung des Gerichts allein davon abhängt, welcher Aussage es Glaubwürdigkeit beimißt, müssen die Urteilsgründe erkennen lassen, daß der Tatrichter alle Umstände, die die Entscheidung zu beeinflussen geeignet sind, erkannt und in seine Überlegungen einbezogen hat (BGHR StPO § 261 Beweiswürdigung 1 [BGH Beschl. v. 22. 4. 1987 – 3 StR 141/87; vgl. § 261 StPO erfolgreiche Rügen]). Hält der Tatrichter aufgrund besonderer Umstände in der Persönlichkeit der Belastungszeugin die Zuziehung eines Sachverständigen für erforderlich, so hat er dessen Ausführungen in einer (wenn auch nur gedrängten) zusammenfassenden Darstellung unter Mitteilung der zugrundeliegenden Anknüpfungstatsachen und der daraus gezogenen Schlußfolgerungen wiederzugeben, um dem Revisionsgericht die gebotene Nachprüfung zu ermöglichen (BGH StV 1994, 359 [BGH Beschl. v. 26. 1. 1994 – 3 StR 629/93; vgl. § 267 StPO erfolgreiche Rügen]). Dem werden die Urteilsgründe nicht gerecht. Ihnen ist weder zu entnehmen, welcher Fachrichtung die hinzugezogene Sachverständige angehört (Psychologie oder Psychiatrie) und welchen Auftrag sie erhalten hat. Eine zusammenfassende Darstellung der Begutachtung fehlt ebenso, wie die Mitteilung der wesentlichen Anknüpfungstatsachen; die Urteilsgründe beschränken sich vielmehr auf die bruchstückhafte Wiedergabe einiger weniger Aussagen der Sachverständigen, soweit ihnen gefolgt wird. So wird in einem für die Beurteilung der Glaubwürdigkeit zentralen Punkt zwar mitgeteilt, daß die Zeugin nach dem Bericht der Sachverständigen „ansonsten" dazu neigt, ihr eigenes, von anderen mißbilligtes Verhalten dadurch abzuschwächen, daß sie darauf ausweicht, man habe sie „dazu gezwungen" doch fehlt es an einer Darlegung, auf welche Vorfälle sich diese Aussage bezieht und inwieweit sich deren Begleitumstände vom Urteilssachverhalt unterscheiden.

54. Auch bei Serienstraftaten muß der Richter von einer jeden einzelnen individuellen Straftat überzeugt sein.

StPO § 261 – BGH Beschl. v. 27. 3. 1996 – 3 StR 518/95 LG Wuppertal (= BGHSt. 42, 107 = StV 1996, 363 = NStZ 1996, 349)

Das Revisionsvorbringen ist nicht bekannt.

Erfolgreiche Rügen Nr. 54 § 261 StPO

Sachverhalt: Nach der (näher beschriebenen) Vergewaltigung auf der Couch im Wohnzimmer (Fall II 5 der Urteilsgründe) „verkehrte der Angeklagte in einer Vielzahl von Fällen, mindestens 70mal, in dem angeklagten Tatzeitraum mit seiner Tochter A. geschlechtlich im Wohnzimmer auf der Couch. ... Anfangs versuchte die Geschädigte noch, den Angeklagten abzuwehren, was ihr nicht gelang, oder zu schreien, was der Angeklagte durch einen Schlag mit der flachen Hand in ihr Gesicht oder einen Schlag mit der Faust gegen die Schulter unterband, und was sie dann aus Furcht vor weiteren Schlägen unterließ. Als A. 16 oder 17 Jahre alt war, gab sie wegen der bisher erlittenen Zwecklosigkeit jeden Widerstand auf und ließ die Handlungen des Angeklagten willenlos über sich ergehen, ohne etwas dabei zu empfinden außer Schmerzen. Entsprechend unbeteiligt und resigniert verhielt sie sich auch, so daß der Angeklagte erkannte, daß ihr Verhalten nicht etwa auf ihrem Einverständnis mit seinem Tun beruhte, sondern auf dem fortwirkenden Einfluß der früheren Gewaltanwendung". – Das Rechtsmittel hatte Erfolg.

Gründe: Die Verurteilungen in diesen 70 Fällen sind wegen unzureichender Konkretisierung der Gewaltanwendung und fehlerhafter Ermittlung der Tatfrequenz aufzuheben. Der Bundesgerichtshof hat wiederholt darauf hingewiesen, daß eine Verurteilung nicht auf unbestimmte Feststellungen gestützt werden darf. Je weniger konkrete Tatsachen über den Schuldvorwurf bekannt sind, um so fraglicher kann es sein, ob der Richter von der Tatbestandsverwirklichung durch den Angeklagten überhaupt überzeugt sein kann (BGH NStZ 1995, 204 [BGH Beschl. v. 5. 10. 1994 – 2 StR 411/94; vgl. § 261 StPO erfolgreiche Rügen]).

Diese Sachdarstellung und die Beweiswürdigung dazu enthalten zum gewaltsamen Vorgehen des Angeklagten im wesentlichen lediglich allgemeine Feststellungen. Das Tatbestandsmerkmal der Gewalt oder der Drohung mit gegenwärtiger Gefahr für Leib oder Leben des § 177 StGB ist nicht hinreichend individualisiert. Hinzu kommt, daß die Schätzung einer Mindestzahl gleichartiger Fälle, die letztlich allein auf Angaben über die (durchschnittliche) Häufigkeit der Tatbegehung gestützt ist und sachlich lediglich mathematische Hochrechnungen bedeutet („samstags" im Tatzeitraum abzüglich ausfallender Samstage), zur Feststellung einer Vielzahl rechtlich selbständiger Einzeltaten nicht unbedenklich ist (vgl. BGHR StGB § 176 I Mindestfeststellungen 1; BGH Beschl. v. 20. 7. 1995 – 4 StR 363/95). Die Schätzung des Landgerichts ist trotz der zusammenhängenden Zeiträume mit möglicherweise täglichen Taten nicht nachvollziehbar. Im Tatzeitraum gab es 145 Samstage, unter dem Aspekt der Periode der Geschädigten verblieben nach Berechnung des Landgerichts 108. Hiervon sind 37 (39 – 2) wegen Anwesenheit der Mutter abzuziehen und 44 wegen Abwesenheit des Angeklagten, so daß es sich danach um 27 Tattage handelte. Auch wenn die Abzugstage „teilweise identisch" sein mögen, wird das Ergebnis von 70 Tattagen von der Schätzung nicht getragen. Das wird dadurch verstärkt, daß die Tage, an denen A. sich dem Angeklagten entziehen konnte, nicht berücksichtigt worden sind.

Auch das Tatbild und der Schuldumfang werden nur unzureichend dargelegt. Das Landgericht vermochte nur festzustellen, wie sich die Taten „in der Regel" abspielten. Hinzu kommt, daß es nicht ohne weiteres plausibel erscheint, der Angeklagte habe A. jedesmal an den Beinen aus dem Bett gezogen.

Der Senat ist sich der Feststellungsschwierigkeiten bei Serienstraftaten über einen langen Zeitraum zum Nachteil von Kindern und Schutzbefohlenen bewußt. Dennoch dürfen die Unschuldsvermutung und die Verteidigungsrechte des bestreitenden Angeklagten (vgl. BGH NStZ 1994, 352, 353 [BGH Beschl. v. 25. 3. 1994 – 3 StR 18/94; vgl. § 267 StPO erfolgreiche Rügen]), ferner die unterschiedlichen tatbestandlichen Anforderungen der in Betracht kommenden gesetzlichen Vorschriften und schließlich das Alter eines Geschädigten auch im Hinblick auf seine Aussagefähigkeit nicht außer acht gelassen werden.

Entscheidend ist, daß nicht eine – möglicherweise auf nicht ganz sicherer Grundlage hochgerechnete – Gesamtzahl von Straftaten festgestellt wird, sondern daß der Richter von einer jeden einzelnen individuellen Straftat überzeugt ist (§ 261 StPO). Im Hinblick auf die Probleme der Stoffülle und der Beweisschwierigkeiten bei vielen sexuellen Übergriffen auf ein allein als Beweismittel zur Verfügung stehendes Kind dürfen an die Individualisierbarkeit der einzelnen Taten im Urteil allerdings keine übersteigerten Anforderungen gestellt werden (BGH NStZ 1994, 502 [BGH Beschl. v. 10. 5. 1994 – 5 StR 239/94; vgl. § 267 StPO erfolglose Rügen]). Eine Individualisierung der einzelnen Straftaten nach genauer Tatzeit und exaktem Geschehensablauf ist vielfach nicht möglich (BGH NStZ 1995, 245 [BGH Beschl. v. 29. 11. 1994 – 4 StR 648/94; vgl. § 200 StPO erfolgreiche Rügen]). Der Tatrichter muß sich aber „unter tunlicher Konkretisierung der einzelnen Handlungsabläufe" (BGH NStZ 1995, 78[1]), wie bei jeder anderen Verurteilung auch, die Überzeugung verschaffen, daß es in gewissen Zeiträumen zu einer bestimmten Mindestzahl von Straftaten gekommen ist. Erforderlich sind möglichst genaue Feststellungen zum Zeitraum, in dem – durchaus auch ohne genauere zeitliche Festlegung innerhalb der Eckdaten – die sexuellen Mißbrauchshandlungen stattfanden, zu dem oder den Tatorten und zum Schuldumfang. Hinsichtlich der Anzahl der Taten mag die Feststellung der Modalitäten ihrer Durchführung, der Besonderheiten des Randgeschehens, der Komplikationen, der Zahl der Tatbeteiligten oder der Empfindungen des Kindes eine wertvolle Hilfe sein. Voraussetzung ist dies für Verurteilungen wegen sexuellen Mißbrauchs eines Kindes nicht, bei denen es letztlich (neben der Feststellung des Opfers) nach dem Tatbestand nur auf die Feststellung der – sich häufig gleichförmig wiederholenden – sexuellen Handlungen ankommt. Notwendig ist allerdings die Feststellung einer „Mindestzahl ihrer Begehung nach konkretisierter Einzeltaten innerhalb eines bestimmten Zeitraumes (innerhalb einer bestimmten Woche, eines bestimmten Monats)" (BGHSt. 40, 138, 160[2]).

Bei Verurteilungen nicht gemäß § 176 StGB, sondern wegen sexuellen Mißbrauchs von Schutzbefohlenen, also Geschädigten, die älter als 14 Jahre sind, wird man im allgemeinen an die Konkretisierung einzelner Handlungsabläufe größere Anforderungen stellen können als bei Kindern. Das Opfer sollte sich bei seinen Bekundungen als Zeuge bewußt sein, daß es von einzelnen begangenen Straftaten berichtet, und daß der Angeklagte bei entsprechender Überzeugung des Gerichts wegen jeder Tat verurteilt wird. Dabei ist zu bedenken, daß sich bei längeren Zeiträumen die Erinnerung an Frequenzen („einmal pro Woche") verwischt haben kann und, wie die vom Landgericht gehörte Psychologin ausgeführt hat, die Frequenzen vom Tatopfer überschätzt werden können (vgl. Arntzen, Psychologie der Zeugenaussage 3. Aufl. München 1993 S. 60). Das Landgericht hat dies erkannt und dargelegt: „Nachvollziehbar ist, daß die Zeugin Schwierigkeiten begründete, Erinnerungen an anschließend immer wiederkehrende ähnliche Vorfälle abzugrenzen und genau zahlenmäßig zu erfassen". Daß die Zeugin besondere Fälle des Gewalteinsatzes (Fälle II 1 bis 5 sowie 77 der Urteilsgründe) präzise schildern konnte, erlaubt es aber nicht, ein solches Vorgehen bei allen Taten anzunehmen.

Das Verbrechen der Vergewaltigung ist durch besondere tatbestandliche Voraussetzungen gekennzeichnet, die auch bei Serienstraftaten wegen der erfahrungsgemäß nicht gleichen Handlungsabläufe beim Einsatz des Nötigungsmittels genauer Feststellung bedürfen [wird ausgeführt ...].

---

1 „Die Feststellung der einzelnen Taten kann im Grundsatz dergestalt geschehen, daß sich das Landgericht, unter tunlicher Konkretisierung der einzelnen Handlungsabläufe, die Überzeugung verschafft, es sei in gewissen Zeiträumen zu einer Mindestzahl solcher Handlungen gekommen." (BHG Beschl. v. 24. 8. 1994 – 1 StR 432/94).

2 „Dies kann auch bei rechtlich selbständigen Serientaten in der Weise geschehen, daß eine Mindestzahl ihrer Begehung nach konkretisierter Einzeltaten innerhalb eines bestimmten Zeitraums (innerhalb einer bestimmten Woche, eines bestimmten Monats) zugrunde gelegt wird. Daß der Täter in dieser Zeitspanne möglicherweise weitere gleichartige Einzeltaten begangen hat und daß der Tatzeitpunkt innerhalb eines zeitlichen Rahmens nicht genau zu bestimmen ist, zwingt nicht dazu, ihn insgesamt freizusprechen." (BGH Beschl. v. 3. 5. 1994 – GSSt 2 u. 3/93).

55. Die Glaubwürdigkeit eines Zeugen kann nicht mit der Glaubhaftigkeit seiner eigenen Bekundungen begründet werden.

StPO § 261 – BGH Beschl. v. 5. 3. 1996 – 4 StR 54/96 LG Bochum (= StV 1996, 366)

Die Revision rügt die Verletzung sachlichen Rechts.

Sachverhalt: Das Landgericht hat den Angeklagten – unter Freisprechung im übrigen – wegen sexuellen Mißbrauchs von Kindern in Tateinheit mit sexuellem Mißbrauch von Schutzbefohlenen in vier Fällen zu einer Gesamtfreiheitsstrafe verurteilt.

Nach den Urteilsfeststellungen hat der Angeklagte seinen am 10. 9. 1983 geborenen leiblichen Sohn Florian an vier nicht näher bestimmten Tagen im Zeitraum von Januar 1988 bis November 1989 sexuell mißbraucht, indem er an dem Penis des Jungen rieb und das Kind zugleich dazu veranlaßte, an seinem Penis zu reiben, wobei es in zwei Fällen zum Samenerguß kam.

Die Feststellungen zum Tatgeschehen beruhen im wesentlichen auf der Aussage des 11-jährigen Zeugen Florian K., der in dem von der Anklage bezeichneten Tatzeitraum zwischen vier und sechs Jahre alt gewesen ist. Der Angeklagte hat die ihm zur Last gelegten Taten bestritten und erklärt, die belastende Aussage seines Sohnes „sei unwahr und wahrscheinlich auf ein Komplott seiner geschiedenen Frau und seiner ehemaligen Schwiegermutter zurückzuführen".

Das Landgericht begründet seine Ansicht, die Angaben des Kindes und nicht die Einlassung des Angeklagten seien zutreffend, wie folgt:

„Nach den Bekundungen der vernommenen Zeugen besteht zunächst kein vernünftiger Zweifel daran, daß Florian K. sich aus eigenem Entschluß seiner Großmutter anvertraut hat und demnach denknotwendig nicht von dieser oder seiner Mutter zu einer entsprechenden Falschaussage angestiftet oder inspiriert worden ist. Die dem zugrundeliegende logische Verknüpfung folgt daraus, daß Florian sich im Fall einer etwaigen Anstiftung zur Falschbeschuldigung nicht seiner Großmutter anvertraut haben kann, und umgekehrt, d.h. falls er sich anvertraut hat, nicht von seiner Mutter und Großmutter angestiftet bzw. inspiriert worden sein kann. Denn anderenfalls müßte er der Großmutter und dann auch seiner Mutter ein von ihm bislang als Geheimnis behandeltes Ereignis berichtet haben, das ihm gerade von diesen Personen eingeredet worden war. Diese Möglichkeit aber ist denknotwendig auszuschließen. Daraus wiederum folgt, daß Florian im Fall einer Anstiftung zur Falschbeschuldigung nicht nur wahrheitswidrig von sexuellen Übergriffen des Angeklagten berichtet hätte, sondern darüber hinaus – wie im übrigen auch seine Mutter und Großmutter – insoweit gelogen haben müßte, als er von dem vertraulichen Gespräch mit seiner Großmutter berichtete." – Das Rechtsmittel hatte Erfolg.

Gründe: ... Die Verurteilung hat keinen Bestand, da die Beweiswürdigung rechtlicher Nachprüfung nicht standhält.

b) Diese Darlegungen begründen die Gefahr, daß das Landgericht einem Zirkelschluß erlegen ist; denn es meint, „zwingende", „logische", „denknotwendige" Schlüsse zu ziehen, begründet in Wahrheit aber nur die Glaubwürdigkeit des kindlichen Zeugen mit der Glaubhaftigkeit seiner eigenen Bekundungen. Damit leidet die Beweiswürdigung an einem durchgreifenden Mangel.

c) Der Senat kann nicht ausschließen, daß die Beweiswürdigung entscheidend auf diesem Mangel beruht. Dazu kommt noch, daß die Entstehungsgeschichte der Beschuldigung Bedenken gegen die Wahrheit der Angaben der Mutter und der Großmutter des Kindes erweckt. Der Entstehungsgeschichte kommt gerade vor dem Hintergrund personensorgerechtlicher Auseinandersetzungen zwischen den Kindeseltern besondere Bedeutung zu (vgl. BGH StV 1994, 227 [BGH Beschl. v. 17. 2. 1994 – 1 StR 723/93; vgl. § 244 II StPO erfolgreiche Rügen]; BGHR StPO § 261 Beweiswürdigung, widersprüchliche 4). Aus den Urteilsgründen ergibt sich, daß der Streit um das Sorgerecht von der Kindesmutter, der Zeugin K., auch nach der Ehescheidung noch mit großer Entschlossenheit geführt wurde. So erstattete diese Ende März 1993 Anzeige gegen den Angeklagten mit der Behauptung, er habe im Oktober 1980 ein damals 16-jähriges Mädchen vergewaltigt; dabei gab sie als Grund für die späte Anzeigeerstattung an, sie wolle eine Übertragung des Sorgerechts für die gemeinsamen Kinder auf ihren geschiedenen Ehemann verhindern. Ende Juni 1993 berichtete sie der Strafverfolgungsbehörde dann schließlich, der Angeklagte habe ihre im Januar 1988 geborene Tochter Esther und ihren Sohn Florian sexuell mißbraucht; ersteres vermute sie seit Ostern 1991, letzteres habe sie im März 1993 erfahren. Dazu hat die Großmutter der Kinder, die Zeugin G., bekundet, Florian habe sich Anfang März 1993 zunächst ihr und dann seiner Mutter anvertraut. Den Urteilsgründen kann entnommen werden, daß diese Zeugin gegen den Angeklagten eingestellt ist, zumal sie ihn schon frühzeitig gegenüber Dritten des Mißbrauchs seiner Tochter Esther beschuldigt hat.

56. Beruft sich ein Zeuge auf Angaben eines Gewährsmannes, dessen Identität dem Gericht nicht bekannt ist, dürfen solche Angaben regelmäßig nur dann herangezogen werden, wenn sie durch andere wichtige Beweisanzeichen bestätigt werden.

StPO § 261 – BGH Urt. v. 12. 1. 1996 – 5 StR 756/94 LG Hamburg (= BGHSt. 42, 15 = NJW 1996, 1547 = StV 1996, 412 f. = NStZ 1996, 291)

Die Revision rügt die Verletzung materiellen Rechts.

Sachverhalt: Das Schwurgericht hat jeden der drei Angeklagten L., S. und G. wegen heimtückisch begangenen Mordes zu einer lebenslangen Freiheitsstrafe verurteilt.

Die Überzeugung, daß der Angeklagte L. Mittäter (§ 25 Abs. 2 StGB) des heimtückischen Mordes an Be. gewesen ist, stützt der Tatrichter auch darauf, daß L. den „eigentlichen Auftraggebern gegenüber die Durchführung der Tat übernommen" hatte. Damit wird auf die Feststellung Bezug genommen, daß der Angeklagte sich angeboten oder den Auftrag erhalten habe, in Sizilien Leute zu beschaffen, die Be. beseitigen sollten, und für die Durchführung der Tat in Hamburg zu sorgen. Diese Feststellung wird ausschließlich auf die Zeugenaussage des Polizeibeamten Fi. gestützt. Der Zeuge Fi. hat ausgesagt, er habe von einem V-Mann erfahren, L. besitze in der Spieler-Szene eine gewisse Machtposition und habe seinen Geschäftspartnern und Freunden F. und O. angeboten, Probleme zu beseitigen, da er sehr gute Beziehungen nach Sizilien unterhalte; für die „Ausführung" habe L. Geld von F. und O. erhalten. Der V-Mann ist in der Hauptverhandlung nicht gehört worden. Die Urteilsgründe besagen nichts über seine Persönlichkeit, seine Beziehungen zu den Beteiligten und darüber, wann, von wem und auf welche Weise er die Information erhalten hat, die er dem Zeugen Fi. weitergab. Eine ausreichende Bestätigung der Information durch andere Beweisanzeichen wird in den Urteilsgründen nicht genannt. – Das Rechtsmittel hatte Erfolg.

Gründe:

a) Diese Beweiswürdigung genügt nicht den rechtlichen Anforderungen, die bei der Beurteilung der Aussage eines Zeugen vom Hörensagen gestellt werden müssen. Beruft sich ein solcher Zeuge auf Angaben eines Gewährsmannes, dessen Identität dem Gericht nicht bekannt ist, so dürfen solche Angaben regelmäßig nur dann herangezogen werden, wenn sie durch andere wichtige Beweisanzeichen bestätigt werden (BGHSt. 17, 382, 385 f. [BGH Urt. v. 1. 8. 1962 – 3 StR 28/62; vgl. § 261 StPO erfolglose Rügen]; 33, 83, 88 [BGH Urt. v. 5. 12. 1984 – 2 StR 526/84; vgl. § 251 StPO erfolgreiche Rügen]; 33, 178, 181 [BGH Urt. v. 16. 4. 1985 – 5 StR 718/84; vgl. §§ 96, 261 StPO erfolglose Rügen]; 36, 159, 166 [BGH Urt. v. 31. 3. 1989 – 2 StR 706/88; vgl. § 244 II StPO erfolgreiche Rügen]; 39, 141, 145 f. [BGH Urt. v. 10. 2. 1993 – 5 StR 550/92; vgl. § 244 III S. 1 StPO erfolgreiche Rügen]; BGHR StPO § 261 Zeuge 13, 15, 17; § 250 Satz 1 Unmittelbarkeit 3; BGH Beschl. v. 31. 10. 1995 –

5 StR 479/95; vgl. auch BVerfG – Kammer – NStZ 1995, 600). An einer solchen Bestätigung fehlt es für die Angaben des von dem Zeugen Fi. genannten V-Mannes.

b) Unter diesen Umständen gilt das Folgende: Zwar gibt es unabhängig von der Aussage des Zeugen Fi. hinreichend tragfähige Gründe für die Annahme, daß der Angeklagte L. die Mitangeklagten zu ihrer Reise nach Hamburg veranlaßt, aus Frankfurt am Main abgeholt, in seinem Hause untergebracht und am frühen Morgen von seinem Hause abholen lassen hat. Tragfähig ist die Beweiswürdigung – ohne Rücksicht auf die Angaben des Zeugen Fi. – des weiteren, soweit sich der Tatrichter aufgrund der Aussagen der Zeugen A. Be. (Neffe des Tatopfers) und Ar. davon überzeugt hat, daß der Angeklagte L. eine führende Rolle in der Spieler-Szene einnahm und daß Be. im Zusammenhang mit Spielschulden einen anderen Spieler erheblich verletzt hatte. Nach der Gesamtheit der unabhängig von der Aussage des Zeugen Fi. festgestellten äußeren Umstände, insbesondere zum Tatablauf sowie zu der Beziehung des Angeklagten L. zum unmittelbaren Vor- und Nachtatgeschehen, ergibt sich, daß der Angeklagte L. schon vor der Ermordung des Be. gewußt hat, daß die beiden Mitangeklagten in der Tatnacht eine solche Tat, einen Heimtückemord, vorhatten; der Senat schließt aus, daß der Tatrichter ohne die Angaben des von dem Zeugen Fi. genannten V-Mannes an dieser Kenntnis des Angeklagten L. gezweifelt hätte.

Dagegen hat der Tatrichter seine Annahme, daß der Angeklagte L. gegenüber den „eigentlichen Auftraggebern" aus der Spieler-Szene die Durchführung der Tat „übernommen hatte", nur mit der unbestätigten, von dem Zeugen Fi. übermittelten Information eines V-Mannes, mithin nach den dargelegten Rechtsgrundsätzen nicht hinreichend belegt. Da der Tatrichter die Mittäterschaft des Angeklagten L. auf diese Annahme gestützt hat, kann die Verurteilung des Angeklagten L. wegen gemeinschaftlich begangenen Mordes nicht bestehen bleiben. Der Senat hatte deshalb den Schuldspruch gegen den Angeklagten L. aufzuheben. Er kann nicht ausschließen, daß sich der neue Tatrichter, möglicherweise nach einer Zeugenvernehmung des V-Mannes oder auch aufgrund weiterer Beweismittel, von einer Mittäterschaft des Angeklagten L. überzeugen wird. Deswegen hat er sich nicht darauf beschränkt, den Schuldspruch in dem Sinne zu ändern, daß der Angeklagte L. der Beihilfe zum Mord schuldig sei, was angesichts der rechtsfehlerfrei festgestellten Tatsachen, wie sie vom Senat aufrecht erhalten worden sind, möglich gewesen wäre.

57. Gericht muß eine Gesamtwürdigung der Faserspurenkombination im Hinblick darauf vornehmen, ob eine solche Kombination ein „charakteristisches Faserbild" darstellt und dabei die Zahl der Fasern und insbesondere etwa vorhandene Überkreuzungsspuren berücksichtigen.

StPO § 261 – BGH Urt. v. 28. 11. 1995 – 5 StR 459/95 LG Berlin (= StV 1996, 251)

Die Revision rügt die Verletzung sachlichen Rechts.

Der Sachverhalt ergibt sich aus den Gründen. – Das Rechtsmittel hatte Erfolg.

Gründe: ...

3. Bei der Bewertung des Ergebnisses des textilkundlichen Gutachtens fehlt eine hinreichende Gesamtwürdigung.

a) Der Beweiswert der einzelnen Faserspuren und des tatspezifischen Faserspurenbildes hängt davon ab, wie wahrscheinlich es ist, daß ein nachgewiesenes Faserspurenbild unabhängig von der Straftat zufällig und zu einem beliebigen Zeitpunkt auf einem beliebigen Textil oder an einer anderen Stelle gefunden wird. Bei der Ermittlung des Verbreitungsgrades wird auch auf die Randbedingungen des jeweiligen Einzelfalls zu achten sein. Allerdings gibt es derzeit noch keine statistisch verläßlichen Aussagen über den Verbreitungsgrad von Fasern, so daß sich die Merkmalswahrscheinlichkeit nicht – wie etwa bei der DNA-Analyse (vgl. BGHSt. 38, 320 [BGH Urt. v. 12. 8. 1992 – 5 StR 239/92; vgl. § 261

StPO erfolgreiche Rügen]; BGH NStZ 1994, 554 [BGH Urt. v. 27. 7. 1994 – 3 StR 225/94; vgl. § 261 StPO erfolglose Rügen]) – quantifizieren läßt. Das entbindet den Tatrichter aber nicht von der Aufgabe, Erwägungen darüber anzustellen, ob ein tatspezifisches Spurenbild, wie es hier beim Angeklagten vorgefunden wurde, von einer solchen Besonderheit ist, daß sein Vorkommen im Lebensbereich eines Unschuldigen auf einem ganz fernliegenden Zufall beruhen müßte (vgl. BGH StV 1994, 114 [BGH Beschl. v. 22. 10. 1993 – 2 StR 459/93; vgl. § 261 StPO erfolgreiche Rügen], 1993, 340 [BGH Urt. v. 4. 3. 1993 – 2 StR 503/92; vgl. §§ 244 IV, 245 StPO erfolglose Rügen]).

b) Bei der Beurteilung des Beweiswerts von Faserspuren hat der Tatrichter insbesondere die Zuordnung der Tatortspuren zu den Vergleichsspuren in einer dem Stand der Wissenschaft entsprechenden Weise zu erörtern und muß das Ergebnis seiner Bewertung in einer für das Revisionsgericht nachprüfbaren Form im Urteil darstellen. Dazu hat der BGH (BGH StV 1994, 114, 1993, 340) folgende Kriterien aufgestellt:

aa) Bei der Untersuchung auf Material- und Einfärbungsidentität der Fasern ist zu erörtern und darzustellen, ob diese sich mit den angewendeten Untersuchungsmethoden lediglich nicht unterscheiden lassen (Gruppenidentität) oder ob sie aus dem gleichen, möglicherweise sogar – worauf besonders zu achten ist – demselben Herstellungsprozeß stammen.

bb) Darüber hinaus ist zu prüfen, ob Tatort- und Vergleichsspuren zusätzlich besondere Merkmale, etwa eine Verschmutzung, aufweisen, die eine weitere individuelle Zuordnung ermöglichen.

cc) Schließlich hat der Tatrichter eine Gesamtwürdigung der Faserspurenkombination im Hinblick darauf vorzunehmen, ob eine solche Kombination ein „charakteristisches Faserbild" darstellt. Dabei kommt es auch auf die Zahl der Fasern und insbes. auf etwa vorhandene Überkreuzungsspuren an.

c) Diesen Anforderungen wird das angefochtene Urteil, namentlich was die Gesamtwürdigung des charakteristischen Faserbildes angeht, nicht in vollem Umfang gerecht. Das Landgericht setzt sich zunächst – zu Recht – mit dem Beweiswert der je einzelnen Fasern auseinander. Im Urteil fehlt indes eine einheitliche Bewertung der Faserkombination als Gesamtwürdigung. Möglicherweise hat das Landgericht geglaubt, eine solche deshalb nicht vornehmen zu müssen, weil bei allen Fasern – ausgenommen die schwarzbraunen Baumwollfasern – „Zweifel an der Identität überwiegen". Dies wäre indessen falsch, weil auch Fasern, die keine unmittelbare individuelle Zuordnung ermöglichen, nach den oben dargestellten Grundsätzen einen belastenden Beweiswert haben können und, wenn es sich so verhält, bei der Gesamtwürdigung berücksichtigt werden müssen.

Zwar ist das Argument des Landgerichts zutreffend, die Faserspuren könnten allenfalls beweisen, daß sich die spurenverursachenden Kleidungsstücke im Lebensbereich des Angeklagten befunden haben, und es müsse der weitere Schluß hinzukommen, daß der Angeklagte diese Kleidungsstücke auch zur Tatzeit getragen habe. Eine solche Schlußfolgerung hat das Landgericht aber nur im Hinblick auf die von ihm allein für beweiserheblich gehaltenen schwarzbraunen Fasern erörtert, ohne die anderen Fasern, insbes. die in der P.straße sichergestellten, in diese Erwägungen mit einzubeziehen.

4. Der Senat hat angesichts der verhältnismäßig geringen Zahl belastender Indizien erwogen, ob das Urteil auf den Beweiswürdigungsmängeln beruhen kann. Es vermag dies indes nicht auszuschließen. Der neue Tatrichter wird die Beweise neu und umfassend zu werten haben.

Erfolgreiche Rügen   Nr. 58 § 261 StPO

58. Fehlerhafte Beweiswürdigung bei widersprüchlichen Angaben einer Zeugin.
StPO § 261 – BGH Urt. v. 15. 11. 1995 – 2 StR 347/95 LG Trier (= StV 1996, 132)
Die Revision rügt die Verletzung sachlichen Rechts.

Sachverhalt: Nach den Feststellungen hat der Angeklagte die damals 13 Jahre alte Sabrina P. an Geschlechtsteil und Brüste gefaßt. Der Angeklagte hat dies und andere Formen sexuellen Mißbrauchs bestritten.

Das Landgericht hat die Verurteilung des Angeklagten auf die Aussage der Zeugin Sabrina P. in der Hauptverhandlung und das Gutachten des Sachverständigen Dr. H. gestützt, der die Angabe der Zeugin in der Hauptverhandlung als glaubwürdig bezeichnet hat.

Zweifel an der Glaubwürdigkeit der Zeugin waren deshalb aufgetaucht, weil diese im Laufe des Verfahrens unterschiedliche Angaben gemacht hat. Die Eltern der Zeugin sind geschieden. Sie lebte zunächst bei ihrer Mutter E.-M. P., zog aber dann zu ihrem Vater und ihrer Stiefmutter, zu deren Bekanntenkreis auch der Angeklagte und seine Ehefrau zählten. Mit dem Sohn des Angeklagten verband Sabrina P. eine „intime Freundschaft", die dieser auf Verlangen seiner Eltern beendete. Bevor Sabrina R. endgültig zu ihrer Mutter zurückkehrte, beschwerte sie sich bei dieser über den Angeklagten und behauptete, der Angeklagte habe sie „unsittlich angefaßt", „wolle mit ihr Geschlechtsverkehr" und „habe sie am Busen angefaßt, in eine Ecke gedrängt und bedroht."

Bei einer polizeilichen Vernehmung am 12. 8. 1993 gab Sabrina P. an, ihr Onkel (der Bruder ihrer Mutter) habe sie bereits früher drei- bis viermal am Busen und zwischen den Beinen angefaßt. Später habe sie der Angeklagte zwischen den Beinen und an der Brust berührt.

Am 19. 8. 1993 widerrief Sabrina P. ihre Aussage vom 12. 8. und behauptete, ihre Mutter habe sie unter Druck gesetzt. Ende August erzählte Sabrina P. ihrer Mutter, der Angeklagte habe sie vergewaltigt.

Bei einer Anhörung im Sorgerechtsverfahren am 1. 9. 1993 erklärte die Zeugin Sabrina P., sie wolle auf keinen Fall zu ihrem Vater zurück, vor allem deswegen nicht, weil der Angeklagte sie vergewaltigt habe. Ihren Onkel (den Bruder der Mutter) habe sie nur deswegen zu Unrecht beschuldigt, weil Vater und Stiefmutter sie erpreßt hätten.

Bei einer Vernehmung durch den Ermittlungsrichter am 12. 10. 1993 berichtete die Zeugin wiederum von einer „Vergewaltigung" durch den Angeklagten.

In der Hauptverhandlung hat Sabrina P. dem Angeklagten lediglich den vom Landgericht festgestellten Sachverhalt angelastet und erklärt, „dies sei alles gewesen, was der Angeklagte getan habe."

Der Sachverständige führt das Aussageverhalten der Zeugin in der Hauptverhandlung auf „einen Impuls der Wahrheit" zurück. Bei den Schilderungen handele es sich um eine Minimalaussage in dem Sinne, daß diese Angaben mit sehr großer Wahrscheinlichkeit glaubhaft seien. Sie seien mit großer Erlebnisnähe und einem hohen Detaillierungsgrad verbunden. Diese Kriterien weise die früher geschilderte eigentliche Vergewaltigung nicht auf.

Das Landgericht wertete das Gutachten des Sachverständigen als überzeugend und nachvollziehbar. – Das Rechtsmittel hatte Erfolg.

Gründe: Die Verteidigung rügt mit Recht, daß diese Wertung offenkundige Mängel des Gutachtens nicht berücksichtigt.

Das ergibt sich bereits augenfällig bei einer Betrachtung der Angaben, die die Zeugin am 1. 9. 1993 bei dem Familienrichter und am 12. 10. 1993 beim Ermittlungsrichter gemacht hat. Das Landgericht hat diese Aussagen im Urteil wiedergegeben.

Hiernach hat die Zeugin den Vorfall beim Familiengericht wie folgt geschildert:

Sie habe sich bei der Familie des Angeklagten aufgehalten, als Tanja und Wolfgang ihre Zimmer aufsuchten. Frau L. habe den Hund ausgeführt. Sie sei mit dem Angeklagten allein im Wohnzimmer gewesen. Dieser habe zuvor bereits Sekt getrunken, man habe gerochen, daß er alkoholisiert gewesen sei, er habe nicht richtig sprechen können und schon ziemliche Schwankungen gehabt. Der Angeklagte habe gefragt, ob sie mit ihm „gehen" wolle, was sie verneint habe. Außerdem habe sie ihn aufgefordert, solche Fragen zu unterlassen. Dann habe er gefragt, ob sie mit ihm schlafen wolle. Sie habe geantwortet, es sei eine Schweinerei so etwas zu fragen und wie er dazu komme, so etwas ein Kind zu fragen. Er habe jedoch nicht locker gelassen, sei aufgestanden, habe den Gürtel seiner Hose geöffnet, die Hose sei zu Boden gefallen, er sei aus der Hose herausgetreten und habe anschließend seine Unterhose nach unten gestreift, die an den Füßen hängen geblieben sei. Sie habe nicht weglaufen können, weil sie einen Schock bekommen habe und nicht gewußt habe, was sie machen solle. Er sei zu ihr gekommen und habe ihre Hose sowie die Unterhose nach unten gerissen. Es sei ihr nicht gelungen, dies zu verhindern. Er habe sich sodann mit den Händen an ihrem Geschlechtsteil zu schaffen gemacht. Sie habe ihre Beine zusammengepreßt. Er habe versucht, mit den Händen an ihre Scheide zu gelangen, was ihm nicht gelungen sei. Dann habe er sich regelrecht auf sie fallen lassen. Der Angeklagte sei ziemlich schwer, sie habe sich nicht wehren können. Es sei dann dem Angeklagten gelungen, mit seinem Geschlechtsteil in ihre Scheide einzudringen. Sie habe versucht, sich zu wehren und ihm schließlich eine feste Ohrfeige gegeben, so daß der Angeklagte von ihr abgelassen habe. Der Angeklagte habe ihr dann gesagt, sie dürfe niemandem davon erzählen, sonst bringe er sie um. Nun sei auch wieder Frau L. erschienen. Sie – Sabrina – sei dann wieder nach Hause gegangen. Der Angeklagte sei mit ihr gegangen, um bei ihrem Vater noch etwas zu trinken. Unterwegs habe der Angeklagte sie nochmals bedroht, sie dürfe niemandem etwas sagen, sonst bringe er sie um.

Zu Hause habe ihr Vater sie gefragt „wie siehst du denn aus" und habe sie ins Bett geschickt. In ihrem Zimmer habe sie festgestellt, daß sie blutverschmiert gewesen ist. Sie habe daraufhin 3 Binden in die Unterhose gelegt. Ihre Stiefmutter sei ihr in ihr Zimmer gefolgt. Sie habe ihr daraufhin erklärt, was geschehen sei. Sie habe ihr jedoch nicht geglaubt.

Beim Ermittlungsrichter hat die Zeugin ausgesagt:

Gegen 21.00 Uhr sei Frau L. mit dem Hund rausgegangen, habe sie aber gebeten noch zu bleiben bis sie zurückkomme. In dieser Zeit habe der Angeklagte sie gefragt, ob sie schon ein männliches Teil in der Hand gehabt habe. Sie habe dies verneint und gesagt, sie finde dies unanständig. Er habe gesagt, sie müsse aber so etwas schon in der Hand gehabt haben. Sie habe wiederum verneint. Dann habe er gefragt, ob sie mal bei ihm ... Sie habe mit nein geantwortet, so eine Sauerei, das könne man doch nicht fragen. Er habe dann gesagt „komm mach bei mir", was sie wiederum abgelehnt habe. Er habe daraufhin sich seine Hose und seine lange Unterhose runtergezogen und nackt vor ihr gestanden. Er habe auch ihre Hose runtergezogen. Sie habe versucht, sich zu wehren und habe geschrien. Dann habe er sich auf sie geworfen, ihre Beine mit Händen und Knien auseinandergedrückt. Er habe mit dem Finger eindringen wollen, was nicht geklappt habe und sei schließlich mit dem Glied unten rein. Es habe sehr weh getan. Sie habe ihm eine geschlagen und ihn zurückgestoßen, woraufhin er aufgestanden sei. Er habe gedroht, er würde sie „kalt machen", wenn sie jemandem etwas sagen würde. Beide hätten sich die Hosen angezogen. Sie sei noch etwas geblieben bis Frau L. zurückgekommen sei und sei dann gegangen.

Der Angeklagte sei noch mit vor die Tür gegangen und habe noch gesagt, „das machen wir, wenn du älter bist".

Der Angeklagte sei dann mit ihr nach Hause gegangen. Sie habe ihr Zimmer aufgesucht und Blut in ihrer Unterhose festgestellt. Ihre Stiefmutter sei nachgekommen. Ihr habe sie das Vorgefallene erzählt, worauf sie ihr nicht geglaubt habe.

Im Nachhinein denke sie häufig an den Vorfall und weine dabei. Sie habe schlechte Träume. Sie träume von dem Angeklagten, daß er die Mutter umbringe und daß er mit ihr das noch mal mache und auch sie umbringe. Diese Träume würden sich wiederholen. Der letzte sei noch vor einigen Tagen gewesen.

Die Beurteilung dieser Angaben als wenig erlebnisnahe und nicht detailreiche Schilderung ist unzutreffend.

Diese fehlerhafte Bewertung hat dem Landgericht den Blick dafür verstellt, daß die Zeugin in der Lage ist, auch erfundene Sachverhalte – hier die vom Landgericht für unwahr erachtete Behauptung, der Angeklagte habe sie vergewaltigt – so darzustellen, daß sie „erlebnisnah und detailreich" erscheinen.

Die Gefahr einer falschen Beschuldigung hatte das Landgericht um so mehr zu bedenken, als die Zeugin schon im Ermittlungsverfahren unterschiedliche Angaben gemacht hatte und die Anschuldigungen gegen den Angeklagten im Zusammenhang mit einem Sorgerechtsverfahren erhoben worden waren (vgl. BGH StV 1995, 451).

59. Eine Gesamtschau der Aussage eines Zeugen kann zu durchgreifenden Bedenken an deren Richtigkeit Anlaß geben, auch wenn von einzelnen Ungereimtheiten jede für sich erklärbar ist.

StPO § 261 – BGH Beschl. v. 5. 10. 1995 – 4 StR 330/95 LG Arnsberg (= NStZ 1996, 98)

Die Revision rügt u.a. die Verletzung sachlichen Rechts.

Sachverhalt: Nach den Urteilsfeststellungen hat der Angeklagte an Sonntagen „in der Zeit von Juli 1991 bis Ende Juni 1992" seine am 8. 1. 1986 geborene Tochter Anja in 4 Fällen sexuell mißbraucht.

Der Angeklagte hat die ihm zur Last gelegten Taten bestritten.

Das Landgericht ist von dem Tatgeschehen aufgrund der Angaben des geschädigten Kindes und „der Entwicklung des Äußerungs- und Aussageverhaltens" des Kindes überzeugt. Besonderes Gewicht mißt die Strafkammer hierbei den von dem Kind gemalten „sexualbezogenen Bildern" und von ihm mit „anatomisch-gerechten Puppen" gespielten „sexualbezogenen Situationen" zu.

Nach den im Urteil wiedergegebenen Bekundungen des Mädchens hat es im Ermittlungsverfahren den Angeklagten über das abgeurteilte Tatgeschehen hinaus und auch andere Personen als den Angeklagten, nämlich die – mitangeklagte – Ehefrau des Angeklagten, 4 Nachbarn und einen „gewissen Peter", konkret und in mitgeteilten Einzelheiten belastet, es sexuell mißbraucht zu haben. Im Hinblick auf den Angeklagten hat die Strafkammer aus Gründen der „Vorsicht bei der Beurteilung des Beweisergebnisses" nur einen Teil der Vorwürfe als zur Verurteilung ausreichend angesehen und den Angeklagten im übrigen freigesprochen. Die Ehefrau des Angeklagten hat das Landgericht insgesamt freigesprochen, weil „die Vorwürfe nicht bewiesen werden (konnten)". Bei den von dem Kind im übrigen belasteten Personen sieht die Strafkammer lediglich „erhebliche Anhaltspunkte" dafür, daß die Vorwürfe stimmen.

In seiner Beweiswürdigung führt das Landgericht aus: Das Kind habe „jedenfalls im Umfang der getroffenen Feststellungen die Wahrheit gesagt". Diese Beurteilung werde nicht dadurch erschüttert, daß das Mädchen in der Hauptverhandlung seine früheren, den Angeklagten belastenden Angaben widerrufen und erklärt habe, es habe „gelogen", sowie darüber hinaus am 5. 10. 1993 den Angeklagten zu Unrecht beschuldigt habe, er habe ihm damit gedroht, es „umzubringen". Auch die Tatsache, daß die zur Glaubwürdigkeitsbeurteilung des Kindes gehörte Sachverständige J. – im Gegensatz zur Sachverständigen Z. – dargelegt habe, „die belastenden Angaben Anjas würden es nicht erlauben, diese vollständig oder in klar umrissenen Teilen als zuverlässig zu beurteilen", stehe dem nicht entgegen. – Das Rechtsmittel hatte Erfolg.

Gründe: ...

c) Die Beweiswürdigung des Landgericht hält rechtlicher Überprüfung nicht stand. Sie läßt nicht erkennen, daß der Tatrichter – wie in einem Fall, in dem Aussage gegen Aussage steht, nach der ständigen Rechtsprechung des BGH erforderlich (vgl. nur BGHR StPO § 261 Beweiswürdigung 1 [BGH Beschl. v. 22. 4. 1987 – 3 StR 141/87; vgl. § 261 StPO erfolgreiche Rügen]; BGH StV 1995, 6; Senatsbeschl. v. 2. 3. 1995 – 4 StR 764/94) – alle Umstände, die die Entscheidung zu beeinflussen geeignet sind, in seine Überlegungen einbezogen hat.

Die Beweiswürdigung der Strafkammer zur Frage der Glaubwürdigkeit des Tatopfers beschränkt sich darauf, gewichtige Umstände, die gegen die Zuverlässigkeit der Angaben der Geschädigten sprechen, gesondert und einzeln zu erörtern, getrennt voneinander zu prüfen und festzustellen, daß sie jeweils nicht geeignet seien, die Glaubwürdigkeit der Geschädigten im Hinblick auf die der Verurteilung zugrundegelegten Feststellungen in Zweifel zu ziehen. Das ist unzureichend: Es fehlt die erforderliche Gesamtwürdigung aller Beweisanzeichen, die gegen die Richtigkeit der Bekundungen sprechen könnten (vgl. Senatsbeschl. v. 27. 6. 1995 – 4 StR 264/95). Selbst wenn nämlich jedes einzelne die Glaubwürdigkeit der Geschädigten in Frage stellende Indiz noch keine Bedenken gegen die den Angeklagten belastende Aussage aufkommen ließe, so kann doch die Häufung der – jeweils für sich möglicherweise noch erklärbaren – Fragwürdigkeiten bei einer Gesamtschau zu durchgreifenden Zweifeln an der Richtigkeit der erhobenen Vorwürfe Anlaß geben (vgl. BGHR StPO § 261 Indizien 1 [BGH Beschl. v. 3. 7. 1986 – 2 StR 98/86; vgl. § 261 StPO erfolgreiche Rügen], 2 [BGH Beschl. v. 8. 4. 1987 – 2 StR 134/87; vgl. § 261 StPO erfolgreiche Rügen]; Zeuge 3 [BGH Urt. v. 16. 12. 1987 – 2 StR 495/84; vgl. § 261 StPO erfolgreiche Rügen]). Daß die Strafkammer die Möglichkeit einer derartigen Bewertung in Betracht gezogen hat, ist dem Urteil nicht zu entnehmen. Es muß daher auf die Sachrüge aufgehoben werden. ...

3. Für die neue Hauptverhandlung weist der Senat auf folgendes hin:

Es bestehen aus Rechtsgründen Bedenken, nicht als erwiesen angesehene gewichtige Beschuldigungen des Tatopfers so zu behandeln, als beträfen sie nur unbedeutendes, die Glaubwürdigkeit im übrigen nicht begründendes Randgeschehen (vgl. Senatsbeschluß v. 16. 5. 1995 – 4 StR 237/93 [vgl. § 261 StPO erfolgreiche Rügen], StV 1995, 451, 452 [BGH Beschl. v. 16. 5. 1995 – 4 StR 237/95; vgl. § 261 StPO erfolgreiche Rügen]).

Die neu erkennende Strafkammer wird auch zu bedenken haben, daß bei der Aussage kindlicher Zeugen der – noch näher aufzuklärenden – Entstehungsgeschichte der Beschuldigten besondere Bedeutung zukommt (vgl. BGH, StV 1994, 227 [BGH Beschl. v. 17. 2. 1994 – 1 StR 732/93; vgl. § 244 II StPO erfolgreiche Rügen]; 1995, 6, 7 [BGH Beschl. v. 14. 9. 1994 – 4 StR 451/94; vgl. § 244 III S. 2 Var. 7 StPO erfolgreiche Rügen]) und daß die Deutung von Kinderzeichnungen und der Einsatz sog. anatomisch-korrekter Puppen zu diagnostischen Zwecken in der psychologischen Fachwelt umstritten sind (vgl. BGH Beschl. v. 23. 8. 1995 – 3 StR 163/95 [vgl. § 252 StPO erfolgreiche Rügen]).

60. Wenn die Beweiswürdigung einer festen Tatsachengrundlage entbehrt und nur eine Vermutung darstellt, kann ein Schuldspruch auf sie nicht gestützt werden.

StPO § 261 – BGH Beschl. v. 4. 9. 1995 – 4 StR 480/95 LG Bochum (= StV 1996, 81)

Die Revision rügt die Verletzung sachlichen Rechts.

Sachverhalt: Das Landgericht hat den Angeklagten wegen Mordes in Tateinheit mit Raub zu lebenslanger Freiheitsstrafe verurteilt.

Nach den Feststellungen wandte sich der Angeklagte, der sich in finanziellen Schwierigkeiten befand, an Frau S., die ihm schon wiederholt „mit Geldbeträgen ausgeholfen hatte." Frau S. machte ihm Vorhaltungen. Sie warf ihm u.a. vor, daß er – obwohl verheiratet – eine Freundin in Jugoslawien hatte. Weiter hielt sie ihm „seinen unsoliden Lebenswandel in Deutschland vor und nannte ihn einen „Puffgänger". Dem Angeklagten wurde „klar, daß Frau S. ihm freiwillig kein Geld geben würde. Um dennoch an Geld zu kommen, beschloß er nun, Frau S. zu töten." Er erdrosselte die Frau. Anschließend nahm er ihre Geldbörse in Besitz.

Der Angeklagte hat sich dahin eingelassen, daß er, als Frau S. ihm Vorhaltungen gemacht habe, plötzlich „durchgedreht" sei. Der Gedanke, die Geldbörse einzustecken, sei ihm erst gekommen, als er diese – nach der Tat – auf dem Tisch habe liegen sehen. – Das Rechtsmittel hatte Erfolg.

Gründe: ...

b) Die Beweiswürdigung des Landgerichts zu den Beweggründen des Angeklagten für das Tötungsdelikt hält rechtlicher Nachprüfung nicht stand. Sie entbehrt einer festen Tatsachengrundlage und stellt nur eine Vermutung dar, auf die ein Schuldspruch nicht gestützt werden kann (vgl. BGHR StPO § 261 Vermutung 4). Anhaltspunkte dafür, daß der Angeklagte Frau S. nicht entsprechend seiner Einlassung aus Wut und Verärgerung über die der Tat unmittelbar vorausgegangenen Vorhaltungen und Beschimpfungen tötete, sondern um sich Geld zu verschaffen, sind dem festgestellten Sachverhalt nicht zu entnehmen und werden auch von der Schwurgerichts-Kammer nicht aufgezeigt. Allein der Umstand, daß sich der Angeklagte in drängenden Geldnöten befand, läßt den von ihr gezogenen Schluß nicht zu. Daß sich der Angeklagte – worauf sie ihre Würdigung zusätzlich stützt – unmittelbar im Anschluß an die Tat zur Bank begab, um zu erkunden, welche Geldbeträge Frau S. über das mitgenommene Bargeld hinaus noch zur Verfügung hatte, besagt nichts dazu, ob er den Entschluß, das Portemonnaie an sich zu nehmen, vor oder nach der Erdrosselung des Tatopfers faßte.

c) Danach kann die Verurteilung des Angeklagten wegen Mordes nicht bestehenbleiben. Es ist auszuschließen, daß in neuer Hauptverhandlung geklärt werden kann, welche Motive für die Tat des Angeklagten bestimmend waren. Die verbleibenden Zweifel führen dazu, daß der Angeklagte des Totschlags in Tateinheit mit Unterschlagung gem. §§ 212 Abs. 1, 246 Abs. 1, 52 StGB (vgl. BGHR StGB § 52 Abs. 1 in dubio pro reo 4) schuldig zu sprechen ist. Der Senat hat den Schuldspruch entsprechend geändert. § 265 StPO steht der Änderung nicht entgegen, weil der Angeklagte sich nicht anders als geschehen hätte verteidigen können. Die Änderung des Schuldspruchs führt zur Aufhebung des Strafausspruchs.

61. Fehlende Auseinandersetzung mit divergierenden wissenschaftlichen Meinungen.

StPO § 261 – BGH Urt. v. 2. 8. 1995 – 2 StR 221/94 LG Frankfurt/Main (= BGHSt. 41, 206 = NJW 1995, 2930 = StV 1997, 124 = NStZ 1995, 590)

Die Revision rügt u.a. die Verletzung sachlichen Rechts.

Sachverhalt: Das Landgericht hat die Angeklagten wegen fahrlässiger Körperverletzung in Tateinheit mit fahrlässiger Freisetzung von Giften zu Freiheitsstrafen von je einem Jahr verurteilt und deren Vollstreckung zur Bewährung ausgesetzt. Gegen dieses Urteil haben sowohl die Angeklagten als auch die Staatsanwaltschaft Revision eingelegt.

Der Angeklagte Dr. S. war in der Zeit vom 12. 10. 1972 bis zum 1. 4. 1987 technischer Geschäftsführer der Firma D. GmbH. Der Angeklagte H. ist seit dem 1. 4. 1977 kaufmännischer Geschäftsführer dieser Firma. Diese befaßte sich im wesentlichen mit der Herstellung und dem Vertrieb von Holzschutzmitteln. Diese Produkte enthielten zunächst unter anderem die bioziden Inhaltsstoffe Pentachlorphenol (PCP) und Lindan.

Das Landgericht hat die Überzeugung gewonnen, daß durch Holzschutzmittel, die die Angeklagten nach dem 1. 1. 1978 in Verkehr brachten (so Xyladecor 200 mit dem Wirkstoff Lindan) oder die sie bereits vorher in Verkehr gebracht hatten und deren Verwendung im Innenbereich sie nicht verhinderten (so Xyladecor mit dem Wirkstoff PCP und Lindan) 29 Personen körperliche Schäden erlitten haben.

Das Landgericht hat nach Vernehmung verschiedener Sachverständiger einen Ursachenzusammenhang zwischen den bioziden Inhaltsstoffen der Holzschutzmittel und den Gesundheitsschäden festgestellt und wie folgt erklärt:

Die giftigen Stoffe unterlägen aufgrund des ihnen anhaftenden Dampfdrucks über Jahre hinweg der Ausgasung im Sinne einer dynamischen Nachdiffusion. Nach Verwendung in Innenräumen seien die Bewohner einer andauernden Schadstoffbelastung im Niedrigdosisbereich ausgesetzt. (Wird ausgeführt ...)

Die Strafkammer stützt sich für den Nachweis eines Kausalzusammenhanges zwischen Holzschutzmittelexposition und Gesundheitsschädigung – ebenso wie die zu den Einzelfällen vernommenen Sachverständigen – vor allem auch auf folgende Indizien:

a) Die Erkrankungen traten bei den Bewohnern von Häusern auf, in denen das Holzschutzmittel in erheblichem Umfang im Innenbereich verstrichen worden war.

b) Vor der Verwendung der Holzschutzmittel und vor dem Einzug in die Wohnungen waren die Geschädigten gesund.

c) Erste Beeinträchtigungen traten bereits bei dem Verstreichen des Holzschutzmittels und alsbald nach dem Einzug auf. In der ersten Phase waren dies Bindehautentzündungen, Störungen im Hals-Nasen-Ohren-Bereich, verzögerte Wundheilung, Hautveränderungen, Durchfall, ständiges Unwohlsein und Kopfschmerzen. Bei fortgesetzter dauernder Exposition kam es im Lauf der Jahre zu systemischen Schäden. Betroffen waren das Immunsystem sowie endokrinologische und neurovegetative Funktionen. Die Betroffenen litten immer wieder an bakteriellen und viralen Erkrankungen sowie an allgemeiner Antriebs- und Leistungsschwäche, verbunden mit neuralen Störungen, die sich unter anderem in Gedächtnis-, Sprachfluß- und Wortfindungsstörungen äußerten. Von den gesundheitlichen Beeinträchtigungen waren besonders Kinder im Alter zwischen 2 und 8 Jahren betroffen, die seit ihrer Geburt der Wirkung des Holzschutzmittels ausgesetzt waren.

d) Nach Auszug aus den mit Holzschutzmitteln behandelten Wohnräumen oder nach Entfernung der Holzschutzmittel trat alsbald eine deutliche Besserung des Allgemeinbefindens bei den Geschädigten ein. Der Gesundheitszustand verbesserte sich dann allgemein. Bestehen blieben allerdings regelmäßig die neuralen Störungen. Wurde das Holzschutzmittel nur teilweise oder unzureichend entfernt, so trat eine Besserung nicht in gleicher Weise ein. Eine Sanierung der Räume wirkte sich auch erkennbar positiv auf Haustiere und Pflanzen aus, die vorher unter der Ausgasung der Holzschutzmittel gelitten hatten. – Das Rechtsmittel hatte Erfolg.

Gründe: Die Sachrüge ist bereits deshalb begründet, weil das Landgericht sich auf „Erkenntnisse neuerer medizinischer Forschung" stützt, ohne die gegen diese Erkenntnisse in der Wissenschaft geäußerte Kritik in dem gebotenen Umfang darzustellen und sich mit ihr sachlich auseinanderzusetzen.

Der Senat vermag allerdings der Ansicht der Verteidigung nicht zu folgen, daß der Tatrichter unter Beachtung des Zweifelssatzes Kausalzusammenhänge dann nicht feststellen dürfe, wenn deren Existenz und Ablauf naturwissenschaftlich noch nicht geklärt, sondern umstritten ist.

Es ist nicht Aufgabe des Tatrichters, mit den Untersuchungsmethoden der Naturwissenschaften neue Erkenntnisse, insbesondere naturwissenschaftliche Erfahrungssätze zu gewinnen oder zu widerlegen. Der Tatrichter hat vielmehr nach den Regeln des Prozeßrechts und mit den dafür vorgesehenen Beweismitteln, zu denen zum Beispiel auch der Zeugenbeweis gehört, bestimmte Sachverhalte zu ermitteln und zu beurteilen. Die Feststellung der für das Strafverfahren bedeutsamen Tatsachen, insbesondere auch der Nachweis von Kausalzusammenhängen, verlangt keine absolute, von niemandem anzweifelbare Gewißheit; es genügt vielmehr ein mit den Mitteln des Strafverfahrens gewonnenes, nach der Lebenserfahrung ausreichendes Maß an Sicherheit, das keinen vernünftigen Zweifel bestehen läßt (st. Rspr., vgl. nur BGHR StPO § 261 Überzeugungsbildung 2 [BGH Urt. v. 21. 1. 1987 – 2 StR 656/96; vgl. 261 StPO erfolgreiche Rügen]).

Dieser Grundsatz gilt auch für die Erfassung und Deutung von Vorgängen, die Gegenstand naturwissenschaftlicher Forschung sein können. Absolut sicheres Wissen – auch von Ursachenzusammenhängen – dem gegenüber das Vorliegen eines gegenteiligen Geschehens mit Sicherheit auszuschließen wäre, gibt es nicht (vgl. RGSt 61, 202, 206; 66, 163 f.; BGH GA 1954, 152 [BGH Urt. v. 21. 5. 1953 – 3 StR 9/53; vgl. § 261 StPO erfolgreiche Rügen]). Kann eine Feststellung allerdings allein mit Hilfe naturwissenschaftlicher Methoden getroffen werden, dann darf sich der Tatrichter nicht von wissenschaftlichen Standards lösen. An die richterliche Überzeugungsbildung sind dann keine geringeren Anforderungen zu stellen als an das Ergebnis wissenschaftlicher Untersuchungen selbst (vgl. BGHR StPO § 261 Sachverständiger 5).

Der Tatrichter ist aber aus Rechtsgründen nicht gehindert, sich nach Anhörung von Sachverständigen auf Untersuchungsergebnisse zu stützen, die Gegenstand eines wissenschaftlichen Meinungsstreites sind. Die Pflicht zu einer umfassenden Aufklärung kann ihm sogar gebieten, sich auch über Methoden und Verfahren zu unterrichten, die noch nicht allgemein anerkannt sind. Bei der Beweiswürdigung hat er dann aber die für und gegen die noch nicht allgemein anerkannten Methoden und Ergebnisse sprechenden Gesichtspunkte mit zu berücksichtigen (vgl. BGH Beschl. v. 12. 1. 1994 – 5 StR 620/93 [vgl. § 244 II StPO erfolgreiche Rügen]). Im übrigen hat der Tatrichter die naturwissenschaftlichen Erkenntnisse und andere Indiztatsachen in einer Gesamtwürdigung zu beurteilen. Er kann dabei zu Ergebnissen gelangen, die Vertreter der maßgeblichen naturwissenschaftlichen Fachrichtungen mit ihren Methoden allein nicht belegen könnten. Bei der Gesamtbetrachtung naturwissenschaftlicher Erkenntnisse und anderer Indiztatsachen ist zu berücksichtigen, daß ein Sachverständiger auch dann zur Wahrheitsfindung beitragen kann, wenn er zwar keine sicheren und eindeutigen Schlüsse zu ziehen vermag, seine Schlußfolgerungen die zu beweisenden Tatsachen aber mehr oder weniger wahrscheinlich machen (BGHR StPO § 244 Abs. 3 Satz 2 Ungeeignetheit 2 [BGH Beschl. v. 11. 3. 1987 – 2 StR 63/87; vgl. § 261 StPO erfolgreiche Rügen], 6 [BGH Beschl. v. 29. 8. 1989 – 5 StR 278/89; vgl. § 244 III S. 2 Var. 4 StPO erfolgreiche Rügen]). Die tatrichterliche Würdigung darf allerdings den Gesetzen der Logik und dem gesicherten wissenschaftlichen Erfahrungswissen nicht widersprechen (BGHR StGB vor § 1 Kausalität – Unterlassen 1). Für den vorliegenden Fall bedeutet dies: Selbst wenn unter den Naturwissenschaftlern keine Einigkeit darüber besteht, ob und auf welche Weise die Gifte, denen die Geschädigten hier ausgesetzt waren, eine Gesundheitsschädigung verursachen, kann der Tatrichter aufgrund einer Bewertung aller relevanten Indizien und der wissenschaftlichen Meinungen rechtsfehlerfrei zu der Überzeugung gelangen, daß die Holzschutzmittelexposition in bestimmten Fällen zu Gesundheitsschäden geführt hat. Ein Ursachenzusammenhang zwischen einer Holzschutzmittelexposition und einer Erkrankung ist nicht etwa nur dadurch nachweisbar, daß entweder die Wirkungsweise der Holzschutzmittelinhaltsstoffe auf den menschlichen Organismus naturwissenschaftlich nachgewiesen oder alle anderen möglichen Ursachen einer Erkrankung aufgezählt und ausgeschlossen werden. Ein Ausschluß anderer Ursachen kann vielmehr – ohne deren vollständige Erörterung – auch dadurch erfolgen, daß nach einer Gesamtbewertung der naturwissenschaftlichen Erkenntnisse und anderer Indiztatsachen die – zumindest – Mitverursachung des Holzschutzmittels zweifelsfrei festgestellt wird. Mit dieser Entscheidung würde der Tatrichter weder gegen „anerkannte wissenschaftliche Erfahrungssätze" verstoßen, noch würde er anstelle der dazu berufenen Fachkreise über die „Existenz eines zeitlosen Naturgesetzes befinden"; was ihm in der Tat nicht zustünde.

Zwar enthält die für einen konkreten Fall aufgrund einer Gesamtwürdigung getroffene Feststellung über die Wirkung eines Stoffes inzidenter auch eine Aussage über dessen generelle Wirksamkeit. Trifft der Tatrichter eine derartige Feststellung, dann entscheidet er aber nicht die wissenschaftlich umstrittene Frage „über die Existenz eines Naturgesetzes", sondern er erfüllt lediglich seine Aufgabe, auch dann unter Würdigung aller relevanten Indizien den konkreten Rechtsfall auf der Grundlage des gegenwärtigen Wissensstandes zu entscheiden, wenn er sich dabei – wie in der ganz überwiegenden Zahl der von ihm zu entscheidenden Fälle – bei der Beweiswürdigung (noch) nicht auf wissenschaftlich gesicherte Erfahrungssätze berufen kann. Stützt sich der Tatrichter allerdings auch auf wissenschaftlich noch nicht allgemein anerkannte Methoden oder Erkenntnisse, so muß er das Revisionsgericht durch eine Darstellung des Streitstandes in die Lage versetzen, zu überprüfen, ob die Abwägung der für und gegen die Methoden oder Erkenntnisse sprechenden Gesichtspunkte rechtsfehlerfrei stattgefunden hat (vgl. BGH StV 1994, 227 [BGH Beschl. v. 12. 1. 1994 – 5 StR 620/93; vgl. § 244 StPO erfolgreiche Rügen]; BGHR StPO § 261 Erfahrungssatz 5 [BGH Beschl. v. 28. 2. 1989 – 1 StR 32/89; vgl. § 261 StPO erfolgreiche Rügen]). Er hat in den Urteilsgründen alle Tatsachen mitzuteilen, die das Revisionsgericht benötigt, um die Schlüssigkeit des umstrittenen Gutachtens und seine Vereinbarkeit mit gesicherten Erkenntnissen der Wissenschaft zu überprüfen.

Diesen Anforderungen wird das angefochtene Urteil nicht gerecht.

Die Strafkammer stützt ihre Feststellungen zu der gesundheitsschädigenden Wirkung der bioziden Inhaltsstoffe der Holzschutzmittel, insbesondere die Annahme, daß diese eine immunsuppressive Wirkung entfalten, auch auf das Gutachten des Sachverständigen Prof. Dr. Hu. Die Grundlagen dieses Gutachtens sind – worauf das angefochtene Urteil hinweist – vielfältiger wissenschaftlicher Kritik ausgesetzt.

Bei dieser Sachlage hätte das Landgericht die sachlichen Argumente der Kritiker wiedergeben und sich mit ihnen auseinandersetzen müssen. Das ist hier nicht in dem gebotenen Maße geschehen. Die Strafkammer führt nur aus, daß die „vielfältige wissenschaftliche Kritik" den Aussagegehalt der Studie (von Prof. Dr. Hu.) nicht erschüttern könne.

Die Urteilsgründe ergeben auch, daß der in der Hauptverhandlung vernommene Sachverständige Prof. Dr. P. das Gutachten des Sachverständigen Prof. Dr. Hu. als wissenschaftlich nicht fundiert bezeichnet hat. Das Landgericht stellt die Stellungnahme von Prof. Dr. P. nicht ausreichend dar, sondern erörtert nur punktuell einzelne Fragen. Es kommt zu dem Ergebnis, die Ansichten von Prof. Dr. P. zu den Folgen eines T-Zellen-Defektes entsprächen nicht dem Stand des medizinischen Wissens. Die Beobachtungen von Prof. Dr. Hu. dokumentierten hingegen die Erkenntnisse neuerer medizinischer Forschung. Dem angefochtenen Urteil ist nicht zu entnehmen, worauf das Landgericht diese Wertung stützt. Es versteht sich auch nicht von selbst, daß Prof. Dr. Hu., der nach den Feststellungen des Urteils Nephrologe ist, auf dem Fachgebiet der Immunologie über neuere Erkenntnisse verfügt als der Immunologe Prof. Dr. P.

Die unzureichende Darstellung des wissenschaftlichen Streitstandes und die unzulängliche Auseinandersetzung des Landgerichts mit den gegen das Gutachten von Prof. Dr. Hu. erhobenen Bedenken läßt besorgen, daß die Strafkammer den Beweiswert dieses Gutachtens überschätzt hat.

62. Scheitern des Alibibeweises für sich allein noch kein Beweisindiz für Täterschaft.

StPO § 261 – BGH Urt. v. 5. 7. 1995 – 2 StR 137/95 LG Köln (= BGHSt. 41, 153 = NJW 1995, 2997 = StV 1995, 510 = NStZ 1995, 559)

Die Revision rügt die Verletzung sachlichen Rechts.

Sachverhalt: Das Landgericht hat den Angeklagten wegen schwerer räuberischer Erpressung verurteilt. Der Angeklagte hat geleugnet, die Tat begangen zu haben. Allerdings sei im Kreise der Drogenabhängigen, zu dem er damals gehört habe, überlegt worden, daß D. ein lohnendes Opfer für einen Raubüberfall sei. Auch sei er innerhalb dieses Kreises der einzige gewesen, auf den die von D. gegebene Täterbeschreibung passe. Einen Tag nach dem Überfall sei G. auf ihn zugekommen und habe ihn gefragt, ob er der Täter gewesen sei. Er habe ihm geantwortet, daß er nichts davon wisse – G. solle „nicht so einen ‚Scheiß' rumerzählen". Dies habe er gesagt, weil er damals bei der Polizei auch in anderen Sachen als verdächtig gegolten habe, wenn wieder ein Raub vorgekommen sei; er habe insbesondere befürchtet, wieder festgenommen zu werden. Ob G. ihm geglaubt habe, könne er nicht sagen. Wo er zur Tatzeit gewesen sei, wisse er nicht. Das Landgericht ist zu der Überzeugung gelangt, daß der Angeklagte der Täter war. Zur Begründung hat es folgendes ausgeführt: Der Zeuge D. habe den Täter als einen etwa 1,90 m großen Mann von kräftiger Statur beschrieben und weiter bekundet, auch die Stimme des Angeklagten passe zum Täter; daß es der Angeklagte gewesen sei, könne er allerdings wegen der Maskierung des Täters nicht mit Bestimmtheit sagen. D.'s Ehefrau habe als Zeugin gleiche Angaben zur Größe und Statur des Täters gemacht. Der Angeklagte entspreche der von den Zeugen gegebenen Täterbeschreibung; er habe überdies auch erklärt, daß von denen, die sich damals an den Gesprächen über einen Raubüberfall auf D. beteiligt hätten, niemand außer ihm selbst die von den Zeugen beschriebene Statur besitze. Denkbar sei zwar, daß jemand aus diesem Kreis einem Dritten den Plan weitererzählt oder ein Dritter ihn selber entwickelt und ausgeführt habe. „Letzte Zweifel", die sich möglicherweise daraus ergäben, seien jedoch ausgeräumt: Denn der Angeklagte habe kein Alibi. Er behaupte, nicht zu wissen, wo er in der Tatnacht gewesen sei. Das ergebe jedoch keinen Sinn. Er selbst habe geschildert, wie unangenehm es ihm gewesen sei, daß G. ihn am Tage nach dem Raubüberfall gefragt habe, ob er der Täter gewesen sei; er habe befürchtet, von der Polizei „mal wieder" verdächtigt und zu Unrecht in Haft genommen zu werden. Vor diesem Hintergrund hätte für ihn „damals bereits aller Anlaß bestanden, sich Gedanken darüber zu machen, wo er in der Tatnacht war, wenn die Polizei auf ihn deswegen zukommt". Er habe gesagt, „er habe dies nicht etwa früher noch gewußt, zwischenzeitlich aber vergessen". Auch habe das sachverständig beratene Gericht keinen Grund zu der Annahme, daß er unter Gedächtnisschwäche leide und deshalb außerstande gewesen sei, ein Alibi anzugeben. – Das Rechtsmittel hatte Erfolg.

Gründe: Diese Beweiswürdigung ist rechtsfehlerhaft; zu Unrecht hat das Landgericht die Behauptung des Angeklagten, er wisse nicht, wo er in der Tatnacht gewesen sei, als ein für seine Täterschaft sprechendes Belastungsindiz gewertet.

Für die Beurteilung von Fällen, in denen der Angeklagte – anders als hier – eine Alibibehauptung vorgebracht hatte, gilt der Grundsatz, daß ein Scheitern des Alibibeweises für sich allein noch kein Beweisindiz für seine Täterschaft liefert. Der Angeklagte ist nicht gehalten, sein Alibi zu beweisen; er hat aber das Recht, einen Alibibeweis anzutreten. Mißlingt dieser Beweis, so fällt damit eine ihm zustehende Verteidigungsmöglichkeit weg. Dies bedeutet, daß gegebenenfalls eine schon anderweit gewonnene Überzeugung des Tatrichters nicht erschüttert wird. Der Fehlschlag kann jedoch für sich allein, das heißt ohne Rücksicht auf seine Gründe und Begleitumstände, noch kein Beweisanzeichen dafür sein, daß der Angeklagte der Täter ist (BGH StV 1982, 158 [BGH Urt. v. 24. 9. 1963 – 5 StR 330/63; vgl. § 261 StPO erfolgreiche Rügen], st. Rspr., vgl. BGHSt. 25, 285, 287

[BGH Urt. v. 13. 2. 1974 – 2 StR 552/73; vgl. § 261 StPO erfolgreiche Rügen]; BGH StV 1983, 267 [BGH Urt. v. 29. 3. 1983 – 1 StR 50/83; vgl. § 261 StPO erfolglose Rügen]; BGHR StPO § 261 Überzeugungsbildung 11[1]; BGH Urt. v. 19. 1. 1995 – 4 StR 589/94). Dabei handelt es sich um die Anwendung eines allgemeinen, über die Fälle des Alibivorbringens hinausreichenden Grundsatzes, der besagt, daß eine für widerlegt erachtete Behauptung des Angeklagten nicht ohne weiteres ein Täterschaftsindiz abgibt (st. Rspr., BGH StV 1985, 356 [BGH Urt. v. 13. 3. 1985 – 3 StR 15/85; vgl. § 261 StPO erfolgreiche Rügen]; 1986, 286 [BGH Beschl. v. 18. 3. 1986 – 5 StR 74/86; vgl. § 261 StPO erfolgreiche Rügen]; 1986, 369 [BGH Beschl. v. 14. 5. 1986 – 2 StR 854/84; vgl. §§ 229, 338 Nr. 3 StPO erfolgreiche Rügen]; BGHR StPO § 261 Aussageverhalten 5 [BGH Urt. v. 6. 2. 1987 – 2 StR 630/86; vgl. § 261 StPO erfolgreiche Rügen] und Beweiskraft 3). Dieser Grundsatz beruht letztlich darauf, daß eine Strafrechtsordnung, die für jede Verurteilung den vollen Beweis der Tat fordert und Zweifel daran stets zugunsten des Angeklagten ausschlagen läßt, es nicht hinnehmen kann, wenn schon das bloße Fehlen entlastender Umstände als Belastungsindiz gewertet wird.

Was aber für den Fall des gescheiterten Alibibeweises gilt, muß auch und erst recht gelten, wenn der Angeklagte – wie hier – einen Alibibeweis gar nicht erst zu erbringen versucht, sondern sich auf die Erklärung beschränkt, er wisse nicht, wo er zur Tatzeit gewesen sei. Der Angeklagte darf nicht nur schweigen, sondern ebenso auf den Antritt eines Entlastungsbeweises verzichten, ohne deshalb in Kauf nehmen zu müssen, daß dieses Verhalten als belastender Umstand bewertet wird und ihm damit zum Nachteil gereicht (BGHR StPO § 261 Überzeugungsbildung 8[2]). Die Beweiswürdigung des Landgerichts ist mithin zu beanstanden, denn es hat die Tatsache, daß der Angeklagte kein Alibi hat, nicht etwa nur als Fehlen eines Umstands bewertet, der seiner schon aus dem sonstigen Beweisergebnis gewonnenen Überzeugung von der Täterschaft des Angeklagten den Boden entziehen würde, sondern diesen Umstand als Belastungsindiz zur Bildung dieser Überzeugung verwendet.

Allerdings hat es in diesem Zusammenhang entscheidendes Gewicht auch darauf gelegt, daß dem Angeklagten seine Behauptung, er wisse nicht, wo er zur Tatzeit gewesen sei, nicht geglaubt werden könne, er also gelogen habe. Ob die hierfür angeführten Beweisgründe rechtlicher Prüfung standhalten, läßt sich freilich bezweifeln.

Doch kommt es darauf letztlich nicht an. Wird unterstellt, daß der Angeklagte entgegen seiner Angabe wußte, wo er zur Tatzeit war, so durfte doch aus dem Umstand, daß er insoweit gelogen hat, nicht ohne weiteres auf seine Täterschaft geschlossen werden. Die Widerlegung bewußt wahrheitswidrigen Entlastungsvorbringens (auch falscher Alibibehaup-

---

1 „Mit der Sachbeschwerde rügt die Revision, das Landgericht sei seiner Aufgabe, alle Beweisanzeichen einer Gesamtwürdigung zu unterziehen, nicht gerecht geworden; denn es habe nicht miteinbezogen, daß mehrere vom Angeklagten vorgebrachte, unterschiedliche Alibibehauptungen falsch gewesen seien. Die Beschwerdeführerin übersieht hierbei, daß das Landgericht sich mit diesen Alibibehauptungen und deren Falschheit befaßt hat und keinen Anlaß gesehen hat, sie aufgrund besonderer Umstände als Belastungsmomente zu werten. Solche besonderen Umstände wären aber erforderlich gewesen; denn ein mißlungener Alibibeweis ist für sich allein kein Beweisanzeichen für die Täterschaft" (BGH Urt. v. 17. 10. 1989 – 1 StR 445/89).

2 „Es kann nicht gegen den Angeklagten verwendet werden, daß er es unterlassen habe, die Zeugin P. zum Beweis dafür zu benennen, daß er nicht mit den anderen Tätern gemeinsam von der Wohnung P. zum Tatort gefahren sei. Abgesehen davon, daß die Zeugin vom Gericht geladen war und die Aussage verweigert hat, würde ein solches Verlangen darauf hinauslaufen, daß ein Angeklagter bei Meidung von Nachteilen bestimmte entlastende Beweise anzutreten habe. So wie der Angeklagte das Recht hat, auf die Beschuldigung zu schweigen, ohne daß daraus für ihn nachteilige Schlüsse hinsichtlich des Tatgeschehens gezogen werden dürfen, kann er nicht verpflichtet werden, bestimmte entlastende Beweisanträge zu stellen. Hier greift gegebenenfalls die Amtsaufklärungspflicht des Gerichts (§ 244 Abs. 2 StPO) ein. (BGH Beschl. v. 21. 4. 1988 – 4 StR 125/88)."

tungen, vgl. BGH StV 1984, 495 [BGH Urt. v. 11. 7. 1984 – 2 StR 177/84; vgl. § 261 StPO erfolgreiche Rügen]; 1992, 259 [BGH Urt. v. 28. 1. 1992 – 5 StR 491/91; vgl. § 261 StPO erfolgreiche Rügen]) liefert in der Regel kein zuverlässiges Indiz für die Täterschaft des Angeklagten. Lügen lassen sich nur mit Vorsicht als Beweisanzeichen für seine Schuld werten, weil auch ein Unschuldiger vor Gericht Zuflucht zur Lüge nehmen kann und ein solches Verhalten nicht ohne weiteres tragfähige Rückschlüsse darauf gestattet, was sich in Wirklichkeit ereignet hat (st. Rspr., BGH StV 1985, 356; 1986, 286; 1986, 369; BGHR StPO § 261 Aussageverhalten 5 und Beweiskraft 3). Das schließt zwar nicht aus, im Rahmen einer Gesamtwürdigung aller Beweistatsachen eine erlogene Entlastungsbehauptung überhaupt als – zusätzliches – Belastungsindiz zu werten. Doch muß sich das Tatgericht dabei bewußt sein, daß eine wissentlich falsche Einlassung des Angeklagten ihren Grund nicht darin zu haben braucht, daß er die ihm zur Last gelegte Tat begangen hat und verbergen will, vielmehr gegebenenfalls auch eine andere Erklärung finden kann. Soll die Lüge als Belastungsindiz dienen, dann setzt dies voraus, daß mit rechtsfehlerfreier Begründung dargetan wird, warum im zu entscheidenden Fall eine andere Erklärung nicht in Betracht kommt oder – wiewohl denkbar – nach den Umständen so fernliegt, daß sie ausscheidet. Diesen Anforderungen wird das angefochtene Urteil nicht gerecht. Das Landgericht hat eine andere Erklärung nicht in Erwägung gezogen.

63. Selbst wenn jedes einzelne die Glaubwürdigkeit eines Zeugen möglicherweise in Frage stellende Indiz noch keine Bedenken gegen die den Angeklagten belastende Aussage aufkommen läßt, kann die Häufung der – jeweils für sich noch erklärbaren – Fragwürdigkeiten bei einer Gesamtschau zu durchgreifenden Zweifeln an der Richtigkeit der Aussage Anlaß geben.

StPO § 261 – BGH Beschl. v. 27. 6. 1995 – 4 StR 264/95 LG Bielefeld (= StV 1996, 367)
Die Revision rügt die Verletzung sachlichen Rechts.

Sachverhalt: Nach den Urteilsfeststellungen hat der Angeklagte seine am 19. 12. 1974 geborene leibliche Tochter S. von 1986 bis 1991 in 19 Fällen sexuell mißbraucht. Der Angeklagte hat die ihm zur Last gelegten Taten bestritten. Die Strafkammer hat ihre Überzeugung von dem Tatgeschehen aufgrund der Angaben der Geschädigten gewonnen.

Das Landgericht hat, sachverständig beraten, festgestellt, daß die Geschädigte seit mehreren Jahren an einer „neurotischen Persönlichkeitsveränderung" mit Erbrechenszwängen, Waschzwängen, dem Zwang, sich Verletzungen zuzufügen, und Angstzuständen leidet. Sie fühlte sich „von ihren Eltern nicht geliebt", wollte bei diesen nicht leben und täuschte mehrfach vor, Stimmen zu hören, um „dem Leben bei ihren Eltern zu entfliehen und in einer psychiatrischen Klinik betreut (zu) werden". Die Geschädigte hat zum Tatgeschehen teilweise widersprüchliche und abweichende Angaben gemacht und einmal auch ihre gegen den Angeklagten erhobenen Anschuldigungen widerrufen. Sie hat in mehreren Fällen bewußt die Unwahrheit gesagt; so hat sie den Angeklagten wahrheitswidrig beschuldigt, er habe ihr Schnittverletzungen im Brust- und Halsbereich beigebracht. – Das Rechtsmittel hatte Erfolg.

Gründe:
1. Die Beweiswürdigung der Strafkammer zur Frage der Glaubwürdigkeit des Tatopfers, die sich darauf beschränkt, die Umstände, die gegen die Zuverlässigkeit der Angaben der Geschädigten sprechen, gesondert und einzeln zu erörtern, getrennt voneinander zu prüfen und festzustellen, daß sie jeweils nicht geeignet seien, die Glaubwürdigkeit der Geschädigten in Zweifel zu ziehen, ist unzureichend und hält rechtlicher Prüfung nicht stand. Es fehlt die erforderliche Gesamtwürdigung aller Beweisanzeichen, die gegen die Richtigkeit der Bekundungen sprechen könnten. Selbst wenn nämlich jedes einzelne die Glaubwürdigkeit der Geschädigten möglicherweise in Frage stellende Indiz noch keine

Bedenken gegen die den Angeklagten belastende Aussage aufkommen ließe, so kann doch die Häufung der – jeweils für sich noch erklärbaren – Fragwürdigkeiten bei einer Gesamtschau zu durchgreifenden Zweifeln an der Richtigkeit der erhobenen Vorwürfe Anlaß geben (vgl. BGHR StPO § 261 Indizien 1 [BGH Beschl. v. 3. 7. 1986 – 2 StR 98/86; vgl. § 261 StPO erfolgreiche Rügen], 2 [BGH Beschl. v. 8. 4. 1987 – 2 StR 134/87; vgl. § 261 erfolgreiche Rügen]; Zeuge 3 [BGH Urt. v. 16. 12. 1987 – 2 StR 495/87; vgl. § 261 StPO erfolgreiche Rügen]). Daß die Strafkammer die Möglichkeit einer derartigen, im vorliegenden Falle nicht fernliegenden Bewertung in Betracht gezogen hat, ist dem Urteil nicht zu entnehmen. Es muß daher auf die Sachrüge aufgehoben werden.

2. Für die neue Hauptverhandlung weist der Senat auf folgendes hin:

Es ist – über die in dem aufgehobenen Urteil angestellten Vermutungen hinaus – erforderlich, die Ursache der als „hysterische Neurose" diagnostizierten Persönlichkeitsstörung der Geschädigten aufzuklären und die Auswirkungen dieser Störung auf die Zuverlässigkeit der Angaben der Geschädigten festzustellen (vgl. Langelüddeke/Bresser, Gerichtliche Psychiatrie 4. A. S. 326 f.; Leferenz in Göppinger/Witter [Hrsg.] Handbuch der forensischen Psychiatrie II (1972) S. 1318, 1322 f., 1325 ff., 1341).

64. Das Gericht darf Erkenntnisse, die es aus der Beobachtung von Zuhörern im Gerichtssaal gewonnen hat nur verwerten, wenn es diese in die Hauptverhandlung einführt und den Verfahrensbeteiligten Gelegenheit zur Stellungnahme gibt.

StPO § 261 – BGH Beschl. v. 14. 6. 1995 – 3 StR 545/94 LG Leipzig (= StV 1996, 80)

Die Revision rügt, die Strafkammer habe Erkenntnisse verwertet, die sie aus der Beobachtung von Zuhörern im Gerichtssaal gewonnen habe, ohne die Beobachtungsergebnisse in die Hauptverhandlung einzuführen und den Verfahrensbeteiligten Gelegenheit zur Stellungnahme zu geben.

Sachverhalt: Der von der Strafkammer vernommene Zeuge K. sagte in der Hauptverhandlung aus, der Mitangeklagte P. habe während eines Zusammentreffens mit ihm in der JVA Leipzig geäußert, er – P. – habe die tödlichen Schüsse auf T. abgegeben. Die Strafkammer, die annimmt, der Angeklagte Prof. Dr. H. sei der Schütze gewesen, vermochte der Aussage des Zeugen K. nicht zu folgen. Zur Begründung hat sie u.a. ausgeführt:

„Nach Kenntnis der Kammer hat die Freundin K.'s, die der Kammer bekannt ist, als Zuhörerin gemeinsam mit C. H. (der Tochter des Angeklagten) den Prozeßverlauf verfolgt. Beide Frauen sind offensichtlich befreundet. Es bestehen Beziehungen zum Rotlichtmilieu ... Dieser Zeugenaussage mangelt es an Überzeugung, weil sie allein davon geprägt war, P. zu belasten, und weil sie erkennbar allein das Ergebnis von Absprachen mit Prozeßzuhörern war, ohne daß K. zur Überzeugung der Kammer ein Gespräch diesen Inhalts mit P. gehabt hatte." – Das Rechtsmittel hatte Erfolg.

Gründe: Die Strafkammer hat damit gegen § 261 StPO verstoßen. Nach dieser Vorschrift hat das Gericht über das Ergebnis der Beweisaufnahme nach seiner freien, aus dem Inbegriff der Verhandlung geschöpften Überzeugung zu entscheiden. Die Strafkammer hat jedoch Erkenntnisse verwertet, die sie aus der Beobachtung von Zuhörern im Gerichtssaal gewonnen hat, ohne die Beobachtungsergebnisse in die Hauptverhandlung einzuführen und den Verfahrensbeteiligten Gelegenheit zur Stellungnahme zu geben. Die Überzeugung, daß die namentlich nicht identifizierte Freundin des Zeugen K. als Zuhörerin im Gerichtssaal gemeinsam mit der Tochter des Angeklagten anwesend war und mit dieser „offensichtlich befreundet" sei, hat die Strafkammer nach dem durch die Urteilsgründe bestätigten Revisionsvorbringen allein aus der Beobachtung einzelner Zuhörer gewonnen.

Der Senat kann nicht ausschließen, daß die Verurteilung des Angeklagten im Fall II 2c auf diesem Verfahrensverstoß beruht. Die Strafkammer hat der den Angeklagten entlastenden

Aussage des Zeugen auch deswegen nicht geglaubt, weil sie „erkennbar allein das Ergebnis von Absprachen mit Prozeßzuhörern war". Das Landgericht ist zwar davon ausgegangen, daß der Mitangeklagte P. „in einer Reihe von Gesprächen mit Freunden und Familienangehörigen Prof. Dr. H's. die Schußabgabe durch sich eingeräumt" hat. Zu diesen Personen gehört der Zeuge K. jedoch nicht. Mit dem Umstand, daß der Mitangeklagte P. sich auch gegenüber weiteren, nicht dem „Lager" des Angeklagten Prof. Dr. H. zugehörigen Personen der Abgabe der tödlichen Schüsse auf T. bezichtigt hat, hat sich die Strafkammer nicht auseinandergesetzt.

65. Bei der Aussage kindlicher Zeugen kommt der Entstehungsgeschichte der Beschuldigung besondere Bedeutung zu, insbesondere wenn vor Beginn der Ermittlungen zahlreiche „private Befragungen" zu den Tatvorwürfen erfolgt sind.

StPO § 261 – BGH Beschl. v. 16. 5. 1995 – 4 StR 237/95 LG Bochum (= NStZ 1995, 558)

Die Revision rügt die Verletzung materiellen Rechts.

Sachverhalt: Ein Vergleich der Feststellungen mit den Angaben des Kindes ergibt, daß das Landgericht eine Reihe besonders schwerwiegender sexueller Handlungen (Geschlechtsverkehr, Analverkehr, Einführen des Penis in die Ohren, Manipulationen mit dem Finger in Scheide und After sowie Lecken am Geschlechtsteil) als nicht nachweisbar erachtet hat. Die Abweichungen betreffen unmittelbar die Art und Weise der Tatausführung und damit den Kern der Aussage des geschädigten Kindes. – Das Rechtsmittel hatte Erfolg.

Gründe: ...

e) Diese Beweiswürdigung hält rechtlicher Überprüfung nicht stand.

Indem das Landgericht einerseits hervorhebt, daß die Zeugin im Kernbereich glaubhafte und zutreffende Angaben gemacht hat, es andererseits aber an der Richtigkeit besonders gewichtiger Vorwürfe durchgreifende Zweifel hat, erweist sich seine Beweiswürdigung als widersprüchlich. Dieser Widerspruch wird auch nicht dadurch ausgeräumt, daß die Strafkammer die Bekundungen des Tatopfers zu den nicht als erwiesen angesehenen Beschuldigungen so behandelt, als beträfen sie nur unbedeutendes, die Glaubwürdigkeit im übrigen nicht berührendes Randgeschehen (vgl. BGHR StPO § 261 Beweiswürdigung, widersprüchliche 1 [BGH Beschl. v. 10. 12. 1986 – 2 StR 614/86; vgl. § 261 StPO erfolglose Rügen]). Das Urteil muß daher auf die Sachrüge aufgehoben werden.

3. Die neu erkennende Jugendschutzkammer wird zu bedenken haben, daß bei der Aussage kindlicher Zeugen der Entstehungsgeschichte der Beschuldigung besondere Bedeutung zukommt (vgl. BGH StV 1994, 227 [BGH Beschl. v. 17. 2. 1994 – 1 StR 723/93; vgl. § 244 II StPO erfolgreiche Rügen]; 1995, 6, 7). Wenn – wie hier bei einem 5jährigen Kind – vor Beginn der strafrechtlichen Ermittlungen zahlreiche „private Befragungen" zu den Tatvorwürfen erfolgt sind, so ist der Beweiswert belastender Angaben – insbesondere vor dem Hintergrund personensorgerechtlicher Auseinandersetzungen um das geschädigte Kind und bei diesem möglicherweise geweckter Erwartungen zum Inhalt seiner Aussage – besonders kritisch zu prüfen. Zur erforderlichen Gesamtwürdigung aller Umstände, die die Entscheidung zu beeinflussen geeignet sind, sind die Erkenntnisquellen zur Aussageentstehung auszuschöpfen. Hierzu gehört etwa auch die – bisher unterlassene – Verwertung der in der Beratungsstelle „Neue Wege" im Rahmen der „Aufdeckungsgespräche" gefertigten Audio- und Videoaufnahmen.

66. Ist eine Tatbeteiligung mehrerer Angeklagter zu prüfen, sind aber sichere Feststellungen nicht zu treffen, ist bei jedem Angeklagten jeweils von der ihm günstigsten Möglichkeit auszugehen.

StPO § 261 – BGH Urt. v. 7. 3. 1995 – 1 StR 523/94 LG München I (= StV 1996, 81)

Die Revision rügt die Verletzung sachlichen Rechts.

Sachverhalt: Im Fall II 3 der Urteilsgründe war beiden Angeklagten in der zugelassenen Anklage zur Last gelegt, sie hätten gemeinschaftlich mit dem anderweitig verfolgten I. den PKW BMW des Angeklagten D. verschwinden lassen und weiterverkauft. D. habe den PKW bei der Polizei als gestohlen gemeldet; die Versicherung habe Ersatz geleistet.

Der Angeklagte D. hat die ihm zur Last gelegte Tat bestritten und sich dahingehend verteidigt, daß ihm der PKW tatsächlich gestohlen worden sei. Dies hat die Strafkammer nach dem Ergebnis der Beweisaufnahme nicht völlig ausschließen können und hat ihn „bei fortbestehendem, nicht unerheblichem Verdacht" freigesprochen.

Der Verurteilung des Angeklagten M. liegt die Feststellung zugrunde, er habe von einem Unbekannten den PKW des D. angekauft, der diesem gestohlen worden war. – Das Rechtsmittel hatte Erfolg.

Gründe: ... Der auf diese Annahme gestützte Schuldspruch kann keinen Bestand haben, da die Strafkammer dabei die Reichweite des Grundsatzes „Im Zweifel für den Angeklagten" verkannt hat:

Ist eine Tatbeteiligung mehrerer Angeklagter zu prüfen, sind aber sichere Feststellungen nicht zu treffen, ist bei jedem Angeklagten jeweils von der ihm günstigsten Möglichkeit auszugehen. Dies kann dazu führen, daß in ein und demselben Urteil von mehreren Fallgestaltungen auszugehen ist, die einander sogar ausschließen können. Ist – wie hier – die Tatbeteiligung eines Angeklagten nicht sicher feststellbar und wird dieser deshalb freigesprochen, können gleichwohl hinsichtlich des anderen Angeklagten nach dem Grundsatz „Im Zweifel für den Angeklagten" für diesen günstige Feststellungen geboten sein, die auf der Annahme der Tatbeteiligung des freigesprochenen Angeklagten beruhen (BGHR StPO § 261 in dubio pro reo 8). Dementsprechend hätte die Strafkammer auf der Grundlage ihrer Annahme, ein Zusammenwirken der Angeklagten sei zwar möglich, aber nicht sicher, zu Gunsten des Angeklagten M. davon ausgehen müssen, daß der PKW nicht gestohlen wurde, sondern mit Zustimmung des Angeklagten D. in den Besitz des Angeklagten M. kam. Damit wäre die tatsächliche Grundlage für einen Schuldspruch wegen vollendeter Hehlerei – und damit auch wegen vollendeter gewerbsmäßiger Bandenhehlerei – entfallen. ...

67. Als gerichtskundig zu erörternde Tatsachen müssen in der Form Gegenstand der Hauptverhandlung sein, daß das Gericht darauf hinweist, es werde diese Tatsachen möglicherweise als offenkundig seiner Entscheidung zugrundelegen.

StPO § 261 – BGH Urt. v. 3. 11. 1994 – 1 StR 436/94 LG Traunstein (= NStZ 1995, 246)

Die Revision der Staatsanwaltschaft rügt, das Gericht habe zugunsten der Angeklagten Tatsachen als gerichtskundig behandelt, die nicht prozeßordnungsgemäß in die Hauptverhandlung eingeführt worden sind.

Sachverhalt: Das Landgericht hat (angeblich) Erkenntnisse aus einem anderen Strafverfahren des Landgericht Traunstein (6 KLs 150 Js 22 895/92) verwertet. Es hat im Urteil eine Fülle von Einzelheiten aus dem genannten Verfahren mitgeteilt, aus dem sich die Identität des V-Mannes in beiden Verfahren und die Kenntnis der Polizei von dessen Methoden zur Anwendung unverdächtiger Personen bereits vor den verfahrensgegenständlichen Taten ergebe. Das Landgericht hat deswegen dem Angeklagten G. seine Einlassung zur Einleitung des Betäubungsmittelhandels und zu der Einwirkung des V-Mannes geglaubt. – Das Rechtsmittel hatte Erfolg.

Gründe: ...

2. Dagegen ist die Rüge der Verletzung des § 261 StPO begründet.

Diese ins einzelne gehenden Erkenntnisse sind nicht prozeßordnungsgemäß in das Verfahren eingeführt worden; sie waren nicht Gegenstand der Hauptverhandlung und durften im Urteil deswegen auch nicht verwertet werden.

Eine Beweisaufnahme hat insoweit nicht stattgefunden. Die verwerteten Tatsachen wurden weder durch Einlassung den Angeklagten, noch durch Zeugenvernehmung oder durch Verlesung von Aktenbestandteilen des früheren Verfahrens (z.B. des Urteils) in die Hauptverhandlung eingeführt. Die dienstlichen Äußerungen der beteiligten Richter gehen davon aus, es habe sich um „gerichtskundige" Tatsachen gehandelt. Hier mag dahinstehen, ob die Einzelheiten des Beweisergebnisses in einem anderen Verfahren überhaupt der Gerichtskundigkeit zugänglich sind, der Tatrichter Beweisanträge insoweit also wegen Offenkundigkeit ablehnen könnte. Jedenfalls aber müssen als gerichtskundig zu erörternde Tatsachen in der Form Gegenstand der Hauptverhandlung sein, daß das Gericht darauf hinweist, es werde diese Tatsachen möglicherweise als offenkundig seiner Entscheidung zugrundelegen.

Bereits daran fehlt es hier. Die dienstlichen Äußerungen der Richter besagen nur, daß in der Hauptverhandlung „mehrfach erwähnt" wurde, die Person des V-Mannes sei in beiden Verfahren identisch und daß auch von der Rolle des V-Mannes die Rede gewesen sei. Maßgebend ist hier aber, daß das Gericht das (angebliche) Verhalten des V-Mannes weder in den Details erörtert hat, wie es im Urteil berücksichtigt wurde, noch in der zuvor als erforderlich bezeichneten Weise zum Gegenstand der Verhandlung gemacht hat.

Indessen hat das Landgericht die Einzelheiten des früheren Verfahrens im Urteil bei der Beurteilung der Einlassung des Angeklagten G. verwertet und dann zutreffend darauf abgestellt, daß der Umfang der Strafmilderung gerade vom Ausmaß der Einflußnahme des V-Mannes abhängt. Bei nachhaltiger Einwirkung – insbesondere wenn diese (wie hier behauptet) erst zur Herstellung des Betäubungsmittels führt und nicht nur ein vorhandenes Angebot abgeschöpft wird – ist dem Tatrichter ein Spielraum bis zum Zurückgehen auf die gesetzliche Mindeststrafe eröffnet.

3. Der Schuldspruch wird von dem Rechtsfehler nicht betroffen. Die Angeklagten haben die Taten so, wie festgestellt, eingeräumt. Die Rolle des V-Mannes betrifft lediglich den hier nur für das Strafmaß bedeutsamen Schuldumfang. ...

68. Eine Verurteilung darf nicht auf nur unbestimmte Feststellungen gestützt werden.

StPO § 261 – BGH Beschl. v. 5. 10. 1994 – 2 StR 411/94 LG Köln (= NStZ 1995, 204)

Die Revision rügt die Verletzung sachlichen Rechts.

Sachverhalt: Nach den Feststellungen des Landgerichts näherte sich der Angeklagte erstmals etwa Mitte Mai 1991 seiner am 18. 5. 1977 gebotenen Tochter Nursah in sexueller Absicht. Er gab ihr Ohrfeigen, um seine sexuellen Ziele zu erreichen, schob dem im Bett liegenden Mädchen das Schlafanzugoberteil hoch und streichelte dessen Brüste.

Bei weiteren Vorfällen streichelte der Angeklagte seine Tochter auch im Genitalbereich und küßte sie auf den Mund und Geschlechtsteil. Später führte er mit ihr bis Ende des Jahres 1992 sowohl den Anal- als auch den Oralverkehr durch.

Das Landgericht hat dieses Geschehen als fortgesetzte sexuelle Nötigung in Tateinheit mit fortgesetztem sexuellen Mißbrauch von Schutzbefohlenen gewertet.

Der Angeklagte habe in der Zeit von Mitte Mai 1991 bis Ende des Jahres 1992 seine Tochter in 100 Fällen unter Anwendung von Gewalt und Drohungen sexuell mißbraucht.

Seit Beginn des Jahres 1993 bis Ende August 1993 habe er mit seiner Tochter in mindestens 50 Fällen den Geschlechtsverkehr durchgeführt.

Das Landgericht hat dieses Verhalten als (fortgesetzte) Vergewaltigung in Tateinheit mit (fortgesetztem) sexuellen Mißbrauch von Schutzbefohlenen und (fortgesetztem) Beischlaf zwischen Verwandten gewertet. Der Angeklagte habe seine Tochter jeweils durch Schläge, Tritte und Ziehen an den Haaren zum Beischlaf gezwungen.

Das Landgericht hat den Angeklagten wegen „tateinheitlich begangener Vergewaltigung, sexueller Nötigung, sexuellen Mißbrauchs von Schutzbefohlenen und Beischlaf zwischen Verwandten" zu einer Freiheitsstrafe verurteilt. – Das Rechtsmittel hatte Erfolg.

Gründe: Die Verurteilung wegen Vergewaltigung hat jedoch keinen Bestand, weil die den Angeklagten insoweit angelasteten Tatsachen hinsichtlich der Gewaltanwendung nicht ausreichend konkretisiert worden sind.

Der BGH hat wiederholt darauf hingewiesen, daß eine Verurteilung auf nur unbestimmte Feststellungen nicht gestützt werden darf. Je weniger konkrete Tatsachen über den Schuldvorwurf bekannt sind, um so fraglicher kann es sein, ob der Richter von der Tatbestandsverwirklichung durch den Angeklagten überhaupt überzeugt sein kann (vgl. BGH Beschl. v. 25. 3. 1993 – 3 StR 14/84; v. 15. 5. 1993 – 4 StR 237/93; und v. 16. 6. 1993 – 4 StR 288/93, BGHR StPO § 200 I 1 Tat 4; BGHR StGB § 177 Mindestfeststellungen 1; BGHR StGB § 177 I Mindestfeststellungen 1).

Im vorliegenden Falle kann sich das Landgericht hinsichtlich des eigenen Tatgeschehens nur auf die Aussage des Tatopfers stützen.

Soweit es um den Vorwurf des sexuellen Mißbrauchs von Schutzbefohlenen und des Beischlafs zwischen Verwandten geht, hat das Landgericht rechtsfehlerfrei dargelegt, aus welchem Grunde es von der Richtigkeit der Angaben der Zeugen und von der Anzahl der festgestellten Einzeltaten überzeugt ist.

Soweit dem Angeklagten aber gewaltsames Vorgehen angelastet wird, enthalten die Sachdarstellungen und die Beweiswürdigung im wesentlichen nur allgemeine Feststellungen, was um so bedenklicher ist, als die Zeugin möglicherweise ein Interesse daran gehabt haben kann, die Vorfälle so zu schildern, daß sie sich immer nur einem gewaltsamen Vorgehen gefügt habe. Die Schwester der Zeugin hat zudem bekundet, sie habe sich massiver sexueller Zudringlichkeiten des Angeklagten immer erwehren können.

Hinreichend konkret beschrieben wurden allerdings 2 Einzelfälle der sexuellen Nötigung, und zwar der erste Vorfall überhaupt, der sich in einer Nacht Mitte Mai 1991 ereignete und bei dem der Angeklagte seine Tochter ohrfeigte, um seine sexuellen Ziele zu erreichen, sowie der Fall, in dem festgestellt wurde, der Angeklagte habe seine Tochter so stark gewürgt, daß sie kaum noch Luft bekam.

Auf diese Fälle hat der Senat den Schuldumfang begrenzt, soweit es um den Vorwurf der sexuellen Nötigung geht.

Der Schuldspruch wegen sexuellen Mißbrauchs von Schutzbefohlenen und Beischlafs zwischen Verwandten wird in seinem Umfang von dem Wegfall der Verurteilung wegen Vergewaltigung und der Begrenzung des Schuldspruchs hinsichtlich der sexuellen Nötigung nicht berührt.

Der Senat hat den nach den bisherigen Feststellungen sicheren Schuldumfang neu bestimmt und lediglich den Strafausspruch aufgehoben, ungeachtet der Frage, ob in einer weiteren Hauptverhandlung noch Feststellungen zu konkreten Einzelfällen der Vergewaltigung und sexuellen Nötigung getroffen werden könnten. Denn der Opferschutz gebietet es hier, eine Wiederholung der die Tochter des Angeklagten belastenden Zeugenvernehmung zu vermeiden. Eine solche Vernehmung wäre aber nach einer Aufhebung des Schuldspruchs unumgänglich (vgl. BGH Beschl. v. 21. 1. 1994 – 5 StR 678/93). ...

69. Stimmenvergleich muß den Grundsätzen zur Wahlgegenüberstellung entsprechen.
StPO § 261 – BGH Urt. v. 24. 2. 1994 – 4 StR 317/93 LG Saarbrücken (= BGHSt. 40, 66 = NJW 1994, 1807 = StV 1994, 282 = NStZ 1994, 295 = MDR 1994, 497)
Die Revision rügt u. a. die Verletzung sachlichen Rechts.

Sachverhalt: Das Landgericht hat folgende Feststellungen getroffen: Der Angeklagte und die Geschädigte, Frau Z., kannten einander seit etwa fünf Jahren flüchtig. Es war zu etwa acht bis zehn Zusammentreffen gekommen, bei denen sie sich – jeweils nur kurz – über Belanglosigkeiten unterhalten hatten. In der Tatnacht verschaffte sich der Angeklagte, als Frau Z. vor ihrer Haustür ihren Pkw verlassen wollte, mit Gewalt und unter Bedrohung mit einem Messer Zugang zu dem Fahrzeug. Nachdem er mit Frau Z. unter andauernder Bedrohung mit dem Messer an einen abgelegenen Ort gefahren war, zwang er sie auf dem Rücksitz des Fahrzeugs zur Duldung des Geschlechtsverkehrs und zum Oralverkehr. Frau Z. konnte das Gesicht des Angeklagten während des gesamten Tatvorgangs nicht wahrnehmen, weil er sich zunächst mit einer Wollmütze maskiert hatte und später ihr diese Mütze über das Gesicht zog.

Der Angeklagte bestreitet, die Tat begangen zu haben. Die Strafkammer ist von seiner Täterschaft unter anderem deswegen überzeugt, weil Frau Z. den Angeklagten am Morgen nach der Tatnacht im Polizeirevier an der Stimme wiedererkannt habe. Insofern ergibt sich aus den in den Urteilsgründen wiedergegebenen Aussagen der Zeugin Z. und des Zeugen A., eines Kriminalbeamten, folgendes: Frau Z. war am Morgen nach der Tat ins Polizeirevier gebeten worden. Nachdem sie erklärt hatte, daß sie das Gesicht des Täters nicht gesehen, sich jedoch seine Stimme „sehr gut eingeprägt" habe, erhielt sie Gelegenheit, durch eine geöffnete Tür ein Gespräch anzuhören, das zwei Männer – der Angeklagte und ein anderer Kriminalbeamter – in einem Nachbarzimmer führten. Frau Z. hörte etwa eine Minute lang zu. Danach erklärte sie, sie sei zu 100% sicher, daß es sich bei der Stimme des Angeklagten um die Stimme des Täters handele.

Ihre Überzeugung, daß die Zeugin Z. in der Stimme des Angeklagten die des Täters wiedererkannt habe und dieser tatsächlich der Täter gewesen sei, stützt die Strafkammer darauf, daß die Bekundungen der Zeugin glaubhaft gewesen seien: Die Zeugin habe sich die Identifizierung des Angeklagten nicht leicht gemacht; ihre Aussagen seien – wie im einzelnen näher ausgeführt wird – nicht darauf gerichtet gewesen, in ihm unter allen Umständen den Täter zu finden. – Das Rechtsmittel hatte Erfolg.

Gründe: Diese Beweiswürdigung ist nicht frei von Rechtsfehlern.

Es bedarf hier nicht der Entscheidung, ob der Identifizierung eines Tatverdächtigen ausschließlich an seiner Stimme grundsätzlich – auch unter idealen Bedingungen, insbesondere bei besten Absichten und größtem Bemühen des Zeugen – nur ein eingeschränkter Beweiswert zugemessen werden kann und eine Verurteilung nur dann Bestand haben kann, wenn sich der Tatrichter der besonderen Problematik des Wiedererkennens von Stimmen erkennbar bewußt gewesen ist. Jedenfalls mit Blick auf die Umstände, unter denen die Zeugin Z. die Stimme des Angeklagten als die des Täters wiedererkannt hat, hält die Beweiswürdigung der Strafkammer rechtlicher Überprüfung nicht stand.

Für die Gegenüberstellung zum Zwecke der Identifizierung eines Tatverdächtigen durch einen Augenzeugen ist allgemein anerkannt, daß dem Zeugen nicht nur der Beschuldigte, sondern zugleich auch eine Reihe anderer Personen gleichen Geschlechts, ähnlichen Alters und ähnlichen Erscheinungsbildes gegenüberzustellen sind (BGH StV 1993, 627[1]; BGH NStZ 1982, 342 [BGH Urt. v. 17. 3. 1982 – 2 StR 793/81; vgl. § 261 StPO erfolgreiche Rügen]; OLG Köln StV 1986, 12; im einzelnen näher OLG Karlsruhe NStZ 1983, 377, 378; vgl. auch RiStBV Nr. 18). Das Ergebnis einer Einzelgegenüberstellung ist zwar nicht unverwertbar. Ihm kommt aber regelmäßig ein wesentlich geringerer Beweiswert zu als dem einer vorschriftsgemäß durchgeführten Wahlgegenüberstellung. Daher müssen im Falle einer Verurteilung die Urteilsgründe erkennen lassen, daß sich das Gericht der Mängel und der durch sie bedingten Beeinträchtigung des Beweiswertes bewußt ist (vgl. BGH Beschl. v. 18. 8. 1993 – 5 StR 477/93 –, insoweit in StV 1993, 627 nicht abgedruckt; BGH NStZ 1982, 342; BGH DAR 1976, 94; OLG Köln StV 1986, 12; 1992, 412; 1994, 67).

Für die Identifizierung eines Tatverdächtigen aufgrund eines Stimmenvergleichs müssen diese Grundsätze entsprechend gelten. Es ist sicherzustellen, daß der Zeuge die Stimme des Verdächtigen nicht isoliert, sondern neben anderen Stimmen hört. Die Vergleichsstimmen müssen eine gewisse Klangähnlichkeit aufweisen. Es dürfen dem Zeugen auch nicht etwa neben dem mit einem fremdländischen Akzent oder einem Dialekt sprechenden Verdächtigen Stimmen einer anderen Sprachheimat vorgestellt werden. Bei Mängeln des Stimmenvergleichstests verliert die Identifizierung der Stimme durch den Zeugen zwar nicht notwendig jeden Beweiswert; wie bei der fehlerhaften visuellen Gegenüberstellung muß sich der Tatrichter aber des besonderen Risikos einer Falschidentifizierung – erkennbar – bewußt sein.

Diesen Anforderungen wird die Beweiswürdigung des angefochtenen Urteils nicht gerecht. Die Geschädigte hat den Angeklagten als Täter identifiziert, nachdem sie ausschließlich dessen Stimme gehört hatte. Daß sie neben seiner Stimme die eines Kriminalbeamten hören konnte, hat der Zeugin, wovon mangels näherer Angaben zum Gesprächsinhalt auszugehen ist, keine wirkliche Wahlmöglichkeit eröffnet. Deshalb bedarf es auch nicht der Entscheidung, wie groß die Zahl der Vergleichsstimmen sein muß und ob und gegebenenfalls unter welchen Voraussetzungen die Möglichkeit, zwischen zwei Stimmen zu wählen, ausreichen kann.

Die Urteilsgründe lassen nicht erkennen, daß sich das Landgericht des – infolge unzureichender Durchführung des Stimmenvergleichs – gesteigerten Risikos einer Falschidentifizierung bewußt war. Das von der Strafkammer betonte größte Bemühen der Zeugin Z. um eine wahrheitsgemäße Aussage bietet keine Gewähr dafür, daß diese nicht einem Irrtum erlegen war, soweit sie glaubte, die Stimme des Täters wiedererkannt zu haben. Zu einer sorgfältigen Auseinandersetzung mit dieser Möglichkeit bestand für die Strafkammer zumal unter Berücksichtigung der suggestiven Wirkung der Wiedererkennenssituation, insbesondere der Heimlichkeit des Mithörens, besonderer Anlaß. Im übrigen hatte die Zeugin die Stimme des Angeklagten schon bei verschiedenen früheren Begegnungen gehört. Daraus muß zwar nicht folgen, daß sie diese Stimme schon bei der Tat hätte erkennen müssen. Denkbar ist aber, daß sich bei der „Gegenüberstellung" ihre – blasse – Erinnerung an die Stimme des Angeklagten und die an die Stimme des Täters vermengten und sie nicht, wie sie meinte, diese, sondern jene wiedererkannte.

Auf diesem Rechtsfehler beruht das Urteil.

---

1 „Hatte der Angeklagte bei einer Gegenüberstellung als einziger solche Kleidungsstücke getragen, wie sie die Identifizierungszeugin bei der Tatbeschreibung angegeben hatte, und sich dadurch von den anderen Personen in einem (hier) wesentlichen Vergleichsmerkmal unterschieden, ist eine solche Gegenüberstellung regelmäßig nicht geeignet, den Täter zweifelsfrei zu identifizieren." (BGH Beschl. v. 18. 8. 1993 – 5 StR 477/93).

Erfolgreiche Rügen Nr. 70 § 261 StPO

70. Ein Tatgeschehen, das weder im Detail exakt eingegrenzt noch nach Ort und Zeit bestimmt ist und bei dem auch die Art der zur Last gelegten Handlungen nicht ausreichend konkretisiert ist, kann nicht Grundlage einer Verurteilung sein.

StPO § 261 – BGH Urt. v. 3. 11. 1993 – 2 StR 434/93 LG Köln (= StV 1994, 114)

Die Revision rügt die Verletzung sachlichen Rechts.

Sachverhalt: Die Strafkammer hat den Angeklagten u.a. wegen sexuellen Mißbrauchs von Kindern in zwei Fällen verurteilt und daraus eine Gesamtfreiheitsstrafe gebildet. Im übrigen hatte sie den Angeklagten freigesprochen.

Der Angeklagte hat sämtliche in der Anklage erhobenen Vorwürfe bestritten. Das Tatgericht hat – mit Hilfe einer sachverständigen Diplom-Psychologin – eine Vielzahl von Zeugenaussagen über Verhaltensweisen, Äußerungen und körperliche Auffälligkeiten der Kinder im Kindergarten und in Kinderheimen sowie über ihre häuslichen Verhältnisse daraufhin geprüft, inwieweit sie auf sexuellen Mißbrauch durch den Angeklagten, gegebenenfalls in Verbindung mit anderen Personen, hindeuteten. Es hat Anhaltspunkte unberücksichtigt gelassen, soweit es nicht auszuschließen vermochte, daß die bekundeten Äußerungen, Verhaltensweisen usw. auch andere Ursachen haben oder durch provozierende Vorgaben Erwachsener oder Erzählungen anderer Kinder beeinflußt sein könnten. Es hat nur für einen Kernbereich, den es überdies „im Detail nicht exakt einzugrenzen" vermochte, folgende Verhaltensweisen des Angeklagten feststellen können, durch die es die erwähnten Straftatbestände als erfüllt angesehen hat:

– Bei seiner am 1. 5. 1986 geborenen Tochter A. habe der Angeklagte durch eine „einmalige manuelle Handlung" „im Scheidenbereich ... manipuliert";

– bei seinem am 7. 2. 1985 geborenen Sohn C. habe er ebenfalls durch eine „einmalige manuelle Handlung" „Manipulationen ... im Genital- und Afterbereich" vorgenommen. – Das Rechtsmittel hatte Erfolg.

Gründe: ...

2. Die Verurteilung hat keinen Bestand.

Es bedarf nicht der Erörterung, ob die Feststellungen ohne dem Angeklagten nachteilige Beweiswürdigungsfehler zustandegekommen sind. Jedenfalls bilden sie keine tragfähige Grundlage für einen Schuldspruch. Das angenommene Tatgeschehen ist nicht im Detail nicht exakt eingegrenzt. Es ist vielmehr nach Ort und Zeit völlig unbestimmt. Aber auch die Art der beiden dem Angeklagten zur Last gelegten Handlungen ist nicht ausreichend konkretisiert. So hat zum Beispiel A. wesentlich gravierendere Vorgänge als nur manuelle Handlungen – Berührungen mit dem Penis – nachgespielt oder berichtet. Da die Strafkammer sich von einem derartigen Vorgang nicht zu überzeugen vermochte, hat sie der Verurteilung eine manuelle Handlung im Scheidenbereich „als den am wenigsten gravierenden Vorgang" zugrundegelegt, gleichfalls ohne sich davon (Manipulation mit oder ohne Plastikgegenstand?) eine nähere Vorstellung bilden zu können. Mit einer in solcher Weise der Konkretisierung ermangelnden Feststellung sind die Merkmale eines Straftatbestandes nicht dargetan. Sie ermöglichen nicht, Unrechtsgehalt, Schuldumfang und Strafmaß zu bestimmen. Damit war die Verurteilung aufzuheben.

Nachdem die Strafkammer alle den Angeklagten belastenden Anhaltspunkte aufgegriffen und eingehend geprüft hat, ohne für eine Verurteilung ausreichende Feststellungen treffen zu können, erachtet es der Senat als ausgeschlossen, daß dies einem anderen Tatgericht – nach weiterem, die Beweiskraft der Indizien mindernden Zeitablauf – möglich wäre. Damit war der Angeklagte freizusprechen.

71. Bei Tatnachweis aufgrund von Faserspuren muß Gericht mitteilen, ob nur eine zuverlässige Gruppenzuordnung der untersuchten Fasern möglich war oder ob eine Identität, etwa aufgrund des Vorhandenseins zusätzlicher Merkmale, wie Anhaftungen oder Abnutzungsspuren, festgestellt werden konnten.

StPO § 261 – BGH Beschl. v. 22. 10. 1993 – 2 StR 459/93 LG Bonn (= StV 1994, 114)

Das Revisionsvorbringen ist nicht bekannt.

Sachverhalt: Nach Auffassung des Landgericht wurde „das Hauptindiz für die Täterschaft des Angeklagten durch die Auswertung der Faserspuren geliefert", die im LKA D. von dem in der Hauptverhandlung gehörten Sachverständigen vorgenommen worden war.

Das Ergebnis dieser Untersuchung wird im Urteil im wesentlichen wie folgt mitgeteilt: Auf der Geldbörse des Opfers fand sich eine wolkig grüne Polyesterfaser, die „materialidentisch" zu entsprechenden Fasern aus der Latzhose des Angeklagten war. Auf der Tatwaffe befand sich eine, an der Leiche mehrere „analoge" blau-grün mattierte Polyesterfasern. Die Faser auf der Tatwaffe war „materialidentisch" mit den auf der Leiche aufgefundenen Fasern. Diese Fasern hatten ihren Ursprung im Haushalt des Angeklagten, wo „diese Faser" an verschiedenen Wäschestücken gefunden wurde. Eine auffällige Häufung „analoger" Polyacrylfasern wurde auf einem grünen Pullover in der Wohnung des Angeklagten festgestellt.

Zum Beweiswert der Textilfasern hat das Landgericht ausgeführt, „daß die fasertechnischen Identitätsfeststellungen nicht den gleichen Grad an Sicherheit erlangen wie daktyloskopische oder serologische Identitätsgutachten". Es könne nicht davon ausgegangen werden, daß Fasern jeweils einmalig auf der Welt sind. Wenn aber „der Gutachter im vorliegenden Fall bei zwei Fasertypen Materialidentität (also Übereinstimmung in Materialbeschaffenheit, Produktionsform, Einfärbung, Alter, Pflegezustand usw.) festgestellt" habe, so spreche das in hohem Maße für die Täterschaft des Angeklagten. – Das Rechtsmittel hatte Erfolg.

Gründe: ... Die Ausführungen des Landgericht lassen besorgen, daß es sich nicht ausreichend Klarheit darüber verschafft hat, ob vorliegend nur eine zuverlässige Gruppenzuordnung der untersuchten Fasern möglich war oder ob eine Identität, etwa aufgrund des Vorhandenseins zusätzlicher Merkmale, wie Anhaftungen oder Abnutzungsspuren, festgestellt werden konnten. Es wird dazu auf die Ausführungen des Senats in seinem Urteil v. 4. 3. 1993 – 2 StR 503/92 (vgl. §§ 244 IV, 245 StPO erfolglose Rügen) hingewiesen. Die Wortwahl „analog" und der Hinweis auf den gegenüber daktyloskopischen und serologischen Gutachten geringeren Beweiswert von Fasergutachten deuten auf ersteres hin, die an verschiedenen Stellen erwähnte „Materialidentität" möglicherweise auf letzteres.

Sollte das Schwurgericht tatsächlich Identität der auf der Geldbörse, dem Tatwerkzeug und der Leiche gefundenen Fasern mit den im Lebensbereich des Angeklagten sichergestellten Fasern angenommen haben, dann hätte dargetan werden müssen, welche zusätzlichen Merkmale diese Feststellungen rechtfertigen. Insoweit wäre die Beweiswürdigung lückenhaft.

72. Allgemein gehaltene Ausführungen in Form von „Textbausteinen" werden den Mindestanforderungen nicht gerecht, die an die Urteilsgründe zu stellen sind.

StPO § 261 – BGH Beschl. v. 23. 4. 1993 – 3 StR 138/93 LG Mönchengladbach (= StV 1994, 7 = NStZ 1993, 501)

Das Revisionsvorbringen ist nicht bekannt.

Sachverhalt: Das Landgericht hat den Angeklagten wegen gefährlicher Körperverletzung verurteilt. Nach den Feststellungen entschuldigte sich der Angeklagte beim Nebenkläger wegen eines Streites, man gab sich die Hand. Später versetzte der Nebenkläger dem Angeklagten unerwartet eine Ohrfeige, beide schlugen sich dann gegenseitig. Nach einer Pause kam es wieder zu wechselseitigen Tätlichkeiten, aus denen sich im Lokal eine allgemeine Schlägerei entwickelte. Dabei fielen der Angeklagte und der Nebenkläger wieder zu Boden, und zwar in der Weise, daß T. (der Nebenkläger) sich nicht mehr wehren konnte. In dieser Situation stach der Angeklagte mit dem Messer auf den Nebenkläger ein.

Die Beweiswürdigung des Landgericht zum Tatgeschehen beschränkt sich auf folgende Sätze:

„Der Angeklagte hat die Feststellungen, soweit sie Gegenstand seiner Wahrnehmungen waren, eingeräumt, sich jedoch dahin eingelassen, er habe in Notwehr zugestochen, da T. ihn angegriffen habe und er sich nicht anders habe wehren können.

Insoweit ist seine Einlassung durch die Bekundungen des Nebenklägers und Zeugen T. widerlegt, der eindeutig und für die Kammer uneingeschränkt glaubhaft bekundet hat, er sei wehrlos gewesen, als der Angeklagte auf ihn eingestochen habe, und habe infolgedessen diesen vor dem Stich weder angegriffen noch überhaupt angreifen können. Die Bekundung dieses Zeugen wird noch bestätigt durch diejenigen der übrigen im Lokal anwesenden und in den Hauptverhandlungsprotokollen einzeln aufgeführten Zeugen." – Das Rechtsmittel hatte Erfolg.

Gründe: Solche allgemein gehaltenen Ausführungen werden den Mindestanforderungen nicht gerecht, die an die Urteilsgründe, welche einen bestimmten unverwechselbaren Lebenssachverhalt betreffen, zu stellen sind. Sie könnten als „Textbaustein" in jedem Fall verwendet werden, in dem die Notwehreinlassung des ein Messer verwendenden Angeklagten durch die – von weiteren Zeugen bestätigte – Bekundung des Geschädigten widerlegt wird. Nach st. Rspr. gebietet die sachlichrechtliche Begründungspflicht in den Urteilsgründen Darlegungen, die die Nachprüfung der getroffenen Entscheidung auf ihre Richtigkeit ermöglichen.

Das bedeutet, daß die vom Angeklagten in seiner Einlassung behaupteten konkreten Tatsachen und nicht nur die zusammenfassende rechtliche Wertung „Notwehr", also der Geschehensablauf im entscheidenden Punkt aus seiner Sicht, mitgeteilt werden müssen. Sogenannte „Rechtstatsachen" (Notwehr) beinhalten keine „Behauptung" gem. § 267 Abs. 2 StPO, sondern eine zusammenfassende Bewertung zugrundeliegender Tatsachen mit einem Rechtsbegriff (vgl. BGHR StPO § 359 neue Tatsache 2 a. E.; zum Abdruck in BGHSt. bestimmt). In eine sich mit konkreten Tatsachen auseinandersetzende Beweiswürdigung sind sie nur schwer einzubeziehen (vgl. BGHSt. 37, 162 [BGH Urt. v. 29. 8. 1990 – 3 StR 184/90; vgl. § 244 III–VI StPO erfolglose Rügen]).

Der Darstellung des Angeklagten ist in einem Fall wie hier die konkrete Schilderung des Geschädigten entgegenzustellen. In den Urteilsgründen, die sich nach § 267 Abs. 2 StPO über die Feststellung oder Nichtfeststellung „behaupteter" rechtlich relevanter Umstände aussprechen müssen, sind die sich aus den Zeugenaussagen ergebenden Tatsachen nachprüfbar niederzulegen und zu würdigen.

73. Warum sich zwei mit zahlreichen Verfahren befaßte Beamte nach über acht Monaten übereinstimmend noch an den genauen Wortlaut einer Äußerung erinnern, die sie nicht für protokollierungswürdig hielten, bedarf einer Erläuterung.

StPO § 261 – BGH Urt. v. 31. 3. 1993 – 2 StR 6/93 LG Darmstadt (= StV 1993, 509)

Die Revision rügt die Verletzung sachlichen Rechts.

Sachverhalt: Das Rauschgift wurde am 6. 12. 1991 bei einer Hausdurchsuchung im Rahmen von Ermittlungen wegen Verdachts der Steuerhehlerei, der sich gegen den Sohn des Angeklagten richtete, in der Wohnung der Freundin des Sohns gefunden. In der Hauptverhandlung hatte dieser als Mitangeklagter zunächst angegeben, es handele sich um „sein

Rauschgift", welches er in Besitz gehabt habe. Später hat er geltend gemacht, er habe die Btm für eine dritte Person aufbewahrt.

Das Landgericht stützt seine Überzeugung von der Täterschaft des Angeklagten auf folgende Umstände:

1. Der Angeklagte habe am 5. 12. 1991 in M. einen Pkw gemietet und sei damit zwischen dem 5. und 6. 12. 1991 1210 km weit gefahren. Die Fahrtstrecke zwischen Mannheim und Amsterdam betrage ca. 500 km. Der Angeklagte pflege „regelmäßig Kontakte nach den Niederlanden."

2. Beim Eintreffen der Beamten der Zollfahndung um 10.15 Uhr habe sich der Angeklagte zusammen mit seinem Sohn in der Wohnung der Zeugin F. aufgehalten. Um 7.00 Uhr habe sich das Rauschgift noch nicht in der Wohnung befunden. Der Sohn habe die Wohnungstür erst drei bis fünf Minuten nach dem Klingeln der Beamten geöffnet. Sein Sohn habe den Beamten gegenüber um 10.30 Uhr angegeben, wenn sie eine Viertelstunde früher oder später gekommen wären, wäre kein Rauschgift aufgefunden worden.

Daraus ergibt sich nach Ansicht des Landgericht, daß der Angeklagte die Btm etwa um 10.00 Uhr in die Wohnung gebracht hat.

a) Es gäbe nämlich keine Anhaltspunkte dafür, daß dies ein unbekannter Dritter getan habe.

b) Auch der Sohn selbst habe das Rauschgift nicht in die Wohnung gebracht. Denn es erscheine äußerst unwahrscheinlich, daß der Angeklagte seinen Sohn gerade in dem Moment besuche, in dem dieser Rauschgift in die Wohnung seiner Freundin schaffe; noch unwahrscheinlicher erscheine die Möglichkeit, daß der Angeklagte erst in der Wohnung eintraf, als sein Sohn das Rauschgift dorthin verbracht und es versteckt hatte.

3. Der Angeklagte habe sich vor der drohenden Durchsuchung der Wohnung den Beamten gegenüber aggressiv verhalten, ihnen „Nazimethoden" vorgeworfen und damit die bevorstehende Durchsuchung nach dem Eindruck der Beamten verhindern wollen. Dieses Verhalten lasse nur den Schluß zu, daß er von dem in der Wohnung befindlichen Rauschgift wußte.

4. Bevor der Angeklagte die Wohnung verließ, habe er sich unter dem Vorwand, noch Brot mitnehmen zu wollen, in der Küche in der Nähe einer Tüte „zu schaffen gemacht", die als Verpackungsmaterial für das versteckte, später aufgefundene Kokain identifiziert worden sei. Er habe diese Tüte „offensichtlich" mitnehmen wollen.

5. Der Sohn des Angeklagten habe am Vormittag des 7. 12. 1991, nachdem er eine Nacht in der Arrestzelle verbracht hatte, gesagt, er lasse sich nichts anhängen, für seinen Vater gehe er nicht in den Knast, eher packe er aus. Hieraus ergebe sich, daß der Angeklagte der eigentliche Täter sei. Daran ändere nichts, daß der Sohn in der Hauptverhandlung alle Schuld auf sich genommen habe. Denn zwischenzeitlich seien vermutlich Absprachen zwischen Vater und Sohn dahingehend erfolgt, daß der Sohn die gesamte Schuld auf sich nehmen sollte, da er kein einschlägiges Vorstrafenregister aufwies und mit einer nicht so hohen Haftstrafe rechnen mußte.

6. Der Sohn des Angeklagten habe auch nicht die erforderlichen finanziellen Mittel zum Ankauf der Btm gehabt. – Das Rechtsmittel hatte Erfolg.

Gründe: ... Die Annahme des Landgericht, der Angeklagte habe das am 6. 12. 1991 in der Wohnung der Zeugin F. sichergestellte Rauschgift am 5. 12. 1991 in Amsterdam zum Zwecke des Handeltreibens gekauft, beruht auf einer rechtsfehlerhaften Beweiswürdigung.

III.

Die genannten Indizien, die das Landgericht zur Überführung des Angeklagten heranzieht, haben zum Teil von vornherein nur sehr geringen Beweiswert, zum Teil wertet sie das

Landgericht zu Unrecht auf oder bezieht naheliegende andere Deutungsmöglichkeiten nicht in seine Überlegungen mit ein:

Zu 1: Daß der Angeklagte mit einem gemieteten Pkw an einem Tage 1210 km zurücklegte, ist vor allem in Anbetracht der Tatsache, daß er als Exportkaufmann tätig war und in dieser Eigenschaft auch ins Ausland reiste, kein Indiz dafür, daß er in Amsterdam Rauschgift kaufte und zu seinem Sohn brachte. Da das Landgericht keine weiteren Indizien für den Ankauf der Btm durch den Angeklagten in Amsterdam anführen kann, beruht die diesbezügliche Feststellung auf einer reinen Vermutung. Das Landgericht hat den Angeklagten auch nicht – was in Konsequenz seiner Annahme hätte geschehen müssen – wegen Einfuhr von Btm in nicht geringer Menge verurteilt.

Zu 2: Daß das Rauschgift im engen zeitlichen Zusammenhang mit dem Besuch des Angeklagten in die Wohnung der E. gelangte, ist ein gewisses Indiz für seine Tatbeteiligung. Es ist aber zu besorgen, daß das Landgericht diesem zeitlichen Zusammentreffen zu große Bedeutung beigemessen hat. Denn der Umstand, daß eine dritte Person als Überbringer nicht ins Blickfeld getreten ist, verstärkt die Indizwirkung des zeitlichen Zusammentreffens nicht wesentlich. Vor allem aber kann die Frage, wie wahrscheinlich es ist, daß der Angeklagte seinen Sohn gerade zu einer Zeit besuchte, als dieser Rauschgift in die Wohnung seiner Freundin verbrachte oder verbracht hatte, nach den bisherigen Feststellungen nicht in einer für die Überführung des Angeklagten relevanten Weise beantwortet werden. Es hängt auch davon ab, wie oft derartige Besuche stattfanden.

Zu 3: Daß der Angeklagte sich vor der drohenden Durchsuchung aggressiv verhielt, kann zwar dafür sprechen, daß er von dem Rauschgift in der Wohnung wußte, kann aber auch andere Gründe gehabt haben, die das Landgericht in seine Überlegungen nicht erkennbar einbezogen hat.

Zum einen sollte die Durchsuchung wegen des Verdachts der Steuerhehlerei stattfinden und der Angeklagte konnte befürchten und verhindern wollen, daß Material gefunden würde, welches seinen Sohn insoweit belastete. Zum anderen hatte sich der Sohn des Angeklagten darüber beschwert, daß die Beamten die Wohnung durchsuchen wollten, obwohl sie hierfür keinen Durchsuchungsbeschluß hatten (der Beschluß galt für eine andere Wohnung). Die „Aufsässigkeit" des Angeklagten kann hieraus entstanden sein. Daß er – gegen den schon zahlreiche Strafverfahren durchgeführt worden waren – meinte, die Beamten durch Beschimpfungen (Nazimethoden) von der Durchsuchung abhalten zu können, liegt zudem nicht gerade nahe. Der vom Landgericht gegen den Angeklagten angeführte „Eindruck" der Beamten, dieser habe eine Durchsuchung verhindern wollen, hat wegen der Verwurzelung derartiger Eindrücke in subjektiven Vorstellungen des Beobachters und wegen der Unschärfe der Aussage selbst, kaum Beweiswert.

Zu 4: Unklar und mit Vermutungen verbunden ist das Indiz, das das Landgericht daraus zu gewinnen versucht, daß der Angeklagte vor dem Verlassen der Wohnung darum bat, die Küche aufsuchen zu dürfen, um Brot mitzunehmen. Selbst wenn der Angeklagte das in der Küche liegende Verpackungsmaterial tatsächlich beseitigen wollte, so ließe sich daraus nicht notwendig auf seine Beteiligung am Rauschgifthandel schließen, da der Angeklagte auch die Absicht gehabt haben kann, seinen Sohn zu schützen.

Zu 5: Bei der Bewertung der Angaben, die die Ermittlungsbeamten in der Hauptverhandlung (offensichtlich erstmals) machten, der Sohn des Angeklagten habe am 7. 12. 1991 spontan gesagt, er lasse sich nichts „anhängen", für seinen Vater gehe er nicht in den „Knast", eher „packe er aus", hatte das Landgericht folgendes zu berücksichtigen: Die Beamten hatten zum einen keine entsprechende Äußerung zu den Akten genommen. Zum anderen könnte der Sohn seinen Vater zu Unrecht belastet haben, um sich selbst zu entlasten.

Die Strafkammer schließt aus, daß die Beamten dem Angeklagten durch eine nur erfundene Äußerung des Sohnes etwas „anhängen" wollten und bewertet die Nichtaufnahme eines Aktenvermerks über diese Äußerung als „schlampige Aktenführung", die die Glaubwürdigkeit der Beamten nicht berühre. Es setzt sich aber nicht mit der Frage auseinander, ob die Zeugen eine nur ähnliche, den Angeklagten letztlich aber nicht so belastende Äußerung des Sohnes möglicherweise ungewollt falsch wiedergegeben haben. Warum sich die beiden, üblicherweise mit zahlreichen Verfahren befaßten Beamten nach mehr als acht Monaten übereinstimmend noch an den genauen Wortlaut einer Äußerung erinnern, die sie offenbar nicht für so wichtig hielten, um sie sofort schriftlich festzuhalten, hätte einer Erläuterung bedurft.

Daß der Sohn des Angeklagten damals die Wahrheit sagte, schließt das Landgericht daraus, daß er sich in einer starken psychischen und physischen Belastungssituation befunden habe und eine langjährige Haftstrafe erwartete.

Von der Ambivalenz eines derartigen Arguments abgesehen, setzt sich das Landgericht nicht mit der Möglichkeit auseinander, daß der Sohn seinen Vater deshalb zu Unrecht belastet haben könnte, weil einer der Beamten vorher die Bemerkung gemacht hatte, „Dein Vater hat Dich ganz schön in die Scheiße reingeritten."

Zu 6: Im Zusammenhang mit der Erwägung, daß der Sohn des Angeklagten keine finanziellen Mittel zum Ankauf von Btm gehabt habe, hätte das Landgericht berücksichtigen müssen, daß Btm nicht selten auf Kommissionsbasis weitergegeben werden.

Der Senat hat nicht zu beurteilen, ob die gegen den Angeklagten angeführten Indizien bei rechtsfehlerfreier Bewertung möglicherweise die Feststellung rechtfertigen könnten, daß der Angeklagte an der Tat seines Sohnes in geringerem Umfang als bisher angenommen beteiligt war.

74. Mit der Verfahrensbeschwerde kann geltend gemacht werden, daß eine verlesene Urkunde oder Erklärung unvollständig oder unrichtig im Urteil gewürdigt worden sei, wenn der Nachweis ohne Rekonstruktion der Hauptverhandlung geführt werden kann.

StPO §§ 261, 337, 344 – BGH Beschl. v. 11. 3. 1993 – 4 StR 31/93 LG Saarbrücken (= StV 1993, 459)

Die Revision rügt die Verletzung materiellen Rechts und wendet sich gegen die Versagung der Strafaussetzung zur Bewährung mit der Begründung, das Gericht sei zu Unrecht davon ausgegangen, der Angeklagte habe seine Tat nicht bereut. Hiergegen wendet die Revision ein, daß der Angeklagte in seiner in russischer Sprache abgefaßten schriftlichen Erklärung, die der von dem Gericht zugezogene Dolmetscher mündlich in russischer und deutscher Sprache vorgetragen habe, Bedauern über das Tatgeschehen zum Ausdruck gebracht und den Geschädigten um Entschuldigung gebeten habe.

Sachverhalt: Die Jugendkammer hat eine günstige Sozialprognose für den Angeklagten verneint und die Vollstreckung der Jugendstrafe im Hinblick auf seine Entwicklung für geboten erachtet (§ 21 Abs. 2 JGG). Sie hat dem Angeklagten „einen erschreckenden Mangel an Unrechtsbewußtsein" attestiert, dem entgegengewirkt werden müsse, und in diesem Zusammenhang ausgeführt: „So hat der Angeklagte in seiner vorbereitenden Erklärung, mit der er einräumt, den Zeugen geschlagen und getreten zu haben, auch keinerlei Bedauern gegenüber dem Zeugen erkennen lassen, sondern lediglich seine eigene Sorge zum Ausdruck gebracht, wegen der vorliegenden Taten abgeschoben zu werden". – Das Rechtsmittel hatte Erfolg.

Gründe: ... Zwar hat der Beschwerdeführer in seiner Revisionsrechtfertigung lediglich die „Verletzung materiellen Rechts" gerügt. Die Bezeichnung der Rüge ist hier jedoch unschädlich; denn entscheidend ist ihre wirkliche rechtliche Bedeutung, wie sie dem Sinn und Zweck des Vorbringens zu entnehmen ist (BGHSt. 19, 273, 275 [BGH Urt. v. 24. 3.

1964 – 3 StR 60/63; vgl. § 344 StPO erfolglose Rügen]). Dabei ist die Revisionsbegründung so auszulegen, daß der mit dem Rechtsmittel erstrebte Erfolg eintreten kann. Danach ist die Rüge als Verfahrensbeschwerde zu behandeln. Mit der Behauptung, das Urteil gebe die „vorbereitende Erklärung" des Angeklagten inhaltlich unvollständig und somit falsch wieder, kann der Beschwerdeführer im Wege der Sachrüge nicht durchdringen. Denn die Ergebnisse der Beweisaufnahme festzustellen und zu würdigen, ist allein Sache des Tatrichters. Der dafür bestimmte Ort ist das Urteil; was in ihm über das Ergebnis der Verhandlung zur Schuld- und Straffrage festgehalten ist, bindet das Revisionsgericht. Dagegen kann mit der Verfahrensbeschwerde geltend gemacht werden, daß eine verlesene Urkunde oder Erklärung unvollständig oder unrichtig im Urteil gewürdigt worden sei, wenn der Nachweis ohne Rekonstruktion der Hauptverhandlung geführt werden kann (BGHSt. 29, 18, 21 [BGH Beschl. v. 7. 6. 1979 – 4 StR 441/78; vgl. § 261 StPO erfolglose Rügen]; vgl. auch BGHR StPO § 261 Inbegriff der Verhandlung 15 [BGH Beschl. v. 22. 11. 1988 – 1 StR 559/88; vgl. § 261 StPO erfolgreiche Rügen]).

Diese als auf die Verletzung des § 261 StPO gestützt anzusehende Rüge ist zulässig und auch begründet. Wie die Revision zutreffend vorträgt, enthält die bei den Akten befindliche, handschriftlich in russischer Sprache abgefaßte Erklärung des Angeklagten u.a. folgenden Abschnitt:

„Ich persönlich habe überhaupt kein Verlangen danach, mich bei A. zu rächen. Im Gegenteil, ich möchte, daß er mir verzeiht und ich bin bereit, ihn mehrmals um Entschuldigung zu bitten. Immer noch bis jetzt kann ich nicht verstehen, wie dies alles passieren konnte. Ich bedaure es sehr, daß all das passiert ist. Und was mich in diese Geschichte hineingezogen hat, kann ich auch nicht verstehen. Das wird mir für die Zukunft eine harte Lektion sein und (ich) werde nie wieder in eine solche Geschichte geraten, die mit Polizei zu tun hat".

Der nicht auflösbare Widerspruch zwischen dem Inhalt der Erklärung des Angeklagten und ihrer Würdigung in den Urteilsgründen entzieht der Annahme der Jugendkammer, dem Angeklagten mangele es an Unrechtsbewußtsein und er habe sich nicht genügend mit der Tat auseinandergesetzt, die Grundlage. Die Entscheidung über die Versagung der Strafaussetzung zur Bewährung kann deshalb nicht bestehenbleiben.

75. Steht in einem Vergewaltigungsverfahren die Aussage des Angeklagten gegen die der Anzeigeerstatterin und hängt die Entscheidung allein davon ab, welchen Angaben das Gericht glaubt, müssen alle Umstände, denen eine indizielle Bedeutung für die Schuld oder Unschuld des Angeklagten zukommen bei der Beweiswürdigung berücksichtigt werden.

StPO § 261 – BGH Urt. v. 3. 2. 1993 – 2 StR 531/92 LG Frankfurt am Main (= StV 1994, 526)

Die Revision rügt die Verletzung sachlichen Rechts.

Sachverhalt: Nach den Feststellungen hat der Angeklagte, Portier des Hotels Z., Ende Juli/Anfang August 1988 versucht, mit der Zeugin St., die mit ihrem Ehemann und ihrem Sohn – vom Sozialamt dort eingewiesen – im Hotel wohnte, gewaltsam den Geschlechtsverkehr durchzuführen.

Der Angeklagte bestreitet die Tat und behauptet, Frau St. habe freiwillig mit ihm verkehrt. Unbeteiligte Tatzeugen und Tatspuren sind nicht vorhanden. Die Zeugin hat erst dreieinhalb Monate nach der Tat Anzeige erstattet. Das Landgericht stützt sein Urteil allein auf die Aussage von Frau St., die sie für glaubhaft hält.

Das Landgericht prüft zwar denkbare Motive für eine Falschbezichtigung. In diesem Zusammenhang stellt es fest, daß Frau St. vermutete, der Angeklagte intrigiere seit August

1988 bei ihrem Ehemann gegen sie; einmal habe er auch eine abfällige Bemerkung gemacht, welcher der Ehemann allerdings nicht nachgegangen sei. Der Angeklagte habe ferner maßgeblich dazu beigetragen, daß sie mit ihrer Familie Ende Oktober 1988 das Hotel verlassen mußte. Einen Racheakt sieht das Landgericht in der erst am 11. 11. 1988 erstatteten Anzeige dennoch nicht. Hierbei lassen die Urteilsgründe aber nicht erkennen, daß das Landgericht folgende Feststellungen der gebotenen kritischen Würdigung unterzogen hätte:

„Die Zeugin hat angegeben, sie habe dem Angeklagten wenige Tage nach der Tat bei einer Aussprache verziehen, mithin hat sie die Tat damals als nicht besonders schlimm empfunden. Als wesentlich schlimmer empfand sie die von ihr vermuteten ‚Intrigen' des Angeklagten, die aus ihrer Sicht in der zuerst nur gegen sie und ihr Kind vom Angeklagten ausgesprochenen Kündigung ihren Höhepunkt fanden. Erst dann hielt es die Zeugin für notwendig, ihren Mann, den sie glaubhaft als sehr eifersüchtig beschrieben hat, über das Tatgeschehen zu informieren."

Der Ehemann, der bis heute von dem Verhältnis zu dem anderen Portier nichts weiß, riet ihr daraufhin ebenso wie andere Personen zur Anzeigenerstattung, welche sie zunächst nicht unbedingt wollte. – Das Rechtsmittel hatte Erfolg.

Gründe: ... Die Beweiswürdigung des Landgerichts ist in einem wesentlichen Punkt unvollständig und gibt zu rechtlichen Bedenken Anlaß.

Steht in einem Verfahren, in dem einem Angeklagten Vergewaltigung vorgeworfen wird, die Aussage des Angeklagten gegen die der Anzeigerstatterin und hängt die Entscheidung allein davon ab, welchen Angaben das Gericht glaubt, dann müssen, damit es nicht zu einer Verurteilung aufgrund einer subjektiven Fehlbeurteilung der Zeugenaussage kommt, alle Umstände, denen eine indizielle Bedeutung für die Schuld oder Unschuld des Angeklagten zukommen kann, in die Beweiswürdigung eingestellt werden (vgl. BGHR StGB § 177 I Beweiswürdigung 3, 5; BGHR StPO § 241 II Zurückweisung 2 [=StV 1990, 99]; BGH Beschl. v. 13. 3. 1991 – 2 StR 62/91 und Beschl. v. 22. 1. 1992 – 2 StR 520/91 [StV 1992, 219]).

Diesen Anforderungen wird das angefochtene Urteil nicht gerecht.

Von wesentlicher Bedeutung ist die Frage, ob die Zeugin, obgleich verheiratet, sexuelle Kontakte mit dem ebenfalls als Portier des Hotels beschäftigten Zeugen K. unterhielt, weil sie diesen „verständnisvoll und attraktiv" fand, ein Motiv haben konnte, den Angeklagten, mit dem sie ebenfalls „gut bekannt" war, mit dem sie bei anderer Gelegenheit auch Zärtlichkeiten ausgetauscht und den sie an dem fraglichen Abend um 23.00 Uhr noch in seinem Hotelzimmer aufgesucht hatte, nach einem einvernehmlichen Geschlechtsverkehr der versuchten Vergewaltigung zu bezichtigen.

In diesem Zusammenhang mußten sich dem Gericht folgende Überlegungen aufdrängen: Wenn Frau St. glaubte, bei ihrem Ehemann ein Gegengewicht für die vermuteten Intrigen des Angeklagten schaffen zu müssen, dann eignete sich hierzu nur ein diesen belastender Vorfall. Die Sachverhaltsschilderung der Zeugin erfüllt einen derartigen Zweck. Hat ein freiwilliger Geschlechtsverkehr zwischen den Beteiligten stattgefunden, wie der Angeklagte dies behauptet, so mußte die Zeugin möglicherweise befürchten, daß das feindselige Verhalten des Angeklagten auch zur Offenbarung des Fehltritts an den bis dahin ahnungslosen, aber sehr eifersüchtigen Ehemann führen würde, zumal der Angeklagte entsprechende Andeutungen bereits gemacht hatte. Daß Frau St. für einen solchen Fall dem Angeklagten durch eine ihr günstige Schilderung zuvorkommen wollte, wäre ein einfühlsames und naheliegendes Verhalten.

Dem vom Landgericht angeführten Argument, eine Frau, die zu mehreren Männern außerehelichen Beziehungen unterhalte, habe keinen Grund, sich von einer dieser Beziehungen zu distanzieren und einen der Männer der Vergewaltigung zu bezichtigen, kommt nur

Bedeutung zu, wenn ein Motiv für die Falschbezichtigung des einen Intimpartners nicht ersichtlich ist.

Es ist nicht auszuschließen, daß eine umfassende Prüfung der Aussageentstehung zu einer anderen Bewertung der Aussage von Frau St. geführt hätte.

76. Behauptung, eine in der Hauptverhandlung gemachte Aussage habe einen anderen Inhalt oder Sinn gehabt nur dann beachtlich, wenn das Beweisergebnis ohne Rekonstruktion der Hauptverhandlung feststellbar ist.

StPO § 261 – BGH Beschl. v. 7. 1. 1993 – 4 StR 607/92 LG Landau (= StV 1993, 115)

Die Revision rügt die Verletzung materiellen Rechts und eine unzureichende Beweiswürdigung.

Sachverhalt: Das Landgericht hat dem Angeklagten strafschärfend angelastet, daß er „die gesondert Verfolgten T. Y. und N. K. in sein strafbares Verhalten miteinbezogen" habe.

Das Landgericht stützt die getroffenen Feststellungen auf die geständige Einlassung des Angeklagten, der eingeräumt habe, „2481,1 g Heroin im Zusammenwirken mit M. Y. an die Vertrauensperson des LKA Rheinland-Pfalz namens „Mehmet" verkauft und die Einfuhr des Btm in die Bundesrepublik durch die genau eingewiesenen Kuriere veranlaßt zu haben, wie es der Sachverhaltsdarstellung zugrunde gelegt ist". – Das Rechtsmittel hatte Erfolg.

Gründe: Mit Erfolg wendet die Revision hiergegen ein, der Angeklagte habe nicht gestanden, auch K. mit dem Transport des Rauschgifts beauftragt zu haben. Zwar kann der Beschwerdeführer grundsätzlich in der Revision nicht mit der Behauptung gehört werden, eine in der Hauptverhandlung gemachte Aussage habe einen anderen Inhalt gehabt oder sei anders zu verstehen. Der BGH hat aber bereits mehrfach entschieden, daß es sich anders verhält, wenn das Beweisergebnis, etwa der Inhalt einer Äußerung oder einer Urkunde, und seine Erörterungsbedürftigkeit mit den Mitteln des Revisionsrechts ohne Rekonstruktion der Hauptverhandlung feststellbar sind (BGH StV 1991, 549 [BGH 20. 8. 1991 – 5 StR 354/91; vgl. § 261 StPO erfolgreiche Rügen]).

So verhält es sich hier. Wie das Protokoll beweist, sind am letzten Tag der Hauptverhandlung die Niederschriften über zwei Vernehmungen des Angeklagten als Zeuge in dem Verfahren gegen M. Y. verlesen worden, nachdem der Angeklagte erklärt hatte, seine darin gemachten Aussagen entsprächen der Wahrheit und er bleibe bei diesen Angaben. Nach der Verlesung wurden keine weiteren Erklärungen abgegeben. Tatsächlich hat der Angeklagte hierbei ausgesagt, er habe Y. veranlaßt, für ihn eine Sendung in die Bundesrepublik zu bringen, bei dessen Abfahrt habe sich K. nicht in dem Pkw befunden, er, der Angeklagte wisse auch nicht, wie K. „später in die ganze Sache hineingekommen" sei (Sachakten Bd. II Bl. 474). Dies hat das Landgericht nicht gewürdigt. Selbst wenn der Angeklagte – wie den Urteilsgründen zu entnehmen sein könnte – bei seiner Einlassung zur Sache die Beauftragung auch des K. eingeräumt hat, hätte sich das Landgericht mit der späteren, hiervon abweichenden Aussage des Angeklagten auseinandersetzen müssen.

Das Urteil beruht auch auf dem aufgezeigten Rechtsfehler. Nach den Strafzumessungserwägungen vermag der Senat nicht mit der erforderlichen Sicherheit auszuschließen, daß die strafschärfende Erwägung des Landgericht, der Angeklagte habe zwei Personen als Kuriere in das strafbare Tun verstrickt, sich bei der Strafhöhe ausgewirkt hat. ...

77. Die Frage, ob eine Wahllichtbildvorlage vorschriftsmäßig und ohne jede Beeinflussung vonstatten gegangen ist, hat entscheidende Bedeutung für ihren Beweiswert.

StPO § 261 – BGH Beschl. v. 7. 1. 1993 – 4 StR 588/92 LG Essen (= StV 1993, 234)

Die Revision rügt die Verletzung sachlichen Rechts.

Sachverhalt: Grundlage der Verurteilung des Angeklagten ist im wesentlichen die Aussage des Tatopfers, der Zeugin H. Diese hat in einer ersten Hauptverhandlung am 14. 4. 1992 ausgesagt, bei der Lichtbildvorlage zur Ermittlung des Täters habe der diensttuende Polizeibeamte seinerzeit auf ein Bild gezeigt und ihr erklärt, das könne vielleicht der Täter gewesen sein; darauf habe sie geantwortet: „Das war er." Diese Aussage hat die Strafkammer in der jetzigen Hauptverhandlung als „bereits erwiesen" angesehen, so daß sie einem entsprechenden Beweisantrag nicht nachging.

Im Gegensatz dazu führt die Strafkammer im Rahmen der Beweiswürdigung aus, die Zeugin habe die ihr vorgelegten Bilder mehrfach der Reihe nach „ohne eine Beeinflussung" durchgesehen. Im Hinblick auf die hiervon abweichende Aussage der Zeugin in der früheren Hauptverhandlung führt die Strafkammer aus, die Zeugin habe die Einzelheiten der Lichtbildvorlage nicht mehr richtig in Erinnerung gehabt. Gleichzeitig führt sie an, auch der Polizeibeamte habe keine konkrete Erinnerung an die Wahllichtbildvorlage. Schließlich folgt die Strafkammer der Zeugin nicht, soweit sie von ca. 20 ihr vorgelegten Lichtbildern spricht und davon, den Angeklagten auf einem „Brustfoto" erkannt zu haben. Diese „Unsicherheiten" betreffen nach Auffassung der Strafkammer „nur Details" und sind nach langer Vernehmungsdauer und sich immer wieder steigernder Nervosität gemacht worden und deswegen nicht sehr zuverlässig. – Das Rechtsmittel hatte Erfolg:

Gründe: ... Die Beweiswürdigung des Landgericht ist nicht frei von Rechtsfehlern.

... Wie die Revision zu Recht beanstandet, läßt das Urteil die erforderliche Auseinandersetzung damit vermissen, daß die maßgebliche Tatzeugin über die Frage der unbeeinflußten Lichtbildvorlage zwei einander ausschließende Aussagen gemacht hat. Der Beweiswürdigung ist nicht zu entnehmen, aus welchen Gründen die Strafkammer sich für eine der beiden Möglichkeiten entschieden hat. Ihr kann auch nicht darin gefolgt werden, daß es sich insoweit nur um Abweichungen in „Details" gehandelt habe; vielmehr ist die Frage, ob eine Wahllichtbildvorlage vorschriftsmäßig und ohne jede Beeinflussung vonstatten gegangen ist, von entscheidender Bedeutung für ihren Beweiswert.

Danach kann das Urteil keinen Bestand haben.

78. Gericht, das den Rat eines Sachverständigen in Anspruch genommen hat und das dann im Widerspruch zu dem Gutachten entscheiden will, muß die Darlegungen des Sachverständigen im einzelnen wiedergeben.

StPO § 261 – BGH Urt. v. 16. 12. 1992 – 2 StR 440/92 LG Trier (= StV 1993, 234)

Die Revision rügt die Verletzung sachlichen Rechts.

Sachverhalt: Nach Auffassung des von der Strafkammer gehörten psychiatrischen Sachverständigen Prof. Dr. G. besteht der „dringende Verdacht", daß bei dem Angeklagten eine sadistische Deviation vorliegt. Zur Begründung dieses Verdachts stützt sich der Sachverständige auf objektive Gegebenheiten, die im Urteil mitgeteilt werden. „Für den Sachverständigen ist jedoch der starke Verdacht hinsichtlich des Vorliegens einer sadistischen Deviation aus wissenschaftlicher Sicht letztlich nur dann verifizierbar, wenn der Angeklagte über sein inneres Erleben Auskunft gibt", was er nicht getan hat.

Die Strafkammer ist unter Heranziehung psychiatrischer Fachliteratur in Abweichung von der Auffassung des Sachverständigen zu der Überzeugung gelangt, daß beim Angeklagten eine sadistische Perversion vorliegt, weshalb Schuldunfähigkeit nicht auszuschließen sei. Sie rechtfertigt ihre Überlegungen damit, daß sie nicht nur „biologistisch, naturwissenschaftliche begründete Feststellungen" zu treffen habe, und daß in der Vita des Angeklagten, wie sie sich aufgrund des Ergebnisses der Beweisaufnahme darstelle, überaus zahlreiche Hinweise gegeben seien, die die Annahme des Vorliegens einer Perversion bestätigten, so daß der von dem Sachverständigen aus der Vorsicht des Wissenschaftlers geäußerte außerordentlich starke Verdacht sich für die Kammer zur Überzeugung verdichte. – Das Rechtsmittel hatte Erfolg.

Gründe: Das begegnet durchgreifenden rechtlichen Bedenken.

Der Strafrichter ist zwar nicht gehindert, von dem Gutachten eines vernommenen Sachverständigen abzuweichen; denn dieses kann stets nur eine Grundlage der eigenen Überzeugungsbildung sein. Bedenklich ist indessen die im Urteil durchscheinende Auffassung des Landgericht, daß es sich hierbei von den wissenschaftlichen Standards lösen dürfe. Kommt es auf wissenschaftlich zu ermittelnde Sachverhalte an, so sind an die richterliche Überzeugungsbildung bei der Tatsachenfeststellung keine geringeren Anforderungen zu stellen als an den Wissenschaftler selbst. Nur die aus dem Ergebnis zu ziehenden Schlußfolgerungen können verschieden sein.

Vor allem aber muß der Tatrichter, der in einer schwierigen Frage den Rat eines Sachverständigen in Anspruch genommen hat, und der diese Frage dann im Widerspruch zu dem Gutachten lösen will, die Darlegungen des Sachverständigen im einzelnen wiedergeben, insbes. dessen Stellungnahme zu den Gesichtspunkten, auf welche das Gericht seine abweichende Auffassung stützt (vgl. BGHR StPO § 261 Sachverständiger 1). Das gilt auch, wenn es um die Beurteilung geistig-seelischer Zustände geht, wie die hier in Frage stehende sadistische Deviation (vgl. BGH Beschl. v. 28. 8. 1990 – 1 StR 40/90; BGHR StGB § 21 seelische Abartigkeit 12; BGH Urt. v. 31. 7. 1985 – 2 StR 336/85; BGH Beschl. v. 12. 6. 1984 – 4 StR 333/84).

79. Eine DNA-Analyse besitzt keine absolute Beweiskraft. Ihr Ergebnis ist nicht als bindend, sondern lediglich als ein – wenn auch ein bedeutsames – Indiz anzusehen.

StPO § 261 – BGH Urt. v. 12. 8. 1992 – 5 StR 239/92 LG Hannover (= BGHSt. 38, 320 = NJW 1992, 2976 = StV 1992, 455 = NStZ 1992, 554)

Die Revision rügt, daß sich das Gericht bei der Beweiswürdigung allein auf die Aussage eines Sachverständigen zum Ergebnis einer DNA-Analyse gestützt hat.

Sachverhalt: Das Landgericht hat den Angeklagten wegen Vergewaltigung verurteilt.

Der Angeklagte hat die Tat bestritten. Er hat sich dahin eingelassen, mit der Geschädigten und seinen Begleitern am Tatabend in einer Wohnung gewesen zu sein, es sei dort aber zu keinen sexuellen Belästigungen oder Kontakten gekommen. Das Landgericht hält die Einlassung des Angeklagten für widerlegt. Es ist davon überzeugt, daß in der Tatnacht Geschlechtsverkehr zwischen der Geschädigten und dem Angeklagten stattgefunden habe, und hat die Feststellung auf „die Ausführungen des Sachverständigen Dr. R." gestützt: Der Sachverständige Dr. R. habe die Spermien mit einer Blutprobe des Angeklagten mittels der DNA-Analyse vergleichend untersucht. Anhand der Übereinstimmung der Merkmale in den untersuchten DNA-Polymorphismen von Sperma-Spur und Blut könne mit einer „Wahrscheinlichkeit von 99,986% festgestellt werden, daß der Angeklagte der Verursacher des Spermas aus der Scheide (der Geschädigten) sei". Die aus den Spermaköpfen isolierte DNA weise in allen drei untersuchten Polymorphismen (System HLA DQ alpha, pMCT 118, pMR 24/1) die gleichen Merkmale (1.1 – 4,18 – 24,4.2 – 5.1) auf wie die DNA aus den weißen Blutkörperchen des Angeklagten. Die drei Merkmale seien in einer europäischen Bevölkerungsstichprobe mit folgenden Häufigkeiten festgestellt worden: Merkmal 1 mit 9,2%, Merkmal 2 mit 19,2% und Merkmal 3 mit 0,82%. Die Kombination der Merkmale aller drei DNA-Polymorphismen komme nach den angegebenen Häufigkeiten bei 0,014% der Bevölkerung vor (9,2% x 19,2% x 0,82% = 0,014%), das heiße bei einer von 6937 Personen.

Die Untersuchung habe, so hat das Landgericht abschließend ausgeführt, keine „zwingenden Hinweise auf das Vorhandensein von Spermatozoen von mehreren Männern ergeben". Zum „eigentlichen Tatgeschehen" folgt das Landgericht der Aussage der Geschädigten.

Sie habe „den Sachverhalt im wesentlichen so dargestellt, wie er oben festgestellt wurde". Es hält ihre Aussage für glaubhaft und hat dies unter anderem mit dem Detaillierungsgrad und der Aussagekonstanz begründet. Ein Motiv zur Falschbelastung scheide aus. Für die Glaubhaftigkeit spreche auch der Befund des Sachverständigen E. – des Arztes, der sie unmittelbar nach der Tat untersucht hat – über die Verletzungen der Geschädigten. Im Hinblick auf den Erhaltungszustand der Spermien komme der Sachverständige zu dem Ergebnis, daß diese nicht älter als sechs Stunden gewesen seien. – Das Rechtsmittel hatte Erfolg.

Gründe:

1. Das Landgericht begründet seine Überzeugung vom Geschlechtsverkehr des Angeklagten mit der Geschädigten nur mit dem Ergebnis der DNA-Analyse. Diese Beweiswürdigung hält sachlich-rechtlicher Nachprüfung nicht stand.

a) Zutreffend ist allerdings der Ausgangspunkt des Landgerichts, daß das Ergebnis einer solchen Analyse sowohl zum Täterausschluß als auch zur Täterfeststellung verwendet werden darf (BGH NStZ 1991, 399 [BGH Urt. v. 25. 4. 1991 – 4 StR 582/90; vgl. § 244 II StPO erfolgreiche Rügen]). Allerdings ist ihr Beweiswert stets kritisch zu würdigen. Der Senat hat im Urteil vom 21. 8. 1990 (BGHSt. 37, 157 [BGH Urt. v. 21. 8. 1990 – 5 StR 145/90; vgl. § 81a StPO erfolglose Rügen]) im Hinblick auf kritische Stimmen über die mangelnde wissenschaftliche Absicherung (vgl. ferner BGH – XII. Zivilsenat – NJW 1991, 749) auf die Grenzen des Beweiswertes der DNA-Analyse hingewiesen.

b) Dieser Verpflichtung zu kritischer Bewertung ist das Landgericht nicht ausreichend gerecht geworden. In der Hauptverhandlung vor dem Bundesgerichtshof hat der Sachverständige Prof. Dr. H. ein Gutachten erstattet, das der Senat erwogen und im folgenden berücksichtigt hat.

aa) Es ist schon zu beanstanden, daß das Landgericht nicht erörtert hat, aus welcher Datenbasis der Sachverständige Dr. R. die Häufigkeit der untersuchten Merkmale in der Population hergeleitet hat. Wie der Sachverständige Professor Dr. H. überzeugend ausgeführt hat, besteht derzeit in diesem Zusammenhang eine erhebliche Unsicherheit, der vielfach dadurch Rechnung getragen wird, daß in „konservativer Weise" vergleichsweise hohe Frequenzen einzelner Merkmale in der Bevölkerung angenommen werden. Der Sachverständige hat ferner dargelegt, daß die von den einzelnen Instituten bei der Entwicklung der Datenbasen verwandten Methoden der wissenschaftlichen Diskussion und Kontrolle weitgehend entzogen sind. Auch auf anderen Gebieten verlangt der Bundesgerichtshof, daß ihm die Grundlagen wissenschaftlicher Schlußfolgerungen mitgeteilt werden. Das gilt insbesondere dann, wenn die wissenschaftliche Entwicklung – wie hier – noch im vollen Fluß ist und keine abschließenden, allgemein anerkannten Erkenntnisse, wie etwa bei der Bestimmung der Blutalkoholkonzentration, vorliegen. Der hier zu entscheidende Fall legte u.a. die Prüfung der Frage nahe, ob die von dem Sachverständigen Dr. R. verwendete Datenbasis auch dann als repräsentativ angesehen werden kann, wenn die untersuchte Person – wie offenbar hier – aus einer in Mitteleuropa selten vertretenen abgeschlossenen ethnischen Gruppe stammt.

bb) Der Sachverständige Dr. R. hat die Häufigkeit der Merkmalskombination mit 0,014% im Sinne einer Merkmalswahrscheinlichkeit errechnet (vgl. dazu Senat StV 1992, 312); er hat dabei die Häufigkeit der einzelnen Merkmale miteinander multipliziert. Dieses Vorgehen ist nur zulässig, wenn die einzelnen Merkmale voneinander statistisch unabhängig sind (Senat a.a.O.). Dazu verhält sich das Urteil nicht. Der Senat geht aber mit dem Sachverständigen Professor Dr. H. davon aus, daß diese Regel beachtet worden ist.

cc) Die Umrechnung der Merkmalswahrscheinlichkeit von 0,014% in eine Belastungswahrscheinlichkeit bzw. Täterwahrscheinlichkeit von 99,986% setzt, wie der Sachverständige Professor Dr. H. dem Senat dargelegt hat, die Festsetzung einer Anfangswahrscheinlichkeit voraus. Zu einem Wert von 99,986% kommt man nur dann, wenn die Anfangswahrscheinlichkeit mit 50% angesetzt wird. Damit ist gemeint: Bei einer „a priori" – vor Berücksichtigung der DNA-Analyse – vorgenommenen Einschätzung liegt die Annahme, daß die Spermien von dem Angeklagten herrühren, ebenso nahe wie das Gegenteil. Von dieser (neutralen) Anfangswahrscheinlichkeit durfte der Sachverständige Dr. R., der nur Aussagen zum Ergebnis der DNA-Analyse machen sollte, ausgehen. Das Gericht mußte sich darüber im klaren sein, daß das Ergebnis des Sachverständigengutachtens nur eine abstrakte Aussage über die statistische Belastungswahrscheinlichkeit ergibt. Daß dieser Wert mit der konkreten Belastung des Angeklagten nicht gleichgesetzt werden darf, macht folgende Überlegung deutlich: Dem vom Sachverständigen Dr. R. genannten Wert von 99,986% entspricht in der Bevölkerung ein Anteil von 0,014%, bei dem die DNA-Analyse dieselben Merkmale ergeben würde wie beim Angeklagten. Bei ungefähr 250 000 männlichen Einwohnern der Stadt Hannover würde dies immerhin einer Zahl von 35 männlichen Personen aus Hannover entsprechen.

2. Das Landgericht wäre bei dieser Sachlage rechtsfehlerfrei vorgegangen, wenn es den Angeklagten als durch die DNA-Analyse stark belasteten Tatverdächtigen angesehen und sich unter Berücksichtigung der weiteren Indizien von der Täterschaft überzeugt hätte. In dieser Weise ist das Landgericht aber bei der Beweiswürdigung nicht vorgegangen. Es hat sich vielmehr ausschließlich aufgrund der DNA-Analyse davon überzeugt, daß der Angeklagte entgegen seiner Einlassung Geschlechtsverkehr mit Frau R. gehabt hat, und hat die weiteren Beweismittel und Indizien lediglich bei seiner Überzeugungsbildung zum „eigentlichen Tatgeschehen" herangezogen. Damit hat es dem Ergebnis der DNA-Analyse einen zu hohen Beweiswert zugemessen. Der Tatrichter setzte bei der Gesamtschau aller Indizien bereits als erwiesen voraus, daß der Angeklagte entgegen seiner Einlassung Geschlechtsverkehr mit dem Opfer hatte. Dieser Umstand ist aber allein durch die DNA-Analyse nicht bewiesen, weil ihr der hohe Beweiswert, wie ihn das Landgericht voraussetzt, nicht zukommt. Es kann nicht ausgeschlossen werden, daß das Landgericht die Glaubhaftigkeit der Aussage der Belastungszeugin in Zweifel gezogen hätte, wenn es das Ergebnis der DNA-Analyse nicht als bindend, sondern lediglich als ein – wenn auch ein bedeutsames – Indiz angesehen hätte. Die fehlerhafte Beweiswürdigung kann der Senat nicht durch eine eigene ersetzen.

80. Nachteilige Schlüsse gegen Angeklagten aus Auskunftsverweigerungsrecht unzulässig.

StPO §§ 55, 261 – BGH Urt. v. 26. 5. 1992 – 5 StR 122/92 LG Berlin (= BGHSt. 38, 302 = NJW 1992, 2304 = StV 1992, 355 = NStZ 1992, 448 = MDR 1992, 392)

Die Revision rügt, daß bei der Beweiswürdigung eine berechtigte Auskunftsverweigerung des Angeklagten in einem anderen Strafverfahren zu seinem Nachteil gewertet worden ist.

Sachverhalt: Nach den Feststellungen verkaufte der Zeuge W. „für den Angeklagten" Heroin in näher bestimmter Weise. Der Angeklagte hat dies bestritten. Die Strafkammer knüpft in der Beweiswürdigung u.a. daran an, daß der Angeklagte als Zeuge in der Hauptverhandlung gegen den gesondert verfolgten Zeugen W. unter „Berufung auf § 55 StPO keine Aussage gemacht" hat, und führt hierzu aus: „Dieser Punkt ist ebenfalls belastend für den Angeklagten. Er hat sich in jenem Verfahren nach anwaltlicher Beratung auf den Schutz des § 55 StPO berufen, der ihm auch umfassend zugebilligt worden ist. Der Angeklagte hätte aber in jenem Verfahren hinsichtlich des Handels mit Heroin als Zeuge aussagen können, wenn es wahr wäre, daß er keinen Handel mit Heroin getrieben hatte". – Das Rechtsmittel hatte Erfolg.

Gründe: Der Senat erachtet es für unzulässig, Schlüsse zum Nachteil des Angeklagten daraus zu ziehen, daß dieser sich als Zeuge in einem anderen, den gleichen Tatkomplex betreffenden Strafverfahren auf das Auskunftsverweigerungsrecht aus § 55 StPO berufen hat. Dies gilt jedenfalls dann, wenn der Angeklagte sich bis dahin nicht – über ein generelles Bestreiten des Tatvorwurfs hinaus – zur Sache geäußert hatte.

a) Die Frage ist – soweit ersichtlich – vom Bundesgerichtshof bislang nicht entschieden worden. Das Oberlandesgericht Stuttgart (NStZ 1981, 272) hat in einem vergleichbaren Fall die Verwertbarkeit der Auskunftsverweigerung verneint.

b) Allerdings ist das Auskunftsverweigerungsrecht nach § 55 StPO von wesentlich anderer Struktur und mit geringeren Folgen ausgestattet als das Schweigerecht des Beschuldigten und das Zeugnisverweigerungsrecht eines Angehörigen des Beschuldigten. Insbesondere besteht ein solches Auskunftsverweigerungsrecht – anders als die genannten umfassenden Schweigerechte – nur dann, wenn der Zeuge bei wahrheitsgemäßer Aussage sich selbst oder einen Angehörigen belasten würde. Es erschöpft sich regelmäßig in einem themenbezogenen Auskunftsverweigerungsrecht und bleibt damit weit hinter den genannten umfassenden Rechten zum Schweigen zurück (BGHSt. 10, 104 [BGH Urt. v. 15. 1. 1957 – 5 StR 390/56; vgl. § 55 StPO erfolglose Rügen]; 27, 139, 143 [BGH Urt. v. 16. 3. 1977 – 3 StR 372/76; vgl. § 251 StPO erfolglose Rügen]). Es findet seine Rechtfertigung nicht im Rechtskreis des Beschuldigten, sondern allein im Rechtskreis des Zeugen (BGHSt. 11, 213, 216 [BGH Beschl. v. 21. 1. 1958 – GSSt 4/57; vgl. § 55 StPO erfolglose Rügen]). Dementsprechend sind die Wirkungen einer Geltendmachung dieses Rechtes beschränkt. So greift § 252 StPO hier nicht ein: Frühere Angaben des Zeugen bleiben verwertbar; entsprechend dürfen unbeschränkt Vernehmungspersonen gehört werden (BGHSt. 6, 209 [BGH Urt. v. 30. 6. 1954 – 6 StR 172/54; vgl. § 250 StPO erfolglose Rügen]; 17, 245 [BGH Urt. v. 13. 4. 1962 – 3 StR 6/62; vgl. § 252 StPO erfolgreiche Rügen]; BGH MDR 1951, 180; BGH bei Dallinger MDR 1968, 202 und 1973, 19; BGH Beschl. v. 16. 10. 1978 – AnwZ (B) 13/78). Auch begründet das Unterbleiben der nach § 55 Abs. 2 StPO gebotenen Belehrung kein Verwertungsverbot im Verfahren gegen einen anderen (BGHSt. 11, 213). Insbesondere ist nach der Rechtsprechung und der h. M. im Schrifttum die Tatsache, daß ein Zeuge unter Berufung auf § 55 StPO die Auskunft verweigert, der freien Beweiswürdigung zugänglich, so daß aus seiner Auskunftsverweigerung unter Umständen Schlüsse zum Nachteil des Angeklagten gezogen werden können (BGH StV 1984, 233 [BGH Beschl. v. 14. 2. 1984 – 5 StR 895/83; vgl. § 261 StPO erfolgreiche Rügen]; BGH Urt. v. 29. 10. 1957 – 5 StR 494/57; BGH Urt. v. 3. 2. 1959 – 1 StR 544/58; vgl. auch BGH Urt. v. 15. 8. 1990 – 2 StR 202/90; ebenso OLG Hamm HESt 3,44). Diese Grundsätze der Verwertbarkeit hält der Generalbundesanwalt auch dann für anwendbar, wenn der Angeklagte sich – wie hier – als Zeuge in einem anderen Strafverfahren auf das Auskunftsverweigerungsrecht aus § 55 StPO berufen hat. Zur Begründung hebt der Generalbundesanwalt die grundsätzlichen Unterschiede zwischen dem Auskunftsverweigerungsrecht des Zeugen und dem umfassenden Schweigerecht des Beschuldigten hervor.

c) Der Senat erachtet nicht die besondere Struktur des Auskunftsverweigerungsrechtes aus § 55 StPO, sondern die Einlassungsfreiheit und das damit verbundene Schweigerecht des Beschuldigten als den für die Entscheidung bestimmenden Gesichtspunkt.

Der Grundsatz, daß niemand im Strafverfahren gegen sich selbst auszusagen braucht, insoweit also ein Schweigerecht besteht, entspricht der Menschenwürde (BVerfGE 38,105,113; 56,37,43), schützt das Persönlichkeitsrecht des solcherart Schweigeberechtigten und ist notwendiger Bestandteil eines fairen Verfahrens (BGHSt. 38, 214 [BGH Beschl. v. 27. 2. 1992 – 5 StR 190/92; vgl. § 136 StPO erfolgreiche Rügen]; 38, 263 [BGH Urt. v. 1. 4. 1992 – 5 StR 457/91; vgl. § 136 StPO erfolglose Rügen]). Dem trägt die Strafprozeßordnung zum einen dadurch Rechnung, daß sie ein umfassendes Schweigerecht des Beschuldigten voraussetzt (vgl. § 136 Abs. 1 Satz 2, § 163a Abs. 3 Satz 2, Abs. 4 Satz 2, § 243 Abs. 4 Satz 1 und 2 StPO).

Macht der Beschuldigte von diesem Schweigerecht Gebrauch, so darf dies nicht zu seinem Nachteil verwertet werden. Dies gilt auch dann, wenn der Beschuldigte in einer früheren

Vernehmung geschwiegen und sich erst in späterer Verfahrenssituation zur Sache eingelassen hat. In diesen Fällen darf aus dem anfänglichen Schweigen kein Schluß zum Nachteil des Beschuldigten gezogen werden (BGHSt. 20, 281 [BGH Urt. v. 26. 10. 1965 – 5 StR 515/65; vgl. § 261 StPO erfolgreiche Rügen]; 25, 365, 368[1]; 32, 140, 144 [BGH Urt. v. 26. 10. 1983 – 3 StR 251/83; vgl. § 251 StPO erfolgreiche Rügen]; 34, 324, 325 [BGH Urt. v. 2. 4. 1987 – 4 StR 46/87; vgl. § 261 StPO erfolglose Rügen]; BGH GA 1969, 307; BGH bei Pfeiffer/Miebach NStZ 1986, 208 [BGH Beschl. v. 4. 7. 1989 – 4 StR 349/85; vgl. § 261 StPO erfolgreiche Rügen]; BGH NStZ 1986, 325 [BGH Beschl. v. 18. 3. 1986 – 5 StR 74/86; vgl. § 261 StPO erfolgreiche Rügen]; BGH StV 1983, 321[2]; 1984, 143[3]; 1988, 328[4]; 1989, 383 [BGH Urt. v. 2. 3. 1989 – 2 StR 590/88; vgl. § 261 StPO erfolgreiche Rügen]; BGHR StPO § 261 Aussageverhalten 4 [BGH Beschl. v. 27. 1. 1987 – 1 StR 703/86; vgl. § 261 StPO erfolgreiche Rügen], 7 [BGH Beschl. v. 18. 12. 1987 – 2 StR 633/87; vgl. § 261 StPO erfolgreiche Rügen], 9 [BGH Beschl. v. 17. 1. 1989 – 5 StR 624/88; vgl. § 261 StPO erfolgreiche Rügen], 11 [BGH Beschl. v. 9. 1. 1991 – 2 StR 543/90; vgl. § 261 StPO erfolgreiche Rügen]; BGH Urt. v. 23. 11. 1976 – 5 StR 567/76). Grund dieser Rechtsprechung des Bundesgerichtshofs ist folgender: Müßte der Beschuldigte befürchten, daß sein Schweigen später bei der Beweiswürdigung zu seinem Nachteil verwertet wird, so wäre sein Schweigerecht in einer nicht vertretbaren Weise beschränkt. Er wäre dann, um diesem Nachteil zu entgehen, gezwungen, schon bei der ersten Vernehmung zur Sache auszusagen. Damit aber wäre er in seiner freien Willensentschließung beeinträchtigt. Dieser Gesichtspunkt verdient gleichermaßen dann Geltung, wenn der Beschuldigte während des gegen ihn gerichteten Verfahrens in einem anderen Verfahren als Zeuge vernommen wird.

Dementsprechend beruht das Auskunftsverweigerungsrecht aus § 55 StPO ebenso wie das Schweigerecht des Beschuldigten auf dem Grundsatz, daß niemand gezwungen wer-

---

1 „Die Haltereigenschaft allein jedenfalls ist beim Fehlen irgendwelcher sonstiger Anhaltspunkte kein ausreichendes Indiz für die Täterschaft einer Verkehrsordnungswidrigkeit." (BGH Beschl. v. 29. 8. 1974 – 4 StR 171/74).
2 „Die Ausführungen des SchwG, wonach allein V. als Täter des tödlichen Stichs in die Brust des Opfers in Betracht komme, weil insoweit eine Täterschaft des F. ausscheide, sind jedoch nicht frei von Rechtsfehlern. Sie stützen sich einmal auf Angaben des F., die ihn vom Vorwurf der vorsätzlichen Tötung entlasten und, soweit sie nicht widerlegt werden konnten, zu seinen Gunsten als richtig angesehen werden mußten. Diese Angaben durften aber nicht ohne weiteres auch zu Lasten des Angeklagten verwertet werden. Das LG hätte vielmehr näher begründen müssen, warum es sie für glaubhaft hält, obwohl es andere Einlassungen, die F. zu seiner Entlastung vorgetragen hatte, für widerlegt hielt. So hätte das SchwG die Einlassung des F., er habe nur einmal zugestochen, und Sehr. sei danach (nur) zusammengezuckt, bei der Beurteilung der Tat des Angeklagten V. nicht ohne weiteres als feststehende Tatsache ansehen dürfen." (BGH Beschl. v. 15. 4. 1983 – 2 StR 55/83).
3 „Wie sich aus dem angefochtenen Urteil ergibt, hat die StrK es im Rahmen der Beweisanzeichen verwertet, daß dieser, nachdem er vorher von seinem Recht zu schweigen (§ 136 Abs. 1 S. 1 StPO) Gebrauch gemacht hatte, länger als ein halbes Jahr nach der Tat erstmals vortragen ließ, er habe sich lediglich gegen einen Angriff des H. gewehrt. Damit hat sie aus dem zulässigen Schweigen des Angeklagten eine diesem nachteilige Schlußfolgerung gezogen, die eine unzulässige Einschränkung des Rechts eines jeden Beschuldigten darstellt, nicht zur Sache auszusagen. Da das SchwG diesem prozessualen Verhalten, ‚in Verbindung mit den anderen dargelegten Umständen, die gegen die Notwehrthese des Angeklagten sprechen', neben diesen Umständen ,eine gewisse Bedeutung beigemessen hat', kann der Senat nicht ausschließen, daß die Schuldfeststellung auf dem Mangel beruht." (BGH Beschl. v. 7. 12. 1983 – 3 StR 484/83).
4 „Hat der Angeklagte zunächst bei der Polizei keine Angaben gemacht und erst später durch seinen Verteidiger vortragen lassen, so ist die Wertung dieses Aussageverhaltens, daß bei einer so schweren Beschuldigung durch die Polizei zu erwarten gewesen wäre, daß er sofort die Tat bestritten und erklärt hätte, nicht am Tatort gewesen zu sein, rechtsfehlerhaft. Diese nachteilige Schlußfolgerung aus dem anfänglichen Schweigen des Angeklagten stellt eine unzulässige Einschränkung des Rechts eines jeden Beschuldigten dar, nicht zur Sache auszusagen." (BGH Beschl. v. 12. 4. 1988 – 1 StR 125/88).

den darf, gegen sich selbst auszusagen (BGH StV 1986, 282). Allerdings liegt der Systematik der Strafprozeßordnung nicht der „weite oder materielle" Beschuldigtenbegriff zugrunde, der im Schrifttum vielfach vertreten wird. Vielmehr geht die Strafprozeßordnung vom „engen oder formellen" Beschuldigtenbegriff aus, wonach der Beschuldigte im Rahmen eines gegen andere Personen gerichteten Strafverfahrens lediglich die Rechtsposition eines Zeugen hat, wenngleich er verdächtig ist, an der den dortigen Verfahrensgegenstand bildenden Straftat beteiligt zu sein. Dies zeigen insbesondere die Regelungen der § 60 Nr. 2 und § 97 Abs. 2 Satz 3 StPO. Die Spannung zwischen diesem Beschuldigtenbegriff und dem Schutz des Verdächtigen in der Zeugenrolle wird allein durch § 55 StPO gelöst. In diesem Sinne ist die Vorschrift des § 55 StPO die notwendige Ergänzung des Schweigerechts des Beschuldigten. Ohne die Regelung des § 55 StPO könnte der „enge oder formelle" Beschuldigtenbegriff nicht bestehen. Dies nötigt dazu, das Schweigerecht des Beschuldigten und das Auskunftsverweigerungsrecht des verdächtigen Zeugen aus § 55 StPO in ihrer Tragweite im vorliegenden Zusammenhang einander anzugleichen. Daher muß der Angeklagte gegen eine ihn belastende Verwertung seines früheren Schweigens gleichermaßen Schutz genießen, wenn er als Beschuldigter in dem gegen ihn gerichteten Verfahren oder als Zeuge in einem anderen Strafverfahren zu dem gegen ihn gerichteten Verdacht geschwiegen hat.

Eine andere Betrachtung würde die Tragweite des Schweigerechts des Beschuldigten davon abhängig machen, ob die Staatsanwaltschaft mehrere Personen, die der Beteiligung an einem Straftatkomplex verdächtig sind, in einem einheitlichen Verfahren oder in getrennten Verfahren verfolgt.

d) Schließlich ergibt sich keine entscheidungserhebliche Besonderheit daraus, daß der Angeklagte vor dem Haftrichter erklärt hat, „mit dem Handel und der Einfuhr von Heroin überhaupt nichts zu tun zu haben". Allerdings darf bei Teileinlassung des Angeklagten sein Schweigen zu einzelnen Fragen gegen ihn verwertet werden (BGHSt. 20, 298 [BGH Urt. v. 3. 12. 1965 – 4 StR 573/65; vgl. § 261 StPO erfolglose Rügen]; 32, 140, 145; BGH bei Dallinger MDR 1968, 203). Eine Teileinlassung in diesem Sinne ist jedoch dann nicht gegeben, wenn der Beschuldigte seine Schuld lediglich grundsätzlich bestreitet (BGHSt. 25, 365, 368; 34, 324, 326; VRS 59, 348; OLG Düsseldorf VRS 55, 360; OLG Hamburg MDR 1976, 864; OLG Koblenz VRS 59, 433). So liegt es hier.

81. Beweiswürdigung fehlerhaft, wenn sie sich auf Erfahrungssätze des täglichen Lebens stützt, die es tatsächlich nicht gibt.

StPO § 261 – BGH Beschl. v. 20. 3. 1992 – 2 StR 627/91 LG Frankfurt/M. (= StV 1993, 116)

Das Revisionsvorbringen ist nicht bekannt.

Sachverhalt: Die Angeklagte A., die zusammen mit dem Angeklagten reiste, hat behauptet, keine Kenntnis von dem mitgeführten Kokain gehabt zu haben. Diese Angaben hat der Angeklagte bestätigt und unter anderem ausgeführt: Bereits ein halbes Jahr vor dem späteren Reisetermin habe er nach Deutschland fliegen wollen, um sich bei den Verwaltungen der Universitäten Heidelberg und Hamburg, an denen er zwischen 1958 und 1963 immatrikuliert war, eventuell vorhandene Leistungsnachweise zu beschaffen. Diese habe er für die Berechnung der ihm nach seiner Tätigkeit im öffentlichen Dienst zustehenden Rente benötigt. Bei seinem Aufenthalt in der Bundesrepublik Deutschland bzw. in Frankreich habe er auch klären wollen, ob er inzwischen rechtsgültig von seiner Ehefrau geschieden sei, von der er bereits 28 Jahre getrennt lebe. Bei dieser Gelegenheit habe er auch Kontakt zu seinem in Deutschland lebenden Sohn aufnehmen wollen, von dem er zum Zeitpunkt des Reiseantritts keine Anschrift besessen habe. Etwa einen Monat vor Beginn der Reise habe ihn ein ehemaliger Verwalter eines seiner Geschäfte angesprochen und gefragt, ob er die geplante Reise zum Transport von Kokain nach Europa nutzen wolle. Der

Mitangeklagten, seiner Lebensgefährtin, habe er die oben geschilderten ursprünglichen Reisegründe genannt und ihr mitgeteilt, daß er die Adressen von seinen ehemaligen Schwiegereltern in Erfahrung bringen wollte, die seines Wissens in Karlsruhe beheimatet seien. Es habe seiner Lebensgefährtin auch eingeleuchtet, daß er sich Klarheit über das Fortbestehen der in Mexiko geschiedenen Ehe verschaffen wollte, denn er habe seine Lebensgefährtin nunmehr heiraten wollen.

Das Landgericht hält diese Einlassungen der Angeklagten für widerlegt und begründet dies vor allem wie folgt: Es widerspreche der Lebenserfahrung, daß eine Person als Auftraggeber auftrete, die zuvor im Verhältnis zum Angeklagten als Verwalter eines seiner Geschäfte lediglich dessen Angestellter war. Es sei auch lebensfremd, daß sich die Angeklagte zur Flugreise bereit erklärt habe, ohne deren wahren Grund zu erfragen. Es sei lebensfremd, anzunehmen, man könne in der Zeit, in der die Angeklagte die Reise unternahmen – vor dem Weihnachtsfest – in Deutschland durch Nachforschungen Adressen in Erfahrung bringen und Studiendokumente beschaffen. Dies gelte unter besonderer Berücksichtigung der Tatsache, daß die Mitangeklagte ihr 6jähriges Kind zur Weihnachtszeit verlassen mußte, obwohl sie sonst regelmäßig zusammen mit diesem Kind Weihnachten gefeiert habe. Es widerspreche der Lebenserfahrung, daß man gerade zu diesem Zeitpunkt das gemeinsame Kind in Kolumbien zurücklasse, um in Deutschland ohne Adressenkenntnis die ehemalige Frau des Lebensgefährten und dessen Sohn aufspüren zu wollen. Der Angeklagte habe auch (vor Reiseantritt) gar nicht versucht, Kontakt zu seiner Frau oder zu seinem Sohn aufzunehmen. Die Kammer gehe daher davon aus, daß die Angeklagte spätestens bei der Konkretisierung der Reisevorbereitungen durch Rückfrage beim Angeklagten von dem wahren Grund der Reise Kenntnis gehabt habe. – Das Rechtsmittel hatte Erfolg.

Gründe: Die Beweiswürdigung hält rechtlicher Überprüfung nicht stand: Sie stützt sich in rechtsfehlerhafter Weise auf Erfahrungssätze des täglichen Lebens, die es tatsächlich nicht gibt (vgl. auch BGHR StPO § 261 Erfahrungssatz 3; Vermutung 3). Die vom Landgericht insoweit gezogenen Schlußfolgerungen entbehren so sehr einer festen Tatsachengrundlage, daß sie nur einen Verdacht, nicht aber die erforderliche Überzeugung begründen können (vgl. BGHR StPO § 261 Vermutung 3, 4, 6, 7 [BGH Beschl. v. 8. 5. 1990 – 3 StR 448/89; vgl. § 261 StPO erfolgreiche Rügen]; BtMG § 29 Beweiswürdigung 1, 2; BtMG § 29 Abs. 1 Nr. 1 Einfuhr 2; BGH Urt. v. 4. 9. 1991 – 2 StR 327/91). Es ist bereits nicht einzusehen, warum die von den Angeklagten behaupteten Unternehmungen nicht auch in der Zeit nach dem 22. 12. durchführbar gewesen sein sollen. Vor allem aber ist nicht dargetan, daß der in Kolumbien lebenden Angeklagten bekannt war, an welchen Tagen deutsche Behörden infolge des Weihnachtsfestes bei Nachfragen der genannten Art nicht erreichbar sind. Auf einen Erfahrungssatz des Inhalts, daß Eltern ein 6jähriges Kind unter den hier festgestellten Umständen zu Weihnachten nicht bei Angehörigen (etwa den Großeltern) zurücklassen, kann sich das Landgericht nicht stützen (vgl. auch BGH Beschl. v. 16. 10. 1991 – 2 StR 442/91 [vgl. § 261 StPO erfolgreiche Rügen]).

Daß die Angeklagte in Teilbereichen geschäftliche Entscheidungen des Angeklagten mittrug oder nach der Verhaftung mit ihm finanzielle Dinge besprach und diese regelte, ist kein so gewichtiges Indiz für ihre Mitwisserschaft, daß die erstgenannten Fehler bei der Beweiswürdigung den Bestand des Urteils nicht gefährden könnten. Auch die Begründung, mit der das Landgericht darlegt, die Angeklagte habe beim Kofferpacken bemerkt, daß sich in einem doppelten Boden Kokain befand, vermag den Bestand des Urteils nicht zu sichern. Abgesehen davon, daß nicht auszuschließen ist, daß die oben genannten Fehler sich auf die tatrichterliche Überzeugung zu diesem Handlungsabschnitt des Kofferpackens ausgewirkt haben, sind die Ausführungen des Landgericht zu diesem Geschehen nicht fehlerfrei und zudem lückenhaft.

Der Angeklagte hatte angegeben, er habe die beiden Hartschalenkoffer gekauft und dies der Mitangeklagten gegenüber damit begründet, er habe die Koffer zu einem günstigen

Preis erworben. Davon geht das Landgericht auch aus. Warum es unter diesen Umständen wiederum der „Lebenserfahrung" entspricht, daß die Angeklagte auch dann, wenn sie keine „Erfahrung im Umgang mit Hartschalenkoffern besitzt", das durch das versteckte Kokain erhöhte Gewicht (8,8 kg statt 7,4 kg), den dumpferen Klang (beim Abstellen der Koffer) und die im letzten Drittel des Kofferbodens/Kofferdeckels vorhandene Erhöhung als Besonderheit bemerkt, deshalb beim Angeklagten nachgefragt und eine wahrheitsgemäße Antwort erhalten habe, ist nicht nachvollziehbar dargelegt. Zudem hat das Landgericht keine konkreten Feststellungen dazu getroffen, unter welchen Umständen die Angeklagte die Koffer packte. Nach allem hat die Verurteilung der Angeklagten A. keinen Bestand.

82. Beim Haarvergleich ist es unzulässig, die Fehlerquote, die bei der Untersuchung der Pigmentierung auftritt, mit der Häufigkeit des Auftretens von Haarmerkmalen bei anderen Personen als dem Täter gleichzusetzen.

StPO § 261 – BGH Beschl. v. 5. 2. 1992 – 5 StR 677/91 LG Lüneburg (= StV 1992, 312)

Das Revisionsvorbringen ist nicht bekannt.

Sachverhalt: Das Landgericht hat seine Überzeugung, daß der Angeklagte Y. am 30. 11. 1990, maskiert mit einer Strumpfhose des Sohnes der Angeklagten N., eine Postbotin überfallen und die Herausgabe von ca. 7500,– DM erzwungen hat, auch auf ein Sachverständigengutachten gestützt, das in der Strumpfhose gefundene Haare (Spurenhaare) mit solchen des Angeklagten und zweier weiterer Tatverdächtiger (Vergleichshaare) vergleicht. Dem Gutachten ist zu entnehmen, daß die Vergleichshaare der Zeugen H. und S. – beide sind blond – nicht mit den Spurenhaaren übereinstimmen. Dagegen stimmen Merkmale der Spurenhaare und der Haare des – dunkelhaarigen – Angeklagten überein.

Das Landgericht geht – dem Sachverständigen folgend – davon aus, daß

– die mikromorphologische Untersuchung die Übereinstimmung zahlreicher Vergleichshaare mit einem Spurenhaar in den Pigmentierungsmerkmalen,

– die Untersuchung zur AB 0- und Keratintypisierung das Vorhandensein der Merkmale B und K I bei Spuren- und Vergleichshaaren ergeben. Dazu hat das Landgericht – wiederum dem Sachverständigen folgend – ausgeführt,

– bei der mikromorphologischen Untersuchung der Pigmentierung sei theoretisch mit einer Fehlerquelle von 5% zu rechnen; die Wahrscheinlichkeit eines Fehlers vermindere sich mit der Vielzahl von Haaren, die jeweils Übereinstimmungen mit einem Spurenhaar zeigen. Bei der mitteleuropäischen Bevölkerung trete das Merkmal B bei 10,6%, das Merkmal K I bei 75% auf; bei der türkischen Bevölkerung, der Angeklagte ist türkischer Abstammung, trete das Merkmal B mit einer Häufigkeit von 17,9% auf; die Kombination der Merkmale ergebe nach der Produktregel eine „Wahrscheinlichkeit für einen anderen Täter" (als den Angeklagten) von 0,3976% (5% x 10,6% x 75% = 0,3975%). Damit spreche das Untersuchungsergebnis mit „außerordentlich hoher Wahrscheinlichkeit" für die Spurenverursachung durch den Angeklagten Y. – Das Rechtsmittel hatte Erfolg.

Gründe: ...

2. Damit hat das Landgericht bei der Beweiswürdigung eine Wahrscheinlichkeitsaussage zugrunde gelegt, die rechtlicher Prüfung nicht standhält. Zweifelhaft ist, ob der Tatrichter bei der statistischen Wahrscheinlichkeit des Auftretens des Merkmals B auf die „mitteleuropäische Bevölkerung" abstellen durfte. Fehlerhaft ist jedenfalls, daß die Fehlerquote, die bei der Untersuchung der Pigmentierung auftritt, mit der Häufigkeit des Auftretens von Haarmerkmalen bei anderen Personen als dem Täter gleichgesetzt worden ist.

Außerdem darf die hier benutzte Produktregel bei der Berechnung der Merkmalswahrscheinlichkeit nur dann zugrunde gelegt werden, wenn die Merkmale voneinander unabhängig sind. Dazu verhält sich das Urteil nicht. Denkbar ist, daß die Häufigkeit des Auftretens der Merkmale von der Pigmentierung abhängt oder daß die beiden Merkmale ihrerseits voneinander abhängig sind, daß also Korrelationen im Sinne von bedingten Wahrscheinlichkeiten vorliegen.

Schließlich beantwortet die vom Landgericht vorgenommene Berechnung nur die Frage der Merkmalswahrscheinlichkeit, nämlich die Wahrscheinlichkeit für das Auftreten der Merkmalskombination unter der Bedingung, daß das Vergleichshaar nicht vom Täter stammt. Die Wahrscheinlichkeit, daß der Angeklagte Täter ist (Belastungswahrscheinlichkeit), kann indes auf diese Weise nicht beantwortet werden.

3. Die Annahme des Landgericht, die Übereinstimmung der Merkmale beim Vergleich der Haare entspreche einer „außerordentlich hohen Wahrscheinlichkeit für die Spurenverursachung durch den Angeklagten", wäre dennoch hinzunehmen, wenn das Landgericht damit nur zum Ausdruck gebracht hätte, daß der Haarvergleich den Angeklagten belaste und die ebenfalls verdächtigen H. und S. dagegen entlaste. Das hätte aber zur Voraussetzung gehabt, daß sich das Landgericht aufgrund anderer Indizien rechtsfehlerfrei überzeugt hätte, daß eine vierte Person als Täter ausscheidet. Von letzterem geht das Landgericht zwar aus. Der Senat kann aber nicht ausschließen, daß sich der Tatrichter durch die Annahme eines hohen Wahrscheinlichkeitswertes für die Täterschaft des Angeklagten den Blick dafür verstellt hat, daß auch eine andere Person als der Angeklagte und die beiden Zeugen H. und S. in Betracht kommen kann.

83. Die Anwendung des Grundsatzes „in dubio pro reo" kann dazu führen, daß im selben Urteil gegen mehrere Angeklagte von mehreren Fallgestaltungen auszugehen ist, die einander sogar ausschließen können.

StPO § 261 – BGH Urt. v. 4. 2. 1992 – 1 StR 787/91 LG Passau (= StV 1992, 260)

Das Revisionsvorbringen ist nicht bekannt.

Sachverhalt: Dem Angeklagten und dem durch das angefochtene Urteil rechtskräftig freigesprochenen Mitangeklagten N. war vorgeworfen worden, Rauschgift in Amsterdam erworben zu haben, um es durch die Bundesrepublik nach Österreich zu verbringen. Das Rauschgift war in einem Kissen versteckt in einem Zug anläßlich einer Kontrolle an der deutsch-österreichischen Grenze sichergestellt worden.

Die Strafkammer geht davon aus, daß zwar „viel für eine Täterschaft/Tatbeteiligung des Angeklagten N. spricht", jedoch nicht festzustellen sei „auf welche Weise der Angeklagte N. konkret bei der Einfuhr beteiligt gewesen sein könnte", sondern daß vielmehr „auch bei einer Gesamtschau ... gewisse Zweifel (verbleiben)". Dementsprechend hat sie N. in Anwendung des Grundsatzes „im Zweifel für den Angeklagten" freigesprochen.

Den Angeklagten sieht sie demgegenüber als überführt an, an der Einfuhr des Rauschgifts beteiligt gewesen zu sein. Bei der Prüfung der Frage, ob der Angeklagte Täter oder nur Gehilfe des N. war, führt sie aus:

„Es kann zwar nicht ausgeschlossen werden, daß der Mitangeklagte N. in irgendeiner Weise am Betäubungsmittelerwerb und der Einfuhr beteiligt war, jedoch ist, wie dargelegt, hier Näheres nicht feststellbar. Damit kann nicht davon ausgegangen werden, daß der Angeklagte nur Gehilfe gewesen ist." – Das Rechtsmittel hatte Erfolg.

Gründe: Diese Erwägung hält rechtlicher Prüfung nicht stand. Die Strafkammer verkennt, daß dann, wenn eine Tatbeteiligung mehrerer Angeklagter zu prüfen ist, sichere Feststellungen aber nicht zu treffen sind, bei jedem Angeklagten jeweils die für ihn günstigste Möglichkeit zugrunde zu legen ist. Dies kann auch dazu führen, daß im selben Urteil von mehreren Fallgestaltungen auszugehen ist, die einander sogar ausschließen können (vgl. BayObLGSt 1952, 45, 46). Ist – wie hier – die Tatbeteiligung eines Angeklagten nicht zweifelsfrei feststellbar und wird dieser deshalb freigesprochen, können daher gleichwohl hinsichtlich des anderen Mitangeklagten nach dem Grundsatz „im Zweifel für den Angeklagten" für diesen günstige Feststellungen geboten sein, die auf der Annahme der Tatbeteiligung des freigesprochenen Mitangeklagten beruhen (vgl. OLG Köln NJW 1953, 157 f). Dies gilt schon für die Feststellungen zu Erwerb und Verstecken des Rauschgifts. Da sich die Strafkammer demgegenüber im Hinblick auf die sich zugunsten von N. auswirkenden Unklarheiten gehindert sah, für den Angeklagten günstigere Feststellungen zu treffen, hat sie gegen den Grundsatz „im Zweifel für den Angeklagten" verstoßen.

84. Das Scheitern des Alibibeweises ist für sich allein kein Beweisanzeichen für die Täterschaft des Angeklagten.

StPO § 261 – BGH Urt. v. 28. 1. 1992 – 5 StR 491/91 LG Hannover (= StV 1992, 259)

Die Revision rügt die Verletzung sachlichen Rechts.

Sachverhalt: Den Umstand, daß der Angeklagte B. „bei der Polizei und in der Hauptverhandlung ein falsches Alibi behauptet hat", hat das Landgericht als Indiz für die Täterschaft dieses Angeklagten gewertet. Es gab „dafür", so hat das Landgericht ausgeführt, „nur den Grund, daß der Angeklagte unter allen Umständen seine Anwesenheit in der Wohnung des Angeklagten G. zur Tatzeit verheimlichen wollte, weil er an der Tat beteiligt war". An anderer Stelle hat der Tatrichter dies verdeutlicht. Er hat seine Überzeugung von der Täterschaft des Angeklagten B. aus dessen „Versuch" hergeleitet, „ein Alibi für die Tatzeit zu konstruieren". – Das Rechtsmittel hatte Erfolg.

Gründe: ... Diese Wertung ist unzulässig. Die Behauptung, für die Tatzeit ein Alibi zu haben, stellt, auch wenn sie falsch ist, ein zulässiges Verteidigungsverhalten dar. Das Scheitern des Alibibeweises ist deshalb für sich allein kein Beweisanzeichen für die Täterschaft des Angeklagten (BGHR StPO § 261 Überzeugungsbildung 11[1]). Der Fehler in der Beweiswürdigung betrifft das Verhalten des Angeklagten B., erstreckt sich aber auch auf den Mitangeklagten G.; das Landgericht geht davon aus, daß G. angenommen hat, das „mit dem Angeklagten B. abgesprochene Alibi ... könne nicht widerlegt werden".

85. Das Gericht muß prüfen, ob ein Zeuge den Angeklagten nur deswegen weiter bezichtigt, weil er von seinen falschen früheren Angaben nicht gänzlich abrücken will.

StPO § 261 – BGH Beschl. v. 29. 11. 1991 – 2 StR 504/91 LG Bonn (= StV 1992, 149)

Die Revision rügt die Verletzung sachlichen Rechts.

Sachverhalt: Die Strafkammer hat festgestellt, der Angeklagte sei in der Zeit von Anfang März bis mindestens Ende Juli 1990 zusammen mit dem Zeugen D. monatlich mindestens dreimal zu wechselnden Rauschgiftverkäufern nach K. oder H. gefahren, um dort Heroin zum Eigenkonsum zu kaufen und in die Bundesrepublik Deutschland einzuführen. Insgesamt hätten beide 45 g Heroin eingeführt. In zehn weiteren Fällen habe der Angeklagte insgesamt 5 g Heroin von D. gekauft.

---

1 „Mit der Sachbeschwerde rügt die Revision, das Landgericht sei seiner Aufgabe, alle Beweisanzeichen einer Gesamtwürdigung zu unterziehen, nicht gerecht geworden; denn es habe nicht miteinbezogen, daß mehrere vom Angeklagten vorgebrachte, unterschiedliche Alibibehauptungen falsch gewesen seien. Die Beschwerdeführerin übersieht hierbei, daß das Landgericht sich mit diesen Alibibehauptungen und deren Falschheit befaßt hat und keinen Anlaß gesehen hat, sie aufgrund besonderer Umstände als Belastungsmomente zu werten. Solche besonderen Umstände wären aber erforderlich gewesen; denn ein mißlungener Alibibeweis ist für sich allein kein Beweisanzeichen für die Täterschaft" (BGH Urt. v. 17. 10. 1989 – 1 StR 445/89).

Der Angeklagte hat zugestanden, einige Male Heroin von D. erworben zu haben, er hat jedoch bestritten, Btm aus den Niederlanden eingeführt zu haben.

Das Landgericht stützt seine Überzeugung allein auf die Aussage des Zeugen D., der in der Hauptverhandlung angegeben hat, man sei in dem genannten Zeitraum mehrmals im Monat nach Holland gefahren und habe von dort jeweils ein bis 3 g Heroin eingeführt. Der Angeklagte und er (der Zeuge) hätten in dieser Zeit täglich bis zu 1/4 g Heroin konsumiert.

Das Landgericht hält die Angaben dieses Zeugen für glaubhaft, obwohl er bei mehreren Vernehmungen unterschiedlich ausgesagt hat. Die Unterschiede hätten jedoch – so meint das Landgericht – nur hinsichtlich der Mengenangaben und der Zeiträume bestanden. Dabei sei zu berücksichtigen, daß der Zeuge sich bei den früheren Vernehmungen in einem schlechten Gesundheitszustand befunden und noch unter dem Einfluß des beginnenden Entzugs gestanden habe. Damals habe er nicht nur den Angeklagten, sondern auch weitere Personen belastet, nachdem er von den vernehmenden Polizeibeamten ausdrücklich auf die Möglichkeit einer Strafmilderung gemäß § 31 BtMG hingewiesen worden sei. Diese Umstände sowie die verständliche Tendenz, die Tatbeiträge der anderen Beteiligten eher hochzuspielen, seien eine plausible Erklärung für die unterschiedlichen Bekundungen des Zeugen, insbesondere für die nicht mehr lebensnahen Mengenangaben, die er besonders bei der richterlichen Vernehmung gemacht habe. Dagegen habe der Zeuge bei seiner Vernehmung in der Hauptverhandlung den Kern der Vorwürfe gegen den Angeklagten wiederum bestätigt. – Das Rechtsmittel hatte Erfolg.

Gründe: Die Beweiswürdigung des Landgerichts ist rechtsfehlerhaft.

Diese Ausführungen würdigen das festgestellte Aussageverhalten des Zeugen unzutreffend und auch nicht unter allen hier naheliegenden Gesichtspunkten.

Der Zeuge hat keineswegs bei den verschiedenen Aussagen nur im Randbereich, in Nebenpunkten unterschiedliche Angaben gemacht. Zunächst hatte er von den jetzt behaupteten Einfuhrfahrten des Angeklagten nichts gesagt. Bei der richterlichen Vernehmung hat er den Angeklagten dann in grober Weise falsch belastet und behauptet, dieser habe wöchentlich drei- bis viermal für jeweils 10 000 bis 20 000 DM Btm in den Niederlanden gekauft. Die belastenden Angaben des Zeugen in der Hauptverhandlung sind schließlich so ungenau, daß die Strafkammer erst aus dem – vom Zeugen angegebenen – täglichen Heroinbedarf des Angeklagten und des Zeugen auf die Zahl der Einfuhrfahrten und die Menge des eingeführten Heroins geschlossen hat.

Abgesehen davon, daß dieser Rückschluß auf der nicht belegten Annahme beruht, der Angeklagte habe seinen Eigenbedarf in dem genannten Umfang durch selbst eingeführtes Heroin abgedeckt, bietet das bisherige Ergebnis der Beweisaufnahme keine ausreichende Grundlage für die Bewertung, der Zeuge habe in der Hauptverhandlung (endlich) die Wahrheit gesagt. Die nicht fernliegende Möglichkeit, daß der Zeuge den Angeklagten nur deswegen weiter – auch der Einfuhr – bezichtigte, weil er von seinen insoweit falschen früheren Angaben nicht gänzlich abrücken wollte, ist nach den bisherigen Feststellungen nicht auszuschließen (vgl. BGH Beschl. v. 27. 7. 1990 – 2 StR 324/90 [vgl. § 261 StPO erfolgreiche Rügen]).

86. Wenn nach den Urteilsgründen die Aussage eines Angeklagten gegen die Aussage des anderen steht, müssen die Gründe erkennen lassen, daß der Tatrichter alle für die Beurteilung der Glaubwürdigkeit wesentlichen Umstände erkannt und in seine Überlegungen einbezogen hat.

StPO § 261 – BGH Beschl. v. 15. 11. 1991 – 2 StR 499/91 LG Kassel (= StV 1992, 97)

Die Revision rügt die Verletzung sachlichen Rechts.

Sachverhalt: Der Mitangeklagte K. verkaufte von Ende 1989 bis Frühjahr 1990 dem Angeklagten bei mehreren Gelegenheiten insgesamt 10 kg Haschisch, das der Angeklagte weiterveräußerte.

Der nicht vorbestrafte Angeklagte hat die Tat bestritten. Das Landgericht stützt seine Überzeugung von der Täterschaft des Angeklagten ausschließlich auf die ihn belastende Einlassung des Mitangeklagten K. – Das Rechtsmittel hatte Erfolg.

Gründe: In einem solchen Fall, in dem nach den Urteilsgründen Aussage gegen Aussage steht, müssen diese erkennen lassen, daß der Tatrichter alle für die Beurteilung der Glaubwürdigkeit wesentlichen Umstände erkannt und in seine Überlegungen einbezogen hat (vgl. BGHR StPO § 261 Beweiswürdigung 1, Mitangeklagte 2; BGH StV 1990, 99 [BGH Urt. v. 19. 7. 1989 – 2 StR 182/89; vgl. § 261 StPO erfolgreiche Rügen]; BGH Beschl. v. 23. 10. 1991 – 5 StR 455/91 [vgl. § 261 StPO erfolgreiche Rügen]).

Diesen Anforderungen genügt das angefochtene Urteil nicht.

Das Landgericht hält es für „gänzlich unwahrscheinlich", daß K. den Angeklagten zu Unrecht beschuldigt habe, „um den Ermittlungsbehörden gegenüber eine gute Mitarbeit zu dokumentieren." Für eine Falschbelastung des Beschwerdeführers durch den Mitangeklagten sind aber noch andere, ebenso naheliegende Motive denkbar, etwa wenn K. den wirklichen Abnehmer der 10 kg Haschisch decken wollte und deshalb den Angeklagten, den er nach dessen Einlassung von Diskothekenbesuchen her kannte, als Käufer angab. Daß das Landgericht diese Möglichkeiten nicht erörterte, läßt besorgen, daß es sie nicht erkannt hat.

Nach den Feststellungen hat K. im Ermittlungsverfahren neben dem Angeklagten als weitere Tatbeteiligte die anderweitig verfolgten P., K., Sch. und A. angegeben. Für die Beurteilung seiner Glaubwürdigkeit war wesentlich, ob er hinsichtlich der Tatbeteiligung dieser Personen zutreffende Angaben gemacht hat. Auch dazu verhalten sich die Urteilsgründe nicht.

Die aufgezeigten Lücken in der Beweiswürdigung nötigen zur Aufhebung des angefochtenen Urteils.

87. Die Erwägung des Gerichts, einem Zeugen sei deswegen uneingeschränkt zu glauben, weil er sich selbst belastet habe, ist unzureichend, wenn nicht geprüft wird, ob sich der Zeuge nicht auch Vorteile i.S.v. § 31 BtMG verschaffen wollte.

StPO § 261 – BGH Beschl. v. 23. 10. 1991 – 5 StR 455/91 LG Braunschweig (= StV 1992, 98)

Die Revision rügt die Verletzung sachlichen Rechts.

Sachverhalt: Der Angeklagte hat bestritten, am 16. 3. 1990 mit dem Zeugen L. nach Amsterdam gefahren zu sein und dort 50 g Kokain gekauft zu haben und in der Folgezeit von L. 70 g Kokain und insgesamt 5 kg Haschisch erworben zu haben. Das Landgericht stützt seine Überzeugung auf die belastenden Angaben des Zeugen L. – Das Rechtsmittel hatte Erfolg.

Gründe: Der Schuldnachweis gegen den Angeklagten hängt daher entscheidend von der Beurteilung der Glaubwürdigkeit des Zeugen und Tatbeteiligten L. und der Glaubhaftigkeit seiner Angaben ab. In einem solchen Fall, in dem nach den Urteilsgründen Aussage gegen Aussage steht, müssen diese erkennen lassen, daß der Tatrichter alle für die Beurteilung der Glaubwürdigkeit wesentlichen Umstände erkannt und – auch soweit es die Feststellungen zum Schuldumfang betrifft – in seine Überlegungen einbezogen hat (vgl. BGHR StPO § 261 Beweiswürdigung 1, Mitangeklagte 2; BGH StV 1990, 99 [BGH Urt. v. 19. 7. 1989 – 2 StR 182/89; vgl. § 261 StPO erfolgreiche Rügen]).

Diesen Anforderungen genügt das angefochtene Urteil nicht.

Die Erwägung des Landgerichts, dem Zeugen L. sei deswegen uneingeschränkt Glauben zu schenken, weil er sich selbst belastet habe und auch zu einer Freiheitsstrafe verurteilt worden sei, läßt besorgen, es habe den naheliegenden, für die Glaubwürdigkeitsbeurteilung wesentlichen Gesichtspunkt, daß der Zeuge L. sich dadurch in dem gegen ihn gerichteten Verfahren im Hinblick auf § 31 BtMG entlasten wollte, außer acht gelassen. Mit der eigenen Verstrickung des Zeugen L. in Betäubungsmitteldelikte und den für ihn möglicherweise günstigen Auswirkungen seiner andere belastenden Aussagen hätte das Landgericht sich jedenfalls ebenso auseinandersetzen müssen wie mit dem Umstand, daß es die einschränkenden Angaben des Zeugen in der Hauptverhandlung zur Menge des in Amsterdam erworbenen Kokains offenbar für unglaubhaft hält.

Hinzu kommt, daß das Landgericht der sich aufdrängenden Frage des Absatzes dieser Btm durch den Angeklagten nicht weiter nachgegangen ist. Dies ist aber für einen Erwerb der hier in Rede stehenden Mengen und damit für die Glaubwürdigkeit des Zeugen L. und die Glaubhaftigkeit seiner Angaben von indizieller Bedeutung. Daß der Angeklagte von Mai bis Juli 1990 fünf Kilogramm Haschisch nur zum Eigenverbrauch erworben hat, wie das Landgericht feststellt, versteht sich angesichts dieser Menge nicht von selbst.

88. Will das Gericht einem abgehörten Telefongespräch allgemeinen Inhalts eine bestimmte, dem Angeklagten negative Bedeutung beimessen, muß es dies ausführlich begründen.

StPO § 261 – BGH Beschl. v. 16. 10. 1991 – 2 StR 442/91 LG Frankfurt/M. (= StV 1992, 148)

Das Revisionsvorbringen ist nicht bekannt.

Sachverhalt: Die Beschwerdeführerin bestreitet, davon gewußt zu haben, daß ihr Ehemann in dem – auch von ihr gesteuerten – Pkw Haschisch von Spanien in die Bundesrepublik Deutschland transportierte. Das Landgericht ist davon überzeugt, daß die Angeklagte – vermutlich von ihrem Ehemann – in den Zweck der Reise eingeweiht gewesen sei. Es stützt diese Überzeugung vor allem auf einen Telefonanruf des Mitangeklagten Sta. v. 7. 12. 1989, der den Ehemann der Angeklagten davon unterrichten mußte, wann und wo das Rauschgift in Spanien abgeholt werden konnte. Der Mitangeklagte Sta. erkundigte sich bei der Angeklagten nach ihrem Ehemann und erfuhr, daß dieser nicht erreichbar sei, daß der Ehemann H. aber am nächsten Tage ohnehin zu Sta. nach Marburg kommen werde. Sta. fragte dann noch, ob dies ganz sicher sei und ob der Ehemann mitkomme. Daß die Angeklagte in das Vorhaben ihres Ehemannes eingeweiht war, schließt das Landgericht vor allem aus der dann „im Befehlston" ausgesprochenen Frage des Sta.: „Ahm, machst Du Dich auch soweit fertig?" und der Antwort der Angeklagten: „Ja, es ist gut." Am 17. 12. 1989 fuhren die Eheleute H. nach Spanien.

Als weitere Indizien wertet das Landgericht folgende Umstände als sog. Erfahrungssätze des täglichen Lebens: Man habe nur eine kurze Reise nach Spanien geplant gehabt, denn es sei völlig lebensfremd anzunehmen, daß ein Kurier, der Haschisch im Werte von 150 000,– DM befördert, mehrere Tage durch Spanien fahren dürfe. Es sei auch ausgeschlossen, daß die Angeklagte ihre 15 und 20 Jahre alten Töchter über Weihnachten allein zu Hause gelassen hätte, ohne zumindest die nächsten Verwandten davon zu unterrichten. War aber nur eine so kurze und weite Reise geplant, dann entspreche es der Lebenserfahrung, daß sich Eheleute über den Zweck einer solchen Reise vorher unterhalten. Es sei auch „absolut ungewöhnlich", daß eine Ehefrau – wie behauptet – die Auswahl des Urlaubsquartiers allein ihrem Ehemann überlasse. – Das Rechtsmittel hatte Erfolg.

Gründe: Die Beweiswürdigung hält rechtlicher Überprüfung nicht stand. Es bedarf keiner Erörterung, welchen Beweiswert die vom Landgericht angeführten Erfahrungssätze (vgl.

BGHR StPO § 261 Erfahrungssatz 2[1]) tatsächlich haben. Die bisherigen, nur unzulänglichen Feststellungen zu den geschäftlichen und privaten Beziehungen zwischen den Eheleuten H. und dem Mitangeklagten Sta. lassen die gebotene Überprüfung des Senats, ob das Landgericht dem genannten Telefongespräch zwischen der Angeklagten und Sta. zu Recht Bedeutung beigemessen hat, nicht zu. Das Gespräch ist vor allem auch im Zusammenhang mit vorausgegangenen Telefongesprächen des Mitangeklagten Sta. mit anderen Mittätern zu sehen, in denen offen über das Rauschgiftgeschäft und darüber gesprochen wurde, daß man einen Plan für die Abholung des Rauschgifts machen müsse. Daß Sta. die Angeklagte, mit der er ohnehin am nächsten Tag zusammentreffen würde, dann in einer derart unbestimmten Weise telefonisch dazu aufgefordert haben sollte, sich für den Haschischtransport fertig zu machen, liegt nicht nahe. Das gilt besonders dann, wenn sich die Kontakte der Angeklagten zu Sta. nicht nur auf den geplanten Rauschgifttransport beschränkten und sich das Gespräch auf andere gemeinsame Aktivitäten beziehen konnte.

Bei dieser Beweislage hätte das Landgericht vor allem auch darlegen und erörtern müssen, was die geständigen Mitangeklagten zur Beteiligung der Angeklagten H. ausgesagt haben. Sie haben den ihnen angelasteten Sachverhalt „weitestgehend" zugegeben. Von erheblicher Bedeutung war aber, ob und inwieweit sie Angaben zum Tatbeitrag, insbesondere zur Einbeziehung der Angeklagten H. in den Tatplan gemacht haben.

89. Ein Alibi darf nicht mit der Annahme entkräftet werden, ein Belastungszeuge habe sich im Datum geirrt.

StPO § 261 – BGH Beschl. v. 20. 9. 1991 – 2 StR 17/91 LG Frankfurt/M. (= StV 1992, 6)

Die Revision rügt die Verletzung sachlichen Rechts.

Sachverhalt: Das Landgericht stützt die Verurteilung der Angeklagten auf die Verlesung einer polizeilichen und einer richterlichen Aussage der verstorbenen „Zeugin" Z., welche diese in der gegen sie als Angeklagte geführten Hauptverhandlung aufrechterhalten habe.

Aus dem Gesamtzusammenhang der Urteilsgründe in Verbindung mit den entsprechenden, durch eine ordnungsgemäße Verfahrensrüge dem Revisionsgericht zugänglichen Vernehmungsniederschriften ergibt sich indessen, daß die verstorbene Frau Z. die Angaben nicht als Zeugin, sondern als Beschuldigte in ihrem eigenen Verfahren gemacht hat, nachdem sie festgenommen worden war.

Frau Z. hatte angegeben, zum letzten Mal am Ostermontag, dem 4. 4. 1988 in Frankfurt Rauschgift vom Angeklagten erhalten zu haben. Nach einer – im Urteil mitgeteilten – Wahrunterstellung befand sich der Angeklagte am Ostermontag aber mit einer Bekannten in der Wetterau und nicht in Frankfurt/M. Das Landgericht hält diesen Umstand für unbeachtlich, weil Frau Z. möglicherweise den Dienstag nach Ostern als ersten Arbeitstag der Woche mit Montag bezeichnet habe. Eine irrtümliche Zeitangabe würde im übrigen auch nicht gegen die Glaubhaftigkeit der Aussage sprechen, da Zeitangaben nur eine untergeordnete Rolle spielen würden. Diese Beweiswürdigung hält rechtlicher Überprüfung nicht stand. – Das Rechtsmittel hatte Erfolg.

---

1 „Insbesondere hätte sich dem Landgericht trotz Bestätigung der Einlassung des Angeklagten hinsichtlich der 55 000,– DM durch dessen Ehefrau nicht aufdrängen müssen zu ermitteln, ob und welche Gelder dem Angeklagten und seiner Ehefrau 1962/1963 und ggfs. in der Folgezeit ausgezahlt wurden. Vielmehr durfte das Landgericht davon ausgehen, daß ein Zinsverzicht für 55 000,– DM auf ungefähr 15 Jahre durch einen Geschäftsgewandten unwahrscheinlich ist (Erfahrungssatz mit Wahrscheinlichkeitsaussage), und anhand weiterer Beweisanzeichen, u.a. zweier Pkw-Käufe mit Kreditaufnahmen in Höhe von 8000,– und 9000,– DM im fraglichen Zeitraum zu hohem Zins, schließen, daß der Angeklagte die 55 000,– DM nicht ca. 15 Jahre zu Hause bar aufbewahrte, sondern ab 1978 als ,Schmiergeld' erhielt." (BGH Beschl. v. 4. 3. 1988 – 3 StR 518/87).

Erfolgreiche Rügen   Nr. 89 § 261 StPO

Gründe: Der Angeklagte darf nicht verurteilt werden, wenn Umstände vorliegen oder als nicht widerlegbar zu seinen Gunsten angenommen werden müssen, die einer Übereinstimmung der ihn belastenden Zeugenaussage mit dem tatsächlichen Geschehen aus rationalen, einsichtigen Gründen ernsthaft in Frage stellen und die Feststellung der hohen Wahrscheinlichkeit einer solchen Übereinstimmung deshalb nicht zulassen (vgl. BGHR StPO § 261 Überzeugungsbildung 7 [BGH Urt. v. 8. 1. 1988 – 2 StR 551/87; vgl. § 261 StPO erfolgreiche Rügen]).

Aus diesen Gründen muß der Tatrichter alle Umstände, aus denen sich vernünftige Zweifel an der Richtigkeit der belastenden Aussage ergeben können, vollständig und in ihren für die Beurteilung des Falles bedeutsamen Aspekten erfassen. Unter Berücksichtigung dieser Grundsätze ist es ein wesentliches gegen die Richtigkeit der belastenden Aussagen sprechendes Indiz, wenn der Angeklagte für den behaupteten Tatzeitpunkt ein Alibi hat. Mit der Annahme, Frau Z. habe möglicherweise den ersten Arbeitstag nach Ostern irrtümlich als Montag bezeichnet, durfte das genannte Indiz nicht entkräftet werden. In Anwendung des Zweifelssatzes ist davon auszugehen, daß Frau Z. den Ostermontag als Tatzeitpunkt genannt und gemeint hat.

Im Hinblick darauf, daß zum Zeitpunkt der Vernehmung von Frau Z. seit der dem Angeklagten angelasteten Tat vom Ostermontag erst vier Tage vergangen gewesen wären, erscheint ein Irrtum lediglich über den Zeitpunkt des Geschehens auch unwahrscheinlich und die Unrichtigkeit der Darstellung näherliegend.

Der Ansicht des Landgericht, die Zeitangabe spiele nur eine untergeordnete Rolle, kann im übrigen nicht gefolgt werden: Die einem Angeklagten vorgeworfene Tat muß insbesondere nach Zeit und Ort ihrer Begehung möglichst genau bestimmt werden, um sie einerseits von anderen Taten abzugrenzen, andererseits aber auch, um dem Angeklagten die Chance zu geben, sich gegen den Vorwurf – notfalls mit Hilfe eines Alibibeweises – wirksam verteidigen zu können. Je weniger sich eine Tat – insbesondere auch nach Ort und Zeit ihrer Begehung – konkretisieren läßt, desto höhere Anforderungen sind an die Überprüfung der den Angeklagten belastenden Angaben im übrigen zu stellen (vgl. BGHR StPO § 267 Abs. 1 Satz 1 Mindestfeststellungen 1 [BGH Beschl. v. 28. 11. 1990 – 2 StR 536/90; vgl. § 267 StPO erfolgreiche Rügen]).

Zu einer kritischen Bewertung der die Angeklagte belastenden Angaben bestand im vorliegenden Fall insbesondere deswegen Anlaß, weil diese Angaben nicht unter dem Druck der strafbewehrten Wahrheitspflicht zustande gekommen sind, der ein Zeuge ausgesetzt ist (vgl. BGHR StPO § 261 Mitangeklagte 1 [BGH Beschl. v. 27. 7. 1990 – 2 StR 324/90; vgl. § 267 StPO erfolgreiche Rügen]). Auch hatten die Angeklagte und ihre Verteidiger keine Gelegenheit, die Auskunftsperson zu befragen und ihr Vorhalte zu machen (vgl. hierzu auch EGMR Urt. v. 20. 11. 1989 = StV 1990, 411 ff.); das Gericht konnte zudem keinen persönlichen Eindruck von der Glaubwürdigkeit der Auskunftsperson gewinnen.

Soweit das Landgericht die Glaubwürdigkeit der Aussage nachdrücklich auch damit begründet, die Angeklagte habe einen Teil dieser Aussage unter Abschwächen ihres eigenen Tatanteils im Kernbereich bei ihrer polizeilichen Vernehmung bestätigt, liegt ein durchgreifender Rechtsfehler darin, daß diese Angaben der Angeklagten B. im Urteil nicht wiedergegeben werden. Dem Revisionsgericht bleibt damit die Möglichkeit versagt, zu überprüfen, ob das Landgericht den Begriff des Kernbereichs zutreffend verwendet hat (vgl. BGHR StPO § 267 Abs. 1 Satz 1 Beweisergebnis 2 [BGH Beschl. v. 8. 4. 1987 – 2 StR 134/87; vgl. § 261 StPO erfolgreiche Rügen], 3 [BGH Beschl. v. 19. 5. 1987 – 1 StR 199/87; vgl. § 267 StPO erfolgreiche Rügen], 5 [BGH Urt. v. 16. 8. 1989 – 2StR 205/89; vgl. § 267 StPO erfolgreiche Rügen], 6 [BGH Beschl. v. 10. 4. 1991 – 3 StR 52/91; vgl. § 267 StPO erfolgreiche Rügen]).

90. Rüge, das Tatgericht habe sich mit einem bestimmten beweiserheblichen Umstand nicht auseinandergesetzt, nur zulässig, wenn das Beweisergebnis mit den Mitteln des Revisionsrechts ohne weiteres feststellbar ist.

StPO § 261 – BGH Beschl. v. 20. 8. 1991 – 5 StR 354/91 LG Hannover (= StV 1991, 549)

Die Revision rügt, das Landgericht habe sich mit dem Umstand, daß der Angeklagte den angerichteten Schaden zu einem erheblichen Teil wiedergutgemacht habe, nicht auseinandergesetzt. Dies sei aber notwendig gewesen, zumal der Tatrichter im Rahmen der Strafzumessung „straferschwerend" die „bedeutende Gesamtschadenssumme" berücksichtigt habe.

Der Sachverhalt ergibt sich aus dem Revisionsvorbringen. – Das Rechtsmittel hatte Erfolg.

Gründe: Der GBA hat zutreffend geltend gemacht, daß dem angefochtenen Urteil nicht zu entnehmen sei, daß der Angeklagte den Schaden wiedergutgemacht habe. Sein Vorbringen sei also „urteilsfremd" und deshalb auf die vom Angeklagten erhobene Sachrüge nicht zu beachten. Der Angeklagte hat aber im Rahmen seiner Ausführungen zur Sachrüge – zulässig – zwei Verfahrensrügen erhoben, denen zu entnehmen ist, daß sich das Landgericht mit der Frage möglicher Schadenswiedergutmachung hätte befassen müssen.

1. Dem Verhandlungsprotokoll, das in der Revisionsbegründung insoweit im Wortlaut mitgeteilt wird, ist zu entnehmen, daß der Angeklagte folgende Erklärung abgegeben hat: „Ich bin damit einverstanden, daß das bei mir sichergestellte Geld, geldwerte Forderungen, insbesondere das Guthaben aus dem Postsparbuch und Gegenstände nicht an mich ausgekehrt werden, sondern bei der Justiz verbleiben und für die Entschädigung der Geschädigten dieses Verfahrens verwendet werden nach der Vorlage von Titeln bzw. im Einverständnis mit mir. Diese Erklärung bezieht sich auf die Ziff. 1, 8, 9, 10, 11, 12, 13, 14, 19, 20, 21 und 24 der Anklage." Dieser Erklärung kann entnommen werden, daß der Angeklagte Leistungen zur Wiedergutmachung des Schadens erbracht hat. Dies hat das Landgericht nicht gewürdigt. Darin liegt ein Verstoß gegen § 261 StPO. Zwar braucht sich der Tatrichter nicht mit jedem Beweismittel auseinanderzusetzen. Wesentliche beweiserhebliche Umstände muß er aber in den Urteilsgründen erörtern (BGH StV 1989, 423 [BGH Beschl. v. 22. 11. 1988 – 1 StR 559/88; vgl. § 261 StPO erfolgreiche Rügen]).

a) Grundsätzlich kann der Beschwerdeführer in der Revision allerdings nicht mit der Behauptung gehört werden, das Tatgericht habe sich mit einem bestimmten beweiserheblichen Umstand nicht auseinandergesetzt, wenn dieser sich nicht aus dem Urteil selbst ergibt. Denn die Ergebnisse der Beweisaufnahme festzustellen und zu würdigen, ist allein Sache des Tatrichters; der dafür bestimmte Ort ist das Urteil. Was in ihm über das Ergebnis der Verhandlung zu Schuld- und Straffrage festgehalten ist, bindet das Revisionsgericht (BGH Urt. v. 3. 7. 1991 – 2 StR 45/91 [BGHSt. 38, 14; vgl. § 261 StPO erfolgreiche Rügen]). Der BGH hat aber bereits mehrfach entschieden, daß es sich anders verhält, wenn das Beweisergebnis, etwa die Inhalt einer Äußerung oder einer Urkunde, und seine Erörterungsbedürftigkeit mit den Mitteln des Revisionsrechts ohne weiteres feststellbar sind, so, wenn eine für die Beweiswürdigung erhebliche Aussage gemäß § 273 Abs. 1 StPO wörtlich niedergeschrieben ist (BGH a.a.O. mit Hinweis auf die Rspr. des BGH zu anderen Fallgestaltungen).

b) So verhält es sich hier. Das Protokoll beweist, daß sich der Angeklagte zur Schadenswiedergutmachung geäußert und sich bereiterklärt hat, dafür bestimmte Vermögenswerte zur Verfügung zu stellen. Damit hätte sich das Landgericht auseinandersetzen müssen, weil die Würdigung der Erklärung des Angeklagten im Hinblick auf die vollständige Erfassung des Beweisstoffes geboten war.

2. Die Revision hat darüber hinaus zu Recht geltend gemacht, in den Verfahrensakten befinde sich – an einer von ihr bestimmt bezeichneten Stelle – ein Protokoll über die Ver-

steigerung eines beim Angeklagten beschlagnahmten Kfz. Darin liegt eine begründete Aufklärungsrüge (§ 244 Abs. 2 StPO). Das Landgericht hätte das Protokoll zum Gegenstand der Hauptverhandlung machen und der Behauptung des Angeklagten, der Versteigerungserlös von 16 500,- DM sei zur Schadenswiedergutmachung verwandt worden, nachgehen und diese im Urteil erörtern müssen.

91. Fehlende Auseinandersetzung der Urteilsgründe mit in der Hauptverhandlung protokollierten Zeugenaussagen kann Erörterungsmangel sein.
StPO §§ 261, 273 III S. 1 – BGH Urt. v. 3. 7. 1991 – 2 StR 45/91 LG Mainz (= BGHSt. 38, 14 = NJW 1992, 252 = NStZ 1991, 500 = JZ 1992, 106)

Die Revision rügt, daß sich das Gericht in den Urteilsgründen nicht mit einer in der Hauptverhandlung protokollierten und von dem Zeugen genehmigten Aussage auseinandergesetzt hat.

Sachverhalt: Das Landgericht hat festgestellt: In der Zeit von Februar bis Mitte Juni 1990 verkaufte der Angeklagte an A. Z. 1,8 kg Haschisch und 50 g Amphetamin. Am 19. 6. 1990 bestellte Z. beim Angeklagten weitere 200 g Haschisch und 70 g Amphetamin. Der Angeklagte sagte ihm die Haschischlieferung für den Abend zu, das Amphetamin hinterlegte er am Nachmittag, wie mit Z. abgesprochen, bei einem Weinberghäuschen in der Gemarkung D.

Der im übrigen geständige Angeklagte hat nur zum Umfang der Haschischlieferungen in der Zeit von Februar bis Juni 1990 von den Feststellungen abweichende Angaben gemacht. Nach seiner Einlassung hat er in dieser Zeit nur 500 g Haschisch an Z. verkauft. Die Strafkammer hat die Überzeugung von dem größeren Umfang des Haschischgeschäftes aus der von ihr als glaubhaft erachteten Aussage des Zeugen Z. gewonnen.

Die Aussage dieses Zeugen in der Hauptverhandlung wurde auf Anordnung des Vorsitzenden teilweise wörtlich protokolliert. Danach sagte der Zeuge zur Tatbeteiligung des früheren Mitangeklagten Sch. unter anderem folgendes aus: „Ich möchte meine Aussage gegen den Angeklagten Sch. zurücknehmen. Was ich in bezug auf den Angeklagten Sch. gesagt habe, war eine Falschaussage ... Es ist auch nicht richtig, daß ich einmal den Herrn Sch. gebeten habe, er möge H. ausrichten, ich brauche 200 Gramm Haschisch. Auch das war eine Falschaussage. Es ist auch nicht richtig, daß ich vor dem 19. 6. 1990 zu Herrn Sch. gesagt habe, ich brauche 270 Gramm Haschisch, was er H. ausrichten möge." Anschließend widerrief der Zeuge, was er soeben ausgesagt hatte, mit folgender – ebenfalls protokollierten – Erklärung: „Ich möchte meine vorherige Aussage berichtigen. Ich wollte Herrn Sch. bei dieser Aussage nicht unnötig belasten." Die Niederschrift wurde dem Zeugen vorgelesen und von ihm genehmigt. – Das Rechtsmittel hatte Erfolg.

Gründe: Das Aussageverhalten des Zeugen Z. hat das Landgericht im angefochtenen Urteil nicht gewürdigt. Darin sieht die Revision zu Recht eine Verletzung des § 261 StPO.

Allerdings kann der Beschwerdeführer in der Revision grundsätzlich nicht mit der Behauptung gehört werden, das Tatgericht habe sich mit einer bestimmten Aussage einer Beweisperson nicht auseinandergesetzt, wenn diese Aussage sich nicht aus dem Urteil selbst ergibt. Denn die Ergebnisse der Beweisaufnahme festzustellen und zu würdigen, ist allein Sache des Tatrichters; der dafür bestimmte Ort ist das Urteil. Was in ihm über das Ergebnis der Verhandlung zur Schuld- und Straffrage festgehalten ist, bindet das Revisionsgericht (BGHSt. 21, 149, 151 [BGH Urt. v. 7. 10. 1966 – 1 StR 305/66; vgl. § 261 StPO erfolgreiche Rügen]; 29, 18, 20 [BGH Beschl. v. 7. 6. 1979 – 4 StR 441/78; vgl. § 261 StPO erfolglose Rügen]). Das gilt auch, wenn der wesentliche Inhalt einer Aussage, deren Würdigung der Beschwerdeführer im Urteil vermißt, nach § 273 Abs. 2 StPO in das Protokoll der Hauptverhandlung aufgenommen worden ist. Das Tatgericht entscheidet gemäß § 261 StPO nach seiner freien, aus dem Inbegriff der Verhandlung geschöpften Überzeugung, nicht aufgrund des Protokolls, für dessen Inhalt allein der Vorsitzende und der Urkundsbeamte der Geschäftsstelle die Verantwortung tragen (§ 271 Abs. 1 StPO), das regelmäßig nicht vorgelesen und erst nach der Verkündung des Urteils abgeschlossen wird.

Anders verhält es sich indes, wenn aufgrund einer Anordnung des Vorsitzenden gemäß § 273 Abs. 3 Satz 1 StPO eine Aussage wörtlich niedergeschrieben, verlesen und gemäß Satz 3 dieser Vorschrift genehmigt worden ist. Zwar verbleibt es auch hier bei der alleinigen Verantwortung des Vorsitzenden und des Urkundsbeamten der Geschäftsstelle für den Inhalt des Protokolls. Aber die wörtlich protokollierte Aussage wird in der Hauptverhandlung in ihrer urkundlichen Fixierung zur Kenntnis des erkennenden Gerichts und der Verfahrensbeteiligten gebracht, die das Wie der Protokollierung beanstanden können, und ihre Beurkundung hat hohen Beweiswert.

Hat sich das Tatgericht mit der im Hauptverhandlungsprotokoll beurkundeten Aussage nicht auseinandergesetzt, obwohl ihre Würdigung im Urteil im Hinblick auf die vollständige Erfassung des relevanten Beweisstoffes und die inhaltliche Richtigkeit der Feststellungen geboten war, so kann der Erörterungsmangel als Verstoß gegen die Vorschrift des § 261 StPO gerügt werden. Die Sach- und Rechtslage ähnelt der in Fällen der gebotenen aber unterbliebenen Befassung mit einer verlesenen Niederschrift über eine polizeiliche Vernehmung (vgl. BGHR StPO § 261 Inbegriff der Verhandlung 7), einem verlesenen Schriftstück eines in der Hauptverhandlung vernommenen Zeugen (BGHR a.a.O. 15) oder einer Niederschrift über eine richterliche Beschuldigtenvernehmung (BGH Beschl. v. 7. 6. 1991 – 2 StR 14/91). Es besteht entweder eine erörterungsbedürftige Diskrepanz zwischen den Urteilsgründen und der in ihrem Wortlaut protokollierten Aussage, oder die Beweiswürdigung weist eine Lücke auf, die sie als unvollständig und – unter dem Aspekt des Beruhens – ihr Ergebnis als fragwürdig erscheinen läßt. Diskrepanz oder Lücke ergeben sich aus dem argumentativen Zusammenhang von Urteilsgründen und dokumentiertem Aussageinhalt. Die Feststellung ihres Vorhandenseins erfordert keine „Rekonstruktion der Hauptverhandlung" durch das Revisionsgericht. Der hohe Beweiswert der nach § 273 Abs. 3 Satz 1 StPO angeordneten Beurkundung schließt es aus, unter Berufung auf den Grundsatz, daß es allein Sache des Tatrichters sei, die Ergebnisse der Beweisaufnahme festzustellen und zu würdigen, die Diskrepanz oder Lücke hinzunehmen.

Im hier zu entscheidenden Falle hätte die Strafkammer die wörtlich protokollierte Aussage des Zeugen Z. bei der Prüfung seiner Glaubwürdigkeit erörtern müssen. Aus dieser Aussage ergibt sich, daß der Zeuge über die Tatbeteiligung des früheren Mitangeklagten Sch. einander widersprechende Angaben gemacht hat, indem er in der Hauptverhandlung zunächst frühere – belastende – Bekundungen als falsch bezeichnete und sie widerrief, dann aber den Widerruf wieder „berichtigte". Dieses Aussageverhalten konnte auch gegen die Glaubwürdigkeit des Zeugen insoweit sprechen, als er den Angeklagten belastete.

92. Das Revisionsgericht ist nach Freispruch nicht befugt, eine eigene Beweiswürdigung vorzunehmen und auf dieser Grundlage eigene, den Schuldspruch tragende Tatsachenfeststellungen zu treffen.

StPO § 261 – BVerfG Beschl. v. 8. 5. 1991 – 2 BvR 1380/90 (= StV 1991, 545 = NStZ 1991, 499)

Die Verfassungsbeschwerde rügt, das Oberlandesgericht habe ein freisprechendes Urteil des Landgerichts aufgrund unzulässiger eigener Beweiswürdigung aufgehoben.

Sachverhalt: Das Amtsgericht hatte den Angeklagten wegen Diebstahls geringwertiger Sachen verurteilt. Auf die Berufung des Angeklagten wurde er freigesprochen. Auf die Revision der Staatsanwaltschaft hob das OLG den Freispruch auf und sprach den Angeklagten schuldig. Zur Entscheidung über den Rechtsfolgenausspruch verwies es die Sache zurück. – Das Rechtsmittel hatte Erfolg.

Gründe: Die zulässige Verfassungsbeschwerde ist i.S.v. § 93 b Abs. 2 S. 1 BVerfGG offensichtlich begründet. Das angegriffene Urteil verletzt den Beschwerdeführer in seinem Grundrecht aus Art. 101 Abs. 1 S. 2 GG. Die Entscheidung des OLG kann aufgrund der in zulässiger Weise erhobenen Verfassungsbeschwerde, in der ein dahingehender Grundrechtsverstoß nicht gerügt ist, unter jedem in Betracht kommenden verfassungsrechtlichen Gesichtspunkt geprüft werden (vgl. BVerfGE 76, 1 [74]).

1.

Art. 101 Abs. 1 S. 2 GG kann dann verletzt sein, wenn ein an die tatsächlichen Feststellungen der Vorinstanz gebundenes Revisionsgericht eine nach dem Stand des Verfahrens gebotene Zurückweisung an das Tatsachengericht zwecks weiterer Sachaufklärung unterläßt (vgl. BVerfGE 54, 100 [115]). Die in einer Aufklärung durch das Revisionsgericht und einer Verhinderung der Sachaufklärung durch das Tatgericht enthaltene Verkennung der dem Revisionsgericht gezogenen Grenzen kann jedoch, wie jede Maßnahme oder Entscheidung eines Gerichts, Art. 101 Abs. 1 S. 2 GG nur dann verletzen, wenn sie von willkürlichen Erwägungen bestimmt ist (vgl. BVerfGE 31, 145 [165]).

Ob die Maßnahme oder Entscheidung eines Gerichts in diesem Sinne auf Willkür beruht, läßt sich nur nach den besonderen Umständen des Einzelfalles feststellen. Von Willkür kann aber nur die Rede sein, wenn die Entscheidung eines Gerichts sich bei der Auslegung und Anwendung einer Zuständigkeitsnorm so weit von dem sie beherrschenden verfassungsrechtlichen Grundsatz des gesetzlichen Richters entfernt hat, daß sie nicht mehr zu rechtfertigen ist. Dies bedeutet, daß Art. 101 Abs. 1 S. 2 GG auch durch eine gerichtliche Entscheidung verletzt wird, die bei verständiger Würdigung der das Grundgesetz beherrschenden Gedanken nicht mehr verständlich erscheint und offensichtlich unhaltbar ist (vgl. BVerfGE 29, 45 [49]). Dies ist hier der Fall.

2.

a) Grundlage jeder Sachentscheidung des Strafrichters ist der Tathergang, von dem der Richter überzeugt ist. Gemäß § 261 StPO hat das Gericht über das Ergebnis der Beweisaufnahme nach seiner freien, aus dem Inbegriff der Verhandlung geschöpften Überzeugung zu entscheiden. Das Ergebnis der Beweisaufnahme zu würdigen, ist allein Sache des Tatrichters. Es ist die für die Schuldfrage entscheidende, ihm allein übertragene Aufgabe, ohne Bindung an gesetzliche Beweisregeln und nur seinem Gewissen verantwortlich zu prüfen, ob er an sich mögliche Zweifel überwinden und sich von einem bestimmten Sachverhalt überzeugen kann oder nicht. Ebensowenig wie der Tatrichter gehindert werden kann, an sich mögliche, wenn auch nicht zwingende Folgerungen aus bestimmten Tatsachen zu ziehen, ebensowenig kann ihm vorgeschrieben werden, unter welchen Voraussetzungen er zu einer bestimmten Folgerung und einer bestimmten Überzeugung kommen muß (vgl. BGHSt. 10, 208 [209 ff.] [BGH Urt. v. 9. 2. 1957 – 2 StR 508/56; vgl. § 261 StPO erfolglose Rügen]; 29, 18 [19 f.] [BGH Beschl. v. 7. 6. 1979 – 4 StR 441/78; vgl. § 261 StPO erfolglose Rügen]).

Dem Revisionsgericht steht nach den Vorschriften der StPO nur eine begrenzte Möglichkeit zu, die Überzeugungsbildung des Tatrichters nachzuprüfen. Diese ist, sofern sie nicht auf einem von Amts wegen oder auf Revisionsrüge zu beachtenden Verfahrensmangel beruht, für das Revisionsgericht grundsätzlich bindend. Im Rahmen der allgemeinen Sachprüfung darf das Revisionsgericht die Beweiswürdigung des Tatrichters nur darauf überprüfen, ob sie rechtliche Fehler aufweist. Ein rechtlicher Fehler kann darin liegen, daß der Tatrichter die Anforderungen an die richterliche Überzeugungsbildung überspannt hat.

Aber auch bei Vorliegen eines solchen Rechtsfehlers ist das Revisionsgericht nicht befugt, die Beweiswürdigung des Tatrichters durch seine eigene zu ersetzen. Wollte das Revisionsgericht eine auf „letzte Zweifel" gestützte Freisprechung beanstanden, weil es aufgrund der festgestellten Beweisanzeichen zu dem Ergebnis kommt, daß eine an Sicherheit grenzende Wahrscheinlichkeit für die Schuld des Angeklagten vorliege, so würde es die Grenzen seiner Aufgaben überschreiten. Es würde sich mit einer Verantwortung belasten, die es nach der gesetzlichen Ausgestaltung des Revisionsverfahrens nicht übernehmen kann und darf. Die Aufgabe, sich eine Überzeugung von der Schuld oder Nichtschuld des Angeklagten zu bilden, ist allein dem Tatrichter gestellt (vgl. BGHSt. 10, 208 [210]; 29, 18 [20]).

b) An dieser durch die Vorschriften der StPO bestimmten grundlegenden Aufgabenverteilung zwischen Tatgericht und Revisionsgericht muß sich im Blick auf Art. 101 Abs. 1 S. 2 GG die Rechtsanwendung ausrichten, wenn es um die Frage geht, ob das Revisionsgericht ein freisprechendes Urteil des Tatgerichts durch einen eigenen Schuldspruch ersetzen darf.

In Rechtsprechung und Literatur werden unterschiedliche Auffassungen vertreten, ob das Revisionsgericht im Rahmen des § 354 StPO zu einer solchen eigenen Sachentscheidung befugt ist, wenn der Freispruch auf einem Rechtsfehler beruht. Dies wird im Schrifttum und zum Teil auch in der Rechtsprechung vor allem deshalb für unzulässig erachtet, weil die Feststellungen eines freisprechenden Urteils, die der Angeklagte seinerseits nicht mit einem Rechtsmittel angreifen könne, keine genügende Gewähr für eine Verurteilung böten (vgl. KG, JR, 1957, S. 270; BayObLG, JZ 1961, S. 506).

Demgegenüber wird vom überwiegenden Teil der Rechtsprechung die Verurteilung eines vom Tatgericht freigesprochenen Angeklagten durch das Revisionsgericht grundsätzlich in Fällen gebilligt, in denen aufgrund der lückenlosen Feststellungen des Tatgerichts die Möglichkeit ergänzender Feststellungen zur Schuldfrage ausgeschlossen erscheint (vgl. OLG Düsseldorf NJW 1986 S. 2518 f.; OLG Koblenz, NJW 1986, S. 1700 f.). Dies soll insbes. gelten, wenn das Tatgericht einem Subsumtionsfehler unterlegen ist und sich die Strafbarkeit ohne weiteres aus dem von ihm festgestellten Sachverhalt ergibt (vgl. BGH, VRS 54, 436 [438]; OLG Hamburg, NJW 1985, S. 1654; OLG Hamburg, JR 1979, S. 206 f.). Welcher dieser Auffassungen nach strafprozeßrechtlichen Maßstäben der Vorzug zu geben ist, hat nicht das BVerfG zu entscheiden.

Im Blick auf Art. 101 Abs. 1 Satz 2 GG halten sich beide Ansichten innerhalb der Grenzen, die der Auslegung und Anwendung des Strafprozeßrechts unter Berücksichtigung der oben dargestellten gesetzlichen Aufgabenverteilung zwischen Tatgericht und Revisionsgericht von Verfassungs wegen gezogen sind.

Diese Grenzen werden jedoch überschritten, wenn ein Revisionsgericht – wie hier – selbst die den Schuldspruch tragenden Feststellungen aufgrund einer eigenen Würdigung des Beweisergebnisses der Vorinstanz trifft, die das Tatgericht aufgrund seiner abweichenden Beweiswürdigung nicht glaubte treffen zu können. Denn damit wird die gesetzliche Zuständigkeitsverteilung eindeutig und grundlegend verfehlt.

c) Das Landgericht sprach den Beschwerdeführer vorliegend nicht deshalb frei, weil es das in Betracht kommende Strafgesetz aus Rechtsgründen für auf den festgestellten Sachverhalt unanwendbar erachtete. Vielmehr hatte die Strafkammer unter dem Eindruck der von ihr durchgeführten Beweisaufnahme, in deren Rahmen ein erstinstanzlich nicht vernommener Zeuge gehört worden war, nicht die Überzeugung gewinnen können, daß der Beschwerdeführer den Automatendiebstahl begangen habe. Sie hielt die Aussage des Zeugen R. in Verbindung mit den weiteren belastenden Indizien für nicht ausreichend, den Beschwerdeführer der angeklagten Tat zu überführen.

Zu einer abweichenden Beurteilung der Täterschaft gelangte das OLG aufgrund eigener Beweiswürdigung und Tatsachenfeststellung. Daran ändert der Umstand nichts, daß es diese Würdigung in seinem Urteil als rechtliche Würdigung bezeichnete; denn für die verfassungsrechtliche Beurteilung ist nicht die Bezeichnung, sondern der sachliche Gehalt der richterlichen Maßnahme entscheidend. Im Gegensatz zu dem Tatgericht erachtete das Revisionsgericht Zweifel an der Glaubwürdigkeit des Zeugen R., den es selbst nicht gehört hatte, für unbegründet. Abweichend vom Landgericht ging der Strafsenat davon aus, daß der Zeuge R. das amtliche Kennzeichen des von ihm beobachteten Kfz ohne Fehler abgelesen habe. Aufgrund des als richtig erachteten Inhalts der Zeugenaussage und unter Berücksichtigung weiterer Tatindizien gelangte das OLG zu der Überzeugung, daß der Beschwerdeführer die ihm zur Last gelegte Tat begangen habe. Dabei bewertete es auch die Zeugenaussage des Vaters des Beschwerdeführer anders als das Landgericht.

Damit hat das OLG seine Kompetenz als Revisionsgericht eindeutig überschritten. Selbst wenn es – was nicht der Beurteilung durch das BVerfG unterliegt – die Beweiswürdigung des Landgericht für rechtsfehlerhaft hielt, weil dieses nach seiner Ansicht angesichts der für die Täterschaft des Beschwerdeführer sprechenden Beweisanzeichen die Anforderungen an die richterliche Überzeugungsbildung überspannt hatte, war es lediglich befugt, den Freispruch aufzuheben und die Sache zur erneuten Prüfung an die Vorinstanz zurückzuverweisen. Es war jedoch nicht berechtigt, eine eigene Beweiswürdigung vorzunehmen und auf dieser Grundlage eigene, den Schuldspruch tragende Tatsachenfeststellungen zu treffen.

Wegen der darin liegenden Verletzung des Art. 101 Abs. 1 S. 2 GG ist das Revisionsurteil aufzuheben und die Sache gemäß § 95 Abs. 2 BVerfGG an das OLG zurückzuverweisen.

93. Bei Aussage gegen Aussage muß das Gericht im Urteil die Aussageentwicklung und etwaige Widersprüche mitteilen, gegebenenfalls auch, in welchen Teilen sich die Angaben des Belastungszeugen als unrichtig oder übertrieben herausgestellt haben.

StPO § 261 – BGH Beschl. v. 17. 4. 1991 – 3 StR 107/91 LG Oldenburg (= StV 1991, 409)

Die Revision rügt die Verletzung sachlichen Rechts.

Sachverhalt: Der Angeklagte lebte nach den Feststellungen seit längerem in sogenannten Obdachlosenunterkünften, Wohnungen einfachster Ausstattung in drei eingeschossigen Häusern in der J.straße in C. In der Nacht zum 23. 2. 1990 setzte er die zu diesen Obdachlosenunterkünften gehörende Wohnung seines vorübergehend abwesenden Bekannten K. W. im Haus J.straße 5 so in Brand, daß das Feuer unter anderem den Fußboden, die Decke und eine Zimmertür ergriff. Er wollte nicht nur, daß – wie geschehen – die Wohnungseinrichtung verbrannte, sondern nahm auch billigend in Kauf, daß das Haus, in dem sich noch zwei andere Wohnungen befinden, in Flammen aufginge. Einen weiteren Brand legte der Angeklagte am Abend des 11. 3. 1990 in einer ebenfalls zu diesen Obdachlosenunterkünften gehörenden Wohnung im Haus J.straße 17; es verbrannten jedoch „nur" Einrichtungsgegenstände, und eine Fensterbank „kohlte an". Von dem weiteren Vorwurf, am 6. 2. 1990 in einer anderen Wohnung dieser Obdachlosenunterkünfte ebenfalls Feuer gelegt zu haben, sprach das Landgericht den Angeklagten wegen der nicht als ausgeschlossen erachteten Möglichkeit einer Selbstentzündung frei.

Der Angeklagte hat die Taten in Abrede gestellt und sich damit verteidigt, daß die Brände vom Zeugen K. W. gelegt worden seien, wie dieser ihm am Abend des 11. 3. 1990 eingestanden und hinsichtlich der Wohnung J.straße 17 angekündigt habe; W. habe seine „eigene Bude" angesteckt, weil ihm das Ordnungsamt die Räumung angedroht habe, falls er nicht für Sauberkeit sorge. Demgegenüber hat der Zeuge W. bekundet, es sei der Angeklagte gewesen, der an jenem Abend, als sie in dessen Wohnung zwei bis drei Flaschen Korn getrunken hatten, erzählt habe, daß er für die Brände in der J.straße verantwortlich sei; der Angeklagte habe ihm damals auch, nachdem er, der Angeklagte, vorübergehend abwesend gewesen sei, gesagt, daß er gerade einen weiteren Brand gelegt habe. Das Landgericht hat die Einlassung des Angeklagten auf Grund der Angaben des Zeugen W. unter anderem deshalb als widerlegt angesehen, weil es annahm, daß dessen „Ärger mit dem

Ordnungsamt" kein ausreichender Grund für diesen gewesen sei, seine eigene Wohnung mit seiner Habe anzuzünden. Die Strafkammer hat den Zeugen als glaubwürdig beurteilt, obwohl ihr seine Schilderung von Gewalttätigkeiten des Angeklagten ihm gegenüber als übertrieben erschienen, sich in Einzelheiten Widersprüche zu seinen polizeilichen Aussagen ergeben hatten und er gegenüber der Polizei unvollständige Angaben gemacht hatte. Worin diese Übertreibungen, Widersprüche und Unvollständigkeiten im einzelnen bestanden, teilt das Landgericht indes nicht mit. – Das Rechtsmittel hatte Erfolg.

Gründe: ... Darin liegt unter den Besonderheiten des Falles ein sachlich-rechtlicher Mangel, auf dem der Schuldspruch beruhen kann.

Da unmittelbare Tatzeugen und unmittelbar auf den Angeklagten hindeutende Sachbeweise ersichtlich fehlen, hängt die Überzeugung von der Täterschaft des Angeklagten entscheidend von der Beurteilung der Glaubwürdigkeit des Zeugen W. und der Zuverlässigkeit seiner Angaben ab. Das Landgericht hat zwar Bekundungen anderer Zeugen und zusätzliche Beweistatsachen angeführt, die es als Bestätigung der Bekundungen des Zeugen W. gewertet hat. Diese weiteren Beweise betreffen aber, was die Strafkammer nicht genügend berücksichtigt, das Randgeschehen oder sind auch mit einer Tatbegehung durch den Zeugen W. selbst oder aber – im Falle einer vom Landgericht nicht erwogenen gegenseitigen Falschbezichtigung – durch einen unbekannten Dritten durchaus zu vereinbaren. Selbst die für die Frage des fehlenden Tatmotivs für den Zeugen W. erhebliche Feststellung, daß bei dem Brand in seiner Wohnung seine eigenen Kleider und Ausweispapiere verbrannt sind, beruht nach Lage der Dinge letztlich auf seiner Aussage. Ob er sich tatsächlich in der Zeit, als es in seiner Wohnung brannte, bei einem Kollegen aufhielt, ist nicht erkennbar überprüft worden.

Unter diesen Umständen bleibt im Ergebnis, daß Aussage gegen Aussage steht. In einem solchen Falle muß der Tatrichter die für die Richtigkeit der Angaben des einen oder anderen sprechenden Umstände umfassend prüfen und würdigen und dies im Urteil auch deutlich machen (vgl. BGHR StPO § 261 Beweiswürdigung 1 [BGH Beschl. v. 22. 4. 1987 – 3 StR 141/87; vgl. § 261 StPO erfolgreiche Rügen]). Zu den für die Glaubwürdigkeit eines Belastungszeugen und die Glaubwürdigkeit seiner Angaben wesentlichen Gesichtspunkten gehört aber insbesondere auch die Frage, wie sich die Aussage des Zeugen im Laufe des Verfahrens entwickelt hat, ob und in welchen Punkten er sich in Widersprüche verstrickt hat und gegebenenfalls in welchen Teilen seine Angaben sich als unrichtig oder im Sinne deutlich hervortretenden Belastungseifers als übertrieben herausgestellt haben. Das Landgericht hätte daher im einzelnen mitteilen müssen, worin die Übertreibungen in der Aussage des Zeugen W. bestanden, worin er sich widersprochen und was er bei seiner polizeilichen Aussage verschwiegen hatte. Nur dann wäre der Senat in die Lage versetzt zu prüfen, ob die Strafkammer die Übertreibungen, Widersprüche und Unvollständigkeiten in der Aussage des Zeugen ohne Rechtsfehler als unerheblich für seine Glaubwürdigkeit und die Zuverlässigkeit seiner Angaben gewertet hat. Da dies mangels entsprechender Wiedergabe im Urteil nicht möglich ist, kann die Verurteilung nicht bestehen bleiben.

94. Gericht muß Ausführungen des Sachverständigen in einer zusammenfassenden Darstellung unter Mitteilung der Anknüpfungstatsachen und der Schlußfolgerungen wiedergeben, um dem Revisionsgericht Nachprüfung zu ermöglichen.

StPO § 261 – BGH Urt. v. 20. 3. 1991 – 2 StR 610/90 LG Lüneburg (= StV 1991, 339 = NStZ 1991, 596)

Die Revision der Staatsanwaltschaft rügt die Beweiswürdigung des angefochtenen Urteils.

Sachverhalt: Der Angeklagten war zur Last gelegt worden, am 7. 1. 1987 kurz vor 16 Uhr die Zweigstelle einer Sparkasse überfallen, Bankangestellte mit einer Schußwaffe bedroht und sie dadurch zur Herausgabe von 48 200 DM veranlaßt zu haben.

Das Landgericht hat die Täterschaft der Angeklagten nicht für bewiesen erachtet und dazu im wesentlichen folgendes ausgeführt:

Die Angeklagte werde allerdings durch zwei anthropologische Identitätsgutachten erheblich belastet. Die Sachverständigen Dr. L. und Prof. Dr. O. hätten die mittels einer Raumüberwachungskamera von der Täterin aufgenommenen Fotos mit später angefertigten Lichtbildern der Angeklagten verglichen; sie seien aufgrund einer morphologischen Analyse zu dem Ergebnis gelangt, daß die verglichenen Aufnahmen „mit sehr großer Wahrscheinlichkeit" dieselbe Person zeigten. Das reiche aber zum Täterschaftsnachweis nicht aus. Wohl handele es sich bei dem Abbildvergleich um eine ausgereifte, wissenschaftlich und forensisch anerkannte Untersuchungsmethode. Doch habe eine solche Beweisführung auch ihre Grenzen. Im vorliegenden Fall ergäben sich „einschränkende Überlegungen" im Hinblick auf bestimmte Qualitätsmängel des von der Überwachungskamera gelieferten Bildmaterials. Auch sei der Sachverständige Dr. L. bei der Auswertung dieser Fotos, die er bereits früher, anläßlich des Vergleichs mit Aufnahmen einer anderen, damals in Verdacht geratenen Frau begutachtet habe, teilweise zu unterschiedlichen Merkmalsdiagnosen gekommen (Stirn, Augenbrauen). Darüberhinaus werde der Beweiswert der von den Sachverständigen gemachten Identitätsaussagen dadurch wesentlich eingeschränkt, daß „bei der Täterin infolge der Maskierung nur die Augen- und Nasenregion unverdeckt und das Spektrum der in die Begutachtung einzubeziehenden morphologischen Merkmale demgemäß recht begrenzt" gewesen sei. Ob dieses Spektrum – der Sachverständige Dr. L. habe allerdings mehr als 20 (im Urteil beschriebene) Übereinstimmungen zwischen der Täterin und der Angeklagten gefunden – die Identitätsaussage „mit sehr hoher Wahrscheinlichkeit" erlaube, könne dahinstehen. Immerhin sei zu bedenken, daß bei „sonstigen Ähnlichkeitsgutachten" im Einzelfalle bis zu 200 morphologische Merkmale erfaßt und in die Beurteilung einbezogen würden.

Hiernach bleibe Raum für vernünftige Zweifel an der Täterschaft der Angeklagten. Solche Zweifel müßten nur dann verstummen, „wenn die Wahrscheinlichkeitsaussagen der Gutachter noch durch andere Beweiserkenntnisse überzeugend abgesichert" wären. Das sei jedoch nicht der Fall. Bei zwei in Betracht kommenden Umständen (Ergebnisse eines Körpergrößenvergleichs und einer Haarvergleichsuntersuchung) handele es sich „im Grunde um bewertungsneutrale Umstände".

Andererseits gebe es Anzeichen, die gegen die Täterschaft der Angeklagten sprächen. ... – Das Rechtsmittel hatte Erfolg.

Gründe: ...

2. Der angefochtene Freispruch hält rechtlicher Prüfung nicht stand.

a) Allerdings entspricht das Urteil – entgegen der Auffassung des GBA – dem in ständiger Rechtsprechung des BGH aus § 267 V 1 StPO abgeleiteten Erfordernis, daß der Tatrichter bei einem Freispruch aus tatsächlichen Gründen im Urteil zunächst die für erwiesen erachteten Tatsachen bezeichnen muß, bevor er dartut, weshalb die getroffenen Feststellungen nicht ausreichen und die erforderlichen Feststellungen nicht getroffen werden konnten (BGHR StPO § 267 V Freispruch 1, 2 [BGH Urt. v. 26. 9. 1989 – 1 StR 299/89; vgl. § 267 erfolgreiche Rügen], 3 [BGH Urt. v. 26. 4. 1990 – 4 StR 24/90 = BGHSt. 37, 21; vgl. § 267 StPO erfolgreiche Rügen], 5[1]; Urt. v. 20. 10. 1983 – 4 StR 517/83). Dem Urteil läßt

---

[1] „Bei einem Freispruch aus tatsächlichen Gründen muß der Tatrichter im Urteil zunächst diejenigen Tatsachen feststellen, die er für erwiesen hält, bevor er in der Beweiswürdigung darlegt, aus welchen Gründen die für einen Schuldspruch erforderlichen – zusätzlichen – Feststellungen nicht getroffen werden können. Die Begründung muß so abgefaßt sein, daß das Revisionsgericht prüfen kann, ob dem Tatrichter Rechtsfehler unterlaufen sind, insbesondere, ob der den Entscheidungsgegenstand bildende Sachverhalt erschöpfend gewürdigt ist." (BGH Urt. v. 25. 9. 1990 – 1 StR 448/90).

sich entnehmen, daß am 7. 1. 1987 kurz vor 16 Uhr ein Überfall auf die Zweigstelle der Nassauischen Sparkasse in Bad Camberg-Würges verübt worden ist und dabei eine Frau (deren Bekleidung mitgeteilt wird) durch Bedrohung der Bankangestellten mit einer Schußwaffe einen Betrag von 48 200,– DM erbeutet hat. Es ging hier ausschließlich darum, ob es sich bei dieser Frau um die Angeklagte gehandelt hat. In einem solchen Falle, in dem die Tat selbst festgestellt ist und nur die Täterschaft des Angeklagten in Frage steht, ist es rechtlich nicht zu beanstanden, wenn das Tatgericht nach knapper Darstellung des den Vorwurf begründenden Sachverhalts sogleich in die beweiswürdigende Erörterung der für und gegen die Täterschaft sprechenden Umstände eintritt und einzelne Feststellungen erst im jeweiligen Sachzusammenhang der Beweiswürdigung mitteilt. Durch eine solche Darstellung, die sich je nach Lage des Falles sogar empfehlen kann, wird die dem Revisionsgericht obliegende Prüfung weder verhindert noch auch nur erschwert.

b) Doch leidet die Beweiswürdigung, auf die sich der Freispruch nach den Urteilsgründen stützt, in mehrfacher Hinsicht an sachlichrechtlichen Mängeln; dabei handelt es sich teils um Unzulänglichkeiten bei der Darstellung der Beweisergebnisse, teils auch um Wertungsfehler.

aa) Die Unzulänglichkeiten bei der Darstellung der Beweisergebnisse beziehen sich auf die von den Sachverständigen Dr. L. und Prof. Dr. O. erstatteten morphologischen Identitätsgutachten.

Nach ständiger Rechtsprechung des BGH muß das Tatgericht, das ein Sachverständigengutachten eingeholt hat und ihm Beweisbedeutsamkeit beimißt, in jedem Fall – gleichgültig, ob es ihm folgt oder nicht – die Ausführungen des Sachverständigen in einer (wenn auch nur gedrängten) zusammenfassenden Darstellung unter Mitteilung der zugrundeliegenden Anknüpfungstatsachen und der daraus gezogenen Schlußfolgerungen wiedergeben, um dem Revisionsgericht die gebotene Nachprüfung zu ermöglichen (BGH StV 1981, 113 [BGH Urt. v. 4. 12. 1980 – 1 StR 570/80; vgl. § 261 StPO erfolgreiche Rügen]; 1983, 13[1]; 1983, 404 [BGH Beschl. v. 15. 4. 1983 – 2 StR 78/83; vgl. § 267 StPO erfolgreiche Rügen]; 1984, 241 [BGH Beschl. v. 16. 2. 1984 – 1 StR 44/84; vgl. § 261 StPO erfolgreiche Rügen]; BGHR StPO § 267 II Beweisergebnis 1, 2, 4). Diesen Anforderungen werden die Urteilsgründe nicht gerecht. Sie enthalten zwar die Ergebnisse der beiden Gutachten (Aussagen zur Identitätswahrscheinlichkeit), eine Beschreibung der von den Sachverständigen gefundenen morphologischen Übereinstimmungen und einige, allerdings schon bewertende Angaben über das von der Raumüberwachungskamera gelieferte Bildmaterial. Doch fehlt es an einer zusammenhängenden, in sich geschlossenen Darstellung der Gutachten, wie sie zur Beurteilung ihrer gedanklichen Schlüssigkeit notwendig wäre. Das der Begutachtung zugrundeliegende Bildmaterial wird nicht weiter beschrieben. Dem Urteil ist nicht zu entnehmen, wie viele Aufnahmen die Raumüberwachungskamera geliefert hat und in welcher Weise (Stellung, Aufnahmewinkel, Entfernung) sie die Täterin abbilden. Dieser Mangel, der durch Bezugnahme auf die zu den Akten genommenen Fotos leicht zu vermeiden gewesen wäre (§ 267 I 3 StPO – die Vorschrift gilt auch für freisprechende Urteile), ist im vorliegenden Falle insbesondere deshalb bedeutsam, weil die Strafkammer den Beweiswert der Gutachten u.a. mit dem Hinweis auf Qualitätsmängel des Bildmaterials anzweifelt, die Berechtigung solcher Zweifel aber ohne konkrete Beschreibung der ausgewerteten Aufnahmen nicht nachgeprüft werden kann; dies wäre aber schon im Hinblick darauf erforderlich, daß sich die Sachverständigen durch die von der Strafkammer beanstandeten Qualitätsmängel nicht gehindert gesehen haben, die im Urteil erwähnten morphologischen Übereinstimmungen festzustellen und darauf ihr Wahrscheinlichkeits-

---

1 „Zum Verständnis sowie zur Beurteilung der gedanklichen Schlüssigkeit eines Gutachtens und der ihm entgegenstehenden Bewertung des Gerichts ist eine – wenn auch nur gedrängte – zusammenfassende Wiedergabe des Gutachtens in den Urteilsgründen erforderlich." (BGH Beschl. v. 24. 9. 1982 – 2 StR 522/82).

urteil zur Identitätsfrage zu gründen. Die mangelnde Beschreibung des Bildmaterials hat im übrigen auch zur Folge, daß für das Revisionsgericht nicht überprüfbar ist, ob und gegebenenfalls inwieweit die von der Strafkammer erörterte Unterschiedlichkeit der Merkmalsdiagnosen des Sachverständigen Dr. L. (einerseits bei der früheren, eine andere Frau betreffenden Begutachtung, andererseits bei der die Angeklagte einbeziehenden Untersuchung) den Beweiswert des Gutachtens zu mindern vermag. Fehlt es hiernach schon an einer zureichenden Darstellung der von den Sachverständigen bewerteten Anknüpfungstatsachen, so lassen die Urteilsgründe darüberhinaus auch besorgen, daß die gutachtlich wertenden Ausführungen der Sachverständigen nicht vollständig mitgeteilt worden sind. So beschreiben die Urteilsgründe zwar die morphologischen Übereinstimmungen, geben aber keinen Aufschluß darüber, wie die Sachverständigen deren Aussagewert im Hinblick auf die Häufigkeit oder Seltenheit des jeweils betroffenen Merkmals beurteilt haben. Auch ist aus den Urteilsgründen nicht ersichtlich, ob – was angesichts der Anzahl der festgestellten Übereinstimmungen naheliegt – die Sachverständigen auf dem Wege zu ihrem Begutachtungsergebnis einen nach den Grundsätzen der Wahrscheinlichkeitsrechnung aufzustellenden Wertungsindex ermittelt haben, der aussagt, unter wie vielen Menschen schätzungsweise dieselbe Merkmalskombination anzutreffen sein dürfte. Die Zuhilfenahme solcher Wertungsindices, die – bei aller gebotenen Vorsicht – Anhaltspunkte für die sachgerechte Beurteilung des Beweiswerts übereinstimmender Merkmalskombinationen liefern können, ist bei anthropologisch-morphologischen Identitätsuntersuchungen nicht ungebräuchlich. Da die Urteilsgründe nichts darüber enthalten, ob im vorliegenden Fall ein Wertungsindex – und gegebenenfalls welcher – bestimmt worden ist, kann das Revisionsgericht auch nicht die Berechtigung jener Vorbehalte beurteilen, mit denen das Tatgericht Zweifel am Beweiswert der Gutachten anmeldet, weil das „Spektrum der in die Begutachtung einzubeziehenden morphologischen Merkmale ... recht begrenzt" gewesen sei. Abgesehen davon ist diesem Einwand jedenfalls entgegenzuhalten, daß den Sachverständigen dieses „Spektrum" genügt hat, um darauf ihr Wahrscheinlichkeitsurteil zu stützen. Soweit die Strafkammer demgegenüber zu bedenken gibt, bei „sonstigen Ähnlichkeitsgutachten" würden im Einzelfalle bis zu 200 morphologische Merkmale erfaßt und in die Beurteilung einbezogen", betrifft dieser, von Forster übernommene Hinweis lediglich die antropologisch-erbbiologischen Ähnlichkeitsuntersuchungen zur Vaterschaftsfeststellung in der Mutter/Kind/Mann-Konstellation, nicht dagegen die vergleichende Begutachtung morphologischer Merkmale in der Zweier-Konstellation zum Zwecke der Identitätsüberprüfung.

bb) Es kann dahingestellt bleiben, ob allein die vorbezeichneten Mängel bereits zur Urteilsaufhebung geführt hätten; sie ist jedenfalls geboten auf Grund von Fehlern der Beweiswürdigung, die zwei Belastungsindizien betreffen.

Eine photogrammetrische Auswertung der von der Raumüberwachungskamera aufgenommenen Lichtbilder hatte ergeben, daß die abgebildete Täterin mit hoher Wahrscheinlichkeit (bei einer möglichen Fehlertoleranz von plus-minus 1 cm) 165 cm groß war, was mit der erkennungsdienstlich vermessenen Körpergröße der Angeklagten (ohne Schuhe) übereinstimmt. Außerdem war bei einer Untersuchung von Haaren, die sich an einer zur Befestigung falscher Kennzeichen am Tatfahrzeug benutzten Klebefolie befanden, festgestellt worden, daß eines der Haare nach Farbe und Pigmentverteilung den Vergleichshaaren der Angeklagten entsprach.

Die Strafkammer bemerkt hierzu, es handle sich in beiden Punkten nicht um „echte Beweisanzeichen" für die Täterschaft der Angeklagten, sondern „im Grunde um bewertungsneutrale Umstände". Zur Begründung führt sie aus, es sei nicht ungewöhnlich, „daß eine Frau zwischen 164 und 166 cm groß ist"; auch weise das Spurenhaar keinerlei ausgefallene Merkmalsvarianten auf und könnte deshalb „ca. 5 % der Bevölkerung" zugeordnet werden.

Diese Bewertung ist rechtsfehlerhaft. Die Strafkammer verwechselt hier Beweiseignung und Beweiswert. Beide von ihr genannten Umstände sind nicht – wie sie meint – „bewertungsneutral", sondern stellen echte Belastungsindizien dar, weil sie den Kreis der möglichen Täter erheblich verengen, ohne die Angeklagte auszuschließen.

Da die Strafkammer bereits den belastenden Charakter dieser Indizien verkannt hat, ist sie auch nicht dem Gebot der Gesamtwürdigung aller bewertungsbedeutsamen Umstände gerecht geworden. Bei der gebotenen Gesamtwürdigung hätten die genannten Umstände nicht außer Betracht bleiben dürfen. Daran ändert es nichts, daß sie jeweils einzeln nicht zur Überführung der Angeklagten ausgereicht hätten; denn auch solche, bei isolierter Betrachtung unzureichende Belastungsindizien können zusammengenommen die Überzeugung des Gerichts von der Täterschaft des Angeklagten begründen (st. Rspr.; BGH NStZ 1983, 133 [BGH Urt. v. 25. 11. 1982 – 4 StR 564/82; vgl. § 261 StPO erfolgreiche Rügen]; BGHR StPO § 261 Beweiswürdigung, unzureichende 1 [BGH Urt. v. 17. 9. 1986 – 2 StR 353/86; vgl. § 261 StPO erfolgreiche Rügen]; Beweiswürdigung, allgemein 1 [BGH Beschl. v. 22. 4. 1987 – 3 StR 141/87; vgl. § 261 StPO erfolgreiche Rügen]).

95. Vor Freispruch wegen Unbeweisbarkeit des Tatvorsatzes muß das Gericht das äußere Tatgeschehen durch Benutzung der sich ihm aufdrängenden Beweismittel abschließend klären.

StPO § 261 – BGH Urt. v. 27. 2. 1991 – 3 StR 449/90 LG Krefeld (= NStZ 1991, 400)

Das Revisionsvorbringen der Staatsanwaltschaft und der Nebenklägerin ist nicht bekannt.

Sachverhalt: Die Nebenklägerin verließ am 21. 10. 1989 gegen 1 Uhr die Gaststätte „Seniorentreff" um sich zu Fuß zu der etwa 1 km entfernten Wohnung ihres Verlobten zu begeben. Plötzlich ergriff sie der ihr bis dahin unbekannte und ihr körperlich weit überlegene Angeklagte fest am Arm und sagte: „Du gehst jetzt mit!" Die Nebenklägerin bekam Angst, weil sie schon einmal vergewaltigt worden war, und antwortete, sie gehe nicht mit. Der Angeklagte lockerte seinen Griff jedoch nicht und zog sie mit. Der Aufforderung, den Arm loszulassen, kam er nicht nach. Die Nebenklägerin rief nicht um Hilfe. Passanten sah sie nicht. Nach etwa 15 Minuten erreichte der Angeklagte seine Wohnung. Obwohl die Nebenklägerin versuchte, sich am Türeingangsrahmen festzuhalten, stieß er sie in die Küche. Dort schlug er sie mit der flachen Hand ins Gesicht, gegen die Schulter und in die Rippen. Sie fiel zu Boden; ihre Brille zerbrach. Der Angeklagte verschloß die Tür von innen. Die Nebenklägerin befolgte aus Angst die in barschem Ton vorgebrachte Anweisung, sich auszuziehen. In der Nacht kam es zweimal zum Geschlechtsverkehr und einmal zum Mundverkehr mit Samenerguß. Gegen 10 Uhr morgens gab der Angeklagte ihrem wiederholten Drängen nach und ließ sie aus der Wohnung.

Das Landgericht hat den Angeklagten von dem Vorwurf, die Nebenklägerin in den Morgenstunden des 21. 10. 1989 zweimal vergewaltigt und einmal zum Mundverkehr genötigt zu haben, aus subjektiven Gründen freigesprochen. Es hat nicht ausgeschlossen, daß der Angeklagte an das Einverständnis der Nebenklägerin mit den sexuellen Handlungen an ihr geglaubt hat. – Das Rechtsmittel hatte Erfolg.

Gründe: ...

a) Stände dieser – dem Freispruch zugrundegelegte – Sachverhalt zur Überzeugung der Strafkammer fest, so hätte sie möglicherweise die Anforderungen an die richterliche Überzeugungsbildung überspannt, wenn sie von einem nicht nachweisbaren Vergewaltigungs- und Nötigungsvorsatz ausging. Denn die Einlassung des Angeklagten, er habe trotz der vorausgegangenen Gewaltanwendung an das Einverständnis der ihm bis dahin völlig unbekannten Frau geglaubt, mit ihm 9 Stunden in einer Wohnung zur Vornahme sexueller Handlungen zu verbringen, entbehrt bei dem geschilderten Sachverhalt ausreichender realer Anknüpfungspunkte. Ein Freispruch aus bloß theoretisch möglichen Zweifeln wäre ein sachlich-rechtlicher Fehler.

Die sich an die Sachverhaltsschilderung des Urteils anschließende Beweiswürdigung läßt indes erkennen, daß die Strafkammer von dem dem Freispruch zugrundegelegten äußeren Tathergang nicht zweifelsfrei überzeugt war. Denn sie meint dort, sie habe „vorbehaltlich der Einholung eines Sachverständigengutachtens" zur Glaubwürdigkeit der Nebenklägerin keinen Zweifel an der Richtigkeit ihrer Angaben. Die Strafkammer führt dann weiter aus: Da „der Angeklagte eventuell doch geglaubt hat, Frau M. (die Nebenklägerin) sei spätestens bei Vornahme der sexuellen Handlungen mit dem zweimaligen Geschlechtsverkehr und dem Mundverkehr einverstanden gewesen und hierzu nicht durch die von ihm ausgeübte Gewalt – zu deren Zielrichtung er nichts angegeben hat – genötigt worden" ... „bedurfte (es) ... nicht der zur Überprüfung der Aussage der Zeugin M. im Rahmen der Sachaufklärung anderenfalls notwendigen Befragung der die Zeugin behandelnden und im Rahmen des Pflegschaftsverfahrens begutachtenden Ärzte". Die Strafkammer hat sich somit ihre Meinung von der Unbeweisbarkeit des Tatvorsatzes gebildet, bevor sie das äußere Tatgeschehen durch Benutzung der sich ihr „anderenfalls" aufdrängenden Beweismittel abschließend geklärt hat. Dies ist ein sachlich-rechtlicher Fehler bei der Gewinnung der tatrichterlichen Überzeugung.

Innere Tatsachen, wie die Annahme des Einverständnisses des Tatopfers, können bei einem leugnenden Angeklagten, der auch kein außergerichtliches Geständnis abgelegt hat, nur durch Rückschlüsse aus dem äußeren Tatgeschehen festgestellt werden. Denn sie sind einer unmittelbaren Beweisaufnahme grundsätzlich nicht zugänglich. Deshalb ist es in Fällen der vorliegenden Art erforderlich, das, was sich zwischen dem angeblichen Tatopfer und dem Täter wirklich abgespielt hat, erschöpfend aufzuklären. Mit der Annahme von Wahrscheinlichkeiten darf sich der Tatrichter nicht begnügen, wenn er durch die Benutzung verfügbarer Beweismittel Gewißheit erlangen könnte. Es entspricht daher der Rechtsprechung des BGH, daß der Richter sich in der Regel eine zuverlässige Überzeugung über den Vorsatz eines Angeklagten nur bilden kann, wenn er sich darüber klar geworden ist, was dieser getan und mit seinem Tun gewollt und bezweckt hat (BGH bei Dallinger MDR 1956, 269, 272; Urt. v. 13. 6. 1972 – 1 StR 658/71 und v. 26. 2. 1981 – 4 StR 713/80). Daran fehlt es hier. Der Tatrichter hätte durch Beweiserhebung über die von ihm selbst in Erwägung gezogenen Hilfstatsachen versuchen müssen, Gewißheit über die vermutete Glaubwürdigkeit der Nebenklägerin zu erlangen, bevor er von der Unwiderlegbarkeit der mit ihrer Sachdarstellung schwerlich vereinbaren Einlassung des Angeklagten ausging. ...

96. Wenn ein Zeuge, auf dessen Aussage die Verurteilung des Angeklagten gestützt werden soll, den Angeklagten jedenfalls teilweise zu Unrecht belastet hat, dann ist das in der Regel zunächst ein gewichtiges Indiz gegen dessen Glaubwürdigkeit.

StPO § 261 – BGH Beschl. v. 25. 9. 1990 – 1 StR 483/90 (= BGHR StPO § 261 Zeuge 8)

Die Revision rügt die Verletzung sachlichen Rechts.

Sachverhalt: Für beide Schuldsprüche war die Aussage des Zeugen V. mit ausschlaggebend. Die Strafkammer hat diesem Zeugen geglaubt und zur Begründung u.a. darauf hingewiesen, es sei „kein Motiv ersichtlich, warum der Zeuge V. den Angeklagten ungerechtfertigt belasten sollte". Anderseits hat die Strafkammer den Angeklagten im Falle II 10 der Gründe freigesprochen. In diesem Fall soll der Angeklagte zusammen mit dem Zeugen V. Automaten aufgebrochen haben. Was der Zeuge zu diesem Fall bekundet hat, geht aus dem Urteil nicht hervor. – Das Rechtsmittel hatte Erfolg.

Gründe: Der Generalbundesanwalt führt dazu aus:

... „Wenn er auch in diesem Fall den Anklagevorwurf bestätigt, die Strafkammer ihm aber nicht geglaubt hat, hätte das der Strafkammer Anlaß geben müssen, der Frage nachzugehen, aus welchem Motiv heraus der Zeuge den Angeklagten in diesem Punkt falsch belastet hat und ob dieses Motiv auch für die beiden anderen Fälle in Betracht kommt. Erweist sich, daß ein Zeuge, auf dessen Aussage die Verurteilung des Angeklagten gestützt werden soll, den Angeklagten jedenfalls teilweise zu Unrecht belastet hat, dann ist das in der Regel zunächst ein gewichtiges Indiz gegen die Glaubwürdigkeit des Zeugen (BGH Urt. v. 27. 7. 1990 – 2 StR 324/90).

In der Nichterörterung dieser Frage liegt ein Mangel, der in den Fällen II 7 und 9 der Gründe zur Aufhebung des Urteils führen muß; denn eine erschöpfende Beweiswürdigung und damit eine rechtsfehlerfreie Grundlage für die Verurteilung ist dann nicht gegeben, wenn sich der Tatrichter nicht mit allen für und gegen den Angeklagten sprechenden Umständen auseinandergesetzt hat (vgl. BGH StV 1986, 6; 1988, 371 [BGH Beschl. v. 25. 2. 1988 – 4 StR 73/88; vgl. § 261 StPO erfolgreiche Rügen]) ...".

Dem schließt sich der Senat an.

97. Das Gericht muß sich mit einer entlastenden Zeugenaussage, die in der Hauptverhandlung durch Verlesung eingeführt worden ist, im Urteil auseinandersetzen und darf sie nicht verschweigen.

StPO § 261 – BGH Beschl. v. 8. 8. 1990 – 3 StR 153/90 LG Düsseldorf (= StV 1990, 485)

Die Revision rügt, die Aussage eines vom Angeklagten benannten Entlastungszeugen sei durch Verlesen des polizeilichen Vernehmungsprotokolls nach § 255 II StPO in die Hauptverhandlung eingeführt, bei der Beweiswürdigung aber nicht berücksichtigt worden. Sie teilt den Wortlaut der verlesenen Aussage mit.

Sachverhalt: Der Angeklagte hat sich dahin eingelassen, er habe nicht erkannt, daß der als Scheinkäufer von Haschisch auftretende Zeuge W. Polizeibeamter gewesen sei; er habe nicht wahrgenommen, daß dieser vor der versuchten Festnahme gerufen habe: „Halt, Polizei, Sie sind festgenommen!" Die Strafkammer hat die Einlassung aufgrund der Aussage des Zeugen W., er habe die genannten Worte „unüberhörbar gebrüllt", als widerlegt angesehen.

Die Aussage des vom Angeklagten benannten Entlastungszeugen H. ist durch Verlesen des polizeilichen Vernehmungsprotokolls nach § 255 Abs. 2 StPO in die Hauptverhandlung eingeführt worden. Danach hat der Zeuge u.a. bekundet:

„Der Polizeibeamte hat sich dann auf den M. (den Angeklagten) gestürzt. Ich dachte, es wäre ein Abzug oder die Polizei, und bin deshalb aus dem Haus gerannt ... Ich habe nicht gehört, daß jemand Polizei gerufen hat."

Diese Aussage ist bei der Beweiswürdigung aber nicht berücksichtigt worden. – Das Rechtsmittel hatte Erfolg.

Gründe: ...

1. Da diese Aussage für die Richtigkeit der Einlassung des Angeklagten sprechen kann, er habe nicht wahrgenommen, daß W. „Polizei" gerufen habe, hätte sie das Landgericht nicht verschweigen und sich bei der Beweiswürdigung nicht auf die knappe Wertung beschränken dürfen, es glaube dem geschädigten W. Eine solche Beweiswürdigung ist unvollständig, weil sie besorgen läßt, daß der Tatrichter bei der Urteilsfindung die Angaben des Entlastungszeugen nicht in Erwägung gezogen hat. ...

98. Wenn ein Mitangeklagter, auf dessen Aussage die Verurteilung eines Angeklagten gestützt werden soll, diesen jedenfalls teilweise zu Unrecht belastet hat, dann ist das in der Regel zunächst ein gewichtiges Indiz gegen seine Glaubwürdigkeit.

StPO § 261 – BGH Beschl. v. 27. 7. 1990 – 2 StR 324/90 (= StV 1990, 534 = NStZ 1990, 603 = BGHR StPO § 261 Mitangeklagte 1)

Die Revision rügt die Verletzung sachlichen Rechts.

Sachverhalt: Das Landgericht stützt die Verurteilung in zehn Fällen allein und in einem Falle überwiegend auf die Angaben des Mitangeklagten P. Dieser hatte – wie er in der Hauptverhandlung einräumte – den Angeklagten im Ermittlungsverfahren in mehreren weiteren Fällen zu Unrecht belastet, in denen er die Taten in Wahrheit allein begangen hatte. Die Strafkammer hält die Angaben, die der Mitangeklagte P. in der Hauptverhandlung machte, dennoch für glaubhaft, weil P. kein Motiv (mehr) für eine Falschaussage zu Lasten des Angeklagten habe. Eine Tendenz zu übermäßiger Belastung sei nicht festzustellen. Entlastungszeugen hält das Landgericht hingegen für unglaubwürdig. – Das Rechtsmittel hatte Erfolg.

Gründe: Die Beweiswürdigung hält rechtlicher Überprüfung nicht stand:

Die Entscheidung über Freispruch oder Verurteilung des Angeklagten hängt hier davon ab, ob die Angaben des Mitangeklagten glaubhaft sind. Der Senat hat wiederholt entschieden, daß ein Angeklagter nicht verurteilt werden darf, wenn Umstände vorliegen oder (als nicht widerlegbar) zu seinen Gunsten angenommen werden müssen, die aus rationalen Gründen nicht den Schluß gestatten, daß die Übereinstimmung von Zeugenaussage und dem tatsächlichen Geschehen in einem hohen Maße wahrscheinlich ist. Gründe, die zu vernünftigen Zweifeln Anlaß geben, stehen einer Verurteilung entgegen. Der „vernünftige Zweifel" hat seine Grundlage in rationaler Argumentation, welche die Indizien, die zugunsten des Angeklagten sprechen, vollständig und in ihren sachverhaltsbedeutsamen Aspekten erfaßt (vgl. BGHR StPO § 261 Überzeugungsbildung 7 [BGH Urt. v. 8. 1. 1988 – 2 StR 551/87; vgl. § 261 StPO erfolgreiche Rügen]; Beweiswürdigung 1 [BGH Beschl. v. 22. 4. 1987 – 3 StR 141/87; vgl. § 261 StPO erfolgreiche Rügen]; BGHR StGB § 177 Beweiswürdigung 5; BGH Urt. v. 4. 4. 1990 – 2 StR 466/89; Beschl. v. 6. 4. 1990 – 2 StR 627/89 und vom 18. 4. 1990 – 2 StR 99/90).

Erweist sich, daß ein Zeuge, auf dessen Aussage die Verurteilung eines Angeklagten gestützt werden soll, den Angeklagten jedenfalls teilweise zu Unrecht belastet hat, dann ist das in der Regel zunächst ein gewichtiges Indiz gegen die Glaubwürdigkeit des Zeugen (vgl. auch BGH Urt. v. 4. 4. 1990 – 2 StR 466/89). Das gilt in verstärktem Maß für die Aussage eines Mitangeklagten, der bei einer Falschaussage nicht mit einer Sanktion nach § 153, 154 StGB zu rechnen hat. Bedeutsam sind in diesem Zusammenhang die Modalitäten beim Zustandekommen der falschen Aussage und der Umfang der bisherigen Falschbelastung, die erwiesenen oder zugunsten des Angeklagten anzunehmenden Gründe des Zeugen (Mitangeklagten) hierfür, insbesondere die Frage, ob die Falschbelastung vorsätzlich oder nur fahrlässig geschah, sowie die Umstände, unter denen eine Berichtigung der Aussage erfolgte (vgl. auch BGH Beschl. v. 18. 4. 1990 – 2 StR 99/90; Urt. v. 4. 4. 1990 – 2 StR 466/89).

Mit diesen Fragen setzt sich das Landgericht nicht ausreichend auseinander. Es verläßt sich auf die Erklärung des Mitangeklagten, der angegeben hatte, er sei damals auf den Angeklagten zornig gewesen. Der Angeklagte hat hingegen den Verdacht geäußert, der Mitangeklagte belaste ihn zu Unrecht, weil er von der Polizei „unter Druck gesetzt wurde". Der Mitangeklagte hat dazu angegeben, der ermittelnde Polizeibeamte habe ihn in der Haft aufgesucht und zu erkennen gegeben, daß sich (der Wahrheit entsprechende) belastende Aussagen gegen den Angeklagten günstig auf seine Strafe auswirken könnten. Sein Aussageverhalten sei hierdurch aber nicht beeinflußt worden. Auch hier folgt das Landgericht allein den Angaben des Mitangeklagten, obgleich dieser im Ermittlungsverfahren den Angeklagten in nicht unerheblichem Umfang zu Unrecht belastet hatte. Die nicht fernliegende Möglichkeit, daß der Mitangeklagte in größerem Umfang die Unwahrheit sagte, als er dies in der Hauptverhandlung zugegeben hat, und daß er – auf seinen eigenen Vorteil bedacht – frühere Falschangaben aus Angst vor Nachteilen in der Hauptverhandlung aufrechterhielt, hat das Landgericht nach den bisherigen Feststellungen nicht mit hinreichender Begründung ausgeschlossen.

99. Wenn der Verteidiger Äußerungen zur Sache abgibt, dürfen diese nur dann als Einlassung eines Angaben verweigernden Angeklagten verwertet werden, wenn durch Erklärung eines von beiden klargestellt wird, daß der Angeklagte diese als eigene verstanden wissen will.

StPO § 261 – BGH Beschl. v. 29. 5. 1990 – 4 StR 118/90 LG Bochum (= StV 1990, 394 = NStZ 1990, 447)

Die Revision rügt die Verletzung sachlichen Rechts. Sie beanstandet, daß die Strafkammer faktisch von einer umfassenden Einlassung des Angeklagten ausgegangen sei, obwohl dieser von seinem Recht Gebrauch gemacht hat, in der Hauptverhandlung zu schweigen.

Der Sachverhalt ergibt sich aus dem Revisionsvorbringen. – Das Rechtsmittel hatte Erfolg.

Gründe: Die Sachbeschwerde führt zur Aufhebung des Strafausspruchs, während der Schuldspruch (auch hinsichtlich der Annahme von Tatmehrheit) rechtsfehlerfrei ist.

1. Die Revision beanstandet allerdings zu Recht, daß die Strafkammer „faktisch von einer umfassenden Einlassung des Beschwerdeführer ausgegangen ist, obwohl der Beschwerdeführer von seinem Recht Gebrauch gemacht hat, in der Hauptverhandlung zu schweigen". Aus der Vielzahl der von den Verteidigern des Angeklagten gestellten Beweisanträgen hat die Strafkammer „Ausführungen zur Sache mit Einlassungscharakter" entnommen. Notwendigerweise enthält aber jeder Beweisantrag eine Tatsachenbehauptung. In aller Regel wird der vom Verteidiger gestellte Beweisantrag auch auf Informationen des Angeklagten zurückgehen. Das rechtfertigt es jedoch nicht ohne weiteres, die Beweisbehauptungen in eine Einlassung umzudeuten. Selbst wenn der Verteidiger Äußerungen zur Sache abgibt, dürfen diese nur dann als Einlassung eines Angaben verweigernden Angeklagten verwertet werden, wenn durch Erklärung des Angeklagten oder des Verteidigers klargestellt wird, daß der Angeklagte diese Äußerungen als eigene Einlassung verstanden wissen will (vgl. BayObLG VRS 60, 120 OLG Hamm JR 1980, 82). Dies gilt erst recht, wenn aus dem Inhalt von Beweisanträgen auf das Vorliegen einer Einlassung im Gegensatz zu der Angabe, sich nicht zur Sache äußern zu wollen, geschlossen werden soll.

Anstatt aus den Beweisanträgen eine „Einlassung des Angeklagten" zu konstruieren, hätte die Strafkammer daher ohne weiteres davon ausgehen können und müssen, daß sich der Angeklagte zur Sache nicht geäußert hat. Der außerordentlich umfangreichen Beweiswürdigung der Strafkammer, die zudem über weite Strecken eine überflüssige Wiedergabe des Ergebnisses der Beweisaufnahme (mit der Angabe, was die Zeugen und Sachverständigen im einzelnen bekundet haben) enthält, hätte es daher größten Teils nicht bedurft (vgl. auch BGH NStZ 1985, 184[1]; BGHR StGB § 46 Abs.1 Begründung 12).

---

1 „... Der *Senat* weist erneut daraufhin, daß die bloße schematische Aneinanderreihung des Inhalts der Aussagen der Angeklagten und der vernommenen Zeugen überflüssig ist (*BGH* Urt. v. 9. 4. 1984– 4 StR 399/84). Im Urteil ist vielmehr eine Gesamtwürdigung aller in der Hauptverhandlung festgestellten Tatsachen vorzunehmen (*BGH*, MDR 1974, 548). Sie kann durch die bloße Wiedergabe des Inhalts der Aussagen nicht ersetzt werden. Aufgabe des Tatrichters ist es, im Rahmen der Beweiswürdigung eine Begründung dafür zu geben, auf welchem Weg er zu den

Auf dem Rechtsfehler beruht das Urteil im Schuldspruch aber nicht. Es konnte sich nur zugunsten des Angeklagten auswirken, wenn die Strafkammer nicht – wie es richtig gewesen wäre – davon ausgegangen ist, der Angeklagte habe sich nicht zur Sache eingelassen (was zur Folge gehabt hätte, daß Einwendungen des Angeklagten selbst gegen den Schuldvorwurf nicht erkennbar waren), sondern wenn sie mögliche Einwände des Angeklagten gegen den Anklagevorwurf untersucht hat und somit ein Verteidigungsvorbringen, das der Angeklagte selbst nicht geäußert hatte, von sich aus geltend machte, es allerdings nach Prüfung nicht für durchschlagend angesehen hat.

2. Der Rechtsfehler hat sich jedoch bei der Strafzumessung zum Nachteil des Angeklagten ausgewirkt, so daß der Strafausspruch keinen Bestand haben kann. Die Strafkammer lastet dem Angeklagten nämlich strafschärfend an, daß er sich nicht darauf beschränkt habe, „im wesentlichen zu schweigen", sondern daß er „darüber hinaus die früheren Mitangeklagten der Veruntreuung bzw. des Diebstahls erheblicher Kohlemengen und damit schwerer Straftaten beschuldigt (habe), wobei die Beweisaufnahme ergeben hat, daß seine Anschuldigungen letztlich haltlos waren". Damit hat die Strafkammer aber den Umstand, daß seine Verteidiger Beweisanträge bestimmten Inhalts gestellt haben, als eine zu mißbilligende Einlassung des Angeklagten gewertet (vgl. BGHR StGB § 46 Abs. 2 Verteidigungsverhalten 1 und 4 bis 6). Zutreffend bemerkt die Revision in diesem Zusammenhang auch, daß die abschließenden Ausführungen der Strafkammer „zur prozessualen Seite dieses Verfahrens" besorgen lassen, die Strafkammer habe sich durch das hier gezeigte Verteidigungsverhalten bei der Strafzumessung beeinflussen lassen.

100. Beweiswürdigung fehlerhaft, wenn sich die Schlußfolgerungen des Gerichts so sehr von einer festen Tatsachengrundlage entfernen, daß sie nur einen Verdacht, nicht aber die zur Verurteilung erforderliche Überzeugung begründen können.

StPO § 261 – BGH Beschl. v. 8. 5. 1990 – 3 StR 448/89 OLG Düsseldorf (= NStZ 1990, 501)

Das Revisionsvorbringen ist nicht bekannt.

Sachverhalt: Das OLG hat es als erwiesen angesehen, daß die Angeklagte am 11. 9. 1986 in einem Kölner Uhrengeschäft einen Wecker gekauft hat, den die terroristische Vereinigung „Revolutionäre Zellen" am 28. 10. 1986 als Zeitzündverzögerer bei dem Bombenanschlag auf das Lufthansagebäude in Köln verwendet hat.

Das OLG hat darüber hinaus aus einer Gesamtschau zahlreicher Indizien die Überzeugung gewonnen, daß die Angeklagte beim Kauf dieses Weckers gewußt hat, daß ihr Auftraggeber, den zu benennen sie nicht bereit war, den Wecker politisch motivierten Gewalttätern zum Bau einer Bombe zur Verfügung stellen werde.

Das OLG hat weiter festgestellt, die Angeklagte habe gewußt, daß der Wecker von Mitgliedern der „Revolutionären Zellen" für einen Bombenanschlag auf das Lufthansagebäude in Köln benötigt werde.

Das OLG hat den Vorsatz zur Unterstützung der „Revolutionären Zellen" beim Bombenanschlag auf das Lufthansagebäude im wesentlichen aus folgenden Umständen gefolgert: Die Angeklagte sei promovierte Germanistin, engagierte Journalistin und Schriftstellerin.

Feststellungen gelangt ist, die Grundlage der Verurteilung geworden sind. Er ist deshalb gehalten, die in der Hauptverhandlung verwendeten Beweismittel im Urteil erschöpfend zu würdigen, soweit sich aus ihnen bestimmte Schlüsse zugunsten oder zuungunsten des Angeklagten herleiten lassen. Diesem Erfordernis wird durch eine ungewöhnlich ausladende Darstellung der Aussagen der Angeklagten und der Zeugen im Ermittlungsverfahren und in der Hauptverhandlung bis hin zu ersichtlich unwesentlichen Einzelheiten nicht genügt (vgl. *BGH* Beschl. v. 24. 8. 1984 – 5 StR 542/84)."

Die Annahme, sie habe sich aus Naivität für eine strafbare Handlung einspannen lassen, ohne genau zu wissen, worum es gehe, liege fern. Die Existenz der terroristischen Vereinigung „Revolutionäre Zellen", ihre Ziele und ihre Mittel habe sie gekannt. Die Themen, denen der Sprengstoffanschlag nach der Tatbekennung der „Revolutionären Zellen" gegolten habe – Abschiebepraktiken gegenüber Asylanten und „Sextourismus" nach Südostasien – gehörten zu solchen, mit denen sie sich umfänglich publizistisch befaßt habe. – Das Rechtsmittel hatte Erfolg.

Gründe: Die tateinheitliche Verurteilung wegen Unterstützung einer terroristischen Vereinigung und wegen Beihilfe zur Zerstörung von Bauwerken beruht auf einer unzureichenden Tatsachengrundlage. ...

b) ... Diese Beweisanzeichen reichen auch bei Berücksichtigung der Begleitumstände des Weckerkaufs nicht aus, um einen Willen der Angeklagten, die „Revolutionären Zellen" zu unterstützen, rechtsfehlerfrei darzutun. Auch wenn die Angeklagte den Wecker zur Verwendung bei einem Anschlag linksextremer oder radikalfeministischer Gewalttäter beschaffen wollte, so folgt daraus noch nicht, daß sie gerade die terroristische Vereinigung „Revolutionäre Zellen" als Tätergruppe ansah und deren Unterstützung gewollt hat. Zur Tatzeit sind zahlreiche terroristische Anschläge von ad hoc gebildeten Kleinstgruppen und Einzeltätern im Sinne einer „guerilla diffusa" begangen worden, die nicht zu den „Revolutionären Zellen" gehörten und auch sonst nicht die für eine terroristische Vereinigung erforderliche Verbandsstruktur (vgl. hierzu BGHSt. 31, 239) aufwiesen. Nach den Feststellungen des OLG besteht die auf Dauer angelegte Organisation „Revolutionäre Zelle", später in „Revolutionäre Zellen" umbenannt, seit 1973. Sie hat zahlreiche schwere Sprengstoff- und Brandanschläge insbesondere gegen Militäreinrichtungen und Wirtschaftsunternehmen sowie mehrere Schußwaffenattentate auf Träger der von ihr bekämpften Gesellschaftsordnung der Bundesrepublik begangen. Die „Revolutionären Zellen" haben in mehreren Fällen Personen, die nicht ihre Mitglieder waren, um die Beschaffung von Tatmitteln gebeten, ohne sie darüber aufzuklären, welcher Organisation sie halfen. Das OLG hätte daher mit nachvollziehbaren rationalen Erwägungen ausschließen müssen, daß die Angeklagte einem Täterkreis ohne die in § 129 a StGB vorausgesetzte Verbandsstruktur Hilfe leisten wollte. Das ist nicht geschehen.

Ein tragfähiges Indiz, nicht eine solche Gruppe, sondern gerade die „Revolutionären Zellen" zu unterstützen, wäre es beispielsweise gewesen, wenn – unabhängig vom Weckerkauf – eine Beziehung der Angeklagten zu Mitgliedern dieser terroristischen Vereinigung oder jedenfalls eine geistige Nähe der Angeklagten zu deren terroristischem Gedankengut hätte festgestellt werden können. Dies war nicht der Fall. Daraus, daß in ihrer Wohnung die im Mai 1985 vertriebene Broschüre „RZ – Geschichte – Kritiken – Dokumente" mit zahlreichen Textstellen der „Revolutionären Zellen" gefunden worden ist, kann dies nicht gefolgert werden. Denn die Angeklagte hatte die Broschüre seinerzeit über die „E."-Redaktion bezogen, bei der sie als linke und feministische Journalistin fest angestellt war. Es ist ein weiteres möglich, daß sie die Broschüre aus beruflichem oder gesellschaftlichem Interesse bestellt und gelesen hat. Deren Besitz allein kann einen Willen zur Unterstützung der „Revolutionären Zellen" nicht belegen. Ersichtlich deswegen verwertet das OLG den Besitz der Broschüre auch nur für die Feststellung, daß der Angeklagten Existenz, Ziele und Mittel der „Revolutionären Zellen" bekannt waren.

Der vom OLG in erster Linie für die Kenntnis von Anschlagsobjekt und Täterkreis angeführte Umstand ist bewertungsneutral: Zwar hat sich die Angeklagte, wie andere Publizisten auch, schriftstellerisch und journalistisch mit den Themen beschäftigt (Abschiebepraktiken gegenüber Asylanten und gewinnorientierte Förderung des „Sextourismus" durch die Lufthansa), die die „Revolutionären Zellen" als Grund für den Bombenanschlag auf die Lufthansa genannt haben. Diese thematische Konkordanz vermag aber keine persönliche oder sachliche Verbindung zwischen der Angeklagten und den „Revolutionären

Zellen" darzutun; denn diese Tätergruppe pflegt, wie allgemeinkundig ist, gerade solche Themen als Grund für ihre Terrorakte vorzuschieben, denen in der „linken" Öffentlichkeit ein erhöhter Aufmerksamkeitswert zukommt.

Die zur äußeren und inneren Tatseite vorliegenden Indizien können demnach einen die Verurteilung nach den §§ 129a, 305 StGB nicht tragenden Geschehensablauf nicht ausschließen, etwa den, daß die Angeklagte einer unabhängig von den „Revolutionären Zellen" operierenden Tätergruppe bei einem nicht auf die Zerstörung eines Bauwerks gerichteten Anschlag helfen wollte und sie von ihrem Auftraggeber über den wahren Verwendungszweck im unklaren gelassen worden ist. Ein Gehilfenvorsatz nach § 305 StGB scheidet z.B. aus, wenn sie bei der Beschaffung des Tatweckers „nur" von einem Anschlag auf das Kraftfahrzeug einer mißliebigen Person, auf Baumaschinen oder ähnliche Gegenstände ausgegangen wäre. Das ist aufgrund der bisherigen Beweisaufnahme nicht widerlegbar.

c) ... Von den Fehlern der Beweiswürdigung unberührt bleibt die Annahme, die Angeklagte habe einen linksextremistisch oder radikalfeministisch motivierten Bombenanschlag auf Gegenstände politischer Gegner unterstützen wollen. Das Vorstellungsbild der Angeklagten erfaßte daher den wesentlichen Unrechtsgehalt und die Angriffsrichtung der von ihr unterstützten Tat. Diese Konkretisierung genügte für den Gehilfenvorsatz (vgl. BGH Urt. v. 24. 8. 1983 – 3 StR 176/83 = NStZ 1984, 42). Die Frage, ob an die Bestimmtheit der Tat in der Vorstellung des Anstiften ein strengerer Maßstab anzulegen wäre (vgl. BGHSt. 34, 63), stellt sich nicht.

101. Teilt das Urteil lediglich mit, der Zeuge habe den Angeklagten „an seinen hellen Augenbrauen, seiner Statur und seiner Sprache" erkannt, ist die Darlegung erforderlich, warum diese Indizien so auffällig waren, daß sie zu einer zuverlässigen Identifizierung ausreichten.

StPO § 261 – BGH Beschl. v. 6. 4. 1990 – 2 StR 627/89 (= BGHR StPO § 261 Identifizierung 6)

Die Revision rügt die Verletzung sachlichen Rechts.

Sachverhalt: Der Angeklagte hat die Tat bestritten. Das Landgericht stützt die Überzeugung von seiner Täterschaft im wesentlichen auf folgende zwei Beweisgründe:

Zum einen hat das Tatopfer den Angeklagten „an seinen hellen Augenbrauen, seiner Statur und seiner Sprache" als den mit einer Gesichtsmaske getarnten Täter erkannt. Zum anderen zeigte eine kriminaltechnische Untersuchung des Fahrersitzes des Pkws des Tatopfers, auf dem der Täter während der Tat saß, „in großer Zahl (neunzehn)" Mikrospuren graubrauner Polyacryl-Fasern, die in Materialbeschaffenheit, Struktur und Farbnuancierung mit dem Eigenmaterial des Fahrersitzes aus dem Fahrzeug des Angeklagten übereinstimmten. – Das Rechtsmittel hatte Erfolg.

Gründe: So wie im Urteil dargestellt, können diese Gründe keine tragfähige Grundlage für eine Verurteilung bilden.

Die richterliche Überzeugung setzt neben der persönlichen Gewißheit des Richters objektive Grundlagen voraus. Diese müssen aus rationalen Gründen den Schluß erlauben, daß das festgestellte Geschehen mit hoher Wahrscheinlichkeit mit der Wirklichkeit übereinstimmt. Das ist der Nachprüfung durch das Revisionsgericht zugänglich. Deshalb müssen die Urteilsgründe erkennen lassen, daß die Beweiswürdigung auf einer tragfähigen, verstandesmäßig einsichtigen Tatsachengrundlage beruht und daß die vom Gericht gezogene Schlußfolgerung nicht etwa nur eine Annahme ist oder sich als bloße Vermutung erweist, die letztlich nicht mehr als einen Verdacht zu begründen vermag (BGH NJW 1982, 2882, 2883 [BGH Beschl. v. 24. 6. 1982 – 4 StR 183/82; vgl. § 261 StPO erfolgreiche Rügen]).

Diesen Anforderungen wird das angefochtene Urteil nicht gerecht.

Das Wiedererkennen einer Person ist ein Vorgang, der viele Fehlerquellen beinhalten kann. Dies gilt erst recht, wenn der Täter bei der Tat maskiert war und das Wiedererkennen durch die Erinnerung an bestimmte persönliche Merkmale einer dem Zeugen bereits bekannten Person erfolgt. Teilt in einem solchen Fall das Urteil lediglich mit, der Zeuge habe den Angeklagten „an seinen hellen Augenbrauen, seiner Statur und seiner Sprache" erkannt, bleiben wesentliche Punkte offen, die der Konkretisierung bedürfen. So wäre die Darlegung erforderlich gewesen, warum die hellen Augenbrauen, die Statur und die Sprache des Täters – diese etwa wegen eines bestimmten Dialekts oder bestimmter Sprachfehler – so auffällig waren, daß sie zu einer zuverlässigen Identifizierung ausreichten.

Auch der vom Landgericht herangezogene Sachbeweis ist nicht geeignet, die vom Tatrichter gezogene Schlußfolgerung, daß der Angeklagte der Täter sei, zu stützen. Soweit das Ergebnis des Sachverständigengutachtens im Urteil mitgeteilt ist, gestattet es zunächst lediglich den Schluß, daß eine Person, die in einem Fahrzeug gesessen hatte, das gleichartige Sitzbezüge wie das Fahrzeug des Angeklagten (ein Opel) aufwies, sich auch im Fahrzeug des Opfers befunden haben muß. Ob dieser Umstand ein Indiz für die Täterschaft des Angeklagten sein kann, läßt sich ohne Angaben über die Häufigkeit dieser Sitzbezüge und dazu, welche weiteren Spuren im Fahrzeug des Tatopfers feststellbar waren, nicht beurteilen.

102. Bei möglicher Identität eines V-Mannes mit einem in der Hauptverhandlung gehörten Zeugen darf das Gericht seine Überzeugung nicht auf Übereinstimmung beider Aussagen stützen.

StPO § 261 – BGH Beschl. v. 5. 4. 1990 – 1 StR 129/90 LG Ellwangen (= StV 1990, 291)

Die Revision rügt u.a. die Verletzung sachlichen Rechts.

Sachverhalt: Das Landgericht stützt seine Überzeugung neben anderem auf die Aussagen der Zeugen V. und P. sowie die vom Zeugen K. berichteten Angaben eines Informanten, dessen Identität nicht preisgegeben wurde. Die Strafkammer schließt andererseits nicht aus, daß es sich bei diesem Informanten um den Zeugen V. selbst handelte. – Das Rechtsmittel hatte Erfolg.

Gründe: ... Zugunsten des Angeklagten war deshalb von der Identität beider Personen auszugehen. Dann aber durfte das Landgericht seine Überzeugung von der Täterschaft des Angeklagten nicht auf die Übereinstimmung der Angaben des „Informanten" mit Tatumständen und den Zeugenaussagen stützen. Die Aussage V.'s bekam dadurch das Gewicht zweier übereinstimmender Zeugenaussagen. Außerdem wurde auf diese Weise die Glaubwürdigkeit dieses Zeugen u.a. mit seinen eigenen Angaben begründet.

Zwar hat das Landgericht den über den Vernehmungsbeamten eingeführten Angaben „keine wesentliche Bedeutung zuerkannt". Daß die Angaben trotzdem Einfluß auf die Überzeugungsbildung hatten, kann schon nach der wiedergegebenen Formulierung, aber auch deswegen nicht ausgeschlossen werden, weil die Strafkammer sonst nicht zusätzliche Erörterungen zur Person und Glaubwürdigkeit des Informanten angestellt haben würde.

Die Verfahrensrügen bleiben im Hinblick auf die durchgreifende Sachrüge unerörtert. Für die neue Verhandlung wird jedoch darauf hingewiesen, daß Anlaß zu Gegenvorstellungen gegen die Sperrerklärung besteht (vgl. BGHSt. 36, 159 [BGH Urt. v. 31. 3. 1989 – 2 StR 706/88; vgl. § 244 II StPO erfolgreiche Rügen]), falls der Informant nach Kenntnis des Gerichts bereits aufgedeckt sein sollte.

103. Was nur in einem Aktenvermerk festgehalten und von der Zeugin auch nach Vorhalt inhaltlich nicht bestätigt wurde, ist nicht in die Hauptverhandlung eingeführt und darf zur Überzeugungsbildung nicht verwertet werden.

StPO § 261 – BGH Beschl. v. 27. 3. 1990 – 1 StR 67/90 LG München II (= StV 1990, 533)

Die Revision rügt, das Gericht habe seine Überzeugung auf Tatsachen gestützt, die nicht Gegenstand der Hauptverhandlung waren.

Sachverhalt: Die (frühere) Kriminalbeamtin, die das Kind im Ermittlungsverfahren vernommen hatte, konnte sich bei ihrer Vernehmung durch den beauftragten Richter auch nach Vorhalt nur noch an wenige Einzelheiten der damaligen Vorgänge – bei denen es nicht nur auf die Angaben, sondern auf das gesamte Verhalten des Kindes ankam – erinnern. Im übrigen verwies sie auf den Aktenvermerk, den sie damals unmittelbar darauf gefertigt hatte; dieser wurde bei der kommissarischen Vernehmung – und entsprechend in der Hauptverhandlung – nicht verlesen. – Das Rechtsmittel hatte Erfolg.

Gründe: ... Deshalb ist, was nur im Aktenvermerk festgehalten und von der Zeugin auch nach Vorhalt inhaltlich nicht bestätigt wurde, nicht in die Hauptverhandlung eingeführt worden; es durfte zur Überzeugungsbildung nicht verwertet werden.

Dagegen hat das Landgericht verstoßen. Schon die als Aussage der Beamtin wiedergegebene (eine von dem Kind gefertigte Zeichnung betreffende) Angabe des Mädchens, „das Männchen sei der Roland", gründet sich auf den Aktenvermerk. Bei der kommissarischen Vernehmung hat die Beamtin auf Vorhalt hierzu gesagt, das Mädchen „muß das damals gesagt haben. Heute kann ich mich konkret daran nicht mehr erinnern". Auch im übrigen sind Aussage der Zeugin und Aktenvermerk untrennbar miteinander verbunden. Der im Urteil enthaltene Satz, das strafbare Verhalten habe sich so zugetragen, „wie es die Zeugin H. in ihrer richterlichen Vernehmung geschildert und in dem ihr vorgehaltenen Aktenvermerk niedergelegt hat", könnte dann unbedenklich sein, wenn die Zeugin den Inhalt jenes Vermerks sachlich bestätigt hätte; das hat sie aber gerade nicht getan.

Das Urteil kann daher nicht bestehen bleiben. Für die neue Verhandlung wird darauf hingewiesen, daß der Verlesung jenes Aktenvermerks im Zusammenhang mit der Vernehmung der Zeugin H. nichts im Wege steht.

104. Angaben eines Asylbewerbers im Asylverfahren dürfen im Strafverfahren gegen ihn verwendet werden.

StPO § 261 – BGH Beschl. v. 15. 12. 1989 – 2 StR 167/89 OLG Köln (= BGHSt. 36, 328)

Die Revision der Staatsanwaltschaft rügt, das Landgericht habe seine Aufklärungspflicht dadurch verletzt, daß es – unter rechtsirriger Annahme eines Verwertungsverbots – davon abgesehen habe, eine Zeugin zu den Angaben des Angeklagten in seinem Asylverfahren über die Einreisemodalitäten zu vernehmen.

Sachverhalt: Das Amtsgericht Königswinter hat ihn am 13. 6. 1988 wegen unrechtmäßiger Einreise (§ 47 Abs. 1 Nr. 1 AuslG) zu einer Geldstrafe verurteilt. In den Urteilsgründen heißt es, der Angeklagte, der keine Angaben zur Sache gemacht habe, sei wegen Verfolgung in seiner Heimat am 1. 4. 1987 aus der Türkei ausgereist. Mit falschem Paß habe er sich über Spanien und Frankreich in die Bundesrepublik Deutschland begeben. Hier sei er am 28. 4. 1987 ohne Paß oder Aufenthaltserlaubnis eingereist. Diese Feststellungen gründeten sich auf die Vernehmung der Zeugin St., einer Verwaltungsangestellten des Ausländeramts S. Dort hatte der Angeklagte Asylantrag gestellt und war gemäß § 8 Abs. 2 AsylVfG angehört worden. Im Strafverfahren hatte die Zeugin sodann darüber ausgesagt, welche Angaben der Angeklagte im Asylverfahren – zum einen durch Schriftsatz seiner Verfahrensbevollmächtigten vom 11. 6. 1987, zum anderen bei seiner persönlichen Anhörung vor dem Ausländeramt am 21. 7. 1987 – gemacht hatte.

Auf seine Berufung hin hat das Landgericht Bonn den Angeklagten am 28. 9. 1988 freigesprochen. Zum Sachverhalt ist im Urteil nur festgestellt, daß der Angeklagte sich seit April 1987 im Inland aufhalte, hier am 28. dieses Monats Asyl beantragt habe und am 29. 3. 1988 durch Entscheidung des Bundesamts für die Anerkennung ausländischer Flüchtlinge als Asylberechtigter anerkannt worden sei. Demgemäß – so hat das Gericht ausgeführt – sei nicht auszuschließen, daß er unmittelbar aus der Türkei gekommen sei und sich im Inland auch unverzüglich beim Ausländeramt gemeldet habe. Daraus folge, daß er – unter Anwendung des Zweifelssatzes – nach Art. 31 Abs. 1 GK nicht bestraft werden dürfe. Feststellungen zur Reisedauer, zum Reiseweg und zum Aufenthalt des Angeklagten in Drittländern hat das Landgericht nicht getroffen, weil es – wie im Urteil des näheren dargelegt ist – den Standpunkt vertreten hat, die vom Angeklagten im Asylverfahren hierzu gemachten Angaben unterlägen einem Verwertungsverbot.

Das Oberlandesgericht Köln hält die Rüge für begründet und will der Revision daher stattgeben. Daran sieht es sich jedoch durch das Urteil des Oberlandesgerichts Hamburg vom 17. 7. 1985 – 1 Ss 96/85 (NJW 1985, 2541) gehindert. Dieses Gericht hatte einen Angeklagten vom Vorwurf des Verstoßes gegen das Ausländergesetz freigesprochen, weil Angaben, die ein Asylbewerber im Rahmen seiner Anhörung nach § 8 Abs. 2 AsylVfG über die Einreisemodalitäten gemacht habe, ohne seine Zustimmung nur dann an die Staatsanwaltschaft weitergeleitet und im Strafverfahren verwertet werden dürften, wenn – was für den entschiedenen Fall zu verneinen sei – die Strafverfolgung im überwiegenden öffentlichen Interesse liege. Das Oberlandesgericht Köln will von der dieser Entscheidung zugrunde liegenden Rechtsauffassung abweichen; es hat deshalb mit Beschluß vom 28. 2. 1989 die Sache dem Bundesgerichtshof zur Entscheidung folgender Rechtsfrage vorgelegt: „Dürfen Angaben eines Asylbewerbers im Rahmen einer Anhörung nach § 8 Abs. 2 AsylVfG über die Modalitäten seiner Einreise in einem gegen ihn gerichteten Strafverfahren wegen eines Vergehens nach § 47 Abs. 1 Nr. 1 AuslG ohne seine Zustimmung nur dann verwertet werden, wenn ein überwiegendes öffentliches Interesse an der Strafverfolgung gegenüber seinem Interesse an der ausschließlichen Verwertung der Angaben im Asylverfahren vorliegt?" – Das Rechtsmittel hatte Erfolg.

Gründe:

1. Die Vorlegung ist zulässig (§ 121 Abs. 2 GVG). Das vorlegende Oberlandesgericht hat mit zutreffender, jedenfalls aber vertretbarer Begründung dargelegt, daß es die beabsichtigte Revisionsentscheidung nur treffen kann, wenn es von der Rechtsauffassung abweicht, die dem genannten Urteil des Oberlandesgerichts Hamburg zugrunde liegt.

2. Der Rechtsauffassung des vorlegenden Oberlandesgerichts ist beizutreten. Angaben, die ein Asylbewerber im Rahmen der Anhörung nach § 8 Abs. 2 AsylVfG über die Modalitäten seiner Einreise macht, dürfen in einem gegen ihn gerichteten Strafverfahren wegen Vergehens gegen § 47 Abs. 1 Nr. 1 AuslG auch ohne seine Zustimmung verwertet werden; sie unterliegen keinem Verwertungsverbot.

Für ein solches Verwertungsverbot, das die gerichtlichen Aufklärungs- und Kognitionspflichten (§ 244 Abs. 2, § 261 StPO) entsprechend einschränken würde, findet sich im geltenden Recht keine Grundlage. Da eine unmittelbar anwendbare Gesetzesregelung fehlt, ließe es sich nur mittelbar begründen und nachweisen, sei es durch Ableitung aus allgemeineren, übergeordneten Rechtsgrundsätzen, sei es durch Rückschlüsse aus anderweit getroffenen Gesetzesregelungen, die eine entsprechende Anwendung zulassen. Als Anknüpfungspunkte kommen hier in Betracht: Zum einen der im Strafprozeßrecht verankerte (§ 136 Abs. 1, § 136a Abs. 1 und 3, § 163a Abs. 3 bis 6, § 243 Abs. 4 StPO) und auch verfassungsrechtlich verbürgte (Art. 2 Abs. 1 in Verbindung mit Art. 1 Abs. 1 GG) Grundsatz, daß niemand gezwungen werden darf, sich selbst einer Straftat zu bezichtigen und damit zu seiner Überführung beizutragen („nemo tenetur se ipsum accusare"); zum anderen eine Geheimhaltungspflicht, die es der Verwaltungsbehörde verbietet, bestimmte Angaben des Verfahrensbeteiligten den Strafverfolgungsorganen zu offenbaren. Unter keinem dieser Gesichtspunkte ist das hier in Rede stehende Verwertungsverbot begründet.

a) Aus dem Grundsatz, daß niemand zu strafrechtlicher Selbstbelastung gezwungen werden darf (vgl. BGHSt. 34, 39, 46 [BGH Urt. v. 9. 4. 1986 – 3 StR 551/85; vgl. §§ 81a; 100a StPO erfolgreiche Rügen und § 136a StPO erfolglose Rügen]), hat das Bundesverfassungsgericht in der sogenannten „Gemeinschuldnerentscheidung" (BVerfGE 56, 37 [BVerfG Beschl. v. 13. 1. 1981 – 1 BvR 116/77; vgl. § 136 StPO erfolgreiche Rügen]) ein strafprozessuales Verwertungsverbot hergeleitet. Es dient der Lösung eines im Konkursrecht auftretenden Interessenkonflikts. Den Gemeinschuldner trifft hier die mit Zwangsmitteln (Vorführung, Beugehaft) sanktionierte Verpflichtung, um der Belange der Gläubiger willen bestimmte Auskünfte zu erteilen (§§ 100, 101 KO). Soweit diese Auskunftspflicht die Offenbarung von Straftaten einschließt, ist das Recht des Auskunftspflichtigen, sich nicht selbst belasten zu müssen, bedroht, während andererseits die Zubilligung eines Auskunftsverweigerungsrechts die schutzwürdigen Interessen der Gläubiger beeinträchtigten müßte. Dieser Interessenkonflikt wird in der „Gemeinschuldnerentscheidung" dahin gelöst, daß der Schuldner zwar unbeschränkt Auskünfte zu geben hat, diese Auskünfte aber im Strafverfahren nicht gegen ihn verwertet werden dürfen. Die insoweit vom Bundesverfassungsgericht entwickelten Grundsätze lassen sich – ungeachtet ihrer möglichen Anwendung auf vergleichbare Konstellationen – zur Begründung des hier zu erörternden Verwertungsverbots nicht heranziehen. Im einzelnen gilt:

aa) Der Asylbewerber muß zwar nach § 8 Abs. 2 AsylVfG Angaben über die Modalitäten seiner Einreise (Reisewege, Aufenthalte in anderen Staaten) machen. Diese Mitwirkungspflicht ist aber – anders als die Auskunftspflicht des Gemeinschuldners (§ 101 KO) – nicht mit Sanktionen bewehrt. Der Antragsteller kann nicht mit Zwangsmitteln dazu angehalten werden, sie zu erfüllen. Die Ausländerbehörde besitzt keine Handhabe, sein Erscheinen zur persönlichen Anhörung zwangsweise durchzusetzen. Bleibt er trotz Ladung ohne genügende Entschuldigung aus, so hat das nur zur Folge, daß die Ausländerbehörde den Asylantrag an das Bundesamt weiterleitet und dieses sodann nach Aktenlage unter Würdigung der Nichtmitwirkung des Antragstellers entscheidet (§ 8 Abs. 3 AsylVfg). Nichts anderes gilt, wenn er zwar zur Anhörung erscheint, sich aber ganz oder teilweise weigert, die erforderlichen Angaben zu machen. Zu diesen Angaben kann er in Ermangelung einer entsprechenden Gesetzesgrundlage nicht gezwungen werden. Die Nachteile, die ihm bei Verweigerung der geforderten Auskünfte drohen, erschöpfen sich darin, daß er durch unzureichenden Tatsachenvortrag den Erfolg seines Asylantrags möglicherweise gefährdet.

bb) Bei der Mitwirkungspflicht des Antragstellers, die sich danach als bloße Obliegenheit darstellt, sind zudem – anders als bei der Auskunftspflicht des Gemeinschuldners, die ihm um der Gläubigerbelange willen auferlegt ist – keine Drittinteressen im Spiel; es geht vielmehr allein um das vom Antragsteller beanspruchte Asylrecht und dessen verfahrensmäßige Durchsetzung. Ein Interessenkonflikt entsteht mithin nicht zwischen den Belangen des Antragstellers und denjenigen Dritter, sondern ausschließlich in der Person des Asylbewerbers selbst, falls und soweit er vor die Alternative gestellt ist, sich entweder durch wahrheitsgemäße und vollständige Angaben strafrechtlich zu belasten oder aber durch deren Verweigerung das Risiko einer Ablehnung seines Asylantrags auf sich zu nehmen. Interessenkonflikte dieser Art sind jedoch – wo das Gesetz nicht ausdrücklich eine andere Regelung trifft – grundsätzlich nicht geeignet, die Annahme eines strafprozessualen Verwertungsverbots zu rechtfertigen. Der beweisrisikobelastete Betroffene, der, wenn er den von ihm geforderten Aufklärungsbeitrag nicht leistet, die Ablehnung seines Begehrens zu gewärtigen hat, muß entscheiden, was ihm wichtiger ist: Schutz vor Selbstbelastung oder Rechtsverwirklichung. Ob Ausnahmen von diesem Grundsatz zu machen sind, wenn dem Betroffenen beim Verschweigen strafrechtlich belastender Umstände besonders gewichtige oder gar existentielle Nachteile drohen, erscheint zweifelhaft, braucht aber nicht entschieden zu werden.

cc) Die Pflicht des Asylbewerbers, vor dem Ausländeramt Angaben über die Modalitäten seiner Einreise zu machen, bringt ihn, selbst wenn er damit zu seiner Überführung wegen eines Verstoßes gegen das Ausländergesetz beitragen würde, nicht in einen regelungsbedingten Interessenkonflikt, der notwendigerweise durch die Alternative gekennzeichnet wäre, entweder diese Straftat zu offenbaren oder auf die Anerkennung seines Asylrechts zu verzichten. Diese Alternative ergäbe sich nur, wenn die Verweigerung der genannten Angaben stets und zwangsläufig zur Folge hätte, daß der Antragsteller seinen Anspruch auf Anerkennung des Asylrechts nicht verwirklichen kann. So verhält es sich aber nicht. Die Asylberechtigung des Antragstellers hängt nach ihren rechtlichen Voraussetzungen (Art. 16 Abs. 2 Satz 2 GG) nur davon ab, ob er – in seinem Herkunftsland – politischer Verfolgung ausgesetzt war. Auf die Modalitäten der Einreise (Zeitpunkte der Ausreise und Einreise, Reiseweg, Zwischenaufenthalte in Drittländern) kommt es hierfür nicht an; sie sind für die Frage nach dem Bestehen des Asylanspruchs rechtlich nicht relevant, sondern allenfalls in tatsächlicher Hinsicht bedeutsam, nämlich als Beweisanzeichen, die für oder gegen das Vorliegen des behaupteten Verfolgungstatbestands sprechen.

Allerdings kann durch die Schilderung der Einreisemodalitäten offenbar werden, daß der Antragsteller vor seiner Einreise ins Inland bereits in einem anderen Staat vor politischer Verfolgung sicher war und deshalb kein Anspruch auf Anerkennung seines Asylrechts besteht (§ 2 AsylVfG; vgl. dazu BVerfGE 77, 150; 78, 322). Doch trifft die materielle Beweislast für das Vorliegen dieses die Asylberechtigung ausschließenden Tatbestandes den asylverweigernden Staat. Daraus folgt, daß der Antragsteller – ungeachtet seiner formellen Pflicht zur Mitwirkung an der Sachaufklärung – durch Verschweigen der Einreisemodalitäten dem Bundesamt keinen Rechtsgrund zur Ablehnung seines Asylantrags liefert. Zwar kann und muß dieses Amt bei seiner Entscheidung die Nichtmitwirkung des Antragstellers würdigen (§ 8 Abs. 3 Satz 2, § 12 Abs. 4 Satz 3 AsylVfG); doch bedeutet das nicht, daß es berechtigt wäre, allein aus dem Schweigen des Antragstellers zu schließen, dieser habe, bevor er eingereist sei, bereits in einem anderen Land Schutz vor politischer Verfolgung gefunden.

Die Weigerung des Antragstellers, Angaben über die Einreisemodalitäten zu machen, kann freilich seine Behauptung, politisch verfolgt worden zu sein und deshalb im Inland Zuflucht gesucht zu haben, je nach Lage der Dinge als unglaubhaft erscheinen lassen und so zur Ablehnung seines Asylantrags führen. Diese Möglichkeit ist nicht von der Hand zu weisen. Doch muß das nicht immer so sein. Vorstellbar ist vielmehr auch, daß es dem Antragsteller gelingt, trotz Verschweigens der Einreisemodalitäten den Tatbestand seiner politischen Verfolgung glaubhaft darzutun und so seine Anerkennung als Asylberechtigter zu erwirken. Es kommt hierfür auf die Umstände des Einzelfalls an. Sie sind es, die darüber entscheiden, ob die Verweigerung der bezeichneten Angaben auf der Beweiswürdigungsebene die Durchsetzung des Asylanspruchs unbeeinträchtigt läßt, bedroht oder gar vereitelt. Angesichts der Vielfalt möglicher Fallgestaltungen ist aber kein Raum für die Annahme, der Antragsteller habe stets nur die Wahl, entweder unter Offenbarung der unrechtmäßigen Einreise seinen Asylanspruch durchzusetzen oder durch Verschweigen der diese Straftat ergebenden Umstände auf seine Anerkennung als Asylberechtigter zu verzichten. Da ein solcher Interessenkonflikt je nach den Gegebenheiten des Falles das eine Mal auftreten, das andere Mal ausbleiben kann, also in der jeweiligen Beweislage gründet und nicht schon in der gesetzlichen Regelung selbst angelegt ist, läßt sich lediglich feststellen, daß derjenige, der Angaben über die Einreisemodalitäten verweigert, bei der Verwirklichung seines Asylanspruchs einem erhöhten Beweisrisiko ausgesetzt ist. Ein solcher Nachteil wiegt indes nicht so schwer, daß es von Rechts wegen geboten wäre, den Antragsteller hiervon durch Anerkennung eines strafprozessualen Verwertungsverbots zu entlasten; denn er beschwert in gleicher oder ähnlicher Weise jeden, der vor der Wahl steht, zur Durchsetzung seiner Rechte auch die Offenbarung strafrechtlich belastender Umstände in Kauf zu nehmen oder durch deren Verschweigen die Chancen seiner prozessualen Rechtsverfolgung zu schmälern. Das geltende Recht kennt keinen Grundsatz, aus dem sich ableiten ließe, daß solche Konflikte dem einzelnen erspart bleiben müßten; es bietet keinen Anhaltspunkt dafür, daß bereits eine bloße Erhöhung des Beweisrisikos und eine damit einhergehende Minderung der Erfolgsaussichten bei der verfahrensmäßigen Rechtsverwirklichung ein strafprozessuales Verwertungsverbot rechtfertigen könnten. Die Abwägung der insoweit widerstreitenden Belange führt daher zu dem Ergebnis, daß dem Interesse an umfassender Sachaufklärung im Strafverfahren gegenüber dem Interesse des Antragstellers, seinen Asylanspruch frei von Rücksichten auf strafrechtlich belastende Umstände geltend machen zu dürfen, der Vorrang gebührt.

b) Auch unter dem Gesichtspunkt einer Geheimhaltungspflicht der Behörde, deren Verwaltungsangestellte als Zeugin in Frage kommt, ist ein Verwertungsverbot nicht begründet. Für das Ausländeramt, vor dem der Angeklagte Angaben über die Einreisemodalitäten gemacht hatte, gilt § 30 VwVfG NW. Nach dieser Vorschrift, die wörtlich mit der bundesgesetzlichen Regelung (§ 30 VwVfG) übereinstimmt, haben die Beteiligten eines Verwaltungsverfahrens Anspruch darauf, daß ihre Geheimnisse, insbesondere diejenigen ihres persönlichen Lebensbereichs, von der Behörde nicht unbefugt offenbart werden. Daraus läßt sich jedoch – ohne daß es auf sonstige Gesichtspunkte ankäme – ein Verwertungsverbot schon deshalb nicht herleiten, weil das Ausländeramt jedenfalls nicht unbefugt handelt, wenn es Angaben, die der Antragsteller im Asylverfahren gemacht hat, den Strafverfolgungsorganen offenbart. Der Staatsanwaltschaft muß es auf deren Verlangen Auskunft erteilen (§ 161 Satz 1 StPO), und dieselbe Auskunftspflicht besteht auch gegenüber dem mit der Strafsache befaßten Gericht (BGHSt. 30, 34 f. [BGH Beschl. v. 17. 2. 1981 – 5 StR 21/81; vgl. § 244 III S. 2 Var. 5 StPO erfolgreiche Rügen]). § 30 VwVfG schränkt sie nicht ein, und gleiches gilt erst recht für die entsprechenden landesgesetzlichen Bestimmungen. Anders verhält es sich nur mit besonderen, bereichsspezifischen Geheimhaltungspflichten, die es jedoch mangels einer gesetzlichen Grundlage im Asylverfahren nicht gibt. Vorschriften, die für andere Sachbereiche und Rechtsgebiete solche Geheimhaltungspflichten begründen (z.B. §§ 30, 393 AO, § 35 SGB I, §§ 67 ff. SGB X), können im Asylverfahren keine entsprechende Anwendung finden, da die Interessenlage – wie das vorlegende Gericht zutreffend ausgeführt hat – insoweit nicht vergleichbar ist.

105. Schuldfeststellung im Wege der Hochrechnung als alleiniger Tatnachweis ungeeignet.

StPO § 261 – BGH Urt. v. 14. 12. 1989 – 4 StR 419/89 LG Frankenthal (=BGHSt. 36, 320 = StV 1990, 149 = NStZ 1990, 197)

Die Rechtsmittelbegründung ist nicht bekannt.

Sachverhalt: Dem Angeklagten, einem Arzt, wird Abrechnungsbetrug gegenüber den gesetzlichen Krankenkassen zur Last gelegt. Nach den Feststellungen trug er auf den Abrechnungsunterlagen – den Krankenscheinen – Leistungen ein, welche er nicht oder nicht in dem behaupteten Umfang erbracht hatte, oder er veranlaßte sein Personal zu solchen Eintragungen.

Der Angeklagte nahm die bei ihm angefallenen Krankenscheine vor jedem Quartalsende nach Hause mit und brachte sie am nächsten Tage wieder in die Praxis zur Absendung. Sodann wurden sie gesammelt der Kassenärztlichen Vereinigung eingereicht. Ab 1983/1984 verglich er ferner einen Monat vor Quartalsende anhand eines Computerausdrucks die Gebühreneintragungen auf den Krankenscheinen mit dem Durchschnitt der Eintragungen seiner Fachgruppe; zuvor hatte er solche Überprüfungen in unregelmäßigen Abständen vorgenommen oder vornehmen lassen.

Das Landgericht hat festgestellt, daß der Angeklagte von 1981 bis 1983 unberechtigt Kassenarzthonorare in Höhe von 128 042 DM sowie in den Jahren 1984 und 1985 in Höhe von 100 469,54 DM bezogen habe. Diese Feststellungen sind wie folgt zustande gekommen: Aus der Zahl der Patienten, welche der Angeklagte in den Jahren 1984 und 1985 behandelt hat, waren bereits im Ermittlungsverfahren nach dem Zufallsprinzip 62 Patienten ausgewählt worden. Durch Vernehmung dieser Patienten und des Praxispersonals hat das Landgericht ermittelt, wie oft der Angeklagte bei diesen Patienten bestimmte Leistungen zu Unrecht auf den Behandlungsausweisen eingetragen und abgerechnet hat. Hieraus hat es bei diesen Patienten die „Beanstandungsquote" für die einzelnen Leistungen errechnet, das heißt es hat – getrennt nach Einzelleistungen – das Verhältnis bestimmt, in dem die unrichtigen Eintragungen zur Summe aller Eintragungen bei den vernommenen Patienten stehen. Diese Quote hat es sodann unter Beachtung einer Streuungsbreite in einem mathematisch-statistischen Verfahren hochgerechnet auf alle Patienten, welche der Angeklagte 1984 und 1985 behandelt hat. Unter Berücksichtigung von Besonderheiten, welche sich aus unterschiedlichen Kassenzugehörigkeiten der Patienten ergeben, und von Einzelfällen, die eine Hochrechnung nicht gestatteten, ist es zu der dargelegten Schadenssumme gelangt. Diese bewertet es mit einer als „Vertrauensuntergrenze" bezeichneten Wahrscheinlichkeit von 99,5% als mathematisch-statistisch richtig. Patienten aus der Zeit von 1981 bis 1983 hat das Landgericht nicht vernommen. Die von ihm gehörten Sachverständigen haben ihm jedoch dargelegt, daß die Hochrechnung unter der Voraussetzung gleichartigen Fehlverhaltens des Angeklagten auch für diesen Zeitraum durchgeführt werden könne. Das Landgericht hat daher die für 1984/85 ermittelte Beanstandungsquote auf die Jahre 1981/83 erstreckt und mit ihrer Hilfe den Schaden aus den Summen der abgerechneten einzelnen Leistungen dieser Jahre ermittelt. Daß der Angeklagte sein Abrechnungsverhalten in der gesamten Zeit beibehalten hat, hat das Landgericht den Bekundungen des vernommenen Praxispersonals entnommen.

Das Landgericht hat eine fortgesetzte Tat bejaht. Zu dem eine einzige fortgesetzte Handlung begründenden Gesamtvorsatz führt es aber lediglich aus: „Der Angeklagte verschaffte sich in der Zeit von 1973 bis 1985 aufgrund einheitlichen, auf wiederholte Begehung gerichteten Tatentschlusses unberechtigt Kassenarzthonorare". – Das Rechtsmittel hatte Erfolg.

Gründe: Nach den getroffenen Feststellungen hat der Angeklagte die gesetzlichen Krankenkassen zwar über viele Jahre hinweg betrügerisch geschädigt. Die Tathandlungen hat er aber nur an den Quartalsenden begangen, indem er die im Kalendervierteljahr angefallenen Krankenscheine gesammelt bei der Kassenärztlichen Vereinigung einreichte. Das Landgericht war gehalten, zu jeder der Tathandlungen ausreichende Feststellungen zu treffen; dazu gehörte auch die Höhe des jeweils verursachten Schadens. Der Senat verkennt nicht, daß sich der Tatrichter in Fällen der vorliegenden Art besonderen Schwierigkeiten bei der Ermittlung des Sachverhalts ausgesetzt sieht. Art und Zahl der Manipulationen auf den Krankenscheinen sind oftmals nur schwer oder nur mit außerordentlichem Aufwand feststellbar. Jedoch kann sich der Tatrichter mit Mindestfeststellungen begnügen. So wird es häufig ausreichen, wenn er zu der Überzeugung gelangt, bestimmte Gebührenziffern seien pro Quartal mindestens auf einer bestimmten Anzahl von Krankenscheinen zu Unrecht eingetragen worden. Als Beweisgrundlagen werden dafür in der Regel die Bekundungen des Praxispersonals zur Verfügung stehen. Zwar obliegt es dem Ermessen des Tatrichters, ob er die Beweisaufnahme auch auf Punkte ausdehnt, zu deren Erforschung das Praxispersonal aus eigener Wahrnehmung nichts beitragen kann, wie etwa die Abrechnung von Hausbesuchen. Der Tatrichter darf sich dabei jedoch von der Erwägung leiten lassen, daß für die Erfassung des Schuldgehalts von Betrugstaten eines Arztes nicht allein die Schadenshöhe maßgebend ist, sondern in erster Linie die aufgewandte kriminelle Energie, das Ausmaß des Vertrauensbruchs und die Dauer des Verhaltens.

Die für die Abrechnungszeiträume 1981 bis 1983 getroffenen Feststellungen beruhen – abgesehen davon, daß sie nicht für jedes Quartal aufgeschlüsselt sind – auf einer unzureichenden Beweisgrundlage.

In seinem Urteil vom 17. 5. 1978 – 2 StR 18/78 – (bei Holtz MDR 1978, 803) hat der Bundesgerichtshof Bedenken dagegen erhoben, daß der Tatrichter Schuldfeststellungen im Wege der Hochrechnung auf die Tatsache gründet, daß sich der Täter schon einmal so verhalten hat. Diese Bedenken bestehen fort. Früheres strafbares Verhalten kann ein Indiz dafür sein, daß die vorgeworfene Tat nicht persönlichkeitsfremd ist. Als alleiniger Tatnachweis ist dieser Umstand ungeeignet; er würde zu einer Verdachtsstrafe führen. Dagegen ist es zulässig, Hochrechnungen zur Überprüfung eines Geständnisses und damit zur Absicherung eines anderweit gewonnenen Beweisergebnisses zu verwenden (vgl. BGHR StPO § 261 Geständnis 1[1]).

Hier hat das Landgericht Beweismittel, welche einen unmittelbaren Beweis des Tatgeschehens in den Jahren 1981 bis 1983 ermöglicht hätten, nicht benutzt. Auch die Hochrechnung ist eine „Extrapolation", eine Schlußfolgerung aus der Beanstandungsquote, die es für die nachfolgenden Jahre 1984/85 ermittelt hat. Die Hochrechnung ist ferner nur unter der Voraussetzung einwandfrei, daß sich der Angeklagte von 1981 bis 1983 ebenso verhalten hat wie danach. Daher stand dem Landgericht nicht etwa eine durch andere Beweismittel überprüfte Hochrechnung oder umgekehrt ein durch Hochrechnung untermauertes Ergebnis von Zeugenvernehmungen zur Verfügung. Die aus der Vernehmung des Praxispersonals erlangte Überzeugung des Landgerichts, daß der Angeklagte sich stets gleichartig verhalten habe, konnte als Voraussetzung der Hochrechnung nicht zugleich ihrer Bestätigung dienen. Dem Landgericht blieben für seine Überzeugungsbildung somit lediglich die 1984/85 begangenen strafbaren Handlungen des Angeklagten und die Zeugenbekundungen, aus denen sich nach seiner Meinung ergab, daß dieser zuvor in gleicher Weise tätig geworden war. Darauf konnte die Feststellung, daß der Angeklagte an jedem Quartalsende von Anfang 1981 bis Ende 1983 betrügerisch Schäden in bestimmter Höhe verursacht hat, jedoch nicht gestützt werden.

Das Praxispersonal war zwar teilweise selbst in das Tatgeschehen verstrickt und auch sonst waren die Vorgänge in der Praxis dergestalt, daß sie in der Erinnerung von Zeugen haften bleiben mußten. Das Landgericht führt jedoch selbst aus, daß die gehörten Beweispersonen dem Tatzeitraum nunmehr weit entrückt sind. Seine Annahme, ihre Erinnerung sei für die Zeit ab 1981 zuverlässig, entbehrt einer näheren Begründung. Das Landgericht verkennt hierbei, daß die zuletzt beobachtete Gleichförmigkeit der Handlungsweise des Angeklagten eine Unterscheidung und zeitliche Zuordnung einzelner Tatphasen in der Erinnerung kaum gestattete. Darüber, ob und inwieweit der Angeklagte selbst unrichtige Eintragungen in den Krankenscheinen vornahm, konnten die Zeugen verläßliche Angaben ohnehin nicht machen. Die Ermittlung von Einzelheiten des Tatverhaltens war jedoch von besonderer Bedeutung, weil die Serie nach den Feststellungen Anfang 1981 begonnen hat. Es wäre nicht ungewöhnlich, wenn der Angeklagte zunächst zögernd, mit Unterbrechungen und Modifizierungen vorgegangen wäre und die von den Zeugen beob-

---

1 „Es ist nicht zu beanstanden, daß das Landgericht die von der Finanzbehörde ermittelten Hinterziehungsbeträge der Verurteilung zugrundegelegt hat. Entscheidend ist, daß der Angeklagte diese Beträge ausdrücklich eingestanden hat und daß das Landgericht bei einer ‚Plausibilitätskontrolle' zur Überprüfung des Geständnisses zu etwa gleichen Ergebnissen gelangt ist. Bei der Einkommen- und Gewerbesteuer weichen die Landgerichtlichen – allein auf der Grundlage des Getränkeverkaufs in Höhe von nur 1000 DM pro Arbeitstag – vom Landgericht errechneten Gewinne lediglich um etwa 20 000 DM im Jahr von denen der Finanzbehörde ab, so daß das Landgericht bei der Überprüfung des Geständnisses zu dem Ergebnis gelangen durfte, die auf anderer Grundlage mit einem nicht näher begründeten Sicherheitsabschlag von 25% von der Finanzbehörde festgestellten Zahlen seien ‚plausibel'. Auf einzelne Ungenauigkeiten der Berechnung des Landgerichts (z.B. die Berücksichtigung von ‚Einbauten') kommt es nicht an. Bei der Umsatzsteuer ist das Landgericht zwar fälschlicherweise von den Bruttoumsätzen (statt netto ohne Mehrwertsteuer) ausgegangen. Aber auch das beeinträchtigt die ‚Plausibilität' nicht, zumal der Verurteilung ca. 10 000 DM weniger hinterzogene Umsatzsteuer zugrundegelegt werden, als vom Landgericht errechnet." (BGH Beschl. v. 8. 2. 1989 – 3 StR 461/88).

achtete Gleichförmigkeit seines Verhaltens erst allmählich entwickelt hätte. Daß er nicht immer in derselben Weise tätig geworden ist, ergibt sich im übrigen auch aus den Feststellungen. Hiernach hat er die Krankenscheine zunächst unregelmäßig, ab 1983/84 aber stets einen Monat vor Quartalsende überprüfen lassen, um sein Abrechnungsverhalten entsprechend anzupassen. Bei dieser Sachlage bedurfte es tatnäherer Beweismittel, damit sich das Landgericht seine Überzeugung auf einer ausreichenden Grundlage bilden konnte.

106. **Bei Aussage gegen Aussage muß die Aussage des Belastungszeugen im Urteil wiedergegeben und gewürdigt werden, wenn feststeht, daß er bereits in einem anderen Fall objektiv die Unwahrheit gesagt hat.**

StPO § 261 – BGH Urt. v. 12. 12. 1989 – 5 StR 495/89 LG Berlin (= StV 1990, 485)

Das Revisionsvorbringen ist nicht bekannt.

Sachverhalt: Die Strafkammer ist davon überzeugt, daß der Zeuge T., ein Mithäftling des Angeklagten in der JVA., auf dessen Aussage die Verurteilung des Angeklagten allein beruht, die Wahrheit gesagt hat. „Entscheidend für die Überzeugung der Kammer ist die Persönlichkeit des Zeugen T., wie sie sich in der Hauptverhandlung dargestellt hat, und sind ferner die Bekundungen des Teilanstaltsleiters F., der jetzt für den Zeugen zuständig ist." Der Inhalt der Aussage des Zeugen F. wird im folgenden weder mitgeteilt noch gewürdigt. – Das Rechtsmittel hatte Erfolg.

Gründe: ... Dies wäre hier aber erforderlich gewesen, weil der Zeuge T. nach den Feststellungen auch eine Anzahl anderer Mitgefangener des unerlaubten Handeltreibens mit Btm oder des unerlaubten Besitzes in der JVA – möglicherweise um sich Haftvorteile zu verschaffen – bezichtigt hat, weil er nach einer Wahrunterstellung des angefochtenen Urteils in einem Fall jedenfalls objektiv die Unwahrheit gesagt hat und weil in anderen Fällen die Nachprüfungen „beweismäßig ergebnislos verlaufen" sind.

107. **Erklärungen des Angeklagten dürfen, sofern sie – aus seiner Sicht – nicht gänzlich des Charakters einer Rechtfertigung gegenüber dem Anklagevorwurf entbehren, nicht als strafbegründendes tatbestandsrelevantes Verhalten gewertet werden.**

StPO § 261 – BGH Beschl. v. 29. 11. 1989 – 3 StR 328/89 OLG Düsseldorf (= StV 1990, 200 = NStZ 1990, 183)

Das Revisionsvorbringen ist nicht bekannt.

Sachverhalt: Im Rahmen der Beweiswürdigung führt das OLG aus, die drei Angeklagten seien bestrebt gewesen, bei den Zuhörern Aggressionen zu wecken und sie für ihre Ideologie einzunehmen. Das weise der Inhalt ihrer Erklärungen aus. Dieser habe so gut wie keinen Sachbezug zu den Anklagevorwürfen. Auf das bezeichnete Bestreben dieser Angeklagten schließt das OLG aus im einzelnen aufgezählten Erklärungen, die der Angeklagte H. am 1. und 3. Verhandlungstag, die Angeklagte P. am 2. Verhandlungstag und der Angeklagte T. bei seinen Schlußausführungen am 10. 5. 1989 abgaben. Es führt weiter aus, die Äußerungen der Angeklagten H. und P. am 30. Verhandlungstag und die Erklärungen des Angeklagten T. bei seinen Schlußausführungen am 10. 1. 1989 seien „nach den Wahrnehmungen des Senats ausschließlich an den Kreis der mit ihnen sympathisierenden Zuhörer gerichtet" gewesen. Sie hätten auch die von den Angeklagten bezweckte Wirkung erzielt; dies wird mit der Darstellung der Tumulte im Gerichtssaal und des sonstigen Verhaltens von Zuhörern in der Hauptverhandlung belegt. – Das Rechtsmittel hatte Erfolg.

Gründe: Revisionsrechtlich zu beanstanden ist das Urteil insoweit, als das OLG die „propagandistischen Erklärungen in der Hauptverhandlung im Jahre 1988 und noch am

10. 1. 1989" als „mitgliedschaftliche Beteiligungen i.S.d. § 129a Abs. 1 StGB n.F." bewertet hat.

Das OLG hat bei der Bewertung der bezeichneten Äußerungen der drei Angeklagten in der Hauptverhandlung nicht erkennbar die rechtlichen Erwägungen beachtet, die der erkennende Senat zum zulässigen Rahmen der Verteidigung eines Angeklagten im Urteil vom 24. 3. 1982 – 3 StR 28/82-S – (BGHSt. 31, 16[1]) angestellt hat.

Schon die Annahme des OLG, der Inhalt der Erklärungen der Angeklagten habe so gut wie keinen Sachbezug zu den Anklagevorwürfen, trifft nicht zu. Einen sachlichen Bezug zur Verteidigung enthält nicht nur der Teil der Erklärungen, in denen die Angeklagten auf die nach ihrer Darstellung unberechtigten Vorwürfe selbst eingehen; ein solches Eingehen ist zu erkennen in den Äußerungen des Angeklagten H.: „Sie haben uns den Anschlag auf den BGS untergeschoben ... der Staatsschutz hat das alte Märchen der Zellensteuerung erfunden"; „Wir waren nie in dem Kaff – das konstruierten die alles und haben uns das Bekennerschreiben BGS untergeschoben ...; Wir waren in der Nacht des Anschlags mit T. T. und T. R. zusammen". Sachlichen Bezug zur Verteidigung enthalten auch weite andere Teile der im Urteil wiedergegebenen Äußerungen der Angeklagten. Das gilt jedenfalls, soweit die Angeklagten darlegten, wie sie zu ihrem „revolutionären Kampf" gekommen sind, von welcher Sicht des (Gesellschafts-) „Systems" sie sich dabei leiten ließen, was ihre Ziele waren, welchen Lernprozeß sie nach ihrer Auffassung durchliefen, was sie dazu bewog, S. H. zu besuchen. Insoweit ist der sachliche Bezug zum Verfahrensgegenstand, zu dem die politische Einstellung der Angeklagten, ihre Überlegungen und Antriebe untrennbar gehören, unverkennbar.

Allgemein gilt: Der Verteidigung dienen nicht nur Äußerungen, mit denen der Angeklagte das von der Anklage behauptete Verhalten oder die ihm vorgeworfene Schuld bestreitet oder zu mindern sucht, sondern auch Erklärungen, mit denen er die Legitimität des staatlichen Strafanspruchs bestreitet oder in Frage stellt oder mit denen eine nach Auffassung des Angeklagten aus (vermeintlich) übergeordneten Gesichtspunkten gegebene Notwendigkeit des Kampfes gegen diesen Staat behauptet wird. Solche Erklärungen mögen einen Mangel an Willen zur Einsicht in das Unrecht der Tat erkennen lassen und unter diesem Gesichtspunkt bei der Bemessung der Strafe zu Lasten des Angeklagten gewertet werden. Sie dürfen aber, sofern sie – aus der Sicht des Angeklagten – nicht gänzlich des Charakters einer Rechtfertigung gegenüber dem Anklagevorwurf entbehren, nicht als strafbegründendes tatbestandsrelevantes Verhalten gewertet werden. Zu dem Recht des Angeklagten, in der Hauptverhandlung die Gesellschaftsordnung in Frage zu stellen, zur Bewertung von Prozeßerklärungen, in denen die Darstellung des Selbstverständnisses der Mitglieder einer kriminellen (oder terroristischen) Vereinigung einen für diese werbenden Charakter annimmt, sowie zur Bewertung von bekenntnishaften Erklärungen mit Zukunftsbezug, schließlich zu der Notwendigkeit einer Gesamtbetrachtung der Äußerungen eines Angeklagten im Prozeß verweist der Senat auf seine angeführte Entscheidung vom 24. 3. 1982 (a.a.O.).

Das angefochtene Urteil setzt sich bei seiner Bewertung der Äußerungen der Angeklagten in der Hauptverhandlung mit diesen Rechtsgrundsätzen nicht auseinander. Dem Erfordernis einer sich daran ausrichtenden Bewertung wird es namentlich damit nicht gerecht, daß es einzelne Äußerungen kämpferischen Charakters zum Beleg für das Bestreben der Angeklagten, auf die Zuhörer in bestimmtem Sinne einzuwirken, herausgreift, ohne ihren jeweiligen Zusammenhang mit Äußerungen erkennbar zu beachten, die, wie oben dargestellt, einen sachlichen Bezug zum Verfahrensgegenstand haben. Im übrigen ist auch eine Verteidigung, die den Nebenzweck verfolgt, Zuhörer für die eigene Denkweise einzuneh-

---

1 „Die Hilfe bei der Abgabe und die Weitergabe einer der Verteidigung dienenden straflosen Prozeßerklärung des Angeklagten durch den Verteidiger können keine rechtswidrige Unterstützung einer kriminellen Vereinigung sein."

men, deswegen noch nicht in dem Sinne strafrechtlich beachtlich, daß sie damit den Tatbestand des § 129, 129 a StGB erfüllt. Anders kann ein Verhalten zu bewerten sein, das ohne jeden Bezug zur Verteidigung steht und unzweideutig ausschließlich dem Fortbestand, der Unterstützung der oder der Werbung für die Vereinigung dienen soll. Soweit das OLG feststellt, Äußerungen der Angeklagten H., P. (am 33. Verhandlungstag) und T. (am 10. 1. 1989) seien ausschließlich an den Kreis der mit ihnen sympathisierenden Zuhörer gerichtet gewesen, handelt es sich bei den Äußerungen der Angeklagten H. und P. gerade nicht um diejenigen, denen das OLG das Bestreben, auf die Zuhörer einzuwirken, entnommen hat. Auch die Äußerungen des Angeklagten T. in dessen Schlußausführungen haben inhaltlich weitgehend Verteidigungsbezug in dem oben umschriebenen Sinne.

Jedenfalls bei dieser Sachlage kann es auch nicht genügen, wenn der Tatrichter ausführt, „nach seinen Wahrnehmungen" seien diese Äußerungen nur an die Zuhörer gerichtet gewesen, ohne dies für das Revisionsgericht nachprüfbar zu belegen. Wäre etwa festgestellt, die Angeklagten hätten bestimmte Äußerungen propagandistischen Inhalts erklärtermaßen – etwa mit dem Rücken zum Gericht gewandt – allein an die Zuhörer gerichtet, bräuchten Bedenken gegen die „Wahrnehmung" des Gerichts nicht zu bestehen. Solche Bedenken können dagegen angebracht sein, wenn etwa deutlich würde, daß die „Wahrnehmung" des Gerichts in einer Bewertung eines Verhaltens der Angeklagten besteht, das bei objektiver Betrachtung verschiedene Deutungen zuläßt. Dies gilt insbes., wenn – wie hier – diese Bewertung noch an einer Verkennung des Zusammenhangs einzelner Äußerungen mit solchen verteidigungsrelevanten Inhalts leidet.

Angesichts des naheliegenden Werbeeffekts eines bekenntnishaften Verteidigungsverhaltens bedarf es – soll eine unzulässige Einschränkung der Verteidigung vermieden werden – Feststellungen von unbezweifelbarer Eindeutigkeit zur Begründung der Rechtsauffassung, Prozeßerklärungen eines Angeklagten stünden in keinem verteidigungsrelevanten Zusammenhang und erfüllten ausnahmsweise den Straftatbestand des § 129 II StGB.

108. Feststellungen zu Verletzungen, die nur ein Arzt feststellen kann, beruhen nicht auf dem Inbegriff der mündlichen Verhandlung, wenn weder der Arzt als Sachverständiger in der Hauptverhandlung vernommen, noch sein Gutachten dort verlesen worden ist.

StPO § 261 – BGH Beschl. v. 10. 8. 1989 – 4 StR 393/89 (= BGHR StPO § 261 Inbegriff der Verhandlung 19)

Die Revision rügt, daß die „Feststellungen des Chefarztes" nicht prozeßordnungsgemäß in die Hauptverhandlung eingeführt worden sind: Der Arzt ist – wie durch das Schweigen des Hauptverhandlungsprotokolls hierzu bewiesen wird (§ 274 StPO) – weder in der Hauptverhandlung vernommen, noch ist sein schriftliches Gutachten vom 15. 7. 1988 in ihr verlesen worden.

Sachverhalt: Die Strafkammer führt in den Urteilsgründen aus: „Daß das Kind Meryem S. sexuell mißbraucht worden ist, ergibt sich aus den Feststellungen des Chefarztes des Kreiskrankenhauses Detmold Dr. med. K. W.". Der Arzt ist weder in der Hauptverhandlung vernommen, noch ist sein schriftliches Gutachten in ihr verlesen worden. – Das Rechtsmittel hatte Erfolg.

Gründe: Die Revision beanstandet zu Recht, daß die „Feststellungen des Chefarztes" nicht prozeßordnungsgemäß in die Hauptverhandlung eingeführt worden sind: Der Arzt ist – wie durch das Schweigen des Hauptverhandlungsprotokolls hierzu bewiesen wird (§ 274 StPO) – weder in der Hauptverhandlung vernommen, noch ist sein schriftliches Gutachten vom 15. 7. 1988 in ihr verlesen worden.

Eine Verlesung wäre im übrigen ohnehin nur nach § 251 Abs. 2 Satz 1 StPO zulässig gewesen: Da es hier nicht um die Feststellung einer Körperverletzung, sondern um den sexuellen Mißbrauch eines Kindes ging, wäre eine Verlesung nach § 256 StPO nicht in Betracht gekommen; damit schied auch eine Verwertung des Gutachtens in anderer Weise, insbesondere durch Bekanntgabe seines Inhalts und Vorhalt an den Angeklagten oder an Zeugen, aus.

Die Strafkammer hat damit zwar nicht – wie die Revision meint – gegen §§ 250, 256 StPO verstoßen; denn nach dem Inhalt des Hauptverhandlungsprotokolls ist eine (unzulässige) Verlesung des Gutachtens gerade nicht erfolgt. Es liegt aber ein Verstoß gegen § 261 StPO vor, da das Gericht seine Überzeugung von dem sexuellen Mißbrauch des Kindes nicht aus dem Inbegriff der Hauptverhandlung geschöpft hat (vgl. BGH Beschl. v. 18. 7. 1989 – 1 StR 310/89).

Auf diesem Verstoß beruht das Urteil (§ 337 StPO). Weitere Beweismittel, aufgrund derer der sexuelle Mißbrauch des Kindes festgestellt worden sein könnte, sind dem Urteil nicht zu entnehmen. Zwar wird in den Gründen noch erklärt, „außerdem wurden die Verletzungen von den Zeugen S., P. und Mehmet S. festgestellt". Nach den Feststellungen wies das Kind aber keine äußerlich sichtbaren Verletzungen, sondern nur – teilweise frische – Blutanhaftungen auf und blutete noch; die Verletzung selbst befand sich hingegen „im hinteren Bereich des Scheideneinganges" Diese 3–4 mm lange Rißwunde wurde „ärztlicherseits" festgestellt. Die Tatsache, daß hier ein sexueller Mißbrauch erfolgt war, sowie Art und Umfang dieses Mißbrauchs, konnten von den in den Urteilsgründen benannten Zeugen durch äußeren Augenschein ohne eingehende Untersuchung nicht bemerkt werden und sind danach von ihnen auch nicht festgestellt worden.

Daher kann das Urteil keinen Bestand haben.

109. Selbst wenn einzelne Indizien jeweils für sich genommen noch keine „vernünftigen Zweifel" an der Richtigkeit einer belastenden Aussage aufkommen lassen, so kann doch deren Häufung bei einer Gesamtbetrachtung zu Zweifeln führen.

StPO § 261 – BGH Urt. v. 19. 7. 1989 – 2 StR 182/89 LG Darmstadt (= StV 1990, 99)

Die Revision rügt die Verletzung sachlichen Rechts.

Sachverhalt: Der Angeklagte hat den Vorwurf, die Zeugin G. in der Nacht vom 5. zum 6. 9. 1987 in seinem PKW vergewaltigt zu haben, bestritten; er behauptet, der Geschlechtsverkehr habe im Einvernehmen mit der Zeugin stattgefunden. Seine Verurteilung stützt sich auf die Aussage der Zeugin G. – Das Rechtsmittel hatte Erfolg.

Gründe: ... Die Entscheidung über Freispruch oder Verurteilung hängt somit davon ab, ob die Bekundungen der Zeugin glaubhaft sind. In derartigen Fällen darf der Angeklagte nicht verurteilt werden, wenn Umstände vorliegen oder als unwiderlegbar zu seinen Gunsten angenommen werden müssen, die aus rationalen Gründen dem Schluß entgegenstehen, daß die Zeugenaussage mit hoher Wahrscheinlichkeit das tatsächliche Geschehen wiedergibt. Gründe, die zu vernünftigen Zweifeln in einer für den Schuldspruch relevanten Frage Anlaß geben, stehen einer Verurteilung entgegen. Der „vernünftige Zweifel" hat seine Grundlage in rationaler Argumentation, welche auch die Indizien, die zugunsten des Angeklagten sprechen, vollständig und in ihren sachverhaltsbedeutsamen Aspekten erfaßt. Wo er Platz greift, ist ein Beweismaß der hohen Wahrscheinlichkeit – auf der die für die Entscheidung notwendige Überzeugung des Tatrichters aufbauen muß – nicht zu erreichen.

Die subjektive Überzeugung des Tatrichters ist auch nur dann eine rechtsfehlerfreie Grundlage für die Verurteilung des Angeklagten, wenn sich der Tatrichter mit allen wesentlichen für und gegen den Angeklagten sprechenden Umstände auseinandergesetzt hat (vgl. BGH StV 88, 190 [BGH Urt. v. 8. 1. 1988 – 2 StR 551/87; vgl. § 261 StPO erfolgreiche Rügen]).

In einem Fall, in dem wie hier Aussage gegen Aussage steht und die Entscheidung allein davon abhängt, welcher Aussage das Gericht Glaubwürdigkeit beimißt, müssen die Urteilsgründe erkennen lassen, daß der Tatrichter alle Umstände, die die Entscheidung beeinflussen können, erkannt und in seine Überlegungen einbezogen hat (BGH Beschl. v. 22. 4. 1987 – 3 StR 141/87 [vgl. § 261 StPO erfolgreiche Rügen]). Dabei hat der Tatrichter auch eine Gesamtwürdigung vorzunehmen und zu bedenken: Selbst wenn einzelne Indizien jeweils für sich genommen noch keine „vernünftigen Zweifel" an der Richtigkeit einer den Angeklagten belastenden Aussage aufkommen lassen, so kann doch eine Häufung solcher Indizien bei einer Gesamtbetrachtung zu Zweifeln führen (BGH Urt. v. 16. 12. 1987 – 2 StR 495/87 [vgl. § 261 StPO erfolgreiche Rügen]).

Den genannten Anforderungen wird das angefochtene Urteil nicht gerecht:

1. Das Landgericht meint, die Zeugin G. habe „nichts inszenieren" müssen, um einen Grund zu finden, ihre Abwesenheit während der Nacht gegenüber ihrem Freund B. zu erklären. Sie hätte durchaus die Möglichkeit gehabt, ein sexuelles Abenteuer mit dem Angeklagten auf andere Weise zu vertuschen als durch Vortäuschen einer Vergewaltigung. Denn ihr Freund hätte sich mit der (falschen) Erklärung, sie habe bei einer Freundin übernachtet oder sich von jemandem nach Hause fahren lassen, zufrieden gegeben.

Diese Begründung trägt dem festgestellten Geschehensablauf nicht ausreichend Rechnung. Die Zeugin sah, nachdem das Fahrzeug des Angeklagten – der sie nach Hause fahren sollte – nicht mehr betriebsbereit war, keine Möglichkeit, nach Hause zu kommen. Da sie auch nicht in das Haus ihres Freundes gelangen konnte, rief sie am Sonntag gegen 6.00 Uhr früh von einer Telefonzelle aus ihre Freundin, die Zeugin B., an und behauptete, jemand wolle sie umbringen. Als die Freundin sie mit einem Taxi hatte abholen lassen, sagte sie ihr, sie sei vergewaltigt worden. Die Freundin informierte dann den Freund der Zeugin G., auf dessen Drängen es – gegen ihren ursprünglichen Willen – zur Anzeige kam. Das Landgericht hätte deshalb vor allem erörtern müssen, ob die Zeugin G. nach dem mehrstündigen Zusammensein mit dem Angeklagten, der ihr erst nach dem Geschlechtsverkehr mitteilte, daß er verheiratet ist, das Geschehen aus Enttäuschung, Verärgerung und Rechtfertigungsbestreben ihrer Freundin gegenüber zu Unrecht als Vergewaltigung dargestellt haben könnte.

2. Mehrere Umstände sprechen für die Einlassung des Angeklagten, die Zeugin G. habe freiwillig mit ihm verkehrt: Die Zeugin kannte den Angeklagten von früher und hatte ihm bereits aus ihrem Urlaub geschrieben. Sie hatte ihm beim ersten Zusammentreffen an dem fraglichen Abend ihre Telefonnummer gegeben. Sie verließ dann mit dem Angeklagten in seinem PKW das Fest längere Zeit, ohne ihren Freund, mit dem sie das Fest besuchte, und bei dem sie die Nacht verbringen wollte, zu informieren.

Das Landgericht findet für jeden einzelnen Umstand eine die Angaben der Zeugin nicht in Frage stellende Erklärung, ohne alle Umstände einer Gesamtbetrachtung zu unterziehen. Gänzlich unerörtert bleibt dabei, daß der Angeklagte und die Zeugin G. etwa sechs Stunden lang zusammen waren, der von der Zeugin geschilderte Geschehensablauf diese Zeitspanne aber nicht ohne weiteres auszufüllen vermag.

3. Das Landgericht hält die Einlassung des Angeklagten auch deswegen für unglaubhaft, weil die Zeugin eine eigene Wohnung hatte und ein freiwilliger Geschlechtsverkehr dort bequemer hätte ausgeführt werden können. Abgesehen davon, daß eine solche Argumentation kaum geeignet ist, die Angaben des Angeklagten zu widerlegen, bleibt offen, ob die Zeugin Anlaß sah, ein intimes Zusammensein mit dem Angeklagten vor ihrer im selben Hause wohnenden Freundin oder anderen Personen nicht zu offenbaren.

Nach allem hat das angefochtene Urteil keinen Bestand.

110. Verwertbarkeit eines rechtswidrig aufgenommenen Tonbands nicht ausgeschlossen.
StPO § 261 – BGH Urt. v. 12. 4. 1989 – 3 StR 453/88 LG Bremen (= BGHSt. 36, 167 = NJW 1989, 1760)

Die Revision der Staatsanwaltschaft rügt, daß das Gericht einen in der Hauptverhandlung gestellten Beweisantrag, auf Verwertung einer bei einem Zeugen aufgenommenen privaten Videoaufzeichnung, abgelehnt hat.

Sachverhalt: Der Angeklagte war Inhaber mehrerer Videotheken. Er unterhielt geschäftliche Beziehungen zu dem Zeugen Jä., dessen Ehefrau eine Videothek in N. betrieb. Nachdem bekannt geworden war, daß der Zeuge S. eine Videothek eröffnen wollte, beauftragte der Zeuge Jä. in Gegenwart des dazu schweigenden Angeklagten den Zeugen Ja., für einen Lohn von 10 000 DM die Videothek des Zeugen S. unmittelbar vor der Eröffnung abzubrennen, und zahlte ihm 1000 DM als Vorschuß. Am Abend des 15. 3. 1987 brachen Ja. und der von ihm herangezogene Zeuge C. die Vorbereitungen zur Brandlegung wegen einer polizeilichen Kontrolle ab. Als Ja. dem Angeklagten am 16. 3. 1987 von dem mißglückten Versuch berichtete, forderte dieser ihn auf, „die Finger davon zu lassen". Trotzdem begab sich Ja. in den frühen Morgenstunden des 17. 3. 1987 zur Videothek und setzte mit Hilfe des Zeugen C. das Ladeninnere in Brand. Die Flammen griffen auf das gesamte Wohn- und Geschäftshaus über und versperrten den Zugang zum Treppenhaus. Sechs Bewohnerinnen des Hauses konnten sich nur über das Dach zum Nebengebäude retten.

Die Staatsanwaltschaft hat in der Hauptverhandlung den Antrag gestellt,

„zum Beweise dafür, daß der Angeklagte E. zu einem früheren Zeitpunkt gegenüber dem Zeugen Jä. eingeräumt hat, an den Zeugen Ja. 10 000 DM dafür zu zahlen, daß dieser mit einem von ihm auszusuchenden Mittäter in der B.-S.-Straße von dem Zeugen S. betriebene Videothek anzünde, DM 10 000 zu zahlen beabsichtigte bzw. dies über Rechtsanwalt Sch. bereits in die Wege leitete, die bei dem Zeugen Jä. sichergestellte Videokassette im Wege des Augenscheins abzuhören."

Die Strafkammer hat den Beweisantrag zurückgewiesen, weil die Erhebung des Beweises unzulässig sei. Denn der Zeuge Jä. habe nach seinen Bekundungen die in Rede stehende Aufnahme gefertigt, um damit den Angeklagten erpressen zu können. Mithin sei die Bandaufnahme vom Zeugen Jä. rechtswidrig erlangt worden und als Beweismittel deshalb unverwertbar, auch unter Berücksichtigung des Umstands, daß dem Angeklagten eine Straftat von einigem Gewicht zur Last gelegt werde.

Die Strafkammer hat aufgrund der Beweisaufnahme als erwiesen angesehen, daß nicht der Angeklagte, sondern der Zeuge Jä. den Zeugen Ja. zur Ausführung der schweren Brandstiftung bestimmt hat. Der Angeklagte sei von dem der Anklageschrift und dem Eröffnungsbeschluß zugrundeliegenden Verdacht der Beteiligung an der schweren Brandstiftung „reingewaschen". Die Strafkammer hat ihn deshalb wegen Nichtanzeige der schweren Brandstiftung nach § 138 Abs. 1 Nr. 9 StGB verurteilt und von dem Vorwurf der Anstiftung zur Brandstiftung freigesprochen. – Das Rechtsmittel hatte Erfolg.

Gründe: Zu Recht rügt die Staatsanwaltschaft, daß diese Begründung die Ablehnung ihres Beweisantrags nicht rechtfertigt.

a) Der beanstandete Gerichtsbeschluß ist schon deswegen fehlerhaft, weil er sich nicht dazu verhält, ob der Angeklagte der Verwertung der Tonbandaufnahme widersprochen hat. Der Antrag, die Tonaufzeichnung über das zwischen dem Angeklagten und dem Zeugen Jä. geführte Gespräch in der Hauptverhandlung abzuspielen, ist auf die Einnahme eines Augenscheins gerichtet (vgl. BGHSt. 14, 339, 341 [BGH Urt. v. 14. 6. 1960 – 1 StR 73/60; vgl. §§ 244 IV, 253 StPO erfolglose Rügen]). Die beantragte Beweisaufnahme wäre unzulässig, wenn das Gebrauchmachen von der heimlich hergestellten Tonbandaufnahme einem Beweisverwertungsverbot unterläge. Ein solches kommt nicht in Betracht, wenn der Angeklagte als Betroffener mit dem Gebrauch der Aufnahme in dem gegen ihn geführten Strafverfahren einverstanden ist. Der Disposition des Verletzten unterliegt, ob ein unbefugt auf Tonträger aufgenommenes Wort abgespielt werden darf (vgl. BGHR StGB § 201 Verwertungsverbot 1).

Aus den Sachakten, deren Inhalt dem Senat aufgrund der zulässig erhobenen Verfahrensrüge zugänglich ist, ergibt sich hierzu: Der Angeklagte hat sich im Ermittlungsverfahren am 20. 10. 1987 schriftlich bereit erklärt, die ihm im versiegelten Zustand übergebene Videokassette „jetzt zusammen mit Kriminalbeamten anzusehen und anzuhören", nachdem er darauf hingewiesen worden war, daß sie als Beweismittel für die ihm zur Last gelegte Anstiftung zur schweren Brandstiftung dienen könne. Daß der Angeklagte diese Erklärung (wirksam) widerrufen hat, ist nicht ersichtlich. Im Hauptverhandlungsprotokoll ist im übrigen nicht vermerkt, wie sich der Angeklagte und sein Verteidiger zu dem Beweisantrag der Staatsanwaltschaft geäußert haben. Haben sie der Verwertung des Tonbands nicht ausdrücklich widersprochen, so könnte auch dies als Zustimmung zu werten sein.

b) Auch wenn der Angeklagte der Verwertung der Tonbandaufnahme nicht zugestimmt hat, vermag die von der Strafkammer gegebene Begründung die Ablehnung des Antrags nicht zu rechtfertigen.

Die Strafkammer hat das öffentliche Interesse an einer möglichst vollständigen Wahrheitsermittlung gerade bei der Aufklärung schwerer Straftaten und das schutzwürdige Interesse des Beschuldigten an der Nichtverwertung einer unter Verletzung seines Persönlichkeitsrechts hergestellten Tonbandaufnahme nicht unter Berücksichtigung aller hierfür maßgeblichen Umstände gegeneinander abgewogen. Zutreffend geht sie zwar davon aus, daß der Zeuge Jä. die heimliche Tonbandaufnahme rechtswidrig hergestellt und dadurch den Straftatbestand des § 201 StGB verwirklicht hat. Sie verkennt jedoch, daß aus der rechtswidrigen Erlangung eines Beweismittels durch einen Dritten nicht ohne weiteres die Unverwertbarkeit dieses Beweismittels im Strafverfahren folgt (BGHSt. 27, 355, 357 [BGH Urt. v. 22. 2. 1978 – 2 StR 334/77; vgl. § 100a StPO erfolgreiche Rügen]; 34, 39, 52 [BGH Urt. v. 9. 4. 1986 – 3 StR 551/85; vgl. §§ 81a, 100a StPO erfolgreiche Rügen und § 136a StPO erfolglose Rügen]). Hier geht es nicht – wie in den BGHSt. 31, 304, 307 f. (BGH Urt. v. 17. 3. 1983 – 4 StR 640/82; vgl. § 100a StPO erfolgreiche Rügen]; 34, 39, 52 zugrundeliegenden Fällen – darum, ob ein Verwertungsverbot für eine von staatlichen Strafverfolgungsorganen rechtswidrig hergestellte Tonbandaufnahme besteht, sondern darum, ob ein Verwertungsverbot auch für eine rechtmäßig beschlagnahmte Tonbandaufnahme gelten soll, auf der eine Privatperson für eigene Zwecke ein Gespräch mit dem Angeklagten rechtswidrig festgehalten hat. In einem solchen Fall sind für die Zulässigkeit der Verwertung die Grundsätze maßgebend, die das Bundesverfassungsgericht in BVerfGE 34, 238ff. niedergelegt und die der Bundesgerichtshof übernommen hat (BGHSt. 27, 355, 357; 34, 397, 399 [BGH Urt. v. 9. 7. 1987 – 4 StR 223/87; vgl. § 261 StPO erfolgreiche Rügen]). Auch der Europäische Gerichtshof für Menschenrechte hat die Verwertbarkeit eines rechtswidrig aufgenommenen Tonbands als strafprozessuales Beweismittel nicht ausgeschlossen, wenn die Aufnahme von einem Privatmann ohne Einverständnis des Betroffenen gemacht worden ist, sofern die Rechte der Verteidigung gewahrt werden und die Verurteilung nicht ausschließlich auf dem rechtswidrig erlangten Beweismittel beruht (NJW 1989, 654 ff.[1]).

---

1 „1. Art. 6 der Konvention garantiert das Recht auf ein faires Gerichtsverfahren, enthält aber keine generellen Regeln über die Zulässigkeit von Beweismitteln.
2. Die Vorschriften der Konvention schreiben nicht ausdrücklich vor, daß nach nationalem Recht rechtswidrig erlangte Beweismittel nicht verwertet werden dürfen.
3. Der Gerichtshof schließt die Verwertbarkeit einer rechtswidrig erlangten Tonbandaufnahme als Beweismittel nicht grundsätzlich aus, wenn die Aufnahme von einem Privatmann ohne Einverständnis des Betroffenen gemacht wurde.

Für die Zulässigkeit der von der Staatsanwaltschaft verlangten Augenscheinseinnahme durch Abspielen des Tonbands können folgende Umstände von Bedeutung sein: Die beantragte Beweisaufnahme berührte nicht den schlechthin unantastbaren Bereich privater Lebensgestaltung; sie betraf ein Gespräch zwischen zwei Geschäftspartnern, die sich über die Eröffnung eines Konkurrenzunternehmens und dessen Inbrandsetzung unterhielten. Die Tonbandverwertung diente der Aufklärung einer Leib und Leben anderer gefährdenden hochkriminellen Tat, welche mit Freiheitsstrafe bis zu 15 Jahren bedroht ist (§§ 26, 306 StGB). Die aus hemmungsloser Eigensucht zur Vernichtung eines lästigen Konkurrenzbetriebs geplante Brandlegung bezog sich auf ein Gebäude, in dem mehrere Menschen wohnten, die sich nach der Tat nur über das vereiste Dach vor den Flammen retten konnten. Die Benutzung vorhandener weiterer Beweismittel war zur zuverlässigen Sachverhaltsaufklärung geboten, weil die Zeugenaussagen darüber, wer der Anstifter war, sich widersprachen. Nachdem alle anderen Beweismöglichkeiten erschöpft waren, konnte das Abspielen des Tonbands nicht nur zur Überführung des Angeklagten wegen einer schwereren als der abgeurteilten Tat dienen, nämlich zur Verurteilung wegen des Verbrechens der Anstiftung zur schweren Brandstiftung statt wegen des Vergehens der Nichtanzeige geplanter Straftaten. Das Abspielen des Tonbands kam vielmehr in gleicher Weise als Beweismittel für einen Freispruch des Angeklagten von dieser Tat in Betracht. Denn wenn die Tonbandverwertung dazu führte, die von der Strafkammer für glaubhaft angesehene Aussage des Zeugen Ja. (nicht der Angeklagte, sondern Jä. sei Anstifter) zwar nicht zu widerlegen, aber in Frage zu stellen, hätte der Angeklagte weder wegen Nichtanzeige der geplanten schweren Brandstiftung noch wegen Anstiftung zur schweren Brandstiftung noch im Wege wahldeutiger Feststellung wegen der einen oder der anderen Straftat verurteilt werden können. Da beide Verhaltensweisen rechtsethisch und psychologisch nicht annähernd gleichwertig sind, kommt eine Wahlfeststellung zwischen der Nichtanzeige einer geplanten Straftat und der Beteiligung an ihr nicht in Betracht (BGH bei Holtz MDR 1979, 635 f.; BGHR StGB § 138 Anzeigepflicht 2).

All dies hat die Strafkammer bei der Ablehnung des Beweisantrags der Staatsanwaltschaft nicht erkennbar erwogen.

111. Es ist unstatthaft, den Umstand, daß ein weigerungsberechtigter Zeuge nicht zu einem früheren Zeitpunkt Angaben zur Sache gemacht hat, bei der Beweiswürdigung zum Nachteil des Angeklagten zu werten.

StPO § 261 – BGH Urt. v. 2. 3. 1989 – 2 StR 590/88 LG Darmstadt (= StV 1989, 383)

Die Revision rügt einen Fehler in der Beweiswürdigung des angefochtenen Urteils.

Sachverhalt: Nach den Feststellungen unternahm der Angeklagte in der Zeit vom 12. bis 20. 9. 1987 eine Reise nach Marokko, um – was ihm im Zusammenwirken mit anderen Beteiligten auch gelang – dort Haschisch zu kaufen und über Spanien und Frankreich in die Bundesrepublik Deutschland einzuführen.

Der Angeklagte hat jedwede Tatbeteiligung geleugnet; er habe sich – so seine Einlassung – in der fraglichen Zeit in D. aufgehalten. Seine Mutter ist hierzu in der Hauptverhandlung als Zeugin vernommen worden; sie hat die Darstellung des Angeklagten bestätigt: dieser sei im Tatzeitraum jeden Tag bei ihr gewesen, um sie zu pflegen.

Das Landgericht hat ihr jedoch nicht geglaubt. Zur Begründung hat es u.a. ausgeführt:

---

4. Das Strafverfahren muß allerdings insgesamt fair gewesen sein. Wesentlich ist, daß die Rechte der Verteidigung gewahrt wurden und die Verurteilung nicht ausschließlich auf dem rechtswidrig erlangten Beweismittel beruhte." (EGMR Urt. v. 12. 7. 1988 – Nr. 8/1987/131/182 – Schenk gegen Schweiz).

"Zweifel an der Richtigkeit der Aussage der Zeugin K. ergeben sich auch daraus, daß sie zum Zwecke der Außervollzugsetzung des Haftbefehls gegen den Angeklagten K. am 22. 10. 1987 eine Kaution von 20 000 DM und am 29. 1. 1988 eine solche von 25 000 DM angeboten hat, nicht aber das viel wirksamere Mittel, nämlich ein Alibi in Form der Erklärung, daß der Angeklagte ohne Unterbrechung in D. zu ihrer Pflege gewesen sei ...". – Das Rechtsmittel hatte Erfolg.

Gründe: Diese Erwägung ist rechtsfehlerhaft. Die Zeugin war als Mutter des Angeklagten berechtigt, die Aussage zu verweigern (§ 52 Abs. 1 Nr. 3 StPO). Hätte sie zunächst das Zeugnis verweigert, später aber dann doch ausgesagt, so hätte die frühere Weigerung nicht zum Nachteil des Angeklagten verwertet werden dürfen (BGH MDR 1979, 1040). Entsprechendes gilt, wenn ein zur Zeugnisverweigerung Berechtigter – ohne als Zeuge in Anspruch genommen zu werden – es vorerst unterläßt, von sich aus Angaben zur Sache zu machen, jedoch zu einem späteren Zeitpunkt aussagt. Wären die Gründe, die ihn erst zum Schweigen und danach zum Reden veranlaßten, der Beweiswürdigung zugänglich, so könnte er von seinem Zeugnisverweigerungsrecht nicht mehr unbefangen Gebrauch machen, weil er befürchten müßte, daß daraus Schlüsse zu Lasten des Angehörigen gezogen würden. Deshalb ist es unstatthaft, den Umstand, daß ein weigerungsberechtigter Zeuge nicht zu einem früheren Zeitpunkt Angaben zur Sache gemacht hat, bei der Beweiswürdigung zum Nachteil des Angeklagten zu werten (BGH StV 1987, 51 f. [BGH Beschl. v. 23. 10. 1986 – 4 StR 569/86; vgl. § 261 StPO erfolgreiche Rügen], 188 [BGH Urt. v. 21. 11. 1986 – 2 StR 473/86; vgl. § 261 StPO erfolgreiche Rügen]; BGHSt. 34, 324, 327 [BGH Urt. v. 2. 4. 1987 – 4 StR 46/87; vgl. § 261 StPO erfolglose Rügen]).

Dies hat das Landgericht im vorliegenden Falle aber getan. Dazu war es nicht etwa deshalb berechtigt, weil die Mutter des Angeklagten in zwei schriftlichen Eingaben eine Kaution angeboten hatte, um die Außervollzugsetzung des gegen den Angeklagten ergangenen Haftbefehls zu erreichen. Denn ihre Schreiben, mit denen sie Sicherheitsleistung anbot, enthielten – wie die Revision zutreffend vorträgt – keinerlei Äußerungen zur Berechtigung des erhobenen Schuldvorwurfs. Die Zeugin ist erstmals in der Hauptverhandlung vernommen worden. Vorher hatte sie sich weder ausdrücklich noch in schlüssiger Weise bereiterklärt, durch ihre Aussage zur Sachaufklärung beizutragen. Das unterscheidet den Fall von dem in BGHSt. 34, 324, 327 f. entschiedenen. Dort hatte sich die Ehefrau des Angeklagten den Ermittlungsbeamten gegenüber – ungeachtet ihres Zeugnisverweigerungsrechts – zur Aussage bereiterklärt; dies war, wie der BGH ausgeführt hat, der entscheidende Grund dafür, daß ihr Schreiben an den Haftrichter, mit dem sie um Freilassung ihres Ehemannes gebeten hatte, ohne ein Alibi zu erwähnen, bei der Beweiswürdigung berücksichtigt werden durfte. So lag es hier nicht.

Das Urteil beruht auch auf dem erörterten Rechtsfehler. Es läßt sich nicht mit Sicherheit ausschließen, daß die Aussage der Mutter des Angeklagten eine andere, ihm vorteilhaftere Würdigung erfahren hätte, wenn die zu beanstandende Erwägung nicht angestellt worden wäre.

112. Gericht darf Antrag auf Einholung eines weiteren Sachverständigengutachtens nicht mit der Begründung ablehnen, gegen die Sachkunde des gehörten Sachverständigen spreche nicht, daß möglicherweise andere Sachverständige andere Kriterien zur Beurteilung von Affekttaten heranziehen, wenn diese abweichenden Kriterien die Billigung der Rechtsprechung gefunden haben.

StPO § 261 – BGH Beschl. v. 28. 2. 1989 – 1 StR 32/89 LG München I (= StV 1989, 335 = BGHR StPO § 261 Erfahrungssatz 5)

Die Revision rügt, das Landgericht habe die beantragte Vernehmung eines weiteren Sachverständigen zur Schuldfähigkeit des Angeklagten zu Unrecht abgelehnt.

Erfolgreiche Rügen   Nr. 113 § 261 StPO

Sachverhalt: Das Landgericht hat sich der Auffassung des in der Hauptverhandlung vernommenen Sachverständigen Dr. S. angeschlossen, daß „zwar der Angeklagte in höchster Erregung gehandelt haben dürfte, aber nicht in einem Zustand der tiefgreifenden Bewußtseinsstörung. Seine Steuerungsfähigkeit sei lediglich alkoholbedingt nicht ausschließbar erheblich beeinträchtigt, nicht jedoch aufgehoben gewesen". Dafür war mit ausschlaggebend, daß der Sachverständige die Einlassung des Angeklagten, er habe an das eigentliche Tatgeschehen keine Erinnerung, nicht als echte Amnesie bewertet hat. Nach den Urteilsfeststellungen hat der Sachverständige dazu folgendes ausgeführt:

„Schließlich liege auch keine Amnesie vor. Die vom Angeklagten geschilderte Erinnerungslücke sei, da sie abrupt bei den ersten, nicht mehr von Abwehr geprägten Schlägen einsetze und nach dem letzten Schlag wieder ende, nicht durch einen psychopathologischen Vorgang, also durch eine schwere Bewußtseinsstörung oder -einengung erklärbar, auch nicht durch einen nachfolgenden unbewußten Verdrängungsprozeß, sondern ausschließlich durch ein Nichtwahrhabenwollen der Tat." – Das Rechtsmittel hatte Erfolg.

Gründe: Die vom Landgericht gebilligte Auffassung des Sachverständigen, daß es zeitlich eng auf das eigentliche Tatgeschehen begrenzte totale Erinnerungslücken nicht gebe, steht mit den Erkenntnissen der medizinischen Wissenschaft nicht in Einklang. Solche Erinnerungslücken gelten im Gegenteil gerade als Anzeichen für eine auf einem Affekt beruhende Bewußtseinsstörung (BGH StV 1987, 434 [BGH Urt. v. 11. 6. 1987 – 4 StR 31/ 87; vgl. § 267 StPO erfolgreiche Rügen]; 1988, 57, 58; Langelüddeke/Bresser, Gerichtliche Psychiatrie 4. Aufl. S.259; Mende in Venzlaff, Psychiatrische Begutachtung S. 317, 323 f.; vgl. ferner Rasch, Forensische Psychiatrie S. 210 f.).

Darauf, daß die Darlegungen des gehörten Sachverständigen zur Bewertung einer zeitlich eng begrenzten Erinnerungslücke in der Wissenschaft jedenfalls umstritten sind, hatte der Angeklagte in seinem abgelehnten Hilfsbeweisantrag unter eingehender Darlegung hingewiesen. Das Landgericht durfte sich daher nicht damit begnügen, den Antrag mit der Begründung abzulehnen, gegen die Sachkunde des gehörten Sachverständigen spreche nicht, daß möglicherweise andere Sachverständige andere Kriterien zur Beurteilung von Affekttaten heranziehen. Insbesondere weil diese abweichenden Kriterien die Billigung der Rechtsprechung gefunden haben, mußte sich das Landgericht damit – unter Beiziehung eines weiteren Sachverständigen – sachlich auseinandersetzen.

113. Für Verurteilung genügt ein nach der Lebenserfahrung ausreichendes Maß an Sicherheit, das vernünftige Zweifel nicht aufkommen läßt. Zweifel aufgrund einer abstrakt-theoretischen Möglichkeit sind unbeachtlich.

StPO § 261 – BGH Urt. v. 24. 1. 1989 – 1 StR 683/88 (= StV 1987, 189 = BGHR StPO § 261 Beweiswürdigung 5)

Die Revision der Staatsanwaltschaft rügt die Verletzung materiellen Rechts und beanstandet insbesondere, daß sich der Tatrichter im Rahmen der Beweiswürdigung mit den festgestellten, den Angeklagten „erdrückend" belastenden Umständen nicht in einer den Anforderungen an die tatrichterliche Überzeugungsbildung genügenden Weise auseinandergesetzt und die Anforderungen überspannt hat, die an die richterliche Überzeugungsbildung von der Schuld des Angeklagten zu stellen sind.

Sachverhalt: Das Landgericht erörtert zunächst die erhobenen Beweise, die für die Täterschaft des Angeklagten im Sinne des Schuldvorwurfs sprechen, bemerkt sodann aber abschließend:

„Trotz dieser für den Angeklagten erdrückenden Beweislage hat die Kammer letztendlich freigesprochen:

1. Es bestand die denktheoretische Möglichkeit, daß Ste. und Str. mit der Belastung des Angeklagten einen anderen decken wollten, obwohl sich in der Hauptverhandlung für eine solche Möglichkeit nicht die geringsten Ansätze ergaben.

2. Bei der Wohnungsdurchsuchung konnte kein Haschisch gefunden werden, obwohl die Kammer bedacht hat, daß schließlich Krümel von Haschisch gefunden wurden, die einzelnen Lieferungen erst immer nach Bestellung erfolgten und der Angeklagte dem Zeugen Ste. beim oben dargelegten Testkauf deshalb nichts mitgegeben hatte, weil er nichts da hatte.

3. Es bestand die abstrakte Möglichkeit, daß bei der im Polizeiauto in Sintisprache geführten kurzen Unterhaltung eine Absprache getroffen worden sein könnte, den Angeklagten zu Unrecht zu belasten, wobei sie, wenn sie ihn erwähnten, einen Spitznamen gebrauchten. Dabei ist außer Betracht geblieben, daß sich das ganze Verfahren hindurch kein Hinweis darauf ergeben hat, daß der Angeklagte überhaupt einen Spitznamen hatte. Dies ist vom Angeklagten selbst auch nicht behauptet worden." – Das Rechtsmittel hatte Erfolg.

Gründe: Nach der ständigen Rechtsprechung des Bundesgerichtshofs ist Voraussetzung dafür, daß sich der Tatrichter vom Vorliegen eines bestimmten Sachverhalts überzeugt, nicht eine absolute, das Gegenteil denknotwendig ausschließende und damit von niemandem anzweifelbare Gewißheit. Vielmehr genügt ein nach der Lebenserfahrung ausreichendes Maß an Sicherheit, das vernünftige Zweifel nicht aufkommen läßt. Dabei haben solche Zweifel außer Betracht zu bleiben, die realer Anknüpfungspunkte entbehren und sich lediglich auf die Annahme einer bloß gedanklichen, abstrakt-theoretischen Möglichkeit gründen (BGH bei Pfeiffer/Miebach NStZ 1985, S. 15 Nr. 17[1]).

So liegt es hier. Die Erwägungen, die die Strafkammer gegenüber der rechtsfehlerfrei dargelegten „erdrückenden Beweislage" anführt, stellen lediglich denktheoretische, abstrakte Möglichkeiten ohne reale Anknüpfungspunkte dar, wie sie im Grunde selbst darlegt, indem sie jeweils Umstände feststellt, die den angestellten fernliegenden Vermutungen die Grundlage entziehen. Die Sache bedarf daher der Prüfung und Entscheidung durch einen neuen Tatrichter.

114. Eine konsularische Vernehmung eines Zeugen im Ausland ist auch dann nicht Teil der Hauptverhandlung, wenn alle Richter einschließlich der Schöffen daran teilnehmen.

StPO § 261 – BGH Urt. v. 18. 1. 1989 – 2 StR 583/88 LG Mainz[2] (= NStZ 1989, 382)

Die Revision rügt, daß die Strafkammer den persönlichen Eindruck einer konsularisch in Paraguay vernommenen Zeugin verwertet hat, obwohl dieser nicht Gegenstand der Hauptverhandlung gewesen ist.

---

1 „Voraussetzung dafür, daß sich der Tatrichter vom Vorliegen eines bestimmten Sachverhalts überzeugt, ist nicht eine absolute, das Gegenteil denknotwendig ausschließende und darum von niemandem anzweifelbare Gewißheit. Vielmehr genügt ein nach der Lebenserfahrung ausreichendes Maß an Sicherheit, das vernünftige Zweifel nicht aufkommen läßt. Dabei haben solche Zweifel außer Betracht zu bleiben, die realer Anknüpfungspunkte entbehren und sich lediglich auf die Annahme einer bloß gedanklichen, abstrakt theoretischen Möglichkeit gründen." (BGH Urt. v. 11. 1. 1984 – 3 StR 655/83).

2 Die Entscheidung steht im Spannungsverhältnis zum Urteil v. 1. 7. 1983 – 1 StR 138/83 = BGHSt. 32, 32 (vgl. § 338 Nr. 5 StPO erfolgreiche Rügen), das feststellte, daß § 261 StPO in gleichgelagerten Fallkonstellationen nicht verletzt ist, wenn alle Mitglieder des erkennenden Gerichts sich einen persönlichen Eindruck von den kommissarisch vernommenen Zeugen machen. Auch im Urt. v. 2. 2. 1983 – 2 StR 576/82 = BGHSt. 31, 236 (vgl. § 338 Nr. 5 StPO erfolgreiche Rügen) wurde eine Verletzung des § 261 StPO verneint und festgestellt, daß immer dann, wenn ein Spruchkörper in voller Besetzung tagt, eine Hauptverhandlung stattfindet.

Sachverhalt: Der Angeklagte führte in den Jahren 1981 bis 1985 zusammen mit seiner Ehefrau einen Bordellbetrieb, in dem er zahlreiche Prostituierte beschäftigte. Zu ihnen gehörte zeitweise auch die aus Paraguay stammende B. Dem Angeklagten war es unter Mithilfe zweier zum Betriebe gehöriger Prostituierter gelungen, die junge Frau, die des Deutschen nicht mächtig war, nur unklare Vorstellungen über die Lage ihres Aufenthaltsortes besaß und hier keine Freunde oder Bekannte hatte, zur Aufnahme der Prostitution zu veranlassen. Diese Tätigkeit hatte sie zuvor noch nicht ausgeübt. Vom 1. bis 31. 10. 1985 war sie dann im Betriebe des Angeklagten als Prostituierte beschäftigt. Danach kam sie in Auslieferungshaft und wurde Mitte November 1985 in ihr Heimatland abgeschoben.

Die Zeugin B. ist am 25. 3. 1988 in der Botschaft der BR Deutschland zu Asunción/Paraguay von einem dort tätigen Botschaftsrat konsularisch vernommen worden. Anwesend waren dabei sämtliche Mitglieder der Strafkammer einschließlich der Schöffen, darüberhinaus der Verteidiger, nicht dagegen der Angeklagte. Die Niederschrift über diese Vernehmung ist sodann im Hauptverhandlungstermin vom 28. 3. 1988 auf Grund eines entsprechenden Gerichtsbeschlusses gemäß § 251 I Nr. 2 StPO verlesen worden.

Den Urteilsgründen zufolge hatte der Angeklagte den Vorwurf des Menschenhandels bestritten. Er sei – so seine Einlassung – nach den Erklärungen seines Freundes, der die Paraguayerin zu ihm brachte, des Glaubens gewesen, sie habe schon früher als Prostituierte gearbeitet und auch gewußt, daß sie im „Rotkäppchen" die gleiche Tätigkeit ausüben solle.

Das Tatgericht hat diese Einlassung für widerlegt erachtet; es hat die entgegenstehenden Feststellungen entscheidend auf die Aussage der Zeugin B. gestützt. ...

Das Landgericht hat den Angeklagten u.a. wegen Menschenhandels verurteilt. – Das Rechtsmittel hatte Erfolg.

Gründe: ...

2. Dagegen kann die Verurteilung wegen der Sexualstraftaten nicht bestehenbleiben. ...

bb) Die zitierten Urteilsausführungen belegen, daß die Strafkammer den persönlichen Eindruck von der Zeugin verwertet hat. Das „Widerstreben" der Zeugin „gegen das erneute Aufrühren der damaligen Geschehnisse" ist zwar auch aus der verlesenen Niederschrift erkennbar („Ich kann und möchte mich jetzt nicht mehr an diese Zeit erinnern. Ich versuche, diese ganze Episode zu vergessen"). Doch gilt dies nicht für das „äußere Erscheinungsbild" der Zeugin, die „Art" ihrer Angaben sowie sonstige Modalitäten ihres Aussageverhaltens („sachlich", „ohne einen erkennbaren Belastungseifer", „eher zurückhaltend").

cc) Die Verwertung dieser Wahrnehmungen verstieß gegen § 261 StPO, wonach das Tatgericht seine Überzeugung nur auf das stützen darf, was Gegenstand der Verhandlung gewesen ist. Die Strafkammer war augenscheinlich der Ansicht, sie dürfe den persönlichen Eindruck von der Zeugin schon deshalb verwerten, weil sie an deren Vernehmung in voller Besetzung teilgenommen hatte. Diese Ansicht ist jedoch rechtsirrig. Denn die konsularische Vernehmung der Zeugin war nicht Teil der Hauptverhandlung. Das zeigt sich bereits darin, daß die Vernehmung nicht vom Gericht, sondern von einem Konsularbeamten durchgeführt worden ist. Andernfalls wäre auch die – vom Gericht mit Recht für erforderlich gehaltene – Verlesung der Niederschrift in der Hauptverhandlung sinnlos gewesen; einer Einführung der protokollierten Aussage in die Verhandlung – wie sie der Zweck einer solchen Verlesung ist – hätte es nicht bedurft, wenn die Vernehmung der Zeugin schon ihrerseits Teil der Hauptverhandlung gewesen wäre.

In der Rechtsprechung des BGH ist anerkannt, daß Beobachtungen, die ein beauftragter Richter bei der kommissarischen Vernehmung eines Zeugen gemacht hat, der Verwertung bei der tatrichterlichen Überzeugungsbildung nur insoweit offenstehen, als sie in der Vernehmungsniederschrift festgehalten und durch die Verlesung in die Verhandlung eingeführt worden sind (BGHSt. 2, 1, 2 f.[1]; BGH, bei Holtz, MDR 1977, 108; NStZ 1983, 182 [BGH Beschl. v. 21. 12. 1982 – 2 StR 323/82; vgl. § 261 StPO erfolgreiche Rügen]). Die Notwendigkeit der Einführung in der verfahrensrechtlich gebotenen Weise besteht auch für Wahrnehmungen, die von sämtlichen Mitgliedern des erkennenden Gerichts außerhalb der Hauptversammlung bei der durch einen Dritten durchgeführten Vernehmung gemacht worden sind. Denn der Grund für die in den zitierten Entscheidungen zum Ausdruck gebrachte Rechtsauffassung liegt nicht darin, daß nur ein Teil der Mitglieder des erkennenden Gerichts den persönlichen Eindruck von der Beweisperson gehabt hat; entscheidend ist vielmehr, daß dieser Eindruck außerhalb der Hauptverhandlung gewonnen worden ist. So verhält es sich aber auch hier.

Da die bei der Vernehmung der Zeugin B. gemachten Wahrnehmungen, um die es hier geht, nicht in die Hauptverhandlung eingeführt worden sind, kann offenbleiben, ob und gegebenenfalls wie das in verfahrensrechtlich zulässiger Weise hätte geschehen können.

Das Urteil beruht, was den Schuldspruch wegen Menschenhandels betrifft, auf dem dargelegten Verfahrensverstoß. ...

115. Das Gericht darf daraus, daß der Angeklagte von seinem Recht Gebrauch macht, nicht zur Sache auszusagen, keine nachteiligen Schlüsse ziehen.
StPO § 261 – BGH Beschl. v. 17. 1. 1989 – 5 StR 624/88 (= BGHR StPO § 261 Aussageverhalten 9)

Die Revision rügt, das Landgericht habe unzulässigerweise daraus dem Angeklagten nachteilige Schlüsse gezogen, daß er von seinem Recht, nicht zur Sache auszusagen, Gebrauch gemacht hat.

Der Sachverhalt ergibt sich aus dem Revisionsvorbringen. – Das Rechtsmittel hatte Erfolg.

Gründe: Der Generalbundesanwalt hat ausgeführt:

„Die von der Revision geltend gemachte Besorgnis, das Landgericht habe unzulässigerweise daraus dem Angeklagten nachteilige Schlüsse gezogen, daß er von seinem Recht, nicht zur Sache auszusagen, Gebrauch gemacht hat, ist gerechtfertigt und nötigt zur Aufhebung der Entscheidung.

Das Landgericht hebt hervor, daß der Beschwerdeführer, der nach seiner Festnahme am 1. 9. 1987 ‚mehrfach Gelegenheit hatte, sich zu dem Tatvorwurf zu äußern, ... die Einlassung stets verweigert' und erst nach Akteneinsicht seines Verteidigers durch diesen ‚ein Alibi zur Tatzeit behauptet' hat. Zwar verkennt die Strafkammer nicht, daß jeder ‚Beschuldigte das Recht hat, sich nicht einzulassen, ohne daß ihm daraus ein Nachteil erwachsen dürfte. Andererseits verdient es jedoch auch Beachtung, wenn ein Täter länger als drei Monate in Untersuchungshaft bleibt, in dem Bewußtsein, wegen eines ganz sicheren Alibis ... als Täter auszuscheiden'.

Daß es sich bei diesen rechtsfehlerhaften Überlegungen (vgl. Senat in NStZ 1986, 325 [BGH Beschl. v. 18. 3. 1986 – 5 StR 74/86; vgl. § 261 StPO erfolgreiche Rügen]; BGHSt. 34, 324, 325/326 [BGH Urt. v. 2. 4. 1987 – 4 StR 46/87; vgl. § 261 StPO erfolglose Rügen]; BGHR § 261 StPO Aussageverhalten 7 [BGH Beschl. v. 18. 12. 1987 – 2 StR 633/87; vgl. § 261 StPO erfolgreiche Rügen]) nur um überflüssige Hilfserwägungen handelt, die den Schuldspruch unberührt ließen, kann nicht mit Sicherheit angenommen werden. Hierge-

---

1 „Der beauftragte Richter (§ 429e Abs. 2) muß der Strafkammer angehören, bei der die Sache nach Eröffnung des Hauptverfahrens schwebt. Die von ihm aufgenommene Vernehmungsniederschrift kann auch dann verlesen werden (Abs. 4 S 2) und Urteilsgrundlage sein, wenn er in der Hauptverhandlung nicht mitwirkt." (BGH Urt. v. 13. 11. 1951 – 1 StR 597/51).

gen sprechen die sie einleitende Bemerkung und die folgenden Ausführungen ... weiteres Indiz für die Schuld des Angeklagten)."

Dem tritt der Senat bei.

116. Schweigen des Angeklagten zu Beginn des Ermittlungsverfahrens darf bei der Beweiswürdigung nicht gegen ihn verwertet werden.

StPO § 261 – BGH Beschl. v. 23. 11. 1988 – 2 StR 619/88 LG Aachen (= StV 1989, 383)

Die Revision rügt die Verletzung sachlichen Rechts.

Sachverhalt: Nach den Urteilsfeststellungen hatte der Angeklagte seinem Freund V., der in Heerlen den Eigenbedarf an Haschisch für eine Woche einkaufen wollte, seinen Pkw zur Verfügung gestellt und war selbst mitgefahren. In Heerlen hatten sich beide in den Coffee-Shop begeben, in dem V. regelmäßig von „W." Rauschgift erwarb. Bei dieser Gelegenheit wurde er von seinem Lieferanten bedrängt, anstelle eines plötzlich ausgefallenen Kuriers eine für den Weiterverkauf bestimmte Menge Rauschgift gegen Belohnung in die Bundesrepublik Deutschland mitzunehmen und dort Verbindungsleuten zu übergeben. V. sagte nach anfänglicher Ablehnung schließlich zu. Der Angeklagte hatte den wesentlichen Gesprächsinhalt mitbekommen. V. fuhr mit „W." im Pkw des Angeklagten weg. Beide versteckten das von „W." beigeschaffte Rauschgift – in Plastiktüten verpackte Haschischplatten im Gesamtgewicht von fast 8 kg – in der Verkleidung der beiden hinteren Wagentüren und kehrten in den Coffee-Shop zurück. Der Angeklagte erfuhr, welche Menge Haschisch in seinem Pkw verstaut war, stellte diesen aber gleichwohl für den Transport zur Verfügung. Bei der Grenzkontrolle wurde das Rauschgift von den Zollbeamten entdeckt.

„Man trug die beiden schweren Tüten in das Zollamt und hielt sie den Angeklagten vor. Diese wurden anschließend sofort vorläufig festgenommen, wobei einer der Zollbeamten seine Dienstpistole in Anschlag hielt. Beide Angeklagten nahmen die Festnahme wortlos hin. Auch in der Folgezeit regte sich kein Widerspruch. Vorwürfe der Angeklagten untereinander gab es ebenfalls nicht. Zur Sache machten die Angeklagten weder bei der Zollfahndung noch beim Haftrichter Angaben. Im April 1988 reichte der Angeklagte We. eine schriftliche Einlassung zu den Akten; er berief sich darauf, von dem Haschisch nichts gewußt zu haben. Man habe sich nach dem Besuch mehrerer Cafes in Heerlen getrennt, weil V. einen Bekannten aufgesucht habe."

Der Angeklagte blieb auch in der Hauptverhandlung dabei, in Heerlen nicht mit V. in den Coffee-Shop gegangen zu sein und weder Art noch Menge des von V. übernommenen Rauschgifts gekannt zu haben. Er habe zwar gewußt, daß sein Freund Haschisch für seinen Eigenbedarf in der folgenden Woche habe einkaufen wollen. Da aber er, der Angeklagte, jeglichen Kontakt zu Drogen habe vermeiden wollen, habe er sich nach dem gemeinsamen Besuch eines Cafes mit dieser Begründung von V. entfernt und ihn erst gegen 22.00 Uhr in dem Coffee-Shop wieder getroffen. Seine Frage an V., ob er etwas dabei habe, habe dieser mit „reichlich" beantwortet. Darunter habe er, der Angeklagte, sich zunächst nichts und im Nachhinein eine am Körper getragene Menge bis zu 25 g Rauschgift vorgestellt. Der Mitangeklagte V. hat die Einlassung des Angeklagten über dessen Alleingang in Heerlen und über den Inhalt des abends geführten Gespräch im wesentlichen bestätigt.

Die Strafkammer hat ihre Überzeugung von dem festgestellten Sachverhalt maßgeblich mit der Ungereimtheit und der Widersprüchlichkeit begründet, die zwischen der vom Angeklagten in der Hauptverhandlung gegebenen Einlassung einerseits und seiner Mitwirkung bei der Einkaufsfahrt und der im Ermittlungsverfahren gegebenen schriftlichen Erklärung über sein Verhalten in Heerlen andererseits besteht. Sie hat jedoch weiter angeführt:

"Berücksichtigt man zusätzlich noch das Verhalten des Angeklagten We. bei der Festnahme, die er ohne Widerspruch und vor allem ohne Vorwürfe in Richtung seines Freundes V. hinnahm, dann müssen letzte eventuell noch vorhandene Zweifel, daß der Angeklagte We. in vollem Umfang eingeweiht war, verstummen. Die Wortlosigkeit des Angeklagten We. läßt sich auch nicht mit dem Vorhalten einer Pistole im Augenblick der Festnahme durch einen der Zollbeamten erklären. Hätte der Angeklagte We. mit der Angelegenheit nichts zu tun gehabt, hätte man sicherlich irgendeine Regung von ihm erwarten müssen, nachdem er festgenommen und die Bedrohung mit der Pistole weggefallen war. Denn wenn We. keine Ahnung von einer solchen Menge Rauschgift gehabt hätte, wäre er ja von seinem Freund V. in übler Weise hintergangen worden. Diese Erkenntnis mußte We. spätestens gewonnen haben, als ihm die Zollbeamten die beiden Tüten mit den 8 kg Haschisch vorzeigten. ... Nimmt man all die Widersprüche und offen gebliebenen Fragen zusammen, stellt sich die Einlassung der Angeklagten, soweit es um den Tatbeitrag des Angeklagten We. geht, als Schutzbehauptung dar". – Das Rechtsmittel hatte Erfolg.

Gründe: Damit hat das Landgericht das Schweigen des Angeklagten zu Beginn des Ermittlungsverfahrens gegen ihn verwertet. Das war unzulässig (vgl. BGH StV 1987, 377 [BGH Beschl. v. 27. 1. 1987 – 1 StR 703/86; vgl. § 261 StPO erfolgreiche Rügen]; 1988, 239 [BGH Beschl. v. 18. 12. 1987 – 2 StR 633/87; vgl. § 261 StPO erfolgreiche Rügen]). Der Rechtsfehler kann bereits den Schuldspruch – nämlich die Feststellungen zum Schuldumfang, möglicherweise auch die Verurteilung wegen Beihilfe zur Einfuhr von Btm in nicht geringer Menge – zum Nachteil des Angeklagten beeinflußt haben. Im Gegensatz zur Auffassung des GBA kann der Senat dies nicht mit Sicherheit ausschließen. Er verkennt nicht, daß mehrere von der Strafkammer zulässig angeführte gewichtige Umstände gegen ihn sprechen. Jedoch läßt die Bedeutung, die die Strafkammer dem erwähnten Verhalten des Angeklagten bei der Sachverhaltsfeststellung und der Beweiswürdigung beigemessen hat, nicht die sichere Annahme zu, daß sie ihre Überzeugung von seinem Wissen um die Menge (einschließlich der „guten bis sehr guten Qualität") des in seinem Wagen transportierten Rauschgifts auch ohne den Rechtsfehler, d.h. bei einer Beschränkung auf die zulässigen Beweismittel, gewonnen hätte.

117. Das Urteil muß erkennen lassen, daß der Tatrichter solche Umstände, die geeignet sind, die Entscheidung zugunsten oder zuungunsten des Angeklagten zu beeinflussen, erkannt und in seine Überlegungen einbezogen hat.

StPO § 261 – BGH Beschl. v. 22. 11. 1988 – 1 StR 559/88 LG Nürnberg-Fürth (= StV 1989, 423 = BGHR StPO § 261 Inbegriff der Verhandlung 15)

Die Revision rügt, zu den vom Zeugen J. vorgelegten „in Augenschein genommenen und mit ihm besprochenen" drei Urkunden habe ein Schreiben der Bank vom 11. 7. 1985 gehört, wonach „Ende Mai 1985 auf dem Konto (des Angeklagten) eine Dispositionslinie von 30 000 DM zugesagt" war und bis Mitte/Ende Juli 1985 zurückgeführt werden sollte. Die Fehlerhaftigkeit der Urteilsfeststellungen zum Zeitpunkt der Kreditgewährung und zur Rückführungsvereinbarung ergebe sich somit aus der Urkunde, die als Anlage zum Hauptverhandlungsprotokoll genommen worden sei.

Sachverhalt: Nach den Feststellungen hat die B. Bank dem Angeklagten Ende Juni/Anfang Juli 1985 eine Kreditlinie bis zu 30 000 DM zugesagt und das Geld ausgezahlt. Die damit verbundene ausdrückliche Vereinbarung, weiterhin die täglichen Geschäftseinnahmen von durchschnittlich 1000 DM bei der Bank zu deponieren, wollte der Angeklagte von Anfang an nicht einhalten und stellte seine Einzahlungen am 8. 7. 1985 ein. Dadurch wurde die Bank um mindestens 30 000 DM geschädigt. Die Feststellungen zum objektiven Geschehen beruhen auf der Aussage des Zeugen J., die auch deshalb als glaubwürdig angese-

Erfolgreiche Rügen   Nr. 118 § 261 StPO

hen wird, weil sie exakt mit dem Schriftverkehr übereinstimme. – Das Rechtsmittel hatte Erfolg.

Gründe: Diese Rüge nach § 261 StPO ist zulässig (vgl. BGHSt. 29, 18, 21 [BGH Beschl. v. 7. 6. 1979 – 4 StR 441/79; vgl. § 261 StPO erfolglose Rügen]; BGH Urt. v. 19. 4. 1983 – 1 StR 824/82 – Leitsatz in StV 1983, 321[1]). Sie ist auch begründet. Zwar ist die Würdigung der Beweise Sache des Tatrichters, doch sind ihm bei der nach § 261 StPO eingeräumten Freiheit in der Überzeugungsbildung Grenzen gesetzt. Insbesondere sind die Beweise erschöpfend zu würdigen (vgl. BGHSt. 29, 18, 20; BGHR StPO § 261 Inbegriff der Verhandlung 7). Das Urteil muß erkennen lassen, daß der Tatrichter solche Umstände, die geeignet sind, die Entscheidung zugunsten oder zuungunsten des Angeklagten zu beeinflussen, erkannt und in seine Überlegungen einbezogen hat.

Insoweit weist das Urteil Lücken auf. Es drängte sich auf, die Glaubwürdigkeit des Zeugen J. anhand des tatsächlichen Wortlauts seines eigenen Schreibens vom 11. 7. 1985 zu überprüfen. Im Hinblick auf die nach Aussage und Schreiben widersprechenden Zeitabläufe wäre die Glaubwürdigkeit des Zeugen möglicherweise anders beurteilt worden. Das hätte dann unter Umständen Einfluß gehabt auf die Feststellungen zu den Daten der Kreditvereinbarung und -abwicklung, insbesondere auf die Behauptung des Zeugen, die versprochenen Einzahlungen seien alsbald nach Zusage und Auszahlung gestoppt worden. Gerade aus diesem Umstand aber hatte das Landgericht seine Überzeugung gewonnen, der Angeklagte habe mit Betrugsvorsatz gehandelt. Fand das Darlehensgeschäft bereits früher statt (z.B. Ende Mai 1985), so hätte das Landgericht aus der Einzahlung der täglichen Einnahmen über einen Zeitraum von dann bis zu sechs Wochen möglicherweise andere Schlüsse zum Betrugsvorsatz gezogen.

118. Wörtliche Textzitate aus polizeilichen Vernehmungsprotokollen, die nicht als Urkunden verlesen worden sind, sind zu Beweiszwecken nicht verwertbar.

StPO § 261 – BGH Beschl. v. 21. 9. 1988 – 2 StR 457/88 (= BGHR StPO § 261 Inbegriff der Verhandlung 12)

Die Revision rügt, daß das Gericht Beweismittel verwertet hat, die nicht Gegenstand der Hauptverhandlung waren.

Sachverhalt: Das Landgericht hat beweiswürdigend unter anderem ausgeführt: „Die unter II 2 und 5 getroffenen Feststellungen", die zwei Teilakte der dem Angeklagten angelasteten Fortsetzungstat betreffen, „beruhen ... auf dem Geständnis, welches der Angeklagte bei seiner polizeilichen Vernehmung am 24. und 25. 7. 1986 durch die Kriminalbeamten N. und K. abgelegt hat". Die Vernehmungsniederschriften vom 24. und 25. 7. 1986 hat das Landgericht sodann durch Aufnahme von zehn Blatt Fotokopien in die Urteilsurkunde mitgeteilt.

Diese Protokolle waren in der Hauptverhandlung nicht Gegenstand des Urkundenbeweises. Sie wurden lediglich im Zuge der Vernehmung des Zeugen N., ersichtlich zum Zwecke des Vorhalts, teilweise verlesen. Die gesetzlichen Voraussetzungen für eine Verlesung als Urkunden lagen auch nicht vor. – Das Rechtsmittel hatte Erfolg.

Gründe: Die Beweiswürdigung des Gerichts beruht, wie der Beschwerdeführer mit Recht geltend macht, auf einem Verstoß gegen § 261 StPO.

Daß das Landgericht seine Überzeugung von der Täterschaft des Angeklagten in den Fällen II 2 und 5 der Urteilsgründe nicht aus den Niederschriften über seine Angaben bei der

---

1 „Eine Verfahrensrüge wegen Verstoßes gegen § 261 StPO kann zulässigerweise darauf gestützt werden, daß das Urteil den Inhalt einer in der Hauptverhandlung verlesenen Niederschrift über eine polizeiliche Vernehmung unrichtig wiedergibt."

Polizei, sondern aus der Einlassung des Angeklagten oder den Bekundungen der – vernommenen – Zeugen N. und K. über diese Beschuldigtenvernehmungen gewonnen haben könnte, muß angesichts des eindeutigen Wortlauts der oben wiedergegebenen Ausführungen in der Beweiswürdigung und der Aufnahme von Fotokopien der Niederschriften in das Urteil und im Hinblick auf den Inhalt der Einlassung des Angeklagten und der Bekundungen der Zeugen N. und K., wie sie im Urteil wiedergegeben sind, ausgeschlossen werden.
...

Der neu entscheidende Tatrichter wird auf folgendes hingewiesen:

Bei der wörtlichen Wiedergabe von Schriftstücken in einem Urteil sind die Entscheidungen des Bundesgerichtshofs BGHSt. 5, 278 (BGH Urt. v. 12. 1. 1954 – 5 StR 668/53; vgl. § 249 StPO erfolglose Rügen) und 11, 159 (BGH Urt. v. 24. 10. 1957 – 4 StR 320/57; vgl. § 261 StPO erfolgreiche Rügen) zu beachten.

119. Der Geburtstag der niederländischen Königin ist jedenfalls nicht so allgemeinkundig, daß er für jedermann selbstverständlich wäre und ist damit in der Hauptverhandlung erörterungsbedürftig.

StPO § 261 – BGH Beschl. v. 20. 9. 1988 – 5 StR 405/88 LG Oldenburg (= StV 1988, 514)

Die Revision rügt, das Landgericht eine Tatsache als „gerichtsbekannte" gewertet, die es in Wirklichkeit nicht war und deshalb dem Angeklagten dazu das rechtliche Gehör nicht gewährt.

Sachverhalt: Zur Tatzeit im Fall II 1 der Urteilsgründe mit „Ende April 1987" stellt das Landgericht ergänzend fest, daß sie „den 30. 4. 1987 jedenfalls mit eingeschlossen hat". Der gemeinsam „Ende April" durchgeführten Fahrt nach Amsterdam hatte der Mitangeklagte nämlich ein Straßenfest aus vermeintlichem Anlaß des Geburtstags der niederländischen Königin zugeordnet; es sei – wie das Landgericht meint – „gerichtsbekannt ..." daß dieser Geburtstag jährlich mit einer Volksfestlichkeit auf den Straßen auch von Amsterdam am 30. 4. nachgefeiert" werde. – Das Rechtsmittel hatte Erfolg.

Gründe: Der GBA hat ausgeführt:

„... Die Ansicht der Revision, diese als „gerichtsbekannt" behandelte Tatsache habe in der Hauptverhandlung erörtert werden müssen, trifft zu; sie ist jedenfalls nicht so allgemeinkundig, daß sie für jedermann selbstverständlich wäre. Mit der Revision muß auch davon ausgegangen werden, daß das nicht geschehen ist. Ob es dazu allein auf das Schweigen der Sitzungsniederschrift ankommt (§ 274 StPO), kann dahinstehen. Für die Behauptung der Revision sprechen nämlich schon die Urteilsgründe selbst. Danach war Anlaß für die landgerichtlichen Erwägungen ein Hilfsbeweisantrag, wonach der in Rede stehende Geburtstag auf den 31. 1. falle; das aber gäbe für sich keinen Sinn, wenn die übliche Nachfeier vom 30. 4. in der Hauptverhandlung erörtert worden wäre. In Einklang damit ist auch der Sitzungsniederschrift nicht zu entnehmen, daß nach dem Hilfsbeweisantrag erneut in die Beweisaufnahme eingetreten wurde. Schließlich wird das durch die dienstlichen Äußerungen der Richter nur noch bestätigt, die sich zur Erörterung von Tatzeiten „März" oder „gegen Ende April", nicht aber zu der an die Nachfeier anknüpfenden genauen Tatzeit vom 30. 4. 1987 verhalten.

Auf diesem Mangel kann das Urteil auch beruhen. Es läßt sich nämlich nicht zuverlässig ausschließen, daß der Angeklagte – wie die Revision ebenfalls zutreffend vorträgt – für den nunmehr genau bestimmten vermeintlichen Tattag Beweis dafür angetreten hätte, anderswo als in Amsterdam gewesen zu sein. ...

120. Selbst Vorhalt eines polizeilichen Vernehmungsprotokolls durch wörtliches Vorlesen bewirkt für sich allein nichts; auch in einem solchen Fall ist nur verwertbar, was der Zeuge aus der Erinnerung über seine frühere Aussage berichtet.

StPO § 261 – BGH Urt. v. 7. 9. 1988 – 2 StR 390/88 (= BGHR StPO § 261 Inbegriff der Verhandlung 11)

Die Revision rügt, das Gericht habe zu Unrecht den Inhalt eines polizeilichen Vernehmungsprotokolls zu Beweiszwecken verwertet, obwohl dieses weder als Urkunde verlesen worden ist, noch der Zeuge auf den Vorhalt hin die seinerzeitigen Angaben in dem Vernehmungsprotokoll in der Hauptverhandlung bestätigt hat.

Der Sachverhalt ergibt sich aus dem Revisionsvorbringen. – Das Rechtsmittel hatte Erfolg.

Gründe: Durch die Vernehmung des H. in der Hauptverhandlung ist seine Aussage vom 3. 12. 1981 nicht in das Verfahren eingeführt worden, denn er hat seine damaligen Bekundungen nicht wiedergegeben. Der Vorhalt des polizeilichen Protokolls über jene Vernehmung, selbst wenn er durch wörtliches Vorlesen erfolgt sein sollte, bewirkte für sich allein nichts; auch in einem solchen Fall wird nur das als Beweisergebnis verwertbar, was der Zeuge nunmehr aus der Erinnerung über seine frühere Aussage berichtet (BGHSt. 14, 310, 312 [BGH Urt. v. 31. 5. 1960 – 5 StR 168/60; vgl. § 261 StPO erfolgreiche Rügen]). Hier blieb er dabei, sich nicht zu erinnern.

Eine förmliche Verlesung jenes Vernehmungsprotokolls gemäß § 253 StPO zum Zweck des Urkundenbeweises über den Inhalt des Protokolls ist nicht erfolgt, was durch das Schweigen der Sitzungsniederschrift bewiesen wird (BGH NJW 1986, 2063, 2064[1]).

Durch die Zeugenaussagen der beiden Beamten, die jene Vernehmung durchgeführt und das Protokoll gefertigt hatten, kann das Gericht die damaligen Bekundungen des H. so, wie es diese ausweislich der Urteilsgründe für seine Überzeugungsbildung verwertet hat, ebenfalls nicht in die Hauptverhandlung eingeführt haben. Die Vernehmung lag sechs Jahre zurück. Die aus dem polizeilichen Protokoll ersichtlichen Bekundungen enthalten eine Fülle von Einzelheiten, die teils unmittelbar die der Angeklagten zur Last gelegte Tat, teils aber auch nur Randgeschehen oder noch entferntere Vorgänge betreffen. Es ist nach der Lebenserfahrung ausgeschlossen, daß ein Zeuge – oder gar jeder der beiden Zeugen – jene umfangreiche Aussage nach so langer Zeit „in allen Einzelheiten" berichten konnte. Das gilt auch, soweit die Strafkammer Vernehmungsbehelfe angewendet hat. Es bedarf hier nicht der Erörterung, ob Ausnahmefälle denkbar sind, die eine Einschränkung der in BGHSt. 5, 278 (BGH Urt. v. 12. 1. 1954 – 5 StR 668/53; vgl. § 249 StPO erfolglose Rügen); 11, 159 (BGH Urt. v. 24. 10. 1957 – 4 StR 320/57; vgl. § 261 StPO erfolgreiche Rügen) aufgestellten Grundsätze rechtfertigen könnten (vgl. BGH Urt. v. 11. 5. 1976 – 1 StR 168/76). Der vorliegende Sachverhalt gibt für eine dahingehende Prüfung keinen Anlaß.

Auf dem Verfahrensfehler beruht das Urteil. Das Landgericht hat zwar zahlreiche einzelne Vorgänge und Umstände, die als Bekundung des H. im polizeilichen Vernehmungsprotokoll vom 3. 12. 1981 festgehalten sind, auch durch ordnungsgemäße Beweiserhebung festgestellt. Es hat aber die Verurteilung der Angeklagten nicht allein und unmittelbar hierauf gestützt. Vielmehr hat es sich anhand jener Feststellungen der Glaubhaftigkeit der erwähnten Aussage insgesamt vergewissert und diese in vollem Umfang, auch soweit darin weitere, nicht in das Verfahren eingeführte Einzelheiten geschildert sind, zu einer maßgeblichen Grundlage seiner Überzeugung von der Täterschaft der Angeklagten und dem Umfang ihrer Tat gemacht. Unter den gegebenen Umständen kann der Senat nicht aus-

---

1 „Die Verlesung des Protokolls über eine frühere Vernehmung des Zeugen zum Zweck des Urkundenbeweises nach § 253 StPO ist auch dann, wenn sie nicht beantragt worden war, eine wesentliche Förmlichkeit." (BGH Beschl. v. 2. 10. 1985 – 2 StR 377/85).

schließen, daß das Tatgericht, wenn es sich auf die Verwertung der zulässig erhobenen Beweise beschränkt hätte, zu einem für die Angeklagte günstigeren Ergebnis gelangt wäre.

121. Der Wirkstoffgehalt von Betäubungsmitteln kann nur durch die Aussage eines Gutachters in der Hauptverhandlung oder durch dortige Verlesung eines Behördengutachtens zum Inbegriff der Verhandlung gemacht werden.

StPO § 261 – BGH Beschl. v. 3. 5. 1988 – 1 StR 181/88 (= BGHR StPO § 261 Inbegriff der Verhandlung 10)

Die Revision rügt, das Gericht habe zum Nachteil des Angeklagten einen bestimmten Wirkstoffgehalt von Betäubungsmittel dem Urteil zugrunde gelegt, ohne daß ein Gutachter dies in der Hauptverhandlung als Sachverständiger bekundet hat. Auch sei zu diesem Thema kein Behördengutachten verlesen worden.

Sachverhalt: Das Landgericht stellt fest, daß die sichergestellte Haschisch-Menge – die aus vier Paketen im Gewicht von je ca. 1 kg bestand, von denen jedes vier Haschisch-Platten enthielt – einen zwischen 5 und 9% liegenden THC-Gehalt und insgesamt eine THC-Menge von mindestens 250 g aufwies. Dies hat die Strafkammer aus dem Gutachten des Bayerischen Landeskriminalamts vom 2. 7. 1987 hergeleitet. – Das Rechtsmittel hatte Erfolg.

Gründe: Zu Recht beanstandet die Revision, daß in der Hauptverhandlung weder dieses Gutachten gemäß § 256 Abs. 1 Satz 1 StPO verlesen noch dessen Verfasser, Chemierat Dr. Hanke, oder ein sonstiger Angehöriger der genannten Behörde gehört wurde. Das Protokoll, das eine entsprechende Beweisaufnahme nach § 273 Abs. 1 StPO hätte vermerken müssen, schweigt insoweit. Damit ist bewiesen (§ 274 StPO), daß der Inhalt des bei den Akten befindlichen Gutachtens auf keinem der vorbezeichneten Wege in die Hauptverhandlung eingeführt wurde.

Entgegen der Ansicht des Generalbundesanwalts ist es aber auch ausgeschlossen, daß der Inhalt des Gutachtens, soweit dieses den Wirkstoffgehalt der sichergestellten Betäubungsmittel angibt, auf andere – zulässige – Weise in die Hauptverhandlung eingeführt wurde. Aus der Sitzungsniederschrift ergibt sich zwar, daß die von Kriminalkommissar E. asservierten Gegenstände selbst „von sämtlichen Beteiligten in Augenschein genommen und besprochen wurden"; in gleicher Weise verfuhr das Landgericht mit den Lichtbildern, die vier Haschisch-Pakete und eine Plastiktüte zeigen. Doch war keiner der Beteiligten imstande, im Rahmen dieser Erörterungen Angaben über den THC-Gehalt der sichergestellten Haschisch-Mengen zu machen. Eine entsprechende Erklärung können hier auch nicht die Angeklagten selbst abgegeben haben; denn jeder von ihnen hat sich dahin eingelassen, von einem Rauschgiftgeschäft nichts gewußt zu haben.

Auf der prozeßordnungswidrigen Verwertung des schriftlichen Gutachtens beruht der Strafausspruch des angefochtenen Urteils (§ 337 Abs. 1 StPO): Nach Meinung des Landgerichts liegt das in § 29 Abs. 3 Satz 2 Nr. 4 BtMG aufgeführte Regelbeispiel eines besonders schweren Falles vor, weil sich die Tat auf eine Haschisch-Menge bezog, die „einen THC-Gehalt von 5 bis 9%" aufwies und deren THC-Anteil insgesamt „über 250 Gramm" betrug. Das Vorliegen des Regelbeispiels kann zwar kaum zweifelhaft sein. Doch bestimmt sich der Schuldumfang nach dem Wirkstoffgehalt des gehandelten Rauschgifts.

Den Schuldspruch berührt der Verfahrensverstoß dagegen nicht. Die Tatsache, daß es sich um Haschisch von einem erheblichen Gesamtgewicht handelte, ergab sich im Rahmen der Hauptverhandlung schon aus den Aussagen der vernommenen Polizeibeamten und aus dem vom Landgericht eingenommenen Augenschein an den sichergestellten Betäubungsmitteln. Gleiches gilt für die vom Landgericht getroffene Feststellung, daß sich an dem beim Angeklagten gefundenen Taschenmesser Haschisch-Anhaftungen befanden:

Zur Wahrnehmung dieses Umstands war – anders als bei der Ermittlung des Wirkstoffgehalts von Betäubungsmitteln – die besondere Sachkunde eines Chemikers nicht erforderlich.

122. Unterbliebene Auseinandersetzung mit auffälligem Tatnachverhalten als Revisionsgrund.

StPO § 261 – BGH Beschl. v. 25. 2. 1988 – 4 StR 73/88 LG Dortmund (= StV 1988, 371)

Die Revision rügt die Verletzung sachlichen Rechts.

Sachverhalt: Die Strafkammer hat die Überzeugung gewonnen, der Angeklagte habe in der Küche seiner Wohnung A., die Freundin seines Sohnes, vergewaltigt, während dieser sich vorübergehend aus der Wohnung entfernt hatte. Der Angeklagte hat behauptet, A. sei mit dem Geschlechtsverkehr einverstanden gewesen. Diese Einlassung hält die Strafkammer für widerlegt; sie folgt den Angaben der Frau, die auf Drängen des Sohnes des Angeklagten bei der Polizei Anzeige erstattet und – nach Belehrung darüber, daß ihr kein Aussageverweigerungsrecht zustünde – die den Angeklagten belastenden Angaben in der Hauptverhandlung wiederholt hat. Demgegenüber hat der Sohn des Angeklagten seine diesen belastenden, vor der Polizei gemachten Angaben in der Hauptverhandlung widerrufen und ausgesagt, „daß seine damalige Freundin keineswegs verstört, sondern völlig normal die Küche verlassen habe und ihre Strumpfhose nur ganz leicht verrutscht, bzw. ein wenig knitterig gewesen sei. Anschließend habe sich die Geschädigte erst einmal für mindestens fünf Minuten zu den übrigen Anwesenden an den Eßtisch gesetzt und an der allgemeinen Unterhaltung teilgenommen". – Das Rechtsmittel hatte Erfolg.

Gründe: Die Strafkammer erörtert in den Urteilsgründen nicht, ob die damalige Freundin des Sohnes des Angeklagten nicht deshalb behauptet hat, sie sei vergewaltigt worden, weil sie bei dem unvermuteten Auftauchen ihres aufgebrachten Freundes eine Erklärung für ihren Aufenthalt mit dem Angeklagten in der verschlossenen Küche und den mit diesem vorgenommenen Geschlechtsverkehr finden mußte. Hierfür könnte immerhin sprechen, daß sie erst auf Aufforderung ihres Freundes die Wohnung verließ, erst auf der Straße von der Vergewaltigung berichtete und sich zunächst dem Drängen ihres Freundes, bei der Polizei Anzeige zu erstatten, widersetzte. Es wäre zu prüfen und zu erörtern gewesen, ob der von ihr dort und später in der Hauptverhandlung behauptete Grund, sie wolle auf die Familie des Angeklagten, insbesondere auf sein kleines Kind, Rücksicht nehmen und deshalb nicht aussagen, nicht nur vorgeschoben war. In diesem Zusammenhang hätte auch das nach der Anzeigeerstattung bei der gynäkologischen Untersuchung von ihr gezeigte „bagatellisierende Gesamtverhalten" in die Beweiswürdigung mit einbezogen werden müssen.

In der Nichterörterung der naheliegenden Frage, ob die den Angeklagten belastenden Angaben von A. nicht darauf beruhen konnten, eine Entschuldigung für ihr Verhalten gegenüber ihrem damaligen Freund und Sohn des Angeklagten zu finden, liegt ein sachlichrechtlicher Mangel, der zur Aufhebung des Urteils führen muß; denn eine erschöpfende Beweiswürdigung und damit eine rechtsfehlerfreie Grundlage für die Verurteilung ist dann nicht gegeben, wenn der Tatrichter sich nicht mit allen wesentlichen für und gegen den Angeklagten sprechenden Umstände auseinandergesetzt hat (vgl. BGH Urt. v. 8. 1. 1988 – 2 StR 555/87 u. v. 30. 4. 1986 – 2 StR 755/85; BGHR StPO § 261 Beweiswürdigung, unzureichende 5 [BGH Urt. v. 24. 1. 1989 – 1 StR 683/88; vgl. § 261 StPO erfolgreiche Rügen] und 6 [BGH Urt. v. 7. 3. 1989 – 1 StR 755/88; vgl. § 261 StPO erfolglose Rügen]).

Für die neue Hauptverhandlung weist der Senat daraufhin, daß es sich empfehlen könnte, einen Sachverständigen dazu zu hören, ob das ungewöhnliche Verhalten der Frau bei der gynäkologischen Untersuchung, wo sie „euphorisch und wenig beeindruckt wirkte", der Glaubhaftigkeit ihrer Aussage, sie sei vergewaltigt worden, entgegensteht. Der Gynäkologe mag ein derartiges Verhalten zwar gelegentlich beobachtet haben; zur Bewertung dieses Verhaltens in bezug auf die Glaubwürdigkeit eines Zeugen würde ihm aber die Fachkompetenz fehlen.

123. Fehler bei der Glaubwürdigkeitsprüfung wegen Nichtberücksichtigung oder unzulänglicher rationaler Würdigung von Auffälligkeiten im Verhalten einer Zeugin vor und nach der „Tat" und ihrer schweren Alkoholisierung.

StPO § 261 – BGH Urt. v. 8. 1. 1988 – 2 StR 551/87 LG Gießen (= StV 1988, 190 = NStZ 1988, 236 = MDR 1988, 425 = BGHR StPO § 261 Überzeugungsbildung 7)

Die Revision rügt die Verletzung sachlichen Rechts.

Sachverhalt: Die Verurteilung des Angeklagten stützt sich auf die Aussage der Zeugin B., die angegeben hat, der Angeklagte habe sie vergewaltigt.

Die Zeugin hielt sich noch gegen 3.30 Uhr nachts allein mit dem Angeklagten in der Küche seiner Gaststätte auf. Beide hatten erhebliche Mengen alkoholischer Getränke zu sich genommen. Die Zeugin hatte eine Blutalkoholkonzentration von 2,9‰, der Angeklagte eine solche von 2,64‰. Die Zeugin sprach über ihre lesbischen Neigungen. Nach dem Geschlechtsverkehr zog sie sich nicht wieder an, um die Gastwirtschaft zu verlassen, sondern lief – nur mit Schuhen, Strümpfen, Slip und einem Unterhemd bekleidet – zu der ihr fremden Ehefrau des Angeklagten im ersten Stock des Gebäudes, weckte die schlafende Frau und sagte ihr, der Angeklagte habe sie vergewaltigt.

Der Angeklagte hat behauptet, die – stark angetrunkene – Zeugin sei mit dem – freiwilligen – Geschlechtsverkehr nicht zufrieden gewesen; sein Glied sei – wovon auch das Landgericht ausgeht – nicht voll erigiert gewesen. Sie habe gefragt, ob es bei ihm wohl deshalb nicht „klappe", weil seine Frau im Hause sei, und ihn aufgefordert, mit ihr (der Zeugin) wegzufahren, damit „man es noch einmal in Ruhe machen könne". Als er das abgelehnt habe, habe sie gesagt: „Stell Dir vor, ich gehe zu Deiner Frau und sage, Du hast mich vergewaltigt." Auf seine Erwiderung, „geh doch!" habe sie ihn bei seiner Ehefrau der Vergewaltigung bezichtigt. – Das Rechtsmittel hatte Erfolg.

Gründe: Der Angeklagte behauptet, die Zeugin habe mit ihm freiwillig geschlechtlich verkehrt. Die Aussage der Zeugin B. steht somit gegen die Aussage des Angeklagten. Die Entscheidung über Freispruch oder Verurteilung hängt infolgedessen davon ab, ob die Bekundungen der Zeugin glaubhaft sind. Der Angeklagte darf nicht verurteilt werden, wenn Umstände vorliegen oder (als nicht widerlegbar) zu seinen Gunsten angenommen werden müssen, die aus rationalen (intersubjektiv vermittelbaren und einsichtigen) Gründen nicht den Schluß gestatten, daß die Übereinstimmung von Zeugenaussage und dem tatsächlichen Geschehen in hohem Maße wahrscheinlich ist. Nach ständiger Rechtsprechung (vgl. BGH NJW 1980, 2423, 2424; BGH NStZ 1982, 478, 479 [BGH Urt. v. 3. 8. 1982 – 1 StR 371/82; vgl. § 261 StPO erfolgreiche Rügen]; 1984, 180 [BGH Urt. v. 17. 11. 1983 – 4 StR 375/83; vgl. § 261 StPO erfolglose Rügen]; BGH VRS 39, 103; BGH bei Holtz MDR 1978, 806[1]) können bloß „abstrakte", „theoretische", „unvernünftige" Zweifel, für

---

1 „Zwar ist es allein Sache des Tatrichters, die in der Hauptverhandlung erhobenen Beweise zu würdigen und danach die der rechtlichen Beurteilung zu unterziehenden tatsächlichen Feststellungen zu treffen. Es ist aber ein Sachmangel, wenn der Tatrichter nicht mitteilt, warum er einer Vielzahl belastender Umstände nicht den zur Überführung des Täters ausreichenden Beweiswert beimißt, auf der anderen Seite aber der bloßen Tatsache mangelnder Identifizierung der Täter durch die Tatzeugen soviel Gewicht beimißt, daß er den Angeklagten allein aus diesem Grunde freispricht. Eine solche Behandlung festgestellter Tatsachen stellt keine Beweiswürdigung dar, die das Revisionsgericht auf Verstöße etwa gegen Erfahrungssätze oder darauf überprüfen könnte, ob die Strafkammer sich der Voraussetzungen, die an die richterliche Überzeugungsbildung zu stellen sind, bewußt war." (BGH Urt. v. 28. 6. 1978 – 3 StR 194/78).

die es keine reale Grundlage gibt und „übertriebene" („überspannte") Anforderungen an die vom Tatgericht zu erlangende Gewißheit das für die Verurteilung „nach der Lebenserfahrung ausreichende Maß an Sicherheit" nicht in Frage stellen. Daraus folgt, daß andererseits Gründe, die zu „vernünftigen Zweifeln" in einer für den Schuldspruch relevanten Frage Anlaß geben, einer Verurteilung entgegenstehen (BGH Beschl. v. 29. 8. 1974 – 4 StR 171/74 = BGHSt. 25, 365, 367; vgl. § 261 StPO erfolgreiche Rügen; 29, 18, 20 [BGH Beschl. v. 7. 6. 1979 – 4 StR 441/78; vgl. § 261 StPO erfolglose Rügen]; BGH NStZ 1981, 33 [BGH Urt. v. 2. 7. 1980 – 3 StR 204/80; vgl. § 261 StPO erfolgreiche Rügen]; 1982, 478 [BGH Beschl. v. 24. 6. 1982 – 4 StR 183/82; vgl. § 261 StPO erfolgreiche Rügen]; 1984, 180 [BGH Urt. v. 17. 11. 1983 – 4 StR 375/83; vgl. § 261 StPO erfolglose Rügen]; BGH StV 1982, 59 [BGH Urt. v. 1. 12. 1981 – 1 StR 499/81; vgl. § 261 StPO erfolgreiche Rügen]; 1986, 515 [BGH Urt. v. 3. 6. 1986 – 1 StR 187/86; vgl. § 261 StPO erfolgreiche Rügen]; BGH bei Holtz MDR 1978, 806). Der „vernünftige Zweifel" hat seine Grundlage in rationaler Argumentation, welche die Indizien, die zugunsten des Angeklagten sprechen, vollständig und in ihren sachverhaltsbedeutsamen Aspekten erfaßt. Wo er Platz greift, ist das für eine Verurteilung erforderliche Beweismaß der hohen Wahrscheinlichkeit nicht zu erreichen.

Im übrigen ist in der Rechtsprechung unbestritten, daß die subjektive Überzeugung des Tatrichters nur dann eine rechtsfehlerfreie Grundlage für die Verurteilung des Angeklagten bilden kann, wenn sich der Tatrichter mit allen wesentlichen für und gegen den Angeklagten sprechenden Umständen auseinandergesetzt hat.

Die Strafkammer verkürzt schon im Ansatz die Grundlage ihrer Würdigung und damit die Basis für in Betracht kommende vernünftige Zweifel. Sie fragt allein nach Rachegefühlen der Zeugin B. und danach, ob Anhaltspunkte dafür zu ersehen sind, daß die Zeugin den Angeklagten zu Unrecht belastete, „um vor dritten Personen einen Entschuldigungsgrund für einen freiwilligen Geschlechtsverkehr zu haben". Auf Rachegefühle und Motive für Entschuldigungsgründe allein kommt es bei der Entstehung des Entschlusses der Zeugin, dem Angeklagten Vergewaltigung vorzuwerfen, nicht entscheidend an.

Der Fehler, der die Glaubwürdigkeitsprüfung der Strafkammer als mangelhaft erscheinen läßt und (möglicherweise) bewirkte, daß vernünftige Zweifel ausblieben, liegt vor allem in der Nichtberücksichtigung oder unzulänglichen rationalen Würdigung von Auffälligkeiten im Verhalten der Zeugin B. vor und nach der „Tat" und ihrer schweren Alkoholisierung. ...

Bei diesem Geschehensablauf hätte sich die Strafkammer vor allem mit der Einlassung des Angeklagten und seiner Erklärung für die Beschuldigungen der Zeugin auseinandersetzen müssen. Der Angeklagte hat behauptet, die – stark angetrunkene – Zeugin sei mit dem – freiwilligen – Geschlechtsverkehr nicht zufrieden gewesen; sein Glied sei – wovon auch das Landgericht ausgeht – nicht voll erigiert gewesen. Sie habe gefragt, ob es bei ihm wohl deshalb nicht „klappe", weil seine Frau im Hause sei, und ihn aufgefordert, mit ihr (der Zeugin) wegzufahren, damit „man es noch einmal in Ruhe machen könne". Als er das abgelehnt habe, habe sie gesagt: „Stell Dir vor, ich gehe zu Deiner Frau und sage, Du hast mich vergewaltigt." Auf seine Erwiderung, „geh doch!" habe sie ihn bei seiner Ehefrau der Vergewaltigung bezichtigt.

Der kurze Hinweis des Landgerichts, die Zeugin habe bei der Ehefrau des Angeklagten Hilfe finden wollen, ist unzureichend. Offen bleibt, wie sich der Angeklagte nach dem Geschlechtsverkehr verhielt, ob die Zeugin die Möglichkeit hatte, ihre Kleider wieder anzuziehen und das Haus zu verlassen.

Unerörtert bleibt auch die Tatsache, daß die Zeugin B. hinreichenden Anlaß hatte, eine spontan aufgestellte Behauptung über die Erzwingung des Geschlechtsverkehrs auch dann später aufrechtzuerhalten, wenn sie nicht der Wahrheit entsprach, nachdem die Ehefrau des Angeklagten sie wegen dieser Behauptung sofort angegriffen, erheblich mißhandelt und sogleich andere Personen hinzugezogen hatte.

Der Umstand, daß die Zeugin selbst keine Anzeige erstattete, spricht unter diesem Blickwinkel nicht für die Richtigkeit ihrer Angaben, sondern eher dagegen.

124. Eine Beweisführung, die im Ergebnis aus einem anfänglichen Schweigen des Angeklagten zu dem gegen ihn erhobenen Vorwurf nachteilige Schlüsse zieht, ist fehlerhaft.

StPO § 261 – BGH Beschl. v. 18. 12. 1987 – 2 StR 633/87 LG Frankfurt/M. (= StV 1988, 239 = BGHR StPO § 261 Aussageverhalten 7)

Die Revision rügt die Verletzung sachlichen Rechts.

Sachverhalt: Die Angeklagte N. hat sich dahin eingelassen, sie habe nicht gewußt, daß sie Heroin transportierte, der Mitangeklagte habe ihr nämlich erklärt, es handle sich um Goldstaub.

Diese vom Mitangeklagten bestätigte Einlassung hält das Landgericht für widerlegt. Es begründet seine Entscheidung unter anderem damit, die Angeklagte habe bei der Entdeckung des Päckchens nichts davon gesagt, daß sie Goldstaub transportieren und ihn verzollen wolle, obwohl dies – hätte sie daran geglaubt – das Nächstliegende gewesen wäre. Die Verständigung sei in englischer Sprache erfolgt. Dem Zeugen H. sei nicht aufgefallen, daß irgendwelche Sprachschwierigkeiten bestanden. Die Angeklagte habe auch nicht arglos die 500 Dollar hingehalten, um zu zeigen, daß sie etwas verzollen wolle. Statt dessen habe sie hysterisch geweint. Erst nachdem der Angeklagte A. bei seiner polizeilichen Vernehmung angegeben habe, er habe der Angeklagten gesagt gehabt, sie transportiere Gold, habe sich die Angeklagte bei ihrer richterlichen Vernehmung ebenso eingelassen. – Das Rechtsmittel hatte Erfolg.

Gründe: Nach diesen Ausführungen hat die Strafkammer im Ergebnis aus einem anfänglichen Schweigen der Angeklagten zu dem gegen sie erhobenen Vorwurf nachteilige Schlüsse gegen die Angeklagte gezogen. Eine solche Beweisführung ist fehlerhaft (BGHR StPO § 261 Aussageverhalten 4 [BGH Beschl. v. 27. 1. 1987 – 1 StR 703/86; vgl. § 261 StPO erfolgreiche Rügen]).

Rechtliche Bedenken bestehen auch gegen die Schlußfolgerungen, die das Landgericht aus dem Verhalten der Angeklagten N. während der Untersuchungshaft gezogen hat. Daß sie dem Mitangeklagten A. nicht den Vorwurf machte, von ihm getäuscht und in eine Straftat verstrickt worden zu sein, sich über ihn auch nicht in Briefen an ihre Mutter beschwerte und schließlich Mitgefangenen gegenüber nicht ihre Unschuld beteuerte, spricht nicht gegen die Richtigkeit ihrer Einlassung. Für ein solches Verhalten sind andere naheliegende Gründe denkbar, z.B. die starke innere Abhängigkeit der noch jungen und unerfahrenen Angeklagten von dem wesentlich älteren Mitangeklagten.

125. Auch wenn Widersprüche und Unstimmigkeiten einer Zeugenaussage so gedeutet werden, daß sich aus jedem einzelnen von ihnen keine durchgreifenden Bedenken gegen die Richtigkeit ergeben, muß in einer späteren Gesamtschau geprüft werden, ob aus einer Häufung, der – jede für sich noch erklärbaren – Fragwürdigkeiten in der Aussage nicht doch ernsthafte Zweifel an deren Richtigkeit erwachsen.

StPO § 261 – BGH Urt. v. 16. 12. 1987 – 2 StR 495/87 LG Kassel (= StV 1988, 511 = BGHR StPO § 261 Zeuge 3)

Die Revision rügt die Verletzung sachlichen Rechts.

Sachverhalt: Das Landgericht hat den Angeklagten wegen Vergewaltigung verurteilt.

Das Landgericht meint, die Zeugin habe das Kerngeschehen glaubhaft und widerspruchsfrei geschildert, korrigiert diese Schilderung dann aber von sich aus, weil sich der Vorfall in einem bestimmten Punkt anders ereignet haben müßte. Es begründet das damit, die Zeugin habe sich – nach ihren eigenen Bekundungen – in Angst und Schrecken befunden und deshalb geirrt. Für den Umstand, daß der Slip des Tatopfers an der Rückseite verschmutzt gewesen sein müßte, wenn die Darstellung der Zeugin richtig wäre, findet die Strafkammer erst durch die Modifizierung des geschilderten Tatgeschehens eine mögliche Erklärung. Das Gericht wertet, unterschiedlichen Angaben der Geschädigten zum Geschehen nach der Tat seien kein Indiz dafür, daß sie die Unwahrheit gesagt habe. – Das Rechtsmittel hatte Erfolg.

Gründe: Die Beweiswürdigung ist fehlerhaft. Sie leidet darunter, daß zahlreiche gegen die Richtigkeit der Angaben der Zeugin und für die Einlassung des Angeklagten sprechende Umstände, insbesondere Widersprüche und Unstimmigkeiten in der Aussage der Zeugin so gedeutet werden, daß sich aus jedem einzelnen von ihnen keine durchgreifenden Bedenken gegen die Richtigkeit ihrer Angaben ergeben müssen, ohne daß in einer späteren Gesamtschau geprüft wird, ob aus einer Häufung, der – jede für sich noch erklärbaren – Fragwürdigkeiten in der Aussage nicht doch ernsthafte Zweifel an der Richtigkeit des gegen den Angeklagten erhobenen Vorwurfs erwachsen. Diesem Fehler kommt im vorliegenden Falle deshalb besondere Bedeutung zu, weil die Strafkammer ihre Entscheidung, mit der sie Widersprüche und Unstimmigkeiten in der Aussage der Zeugin ausschließt, zum großen Teil nicht auf konkrete Tatsachen, sondern auf abstrakte Deutungsmöglichkeiten stützt.

a) So meint das Landgericht, die Zeugin habe das Kerngeschehen glaubhaft und widerspruchsfrei geschildert, korrigiert diese Schilderung dann aber von sich aus, weil sich der Vorfall in einem bestimmten Punkt anders ereignet haben müßte. Sie begründet das damit, die Zeugin habe sich – nach ihren eigenen Bekundungen – in Angst und Schrecken befunden und deshalb geirrt. Dabei läßt die Strafkammer außer acht, daß diese mögliche Deutung der objektiv unrichtigen Schilderung zum Kerngeschehen nicht jeglichen Indizwert zugunsten des Angeklagten nimmt.

b) Auch für den Umstand, daß der Slip des Tatopfers an der Rückseite verschmutzt gewesen sein müßte, wenn die Darstellung der Zeugin richtig wäre, findet die Strafkammer erst durch die Modifizierung des geschilderten Tatgeschehens eine mögliche Erklärung, ohne zu berücksichtigen, daß der genannte Umstand dennoch ein Indiz für die Richtigkeit der Einlassung des Angeklagten bleibt.

c) Ähnlich ist es bei der Erörterung der Frage über die Dauer der Abwesenheit des Angeklagten und des Mädchens von der Gartenfeier. Nach den Feststellungen entfernten sich beide gegen 22.30 Uhr und gingen in etwa fünf Minuten zu der Stelle, wo es zum Geschlechtsverkehr kam, der dem Angeklagten als Vergewaltigung angelastet wird.

Die Annahme des Landgerichts, mehrere Zeugen hätten die Zeit der Abwesenheit „völlig unterschiedlich angegeben", insgesamt komme der etwas längere Zeitraum, der aus der Darstellung des Angeklagten folge, dem Durchschnitt der Schätzung der Zeugen (zwar) etwas näher, das ganze bleibe aber völlig ungewiß, steht in Widerspruch zu den getroffenen Feststellungen und den im Urteil insoweit wiedergegebenen Zeugenaussagen. Diese sprechen insgesamt in starkem Maße gegen die Richtigkeit der Zeitangaben der Geschädigten und lassen sich mit der Einlassung des Angeklagten zur Dauer des Geschlechtsverkehrs und dem Geschehen danach in Einklang bringen.

d) Rechtsfehlerhaft ist auch die Wertung der Strafkammer, die unterschiedlichen Angaben der Geschädigten zum Geschehen nach der Tat seien kein Indiz dafür, daß sie die Unwahrheit gesagt habe. Das Mädchen hatte – laut Niederschrift über ihre Angaben bei der Exploration durch die Sachverständige – angegeben, der Angeklagte sei, nachdem er sich nach der Tat zunächst entfernt hatte, wieder zurückgekommen und habe sie nach Hause begleitet. Unterwegs habe er ihr gedroht und gesagt, sie solle nichts davon erzählen.

Nach den Angaben der Zeugin in der Hauptverhandlung hat sie den Angeklagten jedoch erst an einer Baubude vor dem Haus wieder getroffen. Er sei einige Schritte mit ihr auf dem Wege zum Hauseingang gegangen, wobei er geäußert habe, sie solle nichts sagen, es brauche ja keiner zu wissen.

Die Strafkammer sieht hier nur eine „angebliche Widersprüchlichkeit". Die Zeugin könne die Aufforderung, nichts zu erzählen, angesichts der vorangegangenen Gewalttätigkeit durchaus als Drohung empfunden haben.

Mit dieser nach Lage des Falles eher unwahrscheinlichen, wenn auch möglichen Erklärung für die unterschiedlichen Angaben läßt sich deren eindeutige objektive Widersprüchlichkeit und ein sich daraus ergebendes Indiz gegen die Richtigkeit der Zeugenaussage zum Tatgeschehen (Gewalt) nicht beseitigen.

Das Landgericht stellt dann zusammenfassend fest, die Aussage der Zeugin sei in sich geschlossen. Es fänden sich zwar in diesem Bereich keine weitergehenden Anhaltspunkte, die ihren Wahrheitsgehalt zusätzlich stützten, es gebe aber auch keine Indizien, die gegen sie sprächen.

Diese Bewertung ist fehlerhaft. Es liegen nicht unbedeutende gegen die Angaben des Tatopfers sprechende Indizien vor. Selbst wenn jedes einzelne von ihnen noch keine durchgreifenden Zweifel an der Richtigkeit der den Angeklagten belastenden Aussage aufkommen ließe, so kann doch eine Häufung der Indizien bei einer Gesamtbetrachtung zu solchen Zweifeln führen. Eine derartige Gesamtbetrachtung konnte das Landgericht deshalb nicht vornehmen, weil es den einzelnen Umständen wegen der Möglichkeit einer für den Angeklagten ungünstigen Deutung keinen Beweiswert zuerkannt hat (BGHR StPO § 261 Indizien 1 [BGH Beschl. v. 3. 7. 1986 – 2 StR 98/86; vgl. § 261 StPO erfolgreiche Rügen]).

126. Gericht darf die Ansicht von Zeugen zur Glaubhaftigkeit der Angaben der Geschädigten nicht ungeprüft übernehmen, sondern muß die Umstände, aufgrund derer sie zu ihrer Einschätzung gekommen sind, feststellen und selbst würdigen.

StPO § 261 – BGH Beschl. v. 11. 11. 1987 – 2 StR 575/87 (= BGHR StPO § 261 Zeuge 2)

Die Revision rügt die Verletzung sachlichen Rechts.

Sachverhalt: Nach den vom Landgericht getroffenen Feststellungen hat der Angeklagte mit seiner am 25. 12. 1972 geborenen Tochter in der Zeit vom November 1985 bis zum 10. 5. 1987 „nahezu jedes Wochenende" den Geschlechtsverkehr ausgeführt. Die Geschädigte hat darüber zunächst mit ihrem Lehrer und seiner Ehefrau, den Zeugen B., und sodann mit der Zeugin G., die als Sozialarbeiterin beim Jugendamt tätig ist, gesprochen, später als Zeugin jedoch die Aussage verweigert. Der Angeklagte hat sich dahin eingelassen, nur dreimal mit seiner Tochter geschlechtlich verkehrt zu haben. Daraufhin hat das Landgericht die Eheleute B. und die Sozialarbeiterin G. vernommen und allein auf deren Aussagen die Verurteilung des Angeklagten wegen der Vielzahl der Fälle gestützt.

Seine Überzeugung davon, daß die Geschädigte den bezeichneten Zeugen die Wahrheit gesagt habe, hat das Landgericht daraus hergeleitet, daß die Zeugen davon überzeugt waren, daß die Geschädigte sich über die familiären und strafrechtlichen Konsequenzen ihrer Angaben im klaren war und daß die Angaben der Geschädigten „im Aussagekern gegenüber allen drei Zeugen gleich waren und lediglich in einigen für die Tochter des Angeklagten nebensächlichen Einzelheiten differierten".

Aufgrund welcher Umstände die Zeugen davon überzeugt waren, daß die Geschädigte die sexuellen Handlungen ihres Vaters wahrheitsgemäß geschildert habe, ergibt sich aus den Feststellungen nicht. Das Landgericht hat dazu lediglich ausgeführt, der Zeuge B. als Lehrer und die Zeugin G. als Sozialarbeiterin seien „mit dem Umgang und der Behandlung von Kindern und Jugendlichen erfahren" und deshalb in der Lage zu beurteilen, ob die Geschädigte die Wahrheit gesagt habe. Ferner hat das Landgericht nicht festgestellt, in welchen Einzelheiten sich die Angaben der Geschädigten gegenüber den drei Zeugen unterscheiden. – Das Rechtsmittel hatte Erfolg.

Gründe: ... Das Landgericht durfte die Ansicht der Zeugen zur Glaubhaftigkeit der Angaben der Geschädigten nicht ungeprüft übernehmen. Es war vielmehr gehalten, die Umstände, aufgrund derer die Zeugen in ihrer Einschätzung der Glaubwürdigkeit der Geschädigten gekommen waren – z.B. Schilderung von Einzelheiten und Begleitumständen, gefühlsmäßige Beteiligung der Geschädigten, Einstellung zum Angeklagten, weitergehende Erfahrungen in sexuellen Dingen – festzustellen und selbst zu würdigen. Ferner war es erforderlich, die Unterschiede in den Angaben der Geschädigten im Urteil mitzuteilen, denn das Revisionsgericht muß in der Lage sein zu prüfen, ob die unterschiedlichen Angaben den Kern der Aussage unberührt lassen und sich tatsächlich auf „nebensächliche Einzelheiten" beziehen (vgl. BGH StV 1987, 189, 190 [BGH Beschl. v. 10. 12. 1986 – 2 StR 614/86; vgl. § 261 StPO erfolgreiche Rügen]). Zu einer Mitteilung der von den Zeugen wiedergegebenen Einzelheiten und Abweichungen der Angaben der Geschädigten bestand auch deshalb Anlaß, weil ganz allgemein die Gefahr besteht, daß die den Zeugen vom Hörensagen gemachten Angaben entstellt oder unvollständig wiedergegeben werden (vgl. BGHSt. 17, 382, 385 [BGH Urt. v. 1. 8. 1962 – 3 StR 28/62; vgl. § 261 StPO erfolglose Rügen]), weshalb die Aussagen dieser Zeugen einer besonders sorgfältigen und kritischen Würdigung unterzogen werden müssen (vgl. BGHSt. 33, 178, 182 [BGH Urt. v. 16. 4. 1985 – 5 StR 718/84; vgl. §§ 96, 261 StPO erfolglose Rügen]) ...".

Diesen zutreffenden Ausführungen schließt sich der Senat an.

127. Niederschriften über die Tonbandaufzeichnungen, die einem Zeugen in der Hauptverhandlung vorgehalten worden sind, können dessen Aussage nicht ersetzen.

StPO § 261 – BGH Beschl. v. 11. 8. 1987 – 5 StR 162/87 (= BGHR StPO § 261 Inbegriff der Verhandlung 5)

Die Revision rügt, daß das Gericht den Schuldspruch im wesentlichen auf die Aussagen eines als Zeugen vernommenen Kriminalbeamten stützt, und den Inhalt der Niederschriften, die dem Zeugen in der Hauptverhandlung vorgehalten worden sind, wörtlich als dessen eigene Aussage im Urteil wiedergibt, obwohl ausgeschlossen werden kann, daß sich der Zeuge auf Vorhalt an den Wortlaut der von ihm abgehörten Telefongespräche erinnert hat.

Sachverhalt: Das Landgericht stützt den Schuldspruch im wesentlichen auf die Aussagen des als Zeugen vernommenen Kriminalbeamten K., der auch Angaben über Tonbandaufzeichnungen einer bei dem Angeklagten durchgeführten Telefonüberwachung nach § 100a StPO gemacht hat. Die Niederschriften über die Tonbandaufzeichnungen sind dem Zeugen in der Hauptverhandlung vorgehalten worden. – Das Rechtsmittel hatte Erfolg.

Gründe: ... In der Beweiswürdigung gibt das Landgericht Teile der abgehörten Telefonate wörtlich wieder und folgert u.a. daraus, daß der Angeklagte Betäubungsmittel an die Zeugen G., D. und S. verkauft hat. Dem Generalbundesanwalt ist allerdings zuzugeben, daß nicht jede wörtliche Wiedergabe eines längeren Schriftstücks in den Urteilsgründen darauf hinweist, daß es im wesentlichen nach seinem Wortlaut verwendet worden ist. Hier liegt es jedoch nach Auffassung des Senats anders. Die vom Landgericht in den Urteilsgründen wiedergegebenen Niederschriften über die Tonbandaufzeichnungen enthalten eine Fülle von Fragen und Antworten der Gesprächsteilnehmer, die sowohl sprachlich als auch inhaltlich nicht von einer Auskunftsperson in diesen Einzelheiten wahrgenommen und auf Vorhalt wörtlich wiedergegeben werden können. Der Senat hält es deshalb für ausgeschlossen, daß sich der Zeuge K. auf Vorhalt an den Wortlaut der von ihm abgehörten Telefongespräche erinnert hat und daß das Landgericht diesen aufgrund der Aussage des Zeugen festgestellt hat.

128. Wenn zur Zahl der Einzelakte keine genauen Feststellungen getroffen werden können, darf unter Anwendung des Zweifelssatzes nur von den sicher feststellbaren Einzelakten ausgegangen werden.

StPO § 261 – BGH Beschl. v. 7. 7. 1987 – 4 StR 313/87 (= BGHR StPO § 261 Vermutung 2)

Die Revision rügt die Verletzung sachlichen Rechts.

Sachverhalt: Das Landgericht hat den Angeklagten wegen Vergewaltigung zu einer Freiheitsstrafe verurteilt.

Das Landgericht konnte jedoch keine sicheren Feststellungen dazu treffen, in wieviel Fällen der Angeklagte im Laufe der Jahre den Geschlechtsverkehr erzwungen hat. Die Geschädigte hat angegeben, dies sei „fast täglich während des gesamten Tatzeitraumes" der Fall gewesen. Das Landgericht geht in Übereinstimmung mit der gehörten Sachverständigen jedoch davon aus, daß diese Angaben „nur in dem Sinne verläßlich sind, daß der ... Geschlechtsverkehr mit dem Angeklagten sehr häufig stattgefunden hat". Die Strafkammer erklärt sodann: „Wenn die Kammer deshalb davon ausgegangen ist, daß es im Durchschnitt alle zwei Wochen einmal zum Geschlechtsverkehr des Angeklagten mit der Zeugin gekommen ist, so ist dies eine Mindestannahme zugunsten des Angeklagten." – Das Rechtsmittel hatte Erfolg.

Gründe: Diese Berechnung des Mindestumfangs der dem Angeklagten zur Last gelegten Teilakte begegnet durchgreifenden rechtlichen Bedenken. Für die Annahme, es sei durchschnittlich alle zwei Wochen zum erzwungenen Geschlechtsverkehr gekommen, bestehen nach den Urteilsfeststellungen keinerlei Anhaltspunkte. In gleicher Weise hätte das Landgericht von einer durchschnittlichen Häufigkeit von einmal in einer, drei oder vier Wochen ausgehen können. Es handelt sich bei der Annahme einer zweiwöchigen Begehungsweise somit um eine reine Vermutung der Strafkammer ohne tatsächliche Grundlage. Durch diese Berechnungsweise ist daher der Grundsatz, wonach im Zweifel für den Angeklagten zu entscheiden ist, verletzt. Eine solche Schätzung läßt zudem die Möglichkeit offen, daß der Angeklagte für Straftaten verurteilt wird, die er in Wirklichkeit gar nicht begangen hat (vgl. BGH Beschl. v. 24. 9. 1984 – 3 StR 403/84).

Da zur Zahl der Einzelakte keine genauen Feststellungen getroffen werden konnten – die Gedächtnisleistungen der vergewaltigten Frau haben infolge ihres hohen Alters „merklich nachgelassen", sie ist „nicht mehr imstande, bestimmte Ereignisse und Erlebnisse zeitlich richtig und in der zutreffenden Reihenfolge zuverlässig einzuordnen" – durfte unter Anwendung des Zweifelssatzes nur von den sicher feststellbaren Einzelakten ausgegangen werden:

Der Angeklagte hatte insoweit eingeräumt, „in etwa 30 bis 35 Fällen" mit seiner Schwiegermutter Geschlechtsverkehr gehabt zu haben; dabei „sei es noch ein- oder zweimal" nach dem Umzug im Jahre 1974 zum Geschlechtsverkehr gekommen.

Da die Tatzeiten und Tatorte nach dem Jahre 1974 so unbestimmt sind, daß eine verläßliche Einordnung nicht möglich ist, war von der Mindestzahl von dreißig Fällen abzüglich der möglichen zwei Fälle nach 1974 auszugehen. Von den somit verbleibenden achtundzwanzig Einzelakten ist jedoch noch ein Einzelakt aus folgenden Erwägungen abzuziehen: Bei sexuellen Handlungen gegenüber demselben Opfer läßt sich ein Gesamtvorsatz in der Regel nicht schon bei der ersten Tat, sondern erst für die einer gewissen Anfangszeit der Gewöhnung und Einübung nachfolgenden, nunmehr Routinecharakter tragenden Taten rechtfertigen (BGH Beschl. v. 23. 5. 1978 – 5 StR 285/78, bei Holtz MDR 1978, 804, unter Hinweis auf BGHSt. 2, 163, 167 f. [BGH Urt. v. 29. 2. 1952 – 1 StR 631/51; vgl. § 244 IV StPO erfolgreiche Rügen]). Da die erste Handlung des Angeklagten möglicherweise so lange zurück liegt, daß die Strafverfolgung gemäß § 78 Abs. 3 Nr. 2 StGB verjährt ist, mußte zugunsten des Angeklagten auch die erste Tat von der Verfolgung ausgenommen werden.

Wie ausgeführt können weitere Feststellungen zur Zahl der Einzelakte mit Sicherheit nicht mehr getroffen werden. Die Zahl der dem Angeklagten zur Last zu legenden Einzelakte ist daher auf siebenundzwanzig festzusetzen. Dieser Sachverhalt muß der Strafbemessung zugrunde gelegt werden.

129. Der Tatrichter muß sich mit nach der Sachlage auf der Hand liegenden Möglichkeiten der Fallgestaltung auseinandersetzen.

StPO § 261 – BGH Beschl. v. 30. 4. 1987 – 4 StR 164/87 (= BGHR StPO § 261 Beweiswürdigung, unzureichende 6)

Die Revision rügt die Verletzung materiellen Rechts.

Sachverhalt: Nach den Feststellungen geriet der Angeklagte über seine weniger als vier Jahre alte Tochter Sabrina in Wut, als das Kind sich – entgegen einem Verbot – „anschickte, in der Gefriertruhe nach etwas zu suchen". Er ergriff einen Schrubber und schlug „damit in Richtung des Kindes", „um dieses zu züchtigen. Der Schlag war mit so großer Wucht geführt, daß der Schrubberstiel zerbrach, als er auf die Truhe aufschlug". Die Strafkammer hat sich nicht davon überzeugen können, daß der Gegenstand das Kind getroffen hat. Sie geht aber davon aus, daß der Angeklagte „den Schlag ... mit dem Ziel, seine Tochter zu treffen" geführt hat. – Das Rechtsmittel hatte Erfolg.

Gründe: Dies hält rechtlicher Prüfung nicht stand.

Das Landgericht stützt sich auf die Einlassung des Angeklagten, der die Tat „so, wie sie festgestellt worden ist, eingeräumt hat". Den Darlegungen des Urteils ist aber zu entnehmen, daß der Angeklagte nur zugegeben hat, er habe heftig auf die Kühltruhe geschlagen. Hätte der Angeklagte, wovon die Strafkammer ausgeht, nicht nur die Kühltruhe, sondern das kleine Kind treffen wollen, so könnte in dem wuchtigen Hieb auf dieses nicht nur der Versuch der Körperverletzung, sondern sogar der Tötung gesehen werden. Näher liegt aber die Annahme, daß der Angeklagte das Kind nicht hat treffen, sondern lediglich hat erschrecken wollen. Der Verteidiger behauptet, so habe sich der Angeklagte auch eingelassen. Der Senat kann den Darlegungen der Strafkammer nicht entnehmen, ob der Verteidiger die Einlassung zutreffend wiedergibt. Darauf kommt es aber hier nicht an. Denn ein Rechtsfehler, der auf die Sachrüge zu berücksichtigen ist, liegt darin, daß sich der Tatrichter mit dieser nach der Sachlage auf der Hand liegenden Möglichkeit der Fallgestaltung nicht auseinandergesetzt hat.

130. Auf die Einlassung des Angeklagten darf das Tatgericht die Verurteilung nur stützen, falls es von ihrer Richtigkeit überzeugt ist, nicht dagegen schon dann, wenn es sie nur für unwiderlegt ansieht.

StPO § 261 – BGH Urt. v. 29. 4. 1987 – 2 StR 62/87 (= BGHR StPO § 261 Tatsachenalternativität 1)

Die Revisionen rügen die Verletzung sachlichen Rechts.

Sachverhalt: Nach den Feststellungen „gelangte" das spätere Tatopfer in der Begleitung der drei Angeklagten auf einer Brücke an das Geländer und stürzte durch „Fremdeinwirkung" in den Kanal und ertrank, woraufhin die Angeklagten den Ort des Geschehens verließen. – Die Rechtsmittel hatten Erfolg.

Gründe: Die Schuldsprüche (wegen Beihilfe zum Mord gegen den Angeklagten H. und unterlassener Hilfeleistung gegen die Angeklagten B. u. R.) halten rechtlicher Prüfung nicht stand. Das Landgericht hat – wie die Urteilsgründe erweisen – nicht die für eine Verurteilung der Angeklagten erforderliche Überzeugung erlangt.

Der Sachverhalt, den es festgestellt hat, trägt die Schuldsprüche nicht. Daß L., der sich in der Begleitung der drei Angeklagten befand, auf der Brücke an das Geländer „gelangte", durch „Fremdeinwirkung" in den Kanal gestürzt wurde und ertrank, woraufhin die Angeklagten den Ort des Geschehens verließen, erfüllt für keinen der Angeklagten einen der den Schuldsprüchen zugrundegelegten Straftatbestände. Das verkennt auch die Schwurgerichtskammer nicht; gerade deshalb stützt sie die Verurteilung jeweils zusätzlich auf die eigenen Einlassungen der Angeklagten.

Die Schuldsprüche finden aber auch in den eigenen Einlassungen der Angeklagten keine rechtfertigende Grundlage. Wenn das Tatgericht einen Angeklagten auf Grund dessen eigener Einlassung verurteilt, so setzt dies voraus, daß es sich von der Richtigkeit dieser Einlassung überzeugt hat. Daran fehlt es. Das Landgericht ist nach Würdigung der erhobenen Beweise zu dem Ergebnis gelangt, daß weder die von H. noch die von B. und R. gegebene Darstellung des Geschehens widerlegt sei. Da sich diese Darstellungen aber gerade im Kerngeschehen widersprechen, folgt daraus zwingend, daß die Schwurgerichtskammer keine der beiden Tatversionen im entscheidenden Bereich für wahr gehalten hat. Auf die Einlassung des Angeklagten darf aber das Tatgericht die Verurteilung nur stützen, falls es von ihrer Richtigkeit überzeugt ist, nicht dagegen schon dann, wenn es sie nur für unwiderlegt ansieht (ständige Rechtsprechung).

Die Verurteilung der Angeklagten läßt sich – entgegen der Ansicht der Schwurgerichtskammer – auch nicht unter Anwendung des Grundsatzes „im Zweifel für den Angeklagten" rechtfertigen. Dieser Grundsatz besagt positiv, daß eine Verurteilung nur auf Grund eines zur vollen Überzeugung des Tatrichters festgestellten (bewiesenen) Sachverhalts zulässig ist, negativ, daß aus nur möglich, ungewissen, im Zweifel gebliebenen Umständen nichts zu Lasten des Angeklagten hergeleitet werden darf. Gemäß diesem Grundsatz ist für einen Schuldspruch allein dort Raum, wo nach Ausscheidung der bloß möglichen und ungewissen Umstände ein zur vollen Überzeugung des Tatrichters erwiesener Sachverhalt übrig bleibt, der seinerseits die Verurteilung auf Grund eines milderen Strafgesetzes zuläßt. Auch dies trifft im vorliegenden Falle aber nicht zu. Scheiden die unwiderlegten Einlassungen der Angeklagten aus, so verbleibt – wie bereits dargestellt – kein Sachverhalt, in dem die Verwirklichung der dem Schuldspruch zugrundegelegten Straftatbestände gefunden werden könnte.

Freilich ist eine Verurteilung – sei es im Wege der Wahlfeststellung, sei es auf Grund unmittelbarer oder entsprechender Anwendung des Zweifelssatzes – unter bestimmten weiteren Voraussetzungen auch dann zulässig und geboten, wenn mehrere Verhaltensweisen unter Ausschluß anderer Möglichkeiten in Betracht kommen, von denen jede einen Straftatbestand erfüllt. Das ist der Fall, wenn das Tatgericht zwar die Überzeugung von einem bestimmten Geschehensablauf trotz Ausschöpfung aller Beweismittel nicht zu gewinnen vermag, jedoch die Gewißheit erlangt hat, daß von zwei oder mehreren tatbestandsmäßigen Sachverhaltsvarianten eine mit Sicherheit vorliegt. Es müssen sich die in Betracht kommenden Geschehensabläufe derart zueinander verhalten, daß der Tatrichter bei gedanklicher Ausschaltung der einen Möglichkeit vom Vorliegen der anderen überzeugt ist (exklusive Alternativität, vgl. BGHSt. 12, 386[1]; BGH NStZ 1981, 33 [BGH Urt. v. 2. 7. 1980 – 3 StR 204/80; vgl. § 261 StPO erfolgreiche Rügen]).

Auch unter diesem Gesichtspunkt halten die Schuldsprüche aber rechtlicher Prüfung nicht stand, weil das Landgericht nicht festgestellt hat, daß andere als die von den Angeklagten

---

[1] „Eine wahldeutige Verurteilung ist nur zulässig, wenn die Ungewißheit, welchen von zwei allein möglichen Tatbeständen der Angeklagte verwirklicht hat, nur darauf beruht, daß jeweils die Verwirklichung der anderen Möglichkeit nicht ausgeschlossen werden kann. Eine wahldeutige Verurteilung ist danach unstatthaft, wenn der Tatrichter, sofern er gedanklich die eine Möglichkeit ausscheidet, nicht von der Erweislichkeit der anderen überzeugt wäre." (BGH Urt. v. 4. 12. 1958 – 4 StR 411/58).

gegebenen Tatversionen ausscheiden. Dem Urteil ist nicht zu entnehmen, daß die Schwurgerichtskammer die Überzeugung gewonnen hätte, eine der beiden Versionen – entweder die H. oder diejenige von B. und R – treffe zu, andere Möglichkeiten seien mit Sicherheit auszuschließen. Die Urteilsgründe erklären sich hierzu nicht; auch aus ihrem Gesamtzusammenhang ergibt sich kein Anhaltspunkt dafür, daß die Kammer überzeugt gewesen wäre, die eine Einlassung stimme, falls die andere unrichtig sein sollte. Das Tatgericht erhebt gegen beide Einlassungen Bedenken, die sich nicht durchweg daraus herleiten, daß im betroffenen Punkt die jeweils andere mehr Glauben verdiene. Darüberhinaus zieht es auch eine Möglichkeit in Betracht, die sich weder mit der einen noch mit der anderen Einlassung verträgt. Schließlich war die im Urteil dargestellte Beweislage auch nicht etwa derart beschaffen, daß sich der Ausschluß weiterer Möglichkeiten des Geschehensablaufs mit entsprechenden Folgen für die strafrechtliche Beurteilung des Verhaltens der Angeklagten von selbst verstanden und deshalb keiner besonderen Darlegung bedurft hätte.

131. Wenn bei Aussage gegen Aussage die Entscheidung allein davon abhängt, welcher Aussage das Gericht Glaubwürdigkeit beimißt, müssen die Urteilsgründe erkennen lassen, daß der Tatrichter alle Umstände, die die Entscheidung zugunsten oder zuungunsten des Angeklagten zu beeinflussen geeignet sind, erkannt und in seine Überlegung einbezogen hat.

StPO § 261 – BGH Beschl. v. 22. 4. 1987 – 3 StR 141/87 (= BGHR StPO § 261 Beweiswürdigung 1)

Die Revision rügt die Verletzung sachlichen Rechts.

Sachverhalt: Die Strafkammer glaubt der Darstellung des Vergewaltigungsopfers, nicht aber – trotz dafür sprechender Indizien – der Schilderung des Angeklagten.

Das Landgericht hat Scheidensekret, das der Zeugin zugeordnet werden kann, nicht aber der Lebensgefährtin des Angeklagten, an dem alsbald nach der Tat im Einvernehmen mit dem Angeklagten in dessen Wohnung sichergestellten Bettlaken festgestellt. Sie hat diesem Umstand jedoch eine Indizwirkung zugunsten des Angeklagten mit der Begründung versagt, daß unter Berücksichtigung der Häufigkeit der in Rede stehenden Ausscheidereigenschaft (30%) auch eine andere Frau als das Tatopfer als Verursacherin der festgestellten Scheidensekretspur in Betracht kommen könne. – Das Rechtsmittel hatte Erfolg.

Gründe: Die Strafkammer glaubt der Darstellung des Vergewaltigungsopfers, nicht aber – trotz dafür sprechender Indizien – der Schilderung des Angeklagten. Das an sich möglich und unterliegt der Verantwortung des Tatrichters. In einem Fall jedoch, in dem – wie hier – Aussage gegen Aussage steht und die Entscheidung allein davon abhängt, welcher Aussage das Gericht Glaubwürdigkeit beimißt, müssen die Urteilsgründe erkennen lassen, daß der Tatrichter alle Umstände, die die Entscheidung zugunsten oder zuungunsten des Angeklagten zu beeinflussen geeignet sind, erkannt und in seine Überlegung einbezogen hat. Unter diesem Gesichtspunkt hält das Urteil revisionsrechtlicher Nachprüfung nicht stand.

So hat sich das Landgericht zunächst nicht mit der Frage auseinandergesetzt, warum die Zeugin trotz des zurückgewiesenen Annäherungsversuches am Vormittag in der Wohnung des Angeklagten, über den sie so erregt war, daß ihr Freund das bemerkte, und trotz seiner ausdrücklichen Warnung bald darauf am Nachmittag dieses kühlen Tages mit dem Angeklagten an einsamer Stelle im Forst spazierenging.

Anlaß zu Bedenken gegen das Ergebnis der Beweisaufnahme gibt ferner folgendes: Das Landgericht hat Scheidensekret, das der Zeugin zugeordnet werden kann, nicht aber der Lebensgefährtin des Angeklagten, an dem alsbald nach der Tat im Einvernehmen mit dem Angeklagten in dessen Wohnung sichergestellten Bettlaken festgestellt. Sie hat diesem

Umstand jedoch eine Indizwirkung zugunsten des Angeklagten mit der Begründung versagt, daß unter Berücksichtigung der Häufigkeit der in Rede stehenden Ausscheidereigenschaft (30%) auch eine andere Frau als das Tatopfer als Verursacherin der festgestellten Scheidensekretspur in Betracht kommen könne. Dies mag hingehen. Die Strafkammer hat in diesem Zusammenhang jedoch nicht erörtert, daß der Angeklagte im Zeitpunkt seiner Behauptung, er habe am Vormittag des Tattages in seinem Schlafzimmer mit der Zeugin Geschlechtsverkehr gehabt, nicht wissen konnte, daß die Sekretuntersuchung des Bettlakens die Zeugin nicht ausschließen würde. Sein Verhalten in diesem Punkt kann daher durchaus auch für die Richtigkeit seiner Einlassung sprechen, die insofern durch die Angaben der Zeugin bestätigt werden, als diese selbst ausgesagt hat, am fraglichen Vormittag sich im Schlafzimmer des ihr bis dahin nahezu unbekannten Angeklagten aufgehalten zu haben.

132. Fehlerhafte Beweiswürdigung, wenn das Gericht wesentliche, für den Angeklagten sprechende Indizien nicht oder nur unzureichend würdigt.
StPO § 261 – BGH Beschl. v. 8. 4. 1987 – 2 StR 134/87 (= BGHR StPO § 261 Indizien 2)
Die Revision rügt die Verletzung materiellen Rechts.
Der Sachverhalt ergibt sich aus den Urteilsgründen. – Das Rechtsmittel hatte Erfolg.

Gründe: Die Beweiswürdigung hält rechtlicher Überprüfung nicht stand. Die Strafkammer würdigt wesentliche, für den Angeklagten sprechende Indizien nicht oder nur unzureichend und berücksichtigt nicht, daß Umstände, die – jeder für sich genommen – so gedeutet werden können, daß sie der Aussage der Zeugin nicht widersprechen, dennoch mehr oder weniger für die gegenteilige Einlassung des Angeklagten günstige Indizien bleiben, die in ihrer Gesamtbewertung zu ernsthaften Zweifeln an der Schuld des Angeklagten führen können (vgl. BGHR StPO § 261 Indizien 1 [BGH Beschl. v. 3. 7. 1986 – 2 StR 98/86; vgl. § 261 StPO erfolgreiche Rügen]). Auch ist die Darstellung der für die Beweiswürdigung wesentlichen Tatsachen in einzelnen Punkten unvollständig und ermöglicht dem Senat keine rechtliche Überprüfung.

Eine Verurteilung des Angeklagten setzt hier voraus, daß die Zeugin den Geschlechtsverkehr nicht freiwillig durchführte und der Angeklagte dies auch erkannte. Aus diesem Grunde kommt es nicht nur darauf an, ob die Zeugin in ihrer Wahrnehmungsfähigkeit beeinträchtigt war. Entscheidend ist vielmehr, ob sie sich in einer seelischen Verfassung befand, in der sie dem Ansinnen des Angeklagten, sich auf einen sexuellen Kontakt mit ihm, einem ihr unbekannten Mann, einzulassen, erkennbaren Widerstand entgegensetzen wollte und konnte. In diesem Zusammenhang ist von Bedeutung, daß die Zeugin sich nach einer achtstündigen Familienfeier, bei der sie Alkohol in nicht unerheblicher Menge zu sich genommen hatte, um 4.00 Uhr früh mit ihrem Freund (erneut) gestritten und dieser sie daraufhin verlassen hatte. In einer „Kurzschlußreaktion" hatte sie dann 20 bis 30 Tabletten eines angeblichen Beruhigungsmittels unbekannter Art eingenommen und sich von ihrer Wohnung in We. aus zu Fuß auf den Weg nach Wi. gemacht, auf dem sie bei Dunkelheit ein Waldgebiet durchqueren mußte. Sie tat dies in der Hoffnung, ihr Freund werde (mit seinem Pkw) zurückkehren. Sie entschloß sich dann, zur Mutter ihres Freundes nach Wi. zu laufen und war – als der Angeklagte sie im Wald in seinen Pkw aufnahm – bereits eine Stunde lang unterwegs gewesen.

Nach diesen Feststellungen hat sich die Zeugin auf demonstrative Weise in mehrfacher Hinsicht besonderen Gefahren ausgesetzt, wobei es naheliegt, daß sie damit – bewußt oder unbewußt – an die Gefühle ihres Freundes appellieren wollte. Unter diesen Umständen spricht – entgegen der Ansicht des Landgerichts – eine gewisse Wahrscheinlichkeit dafür, daß die als leicht hysteroid beschriebene Zeugin sich ohne erkennbaren Widerstand zum Geschlechtsverkehr mit dem Angeklagten bereitgefunden haben könnte und diesen nachträglich als Vergewaltigung darstellte.

Daß die Zeugin nach dem Geschlechtsverkehr wieder zum Angeklagten in den Pkw stieg und er sie zur Wohnung der Mutter ihres Freundes brachte, würdigt die Strafkammer ebenfalls nur unzureichend. Abgesehen davon, daß seit der Tabletteneinnahme inzwischen mehr als eine Stunde vergangen war, ohne daß die Zeugin Anzeichen einer Todesgefahr bemerkt hätte, läßt das Landgericht außer acht, daß vor allem das Verhalten des Angeklagten ein wesentliches für seine Einlassung sprechendes Indiz ist. Hatte der Angeklagte die Zeugin vergewaltigt, dann mußte er ein Interesse daran haben, sich so zu verhalten, daß er später nicht als Täter überführt werden konnte. Jedenfalls lag es nahe, daß er alles unterließ, was der Zeugin die Möglichkeit bot, Hinweise auf seine Identität zu erlangen. Hätte der Angeklagte die Zeugin im Wald zurückgelassen und wäre er dabei weggefahren, ohne die Lichter an seinem Pkw wieder einzuschalten, dann hätte man das Kennzeichen seines Fahrzeuges bei Dunkelheit nicht oder nur schwer ablesen können. Dadurch daß er die Zeugin in seinem Pkw nach Wi. mitnahm und vor dem Haus der Mutter ihres Freundes absetzte, bot er ihr eine gute Möglichkeit, das Kennzeichen seines Personenkraftwagens zu sehen und dieses – in der Wohnung – zu notieren. Ein solches Verhalten spricht deutlich für die Einlassung des Angeklagten.

133. Eine dem Angeklagten widerlegte Einlassung darf allein nicht zur Grundlage einer anderen Sachverhaltsfeststellung gemacht werden, auf sie kann eine Verurteilung ebensowenig gestützt werden wie auf das Scheitern eines Alibis.

StPO § 261 – BGH Urt. v. 6. 2. 1987 – 2 StR 630/86 (= BGHR StPO § 261 Aussageverhalten 5)

Die Revision rügt die Verletzung materiellen Rechts.

Sachverhalt: Das Landgericht geht davon aus, daß Frau M. sich zu einem früheren Zeitpunkt der Auseinandersetzung in die mit Wasser gefüllte Badewanne gesetzt hatte. Die weitere Einlassung des Angeklagten, zu einem späteren Zeitpunkt habe er „erneut Wasserrauschen im Bad gehört" und Frau M. dann nach einiger Zeit in der Badewanne knien gesehen, hält das Landgericht für widerlegt. Es schließt aus dieser Einlassung dann aber, der Angeklagte habe vor der Tötung selbst erneut Wasser in die (offenbar inzwischen geleerte) Badewanne einlaufen lassen, denn es sei nicht ersichtlich, warum er „wahrheitswidrig das Detail des erneut eingelassenen Badewassers erfinden sollte, wenn die Badewanne tatsächlich noch seit dem ersten Bad gefüllt war". – Das Rechtsmittel hatte Erfolg.

Gründe: Soweit das Landgericht die Tatsituation selbst untersucht und darauf hinweist, daß eine zusätzliche Beeinträchtigung des Hemmungsvermögens des Angeklagten – infolge einer Herabsetzung der Hemmschwelle gegenüber körperlichen Mißhandlungen der Frau M. – nicht vorgelegen habe, ergeben sich daraus noch keine objektiven Anhaltspunkte für ein trotz der relativ hohen Blutalkoholkonzentration von 2,6‰ intaktes Hemmungsvermögen. Die in diesem Zusammenhang geschilderte Tatvorbereitung, die dafür sprechen könnte, daß das Hemmungsvermögen durch den Alkohol nicht erheblich beeinträchtigt war, beruht in einem wesentlichen Punkt auf rechtsfehlerhaft getroffenen Feststellungen. ...

Gegen diese Annahme bestehen schon deshalb rechtliche Bedenken, weil eine dem Angeklagten widerlegte Einlassung allein nicht zur Grundlage einer anderen Sachverhaltsfeststellung gemacht werden darf. Nur auf sie kann eine Verurteilung ebensowenig gestützt werden wie auf das Scheitern eines Alibis. Zumindest ist zu beachten, daß ein Angeklagter meinen kann, seine Lage durch falsche Angaben verbessern zu können. Deshalb lassen sie regelmäßig keine tragfähigen Schlüsse darauf zu, was sich wirklich ereignet hat (vgl. BGHSt. 25, 285 [BGH Urt. v. 13. 2. 1974 – 2 StR 552/73; vgl. § 261 StPO erfolgreiche Rügen]; BGH Strafverteidiger 1985, 356 [BGH Urt. v. 13. 3. 1985 – 3 StR 15/85; vgl. § 261 StPO erfolgreiche Rügen]; 1986, 369, 371 [BGH Beschl. v. 14. 5. 1986 2 StR 854/84; vgl. §§ 229, 338 Nr. 3 StPO erfolgreiche Rügen]). Im vorliegenden Fall liegt es nicht fern, daß der Angeklagte die Einlassung, er habe „erneut Wasserrauschen im Bad gehört", deshalb gemacht hat, um plausibel zu erklären, warum er ins Bad ging, wo er dann Frau M. in der Wanne vorgefunden haben will.

Die fehlerhafte Beweiswürdigung stellt hier zwar die Täterschaft des Angeklagten und die Tatausführung im engeren Sinne (das Ertränken der Frau) nicht in Frage, entzieht aber einem wesentlichen Teil der Ausführungen die Tatsachengrundlage, auf welche das Landgericht die Verneinung der erheblichen Verminderung der Schuldfähigkeit i.S. von § 21 StGB und die Strafzumessung stützt.

134. Anfängliches Schweigen des Angeklagten darf nicht zu seinem Nachteil verwertet werden.

StPO § 261 – BGH Beschl. v. 27. 1. 1987 – 1 StR 703/86 LG Nürnberg (= BGHR StPO § 261 Aussageverhalten 4 = StV 1987, 377)

Die Revision rügt die Verletzung sachlichen Rechts.

Sachverhalt: Im Fall I 1 der Urteilsgründe stützt das Landgericht seine Überzeugung vom Tathergang auch darauf, daß der Angeklagte F., alsbald nach der Tat von der Polizei festgenommen, dort Angaben zur Sache verweigerte, obwohl es ihm nach Meinung des Landgerichts ein Leichtes gewesen wäre, seine Version des Tatgeschehens durch Angabe des Orts, an dem er den Geldbeutel des Opfers weggeworfen haben will, zu untermauern; erst in der Hauptverhandlung benannte er diesen – angeblichen – Ort. – Das Rechtsmittel hatte Erfolg.

Gründe: Bei dieser Art der Beweisführung übersieht das Landgericht, daß das anfängliche Schweigen des Angeklagten nicht zu seinem Nachteil verwertet werden darf (BGHSt. 20, 281 [BGH Urt. v. 26. 10. 1965 – 5 StR 515/65; vgl. § 261 StPO erfolgreiche Rügen]; BGH Beschlüsse vom 11. 5. 1983 – 2 StR 238/83 [vgl. § 261 StPO erfolgreiche Rügen]; 7. 12. 1983 – 3 StR 484/83; 4. 7. 1985 – 4 StR 349/85 [vgl. § 261 StPO erfolgreiche Rügen]). Da ein Beruhen nicht auszuschließen ist, kann die Verurteilung in diesem Fall nicht bestehen bleiben und zwar – wegen des einheitlichen Sachverhalts – auch nicht gegen den Angeklagten F. Bei diesem Angeklagten führt das auch zur Aufhebung der Gesamtstrafe.

135. Wenn ein Gericht naheliegende Schlußfolgerungen deshalb nicht zieht, weil sie „nicht zwingend", sondern auch andere (zum Teil fernliegende) möglich sind, läßt dies besorgen, daß es sich über die Erfordernisse richterlicher Überzeugungsbildung nicht im klaren war.

StPO § 261 – BGH Urt. v. 21. 1. 1987 – 2 StR 656/86 (= BGHR StPO § 261 Überzeugungsbildung 2)

Die Revision der Staatsanwaltschaft rügt die Verletzung sachlichen Rechts insoweit, als die Angeklagten nicht wegen gemeinschaftlicher Vergewaltigung verurteilt worden sind.

Sachverhalt: Das Landgericht hat die Angeklagten – jeden als Alleintäter wegen Vergewaltigung u.a. – verurteilt. – Das Rechtsmittel hatte Erfolg.

Gründe: Die Beweiswürdigung der Strafkammer, die ein Handeln der Angeklagten in Mittäterschaft verneint, begegnet durchgreifenden rechtlichen Bedenken.

Die Feststellung von Tatsachen verlangt keine absolute, von niemandem anzweifelbare Gewißheit. Es genügt vielmehr, daß ein nach der Lebenserfahrung ausreichendes Maß an

Sicherheit besteht, demgegenüber vernünftiger Zweifel nicht laut werden kann (ständige Rechtsprechung, vgl. BGH NJW 1967, 359, 360; BGH Urteile v. 21. 6 1978 – 2 StR 46/78; v. 4. 4. 1979 – 2 StR 808/78; v. 25. 3. 1982 – 4 StR 705/81; v. 11. 1. 1984 – 2 StR 655/83 und v. 10. 9. 1985 – 1 StR 292/85). Der Umstand, daß das Gericht an mehreren Stellen (naheliegende) Schlußfolgerungen deshalb nicht gezogen hat, weil sie „nicht zwingend", sondern auch andere (zum Teil fernliegende) möglich sind, läßt besorgen, daß es sich über die Erfordernisse richterlicher Überzeugungsbildung nicht im klaren war.

Das Landgericht ist bei der Prüfung, ob es sich um ein „gemeinschaftliches geplantes Vorgehen" handelte, jeweils der Frage nachgegangen, ob sich die Angeklagten „abgesprochen" hatten, welchen Sinn eine „Bemerkung" hatte, was die Angeklagten nach dem Verlassen des Schlafzimmers den anderen „berichteten" oder „kundgaben". Diese Wendungen und Erwägungen deuten darauf hin, daß es sich schon deshalb nicht zu der Überzeugung vom Vorhandensein eines gemeinschaftlichen Tatplans durchringen konnte, weil es eine ausdrückliche „Absprache" oder „Kundgabe" nicht festzustellen vermochte, jedoch nicht bedachte, daß alle Angeklagten oder einige von ihnen gemeinschaftliches – wenn auch in Einzelbeiträgen zu vollziehendes – Handeln „unausgesprochen", konkludent beschlossen haben konnten (vgl. BGH NStZ 1985, 70, 71; BGH Beschl. v. 20. 11. 1986 – 4 StR 604/86).

Die Strafkammer hat maßgebliche Umstände, die für eine ausdrückliche Absprache, zumindest aber für einen konkludent vereinbarten gemeinschaftlichen Tatplan indiziell sein können, unerörtert und möglicherweise unberücksichtigt gelassen:

Da das vergewaltigte Mädchen (Bi.) im Schlafzimmer das laute Lachen der Männer im Wohnzimmer hörte, lag es nahe, daß diese das mehrfache heftige Schreien und die laut gerufenen Weigerungen des Mädchens vernahmen.

Wenn schon zu der Zeit, als Ka. mit Bi. verkehrte, jeder andere damit rechnete, selbst nur durch Gewaltanwendung zum Ziel zu kommen, ist, jedenfalls ohne nähere Erklärung, die Schlußfolgerung, daß er an ihre freiwillige Mitwirkung beim Verkehr mit den anderen glaubte – und auch die bloße Möglichkeit einer Weigerung außer Betracht ließ – nicht nachvollziehbar. Das gilt insbesondere für die Vorstellung eines jeden in bezug auf seine Nachfolger, nachdem er die Verfassung und den Widerstand des Mädchens wahrgenommen hatte.

Dafür, daß jeder Angeklagte die Tür auch nach dem Verlassen des Schlafzimmers hinter sich abgeschlossen hatte, hat die Strafkammer nur die Erklärung, er habe das Mädchen „an einem vorzeitigen Aufbruch ... hindern" wollen. Da er aber seine Befriedigung erreicht hatte und danach – ausgenommen allenfalls Al. – weiteren eigenen Geschlechtsverkehr nicht anstrebte, ist nicht zu erkennen, zu welchem anderen Zweck die weitere Freiheitsberaubung erfolgt sein soll als zu dem, das Mädchen für den nächsten Mann festzuhalten. Das gilt auch für Ka. Daß er selbst, nachdem er nur mit Gewalt zum Geschlechtsverkehr gekommen war und dann das Mädchen eingeschlossen hatte, bei seiner Bemerkung mit freiwilliger Hingabe Bi.'s gegenüber nachfolgenden Männern gerechnet haben könnte, nimmt die Strafkammer selbst nicht an.

Ebenso liegt auf der Hand, daß der jeweils nachfolgende, der von vornherein mit der Möglichkeit eines Widerstands von Bi. gerechnet hatte, sie beim Betreten des Zimmers aufgelöst vorfand und ihre fortbestehende Ablehnung erfuhr, die vom Vorgänger vorgenommene Einsperrung als eine zu seinen, des Nachfolgers, Gunsten vorgenommene Handlung erkannte und ausnutzte.

136. Der Tatrichter muß sich mit seinen Feststellungen mit allen für das Urteil wesentlichen Gesichtspunkten auseinandersetzen, wenn sie geeignet sind, das Beweisergebnis zu beeinflussen.

StPO § 261 – BGH Beschl. v. 10. 12. 1986 – 2 StR 614/86 (= BGHR StPO § 261 Beweiswürdigung, unzureichende 5)

Die Revision rügt die Verletzung materiellen Rechts.

Der Sachverhalt ergibt sich aus den Urteilsgründen:

Der Angeklagte wurde wegen Vergewaltigung in Tateinheit mit sexueller Nötigung verurteilt. – Das Rechtsmittel hatte Erfolg.

Gründe: Die Beweiswürdigung ist widersprüchlich, lückenhaft und läßt in einem wesentlichen Punkt den Grundsatz außer acht, daß im Zweifel zugunsten des Angeklagten zu entscheiden ist (Zweifelssatz).

Eine Lücke in der Beweiswürdigung liegt insofern vor, als die Strafkammer zur Glaubwürdigkeit der Zeugin anführt, sie habe auf den Zeugen Bu. bedrückt gewirkt; wenn sie den Angeklagten laufend verführt hätte, sei kaum nachzuvollziehen, daß sie dann bedrückt wirkte. Da aus dem Urteil ersichtlich ist, daß der Zeuge Bu. mit der Zeugin seit 1983 befreundet ist, hätte die Kammer als naheliegenden Umstand für die Bedrücktheit der Zeugin gegenüber dem Zeugen Bu. auch würdigen müssen, daß sie aus Scham gegenüber diesem bedrückt war. Der Tatrichter muß sich mit seinen Feststellungen unter allen für das Urteil wesentlichen Gesichtspunkten auseinandersetzen, wenn sie geeignet sind, das Beweisergebnis zu beeinflussen (BGH VRS 53, 110).

137. Die Zeugnisverweigerung eines Angehörigen darf auch dann nicht gegen den Angeklagten verwertet werden, wenn der Angehörige erst später Angaben macht.

StPO § 261 – BGH Urt. v. 21. 11. 1986 – 2 StR 473/86 LG Frankfurt am Main (= StV 1987, 188 = BGHR StPO § 261 Aussageverhalten 2)

Die Revision rügt die Verletzung sachlichen Rechts.

Sachverhalt: Das Landgericht hatte den Angeklagten u.a. wegen schwerer räuberischer Erpressung in zwei Fällen und wegen schweren Raubes zu einer Gesamtfreiheitsstrafe verurteilt.

Die Mutter des Angeklagten, als Zeugin von dem Verteidiger benannt, entlastete in der Hauptverhandlung den Angeklagten. Sie bekundete, ihr anderer, inzwischen verstorbener Sohn R. habe ihr anvertraut, er habe sämtliche Überfälle ausgeführt, nur bei dem Überfall in G. sei der Angeklagte dabei gewesen. Diese Aussage hielt die Kammer nicht für glaubhaft:

„Es gibt keinen Grund dafür, daß die Zeugin F. erst am vorletzten Verhandlungstag – nachdem die Beweisaufnahme bereits einmal geschlossen war – ihre Aussage gemacht hat, wenn sie von Anfang an gewußt haben will, daß der Angeklagte in 2 Fällen nicht beteiligt war und in dem weiteren Fall allenfalls Mittäter gewesen sei. Würde die Aussage der Zeugin F. der Wahrheit entsprechen, ist kein Grund dafür erkennbar, warum sie sich nicht von Anfang an – spätestens zu Beginn der Hauptverhandlung – zum Zeitpunkt des Todes von R. befand sich der Angeklagte – wie die Mutter wußte – noch in U-Haft, als Zeugin gemeldet hat, um jedenfalls die den Angeklagten entlastende Aussage zu machen." – Das Rechtsmittel hatte Erfolg.

Gründe: Der Schluß der Strafkammer vom anfänglichen Schweigen der Mutter des Angeklagten auf die Unrichtigkeit ihrer Aussage war unzulässig. Der BGH hat mehrfach entschieden, daß die Zeugnisverweigerung eines Angehörigen nicht gegen den Angeklagten verwertet werden darf (BGHSt. 22, 113 [BGH Beschl. v. 17. 7. 1968 – 3 StR 117/68; vgl. § 261 StPO erfolgreiche Rügen]; BGH NJW 80, 794 [BGH Urt. v. 12. 7. 1979 – 4 StR 291/79; vgl. § 261 StPO erfolgreiche Rügen]), auch dann nicht, wenn der Angehörige später Angaben macht (BGH MDR 81, 157). Der Angehörige soll sich unbefangen entschließen können, ob er aussagt oder nicht; das könnte er nicht mehr, wenn er befürchten müßte, das Gericht werde aus diesem Aussageverhalten Schlüsse zum Nachteil des Angeklagten ziehen. Der Zeuge, der überhaupt nicht auszusagen braucht, kann auch den Zeitpunkt frei wählen, an dem er schließlich Sachangaben macht (vgl. OLG Düsseldorf MDR 84, 164). Daß das Schweigen dem Gericht unverständlich erscheint, ist dabei ohne Bedeutung (vgl. BGH Urt. v. 23. 11. 1976 – 5 StR 567/76).

Diese Gründe gelten nicht nur für den als Zeugen vernommenen Angehörigen, der (zunächst) von seinem Zeugnisverweigerungsrecht Gebrauch gemacht hat, sondern erst recht hier. Es darf nicht zum Nachteil des Angeklagten verwertet werden, daß seine Mutter sich nicht selbst als Zeugin bei den Ermittlungsbehörden oder dem Gericht meldete (vgl. BGH Beschl. v. 23. 10. 1986 – 4 StR 569/86 [vgl. § 261 StPO erfolgreiche Rügen]).

Das Urteil kann auf der fehlerhaften Beweiswürdigung beruhen. Es ist nicht ausgeschlossen, daß die Kammer, hätte sie das anfängliche Schweigen der Zeugin nicht verwertet, die Glaubwürdigkeit der Zeugin anders beurteilt hätte.

138. Wenn ein zur Zeugnisverweigerung Berechtigter es zunächst unterläßt, von sich aus Angaben zu machen, kann dies später nicht zur Prüfung, ob die den Angeklagten entlastenden Angaben glaubhaft sind, herangezogen werden.

StPO § 261 – BGH Beschl. v. 23. 10. 1986 – 4 StR 569/86 LG Dortmund (= StV 1987, 51)

Die Revision rügt die Verletzung sachlichen Rechts.

Sachverhalt: Nach den Darlegungen des Landgerichts hat der Angeklagte die Prostituierte S. am 29. 4. 1986 mit List zu seiner Wohnung gebracht und sie mit einer weiteren List veranlaßt, diese zu betreten. Dort hat er mit ihr zweimal geschlechtlich verkehrt, nachdem er ihren Widerstand durch Würgen und Schläge sowie durch die Drohung, er werde sie umbringen, gebrochen hatte. Der Angeklagte bestreitet nicht, die Frau in seine Wohnung gebracht und dort mit ihr geschlechtlich verkehrt zu haben. Er behauptet aber, sie sei mit allem einverstanden gewesen.

Das Landgericht ist der Auffassung, diese Einlassung sei widerlegt. Eine die Darstellung des Angeklagten stützende Aussage seiner Mutter – die an der Tür des Zimmers des Angeklagten gelauscht und diesen sowie seine Begleiterin bei der Wegfahrt beobachtet haben will – hält das Landgericht für unglaubwürdig. Es hat dazu ausgeführt, Zweifel an der Richtigkeit ihrer Aussage werde bereits durch den Umstand geweckt, daß der Angeklagte die Wahrnehmungen seiner Mutter erst am 19. 6. 1986 in die Ermittlungen eingeführt habe. Dies sei „um so verwunderlicher" als nach den Angaben eines Ermittlungsbeamten die Mutter „bereits seit Juni 1985" mit den Ermittlungen gegen ihren Sohn konfrontiert worden sei. Es komme hinzu, daß sie den Staatsanwalt aufgesucht und dort um Einstellung des Verfahrens gegen Zahlung einer Geldbuße gebeten habe, ohne die ihren Sohn entlastenden Angaben zu machen. – Das Rechtsmittel hatte Erfolg.

Gründe: Diese Würdigung hält, selbst wenn man ihr entnimmt, daß die dem Angeklagten zur Last gelegte Tat am 29. 4. 1985 und nicht – wie festgestellt – am 29. 4. 1986 begangen worden ist, rechtlicher Prüfung nicht stand.

Bedenklich ist schon, daß das Landgericht offenbar das Prozeßverhalten des Angeklagten als einen Umstand angesehen hat, der gegen die Glaubwürdigkeit seiner Mutter spricht. Das Aussageverhalten eines Angeklagten, der sich, wie hier, zur Sache einläßt und sich dadurch zum Beweismittel macht, kann zwar grundsätzlich von indizieller Bedeutung sein (BGHSt. 32, 140, 145 [vgl. § 261 StPO erfolgreiche Rügen]). Die Tatsache, daß der Angeklagte seine Mutter erst am 19. 6. 1986 als Entlastungszeugin genannt hat, kann aber nur dann ein gegen ihn sprechendes Indiz darstellen, wenn er sie überhaupt früher als Zeugin hätte benennen können. Das setzt voraus, daß er weit vor dem 19. 6. 1986 Kenntnis vom Inhalt ihrer späteren Aussage und ihrer Aussagebereitschaft hatte. Dann allerdings könnte die Tatsache, daß er sie erst später als Zeugin benannt hat, dafür sprechen, daß er selbst von der Unrichtigkeit dessen, was sie bereit war zu bekunden, überzeugt war. Dazu hat das Landgericht aber keine Ausführungen gemacht. Es leitet die Unglaubwürdigkeit der Mutter ersichtlich auch aus einer zweiten Erwägung ab, nämlich aus der Annahme, daß diese die den Angeklagten entlastenden Beobachtungen früher offenbart hätte, wenn sie diese tatsächlich gemacht hätte. Dieser Erwägung steht schon der Umstand entgegen, daß die Mutter erst in der Hauptverhandlung als Zeugin vernommen worden ist und deshalb möglicherweise früher gar nicht erkennen konnte, daß ihre Beobachtungen zur Entlastung ihres Sohnes geeignet waren. Darüber hinaus kann ihre Unglaubwürdigkeit schon aus Rechtsgründen nicht daraus hergeleitet werden, daß sie im Ermittlungsverfahren geschwiegen und erst in der Hauptverhandlung ihre entlastenden Angaben gemacht hat. Denn als Mutter des Angeklagten war sie nicht zur Aussage verpflichtet. Sie hätte ihr Zeugnis gem. § 52 Abs. 1 Nr. 3 StPO verweigern können; diese Weigerung hätte nicht zum Nachteil des Angeklagten gewertet werden dürfen (BGHSt. 22, 113 [BGH Beschl. v. 17. 7. 1968 – 3 StR 117/68; vgl. § 261 StPO erfolgreiche Rügen]). Eine anfängliche Weigerung, auszusagen, kann auch später nicht zur Prüfung, ob die den Angeklagten entlastenden Angaben glaubhaft sind, herangezogen werden (BGH MDR 1979, 1040; JZ 1979, 766). Nichts anderes kann gelten, wenn ein zur Zeugnisverweigerung Berechtigter es zunächst unterläßt, von sich aus Angaben zu machen. Würden die Gründe, die ihn später doch zur Aussage veranlassen, geprüft und gewertet, so könnte er von seinem Schweigerecht nicht mehr unbefangen Gebrauch machen, weil er befürchten müßte, daß daraus nachteilige Schlüsse zu Lasten seines Angehörigen gezogen werden.

139. Einzelne Belastungsindizien, die für sich genommen zum Beweise der Täterschaft nicht ausreichen, können doch in ihrer Gesamtheit die für eine Verurteilung notwendige Überzeugung des Tatrichters begründen.

StPO § 261 – BGH Urt. v. 17. 9. 1986 – 2 StR 353/86 (= BGHR StPO § 261 Beweiswürdigung, unzureichende 1)

Die Revision der Staatsanwaltschaft rügt die Verletzung sachlichen Rechts.

Sachverhalt: Die Angeklagte hatte zum Tatvorwurf geschwiegen. Festgestellt worden ist, daß sie „in der Folgezeit" (d.h. nach dem „Leverkusener Vorfall") mindestens einmal den Zeugen D. in dessen Wohnung in Geleen besuchte, bis zu ihrer Festnahme noch mehrmals in die Niederlande fuhr und einmal bei ihrer Rückkehr einen Bargeldbetrag von etwa 35.000 DM bei sich hatte. Eine Hausdurchsuchung bei ihr führte zur Sicherstellung von rund 42.000 DM; in der Schublade, in der dies Geld gefunden wurde, befand sich auch eine Umhängetasche, bei der ein Spürhund Rauschgiftgeruch wahrnahm und anzeigte. Schließlich führte die Angeklagte Anfang März 1983 verschiedene Telefongespräche: am 3. 3. 1983 informierte sie ein in den Niederlanden wohnhafter Mann namens P. K. darüber, daß „John" am vergangenen Samstag „auf eine lange Reise gegangen" sei – an diesem Tag war J. J., D.'s Lieferant, festgenommen worden. Am 11. 3. 1983 telefonierte die Angeklagte zweimal mit dem flüchtigen D. S. der sie darüber unterrichtete, daß „die zwei Leute, bei ..., denen wir mal waren ... in Köln und in Leve ... seit gestern" nicht mehr erreichbar seien – am Vortag dieser Telefonate waren K. und W. festgenommen worden.

Von diesem Sachverhalt ausgehend leitet die Strafkammer die Beweiswürdigung mit dem Bemerken ein, für die Feststellung des angeklagten Tatvorwurfs sei die Glaubhaftigkeit der Aussage des (in den Niederlanden richterlich vernommenen) Zeugen D. von ausschlaggebender Bedeutung, weil er allein unmittelbarer Zeuge der in der Anklageschrift dargelegten Geschehensabläufe gewesen sei. Seine Bekundung enthalte jedoch eine zumindest objektiv unrichtige Angabe und widerspreche in einem weiteren Punkt der Aussage des Zeugen J.; da – so die Kammer – die nicht nur theoretische Möglichkeit bestehe, daß D. mit seiner Aussage einen anderen (deutschen) Abnehmer decken wolle, könne sich das Gericht nicht von der Wahrheit seiner Aussage überzeugen. – Das Rechtsmittel hatte Erfolg.

Gründe: Der Freispruch von demjenigen Tatvorwurf, über den die Strafkammer sachlich befunden hat, hält rechtlicher Prüfung nicht stand; die ihm zugrunde liegende Beweiswürdigung leidet an Rechtsmängeln. ...

b) Ein Rechtsfehler liegt jedenfalls darin, daß die Strafkammer ein wesentliches Belastungsindiz außer Betracht gelassen hat. Unerörtert bleibt der gegen die Angeklagte sprechende Umstand, daß sie nach den Urteilsfeststellungen bei dem „Leverkusener Vorfall" erwiesenermaßen an einem Rauschgiftgeschäft beteiligt war, das sich in wesentlichen Merkmalen (Art des Rauschgifts, Ort des Kaufs, Person des Lieferanten) nicht von den ihr weiter zur Last gelegten Rauschgiftgeschäften unterschied. Möglicherweise hat sich das Landgericht an einer Berücksichtigung dieses Umstands deshalb gehindert gesehen, weil es den „Leverkusener Vorfall" als nicht mitangeklagt wertete. Dies kann aber die Außerachtlassung des erörterten Belastungsindizes nicht rechtfertigen; denn der Grundsatz, daß sich Untersuchung und Entscheidung auf die in der Anklage bezeichnete Tat beschränken, hindert das Gericht nicht, andere, ordnungsgemäß festgestellte Tatsachen – auch von der Anklage nicht erfaßte Straftaten – in die Beweiswürdigung einzubeziehen.

c) Des weiteren ist zu beanstanden, daß sich die Strafkammer bei ihrer Beweiswürdigung darauf beschränkt hat, die einzelnen Belastungsindizien gesondert zu erörtern und auf ihren jeweiligen Beweiswert zu prüfen. Das genügt nicht; denn einzelne Belastungsindizien, die für sich genommen zum Beweise der Täterschaft nicht ausreichen, können doch in ihrer Gesamtheit die für eine Verurteilung notwendige Überzeugung des Tatrichters begründen. Deshalb bedarf es einer Gesamtabwägung aller für und gegen die Täterschaft sprechenden Umstände (BGH NStZ 1983, 133 [BGH Urt. v. 25. 11. 1982 – 4 StR 564/82; vgl. § 261 StPO erfolgreiche Rügen]; 1983, 277 [BGH Urt. v. 3. 2. 1983 – 1 StR 823/82; vgl. § 261 StPO erfolglose Rügen]); daß sie vorgenommen worden wäre, läßt sich dem Urteil nicht entnehmen.

140. Selbst wenn jedes einzelne Indiz noch keine Zweifel an der Richtigkeit der den Angeklagten belastenden Aussagen aufkommen läßt, kann doch eine Häufung solcher Indizien bei einer Gesamtbetrachtung zu berechtigten Zweifeln führen.

StPO § 261 – BGH Beschl. v. 3. 7. 1986 – 2 StR 98/86 LG Wiesbaden (= StV 1987, 238 = BGHR StPO § 261 Indizien 1)

Die Revision rügt die Verletzung sachlichen Rechts.

Sachverhalt: Das Landgericht hatte den Angeklagten wegen Vergewaltigung verurteilt. Dem Angeklagten, einem 28 Jahre alten Polizeimeister, wird u.a. vorgeworfen, im Jahre 1982 die Ehefrau eines Kollegen, die Zeugin O., in ihrer Wohnung vergewaltigt zu haben. Der Angeklagte behauptet, der Geschlechtsverkehr habe im Einvernehmen mit der Zeugin stattgefunden. Diese Einlassung, die durch zahlreiche Indizien gestützt wird, hält das Landgericht aufgrund der Angaben der Zeugin und ihres Ehemannes für widerlegt.

Die Strafkammer hält es zunächst für „schwer verständlich", daß die ihrem Ehemann bis dahin treue Zeugin, die „Unannehmlichkeiten und Mühen" eines Geschlechtsverkehrs mit dem angetrunkenen Angeklagten im eiskalten Schlafzimmer auf sich genommen haben sollte, um ihrem Ehemann sein „Fremdgehen" einmal heimzuzahlen.

Sodann erörtert das Landgericht folgende Umstände, sieht in ihnen aber keine Anzeichen für die Richtigkeit der Einlassung des Angeklagten, er habe den Geschlechtsverkehr einvernehmlich mit der Zeugin durchgeführt:

– Nach dem Geschlechtsverkehr brachte die Zeugin den Angeklagten zur Tür;
– sie sprach zunächst mit niemandem über die angebliche Vergewaltigung. Erst als sie bemerkte, daß der Angeklagte ihr Filzläuse übertragen hatte, glaubte sie „die Mitteilung (über den Vorfall) dann nicht weiter aufschieben (zu) können" und informierte ihren Ehemann;
– die frühere Ehefrau des Angeklagten, die Zeugin S., hat bekundet, Frau O. habe mit ihr im Februar 1983 über den Vorfall telefonisch gesprochen und gesagt, sie, die Zeugin O., könne nicht mehr verstehen, wie sie so etwas habe tun können, und es tue ihr leid, daß sie (die beiden Frauen) sich deswegen nicht mehr sehen könnten. Die Zeugin O. hat bestätigt, mit der Ehefrau des Angeklagten über den Vorfall gesprochen zu haben. Von einer Vergewaltigung habe sie nichts gesagt, um ihre Gesprächspartnerin nicht aufzuregen. Entschuldigt habe sie sich aber nicht;
– auch nach der angeblichen Vergewaltigung unterhielten der Angeklagte und seine Ehefrau weiter – wenn auch eingeschränkt – private Beziehungen zu den Eheleuten O.;
– erst als der Angeklagte im Jahre 1984 Lehrer an der Hessischen Polizeischule werden sollte, erstattete der Zeuge O. Anzeige.

Die Strafkammer sieht in diesen Umständen keine Indizien für die Richtigkeit der Einlassung des Angeklagten, denn

– es sei wahrscheinlich, daß Frau O. den Angeklagten „rein gewohnheitsmäßig zur Tür brachte", zumal sie sich hierbei vergewissern konnte, daß er die Wohnung tatsächlich verließ;
– das anfängliche Verschweigen der Vergewaltigung habe die Zeugin glaubhaft damit erklärt, sie habe unkontrollierte gewalttätige Reaktionen ihres Ehemannes befürchten müssen, da er schon einmal aus weitaus geringfügigerem Anlaß einen Teller mit Essen an die Wand geworfen habe;
– die ehemalige Ehefrau des Angeklagten habe den Anruf der Zeugin O. falsch interpretiert, es liege nahe, daß sie sich verhört habe, die Zeugin O. habe nämlich eine „eher leise Stimme";
– daß O. den Angeklagten erst anzeige, als dieser Lehrer an der Polizeischule werden sollte, sei dadurch zu erklären, daß er den beruflichen Aufstieg des charakterlich ungeeigneten Angeklagten zum Ausbilder verhindern wollte. – Das Rechtsmittel hatte Erfolg.

Gründe: ... Diese Ausführungen lassen zum einen besorgen, daß das Landgericht den Zweifelssatz nicht hinreichend beachtet hat. Rechtsfehlerhaft ist aber vor allem die Wertung, den genannten Umständen komme keine indizielle Bedeutung zu.

Auch wenn jeder einzelne der genannten Umstände sich nach Auffassung der Strafkammer so deuten läßt, daß ihm die Aussage der Zeugin O., der Angeklagte habe gegen ihren Willen mit ihr geschlechtlich verkehrt, nicht widerspricht, so bleibt er doch ein mehr oder weniger für die gegenteilige Einlassung des Angeklagten sprechendes Indiz. Selbst wenn jedes einzelne Indiz noch keine Zweifel an der Richtigkeit der den Angeklagten belastenden Aussagen aufkommen ließe, so kann doch eine Häufung solcher Indizien bei einer Gesamtbetrachtung zu berechtigten Zweifeln führen. Der Möglichkeit einer derartigen Bewertung hat sich das Landgericht aber dadurch begeben, daß es den genannten einzelnen Umständen zu Unrecht jeglichen Beweiswert abgesprochen hat.

Die Verurteilung wegen Vergewaltigung zum Nachteil der Zeugin O. ist deshalb aufzuheben.

141. Der Schluß auf den bedingten Tötungsvorsatz ist nur dann rechtsfehlerfrei, wenn der Tatrichter in seine Erwägungen auch alle die Umstände einbezogen hat, die eine derartige Folgerung in Frage stellen könnten.

StPO § 261 – BGH Beschl. v. 27. 6. 1986 – 2 StR 312/86 LG Mainz (= StV 1986, 421)

Die Revision rügt die Verletzung sachlichen Rechts.

Sachverhalt: Nach den vom Landgericht getroffenen Feststellungen drehte der angetrunkene (2,44‰) Angeklagte im Keller der von ihm mitbewohnten dreistöckigen Doppelhaushälfte einen Zählereckhahn von einem Gasrohr ab, ließ einige Minuten lang Gas ausströmen und führte sodann in Selbsttötungsabsicht durch Entzünden des sich gebildeten Gas-Luft-Gemisches eine Explosion herbei. Die dabei entstandenen Schäden waren so erheblich, daß die Doppelhaushälfte abgebrochen werden mußte. Zur Tatzeit befand sich, wie der Angeklagte wußte, im Parterre, die verheiratete Zeugin H. Sie war ihm freundschaftlich verbunden, duzte sich mit ihm und hatte ihn wiederholt zum Frühstück eingeladen. Im Urteil heißt es, der Angeklagte sei sich der verheerenden Wirkung von Gasexplosionen bewußt gewesen; er habe, da er die Wirkung der von ihm entfesselten Kräfte weder habe bestimmen noch in ihrem Gefährdungsbereich begrenzen können, mit der Zerstörung der Haushälfte gerechnet; damit sei erwiesen, daß er den Tod der Zeugin billigend in Kauf genommen habe. – Das Rechtsmittel hatte Erfolg.

Gründe: Diese Ausführungen genügen hier nicht, den bedingten Tötungsvorsatz darzutun. Bei einer Gasexplosion, wie sie der Angeklagte ausgelöst hat, liegt es zwar nahe, daß der Täter eine erhebliche Gefährdung der zur Tatzeit anwesenden Bewohner des Hauses für möglich erachtet und billigend in Kauf nimmt. Jedoch bedarf die Billigung eines Todeserfolges im Hinblick auf die gegenüber der Tötung eines anderen Menschen bestehende hohe Hemmschwelle sorgfältiger Prüfung. Der Schluß auf den bedingten Tötungsvorsatz ist deshalb nur dann rechtsfehlerfrei, wenn der Tatrichter in seine Erwägungen auch alle die Umstände einbezogen hat, die eine derartige Folgerung in Frage stellen könnten. Die Urteilsgründe müssen erkennen lassen, daß eine solche Prüfung vorgenommen worden ist (u.a. BGH Urt. v. 11. 1. 1984 – 2 StR 615/83; Beschl. v. 21. 4. 1983 – 4 StR 154/83). Dem entspricht das angefochtene Urteil nicht. In ihm bleibt unerörtert, daß der Angeklagte der Zeugin H. nicht feindselig gesonnen, sondern ihr im Gegenteil freundschaftlich verbunden war. Ferner ist das Landgericht nicht darauf eingegangen, daß nach den von ihm als überzeugend gewerteten Darlegungen des Sachverständigen angesichts des Zusammenwirkens der Alkoholisierung des Angeklagten mit dem bei ihm vorgelegenen „präsuizidalen Syndrom" eine erhebliche Beeinträchtigung seiner Steuerungsfähigkeit nicht ausgeschlossen werden kann. Das hätte die Schwurgerichtskammer zu der Untersuchung veranlassen müssen, ob der Angeklagte trotz dieser Umstände sein Vorgehen für so gefährlich erachtet hat, daß sich hieraus für ihn auch die Erkenntnis einer möglichen Tötung der Zeugin ergeben und er diesen Erfolg billigend in Kauf genommen hat. Die Urteilsbegründung ist somit lückenhaft.

142. Angeklagter muß das Gericht nicht durch Angabe entlastender Umstände bei der Wahrheitsfindung unterstützen.

StPO § 261 – BGH Urt. v. 12. 6. 1986 – 4 StR 210/86 LG Arnsberg (= StV 1986, 421)

Die Revision rügt die Verletzung sachlichen Rechts.

Sachverhalt: Nach den Feststellungen hat der Angeklagte den damals siebenjährigen A. M. in der Zeit „von Ende 1984 bis zum 22. 3. 1985 bei mindestens vier verschiedenen Gelegenheiten, als sie allein im Gebäude (des Jugendzentrums in Arnsberg) waren, sexuell mißbraucht". Für die dem Angeklagten zur Last gelegte Tat – bei der die Tatzeiten der einzelnen Teilakte und teilweise auch der Tatort wenig bestimmt sind – gibt es keine objektiven Anhaltspunkte. Die Verurteilung des die Tat bestreitenden Angeklagten beruht ausschließlich auf den – durch keine sonstigen Umstände oder Beweismittel bestätigten – Angaben des zur Zeit der Hauptverhandlung achtjährigen A. M., den die psychologische Sachverständige allerdings für glaubwürdig befunden hat. Das Landgericht ist der Ansicht, der Junge habe den Angeklagten nicht zu Unrecht belastet. Es führt aus: „Für eine derartige Annahme hat auch der Angeklagte nicht einmal ansatzweise ein Motiv nennen können". Im Anschluß an die Ausführungen der Sachverständigen erklärt die Strafkammer sodann: „Es gibt kein Falschaussagemotiv". – Das Rechtsmittel hatte Erfolg.

Gründe: ...

2. Diese Beweiswürdigung des Landgericht begegnet durchgreifenden rechtlichen Bedenken. Zwar ist die Beweiswürdigung Sache des Tatrichters. Das Revisionsgericht hat aber auf die Sachrüge zu prüfen, ob dem Tatrichter hierbei Rechtsfehler unterlaufen sind. Das ist der Fall, wenn die Beweiswürdigung widersprüchlich, unklar oder lückenhaft ist oder gegen die Denkgesetze oder gesicherte Erfahrungssätze verstößt oder wenn an die zur Verurteilung erforderliche Gewißheit zu hohe Anforderungen gestellt worden sind (BGHSt. 10, 208, 209/210 [BGH Urt. v. 9. 2. 1957 – 2 StR 508/56; vgl. § 261 StPO erfolglose Rügen]; 25, 365, 367 [BGH Beschl. v. 29. 8. 1974 – 4 StR 171/74; vgl. § 261 StPO erfolgreiche Rügen]; 26, 56, 62[1]; 29, 18, 19/20 [BGH Beschl. v. 7. 6. 1979 – 4 StR 441/78; vgl. § 261 StPO erfolglose Rügen]; BGH NStZ 1982, 478, 479 [BGH Urt. v. 3. 8. 1982 – 1 StR 371/82; vgl. § 261 StPO erfolgreiche Rügen]; 1983, 277, 278 [BGH Urt. v. 3. 2. 1983 – 1 StR 823/82; vgl. § 261 StPO erfolglose Rügen]; VRS 24, 207, 210; 39, 103, 104/105; 63, 39, 40/41). Ein solcher Fall liegt hier vor:

Zunächst kann es dem Angeklagten nicht angelastet werden, daß er kein Motiv für eine Falschaussage genannt hat. Diese Bemerkung in den Urteilsgründen läßt besorgen, das Landgericht sei der Auffassung, der Angeklagte müsse sich entlasten und eine fehlende Entlastungsmöglichkeit müsse zu seinen Ungunsten ausschlagen. Den Angeklagten trifft jedoch niemals eine Beweislast; er ist nicht verpflichtet, das Gericht durch die Angabe entlastender Umstände bei seiner Pflicht, die Wahrheit zu erforschen, zu unterstützen.

Davon abgesehen ergibt sich aber aus den Urteilsgründen – entgegen der Ansicht des Landgericht – durchaus ein mögliches Motiv für eine Falschaussage des Kindes:

Der Angeklagte hatte A. M. am 22. 3. 1985 DM 3,– zum Kauf eines neuen Fahrradschlosses geschenkt. A. M. hatte sich von dem Geld statt dessen Süßigkeiten gekauft. Es ist danach nicht ausgeschlossen, daß der Junge Schwierigkeiten mit dem Angeklagten wegen der abredewidrigen Verwendung des erhaltenen Geldes befürchtete; denkbar ist auch, daß er deswegen Angst vor seiner Mutter hatte, die zunächst vermutete, er habe ihr Geld aus dem Portemonnaie entwendet, um sich Süßigkeiten zu kaufen. In diesem Zusammenhang könnte es auch von Bedeutung sein, daß der Junge erstmalig an diesem Tage, als er wegen des Kaufs von Süßigkeiten zur Rede gestellt wurde, behauptet hatte, der Angeklagte habe mit ihm „Schweinereien" gemacht. Es lag daher nicht außerhalb jeder Wahrscheinlichkeit, daß der Junge die Vornahme sexueller Handlungen durch den Angeklagten

---

1 „Das Kammergericht hat im einzelnen ausgeführt, aufgrund welcher Feststellungen und Schlußfolgerungen es seine Überzeugung gewonnen hat, daß die Betroffenen gegen § 38 Abs. 1 Nr. 1 i.V.m. § 1 GWB verstoßen haben. Dem Rechtsbeschwerdegericht ist es verwehrt, diese Beweiswürdigung durch seine eigene zu ersetzen und damit dem Tatrichter die Verantwortung für diesen Bereich abzunehmen (BGHSt. 10, 208, 210). Es hat auf die Sachrüge nur zu prüfen, ob die Beweiswürdigung rechtlich einwandfrei, das heißt frei von Widersprüchen, Unklarheiten und Verstößen gegen die Denkgesetze oder gesicherte Erfahrungssätze ist. Im übrigen muß es die tatrichterlichen Feststellungen und Schlußfolgerungen hinnehmen. Es könnte auch dann nicht eingreifen, wenn etwa bei gleichem Ausgangssachverhalt (hier gleicher Marktinformationsvertrag) der Tatrichter aufgrund möglicher unterschiedlicher tatsächlicher Folgerungen zu abweichenden rechtlichen Beurteilungen gelangt." (BGH Beschl. v. 29. 1. 1975 – KRB 4/74).

nur deswegen behauptet hatte, um von dem unerlaubten Kauf von Süßigkeiten abzulenken.

Hiermit hätte sich das Landgericht auseinandersetzen müssen, zumal der Verteidiger in seinem Hilfsbeweisantrag ausdrücklich darauf hingewiesen hatte, daß „A. M. verschiedene Gründe für den Erhalt der 3,- DM – einmal als Entgelt für die sexuellen Handlungen, einmal für den Kauf eines Schlosses – angegeben habe". In der Nichterörterung dieses Punktes und der statt dessen von der Strafkammer aufgestellten, vom Senat aber im Hinblick auf den übrigen Urteilsinhalt nicht ohne weiteres nachvollziehbaren Behauptung, es gebe kein Falschaussagemotiv, liegt ein sachlichrechtlicher Fehler, der die Aufhebung des Urteils zur Folge hat.

143. Bei der Verurteilung im Wege des Ausschlusses anderer möglicher Täter ist immer besondere Vorsicht erforderlich.

StPO § 261 – BGH Urt. v. 3. 6. 1986 – 1 StR 187/86 LG Augsburg (= StV 1986, 515)

Die Revision rügt die Verletzung sachlichen Rechts.

Sachverhalt: Das Landgericht hält den Angeklagten für überführt, am Abend des 22. 9. 1984 oder in der darauffolgenden Nacht seine Ehefrau und seine zwei (am 26. 4. 1981 u. am 25. 5. 1983 geborenen) Kinder im Verlauf eines nicht mehr aufklärbaren „Familiendrama(s) ungeheuren Ausmaßes" getötet zu haben. Seine – in handschriftlichen Aufzeichnungen niedergelegte – Darstellung, bei der abendlichen Rückkehr nach Hause habe er seine Ehefrau weinend auf der Couch, die Kinder – von der Frau umgebracht – tot in ihren Betten vorgefunden und darauf in Wut und Haß seine Ehefrau getötet, hält das Landgericht für widerlegt.

Zu der Feststellung, der Angeklagte habe seine Kinder getötet, gelangt das Landgericht dadurch, daß es „die Ehefrau ... als Täterin (ausschließt) mit der Folge, daß nur der Angeklagte der Täter sein kann"; die Täterschaft eines Dritten kommt nach den Umständen nicht in Betracht.

Ein (positives) Indiz für die Schuld des Angeklagten sieht das Schwurgericht nicht. Nur das Verhalten des Angeklagten gegenüber den Leichen seiner Kinder (die er, genauso wie die Leiche der Ehefrau, an verschiedenen Stellen in freier Landschaft unbekleidet niederlegte) sieht es als „Abrundung" seiner Feststellungen. – Das Rechtsmittel hatte Erfolg.

Gründe: ... Gegen ein solches Vorgehen im Rahmen der Beweiswürdigung ist im Grundsatz nichts einzuwenden; freilich erfordert eine Verurteilung im Wege des Ausschlusses anderer möglicher Täter stets besondere Vorsicht. Die Besonderheit des vorliegenden Falles liegt zudem darin, daß auch der „Ausschluß" der Ehefrau weniger auf exaktem Nachweis als auf den Annahmen und Schlüssen des Landgerichts beruht. Das mußte Anlaß zu sorgfältiger Überprüfung sein; insbesondere durfte die bei jeder Beweiswürdigung vorzunehmende Gesamtbetrachtung und Gesamtwürdigung nicht unterbleiben.

Das Landgericht erwähnt nicht, warum es mit der Prüfung, ob die Ehefrau die Täterin war, beginnt, diese Möglichkeit ausschließt und so die Täterschaft des Angeklagten für erwiesen hält. Gemessen an den vom Landgericht aufgeführten, ein gutes Verhältnis des Angeklagten zu seinen Kindern bezeugenden Umständen („die Sorge um die Kinder bestimmte sein Privatleben"; er verwendete „viel Freizeit auf den Umgang mit seinen Kindern"; die Familie war für ihn „sein ein und alles") spricht vieles dafür, eine in derselben Weise zunächst angestellte Prüfung, ob der Angeklagte als Täter ausgeschlossen sei, hätte gleichfalls zu diesem Ergebnis geführt, so daß in diesem Fall die Ehefrau als Täterin übrig geblieben wäre.

Das Landgericht hätte in diesem Fall sogar über ein nur „abrundendes" Indiz hinaus Umstände zur Verfügung gehabt, die eine Täterschaft der Ehefrau plausibel hätten erscheinen lassen können, insbesondere ihre Äußerungen darüber, wie sehr – bei aller Liebe – das „ekelhafte" Verhalten der Kinder sie „schnell auf 180 bringe" und „das Kind S. sie mit ihren Wutanfällen schaffe"; tatsächlich hatte Frau G. auf ärztliche Verordnung – aus welchem Anlaß, ist nicht festgestellt – ständig das Beruhigungsmittel Lexotanil eingenommen.

Ob sich das Landgericht der entscheidenden Bedeutung der von ihm gewählten Reihenfolge der Prüfung bewußt war, erscheint zweifelhaft. ...

5. Bei der zusammenfassenden Wertung, die Aufzeichnungen des Angeklagten seien nicht geeignet, Zweifel an dem Ausschluß der Täterschaft seiner Ehefrau zu erzeugen, bezeichnet es die Strafkammer als „sehr bemerkenswert", daß sich die Verteidigung der Verlesung dieser Briefe widersetzt und damit einen Beschluß nach § 238 Abs. 2 StPO erforderlich gemacht habe. Diese Einstellung – so das Landgericht – sei „aus prozeßtaktischer Sicht schlechthin unverständlich ... denn wenn die Briefe nicht in die Hauptverhandlung hätten eingeführt werden können oder überhaupt nicht geschrieben worden wären, dann hätte es der bisherigen umfangreichen Beweiswürdigung nicht bedurft, weil bei dem dann gegebenen Sachverhalt – drei von vier Familienmitgliedern getötet, das überlebende Familienmitglied flüchtig – die Frage der Täterschaft geradezu banal einfach gewesen wäre".

Das Landgericht sagt nicht, was es mit der Charakterisierung als „sehr bemerkenswert" ausdrücken will. Nach dem Zusammenhang liegt der Schluß nahe, es sehe auch hierin ein Indiz für die inhaltliche Unrichtigkeit jener Aufzeichnungen.

Abgesehen davon, daß es nicht ohne weiteres zulässig wäre, das Prozeßverhalten der Verteidigung im Rahmen der Beweiswürdigung zu verwerten, läßt die Strafkammer hierbei außer acht, daß die Aufzeichnungen ein Geständnis über die Tötung der Ehefrau enthalten und dieser Umstand die Verteidigung zu ihrem Verhalten veranlaßt haben kann, insbesondere aber, daß der Widerstand gegen die Verlesung auch ein Indiz für die inhaltliche Richtigkeit sein könnte; denn im Falle bewußter Falschdarstellung zum Zwecke der Selbstentlastung – im Hinblick auf eine gewollte oder für möglich gehaltene Kenntnisnahme durch andere – wäre es folgerichtig gewesen, daß der Angeklagte die Verlesung dieser Schriftstücke beantragt oder jedenfalls befürwortet hätte.

144. Das Revisionsgericht ist an Schlußfolgerungen des Tatrichters nicht gebunden, wenn deren Grundlagen nur in einer so losen Beziehung zur Tat stehen, daß sich das Ergebnis der Bewertung als bloße Vermutung erweist.

StPO § 261 – BGH Beschl. v. 25. 3. 1986 – 2 StR 115/86 LG Bonn (= NStZ 1986, 373)

Die Revision rügt die Verletzung sachlichen Rechts.

Sachverhalt: Der frühere Mitangeklagte R. mißhandelte das Tatopfer S. so schwer, daß dieses in ein tiefes Koma fiel. Anschließend versuchte R., um seine Tat zu verdecken, S. vom Balkon der im 1. Stock gelegenen Wohnung zu werfen. Als ihm das nicht gelang, forderte er die Angeklagte zur Mithilfe auf, wobei er ihr drohte: „Wenn Du mir nicht hilfst, bist Du die nächste, die rüberfliegt!" Die Angeklagte hatte zuvor keine Anstalten gemacht, sich gegen die offen diskutierte Tötung des S. aufzulehnen. Aus Angst, R. könne seine Wut auch an ihr auslassen, aber auch in der Erkenntnis, daß die Vortäuschung eines Unfalltodes die einzige Möglichkeit war, ihren Lebensgefährten vor einer Bestrafung zu schützen, kam sie der Aufforderung von R. nach und half diesem, den Bewußtlosen vom Balkon zu werfen. S. verstarb später an den Folgen der Mißhandlungen. Der Sturz vom Balkon führte zu keinen weiteren Verletzungen.

Das Landgericht hat die Angeklagte wegen Beihilfe zum versuchten Mord zu einer Freiheitsstrafe verurteilt.

Das Landgericht billigt der Angeklagten keinen entschuldigenden Notstand gemäß § 35 StGB zu. Es geht zwar davon aus, daß die Drohung von R. ernstgemeint war und ihr tatsächlich Gefahr für Leib und Leben drohte. Das Schwurgericht nimmt auch an, daß die Angeklagte erheblich eingeschüchtert war und dadurch veranlaßt wurde, sich an der Tat zu beteiligen, zumal R. sie früher bereits erheblich mißhandelt hatte. Einen entschuldigenden Notstand verneint es mit der Begründung, die Angeklagte habe sich vom Tatort entfernen und so außer Gefahr bringen können. Es seien auch keine Anhaltspunkte dafür ersichtlich, daß die Angeklagte irrig angenommen habe, die ihr drohende Gefahr nicht auf andere Weise abwenden zu können. Die Möglichkeiten, R. zunächst hinzuhalten und bei einer günstigen Gelegenheit zu fliehen oder beschwichtigend auf ihn einzuwirken, hätten sich der Angeklagten geradezu aufdrängen müssen. Nach Überzeugung der Kammer hätte sie diese Möglichkeiten auch erkannt, aber den Weg des geringsten Widerstandes eingeschlagen. An dieser Bewertung ändere auch die Tatsache nichts, daß sie erheblich angetrunken (2,4‰) und durch die Drohung von R. ebenso eingeschüchtert war, wie durch den wenige Stunden zuvor erhaltenen Schlag, mit dem R. sie zu Fall gebracht hatte. – Das Rechtsmittel hatte Erfolg.

Gründe: Diese Beweiswürdigung hält rechtlicher Überprüfung nicht stand.

Das Revisionsgericht ist zwar auch an solche Schlußfolgerungen des Tatrichters gebunden, die nicht zwingend, sondern nur möglich sind. Das gilt aber nicht, wenn die Grundlagen für diese Schlußfolgerungen nur in einer so losen Beziehung zur Tat stehen, daß sich das Ergebnis der Bewertung als bloße Vermutung erweist (vgl. BGH, NStZ 1981, 33 [BGH Urt. v. 2. 7. 1980 – 3 StR 204/80; vgl. § 261 StPO erfolgreiche Rügen]; Beschl. v. 7. 8. 1985 – 3 StR 302/85; v. 13. 2. 1985 – 2 StR 344/84; und v. 25. 9. 1984 – 1 StR 539/84).

Das Landgericht stützt sich vor allem darauf, die Angeklagte habe selbst zugegeben, Gelegenheit zum Verlassen der Wohnung gehabt zu haben, bevor R. sie unter Drohung zur Mitwirkung an der Tat aufforderte. Sie habe auch nicht behauptet, daß R. die übrigen anwesenden Personen später „in Schach gehalten" und niemanden erlaubt habe, den Tatort zu verlassen.

Diese Ausführungen rechtfertigen indessen nicht den Schluß, daß die Angeklagte in dem hier allein entscheidenden Augenblick, als R. versucht hatte, den bewußtlosen S. vom Balkon zu werfen, und sie nun unter Drohungen aufforderte, ihm zu helfen, sich diesem Ansinnen durch Flucht entziehen konnte. Die Annahme des Schwurgerichts, die erheblich angetrunkene Angeklagte, die in diesem Augenblick „wahnsinnige Angst vor R." hatte, hätte die Aufforderung mit einer Hinhaltetaktik beantworten können, findet in den Feststellungen keine Stütze. Die Ansicht, der Angeklagten „hätte sich der Versuch angeboten, beschwichtigend auf den Angeklagten R. einzuwirken", läßt sich mit den Feststellungen über das Tatgeschehen und die seelische Verfassung der Beteiligten nicht vereinbaren.

Die für das Schwurgericht „nachvollziehbare" Erklärung des Sachverständigen, die Angeklagte habe, wie schon so oft in ihrem Leben, den Weg des geringsten Widerstandes eingeschlagen, das entspreche ihrem Naturell, kann konkrete Feststellungen zum Tatgeschehen nicht ersetzen. ...

145. Für widerlegt erachtete Behauptungen eines Angeklagten dürfen nicht Grundlage oder Beweisanzeichen für eine Verurteilung sein.

StPO § 261 – BGH Beschl. v. 18. 3. 1986 – 5 StR 74/86 LG Stade (= NStZ 1986, 325 = StV 1986, 286)

Die Revision rügt die Verletzung materiellen Rechts.

Sachverhalt: Das Gericht hat zum Nachteil des Angeklagten berücksichtigt, daß seine Einlassung „in mehrfacher Hinsicht unplausibel, kaum verständlich und lückenhaft" ist, "im Lauf des Ermittlungsverfahrens mehrfach gewechselt" hat und "nicht von Anfang an als geschlossener Sachbericht gegeben" wurde, "sondern stückweise in Anpassung an die jeweilige Verfahrenssituation". Das Landgericht meint, diese Umstände seien "für einen wirklich Unschuldigen derart untypisch, daß die Einlassung unglaubhaft ist". – Das Rechtsmittel hatte Erfolg.

Gründe: Zu der Sachrüge hat der GBA ausgeführt:

"Wie der Aufbau des Urteils zweifelsfrei erweist, sind unter III 2 die Umstände dargelegt, die dem Tatrichter die Überzeugung von der Schuld des Angeklagten vermittelt haben; die Angaben des Mitangeklagten stellen unabhängig davon nur ‚eine weitere schwerwiegende Belastung' des Beschwerdeführers dar. Zu seinem Nachteil wird demgemäß auch berücksichtigt, daß seine Einlassung ‚in mehrfacher Hinsicht unplausibel, kaum verständlich und lückenhaft' ist, ‚im Lauf des Ermittlungsverfahrens mehrfach gewechselt' hat und ‚nicht von Anfang an als geschlossener Sachbericht gegeben' wurde, ‚sondern stückweise in Anpassung an die jeweilige Verfahrenssituation'. Das Landgericht meint, diese Umstände seien ‚für einen wirklich Unschuldigen derart untypisch, daß die Einlassung unglaubhaft ist'.

Schon diese Erwägungen wecken durchgreifende Rechtsbedenken. Es liegt auf der Hand, daß für widerlegt erachtete Behauptungen eines Angeklagten nicht Grundlage oder Beweisanzeichen für eine Verurteilung sein können, ähnlich wie das Scheitern eines Alibis noch kein Indiz für seine Schuld ist. Lügen des Angeklagten lassen sich nur mit Vorsicht als Beweisanzeichen für strafrechtliche Schuld verwerten, weil auch ein Unschuldiger vor Gericht Zuflucht zur Lüge nehmen kann und ein solches Verhalten nicht ohne weiteres tragfähige Rückschlüsse darauf gestattet, was sich in Wirklichkeit ereignet hat (BGH, StV 1985, 356, 357 [BGH Urt. v. 13. 3. 1985 – 3 StR 15/85; vgl. § 261 StPO erfolgreiche Rügen]; vgl. Senat Urt. v. 24. 9. 1963 – 5 StR 330/63 [vgl. § 261 StPO erfolgreiche Rügen] und v. 12. 1. 1982 – 5 StR 745/81[1] = StV 1982, 158, 159). Dies hat das Landgericht verkannt. Im übrigen sieht es die Einlassung des Angeklagten nur in einem Punkt als durch Zeugenaussage widerlegt an, während die weiteren von ihm benannten Alibizeugen nicht ‚in der Lage waren, seine Anwesenheit zur tatkritischen Zeit sicher auszuschließen' (vgl. BGHSt. 25, 285 [287] [BGH Urt. v. 13. 2. 1974 – 2 StR 552/73; vgl. § 261 StPO erfolgreiche Rügen]).

Darüber hinaus sind die gegen die Richtigkeit der Einlassung vom Tatrichter angestellten Überlegungen auch in sich nicht bedenkenfrei. Die Strafkammer verwertet gegen den Angeklagten, daß bestimmte ‚Alibiangaben erstmals mit Schreiben des Verteidigers vom 15. 3. 1985, also fast 2 Monate nach der Festnahme gemacht wurden'. Sie geht dabei daran vorbei, daß der Beschwerdeführer seinerzeit ‚nach Belehrung die Aussage ... verweigert hatte'. Ob er sich vor dem genannten Tage – etwa vor dem Haftrichter – bereits zur Sache eingelassen hatte, teilt das Urteil nicht mit. Dies rechtfertigt die Besorgnis, das Landgericht habe unzulässigerweise aus dem Schweigen des Angeklagten ihm nachteilige

---

[1] „Ein mißglückter Alibibeweis mag ungeeignet sein, die anderweit gewonnene Überzeugung des Tatrichters von der Täterschaft des Angeklagten zu erschüttern. Indessen läßt sich aus einem fehlgeschlagenen Alibibeweis nichts ‚für eine Täterschaft des Angeklagten' herleiten, wie es das Landgericht tut. Schenkt der Tatrichter, wie im vorliegenden Falle, dem Alibizeugen keinen Glauben, so ist damit zwar eine Verteidigungsmöglichkeit des Angeklagten gescheitert. Dieser Fehlschlag kann aber für sich allein, das heißt ohne Rücksicht auf seine Gründe und Begleitumstände, kein Beweisanzeichen für die Täterschaft abgeben. Daß der Angeklagte etwa versucht habe, den Beweis bewußtermaßen mit einem falschen Beweismittel zu führen, stellt die Strafkammer nicht fest. Ein bloßes Vergreifen im Ausdruck liegt nach dem Zusammenhang der Beweiswürdigung fern. Das Urteil mußte daher auf die vom Angeklagten erhobene Sachrüge aufgehoben werden." (BGH Urt. v. 12. 1. 1982 – 5 StR 745/81)

Schlüsse gezogen (vgl. BGHSt. 20, 281 [BGH Urt. v. 26. 10. 1965 – 5 StR 515/65; vgl. § 261 StPO erfolgreiche Rügen]; BGH, StV 1984, 143[1]). ...

Bei dieser Sachlage ist nicht auszuschließen, daß der Schuldspruch auf rechtsfehlerhaften Erwägungen gründet; dies nötigt zur Aufhebung der Entscheidung, soweit es den Beschwerdeführer betrifft, ohne daß es auf das sonstige Revisionsvorbringen noch ankäme."

Diesen Ausführungen tritt der Senat im Ergebnis bei.

146. Unzulässige Überschreitung der Grenzen freier Überzeugungsbildung, wenn das Urteil die verlesene Aussage eines kommissarisch vernommenen Zeugen oder den Wortlaut einer verlesenen Urkunde falsch wiedergibt.

StPO § 261 – BGH Urt. v. 20. 2. 1986 – 4 StR 684/85 (= NStZ 1987, 18 = MDR 1986, 625)

Die Revision der Staatsanwaltschaft rügt, das Landgericht sei von dem tatsächlichen Inhalt einer verlesenen Zeugenaussage abgewichen und habe dieser in den Urteilsgründen einen eindeutig anderen Inhalt gegeben.

Sachverhalt: Das Landgericht hatte den Angeklagten vom Vorwurf des schweren Raubes zum Nachteil des eines Tunesiers freigesprochen, weil es – nach der im Wege der Rechtshilfe erfolgten Vernehmung des Tunesiers – nicht die Überzeugung hatte gewinnen können, daß die Straftat tatsächlich geschehen sei. Das Landgericht ist bei seinen Feststellungen von dem tatsächlichen Inhalt der verlesenen Zeugenaussage abgewichen und hat dieser in den Urteilsgründen einen eindeutig anderen Inhalt gegeben. Es hat einem in Wahrheit nicht vorhandenen Widerspruch in der Aussage des Zeugen zur Beurteilung seiner Glaubwürdigkeit wesentliche Bedeutung beigemessen. Erst wegen dieser angenommenen Widersprüche hat das Landgericht Zweifel an der Aussagetüchtigkeit des Zeugen angemeldet; daß der Zeuge nicht aussagetüchtig gewesen ist, ergibt sich aus der Vernehmungsniederschrift nicht. – Das Rechtsmittel hatte Erfolg.

Gründe: „... Ohne Rekonstruktion der Beweisaufnahme kann hier der Nachweis geführt werden, daß die im Urteil getroffenen Feststellungen nicht durch die in der Hauptverhandlung verwendeten Beweismittel und auch sonst nicht aus den zum Inbegriff der Verhandlung gehörenden Vorgängen gewonnen worden sind. Dem Tatgericht sind bei der ihm nach § 261 StPO eingeräumten Freiheit in der Überzeugungsbildung Grenzen gesetzt. Der BGH hat ausgeführt, daß diese Grenzen überschritten sind, wenn das Urteil die Aussage eines kommissarisch vernommenen Zeugen, die in der Hauptverhandlung verlesen wurde, oder den Wortlaut einer verlesenen Urkunde falsch wiedergibt, oder die Urkunde entgegen den Urteilsfeststellungen einen eindeutig anderen Inhalt hat. Keinen Erfolg kann die Rüge nach § 261 StPO dagegen mit der Behauptung haben, ein Zeuge habe anders ausgesagt oder eine Vertragsurkunde sei nicht richtig ausgelegt worden. Entscheidend ist somit, ob der innere Vorgang der Überzeugungsbildung des Gerichts die notwendige äußere Grundlage hat. Beruht daher die tatrichterliche Überzeugungsbildung hinsichtlich eines bestimmten Umstandes ausschließlich auf der Verlesung der Niederschrift über eine Aussage, so darf und muß das Revisionsgericht der Rüge, die der Feststellung des betreffenden Umstands allein zugrunde liegende Niederschrift habe einen anderen als den im Urteil dargestellten Inhalt, nachgehen. Dann ist es nämlich für das Revisionsgericht offensichtlich, daß der Tatrichter eine nicht gemachte Aussage gewürdigt hat."

---

1 „Wie sich aus dem angefochtenen Urteil ergibt, hat die Strafkammer es im Rahmen der Beweisanzeichen verwertet, daß dieser, nach dem er vorher von seinem Recht zu schweigen Gebrauch gemacht hatte, länger als ein halbes Jahr nach der Tat erstmals vortragen ließ, er habe sich lediglich gegen einen Angriff des H., gewehrt. Damit hat sie aus dem zulässigen Schweigen des Angeklagten eine diesem nachteilige Schlußfolgerung gezogen, die eine unzulässige Einschränkung des Rechts eines jeden Beschuldigten, nicht zur Sache auszusagen." (BGH Beschl. v. 7. 12. 1983 – 3 StR 484/83).

147. Gebot äußerster Vorsicht bei der Beweiswürdigung wenn die Zahl der Zwischenglieder in der Beweisführung wächst (vgl. BGHSt. 17, 382, 385 [vgl. § 261 StPO erfolglose Rügen]).

StPO § 261 – BGH Urt. v. 5. 2. 1986 – 3 StR 477/85 OLG Stuttgart (= BGHSt. 34, 15 = NJW 1986, 1766)

Die Revision rügt die Verletzung sachlichen Rechts.

Sachverhalt: Das Oberlandesgericht hat den Angeklagten wegen geheimdienstlicher Agententätigkeit verurteilt. Es stützt die Verurteilung hauptsächlich auf Bekundungen des Zeugen M., eines Beamten des Bundesamtes für Verfassungsschutz, durch dessen Aussage eine Zusammenstellung von Hinweisen in die Hauptverhandlung eingeführt wurde, die ein befreundeter ausländischer Nachrichtendienst – um welchen Dienst es sich handelt, ist dem Tatgericht nach den Urteilsfeststellungen nicht bekannt – dem Bundesamt für Verfassungsschutz zugeleitet hat. Diese Zusammenstellung faßt eine ganze Reihe von Einzelmeldungen zusammen, die dem befreundeten Nachrichtendienst im Laufe von sechs Jahren von einem als „Quelle" bezeichneten Gewährsmann zugegangen waren; jeweiliger Zeitpunkt sowie die Reihenfolge des Eingangs der Einzelmeldungen bei dem befreundeten Dienst sind nicht bekannt. Der Name des Angeklagten wird in der Zusammenstellung nicht genannt. Einzelne dieser insgesamt acht Meldungen enthalten Hinweise auf das Industrieunternehmen, in dem die Zielperson arbeitet, auf deren Funktion innerhalb des Unternehmens, ihre Zugangsmöglichkeiten zu nachrichtendienstlich interessanten Unterlagen sowie auf sonstige Besonderheiten, die auf den Angeklagten hindeuten, ohne daß in der jeweiligen Einzelmeldung selbst behauptet wird, die Zielperson sei als Agent tätig. Andere der Einzelmeldungen enthalten Hinweise darauf, daß eine – in dieser Meldung selbst nicht näher umschriebene – Person Agent sei. In einer der Einzelmeldungen sind sowohl zur Identifizierung des Angeklagten als Zielperson geeignete Hinweise wie auch die Mitteilung enthalten, daß es sich bei ihr um einen wertvollen Agenten handele.

Die in der Zusammenstellung – die der befreundete Nachrichtendienst aus den acht Einzelmeldungen zusammengefügt und dem Bundesamt für Verfassungsschutz übermittelt hat – genannten Merkmale weisen – so das Oberlandesgericht – „in ihrer Summe eindeutig und unverwechselbar auf den Angeklagten als den dort beschriebenen Agenten des KGB hin". Nach der auf die Bekundungen des Zeugen M. gestützten Überzeugung des Oberlandesgerichts war die „Quelle" in der Zentrale des sowjetischen Nachrichtendienstes KGB in Moskau tätig und hatte auf Grund der ihr dort obliegenden Aufgaben in einer bestimmten Spionageabteilung unmittelbar Zugang zu den dort vorliegenden und in den Einzelmeldungen mitgeteilten Informationen. Sie wurde mit dem Auftrag, im Westen tätige Agenten des KGB zu enttarnen, von dem befreundeten Nachrichtendienst geführt. Ihre Mitteilungen ermöglichen nach Bekundung des Zeugen M. die Enttarnung einer Reihe von KGB-Agenten, auch außerhalb der Bundesrepublik, darunter die des M. R. Für die Richtigkeit der ihr von dem befreundeten Nachrichtendienst übermittelten „Quellenmeldung" stützt sich das Oberlandesgericht darauf, daß die „Quelle" von Moskau aus Hinweise auf den ihr weder persönlich noch namentlich bekannten Angeklagten geben konnte, die dessen Identifizierung ermöglicht haben, daß Anhaltspunkte für ein Komplott oder eine Intrige gegen den Angeklagten nicht ersichtlich sind und daß der Zeuge M. erklärt hat, auf Grund der ihm über die „Quelle" bekanntgewordenen Fakten schließe er aus, daß diese falsch berichtet habe. Die Zuverlässigkeit der „Quelle" sieht das Oberlandesgericht auch dadurch bestätigt, daß diese in vergleichbarer Weise den Zeugen M. R. als KGB-Agenten bezeichnet habe, eine Meldung, die sich im Kern als richtig erwiesen habe, und daß ihre Meldungen noch in einer Reihe weiterer Fälle zur Enttarnung von KGB-Agenten geführt hätten.

Über die „Quellenmeldung" und die sie ergänzenden Bekundungen des Zeugen M. hinaus stützt sich das Oberlandesgericht – als weitere gewichtige Beweisanzeichen für eine

Agententätigkeit des Angeklagten – auf zwei Funde, die bei einer Durchsuchung der Wohnung des Angeklagten gemacht wurden, nämlich den eines Kofferradiogerätes sowie den eines Stadtplans von Basel. Das – neben einem weiteren Radiogerät – bei dem Angeklagten vorgefundene Kofferradiogerät zeichnet sich aus durch besonders gespreizte Frequenzbänder im Kurzwellenbereich, der von östlichen Nachrichtendiensten für einseitigen Agentenfunk benutzt wird. Einen einleuchtenden Grund für den Kauf dieses Spezialgeräts hat der Angeklagte nicht genannt; seine Einlassungen hierzu wechselten vielmehr und waren nicht überzeugend. Auch ist das Oberlandesgericht davon überzeugt, daß auf dem beim Angeklagten gefundenen Stadtplan von Basel vorhandene Markierungen konspirative Treffpunkte kennzeichnen. Die Einlassung des Angeklagten, seine verstorbene erste Ehefrau müsse diese Markierungen vorgenommen haben, hält es auf Grund bestimmter Beweisanzeichen für widerlegt. – Das Rechtsmittel hatte Erfolg.

Gründe: Der Senat verkennt nicht, daß die Beweisführung des Oberlandesgerichts Umstände aufzeigt, die geeignet sind, den Angeklagten zu belasten. Ersichtlich ging es auch von den Grundsätzen der Rechtsprechung aus, wonach der Beweiswert des vom Tatrichter unmittelbar benutzten Beweismittels (hier: des Zeugen M.) besonders kritisch zu prüfen ist, soweit damit Angaben einer im Hintergrund bleibenden anonymen Person (hier: der „Quelle") eingeführt werden, und daß eine Verurteilung auf in solch mittelbarer Weise erhobene Erkenntnisse nur dann gestützt werden darf, wenn sie durch andere nach der Überzeugung des Tatrichters wichtige Beweisanzeichen bestätigt werden.

Die Urteilsgründe lassen jedoch besorgen, daß sich das Oberlandesgericht nicht hinreichend der rechtlichen Grenzen bewußt war, die seiner Überzeugungsbildung durch die Besonderheiten gerade des vorliegenden Falles gezogen sind. Muß der Tatrichter schon immer dann, wenn er den eigentlichen Wissensträger selbst nicht als Zeugen vernehmen kann, und um so mehr, wenn dieser anonym bleibt, den Beweiswert des von ihm benutzten Beweismittels besonders kritisch überprüfen, sich der Grenzen seiner Überzeugungsbildung bewußt sein, sie wahren und dies in den Urteilsbegründungen zum Ausdruck bringen (BGHSt. 17, 382, 385/386 [BGH Urt. v. 1. 8. 1962 – 3 StR 28/62; vgl. § 261 StPO erfolglose Rügen]; BVerfGE 57, 252, 292/293) sowie andere wichtige Anhaltspunkte mit heranziehen (BGH a.a.O.; BGHSt. 33, 83, 87/88 [BGH Urt. v. 5. 12. 1984 – 2 StR 526/84; vgl. § 251 StPO erfolgreiche Rügen]; 33, 178, 181/182 [BGH Urt. v. 16. 4. 1985 – 5 StR 718/84; vgl. §§ 96, 261 StPO erfolglose Rügen]; vgl. auch BGHSt. 33, 70, 75 [BGH Urt. v. 14. 11. 1984 – 3 StR 418/84; vgl. § 251 StPO erfolglose Rügen]), so gilt das Gebot äußerster Vorsicht bei der Beweiswürdigung in besonderem Maße, wenn, wie hier, die Zahl der Zwischenglieder in der Beweisführung wächst (vgl. BGHSt. 17, 382, 385).

Die Beweislage, von der aus das Oberlandesgericht sich eine Überzeugung von der Täterschaft des Angeklagten bilden mußte, unterscheidet sich wesentlich von der in den Fällen, die der bisherigen Rechtsprechung des Bundesgerichtshofs zur Zulässigkeit der Verwertung belastender Angaben in der Hauptverhandlung nicht auftretender Zeugen zugrunde liegen. In der Regel hatten die Vernehmungsbeamten oder sonstigen Zeugen, die in der Hauptverhandlung vernommen wurden, einen persönlichen Eindruck von dem im Hintergrund bleibenden Gewährsmann. Sie hatten ihn entweder selbst vernommen oder kannten ihn aus einer Zusammenarbeit im Rahmen ihrer dienstlichen Aufgaben. In solchen Fällen ist der Tatrichter eher in der Lage, zu den Grundlagen vorzustoßen, auf die der von ihm vernommene Zeuge seine Bekundungen stützt, und sie damit auf ihre Richtigkeit zu überprüfen. Ganz anders hier. Der Zeuge M. konnte dem Oberlandesgericht den Inhalt der aus Einzelmeldungen der Quelle in dem befreundeten Nachrichtendienst zusammengestellten „en-bloc-Meldung" und die Kenntnis von einer Doppelfunktion der „Quelle" vermitteln. Er konnte ihm darüber hinaus die für die persönliche Glaubwürdigkeit dieses Gewährsmannes sowie für die Richtigkeit seiner Darstellung nicht bedeutungslose Tatsache mitteilen, daß dessen Hinweise in anderen Fällen zum Erfolg geführt hatten. Dagegen konnte er dem Tatgericht ersichtlich nicht die Kenntnis davon verschaffen, auf welche eigenen oder fremden Erkenntnisse die Gewährsperson des befreundeten Nachrichtendienstes, die sogenannte „Quelle", ihre Mitteilungen stützte. Die Beweiswürdigung legt die Annahme nahe, läßt jedenfalls die Möglichkeit offen, daß dieser Gewährsmann nicht aus Kenntnissen schöpfte, die er durch unmittelbare eigene dienstliche Befassung, etwa mit der nachrichtendienstlichen Führung der Zielperson, erlangt hatte, sondern daß er sich auf Unterlagen stützte, deren Inhalt und Zustandekommen nicht bekannt sind.

Die Verwertung belastender Mitteilungen einer solchen Gewährsperson im Strafprozeß birgt erhebliche Gefahren für die Wahrheitsfindung in sich. Sie sind durch die Mittelbarkeit der Beweisführung bedingt, die Fehlermöglichkeiten in der angezeigten Richtung offenläßt. Hier kommt hinzu, daß „die in der Quellenmeldung genannten Merkmale", die nach Auffassung des Oberlandesgerichts „in ihrer Summe eindeutig und unverwechselbar auf den Angeklagten als den dort beschriebenen Agenten des KGB" hinweisen, dem befreundeten Nachrichtendienst nicht als geschlossene Gesamtmeldung, als welche das Oberlandesgericht sie ersichtlich wertet, zugegangen sind und daß aus der Mehrzahl der Einzelmeldungen, soweit sie wiedergegeben sind, nicht hervorgeht, daß und wieso sie sich auf dieselbe Person beziehen, weil der Kontext, in dem sie dem bezeichneten Dienst zugegangen sind, nicht aufgedeckt, das heißt die Ursprungsmeldungen nicht in ihren (möglicherweise) auf den Angeklagten hindeutenden Teilen mitgeteilt worden sind.

In einem solchen Falle steht der Tatrichter vor der Schwierigkeit, daß er sich keinen persönlichen Eindruck von der Glaubwürdigkeit des für ihn unerreichbaren anonymen Gewährsmannes verschaffen kann – und zwar auch nicht mittels des von ihm vernommenen Zeugen, der diesen Gewährsmann selbst nicht kennt – und daß er bei der Art und Weise, wie die nachrichtendienstlichen Meldungen über den befreundeten Nachrichtendienst an das Bundesamt für Verfassungsschutz gelangt sind, mit gefährlichen Irrtümern in einer oder mehreren der verschiedenen Zwischenstationen rechnen muß. Je weiter das vom Tatrichter unmittelbar benutzte Beweismittel von der eigentlichen Erkenntnisquelle entfernt ist und je geringer die Möglichkeit ist, die mehreren Zwischenglieder auf ihre Zuverlässigkeit zu überprüfen, desto vielfältiger sind die Fehlermöglichkeiten und desto wichtiger ist es, daß er sich der durch die Beweisferne bedingten Schwäche des in der Hauptverhandlung verwendeten Beweismittels bewußt ist und daß er dabei auch nicht ohne weiteres von der Zuverlässigkeit der Ermittlungs-, Auswertungs- und Übermittlungstätigkeit der beteiligten nachrichtendienstlichen Apparate ausgeht. Die Erwägung, irgendein Anhaltspunkt für ein Komplott oder eine Intrige gegen den Angeklagten sei nicht vorhanden, genügt diesen Anforderungen nicht.

Dieser rechtliche Mangel der Beweiswürdigung bezieht sich auf das den Angeklagten nach Auffassung des Tatrichters am stärksten belastende Indiz, nämlich eine nach seiner Bewertung aus der KGB-Zentrale gegebene Mitteilung eines nachrichtendienstlichen Gewährsmannes des befreundeten Nachrichtendienstes, die Zielperson (der Angeklagte) sei Agent des sowjetischen Nachrichtendienstes. Damit entfällt die Grundlage für die Schuldfeststellung. Das angefochtene Urteil kann daher keinen Bestand haben.

148. Der Tatrichter darf wesentliche Feststellungen für eine Verurteilung nicht auf eine Einlassung des Angeklagten stützen, von der er nicht überzeugt ist.

StPO § 261 – BGH Urt. v. 22. 1. 1986 – 3 StR 474/85 LG Itzehoe (= StV 1987, 378)

Die Revision rügt die Verletzung sachlichen Rechts.

Sachverhalt: Das Landgericht hat festgestellt, daß der Angeklagte den Tod der fünfjährigen N. H. herbeigeführt hat. Folgenden Tatablauf legt es seiner Entscheidung zugrunde: Der Angeklagte habe mit N. gespielt. Als sein Hund mit einer Abfalltüte im Maul ins Wohnzimmer gekommen sei, sei er in Wut geraten und habe, „teils um das Spiel mit N. zu beenden, teils um seinen Ärger abzureagieren", einen bei dem Spiel locker um das Gesicht des Kindes liegenden Schal, der dabei um den Hals gerutscht sei, „mit einem starken Ruck" fest zugezogen. Nachdem er nach Beseitigung der Müllreste nach 3 Minuten ins Wohnzimmer zurückgekehrt sei, habe N. geröchelt. Der Angeklagte habe den Schal gelöst, aber keine Hilfe geholt, „weil er auf Grund seines vorangegangenen Verhaltens dem Kinde gegenüber große Unannehmlichkeiten und Strafverfolgung" befürchtete, insbesondere auch angenommen habe, daß „man ihn verdächtigen würde, an N. sexuelle Handlungen vorgenommen zu haben". Um „derartige Schwierigkeiten" zu vermeiden, habe er mit Tötungsvorsatz an beiden Enden des Schales die um den Hals des Kindes befindliche Schlinge solange zugezogen, bis der Tod eingetreten sei. Der Angeklagte habe beabsichtigt, durch die Tötung „zumindest" die fahrlässige Körperverletzung durch das erste Zuziehen des Schales zu verdecken. – Das Rechtsmittel hatte Erfolg.

Gründe: Der Schuldspruch wegen Mordes hält der rechtlichen Nachprüfung nicht stand, weil es an einwandfreien Feststellungen zum Tatgeschehen fehlt. Das Landgericht behauptet zwar, es habe Feststellungen getroffen, die zum äußeren Tathergang und zur inneren Tatseite im wesentlichen auf dem glaubhaften Geständnis des Angeklagten beruhten. Es gibt aber zugleich zu erkennen, daß es sich von dem Sachverhalt, von dem es ausgeht, nicht überzeugt hat, sondern daß er sich hinsichtlich des Tatablaufs und der Motivation des Angeklagten für sein Verhalten in Wirklichkeit auch ganz anders entwickelt haben kann. Die Strafkammer hebt nämlich hervor, sie halte es für möglich, ja sogar für wahrscheinlich, daß dem ersten Zuziehen des Schals sexuelle Handlungen an dem Kind vorausgegangen sein könnten, die den Angeklagten hätten befürchten lassen, strafbarer Handlungen bezichtigt zu werden und Ärger zu bekommen. Sie meint jedoch, die Hauptverhandlung habe hierzu keine sichere Erkenntnis ermöglicht. Deshalb geht sie insoweit „nur" von der vom Angeklagten gegebenen Darstellung „zu seinen Gunsten", aus, mit der Folge seiner Verurteilung zu lebenslanger Freiheitsstrafe.

Das ist unzulässig. Der Tatrichter darf wesentliche Feststellungen für eine Verurteilung nicht auf eine Einlassung des Angeklagten stützen, von der er nicht überzeugt ist. Angaben eines Angeklagten, für deren Richtigkeit oder Unrichtigkeit es keine Beweise gibt, hat der Tatrichter auf der Grundlage des gesamten Beweisergebnisses zu würdigen und zu prüfen, inwieweit sie geeignet sind, seine Überzeugungsbildung zu beeinflussen. Es kann allerdings Fälle geben, in denen er sich nur deshalb nicht von dem Vorliegen eines einzigen Geschehensablaufs überzeugen kann, weil mehrere nach demselben Straftatbestand strafbare Sachverhaltsalternativen in Betracht kommen. So mag es hier sein. Dann muß der Tatrichter aber die wahldeutige Tatsachengrundlage feststellen. Die Urteilsgründe müssen in einem solchen Fall anstelle der für erwiesen erachteten Tatsachen, in denen die Merkmale der strafbaren Handlung gefunden werden, den äußeren und inneren Sachverhalt der Verhaltensweisen schildern, die nach Überzeugung des Gerichts allein in Betracht kommen; andere Möglichkeiten müssen sicher ausgeschlossen sein (BGHSt. 29, 283 [BGH Urt. v. 10. 6. 1980 – 5 StR 464/79; vgl. § 338 Nr. 1 erfolglose Rügen]; BGH bei Pfeiffer/Miebach NStZ 1984, 17 Nr. 19[1] und NStZ 1983, 358 Nr. 30[2]). Auch hinsichtlich verschiedener Mordmerkmale, zum Beispiel Mord zur Befriedigung des Geschlechtstrie-

---

1 Doch hat der Tatrichter, wenn mehrere Möglichkeiten gleichermaßen in Betracht kommen, sich auch mit den Möglichkeiten auseinanderzusetzen, die nach Sachlage mit den festgestellten Beweistatsachen nicht weniger gut zu vereinbaren sind als die von ihm für erwiesen erachtete Möglichkeit (BGH Beschl. v. 19. 5. 1983 – 1 StR 640/82).
2 Läßt eine Tatsache oder ein Tatsachenkomplex mehrere verschiedene Deutungen zu, darf sich der Tatrichter nur dann für eine von ihnen entscheiden, wenn er die übrigen in seine Überlegungen miteinbezogen und sich mit ihnen auseinandergesetzt hat (BGH Beschl. v. 21. 6. 1982 – 4 StR 299/82).

bes, sonst aus niedrigen Beweggründen oder um eine andere Straftat zu verdecken, ist Tatsachenalternativität denkbar (BGHSt. 22, 12).

Der Senat kann der angefochtenen Entscheidung die Grundlage für eine Verurteilung wegen Mordes auf zulässiger wahldeutiger Grundlage nicht sicher entnehmen. Es ist weder zur inneren noch zur äußeren Tatseite klar, welche Möglichkeiten in die alternative Tatsachengrundlage einzubeziehen sind. Da der Angeklagte bei dem ersten Zuziehen des Schales aus Wut und Ärger und mit „Brutalität" handelte, muß nach den bisherigen Angaben im angefochtenen Urteil auch erwogen werden, ob er nicht schon dadurch den Tod des Kindes herbeigeführt hat. Wenn die Strafkammer das in der neuen Verhandlung nicht ausschließen und strafbares Verhalten des Angeklagten bis zu diesem Zeitpunkt nicht feststellen kann, kommt je nach der Willensrichtung, mit der der Angeklagte handelte, auch eine Tötung, die nicht die Mordmerkmale erfüllt, oder eine Körperverletzung mit Todesfolge in Betracht.

Zu bemerken bleibt, daß selbst nach dem Sachverhalt, von dem das Landgericht ausgeht, unklar ist, von welcher Motivation die Tötungshandlung des Angeklagten getragen war. Die Urteilsstellen, die sich damit befassen, machen nicht deutlich, ob er mit der Tötung des Kindes beabsichtigte, eine Verfolgung sowohl wegen nicht vorgenommener sexueller Handlungen als auch wegen einer tatsächlich begangenen Körperverletzung zu verhindern, oder ob etwa allein die Gefahr oder Befürchtung, zu Unrecht eines Sexualdelikts beschuldigt zu werden, für ihn motivierend war. Seine Einlassung, er habe sich wegen der „zu erwartenden Verdächtigungen", also nicht wegen nicht begangener sexueller Handlungen, entschlossen, das Kind endgültig zum Schweigen zu bringen, ist im übrigen nicht widerlegt. Die Absicht, allein eine Verfolgung wegen einer nicht verübten Straftat zu vermeiden, mag eine Tötung aus niedrigem Beweggrund sein; eine Tötung zur Verdeckung einer Straftat ist es nicht.

149. Die Beweiswürdigung ist fehlerhaft, wenn das Gericht einerseits keinen Zweifel an der Glaubwürdigkeit einer Belastungszeugin hat, andererseits aber trotz deren Aussage teilweise freispricht.

StPO § 261 – BGH Beschl. v. 23. 7. 1985 – 5 StR 374/85 LG Berlin (= StV 1986, 236)

Die Revision rügt die Verletzung sachlichen Rechts.

Sachverhalt: Das Landgericht leitet die Beweiswürdigung mit dem Satz ein, in der Hauptverhandlung seien „keine Anhaltspunkte ersichtlich geworden, die Zweifel an der Glaubwürdigkeit der Zeugin hätten aufkommen lassen können" und fügt abschließend hinzu, das Gericht habe „keinen Anlaß gehabt, die Glaubwürdigkeit der Zeugin in Zweifel zu ziehen". Das Gericht hat den Angeklagten gleichzeitig von weiteren Vorwürfen freigesprochen, die diese Zeugin in demselben Zusammenhang und im selben Verfahren gegen den Angeklagten erhoben hatte. – Das Rechtsmittel hatte Erfolg.

Gründe: Das verträgt sich nicht mit der gleichzeitigen Freisprechung des Angeklagten von weiteren Vorwürfen, die diese Zeugin in demselben Zusammenhang und im selben Verfahren gegen den Angeklagten erhoben hatte. Weitere Anhaltspunkte, die dem Landgericht gleichfalls nicht nur Anlaß zu Zweifeln geben mußten sondern auch gegeben haben, führt das Urteil selbst an (so u.a. die Zuschiebung der dem Angeklagten jetzt vorgeworfenen Taten auf den Zeugen Z., der, vorübergehend inhaftiert, erst nach Monaten freigesprochen wurde). Dadurch, daß zahlreiche im Urteil angesprochene oder angedeutete Umstände, die gegen die Glaubwürdigkeit der Zeugin sprechen konnten, nicht einmal als „Anhaltspunkte" bezeichnet wurden, ließ sich eine gründliche, vor allem in sich verständliche Beweiswürdigung nicht ersetzen.

150. Aus dem Umstand, daß der Angeklagte sich bei früheren Vernehmungen nicht zur Sache eingelassen, insbesondere keine Angaben zu seinem Alibi gemacht hat, darf das Gericht keine ihm nachteilige Schlußfolgerung ziehen.

StPO § 261 – BGH Beschl. v. 4. 7. 1985 – 4 StR 349/85 LG Münster (= StV 1985, 401)

Die Revision rügt die Verletzung sachlichen Rechts.

Sachverhalt: Der Angeklagte wurde nach seiner Festnahme polizeilich vernommen. Bei dieser Vernehmung „gab er zu Protokoll, daß er sich zu den gegen ihn erhobenen Vorwürfen nicht äußern, sondern zunächst mit einem RA Rücksprache nehmen wolle". Bei der anschließenden Vernehmung durch die Haftrichterin erklärte er, nachdem er umfassend über die Angaben des Belastungszeugen H. P. unterrichtet worden war, die gegen ihn erhobenen Beschuldigungen seien nicht richtig, im übrigen beziehe er sich auf seine Angaben bei der Polizei. Erst nach etwa einem Monat nahm er in einem Schriftsatz seines Verteidigers „erstmals zur Sache Stellung und gab sein Alibi an"; diese Angaben hat er dann in der Hauptverhandlung aufrechterhalten.

Das Landgericht hält die Angaben des Angeklagten zu seinem Alibi für unzutreffend. Es gründet seine Überzeugung u.a. darauf, daß er diese Angaben „spätestens bei der Vernehmung durch die Haftrichterin" hätte machen können; sein Schweigen sei „nur dadurch zu erklären, daß er zu diesem Zeitpunkt keine entlastenden Angaben machen konnte, weil die Aussage des Zeugen H. P. wahrheitsgemäß war". – Das Rechtsmittel hatte Erfolg.

Gründe: ...

2. Das hält der rechtlichen Nachprüfung nicht stand. Aus dem Umstand, daß der Angeklagte sich bei diesen Vernehmungen nicht zur Sache eingelassen, insbes. auch keine Angaben zu seinem Alibi gemacht hat, durfte das Landgericht keine ihm nachteilige Schlußfolgerung ziehen.

Das Gesetz billigt dem Beschuldigten das Recht zu, sich nicht zur Sache einzulassen. Müßte er befürchten, daß sein Schweigen später bei der Beweiswürdigung zu seinem Nachteil ausgelegt wird, so wäre dieses Recht in einer Weise beschränkt, die nicht vertretbar ist. Er wäre dann nämlich, um diesem Nachteil zu entgehen, gezwungen, schon bei der ersten Vernehmung zur Sache auszusagen; damit wäre er aber in seiner freien Willensentschließung beeinträchtigt. Dem Gericht ist es deshalb verwehrt, aus dem Schweigen des Angeklagten – und zwar gleichgültig, aus welchem Grunde er sich hierzu entschlossen hatte – ihm nachteilige Schlüsse zu ziehen (vgl. BGHSt. 20, 281, 282/283 [BGH Urt. v. 26. 10. 1965 – 5 StR 515/65; vgl. § 261 StPO erfolgreiche Rügen]; BGHSt. 25, 365, 368 [BGH Beschl. v. 29. 8. 1974 – 4 StR 171/74; vgl. § 261 StPO erfolgreiche Rügen]).

3. Die Beweiswürdigung ist somit fehlerhaft. Auf diesem Rechtsfehler kann das Urteil beruhen, denn das Landgericht sieht in dem dargelegten Aussageverhalten des Angeklagten eine Bestätigung für die Richtigkeit der Angaben des Belastungszeugen und zieht aus diesem Verhalten auch den Schluß, daß die vom Angeklagten benannten Alibizeugen falsch ausgesagt haben, um ihn zu entlasten. Das nötigt zur Aufhebung des Urteils.

151. Bekanntschaft eines Zeugen mit dem Angeklagten macht dessen Zeugenaussage nicht von vornherein unglaubwürdig.

StPO § 261 – BGH Urt. v. 13. 3. 1985 – 3 StR 15/85 LG Duisburg (= StV 1985, 356)

Die Revision rügt, das Gericht habe die Aussagen von Entlastungszeugen, ohne sie inhaltlich genauer wiederzugeben bereits deshalb als unglaubwürdig angesehen, weil diese „aus dem Kreis um die Angeklagten" stammen.

Sachverhalt: Das Gericht bezeichnet die Aussagen von Zeugen als unglaubhaft, ohne sie inhaltlich genauer wiederzugeben und sich näher mit ihnen auseinanderzusetzen. Zur Begründung der Unglaubhaftigkeit stützt es sich auf den Hinweis, die Zeugen stammten „aus dem Kreis um die Angeklagten". – Das Rechtsmittel hatte Erfolg.

Gründe:

1. Die Würdigung der Aussagen der Zeugen S. und H. ist nicht erschöpfend und schon deshalb rechtsfehlerhaft. Das Landgericht bezeichnet diese – möglicherweise entlastenden – Aussagen als unglaubhaft, ohne sie inhaltlich genauer wiederzugeben und sich näher mit ihnen auseinanderzusetzen. Das reicht nicht aus, um dem Senat die volle Überprüfung des Urteils zu ermöglichen. Soweit sich das Landgericht zur Begründung der Unglaubhaftigkeit auf den Hinweis stützt, die Zeugen stammten „aus dem Kreis um die Angeklagten" vermag dies die fehlende inhaltliche Auseinandersetzung nicht zu ersetzen. In der Regel reichen Bekanntschaft oder persönliche Beziehungen zwischen dem Beschuldigten und einem Zeugen nicht aus, dessen Bekundungen ohne näheres Eingehen auf ihren Inhalt jeden Beweiswert abzusprechen. In der Rspr. ist anerkannt, daß allein aus solchen Gründen ein Beweisantrag auf Vernehmung eines Zeugen nicht wegen völliger Ungeeignetheit des Beweismittels abgelehnt werden darf (vgl. RGSt 63, 329, 332; RGJW 1934, 2622 Nr. 14). Der darin zum Ausdruck kommende Grundgedanke, daß Bekanntschaft oder persönliche Beziehungen zum Beschuldigten den Zeugen nicht ohne weiteres als Beweismittel entwerten, muß auch im Zusammenhang mit den sachlich-rechtlichen Anforderungen berücksichtigt werden, die an eine erschöpfende Beweiswürdigung zu stellen sind. Ferner kann, wie die Revision des Beschwerdeführers P.-F. zu Recht beanstandet, die Annahme des Landgerichts, die teilweise Bestätigung der (als offensichtlich erfunden bezeichneten) „Geschichte" der Angeklagten mache sie „nicht glaubwürdiger", einen Denkfehler enthalten; denn die Annahme setzt erkennbar voraus, daß die Behauptungen, um deren Beweis es geht, insgesamt – also gerade auch im Umfang der teilweisen Bestätigung durch die Zeugen – falsch seien. Das zwingt zur Aufhebung des Urteils.

2. Unter diesen Umständen kann der Senat offenlassen, ob durchgreifende Bedenken nicht überdies aus der Wendung der Urteilsgründe herzuleiten sind, die eigene (nach ihrem Inhalt entlastende) Einlassung der Angeklagten, der das Landgericht nicht folgt, belaste sie am meisten „und mache sie verdächtig".

An sich liegt es auf der Hand, daß für widerlegt erachtete Behauptungen und ein bloßer Verdacht nicht Grundlage oder Beweisanzeichen für eine Verurteilung sein können, ähnlich wie das Scheitern eines Alibis noch kein Indiz für die Schuld eines Angeklagten ist (vgl. BGHSt. 25, 285, 287 [BGH Urt. v. 13. 2. 1974 – 2 StR 552/73; vgl. § 261 StPO erfolgreiche Rügen]; BGH NStZ 1983, 422 [BGH Urt. v. 29. 3. 1983 – 1 StR 50/83; vgl. § 261 StPO erfolglose Rügen]). Lügen, mit denen er sich verteidigen darf, lassen sich nur mit Vorsicht als Beweisanzeichen für strafrechtliche Schuld verwerten, weil auch ein Unschuldiger vor Gericht Zuflucht zur Lüge nehmen kann und ein solches Verhalten nicht ohne weiteres tragfähige Rückschlüsse darauf gestattet, was sich in Wirklichkeit ereignet hat.

152. Beweiswürdigung fehlerhaft, wenn außerhalb der Hauptverhandlung gewonnene Erkenntnisse berücksichtigt werden.

StPO § 261 – BGH Urt. v. 20. 2. 1985 – 2 StR 746/84 LG Frankfurt/M. (= StV 1985, 401)

Die Revision rügt, daß die Strafkammer ihre Entscheidung auf die „verlesene Aussage" eines von ihr nicht vernommenen Zeugen gestützt hat, obwohl die Niederschrift über diese Aussage, wie durch das Verhandlungsprotokoll bewiesen ist (§ 274 StPO), in der Hauptverhandlung nicht verlesen wurde.

Der Sachverhalt ergibt sich aus dem Revisionsvorbringen. – Das Rechtsmittel hatte Erfolg.

Gründe: ... Denn damit hat die Strafkammer zur Aufklärung des Sachverhalts insoweit auf den Akteninhalt zurückgegriffen und ihre Überzeugung entgegen § 261 StPO nicht ausschließlich aus dem Inbegriff der Verhandlung geschöpft.

Hierauf kann das Urteil beruhen. Zwar wurde dem Zeugen B., der als Polizeibeamter den Zeugen H. S. vernommen hatte, von der Strafkammer ausweislich der Sitzungsniederschrift das von ihm hierüber aufgenommene Vernehmungsprotokoll vorgehalten und damit in die Verhandlung eingeführt. Das schließt aber nicht aus, daß das erkennende Gericht nicht nur die Bekundungen des Zeugen B. auf den Vorhalt hin, sondern auch das vorgehaltene Protokoll selbst als vermeintlich verlesenes Schriftstück verwertet hat, nachdem es die entsprechende Aussage, wie ausgeführt, an zwei Stellen des angefochtenen Urteils als verlesen bezeichnet und bei der Aufzählung der seiner Entscheidung zugrunde liegenden Beweismittel sowohl die Aussage des Zeugen B. als auch die „verlesene" Aussage des Zeugen H. S. aufführt.

Der Berichtigungsbeschluß des Landgericht vom 11. 9. 1984, nach dem der Zeuge B. die Aussage des Zeugen H. S. in die Hauptverhandlung eingeführt hat, ist nicht geeignet, der am 20. 7. 1984 erhobenen Rüge den Boden zu entziehen. Denn insoweit hat das Landgericht nicht, was allein nach der Rspr. des BGH zulässig wäre (BGHSt. 2, 248, 249 [BGH urt. v. 1. 4. 1952 – 2 StR 13/52; vgl. § 267 StPO erfolglose Rügen]; BGHSt. 3, 245, 246, 247 [BGH Urt. v. 23. 10. 1952 – 5 StR 480/52; vgl. § 268 StPO erfolglose Rügen]; BGHSt. 12, 374, 376, 377 [BGH Urt. v. 3. 2. 1959 – 1 StR 644/58; vgl. § 267 StPO erfolglose Rügen]), ein offensichtliches Schreibversehen berichtigt, sondern das Urteil inhaltlich abgeändert.

153. Bei Angabe eines falschen Alibis muß sich das Gericht auch damit auseinandersetzen, ob dies nicht der Abwendung eines unbegründeten Verdachts dienen sollte.

StPO § 261 – BGH Urt. v. 11. 7. 1984 – 2 StR 177/84 LG Trier (= StV 1984, 495)

Die Revision rügt die Verletzung sachlichen Rechts.

Sachverhalt: Das Landgericht hatte den Angeklagten wegen schwerer Brandstiftung in 2 Fällen zu einer Gesamtfreiheitsstrafe verurteilt.

Als weiteres „wesentliches gegen den Angeklagten sprechendes Moment" hat die Strafkammer sein Bestreben angesehen, „sich ein falsches Alibi über seine Freundin zu verschaffen". Dem liegt die Feststellung zugrunde, daß der Angeklagte Frau B. dazu veranlaßt hat, seine Einlassung zu bestätigen, sie habe ihn bereits beim Verlassen der Gaststätte erwartet, und er sei von da an während der gesamten für die Tat infrage kommenden Zeit mit ihr zusammengewesen. – Das Rechtsmittel hatte Erfolg.

Gründe: ... Dabei hat sich das Gericht aber nicht mit der Begründung auseinandergesetzt, die der Angeklagte seiner Freundin für die von ihr erbetene unzutreffende Zeugenaussage gegeben hat: Er hat ihr „zwar den Brand nicht eingeräumt, aber erklärt, daß er vorbelastet sei" – er ist u.a. wegen vorsätzlicher Brandstiftung vorbestraft – „und man ihn verdächtigen werde". Unter diesen Umständen läßt seine Verdunkelungshandlung nicht nur den Schluß auf seine Täterschaft zu. Sie hätte vielmehr – als Versuch zur Abwendung eines unbegründeten Verdachts – auch dann einen Sinn, wenn der Angeklagte nicht der Brandstifter gewesen sein sollte. Dieser Gesichtspunkt durfte bei der Beurteilung seines Verhaltens nicht unberücksichtigt bleiben. Das Fehlen jeglicher Erörterungen hierzu läßt besorgen, daß die Strafkammer diese naheliegende Überlegung nicht angestellt hat.

Die aufgezeigten Rechtsfehler nötigen zur Aufhebung des Urteilstenors insoweit ...

154. Bei der Urteilsfindung dürfen nicht die Ergebnisse einer Verhandlung verwertet werden, die nur gegen andere Angeklagte geführt worden ist, gleichviel ob später eine Wiederverbindung stattgefunden hat oder nicht.

StPO § 261 – BGH Urt. v. 26. 6. 1984 – 1 StR 188/84 LG Landshut (= NJW 1984, 2172 = JR 1985, 127)

Die Revision rügt, die Strafkammer habe unter Verstoß gegen § 261 StPO Beweisergebnisse, die sie außerhalb der gegen den Angeklagten durchgeführten Hauptverhandlung gewonnen habe, zu seinem Nachteil verwertet.

Sachverhalt: Das Landgericht hat nach Abtrennung des gegen den Angeklagten gerichteten Verfahrens im weiteren Verlauf der Sitzung vom 27. 10. 1983 – in Abwesenheit des Angeklagten – zahlreiche Beweise erhoben. Insbesondere hat es in diesem Verhandlungsabschnitt 22 der geschädigten Landwirte sowie die Zeugen K. und L. vernommen. Es hat ferner die sachverständigen Zeugen Dr. B., R. und S. gehört. Der Mitangeklagte K. ist mehrfach ergänzend vernommen worden. In ihrem Urteil hält die Strafkammer den Sachverhalt, der beiden Angeklagten. zur Last liegt, „aufgrund des Ergebnisses der durchgeführten Beweisaufnahme" für erwiesen. Bezüglich der einzelnen Viehkäufe verwertet sie neben der Einlassung des Mitangeklagten K. „die glaubwürdigen Aussagen der 28 Geschädigten". Sie stützt sich „gerade in subjektiver Hinsicht" auch auf die Aussagen der Zeugen K. und L. Den Bekundungen des Sparkassenangestellten S. mißt sie bei ihrer Beweiswürdigung wesentliches Gewicht bei. Die Strafkammer hebt ferner darauf ab, daß der Angeklagte „die aufgeregten Landwirte" vertröstete, ohne daß gesagt wird, um welche Zeugen es sich handelt und ob diese innerhalb der gegen den Angeklagten geführten Verhandlung vernommen worden sind. Schließlich berücksichtigt sie straferschwerend, daß „jeder der Geschädigten" durch die Tat der Angeklagten hart getroffen wurde. – Das Rechtsmittel hatte Erfolg.

Gründe: ... Durch das Institut der Nachtragsanklage ändern sich zwar die Form der Anklageerhebung und der in den §§ 243, 244 I StPO bestimmte Verhandlungsablauf. Unter dem Blickwinkel des § 266 StPO bedarf es deshalb der Wiederholung einer Beweisaufnahme, die vor Erhebung der Nachtragsanklage in Anwesenheit des Angeklagten stattgefunden hat, grundsätzlich nicht (BGH, bei: Dallinger, MDR 1955, 397[1]; zur ergänzenden Vernehmung des Angeklagten vgl. BGHSt. 9, 243 [245] [BGH Urt. v. 29. 6. 1956 – 2 StR 252/56; vgl. § 338 Nr. 5 StPO erfolgreiche Rügen]). Indessen setzt § 266 StPO die Prinzipien des Strafprozeßrechts, die grundlegende Verteidigungspositionen des Angeklagten gewährleisten, nicht außer Kraft. Vor allem erfährt der Grundsatz, daß sämtliche Beweise in dem gegen den Angeklagten geführten Verfahren erbracht werden müssen, keine Einschränkung. Wird von den verbundenen Strafsachen gegen mehrere Angeklagte ein Teil in zulässiger Weise abgetrennt und hinsichtlich des anderen Teils die Verhandlung fortgesetzt, so ist diese fortgesetzte Verhandlung keine Verhandlung gegen den Angeklagten, dessen

---

[1] „Die in § 243 Abs. 1 bis 3 StPO, § 277 Abs. 1 StPO bestimmte Reihenfolge ist nicht zwingend vorgeschrieben. Von ihr kann abgewichen werden, wenn dies zweckmäßig ist, die Verteidigung des Angeklagten nicht beeinträchtigt und keiner der Beteiligten widerspricht. In Verhandlungen, die sich auf zahlreiche selbständige oder unselbständige Einzelhandlungen erstrecken, wird es zweckmäßig sein, zunächst eine allgemeine, für sämtliche Fälle wesentliche Äußerung des Angeklagten herbeizuführen und hiernach getrennt auf die Einzelheiten einzugehen. Es genügt, wenn der Angeklagte so Gelegenheit erhält, sich über jeden einzelnen Fall auszusprechen, bevor die für diesen Fall vorgesehenen Beweise im Anschluß an die Äußerung des Angeklagten erhoben werden. Die Abweichung von der gesetzlich vorgeschriebenen Reihenfolge darf nur nicht dazu führen, daß der Angeklagte mit dem Vorbringen, das seiner Entlastung für den einzelnen Fall dienen soll, zur Seite gedrängt wird und daß die diesem Fall gewidmete Beweiserhebung demzufolge das Verteidigungsvorbringen des Angeklagten nicht oder nicht in ausreichendem Maße berücksichtigt." (BGH Urt. v. 15. 3. 1955 – 5 StR 661/54).

Strafsache abgetrennt worden ist. Die Anwesenheit dieses Angeklagten während der allein gegen andere fortgeführten Verhandlung ist nicht vorgeschrieben, weshalb bei seiner Abwesenheit in diesem Verhandlungsteil der unbedingte Revisionsgrund des § 338 Nr. 5 StPO nicht in Betracht kommt. Doch ergibt sich aus § 261 StPO, daß bei der Urteilsfindung gegen diesen Angeklagten nicht die Ergebnisse der Verhandlung verwertet werden dürfen, die nur gegen die anderen Angeklagten geführt worden ist, gleichviel ob später eine Wiederverbindung stattgefunden hat oder nicht (RGSt 70, 65 [67]; BGH Urt. v. 13. 5. 1975 – 1 StR 138/75 [vgl. § 21e GVG erfolglose Rügen]; BGH, StV 1984, 186 [BGH Beschl. v. 17. 1. 1984 – 5 StR 970/83; vgl. § 231 StPO erfolgreiche Rügen]; zur prozessualen Stellung eines Mitangeklagten während der Abtrennung seines Verfahrens vgl. BGH, JZ 1984, 587 [588]). Nichts anderes kann gelten, wenn nach vorübergehender Abtrennung im Wege der Nachtragsanklage ein weiterer Tatkomplex und damit ein neuer Prozeßgegenstand in das Verfahren eingeführt wird. In diesem Fall ist es – erst recht – ausgeschlossen, Erkenntnisse, die in dem abgetrennten Verhandlungsteil gewonnen worden sind, zu Lasten dieses Angeklagten zu berücksichtigen. Auch die Unterrichtung des Angeklagten über die Ergebnisse der in seiner Abwesenheit durchgeführten Verhandlung genügt in solchen Fällen, in denen die Voraussetzungen des § 247 StPO nicht gegeben sind, nicht (vgl. BGHSt. 30, 74 [76/77] [BGH Urt. v. 1. 4. 1981 – 2 StR 791/80; vgl. § 338 Nr. 5 StPO erfolgreiche Rügen]).

c) Es ist nicht auszuschließen, daß die Verurteilung des Angeklagten, der eine strafbare Beteiligung an den betrügerischen Machenschaften seines Sohnes bestritten hat, auf diesem Verstoß gegen § 261 StPO beruht. Im Revisionsverfahren kann nicht nachgeprüft werden, inwieweit die Vernehmung einzelner Zeugen, nämlich der Landwirte G. und T. sowie des Sparkassenangestellten S., in der nach Wiederverbindung durchgeführten Verhandlung wiederholt worden ist (vgl. BGHSt. 31, 139 [140] [BGH Urt. v. 2. 11. 1982 – 5 StR 622/82; vgl. § 267 StPO erfolglose Rügen]; BGH, StV 1984, 185 [186] Der Senat hat auch nicht zu entscheiden, ob die Vernehmung aller Geschädigten unter dem Gesichtspunkt der Aufklärungspflicht (§ 244 II StPO) geboten gewesen wäre oder ob die verfahrensrechtlich einwandfrei erlangten Beweisergebnisse zur Überführung des Angeklagten ausgereicht hatten.

155. Wenn das Gericht eine Frage im Widerspruch zu der Auffassung eines gehörten Sachverständigen entscheiden will, muß es dessen Darlegungen im einzelnen wiedergeben und seine Gegenansicht so begründen, daß dem Revisionsgericht eine Nachprüfung ermöglicht wird; dabei müssen die Urteilsgründe eine genügende Sachkunde des Gerichts ausweisen.

StPO § 261 – BGH Beschl. v. 16. 2. 1984 – 1 StR 44/84 LG Ravensburg (= StV 1984, 241)
Die Revision rügt die Verletzung sachlichen Rechts.

Sachverhalt: Das Tatgericht geht davon aus, daß sich der Angeklagte „bei dem, was am und nach dem 28. 2. 1983 geschah, in einer immer größer werdenden seelischen Anspannung" befand. Wie es darlegt, führten die Maßnahmen, mit denen die Eltern des Angeklagten auf die beiden Raubtaten reagierten, dazu, daß der Angeklagte schließlich „durchdrehte" und ausriß; er setzte „nun alles" daran, um nicht wieder nach Hause zu müssen. Der Sachverständige Dr. B. hat deshalb für die Vorfälle am 9. 3. 1983 eine tiefgreifende Bewußtseinsstörung bejaht. Die Jugendkammer weicht von dieser Stellungnahme ab. – Das Rechtsmittel hatte Erfolg.

Gründe: Die Ausführungen, mit denen die Jugendkammer eine Strafmilderung unter dem Aspekt einer erheblichen Verminderung der Schuldfähigkeit i.S.d. § 21 StGB ablehnt, halten der Überprüfung nicht stand.

a) ... Die Begründung, mit der die Jugendkammer von dieser Stellungnahme abweicht, läßt besorgen, sie habe einen zu engen Begriff der Bewußtseinsstörung zugrunde gelegt.

Das Tatgericht entnimmt dem Gutachten des genannten Sachverständigen, daß „Panikreaktion" und „Affektsturm" das Handeln des Angeklagten bestimmten, als er mit der Polizei konfrontiert wurde. Ein solcher Affektzustand mag unter dem Gesichtspunkt einer Beeinträchtigung der Schuldfähigkeit vor allem in Betracht kommen, wenn sogenannte „konstellative Faktoren" hinzutreten, nämlich Faktoren, die – isoliert betrachtet – keinen Krankheitswert haben, die aber eine besondere Verletzlichkeit indizieren, wie z.B. vorzeitige Alterung oder ähnliche körperliche Befunde. Doch kann bei einem im äußerster Erregung handelnden Täter eine tiefgreifende Bewußtseinsstörung i.S.d. §§ 20, 21 StGB auch gegeben sein, wenn er an keiner Krankheit leidet und sein Affektzustand auch nicht von sonstigen Ausfallserscheinungen begleitet ist (BGHSt. 11, 20, 23/24[1]; vgl. Langelüddeke/Bresser, Gerichtliche Psychiatrie, 4. A., S. 256 ff.). Die Beurteilung der schwierigen Frage, ob die affektive Ausnahmesituation das Gewicht einer tiefgreifenden Bewußtseinsstörung erlangte, setzt im allgemeinen voraus, daß das Verhalten des Täters vor, während und nach der Tat unter diesem Blickwinkel untersucht wird (BGH Urt. v. 3. 4. 1974 – 2 StR 439/73 bei Dallinger MDR 1974, 721/722). Im vorliegenden Fall kam dem Persönlichkeitsbild des erst 15 Jahre alten Angeklagten besondere Bedeutung zu. Das hat die Jugendkammer nicht hinreichend bedacht.

Im übrigen kann eine seelische Störung der im Urteil aufgezeigten Art bei der Bemessung der Jugendstrafe auch dann einen Milderungsgrund bilden, wenn sie die in § 21 StGB vorausgesetzte Schwelle der Erheblichkeit nicht übersteigt.

b) Das Tatgericht setzt sich auch nicht in der gebotenen Weise mit dem Gutachten des Sachverständigen Dr. B. auseinander, dem es in einem entscheidenden Punkt nicht folgt. Allerdings ist der Tatrichter berechtigt und verpflichtet, ein Sachverständigengutachten selbständig zu beurteilen. Wenn er aber eine Frage, für die er glaubte, des Rates eines Sachverständigen zu bedürfen, im Widerspruch zu dessen Auffassung entscheiden will, muß er die Darlegungen des Sachverständigen im einzelnen wiedergeben und seine Gegenansicht so begründen, daß dem Revisionsgericht eine Nachprüfung ermöglicht wird; dabei müssen die Urteilsgründe eine genügende Sachkunde des Gerichts ausweisen (BGHSt. 8, 113, 117 [BGH Urt. v. 26. 4. 1955 – 5 StR 86/55; vgl. § 244 IV StPO erfolglose Rügen]; 12, 18, 20 [BGH Urt. v. 10. 7. 1958 – 4 StR 211/58; vgl. § 244 StPO erfolglose Rügen]; BGH Urt. v. 29. 5. 1970 – 3 StR 60/70 bei Dallinger MDR 1970, 732; GA 1977, 275). Die Jugendkammer stellt die Anknüpfungstatsachen, von denen der Gutachter ausgegangen ist, und dessen Gedankengang nicht ausreichend dar; sie teilt im wesentlichen nur das Ergebnis mit.

Das Tatgericht, das erwähnt, der Sachverständige habe diesen Umstand nicht in seine Überlegungen einbezogen, hält bei der Prüfung der Schuldfähigkeit für wesentlich, „daß der Angeklagte den beiden Polizeibeamten auch noch Widerstand geleistet hat, als er schon beinahe überwältigt war, und daß er ganz zuletzt sogar noch versucht hat, den Zeu-

---

1 „Daß es immer wieder, wenn auch selten, Ausnahmefälle gibt, in denen ein Mensch ohne geistige oder seelische Dauerschäden ausschließlich durch den Höchstgrad seiner Erregung, d.h. ohne Hinzutreten der von der Staatsanwaltschaft geforderten zusätzlichen Begleiterscheinungen, in eine Lage gerät, in der er gänzlich die Selbstbesinnung und die Fassung verliert, läßt sich nach der Lebenserfahrung nicht bestreiten. Auch viele Vertreter der psychologischen und medizinischen Wissenschaft stimmen darin überein. Nun kann der Verlust der Selbstbesinnung auf einem völligen Mangel des Selbstbewußtseins im Sinne des intellektuellen Wissens um das eigene Sein des Täters und über seine Beziehungen zur Umwelt beruhen. Jener Verlust kann aber auch in einer tiefgreifenden Störung des Gefühls- und Trieblebens, also des emotionalen Bereichs der menschlichen Persönlichkeit wurzeln. Auch dann liegt ein Fall der Bewußtseinsstörung im Sinne des § 51 StGB vor. Dieser Begriff darf nicht dahin eingeengt werden, als umfasse er nur Fälle des Mangels der geistigen Orientiertheit eines Menschen. Auch im Bereich des Wollens kann es zu Erschütterungen und Störungen kommen, die den völligen Verlust der Fähigkeit zu kritischer, abwägender Besinnung zur Folge haben und in denen ein Mensch zu Kurzschlußhandlungen gelangt ...".

gen R. zu überlisten". Dabei läßt die Jugendkammer außer acht, daß dieses Verhalten möglicherweise gerade Ausfluß von „Panikreaktion" und „Affektsturm" war; es handelte sich keinesfalls um einen eindeutigen Befund, der eine geistig-seelische Ausnahmesituation ausschloß (vgl. BGHS 16, 360, 363/364[1]). Weiter hebt die Jugendkammer darauf ab, daß der Angeklagte trotz seiner seelischen Anspannung „noch weitgehend in der Lage war, kontrolliert und überlegt zu handeln". Sie übersieht indessen, daß planvolles, zielstrebiges und folgerichtiges Verhalten der Annahme einer erheblichen Verminderung des Hemmungsvermögens nicht entgegenzustehen braucht; das gilt insbesondere, wenn sich der Täter nach begangener Tat der Festnahme entziehen will (BGHSt. 1, 384, 385[2]).

156. Wenn ein Polizeibeamter als Zeuge von seinem Auskunftsverweigerungsrecht nach § 55 StPO Gebrauch macht, drängte es sich auf zu erforschen, ob der Vorwurf gegen den Zeugen mit dem vorliegenden Verfahren zusammenhängt.

StPO § 261 – BGH Beschl. v. 14. 2. 1984 – 5 StR 895/83 LG Hamburg (= StV 1984, 233)
Die Revision rügt die Verletzung sachlichen Rechts.

Sachverhalt: Die Strafkammer hält die Einlassung des Beschwerdeführers, die Polizei habe ihm das Stehlgut über ihre Spitzel „zugespielt", für widerlegt, ohne sich damit auseinanderzusetzen, warum der Polizeibeamte B. bei seiner Zeugenvernehmung in der Hauptverhandlung die Auskunft auf entsprechende Fragen unter Berufung auf § 55 StPO verweigert hat. – Das Rechtsmittel hatte Erfolg.

Gründe: ... Darin liegt ein sachlich-rechtlicher Mangel. Zwar ist der Tatrichter grundsätzlich nicht gehalten, in den Urteilsgründen jedes Beweismittel erschöpfend zu würdigen. Hier drängte es sich aber auf, das Motiv der Auskunftsverweigerung zu erforschen. Zumindest hätte festgestellt werden müssen, welcher Vorwurf dem Zeugen B. in den gegen ihn anhängigen Ermittlungsverfahren gemacht wird und wie dieser mit dem Gegenstand des vorliegenden Verfahrens zusammenhängt.

---

1 „Durchgreifende rechtliche Bedenken ergeben sich jedoch in anderer Richtung. Das Schwurgericht hat eine Reihe von Gesichtspunkten angeführt, die es bei der Strafzumessung als schulderhöhend bewertet hat, u.a. die rohe Tatausführung und die erhebliche verbrecherische Energie des Angeklagten. Diese Umstände sind jedoch nach den Urteilsausführungen gerade durch die epileptoide Natur des Angeklagten bedingt, die die Grundlage für die Bejahung der verminderten Zurechnungsfähigkeit bildete. Diese Veranlagung des Angeklagten hat das Tatgeschehen, wie das Schwurgericht ausführt, wie ein Gewitter aus ihm herausbrechen lassen. Gerade sie rief auch die Art der Ausführung der Tat hervor. Für seine abnorme Geistesverfassung hat der Tatrichter einen Schuldvorwurf ausdrücklich abgelehnt. Er hat daher die Umstände straferhöhend berücksichtigt, welche die Folge der unverschuldeten geistigen Verfassung des Täters waren. Hierin liegt ein Widerspruch, der sich zum Nachteil des Angeklagten ausgewirkt haben kann ...".
2 „Bedenken könnten gegenüber der Annahme des Landgerichts bestehen, der Angeklagte sei trotz Alkoholgenusses voll zurechnungsfähig gewesen. Das Urteil führt aus: daß der Angeklagte nicht ‚sinnlos' betrunken gewesen sei, ergebe sich auch aus seinem überlegten Handeln nach der Tat, als er die Feststellung seines Namens zu verhindern suchte. Wenn das Landgericht davon ausgegangen wäre, nur derjenige sei zufolge Alkoholgenusses zurechnungsunfähig, der ‚sinnlos' betrunken sei und deshalb nicht mehr überlegt und zweckgerichtet handeln könne, so würde dies allerdings eine Verkennung des Begriffes der Zurechnungsunfähigkeit sein. Planmäßiges Handeln schließt die Annahme einer rauschbedingten Zurechnungsunfähigkeit keineswegs aus. Nach § 51 StGB ist zurechnungsunfähig auch derjenige, der zwar das Unerlaubte der Tat einsieht, aber wegen Bewußtseinsstörung unfähig ist, nach dieser Einsicht zu handeln. Gerade die Fälle der rauschbedingten Zurechnungsunfähigkeit liegen vielfach so, daß der Täter die tatsächliche und rechtliche Tragweite seiner Handlung überschaut, jedoch infolge des Rausches nicht mehr über das erforderliche Hemmungsvermögen verfügt. Ein solcher Täter handelt insbesondere auch dann planvoll, wenn er nach begangener Tat sich der Festnahme entziehen will ..." (BGH Urt. v. 15. 11. 1951 – 3 StR 821/51).

157. Beweiswürdigung bei teilweiser Beweisvereitelung eines Zeugen.

StPO §§ 52, 81c, 261, 337 – BGH Urt. v. 26. 10. 1983 – 3 StR 251/83 LG Duisburg (= BGHSt. 32, 140 = NJW 1984, 1829 = StV 1984, 54 = NStZ 1984, 377)

Die Revision rügt, daß das Gericht zu Unrecht zum Nachteil der Angeklagten davon ausgegangen ist, es sei ihm „aus Rechtsgründen verwehrt", aus der „befugten Mitwirkungsverweigerung eines Zeugen irgendwelche Schlüsse zu Gunsten oder zum Nachteil der Angeklagten zu ziehen".

Sachverhalt: Das Landgericht hat die Angeklagte wegen Mordes zu lebenslanger Freiheitsstrafe verurteilt.

Das Landgericht geht zutreffend davon aus, daß die Tat der Angeklagten nach § 217 StGB zu beurteilen wäre, wenn das von ihr gleich nach der Geburt getötete Kind ein „nichteheliches" im Sinne der genannten Vorschrift ist. Ob das der Fall ist, richtet sich nach der tatsächlichen Abstammung ohne Rücksicht auf den bürgerlich-rechtlichen Status.

Ein im Ehebruch gezeugtes Kind ist deshalb – abgesehen von dem hier nicht gegebenen Fall, daß der Erzeuger die Mutter vor der Geburt heiratet – nichtehelich im Sinne des § 217 StGB. Das Landgericht hat die Möglichkeit erwogen, daß das von der Angeklagten getötete Kind in diesem Sinne nichtehelich ist. – Das Rechtsmittel hatte Erfolg.

Gründe:

a) Das Landgericht hat die Feststellung, der Ehemann der Angeklagten sei der Erzeuger des getöteten Kindes, auch auf dessen Aussage gestützt. Dieser Zeuge hat von dem Zeugnisverweigerungsrecht nach § 52 Abs. 1 Nr. 2 StPO keinen Gebrauch gemacht und angegeben, er könne sich nicht vorstellen, daß seine Ehefrau irgendwann außereheliche Intimkontakte unterhalten habe. Er hat allerdings sein Einverständnis zur Entnahme einer Blutprobe zum Nachweis der Abstammung des Kindes (§ 81c Abs. 2 Satz 1 StPO) – gestützt auf sein ihm gemäß § 81c Abs. 3 Satz 1 StPO aus persönlichen Gründen zustehendes Weigerungsrecht – nicht erteilt. Der Strafkammer war es deshalb nicht möglich zu prüfen, ob sein Blut die Merkmale aufweist, die das des Erzeugers – nach dem Ergebnis der Blutuntersuchungen von Mutter und Kind – notwendig aufweisen muß. Der Tatrichter hat davon abgesehen, das Verhalten des Ehemannes zu würdigen, weil er der Auffassung war, es sei ihm „aus Rechtsgründen verwehrt", aus der „befugten Mitwirkungsverweigerung irgendwelche Schlüsse zu Gunsten oder zum Nachteil der Angeklagten zu ziehen".

b) Diese Erwägung trifft nicht zu. Bei der Würdigung der Aussage eines Zeugen, der ohne Berufung auf sein Zeugnisverweigerungsrecht nach § 52 StPO zur Sache aussagt, darf berücksichtigt werden, daß er die Prüfung der Richtigkeit seiner Aussage dadurch unmöglich gemacht hat, daß er die Entnahme einer Blutprobe unter Berufung auf § 81c Abs. 3 Satz 1 StPO verweigert hat.

aa) Dem Gericht ist es grundsätzlich untersagt, aus der Zeugnisverweigerung eines Angehörigen im Sinne des § 52 StPO Schlüsse zum Nachteil des Angeklagten zu ziehen (BGHSt. 22, 113 [BGH Beschl. v. 2. 4. 1968 – 5 StR 153/68; vgl. § 261 StPO erfolgreiche Rügen]; BGH NJW 1980, 794 [BGH 12. 7. 1979 – 4 StR 291/79; vgl. § 261 StPO erfolgreiche Rügen]; BGH MDR 1981, 157 [BGH Beschl. v. 22. 10. 1980 – 2 StR 612/80; vgl. § 261 StPO erfolgreiche Rügen]). Entsprechendes hat für die an das Zeugnisverweigerungsrecht aus § 52 StPO anknüpfende Weigerung eines Angehörigen zu gelten, an der Untersuchung zur Feststellung der Abstammung durch Entnahme von Blutproben mitzuwirken. Dies gilt indes nicht uneingeschränkt für die Fälle, in denen ein Zeuge in einem Strafverfahren gegen einen nahen Angehörigen von seinem Weigerungsrecht nur zum Teil Gebrauch macht.

Der Bundesgerichtshof hat sich in der in MDR 1981, 157 abgedruckten Entscheidung auf den Standpunkt gestellt, daß das Verbot, Schlüsse aus der befugten Zeugnisverweigerung zu ziehen, auch für den Fall gilt, daß der Angehörige zwar Angaben macht, die für die Beurteilung der Tatfrage ohne Bedeutung sind, sich im übrigen aber auf sein Zeugnisverweigerungsrecht beruft. Er hat ausdrücklich offen gelassen, ob das auch dann gilt, wenn ein Angehöriger von seinem Recht, zur Tatfrage keine Angaben zu machen, zulässigerweise nur zum Teil Gebrauch macht. Die Beantwortung dieser Frage kann in Fällen nicht zweifelhaft sein, in denen ein Zeuge zu ein- und demselben Lebensvorgang teilweise Angaben macht und teilweise schweigt. In solchen Fällen wäre eine Beweiswürdigung, die nur das Ausgesprochene berücksichtigt, so einseitig, daß mit ihr die Gefahr der Verfälschung freier Beweiswürdigung verbunden wäre. Bei solcher Fallgestaltung ist es deshalb geboten, daß der Tatrichter – wie bei der Würdigung der Einlassung des Angeklagten, der zu einem bestimmten Sachverhalt Angaben macht, die Antwort auf einzelne Fragen aber verweigert (BGHSt. 20, 298 [BGH Urt. v. 3. 12. 1965 – 4 StR 573/65; vgl. § 261 StPO erfolglose Rügen]) – die Weigerung des Zeugen, einzelne Fragen zu beantworten, mit in die Beweiswürdigung einbezieht. Entsprechendes muß gelten, wenn ein Zeuge zur Sache aussagt, die Überprüfung der Richtigkeit seiner Angaben aber verhindert, indem er die ihm mögliche und zumutbare Mitwirkung an der Überprüfung verweigert (vgl. BGHSt. 20, 298, 299).

bb) Um einen solchen Fall geht es hier. Der Zeuge hat die Entnahme einer Blutprobe verweigert, welche die von ihm in Frage gestellte Angabe der Angeklagten, das getötete Kind stamme nicht von ihm ab, hätte bestätigen können. Daß er für die Weigerung der Mitwirkung andere Gründe als die hatte, die gemäß § 81c Abs. 3 Satz 1 StPO zum Recht der Mitwirkungsverweigerung führen, ist den Feststellungen nicht zu entnehmen. Das einem Zeugen in der genannten Vorschrift gewährte Recht, die Entnahme von Blutproben in einem Strafverfahren gegen einen Angehörigen zu verweigern, beruht auf denselben Gründen, die gemäß § 52 StPO zum Recht der Zeugnisverweigerung führen. Es sichert die Rechtsposition eines Zeugen, der in einem Strafverfahren gegen einen Angehörigen nicht als Beweismittel zur Verfügung stehen will. Der Zeuge kann zwar von dem ihm in § 52 StPO und in § 81c Abs. 3 Satz 1 StPO gewährten Recht zur Mitwirkungsverweigerung unterschiedlich Gebrauch machen. Tut er dies, so kann das aber bei der Beweiswürdigung ebenso wenig unberücksichtigt bleiben wie das Verhalten eines Zeugen, der zu einem bestimmten Sachverhalt teilweise Angaben macht und teilweise schweigt. Denn anders als der Zeuge, der generell die Mitwirkung an einem Strafverfahren ablehnt, stellt er sich als Beweismittel zur Verfügung und zwingt so das Gericht, die Glaubwürdigkeit seiner Angaben zu prüfen. Die Frage, ob die Schilderung eines Zeugen zutrifft, läßt sich generell nur bei Berücksichtigung seines gesamten Verhaltens im Prozeß beantworten und nicht isoliert nur bei Wertung der Informationen, die er dem Gericht zur Verfügung stellen will.

c) Die Strafkammer wäre deshalb nicht – wie sie meint – aus Rechtsgründen gehindert gewesen, die Weigerung des Ehemannes der Angeklagten bei der Beweiswürdigung zu berücksichtigen. Daß sie davon abgesehen hat, kann sich nachteilig für die Angeklagte ausgewirkt haben. Denn es ist nicht ohne weiteres auszuschließen, daß sie bei einer Würdigung des Prozeßverhaltens des Zeugen dessen Angabe, seine Ehefrau habe keine Intimkontakte mit anderen Männern unterhalten, in Zweifel gezogen hätte. Die Möglichkeit, daß der Ehemann befürchtet hat, das getötete Kind könne im Ehebruch gezeugt sein, daß er einen solchen Sachverhalt als für die Angeklagte schädlich angesehen und deshalb die Entnahme der Blutprobe verweigert hat, um so eine Bestätigung der Befürchtung zu verhindern, liegt nämlich nicht fern.

158. Schweigen des Angeklagten zu einer früheren Tat darf nicht zu seinem Nachteil gewertet werden.

StPO § 261 – BGH Urt. v. 26. 10. 1983 – 3 StR 251/83 LG Duisburg (= BGHSt. 32, 140 = NJW 1984, 1829 = StV 1984, 54 = NStZ 1984, 377)

Die Revision rügt, das Gericht habe aus dem Schweigen der Angeklagten zu einer von mehreren selbständigen Taten nachteilige Schlüsse gezogen.

Sachverhalt: Das Landgericht hat die Angeklagte wegen Mordes zu lebenslanger Freiheitsstrafe verurteilt.

Das Landgericht stützt seine Auffassung, die Angeklagte habe aus niedrigen Beweggründen gehandelt, im wesentlichen auf die Feststellung, daß sie das Kind ohne einen sie entlastenden Grund „schlicht und einfach" nicht gewollt und seine Tötung daher schon lange vorher beschlossen habe. Daß sie kein Kind mehr wünschte, ergibt sich nach seinen Darlegungen auch „daraus, daß sie schon das Kind aus der Schwangerschaft im Jahre 1979 nicht gewollt und es auch geschafft hat, diese Leibesfrucht zu beseitigen". Die Feststellung, daß die Angeklagte im Jahre 1979 schwanger gewesen ist, hat die Strafkammer „ausschließlich" auf die Darlegungen von Ärzten und auf verlesene Urkunden gestützt. Die Angeklagte selbst hat zu der Schwangerschaft in der Hauptverhandlung keine Angaben gemacht. Den Abgang der Leibesfrucht aus natürlicher Ursache hat das Landgericht ausgeschlossen. Es hat dies aus dem „Aussageverhalten der Angeklagten" gefolgert, die sich „im übrigen zur Sache eingelassen" und zu diesem „Detail" geschwiegen habe. – Das Rechtsmittel hatte Erfolg.

Gründe: Die Würdigung des Aussageverhaltens der Angeklagten hält rechtlicher Prüfung nicht stand.

a) Ein Angeklagter ist berechtigt, zu den gegen ihn erhobenen Beschuldigungen zu schweigen (§ 136 Abs. 1 Satz 2 StPO). Macht er von diesem Recht Gebrauch, so kann dies nicht als belastendes Indiz gewertet werden (BGHSt. 20, 281 [BGH Urt. v. 26. 10. 1965 – 5 StR 515/65; vgl. § 261 StPO erfolgreiche Rügen]). Diese Rechtslage war der Strafkammer ersichtlich bewußt. Die Berechtigung, das Schweigen der Angeklagten zu ihrem Nachteil zu werten, leitet sie daraus her, daß sich die Angeklagte teilweise zur Sache eingelassen habe.

b) Damit wird die Strafkammer bei der hier gegebenen Sachlage dem Recht eines Angeklagten, sich nicht zur Sache einzulassen, nicht gerecht. Er macht sich zwar zum Beweismittel, wenn er zu einem bestimmten Sachverhalt eines einheitlichen Geschehens Angaben zur Sache macht. Unterläßt er insoweit die Beantwortung bestimmter Fragen, so kann dieses Schweigen von indizieller Bedeutung sein. Anders ist indes die Rechtslage, wenn ein Angeklagter zu einer von mehreren selbständigen Taten schweigt. Die Tatsache, daß er sich überhaupt – zu einer Tat – zur Sache einläßt, führt nicht dazu, daß sein Schweigen zu anderen Taten indiziell gegen ihn verwertet werden kann. Denn insoweit hat er sich eben nicht als ein Beweismittel zur Verfügung gestellt, sondern von seinem Recht Gebrauch gemacht hat, zur Sachaufklärung nicht beizutragen.

Diese Rechtslage hängt nicht davon ab, daß wegen der verschiedenen Taten überhaupt oder im selben Verfahren Anklage erhoben worden ist. Deshalb ist es nicht als Teileinlassung zu werten, daß die Angeklagte zu dem Vorwurf der Anklage, ihr am 27. 7. 1981 geborenes Kind getötet zu haben, Stellung genommen, zu den Vorgängen, die ihre Schwangerschaft im Jahre 1979 betreffen, aber geschwiegen hat. Denn der etwaige Abbruch der Schwangerschaft aus dem Jahre 1979 stellt einen in sich abgeschlossenen Lebenssachverhalt dar, der, wenn er im Sinne der Feststellungen beweisbar wäre, nach § 218 StGB strafbar sein könnte. Zu dieser möglichen Tat hat die Angeklagte keinerlei Angaben gemacht. Es mag sein, daß die Handlungen aus dem Jahre 1979, soweit sie bewiesen sind, für sich allein konkrete Schlüsse auf die im Jahre 1981 begangene Tat zulassen. Die Tatsache, daß sich die Angeklagte zu der ihr jetzt vorgeworfenen Tat geäußert hat, führt aber nicht dazu, daß ihr Schweigen zu dem anderen Lebenssachverhalt gegen sie gewertet werden kann, selbst wenn dies von indizieller Bedeutung für die abzuurteilende Tat sein könnte. Denn bezüglich dieses Lebenssachverhalts hat sie von ihrem Recht, zur Sachaufklärung nicht beizutragen, Gebrauch gemacht.

159. Bei der Bewertung der Aussage eines gesperrten V-Mannes muß das Gericht den Beweiswert dieses weniger sachnahen Beweismittels bei seiner Überzeugungsbildung besonders sorgfältig und vorsichtig prüfen und würdigen.
StPO § 261 – BGH Beschl. v. 2. 8. 1983 – 5 StR 152/83 LG Hamburg (= StV 1983, 403)
Die Revision rügt die Verletzung sachlichen Rechts.

Sachverhalt: Nach den Feststellungen haben die Angeklagten mehrfach Heroin in kleineren Mengen an die Zeugen S. und B. sowie 6,28 g Heroin an die Zeugin R. und einen Vertrauensmann der Polizei verkauft, der ihnen unter dem Namen „Jonny" bekannt geworden ist. Das Rauschgiftdezernat der Hamburger Polizei hatte diesen Vertrauensmann beauftragt, Kontakt zu den Angeklagten herzustellen, weil ihm bekannt geworden war, daß beide Heroingeschäfte durchführten und eine nach § 100a Nr. 4 StPO angeordnete Telefonüberwachung diesen Verdacht erhärtet hatte. „Jonny" traf sich zunächst allein mit beiden Angeklagten in Frankfurt, wobei sich der Angeklagte J. ohne zu zögern bereit erklärte, Heroin an „Jonny" zu verkaufen. Bei den weiteren Verhandlungen mit den Angeklagten, bei denen diese das Heroin verkauften und sich bereit erklärten, Heroin in einer Größenordnung von einem bis zwei Kilogramm gegen eine Vermittlungsgebühr zu besorgen, wurde „Jonny" von der Zeugin R. begleitet, einer Polizeibeamtin, die sich als Prostituierte ausgab. Da die Verhandlungen über die weiteren Heroinlieferungen letztlich ohne Ergebnis blieben, wurden die Angeklagten drei Tage später verhaftet.
Die Angeklagten behaupten, Heroin nur in kleineren Mengen für den Eigenbedarf des Angeklagten J. erworben zu haben, der sich das Heroinrauchen habe abgewöhnen wollen. Das Heroin hätten sie nur deshalb an „Jonny" und die Zeugin R. verkauft und sich auf die Gespräche über den weiteren Verkauf von Heroin eingelassen, weil „Jonny" sie „während eines längeren Zeitraumes gedrängt", „sie wochenlang genervt habe, für ihn Heroin zu besorgen". Diese Einlassung widerlegt das Landgericht u.a. mit den über den Zeugen M. eingeführten Aussagen des „Jonny". Das Landgericht konnte „Jonny" nicht als Zeugen hören, weil der Senat der Freien und Hansestadt Hamburg eine Auskunft über den Namen und ladungsfähige Anschrift des Zeugen nach § 96 StPO verweigert und nur einer kommissarischen Vernehmung unter bestimmten Auflagen zugestimmt hatte, mit denen die Angeklagten nicht einverstanden waren. Das Landgericht hat daraufhin eine „indirekte Befragung" des „Jonny" durchgeführt, indem es den Kriminalbeamten M. als Zeugen vernahm und ihm Gelegenheit gab, telefonisch Antworten des „Jonny" auf Fragen des Gerichts einzuholen und hierüber in der Hauptverhandlung auszusagen. – Das Rechtsmittel hatte Erfolg.

Gründe: Es ist in der Rechtsprechung anerkannt, daß auch ein Zeuge vom Hörensagen als Beweismittel herangezogen werden kann. In diesem Fall ist der Tatrichter jedoch gehalten, den Beweiswert dieses weniger sachnahen Beweismittels bei seiner Überzeugungsbildung besonders sorgfältig und vorsichtig zu prüfen und zu würdigen. Das gilt vor allem dann, wenn ein Gewährsmann der Polizei nur deshalb nicht als Zeuge gehört werden kann, weil die oberste Dienstbehörde sich weigert, seinen Namen und seine Anschrift preiszugeben. In einem solchen Fall darf der Tatrichter bei seiner Beweiswürdigung nicht übersehen, daß es die Exekutive ist, die eine erschöpfende Sachaufklärung verhindert und es den Verfahrensbeteiligten unmöglich macht, die persönliche Glaubwürdigkeit des im Dunkeln bleibenden Gewährsmannes zu überprüfen (BGHSt. 17, 382, 386 [BGH Urt. v.

1. 8. 1962 – 3 StR 28/62; vgl. § 261 StPO erfolglose Rügen]; BGH NStZ 1982, 433 [BGH Beschl. v. 29. 6. 1982 – 5 StR 125/82; vgl. § 261 StPO erfolgreiche Rügen]). Daß das Landgericht sich dieser besonderen Anforderungen an die Würdigung des Beweiswertes der von dem Zeugen M. wiedergegebenen Antworten des Vertrauensmannes „Jonny" bewußt war, geht aus den Gründen des angefochtenen Urteils nicht hervor. Das Landgericht hat die Feststellungen über die Verhandlungen, die „Jonny" in Frankfurt allein mit den Angeklagten geführt hat, nur auf die Bekundungen gestützt, die der Zeuge M. über die indirekte Befragung des Vertrauensmannes wiedergegeben hat. Das Landgericht sagt nichts darüber, ob die Angaben dieser Person zuverlässig waren oder aus welchen Gründen es „Jonny" sonst für glaubwürdig hält.

Dieser Sachmangel führt zur Aufhebung des Urteils, ohne daß es auf das übrige Revisionsvorbringen ankommt.

160. Anfängliches Schweigen des Angeklagten darf nicht zu seinem Nachteil berücksichtigt werden.
StPO § 261 – BGH Beschl. v. 11. 5. 1983 – 2 StR 238/83 LG Darmstadt (= StV 1983, 321)
Die Revision rügt die Verletzung sachlichen Rechts, weil das Gericht auch das anfängliche Schweigen des Angeklagten im Ermittlungsverfahren zum Nachweis seiner Schuld mitberücksichtigt hat.

Sachverhalt: Aus den Ausführungen des Urteils ergibt sich, daß der Angeklagte bei seiner Verhaftung sowohl gegenüber der Polizei als auch gegenüber dem Haftrichter die Aussage in zulässiger Weise verweigert hatte. Erst nach über 6 Monaten U-Haft hatte er erstmals behauptet, von dem Getöteten angegriffen worden zu sein, während er unmittelbar nach der Tat gegenüber Zeugen nichts von einem solchen Angriff erzählt hatte. Aufgrund dieses Umstandes, der Nichterwähnung des Angriffes weder gegenüber den Zeugen noch gegenüber der Polizei bzw. dem Haftrichter, hat der Tatrichter die Einlassung des Angeklagten in der Hauptverhandlung als widerlegt und den Angeklagten damit als eines vorsätzlichen Tötungsdeliktes überführt angesehen. Dabei hat er auch darauf abgestellt, daß der Angeklagte die später behauptete Notwehrsituation auch beim Haftrichter nicht angegeben hatte, obwohl er damals bereits anwaltlich vertreten gewesen war. – Das Rechtsmittel hatte Erfolg.

Gründe: ... Eine derartige Schlußfolgerung aus dem zulässigen Schweigen des Angeklagten stellt jedoch eine Einschränkung des Rechts eines jeden Beschuldigten dar, nicht zur Sache auszusagen (vgl. auch BGHSt. 20, 281 [BGH Urt. v. 26. 10. 1965 – 5 StR 515/65; vgl. § 261 StPO erfolgreiche Rügen]; Urt. v. 23. 11. 1976 – 5 StR 567/76).

161. Gericht darf bei der Würdigung der Aussagen von Zeugen, die außerhalb der Hauptverhandlung durch die Berufsrichter der Kammer als beauftragte Richter vernommen worden sind, nicht deren persönlichen Eindruck verwerten.
StPO § 261 – BGH Beschl. v. 21. 12. 1982 – 2 StR 323/82 LG Gießen (= StV 1983, 92 = NStZ 1983, 182)
Die Revisionen rügen, daß das Landgericht bei der Würdigung zweier Zeugenaussagen von V-Leuten, die außerhalb der Hauptverhandlung durch die drei Berufsrichter der Kammer als beauftragte Richter vernommen worden sind, auch den persönlichen Eindruck verwertet hat, den die drei Berufsrichter von diesen Zeugen gewonnen hatten.

Sachverhalt: Das Landgericht hat die Verurteilung der die Tat leugnenden Angeklagten auf die Zeugenaussagen zweier V-Männer gestützt. Diese sind außerhalb der Hauptverhandlung durch die drei Berufsrichter der Kammer als beauftragte Richter vernommen worden. Die Niederschrift über diese Vernehmungen ist gemäß § 251 I Nr. 2 StPO in der Hauptverhandlung verlesen worden. – Das Rechtsmittel hatte Erfolg.

Gründe: ... Wie der BGH schon wiederholt ausgeführt hat (BGHSt. 2, 1 [2][1]; BGH Beschl. v. 13. 10. 1976 – 2 StR 426/76), ist es nicht Sinn der Vernehmung durch einen beauftragten Richter, daß dieser den nicht an der Vernehmung beteiligten Gerichtsmitgliedern, insbesondere den Schöffen, bei der Beratung den persönlichen Eindruck vermittelt, den er von der Beweisperson gewonnen hat. Das wäre mit § 261 StPO nicht vereinbar, wonach der Urteilsfindung nur zugrunde gelegt werden darf, was Gegenstand der Verhandlung war. Beobachtungen, die der beauftragte Richter bei der Vernehmung gemacht hat, stehen der Verwertung im Rahmen der tatrichterlichen Überzeugungsbildung nur insoweit offen, als sie in der Vernehmungsniederschrift festgehalten und durch deren Verlesung in die Hauptverhandlung eingeführt worden sind.

Hiergegen hat das Landgericht verstoßen. In den Urteilsgründen wird unter Bezugnahme auf die Vernehmung der beiden V-Männer ausgeführt, es seien „nicht die geringsten Anzeichen dafür erkennbar gewesen, daß diese beiden Zeugen in Abweichung von einem tatsächlichen Geschehen die Angeklagten zu Unrecht belastet hätten". Diese Ausführungen lassen sich nur dahin deuten, daß das Landgericht den persönlichen Eindruck der drei Berufsrichter von den vernommenen Zeugen, also einen Umstand, der nicht Gegenstand der Verhandlung war, bei der Urteilsfindung berücksichtigt hat. Dies ist rechtsfehlerhaft.

162. Tatsächliche Feststellungen bei Verurteilung mehrerer Angeklagter wegen fahrlässiger Tötung bei einer Operation müssen die einzelnen Pflichtwidrigkeiten genauestens wiedergeben.

StPO § 261 – BGH Beschl. v. 21. 12. 1982 – 5 StR 361/82 LG Hildesheim (= NStZ 1983, 134)

Die Revisionen rügen die Verletzung materiellen Rechts.

Sachverhalt: Die Angeklagten waren zur Tatzeit (1977) im Johanniterkrankenhaus in G. beschäftigt. Dr. E. war leitender Arzt in der chirurgischen Abteilung; M. hatte als Anästhesiepfleger an zahlreichen Operationen teilgenommen; K. ist ein erfahrener, insb. in der Ambulanz eingesetzter Pfleger.

Nach den tatrichterlichen Feststellungen wurde der sonst gesunde Patient W. von dem Angeklagten Dr. E. an einer Steißbeinfistel operiert. Die Operation, ein fünf Minuten dauernder „Routineeingriff" wurde unter Vollnarkose (Beatmung mit einem Sauerstoff-Lachgas-Halothan-Gemisch nach Verabfolgung eines Muskelrelaxans und Intubation) vorgenommen. Bei der Operation unterstützten eine Assistenzärztin und eine Operations-

---

[1] „Daß § 429c im Gegensatz hierzu nur die Vernehmung durch einen beauftragten Richter vorsieht, kann nicht, wie die Revision meint, auf der Absicht des Gesetzes beruhen, der beauftragte Richter solle den persönlichen Eindruck, den ihm die Vernehmung des Unterzubringenden verschafft hat, den anderen Gerichtsmitgliedern, insbesondere den Schöffen, vermitteln und bei der gemeinschaftlichen Urteilsfindung verwerten. Eine solche Absicht kann dem Gesetz deshalb nicht zugrunde liegen, weil sie zu anerkannten Grundsätzen des Prozeßrechts in Widerspruch treten würde. Würde der beauftragte Richter seinen Eindruck den anderen Mitgliedern erst bei der Urteilsberatung vermitteln, so verstieße das gegen den auch im Sicherungsverfahren geltenden Grundsatz des § 261 StPO, nach dem das Urteil nur auf dem Inbegriff der Hauptverhandlung beruhen darf. Würde aber der Richter seine Wahrnehmungen in der Hauptverhandlung bekunden, so würde er damit in Wahrheit eine Zeugenaussage machen, die ihn nach § 22 Nr. 5 StPO von dem Richteramt in der Sache ausschlösse. Gegenstand der Hauptverhandlung und Urteilsgrundlage kann also nur die Vernehmungsniederschrift des beauftragten Richters sein (§ 429c Abs. 4 Satz 2), nicht anders, als wenn ein beauftragter Richter nach § 225 StPO einen Augenschein eingenommen hat." (BGH Urt. v. 13. 11. 1951 – 1 StR 567/51).

schwester den Angeklagten Dr. E. Der Angeklagte M. war für die Sauerstoffzufuhr verantwortlich; er beatmete den Patienten „per Hand" und kontrollierte mit dem Daumen die Lidreflexe. Der sonst in der Ambulanz tätige Angeklagte K. wurde unmittelbar vor dem Beginn der Operation „zufällig" hinzugezogen, da es Schwierigkeiten mit der Lagerung und Ruhigstellung des Patienten gegeben hatte; K. sollte den Puls kontrollieren und gab in nicht mehr genau feststellbaren Zeiträumen Pulsfrequenzen an, ohne den Puls fortwährend laut zu zählen. Der EKG-Monitor, der ca. 6 m vom OP-Saal entfernt untergebracht war, wurde nicht benutzt.

Die Sauerstoffzufuhr war z.Z. des Eingriffs, von den Angeklagten unbemerkt, aus ungeklärten Gründen gestört. Am Ende der Operation beobachteten die Angeklagten Dr. E. und M. eine Zyanose; zu diesem Zeitpunkt stand der Puls schon still. Sofort eingeleitete Rettungsbemühungen (Beatmung mit reinem Sauerstoff, Herzmassage, Defibrillation, Anlegung eines Herzschrittmachers und medikamentöse Maßnahmen) blieben erfolglos. Der Patient starb dreißig Minuten nach dem Ende des Eingriffs.

Pflichtwidrige Verhaltensweisen der Angeklagten, die eine verspätete Wahrnehmung des Sauerstoffmangels bewirkt und deswegen die rechtzeitige Einleitung von Rettungsmaßnahmen verhindert haben, hat der Tatrichter in folgendem gesehen: Die Angeklagten M. und K. haben nach Auffassung des Tatrichters den Puls nicht sorgfältig genug überwacht; sonst hätten sie den durch zunehmenden Sauerstoffmangel bedingten erhöhten Pulsschlag bemerkt. Der Tatrichter beanstandet auch, daß der Angeklagte M., der den Blutdruck etwa 15 Minuten vor dem Operationsbeginn gemessen hatte, keine zusätzliche Blutdruckmessung vorgenommen und deshalb nicht rechtzeitig den Blutdruckanstieg bemerkt hat. Der Angeklagte Dr. E. hätte nach Auffassung des Landgerichts den EKG-Monitor einsetzen müssen. Da es Schwierigkeiten im Vorstadium der Operation gegeben hatte, hätte der Angeklagte Dr. E. nach Ansicht des Tatrichters auch veranlassen müssen, daß K. den Puls ständig laut vorzählte und M. zumindest den Blutdruck überwachte.

Das Landgericht hat die drei Angeklagten wegen fahrlässiger Tötung zu Geldstrafen verurteilt. – Die Rechtsmittel hatten Erfolg.

Gründe: ...

III.

Die bisherigen Feststellungen tragen nicht die Verurteilung der drei Angeklagten wegen fahrlässiger Tötung.

1.

Hinsichtlich der Angeklagten K. und M. ergeben die Feststellungen nicht in ausreichendem Maße eine strafrechtlich bedeutsame Pflichtverletzung.

a) Der Angeklagte K. hat nach den Feststellungen „Pulsfrequenzen" angegeben. Der Tatrichter kann zwar nicht „genau" rekonstruieren, in welchen „Zeiträumen" dies geschehen ist. Die Feststellungen lassen sich aber jedenfalls so verstehen, daß K. „Pulsfrequenzen" mehr als einmal während der Operation mitgeteilt hat; die Operation dauerte nur 5 Minuten, und der Angeklagte K. wurde noch vor ihrem Ende zum Medikamentenschrank geschickt. Daß der Angeklagte K. pflichtwidrig Pulsfrequenzen angegeben habe, die er zuvor nicht ermittelt hatte, ist den Urteilsgründen nicht zu entnehmen.

b) Der Angeklagte M. hat während der 5 Minuten dauernden Operation die Beatmung „per Hand" vorgenommen und die Lidreflexe des Patienten, dessen Kopf auf seinem Schoß lag, überwacht. Unter diesen Umständen ist nicht ohne weiteres ersichtlich, daß der Angeklagte M. außerdem verpflichtet und in der Lage war, den Puls zu überwachen, dessen Kontrolle dem Mitangeklagten K. oblag, und den Blutdruck des Patienten zu messen. Die allgemeine Verantwortlichkeit des Angeklagten M. „für die Sauerstoffzufuhr" schließt diese besonderen Verpflichtungen nicht ohne weiteres ein. Die Feststellungen ergeben überdies nicht eindeutig, daß die Beobachtung des Blutdrucks geeignet war, den

Sauerstoffmangel rechtzeitig zu erkennen; der Hinweis, der Angeklagte M. habe den Abfall der bei der Beatmung zugeführten Sauerstoffmenge am Volumenter feststellen können, findet in sonstigen Feststellungen keine Stütze.

2.

a) Eine Fahrlässigkeit des Angeklagten Dr. E. sieht das Landgericht in erster Linie darin, daß der EKG-Monitor nicht eingesetzt worden ist. Die Urteilsgründe lassen indessen nicht eindeutig erkennen, ob der Tatrichter der Auffassung ist, der EKG-Monitor habe bei der Steißbeinfisteloperation wegen der dabei angewandten Intubationsnarkose unter allen Umständen eingesetzt werden müssen, oder ob eine Verpflichtung, den EKG-Monitor anzuschließen, nach Ansicht des Tatrichters erst entstanden ist, nachdem es bei der Umlagerung des Patienten zu Schwierigkeiten gekommen und Evipan sowie Succinyl nachinjiziert worden war. Auf diese Unterscheidung kommt es an; entstand nämlich die Pflicht, den EKG-Monitor einzusetzen, erst wegen dieser besonderen Umstände, so muß im Hinblick auf den Vorwurf der Fahrlässigkeit der Sicherheitsgewinn, den der EKG-Monitor versprach, mit den Risiken abgewogen werden, die zu diesem Zeitpunkt möglicherweise darin zu sehen waren, daß die Operation nicht alsbald beginnen konnte, obwohl die Narkose schon eingeleitet war.

b) Im übrigen lassen die Gründe des angefochtenen Urteils ausreichende Feststellungen zu der Frage vermissen, ob bei einer pflichtgemäßen Vorbereitung und Überwachung der Narkose die Sauerstoffunterversorgung so rechtzeitig erkannt worden wäre, daß der Tod des Patienten durch die zur Verfügung stehenden Rettungsmaßnahmen noch abgewendet werden konnte. Der Tatrichter entnimmt dem Gutachten des Sachverständigen Dr. B., daß Sauerstoffmangel während der 5 Minuten dauernden Operation geherrscht hat; Feststellungen, daß der Sauerstoffmangel schon vor Beginn der Operation eingetreten ist, hat der Tatrichter ersichtlich nicht treffen können. Nachdem die Angeklagten Dr. E. und M. „am Ende" der Operation eine Zyanose bemerkt hatten, sind unverzüglich Rettungsversuche durchgeführt worden. Beobachtungen, die rechtzeitige Rettungsmaßnahmen ermöglichten, hätten demnach nur in den wenigen Minuten zwischen dem Beginn und dem Ende der Operation gemacht werden können. Daß die Zyanose zu spät entdeckt worden sei, wirft das Landgericht den Angeklagten nicht vor. Der Fahrlässigkeitsvorwurf bezieht sich vielmehr nur auf die Beobachtung von Symptomen des Sauerstoffmangels, die sich in der Pulsfrequenz, möglicherweise auch in Änderungen des Blutdrucks abzeichnen. Der Tatrichter hat nicht festgestellt, daß solche Symptome sogleich mit dem Beginn des Sauerstoffmangels beobachtet werden können; dies versteht sich nicht von selbst. Treten die Symptome erst mit einer gewissen Verzögerung nach dem Beginn des Sauerstoffmangels auf, so war unter der Voraussetzung, daß die Sauerstoffversorgung allein während der Operation gestört war, die Zeit zur Beobachtung der Symptome außerordentlich knapp bemessen.

163. Liegen mehrere Beweisanzeichen vor, so genügt es nicht, sie jeweils einzeln abzuhandeln; erforderlich ist vielmehr eine Gesamtwürdigung.

StPO § 261 – BGH Urt. v. 25. 11. 1982 – 4 StR 564/82 LG Saarbrücken (= NStZ 1983, 133)

Die Revision der Staatsanwaltschaft rügt die Verletzung sachlichen Rechts.

Sachverhalt: Dem Angeklagten wird Diebstahl in vier Fällen vorgeworfen. Er soll in der Zeit von Anfang Juli 1981 bis zum 9. 9. 1981 in zwei Wohnhäuser und zweimal in eine Gaststätte eingebrochen sein und Geld aus Automaten sowie zwei Stereoanlagen, einen Fotoapparat und ein Fernsehgerät entwendet haben.

Das Landgericht hat die Einlassung des Angeklagten" das bei ihm gefundene Diebesgut – den Fotoapparat und das Fernsehgerät – habe er gutgläubig von einem K. erworben, als nicht widerlegt angesehen. Es ist der Auffassung, daß keine hinreichenden objektiven Hinweise auf eine Täterschaft des Angeklagten vorlägen:

Die im Zusammenhang mit dem Einbruch in der Nacht vor der Festnahme des Angeklagten am 9. 9. 1981 gesicherten Werkzeugspuren mit Farbeinlagerungen könnten zwar von dem Schraubenzieher und dem Montiereisen stammen, die beim Angeklagten sichergestellt worden sind. Ein Individualnachweis sei nach dem Gutachten des Sachverständigen jedoch nicht zu führen. Auch der Umstand, daß nach diesem Einbruch, bei dem auch Geld aus einem Zigarettenautomaten und einer Musikbox entwendet wurde, eine größere Menge Hartgeld (ca. 400 DM) beim Angeklagten sichergestellt worden ist, reiche zur Überführung nicht aus; die Einlassung des Angeklagten, er habe das Münzgeld über einen längeren Zeitraum gesammelt, halte die Strafkammer für nicht widerlegt. Ebenso lasse die Tatsache, daß der Pkw des Angeklagten bei dem ersten Einbruch in der Nähe des Tatorts gesehen worden sei, keinen hinreichend sicheren Schluß auf die Täterschaft des Angeklagten zu. Dem Angeklagten sei die Einlassung, er habe sein Fahrzeug häufiger an K. verliehen, nicht mit der notwendigen Gewißheit zu widerlegen, obwohl er nur dessen Vornamen genannt habe und angeblich weder dessen Wohnort, Herkunft und Beruf kenne. – Das Rechtsmittel hatte Erfolg.

Gründe: ...

2. Die Beweiswürdigung des Landgerichts hält rechtlicher Nachprüfung nicht stand.

a) Liegen mehrere Beweisanzeichen vor, so genügt es nicht, sie jeweils einzeln abzuhandeln; erforderlich ist vielmehr eine Gesamtwürdigung. Auch wenn keine der jeweiligen Indiztatsachen für sich allein zum Nachweis der Täterschaft des Angeklagten ausreicht, besteht die Möglichkeit, daß sie in ihrer Gesamtheit dem Gericht die entsprechende Überzeugung vermitteln können (BGH Urt. v. 18. 6. 1970 – 2 StR 628/69; v. 20. 2. 1974 – 3 StR 9/74, bei Dallinger, MDR 1974, 548; v. 5. 11. 1975 – 2 StR 523/75; v. 21. 1. 1976 – 3 StR 461/75 und v. 4. 4. 1979 – 2 StR 808/78; sowie Beschl. v. 1. 9. 1982 – 2 StR 39/82). Außerdem ist der Tatrichter nicht verpflichtet, entlastende Angaben des Angeklagten, für deren Richtigkeit oder Unrichtigkeit es keine Beweise gibt, ohne weiteres als unwiderlegt hinzunehmen. Vielmehr muß er sich auf der Grundlage des gesamten Beweisergebnisses entscheiden, ob diese Angaben geeignet sind, seine Überzeugungsbildung zu beeinflussen (BGH, VRS 27, 105, 106).

b) Die Gründe des angefochtenen Urteils lassen nicht erkennen, daß sich die Strafkammer dieser Grundsätze bewußt war und sie beachtet hat.

Vor allem ist dem Urteil nicht zu entnehmen, daß die Strafkammer Umstände, die für eine Täterschaft des Angeklagten hinsichtlich des Einbruchs in die Gaststätte in der Nacht zum 9. 9. 1981 (Fall 4) sprechen können, auch im Zusammenhang gewürdigt hat. Sie hat diese lediglich einzeln erörtert und hat nur geprüft, ob sie für sich allein zur Überführung des Angeklagten ausreichen. Zwar ist die Auffassung der Strafkammer, daß der Angeklagte nur aufgrund der Werkzeugspuren nicht zu überführen sei, nicht zu beanstanden und ebensowenig die Begründung, daß der Besitz des entwendeten Fernsehgerätes und das vorgefundene Hartgeld allein die Täterschaft des Angeklagten nicht zu beweisen vermögen. Das Landgericht hätte dann aber auch erörtern müssen, daß insoweit bereits vier Indiztatsachen hinsichtlich eines Falles zusammentrafen. Die Tatsachen, daß die schmalere Eindruckspur am Tatort von dem Schraubenzieher des Angeklagten herrühren kann und daß die breitere Spur, die Farbablagerungen enthielt, mit Hilfe des beim Angeklagten sichergestellten Montiereisens gesetzt sein kann, können nämlich ein gesteigertes Gewicht für die Überzeugungsbildung gewinnen, wenn sie im Zusammenhang damit gewürdigt werden, daß der Angeklagte im Besitz des bei diesem Einbruch entwendeten Fernsehgerätes angetroffen wurde und außerdem noch eine auffallend große Menge Hartgeld besaß.

Es kommt hinzu, daß in diesem Zusammenhang unberücksichtigt geblieben ist, daß das gestohlene Fernsehgerät bereits am Tag nach der Tatnacht beim Angeklagten sichergestellt wurde. ...

164. Der Umstand, daß ein bestreitender Angeklagter seine subjektive Befindlichkeit bei der Tatbegehung dem Sachverständigen nicht mitteilt, darf nicht gegen ihn verwertet werden.

StPO § 261 – BGH Beschl. v. 14. 10. 1982 – 4 StR 546/82 LG Dortmund (= StV 1983, 8)

Die Revision rügt die Verletzung sachlichen Rechts.

Sachverhalt: Nach den Feststellungen des Landgericht drang der Angeklagte in ein R.-Geschäft in D. ein und tötete den Geschäftsführer. Er litt vor und nach der Tat an Wahnvorstellungen paranoider Art. Für den Tatzeitraum erachtet ihn das Landgericht jedoch als schuldfähig. Es nimmt deshalb auch an, der Angeklagte habe auf Grund eines defektfreien Willensentschlusses in dem Geschäft einen Diebstahl begehen und diese Tat durch die Tötung verdecken wollen.

Den entscheidenden Anhaltspunkt für die Schuldfähigkeit des Angeklagten im Tatzeitraum erblickt die Strafkammer darin, daß dieser dem Sachverständigen nicht mitgeteilt hat, der Tatbegehung hätten als krankhaft zu wertende Vorstellungen zugrunde gelegen. Ein Verschweigen solcher Wahnideen komme nicht in Betracht. Der Angeklagte sei zur Schilderung psychisch imstande gewesen und leide auch nicht an Erinnerungslosigkeit. – Das Rechtsmittel hatte Erfolg.

Gründe: ... Bei dieser Würdigung läßt das Landgericht unbeachtet, daß der Angeklagte nicht geständig ist. Er hat sich vielmehr dahin eingelassen, an das Tatgeschehen keine Erinnerung zu haben. Da seine Einlassung nach Ansicht des Landgericht unrichtig ist, hält er folglich bewußt mit der Wahrheit zurück. Dann aber konnte er nicht Tatmotive, seien sie auch wahrhafter Art, einräumen, ohne seine gesamte Verteidigung zu Fall zu bringen. Die Beweiswürdigung des Landgericht ist somit lückenhaft; dem Verhalten des Angeklagten bei der Exploration kommt der Beweiswert, den ihm das Landgericht beilegt, aus Rechtsgründen nicht zu.

165. Die Beweiswürdigung ist fehlerhaft, wenn sie die Einlassung des Angeklagten nicht berücksichtigt.

StPO § 261 – BGH Beschl. v. 9. 9. 1982 – 4 StR 433/82 LG Berlin (= StV 1983, 8)

Die Revision rügt, das Gericht habe die Einlassung des Angeklagten nicht berücksichtigt und sei rechtsfehlerhaft davon ausgegangen, dieser habe sich zur Sache nicht geäußert.

Sachverhalt: Der Angeklagte hatte zu Beginn der Hauptverhandlung zwar erklärt, er möchte sich nicht äußern, doch hat er sich nach Erhebung der Anklage in einem Fall zur Sache geäußert. Im Gegensatz hierzu geht das Urteil davon aus, daß der Angeklagte „von seinem Recht, sich zur Sache nicht einzulassen, Gebrauch gemacht" habe. – Das Rechtsmittel hatte Erfolg.

Gründe: ... Dies läßt den Schluß zu, daß die Strafkammer bei der Beweiswürdigung die Einlassung des Angeklagten v. 22. 1. nicht mitberücksichtigt hat. Da der Tatrichter bei der Urteilsfindung alles verwerten muß, was Gegenstand der Hauptverhandlung war, liegt ein Verstoß gegen § 261 StPO vor, der zur Aufhebung des Urteils insoweit führt, als es vom Verfahrensverstoß ergriffen wird. Dies ist nur hinsichtlich der Verurteilung auf die nachträglich erhobene Anklage der Fall, also hinsichtlich des Falles II 5 der Urteilsgründe, denn nur auf diesen Tatkomplex hat sich die Einlassung des Angeklagten zur Sache bezogen, wie sich auch daraus ergibt, daß im Anschluß an die Einlassung des Angeklagten der Zeuge B. vernommen worden ist.

166. Die Überzeugungsbildung kann vom Revisionsgericht dann beanstandet werden, wenn die Beweiswürdigung gegen Denkgesetze oder gesicherte Erfahrungssätze verstößt.

StPO § 261 – BGH Urt. v. 3. 8. 1982 – 1 StR 371/82 Schwurgericht Konstanz (= NJW 1982, 2882 = NStZ 1982, 478)

Die Revision der Staatsanwaltschaft rügt die Verletzung sachlichen Rechts.

Sachverhalt: Das Landgericht hat den Angeklagten vom Vorwurf des Mordes freigesprochen.

Nach den Feststellungen lebte der Angeklagte in Wohngemeinschaft mit seiner 35 Jahre älteren Freundin R. Frau R. wurde am Vormittag des 20. 2. 1981 in ihrer Wohnung von fremder Hand getötet, und zwar durch Strangulieren mit einer Schnur, Kabel, Band oder ähnlichem. Der Angeklagte bestreitet die Tat. Er war zwar in einem Zeitraum, der als Tatzeit in Betracht kommt, mit dem Opfer zusammen, wollte sich auch von Frau R. trennen, hielt jedoch seine Überführung auf Grund der vorhandenen Indizien nicht für möglich. Im Vordergrund der Beweiswürdigung standen Herkunft und Bedeutung von zwei parallelen roten, etwa vier Millimeter breiten Striemen auf den Handrücken des Angeklagten, die am Nachmittag des Tattages sichtbar wurden und jeweils an der Handaußenkante und zwischen Daumen und Zeigefinger besonders ausgeprägt waren und deren Breite der Strangulationsfurche am Halse des Opfers entsprach. Diese Spuren konnten dadurch entstanden sein, daß der Angeklagte das Strangulationswerkzeug während der Drosselung um seine Hände geschlungen hielt. Der Angeklagte selbst hat die Herkunft der Spuren auf verschiedene andere Weise zu deuten versucht; das Landgericht ist ihm nicht gefolgt. Es meint jedoch, daß die Striemen die Täterschaft des Angeklagten nur dann beweisen könnten, wenn als Erfahrungssatz gesichert wäre: „Wer auf seinem Handrücken Spuren zeigt, die sich zwanglos als von einem Strangulationsinstrument verursacht erklären lassen, und wer diese Spuren nicht harmlos erklären kann, der hat stranguliert." Einen solchen Erfahrungssatz gebe es nicht. – Das Rechtsmittel hatte Erfolg.

Gründe: Diese Begründung begegnet durchgreifenden Bedenken. Spricht der Tatrichter den Angeklagten frei, weil er vorhandene Zweifel nicht zu überwinden vermag, so ist das zwar grundsätzlich hinzunehmen. Die Überzeugungsbildung kann vom Revisionsgericht jedoch dann beanstandet werden, wenn der Tatrichter den festgestellten Sachverhalt nicht erschöpfend gewürdigt hat, wenn die Beweiswürdigung unklar, widersprüchlich oder lückenhaft ist, gegen Denkgesetze oder gesicherte Erfahrungssätze verstößt, oder wenn an die zur Verurteilung erforderliche Gewißheit übertriebene Anforderungen gestellt werden sind (BGH, VRS 24, 207 [210]; 39, 103 [104]; BGH Urt. v. 21. 6. 1978 – 2 StR 46/78, bei Holtz, MDR 1978, 806; v. 26. 1. 1982 – 4 StR 661/81; v. 31. 3. 1982 – 2 StR 783/81; v. 22. 4. 1982 – 4 StR 120/82; und v. 17. 5. 1982 – 2 StR 118/82). Mit Recht beanstandet die Revision, daß das Landgericht das Zustandekommen seiner Überzeugung von einer rechtlich nicht erforderlichen Voraussetzung abhängig gemacht hat. Der Beweiswert der Striemen besteht unabhängig von der Existenz des vermißten und in der Formulierung, die ihm das Tatgericht gegeben hat, nicht begründbaren Erfahrungssatzes. Aus ihnen können ohne weiteres dem Angeklagten nachteilige Schlüsse gezogen werden (BGHSt. 10, 208 [210] [BGH Urt. v. 9. 2. 1957 – 2 StR 508/56; vgl. § 261 StPO erfolglose Rügen]; 26, 56 [63][1]). Ob diese für die Verurteilung ausreichen oder durch andere Indizien entkräftet wer-

---

1 „Diese sich aus dem Grundsatz der freien Beweiswürdigung des Tatrichters (§ 261 StPO) ergebende Rechtslage lassen die Beschwerdeführer außer acht, wenn sie die Beweiswürdigung des

den, ist eine andere Frage; der Grundsatz der freien Beweiswürdigung gilt auch für den mittelbaren Beweis.

Es erscheint auch heute noch möglich, die Entstehung der Striemen aufzuklären; sie sind am Tattag von einem Arzt in Augenschein genommen, vermessen und fotografiert worden. Ohne den Versuch weiterer Aufklärung und ohne Darlegung konkreter Anhaltspunkte durfte die Strafkammer nicht zugunsten des Angeklagten unterstellen, daß andere Entstehungsursachen als kräftiges Ziehen an einer um die Hände gewickelten Schnur nicht ausgeschlossen werden können, obgleich diese Ursache ins Auge springt und im Wege des Selbstversuchs mühelos bestätigt worden ist, andere vom Angeklagten vorgeschützte Ursachen als widerlegt angesehen wurden und weitere nicht erkennbar sind (vgl. BGH Urt. v. 23. 8. 1977 – 1 StR 159/77, bei Holtz, MDR 1978, 108).

167. Der Tatrichter darf nicht übersehen, wenn die Exekutive eine erschöpfende Sachaufklärung verhindert und es der Verteidigung unmöglich macht, einem geäußerten Verdacht nachzugehen.

StPO § 261 – BGH Beschl. v. 29. 6. 1982 – 5 StR 125/82 LG Berlin (= StV 1982, 509 = NStZ 1982, 433 = MDR 1982, 971)

Die Revision rügt die Verletzung sachlichen Rechts.

Sachverhalt: Der Angeklagte hatte geltend gemacht, der „Jugoslawe" und der Scheinkäufer hätten ein Heroingeschäft zwischen ihnen und K. nur vorgetäuscht. In Wahrheit hätten sie mit K. zusammengearbeitet, dieser habe sich in ihrem Auftrag gegenüber dem Angeklagten und W. als Scheinverkäufer ausgegeben. Dies aber, nämlich die Inszenierung eines Scheingeschäfts unter lauter V-Leuten zu dem einzigen Zweck, den Angeklagten und W. zu strafbarem Tun zu verführen, sei rechtsstaatswidrig.

Das Landgericht hält dieses Vorbringen für widerlegt. Es verweist hierzu auf die Aussagen der Polizeibeamten E. und B. über die Angaben, welche die beiden Gewährsmänner ihnen zur Mitwirkung des K an dem Rauschgiftgeschäft gemacht haben, und meint, die Tatsache, daß K. entsprechend der Einlassung des Angeklagten als Lieferant des Heroins zu betrachten sei und daß der V-Mann „Peter" auch mit K. verhandelt habe, lasse keinen Rückschluß darauf zu, daß K. auch seinerseits ein Lockspitzel der Polizei gewesen sei. Es fährt dann fort:

„Auch ist nicht nach dem Grundsatz ‚im Zweifel für den Angeklagten' davon auszugehen, daß K. ein polizeilicher Lockspitzel war. Der Angeklagte hat diese Behauptung nicht auf Grund von Tatsachen aufgestellt, die seinem eigenen Wahrnehmungsbereich entstammen. Er hat mit keinem Wort, auch nur andeutungsweise, vorgetragen, er habe aus konkreten Anhaltspunkten Grund zu der Annahme, K. habe für die Polizei gearbeitet. Diese Behauptung ist vielmehr ohne jede konkrete Grundlage von dem Verteidiger – aus der Luft gegriffen – vorgebracht worden. Der Grundsatz ‚im Zweifel für den Angeklagten' bedeutet jedoch nicht, daß alle überhaupt denkbaren Tatsachen zugunsten des Angeklagten unterstellt werden, wenn für sie keine Anhaltspunkte vorliegen (BGHSt. 25, 365[1])." – Das Rechtsmittel hatte Erfolg.

Kammergerichts angreifen und sie – in unzulässiger Weise – durch ihre eigene ersetzen. Sie verkennen vor allem, daß die Schlüsse des Tatrichters nur möglich, aber keineswegs zwingend zu sein brauchen; auf eine größere oder überwiegende Wahrscheinlichkeit kommt es dabei entgegen der Meinung der Beschwerdeführer nicht an." (BGH Beschl. v. 29. 1. 1975 – KRB 4/74).

1 „Der Nachweis der Täterschaft des Halters kann auch nicht mit der Erwägung geführt werden, daß Anhaltspunkte für die Benutzung des Fahrzeugs durch eine andere Person ‚ersichtlich' oder ‚hervorgetreten' seien. Eine solche Formulierung erweckt den Verdacht, daß der Richter die Tragweite des Grundsatzes ‚im Zweifel für den Angeklagten' verkannt und gemeint hat, nur solchen tatsächlichen, den Betroffenen entlastenden Möglichkeiten nachgehen zu müssen, die of-

Gründe: ... Diese Begründung hält rechtlicher Nachprüfung nicht stand. Das Vorbringen des Verteidigers, auch K. sei ein Lockspitzel der Polizei gewesen, ist schon deshalb nicht „aus der Luft gegriffen", weil die Urteilsgründe selbst Anhaltspunkte dafür bieten. Danach soll K. das Heroin geliefert haben. Er ist jedoch von dem Vorwurf des Betäubungsmittelvergehens freigesprochen worden. Die beiden Gewährsmänner (der „Jugoslawe Peter" und der Scheinkäufer) haben gegenüber den Polizeibeamten E. und B. über ihre Beziehung zu K. unterschiedliche Angaben gemacht. Der Senator für Inneres hat sich in entsprechender Anwendung des § 96 StPO geweigert, Namen und Anschriften der beiden Gewährsmänner preiszugeben. Das Landgericht hat sie deshalb nicht als Zeugen vernehmen können. Auch wenn die Sperrerklärung nach den im Beschluß des BVerfG vom 26. 5. 1981 (BVerfGE 57, 250 [285 ff.]) niedergelegten Grundsätzen rechtsstaatlich nicht zu beanstanden sein mag, zwang sie doch zu einer besonders vorsichtigen Beweiswürdigung. Der Tatrichter darf in einem solchen Fall nicht übersehen, daß es die Exekutive ist, die eine erschöpfende Sachaufklärung verhindert und es der Verteidigung unmöglich macht, dem geäußerten Verdacht nachzugehen.

168. Besagt ein Schriftsachverständigengutachten nur, daß der Angeklagte „mit hoher Wahrscheinlichkeit" der Täter sein kann, bleiben „vernünftige" Zweifel bestehen und andere Möglichkeiten offen, die nicht „rein theoretisch" sind.

StPO § 261 – BGH Beschl. v. 24. 6. 1982 – 4 StR 183/82 LG Bochum (= NStZ 1982, 478)

Die Revision rügt die Verletzung sachlichen Rechts.

Sachverhalt: Das Landgericht hat seine Überzeugung, der Angeklagte habe fünf Schecks gefälscht, ausschließlich auf das Gutachten des Schriftsachverständigen gestützt. Dieser war zu dem Ergebnis gekommen, daß ein Teil der Eintragungen auf den fünf Schecks „mit hoher Wahrscheinlichkeit" von dem Angeklagten stamme. Das Landgericht hat dazu ausgeführt, daß „aufgrund der Vielzahl der persönlichkeitsspezifischen Merkmale der Handschrift des Angeklagten, die sich auf den Schecks wiederfinden", auch die Strafkammer der Auffassung sei, daß der Angeklagte die Schecks – jedenfalls teilweise – ausgefüllt sowie mit einer Unterschrift versehen habe. – Das Rechtsmittel hatte Erfolg.

Gründe: Diese Beweiswürdigung des Landgerichts hält rechtlicher Nachprüfung nicht stand. Zwar darf und muß der Tatrichter jedes Beweismittel – auch ein Sachverständigengutachten – frei würdigen, er ist an bestimmte Beweisregeln oder sonstige Richtlinien nicht gebunden. Seine Schlußfolgerungen tatsächlicher Art brauchen auch nicht zwingend zu sein; es genügt grundsätzlich, daß sie möglich sind und er von ihrer Richtigkeit überzeugt ist (BGHSt. 10, 208 [209 ff.] [BGH Urt. v. 9. 2. 1957 – 2 StR 508/56; vgl. § 261 StPO erfolglose Rügen]; 29, 18 [20 f.] [BGH Beschl. v. 7. 6. 1979 – 4 StR 441/78; vgl. § 261 StPO erfolglose Rügen]; BGH, NJW 1967, 359, 360). Der Richter muß aber die wissenschaftlichen Erkenntnisse, die Erfahrungssätze des täglichen Lebens und die Gesetze der Logik beachten (BGHSt. 17, 382 [385] [BGH Urt. v. 1. 8. 1962 – 3 StR 28/62; vgl. § 261 StPO erfolglose Rügen]; BGH, VRS 35, 264, 265). Um dem Revisionsgericht diese Nachprüfung zu ermöglichen, müssen die Urteilsgründe erkennen lassen, daß die Beweiswürdigung auf einer tragfähigen, verstandesmäßig einsichtigen Tatsachengrundlage beruht und daß die vom Gericht gezogene Schlußfolgerung nicht etwa nur eine Annahme ist oder sich als bloße Vermutung erweist, die letztlich nicht mehr als einen Verdacht zu begründen vermag (BGH, NStZ

---

fen zutage liegen. Die in § 78 OWiG vorgesehenen Erleichterungen bedeuten nicht, daß in Bußgeldsachen geringere Anforderungen an den Schuldnachweis zu stellen wären als im Strafverfahren. Die Pflicht zur erschöpfenden Sachaufklärung (§ 244 Abs. 2 StPO) läßt § 78 OWiG ausdrücklich unberührt. Daraus, daß der Halter die Einlassung zur Sache verweigert oder sich darauf beschränkt, seine Täterschaft zu bestreiten, dürfen keine ihm nachteiligen Schlüsse gezogen werden. Das gilt uneingeschränkt auch für den Kraftfahrzeughalter."

1981, 33 [BGH Urt. v. 2. 7. 1980 – 3 StR 204/80; vgl. § 261 StPO erfolgreiche Rügen]; BGH Beschl. v. 14. 4. 1982 – 2 StR 24/82).

Diesen Grundsätzen wird das angefochtene Urteil nicht gerecht. Das Landgericht hat nicht ausreichend dargetan, worauf es seine sichere Überzeugung von der Täterschaft des Angeklagten stützt. Als Beweismittel hat es nur das Gutachten des Schriftsachverständigen angegeben. Das reicht hier jedoch nicht aus. Schriftgutachten können zwar zu dem Ergebnis gelangen, daß eine Schrift mit Sicherheit von einer bestimmten Person stammt, und sie können in solchen Fällen dann auch ohne weitere Beweisanzeichen Grundlage einer Verurteilung sein (vgl. Deitigsmann, Grundlagen und Praxis der gerichtlichen Handschriftenvergleichung, 1954, S. 207; Pfanne, Handschriftenvergleichung, 1971, S. 47, 56). Hier hat der Sachverständige aber gerade nicht bestätigen können, daß der Angeklagte „mit Sicherheit" derjenige ist, der die Scheckformulare mit seiner Schrift ausgefüllt hat. Vielmehr hat der Sachverständige lediglich ein Wahrscheinlichkeitsurteil abgegeben. Er ist mit der Qualifikation „mit hoher Wahrscheinlichkeit" sogar unter dem höheren Wahrscheinlichkeitsgrad, nämlich „mit größter Wahrscheinlichkeit" (Deitigsmann, a.a.O., S. 209) oder „mit sehr hoher Wahrscheinlichkeit" (Pfanne, a.a.O., S. 56), geblieben. Ersichtlich reichte dazu die festgestellte Zahl der übereinstimmenden persönlichkeitsspezifischen Schriftmerkmale nach gesicherter wissenschaftlicher Erkenntnis nicht aus.

Das Schriftgutachten besagt demnach lediglich, daß der Angeklagte – wenn auch mit hoher Wahrscheinlichkeit – der Täter sein kann. Es besagt aber auch gleichzeitig, daß insoweit noch „vernünftige" Zweifel bestehen, die nicht „rein theoretisch" (vgl. BGH, NJW 1951 83) sind, und andere Möglichkeiten offenbleiben, die nicht nur gedanklicher Art sind und als „völlig abseits" liegend hätten außer Betracht bleiben dürfen und müssen. Aus welchen Gründen, etwa aufgrund welcher weiterer Beweisanzeichen das Landgericht die nach dem Gutachten nicht ausgeschlossene Möglichkeit, daß die Eintragungen auf den fünf Schecks nicht vom Angeklagten stammen, als ausgeräumt angesehen hat, läßt sich dem Urteil nicht entnehmen. Ausführungen dazu waren aber nach der Beweislage in dem vorliegenden Verfahren unverzichtbar, weil nicht einmal dargelegt worden ist, auf welche Art und Weise der Angeklagte sich die Scheckformulare, die den verschiedensten Besitzern gehörten, verschafft haben kann. Das Landgericht hat den Angeklagten auch in neun weiteren Fällen, in denen er ebenfalls wegen Fälschungen von Schecks angeklagt worden war, freigesprochen, nachdem der Gutachter zu dem Ergebnis gekommen war, daß die Schecks nicht vom Angeklagten ausgefüllt worden sind. Danach lag die Möglichkeit, daß auch in den verbliebenen fünf Fällen andere Personen als Täter in Betracht kommen, nicht so fern, daß das Landgericht bei der gegebenen Sachlage über sie ohne nähere Erörterung hinweggehen durfte (vgl. auch BGHSt. 12, 311 [316] [BGH Urt. v. 18. 12. 1958 – 4 StR 399/58; vgl. § 261 StPO erfolgreiche Rügen]; 25, 365 [367, 368] [BGH Beschl. v. 29. 8. 1974 – 4 StR 171/74; vgl. § 261 StPO erfolgreiche Rügen]; BGH Urt. v. 30. 11. 1976 – 1 StR 394/76, bei Holtz, MDR 1977, 284).

169. Beweiswert einer fehlerhaften, weil Einzelgegenüberstellung, gering.
StPO § 261 – BGH Urt. v. 17. 3. 1982 – 2 StR 793/81 LG Köln (= NStZ 1982, 342)
Die Revision rügt die Verletzung sachlichen Rechts.

Sachverhalt: Die Kammer hält den Angeklagten im wesentlichen auf Grund der Aussage des Zeugen K. für überführt, denn dieser habe ihn später bei der Polizei als einen der Täter wiedererkannt. Dabei übersieht sie nicht, daß der Angeklagte diesem Zeugen nicht zusammen mit anderen Personen gegenübergestellt, sondern von den Polizeibeamten als Einzelperson und möglicher Täter vorgestellt worden war. Sie erkennt auch, daß dem Ergebnis eines solchen Verfahrens regelmäßig ein wesentlich geringerer Beweiswert zukommt als dem einer vorschriftsmäßigen Wahlgegenüberstellung. Sie meint aber, die "fehlerhafte Gegenüberstellung" habe die „Identifizierung des R." als Täter gleichwohl nicht in ihrem Wert beeinträchtigt. Daß der Zeuge sich geirrt haben könnte, schließt sie besonders auch deswegen aus, weil er bei seiner ersten polizeilichen Vernehmung eine „detaillierte Täterbeschreibung" geben konnte. – Das Rechtsmittel hatte Erfolg.

Gründe: Diese „detaillierte Täterbeschreibung" kann indes den Beweiswert der fehlerhaften Gegenüberstellung nicht verstärken. Wie sich aus den weiteren Feststellungen ergibt, hatte der Zeuge dem Täter, den er später als den Angeklagten wiedererkannt haben will, wesentliche Merkmale zugeordnet (Nasenform, Körpergröße, Sprache), die der Angeklagte gerade nicht aufweist. Die Kammer legt zwar dar, worauf diese Irrtümer zurückgeführt werden könnten, vermag damit aber die Tatsache, daß die Täterbeschreibung des Zeugen nicht zum Angeklagten paßt, nicht zu ändern. ...

170. Wenn mehrere Möglichkeiten gleichermaßen in Betracht kommen, müssen vom Tatgericht die Gründe für die angenommene Möglichkeit aufgezeigt werden, die es gestatten, ihr den Vorzug zu geben.

StPO § 261 – BGH Urt. v. 1. 12. 1981 – 1 StR 499/81 LG München I (= StV 1982, 59)

Die Revision rügt die Verletzung sachlichen Rechts.

Sachverhalt: Nach den festgestellten Beweisanzeichen kommen der Angeklagte und seine Ehefrau als Täter gleichermaßen in Betracht. Der Ausschluß der Täterschaft der Ehefrau wird vom Tatgericht wie folgt gerechtfertigt: Es „besteht kein Anhalt dafür, daß es die Ehefrau gewesen sein könnte. Vielmehr handelt es sich bei der Sache um typisches Männerwerk, so daß für die Kammer kein Zweifel besteht, daß es der Angeklagte war".

Das typische Männerwerk, von dem die Strafkammer spricht, bestand in der Herausnahme einer „Metall-Teeschachtel" mit Falschgeld aus dem Räucherkamin des Hauses, einem Verwahrungsort, der vom Dachboden aus ohne weiteres zugänglich war und in dem erneuten Verstecken des Behältnisses auf dem Dachboden unter losen Bohlen des Fußbodens, wenige Meter vom ersten Versteck entfernt. Nichts in den Feststellungen deutet darauf hin, daß die Ehefrau des Angeklagten, N.'s Cousine, zu dieser Handlung physisch oder psychisch nicht in der Lage gewesen wäre. – Das Rechtsmittel hatte Erfolg.

Gründe: Schuld- und Strafausspruch und die Feststellungen, auf welchen die Verurteilung beruht, können keinen Bestand haben, weil das Ergebnis der Beweiswürdigung auf einer Erwägung beruht, die nichtssagend ist und deshalb dieses Ergebnis nicht zu begründen vermag.

... Allein mit der floskelhaften Berufung auf „typisches Männerwerk" kann sie infolgedessen nicht als Täterin ausgeschieden werden.

Der Senat bemerkt, daß er mit seinen Darlegungen nicht in die freie Beweiswürdigung eingreift. Er bekräftigt lediglich den sich von selbst verstehenden Grundsatz, daß, wenn mehrere Möglichkeiten gleichermaßen in Betracht kommen, Gründe für die vom Tatgericht angenommene Möglichkeit aufgezeigt werden müssen, die es gestatten, ihr den Vorzug zu geben (vgl. BGHSt. 12, 311, 316 [BGH Urt. v. 18. 12. 1958 – 4 StR 399/58; vgl. § 261 StPO erfolgreiche Rügen]; BGH Urt. v. 5. 3. 1980 – 3 StR 18/80 – bei Holtz MDR 1980, 631[1]). Die Berufung der Strafkammer auf „typisches Männerwerk" umschreibt nach

---

[1] „Der Tatrichter ist bei der Würdigung des Ergebnisses der Beweisaufnahme frei. Seine Schlußfolgerungen tatsächlicher Art brauchen nicht zwingend zu sein; es genügt, daß sie möglich sind und er von ihrer Richtigkeit überzeugt ist. Das entbindet ihn jedoch nicht von der Pflicht, im Urteil für das Revisionsgericht nachprüfbar darzutun, daß die Überzeugung, die er sich zu den nach dem Ergebnis der Beweisaufnahme noch fragwürdig erscheinenden Teilen des Tatgeschehens gebildet hat, auf tragfähigen tatrichterlichen Erwägungen beruht. Er hat die Erwägungen deshalb in der Regel im Rahmen der Beweiswürdigung anzuführen. Das kann – je nach Lage des Falles –

dem Sachverhalt weder eine Beweistatsache noch einen Beweisgrund. Sie ist infolgedessen keine „tragfähige tatrichterliche Erwägung" (vgl. BGH bei Holtz a.a.O.).

171. Es gibt keinen Erfahrungssatz dahingehend, daß jemand nicht durch eine als beleidigend empfundene Bezeichnung in eine zu einem Tötungsakt führende Wut versetzt werden kann, wenn die Bezeichnung der Wahrheit entspricht.

StPO § 261 – BGH Beschl. v. 2. 9. 1981 – 3 StR 314/81 LG Mönchengladbach (= NStZ 1981, 488)

Die Revision rügt die Verletzung sachlichen Rechts.

Sachverhalt: Nach gegenseitigen sexuellen Handlungen soll der Angeklagte das spätere Opfer schwer mißhandelt haben, weil es ihm vorwarf, er sei „schwul". Anschließend soll er es getötet haben, indem er zwei schwere Steine mindestens je dreimal auf den Hinterkopf der am Boden liegenden Frau schleuderte.

Das Landgericht hat den Angeklagten wegen Mordes, begangen im Zustande verminderter Schuldfähigkeit, zu zwölf Jahren Freiheitsstrafe verurteilt. Das Landgericht hatte Mord angenommen, weil der Angeklagte die vorangegangene Körperverletzung habe verdecken wollen.

Das Landgericht stützt seine Überzeugung von dem Verdeckungsmotiv des Angeklagten auf dessen wiederholte Angaben bei Vernehmungen durch die Polizei und den Ermittlungsrichter. Die Einlassung des Angeklagten in der Hauptverhandlung, sein Motiv habe lediglich in der Wut darüber gelegen, daß er als „schwul" bezeichnet worden sei, hält es für unglaubhaft. – Das Rechtsmittel hatte Erfolg.

Gründe: Die im Urteil hierfür gegebene Begründung ist indes nicht frei von Denkfehlern.

Zunächst meint das Landgericht, die frühere Erklärung des Angeklagten verdiene „nach allgemeinen Erfahrungssätzen gegenüber der anderen den Vorzug". Den Gehalt dieser Aussage vermag der Senat nicht zu erkennen. Ob der Angeklagte aus dem einen oder dem anderen der in Betracht kommenden Motive getötet hat, läßt sich ersichtlich einer allg. Erfahrung über die Anlässe von Tötungsverbrechen nicht entnehmen. Sollte das Landgericht haben sagen wollen, daß nach seiner Erfahrung in der Hauptverhandlung gegebene abweichende Einlassungen unrichtig sind, so träfe auch das nicht zu. Vielmehr bedarf es gerade bei psychisch gestörten Tätern wie dem Angeklagten genauer Prüfung, welche der beiden Versionen der Wahrheit entspricht. Jedenfalls läßt sich die Frage nicht mit einem allgemeinen Erfahrungssatz beantworten. Das gilt hier um so mehr, als die Angaben des Angeklagten im Ermittlungsverfahren nicht mit dessen eigenen Worten wiedergegeben werden, so daß eine Nachprüfung ihres wirklichen Gehaltes nicht möglich ist.

Ebensowenig nachvollziehbar ist die weitere Erwägung des Landgerichts, die Einlassung des Angeklagten in der Hauptverhandlung sei „schon aus sich heraus widersprüchlich und daher unglaubhaft". Begründet wird dies nach dem Hinweis, daß der Angeklagte selbst häufigere homosexuelle Handlungen geschildert habe und im Zusammenhang mit der Tat erstmals Intimkontakt mit einer Frau hatte, mit dem Satz: „Wenn aber nach seiner eigenen Einlassung er als homosexuell, mindestens jedoch als bisexuell zu bezeichnen ist, so kann ihn dieses – auch bei seiner Persönlichkeitsstruktur – nicht so in Wut gebracht haben, da es ja der Wahrheit entsprach". Abgesehen davon, daß damit ein Widerspruch innerhalb der Einlassung des Angeklagten nicht aufgezeigt ist, wird es weder den

---

nur ausnahmsweise entbehrlich sein, so wenn ein im Urteil als Feststellung erscheinender Tatsachenschluß wegen zusätzlich festgestellter aussagekräftiger Beweisanzeichen derart nahe liegt, daß er sich dem Revisionsgericht nach dem Urteilszusammenhang aufdrängt und seine besondere Erörterung im Hinblick hierauf überflüssig wäre."

Feststellungen noch auf der Hand liegenden psychologischen Gegebenheiten gerecht. Der Angeklagte hatte „lediglich" in der Haftanstalt sexuelle Erfahrungen gesammelt, wo es häufig zu homosexuellen Handlungen mit Mithäftlingen gekommen war. Er strebte, wie das Tatgeschehen zeigte, Kontakte zum anderen Geschlecht an. Daß auf einen solchen Menschen die Bezeichnung „Schwuler" zutreffe, liegt nicht ohne weiteres auf der Hand. Im übrigen steht fest, daß er durch den Vorhalt in erhebliche Wut geraten ist, da er, wie das Landgericht selbst sagt, seinem Opfer daraufhin brutal ins Gesicht trat. Warum seine Wut nicht ausgereicht haben kann, ihn dann auch zu seinem Tötungsentschluß zu motivieren, legt das Landgericht nicht dar. Schließlich trifft es auch nicht zu, daß niemand, nicht einmal ein psychisch Gestörter, durch eine als beleidigend empfundene Bezeichnung nicht in eine zu einem Tötungsakt führende Wut versetzt werden kann, wenn die Bezeichnung nach ihrem sachlichen Gehalt der Wahrheit entspricht.

172. Fehlerhafte Beweiswürdigung, wenn Gericht Wahrnehmungsfähigkeit mit Merkfähigkeit verwechselt.

StPO § 261 – BGH Beschl. v. 12. 3. 1981 – 1 StR 598/80 LG München I (= StV 1981, 330 = NStZ 1981, 271)

Die Revision rügt die Verletzung sachlichen Rechts.

Sachverhalt: Das Landgericht hat den Angeklagten wegen Vergewaltigung verurteilt.

Die Geschädigte und Zeugin T. hatte bei der polizeilichen Vernehmung angegeben, der Angeklagte habe sie „verbal, durch Würgen und mit einer Pistole bedroht". In der Hauptverhandlung erklärte sie auf Vorhalt, sie wisse das nicht mehr genau. Die Pistole könne in Wahrheit auch eine im Handschuhfach befindliche Pocket-Kamera gewesen sein.

Das Landgericht wertet diese Abweichungen in der Aussage deshalb nicht als Anzeichen der Unglaubwürdigkeit der Zeugin, weil deren Wahrnehmungsfähigkeit infolge starken Alkoholgenusses und seelischer Niedergeschlagenheit zur Tatzeit reduziert gewesen sei und weil erfahrungsgemäß Opfer von Vergewaltigungen bei den ersten polizeilichen Vernehmungen zu Übertreibungen hinsichtlich des Täterverhaltens neigten, um sich selbst in günstiges Licht zu setzen. Die Aussage des Mädchens in der Hauptverhandlung spreche vielmehr – mangels „Belastungstendenz" – für ihre Glaubwürdigkeit. – Das Rechtsmittel hatte Erfolg.

Gründe: ... Der Senat vermag nicht zu überprüfen, ob diese Erwägungen rechtsfehlerfrei sind. Im Urteil wird zwar mitgeteilt, daß die Geschädigte die Polizei erst später (als sie in einer Tötungssache als Zeugin befragt wurde) von der Tat unterrichtete, nicht aber, welcher Zeitraum zwischen Tat und polizeilicher Anzeige einerseits, polizeilicher Vernehmung und Hauptverhandlung andererseits verstrichen ist. Nur in Kenntnis dieses zeitlichen Ablaufs könnte beurteilt werden, ob die Erfahrung der Kammer, Opfer von Vergewaltigungen neigten zunächst zu Übertreibungen, hier verwertet werden kann. In aller Regel wird solches Aussageverhalten dann zu beobachten sein, wenn das Opfer alsbald nach der Tat vernommen wird und Anlaß sieht, den Verdacht eigenen Fehlverhaltens von vornherein zu zerstreuen. Mit wachsendem zeitlichen Abstand wird solches Bestreben schwächer werden, besonders wenn – wie hier – irgendwelche Folgen der Tat oder Vorwürfe gegen das Opfer nicht ersichtlich sind.

Die reduzierte Wahrnehmungsfähigkeit zur Tatzeit wiederum erklärt nicht, warum die Geschädigte bei der polizeilichen Vernehmung ganz wesentliche Dinge noch gewußt haben könnte, die dann bis zur Hauptverhandlung aus ihrem Gedächtnis verschwunden wären; denn die Wahrnehmungsfähigkeit – im Gegensatz zur Merkfähigkeit – beeinflußt die Aufnahme der Vorgänge in das Bewußtsein, nicht deren Speicherung. Wenn also die Kammer – im Gegenteil – eine lückenlose Schilderung als Anzeichen von Unglaubwürdigkeit gewertet hätte, so könnte das nicht nur für die Aussage in der Hauptverhandlung, sondern müßte auch für die Aussage vor der Polizei gelten. Das alles läßt auch die Erwägung der Kammer, die Aussage des Mädchens lasse auf mangelnde „Belastungstendenz" schließen, fragwürdig erscheinen.

173. Die Beweiswürdigung ist lückenhaft, wenn sie die Auseinandersetzung mit wesentlichen Umständen vermissen läßt, deren Erörterung sich aufdrängte.
StPO § 261 – BGH Urt. v. 17. 12. 1980 – 2 StR 622/80 LG Frankfurt am Main (= StV 1981, 114)

Die Revision rügt die Verletzung sachlichen Rechts.

Sachverhalt: Nach den Feststellungen versetzte der Angeklagte im Januar 1979 dem Taxifahrer Sch., als dieser ihn zur Bezahlung des Fahrpreises von 18,60 DM aufforderte, mit den Worten „Hier hast Du Dein Geld" von außerhalb des Wagens einen Messerstich in die linke Brustseite, dann entfernte er sich. Die Verletzung ist komplikationslos verheilt. Die Schwurgerichtskammer hatte den Angeklagten wegen schwerer räuberischer Erpressung in Tateinheit mit gefährlicher Körperverletzung zu einer Freiheitsstrafe verurteilt.

Der Angeklagte bestreitet, der Täter zu sein. Die Strafkammer hält ihn gleichwohl auf Grund des Ergebnisses ihrer Beweisaufnahme für überführt. Dabei legt sie das entscheidende Gewicht auf die Aussage des Zeugen Sch. Dieser hatte anläßlich einer Lichtbildvorlage am 26. 1. 1979 „bei dem Bild eines gewissen S. diesen mit Bestimmtheit als Täter wiedererkannt". Am 1. 6. 1979 hat er dann jedoch bei einer Gegenüberstellung von acht Personen (nach den Feststellungen ohne S.) in zwei Durchgängen den Angeklagten „jeweils zweifelsfrei als Täter identifiziert" und am 3. 10. 1979 bei einer weiteren Vorlage von 950 Lichtbildern (wiederum ohne die Aufnahme des S.) allein das Bild des Angeklagten als das des Täters bezeichnet.

Die Strafkammer ist auf Grund der Ergebnisse vom 1. 6. und 3. 10. 1979 von der Täterschaft des Angeklagten überzeugt, weil diese Ergebnisse durch weitere Tatsachen gestützt würden. So habe der als Zeuge vernommene Polizeibeamte B. glaubhaft ausgesagt, von nicht mehr feststellbaren Personen den Hinweis erhalten zu haben, „daß S. nicht der Täter sei"; außerdem habe der Gastwirt F., der in seinem Lokal für den dann mit Sch. wegfahrenden Mann das Taxi gerufen habe, im Zuge der ersten Ermittlungen den Täter mit Kennzeichen beschrieben, die der Angeklagte aufweise. – Das Rechtsmittel hatte Erfolg.

Gründe: ... Diese Beweiswürdigung leidet an einem sachlich-rechtlichen Mangel: sie ist lückenhaft, weil sie die Auseinandersetzung mit wesentlichen Umständen vermissen läßt, deren Erörterung sich aufdrängte. Zwar kann dem Tatrichter nicht vorgeschrieben werden, unter welchen Voraussetzungen er zu einer bestimmten Schlußfolgerung und einer bestimmten Überzeugung kommen darf. Seinem Urteil muß jedoch bedenkenfrei entnommen werden können, daß er bei seiner Prüfung keinen wesentlichen Gesichtspunkt außer acht gelassen hat, der geeignet sein könnte, das Beweisergebnis zu beeinflussen (vgl. z.B. BGH Urt. v. 30. 1. 1980 – 2 StR 758/79). Diese Voraussetzungen sind im angefochtenen Urteil nicht erfüllt.

Im vorliegenden Fall kam der genauen Identifizierung des Täters besondere Bedeutung zu, weil der Taxifahrer Sch. am 26. 1. 1979 zunächst S., später aber bei der Gegenüberstellung vom 1. 6. 1979 und der Lichtbildervorlage vom 3. 10. 1979 den Angeklagten jeweils „mit Bestimmtheit" („zweifelsfrei") als Täter bezeichnet, im Ermittlungsverfahren also zur Person des Täters einander widersprechende Angaben gemacht hat. Bei dieser Sachlage kann im Urteil nicht auf die Mitteilung verzichtet werden, ob die übrigen Zeugen, die an dem fraglichen Abend den späteren Fahrgast Sch.'s gesehen oder sogar gesprochen haben, in dem Angeklagten diesen Fahrgast wiedererkannt haben. Auch damit muß sich die Beweiswürdigung auseinandersetzen.

Gleichwohl hat die Strafkammer nicht einmal erwähnt und demzufolge auch nicht gewertet, ob der Zeuge F. den Angeklagten in der Hauptverhandlung als den Mann bezeichnet oder nicht bezeichnet hat, der sich am Abend des 21. 1. 1979 in seinem Lokal aufhielt. Hierzu bestand besonderer Anlaß, weil F. es war, der dem Mann auf dessen Anforderung hin das Taxi rief, und schon hieraus folgt, daß er mit dem späteren Täter gesprochen hat. Damit stimmt überein, daß er „den Fahrgast des Taxis des Zeugen Sch. als von jugendlichem Aussehen mit dunklen mittellangen Haaren und ovalem Gesicht beschrieben" hat. Unter diesen Umständen liegt es nahe, daß er entscheidend zur Identifizierung des Täters beitragen kann.

In diesem Zusammenhang läßt zudem das Urteil weitere sich aufdrängende Überlegungen vermissen:

Daß die von F. beschriebenen Kennzeichen auf den Angeklagten zutreffen, ist für sich allein betrachtet zwar ein erheblicher Gesichtspunkt; dieser verliert jedoch zwangsläufig an Bedeutung, wenn, was die Strafkammer möglicherweise nicht bedacht hat und nach den Feststellungen auch nicht ausgeschlossen werden kann, das gleiche ebenso für den auf dem Lichtbild dargestellten S. gilt. Sieht des weiteren, was wiederum dem Urteil nicht entnommen werden kann, der Angeklagte dem auf dem Foto abgebildeten S. ähnlich, so beeinträchtigt dies den Wert der Beschreibung durch F., solange nicht aus anderen Gründen die Täterschaft S.'s ausgeschlossen werden kann; ist eine solche Ähnlichkeit aber zu verneinen, so ist nicht zu verstehen, warum dennoch der Zeuge Sch. einmal S., ein andermal den Angeklagten „zweifelsfrei" als Täter identifiziert hat.

Schließlich bleibt im Urteil offen, ob Sch. den Angeklagten bei der Lichtbildervorlage vom 3. 10. 1979 auf Grund von Merkmalen wiedererkannt hat, die sich ihm bei der Begegnung vom 21. 1. 1979 eingeprägt hatten, und ob die naheliegende Möglichkeit ausgeschlossen werden kann, daß die Wahrnehmungen bei der wiederholten Gegenüberstellung vom 1. 6. 1979, bei der Sch. den Angeklagten bereits als Täter bezeichnet hatte, seine Angaben vom 3. 10. 1979 maßgeblich beeinflußt haben.

174. Will das Gericht aufgrund eigener Sachkunde von der Auffassung eines Sachverständigen abweichen, muß es seine Sachkunde näher belegen.

StPO § 261 – BGH Urt. v. 4. 12. 1980 – 1 StR 570/80 LG München (= StV 1981, 113)

Die Revision rügt die Verletzung sachlichen Rechts.

Sachverhalt: Das Landgericht verurteilte den Angeklagten wegen tateinheitlich begangener Freiheitsberaubung, sexueller Nötigung und gefährlicher Körperverletzung sowie wegen unerlaubter Ausübung tatsächlicher Gewalt über verschiedene Waffen. Der Angeklagte hatte nach den Feststellungen des Urteils auf einem abgelegenen Grundstück den 29 Jahre alten Hilfsarbeiter R. über einen längeren Zeitraum hinweg gefangen gehalten, körperlich mißhandelt und zu gleichgeschlechtlichen Handlungen genötigt; außerdem hatte er dort zwei halbautomatische Pistolen und weitere Waffen verwahrt.

Die Strafkammer stützt ihre Feststellungen maßgeblich auf die Zeugenaussagen des Geschädigten R.; sie hält ihn für aussagetüchtig und führt hierzu u.a. aus:

„Zwar glaubte der Sachverständige Dr. M. bei dem Zeugen R. einen „leichten Schwachsinn" zu erkennen, doch hat sich das Gericht die Schlußfolgerungen dieses Sachverständigen nicht zu eigen gemacht. Die Aufgabe des Sachverständigen Dr. M. war es ausschließlich, den Angeklagten auf die Schuldfähigkeit hin zu untersuchen. Ein „leicht schwachsinniger" Zeuge wäre nach einem längeren Zeitraum kaum noch in der Lage, ein Geschehen, das sich über neun Monate erstreckt, auch in Einzelheiten so zu schildern, daß wesentliche Widersprüche gegenüber früheren Bekundungen in dieser Sache nicht zutage treten. Auch sonst machte der zwar schwerfällige, leicht beeinflußbare und wohl unterdurchschnittlich begabte Zeuge keineswegs den Eindruck, er sei mit geistigen Mängeln behaftet." – Das Rechtsmittel hatte Erfolg.

Gründe: Diese Darlegungen reichen, worauf die Verteidigung zu Recht hinweist, nicht aus. Der Sachverständige Medizinaldirektor Dr. M., Landgerichtsarzt beim Landgericht München II, ist Facharzt für Psychiatrie und Neurologie. Seine Sachkunde steht offenbar außer Zweifel; die Strafkammer stützt sich auf seine Begutachtung, soweit es um die Beurteilung der Schuldfähigkeit des Angeklagten geht. Mag Dr. M. auch nur mit der Begutachtung des Angeklagten beauftragt gewesen sein, so waren seine sachverständigen Äußerungen in der Hauptverhandlung doch auch insoweit von Belang, als sie sich auf den Zeugen R. bezogen, den einzigen Tatzeugen, was Freiheitsberaubung, sexuelle Nötigung und Körperverletzung angeht. Die Strafkammer hat das nicht verkannt und deshalb im Urteil niedergelegt, warum sie den Zeugen, abweichend vom Sachverständigen, nicht für „leicht schwachsinnig" hielt. Doch hat sie nicht wiedergegeben, welche Anknüpfungstatsachen der Sachverständige seiner Beurteilung zugrunde legte und welche „Schlußfolgerungen" – außer der, der Zeuge sei „leicht schwachsinnig" – er zog (vgl. BGHSt. 12, 311 [BGH Urt. v. 18. 12. 1958 – 4 StR 399/58; vgl. § 261 StPO erfolgreiche Rügen]). Dadurch ist dem Senat verwehrt, nachzuprüfen, ob die Erwägungen, mit denen die Kammer ihre vom Sachverständigen abweichender Auffassung begründet, für sich hinreichen, die sonst nicht näher erörterte Sachkunde des Gerichts zu belegen (BGHSt. 12, 18, 20 [BGH Urt. v. 10. 7. 1958 – 4 StR 211/28; vgl. § 244 IV StPO erfolglose Rügen]; BGH VRS 21, 289).

Die sonstigen – sehr gründlichen und nicht zu beanstandenden – Überlegungen der Kammer zur Glaubwürdigkeit des Zeugen R. können das nicht ausgleichen. Zwar gehört die Beurteilung der Glaubwürdigkeit eines erwachsenen Zeugen grundsätzlich zum Wesen richterlicher Rechtsfindung (BGHSt. 8, 130 [BGH Urt. v. 5. 7. 1955 – 1 StR 195/55; vgl. § 244 IV StPO erfolglose Rügen]), doch gilt das nicht, wenn aufgrund der Äußerungen eines erfahrenen Psychiaters Anhaltspunkte vorliegen, der Zeuge könne schwachsinnig und deshalb in seiner Aussagetüchtigkeit beeinträchtigt sein.

Damit ist sachliches Recht verletzt; das Urteil kann, da die Beweiswürdigung hierauf beruht, nicht bestehen bleiben, und zwar, weil die Aussagen R's auch für die Verstöße gegen das Waffengesetz von Bedeutung waren, in vollem Umfang.

175. Erkennt ein Zeuge den Angeklagten auf einem älteren Lichtbild als den Täter wieder, obwohl er damals anders aussah als zur Zeit der Tat und der Hauptverhandlung, nicht aber in dieser, muß das Gericht erklären, warum es die Identifizierung anhand des Lichtbilds für zutreffend hält.

StPO § 261 – BGH Beschl. v. 1. 11. 1980 – 2 StR 522/80 LG Frankfurt am Main (= StV 1981, 55)

Die Revision rügt die Verletzung sachlichen Rechts.

Sachverhalt: Die den Gegenstand der Verurteilung bildende Tat ist im Jahre 1976 begangen worden. „Daß der Angeklagte mit dem hier in Rede stehenden Täter identisch ist", ergibt sich für die Strafkammer unter anderem und – wie die Urteilsgründe in ihrem Zusammenhang erkennen lassen – überwiegend aus der Tatsache, daß der Zeuge H. den Angeklagten, den er vor der Tat nicht kannte, auf einem Lichtbild „zweifelsfrei" wiedererkannt hat, das aus dem Jahre 1971 stammt und H. am 16. 8. 1976 von der Polizei vorgelegt wurde. Dieses Lichtbild weist die Besonderheit auf, daß es den Angeklagten mit längeren Haaren zeigt, als er sie zur Tatzeit trug, und daß sich „das Aussehen des Angeklagten inzwischen erheblich verändert hatte". In der Hauptverhandlung, in der der Angeklagte nach den Feststellungen so wie zur Tatzeit aussah, hat H. ihn dagegen nicht als Täter identifiziert. – Das Rechtsmittel hatte Erfolg.

Gründe: Der Senat kann nicht ausschließen, daß die Überzeugung der Strafkammer von der Täterschaft des die Tat bestreitenden Angeklagten auf denkfehlerhaften Erwägungen beruht.

Obwohl danach H. den Angeklagten in der Hauptverhandlung bei gleichem Aussehen wie zur Tatzeit nicht wiederzuerkennen vermochte, hat er ihn auf einem älteren Lichtbild „zweifelsfrei" identifiziert, auf dem der Angeklagte erheblich anders aussah als zu der Zeit, zu der H. den Täter kennenlernte. Dies widerspricht der allgemeinen Erfahrung, daß ein Beschuldigter, dessen Aussehen seit der Tat das gleiche geblieben ist, bei persönlicher Gegenüberstellung eher wiederzuerkennen ist als ein Beschuldigter, der (lediglich) auf einem Lichtbild, noch dazu älteren Datums, mit erheblich anderem Aussehen abgebildet ist. Wenn gleichwohl die Strafkammer der Identifizierung anhand des Lichtbilds den Vorzug geben wollte, so hätte sie, um einen Denkfehler ausschließen zu können, näher darlegen müssen, aus welchen besonderen Umständen diese Folgerung zu ziehen ist. Solche Erläuterungen läßt das angefochtene Urteil vermissen.

176. Beweiswürdigung fehlerhaft, wenn Zeugnisverweigerung eines Angehörigen zu Lasten des Angeklagten gewertet wird.

StPO § 261 – BGH Beschl. v. 22. 10. 1980 – 2 StR 612/80 LG Frankfurt am Main (= MDR 1981, 157 = JR 1981, 432)

Die Revision rügt die Verletzung sachlichen Rechts.

Sachverhalt: Bei der Feststellung, daß der Angeklagte einen Pkw Mercedes unterschlagen habe, verwertete das Landgericht zu Lasten des Angeklagten" daß seine Ehefrau zu Beginn ihrer Aussage erklärt habe, sie wolle in einigen Punkten des (auch andere Taten umfassenden) Tatvorwurfs eine Aussage machen, anschließend aber von ihrem Recht, das Zeugnis zu verweigern, Gebrauch machen. Sie habe weiter erklärt, sie sei nicht bereit, auf die Fragen eines Prozeßbeteiligten zu antworten, da sie „nicht gegen ihren Mann arbeiten möchte". Im Anschluß daran habe sie sich zu einigen von ihr ausgewählten Punkten, die für die Beurteilung der Tatfrage ohne Bedeutung gewesen seien, geäußert und danach auf ihr Zeugnisverweigerungsrecht berufen. Daraus schließt das Gericht, daß die Einlassung des die Tat leugnenden Angeklagten nicht der Wahrheit entsprochen habe, denn sonst hätte seine Ehefrau sie bestätigt und sich nicht auf ihr Zeugnisverweigerungsrecht berufen. – Das Rechtmittel hatte Erfolg.

Gründe: ... Ein solcher Schluß ist unzulässig.

b) Die Zeugnisverweigerung eines Angehörigen darf nicht gegen den Angeklagten verwertet werden (BGHSt. 22, 113 [BGH Beschl. v. 2. 4. 1968 – 5 StR 153/68; vgl. § 261 StPO erfolgreiche Rügen]). Das gilt nicht nur dann, wenn der Angehörige überhaupt keine Angaben macht oder nach anfänglicher Zeugnisverweigerung später doch noch aussagt (BGH in LM StPO 1975 § 52 Nr. 5 = MDR 1979, 1040), sondern jedenfalls auch dann, wenn er nur Angaben macht, die für die Beurteilung der Tatfrage ohne Bedeutung sind, sich im übrigen aber auf sein Aussageverweigerungsrecht beruft.

Das Gesetz trägt der Konfliktslage eines Angehörigen eines Beschuldigten so weit Rechnung, daß es ihm sogar zugesteht, einen ursprünglichen Verzicht auf sein Zeugnisverweigerungsrecht auch noch während der Vernehmung zu widerrufen (§ 52 III S. 2 StPO). Gründe dafür muß er nicht angeben. Er soll von der Befugnis des § 52 StPO unbefangen Gebrauch machen können (BGHSt. 22, 113, 114). Das könnte er nicht mehr, wenn er befürchten müßte, das Gericht werde aus seinem Aussageverhalten Schlüsse zum Nachteil des Angeklagten ziehen; die ihm vom Gesetz eingeräumte Befugnis würde ihm dann vielmehr praktisch wieder entzogen werden.

Ob das in jedem Falle gilt, in dem ein Angehöriger des Beschl. von seinem Recht, zur Tatfrage keine Angaben zu machen, zulässigerweise nur zum Teil Gebrauch macht, hat der Senat hier nicht zu entscheiden.

Der Fehler ist auf die Sachrüge hin zu berücksichtigen.

Das Landgericht hat hier nicht gegen eine Rechtsnorm verstoßen, die bestimmt, auf welchem Wege der Richter zur Urteilsfindung berufen und gelangt ist (BGHSt. 19, 273, 275 [BGH Urt. v. 24. 3. 1964 – 3 StR 60/63; vgl. § 344 StPO erfolglose Rügen]); es hat nicht etwa eine gemäß § 52 StPO vorgeschriebene Handlung unterlassen oder eine nicht zulässige prozessuale Handlung vorgenommen.

Die Beweiserhebung war fehlerfrei, allein die Schlußfolgerungen, die das Landgericht aus dem vorliegenden Beweismaterial gezogen hat, waren fehlerhaft, weil sie – wie bereits ausgeführt – zu einer Aushöhlung des dem Angehörigen in § 52 StPO eingeräumten Rechts führen würden.

Hierin liegt [jedenfalls auch] ein Verstoß gegen das aus Art. 1 und 2 GG begründete materiell-rechtliche Verbot des § 52 StPO, den Zeugen in eine Konfliktssituation zu bringen (vgl. Doller in MDR 1974, 979).

177. Revisionsgericht nicht an Überzeugung des Tatrichters vom Tatgeschehen gebunden, wenn sich die Schlußfolgerungen so sehr von einer festen Tatsachengrundlage entfernen, daß sie letztlich bloße Vermutungen sind, die nicht mehr als einen schwerwiegenden Verdacht begründen.

StPO § 261 – BGH Urt. v. 2. 7. 1980 – 3 StR 204/80 LG Wuppertal (= NStZ 1981, 33)

Das Revisionsvorbringen ist nicht bekannt.

Sachverhalt: Die Anklageschrift und der Eröffnungsbeschluß legen dem Angeklagten vollendeten oder versuchten Mord zur Last. Darin wird er beschuldigt, er habe das Kind in einer Nacht Anfang Februar 1973 in S. aus niedrigen Beweggründen entweder getötet und es an der M.-Brücke in die Wupper geworfen oder es geduldet, daß die Zeugin S. das möglicherweise zuvor von ihr getötete Kind am selben Ort in den Fluß geworfen habe; im zweiten Fall habe er es in Kauf genommen, daß das Kind dabei noch gelebt habe.

Nach den Urteilsfeststellungen wurde die Ehefrau des Angeklagten am 23. 1. 1973 in den Städtischen Krankenanstalten in S. von einer gesunden Tochter entbunden, deren Erzeuger – wie die Eheleute wußten – nicht der Angeklagte war, sondern entweder der Zeuge S. oder der Zeuge T. Am 30. 1. 1973 wurde Frau K. mit dem Säugling aus dem Krankenhaus entlassen. Der Angeklagte holte sie dort ab. Für die Heimfahrt benutzten sie ein Taxi. Die Vermieterin hatte es Frau K. untersagt, das Kind in die Wohnung aufzunehmen. Kurz vor der Ankunft vor der Wohnung stieg der Angeklagte aus. Er nahm eine Tasche mit, in der nach den Festellungen des Landgericht das Kind lag. Frau K. fuhr allein nach Hause weiter. Das Kind ist seitdem unauffindbar. Nach der Überzeugung des Landgericht hat es nach dem 5. 2. 1973 nicht mehr gelebt.

Der Angeklagte hat die ihm vorgeworfene Tötung oder eine Mitwirkung daran geleugnet. Seine Einlassung hat im Laufe des Verfahrens mehrmals gewechselt. Er hat wiederholt – so auch zuletzt in der Hauptverhandlung – behauptet, seine Frau habe das Kind in der dritten Nacht nach der Heimkehr in der Wohnung getötet, während er geschlafen habe.

Die Strafkammer hält es für ausgeschlossen, daß es eines natürlichen Todes gestorben oder lebend an einen unbekannten Ort in Deutschland oder in der Türkei gebracht worden sei. Es hat den Angeklagten wegen Beihilfe zum Totschlag zu acht Jahren Freiheitsstrafe verurteilt.

Die Strafkammer hat seiner Verurteilung wahlweise folgende tatsächliche Möglichkeiten zugrunde gelegt:

a) Der Angeklagte habe das Kind mit Wissen und Wollen seiner Ehefrau im Taxi getötet.

b) Seine Ehefrau habe dies, bevor er ausgestiegen sei, mit seinem Wissen und Wollen getan.

c) Der Angeklagte habe das Kind getötet, nachdem er das Taxi verlassen habe. Seine Ehefrau sei mit der Tötung einverstanden gewesen.

d) Möglich sei im Fall c) aber auch, daß er seiner Ehefrau die beabsichtigte Tötung verschwiegen und ihr vorgetäuscht habe, das Kind solle in die Türkei gebracht werden.

e) Nachdem der Angeklagte das Taxi verlassen habe, habe er das Kind – mit oder ohne Wissen der Ehefrau – dritten Tatbeteiligten in Kenntnis der bevorstehenden Tötung übergeben; die unbekannten Tatbeteiligten, denen er das Kind ausgeliefert habe, hätten es gewaltsam getötet.

Die Strafkammer hat keine genaueren Feststellungen darüber treffen können, an welchem Ort, zu welcher genauen Zeit, auf welche Art und Weise und von wem das Kind getötet worden ist. Sie ist jedoch davon überzeugt, daß es sich um eine vorsätzliche gewaltsame Tötung handele und der Angeklagte habe jeder nur denkbaren Form dieser vorsätzlichen Tötung willentlich daran beteiligt gewesen sei. Bei der rechtlichen Würdigung ist sie von dem möglichen Sachverhalt e) ausgegangen, weil sie angenommen hat, dies sei die für den Angeklagten günstigste Möglichkeit. – Das Rechtsmittel hatte Erfolg.

Gründe: ...

II.

Das Landgericht hat den Sachverhalt bisher nicht soweit geklärt, daß sich darauf ein Schuldspruch und ein Strafausspruch stützen lassen. Daran vermag nichts zu ändern, daß es klar zum Ausdruck gebracht hat, es sei davon überzeugt, daß der Angeklagte in einer der dargelegten Weisen an der Tötung des Kindes beteiligt gewesen sei. Das Revisionsgericht ist in der Regel zwar an die Überzeugung des Tatrichters vom Tatgeschehen gebunden, auch soweit es sich um nur mögliche Schlußfolgerungen tatsächlicher Art handelt (vgl. BGHSt. 10, 208 [209] [BGH Urt. v. 9. 2. 1957 – 2 StR 508/56; vgl. § 261 StPO erfolglose Rügen]; BGH, NJW 1967, 359 [360]). Das kann ausnahmsweise aber dann nicht gelten, wenn sich die Schlußfolgerungen so sehr von einer festen Tatsachengrundlage entfernen, daß sie letztlich bloße Vermutungen sind, die nicht mehr als einen – wenn auch schwerwiegenden – Verdacht begründen. So liegt der Fall nach dem Inhalt des angefochtenen Urteils hier. Es enthält als sicheren Tatsachenkern die oben angeführten Tatsachen und läßt befürchten, daß die daran anknüpfende tatrichterliche Überzeugung vom weiteren Tatgeschehen objektiv nicht hinreichend fundiert ist (vgl. auch BGH, GA 1967, 184).

1. Ein gewisses Anzeichen hierfür, dem der Senat für sich allein allerdings keine ausschlaggebende Bedeutung beimessen würde, kann schon darin zu sehen sein, daß sich die Überzeugung des Landgericht nicht auf ein näher konkretisiertes Tatgeschehen bezieht. Gewißheit besteht lediglich über die Person des mutmaßlichen Tatopfers, nicht dagegen über den Hergang der Tötung. Das kann auch nicht verwundern angesichts dessen, daß es weder Tatzeugen noch eine für glaubhaft erachtete Einlassung des Angeklagten zur Tat gibt, die Kindesleiche nicht gefunden worden ist und überdies der Tatort, die genauere Tatzeit, die Art und Weise der Tatausführung und der Tatausführende unbekannt sind.

2. Der Senat verkennt nicht, daß eine Verurteilung auch auf wahldeutiger Tatsachengrundlage zulässig ist (vgl. BGH, NJW 1957, 1886 [1887]). In einem solchen Fall müssen die Urteilsgründe anstelle der für erwiesen erachteten Tatsachen, in denen die Merkmale der strafbaren Handlung gefunden werden, den äußeren und inneren Sachverhalt der Verhaltensweisen schildern, die nach der Überzeugung des Gerichts allein in Betracht kommen; andere Möglichkeiten müssen sicher ausgeschlossen sein. An den Ausschluß sind um so strengere Anforderungen zu stellen, je schwerer der Schuldvorwurf wiegt und je

größer die Zahl der Geschehensabläufe ist, die der Tatrichter für möglich erachtet. Mit dieser Zahl wächst nämlich auch die Möglichkeit, daß andere Ursachenzusammenhänge zu dem tatbestandsmäßigen Erfolg geführt haben, der dem Beschuldigten angelastet wird. Ein sachlich-rechtlicher Fehler kann deshalb in solchen Fällen z.B. schon dann anzunehmen sein, wenn vorstellbare Sachverhaltsvarianten im Urteil unerörtert bleiben, obwohl sie nach den Umständen nicht ganz fern liegen.

3. Unter Berücksichtigung dieser Grundsätze ist die Annahme des Landgericht, andere als die eingangs unter a–e genannten fünf Geschehensabläufe schieden hier aus, bisher nicht haltbar. Erörterte tatsächliche Möglichkeiten sind zum Teil nicht rechtsbedenkenfrei ausgeschlossen, nicht erörterte liegen zum Teil nicht so fern, daß sie unerörtert hätten bleiben dürfen. Bedenken bestehen insb. in folgender Hinsicht: ... (Wird näher ausgeführt.)

III.

Die Mängel führen zur Aufhebung des angefochtenen Urteils. Für die neue Hauptverhandlung weist der Senat auf folgendes hin: Nach dem Grundsatz „im Zweifel für den Angeklagten" wird das Landgericht ihn trotz schweren Tatverdachts freisprechen müssen, wenn es den Sachverhalt nicht weiter klären kann als bisher. Sollte es erneut eine Verurteilung auf wahldeutiger Tatsachengrundlage erwägen, so wird es die Grenzen zu beachten haben, die § 264 StPO zum Schutz des Angeklagten setzt. Danach ist für eine solche Verurteilung kein Raum, wenn und soweit die alternativen Möglichkeiten, welche den Straftatbestand erfüllen, örtlich und zeitlich so weit auseinanderliegen, daß sie im prozessualen Sinne nicht mehr mit der in der Anklage und im Eröffnungsbeschluß genannten Tat identisch sind (vgl. BGH, NJW 1957, 1886).

178. Alle in die Hauptverhandlung eingeführten Beweismittel müssen auch verwertet werden.

StPO §§ 251 II, 261; GG Art. 20 III, Art. 35 – BGH Urt. v. 10. 10. 1979 – 3 StR 281/79 (S) LG Frankfurt/Main (= BGHSt. 29, 109 = NJW 1980, 464)

Die Revision der Staatsanwaltschaft rügt, daß das Gericht von der Annahme eines Verbots ausgegangen ist, die Niederschrift über die Aussage eines Zeugen vor der Polizei zu verwerten, weil der Zeuge deswegen für das Gericht nicht erreichbar war, weil eine Behörde dazu erforderliche Auskünfte verweigert.

Sachverhalt: Das Landgericht hat den Angeklagten von dem Vorwurf der Unterstützung einer kriminellen Vereinigung (§ 129 StGB) freigesprochen.

Der Tatverdacht gegen den Angeklagten beruht auf den Angaben eines früheren Mitgliedes der Vereinigung, die er unterstützt haben soll, des Zeugen M. In der Hauptverhandlung sind Auszüge aus Niederschriften über dessen polizeiliche Vernehmungen verlesen worden. Die Gründe des die Verlesung anordnenden Gerichtsbeschlusses lauten:

„Die Verlesung kann erfolgen, weil der Zeuge in absehbarer Zeit gerichtlich nicht vernommen werden kann (§ 251 II StPO). Sein Aufenthaltsort ist von der Kammer nicht zu ermitteln. In dem hier anhängigen Verfahren gegen A. (5/23 Kls 4 Js 1269/76), in dem der Zeuge M. ebenfalls benötigt wird, hat der Vorsitzende der Kammer sämtliche Innen- und Justizminister/-senatoren der Bundesländer, den Präsidenten des BKA und den Generalbundesanwalt um Auskunft über den Aufenthaltsort bzw. die ladungsfähige Anschrift des Zeugen gebeten. Diese Stellen haben der Kammer im März 1979 jeweils mitgeteilt, der Aufenthaltsort bzw. die ladungsfähige Anschrift des Zeugen sei nicht bekannt. Das Kriminalamt Hamburg hat darüber hinaus durch Fernschreiben vom 20. 3. 1979 mitgeteilt, der Zeuge M. sei am 15. 2. 1979 aus der Strafhaft mit der Entlassungsanschrift: „ohne feste Wohnung" entlassen worden. Auf erneute Anfrage hat die Justizbehörde Hamburg geantwortet, weitere Auskünfte würden nicht erteilt, weil dies die Gefahr von Straftaten gegen das Leben des Zeugen erhöhen würde und damit die öffentliche Aufgabe, solche Straftaten zu verhindern, gefährdet wäre. Der Staatsschutzkammer des Landgericht Karlsruhe ist der Aufenthaltsort des Zeugen ebenfalls nicht bekannt, so daß auch dort ein Verfahren ohne richterliche Vernehmung des Zeugen M. durchgeführt werden mußte."

Das Landgericht hat die Einlassung des Angeklagten, der den Tatvorwurf bestreitet, nicht für widerlegt erachtet, weil es sich wegen des aus dem Rechtsstaatsprinzip hergeleiteten Gebots des fairen Verfahrens gehindert glaubte, die verlesenen Aussagen des Zeugen zu verwerten oder die Verhörspersonen zu vernehmen. Dadurch, daß die „Strafverfolgungsbehörden" den Zeugen dem Gericht bewußt vorenthielten, hätten sie, so meint die Strafkammer, dem Angeklagten die Chance genommen, auf den Inhalt der Aussagen des Zeugen im Rahmen einer Vernehmung vor dem erkennenden Gericht Einfluß zu nehmen. Zur Sicherung eines fairen justizförmigen Verfahrens durch eine unabhängige Rechtsprechung sei es „unerläßlich zu verhindern, daß ein entscheidender Teil der Beweisaufnahme letztlich nicht mehr vom Gericht, sondern von den Strafverfolgungsbehörden unter Ausschluß des Angeklagten durchgeführt wird". – Das Rechtsmittel hatte Erfolg.

Gründe:
1. Nach dem in der genannten Vorschrift zum Ausdruck kommenden Grundsatz der umfassenden Beweiswürdigung ist das Gericht verpflichtet, alle in der Hauptverhandlung erhobenen Beweise zu würdigen und seinem Urteil zugrunde zu legen, sofern nicht im Einzelfall ausnahmsweise ein Beweisverwertungsverbot entgegensteht. Das Landgericht hat nicht etwa den Inhalt der verlesenen Aussage des Zeugen M. als zur Überführung des Angeklagten nicht ausreichend angesehen – was nach dem Grundsatz der freien Beweiswürdigung möglich gewesen wäre –, sondern hat es von vornherein abgelehnt, dieses in die Hauptverhandlung eingeführte Beweismittel auf seinen Beweiswert zu überprüfen. Dazu fehlte ihm die verfahrensrechtliche Befugnis, da die tatsächlichen Voraussetzungen eines Beweisverwertungsverbots nicht festgestellt sind.

2. Allerdings ist dem Landgericht zuzugeben, daß es Fälle gibt, in denen der Grundsatz des fairen Verfahrens es gebieten kann, auf die Verwertung eines Beweismittels ganz zu verzichten (BGHSt. 24, 125, 131 [BGH Beschl. v. 17. 3. 1971 – 3 StR 189/70; vgl. § 81a StPO erfolglose Rügen]). Das gilt auch für polizeiliche Niederschriften über Zeugenvernehmungen, die, wenn sie als Ersatz für die Zeugenvernehmung in der Hauptverhandlung dienen sollen, grundsätzlich ein schlechteres Beweismittel darstellen als diese. Das rechtsstaatliche Erfordernis, nach Möglichkeit den Zeugen selbst zu vernehmen, findet seinen Ausdruck nicht nur in dem Grundsatz der persönlichen Vernehmung durch das Gericht (§ 250 StPO), sondern auch in Artikel 6 Abs. 3 Buchst. d MRK und § 240 StPO, wonach der Angeklagte das Recht hat, Fragen an die Zeugen zu stellen oder stellen zu lassen.

Die Pflicht des Gerichts, die Wahrheit durch die Vernehmung der Tatzeugen in der Hauptverhandlung zu erforschen, wird indes in vielfacher Hinsicht begrenzt. Das Gesetz sieht ausdrücklich vor, daß unter bestimmten Voraussetzungen richterliche Vernehmungsniederschriften und unter noch engeren Voraussetzungen auch Niederschriften über andere, also auch polizeiliche Vernehmungen, ja sogar schriftliche Äußerungen des Zeugen als Beweismittel verwendet werden (§ 251 StPO). Eine dieser Voraussetzungen ist die Unerreichbarkeit des Zeugen für das Gericht. Daß sie auf der Weigerung einer Behörde beruht, ihr Wissen von dem Aufenthalt des Zeugen mitzuteilen oder ihren Angehörigen die Aussage über Umstände zu genehmigen, auf die sich ihre Pflicht zur Amtsverschwiegenheit bezieht, macht grundsätzlich keinen Unterschied. Aus § 54 StPO ergibt sich, daß der Gesetzgeber eine solche Beschränkung der Aufklärungsmöglichkeiten zuläßt. Das Rechtsstaatsprinzip wird dadurch noch nicht ohne weiteres verletzt, weil die Pflicht des Gerichts, die dann noch verbleibenden Beweismittel besonders sorgfältig auf ihre Überzeugungskraft zu überprüfen (§ 261 StPO; vgl. BGHSt. 17, 382, 385 f. [BGH Urt. v. 1. 8. 1962 – 3 StR 28/62; vgl. § 261 StPO erfolglose Rügen]), in aller Regel ein faires Verfahren gewährleistet.

Anders kann es allerdings liegen, wenn die Behörde, die Hinweise auf den Aufenthalt des Zeugen geben könnte, diese dem Gericht nicht nur – wie es in dem angefochtenen Urteil ausgedrückt wird – „bewußt vorenthält", sondern wenn dieses Verhalten willkürlich oder jedenfalls mißbräuchlich erscheint. Es würde dem Gebot des fairen Verfahrens widersprechen, die Vernehmung des Zeugen in der Hauptverhandlung durch die Verlesung der Niederschriften über seine früheren Aussagen vor der Polizei zu ersetzen, ohne daß Gründe geltend gemacht und im Rahmen des Möglichen belegt werden, die das Gericht in den Stand versetzen zu prüfen, ob dies unumgänglich ist. Im Hinblick auf die Pflicht des Gerichts, von Amts wegen die Wahrheit zu erforschen (§ 244 Abs. 2 StPO), muß es sich jedoch umfassend und nachdrücklich darum bemühen, die Behörde zu einer möglichst weitgehenden Erfüllung des gerichtlichen Ersuchens zu bewegen, bevor es willkürliches oder mißbräuchliches Verhalten annimmt und daraus ein Beweisverwertungsverbot herleitet. Dabei wird zu beachten sein, daß die grundgesetzlich verankerte Pflicht zur Gewährung eines rechtsstaatlichen Verfahrens (Art. 20 Abs. 3 GG) sich auch auf den Umfang der Amtshilfepflicht der Behörden (Art. 35 GG) auswirkt. Diese haben deshalb grundsätzlich dazu beizutragen, daß dem Gericht möglichst gute Beweismittel zur Verfügung stehen.

Den genannten Erfordernissen ist das Landgericht nicht ausreichend gerecht geworden. Es hat ein Verwertungsverbot bereits aufgrund der bloßen Tatsache angenommen, daß die Behörden, die nach seiner Meinung den Aufenthaltsort des Zeugen M. kennen, ihr Wissen nicht preisgegeben haben. Das beruht auf Rechtsirrtum. Es liegt auf der Hand, daß es Situationen geben kann, in denen es unter keinen Umständen zu verantworten ist, die Anschrift eines Zeugen zu den Gerichtsakten mitzuteilen. Die Verweigerung der Mitteilung kann in solchen Fällen keine Verfahrenslage schaffen, die auf willkürlichem oder mißbräuchlichem Verhalten staatlicher Stellen beruht und deshalb zum Verbot der Verwendung vorhandener, wenn auch weniger beweiskräftiger Beweismittel führen muß. Im vorliegenden Fall steht außer Frage, daß der Zeuge M. durch sein Aussageverhalten die Feindschaft seiner früheren Tatgenossen auf sich gezogen hat und daß eine erhebliche Gefahr für sein Leben besteht, wenn sein jetziger Aufenthaltsort den noch in Freiheit befindlichen Mitgliedern der kriminellen Vereinigung, der er angehört hat, bekannt wird. Gegen die Verheimlichung seiner Anschrift können offensichtlich Bedenken aus dem Gesichtspunkt des fairen Verfahrens nicht erhoben werden.

Das bedeutet aber nicht, daß das Landgericht sich mit der Weigerung der Behörden, die Adresse des Zeugen mitzuteilen, ohne weiteres abfinden darf mit der Folge, daß auf die Niederschriften über die polizeilichen Vernehmungen zurückzugreifen ist. Es muß vielmehr versuchen, die zuständige Behörde zu einer substantiierten Äußerung über ihre Sicherheitsbedenken zu bewegen, und auf die Möglichkeit hinweisen, den Zeugen auf den Wegen zum Gericht und zurück sowie im Gericht selbst so zu sichern, daß er vor Anschlägen auf sein Leben geschützt ist (vgl. BGHSt. 22, 311, 313 [BGH Urt. v. 17. 1. 1969 – 2 StR 533/68; vgl. § 251 StPO erfolglose Rügen]). Dabei könnte gegebenenfalls zugesichert werden, daß auf die Mitteilung der Anschrift des Zeugen ebenso verzichtet wird wie – im Falle einer Identitätsänderung – auf die Angabe seines jetzigen Namens. Dem stände § 68 StPO dann nicht entgegen, wenn nur so eine Vernehmung des Zeugen in der Hauptverhandlung und damit ein rechtsstaatlich besseres Verfahren ermöglicht werden kann. Ferner darf das Gericht nicht außer acht lassen, daß eine kommissarische Vernehmung geeignet sein kann, die Gefahren für den Zeugen in zumutbarer Weise einzugrenzen. Auf diesem Wege könnte möglicherweise ein Beweismittel geschaffen werden, das dem gegenwärtig allein zur Verfügung stehenden Polizeiprotokoll überlegen, wenn auch im Vergleich zur Vernehmung in der Hauptverhandlung geringerwertig sein wird. Erst wenn sich ergeben sollte, daß die zuständige Behörde ohne einen dem Gericht einleuchtend erscheinenden Grund jede weitere Zusammenarbeit bei der Erlangung eines möglichst guten Beweismittels verweigert, könnte an einen Mißbrauch oder gar an Willkür mit der Folge eines Beweisverwertungsverbots gedacht werden. Bei der Beurteilung, ob die Haltung der

Behörde als mißbräuchlich gekennzeichnet werden kann, wird hier nicht außer Betracht bleiben dürfen, daß der Zeuge M. noch mehr als sechs Monate nach Anklageerhebung in Strafhaft saß und für eine in dieser Zeit durchgeführte Hauptverhandlung zur Verfügung gestanden hätte.

Nach alledem durfte das Landgericht nicht unter Berufung auf ein Beweisverwertungsverbot davon absehen, die verlesenen Vernehmungsniederschriften als Beweismittel zu würdigen. Auf dem Fehler beruht das Urteil. Es ist daher aufzuheben.

In der neuen Hauptverhandlung wird das Landgericht sich im Sinne der obenstehenden Erwägungen um eine Vernehmung des Zeugen M. bemühen müssen. Der Senat weist darauf hin, daß die im Falle der Erfolglosigkeit solcher Bemühungen erneut zu prüfende Frage, ob die Voraussetzungen einer Verlesung der polizeilichen Niederschriften vorliegen, unter Berücksichtigung der gleichen Kriterien zu entscheiden sein wird, wie sie bei der Prüfung, ob ein Beweisverwertungsverbot aus dem Gesichtspunkt des fairen Verfahrens gegeben ist, zu beachten sind. Das Landgericht wird auch zu prüfen haben, ob die Aufklärungspflicht es gebietet, zusätzlich die Verhörspersonen zu vernehmen.

179. Das Verbot, Schlüsse aus der Zeugnisverweigerung zu ziehen, gilt auch für den Fall, in dem ein Angehöriger nach anfänglicher Zeugnisverweigerung später doch noch aussagt.

StPO § 261 – BGH Urt. v. 12. 7. 1979 – 4 StR 291/79 LG Frankenthal (= NJW 1980, 794)

Die Revision rügt die Verletzung sachlichen Rechts.

Sachverhalt: Die Verlobte des Beschuldigten hatte im Ermittlungsverfahren Angaben zur Sache verweigert (§ 52 I Nr. 1 StPO) und in der Hauptverhandlung dann die Einlassung des Angeklagten bestätigt, er sei vom später getöteten Opfer provoziert worden. Das Schwurgericht folgte dieser Aussage nicht und führte dazu u.a. aus, die Verlobte hätte dann, wenn ihre Darstellung der Wahrheit entsprochen hätte, „diese Entlastungsmomente bereits früher vorgebracht und sich nicht, wie es der Fall war, vor einer polizeilichen Vernehmung auf schnippische Art und Weise gedrückt". Das Schwurgericht hat den Angeklagten zu einer Freiheitsstrafe verurteilt. – Das Rechtsmittel hatte Erfolg.

Gründe: In der neueren Rechtsprechung des BGH (seit BGHSt. 22, 113 [BGH Beschl. v. 2. 4. 1968 – 5 StR 153/68; vgl. § 261 StPO erfolgreiche Rügen]) ist anerkannt, daß die Zeugnisverweigerung eines Angehörigen nicht gegen den Angeklagten verwertet werden darf. Nach § 52 StPO steht Angehörigen allein aufgrund dieser Eigenschaft das Recht zu, das Zeugnis zu verweigern. Sie sollen sich frei entscheiden können, ob sie von dieser Befugnis Gebrauch machen oder nicht. Die Gründe für die Verweigerung, die mannigfacher Natur sein können, brauchen sie nicht zu offenbaren. Einen Schluß zum Nachteil des Angeklagten allein aus der Tatsache der Zeugnisverweigerung zu ziehen, ist dem Gericht deshalb verwehrt (vgl. KG, NJW 1966, 605). Denn wenn der Zeuge mit einer solchen Folge rechnen müßte, könnte er von seiner Befugnis nicht unbefangen Gebrauch machen (BGHSt. 22, 113). Mit Recht ist das Verbot, Schlüsse aus der Zeugnisverweigerung zu ziehen, auch auf den Fall ausgedehnt worden, in dem ein Angehöriger nach anfänglicher Zeugnisverweigerung später doch noch aussagte und nunmehr zu prüfen war, ob seine den Angeklagten entlastenden Angaben glaubhaft sind (vgl. BayObLG, NJW 1969, 200). Auch bei dieser Fallgestaltung wäre der Angehörige in seiner Entschließung, auszusagen oder nicht, beeinträchtigt, wenn er befürchten müßte, daß sein anfängliches Schweigen später in einem bestimmten Sinne aufgefaßt und als für den Angeklagten nachteilig verwertet würde.

Diese Erwägungen gelten in gleicher Weise für den vorliegenden Fall. ...

180. Fehlende Auseinandersetzung mit als wahr unterstellten Tatsachen im Urteil.

StPO §§ 244 II S. 2, 261 – BGH Urt. v. 21. 2. 1979 – 2 StR 749/78 LG Bonn (= BGHSt. 28, 310 = NJW 1979, 1513)

Die Revision rügt, daß die Strafkammer eine Wahrunterstellung nicht in ihre Beweiswürdigung einbezogen hat.

Sachverhalt: Nach den Feststellungen des Landgerichts hat der Angeklagte am 3. 12. 1975 eine Prostituierte, die zu ihm zwecks Ausübung des Geschlechtsverkehrs gegen Entgelt in den Kraftwagen eingestiegen war, durch Bedrohen mit einem Messer zur unentgeltlichen Ausübung des Mundverkehrs genötigt. Am 25. 2. 1976 wollte der Angeklagte eine andere Prostituierte, die er am selben Straßenstrich zum Einsteigen in seinen Kraftwagen veranlaßt hatte, auf die gleiche Art zur unentgeltlichen Ausübung des Mundverkehrs veranlassen. In diesem Fall leistete das Opfer erfolgreichen Widerstand und entkam.

Der Angeklagte will beide Taten nicht begangen haben. Die Strafkammer hat die Überzeugung vom Tathergang und insbesondere von der Identität des Angeklagten mit dem Täter ausschließlich und ohne nähere Begründung darauf gestützt, daß die beiden Opfer L. und W. den Angeklagten in der Hauptverhandlung einwandfrei als Täter wiedererkannt und eine Verwechslung und Täuschung als völlig ausgeschlossen bezeichnet haben. Es hat andererseits auf einen Beweisantrag des Verteidigers als wahr unterstellt, daß die beiden Zeuginnen gegenüber einem Polizeibeamten bekundet haben, der Täter sei einige Zeit nach dem Vorfall vom 25. 2. 1976 in dem Personenkraftwagen BN – PA 858 an ihnen vorbeigefahren, dessen Halter den Angeklagten nicht kenne und diesem sein Fahrzeug am 25. 2. 1976 oder einige Zeit danach nicht überlassen habe. – Das Rechtsmittel hatte Erfolg.

Gründe: Die Rechtsprechung, daß sich die Urteilsgründe nicht ausdrücklich mit als wahr unterstellten Tatsachen auseinandersetzen müssen, daß sie ihnen nur nicht widersprechen dürfen (BGH LM Nr. 5 zu § 244 Abs. 3 StPO), ist nicht in dem Sinne zu verstehen, daß lediglich die Annahme des strikten Gegenteils der als wahr unterstellten Tatsachen als Rechtsfehler zu werten sei. Erfaßt sind vielmehr auch die Fälle lückenhafter Beweiswürdigung, in denen der Tatrichter die Auseinandersetzung mit der als wahr unterstellten Tatsache unterlassen hat, obwohl er sich dazu gedrängt sehen mußte. Eine solche Lückenhaftigkeit ist hier zu verzeichnen; denn es handelte sich insoweit um eine Tatsache, die das Wiedererkennen des Täters betraf und mit den übrigen Feststellungen nicht ohne weiteres zu vereinbaren war.

181. Haltereigenschaft bei Privatfahrzeugen allein ist bei einem Angeklagten, der sich nicht zur Sache einläßt, kein ausreichendes Beweisanzeichen für Fahrereigenschaft zur Tatzeit.

StPO § 261 – BGH Beschl. v. 29. 8. 1974 – 4 StR 171/74 OLG Celle (= BGHSt. 25, 365)

Die Revision rügt, daß das Gericht seine Überzeugung, daß der Betroffene das Fahrzeug zur Tatzeit geführt habe, damit begründet hat, daß es ein privat genutztes Kraftfahrzeug sei, daß der erheblich größere Teil der Privatwagen ausschließlich oder so gut wie ausschließlich von den Haltern benutzt werde und daß keine Anhaltspunkte dafür hervorgetreten seien, daß ein Dritter das Fahrzeug geführt habe.

Sachverhalt: Das Amtsgericht hat gegen R. wegen Geschwindigkeitsüberschreitung innerhalb einer geschlossenen Ortschaft (Ordnungswidrigkeit nach § 3, § 49 Abs. 1 Nr. 3 StVO, § 24 StVG) ein Bußgeld festgesetzt. Die Feststellungen über das Fahrzeug, das amtliche Kennzeichen und den äußeren Tatbestand der Ordnungswidrigkeit beruhen auf der Zeugenaussage eines Polizeibeamten und einem Radarmeßfoto. Die Person des Fahrers hat der Zeuge nicht erkannt. Der beschuldigte Fahrzeughalter R. hat sich zur Sache nicht eingelassen. Das Amtsgericht begründet seine Überzeugung, daß er das Fahrzeug zur Tatzeit geführt habe, damit, daß es ein privat genutztes Kraftfahrzeug sei, daß der erheblich größere Teil der Privatwagen ausschließlich oder so gut wie ausschließlich von den Haltern benutzt werde und daß keine Anhaltspunkte dafür hervorgetreten seien, daß ein Dritter das Fahrzeug geführt habe.

Das zur Entscheidung über die Rechtsbeschwerde des Betroffenen zuständige Oberlandesgericht Celle hält diese Beweiswürdigung für rechtlich fehlerhaft. Es will daher das Urteil des Amtsgerichts aufheben. Daran ist es jedoch gehindert durch die abweichende Entscheidung des Oberlandesgerichts Hamm vom 22. 2. 1973 (JMBl NRW 1973, 233). Es hat daher die Sache dem Bundesgerichtshof zur Entscheidung der Frage vorgelegt, ob der Richter allein aus der Haltereigenschaft eines Betroffenen, der jede Einlassung zur Sache verweigert, schließen darf, daß er sein Fahrzeug zur Tatzeit geführt hat. – Das Rechtsmittel hatte Erfolg.

Gründe: Die vorgelegte Frage ist eine Rechtsfrage. Sie betrifft die rechtlichen Grenzen der freien richterlichen Beweiswürdigung. Die Vorlegungsvoraussetzungen nach § 79 Abs. 3 OWiG, § 121 Abs. 2 GVG sind gegeben.

Die Frage ist jedoch zu allgemein gefaßt. Sie ist überhaupt nur bei sogenannten Privatfahrzeugen strittig. Darüber, daß ohne Rücksicht auf die Art des Fahrzeugs und seine Verwendung aus der Haltereigenschaft (genauer: aus der Eigenschaft als Inhaber der amtlichen Zulassung) allein nicht ohne weiteres gefolgert werden kann, der „Halter" habe das Fahrzeug zu einer bestimmten Zeit an einem bestimmten Ort geführt, herrscht kein Streit. Auch das Oberlandesgericht will hier nur die Rechtsansicht des Amtsgerichts mißbilligen, daß ein solcher Schluß jedenfalls bei privat genutzten Fahrzeugen zulässig sei, weil diese erfahrungsgemäß ausschließlich oder fast ausschließlich von ihren Haltern benutzt zu werden pflegen. Unter einem Privatfahrzeug versteht dabei das Amtsgericht, seinen Urteilsgründen zufolge, ein Fahrzeug, das dem Halter „zu privaten, nicht geschäftlichen Zwecken dient". Ob diese Begriffsbestimmung in jedem Falle eine brauchbare Abgrenzung ermöglicht, kann auf sich beruhen; man denke z.B. an einen Personenkraftwagen, den ein freiberuflich Tätiger teils zu privaten, teils zu beruflichen Fahrten benutzt. Es kann ferner dahingestellt bleiben, auf welche Weise festgestellt werden kann, ob es sich um ein „Privatfahrzeug" oder ein für geschäftliche Zwecke genutztes Fahrzeug handelt, wenn der Halter, etwa ein Kaufmann, nicht zur Sache aussagt. Auf all das kommt es hier jedoch nicht an, da der Rechtsansicht des Oberlandesgerichts zuzustimmen ist, daß der Schluß des Amtsgerichts auch bei sogenannten Privatfahrzeugen nicht zulässig ist.

In der obergerichtlichen Rechtsprechung wird die Vorlegungsfrage nicht einheitlich beantwortet. Überwiegend wird sie verneint, so vom Bayerischen Obersten Landesgericht (bei Rüth DAR 1973, 197, 215), vom 2. Strafsenat des Oberlandesgerichts Hamm (VRS 43, 364 und NJW 1974, 249), vom Kammergericht (VRS 45, 287 unter Aufgabe der in VRS 42, 217 vertretenen gegenteiligen Ansicht), vom Oberlandesgericht Celle (VRS 46, 140 = NJW 1974, 202 sowie in der vorliegenden Sache). Bejaht wird die Frage, soweit ersichtlich, nur vom 3. und vom 5. Strafsenat des Oberlandesgerichts Hamm (NJW 1973, 159 und JMBl NRW 1973, 233; vgl. ferner DAR 1972, 190).

Der Senat stimmt der Rechtsansicht des vorlegenden Oberlandesgerichts zu. Daraus allein, daß der Betroffene der Halter eines privat genutzten Fahrzeugs ist, darf beim Fehlen jedes weiteren Beweisanzeichens nicht gefolgert werden, daß er das Fahrzeug bei einer bestimmten Fahrt tatsächlich selbst geführt hat.

An sich ist dieser Schluß zwar weder denkgesetz- noch erfahrungswidrig; er ist also möglich. Der Grundsatz der freien Beweiswürdigung gilt auch für den mittelbaren Beweis. Der Richter ist dabei nicht an Beweisregeln gebunden. Tatsächliche Schlüsse, die er aus Beweisanzeichen zieht, müssen möglich, brauchen aber nicht zwingend zu sein. Damit ist jedoch nicht gesagt, daß sich der Richter dann, wenn eine Tatsache oder ein Tatsachenkomplex mehrere verschiedene Deutungen zuläßt, für eine von ihnen entscheiden darf, ohne die übrigen in seine Überlegungen einzubeziehen und sich mit ihnen auseinanderzusetzen. Er braucht zwar nicht jede theoretisch denkbare, den Umständen nach jedoch fernliegende Möglichkeit der Fallgestaltung zu berücksichtigen. Er erfüllt aber nicht seine Aufgabe, die Beweise nicht nur denkgesetzlich richtig und widerspruchsfrei, sondern auch erschöpfend zu würdigen, wenn er von mehreren naheliegenden tatsächlichen Möglichkeiten nur eine in Betracht zieht und die anderen außer acht läßt.

Es kann zwar davon ausgegangen werden, daß sogenannte Privatfahrzeuge überwiegend von ihren Haltern selbst gefahren werden. Genauere Untersuchungen liegen allerdings hierüber, soweit bekannt, nicht vor. Nicht selten werden aber Privatfahrzeuge auch von anderen Personen als von ihren Haltern geführt, z.B. von Familienangehörigen oder Angestellten oder auch von Freunden oder Bekannten des Halters. Diese Möglichkeit liegt jedenfalls nicht so fern, daß sie der Richter bei der Bildung seiner Überzeugung völlig außer acht lassen dürfte. Wie groß im Einzelfall die Wahrscheinlichkeit ist, daß der Halter das Fahrzeug nicht selbst geführt hat, hängt von zahlreichen Umständen ab, die im einzelnen hier nicht erschöpfend angeführt werden können. Je nach der Art des Fahrzeugs und seiner Verwendungsmöglichkeiten sowie den Bedürfnissen und den Lebensumständen des Fahrzeughalters liegt eine gelegentliche Fremdbenutzung seines Fahrzeugs mehr oder weniger nahe. Die Haltereigenschaft allein jedenfalls ist beim Fehlen irgendwelcher sonstiger Anhaltspunkte kein ausreichendes Indiz für die Täterschaft einer Verkehrsordnungswidrigkeit.

Der Nachweis der Täterschaft des Halters kann auch nicht mit der Erwägung geführt werden, daß Anhaltspunkte für die Benutzung des Fahrzeugs durch eine andere Person nicht „ersichtlich" oder „hervorgetreten" seien. Eine solche Formulierung erweckt den Verdacht, daß der Richter die Tragweite des Grundsatzes „im Zweifel für den Angeklagten" verkannt und gemeint hat, nur solchen tatsächlichen, den Betroffenen entlastenden Möglichkeiten nachgehen zu müssen, die offen zutage liegen. Die in § 78 OWiG vorgesehenen Erleichterungen bedeuten nicht, daß in Bußgeldsachen geringere Anforderungen an den Schuldnachweis zu stellen wären als im Strafverfahren. Die Pflicht zur erschöpfenden Sachaufklärung (§ 244 Abs. 2 StPO) läßt § 78 OWiG ausdrücklich unberührt.

Daraus, daß der Halter die Einlassung zur Sache verweigert oder sich darauf beschränkt, seine Täterschaft zu bestreiten, dürfen keine ihm nachteilige Schlüsse gezogen werden (BGHSt. 20, 281; 20, 298; OLG Hamm MDR 1973, 870; VRS 46, 143; OLG Celle VRS 46, 140). Das gilt uneingeschränkt auch für den Kraftfahrzeughalter. Daher läßt sich der für seine Verurteilung wegen einer Verkehrsordnungswidrigkeit erforderliche Schuldnachweis in der Regel nur auf Grund weiterer Ermittlungen führen, wenn der Halter keine Aussagen zur Sache macht (vgl. OLG Hamm VRS 43, 364, 365). Das bedeutet indessen nicht, daß in jedem Fall umfangreiche Beweise erhoben werden müßten. Die Aussageweigerung des beschuldigten Fahrzeughalters zwingt nicht dazu, allen denkbaren, aber ganz unwahrscheinlichen oder gar abwegigen Fallgestaltungen nachzugehen. So kann z.B. im allgemeinen die Möglichkeit, daß der Fahrzeughalter seinen Wagen einem zu ihm nicht in näherer Beziehung stehenden Dritten überlassen hat, außer Betracht bleiben, wenn nicht besondere Umstände auf sie hindeuten. Wertvolle Spezialfahrzeuge werden die Halter im allgemeinen ungern Dritten überlassen (vgl. OLG Hamm JMBl NRW 1973, 233). Ein Arzt wird Wert darauf legen, daß er seinen Wagen ständig für eilige Krankenbesuche zur Verfügung hat. Wichtige Anhaltspunkte können sich aus Zeit und Ort der Ordnungswidrigkeit ergeben (vgl. OLG Hamm VRS 46, 143: das Fahrzeug wurde zu später Nachtstunde auf einer Fahrt von einer Gaststätte, in der sich der Halter mehrere Stunden aufgehalten hatte, zu seiner Wohnung beobachtet), ferner aus dem Beruf des Halters (vgl. OLG Hamm VRS 46, 293, 295: wenn er sich zur Tatzeit üblicherweise mit seinem Wagen auf dem Wege zur Arbeitsstelle oder nach der Arbeit auf dem Heimweg befindet) sowie aus seinen Familienverhältnissen (ob das Fahrzeug üblicherweise von mehreren Familienangehörigen benutzt wird, was durch Nachfrage in der Nachbarschaft ermittelt werden kann). Auch schriftliche oder mündliche Erklärungen, die der Betroffene in einem früheren Verfahrensstadium abgegeben hat, können je nach Lage des Falles gegen ihn verwertet werden, z.B. wenn sie widersprüchlich oder mit sonstigen Feststellungen unvereinbar sind. Der Senat ist der Meinung, daß sich in der Mehrzahl der in Betracht kommenden Fälle genügende Beweisanzeichen für oder auch gegen die Täterschaft des die Aussage verweigernden Fahrzeughalters finden lassen.

Die Entscheidung entspricht dem Antrag des Generalbundesanwalts.

182. „Im Zweifel für den Angeklagten" gilt nicht für den Alibibeweis.

StPO § 261 – BGH Urt. v. 13. 2. 1974 – 2 StR 552/73 LG Bad Kreuznach (= BGHSt. 25, 285 = NJW 1974, 869 = JZ 1974, 298 =MDR 1974, 502)

Die Revision der Staatsanwaltschaft rügt die Verletzung sachlichen Rechts.

Sachverhalt: Der Eröffnungsbeschluß legt dem Angeklagten zwei vollendete Brandstiftungen und eine versuchte Brandstiftung zur Last. Die Strafkammer hat ihn freigesprochen.

Nach Ansicht der Strafkammer spricht zwar sehr viel (z.B. früheres umfassendes Geständnis, mehrere Zeugenaussagen) für die Täterschaft des Angeklagten im Falle G. Sie glaubt jedoch, den Angeklagten hauptsächlich deshalb freisprechen zu müssen, weil er nach der Aussage des Zeugen C. mit seinem Traktor erst gegen 1.15 Uhr von dessen Gastwirtschaft in K. weggefahren sei, während der Brand der Scheune des Bauern G. in B. schon gegen 1.10 Uhr beobachtet worden sein soll. Sie geht also zugunsten des Angeklagten von dessen Abwesenheit zur Tatzeit aus (Alibibeweis). – Das Rechtsmittel hatte Erfolg.

Gründe: Bei der Prüfung des Alibis wäre es – wie allgemein – Sache der Strafkammer gewesen, alle aus dem Urteil ersichtlichen Umstände, die Schlüsse zugunsten oder zuungunsten des Angeklagten ermöglichten, in den Gründen zu würdigen (RG HRR 1936, 1155; BGH Urt. v. 19. 12. 1972 – 1 StR 564/72). Das ist nicht geschehen. Nach den Aussagen mehrerer Zeugen ist der Angeklagte aus einer anderen Richtung als aus K. nach B. zu einem Zeitpunkt gekommen, zu dem er dort noch gar nicht hätte eintreffen können, wenn die Angabe des Gastwirts C. stimmte. Die Strafkammer ist jedoch dessen Aussage gefolgt, ohne die widersprechenden anderen Zeugenbekundungen, deren Würdigung sich aufdrängte, in diesem Zusammenhang zu erörtern.

Dieser Fehler steht offenbar im Zusammenhang damit, daß die Strafkammer das Wesen des Alibibeweises verkannt hat. Auffällig ist bereits, daß sie unter den von ihr genannten Umständen die Täterschaft des Angeklagten nur für nicht erwiesen hält. Bei gelungenem Alibibeweis ist jedoch die Täterschaft ausgeschlossen. Der Angeklagte wäre somit erwiesen unschuldig. Zu einer solchen Feststellung kann die Strafkammer sich jedoch keineswegs verstehen. Andererseits ist allgemein anerkannt (ohne daß bisher eine Entscheidung des Bundesgerichtshofs hierüber veröffentlicht worden ist), daß nur das erwiesene Alibi von Einfluß auf die Entscheidung sein kann (OLG Hamm JZ 1968, 676). Sonst käme man zu dem untragbaren Ergebnis, daß die nicht erwiesene Behauptung der Abwesenheit des Angeklagten vom Tatort zur Freisprechung führen müßte, auch wenn die erwiesenen Tatsachen in ihrer Gesamtheit den Tatrichter von der Schuld des Angeklagten überzeugt haben. Zweifel am Alibi gehen deshalb zu Lasten des Angeklagten. Das hat die Strafkammer ersichtlich nicht hinreichend erkannt, wie ihre widersprüchlichen Ausführungen zur Alibifrage zeigen.

Für die neue Hauptverhandlung wird darauf hingewiesen, daß das Scheitern des Alibibeweises allein noch kein Beweiszeichen für die Schuld des Angeklagten ist (BGH Urt. v. 24. 9. 1963 – 5 StR 330/63 [vgl. § 261 StPO erfolgreiche Rügen]).

183. Zeugnisverweigerung eines Angehörigen nicht gegen Angeklagten verwertbar (entgegen BGHSt. 2, 351 [BGH Urt. v. 8. 5. 1952 – 3 StR 1159/51; vgl. § 261 StPO erfolgreiche Rügen]).

StPO §§ 52, 261 – BGH Beschl. v. 2. 4. 1968 – 5 StR 153/68 LG Berlin (= BGHSt. 22, 113 = NJW 1968, 1246 = JZ 1968, 395 = MDR 1968, 600)

Die Revision rügt, daß das Landgericht die Tatsache, daß die Verlobte des Angeklagten von ihrem Aussageverweigerungsrecht Gebrauch gemacht hat, gegen diesen verwendet hat.

Sachverhalt: Bei der Feststellung der Zuhälterei verwertet das Landgericht unterstützend, daß die Braut des Angeklagten in der Hauptverhandlung das Zeugnis verweigert hat. „Dies geschah nach der Überzeugung des Gerichts nur aus dem Bestreben, den Angeklagten nicht im Sinne des festgestellten Sachverhalts belasten zu müssen". – Das Rechtsmittel hatte Erfolg.

Gründe: Einen solchen Schluß aus der Zeugnisverweigerung eines Angehörigen ließ zwar die bisherige Rechtsprechung zu (zuletzt BGHSt. 2, 351, 353). Gegen sie wendet sich aber der Beschwerdeführer mit Recht. Denn wenn der Angehörige damit rechnen muß, daß das Gericht seine Aussageverweigerung gegen den Angeklagten verwertet, kann er von seinem Recht nicht frei und unbefangen Gebrauch machen. Diese Freiheit darf bei ihm ebensowenig beeinträchtigt werden wie bei einem Beschuldigten oder Angeklagten, der keine Angaben zur Sache machen will (BGHSt. 20, 281 [BGH Urt. v. 26. 10. 1965 – 5 StR 515/65; vgl. § 261 StPO erfolgreiche Rügen]).

Die Entscheidung BGHSt. 2, 351 steht nicht entgegen; denn sie beruht nicht auf der gegenteiligen Rechtsauffassung und ist von einem Senat erlassen worden, der nicht mehr besteht. Eine bindende Entscheidung ihres Inhalts ist nicht ermittelt worden.

184. Revisionsgericht kann äußeren Verlauf der Hauptverhandlung in Wege des Freibeweises nachprüfen.

StPO § 261; GG Art. 103 I – BGH Urt. v. 13. 12. 1967 – 2 StR 544/67 LG Fulda (= BGHSt. 22, 26 = NJW 1968, 997)

Die Revision rügt, daß eine von der Strafkammer im Urteil angeführte Stelle aus dem polizeilichen Vernehmungsprotokoll nicht Gegenstand der Hauptverhandlung gewesen sei; sie sei weder verlesen noch dem Angeklagten vorgehalten worden. Der Beschwerdeführer sieht aus diesem Grunde in der Verwertung des Protokolls einen Verfahrensverstoß.

Sachverhalt: Der Angeklagte übte in den Jahren 1964 bis 1966 mit seiner Schwiegermutter mehrfach den Geschlechtsverkehr aus. Anklage und Eröffnungsbeschluß legen ihm, ausgehend von der Anzeige der Schwiegermutter, Notzucht in Tateinheit mit Beischlaf zwischen Verschwägerten zur Last. Die Strafkammer hat ihn jedoch nur eines fortgesetzten Vergehens nach § 173 Abs. 2 Satz 2 StGB für schuldig befunden und ihn zu einer Gefängnisstrafe verurteilt. Der Angeklagte hat in der Hauptverhandlung geltend gemacht, er habe nicht gewußt, daß der Geschlechtsverkehr zwischen Schwiegereltern und Schwiegerkindern „etwas Verbotenes" sei. Die Strafkammer hat dennoch sein Unrechtsbewußtsein bejaht und dies wie folgt begründet: Es sei unerheblich, ob der Angeklagte den Geschlechtsverkehr mit seiner Schwiegermutter mit dem Begriff „Blutschande" verbunden habe. Es genüge, daß er ihn als vom Gesetz verbotene geschlechtliche Beziehung erkannt habe; dies aber sei bei ihm zumindest seit seiner Eheschließung der Fall gewesen. Auf dem Land im Kreis H., wo der Angeklagte unter normalen „bürgerlichen" Verhältnissen lebe, sei nach der Erfahrung des Gerichts bekannt, daß der Geschlechtsverkehr zwischen Schwiegereltern und Schwiegerkindern strafbar sei. Daß der Angeklagte um die Strafbarkeit seines Verhaltens gewußt habe, zeige im übrigen mit aller Eindeutigkeit seine polizeiliche Vernehmung vom 19. 1. 1967, in der er eine Gewaltanwendung entschieden in Abrede gestellt, gleichzeitig aber – und zwar in Bezug auf einverständlichen Verkehr – erklärt habe: „Ich erstatte gegen meine Schwiegermutter Strafanzeige über genau das, was sie mir angehängt hat." – Das Rechtsmittel hatte Erfolg.

Gründe:

1. Die von der Revision beanstandete Stelle des polizeilichen Vernehmungsprotokolls war nicht Gegenstand der Hauptverhandlung. Dies folgt aus den dienstlichen Äußerungen der drei an der Hauptverhandlung beteiligt gewesenen Berufsrichter, die übereinstimmend erklärt haben, dem Angeklagten sei ein entsprechender Vorhalt nicht gemacht worden. Daß das Protokoll in anderer Form als durch Vorhalt an den Angeklagten in die Hauptverhandlung eingeführt wurde, ist auszuschließen. Dennoch wurde es im Urteil zum Nachteil des Angeklagten verwertet, indem es, wie die Urteilsgründe zeigen, mit zum Nachweis dafür herangezogen wurde, daß der Angeklagte die Strafbarkeit des Geschlechtsverkehrs mit seiner Schwiegermutter kannte. Die Strafkammer hat demnach ihre Überzeugung nicht ausschließlich aus dem Inbegriff der Verhandlung gewonnen und damit gegen § 261 StPO verstoßen. Auf diesem Verfahrensfehler kann das angefochtene Urteil beruhen; es kann deshalb keinen Bestand haben.

2. Zwar ergibt sich der Fehler nicht aus Urteil oder Sitzungsniederschrift. Der Senat war aber nicht gehindert, die dienstlichen Erklärungen der Richter zu verwerten.

Dabei kann auf sich beruhen, ob es dem Revisionsgericht ausnahmslos verwehrt ist, über das Ergebnis der tatrichterlichen Beweisaufnahme selbst Beweis zu erheben, etwa den Inhalt von Aussagen zu rekonstruieren (vgl. BGHSt. 21, 149 [BGH Urt. v. 7. 10. 1966 – 1 StR 305/66; vgl. § 261 StPO erfolgreiche Rügen]). Um einen solchen Fall handelt es sich hier nicht. Hier ist nicht zweifelhaft, wie sich der Angeklagte in der Hauptverhandlung eingelassen hat. Fraglich ist vielmehr der äußere Ablauf der Hauptverhandlung, ob nämlich eine ganz bestimmte, im Urteil ausdrücklich erwähnte Urkunde überhaupt Gegenstand der Hauptverhandlung war und ob der Angeklagte demzufolge Gelegenheit hatte, zu ihr Stellung zu nehmen. Aus dem Schweigen des Sitzungsprotokolls kann hierfür keine abschließende Erkenntnis gewonnen werden, da der – hier allein in Betracht kommende – Vorhalt des Vernehmungsprotokolls nicht zu den von § 274 StPO erfaßten wesentlichen Förmlichkeiten gehört und ein Vorhalt dieser Art erfahrungsgemäß nur selten in der Sitzungsniederschrift vermerkt wird. Dadurch ist jedoch die Möglichkeit nicht ausgeschlossen, den Verfahrensverstoß mit anderen Mitteln nachzuweisen; diese Möglichkeit muß hier sogar eröffnet sein, wenn anders nicht der Anspruch des Angeklagten auf rechtliches Gehör (Art. 103 Abs. 1 GG) entscheidend beeinträchtigt werden soll. Das ergeben folgende Erwägungen:

Gründet das Gericht seine Überzeugung auch auf Tatsachen, die nicht Gegenstand der Hauptverhandlung waren, zu denen sich also der Angeklagte dem erkennenden Gericht gegenüber nicht abschließend äußern konnte, so verstößt das Verfahren nicht nur gegen § 261 StPO, sondern zugleich auch gegen Art. 103 Abs. 1 GG. Der Verfahrensmangel würde, wie keiner näheren Ausführungen bedarf, einer Verfassungsbeschwerde zum Erfolg verhelfen (vgl. BVerfGE 19, 198, 200, 201). Es ist nun kein Grund ersichtlich, der es rechtfertigen könnte, deshalb die Entscheidung über das Vorliegen des Verfahrensmangels dem Bundesverfassungsgericht vorzubehalten. Vielmehr ist in allen Fällen, in denen die Revision eine Verletzung des Art. 103 Abs. 1 GG in der Form des § 344 Abs. 2 Satz 2 StPO schlüssig behauptet, schon das Revisionsgericht nicht nur berechtigt, sondern mit Rücksicht auf die vorrangige Bedeutung der Verfassungsnorm auch verpflichtet, selbst den von der Revision erhobenen Vorwurf zu prüfen. Dabei kann und muß es sich aller ihm zur Verfügung stehenden Beweismittel bedienen und zwar auch dann, wenn das Strafverfahrensrecht als solches eine Beweiserhebung nicht vorsieht; denn nur auf diese Weise ist der Anspruch auf rechtliches Gehör ohne Einschränkung gewährleistet. Zugleich werden die

Forderungen nach Beschleunigung des Strafverfahrens und Prozeßwirtschaftlichkeit beachtet, da nicht erst die Entscheidung des Bundesverfassungsgerichts herbeigeführt und abgewartet werden muß, sondern über den Bestand des angefochtenen Urteils sofort abschließend entschieden werden kann.

185. Frühere polizeiliche Aussagen eines Zeugen, der in der Hauptverhandlung von seinem Zeugnisverweigerungsrecht Gebrauch macht, sind nicht verwertbar.
StPO §§ 261, 337 – BGH Urt. v. 7. 10. 1966 – 1 StR 305/66 LG Heilbronn (= BGHSt. 21, 149 = NJW 1967, 213)

Die Revision rügt, daß das Gericht die Angaben einer Zeugin bei einer früheren Vernehmungen durch die Polizei zu Unrecht verwertet hat, nach dem diese Zeugin vor Gericht von ihrem Aussageverweigerungsrecht gemäß § 52 StPO Gebrauch gemacht hat.

Sachverhalt: Das Landgericht vernahm die Ehefrau des Angeklagten H. wegen ihrer vorher erklärten Aussageverweigerung nicht als Zeugin in der Hauptverhandlung. Es verwertete jedoch ihre früheren Angaben zu den Kuppeleifällen J. Frau H. hatte, wie sich aus dem Urteil ergibt, vor der Polizei bekundet, sie habe am 7. 10. 1964 in ihrer Wohnung im Einverständnis ihres Ehemannes mit dem Mitangeklagten J. geschlechtlich verkehrt; vor dem Ermittlungsrichter hatte sie – nach Belehrung über ihr Zeugnisverweigerungsrecht – diese ihr vorgehaltene Aussage widerrufen. Gleichwohl verwertet das Landgericht diese Angaben. Es meint, „auf diese polizeilichen Aussagen der Frau H. zurückgreifen" zu können, und zwar „über die glaubhaften und zuverlässigen Bekundungen" des Ermittlungsrichters. – Das Rechtsmittel hatte Erfolg.

Gründe:
1. Frühere Vernehmungen eines die Aussage gemäß § 52 StPO verweigernden Zeugen dürfen nicht verwertet werden (BGHSt. 2, 99 [BGH Urt. v. 15. 1. 1952 – 1 StR 341/51; vgl. § 252 StPO erfolgreiche Rügen]). Wie der Bundesgerichtshof in ständiger Rechtsprechung entschieden hat, darf dann nur das herangezogen werden, was der vernehmende Richter über die vor ihm abgegebenen Erklärungen des über sein Zeugnisverweigerungsrecht ordnungsgemäß belehrten Zeugen aus seiner Erinnerung bekundet. Hierzu darf ihm sein Vernehmungsprotokoll – notfalls durch Verlesen – vorgehalten werden; die Entscheidung BGHSt. 7, 194 (BGH Urt. v. 3. 2. 1955 – 4 StR 582/54; vgl. § 252 StPO erfolgreiche Rügen) besagt nichts anderes: sie verbietet nur den Vorhalt gegenüber nicht richterlichen Zeugen. Verwertbar ist jedoch nur das, was auf den Vorhalt hin in die Erinnerung des Richters zurückkehrt, und es genügt nicht, wenn er nur erklärt, er habe die Aussage richtig aufgenommen (BGHSt. 11, 338, 341 [BGH Urt. v. 2. 4. 1958 – 2 StR 96/58; vgl. § 252 StPO erfolglose Rügen]).

Gegen diese Grundsätze hat das Landgericht verstoßen. Die wörtlich angeführten und andere Urteilsstellen ergeben zur Überzeugung des Senats, daß die Strafkammer bei ihrer Entscheidung nicht die Bekundungen des vernehmenden Richters, Gerichtsassessor W., verwertet, sondern unmittelbar auf die Aussage der Frau H. vor der Polizei zurückgegriffen hat. Nur diese selbst teilt sie nämlich im Urteil mit, dagegen nicht auch, daß der Richter als Zeuge sie aus seiner Erinnerung bestätigt habe. Als seine Aussage ist vielmehr nur festgestellt, daß Frau H. bei der richterlichen Vernehmung ihre „belastenden Angaben bei der Polizei" widerrufen habe mit der Begründung, die Polizei habe sie überrumpelt. Ist mithin als Ergebnis seiner Aussage im Urteil festgehalten, daß er sich zwar des Widerrufs, nicht aber des Inhalts der „belastenden Angaben" der Frau H. erinnerte, so kommt nichts mehr darauf an, daß er ausweislich der Sitzungsniederschrift sich für den Inhalt der polizeilichen Bekundungen der Frau H. überhaupt nur auf das frühere Vernehmungsprotokoll berufen hatte, noch auch darauf, daß er nach den dienstlichen Erklärungen der an der Hauptverhandlung mitwirkenden Richter – entgegen der Sitzungsniederschrift – doch die früheren Angaben der Frau H. vor der Polizei aus seiner Erinnerung an ihre richterliche Vernehmung bestätigt habe. Das Ergebnis der Aussage eines Zeugen, wie überhaupt das Ergebnis der Hauptverhandlung, festzustellen und zu würdigen, ist allein Sache des Tatrichters; der dafür bestimmte Ort ist das Urteil. Was in ihm über das Ergebnis der Verhandlung zur Schuld- und Straffrage festgehalten ist, bindet das Revisionsgericht. Darüber ist kein Gegenbeweis zulässig.

Da somit der Verfahrensfehler feststeht, braucht nicht erörtert zu werden, ob das Landgericht der Besonderheit des Falles ausreichend Rechnung getragen hat: daß nämlich Gerichtsassessor W. als unmittelbares Ergebnis seiner Vernehmung nur das hätte wiedergeben können, was Frau H. im Gegensatz zu ihrer früheren polizeilichen Aussage bekundete.

2. Auf dieser Gesetzesverletzung kann das Urteil beruhen, soweit der Schuldspruch gegen den Angeklagten H. wegen der Kuppeleifälle J. in Betracht kommt. Denn die Strafkammer stützt die Verurteilung nicht nur (zulässigerweise) auf die Angaben des Angeklagten im Vorverfahren, sondern ausdrücklich auch auf die „übereinstimmenden" Aussagen seiner Ehefrau. Es läßt sich hiernach nicht ausschließen, daß ihre Bekundungen zu der Überzeugung von der Schuld des Angeklagten beigetragen haben.

186. Nachteilige Schlüsse auf Schweigen des Angeklagten bei erster Vernehmung durch Polizei unzulässig.

StPO §§ 261, 163a, 136, 136a – BGH Urt. v. 26. 10. 1965 – 5 StR 515/65 LG Hamburg (= BGHSt. 20, 281 = JR 1966, 269)

Die Revision rügt, daß das Gericht das Schweigen des Angeklagten bei seiner polizeilichen Vernehmung zu seinen Nachteil bei der Beweiswürdigung verwertet hat.

Sachverhalt: Der Angeklagte, der u.a. bereits zweimal wegen Diebstahls von Geld aus Fernsprechautomaten verurteilt worden ist, entwendete am 1. 11. 1964 gegen 20 Uhr Geld aus einem Fernsprechautomaten im Bahnhof in H. Als er die Bahnhofshalle verließ, begegnete ihm der Fernmeldewart P., der die Fernsprechautomaten im Bahnhof kontrollieren wollte. P., der den Angeklagten 1961 bei einem Diebstahl von Geld aus Fernsprechautomaten gestellt hatte und ihn sofort wiedererkannte, bemerkte, daß bei einem der Fernsprechautomaten die Klappe waagerecht stand und das Geld entnommen war. Er verfolgte den Angeklagten und veranlaßte, daß die Polizei ihn festnahm. Der Angeklagte hatte in einer seiner Manteltaschen Münzen im Gesamtwerte von 18,40 DM. Bei seiner polizeilichen Vernehmung am 1. 11. 1964 erklärte er: „Mir ist bekannt, warum ich zur Polizei gebracht worden bin. Ich möchte meine Aussage aber nur vor dem Vorführungsrichter machen." Bei der Vernehmung durch den Haftrichter am 2. 11. 1964 sagte er zur Sache aus.

Der Angeklagte hat geltend gemacht, er habe beim Verlassen der Bahnhofstoilette Geld in der Zahlleiste des Fernsprechautomaten gesehen. Er habe das Geld an sich genommen, um es, wie er das schon vor einigen Jahren einmal getan habe, bei der Post abzuliefern.

Die Strafkammer hat als wahr unterstellt, daß der Angeklagte früher einmal aus einem Fernsprechautomat entnommene Münzen bei der Post abgegeben hat. Ihre Feststellung, daß der Angeklagte im vorliegenden Falle das Geld in Zueignungsabsicht weggenommen hat, beruht laut Urteilsgründen u.a. auf Schlußfolgerungen aus der Tatsache, daß der Angeklagte nicht schon bei seiner Festnahme und der ihr folgenden polizeilichen Vernehmung, sondern erst bei seiner Vernehmung durch den Haftrichter zur Sache ausgesagt hat. – Das Rechtsmittel hatte Erfolg.

Gründe: Absatz 4 des durch das Änderungsgesetz vom 19. 12. 1964 (BGBl. 11067 ff.) neu eingefügten § 163a StPO bestimmt in Verbindung mit § 136 Abs. 1 StPO in der Fassung des genannten Änderungsgesetzes, daß der Beschuldigte bei Beginn der ersten Vernehmung durch Beamte des Polizeidienstes darauf hinzuweisen ist, daß es ihm nach dem Gesetz freistehe, sich zu der Beschuldigung zu äußern oder nicht zur Sache auszusagen. Das Änderungsgesetz galt zwar noch nicht, als der Angeklagte am 1. 11. 1964 polizeilich vernommen wurde. Es hat aber das Recht des Beschuldigten, nicht zur Sache auszusagen, nicht erst begründet, geht vielmehr von seinem Vorhandensein aus. Es beschränkt sich daher insoweit auf die Bestimmung der oben gekennzeichneten Hinweispflicht.

Ob das Recht des Beschuldigten, nicht zur Sache auszusagen, es schlechthin verbietet, aus seinem Schweigen bei einer Vernehmung ihm nachteilige Schlüsse zu ziehen, kann allerdings zweifelhaft sein. Das gilt insbesondere, wenn der Beschuldigte bei einer Vernehmung nur teilweise oder in Fällen mehrerer richterlicher Vernehmungen innerhalb eines gerichtlichen Verfahrens nur bei einer oder einigen von ihnen geschwiegen hat. Der Senat braucht diese Frage indessen im vorliegenden Falle nicht zu beantworten.

Rechtlich unzulässig sind solche Schlüsse jedenfalls dann, wenn der Beschuldigte, wie es hier der Fall war, bei seiner Festnahme und der ihr folgenden polizeilichen Vernehmung von jenem Recht in vollem Umfange Gebrauch gemacht hat, weil er es, gleichgültig aus welchem Grunde, für richtig hielt, erst bei einer richterlichen Vernehmung vorzubringen, was er zur Sache zu sagen hatte.

Die gegenteilige Meinung beschränkt das Recht des Beschuldigten, nicht zur Sache auszusagen, in rechtlich unzulässiger Weise. Denn sie bedeutet, daß der Beschuldigte, der sie kennt, sich gezwungen sieht, sofort bei seiner ersten polizeilichen Vernehmung zur Sache auszusagen, wenn er nicht Gefahr laufen will, daß in einem späteren gerichtlichen Verfahren aus seinem Verhalten bei jener Vernehmung ihm ungünstige Schlüsse gezogen werden. Eine Auffassung, die zu solchen Ergebnissen führt, widerspricht dem § 136a StPO, der es grundsätzlich verbietet, die Freiheit der Willensentscheidung des Beschuldigten durch Zwang zu beeinträchtigen.

Das Strafverfahrensrecht muß auch Beschuldigten gerecht werden, die unschuldig sind. Auch solche Beschuldigten können es aus Gründen verschiedenster Art für richtig halten, nicht vor einem Polizeibeamten, sondern nur vor einem Richter zur Sache auszusagen. Die Befürchtung, daß ein dementsprechendes Verhalten später bei der Beweiswürdigung zu ihrem Nachteil berücksichtigt werden kann, würde ihnen ein solches Verhalten in vielen Fällen nahezu unmöglich machen und damit ihr Recht, vor der Polizei zu schweigen, in einer Weise beschränken, die nicht tragbar ist. Bei dem Beschuldigten, der schuldig ist, kann nichts anderes gelten. Er ist bis zu seiner rechtskräftigen Verurteilung ebenso zu behandeln wie ein Unschuldiger.

Der hier vertretenen Rechtsansicht entspricht auch, daß der Gesetzgeber des oben erwähnten Änderungsgesetzes die Belehrungspflicht der Beamten des Polizeidienstes auf den Hinweis beschränkt hat, daß es dem Beschuldigten nach dem Gesetz freistehe, sich zu der Beschuldigung zu äußern oder nicht zur Sache auszusagen. Wäre es rechtlich zulässig, die Tatsache, daß der Beschuldigte nicht schon bei seiner polizeilichen, sondern erst bei seiner richterlichen Vernehmung zur Sache ausgesagt hat, bei der Beweiswürdigung zu seinem Nachteil zu berücksichtigen, so hätte es nahegelegen, die Belehrungspflicht hierauf zu erstrecken. Einen Beschuldigten, den man auf ein Recht hinweist, dessen Ausübung ihm Nachteile der gekennzeichneten Art bringen kann, muß man jedenfalls dann auch auf die möglichen Folgen der Rechtsausübung hinweisen, wenn er, wie es bei Beginn der ersten polizeilichen Vernehmung meistens der Fall ist, noch keinen Verteidiger hat. Das gebietet die Fairneß.

Das Urteil kann auf dem dargelegten Mangel beruhen. Die Strafkammer hat ihre Überzeugung von der Zueignungsabsicht des Angeklagten allerdings auch noch aus anderen im Urteil dargelegten Umständen geschöpft. Das Revisionsgericht kann jedoch nicht von sich aus entscheiden, ob diese anderen Umstände für sich allein der Strafkammer für eine Verurteilung genügt hätten.

187. Scheitern des Abwesenheitsbeweises kein Beweisanzeichen für die Täterschaft.

StPO § 261 – BGH Urt. v. 24. 9. 1963 – 5 StR 330/63 LG Berlin (= StV 1982, 158)

Die Revision rügt die Verletzung sachlichen Rechts.

Sachverhalt: Zu den festgestellten Tatsachen, die für die Täterschaft des Angeklagten sprechen, rechnet die Strafkammer auch, daß er „für die Tatzeit kein Alibi hat". – Das Rechtsmittel hatte Erfolg.

Gründe: Diese Erwägung ist rechtlich fehlerhaft. Ein Angeklagter ist nicht verpflichtet, die Anklage durch den Nachweis zu entkräften, daß er sich zur Tatzeit an einem anderen Orte aufgehalten habe. Es ist vielmehr sein Recht, einen solchen Beweis anzutreten. Schenkt der Tatrichter, wie im vorliegenden Falle, dem Alibizeugen keinen Glauben, so ist damit zwar eine Verteidigungsmöglichkeit des Angeklagten gescheitert. Dieser Fehlschlag kann aber für sich allein, das heißt ohne Rücksicht auf seine Gründe und Begleitumstände, kein Beweisanzeichen für die Täterschaft abgeben. Daß der Angeklagte etwa versucht habe, den Beweis bewußtermaßen mit einem falschen Beweismittel zu führen, stellt die Strafkammer nicht fest.

Sie geht überdies bei der Würdigung des Alibibeweises, den sie schon zu Beginn ihrer Ausführungen über die Täterschaft des Angeklagten behandelt, rechtlich nicht einwandfrei vor. Der Angeklagte behauptet, er sei am Nachmittage des Tattages, des 15. 5. 1962, mit seiner Braut, S. O., im Restaurant „S." gewesen. Sie habe sich dort als Serviererin einstellen lassen wollen und habe mit ihm während des ganzen Nachmittags auf das Erscheinen des Geschäftsführers gewartet. Dies hat S. O. als Zeugin bestätigt. Der Geschäftsführer erinnerte sich zwar als Zeuge, daß ihn ein Paar, bei dem es sich um den Angeklagten und S. O. gehandelt haben könne, im Mai oder Juni 1962 wegen eines Einstellungsgesuchs aufgesucht habe. Er konnte aber den Tag nicht angeben. Die Kammer glaubt diesem unbeteiligten Zeugen, übersieht aber, daß seine Bekundung nicht die Richtigkeit der anderen Zeugenaussage ausschließt. S. O. mag zwar, wie das Landgericht sagt, daran interessiert sein, „ihrem Verlobten zu helfen". Es ist aber nicht erkennbar, wieso sie sich darin, daß sie am 15. 5. 1962 bei P. vorgesprochen habe, mindestens irren „muß". Bei diesem Schluß geht das Landgericht anscheinend schon von der Annahme aus, daß der Angeklagte der Täter ist. Das soll aber an dieser Stelle, zu Beginn der Ausführungen über die Täterschaft, erst noch bewiesen werden.

Das Landgericht erwähnt zwar, S. O. habe vor der Hauptverhandlung versucht, ihre Darstellung dem Geschäftsführer „förmlich einzureden". Ob es ihr aus diesem Grunde keinen Glauben schenkt, geht aber aus den Urteilsgründen nicht deutlich hervor. Dann wäre es auch erforderlich gewesen, nähere Feststellungen über die Art dieses „Einredens" zu treffen, zumal das Landgericht von der Möglichkeit ausgeht, daß die Zeugin von der Richtigkeit ihrer Darstellung überzeugt ist.

188. Ein Geschehensablauf, der zum Teil den vom Gericht für erwiesen erachteten Tatsachen widerspricht, kann nicht als möglich angesehen werden.

StPO § 261; MStGB § 47 – BGH Urt. v. 16. 7. 1963 – 1 StR 118/63 Schwurgericht Stuttgart (= BGHSt. 19, 33)

Die Revision der Staatsanwaltschaft rügt eine fehlerhafte Anwendung des Grundsatzes „Im Zweifel für den Angeklagten".

Sachverhalt: Der Angeklagte, damals Chef einer Eisenbahnpionierkompanie, befahl gegen Ende August 1944 in Südfrankreich, sämtliche seiner Kompanie zugeteilten italienischen Hilfswilligen zu erschießen. Infolge dieses Befehls wurden mindestens 22 Italiener getötet. Mindestens 11, darunter 6 Verwundete, entkamen.

Dem Urteil zufolge hat allein der Angeklagte eine Darstellung darüber gegeben, wie es zu der angeblichen Erteilung des Befehls an ihn gekommen ist. Danach meldete er dem Regimentskommandeur am Abend des 21. 8. 1944 drei in den Einzelheiten geschilderte Vorfälle angeblicher Aufsässigkeiten italienischer Hilfswilliger seiner Kompanie; der Kommandeur befahl daraufhin unter Hinweis auf einen Armeebefehl die Erschießung der Hilfswilligen. Die drei Vorfälle haben sich, wie das Schwurgericht feststellt, jedoch überhaupt nicht zugetragen.

Trotzdem ist das Schwurgericht der Ansicht, dem Angeklagten lasse sich die Erstattung einer Falschmeldung nicht nachweisen, da ohnehin fraglich sei, ob er die Meldung erstattet und von dem Kommandeur den Erschießungsbefehl erhalten habe.

Das Schwurgericht hat den Angeklagten von dem Vorwurf des Mordes und des versuchten Mordes freigesprochen, weil ihm nicht zu widerlegen sei, daß er die Erschießung der Hilfswilligen auf Grund eines Befehls seines Regimentskommandeurs angeordnet und daß er das Verbrecherische eines solchen Befehls nicht sicher erkannt habe. – Das Rechtsmittel hatte Erfolg.

Gründe: Diese Begründung verstößt gegen die Denkgesetze und die bei der Anwendung des Grundsatzes „im Zweifel für den Angeklagten" zu beachtenden Regeln. Nach der Darstellung des Angeklagten kam es zu den von ihm gemeldeten Aufsässigkeiten der Hilfswilligen vom 17. und vom Vormittag des 21. 8. 1944 in seinem Beisein. Wenn nun, wie das Schwurgericht feststellt, beide Vorfälle sich überhaupt nicht ereignet hatten, so konnte die Meldung des Angeklagten insoweit nur inhaltlich frei erfunden und damit bewußt falsch sein. Diese zwingende Folgerung ist unabhängig davon, ob die Schilderung, die der Angeklagte von seinem angeblichen Zusammentreffen mit dem Regimentskommandeur am Abend des 21. 8. 1944 gegeben hat, wahr oder unwahr oder nicht nachweisbar unwahr ist. Für ein als bloß möglich beurteiltes Geschehen können denknotwendige Zusammenhänge nicht deshalb beiseitegesetzt werden, weil es sich um ein nur als möglich beurteiltes Geschehen handelt. Es unterliegt vielmehr im ganzen den gleichen Maßstäben, die für die Beurteilung eines als erwiesen angesehenen Sachverhalts gelten. Insbesondere kann ein Geschehensablauf, der zum Teil den vom Gericht für erwiesen erachteten Tatsachen widerspricht, nicht als möglich angesehen werden. Als mögliche Fallgestaltungen kommen nicht alle rein gedanklich möglichen Sachverhalte in Betracht, sondern nur diejenigen, die sich unter Berücksichtigung der getroffenen Feststellungen nicht ausschließen lassen.

Hätte das Schwurgericht dies beachtet, so wäre es vielleicht schon bei seiner Beweiswürdigung zu einem anderen Ergebnis gelangt. Auf keinen Fall hätte es jedoch sagen können, die Veranlassung des angeblichen Befehls des Regimentskommandeurs durch die angebliche Meldung des Angeklagten habe auf die Anwendung des § 47 MStGB keinen Einfluß. Denn auf einen Befehl in Dienstsachen kann sich zu seiner Entschuldigung nicht berufen, wer einen solchen Befehl durch bewußt unwahre Behauptungen ausgelöst hat (vgl. BGH Urt. v. 11. 6. 1963 – 1 StR 502/62). Das gilt nicht nur für den Fall, daß der Täter den verbrecherischen Befehl durch seine Falschmeldung bewußt herbeigeführt, also erschlichen hat, sondern auch dann, wenn er bei Erstattung seiner Falschmeldung einen solchen Erfolg weder vorausgesehen noch gewollt, aber immerhin erkannt hat, daß seine Falschmeldung den Befehl tatsächlich herbeigeführt hat. Dabei macht es nach Ansicht des Senats für die Frage der Verantwortlichkeit des Untergebenen keinen Unterschied, ob dem durch die Falschmeldung getäuschten und daher von unrichtigen tatsächlichen Voraussetzungen ausgehenden Vorgesetzten verborgen blieb, daß sein Befehl in Wahrheit auf die Begehung eines Verbrechens gerichtet sei, oder ob sein Befehl auch unter der Voraussetzung, daß die falsche Meldung der Wahrheit entsprochen hätte, noch auf einen verbrecherischen Zweck gerichtet gewesen wäre. Denn die Anwendung des § 47 MStGB setzt voraus, daß der Untergebene den Befehl, dem er gehorcht, nicht in rechtswidriger und vorwerfbarer

Weise ausgelöst hat, weil es widersinnig wäre, annehmen zu wollen, daß eine durch eigenes rechtswidriges und schuldhaftes Verhalten herbeigeführte Folge die Kraft haben könnte, für weiteres sonst verbotenes, ja strafbares eigenes Verhalten einen Entschuldigungsgrund abzugeben.

Das Schwurgericht durfte den Angeklagten also nicht unter Anwendung des § 47 MStGB freisprechen, wenn es nur davon ausging, daß der Angeklagte die Tötung der Hilfswilligen entweder aus eigenem Entschluß oder auf einen unter den von ihm selbst näher bezeichneten Umständen erteilten Befehl seines Regimentskommandeurs veranlaßte. Die Ungewißheit, ob das eine oder andere der Fall war, könnte daran auch im Hinblick auf den Grundsatz „im Zweifel für den Angeklagten" nichts ändern. Die Berufung auf § 47 MStGB wäre ihm abgeschnitten, wenn feststünde, daß er den Tötungsbefehl des Regimentskommandeurs in der von ihm geschilderten Weise herbeiführte. Nichts anderes kann gelten, wenn der Zweifel an diesem Tathergang nur darauf beruht, daß der Angeklagte die Hilfswilligen möglicherweise sogar ohne einen solchen Befehl auf Grund eigenen Entschlusses töten ließ. Der Grundsatz „im Zweifel für den Angeklagten", der im Falle der Unmöglichkeit bestimmter Feststellungen die Berücksichtigung der dem Angeklagten günstigen nicht ausschließbaren Tatsachengestaltung gebietet, durchbricht nicht den Zusammenhang von Ursache und Folge in dem Sinne, daß das Gericht nur von der dem Angeklagten günstigen Folge, nämlich der Erteilung des Erschießungsbefehls durch den Regimentskommandeur, ausgehen müßte, die dieser Folge aus Rechtsgründen ihre günstigen Wirkungen nehmende Ursache, nämlich die Falschmeldung des Angeklagten über die Aufsässigkeiten der Italiener, hingegen außer Betracht zu lassen hätte.

Auf der Grundlage der bisherigen Feststellungen könnte also eine Anwendung des § 47 MStGB zugunsten des Angeklagten nur in Betracht kommen, wenn die dritte gedanklich vorstellbare tatsächliche Möglichkeit einer vom Angeklagten unbeeinflußten Befehlserteilung des Regimentskommandeurs gegeben wäre. Welche Vorstellungen das Schwurgericht in dieser Beziehung hatte, ist dem angefochtenen Urteil nicht zu entnehmen. Es stellt insoweit keine besonderen Erwägungen an. Insbesondere setzt es sich nicht mit zwei Umständen auseinander, für die bei diesem angenommenen Geschehensablauf eine glaubhafte, mindestens verständliche Erklärung gefunden werden müßte. Einmal müßte sich dann nämlich erklären lassen, weshalb der Angeklagte, den das Schwurgericht als einen klugen, lebenserfahrenen und überdurchschnittlich intelligenten Mann kennzeichnet, für den von ihm behaupteten Befehl eine Begründung glaubte erfinden zu müssen, die der Wahrheit nicht entsprach. Zum anderen müßte erklärt werden, weshalb der Regimentskommandeur die Erschießung der Hilfswilligen in der Kompanie des Angeklagten befohlen haben könnte, ohne zugleich einen entsprechenden Befehl für die anderen ihm unterstellten Kompanien zu geben. Allgemein bleibt zu sagen: Die richtige Anwendung des Grundsatzes „im Zweifel für den Angeklagten" setzt voraus, daß die möglichen Fallgestaltungen klar und deutlich voneinander geschieden sind und dargelegt ist, weshalb jede von ihnen als Möglichkeit nicht ausgeschlossen werden kann.

189. Im Zweifel für Verjährung.

StPO § 261 – BGH Beschl. v. 19. 2. 1963 – 1 StR 318/62 OLG Stuttgart (= BGHSt. 18, 274 = NJW 1963, 1209 = JR 1963, 605)

Die Revision rügt, daß das Gericht den Grundsatz im Zweifel für den Angeklagten bei der Frage der Verjährung nicht angewendet hat.

Sachverhalt: Das Amtsgericht hat die Angeklagte wegen versuchten Betrugs verurteilt. Das Landgericht hat ihre Berufung verworfen. Es hat zwar die genaue Tatzeit nicht festgestellt, sich aber auch nicht davon überzeugen können, daß die Tat länger zurückliegt als fünf Jahre vor der ersten richterlichen Handlung, die sich gegen die Angeklagte wegen der

Tat richtete. Darum hält es das Vergehen nicht für verjährt. Es begründet seinen Rechtsstandpunkt nicht näher. Offenbar folgt es der bisherigen ständigen Rechtsprechung, die den Satz „Im Zweifel für den Angeklagten" nicht gelten läßt, wenn Ungewißheit über die Tatzeit besteht und deswegen nicht sicher beurteilt werden kann, ob die Tat verjährt ist. Dem entgegen will das Oberlandesgericht Stuttgart den Zweifel, ob die strafbare Handlung vor oder nach dem Verjährungsstichtag begangen ist, bei der Entscheidung über die Revision der Angeklagten zu ihren Gunsten ausschlagen lassen. Daran sieht es sich jedoch gehindert durch die Urteile des Bundesgerichtshofs vom 24. 5. 1955 – 5 StR 157/55 – (mitgeteilt von Herlan MDR 1955, 527 zu § 66 StGB) und des Oberlandesgerichts Düsseldorf NJW 1957, 1485 Nr. 19, in denen im Anschluß an die bisherige Rechtsprechung die gegenteilige Rechtsauffassung vertreten wird. Es hat deshalb die Sache gemäß § 121 Abs. 1 Nr. 1b, Abs. 2 GVG dem Bundesgerichtshof vorgelegt. – Das Rechtsmittel hatte Erfolg.

Gründe: Der 1. Strafsenat stimmt dem Oberlandesgericht Stuttgart zu. Er darf unmittelbar entscheiden; denn der 5. Strafsenat und auch der 2. und der 4. Strafsenat widersprechen nicht dieser Änderung der Rechtsprechung (BGHSt. 14, 319, 320). Der 3. (früher 6.) Strafsenat neigt zwar dem bisherigen Rechtsstandpunkt zu, hat aber nicht mitgeteilt, daß er dementsprechend, mit bindender Wirkung (§ 136 Abs. 1 GVG), bereits entschieden habe; der 1. Strafsenat hat auch keine solche Entscheidung ermittelt.

1. Ursprünglich wird der Satz, daß Zweifel im Tatsächlichen dem Angeklagten nicht zum Nachteil sein dürfen, sondern zu seinen Gunsten ausschlagen müssen, im Recht des Schuldbeweises angewendet. Da nur der wirklich Schuldige Strafe verwirkt, muß straflos ausgehen, wessen Schuld nicht zweifelsfrei feststeht und wer daher möglicherweise unschuldig ist. Begreift man den Satz seinem Inhalt nach als die verfahrensrechtliche Kehrseite des sachlich-rechtlichen Schuldgrundsatzes oder als eine Regel für den Schuldbeweis (RGSt 65, 250, 255), hat er freilich außerhalb der Schuldfrage keine Geltung. Nur der Zweifel wirkt dann zugunsten des Angeklagten, ob er der Tat schuldig sei. Tatsächlich ist ein solcher Standpunkt in der Rechtsprechung vertreten worden (RG a.a.O.; anscheinend auch OGHSt 1, 165, 166). Sie hat ihn jedoch nicht durchgehends und in aller Strenge beibehalten. Vielmehr läßt sie es dem Angeklagten gleichfalls zum Vorteil sein, wenn es bei Strafausschließungs-, Strafaufhebungs- oder Strafmilderungsgründen ungewiß bleibt, ob ihre tatsächlichen Voraussetzungen gegeben sind. Das geschieht nicht ohne Schwanken (OGHSt 1, 321, 337 f.; 2, 117, 126), bisweilen zögernd mit der Begründung, daß diese Dinge der Schuldfrage nahe benachbart seien (so noch RGSt 70, 127 zu § 51 Abs. 2 StGB), allmählich jedoch mit Selbstverständlichkeit (RGSt 70, 1, 3 und BGHSt. 10, 129, 130 zum Rücktritt vom Versuch; BGH NJW 1952, 1343 Nr. 17 zu § 51 Abs. 2 StGB; BGH Urt. v. 13. 5. 1952 – 1 StR 103/52 – bei Dallinger MDR 1952, 407; BGHSt. 10, 373, 374[1] für Strafmilderungsgründe). Für das Verfahrensrecht herrschte dagegen bis in die jüngste Zeit die Auffassung vor, daß der Satz „Im Zweifel für den Angeklagten" hier wesensgemäß keinen Platz habe. Immerhin beruft man sich auf ihn vereinzelt auch in diesem Rechtsbereich, teils ausdrücklich bei besonders gestalteten Ausnahmefällen (BGH JR 1954, 351 und BGH NJW 1958, 392 Nr. 20 zur Straffreiheit BGHSt. 11, 393, 395 [BGH Urt. v. 26. 6. 1958 – 4 StR 145/58; vgl. § 206a StPO erfolgreiche Rügen] zur Rechtzeitigkeit des Rechtsmittels; OGHSt 1, 203, 207 zu Verfahrensvoraussetzungen); teils ist er unter anderer, förmlicher Begründung wenigstens am Ergebnis erkennbar (RGSt 47, 238 zur Rechtzeitigkeit des Strafantrags).

2. Nimmt man nicht jedes dieser Rechtsprechungsergebnisse einzeln für sich, faßt man sie insgesamt ins Auge und prüft man, ob sie sich auf einen gemeinsamen allgemeinen

---

1 „Mögliche Milderungsgründe, die zwar nicht feststellbar, aber auch nicht auszuschließen sind, wirken zu seinen Gunsten." (BGH Urt. v. 10. 9. 1957 – 5 StR 230/57).

Rechtsgedanken hinordnen lassen, so kann man in ihnen den Ausdruck fortschreitender Entwicklung rechtsstaatlichen Denkens erkennen. Führt man den Gedanken weiter, so erscheint es nicht folgerecht, ihn zwar für ein Rechtsgebiet, das Strafrecht, gelten zu lassen, ein anderes, aber das Strafverfahrensrecht, schlechthin von ihm auszunehmen. Rechtsstaatlichkeit ist eine Forderung an die ganze Strafrechtspflege, zumal unter der Geltung des Grundgesetzes. Legt man solche Maßstäbe an, zieht man die Grenzen für den Anwendungsbereich des Satzes „Im Zweifel für den Angeklagten" nach der Gerechtigkeit und der Rechtssicherheit, Wesensmerkmalen der Rechtsstaatlichkeit (BVerfGE 7, 89, 92), so ist es für die Vorlegungsfrage unerheblich, ob die Strafverfolgungsverjährung ein Verfahrenshindernis (BGHSt. 2, 300, 305 [BGH Urt. v. 22. 4. 1952 – 1 StR 622/51; vgl. § 338 Nr. 5 StPO erfolglose Rügen]; 4, 379, 384; 11, 393, 395; BGH NJW 1952, 271 Nr. 17), ein sachlichrechtlicher Strafaufhebungsgrund oder ob sie gemischtrechtlicher Natur ist (E StGB 1962, Begr. zu § 127). Ferner hat es dann für die Entscheidung keine maßgebliche Bedeutung, wie andere ähnliche Fälle tatsächlichen Zweifels über einen rechtserheblichen Sachverhalt zu beurteilen wären, zugunsten oder zum Nachteil des Angeklagten. Die Grundsätze der Gerechtigkeit und der Rechtssicherheit verbieten eine schablonenhafte Antwort, die einheitlich gelten könnte, etwa für alle Verfahrensvoraussetzungen oder Verfahrenshindernisse (falls begrifflich so unterschieden werden kann). Sie verlangen vielmehr eine den besonderen Umständen der Einzelfrage zugemessene Entscheidung. Sie ermöglichen eine solche auch (vgl. BGH Beschl. v. 9. 7. 1954 – 5 StR 116/54 –, nicht veröffentlicht).

3. Die Verjährung ist eine Einrichtung im Grenzbereich zwischen Gerechtigkeit und Rechtssicherheit. Die Gerechtigkeit gebietet es, Schuldige sühnender Strafe zuzuführen. Rechtssicherheit strebt nach Rechtsfrieden. Wird dieser durch eine Straftat gestört, so dient es ihm, wenn die Gerechtigkeit durch Eingriff mit strafender Hand die Störung beseitigt. Ist der Rechtsfriede jedoch von selbst, durch heilenden Zeitablauf wieder eingekehrt und die Rechtsordnung wiederhergestellt, so hat ein Eingriff der Strafgewalt keinen Nutzen mehr. Er führt nur zu neuer Unruhe. Daher verbietet ihn das Gesetz. Strafende Gerechtigkeit ist ihm ein Mittel, Rechtssicherheit und Rechtsfrieden zu gewährleisten.

Dieser Gedanke führt den Senat bei Beantwortung der Vorlegungsfrage zur Abkehr von der bisherigen Rechtsprechung. Bei Ungewißheit, wann die Tat begangen ist, und im Zweifel, ob sie verjährt ist, stehen nach seiner Meinung Gerechtigkeit und Rechtssicherheit miteinander besser im Einklang, wenn sich das Verlangen nach Bestrafung des Schuldigen dem Anliegen unterordnet, ihn nicht in möglicherweise – durch Verjährung – wiedererlangter Rechtssicherheit anzutasten, als wenn es dieses Anliegen zurückdrängt und dabei die etwaige Ungesetzlichkeit der Strafe in Kauf nimmt. Ein Verdacht ungesetzlichen Strafens schadet dem Vertrauen in die Rechtsstaatlichkeit der Strafrechtspflege mehr als es die Gerechtigkeit befriedigt, wenn der Täter – nach langer Zeit – doch noch zur Rechenschaft gezogen wird. Der öfters angeführte Gegengrund, es sei schlechterdings eine Forderung der Gerechtigkeit, daß der Schuldige verdienter Strafe nicht entkomme, hat keine Beweiskraft; denn durch die Verjährung entgeht er von Rechts wegen der Strafe. Zweifel, ob die Verjährungsfrist abgelaufen ist, werden auch verhältnismäßig selten auftreten, zumeist dann, wenn die Tatzeit in der Nähe der Verjährungsgrenze liegt. In solchen Fällen wird – selbst bei schweren Straftaten – das Bedürfnis nach Sühne schon beträchtlich gemindert, unter Umständen sogar geschwunden sein, wenn etwa der Zweifel um die Tatzeit nur einen Zeitraum von wenigen Tagen umfaßt. Je näher die (mögliche) Tatzeit dem Verjährungsstichtag liegt, desto weniger überzeugt es, daß die Tat dennoch aus Gründen der Gerechtigkeit geahndet werden müsse. Dagegen verstärken sich die Bedenken, die Rechtssicherheit des einzelnen dadurch zu beeinträchtigen, daß ein Strafverfahren gegen ihn in Gang gebracht, fortgesetzt und durch Sachurteil abgeschlossen wird, ohne daß die Zulässigkeit des Verfahrens einwandfrei feststeht. Bleibt von Rechts wegen die Möglichkeit unberücksichtigt, daß dem Verfahren ein gesetzliches Hindernis entgegensteht, so kann das Vertrauen in die Gesetzmäßigkeit der Strafrechtspflege Einbuße leiden, der allgemeine Rechtsfriede in Gefahr geraten. Die Gerechtigkeit verlangt nicht, Schuldige um solchen Preis der Strafe zu überliefern. Im Gegenteil: es widerspricht ihr zu strafen, wenn möglicherweise – wegen Verjährung der Strafverfolgung – gar nicht gestraft werden darf. In solchem Falle die Tat unverfolgt zu lassen, beschwert dagegen nicht das Rechtsgewissen. Daher gibt der Senat in Übereinstimmung mit der fast einhelligen Meinung des Schrifttums der Rechtsauffassung des vorlegenden Oberlandesgerichts den Vorzug vor der bisherigen Rechtsprechung (ähnlich schon früher BGH Urt. v. 19. 2. 1953 – 3 StR 427/52 –, nicht veröffentlicht; vgl. auch Urt. v. 10. 7. 1957 – 4 StR 5/57 –, insoweit BGHSt. 10, 358 nicht abgedruckt).

190. Die Einführung erheblicher gerichtskundiger Tatsachen in die Hauptverhandlung und die Gelegenheit zur Stellungnahme hierzu muß den Prozeßbeteiligten erkennbar sein.

StPO § 261 – BGH Urt. v. 10. 1. 1963 – 3 StR 22/62 LG Karlsruhe (= NJW 1963, 598 = GA 1964, 177)

Die Revision rügt, im angefochtenen Urteil seien folgende Tatsachen als gerichtsbekannt festgestellt, aber „ausweislich des Sitzungsprotokolls (und tatsächlich)" nicht mit dem Angeklagten und dem Verteidiger erörtert worden, was deren Anspruch auf rechtliches Gehör verletzt habe:

a) Die Machthaber der SBZ streben an, ihr Herrschaftssystem auf das Gebiet der Bundesrepublik Deutschland auszudehnen.

b) Um dieses Bestreben durchzuführen, bedienen sich die Gewalthaber der SBZ des gesamten Apparates des Staates, der SED und der Massenorganisationen, wie insbesondere des FDGB. Die Parteileitung der SED bestimmt die Richtlinien für diese politische Arbeit. Sie steuert auch den FDGB, wozu auch der Kampf um die Wiederherstellung der Einheit Deutschlands auf der Grundlage der Diktatur des Proletariats, d.h. der Alleinherrschaft der SED, gehört.

c) Die Wühlarbeit im früheren Land Baden wird aus Sachsen betrieben. B. selbst ist Angestellter des FDGB, da die Sozialversicherung in der SBZ dem FDGB angegliedert ist.

Das Gericht habe der Verurteilung des Angeklagten Tatsachen zurunde gelegt, die nicht Gegenstand der Hauptverhandlung waren.

Sachverhalt: Das Landgericht hat den Angeklagten wegen tateinheitlich begangenen staatsgefährdenden Nachrichtensammelns und politischer Agententätigkeit verurteilt. Nach den Urteilsfeststellungen unterhielt der Angeklagte strafbare Verbindung zu dem in Dresden wohnhaften H. B., „der für die Sozialversicherung der SBZ und damit für den FDGB und letzten Endes für die SED tätig ist".

Dem Sitzungsprotokoll ist nicht zu entnehmen, daß die von der Revision erwähnten Punkte (a) bis c)) in der Hauptverhandlung erörtert worden sind. – Das Rechtsmittel hatte Erfolg.

Gründe: Der Satz in der Revisionsbegründung „Hierbei ist überdies unklar, ob sich diese Gerichtskunde auch auf ... bezieht", könnte als Behauptung aufgefaßt werden, eine solche Gerichtskunde sei tatsächlich nicht vorhanden gewesen. Ein derartiger Revisionsangriff wäre unzulässig, denn dem Revisionsgericht ist die Prüfung verwehrt, ob die Gerichtskundigkeit tatsächlich bestanden hat (BGHSt. 6, 292, 296 [BGH Urt. v. 14. 7. 1954 – 6 StR 180/54; vgl. § 244 StPO erfolglose Rügen]). Anders liegt es bei der Allgemeinkundigkeit, da an ihr auch das Revisionsgericht teilnimmt. Aber weder insoweit noch hinsichtlich einer etwaigen Verkennung der Begriffe Gerichtskundigkeit und Allgemeinkundigkeit trägt die Revision etwas vor, vielmehr kann aus ihrer Begründung nur die Rüge der Nichterörterung hergeleitet werden.

Aus dem Schweigen des Protokolls allein folgt aber noch nicht, daß die von der Revision aufgestellte Behauptung (Nichterörterung) zutrifft. Wie der Senat bereits in seinem Urteil 3 StR 22/61 v. 3. 7. 1962 unter I 3 (insoweit in BGHSt. 17, 377 nicht abgedruckt) zu einer ähnlichen Rüge ausgeführt hat, gehört eine solche Erörterung nicht zu den Förmlichkeiten, deren Beobachtung das Protokoll ersichtlich machen muß (§ 273 StPO) und die nur durch das Protokoll bewiesen werden können (§ 274 StPO), wenn es sich auch empfiehlt, die Erörterung im Sitzungsprotokoll zu vermerken.

Zur Frage, ob die erwähnten Punkte tatsächlich erörtert worden sind, ist folgendes zu bemerken: Die Punkte a), b) sind in der dem Angeklagten zugestellten Anklageschrift unter Nr. II ausdrücklich behandelt worden; sie lagen offensichtlich auch dem der Anklage folgenden und aus ihr zu ergänzenden Eröffnungsbeschluß zugrunde, der andernfalls nicht hätte ergehen können, weil diese Tatsachen zum Ausgang des Anklagevorwurfs gehörten. Nach den übereinstimmenden und insoweit auch nicht von der Rev. beanstandeten dienstlichen Äußerungen der beteiligten Richter sind sie auch in der Hauptverhandlung tatsächlich erörtert worden. Hieran hat der Senat keinen Zweifel.

Anders liegt es beim Punkt c) „Sozialversicherung-FDGB", von dem weder in der Anklageschrift noch im Eröffnungsbeschluß die Rede war. Bei diesem Punkt sind auch die dienstlichen Erklärungen der Richter unterschiedlich. Während ein Richter sich nicht mehr erinnern kann, ob dieser Punkt überhaupt erörtert worden ist, heißt es in der Erklärung des anderen Beisitzers: „... auf die Umstände, daß ... die Sozialversicherung Teil des FDGB ist, wurde dann vom Vorsitzenden unter Darlegung von Einzelheiten, die aus früheren Verfahren bekannt geworden waren, hingewiesen". Demgegenüber bemerkt der damalige Vorsitzende in seiner dienstlichen Äußerung, er habe diesen Punkt (Sozialversicherung-FDGB) „allerdings nur kurz ... erwähnt". Keine dieser Äußerungen spricht aber davon, daß sich der Angeklagte oder der Verteidiger oder der Staatsanwalt zu diesem Punkte geäußert haben. Nun bedeutet „Erörterung" einer Tatsache freilich nicht, daß hierzu sich sämtliche Prozeßbeteiligte geäußert haben, sondern es genügt, daß sie sich äußern konnten. Hierzu brauchen sie auch nicht ausdrücklich aufgefordert zu werden, jedoch muß für sie unter Ausschluß jedes Mißverständnisses erkennbar sein, daß eine bestimmte, möglicherweise erhebliche Tatsache unter Hinweis auf ihre Rechtsbedeutung in die Verhandlung eingeführt und ihnen nunmehr Gelegenheit zur Stellungnahme gegeben worden ist (vgl. BGHSt. 17, 337, 340 [BGH Urt. v. 3. 7. 1962 – 3 StR 22/61; vgl. § 251 StPO erfolglose Rügen]; vgl. ferner BGHSt. 18, 84 [BGH Urt. v. 12. 10. 1962 – 4 StR 332/62; vgl. § 258 StPO erfolglose Rügen] zum letzten Wort des Angeklagten). Im vorliegenden Fall muß der Senat wegen der in diesem Punkt nicht eindeutigen, teilweise sogar widersprüchlichen Erklärungen der Richter und in Anbetracht der von der Revision insoweit zutreffend betonten besonderen Bedeutung der angeblich eingeführten Tatsache davon ausgehen, daß ihre Einführung und die Gelegenheit zur Stellungnahme dem Angeklagten oder seinem Verteidiger nicht erkennbar waren. Daher ist dieser Punkt rechtlich nicht einwandfrei in der Hauptverhandlung erörtert worden. Der BGH hat bereits in BGHSt. 6, 292, 296 ausgesprochen, daß es grundsätzlich unzulässig ist, bei der Entscheidung solche Tatsachen zu verwerten, zu denen sich der Angeklagte nicht äußern konnte. Verstöße gegen diesen Verfahrensgrundsatz verletzen regelmäßig auch den verfassungsmäßig (Art. 103 Abs. 1 GG) gesicherten Anspruch auf rechtliches Gehör(BVerfGE u.a.: 7, 278 = NJW 58, 665; BVerfGE 10, 177, 182 = NJW 60, 31; BVerfGE 12, 110).

Da nicht auszuschließen ist, daß das Urteil auf diesem Verstoß beruht, war es mit den Feststellungen aufzuheben.

Erfolgreiche Rügen   Nr. 191 § 261 StPO

191. Unzulässige Verwertung von Zusatztatsachen nach Zeugnisverweigerung.
StPO § 261 – BGH Urt. v. 26. 10. 1962 – 4 StR 318/62 LG Dortmund (= BGHSt. 18, 107 = NJW 1963, 401)

Die Revision rügt, das Gericht habe bei der Beweiswürdigung Tatsachen verwertet, die ihm von einer Sachverständigen mitgeteilt worden sind, nachdem die begutachtete Zeugin von ihrem Zeugnisverweigerungsrechts Gebrauch gemacht habe.

Sachverhalt: Das Landgericht hat den Angeklagten wegen Unzucht mit einer Abhängigen in Tateinheit mit Blutschande, begangen mit seiner Tochter Anita, verurteilt.
Die Strafkammer hat außer dem Zeugen Dr. P. in der Hauptverhandlung noch die als Sachverständige vernommene Diplom-Psychologin H. als Zeugin darüber gehört, welche Angaben die Zeugin Anita S. bei ihrer Untersuchung zum Tathergang gemacht habe. Dabei hat die Strafkammer „die Aussage der Zeugin H. nur insoweit zur Tatsachenfeststellung herangezogen, als sie sogenannte Befundtatsachen bekundet hat und ihr von Anita S. die gleichen Tatsachen vorgetragen worden sind, wie diese sie dem Ermittlungsrichter gegenüber ausgesagt hat". Dagegen seien sogenannte Zusatztatsachen, die Anita S. der Diplom-Psychologin H. gegenüber gemacht habe, ausdrücklich außer Betracht gelassen und zur Feststellung des Sachverhalts nicht benutzt worden. – Das Rechtsmittel hatte Erfolg.

Gründe: Mit Recht beanstandet die Revision dieses Verfahren. Bei den Tatsachen, auf denen ein Sachverständiger sein Gutachten aufbaut, den „Anknüpfungstatsachen", sind zwei Gruppen zu unterscheiden: solche, die nur er auf Grund seiner Sachkunde erkennen kann, und solche, die auch das Gericht mit dem ihm zur Verfügung stehenden Erkenntnis- und Beweismitteln feststellen könnte. Die zur ersten Gruppe gehörenden Tatsachen, z.B. die von einem medizinischen Sachverständigen auf Grund ärztlicher Untersuchung oder ärztlicher Eingriffe gemachten Feststellungen, die sogenannten Befundtatsachen, können durch die gutachtlichen Ausführungen des Sachverständigen in die Hauptverhandlung eingeführt und vom Gericht verwertet werden (BGHSt. 9, 292 [BGH Urt. v. 7. 6. 1956 – 3 StR 136/56; vgl. § 250 StPO erfolgreiche Rügen]). Wenn aber der Gutachter, was besonders bei psychologischen Sachverständigen vorzukommen pflegt, bei seiner Untersuchung außerdem erhebliche, z.B. das Tatgeschehen betreffende Tatsachen dadurch erfährt, daß er die Auskunftsperson oder bei Glaubwürdigkeitsgutachten den zu begutachtenden Zeugen befragt, so tut er dies nicht auf Grund einer fachkundigen Untersuchung, sondern mit Mitteln, deren sich auch das nicht fachkundige Gericht bedienen kann. Diese letzteren vom Sachverständigen ermittelten Tatsachen (Zusatztatsachen) müssen in zulässiger Weise in die Hauptverhandlung eingeführt werden, etwa durch Vernehmung des Gutachters und (oder) des von ihm Begutachteten als Zeugen (vgl. BGHSt. 9, 292; 13, 1 [BGH Urt. v. 13. 2. 1959 – 4 StR 470/58; vgl. § 250 StPO erfolgreiche Rügen]), sofern es für das Gutachten oder aus anderen Gründen auf derartige Tatsachen ankommt. Sind die vom Sachverständigen – nicht auf Grund seiner besonderen Sachkunde – ermittelten Tatsachen offenkundig oder hat sich das Gericht anderweitig von ihrer Richtigkeit überzeugt, so kann der Sachverständige in seinem Gutachten von ihnen ausgehen (vgl. BGHSt. 11, 97 [BGH Urt. v. 10. 10. 1957 – 4 StR 393/57; vgl. § 252 StPO erfolgreiche Rügen]). Falls das Gericht von erheblichen Tatsachen, die der Sachverständige verwertet, noch nicht anderweitig überzeugt ist und die Auskunftsperson, etwa der zu begutachtende Zeuge, von einem Zeugnisverweigerungsrecht mit Recht Gebrauch macht, darf auch der Sachverständige nicht über diese Tatsachen vernommen werden, und zwar weder als Zeuge noch als Sachverständiger (vgl. BGHSt. 13,1; 13, 250 [BGH Urt. v. 18. 9. 1959 – 4 StR 208/59; vgl. § 250 StPO erfolglose Rügen]). Es kommt in diesem Zusammenhang nicht darauf an, ob es sich bei den vom Sachverständigen mitgeteilten Tatsachen um neue, zu dem bisherigen Beweisergebnis hinzutretende Tatsachen handelt oder ob der Sachverständige dem Gericht bereits bekannte Vorgänge bekundet. Entscheidend ist allein, ob der Richter den

Umstand noch zu seiner Überzeugungsbildung benötigt oder nicht, daß derjenige, der nun sein Zeugnis berechtigt verweigert hat, auch dem Sachverständigen gegenüber die Vorgänge bekundet hat. Ist das Gericht vom Tatgeschehen, wie es der Sachverständige mitteilt, schon unabhängig von dessen Gutachten überzeugt, so kann der Sachverständige die von ihm ermittelten Tatsachen in seinem Gutachten auch dann bekunden, wenn seine Auskunftsperson zwischenzeitlich von ihrem Zeugnisverweigerungsrecht Gebrauch gemacht hat (vgl. BGHSt. 11, 97; 13, 250). Unzulässig aber ist im Falle rechtmäßiger Zeugnisverweigerung eine Vernehmung des Gutachters, soweit er dabei über Tatsachen berichten muß, die er nur durch den jetzt seine Aussage verweigernden Zeugen erfahren hat, wenn das Gericht erst auf Grund solcher Bekundungen des Gutachters seine Überzeugungsbildung abschließt. Dadurch würde gegen das Verwertungsverbot des § 252 StPO verstoßen werden.

Diese Grundsätze hat das Landgericht nicht beachtet. Nachdem Anita S. in der Hauptverhandlung das ihr zustehende Zeugnisverweigerungsrecht in Anspruch genommen hatte, bestand ein Verwertungsverbot für alle bisher von ihr gemachten nichtrichterlichen Aussagen. Darunter fallen auch die von der Diplom-Psychologin H. mitgeteilten Tatsachen, soweit sie sich auf das Tatgeschehen beziehen, von ihr also nicht lediglich auf Grund ihrer Sachkunde festgestellt werden konnten. Sie durften von der Strafkammer nicht mehr zur Überzeugungsbildung hinsichtlich des Tatgeschehens herangezogen werden. Das Landgericht hat aber ausdrücklich festgehalten, daß die Aussage der Anita S. „mittelbar durch Vernehmung des Ermittlungsrichters, Amtsgerichtsrat Dr. P. und der Diplom-Psychologin H. in die Hauptverhandlung" eingeführt wurde. Auch soweit Anita S. der Diplom-Psychologin H. gegenüber keine anderen Tatsachen angegeben hatte als dem Ermittlungsrichter, waren hiernach die Tatsachenbekundungen der Zeugin H. für das Landgericht unmittelbar als Grundlage entsprechender Feststellungen bedeutsam. Ersichtlich hat das Landgericht Bedenken getragen, sich auf die Aussage des Ermittlungsrichters Dr. P. allein zu verlassen. In diesem wesentlichen Punkt unterscheidet sich der vorliegende Fall von demjenigen, der der Entscheidung BGHSt. 13, 250 zugrunde lag. Dort hatte das Gericht die Bekundung des Sachverständigen zum Tatgeschehen nicht mehr für die Überzeugungsbildung mitverwertet. Da hier die Aussage der Zeugin H. „insoweit zur Tatsachenfeststellung herangezogen worden ist, als ihr von Anita S. die gleichen Tatsachen vorgetragen worden sind, wie diese sie dem Ermittlungsrichter gegenüber ausgesagt hat", beruht das Urteil auf der fehlerhaft vorgenommenen Verwertung der Aussage der Zeugin H. Das zwingt zur Aufhebung des Urteils.

192. Gericht muß Überzeugung von dem Vorhandensein der Tatbestandsmerkmale auf Grund eigener Prüfung gewinnen. Bezugnahmen auf Entscheidungen in anderen Strafsachen unzulässig (vgl. auch BGHSt. 11, 29 [BGH Urt. v. 23. 10. 1957 – 3 StR 37/57; vgl. § 261 StPO erfolgreiche Rügen]).

StPO §§ 261, 267 I – BGH Urt. v. 1. 8. 1962 – 3 StR 34/62 LG Lüneburg (= BGHSt. 17, 388 = NJW 1962, 1925)

Die Revision rügt die Verletzung sachlichen Rechts

Sachverhalt: Das Landgericht stellt fest, daß der Angeklagte seine Arbeitskollegen „weitgehend auch mit Schriften ostzonaler Herkunft" versorgt habe. Das Urteil zählt die Schriften im einzelnen auf und teilt gleichzeitig mit, daß sie zum größten Teil schon durch frühere rechtskräftige gerichtliche Entscheidungen eingezogen worden sein. Diese Entscheidungen werden genau bezeichnet. Es handelt sich mit einer Ausnahme um Einziehungsbeschlüsse, die in objektiven Verfahren ergangen sind. Über den Inhalt der Schriften oder der Gerichtsentscheidungen enthält das Urteil keine Ausführungen. Vielmehr begnügt sich das Landgericht mit dem formelhaften Hinweis, aus der bereits früher erfolgten Einziehung des größten Teils der beschlagnahmten Zeitschriften ergebe sich, „daß durch den Inhalt der Schriften Bestrebungen herbeigeführt und gefördert werden sollten, die darauf gerichtet waren, den Bestand der Bundesrepublik Deutschland zu beeinträchtigen oder zur Unterdrückung der demokratischen Freiheit einen der in § 88 StGB bezeichneten Verfassungsgrundsätze zu beseitigen, außer Geltung zu setzen oder zu untergraben". – Das Rechtsmittel hatte Erfolg.

Gründe: Die Urteilsausführungen zum Tatbestand des § 93 StGB genügen nicht den Anforderungen, die das Gesetz (§ 267 Abs. 1 StPO) an die Feststellung der Tatsachen stellt, in denen die gesetzlichen Merkmale der strafbaren Handlung gefunden werden.

Diese tatsächlichen Feststellungen tragen die Verurteilung wegen eines Vergehens gegen § 93 StGB nicht. Daß eine Zeitschrift in der Sowjetzone erschienen ist, reicht allein nicht für die Annahme aus, ihr Inhalt sei verfassungsfeindlich. Nach feststehender Rechtsprechung des Bundesgerichtshofs (BGHSt. 8, 245; 12, 174; 13, 32; 14, 293; 16, 49) erfaßt der Tatbestand des § 93 StGB nur Schriften, in denen die verfassungsfeindlichen Bestrebungen, denen ihre Verbreitung dienen soll, auch verkörpert sind. Der Inhalt der Schrift muß die verfassungsfeindliche Zielrichtung wenigstens in Ansatzpunkten erkennen lassen, die durch allgemeinkundige Tatsachen, wie etwa die bekannten Ziele der SED, ergänzt werden können. Ob eine Schrift die Voraussetzungen des § 93 StGB erfüllt, kann deshalb nur beurteilt werden, wenn ihr Inhalt im Urteil wiedergegeben oder doch wenigstens im Kern dargestellt ist (BGHSt. 6 StR 207/54 v. 13. 10. 1954; BGH 3 StR 10/62 v. 13. 4. 1962; vgl. auch BGHSt. 5, 278 [BGH Urt. v. 12. 1. 1954 – 5 StR 668/53; vgl. § 249 StPO erfolglose Rügen] und BGHSt. 11, 29, 31). Daran fehlt es hier gänzlich.

Die Wiedergabe des Inhalts der Schriften im Urteil ist auch nicht deshalb entbehrlich, weil die Schriften als verfassungsfeindlich schon früher rechtskräftig eingezogen worden sind. Das wäre nur dann der Fall, wenn durch jene Entscheidungen auch für dieses Verfahren bindend festgestellt wäre, daß es sich um Schriften im Sinne des § 93 StGB handelt. Wenn das Landgericht dies angenommen haben sollte, so befand es sich in einem Rechtsirrtum. An die den früheren Entscheidungen zugrunde liegenden Feststellungen war das Gericht schon deswegen nicht gebunden, weil sie in objektiven Verfahren getroffen wurden und daher nur die Grundlage für Einziehungen nach den §§ 86, 98 StGB, nicht aber für die jetzt gegen den Angeklagten verhängte Hauptstrafe schaffen konnten und sollten. Feststellungen von Tatsachen und Rechtsausführungen werden nach herrschender Lehre grundsätzlich nicht rechtskräftig. Im übrigen setzt die Rechtskraftwirkung Identität des Strafanspruchs und der Person voraus. Auch daran fehlt es hier. Gebundenheit des Richters würde ferner gegen den das Strafverfahren beherrschenden Grundsatz der materiellen Wahrheitserforschung verstoßen (§ 244 Abs. 2 StPO). Gemäß § 261 StPO hat der Richter nach seiner freien, aus dem Inbegriff der Verhandlung geschöpften Überzeugung zu entscheiden. Nur in wenigen Ausnahmefällen hat eine rechtskräftige Entscheidung auch in anderen Verfahren und gegen andere Beschuldigte bindende Feststellungswirkung (z.B. nach § 190 StGB hinsichtlich des Wahrheitsbeweises bei Beleidigungen). In allen anderen Fällen muß der Richter auf Grund eigener selbständiger Prüfung die Überzeugung von dem Vorhandensein der Tatbestandsmerkmale gewinnen. Dieser Prüfung darf er sich nicht durch Bezugnahmen auf Entscheidungen entziehen, die in anderen Strafsachen ergangen sind (vgl. RGSt 33, 319; 58, 290). Diese Beschränkung der Rechtskraft kann zwar zu einem Auseinanderklaffen der Entscheidungen und zu einer unterschiedlichen Beurteilung desselben Sachverhalts in verschiedenen Verfahren führen. Ein solcher Zwiespalt ist aber nicht zu vermeiden und muß im höheren Interesse der Gerechtigkeit, die hier gegenüber dem Grundsatz der Rechtssicherheit den Vorzug verdient, hingenommen werden. Wäre das später urteilende Gericht an früher in anderen Verfahren getroffene tatsächliche Feststellungen und rechtliche Beurteilungen gebunden, so wäre es möglicherweise gezwungen, wider seine Überzeugung zum Nachteil des Angeklagten zu entscheiden. Deshalb muß auch verlangt werden, daß das Urteil in sich selbst seine Erklärung und vollständige Begründung findet (BGH 3 StR 10/62 v. 13. 4. 1962).

Die gekennzeichnete Lücke in den Urteilsgründen macht es dem Revisionsgericht unmöglich, zu prüfen, ob das Landgericht den § 93 StGB richtig angewendet hat. Darin liegt ein Rechtsfehler, der schon auf die Sachrüge hin zu beachten ist; denn es kann nicht ausgeschlossen werden, daß das Urteil einen sachlich-rechtlichen Mangel enthält.

193. Beweiswert des wiederholten Wiedererkennens in der Hauptverhandlung.

StPO § 261 – BGH Urt. v. 28. 6. 1961 – 2 StR 194/61 LG Bremen (= BGHSt. 16, 204 = NJW 1961, 2070)

Die Revision rügt, das Gericht habe einer fehlerhaften Gegenüberstellung entscheidenden Beweiswert beigemessen.

Sachverhalt: Die Strafkammer hat den Angeklagten wegen Unzucht mit Kindern verurteilt. Der Angeklagte behauptet, nicht er, sondern ein ihm unbekannter Doppelgänger sei der Täter gewesen. Die Strafkammer hält dieses Vorbringen auf Grund der Beweisaufnahme für widerlegt. Sie stützt sich auf die Aussagen der verletzten Kinder Margrit und Karin, die zur Zeit der Tat 13 und 11 Jahre alt waren.

Die beiden Mädchen haben 10 und 11 Tage nach der Tat, jedes für sich, den Angeklagten aus einer Lichtbildkartei mit etwa 50 Fotos von Exhibitionisten mit Sicherheit als Täter herausgesucht, bevor irgend jemand daran gedacht hatte, daß der Angeklagte in Betracht komme. Etwa 10 Monate vor der Hauptverhandlung wurde der Angeklagte, der eine regelrechte Gegenüberstellung abgelehnt hatte, an einer belebten Stelle des Gerichtskorridors an den Mädchen vorbeigeführt, die ihn dabei als den Täter bezeichneten. Der Umstand, daß Margrit und Karin den Angeklagten auch bei der in der Hauptverhandlung „so unverfänglich wie möglich" vorgenommenen Wahlgegenüberstellung sogleich mit Bestimmtheit wiedererkannt haben, obwohl sie ihn in den letzten 10 Monaten nicht mehr gesehen hatten, läßt sodann, wie die Strafkammer meint, keinen Zweifel daran übrig, daß sich die Person des Angeklagten den Kindern gerade deshalb so eingeprägt hat, weil sie in ihm den Mann wieder erkennen, mit dem sie das ihnen unheimliche Erlebnis im Bürgerpark gehabt haben. – Das Rechtsmittel hatte Erfolg.

Gründe: Diese Ausführungen zeigen deutlich, daß die Strafkammer zunächst noch Zweifel an der Täterschaft des Angeklagten hatte, obwohl die Mädchen sein Bild aus der Lichtbildkartei als das des Täters herausgesucht und ihn außerdem als Täter bezeichnet hatten, als er im Gerichtsgang an ihnen vorbeigeführt wurde. Diese Zweifel hielt sie erst deshalb für behoben, weil die Kinder den Angeklagten bei der unverfänglichen Gegenüberstellung in der Hauptverhandlung mit Bestimmtheit wiedererkannt haben; denn hieraus ist nach ihrer Ansicht zwingend zu folgen, daß sich ihnen die Person des Angeklagten allein durch das unheimliche Erlebnis im Bürgerpark so tief eingeprägt habe.

Gegen diese Beweisführung bestehen durchgreifende Bedenken.

Das Wiedererkennen beruht auf dem Vergleich zwischen dem gegenwärtigen visuellen Eindruck mit dem Erinnerungsbild über die frühere Wahrnehmung. Der Zeuge soll bekunden, ob der Eindruck, den er von der ihm gegenübergestellten Person erhält, mit seinem Erinnerungsbild übereinstimmt. Hier handelt es sich nun um ein wiederholtes „Wiedererkennen", auf das die Strafkammer so entscheidend abstellt. Dessen Verläßlichkeit ist aber nach den gesicherten Erfahrungen und Erkenntnissen der kriminalistischen Praxis sehr häufig deshalb fragwürdig, weil es durch das vorangehende Wiedererkennen beeinflußt wird. Der bei diesem gewonnene Eindruck wird das ursprüngliche Erinnerungsbild in der Regel überlagern. Damit entsteht die Gefahr, daß der Zeuge – sich selbst unbewußt – den gegenwärtigen Eindruck mit dem Erinnerungsbild vergleicht, das auf dem ersten Wiedererkennen beruht; in Wahrheit wird also der Angeklagte nicht mit dem Täter, sondern mit der bei der vorhergehenden Gegenüberstellung als verdächtig gezeigten Person verglichen. Hier steht zudem nicht nur ein wiederholtes, sondern das dritte Wiedererkennen in Frage, so daß die Möglichkeit der Überlagerung noch erhöht ist. Im übrigen ist, wenn es zur ersten Identifizierung nach einer Fotografie gekommen ist, die Gefahr der Fehlbeurteilung keineswegs geringer, indem nämlich der Zeuge den ihm gegenübergestellten Angeklagten unbewußt mit dem durch die Fotografie gewonnenen Eindruck vergleicht. Daraus erhellt, daß sich eine falsche Beurteilung auf Grund der ersten Gegenüberstellung bei den späteren mit einer gewissen Wahrscheinlichkeit wiederholen wird, daß also das Ergebnis des wiederholten Wiedererkennens besonders fragwürdig ist, wenn bei den vorhergehenden Identifizierungsversuchen Fehler unterlaufen sind; sie sind kaum wieder gut zu machen. Dies ist vor allem bei kindlichen Zeugen der Fall, da sie sich einer einprägsamen, aber fehlerhaft suggestiven Wirkung einer Wahrnehmung nur schwer mehr zu entziehen vermögen.

Bei Prüfung der Frage, ob und welcher Beweiswert dem wiederholten Wiedererkennen zuzuerkennen ist, muß der Tatrichter die dargelegten Erfahrungssätze und Erkenntnisse berücksichtigen. Im angefochtenen Urteil ist gerade dem letzten Wiedererkennen trotz seiner Fragwürdigkeit der entscheidende Beweiswert zuerkannt worden, ohne daß dies näher erläutert worden wäre. Das begründet den Verdacht, daß sich der Tatrichter dieser Fragwürdigkeit nicht bewußt war. Darauf deuten auch weitere Umstände.

Die Kinder waren vor der Gegenüberstellung in der Hauptverhandlung zweimal zur Identifizierung des Täters aufgefordert worden. Die Revision macht geltend, daß in beiden Fällen Fehler unterlaufen seien, die die Strafkammer bei der Beweiswürdigung unberücksichtigt gelassen habe.

Der Angeklagte hatte nämlich vorgebracht, es müsse eine Verwechslung mit einem Doppelgänger vorliegen, da wiederholt in Fällen, in denen er zweifellos nicht als Täter in Frage komme, sein Bild in der Lichtbildkartei als das des jeweiligen Täters bezeichnet worden sei, so zuletzt von den Geschwistern G. Er hatte weiter vorgetragen, die Vorführung im Gerichtsgang sei in einer Weise geschehen, daß es sich den Mädchen aufdrängen mußte, die vorbeigeführte Person sei der Täter. Die für sein Vorbringen benannten Zeugen hat die Strafkammer vernommen. Sie ist im Urteil jedoch nicht auf das Ergebnis der Vernehmungen eingegangen; die als Zeugin gehörte Kriminalbeamtin H., die über die Verwechslungen bei dem Heraussuchen aus der Lichtbildkartei bekunden sollte, ist nicht einmal bei der Anführung der Beweismittel erwähnt. Es ist somit nicht ersichtlich, ob der Angeklagte tatsächlich wiederholt mit anderen Personen verwechselt wurde. Ungeklärt sind auch die näheren Umstände der Vorführung des Angeklagten im Gerichtsgang geblieben, ob er insbesondere sichtbar mit Handschellen geführt wurde.

Indem die Strafkammer das Ergebnis der Beweisaufnahme insoweit nicht einmal erwähnt, macht sie deutlich, daß sie ihm keinerlei Bedeutung beimißt, sondern dem Wiedererkennen in der Hauptverhandlung, ohne seine Fragwürdigkeit zu erwägen und den möglichen Fehlerquellen nachzugehen, den entscheidenden Beweiswert für die Überzeugungsbildung zuerkennt. Das Urteil kann daher keinen Bestand haben.

194. Gericht darf ein in die Verhandlung eingeführtes Beweismittel (hier: polizeiliche Zeugenaussage) im Urteil nicht bewußt übergehen.

StPO § 261 – BGH Urt. v. 1. 3. 1961 – 2 StR 629/60 (= GA 1961, 277)

Die Revision rügt, daß das Gericht die Aussage eines Zeugen vor der Polizei wegen dessen Unerreichbarkeit zwar verlesen, im Urteil aber bewußt nicht gewürdigt hat, weil es an der Möglichkeit der Überprüfung der Glaubwürdigkeit fehlte.

Sachverhalt: Die Strafkammer hatte die Aussage eines Zeugen vor der Kriminalpolizei nach § 251 Abs. 2 StPO verlesen, weil der Zeuge in absehbarer Zeit richterlich nicht vernommen werden könne. Sie hatte aber, wie das Urteil ausdrücklich hervorhebt, die Aussage des von ihr als unerreichbar angesehenen Zeugen nicht verwertet, „da sie keine Möglichkeiten hatte, seine Glaubwürdigkeit nachzuprüfen". – Das Rechtsmittel hatte Erfolg.

Gründe: ... Zu Recht findet die Revision in diesem Verfahren einen Verstoß gegen § 261 StPO. Diese Vorschrift bestimmt, daß über das Ergebnis, der Beweisaufnahme das Gericht nach seiner freien, „aus dem Inbegriff der Verhandlung geschöpften Überzeugung" zu entscheiden hat. Hiernach ist das Gericht verpflichtet, für die Bildung seiner Überzeugung alles zu berücksichtigen, was Gegenstand der Verhandlung gewesen ist. Das bedeutet, daß das Gericht alle Beweise würdigen muß, die in der Hauptverhandlung erhoben wurden. Es darf daher eine Zeugenaussage nicht deshalb unberücksichtigt lassen, weil ihre Beurteilung und Wertung Schwierigkeiten bereitet. Solche werden in der Regel auftauchen, wenn die Vernehmung eines Zeugen vor dem erkennenden Gericht unmöglich ist. Trotzdem gestattet die Strafverfahrensordnung die kommissarische Vernehmung eines Zeugen, wenn er nicht unmittelbar vor Gericht vernommen werden kann, und unter Umständen sogar als Ersatz die Verlesung von richterlichen Protokollen, auch von anderen Niederschriften, Urkunden und Schriftstücken. Der Gesetzgeber hält demnach auch diese Beweise nicht für wertlos und verlangt, daß das Gericht sie bei der Urteilsfindung heranzieht und würdigt. Die Strafkammer durfte daher die verlesene Aussage des Zeugen Sch. nicht übergehen.

195. Verwertungsverbot eines Polizeiprotokolls bei mangelndem Erinnerungsvermögen der Verhörsperson und Bestreiten des Inhalts.

StPO §§ 254 I, 261 – BGH Urt. v. 31. 5. 1960 – 5 StR 168/60 LG Osnabrück (= BGHSt. 14, 310 = NJW 1960, 1630)

Die Revision rügt, daß die Strafkammer die polizeiliche Vernehmungsniederschrift über ein Geständnis des Angeklagten bei der Urteilsfindung verwertet hat, obwohl der Angeklagte bestritten hat, vor der Polizei das gesagt zu haben, was diese protokolliert hat und der Verhörsbeamte nur bekundet hat, er habe getreulich protokolliert, erinnere sich aber trotz Vorhalts des Protokolls nicht mehr an die vom Angeklagten gegebene Darstellung.

Sachverhalt: Der Angeklagte hat in der Hauptverhandlung bestritten, daß das ihm vorgehaltene polizeiliche Protokoll seine Aussagen so wiedergebe, wie er sie bei seiner Vernehmung durch die Polizei gemacht habe. Die Strafkammer hat daraufhin die beiden Verhörsbeamten als Zeugen vernommen. Sie haben übereinstimmend bekundet, „der Angeklagte habe seine Aussagen genauso gemacht, wie sie protokollarisch niedergelegt seien". Sie haben sich jedoch (aus eigener Erinnerung) nicht mehr entsinnen können, was der Angeklagte in dem für die Frage, ob er tatsächlich ein Geständnis abgelegt hat, entscheidenden Punkte ihnen gegenüber angegeben hat.

Die Strafkammer sieht auf Grund dieser Zeugenaussagen „das protokollierte polizeiliche Geständnis des Angeklagten als erwiesen an". Sie verkennt zwar nicht, daß es nach BGH NJW 1952, 55 Nr. 30 unzulässig wäre, den Inhalt einer polizeilichen Niederschrift über die Vernehmung eines Tatzeugen zu verwerten, wenn der Verhörsbeamte nur bekunden kann, er habe die Aussage seinerzeit getreulich niedergeschrieben. Sie meint aber, dies gelte nicht für die Verwertung einer polizeilichen Niederschrift über das Geständnis des Angeklagten; denn hier bestehe nicht „die Forderung nach Unmittelbarkeit der Beweisaufnahme durch Tatzeugen". Es sei anerkannten Rechts, daß das erkennende Gericht auf Grund freier Beweiswürdigung das vor der Polizei abgelegte Geständnis des Angeklagten als erwiesen ansehen könne, wenn er nur die Richtigkeit des Protokolls zugebe. Das gleiche müsse aber auch gelten, wenn das Gericht auf Grund der Beweisaufnahme zu der Überzeugung komme, daß das Protokoll die damaligen Angaben des Angeklagten richtig wiedergebe. – Das Rechtsmittel hatte Erfolg.

Gründe: Diese Ausführungen gehen an der entscheidenden Frage vorbei. Soweit die Strafkammer zum Ausdruck bringen will, daß es nicht verboten sei, ein früheres Geständnis des Angeklagten zu verwerten, auch wenn er später seine Haltung ändere, bestehen keine Bedenken (vgl. BGHSt. 1, 337, 338 [BGH Urt. v. 2. 10. 1951 – 1 StR 421/51; vgl. §§ 68a, 254 StPO erfolglose Rügen]).

Davon ist jedoch die Frage zu unterscheiden, in welcher Weise sich das erkennende Gericht Kenntnis von den früheren Angaben des Angeklagten verschaffen darf. Nach § 254 StPO dürfen richterliche Protokolle „zum Zwecke der Beweisaufnahme über ein Geständnis" verlesen werden. Aus der Beschränkung auf richterliche Protokolle ergibt sich, daß andere Niederschriften zu diesem Zwecke nicht verlesen werden dürfen. Damit ist gleichzeitig auch ein Urkundenverwertungsverbot ausgesprochen (BGHSt. 1, 337, 339).

Die Rechtsprechung hat jedoch anerkannt, daß polizeiliche Protokolle dem Angeklagten in der Hauptverhandlung vorgehalten und zu diesem Zwecke auch wörtlich verlesen werden dürfen (RGSt 61, 72 ff; BGH a.a.O.). Bestätigt er auf Vorhalt die Richtigkeit des polizeilichen Protokolls, dann gibt er damit zu, daß er das Geständnis so abgelegt hat, wie es in der polizeilichen Niederschrift enthalten ist. Gegen die Verwertung dieser Erklärung des Angeklagten – und damit auch mittelbar des Inhalts der polizeilichen Niederschrift – bestehen keine verfahrensrechtlichen Bedenken; denn Beweismittel ist in einem solchen Falle, wie das Reichsgericht in RGSt 61, 72, 74 zutreffend ausgeführt hat, die eigene Erklärung des Angeklagten, zu deren Bestandteil er den Inhalt des von ihm anerkannten polizeilichen Protokolls gemacht hat (ebenso RGSt 69, 88, 90).

Bestreitet dagegen der Angeklagte in der Hauptverhandlung die Richtigkeit des polizeilichen Protokolls, so ergibt sich aus § 254 StPO das Verbot, das polizeiliche Protokoll als Beweismittel für die richterliche Überzeugung zu verwerten, daß der Angeklagte das darin enthaltene Geständnis abgelegt habe. Allerdings darf der Beweis dafür, wie die Strafkammer zutreffend ausführt, mit anderen (verfahrensrechtlich zulässigen) Beweismitteln geführt werden. In Betracht kommen hauptsächlich die Verhörspersonen. Ihre Erklärungen sind unbeschränkt verwertbar (BGHSt. 3, 149, 150 [BGH Urt. v. 15. 8. 1952 – 3 StR 267/52; vgl. § 52 StPO erfolgreiche Rügen]).

Es ist nach der Rechtsprechung des Bundesgerichtshofs auch zulässig, das polizeiliche Protokoll dem Verhörsbeamten, der als Zeuge vernommen wird, zur Stützung seines Gedächtnisses vorzuhalten oder zu diesem Zwecke vorzulesen (BGHSt. 1, 4 [BGH Urt. v. 28. 11. 1950 – 2 StR 50/50; vgl. § 185 GVG erfolglose Rügen], 8 [BGH Urt. v. 23. 1. 1951 – 1 StR 35/50; vgl. § 61 StPO erfolgreiche Rügen]; 1, 337, 338). Der Vorhalt ist ein bloßer Vernehmungsbehelf, der durch das Verbot des Urkundenbeweises nicht ohne weiteres unzulässig geworden ist. Die Grenzen zwischen dem Urkundenbeweis und dem Zeugenbeweis dürfen jedoch nicht verwischt werden. Der Vorhalt darf nicht dazu dienen, einen unzulässigen Urkundenbeweis zu ersetzen oder zu umgehen, sondern hat nur den Zweck, dem Zeugen, den das Gedächtnis im Stich gelassen hat, die Abgabe einer Erklärung zu ermöglichen. Beweismittel bleibt allein die Erklärung des Zeugen (RGSt 72, 221, 223). Nur was in dem Gedächtnis des Zeugen haften geblieben ist oder auf Vorhalt in die Erinnerung zurückkehrt und von ihm als Inhalt des Geständnisses bestätigt wird, ist als Beweisergebnis verwertbar. Erinnert sich der Zeuge an den Inhalt der Aussage, die der Angeklagte ihm gegenüber gemacht hat, dann ist diese Erklärung das Beweismittel, das das Gericht zum Nachweis der Tatsache, daß der Angeklagte ein Geständnis abgelegt hat, benutzen darf. Anders verhält es sich jedoch, wenn der Verhörsbeamte nur bekunden kann, daß er die Angaben des Angeklagten getreulich aufgenommen habe, sich aber an deren Inhalt – trotz Vorhaltes des Protokolls – nicht mehr erinnert. Hier kann nicht davon gesprochen werden, daß der Inhalt des polizeilichen Protokolls zum Bestandteil der zeugenschaftlichen Bekundung des Verhörsbeamten geworden sei. In Wahrheit ist in einem solchen Falle nicht die Zeugenaussage, sondern das polizeiliche Protokoll die unmittelbare Beweisgrundlage, falls das Gericht das Geständnis als erwiesen ansehen will. Das steht aber im Widerspruch zu dem Sinn und Zweck des § 254 StPO, der zum Schutze des Angeklagten darauf Rücksicht nimmt, daß Geständnisse, die in solchen (nicht von einem Richter aufgenommenen) Protokollen enthalten sind, oft nicht einwandfrei das wiedergeben, was der Angeklagte hat sagen wollen. Da der Verhörsbeamte sich an den Inhalt des von dem Angeklagten abgelegten Geständnisses nicht mehr erinnert, können Mißverständnisse, die bei der Aufnahme des Protokolls vorgekommen sein mögen, nicht mehr aufgeklärt werden.

Der Einwand der Strafkammer, eine solche Rechtsauffassung sei kriminalpolitisch verfehlt, vermag nicht zu überzeugen. Die Strafkammer meint, die Verhörsbeamten seien bei der Vielzahl der von ihnen bearbeiteten Fälle nachträglich kaum noch in der Lage, den Inhalt der Aussagen aus eigener Erinnerung wiederzugeben. Ein Angeklagter könne sich daher unschwer mit der Behauptung „aus der Affäre ziehen", das Protokoll sei unrichtig.

Dem kann leicht durch eine sachgerechte richterliche Vernehmung des Angeklagten vorgebeugt werden. Ein solches Verfahren entspricht auch dem Sinn des § 254 StPO, der die Verwertung des richterlichen Protokolls im Wege des Urkundenbeweises erlaubt, ohne daß Verhörspersonen vernommen werden müßten. Gerade im vorliegenden Falle hätte das Geständnis des Angeklagten ohne weiteres als Beweisgrundlage für die Schuldfeststellung dienen können, wenn der Haftrichter entsprechend den Richtlinien verfahren wäre, die der Bundesgerichtshof in seinen Entscheidungen NJW 1952, 1027 Nr. 22; BGHSt. 6, 279 (BGH Urt. v. 8. 4. 1954 – 3 StR 725/53; vgl. § 254 StPO erfolgreiche Rügen) und 7, 73 (BGH Urt. v. 23. 11. 1954 – 5 StR 301/54; vgl. § 254 StPO erfolgreiche Rügen) aufgestellt hat. Das ist aber nicht geschehen. Deshalb können die Feststellungen der Strafkammer auch nicht auf das in der Hauptverhandlung verlesene richterliche Protokoll und die zeugenschaftlichen Bekundungen des Haftrichters gestützt werden. Das richterliche Protokoll enthält über die Straftaten, die das Landgericht als erwiesen ansieht, nur den allgemeinen Satz des Angeklagten: „Ich gebe zu, mit meinen Kindern Kristin und Elke unzüchtige Handlungen vorgenommen zu haben." Auf das polizeiliche Protokoll wird nicht Bezug genommen. Zwar hat der als Zeuge vernommene Haftrichter ausgesagt, er habe dem Angeklagten das Geständnis vor der Polizei vorgehalten, und das richterliche Protokoll könne sich nur auf dieses Geständnis beziehen. Nach den Urteilsfeststellungen konnte er aber nicht bekunden, daß der Angeklagte ihm gegenüber die nur im polizeilichen Protokoll genau bezeichneten unzüchtigen Handlungen zugegeben, oder daß er doch wenigstens eingeräumt habe, die einzelnen Handlungen vor der Polizei eingestanden zu haben. Der Inhalt des polizeilichen Protokolls ist also auch nicht Bestandteil der Aussage des Haftrichters geworden.

Die Strafkammer hat somit zur Urteilsfindung eine Erkenntnisquelle benutzt, die nicht Gegenstand der Beweisaufnahme in der Hauptverhandlung gewesen ist. Sie hat dadurch gegen § 261 StPO verstoßen. Auf diesem Verstoß beruht das Urteil.

196. Lückenhafte Beweiserwägungen bei Außerachtlassen mehrerer Möglichkeiten.
StPO § 261 – BGH Urt. v. 4. 3. 1960 – 4 StR 31/60 LG Dortmund (= BGHSt. 14, 162)
Die Revision rügt die Verletzung materiellen Rechts.

Sachverhalt: Der Angeklagte ist wegen Unzucht mit einer Abhängigen in Tateinheit mit Unzucht mit einem Kinde und in weiterer Tateinheit mit Blutschande, begangen an seiner Tochter Ingeborg bis Oktober 1956, verurteilt worden.

Die Strafkammer hat die Verurteilung des Angeklagten, der die Tat leugnet, auf die Aussage seiner Tochter gegründet. Es hat die Bedenken in Erwägung gezogen, die gegen die Glaubwürdigkeit der Aussage sprechen könnten, wie deren sittliche Verwahrlosung, die Möglichkeit einer Racheanzeige, den durch eine eidesstattliche Versicherung erfolgten Widerruf früherer belastender Aussagen, das Interesse, nicht als Lügnerin angesehen zu werden, und insbesondere die bei einer frauenärztlichen Untersuchung vom Jahre 1957 getroffene Feststellung der Universitäts-Frauenklinik in Rostock, nach welcher das Mädchen bis zum 26. 11. 1956 (dem Tage der Untersuchung) keinen Geschlechtsverkehr gehabt habe. Über die Glaubwürdigkeit Ingeborgs sind ein Psychiater und zwei Psychologen gehört worden. Das Landgericht ist auf Grund eigener Erwägungen und dieser Gutachten zu der Überzeugung gekommen, daß die Bekundungen des Mädchens zutreffen.

Wie das Landgericht des näheren festgestellt hat, ist am 4. 1. 1957 eine ärztliche Bescheinigung der Universitäts-Frauenklinik in Rostock ausgestellt worden. Sie enthält zwar kein genaues Untersuchungsergebnis, sondern besagt lediglich, daß nach dem Untersuchungsbefund vom 26. 11. 1956 bei dem untersuchten Mädchen ein Geschlechtsverkehr noch nicht stattgefunden habe. Das Gericht hat auch im Anschluß an das Gutachten des seelenkundlichen Sachverständigen die Bedeutung, die diese Bescheinigung für das Beweisergebnis haben könnte, geprüft und ist zu dem Ergebnis gelangt, daß sie der Glaubwürdigkeit der Bekundungen des Mädchens nicht entgegenstehe, da mehrfacher und selbst häufiger Geschlechtsverkehr ohne Verletzung des Hymens durchaus möglich sei, so daß der äußere Befund des Hymens einen sicheren Rückschluß darauf nicht zulasse, ob Geschlechtsverkehr stattgefunden habe oder nicht. – Das Rechtsmittel hatte Erfolg.

Gründe: Gegen diese Ausführungen ergeben sich jedoch durchgreifende sachlich-rechtliche Bedenken. Es ist freilich anerkannt, daß es möglich ist, einen vollendeten Beischlaf ohne Verletzung des Hymens auszuführen. Dies gilt jedoch nur dann, wenn das Hymen von Natur aus durchgängig oder dehnbar ist (Ponsold, Lehrbuch der gerichtlichen Medizin 2. Aufl. 1957 S. 514, vgl. auch S. 216). Deshalb genügte es nicht, daß sich das Landgericht mit dem Hinweis auf die allgemeine Möglichkeit, daß ein vollendeter Verkehr ohne Verletzung des Hymens möglich ist, begnügte, vielmehr bedurfte es einer Auseinandersetzung mit der Frage, ob auch im vorliegenden Fall ein Verkehr ohne Verletzung möglich war. Wenn die Universitäts-Frauenklinik sich auch auf die Feststellung beschränkte, das Mädchen habe einen Verkehr noch nicht gehabt, so liegt doch die Annahme nahe, daß diese Überzeugung auf der – an sich möglichen – Feststellung beruhte, das Hymen sei unverletzt, aber von solcher Beschaffenheit gewesen, daß ein Verkehr ohne Hymenverletzung nicht möglich war. Läge dies so, dann wäre die objektive Glaubwürdigkeit der Aussage des Mädchens erschüttert. Das Landgericht hätte daher unter diesem Gesichtspunkt die Möglichkeit eines Widerspruchs der Aussage des Mädchens zu dem Untersuchungsergebnis der Universitäts-Frauenklinik erörtern müssen, insbesondere die Frage, welcher Beweiswert jener Bescheinigung der Klinik zukommt. Die Urteilsausführungen lassen eine solche Auseinandersetzung vermissen. Sie beruhen auf der irrigen Auffassung, daß es genüge, von der allgemeinen Möglichkeit, daß Verkehr ohne Hymenverletzung stattfinden könne, auszugehen. Die Beweiserwägungen des Landgerichts sind demnach lückenhaft, weil sie eine zur Findung der Wahrheit dienliche, der Prüfung zugängliche Beweistatsache, nämlich den körperlichen Befund des Mädchens, infolge unrichtiger Bewertung seiner Bedeutung nicht in die zur Überzeugungsbildung führende Abwägung der Ergebnisse der Hauptverhandlung einbeziehen. Das ist ein sachlich-rechtlicher Mangel, der ebenso wie eine unklare Beweiswürdigung (vgl. BGHSt. 3, 213 [BGH Urt. v. 14. 10. 1952 – 2 StR 306/52; vgl. § 244 II StPO erfolgreiche Rügen]; 12, 311, 314 f. [BGH Urt. v. 18. 12. 1958 – 4 StR 399/58; vgl. § 261 StPO erfolgreiche Rügen]) die Aufhebung des Urteils zur Folge haben muß.

197. Gericht muß Darlegungen des Sachverständigen im Urteil wiedergeben, wenn es sich ohne eigene Erwägungen anschließt (im Anschluß an BGHSt. 7, 238 [BGH Urt. v. 8. 3. 1955 – 5 StR 49/55; vgl. § 261 StPO erfolgreiche Rügen]; 8, 113, 118 [BGH Urt. v. 26. 4. 1955 – 5 StR 86/55; vgl. § 244 IV StPO erfolglose Rügen]).

StPO §§ 261, 267 I – BGH Urt. v. 18. 12. 1958 – 4 StR 399/58 LG Zweibrücken (= BGHSt. 12, 311 = NJW 1959, 780)

Die Revision rügt, daß sich das Gericht den Ausführungen zweier Sachverständiger voll inhaltlich angeschlossen habe ohne in dem Urteil mitzuteilen, welche Beweisgründe im einzelnen den Schlußfolgerungen der Sachverständigen zugrunde liegen.

Sachverhalt: Der Angeklagte arbeitete im Juni 1957 als Richtmeister auf einer Baustelle in H. in der Nähe von P. Eines Tages ging er nach Beendigung seiner Arbeit gegen 18.30 Uhr in die dort gelegene Kantine der Frau L. Er trank bis ungefähr 23 Uhr mehrere Flaschen Bier und einige Gläser Kognak. Obwohl er infolge des Alkoholgenusses sein Fahrzeug nicht mehr sicher führen konnte, entschloß er sich, noch in seinem Wagen nach P. zu fahren, und dort zusammen mit Frau L., ihrem 15 Jahre alten Sohn Peter und ihrer Bedienungsfrau B. eine Gastwirtschaft aufzusuchen. Frau L. benutzte ihr eigenes Fahrzeug, der Angeklagte fuhr mit dem Jungen und Frau B. in seinem DKW-Personenwagen. In P. trank jeder von ihnen eine Tasse Kaffee. Dann beschlossen sie, weil sämtliche von ihnen aufgesuchten Gaststätten schon geschlossen waren, wieder nach H. zurückzukehren. Frau L. fuhr voraus, weil sie die Strecke besser kannte. Der Angeklagte folgte ihr, verlor aber ihren Wagen bald aus den Augen. Neben ihm saß der Junge Peter, hinten im Wagen Frau B. Gegen 0.15 Uhr fuhr er auf der im Gefälle verlaufenden Landstraße mit einer Geschwindigkeit von 60 km/st. Sein Blutalkoholgehalt betrug 1,92‰. Infolge seiner Fahrgeschwindigkeit und seiner Fahruntüchtigkeit geriet sein Wagen in einer Kurve von der Fahrbahn. Er stieß mit seiner rechten Seite gegen einen am rechten Straßenrand stehenden Baum. Dabei wurde die rechte Wagentür, deren Fenster herabgelassen war, abgerissen und der Wagen auf dieser Seite schwer beschädigt. Das Fahrzeug flog 14 m weit nach halblinks vorwärts, überschlug sich dabei, drehte sich um seine Längsachse und blieb schließlich, mit den Rädern nach oben, den Kühler zur Straßenmitte gerichtet, zertrümmert auf der rechten Fahrbahnhälfte liegen. Als der Wagen in dieser Weise durch die Luft flog, wurde Peter L. hinausgeschleudert und blieb vor der zwar angelehnten, aber nicht geschlossenen linken Wagentür mit gespaltenem Schädel tot liegen. Frau B. lag schwerverletzt hinten im Wagen. Sie starb eine Stunde später im Krankenhaus. Der Angeklagte wurde bewußtlos mit dem Gesicht nach unten im Wagen eingeklemmt gefunden. Die Füße befanden sich in Höhe der Pedale, der Kopf lag an der rechten Türöffnung. Er hatte einen Bruch des rechten Oberschenkels und rechten Oberarms erlitten. Er behauptet, von dem Unfallhergang nichts mehr zu wissen, es sei möglich, daß der verunglückte Peter L. den Wagen gesteuert habe.

Das Landgericht stützt seine Überzeugung von der Täterschaft des Angeklagten auf verschiedene Beweisanzeichen, die es im wesentlichen in den Urteilsgründen mitteilt. Es hebt besonders hervor, der Kraftfahrzeugsachverständige habe in überzeugender Weise dargelegt, es sei nach physikalischen Gesetzen am wahrscheinlichsten, daß Peter L. neben dem Fahrer gesessen habe und während der Schleuderbewegung des Wagens (gemeint ist hier offensichtlich: während das Fahrzeug nach dem Anprall an den Baum durch die Luft flog) herausgeworfen worden sei. Dafür, daß er auf dem rechten, stärker gefährdeten Vordersitz gesessen habe, sprächen auch seine viel schwereren Verletzungen. Weitere Umstände bezeichnet die Strafkammer als ungeeignet, um den Angeklagten zu entlasten. Entscheidende Beweiskraft gegen den Angeklagten mißt sie schließlich der Tatsache zu, daß die Polizeibeamten an der Unfallstelle unter der beschädigten Rinde des angefahrenen Baumes ein Haar eingeklemmt gefunden haben, das nach dem überzeugenden Gutachten des medizinischen Sachverständigen von Peter L. stamme. „Nach den übereinstimmenden Erklärungen der beiden Sachverständigen könne es nur bei dem Anprall unter die Baumrinde geklemmt worden sein und lasse den sicheren Schluß zu, daß Peter L. rechts neben dem Fahrer gesessen habe." Anschließend betont das Urteil, in Würdigung aller vorstehend aufgeführten Tatsachen, Aussagen und Gutachten komme die Kammer zu der vollen Überzeugung, daß es der Angeklagte war, der das Fahrzeug im Zeitpunkt des Unfalles steuerte. – Das Rechtsmittel hatte Erfolg.

Gründe: Diesen Ausführungen muß zwar entnommen werden, daß das Landgericht sich von der Richtigkeit des Ergebnisses der Beurteilung durch die beiden Sachverständigen überzeugt hat (vgl. BGHSt. 8, 113 [118] [BGH Urt. v. 26. 4. 1955 – 5 StR 86/55; vgl. § 244 IV erfolglose Rügen]). Welche Beweisgründe im einzelnen den Schlußfolgerungen der Sachverständigen zugrunde liegen, ist jedoch nicht ersichtlich. Das Gericht gibt auch seine eigenen Erwägungen hierzu nicht an. Es läßt sich deshalb nicht zuverlässig beurteilen, ob die Annahme der Strafkammer, daß der Angeklagte der Täter sei, auf einer rechtlich einwandfreien Grundlage beruht oder ob sich dabei etwa Denkfehler oder Verstöße gegen Erfahrungssätze eingeschlichen haben, wie die Revision im Grunde geltend machen will. Der Tatrichter darf sich zwar mangels hinreichender eigener Kenntnisse auf den für die Urteilsfindung maßgeblichen Wissensgebieten darauf beschränken, sich der Beurteilung von Sachverständigen hinsichtlich der in ihr Fachgebiet einschlagenden Fragen anzuschließen. Soweit es sich nicht um allgemein anerkannte, häufig angewandte Untersuchungsweisen (z.B. solche zur Bestimmung von Blutgruppen oder des Blutalkohols) handelt, ist der Tatrichter jedoch mangels Wiedergabe eigener Erörterungen verpflichtet, die wesentlichen tatsächlichen Grundlagen, an die die Schlußfolgerungen eines Gutachtens anknüpfen, und die Art dieser Folgerungen wenigstens insoweit im Urteil mitzuteilen, als dies zum Verständnis des Gutachtens und zur Beurteilung seiner gedanklichen Schlüssigkeit im Revisionsrechtszug erforderlich ist (vgl. BGHSt. 7, 238, 240 [BGH Urt. v. 8. 3. 1955 – 5 StR 49/55; vgl. § 261 StPO erfolgreiche Rügen]; 8, 113, 118). Der Umfang dieser Darlegungspflicht richtet sich dabei nach der jeweiligen Beweislage, nicht zuletzt nach der Bedeutung, die der Beweisfrage unter Berücksichtigung von Inhalt und Richtung der Verteidigung oder der Anklage für die Wahrheitsfindung zukommt. Weder dem Angeklagten noch dem Revisionsgericht wäre es bei Verletzung dieser Pflicht möglich, die für die Schuldfeststellung entscheidenden Gründe rechtlich zu überprüfen. Das würde die Verteidigung gegen einen als unrichtig empfundenen Schuldvorwurf gerade in zweifelhaften Fällen, in denen das Gericht auf die Hilfe besonders fachkundiger Sachverständiger angewiesen ist, um ein zutreffendes Urteil über den Beweiswert der für den Schuldnachweis zur Verfügung stehenden Anknüpfungstatsachen zu gewinnen, unmöglich machen. Entsprechendes würde für die Möglichkeit der Entschließung der Staatsanwaltschaft über die Einlegung eines Rechtsmittels gelten. Ein solches Ergebnis würde dem rechtsstaatlichen Geist des Strafprozeßrechts widersprechen.

Dem steht nicht entgegen, daß der Strafrichter verfahrensrechtlich nicht verpflichtet ist, die für seine Überzeugungsbildung verwerteten Beweisanzeichen im Urteil anzuführen, und daß eine Verletzung der Ordnungsvorschrift des § 267 Abs. 1 Satz 2 StPO die Revision nicht begründen kann. Denn wenn das Gericht jene Tatsachen – entsprechend dieser Bestimmung – im Urteil angibt, so ist auch dieser Teil der Urteilsgründe nach allgemeinen revisionsrechtlichen Verfahrensgrundsätzen daraufhin zu überprüfen, ob die vom Tatrichter – sei es auch in Anlehnung an ein Sachverständigengutachten – gezogenen Schlußfolgerungen denkgesetzlich möglich sind und mit den Erfahrungen des täglichen Lebens sowie den Ergebnissen der Wissenschaft im Einklang stehen. Die verwerteten Beweisanzeichen müssen daher in solchem Falle im Urteil lückenlos zusammengefügt und unter allen für ihre Beurteilung maßgeblichen Gesichtspunkten vom Tatrichter gewürdigt werden, damit ersichtlich ist, ob der Schuldbeweis schlüssig erbracht ist und alle gleich naheliegenden Deutungsmöglichkeiten für und gegen den Angeklagten geprüft worden sind.

In dieser Hinsicht bestehen gegen das angefochtene Urteil jedoch durchgreifende rechtliche Bedenken, wenigstens soweit der Schuldvorwurf entscheidend auf ein einziges, unter der beschädigten Baumrinde eingeklemmtes Haar des Peter L. gestützt wird. Die Strafkammer gibt die Fundstelle des Haares, insbesondere ihren Abstand von der Fahrbahndecke oder der Oberfläche des Erdbodens, auf dem sich die Räder des Fahrzeugs bewegten, während der Baum gestreift wurde, nicht an. Dieser Abstand ist möglicherweise für das Unfallgeschehen bedeutsam. Der Tatrichter teilt auch nicht mit, auf welche Weise das Haar nach seiner Annahme unter die Baumrinde geraten ist, ob es etwa während des Anpralls durch das herabgelassene Fenster oder – was allerdings wegen der Schnelligkeit des Geschehens kaum vorstellbar ist – nach dem Wegreißen der Tür dem nach rechts geneigten Kopf des Peter L. entrissen und dann von der Rinde des angefahrenen Baumes festgehalten worden ist, ohne daß der Kopf selbst dabei verletzt wurde; denn nach den Urteilsfeststellungen sind anscheinend weder Blut noch Gewebeteile des Verunglückten an dem Baum gefunden worden. Ebenfalls nicht erörtert ist, ob auf Grund der Aussagen des Polizeibeamten die Möglichkeit ausgeschlossen worden ist, daß das Haar von irgendeiner anderen sich nach dem Unfall an der Unglückstelle aufhaltenden Person, z.B. von einem Beamten, der dort Feststellungen über den Unfallhergang getroffen hat, ohne es zu wissen, etwa von dem auf der Straße liegenden Toten an die beschädigte Baumrinde herangetragen worden sein kann, wo es dann hängengeblieben sein könnte.

Hiernach läßt sich aus dem Urteil nicht mit Sicherheit entnehmen, ob der Tatrichter alle vernünftigerweise in Betracht kommenden Erklärungsmöglichkeiten berücksichtigt hat und auf Grund einer lückenlosen Beweiskette zu der Überzeugung von der Täterschaft des Angeklagten gekommen ist. Dieser Mangel der Urteilsbegründung stellt sich mindestens als ein sachlich-rechtlicher Verstoß dar, der zur Aufhebung des Urteils führt.

198. Schöffe darf die Anklageschrift nicht lesen.

StPO § 261 – BGH Urt. v. 17. 11. 1958 – 2 StR 188/58 LG Bonn (= BGHSt. 13, 73 = NJW 1959, 1449)

Die Revision rügt, daß das Prinzip der Mündlichkeit der Verhandlung dadurch verletzt worden ist, daß die beiden Schöffen nicht aus der Hauptverhandlung allein ihre Überzeugung gewonnen haben, sondern auch aus der Anklageschrift, die sie während der Hauptverhandlung vor sich hatten.

Sachverhalt: Die Feststellungen des Senats im Wege des Freibeweises haben ergeben, daß der eine der beiden Schöffen die Anklageschrift vor dem Urteil der Strafkammer nicht gesehen hat. Der andere Schöffe dagegen hat erklärt:

„Ein Exemplar der Anklageschrift ist mir persönlich nicht ausgehändigt worden. Während der Hauptverhandlung hatte ich jedoch meinen Platz neben dem beisitzenden Richter Gerichtsassessor Dr. H. Dieser Richter ist armamputiert. Ich habe ihm daher verschiedentlich die Blätter der ihm vorliegenden Anklageschrift umgeblättert. Hierbei habe ich auch verschiedentlich in die Anklageschrift Einblick genommen und diese teilweise gelesen. Ich möchte aber bemerken, daß es sich hierbei nur um ein teilweises Mitlesen handelte; denn die Anklageschrift lag mir selbst ja nicht vor.

Ich möchte darauf hinweisen, daß ich der mündlichen Verhandlung mit aller Sorgfalt gefolgt bin. Wenn ich kurz in die Anklageschrift des Herrn Gerichtsassessors Dr. H. Einsicht genommen habe, dann geschah dies nur, um festzustellen, ob das Ermittlungsergebnis mit der Einlassung des Angeklagten und den Aussagen der Zeugen übereinstimmte." – Das Rechtsmittel hatte Erfolg.

Gründe: Damit erhebt sich die Frage, ob dadurch, daß der eine Schöffe in dieser Weise von dem Inhalt der Anklageschrift Kenntnis genommen hat, der Grundsatz der Mündlichkeit und Unmittelbarkeit des Verfahrens verletzt worden ist (vgl. dazu RGSt 69, 120; BGH Urt. v. 11. 1. 1957 S. 8 – 5 StR 393/56).

Zwar haben das Gericht oder der Vorsitzende nicht durch ein ordnungswidriges Verfahren dazu beigetragen, daß der Schöffe Gelegenheit erhielt, die Anklageschrift in der mündlichen Verhandlung mitzulesen. Es mag lediglich das Bestreben des Schöffen, dem neben ihm sitzenden armamputierten Richter beim Umblättern der Schrift in der Sitzung behilflich zu sein, dazu geführt haben, daß er von dem Inhalt der Anklageschrift in der von ihm angegebenen Weise Kenntnis genommen hat. Allein die Tatsache, daß dies in dem bezeichneten Umfang geschehen ist, muß entscheidend sein. Denn der Schöffe durfte die Niederschrift der Staatsanwaltschaft, die auch nähere Angaben über das Ergebnis ihrer Ermittlungen enthielt, nicht dazu benutzen, um sich auf diese Weise über die zur Aburteilung stehenden strafbaren Handlungen des Angeklagten zu unterrichten. Das hat er aber getan. Denn er gibt selbst an, daß er in die Anklageschrift Einsicht genommen hat, um festzustellen, ob das Ermittlungsergebnis mit der Einlassung des Angeklagten und den Aussagen der Zeugen übereinstimmte. Damit war unmittelbar die Gefahr der Beeinflussung durch die im „Ermittlungsergebnis" niedergelegte Beurteilung gegeben. Gerade weil der Schöffe Vergleiche angestellt hat, ist es nicht ausgeschlossen, daß er bei Würdigung der Vorgänge in der Hauptverhandlung das Ermittlungsergebnis mitberücksichtigt, insbesondere etwaige Zweifel tatsächlicher Art bewußt oder unbewußt mit Hilfe seiner aus der Anklageschrift gewonnenen „Kenntnis" ausgeschlossen hat. Um den Grundsatz des § 261 StPO uneingeschränkt durchführen zu können, muß schon jede Gefahr dieser Art ausgeschaltet bleiben. Bei dem umfangreichen, nur schwer zu übersehenden Sachverhalt, der Gegenstand des Verfahrens ist, läßt sich auch nicht ausschließen, daß das Urteil auf dem dargelegten Verstoß beruht. Aus diesem Grunde ist seine Aufhebung geboten.

199. Genauer Inhalt komplexer Urkunden nur durch Verlesung verwertbar (im Anschluß an BGHSt. 5, 278 [BGH Urt. v. 12. 1. 1954 – 5 StR 668/53; vgl. § 249 StPO erfolglose Rügen]).

StPO §§ 249, 261 – BGH Urt. v. 24. 10. 1957 – 4 StR 320/57 LG Bielefeld (= BGHSt. 11, 159 = NJW 1958, 559)

Die Revision rügt, das Landgericht habe eine Anzahl Schriftstücke, die sie in der Rechtfertigungsschrift im einzelnen aufführt, zum Zwecke des Beweises benutzt, aber in der Hauptverhandlung nicht verlesen.

Der **Sachverhalt** ergibt sich aus der Revisionsbegründung. – Das Rechtsmittel hatte Erfolg.

Gründe:

a) Nach § 249 Abs. 1 StPO müssen zwar Urkunden und andere als Beweismittel dienende Schriftstücke in der Hauptverhandlung verlesen werden. Anstatt diesen Urkundenbeweis zu erheben, darf das Gericht aber nach der ständigen Rechtsprechung des Bundesgerichtshofs den Inhalt eines Schriftstücks grundsätzlich auch in anderer Weise, insbesondere dadurch feststellen, daß es das Schriftstück dem Angeklagten oder Zeugen vorhält und mit ihm erörtert. Alsdann bildet allerdings nicht die Urkunde selbst die Grundlage der Urteilsfindung, sondern nur die bestätigende Erklärung, die von der Auskunftsperson auf diesen Vorhalt hin abgegeben worden ist. Aus dem Wortlaut des Schriftstücks können deshalb in diesem Fall keine Beweisschlüsse gezogen werden. Seine wörtliche Wiedergabe in den Urteilsgründen wäre nicht nur irreführend, sondern verstieße auch gegen § 261 StPO, weil der Wortlaut nicht Gegenstand der Beweisaufnahme war.

Im allgemeinen werden freilich auch keine Bedenken gegen die Feststellung des Wortlauts kurzer und leicht faßlicher Schriftstücke durch solche Vorhaltungen und demgemäß auch nicht gegen ihre wörtliche Aufnahme in das Urteil erhoben werden können, falls sich kein Zweifel an der Erinnerungstreue der darüber vernommenen Auskunftsperson ergeben sollte.

Ein solcher Ersatz des möglichen Urkundenbeweises ist indes, selbst wenn er nur zur Feststellung des Inhalts eines Schriftstücks dienen soll, nach der Ansicht des Senats ausgeschlossen, wenn es sich um ein längeres Schriftstück oder um ein solches handelt, das sprachlich oder inhaltlich schwer zu verstehen ist. Alsdann könnte nämlich nicht einmal sein Inhalt auf Grund der Erklärungen von Auskunftspersonen zuverlässig in die Verhandlung eingeführt werden. Es bestände nicht die Gewähr dafür, daß der Sinn der schriftlichen Mitteilung auf den bloßen inhaltlichen Vorhalt hin richtig erfaßt worden ist, ganz abgesehen davon, daß sich auch beim Richter hinsichtlich der Auslegung des inhaltlich vorgehaltenen und bestätigten Schriftstücks leicht Fehlerquellen einschleichen können. Das Verteidigungsrecht des Angeklagten wäre beeinträchtigt, wenn auf einer so unsicheren Grundlage Feststellungen gegen ihn getroffen würden. Ihm wäre auch das rechtliche Gehör nicht ausreichend gewährt, wenn er zu dem Inhalt eines solchen schwierigen Schriftstücks ohne genaue Kenntnis seines Wortlauts Stellung nehmen müßte. Die Nichtverlesung würde unter solchen Umständen regelmäßig auch die Pflicht zur Amtsaufklärung verletzen (§ 244 Abs. 2 StPO). Die wörtliche Aufnahme eines längeren oder schwer zu verstehenden Schriftstücks in das Urteil verstößt in diesem Fall – insbesondere bei bloßer Bestätigung seines Inhalts durch die Auskunftsperson ohne vorherige Verlesung – außerdem gegen das Verbot der Verwertung des nicht in gesetzmäßiger Form in der Hauptverhandlung gewonnenen Verfahrensstoffes (§ 261 StPO).

Für die Zulässigkeit des Vorhalts macht es in einem solchen Fall keinen Unterschied, ob das Schriftstück im Urteil im Zusammenhang oder in einzelnen kurzen Teilen an verschiedenen Urteilsstellen – inhaltlich oder wörtlich – mitgeteilt wird; denn es kommt nur auf den Vorgang in der Hauptverhandlung an. Der Auskunftsperson soll es nicht zugemutet werden, auf eine längere schriftliche Niederlegung ohne deren Verlesung Erklärungen abzugeben. Diese Auffassung liegt offensichtlich auch der Entscheidung BGHSt. 5, 278 zugrunde.

b) Da Vorhalte als Teil der Vernehmung anzusehen sind und mithin nicht nach § 273 StPO protokolliert werden müssen, können – wenn nicht die Sitzungsniederschrift den Beweis der Verlesung erbringt – nur die Urteilsgründe Aufschluß darüber geben, ob die Feststellungen auf dem – etwa vorschriftswidrig ermittelten – Wortlaut eines Schriftstücks oder bloß auf den – zulässigerweise – seinen Inhalt bestätigenden, durch Vorhalte ausgelösten Erklärungen von Auskunftspersonen beruhen.

Wird ein nicht verlesenes Schriftstück ohne Hinweis auf eine bestätigende Einlassung des Angeklagten oder eine solche Erklärung einer anderen Auskunftsperson im Urteil wörtlich wiedergegeben, so deutet dies in der Regel darauf hin, daß der Wortlaut selbst zum Zwecke des Beweises verwertet worden ist. Jedoch kommen Verstöße gegen die §§ 249, 261 StPO, wie sie oben erörtert worden sind, nur dann in Betracht, wenn aus dem Schriftstück Tatsachen entnommen worden sind, die nach den Umständen überhaupt eines Beweises bedurften. Schriftstücke, die bei der Schilderung eines nicht bestrittenen und unzweifelhaften Sachverhalts aus anderen Gründen, z.B. nur der Vollständigkeit, Genauigkeit oder Kürze wegen, wörtlich mitgeteilt werden, sind nicht zum Zwecke des Beweises verwertet; ein Verfahrensverstoß scheidet daher insoweit aus.

Soweit in der Entscheidung des 5. Strafsenats in BGHSt. 5, 278 allein schon aus der wörtlichen Wiedergabe eines längeren Schriftstücks allgemein der Schluß gezogen wird, daß es seinem Wortlaut nach als Beweismittel verwertet worden ist, vermag der erkennende Senat ihr – als zu weitgehend – aus den oben dargelegten Gründen nicht zuzustimmen. In dieser Richtung ist er aber auch nicht an sie gebunden. Ihr lag ein zum Beweis des inneren Tatbestandes eines Sittlichkeitsverbrechens verwerteter längerer Brief des Angeklagten

Erfolgreiche Rügen   Nr. 200 § 261 StPO

zugrunde, der nicht verlesen worden war. An der Beweiserheblichkeit dieses Briefes bestand kein Zweifel. Die Aufstellung einer für alle Fälle geltenden Auslegungsregel ging über den zur Entscheidung unterbreiteten Fall hinaus. Auf ihr beruht jenes Urteil also nicht. Der erkennende Senat ist mithin nicht verpflichtet, den Großen Senat für Strafsachen nach § 136 GVG anzurufen.

c) Die Prüfung der einzelnen in der Revisionsrechtfertigung genannten Schriftstücke und der entsprechenden Urteilsstellen hat nur in einem Fall eine Verletzung der erörterten Grundsätze ergeben, auf der das angefochtene Urteil insoweit beruht (wird ausgeführt).

200. Entscheidungserhebliche Schriften müssen verlesen werden.

StPO §§ 249, 244 II, 261 – BGH Urt. v. 23. 10. 1957 – 3 StR 37/57 LG Flensburg (= BGHSt. 11, 29 = NJW 1957, 1866)

Die Revision rügt, daß das Landgericht die Schriften, auf die es die Verurteilung gründet, in der Hauptverhandlung nicht verlesen, sondern auf nicht näher bezeichnete Art und Weise „zum Gegenstand der mündlichen Verhandlung" gemacht hat.

Sachverhalt: Der Angeklagte hat Zeitungen und andere Schriften der verbotenen Kommunistischen Partei Deutschlands (KPD) zur Verbreitung aufbewahrt und teilweise auch verbreitet. Das Landgericht hat ihn wegen Vergehens nach § 93 StGB in Tateinheit mit einem Vergehen nach den §§ 42, 47 BVerfGG verurteilt. Das Landgericht hat die Schriften, auf die es die Verurteilung gründet, in der Hauptverhandlung nicht verlesen, sondern auf nicht näher bezeichnete Art und Weise „zum Gegenstand der mündlichen Verhandlung" gemacht. Eine dieser Schriften ist, ohne daß sie verlesen wurde, zum großen Teil wörtlich ins Urteil aufgenommen. – Das Rechtsmittel hatte Erfolg.

Gründe: Es ist umstritten, ob Schriftstücke, die als Beweismittel dienen, anders als durch Verlesung in die Hauptverhandlung eingeführt werden können. Gegen die Rechtsprechung des Reichsgerichts und des Bundesgerichtshofs, die unter gewissen Voraussetzungen die Bekanntgabe des Inhalts durch den Vorsitzenden für ausreichend erachtet hat, sind in der Literatur mehrfach Bedenken erhoben worden. Die Frage braucht jedoch hier nicht allgemein entschieden zu werden. Denn sicher ist, daß alle zulässigen Erleichterungen in der Beweisaufnahme ihre Grenze finden müssen an der dem Gericht obliegenden Pflicht zur Erforschung der Wahrheit (§ 244 Abs. 2 StPO), worauf schon in BGHSt. 1, 94 (BGH Urt. v. 4. 4. 1951 – 1 StR 54/51; vgl. § 261 StPO erfolglose Rügen) hingewiesen worden ist. Dieser Pflicht wird im allgemeinen nur durch Verlesung genügt werden können, wenn es gerade auf den Wortlaut des Schriftstücks ankommt.

Von besonderer Bedeutung ist der Wortlaut dann, wenn der dem Angeklagten vorgeworfene strafrechtliche Tatbestand an den Inhalt einer Schrift anknüpft, wie z.B. in den §§ 84, 93, 96, 110, 184, 185 ff. StGB. Ob der Inhalt einer Schrift hochverräterisch, staatsgefährdend, beschimpfend, unzüchtig oder beleidigend ist, kann ohne Kenntnis ihres Wortlauts nicht zuverlässig beurteilt werden. Wenn auch der Wortlaut keineswegs die einzige Erkenntnisquelle zu sein braucht, so wird er doch regelmäßig die wichtigste sein. Daher kann das Gericht seine Aufklärungspflicht nur erfüllen, wenn es die Schrift in ihrem Wortlaut so, wie § 249 StPO vorschreibt, allen Verfahrensbeteiligten zur Kenntnis bringt, nämlich durch Verlesung ihrer für die Entscheidung bedeutsamen Teile. Sonst ist es auch nicht in der Lage, die Schrift im Urteil wörtlich wiederzugeben (vgl. BGHSt. 5, 278 [BGH Urt. v. 12. 1. 1954 – 5 StR 668/53; vgl. § 249 StPO erfolglose Rügen]), wie es hier in weitem Umfang geschehen ist und oft erforderlich sein wird. Darauf, ob die Verfahrensbeteiligten die Schrift schon aus den Akten kennen, kann es nicht ankommen (§ 261 StPO).

Auf dem Verfahrensverstoß kann das Urteil des Landgerichts auch beruhen. Denn es enthält nur eine der Schriften in ihrem gesamten Inhalt und teilweise auch in ihrem Wortlaut, während sich die Strafkammer bei den übrigen mit der Feststellung begnügt, es ergebe sich „schon bei ganz oberflächlicher Betrachtung aus der Überschrift die Herkunft von der verbotenen KPD und aus dem Inhalt, daß hierdurch die staatsfeindlichen Bestrebungen und Ziele der KPD verbreitet und die in der Sowjetzone herrschenden Zustände auf die Bundesrepublik übertragen werden sollen". Sonst wird über ihren Inhalt nur gesagt, daß es sich „um allgemein bekannte typische Angriffe gegen den Bestand und die rechtsstaatliche freie demokratische Ordnung der Bundesrepublik im Sinne der kommunistischen Zielsetzung" handle. Ob eine so allgemein gehaltene Feststellung hier genügen konnte oder aber einen sachlich-rechtlichen Mangel des Urteils bedeutet, bedarf keiner Erörterung, weil jedenfalls nicht auszuschließen ist, daß das Landgericht zu einem anderen Ergebnis gelangt wäre, wenn es die Schriften verlesen und den Verfahrensbeteiligten Gelegenheit gegeben hätte, zu ihrem Wortlaut Stellung zu nehmen.

201. Gericht darf sich dem Sachverständigen nicht einfach anschließen.
StPO §§ 72, 261; StGB § 51 – BGH Urt. v. 8. 3. 1955 – 5 StR 49/55 LG Lübeck (= BGHSt. 7, 238 = NJW 1955, 840 = MDR 1955, 362)
Die Revision rügt die Verletzung sachlichen Rechts.

Sachverhalt: Die Strafkammer verneint bei allen vier Angeklagten eine „Volltrunkenheit im Sinne des § 330 a StGB" und meint damit die Voraussetzungen des § 51 Abs. 1 StGB. Sie nimmt nur erheblich verminderte Zurechnungsfähigkeit nach § 51 Abs. 2 StGB an. Wieviel Wein und Schnaps die Angeklagten getrunken haben, kann das Landgericht nicht feststellen. Bei den Ausführungen über ihre Zurechnungsunfähigkeit gibt das Urteil zunächst eingehend die Gründe wieder, aus denen der ärztliche Sachverständige keine „Volltrunkenheit" angenommen hat. Es schließt sich dann „in allen Punkten dem Gutachten des Sachverständigen an". – Das Rechtsmittel hatte Erfolg.

Gründe: Diese Begründung läßt es als zweifelhaft erscheinen, ob das Landgericht von einer zutreffenden Auffassung seiner Stellung gegenüber dem Sachverständigen ausgegangen ist.
Der Sachverständige ist ein Gehilfe des Richters. Er hat dem Gericht den Tatsachenstoff zu unterbreiten, der nur auf Grund besonders sachkundiger Beobachtungen gewonnen werden kann, und das wissenschaftliche Rüstzeug zu vermitteln, das die sachgemäße Auswertung ermöglicht. Der Sachverständige ist jedoch weder berufen noch in der Lage, dem Richter die Verantwortung für die Feststellungen abzunehmen, die dem Urteil zugrunde gelegt werden. Das gilt nicht nur von der Ermittlung des Sachverhalts, von der der Sachverständige in seinem Gutachten auszugehen hat, – den Anknüpfungstatsachen – sondern auch von seinen ärztlichen Beobachtungen und Folgerungen. Selbst diese hat der Richter sogar in solchen Fällen, in denen es sich – anders als hier – um besondere wissenschaftliche Fachfragen handelt, auf ihre Überzeugungskraft zu prüfen (vgl. § 261 StPO). In welchem Maße er sich dabei ein eigenes stichhaltiges Urteil auf diesem Wissensgebiet bilden kann und muß, wird von der Art des Gegenstandes abhängen. Zuweilen wird die richterliche Prüfung sich darauf beschränken dürfen, ob der Sachverständige ein erprobter und zuverlässiger Vertreter seines Faches ist und daher auf seine Sachkunde in diesem Bereich vertraut werden kann. Bejaht der Richter dies, findet er also die fachlichen Äußerungen des Sachverständigen überzeugend und stellt er deshalb mit ihrer Hilfe eine bestimmte körperliche, geistige und seelische Verfassung des Angeklagten zur Tatzeit fest, so hat er sich doch selbständig seine Auffassung darüber zu bilden, welche Bedeutung sie für die tatsächliche und rechtliche Beurteilung der Tat hat (vgl. BGHSt. 2, 14 [16] [BGH Urt. v. 23. 11. 1951 – 2 StR 491/51; vgl. § 338 Nr. 1 StPO erfolgreiche Rügen]). Dies schließt freilich nicht aus, daß der Sachverständige sich auch darüber äußert, wie er die rechtliche Frage der Zurechnungsfähigkeit im Sinne des § 51 StGB beurteilt. Dem sollte der Richter

sich aber in der Regel nicht in Bausch und Bogen „anschließen". Tut er es dennoch, so müssen die Ausführungen des Sachverständigen im Urteil wiedergegeben werden und erkennen lassen, daß sie von richtigen rechtlichen Vorstellungen ausgehen.

Auf diese Grundsätze hat schon der Oberste Gerichtshof für die Britische Zone in einem insoweit unveröffentlichten Urteil vom 25. 10. 1949 – StS 236/49 – hingewiesen. Sie dürfen weder vom Sachverständigen noch gar vom Gericht verkannt werden. Sonst besteht die Gefahr, daß der Richter die Verantwortung für einen wichtigen Teil seiner Entscheidung einem anderen überläßt, dem sie nicht zukommt und der sie, wenn er über seine Stellung im Verfahren Bescheid weiß, nicht einmal übernehmen will.

202. Grenzen freier Beweiswürdigung durch gesicherte wissenschaftliche Erkenntnisse (im Anschluß an BGHZ 2, 6).

StPO § 261 – BGH Urt. v. 18. 3. 1954 – 3 StR 87/53 LG Marburg (Lahn) (= BGHSt. 6, 70 = NJW 1954, 1336)

Die Revision der Staatsanwaltschaft rügt, das Landgericht habe bei der Beweiswürdigung die allgemein anerkannten Erfahrungssätze der Wissenschaft hinsichtlich des Beweiswertes der Blutgruppenbestimmung fehlerhaft nicht angewandt. Der Grundsatz der freien Beweiswürdigung, wie ihn § 261 StPO (ebenso wie § 286 ZPO) aufstellt, bedeute nicht, daß der Richter nunmehr von jeder Bindung losgelöst sei. Er sei unter die Gesetze des Denkens und der Erfahrung gestellt und habe diese Gesetze bei der Feststellung von Tatsachen zu beachten. Diese Gesetze seien Normen des ungeschriebenen Rechts. Ihre Nichtbeachtung sei Verletzung des Gesetzes im Sinne des § 337 StPO und könne die Revision begründen.

Sachverhalt: Die Angeklagte hat im Unterhaltsrechtsstreit ihrer Tochter als Zeugin vor dem Amtsgericht in T. beschworen, sie habe während der gesetzlichen Empfängniszeit nur einmal, mit dem Beklagten Mt., sonst aber mit keinem anderen Manne Geschlechtsverkehr gehabt. Die Blutgruppenuntersuchungen durch Professor D. als Gutachter und Dr. L. als Obergutachter kamen übereinstimmend zu dem Ergebnis, daß das Kind das Blutmerkmal N, die Angeklagte MN und Mt. M habe, und daß deshalb, weil ein N-Kind nicht von einem M-Elter abstammen könne, Mt. als Erzeuger des Kindes ausgeschlossen sei. Die Unterhaltsklage wurde in beiden Rechtszügen abgewiesen.

Der Angeklagten wurde zur Last gelegt, sie habe sich eines Meineides schuldig gemacht. Das Landgericht hat sie freigesprochen.

Nach den Urteilsausführungen haben die Gutachter Professor D. und Dr. L. im jetzigen Verfahren ihre in dem Zivilprozeß erstatteten Gutachten „bestätigt". Dagegen hat Professor G. in seinem erbbiologischen Gutachten sich dahin ausgesprochen, daß er Mt. mit hoher Wahrscheinlichkeit für den biologischen Vater des Kindes halte. Professor F., der in der Hauptverhandlung neu als Sachverständiger gehört wurde, hat die Meinung vertreten, daß trotz des erbbiologischen Gutachtens der Ausschluß der Vaterschaft Mt.'s durch das Obergutachten Dr. L.'s „hundertprozentig" nachgewiesen sei. Demgegenüber hat Professor G. geltend gemacht, in Ausnahmefällen könne ein M-Elter durch sog. Mutation einen N-Faktor auf das Kind vererben.

Das Landgericht will nicht verkennen, daß grundsätzlich Blutgruppengutachten einen größeren Wahrscheinlichkeitswert als erbbiologische Gutachten haben und daß sie regelmäßig – mindestens im Zivilprozeß – jeden Gegenbeweis ausschließen. Gleichwohl glaubt es, die Möglichkeit nicht verneinen zu können, daß Mt. doch der Erzeuger des Kindes ist. Ebenso wie es in einem anderen Strafverfahren dem Obergutachter Dr. L. gelungen sei, ein N-Merkmal nachzuweisen, weil er mit höher qualifizierten Seren arbeitete, sei es nicht ausgeschlossen, daß durch die Entwicklung neuer Seren auch die Ergebnisse Dr. L.'s überholt werden könnten. Der Ansicht Professor G.'s bezüglich der Möglichkeit der Vererbung eines N von einem M-Elter im Wege der Mutation hätten Professor F. und Dr. L.

nicht widersprochen. Professor F. habe mit anderen Sachverständigen in einer anderen Strafsache vor dem Landgericht einräumen müssen, daß nach dem gegenwärtigen Stande der Untersuchungstechnik und -methodik stets eine gewisse Möglichkeit für das Vorhandensein eines verdeckten N neben dem festgestellten M verbleibe. – Das Rechtsmittel hatte Erfolg.

Gründe: In der Rechtsprechung ist schon seit Jahren als Erfahrungssatz der Wissenschaft anerkannt, daß einem Blutgruppengutachten, nach dem auf Grund einer Bestimmung der Blutmerkmale M und N die Vaterschaft eines Mannes ausgeschlossen ist, bei dem heutigen Stand der wissenschaftlichen Erkenntnis unter der Voraussetzung fehlerfreier Bestimmung der Merkmale eine unbedingte, jeden Gegenbeweis mit anderen Beweismitteln grundsätzlich ausschließende Beweiskraft zukommt (BGHZ 2, 6 [11]); ferner das Urteil des 4. Zivilsenats des Bundesgerichtshofs IV ZR 159/52 vom 17. 12. 1953, BGHZ 12, 22. Diese Beweiskraft beruht auf der Annahme der Wissenschaft, daß es eine Anzahl von Blutmerkmalen gibt, von denen sich einzelne unveränderlich im Blut eines jeden Menschen vorfinden und sich in einem bestimmten, naturgesetzlich festliegenden Vererbungsgang vererben. Der von der Wissenschaft angenommene Vererbungsgang der Blutfaktoren M und N hat sich in hunderttausenden von Fällen als richtig erwiesen und gilt damit als völlig gesichert. Ebenso ist es ein anerkannter Satz der wissenschaftlichen Erfahrung, daß die Blutmerkmale keinen qualitativen Änderungen („Mutationen") unterliegen. Das Gutachten des Instituts Koch hat dazu bereits festgestellt, daß trotz sehr umfangreicher Unterlagen aus einwandfreien Abstammungs- und Familienuntersuchungen niemals auch nur ein Fall von Mutation der Blutgruppenerbanlagen nachgewiesen sei. Dieser Grundsatz ist durch die seit 1939 gemachten Erfahrungen nicht erschüttert worden. Seine Geltung wird von der Wissenschaft auch heute allgemein anerkannt.

Das Landgericht verneint die unbedingte Geltung dieser in der Wissenschaft als sicher anerkannten Sätze, indem es für möglich hält, daß in Ausnahmefällen ein M-Elter durch Mutation einen N-Faktor auf das Kind vererbe. Es stützt sich dabei auf die Meinung des erbbiologischen Sachverständigen Professor G. Indessen ist eine einzelne abweichende Meinung, auch wenn sie von einem auf dem eigenen Sachgebiet anerkannten Sachverständigen vertreten wird, nicht ohne weiteres geeignet, die unbedingte Geltung allgemein anerkannter Naturgesetze in Frage zu stellen. Diese Wirkung könnte ihr nur dann zugestanden werden, wenn sie sich auf ausreichende Erfahrungen stützen können. Daß dies für die Ansicht Professor G.'s zutrifft, ist im Urteil nicht dargetan. Das Landgericht hätte sich für die von der allgemein anerkannten Meinung abweichende Ansicht auf sorgfältig vorgenommene und wissenschaftlich begründete Gegenuntersuchungen stützen und dies in den Urteilsgründen darlegen müssen. Keinesfalls durfte es sich auf die Feststellung beschränken, Professor F. und Dr. L. hätten der Behauptung Professor G.'s nicht widersprochen. Da die unbedingte Geltung der Sätze von der Unveränderlichkeit der Blutmerkmale und deren Vererbung somit nach den Ausführungen des Urteils bisher nicht erschüttert ist, hätte das Landgericht diese Sätze bei der Beweiswürdigung nicht beiseite schieben dürfen.

Zweifel an dem unbedingten Beweiswert eines auf die Feststellung der Merkmale M und N sich gründenden Blutgruppengutachtens können dagegen, wie der Bundesgerichtshof schon in dem auch vom Landgericht mehrfach erwähnten Urteil BGHZ 2, 6 [11] ausgeführt hat, in der Richtung bestehen, ob die Blutgruppen im Einzelfalle richtig bestimmt sind. Fehler können hier durch eine Verwechslung von Blutproben oder durch unzulängliche Arbeitsweise verursacht werden. Das Urteil scheint davon auszugehen, daß derartige Fehler nicht unterlaufen sind. Denn es erörtert diese Möglichkeit nicht. Wohl aber hebt es hervor, daß die Sachverständigen Professor F. und Dr. L. als auf ihrem Fachgebiet führende Wissenschaftler bekannt seien. Dies spricht für die Annahme fehlerfreier Bestimmung.

Fehler können weiter auf technischen Schwierigkeiten bei der Ermittlung der Bluteigenschaften beruhen. Solche Schwierigkeiten bietet in manchen Fällen gerade die Feststellung der Faktoren M und N. Hier hat schon das Amtsgericht im Unterhaltsprozeß berücksichtigt, daß sich der Ausschluß der Vaterschaft des Mt. auf ein Fehlen des beim Kinde festgestellten Blutmerkmals N gründet, indem es ein Obergutachten von dem auf dem Gebiete der Blutgruppenuntersuchung besonders sachverständigen Dr. L. einholte. Das Landgericht hat Dr. L. ebenfalls als Sachverständigen gehört. Es sind also diejenigen Maßnahmen getroffen worden, die auch in der Allgemeinen Verfügung des Reichsministers des Innern vom 20. 3. 1939 – 3470 – IVb 2357 – im Falle eines Ausschlusses auf Grund des MN-Systems empfohlen wurden und die geeignet sind, mögliche Fehler zu berichtigen. Als Obergutachter sind nur besonders erfahrene Serologen zugelassen. Wenn ein solcher Obergutachter bei der Untersuchung kein N findet, so können Zweifel an der Richtigkeit der Blutgruppenbestimmung aus der Schwierigkeit des Nachweises der – sehr seltenen – schwachen Faktoren Ms und Ns allein vernünftigerweise nicht mehr hergeleitet werden. Denn die Erfahrung hat gezeigt, daß die schwachen Faktoren Ms und Ns nachweisbar sind. Es ist bisher kein Fall bekannt geworden, in dem sie sich bei einwandfreier, sachgemäßer Untersuchung durch besonders erfahrene Gutachter dem Nachweise entzogen hätten.

Die Erwägung, durch Entdeckung weiterer Seren könnten selbst die Ergebnisse eines so erfahrenen Forschers wie Dr. L. überholt werden, kann den Beweiswert der Blutgruppenuntersuchung für die Merkmale M und N ebenfalls nicht in Frage stellen. Dieser Erwägung liegen keine genügend greifbaren Anhaltspunkte zugrunde. Zweifelt der Tatrichter im Einzelfall, ob die Untersuchung sachgemäß war, so wird er in Erfüllung seiner Aufklärungspflicht einen weiteren, besonders erfahrenen Gutachter hören müssen und darauf zu achten haben, daß die für die Zuverlässigkeit der Ergebnisse erforderlichen Untersuchungsbedingungen eingehalten werden.

Die bisherigen Erwägungen des Landgerichts rechtfertigen somit nicht die von ihm allgemein geäußerten Zweifel an dem unbedingten Beweiswert der von dem Sachverständigen Dr. L. getroffenen Feststellungen. Das freisprechende Urteil ist deshalb aufzuheben und die Sache ist zur neuen Verhandlung und Entscheidung zurückzuverweisen. Das Landgericht wird insbesondere zu prüfen haben, ob wegen des Ergebnisses des erbbiologischen Gutachtens Zweifel an der fehlerfreien Bestimmung der Faktoren M und N in diesem besonderen Falle bestehen und ob diese Zweifel Anlaß geben, die Blutgruppenuntersuchung unter Bedingungen zu wiederholen, die jede denkbare Fehlerquelle ausschließen. Insbesondere wird zu prüfen sein, ob es in diesem Falle nicht geboten ist, die Blutproben im eigenen Laboratorium des Gutachters zu entnehmen und noch am selben Tage zu untersuchen.

203. Bei Zweifeln an bestimmten Feststellungen des Sachverständigen muß das Gericht Ergänzung und Klarstellung veranlassen oder Obergutachten einholen.

StPO § 261 – BGH Urt. v. 16. 6. 1953 – 1 StR 809/52 LG Trier (= BGHSt. 5, 34 = NJW 1954, 83)

Die Revision der Staatsanwaltschaft rügt, daß das Gericht die Angeklagte trotz Vorliegens zweier sich widersprechender Sachverständigengutachten zu der Frage, wer der Erzeuger ihres Kindes ist, freigesprochen hat.

Sachverhalt: Die Angeklagte hat im September 1945 ihre jetzt 7jährige Tochter A. geboren. Als Erzeuger hat sie den R. bezeichnet. Im Unterhaltsrechtsstreit des Kindes gegen R. hat die Angeklagte vor dem Amtsgericht in W. als Zeugin ausgesagt und beschworen, innerhalb der Empfängniszeit habe sie nur mit R. geschlechtlich verkehrt. Das Amtsgericht hat ein Blutgruppengutachten und ein solches über einen „genetischen Wirbelsäulenvergleich" bei den drei beteiligten Personen eingeholt. Nach keinem der beiden Gutachten ist R. als Erzeuger gemäß den dabei berücksichtigten wissenschaftlichen Erkenntnissen auszuschließen; sie besagen aber auch nichts über die Wahrscheinlichkeit seiner Vaterschaft. In einem anthropologisch-erbkundlichen Gutachten gelangt dagegen der Sachverständige Prof. Dr. K. zu dem Ergebnis, die Vaterschaft des R. sei „offenbar unmöglich". Deshalb hat das Amtsgericht die Unterhaltsklage abgewiesen. Das Landgericht hat die Angeklagte von der Anklage wegen Meineids freigesprochen. – Das Rechtsmittel hatte Erfolg.

Gründe: Irrig ist die Ansicht des Landgerichts, aus der Bemerkung in Abschnitt 8 des in der Unterhaltssache erstatteten erbkundlichen Gutachtens, das Kind sei „noch nicht ausgebildet und könnte später beiden Erwachsenen doch recht ähnlich sein", könne nur „eine beachtliche Einschränkung des Endergebnisses des Gutachtens" entnommen werden. So allgemein trifft das nicht zu. Jene Bemerkung des Sachverständigen bezieht sich nur auf die Gesichtszüge der Vergleichspersonen und ist in das Teilergebnis zu diesem Abschnitt dahin einbezogen, nach den Gesichtszügen spreche „durchaus nichts" für die Vaterschaft R.s; nach ihnen sei sie „unwahrscheinlich". Waren die Gesichtszüge des Kindes bei der Untersuchung noch nicht genügend ausgebildet, so konnten sie allerdings bei der „korrelationsstatistischen Abstammungsdiagnostik" (Abschnitt 9 des Gutachtens) nur als ein vorläufiges Ergebnis ins Gewicht fallen. Aus dem schriftlichen Gutachten geht nicht mit ausreichender Klarheit hervor, ob das geschehen ist und welche Schlüsse für die Gesamtbeurteilung daraus zu ziehen sind. Eine Aufklärung in dieser Richtung ist erforderlich.

Das Landgericht durfte die erbkundliche Vergleichung nicht deshalb als ein für sich allein unbrauchbares Erkenntnismittel grundsätzlich ablehnen, weil sie auf „der wertenden Kombination von Ähnlichkeitsmerkmalen" und auf Grundsätzen der Wahrscheinlichkeitsrechnung beruht. Gewiß ist der Richter berechtigt und verpflichtet, an Hilfsmittel, die ihm die Naturwissenschaft zur Ermittelung der Wahrheit bietet, strenge Anforderungen zu stellen. Dabei dürfen aber Erkenntnisse nicht außer acht bleiben, die wissenschaftlich allgemein als gesichert gelten. Dazu gehören auch zahlreiche Ergebnisse der erbkundlichen Vergleichung. Entscheidend ist, ob die dem Gutachten zugrunde gelegte Lehre in den maßgebenden Fachkreisen allgemein und zweifelsfrei als richtig und zuverlässig anerkannt ist. Steht das fest, so muß sie der Richter als richtig hinnehmen, selbst wenn er ihre Grundlagen, was bei neuen naturwissenschaftlichen Erkenntnissen und Verfahren häufig zutreffen wird, im einzelnen nicht selbst erschöpfend nachprüfen kann (OGHZ 3, 119, 124). Die Rechtsprechung ist darüber einig, daß die erbkundliche Vergleichung mitunter, allerdings nicht immer, so sichere Schlüsse erlaubt wie etwa die Blutgruppenuntersuchung (BGH JZ 1951, S 643) und daß sie selbst in „Einmannfällen", in denen kein anderer vermutlicher Erzeuger zur Verfügung steht, je nach der Sachlage ausreichen kann, die Vaterschaft eines bestimmten Mannes für jeden vernünftigen Beurteiler als sicher zu erweisen oder auszuschließen (BGHZ 7, 116, 118; OGHZ 3, 111, 357, 359; RGZ 168, 187, 191; 169, 193).

Das Landgericht durfte deshalb nicht allgemein aussprechen, die erbkundliche Vergleichung erlaube für sich allein keine ausreichend begründete strafrichterliche Entscheidung, deshalb sei dem Gutachten nicht zu folgen und die Einholung eines weiteren Gutachtens entbehrlich. Ob der Schuldbeweis mit der jeden vernünftigen Zweifel ausschließenden Gewißheit (BGH NJW 1951 S 83 Nr. 23 und S 122 Nr. 16) erbracht ist, ist vielmehr eine Frage des Einzelfalles, die sich erst nach Ausschöpfung aller erreichbaren Erkenntnisquellen beantworten läßt.

Zu berücksichtigen ist dabei nach § 261 StPO allerdings die Eigenart der erbkundlichen Vergleichung im Verhältnis zur Blutgruppenforschung. Gemeinsam ist beiden Verfahren, daß sie auf festen Erkenntnissen beruhen, die durch wissenschaftliche Versuche, Massenbeobachtung und Vergleichung gewonnen sind. Während aber die Ergebnisse der Blutgruppenforschung durch Tatsachen beweisbar sind, bei denen im Einzelfall die persönliche Wertung durch den Forscher ausscheidet, tritt bei der erbkundlichen Vergleichung ihrem

Wesen gemäß mehr oder weniger die Meinung des Gutachters über die Ähnlichkeit der bei den Vergleichspersonen beobachteten Merkmale hinzu und beeinflußt das Untersuchungsergebnis unter Umständen erheblich. Das schließt es indessen nicht aus, daß ihre allgemein anerkannten Erkenntnisse oft ausreichend sichere Schlüsse erlauben.

Wenn der Tatrichter Zweifel an bestimmten Feststellungen oder Folgerungen des Sachverständigen hegt, so muß er ihn zur Ergänzung und Klarstellung veranlassen oder ein Obergutachten unter Hervorhebung seiner Zweifel einholen. Erst dadurch wird er alle Beweisquellen ausgeschöpft haben und eine unangreifbare, volle Überzeugung von der Beweislage erlangen können. Dabei reicht, wie bereits hervorgehoben ist, ein solcher Grad von Gewißheit aus, der vernünftige Zweifel an der Richtigkeit der Überzeugung des Tatrichters ausschließt. Eine solche Gewißheit wird möglicherweise leichter zu erlangen sein, wenn ein Gutachten Folgerungen auf die Feststellung einer Vaterschaft nahelegt, als wenn die offenbare Unmöglichkeit der Vaterschaft dargelegt werden soll. Daß das Landgericht dabei die einschneidenden Folgen einer Verurteilung wegen Meineids berücksichtigt und demgemäß strenge Anforderungen an den Schuldbeweis stellt, ist nicht zu beanstanden, solange es sich der allgemeinen Grenze der menschlichen Erkenntnis bewußt bleibt (vgl. BGHZ 7, 116).

204. Nach dem Grundsatz der freien Beweiswürdigung kommt es nur auf die eigenen Zweifel des Tatrichters an. Der Begriff der Überzeugung schließt die Möglichkeit eines anderen, auch gegenteiligen, Sachverhalts nicht aus.

StPO § 261 – BGH Urt. v. 21. 5. 1953 – 3 StR 9/53 (GA 1954, 152)

Die Revision der Staatsanwaltschaft rügt, das Gericht habe den Begriff der freien richterlichen Überzeugung verkannt, weil es den Angeklagten freigesprochen habe, obwohl es von seiner Schuld überzeugt gewesen sei, diese indes nicht mit letzter Gewißheit feststellen konnte.

Sachverhalt: Den Angeklagten war ein Vergehen der miteinander begangenen gleichgeschlechtlichen Unzucht zur Last gelegt. Sie sind freigesprochen worden, weil das Landgericht trotz schwerwiegender Verdachtsgründe noch gewisse Zweifel an der Schuld der Angeklagten hatte. – Das Rechtsmittel hatte Erfolg.

Gründe: Das Urteil des Landgerichts erweckt Bedenken nach der Richtung, ob nicht die Strafkammer von einer rechtsirrigen Auffassung über den Grundsatz der freien Beweiswürdigung aus gegangen ist. Sie hat in den Urteilsgründen dargelegt, der Angeklagte H. sei durch die Aussage des Mitangeklagten R. außerordentlich stark belastet. Dieser habe stets in gleicher Weise ausgesagt. Ein Beweggrund für eine unwahre Selbstbezichtigung und eine Falschbeschuldigung des H. sei nicht ersichtlich, zumal H. den R. in einer Erbschaftssache beraten habe, dieser also eher Grund gehabt hätte, den Mitangeklagten zu schützen als ihn zu Unrecht zu beschuldigen. All das spreche eindringlich für die Richtigkeit der Angaben des R. Zudem sei H. auch durch die Aussage des weiteren Angeklagten L. erheblich belastet. Dennoch seien angesichts des Bestreitens des H., seiner bisherigen Unbescholtenheit und seiner langjährigen Dienstzeit im Staatsdienst noch gewisse Zweifel an der Täterschaft geblieben, so daß ihn das Gericht nicht mit letzter Gewißheit als überführt anzusehen vermocht habe.

Die Fassung des Schlußsatzes dieser Ausführungen gibt Anlaß zu der Annahme daß die Strafkammer sich nicht klar gewesen ist über das Wesen der freien richterlichen Überzeugung, nach welcher der Tatrichter gemäß § 261 StPO zu entscheiden hat. Sie bringt zwar zum Ausdruck, daß noch gewisse Zweifel an der Täterschaft des Angeklagten geblieben seien. Es wird aber nicht deutlich, welcher Art diese Zweifel waren; die Fassung der Urteilsgründe schließt nicht aus, daß die Strafkammer an sich von der Täterschaft des Angeklagten überzeugt war, daß sie aber gleichwohl rechtsirrigerweise annahm nicht verurteilen zu können, weil nach Abwägung aller Umstände immerhin noch die theoretische Möglichkeit eines von der gewonnenen richterlichen Überzeugung abweichenden Geschehensablaufs bestehe, ein anderer Beurteiler also noch Zweifel an der Täterschaft des Angeklagten haben könne. Auf diesen Rechtsirrtum deutet nicht nur die Steigerung des Begriffs Gewißheit in „letzte Gewißheit", sondern auch die Begründung, mit der der Mitangeklagte R. freigesprochen wurde. Hier wird nicht einmal angedeutet, daß die Strafkammer selbst irgendwelche Zweifel an der Wahrheit der Selbstbezichtigung des Mitangeklagten und der damit notwendig verbundenen Bezichtigung des Beschwerdeführers hatte. Gerade diese Begründung legt den Verdacht nahe, daß die Strafkammer sich nicht durch eigene Zweifel, sondern durch an sich in mögliche Zweifel an der Verurteilung gehindert sah.

Nachdem Grundsatz der freien Beweiswürdigung kommt es aber nur auf die eigenen Zweifel des Tatrichters an. Für die Verurteilung ist notwendig aber auch genügend daß der Sachverhalt für den Tatrichter zweifelsfrei feststeht; diese persönliche Gewißheit ist allein entscheidend. Denn das Wesen der freien Beweiswürdigung besteht nicht nur in der Freiheit von gesetzlichen Beweisregeln, sondern auch in der Freiheit der Entschließung bei der Beantwortung der Schuldfrage gegenüber objektiv an sich möglichen Zweifeln. Der Begriff der Überzeugung schließt die Möglichkeit eines anderen, auch gegenteiligen, Sachverhalts nicht aus. Innerhalb des Bereichs der vom Tatrichter zu würdigenden Tatsachen ist der menschlichen Erkenntnis bei ihrer Unvollkommenheit ein absolut sicheres Wissen, dem gegenüber das Vorliegen anderer Tatsachen unter allen Umständen ausscheiden würde verschlossen. ...

Sollte also das Landgericht auf Grund einer Beweiswürdigung, die nicht durch die Vorstellung von der Notwendigkeit einer „letzten Gewißheit" im Sinne des Ausschlusses der theoretischen Möglichkeit eines gegenteiligen Tatbestandes eingeengt ist, immer noch persönliche Zweifel an der Schuld des Angeklagten haben, so müßten diese sich zu seinen Gunsten auswirken. Sie bedürften indes genauerer Erörterung, als das bisher geschehen ist.

205. Aus der Aussageverweigerung von Angehörigen dürfen nachteilige Schlüsse gezogen werden[1].

StPO §§ 52 I, 261, 267 I – BGH Urt. v. 8. 5. 1952 – 3 StR 1199/51 LG Frankfurt/Main (= BGHSt. 2, 351)

Die Revision der Staatsanwaltschaft rügt, daß sich das Gericht zu Unrecht aus Rechtsgründen daran gehindert sah, nachteilige Schlüsse gegen die Angeklagte aus dem Umstand zu ziehen, daß der Schwager der Angeklagten von seinem Zeugnisverweigerungsrecht Gebrauch gemacht hat, weil dies dem Grundgedanken des § 52 StPO widerspreche, der gerade verhindern wolle, daß Angehörige sich untereinander belasten müßten.

Sachverhalt: Die Angeklagte ist von der Anschuldigung des Meineids freigesprochen worden.

Bei Würdigung der Zeugenaussagen führt die Strafkammer aus, daß der einzige Zeuge, der den Sachverhalt habe aufklären können, der Schwager der Angeklagten sei. Dieser aber habe unter Berufung auf § 52 StPO die Aussage verweigert. Dies könne zwar dafür sprechen, daß ehewidrige Beziehungen zwischen der Angeklagten und ihrem Schwager bestanden hätten. Es sei jedoch nicht angängig, nachteilige Schlüsse gegen die Angeklagte aus dieser Aussageverweigerung von Zeugen zu ziehen, weil dies dem Grundgedanken des § 52 StPO widerspreche, der gerade verhindern wolle, daß Angehörige sich untereinander belasten müßten. – Das Rechtsmittel hatte Erfolg.

---

1 Die Rechtsprechung ist überholt durch BGH 22, 113 (Beschl. v. 2. 4. 1968 – 5 StR 153/68; vgl. § 261 StPO erfolgreiche Rügen).

Gründe: Der erkennende Senat tritt dieser Auffassung nicht bei, sondern hält an der Rechtsprechung des Reichsgerichts fest (vgl. RGSt 55, 20; RG HRR 1939 Nr. 729). Die Strafkammer konnte zwar nach dem Grundsatz der freien Beweiswürdigung die Tatsache der Zeugnisverweigerung als unzureichend ansehen, um daraus die Überzeugung von der Richtigkeit der ersten Aussage zu gewinnen. Sie sah sich aber aus rechtsirrigen Erwägungen gehindert, diese Tatsache überhaupt in ihre Beweiswürdigung einzubeziehen. Darin liegt ein Verstoß gegen den Grundsatz des § 261 StPO; denn die Tatsache, daß ein Zeuge von seinem Recht nach § 52 StPO Gebrauch macht, ist wie jede andere Tatsache nach freier Überzeugung zu würdigen. Es kann nicht anerkannt werden, daß die Zeugnisverweigerung irgendeine Einschränkung des § 261 StPO zur Folge habe.

Wie das Reichsgericht in RGSt 55, 20 zutreffend hervorgehoben hat, verleiht § 52 StPO nicht das Recht, durch Zeugnisverweigerung die Überführung des Angehörigen zu verhindern, sondern befreit sie nur von der Verpflichtung, zur Belastung des Angehörigen beizutragen. Das Gesetz nimmt lediglich Rücksicht auf den Gewissenszwiespalt des Zeugen, indem er einerseits nicht zu einer Aussage gegen einen Angehörigen gezwungen, andererseits vor der Gefahr des Meineids bewahrt werden soll. Weitergehende verfahrensrechtliche Folgerungen im Sinne einer Einschränkung des Grundsatzes freier Beweiswürdigung aus § 52 StPO herzuleiten, ist nicht angängig. Die Zubilligung des Zeugnisverweigerungsrechts widerstreitet dem Grundsatz der Wahrheitserforschung, der an sich die Verwertung aller verfügbaren Beweismittel verlangt. Das Gesetz nimmt diese Einschränkung der berechtigten Interessen der Allgemeinheit an wahrheitsgemäßer Aufklärung von Verbrechen ausnahmsweise in Kauf, um dem Zeugen die mit einer Aussage verbundene innere Belastung zu ersparen. In diesem Widerstreit kann aber die Rücksicht auf den Zeugen nur so weit gehen, als es ein schutzwürdiges Interesse an der Befreiung von innerer Belastung unbedingt verlangt. Es ist danach nicht geboten, den Grundsatz der Wahrheitserforschung auch dann zurücktreten zu lassen, wenn diese Belastung nicht mehr in dem Zwang zur Aussage besteht, sondern allenfalls darin, daß der Zeuge sich vielleicht sagt, seine Zeugnisverweigerung werde den Richter möglicherweise zu einer dem Angehörigen nachteiligen Folgerung veranlassen. Hier ist der Zwiespalt wesentlich abgemildert und von erheblich geringerem Gewicht, als sie es bei einem Zwang zur Aussage sein würde. Sie gleichwohl zu berücksichtigen, müßte zu einer unberechtigten und nicht mehr vertretbaren Beeinträchtigung des Grundsatzes der Wahrheitserforschung führen.

In der neuen Hauptverhandlung wird daher die Strafkammer, falls das Beweisergebnis im übrigen das gleiche ist, in erster Linie zu entscheiden haben, ob unter Einbeziehung der Tatsache der Zeugnisverweigerung in die Beweiswürdigung eine eindeutige Feststellung dahin getroffen werden kann, daß die erste Bekundung der Angeklagten falsch war.

§ 261 StPO

Über das Ergebnis der Beweisaufnahme entscheidet das Gericht nach seiner freien, aus dem Inbegriff der Verhandlung geschöpften Überzeugung.

Erfolglose Rügen

1. Der Grundsatz „Im Zweifel für den Angeklagten" ist eine Entscheidungsregel, die auf einzelne Elemente der Beweiswürdigung grundsätzlich nicht anzuwenden ist (BGH Urt. v. 27. 6. 2001 – 3 StR 136/01).

2. Die Zeugnisverweigerung eines Angehörigen darf auch dann nicht gegen den Angeklagten verwertet werden, wenn der Angehörige später Angaben macht (BGH Beschl. v. 22. 5. 2001 – 3 StR 130/01).

3. Nicht jede – auch ausführliche – Verhandlung zwischen den Verfahrensbeteiligten stellt eine unzulässige Absprache dar (BGH Urt. v. 23. 3. 2001 – 2 StR 369/00).

4. Der Einwand, das Gericht sei von unzutreffenden medizinischen Erkenntnissen ausgegangen und habe damit seiner Entscheidung einen tatsächlich nicht bestehenden wissenschaftlichen Erfahrungssatz zugrunde gelegt, ist auf die Sachrüge hin zu berücksichtigen (BGH Beschl. v. 6. 12. 2000 – 1 StR 500/00).

5. Es ist nicht lebensfremd, wenn eine Mutter ein falsches Geständnis in der Hoffnung ablegt, nur so vom Vollzug der Untersuchungshaft verschont zu werden (BGH Urt. v. 19. 4. 2000 – 5 StR 20/00).

6. Beweisbehauptungen in Beweisanträgen des Verteidigers können nicht ohne weiteres als Einlassung des Angeklagten angesehen werden (BGH Beschl. v. 12. 4. 2000 – 1 StR 623/99).

7. Es gibt keine empirisch abgesicherten Erfahrungssätze über das Anzeigeverhalten von Vergewaltigungsopfern, die es verbieten, die feststellbaren Umstände zur Aussagegenese und -entwicklung zu bewerten und im Einzelfall Schlüsse zu ziehen (BGH Urt. v. 11. 4. 2000 – 1 StR 55/00).

8. Bei mehreren sich möglicherweise inhaltlich nicht deckenden Einlassungen, muß das Gericht, wenn es daraus oder aber dem zeitweisen Schweigen des Angeklagten für diesen nachteilige Schlüsse zieht, das gesamte Aussageverhalten in den Urteilsgründen wiedergeben (BGH Beschl. v. 5. 1. 2000 – 3 StR 473/99).

9. Beweiswürdigung bei Aussage gegen Aussage und Abweichen des Belastungszeugen von früherer Bekundung (BGH Urt. v. 17. 11. 1998 – 1 StR 450/98).

10. Die Zeugenaussage eines Mitangeklagten, der sich auf sein Auskunftsverweigerungsrecht beruft, ist mit Vorsicht zu genießen und zur Überzeugungsbildung nur tauglich, wenn sie durch weitere Indizien bestätigt wird (BGH Urt. v. 11. 8. 1998 – 1 StR 306/98).

11. Verlesung des Vorlagebeschlusses gem. § 209 II StPO zulässig (BGH Urt. v. 10. 12. 1997 – 3 StR 250/97).

12. Eine Rüge, § 261 StPO sei verletzt, weil Zeugen in der Hauptverhandlung etwas anderes bekundet hätten als im Urteil festgestellt, ist unzulässig (BGH Beschl. v. 3. 9. 1997 – 5 StR 237/97).

13. Mit den Mitteln einer Verfahrensrüge nach § 261 StPO kann nur die Nichtberücksichtigung dessen beanstandet werden, was Gegenstand der Hauptverhandlung war, nicht aber die Aktenwidrigkeit von Urteilsfeststellungen (BGH Beschl. v. 4. 7. 1997 – 3 StR 520/96).

14. Sachlich-rechtliche Gründe gebieten die Erörterung des beschränkten Beweiswertes des wiederholten Wiedererkennens bei einer zweiten Lichtbildvorlage nur dann, wenn die Umstände des Falles dazu Anlaß geben (BGH Urt. v. 4. 3. 1997 – 1 StR 778/96).

15. Eine Jugendkammer darf sich eine besondere Sachkunde gerade bei der Beurteilung der Glaubwürdigkeit jugendlicher und kindlicher Zeugen zutrauen (BGH Urt. v. 19. 2. 1997 – 5 StR 621/96).

16. Widerspruch zwischen Inhalt der Akten und Inhalt des Urteils für sich allein regelmäßig revisionsrechtlich unerheblich, wenn er sich nicht aus den Urteilsgründen selbst ergibt (BGH Urt. v. 12. 12. 1996 – 4 StR 499/96).

17. Doppelte Anwendung des Grundsatzes „in dubio pro reo" (BGH Urt. v. 24. 10. 1995 – 1 StR 465/95).

18. Eine Bestimmung des Schuldumfangs im Wege der Schätzung ist bei Serienstraftaten grundsätzlich zulässig (BGH Urt. v. 6. 12. 1994 – 5 StR 305/94).

19. Der Tatrichter muß berücksichtigen, daß die DNA-Analyse lediglich eine statistische Aussage enthält, die eine Würdigung aller Beweisumstände nicht überflüssig macht (BGH Urt. v. 27. 2. 1994 – 3 StR 225/94).

20. Die tatsächliche Richtigkeit von Behauptungen, aus denen sich ein verfahrensrechtlicher Verstoß ergeben soll, muß erwiesen sein und kann nicht lediglich nach dem Grundsatz „im Zweifel für den Angeklagten" unterstellt werden (BGH Beschl. v. 19. 10. 1993 – 1 StR 662/93).

21. Kein Beweisverwertungsverbot aus der völkerrechtswidrigen Verletzung von Interessen eines anderen Staates wegen einer im Inland begangenen Straftat (BGH Beschl. v. 30. 4. 1990 – StB 8/90).

22. Verwertung von Tagebuchaufzeichnungen bei schweren Straftaten statthaft (BVerfG Urt. v. 14. 9. 1989 – 2 BvR 1062/87).

23. Es ist nichts dagegen einzuwenden, wenn ein Gericht in seine Überlegungen, die zum Urteil führen, mögliche Zweifel, die es für rein theoretisch hält, nicht mit einbeziht (BGH Urt. v. 7. 3. 1989 – 1 StR 755/88).

24. In dubio pro reo auch bei Zweifel ob Körperverletzungs- oder Tötungsvorsatz (BGH Urt. v. 27. 7. 1988 – 3 StR 139/88).

25. Verwertbarkeit von tagebuchartigen Aufzeichnungen des Angeklagten in Fällen schwerster Kriminalität (BGH Urt. v. 9. 7. 1987 – 4 StR 223/87).

26. Wertung eines widersprüchlichen Aussageverhaltens von zeugnisverweigerungsberechtigten Angehörigen vor und in der Hauptverhandlung zulässig (BGH Urt. v. 2. 4. 1987 – 4 StR 46/87).

27. Wenn sich die Revision überwiegend gegen die Schlußfolgerungen des Gerichts wendet, wird damit der unzulässige Versuch unternommen, die Beweiswürdigung des Gerichts durch eine eigene zu ersetzen (BGH Beschl. v. 10. 12. 1986 – 3 StR 500/86).

28. Verwertung noch nicht rechtskräftig festgestellter Straftaten im Urteil zulässig (BGH Urt. v. 30. 10. 1986 – 4 StR 499/86).

29. Verlesung von Angaben einer Auskunftsperson in der Hauptverhandlung zulässig (BGH Urt. v. 9. 5. 1985 – 1 StR 63/85).

30. Beweiswert der Aussage eines Zeugen vom Hörensagen (BGH Urt. v. 16. 4. 1985 – 5 StR 718/84).

31. Das Revisionsgericht kann einen auf vorhandene Zweifel gestützten Freispruch auch dann nicht beanstanden, wenn es aufgrund der festgestellten Beweisanzeichen der Auffassung ist, daß eine an Sicherheit grenzende Wahrscheinlichkeit für die Schuld des Angeklagten vorliegt (BGH Urt. v. 17. 11. 1983 – 4 StR 375/83).

32. Scheitern des Alibibeweises ist noch kein Beweisanzeichen für die Schuld des Angeklagten (BGH Urt. v. 29. 3. 1983 – 1 StR 50/83).

33. Ausgeschiedene Teile der Tat nur nach Hinweis im Urteil verwertbar (BGH Urt. v. 16. 3. 1983 – 2 StR 826/82).

34. Es ist rechtens, wenn das Gericht freispricht, weil es Feststellungen, die für die Täterschaft des Angeklagten sprechen für „mehrdeutig" hält, wenn es auch Umstände festgestellt hat, die gegen die Täterschaft des Angeklagten sprechen (BGH Urt. v. 3. 2. 1983 – 1 StR 823/82).

35. Dem Revisionsgericht ist es verwehrt, die Beweiswürdigung des Tatrichters, die Rechtsfehler nicht erkennen läßt, durch eine eigene zu ersetzen (BGH Urt. v. 24. 2. 1982 – 3 StR 444/81).

36. Allgemeinkundige Tatsache nur dann revisionsrechtlich überprüfbar, wenn es sich um eine Allgemeinkundigkeit handelt, die nicht auf einen räumlichen oder persönlichen Kreis beschränkt ist (BGH Urt. v. 26. 2. 1980 – 4 StR 700/79).

37. Beweiswürdigung des Tatrichters durch Revisionsgericht nicht zu ersetzen (BGH Beschl. v. 7. 6. 1979 – 4 StR 441/78).

38. Aussage eines Polizeibeamten, er könne sich an einen bestimmten Vorgang nicht mehr erinnern, zeige aber nur Verkehrsordnungswidrigkeiten an, wenn diese auch tatsächlich begangen werden, unterliegt der freien Beweiswürdigung (BGH Beschl. v. 13. 1. 1970 – 4 StR 438/69).

39. Revisionsgericht darf nicht nachprüfen, ob die Angaben des angefochtenen Urteils darüber zutreffen, was ein Zeuge oder Sachverständiger bei seiner Vernehmung in der Hauptverhandlung ausgesagt hat (BGH Urt. v. 26. 11. 1969 – StR 458/69).

40. Einschlafen während der Fahrt vorhersehbar (BGH Beschl. v. 18. 11. 1969 – 4 StR 66/69).

41. Es kann nicht gerügt werden, ein Zeuge habe mehr oder anders ausgesagt, als im Urteil festgestellt worden ist (BGH Urt. v. 2. 4. 1969 – 4 StR 600/68).

42. Auch widerrufene Geständnisse können glaubhaft sein (BGH Urt. v. 28. 7. 1967 – 4 StR 243/67).

43. Im Urteil muß nicht alles erörtert werden, was Gegenstand der Hauptverhandlung war (BGH Urt. v. 9. 6. 1967 – 4 StR 166/67).

44. Teilweises Schweigen des Angeklagten kann nachteilig berücksichtigt werden (BGH Urt. v. 3. 12. 1965 – 4 StR 573/65).

45. Tonbandaufnahmen als Gedächtnisstütze für Urteilsberatung zulässig (BGH Urt. v. 4. 2. 1964 – 1 StR 510/63).

46. Förmliche Rolle einer Auskunftsperson im Verfahren für Beurteilung der Aussage unbedeutend (BGH Urt. v. 5. 2. 1963 – 1 StR 265/62).

47. Bewertung von Zeugenaussagen der Vernehmungsbeamten über Angaben von V-Leuten (BGH Urt. v. 1. 8. 1962 – 3 StR 28/62).

48. Aufzeichnungen des Verteidigers über Beweisaufnahme dürfen im Revisionsverfahren nicht berücksichtigt werden (BGH Urt. v. 8. 2. 1961 – 2 StR 625/60).

49. Schreiben vorläufiger Urteilsformel während der Schlußvorträge ist nicht zu beanstanden (BGH Beschl. v. 22. 11. 1957 – 5 StR 477/57).

50. Begründete Überzeugung des Tatrichters geht vor Ansicht des Revisionsgerichts (BGH Urt. v. 9. 2. 1957 – 2 StR 508/56).

51. Revisionsurteile keine Grundlage für Überzeugungsbildung (BGH Urt. v. 3. 11. 1954 – 6 StR 236/54).

52. Schätzung des Finanzamtes darf richterliche Überzeugung nicht ersetzen (BGH Urt. v. 3. 11. 1954 – 6 StR 236/54).

53. Die Verwertung der Aussage eines geisteskranken oder geistesschwachen Beschuldigten im Sicherungsverfahren ist zulässig (BGH Urt. v. 1. 4. 1952 – 2 StR 754/51).

Erfolglose Rügen

1. Der Grundsatz „Im Zweifel für den Angeklagten" ist eine Entscheidungsregel, die auf einzelne Elemente der Beweiswürdigung grundsätzlich nicht anzuwenden ist.

StPO § 261 – BGH Urt. v. 27. 6. 2001 – 3 StR 136/01 LG Düsseldorf (= StV 2001, 665 = NStZ 2001, 609)

Die Revision rügt, das Gericht habe gegen den Grundsatz „im Zweifel für den Angeklagten" verstoßen, weil es entlastende Indiztatsachen, aus denen der Schluß gezogen werden kann, nicht der Angeklagte sei der Täter gewesen, nicht zu seinen Gunsten gewertet hat.

Sachverhalt: Das Landgericht hat den Angeklagten unter Freispruch im Übrigen „wegen schweren Raubes in 2 Fällen, schwerer räuberischer Erpressung in 5 Fällen, davon in 2 Fällen tateinheitlich mit Vergewaltigung und in 4 Fällen tateinheitlich mit Freiheitsberaubung, und wegen versuchter räuberischer Erpressung zu einer Gesamtfreiheitsstrafe verurteilt".

In der zugelassenen Anklage war dem Angeklagten zur Last gelegt worden, zwischen dem 4. 9. und dem 1. 12. 1999 zur Erbeutung von Bargeld 10 Überfälle auf Sonnenstudios, Reisebüros, ein Blumengeschäft und eine Boutique verübt, dabei in 2 Fällen zusätzlich Sexualdelikte gegen die weiblichen Tatopfer begangen sowie in einem weiteren Fall versucht zu haben, im Anschluß an einen der Überfälle das Opfer durch telefonische Drohungen zur Zahlung von 10 000 DM zu erpressen. Der Angeklagte hat 4 der Überfälle sowie die versuchte räuberische Erpressung in vollem Umfang oder teilweise eingeräumt (Fälle 1, 2, 3, 4 und 11 der Anklage), die Begehung der übrigen ihm vorgeworfenen Taten dagegen bestritten (Fälle 5 bis 10 der Anklage). Das Landgericht hat sich in den Fällen 5, 6 und 8 auf Grund der Aussagen der überfallenen Tatopfer, die den Angeklagten bereits bei einer polizeilichen Wahlgegenüberstellung mit Sicherheit wiedererkannt hatten, von dessen Täterschaft überzeugt und ihn verurteilt. Im Fall 10 hat das Landgericht das Verfahren gem. § 154 II StPO eingestellt. Hinsichtlich der Fälle 7 und 9 hat es den Angeklagten dagegen freigesprochen. Zwar spreche vieles dafür, daß der Angeklagte auch in diesen Fällen der Täter gewesen sei. Jedoch seien insoweit nicht überwindbare Zweifel geblieben, weil ihn die beiden Opfer dieser Taten bei der polizeilichen Wahlgegenüberstellung nicht ohne Vorbehalt als Täter identifiziert hätten und die sich hieraus ergebenden Zweifel an der Zuverlässigkeit des Wiedererkennens auch durch ihre Aussage in der Hauptverhandlung nicht ausgeräumt seien. – Das Rechtsmittel war erfolglos.

Gründe: ...

a) Das Landgericht war durch den Zweifelssatz nicht gezwungen, seiner Würdigung des Beweisergebnisses zur Täterschaft des Angeklagten in diesen Fällen zugrunde zu legen, dieser sei in den Fällen 7 und 9 nicht der Täter gewesen, vielmehr seien diese Überfälle durch einen anderen Täter begangen worden, der dem Angeklagten in hohem Maße ähnlich sehe.

Der Grundsatz „Im Zweifel für den Angeklagten" ist keine Beweis-, sondern eine Entscheidungsregel, die das Gericht erst dann zu befolgen hat, wenn es nach abgeschlossener Beweiswürdigung nicht die volle Überzeugung vom Vorliegen einer für den Schuld- oder Rechtsfolgenausspruch unmittelbar entscheidungserheblichen Tatsache zu gewinnen vermag (vgl. BVerfG MDR 1975, 468, 469; NJW 1988, 477; BGHR StPO § 261 Einlassung 4). Auf einzelne Elemente der Beweiswürdigung ist er grundsätzlich nicht anzuwenden. Er gilt jedenfalls nicht für entlastende Indiztatsachen, aus denen lediglich ein Schluss auf eine unmittelbar entscheidungsrelevante Tatsache gezogen werden kann (BGHSt. 25, 285, 286 f. [BGH Urt. v. 13. 2. 1974 – 2 StR 552/73; vgl. § 261 StPO erfolgreiche Rügen]; 35, 308, 316[1]; BGH NJW 1983, 1865 [BGH Urt. v. 29. 3. 1983 – 1 StR 50/83; vgl. § 261 StPO erfolglose Rügen]; vgl. auch BGH NStZ 1999, 205, 206 [BGH Urt. v. 25. 11. 1998 – 3 StR 334/98; vgl. § 261 StPO erfolgreiche Rügen]; BGHR StPO § 261 Beweiswürdigung 20; a.A.

---

1 „Die Relativierung der Aussagekraft des Blutalkohol-Höchstwertes steht nicht in Widerspruch zu dem Grundsatz ‚im Zweifel für den Angeklagten'. Dieser Grundsatz bezieht sich in erster Linie nicht auf einzelne Indizien, sondern auf die aus ihnen abgeleitete unmittelbar relevante Tatsache, hier also die Schuldfähigkeit. Innerhalb des Indizes BAK-Wert gebietet er nur, die für den Angeklagten günstigsten Abbauwerte, nicht aber die durchschnittlichen Abbauwerte zu verwenden. Im übrigen gilt der Grundsatz, daß einzelne Indiztatsachen nicht isoliert nach dem Zweifelssatz beurteilt werden dürfen. Indizien stehen in wechselseitiger Abhängigkeit und sind deshalb stets einer Gesamtwürdigung zu unterziehen. Das bedeutet, daß nicht der BAK-Höchstwert als eines unter mehreren Indizien mit Rücksicht auf den Zweifelssatz ausschlaggebend sein muß. Kommt der Tatrichter zu der Überzeugung, daß die übrigen Beweisanzeichen stärker sind als der BAK-Höchstwert, sind diese maßgebend. Erst wenn im Rahmen einer Gesamtabwägung Zweifel an der vollen Schuldfähigkeit bleiben, ist für den Zweifelssatz Raum. Fehlt es neben der festgestellten Blutalkoholkonzentration an weiteren Indizien, die Aufschluß über die alkoholische Beeinträchtigung geben können, mag der BAK-Höchstwert von ausschlaggebender Bedeutung sein." (BGH Urt. v. 9. 8. 1988 – 1 StR 231/88).

in die Entscheidung nicht tragenden Ausführungen BGH NJW 1989, 1043, 1044). Kommt das Gericht bezüglich einer derartigen Indiztatsache zu einem non liquet, hat dies somit nicht zur Folge, daß sie zugunsten des Angeklagten als bewiesen anzusehen wäre, vielmehr ist sie mit der ihr zukommenden Ungewissheit in die Gesamtwürdigung des für die unmittelbar entscheidungserhebliche Tatsache gewonnenen Beweisergebnisses einzustellen (BVerfG MDR 1975, 468, 469; BGH NJW 1983, 1865; missverständlich daher BGHSt. 25, 285, 286, wonach nur das erwiesene Alibi Einfluss auf die Entscheidung haben könne).

Für vorliegende Fallgestaltung bedeutet dies: Ob der Angeklagte in den Fällen 7 und 9 der Täter war, ist allein für die Entscheidung über Schuld- und Freispruch in diesen Fällen unmittelbar relevant. Da sich das Landgericht nicht von der Täterschaft des Angeklagten überzeugen konnte, hat es ihn insoweit rechtsfehlerfrei unter Anwendung des Zweifelssatzes freigesprochen. Dagegen ist der Umstand, ob der Angeklagte oder ein Dritter diese Taten begangen hat, für die Entscheidung über den Schuldspruch in den vom Tatbild her vergleichbaren Fällen 5, 6 und 8 nur von mittelbarer Bedeutung. Es handelt sich damit bezogen auf diese Fälle nur um ein Indiz. Das Landgericht war daher nicht gezwungen, bei seiner Beweiswürdigung zur Täterschaft des Angeklagten in diesen Fällen zu seinen Gunsten davon auszugehen, in den Fällen 7 und 9 habe ein anderer, dem Angeklagten ähnelnder Täter die Überfälle begangen. Vielmehr hatte es in seine Gesamtwürdigung des Beweisergebnisses lediglich eine derartige Möglichkeit einzubeziehen.

b) Es ist auch nicht zu besorgen, daß das Landgericht diese Möglichkeit bei seiner Beweiswürdigung rechtsfehlerhaft unberücksichtigt gelassen haben könnte. Zwar hat das Landgericht u.a. ausgeführt, der Ansatzpunkt, ein anderer Täter mit südländischem Aussehen habe im selben Tatzeitraum serienweise kleine Geschäfte überfallen, bleibe abstrakttheoretisch, die Hauptverhandlung habe schon für die Annahme nichts ergeben, es könne eine Person geben, die dem Angeklagten ähnelt, bzw. die Möglichkeit, ein anderer Täter, welcher dem Angeklagten verblüffend ähnelt, könne sich nahezu zeitgleich ebenfalls mit Überfällen auf kleine Geschäfte beschäftigt haben, rücke in weite Ferne. Diese Begründungselemente dürfen jedoch nicht isoliert betrachtet, sondern müssen im Kontext der Darlegungen zur Beweiswürdigung gelesen werden. Sie stehen in unmittelbarem Zusammenhang mit der Erwägung des Landgerichts, „die Überlegung, eine dem Angeklagten verblüffend ähnliche Person könne in den Fällen 5, 6 und 8 ... die Überfälle begangen haben", könne dem Angeklagten nicht zum Freispruch verhelfen. Sie sind außerdem gedanklich verknüpft mit der – zutreffenden (s. oben a) – Überlegung, aus dem Umstand, daß der Angeklagte in den Fällen 7 und 9 nicht zweifelsfrei als Täter feststehe, sei nicht zu schließen, es „müsse" einen anderen Täter geben, der so ähnlich wie der Angeklagte aussieht, bzw. die Geschädigten S., L. und K. (Tatopfer der Fälle 5, 6 und 8) könnten sich bei der Identifikation des Angeklagten geirrt haben, weil es einen anderen Täter mit dem Aussehen des Angeklagten geben „müsse".

Bei einer Gesamtbetrachtung der Beweiswürdigung des Landgerichts wird daher deutlich, daß es sich durchaus der Möglichkeit eines anderen Täters in den Fällen 7 und 9 bewußt war, hieraus jedoch unter Berücksichtigung des sonstigen Beweisergebnisses nichts zugunsten des Angeklagten für die Fälle 5, 6 und 8 ableiten wollte. Aus diesem Grund blieb für das Landgericht für diese Taten die Möglichkeit eines anderen, dem Angeklagten ähnelnden Täters „abstrakt-theoretisch", rückte „in weite Ferne" bzw. ergab die Hauptverhandlung hierfür keinen Anhaltspunkt. Die Überzeugungsbildung des Landgerichts zu den Fällen 5, 6 und 8 ist daher aus Rechtsgründen nicht zu beanstanden.

2. Die Zeugnisverweigerung eines Angehörigen darf auch dann nicht gegen den Angeklagten verwertet werden, wenn der Angehörige später Angaben macht.

StPO § 261 – BGH Beschl. v. 22. 5. 2001 – 3 StR 130/01 LG Osnabrück (= StV 2002, 4)

Die Revision rügt die Verletzung sachlichen Rechts.

Sachverhalt: Das Landgericht hat die Aussagen zweier Entlastungszeugen, des Bruders und der Schwägerin des Angeklagten, für falsch angesehen. Es hat dabei erwogen, daß die Zeugen nicht nachvollziehbar zu erklären vermochten, weshalb die den Angeklagten entlastenden Umstände nicht unmittelbar nach dessen Festnahme, von der sie Kenntnis hatten, sondern erst fast sechs Monate danach vorgebracht wurden. – Das Rechtsmittel war erfolglos.

Gründe: Diese Erwägung ist unzulässig. Der BGH hat mehrfach entschieden, daß die Zeugnisverweigerung eines Angehörigen nicht gegen den Angeklagten verwertet werden darf, auch dann nicht, wenn der Angehörige später Angaben macht. Der Angehörige soll sich unbefangen entschließen können, ob er aussagt oder nicht; das könnte er nicht mehr, wenn er befürchten müßte, das Gericht werde aus diesem Aussageverhalten Schlüsse zum Nachteil des Angeklagten ziehen. Der Zeuge, der überhaupt nicht auszusagen braucht, kann auch den Zeitpunkt frei wählen, an dem er schließlich Sachangaben macht. Daß das Schweigen dem Gericht unverständlich erscheint, ist dabei ohne Bedeutung (BGHR StPO § 261 Aussageverhalten 2 [BGH Urt. v. 21. 11. 1986 – 2 StR 473/86; vgl. § 261 StPO erfolgreiche Rügen]; BGH StV 1992, 97 [BGH Beschl. v. 15. 11. 1991 – 2 StR 499/91; vgl. § 261 StPO erfolgreiche Rügen], BGH, Beschl. v. 22. 2. 2001 – 3 StR 580/00" zur Veröffentlichung in BGHR StPO § 261 Aussageverhalten 21 vorgesehen).

Der Senat kann jedoch ausschließen, daß die Beweiswürdigung auf dieser Erwägung beruht.

3. Nicht jede – auch ausführliche – Verhandlung zwischen den Verfahrensbeteiligten stellt eine unzulässige Absprache dar.

StPO § 261 – BGH Urt. v. 23. 3. 2001 – 2 StR 369/00 LG Gießen (= StV 2001, 554)

Die Revision rügt, dem Urteil liege eine unzulässige Absprache zugrunde. Dem Gericht sei es untersagt, sich auf einen „Vergleich im Gewand eines Urteils" sowie auf einen „Handel mit der Gerechtigkeit" einzulassen. Insbesondere hätte im Rahmen der Absprache die zu verhängende Strafe nicht fest zugesagt werden dürfen. Das sei hier aber geschehen. Das informelle Vorgespräch habe – nicht zuletzt aufgrund seiner Länge – die eigentliche Hauptverhandlung vorweggenommen. Die am Nachmittag „nachgeholte" Hauptverhandlung sei durch die Absprache und das bereits festgelegte Ergebnis geprägt gewesen. Für den Angeklagten und seine Verteidigerin habe keine Möglichkeit mehr bestanden, Einfluß auf das Ergebnis des Verfahrens zu nehmen. Die Beweisaufnahme habe nur noch der Form, aber nicht der eigentlichen Urteilsfindung gedient. Die Verurteilung des Angeklagten K. beruhe auf der unzulässigen Absprache und der darin liegenden Verletzung der genannten Prozeßmaximen.

Sachverhalt: Der Hauptverhandlungstermin war auf den 27. 1. 2000, 9.00 Uhr und zwei weitere Tage bestimmt worden. Die Hauptverhandlung begann jedoch erst um 13.15 Uhr und endete nach der Urteilsverkündung um 17.15 Uhr.

Am Vormittag fand auf Initiative des Gerichts ab 9.00 Uhr im Beratungszimmer ein Gespräch mit den Verteidigern und dem Staatsanwalt darüber statt, ob mit Geständnissen der Angeklagten zu rechnen sei und welche Strafen zu erwarten seien. Bei diesem Gespräch waren, wie die dienstlichen Erklärungen der Berufsrichter und des Staatsanwalts belegen, auch die Schöffen anwesend. Nachdem geklärt war, daß mit Geständnissen der

Angeklagten zu rechnen sei, teilte der Staatsanwalt zunächst mit, welche Strafen er unter diesen Umständen beantragen werde. Die Verteidiger hatten Gelegenheit, ihre Vorstellungen darzulegen. Danach äußerte auch das Gericht seine Vorstellungen zum Strafmaß. Hierauf entstand eine Diskussion über die Strafen, die Strafzumessungskriterien, den Schuldumfang und Rechtsfragen für die einzelnen Angeklagten. Dabei ermäßigte der Staatsanwalt das von ihm zunächst genannte Strafmaß deutlich. Da die Vorstellungen der Verteidiger noch immer zugunsten der Angeklagten hiervon abwichen, kam es zu einem „regelrechten Feilschen" um die Höhe der Strafen. Dabei nahm das Gericht eine vermittelnde Position zwischen den Verteidigern und dem Staatsanwalt ein. Für den Angeklagten Ka., der bei dem Heroingeschäft ein Stilett mitgeführt hatte und auch noch wegen eines zweiten Heroinverkaufs angeklagt war, wurde nach einer Begründung gesucht, den als bewaffnetes Handeltreiben (§ 30 a Abs. 2 Nr. 2 BtMG) angeklagten Fall als minder schwer nach § 30a Abs. 3 BtMG zu werten, um die angestrebte Gesamtfreiheitsstrafe von 5 Jahren zu ermöglichen.

Das Gericht zog sich daraufhin zu einer Vorberatung zurück. Die Verteidiger konnten inzwischen mit den Angeklagten den bisherigen Sachstand erörtern. Nach der Vorberatung teilte der Vorsitzende die für den Fall von Geständnissen zu erwartenden Strafen mit: Für den Angeklagten Ka. eine Gesamtfreiheitsstrafe von 5 Jahren, für die Angeklagten Kar. und K. jew. 4 Jahre und für den Angeklagten Ki. 3 Jahre 6 Monate Freiheitsstrafe sowie jew. 2 Jahre Jugendstrafe für die beiden Angeklagten B.

Die Strafe für den Angeklagten Ki. wurde auf Verlangen des Staatsanwalts noch um drei Monate heraufgesetzt. Die Verteidigerin des Angeklagten K. war auch nach erneuter Diskussion mit dem für ihn vorgesehenen Verfahrensausgang nicht einverstanden. Die übrigen Verteidiger dagegen billigten das in Aussicht gestellte Ergebnis und sagten Rechtsmittelverzicht zu.

Die Hauptverhandlung begann mit dem Aufruf der Sache um 13.15 Uhr. Das Vorgespräch im Beratungszimmer wurde in der Hauptverhandlung nicht erwähnt. Die Angeklagten wurden zur Person und Sache vernommen. Die Angeklagten K. und Ki. trugen ihre Einlassungen persönlich vor, die übrigen Angeklagten ließen ihre Einlassung durch ihre Verteidiger vortragen. Der Beschwerdeführer legte ein Teilgeständnis ab. Er räumte zwar ein, als Kurier 500–600 g Heroinzubereitung zum Weiterverkauf aus den Niederlanden nach Gießen gebracht zu haben, er bestritt jedoch, in der Wohnung der Angeklagte Kar. am Strekken und Portionieren des Rauschgifts mitgewirkt und eine Teilmenge in der Wohnung versteckt zu haben.

Die übrigen Angeklagten räumten den Anklagevorwurf ein. Alle Angeklagten äußerten sich auf Fragen ergänzend zur Sache. Außerdem wurde Beweis erhoben u.a. durch Verlesen von Behördengutachten und des Berichts einer JVA. Die Jugendgerichtshilfe wurde gehört. Der Staatsanwalt beantragte die bei dem Vorgespräch zuletzt genannten Strafen. Die Verteidigerin des Beschwerdeführers beantragte hiervon abweichend eine niedrigere Freiheitsstrafe von 3 Jahren. Der Verteidiger der Angeklagten Kar. beantragte ebenfalls eine gegenüber dem Antrag des Staatsanwalts geringere Strafe von 3 Jahren 6 Monaten. Im übrigen schlossen sich die Verteidiger dem Antrag des Staatsanwalts an oder stellten keinen ausdrücklichen Antrag. Das Landgericht verhängte die von der Staatsanwaltschaft beantragten Strafen. Mit Ausnahme des Beschwerdeführers verzichteten alle Angeklagten auf Rechtsmittel.

Das Landgericht hat den Angeklagten zu der Freiheitsstrafe von 4 Jahren verurteilt. – Das Rechtsmittel war erfolglos.

Gründe: ... Die Revision beanstandet zwar zu Recht den in den dienstlichen Äußerungen bestätigten Verlauf des Vorgesprächs, das wegen seiner Intensität und Dauer, insbes. wegen des „Feilschens" um die Höhe der Strafen, durchaus an einen „Handel mit der Gerechtigkeit" denken läßt. Unzulässig war es auch, den Verteidigern bestimmte Strafen und nicht nur eine Strafobergrenze in Aussicht zu stellen. Von seiten der Verteidiger der Mitangeklagten war es zudem unzulässig, im voraus einen Rechtsmittelverzicht zuzusagen (vgl. BGHSt. 43, 195, 205, 207 [BGH Urt. v. 28. 8. 1997 – 4 StR 240/97; vgl. § 169 GVG erfolgreiche Rügen]). Die Strafkammer und auch der Staatsanwalt wären verpflichtet gewesen, ein Ausufern des Gesprächs zu verhindern und es gegebenenfalls abzubrechen.

Trotz des nicht unbedenklichen Gesprächsverlaufs ist die Rüge i.E. insgesamt unbegründet. Denn das Zustandekommen einer Absprache über den Verfahrensausgang und ein daraus folgender Verfahrensfehler sind nicht nachgewiesen. Das Landgericht hat weder gegen die Grundsätze der Unmittelbarkeit und Mündlichkeit der Hauptverhandlung verstoßen, noch hat es die Prinzipien eines fairen und rechtsstaatlichen Verfahrens mißachtet.

Mit dem Angeklagten K. und seiner Verteidigerin ist schon nach dem eigenen Vorbringen der Revision eine Absprache nicht zustande gekommen. Die Verteidigerin war bereits bei dem „Vorgespräch" mit dem in Aussicht gestellten Verfahrensergebnis nicht einverstanden, weil sie für ihren Mandanten eine noch geringere Strafe erreichen wollte. Grundlage dieses Gesprächs war zudem, daß der Angeklagte den Tatvorwurf umfassend einräumt. Das hat er in der Hauptverhandlung jedoch nicht getan. Wie sich aus dem angefochtenen Urteil ergibt, hat er lediglich ein Teilgeständnis abgelegt.

Für die Mitangeklagten des Beschwerdeführers ist das Zustandekommen einer Absprache nicht erwiesen. Eine Verständigung war zwar nicht bereits deshalb ausgeschlossen, weil sich der Beschwerdeführer als einer von mehreren Angeklagten weigerte, sich daran zu beteiligen (vgl. BGHSt. 37, 99, 103 [BGH Beschl. v. 4. 7. 1990 – 3 StR 121/89; vgl. § 338 Nr. 3 StPO erfolgreiche Rügen]). Das Landgericht hat aber den Verlauf des „Vorgesprächs" dahin gewertet, daß eine Verständigung über den Verfahrensausgang nicht zustande gekommen war. Es hat deshalb die Hauptverhandlung unabhängig von diesem Gespräch durchgeführt. Dies ergibt sich aus den dienstlichen Erklärungen der beteiligten Berufsrichter insbesondere der RiLG Br. und des RiAG Dr. N., i.V.m. dem Verlauf der Hauptverhandlung. Aus dem Hauptverhandlungsprotokoll ergibt sich, daß eine vierstündige Hauptverhandlung stattfand, in der die Angeklagten vernommen, Beweise erhoben und die Jugendgerichtshilfe gehört wurden. Es fehlt an jedem Anhalt dafür, daß dabei die strafprozessualen Grundsätze der Mündlichkeit und Unmittelbarkeit mißachtet wurden und unter Verstoß gegen § 261 StPO Verfahrensstoff bei der Urteilsfindung verwendet wurde, der nicht Gegenstand der Hauptverhandlung war. Allerdings war die Hauptverhandlung gegenüber dem ursprünglichen Terminplan des Landgerichts erheblich dadurch erleichtert, daß die Mitangeklagten nunmehr den Anklagevorwurf durchweg einräumten, während sie ihre Tatbeteiligung bis dahin – mit Ausnahme der Mitangeklagten Kar. – bestritten hatten. Der Angeklagte K. räumte wie schon im Zwischenverfahren ein, das Heroin aus den Niederlanden eingeführt zu haben, bestritt aber, in der Wohnung der Mitangeklagten Kar. beim Strecken und Portionieren mitgewirkt zu haben. Soweit einige der Mitangeklagten zunächst durch ihre Verteidiger eine Erklärung zur Sache abgeben ließen und erst danach ergänzend befragt wurden, war dies nicht unzulässig. Erklärungen des Verteidigers für den anwesenden Angeklagten, denen der Angeklagte nicht widerspricht, können dem Angeklagten selbst zugerechnet werden (vgl. BGH NStZ 1994, 449 [BGH Urt. v. 6. 4. 1994 – 2 StR 76/94; vgl. § 250 StPO erfolglose Rügen]). In der Hauptverhandlung hatten der Beschwerdeführer und seine Verteidigerin Gelegenheit, die Mitangeklagten zu befragen und Beweisanträge zu stellen. Beweisanträge wurden in der Hauptverhandlung jedoch auch von dem Angeklagten K. und seiner Verteidigerin nicht gestellt. Fragen an die Mitangeklagten lassen sich dem Hauptverhandlungsprotokoll nicht entnehmen und werden auch von der Revision nicht behauptet. Warum für den Angeklagten und seine Verteidigerin unter diesen Umständen keine Möglichkeit mehr bestanden haben soll, auf das Ergebnis des Verfahrens Einfluß zu nehmen und daß die Beweisaufnahme nur noch der Form, aber nicht der eigentlichen Urteilsfindung gedient habe, ist eine unbewiesene Behauptung, die auch in der Revisionsbegründung nicht näher konkretisiert wird. Das Teilgeständnis des Angeklagten K. in der Hauptverhandlung entsprach im wesentlichen der Einlassung, die er über seine Verteidigerin bereits im Zwischenverfahren gegeben hatte. Soweit er bestritt, am Strecken und Portionieren des Heroins in der Wohnung der Mitangeklagten Kar. mitgewirkt zu haben, widersprach das der Einlassung, die diese Mitangeklagte bereits unmittelbar nach ihrer Festnahme bei der polizeilichen Vernehmung am 10. 6. 1999 gegeben hatte und die sie auch in der Hauptverhandlung bestätigte. Das angefochtene Urteil setzt sich hinreichend mit den abweichenden Einlassungen der Angeklagten K. und Kar. auseinander und begründet, warum es der Einlassung der Mitangeklagten Kar. folgt. Danach besteht kein Anlaß anzunehmen, die Beweisaufnahme habe nur der Form, aber nicht der eigentlichen Urteilsfindung gedient. Da sich in der Hauptverhandlung keine gegenüber dem Vorgespräch und der Vorberatung neuen dem Angeklagten günstigen Umstände ergaben, war das Vorgehen des Landgerichts auch nicht im Nachhinein deshalb bedenklich, weil das schließlich gefundene Ergebnis des Urteils der Prognose entsprach (vgl. BGHSt. 42, 46, 50 [BGH Urt. v. 20. 2. 1996 – 5 StR 679/95; vgl. § 169 GVG erfolglose Rügen]; 43, 195, 208) und die Mitangeklagten auf Rechtsmittel verzichteten.

Da eine Absprache nicht zustande gekommen war, erübrigte es sich auch, das Ergebnis des „informellen Vorgesprächs" in die Hauptverhandlung einzuführen und ins Protokoll aufzunehmen, wie dies beim Zustandekommen einer Verständigung geboten gewesen wäre (vgl. hierzu BGHSt. 43, 195, 206).

4. Der Einwand, das Gericht sei von unzutreffenden medizinischen Erkenntnissen ausgegangen und habe damit seiner Entscheidung einen tatsächlich nicht bestehenden wissenschaftlichen Erfahrungssatz zugrunde gelegt, ist auf die Sachrüge hin zu berücksichtigen.

StPO § 261 – BGH Beschl. v. 6. 12. 2000 – 1 StR 500/00 LG Karlsruhe (= NStZ 2001, 333)

Die Revision rügt die Verletzung sachlichen Rechts.

Sachverhalt: Mit dem nach Ablauf der Revisionsbegründungsfrist beim Landgericht eingegangenen Schriftsatz macht der Verteidiger unter Berufung auf eine Auskunft des Robert-Koch-Instituts, Berlin, der Sache nach geltend, die Strafkammer sei bei der Ablehnung des im Schlussvortrag gestellten Hilfsbeweisantrags im Urteil von unzutreffenden medizinischen Erkenntnissen ausgegangen und habe damit ihrer Entscheidung einen tatsächlich nicht bestehenden wissenschaftlichen Erfahrungssatz zugrunde gelegt. – Das Rechtsmittel war erfolglos.

Gründe: Dies ist auf die rechtzeitig erhobene Sachrüge hin zu berücksichtigen. Dennoch hat die Revision auch insoweit keinen Erfolg, da das Urteil auf dem Mangel nicht beruht. Mit dem Hilfsbeweisantrag wurde die Einholung eines Sachverständigengutachtens – Genomanalyse – zum Beweis dafür beantragt, daß der Angeklagte nicht als Verursacher der HIV-Infektion der Geschädigten B. in Betracht kommt. Die Strafkammer lehnte dies – sachverständig beraten – ab, da die Genomanalyse völlig ungeeignet sei, dieses Ergebnis zu erbringen. „Die HI-Viren und die HIV-Typen und deren Unterklassifizierungen könnten sich in ein- und demselben Wirtskörper verändern (mutieren). Deshalb könnten selbst dann, wenn die Unterstämme/Unterklassifizierungen der HIV-Typen B.'s und des Angeklagten nicht übereinstimmten, der Angeklagte nicht als Verursacher der HIV-Infektion B. ausgeschlossen werden. Insoweit könne auch keinerlei Wahrscheinlichkeitsaussage gemacht werden." Nach der Mitteilung des Robert-Koch-Instituts ist dagegen eine Wahrscheinlichkeitsprognose möglich. Mehr besagt die Auskunft des Instituts allerdings nicht. Eine Genomanalyse ist folglich auch danach nicht geeignet, den Angeklagten als Überträger auszuschließen. Angesichts der im übrigen erdrückenden Beweislage kann selbst eine nur geringe Wahrscheinlichkeit nach einer Genomanalyse keine ernsthaften Zweifel daran aufkommen lassen, daß der Angeklagte die HIV-Infektion der B. verursacht hat. Die

Strafkammer wäre deshalb auch bei Berücksichtigung der wissenschaftlichen Erkenntnisse des Robert-Koch-Instituts nicht gehalten gewesen, dem Hilfsbeweisantrag nachzugehen.

5. Es ist nicht lebensfremd, wenn eine Mutter ein falsches Geständnis in der Hoffnung ablegt, nur so vom Vollzug der Untersuchungshaft verschont zu werden.

StPO § 261 – BGH Urt. v. 19. 4. 2000 – 5 StR 20/00 LG Dresden (= StV 2001, 440)

Die Revision der Staatsanwaltschaft rügt die Verletzung sachlichen Rechts.

Sachverhalt: Der erheblich verschuldete Ehemann der Angeklagten plante seit längerem, seine Mutter zu töten, um als Alleinerbe in den Genuß ihres Vermögens zu kommen. Anläßlich einer von seiner Ehefrau ausgesprochenen abendlichen Einladung seiner Mutter beschloß er, sein Vorhaben in die Tat umzusetzen. Er veranlaßte daher die Angeklagte, seine Mutter zu bitten, ihn an einem bestimmten Treffpunkt mit dem Fahrzeug abzuholen, da ihm am Abend keine Fahrgelegenheit zur Verfügung stehe. Als die Zeugin in der Nähe des vereinbarten Treffpunkts anhielt, um ihren Sohn einsteigen zu lassen, gab dieser aus nächster Entfernung einen Schuß auf sie ab, der sie am Kopf traf, sie aber nicht tötete. Danach verließ er fluchtartig den Tatort, wobei er mit der Möglichkeit rechnete, daß seine Mutter an der Kopfverletzung sterben würde. Zu Hause berichtete er seiner Frau von dem Tatgeschehen. Um ihrem Ehemann ein Alibi für die Tatzeit zu verschaffen, begab sich die Angeklagte zu befreundeten Wohnungsnachbarn und teilte diesen auf Nachfrage mit, daß ihr Ehemann am Abend versehentlich im Keller eingesperrt gewesen sei.

Bei der zwei Tage nach der Tat erfolgten ersten richterlichen Vernehmung gab der beschuldigte Ehemann im Rahmen seines umfassenden Geständnisses an, daß die Angeklagte seine Tötungspläne gekannt und auch gewußt habe, daß er seine Mutter an dem fraglichen Abend habe erschießen wollen. Als er sie dann gebeten habe, sie möge seine Mutter zu dem in Aussicht genommenen Tatort schicken, habe sie geantwortet: „Gut, dann bist Du im Keller eingesperrt". Die kurze Zeit später vernommene Angeklagte stritt zunächst jede Tatbeteiligung ab, räumte jedoch ein, von den früheren Mordplänen ihres Mannes gewußt, ihn aber stets von deren Verwirklichung abgehalten zu haben. Nach Verkündung des Haftbefehls legte sie dann ein Geständnis ab. Sowohl die Angeklagte als auch ihr Ehemann haben im Laufe des Verfahrens ihre Aussagen „korrigiert". Die Angeklagte hat insoweit angegeben, daß sie nach Verkündung des Haftbefehls gehofft habe, daß sie durch ein – wenn auch falsches – Geständnis vom Vollzug der U-Haft verschont werden würde und ihren kleinen Sohn wiedersehen könne. Der Ehemann hat in diesem Zusammenhang erklärt, er habe seine Frau nur deshalb zu Unrecht belastet, weil er zunächst nicht die alleinige Verantwortung für die Tat habe übernehmen wollen.

Das Landgericht konnte sich nicht davon überzeugen, daß die Angeklagte – entsprechend dem Anklagevorwurf – ihre Schwiegermutter in Kenntnis des Tötungsvorhabens ihres Mannes an den Tatort gelockt und ihm vor der Tat zugesichert hat, ihm für die fragliche Zeit ein Alibi zu verschaffen.

Das Landgericht hat die Angeklagte aus tatsächlichen Gründen von dem Vorwurf freigesprochen, ihrem Ehemann Beihilfe zu dem von ihm versuchten Mord an seiner Mutter geleistet zu haben. – Das Rechtsmittel war erfolglos.

Gründe: ... Die Beweiswürdigung des Landgerichts ist aus Rechtsgründen nicht zu beanstanden.

Spricht der Tatrichter einen Angeklagten frei, weil er Zweifel an seiner Täterschaft nicht überwinden kann, so ist das durch das Revisionsgericht regelmäßig hinzunehmen, denn die Beweiswürdigung ist grundsätzliche Sache des Tatrichters. Die revisionsgerichtliche Nachprüfung beschränkt sich darauf, ob dem Tatrichter Rechtsfehler unterlaufen sind.

Das ist in sachlich-rechtlicher Hinsicht der Fall, wenn die Beweiswürdigung widersprüchlich, unklar oder lückenhaft ist. Insbesondere muß die Beweiswürdigung erschöpfend sein: Der Tatrichter ist gehalten, sich mit den von ihm festgestellten Tatsachen unter allen für die Entscheidung wesentlichen Gesichtspunkten auseinanderzusetzen, wenn sie geeignet sind, das Beweisergebnis zu beeinflussen. Schließlich dürfen die Anforderungen an die für eine Verurteilung erforderliche Gewißheit nicht überspannt werden (st. Rspr.; vgl. BGHR StPO § 261 Überzeugungsbildung 25; BGH StV 1999, 7 [BGH Urt. v. 11. 8. 1998 – 1 StR 306/98; vgl. § 261 StPO erfolglose Rügen]).

Dem wird das angefochtene Urteil noch gerecht.

a) Zutreffend geht der Tatrichter davon aus, daß das widerrufene Geständnis der Angeklagten und die frühere, sie belastende Aussage ihres Ehemannes gewichtige Indizien für eine Tatbeteiligung der Angeklagten seien. Das Landgericht hat sich dabei ausführlich insbesondere mit der Entstehung des Geständnisses und auch mit dem Aussageinhalt auseinandergesetzt. Danach sei vorstellbar, daß die Angeklagte bei einer laienhaften Wertung davon habe ausgehen können, im Falle eines „falschen Geständnisses" möglicherweise doch noch von dem Vollzug der U-Haft verschont zu werden. Dies gelte um so mehr, als die Angeklagte über keinerlei Gerichtserfahrungen verfügt habe und zu diesem Zeitpunkt anwaltlich nicht beraten gewesen sei. Diese Würdigung des Tatrichters ist jedenfalls vertretbar, zumal er sie zusätzlich noch auf die subjektiven Begleiterscheinungen des Geständnisses stützt. Denn nach den Bekundungen des als Zeugen vernommenen Haftrichters war die Angeklagte bei Eröffnung des Haftbefehls aufgelöst und verstört, hat geweint und gefragt, ob sie ihren Mann sprechen und ihr Kind in das Gefängnis mitnehmen könne. Erst als dies verneint wurde, legte sie das Geständnis ab.

b) Bei der inhaltlichen Bewertung des Geständnisses übersieht die Strafkammer nicht, daß eine detaillierte Aussage grundsätzlich ein starkes Indiz für die Richtigkeit des Geständnisses darstellt. Dessen Beweiswert wird jedoch nach der zutreffenden Auffassung des Landgerichts dadurch gemindert, daß die Angaben der Angeklagten im wesentlichen auf Fragen und Vorhalten des Haftrichters beruht hätten, der aus der zuvor durchgeführten Vernehmung des Ehemannes die Details der Tat gekannt hat. Hier kommt hinzu, daß die Angeklagte die Einzelheiten des Tatgeschehens ohnehin bereits vor der Vernehmung kannte, weil der Mitangeklagte ihr unmittelbar nach der Tatausführung hiervon berichtet hatte. Außerdem hat sie stets eingeräumt, von den früheren Mordplänen ihres Mannes gewußt zu haben. In ihrer Vernehmung konnte es also nur noch darum gehen, ob sie am Tattag eingeweiht war und ihrem Ehemann vor der Tatausführung zugesagt hat, ihm ein Alibi für die Tatzeit zu geben.

c) Zu Unrecht meint die Beschwerdeführerin, daß es angesichts des „eher lebensfremden Motivs" für das Geständnis erforderlich gewesen wäre, sowohl den Zeitpunkt als auch die Umstände, unter denen der Widerruf erfolgt ist, darzulegen. Der Senat entnimmt dem Zusammenhang der Urteilsausführungen, daß die Angeklagte ihr Geständnis (spätestens) in der Hauptverhandlung vor dem Tatrichter widerrufen hat, während ihr Ehemann sie bereits in „allen weiteren polizeilichen Vernehmungen" nicht mehr als Tatbeteiligte bezeichnet hatte. Angesicht seiner eingehenden Erörterung zur Entstehung und zur Bewertung des Geständnisses war der Tatrichter nicht unbedingt verpflichtet, weitere Umstände mitzuteilen. Für lebensfremd mußte er das Motiv für das Geständnis jedenfalls nicht halten.

d) Das Gericht hat sich auch in hinreichender Weise mit der früheren, die Angeklagte belastenden Aussage des Ehemannes und deren Widerruf auseinandergesetzt. Es hat bei der Bewertung der belastenden Aussage in Rechnung gestellt, daß diese nicht ausschließlich von Belastungseifer getragen war und deshalb möglicherweise der Wahrheit entsprach. Der Tatrichter hat es schließlich nicht an der notwendigen Gesamtschau fehlen lassen. Er hat bei seiner Abwägung als entscheidenden Gesichtspunkt auf die Persönlichkeit der Angeklagten abgestellt. Danach wird seine Beweiswürdigung letztlich auch nicht in Frage gestellt durch nicht ganz unbedenkliche Erwägungen im Zusammenhang mit dem Fehlen eines Tatmotivs der Angeklagten und eines Entlastungsmotivs für ihren Ehemann.

6. Beweisbehauptungen in Beweisanträgen des Verteidigers können nicht ohne weiteres als Einlassung des Angeklagten angesehen werden.

StPO §§ 261, 244 – BGH Beschl. v. 12. 4. 2000 – 1 StR 623/99 LG Augsburg (= StV 2000, 539 = NStZ 2000, 495)

Die Revision rügt die Verletzung sachlichen Rechts.

Sachverhalt: Der Angeklagte stellte die 3 Geschädigten als freie Mitarbeiter ein, die im Rahmen des von ihm gesteuerten Unternehmens auf Provisionsbasis insbesondere im Bereich der Finanzierungsberatung tätig sein sollten. Für die ihnen in Aussicht gestellten Vorteile aus der geplanten Zusammenarbeit zahlten sie vorab vereinbarungsgemäß eine „Gebühr" i.H. von jeweils 57 500 DM. Dazu waren die mit der Finanzierungsberatung nicht vertrauten Mitarbeiter nur bereit, weil der Angeklagte ihnen eine umfassende Schulung, Einarbeitung und Unterstützung versprach. Diese Versprechungen hielt der Angeklagte jedoch – wie von ihm von vornherein beabsichtigt – nicht ein. Ihm ging es lediglich darum, zur Linderung seiner finanziellen Schwierigkeiten die „Gebühr" zu vereinnahmen.

Der Angeklagte hatte in Abrede gestellt, den geschädigten Finanzberatern die Durchführung von Schulungen versprochen zu haben. Das Landgericht hat dies für widerlegt erachtet und in diesem Zusammenhang ausgeführt, die Verpflichtung zur Einarbeitung und Schulung habe der Angeklagte „im übrigen" dadurch anerkannt, daß er durch zahlreiche Beweisangebote versucht habe nachzuweisen, Schulungsabende hätten tatsächlich stattgefunden. – Das Rechtsmittel war erfolglos.

Gründe: Die Revision weist zu den festgestellten Zusagen des Angeklagten mit Recht auf Bedenken gegen die Beweiswürdigung der Strafkammer hin. Damit stellt das Landgericht ersichtlich auf Beweisanträge ab, die der Verteidiger des Angeklagten gestellt hatte. Beweisbehauptungen in Beweisanträgen des Verteidigers können indes nicht ohne weiteres als Einlassung des Angeklagten angesehen werden (vgl. BGH NStZ 1990, 447 [BGH Beschl. 29. 5. 1990 – 4 StR 118/90; vgl. § 261 StPO erfolgreiche Rügen]; StV 1998, 59[1]). Zudem hat die Strafkammer nicht bedacht, daß im Rahmen der Verteidigung hilfsweise auch das Durchführen nicht zugesagter Schulungen behauptet werden kann. Im Blick auf das Bestreiten der Zusage entsprechender Schulungen können daraus keine dem Angeklagten nachteiligen Schlüsse gezogen werden.

Der Senat schließt jedoch aus, daß das Urteil auf diesem Mangel beruht.

7. Es gibt keine empirisch abgesicherten Erfahrungssätze über das Anzeigeverhalten von Vergewaltigungsopfern, die es verbieten, die feststellbaren Umstände zur Aussagegenese und -entwicklung zu bewerten und im Einzelfall Schlüsse zu ziehen.

StPO §§ 244 III, 261 – BGH, Urt. v. 11. 4. 2000 – 1 StR 55/00 LG München I (= NStZ 2000, 436)

Die Revision der Nebenklägerin rügt, die den Freispruch tragenden Urteilsgründe verstießen gegen Denkgesetze und Erfahrungssätze. Zögerliches Anzeigeverhalten dürfe nicht als

---

1 „Gibt der Verteidiger in der Hauptverhandlung in Abwesenheit seines Mandanten, der selbst keine Angaben zur Sache macht, für diesen Erklärungen zur Sache ab, können diese ohne weiteres als Einlassung des Angeklagten verwertet werden." (BGH Beschl. v. 14. 8. 1997 – 1 StR 441/97).

Indiz gegen das Vorliegen einer Vergewaltigung gewertet werden; die Strafkammer habe nicht berücksichtigt, daß es sich bei diesem Verhalten um eine typische Schamreaktion eines Vergewaltigungsopfers handele. Ungenaue und wechselnde Angaben seien ein typisches Indiz für Vergewaltigungen in einer längeren Beziehung. Dem Verhalten dürfe daher kein Indizwert beigemessen werden; es müsse vielmehr als Bestätigung erheblicher Traumatisierung und Destabilisierung nach erheblichen Körperverletzungen gewertet werden.

Sachverhalt: Das Landgericht hat den Angeklagten wegen Körperverletzung, gefährlicher Körperverletzung sowie wegen Sachbeschädigung und Beleidigung zu einer Gesamtfreiheitsstrafe verurteilt. Vom Vorwurf der Vergewaltigung zum Nachteil der Nebenklägerin in 2 Fällen hat es den Angeklagten freigesprochen. – Das Rechtsmittel war erfolglos.

Gründe: Dies trifft in dieser Allgemeinheit nicht zu. Es gibt keine empirisch abgesicherten Erfahrungssätze über das Anzeigeverhalten von Vergewaltigungsopfern in Fällen der vorliegenden Art, die es verbieten, die feststellbaren Umstände zur Aussagegenese und -entwicklung zu bewerten und im Einzelfall Schlüsse zu ziehen. Steht bei diesen Delikten nach Durchführung der oft schwierigen Beweisaufnahme Aussage gegen Aussage, so muß sich das Gericht bei der Beurteilung der Glaubhaftigkeit der widersprechenden Angaben vielmehr in besonderem Maße mit der Entstehung und der Entwicklung einer Aussage auseinandersetzen. Dies hat das Landgericht ohne Rechtsfehler getan.

8. Bei mehreren sich möglicherweise inhaltlich nicht deckenden Einlassungen, muß das Gericht, wenn es daraus oder aber dem zeitweisen Schweigen des Angeklagten für diesen nachteilige Schlüsse zieht, das gesamte Aussageverhalten in den Urteilsgründen wiedergeben.

StPO § 261 – BGH Beschl. v. 5. 1. 2000 – 3 StR 473/99 LG Duisburg (= NStZ 2000, 269)

Die Revision rügt, der Tatrichter habe gegen das Verbot des Selbstbelastungszwanges verstoßen, indem er zum Nachteil des Angeklagten gewertet habe, daß er sich nicht zu einem früheren Zeitpunkt sowie in der Hauptverhandlung eingelassen habe.

Sachverhalt: Der Angeklagte ist wegen Mordes verurteilt worden. – Das Rechtsmittel war erfolglos.

Gründe: Zu der Rüge, der Tatrichter habe gegen das Verbot des Selbstbelastungszwanges verstoßen, indem er zum Nachteil des Angeklagten gewertet habe, daß er sich nicht zu einem früheren Zeitpunkt sowie in der Hauptverhandlung eingelassen habe, bemerkt der Senat: Das Landgericht hat auf UA S. 9 die den Tatvorwurf bestreitende Einlassung des Angeklagten wiedergegeben, ohne deutlich zu machen, ob der Angeklagte diese in der Hauptverhandlung, schon im Auslieferungsverfahren in Frankreich oder im Ermittlungsverfahren gemacht hat. Auf UA S. 23, 24 führt es aus, daß der Angeklagte „diese Einlassung erstmalig im Rahmen der Hauptverhandlung" abgegeben hat. „Er hätte sich beizeiten offenbaren können. Zumindest bei Inanspruchnahme anwaltlichen Rates etwa bereits während seiner Inhaftierung in Frankreich hätte er diese zu seiner Entlastung geeignete Einlassung abgeben können". Durch diese Formulierungen bleibt offen, ob der Angeklagte im Laufe des Verfahrens Angaben unterschiedlichen Inhalts gemacht hat und auf welche Einlassung sich das Wort „diese" bezieht. Das hätte aber nicht offen bleiben dürfen. Denn wenn der Angeklagte im Laufe des gegen ihn gerichteten Verfahrens mehrere sich möglicherweise inhaltlich nicht deckende Einlassungen abgegeben hat, muß der Tatrichter, wenn er aus einer bestimmten Einlassung oder aber dem zeitweisen Schweigen des Angeklagten für diesen nachteilige Schlüsse zieht, das gesamte Aussageverhalten in den Urteilsgründen wiedergeben.

Die Verurteilung des Angeklagten beruht jedoch nicht auf diesem Rechtsfehler. ...

9. Beweiswürdigung bei Aussage gegen Aussage und Abweichen des Belastungszeugen von früherer Bekundung (im Anschluß an BGHSt. 44, 153, 158 ff. [BGH Urt. v. 29. 7. 1998 – 1 StR 94/98; vgl. §§ 200, 261 erfolgreiche Rügen]).

StPO § 261 – BGH Urt. vom 17. 11. 1998 – 1 StR 450/98 LG Ravensburg (BGHSt. 44, 256 = NJW 1999, 802 = StV 1999, 304)

Die Revision rügt die Verletzung sachlichen Rechts, insbesondere, daß sich das Urteil nicht dazu verhält, aus welchen Gründen es abweichend von der Anklage als Tatzeit der ersten Tat das Wochenende nach dem 15. 6. 1993 angenommen, aber gleichwohl die besondere Konstanz der Aussage der Geschädigten hervorgehoben hat.

Der Sachverhalt ergibt sich aus der Revisionsbegründung. – Das Rechtsmittel war erfolglos.

Gründe: Die Nachprüfung des Urteils auf Grund der Sachrüge deckt keinen Rechtsfehler zum Nachteil des Angeklagten auf. Insbesondere ist die Beweiswürdigung des Landgerichts nicht zu beanstanden.

Allerdings läßt sich den Urteilsgründen entnehmen, daß der ursprünglich angenommene Tatzeitpunkt, der nur aus der Aussage der Geschädigten als einziger Belastungszeugin entnommen worden sein konnte, nicht zutrifft. Denn für den 15. 6. 1993 als zunächst angenommenem Tattag hatte der Anklagte ein Alibi. Die Änderung der Tatzeitfeststellung im Urteil gegenüber der zugelassenen Anklage beruht wiederum auf der Aussage der Geschädigten in der Hauptverhandlung. Wegen dieser Änderung der Zeugenaussage der Geschädigten in einem für die Verteidigung wichtigen Punkt war das Landgericht hier jedoch rechtlich nicht daran gehindert, von einer hohen Aussagekonstanz als wichtigem Glaubwürdigkeitskriterium auszugehen.

Nach der ständigen Rechtsprechung des Bundesgerichtshofs bedarf es in Fällen von Aussage gegen Aussage einer lückenlosen Gesamtwürdigung aller Indizien (vgl. nur BGH StV 1995, 5, 6; 1997, 63 [BGH Beschl. v. 24. 4. 1996 – 3 StR 131/96; vgl. § 261 StPO erfolgreiche Rügen]; 1998, 250, 251 [BGH Beschl. v. 17. 12. 1997 – 2 StR 591/97; vgl. § 261 StPO erfolgreiche Rügen]). Allein auf Angaben des einzigen Belastungszeugen, dessen Aussage in einem wesentlichen Detail als bewußt falsch anzusehen ist, kann eine Verurteilung nicht gestützt werden (Senatsurteil BGHSt. 44, 153, 158 ff.). Will der Richter der Aussage im übrigen folgen, müssen Indizien für deren Richtigkeit vorliegen, die außerhalb der Aussage selbst liegen. Daher muß der Richter dann, wenn die Aussage dieses Zeugen in einem wesentlichen Punkt von seinen früheren Angaben abweicht, im Urteil darlegen, daß keine bewußt falschen Angaben vorgelegen haben. Andernfalls kann das Revisionsgericht nicht prüfen, ob der Tatrichter den Grundsätzen des genannten Senatsurteils gefolgt ist.

Hiergegen hat das Landgericht aber nicht verstoßen. Es hat den von der Revision angenommenen Widerspruch in den Angaben der Geschädigten vielmehr ausgeräumt. Es hat erklärt, warum die Aussage der Geschädigten zur Anklageerhebung und Eröffnung des Hauptverfahrens wegen einer am 15. 6. 1993 begangenen Tat geführt hat, welche jedoch nach den Urteilsfeststellungen an einem anderen Tag begangen wurde. Das Urteil verweist darauf, daß der polizeiliche Vernehmungsbeamte in der Hauptverhandlung ausgesagt hat, die Geschädigte habe bei ihrer Vernehmung im Ermittlungsverfahren von der Tatbegehung an ihrem „11. Geburtstag" gesprochen, aber nicht das Datum dieses Tages genannt. Der zur Frage der Glaubwürdigkeit vernommene psychologische Sachverständige habe erläutert, daß die Erinnerung der Geschädigten an die Radtour und das Geschenk eines Fahrrades aus Anlaß dieses Geburtstages von ihr als Anknüpfungspunkt für die zeitliche Einordnung der Tat verwendet wurde. Diesen Ausführungen ist das Landgericht gefolgt. Die Datierung der Tat in der zugelassenen Anklage ist demnach auf ein Mißverständnis zurückzuführen, nicht auf eine bewußt falsche Tatzeitangabe der Geschädigten. Bei dieser Sachlage bestand kein Anlaß für weitere Ausführungen im Urteil.

Andere Änderungen in Aussagen der Geschädigten ergeben sich aus dem Urteil nicht. Ergänzendes Vorbringen der Revision, das über den Urteilsinhalt hinausgeht, kann der Senat auf die Sachrüge nicht berücksichtigen (BGHSt. 35, 238, 241 [BGH Beschl. v. 17. 3. 1988 – 1 StR 361/87; vgl. § 344 erfolglose Rügen]). Aber auch im übrigen ist dem Revisionsgericht eine Rekonstruktion der Beweisaufnahme grundsätzlich versagt (vgl. BGH NStZ 1997, 450 [BGH Urt. v. 29. 4. 1997 – 1 StR 156/97; vgl. § 244 II StPO erfolglose Rügen]).

10. Die Zeugenaussage eines Mitangeklagten, der sich auf sein Auskunftsverweigerungsrecht beruft, ist mit Vorsicht zu genießen und zur Überzeugungsbildung nur tauglich, wenn sie durch weitere Indizien bestätigt wird.

StPO § 261 – BGH Urt. v. 11. 8. 1998 – 1 StR 306/98 LG Traunstein (= StV 1999, 7)

Die Revision der Staatsanwaltschaft rügt die Verletzung sachlichen Rechts.

Sachverhalt: Die Strafkammer ist davon überzeugt, daß der Banküberfall am 31. 1. 1984 im Bankgebäude der H.-bank in W., der Banküberfall in die V.-bank S. in B. am 29. 2. 1984 sowie die beiden Einbruchsdiebstähle zwischen dem 15. und 23. 4. 1995 in K. zum Nachteil der Geschädigten Bi. und am 6. 6. 1995 in T. zum Nachteil der Familie Bie. sich der äußere Tatablauf so wie in der Anklageschrift geschildert zugetragen haben. Zugleich wurden diejenigen Tatsachen – wenn auch in verkürzter Form – bezeichnet, die der Tatrichter für erwiesen gehalten hat. Lediglich von der Mittäterschaft des Angeklagten bei diesen Straftaten vermochte sich das Landgericht nicht zu überzeugen. – Das Rechtsmittel war erfolglos.

Gründe: Die Begründung des Urteils genügt den an ein freisprechendes Urteil zu stellenden Anforderungen, § 267 Abs. 5 S. 1 StPO.

Nach st. Rspr. des BGH muß der Tatrichter bei einem Freispruch aus tatsächlichen Gründen – wie er hier erfolgt ist – im Anschluß an Darlegungen, welche Anklagevorwürfe dem Angeklagten gemacht werden (vgl. BGHSt. 37, 21, 22 [BGH Urt. v. 26. 4. 1990 – 4 StR 24/90; vgl. § 267 StPO erfolgreiche Rügen]), grundsätzlich zunächst in einer geschlossenen Darstellung diejenigen Tatsachen feststellen, die er in bezug auf den gegen den Angeklagten erhobenen Schuldvorwurf für erwiesen erachtet, bevor er in der Beweiswürdigung darlegt, aus welchen Gründen die für einen Schuldvorwurf erforderlichen – zusätzlichen – Feststellungen nicht getroffen werden können (vgl. BGHR StPO § 267 Abs. 5 Freispruch 2 [BGH Urt. v. 26. 9. 1989 – 1 StR 299/89; vgl. § 267 StPO erfolgreiche Rügen], 4 [BGH Urt. v. 17. 5. 1990 – 4 StR 208/90; vgl. § 267 StPO erfolgreiche Rügen], 7 [BGH Urt. v. 4. 7. 1991 – 4 StR 233/91; vgl. § 267 StPO erfolgreiche Rügen], 10). Die Begründung muß dem Revisionsgericht die Prüfung erlauben, ob dem Tatrichter Rechtsfehler unterlaufen sind, ob er also den festgestellten Sachverhalt erschöpfend gewürdigt hat, ob die Beweiswürdigung widersprüchlich, unklar oder lückenhaft ist oder gegen Denkgesetze verstößt oder ob der Tatrichter an die für eine Verurteilung erforderliche Gewißheit überspannte Anforderungen gestellt hat (st. Rspr. vgl. BGHR StPO § 261 Überzeugungsbildung 25; BGH NStZ-RR 1997, 374 [BGH Urt. v. 5. 8. 1997 – 5 StR 210/97; vgl. § 267 StPO erfolgreiche Rügen]).

Diesen Anforderungen wird das angefochtene Urteil gerecht.

1. Nach den Urteilsgründen ist die Strafkammer davon überzeugt, daß der Banküberfall am 31. 1. 1984 im Bankgebäude der H.-bank in W., der Banküberfall in die V.-bank S. in B. am 29. 2. 1984 sowie die beiden Einbruchsdiebstähle zwischen dem 15. und 23. 4.1995 in K. zum Nachteil der Geschädigten Bi. und am 6. 6. 1995 in T. zum Nachteil der Familie Bie. sich der äußere Tatablauf so wie in der Anklageschrift geschildert zugetragen haben. Zugleich wurden diejenigen Tatsachen – wenn auch in verkürzter Form – bezeichnet, die der Tatrichter für erwiesen gehalten hat. Lediglich von der Mittäterschaft des Angeklagten bei

diesen Straftaten vermochte sich das Landgericht nicht zu überzeugen. Der Wiedergabe weiterer Zeugenausgaben – wie etwa der Geschädigten – zu den einzelnen Taten bedurfte es bei dieser Sachlage nicht. Die Revision übersieht, daß die von ihr zitierten Anforderungen zum Umfang von Feststellungen bei freisprechenden Urteilen nicht schematisch angewandt werden dürfen (vgl. BGHR StPO § 267 Abs. 5 Freispruch 12). Erforderlichkeit und Umfang der Wiedergabe von Zeugenaussagen als Grundlage für weitere Feststellungen bestimmen sich auch bei freisprechenden Urteilen nach den Umständen des Einzelfalles, insbesondere auch nach dem Kriterium der revisionsrechtlichen Nachprüfbarkeit der Entscheidung. Zeugenäußerungen sind danach nur dann heranzuziehen und entsprechende Feststellungen anzuführen, wenn und soweit dies für die Überzeugungsbildung wesentlich ist. Die Zeugenaussagen und darauf beruhende ergänzende Feststellungen hätten vorliegend aber nicht zu einer Überzeugung der Kammer von der Mittäterschaft des Angeklagten an den ihm in der Anklageschrift zur Last gelegten weiteren Taten geführt.

Das Landgericht stützt sich nämlich bei seiner Entscheidung, die Mittäterschaft des Angeklagten mit einer zur Verurteilung ausreichenden Sicherheit nicht feststellen zu können, auf die Rspr. des BGH zur Beurteilung der Aussage eines Zeugen vom Hörensagen. Danach ist bei der Beweisführung ein strenger Maßstab anzulegen und Feststellungen dürfen auf ein solches Beweismittel regelmäßig nur dann gestützt werden, wenn sie in sich widerspruchsfrei sind und wenn der Beweisinhalt durch weitere Beweisanzeichen bestätigt worden ist (st. Rspr., BGHSt. 17, 382, 385 f. [BGH Urt. v. 1. 8. 1962 – 3 StR 28/62; vgl. § 261 StPO erfolglose Rügen]; BGHR StPO § 261 Überzeugungsbildung 27).

Daran fehlt es aber in allen Fällen, in denen das Landgericht freigesprochen hat. Bei den zur Verurteilung des Angeklagten führenden Taten, der sich während der Hauptverhandlung zur Sache nicht geäußert und erst in seinem letzten Wort die Tatvorwürfe bestritten hatte, hat sich die Kammer nicht nur auf die übereinstimmenden Aussagen der früheren Mitangeklagten und späteren Zeugen Tr. und We. als Zeugen vom Hörensagen, sondern auch auf ein glaubhaftes Geständnis des früheren Mitangeklagten We., der in der Hauptverhandlung allerdings von seinem Aussageverweigerungsrecht nach § 55 StPO Gebrauch gemacht hat, gestützt. Die Aussagen des Wes. hatten sich auf den tatsächlichen Ablauf des Geschehens beschränkt und die Mittäterschaft des Angeklagten war aus den übereinstimmenden Aussagen der Zeugen Tr. und We. abgeleitet worden. Letzteren gegenüber hatte der frühere Mitangeklagte We. den Angeklagten als Mittäter jener Taten bezeichnet. Hinzu traten weitere Beweisanzeichen, wie etwa im Falle II 3 das Auffinden eines DIN A4 Blattes, auf welchem die Beute verzeichnet war und im Falle II 1 und 2 markante Details, die die Zeugen vom Hörensagen übereinstimmend berichteten und die von weiteren Zeugen bestätigt wurden.

Die Beweislage in den Fällen, in denen der Angeklagte freigesprochen wurde, war anders: Auch hier hatte der Angeklagte in seinem letzten Wort die Vorwürfe bestritten, nachdem er zuvor keine Angaben zur Sache gemacht hatte. Den Angeklagten belastende objektive Umstände fehlten völlig. We. selbst hat in der Hauptverhandlung gegen den Angeklagten von seinem Auskunftsverweigerungsrecht nach § 55 StPO Gebrauch gemacht.

Zu den beiden Banküberfällen stand als Beweismittel dem Landgericht lediglich die Aussage des Zeugen Tr. zur Verfügung, demgegenüber We. von den beiden Überfällen erzählt und dabei den Angeklagten als Mittäter bezeichnet hatte. Bei dieser Beweislage hatte sich das Landgericht außerstande gesehen, selbst Wes. zu verurteilen, da es denkbar sei, dieser habe von den Taten während seiner langen Haftzeit von anderen Häftlingen erfahren. Zu den beiden Einbrüchen fehlte, anders als in den abgeurteilten Fällen, ein Geständnis Wes. Es liegen auch anders als dort keine übereinstimmenden Aussagen des Zeugen Tr. und We. vor. Zum Fall Bi. hat lediglich We. bekundet, Wes. habe ihm erzählt, diese Tat zusammen mit dem Angeklagten begangen zu haben. Zum Fall Bie. hat solches Tr. ausgesagt, während die Aussagen We.'s dazu widersprüchlich waren.

2. Daß das Landgericht bei dieser Beweislage sich nicht von der Täterschaft des Angeklagten überzeugen konnte, ist nicht zu beanstanden. Die Beweiswürdigung ist allein Sache des Tatrichters. Ihm kann grundsätzlich nicht vorgeschrieben werden, unter welchen Voraussetzungen er zu einer bestimmten Überzeugung kommen muß oder nicht kommen darf (BGHSt. 10, 208, 209 [BGH Urt. v. 9. 2. 1957 – 2 StR 508/56; vgl. § 261 StPO erfolglose Rügen]; NStZ 1983, 277, 278 [BGH Urt. v. 3. 2. 1983 – 1 StR 823/83; vgl. § 261 StPO erfolglose Rügen]; 1984, 180 [vgl. § 261 StPO erfolglose Rügen]).

Das Landgericht hat bei seiner Beweiswürdigung keine überspannten Anforderungen an eine zur Verurteilung erforderliche Überzeugungsbildung gestellt.

Dem Umstand, daß der Angeklagte bereits im Jahre 1983 mit dem früheren Mitangeklagten We. einen Einbruch in eine Klosterkirche ausgeführt hatte, mußte die Kammer keinen besonderen Wert beimessen. Da es allein auf die Frage der Mittäterschaft des Angeklagten bei dem ihm in der Anklageschrift zur Last gelegten Taten ankam, mußten aus diesem Umstand bei der vorgeschilderten Beweislage nicht notwendig weitere Folgerungen abgeleitet werden.

Bei der Beurteilung der Aussage der beiden Zeugen vom Hörensagen war besondere Vorsicht am Platze. Es ist nicht zu beanstanden, daß das Landgericht deshalb im Falle der beiden Banküberfälle eine Verurteilung allein auf die Aussage des Zeugen Tr. nicht stützen wollte. Zwar handelte es sich bei den Angaben, die bezeugt wurden, nicht um diejenigen eines anonymen Gewährsmannes. Aber auch bei dem Gewährsmann, der hier wie der frühere Mitangeklagte Wes. bekannt ist, kann nichts anderes gelten. Dies jedenfalls dann, wenn dieser Gewährsmann sich auf ein Aussageverweigerungsrecht nach § 55 StPO beruft und erst recht, wenn er darüber hinaus in gemeinsame strafbare Handlungen verstrickt ist (vgl. BGH NStZ 1992, 141 [BGH Urt. v. 6. 11. 1991 – 2 StR 342/91; vgl. § 244 III S. 2 Var. 5 StPO erfolglose Rügen]; BVerfG StV 1997, 1 f.). Wenn auch die von dem Zeugen Tr. zu den beiden Banküberfällen bekundeten Einzelumstände, die nur Tätern und Opfern bekannt gewesen sein konnten, dafür sprechen, daß der frühere Mitangeklagte Wes. (Mit-)Täter dieser Taten war, so mußte das Landgericht gleichwohl daraus nicht folgern, daß Wes. auch den Angeklagten zutreffend als Mittäter bei diesen Überfällen bezeichnet hat.

Die beim Landgericht darauf gegründeten Zweifel an den Angaben der beiden Zeugen vom Hörensagen ließen eine Verurteilung des Angeklagten deshalb nicht zu.

11. Verlesung des Vorlagebeschlusses gem. § 209 II StPO zulässig.

StPO §§ 261, 209 Abs. 2 – BGH Urt. v. 10. 12. 1997 – 3 StR 250/97 LG Osnabrück (= BGHSt. 43, 360 = NJW 1998, 1163 = NStZ 1998, 264)

Die Revision hält die Verlesung der Gründe, deretwegen das Amtsgericht die Zuständigkeit der Strafkammer für gegeben hält, durch den Vorsitzenden der Strafkammer für rechtsfehlerhaft und rügt diese Verfahrensweise als Verletzung von § 243 Abs. III, § 261 StPO sowie als Verstoß gegen die Grundsätze der Unmittelbarkeit und Mündlichkeit. Die Schöffen seien schon vor einer eventuellen Einlassung des Angeklagten zur Sache und dem Beginn der Beweisaufnahme mit ausführlich dargestellten Ermittlungsergebnissen und einer richterlichen Beweiswürdigung konfrontiert worden und hätten deshalb den weiteren Ergebnissen der Hauptverhandlung nicht mehr unbefangen gegenübergestanden. Ein Antrag, die Schöffen wegen Befangenheit abzulehnen, ist nicht gestellt worden.

Sachverhalt: Nach der Verlesung des Anklagesatzes – Anklage wegen Vergewaltigung der Zeugin P. – wurde der Beschluß des Amtsgerichts O. einschließlich seiner Gründe verlesen, mit dem das Verfahren gemäß § 209 Abs. 2 StPO dem Landgericht zur Entscheidung über die Übernahme und Eröffnung des Verfahrens vorgelegt worden war. In diesem Beschluß hält der Vorsitzende des Schöffengerichts den Angeklagten einer Geiselnahme in Tateinheit mit Vergewaltigung und versuchter sexueller Nötigung für hinreichend ver-

Erfolglose Rügen   Nr. 11 § 261 StPO

dächtig. Näher ausgeführt wird, daß der hinreichende Tatverdacht nach Auffassung des vorlegenden Gerichts deshalb besteht, weil es die Aussagen der Hauptbelastungszeugin für glaubhaft hält und sich die subjektive Tatseite aus näher dargestellten äußeren Umständen ergebe. Die Gesamtwürdigung von Tat und Täterpersönlichkeit werde wahrscheinlich zur Verneinung eines minder schweren Falles einer Geiselnahme führen. Nach der Verlesung dieses Beschlusses wurde festgestellt, daß die Strafkammer die vor dem Amtsgericht erhobene Anklage zugelassen und das Hauptverfahren vor sich eröffnet hat. Am Ende des zweiten Hauptverhandlungstages – u.a. nach Vernehmung der Hauptbelastungszeugin – wurde dem Angeklagten der rechtliche Hinweis erteilt, daß neben einer Verurteilung wegen Vergewaltigung auch eine Verurteilung wegen tateinheitlich begangener sexueller Nötigung und Geiselnahme in Betracht komme. – Das Rechtsmittel war erfolglos.

Gründe: Der Senat läßt offen, ob die Verlesung dieses Vorlagebeschlusses gegen die Regelung des § 243 Abs. 3 StPO verstößt. Der Grundsatz der Unmittelbarkeit und Mündlichkeit der Hauptverhandlung (§ 261 StPO) ist jedenfalls nicht verletzt worden.

a) Seinem Wortlaut nach regelt § 243 Abs. 3 StPO nur die Verlesung des Anklagesatzes (§ 200 Abs. 1 Satz 1 StPO) und das Verfahren in Fällen, in denen der Staatsanwalt eine neue Anklageschrift zugrundelegt (§ 207 Abs. 3 StPO), oder in denen er den Anklagesatz mit der dem Eröffnungsbeschluß zugrundeliegenden rechtlichen Würdigung vorträgt (§ 207 Abs. 2 Nr. 3 StPO), oder Änderungen berücksichtigt, die das Gericht bei der Zulassung der Anklage beschlossen hat (§ 207 Abs. 2 Nr. 4 StPO). Allen diesen Fällen ist gemeinsam, daß sie sich auf die knappe Mitteilung dessen beschränken, was dem Angeklagten in tatsächlicher Hinsicht zum Vorwurf gemacht und wie dieser Vorwurf rechtlich gewertet wird.

Unter den Normzweck des § 243 Abs. 3 StPO fallen weitere Beschlüsse wie zum Beispiel der Eröffnungsbeschluß, dessen Verlesung nicht vorgeschrieben, aber auch nicht verboten ist, dessen Erlaß aber regelmäßig festgestellt wird, der Verweisungsbeschluß nach begonnener Hauptverhandlung gemäß § 270 Abs. 1 StPO oder der außerhalb der Hauptverhandlung gefaßte Übernahmebeschluß nach § 225a StPO. Der Inhalt dieser Beschlüsse ist im einzelnen gesetzlich geregelt (§§ 207, 270 Abs. 2, § 225a Abs. 3 StPO) und entspricht der inhaltlichen Bestimmt- und Knappheit eines Anklagesatzes. Im Falle der Vorlage gemäß § 209 Abs. 2 StPO vor Eröffnung des Hauptverfahrens bedarf es – anders als im Falle der Vorlage gemäß § 225a StPO nach Eröffnung des Hauptverfahrens – keines förmlichen Übernahmebeschlusses, der im Anschluß an die Verlesung des Anklagesatzes nach § 243 Abs. 3 StPO zu verlesen wäre, um über den Verhandlungsgegenstand zu informieren und ihn zu umgrenzen. Denn diese Funktion erfüllt der vom erkennenden Gericht zugelassene und ggf. nach § 207 Abs. 2 StPO modifizierte Anklagesatz. Sollen die Laienrichter aber in die Lage versetzt werden zu beurteilen, warum sie zur Entscheidung über die zunächst beim Amtsgericht erhobene Anklage mit zuständig sind, kann die Verlesung oder sonstige Mitteilung nur des Vorlage-Tenors nicht ausreichen. Insoweit unterscheidet sich die Verlesung eines näher begründeten Vorlagebeschlusses rechtlich von der Verlesung des wesentlichen Ermittlungsergebnisses einer Anklageschrift oder eines (nach früherem Recht ergangenen) Eröffnungsbeschlusses, der Beweiswürdigungselemente enthält. Trotz der unterschiedlichen Funktion des Vorlagebeschlusses und des Anklagesatzes kann die Verlesung der Gründe des Vorlagebeschlusses gegen den Normzweck des § 243 Abs. 3 StPO verstoßen. Der Senat braucht dies jedoch nicht zu entscheiden. Denn ein revisibler, die Rechte des Angeklagten berührender Verstoß läge nur dann vor, wenn zugleich auch eine Verletzung des Grundsatzes der Mündlichkeit und der Unmittelbarkeit der Hauptverhandlung nach § 261 StPO gegeben wäre.

b) In der dargestellten Verfahrensweise liegt – jedenfalls im vorliegenden Fall – kein Verstoß gegen § 261 StPO. Nach dieser Vorschrift müssen die für das Urteil maßgeblichen

Feststellungen aus dem Inbegriff der Hauptverhandlung gewonnen werden. Daraus folgt, daß der Richter § 261 StPO dann verletzen kann, wenn er seiner Entscheidung nicht die von ihm selbst in der Hauptverhandlung festgestellten Tatsachen zugrundelegt, sondern die Auffassung anderer Personen oder Stellen ungeprüft übernimmt.

aa) So hat der Bundesgerichtshof das Überlassen einer schriftlichen Darstellung der Staatsanwaltschaft über das Ergebnis der Ermittlungen an die Schöffen sowie die Einsichtnahme der Schöffen hierin für unzulässig erklärt (vgl. BGHSt. 13, 73 [BGH Urt. v. 17. 11. 1958 – 2 StR 188/58; vgl. § 261 StPO erfolgreiche Rügen]; RGSt 69, 120, 124). Der 1. Strafsenat hat in einem obiter dictum Bedenken geäußert, ob dieser Rechtsprechung weiter zu folgen ist, weil die im Gesetz nicht vorgesehene unterschiedliche Behandlung von Berufs- und Laienrichtern nicht überzeugend begründbar sei (Urt. v. 23. 2. 1960 – 1 StR 648/59). Zu dieser ablehnenden Haltung neigt auch der erkennende Senat (dazu im einzelnen und mit weiteren Nachweisen BGHSt. 43, 36 [BGH Urt. v. 26. 3. 1997 – 3 StR 421/96; vgl. § 250 StPO erfolglose Rügen]). Er hat entschieden, daß das Überlassen von Tonbandprotokollen an die Schöffen als Hilfsmittel zum besseren Verständnis der Beweisaufnahme über abgehörte Telefongespräche in der Hauptverhandlung zulässig ist.

bb) In dem Fall der Verlesung eines Anklagesatzes, der der Sache nach das wesentliche Ermittlungsergebnis enthält, hat der 1. Strafsenat offengelassen, ob diese nicht § 243 Abs. 3 Satz 1 StPO entsprechende Verlesung unzulässig war. Er hat zwischen der dauernden Überlassung der Anklageschrift und deren einmaliger Verlesung unterschieden und für den Fall einer nur einmaligen Verlesung unter Hinweis auf seinen Beschluß v. 27. 8. 1968 – 1 StR 381/68 – ausgeschlossen, daß das Urteil auf einem möglichen Verfahrensfehler beruht (BGH JR 1987, 389).

cc) Allerdings hat der Bundesgerichtshof in einer frühen Entscheidung einen Verstoß gegen den Grundsatz der Mündlichkeit und der Unmittelbarkeit der Hauptverhandlung angenommen, wenn der verlesene Eröffnungsbeschluß Ausführungen enthält, die das vorläufige Ergebnis der Ermittlungen wiedergeben oder auf eine vorweggenommene Würdigung der Ermittlungen hinauslaufen (BGHSt. 5, 261 ff. [vgl. § 250 StPO erfolgreiche Rügen]). Der Senat läßt offen, ob an dieser Entscheidung, die nach inzwischen geändertem Recht erging, festzuhalten ist. Er neigt aus den in BGHSt. 43, 36 näher dargelegten Bedenken – keine unterschiedliche Behandlung von Berufs- und Laienrichtern – dazu, in vergleichbaren Fällen einen Verstoß gegen die genannten Grundsätze nur in besonderen Ausnahmefällen anzunehmen.

dd) Von dieser Auffassung geht der Senat bei der Beurteilung der Verlesung eines mit Gründen versehenen Vorlagebeschlusses aus. Wird vor Eintritt in die Beweisaufnahme ein nach § 209 Abs. 2 StPO ergangener Vorlagebeschluß verlesen, in dem die Tat aufgrund vorläufiger Ermittlungsergebnisse bewertet wird und aufgrund dessen das erkennende Gericht die Anklage zur Hauptverhandlung vor sich zugelassen hat, so verletzt dies den Grundsatz der Unmittelbarkeit und Mündlichkeit nur dann, wenn wegen besonderer Umstände zu befürchten ist, daß sich die Laienrichter bei der Urteilsfällung durch die Gründe des Vorlagebeschlusses beeinflussen lassen. Eine solche Gefahr bestand hier nicht. Dies ergibt sich zum einen aus dem Verfahrensgang, zum anderen aus der rechtlichen Stellung der Schöffen.

Der die erweiterte rechtliche Würdigung (zusätzlich Geiselnahme und sexuelle Nötigung) und die Wertung von Ermittlungsergebnissen enthaltende Vorlegungsbeschluß ist verlesen worden, nachdem der Staatsanwalt den unverändert zugelassenen Anklagesatz (wegen Vergewaltigung) vorgetragen hatte. Dadurch sind die Schöffen über den bisherigen ihre Zuständigkeit begründenden Verfahrensgang und darüber unterrichtet worden, welcher über die zugelassene Anklage hinausgehende, gegen den Angeklagten gerichtete Vorwurf nach Ansicht des Amtsgerichts im Raume stand. Damit ist deutlich gemacht worden, daß die die Eröffnung des Hauptverfahrens beschließenden Berufsrichter der Strafkammer zunächst nur einen hinreichenden Tatverdacht bezüglich der angeklagten Vergewaltigung bejaht haben. Erst am Ende des zweiten Verhandlungstages ist aufgrund der Ergebnisse der bisher durchgeführten Beweisaufnahme der rechtliche Hinweis erteilt worden, daß auch eine Verurteilung wegen tateinheitlich begangener Geiselnahme und sexueller Nötigung in Betracht komme. Schon dieser Verfahrensgang spricht dagegen, daß die Schöffen durch die Verlesung des Vorlagebeschlusses in ihrer Unvoreingenommenheit dem Angeklagten gegenüber beeinträchtigt worden sein könnten.

Auch der Umstand, daß die Laienrichter bei Beginn der Beweisaufnahme regelmäßig keine Kenntnis vom Akteninhalt haben, rechtfertigt keine andere Sichtweise. Denn nach § 30 Abs. 1 GVG üben die Schöffen ihr Richteramt grundsätzlich im gleichen Umfang, mit gleichem Stimmrecht und in gleicher Verantwortung wie die Berufsrichter aus. Sie haben, wie der Senat in seinem Urteil BGHSt. 43, 36 im einzelnen ausgeführt hat, dabei an einer Vielzahl von Entscheidungen in der Hauptverhandlung mitzuwirken, die Aktenkenntnis voraussetzen, wie etwa Vorliegen eines Vereidigungsverbotes nach § 60 Nr. 2 StPO, Berechtigung einer Auskunftsverweigerung nach § 55 StPO, Zulässigkeit von Fragen nach § 242 StPO und andere im Freibeweisverfahren zu treffende Entscheidungen. Zwar können sich die Schöffen die erforderliche Tatsachengrundlage auch durch einen entsprechenden Sachvortrag eines Berufsrichters verschaffen, doch widerspricht es grundsätzlich der gebotenen Gleichstellung, sie von jeglicher unmittelbarer Kenntnisnahme aus den Akten auszuschließen. Andernfalls bestünde die Gefahr, daß die Schöffen insbesondere in komplizierten Verfahren gegenüber den Berufsrichtern benachteiligt und zu bloßen Statisten werden. Im übrigen sind Schöffen auch sonstigen Einflußnahmen durch wertende Stellungnahmen der Verfahrensbeteiligten in der Hauptverhandlung und in wesentlich stärkerem Maße durch tendenziöse Berichterstattung der Medien ausgesetzt, von denen sie sich ebenfalls freimachen müssen, um zu einem unbeeinflußten Urteil zu gelangen. Bei diesen von außen kommenden Einwirkungen geht die Rechtsprechung davon aus, daß der Schöffe seine Pflicht, ihnen keinen Einfluß zu gewähren und seine Überzeugungen ausschließlich aufgrund der Hauptverhandlung zu gewinnen, kennt und beachtet (BGHSt. 22, 289, 294 [BGH Urt. v. 18. 12. 1968 – 2 StR 322/68; vgl. § 338 Nr. 5 StPO erfolglose Rügen]). Auch wird von ihnen erwartet, daß sie sich etwa nach erfolgter Erhebung eines Beweises wegen eines später zutage tretenden Verwertungsverbots von diesem Beweisergebnis innerlich freimachen. Eine entsprechende Kritikfähigkeit ist den Schöffen auch gegenüber dem Akteninhalt zuzubilligen. Für dieses Ergebnis spricht zudem, daß der Gesetzgeber den Schöffen durch das erweiterte Selbstleseverfahren nach § 249 Abs. 2 StPO die Kenntnisnahme von Urkunden nicht nur gestattet, sondern sogar ausdrücklich vorschreibt.

12. Eine Rüge, § 261 StPO sei verletzt, weil Zeugen in der Hauptverhandlung etwas anderes bekundet hätten als im Urteil festgestellt, ist unzulässig.

StPO § 261 – BGH Beschl. v. 3. 9. 1997 – 5 StR 237/97 LG Berlin (= BGHSt. 43, 212 = NJW 1997, 3182 = StV 1997, 561)

Die Revision rügt einen Verstoß gegen § 261 StPO bzw. gegen den fair-trial-Grundsatz. Sie macht geltend, daß ein beantragter Hinweis darauf, ob das Gericht eine von der Verteidigung schriftlich fixierte Zeugenaussage genauso verstanden habe wie die Verteidigung, nicht erteilt worden sei, und daß das angefochtene Urteil gleichwohl in einzelnen Punkten von der Aussage der Zeugin in der von der Verteidigung schriftlich festgehaltenen Fassung abweiche und in anderen Punkten zu der solcherart fixierten Aussage der Zeugin schweige.

Sachverhalt: Nach der Vernehmung der Geschädigten und einiger unmittelbaren Tatzeugin, auf deren Angaben die Strafkammer die Überführung des schweigenden Angeklagten im wesentlichen stützt, hat die Verteidigung eine Erklärung gemäß § 257 Abs. 2 StPO abgegeben. Diese Erklärung ist zudem in schriftlicher Form überreicht und als Anlage zum Protokoll genommen worden. In dieser Erklärung ist die Aussage der Zeugin, so wie die Verteidigung sie verstanden hat, ausführlich niedergelegt. Hieran anknüpfend, hat die Verteidigung folgendes beantragt: „Sollte die vorstehende Wiedergabe der Aussage in einem wesentlichen Punkt unzutreffend sein, bittet die Verteidigung um einen tatsächlichen Hinweis, damit sie bei der Beurteilung des Sachverhaltes nicht von einem Irrtum ausgeht." – Das Rechtsmittel war erfolglos.

Gründe: Es bedarf keiner Entscheidung, ob die von der Revision gesehenen Differenzen zwischen einerseits der Aussage der Zeugin, wie diese Aussage in der Erklärung der Verteidigung gemäß § 257 Abs. 2 StPO ihren Niederschlag gefunden hat, und andererseits den Urteilsgründen bestehen oder ob das angefochtene Urteil zu einem in diesem Sinne entsprechend bedeutsamen Gesichtspunkt schweigt.

a) Erfolglos bleibt die Rüge unter dem Gesichtspunkt einer etwaigen Verletzung der Vorschrift des § 261 StPO.

Eine Rüge, § 261 StPO sei verletzt, weil Zeugen in der Hauptverhandlung etwas anderes bekundet hätten als im Urteil festgestellt, ist unzulässig. Der Nachweis für diese Behauptung könnte vom Revisionsgericht nur durch eine ihm grundsätzlich verwehrte Rekonstruktion der Beweisaufnahme des Tatrichters geführt werden.

Allerdings ist in der Rechtsprechung des Bundesgerichtshofs anerkannt, daß die Rüge, § 261 StPO sei verletzt, durchgreifen kann, wenn ohne Rekonstruktion der Beweisaufnahme allein aufgrund der Aktenlage der Nachweis geführt werden kann, daß die im Urteil getroffenen Feststellungen nicht durch die in der Hauptverhandlung benutzten Beweismittel gewonnen werden konnten. Der Bundesgerichtshof hat dies angenommen, wenn der Wortlaut einer in der Hauptverhandlung verlesenen Urkunde im Urteil unrichtig wiedergegeben worden ist (BGH MDR 1976, 989; BGH StV 1983, 321[1]; BGH NStZ 1987, 18 [BGH Urt. 20. 2. 1986 – 4 StR 684/85; vgl. § 261 StPO erfolgreiche Rügen]; vgl. BGHSt. 29, 18, 21 [BGH Beschl. v. 7. 6. 1979 – 4 StR 441/78; vgl. § 261 StPO erfolglose Rügen]; für Fälle der wörtlichen Protokollierung einer Aussage vgl. BGHSt. 38, 14, 16 f. [vgl. § 261 StPO erfolgreiche Rügen]).

So liegt der Fall hier aber nicht. Zwar mag aufgrund der zu Protokoll gereichten Erklärung urkundlich belegt sein, daß nach Auffassung der Verteidigung die Zeugin teilweise etwas anderes bekundet hat, als das Gericht im Urteil festgestellt hat. Daraus ergibt sich jedoch nicht, daß die Zeugin tatsächlich so ausgesagt hat. Der Grundsatz des § 261 StPO verbietet ausnahmslos, Aufzeichnungen, die ein Prozeßbeteiligter über die Vernehmung eines Zeugen in der Hauptverhandlung abweichend von den tatrichterlichen Feststellungen gemacht hat, zu deren Widerlegung im Revisionsverfahren heranzuziehen (BGHSt. 15, 347 [BGH Urt. v. 8. 2. 1961 – 2 StR 625/60; vgl. § 261 StPO erfolglose Rügen]).

b) Die Revision nimmt einen Verstoß gegen den Grundsatz des fairen Verfahrens, dabei insbesondere eine Verletzung des aus der Vorschrift des § 265 StPO folgenden Rechtsgedankens an. Eine solche Rechtsverletzung liegt nicht vor. Das Landgericht war unter keinem rechtlichen Gesichtspunkt verpflichtet, einen Hinweis darauf zu erteilen, daß es die Aussage der Zeugin etwa anders als die Verteidigung verstanden hat.

aa) Unmittelbar aus der Vorschrift des § 265 StPO folgt eine solche Verpflichtung nicht. Auch ein – differenziert zu beurteilender – Fall einer wesentlichen Abweichung in der Beurteilung tatsächlicher Verhältnisse zwischen Anklage und Hauptverhandlung (vgl. BGHSt. 19, 88 [BGH Urt. v. 3. 9. 1963 – 5 StR 306/63; vgl. § 265 StPO erfolgreiche Rügen]) liegt nicht vor.

---

1 „Eine Verfahrensrüge wegen Verstoßes gegen § 261 StPO kann zulässigerweise darauf gestützt werden, daß das Urteil den Inhalt einer in der Hauptverhandlung verlesenen Niederschrift über eine polizeiliche Vernehmung unrichtig wiedergibt." (BGH Urt. v. 19. 4. 1983 – 1 StR 824/82).

bb) Vielmehr ergeben wesentliche Verfahrensgrundsätze, daß eine derartige Bescheidungspflicht nicht besteht. Die der Revision zugrundeliegende Auffassung läuft darauf hinaus, daß der Verteidiger innerhalb der Hauptverhandlung ein – weitgehend schriftliches – Zwischenverfahren veranlassen könnte, in dem der Tatrichter zu erklären hätte, wie er den Inhalt einer Beweiserhebung aufgenommen und wie er das Ergebnis der Verwendung eines einzelnen Beweismittels – hier einer Zeugenvernehmung – verstanden hat. Solches würde den in der Vorschrift des § 261 StPO geregelten Prinzipien und dem Grundsatz der Mündlichkeit der Hauptverhandlung widersprechen. Der Tatrichter hat – erst – in der Urteilsberatung darüber zu befinden, wie er die einzelnen verwendeten Beweismittel einschätzt. Ein Zwischenverfahren, in dem sich das Gericht zu Inhalt und Ergebnis einzelner Beweiserhebungen erklären müßte, ist nicht vorgesehen.

cc) Die Vorschrift des § 257 StPO regelt in spezieller Weise, welche Rechte der Angeklagte und der Verteidiger haben, um bereits während der Beweisaufnahme Einfluß darauf zu nehmen, wie das Gericht einzelne erhobene Beweise würdigt. Auch dies spricht gegen die Zulässigkeit eines Zwischenverfahrens der genannten Art. Die Möglichkeit eines offenen Rechtsgespräches wird hierdurch selbstverständlich nicht beschränkt.

dd) Etwas anderes ergibt sich auch nicht aus folgendem: Allerdings gilt im Beweisantragsrecht unter den Gesichtspunkten der „Offenheit und Fairneß" und des danach wünschenswerten „Dialogs", daß die Verfahrensbeteiligten gehalten sind, etwa aufgetretene Mißverständnisse auszuräumen. Indes kann dies nicht auf Erklärungen im Rahmen der Vorschrift des § 257 Abs. 2 StPO übertragen werden; denn hier gilt gerade nicht das Prinzip der Antragsbescheidung (§ 244 Abs. 6, § 238 Abs. 2 StPO).

ee) Auch ergibt sich hier nichts anderes daraus, daß der Bundesgerichtshof in Sonderfällen Verfahrensrügen der Art anerkannt hat, daß entweder eine Verletzung von § 261 StPO oder eine Verletzung der Aufklärungspflicht gemäß § 244 Abs. 2 StPO vorliegt. Den seltenen Fällen, in denen eine solche Rüge statthaft sein kann, ist die Besonderheit eigen, daß – regelmäßig aufgrund essentieller, nicht erklärlicher Widersprüche zwischen Urteil und Akteninhalt – der Tatrichter entweder die eine oder die andere Vorschrift verletzt haben muß. Ein solcher Fall ist hier nicht gegeben. Nicht einmal die Revision behauptet, daß eine Alternativität von Rechtsverletzungen in dem genannten Sinne vorliege.

ff) Angesichts der gesetzlichen Regelungen bleibt kein Raum, etwa aus dem Recht des Angeklagten auf ein faires Verfahren eine Pflicht des Tatrichters herzuleiten, Anträgen der vorliegenden Art durch einen tatsächlichen Hinweis Rechnung zu tragen. Zudem liegt kein Fall vor, in dem der Tatrichter etwa ein schutzwürdiges Vertrauen des Angeklagten bzw. der Verteidigung ausgelöst hätte.

13. Mit den Mitteln einer Verfahrensrüge nach § 261 StPO kann nur die Nichtberücksichtigung dessen beanstandet werden, was Gegenstand der Hauptverhandlung war, nicht aber die Aktenwidrigkeit von Urteilsfeststellungen.

StPO § 261 – BGH Beschl. v. 4. 7. 1997 – 3 StR 520/96 OLG Düsseldorf (= NStZ-RR 1998, 17)

Die Revision rügt, das OLG sei gehalten gewesen, sich mit dem in der Hauptverhandlung bewiesenen, die Tatzeitermittlung in Frage stellenden „ersten" Anruf der Zeugin E. bei der Notrufzentrale der Polizei in den Urteilsgründen auseinanderzusetzen.

Der Sachverhalt ergibt sich aus den Gründen. – Das Rechtsmittel war erfolglos.

Gründe:

1. In verfahrensrechtlicher Hinsicht hat die Nachprüfung des Urteils aufgrund der Revisionsrechtfertigungen keinen zur Urteilsaufhebung führenden Rechtsfehler zum Nachteil der Angeklagten ergeben. Insoweit bemerkt der Senat ergänzend zu den Ausführungen im

Verwerfungsantrag des GBA: Die auf § 261 StPO gestützten Rügen der Angeklagten. K., B. und G., das OLG sei gehalten gewesen, sich mit dem in der Hauptverhandlung bewiesenen, die Tatzeitermittlung in Frage stellenden „ersten" Anruf der Zeugin E. bei der Notrufzentrale der Polizei in den Urteilsgründen auseinanderzusetzen, dringen nicht durch, weil sie zu ihrer Beurteilung eine inhaltliche Rekonstruktion von Zeugenaussagen in der Hauptverhandlung voraussetzen würden, die – so wie sie erforderlich wäre – im Revisionsverfahren ausgeschlossen ist. Allein durch den aufgrund Urkundsbeweises in der Hauptverhandlung feststehenden Umstand, daß die Zeugin E. nach der Zeitspur des Tonbands der Polizeinotrufzentrale um 1.41.20 Uhr und damit noch vor dem als erste Verständigung der Behörden festgestellten Anruf der Zeugin W bei der Feuerwehr (1.41.38 Uhr) angerufen hat, wird der Tatzeitermittlung im Urteil die Grundlage nicht entzogen. Denn für die insoweit angestellten Erwägungen des OLG ist nicht ausschlaggebend, ob Sekunden vor dem als Ausgangspunkt für die zeitliche Rückrechnung gewählten Anruf der Zeugin W. bei der Feuerwehr noch eine andere Person bei der Polizeinotrufzentrale angerufen hat. Erst die weitergehende Behauptung der Beschwerdeführer, die Zeugin E. sei durch die Zeugin T. geweckt worden und habe daraufhin bei der Polizei angerufen, könnte zu einer – allerdings verhältnismäßig geringen – Verschiebung des in einen zeitlichen Zusammenhang mit dem Anruf der Zeugin W. gesetzten und für die Tatzeitbestimmung maßgeblichen Zeitpunkts führen, in dem die Zeugin T. das in Brand gesetzte Haus verlassen hat. Dieses weitergehende Vorbringen wird indes durch den aufgrund Urkundsbeweises (Tonbandniederschrift) feststehenden Inhalt des (ersten) Anrufs der Zeugen E. um 1.41.20 Uhr entgegen der Meinung der Beschwerdeführer nicht bewiesen. Vielmehr bedürfte es dazu der Klärung, was die Zeugen E. und T. in der Hauptverhandlung bekundet haben. Die mit der Revision des Angeklagten B. wiedergegebenen Niederschriften und Vermerke über Angaben dieser Zeugen gegenüber den Ermittlungsbehörden können dafür nicht als Beleg dienen. Denn mit den Mitteln einer Verfahrensrüge nach § 261 StPO kann nur die Nichtberücksichtigung dessen beanstandet werden, was Gegenstand der Hauptverhandlung war, nicht aber die Aktenwidrigkeit von Urteilsfeststellungen. Unter dem Blickwinkel des § 261 StPO ist maßgebend, was die Zeugen in der Hauptverhandlung bekundet haben (vgl. BGHR StPO § 261 Inbegriff der Verhandlung 14[1]). Für eine inhaltliche Rekonstruktion des Zeugenbeweises in der Hauptverhandlung bietet aber das Revisionsverfahren bei Sachverhalten der vorliegenden Art keinen Raum (vgl. BGHSt. 17, 351 [352] [BGH Urt. v. 3. 7. 1962 – 1 StR 157/62; vgl. § 244 II StPO erfolgreiche Rügen]; BGHSt. 21, 149 [151] [BGH Urt. v. 7. 10. 1966 – 1 StR 305/66; vgl. § 261 StPO erfolgreiche Rügen]; BGHSt. 29, 18 [20] [BGH Beschl. v. 7. 6. 1979 – 4 StR 441/78; vgl. § 261 StPO erfolglose Rügen]; BGHSt. 31, 139 [140] [BGH Urt. v. 2. 11. 1982 – 5 StR 622/82; vgl. § 267 StPO erfolglose Rügen]).

Diese Verfahrensrügen können im übrigen auch noch aus einem anderen Grund keinen Erfolg haben. Die von den Beschwerdeführern bekämpfte Auffassung des GBA, der geltend gemachte Widerspruch sei nur scheinbar und deshalb im Urteil nicht erörterungsbedürftig, weil die Zeitspuren auf den Notrufbändern von Polizei und Feuerwehr erkennbar unterschiedlich eingestellt gewesen seien, findet nämlich eine Bestätigung in den mit dem Revisionsvorbringen des Angeklagten B. wiedergegebenen und in der Hauptverhandlung verlesenen Tonbandniederschriften. Danach wird die mangelnde zeitliche Übereinstimmung der Notruftonbänder von Polizei und Feuerwehr dadurch offenbar, daß die Polizei-

---

[1] „Die Einlassung des Angeklagten bei seiner polizeilichen Vernehmung am 3. Dezember 1987 hat die Strafkammer nicht auf Grund der damaligen Vernehmungsniederschrift festgestellt. Diese hat sie nur zu einem Vorhalt an den Angeklagten herangezogen. Feststellungsgrundlage für seine früheren Erklärungen sind allein seine in der Hauptverhandlung dazu gemachten Angaben. Deren Inhalt kann der Senat nicht nachprüfen. Hierfür müßte die Beweisaufnahme rekonstruiert werden. Eine solche Rekonstruktion findet in der Revisionsinstanz jedoch nicht statt (BGHSt. 29, 18, 21; 31, 139, 140)." BGH, Beschl. v. 27. 9. 1988 – 5 StR 345/88.

notrufzentrale bei einem Anruf, der auf dem Tonband der Feuerwehr erst für 1.42.56 Uhr festgehalten ist, die Informationen erhalten hat, die Feuerwehr sei bereits alarmiert (... Ja, wir rollen ...)" diese Information aber nach der Zeitspur des Notrufbandes der Polizei bereits um 1.42.15 Uhr (und damit noch vor dem auf dem Tonband der Feuerwehr mit 1.42.43 Uhr fixierten Zeitpunkt des ersten Brandalarms für deren Einsatzwagen) an einen Anrufer weitergegeben hat. ...

14. Sachlich-rechtliche Gründe gebieten die Erörterung des beschränkten Beweiswertes des wiederholten Wiedererkennens bei einer zweiten Lichtbildvorlage nur dann, wenn die Umstände des Falles dazu Anlaß geben.

StPO § 261 – BGH Urt. v. 4. 3. 1997 – 1 StR 778/96 LG Traunstein (= NStZ 1997, 355)

Die Revision rügt, das Gericht habe sich in den Urteilsgründen nicht mit dem beschränkten Beweiswert des wiederholten Wiedererkennens bei einer zweiten Lichtbildvorlage auseinandergesetzt.

Sachverhalt: Nach Darlegung des Landgericht haben 2 Zeugen den (bestreitenden) Angeklagten „eindeutig und ohne Zweifel" wiedererkannt. Der Zeugin M. war nach den Urteilsgründen im Ermittlungsverfahren ein Lichtbild des Angeklagten vorgelegt worden, bei einer „Gegenüberstellung" hat sie den Angeklagten als Täter wiedererkannt. Der Zeuge B. hatte sich im Hinblick auf die Beanstandung des Geldscheins an der Kasse für den Fall interessiert und sich „den Mann gut angesehen". Bei der Gegenüberstellung im LKA benötigte er „nur Bruchteile von Sekunden" und war sich sogleich ganz sicher, daß es sich beim Angeklagten um den Täter handelt. Der Zeuge „konnte auch in der Hauptverhandlung Aussehen und Kleidung des Täters damals noch gut beschreiben". Beide Zeugen haben den Angeklagten auch in der Hauptverhandlung identifiziert. – Das Rechtsmittel war erfolglos.

Gründe: ...

2. Der Senat teilt nicht die Meinung des GBA, die Beweiswürdigung des Landgericht enthalte Lücken zu der Feststellung, es sei der Angeklagten gewesen, der bei der Firma N. einen gefälschten 200 DM-Schein zur Bezahlung von Kleinigkeiten übergeben habe. ...

Obwohl sich das Landgericht auf alle diese Identifizierungen stützt, hat es nicht erörtert, daß dem wiederholten Wiedererkennen einer Person nur beschränkter Beweiswert zukommt (BGHSt. 16, 204 ff. [BGH Urt. v. 28. 6. 1961 – 2 StR 194/61; vgl. § 261 StPO erfolgreiche Rügen]; st. Rspr.). Das gefährdet hier jedoch nicht den Bestand des Urteils. Zwar muß sich der Tatrichter grundsätzlich dieses beschränkten Beweiswertes bewußt sein und in den Urteilsgründen erörtern, ob Zeugen sich bei dem erneuten Wiedererkennen unbewußt an einer früheren Identifizierung auf Grund von Lichtbildern oder einer Gegenüberstellung orientiert haben, daß sie eventuell also nur die Person erkannt haben, die sie bereits zuvor im Ermittlungsverfahren gesehen hatten (BGH NStZ 1996, 350[1]).

Eine formalrechtliche Pflicht zu solcher Erörterung in jedem einschlägigen Fall kennt das Gesetz jedoch nicht (§ 267 III StPO). Sachlich-rechtliche Gründe gebieten die Erörterung nur dann, wenn die Umstände des Falles dazu Anlaß geben. So hat der BGH die Problematisierung verlangt,

---
1 „Nach der ständigen Rechtsprechung des BGH muß sich der Tatrichter des beschränkten Beweiswertes eines „wiederholten Wiedererkennens" bei einer zweiten Lichtbildvorlage bewußt sein, dies im Urteil deutlich machen und in den Urteilsgründen ausführen, ob ausgeschlossen werden kann, daß die Zeugen sich bei dem Wiedererkennen aufgrund der Lichtbildvorlage in der Hauptverhandlung unbewußt an den im Ermittlungsverfahren vorgelegten Lichtbildern orientiert haben" (BGH Beschl. v. 27. 2. 1996 – 4 StR 6/96).

– wenn dem wiederholten Wiedererkennen auf den in der Hauptverhandlung vorgelegten Lichtbildern wesentliche Bedeutung für die Überführung zugemessen wurde (NStZ 1996, 350); wenn das Gericht Zweifel an der Verläßlichkeit der Identifizierung hatte, die erst ausgeräumt waren, als die Kinder, denen zuvor Lichtbilder gezeigt worden waren, nun den Angeklagten in der Hauptverhandlung wiedererkannten (BGHSt. 16, 204 f.);

– wenn die Zeugin, die den Angeklagten auf dem Lichtbild nicht erkannt hatte, ihn nunmehr in der Hauptverhandlung wiedererkennt (BGHR StPO § 261 Identifizierung 3), ihn also möglicherweise als Täter „erkennt", weil sie ihn im Ermittlungsverfahren schon auf dem Bild gesehen hatte;

– wenn der Täter wesentlich auf Grund Wiedererkennens überführt, aber die Diskrepanz zwischen Beschreibung und Aussehen nicht erörtert wurde (NStZ 1982, 342 [BGH Urt. v. 17. 3. 1982 – 2 StR 793/81; vgl. § 261 StPO erfolgreiche Rügen]) oder zuvor eine vollkommen andere Täterbeschreibung gegeben worden war (BGHR aaO Identifizierung 10).

In allen Fällen kam dem erneuten Wiedererkennen maßgebliche Bedeutung zu, weitere (wesentliche) Beweismittel standen nicht zur Verfügung, und deshalb bestand besonderer Erörterungsbedarf. Diese Rechtsprechung darf jedoch nicht in der Weise formalisiert werden, daß nunmehr der beschränkte Beweiswert eines erneuten Wiedererkennens in allen Fällen, in denen ein Zeuge einen Täter mehrmals identifiziert hat, stets zu problematisieren wäre. Der Tatrichter ist auch insoweit an Beweisregeln nicht gebunden.

Hier bestand kein Anlaß zur besonderen Erörterung: Bereits bei der ersten Konfrontation mit dem Angeklagten waren sich die Zeugen wie in der Hauptverhandlung sicher. Außerdem sprachen weitere durchgreifende Umstände gegen den Angeklagten In seinem Pkw wurden – in der Sonnenblende versteckt – 2 falsche 200 DM-Scheine gefunden. Eine größere Menge solcher Scheine wurde von einem kleinen Ort, an dem sich der Angeklagten am Aufgabetag aufhielt, per Post an eine ihm gehörende Firma versandt.

15. Eine Jugendkammer darf sich eine besondere Sachkunde gerade bei der Beurteilung der Glaubwürdigkeit jugendlicher und kindlicher Zeugen zutrauen.

StPO § 261 – BGH Urt. v. 19. 2. 1997 – 5 StR 621/96 LG Berlin (= StV 1998, 62 = NStZ 1997, 355)

Die Revision rügt, die Jugendkammer habe einen Hilfsbeweisantrag auf Einholung eines Glaubwürdigkeitsgutachtens über eine jugendliche Zeugin, die zur Tatzeit unter Alkoholeinwirkung stand, im Urteil zu Unrecht mit eigener Sachkunde aufgrund ihrer Erfahrungen als Jugendschutzkammer begründet.

Sachverhalt: Die zur Tatzeit 15-jährige R. war im Frühjahr 1995 wegen Aggressionen, die sie gegen sich selbst richtete (u.a. Suizidversuche), für einige Tage in der Kinderpsychiatrie und danach für 2 Wochen in einer Institution für suizidgefährdete Kinder gewesen. Im Dezember 1995 lebte sie in einer Notaufnahmestation für Jugendliche ohne festen Wohnsitz. Am Nachmittag des 23. 12. 1995 feierte sie mir anderen Personen – darunter war auch der Angeklagten – ihren Geburtstag; sie trank dabei erhebliche Mengen Alkohol. Die Gruppe begab sich gegen 21 Uhr in die Wohnung des Angeklagten und feierte weiter. Als R., die aufgrund ihrer Alkoholisierung eingeschlafen war aufwachte, lag sie unbekleidet in der Badewanne, der Angeklagten lag nackt auf ihr und versuchte, ihre Beine auseinander zu drücken. Diesen – nach § 154 StPO nicht verfolgten – sexuellen Angriff konnte sie abwehren. Sie zog sich eine Jogginghose und ein T-Shirt an, legte sich neben M. auf eine Couch und schlief ein. Im Laufe des Morgens wachte R. auf, weil sie keine Luft bekam. Sie bemerkte, daß sie an den Beinen und am Unterleib nackt war. Der Angeklagten hatte ihr Mund und Nase zugehalten, er lag ausgezogen auf ihr und hatte ihre Arme mit Handschellen auf den Rücken gefesselt. Gegen ihren Widerstand vollzog der Angeklagte den

Geschlechtsverkehr. R. blieb, nachdem der Angeklagten die Handfessel gelöst hatte, noch eine Weile liegen und begab sich dann zu der Notaufnahmestation zurück.

Die Jugendkammer ist der Einlassung des Angeklagten, er habe nicht mit R., sondern mit M. – neben R. liegend – einvernehmlich den Geschlechtsverkehr ausgeführt, nicht gefolgt. Sie hat vielmehr R.'s Aussage für glaubhaft befunden und die Gründe hierfür eingehend dargelegt. Die Ablehnung des Hilfsbeweisantrages auf Einholung eines Glaubwürdigkeitsgutachtens hat die Jugendkammer im Urteil mit eigener Sachkunde aufgrund ihrer Erfahrungen als Jugendschutzkammer begründet. Auch lägen keine besonderen Umstände vor, aufgrund derer ein Sachverständiger heranzuziehen sei. Im übrigen habe R. eine Mitwirkung bei der Begutachtung abgelehnt. – Das Rechtsmittel war erfolglos.

Gründe: ...

3. Die Ablehnung des Beweisantrages hält rechtlicher Nachprüfung stand.

Die Würdigung von Zeugenaussagen gehört zum Wesen richterlicher Rechtsfindung und ist daher grundsätzlich dem Tatrichter anvertraut. Nach der Rechtsprechung des BGH darf sich eine Jugendkammer eine besondere Sachkunde gerade bei der Beurteilung der Glaubwürdigkeit jugendlicher und kindlicher Zeugen zutrauen (vgl. BGH Urt. v. 25. 8. 1993 – 5 StR 334/93). Der Hinzuziehung eines Sachverständigen bedarf es nur, wenn die Eigenart und besondere Gestaltung des Falles seine Sachkunde erfordern, die ein Richter (auch mit speziellen forensischen Erfahrungen) normalerweise nicht hat. Solche besonderen Umstände können psychische Auffälligkeiten in der Person der Belastungszeugin sein (BGH StV 1997, 60 [BGH Beschl. v. 29. 10. 1996 – 4 StR 508/96; vgl. § 244 II StPO erfolgreiche Rügen]). Der Grundsatz, daß nur besondere Umstände sachverständige Hilfe erforderlich machen, gilt auch bei Würdigkeit der Aussagen von Kindern und Jugendlichen (BGH NStZ 1994, 503 [BGH Urt. v. 14. 6. 1994 – 1 StR 190/94; vgl. § 267 StPO erfolgreiche Rügen]).

4. Daß sich die Jugendkammer dieser Problematik nicht bewußt gewesen ist, ist nicht zu besorgen.

a) Soweit es die Beurteilung der Glaubhaftigkeit der Aussage betrifft, konnte ein Sachverständiger mangels Bereitschaft der Zeugin zur Mitarbeit bei der Exploration keine eigenen Befundtatsachen für eine Analyse des Aussageinhalts erheben. Er hätte sein Gutachten also nur auf denselben Aussagen als Anknüpfungstatsachen erstatten können, die auch der Jugendkammer für deren Beurteilung zugrunde lagen (vgl. BGH StV 1993, 563 [BGH Beschl. v. 16. 7. 1993 – 2 StR 333/92; vgl. § 81c StPO erfolgreiche Rügen]). Bei der Aussageanalyse durfte die Jugendkammer nicht nur eigene Sachkunde in Anspruch nehmen; das war vielmehr ihre ureigenste Aufgabe. Die Beweiswürdigkeit im angefochtenen Urteil weist auch aus, daß die Jugendkammer die Aussageanalyse rechtsfehlerfrei durchgeführt hat.

Die Jugendkammer hat sich dabei auf mehrere signifikante Realitätskriterien gestützt: Der Kern des Geschehens wurde in mehreren Aussagen konstant geschildert. R. berichtete auch über ihre Gefühle und Gedanken während der Tat. Bei der Tatschilderung kam es zu einem gefühlsmäßigen Nachklang. Zuverlässige und sachkundige Zeugen bekundeten ein auffällig verstörtes Verhalten der Geschädigten unmittelbar nach der Tat in der Notaufnahmestation. Auch die Entstehung ihrer Aussagen – Zögern nach anfänglicher Weigerung – hat die Jugendkammer zutreffend als Realitätskriterium gewertet ebenso wie geringfügige Widersprüche und Erweiterungen zum Randgeschehen. Ein Motiv für eine Falschbelastung hat die Jugendkammer mit zutreffender Begründung ausgeschlossen, auch deshalb, weil die Zeugin den Angeklagten teilweise auch entlastet hat.

b) Auch die Beurteilung der allgemeinen Glaubwürdigkeit und der Aussagetüchtigkeit (vgl. dazu BGH NStZ 1995, 558 [BGH Beschl. v. 16. 5. 1995 – 4 StR 237/95; vgl. § 261 StPO erfolgreiche Rügen]) der Zeugin erforderten die Zuziehung eines Sachverständigen nicht.

Die Jugendkammer hat bei der Begründung der Ablehnung des Beweisantrages die allgemeine Glaubwürdigkeit und die Aussagetüchtigkeit der Zeugin einer Prüfung unterzogen. Insbesondere hat sie auch geprüft, ob die Zeugin Selbsterlebtes von Erzähltem oder Geträumtem unterscheiden konnte. Die Jugendkammer konnte sich dabei auf Angaben von Zeugen stützen, die R. längere Zeit betreut hatten (Psychologen und Erzieher). Sie durfte darauf vertrauen, daß diese Personen die zur Beurteilung der allgemeinen Glaubwürdigkeit und der Aussagetüchtigkeit relevanten Umstände zutreffend beobachtet hatten. Diese Umstände durfte die Jugendkammer dann ihrerseits in eigener Sachkunde bewerten. Die länger zurückliegenden Vorgänge vom Frühjahr 1995 waren aus den im Urteil zutreffend dargestellten Ablehnungsgründen im Hinblick für die Glaubhaftigkeit der Aussagen zur abgeurteilten Tat von keiner und für die allgemeine Glaubwürdigkeit und Aussagetüchtigkeit jedenfalls nicht von solcher Relevanz, daß dazu ein Sachverständiger gehört werden mußte.

c) Sonstige von der Jugendkammer mitgeteilte Besonderheiten, daß die Zeugin K. von einer ähnlichen sexuellen Handlung des Angeklagten ihr gegenüber berichtet hatte sowie daß die Zeugin R. in der Tatwohnung stark alkoholisiert gewesen war, mußten keinen Anlaß zu sachverständiger Begutachtung der allgemeinen Glaubwürdigkeit und der Aussagetüchtigkeit der Geschädigten geben. Zwar hat die Jugendkammer diese im Hilfsbeweisantrag angesprochenen Umstände in unmittelbarem Zusammenhang mit dessen Ablehnung nicht ausdrücklich abgehandelt. Allerdings hat die Kammer die Alkoholisierung der Geschädigten festgestellt und in der Beweiswürdigung behandelt. Ferner hat sie die ähnliche Beschuldigung durch eine auch mit der Geschädigten in Kontakt stehende andere Zeugin zur Kenntnis genommen und die Fähigkeit der Geschädigten, Selbsterlebtes von Erzähltem zu unterscheiden, ausdrücklich erörtert. Bei dieser Sachlage schließt der Senat aus, daß die Jugendkammer die mit Alkohol und unbewußter Übernahme fremder Erlebnisse verbundenen denkbaren Probleme im Zusammenhang mit der Beurteilung der Wahrnehmungsfähigkeit der Zeugin R. verkannt und insoweit ihre eigene Sachkunde unzutreffend eingeschätzt hätte. Letztlich durfte sich die Jugendkammer auf die detailreiche Tatschilderung durch die Geschädigte verlassen, die genügend Anhaltspunkte für ihre eigene Beurteilung bot. ...

16. Widerspruch zwischen Inhalt der Akten und Inhalt des Urteils für sich allein regelmäßig revisionsrechtlich unerheblich, wenn er sich nicht aus den Urteilsgründen selbst ergibt.

StPO § 261 – BGH Urt. v. 12. 12. 1996 – 4 StR 499/96 LG Frankenthal (= NStZ 1997, 294)

Die Revision rügt, das Landgericht habe, indem es ein Gutachten des LKA Rheinland-Pfalz in der Hauptverhandlung verlesen hat, dessen begutachtete Betäubungsmittelmengen jedoch nicht identisch sind mit den sichergestellten Betäubungsmittelmengen, gegen die ihm obliegende Aufklärungspflicht gemäß § 244 II StPO sowie gegen §§ 250, 256, 261 StPO verstoßen.

Sachverhalt: Nach den Feststellungen suchten am Abend des 5. 1. 1996 ein unter dem Namen „Mike" auftretender Verdeckter Ermittler des LKA Rheinland-Pfalz und eine Vertrauensperson der Polizei mit dem Decknamen „Irena" eine Diskothek in Speyer auf, in der die Polizei einen Drogenumschlagplatz vermutete. „Mike" und „Irena" waren aus diesem Grunde dort mit der Durchführung allgemeiner Ermittlungen beauftragt. Nachdem der Angeklagten S. ein Gespräch der beiden mit einem türkischen Gast verfolgt hatte, in dem es um Drogen ging, sprach er „Irena" an und fragte sie, was für Geschäfte sie machen wollten. Darauf erklärte sie, sie seien auf der Suche nach Kokain. Der Angeklagten S. bedeutete ihr, „das komme ihm entgegen, da sie „nur in Pulver (d.h. Kokain und Heroin) machen würden". Er bot noch am selben Abend die Lieferung von Kokain an und nannte auch Preise und Abnahmemengen. Die Frage, ob auch die Lieferung eines Kilogramms möglich sei, bejahte er. An den Abenden des 7. und des 8. 1. 1996 kam es jeweils zu Treffen, an denen auch der Angeklagten B. beteiligt war, der gleich am 7. 1. je eine Probe Heroin und Kokain mitbrachte, die S. „Irena" übergab. S. stellte B. als seinen Partner „Fatmir" vor. Auf Vorschlag des Angeklagten B. einigte man sich schließlich auf die Lieferung von 1 kg Kokain und 300 g Heroin. Zur Lieferung dieser Mengen kam es nicht. Statt dessen sagte der Angeklagten S. „Irena" in einem Telefonat am 11. 1. 1996 „jetzt aber endgültig" die Lieferung von jeweils 14 kg Heroin und Kokain für insgesamt 85 000 DM am folgenden Tag zu. Am 12. 1. 1996 erschien neben „Mike" und „Irena" „ein weiterer Verdeckter Ermittler des LKA" mit dem Kaufgeld, welches der Angeklagten S. prüfte. Nachdem der Angeklagten B. „Mike" eine Prise Kokain zum Testen übergeben hatte, wurden die Angeklagten festgenommen und das Rauschgift beschlagnahmt. Es handelte sich um 497 g mit Paracetamol und Coffein gestrecktes Heroin, dessen Wirkstoffgehalt 31,8% betrug und das mithin 158 g Heroinhydrochlorid enthielt, sowie um 496,6 g mit Lidocain und Zucker gestrecktes Kokain mit einem Wirkstoffgehalt von 26,6%, mithin 132 g Cocainhydrochlorid.

Das Landgericht hat beide Angeklagte des unerlaubten Handeltreibens mit Betäubungsmitteln in nicht geringer Menge schuldig gesprochen und gegen die Angeklagten mehrjährige Freiheitsstrafen verhängt. – Das Rechtsmittel war erfolglos.

Gründe: ...

1.

a) Das Landgericht hat die Feststellungen zu den Mengen der gehandelten Betäubungsmittel und den jeweiligen Wirkstoffgehalt auf das Gutachten des LKA Rheinland-Pfalz vom 11. 6. 1996 gestützt. Hiergegen wendet die Revision ein, tatsächlich seien lediglich 456 g Kokain und 461 g Heroin sichergestellt worden. Dies ergebe sich aus einem Lichtbild, das beide bei dem Scheinkauf sichergestellten Rauschgiftmengen zeige und entsprechende Gewichtsangaben enthalte. Dieses Lichtbild sei in der Hauptverhandlung „zum Gegenstand der Augenscheinseinnahme gemacht und mit dem ermittelnden Kriminalbeamten, dem Zeugen Br. „erörtert worden". Ferner bezieht sich der Beschwerdeführer auf ein Sicherstellungsprotokoll vom 15. 1. 1996. Ein Verfahrensfehler wird hiermit nicht aufgezeigt. ...

c) Aber auch ein Verstoß gegen § 261 StPO ist nicht dargetan. Zwar kann hiernach beanstandet werden, daß eine verlesene Urkunde oder Erklärung unvollständig oder unrichtig im Urteil gewürdigt worden sei (BGHSt. 29, 18, 21 [BGH Beschl. v. 7. 6. 1979 – 4 StR 441/78; vgl. § 261 StPO erfolglose Rügen]; BGH StV 1993, 459 [BGH Beschl. v. 11. 3. 1993 – 4 StR 31/93; vgl. § 261 StPO erfolgreiche Rügen]; BGHR BtMG § 29 Strafzumessung 17). Darum geht es hier aber nicht; die Revision trägt selbst nicht vor, daß das in der Hauptverhandlung verlesene Gutachten unvollständig oder falsch verwertet worden sei.

Der Hinweis der Revision auf die von den Feststellungen abweichenden Mengenangaben in dem Sicherstellungsprotokoll sowie auf dem in Augenschein genommenen Lichtbild führt zu keinem anderen Ergebnis. Dieses Vorbringen belegt für sich selbst allenfalls einen Widerspruch zwischen dem Inhalt des Urteils und den Akten. Wie der BGH wiederholt entschieden hat, ist ein solcher Widerspruch, wenn er sich nicht aus den Urteilsgründen selbst ergibt, für sich allein regelmäßig revisionsrechtlich unerheblich; ist der Widerspruch nämlich nicht dem Urteil selbst zu entnehmen, läuft die Rüge, der Tatrichter habe es unterlassen, den Widerspruch aufzuklären (§ 244 II StPO) oder in den Urteilsgründen zu erörtern (§ 261 StPO), im Ergebnis auf die unzulässige Rüge der Aktenwidrigkeit der Urteilsgründe hinaus (BGH NStZ 1992, 506 [BGH Urt. v. 2. 6. 1992 – 1 StR 182/92; vgl. § 244 II StPO erfolglose Rügen]; StV 1995, 175; Urt. v. 3. 11. 1994 – 1 StR 470/94).

Das gilt auch hier; denn der vom Beschwerdeführer behauptete Widerspruch kann in der Hauptverhandlung schon durch die Vernehmung der Angeklagten, die beide den festgestellten äußeren Sachverhalt eingeräumt haben, insbesondere aber durch den als Zeugen vernommenen ermittelnden Kriminalbeamten – zumal im Zusammenhang mit der Inaugenscheinnahme des Lichtbildes von den sichergestellten Rauschgiftmengen – erörtert und ausgeräumt worden sein. Einer Auseinandersetzung damit in den Urteilsgründen bedurfte es dann nicht (BGH StV 1995, 175).

2.
Auch die weitere Rüge, „die Beweiswürdigung beruhe, soweit die Vernehmungen der beiden Verdeckten Ermittler zum Gegenstand der Urteilsfindung gemacht wurden, auf, gegenüber dem Angeklagten B., unverwertbaren Erkenntnissen", kann der Revision nicht zum Erfolg verhelfen.

Der Beschwerdeführer leitet ein Verwertungsverbot hinsichtlich der durch die beiden Verdeckten Ermittler gewonnenen Erkenntnisse daraus her, daß es zu deren Einsatz in bezug auf ihn an der gemäß § 110b II 1 Nr. 1 StPO erforderlichen richterlichen Zustimmung fehle; im übrigen sei der Beschluß des Ermittlungsrichters vom 8. 1. 1996, durch den „in dem Ermittlungsverfahren gegen Ismail Ba., Asrim S., Miliam A. ... die Zustimmung zum Einsatz verdeckter Ermittler" erteilt und ferner zugestimmt wurde, „daß die verdeckten Ermittler Wohnungen betreten, die nicht allgemein zugänglich sind", formularmäßig ergangen und entspreche deshalb nicht den inhaltlichen Anforderungen der §§ 110a, 110b StPO.

Die Verdeckten Ermittler standen in der Hauptverhandlung nicht zur Verfügung. Das Landgericht hat deshalb zu ihren Angaben den Vernehmungsbeamten als Zeugen vernommen, so wie es das auch hinsichtlich der Vertrauensperson getan hat.

a) Zu der Beanstandung, die Aussage des Vernehmungsbeamten über die Angaben der Verdeckten Ermittler sei mangels richterlicher Zustimmung zum Einsatz eines Verdeckten Ermittlers unverwertbar, ist zu bemerken:

aa) Die Rüge ist bereits nicht zulässig erhoben. Nach § 344 II 2 StPO hat der Beschwerdeführer alle den behaupteten Verfahrensverstoß begründenden Tatsachen so vollständig und genau mitzuteilen, daß das Revisionsgericht. aufgrund der Rechtfertigungsschrift prüfen kann, ob ein Verfahrensfehler vorliegt, wenn die behaupteten Tatsachen bewiesen werden. Daran fehlt es hier. Zwar teilt die Revision den Beschluß des AG vom 8. 1. 1996 mit, in dem der Beschwerdeführer als Beschuldigter nicht aufgeführt ist. Dagegen unterläßt sie die Angabe aller Umstände dazu, ob sich bei der Beschlußfassung am 8. 1. 1996 das Verfahren auch bereits gegen den Beschwerdeführer als einer „bestimmten Person" i.S. des § 110b 111 Nr. 1 StPO richtete. Dazu gehörte das der Beschlußfassung vorausgehende Verhalten von Polizei und Staatsanwaltschaft, so insbesondere der Aktenvermerk der Polizei vom 8. 1. 1996, zu dem sich die Revision nicht erklärt. Dessen hätte es aber bedurft, weil in diesem Aktenvermerk der Beschwerdeführer weder mit vollständigen Personalien noch auch nur als „Fatmir" erwähnt wird. Zwar ist die richterliche Zustimmung zum Einsatz eines Verdeckten Ermittlers nicht erst dann erforderlich, wenn der Beschuldigte, gegen den ermittelt wird, namentlich bekannt ist; gegen eine „bestimmte" Person richten sich die Ermittlungen bereits dann, wenn der Beschuldigte identifizierbar ist. Dafür, daß dies auf den Beschwerdeführer zutraf, beruft sich die Revision zwar auf den bei den Akten befindlichen Ermittlungsbericht der Polizei vom 13. 2. 1996. Doch unterläßt sie es, den Bericht vollständig mitzuteilen, so daß der Senat nicht zu prüfen vermag, ob der Hinweis auf die Identität des Beschwerdeführer auf erst nachträglich gewonnenen Erkenntnissen beruht.

bb) Im übrigen ist die Rüge aber auch unbegründet.

(1) Ein Verwertungsverbot hinsichtlich der über den Vernehmungsbeamten gewonnenen Erkenntnisse des in den Urteilsgründen als „weiterer Verdeckter Ermittler" bezeichneten Polizeibeamten besteht schon deshalb nicht, weil sein Einsatz in dieser Sache nicht von

den Vorschriften der §§ 110 a f. StPO erfaßt ist. Verdeckte Ermittler i.S. des § 110 a II StPO sind Beamte des Polizeidienstes, die unter einer ihnen verliehenen, auf Dauer angelegten, veränderten Identität (Legende) ermitteln. Wie der BGH bereits ausgesprochen hat, scheidet hiernach ein Einsatz als Verdeckter Ermittler aus, wenn ein Polizeibeamter – sei es auch unter einem Decknamen – lediglich als Scheinaufkäufer auftritt, ohne darüber hinaus in die Ermittlungen eingeschaltet zu sein (BGHSt. 41, 64 [BGH Urt. v. 7. 3. 1995 – 1 StR 685/94; vgl. § 110a StPO erfolglose Rügen und § 110b StPO erfolgreiche Rügen]; BHG NStZ 1996, 450 [BGH Urt. v. 6. 2. 1996 – 1 StR 544/95; vgl. § 110a StPO erfolglose Rügen]; BGHR StPO § 110a Ermittler 3). So lag es nach den Feststellungen des Urteils hier, denen zufolge sich die Funktion des „weiteren Verdeckten Ermittlers" darauf beschränkte, bei der geplanten Abwicklung des Rauschgiftgeschäfts das Kaufgeld bereitzuhalten. Der Gesamteinsatz selbst sollte – wie es dann auch geschah – noch am selben Tage durch die Festnahme der Beschuldigten beendet werden. Bei dieser Sachlage war eine richterliche Zustimmung zum Einsatz des „weiteren Verdeckten Ermittlers" nicht erforderlich.

(2) Ein Verwertungsverbot besteht aber auch nicht hinsichtlich der Angaben, die der Verdeckte Ermittler „Mike" gegenüber dem Vernehmungsbeamten gemacht hat. Auf die Frage, ob sein Einsatz auch bezüglich des Beschwerdeführer der richterlichen Zustimmung nach § 110b III Nr. 1 StPO bedurfte, kommt es nicht an:

a) Der Einsatz des Verdeckten Ermittlers erfaßte zwangsläufig alle Personen, die – wie der Beschwerdeführer – in unmittelbarem Zusammenhang mit dem von dem Angeklagten S. angebahnten Rauschgiftgeschäft gegenüber den Scheinaufkäufern in Erscheinung traten. Daß bei dieser Sachlage die Erkenntnisse des Verdeckten Ermittlers gegen den Angeklagten S., bezüglich dessen die richterliche Zustimmung zum Einsatz Verdeckter Ermittler vorlag, verwertbar sein sollen, nicht jedoch in bezug auf den Beschwerdeführer, wäre ein ungereimtes Ergebnis. Ist die Maßnahme gegen einen Beschuldigten rechtmäßig, so führt dies zur Verwertbarkeit der in unmittelbarem Zusammenhang gewonnenen Erkenntnisse über einen weiteren Beschuldigten jedenfalls dann, wenn – unter dem Gesichtspunkt eines „hypothetischen Ersatzeingriffs" (vgl. dazu BGHSt. 31, 304, 306 [BGH Urt. v. 17. 3. 1983 – 4 StR 640/82; vgl. § 110a StPO erfolgreiche Rügen]) – auch gegen den anderen die Voraussetzungen für eine richterliche Zustimmung nach § 110b III Nr. 1 StPO vorlagen (vgl. zu den Fällen der Überwachung des Fernmeldeverkehrs BGHR StPO § 100a Rn. 20). Daß das hinsichtlich des Beschwerdeführer zutraf, liegt auf der Hand.

b) Ein Verwertungsverbot ergibt sich auch nicht daraus, daß der Ermittlungsrichter bei der Fassung des Zustimmungsbeschlusses vom 8. 1. 1996 ein Formular verwendet und es teilweise durch Ankreuzen entsprechender Textstellen ausgefüllt hat. Gegen die Verwendung von Formularen ist entgegen den Bedenken der Revision grundsätzlich nichts einzuwenden (vgl. BGH NJW 1996, 2518, 2519, zum Abdruck bestimmt in BGHSt. 42, 103 [BGH Beschl. v. 23. 3. 1996 – 1 StR 685/95; vgl. § 34 StPO erfolglose Rügen]). Der erkennbare Zusammenhang des Beschlusses mit dem vorgehefteten Aktenvermerk der Polizei vom selben Tage läßt erkennen, daß der Richter die gebotene Einzelfallprüfung vorgenommen hat.

(3) Auch die über die Vernehmungsbeamtin eingeführte Aussage der Vertrauensperson „Irena" unterliegt keinem Verwertungsverbot, weil die Vorschriften der §§ 110a StPO auf Vertrauenspersonen auch dann nicht anwendbar sind, wenn sich deren Einsatz gegen einen bestimmten Beschuldigten richtet (BGHSt. 41, 42 [BGH Urt. v. 22. 2. 1995 – 3 StR 552/94; vgl. § 110a StPO erfolglose Rügen]). Die Verwertbarkeit ihrer Angaben kann daher durch einen möglichen Fehler des Beschlusses nicht beeinträchtigt sein.

3.
Die Rüge, das Landgericht habe gegen die ihm obliegende Aufklärungspflicht sowie den Unmittelbarkeits- und Mündlichkeitsgrundsatz verstoßen, indem es auf eine persönliche

Vernehmung der Verdeckten Ermittler und der Vertrauensperson in der Hauptverhandlung verzichtet habe, hat ebenfalls keinen Erfolg.

Zwar gebietet es die Aufklärungspflicht, sich grundsätzlich des sachnächsten Beweismittels zu bedienen, das zur Aufklärung beitragen kann; danach wäre die Vernehmung von „Mike" und „Irena" statt des Vernehmungsbeamten geboten gewesen. Hinsichtlich des Verdeckten Ermittlers bestimmt § 110b III 1 StPO jedoch schon, daß seine Identität nach dem Einsatz geheimgehalten werden kann. Im übrigen drängte sich hier angesichts des Geständnisses des Angeklagten, dem das Landgericht gefolgt ist (indem es davon ausging, daß er das Rauschgift für 50 000 DM besorgt und für die Vermittlung 5000 DM zugesagt bekommen habe), die Vernehmung der Verdeckten Ermittler und der Vertrauensperson aber auch nicht auf. Sie war zur Sachaufklärung nicht geboten; dementsprechend hielten alle Verfahrensbeteiligten weitere Schritte, die Aufhebung der Sperrerklärung durch den Innenminister (vgl. BGHSt. 41, 36 [BGH Urt. v. 16. 2. 1995 – 4 StR 733/94; vgl. § 96 StPO erfolglose Rügen]) zu erreichen, nicht für erforderlich. Auch der Beschwerdeführer hat die Hinnahme der Sperrerklärung durch das LKA Rheinland-Pfalz in der Hauptverhandlung daher nicht beanstandet; dann mußte sich unter den gegebenen Umständen auch die Strafkammer hierum nicht bemühen und konnte sich mit der Anhörung der Vernehmungsbeamten begnügen. ...

17. Doppelte Anwendung des Grundsatzes „in dubio pro reo".
StPO § 261 – BGH Urt. v. 24. 10. 1995 – 1 StR 465/95 LG Stuttgart (= StV 1995, 131)

Die Revision der Staatsanwaltschaft greift das Urteil mit der Sachrüge an; sie erstrebt eine Verurteilung der Angeklagten wegen Körperverletzung mit Todesfolge in Tateinheit mit Totschlag durch Unterlassen. Die Revision der Angeklagten rügt die Verletzung sachlichen Rechts.

Sachverhalt: Das Landgericht hat die Angeklagte wegen Körperverletzung mit Todesfolge in Tateinheit mit Aussetzung zu einer Freiheitsstrafe verurteilt.

Nach den Feststellungen hat der frühere Mitangeklagte C. dem später verstorbenen N. eine Vielzahl von Faustschlägen und Fußtritten zugefügt, an deren Folgen N. verstorben ist. Die Angeklagte M. hat sich an diesen Mißhandlungen zeitweise beteiligt. Dabei wußte sie, daß durch die massiven Mißhandlungen, wie sie N. zugefügt wurden, das Opfer tödlich verletzt werden konnte. Dennoch hat sie sich entschlossen, an diesen Mißhandlungen aktiv mitzuwirken, weil sie der Meinung war, N. verdiene wegen seines zurückliegenden Verhaltens eine deutlich spürbare Bestrafung. Während bei C. bedingter Tötungsvorsatz festgestellt wurde, ist das Landgericht für die Angeklagte M. zu dem Ergebnis gekommen, daß sie den von ihr für möglich erkannten Tod des N. weder wünschte noch billigte, sondern in gewissem Maße darauf hoffte und vertraute, daß N. nicht sterben werde. Jedenfalls konnte ihr das nicht zweifelsfrei widerlegt werden. Auch am Morgen des 19. 7. 1994, als die Angeklagten N. in hilfloser Lage zurückließen, hatte sie keinen Tötungsvorsatz. – Das Rechtsmittel war erfolglos.

Gründe: ... Diese Feststellungen schließen eine Verurteilung der Angeklagten auch wegen Totschlags durch Unterlassen, wie sie die Staatsanwaltschaft mit der von ihr erhobenen Sachrüge anstrebt, aus. Dabei ist einzuräumen, daß die Beweiswürdigung zum zweiten Tatabschnitt Lücken aufweist. So geht das Landgericht nicht darauf ein, daß sich der Zustand des Tatopfers durch die weiteren Mißhandlungen, die C. ohne Zutun der Angeklagten M. ihm zugefügt hatte, erheblich verschlechtert hatte; die Angeklagte erkannten auch, daß N. dringend ärztlicher Hilfe bedurfte, und rechneten damit, daß er an seinen Verletzungen sterben könnte. Andererseits hatte die Angeklagte M. den Mitangeklagten C. von weiteren Mißhandlungen des N. abgehalten und am 20. 7. 1994 aus Sorge um N. zweimal versucht, diesen telefonisch zu erreichen. Letztlich läßt daher der Schluß des Landgerichts, der Angeklagten sei zumindest nicht zu widerlegen, sie sei mit dem Tod des Opfers nicht einverstanden gewesen und habe bis zuletzt gehofft und darauf vertraut, daß N. nicht sterben werden, durchgreifende Rechtsfehler nicht erkennen.

2. Dagegen hat die Sachrüge der Angeklagten teilweise Erfolg, weil das Ergebnis der Beweiswürdigung eine Verurteilung auch wegen Aussetzung nach § 221 Abs. 1 StGB ausschließt. Eine Verpflichtung, dem schwerverletzten N. Beistand zu leisten, konnte sich für sie nach Sachlage nur aus den vorangegangenen, auch von ihr vorgenommenen Mißhandlungen ergeben (vgl. BGHSt. 25" 218, 220; 26, 35, 37). Insoweit ist es nach der Beurteilung des Landgerichts jedoch möglich, daß sie diese Mißhandlungen mit bedingtem Tötungsvorsatz vorgenommen hat. Geht man jedoch, wie nach dem Grundsatz „in dubio pro reo" geboten (vgl. dazu BGH bei Holtz MDR 1979, 635; 1986, 794; BGH StV 1988, 202), hinsichtlich der Aussetzung zu ihren Gunsten davon aus, daß sie den später Verstorbenen mit bedingtem Tötungsvorsatz mißhandelte, traf sie keine Garantenstellung, den von ihr billigend in Kauf genommenen Tod des N. abzuwenden; denn der Täter, der vorsätzlich oder bedingt vorsätzlich einen Erfolg anstrebt oder billigend in Kauf nimmt, ist nicht zugleich verpflichtet, ihn abzuwenden.

Das ist in der Rspr. des BGH anerkannt für den Fall, daß der Täter den äußeren Tatbestand der Aussetzung mit – wenn auch nur bedingtem – Tötungsvorsatz verwirklicht (BGHSt. 4, 113, 116; ebenso RGSt 68, 407, 409). An diesem Ergebnis würde sich nichts ändern, wenn die Angeklagte ihren – möglicherweise – bei der Zufügung der Mißhandlungen vorhandenen Tötungsvorsatz aufgegeben hatte, als sie sich schließlich entschloß, den schwerverletzten N. in hilfloser Lage zurückzulassen. Auch in diesem Falle kommt eine Bestrafung wegen Aussetzung nicht in Betracht. § 221 StGB ist ein Gefährdungsdelikt, das menschliches Leben schützen soll. Bei einem vorsätzlichen Angriff auf dieses Rechtsgut kann der Täter, wenn er sich später eines besseren besinnt und – erfolgreich – Hilfe leistet, zwar den Strafmilderungsgrund des Rücktritts erlangen; eine rechtliche Verpflichtung zur Hilfeleistung besteht jedoch nicht. Die strafrechtliche Ahndung erfolgt ausschließlich durch das Verletzungsdelikt.

Der Schuldspruch war demgemäß dahin zu ändern, daß die Verurteilung wegen Aussetzung entfällt. Die Änderung des Schuldspruchs macht die Aufhebung des Strafausspruchs erforderlich, weil das Landgericht der Angeklagten straferschwerend angelastet hat, daß sie sich nicht um Hilfe bemüht und damit einen weiteren Tatbestand erfüllt hat. Für die erneute Strafzumessung ist darauf hinzuweisen, daß der vertypte Milderungsgrund des § 21 StGB, dessen Voraussetzungen das Landgericht bejaht hat, in die Erwägungen einzubeziehen ist, ob ein minder schwerer Fall der Körperverletzung mit Todesfolge vorliegt.

18. Eine Bestimmung des Schuldumfangs im Wege der Schätzung ist bei Serienstraftaten grundsätzlich zulässig.

StPO §§ 261, 267 Abs. 1 – BGH Urt. v. 6. 12. 1994 – 5 StR 305/94 LG Hamburg (= BGHSt. 40, 374 = NJW 1995, 1166 = StV 1995, 60 = NStZ 1995, 203)

Die Revision rügt, daß die Feststellungen in dem angefochtenen Urteil auf bloßen Annahmen und Vermutungen des Tatrichters beruhen.

Sachverhalt: Das Landgericht hat die Angeklagten u.a. wegen Beihilfe zur Steuerhinterziehung in Tateinheit mit Beihilfe zur versuchten gewerbsmäßigen Hehlerei verurteilt.

Der Angeklagte B. betrieb seit 1983 Geschäfte, die den An- und Verkauf von Edelmetallen zum Gegenstand hatten. Ab August 1984 bis Mai 1990 erstellte er für den in derselben Branche tätigen K. fingierte Rechnungen über angebliche Edelmetalllieferungen. Diese Rechnungen benutzte K. zum einen dazu, die darin jeweils ausgewiesene Umsatzsteuer beim Finanzamt unberechtigt als Vorsteuer geltend zu machen und auf diese Weise Steuern zu verkürzen. Zum anderen dienten K. die Belege als Herkunftsnachweise für die von ihm anderweit in großem Umfang ohne Rechnung angekauften Edelmetalle. „Die Scheinrechnungen sollten, wie es auch geschah, jeweils zeitnah auf das Datum der tatsächlichen Schwarzlieferung ausgestellt und gefertigt werden". B. ging davon aus, daß es sich bei 30% bis 40% der von K. angeschafften Waren um Diebesgut handelte, und er war bereit, Hehlereien des K. dadurch zu unterstützen, daß er auf dessen jeweilige Anforderung Gefälligkeitsrechnungen fertigte. Die Kammer hat keine näheren Feststellungen zur strafbaren Herkunft der von K. angekauften Waren im einzelnen getroffen, sich indes – wie der Urteilszusammenhang erweist – davon überzeugt, daß K. im genannten Umfang tatsächlich mit der Vorstellung Waren angekauft hat, es handele sich dabei um Diebesgut. B. erhielt als Gegenleistung von K. jeweils ein Drittel des in den Rechnungen ausgewiesenen Umsatzsteuerbetrages.

Der Angeklagte M. stellte ebenfalls fingierte Rechnungen über den angeblichen Verkauf von Edelmetallen aus; und zwar zum einen direkt für die von K. geführte Firma „H.", zum anderen als (Schein-)Lieferant des Mitangeklagten B. – Das Rechtsmittel war erfolglos.

Gründe: Die Schuldsprüche wegen Beihilfe zur versuchten gewerbsmäßigen Hehlerei geben Anlaß zu folgenden Bemerkungen:

a) Der Tatrichter führt aus, im Rahmen des vorliegenden Verfahrens habe nicht festgestellt werden können, welche der durch die Angeklagten erstellten Rechnungen für welche konkrete deliktisch erlangte Ware als Erwerbsnachweis verwendet worden sei. Eine Klärung, in welchen Einzelfällen K., gegen den die Hauptverhandlung wegen dieser Taten über ein Jahr angedauert habe, tatsächlich Waren hehlerisch erworben habe, sei aus prozeßökonomischen Gründen mit Zustimmung der Staatsanwaltschaft unterblieben. Der Tatrichter hat sich aber davon überzeugt, daß K. in dem oben aufgezeigten Umfang Waren mit der Vorstellung erworben hat, es handele sich dabei um Diebesgut. Insofern geht das Gericht hier nur von einer Beihilfe der Angeklagten zur versuchten gewerbsmäßigen Hehlerei aus.

b) Die Feststellungen belegen mit noch hinreichender Deutlichkeit die Überzeugung des Tatrichters, daß die Angeklagten Beihilfe zur (wie das Landgericht infolge seiner begrenzten Feststellungen meint: versuchten) gewerbsmäßigen Hehlerei geleistet haben.

aa) Die Angeklagten wußten, daß K. die Rechnungen oder jedenfalls einen Teil von ihnen zur „Legalisierung" von möglichem Diebesgut einsetzen wollte. Schon durch die Absprache, bei Bedarf auf Anforderung Rechnungen zur „Legalisierung" von Schwarzkäufen zu erstellen und herzugeben, wurde K. beim Erwerb derartiger Ware gestützt. K. konnte auf die ihm tatsächlich gelieferten Rechnungen zurückgreifen, um einen rechtmäßigen Erwerb zu belegen.

In dem geschilderten Verhalten liegt auch nicht nur eine (straflose) Vorbereitungshandlung oder eine (straflose) nur versuchte Beihilfe. Denn K. hat nach den Feststellungen tatsächlich Waren erworben, die möglicherweise Diebesgut waren. Dies förderten die Angeklagten.

bb) Die Feststellungen beruhen entgegen den Angriffen der Revisionen nicht auf bloßen Annahmen und Vermutungen des Tatrichters. Vielmehr hat das Landgericht seine Überzeugung im Sinne des § 261 StPO einwandfrei auf der Grundlage des von ihm für glaubhaft erachteten Geständnisses des Angeklagten B. gebildet, der von K. über dessen Geschäfte in den von diesem geführten Firmen unterrichtet worden war und deshalb bekunden konnte, daß in K.s Unternehmen tatsächlich (und nicht nur nach Vorstellung der Angeklagten) in großem Umfang für Hehlgut gehaltenes Gold angekauft wurde.

cc) Auch hinsichtlich der Konkretisierung der Haupttat genügen die Feststellungen den rechtlichen Anforderungen: Die Menge des Diebesgutes, auf das sich K.s Hehlereihandlungen bezogen, hat das Gericht aufgrund einer Schätzung des Angeklagten B. bestimmt. Hierbei handelt es sich (anders als in dem vom Bundesgerichtshof mit Beschl. vom 7. 7.

1987 – 4 StR 313/87 [vgl. § 261 StPO erfolgreiche Rügen] – entschiedenen Fall) ersichtlich um die Feststellung eines vom Tatrichter als erwiesen angesehenen Mindestschuldumfangs.

Allerdings wird der Tatrichter vielfach gehalten sein, bei einer Tatserie die Einzelakte so konkret und individualisiert zu ermitteln und festzustellen, daß sich daraus die Verwirklichung des objektiven und subjektiven Deliktstatbestandes für jede Einzeltat nachprüfbar ergibt (vgl. Senatsbeschl. v. 18. 5. 1994 – 5 StR 176/94). Dies hat die Strafkammer hier „aus prozeßökonomischen Gründen" unterlassen. Sie hat den Umfang der Hehlerei statt dessen im Wege der Schätzung ermittelt. Dies ist hier – auf die Revision der Angeklagten – rechtlich nicht zu beanstanden, da sich das Ergebnis der Schätzung nicht zu ihrem Nachteil auswirkt. Unumgänglich wird eine solche Schätzung namentlich dann sein, wenn Belege über kriminelle Geschäfte abhanden gekommen sind oder von vornherein fehlten (vgl. auch zu ähnlichen Fällen: BGH wistra 1993, 264; BGH, Beschl. v. 4. 5. 1993 – 5 StR 69/93).

Zur Bestimmung des Schuldumfangs ist es in solchen Fällen zulässig, einen rechnerisch bestimmten Teil des Gesamtgeschehens bestimmten strafrechtlich erheblichen Verhaltensweisen im Wege der Schätzung zuzuordnen. Die Feststellung der Zahl der Einzelakte und die Verteilung des festgestellten Gesamtschadens auf diese Einzelakte erfolgt nach dem Grundsatz in dubio pro reo (vgl. etwa BGH NStZ 1994, 586).

Jede andere Betrachtung, die von einer eingeengten, jeden Einzelfall isoliert beurteilenden Sichtweise ausgeht, würde bei fehlenden Belegen zum Ausschluß, in vielen anderen Fällen zur Erschwerung der Bestrafung bei zweifellos strafbarem Gesamtverhalten führen. Solches ist von der Rechtsprechung bislang im Bereich von Verurteilungen wegen fortgesetzter Handlungen unproblematisch vermieden worden. Der Verzicht auf dieses Rechtsinstitut kann nicht zu Strafbarkeitslücken führen, die der Gerechtigkeit widerstreiten würden.

19. Der Tatrichter muß berücksichtigen, daß die DNA-Analyse lediglich eine statistische Aussage enthält, die eine Würdigung aller Beweisumstände nicht überflüssig macht.

StPO § 261 – BGH Urt. v. 27. 2. 1994 – 3 StR 225/94 LG Osnabrück (= StV 1994; 580)

Die Revision der Staatsanwaltschaft rügt die Verletzung sachlichen Rechts.

Sachverhalt: Das Landgericht hat den Angeklagten wegen versuchter Vergewaltigung in Tateinheit mit Körperverletzung zu einer Freiheitsstrafe verurteilt. Vom Vorwurf zweier weiterer Vergewaltigungen hat es ihn aus tatsächlichen Gründen freigesprochen.

In dem der Anfechtung unterliegenden Fall wird dem – bestreitenden – Angeklagten zur Last gelegt, er habe in den frühen Morgenstunden des 20. 1. 1991 in N. die damals 18 Jahre alte S., als sie mit dem Fahrrad unterwegs war, überfallen, an den Haaren zu einem nahegelegenen Parkplatz gezerrt und dort mit ihr unter Bedrohung mit einem Messer den Geschlechtsverkehr bis zum Samenerguß vollzogen.

Das Landgericht hat zunächst berücksichtigt, daß der Angeklagten durch das Ergebnis der nach der Methode des sogenannten genetischen Fingerabdrucks (DNA-Fingerprinting) bzw. des Restriktions-Fragment-Längen-Polymorphismen-Verfahrens (RFLP) durchgeführten DNA-Analyse der beim Tatopfer gesicherten Spermaspuren des Täters und der – vom Angeklagten freiwillig zur Verfügung gestellten – Vergleichsblutspur erheblich belastet wird. Nach den im Urteil dargelegten Ausführungen des Sachverständigen war das vom Täter herrührende Spurenmaterial allerdings nur ausreichend, um zwei Sonden darzustellen und auszuwerten; bei diesen zwei Sonden sei jedoch eine Übereinstimmung mit der Vergleichsspur des Angeklagten festgestellt worden. Daraus ergibt sich nach der mitgeteilten Schlußfolgerung des Sachverständigen auf Grund des „Datenmaterials" (über die Häufigkeit der festgestellten Merkmale in der Population), „daß die Wahrscheinlichkeit, eine andere nicht mit dem Angeklagten verwandte Person besitze dieselbe – in den zwei Sonden gefundene genetische Ausprägung, mit 0,000026 % anzunehmen ist". Auf Grund dessen hat die Strafkammer dem Gutachten des Sachverständigen weiter entnommen, daß sich unter einer Million Menschen der Weltbevölkerung 26 Personen befinden, die eine entsprechende Sondenausprägung besitzen und daß – unterstellt jede zweite Person der Bevölkerung sei ein für eine Vergewaltigung in Betracht kommender Mann – außer dem Angeklagten noch zwölf weitere Personen unter einer Million in Frage kämen.

Die Geschädigte hat den Angeklagten nicht als den Täter, den sie nur kurz ohne die von ihm getragene Strumpfmaske gesehen hatte, identifizieren können, jedoch eine Täterbeschreibung abgegeben, die nach dem ungefähren Alter sowie der Haar- und Barttracht (dunkle, schulterlange Haare, Schnauzbart) auf den Angeklagten zutrifft. Die Angaben der Zeugin über die Größe des Täters weichen von der festgestellten Größe des Angeklagten nicht bloß unwesentlich ab.

Der Täter hat nach der Schilderung der Geschädigten gelispelt, während beim Angeklagten ein solcher Sprachfehler nicht festzustellen ist.

Der Angeklagten schied in dem weiteren ihm vorgeworfenen Fall einer im März 1993 in N. begangenen Vergewaltigung, in dem das Tatopfer eine auf den Angeklagten auch der Größe nach zutreffende Täterbeschreibung gegeben und ihn sogar bei einer Wahllichtbildvorlage „fast sicher" als Täter wiedererkannt hatte, wegen erbrachten Alibibeweises erwiesenermaßen als Täter aus. Daraus zog das Landgericht den Schluß, daß es im Bereich von N. einen Vergewaltigungstäter (mit vergleichbarer, überfallartiger Begehungsweise) gebe, der im Aussehen dem Angeklagten ähnlich sei und auch für die Tatbegehung im Fall der Zeugin S. in Betracht komme. – Das Rechtsmittel war erfolglos.

Gründe: Die Erwägungen, mit denen das Landgericht begründet hat, weshalb es die Überzeugung von der Täterschaft des Angeklagten in diesem Fall nicht gewonnen hat, halten sachlich-rechtlicher Prüfung stand.

Spricht das Gericht den Angeklagten frei, weil es Zweifel an seiner Täterschaft nicht zu überwinden vermag, so ist das aus der Sicht des Revisionsgerichts grundsätzlich hinzunehmen. Die Beweiswürdigung ist Sache des Tatrichters. Die revisionsrechtliche Beurteilung ist auf die Prüfung beschränkt, ob dem Tatrichter Rechtsfehler unterlaufen sind. Das ist in sachlichrechtlicher Hinsicht der Fall, wenn die Beweiswürdigung widersprüchlich, unklar oder lückenhaft ist oder gegen die Denkgesetze oder gegen gesicherte Erfahrungssätze verstößt. Rechtlich zu beanstanden sind tatrichterliche Beweiserwägungen ferner dann, wenn sie erkennen lassen, daß das Gericht überspannte Anforderungen an die zur Verurteilung erforderliche Überzeugungsbildung gestellt und dabei verkannt hat, daß eine absolute, das Gegenteil denknotwendig ausschließende und von niemand anzweifelbare Gewißheit nicht erforderlich ist, vielmehr ein nach der Lebenserfahrung ausreichendes Maß an Sicherheit genügt, das vernünftige und nicht bloß auf denktheoretische Möglichkeiten gegründete Zweifel nicht zuläßt (st. Rspr., vgl. BGHR StPO § 261 Beweiswürdigung 5 [BGH Urt. v. 24. 1. 1989 – 1 StR 683/88; vgl. § 261 StPO erfolgreiche Rügen], Einlassung 5, Überzeugungsbildung 20; BGH NStZ 1988, 236, 237 [BGH Urt. v. 8. 1. 1988 – 2 StR 551/87; vgl. § 261 StPO erfolgreiche Rügen]). Einen solchen Mangel weisen die angegriffenen Beweiserwägungen nicht auf. Sie sind insbesondere nicht zum Vorteil des Angeklagten lückenhaft und vermeiden eine jeweils bloß isolierte Betrachtung der für und gegen die Täterschaft des Angeklagten sprechenden Umstände.

Gemessen an dem, was über die Darlegungen des Sachverständigen im Urteil mitgeteilt wird, begegnet eine uneingeschränkte Verwertung der gutachtlichen Stellungnahme indes Bedenken. Die Urteilsausführungen werden nämlich den in der Rspr. des BGH (vgl. BGHSt. 38, 320, 322 ff. [BGH Urt. v. 12. 8. 1992 – 5 StR 239/92; vgl. § 261 StPO erfolgreiche Rügen]; 37, 157, 159 f. [BGH Urt. v. 21. 8. 1990 – 5 StR 145/90; vgl. § 81a StPO erfolglose Rügen]) aufgestellten Anforderungen an die kritische Beurteilung des Beweiswerts einer DNA-Analyse nicht gerecht. Sie lassen nähere Darlegungen zu dem der Wahrscheinlichkeitsberechnung zugrunde gelegten „Datenmaterial" (Datenbasis) und zur Frage der statistischen Unabhängigkeit der untersuchten Merkmale vermissen. Auch hätte näher ausgeführt werden sollen, weshalb der Gutachter zu der Aussage derart hoher Wahrscheinlichkeit der Identität gelangt, obwohl nur der Einsatz von zwei und nicht wie im Sinne einer gewissen Standardisierung üblich von vier oder gar fünf Sonden möglich war. Der in dem Fehlen entsprechender Ausführungen liegende Mangel hat sich jedoch nicht zugunsten des Angeklagten ausgewirkt und zwingt daher nicht zur Aufhebung des Teilfreispruchs. Denn das Landgericht hat seinen Beweiserwägungen die mitgeteilte Wahrscheinlichkeitsaussage des Gutachtens als zuverlässig zugrunde gelegt.

Daß die Strafkammer trotz der damit angenommenen hohen Wahrscheinlichkeit der Identität zwischen Täterspur und Vergleichsspur weitere Beweiserwägungen im Sinne einer Gesamtwürdigung aller beweiserheblichen Umstände für erforderlich gehalten, der DNA-Analyse mithin nicht allein ausschlaggebenden Beweiswert zuerkannt hat, ist nicht zu beanstanden, sondern rechtlich geboten. Wie der BGH in BGHSt. 38, 320 im einzelnen dargelegt hat, muß der Tatrichter berücksichtigen, daß die DNA-Analyse lediglich eine statistische Aussage enthält, die eine Würdigung aller Beweisumstände nicht überflüssig macht.

Das Landgericht hat dabei nicht bloß theoretisch begründeten Zweifeln Raum gegeben. Auch läßt die ergänzende Beweiswürdigung nicht besorgen, daß es Gesichtspunkte, die sich nach Sachlage aufdrängen oder jedenfalls naheliegen, außer acht gelassen hätte. Die Strafkammer hat insbesondere nicht übersehen, daß die Geschädigte, die Zeugin S., zwar den Angeklagten nicht als den Täter, den sie nur kurz ohne die von ihm getragene Strumpfmaske gesehen hatte, identifizieren konnte, jedoch eine Täterbeschreibung gegeben hatte, die nach dem ungefähren Alter sowie der Haar- und Barttracht (dunkle, schulterlange Haare, Schnauzbart) auf den Angeklagten zutrifft. Die Wertung des Landgericht, daß dieser zusätzlich belastende Umstand in seinem Beweiswert gemindert sei, läßt Rechtsfehler nicht erkennen. Abgesehen davon, daß die Zeugin durch starke Kurzsichtigkeit, die damals noch nicht durch eine Brille ausgeglichen war, in ihrer genauen visuellen Wahrnehmungsmöglichkeit generell eingeschränkt war, hat das Landgericht zu Recht zu Gunsten des Angeklagten bedacht, daß die Angaben der Zeugin über die Größe des Täters von der festgestellten Größe des Angeklagten nicht bloß unwesentlich abweichen. Mit einer solchen Abweichung muß sich der Tatrichter auseinandersetzen (vgl. BGHR StPO § 261 Indizien 5). Zureichende Anhaltspunkte dafür, daß das Landgericht dabei die nach den Tatumständen auf der Hand liegende Möglichkeit übersehen hätte, daß die Größenangabe nur deshalb auf den Angeklagten nicht zutraf, weil die Zeugin sich in ihrer Angst und Aufregung verschätzte, liegen nicht vor.

Das Landgericht hat ferner darauf verwiesen, daß der Täter nach der Schilderung der Geschädigten gelispelt hatte, während beim Angeklagten ein solcher Sprachfehler nicht festzustellen ist. Die Möglichkeit, daß das geschilderte Lispeln beim Täter von einer Behinderung durch die getragene Strumpfmaske herrührte, somit nicht eine dauernde Sprechbeeinträchtigung darstellte, liegt nicht in dem Sinne nahe, daß das Landgericht aus sachlich-rechtlichen Gründen gehalten gewesen wäre, darauf in den Urteilsgründen einzugehen.

Schließlich hat die Strafkammer noch darauf abgestellt, daß der Angeklagten in dem weiteren ihm vorgeworfenen Fall einer im März 1993 in N. begangenen Vergewaltigung, in dem das Tatopfer eine auf den Angeklagten auch der Größe nach zutreffende Täterbeschreibung gegeben und ihn sogar bei einer Wahllichtbildvorlage „fast sicher" als Täter wiedererkannt hatte, wegen erbrachten Alibibeweises erwiesenermaßen als Täter ausschied und insoweit – von der Staatsanwaltschaft nicht angefochten – freigesprochen worden ist. Die daraus gezogene Schlußfolgerung des Landgerichts, daß es im Bereich von N.

einen Vergewaltigungstäter (mit vergleichbarer, überfallartiger Begehungsweise) gebe, der im Aussehen dem Angeklagten ähnlich sei und auch für die Tatbegehung im Fall der Zeugin S. in Betracht komme, ist möglich und revisionsrechtlich nicht angreifbar.

Wenn die Strafkammer unter den dargelegten Umständen meinte, aus der Schilderung des Tatopfers keine zusätzlichen, das Ergebnis der DNA-Analyse stützenden und ergänzenden Beweisgründe gewinnen zu können, sondern daraus zu Gunsten des Angeklagten wirkende Zweifel ableitete, hält sich dies innerhalb der rechtlichen Grenzen, die der tatrichterlichen Beweiswürdigung gesetzt sind. Die Beweiserwägungen des Landgerichts lassen insgesamt erkennen, daß die Zweifel an der Täterschaft des Angeklagten in dem der Anfechtung unterliegenden Fall nicht von intuitiven, nicht zu verifizierenden Bedenken bestimmt sind, sondern auf einer rational vermittelbaren Grundlage beruhen. Dabei kommt es nicht darauf an, ob das Revisionsgericht in gleicher Lage wie das Tatgericht die Beweise für einen Täterschaftsnachweis für ausreichend gehalten hätte oder nicht.

20. Die tatsächliche Richtigkeit von Behauptungen, aus denen sich ein verfahrensrechtlicher Verstoß ergeben soll, muß erwiesen sein und kann nicht lediglich nach dem Grundsatz „im Zweifel für den Angeklagten" unterstellt werden.

StPO § 261 – BGH Beschl. v. 19. 10. 1993 – 1 StR 662/93 LG Regensburg (NJW 1994, 1293 = StV 1994, 174 = NStZ 1994, 196)

Die Revision rügt, das Gericht habe sich nicht an eine zwischen Verteidiger und Vorsitzenden getroffene Vereinbarung über das Strafmaß gehalten.

Sachverhalt: Der Angeklagte hatte bereits im Ermittlungsverfahren ein Geständnis abgelegt, das im wesentlichen den Urteilsfeststellungen entspricht. Gleichwohl hatte es, wie die Revision vorträgt, vor der Hauptverhandlung „mehrere ausführliche Absprachen" zwischen dem Verteidiger und dem Vorsitzenden in dessen Dienstzimmer zu der Frage gegeben, ob der Angeklagte dieses Geständnis in der Hauptverhandlung wiederholen werde. Daß weitere Verfahrenbeteiligte – z.B. die berufsrichterlichen Mitglieder der Jugendkammer, die Jugendschöffen, ein Vertreter der Staatsanwaltschaft, der Verteidiger des damaligen Mitangeklagten – in diese Erörterungen einbezogen worden seien, ist nicht ersichtlich.

Das Ergebnis dieser Absprache ist unklar:

Der Verteidiger erklärt „unter Berufung auf Standesrecht", für den Fall der Wiederholung des Geständnisses sei die Verhängung einer Jugendstrafe von acht Jahren „buchstäblich vereinbart" worden. Demgegenüber erklärt der Vorsitzende in einer dienstlichen Stellungnahme „auf Dienstpflicht", dieses Vorbringen sei unzutreffend. Er habe zu dem Verteidiger „lediglich gesagt, daß ein Geständnis sich zugunsten des Angeklagten auswirken werde". Daß der Angeklagte „zu einer Jugendstrafe von nur 8 Jahren verurteilt werde", habe er demgegenüber „keinesfalls zugesichert oder versprochen".

In den Urteilsgründen hat die Jugendkammer bei der Strafzumessung das sowohl bei der Polizei als auch in der Hauptverhandlung abgelegte Geständnis des Angeklagten ausdrücklich „zu seinen Gunsten ... gewertet". Gleichwohl sah sie sich wegen einer Vielzahl rechtsfehlerfrei festgestellter Gesichtspunkte außerstande, die gesetzlich vorgesehene Höchststrafe zu unterschreiten. – Das Rechtsmittel war erfolglos.

Gründe: ...

2. Nach der Rspr. des BVerfG (wistra 1987, 134) und des BGH (NStZ 1991, 346, 348 [BGH Urt. v. 23. 1. 1991 – 3 StR 365/90 = BGHSt. 37, 298; vgl. § 338 Nr. 3 StPO erfolgreiche Rügen]) ist ein „Vergleich" im Gewande des Urteils, ein „Handel mit der Gerechtigkeit" untersagt. Dementsprechend präjudizieren Absprachen außerhalb der Hauptverhandlung über „Leistung" (z.B. Geständnis) und „Gegenleistung" (z.B. eine milde, womöglich in ihrer Höhe konkret schon festgelegte Strafe) das Urteil nicht.

Wie der vorliegende Fall verdeutlicht, bestehen gegen ein anderes Ergebnis nicht nur schwerwiegende grundsätzliche Bedenken, sondern in gleicher Weise auch schwerwiegende praktische Bedenken: Der wahre Inhalt einer Absprache außerhalb verfahrensförmigen Geschehens ist nicht zweifelsfrei feststellbar, wenn – wie hier die (beiden einzigen) Teilnehmer an dieser Absprache – unter Berufung auf „Standesrecht" einerseits und „Dienstpflicht" andererseits – hierzu miteinander unvereinbare Angaben machen.

Eine solch unsichere Grundlage kann nicht die Basis eines Urteils sein. Erst recht kann die Behauptung einer solchen Absprache nicht Grundlage eines erfolgreichen Revisionsangriffs des Angeklagten sein. Die tatsächliche Richtigkeit von Behauptungen, aus denen sich ein verfahrensrechtlicher Verstoß ergeben soll, muß erwiesen sein und kann nicht lediglich nach dem Grundsatz „im Zweifel für den Angeklagten" unterstellt werden (vgl. BGHSt. 16, 164, 167 [BGH Urt. v. 28. 6. 1961 – 2 StR 154/61; vgl. § 136a StPO erfolglose Rügen]).

3. Ob angesichts der insoweit im Kern mit dem Revisionsvorbringen übereinstimmenden Erklärung des Vorsitzenden, ein Geständnis werde sich zugunsten des Angeklagten „auswirken", gleichwohl ein Hinweis an den Angeklagten geboten gewesen wäre (vgl. BGHSt. 36, 210 ff. [BGH Urt. v. 7. 6. 1989 – 2 StR 66/89; vgl. § 265 StPO erfolgreiche Rügen]; BGH StV 1992, 50, 51 [BGH Urt. v. 30. 10. 1991 – 2 StR 200/91 = BGHSt. 38, 102; vgl. § 33 StPO erfolgreiche Rügen]), nachdem die Urteilsberatung ergeben hatte, daß sich das Geständnis jedenfalls nicht so stark auswirken konnte, als daß deshalb die Höchststrafe unterschritten werden konnte, bedarf hier keiner Entscheidung, weil das Urteil auf einem etwaigen Verstoß nicht beruhen würde:

a) Der Schuldspruch beruht auf dem Geständnis des Angeklagten, wie er es auch bereits im Ermittlungsverfahren abgelegt hatte. Die Revision trägt in diesem Zusammenhang nur vor, daß sich die Hauptverhandlung verlängert hätte, wenn der Angeklagte sein Geständnis nicht wiederholt hätte, nicht aber, daß eine längerdauernde Beweisaufnahme inhaltlich zu einem anderen Ergebnis geführt hätte. Auch wenn man davon ausgeht, daß die Hauptverhandlung ohne die Wiederholung des Geständnisses länger gedauert hätte, ist kein Grund ersichtlich, der dazu führen könnte, daß die Jugendkammer nach dem Ergebnis der Urteilsberatung das in der Hauptverhandlung abgelegte Geständnis als unverwertbar hätte ansehen müssen. Daß der Vorsitzende seine Erklärung vor der Hauptverhandlung etwa unter den Voraussetzungen des § 136a StPO abgegeben hätte, wird weder von der Revision behauptet noch ist es sonst ersichtlich.

b) Wie sich auch aus dem übrigen Revisionsvorbringen ergibt, wurden in der Hauptverhandlung eine Vielzahl von Beweisanträgen gestellt, durch die Umstände dargetan werden sollten, welche die Tat in einem milderen Licht erscheinen lassen sollten. Unter diesen Umständen ist nicht erkennbar, daß der Angeklagte im Vertrauen auf eine Absprache davon abgesehen hätte, für ihn günstige strafmildernde Gesichtspunkte vorzutragen oder erfolgversprechende Beweisanträge zu stellen. Jedenfalls bei einer Fallgestaltung, bei der zugleich gerügt wird, zahlreiche (nur) für die Strafzumessung wesentliche Anträge seien nicht oder nicht richtig verabschiedet worden oder aus der (nur) hierfür bedeutsamen Beweisaufnahme seien falsche Schlüsse gezogen worden, genügt das Revisionsvorbringen, im Vertrauen auf die Absprache seien nicht näher konkretisierte „weitere Beweisanträge" unterlassen worden, nicht. Es fehlen damit die erforderlichen tatsächlichen Angaben, auf deren Grundlage das Revisionsgericht die Möglichkeit des Beruhens des Strafausspruches auf einem (etwaigen) Verfahrensverstoß überprüfen könnte (vgl. BGHSt. 30, 131, 135 [BGH Urt. v. 26. 5. 1981 – 1 StR 48/81; vgl. § 338 Nr. 8 StPO erfolglose Rügen]).

21. Kein Beweisverwertungsverbot aus der völkerrechtswidrigen Verletzung von Interessen eines anderen Staates wegen einer im Inland begangenen Straftat (Fortführung von BGHSt. 36, 396[1]).

StPO § 261 – BGH Beschl. v. 30. 4. 1990 – StB 8/90 OLG Hamburg (= BGHSt. 37, 30 = NJW 1990, 1801 = StV 1990, 297 = NStZ 1990, 401)

Der Beschwerdeführer rügt, daß in einem gegen ihn geführten Ermittlungsverfahren Erkenntnisse aus einer völkerrechtswidrigen Telefonüberwachung des türkischen Generalkonsulats verwendet worden sind.

Sachverhalt: Der Beschuldigte befindet sich auf Grund eines Haftbefehls des Ermittlungsrichters des Oberlandesgerichts Hamburg vom 28. 1. 1990 seit diesem Tage wegen des dringenden Verdachts geheimdienstlicher Agententätigkeit (§ 99 Abs. 1 Nr. 1 StGB) und Fluchtgefahr (§ 112 Abs. 2 Nr. 2 StPO) in Untersuchungshaft. Durch den angefochtenen Beschluß hat das Oberlandesgericht seine Haftbeschwerde verworfen. Dagegen wendet sich der Beschuldigte mit der weiteren Beschwerde vom 11. 4. 1990, der das Oberlandesgericht nicht abgeholfen hat. – Das Rechtsmittel war erfolglos.

Gründe: Zu Recht hat das Oberlandesgericht angenommen, daß der Beschuldigte weiterhin dringend verdächtig ist, sich seit 1988 einer geheimdienstlichen Agententätigkeit gemäß § 99 Abs. 1 Nr. 1 StGB gegen die Bundesrepublik Deutschland für den türkischen Geheimdienst mitschuldig gemacht zu haben, indem er als Sozialarbeiter der Justizbehörde Hamburg für diesen Geheimdienst Informationen aus dem Bereich der Untersuchungshaftanstalt Hamburg, insbesondere über die persönlichen Verhältnisse, politischen Einstellungen und Straftaten türkischer und kurdischer Gefangener, sammelte und seinen Verbindungsleuten im türkischen Generalkonsulat in Hamburg übermittelte (vgl. BGHSt. 29, 325, 334 f.[2]). Der dringende Tatverdacht ergibt sich unter anderem aus den bei mehreren Durchsuchungen sichergestellten Beweismitteln und den eigenen Angaben des Beschuldigten, die ein weitgehendes Geständnis enthalten. Dessen Verwertbarkeit gegen ihn steht nicht entgegen, daß ihm bei seinen polizeilichen Vernehmungen in der Zeit vom 22. 2. bis 27. 3. 1990 Erkenntnisse vorgehalten worden sind, welche das Landesamt für Verfassungsschutz durch Abhören eines Telefonanschlusses des türkischen Generalkonsulats in Hamburg gewonnen hat.

a) Der in Rede stehende Telefonanschluß des Generalkonsulats wurde, wie von der weiteren Beschwerde nicht in Zweifel gezogen wird, vom Landesamt für Verfassungsschutz auf Grund einer Maßnahme nach dem Gesetz zur Beschränkung des Brief-, Post- und Fernmeldegeheimnisses (G 10) überwacht. Erkenntnisse, die auf solchem Wege gewonnen werden, dürfen in einem Strafverfahren, das – wie hier – eine Tat nach § 99 StGB zum Gegenstand hat, grundsätzlich verwertet werden (Art. 1 § 2 Abs. 1 Nr. 3; § 7 Abs. 3 G 10). Die geheimdienstliche Agententätigkeit gehört zu den Katalogtaten im Sinne dieser Vorschriften.

b) Der Senat hat die unmittelbare Verwertung derselben Erkenntnisse in einem Beschluß vom 4. 4. 1990 (BGHSt. 36, 396[3]) allerdings in einem Fall beanstandet, in dem es sich um

---

[1] „Die Überwachung eines in den Diensträumen eines Konsulats eingerichteten Telefonanschlusses nach dem G 10 ist jedenfalls dann rechtswidrig, wenn sich der zugrundeliegende Verdacht auf strafbare Handlungen bezieht, die mit der Wahrnehmung konsularischer Aufgaben zusammenhängen können. Erkenntnisse aus einer Telefonüberwachung, die unter Verletzung der völkerrechtlich anerkannten Grundsätze der Immunität der Konsularbeamten und der Unverletzlichkeit ihrer Diensträume erlangt sind, unterliegen einem strafprozessualen Verwertungsverbot."

[2] „Der Tatbestand des § 99 Abs. 1 Nr. 1 StGB ist in der Regel auch dann erfüllt, wenn die geheimdienstliche Agententätigkeit sich gegen Ausländerorganisationen in der Bundesrepublik Deutschland oder sonst gegen hier lebende Ausländer richtet."

[3] „Die Überwachung eines in den Diensträumen eines Konsulats eingerichteten Telefonanschlusses nach dem G 10 ist jedenfalls dann rechtswidrig, wenn sich der zugrundeliegende Verdacht auf strafbare Handlungen bezieht, die mit der Wahrnehmung konsularischer Aufgaben zusam-

strafrechtliche Ermittlungen gegen zwei Attachés des türkischen Generalkonsulats handelte. Er hat dies damit begründet, daß die Überwachung des bezeichneten, in den Diensträumen des Generalkonsulats eingerichteten Telefonanschlusses mit den Bestimmungen des Wiener Übereinkommens über konsularische Beziehungen (WÜK) vom 24. 4. 1963 jedenfalls dann nicht zu vereinbaren sei, wenn sich der Verdacht auf strafbare Handlungen beziehe, die mit der Wahrnehmung konsularischer Aufgaben zusammenhängen könnten. Demgemäß hat er der Entscheidung als Leitsatz vorangestellt, Erkenntnisse aus einer Telefonüberwachung, die unter Verletzung der völkerrechtlich anerkannten Grundsätze der Immunität der Konsularbeamten und der Unverletzlichkeit ihrer Diensträume erlangt worden seien, unterlägen einem strafprozessualen Verwertungsverbot. Hierauf kann sich der Beschuldigte nach Lage seines Falles aber nicht mit Erfolg berufen.

Der Senat braucht nicht allgemein zu klären, unter welchen Voraussetzungen und in welcher Richtung ein Verstoß gegen ein Verbot, ein bestimmtes Beweismittel zu beschaffen, ein strafprozessuales Verwertungsverbot nach sich zieht und wie weit ein solches Verbot reichen würde. Die Rechtsprechung stellt bei der Beurteilung dieser Fragen zu Recht auf die Umstände des Einzelfalls, die Art des Verbots und eine Abwägung der einander widerstreitenden Interessen ab (vgl. BGHSt. 19, 325, 329 ff. [BGH Urt. v. 21. 2. 1964 – 4 StR 519/63; vgl. § 249 StPO erfolgreiche Rügen]; 27, 355, 357 [BGH Urt. v. 22. 2. 1978 – 2 StR 334/77; vgl. § 100a StPO erfolgreiche Rügen]; 31, 304, 307 ff. [BGH Urt. v. 17. 3. 1983 – 4 StR 640/82; vgl. § 100a StPO erfolgreiche Rügen]; 35, 32, 34 f. [BGH Urt. v. 6. 8. 1987 – 4 StR 333/87; vgl. § 100a StPO erfolglose Rügen]). Bei der Abgrenzung ist zu beachten, daß die Annahme eines Verwertungsverbots einen der wesentlichen Grundsätze des Strafverfahrens einschränkt, nämlich den, daß das Gericht die Wahrheit zu erforschen und dazu die Beweisaufnahme von Amts wegen auf alle Tatsachen und Beweismittel zu erstrecken hat, die von Bedeutung sind. Gegenüber diesem Grundsatz bildet ein Beweisverwertungsverbot eine Ausnahme, die nur nach ausdrücklicher gesetzlicher Vorschrift oder aus übergeordneten wichtigen Gründen im Einzelfall anzuerkennen ist (vgl. BGHSt. 27, 355, 357; 35, 32, 34). Vor dem Hintergrund dieser Erwägungen wirkt das in dem Senatsbeschluß vom 4. 4. 1990 nicht zugunsten des Beschuldigten. Eine gesetzliche Verbotsregelung, die ihm zugute kommen könnte, fehlt. Er steht der Völkerrechtsverletzung fern; sie berührt nicht seine rechtlich geschützte Sphäre. Er gehört auch – anders als die türkischen Attachés – nicht zum konsularischen Dienst, dessen Wahrnehmung durch den Grundsatz der Unverletzlichkeit der konsularischen Räumlichkeiten (Art. 31 WÜK) vor Beeinträchtigungen geschützt werden soll. Anders als die Attachés war er nicht in den Räumlichkeiten tätig, in denen sich – innerhalb des völkerrechtlichen Schutzbereichs – der überwachte Telefonanschluß befand. Er zählt schließlich nicht zu den Angehörigen des Generalkonsulats, die nach Art. 43 Abs. 1 WÜK wegen Handlungen, die sie (möglicherweise wenigstens auch) in Wahrnehmung konsularischer Aufgaben vorgenommen haben, von den Gerichts- oder Verwaltungsbehörden des Empfangsstaats nicht zur Verantwortung gezogen werden können; für ihn kommen also die Unverletzlichkeit der konsularischen Diensträume und die Immunität der Konsularbeamten als Grundlage eines Beweisverwertungsverbots nicht in Betracht. Diese Gründe, welche die den Beschluß vom 4. 4. 1990 tragenden rechtlichen Überlegungen auf den Beschuldigten unanwendbar machen, rechtfertigen es, die Frage des Beweisverwertungsverbots bei ihm anders zu beurteilen als bei den Attachés des Generalkonsulats.

c) Zusätzliche völkerrechtliche Überlegungen führen zu keinem anderen Ergebnis. Aus dem Völkerrecht ergibt sich für den Beschuldigten ein Beweisverwertungsverbot hier auch

menhängen können. Erkenntnisse aus einer Telefonüberwachung, die unter Verletzung der völkerrechtlich anerkannten Grundsätze der Immunität der Konsularbeamten und der Unverletzlichkeit ihrer Diensträume erlangt sind, unterliegen einem strafprozessualen Verwertungsverbot."

nicht als Reflexwirkung aus der Verletzung von Interessen eines anderen Staates. Vielmehr ist anerkannt, daß der einzelne, der von einer völkerrechtswidrigen Maßnahme betroffen ist (insbesondere von der Verletzung eines völkerrechtlichen Vertrags, der ihm keine Rechte als Individuum gewährt), sich in einem anschließenden gegen ihn gerichteten inländischen Strafverfahren wegen einer im Inland begangenen Straftat grundsätzlich nicht auf die vom Gewahrsamsstaat verübte Völkerrechtswidrigkeit berufen kann, um daraus strafprozessuale Vorteile für sich herzuleiten (vgl. BVerfG NJW 1986, 1427; BVerfG NStZ 1986, 468; BGH NStZ 1984, 563 [BGH Urt. v. 2. 8. 1984 – 4 StR 120/83; vgl. § 345 StPO erfolglose Rügen]; 1985, 464 [BGH Urt. v. 30. 5. 1985 – 4 StR 187/85; vgl. § 260 StPO erfolglose Rügen]; BGHSt. 30, 347, 349 f. [BGH Beschl. v. 15. 1. 1982 – 2 StR 153/81; vgl. § 60 StPO erfolglose Rügen]; BGHR StPO vor § 1/Verfahrenshindernis – Hoheitsrechte, fremde 1 [BGH Beschl. v. 19. 12. 1986 – 2 StR 588/86; vgl. § 260 StPO erfolglose Rügen] u. 2). Der Senat hat für einen Sonderfall zwar ausgesprochen, daß die Verwertung eines Beweismittels, das außerhalb eines vereinbarten Rechtshilfeverkehrs erlangt worden ist, selbst (als Vertragsverletzung) völkerrechtswidrig und deswegen unzulässig sein könne (BGHSt. 34, 334, 341 ff., 344 f. [BGH Urt. v. 8. 4. 1987 – 3 StR 11/87; vgl. § 251 StPO erfolgreiche Rügen]). So liegt der Fall hier aber nicht. Vielmehr ist das völkerrechtswidrige Geschehen, das in dem „Lauschangriff" lag, abgeschlossen. Durch die Benutzung der Telefongesprächsaufzeichnungen in dem Ermittlungs- und Strafverfahren gegen den Beschuldigten, der selbst konsularische Funktionen in dem und für das Generalkonsulat nicht ausgeübt hat, werden weder die völkerrechtlich geschützte Unverletzlichkeit der Räumlichkeiten noch die Immunität der Beamten des Generalkonsulats erneut beeinträchtigt.

22. Verwertung von Tagebuchaufzeichnungen bei schweren Straftaten statthaft.

StPO § 261 – BVerfG Urt. v. 14. 9. 1989 – 2 BvR 1062/87 – (= BVerfGE 80, 367 = NJW 1990, 563 = StV 1990, 1 = NStZ 1990, 89 = MDR 1990, 307 = JZ 1990, 431

Die Verfassungsbeschwerde richtet sich gegen das erste Urteil des Landgerichts, durch das der Beschwerdeführer wegen Mordes zu lebenslanger Freiheitsstrafe verurteilt worden ist und gegen die erste Revisionsentscheidung des Bundesgerichtshofs. Der Beschwerdeführer macht geltend, die Verwertung seiner Tagebuchaufzeichnungen verstoße gegen Art. 2 Abs. 1 in Verbindung mit Art. 1 Abs. 1 GG. Nach seiner Auffassung gehören sie dem absolut geschützten Kernbereich der Privatsphäre an, in den unter keinen Umständen eingegriffen werden darf. Er habe sich seine innersten und geheimsten Probleme und Nöte von der Seele geschrieben und dabei höchstpersönliche Dinge aus seiner Intimsphäre zu Papier gebracht. Die Aufzeichnungen seien deshalb dem staatlichen Zugriff entzogen.

Sachverhalt:

1. Das Landgericht verurteilte den Beschwerdeführer wegen Mordes zu lebenslanger Freiheitsstrafe. Nach den Feststellungen des Urteils hat er im August 1985 eine Frau erschlagen. Der Beschwerdeführer hat die Tat bestritten; die tatrichterliche Überzeugung stützt sich auf Indizien. Eines der Beweisanzeichen sah die Schwurgerichtskammer in der Persönlichkeit des Beschwerdeführers, der eine längerfristige Beziehung zum anderen Geschlecht nicht habe aufbauen können und deshalb unter erheblichen aggressiven Verstimmungen gelitten habe. Diese Erkenntnisse beruhen unter anderem auf den Angaben eines Sachverständigen, der tagebuchähnliche Aufzeichnungen des Beschwerdeführers mit diesem erörtert hatte. Die Aufzeichnungen, die der Beschwerdeführer nach seinen Angaben auf Anraten eines Psychologen gemacht hatte, waren im Zuge der Ermittlungen in seinem im elterlichen Haus bewohnten Zimmer sichergestellt worden. Der Beschwerdeführer hatte die Aufzeichnungen auf Notizheften, Abreißblöcken und losen Blättern zu Papier gebracht, in Büchern und Regalen aufbewahrt und über deren Inhalt außerhalb des Strafverfahrens mit niemandem gesprochen. Aus der Vielzahl der Schriftstücke hat die

Schwurgerichtskammer gegen den Widerspruch der Verteidigung durch die zeugenschaftliche Vernehmung des Sachverständigen drei Notizen in die Hauptverhandlung eingeführt. In ihnen hatte der Beschwerdeführer folgendes niedergeschrieben:

Notiz vom 27. 3. 1984

„Ich habe die Ausbildung abbrechen müssen, weil die mich als psychosomatisch als kurbedürftig halten. Sie wollen mich jetzt drei Monate in eine stationäre Behandlung haben. Ich kämpfe jetzt fast 4 Jahre für diese Ausbildung in Deutschland, aber es müssen wohl Gewaltmittel angewandt werden, bis ich ein gutes Berufsleben habe. Ich gebe zu, daß ich eine Schwierigkeit habe. Ich kann keine Frau als Partnerin mit Liebesleben halten. Das macht mich kaputt. Wenn mir etwas Schlechtes oder hätte ich einen Körperschaden, könnte ich es verstehen. Ich bin aber ein ganzer Mann. Noch tun mir die Mädchen leid, wenn sie einer brutalen Vergewaltigung zum Opfer fallen würden. Ich weiß aber nicht, wie lange noch ...".

Notizen vom Dezember 1984

„Ich bin in der Tagesklinik, weil ich unmittelbar vor dem alles entscheidenden Schritt (Tat) stehe. Damit will ich sagen, es ist höchstwahrscheinlich, daß ich Sexualtäter werde, wenn ich nicht in die Therapie eingewilligt hätte. Die Ausführung der grauenhaften Tat ist auslösbar bei jedem nächsten Extremfall. Weil die Spannung in mir derart groß ist. Letzter Extremfall trat ein am Mittwoch, 19. 12. 1984, 19.00 Uhr. Ich spürte richtig, wie ich mit allerletzter Kraft meiner Tat ausweichen konnte. Weiß nicht, glaube auch nicht, daß die nächste Periode – Dauer 30 Minuten – so glimpflich ausgehen wird. Ich nehme an, daß der äußere Umstand es verhinderte, Auto – Autobahn. Auslösung der Tat wäre mit Sicherheit die Tatsache gewesen, wenn ich einer Frau im Einsamen begegnet wäre.

23. 12. ...

Denke wieder ... Habe ein wunderschönes Mädchen gesehen, hatte keine Komplexe, hätte es auch angesprochen. Aber dann kam wieder ein anderer. Lackaffe. Ein geschniegelter Kerl. Eine Wut bis zum Aggressionsausbruch. Fast praktiziert. Stehe unter Stoff. Was ich jetzt schreibe, zählt nicht aus nüchterner Sicht. Ich will aufklären. Habe eine schwere Neurose. Jedenfalls meine ich es. Diese bezieht sich auf Partnerbeziehungen zu Frauen. Ich sehe ein Pärchen. Dann denke ich, es würde im nächsten Moment ...".

Die Schwurgerichtskammer hielt die Bekundungen des Sachverständigen über den Inhalt der Schriftstücke entgegen dem Widerspruch der Verteidigung für verwertbar. Die Verwertung verstoße nicht gegen die Grundrechte des Beschwerdeführers aus Art. 2 Abs. 1, Art. 1 Abs. 1 GG. Die Aufzeichnungen könnten nicht dem unantastbaren Kernbereich privater Lebensgestaltung zugerechnet werden, weil sie sich mit der Begehung von Straftaten an Frauen auseinandersetzten. Zudem hätten sie den Intimcharakter in dem Umfang verloren, in dem der Beschwerdeführer sich ihrer Dritten gegenüber freiwillig entäußert habe. Solches habe er gegenüber dem Sachverständigen getan, dem er zu den genannten Passagen Rede und Antwort gestanden habe.

2. Mit seiner Revision machte der Beschwerdeführer geltend, die Aufzeichnungen gehörten nach ihrem Inhalt zum unantastbaren Bereich höchstpersönlicher Lebensgestaltung, der jeder Einwirkung der öffentlichen Gewalt entzogen sei; sie seien deshalb schlechthin unverwertbar. Er habe sich ihrer nicht freiwillig entäußert, sondern sei vielmehr insoweit vor vollendete Tatsachen gestellt worden. Zwar habe er sich mit der Sicherstellung einverstanden erklärt. Dies könne jedoch nicht als freiwilliger Akt angesehen werden, zumal er im damaligen Zeitpunkt noch nicht anwaltlich vertreten gewesen sei. Nichts anderes gelte für das Gespräch mit dem Sachverständigen. Nachdem sich die Aufzeichnungen einmal bei den Akten befunden hätten, sei es für ihn selbstverständlich gewesen, die Fragen des Sachverständigen zu beantworten. Von einer wirklich freiwilligen Einlassung könne auch hier keine Rede sein.

3. Auf die Revision des Beschwerdeführers hob der Bundesgerichtshof die angefochtene Entscheidung im Rechtsfolgenausspruch auf und verwarf das weitergehende Rechtsmittel (vgl. BGH, NJW 1988, S. 1037). Die Verwertung der Aufzeichnungen sei von Rechts wegen nicht zu beanstanden. Sie verstoße insbesondere nicht gegen den in Art. 2 Abs. 1 GG in Verbindung mit Art. 1 Abs. 1 GG verfassungskräftig garantierten Schutz der Persönlichkeit. Diesen Schutz habe der Beschwerdeführer nicht dadurch aufgegeben, daß er die Schriftstücke in einem unverschlossenen Zimmer verwahrt habe. Es handle sich auch nicht um Notizen über Straftaten, die von den aus Art. 1 und Art. 2 GG herzuleitenden Beweis- und Verwertungsverboten grundsätzlich nicht erfaßt würden. Die Schriftstücke hätten vielmehr einen höchstpersönlichen Inhalt, weil sich der Beschwerdeführer darin mit seinen seelischen Problemen auseinandersetze. Fraglich sei, ob der Beschwerdeführer auf seine Rechtsposition verzichtet habe, indem er sich mit der Sicherstellung einverstanden erklärt und dem Sachverständigen Rede und Antwort gestanden habe. Das Landgericht habe sich insoweit nicht mit der Frage auseinandergesetzt, ob der damals noch nicht anwaltlich vertretene Beschuldigte die Sicherstellung nur deshalb hingenommen habe, weil er geglaubt habe, er könne dies nicht verhindern. Letztlich komme es darauf aber nicht an. Das Grundgesetz messe nicht nur dem Persönlichkeitsschutz, sondern auch einer funktionierenden Rechtspflege besondere Bedeutung zu. Die Abwägung zwischen diesen Belangen führe hier zur Zulässigkeit der Verwertung der Notizen. Die Unterlagen dienten der Aufklärung einer der schwersten Straftaten, die das Strafgesetzbuch kenne. Sie seien zwar nicht das einzige Beweismittel, hätten jedoch für die Entscheidung eine nicht unerhebliche Bedeutung, weil sie Einblick in die innere Verfassung des Beschwerdeführers gestatteten und geeignet seien, einerseits Tatmotive aufzuzeigen und andererseits auf entlastende Umstände hinzuweisen. Der Schuldspruch habe deswegen Bestand. Der Strafausspruch müsse indes aufgehoben werden, weil sich das Landgericht mit der Frage, ob der Beschwerdeführer im Sinne des § 21 StGB vermindert schuldfähig gewesen sei, nicht hinreichend auseinandergesetzt habe. Nach dem Gutachten des Sachverständigen, das sich auf die grundsätzlich verwertbaren Notizen stütze und dem sich das Schwurgericht angeschlossen habe, habe die gestörte Persönlichkeitsentwicklung des Beschwerdeführers das Ausmaß einer „schweren anderen seelischen Abartigkeit" (§ 20 StGB) erreicht. Die Auffassung des Landgerichts, die Steuerungsfähigkeit des Beschwerdeführers sei gleichwohl nicht erheblich vermindert gewesen, sei nicht hinreichend begründet. Im weiteren Verfahren werde auch zu prüfen sein, ob der Angeklagte in einem psychiatrischen Krankenhaus unterzubringen sei.

4. Aufgrund der neuen Hauptverhandlung verurteilte das Landgericht den Beschwerdeführer zu einer zeitigen Freiheitsstrafe von 14 Jahren und ordnete die Unterbringung in einem psychiatrischen Krankenhaus an. Die gegen dieses Urteil gerichtete Revision wurde vom Bundesgerichtshof als offensichtlich unbegründet verworfen (§ 349 Abs. 2 StPO). – Die Verfassungsbeschwerde war erfolglos.

Gründe:

I.

1. Das in Art. 2 Abs. 1 in Verbindung mit Art. 1 Abs. 1 GG verbürgte allgemeine Persönlichkeitsrecht gewährleistet die aus dem Gedanken der Selbstbestimmung folgende Befugnis des Einzelnen, grundsätzlich selbst zu entscheiden, wann und innerhalb welcher Grenzen persönliche Lebenssachverhalte offenbart werden (vgl. BVerfGE 65, 1 [41 f.]). Dies gilt allerdings nicht schrankenlos. Einschränkungen können im überwiegenden Allgemeininteresse insbesondere dann erforderlich sein, wenn der Einzelne als in der Gemeinschaft lebender Bürger in Kommunikation mit anderen tritt, durch sein Verhalten auf andere einwirkt und dadurch die persönliche Sphäre seiner Mitmenschen oder die Belange der Gemeinschaft berührt (vgl. BVerfGE 35, 35 (39); 202 [220]).

2. Das Bundesverfassungsgericht erkennt jedoch einen letzten unantastbaren Bereich privater Lebensgestaltung an, der der öffentlichen Gewalt schlechthin entzogen ist (vgl.

BVerfGE 6, 32 (41); 389 (435); 54, 143 (146); st. Rspr.). Selbst schwerwiegende Interessen der Allgemeinheit können Eingriffe in diesen Bereich nicht rechtfertigen; eine Abwägung nach Maßgabe des Verhältnismäßigkeitsgrundsatzes findet nicht statt (BVerfGE 34, 238 [245] [BVerfG Beschl. v. 31. 1. 1973 – 2 BvR 454/71; vgl. §§ 94, 81a StPO erfolgreiche Rügen]). Dies folgt einerseits aus der Garantie des Wesensgehalts der Grundrechte (Art. 19 Abs. 2 GG), zum anderen leitet es sich daraus ab, daß der Kern der Persönlichkeit durch die unantastbare Würde des Menschen geschützt wird.

3. Schon die Berührung mit der Persönlichkeitssphäre eines anderen Menschen verleiht einer Handlung oder Information eine soziale Bedeutung, die sie rechtlicher Regelung zugänglich macht. Gleichwohl können aber Vorgänge, die sich in Kommunikation mit anderen vollziehen, hoheitlichem Eingriff schlechthin entzogen sein. Der Mensch als Person, auch im Kern seiner Persönlichkeit, existiert notwendig in sozialen Bezügen. Die Zuordnung eines Sachverhalts zum unantastbaren Bereich privater Lebensgestaltung oder zu jenem Bereich des privaten Lebens, der unter bestimmten Voraussetzungen dem staatlichen Zugriff offen steht, hängt daher nicht davon ab, ob eine soziale Bedeutung oder Beziehung überhaupt besteht, sondern welcher Art und wie intensiv sie ist. Dies läßt sich nicht abstrakt beschreiben; es kann befriedigend nur unter Berücksichtigung der Besonderheiten des einzelnen Falls beantwortet werden (vgl. BVerfGE 34, 238 [248]).

4. Der Senat hat hier nur Anlaß, für das Strafverfahren den Kernbereich privater Lebensgestaltung zu bestimmen. Dabei sind sowohl formale als auch inhaltliche Komponenten in den Blick zu nehmen.

a) Es kommt zunächst darauf an, ob der Betroffene einen Lebenssachverhalt geheimhalten will oder nicht. Denn dort, wo der Betroffene auf Geheimhaltung selbst keinen Wert legt, ist der Kernbereich schon wegen dieses Umstands in aller Regel nicht berührt. Andererseits läßt sich der Kernbereich des Persönlichkeitsrechts nicht in der Weise bestimmen, daß es allein auf den Willen des Betroffenen zur Geheimhaltung ankommt.

b) Ob ein Sachverhalt dem Kernbereich zugeordnet werden kann, hängt ferner davon ab, ob er nach seinem Inhalt höchstpersönlichen Charakters ist und in welcher Art und Intensität er aus sich heraus die Sphäre anderer oder die Belange der Gemeinschaft berührt.

c) Die Verfassung gebietet es deshalb nicht, Tagebücher oder ähnliche private Aufzeichnungen schlechthin von der Verwertung im Strafverfahren auszunehmen. Allein die Aufnahme in ein Tagebuch entzieht Informationen noch nicht dem staatlichen Zugriff. Vielmehr hängt die Verwertbarkeit von Charakter und Bedeutung des Inhalts ab. Enthalten solche Aufzeichnungen etwa Angaben über die Planung bevorstehender oder Berichte über begangene Straftaten, stehen sie also in einem unmittelbaren Bezug zu konkreten strafbaren Handlungen, so gehören sie dem unantastbaren Bereich privater Lebensgestaltung nicht an. Daraus folgt auch, daß im Rahmen der Strafverfolgung nicht von vornherein ein verfassungsrechtliches Hindernis besteht, solche Schriftstücke daraufhin durchzusehen, ob sie der prozessualen Verwertung zugängliche Informationen enthalten. Hierbei ist allerdings die größtmögliche Zurückhaltung zu wahren; dies ist durch geeignete Maßnahmen sicherzustellen. Dabei ist zu bedenken, daß der Richtervorbehalt, der in § 110 Abs. 1 StPO a.F. für die Durchsicht persönlicher Papiere enthalten war, im Jahre 1974 entfallen ist.

5. Gehören private Aufzeichnungen nicht zum absolut geschützten Kernbereich, so bedarf ihre Verwertung im Strafverfahren der Rechtfertigung durch ein überwiegendes Interesse der Allgemeinheit. Das Grundgesetz weist den Erfordernissen einer an rechtsstaatlichen Garantien ausgerichteten Rechtspflege im Hinblick auf die Idee der Gerechtigkeit einen hohen Rang zu. Das Bundesverfassungsgericht hat wiederholt die unabweisbaren Bedürfnisse einer wirksamen Strafverfolgung und Verbrechensbekämpfung hervorgehoben, das öffentliche Interesse an einer möglichst vollständigen Wahrheitsermittlung im Strafverfahren betont und die wirksame Aufklärung gerade schwerer Straftaten als einen wesentli-

chen Auftrag eines rechtsstaatlichen Gemeinwesens bezeichnet (vgl. BVerfGE 77, 65 [76] [BVerfG Urt. v. 1. 10. 1987 – 2 BvR 1434/86; vgl. § 94 StPO erfolglose Rügen]). Andererseits kommt dem Grundrecht auf freie Entfaltung der Persönlichkeit keine geringere Bedeutung zu. Ein gerechter Ausgleich dieser Spannungen läßt sich nur dadurch erreichen, daß den unter dem Blickpunkt der Erfordernisse einer wirksamen Rechtspflege erforderlich erscheinenden Eingriffen das Schutzgebot des Art. 2 Abs. 1 in Verbindung mit Art. 1 Abs. 1 GG ständig als Korrektiv entgegengehalten wird. Das bedeutet, daß jeweils zu ermitteln ist, welchem dieser beiden verfassungsrechtlich bedeutsamen Prinzipien das größere Gewicht zukommt (vgl. BVerfGE 34, 238 [249]). Ist eine Verwertung der Aufzeichnungen danach nicht generell ausgeschlossen, so ist im konkreten Fall weiter zu prüfen, ob die Verwertung im Strafverfahren für die Ermittlung der Straftat geeignet und erforderlich ist und ob der dadurch bedingte Eingriff in die Privatsphäre zum strafrechtlichen Aufklärungsziel nicht außer Verhältnis steht. Auch für Fälle der hier in Rede stehenden Art hat der Gesetzgeber im Jahre 1986 die Möglichkeit eröffnet, zum Schutz der Vertraulichkeit die Öffentlichkeit auszuschließen (§ 171b GVG).

II.

Wegen Stimmengleichheit im Senat läßt sich nicht feststellen, daß die Verwertung der Aufzeichnungen des Beschwerdeführers zu Beweiszwecken in dem gegen ihn gerichteten Strafverfahren gegen das Grundgesetz verstößt (§ 15 Abs. 3 Satz 3 BVerfGG).

1. Nach der Meinung der Richter Träger, Klein, Kruis und Kirchhof, deren Auffassung die Entscheidung trägt, waren die Notizen des Beschwerdeführers im Grundsatz der Verwertung im Strafverfahren zugänglich. Die Auffassung des Bundesgerichtshofs, im Blick auf den hier in Rede stehenden Tatvorwurf dürften die Aufzeichnungen im konkreten Fall zur Klärung der Schuldfrage und zur Bemessung der Rechtsfolgen der Tat herangezogen werden, ist von Verfassungs wegen nicht zu beanstanden:

a) Die Aufzeichnungen gehören nicht dem absolut geschützten Bereich persönlicher Lebensgestaltung an. Eine solche Zuordnung ist schon deshalb in Frage gestellt, weil der Beschwerdeführer seine Gedanken schriftlich niedergelegt hat. Er hat sie damit aus dem von ihm beherrschbaren Innenbereich entlassen und der Gefahr eines Zugriffs preisgegeben. Jedenfalls aber haben sie einen Inhalt, der über die Rechtssphäre ihres Verfassers hinausweist und Belange der Allgemeinheit nachhaltig berührt. Zwar befassen sie sich nicht mit der konkreten Planung oder mit der Schilderung der hier in Rede stehenden Straftat. Mit dieser Straftat ist aber der in den Niederschriften reflektierte Vorgang in einer Weise verknüpft, daß die Aufzeichnungen selbst nicht jeglichem staatlichen Zugriff entzogen sein können.

Der Verfasser der Schriftstücke war in den Verdacht einer schweren Straftat geraten, die nach den Feststellungen der angegriffenen Entscheidungen so geartet war, daß sie nicht isoliert begriffen, sondern erst vor dem Hintergrund der Persönlichkeitsstruktur des Täters verstanden werden konnte. Der Inhalt der im März und Dezember 1984 entstandenen Schriftstücke weist nach der Überzeugung der sachverständig beratenen Schwurgerichtskammer insoweit eine psychische Fehlentwicklung ihres Verfassers aus, derzufolge er seit längerer Zeit einen Drang zur Begehung von Gewalt gegen Frauen verspürte, ein Verlangen, das zusehends übermächtig wurde und schließlich im Zusammentreffen mit einer die Tat begünstigenden Situation diese auslöste. Bei dieser Sachlage sind die Schriftstücke in einen engen Zusammenhang zu der Straftat gerückt, deren der Beschwerdeführer beschuldigt wird, legen sie doch, indem sie die wachsende Geneigtheit des Beschwerdeführers zu einer Gewalttat gegen eine Frau und seine Auseinandersetzung mit dieser seelischen Spannungslage wiedergeben, die Wurzel der Tat selbst bloß. Außerdem schildern sie teilweise Vorgänge, die nach der eigenen Einschätzung des Verfassers beinahe schon zu einer Gewalttat geführt haben und die ersichtlich mit erheblichen Gefahren für unbeteiligte Dritte verbunden waren. Damit befassen sie sich mit einem Sachverhalt, der nach den tatrichterlichen Feststellungen die Vorgeschichte der Straftat, ihre wesentlichen Ursachen und auch ihre Auslösung erklärt und damit erst den Schlüssel zum Verständnis des eigentlichen Tatgeschehens liefert. Bereits diese enge Verknüpfung zwischen dem Inhalt der Aufzeichnungen und dem Verdacht der außerordentlich schwerwiegenden strafbaren Handlung verbietet ihre Zuordnung zu dem absolut geschützten Bereich persönlicher Lebensgestaltung, der jedem staatlichen Zugriff entzogen ist. Da die Notizen überdies konkrete Gefahrenlagen für Dritte aufzeigen, die sich aus der Persönlichkeitsstruktur des Beschwerdeführers ergeben haben, sind sie auch unter diesem Blickwinkel dem staatlichen Zugriff im Strafverfahren nicht entzogen.

Die Aufzeichnungen des Beschwerdeführers gaben der Schwurgerichtskammer wichtige Aufschlüsse über seine Persönlichkeit und vermittelten hierdurch Erkenntnisse, die, wie auch der Verfahrensablauf belegt, für eine gerechte Bewertung der Tat unerläßlich waren. Der rechtsstaatliche Auftrag zur möglichst umfassenden Wahrheitsermittlung im Strafverfahren (vgl. BVerfGE 77, 65 [76]) bezieht sich nicht nur auf die Aufklärung des äußeren Tatgeschehens, sondern erfaßt wegen der verfassungsrechtlichen Gewährleistung des Schuldprinzips (vgl. BVerfGE 57, 250 [275] [BVerfG Beschl. v. 26. 5. 1981 – 2 BvR 215/81; vgl. § 251 StPO erfolglose Rügen]) alle Merkmale, die für die Beurteilung der strafrechtlichen Schuld und für die Strafzumessung von Bedeutung sind. Dies folgt nicht zuletzt aus dem verfassungsrechtlichen Gebot tat- und schuldangemessenen Strafens, das seine wesentliche Grundlage in der Verpflichtung des Staates zur Achtung der Menschenwürde findet (vgl. BVerfGE 45, 187 [228 f., 259 f.]). Die Ermittlungen können sich deshalb in aller Regel nicht allein auf die Aufklärung des der Anlage zugrundeliegenden unmittelbaren Tatgeschehens beschränken; sie müssen im Interesse gerechter Urteilsfindung auch die Persönlichkeit des Tatverdächtigen, sein Vorleben und sein Verhalten nach der Tat zum Gegenstand strafrechtlicher Untersuchung und Erörterung machen (vgl. § 46 Abs. 2 StGB). All diese Umstände und die zu ihrer Beurteilung erforderlichen Tatsachen stehen, sobald bestimmte Verdachtsgründe ihre Verknüpfung mit einem strafbaren Verhalten greifbar nahelegen, in einer besonders engen Beziehung zum Tatgeschehen. Sie erhalten durch das Gebot einer rechtsstaatlichen, der Idee der Gerechtigkeit verpflichteten Rechtspflege verfassungsrechtliches Gewicht; der unantastbare Bereich privater Lebensgestaltung erfaßt solche Tatsachen nicht und entzieht sie mithin nicht der strafrechtlichen Ermittlung und Verwertung. Das rechtsstaatliche Gebot, durch eine möglichst umfassende Aufklärung aller erheblichen Umstände die Grundlage für ein gerechtes Urteil zu schaffen, besteht im öffentlichen Interesse und unterliegt grundsätzlich nicht der Verfügung des Tatverdächtigen. Auch soweit Nachforschungen ausschließlich Entlastendes – sei es zu seinen Gunsten oder zugunsten Dritter – zutage fördern sollen, kann er sie weder verhindern noch wirksam auf sie verzichten. Dementsprechend ist das Bundesverfassungsgericht auch davon ausgegangen, daß nicht unerhebliche körperliche Eingriffe auch gegen den Willen des Beschuldigten nicht schlechthin ausgeschlossen sind, wenn es gilt, bei der Aufklärung schwerer Straftaten geistige und seelische Besonderheiten zu ermitteln, die für die Frage der Schuldfähigkeit von entscheidender Bedeutung sein können (vgl. BVerfGE 16, 194 [200 ff.] [BVerfG Beschl. v. 10. 6. 1963 – 1 BvR 790/58; vgl. §81a StPO erfolgreiche Rügen]; 17, 108 [117] [BVerfG Beschl. v. 25. 7. 1963 – 1 BvR 542/62; vgl. § 81a StPO erfolgreiche Rügen]).

23. Es ist nichts dagegen einzuwenden, wenn ein Gericht in seine Überlegungen, die zum Urteil führen, mögliche Zweifel, die es für rein theoretisch hält, nicht mit einbezieht.

StPO § 261 – BGH Urt. v. 7. 3. 1989 – 1 StR 755/88 (= BGHR StPO § 261 Beweiswürdigung 6)

Die Revision rügt die Verletzung sachlichen Rechts.

Sachverhalt: Das Landgericht hat alle anderen Möglichkeiten, wie die Kinder ums Leben gekommen sein könnten, ausgeschlossen mit Ausnahme der Tötung durch die Ehefrau oder durch den Angeklagten. Es hat dann auch die Tötung durch die Ehefrau ausgeschlossen, weil diese hierzu „weder Grund noch Anlaß hatte". Das Landgericht hat gesehen, daß auch der Angeklagte „im weiteren Sinn" kein Motiv hatte, die Kinder zu töten, hat bei ihm aber ein „Motiv im engeren Sinn" gesehen, nämlich die (vorhergehende) Tötung der Ehefrau. Der vom Angeklagten verursachte Tod der Frau besitze „als einziges festgestelltes Faktum" das Gewicht, die Tötung der Kinder zu erklären. – Das Rechtsmittel war erfolglos.

Gründe: ... Der Erörterung bedarf nur die Frage, ob das Landgericht – wie der Generalbundesanwalt meint – den Zweifelssatz verletzt hat oder ob seine Beweisführung gegen Denkgesetze verstößt. Dagegen ist von Rechts wegen nichts zu erinnern. Das Schwurgericht begeht nicht den Fehler, Umstände zur Beweisführung heranzuziehen, die erst zu beweisen sind, und stützt sich auch nicht in unzulässiger Weise auf eine Verfahrensgestaltung (den bindend festgestellten Totschlag an der Ehefrau), die für sich keinen Beweiswert hat. Vielmehr sieht das Schwurgericht nur einen möglichen Grund für die Tötung der Kinder, den Tod der Frau, und bezieht diesen Umstand maßgeblich in seine Überzeugungsbildung ein. Daß der Tod der Frau bei dieser Überlegung dem Tod der Kinder vorangegangen sein muß, ist kein Umstand, der zuvor eigens zu beweisen gewesen wäre; er ist vielmehr dieser Überlegung immanent.

Das Schwurgericht erwägt im Rahmen einer Gesamtwürdigung zusätzlich, eine Tötung der Kinder durch die Ehefrau könnte „nur noch als Handeln in hochgradigem Affekt erklärt werden", doch gebe es hierfür „keinen bestätigenden Anhaltspunkt", und Umstände, die hierfür sprächen, könnten „nicht einfach unterstellt werden". Mit diesen Erwägungen verstößt das Landgericht nicht gegen den Zweifelssatz. Der Zusammenhang seiner Ausführungen ergibt vielmehr, daß das Landgericht die in dieser Richtung liegenden möglichen Zweifel für rein theoretisch, nicht real in Betracht zu ziehen, hält, weshalb sie an seiner Überzeugung nichts ändern; dagegen ist nichts einzuwenden (BGH NStZ 1985, 15 bei Pfeiffer/Miebach[1]).

Hieran ändert auch die im Rahmen dieser Erörterung angestellte Erwägung nichts, das Auslöschen einer Familie bei Ausbruch eines entsprechenden Partnerkonflikts durch einen Täter sei ein immer wieder anzutreffendes Phänomen. Hier wird nicht der schon in dem früheren Urteil und auch jetzt wieder im Rahmen von § 21 StGB zu Gunsten des Angeklagten angenommene „länger dauernde chronische Partnerkonflikt", der „vielleicht nur einseitig beim Angeklagten" vorhanden war, im Rahmen des Schuldspruchs zu Lasten des Angeklagten gewertet. Vielmehr wird hier eine allgemeine kriminologische Erfahrung mitgeteilt, die, ebenso allgemein, als auslösendes Moment einen „entsprechenden Partnerkonflikt" nennt und damit die vorliegende Situation auf jeden Fall erfaßt.

24. In dubio pro reo auch bei Zweifel ob Körperverletzungs- oder Tötungsvorsatz.
StPO § 261 – BGH Urt. v. 27. 7. 1988 – 3 StR 139/88 LG Düsseldorf (= BGHSt. 35, 305)
Die Revision rügt die Verletzung sachlichen Rechts.

Sachverhalt: Zur Verurteilung wegen Körperverletzung mit Todesfolge in Tateinheit mit versuchtem Mord ist die Strafkammer auf Grund folgender Erwägung gekommen: „Da zu-

---

[1] „Voraussetzung dafür, daß sich der Tatrichter vom Vorliegen eines bestimmten Sachverhalts überzeugt, ist nicht eine absolute, das Gegenteil denknotwendig ausschließende und darum von niemanden anzweifelbare Gewißheit. Vielmehr genügt ein nach der Lebenserfahrung ausreichendes Maß an Sicherheit, das vernünftige Zweifel nicht aufkommen läßt. Dabei haben solche Zweifel außer Betracht zu bleiben, die realer Anknüpfungspunkte entbehren und sich lediglich auf die Annahme einer bloß gedanklichen abstrakt theoretischen Möglichkeit gründen" (BGH Urt. v. 11. 1. 1984 – 2 StR 655/83).

gunsten der Angeklagten davon ausgegangen werden muß, daß M. bereits tot war, als der Drosselvorgang mit der Krawatte begann, sind sie insoweit lediglich eines versuchten Mordes zu überführen. Da für die Angeklagten bei dem diesem Drosselvorgang vorausgegangenen Würgen durch V. voraussehbar war, daß dadurch der Tod ihres Opfers herbeigeführt werden könnte, dies auch möglicherweise der Fall war, stellt sich diese Einwirkung als eine in natürlicher Handlungseinheit mit dem Drosseln begangene Körperverletzung mit Todesfolge dar." – Das Rechtsmittel war erfolglos.

Gründe: Gegen das Ergebnis dieser rechtlichen Würdigung sind Bedenken nicht zu erheben.

Der Senat hat bereits in seinem Beschluß vom 19. 11. 1976 – 3 StR 444/76 (bei Holtz MDR 1977, 282; vgl. auch BGH, Urt. v. 31. 10. 1979 – 2 StR 407/79) in einem vergleichbaren Fall für das Verhältnis von Körperverletzung mit Todesfolge und versuchtem Totschlag entschieden, daß ein einheitliches Tun, das zu Beginn von Körperverletzungsvorsatz, im weiteren Verlauf von Tötungsvorsatz beherrscht ist, beide Tatbestände in Tateinheit verwirklichen kann (vgl. auch die dort in Bezug genommene Entscheidung RGSt 42, 214 für das Verhältnis von § 212 und § 229 StGB sowie das Senatsurteil NStZ 1984, 214). Ist ungeklärt, ob der Tod die Folge der von Körperverletzungsvorsatz oder der von Tötungsvorsatz getragenen Einwirkung des Täters auf das Opfer war, dann ist in Anwendung des Grundsatzes „im Zweifel für den Angeklagten" davon auszugehen, daß nicht der nachfolgende Handlungsakt den Tod bewirkt hat. Ebenso wie Totschlag und versuchter Totschlag, so stehen auch Mord und Mordversuch im Verhältnis des Mehr oder Weniger zueinander. Dies gilt, wie in dem am 19. 11. 1976 vom Senat entschiedenen Fall, auch dann, wenn noch eine vorangegangene Körperverletzung vorliegt, die, bei Annahme versuchten Mordes, die fahrlässig verschuldete schwere Folge des § 226 StGB nach sich zieht. Ist der Tod des Opfers als Folge des vom Körperverletzungsvorsatz getragenen Würgens eingetreten, dann führt dies zur rechtlichen Bewertung der Tat als Körperverletzung mit Todesfolge in Tateinheit mit versuchtem Mord. Die Annahme eines solchen Geschehensablaufs ist für die Angeklagten günstiger als die einer Todesverursachung durch das anschließende von Tötungsvorsatz getragene Drosseln; denn in diesem Falle wäre nach einer zunächst vollendeten gefährlichen Körperverletzung der Tatbestand des vollendeten Mordes verwirklicht. Auch wenn in solchem Falle neben der Verurteilung wegen Mordes eine tateinheitliche Verurteilung wegen gefährlicher Körperverletzung ausschiede (vgl. BGHSt. 16, 122[1]; anders BGH MDR 1962, 147 für das Verhältnis von fortgesetzt begangener Körperverletzung und Totschlag), blieben demgegenüber die Rechtsfolgen bei Annahme des zuerst erwogenen Geschehensablaufs (Eintritt des Todes als Folge des Würgens) für die Täter günstiger. Die zur Anwendung des Zweifelssatzes führende wertmäßige Abstufung zwischen den in Betracht zu ziehenden Straftatbeständen ist gegeben. Der für die Täter ungünstigere Ablauf des Geschehens enthält auch alle Elemente des für sie günstigeren. Denn in der Tötungshandlung ist eine vorsätzliche Körperverletzung als notwendiges Durchgangsstadium enthalten (vgl. BGH bei Dallinger MDR 1969, 902), eine Körperverletzung, die bei dieser Fallgestaltung für die eingetretene Todesfolge auch ursächlich geworden ist. Im Sinne der Grundsätze über die Möglichkeit eindeutiger Verurteilung auf wahldeutiger Tatsachengrundlage schließt auch der auf Tötung des Opfers gerichtete Vorsatz die in § 226 StGB vorausgesetzte, auf den Eintritt der Todesfolge bezogene Fahrlässigkeit mit ein (vgl. BGHSt. 17, 210 [BGH Urt. v. 17. 4. 1962 – 1 StR 132/62; vgl. § 267 StPO erfolglose Rügen]; BGH, Urt. v. 6. 9. 1962 – 1 StR 163/62).

---

1 „Tötungsvorsatz und Körperverletzungsvorsatz schließen sich nicht aus (entgegen RGSt 61, 375). Das bedeutet jedoch nicht, daß zwischen Tötungs- und Körperverletzungsdelikten Tateinheit gegeben ist. Vielmehr tritt die Körperverletzung als sog. subsidiäres Delikt zurück, wenn eine Anwendung der §§ 211 ff. StGB möglich ist." (BGH Urt. v. 28. 6. 1961 – 2 StR 136/61).

Daß die danach rechtlich zulässige und gebotene Verurteilung wegen versuchten Mordes in Tateinheit mit Körperverletzung mit Todesfolge gerechtfertigt ist, zeigt auch die folgende Erwägung: Ungeachtet der Unsicherheit über die Todesverursachung durch das Würgen oder die Drosselung steht fest, daß die Angeklagten ihr Opfer durch die beiden – von wechselnder Angriffsrichtung getragenen – Akte der einheitlichen Handlung jeweils körperlich verletzt haben, wobei ihnen hinsichtlich des Todeseintritts jeweils zumindest Fahrlässigkeit vorzuwerfen ist. Fest steht weiter, daß sie schuldhaft den Tod – durch den ersten oder den zweiten Teilakt ihrer Handlung – verursacht und daß sie schließlich zumindest den Versuch einer Mordtat begangen haben. Dies zeigt, daß die vom Landgericht getroffene Entscheidung, über ihre rechtliche Vertretbarkeit hinaus, auch der Gerechtigkeit entspricht. Diese verlangt, daß der von den Angeklagten schuldhaft verursachte Tod des Opfers sich auch im Schuldspruch niederschlägt.

25. Verwertbarkeit von tagebuchartigen Aufzeichnungen des Angeklagten in Fällen schwerster Kriminalität.

StPO § 261 – BGH Urt. v. 9. 7. 1987 – 4 StR 223/87 LG Dortmund (= BGHSt. 34, 397 = NJW 1987, 2384 = StV 1987, 421 = JR 1988, 469 = MDR 1987, 952)

Die Revision rügt, die Beweiswürdigung sei von Erkenntnissen beeinflußt, die der Tatrichter nicht habe berücksichtigen dürfen, weil er sie aus unverwertbaren Tagebuchaufzeichnungen des Angeklagten gewonnen habe.

Sachverhalt: Nach den Feststellungen hat der Angeklagte am 31. 8. 1985 zwischen 14.50 Uhr und 15 Uhr eine ihm unbekannte Frau getötet. Das Opfer – das „ohne jeden Argwohn" ein Sonnenbad auf einer abgelegenen Wiese nahm und „sich keinerlei Feindseligkeit bewußt" war – lag lang ausgestreckt in Bauchlage. Es schlief oder lag einfach in sich versunken da. Um „die Arglosigkeit der Frau wissend und sich diese zunutze machend", trat der Angeklagte mit einem scharfkantigen Schlagwerkzeug, höchstwahrscheinlich mit einem sehr scharfen Beil, von hinten an sie heran und schlug ihr damit in Tötungsabsicht mindestens viermal äußerst wuchtig auf den Hinterkopf. Das Landgericht hat die Tat als heimtückisch begangenen Mord gewertet.

Der Angeklagte leugnet, der Täter gewesen zu sein. Das Landgericht hat sich aber rechtlich fehlerfrei von seiner Täterschaft überzeugt. Es hat sich mit den für und gegen den Angeklagten sprechenden Indizien umfassend auseinandergesetzt und in einer lückenlosen, für den Senat nachvollziehbaren Beweiswürdigung die Täterschaft des Angeklagten festgestellt. Die Verteidigung stellt die Schlüssigkeit dieser Würdigung nicht in Frage.

Der Angeklagte litt darunter, keinen Kontakt zu Frauen zu finden. „Er nahm sich dieses Problems ... in tagebuchähnlichen Aufzeichnungen" an, die am 1. 10. 1985 – nach Einleitung der Ermittlungen gegen ihn – in seinem Zimmer im Hause seiner Eltern sichergestellt wurden. Dies wurde ihm von der Polizei noch am selben Tage mitgeteilt. Nach Belehrung über sein Aussageverweigerungsrecht machte er Angaben zur Sache und erklärte ausdrücklich:

„In meiner Wohnung sind Schriftstücke gefunden worden. Ich bin damit einverstanden, daß die Schriftstücke von der Kriminalpolizei sichergestellt werden. Die von mir verfaßten Schriftstücke haben mit der Sache ... nichts zu tun. Im übrigen bleibe ich nach wie vor dabei, mit der Tat nichts zu tun zu haben."

Das Landgericht hat davon abgesehen, die Tagebuchaufzeichnungen zu verlesen. Es hat aber – gegen den ausdrücklichen Widerspruch der Verteidigung – beschlossen, zwei Sachverständige als Zeugen zu der Frage zu vernehmen, ob und in welchem Umfang sich der Angeklagte ihnen gegenüber zu den Aufzeichnungen geäußert hat und ob er über die mögliche Unverwertbarkeit der Aufzeichnungen belehrt worden ist. Aufgrund der Vernehmung eines der Sachverständigen hat es festgestellt, daß dieser die „Aufzeichnungen bei seinen Untersuchungen ... teilweise inhaltlich mit dem Angeklagten erörtert" hat; weder der Sachverständige noch der Angeklagte hätten sich Gedanken über die Verwertbarkeit gemacht.

Den Inhalt der Erörterungen und die diesem zugrunde liegenden drei Notizen aus dem Jahre 1984 hat das Landgericht „durch die zeugenschaftliche Vernehmung des Sachverständigen ... in die Hauptverhandlung eingeführt". Es hat sich mit ihnen sowohl bei der Prüfung der Täterschaft des Angeklagten als auch bei der Erörterung der Frage seiner Schuldfähigkeit auseinandergesetzt und die Auffassung vertreten, daß die Tat „auf einen außergewöhnlichen, außerhalb normaler Kategorien denkenden und empfindenden Menschen" hindeute; der Angeklagte sei „ein solcher Mensch"; das habe er „treffender als jeder Sachverständige" in seinen „tagebuchartigen Aufzeichnungen" beschrieben. Seine von den Sachverständigen auch unter Verwertung der Tagebuchaufzeichnungen diagnostizierte „neurotisch gestörte Persönlichkeitsentwicklung" habe das Ausmaß einer „schweren anderen seelischen Abartigkeit erreicht". – Das Rechtsmittel war erfolglos.

Gründe: Die Auffassung der Verteidigung trifft indes nicht zu. Das Landgericht durfte, wie geschehen, die „tagebuchähnlichen Aufzeichnungen" des Angeklagten verwerten. Diese Verwertung der Tagebuchnotizen des Angeklagten verstößt nicht gegen die Grundsätze des Strafverfahrens:

a) Die in Art. 1 GG garantierte Unantastbarkeit der Menschenwürde und das in Art. 2 GG garantierte Recht auf freie Entfaltung der Persönlichkeit umfassen allerdings auch das Recht am gesprochenen Wort (BVerfGE 34, 238, 246) und das Recht auf Schutz solcher privater Aufzeichnungen, die der Betroffene nur für sich selbst festhält (BGHSt. 19, 325, 326 [BGH Urt. v. 21. 2. 1964 – 4 StR 519/63; vgl. § 249 StPO erfolgreiche Rügen]).

Diese Rechtsposition, die grundsätzlich zur Unverwertbarkeit von Tagebuchaufzeichnungen führt, hat der Angeklagte nicht – wie der Generalbundesanwalt meint – dadurch aufgegeben, daß er die verwerteten schriftlichen Aufzeichnungen in einem unverschlossenen Zimmer verwahrt hat. Er wohnte im Hause seiner Eltern. Seine Aufzeichnungen, die Dritten – auch seinen Eltern – erst im Ermittlungsverfahren nach gezielter Suche zur Kenntnis gelangten, und deren Inhalt der Angeklagte vorher niemand mitgeteilt hatte, befanden sich in einem Bücherregal. Daß der Angeklagte sie auch vor seinen Eltern geheimhalten wollte, ergibt ein vom Landgericht inhaltlich mitgeteiltes, gemäß § 100a StPO abgehörtes Ferngespräch des Angeklagten mit seiner Mutter. In diesem reagierte sie auf den ihr nach der Durchsuchung bekannt gewordenen Inhalt der Notizen verständnislos und entsetzt. Sie hat die bei einer ersten polizeilichen Durchsuchung aufgefundenen, aber noch nicht sichergestellten Papiere zerrissen und in eine Mülltonne geworfen, wo sie bei einer zweiten Durchsuchung sichergestellt wurden.

Zu der Erwägung des Landgerichts, die Tagebuchaufzeichnungen hätten zwar Intimcharakter und seien nicht für Dritte bestimmt gewesen, verdienten jedoch dennoch nicht, „in den Mantel des unantastbaren Persönlichkeitsschutzes gehüllt zu werden, weil der Angeklagte sich darin geistig mit der Begehung von Straftaten an Frauen" auseinandergesetzt habe, ist zu bemerken: Es trifft zwar zu, daß Aufzeichnungen, die Straftäter über ihre Taten und Opfer fertigen, nicht den aus Art. 1 und 2 GG herzuleitenden Beweis- und Verwertungsverboten unterliegen (BGHSt. 19, 325, 331). Darum handelte es sich hier aber nicht, vielmehr um Notizen höchstpersönlichen Inhalts, in denen sich der Angeklagte mit seinem „Problem, keinen Kontakt zu Frauen zu finden" und seiner von ihm selbst so empfundenen – nach dem Inhalt der Aufzeichnungen aber bekämpften – „Spannung", vor der Begehung schwerster Straftaten zu stehen, auseinandersetzt. Diese Notizen zeigen damit den Versuch, einer vom Angeklagten befürchteten Verstrickung in Straftaten zu entgehen.

Das Landgericht meint, der „Intimcharakter" der Tagebuchaufzeichnungen sei dadurch „verloren" gegangen, daß der Angeklagte sich „ihrer Dritten gegenüber freiwillig entäußert" habe. Für die Richtigkeit dieser Auffassung spricht, daß sich der Angeklagte der Polizei gegenüber mit der Sicherstellung der Papiere einverstanden erklärt und dem Gutachter „Rede und Antwort" gestanden hat. Darin könnte sein Verzicht auf das ihm an den Tagebuchaufzeichnungen zustehende Persönlichkeitsrecht liegen, der durch den späteren Widerspruch des Verteidigers gegen die Verwertung nicht hätte in Wegfall gebracht werden können. Es ist aber fraglich, ob ein solcher Verzicht tatsächlich vorliegt. Dem vom Landgericht mitgeteilten Ferngespräch des Angeklagten mit seiner Mutter kann entnommen werden, daß der damals noch nicht anwaltlich beratene Angeklagte den belastenden Inhalt seiner Tagebuchnotizen kannte und dennoch ihrer Verwertung nicht widersprach, weil er der Auffassung war, er könne dies ohnehin nicht verhindern. Das Landgericht hat sich nicht damit auseinandergesetzt. Das würde aber dem vom Tatrichter angenommenen Verzicht entgegenstehen. Der Angeklagte hat nämlich keine Rechtserfahrung. Es ist nicht anzunehmen, daß ihm die Bedeutung der Grundwerte in dem hier erörterten Umfang bekannt war. Sie ist auch im allgemeinen Rechtsbewußtsein noch nicht so verankert, daß darin, daß sich jemand mit Sicherstellung und Verwertung durch einen Sachverständigen abfindet, bereits der Verzicht auf Persönlichkeitsschutz gesehen werden könnte (BGHSt. 19, 325, 333).

b) Letztlich kommt es darauf aber nicht an, weil die Verwertung der Tagebuchaufzeichnungen in dem Umfang, wie geschehen, aus einem anderen Grund gerechtfertigt ist.

Das Persönlichkeitsrecht gilt nicht uneingeschränkt, worauf das Landgericht zutreffend hinweist. Der Bundesgerichtshof hat in seinem Urteil vom 2. 12. 1975 – 1 StR 681/75 – unter Berücksichtigung der in BVerfGE 34, 238, 248 dargelegten Grundsätze die Auffassung vertreten, daß die Verwertung heimlich hergestellter Tonbandaufnahmen in Fällen schwerer Kriminalität gerechtfertigt sein kann. Entsprechendes gilt auch für Tagebuchaufzeichnungen (vgl. BGHSt. 19, 325, 332 ff.). Denn das Grundgesetz mißt nicht nur dem Persönlichkeitsschutz, sondern auch einer funktionsfähigen Rechtspflege, ohne die der Gerechtigkeit nicht zum Durchbruch verholfen werden kann, besondere Bedeutung zu (BVerfGE 19, 342, 347; 20, 45, 49; 144, 147; 29, 183, 194; 32, 373, 381; 33, 367, 382; 34, 238, 249; 51, 324, 343). Die deshalb gebotene Abwägung zwischen den Persönlichkeitsrechten einerseits und den Belangen der Strafrechtspflege andererseits (BGHSt. 19, 325, 334) führt hier zur Zulässigkeit der Verwertung der Tagebuchaufzeichnungen.

Die bei dem Angeklagten sichergestellten Unterlagen dienten der Aufklärung eines Mordes, also einer der schwersten Straftaten, die das Strafgesetzbuch kennt. Die Tagebuchaufzeichnungen waren zwar nicht das einzige Beweismittel; sie waren aber für die Entscheidung von nicht unerheblicher Bedeutung, weil sie einen Einblick in die innere Verfassung des Angeklagten vor der Tat gestatteten und geeignet waren, einerseits Tatmotive aufzuzeigen und andererseits auf entlastende Umstände hinzuweisen. In dieser Weise hat das Landgericht die Tagebuchaufzeichnungen auch verwertet. Gestützt auf das Gutachten des Sachverständigen, der sie mit dem Angeklagten erörtert hat, hat es dabei die Äußerungen verwertet, die in bezug auf das Tötungsverbrechen von Bedeutung waren.

26. Wertung eines widersprüchlichen Aussageverhaltens von zeugnisverweigerungsberechtigten Angehörigen vor und in der Hauptverhandlung zulässig.

StPO § 261 – BGH Urt. v. 2. 4. 1987 – 4 StR 46/87 LG Köln (= BGHSt. 34, 324 = NJW 1987, 2027 = StV 1987, 281 = NStZ 1987, 373 = JR 1987, 477 = MDR 1987, 689)

Die Revision rügt, das Gericht habe das Aussageverhalten der zeugnisverweigerungsberechtigten Ehefrau des Angeklagten zu dessen Nachteil bei der Beweiswürdigung berücksichtigt.

Sachverhalt: Das Landgericht hat sich davon überzeugt, daß der Angeklagte am 1. 7. 1986 gegen 16 Uhr eine Frau überfallen und beraubt hat. Es hat seine Überzeugung, daß sich der Angeklagte so wie festgestellt verhalten hat, im wesentlichen auf die Aussage der von der Tat betroffenen Frau gestützt, „die den Angeklagten zweifelsfrei als Täter wiedererkannt und bezeichnet hat". Es hält die Einlassung des Angeklagten, er sei zur Tatzeit in seiner Wohnung gewesen, für widerlegt. – Das Rechtsmittel war erfolglos.

Gründe: Die Beweiswürdigung hierzu ist zwar nicht rechtlich fehlerfrei. Auf dem Fehler kann das Urteil aber nicht beruhen.

a) Rechtlich nicht bedenkenfrei ist es, daß die Strafkammer bei der Darlegung ihrer Auffassung, der Alibibeweis sei gescheitert, auch auf das Aussageverhalten des Angeklagten verweist. Dieser hat sich erst in der Hauptverhandlung darauf berufen, daß er zur Tatzeit in seiner Wohnung gewesen sei. Dazu hat das Landgericht ausgeführt, „es widerspreche jeglicher Lebenserfahrung" und sei „schlechthin nicht nachzuvollziehen, daß ein Beschuldigter solch tiefgreifende" Maßnahmen – der Angeklagte befand sich mehrere Wochen lang in Untersuchungshaft – „ohne jeden Hinweis auf die ihn (angeblich) entlastenden Umstände" hinnehme. Dabei hat die Strafkammer bedacht, daß es nicht als belastendes Indiz gewertet werden darf, wenn ein Angeklagter von seinem Schweigerecht Gebrauch macht (BGHSt. 32, 140, 144 [BGH Urt. v. 26. 10. 1983 – 3 StR 251/83; vgl. § 261 StPO erfolgreiche Rügen]; BGH, Beschl. v. 27. 1. 1987 – 1 StR 703/86 [vgl. § 261 StPO erfolgreiche Rügen]). Dennoch hält sie sich für berechtigt, das Schweigen des Angeklagten zu werten, weil sich dieser nach zweiwöchiger Untersuchungshaft zur Sache eingelassen habe. Dem ist aber entgegenzuhalten, daß der Angeklagte vor der Hauptverhandlung nur einmal „nach Vorhalt der ihn belastenden Umstände" eine Erklärung abgegeben hat, nämlich, „daß er die Tat nicht begangen habe". In einer solch allgemein gehaltenen Erklärung, durch die der Angeklagte seine Täterschaft bestreitet, liegt keine Angabe zur Sache (BGHSt. 25, 365, 368[1]). Aus ihr dürfen deshalb keine dem Angeklagten nachteiligen Schlüsse gezogen werden.

b) Dieser Fehler hat sich indes im Ergebnis nicht ausgewirkt, weil das Landgericht seine Überzeugung, der Alibibeweis sei gescheitert, im wesentlichen aus anderen Umständen herleitet, nämlich einerseits aus dem Aussageverhalten der Ehefrau des Angeklagten und der von ihm benannten zwei Entlastungszeugen und andererseits aus „Widersprüchlichkeiten und Ungereimtheiten" der Aussagen der Entlastungszeugen und der Einlassung des Angeklagten, die es „unabhängig" von dem Aussageverhalten mit dem Ergebnis bewertet, „bei dem Auftritt" der Entlastungszeugen handele es sich „um eine abgesprochene Aktion zur Entlastung des Angeklagten". Es ist deshalb auszuschließen, daß die rechtlich bedenkliche Wertung des Aussageverhaltens des Angeklagten für den Tatrichter daneben eine ins Gewicht fallende Bedeutung gehabt hat.

c) Die Würdigung der Aussagen der Zeugen, die entlastende – allerdings nach Auffassung des Landgerichts nicht zutreffende Angaben gemacht haben, ist rechtlich fehlerfrei, und zwar entgegen der Auffassung der Verteidigung auch hinsichtlich der Wertung des Aussageverhaltens der Ehefrau des Angeklagten und seiner beiden Bekannten.

aa) Die Ehefrau des Angeklagten hat als Zeugin dessen Einlassung, er sei zur Tatzeit in der ehelichen Wohnung gewesen, bestätigt. Die Strafkammer hält diese Aussage für unglaubwürdig und hat dazu ausgeführt, sie vermöge „nicht zu erkennen, was die aussagebereite und stets" – unter anderem in einem Schreiben an den Haftrichter – „um die Freilassung ihres Ehemannes bemühte Zeugin ... bewogen haben könnte, ihr Wissen um die den Angeklagten entlastenden Umstände – sollten solche ... tatsächlich vorhanden gewesen sein – bis zur Hauptverhandlung zurückzuhalten". Dies ist hier im Ergebnis nicht zu beanstanden.

Zwar hätte die Unglaubwürdigkeit der Aussage der Ehefrau nicht allein aus ihrem Schweigen vor der Hauptverhandlung hergeleitet werden können. Sie hätte ihr Zeugnis gemäß § 52 Abs. 1 Nr. 2 StPO verweigern dürfen. Eine solche Weigerung hätte später nicht zur

---

1 „Daraus, daß der Halter die Einlassung zur Sache verweigert oder sich darauf beschränkt, seine Täterschaft zu bestreiten, dürfen keine ihm nachteilige Schlüsse gezogen werden. Das gilt uneingeschränkt auch für den Kraftfahrzeughalter." (BGH Beschl. v. 29. 8. 1974 – 4 StR 171/74).

Prüfung, ob die den Angeklagten entlastenden Angaben glaubhaft sind, herangezogen werden dürfen (BGH MDR 1979, 1040). Nichts anderes gilt, wenn ein zur Zeugnisverweigerung Berechtigter es zunächst unterläßt, von sich aus Angaben zu machen (BGH, Beschl. v. 23. 10. 1986 – 4 StR 569/86 [vgl. § 261 StPO erfolgreiche Rügen]). Ein solcher Fall läge vor, wenn sich die Ehefrau vor der Hauptverhandlung darauf beschränkt hätte, die Bitte zu äußern, ihren Ehemann freizulassen. Das würde auch dann gelten, wenn sie an sich aussagebereit gewesen wäre, sich aber nicht geäußert hätte. Würde die Tatsache, daß ein Zeugnisverweigerungsberechtigter von sich aus nichts zur Aufklärung beigetragen hat, geprüft und gewertet, so könnte er von seinem Schweigerecht nicht mehr unbefangen Gebrauch machen, weil er befürchten müßte, daß daraus später nachteilige Schlüsse zu Lasten des Angeklagten gezogen würden.

So liegt es hier aber nicht. Das Landgericht hat festgestellt, daß sich die Ehefrau vor der Hauptverhandlung „zu keiner Zeit auf ihr Aussageverweigerungsrecht zurückgezogen hat", sondern „stets bemüht gewesen ist, zur Sache auszusagen und insbesondere auch auf die entlastenden Umstände hinzuweisen". Dies ergibt auch die Wiedergabe der Aussage der Ehefrau, die als Zeugin in der Hauptverhandlung bekundet hat, sie habe von Anfang an die ermittelnden Polizeibeamten darauf hingewiesen, der Angeklagte könne nicht der Täter sein, weil er zur Tatzeit zu Hause gewesen sei. Diese Aussage hält der Tatrichter zwar (hinsichtlich der Behauptung, „von Anfang an" Polizeibeamte auf das Alibi hingewiesen zu haben) für widerlegt. Dem kann aber nicht entnommen werden, daß die Ehefrau entgegen ihren Bekundungen in der Hauptverhandlung vor dem Zeitpunkt dieser Hauptverhandlung tatsächlich keine Angaben hat machen, also schweigen wollen, woraus, wenn es so wäre, nicht die Unglaubwürdigkeit ihrer Aussage in der Hauptverhandlung hätte hergeleitet werden dürfen. Vielmehr ist den Darlegungen des Landgerichts zu entnehmen, daß die Ehefrau sich, ohne ihr Zeugnisverweigerungsrecht geltend machen zu wollen, Ermittlungsbeamten gegenüber zur Sachaufklärung bereit erklärt, dabei aber nicht geäußert hat, der Angeklagte könne, weil er ein Alibi habe, nicht der Täter sein. Daraus durfte das Landgericht schließen, daß dies entgegen ihrer Aussage in der Hauptverhandlung tatsächlich auch nicht der Fall war. Denn das Aussageverhalten eines Zeugnisverweigerungsberechtigten, der dieses Recht nicht geltend macht, sich vielmehr zur Aussage bereit erklärt, ist in die Beweiswürdigung einzubeziehen (BGHSt. 32, 140, 142). Deshalb ist auch nicht zu beanstanden, daß das Landgericht das Schreiben der Ehefrau des Angeklagten an den Haftrichter, in dem sich diese für die Freilassung ihres Ehemannes eingesetzt, dabei dessen angebliches Alibi aber nicht erwähnt hat, bei der Beweiswürdigung mit erwogen hat. Die bloße Bitte um Haftentlassung stellt zwar keine Aussage zur Sache dar. Das Begehren ist hier aber nicht isoliert zu würdigen, sondern als Teil des Verhaltens der Ehefrau, die sich vorher den Ermittlungsbeamten gegenüber nicht auf ihr Aussageverweigerungsrecht berufen, sich vielmehr bereit erklärt hat, zur Sachaufklärung beizutragen und dennoch weder der Polizei noch später dem Haftrichter gegenüber auf das – erst in der Hauptverhandlung behauptete – Alibi des Angeklagten verwiesen hat. Die Strafkammer durfte deshalb dieses widersprüchliche Verhalten im Rahmen ihrer freien Beweiswürdigung ohne Rechtsverstoß mit berücksichtigen.

bb) Bedenken bestehen auch nicht dagegen, daß das Landgericht „Vorbehalte" bei der Bewertung der Aussagen der Zeugen B. und E., die bekundet haben, zur Tatzeit zusammen mit dem Angeklagten und seiner Ehefrau in deren Wohnung gewesen zu sein, daraus hergeleitet hat, daß sie die Verhaftung des Angeklagten „ohne jede Reaktion hingenommen" hätten. Die Strafkammer stützt die Unglaubwürdigkeit dieser Zeugen damit darauf, daß sie nicht an die Ermittlungsbehörde mit der Bitte herangetreten sind, Aussagen zur Entlastung des Angeklagten zu machen. Daß dies für die Zeugen nahegelegen hätte, hat das Landgericht rechtsfehlerfrei dargelegt. Denn die Zeugen waren nach den Feststellungen nicht nur über den gegen den Angeklagten erhobenen Tatvorwurf unterrichtet, sondern auch über die Umstände der Tat, insbesondere über den Tatzeitpunkt.

27. Wenn sich die Revision überwiegend gegen die Schlußfolgerungen des Gerichts wendet, wird damit der unzulässige Versuch unternommen, die Beweiswürdigung des Gerichts durch eine eigene zu ersetzen.

StPO § 261 – BGH Beschl. v. 10. 12. 1986 – 3 StR 500/86 (= BGHR StPO § 261 Beweiswürdigung 2)

Die Revision der Staatsanwaltschaft rügt die Verletzung materiellen Rechts.

Der Sachverhalt ist nicht bekannt. – Das Rechtsmittel war erfolglos.

Gründe: Das Revisionsgericht hat die Entscheidung des Tatrichters grundsätzlich hinzunehmen und sich auf die Prüfung zu beschränken, ob die Urteilsgründe Rechtsfehler enthalten. Diese sind nur dann gegeben, wenn die Beweiswürdigung in sich widersprüchlich, lückenhaft oder unklar ist, gegen die Denkgesetze oder gesichertes Erfahrungswissen verstößt oder an die zur Verurteilung erforderliche Gewißheit übertriebene Anforderungen gestellt worden sind (vgl. BGH NStZ 1982, 478 [BGH Urt. v. 3. 8. 1982 – 1 StR 371/82; vgl. § 261 StPO erfolgreiche Rügen]; 1984, 180 [BGH Urt. v. 17. 11. 1983 – 4 StR 375/83; vgl. § 261 StPO erfolgreiche Rügen]). Das Ergebnis der Hauptverhandlung festzustellen und zu würdigen ist allein Sache des Tatrichters (BGHSt. 21, 149, 151 [BGH Urt. v. 7. 10. 1966 – 1 StR 305/66; vgl. § 261 StPO erfolgreiche Rügen]). Seine Schlußfolgerungen brauchen nicht zwingend zu sein; genügend ist, daß sie möglich sind und der Tatrichter von ihrer Richtigkeit überzeugt ist (BGHSt. 10, 208, 209 [BGH Urt. v. 9. 2. 1957 – 2 StR 508/56; vgl. § 261 StPO erfolglose Rügen]; 29, 18, 20 [BGH Beschl. v. 7. 6. 1979 – 4 StR 441/78; vgl. § 261 StPO erfolglose Rügen]).

In ihrem Vorbringen zu den einzelnen Tatkomplexen wendet sich die Beschwerdeführerin überwiegend gegen die Schlußfolgerungen des Landgerichts. Damit wird der unzulässige Versuch unternommen, die Beweiswürdigung der Strafkammer durch eine eigene zu ersetzen. Revisionsrechtlich ist es unerheblich, ob die Wertung des Landgerichts, der Mitangeklagte D. sei der Initiator gewesen, „nicht überzeugt ist", ob „die Wahrscheinlichkeit einer Kenntnisnahme der anderweiten Übereignung der Praxisgegenstände naheliegt", ob aus der Gewährung eines Darlehens an den Angeklagten „möglicherweise" andere Rückschlüsse zu ziehen sind, ob „möglicherweise" Hinweise auf ein wirtschaftliches Interesse der Angeklagten vorlagen. Wenn das Landgericht die von ihm festgestellten Tatsachen anders wertet als die Beschwerdeführerin, so ist dies vom Revisionsgericht hinzunehmen. Revisionsrechtlich nicht zu beanstanden ist auch, daß die Strafkammer die Angaben des Mitangeklagten D., soweit er die Angeklagten der Mittäter- beziehungsweise der Mitwisserschaft beschuldigt, nicht für glaubwürdig erachtet.

Ein Sachmangel kann zwar vorliegen, wenn sich das Urteil im Rahmen der Beweiswürdigung nicht mit allen festgestellten Umständen auseinandersetzt, die den Angeklagten be- oder entlasten (BGHSt. 14, 162, 164 f. [BGH Urt. v. 4. 3. 1960 – 4 StR 31/60; vgl. § 261 StPO erfolgreiche Rügen], BGH bei Holtz MDR 1978, 108; BGH, Urteile v. 27. 7. 1983 – 3 StR 195/83; v. 1. 2. 1984 – 2 StR 623/83). Einen solchen Fehler deckt die Revision aber nicht auf. Ihr Vorbringen geht im Ergebnis nur dahin, daß das Landgericht andere als von ihr für zutreffend erachtete Schlußfolgerungen gezogen hat.

Liegen mehrere Beweisanzeichen vor, so genügt es nicht, sie jeweils einzeln abzuhandeln; erforderlich ist vielmehr eine Gesamtwürdigung. Auch wenn keine der jeweiligen Indiztatsachen für sich allein zum Nachweis der Täterschaft des Angeklagten ausreichen würde, besteht die Möglichkeit, daß sie in ihrer Gesamtheit dem Gericht die entsprechende Überzeugung vermitteln können (BGH bei Dallinger MDR 1974, 548; BGH, Urt. v. 25. 11. 1982 – 4 StR 564/82 [vgl. § 261 StPO erfolgreiche Rügen]). Entgegen der Meinung der Staatsanwaltschaft ist gegen diesen Grundsatz nicht verstoßen. Wie die Beschwerdeführerin selbst einräumt, teilt das Landgericht die Indizien mit, die für eine Beteiligung der Angeklagten an den Taten des Mitangeklagten D. sprechen. Daß die einzelnen Indizien gesondert gewertet worden sind und das erkennende Gericht außer acht gelassen hat, auch aus einer einheitlichen Betrachtung aller, für sich nicht allein ausreichenden Indizien könne der Schluß auf eine Beteiligung gezogen werden, ist nicht ersichtlich. Die Ausführungen der Strafkammer zeigen, daß sie sich mit den Anhaltspunkten für ein strafbares Handeln der Angeklagten in ihrer Gesamtheit auseinandergesetzt hat, jedoch auch insoweit nicht die von der Beschwerdeführerin gewünschten Schlußfolgerungen gezogen hat.

28. Verwertung noch nicht rechtskräftig festgestellter Straftaten im Urteil zulässig.
MRK Art. 6 Abs. 2; StPO § 261 – BGH Urt. v. 30. 10. 1986 – 4 StR 499/86 LG Landau (= BGHSt. 34, 209 = NJW 1987, 660 = NStZ 1987, 127)

Die Revision rügt die Verwertung von Umstände einer anderen noch nicht rechtskräftig abgeurteilten Straftat im vorliegenden Verfahren für unzulässig.

Sachverhalt: Die Angeklagten waren während des Überfalls auf den Kassierer der Firma G. nicht am Tatort. Unmittelbar Tatausführende waren die Mitangeklagten A. und Z. Daß die Beschwerdeführer dennoch Mittäter, nicht lediglich Teilnehmer waren, schließt das Landgericht u.a. aus Parallelen zu einem späteren Überfall auf die K. AG in L. Auch dort haben die Angeklagten den organisatorischen Ablauf der – von sieben Tätern verübten – Tat bestimmt. Das Landgericht hatte sie deswegen in einem anderen Verfahren zu Freiheitsstrafen verurteilt; das Urteil war aber noch nicht rechtskräftig. – Das Rechtsmittel war erfolglos.

Gründe:
a) Eine unzulässige Verwertung dienstlichen Wissens des Gerichts, wie der Generalbundesanwalt zu bedenken gibt, ist nicht dargetan. Zwar hat das Landgericht von dem früheren Urteil nur den Tenor verlesen. Eine Verlesung der Gründe war nicht möglich, weil sie zu jenem Zeitpunkt noch nicht vorlagen. Die Umstände des Überfalls auf die K. AG sind aber in der Hauptverhandlung erörtert worden; der Angeklagte Am. sowie L. und U. – Mittäter jener Tat – haben sich dazu geäußert. Die Feststellungen des Landgerichts beruhen auf ihren Bekundungen im vorliegenden Verfahren. Daneben durfte das Landgericht gerichtskundige Tatsachen – d.h. auch solche, die nur den berufsrichterlichen Mitgliedern der Strafkammer bekannt waren – unterstützend zur Begründung des Schuldvorwurfs von sich aus in die Hauptverhandlung einführen (BGH, Urt. v. 20. 12. 1977 – 1 StR 287/77). Daß es mehr als dies getan hätte, behauptet die Revision nicht.

b) Gegen die Unschuldsvermutung des Art. 6 Abs. 2 MRK hat das Landgericht entgegen der Ansicht der Revision nicht verstoßen. Der Tatrichter ist durch diese Vorschrift nicht genötigt, Beweisanzeichen bei seiner Überzeugungsbildung nur deshalb außer Betracht zu lassen, weil es sich um noch nicht rechtskräftig abgeurteilte Straftaten handelt (BGH, Urt. v. 26. 2. 1980 – 5 StR 681/79). Denn der Richter ist gemäß § 244 Abs. 2 StPO verpflichtet, das Verhalten des Angeklagten unter Ausschöpfung aller zur Verfügung stehenden Erkenntnisquellen zu beurteilen. Ein Gebot lückenhafter Würdigung entsprechend dem mehr oder minder zufälligen Stand anderer Verfahren ist dem Gesetz nicht zu entnehmen (BGH, Urt. v. 3. 12. 1975 – 2 StR 636/75). Deshalb halten Rechtsprechung und Schrifttum das Gericht ganz allgemein für befugt, die Untersuchung über die durch Anklage und Eröffnungsbeschluß bezeichnete Tat hinaus auf andere Straftaten zu erstrecken, wenn dies zur Wahrheitsfindung erforderlich ist (BGH NStZ 1981, 99[1]). Dabei macht es

---
[1] „Der Grundsatz, daß sich Untersuchung und Entscheidung auf die in der Anklage bezeichnete Tat beschränken (§§ 155 I, 264 I StPO), hindert das Gericht nicht, auch andere Taten zu ermitteln und festzustellen, wenn diese zumindest mittelbar für die Beurteilung der Tat oder des Täters von Bedeutung sind; der Tatrichter ist allgemein sogar zu ergänzenden Feststellungen solcher Art verpflichtet." (BGH Urt. v. 16. 12. 1957 – 1 StR 755/75).

auch keinen Unterschied, ob jene anderen Straftaten verjährt sind, ob das Verfahren mit einem Freispruch oder einer Einstellung durch die Staatsanwaltschaft geendet hat (BGH, Urteile v. 16. 6. 1961 – 5 StR 181/61 und v. 13. 1. 1977 – 1 StR 658/76) oder ob die Taten gemäß §§ 154, 154a StPO aus dem anhängigen Verfahren ausgeschieden wurden (BGHSt. 31, 302 [BGH Urt. v. 16. 3. 1983 – 2 StR 826/82; vgl. § 261 StPO erfolglose Rügen]; BGH JR 1986, 165). Daran ist festzuhalten. Art. 6 Abs. 2 MRK zwingt nicht zu der Unterstellung, daß der Sachverhalt einer strafbaren Handlung sich nicht zugetragen habe, bevor er rechtskräftig festgestellt ist. Die Annahme eines bis dahin bestehenden umfassenden Beweiserhebungs- und Beweisverwertungsverbots wäre vielmehr eine Überdehnung des Anwendungsbereichs der Vorschrift. Sie könnte auch zum Nachteil des Angeklagten ausschlagen. Zu denken ist etwa an den Fall, daß die Ermittlung einer anderen Straftat gleichzeitig ein Alibi bezüglich des angeklagten Tatvorwurfs begründet. Im Rechtsfolgenbereich würde eine unvollständige Würdigung der strafrechtlich erheblichen Verhaltensweisen des Täters die Gefahr einer Verfälschung seines Persönlichkeitsbildes heraufbeschwören (vgl. BGH StV 1986, 380). Das kann vom Gesetz nicht bezweckt sein. Die zu § 42e Abs. 2 a.F. StGB ergangene Entscheidung BGHSt. 25, 44 betraf einen Sonderfall der Feststellung der formellen Voraussetzungen für die Sicherungsverwahrung; die Entscheidung befaßt sich nicht mit Art. 6 Abs. 2 MRK und ist einer Verallgemeinerung nicht zugänglich.

29. Verlesung von Angaben einer Auskunftsperson in der Hauptverhandlung zulässig.

StPO §§ 225, 223, 261 – BGH Urt. v. 9. 5. 1985 – 1 StR 63/85 LG Stuttgart (= BGHSt. 33, 217 = NJW 1986, 390 = StV 1986, 185 = NStZ 1985, 468)

Die Revision rügt die Verlesung erläuternder Angaben zweier vom Gericht als „Auskunftspersonen" bezeichneten früherer Zeugen, die diese anläßlich eines kommissarischen Augenscheins gemacht haben. Sie ist der Auffassung, die beiden „Auskunftspersonen" seien als Zeugen gehört worden, hätten als solche erneut belehrt und vereidigt werden (oder ausdrücklich unvereidigt bleiben) müssen; ein Beweismittel „Auskunftsperson" kenne die Strafprozeßordnung nicht. Der Verlesung habe auch entgegengestanden, daß die Verteidiger zum Augenschein, nicht zur Zeugenvernehmung geladen worden seien. Ein Grund, die Zeugen kommissarisch zu vernehmen (§ 251 Abs. I StPO), habe ohnedies nicht bestanden, die Jugendkammer habe auch nicht gemäß § 251 Abs. IV StPO Beschluß gefaßt.

Sachverhalt: Auf Antrag der Verteidigung ordnete das Gericht die kommissarische Einnahme eines Augenscheins in einer Wohnung in H. an; beauftragt wurden der Vorsitzende und der Berichterstatter. Zu prüfen war, ob ein in einem Zimmer geführtes Gespräch in einem anderen Zimmer zu verstehen war. Beim Augenschein am 13. 4. 1984 waren die in der Hauptverhandlung schon als Zeugin vernommene Wohnungsinhaberin und ihr andersorts wohnender, ebenfalls als Zeuge schon vernommener Bekannter zugegen. Das Augenscheinsprotokoll hält unter anderem fest:

„Die Zeugin P. erklärt als Auskunftsperson: Die Benutzungsart der Räume ist schon immer dieselbe gewesen."

„Der Zeuge M. zeigt als Auskunftsperson die Stelle, an der er gesessen habe, als die Angeklagten Hö. und S. miteinander sprachen, er weist auf ein Sofa hin, das sich mit seiner Rückseite an der Trennwand zwischen Wohnzimmer und Schlafzimmer befindet."

„Die Sitzposition des Zeugen M. liegt – von der Eingangsöffnung zum Wohnzimmer an gemessen – ca. 130 bis 240 cm von dieser Öffnung entfernt."

In der Hauptverhandlung wurde die Niederschrift einschließlich der hier wiedergegebenen Textstellen verlesen. – Das Rechtsmittel war erfolglos.

Gründe: Die Rüge ist nicht begründet; gegen das Verfahren der Jugendkammer ist nichts einzuwenden. Zwar weist die Revision zu Recht darauf hin, daß ein Beweismittel „Auskunftsperson" der Strafprozeßordnung fremd ist, doch hat das Landgericht dies nicht verkannt.

Bei Einnahme eines gerichtlichen Augenscheins wird es zum besseren Verständnis oft notwendig oder zweckmäßig sein, einen Zeugen beizuziehen, dessen Angaben in engem Zusammenhang mit der in Augenschein zu nehmenden Örtlichkeit stehen oder gerade durch den Augenschein auf ihre Vereinbarkeit mit den örtlichen Gegebenheiten überprüft werden sollen; das gilt auch, wenn der Augenschein vom beauftragten Richter eingenommen wird. Die Zuziehung einer solchen Person ändert indes nichts daran, daß Augenschein und Zeuge selbständige Beweismittel bleiben, die den für sie vorgesehenen eigenen Regeln unterliegen. Auskünfte, die eine solche Person beim Augenschein gibt, können deshalb nur dann Zeugenaussage sein und als solche für die Überzeugungsbildung herangezogen werden (§ 261 StPO), wenn die Person gleichzeitig als Zeuge vernommen wird, sei es, weil das Gericht den Augenschein im Rahmen der Hauptverhandlung einnimmt und mit der Zeugenvernehmung verbindet, sei es, weil der beauftragte Richter außer mit der Einnahme des Augenscheins auch mit einer nach § 223 StPO angeordneten Zeugenvernehmung betraut ist und ebenfalls beides verknüpft.

Liegen diese Voraussetzungen – wie hier – nicht vor, so dürfen Auskünfte einer Person, die dem besseren Verständnis des Augenscheins dienen, zwar in die Niederschrift aufgenommen und in der Hauptverhandlung mitverlesen werden, doch gehören die Auskünfte selbst nicht zum verwertbaren Beweisstoff; hierzu zählen nur die Angaben der Person bei ihrer (förmlichen) Vernehmung als Zeuge. Unabhängig davon sind, was den Augenschein anlangt, ausschließlich die bei ihm getroffenen Feststellungen maßgebend (vgl. RGSt 12, 308). Hierbei ist nicht entscheidend, ob die Vernehmung des Zeugen vor oder nach dem Augenschein erfolgt. Ist der Zeuge vorher vernommen worden und ergibt sich beim Augenschein kein Anhalt, er werde seine Aussage ändern, so ist erneute Vernehmung nicht erforderlich.

Die Jugendkammer hat gegen diese Regeln nicht verstoßen. Um deutlich zu machen, daß Frau P. und Herr M. beim Augenschein nicht Zeugen waren, haben die beauftragten Richter sie in der Niederschrift als „Auskunftspersonen" bezeichnet. Es bestehen keine Anhaltspunkte, die Jugendkammer habe das in der Hauptverhandlung und insbesondere bei der Urteilsfindung übersehen. Auch die Revision trägt nicht vor, die Auskünfte der beiden genannten Personen beim Augenschein hätten sich von ihren bei der vorhergehenden Zeugenvernehmung gemachten Angaben irgendwie unterschieden und seien entgegen § 261 StPO in die Urteilsfindung eingeflossen.

30. Beweiswert der Aussage eines Zeugen vom Hörensagen.

StPO § 261 – BGH Urt. v. 16. 4. 1985 – 5 StR 718/84 LG Hamburg (= BGHSt. 33, 178 = NJW 1985, 1789 = StV 1985, 268)

Die Revision rügt u.a., das Landgericht hätte den Kriminalhauptkommissar Mä. nicht über die ihm von den beiden als Zeugen gesperrten Kriminalbeamten gemachten Angaben vernehmen dürfen.

Sachverhalt: Nach den Urteilsfeststellungen wirkte der Beschwerdeführer zusammen mit andern bei dem später gescheiterten Verkauf einer größeren Menge Kokain mit, wovon er sich einen erheblichen Gewinn versprach. Bei diesem Geschäft traten der Bordellbesitzer B., der seit längerem für die Polizei arbeitete, und zwei Beamte vom Landeskriminalamt Baden-Württemberg, welche die Decknamen Ma. und Ba. führten, als Scheinkäufer auf.

Das Landgericht hat B., der das Rauschmittelgeschäft angebahnt und an Kaufverhandlungen in Düsseldorf und Hamburg teilgenommen hatte, in der Hauptverhandlung als Zeugen vernommen. Es hat sich bemüht, auch die beiden Kriminalbeamten, deren wirkliche Namen nicht bekannt sind, zu vernehmen. Das Innenministerium des Landes Baden-

Württemberg hat es jedoch in entsprechender Anwendung des § 96 StPO abgelehnt, die Personalien der Beamten mitzuteilen, und diese Weigerung u.a. damit begründet, daß die Beamten beim Bekanntwerden ihrer Identität an Leib und Leben gefährdet wären. Es hat aber ihrer Vernehmung ohne Namensnennung unter optischer und akustischer Abschirmung zugestimmt. Das Landgericht hat diese Vernehmung in der Weise durchgeführt, daß die Beamten in einem an den Sitzungssaal angrenzenden Beratungszimmer untergebracht und über eine Mikrofonanlage von den Prozeßbeteiligten zwar zur Sache, aber nicht zu ihrer Identität befragt wurden.

Nachdem die Strafkammer den Beschluß des Großen Senats für Strafsachen des Bundesgerichtshofs vom 17. 10. 1983 (BGHSt. 32, 115 [BGH Beschl. v. 17. 10. 1983 – GSSt 1/83; vgl. § 251 StPO erfolgreiche Rügen]) erfahren hatte, hat sie diese Vernehmung für unverwertbar erklärt und das Innenministerium des Landes Baden-Württemberg erneut gebeten, die beiden Beamten für eine prozeßordnungsmäßige Vernehmung freizugeben. Das Innenministerium hat dies aber unter Hinweis auf seine frühere Entscheidung weiterhin abgelehnt und sich dahin geäußert, die Beamten seien „für das Gericht nicht erreichbar". Es hat jedoch vorgeschlagen, den Kriminalhauptkommissar Ma. vom Landeskriminalamt Baden-Württemberg als Zeugen vom Hörensagen über die Angaben der beiden Beamten zu vernehmen oder von ihnen eine schriftliche Äußerung einzuholen. Auf Ersuchen des Vorsitzenden hat darauf der Kriminalhauptkommissar Mä. als Vorgesetzter der beiden Beamten diese getrennt vernommen. Er ist sodann in der Hauptverhandlung als Zeuge vernommen worden und hat dabei über die Angaben der beiden Beamten berichtet. – Das Rechtsmittel war erfolglos.

Gründe: Die Rüge, das Landgericht hätte den Kriminalhauptkommissar Mä. nicht über die ihm von den beiden Kriminalbeamten gemachten Angaben vernehmen dürfen, ist unbegründet.

Der Zeuge vom Hörensagen ist ein nach der Strafprozeßordnung zulässiges Beweismittel (BGHSt. 1, 373, 375/376 [BGH Urt. v. 30. 10. 1951 – 1 StR 67/51; vgl. § 252 StPO erfolgreiche Rügen]; 6, 209, 210 [BGH Urt. v. 30. 6. 1954 – 6 StR 172/54; vgl. § 250 StPO erfolglose Rügen]; 17, 382, 384 [BGH Urt. v. 1. 8. 1962 – 3 StR 28/62; vgl. § 261 StPO erfolglose Rügen]; 22, 268, 270 [BGH Urt. v. 30. 10. 1968 – 4 StR 281/68; vgl. § 250 StPO erfolglose Rügen]). Dabei ist unerheblich, ob er seine Wahrnehmungen zufällig, im Auftrag der Polizei oder als „gerufener Zeuge" im Auftrag des Gerichts gemacht hat. Es ist deshalb auch grundsätzlich zulässig, Verhörspersonen über die Angaben zu vernehmen, die ihnen für das Gericht unerreichbare Polizeifahnder oder Gewährsleute bei einer Vernehmung gemacht haben (BVerfGE 57, 250, 292 f. [BVerfG Beschl. v. 26. 5. 1981 – 2 BvR 215/81; vgl. § 251 StPO erfolglose Rügen]).

In solchen Fällen ist der Tatrichter allerdings gehalten, den Beweiswert dieses weniger sachnahen Beweismittels bei seiner Überzeugungsbildung besonders vorsichtig zu prüfen und zu würdigen. Dies gilt vor allem dann, wenn ein Polizeifahnder oder Gewährsmann nur deshalb nicht als Zeuge gehört werden kann, weil die zuständige Behörde sich weigert, seinen Namen und seine Anschrift preiszugeben oder eine erforderliche Aussagegenehmigung (§ 54 StPO) zu erteilen. Hier darf der Tatrichter nicht übersehen, daß es die Exekutive ist, die eine erschöpfende Sachaufklärung verhindert und es den Verfahrensbeteiligten unmöglich macht, die persönliche Glaubwürdigkeit des im Dunkeln bleibenden Fahnders oder Gewährsmannes zu überprüfen (BGH NStZ 1982, 433 [BGH Besch. v. 29. 6. 1982 – 5 StR 125/82; vgl. § 261 StPO erfolgreiche Rügen]; BGH StV 1983, 403 [BGH Beschl. v. 2. 8. 1983 – 5 StR 152/83; vgl. § 261 StPO erfolglose Rügen]). Die von dem Vernehmungsbeamten wiedergegebenen Aussagen sind deshalb besonders kritisch zu würdigen. Auf sie kann eine Feststellung regelmäßig nur dann gestützt werden, wenn diese Bekundungen durch andere nach der Überzeugung des Tatrichters wichtige Beweisanzeichen bestätigt werden. Das Gericht muß sich der Grenzen seiner Überzeugungsbildung stets bewußt sein, sie wahren und dies in den Urteilsgründen zum Ausdruck bringen (BGHSt. 17, 382, 385 f.; BVerfGE 57, 250, 292 f.).

Diese von der bisherigen Rechtsprechung entwickelten Grundsätze sind in dem Beschluß des Großen Senats für Strafsachen vom 17. 10. 1983 (BGHSt. 32, 115) nicht in Frage gestellt worden. Der Große Senat für Strafsachen hat sich die Auffassung, daß der Zeuge in der Hauptverhandlung nicht von der Pflicht zur Angabe der in § 68 StPO verlangten Personalien entbunden werden könne (BGHSt. 23, 244 [BGH Urt. v. 14. 4. 1970 – 5 StR 627/69; vgl. § 338 Nr. 8 StPO erfolgreiche Rügen]), zu eigen gemacht. Er hat sie auch für den Fall der kommissarischen Vernehmung vertreten. Zu den Vernehmungssurrogaten des § 251 Abs. 2 StPO und zum Zeugnis vom Hörensagen hat er sich insoweit nicht geäußert (BGHSt. 33, 83 [BGH Urt. v. 5. 12. 1984 – 2 StR 526/84; vgl. § 251 StPO erfolgreiche Rügen]).

Der Senat hält deshalb die Vernehmung eines Verhörsbeamten, welcher die für eine gerichtliche Vernehmung „gesperrten" Fahnder oder Gewährsleute vernommen hat, über die ihm gemachten Angaben nach wie vor grundsätzlich für zulässig. Ob dies auch dann gilt, wenn die Aussagegenehmigung für diesen Zeugen vom Hörensagen dahin eingeschränkt ist, daß er nur bekunden darf, was ihm die Fahnder oder Gewährsleute gesagt haben, aber über deren Person überhaupt nichts mitteilen darf, kann hier dahinstehen. Die Revisionsbegründung teilt nicht mit, daß die Aussagegenehmigung für den Kriminalhauptkommissar Mä. in dieser Weise beschränkt gewesen sei (§ 352 Abs. 1 StPO). Die bei den Akten befindliche schriftliche Aussagegenehmigung enthält eine solche Einschränkung nicht.

Wie die Urteilsgründe ergeben, hat die Strafkammer nicht übersehen, daß die Aussage des Kriminalhauptkommissars Mä. über die Angaben, welche die unbekannten Beamten vor ihm gemacht haben, nur einen geringen Beweiswert hat. Sie hebt ausdrücklich hervor, „daß die mittelbare Bekundung des Zeugen Mä. ein erheblich schwächeres Beweismittel darstellt, als es die unmittelbaren Aussagen der Kriminalbeamten gewesen wären. Daher sind die durch den Zeugen Mä. eingeführten Angaben der gesperrten Kriminalbeamten in ihrer Gesamtheit einer besonders sorgfältigen und kritischen Würdigung unterzogen worden und ist die mindere Qualität dieses Beweismittels niemals außer acht geblieben. Die Kammer hat stets die Möglichkeit berücksichtigt, daß die Kriminalbeamten bei einer direkten Befragung u.U. – und sei es in Nuancen – von den Aussagen des Zeugen Mä. abweichende Angaben gemacht haben könnten".

Die Strafkammer hat die von dem Zeugen Mä. bekundeten Angaben der Beamten auch nur insoweit verwertet, als sie durch andere wichtige Beweisanzeichen bestätigt wurden. „Die zu Lasten der Angeklagten getroffenen Feststellungen beruhen fast ausschließlich auf ihren Einlassungen und nachprüfbaren Beweismitteln; hierbei ist insbesondere zu berücksichtigen, daß der Zeuge B. für weite Bereiche der Angaben der zwei gesperrten Beamten als Zeuge zur Verfügung stand".

31. Das Revisionsgericht kann einen auf vorhandene Zweifel gestützten Freispruch auch dann nicht beanstanden, wenn es aufgrund der festgestellten Beweisanzeichen der Auffassung ist, daß eine an Sicherheit grenzende Wahrscheinlichkeit für die Schuld des Angeklagten vorliegt.

StPO § 261 – BGH Urt. v. 17. 11. 1983 – 4 StR 375/83 LG Dortmund (= NStZ 1984, 180)

Die Revision der Staatsanwaltschaft rügt, das Urteil lasse eine erschöpfende Gesamtwürdigung der in der Hauptverhandlung erhobenen Beweise vermissen.

Sachverhalt: Der Angeklagten W. war vom Oktober 1941 bis zum Rückzug der deutschen Truppen im Frühjahr 1944 Gebietskommissar in W. in der Ukraine. Als seine Sekretärin war bis zum Oktober 1943 die Angeklagten Z. tätig. Die zugelassene Anklage wirft dem Angeklagten W. vor, sich an zwei Massenerschießungen, bei denen der größte Teil der jüdischen Bevölkerung des von ihm verwalteten Gebiets ermordet wurde, als Mittäter beteiligt und in sechs weiteren Fällen jüdische Personen eigenhändig ermordet zu haben. Der Angeklagten Z. wirft die Anklage vor, an den ersten dieser beiden Massentötungen ebenfalls als Mittäterin teilgenommen und in zwei weiteren Fällen jüdische Kinder ermordet oder dies versucht zu haben.

Von diesen Vorwürfen hatte das Landgericht die Angeklagten „mangels Beweises aus tatsächlichen Gründen" freigesprochen. Auf die Revision der Staatsanwaltschaft hatte der BGH das Urteil aufgehoben und die Sache zu neuer Verhandlung und Entscheidung zurückverwiesen. Dieses hat die Angeklagten wiederum freigesprochen, weil ihnen die Taten nicht nachzuweisen seien. – Das Rechtsmittel war erfolglos.

Gründe: ...

1. Soweit sich die Revision gegen den Freispruch der Angeklagten vom Vorwurf der Mittäterschaft bei den „Massentötungen" wendet, richten sich ihre Angriffe ausschließlich gegen die Beweiswürdigung. Diese ist jedoch allein Sache des Tatrichters, dessen Aufgabe es ist, sich eine Überzeugung von der Schuld oder Nichtschuld des Angeklagten zu verschaffen. Kann er vorhandene, wenn auch nur geringe Zweifel nicht überwinden, muß er den Angeklagten freisprechen (vgl. BGHSt. 10, 208 [210] [BGH Urt. v. 9. 2. 1957 – 2 StR 508/56; vgl. § 261 StPO erfolglose Rügen]; BGH, VRS 39, 103; BGH, Urt. v. 8. 11. 1977 – 5 StR 446/77, bei Holtz, MDR 1978, 281). Das Revisionsgericht. hat eine solche Entscheidung grundsätzlich hinzunehmen. Es kann sie nur im Hinblick auf Rechtsfehler überprüfen, insbesondere darauf, ob die Beweiswürdigung in sich widersprüchlich, unklar oder lückenhaft ist, die Beweismittel nicht ausschöpft, Verstöße gegen Denkgesetze oder Erfahrungssätze aufweist oder ob der Tatrichter überspannte Anforderungen an die für eine Verurteilung erforderliche Gewißheit gestellt hat (vgl. BGH, Urt. v. 21. 6. 1978 – 2 StR 46/78, bei Holtz, MDR 1978, 806; und v. 6. 10. 1983 – 4 StR 443/83).

Solche Rechtsfehler sind dem angefochtenen Urteil nicht zu entnehmen. Die Beweiswürdigung ist, entgegen der Auffassung der Revision, weder lückenhaft noch enthält sie Widersprüche oder Verstöße gegen Denkgesetze.

a) Zu Unrecht meint die Revision, das Urteil lasse „eine erschöpfende Gesamtwürdigung der in der Hauptverhandlung erhobenen Beweise vermissen". Das Landgericht nimmt in den Urteilsgründen vielmehr eine eingehende Beweiswürdigung vor, in welcher es die Beweismittel, die ihm zur Verfügung standen, ausschöpft. Es geht dabei von den Angaben der Tatzeugen aus, die es im einzelnen mitteilt, untersucht deren Beweiswert und gelangt schließlich zu dem Ergebnis, daß sich aus den „wenigen zuverlässigen und verwertbaren Angaben" dieser Zeugen auch „unter Einbeziehung von Angaben von Zeugen vom Hörensagen" der „Nachweis einer strafrechtlich relevanten Teilnahme der Angeklagten an den beiden Massenerschießungen" nicht führen lasse.

Die Auffassung der Revision, diese Beweiswürdigung lasse eine „hinreichende Auseinandersetzung mit den Angaben der Zeugen vom Hörensagen vermissen", findet in den Urteilsgründen keine Stütze. Das Landgericht legt vielmehr – rechtsfehlerfrei – dar, daß die Aussagen dieser „Zeugen vom Hörensagen" es ihm nicht erlaubt hätten, sich ein „Bild" zu machen „von der Persönlichkeit, damit also auch der Glaubwürdigkeit der im dunkeln gebliebenen Auskunftsperson, wobei in den meisten Fällen nicht einmal geklärt werden konnte, wer die jeweilige Berichtsperson war oder wie viele weitere Berichtspersonen vorgeschaltet waren", insbesondere, „ob die jeweilige Berichtsperson oder die mehreren Glieder der vorgeschalteten Berichtskette wiederum nur Zeugen vom Hörensagen waren oder aber selbstgemachte Wahrnehmungen den hier zu bewertenden Zeugen vermittelt haben". Anhand der Angaben von zwei dieser Zeugen – S. und Ze. – zeigt es darüber hinaus beispielhaft auf, wie „unzuverlässig" gerade im vorliegenden Fall „im Zusammenhang mit den komplexen und verwickelten Vorgängen bei den Vernichtungsaktionen und der Vielzahl der unterschiedlichen, uniformierten Tatbeteiligten ... Identifizierungsangaben von Berichtspersonen an die Zeugen vom Hörensagen sein können". Das Landgericht hat damit ausreichend die Angaben der Zeugen vom Hörensagen in seine Erwägungen einbezogen. Bei der dargelegten Sachlage war es – entgegen der Ansicht der Revision – nicht erforderlich, alle diese Zeugenaussagen in ihren Einzelheiten mitzuteilen. ...

d) Der Revision kann schließlich auch nicht in ihrer Auffassung beigetreten werden, das Landgericht habe sich nicht „hinreichend mit den aus der dienstlichen Stellung der Angeklagten – insb. des Angeklagten W. – zu folgernden Gesichtspunkten auseinandergesetzt". Das Landgericht hat vielmehr eingehende Feststellungen zur dienstlichen Stellung beider Angeklagten, ihren Aufgaben, ihrer Tätigkeit in W. und ihrem Verhalten im Zusammenhang mit den Massentötungen getroffen, und diese in seine Beweiswürdigung einbezogen. Das Ergebnis, zu welchem es dabei gelangt ist, mag allerdings lebensfremd erscheinen. Angesichts der dienstlichen Stellung des Angeklagten W., dem das Ghetto unterstand, sowie des Umstands, daß er dem Judenrat den Befehl zum Ausheben der „Todesgruben" erteilt und den Fortgang der Arbeiten an diesen überwacht hat, vor der ersten „Massentötung" von der bevorstehenden „Aktion gegen die Ghettoinsassen" unterrichtet worden ist und sich – wie auch die Angeklagten Z. – beim Abtransport der jüdischen Opfer im Ghettobereich aufgehalten hat, liegt vielmehr die Annahme mittäterschaftlichen Handelns oder jedenfalls der Beihilfe nahe. Wenn das Landgericht gleichwohl zu der Überzeugung gelangt ist, den Angeklagten solches Handeln nicht nachweisen zu können, so muß dieses Ergebnis tatrichterlicher Beweiswürdigung jedoch hingenommen werden. Das Revisionsgericht kann einen auf vorhandene Zweifel gestützten Freispruch auch dann nicht beanstanden, wenn es aufgrund der festgestellten Beweisanzeichen der Auffassung ist, daß eine an Sicherheit grenzende Wahrscheinlichkeit für die Schuld des Angeklagten vorliege (vgl. BGHSt. 10, 208 [209, 210]). Die Verantwortung für diesen Freispruch liegt allein beim Tatrichter.

32. Scheitern des Alibibeweises ist noch kein Beweisanzeichen für die Schuld des Angeklagten.

StPO § 261 – BGH Urt. v. 29. 3. 1983 – 1 StR 50/83 Schwurgericht Bamberg (= StV 1983, 267 = NStZ 1983, 422)

Die Revision der Staatsanwaltschaft rügt die Verletzung sachlichen Rechts.

Sachverhalt: Einer der gegen den Angeklagten erhobenen Vorwürfe ging dahin, er habe in der Nacht vom 24. auf 25. 11. 1980 einige Gramm Rattengift in eine Kaffeemaschine und in eine Kaffeedose verbracht, die sich im Aufenthaltsraum seiner Arbeitgeberfirma befanden. Ziel des Giftanschlags sei gewesen, seine Arbeitgeberin zu töten.

Der Angeklagte hatte sich gegen diesen Vorwurf unter anderem mit der Einlassung verteidigt, er habe in der fraglichen Nacht seine eheliche Wohnung wegen einer Erkrankung nicht verlassen. Der Hausarzt des Angeklagten hatte als Zeuge bestätigt, der Angeklagten habe ihn am 24. 11. 1980 gegen Mittag aufgesucht, die Untersuchung habe Störungen des vegetativen Nervensystems, u.a. wesentlich zu geringen Blutdruck ergeben. Die Ehefrau des Angeklagten hatte bekundet, der Angeklagten habe nach Rückkunft vom Arzt die eheliche Wohnung jedenfalls bis zum nächsten Morgen um 8.00 Uhr nicht verlassen (das Gift war zwischen 7.00 Uhr und 7.30 Uhr entdeckt worden).

Die Kammer hielt ein behauptetes Alibi nicht für erwiesen und faßte ihre Überlegungen hierzu in dem Satz zusammen: „Wenn aber nicht auszuschließen ist, daß der Angeklagten in der Nacht vom 24. auf 25. 11. 1980 tatsächlich zu Hause geblieben war, dann ist er insoweit nicht als der Täterschaft überführt anzusehen". Die „Zusammenfassende Abwägung der Argumente" enthält die Schlußfolgerung, aus den festgestellten Fakten ergebe sich „kein zwangsläufiger Hinweis auf die Täterschaft des Angeklagten, ganz abgesehen davon, daß dessen Alibi für den zweiten Anschlag in der Hauptverhandlung nicht wiederlegt werden kann". – Das Rechtsmittel war erfolglos.

Gründe: Das Landgericht hat sämtliche für und gegen eine Täterschaft des Angeklagten sprechenden Umstände eingehend gewürdigt, hat aber die Überzeugung, der Angeklagte sei der Täter, nicht gewonnen. Rechtsfehler sind dem Landgericht hierbei nicht unterlaufen, auch nicht, soweit es um die Frage des Alibi-Beweises geht; insbesondere hierauf stützt die Staatsanwaltschaft ihr Rechtsmittel. ...

Der Staatsanwaltschaft ist zuzugeben, daß die vom Schwurgericht in diesem Zusammenhang verwendeten Formulierungen gewisse Unklarheiten aufweisen. ...

Eine Gesamtwürdigung des Urteils ergibt indes, daß das Landgericht nicht etwa deshalb freigesprochen hat, weil es der Meinung gewesen wäre, es müsse nach dem Zweifelssatz das Alibi als erwiesen behandeln, so daß der Angeklagten nicht der Täter gewesen sein könne; das wäre in der Tat fehlerhaft gewesen (BGHSt. 25, 285 [BGH Urt. v. 13. 2. 1974 – 2 StR 552/73; vgl. § 261 StPO erfolgreiche Rügen]; Beschl. v. 11. 6. 1982 – 5 StR 325/82).

Vielmehr sprach das Tatgericht frei, weil es nach eingehender Prüfung und Abwägung der sonst vorliegenden Verdachts- und Entlastungsgründe die Täterschaft des Angeklagten nicht für erwiesen hielt, wobei es in diese Abwägung das Beweisergebnis zu dem vom Angeklagten behaupteten Alibi mit einbezog. Dagegen ist nichts einzuwenden.

Zwar findet sich in der Entscheidung BGHSt. 25, 285, 286 der Satz, nur das erwiesene Alibi könne „von Einfluß auf die Entscheidung" sein. Jedoch ist diese – zu allgemein gefaßte – Aussage dahin zu verstehen, daß ein Alibi für sich allein nur dann zum Freispruch führt, wenn es erwiesen ist. Ist das nicht der Fall, so geht das nur insofern „zu Lasten des Angeklagten" (BGH aaO), als sein Versuch, mit der Behauptung eines Alibis unmittelbar, ohne Rücksicht auf das sonstige Beweisergebnis, seine Freisprechung zu erreichen, gescheitert ist. Mehr verbirgt sich hinter dieser Formulierung nicht. In der genannten Entscheidung selbst wird darauf hingewiesen, daß das Scheitern des Alibibeweises noch kein Beweisanzeichen für die Schuld des Angeklagten ist (BGH a.a.O. S. 287); das ist im übrigen gesicherte Rechtsprechung (BGH, Urt. v. 24. 9. 1963 – 5 StR 330/63 [vgl. § 261 StPO erfolgreiche Rügen]; Urt. v. 12. 1. 1982 – 5 StR 745/81[1]).

Führen Beweiserhebung und Beweiswürdigung nicht zum Nachweis oder zur Widerlegung eines Alibis, so ist der Einfluß von „Alibitatsachen" auf die Überzeugungsbildung des Gerichts nicht anders als der sonstiger mittelbar erheblicher Tatsachen. Sie haben im Rahmen des „Gesamtgefüges der richterlichen Beweiswürdigung" ihren Platz und können – zusammen mit anderen Umständen – dazu führen, daß das Gericht die Überzeugung von der Schuld des Angeklagten nicht gewinnt. Möglich ist aber auch, daß das Gericht „aufgrund der übrigen Beweismittel von der Täterschaft des Angeklagten und den sie tragenden Feststellungen überzeugt ist; die Gesamtwürdigung sämtlicher Beweisanzeichen führt dann notwendigerweise zu dem Ergebnis, daß der Täter – entgegen seiner Behauptung – nicht anderswo war (BGH Beschl. v. 11. 6. 1982 – 5 StR 325/82).

Gegen diese Grundsätze hat das Landgericht nicht verstoßen; das Ergebnis der Beweisaufnahme zu würdigen, war allein seine Sache (BGHSt. 29, 18, 19/20 [BGH Beschl. v. 7. 6. 1979 – 4 StR 441/78; vgl. § 261 StPO erfolglose Rügen]; Urt. v. 3. 2. 1983 – 1 StR 823/82). Da die Nachprüfung des Urteils auf die Sachbeschwerde hin auch sonst keinen Rechtsfehler ergeben hat, bleibt das Rechtsmittel der Staatsanwaltschaft ohne Erfolg.

---

1 „Ein mißglückter Alibibeweis mag ungeeignet sein, die anderweit gewonnene Überzeugung des Tatrichters von der Täterschaft des Angeklagten zu erschüttern. Indessen läßt sich aus einem fehlgeschlagenen Alibibeweis nichts ‚für eine Täterschaft des Angeklagten' herleiten ... Schenkt der Tatrichter, ... dem Alibizeugen keinen Glauben, so ist zwar eine Verteidigungsmöglichkeit des Angeklagten gescheitert. Dieser Fehlschlag kann aber für sich allein, das heißt ohne Rücksicht auf seine Gründe und Begleitumstände, kein Beweisanzeichen für die Täterschaft abgeben" (BGH Urt. v. 12. 1. 1982 – 5 StR 745/81).

33. Ausgeschiedene Teile der Tat nur nach Hinweis im Urteil verwertbar.

StPO §§ 154a Abs. 2, 261 – BGH Urt. v. 16. 3. 1983 – 2 StR 826/82 LG Darmstadt (= BGHSt. 31, 302 = NJW 1983, 1504)

Die Revision rügt, daß das Gericht bei der Beweiswürdigung Umstände aus ausgeschiedenen Tatkomplexen verwertet hat, ohne den Angeklagten zuvor darauf hinzuweisen.

Sachverhalt: Im vorliegenden Falle hat die Strafkammer am zweiten Tag der Hauptverhandlung das Verfahren auf die „Vorgänge in der Zeit vom 1. 11. 1980 bis 24. 8. 1981" beschränkt. Gleichwohl hat sie auch den Umstand, daß der Angeklagte bereits vor November 1980 200 g Haschisch verkauft habe, als ein Indiz dafür gewertet, daß er zumindest die Hälfte der später erworbenen 5 kg Haschisch weiterverkauft habe. Ein Hinweis auf die Möglichkeit einer solchen Verwertung ist nicht erfolgt. Es kann aber ausgeschlossen werden, daß das Urteil auf dieser fehlerhaften Verwertung eines gemäß § 154a Abs. 2 StPO ausgeschiedenen Tatteils beruht. Die Überzeugung der Strafkammer, daß der Angeklagte die 5 kg Haschisch auch zum teilweisen Weiterverkauf erworben habe, beruht auf mehreren Umständen. Sie gründet sich einmal darauf, daß er 300 bis 400 g Haschisch an den Mitangeklagten E. verkauft habe – davon 200 g vor der Einkaufsfahrt vom November 1980/Januar 1981; zusätzlich stützt sich das Landgericht darauf, daß nach der Lebenserfahrung derartige Mengen des Rauschgifts zumindest auch zum teilweisen Weiterverkauf beschafft werden und daß der Angeklagte bereits kurze Zeit nach dem Erwerb der 5 kg Haschisch mit Planungen für eine weitere Einkaufsfahrt begonnen habe, bei der er wiederum eine größere Menge Haschisch erwerben wollte und dann auch erworben habe. – Das Rechtsmittel war erfolglos.

Gründe: Hat das Gericht gemäß § 154a Abs. 2 StPO das Verfahren beschränkt, dann darf es die ausgeschiedenen Teile der Tat ohne förmliche Einbeziehung in das Verfahren nur dann zu Lasten des Angeklagten verwenden, wenn es ihn vorher ausdrücklich auf diese Möglichkeit aufmerksam gemacht hat (vgl. BGH, Urt. v. 20. 8. 1982 – 2 StR 278/82). So darf nach ständiger Rechtsprechung des Bundesgerichtshofes aus ausgeschiedenen Taten oder Tatteilen nur dann ein Strafschärfungsgrund hergeleitet werden, wenn der unter die Einstellung oder Beschränkung fallende Tatkomplex prozeßordnungsgemäß festgestellt und der Angeklagte ausdrücklich auf die Möglichkeit der strafschärfenden Verwertung hingewiesen wurde (vgl. BGH NStZ 1981, 10; Beschlüsse vom 27. 8. 1980 – 2 StR 450/80 – und vom 11. 3. 1981 – 2 StR 715/80; BGHSt. 30, 147 [BGH Beschl. v. 1. 6. 1981 – 3 StR 173/81; vgl. § 154a StPO erfolgreiche Rügen]; BGH, Beschl. v. 12. 1. 1982 – 1 StR 320/81). Diese Rechtsprechung wird damit begründet, der Angeklagte müsse nach einer teilweisen Einstellung oder Beschränkung des Verfahrens nicht mehr damit rechnen, mit Rechtsfolgen belastet zu werden, die sich aus dem ausgeschiedenen oder eingestellten Sachverhalt ergeben. Daraus folgt, daß dieser Sachverhalt ohne entsprechenden Hinweis auch nicht im Rahmen der Beweiswürdigung gegen den Angeklagten verwendet werden darf; denn ein Angeklagter, der nicht mehr damit rechnet, mit den Rechtsfolgen belastet zu werden, die sich aus dem ausgeschiedenen Sachverhalt ergeben können, wird sich insoweit regelmäßig nicht mehr verteidigen. Dies kann sich bei einer Verwertung des ausgeschiedenen Sachverhalts im Rahmen der Beweiswürdigung auf das Beweisergebnis auswirken.

Aufgrund des festgestellten Sachverhalts kann ausgeschlossen werden, daß die Strafkammer lediglich einen Erwerb zum Eigenverbrauch angenommen hätte, wenn der Haschischverkauf vor November 1980 unberücksichtigt geblieben wäre.

34. Es ist rechtens, wenn das Gericht freispricht, weil es Feststellungen, die für die Täterschaft des Angeklagten sprechen, für „mehrdeutig" hält, wenn es auch Umstände festgestellt hat, die gegen die Täterschaft des Angeklagten sprechen.

StPO § 261 – BGH Urt. v. 3. 2. 1983 – 1 StR 823/82 LG Nürnberg-Fürth (= NStZ 1983, 277)

Die Revision der Staatsanwaltschaft rügt die Verletzung sachlichen Rechts.

Sachverhalt: Das Landgericht hat den Angeklagten vom Vorwurf, eine Prostituierte durch einen aufgesetzten Kopfschuß getötet zu haben, freigesprochen, da es dessen Täterschaft nicht für erwiesen hält. – Das Rechtsmittel war erfolglos.

Gründe: Spricht der Tatrichter den Angeklagten frei, weil er vorhandene Zweifel nicht zu überwinden vermag, so ist das grundsätzlich hinzunehmen. Die Beweiswürdigung ist allein Sache des Tatrichters. Ebensowenig wie er gehindert ist, an sich mögliche, wenn auch nicht zwingende Folgerungen aus bestimmten Tatsachen zu ziehen, ebensowenig kann ihm vorgeschrieben werden, unter welchen Voraussetzungen er zu einer bestimmten Überzeugung kommen muß (BGHSt. 10, 208 [209, 210] [BGH Urt. v. 9. 2. 1957 – 2 StR 508/56; vgl. § 261 StPO erfolglose Rügen], 29, 18 [19, 20] [BGH Beschl. v. 7. 6. 1979 – 4 StR 441/79; vgl. § 261 StPO erfolglose Rügen]). Auf die Sachrüge hin hat das Revisionsgericht nur zu prüfen, ob dem Tatrichter Rechtsfehler unterlaufen sind. Das ist nicht nur dann der Fall, wenn die Beweiswürdigung widersprüchlich, unklar oder lückenhaft ist oder wenn sie gegen die Denkgesetze oder gegen gesicherte Erfahrungssätze verstößt, sondern auch dann, wenn an die zur Verurteilung erforderliche Gewißheit überspannte Anforderungen gestellt worden sind (BGH, VRS 63, 39, 40; NStZ 1982, 478, 479 [BGH Beschl. v. 24. 6. 1982 – 4 StR 183/82; vgl. § 261 StPO erfolgreiche Rügen]). Einen solchen sachlich-rechtlichen Mangel weist das angefochtene Urteil indessen nicht auf.

1. Zuzugeben ist allerdings, daß das Tatgericht im Rahmen seiner Beweiswürdigung Formulierungen gebraucht, die zu Bedenken Anlaß geben könnten. Es befaßt sich unter IIa bis e der Urteilsgründe mit belastenden Indizien und legt in jedem dieser Fälle dar, daß die erörterten Umstände „keinen zwingenden Schluß" auf die Täterschaft des Angeklagten zulassen. Bei seiner Überzeugungsbildung (§ 261 StPO) kann und braucht sich der Tatrichter aber nicht auf solche Schlüsse zu beschränken, die zwingend sind; es genügt, daß sie denkgesetzlich und nach der Lebenserfahrung möglich sind. Erforderlich, aber auch ausreichend ist die Erlangung der persönlichen Gewißheit; es kommt darauf an, ob das Gericht nach der gesamten Beweislage einen bestimmten Sachverhalt für wahr hält (BGH, NJW 1951, 83; VRS 24, 207 [210, 211]; 39, 103 [104, 105]; 63, 39 [40, 41] BGHSt. 25, 365 [367] [BGH Beschl. v. 29. 8. 1974 – 4 StR 171/74; vgl. § 261 StPO erfolgreiche Rügen]; 26, 56 [63][1]; BGH, Urt. v. 5. 11. 1975 – 2 StR 523/75; v. 21. 6. 1978 – 2 StR 46/78, bei Holtz MDR 1978, 806; v. 4. 4. 1979 – 2 StR 808/78 – und v. 1. 9. 1982 – 2 StR 39/82). Die angeführten Wendungen lassen jedoch nach dem Gesamtzusammenhang und im Hinblick auf andere Stellen des Urteils nicht besorgen, daß das Landgericht der Meinung gewesen ist, die Feststellung von Tatsachen verlange eine absolute, andere Möglichkeiten des Tatablaufs mit Denknotwendigkeit ausschließende Sicherheit, daß es infolgedessen zu hohe Anforderungen an die Überzeugungsbildung gestellt habe.

Das Landgericht ist auf die Beweisanzeichen, die nach Auffassung der Staatsanwaltschaft „zwingend" für die Täterschaft des Angeklagten sprachen, im einzelnen eingegangen.

---

1 „Diese sich aus dem Grundsatz der freien Beweiswürdigung des Tatrichters (§ 261 StPO) ergebende Rechtslage lassen die Beschwerdeführer außer acht, wenn sie die Beweiswürdigung des Kammergerichts angreifen und sie – in unzulässiger Weise – durch ihre eigene ersetzen. Sie verkennen vor allem, daß die Schlüsse des Tatrichters nur möglich, aber keineswegs zwingend zu sein brauchen; auf eine größere oder überwiegende Wahrscheinlichkeit kommt es dabei entgegen der Meinung der Beschwerdeführer nicht an." (BGH Beschl. v. 29. 1. 1975 – KRB 4/74).

Sinngemäß bringt es zum Ausdruck, daß es diese Umstände als ungeeignet oder als unzureichend ansah, seine Überzeugung von der Täterschaft des Angeklagten zu begründen ... Damit beruht die Entscheidung auf Anwendung des Grundsatzes „in dubio pro reo".

2. Es trifft zwar zu, daß die Gesamtwürdigung der für die Täterschaft des Angeklagten sprechenden Indizien verhältnismäßig knapp ausgefallen ist. Gleichwohl besteht nicht die Besorgnis, das Landgericht könnte verkannt haben, daß eine Mehrzahl von Beweisanzeichen auch dann, wenn keines von ihnen für sich allein ausreicht, in ihrer Gesamtheit die Überzeugung von der Täterschaft vermitteln kann (BGHSt. 20, 333 [341, 342]; BGH, Urt. v. 20. 2. 1974 – 3 StR 9/74, bei Dallinger, MDR 1974, 548; v. 5. 11. 1975 – 2 StR 523/75; v. 4. 1. 1978 – 2 StR 609/77; v. 1. 9. 1982 – 2 StR 39/82 und v. 25. 11. 1982 – 4 StR 564/82). Es hebt darauf ab, daß die Feststellungen, die für die Täterschaft des Angeklagten sprechen könnten, „mehrdeutig" sind, also nur Möglichkeits-, allenfalls Wahrscheinlichkeitsschlüsse in Betracht kommen. Solche Schlüsse hält es zur Erlangung der Überzeugung von der Täterschaft des Angeklagten nicht für ausreichend, weil auch Umstände festgestellt worden sind, die dagegen sprechen, daß der Angeklagte die Tat begangen hat. Diese Erwägungen können nicht als rechtsfehlerhaft beanstandet werden. ...

35. Dem Revisionsgericht ist es verwehrt, die Beweiswürdigung des Tatrichters, die Rechtsfehler nicht erkennen läßt, durch eine eigene zu ersetzen.

StPO § 261 – BGH Urt. v. 24. 2. 1982 – 3 StR 444/81 (S) OLG Stuttgart (= StV 1983, 267)

Die Revision der Staatsanwaltschaft rügt, das OLG habe die Anforderungen an die tatrichterliche Überzeugungsbildung überspannt, die Beweiswürdigung sei lückenhaft, ihr lägen zudem widersprüchliche Erwägungen zugrunde.

Sachverhalt: Am frühen Nachmittag des 7. 3. 1981, sollten in der Innenstadt in F. trotz vorangegangener Verbotsverfügungen zwei Demonstrationen stattfinden. Die vom „Komitee für bessere Haftbedingungen" geplante Demonstration sollte am F. Platz beginnen und am L.-berg enden. An einer der von der Polizei eingerichteten Kontrollstellen nahm ein Polizeibeamter – zwischen 12.30 und 12.50 Uhr – wahr, daß in mindestens zehn aus Richtung des F. Platzes kommenden Kraftfahrzeugen Flugblätter mit der Überschrift „Hungerstreik" lagen. Der Beamte hatte kurz vorher erfahren, daß solche Flugblätter am F. Platz aufgetaucht waren. Gegen 12.45 Uhr wurden etwa 400 m von der bezeichneten Kontrollstelle entfernt die drei Angeklagten einer Kontrolle unterzogen. Zusammen mit einer vierten Person, die sich der Kontrolle entzog, hatten sie sich aus Richtung des etwa 15 Gehminuten entfernten F. Platzes auf den L.-berg zubewegt. In einer Tragetasche, welche die Angeklagte B. mitführte, wurden etwa 550 der bereits bezeichneten Flugblätter gefunden, und zwar in drei Stapeln; die Umhüllungen zweier Stapel mit je etwa 200 Flugblättern waren unversehrt; das dritte Paket war angebrochen.

Das OLG hat sich davon überzeugt, daß die Angeklagten die „Flugblätter zum Zwecke des Verteilens mit sich geführt haben". Eine Verteilung der Flugblätter in Kenntnis ihres Inhalts wäre nach Auffassung des OLG als Werbung für eine terroristische Vereinigung (§ 129 a StGB) strafbar. Das OLG hat sich aber nicht davon überzeugen können, daß die Angeklagten mit der Verteilung bereits begonnen hatten. – Das Rechtsmittel war erfolglos.

Gründe: ...

4. Das OLG hat in sorgfältiger Beweisführung alle im Urteil festgestellten für und gegen die Angeklagten sprechenden Gesichtspunkte zusammengetragen und gewürdigt. Es hat durchaus erkannt, daß es aus dem Auffinden eines „nicht verschlossenen Stapels von Flugblättern neben zwei noch unangebrochenen Paketen" den Schluß hätte ziehen können, daß die Angeklagten bereits Flugblätter verteilt hatten. Daß es sich dennoch von der Täterschaft der Angeklagten nicht hat überzeugen können, es vielmehr als möglich ange-

sehen hat, daß diese bereits mit angebrochenem Stapel angereist sind oder ihn von anderen erhalten haben, ist aus Rechtsgründen nicht zu beanstanden. Die sonst für die Täterschaft der Angeklagten sprechenden Beweisanzeichen hat das OLG erwogen, diese aber als für die Überführung nicht ausreichend angesehen, weil sie sämtliche Deutungen zulassen, die den Schluß, es sei mit der Verteilung bereits begonnen worden, nicht rechtfertigen. Der Tatrichter hat sich dabei weder in Widersprüche verwickelt noch sich aufdrängende Möglichkeiten der Deutung der Feststellungen übersehen. Er hat zwar nicht ausdrücklich erörtert, daß andere Verteiler als die Angeklagten und diese selbst Endglieder zweier in bewußtem und gewolltem Zusammenwirken tätiger Verteilerketten gewesen sein könnten. Das Vorliegen einer derartigen von der Staatsanwaltschaft für möglich gehaltenen Fallgestaltung ist aber durch die Feststellungen nicht belegt. Mit bloßen Vermutungen brauchte sich das OLG aber nicht ausdrücklich auseinanderzusetzen.

Nach allem ist es rechtlich nicht zu beanstanden, daß der Tatrichter daran zweifelte, ob die Angeklagten bereits Flugblätter verteilt hatten und daß er diesen Zweifel nicht überwunden hat. Dem Senat ist es verwehrt, die Beweiswürdigung des Tatrichters, die Rechtsfehler nicht erkennen läßt, durch eine eigene zu ersetzen (BGHSt. 10, 208, 210 [BGH Urt. v. 9. 2. 1957 – 2 StR 508/56; vgl. § 261 StPO erfolglose Rügen]; BGH, Urt. v. 3. 5. 1978 – 3 StR 127/78 und v. 10. 12. 1980 – 3 StR 410/80, insoweit in BGHSt. 30, 10 nicht abgedruckt).

5. Es ist somit davon auszugehen, daß die Angeklagten die ihnen zur Last gelegte Tat des Werbens für eine terroristische Vereinigung und der Verunglimpfung des Staates im Sinne des § 90a Abs. 1 Nr. 1 StGB noch nicht vollendet haben. Es kann dahingestellt bleiben, ob sie nach ihrer Vorstellung zur Verwirklichung der genannten Straftatbestände unmittelbar angesetzt haben; denn der darin liegende Versuch wäre straflos. Auf der Grundlage der getroffenen Feststellungen sind die Angeklagten also zu Recht freigesprochen worden.

36. Allgemeinkundige Tatsache nur dann revisionsrechtlich überprüfbar, wenn es sich um eine Allgemeinkundigkeit handelt, die nicht auf einen räumlichen oder persönlichen Kreis beschränkt ist.

StPO § 261 – BGH Urt. v. 26. 2. 1980 – 4 StR 700/79 LG Duisburg (VRS 58 (1980), 374)

Die Revision rügt, das Landgericht habe sich mit der Feststellung des Höhenunterschieds zwischen der Straße „An den Buchen" und dem Schulhof der Städtischen Luisenschule in Widerspruch zu einer offenkundigen, weil allgemeinkundigen Tatsache gesetzt.

Der Sachverhalt ist der Entscheidung nicht zu entnehmen. – Das Rechtsmittel war erfolglos.

Gründe:

a) Allgemeinkundig sind Tatsachen, „von denen verständige Menschen regelmäßig Kenntnis haben oder über die sie sich aus zulässiger Quelle ohne besondere Fachkunde sicher unterrichten können" (BGHSt. 26, 56, 59[1]). Die Allgemeinkundigkeit braucht allerdings „nicht in allen Landesteilen vorhanden zu sein; sie kann sich auf einen begrenzten Kreis von Personen oder eine bestimmte Ortschaft beschränken, wie z.B. hinsichtlich der besonderen Verkehrsverhältnisse in einer Gemeinde" (BGHSt. 6, 292, 293 [BGH Urt. v. 14. 7. 1954 – 6 StR 180/54; vgl. § 244 III S. 2 Var. 1 StPO erfolglose Rügen]). Zum Gegen-

---

1 „Als offenkundig werden solche Tatsachen angesehen, die entweder allgemeinkundig sind, d.h. von denen verständige Menschen regelmäßig Kenntnis haben oder über die sie sich aus zuverlässiger Quelle ohne besondere Fachkunde sicher unterrichten können, wozu auch allgemeine, wissenschaftlich gesicherte Erfahrungssätze gehören, oder die gerichtskundig sind, d.h. von denen die zur Entscheidung berufenen Richter durch ihre richterliche Tätigkeit vor allem aus anderen Verfahren Kenntnis erlangt haben, worunter ebenfalls Erfahrungssätze fallen können, sofern sie in der besonderen Sachkunde des Gerichts feststehen." (BGH Beschl. v. 29. 1. 1975 – KRB 4/74).

stand der revisionsrichterlichen Überprüfung kann eine allgemeinkundige Tatsache aber nur gemacht werden, wenn es sich um eine Allgemeinkundigkeit handelt, die nicht auf einen räumlichen oder persönlichen Kreis beschränkt ist; denn in diesem Falle muß auch das Revisionsgericht an der Allgemeinkundigkeit teilhaben (BGHSt. 6, 292, 296) Andernfalls könnte das Revisionsgericht – und so liegt die Sache hier – einen Widerspruch zwischen den tatrichterlichen Feststellungen und der behaupteten allgemeinkundigen Tatsache nur durch eine Beweiserhebung feststellen, die ihm verfahrensrechtlich verwehrt ist.

b) Den von der Revision gerügten Widerspruch in den tatsächlichen Feststellungen der Strafkammer kann das Revisionsgericht nicht, feststellen.

Ist ein Lichtbild durch Bezugnahme zum Gegenstand der Urteilsbegründung gemacht, so muß eine Rüge ohne Erfolg bleiben, mit der der Beschwerdeführer aus dem Lichtbild andere mögliche Schlüsse als das Gericht ziehen (BGHSt. 29, 18 [BGH Beschl. v. 7. 6. 1979 – 4 StR 441/78; vgl. § 261 StPO erfolglose Rügen]) und daraus einen Widerspruch in den Urteilsgründen herleiten will. Das Landgericht hat das Lichtbild zulässig eingeführt. Wenn es auf Grund der Auswertung des Bildes im Zusammenhang mit den in der Hauptverhandlung gemachten Zeugenaussagen zu dem Ergebnis gekommen ist, die Treppe zwischen der Straße „An den Buchen" und dem Schulhof der Städtischen Luisenschule überwinde einen Höhenunterschied von etwa 2,50 m, so ist dies ein möglicher tatsächlicher Schluß, der das Revisionsgericht bindet. Eine Überprüfung, ob das Lichtbild diese Schlußfolgerung tatsächlich ermöglicht, ist dem Revisionsgericht versagt. Sie würde bedeuten, daß ein Teil der Hauptverhandlung nachvollzogen werden müßte. Das ist jedoch im Revisionsverfahren nicht zulässig. Im übrigen wäre es für die Frage des beim Versuch allein relevanten Vorsatzes des Angeklagten ohne entscheidende Bedeutung, ob die Treppe einen Höhenunterschied von 2,50 m oder von 1,40 m aufwies.

c) Ebensowenig besteht der von der Revision behauptete Widerspruch zu den Gesetzen der Physik, insbesondere der Mechanik, als Bestandteil der allgemeinen Lebenserfahrung (dazu BGH, Urt. v. 22. 7. 1960 – 4 StR 232/60). Geht man von dem festgestellten Höhenunterschied von 2,50 m aus, so steht die Schlußfolgerung der Strafkammer, der Anklagte habe sich und seine Ehefrau töten wollen, dieser gewollte Erfolg hätte auch unschwer eintreten können und sei nur glücklicherweise nicht eingetreten, mit den Gesetzen der Physik nicht in Widerspruch.

d) Auch die Bewertung der Aussage der Zeugin Sabine G. durch die Strafkammer ist nicht zu beanstanden.

Die Würdigung der in der Hauptverhandlung erhobenen Beweise ist grundsätzlich Sache des Tatrichters. Dessen Feststellungen können. nur dann erfolgreich mit der Sachbeschwerde angegriffen werden, wenn sie auf Erwägungen beruhen, die mit den Denkgesetzen nicht übereinstimmen, wenn sie widersprüchlich sind oder gesicherter Lebenserfahrung zuwiderlaufen, schließlich auch dann, wenn naheliegende Möglichkeiten, die Beweise zu würdigen, außer acht bleiben (BGH, Beschl. v. 19. 12. 1979 – 3 StR 396/79). ...

37. Beweiswürdigung des Tatrichters durch Revisionsgericht nicht zu ersetzen.

StPO § 261 – BGH Beschl. v. 7. 6. 1979 – 4 StR 441/78 OLG Celle (= BGHSt. 29, 18 = NJW 1979, 2318 = JR 1980, 168)

Die Revision rügt, daß in dem Urteil auf Grund des Radarfotos festgestellte Einzelheiten über die Person des Fahrers (Brille tragender junger Herr) auf dem Bild nicht erkennbar seien.

Sachverhalt: Das Amtsgericht hat den Betroffenen wegen „vorsätzlichen Nichteinhaltens des erforderlichen Sicherheitsabstandes" nach § 4 Abs. 1, § 49 Abs. 1 Nr. 4 StVO i.V.m. § 24 StVG zu einer Geldbuße verurteilt. Es hat festgestellt, daß er auf der Bundesautobahn als Führer eines PKW bei einer Geschwindigkeit von 128,5 km/h lediglich einen Abstand von 18 m zu dem vorausfahrenden Fahrzeug eingehalten hat. Der Betroffene erklärte zur Sache, daß er das Fahrzeug nicht gelenkt habe. Das Amtsgericht hat ihn gleichwohl als überführt angesehen und dies wie folgt begründet:

„Auf Grund des Beweisfotos ist das Gericht jedoch davon überzeugt, daß zur Tatzeit der Betroffene am Steuer saß. Das in Augenschein genommene Lichtbild läßt deutlich einen hochgewachsenen, schlanken, schwarzhaarigen und Brille tragenden jungen Herrn erkennen. Diese Beschreibung trifft voll auf den Betroffenen zu, dessen persönliches Erscheinen das Gericht zwecks Augenscheinnahme angeordnet hat. Diese vom Gericht gewonnene Überzeugung hat der Betroffene in keiner Weise zu erschüttern versucht." – Das Rechtsmittel war erfolglos.

Gründe:

I. ...

Das Oberlandesgericht Celle hat die Rechtsbeschwerde zugelassen. Es möchte das Rechtsmittel verwerfen. Die Beanstandung, das Radarfoto lasse die vom Amtsrichter getroffenen Feststellungen nicht zu, betrachtet es als unzulässigen Angriff gegen die tatrichterliche Beweiswürdigung. Es hält sich für nicht befugt, seine eigene Auffassung über die Ergiebigkeit eines in Augenschein genommenen Lichtbildes an die Stelle derjenigen des Tatrichters zu setzen.

Das Oberlandesgericht sieht sich an der beabsichtigten Entscheidung gehindert durch den Beschluß des Oberlandesgerichts Bremen vom 15. 11. 1974 (VRS 48, 435). Darin vertritt dieses Gericht ohne nähere eigene Begründung die Auffassung, dem Rechtsbeschwerdegericht stehe das Radarfoto im Wege des Freibeweises zur Überprüfung der Behauptung, es sei unergiebig, offen.

Das Oberlandesgericht Celle hat die Sache daher dem Bundesgerichtshof zur Entscheidung vorgelegt.

II.

Die Vorlegungsvoraussetzungen des § 121 Abs. 2 GVG i.V.m. § 79 Abs. 3 OWiG sind erfüllt.

III.

In der Vorlegungsfrage stimmt der Senat der Rechtsansicht des vorlegenden Oberlandesgerichts Celle zu.

1. Grundlage jeder Sachentscheidung des Strafrichters ist der Tathergang, von dem der Richter überzeugt ist. Gemäß § 261 StPO, gegebenenfalls in Verbindung mit § 71 OWiG, hat das Gericht über das Ergebnis der Beweisaufnahme nach seiner freien, aus dem Inbegriff der Verhandlung geschöpften Überzeugung zu entscheiden. Das Ergebnis der Beweisaufnahme zu würdigen, ist allein Sache des Tatrichters. Es ist die für die Schuldfrage entscheidende, ihm allein übertragene Aufgabe, ohne Bindung an gesetzliche Beweisregeln und nur seinem Gewissen verantwortlich zu prüfen, ob er an sich mögliche Zweifel überwinden und sich von einem bestimmten Sachverhalt überzeugen kann oder nicht (BGHSt. 10, 208, 209 [BGH Urt. v. 9. 2. 1957 – 2 StR 508/56; vgl. § 261 StPO erfolglose Rügen]). Ebensowenig wie der Tatrichter gehindert werden kann, an sich mögliche, wenn auch nicht zwingende Folgerungen aus bestimmten Tatsachen zu ziehen, ebensowenig kann ihm vorgeschrieben werden, unter welchen Voraussetzungen er zu einer bestimmten Folgerung und einer bestimmten Überzeugung kommen muß.

Dem Revisionsgericht (Rechtsbeschwerdegericht) steht nur eine begrenzte Möglichkeit zu, die Überzeugungsbildung des Tatrichters nachzuprüfen. Diese ist für das Revisionsgericht grundsätzlich bindend. Insbesondere ist es ihm verwehrt, die Beweiswürdigung des Tatrichters durch seine eigene zu ersetzen (BGHSt. 10, 208). Es darf zu ihrer Beanstandung weder das Protokoll noch die Aufzeichnungen anderer Prozeßbeteiligter über den Inhalt einer Aussage heranziehen (BGHSt. 15, 347, 349 f. [BGH Urt. v. 8. 2. 1961 – 2 StR 625/60; vgl. § 261 StPO erfolglose Rügen]; BGH NJW 1966, 63 [BGH v. 26. 10. 1965 – 5 StR 405/65; vgl. § 273 StPO erfolglose Rügen]; BGH VRS 35, 264, 265). Eine Teilwiederholung einer Beweisaufnahme im Wege des Freibeweises ist nicht zulässig (BGHSt. 21, 149, 151 [BGH Urt. v. 7. 10. 1966 – 1 StR 305/66; vgl. § 261 StPO erfolgreiche Rügen]; 28, 384 [BGH Beschl. v. 11. 4. 1979 – 2 StR 306/78; vgl. § 329 StPO erfolglose Rügen]). Würde das Revisionsgericht aufgrund der mitgeteilten Beweisanzeichen seine Wertung an die Stelle derjenigen des Tatrichters setzen, so würde es die Grenzen seiner Aufgabe überschreiten und sich mit einer Verantwortung belasten, die es nach der gesetzlichen Ausgestaltung des Revisionsverfahrens nicht übernehmen darf und nicht übernehmen kann.

Allerdings sind dem Gericht bei der ihm nach § 261 StPO eingeräumten Freiheit in der Überzeugungsbildung Grenzen gesetzt. Es darf seine Befugnis nicht willkürlich ausüben und muß die Beweise erschöpfend würdigen. Es muß ferner gesicherte wissenschaftliche Erkenntnisse, die Gesetze der Logik und Erfahrungssätze des täglichen Lebens beachten (BGHSt. 17, 382, 385 [BGH Urt. v. 1. 8. 1962 – 3 StR 28/62; vgl. § 261 StPO erfolglose Rügen]; BGH VRS 35, 264). Dies kann dazu führen, daß der Tatrichter als gesichert geltende Erkenntnisse als richtig hinnehmen muß, weil ihnen eine unbedingte, jeden Gegenbeweis mit anderen Mitteln ausschließende Beweiskraft zukommt. Wo eine Tatsache aufgrund wissenschaftlicher Erkenntnis feststeht, ist für eine richterliche Würdigung und Überzeugungsbildung kein Raum mehr (BGHSt. 10, 208, 211).

Eine Rüge der Verletzung des § 261 StPO ist dann erfolgversprechend, wenn ohne Rekonstruktion der Beweisaufnahme der Nachweis geführt werden kann, daß die im Urteil getroffenen Feststellungen nicht durch die in der Hauptverhandlung verwendeten Beweismittel und auch sonst nicht aus den zum Inbegriff der Hauptverhandlung gehörenden Vorgängen gewonnen worden sind. Keinen Erfolg kann die Rüge dagegen mit der Behauptung haben, ein Zeuge habe anders ausgesagt oder die Aussage sei anders zu verstehen oder eine Vertragsurkunde sei nicht richtig ausgelegt worden. Möglich ist jedoch die Beanstandung, das Urteil gebe die Aussage eines kommissarisch vernommenen Zeugen, die in der Hauptverhandlung verlesen wurde, oder den Wortlaut einer verlesenen Urkunde falsch wieder oder die Urkunde habe entgegen den Urteilsfeststellungen einen eindeutig anderen Inhalt. In diesen Fällen ist es offensichtlich, daß das Gericht eine nicht gemachte Aussage oder eine Urkunde mit anderem Wortlaut gewürdigt hat. Dem inneren Vorgang der Überzeugungsbildung fehlt hier die notwendige äußere Grundlage (BGH, Urt. v. 30. 6. 1976 – 3 StR 143/76 – bei Holtz MDR 1976, 989).

2. Diese Grundsätze gelten ebenso für die Auswertung von Lichtbildern in einer Beweisaufnahme. Auch hier ist zu unterscheiden zwischen der in der Revisionsinstanz zulässigen und dem Beweis zugänglichen Behauptung, ein Beweisstoff sei außerhalb der Hauptverhandlung gewonnen worden, und dem in der Regel nicht dem Beweis zugänglichen Vorbringen, der in der Verhandlung erhobene Beweis habe einen anderen Inhalt gehabt. Ohne Erfolg muß deshalb eine Rüge bleiben, mit der der Beschwerdeführer aus dem Foto andere mögliche Schlüsse ziehen will als das Gericht. In einem solchen Fall hat das Gericht keine außerhalb der Hauptverhandlung erworbenen Kenntnisse verwertet, sondern ein zulässig eingeführtes Beweismittel seiner Überzeugungsbildung zugrunde gelegt. So hat der Amtsrichter hier dem Radarfoto, das anläßlich der dem Betroffenen zur Last gelegten Ordnungswidrigkeit aufgenommen worden ist, Persönlichkeitsmerkmale des Fahrzeugführers entnommen und mit dem in der Hauptverhandlung erschienenen Betroffenen verglichen. Wenn er dabei zu dem Ergebnis gekommen ist, der Betroffene sei nach seiner Überzeugung mit dem auf dem Radarfoto abgebildeten Fahrer identisch, so ist dies eine mögliche Wertung, die das Rechtsbeschwerdegericht bindet.

Die Überprüfung, ob das Radarfoto das vergleichende Erkennen in der Hauptverhandlung tatsächlich ermöglicht hat, ist dem Rechtsbeschwerdegericht versagt. Sie würde bedeuten, daß ein Teil der Hauptverhandlung nachvollzogen werden müßte. Das ist jedoch, wie dargelegt, im Revisions- oder Rechtsbeschwerdeverfahren nicht zulässig. Da dem Rechtsbeschwerdegericht eine eigene Auswertung des Radarfotos verschlossen ist, darf es auch nicht prüfen, ob das vom Tatrichter in Augenschein genommene Lichtbild für die Überzeugungsbildung ergiebig ist; denn diese Entscheidung setzt eine Wertung und Würdigung des Beweismittels voraus.

3. Diesem Ergebnis steht nicht entgegen, daß bei der Beurteilung von politischen und pornographischen Bildern und Schriften deren Heranziehung und Inaugenscheinnahme durch das Revisions- oder Rechtsbeschwerdegericht auf die Verfahrens- oder auf die Sachrüge hin gelegentlich mit der Begründung zugelassen worden ist, es könne sonst nicht geprüft werden, ob die rechtliche Beurteilung durch den Tatrichter zutreffend sei (RGSt 61, 379; BGHSt. 22, 282, 289[1]; andererseits BGHSt. 23, 64, 78[2] für Schallplattenaufnahmen. Der hier zu beurteilende Sachverhalt ist nämlich ein anderer. Die genannten Entscheidungen erstrecken die Nachprüfungsmöglichkeit durch das Revisionsgericht allein auf die materiell-rechtliche Strafbarkeit der bildhaften Darstellung oder des Wortlauts einer Schrift. Hier wird dagegen das Radarfoto als Beweismittel für die Überführung des Täters einer Ordnungswidrigkeit verwendet. Dies ist eine tatrichterliche Aufgabe. Wie der vorliegende Fall deutlich zeigt, mußte der Richter zwei verschiedenartige Beweismittel zueinander in Beziehung setzen, nämlich das Radarfoto und den darauf abgebildeten Fahrer mit dem in der Hauptverhandlung erschienenen Betroffenen vergleichen und daraus seine Folgerungen ziehen; eine Aufgabe, die dem Revisionsgericht nicht zusteht.

38. Aussage eines Polizeibeamten, er könne sich an einen bestimmten Vorgang nicht mehr erinnern, zeige aber nur Verkehrsordnungswidrigkeiten an, wenn diese auch tatsächlich begangen werden, unterliegt der freien Beweiswürdigung.

StPO § 261 – BGH Beschl. v. 13. 1. 1970 – 4 StR 438/69 OLG Hamm (= BGHSt. 23, 213)

Die Rechtsbeschwerde rügt die Beweisführung des Amtsrichters. Unter Berufung auf ein Urteil des Oberlandesgerichts Köln vom 12. 11. 1968, NJW 1969, 443 (= VRS 37, 59), führt sie aus, sie verletze die Grundsätze eines rechtsstaatlichen Verfahrens, da die Aussage des Polizeibeamten keinen bestimmten Inhalt habe, sondern nur die Versicherung enthalte, daß er seine Dienstpflicht ordnungsgemäß erfüllt habe.

---

1 „Da eine solche auf die fünf Gewalttaten unmittelbar und unmißverständlich bezogene zustimmende Erklärung nicht festgestellt ist, sich auch in dem gesamten Buch – dessen Inhalt der Senat infolge der Verfahrensrüge vollständig zur Kenntnis nehmen konnte – nicht findet, mangelt es an der Tatbestandshandlung des § 140 StGB, sowohl beim Verfasser wie mithin auch beim Angeklagten als Herausgeber der Schrift. Das führt zu seinem Freispruch. Denn weitere Feststellungen kommen nicht in Betracht; das Buch liegt vollständig vor." (BGH Urt. v. 17. 12. 1968 – 1 StR 161/68).

2 „Zwar muß der Inhalt der Schrift in seinem Kern im Urteil wiedergegeben werden (BGHSt. 11, 29, 31; 17, 388). Diesem Erfordernis hat das Landgericht auch genügt. Zwischen dem anzuwendenden Gesetz und dem Umfang sowie der Art der Tatsachenfeststellung bestehen aber in aller Regel enge Wechselbeziehungen. Gerade angesichts der bisherigen Feststellungen über den Inhalt der Schallplatten ist nicht mit Sicherheit auszuschließen, daß das Landgericht im Hinblick auf die neue Vorschrift noch ergänzende Tatsachen feststellen kann, die zusammen mit den bisher festgestellten den äußeren Tatbestand der neuen Vorschrift erfüllen könnten. Das gilt auch im Hinblick darauf, daß der Inhalt der Schallplatten bisher noch nicht darauf überprüft worden ist, ob er sich gegen den Gedanken der Völkerverständigung richtet (§ 86 Abs. 2 StGB). Der Versuch, eigene ergänzende Feststellungen zu treffen, etwa durch Abhören der Schallplatten, ist dem Revisionsgericht grundsätzlich verwehrt. Diese Aufgabe darf dem Tatrichter nicht entzogen werden." (BGH Urt. v. 23. 7. 1969 – 3 StR 326/68).

Sachverhalt:

I.

Das Amtsgericht hat dem Betroffenen wegen einer Zuwiderhandlung gegen § 2 StVO nach § 24 StVG eine Geldbuße auferlegt. Es hat festgestellt, der Betroffene sei am 13. 7. 1968 in S. mit einer Geschwindigkeit von etwa 40 km/h in eine durch Farblichtzeichen gesicherte Kreuzung in dem Augenblick eingefahren, in dem das Farblichtzeichen von gelb nach rot gewechselt habe. Den Farbwechsel habe er zwar nicht mehr wahrnehmen können, beim vorangegangenen Wechsel von grün nach gelb sei er aber mit seinem Kraftwagen noch etwa 35 bis 40 Meter von der Verkehrsampel entfernt gewesen. Seine Einlassung, er habe nicht mehr anhalten können, weil ein anderes Fahrzeug zu dicht hinter ihm gefahren sei, hat das Amtsgericht auf Grund der Aussage des Polizeibeamten H., der die Anzeige erstattet hatte, für widerlegt erachtet. Auch die Feststellung, daß der Betroffene im Augenblick des Farbwechsels an der Ampel vorbeigefahren sei, beruht auf dieser Aussage. In den Urteilsgründen des Amtsgerichts ist hierzu ausgeführt:

Wenn der Zeuge H. sich heute auch nicht mehr des Vorfalls erinnern kann, so bestehen doch nicht die geringsten Zweifel an der Richtigkeit seiner Schilderung. Er war zusammen mit einem weiteren Beamten zur Überwachung der ampelgesicherten Kreuzung eingesetzt, hatte also sein Augenmerk besonders auf Verstöße der hier genannten Art gerichtet. Er sagt ausdrücklich, er würde eine solche Anzeige in keinem Falle geschrieben haben, wenn der Betroffene schon beim Wechsel von „gelb" auf „rot" in der Kreuzung gewesen wäre. Regelmäßig sei die Situation, die zur Anzeige führte, die, daß der betreffende Kraftfahrer mit seinem Fahrzeug beim Wechsel von „gelb" auf „rot" noch vor dem Ampelmast oder auf dessen Höhe sei. Wenn der Zeuge regelmäßig so zu handeln pflegt, so hat das Gericht keine Veranlassung, die Richtigkeit einer Anzeige anzuzweifeln, zumal dieser Zeuge dem Gericht als zuverlässig bekannt ist.

Der Betroffene war beim Wechsel von „grün" auf „gelb" noch soweit von der Ampel entfernt, daß er gefahrlos hätte halten können, wie es der § 2 StVO verlangt. Er kann sich nicht darauf berufen, ein nachfolgender Fahrer sei zu dicht aufgefahren gewesen. Der Zeuge H. sagt, wenn eine solche Situation vorgelegen hätte, würde er die Kurzanzeige nicht geschrieben haben. Abgesehen davon lief der Betroffene bei der von ihm behaupteten geringen Geschwindigkeit im Falle eines rechtzeitigen Abbremsens keinerlei Gefahr, von dem nachfolgenden Fahrer gerammt zu werden.

Das Oberlandesgericht Hamm möchte die Rechtsbeschwerde verwerfen. Daran ist es jedoch durch die angeführte Entscheidung des Oberlandesgerichts Köln gehindert. Dieser liegt die Rechtsauffassung zugrunde, daß auf die Zeugenaussage eines Polizeibeamten, er erinnere sich zwar an den Fall im einzelnen nicht mehr, habe aber nur solche Kraftfahrer angezeigt, die den angezeigten Verkehrsverstoß zweifelsfrei begangen hätten, nicht die Feststellung gestützt werden dürfe, der Angezeigte habe sich vorschriftswidrig verhalten. Das Oberlandesgericht Hamm hat daher die Sache gemäß §§ 79 Abs. 3 OWiG, 121 Abs. 2 GVG dem Bundesgerichtshof zur Entscheidung vorgelegt.

II.

Die Vorlegung ist zulässig. (wird ausgeführt ...).

III.

In dem vom Oberlandesgericht Köln entschiedenen Fall hatte der Amtsrichter seine Feststellung, der Angeklagte habe einem Überholverbot zuwidergehandelt, auf die Aussage des anzeigenden Polizeibeamten gestützt, er erinnere sich zwar an den Fall nicht, es würden aber nur solche Kraftfahrer angezeigt, die zweifelsfrei dem Überholverbot zuwidergehandelt hätten. Das Oberlandesgericht Köln meint, eine solche Beweiswürdigung ersetze in unzulässiger Weise die erforderliche Würdigung von erwiesenen Tatsachen durch die Annahme eines offensichtlich für zwingend gehaltenen Erfahrungssatzes des Inhalts, daß

Polizeibeamte allgemein nur solche Verkehrsteilnehmer anzeigen, die den angezeigten Verstoß tatsächlich begangen haben. Übernehme der Richter ein Ergebnis polizeilicher Feststellung, an dessen Einzelheiten sich der Polizeibeamte nicht mehr erinnern könne, so ersetze er auch die erforderliche richterliche Wertung von Tatsachen durch eine nicht nachprüfbare Wertung eines Exekutivbeamten. Das Oberlandesgericht Hamm hält diese Auffassung für unzutreffend. Es meint, dem Tatrichter dürfe in einem solchen Fall nicht ohne weiteres unterstellt werden, er sei irrig von einem für zwingend gehaltenen Erfahrungssatz ausgegangen. Auch handle es sich bei der Aussage des Beamten um genügend bestimmte Angaben, die der freien Beweiswürdigung des Tatrichters unterlägen. Zu entscheiden ist hier demnach nicht, ob es einen Erfahrungssatz jenes Inhalts gibt. Daß es ihn nicht gibt, ist außer Streit. Die vorgelegte Frage lautet vielmehr, ob der Richter, der die Aussage eines Polizeibeamten so würdigt, wie es hier und im Kölner Fall geschehen ist, von einem irrig für zwingend gehaltenen Satz ausgeht oder sonst das sachliche Recht oder das Verfahrensrecht verletzt.

IV.

Das Oberlandesgericht Hamm führt dazu aus:

Für die Beurteilung der Tatsachenfeststellung und der Beweiswürdigung sei hier wie in dem Kölner Fall wesentlich, daß es sich beide Male um verhältnismäßig einfache Verkehrsvorgänge handle. Daß ein Kraftfahrer verbotswidrig überholt oder beim Wechsel des Farbzeichens von gelb nach rot in die Kreuzung einfährt, seien Wahrnehmungen, die gleichsam „ablesbar" seien. Wenn es sich zudem nicht um Wahrnehmungen von Zufallszeugen, sondern um solche von Polizeibeamten handle, die ihr Augenmerk bewußt auf die Beobachtung von Verkehrsvorgängen gerichtet hätten, bedürfe es neben der eigentlichen Wahrnehmung keiner selbständigen Wertung. Die Möglichkeit von Beobachtungsfehlern könne bei solchen auf zielgerichteter Aufmerksamkeit beruhenden Beobachtungen praktisch außer Betracht bleiben. Wenn ein in dieser Weise beobachteter Vorgang zu einer Anzeige geführt habe, so sei der Richter von Rechts wegen nicht gehindert, seinen Feststellungen die Aussage des sich an den Vorgang nicht mehr erinnernden Polizeibeamten zugrunde zu legen, es seien nur Kraftfahrer angezeigt worden, die den betreffenden Verstoß begangen hätten. Darin liege bei der Einfachheit der in Frage stehenden Verkehrsvorgänge kein Verstoß dagegen, daß die gesetzlichen Merkmale der strafbaren Handlung oder Ordnungswidrigkeit in einzelne bestimmte Tatsachen aufzulösen sind. Die Tatsachenfeststellung beruhe in einem solchen Falle nicht auf der Anwendung eines Erfahrungssatzes. Dem Richter stehe für seine Feststellung immerhin zur Verfügung, daß der Polizeibeamte zur Tatzeit am Tatort den Verkehr überwacht, dabei das Fahrzeug des Betroffenen wegen einer Zuwiderhandlung aufgeschrieben und ausgesagt habe, er habe nur solche Kraftfahrer aufgeschrieben, die in der angezeigten Weise gefahren seien. – Das Rechtsmittel war erfolglos.

Gründe: Diesen Ausführungen ist ohne Einschränkung zuzustimmen.

Der Richter, der seine Feststellungen auf die Zeugenaussage eines Polizeibeamten stützt, wie sie hier in Rede steht, würde nur dann einen von ihm als zwingend angesehenen vermeintlichen Erfahrungssatz benutzen, wenn er eine andere Entscheidung für ausgeschlossen hielte, also davon ausginge, daß die Aussage schlechthin beweiskräftig sei. Dafür, daß hier der Tatrichter dieser Auffassung war, fehlt jedoch jeder Anhalt. Im Gegenteil ergeben die Urteilsausführungen, insbesondere der Hinweis, daß der Zeuge dem Gericht als zuverlässig bekannt sei, deutlich, daß sich der Tatrichter der Möglichkeit, anders zu entscheiden, bewußt war.

In der Würdigung einer solchen Aussage des Polizeibeamten ist der Tatrichter grundsätzlich ebenso frei wie in der Würdigung jeder anderen Zeugenaussage. Er darf sie insbesondere als Beweisanzeigen (Indiz) dafür werten, daß die Anzeige des Beamten auf einer zuverlässigen Beobachtung der tatsächlichen Vorgänge beruht. Ob er im Einzelfall die Möglichkeit eines Beobachtungsfehlers ausschließen kann und ob er sich darlegen lassen muß, von welcher Stelle aus und in welcher Weise der Beamte seine Feststellung getroffen hat, muß er nach pflichtgemäßem Ermessen unter Berücksichtigung der Aufklärungspflicht entscheiden. Auf irgendwelche allgemeingültigen Sätze kann er dabei nicht zurückgreifen. Die Entscheidung hängt von den Umständen, insbesondere von der Art der angezeigten Zuwiderhandlung, von dem besonderen Auftrag des Polizeibeamten, auch von der Art der Einlassung des Betroffenen, von sonstigen Beweisanzeichen und nicht zuletzt davon ab, wie der Richter die Persönlichkeit des Polizeibeamten allgemein beurteilt. Ist ihm dieser als zuverlässig und gewissenhaft bekannt, so darf er um so eher davon ausgehen, daß er in Zweifelsfällen keine Anzeige erstattet. Im vorliegenden Fall standen dem Amtsrichter als Beweismittel neben der Aussage des Polizeibeamten zudem noch das modifizierte Geständnis des Betroffenen, er sei an der Ampel vorbeigefahren, als diese noch gelb zeigte, habe aber wegen eines dichtauf folgenden Fahrzeugs nicht anhalten können, sowie die Zeugenaussage der Ehefrau des Betroffenen zur Verfügung.

Davon, daß die Aussage des Polizeibeamten zu unbestimmt sei, um sie verwerten zu können, kann keine Rede sein. Die Bekundung eines Verkehrsüberwachungsbeamten, er hätte den Verkehrsteilnehmer unter den von diesem behaupteten Umständen nicht angezeigt, hat einen bestimmten Inhalt und jedenfalls kein geringeres Gewicht, als z.B. die Bekundung eines Zeugen, er pflege seine Haustür jeden Abend abzusperren. Aus einer solchen Aussage darf der Richter schließen, daß die Tür auch an einem bestimmten Tage abgesperrt gewesen sei, auch wenn sich der Zeuge an diesen bestimmten Tag nicht mehr erinnert, es sei denn, besondere Umstände sprächen gegen eine solche Annahme. Das ist bisher, soweit ersichtlich, noch nicht bestritten worden.

Der Senat kann ferner der Ansicht des Beschwerdeführers nicht beitreten, daß von einer Aussage im Sinne des Verfahrensrechts nur gesprochen werden könne, wenn der Zeuge Tatsachen bekunde, die Gegenstand seiner (sinnlichen) Wahrnehmung gewesen seien. Der Begriff der Zeugenaussage kann nicht in dieser Weise eingeschränkt werden. In der Regel werden freilich Zeugenaussagen Vorgänge in der Außenwelt betreffen, die der Zeuge sinnlich wahrgenommen hat. Jedoch können auch innere Vorgänge, Eindrücke, Gedanken, Überlegungen, Beweggründe, Affekte und andere geistig-seelische Vorgänge und Zustände des Innenlebens Gegenstand einer Zeugenaussage sein. Bekundungen dieser Art sind vom Richter frei zu würdigen und dürfen von ihm bei der Bildung seiner Überzeugung verwertet werden.

Die Verwertung der Aussage eines Polizeibeamten in dem dargelegten Sinne verletzt nicht übergeordnete Rechtssätze. Sie verstößt insbesondere nicht gegen die Grundregeln eines rechtsstaatlichen Verfahrens. Eine Einschränkung des Grundsatzes der freien Beweiswürdigung, wie sie der Beschwerdeführer für geboten hält, kann aus dem Rechtsstaatsprinzip nicht abgeleitet werden. Ihre Grenze findet die freie Beweiswürdigung nur in der Pflicht zur erschöpfenden Sachaufklärung und in den Beweisverboten des Verfahrensrechts. In Betracht kommen könnte insoweit nur das Verbot des § 250 StPO, wonach der Zeugenbeweis nicht durch den Urkundenbeweis ersetzt werden darf, wenn der Beweis einer Tatsache auf der Wahrnehmung einer Person beruht. Dieses Verbot wird aber nicht verletzt, wenn ein Polizeibeamter darüber vernommen wird, warum er eine Anzeige erstattet hat. Grundlage der tatsächlichen Feststellungen des Amtsrichters war im vorliegenden Fall auch nicht etwa die schriftliche Anzeige des Beamten. Daß er nach dem Farbwechsel von grün nach gelb an der Verkehrsampel vorbeigefahren ist, hat der Betroffene zugegeben. Zu seinen Gunsten ist der Richter davon ausgegangen, daß er den Farbwechsel nach rot nicht mehr wahrgenommen hat. Insoweit bedurfte es zur Beweisführung keines Rückgriffs auf die Anzeige. Die Schutzbehauptungen des Betroffenen, er sei beim Farbwechsel nach rot schon in der Kreuzung gewesen, vor der Ampel habe er wegen eines ihm dichtauf folgenden anderen Fahrzeugs nicht mehr anhalten können, hat der Richter ebenfalls nicht auf Grund der Anzeige für widerlegt erachtet, die dafür gar nichts hergab, sondern auf Grund der Bekundung des Beamten, daß er in diesem Falle den Betroffenen nicht angezeigt hätte. Dadurch unterscheidet sich der Fall von dem mit dem Urteil BGHSt. 14, 310 (BGH Urt. v. 31. 5. 1960 – 5 StR 168/60; vgl. § 261 StPO erfolgreiche Rügen) entschiedenen. Dort hatte das Landgericht den Inhalt eines vor einem Polizeibeamten abgelegten Geständnisses des Angeklagten allein mittels der von dem Beamten hierüber aufgenommenen Niederschrift festgestellt, nachdem dieser als Zeuge erklärt hatte, er habe getreulich protokolliert, erinnere sich aber nicht an die von dem Angeklagten gegebene Darstellung. Ein solches Verfahren verstößt allerdings gegen das Beweisverbot der §§ 250, 254 StPO, die den Urkundenbeweis nur für richterliche Protokolle über ein Geständnis zulassen. Hier handelt es sich dagegen weder um den Nachweis eines vor einem Polizeibeamten abgelegten Geständnisses, noch ist die Anzeige in der Hauptverhandlung als Urkunde verwertet worden. Vielmehr sind aus der unstreitigen Tatsache, daß eine Anzeige bestimmten Inhalts erstattet worden ist, in Verbindung mit der Aussage des Polizeibeamten gewisse tatsächliche Schlüsse gezogen worden, die weder gegen Denkgesetze noch gegen allgemein gültige Erfahrungssätze verstoßen. Dies ist verfahrensrechtlich zulässig.

Die Aussage eines Polizeibeamten, er könne sich an den von ihm angezeigten Verkehrsvorgang zwar nicht mehr erinnern, er würde aber den betroffenen Verkehrsteilnehmer unter den von diesem behaupteten Umständen nicht angezeigt haben, ist somit im Rahmen der freien Beweiswürdigung verwertbar. Ihrer Verwertung stehen weder übergeordnete Rechtssätze noch Beweisverbote entgegen.

39. Revisionsgericht darf nicht nachprüfen, ob die Angaben des angefochtenen Urteils darüber zutreffen, was ein Zeuge oder Sachverständiger bei seiner Vernehmung in der Hauptverhandlung ausgesagt hat.

StPO § 261 – BGH Urt. v. 26. 11. 1969 – StR 458/69 Schwurgericht Hagen (VRS 38 (1970), 104)

Die Revision rügt, ein Sachverständiger habe entgegen den Feststellungen in dem angefochtenen Urteil nicht ausgesagt, daß die Reaktionszeit des Angeklagten „etwa 2 bis 2,5 Sekunden" betragen habe. – Das Rechtsmittel war erfolglos.

Gründe: ... Das Revisionsgericht ist nicht befugt nachzuprüfen, ob die Angaben des angefochtenen Urteils darüber zutreffen, was ein Zeuge oder Sachverständiger bei seiner Vernehmung in der Hauptverhandlung ausgesagt hat. Deswegen ist angesichts der Feststellungen des angefochtenen Urteils die Behauptung der Revision unbeachtlich, der Sachverständige Dr. E. habe nicht ausgesagt, daß die Reaktionszeit des Angeklagten „etwa 2 bis 2,5 Sekunden" betragen habe.

40. Einschlafen während der Fahrt vorhersehbar.

StPO § 261; StVO § 1 – BGH Beschl. v. 18. 11. 1969 – 4 StR 66/69 BayObLG Landesgericht (= BGHSt. 23, 156)

Die Revision rügt, das Gericht habe die Verurteilung zu Unrecht einen allgemeinen Erfahrungssatz dahingehend gestützt, bevor ein Kraftfahrer am Steuer einschlafe, träten (abgesehen von hier nicht in Betracht kommenden Sonderfällen – wenn nämlich der Kraftfahrer an bestimmten Krankheiten oder seelischen Anomalien leide oder unter der Wirkung von Narkotika oder bestimmten Medikamenten stehe –) stets deutlich wahrnehmbare Ermüdungssymptome auf.

Sachverhalt:

I.

Das mit der Revision des Angeklagten befaßte Bayerische Oberste Landesgericht hat in seinem Vorlegungsbeschluß dargelegt, daß die Erwägungen des Landgerichts, der Angeklagte sei wegen der Monotonie des Fahrtverlaufs ermüdet, deswegen eingeschlafen und auf diese Weise unbewußt auf die linke Fahrbahnseite geraten, keinen Rechtsfehler enthalten. Seine Überzeugung davon, daß der Angeklagte den tatsächlichen Eintritt der Ermüdungserscheinungen rechtzeitig habe erkennen können, habe das Landgericht aber nicht aus den konkreten Umständen des vorliegenden Falles hergeleitet. Es habe vielmehr die Verurteilung allein auf den nach seiner Meinung bestehenden allgemeinen Erfahrungssatz gestützt, bevor ein Kraftfahrer am Steuer einschlafe, träten (abgesehen von hier nicht in Betracht kommenden Sonderfällen – wenn nämlich der Kraftfahrer an bestimmten Krankheiten oder seelischen Anomalien leide oder unter der Wirkung von Narkotika oder bestimmten Medikamenten stehe –) stets deutlich wahrnehmbare Ermüdungssymptome auf.

Das Bayerische Oberste Landesgericht bejaht, ebenso wie das Landgericht, das Bestehen dieses Erfahrungssatzes. Es möchte deswegen die Revision des Angeklagten zum Schuldspruch als unbegründet verwerfen. Hieran sieht es sich aber durch das in VRS 25, 214 veröffentlichte Urteil des Oberlandesgerichts Hamm vom 8. 4. 1963 gehindert. Dieses Gericht hat eine Verurteilung, die auf das Bestehen eines solchen Erfahrungssatzes gestützt war, mit der Begründung aufgehoben, daß der Erfahrungssatz nicht bestehe.

Deswegen hat das Bayerische Oberste Landesgericht die Sache gemäß § 121 Abs. 2 GVG dem Bundesgerichtshof vorgelegt. – Das Rechtsmittel war erfolglos.

Gründe:

I.

Die Vorlegung ist zulässig (wird ausgeführt ...)

II.

Der Generalbundesanwalt hat beantragt zu entscheiden, daß es auch unter Berücksichtigung der neueren Erkenntnisse der medizinischen Wissenschaft den vom Landgericht angewendeten Erfahrungssatz in Wirklichkeit nicht gebe. Der Senat tritt jedoch der gegenteiligen Auffassung des vorlegenden Gerichts bei.

Zur Vermeidung von Mißverständnissen wird nochmals betont, daß diese Auffassung samt der nachstehend gegebenen Begründung nur den Fall betrifft, in welchem ein Kraftfahrer, der weder Alkohol genossen noch Narkotika oder Medikamente zu sich genommen hat und der in ausgeruhtem Zustand die Fahrt angetreten hat, während der Fahrt am Lenker seines Kraftwagens „einnickt".

III.

Gesichert ist die Erkenntnis, daß ein (gesunder) bisher hellwacher Mensch nicht so plötzlich von Müdigkeit überfallen werden kann, daß er von einem zum anderen Augenblick einschläft.

(wird ausgeführt ...)

41. Es kann nicht gerügt werden, ein Zeuge habe mehr oder anders ausgesagt, als im Urteil festgestellt worden ist.

StPO § 261 – BGH Urt. v. 2. 4. 1969 – 4 StR 600/68 Schwurgericht Aachen (= VRS 37 [1969], 28)

Die Revision rügt, ein Zeuge habe anders ausgesagt, als in den Urteilsgründen festgestellt worden ist. – Das Rechtsmittel war erfolglos.

Gründe: Was im Urteil über das Ergebnis der Aussage eines Zeugen wie überhaupt über das Ergebnis der Verhandlung zur Schuld- und Straffrage festgestellt ist, bindet das Revisionsgericht; darüber ist kein Gegenbeweis zulässig (vgl BGHSt. 21, 149, 151 [BGH Urt. v. 7. 10. 1966 – 1 StR 305/66; vgl. § 261 StPO erfolgreiche Rügen]). Die Revision kann deshalb nicht rügen, daß der Zeuge S. mehr oder, anders ausgesagt habe, als im Urteil festgestellt ist.

42. Auch widerrufene Geständnisse können glaubhaft sein.

StPO §§ 250, 261 – BGH Urt. v. 28. 7. 1967 – 4 StR 243/67 LG Hagen (= BGHSt. 21, 285 = NJW 1967, 2020)

Die Revision rügt, das Gericht sei verfahrensrechtlich daran gehindert gewesen, die Tatsache, daß H. im Laufe des Ermittlungsverfahrens seine Beteiligung an den zur Aburteilung stehenden Straftaten wiederholt anders angegeben hatte als in der Hauptverhandlung, bei der Urteilsfindung zu berücksichtigen und bei der Bildung seiner Überzeugung vom Hergang der Straftaten diese früheren Angaben des Mitangeklagten H. gegen seine jetzige Darstellung und gegen das Bestreiten der Angeklagten M. und F. abzuwägen.

Der Sachverhalt ergibt sich aus der Revisionsbegründung. – Das Rechtsmittel war erfolglos.

Gründe: Die Auffassung der Revisionsführer M. und F., das Landgericht habe bei der Einführung der früheren Angaben des Mitangeklagten H. in die Hauptverhandlung einen Verfahrensfehler begangen, trifft nicht zu.

Als H. in der Hauptverhandlung bei seiner Vernehmung zur Sache erklärt hatte, er selbst habe jede der drei in Rede stehenden Straftaten, und zwar allein, ausgeführt, durfte ihm das Gericht seine gegenteiligen Angaben, die er früher bei der Polizei und dem Haftrichter gemacht hatte, vorhalten. Dabei handelt es sich um einen formlosen Vorhalt, der noch nicht einmal einer Protokollierung – die hier geschehen ist – bedurft hätte. Nach dem Ermessen des vorhaltenden Richters konnte der Vorhalt in der Weise geschehen, daß der Angeklagte auf den wesentlichen Inhalt der seinerzeit bei der Polizei und (oder) dem Richter protokollierten Aussagen hingewiesen wurde; zum Zweck des Vorhalts durfte aber auch das Protokoll, und zwar auch das polizeiliche Protokoll, wörtlich verlesen werden (BGHSt. 1, 337, 339 [BGH Urt. v. 30. 10. 1951 – 1 StR 67/51; vgl. §§ 68a, 254 StPO erfolglose Rügen]; 14, 310, 311 [BGH Urt. v. 31. 5. 1960 – 5 StR 168/60; vgl. § 261 StPO erfolgreiche Rügen]). Hätte daraufhin der Angeklagte bestritten, daß er die in dem Protokoll enthaltenen Angaben überhaupt oder daß er sie mit dem angegebenen Inhalt und unter den angeführten Umständen gemacht habe, oder hätte er sich auf mangelnde Erinnerung berufen oder eine Erklärung auf diesen Vorhalt hin überhaupt nicht abgegeben, so hätte allerdings das polizeiliche Protokoll überhaupt nicht und das richterliche Protokoll nur unter den Voraussetzungen des § 254 StPO nach Verlesung verwertet werden dürfen; die Verlesung der Niederschrift des richterlichen Vernehmungsprotokolls hätte dann im Hauptverhandlungsprotokoll vermerkt werden müssen (§ 274 StPO). Wenn aber der Angeklagte auf den Vorhalt hin einräumt, daß er sich vor der Polizei und dem Richter so, wie in den Niederschriften niedergelegt, geäußert hat – dies hat H. dem Urteil zufolge eingeräumt –, dann darf das Gericht die Tatsache, daß der Angeklagte seinerzeit die in den Protokollen enthaltenen Angaben gemacht hat, ohne weiteres bei seiner Beweiswürdigung berücksichtigen. Insoweit ist Beweismittel nur die eigene, in der Hauptverhandlung gemachte Erklärung des Angeklagten, zu deren Bestandteil er den Inhalt der von ihm anerkannten Protokolle gemacht hat (BGHSt. 14, 310, 311/312; RGSt 69, 88). In diesem hier gegebenen Falle sind weder die §§ 249, 250, 251, 254 StPO noch der Grundsatz der Unmittelbarkeit des Verfahrens (§ 261 StPO) verletzt.

Unter diesen Umständen kommt es auch verfahrensrechtlich nicht darauf an, ob es sich bei den seinerzeit gemachten Angaben um ein „Geständnis" gehandelt hat.

Hiernach war das Landgericht verfahrensrechtlich nicht gehindert, die Tatsache, daß H. im Laufe des Ermittlungsverfahrens seine Beteiligung an den zur Aburteilung stehenden Straftaten wiederholt anders angegeben hatte als in der Hauptverhandlung, bei der Urteilsfindung zu berücksichtigen und bei der Bildung seiner Überzeugung vom Hergang der Straftaten diese früheren Angaben des Mitangeklagten H. gegen seine jetzige Darstellung und gegen das Bestreiten der Angeklagten M. und F. abzuwägen. Es ob lag allein seiner freien Beweiswürdigung (§ 261 StPO), welche Überzeugung es sich von der Schuld der einzelnen Angeklagten auf Grund all dieser zu berücksichtigenden Umstände verschaffen konnte. Grundsätzlich ist der Tatrichter nicht gehindert, frühere Geständnisse oder sonstige Sachdarstellungen eines Angeklagten, die dieser inzwischen widerrufen hat, für glaubhaft zu erachten und der Bezichtigung eines Mitangeklagten gegen einen anderen Glauben beizumessen. Diese Auffassung ist vom Bundesgerichtshof immer vertreten worden (BGH Urt. v. 17. 4. 1952 – 4 StR 1032/51[1]; Urt. v. 7. 5. 1953 – 3 StR 249/52; Urt. v. 21. 5. 1953 – 4 StR 787/52[2]).

43. Im Urteil muß nicht alles erörtert werden, was Gegenstand der Hauptverhandlung war.

StPO § 261 – BGH Urt. v. 9. 6. 1967 – 4 StR 166/67 (= GA 1969, 280)

Die Revision rügt, daß die schriftlichen Urteilsgründe sich nicht mit dem in der Hauptverhandlung erstatteten Gutachten des dritten Sachverständigen befassen.

Der Sachverhalt ergibt sich aus dem Revisionsvorbringen. – Das Rechtsmittel war erfolglos.

Gründe: ... Eine verfahrensrechtliche Pflicht, im Urteil alles zu erörtern, was Gegenstand der Verhandlung war, besteht nicht. Nach § 267 Abs. 1 StPO müssen die Urteilsgründe nur die für erwiesen erachteten Tatsachen, also das Ergebnis der Beweiswürdigung, enthalten. Aus dem Schweigen der Gründe zur Äußerung des Gutachters Dr. S. kann daher nicht geschlossen werden, das Landgericht habe sie ungewürdigt gelassen und somit seiner Überzeugung nicht aus dem Gesamtinhalt der Hauptverhandlung geschöpft (BGH NJW 1951, 325 [BGH Urt. v. 9. 2. 1951 – 4 StR 49/50; vgl. § 267 StPO erfolglose Rügen]). Soweit die Revision ihre Rüge aus § 261 StPO etwa auch damit begründen will, daß Dr. S. bei den in der Hauptverhandlung benutzten Beweismitteln nicht mit aufgeführt ist, kann sie ebenfalls nicht durchdringen. Diese in Urteilen übliche formelhafte Aufzählung besagt für sich allein nicht mehr, als daß sich die Beweisaufnahme jedenfalls auch auf die vermerkten Beweismittel erstreckt hat.

---

[1] „Vergebens rügt auch die Revision des angeklagten B., daß dieser Angeklagte im Falle K. allein auf Grund der Angaben des Mitangeklagten Da. verurteilt worden sei, während – wie an anderer Urteilsstelle ausgeführt wird – nach ständiger Rechtsprechung der Strafkammer die Belastung eines Angeklagten allein durch die Angaben eines Mitangeklagten nicht ausreiche, wenn nicht andere Umstände hinzukämen, die die Richtigkeit der belastenden Angaben bestätigen. Denn selbst abgesehen davon, daß eine allgemeine Beweisregel solchen Inhalts mit dem Verfahrensgrundsatz freier Beweiswürdigung (§ 261 StPO) nicht in Einklang stehen würde, legen die Urteilsgründe ausdrücklich dar, daß das Geständnis des Angeklagten Da. und die Bekundungen des Zeugen D. in entscheidenden Punkten von den glaubwürdigen Bekundungen des Zeugen K. bestätigt wurden."

[2] „Die von der Revision behauptete allgemeine Beweisregel, daß zur Überführung eines Angeklagten in keinem Falle die bloße Einlassung eines Mitangeklagten ausreichen könne, setzt sich in Widerspruch zu dem Verfahrensgrundsatz der freien Beweiswürdigung (§ 261 StPO). Ob im Einzelfall die Angaben des Mitangeklagten zu einer belastenden Feststellung ausreichen, steht im pflichtgemäßen Ermessen des Tatrichters und ist einer Nachprüfung im Revisionswege entzogen (§ 337 StPO)." (insoweit in BGHSt. 4,211 nicht abgedruckt).

44. Teilweises Schweigen des Angeklagten kann nachteilig berücksichtigt werden.
StPO §§ 136 Abs. 1, 243 Abs. 4, 261 – BGH Urt. v. 3. 12. 1965 – 4 StR 573/65 LG Essen (= BGHSt. 20, 298 = NJW 1966, 209)

Die Revision rügt, daß das Landgericht aus der Weigerung des Angeklagten, den Zeugen Rechtsanwalt G. für die Beantwortung einer bestimmten Beweisfrage von seiner Verpflichtung zur Verschwiegenheit zu entbinden ihm nachteilige Schlüsse gezogen hat. Die Revision ist der Auffassung, ein solches Prozeßverhalten des Angeklagten dürfe nicht gegen ihn verwertet werden, weil er, ähnlich wie wenn er geschwiegen hätte, nur von einer ihm im Gesetz eingeräumten Befugnis Gebrauch gemacht habe. Außerdem, so behauptet sie, habe für eine Entbindung des Zeugen von seiner Verschwiegenheitspflicht auch kein sachlicher Anlaß bestanden.

Sachverhalt: Das Landgericht wollte nachprüfen, ob der Angeklagte tatsächlich entsprechend seiner Einlassung selbst darauf Wert gelegt hatte, daß die von ihm am 11. Januar 1963 im Büro des Rechtsanwalts G. abgegebene Erklärung nicht in Form einer eidesstattlichen Versicherung abgegeben wurde. Die Beantwortung der Frage nach dem Zustandekommen dieser ihm in seiner Eigenschaft als Rechtsanwalt bekanntgewordenen Erklärung hat Rechtsanwalt G. nach der Sitzungsniederschrift ausdrücklich davon abhängig gemacht, daß der Angeklagte ihn von seiner Verpflichtung zur Verschwiegenheit entbinde. Der Angeklagte hat das abgelehnt. Rechtsanwalt G. hatte somit nach § 53 Abs. 1 Nr. 3 StPO in Verbindung mit Abs. 2 dieser Vorschrift das Recht, die Auskunft zu verweigern. – Das Rechtsmittel war erfolglos.

Gründe: Zunächst ist schon die Behauptung unrichtig, der Angeklagte habe keine Veranlassung gehabt, Rechtsanwalt G. von der Verpflichtung zur Verschwiegenheit zu entbinden, weil er dem Gericht bereits alles eingestanden habe, was er Rechtsanwalt G. anvertraut hatte.

Das Landgericht war weder berechtigt noch verpflichtet, weiter in ihn zu dringen (BGHSt. 15, 200, 202 [BGH Urt. v. 28. 10. 1960 – 4 StR 375/60; vgl. § 53 StPO erfolgreiche Rügen]; 18, 146, 147 [BGH Urt. v. 20. 11. 1962 – 5 StR 426/62; vgl. §§ 53, 252 StPO erfolglose Rügen]).

Im übrigen war das Landgericht nicht gehindert, diesen Umstand zum Nachteil des Angeklagten zu werten und aus ihm die Unrichtigkeit seiner Einlassung abzuleiten. Das folgt aus der Vorschrift des § 261 StPO, die es dem Tatrichter nicht nur gestattet, sondern ihn sogar dazu verpflichtet, alle durch die Hauptverhandlung ordnungsgemäß gewonnenen Erkenntnisse bei der Bildung seiner Überzeugung umfassend zu würdigen und dementsprechend auch uneingeschränkt auszuschöpfen, was jedes Beweismittel an tatsächlich Bedeutsamem vermittelt. Die Meinung der Revision, die Tatsache der Auskunftsverweigerung des Angeklagten zu einzelnen Punkten sei davon kraft eines gesetzlichen Beweisverbots auszunehmen, ist unzutreffend. Zwar ist ein Angeklagter nicht verpflichtet, zu der Beschuldigung im ganzen oder zu einzelnen belastenden Umständen Stellung zu nehmen. Nach der neuen Fassung, die die §§ 136 Abs. 1 Satz 2 und 243 Abs. 4 Satz 1 StPO durch das Änderungsgesetz vom 19. 12. 1964 (BGBl. I 1067 ff.) erhalten haben, hat ihn der Richter sogar darauf hinzuweisen, daß es ihm nach dem Gesetz freistehe, sich zu der Beschuldigung zu äußern oder nicht zur Sache auszusagen. Äußert er sich jedoch zur Sache, obwohl er hiernach weiß, daß er dazu nicht verpflichtet ist, so macht er sich in freiem Entschluß selbst zu einem Beweismittel und unterstellt sich damit der freien Beweiswürdigung, so daß seine Erklärungen wie jede andere Beweistatsache vom Tatrichter zu würdigen sind (BGHSt. 1, 366, 368[1]). Dem Tatrichter kann es dann auch nicht verwehrt sein,

---
[1] „Nach § 136 StPO war der Angeklagte überhaupt nicht verpflichtet, zu der Beschuldigung oder zu einzelnen belastenden Umständen Stellung zu nehmen. Welche Schlüsse das Gericht aus seiner Erklärung zog, stand ihm frei (§ 261 StPO)." (BGH Urt. v. 9. 10. 1951 – 1 StR 159/51).

daraus Schlüsse zu ziehen, daß ein Angeklagter, der sich sonst äußert, bestimmte Einzelfragen unbeantwortet läßt. Für den vorliegenden Fall kann nichts anderes gelten. Der Angeklagte hatte von seinem Recht, zum Anklagevorwurf überhaupt zu schweigen, keinen Gebrauch gemacht, sondern eingehend Stellung genommen und sich damit notwendigerweise der umfassenden Würdigung seiner Einlassung und seines Prozeßverhaltens in der Hauptverhandlung unterworfen. Nur seine Äußerung, er selbst habe Wert darauf gelegt, daß seine Erklärung vom 11. 1. 1963 nicht in Form einer eidesstattlichen Versicherung abgegeben wurde, veranlaßte das Landgericht, den Zeugen Rechtsanwalt G. nach dem Zustandekommen dieser Erklärung zu fragen. Durch seine Weigerung, den Zeugen von seiner Verpflichtung zur Verschwiegenheit zu entbinden, hat der Angeklagte sodann die Beantwortung der von ihm selbst aufgeworfenen Beweisfrage vereitelt. Wenn er auch nicht verpflichtet war, an der Aufklärung des Sachverhalts mitzuwirken (BGHSt. 1, 342 [BGH Urt. v. 30. 8. 1951 – 3 StR 494/51; vgl. § 267 StPO erfolgreiche Rügen]), so durfte das Landgericht doch aus diesem Verhalten den ihm nachteiligen Schluß ziehen, daß seine Behauptung unwahr sei.

Das Urteil des 5. Strafsenats vom 26. 10. 1965 (5 StR 415/65) steht der hier vertretenen Auffassung nicht entgegen. Es behandelt den Fall, daß ein Beschuldigter bei seiner polizeilichen Vernehmung die Aussage vollständig verweigert hatte, und läßt die Entscheidung für den Fall einer begrenzten Auskunftsverweigerung ausdrücklich offen.

45. Tonbandaufnahmen als Gedächtnisstütze für Urteilsberatung zulässig.

StPO §§ 244 Abs. 2, 261 – BGH Urt. v. 4. 2. 1964 – 1 StR 510/63 LG Darmstadt (= BGHSt. 19, 193)

Die Revision der Staatsanwaltschaft rügt u.a., daß das Landgericht in der Hauptverhandlung Teile der Einlassung der Angeklagten sowie der Zeugenaussagen und der gutachtlichen Äußerung des Sachverständigen auf Tonband aufgenommen und dieses Tonband bei der Urteilsberatung verwertet hat.

Sachverhalt: Wie den übereinstimmenden Erklärungen des Sitzungsvertreters der Staatsanwaltschaft, des Verteidigers, des Vorsitzenden der Strafkammer und des Berichterstatters, der das Gerät selbst bediente, zu entnehmen ist, hat der Vorsitzende bei Beginn der Hauptverhandlung auf den ausschließlichen Zweck der Tonbandaufnahme hingewiesen. – Das Rechtsmittel war erfolglos.

Gründe:

1. Zur Rüge einer Verletzung der Aufklärungspflicht [wird ausgeführt ...]

2. Auch gegen § 261 StPO hat die Strafkammer nicht verstoßen. Nach dieser Vorschrift hat das Gericht über das Ergebnis der Beweisaufnahme nach seiner freien, aus dem Inbegriff der Verhandlung geschöpften Überzeugung zu entscheiden. Sie verbietet es also, der Urteilsfindung ein Wissen zugrunde zu legen, das nicht durch die Verhandlung und in der Verhandlung gewonnen worden ist. Das hat die Strafkammer auch nicht getan. Denn das Tonband bezog sich gerade und ausschließlich auf in der Hauptverhandlung gemachte Aussagen. Es war ebenso wie die Notizen des Berichterstatters oder ein auf Anordnung des Vorsitzenden aufgenommenes Stenogramm (RGSt 65, 436) allein dazu bestimmt, als Gedächtnisstütze für eine möglichst getreue Wiedergabe und Vergegenwärtigung in der Hauptverhandlung gemachter Aussagen bei der Urteilsberatung zu dienen, und dazu in besonderer Weise geeignet. In dieser untergeordneten Aufgabe eines technischen Hilfsmittels verdrängte es nicht den für die Urteilsfindung allein maßgeblichen Inbegriff der Verhandlung in ihrem ganzen, nicht auf das rein Akustische beschränkten und beschränkbaren Geschehen, sondern gestattete es den Richtern im Gegenteil, auf Notizen zu verzichten und dem Verhandlungsgeschehen mit ungeteilter Aufmerksamkeit und freierem Blick zu folgen.

Der Hinweis der Revision auf BGHSt. 14, 339 (BGH Urt. v. 14. 6. 1960 – 1 StR 73/60; vgl. §§ 244 IV, 253 StPO erfolglose Rügen) geht schon deshalb fehl, weil diese Entscheidung sich allein mit der Frage befaßt, ob und unter welchen Umständen ein Tonband als Beweismittel für Vorgänge dienen kann, die sich vor der Hauptverhandlung abgespielt haben.

46. Förmliche Rolle einer Auskunftsperson im Verfahren für Beurteilung der Aussage unbedeutend.

StPO §§ 4, 261 – BGH Urt. v. 5. 2. 1963 – 1 StR 265/62 LG Passau (= BGHSt. 18, 238 = NJW 1963, 869 = MDR 1963, 514)

Die Revision rügt, daß das Landgericht die beiden von der Staatsanwaltschaft durch gemeinsame Anklage verbundenen Strafsachen gegen die Beschwerdeführer entgegen deren Antrag bei der Eröffnung des Hauptverfahrens nicht getrennt und nach einer später wegen Erkrankung der Angeklagten B. vorgenommenen vorübergehenden Trennung wieder verbunden hat. Dadurch habe die Strafkammer ihre Aufklärungspflicht verletzt, weil sie die Angeklagten nicht als Zeugen, sondern als Mitangeklagte zu den gegen den anderen erhobenen Vorwürfen gehört und die Einlassungen beider bei der Beweiswürdigung berücksichtigt hat. Die Strafkammer habe die Möglichkeit ausgeschlossen, daß die beiden als Mitangeklagten gehörten Beschwerdeführer einander als Zeugen entlasteten.

Der Sachverhalt ergibt sich aus dem Revisionsvorbringen. – Das Rechtsmittel war erfolglos.

Gründe: Die Beanstandung ist unbegründet. Zwischen den beiden Strafsachen besteht ein sachlicher Zusammenhang im Sinne des § 3 StPO; denn die Angeklagte B. ist der persönlichen Begünstigung des Angeklagten K. beschuldigt worden. Bei der Prüfung der Voraussetzungen des § 3 StPO kommt es auf die tatsächliche Annahme an, die den Beschuldigten bei Erhebung der Anklage und bei Eröffnung des Hauptverfahrens zugrunde liegt und nicht auf die Feststellungen, die als Ergebnis des durchgeführten Hauptverfahrens getroffen worden sind. Das übersehen die Revisionen, die – überdies entgegen den Feststellungen des Urteils – geltend machen, Frau B. habe keine strafbare Begünstigung begangen, da sie u.U. durch ihre unwahre Aussage sich selbst einer Bestrafung, die sie vielleicht irrtümlich für möglich gehalten habe, habe entziehen wollen. Da somit die gesetzlichen Voraussetzungen für eine Verbindung gegeben waren, stand die Entscheidung darüber im pflichtgemäßen Ermessen der Strafkammer.

Ein die Revision rechtfertigender Verfahrensverstoß könnte darin nur gefunden werden, wenn das Landgericht bei der Verbindung der beiden Strafsachen in anderer Weise einen Verfahrensfehler begangen (BGH NJW 1953, 836 Nr. 22 [BGH Urt. v. 5. 3. 1953 – 5 StR 676/52; vgl. § 237 StPO erfolglose Rügen]) oder sein Ermessen mißbraucht hätte. Solch ein Mangel liegt hier nicht vor. Die Aufklärungspflicht (BGH Urteile v. 13. 7. 1954 – 1 StR 736/53, S. 13[1] – und v. 17. 5. 1955 – 5 StR 350/54, S. 5) hat die Strafkammer nicht verletzt. Sie hat jeden der Beschwerdeführer zwar nicht als Zeugen, aber als Mitangeklagten zu den gegen den anderen erhobenen Vorwürfen gehört und die Einlassungen beider

---

[1] „Es steht zwar grundsätzlich im Ermessen des Tatrichters, ob er mehrere gegen denselben Beschuldigten anhängige Verfahren verbindet oder eine angeordnete Verbindung lösen will (§§ 2 bis 4, 237 StPO). Seine Entscheidung darüber ist deshalb mit der Revision im allgemeinen nicht anfechtbar. Hier hat der Tatrichter aber mit der Trennung der Sachen zugleich eine Beweiserhebung über einen Sachverhalt abgelehnt, der aus den dargelegten Gründen rechtliche erheblich war. Damit hat er gegen die Pflicht, von Amts wegen den Sachverhalt zu erforschen (§ 155 Abs. 2. § 244 Abs. 2 StPO), verstoßen. Der Revision der Staatsanwaltschaft ist daher im Umfange dieses Rechtsmittels stattzugeben."

bei der umfassenden, sorgfältigen und vorsichtigen Beweiswürdigung herangezogen und berücksichtigt. Ein Ermessensmißbrauch kann in der Verbindung der beiden Sachen nicht gefunden werden; das Landgericht hat sich bei dieser Entscheidung von den Gründen leiten lassen, die es in dem eine Trennung ablehnenden Beschluß vom 17. 7. 1961 dargelegt hat. Die Verbindung der beiden Strafsachen sollte es ermöglichen, sie in einem Verfahren zu erledigen und einander widersprechende Entscheidungen auszuschließen. Das sind sachliche und zutreffende Erwägungen. Daß dadurch Frau B. nur eine Tatsacheninstanz geblieben ist, rechtfertigt keine andere Beurteilung; denn kein Angeklagter hat ein Recht auf eine mehrmalige tatsächliche Prüfung der gegen ihn erhobenen Beschuldigungen (BVerfGE 4, 74, 94f; 4, 387, 411; 6, 7, 12; 9, 223, 230).

Zu Unrecht meinen die Revisionen und das Rechtsgutachten des Professors Dr. Maurach, auf das sie sich berufen, die Verbindung der beiden Strafsachen sei unzulässig gewesen, weil die Strafkammer dadurch die Möglichkeit ausgeschlossen habe, daß die beiden als Mitangeklagten gehörten Beschwerdeführer einander als Zeugen entlasteten, und weil sie so durch eine verfahrenstechnische Maßnahme praktisch das Prozeßergebnis vorwegbestimmt habe. Daß dieser Gedankengang rechtlich fehlerhaft ist, ergibt schon folgende Überlegung: Nach § 3 StPO besteht einer der beiden Gründe, die einen „Zusammenhang" im Sinne dieser Vorschriften herstellen und damit die Verbindung getrennter Verfahren ermöglichen, gerade darin, daß bei einer strafbaren Handlung mehrere Personen als Täter, Teilnehmer, Begünstiger oder Hehler beschuldigt werden. Daß also mehrere Personen in dem dargelegten Sinne als Teilnehmer an derselben strafbaren Handlung beschuldigt werden, ist gesetzliche Voraussetzung; die notwendige Folge der vom Gesetz für zulässig erklärten Verbindung der getrennten Verfahren ist es, daß die mehreren Teilnehmer nach der Verbindung zueinander im Verhältnis von Mitangeklagten stehen und nicht mehr im Verhältnis eines angeklagten Teilnehmers zu tatmitbeteiligten Zeugen. Was nach dem Gesetz Voraussetzung und notwendige Folge einer verfahrensrechtlichen Maßnahme ist, kann nicht als Grund gegen die Zulässigkeit der Anordnung im einzelnen Falle angeführt werden. Das wäre widersinnig. Die Unzulässigkeit könnte vielmehr allenfalls aus besonderen Umständen hergeleitet werden, die dem einzelnen Falle eigentümlich sind und nichts mit den gesetzlichen Voraussetzungen der Verbindung getrennter Verfahren und ihren notwendigen Folgen zu tun haben. Solche Besonderheiten machen die Revisionen nicht geltend. Als eine solche Besonderheit kann insbesondere nicht anerkannt werden, daß die beiden Mitangeklagten bestrebt waren, sich gegenseitig zu entlasten. Die Zulässigkeit der Verbindung getrennter Verfahren kann nicht davon abhängig gemacht werden, ob sich die mehreren Beteiligten gegenseitig belasten oder entlasten. Denn ob das eine oder das andere zutrifft, zeigt sich erst deutlich in der Hauptverhandlung. Die Zulässigkeit oder Unzulässigkeit einer verfahrensrechtlichen Maßnahme kann aber nicht vom Eintritt eines zukünftigen ungewissen Ereignisses abhängig gemacht werden. Im übrigen läßt die Auffassung der Revisionen außer Acht, daß das Gericht bei der Beweiswürdigung nicht durch förmliche Regeln gebunden, sondern frei ist (§ 261 StPO), dabei die Einlassungen der Angeklagten in gleicher Weise wie alle erhobenen Beweise auf ihren wirklichen Beweiswert prüft und sie danach abwägt. Den tatsächlichen Beweiswert von Aussagen bestimmen nicht die verfahrensrechtliche Stellung der Auskunftspersonen, sondern deren persönlicher Gesamteindruck, die Art und Weise ihrer Bekundung, die innere Wahrscheinlichkeit ihrer Schilderung und zahlreiche andere Umstände, die vollständig aufzuzählen nicht möglich ist. Wie wenig die förmliche Rolle einer Auskunftsperson im Verfahren für die Beurteilung der Aussage bedeutet, zeigt auch § 60 Nr. 3 StPO, der die Vereidigung eines Zeugen verbietet, der der Beteiligung an der den Gegenstand der Untersuchung bildenden Tat verdächtig ist, sowie das sachlichrechtliche Gegenstück dazu in § 157 StGB. Der Senat hat schon in anderem Zusammenhange dargelegt, daß dieser Regelung der Gedanke zugrunde liegt, daß die – förmliche – Zeugenaussage in der sachlichen Bewertung der Aussage eines Beschuldigten weitgehend angenähert ist (BGHSt. 17, 128,

134[1]). Wären die Verfahren gegen die beiden Beschwerdeführer nicht verbunden worden und hätte das Gericht jeweils den anderen als Zeugen gehört, hätte es ihn nach § 60 Nr. 3 StPO unvereidigt lassen müssen. In der sachlichen Bewertung seiner Aussage hätte sich dadurch für das Gericht nichts geändert.

47. Bewertung von Zeugenaussagen der Vernehmungsbeamten über Angaben von V-Leuten.

StPO § 261 – BGH Urt. v. 1. 8. 1962 – 3 StR 28/62 LG Düsseldorf (= BGHSt. 17, 382 = NJW 1962, 1867 StV 1985, 268)

Die Revision rügt, u.a., daß sich das Gericht bei seiner Beweiswürdigung von Zeugenaussagen von Vernehmungsbeamten über die Angaben anonymer Gewährsleute der ihm nach § 261 StPO gesetzten Grenzen der Freiheit seiner Überzeugungsbildung nicht bewußt gewesen sei und sie nicht gewahrt habe.

Sachverhalt: Das Landgericht hat festgestellt, der Angeklagte – früherer Funktionär der Landesleitung und Landtagsabgeordneter der KPD – habe sich bei den Landtagswahlen in Nordrhein-Westfalen vom Jahre 1958 als angeblich unabhängiger, in Wahrheit aber von der verbotenen KPD aufgestellter und gesteuerter Kandidat propagandistisch zugunsten dieser Partei betätigt. Ebenso sei er im Bundestagswahlkampf 1961 nicht, wie er behauptete, auf eigene Faust, sondern auf Anweisung der KPD als kommunistischer Wahlkandidat propagandistisch tätig geworden. Es stützt seine Überzeugung neben zahlreichen anderen Gesichtspunkten darauf, daß am 15./16. 3. 1958 am Werbellin-See (SBZ) eine Konferenz des Parteivorstandes der verbotenen KPD mit 40 westdeutschen Personen und mit Max Reimann als Hauptreferenten stattgefunden habe, auf der die Aufstellung als „unabhängig" getarnter Kandidaten der KPD im Wahlkampf für den Landtag von Nordrhein-Westfalen 1958 beschlossen worden sei.

Diese Feststellung hat die Strafkammer auf Grund der Aussagen der Polizeibeamten getroffen, welche die „nicht selbst als Zeugen freigegebenen Gewährsleute der Polizei" vernommen und das Ergebnis der Vernehmung dem Gericht vermittelt hatten. – Das Rechtsmittel war erfolglos.

Gründe: Die Vernehmung eines „Zeugen vom Hörensagen" verletzt nicht den in den §§ 249, 250 StPO in Erscheinung tretenden Grundsatz der Unmittelbarkeit der Beweisaufnahme [wird ausgeführt ...].

Eine andere, von der Revision ersichtlich ebenfalls aufgeworfene Frage ist aber, ob das Gericht sich bei seiner Beweiswürdigung der ihm nach § 261 StPO gesetzten Grenzen der Freiheit seiner Überzeugungsbildung bewußt gewesen ist und sie gewahrt hat. Das hätte es nicht, wenn es sich mit den Erfahrungen des Lebens, mit den Gesetzen der Wissenschaft und der Logik, insbesondere mit der Zeugenpsychologie in Widerspruch gesetzt oder die sich hieraus ergebenden Gesichtspunkte unberücksichtigt gelassen hätte (vgl. BGHSt. 6, 70 [BGH Urt. v. 18. 3. 1954 – 3 StR 87/53; vgl. § 261 StPO erfolgreiche Rügen]).

Bei einem Zeugen vom „Hörensagen" besteht zunächst ganz allgemein eine erhöhte Gefahr der Entstellung oder Unvollständigkeit in der Wiedergabe von Tatsachen, die ihm

---

1 „Die verfahrensrechtliche Regelung des § 60 Nr. 3 StPO wird in gewisser Weise durch die sachlichrechtliche des § 157 StGB ergänzt. Sagt ein Zeuge falsch aus, weil er sich nicht dem Verdacht der Beteiligung aussetzen oder diesen Verdacht nicht verstärken will, und bleibt er aus diesem Grunde nach § 60 Nr. 3 StPO unbeeidigt, greift § 157 StGB mit der Folge ein, daß das Gericht die Strafe nicht nur ermäßigen, sondern von ihr sogar ganz absehen kann. Dem liegt ersichtlich der Gedanke zugrunde, daß die – förmliche – Zeugenaussage in der sachlichen Bewertung der Aussage eines Beschuldigten weitgehend angenähert ist." (BGH Urt. v. 19. 2. 1960 – 1 StR 609/59).

von demjenigen vermittelt worden sind, auf den sein Wissen zurückgeht. Je größer die Zahl der Zwischenglieder, desto geringer ist der Beweiswert der Aussage (BGHSt. 1, 373, 376 [BGH Urt. v. 30. 10. 1951 – 1 StR 67/51; vgl. § 252 StPO erfolgreiche Rügen]). Schon dieser Gesichtspunkt mahnt zur Vorsicht, obgleich er im vorliegenden Falle nicht der wichtigste ist; denn die Wiedergabe einer eingehenden, durch Befragung ergänzten, angesichts ihrer schriftlichen Festlegung jederzeit ins Gedächtnis zurückrufbaren Vernehmung durch den Vernehmungsbeamten bietet in erheblichem Maße Gewähr für Richtigkeit und Vollständigkeit.

Wenn aber der Gewährsmann des Zeugen vom „Hörensagen" im Dunkel bleibt, ergeben sich ganz besondere, weit schwerer wiegende Gefahren. Die Strafprozeßordnung ist neben dem Grundsatz der Unmittelbarkeit von dem der Parteiöffentlichkeit beherrscht (§§ 240, 246 Abs. 2, 257 StPO; BGHSt. 13, 1 [BGH Urt. v. 13. 2. 1959 – 4 StR 470/58; vgl. § 250 StPO erfolgreiche Rügen]). Einem anonymen Gewährsmann gegenüber versagen jedoch nicht nur die Rechte aus den §§ 240, 257 StPO – insoweit ist die Lage nicht wesentlich anders, als wenn der Wissensträger zwar bekannt ist, in der Hauptverhandlung aber nicht vernommen werden kann –, sondern die Verfahrensbeteiligten sowohl wie das Gericht können sich kein Bild machen von Persönlichkeit, Lebenslauf, Charakter, Beweggründen, kurz von der persönlichen Glaubwürdigkeit des im Dunkel bleibenden Gewährsmannes (vgl. auch § 246 Abs. 2 StPO) und damit vom Beweiswert seiner Bekundungen. Es bedarf daher sorgfältigster Überprüfung der von den Vernehmungsbeamten wiedergegebenen Aussagen solcher Gewährsleute. Auf sie kann eine Feststellung regelmäßig nur dann gestützt werden, wenn diese Bekundungen durch andere wichtige Gesichtspunkte bestätigt wurden.

Die Urteilsgründe ergeben, daß sich die Strafkammer dieser Bedenken bewußt gewesen ist. Sie hebt hervor, sie habe die Angaben der Gewährsleute der Polizei „besonders sorgfältig auf ihre Glaubwürdigkeit geprüft". Sie führt eine Reihe von Gesichtspunkten für die Glaubwürdigkeit an, so die Vernehmungstaktik der Polizeibeamten, welche einen Vergleich und damit eine Nachprüfung der Aussagen beider Gewährsmänner auf ihre Richtigkeit ermöglichte, weiter die zutreffende Identifizierung einer Anzahl von Konferenzteilnehmern durch die Gewährsleute an Hand von Lichtbildern, die Bestätigung durch andere, den Inhalt der Referate und Diskussionen allerdings nur „pauschal" wiedergebende Zeugenaussagen, die Übereinstimmung mit dem, was „nach Lage der Sache ohnehin zu erwarten war" und mit dem Verhalten der Angeklagten, welches den von den Gewährsleuten wiedergegebenen Anweisungen der verbotenen KPD auf der Konferenz entsprach. Ein Rechtsfehler tritt in diesen Erwägungen nicht zutage. Daß die Strafkammer den Bekundungen der Zeugen vom Hörensagen nicht schlechthin gefolgt ist, zeigt auch die Tatsache, daß sie bei dem Mitangeklagten K. Bedenken trug, nur auf Grund der Angaben eines der beiden Gewährsmänner, deren Richtigkeit durch andere Beweise in Frage gestellt wurde, als erwiesen anzusehen, K. habe an der Konferenz am Werbellin-See teilgenommen (UA 148).

48. Aufzeichnungen des Verteidigers über Beweisaufnahme dürfen im Revisionsverfahren nicht berücksichtigt werden.

StPO § 261 – BGH Urt. v. 8. 2. 1961 – 2 StR 625/60 LG Bremen (= BGHSt. 15, 347 = NJW 1961, 789)

Die Revision des Angeklagten rügt, die Strafkammer habe die Aussage seiner Tochter Brigitte, die diese als Zeugin im Ermittlungsverfahren vor dem Amtsgerichtsrat Dr. F. gemacht hatte, unter Verletzung des § 252 StPO bei der Urteilsfindung herangezogen.

Sachverhalt: Ausweislich der gerichtlichen Niederschrift hat die Strafkammer, nachdem Brigitte in der Hauptverhandlung von ihrem Aussageverweigerungsrecht Gebrauch gemacht hatte, den Amtsgerichtsrat Dr. F. über die Art und Weise sowie über den Inhalt jener Vernehmung im Vorverfahren gehört. Dabei ist diese, wie es im Protokoll heißt, mit ihm erörtert worden. – Das Rechtsmittel war erfolglos.

Gründe: Weder die gerichtliche Niederschrift noch das Urteil ergeben einen Anhalt dafür, daß die Feststellungen des Landgerichts über das unzüchtige Verhalten des Angeklagten gegenüber seiner Tochter Brigitte auf einer unzulässigen Verwertung ihrer Angaben im Wege des Urkundenbeweises beruhen. Das war, wie die Revision unter Anführung der Entscheidung des erkennenden Senats in BGHSt. 11, 338 (BGH Urt. v. 2. 4. 1958 – 2 StR 96/58; vgl. § 252 StPO erfolglose Rügen) einräumt, eine trotz des Verbotes des Urkundenbeweises verfahrensrechtlich zulässige Maßnahme.

Die Revision irrt aber, wenn sie meint, bei Anhörung einer Verhörsperson als Zeuge sei der Tatrichter gehalten, im Urteil genau darzulegen, was „von dem festgestellten Sachverhalt auf der eigenen Erinnerung" der Verhörsperson beruhe. Der Einwand entbehrt schon der inneren Berechtigung, weil das Landgericht bei der hier gegebenen Sachlage die Feststellungen über den Tathergang als solchen allein auf Grund der Angaben hat treffen können und dürfen, die der Zeuge Dr. F. aus seiner Erinnerung heraus gemacht hat. Im übrigen schreibt das Gesetz nicht vor, daß im Urteil die Ergebnisse der Beweisaufnahme im einzelnen wiedergegeben werden müßten. Vielmehr ist nach § 267 Abs. 1 StPO nur die Angabe der für erwiesen erachteten Tatsachen erforderlich, in denen die gesetzlichen Merkmale der strafbaren Handlung gefunden werden.

Eine Verpflichtung des Tatrichters, wie die Revision sie behauptet, ist auch nicht in der Entscheidung BGHSt. 3, 281 (BGH Urt. v. 11. 11. 1952 – 1 StR 465/52; vgl. § 253 StPO erfolglose Rügen) ausgesprochen worden, auf die sich der Beschwerdeführer für seine Ansicht beruft. Die darin enthaltene Wendung, es dürfe kein Zweifel darüber entstehen, daß nicht der Inhalt des verlesenen Schriftstücks, sondern die vom Zeugen nach Kenntnis des Schriftstückes abgegebene Erklärung Beweisgrundlage sein solle, besagt nur, daß der Tatrichter sich dieser Besonderheit bei der Beweiswürdigung bewußt sein muß; sie bedeutet aber nicht, daß er die Pflicht habe, etwa mögliche Bedenken gegen das von ihm in verfahrensrechtlich zulässiger Weise gewonnene Beweisergebnis im Urteil auszuräumen.

Dafür, daß hier die Strafkammer die Grundsätze nicht beachtet hat, die in BGHSt. 3, 281 für die Vernehmung einer Verhörsperson aufgezeigt werden, ist nichts ersichtlich. Sie ist vielmehr gerade so vorgegangen, wie es dort verlangt wird. Aus den Urteilsgründen geht auch deutlich hervor, daß das Landgericht wußte, was als Beweisgrundlage in Betracht kam. In dem Urteilsabschnitt, in dem die Beweiswürdigung wiedergegeben wird, ist zunächst gesagt, auf Grund der Aussage des Zeugen Dr. F. stehe fest, daß Brigitte bei ihrer Vernehmung durch diesen im Sinne des festgestellten Sachverhalts ausgesagt habe, und daran anschließend – nur unterbrochen durch Erörterungen, die sich mit der Belehrung über das Zeugnisverweigerungsrecht befassen, – ist nochmals bemerkt, daß die damalige Aussage Brigittes auf Grund der Bekundungen des Zeugen Dr. F. festgestellt sei.

Angesichts dieser klaren und unmißverständlichen Darlegungen kann die Revision auch keinen Erfolg mit der Behauptung haben, die den Angeklagten belastenden Feststellungen seien dennoch unter Verletzung des § 252 StPO getroffen worden, weil sich der Zeuge Dr. F. trotz des Vorhalts an die Einzelheiten der Vernehmung, insbesondere an deren sachlichen Inhalt, nicht erinnert habe. Die Revision hat sich zwar für die Richtigkeit dieses Vorbringens auf Aufzeichnungen berufen, die der Verteidiger des Angeklagten in der Hauptverhandlung über die Vernehmung des Zeugen Dr. F. gemacht hatte, und hat zum Beweise dafür, daß sie deren Verlauf zutreffend wiedergäben, beantragt, dienstliche Äußerungen der an der Hauptverhandlung beteiligten Gerichtspersonen, des Sitzungsvertreters der Staatsanwaltschaft sowie des Zeugen Dr. F. herbeizuführen. Zu einer solchen Beweiserhebung ist indessen das Revisionsgericht nicht befugt.

Allerdings ist es im Revisionsrechtszuge zulässig und auch häufig geboten, über einen behaupteten Verfahrensverstoß durch Einholung dienstlicher Äußerungen Beweis zu erheben. Hier enthält jedoch das Vorbringen der Revision nicht den Vorwurf, die Strafkammer habe die Beweiserhebung als solche nicht dem Gesetz entsprechend durchgeführt, sondern es zielt dahin, durch eine Art Wiederholung und Ergänzung eines Abschnitts der Beweisaufnahme vor dem Landgericht darzutun, daß dieses deren Ergebnis unrichtig gewürdigt und festgestellt habe. Einer dahingehenden Überprüfung der Beweiswürdigung steht die Vorschrift des § 261 StPO entgegen. Danach entscheidet über das Ergebnis der Beweisaufnahme allein der Tatrichter. Nur was er nach seiner freien, aus dem Inbegriff der Verhandlung geschöpften Überzeugung als Beweisergebnis ansieht und feststellt, ist maßgebend und damit auch für das Revisionsgericht bindend. Aus diesem Grunde sind schriftliche Vermerke, die ein Prozeßbeteiligter über die Angaben eines Zeugen abweichend von den Feststellungen des Gerichts gefertigt hat, zu deren Widerlegung nicht geeignet. Daher können und dürfen hier die Aufzeichnungen des Verteidigers nicht berücksichtigt und die für ihre Richtigkeit angebotenen Beweise nicht erhoben werden. Den Feststellungen, wie sie das Urteil ausweist, ist aber nichts dafür zu entnehmen, daß sie von der Strafkammer unter Nichtbeachtung des § 252 StPO getroffen worden sind.

49. Schreiben vorläufiger Urteilsformel während der Schlußvorträge ist nicht zu beanstanden.

StPO § 261; GG Art. 103 Abs. 1 – BGH Beschl. v. 22. 11. 1957 – 5 StR 477/57 OLG Braunschweig (= BGHSt. 11, 74 = NJW 1958, 31)

Die Revision rügt, daß der Amtsrichter die Urteilsformel bereits während der Schlußausführungen des Sitzungsvertreters der Staatsanwaltschaft niedergeschrieben habe.

Sachverhalt: Das Oberlandesgericht Braunschweig will die Revision verwerfen. Es hält die oben mitgeteilte Verfahrensrüge für unbegründet. Es ist der Auffassung, ein Verfahrensverstoß (Verletzung des § 261 StPO) liege nur vor, wenn der Nachweis geführt werde, daß der Richter nach der Niederschrift des Entwurfs der Urteilsformel den weiteren Ausführungen der Beteiligten keine Beachtung mehr geschenkt hat (ebenso OLG Bremen VRS 5, 297; OLG Celle VRS 12, 446 = NJW 1957, 1002 = NdsRpfl 1957, 250); im vorliegenden Falle ergebe die dienstliche Äußerung des Amtsrichters, daß er sich die Schlußausführungen angehört habe. Das Oberlandesgericht Braunschweig sieht sich an der von ihm beabsichtigten Entscheidung durch das Urteil des Oberlandesgerichts Köln NJW 1955, 1291 gehindert, in dem die Ansicht vertreten wird, der Verfahrensverstoß liege schon darin, daß der Anschein erweckt werde, als komme es auf die Schlußvorträge nicht mehr an (ebenso OLG Hamm DAR 1956, 254). Es hat die Sache gemäß § 121 Abs. 2 GVG dem Bundesgerichtshof zur Entscheidung vorgelegt. – Das Rechtsmittel war erfolglos.

Gründe: Die Vorlegungsvoraussetzungen des § 121 Abs. 2 GVG sind gegeben.

Ein Amtsrichter, der während der Schlußvorträge der Beteiligten die Urteilsformel oder einen Teil von ihr niederschreibt, verstößt allein hierdurch weder gegen § 261 StPO noch gegen Art. 103 Abs. 1 GG. Nach § 261 StPO hat der Tatrichter seine Überzeugung aus dem Inbegriff der Verhandlung zu schöpfen. Hierzu gehören auch die Schlußausführungen des Sitzungsvertreters der Staatsanwaltschaft und des Verteidigers sowie das letzte Wort des Angeklagten. Ein Richter, der diese Schlußvorträge bei der Urteilsfindung unberücksichtigt läßt, verletzt § 261 StPO. Nach Art. 103 Abs. 1 GG hat vor Gericht jedermann Anspruch auf rechtliches Gehör. Das bedeutet für das gerichtliche Strafverfahren u.a., daß der Richter vor der Urteilsfindung die Schlußausführungen des Verteidigers und das letzte Wort des Angeklagten anhören muß. Ein Richter, der dies nicht tut, gewährt dem Angeklagten nicht das ihm zustehende rechtliche Gehör. Das bloße Niederschreiben der Urteilsformel während der Schlußvorträge der Beteiligten ergibt indessen keine solche Gesetzesverletzung.

Die Tätigkeit des Niederschreibens der Urteilsformel macht den Richter nicht unfähig, die Schlußvorträge in sich aufzunehmen. Es kommt nicht selten vor, daß ein Richter sich während der Aussage eines Zeugen oder Sachverständigen oder während der Ausführungen oder sonstigen Erklärungen eines Prozeßbeteiligten Aufzeichnungen über deren Inhalt macht. Wohl kein vernünftiger Mensch wird hieraus ohne weiteres den Schluß ziehen, der Richter habe infolge dieser Tätigkeit den Verhandlungsvorgängen nicht folgen können. Für die Frage nach der Aufnahmefähigkeit des Richters macht es aber keinen Unterschied, ob das, was er schreibt, den Inhalt von Aussagen, Ausführungen oder sonstigen Erklärungen betrifft, oder ob es sich dabei um die Urteilsformel handelt.

Zugegeben werden muß allerdings, daß das Niederschreiben der Urteilsformel während der Schlußvorträge bei den Prozeß beteiligten, die wissen, was der Richter schreibt, den Eindruck erwecken kann, der Richter habe sich bereits endgültig entschieden und sei daher nicht bereit, die weiteren Schlußvorträge in sich aufzunehmen und sie bei der Urteilsfindung zu berücksichtigen.

Dies allein kann aber im Gegensatz zur Auffassung des Oberlandesgerichts Köln und des Oberlandesgerichts Hamm die Annahme eines Verfahrensverstoßes nicht rechtfertigen.

Das vorzeitige Niederschreiben der Urteilsformel durch den Amtsrichter braucht keineswegs immer den Eindruck zu erwecken, daß es dem Richter an der inneren Bereitschaft fehle, die weiteren Schlußvorträge in sich aufzunehmen und sie bei der – endgültigen – Urteilsfindung zu beachten. Es sind sehr wohl Fälle denkbar, in denen das nachfolgende Verhalten des Richters die Beteiligten klar erkennen läßt, daß er den weiteren Verhandlungsvorgängen folgt und sie in seine Erwägungen einbezieht (er unterbricht z.B. die Ausführungen des Verteidigers zu einer Zeugenaussage mit dem Bemerken, daß er die Aussage anders begreife, und erörtert dies mit dem Verteidiger in einer Weise, die zeigt, daß er durchaus bereit ist, sich durch etwaige Argumente des Verteidigers von dem Gegenteil seiner bisherigen Meinung überzeugen zu lassen).

Aber auch wenn jener Anschein erweckt wird, ergibt dies allein noch keinen Verfahrensverstoß.

Es gibt zahlreiche Verhaltensweisen und andere Umstände, durch die ein Richter bei den Beteiligten, insbesondere bei einem Angeklagten, der juristischer Laie ist, den Eindruck erwecken kann, er habe einen Teil der Verhandlungsvorgänge nicht beachtet. Ein solcher Eindruck kann sogar durch Handlungen bewirkt werden, zu denen der Richter gesetzlich verpflichtet ist.

Will z.B. der Richter in einer Sache, in der Schuld oder Unschuld des Angeklagten lediglich von dessen Zurechnungsfähigkeit oder -unfähigkeit zur Tatzeit abhängt, einen Antrag auf Vernehmung eines weiteren Sachverständigen hierüber gemäß § 244 Abs. 4 Satz 2 StPO deshalb ablehnen, weil nach seiner Auffassung die volle Zurechnungsfähigkeit bereits durch das frühere Gutachten bewiesen ist, so muß er dies gemäß § 244 Abs. 6 StPO den Beteiligten durch einen entsprechend begründeten Beschluß mitteilen. Bei einem Angeklagten, der juristischer Laie ist, kann dies durchaus den Eindruck hervorrufen, der Richter habe sich bereits endgültig entschieden, so daß es auf die weiteren Verhandlungsvorgänge im Grunde gar nicht mehr ankomme. Daß hierin trotz eines solchen Eindrucks keine Gesetzesverletzung gefunden werden kann, liegt auf der Hand.

Ein Richter, der während eines Teiles der Hauptverhandlung die Augen schließt, kann hierdurch sehr wohl den Anschein erwecken, daß er schlafe und daher einen Teil der Verhandlungsvorgänge nicht in sich aufnehme. Der bloße Umstand, daß er einen solchen Eindruck hervorruft, ist aber kein Verfahrensverstoß. Eine Gesetzesverletzung liegt nur vor, wenn der Richter tatsächlich während eines nicht unerheblichen Zeitraums geschlafen hat (vgl. BGHSt. 2, 14 [BGH Urt. v. 23. 11. 1951 – 2 StR 491/51; vgl. § 338 Nr. 1 StPO erfolglose Rügen]).

Ein blinder Richter, der in einem Kollegialgericht als Beisitzer mitwirkt, ist grundsätzlich seinen tatrichterlichen Aufgaben voll gewachsen. Das hat der Senat bereits wiederholt entschieden (vgl. BGHSt. 4, 191 [BGH Urt. v. 28. 4. 1953 – 5 StR 136/53; vgl. § 338 Nr. 1 StPO erfolglose Rügen]; 5, 354 [BGH Urt. v. 5. 3. 1954 – 5 StR 661/53; vgl. § 338 Nr. 1 StPO erfolglose Rügen]). Trotzdem wird es immer eine mehr oder minder große Anzahl von Angeklagten und auch von Verteidigern geben, die in einem solchen Fall den Eindruck haben, es habe bei der Verurteilung des Angeklagten ein Richter mitgewirkt, der wegen seiner Blindheit den Verhandlungsvorgängen nur unvollkommen habe folgen können und daher bei der Urteilsfindung einen Teil der Verhandlungsvorgänge nicht beachtet habe. Auf einen solchen äußeren Anschein kommt es indessen nicht an. Er kann die Annahme einer Gesetzesverletzung nicht rechtfertigen.

Entsprechendes muß auch hier gelten. Die gegenteilige Auffassung wird der Eigenart des Richters, seiner Denkungsart und seiner Arbeitsweise nicht gerecht. Die richterliche Überzeugungsbildung in der Hauptverhandlung beginnt nicht erst nach dem letzten Wort des Angeklagten. Sie setzt bereits bei der Vernehmung des Angeklagten zur Sache ein. Sie geschieht nicht selten in der Weise, daß der Richter schon auf Grund der Einlassung des Angeklagten oder der Aussage eines Zeugen eine Meinung von der Schuld des Angeklagten gewinnt. Dies ist aber nur eine vorläufige Meinung, die der Richter auf Grund der weiteren Verhandlungsvorgänge bis zuletzt ständig überprüft und, falls die Überprüfung dazu Anlaß bietet, wieder aufgibt. Das weiß nicht nur jeder Richter; er verfährt grundsätzlich auch so. Das bloße vorzeitige Niederschreiben der Urteilsformel ergibt nicht, daß der Richter anders verfahren ist. Urteilsformeln werden nicht selten vor der endgültigen Entscheidung zu Papier gebracht, zuweilen sogar schon vor der Verhandlung. Solche Urteilsformeln sind in Wahrheit keine Urteile, sondern nur Entwürfe hierzu, die unter dem Vorbehalt gefertigt werden, daß die Verhandlung oder weitere Verhandlung keine Gesichtspunkte ergibt, die zu einer abweichenden Entscheidung zwingen. Wenn sie zu Urteilen werden, so beruht dies grundsätzlich nicht darauf, daß der Richter die Verhandlungsvorgänge oder weiteren Verhandlungsvorgänge nicht beachtet hätte, sondern allein darauf, daß ihm diese keinen Anlaß zu einer abweichenden Entscheidung gegeben haben. Das gilt auch für die Urteilsformel, die der Amtsrichter während der Schlußvorträge der Beteiligten niederschreibt. Der Umstand allein, daß ein Richter den äußeren Anschein einer Gesetzesverletzung erweckt, ist aber noch keine Gesetzesverletzung.

Aus der Entscheidung RGSt 42, 85 ergibt sich nichts Gegenteiliges. Sie besagt nur, daß bei einem Kollegialgericht, das vorberaten hat, zwischen den Schlußvorträgen und der Urteilsverkündung eine äußerlich erkennbare Verständigung der Gerichtsmitglieder stattfinden müsse, weil dies zum Begriff der Beratung gehöre. Das ist etwas ganz anderes. Das Reichsgericht hat den Verfahrensverstoß nicht darin erblickt, daß § 261 StPO verletzt oder dem Angeklagten nicht das rechtliche Gehör gewährt worden wäre, sondern allein darin, daß keine äußerlich erkennbare Beratung stattgefunden habe.

Der Einzelrichter berät nur mit sich selbst. Bei ihm ist im Gegensatz zum Kollegialgericht die Beratung ein Vorgang, der sich im Innern eines einzelnen Menschen abspielt. Er bedeutet im Gegensatz zur Beratung des Kollegialgerichts, daß der Richter nicht mit anderen berät, sondern bei sich überlegt, wie zu entscheiden ist. Mit vorbereitenden Überlegungen hierzu beginnt ein Richter in aller Regel nicht erst nach dem Schlußwort des Angeklagten, sondern schon vorher. Die Beratung des Einzelrichters ist im Grunde genommen nur eine unmittelbare Fortsetzung dieser Überlegungen. Sie endet in dem Augenblick, in dem der Richter seine Überlegungen abschließt, d.h. sich endgültig entscheidet. Hierzu kann es nach dem Schlußwort des Angeklagten längerer Überlegungen bedürfen. Es gibt aber auch Fälle, die so klar liegen, daß Sekunden genügen. Die so geartete Beratung des Einzelrichters kann zwar äußerlich in die Erscheinung treten, braucht dies aber nicht unbedingt zu tun. Es gibt weder ein Gesetz noch einen Rechtsgrundsatz des Inhalts, daß der Einzelrichter nach dem Schlußwort des Angeklagten Vorkehrungen treffen muß, die äußerlich erkennbar machen, daß er noch überlegt.

50. Begründete Überzeugung des Tatrichters geht vor Ansicht des Revisionsgerichts.

StPO § 261 – BGH Urt. v. 9. 2. 1957 – 2 StR 508/56 Schwurgericht Kaiserslautern (= BGHSt. 10, 208 = NJW 1957, 1039)

Die Revision der Staatsanwaltschaft rügt, das Schwurgericht habe zu Unrecht aus seinen Feststellungen nicht den Schluß auf den Mordvorsatz des Angeklagten gezogen, indem es die an den bedingten Vorsatz zu stellenden Anforderungen überspannt habe.

Sachverhalt: Nach den Feststellungen des Schwurgerichts hat der Angeklagte seine Ehefrau ohne Tötungsvorsatz so schwer mißhandelt und körperlich verletzt, daß sie in tiefe Bewußtlosigkeit fiel; er hielt sie irrtümlich für tot. Um die Spuren der vermeintlich durch ihn verursachten Tötung zu verwischen, hat er den Personenkraftwagen, in dem die bewußtlose Frau saß, angezündet und so ihren Verbrennungstod herbeigeführt. Das Schwurgericht hat den Angeklagten wegen gefährlicher Körperverletzung zu drei Jahren, wegen fahrlässiger Tötung zu vier Jahren und sechs Monaten Gefängnis verurteilt und aus diesen Einzelstrafen eine Gesamtstrafe von sechs Jahren Gefängnis gebildet. – Das Rechtsmittel war erfolglos.

Gründe: Der Grundsatz der freien Beweiswürdigung (§ 261 StPO) ist nicht verletzt. Ersichtlich will die Revision den Vorwurf erheben, das Schwurgericht verkenne die für die Bildung der richterlichen Überzeugung maßgebenden Gesichtspunkte und Rechtssätze. Das ist indessen nicht der Fall.

Freie Beweiswürdigung bedeutet, daß es für die Beantwortung der Schuldfrage allein darauf ankommt, ob der Tatrichter die Überzeugung von einem bestimmten Sachverhalt erlangt hat oder nicht; diese persönliche Gewißheit ist für die Verurteilung notwendig, aber auch genügend. Der Begriff der Überzeugung schließt die Möglichkeit eines anderen, auch gegenteiligen Sachverhaltes nicht aus; vielmehr gehört es gerade zu ihrem Wesen, daß sie sehr häufig dem objektiv möglichen Zweifel ausgesetzt bleibt. Denn im Bereich der vom Tatrichter zu würdigenden Tatsachen ist der menschlichen Erkenntnis bei ihrer Unvollkommenheit ein absolut sicheres Wissen über den Tathergang, demgegenüber andere Möglichkeiten seines Ablaufs unter allen Umständen ausscheiden müßten, verschlossen. Es ist also die für die Schuldfrage entscheidende, ihm allein übertragene Aufgabe des Tatrichters, ohne Bindung an gesetzliche Beweisregeln und nur seinem Gewissen verantwortlich zu prüfen, ob er die an sich möglichen Zweifel überwinden und sich von einem bestimmten Sachverhalt überzeugen kann oder nicht.

Der Grundsatz der freien Beweiswürdigung hat allerdings in der Rechtsprechung des Reichsgerichts wiederholt eine bedenkliche und mißverständliche Fassung erhalten (vgl vor allem RGSt 61, 202 [206]). Dort ist ausgesprochen, es „dürften nicht zu hohe Anforderungen" an die Gewinnung einer zur Verurteilung ausreichenden richterlichen Überzeugung gestellt werden, und der Richter „müsse sich mit einem so hohen Grade von Wahrscheinlichkeit begnügen", wie er bei möglichst erschöpfender und gewissenhafter Anwendung der vorhandenen Erkenntnismittel entstehe. Eine solche Fassung gibt den Grundsatz des § 261 StPO nicht zutreffend wieder. Ebensowenig wie der Tatrichter gehindert werden kann, an sich mögliche, wenn auch nicht zwingende Folgerungen aus bestimmten Tatsachen zu ziehen, ebensowenig kann ihm vorgeschrieben werden, unter welchen Voraussetzungen er zu einer bestimmten Schlußfolgerung und einer bestimmten Überzeugung kommen muß. Insbesondere ist es dem Revisionsgericht grundsätzlich verwehrt, auf diesem Wege die Beweiswürdigung des Tatrichters durch seine eigene zu ersetzen. Denn nur durch Beweiswürdigung läßt sich feststellen, ob eine Wahrscheinlichkeit so groß ist, daß sie an Sicherheit grenzt. Schließlich kann eine Überzeugung auch bei höchstmöglicher Wahrscheinlichkeit ihrer Richtigkeit nicht „gefordert" werden.

Wollte daher das Revisionsgericht eine auf wirkliche „letzte Zweifel" gestützte Freisprechung beanstanden, weil es auf Grund der festgestellten Beweisanzeichen zu dem Ergebnis kommt, daß eine an Sicherheit grenzende Wahrscheinlichkeit für die Schuld des Angeklagten vorliege, so würde es die Grenzen seiner Aufgabe überschreiten. Es würde sich mit einer Verantwortung belasten, die es nach der gesetzlichen Ausgestaltung des Revisionsverfahrens nicht übernehmen kann und darf. Die Aufgabe, sich eine Überzeugung von der Schuld oder Nichtschuld des Angeklagten zu bilden, ist allein dem Tatrichter gestellt.

Mit dieser Auslegung des § 261 StPO steht durchaus im Einklang, daß der Bundesgerichtshof in anderem Zusammenhang wiederholt ausgesprochen hat, es gebe wissenschaftliche Erkenntnisse, denen eine unbedingte, jeden Gegenbeweis mit anderen Mitteln ausschließende Beweiskraft zukomme, und der Tatrichter müsse solche allgemein als gesichert geltende Erkenntnisse als richtig hinnehmen, selbst wenn er ihre Grundlagen im einzelnen nicht selbst erschöpfend nachprüfen könne (vgl BGHSt. 5, 34 [BGH Urt. v. 16. 6. 1953 – 1 StR 809/52; vgl. § 261 StPO erfolgreiche Rügen]; 6, 70 [BGH Urt. v. 18. 3. 1954 – 3 StR 87/53; vgl. § 261 StPO erfolgreiche Rügen]). Denn der Tatrichter ist den Gesetzen des Denkens und der Erfahrung unterstellt; wo eine Tatsache auf Grund wissenschaftlicher Erkenntnis feststeht, ist für eine richterliche Feststellung und Überzeugungsbildung naturgemäß kein Raum mehr.

Konnte hiernach das Schwurgericht bei erschöpfender Anwendung der vorhandenen Erkenntnismittel nicht einen Grad von Wahrscheinlichkeit feststellen, der ihm die Überwindung von Zweifeln an der Schuld des Angeklagten gestattete, so handelte es rechtmäßig, indem es ausspracht, daß es die zu einer Verurteilung erforderliche Überzeugung nicht erlangen könne. Ein Rechtsfehler läge nur vor, wenn das Schwurgericht zwar von der Täterschaft des Angeklagten im Sinne des Eröffnungsbeschlusses überzeugt gewesen wäre, aber gleichwohl irrtümlicherweise angenommen hätte, deshalb nicht verurteilen zu dürfen, weil nach Abwägung aller Umstände immerhin noch die theoretische Möglichkeit eines von der gewonnenen richterlichen Überzeugung abweichenden Geschehensverlaufs bestehe, ein anderer Beurteiler also noch Zweifel an der Täterschaft des Angeklagten haben könne. Die gegen den Angeklagten getroffene Feststellung, er habe den Kraftwagen in Brand gesteckt, zeigt indessen unmißverständlich, daß das Schwurgericht von solchem Irrtum frei war. Insoweit hat es die Überzeugung von der Täterschaft des Angeklagten erlangt, obwohl es sich, wie das Urteil ausdrücklich hervorhebt, anderer entfernter Möglichkeiten des Geschehensablaufs sehr wohl bewußt war. Demnach ist das Schwurgericht nicht von unrichtigen Voraussetzungen für seine Überzeugungsbildung ausgegangen. Es hat sorgfältig alle Umstände dargelegt, die zunächst dafür sprechen, daß der Angeklagte seine Ehefrau vorsätzlich getötet hat. Es werden aber zu jedem einzelnen Verdachtsmoment durchaus konkrete, nicht nur abstrakte Erwägungen angestellt, die geeignet sind, die Beweiskraft des verdächtigen Umstands abzuschwächen.

Die Beweiswürdigung ist auch erschöpfend. Daß das Schwurgericht nach Prüfung und Erörterung der verschiedenen Gesichtspunkte, die auf eine vorsätzliche Tötung hindeuten, diese nicht noch einmal in einer besonderen Zusammenfassung abgehandelt hat, ist für sich allein kein Anzeichen dafür, daß es sie nicht in ihrer Gesamtheit gesehen und nicht auch insoweit gewürdigt hat. Die sehr sorgfältige Erörterung aller Einzelumstände berechtigt vielmehr zu der gegenteiligen Annahme, daß die Beweisanzeichen auch in ihrer Gesamtheit dem Schwurgericht nicht die Überzeugung vom Tötungsvorsatz des Angeklagten vermitteln konnten.

Dagegen spricht nicht, daß das Schwurgericht Tatsachen und Umstände feststellt und hervorhebt, die gegen einen von langer Hand vorbereiteten und geplanten Mord sprechen. Dies hat vielmehr ersichtlich seinen Grund darin, daß die Anklage von einem solchen vorbedachten Mord ausgeht und ihn dem Angeklagten vorwirft. Das Schwurgericht hat keineswegs übersehen, daß es auch zu prüfen hatte, ob der Angeklagte seine Frau auf Grund eines Augenblicksentschlusses getötet hat. Hierzu wird erörtert, daß am Abend des Todes der Frau M., und zwar nach dem Besuch der Eheleute bei Frau B. bei der Abfahrt nach P. ein lauter Wortwechsel zwischen ihnen stattfand, und daß der Angeklagte nach der Abfahrt von den Leithöfen ohne bekannt gewordenen Grund kurze Zeit von der Hauptstraße abbog und auf einem Seitenweg verweilte. Die Prüfung, ob daraus ein zur Feststellung des Tötungsvorsatzes ausreichender Verdacht zu folgern sei, bezieht sich nach dem Urteilszusammenhang ersichtlich auf einen nicht von langer Hand vorbereiteten Tötungsplan. Ebenso zeigen die Erwägungen zur Persönlichkeit des Angeklagten, die gegen einen Tötungsvorsatz sprechen, daß das Gericht die Möglichkeit eines kurzerhand gefaßten Tötungsvorsatzes, auch in der Form des bedingten Vorsatzes, nicht übersehen hat. Daß das sorgfältig begründete Urteil, indem es gelegentlich von Tötungsabsichten spricht, den Vorsatzbegriff verkannt habe, kann ausgeschlossen werden.

Das Schwurgericht hat auch nicht, wie die Staatsanwaltschaft meint, gegen allgemeine Erfahrungssätze verstoßen. Nach der Gesamtwürdigung des Urteils könnte davon nur die Rede sein, wenn der Angeklagte bei Inbrandsetzung des Kraftwagens mit der Möglichkeit gerechnet hätte, daß seine Ehefrau doch lebe. Das Schwurgericht stellt aber ausdrücklich fest, daß hierfür keine Anhaltspunkte gegeben seien, daß dies nach der Persönlichkeit des Angeklagten sogar unwahrscheinlich sei. Wenn auch der Angeklagte als Zahnarzt mit gewissen medizinischen Kenntnissen hätte erkennen können, daß seine Ehefrau noch lebte, so gibt es doch keinen Erfahrungssatz, daß ein Irrtum über die Todesfeststellung bei einem Manne von der Vorbildung des Angeklagten schlechthin ausgeschlossen wäre, zumal weder über den körperlichen Zustand der Frau M. in dem entscheidenden Augenblick noch über einen etwaigen Erregungszustand des Angeklagten eine Feststellung möglich war.

51. Revisionsurteile keine Grundlage für Überzeugungsbildung.

StPO § 261; StGB §§ 129, 23 – BGH Urt. v. 3. 11. 1954 – 6 StR 236/54 LG Oldenburg (= BGHSt. 7, 6 = NJW 1955, 112)

Die Revision rügt, daß das angefochtene Urteil zwei Entscheidungen des Bundesgerichtshofs erwähne, obwohl diese dem Angeklagten und dem Verteidiger unbekannten Entscheidungen in der Hauptverhandlung nicht verlesen worden seien.

Sachverhalt: Es handelt sich um zwei Urteile, die der erkennende Senat im Revisionsrechtszug erlassen hat. Die Strafkammer erwähnt sie im Zusammenhang mit den von ihr getroffenen Feststellungen, so daß der Eindruck entstehen kann, die Strafkammer habe Urteile des Revisionsgerichts zur Überzeugungsbildung mitverwendet, zumindestens aber als Bestätigung ihrer Feststellungen angesehen. – Das Rechtsmittel war erfolglos.

Gründe: Der Revision ist zuzugeben, daß der Hinweis in diesem Zusammenhang, bei dem es sich nicht um Rechtsfragen handelte, überflüssig und irreführend war. Der erkennende Senat hatte schon wiederholt Anlaß, solche mißverständlichen Hinweise zu beanstanden. Gleichwohl ist hier die Rüge der Revision im Ergebnis unbegründet.

Daß Urteile eines Revisionsgerichts nicht Grundlage oder gar Ersatz für die notwendigen Feststellungen des Tatrichters sein können, ist selbstverständlich. Allenfalls können sie als Anhalt für die Allgemeinkundigkeit einer bestimmten Tatsache dienen (vgl. das Urteil des erkennenden Senats BGHSt. 6, 292 [BGH Urt. v. 14. 7. 1954 – 6 StR 180/54; vgl. § 244 III S. 2 Var. 1 StPO erfolglose Rügen]). Im übrigen kommen sie nicht einmal als Ergänzung oder Bestätigung von Feststellungen in Betracht. Da das Revisionsgericht nur die Rechtsfrage zu prüfen hat und dieser Prüfung die Feststellungen des Tatrichters verbindlich zugrunde legen muß, können seine Urteile keine Bestätigung dieser Feststellungen bedeuten. Infolgedessen darf auch ein späterer Tatrichter aus solchen Urteilen keine Bestätigung seiner tatsächlichen Feststellungen entnehmen; er würde sonst die Selbständigkeit seiner Aufgabe und seine Eigenverantwortlichkeit verkennen. Daran würde sich auch nichts ändern, wenn die von der Strafkammer erwähnten Urteile des Bundesgerichtshofs in der Hauptverhandlung verlesen worden wären. Zum Beweise der hier in Frage stehenden Tatsachen durften sie nicht einmal verlesen werden; denn insoweit waren sie als Beweismittel schlechthin ungeeignet.

Nach dem Zusammenhang der Urteilsgründe kann aber nicht angenommen werden, daß die Strafkammer diese Grundsätze verkannt und etwa in den Entscheidungen des Bundesgerichtshofs eine Bestätigung ihrer Feststellungen gesehen oder sie als Grundlage ihrer Feststellungen mitbenutzt hätte. (Wird ausgeführt.)

52. Schätzung des Finanzamtes darf richterliche Überzeugung nicht ersetzen.
StPO § 261 – BGH Urt. v. 3. 11. 1954 – 6 StR 236/54 LG Kassel (= BGHSt. 3, 377)

Die Revision des Finanzamts als Nebenkläger rügt, die Annahme des Landgerichts beruhe darauf, daß es in Verkennung der für das Steuerrecht allein maßgebenden wirtschaftlichen Betrachtungsweise rechtsirrig ein Grundstück im Wert von 1400 DM und eine Büroeinrichtung im Wert von 2907 DM nicht zum Betriebsvermögen des Angeklagten hinzugerechnet habe. Überdies habe das Landgericht nach § 468 RAbgO von der rechtskräftigen Entscheidung des Finanzamts zu dieser Rechtsfrage nicht abweichen dürfen.

Sachverhalt: Dem Angeklagten war zum Vorwurf gemacht, durch Nichtabgabe der Vermögensanzeige zum Soforthilfegesetz (SHG) vom 8. 8. 1949 (WiGBl S 205) nach § 21 dieses Gesetzes in Verbindung mit § 396 RAbgO die von ihm geschuldete Soforthilfeabgabe hinterzogen zu haben. Von dieser Anschuldigung hat das Landgericht den Angeklagten freigesprochen mit der Begründung, eine Abgabepflicht habe nicht bestanden, weil der Wert seines Vermögens am Stichtag (21. 6. 1948) die Freigrenze von 3000 DM nicht überstiegen habe. – Das Rechtsmittel war erfolglos.

Gründe: ...

b) Die Annahme einer Steuergefährdung nach § 402 RAbgO lehnt das Gericht mit der Begründung ab, ein fahrlässiges Verhalten des Angeklagten sei nicht erwiesen, die auf bloßen Schätzungen beruhenden Zeugenaussagen des finanzamtlichen Buchprüfers reichten nicht aus, das Gericht von der Schuld des Angeklagten zu überzeugen. Die Revision beanstandete diese Ablehnung der Schätzung als Beweismittel zu Unrecht.

Sie verkennt, wie das angefochtene Urteil zutreffend hervorhebt, den grundlegenden Unterschied, der zwischen dem Steuerveranlagungsverfahren und dem Strafverfahren besteht. Fehlen gehörig belegte Aufzeichnungen des Steuerpflichtigen, so mag es diesem gegenüber zweckmäßig und gerechtfertigt sein, daß das Finanzamt zwecks Feststellung der Steuerschuld zu Wahrscheinlichkeitserwägungen greift, worunter die Schätzung fällt. Dagegen hat im Strafverfahren der Angeklagte ein Recht darauf, daß, bevor er verurteilt wird, seine Schuld zur vollen Überzeugung des Strafrichters festgestellt und wenn dieser tatsächliche Zweifel nicht überwinden kann, zugunsten des Angeklagten entschieden werde. An diesem Grundsatz der Strafrechtspflege muß auch im Steuerstrafverfahren festgehalten werden. Es ist je nach Lage des Falls zwar möglich und – insbesondere bei Ermittlung von Beträgen – manchmal unentbehrlich, Schätzungen zur Beweisführung auch im Strafverfahren zu verwerten. Aber es ist keineswegs rechtsfehlerhaft, wenn der Tatrichter, wie dies hier geschehen ist, sich durch Schätzungen von der Schuld des Angeklagten nicht voll überzeugen läßt (vgl. RGSt 68, 45).

53. Die Verwertung der Aussage eines geisteskranken oder geistesschwachen Beschuldigten im Sicherungsverfahren ist zulässig.

StPO § 261 – BGH Urt. v. 1. 4. 1952 – 2 StR 754/51 LG Oldenburg (= BGHSt. 2, 269 = NJW 1952, 673)

Die Revision rügt, daß das Urteil sich auf das Geständnis des Beschuldigten stützt. Die Verwendung der eigenen Angaben des Beschuldigten sei unzulässig, da er zurechnungsunfähig und nicht in der Lage sei, seine eigenen Handlungen zu beurteilen.

Sachverhalt: Die Strafkammer hat im Sicherungsverfahren die Unterbringung des Beschuldigten in einer Heil- oder Pflegeanstalt angeordnet. – Das Rechtsmittel war erfolglos.

Gründe: Nach dem Grundsatz der freien Beweiswürdigung hat der Tatrichter über das Ergebnis der Beweisaufnahme nach seiner freien, aus dem Inbegriff der Verhandlung geschöpften Überzeugung zu entscheiden. Gegenstand der Beweiswürdigung sind auch die Angaben eines Angeklagten und im Sicherungsverfahren die des Beschuldigten. Sie sind Beweismittel wie die Aussagen eines Zeugen oder das Gutachten eines Sachverständigen. Der Verwertung für die Urteilsfindung steht ein krankhafter Geisteszustand des Aussagenden nicht entgegen. Auch ein Geisteskranker oder Geistesschwacher, der einer oft schwierigen Verhandlung nicht zu folgen vermag, kann in der Lage sein, einfache, ihn unmittelbar betreffende Lebensvorgänge zu erfassen und sie wiederzugeben oder bestimmte, einfache Fragen zu beantworten. Es ist nicht notwendig, daß er auch fähig ist, seine Handlungen nach ihrem sittlichen oder rechtlichen Gehalt zu beurteilen. Aufgabe der tatrichterlichen Beweiswürdigung ist es, bei der Würdigung einer Aussage auch zu prüfen, ob und inwieweit der Aussagende, mag er Angeklagter, Beschuldigter oder Zeuge sein, überhaupt fähig ist, den bekundeten Vorgang richtig zu erfassen und wiederzugeben (RGSt 33, 393, 403[1]; 58, 396). Das Urteil läßt nicht ersehen, daß die Strafkammer diese Prüfung unterlassen oder hierbei gegen allgemeine Erfahrungssätze verstoßen hat. Zudem hat es die Angaben des Beschuldigten nur in Verbindung mit der Bekundung der Zeugen verwertet, demnach sie nicht allein der Urteilsfindung zugrunde gelegt.

§ 262 StPO

(1) Hängt die Strafbarkeit einer Handlung von der Beurteilung eines bürgerlichen Rechtsverhältnisses ab, so entscheidet das Strafgericht auch über dieses nach den für das Verfahren und den Beweis in Strafsachen geltenden Vorschriften.

(2) Das Gericht ist jedoch befugt, die Untersuchung auszusetzen und einem der Beteiligten zur Erhebung der Zivilklage eine Frist zu bestimmen oder das Urteil des Zivilgerichts abzuwarten.

Erfolglose Rügen

1. Aussetzungsentscheidung trifft das Gericht nach billigem Ermessen (BGH Urt. v. 24. 10. 1984 – 3 StR 315/84).

---

1 „(...) ob (...) die Vernehmung des geisteskranken Zeugen angezeigt ist, bleibt Sache des richterlichen Ermessens." (RG Urt. v. 9. 10. 1900 – II. Strafsenat 3479/00).

Erfolglose Rügen

1. Aussetzungsentscheidung trifft das Gericht nach billigem Ermessen.

StPO § 262 II – BGH Urt. v. 24. 10. 1984 – 3 StR 315/84 LG Kleve (= NStZ 1985, 126)

Die Revision rügt, das Gericht habe das Strafverfahren zu Unrecht nicht bis zur Rechtskraft eines Besteuerungsverfahrens ausgesetzt.

Der Sachverhalt ergibt sich aus dem Revisionsvorbringen. – Das Rechtsmittel war erfolglos.

Gründe: Die von dem Angeklagten Z. erhobene Verfahrensrüge, das Urteil beruhe auf einer Verletzung der §§ 262 II StPO, 396 AO, 205 StPO, da das Landgericht das Strafverfahren nicht bis zur Rechtskraft des Besteuerungsverfahrens ausgesetzt habe, ist unbegründet. Die Entscheidung darüber, ob ein Steuerstrafverfahren gem. § 396 I AO ausgesetzt wird, solange ein Besteuerungsverfahren anhängig ist, trifft das Gericht nach pflichtgemäßem Ermessen. Es ist nichts dafür ersichtlich – und von der Verteidigung auch nicht vorgetragen –, daß das Landgericht die Möglichkeit der Aussetzung nicht beachtet und von ihr pflichtwidrig nicht Gebrauch gemacht hätte.

§ 263 StPO

(1) Zu jeder dem Angeklagten nachteiligen Entscheidung über die Schuldfrage und die Rechtsfolgen der Tat ist eine Mehrheit von zwei Dritteln der Stimmen erforderlich.

(2) Die Schuldfrage umfaßt auch solche vom Strafgesetz besonders vorgesehene Umstände, welche die Strafbarkeit ausschließen, vermindern oder erhöhen.

(3) Die Schuldfrage umfaßt nicht die Voraussetzungen der Verjährung.

§ 264 StPO

(1) Gegenstand der Urteilsfindung ist die in der Anklage bezeichnete Tat, wie sie sich nach dem Ergebnis der Verhandlung darstellt.

(2) Das Gericht ist an die Beurteilung der Tat, die dem Beschluß über die Eröffnung des Hauptverfahrens zugrunde liegt, nicht gebunden.

Erfolgreiche Rügen

1. Eine Abtrennung von Verfahrensteilen ist unzulässig, wenn sie eine Aufspaltung ein und derselben prozessualen Tat, also des von der Anklage umfaßten geschichtlichen Vorgangs bewirken würde (BGH Urt. v. 5. 10. 2001 – 2 StR 261/01).

2. Auch ein rechtskräftiger Freispruch bewirkt Strafklageverbrauch nach Art. 54 des Schengener Durchführungsübereinkommens (SDÜ) (BGH Beschl. v. 28. 2. 2001 – 2 StR 458/00).

3. Eine von dem Angeklagten zumindest am selben Tag entfaltete Handelstätigkeit mit Btm bildet unabhängig von der Anzahl der Abnehmer jeweils eine rechtliche Bewertungseinheit und damit nur eine Tat im Rechtssinne (BGH Beschl. v. 30. 1. 2001 – 4 StR 581/00).

4. Strafklageverbrauch nach dem Schengener Durchführungsabkommen (SDÜ) auch bei Strafaussetzung zur Bewährung (BGH Urt. v. 3. 11. 2000 – 2 StR 274/00).

5. Das Gericht ist zu einer „Korrektur" des in der Anklage wiedergegebenen Tatzeitraums nicht befugt (BGH Urt. v. 17. 8. 2000 – 4StR 245/00).

6. Will das Gericht mehr als die angeklagten Taten aburteilen, bedarf es einer Nachtragsanklage; ein rechtlicher Hinweis genügt nicht (BGH Urt. v. 20. 9. 1996 – 2 StR 289/96).

7. Eine Verknüpfung zweier Handlungen zum verfahrensrechtlichen Tatbegriff wird nicht allein dadurch begründet, daß eine Handlung zum besseren Verständnis der gesamten Umstände in der Anklageschrift erwähnt wird (BGH Beschl. v. 20. 12. 1995 – 5 StR 412/95).

8. Strafklageverbrauch für Banküberfall wegen Verurteilung wegen Fahrens ohne Fahrerlaubnis. (BGH Urt. v. 11. 4. 1995 – 1 StR 64/95).

9. Wiedereinbeziehung eines gemäß § 154a StPO ausgeschiedenen Vorwurfs von Amts wegen geboten, wenn das Gericht den Angeklagten von dem Tatvorwurf, auf den die Strafverfolgung beschränkt worden war, freisprechen will (BGH Urt. v. 23. 3. 1995 – 4 StR 641/94).

10. Feststellung des Strafklageverbrauchs durch Urteil für Einzeltat hinsichtlich gem. § 154a StPO eingestellter Vorwürfe ist nach durchgeführter Beweisaufnahme in der Hauptverhandlung zu treffen (BGH Urt. v. 9. 10. 1991 – 3 StR 257/91).

11. Bei Beschränkung der Strafverfolgung durch die Staatsanwaltschaft gem. § 154a StPO auf eine Einzeltat einer fortgesetzten Handlung führt Verurteilung zum Verbrauch der Strafklage für die gesamte Tat (BGH Urt. v. 20. 1. 1989 – 2 StR 564/88).

12. Der verfahrensrechtliche Tatbegriff umfaßt nur den von der zugelassenen Anklage betroffenen geschichtlichen Vorgang, innerhalb dessen der Angeklagte einen Straftatbestand verwirklicht haben soll (BGH Beschl. v. 16. 10. 1987 – 2 StR 258/87).

13. Keine Tatidentität zwischen Strafvereitelung durch Wegschaffen der Leiche und dem zuvor verübten Mord (BGH Urt. v. 21. 12. 1983 – 2 StR 578/83).

14. Verbrauch der Strafklage wegen Raubtaten und Sexualdelikten, die im Zusammenhang mit einer Autofahrt begangen wurden, für die der Angeklagte wegen Fahrens ohne Fahrerlaubnis rechtskräftig verurteilt worden ist (BGH Beschl. v. 9. 8. 1983 – 5 StR 319/83).

15. Bei Anklage und Freispruch wegen vorsätzlicher Tatbegehung muß das Gericht zuvor Strafbarkeit fahrlässiger Begehung prüfen (BGH Urt. v. 16. 12. 1982 – 4 StR 644/82).

16. Der Tatrichter ist nicht nur berechtigt, sondern auch verpflichtet, den Unrechtsgehalt der „Tat" voll auszuschöpfen. Auf den Verfolgungswillen der Staatsanwaltschaft kommt es insoweit nicht an (BGH Urt. v. 25. 11. 1980 – 1 StR 508/80).

17. Grenzen tatprovozierenden Verhaltens eines polizeilichen agent provocateur nicht überschritten, wenn Kleindealer zu größeren Rauschgiftgeschäften animiert wird (BGH Urt. v. 15. 4. 1980 – 1 StR 107/80).

18. Die Verurteilung eines Angeklagten wegen einer fortgesetzten Handlung setzt voraus, daß mindestens ein strafbarer Einzelakt dieser Handlung vor dem Eröffnungsbeschluß begangen wurde (BGH Urt. v. 2. 2. 1977 – 2 StR 307/76).

19. Das Gericht hat die Pflicht, die gesamte Tat i.S.v. § 264 StPO unabhängig vom Verfolgungswillen der Staatsanwaltschaft abzuurteilen (BGH Urt. v. 28. 6. 1961 – 2 StR 83/61).

20. Gericht trotz Überzeugung von der Schuldunfähigkeit des Angeklagten an den durch das Revisionsgericht bestätigten Schuldspruch gebunden (BGH Urt. v. 31. 3. 1955 – 4 StR 68/55).

21. Siehe auch § 154a StPO.

Erfolglose Rügen

1. Freispruch wegen Mordes steht Verurteilung wegen versuchter Anstiftung zum Mord desselben Tatopfers nicht entgegen (BGH Beschl. v. 17. 11. 1999 – 1 StR 290/99).

2. Diebstahl und Hehlerei oder Raub und Hehlerei können einen geschichtlichen Vorgang und damit eine Tat im prozessualen Sinne bilden, wenn der in der Anklage nach Objekt, Ort und Zeit der Handlung konkretisierte Diebstahl oder Raub Grundlage der Verurteilung wegen Hehlerei blieb (BGH Beschl. v. 7. 7. 1999 – 1 StR 262/99).

3. Keine den Strafklageverbrauch auslösende Tatidentität zwischen Diebstahl und Fahren ohne Fahrerlaubnis (BGH Urt. v. 18. 6. 1997 – 5 StR 93/97).

4. Die unterbliebene Wiedereinbeziehung ausgeschiedener Tatteile kann als Verfahrensverstoß nur mit einer den Anforderungen des § 344 II 2 StPO genügenden Verfahrensbeschwerde gerügt werden (BGH Urt. v. 14. 12. 1995 – 4 StR 370/95).

5. Der Grundsatz in dubio pro reo gilt nicht bei der Frage, ob ein Gesamtvorsatz und damit eine fortgesetzte Handlung gegeben ist oder nicht (BGH Urt. v. 11. 8. 1988 – 4 StR 217/88).

6. Bei Verfolgung einer Tat als Einzelhandlung erstreckt sich die Strafklage tatsächlich nicht auf weitere, unbekannt gebliebene Taten oder Teilakte einer fortgesetzten Handlung (BGH Beschl. v. 20. 6. 1988 – 3 StR 183/88).

7. Durch die Verurteilung zunächst wegen Hehlerei und dann wegen Raubes ist das in Art. 103 III GG verbürgte Verbot wiederholter Strafverfolgung für ein- und dieselbe Tat (ne bis in idem) nicht verletzt (BGH Urt. v. 29. 9. 1987 – 4 StR 376/87).

8. Trotz Tateinheit zwischen Mitgliedschaft in einer kriminellen Vereinigung und Straftaten, die der Täter als Mitglied der Vereinigung in Verfolgung ihrer Ziele begeht, kein Strafklageverbrauch bei Straftaten, die der Täter in Verfolgung dieser Ziele begangen hat (BGH Urt. v. 11. 6. 1980 – 3 StR 9/80).

9. Die Leitung eines auf betrügerische Geschäftsabschlüsse angelegten Betriebes kann als solche nicht die Annahme einer einzigen, in mittelbarer Täterschaft begangenen Betrugstat rechtfertigen (BGH Urt. v. 19. 2. 1976 – 2 StR 585/73).

10. Das Gericht ist bei seiner Entscheidung nicht an die rechtliche Beurteilung gebunden, die etwa die Staatsanwaltschaft bei der Einholung der Genehmigung des Parlaments zur Strafverfolgung gegen einen Abgeordneten vertreten hat (BGH Urt. v. 20. 12. 1960 – 1 StR 481/60).

11. Das Verbot der reformatio in peius gilt nicht für Einzeltaten einer fortgesetzten Handlung, die der Angeklagte nach dem Ergehen des ersten Urteils begeht (BGH Urt. v. 18. 7. 1956 – 6 StR 28/56).

Erfolgreiche Rügen

1. Eine Abtrennung von Verfahrensteilen ist unzulässig, wenn sie eine Aufspaltung ein und derselben prozessualen Tat, also des von der Anklage umfaßten geschichtlichen Vorgangs bewirken würde.

StPO § 264 – BGH Urt. v. 5. 10. 2001 – 2 StR 261/01 LG Kassel (= NStZ 2002, 105)

Die Revision der Staatsanwaltschaft rügt nur, daß das Landgericht einen Teil der angeklagten Tatvorwürfe durch Beschluß in der Hauptverhandlung abgetrennt hat.

Sachverhalt: Mit der vom Landgericht unverändert zugelassen Anklage legte die Staatsanwaltschaft dem Angeklagten u.a. ein Verbrechen der Geiselnahme sowie versuchten Betrug zur Last. Danach bedrängte der Angeklagte den ihm bekannten Zeugen E. seit April 2000, zur Herbeiführung eines vorgetäuschten Verkehrsunfalls mit seinem Fahrzeug auf den Pkw des Angeklagten aufzufahren; hierdurch sollten diesem Leistungen aus der Haftpflichtversicherung verschafft werden. Nach anderen Drohungen habe der Angeklagte am 27. 7. 2000 die Ehefrau und den 2-jährigen Sohn des Zeugen entführt und zu bekannten Mittätern verbracht und den Zeugen E. mit der Ankündigung, beide zu töten, dazu veranlaßt, in der Nacht zum 28. 7. 2000 auf der Bundesautobahn A 7 mit einem Lkw seines Arbeitgebers auf den Pkw des Angeklagten aufzufahren, den dieser zuvor absichtlich stark abgebremst hatte; danach seien die Ehefrau und der Sohn des Zeugen wieder freigelassen worden. Gegenüber dem Haftpflichtversicherer habe der Angeklagte sodann mit Anwaltsschreiben vom 7. 8. 2000 einen Schaden i.H. von 15 605,91 DM geltend gemacht; zur Zahlung sei es nicht gekommen, weil der Zeuge E. sich der Polizei offenbart habe. Nach den Urteilsfeststellungen vereinbarten der Angeklagte und der Zeuge E., der zunächst unentschlossen war, die Herbeiführung eines vorgetäuschten Verkehrsunfalls im April 2000; hiernach sollte der Zeuge 6000 DM aus der erwarteten Versicherungsleistung erhalten. Nachdem im Mai 2000 konkrete Tatplanungen wegen Bedenken des Zeugen aufgegeben worden waren, wurde das Vorhaben in der geschilderten Weise in der Nacht zum 28. 7. 2000 durchgeführt; mit Anwaltsschreiben vom 7. 8. 2000 ließ der Angeklagte den Schaden in der genannten Höhe geltend machen.

Den Vorwurf der Geiselnahme hat das Landgericht in der Hauptverhandlung durch Beschluß mit der Begründung abgetrennt, die Beweisaufnahme würde eine außerplanmäßige Fortsetzung der Hauptverhandlung erfordern, welche der Kammer auf Grund ihrer sonstigen Belastung nicht möglich sei.

Das Landgericht hat den Angeklagten wegen versuchten Betrugs zu einer Freiheitsstrafe verurteilt, seine Fahrerlaubnis „eingezogen" sowie eine Sperre für die Neuerteilung einer Fahrerlaubnis von 2 Jahren festgesetzt. Von den Vorwürfen der falschen Verdächtigung und der Nötigung hat es den Angeklagten freigesprochen. – Das Rechtsmittel hatte Erfolg.

Gründe: ...

2.

a) Eine Abtrennung von Verfahrensteilen ist zulässig, wenn es sich bei dem abgetrennten Verfahrensstoff um selbstständige prozessuale Taten handelt (vgl. BGHSt. 18, 238, 239 [BGH Urt. v. 5. 2. 1963 – 1 StR 265/62; vgl. § 261 StPO erfolglose Rügen]; BGH NJW 1953, 836 [BGH Urt. v. 5. 3. 1953 – 5 StR 676/52; vgl. § 237 StPO erfolglose Rügen]). Unzulässig ist sie aber, wenn sie eine Aufspaltung ein und derselben prozessualen Tat, also des von der Anklage umfassten geschichtlichen Vorgangs bewirken würde, denn hierdurch wird gegen die Pflicht zur einheitlichen Aburteilung gem. § 264 1 StPO verstoßen. Eine einheitliche und daher einer Verfahrenstrennung nicht zugängliche prozessuale Tat liegt nicht nur bei tateinheitlich begangenen Straftaten (vgl. BGHSt. 29, 288 [BGH Urt. v. 11. 6. 1980 – 3 StR 9/80; vgl. § 264 StPO erfolglose Rügen]; 43, 96, 98 [BGH Urt. v. 15. 5. 1997 – 1 StR 233/96; vgl. Art. 103 GG erfolglose Rügen]) vor, sondern kann auch bei sachlich-rechtlich selbstständigen Taten gegeben sein; hierbei kommt es nach ständiger Rechtsprechung darauf an, ob die einzelnen Handlungen innerlich derart miteinander verknüpft sind, daß der Unrechts- und Schuldgehalt der einen Handlung nicht ohne die Umstände richtig gewürdigt werden kann, die zu der anderen Handlung geführt haben, und daß die getrennte Aburteilung einen einheitlichen Lebensvorgang unnatürlich aufspalten würde (BGHSt. 2, 371 [BGH Urt. v. 27. 5. 1952 – 1 StR 160/52; vgl. § 265 StPO erfolglose Rügen]; 29, 288, 293; 35, 14, 17 [BGH Beschl. v. 24. 7. 1987 – 3 StR 36/87; vgl. Art. 103 GG erfolgreiche Rügen]; 36, 151, 154 f.; 41, 385, 388, 390; 43, 96, 99; 252, 255 [BGH Urt. v. 1. 10. 1997 – 2 StR 520/96; vgl. Art. 103 GG erfolglose Rügen]; 45, 211, 213). Eine zeitliche und räumliche Trennung der Vorgänge steht ihrer Beurteilung als einheitliche Tat unter diesen Voraussetzungen nicht entgegen (BGHSt. 35, 60, 62 [BGH Urt. v. 29. 9. 1987 – 4 StR 376/87; vgl. § 264 StPO erfolglose Rügen]; 45, 211, 213; BGH NStZ 1999, 523 [BGH Beschl. v. 7. 7. 1999 – 1 StR 262/99; vgl. § 264 StPO erfolglose Rügen]).

b) Nach diesen Maßstäben durfte vorliegend eine Verfahrenstrennung nicht erfolgen. Das ergibt sich zwar nicht schon aus der Entscheidung des BGH zur Tatidentität zwischen einer vorsätzlichen Brandstiftung zum Zweck des Versicherungsbetrugs und der betrügerischen Geltendmachung des hierdurch verursachten Schadens (vgl. BGHSt. 45, 211). Anders als in jedem Fall bestand hier an der vorsätzlichen Herbeiführung des angeblichen

Schadensfalls auch dann kein Zweifel, wenn die Umstände, welche zur Mitwirkung des beteiligten E. führten, offen bleiben; daher hat das Landgericht aus seiner Sicht folgerichtig ausgeführt, die Abweichung zwischen den Darstellungen des Angeklagten und der Zeugen E. sei unerheblich, da der Beweggrund für die Mitwirkung des Zeugen E. für die rechtliche Beurteilung des versuchten Betrugs unerheblich sei. Hierbei hat das Landgericht jedoch übersehen, daß die in der Anklage geschilderten Taten sich schon in ihrem äußeren Ablauf – wenn auch nicht in den tatbestandlichen Handlungen – überschnitten: Legt man den in der Anklage geschilderten Sachverhalt zugrunde, so war der vorgetäuschte Verkehrsunfall – der jedenfalls auch den Tatbestand der Sachbeschädigung an dem für beide Beteiligten fremden Firmen-Lkw verwirklichte – nicht nur das für den nachfolgenden Betrugsversuch ausgenutzte Schadensereignis, sondern zugleich die Vollendung der durch die Geiselnahme verwirklichten Nötigung des Zeugen E. Unter diesen Umständen konnte der Unrechts- und Schuldgehalt der nachfolgenden Tat nicht unabhängig davon beurteilt werden, ob der Erfolg, dessen täuschender Ausnutzung sie diente, durch ein gravierendes Verbrechen oder auf Grund freiwilliger Vereinbarung der Beteiligten herbeigeführt worden war. Dies drängt sich schon unter dem Gesichtspunkt des § 263 III 1 StGB auf.

2. Auch ein rechtskräftiger Freispruch bewirkt Strafklageverbrauch nach Art. 54 des Schengener Durchführungsübereinkommens (SDÜ).

StPO § 264 – BGH Beschl. v. 28. 2. 2001 – 2 StR 458/00 LG Gießen (= BGHSt. 46, 307 = NJW 2001, 2270 = StV 2001, 495)

Die Revision rügt, das Gericht habe das Verfahrenshindernis des Strafklageverbrauchs wegen eines freisprechenden Urteils aus den Niederlanden nicht beachtet.

Sachverhalt: Das Landgericht hat den Angeklagten wegen Handeltreibens mit Betäubungsmitteln in nicht geringer Menge in zwei Fällen, davon in einem Fall in Tateinheit mit unerlaubter Einfuhr von Betäubungsmitteln in nicht geringer Menge zu einer Gesamtfreiheitsstrafe verurteilt.

Nach den Feststellungen zum ersten Fall der Urteilsgründe brachte der Angeklagte am 16. 4. 1993 488,06 Gramm Kokainzubereitung mit einem Wirkstoffgehalt von 202,36 Gramm Kokainhydrochlorid aus den Niederlanden nach Deutschland, wo er es an den Zeugen M. übergab. Am 16. 11. 1993 wurde der Angeklagte durch eine mit „Widerspruch" bezeichnete Entscheidung des Amtsgerichts Maastricht/Niederlande – nach einer Änderung der Anklage – von dem Vorwurf, in der Zeit vom 20. 2. 1993 bis zum 2. 7. 1993 ungefähr 500 Gramm kokainhaltiges Material aus den Niederlanden ausgeführt zu haben, freigesprochen. – Das Rechtsmittel hatte Erfolg.

Gründe: ... Soweit der Angeklagte im ersten Fall der Urteilsgründe (Tatzeit: 1993) verurteilt worden ist, ist das angefochtene Urteil aufzuheben, da insoweit Strafklageverbrauch in Betracht kommt. Die Sache ist zur Klärung dieser Frage an das Landgericht zurückzuverweisen, da dem Senat im Freibeweisverfahren eine abschließende Entscheidung nicht möglich ist.

II.

1. Durch die Entscheidung des Amtsgerichts Maastricht vom 16. 11. 1993 kann bezüglich der vom Landgericht beurteilten ersten Tat gem. Art. 54 SDÜ Strafklageverbrauch eingetreten sein. Nach dieser Vorschrift darf derjenige, der durch eine Vertragspartei rechtskräftig abgeurteilt worden ist, durch eine andere Vertragspartei wegen derselben Tat nicht verfolgt werden, vorausgesetzt, daß im Fall der Verurteilung die Sanktion bereits vollstreckt ist, gerade vollstreckt wird oder nach dem Recht des Urteilsstaats nicht mehr vollstreckt werden kann. Das Übereinkommen ist seit dem 26. 3. 1995 für Deutschland und die Nie-

derlande in Kraft gesetzt. Der von Deutschland gem. Art. 55 I lit. a Halbs. 1 SDÜ erklärte Vorbehalt steht der Anwendung von Art. 54 SDÜ im vorliegenden Fall nicht entgegen. Denn nach dem 2. Halbsatz der Regelung greift der Vorbehalt dann nicht ein, wenn die Tat – wie hier – auch in dem Hoheitsgebiet der Vertragspartei begangen wurde, in dem das Urteil ergangen ist (vgl. BGH, Beschl. v. 13. 5. 1997 – 5 StR 596/96, insoweit nicht abgedruckt in NStZ 1998, 149).

Auch ein rechtskräftiger Freispruch bewirkt Strafklageverbrauch nach Art. 54 SDÜ (so nicht tragend bereits BGH, NStZ 1999, 579 [580] [BGH Urt. v. 10. 6. 1999 – 4 StR 87/98; vgl. § 260 StPO erfolglose Rügen]). Anderenfalls wäre die Wendung „im Fall der Verurteilung" sowie die Differenzierung zwischen Ab- und Verurteilung in Art. 54 SDÜ nicht verständlich. Diese Auslegung ergibt sich auch aus der Denkschrift der Bundesregierung zum gleich lautenden Art. 1 des EG-ne bis in idem-Übk. vom 25. 5. 1987 (BR-Dr 283/97, S. 10). Danach soll der Grundsatz „ne bis in idem" auch auf ausländische Urteile erstreckt werden, durch die ein Angeklagter freigesprochen worden ist. Das EG-ne bis in idem-Übk. ist zwar mangels Ratifikation durch alle Mitgliedsstaaten bislang noch nicht in Kraft getreten. Es ist jedoch gem. Art. 6 III des Übk. für Deutschland bereits vorzeitig im Verhältnis zu den Staaten anwendbar, die dieselbe Erklärung abgegeben haben. Dazu gehören auch die Niederlande.

2. Entscheidend für die Frage des Strafklageverbrauchs ist hier demnach zunächst, ob es sich bei dem im ersten Fall vom Landgericht abgeurteilten und dem der Entscheidung des Amtsgerichts Maastricht zu Grunde liegenden Sachverhalt um dieselbe Tat im verfahrensrechtlichen Sinne handelt. Dies liegt hier – worauf auch der Generalbundesanwalt hinweist – im Hinblick auf die Ähnlichkeit der Tatzeiten und Rauschgiftmenge nahe. Gleichwohl hat der Tatrichter die Frage des Strafklageverbrauchs nicht erkennbar geprüft; die Urteilsgründe äußern sich hierzu nicht. Das angefochtene Urteil war demgemäß aufzuheben, da der Senat Strafklageverbrauch nicht ausschließen kann. Dies ist vom Tatrichter näher aufzuklären.

Zwar prüft das Revisionsgericht das Vorliegen der Prozeßvoraussetzungen in der Regel selbstständig auf Grund eigener Sachuntersuchung unter Benutzung aller verfügbaren Erkenntnisquellen im Freibeweisverfahren. Macht aber die Ermittlung der maßgebenden Tatsachen eine Beweisaufnahme wie in der Hauptverhandlung vor dem Tatrichter erforderlich, so ist es dem Senat nicht verwehrt, das Urteil aufzuheben und die Sache an den Tatrichter zurückzuverweisen (vgl. Senat, Beschl. v. 11. 3. 1998 – 2 StR 22/98; BGHSt. 16, 399 [403][1] = NJW 1962, 646). Dies liegt hier schon deshalb nahe, weil nicht durch Beiziehung der niederländischen Akten und/oder Einholung entsprechender Auskünfte der zuständigen Stellen zu ermitteln ist, was dem Angeklagten durch die ursprüngliche und die geänderte niederländische Anklageschrift vorgeworfen worden ist. Vielmehr kommt hier auch die Vernehmung des dortigen Richters oder Staatsanwalts sowie des Zeugen M. in Betracht. Zudem wird das Landgericht aufzuklären haben, ob es sich bei der Entscheidung des Amtsgerichts Maastricht vom 16. 11. 1993 tatsächlich um ein rechtskräftiges freisprechendes Urteil handelt.

---

[1] „Zwar hat das Rechtsbeschwerdegericht über die Voraussetzungen eines Verfahrenshindernisses grundsätzlich selbst auf Grund der vorliegenden oder der von ihm noch weiter zu treffenden ergänzenden Feststellungen und des Akteninhalts zu entscheiden. Es ist ihm aber nicht schlechthin verwehrt, die Sache zur Nachholung fehlender Feststellungen an den Tatrichter zurückzuverweisen. Dazu kann vor allem Anlaß bestehen, wenn das Verfahrenshindernis an bestimmte Voraussetzungen sachlichrechtlicher Art gebunden ist ..." (BGH Beschl. v. 27. 10. 1961 – 2 StR 193/61).

3. Eine von dem Angeklagten zumindest am selben Tag entfaltete Handelstätigkeit mit Btm bildet unabhängig von der Anzahl der Abnehmer jeweils eine rechtliche Bewertungseinheit und damit nur eine Tat im Rechtssinne.

StPO § 264 – BGH Beschl. v. 30. 1. 2001 – 4 StR 581/00 LG Frankenthal (= StV 2002, 235)

Die Revision rügt die Verletzung sachlichen Rechts.

Sachverhalt: Der Angeklagte verkaufte „in der Zeit zwischen Anfang 1997 und Ende 1998 – genauere Tatzeiten konnten in der Hauptverhandlung nicht festgestellt werden – „nahezu wöchentlich in insgesamt 100 Fällen jeweils mit Gewinn ... an Willi R. Haschisch" in Stangenform. Die Stangen wiesen ein Gewicht zwischen 3 und 4 g auf. In 80 der Fälle kaufte Willi R. eine Haschischstange, in weiteren 20 Fällen zwischen 2 und 4 Haschischstangen.

Das Landgericht hat den Angeklagten „wegen unerlaubten Handeltreibens mit Btm in 100 Fällen unter Einbeziehung der Einzelstrafen aus dem Urteil des LG Frankenthal (Pfalz) v. 2. 2. 2000 und Auflösung der dort gebildeten Gesamtfreiheitsstrafe" zu einer Gesamtfreiheitsstrafe von 5 Jahren 9 Monaten verurteilt. – Das Rechtsmittel hatte Erfolg.

Gründe: ...

2. Auf der Grundlage dieser Feststellungen hat das Landgericht ohne weitere Erörterung 100 selbständige Taten des – gewerbsmäßig begangenen – unerlaubten Handeltreibens mit Btm (§ 29 Abs. 1 Nr. 1, Abs. 3 S. 2 Nr. 1 BtMG) angenommen. Zwar hat es insoweit allein auf die Verkaufsakte abgestellt, ohne dabei die in der Rspr. zur Bewertungseinheit beim Handeltreiben mit Btm entwickelten Grundsätze (BGHSt. 30, 28[1]; 31, 163[2]) in Erwägung zu ziehen. Doch begründet dies insoweit hier keinen durchgreifenden Rechtsfehler. Denn dem Urteil sind konkrete Anhaltspunkte dafür, daß der – zur Sache schweigende – Angeklagte die Verkäufe an Willi R. oder jedenfalls mehrere dieser Veräußerungsgeschäfte aus einer größeren Vorratsmenge getätigt hat (vgl. BGHR BtMG § 29 Bewertungseinheit 4, 5, 11, 13; BGH, Beschl. v. 28. 10. 1999 – 4 StR 479/99 und v. 15. 3. 2000 – 2 StR 614/99), nicht zu entnehmen.

3. Das Urteil kann aber keinen Bestand haben, weil jedenfalls für die im Tatzeitraum zwischen Ende Januar 1998 und September 1998 begangenen Taten das Verfahrenshindernis des Strafklageverbrauchs durch das Urteil des Landgerichts Frankenthal v. 2. 2. 2000 in Betracht kommt, dessen Einzelstrafen das Landgericht in das angefochtene Urteil einbezogen hat. In jenem Verfahren wurde der Angeklagte wegen „unerlaubten gewerbsmäßigen Handeltreibens mit Btm in 93 Fällen und wegen unerlaubter gewerbsmäßiger Abgabe von Btm an Minderjährige in fünf Fällen" zu einer Gesamtfreiheitsstrafe von 3 Jahren 6 Monaten verurteilt. Dem lagen die Feststellungen zugrunde, daß der Angeklagte, der „als ‚der Haschischverkäufer' in N. im Jahr 1998 bezeichnet wurde", in der Zeit von „etwa Ende Januar 1998 bis in den September 1998 hinein ... im Bereich N. einen schwunghaften Handel mit Haschisch" betrieb und dabei bis in den Juni 1998 hinein an W. „fast täglich, insgesamt jedoch mindestens in 90 Einzelfällen" jeweils mindestens 1 g Haschisch, im Zeitraum August/September 1998 in drei Fällen jeweils 5 g an S. und zwischen März und September 1998 in fünf Fällen jeweils 1 bzw. 2 g Haschisch an den Jugendlichen D. gewinnbringend veräußerte. Nunmehr hat das Landgericht zu den allgemeinen Umständen des von dem Angeklagten „im Bereich des Bahnhofs N." betriebenen Haschischhandels fest-

---

1 „Das Handeltreiben mit Betäubungsmitteln verbindet die im Rahmen ein und desselben Güterumsatzes aufeinanderfolgenden Teilakte – wie Erwerb, Einfuhr, Veräußerung – zu einer einzigen Tat (Bewertungseinheit)." (BGH Beschl. v. 7. 1. 1981 – 2 StR 618/80).

2 „Die nach § 30 Abs. 1 Nr. 4 BtMG als Verbrechen unter Strafe gestellte Einfuhr von Betäubungsmitteln in nicht geringer Menge und das Vergehen des Handeltreibens mit Betäubungsmitteln (§ 29 Abs. 1 Nr. 1 BtMG) stehen, wenn die Einfuhr ein Teilakt des Handeltreibens ist, in Tateinheit zueinander (§ 52 StGB)." (BGH Urt. v. 24. 11. 1982 – 3 StR 384/82).

gestellt, daß er „regelmäßig mehrmals wöchentlich" zur selben Zeit mit dem Zug aus Richtung M. in N. eintraf, „seine Kunden" im Bahnhofsbereich bei einem Cafe auf ihn warteten, „die er lediglich knapp ‚wie viel' fragte, um dann die gewünschte Haschischmenge, in der Regel kleinere Portionen ... auszuhändigen. Reichte sein ... mitgeführter Haschischvorrat nicht aus, entfernte er sich kurz, um dann nach einigen Minuten mit weiterem ‚Stoff' zurückzukommen". Bei dieser Sachlage liegt es nahe, kann jedenfalls aber nicht ausgeschlossen werden, daß die Verkäufe an den Abnehmer Willi R. im Zeitraum Ende Januar bis September 1998 sich ganz oder teilweise mit den rechtskräftig abgeurteilten Veräußerungsgeschäften überschneiden. Das drängt sich schon deshalb auf, weil nach Angaben des Willi R. der Angeklagte „damals der einzige ihm bekannte Verkäufer in N." war, von dem er „ebenso wie etwa zehn weitere ihm aus dem Bahnhofsmilieu bekannte Haschischkonsumenten" gekauft hätten. Die vom Angeklagten am selben Tag in N. getätigten Haschischverkäufe erfolgten nach den Feststellungen aus einer Vorratsmenge. Deshalb bildet die von dem Angeklagten zumindest am selben Tag entfaltete Handelstätigkeit unabhängig von der Anzahl der Abnehmer jeweils eine rechtliche Bewertungseinheit und damit nur eine Tat im Rechtssinne. Soweit dies der Fall ist, ist die Strafklage verbraucht. Über die Frage, ob die tatsächlichen Voraussetzungen dieses Verfahrenshindernisses vorliegen, ist nach dem Grundsatz „in dubio pro reo" zu entscheiden. Gründe der Grenzen der gerichtlichen Kognitionspflicht beim Bekanntwerden der Voraussetzungen einer Bewertungseinheit im späteren Verfahren (vgl. dazu BGHSt. 43, 252, 257 [BGH Urt. v. 1. 10. 1997 – 2 StR 520/96; vgl. Art. 103 GG erfolglose Rügen]) stehen hier einem Strafklageverbrauch schon deshalb nicht entgegen, weil – wie das Urteil ausweist – alle Umstände bekannt waren, die einen Zusammenhang der hier und im früheren Verfahren abgeurteilten Fälle des Handeltreibens ergeben.

4. Der Senat kann nicht in der Sache selbst entscheiden und das Verfahren teilweise einstellen. Denn die Frage, ob und ggf. in welchem Umfang Strafklageverbrauch eingetreten ist, bedarf weitergehender tatsächlicher Feststellungen, die zu treffen hier Aufgabe des Tatrichters ist, an den der Senat die Sache deshalb zurückverweist. Unter den hier gegebenen Umständen, zumal angesichts der nicht genau feststellbaren Tatzeiten und der nur aufgrund einer Annahme „zu Gunsten des Angeklagten" festgestellten Anzahl der Verkaufsfälle, hält es der Senat auch nicht für tunlich, das Urteil insoweit aufrechtzuerhalten, als es einen über den Tatzeitraum des früheren Urteils hinausgehenden Tatzeitraum betrifft. Vielmehr hebt der Senat das Urteil insgesamt auf, um dem neuen Tatrichter die Gelegenheit zu widerspruchsfreien Feststellungen zu geben.

Für das weitere Verfahren weist der Senat vorsorglich darauf hin, daß dem Handeltreiben mit Kleinstmengen von Haschisch ungeachtet des Vorliegens der Voraussetzungen der Gewerbsmäßigkeit i.S.d. § 29 Abs. 3 5. 2 Nr. 1 BtMG die Annahme eines besonders schweren Falles mit Blick auf die angedrohte Mindeststrafe von einem Jahr besonders eingehender Prüfung bedarf.

4. Strafklageverbrauch nach dem Schengener Durchführungsabkommen (SDÜ) auch bei Strafaussetzung zur Bewährung.

StPO § 264 – BGH Urt. v. 3. 11. 2000 – 2 StR 274/00 LG Aachen (= BGHSt. 46, 187 = NJW 2001, 692 = StV 2001, 262)

Die Revision rügt die Verletzung sachlichen Rechts.

Der Sachverhalt ergibt sich aus den Urteilsgründen. – Das Rechtsmittel hatte Erfolg.

Gründe: ... Soweit der Angeklagte durch das Landgericht Antwerpen am 7. 10. 1997 verurteilt wurde, ist aber gem. Art. 54 des Schengener Durchführungsübereinkommens (SDÜ) Strafklageverbrauch eingetreten. Der von Deutschland nach Art. 55 I lit. a Halbs. 1 SDÜ erklärte Vorbehalt steht der Anwendung von Art. 54 SDÜ hier nicht entgegen. Denn der Vorbehalt greift dann nicht ein, wenn die Tat – wie hier – nicht in Deutschland begangen wurde (vgl. BGH, Beschl. v. 13. 5. 1997 – 5 StR 596/96, insoweit nicht abgedr. in NStZ 1998, 149).

Die Voraussetzungen des Art. 54 SDÜ liegen vor. Danach tritt Strafklageverbrauch ein, wenn die Sanktion im anderen Staat vollstreckt ist, gerade vollstreckt wird oder nicht mehr vollstreckt werden kann. Die von dem Gericht in Antwerpen verhängte, zur Bewährung ausgesetzte Strafe genügt diesen Anforderungen. Denn auch bei Strafaussetzung zur Bewährung wird die Strafe „gerade vollstreckt" i.S. von Art. 54 SDÜ. Dies folgt zum einen aus dem Sinn und Zweck der Regelung. Denn bei einer laufenden Bewährung kann die Strafaussetzung noch jederzeit widerrufen und um Auslieferung zur Vollstreckung oder Übernahme der Vollstreckung gerade nach dem SDÜ (Art. 68 f.) ersucht werden. Die dargelegte Auslegung des Art. 54 SDÜ ergibt sich zum anderen aus der Denkschrift der Bundesregierung zum gleichlautenden Art. 1 des EG-ne bis in idem-Übereinkommens vom 25. 5. 1987 (BR-Dr 283/97, S. 10). Danach wird eine Sanktion auch dann gerade vollstreckt im Sinne des Übereinkommens, wenn ihre Vollstreckung zur Bewährung ausgesetzt wird. Die beiden identischen Vorschriften verfolgen denselben Regelungszweck und können nur einheitlich ausgelegt werden. Der durch das belgische Urteil eingetretene Strafklageverbrauch und somit das Verbot der Doppelbestrafung finden im hiesigen Verfahren nach Einstellung des Falls III 5 der Urteilsgründe in vollem Umfang Beachtung.

5. Das Gericht ist zu einer „Korrektur" des in der Anklage wiedergegebenen Tatzeitraums nicht befugt.

StPO § 264 – BGH Urt. v. 17. 8. 2000 – 4 StR 245/00 LG Magdeburg (= BGHSt. 46, 130 = NJW 2000, 3293)

Die Revision der Staatsanwaltschaft rügt, die Verletzung materiellen Rechts. Sie ist der Auffassung, daß das Landgericht die von der Anklage umfaßten Taten nicht erschöpfend abgeurteilt hat.

Sachverhalt: Die – unverändert zugelassene – Anklage vom 24. 2. 1997 hatte dem Angeklagten zur Last gelegt, in der Zeit „von März 1994 bis Mai 1996" in 324 Fällen sexuelle Handlungen an der am 27. 1. 1985 geborenen C. vorgenommen zu haben. Hierzu hat das Landgericht in den Gründen der angefochtenen Entscheidung ausgeführt:

„Die vorbezeichnete Anklageschrift enthält insoweit einen Fehler, als hier offensichtlich der Zeitraum März 1993 bis Mai 1995 gemeint sein sollte. Dies ergibt sich aus der Begleitverfügung zur Anklageschrift Nr. 4. Hiernach beruht der Inhalt der Anklageschrift, soweit Straftaten zum Nachteil der C. betroffen sind, auf der Zeugenvernehmung der C. durch die sachbearbeitende Staatsanwältin am 19. 12. 1996. Innerhalb dieser Zeugenvernehmung hatte C bekundet, daß die sexuellen Handlungen des Angeklagten vom zweiten Schuljahr an (im Alter von acht Jahren) begannen und bis zum Beginn des fünften Schuljahres andauerten; Jahreszahlen nannte C. hierbei nicht. Gemäß der oben genannten Begleitverfügung wurde daher seitens der Staatsanwaltschaft von einem Tatzeitraum Mitte der zweiten Klasse (März 1994) bis Ende der vierten Klasse (Mai 1996) ausgegangen. Tatsächlich muß es sich dann aber um den Zeitraum März 1993 bis Mai 1995 gehandelt haben, da sich C. zum Zeitpunkt ihrer staatsanwaltschaftlichen Vernehmung vom 19. 12. 1996 in der sechsten Klasse befand (gemäß der Zeugenvernehmung der T vom 19. 12. 1996, die zum Zeitpunkt ihrer Vernehmung in die sechste Klasse ging, war C. zum damaligen Zeitpunkt ihre Klassenkameradin). Im übrigen hat C. innerhalb der oben genannten staatsanwaltschaftlichen Vernehmung bekundet, nach ihrer Verbringung in den Kinder- und Jugendnotdienst und anschließend in das E-W-Kinderheim habe es keine sexuellen Handlungen des Angeklagten ihr gegenüber mehr gegeben. Die Verbringung ins Kinderheim fand jedoch, was bereits aus verschiedenen Aktenvermerken ersichtlich ist und auch durch die Zeugin W. (Heimerzieherin) in der Hauptverhandlung bestätigt wurde, im

September 1995 statt, wobei sich C. vorher noch maximal zwei Monate in einer Übergangseinrichtung des Kinder- und Jugendnotdienstes aufgehalten hat. Bei dem in der Anklageschrift angenommenen Tatzeitraum März 1994 bis Mai 1996 handelt es sich daher offensichtlich um einen Berechnungsfehler der sachbearbeitenden Staatsanwältin, worauf vom Vorsitzenden gleich zu Beginn der Hauptverhandlung hingewiesen wurde. Die sachbearbeitende Staatsanwältin, welche auch Sitzungsvertreterin der Staatsanwaltschaft in der Hauptverhandlung war, hat dem zugestimmt."

Das Landgericht hat den Angeklagten auf der Grundlage, daß Gegenstand der Anklage somit (ausschließlich) Straftaten zum Nachteil der C. im Zeitraum März 1993 bis Mai 1995 seien, aus tatsächlichen Gründen freigesprochen, da nicht festgestellt werden könne, daß es während dieser Zeit zu sexuellen Übergriffen des Angeklagten gegenüber C. gekommen sei. Es hat allerdings die Möglichkeit offen gelassen, daß der Angeklagte sich im Jahre 1995 in der damaligen Wohnung in der L.-Straße mehrfach an C. vergangen hat. An der Aburteilung dieser Straftaten hat es sich jedoch gehindert gesehen, da nicht ausgeschlossen werden könne, daß sie erst nach Mai 1995 und somit außerhalb des angeklagten Zeitraums begangen worden seien.

Das Landgericht hat angeordnet, daß der Angeklagte für die erlittene Untersuchungshaft zu entschädigen ist. – Das Rechtsmittel hatte Erfolg.

Gründe: ...

II. ...

1. Gegenstand der zugelassenen Anklage vom 24. 2. 1997 sind 324 Mißbrauchstaten, begangen in dem Zeitraum März 1994 bis Mai 1996. Auf diese Taten erstreckte sich gem. § 264 StPO die Kognitionspflicht des Landgericht. Die in der Hauptverhandlung vorgenommene „Korrektur" des Tatzeitraums war rechtlich unzulässig und konnte daher nicht den durch die Anklage vorgegebenen Verfahrensgegenstand nachträglich ändern.

a) Zwar wird bei funktionellen Mängeln der Anklageschrift, etwa bei unzureichender Identifizierung der Tat(en), eine Behebung des Mangels durch eine entsprechende Klarstellung noch in der Hauptverhandlung für zulässig erachtet (vgl. BGH, GA 1973, 111 [112] [BGH Urt. v. 3. 5. 1972 – 3 StR 49/72; vgl. § 200 StPO erfolgreiche Rügen]; GA 1980, 108 [109] [BGH Urt. v. 3. 10. 1979 – 3 StR 327/79; vgl. § 200 StPO erfolgreiche Rügen]). So liegt der Fall hier jedoch nicht. Die Anklage vom 24. 2. 1997, in der die Grundzüge der Art und Weise der Tatbegehung, ein bestimmter Tatzeitraum und die Anzahl der Mißbrauchsfälle angegeben werden, erfüllt noch die Anforderungen, die an die Tatkonkretisierung in Fällen einer Vielzahl von sexuellen Übergriffen gegenüber einem Kind zu stellen sind (vgl. BGHSt. 44, 153 [BGH Urt. v. 29. 7. 1998 – 1 StR 94/98; vgl. §§ 200, 261 StPO erfolgreiche Rügen]). Zudem diente der Hinweis des Gerichts hier nicht der näheren Tatkonkretisierung, vielmehr sollte der in der schriftlichen Anklage bezeichnete Tatzeitraum durch einen anderen ersetzt werden.

b) Allerdings braucht eine Veränderung des Tatzeitraums die Identität zwischen Anklage und abgeurteilter Tat nicht aufzuheben (vgl. BGHR StPO § 200 Abs. 1 S. 1 Tat 8 und 19). Dies setzt aber voraus, daß die in der Anklage beschriebene Tat unabhängig von der Tatzeit nach anderen Merkmalen individualisiert ist (BGHR StPO § 200 Abs. 1 S. 1 Tat 8 und 19). Das ist hier nicht der Fall. Allein der Umstand, daß die insgesamt 324 angeklagten sexuellen Übergriffe – ohne weitere nähere Zuordnung – in verschiedenen Wohnungen, in denen das Tatopfer zu den Tatzeitpunkten jeweils lebte, stattgefunden haben sollen, genügt hierfür nicht.

c) Ersichtlich war das Landgericht der Auffassung, zu einer „Korrektur" des in der Anklage wiedergegebenen Tatzeitraums anhand der „Begleitverfügung zur Anklageschrift" und des sonstigen Akteninhalts befugt zu sein. Dem kann nicht gefolgt werden.

aa) Zwar sind Prozeßhandlungen, also auch Anklagen, auslegungsfähig. Allerdings darf der Inhalt sich nicht bloß aus völlig außerhalb der Erklärung liegenden Umständen ergeben. So ist es zwar zulässig, zur Verdeutlichung und ergänzenden Erläuterung des Anklagesatzes auf das wesentliche Ergebnis der Ermittlungen zurückzugreifen (st. Rspr., vgl. BGHSt. 5, 225 [227] [BGH Urt. v. 15. 12. 1953 – 5 StR 294/53; vgl. § 207 StPO erfolglose Rügen]; BGH, GA 1973, 111; GA 1980, 108 [109]]. Der Rückgriff auf den sonstigen Akteninhalt ist jedoch nicht statthaft. Dies folgt schon aus der Funktion der Anklage im Strafverfahren. Ihr Inhalt bestimmt zusammen mit dem Eröffnungsbeschluß die Grundlage der Hauptverhandlung. Aus ihr müssen die Verfahrensbeteiligten, namentlich der Angeklagte zum Zwecke seiner Verteidigung, zweifelsfrei entnehmen können, innerhalb welcher tatsächlicher Grenzen sich die Hauptverhandlung und die Urteilsfindung gem. §§ 155, 264 StPO zu bewegen haben. Davon hängt auch ab, welche tatsächlichen Vorgänge von der Rechtskraft einer Verurteilung oder eines Freispruchs erfaßt werden. Bereits diese Gesichtspunkte zeigen, daß eine „Auslegung" der Anklage anhand des sonstigen Akteninhalts, die notwendigerweise zu Unsicherheiten über den eigentlichen Verfahrensgegenstand führen würde, rechtlich nicht zulässig sein kann. Dies gilt erst recht – auch im Hinblick auf die Regelung in § 152 1 StPO – für eine Korrektur des Anklagesatzes, wie sie hier das Landgericht vorgenommen hat. Das Landgericht war vielmehr verpflichtet, vor Erlaß des Eröffnungsbeschlusses anhand des Akteninhalts zu prüfen, ob der Angeklagte innerhalb des in der Anklage bezeichneten Tatzeitraums der ihm zur Last gelegten Straftaten hinreichend verdächtig ist (§ 203 StPO). Bei Vorliegen eines „offensichtlichen Berechnungsfehlers" hätte es die Anklage an die Staatsanwaltschaft zur „Nachbesserung" zurückgeben und – wenn eine solche verweigert würde – die Eröffnung des Hauptverfahrens (teilweise) ablehnen müssen.

bb) An dem aufgezeigten Ergebnis ändert auch nichts, daß – wie das Urteil mitteilt – die sachbearbeitende Staatsanwältin, die auch Sitzungsvertreterin in der Hauptverhandlung war, der Änderung des Tatzeitraums zugestimmt hat. Mit der Eröffnung des Hauptverfahrens kann die öffentliche Klage nicht mehr zurückgenommen werden (§ 156 StPO). Damit verliert die Staatsanwaltschaft die Dispositionsbefugnis über die Klage (BGHSt. 29, 224 [229] [BGH Beschl. v. 18. 3. 1980 – 1 StR 213/79; vgl. § 207 StPO erfolglose Rügen]). Sie kann daher auch nicht mehr die angeklagte prozessuale Tat „auswechseln". Ist dem Angeklagten nach Eröffnung des gerichtlichen Verfahrens im Rahmen der in der Anklage bezeichneten Tat(en) strafbares Verhalten nicht nachzuweisen, so ist er freizusprechen. Erscheint der Angeklagte der Staatsanwaltschaft statt dessen anderer Straftaten (i.S. des § 264 StPO) hinreichend verdächtig, so wird die Staatsanwaltschaft diese – gegebenenfalls im Wege der Nachtragsanklage (§ 266 StPO) – (neu) anzuklagen haben.

2. Der aufgezeigte Rechtsfehler wirkt sich auf den Bestand der angefochtenen Entscheidung wie folgt aus:

a) Soweit der Angeklagte von Mißbrauchstaten, begangen in dem von der Anklage vom 24. 2. 1997 nicht umfaßten Tatzeitraum März 1993 bis Februar 1994, freigesprochen worden ist, mangelt es dem erstinstanzlichen Verfahren an den Prozeßvoraussetzungen einer Anklage und eines Eröffnungsbeschlusses. Dies führt insoweit zur Aufhebung des Urteils; zugleich ist das in diesem Umfang beim Landgericht geführte Verfahren einzustellen (BGHSt. 27, 115 [117] [BGH Urt. v. 2. 2. 1977 – 2 StR 307/77; vgl. § 264 StPO erfolgreiche Rügen]). Allerdings wird in der oberlandesgerichtlichen Rechtsprechung die Auffassung vertreten, in einem solchen Fall, in dem über eine nicht angeklagte Tat befunden werde, sei für eine Einstellung neben der Urteilsaufhebung kein Raum. Ein erfolgreiches Rechtsmittel führe nämlich grundsätzlich dazu, daß die Entscheidung hergestellt werde, die bei richtiger Sachbehandlung schon der in der Vorinstanz tätig gewesene Richter hätte treffen müssen; eine darüber hinausgehende Einstellung des Verfahrens scheide aus, weil eine weitere Tat nicht Gegenstand des Verfahrens geworden sei (BayObLG, VRS 57, 39; BayObLG, VRS 58, 432; KG, VRS 64, 42; OLG Koblenz, VRS 63, 372; OLG Stuttgart, VRS 71, 294). Das ist zwar an sich zutreffend, dabei wird aber übersehen, daß auch das beim

Landgericht (teilweise) ohne Anklage geführte Verfahren zu einem ordnungsgemäßen Abschluß gebracht werden muß. Anderenfalls könnte sonst keine dem Angeklagten günstige Entscheidung über die – erstinstanzlichen – Kosten des Verfahrens und seine notwendigen Auslagen getroffen werden.

Der Grundsatz des „Vorrangs des Freispruchs vor der Verfahrenseinstellung" steht der Einstellung nicht entgegen. Zwar ist in der Rechtsprechung anerkannt, daß bei Vorliegen bestimmter Verfahrenshindernisse die an sich gebotene Einstellung des Verfahrens dann nicht in Betracht kommt, wenn die Hauptverhandlung bereits ergeben hat, daß der Angeklagte aus tatsächlichen oder rechtlichen Gründen freizusprechen wäre. Dies hat der BGH im Anschluß an das RG (vgl. RGSt 72, 296 [300] erstmals bei Fehlen des erforderlichen Strafantrags so entschieden (BGHSt. 1, 231 [235][1]; BGHSt. 7, 256 [261][2]) und in der Folge bei Eingreifen eines Straffreiheitsgesetzes (BGHSt. 13, 268 [BGH Urt. v. 13. 10. 1959 – 1 StR 57/59; vgl. § 260 StPO erfolglose Rügen]) und für den Fall der Verneinung des öffentlichen Interesses im Kartellbußgeldverfahren (BGHSt. 20, 333 [335][3] = NJW 1966, 460) so ausgesprochen. In jüngeren Entscheidungen ist die Gültigkeit dieses „Grundsatzes" auch für die Fälle des Eintritts von Verfolgungsverjährung (vgl. BGHSt. 44, 209 [219][4] = NJW 1999, 508; BGH, NStZ-RR 1996, 299 [BGH Beschl. v. 25. 4. 1996 – 5 StR 54/96; vgl. § 260 StPO erfolglose Rügen]) bejaht, worden: Aus den bisher entschiedenen Einzelfällen kann jedoch nicht ohne weiteres ein allgemeiner, für alle Prozeßvoraussetzungen geltender

---

1 „Soweit die dem Angeklagten vorgeworfene Handlung als Beleidigung beurteilt werden könnte, fehlt der zur Strafverfolgung erforderliche Strafantrag. Die Antragsfrist ist auch verstrichen. Wenn das nicht der Fall wäre, hatte das Landgericht das Verfahren mangels Strafantrags einstellen müssen, weil die Rechtskraftwirkung des freisprechenden Urteils die sonst mögliche Strafverfolgung wegen Beleidigung verhindert hätte. Da hier der Strafantrag nicht nachgeholt werden kann, ist nicht zu beanstanden, daß dem Angeklagten durch Freisprechung das Fehlen des Schuldnachweises für den hauptsächlichen Anklagepunkt bezeugt wird." (BGH Urt. v. 12. 6. 1951 – 1 StR 102/51).
2 „Der Angeklagte konnte somit, weil kein gültiger Strafantrag vorlag, nicht wegen Beleidigung bestraft werden. Dieses führt, weil gegen den Angeklagten das Verfahren wegen Verbrechens nach § 176 Abs. 1 Nr. 3 StGB eröffnet worden ist, nicht zur Einstellung des Verfahrens wegen Fehlens einer Prozeßvoraussetzung. Der Angeklagte muß vielmehr freigesprochen werden." (BGH Urt. v. 1. 3. 1955 – 5 StR 53/55).
3 „Es wäre allerdings unzulässig, einen Bußgeldantrag gleichzeitig wegen Bestehens eines Prozeßhindernisses (oder Fehlens einer Prozeßvoraussetzung) und wegen sachlicher Unbegründetheit abzuweisen. Der Satz, daß in einem solchen Fall der prozessuale Grund vorgehe, erleidet aber im Strafverfahren eine wichtige Ausnahme: Wie Rechtsprechung und Schrifttum anerkannt ist, darf die Freisprechung eines Angeklagten, die bei hinreichender Klärung des Sachverhalts aus allgemein verfahrensrechtlichen Gründen geboten wäre, nicht deshalb unterbleiben, weil der Sachverhalt unter ein Straffreiheitsgesetz fällt. Was für die Anwendung eines Straffreiheitsgesetzes zutrifft, muß entsprechend der Verneinung des öffentlichen Interesses im Sinne von § 82 Abs. 5 GWB gelten. In beiden verzichtet der Staat auf seinen Straf- oder Ahndungsanspruch. Das damit geschaffene Verfahrenshindernis muß aber hinter der ‚Justizgewährungspflicht' zurücktreten, wenn der Sachverhalt schon im Sinne eines Freispruchs geklärt ist. Andernfalls würde die als Wohltat für den Betroffenen gedachte Einstellung mangels öffentlichen Interesses zu seinen Ungunsten wirken." (BGH Beschl. v. 28. 10. 1965 – KRB 3/65).
4 „Auf der Grundlage der vom Landgericht getroffenen Feststellungen scheidet ein Freispruch des Angeklagten aus Rechtsgründen, auf den der Senat durchscheiden könnte, schon deshalb aus, weil eine ‚wider besseres Wissen' aufgestellte ehrkränkende Behauptung allenfalls in hier nicht in Betracht kommenden Ausnahmefällen durch die Meinungsäußerungsfreiheit des Art. 5 Abs. 1 GG gedeckt sein könnte. Soweit die Revision des Angeklagten mit der Sachrüge die Feststellungen des Landgerichts zur subjektiven Tatseite in tatsächlicher Hinsicht angreift, könnten etwaige Rechtsfehler nur zur Aufhebung des angefochtenen Urteils und Zurückverweisung der Sache an das Landgericht zum Zwecke einer insoweit erneut vorzunehmenden Beweisaufnahme führen. Bei dieser Fallgestaltung hat beim Fehlen von Prozeßvoraussetzungen die Einstellung des Verfahrens den Vorrang vor einer Sachentscheidung." (BGH Urt. v. 29. 10. 1998 – 5 StR 288/98).

Grundsatz hergeleitet werden (zweifelnd schon BayObLGSt 1963, 44 [47]). Im Fall der Amnestie liegt es auf der Hand, daß bei einer Einstellung trotz Spruchreife im Sinne eines Freispruchs sich letztlich der Sinn und Zweck des Straffreiheitsgesetzes ins Gegenteil verkehren, eine zu Gunsten des Angeklagten gedachte Anordnung sich im Ergebnis zu seinen Ungunsten auswirken würde. Ähnlich verhält es sich auch in den übrigen bisher entschiedenen Fällen. Ihnen ist gemeinsam, daß der Angeklagte auf Grund ihn begünstigender gesetzlicher Regelungen in Bezug auf einzelne Straftatbestände von einer (weiteren) Strafverfolgung ausgenommen wird. Das gerichtliche Verfahren kann aber im Übrigen – etwa wegen der tateinheitlichen Verwirklichung weiterer Delikte – gegebenenfalls fortgeführt werden.

Hier liegt es jedoch anders: Die Anklage stellt, wie die Bestimmungen der §§ 151, 155 I, 264 I StPO zeigen, die Grundlage und unabdingbare Voraussetzung für das gerichtliche Verfahren insgesamt dar. Durch sie wird das Verfahren erst bei Gericht anhängig, ohne sie darf eine Sachentscheidung nicht, und zwar unter keinem rechtlichen Gesichtspunkt, ergehen. Daß es hierbei nicht um die Frage „Einstellung oder Freispruch" geht, zeigt sich schon daran, daß – ausgeführt – hier nicht das gesamte mit einer Anklage eingeleitete Verfahren eingestellt wird, sondern nur das fehlerhaft ohne Anklage beim Landgericht durchgeführte Verfahren. Jedenfalls dann, wenn es – wie hier – an einer Anklage völlig fehlt, ist somit für einen Freispruch kein Raum; über eine Sache, die beim Tatgericht nicht anhängig geworden ist, kann und darf auch das Rechtsmittelgericht nicht in der Sache selbst entscheiden.

b) Das Urteil unterliegt auch der Aufhebung, soweit der Angeklagte von dem Vorwurf freigesprochen worden ist, sich vor Juni 1995 in der Wohnung L.-Straße an dem Kind C. sexuell vergangen zu haben. Das Landgericht war der Auffassung, den Angeklagten insoweit unter Anwendung des Grundsatzes „in dubio pro reo" freisprechen zu müssen, da nicht ausgeschlossen werden könne, daß die dort begangenen Taten erst nach Mai 1995 und damit außerhalb des von ihm angenommenen Anklagezeitraums begangen worden seien. Die Anwendung des Zweifelsatzes mußte hier jedoch ausscheiden, da – wie bereits dargelegt – auch der Zeitraum nach Mai 1995 bis einschließlich Mai 1996 von der Anklage mitumfaßt ist.

3. Hinsichtlich der möglicherweise im Zeitraum Juni 1995 bis Mai 1996 begangenen Straftaten hatte das Landgericht – aus seiner Sicht konsequent – von einer Entscheidung abgesehen, da Straftaten, die in diesen Zeitraum fallen würden, nach seiner (irrigen) Meinung nicht „Gegenstand der Anklage [waren] und in diesem Verfahren auch nicht abgeurteilt werden konnten". Das Landgericht hat somit nur über die dem Angeklagten zur Last gelegten Taten im Tatzeitraum März bis Mai 1995 eine freisprechende Entscheidung gefällt. Da aber – wie dargelegt – der dem Mai 1995 nachfolgende Zeitraum ebenfalls von der Anklage umfaßt wurde, ist auch hierüber eine Entscheidung zu treffen. Diesbezüglich ist das Verfahren beim Landgericht anhängig geblieben; insoweit besteht für das Revisionsgericht keine Entscheidungsbefugnis (vgl. BGHR StPO 352 Prüfung 1; BGH, Urt. v. 27. 7. 2000 – 4 StR 189/00). Es ist aber geboten, dieses – noch bei der bisherigen Jugendschutzkammer anhängig gebliebene – Verfahren zu dem zurückverwiesenen Verfahren entsprechend § 4 StPO hinzuzuverbinden.

4. Durch die Teilaufhebung des Urteils wird die Entscheidung über die Entschädigungspflicht für die erlittene Untersuchungshaft gegenstandslos.

6. Will das Gericht mehr als die angeklagten Taten aburteilen, bedarf es einer Nachtragsanklage; ein rechtlicher Hinweis genügt nicht.

StPO § 264 – BGH, Urt. v. 20. 9. 1996 – 2 StR 289/96 LG Trier (= StV 1997, 169 = NStZ 1997, 145)

Die Revision rügt die Verletzung materiellen Rechts.

Sachverhalt: Der Angeklagte ist vom Landgericht wegen 150 Sexualstraftaten sexuellen Mißbrauchs von Kindern und Schutzbefohlenen, Beischlafs zwischen Verwandten und Förderung sexueller Handlungen Minderjähriger verurteilt worden. Den Feststellungen zufolge hat er mit seiner Tochter P., geboren am 25. 8. 1980, von November 1988 bis 23. 10. 1994 selbst eine Vielzahl sexueller Handlungen vorgenommen und sie darüber hinaus in einzelnen Fällen dazu bestimmt, sich mit Besuchern seiner Gastwirtschaft sexuell einzulassen. Das Landgericht hat unter Einbeziehung 2 weiterer Verurteilungen 2 Gesamtfreiheitsstrafen gebildet, die erste (4 Jahre) aus den Einzelstrafen der früheren Urteile und den Strafen für die vor dem 21. 2. 1991 begangenen 55 Taten, die zweite (6 Jahre) aus den Strafen für die nach diesem Zeitpunkt verübten 95 Sexualdelikte.

Das Landgericht ist über die mit der zugelassenen Anklage gezogene Begrenzung des Verfahrensgegenstands hinausgegangen, indem es den Angeklagten wegen einer weitaus höheren Anzahl von Einzeltaten, als sie angeklagt worden waren, verurteilt hat. Während in der Anklage als eigene sexuelle Mißbrauchstaten des Angeklagten unter Punkt 1. nur 36 Fälle oraler und manueller Praktiken aufgeführt sind, hat das Gericht – wie die Urteilsgründe ergeben – insgesamt 116 Taten des Oralverkehrs festgestellt und abgeurteilt (diese Zahl steht mit dem Urteilstenor in Einklang: 55 und 91 = 146 Taten, abzüglich 30 Taten, von denen 25 Taten eigenen Geschlechtsverkehr des Angeklagten mit seiner Tochter und 5 Taten Fälle ihrer Verkupplung an Dritte betreffen). Es hat sich dafür auf seine umfassende Prüfungspflicht berufen:

Kommt „das Gericht zu der Überzeugung, daß innerhalb des angeklagten, einheitlichen historischen Geschehens eine höhere Anzahl von Straftaten des gleichen, angeklagten Deliktstypus verwirklicht worden ist", so dürfte „es diese nach vorherigem Hinweis an den Angeklagten seiner Verteilung zugrunde legen". – Das Rechtsmittel hatte Erfolg.

Gründe: Diese Auffassung trifft indessen nicht zu. Die umfassende Prüfungspflicht des Tatgerichts besteht nur innerhalb des Rahmens, den die Anklage der gerichtlichen Untersuchung durch Bezeichnung des Tatvorwurfs setzt. Die einzelnen Vorfälle, bei denen der Angeklagte seine Tochter – an verschiedenen Tagen – sexuell mißbraucht hat, waren nicht nur materiell-rechtlich, sondern auch im prozessualen Sinne (§ 264 StPO) selbständige Taten. Das Landgericht hätte mithin eine höhere als die in der Anklage genannte Anzahl von Taten nur aburteilen dürfen, wenn insoweit Nachtragsanklage (§ 266 StPO) erhoben worden wäre Das ist nicht geschehen. Ein bloßer Hinweis auf die Veränderung des rechtlichen Gesichtspunktes (§ 265 StPO) reichte nicht aus. Soweit die Aburteilung über die Anklage hinausgeht, liegt ein Verfahrenshindernis vor: In diesem Umfang war das Verfahren daher einzustellen (§ 260 III StPO).

7. Eine Verknüpfung zweier Handlungen zum verfahrensrechtlichen Tatbegriff wird nicht allein dadurch begründet, daß eine Handlung zum besseren Verständnis der gesamten Umstände in der Anklageschrift erwähnt wird.

StPO § 264 – BGH Beschl. v. 20. 12. 1995 – 5 StR 412/95 LG Aurich (= NStZ 1996, 563)

Die Revision rügt, der Angeklagte sei wegen eines Vergehens verurteilt worden, das weder Gegenstand des Eröffnungsbeschlusses war noch im Wege der Nachtragsanklage in den Prozeß eingeführt worden ist.

Sachverhalt: Der Angeklagte W. war Geschäftsführer und Gesellschafter der 1964 gegründeten Firma H. W. Z-GmbH; Mitgesellschafter waren seine Ehefrau G. W. und ein weiterer, nicht zur Familie gehörender Dritter. Im Verlaufe des Jahres 1973 geriet die Firma dadurch in finanzielle Schwierigkeiten, daß die Stadtwerke Emden GmbH es ablehnten, für die von der W-GmbH gebauten Gasanlagen die Gasanschlüsse herzustellen. Trotz zivilrechtlicher Eilverfahren und einer 1974 beim Landgericht eingereichten Schadensersatzklage war der wirtschaftliche Niedergang der Firma nicht aufzuhalten, so daß die GmbH Ende 1974 mit rund 498 000 DM überschuldet war. Im März 1977 stellte der Angeklagte W. für die GmbH Konkursantrag; die Eröffnung des Konkursverfahrens wurde vom Amtsgericht mangels Masse abgelehnt. Der Angeklagte W. wurde zum Liquidator bestellt; er führte für die GmbH den Schadensersatzprozeß über mehrere Instanzen fort. Am 10. 4. 1987 erging ein obsiegendes Urteil durch das Landgericht Aurich, mit dem die Stadtwerke Emden GmbH zur Zahlung von 606 925 DM Schadensersatz nebst Zinsen verurteilt wurden. Der danach zu zahlende Betrag von insgesamt rund 1,5 Millionen DM wurde am 10. 8. 1987 auf ein Notar-Treuhandkonto überwiesen.

Der vom Angeklagten beauftragte Notar verwendete jeweils Teilbeträge entsprechend den ihm erteilten Anweisungen. 770 363,67 DM überwies er unter der Bezeichnung „Hülnstallateur" auf ein Konto bei der niederländischen A-Bank, das zuvor auf Veranlassung des Angeklagten von seinem niederländischen Geschäftsführer Hü. eröffnet worden war. Tatsächlich stand der Firma Hü. aus einer früheren Zusammenarbeit in den Jahren 1974 und 1975 nur ein Betrag von rund 100 000 DM zu, der sich aus einer Forderung i.H. von 32 425 DM zuzüglich Zinsen errechnete. Dementsprechend wurde auf Veranlassung des Angeklagten W. Mitte August 1987 der darüber hinausgehende Betrag von 670 363,67 DM auf ein weiteres, auf den Namen seiner Tochter L. eingerichteten Konto bei der A-Bank übertragen, der in der Folgezeit zum Teil in Wertpapieren angelegt, zum Teil anderweit verwendet wurde.

In der Körperschaftsteuererklärung 1987 für die GmbH i.L., die unter Mithilfe des Angeklagten Dr. F. als steuerlichen Berater erstellt und am 29. 3. 1989 beim Finanzamt eingereicht wurde, machte der Angeklagte W. u.a. als Betriebsausgaben einen Zinsaufwand i.H. von 20 000 DM für 1987 und über „Verlustvortrag 1982 bis 1986" einen Zinsaufwand i.H. von 155 000 DM geltend, der auf die angebliche Forderung des Hü. entfallen sein sollte. Mit Bescheid vom 12. 6. 1989 setzte das Finanzamt die Körperschaftsteuer 1987 unter gewinnmindernder Berücksichtigung der geltend gemachten Betriebsausgaben erklärungsgemäß fest.

In der Zwischenzeit war durch die niederländische Finanzverwaltung der Kontoinhaber Hö. als Empfänger der rund 770 000 DM überprüft worden. Aufgrund eines Amtshilfeersuchens der niederländischen Behörden wandte sich das Finanzamt Aurich an den Angeklagten Dr. F. als steuerlichen Berater der GmbH und bat um genauere Angaben zum Grund und zur Höhe der Forderung des Hü. Daraufhin fand am 18. 5. 1989 in Papenburg ein Treffen statt, an dem neben den beiden Angeklagten auch der Vater des Angeklagten Dr. F., der frühere steuerliche Berater der GmbH, A. F., sowie der Zeuge Hü. teilnahmen.

Das Landgericht geht davon aus, daß der Angeklagte Dr. F. vor diesem Treffen, spätestens am 18. 5. 1989, von dem Angeklagten W. davon in Kenntnis gesetzt worden war, daß die Forderung des Hü. sich nur auf 100 000 DM belief und daß die Weiterbildung des darüber hinausgehenden Betrages auf ein Konto unter dem Namen der Tochter L. W. erfolgt war. Im Rahmen des Gespräches in Papenburg wurden mit Hü. Überlegungen angestellt, wie die ihm zunächst zugegangene Zahlung von rund 770 000 DM gegenüber der Finanzverwaltung „plausibel gemacht werden konnte". Als Ergebnis dieser Besprechung verfaßte A. F., nach vorheriger schriftlicher Bestätigung durch Hü. ein Schreiben vom 21. 6. 1989 an das Finanzamt Aurich, in dem die Zahlung der 770 000 DM bestätigt und die zugrundeliegenden Zahlungsveranlassungen im einzelnen (unzutreffend) aufgegliedert wurden.

Nachdem die tatsächlichen Zahlungsflüsse durch die Ermittlungen der niederländischen und deutschen Steuerfahndung bekannt geworden waren, erging am 20. 3. 1994 ein Änderungsbescheid zur Körperschaftsteuer 1987, in dem die für die Forderung Hü geltend gemachten Zinsaufwendungen nicht mehr als gewinnmindernd anerkannt wurden. Im Einspruchsverfahren kam der Angeklagte Dr. F. für die GmbH auf die von seinem Vater, A. F., gegenüber der Finanzverwaltung im Auskunftsverfahren gemachten unrichtigen Angaben nicht zurück. Er machte nunmehr geltend, eine Steuerhinterziehung – wie vom Finanzamt behauptet – liege schon deshalb nicht vor, weil die Hauptforderung sowie die darauf entfallenden Zinsen der Gesellschafterin G. W. aufgrund geleisteter Einlagen i.H. von 446 974 DM zustünden, ihr aufgrund von Abtretungserklärungen hinsichtlich der Schadensersatzansprüche über Hü zugeflossen und in der für die Eheleute W. abgegebenen Einkommensteuererklärung 1987 als Einkünfte aus Gewerbebetrieb bereits im Jahre 1989 entsprechend erklärt worden seien.

Das Landgericht hat den Angeklagten W. wegen Steuerhinterziehung in Tateinheit mit Untreue zu einer Geldstrafe von 180 Tagessätzen zu je 100 DM verurteilt. – Das Rechtsmittel hatte Erfolg.

Gründe: ... Die Prüfung der Verfahrensvoraussetzungen führt zur Einstellung des Verfahrens wegen eines Verfahrenshindernisses (§ 260 III StPO), soweit der Angeklagte W. wegen (tateinheitliche begangener) Untreue zum Nachteil der GmbH verurteilt worden ist. Diese Tat war nicht Gegenstand der Anklage; eine Nachtragsanklage nach § 266 StPO ist nicht erhoben worden.

1. Die zugelassene Anklage legte dem Angeklagten W. Steuerhinterziehung durch Abgabe einer unzutreffenden Körperschaftsteuererklärung 1987 vom 29. 3. 1989 zur Last, indem er zu Unrecht darin behauptet habe, aus der Schadensersatzsumme von 1,5 Millionen DM einen Betrag i.H. von 770 363,67 DM an den Niederländer Hü. im August 1987 aufgrund einer Sicherungsabtretung vom 29. 8. 1975 gezahlt zu haben, wobei Zinsen i.H. von 321 570,20 DM steuermindernd geltend gemacht und vom Finanzamt berücksichtigt worden seien. Dadurch sei Körperschaftsteuer i.H. von 92 304 DM für 1987 sowie Gewerbesteuer verkürzt worden.

Im Eröffnungsbeschluß wies das Landgericht ergänzend darauf hin, daß die Tat auch als Gläubigerbegünstigung nach § 283c StGB gewertet werden könne. In der Hauptverhandlung vom 15. 9. 1994 wurde darüber hinaus nach § 265 StPO der rechtliche Hinweis erteilt, daß auch eine Verurteilung wegen § 266 StGB in Betracht komme.

Damit war die abgeurteilte Tat der Untreue zum Nachteil der GmbH nicht Gegenstand des Verfahrens geworden. Es handelt sich vielmehr im Verhältnis zur angeklagten Steuerhinterziehung um eine andere Tat i.S. des § 264 StPO.

2. Der verfahrensrechtliche Tatbegriff umfaßt den von der zugelassenen Anklage betroffenen geschichtlichen Vorgang, innerhalb dessen der Angeklagte einen Straftatbestand verwirklicht haben soll (BGHSt. 10, 396 ff.; 22, 307 f.; 25, 388 f. [BGH Urt. v. 20. 2. 1974 – 2 StR 448/73; vgl. § 154a StPO erfolglose Rügen]; 27, 170, 172; 29, 341 f.; BGH NJW 1992, 1776; 2838). Den Rahmen der Untersuchung bildet also zunächst das tatsächliche Geschehen, wie es die Anklage beschreibt (BGHSt. 32, 215 f. [BGH Urt. v. 21. 12. 1983 – 2 StR 578/83; vgl. § 264 StPO erfolgreiche Rügen]; BGH NJW 1994, 2966). Dabei kommt es im Einzelfall darauf an, ob zwischen den zu beurteilenden Verhaltensweisen unter Berücksichtigung ihrer strafrechtlichen Bedeutung eine so enge innere Verknüpfung besteht, daß eine getrennte Aburteilung in verschiedenen Verfahren einen einheitlichen Lebensvorgang unnatürlich aufspalten würde (BGHSt. 23, 141; 29, 288, 293 [BGH Urt. v. 11. 6. 1980 – 3 StR 9/80; vgl. § 264 StPO erfolglose Rügen]; 35, 14 [BGH Beschl. v. 24. 7. 1987 – 3 StR 36/87; vgl. Art. 103 GG erfolglose Rügen]). Eine solche Verknüpfung muß sich jedoch aus den Ereignissen selbst ergeben; sie wird nicht allein dadurch begründet, daß eine

Handlung zum besseren Verständnis der gesamten Umstände in der Anklageschrift erwähnt wird (BGHSt. 13, 21, 25).

a) Zwischen der angeklagten und abgeurteilten Steuerhinterziehung und der zugleich abgeurteilten Untreue zum Nachteil der GmbH, die nach Auffassung des Landgerichts im Rahmen einer natürlichen Handlungsfreiheit zur Tateinheit miteinander verbunden sind, fehlt es an einer solchen inneren Verknüpfung.

Zwar stellt eine einheitliche Handlung i.S. von § 52 StGB in aller Regel eine einheitliche prozessuale Tat dar. Indessen hält die Annahme von Tateinheit hier einer rechtlichen Nachprüfung nicht stand.

Eine Identität der Tathandlung liegt nicht vor; etwaige Überschneidungen im Bereich der Vorbereitungshandlungen führen nicht zur Tateinheit. Auch eine natürliche Handlungseinheit, die geeignet sein soll, mehrere Handlungen zu einer Handlung im Rechtssinn zusammenzufassen, liegt nicht vor. Sie müßte – unabhängig von den unterschiedlichen tatsächlichen und rechtlichen Ausgestaltungen, die diesem Begriff in der Rechtsprechung im übrigen zugeordnet worden sind – bei Erfüllung mehrerer verschiedenartiger Tatbestände jedenfalls so beschaffen sein, daß die einzelnen realen Handlungen sich bei natürlicher Betrachtung als ein einheitliches, zusammenhängendes Tun darstellen; die einzelnen Tathandlungen müssen deshalb in einem unmittelbaren zeitlichen und räumlichen Zusammenhang stehen und auf einem einheitlichen Willensentschluß beruhen (vgl. BGH NStZ 1986, 314; 1995, 46; sowie die in BGHR StGB vor § 1 natürliche Handlungseinheit Entschluß, einheitlicher abgedr. Rspr.). Diese Voraussetzungen sind hier nicht gegeben. Es fehlt sowohl an dem zeitlich-räumlichen Zusammenhang zwischen der vom Landgericht angenommenen Untreuehandlung (Überweisung von rund 770 000 DM an Hü. Mitte August 1987) und der Abgabe einer unzutreffenden Körperschaftsteuererklärung am 29. 3. 1989 als auch an einem einheitlichen Willensentschluß auf seiten des Angeklagten vor der ersten Handlung. Denn es war zu dieser Zeit für ihn noch nicht absehbar, ob überhaupt eine Steuererklärung für die in Liquidation befindliche GmbH abgegeben werden würde. Eine innere Abhängigkeit zwischen beiden Handlungen und damit ein sachlicher Zusammenhang bestand weder in objektiver noch in subjektiver Hinsicht.

b) Sachlichrechtlich selbständige Taten können zwar prozessual eine Tat i.S. von § 264 StPO darstellen. Indessen weist der hier vorliegende Sachverhalt die erforderliche innere Verknüpfung bei der Beurteilung des Unrechts- und Schuldgehalts prozeßrechtlich ebensowenig aus, wie dies materiellrechtlich der Fall ist. Das Vorgehen des Angeklagten W. stellt sich nach den Feststellungen vielmehr als ein sukzessives Tätigwerden im Rahmen eines allgemeinen Gesamtplans dar, der darauf gerichtet war, nach dem wirtschaftlichen Niedergang seiner Firma von der zunächst nur erwarteten und dann gezahlten Schadensersatzsumme i.H. von rund 1,5 Millionen DM so viel wie möglich für sich und seine Familien zu erhalten. In Verfolgung dieses Ziels paßte er sein Verhalten den jeweiligen Gegebenheiten und Erfordernissen an. Daß die Vorgeschichte der angeklagten Steuerhinterziehung, die sich aus der 2 Jahre zurückliegenden Überweisung an Hü entwickelt hatte, zum besseren Verständnis der wirtschaftlichen Zusammenhänge in der Anklageschrift mitgeteilt wurden, faßt beide Vorgänge nicht zu einer Tat im prozeßrechtlichen Sinne zusammen. ...

8. Strafklageverbrauch für Banküberfall wegen Verurteilung wegen Fahrens ohne Fahrerlaubnis.

StPO § 264 – BGH Urt. v. 11. 4. 1995 – 1 StR 64/95 LG Waldshut-Tiengen (= BGHR StPO § 264 Nr. 3)

Die Revision rügt, durch ein Urteil des Amtsgerichts wegen (fortgesetzten) Fahrens ohne Fahrerlaubnis sei die Strafklage wegen des Banküberfalls verbraucht.

Erfolgreiche Rügen   Nr. 8 § 264 StPO

Sachverhalt: Das Landgericht hat den Angeklagten wegen schwerer räuberischer Erpressung in Tateinheit mit vorsätzlichem Fahren ohne Fahrerlaubnis unter Einbeziehung anderer Strafen (§ 55 StGB) zu den Gesamtfreiheitsstrafen verurteilt. Eine früher angeordnete Entziehung der Fahrerlaubnis hat es mit der Maßgabe aufrechterhalten, daß die Sperre drei Jahre beträgt.

Die abgeurteilte schwere räuberische Erpressung war ein Banküberfall, den der Angeklagte am 20. 1. 1994 ausführte.

In einem – rechtskräftigen – Urteil vom 23. 2. 1994 hatte das Amtsgericht den Angeklagten u.a. wegen (fortgesetzten) Fahrens ohne Fahrerlaubnis verurteilt, weil der Angeklagte, dessen Fahrerlaubnis seit 9. 12. 1992 vorläufig entzogen worden war, mit einem Personenkraftwagen im öffentlichen Straßenverkehr umhergefahren war, „so am 5. 1. 1993" (es folgen vier weitere bestimmte Tage) „hauptsächlich in Lottstetten und Jestetten, am 26. 5. 1993" (es folgen fünf weitere bestimmte Tage) „hauptsächlich in Lottstetten und später dann auch weiterhin noch ungefähr jede zweite Woche einmal bis zu seiner Inhaftierung am 20. 1. 1994". Im Rahmen der Strafzumessung stellte das Amtsgericht zu Gunsten des Angeklagten u.a. folgende Erwägung an: „Außerdem hat er im Falle einer Verurteilung wegen des Überfalls auf eine Bankfiliale in CH-Rafz eine empfindliche Strafe zu erwarten. – Das Rechtsmittel hatte Erfolg.

Gründe: ... Die Auffassung der Revision ist richtig.

Ob schwere räuberische Erpressung und Fahren ohne Fahrerlaubnis am 20. 1. 1994 in Tateinheit stehen, kann offen bleiben; jedenfalls wurden beide Straftaten im Rahmen einer einheitlichen prozessualen Tat (§ 264 StPO) begangen. Anders als regelmäßig beim Diebstahl von Geld oder anderen Sachen geringen Umfangs spielt bei einer räuberischen Erpressung, wie sie hier zu beurteilen ist, die Art der Flucht eine wesentliche Rolle. Sie bei der Würdigung der räuberischen Erpressung nicht mit heranzuziehen, würde zu unnatürlicher Aufspaltung eines einheitlichen Lebensvorgangs führen (vgl. BGH NJW 1981, 997; BGH StV 1983, 413[1]; BGH NStZ 1984, 135 [BGH Beschl. v. 9. 8. 1983 – 5 StR 319/83; vgl. § 264 StPO erfolgreiche Rügen]; 26, 24, 27; 32, 215 [BGH Urt. v. 21. 12. 1983 – 2 StR 578/83; vgl. § 264 StPO erfolgreiche Rügen]; BGH, Beschluß vom 2. 3. 1995 – 1 StR 6/95).

Der Senat ist auch der Auffassung, daß das Urteil des Amtsgerichts die Vorkommnisse vom 20. 1. 1994 erfaßte. In der Schilderung des abgeurteilten Sachverhalts wird das Verhalten des Angeklagten „bis zu seiner Inhaftierung am 20. 1. 1994" aufgeführt; diese geschah nach dem Banküberfall und der an ihn anschließenden Fahrt. Dabei war der Banküberfall – wie die Erwägungen zur Strafzumessung ausweisen – dem Amtsgericht bekannt.

Der Generalbundesanwalt meint zwar, das Amtsgericht habe die Fahrt vom 20. 1. 1994 nicht abgeurteilt, weil es sie – im Gegensatz zu den anderen ihm datumsmäßig bekannten Fahrten – nicht eigens abgehandelt oder wenigstens erwähnt hat. Das im Urteil genannte Datum „20. 1. 1994" bezeichne nur das Ende der fortgesetzten Tat, nicht aber speziell die an diesem Tag ausgeführte Fahrt.

Der Senat folgt dieser Auffassung nicht. Der Verurteilung wegen (fortgesetzten) Fahrens ohne Fahrerlaubnis durch das Amtsgericht lagen zwei Anklageschriften zu Grunde, die jeweils eine Anzahl bestimmt bezeichneter Fahrten enthielten, wobei die erste Anklage den Zeitraum vom 5. 1. bis zum 21. 3. 1993, die zweite den vom 26. 5. bis zum 8. 6. 1993 umfaßte; jeweils wurde Fortsetzungszusammenhang angenommen. Diese bestimmten Fahrten hat das Amtsgericht in sein Urteil übernommen.

---

1 „Dient eine versuchte schwere räuberische Erpressung der Sicherung des Gewahrsams und damit noch der Verwirklichung der bei einem vorangegangenen Raub verfolgten Zueignungsabsicht, bildet das ganze Tatgeschehen eine natürliche Handlungseinheit und damit eine Handlung i.S.v. § 52 Abs. 1 StGB." (BGH Beschl. v. 15. 3. 1983 – 1 StR 47/83).

2651

Darüberhinaus hat es – der damaligen Rechtsauffassung folgend – alle späteren Fahrten abgeurteilt, wobei die Tatzeit mit der Inhaftierung des Angeklagten (nicht erst, wie sonst häufig, mit der Hauptverhandlung) endete. Daß diese späteren Fahrten nicht individuell bezeichnet, sondern nur zeitlich eingegrenzt und in ihrer Mindestzahl für bestimmte Zeiträume festgestellt wurden, stand ihrer Aburteilung nicht entgegen; Feststellungen dieser Art sind bei gleichartigen Serientaten auch heute noch zulässig (vgl. BGHSt. 40, 138, 160 f.; BGHR StPO § 267 Abs. 1 Satz 1 Mindestfeststellungen 6 und 7; BGH NStZ 1995, 78[1]).

Unter die Fahrten „bis zu seiner Inhaftierung am 20. 1. 1994" fiel aber jedenfalls die Fahrt vor der Inhaftierung an diesem Tag. Daß das Amtsgericht gerade diese Fahrt nicht mit hätte aburteilen wollen, ist nicht ersichtlich; jedenfalls ergibt es sich nicht daraus, daß diese Fahrt nicht eigens abgehandelt ist. Solcher besonderer Abhandlung hätte es vielmehr bedurft, wenn das Amtsgericht aus bestimmten Gründen der Auffassung gewesen wäre, die Fahrt vom 20. 1. 1994 falle nicht in die abgeurteilte (fortgesetzte) Tat.

Unter diesen Umständen kommt es auf den Zweifelssatz nicht an, der besagt, daß bei tatsächlichen Zweifeln – insbesondere über die Tatzeit – davon auszugehen ist, die betreffende Einzeltat sei mit abgeurteilt; denn tatsächliche Zweifel bestehen hier nicht.

Ohne Bedeutung ist, ob das Amtsgericht aus heutiger Sicht zu Recht für das wiederholte Fahren ohne Fahrerlaubnis Fortsetzungszusammenhang annahm. Auch wenn man davon ausgeht, im Hinblick auf die Entscheidung des Großen Senats vom 3. 5. 1994 (BGHSt. 40, 138) sei eine Verurteilung wegen bestimmter einzelner Taten angebracht gewesen, so hätte sich die Verurteilung des Landgerichts dennoch – jetzt als Einzeltat – auch auf das Fahren ohne Fahrerlaubnis am 20. 1. 1994 bezogen. Die Frage, ob eine rechtskräftige Verurteilung wegen fortgesetzter Handlung in einem späteren Verfahren daraufhin überprüft werden kann, ob bestimmte Verhaltensweisen, die in den Fortsetzungszeitraum fallen, richtiger Weise als Einzeltaten abzuurteilen gewesen wären (vgl. hierzu BGH, Urt. v. 15. 3. 1995 – 2 StR 757/94), stellt sich daher nicht. Auch der in BGHSt. 15, 268, 270[2] aufgestellte Grundsatz selbständiger späterer Feststellung greift hier nicht ein.

Deshalb ist das Urteil des Landgerichts aufzuheben und das Verfahren wegen Strafklageverbrauchs einzustellen. ...

9. Wiedereinbeziehung eines gemäß § 154a StPO ausgeschiedenen Vorwurfs von Amts wegen geboten, wenn das Gericht den Angeklagten von dem Tatvorwurf, auf den die Strafverfolgung beschränkt worden war, freisprechen will.

StPO §§ 154a, 264 – BGH Urt. v. 23. 3. 1995 – 4 StR 641/94 LG Magdeburg (= BGHR StPO § 264 Nr. 2)

Die Revision der Staatsanwaltschaft rügt, daß die Strafkammer den Angeklagten nicht wegen der gemäß § 154a Abs. 1 StPO ausgeschiedenen Delikte – nämlich Fahrens ohne Fahrerlaubnis in Tateinheit mit Trunkenheit im Verkehr – verurteilt hat.

---

1 „Die Feststellung der einzelnen Taten kann im Grundsatz dergestalt geschehen, daß sich das Landgericht, unter tunlicher Konkretisierung der einzelnen Handlungsabläufe, die Überzeugung verschafft, es sei in gewissen Zeiträumen zu einer Mindestzahl solcher Handlungen gekommen." (BGH Beschl. v. 24. 8. 1994 – 1 StR 432/94).

2 „Darüber, ob die Strafklage für diejenigen strafbaren Handlungen verbraucht ist, die Gegenstand eines neuen Verfahrens sind, hat der Richter des neuen Verfahrens zu entscheiden. Dabei hat er für diese strafbaren Handlungen selbständig, d.h. unabhängig von den Feststellungen und Auffassungen des rechtskräftigen Urteils, zu prüfen und zu entscheiden, ob bei ihnen alle äußeren und inneren Voraussetzungen gegeben sind, die nach sachlichem Strafrecht vorliegen müssen, um die Auffassung zu rechtfertigen, daß sie Einzelakte einer fortgesetzten Straftat waren, die bereits rechtskräftig abgeurteilt worden ist." (BGH Urt. v. 15. 9. 1983 – 4 StR 535/83).

Erfolgreiche Rügen   Nr. 9 § 264 StPO

Sachverhalt: Das Landgericht hat den Angeklagten vom Vorwurf der gemeinschaftlichen schweren räuberischen Erpressung zum Nachteil eines Tankstellen-Kassierers aus tatsächlichen Gründen freigesprochen. – Das Rechtsmittel hatte Erfolg.

Gründe: ... Das Rechtsmittel hat mit der Rüge, ein ausgeschiedener Verfahrensstoff sei rechtsfehlerhaft nicht wieder einbezogen worden (§ 154a Abs. 3 Satz 1 StPO), Erfolg.

1. Nach ständiger Rechtsprechung ist regelmäßig die Wiedereinbeziehung eines gemäß § 154a StPO ausgeschiedenen Vorwurfs von. Amts wegen geboten, wenn das Gericht den Angeklagten von dem Tatvorwurf, auf den die Strafverfolgung beschränkt worden war, freisprechen will (vgl. BGHSt. 32, 84, 85, 86 [BGH Urt. v. 15. 9. 1983 – 4 StR 535/83; vgl. § 154a StPO erfolgreiche Rügen]; BGH NStZ 1982, 517, 518 [BGH Urt. v. 8. 9. 1982 – 3 StR 241/82; vgl. § 154a StPO erfolglose Rügen]; 1985, 515 [BGH Urt. v. 11. 7. 1985 – 4 StR 274/85; vgl. § 154a StPO erfolgreiche Rügen]).

a) Der dem Landgericht mit der Anklage unterbreitete Sachverhalt umfaßte, soweit das Verhalten des Angeklagten beschrieben wird, nicht nur dessen Beteiligung an dem aufgrund „gemeinsamen Tatentschlusses" mit dem Mitangeklagten begangenen Überfall auf den Tankstellen-Kassierer sondern auch, daß der – kurze Zeit vor der angeklagten Tat wegen vorsätzlichen Fahrens ohne Fahrerlaubnis verurteilte – Angeklagte, nachdem er erhebliche Mengen Schnaps und Bier getrunken hatte, mit dem Tatfahrzeug, einem Pkw Audi 100, zum Tatort gefahren war, dort im Fahrzeug auf dem Fahrersitz gewartet hatte und beide Angeklagte nach dem – durch den Mittäter ausgeführten – Überfall in dem Pkw mit der Beute geflüchtet waren. Im wesentlichen Ergebnis der Ermittlungen wird in der Anklage auf die polizeiliche Beschuldigtenvernehmung des Angeklagten hingewiesen, in der dieser einräumte, keine Fahrerlaubnis zu besitzen und in der Tatnacht „betrunken mit dem Auto gefahren" zu sein.

b) Das Landgericht hätte daher den Sachverhalt auch unter dem rechtlichen Gesichtspunkt der Verkehrsstraftaten (Fahren ohne Fahrerlaubnis, Trunkenheit im Verkehr) prüfen müssen.

Der Verfolgung dieser Gesetzesverletzungen stand nicht entgegen, daß die Staatsanwaltschaft das Verfahren mit Verfügung vom 3. 2. 1994 „im Hinblick auf den Verdacht des Fahrens ohne Fahrerlaubnis und der Trunkenheit im Verkehr" gemäß § 154a StPO „eingestellt" hatte. Die „eingestellten" Delikte hätten nämlich, wäre der Angeklagte wegen der ihm vorgeworfenen schweren räuberischen Erpressung verurteilt worden, mit dieser eine Tat im Sinne des § 264 StPO dargestellt, weil nach planmäßiger Tatausführung durch den Mittäter die Flucht mit dem Fahrzeug, in dem der Angeklagte auf dem Fahrerplatz wartete, dem Abtransport und der Sicherung der durch Nötigungsmittel erlangten Beute diente.

Als sich ergab, daß eine Verurteilung wegen des angeklagten Delikts ausscheiden würde, konnte die – vorläufige – Beschränkung das Gericht der Verpflichtung zur Prüfung des Sachverhalts unter dem Gesichtspunkt der Verkehrsstraftaten nicht länger entheben; denn damit war der Annahme, die wegen der Verkehrsverstöße zu erwartende Strafe falle nicht beträchtlich ins Gewicht, der Boden entzogen. Das Landgericht hätte daher, statt auf Freispruch zu erkennen, auch ohne Antrag der Staatsanwaltschaft den Vorwurf von Verkehrsstraftaten in das Verfahren wieder einbeziehen müssen, um die Tat unter allen rechtlichen Gesichtspunkten erschöpfend beurteilen zu können (vgl. BGH NStZ 1985, 515; Urt. v. 20. 2. 1985 – 2 StR 633/84).

Der Senat nimmt die fehlerhaft unterlassene Wiedereinbeziehung selbst vor (§ 154a Abs. 3 Satz 1 StPO).

2. Die Feststellungen, die den Freispruch vom Vorwurf der schweren räuberischen Erpressung tragen, bleiben bestehen (vgl. BGHSt. 32, 84, 86 ff.). Die Sache muß lediglich unter dem Gesichtspunkt des bisher ausgeschiedenen Vorwurfs (Fahren ohne Fahrerlaubnis in Tateinheit mit Trunkenheit im Verkehr) neu verhandelt und entschieden werden. Ent-

sprechend dem Antrag der Beschwerdeführerin verweist der Senat das Verfahren an den Strafrichter beim Amtsgericht zurück, da dessen Strafgewalt ausreicht (§ 354 Abs. 3 StPO).

10. Feststellung des Strafklageverbrauchs durch Urteil für Einzeltat hinsichtlich gem. § 154a StPO eingestellter Vorwürfe ist nach durchgeführter Beweisaufnahme in der Hauptverhandlung zu treffen.

StPO § 264 – BGH Urt. v. 9. 10. 1991 – 3 StR 257/91 LG Düsseldorf (= StV 1993, 287)

Die Revision der Staatsanwaltschaft rügt die Einstellung des Verfahrens gem. § 260 Abs. III StPO wegen Verbrauchs der Strafklage.

Sachverhalt: Das Landgericht hat das Verfahren durch Urteil nach § 260 Abs. 3 StPO eingestellt. Es hat angenommen, daß dem Fortgang des Verfahrens das Prozeßhindernis der rechtskräftig entschiedenen Sache entgegenstehe.

Die Anklage legt dem Angeklagten zur Last, fortgesetzt in mindestens 36 Teilakten von Juni 1989 bis zum 1. 8. 1989 mit Heroin unerlaubt Handel getrieben zu haben, indem er die Zeugin Sch. in deren Wohnung mindestens alle zwei Tage mit bis zu 30 g Heroin belieferte sowie der Zeugin H. einmal Heroin für 200 DM verkaufte und ihr fünfmal Heroin im Wert von 100 DM für die Ausübung des Geschlechtsverkehrs gab. Das Landgericht ist, abweichend von seiner im Eröffnungsbeschluß vertretenen Meinung, nunmehr der Auffassung, daß diese Akte des Handeltreibens bereits durch das rechtskräftige Urteil des Landgerichts Düsseldorf vom 9. 1. 1990 mit abgeurteilt worden sind. Das Landgericht Düsseldorf hatte den Angeklagten damals wegen unerlaubten Handeltreibens mit Btm zu einer Freiheitsstrafe verurteilt. Gegenstand des damaligen Verfahrens war die Lieferung von 31,6 g Heroin in die Wohnung der Zeugin Sch. am 2. 8. 1989. Die Staatsanwaltschaft hatte bei Anklageerhebung das Verfahren „gemäß §§ 154, 154a StPO" eingestellt, „soweit nicht Anklage erhoben und Abtrennung erfolgt ist". – Das Rechtsmittel hatte Erfolg.

Gründe: ...

2. Das Landgericht hat zu Unrecht angenommen, daß der Verhandlung über den Anklagevorwurf das Prozeßhindernis der rechtskräftig entschiedenen Sache entgegenstehe. Dies hätte erst nach wenigstens teilweiser Durchführung der Beweisaufnahme beurteilt werden können.

a) Zu der vom Landgericht vertretenen Ansicht über den Strafklageverbrauch in Fällen vorliegender Art weist der Senat auf folgendes hin:

Der 2. Strafsenat des BGH ist der Ansicht, daß die Verurteilung wegen eines Einzelaktes einer fortgesetzten Handlung auch dann zum Verbrauch der Strafklage für die ganze fortgesetzte Tat führe, wenn die Staatsanwaltschaft die Strafverfolgung wegen der fortgesetzten Tat gem. § 154a StPO auf den abgeurteilten Teilakt beschränkt hat (BGHR StPO § 264 I und BtMG § 29, jeweils Strafklageverbrauch 2 [BGH Urt. v. 20. 1. 1989 – 2 StR 564/88; vgl. § 264 StPO erfolgreiche Rügen]). Ob dieser Auffassung zu folgen ist, braucht der Senat nicht allgemein zu entscheiden. Er neigt dazu, ihr zu folgen, wenn schon in der früheren Hauptverhandlung Beweismittel für die Aburteilung auch der anderen Einzelakte und für den Nachweis eines Gesamtvorsatzes zur Verfügung standen, von denen das Gericht nur deswegen keinen Gebrauch gemacht hat, weil das Verfahren nach § 154a StPO auf die Einzelhandlung beschränkt worden war. Der Senat hat bereits entschieden, daß sich bei der Verfolgung einer Tat als Einzelhandlung die Strafklage nicht auf weitere unbekannt gebliebene Taten oder Einzelakte einer fortgesetzten Handlung erstreckt (BGHR BtMG § 29 I 1 Fortsetzungszusammenhang 3 und StPO § 264 Strafklageverbrauch 1 [BGH Beschl. v. 20. 6. 1988 – 3 StR 183/88; vgl. § 264 StPO erfolglose Rügen]).

b) Voraussetzung dafür, daß die Rechtskraft des Urteils des Landgerichts Düsseldorf vom 9. 1. 1990, welches nur die Einzeltat vom 2. 8. 1989 betraf, auch die dem Angeklagten nunmehr zur Last gelegten Belieferungen der Zeuginnen Sch. und H. erfaßt, ist die vom Tatrichter des neuen Verfahrens zu treffende Feststellung (vgl. BGHSt. 33, 122, 123 [BGH Urt. v. 16. 1. 1985 – 2 StR 590/84; vgl. Art. 103 GG erfolgreiche Rügen]), daß die Anklage nicht andere Taten, sondern unselbständige Einzelakte betrifft, die zusammen mit dem abgeurteilten Akt von nur einem Gesamtvorsatz getragen werden. Insoweit gilt der Grundsatz „im Zweifel für den Angeklagten" gerade nicht (BGHSt. 35, 318, 324/325 [BGH Urt. v. 11. 8. 1988 – 4 StR 217/88; vgl. § 264 StPO erfolglose Rügen]).

Da die Strafkammer das Verfahren eingestellt hat, ohne in eine Beweisaufnahme über den Anklagevorwurf einzutreten, wird in der neuen Hauptverhandlung zu klären sein, ob dem Angeklagten tatsächlich ein sämtliche Heroin-Lieferungen umfassender Gesamtvorsatz nachgewiesen werden kann (vgl. dazu BGHR § 29 I 1 Fortsetzungszusammenhang 7, 8 und 9). Selbst wenn bei einem eingespielten Bezugssystem der Verkauf an die Zeugin Sch. als Zwischenhändlerin als eine fortgesetzte Handlung anzusehen wäre, würde dies noch nicht bedeuten, daß gleiches auch für die Weitergabe des Heroins an die Zeugin H. als Endverbraucherin gelten müßte.

11. Bei Beschränkung der Strafverfolgung durch die Staatsanwaltschaft gem. § 154a StPO auf eine Einzeltat einer fortgesetzten Handlung führt Verurteilung zum Verbrauch der Strafklage für die gesamte Tat.

StPO § 264 – BGH Urt. v. 20. 1. 1989 – 2 StR 564/88 (= BGHR StPO § 264 Abs. 1 Strafklageverbrauch 2)

Die Revision rügt, das Gericht habe den Angeklagten wegen einer Tat verurteilt, hinsichtlich derer bereits Strafklageverbrauch eingetreten sei.

Sachverhalt: Ab Oktober 1985 verkauften die Angeklagten in der Wohnung des Angeklagten J. im 4. Stock des Hauses Waldstraße 42 in Offenbach am Main an verschiedene Abnehmer Heroin und Kokain, und zwar der Angeklagte S. bis zu seiner Festnahme am 5. 6. 1986. Dabei war J. „in erster Linie für die Heroingeschäfte zuständig, während S. für das Kokain verantwortlich zeichnete".

Unter dem Aktenzeichen 19 Js 17263/86 ermittelte die Staatsanwaltschaft bei dem Landgericht Darmstadt gegen den Angeklagten S. wegen Handeltreibens mit Betäubungsmitteln. Sie legte ihm zur Last, ab April 1986 in drei Fällen in einer Wohnung im 4. Obergeschoß des Hauses X-Straße in Offenbach am Main Heroin in einer Gesamtmenge von 10,7 g an eine V-Person der Polizei verkauft und am 5. 6. 1986 11,8 g Kokainzubereitung besessen zu haben. Das Kokain wurde sichergestellt, als der Angeklagte bei einer Durchsuchung der Wohnung des N. D. im Hause X-Straße an der Wohnungstüre angetroffen wurde. Es befand sich samt einer kleinen Handwaage in einem Plastikbeutel.

Am 7. 10. 1986 verfügte die Staatsanwaltschaft:

„Soweit dem Beschuldigten vorgeworfen wird, mit Heroin in nicht geringer Menge Handel getrieben zu haben (dreimaliger Verkauf von Heroin in einer Gesamtmenge von 10,7 g an eine Verbindungsperson der Polizei) wird gemäß „§ 154a StPO von der Verfolgung abgesehen ...".

Am selben Tage erhob die Staatsanwaltschaft Anklage zum Amtsgericht – Schöffengericht – Offenbach wegen des Vorfalls vom 5. 6. 1986.

Das Amtsgericht – Schöffengericht – Offenbach am Main verurteilte den Angeklagten am 28. 11. 1986 unter dem Aktenzeichen 22 Ls 19Js 17263/86 wegen „eines Verstoßes gegen das Betäubungsmittelgesetz" zu einer Freiheitsstrafe von einem Jahr.

Es traf folgende Feststellungen:

„Am 5. 6. 1986 wurde gegen 22.10 Uhr durch die Rauschgiftabteilung der Kriminalpolizei in Offenbach eine Wohnung in dem Haus X-Straße durchsucht. Während noch die Beamten in der Wohnung waren, klingelte der Angeklagte S. an der Wohnungstür. Auch er wurde durchsucht und bei ihm wurden 11,8 g Kokainzubereitung mit einem Kokainhydrochloridanteil von 16,5% (1,75 g) gefunden. Der Angeklagte wußte, daß die von ihm mitgeführte weiße Substanz Rauschgift ist ...". – Das Rechtsmittel hatte Erfolg.

Gründe: Die Verurteilung des Angeklagten vom 28. 11. 1986 führte zum Verbrauch der Strafklage auch im Hinblick auf das Tatgeschehen, das Gegenstand des landgerichtlichen Urteils ist ...

Bei Beachtung des auch hier geltenden Zweifelssatzes (BayObGSt 1968, 75) muß (daher) angenommen werden, daß der Angeklagte durch das Mitsichführen des Kokains am 5. 6. 1986 mit diesem Betäubungsmittel Handel getrieben hat und daß dieses Handeltreiben ein Teilakt des vom Landgericht abgeurteilten Geschehens, wie auch des fortgesetzten Handeltreibens mit Betäubungsmitteln war, das den Gegenstand des Ermittlungsverfahrens 19 Js 17263/86 der Staatsanwaltschaft bei dem Landgericht Darmstadt bildete. Dessen Einzelakte und die vom Landgericht abgeurteilten sind Teile einer fortgesetzten Handlung. ...

Im vorliegenden Fall war eine fortgesetzte Handlung Gegenstand des Ermittlungsverfahrens, die auch Gegenstand der Anklage geworden wäre, wenn nicht nach Verfolgungsbeschränkung die Staatsanwaltschaft nur einen Einzelakt angeklagt hätte. Dieser Fall kann nicht anders beurteilt werden als der Fall, in dem die Staatsanwaltschaft von der Sachbehandlung gemäß § 154a StPO absieht und die fortgesetzte Handlung als solche anklagt. Bei beiden Fallgestaltungen weiß der Richter, daß möglicherweise eine Fortsetzungstat vorliegt, für die durch sein Urteil Verbrauch der Strafklage eintreten kann.

Daß durch das Urteil vom 28. 11. 1986 die Strafklage nicht nur für den angeklagten Teilakt, sondern hinsichtlich der ganzen Tat verbraucht worden ist, ergibt sich auch aus folgender Erwägung: Trotz der Beschränkung auf den Tatteil vom 5. 6. 1986 ist durch die Anklageerhebung die ganze Tat im verfahrensrechtlichen Sinne des § 264 StPO der Urteilsfindung des Gerichts unterbreitet worden, also auch die nach § 154a StPO ausgeschiedenen Tatteile. Der Bundesgerichtshof hat wiederholt ausgesprochen, daß vom Gericht ausgeschiedene Tatteile bis zur Rechtskraft der gerichtlichen Sachentscheidung rechtshängig und – nach Einbeziehung – verfolgbar bleiben (BGHSt. 29, 315[1]; 32, 84 [BGH Urt. v. 15. 9. 1983 – 4 StR 535/83; vgl. § 154a StPO erfolgreiche Rügen]). Nichts anderes kann gelten, wenn die Beschränkung vor Anklageerhebung durch die Staatsanwaltschaft vorgenommen wird. Denn auch in diesem Fall kann das Gericht die ausgeschiedenen Tatteile gemäß § 154a StPO wiedereinbeziehen, ohne daß eine Nachtragsanklage erhoben werden müßte.

Das vom Landgericht abgeurteilte Tatgeschehen war Teil der Fortsetzungstat, für die Strafklageverbrauch eingetreten ist. Deshalb darf der Angeklagte wegen dieses Tatgeschehens nicht mehr zur Verantwortung gezogen werden (Art. 103 Abs. 3 GG).

Das Verfahren gegen den Angeklagten S. ist daher wegen des Verfahrenshindernisses des Strafklageverbrauchs einzustellen.

---

[1] „Sind einzelne abtrennbare Teile einer Tat, die nach der Anklage als fortgesetzte Handlung begangen ist, gemäß § 154a Abs. 1 und 2 StPO vorläufig ausgeschieden, so sind sie in das Verfahren wieder einzubeziehen, wenn ohne sie die Frage der Verjährung nicht abschließend beurteilt werden kann." (BGH Urt. v. 12. 8. 1980 – 1 StR 422/80).

12. Der verfahrensrechtliche Tatbegriff umfaßt nur den von der zugelassenen Anklage betroffenen geschichtlichen Vorgang, innerhalb dessen der Angeklagte einen Straftatbestand verwirklicht haben soll.

StPO § 264 – BGH Beschl. v. 16. 10. 1987 – 2 StR 258/87 LG Darmstadt (= BGHSt. 35, 80 = NJW 1988, 837 = JZ 1988, 258)

Die Revision rügt die Verletzung materiellen Rechts, insbesondere, daß der Angeklagte wegen einer anderen als der angeklagten Tat verurteilt worden ist.

Sachverhalt: Das Landgericht hat den Angeklagten wegen Begünstigung verurteilt.

In der – unverändert zugelassenen – Anklage wurde dem Angeklagten gemeinschaftlicher Diebstahl zur Last gelegt, weil er in der Nacht zum 8. 12. 1985 zusammen mit unbekannt gebliebenen Mittätern in ein Juweliergeschäft in M. eingebrochen sei und aus den Vitrinen Schmuck im Werte von mehr als 70 000 DM entwendet habe. Als wesentliches Ergebnis der Ermittlungen wird in der Anklageschrift unter anderem mitgeteilt, in einem anonymen Schreiben an die Kriminalpolizei sei als Haupttäter des Schmuckdiebstahls ein „James" mit konkreter Adresse genannt worden. „Bei einer Durchsuchung an dieser Adresse, wo die Zeugin H. wohnt, fand man Schmuck im Werte von annähernd 70 000 DM, den die Geschädigte als ihr Eigentum identifizierte. Die Zeugin H. hat angegeben, T. habe diesen Schmuck eines Tages mitgebracht".

Das Landgericht hat festgestellt:

Der Angeklagte lebte in S. in der Wohnung der Zeugin H., mit deren Tochter der I. befreundet war. Zu einem nicht genauer feststellbaren Zeitpunkt kurz nach dem 8. 12. 1985 erschien I. beim Angeklagten mit einer schweren Tasche, in der sich der in der Nacht zum 8. 12. 1985 entwendete Schmuck befand, und bat den Angeklagten, diese Tasche bei sich aufzubewahren. Kurze Zeit später wurde I. festgenommen. Der Angeklagte verschaffte sich alsbald Kenntnis vom Inhalt der Tasche und behielt sie bei sich. Er war sich darüber im klaren, daß es sich bei der Ware um die Beute aus einer Straftat handelte. Er wollte die Tasche an I. nach dessen Entlassung aus der Haft zurückgeben. – Das Rechtsmittel hatte Erfolg.

Gründe: Das Verfahren ist wegen eines Verfahrenshindernisses einzustellen (§ 260 Abs. 3 StPO). Die abgeurteilte Tat war nicht Gegenstand der zugelassenen Anklage; eine diese Tat einbeziehende Nachtragsanklage (§ 266 StPO) ist nicht erhoben worden.

1. Anklage und Urteil beziehen sich demnach nicht auf dieselbe Tat (§ 264 StPO). Der Angeklagte ist vielmehr wegen einer anderen als der angeklagten Tat verurteilt worden.

Der verfahrensrechtliche Tatbegriff umfaßt den von der zugelassenen Anklage betroffenen geschichtlichen Vorgang, innerhalb dessen der Angeklagte einen Straftatbestand verwirklicht haben soll (BGHSt. 25, 388 f. [BGH Urt. v. 20. 2. 1974 – 2 StR 448/73; vgl. § 154a StPO erfolglose Rügen]; 29, 341 f.[1]). Den Rahmen der Untersuchung bildet also zunächst

---

[1] „Schon das Reichsgericht hat den verfahrensrechtlichen Tatbegriff von dem sachlichrechtlichen Handlungsbegriff der §§ 73, 74 StGB gelöst und eine einheitliche Tat im Sinne des § 264 StPO unter bestimmten Voraussetzungen auch dann angenommen, wenn sachlichrechtlich mehrere selbständige Handlungen vorlagen. Nach seiner Rechtsprechung bedeutet ‚Tat' in § 264 StPO den vom Eröffnungsbeschluß betroffenen Vorgang einschließlich aller damit zusammenhängenden und darauf bezüglichen Vorkommnisse und tatsächlichen Umstände, die geeignet sind, das in diesen Bereich fallende Tun des Angeklagten unter irgendeinem rechtlichen Gesichtspunkt als strafbar erscheinen zu lassen, also das gesamte Verhalten des Angeklagten, soweit es mit dem durch den Eröffnungsbeschluß bezeichneten geschichtlichen Vorkommnis nach der Auffassung des Lebens einen einheitlichen Vorgang bildet, ohne Rücksicht darauf, ob sich bei der rechtlichen Beurteilung eine oder mehrere strafbare Handlungen statt oder neben der im Eröffnungsbeschluß bezeichneten Straftat ergeben. Dieser Auffassung vom Tatbegriff hat sich der Bundesgerichtshof angeschlossen ..." (BGH Beschl. v. 26. 9. 1980 – StB 32/80).

das tatsächliche Geschehen, wie es die Anklage beschreibt (BGHSt. 32, 215, 216 [BGH Urt. v. 21. 12. 1983 – 2 StR 578/83; vgl. § 264 StPO erfolglose Rügen]). Hier schildert der Anklagesatz nicht den Vorgang, in dem der Tatrichter das strafbare Tun des Angeklagten sah (Aufbewahrung der Diebesbeute für I.), sondern das davorliegende Geschehen (Einbruch und Entwendung von Schmuck). Soweit bei der Darstellung des wesentlichen Ergebnisses der Ermittlungen die Tatsache erwähnt wird, daß der gestohlene Schmuck in der Wohnung der Zeugin H. gefunden wurde, handelt es sich nicht um eine Ausdehnung des Anklagevorwurfs auf diesen Vorgang, sondern um die Wiedergabe eines auf die Beteiligung des Angeklagten am Diebstahl hinweisenden Beweisanzeichens.

Die Tat als Prozeßgegenstand ist jedoch nicht nur der in der Anklage umschriebene und dem Angeklagten zur Last gelegte Geschehensablauf, sondern das gesamte Verhalten des Angeklagten, soweit es mit dem durch die Anklage bezeichneten geschichtlichen Vorkommnis nach der Auffassung des Lebens einen einheitlichen Vorgang bildet (RGSt 62, 112; BGHSt. 13, 320 ff. [BGH Urt. v. 3. 11. 1959 – 1 StR 425/59; vgl. § 265 StPO erfolgreiche Rügen]; 32, 215, 216; st. Rspr.). Ein derartiger Zusammenhang ist hier nicht gegeben.

Der Lebensvorgang, der der Anklage zugrundeliegt (Diebstahl von Schmuck aus einem Juweliergeschäft in M.), unterscheidet sich nach Ort und Tatumständen eindeutig von dem abgeurteilten Geschehen (Aufbewahrung einer Tasche mit Schmuck in einer Wohnung in S.), so daß bei natürlicher Betrachtungsweise nicht von einem einheitlichen geschichtlichen Geschehensablauf gesprochen werden kann, und zwar auch nicht bei Berücksichtigung des Umstands, daß es sich bei dem aufbewahrten Schmuck um die Diebesbeute handelte (vgl. BGHSt. 35, 60). Es kommt hinzu, daß bei der angeklagten Tat die Angriffsrichtung des Täterverhaltens eine andere ist als bei dem abgeurteilten Geschehen: Während sich dort der Täter (eigennützig) an fremdem Eigentum vergreift, will er hier (fremdnützig) einem anderen die Vorteile aus einer von diesem begangenen Tat sichern. Auch diese Verschiedenheit schließt es aus, die Identität der Tat noch als gewahrt anzusehen (BGHSt. 32, 215, 220).

13. Keine Tatidentität zwischen Strafvereitelung durch Wegschaffen der Leiche und dem zuvor verübten Mord.

StPO § 264 – BGH Urt. v. 21. 12. 1983 – 2 StR 578/83 LG Kassel (= BGHSt. 32, 215 = NJW 1984, 808)

Die Revision rügt, daß der Angeklagte wegen einer anderen als der angeklagten Tat verurteilt worden sei.

Sachverhalt: Die zugelassene Anklage legte dem Mitangeklagten O. ein Verbrechen des Mordes – begangen in Tateinheit mit versuchtem sexuellen Mißbrauch einer Widerstandsunfähigen und deren versuchter Vergewaltigung – zur Last: danach sollte O. die 14jährige R. bei dem Versuch, den Geschlechtsverkehr mit ihr auszuführen, mißhandelt und schließlich erwürgt haben.

Dem Beschwerdeführer warf die Anklage Strafvereitelung vor: er sei von O. nach der Tat geweckt, darüber unterrichtet und dazu bewogen worden, mit ihm zusammen die Leiche des Mädchens aus dem Parterrezimmer in den ersten Stock des Hauses zu schaffen und sie dort in einer Wandnische zu verbergen. Der Beschwerdeführer habe das in dem Bestreben getan, O. der Bestrafung zu entziehen, und zu diesem Zweck auch sein Wissen um den wirklichen Hergang in mehreren polizeilichen Vernehmungen verschwiegen.

Das Landgericht hat den Mitangeklagten O. freigesprochen, den Beschwerdeführer wegen Mordes verurteilt und insoweit festgestellt, daß dieser – in Abwesenheit O. s – das Mädchen selbst umgebracht und sich – ohne O. s Mitwirkung – am Wegschaffen der Leiche „zumindest beteiligt" habe. – Das Rechtsmittel hatte Erfolg.

Gründe: ...

2. Anklage und Urteil beziehen sich, was den Beschwerdeführer betrifft, hiernach nicht auf dieselbe Tat (§ 264 StPO); vielmehr ist der Beschwerdeführer, soweit es sich um den Vorwurf des Mordes und der damit in Tateinheit stehenden Delikte handelt, wegen einer anderen als der angeklagten Tat verurteilt worden.

a) Der verfahrensrechtliche Tatbegriff umfaßt den von der zugelassenen Anklage betroffenen geschichtlichen Vorgang, innerhalb dessen der Angeklagte einen Straftatbestand verwirklicht haben soll (BGHSt. 22, 307f.; 25, 388 f. [BGH Urt. v. 20. 2. 1974 – 2 StR 448/73; vgl. § 154a StPO erfolglose Rügen]; 27, 170, 172; 29, 341 f.). Den Rahmen der Untersuchung bildet also zunächst das tatsächliche Geschehen, wie es die Anklage beschreibt. Unter diesem Gesichtspunkt ist hier wesentlich, daß der Anklagesatz den Vorgang, in dem das strafbare Tun des Beschwerdeführers gefunden wird, erst von einem Zeitpunkt ab schildert, zu dem die Mordtat bereits geschehen war. Diese Begrenzung würde freilich als solche nicht ausreichen, das davorliegende, die Tötung des Mädchens umfassende Geschehen auszuklammern und mithin als der Tat nicht zugehörig zu betrachten. Denn die Tat als Prozeßgegenstand ist nicht nur der in der Anklage umschriebene und dem Angeklagten dort zu Last gelegte Geschehensablauf; vielmehr gehört zu ihr das gesamte Verhalten des Angeklagten, soweit es mit dem durch die Anklage bezeichneten geschichtlichen Vorkommnis nach der Auffassung des Lebens einen einheitlichen Vorgang bildet (RGSt. 62, 112; BGHSt. 13, 320 f. [BGH Urt. v. 3. 11. 1959 – 1 StR 425/59; vgl. § 265 StPO erfolgreiche Rügen]; 23, 141, 145; ständige Rechtsprechung). Ist nach diesen Maßstäben ein einheitlicher Vorgang gegeben, so sind die Einzelgeschehnisse, aus denen er sich zusammensetzt, auch insoweit Bestandteil der angeklagten Tat, als sie keine Erwähnung in der Anklage finden. Die Einbeziehung weiterer, von der Anklage nicht beschriebener Vorgänge in den Tatbegriff kommt aber nur in Betracht, falls auch der in der Anklage nicht erwähnte, mit dem geschilderten Geschehen eine Einheit ergebende Vorgang das Verhalten desselben Angeklagten betrifft. Daran fehlt es. Die Frage, ob das Fortschaffen der Leiche mit der vorangegangenen Ermordung des Mädchens „nach der Auffassung des Lebens" einen einheitlichen Vorgang bildet, läßt sich bei der Bestimmung des Prozeßgegenstands sinnvoll nur stellen, solange vorausgesetzt wird, daß beide Handlungen demselben Täter zuzurechnen sind. Wo nach der Anklage für beide Teile des Gesamtgeschehens verschiedene Personen als Täter beschuldigt werden, ist es ohne Belang, ob ihrer beider Tun sich zu einer „natürlichen Einheit" zusammenfügt, weil Tat im Sinne des § 264 StPO stets nur das dem einzelnen Angeklagten zur Last gelegte Vorkommnis sein kann.

b) Im vorliegenden Fall verdient darüberhinaus folgender Umstand Beachtung: in der Anklage ist die Tötung des Mädchens als ein Vorgang beschrieben, der abgeschlossen war, bevor – einige Zeit später und von dem vorangegangenen Mord deutlich abgesetzt – das Geschehen begann, innerhalb dessen sich der Beschwerdeführer strafbar gemacht haben sollte. Die Tötung des Opfers war dem Mitangeklagten O. als Alleintäter zur Last gelegt. Das bedeutete aber, daß dieser Teil des Gesamtgeschehens nicht dem Beschwerdeführer angelastet wurde. Die Anklage selbst klammerte vielmehr die Tötung des Mädchens aus dem Geschehen aus, das den Rahmen für die strafrechtliche Bewertung des dem Beschwerdeführer vorgeworfenen Verhaltens darstellen sollte. Die Wirksamkeit dieser Ausklammerung des Tötungsgeschehens aus dem Sachverhalt, auf Grund dessen sich der Beschwerdeführer strafbar gemacht haben sollte, ist nicht zu bezweifeln. Wohl gehört zur Tat im Sinne des § 264 StPO noch dasjenige, was zwar die Anklage nicht mehr beschreibt, aber „nach der Lebensauffassung" in einem untrennbaren Zusammenhang mit dem in der Anklage bezeichneten Vorgang steht. Handelt es sich aber – wie hier – um voneinander trennbare, sich nicht überschneidende oder ineinander übergehende Geschehensabläufe, so begrenzt eine Anklage, die eines dieser Geschehnisse einem Mitangeklagten als Alleintäter zur Last legt, damit zugleich die Tat, die den Rahmen für die Prüfung der Strafbarkeit des anderen Angeklagten abgibt. Demgemäß kann das Geschehnis, das dem Mitangeklagten als Alleintäter zur Last gelegt wird, nicht als Teil derjenigen Tat gelten, die den Gegenstand des gegen den anderen Angeklagten erhobenen Tatvorwurfs darstellt.

c) Noch klarer tritt die hier entscheidungserhebliche Frage zutage, wenn unterstellt wird, Anklage und Urteil hätten sich nicht auch auf den Mitangeklagten O., sondern allein auf den Beschwerdeführer bezogen. Auch denn ergäbe sich nämlich, daß die Tat, derentwegen der Angeklagte verurteilt worden ist, nicht Gegenstand der gegen ihn erhobenen Anklage war.

Dafür sind folgende Überlegungen maßgeblich:

Verändert sich im Lauf des Verfahrens das Bild des Geschehens, auf das die Anklage hinweist, so kommt es stets darauf an, ob die Nämlichkeit der Tat trotz dieser Veränderung noch gewahrt ist. Dies läßt sich nur entscheiden, wenn zuvor feststeht, welche Merkmale die Tat als einmaliges, unverwechselbares Geschehen kennzeichnen. Mag den einzelnen Merkmalen auch unterschiedliche Kennzeichnungskraft zukommen, so gehören dazu doch jedenfalls in der Regel Ort und Zeit des Vorgangs, das Täterverhalten, die ihm innewohnende Richtung und das Objekt, auf das sich der Vorgang bezieht. In jedem dieser Merkmale kann sich zwischen Anklageerhebung und Urteilsberatung das Tatbild verändern. Dann stellt sich die Frage, welche Kriterien darüber entscheiden sollen, ob die Abweichung nur eine Modifikation derselben Tat darstellt oder deren Identität aufhebt. Das ist im Grundsätzlichen bislang nicht geklärt.

Nach der neuerdings von Puppe NStZ 1982, 230, 234 vorgeschlagenen und näher begründeten Lösung soll die Tatidentität nur gewahrt sein, wenn dasjenige, was unverändert bleibt, für sich allein ausreicht, die Tat so zu kennzeichnen, daß sie nach allgemeinen Gesetzen der Logik und der Erfahrung eindeutig bestimmt ist. Wird dieses Kriterium zugrunde gelegt, so versteht sich von selbst, daß Anklage und Urteil hier nicht dieselbe Tat zum Gegenstand haben: die bei einem Vergleich noch verbleibende Gemeinsamkeit, die sich allenfalls dahin beschreiben ließe, der Angeklagte habe „etwas mit dem Verschwinden des Mädchens zu tun" gehabt, reicht nicht aus, um die Tat im Sinne eines (möglichen) Prozeßgegenstands festzulegen.

Ob diesem Lösungsansatz, der auf das unverändert Gebliebene abhebt, zu folgen ist, braucht im vorliegenden Falle jedoch nicht entschieden zu werden. Denn auch nach den bisher von der Rechtsprechung zugrunde gelegten Maßstäben ist die Tatidentität hier nicht gewahrt. Die Rechtsprechung hat – wiewohl im Grundsätzlichen nicht immer klar – der Sache nach stets darauf abgestellt, ob die Veränderung des Tatbilds „wesentlich" war oder nicht. Dieses Kriterium eröffnete ihr zwar die Möglichkeit, dieselbe Tat auch dort anzunehmen, wo sich – in örtlicher, zeitlicher oder auch das Täterverhalten betreffender Hinsicht – das Bild des in der Anklage beschriebenen Geschehens im Laufe des weiteren Verfahrens verändert hatte. Dabei sind jedoch bestimmte Grenzen beachtet worden. Abweichungen vom Tatbild der Anklage wurden regelmäßig nur dann als „unwesentlich" hingenommen, wenn sich feststellen ließ, daß die Richtung des Täterverhaltens – auf ein bestimmtes Tatobjekt oder einen bestimmten Taterfolg – dieselbe geblieben war.

Dafür finden sich in der Rechtsprechung zahlreiche Belege. So wurde Tatidentität bejaht, wenn sich herausstellte, daß der Angeklagte zwar nicht das ihm zunächst angelastete Verbrechen begangen, sich aber der unterlassenen Anzeigeerstattung (§ 138 StGB) schuldig gemacht hatte (RGSt 14, 78f.; 21, 78, 82f.; 28, 12 ff.; 53, 169 f.; BGH, Urt. v. 13. 9. 1955 – 5 StR 305/55). Dabei wurde das identitätsbegründende Merkmal darin erblickt, daß der Anzeigepflichtige ebenso wie der Täter von der geplanten Tat wußte und mit der Unterlassung der gebotenen Anzeige ebenfalls zum Taterfolg beitrug (gleichgerichtetes Verhalten). In ähnlicher Weise wurde die Nämlichkeit der Tat für noch gewahrt erachtet, wenn sich erwies, daß der Angeklagte anstelle des angenommenen ein anderes, auf dasselbe Tatobjekt zielendes Vermögensdelikt verübt hatte; die Richtung der Tat auf dasselbe Objekt galt der Rechtsprechung zumeist als gemeinsamer, die Identität der Tat begründender Nenner, der – als „wesentlich" bewertet – gegenüber nebensächlichen Abweichungen nach Tatzeit und Tatort den Ausschlag gab (RGRspr 9, 722f.; RGSt 9, 420 f.; 44, 116, 118; 55, 76, 78; BGHSt. 13, 320, 322). Besondere Bedeutung gewann dieser Gesichtspunkt namentlich für den Wechsel des Tatbilds im Verhältnis zwischen Diebstahl und Hehlerei an derselben Sache (RGRspr 3, 811 f.; 4, 493; 6, 644, 648 f.; RGSt 8, 135, 139 ff.; RG GA 59, 138; BGH bei Dallinger MDR 1954, 17; BGH, Urteile v. 13. 1. 1976 – 1 StR 624/75 – und 21. 6. 1978 – 2 StR 46/78).

Der vorliegende Fall gibt keinen Anlaß, zu dieser Rechtsprechung im einzelnen Stellung zu nehmen. Insbesondere kann offen bleiben, ob das hiernach maßgebliche Merkmal stets schon für sich allein ausreicht, Tatidentität zu begründen, oder womöglich nur eine der dafür notwendigen Voraussetzungen darstellt. Entscheidend ist, daß es hier – wie der Vergleich zwischen Anklage und Urteil zeigt – an der Übereinstimmung in diesem Merkmale fehlt. Die Anklage legte dem Beschwerdeführer die Beteiligung am Fortschaffen der Leiche des – angeblich von O. – getöteten Mädchens zur Last; verurteilt wurde er hingegen, weil er nach der Überzeugung der Schwurgerichtskammer das Opfer selbst umgebracht hat. Die Unterschiedlichkeit in der Richtung des Täterverhaltens liegt klar zutage; der Angriff auf ein Menschenleben ist nicht mit dem Bemühen vergleichbar, denjenigen, der es ausgelöscht hat, der Bestrafung zu entziehen. Beide Verhaltensweisen haben – nach Tatobjekt und Zielrichtung des Handelns – nichts miteinander gemein. Die Verschiedenheit der einander gegenüberzustellenden Verhaltensweisen schließt es – jedenfalls bei voneinander abgrenzbaren Geschehnissen – aus, die Identität der Tat noch als gewahrt anzusehen; vielmehr handelt es sich hier – auch im Sinne des § 264 StPO – um verschiedene Taten.

Dagegen kann nicht eingewandt werden, Mord und Strafvereitelung zugunsten des Täters ließen sich in einem weiteren Verständnis als „Beteiligung" an derselben Tat begreifen; denn ein derart gestalt- und gehaltloser Beteiligungsbegriff hätte keine Berechtigung, weil er wesentliche Unterschiede einebnen würde. Die Annahme der Tatidentität ist auch nicht etwa deshalb gerechtfertigt, weil die Anklage wegen Strafvereitelung zu Gunsten desjenigen, der den Mord begangen hat, stets dazu nötigt, auch die Mordtat selbst aufzuklären. Es wäre bereits im Ansatz verfehlt, die Grenzen des Tatbegriffs jeweils danach zu bestimmen, wie weit die gerichtliche Sachaufklärungspflicht (§ 244 Abs. 2 StPO) reicht. Damit würde das sachlogische Verhältnis von Tat und gerichtlicher Wahrheitsfindung ins Gegenteil verkehrt; denn der Umfang der notwendigen Sachaufklärung richtet sich – wenn auch nicht allein – nach der Tat, nicht bestimmt sich der Umfang des Prozeßgegenstands danach, was das Gericht zu tun hat. Überdies müßte die hier abgelehnte Auffassung zu unvertretbaren Ergebnissen führen, weil sie weit auseinanderliegende Geschehnisse kraft eines bloßen Beziehungszusammenhangs bereits zu ein und derselben Tatverbände. Die Falschaussage eines Zeugen, der (ohne sein Weigerungsrecht aus § 55 StPO in Anspruch zu nehmen) die Begehung einer vor Jahren verübten Straftat der Wahrheit zuwider leugnet, würde mit der geleugneten Straftat eine einzige Tat bilden; daß dies nicht zutreffen kann, bedarf keiner Erörterung.

14. Verbrauch der Strafklage wegen Raubtaten und Sexualdelikten, die im Zusammenhang mit einer Autofahrt begangen wurden, für die der Angeklagte wegen Fahrens ohne Fahrerlaubnis rechtskräftig verurteilt worden ist.

StPO § 264 – BGH Beschl. v. 9. 8. 1983 – 5 StR 319/83 LG Berlin (= NStZ 1984, 135)

Die Revision rügt, eine Verurteilung des Angeklagten wegen Raubtaten und Sexualdelikten hätte wegen Verbrauchs der Strafklage nicht erfolgen dürfen, weil der Angeklagte rechtskräftig wegen Fahrens ohne Fahrerlaubnis verurteilt worden war und die abgeurteilten Taten im Zusammenhang mit dieser bereits rechtskräftig abgeurteilten Tag erfolgt seien.

Sachverhalt: Der Beschwerdeführer stahl in der Nacht vom 8. zum 9. 6. 1981 aus dem Parkhaus des Europa-Centers in Berlin den Personenkraftwagen Ford Granada des K. und fuhr damit in der Stadt herum, obwohl er die erforderliche Fahrerlaubnis nicht hatte. Er lud den Mitangeklagten N. zum Mitfahren ein und besuchte mit ihm zunächst eine Diskothek. Auf der Rückfahrt beschlossen beide, Prostituierte aufzunehmen, sie mit einem Messer zu bedrohen und ihnen Geld abzufordern. Diesen Plan führten sie sodann in drei Fällen durch. Der Beschwerdeführer, der den Wagen lenkte, gab sich jeweils als „Freier" aus und ließ die Frauen einsteigen. Dann fuhr er mit ihnen davon. N. blieb zunächst unter einer Decke verborgen, tauchte dann auf und bedrohte die Frauen mit einem Messer. Alle drei gaben auf Verlangen ihr Geld heraus. Eine Frau wurde danach „kurz vor Erreichen des Hüttenweges ... aufgefordert, sich auszuziehen. Sie legte daraufhin T-Shirt und Jacke ab. Als der Wagen kurze Zeit später hielt, verlangte F. von der Zeugin den Oralverkehr. Dieser Aufforderung kam die Zeugin unter dem Eindruck der soeben erlebten Bedrohung, und da der Angeklagte N. mit dem Messer in der Hand hinter ihr saß, widerspruchslos nach. Anschließend forderte F. von ihr ‚die gleiche Behandlung wie ein zahlender Kunde', also die Durchführung des Geschlechtsverkehrs. Auch diesem Wunsch entsprach die Zeugin" aus Angst vor den Angeklagten.

Das Landgericht hat den Beschwerdeführer und den früheren Mitangeklagten N. wegen gemeinschaftlichen räuberischen Angriffs auf Kraftfahrer in Tateinheit mit räuberischer Erpressung in drei Fällen, in einem Fall auch in Tateinheit mit Vergewaltigung und sexueller Nötigung, unter Einbeziehung anderer Jugendstrafen zu einer Einheitsjugendstrafe verurteilt.

Das Jugendschöffengericht Tiergarten hatte den Beschwerdeführer in einem rechtskräftigen Urteil vom 4. 2. 1982 u.a. wegen des erwähnten Fahrzeugdiebstahls in Tateinheit mit vorsätzlichem Fahren ohne Fahrerlaubnis zu Jugendstrafe verurteilt. Nach den Schuldfeststellungen „öffnete" der Beschwerdeführer „am 8. 6. 1981 ... mit einem gestohlenen Schlüssel den im Parkhaus des Europa-Centers abgestellten Pkw Ford Granada des K. ... und fuhr in der Folge mit diesem Wagen herum, bis er ihn schließlich wieder im Parkhaus abstellte". – Das Rechtsmittel hatte Erfolg.

Gründe: Hierdurch ist die Strafklage auch wegen der unterwegs begangenen Raubtaten und wegen des Sexualdelikts verbraucht worden. Die hierbei verwirklichten Straftatbestände stehen mit dem vom Jugendschöffengericht Tiergarten abgeurteilten Vergehen des (fortgesetzten) Fahrens ohne Fahrerlaubnis (§ 21 I Nr. 1 StVG) im Verhältnis der Tateinheit. Der Beschwerdeführer hat mit der unerlaubten Fahrt die besonderen Verhältnisse des Straßenverkehrs zur Begehung von räuberischen Erpressungen gegenüber den aufgenommenen Frauen ausgenutzt und diese damit zur Herausgabe ihres Bargeldes genötigt. Auch die sexuelle Nötigung und die Vergewaltigung fallen mit dem vorsätzlichen Fahren ohne Fahrerlaubnis tateinheitlich zusammen. Der Beschwerdeführer hat bereits während der Fahrt den Zweck verfolgt, sein Opfer durch die Ortsveränderung in eine Lage zu bringen, die es seinem ungehemmten Einfluß preisgab (BGHSt. 29, 233). Er hat daher zugleich den Tatbestand der Entführung gegen den Willen der Entführten (§ 237 StGB) verwirklicht. Da die sexuelle Nötigung und die Vergewaltigung während des durch die Entführung herbeigeführten und noch aufrechterhaltenen Zustandes der Unfreiheit des Opfers begangen worden sind, stehen sie mit der Entführung in Tateinheit (BGHSt. 18, 29). Das vorsätzliche Fahren ohne Fahrerlaubnis ist durch dieselbe Handlung wie die Entführung, nämlich durch das Fahren mit dem Personenkraftwagen, verwirklicht worden; es steht deshalb zu dieser ebenfalls im Verhältnis der Tateinheit. Die Entführung faßt somit die anderen Straftatbestände zur Tateinheit zusammen. Daran ändert auch nichts, daß der Beschwerdeführer wegen Entführung gegen den Willen der Entführten wegen einer in der Hauptverhandlung beschlossenen Verfahrensbeschränkung (§ 154 a II StPO) nicht verurteilt worden ist. Dieser verfahrensrechtliche Umstand ist auf das materiell-rechtliche Verhältnis der verwirklichten Straftatbestände ohne Einfluß (vgl. hierzu BGH, Urt. v. 22. 2. 1973 – 4 StR 504/72, bei Dallinger, MDR 1973, 556; und v. 15. 1. 1981 – 4 StR 707/80, bei Holtz, MDR 1981, 456 = DAR 1981, 124 = VRS 60, 292 = StV 1981, 116; und Beschl. v. 22. 10. 1981 – 4 StR 557/81, bei Holtz, MDR 1982, 102; und v. 12. 11. 1981 – 4 StR 569/81, bei Hürxthal, DRiZ 1982, 222).

Da die rechtskräftig abgeurteilte Tat des fortgesetzten Fahrens ohne Fahrerlaubnis mit den hier festgestellten Gesetzesverletzungen tateinheitlich zusammentrifft, handelt es sich auch prozessual nur um eine Tat i.S. des § 264 StPO (BGHSt. 8, 92 [94, 95]; 13, 21 [23]; 26, 284 [285] sowie die erwähnten BGH-Urt. v. 22. 2. 1973 und v. 15. 1. 1981). Daß das fortgesetzte Fahren ohne Fahrerlaubnis nicht geeignet war, Tateinheit auch zwischen den jetzt festgestellten strafbaren Handlungen und dem Diebstahl des Fahrzeugs herzustellen, ist in diesem Zusammenhang unerheblich (BGHSt. 6, 92 [97]; BGH-Urt. v. 2. 4. 1963 – 5 StR 24/63).

Das Urteil des 4. Strafsenats vom 15. 1. 1981 – 4 StR 652/80 (LM Nr. 9 zu § 52 StGB 1975 = NJW 1981, 997 = MDR 1981, 417 = DAR 1981, 125 = VRS 60, 294 = StV 1981, 167) steht der hier vertretenen Ansicht nicht entgegen. In dem dort entschiedenen Fall hatte die Verurteilung wegen vorsätzlichen Fahrens ohne Fahrerlaubnis die Strafklage wegen einiger Diebstahlstaten, die mit dem Fahren ohne Fahrerlaubnis tatmehrheitlich zusammentrafen, nicht verbraucht.

Auf die vom 3. Strafsenat in BGHSt. 29, 288 zu § 129 StGB entwickelten Grundsätze braucht der Senat nicht einzugehen, weil „die Dauerstraftat des § 129 StGB ... wegen der besonderen Struktur dieses Straftatbestandes mit anderen Dauerstraftaten nicht vergleichbar" ist (a.a.O., S. 293).

15. Bei Anklage und Freispruch wegen vorsätzlicher Tatbegehung muß das Gericht zuvor Strafbarkeit fahrlässiger Begehung prüfen.

StPO § 264 – BGH Urt. v. 16. 12. 1982 – 4 StR 644/82 LG Essen (= NStZ 1983, 174)

Die Revision der Staatsanwaltschaft rügt, daß das Gericht die Angeklagte vom Vorwurf eines vorsätzlichen Verstoßes gegen das BtmG freigesprochen hat, ohne zu prüfen, ob nicht auch eine Verurteilung wegen eines fahrlässigen Verstoßes in Frage kommt.

Sachverhalt: Der Angeklagten ist zur Last gelegt, sie habe im August 1980 in Begleitung eines Freundes auf dem Flugwege aus Kolumbien einen präparierten Samsonite Hartschalenkoffer mit 2 1/4 Kilogramm Kokain nach Frankfurt eingeführt, den Koffer am nächsten Tag mit dem Personenkraftwagen nach Arnheim/Niederlande gebracht und das Kokain dort verkauft.

Die Strafkammer hat die Angeklagte vom Vorwurf, mit Betäubungsmitteln in nicht geringer Menge Handel getrieben oder jedenfalls solche Betäubungsmittel besessen zu haben, mangels Beweises freigesprochen. – Das Rechtsmittel hatte Erfolg.

Gründe: Die Strafkammer hat damit zwar, rechtlich einwandfrei, einen, auch nur bedingt, vorsätzlichen Gesetzesverstoß durch die Angeklagte ausgeschlossen. Ihre insoweit im Rahmen der Überzeugungsbildung angestellten Erwägungen halten der revisionsrechtlichen Nachprüfung stand.

Damit hätte sie sich jedoch nicht begnügen dürfen.

Mit der Erhebung der Anklage wird die ganze Tat im verfahrensrechtlichen Sinne der Urteilsfindung des Tatrichters unterbreitet. Er muß diese Tat deshalb nicht nur in tatsächlicher, sondern auch in rechtlicher Hinsicht, so wie sie sich nach dem Ergebnis der Hauptverhandlung darstellt, ohne Bindung an die dem Eröffnungsbeschluß zugrunde gelegte rechtliche Bewertung, erschöpfend aburteilen. Sowohl in der alten Fassung (§ 11 III i.V.

mit I Nr. 1 und 2 BtMG) als auch in der seit dem 1. 1. 1982 gültigen neuen Fassung (§ 29 IV i.V. mit I Nr. 1 und 5 BtMG) hat der Betäubungsmittelgesetzgeber aber (neben der vorsätzlichen Tatbegehung auch) das fahrlässige unerlaubte Handeltreiben mit und die fahrlässige unerlaubte Einfuhr, Ausfuhr oder Durchfuhr von Betäubungsmitteln unter Strafe gestellt. Aufgrund ihrer Pflicht zur erschöpfenden Aburteilung der Tat hätte die Strafkammer deshalb auch prüfen müssen, ob sich die Angeklagte nicht jedenfalls des fahrlässigen Verstoßes gegen Bestimmungen des zur Tatzeit gültigen Betäubungsmittelgesetzes (vgl. § 11 III) schuldig gemacht hat. Das hat die Strafkammer ausweislich der Urteilsgründe nicht getan. Das ist ein sachlich-rechtlicher Mangel (BGH, Urt. v. 21. 4. 1977 – 4 StR 654/76), der zur Aufhebung des Urteils in vollem Umfang und zur Zurückverweisung der Sache zwingt. ...

16. Der Tatrichter ist nicht nur berechtigt, sondern auch verpflichtet, den Unrechtsgehalt der „Tat" voll auszuschöpfen. Auf den Verfolgungswillen der Staatsanwaltschaft kommt es insoweit nicht an.

StPO § 264 – BGH Urt. v. 25. 11. 1980 – 1 StR 508/80 LG München I (= StV 1981, 127)

Die Revision der Staatsanwaltschaft rügt die Verletzung sachlichen Rechts. Sie beanstandet, daß die Strafkammer den von ihr festgestellten Sachverhalt nicht ausgeschöpft und dadurch § 264 StPO verletzt hat.

Sachverhalt: Das Landgericht hatte den Angeklagten wegen fortgesetzten und gemeinschaftlichen unerlaubten Handeltreibens mit Betäubungsmitteln zu einer Freiheitsstrafe verurteilt. Von dem weiteren Vorwurf des unerlaubten Besitzes von Betäubungsmitteln wurde der Angeklagte freigesprochen.

In Fall 1 der Anklage wurde dem Angeklagten zur Last gelegt, etwa im Oktober 1978 von dem anderweitig verfolgten S. ca. 2 kg Heroin zur Aufbewahrung erhalten zu haben. Er habe das Rauschgift in seinem Wohnzimmer verwahrt und nach etwa 2 Wochen an S. zurückgegeben.

Auf Grund der Hauptverhandlung hat die Strafkammer hierzu im wesentlichen folgende Feststellungen getroffen: Im Oktober 1978 erhielt der Angeklagte von seinem Bekannten S. ein Paket mit der Bitte, dieses für kurze Zeit aufzubewahren. Der Angeklagte verwahrte es in seinem Wohnzimmer, ohne zunächst von seinem Inhalt Kenntnis zu haben. Als er das Paket nach etwa einer Woche aus Neugier öffnete, stellte er fest, daß es ca. 1 kg Heroin enthielt. Er eignete sich einen Teil des Rauschgifts – etwa 100 g – an, um es gewinnbringend zu verkaufen. Den Rest ließ er sofort an S. zurückbringen. Er wollte dadurch nicht irgendwelche Straftaten des S. fördern, sondern sich lediglich des risikobehafteten Päckchens so schnell wie möglich entledigen.

In rechtlicher Hinsicht führt das Landgericht dazu aus: Der Straftatbestand des unerlaubten Besitzes von Betäubungsmitteln sei nicht gegeben, weil der Angeklagte während der Aufbewahrungszeit keine Kenntnis vom Inhalt des Pakets und damit auch keinen Herrschaftswillen gehabt hätte; die Aneignung des Heroins werde von der Anklage nicht erfaßt und entziehe sich daher der Aburteilung. – Das Rechtsmittel hatte Erfolg.

Gründe: ...

2. Hieran ist zunächst richtig, daß hinsichtlich der an S. zurückgegebenen Menge von ca. 900 g Heroin ein Straftatbestand des BtMG nicht verwirklicht ist.

a) Eine „Abgabe" von Betäubungsmitteln im Sinne von § 11 Abs. 1 Nr. 1 BtMG setzt die Weitergabe der eigenen Verfügungsgewalt des Übertragenden voraus (BGH, Urteil vom 9. 10. 1974 – 3 StR 245/74). Eine solche wurde vom Angeklagten nicht in Anspruch genommen. Er erkannte den (mittelbaren) Besitz des Hinterlegers als fortbestehend an und handelte als Verwahrer. Er wollte nicht Betäubungsmittel abgeben, sondern das empfangene Päckchen zurückgeben. S. erhielt hierdurch auch keinerlei zusätzliche Verfügungsgewalt; durch die Verwahrung war die Möglichkeit, mit der Sache nach Belieben zu verfahren, für ihn nicht eingeschränkt worden. Aus diesem Grund hat er sich auch während der Besitzdauer des Angeklagten als mittelbarer Besitzer selbst strafbar gemacht (BGHSt. 27, 380, 382).

b) Aus dem gleichen Grund scheidet auch ein „sonstiges Inverkehrbringen" im Sinn von § 11 Abs. 1 Nr. 1 BtmG aus. Dieser Auffangtatbestand umfaßt jedes gleich wie geartete Eröffnen der Möglichkeit, daß ein anderer die tatsächliche Verfügung über das Rauschgift erlangt, also jede Verursachung des Wechsels der Verfügungsgewalt (RGSt 62, 369, 389 = JW 1929, 2274, 2280; RG JW 1932, 3346; BayObLGSt 1960, 182, 183/184). Ein solcher hat im Verhältnis des Angeklagten zu S. nicht stattgefunden. Die Verfügungsgewalt des S. wurde nicht erst durch die Rückgabe des Heroins begründet. Sie bestand schon vor der Verwahrung und wurde auch durch die vorübergehende Überlassung des Päckchens an den Angeklagten nicht in Frage gestellt, solange sich dieser als bloßer Verwahrungsgehilfe dem Willen des Hinterlegers unterordnete, insbesondere seine Verfügungsbefugnis respektierte und seinen Weisungen nachkam. Dies hat der Angeklagte in bezug auf die zurückgegebene Menge stets getan. Damit blieb auch der Grad der Gefährdung der Öffentlichkeit vor, während und nach der Besitzzeit des Angeklagten immer der gleiche.

c) „Besitz" im Sinne von § 11 Abs. 1 Nr. 4 BtmG ist ein Dauerdelikt, das in der Herbeiführung oder Aufrechterhaltung eines tatsächlichen Herrschaftsverhältnisses besteht und mit der Aufhebung dieses Verhältnisses endet (BGH, Urteile v. 18. 6. 1974 – 5 StR 119/74, und v. 9. 10. 1974 – 3 StR 245/74; vgl. auch BGHSt. 26, 117; 27, 380, 382). Der innere Tatbestand fordert Kenntnis und Wollen dieses Zustands. Kenntnis vom Vorhandensein des Rauschgifts hat der Angeklagte mit der Öffnung des Pakets erhalten; er hat es jedoch aus Furcht vor dem Risiko abgelehnt, die Sachherrschaft an dem Heroin zu übernehmen, und das Päckchen deshalb „sofort" an S. zurückgegeben. Damit konnte der für die Tatbestandsverwirklichung hier erforderliche Vorsatz, den vorgefundenen illegalen Zustand bewußt aufrechtzuerhalten, vom Landgericht nicht festgestellt werden.

3. Das Landgericht hätte das von ihm festgestellte Tatgeschehen jedoch nach Hinweis gemäß § 265 StPO auch unter dem Gesichtspunkt der Unterschlagung würdigen müssen. Die Aneignung von 100 g Heroin war Gegenstand des Verfahrens, auch wenn sie in der Anklageschrift nicht ausdrücklich erwähnt worden ist.

a) Gegenstand der Urteilsfindung ist gemäß § 264 Abs. 1 StPO „die in der Anklage bezeichnete Tat, wie sie sich nach dem Ergebnis der Verhandlung darstellt". Der Begriff der „Tat" ist nicht im Sinne der sachlich-rechtlichen Vorschriften der §§ 52, 53 StGB zu verstehen, sondern im verfahrensrechtlichen Sinn. In diesem Sinn umfaßt die Tat nicht nur das einzelne in Anklage und Eröffnungsbeschluß erwähnte Tun des Angeklagten, sondern den ganzen, nach der Auffassung des Lebens eine Einheit bildenden geschichtlichen Vorgang, innerhalb dessen der Angeklagte als Täter oder Teilnehmer einen Straftatbestand verwirklicht haben soll (BVerfGE 45, 434, 435). Auch mehrere Handlungen im Sinne von § 53 StGB sind demnach als eine Tat im Sinne von § 264 StPO zu werten, wenn zwischen ihnen ein enger sachlicher Zusammenhang besteht. Dieser ist in der Regel gegeben, wenn die mehreren Handlungen unmittelbar und dergestalt innerlich verknüpft sind, daß keine von ihnen für sich allein verständlich abgehandelt werden kann und ihre getrennte Würdigung und Aburteilung als unnatürliche Aufspaltung eines einheitlichen Lebensvorgangs empfunden würde (BGHSt. 13, 21, 26; 23, 141, 145/146; 23, 270, 273 [BGH Beschl. v. 4. 6. 1970 – 4 StR 80/70; vgl. § 264 StPO erfolglose Rügen]; BGH, Urteile v. 22. 8. 1967 – 1 StR 346/67; v. 10. 12. 1974 – 5 StR 578/74; v. 27. 4. 1976 – 1 StR 90/76; v. 21. 3. 1978 – 1 StR 499/77; v. 14. 12. 1978 – 4 StR 582/78). Maßgebend sind die Umstände des Einzelfalls. Es genügt nicht allein ein persönlicher Zusammenhang oder das Bestehen eines Gesamtplanes, sondern die notwendige innere Verknüpfung der mehreren Beschuldigungen muß sich unmittelbar aus den ihnen zugrunde liegenden Handlungen oder Ereignissen unter Berücksichtigung ihrer strafrechtlichen Bedeutung ergeben (BGHSt. 13, 21, 26; BGH, Urteil v. 6. 2. 1968 – 1 StR 595/67). Unter diesen Voraussetzungen ist der Tatrichter nicht nur berechtigt, sondern auch verpflichtet, den Unrechtsgehalt der „Tat" voll auszuschöpfen (BGHSt. 25, 72, 75[1]). Auf den Verfolgungswillen der Staatsanwaltschaft kommt es insoweit nicht an (BGHSt. 16, 200, 202 [BGH Urt. v. 28. 6. 1961 – 2 StR 83/61; vgl. § 264 StPO erfolgreiche Rügen]).

b) Einen solchen engen Zusammenhang – und damit Tatidentität im Sinne von § 264 StPO – mußte der Tatrichter hier annehmen. Für den dem Angeklagten zur Last gelegten unerlaubten Besitz von Betäubungsmitteln waren Dauer und Umfang des Besitzes sowie die Umstände seiner Begründung und Beendigung von maßgeblicher Bedeutung; die Zueignung einer Teilmenge ließ den Besitz bis zur Veräußerung des Rauschgifts fortbestehen. Hierdurch wurde nachträglich auch eine Verbindung mit Fall 2 der Anklage hergestellt, weil der Angeklagte schon bei der Zueignung des Heroins den Plan gefaßt hatte, mit dem Rauschgift Handel zu treiben. Wegen dieser engen sachlichen, zeitlichen und örtlichen Verknüpfung sind im vorliegenden Fall Erlangung, Besitz und Verwertung des Betäubungsmittels nach natürlicher Auffassung als Bestandteile eines einheitlichen historischen Geschehens anzusehen.

4. Daß das Landgericht seiner Verpflichtung zur umfassenden rechtlichen Würdigung nicht in vollem Umfang nachgekommen ist, stellt nicht nur eine Verletzung der Verfahrensvorschrift des § 264 StPO dar, sondern auch einen sachlichrechtlichen Mangel (BGH, Urteile v. 10. 12. 1974 – 5 StR 578/74, und v. 14. 12. 1978 – 4 StR 582/78). Er nötigt zur Aufhebung des gesamten gegen den Angeklagten ergangenen Urteils, weil zwischen einem Eigentumsdelikt und dem Verstoß gegen das Betäubungsmittelgesetz Tateinheit bestehen kann (vgl. oben Nr. 3).

17. Grenzen tatprovozierenden Verhaltens eines polizeilichen agent provocateur nicht überschritten, wenn Kleindealer zu größeren Rauschgiftgeschäften animiert wird.

StPO § 264 – BGH Urt. v. 15. 4. 1980 – 1 StR 107/80 LG Augsburg (= NJW 1980, 1761)

Die Revision der Staatsanwaltschaft rügt, daß das Gericht einen Teil des tatbestandlichen Verhaltens des Angeklagten nicht zum Gegenstand der Verurteilung gemacht hat, weil nach seiner Auffassung der Angeklagte durch einen agent provocateur der Polizei zu der Tat erst angestiftet worden und dadurch zum bloßen Objekt staatlichen Handelns herabgewürdigt worden sei.

Sachverhalt: Der Angeklagte ist wegen fortgesetzten Handelns mit Betäubungsmitteln verurteilt worden. Auf ein als „Teil der fortgesetzten Handlung angesehenes tatbestandsmäßiges Verhalten des Angeklagten hat das Tatgericht die Verurteilung nicht erstreckt. Es hat dazu folgende Feststellungen getroffen: Am 22. 6. verkaufte der Angeklagte eine Teilmenge der mit Ascorbinsäure gestreckten Heroinzubereitung an einen Polizeibeamten, der sich bei einem vorausgehenden Zusammentreffen „als Rauschgifthändler großen Stils präsentiert" und dem gegenüber der Angeklagte „aus einem Minderwertigkeitsgefühl heraus" mit einer „connection" geprahlt und angegeben hatte, er könne Haschisch in größeren Mengen besorgen. Der Polizeibeamte, dem der Angeklagte nur als Kleindealer bekannt war, sagte ihm, er würde „wesentlich mehr abnehmen". Mit dieser Versicherung und dem Hinweis, daß „eine kleine Menge es doch nicht bringe", überredete der Polizei-

---

[1] „Nach § 264 StPO muß das Gericht die in der Anklage bezeichnete Tat so, wie sie sich nach dem Ergebnis der Hauptverhandlung darstellt, unter allen rechtlichen Gesichtspunkten aburteilen. Es ist verpflichtet, den Unrechtsgehalt der ‚Tat' voll auszuschöpfen, sofern keine rechtlichen Hindernisse im Wege stehen." (BGH Beschl. v. 9. 11. 1972 – 4 StR 457/71).

beamte den Angeklagten, sich auf ein „Heroingeschäft großen Umfangs" einzulassen. Drei Tage später vereinbarten beide, daß der Angeklagte in Frankfurt etwa 40 g Heroinzubereitung kauft und nach seiner Rückkehr fernmündlich in verschlüsselter Form mitteilt, welche Menge er übergeben kann. Schon am 27. 6. 1979 erwarb der Angeklagte in Frankfurt von einem türkischen Händler etwa 40 g Heroin. Am gleichen Tag wog er den Stoff in Verbraucherportionen ab, veräußerte etwa drei Gramm an Konsumenten, traf sich um 21 Uhr mit dem Polizeibeamten und übergab ihm eine Betäubungsmittelmenge von 36 g. Nach der Übergabe wurde der Angeklagte festgenommen. Er hatte noch zwei bis drei Gramm des Stoffes in seinem Besitz. – Das Rechtsmittel hatte Erfolg.

Gründe: ... Die Strafkammer hätte das tatbestandsmäßige Verhalten des Angeklagten am 27. 6. 1979 zum Gegenstand der Aburteilung machen müssen. Das ergeben schon die bisherigen Feststellungen. Es kann dahingestellt bleiben, ob die Aufklärungsrüge begründet ist.

a) Es ist einerseits feststehende, von der Wissenschaft ganz überwiegend gebilligte Rechtsprechung, daß im Rahmen der Bekämpfung besonders gefährlicher und schwer aufklärbarer Kriminalität, insbesondere auch der Rauschgiftkriminalität, auf den polizeilichen Lockspitzel (agent provocateur) nicht verzichtet werden kann (vgl. BGH, GA 1975, 333). Andererseits steht außer Frage, daß es Grenzen tatprovozierenden Verhaltens des polizeilichen Lockspitzels geben muß, deren Nichtbeachtung als ein dem Staat zuzurechnender Rechtsverstoß „in das Strafverfahren hineinwirken würde" (Kleinknecht, StPO, 34. Aufl., § 163 Rdnr. 32). Das dem Grundgesetz und der Strafprozeßordnung immanente Rechtsstaatsprinzip untersagt es den Strafverfolgungsbehörden, auf die Verübung von Straftaten hinzuwirken, wenn die Gründe dafür vor diesem Prinzip nicht bestehen können (vgl. BGHSt. 24, 125 [131] [BGH Beschl. v. 17. 3. 1971 – 3 StR 189/70; vgl. § 81a StPO erfolglose Rügen]; BGH, NJW 1980, 464 Nr. 19).

b) Der Sachverhalt läßt keinen Verstoß gegen das Rechtsstaatsprinzip erkennen. Der Angeklagte, der sich entschlossen hatte, „zur Finanzierung seines erhöhten Bedarfs und zur Aufbesserung seines Lebensunterhalts auf längere Sicht mit Drogen zu handeln", war gegenüber dem Polizeibeamten als Verkäufer von immerhin vier oder fünf Gramm Heroinzubereitung in Erscheinung getreten. Er prahlte mit einer „connection" und gab an, er könne Haschisch in größeren Mengen besorgen. Der manifeste Akt des Handeltreibens und die Äußerungen des Angeklagten durften als ausreichende Grundlage für den Verdacht auf weitaus schwerer wiegende – schon getätigte oder (im Falle sich bietender Gelegenheit) zu erwartende – Rauschgiftgeschäfte angesehen werden. Dem Verdacht dadurch nachzugehen, daß er sich als kaufkräftiger Interessent einer größeren Menge einer besonders gefährlichen Droge ausgab, war dem Polizeibeamten nicht verwehrt. Was er zur Beeinflussung des Angeklagten vorbrachte, verstand sich von selbst: Größere Geschäfte werfen größeren Gewinn ab. Im übrigen begnügte er sich damit, den diesen größeren Profit ermöglichenden Partner zu mimen. Alles andere war dem Angeklagten überlassen. Er brachte den Kaufpreis auf, suchte und fand sogleich eine Bezugsquelle. Sein Verhalten spricht für Routine und dafür, daß er einem Geschäft der Art und des Umfangs, wie es der Polizeibeamte anregte, von vornherein nicht abgeneigt war und aufgrund bestehender Bereitschaft sogleich die Gelegenheit ergriff, die sich ihm bot. Infolgedessen ist der Sachverhalt durchaus den Fällen vergleichbar, in denen durch den Lockspitzel lediglich die allgemeine Entschlossenheit zur Tatbegehung konkretisiert wird (vgl. BGH, GA 1975, 333).

Nach allen wesentlichen Wertungsgesichtspunkten – Grundlage und Ausmaß des gegen den Angeklagten bestehenden Verdachts, Art, Intensität und Zweck der Einflußnahme des Polizeibeamten, Tatbereitschaft und eigene, nicht fremdgesteuerte Aktivitäten des Angeklagten – kann keine Rede davon sein, daß der Angeklagte durch die Anstiftung zum bloßen Objekt staatlichen Handelns herabgewürdigt" wurde und deshalb der staatliche Strafanspruch nicht entstanden oder entfallen sei. Daß ihm die Möglichkeit verblieb, über das angekaufte Heroin abredewidrig zu verfügen, kann dem Angeklagten nicht zugute kommen. Die Frage der Strafbarkeit des agent provocateur, der die tatbestandliche Vollendung will oder in Kauf nimmt, ist hier nicht zu erörtern.

18. Die Verurteilung eines Angeklagten wegen einer fortgesetzten Handlung setzt voraus, daß mindestens ein strafbarer Einzelakt dieser Handlung vor dem Eröffnungsbeschluß begangen wurde.

StPO § 264; StGB § 52 – BGH Urt. v. 2. 2. 1977 – 2 StR 307/76 LG Mainz (= BGHSt. 27, 115 = NJW 1977, 1729)

Die Revision rügt die Verletzung sachlichen Rechts.

Sachverhalt: Anklage und Eröffnungsbeschluß legen dem Angeklagten zur Last, durch die Flaschenausstattung seit der zweiten Jahreshälfte 1967 gegen das Täuschungsverbot des § 46 WeinG 1971 verstoßen zu haben, weil die Bezeichnung „Xklause" den Eindruck einer in Wirklichkeit nicht existierenden geographischen Lage des Weines erweckt habe. Die Strafkammer hat sich auf Grund ihrer Feststellungen die Auffassung, daß der Angeklagte Wein unter irreführender Bezeichnung in den Verkehr gebracht habe, zu eigen gemacht. Nicht nachzuweisen sei allerdings, daß er, wie im Eröffnungsbeschluß angenommen, schon vom Beginn des Inverkehrbringens an auch subjektiv den Tatbestand des § 46 WeinG 1971 verwirklicht habe. Spätestens durch den ihm am 23. 10. 1975 zugestellten Eröffnungsbeschluß habe er jedoch Kenntnis von der rechtlichen Bedenklichkeit seines Verhaltens erlangt und dann in der Folgezeit mit bedingtem Vorsatz gehandelt. Er sei demgemäß schuldig, in der Zeit vom 23. 10. 1975 bis zur Einstellung des Weinverkaufs am 22. 12. 1975 Wein unter irreführender Bezeichnung in den Verkehr gebracht zu haben. – Das Rechtsmittel hatte Erfolg.

Gründe: Dieser Schuldspruch kann nicht bestehen bleiben, da die ihm zugrunde liegende Tat vom Eröffnungsbeschluß nicht erfaßt war und es deshalb insoweit an einer Verfahrensvoraussetzung fehlt (vgl. BGH NJW 1955, 1240). Anklage war wegen einer Tat erhoben, die der Angeklagte bis zur Anklageerhebung begangen haben sollte; verurteilt wurde er dann jedoch wegen einer anderen, nämlich einer erst nach der Zustellung des Eröffnungsbeschlusses begonnenen Tat.

Wohl ist richtig, daß Einzelakte einer fortgesetzten Handlung, die erst nach dem Eröffnungsbeschluß, aber bis zur Urteilsverkündung begangen wurden, im Wege der Umgestaltung der Strafklage in den Schuldspruch einbezogen werden können und müssen (vgl. BGHSt. 9, 324, 326, 334 [BGH Urt. v. 18. 7. 1956 – 6 StR 28/56; vgl. § 264 StPO erfolglose Rügen]). Diese Umgestaltung (Einbeziehung) setzt jedoch voraus, daß die Fortsetzungstat vor dem Eröffnungsbeschluß begonnen wurde, daß also mindestens ein strafbarer Teilakt der Tat vor diesem Beschluß liegt. Nur dann kann zwischen Einzelakten vor und nach dem Eröffnungsbeschluß Fortsetzungszusammenhang bestehen und ist auch im Sinne des § 264 StPO die angeklagte mit der abgeurteilten Tat identisch. Nur strafbare Einzelakte können durch Fortsetzungszusammenhang zur einheitlichen Tat werden (vgl. BGHSt. 17, 185, 186).

Erachtet der Tatrichter nicht für erwiesen, daß sich ein Angeklagter schon vor Erlaß des Eröffnungsbeschlusses im Sinne der Anklage strafbar gemacht hat, so ist der Strafklage die für eine Verurteilung erforderliche Grundlage entzogen. Sie kann dann nicht mehr „umgestaltet" werden, auch dann nicht, wenn sich der Angeklagte später Handlungen hat zuschulden kommen lassen, die den angeklagten Handlungen gleichartig sind und das in der Anklage bezeichnete Strafgesetz verletzen. Verurteilt – wie hier – das Gericht in einem solchen Fall nur wegen der späteren Handlungen, so gestaltet es die Strafklage nicht um, sondern ersetzt die angeklagte durch eine andere Tat. Das ist nicht zulässig (wie hier BayObLGSt 1963, 115 und OLG Hamburg NJW 1962, 2119).

Eine Nachtragsanklage, die hier eine Sachentscheidung hinsichtlich der späteren Handlungen ermöglicht hätte, ist nicht erhoben.

Die vorstehenden Erwägungen führen dazu, daß der Angeklagte wegen der ihm von der Anklage vorgeworfenen, aber nicht erwiesenen Tat freizusprechen ist. Hinsichtlich der nachfolgenden, dem angefochtenen Schuldspruch zugrunde liegenden Handlungen mußte das Verfahren wegen des – von Amts wegen zu beachtenden – Fehlens einer Verfahrensvoraussetzung eingestellt werden.

19. Das Gericht hat die Pflicht, die gesamte Tat i.S.v. § 264 StPO unabhängig vom Verfolgungswillen der Staatsanwaltschaft abzuurteilen.

StPO § 264 – BGH Urt. v. 28. 6. 1961 – 2 StR 83/61 Schwurgericht Fulda (= BGHSt. 16, 200)

Die Revision der Staatsanwaltschaft rügt, die Angeklagten hätten auch wegen unterlassener Hilfeleistung (§ 330 c StGB) verurteilt werden müssen. Das Gericht habe die Pflicht gehabt, den festgestellten Sachverhalt unter Berücksichtigung aller in Betracht kommenden rechtlichen Gesichtspunkte zu würdigen. Die Angeklagten hätten die Pflicht gehabt, dem bewußtlos am Boden liegenden, schwer verletzten Fa. Hilfe zu leisten (§ 330 c StGB). Insoweit stehe die unterlassene Hilfeleistung zu den übrigen Straftaten im Verhältnis der Tatmehrheit. Jedoch handele es sich um ein und dieselbe Tat im Sinne des § 264 StPO; zwar sei die Unterlassung der Hilfeleistung im Eröffnungsbeschluß nicht ausdrücklich angeführt, jedoch ergebe sie sich aus der Schilderung des Sachverhaltes; auch in der Anklage sei erwähnt, daß die Angeklagten in die Gaststätte zurückgingen, ohne sich um den verletzt am Boden liegenden Fa. zu kümmern.

Sachverhalt: Das Schwurgericht hat die Angeklagten wegen gemeinschaftlicher Körperverletzung mit Todesfolge in Tateinheit mit erschwerter Beteiligung am Raufhandel sowie wegen gefährlicher Körperverletzung verurteilt.

Nach den Feststellungen sind Z. und F., nachdem sie gemeinschaftlich Fb. körperlich mißhandelt, dann aber auf den Zuruf eines Mannes aus dem Nebenhaus von ihm abgelassen hatten, durch den Hintereingang in das Lokal zurückgekehrt und dabei über den vorher von ihnen niedergeschlagenen und regungslos am Boden liegenden Fa. gestiegen. – Das Rechtsmittel hatte Erfolg.

Gründe: ...

a) Soweit die Revision annimmt, die Angeklagten hätten sich gegenüber Fa. schon dadurch des Vergehens nach § 330c StGB schuldig gemacht, daß sie den ihm zu Hilfe eilenden Fb. zurückdrängten und so heftig auf diesen einschlugen, daß er von seinem Vorhaben habe Abstand nehmen müssen, steht die Identität der Tat außer Zweifel; denn hier würde die unterlassene Hilfeleistung tateinheitlich mit der gegen Fb. verübten gefährlichen Körperverletzung begangen sein. Indessen kann dieser rechtlichen Würdigung seitens der Beschwerdeführerin nicht beigetreten werden.

Fb. wollte dem Fa. zu Hilfe eilen, der, am Boden liegend, von Z. mit den Fäusten bearbeitet wurde. F. wandte sich nunmehr gegen Fb. und geriet mit ihm ins Handgemenge. In diesem Zeitpunkt dauerte die von F. und Z. gegen Fa. verübte gemeinschaftliche Körperverletzung noch an. Fb. gewann jedoch gegenüber F. die Oberhand. Deshalb kam diesem Z. zu Hilfe. Die Revision meint, da der Zustand Fa.'s sofortige Hilfe erheischte, hätten die Angeklagten die Hilfe Fb.'s nicht verhindern und ihrerseits dem Fa. Hilfe leisten müssen. Es könnte deshalb möglicherweise in ihrem gemeinsamen Vorgehen gegen Fb. zugleich ein Vergehen des § 330c StGB gegenüber Fa. liegen, wenn sie wissentlich die Hilfeleistung für Fa. hinausschieben wollten. Ein solcher Wille scheidet jedoch bei beiden Angeklagten aus; denn dem Zusammenhang der Urteilsfeststellungen ist zweifelsfrei zu entnehmen, daß ihnen nicht widerlegt werden kann, während dieser Vorgänge den bedenklichen Zustand Fa.'s und somit das Vorliegen eines Unglücksfalles im Sinne des § 330c StGB nicht erkannt zu haben. Damit entfällt die Möglichkeit der Annahme, beide Angeklagten hätten, indem sie mit Fb. handgemein wurden, statt Fa. Hilfe zu leisten, sich eines Vergehens nach § 330c StGB schuldig gemacht.

b) Auch die Rückkehr der beiden Angeklagten in die Gaststätte, nachdem sie Fb. niedergeschlagen hatten, gehört noch zu dem im Eröffnungsbeschluß zur gerichtlichen Entscheidung gestellten Geschehen. Jedenfalls trifft dies für den Abschnitt der Rückkehr zu, der die beiden Angeklagten von der Stelle, an der sie Fb. niederschlugen, über die Stelle, an der Fa. lag, bis zum Hintereingang der Gastwirtschaft führte; denn erst mit dem Wiedereintritt in die Gaststätte verließen sie den Kampfplatz. Erst damit war der geschichtliche Vorgang, auf den Anklage und Eröffnungsbeschluß hinweisen, abgeschlossen. Die Entscheidung des Bundesgerichtshofs 4 StR 396/58 v. 16. 1. 1959 (vgl. § 136a StPO erfolglose Rügen) (LM StPO § 264 Nr. 19; Leitsatz abgedruckt in NJW 1959, 898) betrifft einen anderen Fall. Dort ist zwar ausgesprochen, für die Bejahung der Frage, ob eine Tat Gegenstand der Anklage sei, genüge es nicht, daß sie in der Anklageschrift erwähnt sei; vielmehr sei entscheidend, ob der Verfolgungswille der Anklagebehörde sich auf sie erstrecke. Der diesem Urteil zugrundeliegende Sachverhalt läßt aber keinen Zweifel, daß es sich bei dem erörterten, in der Anklageschrift beiläufig erwähnten Vorgang um ein anderes zusätzliches und selbständiges historisches Ereignis handelte. Nur in einem solchen Fall kann es auf den Verfolgungswillen der Staatsanwaltschaft ankommen. Liegt dagegen Tatidentität im verfahrensrechtlichen Sinne vor, die auch bei Tatmehrheit nach § 74 StGB gegeben sein kann, dann ist ein etwa fehlender Verfolgungswille der Staatsanwaltschaft bedeutungslos und der Vorgang ist auch ohne diesen Willen mit allen Folgen für die Rechtskraftwirkung Gegenstand der Anklage.

Das Schwurgericht hätte deshalb untersuchen und entscheiden müssen, ob die beiden Angeklagten sich der unterlassenen Hilfeleistung dadurch schuldig gemacht haben, daß sie über den leblos am Boden liegenden Fa. hinweg stiegen, ohne sich um ihn zu kümmern. Ein Unglücksfall im Sinne des § 330c StGB lag vor. Daß ihn die Angeklagten selbst verursacht hatten, entband sie nicht von der Pflicht, ihrem Opfer nunmehr sofort Hilfe zu leisten (BGHSt. 14, 282[1]). Zwar haben beide sich dahin eingelassen, sie hätten den bedenklichen Zustand Fa.'s nicht erkannt. Das Schwurgericht hat hierzu keine Feststellungen getroffen, sondern diese Möglichkeit nur bei der Strafzumessung zugunsten der Angeklagten unterstellt, da es unter dem Gesichtspunkt des § 330c StGB das Verhalten der Angeklagten nicht untersucht hat. Nach den bisherigen Feststellungen ist solche Unkenntnis der Angeklagten im höchsten Grade unwahrscheinlich. Die Hilfeleistungspflicht setzt auch nicht voraus, daß sie erkannten, es bestehe für Fa. die Gefahr des Todes. Fa. lag bewußtlos am Boden. Schon dies ist ein Zustand, in dem das Opfer der Hilfe bedürftig ist. Nun ist Fa., nachdem er auf Veranlassung der herbeigerufenen Polizei abtransportiert worden war, innerhalb der nächsten 20 Minuten verstorben, bevor ihm Hilfe im Krankenhaus zuteil wurde. Der Umstand, daß der Tod des Verletzten nicht abgewendet werden kann, schließt die Erforderlichkeit einer Hilfeleistung jedoch nicht ohne weiteres aus (BGH JR 1956, 347). Nur wenn der Verunglückte sofort den Tod gefunden hat, entfällt die Hilfeleistungspflicht des § 330c StGB; denn einem Toten kann niemand mehr beistehen (BGHSt. 1, 266). Um Anklage und Eröffnungsbeschluß zu erschöpfen, wird das Gericht demnach unter Beachtung dieser Gesichtspunkte untersuchen und prüfen müssen, ob beide Angeklagte sich der unterlassenen Hilfeleistung schuldig gemacht haben, indem sie nach Ab-

---

1 „Wer einen anderen vorsätzlich körperlich verletzt mit der Folge, daß daraus für den Verletzten ein über den gewollten Verletzungserfolg hinausgehender, vom Vorsatz des Täters nicht umfaßter weiterer Schaden, nämlich die Gefahr des Todes erwächst, kann sich der unterlassenen Hilfeleistung schuldig machen." (BGH Urt. v. 6. 5. 1960 – 4 StR 117/60).

wehr Fb.'s sich um den bewußtlosen Fa. nicht kümmerten. Dieses Verhalten ist gegenüber der gemeinschaftlichen Körperverletzung des Fa. und dem Raufhandel sowie der gefährlichen Körperverletzung Fb.'s eine selbständige Tat (§ 74 StGB). Deshalb braucht der Schuldspruch wegen jener Straftaten nicht aufgehoben zu werden. Vielmehr ist die Sache nur zur Verhandlung und Entscheidung darüber, ob beide Angeklagten sich insoweit eines Vergehens nach § 330c StGB schuldig gemacht haben, an den Tatrichter zurückzuverweisen, und zwar an die Strafkammer des Landgerichts, weil deren Zuständigkeit für die nachzuholende Entscheidung ausreicht.

20. Gericht trotz Überzeugung von der Schuldunfähigkeit des Angeklagten an den durch das Revisionsgericht bestätigten Schuldspruch gebunden.

StPO §§ 264, 343 – BGH Urt. v. 31. 3. 1955 – 4 StR 68/55 LG Essen (= BGHSt. 7, 283)

Die Revision rügt die Verletzung sachlichen Rechts.

Sachverhalt: Der Angeklagte war wegen Diebstahls eines Fahrrades verurteilt worden. Auf seine Revision hatte der Bundesgerichtshof – unter Verwerfung der Revision im übrigen – das erste Urteil im Strafausspruch samt den zugrundeliegenden Feststellungen aufgehoben und die Sache insoweit an das Landgericht zurückverwiesen, weil es die Anwendung des § 51 Abs. 2 StGB zu Unrecht verneint hatte. In der neuen Verhandlung kam das Landgericht zu dem Ergebnis, daß bei der Wegnahme des Fahrrades die Zurechnungsfähigkeit des Angeklagten teils durch Alkoholgenuß, teils durch andere äußere Umstände ausgeschlossen war. Es hat daher auch den seiner Auffassung nach nicht in Rechtskraft erwachsenen Schuldspruch des Ersturteils als aufgehoben betrachtet und eine entsprechende Feststellung im Urteilssatz getroffen. Da der Angeklagte das Fahrrad am Tage nach der Entwendung im zurechnungsfähigen Zustand veräußert hatte, verurteilte ihn das Landgericht wegen dieser Handlung, in der es zusammen mit der Wegnahme des Rades eine Tat sah, wegen Unterschlagung wiederum zu einem Jahr Zuchthaus. – Das Rechtsmittel hatte Erfolg.

Gründe: Das Landgericht ist zutreffend davon ausgegangen, daß es sich bei der Wegnahme des Fahrrades und bei der Veräußerung am Morgen darauf um eine Tat im Sinne des § 264 StPO handelt. (Wird ausgeführt.)

Somit hängt die Zulässigkeit der Verurteilung wegen Unterschlagung davon ab, ob das Landgericht, das vor dem endgültigen Abschluß des Strafverfahrens die Unrichtigkeit des formell rechtskräftigen Schuldspruchs wegen Diebstahls erkannte, trotz seiner Überzeugung von der Schuldunfähigkeit des Angeklagten an diesen durch das Revisionsgericht bestätigten Schuldspruch gebunden war.

Diese Frage haben Rechtsprechung und Rechtslehre insbesondere in dem – wenigstens der Ausgangsfrage nach – gleichliegenden Fall der auf den Strafausspruch beschränkten Anfechtung vielfach in verschiedenem Sinn beantwortet. Nachdem das Reichsgericht zunächst (RGSt 22, 213 [217]) in einem Sonderfalle im Ergebnis eine Wiederaufrollung der Schuldfrage für zulässig gehalten hatte, hat es sich später für eine strenge Aufrechterhaltung der Trennung zwischen Schuld- und Strafausspruch und damit für eine Teilrechtskraft ausgesprochen (RGSt 52, 342 [343]; 69, 110). Die in einer Entscheidung des 3. Strafsenats und in einem Urteil eines Ferienstrafsenats im Jahre 1934 aufgetretene Neigung zur Durchbrechung dieses Grundsatzes wurde nicht weiter verfolgt (JW 1934, 2913 Nr. 13 und 14), sondern in einer Entscheidung eines anderen Ferienstrafsenats aus demselben Jahre mit der besonderen Sachlage erklärt (RG JW 1934, 2914 Nr. 15). Nur beim Fehlen einer Prozeßvoraussetzung oder bei der Prüfung der Anwendbarkeit des § 2 Abs. 2 StGB hat das Reichsgericht eine Aufhebung des Schuldspruchs trotz Beschränkung des Rechtsmittels auf den Strafausspruch grundsätzlich zugelassen (RGSt 61, 322; 65, 150).

Diese Auffassung hat der Bundesgerichtshof im Ergebnis insoweit übernommen, als er wiederholt ausgesprochen hat, eine Nachprüfung des durch Rechtsmittelbeschränkung rechtskräftigen Teils der Urteilsspruchs sei unzulässig, das Rechtsmittelgericht habe sich an den Schuldspruch zu halten (3 StR 533/52 v. 4. 12. 1952), neue Feststellungen zum Strafmaß dürften früheren Feststellungen zum rechtskräftigen Schuldspruch nicht widersprechen (3 StR 61/50 v. 20. 2. 1951).

Der Gesetzgeber hat durch die Einführung der Wiederaufnahme und durch die Sonderregelung im § 357 StPO zu erkennen gegeben, daß er nur unter den dort bestimmten Voraussetzungen eine Beseitigung der Rechtskraft zulassen will. Diese Gesichtspunkte lassen es schon bedenklich erscheinen, wenn sich ein Gericht bei einer auf den Strafausspruch beschränkten Anfechtung über die mit dieser Begrenzung verbundene Teilrechtskraft hinwegsetzen würde. Ohne die Teilrechtskraft und damit auch die Rechtskraft als solche einzuschränken, wäre es jedoch in diesen Fällen vielleicht möglich, die Forderung nach „materieller Gerechtigkeit" dadurch zu erfüllen, daß eine Beschränkung der Anfechtung für unzulässig erachtet wird, wenn eine neue Entscheidung über die Schuldfrage auf Grund der für die Strafzumessung festgestellten Tatsachen zu einer Verneinung der Schuld führen würde.

Eine solche Lösung ist bei der vom erkennenden Senat zu beurteilenden Sachlage nicht vertretbar. Hier hatte nämlich das Revisionsgericht bei unbeschränkter Anfechtung des ersten tatrichterlichen Urteils die Revision verworfen, soweit sie sich gegen den Schuldspruch richtete, so daß dieser durch die Entscheidung des Revisionsgerichts rechtskräftig geworden war. Die Nachprüfung des Schuldspruchs durch das untergeordnete Gericht wäre in diesem Fall ein echter Einbruch in die Rechtskraft, weil sie nicht mit der unbeschränkten Wirkung der Anfechtung gerechtfertigt werden könnte. Sie widerspräche außerdem dem in § 358 Abs. 1 StPO ausgesprochenen Grundsatz der Bindung an die Rechtsauffassung des Revisionsgerichts (OLG Braunschweig NJW 1950, 36 Nr. 14). Die Nichtbeachtung der Teilrechtskraft könnte auch, wie gerade der vorliegende Sachverhalt zeigt, als Schlechterstellung des Angeklagten wirken, der beim Wegfall des bisherigen Schuldspruchs wegen einer im zurechnungsfähigen Zustand begangenen Tat bestraft werden müßte und dadurch der Strafmilderungsmöglichkeit des § 51 Abs. 2 StGB verlustig ginge. Die Beseitigung unerwünschter Rechtskraftfolgen muß deshalb dem Wiederaufnahmeverfahren überlassen bleiben.

Das Landgericht durfte sich daher bei seiner Entscheidung nicht über die Sperrwirkung des rechtskräftigen Schuldspruchs hinwegsetzen. Dieser Verstoß ist auch ohne besondere Rüge in der Revisionsinstanz zu berücksichtigen. Aus diesen Gründen war die Entscheidung des Landgerichts aufzuheben, ohne daß auf die sachlich-rechtliche Begründung der Revision weiter eingegangen zu werden brauchte.

Bei der neuen Entscheidung über den Strafausspruch wird das Landgericht zu beachten haben, daß die für die Strafzumessung maßgeblichen Tatsachen und die zur Schuldfrage getroffenen Feststellungen des ersten Urteils sich nicht widersprechen dürfen. Dies ergibt sich schon aus der Einheitlichkeit des Urteils, denn es darf keinen Unterschied machen, ob ein Urteil gleichzeitig über die Schuld- und Straffrage entscheidet, oder ob nach rechtskräftigem Schuldspruch die Strafe auf Grund einer zum Strafausspruch erfolgreichen Revision neu festgesetzt wird (RGSt 61, 209). Das Landgericht darf daher die fehlende Verantwortlichkeit des Angeklagten bei Begehung des Diebstahls lediglich unter dem Gesichtspunkt der verminderten Zurechnungsfähigkeit berücksichtigen.

Erfolglose Rügen

1. Freispruch wegen Mordes steht Verurteilung wegen versuchter Anstiftung zum Mord desselben Tatopfers nicht entgegen.

StPO § 264 – BGH Beschl. v. 17. 11. 1999 – 1 StR 290/99 LG Stuttgart (= NStZ 2000, 216)

Die Revision rügt Strafklageverbrauch, weil der rechtskräftige Freispruch des Angeklagten vom Vorwurf der eigenhändigen Ermordung seiner vormaligen Ehefrau in einem früheren Verfahren der Ahndung der hier abgeurteilten versuchten Bestimmung eines Dritten zur Tötung des Opfers nicht entgegenstehe.

Der Sachverhalt ergibt sich aus der Revisionsbegründung. – Das Rechtsmittel war erfolglos.

Gründe: Die Strafklage gegen den Angeklagten ist nicht verbraucht.

Der rechtskräftige Freispruch des Angeklagten vom Vorwurf der eigenhändigen Ermordung seiner vormaligen Ehefrau in einem früheren Verfahren steht der Ahndung der hier abgeurteilten versuchten Bestimmung eines Dritten zur Tötung des Opfers nicht entgegen. Denn diese verfahrensgegenständliche Tat unterlag nicht der Kognitionspflicht des Tatrichters in jenem anderen Verfahren.

Bei den beiden Beschuldigungen handelt es sich um verschiedene Taten im prozessualen Sinne (§ 264 StPO). Jene Tat ist von der hier in Rede stehenden nach Tatbild, Tatzeit und Tatort bei natürlicher Betrachtung derart abgrenzbar, daß beide Vorkommnisse sich nicht als einheitlicher geschichtlicher Vorgang darstellen. Nach dem Fehlschlag der Anstiftung des F. durch den Angeklagten K. am 29. 8. 1986 wäre eine Zäsur eingetreten, die dem Angeklagten für eine etwaige eigenhändige Tatbegehung einen neuen Willensentschluß und eine neue Tatplanung abverlangt hätten (s. dazu BGHSt. 44, 91, 94; vgl. auch BGHSt. 13, 21, 26; 29, 288, 292 f. [BGH Urt. v. 11. 6. 1980 – 3 StR 9/80; vgl. § 264 StPO erfolglose Rügen]; 36, 151, 154; BGHR StPO § 264 Tatidentität 29). Zudem ist in dem früheren Verfahren hinsichtlich der jetzt abgeurteilten Tat ein Strafverfolgungswille von Staatsanwaltschaft oder Tatgericht nicht hervorgetreten. Dieses Geschehen war dort im konkreten Anklagesatz nicht erwähnt und in der Anklageschrift im wesentlichen Ergebnis der Ermittlungen lediglich als Vorgeschichte – ersichtlich zum besseren Verständnis der Gesamtumstände – angesprochen worden (vgl. dazu BGHSt. 43, 96, 99 f. [BGH Urt. v. 15. 5. 1997 – 1 StR 233/96; vgl. Art. 103 GG erfolglose Rügen]; BGH NStZ 1995, 510 [BGH Urt. v. 16. 2. 1995 – 4 StR 729/94 = BGHSt. 41, 30; vgl. § 100a StPO erfolglose Rügen]).

Diesem Ergebnis steht nicht entgegen, daß konkurrenzrechtlich zwischen einer versuchten Anstiftung (hier § 30 I, § 211 StGB) und der eigenhändigen Vollendung der Haupttat nach der Rechtsprechung – u.a. des 3. Strafsenats – Subsidiarität bestehen.

a) Der GBA geht beim Angeklagten M. von Strafklageverbrauch aus, weil die bereits abgeurteilten Taten des Fahrens ohne Fahrerlaubnis mit den Diebstahlstaten, die Gegenstand des jetzigen Verfahrens sind, materiellrechtlich in Tateinheit stünden.

Dem folgt der Senat nicht.

Der Verwerfungsbeschluß des Senats vom 24. 10. 1996 äußert sich zur Struktur des Tatbestandes des Fahrens ohne Fahrerlaubnis nicht. Es kam darauf auch nicht an:

Würden Teilakte des Fahrens ohne Fahrerlaubnis als fortgesetzte Handlung (BGH Beschl. v. 7. 1. 1993 – 4 StR 592/92; vgl. aber BGHSt. 40, 138) oder als Dauerstraftat (vgl. BGHSt. 36, 151, 153) zu einer Tat verbunden, so stünden Diebstahlstaten, die tateinheitlich mit dieser einen Tat des Fahrens ohne Fahrerlaubnis verbunden sind, zueinander – als gegenüber dem Delikt des Fahrens ohne Fahrerlaubnis schwerere Straftaten – in Tatmehrheit (BGH Beschl. v. 7. 1. 1993 – 4 StR 592/92). Der Senat hatte darum so zu tenorieren, wie er es in seinem Beschluß vom 24. 10. 1996 getan hat. Nicht anders hatte er den Schuldspruch zu fassen, wenn – wozu der Senat allerdings neigt und was auch dem Beschluß des 4. Strafsenats vom 20. 6. 1996 (4 StR 264/96) zugrunde liegen könnte – die Tat des Fahrens ohne Fahrerlaubnis jeweils durch Unterbrechung der Fahrt und Fassen des Entschlusses, mit Hilfe des Kraftwagens einen Diebstahl zu begehen, beendet gewesen und mit Ausführen des Entschlusses neu begangen worden wäre (vgl. BGHSt. 36, 151, 154).

Entscheidungserheblich ist diese Frage hier letztlich nicht, weil die Tat des Fahrens ohne Fahrerlaubnis, selbst wenn sie für die hier in Frage stehenden Zeiträume abgeurteilt wäre, mit den hier begangenen Diebstahlstaten nicht in Tateinheit steht. Bei Begehung der Taten waren die Fahrten mit dem Kraftfahrzeug jeweils beendet. Bei Wegfahrt der Angeklagten vom Tatort waren die Diebstahlstaten jeweils abgeschlossen: in einem Fall blieb es beim Versuch des Diebstahls, in den beiden anderen Fällen waren die vollendeten Diebstahlstaten beendet, weil es nur zur Wegnahme von Geld und Gegenständen geringen Umfanges gekommen und eine Sicherung des Gewahrsams durch Wegfahrt nicht notwendig war; die Diebstahlstaten und die Tat des Fahrens ohne Fahrerlaubnis überschneiden sich deshalb in keinem Punkt und stehen daher in Tatmehrheit zueinander (BGH NJW 1981, 997).

b) Auch sonst liegt bei allen Angeklagten trotz der zeitlichen und örtlichen Aufeinanderfolge der Diebstahlsserie keine den Strafklageverbrauch auslösende Tatidentität i.S. des § 264 StPO vor, denn die Taten sind nicht derart miteinander verknüpft, daß der Unrechts- und Schuldgehalt der einen nicht ohne die Umstände, die zu der anderen Handlung geführt haben, richtig gewürdigt werden könnte und ihre getrennte Würdigung als unnatürliche Aufspaltung eines einheitlichen Lebensvorgangs empfunden würde (vgl. BGH NJW 1981, 997, 998; GA 1961, 346, 347; StZ-RR 1996, 347). Bei der Tatserie am 22. und 23. 11. 1995 haben die Mittäter (M., R.) ersichtlich erst jeweils vor Ort ein bestimmtes Gebäude als geeignetes Tatobjekt ausgewählt und erst dann den konkreten Entschluß gefaßt, in dieses einzubrechen.

2. Diebstahl und Hehlerei oder Raub und Hehlerei können einen geschichtlichen Vorgang und damit eine Tat im prozessualen Sinne bilden, wenn der in der Anklage nach Objekt, Ort und Zeit der Handlung konkretisierte Diebstahl oder Raub Grundlage der Verurteilung wegen Hehlerei blieb.

StPO § 264 – BGH Beschl. v. 7. 7. 1999 – 1 StR 262/99 LG Konstanz (= NStZ 1999, 523)

Die Revision rügt, einer Verurteilung des Angeklagten wegen Hehlerei stehe ein nicht zu behebendes Prozeßhindernis entgegen, weil die Nachtragsanklage vom 4. 2. 1999 nicht wirksam in das Verfahren einbezogen worden sei.

Sachverhalt: Dem Angeklagten ist in der Anklageschrift vom 10. 12. 1998 zur Last gelegt worden, zusammen mit dem Verurteilten R. am 26. 11. 1997 den Zeugen M. in dessen Wohnung mit Tränengas angegriffen und ihm unter Vorhalt einer Schußwaffe u.a. eine Rolexuhr im Wert von 11 900 DM weggenommen zu haben. Nach dem Ergebnis der Hauptverhandlung war der Angeklagte an dem Raubüberfall auf den Zeugen M. jedoch nicht beteiligt, sondern hatte die aus diesem Überfall stammende Rolexuhr Anfang 1997 von einer nicht ermittelten dritten Person erhalten, wobei ihm die Herkunft der Uhr aus einer Straftat bekannt war. Auf der Grundlage dieses Ermittlungsergebnisses erhob die Staatsanwaltschaft nach Erörterung der Sachlage in der Hauptverhandlung die Nachtragsanklage vom 4. 2. 1999 wegen von dem Angeklagten gemeinschaftlich mit dem Verurteilten R. begangener Hehlerei.

Das Landgericht hat den Angeklagten wegen Hehlerei zu einer Freiheitsstrafe verurteilt. Vom Vorwurf des Raubes hat es ihn freigesprochen. – Das Rechtsmittel war erfolglos.

Gründe: Zur Rüge des Angeklagten, seiner Verurteilung wegen Hehlerei stehe ein nicht zu behebendes Prozeßhindernis entgegen, hat der GBA in seiner Zuschrift zutreffend ausgeführt:

„Entgegen der Rechtsauffassung der Revision hat der Verurteilung des Angeklagten nicht etwa deswegen ein Verfahrenshindernis entgegengestanden, weil die Nachtragsanklage vom 4. 2. 1999 nicht wirksam in das Verfahren einbezogen worden wäre (§ 266 I StPO). Es kann dabei dahinstehen, ob aufgrund des Verfahrensgangs und der Einlassung des Angeklagten auf die in der Hauptverhandlung verlesene Nachtragsanklage ausnahmsweise von einer schlüssigen Einbeziehung in das Verfahren ausgegangen werden kann (vgl. BGH NJW 1990, 1055 [BGH Urt. v. 9. 11. 1989 – 4 StR 520/89; vgl. § 266 StPO erfolglose Rügen]), da jedenfalls die zur Aburteilung gelangte Tat bereits aufgrund der mit dem Eröffnungsbeschluß vom 23. 12. 1998 zugelassenen Anklage vom 10. 12. 1998 Gegenstand des Verfahrens geworden ist (§ 264 I StPO). Auf die Rechtswirksamkeit der Einbeziehung der Nachtragsanklage vom 4. 12. 1999 in das Verfahren kommt es danach nicht mehr an. ...

Bei der der Verurteilung zugrunde liegenden und der den Gegenstand der Anklage vom 10. 12. 1998 bildenden Tat handelt es sich jedoch um ein und dieselbe Tat im prozessualen Sinne. Zwar stellen der bei der Anklage wegen Raubes und der nunmehr bei der Aburteilung wegen Hehlerei zugrunde gelegte Sachverhalt 2 zeitlich und räumlich getrennte Vorgänge dar. Das allein hindert jedoch nicht, beide Sachverhalte als eine Tat im prozessualen Sinne aufzufassen. Denn die Tat als Prozeßgegenstand ist nicht nur der in der Anklage umschriebene und dem Angeklagten dort zur Last gelegte Geschehensablauf; vielmehr gehört zu ihm das gesamte Verhalten des Angeklagten, soweit es mit dem durch die Anklage bezeichneten geschichtlichen Vorgang nach der Auffassung des Lebens ein einheitliches Vorkommnis bildet (st. Rspr.; BGHSt. 35, 60, 62). Diebstahl und Hehlerei oder Raub und Hehlerei können nach ständiger Rechtsprechung einen geschichtlichen Vorgang und damit eine Tat im prozessualen Sinne bilden, wenn der in der Anklage nach Objekt, Ort und Zeit der Handlung konkretisierte Diebstahl oder Raub Grundlage der Verurteilung wegen Hehlerei blieb (BGH a.a.O.). Der 4. Strafsenat des BGH hat diese Rechtsprechung dahingehend eingeschränkt, daß allein die Identität des Tatobjekts dann für die Annahme von Tatidentität nicht ausreichen soll, wenn im übrigen Handlungsvorgänge vorliegen, die sich rechtlich oder tatsächlich gegenseitig ausschließen können (BGHSt. 35, 64). Er hat seine Einschränkung jedoch insoweit mit Rücksicht auf eine Entscheidung des 1. Strafsenats Urt. (Tatidentität gegeben v. 13. 1. 1978 – 1 StR 624/75) präzisiert, als er jedenfalls dann ebenfalls ansieht, wenn sich in einem Verfahren in der Hauptverhandlung die Frage stellt, ob der Angeklagte die Gegenstände wenn nicht als Dieb (Räuber), so doch als Hehler an sich gebracht hat; denn in einem solchen Fall hatte der Tatrichter die vorangehenden (strafbegründenden) Straftaten am Hehlgut zu erörtern und sie nach Ort, Zeit und anderen Umständen einzugrenzen (BGHSt. 35, 65; 35, 174).

So liegt der Fall auch hier. Erst aufgrund der Beweisaufnahme in der Hauptverhandlung hat sich für die Strafkammer ergeben, daß der Angeklagte zwar nicht Beteiligter des in der Anklageschrift vom 10. 12. 1998 konkretisierten Raubüberfalls war, sich statt dessen aber als Glied in der sich an diese Tat anschließenden „Verwertungskette" für das Raubgut hehlerisch betätigte. Das angefochtene Urteil ist somit in zulässiger Weise, nämlich auf der Grundlage der wirksam erhobenen und zugelassenen Anklage vom 10. 12. 1998 ergangen. Die unter dem 4. 2. 1999 erhobene Nachtragsanklage geht – unabhängig von der Frage ihrer rechtlichen Wirksamkeit – ins Leere (vgl. BGH Beschl. v. 3. 8. 1998 – 5 StR 311/98).

Der aufgrund der rechtsfehlerhaften Bewertung der erhobenen Tatvorwürfe als mehrere Taten im prozessualen Sinne erfolgte Teilfreispruch entbehrt der Grundlage. Der Tenor ist entsprechend zu berichten. Der Angeklagte wird hierdurch materiell nicht beschwert."

3. Keine den Strafklageverbrauch auslösende Tatidentität zwischen Diebstahl und Fahren ohne Fahrerlaubnis.

StPO § 264 – BGH Urt. v. 18. 6. 1997 – 5 StR 93/97 LG Limburg (= NStZ 1997, 508)

Die Revision rügt Strafklageverbrauch hinsichtlich der Verurteilungen wegen Diebstahls, weil diese Taten bereits Gegenstand einer früheren Verurteilung wegen Diebstahls in Tateinheit mit Fahren ohne Fahrerlaubnis gewesen sind.

Sachverhalt: Das Landgericht hat den Angeklagten M. wegen Diebstahls in 2 Fällen und versuchten Diebstahls in einem Fall unter Einbeziehung der Strafen aus dem Urteil des Landgerichts zu einer Gesamtfreiheitsstrafe verurteilt. Es hat den Angeklagten R. wegen Diebstahls in 3 Fällen und versuchten Diebstahls in einem Fall unter Einbeziehung der Strafen aus der bereits genannten Entscheidung zu einer Gesamtfreiheitsstrafe verurteilt.

a) Im (früheren) Urteil des Landgerichts vom 29. 5. 1996 waren ein versuchter Einbruchsdiebstahl am 22. 11. 1995 und zwei Einbruchsdiebstähle am Folgetag, dem 23. 11. 1995, abgeurteilt worden, welche die Angeklagten M. und R. gemeinsam verübt hatten. Bei allen Diebesfahrten (Anfahrt zum und Abfahrt vom jeweiligen Tatort) führte M. einen Pkw – in dem auch R. mitfuhr –" ohne im Besitz einer gültigen Fahrerlaubnis zu sein. Das Landgericht verurteilte insoweit die Mittäter dieser Diebstahlstaten und M. darüber hinaus wegen – rechtlich als eine selbständige Tat gewürdigten – Fahrens ohne Fahrerlaubnis.

b) Mit Beschluß vom 24. 10. 1996 verwarf der BGH die Revisionen von M. und R. Dabei berichtigte er den Schuldspruch bezüglich M. dahin, daß die drei Diebstähle jeweils in Tateinheit mit Fahren ohne Fahrerlaubnis stehen; die Einzelstrafe wegen Fahrens ohne Fahrerlaubnis entfiel damit.

c) Mit dem angefochtenen Urteil hat das Landgericht die Angeklagten M. und R. u.a. wegen dreier weiterer Einbruchsdiebstähle (darunter ein Versuch) verurteilt, die an denselben beiden Tagen erfolgten, an denen auch die genannten früheren Einbruchsdiebstähle verübt wurden.

– Eine Tat des angefochtenen Urteils erfolgte im Anschluß an die Tat vom 22. 11. 1995, die Gegenstand des früheren Urteils war. Dabei wurden die Täter von M. zum neuen Tatort gefahren.

– Die beiden weiteren Taten (die letzte nur ein Versuch) verübten sie im Anschluß an die zweite Tat vom 23. 11. 1995, die gleichfalls Gegenstand der früheren Verurteilung war. Auch hier wurden die Täter von M. zum neuen Tatort gefahren. – Das Rechtsmittel war erfolglos.

Gründe: Strafklageverbrauch ist nicht eingetreten.

a) Der GBA geht beim Angeklagten M. von Strafklageverbrauch aus, weil die bereits abgeurteilten Taten des Fahrens ohne Fahrerlaubnis mit den Diebstahlstaten, die Gegenstand des jetzigen Verfahrens sind, materiell-rechtlich in Tateinheit stünden.

Dem folgt der Senat nicht.

Der Verwerfungsbeschluß des Senats vom 24. 10. 1996 äußert sich zur Struktur des Tatbestandes des Fahrens ohne Fahrerlaubnis nicht. Es kam darauf auch nicht an: Würden Teilakte des Fahrens ohne Fahrerlaubnis als fortgesetzte Handlung (BGH Beschl. v. 7. 1. 1993 – 4 StR 592/92; vgl. aber BGHSt. 40, 138) oder als Dauerstraftat (vgl. BGHSt. 36, 151, 153) zu einer Tat verbunden, so stünden Diebstahlstaten, die tateinheitlich mit dieser einen Tat des Fahrens ohne Fahrerlaubnis verbunden sind, zueinander – als gegenüber dem Delikt des Fahrens ohne Fahrerlaubnis schwerere Straftaten – in Tatmehrheit (BGH Beschl. v. 7. 1. 1993 – 4 StR 592/92). Der Senat hatte darum so zu tenorieren, wie er es in seinem Beschluß vom 24. 10. 1996 getan hat. Nicht anders hatte er den Schuldspruch zu fassen, wenn – wozu der Senat allerdings neigt und was auch dem Beschluß des 4. Strafsenats vom 20. 6. 1996 (4 StR 264/96) zugrunde liegen könnte – die Tat des Fahrens ohne Fahrerlaubnis jeweils durch Unterbrechung der Fahrt und Fassen des Entschlusses, mit Hilfe des Kraftwagens einen Diebstahl zu begehen, beendet gewesen und mit Ausführen des Entschlusses neu begangen worden wäre (vgl. BGHSt. 36, 151, 154).

Entscheidungserheblich ist diese Frage hier letztlich nicht, weil die Tat des Fahrens ohne Fahrerlaubnis, selbst wenn sie für die hier in Frage stehenden Zeiträume abgeurteilt wäre, mit den hier begangenen Diebstahlstaten nicht in Tateinheit steht. Bei Begehung der Taten waren die Fahrten mit dem Kraftfahrzeug jeweils beendet. Bei Wegfahrt der Angeklagten vom Tatort waren die Diebstahlstaten jeweils abgeschlossen: in einem Fall blieb es beim Versuch des Diebstahls, in den beiden anderen Fällen waren die vollendeten Diebstahlstaten beendet, weil es nur zur Wegnahme von Geld und Gegenständen geringen Umfanges gekommen und eine Sicherung des Gewahrsams durch Wegfahrt nicht notwendig war; die Diebstahlstaten und die Tat des Fahrens ohne Fahrerlaubnis überschneiden sich deshalb in keinem Punkt und stehen daher in Tatmehrheit zueinander (BGH NJW 1981, 997).

b) Auch sonst liegt bei allen Angeklagten trotz der zeitlichen und örtlichen Aufeinanderfolge der Diebstahlsserie keine den Strafklageverbrauch auslösende Tatidentität i.S. des § 264 StPO vor, denn die Taten sind nicht derart miteinander verknüpft, daß der Unrechts- und Schuldgehalt der einen nicht ohne die Umstände, die zu der anderen Handlung geführt haben, richtig gewürdigt werden könnte und ihre getrennte Würdigung als unnatürliche Aufspaltung eines einheitlichen Lebensvorgangs empfunden würde (vgl. BGHNJW 1981, 997, 998; GA 1961, 346, 347; StZ-RR 1996, 347). Bei der Tatserie am 22. und 23. 11. 1995 haben die Mittäter (M., R.) ersichtlich erst jeweils vor Ort ein bestimmtes Gebäude als geeignetes Tatobjekt ausgewählt und erst dann den konkreten Entschluß gefaßt, in dieses einzubrechen.

4. Die unterbliebene Wiedereinbeziehung ausgeschiedener Tatteile kann als Verfahrensverstoß nur mit einer den Anforderungen des § 344 II 2 StPO genügenden Verfahrensbeschwerde gerügt werden.

StPO § 264 – BGH Urt. v. 14. 12. 1995 – 4 StR 370/95 LG Essen (= NStZ 1996, 241)

Die Revision der Staatsanwaltschaft rügt, die Strafkammer habe die mit ihrer – der Staatsanwaltschaft – Abschlußverfügung ausgeschiedenen Gesetzesverletzungen (§ 89 Börsengesetz) in den freigesprochenen Fällen gesetzwidrig nicht wieder in das Verfahren einbezogen.

Sachverhalt: Das Landgericht hat den Angeklagten wegen Betruges in drei Fällen unter Einbeziehung einer rechtskräftig festgesetzten Geldstrafe zu einer Gesamtfreiheitsstrafe verurteilt und von dem Vorwurf des Betruges in sieben weiteren Fällen freigesprochen. – Das Rechtsmittel war erfolglos.

Gründe: ...

2. Nichtverurteilung wegen § 89 Börsengesetz

a) Die Verfahrensbeschwerde der Staatsanwaltschaft entspricht nicht den Anforderungen des § 344 II 2 StPO. Zu ihr hat die Beschwerdeführerin nur ausgeführt, die Strafkammer habe die mit ihrer – der Staatsanwaltschaft – Abschlußverfügung „ausgeschiedenen Gesetzesverletzungen (§ 89 Börsengesetz) in den freigesprochenen Fällen" gesetzwidrig nicht wieder in das Verfahren einbezogen. Dieses Vorbringen ist nicht – wie es erforderlich wäre – geeignet, das Revisionsgericht in die Lage zu versetzen, allein aufgrund des ihm unterbreiteten Tatsachenstoffes zu überprüfen, ob der gerügte Verfahrensverstoß geschehen ist. Hierzu hätte es der Mitteilung des Wortlauts der in Bezug genommenen Verfügung sowie der Schilderung des Verfahrensablaufs im einzelnen bedurft. Auch hätten die „freigesprochenen Fälle" näher erläutert werden müssen, um dem Revisionsgericht die Möglichkeit zur Prüfung dahingehend zu eröffnen, ob alle diese Fälle in gleicher Weise von dem behaupteten Verfahrensverstoß erfaßt worden sind.

b) Es bedarf im vorliegenden Fall keiner abschließenden Entscheidung darüber, ob es auch einen auf die Sachrüge hin zu berücksichtigenden Rechtsfehler darstellt, wenn der Tatrichter es unterläßt, ausgeschiedene Gesetzesverletzungen in seine Entscheidung (wieder) einzubeziehen, nachdem die Strafverfolgungsbehörde oder er selbst die Strafverfolgung gemäß § 154a StPO auf bestimmte Gesetzesverletzungen beschränkt hatten und dieser eingegrenzte Vorwurf in der Hauptverhandlung nicht bewiesen wird.

aa) Nach der bisherigen Rechtsprechung des BGH (BGHSt. 32, 84, 85 f. [BGH Urt. v. 15. 9. 1983 – 4 StR 535/83; vgl. § 154a StPO erfolgreiche Rügen]; BGH NStZ 1982, 517, 518 [BGH Urt. v. 8. 9. 1982 – 3 StR 241/82; vgl. § 154a StPO erfolgreiche Rügen]; 1985, 515 [BGH Urt. v. 11. 7. 1985 – 4 StR 274/85; vgl. § 154 StPO erfolgreiche Rügen]; Urt. v. 23. 3. 1995 – 4 StR 641/94 [vgl. § 264 StPO erfolgreiche Rügen]) und den im Schrifttum hierzu vertretenen Ansichten stellt es einen Verstoß gegen Verfahrensrecht dar wenn der Tatrichter es unterlassen hat, die gebotene Wiedereinbeziehung ausgeschiedener Tatteile oder Gesetzesverletzungen durch Beschluß nach § 154a III 1 StPO anzuordnen, dieser Rechtsfehler kann dementsprechend auch nur mit der Verfahrensrüge beanstandet werden.

Hiervon abweichend hat der 1. Strafsenat des BGH in seinem Urteil vom 18. 7. 1995 (1 StR 320/95; vgl. § 154 StPO erfolgreiche Rügen) (NStZ 1995, 540, 541) zum Ausdruck gebracht, ein derartiger Verstoß könne auch erfolgreich mit der Sachbeschwerde gerügt werden, da er „nicht nur eine Verletzung der Verfahrensvorschrift des § 264 StPO, sondern zugleich einen materiell-rechtlichen Fehler" darstelle. Für seine Ansicht bezieht sich der 1. Strafsenat auf die Entscheidung „BGH StV 1981, 127, 128 (BGH Urt. v. 25. 11. 1980 – 1 StR 508/80; vgl. § 264 StPO erfolgreiche Rügen)". Diese Entscheidung beruft sich wiederum auf die Urteile des BGH vom 10. 12. 1974 (5 StR 578/74) und vom 14. 12. 1978 (4 StR 582/78). Keinem dieser in bezug genommenen Erkenntnisse liegt indessen ein Fall zugrunde, in dem zuvor die Strafverfolgung nach § 154a StPO beschränkt worden war.

Der Senat vermag der abweichenden Ansicht des 1. Strafsenats nicht zu folgen. Zwar ist es zutreffend, daß das Gericht eine umfassende Kognitionspflicht trifft. Dieser Kognitionspflicht dürfen aber keine verfahrensrechtlichen Hindernisse entgegenstehen. Wie sich aus der Notwendigkeit einer formellen Wiedereinbeziehung ausgeschiedener Gesetzesverletzungen nach § 154 III 1 StPO ergibt, kann eine zunächst ausgeschiedene Gesetzesverletzung nur dann überprüft werden, wenn der Beschränkungsbeschluß durch einen actus contrarius beseitigt worden ist. Da es sich hierbei um einen Verfahrensvorgang handelt, hält der Senat in Übereinstimmung mit der bisherigen Rechtsprechung daran fest, daß die unterbliebene Wiedereinbeziehung als Verfahrensverstoß nur mit einer den Anforderungen des § 344 II 2 StPO genügenden Verfahrensbeschwerde gerügt werden kann ...

5. Der Grundsatz in dubio pro reo gilt nicht bei der Frage, ob ein Gesamtvorsatz und damit eine fortgesetzte Handlung gegeben ist oder nicht.

StPO § 264 – BGH Urt. v. 11. 8. 1988 – 4 StR 217/88 LG Landau (= BGHSt. 35, 318 = StV 1989, 49)

Die Revision rügt, das Gericht habe gegen das Verbot der Doppelbestrafung verstoßen.

Sachverhalt: Das Landgericht hat den Angeklagten des unerlaubten Handeltreibens mit Betäubungsmitteln schuldig gesprochen und ihn unter Einbeziehung einer durch Urteil des Landgerichts F. verhängten Freiheitsstrafe zu einer Gesamtfreiheitsstrafe verurteilt. Der Angeklagte bezog in der Zeit zwischen Herbst 1982 und Anfang 1983 in „drei oder etwas mehr Einzellieferungen" von M. insgesamt 9 Kilogramm Haschisch. Er handelte aufgrund eines „einheitlichen, auf wiederholte Tatbegehung gerichteten und von Fall zu Fall verwirklichten Willensentschlusses". Die jeweils erhaltene Menge verkaufte er, wie von Anfang an geplant, mit Gewinn.

Der Angeklagte ist durch Urteil des Landgerichts F. vom 11. 1. 1985 wegen unerlaubten Erwerbs von Betäubungsmitteln und unerlaubten Handeltreibens mit Betäubungsmitteln rechtskräftig zu einer im vorliegenden Verfahren einbezogenen Freiheitsstrafe von drei Jahren verurteilt worden. Nach den Feststellungen des genannten Urteils bezog der Angeklagte „etwa Mitte Mai 1984" von L. zum Preise von 20 000 DM insgesamt 3 1/2 kg Haschisch. Davon zweigte er 500 g als „Provision für sich ab" und lieferte den Rest – wie vor dem Kauf vereinbart – an seinen Geldgeber W. „Kurz darauf" bestellte er 10 kg Haschisch bei L. Den Kaufpreis von 50 000 DM hatte er teils von W. (30 000 DM), teils von dem „Rauschgiftinteressenten Sch.", der ihm aus Rauschgiftgeschäften noch 3000 DM schuldete (10 000 DM), und teils von „mehreren Kleinabnehmern" (10 000 DM) erhalten. Kurz vor Übergabe des Haschischs wurde L. festgenommen. Das Haschisch wurde sichergestellt. Das Landgericht F. hat die Auffassung vertreten, die beiden festgestellten Teilakte stellten einen fortgesetzten Verstoß gegen das Betäubungsmittelgesetz dar, weil der Angeklagte „von vornherein die Absicht hatte, durch den Aufkauf relativ großer Mengen von Haschisch sich eine ständige Einnahmequelle zu sichern".

Im anhängigen Verfahren hat sich der Angeklagte dahin eingelassen, sämtliche ihm anzulastenden Aktivitäten als Haschischhändler stellten Teilakte einer einzigen Tat des Handeltreibens dar. Bereits Mitte des Jahres 1982 habe er „Geschäftsverbindungen" zu W. aufgenommen. Damals habe er sich entschlossen, „seinen Lebensunterhalt zu einem nicht unerheblichen Teil vom Haschischhandel zu bestreiten". Diesen Entschluß habe er in die Tat umgesetzt. Das Haschisch habe er von W. und „phasenweise ... von dem von W. vermittelten M." bezogen. Bereits in der Zeit der Geschäftsbeziehungen zu M. – die Gegenstand des anhängigen Verfahrens sind – habe er L. kennengelernt und seitdem auch diesem „fortlaufend" – gelegentlich aber auch anderen Lieferanten – Haschisch abgekauft. Monatlich habe er 1 bis 1,5 kg Haschisch umgesetzt und dadurch einen Gewinn von 1000 bis 1500 DM erzielt. Nach und nach sei L. sein Hauptlieferant geworden. W. habe sich im Laufe der Zeit zu einem Abnehmer der von ihm, dem Angeklagten, bei L. bezogenen Mengen entwickelt. Die beiden vom Landgericht F. im Urteil vom 11. 1. 1985 festgestellten Teilakte seien schon von der Menge her die größten der mit L. abgewickelten Geschäfte gewesen.

Die Strafkammer hat dazu ausgeführt, diese Einlassung könne „nicht widerlegt" werden; sie könne dem Angeklagten aber „auch nicht in vollem Umfang geglaubt" werden. Fest stünden die Geschäftsbeziehungen einerseits zu M. in den Jahren 1982 und 1983 und andererseits zu L. im Jahre 1984. Es sei auch in „gewissem Umfang wahrscheinlich", daß er in der Zwischenzeit Haschischgeschäfte getätigt habe. Das führe aber nicht zu dem Schluß, daß sich die Handelsbeziehungen seiner Einlassung entsprechend zugetragen hätten. Es liege die Annahme nahe, daß seine Darstellung von dem Ziel beeinflußt sei, den Verbrauch der Strafklage darzutun. So könne es sein, daß es „zwischen Phasen des Handeltreibens auch deutliche zeitliche Unterbrechungen gegeben" habe. Die Geschäftsbeziehungen zu M. seien „unzweifelhaft ... seit Frühjahr 1983 abgebrochen". Sie seien in der Ausführungsart deutlich von denen zu L. zu unterscheiden. Es sei fraglich, ob die Anknüpfung dieser Geschäftsbeziehungen tatsächlich „fast zeitlich mit dem Beginn der Belieferung durch W." erfolgt sei. – Das Rechtsmittel war erfolglos.

Gründe: ...

II.

Danach ist es rechtlich nicht zu beanstanden, daß das Landgericht die im anhängigen Verfahren abgeurteilten Akte des Handeltreibens als – im Verhältnis zu den bereits rechtskräftig abgeurteilten – materiell-rechtlich selbständige Straftat beurteilt hat.

1. Den Feststellungen kann entnommen werden, daß der Angeklagte seit 1982 bereit war, sich durch Betäubungsmittelgeschäfte eine Einnahmequelle zu verschaffen. Eine solche allgemeine, in ihren Einzelheiten noch unbestimmte Tatbereitschaft reicht aber nicht aus, um alle späteren Teilakte von Verstößen gegen das Betäubungsmittelgesetz zu einer Tat zusammenzufassen. Voraussetzung hierfür ist vielmehr ein Gesamtvorsatz, der die Teilakte vorweg umfaßt (st. Rspr. vgl. BGHSt. 19, 323, 325; 23, 33, 35; BGH Beschl. v. 20. 6. 1988 – 3 StR 183/88). Dabei brauchen die einzelnen Akte nicht in allen Einzelheiten konkretisiert zu sein. Beim Handel mit Betäubungsmitteln ist nicht erforderlich, daß der Händler, von dem der Täter das Rauschgift bezieht, oder die Abnehmer feststehen. Es reicht aus, wenn der Täter im Rahmen eines eingespielten Einkaufs- und Verkaufssystems handelt, das nicht für jedes Erwerbs- und Verkaufsgeschäft zu neuen Tatentschlüssen nötigt (BGH bei Holtz MDR 1983, 622; BGHSt. 33, 122, 123 [BGH Urt. v. 16. 1. 1985 – 2 StR 590/84; vgl. Art. 103 GG erfolgreiche Rügen]; BGHR StGB vor § 1/fortgesetzte Handlung Gesamtvorsatz 4).

2. Von dem Vorliegen eines solchen Gesamtvorsatzes hat sich das Landgericht nicht überzeugen können. Der Generalbundesanwalt meint, die Strafkammer habe – abgesehen davon, daß sie auf Umstände beim Zustandekommen des Geständnisses des Angeklagten verwiesen habe – keine Tatsachen angegeben, die der Annahme eines Gesamtvorsatzes entgegenstehen könnten. Die Auffassung des Tatrichters, der Gesamtvorsatz sei nicht bewiesen, stütze sich auf theoretische Möglichkeiten, die reine Vermutungen darstellten. Dies trifft aber nicht zu. Die Strafkammer hat keine konkreten, im einzelnen näher bestimmbaren Einzelakte zwischen dem Abbruch der Geschäftsbeziehungen zu M. und den rechtskräftig abgeurteilten Akten im Jahre 1984 feststellen können. Auch der Angeklagte hat dazu in seinem nunmehr „umfassenden Geständnis" keine Angaben gemacht. Bei dieser Sachlage liegt die tatrichterliche Annahme einer längeren Unterbrechung der strafbaren Aktivitäten durchaus nahe. Dies und der vom Landgericht festgestellte Wechsel der strafbaren Geschäftsbeziehungen vom Händler, der Haschisch an Endabnehmer absetzt, zum Zwischenhändler lassen es als eher unwahrscheinlich erscheinen, daß der Angeklagte sämtliche seiner strafbaren Betäubungsmittelgeschäfte aufgrund eines Gesamtvorsatzes getätigt hat (BGHR StGB vor § 1/fortgesetzte Handlung Gesamtvorsatz 3). Vielmehr durfte der Tatrichter davon ausgehen, daß der Angeklagte geraume Zeit nach Beendigung seiner Geschäftsbeziehungen zu M. einen neuen Tatentschluß gefaßt und sodann die rechtskräftig abgeurteilten Taten begangen hat. Die Annahme zweier real konkurrierender Straftaten ist deshalb rechtlich nicht zu beanstanden. Unterstellen durfte der Tatrichter den Gesamtvorsatz nicht (BGHSt. 23, 33, 35; BGHR StGB vor § 1/fortgesetzte Handlung Gesamtvorsatz 2). Es muß vielmehr Tatmehrheit angenommen werden, wenn der für eine fortgesetzte Handlung notwendige Gesamtvorsatz nicht mit ausreichender Sicherheit festgestellt werden kann (BGHR StGB vor § 1/fortgesetzte Handlung Gesamtvorsatz 8; BGH, Beschl. v. 20. 6. 1988 – 3 StR 183/88).

III.

Durch die Verurteilung zunächst wegen der Straftat aus dem Jahre 1984 und nunmehr wegen der Straftat aus den Jahren 1982/1983 ist das in Art. 103 Abs. 3 GG verankerte Verbot wiederholter Strafverfolgung (ne bis in idem) nicht verletzt.

1. Die Vorschrift soll den Angeklagten davor schützen, wegen einer bestimmten Straftat, deretwegen er schon zur Verantwortung gezogen worden ist, nochmals in einem neuen Verfahren verfolgt zu werden. Sie greift nicht auf das materielle Strafrecht zurück, das im Bereich der Konkurrenzen zwischen Tateinheit (§ 52 StGB) und Tatmehrheit (§ 53 StGB) unterscheidet, sondern verwendet einen von dem materiellen Tatbegriff verschiedenen prozessualen Begriff der „Tat", nach dem sich der Gegenstand der Urteilsfindung (§ 264 Abs. 1 StPO) und damit verbunden der Umfang der Rechtskraft richten (BGHSt. 35, 60 [BGH Urt. v. 29. 9. 1987 – 4 StR 376/87; vgl. § 264 StPO erfolglose Rügen]; 35, 80 [BGH Beschl. v.

16. 10. 1987 – 2 StR 258/87; vgl. § 264 StPO erfolgreiche Rügen]). Den Rahmen der Untersuchung bildet dabei zunächst das Geschehen, wie es die zugelassene Anklage umschreibt (BGH a.a.O.). Danach stellen die Einzelakte aus den Jahren 1984, die rechtskräftig abgeurteilt sind, und die im anhängigen Verfahren zu bewertenden Einzelakte aus dem Jahre 1982/1983 zwei zeitlich, räumlich und auch nach Art und Weise der Begehung sowie hinsichtlich der Tatbeteiligten getrennte Vorgänge dar. Zwar können auch mehrere Handlungen im Sinne des § 53 StGB als eine Tat im Sinne des § 264 StPO zu werten sein. Dies ist aber nur der Fall, wenn die mehreren Handlungen unmittelbar und dergestalt inhaltlich verknüpft sind, daß ihre getrennte Aburteilung als unnatürliche Aufspaltung eines einheitlichen Lebensvorgangs empfunden würde (BGHSt. 29, 288, 293 f. [BGH Urt. v. 11. 6. 1980 – 3 StR 9/80; vgl. § 264 StPO erfolglose Rügen]). Dies ist nach dem vom Landgericht festgestellten Sachverhalt nicht der Fall.

2. Das Institut der Fortsetzungstat ist von der Rechtsprechung im wesentlichen aus Gründen der Vereinfachung der Rechtsanwendung entwickelt worden und faßt an sich rechtlich selbständige Taten zu einer rechtlichen Handlungseinheit zusammen. Zeitlich weit auseinanderliegende Einzelakte, die sich hier auch in der Begehungsweise unterscheiden, stellen bei natürlicher Betrachtung keinen geschichtlichen Geschehensablauf dar, der den Begriff der „Tat" im Sinne des § 264 StPO kennzeichnet. Dieser die Einzelakte zu einer Tat zusammenfassende einheitliche Geschehensablauf wird nur durch den Gesamtvorsatz hergestellt, auf den alle Einzelakte zurückgehen müssen. Fehlt dieser Gesamtvorsatz, so entfällt das die Einzelakte – zu einer Tat im Rechtssinne – zusammenfassende Bindeglied. Daraus folgt, daß von einer fortgesetzten Tat – die an sich tatsächlich und rechtlich selbständige Taten auf Grund einer rechtlichen Konstruktion zu einer einzigen Straftat verbindet – nur ausgegangen werden kann, wenn dieses Bindeglied sicher gegeben ist. Deswegen muß der Tatrichter das Vorliegen eines Gesamtvorsatzes zweifelsfrei feststellen und daher gilt der Grundsatz in dubio pro reo insoweit nicht (BGHSt. 23, 33, 35[1]).

Das ergibt sich auch daraus, daß sich die Kognitionspflicht des Gerichts nicht auf unbekannte, nicht von einem Gesamtvorsatz getragene Akte erstreckt. Es ist dem Tatrichter, selbst wenn er nur Zweifel am Gesamtvorsatz hat, vielmehr verwehrt, sie ohne Nachtragsanklage zum Gegenstand der Aburteilung zu machen. Derselbe Zweifel darf sich in dem späteren Verfahren nicht wiederum als Hindernis für eine Aburteilung auswirken. Hier hat das Landgericht nicht die Gewißheit gewinnen können, daß der Angeklagte einen Gesamtvorsatz hatte; es hält dies lediglich für möglich. Damit kann vom Vorliegen einer einzigen fortgesetzten Handlung nicht ausgegangen werden, vielmehr verbleibt es dann bei tatsächlich und rechtlich selbständigen Handlungen. Ist die im Urteil des Landgerichts F. vom 11. 1. 1985 abgeurteilte, aber gegenüber der dem vorliegenden Verfahren zugrundeliegenden Tat rechtlich selbständig, so stellt sich die Frage des Strafklageverbrauchs nicht.

3. Mit dieser Entscheidung wird nicht in Frage gestellt, daß bei tatsächlichen Zweifeln daran, ob eine Handlung im Zusammenhang mit einer abgeurteilten Tat begangen worden ist, von der für den Angeklagten denkbar günstigsten Sachlage auszugehen ist, die zur Annahme des Strafklageverbrauchs führt (BayObLG NJW 1968, 2118; 2119; vgl. BGH Beschl. v. 4. 3. 1988 – 2 StR 447/88). Das gilt auch nach der Aburteilung einer fortgesetzten Tat, wenn etwa Zweifel an der Tatzeit eines danach ermittelten Einzelaktes bestehen und die Möglichkeit gegeben ist, daß er in die Reihe der durch den Gesamtvorsatz verbundenen Einzelakte fällt. So liegt es hier aber nicht. Der vorliegende Fall betrifft – wie dargelegt – nicht die Frage, ob bestimmte Einzelakte einem festgestellten Gesamtvorsatz und damit

---

1 „Denn der Grundsatz ,im Zweifel für den Angeklagten' gilt in diesem Zusammenhang nicht. Die Annahme von Tatmehrheit (§ 74 StGB) ist vielmehr die Regel. Konnte die Strafkammer also nicht zu der vollen Überzeugung gelangen, daß der Angeklagte sich noch vor der Beendigung seiner Tätigkeit in B. zur Fortsetzung in K. entschlossen hatte, mußte sie ihn wegen zweier (fortgesetzter) Taten verurteilen ..." (BGH Urt. v. 2. 7. 1969 – 4 StR 175/69).

einer fortgesetzten Tat zuzuordnen sind. Es ist vielmehr offen, ob der Täter einen Gesamtvorsatz gefaßt hat, der bestimmte Einzelakte oder – wie hier – Gruppen von solchen Akten zu einer einheitlichen fortgesetzten Tat zusammenfaßt, oder ob ein solcher Vorsatz fehlt. Der Zweifel betrifft also nicht den Umfang einer festgestellten fortgesetzten Tat, sondern die Frage, ob zwei Gruppen von Einzelakten, die jeweils für sich fortgesetzte Taten bilden, durch einen – übergeordneten – beide Gruppen umfassenden Gesamtvorsatz zu einer Tat verbunden sind.

6. Bei Verfolgung einer Tat als Einzelhandlung erstreckt sich die Strafklage tatsächlich nicht auf weitere, unbekannt gebliebene Taten oder Teilakte einer fortgesetzten Handlung.

StPO § 264 – BGH Beschl. v. 20. 6. 1988 – 3 StR 183/88 (= BGHR StPO § 264 I Strafklageverbrauch 1)

Die Revision rügt, hinsichtlich der angeklagten Tat sei wegen einer Verurteilung durch ein anderes Gericht Verbrauch der Strafklage eingetreten.

Sachverhalt: Das Landgericht hat den Angeklagten wegen fortgesetzten unerlaubten Handeltreibens mit Betäubungsmitteln verurteilt, weil er im Jahre 1985 zweimal je ca. 20 g Haschisch an den Zeugen B. verkaufte und von Anfang Oktober bis 20. 12. 1986 von diesem Zeugen in mindestens acht Teilakten mindestens 1,7 kg Haschisch zum gewinnbringenden Weiterverkauf kaufte. Die Strafe aus dem Urteil des Amtsgerichts Düsseldorf vom 31. 3. 1987 wegen unerlaubten Besitzes von 71 g Haschisch am 28. 6. 1986 hat es einbezogen. – Das Rechtsmittel war erfolglos.

Gründe: Entgegen der Auffassung der Revision ist durch das genannte Urteil des Amtsgerichts Düsseldorf Strafklageverbrauch nicht eingetreten. Auch, wenn der Angeklagte tatsächlich von 1985 bis Ende 1986 fortgesetzt unerlaubt mit Betäubungsmitteln Handel getrieben haben und der rechtskräftig abgeurteilte unerlaubte Besitz von Betäubungsmitteln am 28. 6. 1986 – wie das Landgericht annimmt – ein Teilakt dieser fortgesetzten Tat gewesen sein sollte, wäre die Strafklage durch das rechtskräftige amtsgerichtliche Urteil nicht verbraucht. Der Grundsatz, daß niemand wegen derselben Tat zweimal verurteilt werden darf, greift nur dann Platz, wenn der Täter wegen Taten oder Einzelakten einer Tat verurteilt worden ist, die „Gegenstand der Strafklage" waren. Bei Verfolgung einer Tat als Einzelhandlung – hier des unerlaubten Besitzes von Betäubungsmitteln am 28. 6. 1986 – erstreckt sich die Strafklage tatsächlich nicht auf weitere, unbekannt gebliebene Taten oder Teilakte einer fortgesetzten Handlung (BGH MDR 1985, 423, 424). Soweit der Beschwerdeführer aus der beiläufigen Bemerkung des 2. Strafsenats des Bundesgerichtshofs in BGHSt. 33, 122, 126 (BGH Urt. v. 16. 1. 1985 – 2 StR 590/84; vgl. Art. 103 GG erfolgreiche Rügen) etwas anderes folgert, kann der Senat dem nicht zustimmen.

Unerheblich ist, daß der Angeklagte das Haschisch, welches er am 28. 6. 1986 im Besitz hatte, unerlaubt erworben oder sich in sonstiger Weise unerlaubt verschafft haben mußte. Ersichtlich konnte das Amtsgericht hierzu keine Feststellungen treffen, weshalb es ihn nur aufgrund des Auffangtatbestandes wegen unerlaubten Besitzes von Betäubungsmitteln verurteilt hat. Auch wenn die eine oder die andere Begehungsform zur Besitzerlangung festgestellt würde, würde es sich dennoch nur um eine einzige – nicht etwa fortgesetzte – Tat handeln, nämlich um das unerlaubte Erwerben oder das unerlaubte sich in sonstiger Weise Verschaffen von Haschisch, durch welches bei täterschaftlicher Begehungsweise der Straftatbestand des damit erlangten unerlaubten Besitzes an dem Betäubungsmittel verdrängt werden würde. Es kommt auch nicht darauf an, ob bei ordnungsgemäßer umfassender Ermittlung in dem damaligen Verfahren gegen den Angeklagten ein fortgesetztes unerlaubtes Handeltreiben mit Betäubungsmittel hätte festgestellt werden können (§ 264 StPO).

7. Durch die Verurteilung zunächst wegen Hehlerei und dann wegen Raubes ist das in Art. 103 III GG verbürgte Verbot wiederholter Strafverfolgung für ein- und dieselbe Tat (ne bis in idem) nicht verletzt.

StPO § 264 – BGH Urt. v. 29. 9. 1987 – 4 StR 376/87 LG Saarbrücken (= BGHSt. 35, 60 = NJW 1988, 1742)

Die Revision rügt, das Gericht habe gegen das Verbot der Doppelbestrafung verstoßen.

Sachverhalt: Das Landgericht hat den Angeklagten wegen schweren Raubes zu einer Freiheitsstrafe verurteilt.

Nach den Feststellungen überfiel der Angeklagte am 19. 12. 1983 gegen 5 Uhr mit einem Mittäter – dem Mitangeklagten C. – den Kassenboten der Filiale der Kreissparkasse S. Unter Bedrohung mit einem Revolver und nach Fesselung des Boten entwendete man einen Koffer, der neben für die Täter unbrauchbaren Bankunterlagen auch zwei Aktien mit Gewinnanteilscheinen und Erneuerungsscheinen enthielt. Der Angeklagte übergab die Aktien einem Bekannten, der am 30. 12. 1983 versuchte, die beiden Aktien zu verkaufen. Nach seiner Festnahme gab dieser an, daß er die Aktien vom Angeklagten erhalten hatte. Der Angeklagte wurde am 31. 12. 1983 wegen des Verdachts, sich am 19. 12. 1983 wegen Raubes oder wegen Hehlerei strafbar gemacht zu haben, in Haft genommen. Am 2. 7. 1984 wurde gegen ihn Anklage erhoben, und zwar – neben anderen Anklagevorwürfen – mit der Anschuldigung, „am Nachmittag des 28. 12. 1983 vor dem Lokal ‚F.‘ in S. von zwei Unbekannten zwei Aktien nebst zugehörigen Dividendenscheinen, die aus dem Raubüberfall auf einen Bankboten der Kreissparkasse S. stammten, als Sicherheit für ein an gleicher Stelle gewährtes Darlehen von 1200 DM entgegengenommen zu haben."

Zum wesentlichen Ergebnis der Ermittlungen dieser – vom Gericht zugelassenen – Anklageschrift ist ausgeführt, daß der Angeklagte „zunächst wegen Beteiligung an dem Raubüberfall" in Haft genommen worden sei, daß aber aufgrund der staatsanwaltschaftlichen Ermittlungen „ein entsprechender Nachweis ... nicht geführt werden" konnte. – Das Rechtsmittel war erfolglos.

Gründe: ... Damit ist der Raub nicht förmlicher Gegenstand dieser Anklage (BGHSt. 32, 146, 149[1]), aufgrund derer der Angeklagte rechtskräftig wegen Hehlerei (Einzelfreiheitsstrafe von sechs Monaten) und anderer Taten zu einer Gesamtfreiheitsstrafe von einem Jahr und drei Monaten verurteilt worden ist, die inzwischen vollstreckt wurde.

c) Durch die Verurteilung zunächst wegen Hehlerei und nunmehr wegen Raubes ist das in Art. 103 Abs. 3 GG verbürgte Verbot wiederholter Strafverfolgung für ein- und dieselbe Tat (ne bis in idem) nicht verletzt.

aa) Die Vorschrift soll den Bürger davor schützen, wegen einer bestimmten Tat, derentwegen er schon zur Verantwortung gezogen worden ist, nochmals in einem neuen Verfahren verfolgt zu werden. Sie greift nicht auf das materielle Strafrecht zurück, das im Bereich der Konkurrenzen zwischen Tateinheit (§ 52 StGB) und Tatmehrheit (§ 53 StGB) unterscheidet, sondern verwendet einen von dem materiellen Tatbegriff verschiedenen prozessualen Begriff der „Tat", nach dem sich der Gegenstand der Urteilsfindung (§ 264 Abs. 1 StPO) und damit verbunden der Umfang der Rechtskraft richten (BGHSt. 29, 288, 292 [BGH Urt. v. 11. 6. 1980 – 3 StR 9/80; vgl. § 264 StPO erfolglose Rügen]). Der verfahrensrechtliche Tatbegriff umfaßt den von der zugelassenen Anklage betroffenen einheitlichen geschichtlichen Vorgang, innerhalb dessen der Angeklagte einen Straftatbestand verwirk-

---

1 „... Der Senat teilt die Auffassung des vorlegenden Gerichts, die Erwähnung der Angaben der Angeklagten vor der Polizei in der Anklageschrift reiche nicht aus, diesen Sachverhalt als im Sinne von § 170 Abs. 1, § 200 Abs. 1 StPO angeklagt anzusehen." (BGH Beschl. v. 3. 11. 1983 – 1 StR 178/83).

licht haben soll (BGHSt. 32, 215, 216 [BGH Urt. v. 21. 12. 1983 – 2 StR 578/83; vgl. § 264 StPO erfolglose Rügen]).

bb) Den Rahmen der Untersuchung bildet dabei zunächst das tatsächliche Geschehen, wie es die zugelassene Anklage umschreibt (BGH a.a.O.). Der bei der Verurteilung wegen Hehlerei zugrunde, gelegte und der nunmehr bei der Aburteilung wegen Raubes festgestellte Sachverhalt stellen zwei zeitlich und räumlich getrennte Vorgänge dar. Das allein würde nicht hindern, beide Sachverhalte als eine Tat aufzufassen. Denn die Tat als Prozeßgegenstand ist nicht nur der in der Anklage umschriebene und dem Angeklagten dort zur Last gelegte Geschehensablauf; vielmehr gehört zu ihm das gesamte Verhalten des Angeklagten, soweit es mit dem durch die Anklage bezeichneten geschichtlichen Vorgang nach der Auffassung des Lebens ein einheitliches Vorkommnis bildet (BGH a.a.O. m.Nachw.). Unter diesem Gesichtspunkt haben das Reichsgericht (RGSt 8, 135, 137 ff.; RG GA 59, 138) und ihm folgend der Bundesgerichtshof (BGH bei Dallinger MDR 1954, 17; BGH Urteile v. 13. 1. 1976 – 1 StR 624/75 – und v. 21. 6. 1978 – 2 StR 46/78 – sowie der 5. Strafsenat in einer Entscheidung nach § 349 Abs. 2 StPO v. 16. 4. 1985 – 5 StR 223/85) Tatidentität von Diebstahl und Hehlerei angenommen, falls der in der Anklage nach Objekt, Ort und Zeit der Handlung konkretisierte Diebstahl Grundlage der Verurteilung wegen Hehlerei blieb (vgl. BGH Urt. v. 3. 7. 1986 – 4 StR 182/86 [vgl. § 55 StPO erfolglose Rügen]).

Der Generalbundesanwalt ist der Auffassung, daß diese Grundsätze auf den hier vorliegenden Fall übertragbar seien.

Dem Angeklagten sei zwar nicht einerseits Hehlerei und andererseits Diebstahl – auch nicht wahlweise – zur Last gelegt worden, sondern in einem Verfahren Hehlerei und in einem anderen Verfahren Raub; der Gegenstand des Ansichbringens sei jedoch in beiden Verfahren derselbe gewesen. Auf die Zufälligkeiten der jeweiligen Anklagegestaltung dürfe es rechtlich nicht ankommen.

cc) Dem folgt der Senat nicht.

Es trifft zwar zu, daß Diebstahl und Hehlerei oder Raub und Hehlerei einen geschichtlichen Vorgang bilden können. Das ist stets der Fall, wenn den Vorwürfen dasselbe tatsächliche Geschehen zugrunde liegt; Abweichungen, die das Tatbild nicht wesentlich ändern, sind dabei unbeachtlich (BGH Urt. v. 3. 7. 1986 – 4 StR 182/86). Das kann auch so sein, wenn der Täter die hehlerische Abnahme der Beute bei der Anstiftung des Diebes oder des Räubers zur Wegnahme zugesagt hat (vgl. BGH Urt. v. 22. 8. 1967 – 1 StR 346/67). Von einem einheitlichen prozessualen Verfahrensgegenstand ist ferner dann auszugehen, wenn dem Täter in der zugelassenen Anklage zur Last gelegt wird, entweder die eine oder die andere Tat begangen zu haben. Denn bei solcher Sachlage sind beide geschichtlichen Geschehnisse dem Richter zur Untersuchung unterbreitet. Die Feststellung, der Täter habe die eine oder die andere Tat begangen, verbraucht die Strafklage wegen beider Taten. Entsprechendes gilt, wenn der Täter bei alternativer Anklage nur wegen eines Geschehnisses verurteilt wird; denn diese Verurteilung schließt ein, daß wegen des anderen Geschehnisses, das in der Hauptverhandlung ebenfalls Gegenstand der Untersuchung war, eine Verurteilung nicht möglich ist. Die bloße Alternativität von Handlungsvorgängen – wenn also ein Vorgang tatsächlich oder rechtlich einen anderen ausschließt – führt aber, wenn nur einer der Vorgänge Gegenstand der zugelassenen Anklage war, nicht stets zum Verbrauch der Strafklage für den anderen Vorgang (BGHSt. 32, 146, 149). Es kommt vielmehr auf den Einzelfall an.

Die Tatsache, daß hier der rechtskräftigen Verurteilung des Angeklagten wegen Hehlerei – unausgesprochen – die Annahme zugrunde liegt, er habe die gehehlte Sache nicht durch eine andere Straftat an sich gebracht, steht deshalb für sich allein der Verurteilung wegen Raubes nicht entgegen. Denn nach § 259 StGB bedarf es nicht der Kenntnis gerade der bestimmten Vortat und ihrer näheren Umstände sowie der Person des Täters. Es genügt vielmehr die Feststellung, daß die Sache durch irgendeine Straftat erlangt worden ist, gleichviel durch welche und durch wen (RGSt 50, 199, 200 f.). Wenn die Rechtsprechung bisher generell Tatidentität zwischen Hehlerei und Diebstahl bejaht, so mit der Erwägung, daß beide Vermögensdelikte in Richtung auf dasselbe Tatobjekt begangen worden sind und diesem die Identität der Tat begründenden gemeinsamen Nenner gegenüber Abweichungen nach Tatzeit und Tatort im Einzelfall Vorrang eingeräumt wurde (BGHSt. 32, 215, 220). Deshalb sind allein wegen der Identität des Tatobjektes möglicherweise zeitlich und räumlich weit auseinanderliegende und im Tatbild nicht unerheblich voneinander abweichende Geschehnisse zu einer einheitlichen Tat im prozessualen Sinne zusammengefaßt worden. Der damit verbundene Verzicht, die prozessuale Tat in Fällen wie dem vorliegenden nach Tatort, Tatzeit und Tatbild einzugrenzen, führt im Ergebnis jedoch dazu, daß nicht der in der Anklageschrift umschriebene geschichtliche Vorgang Gegenstand der Urteilsfindung ist, sondern die Tatsache der Inbesitznahme eines Tatobjektes durch den Täter, wann und wie er es auch immer erlangt hat. Dies wird aber dem Tatbegriff des § 264 StPO nicht gerecht, da dieser an einen bestimmten historisch abgrenzbaren Lebensvorgang anknüpft und nicht an das strafbare Verhalten eines Täters, das dieser in verschiedenen Handlungsvorgängen, die sich rechtlich oder tatsächlich sogar ausschließen können, hinsichtlich eines Tatobjektes begangen haben kann. Der Lebensvorgang, der der Verurteilung wegen Hehlerei zugrundeliegt – Annahme von Aktien von zwei unbekannten Personen am 28. 12. 1983 – und der Lebensvorgang, welcher der jetzigen Anklage zugrundeliegt – Raub der Aktien am 19. 12. 1983 –, sind aber nach Ort, Zeit und Tatumständen – und auch hinsichtlich des verletzten Rechtsgutes (Raub als zweiaktiges Delikt) – derart gegeneinander abgegrenzt, daß sie bei natürlicher Betrachtungsweise nicht einen einheitlichen geschichtlichen Geschehensablauf darstellen. Sie sind damit nicht eine Tat im prozessualen Sinne (vgl. BGHSt. 23, 141, 148[1]; 29, 288, 293 ff.). Die Strafklage wegen Raubes ist also nicht durch die Verurteilung wegen Hehlerei verbraucht.

2. Eine Anrufung des Großen Senats für Strafsachen (§§ 136, 137 GVG) ist nicht geboten. Der 2. und 3. Strafsenat des Bundesgerichtshofs haben auf Anfrage mitgeteilt, daß sie keine entgegenstehenden Entscheidungen getroffen haben. Der 1. und 5. Strafsenat des Bundesgerichtshofs haben die Auffassung vertreten, daß der beabsichtigten Entscheidung Erkenntnisse ihrer Senate widersprechen würden. Der 1. Strafsenat hat insoweit auf sein Urteil vom 13. 1. 1976 – 1 StR 624/75 – Bezug genommen; der 5. Strafsenat hat auf seinen Beschluß vom 16. 4. 1985 – 5 StR 223/85 – und die diesem zugrundeliegenden Ausführungen des Generalbundesanwalts hingewiesen. Der erkennende Senat ist durch diese Entscheidungen aber nicht gehindert, so, wie geschehen, zu urteilen.

Bei der Entscheidung des 5. Strafsenates handelt es sich um einen Beschluß nach § 349 Abs. 2 StPO, der keinen Abweichungsfall begründen kann (BGHSt. 34, 184, 190). Der rechtliche Ausgangspunkt der vom 1. Senat genannten Entscheidung ist derselbe wie beim erkennenden Senat, so daß eine Abweichung in einer Rechtsfrage (Inhalt des Tatbegriffs) nicht vorliegt. Die Unterschiede liegen im Tatsächlichen, und zwar in der Bewertung der insoweit bedeutsamen Gesichtspunkte im Einzelfall. Das Urteil des 1. Strafsenats befaßt sich mit einem Verfahren wegen Diebstahls, bei dem sich in der Hauptverhandlung die Frage der Hehlerei stellte, weil dem Angeklagten die Wegnahme des in seinem Besitz gefundenen Diebesgutes nicht zu beweisen war und daher die Prüfung des Hehlereitatbestandes nahelag. Denn nach der Lebenserfahrung konnte angenommen wer-

---

1 „Die – beendete – Unfallflucht ist sachlich-rechtlich im Verhältnis zu der den zweiten Unfall auslösenden fahrlässigen Verkehrsgefährdung (und der fahrlässigen Körperverletzung) eine selbständige Handlung im Sinne des § 74 StGB. Etwas anderes ergibt sich auch nicht daraus, daß die mit der Unfallflucht tateinheitlich begangene Dauervergehen der fahrlässigen Trunkenheitsfahrt nach § 316 Abs. 2 StGB seinerseits mit der (zweiten) fahrlässigen Straßenverkehrsgefährdung in Gesetzeseinheit steht (Subsidiarität)." (BGH Urt. v. 5. 11. 1969 – 4 StR 519/68).

den, daß der Angeklagte das Diebesgut wenn schon nicht als Dieb, so doch als Hehler an sich gebracht hat. Über die Frage der Hehlerei war damit vom Tatrichter zu entscheiden und ist auch entschieden worden. Für diesen Fall hat der 1. Strafsenat des Bundesgerichtshofs angenommen, daß Diebstahl und Hehlerei eine Tat im verfahrensrechtlichen Sinne sei, weil der in der Anklage nach Objekt, Ort und Zeit der Tathandlung konkretisierte Diebstahl Grundlage der Verurteilung wegen Hehlerei bleibe.

Das hier zu beurteilende frühere Verfahren, das zum Strafklageverbrauch der jetzigen Raubanklage geführt haben könnte, betrifft unter mehreren Straftaten auch zwei Fälle der Hehlerei, die in der Hauptverhandlung entsprechend der unverändert zugelassenen Anklage als erwiesen festgestellt worden sind. Der Tatrichter hatte in diesem Verfahren keinen Anlaß, die vorangehenden Straftaten am Hehlgut näher zu erörtern und sie nach Ort, Zeit und anderen Umständen einzugrenzen (vgl. RGSt 50, 199, 200 ff.) und hat dies auch nicht getan. Bei dieser Sachlage würde es nach Auffassung des erkennenden Senats, wie dargelegt, der am Tatbegriff des § 264 StPO orientierten Betrachtungsweise widersprechen, die Hehlerei und den demgegenüber zu einem viel früheren Zeitpunkt und an einem anderen Ort begangenen schweren Raub des Hehlgutes, auf den sich die Untersuchung in der Hauptverhandlung bei der Aburteilung der Hehlerei nicht zu erstrecken brauchte und auch nicht erstreckt hat, als eine einheitliche Tat im verfahrensrechtlichen Sinne anzusehen (vgl. BGHSt. 29, 288, 295).

3. ...

8. Trotz Tateinheit zwischen Mitgliedschaft in einer kriminellen Vereinigung und Straftaten, die der Täter als Mitglied der Vereinigung in Verfolgung ihrer Ziele begeht, kein Strafklageverbrauch bei Straftaten, die der Täter in Verfolgung dieser Ziele begangen hat.

StPO § 264 – BGH Urt. v. 11. 6. 1980 – 3 StR 9/80 LG Heidelberg (= BGHSt. 29, 288)

Die Revision der Angeklagten rügt die Verletzung sachlichen Rechts.

Sachverhalt: Das Landgericht hat die Angeklagte M. wegen eines am 24. 5. 1972 in H. tateinheitlich begangenen Verbrechens des dreifachen Mordes, des sechsfachen versuchten Mordes und der Herbeiführung einer Sprengstoffexplosion zu lebenslanger Freiheitsstrafe, ferner wegen eines am 12. 5. 1972 in A. tateinheitlich begangenen Verbrechens des versuchten Mordes und des Herbeiführens einer Sprengstoffexplosion sowie wegen eines am 15. 5. 1972 in K. begangenen Verbrechens der Beihilfe zum versuchten Mord zu einer Gesamtfreiheitsstrafe von 15 Jahren verurteilt. Den Angeklagten B. hat es wegen Beteiligung an der am 24. 5. 1972 in H. begangenen Straftat der Beihilfe zum Mord in drei Fällen, zum versuchten Mord in sechs Fällen und zur Herbeiführung einer Sprengstoffexplosion, sämtlich zueinander in Tateinheit stehend, schuldig gesprochen; es hat ihn unter Einbeziehung in anderen Verfahren erkannter Strafen zu einer Gesamtfreiheitsstrafe von 12 Jahren verurteilt.

Nach den Feststellungen haben beide Angeklagte die Straftaten, derentwegen sie verurteilt sind, in Verfolgung der Ziele einer kriminellen Vereinigung („RAF"), deren Mitglieder sie waren, begangen. Ihre Beteiligung an dieser kriminellen Vereinigung war bereits Gegenstand strafrechtlicher Verfahren. Die Angeklagte M. ist durch das seit dem 19. 4. 1977 rechtskräftige Urteil des Landgerichts Hamburg vom 16. 3. 1976 – 141 Ks 1/74 – wegen Beteiligung als Mitglied an einer kriminellen Vereinigung in Tateinheit mit Urkundenfälschung in zwei Fällen, mit Widerstand gegen Vollstreckungsbeamte und unbefugtem Führen einer Schußwaffe zu einer – inzwischen verbüßten – Freiheitsstrafe von vier Jahren und sechs Monaten verurteilt worden. Der Angeklagte B. ist durch rechtskräftiges Urteil des Landgerichts Berlin vom 30. 8. 1974 – 1 PKLs 11 73 – Beteiligung als Mitglied an einer kriminellen Vereinigung in Tateinheit mit Urkundenfälschung und unerlaubtem

Waffenbesitz zu einer – teilweise verbüßten und bei der Bildung der Gesamtstrafe einbezogenen – Freiheitsstrafe von vier Jahren und sechs Monaten verurteilt worden.

Nach den in den rechtskräftig abgeschlossenen Strafverfahren getroffenen Feststellungen gehörten die Angeklagten der kriminellen Vereinigung seit dem Jahre 1971 (B.), mindestens seit Oktober 1971 (M.) an, und zwar über den Mai 1972 hinaus. Ihnen ist dabei nicht der Vorwurf gemacht worden, sich auch im Mai 1972 an den Straftaten beteiligt zu haben, die Gegenstand des jetzigen Verfahren sind. – Das Rechtsmittel war erfolglos.

Gründe:
I.
Das Verfahrenshindernis des Verbrauchs der Strafklage steht den Verurteilungen nicht entgegen. ...

3. Das Landgericht geht davon aus, daß die Straftat der Beteiligung an einer kriminellen Vereinigung und eine Straftat, die von dem Mitglied dieser Vereinigung in Verfolgung von deren Zielen begangen ist, im Verhältnis der Tatmehrheit zueinander stehen. Dies trifft nicht zu. Wird nämlich durch einen Akt, durch den sich der Täter an einer kriminellen Vereinigung in Verfolgung ihrer Ziele als Mitglied beteiligt, eine andere Norm verletzt, so liegt, was der Senat wiederholt ausgesprochen hat (BGH Urt. v. 7. 12. 1979 – 3 StR 299/79 (S), insoweit nicht abgedruckt in BGHSt. 29, 143; Urt. v. 16. 4. 1980 – 3 StR 64/80 (S), MDR 1980, 684, Beschl. v. 8. 5. 1980 – 3 StR 170/80 (S); vgl. auch BGH NJW 1975, 985 zum Fall der Unterstützung], zwischen dem Vergehen nach § 129 StGB und der anderen Straftat Tateinheit (§ 52 StGB) vor. ...

4. Daß die Verbrechen, die Gegenstand dieses Strafverfahrens sind, in Tateinheit zu § 129 StGB stehen, auch wenn die Angeklagten jetzt insoweit nicht mehr verurteilt werden können, führt nicht dazu, daß Idealkonkurrenz auch zu den weiteren Straftaten gegeben ist, derentwegen die Angeklagten bereits verurteilt sind. An sich selbständige Straftaten können nämlich durch die Klammerwirkung der Dauerstraftat des § 129 StGB nur dann zu einer Handlung zusammengefaßt werden, wenn sie im Verhältnis zu ihr leichter oder annähernd gleichgewichtig sind [BGHSt. 3, 165; 18, 66, 69; BGH Urteile v. 21. 12. 1972 – 4 StR 536/72 – und v. 16. 4. 1980 – 3 StR 64/80 (S) = MDR 1980, 684; Beschl. v. 8. 5. 1980 – 3 StR 170/80 (S); vgl. auch BGH bei Dallinger MDR 1973, 556]. Das ist bei den Verbrechen, die Gegenstand dieses Strafverfahrens sind und für die das Gesetz erheblich höhere Strafen androht als § 129 StGB, nicht der Fall. Diese Straftaten stehen deshalb zu den bereits abgeurteilten, ebenfalls in Tateinheit zu § 129 StGB stehenden Vergehen in Realkonkurrenz.

5. Die Aburteilung der Angeklagten in den früheren Verfahren hat nicht zum Verbrauch der Strafklage geführt.

a) Das in Artikel 103 Abs. 3 GG niedergelegte Verbot wiederholter Strafverfolgung für ein und dieselbe Tat (ne bis in idem) verbürgt den Grundsatz der Einmaligkeit der Strafverfolgung. Die Vorschrift soll den Bürger davor schützen, daß er wegen einer bestimmten Tat, derentwegen er schon strafrechtlich zur Verantwortung gezogen worden ist, nochmals in einem neuen Verfahren verfolgt wird (BGHSt. 28, 119, 121 [BGH Urt. v. 30. 8. 1978 – 2 StR 323/78; vgl. Art. 103 GG erfolgreiche Rügen]). Artikel 103 Abs. 3 GG greift dabei nicht auf das materielle Strafrecht zurück, das im Bereich der Konkurrenzen zwischen Tateinheit (§ 52 StGB) und Tatmehrheit (§ 53 StGB) unterscheidet, sondern verwendet einen von dem materiellen Tatbegriff verschiedenen prozessualen Begriff der „Tat", nach dem sich der Gegenstand der Urteilsfindung (§ 264 Abs. 1 StPO) und damit verbunden der Umfang der Rechtskraft richten. Das Verfahrensrecht versteht darunter den geschichtlichen Vorgang, auf welchen Anklage und Eröffnungsbeschluß hinweisen und innerhalb dessen der Angeklagte als Täter oder Teilnehmer sich strafbar gemacht haben soll (BVerfG NJW 1978, 414).

b) Ein solcher geschichtlicher Zusammenhang besteht nicht zwischen den Verbrechen, die Gegenstand des hier anhängigen Strafverfahrens sind, und den – in Tatmehrheit damit stehenden – bereits rechtskräftig abgeurteilten Vergehen der Urkundenfälschung, des Widerstandes gegen Vollstreckungsbeamte und nach dem Waffengesetz. Zwar können auch mehrere Handlungen i.S. des § 53 StGB als eine Tat i.S. des § 264 StPO zu werten sein. Dies ist aber nur dann der Fall, wenn die mehreren Handlungen unmittelbar und dergestalt innerlich verknüpft sind, daß ihre getrennte Würdigung und Aburteilung als unnatürliche Aufspaltung eines einheitlichen Lebensvorganges empfunden würde (BGHSt. 13, 21, 26[1]; 23, 141, 145). Dabei kommt es auf die Umstände des Einzelfalles an; es genügt nicht allein ein persönlicher Zusammenhang oder das Bestehen eines Gesamtplanes, sondern die notwendige innere Verknüpfung der mehreren Beschuldigungen muß sich unmittelbar aus den ihnen zugrunde liegenden Handlungen oder Ereignissen unter Berücksichtigung ihrer strafrechtlichen Bedeutung ergeben (BGHSt. 13, 21, 26; BGH Urt. v. 9. 1. 1979 – 1 StR 551/78). Diese Voraussetzungen sind hier nicht erfüllt, obwohl sämtliche in Frage kommenden – realkonkurrierenden – Straftaten in Verfolgung der Ziele der kriminellen Vereinigung begangen worden sind (BVerfG NJW 1978, 414, 415).

c) Der Umstand, daß die rechtskräftige Aburteilung wegen mitgliedschaftlicher Beteiligung an einer kriminellen Vereinigung auch den Zeitraum erfaßt, in dem die Verbrechen begangen wurden, die Gegenstand dieses Verfahrens sind, und daß diese Verbrechen in Tateinheit mit der abgeurteilten Teilnahme als Mitglied begangen sind, führt ebenfalls nicht zum Verbrauch der Strafklage. Der Grundsatz, daß eine sachlich-rechtlich einheitliche Tat auch eine Tat im Sinne des für die Frage des Verbrauchs der Strafklage maßgebenden § 264 StPO bildet (BGHSt. 13, 21, 23; BGH bei Dallinger MDR 1973, 556; BVerfG NJW 1978, 414), findet hier keine Anwendung.

Der Bundesgerichtshof hat sich schon wiederholt mit der Frage befaßt wie weit dieser Grundsatz bei fortgesetzten Handlungen und Dauerstraftaten reicht und unter welchen Voraussetzungen Handlungen, die als deren Teilakte bereits rechtskräftig abgeurteilt sind, unter dem rechtlichen Gesichtspunkt einer schwereren Straftat nochmals zum Gegenstand einer strafrechtlichen Aburteilung gemacht werden können. Auf die unterschiedliche Rechtsprechung dazu (vgl. u.a. BGHSt. 3, 165; 6, 92, 97; 23, 141, 150) kommt es indes hier nicht an; denn die Dauerstraftat des § 129 StGB ist wegen der besonderen Struktur dieses Straftatbestandes mit anderen Dauerstraftaten nicht vergleichbar. Es handelt sich deshalb hier um ein Sonderproblem, nämlich das der prozessualen Klammerwirkung des § 129 StGB bei mitgliedschaftlicher Beteiligung. § 129 StGB ist insoweit kein reines, die Mitgliedschaft als solche erfassendes Dauerdelikt, sondern ein Organisationsdelikt, das im Unterschied zu anderen Dauerdelikten ganz verschiedenartige Verhaltensweisen gesetzlich zu einer rechtlichen Einheit zusammenfaßt (vgl. BGHSt. 15, 259, 262[2]). Auf dieses Organisationsdelikt ist die für fortgesetzte Handlungen und Dauerstraftaten entwickelte Rechtsprechung zum Verbrauch der Strafklage nicht übertragbar.

---

1 „Die notwendige innere Verknüpfung der mehreren Beschuldigungen muß sich vielmehr unmittelbar aus den ihnen zugrunde liegenden Handlungen und Ereignissen unter Berücksichtigung ihrer strafrechtlichen Bedeutung ergeben, dergestalt, daß keine der Beschuldigungen für sich allein verständlich abgewandelt werden kann und ihre getrennte Würdigung und Aburteilung als unnatürliche Aufspaltung eines einheitlichen Lebensvorganges empfunden würde." (BGH Urt. v. 24. 2. 1959 – 1 StR 29/59).

2 „Bei der Rädelsführerschaft genügt der Wille des Täters, für die Vereinigung wirksam und nachhaltig in der erforderlich erscheinenden Weise zu arbeiten. Die Taten gemäß den §§ 90a, 129 StGB in der Form der Rädelsführerschaft oder (nur in § 129 StGB) der Mitgliedschaft sind hiernach keine fortgesetzten Taten, sondern gesetzlich zu rechtlicher Einheit zusammengefaßte Verhaltensweisen, wie sie auch sonst im Strafrecht vorkommen." (BGH Urt. v. 15. 12. 1960 – 3 StR 26/59).

Voraussetzung für die Annahme der Täterschaft bei der Beteiligung als Mitglied an einer kriminellen Vereinigung ist eine auf Dauer gerichtete Teilnahme am Verbandsleben (BGHSt. 29, 114, 122f). Ein für die mitgliedschaftliche Teilnahme beachtlicher Teilnahmeakt kann in einer irgendwie gearteten Tätigkeit für die Zwecke der Vereinigung bestehen, wenn der Täter mit dem Willen handelt, sich auch künftig am Verbandsleben zu beteiligen. Eine fortwährende Betätigung in diesem Sinne wird dabei nicht vorausgesetzt. Die Mitgliedschaft besteht vielmehr auch in Zeiten, in denen das Mitglied keine Tätigkeit für die Vereinigung ausübt. Mit späteren Beteiligungsakten wird deshalb die Dauerstraftat, ohne daß dadurch eine neue Strafbarkeit begründet würde, fortgesetzt. Diese Tatbestandsstruktur führt dazu, daß sich die Strafbarkeit in Fällen mitgliedschaftlicher Beteiligung an einer kriminellen Vereinigung über Jahre erstrecken kann. Anders als bei anderen Dauerstraftaten oder fortgesetzten Handlungen verwirklicht sich die Täterschaft hier in der Regel in völlig unterschiedlichen Verhaltensweisen. Auch soweit sie nicht nur gegen § 129 StGB, sondern auch gegen andere Strafnormen verstoßen, können sie den verschiedensten Zwecken dienen. In Frage kommen nicht nur Straftaten, die den Zielen der Organisation entsprechen, sondern auch solche, mit denen die den Zielen der Vereinigung entsprechenden Straftaten lediglich vorbereitet werden, die das Versteckthalten ihrer Mitglieder ermöglichen oder zur Aufrechterhaltung der Organisation beitragen sollen. Verfahren wegen mitgliedschaftlicher Beteiligung an einer kriminellen Vereinigung haben deshalb in der Regel, insbesondere dann, wenn sich die Mitgliedschaft über Jahre erstreckt, nur einen geringen Teil der Beteiligungsakte zum Gegenstand.

In Kauf zu nehmen ist dabei, daß mit einem rechtskräftigen Urteil nach § 129 StGB – wie bei fortgesetzten Handlungen oder sonstigen Dauerstraftaten (vgl. BGHSt. 9, 324 [BGH Urt. v. 18. 7. 1956 – 6 StR 28/56; vgl. § 264 StPO erfolglose Rügen]) – auch solche vor der tatrichterlichen Verhandlung liegende Beteiligungsakte erledigt sind, die, weil sie dem Gericht nicht bekannt waren, in der Hauptverhandlung nicht erörtert und deshalb nicht aufgeklärt werden konnten. Entsprechendes hat für die strafbaren Handlungen zu gelten, die, in Idealkonkurrenz mit Beteiligungsakten stehend, mit Strafen bedroht sind, die nicht höher sind als die des § 129 StGB. Denn auch beim Bekanntsein solcher strafbarer Handlungen hätte gemäß § 52 StGB nur auf eine nach der Strafdrohung des § 129 StGB zu bestimmende Strafe erkannt werden dürfen. Daß diese wegen des Vorliegens weiterer mit § 129 StGB idealkonkurrierenden Straftaten höher hätte ausfallen können als die allein für das Vergehen nach § 129 StGB ausgesprochene Strafe, spielt für die Frage des Strafklageverbrauchs keine Rolle.

Anders ist es jedoch bei solchen mit Beteiligungsakten nach § 129 StGB idealkonkurrierenden strafbaren Handlungen, die wegen einer die Höchststrafe des § 129 StGB überschreitenden Strafdrohung schwerer wiegen als die Straftat der mitgliedschaftlichen Beteiligung an einer kriminellen Vereinigung. Das materielle Strafrecht berücksichtigt dies wie auch sonst dadurch, daß die Strafe nicht nach § 129 StGB zu bestimmen ist, sondern nach dem Gesetz, das die schwerste Strafe androht (§ 52 Abs. 2 StGB), und daß außerdem die schwerere Tat in Realkonkurrenz zu anderen ebenfalls ideal mit § 129 StGB konkurrierenden strafbaren Handlungen steht (vgl. I 4). Verfahrensrechtlich ist der beschriebenen Eigenart des § 129 StGB ebenfalls Rechnung zu tragen, und zwar dadurch, daß gegenüber § 129 StGB schwerere Straftaten dann nicht von der Rechtskraft eines wegen mitgliedschaftlicher Beteiligung ergangenen Urteils erfaßt sind, wenn sie tatsächlich nicht – auch nicht unter dem Gesichtspunkt mitgliedschaftlicher Beteiligung – Gegenstand der Anklage und der Urteilsfindung in dem früheren Verfahren waren. Eine andere Entscheidung würde weder dem Charakter des Organisationsdelikts des § 129 StGB noch dem Gebot materieller Gerechtigkeit entsprechen, da sie im Ergebnis zu einer Privilegierung der Mitglieder einer kriminellen Vereinigung gegenüber anderen Straftätern – seien es Einzeltäter oder Mitglieder von Personenvereinigungen, die sich nach Organisation und Struktur noch nicht zu den besonders gefährlichen kriminellen Vereinigungen verfestigt haben (wie Banden im Sinne des § 244 StGB) – führen würde; denn bei diesen hat die Aburteilung eines strafbaren Aktes nicht notwendigerweise den Verbrauch der Strafklage hinsichtlich weiterer strafbarer Handlungen zur Folge. Verfehlt würde durch eine solche Privilegierung der Zweck des § 129 StGB, der bei kriminellen Vereinigungen die Möglichkeiten der Strafverfolgung verbessern, nicht aber verschlechtern sollte.

Artikel 103 Abs. 3 GG steht der Auffassung des Senats nicht entgegen, weil der geschichtliche Vorgang, der den Begriff „Tat" im verfahrensrechtlichen Sinne kennzeichnet, bei der hier zur Erörterung stehenden Fallgestaltung tatsächlich noch gar nicht Gegenstand der Strafverfolgung war. Ein Bedürfnis nach Vertrauensschutz, dem die rechtliche Einrichtung des Strafklageverbrauchs neben anderen Zwecken dient, besteht dann nicht. In den Fällen, in denen der Täter zu verschiedenen Zeiten verschiedene Straftaten begangen hat, verdient seine etwaige Hoffnung, nach Aburteilung einer Straftat wegen einer einem anderen Lebenssachverhalt zuzurechnenden weiteren Straftat nicht mehr belangt werden zu können, keinen Schutz. Daß er wegen der eine rechtliche Einheit bildenden mitgliedschaftlichen Beteiligungsakte – auch solcher, die in der Hauptverhandlung nicht erörtert worden sind – nicht ein weiteres Mal nach § 129 StGB bestraft werden kann, ist eine notwendige Folge des Umstandes, daß es sich um ein Dauerdelikt handelt. Wenn demgegenüber solche Handlungen von der Rechtskraft nicht erfaßt werden, die gegenüber § 129 StGB mit schwereren Strafen bedroht sind, so liegt darin eine der Tatbestandsstruktur der Vorschrift gerecht werdende Auslegung, der das Verfassungsrecht nicht entgegensteht.

6. Die Revision des Angeklagten B. ist der Auffassung, von Tatidentität im Sinne des Art. 103 Abs. 3 GG müsse in Fällen der vorliegenden Art schon deshalb ausgegangen werden, weil sonst nebeneinander zwei Verfahren, die dieselbe Handlung beträfen, durchgeführt werden könnten. Die Entscheidung des Senats führt indes nicht dazu, daß neben einem wegen mitgliedschaftlicher Beteiligung an einer kriminellen Vereinigung geführten – noch nicht abgeschlossenen – Strafverfahren ein zweites Strafverfahren anhängig gemacht werden kann, das eine mit einem Beteiligungsakt idealkonkurrierende strafbare Handlung betrifft. Die materiellrechtliche Verzahnung (vgl. I 3) schließt vielmehr zwei nebeneinander geführte Strafverfahren aus. Das dargelegte Ergebnis, daß trotz dieser materiell-rechtlichen Verzahnung in Fällen wie dem vorliegenden von zwei Taten im Sinne des § 264 StPO auszugehen ist, rechtfertigt sich auch aus dem Gedanken der materiellen Gerechtigkeit. Dem entspricht in verfahrensrechtlicher Hinsicht, daß der Gedanke des fair trial auf der anderen Seite eine Verhandlung in zwei gleichzeitig geführten Verfahren mit den damit für den Angeklagten verbundenen Erschwerungen der Verteidigungsposition verbietet. Die hier in Frage stehende Problematik tritt deshalb nur auf, wenn die Einbeziehung eines strafbaren Beteiligungsaktes in das auf § 129 StGB gestützte Strafverfahren nicht mehr möglich ist. In solchen Fällen ist, wie dargelegt eine zweite Verurteilung ohne Verstoß gegen den Verfassungsgrundsatz des Art. 103 Abs. 3 GG gerechtfertigt, wenn der idealkonkurrierende Gesetzesverstoß schwerer wiegt als das Vergehen nach § 129 StGB.

Allerdings muß der Angeklagte in solchen Fällen im Ergebnis so gestellt werden, als wäre nur ein Strafverfahren gegen ihn durchgeführt worden.

Beim Angeklagten B. ist dies der Fall, da in die gegen ihn verhängte Gesamtstrafe auch die im Jahre 1974 ausgesprochene Strafe wegen Vergehens nach § 129 StGB und anderer Delikte einbezogen worden ist. Nichts anderes wäre geschehen, wenn er wegen aller Straftaten bereits im Jahre 1974 verurteilt worden wäre.

Bei der Angeklagten M. kam, soweit sie zu lebenslanger Freiheitsstrafe verurteilt worden ist, eine Einbeziehung früherer Strafen nicht in Betracht (§ 53 StGB). Die wegen Vergehens nach § 129 StGB und anderer Delikte bereits verbüßte Freiheitsstrafe von vier Jahren und sechs Monaten ist jedoch bei der Vollstreckung zu berücksichtigen, soweit es auf Verbüßungszeiten ankommt.

9. Die Leitung eines auf betrügerische Geschäftsabschlüsse angelegten Betriebes kann als solche nicht die Annahme einer einzigen, in mittelbarer Täterschaft begangenen Betrugstat rechtfertigen.

StPO §264 – BGH Urt. v. 19. 2. 1976 – 2 StR 585/73 LG Trier (= BGHSt. 26, 284 = NJW 1976, 1512)

Die Revision rügt Strafklageverbrauch.

Sachverhalt: Die Angeklagten waren Inhaber und Mitglieder der Geschäftsführung der Firma E. in P., W. und K. Das Unternehmen befaßte sich damit, finanzschwachen Bauwilligen Baustoffe auf Kredit zu liefern. Seinen eigenen Finanzbedarf deckte es durch Darlehen Privater. Nach den Feststellungen des Landgerichts wurden im Rahmen des Geschäftsbetriebs Lieferverträge mit den Baustoffkunden unter der unwahren Zusicherung üblicher Preisgestaltung geschlossen; privaten Geldgebern wurden als Sicherheit abredewidrig nicht wertdeckende Grundschulden gegeben.

Das Landgericht hat die Angeklagten deshalb wegen zahlreicher zwischen 1959 und 1964 in unterschiedlicher Beteiligung begangener Betrugstaten zu Freiheitsstrafen verurteilt.

In einem früheren Verfahren hatte das Landgericht in S. die Angeklagten – jetzt rechtskräftig – wegen gleichartiger, ebenfalls in der Firma E. während desselben Zeitraums begangener Betrugstaten verurteilt. – Das Rechtsmittel war erfolglos.

Gründe: Diese Verurteilung hat nicht dazu geführt, daß die Strafklage für die im vorliegenden Verfahren zur Erörterung stehenden Fälle verbraucht ist.

Eine einheitliche Tat im sachlich-rechtlichen Sinne, die stets den Voraussetzungen des § 264 StPO genügt (BGHSt. 8, 92, 94f), könnte nur dann gegeben sein, wenn entweder jeder Angeklagte jeweils bloß durch einen Einzelakt zugleich an allen hier in Betracht kommenden Einzeltaten beteiligt gewesen wäre, oder wenn seine vielfältigen für die verschiedenen Einzelvorgänge ursächlich gewordenen Betätigungen zusammen als eine Tat im Rechtssinne angesprochen werden müßten. Weder das eine noch das andere ist eingetreten.

a) Die Frage, ob sachlich-rechtliche Tateinheit oder Tatmehrheit vorliegt, wenn der Täter sich zur mehrfachen Verwirklichung desselben Straftatbestandes planvoll eines bestehenden oder hierfür geschaffenen Apparats bedient, ist bisher im Zusammenhang mit Gewaltverbrechen aus der Zeit des Nationalsozialismus erörtert worden. Der Bundesgerichtshof hat hier die Annahme einer Handlung für den Fall für möglich gehalten, daß die Spitze des Staates durch eine einzige Anordnung eine verbrecherische Maschinerie in Gang gesetzt, den weiteren Geschehensablauf aber sonst nicht mehr beeinflußt hat (BGH Urt. v. 28. 5. 1963 – 1 StR 540/62 –, mitgeteilt bei Bauer JZ 1967, 62, 5). Ebenso könnte es zu beurteilen sein, wenn jemand ein in vielen Einzelakten geplantes Betrugsunternehmen auf die Weise ins Werk setzt, daß er sich ganz auf die Ausarbeitung des Planes und die Vorbereitung des Einsatzes seiner Helfershelfer beschränkt, um sich dann völlig von der Sache zurückzuziehen und nur noch seinen Anteil am Gesamterfolg in Empfang zu nehmen. So verhielt es sich hier jedoch nicht. Zwar hat die Strafkammer festgestellt, daß die Angeklagten die Baustofflieferungsverträge nicht persönlich, sondern in mittelbarer Täterschaft durch gutgläubige Vertreter anbahnten und abschlossen. Auch bei den Darlehensgeschäften wirkten sie nicht immer in eigener Person mit. Jedoch waren die Straftaten gegenüber den Baustoffkunden nicht die unmittelbare Folge der Einstellung oder Einweisung der Abschlußvertreter; diese wie auch die Taten gegenüber den Darlehensgebern lassen sich nach dem festgestellten Sachverhalt nicht auf einzelne isolierte Handlungen oder gar eine einzige Handlung der Angeklagten zurückführen. Sie sind vielmehr Teil und Folge der Errichtung, Aufrechterhaltung und Fortentwicklung des betrieblichen Organismus der Firma E. und damit einer Vielzahl von Einzelakten, die – wie etwa die regelmäßigen Vertreterbesprechungen – über Jahre hinweg erfolgten, und an denen die Angeklagten, soweit ihnen die Taten zugerechnet sind, auch beständig in irgendeiner Form teilhatten.

b) Zu Recht hat das Landgericht es abgelehnt, die einzelnen Handlungen der Angeklagten als in Fortsetzungszusammenhang mit Taten stehend zu betrachten, die von dem Landgericht in S. abgeurteilt worden sind. Mangels eines entsprechend konkretisierten Gesamtvorsatzes besteht unter diesem rechtlichen Gesichtspunkt keine Tatidentität.

c) Daß schließlich auch die Möglichkeit, eine Vielzahl der Einzelbetätigungen im Sinne natürlicher Handlungseinheit als eine Tat im Rechtssinne zu begreifen, auszuscheiden hat, liegt allein schon deshalb auf der Hand, weil es insofern an dem engen räumlichen und zeitlichen Zusammenhang der einzelnen Beteiligungsakte fehlt, den der Begriff der natürlichen Handlungseinheit voraussetzt (vgl. BGHSt. 4, 219, 220; 10, 230, 231).

d) Aus dem gleichen Grunde, also der Verteilung der relevanten Betätigungen der Angeklagten über einen längeren Zeitraum, kann auch von der Einheit des geschichtlichen Vorganges im Sinne des § 264 StPO, die den Rahmen der einen Tat im Sinne des sachlichen Rechts überschreitet (BGHSt. 23, 141, 145; 24, 185, 186), nicht die Rede sein.

Zusammenfassend läßt sich folgendes sagen: Die besonderen Bedingungen gerade eines arbeitsteilig organisierten Unternehmens lassen es häufig als unmöglich erscheinen, die kausalen Verknüpfungen der betrieblichen Vorgänge im einzelnen aufzuklären, weil im Regelfall erst eine Vielzahl von allgemeinen Anordnungen, Einzelweisungen und organisatorischen Maßnahmen den einzelnen Geschäftsabschluß herbeiführt. Diese Tätigkeiten des Unternehmers oder Betriebsleiters werden im allgemeinen nicht beweiskräftig festgehalten, mitunter sind sie – wie Überwachungs- und Kontrollmaßnahmen – ihrer Natur nach dazu wenig geeignet. Es kann aber keinem Zweifel unterliegen, daß sich die Leitung eines Betriebes, die in laufender Einwirkung auf Mitarbeiter und Betriebsabläufe besteht, regelmäßig in einer Kette von Einzelakten vollzieht. Eine derartige Tätigkeit kann, zumal wenn sie jahrelang ausgeübt wird, nicht ohne Verzerrung des äußeren Tatbildes als eine Handlung betrachtet werden. Vielmehr würde die Annahme nur einer Handlung in derartigen Fällen auf eine Begünstigung der Straftäter hinauslaufen, die nicht nur durch Aufbau und Einsatz eines kriminellen Unternehmens bedeutende verbrecherische Energie entfaltet, sondern es darüber hinaus verstanden haben, ihren Tatbeitrag durch besondere Methoden der Benutzung von Strohmännern zu verschleiern. Die Leitung eines auf betrügerische Geschäftsabschlüsse angelegten Betriebes kann als solche daher nicht die Annahme einer einzigen, in mittelbarer Täterschaft begangenen Betrugstat rechtfertigen.

10. Das Gericht ist bei seiner Entscheidung nicht an die rechtliche Beurteilung gebunden, die etwa die Staatsanwaltschaft bei der Einholung der Genehmigung des Parlaments zur Strafverfolgung gegen einen Abgeordneten vertreten hat.

StPO § 264 – BGH Urt. v. 20. 12. 1960 – 1 StR 481/60 LG München I (= BGHSt. 15, 274 = NJW 1961, 518)

Die Revision rügt, es fehle an einer wirksamen Aufhebung der Immunität, so daß ein Verfahrenshindernis bestehe.

Sachverhalt: Der Angeklagte ist Mitglied des Deutschen Bundestages.

Der Deutsche Bundestag hat in seiner 96. Sitzung am 22. 1. 1960 die nach Art. 46 Abs. 2 GG erforderliche Genehmigung zur Durchführung des Strafverfahrens gegen den jetzigen Angeklagten erteilt. Der Genehmigungsbeschluß selbst gibt nicht an, zu welchem Strafverfahren die Genehmigung erteilt wird. – Das Rechtsmittel war erfolglos.

Gründe: ... Das entspricht der üblichen Fassung, die der Bundestag selbst zu bestimmen hat. Diese Fassung macht den Beschluß entgegen der Meinung der Revision nicht unwirksam. Sie nötigt, da die Genehmigung nicht allgemein, sondern zu einem bestimmten Verfahren erteilt wird, nur dazu, die Verhandlungen des Bundestages und den Antrag der

Staatsanwaltschaft auf Entscheidung über die Genehmigung zur Strafverfolgung zur Bestimmung des Umfangs der erteilten Genehmigung mit heranzuziehen.

Die Staatsanwaltschaft hat mit ihren Schreiben an den Präsidenten des Deutschen Bundestags vom 4. und 30. 12. 1959, die dem Genehmigungsbeschluß zugrunde lagen, des näheren ausgeführt, daß der Angeklagte im Verdacht stehe, bei seiner zeugenschaftlichen Vernehmung vor dem Landgericht in M. am 10. 7. 1959 in drei Punkten wissentlich die Unwahrheit beschworen oder die Richtigkeit seiner Aussage unter Berufung auf den geleisteten Eid versichert zu haben. Zur Strafverfolgung wegen dieser Eidesverletzung wurde also die Genehmigung erteilt.

b) Der Angeklagte ist nun zwar nicht wegen Meineids, sondern nur wegen fahrlässigen Falscheides und nicht wegen der im Antrag der Staatsanwaltschaft angeführten, sondern wegen anderer unrichtiger Angaben in seiner Aussage verurteilt worden. Hieran war die Strafkammer durch die Bestimmungen über die Immunität nicht gehindert. Denn die Genehmigung zur Strafverfolgung wird für einen bestimmten geschichtlichen Vorgang erteilt; sie gibt den Strafverfolgungsbehörden das Recht, den der Genehmigung zugrunde liegenden ganzen geschichtlichen Vorgang zum Gegenstand der Untersuchung und Entscheidung zu machen. Das Gericht ist bei seiner Entscheidung nicht an die rechtliche Beurteilung gebunden, die etwa die Staatsanwaltschaft bei der Einholung der Genehmigung vertreten hat. In tatsächlicher Hinsicht muß es den Vorgang seiner Entscheidung so zugrunde legen, wie er sich nach dem Ergebnis der Hauptverhandlung darstellt. Eine Beschränkung des Gerichts in dieser Hinsicht wäre auch kaum erträglich. Ob die Volksvertretung das Gericht in dieser Beziehung beschränken oder binden könnte (bejahend möglicherweise Bonner Kommentar Art. 46 GG Anm. II 2a; anderer Ansicht die oben angeführten Autoren) braucht hier nicht erörtert zu werden, da im vorliegenden Falle die Genehmigung zur Strafverfolgung ohne eine solche Einschränkung erteilt worden ist. Es war übrigens für die Erteilung der Genehmigung ersichtlich ohne Belang, in welchen Aussagepunkten im einzelnen der Angeklagte verdächtig war, falsch geschworen zu haben. Bei der Beratung im Ausschuß für Immunitätsangelegenheiten wurde von einem Abgeordneten ausdrücklich darauf hingewiesen, daß es sich um einen „einheitlichen Tatvorgang und Gesamtkomplex" handle.

Die Genehmigung des Bundestages umfaßte sonach auch die Strafverfolgung wegen der Aussagepunkte, in denen die Strafkammer schließlich die Eidesverletzung gefunden hat. Denn die Verletzung eines Eides ist stets eine einheitliche Tat, auch wenn das beschworene Zeugnis in verschiedenen Punkten falsch ist. Die beschworene Aussage in ihrer Gesamtheit ist der geschichtliche Vorgang, der zur Grundlage der gerichtlichen Entscheidung zu machen ist (vgl. RGSt 61, 225; 62, 153, 154). Die Strafkammer durfte und mußte also die Aussage, die der Angeklagte beschworen oder deren Richtigkeit er unter Berufung auf den geleisteten Eid versichert hatte, im vollen Umfang ihrer Entscheidung zugrunde legen, sie konnte den Angeklagten auch wegen solcher unrichtiger Aussageteile verurteilen, die ihm im Antrag der Staatsanwaltschaft noch nicht ausdrücklich zur Last gelegt waren.

11. Das Verbot der reformatio in peius gilt nicht für Einzeltaten einer fortgesetzten Handlung, die der Angeklagte nach dem Ergehen des ersten Urteils begeht.

StPO § 264 – BGH Urt. v. 18. 7. 1956 – 6 StR 28/56 LG Dortmund (= BGHSt. 9, 324)

Die Revision rügt die Verletzung sachlichen Rechts.

Sachverhalt: Mit Urteil vom 27. 7. 1953 hatte das Landgericht den Angeklagten, der als Angehöriger der FDJ ein beleidigendes Flugblatt verteilt hatte, wegen Geheimbündelei in Tateinheit mit Beleidigung verurteilt. Auf seine Revision hob der Senat das Urteil auf und verwies die Sache zur erneuten Verhandlung und Entscheidung an das Landgericht zurück. Ehe es zu der neuen Verhandlung kam, wurde gegen den Angeklagten, der auch nach dem Ergehen des ersten Urteils für die FDJ tätig geblieben war, eine weitere Anklage wegen dieses Sachverhalts erhoben. Die Strafkammer verband darauf die neue Sache bei der Eröffnung mit dem schon anhängigen Verfahren. Die Hauptverhandlung ergab, daß der Angeklagte sich – bereits in der Zeit vor dem ersten Urteil – weit nachhaltiger für die FDJ betätigt hatte, als ursprünglich angenommen worden war. Das Landgericht hat die Tätigkeit des Angeklagten als eine fortgesetzte Handlung beurteilt. Es glaubt aber wegen der Vorschrift des § 358 Abs. 2 StPO (Verbot der reformatio in peius) genötigt zu sein, zwei durch das erste Urteil zeitlich getrennte selbständige Handlungen anzunehmen, und hat den Angeklagten, soweit die Tat vor dem 27. 7. 1953 begangen ist, wegen Verbrechen und Vergehen nach §§ 90a, 92, 128, 129 Abs. 1 und 2, 94, 73 StGB und, soweit sie nachher begangen wurde, wegen Verbrechen und Vergehen nach §§ 90a, 92, 93, 128, 129 Abs. 1 und 2, 94, 73 StGB verurteilt. Es hat für die erste Tat eine Einzelstrafe von zwei Monaten, für die zweite eine solche von vier Monaten Gefängnis festgesetzt und unter Erhöhung der Einzelstrafe von vier Monaten Gefängnis eine Gesamtstrafe von fünf Monaten Gefängnis verhängt. – Das Rechtsmittel war erfolglos.

Gründe: ... Sowohl bei Dauerdelikten wie bei fortgesetzten Straftaten kommt es vor, daß die strafbare Tätigkeit auch nach der Verurteilung andauert oder fortgesetzt wird; denn das verurteilende Erkenntnis braucht nicht notwendig zur Folge zu haben, daß der Täter von seinem Vorsatz abläßt und dann auf Grund eines neuen Vorsatzes sein strafbares Tun von neuem beginnt. Es kann ebensogut vorkommen, daß er unbekümmert um die Verurteilung bei seinem ursprünglichen Vorsatz beharrt und ihn weiterhin in strafbarer Weise betätigt. Es leuchtet ein, daß eine solche weitere strafbare Tätigkeit, die durch die Verurteilung überhaupt nicht erfaßt werden konnte, nicht straflos bleiben darf und daß deshalb das weitere strafbare Tun trotz des sachlichen Zusammenhangs mit der abgeurteilten Tat, mit der zusammen es an sich als *eine* Tat im Rechtssinne angesehen werden müßte, als neue selbständige Handlung zu würdigen ist.

Der Grundsatz, daß niemand wegen derselben Tat auf Grund der allgemeinen Strafgesetze mehrmals verfolgt werden darf (Art 103 Abs. 3 GrundG), findet seine Grenze notwendig in dem Umstand, daß jede Verurteilung nur ein in der Vergangenheit liegendes Tun zu erfassen vermag. Dies bedeutet andererseits, daß strafbare Vorgänge, die in einem abgeschlossenen Strafverfahren mitbehandelt werden konnten und mußten, auch dann nicht zum Gegenstand eines neuen Strafverfahrens gemacht werden dürfen, wenn sie der Strafverfolgungsbehörde erst hernach bekannt geworden sind.

Die Frage, wo hier die Trennungslinie liegt, wird vom Gesetzgeber mit der Vorschrift des § 264 Abs. 1 StPO beantwortet, wonach Gegenstand der Verurteilung die in der Anklage bezeichnete Tat ist, wie sie sich nach dem Ergebnis der Hauptverhandlung darstellt. In der Rechtsprechung besteht seit jeher Einigkeit darüber, daß dieser Grundsatz nicht nur für die erste Hauptverhandlung, sondern auch für das Berufungsgericht und für das Tatsachengericht zu gelten hat, an das die Sache nach einer Aufhebung des Urteils durch das Revisionsgericht zur neuen Verhandlung und Entscheidung gelangt, wenn und soweit erneut eine Entscheidung zur Schuldfrage zu fällen ist (vgl RGSt 56, 324; 62, 130; 66, 45 sowie RGSt 51, 255; 66, 49). Das bedeutet, daß bei der Einlegung von Rechtsmitteln, die eine neue tatrichterliche Prüfung der Schuldfrage auslösen, eine Fortsetzung der im Eröffnungsbeschluß bezeichneten Tat über den Zeitpunkt des Ergehens des ersten Urteils hinaus nur der Aburteilung in dem anhängigen Verfahren unterliegt und daß immer nur der Abschnitt eines Dauerdelikts oder einer Fortsetzungstat zum Gegenstand gesonderter Aburteilung gemacht werden kann, der zeitlich demjenigen Urteil folgt, das in der durch Rechtsmittel hervorgerufenen Aufeinanderfolge als letztes gestaltungsfähig im Sinne des § 264 StPO ist (vgl RGSt 51, 253, 255). Damit findet der durch § 264 Abs. 1 StPO abgesteckte sachliche Bereich der Urteilsfindung seine zeitliche Begrenzung mit der Verkündung der endgültigen Entscheidung zur Schuldfrage. Die von dieser unanfechtbar gewordenen Entscheidung ausgehende sachliche Rechtskraftwirkung sondert den (zurückliegenden) Teil des vom Eröffnungsbeschluß erfaßten strafbaren Tuns, für den das im Art. 103 Abs. 3 GrundG ausgesprochene Verbot gilt, von jenem, der einer besonderen neuen Strafverfolgung zugänglich ist.

Die von der Strafkammer übernommene Rechtsmeinung durchbricht diesen klaren Grundsatz für den Fall, daß der letzten tatrichterlichen Entscheidung zur Schuldfrage nur ein vom Angeklagten oder zu seinen Gunsten von der Staatsanwaltschaft eingelegtes Rechtsmittel vorausging. Sie will hier die nur durch das rechtskräftige Urteil bewirkte und gerade auf der sachlichen Rechtskraft beruhende Unterbrechung des Fortsetzungszusammenhangs oder der Einheitlichkeit des Dauerdelikts auch dem auf das Rechtsmittel des Angeklagten aufgehobenen und damit jeder Rechtskraftwirkung unfähigen Urteil zuschreiben. Die dafür in dem Urteil RGSt 42, 374 angeführten Gründe, denen spätere, im selben Sinne ergangene Entscheidungen nichts Wesentliches hinzugefügt haben, vermögen selbst unter Zugrundelegung des damaligen, nämlich im Jahre 1909 gegebenen Rechtszustandes nicht zu überzeugen. Das Reichsgericht geht zunächst unter Verkennung des Unterschieds zwischen förmlicher und sachlicher Rechtskraft davon aus, daß an sich der Zeitpunkt des Eintritts der förmlichen Rechtskraft, also etwa der Verwerfung der Revision oder der Zurücknahme des Rechtsmittels, die Teilung der Fortsetzungstat bewirke. Auf dieser unrichtigen Voraussetzung fußend meint es, daß es dem Täter nicht gestattet sein könne, die strafbaren Einzelhandlungen vom letzten Urteil bis zum Eintritt der (förmlichen) Rechtskraft dieses Urteils straffrei zu wiederholen. Könnten aber diese Handlungen Gegenstand eines neuen Verfahrens sein, so müßten sie auch rechtlich als eine neue Straftat beurteilt werden. Nachdem so durch die Vertauschung der sachlichen mit der förmlichen Rechtskraft die sachliche Rechtskraftwirkung als das entscheidende Kriterium beiseitegeschoben und allgemein kriminalpolitischen Erwägungen der Vorrang gegeben ist, kann der weitere Schritt nicht mehr schwerfallen. Das Reichsgericht meint nämlich weiter, es könne nicht in dem Belieben eines Angeklagten stehen, strafbaren Handlungen, die er nach Erlassung des Urteils begehe, durch Verfolgung eines Rechtsmittels eine andere sachlich-rechtliche Beurteilung zu verschaffen, als sie finden müßten, wenn das Urteil unangefochten geblieben wäre. Deshalb behielten die nach Verkündigung des Urteils begangenen Einzelhandlungen ihre Eigenschaft als neue Straftat auch dann, wenn das vorhergegangene Urteil im höheren Rechtszuge aufgehoben werde. Auch diese Erwägung liegt neben der Sache. Wenn schon – und dazu hat sich das Reichsgericht später, nämlich in RGSt 66, 45, ganz klar bekannt – die sachliche Rechtskraft des Urteils die Unterbrechung des Fortsetzungszusammenhangs bewirkt, dann kann es nicht von Bedeutung sein, ob und in welchem Umfang der Angeklagte von den ihm durch die Strafprozeßordnung zugebilligten Rechten Gebrauch gemacht und auf den Gang des Verfahrens eingewirkt hat. Im übrigen darf man dem Angeklagten eine Einwirkungsmöglichkeit nicht versagen, die der Staatsanwalt belassen wird. ...

Indem der Gesetzgeber eine Verschärfung der Strafe auf ein nur zugunsten des Angeklagten eingelegtes Rechtsmittel ausschloß, ging er ersichtlich von dem Regelfall aus, daß sich der Tatrichter bei seiner neuen Entscheidung nur mit zeitlich vor der ersten Verurteilung liegenden Vorgängen zu befassen haben werde. Der Gesetzgeber nahm es dabei bewußt in Kauf, daß die neue Verhandlung zu Feststellungen führen könnte, die die Tat, so wie sie der Aburteilung durch den ersten Richter zugänglich war, einer schärferen Strafe wert erscheinen ließen. Es kann ihm aber nicht unterstellt werden, daß er eine Fortsetzung der strafbaren Tätigkeit, die sich, weil in der Zukunft liegend, den Feststellungen des ersten Richters überhaupt entzogen hatte, in derselben Weise unbeachtet wissen wollte. Wollte man ihm eine solche Absicht unterstellen, dann müßte folgerichtig auch die Verfolgung von Einzeltaten einer fortgesetzten Handlung, die zwischen dem ersten und dem abschließenden Urteil liegen, in einem besonderen Verfahren unzulässig sein.

Aber gerade das haben das Reichsgericht in den genannten älteren Entscheidungen und die ihm darin neuerlich folgenden Gerichte als möglich und zulässig bezeichnet. Mit der am Wortlaut haftenden Auslegung des Verbots der Schlechterstellung kommen sie also dem Angeklagten nur scheinbar entgegen; in Wirklichkeit schlägt eine zugunsten des Angeklagten getroffene Regelung entschieden zu seinem Nachteil aus; denn die gesonderte strafrechtliche Erfassung des nach dem ersten und vor dem abschließenden Urteil liegenden Teiles der Fortsetzungstat muß, wenn sie zur Aburteilung in einem zweiten selbständigen Verfahren führt, den Angeklagten um den Vorteil sowohl der bei der Fortsetzungstat gebotenen einheitlichen Strafe wie der nach §§ 74, 79 StGB zu bildenden Gesamtstrafe bringen. Sie führt schließlich sogar dazu, daß dem Angeklagten in all den Fällen der Rechtsvorteil des Verbrauchs der Strafklage entzogen wird, wo erst nach der rechtskräftigen Entscheidung der Sache bekannt wird, daß der Angeklagte seine strafbare Tätigkeit über den Zeitpunkt des Ergehens des ersten Urteils hinaus fortsetzte. Das in den §§ 331 Abs. 1, 358 Abs. 2 StPO enthaltene Verbot der Schlechterstellung des Angeklagten müßte also in solchen Fällen dazu führen, daß der Angeklagte in einer nicht mehr zu überbietenden Weise benachteiligt wird, indem nämlich an die Stelle völliger Straflosigkeit eine neuerliche Bestrafung träte. Der Widersinn dieses Ergebnisses muß vor allem bei der Betrachtung des Vergleichsfalles einleuchten, in dem das erste Urteil auf ein zuungunsten des Angeklagten eingelegtes Rechtsmittel der Staatsanwaltschaft aufgehoben wurde. Wird in diesem Falle erst nach rechtskräftiger Entscheidung der Sache bekannt, daß der Angeklagte nach dem ersten Urteil sein strafbares Tun fortgesetzt hatte, so besteht nach einhelliger Meinung keine Möglichkeit, ihn noch wegen der zwischen dem ersten und dem abschließenden Urteil begangenen, mit der abgeurteilten Handlung im Fortsetzungszusammenhang stehenden Einzeltaten zur Rechenschaft zu ziehen. Dafür, daß es sich anders verhalten sollte, wenn nicht das Rechtsmittel der Staatsanwaltschaft, sondern das Rechtsmittel des Angeklagten Erfolg hatte, fehlt es an jedem vernünftigen Grund. Ein solcher Grund könnte allenfalls dann ersichtlich sein, wenn das Gesetz die frivole Einlegung von Rechtsmitteln als strafschärfenden Umstand gelten ließe. Aber gerade eine solche Betrachtungsweise wird durch das Verbot der reformatio in peius ausgeschlossen. Es widerspricht den Gesetzen der Logik, aus zwei zugunsten des Angeklagten getroffenen Vorschriften, nämlich dem Verbot der reformatio in peius auf der einen, dem Verbot der erneuten Bestrafung wegen einer bereits abgeurteilten Sache auf der anderen Seite, Folgerungen abzuleiten, die im Ergebnis ausschließlich zum Nachteil des Angeklagten ausschlagen.

Es ist aber nicht nur eine Verkennung der Gesetze der Logik, sondern auch eine Verkennung des rechtsstaatlichen Rangs der beiden hier nebeneinander stehenden Rechtssätze, wenn gesagt wird, daß der Grundsatz ne bis in idem gegenüber der (einseitig nach dem Wortlaut ausgelegten) Vorschrift des Verbots der reformatio in peius zurückzutreten habe (so OLG Bremen a.a.O.). Eine solche Auffassung mochte noch für eine Zeit verständlich sein, in der der Blick für Wesen und Bedeutung der Rechtsstaatlichkeit weniger geschärft war. Nachdem das Verbot mehrmaliger Verfolgung derselben Tat Aufnahme in das Grundgesetz gefunden, also verfassungsrechtlichen Rang erhalten hat, kann überhaupt kein Zweifel mehr daran bestehen, daß es sich hier um eine unmittelbar aus dem Wesen des Rechtsstaats abgeleitete Bestimmung handelt. Von dem Verbot der reformatio in peius kann dies umgekehrt nicht gesagt werden. Die innere Berechtigung dieses Verbots ist stets umstritten gewesen. Es ist in Staaten wie Großbritannien und der Schweiz, an deren rechtsstaatlichem Charakter kein Zweifel bestehen kann, entweder ganz oder weitgehend unbekannt und wurde vor seiner Wiedereinführung durch das sog. Vereinheitlichungsgesetz vom 12. 9. 1950 (BGBl. S. 455) in den deutschen Ländern keineswegs einheitlich angewandt. Es ist auf jeden Fall eher eine dem Angeklagten durch den Gesetzgeber gewährte Rechtswohltat als ein dem Wesen des Rechtsstaats verhafteter Grundsatz und steht damit dem Grundsatz ne bis in idem an Wert und Rang entschieden nach. Auch dieser Unterschied spricht für die einschränkende Auslegung des in §§ 331, 358 StPO ausgesprochenen Verbots der Schlechterstellung. Wenn schon das ranghöhere Verbot mehrmaliger Verfolgung sich nicht auf Einzelhandlungen einer Fortsetzungstat erstrecken kann, die durch das letzte gestaltungsfähige Urteil nicht erfaßt werden konnten, weil sie in eine spätere Zeit fielen, so muß Entsprechendes erst recht für das Verbot der Schlechterstellung gelten, soweit Einzelhandlungen der abgeurteilten Tat in Betracht kommen, die dem vom Angeklagten angefochtenen Urteil des Tatrichters zeitlich nachfolgen und von diesem Urteil gar nicht erfaßt werden konnten. Gerade der Rangunterschied zwischen dem Verbot nochmaliger Verfolgung und dem Verbot härterer Bestrafung läßt also erkennen, daß das Verbot der Schlechterstellung nicht auf Einzelhandlungen einer Fortsetzungstat bezogen werden darf, die bei dem ersten Urteil noch in der Zukunft lagen, und daß für solche Einzelhandlungen, soweit sie vor dem letzten gestaltungsfähigen Urteil geschahen, lediglich eine spätere Verfolgung als besondere Tat auszuscheiden hat. Das Reichsgericht hat es in RGSt 42, 374 durchaus mit Recht als unannehmbar bezeichnet, daß solche Einzelhandlungen ungesühnt bleiben. Aber diese Unannehmbarkeit besteht, wie das Reichsgericht damals verkannte, nur bis zu dem Zeitpunkt, wo der durch Art. 103 Abs. 3 GrundG umschriebene höhere Grundsatz der sachlichen Rechtskraft eingreift und den Verbrauch der Strafklage bewirkt, wo also das Bedürfnis nach einer gerechten und umfassenden Sühne der Tat in ihrem vollen Maß und Unrechtsgehalt seine Grenze findet in der Notwendigkeit, daß um der Rechtssicherheit und um des Rechtsfriedens willen dem staatlichen Strafen ein in jedem Falle klar voraussehbares und deshalb nach allgemeingültigen Grundsätzen bestimmbares Ende gesetzt sein muß. Auch wo dem Gericht die volle Erkenntnis des Umfangs und der Schwere der Tat verschlossen blieb, hat grundsätzlich dieser Schlußstrich zu gelten. Dagegen kann nicht davon die Rede sein, daß der Täter während eines noch sachlich im Bereich der Schuldfrage anhängigen Verfahrens unter den sehenden Augen des Gerichts sein strafbares Verhalten straflos fortsetzen dürfte, wie es ihm eine am Wortlaut haftende Auslegung des Verbots der Schlechterstellung unter diesen Umständen zubilligen müßte. Wie das Verbot der nochmaligen Verfolgung die zeitliche Grenze beim rechtskräftigen Schuldspruch zieht, so muß auch – in seinem Rahmen – das Verbot der Schlechterstellung zeitlich durch das Urteil begrenzt sein, an dem das Verbot der reformatio in peius haftet. Das Verbot der nochmaligen Verfolgung macht Schuld- und Strafausspruch unangreifbar. Das Verbot der reformatio in peius hindert einen anderweitigen Schuldspruch nicht und kann auf die sachliche Beurteilung der Tat auch, soweit es sich um die Frage von Tatmehrheit und Tateinheit handelt, keinen Einfluß haben; es berührt nur die Straffrage und bindet den Richter, soweit Unrechtshandlungen in Betracht kommen, die zeitlich vor dem Urteil lagen, dessen Strafe nicht verschärft werden darf. Das bedeutet zugleich, daß das Verbot der Schlechterstellung auch in den Fällen, in denen dem ersten Urteil weitere Unrechtshandlungen im Rahmen derselben Tat nachfolgten, nicht gegenstandslos wird. Seine Ausschaltung für die dem angefochtenen Urteil nachfolgenden Einzeltaten hat nur die Bedeutung, daß die Vorschrift des § 264 Abs. 1 StPO uneingeschränkt gilt, daß also das mit der Sache befaßte Berufungsgericht oder das Tatsachengericht, an das die Sache nach erfolgreicher Revision zurückverwiesen ist, weitere nach der ersten Verurteilung liegende Einzeltaten einer fortgesetzten Handlung ohne besondere Anklageerhebung, Eröffnung und Verbindung – wie im vorliegenden Falle geschehen ist – in die Verhandlung und Entscheidung der Sache einbeziehen kann und muß. Das Verbot der Schlechterstellung bleibt in diesem Falle als besondere gesetzliche Regel der Strafzumessung wirksam, die den Richter in Ansehung der vor dem Ergehen des ersten Urteils liegenden Einzelhandlungen an Art und Maß der im ersten Urteil festgesetzten Strafe bindet. Dagegen ist er nicht gehindert, im Hinblick auf die dem ersten Urteil nachfolgenden Einzelhandlungen die durch das Verbot der Schlechterstellung gezogene Grenze zu überschreiten. Der Tatrichter wird also bei der Strafzumessung zuerst zu prüfen haben, welche Strafe für die vor dem ersten Urteil liegenden Einzelhandlungen zu verhängen ist. Er ist hierbei an das Verbot der Schlechterstellung gebunden. Er wird dann entscheiden müssen, welche Verschärfung der Strafe mit Rücksicht auf die späteren Einzelhandlungen geboten ist. Er kann dabei so vorgehen, daß er für die späteren Einzelhandlungen eine gedachte Einsatzstrafe annimmt und aus beiden Strafen in entsprechender Anwendung des § 74 StGB die für die Tat im ganzen zu bemessende Strafe gewinnt. Die dem Verbot der Schlechterstellung innewohnende teilende Wirkung auf die Fortsetzungstat bleibt demnach auf die Straffrage beschränkt (vgl hierzu die Behandlung der Fortsetzungstat in Fällen der Amnestie, insbesondere BGHSt. 5, 136 [138]).

Da das Landgericht bei der Strafzumessung in dieser Form verfahren ist, kann die Gesamtstrafe als Einzelstrafe bestehen bleiben und ist nur der Schuldspruch im Sinne des Vorliegens einer einzigen fortgesetzten Handlung zu berichtigen.

§ 265 StPO

(1) Der Angeklagte darf nicht auf Grund eines anderen als des in der gerichtlich zugelassenen Anklage angeführten Strafgesetzes verurteilt werden, ohne daß er zuvor auf die Veränderung des rechtlichen Gesichtspunktes besonders hingewiesen und ihm Gelegenheit zur Verteidigung gegeben worden ist.

(2) Ebenso ist zu verfahren, wenn sich erst in der Verhandlung vom Strafgesetz besonders vorgesehene Umstände ergeben, welche die Strafbarkeit erhöhen oder die Anordnung einer Maßregel der Besserung und Sicherung rechtfertigen.

(3) Bestreitet der Angeklagte unter der Behauptung, auf die Verteidigung nicht genügend vorbereitet zu sein, neu hervorgetretene Umstände, welche die Anwendung eines schwereren Strafgesetzes gegen den Angeklagten zulassen als des in der gerichtlich zugelassenen Anklage angeführten oder die zu den im zweiten Absatz bezeichneten gehören, so ist auf seinen Antrag die Hauptverhandlung auszusetzen.

(4) Auch sonst hat das Gericht auf Antrag oder von Amts wegen die Hauptverhandlung auszusetzen, falls dies infolge der veränderten Sachlage zur genügenden Vorbereitung der Anklage oder der Verteidigung angemessen erscheint.

Erfolgreiche Rügen

1. Will das Gericht von einer „ausgehandelten" Strafhöhe wegen abredewidrig unterbliebenen Rechtsmittelverzichts des Angeklagten abweichen, bedarf es eines Hinweises (BGH Beschl. v. 26. 9. 2001 – 1 StR 147/01).

2. Teilt das Gericht mit, daß es bestimmte nicht angeklagte Vorfälle nur im Rahmen der Strafzumessung berücksichtigen wird, bedarf es eines Hinweises, bevor diese auch bei der dem Schuldspruch zu Grunde liegenden Beweiswürdigung zum Nachteil des Angeklagten berücksichtigt werden dürfen (BGH Beschl. v. 19. 1. 2001 – 2 StR 528/00).

3. Ablehnung eines Aussetzungsantrags bei begründetem Verteidigerwechsel und schwieriger Beweislage rechtsfehlerhaft (BGH Beschl. v. 2. 2. 2000 – 1 StR 537/99).

4. Regt das Gericht die teilweise Einstellung des Verfahrens selbst an und stimmt die Staatsanwaltschaft zu, muß es sich daran halten oder einen Hinweis erteilen (BGH Beschl. v. 22. 4. 1999 – 1 StR 46/99).

5. Wenn eine Vorschrift mehrere gleichwertig nebeneinander stehende Begehungsweisen unter Strafe stellt, erfordert der Hinweis nach § 265 I StPO die Angabe, welche Variante im konkreten Fall in Betracht kommt (BGH Urt. v. 5. 5. 1998 – 1 StR 140/98).

6. Verwertung eingestellter Verfahren nur nach Hinweis zulässig (BGH Beschl. v. 16. 9. 1997 – 5 StR 491/97).

7. Will das Gericht eine richterliche Vernehmung wegen Verstoßes gegen die Benachrichtigungspflicht als nichtrichterliche verwerten, dann bedarf es eines Hinweises (BGH Urt. v. 9. 7. 1997 – 5 StR 234/96).

8. Bei wesentlicher Abweichung von der in der Anklage genannten Tatzeit bedarf es insbesondere bei einer Alibibehauptung eines Hinweises (BGH Urt. v. 6. 2. 1997 – 1 StR 629/96).

9. Enthält ein Tatbestand mehrere mögliche Begehungsformen, muß das Gericht bei einem Abweichen von der Anklage darauf hinweisen, von welcher Variante es ausgeht (BGH Beschl. v. 21. 1. 1997 – 5 StR 592/96).

10. Berücksichtigung des nach § 154 II StPO ausgeschiedenen Verfahrensstoffs bei der Beweiswürdigung zu Lasten des Angeklagten nur zulässig, wenn dieser zuvor auf die Möglichkeit einer Verwertung hingewiesen worden ist (BGH Beschl. v. 14. 6. 1996 – 3 StR 199/96).

11. Das Gericht muß, wenn es bei einer zwar noch zulässigen, aber ungenauen Fassung der Anklage – anders als diese – von nach Ort, Zeit und Tatbegehung konkret bestimmten Taten ausgehen will, den Angeklagten entsprechend § 265 StPO darauf hinweisen (BGH Beschl. v. 19. 12. 1995 – 4 StR 691/95).

12. Wenn Anklageschrift und Eröffnungsbeschluß von Alleintäterschaft ausgehen, ist vor der Verurteilung wegen Mittäterschaft ein rechtlicher Hinweis erforderlich (BGH Beschl. v. 26. 9. 1995 – 1 StR 547/95).

13. Die Anordnung der Sicherungsverwahrung darf nur nach vorherigem rechtlichen Hinweis erfolgen (BGH Beschl. v. 11. 11. 1993 – 4 StR 584/93).

14. Anklage als Alleintäter und Verurteilung wegen Mittäterschaft setzt vorherigen rechtlichen Hinweis voraus (BGH Beschl. v. 14. 9. 1993 – 5 StR 478/93).

15. Der Angeklagte muß auf die Möglichkeit der Anordnung einer Sperre für die Erteilung einer neuen Fahrerlaubnis hingewiesen werden (BGH Beschl. v. 6. 4. 1993 – 1 StR 152/93).

16. Hinweis nach § 265 I StPO muß – allein oder in Verbindung mit der Anklage – hinreichend erkennbar machen, welches Strafgesetz auf die Tat anzuwenden ist und durch welche Tatsachen das Gericht die gesetzlichen Merkmale als erfüllt ansieht (BGH Urt. v. 24. 11. 1992 – 1 StR 368/92).

17. Bei unterschiedlicher Umschreibung des den strafrechtlichen Vorwurf begründenden Tatverhaltens in der Anklageschrift und im Urteil ist ein rechtlicher Hinweis erforderlich (BGH Urt. v. 3. 7. 1991 – 2 StR 132/91).

18. Der Angeklagte muß vom Gericht auf die Veränderung der tatsächlichen Urteilsgrundlagen aufmerksam gemacht werden (BGH Beschl. v. 12. 2. 1991 – 4 StR 506/90).

19. Nimmt das Gericht eine im Gegensatz zur Anklageschrift veränderte Tatzeit an, muß es den Angeklagten zuvor darauf hinweisen (BGH Urt. v. 22. 1. 1991 – 5 StR 498/90).

20. Unterbringung in einer Entziehungsanstalt nur nach vorherigem rechtlichen Hinweis zulässig (BGH Beschl. v. 8. 1. 1991 – 1 StR 683/90).

21. Bei einem Wechsel der Teilnahmeform von Mittäter- zu Alleintäterschaft ist ein rechtlicher Hinweis erforderlich (BGH Beschl. v. 17. 5. 1990 – 1 StR 157/90).

22. Will das Gericht wegen Vereitelung der Durchsetzung einer anderen als der in der Anklageschrift genannten Forderung verurteilen, ist ein vorheriger Hinweis erforderlich (BGH Beschl. v. 2. 2. 1990 – 3 StR 480/89).

23. Hinweispflicht bei Abweichung von zugesichertem Strafmaß (BGH Urt. v. 7. 6. 1989 – 2 StR 66/89).

24. Bei Anklage wegen gemeinschaftlicher Begehungsweise und Verurteilung als Alleintäter ist ein Hinweis gem. § 265 I StPO erforderlich (BGH Beschl. v. 16. 2. 1989 – 1 StR 24/89).

25. Der Angeklagte muß auf die Möglichkeit einer Unterbringung nach § 64 StGB hingewiesen werden (BGH Beschl. v. 30. 3. 1988 – 3 StR 78/88).

26. Wenn das Gericht eine andere Tatzeit als die im Eröffnungsbeschluß genau angegebene annehmen will und insoweit eine andere Verteidigung in Betracht kommt, muß es den Angeklagten in der Hauptverhandlung darauf hinweisen (BGH Beschl. v. 1. 12. 1987 – 5 StR 458/87).

27. Kann eine Tat nach Anklage und Eröffnungsbeschluß an zwei verschiedenen Tagen begangen worden sein und wird hinsichtlich des einen Tages ein Hilfsbeweisantrag gestellt, daß an ihm die Tat nicht begangen worden sein kann, muß das Gericht darauf hinweisen, daß es den anderen Tag als Tatzeitpunkt annimmt (BGH Urt. v. 22. 9. 1987 – 5 StR 378/87).

28. Bei Anklage wegen Mordes und Verurteilung wegen Totschlags ist ein rechtlicher Hinweis in der Hauptverhandlung erforderlich (BGH Urt. v. 8. 4. 1987 – 3 StR 91/87).

29. Der Hinweis auf die Möglichkeit einer Verurteilung wegen Beihilfe kann den Hinweis auf die Verurteilung wegen Mittäterschaft nicht ersetzen (BGH Beschl. v. 14. 5. 1985 – 1 StR 196/85).

30. Das Gericht darf den Angeklagten nicht im unklaren lassen, wenn es die Verurteilung auf weitere Einzelakte stützen will, die in der zugelassenen Anklage nicht aufgeführt sind (BGH Beschl. v. 15. 1. 1985 – 1 StR 707/84).

31. Ein rechtlicher Hinweis gem. § 265 StPO erfordert beim Tatbestand des Mordes auch den Hinweis auf die nach den Umständen in Betracht kommende konkrete Begehungsform des § 211 II StGB (BGH Beschl. v. 15. 5. 1984 – 1 StR 269/84).

32. Bei Übergang vom Vorwurf der Alleintäterschaft auf den der Mittäterschaft oder mittelbaren Täterschaft oder der Anstiftung muß dem Angeklagten ein Hinweis nach § 265 StPO gegeben werden (BGH Beschl. v. 12. 4. 1984 – 4 StR 160/84).

33. Hinweis auf veränderten Tatzeitpunkt muß nicht ausdrücklich und nicht in der Form des § 265 StPO gegeben werden, sofern der Angeklagte dem Gang der Hauptverhandlung entnehmen kann, daß das Gericht diese Möglichkeit ernsthaft in Betracht zieht (BGH Beschl. v. 8. 3. 1984 – 2 StR 829/83).

34. Das Gericht muß, wenn es von Alleintäterschaft zu Mittäterschaft übergehen will, dies dem Angeklagten gem. § 265 I StPO deutlich machen (BGH Urt. v. 19. 1. 1984 – 4 StR 742/83).

35. Beim Übergang vom Vorwurf der Alleintäterschaft auf den der Mittäterschaft ist ein Hinweis nach § 265 StPO erforderlich (BGH Beschl. v. 17. 7. 1983 – 4 StR 355/83).

36. Bei Anklage wegen Aussetzung mit Todesfolge und Verurteilung wegen fahrlässiger Tötung ist ein vorheriger rechtlicher Hinweis erforderlich (BGH Beschl. v. 3. 5. 1983 – 4 StR 210/83).

37. Nennt ein Strafgesetz mehrere, gleichwertig nebeneinander stehende Begehungsweisen, ist der Hinweis nach § 265 I StPO nur dann ausreichend, wenn er angibt, welche Begehungsform im gegebenen Fall in Betracht kommt (BGH Urt. v. 27. 5. 1982 – 4 StR 128/82).

38. Ein im Bußgeldbescheid nicht angeordnetes Fahrverbot darf im Verfahren nach Einspruch nur nach Hinweis verhängt werden (BGH Beschl. v. 8. 5. 1980 – 4 StR 172/80).

39. Hinweispflicht bei Änderung wesentlicher tatsächlicher Gesichtspunkte (BGH Urt. v. 15. 11. 1978 – 2 StR 456/78).

40. Der Hinweis auf einen veränderten rechtlichen Gesichtspunkt muß vom Gericht auch dann erteilt werden, wenn dieser Umstand von den Verfahrensbeteiligten bereits angesprochen worden ist (BGH Urt. v. 20. 7. 1976 – 1 StR 327/76).

41. Hinweis bei Verurteilung aufgrund anderer als in der Anklage bezeichneten Mordmerkmale erforderlich (BGH Urt. v. 20. 2. 1974 – 2 StR 448/73).

42. Hinweispflicht bei Abweichen von ursprünglich angenommenem Mordmerkmal (BGH Urt. v. 30. 7. 1969 – 4 StR 237/69).

43. Auf die Möglichkeit der Unterbringung muß hingewiesen werden (BGH Urt. v. 20. 12. 1967 – 4 StR 485/67).

44. Eine Veränderung der Sachlage kann auch durch Verfahrensvorgänge, z.B. durch einen Wechsel des Verteidigers eintreten, selbst wenn der neue Verteidiger sogleich an die Stelle des früheren tritt (BGH Urt. v. 25. 6. 1965 – 4 StR 309/65).

45. Hinweispflicht bei Abweichung von der im Eröffnungsbeschluß angegebenen Tatzeit erforderlich (BGH Urt. v. 3. 9. 1963 – 5 StR 306/63).

46. Auf die Möglichkeit einer Unterbringung in einer Heil- und Pflegeanstalt muß der Angeklagte vom Gericht ausdrücklich hingewiesen werden, wenn sie sich nicht aus dem Eröffnungsbeschluß ergibt (BGH Urt. v. 21. 5. 1963 – 1 StR 131/63).

47. Entzug der Fahrerlaubnis erfordert vorangegangenen Hinweis (BGH Urt. v. 12. 3. 1963 – 1 StR 54/63).

48. Hinweis nach § 265 I StPO muß erkennen lassen, welche bestimmten Tatsachen der Veränderung der rechtlichen Gesichtspunkte zugrundegelegt werden (BGH Urt. v. 3. 11. 1959 – 1 StR 425/59).

49. Eine Veränderung der Sachlage, die eine Aussetzung der Verhandlung geboten erscheinen läßt, kann auch durch verfahrensmäßige Vorgänge und Lagen entstehen (BGH Urt. v. 19. 6. 1958 – 4 StR 725/57).

50. Überraschende Tatsachenfeststellungen im Urteil anfechtbar (BGH Urt. v. 6. 12. 1957 – 5 StR 536/57).

51. Aussetzung der Hauptverhandlung zur Vorbereitung der Verteidigung (BGH Urt. v. 28. 6. 1955 – 5 StR 646/54).

52. Bei Anklage wegen Alleintäterschaft und Verurteilung wegen Mittäterschaft muß das Gericht auf den veränderten rechtlichen Gesichtspunkt hinweisen (BGH Urt. v. 4. 9. 1952 – 5 StR 525/52).

53. Beruht die Verurteilung auf der Anwendung eines anderen als des Strafgesetzes, das im Eröffnungsbeschluß angeführt ist, und zwar auf der Annahme eines die Strafbarkeit erhöhenden Umstandes, ist der Angeklagte darauf hinzuweisen (BGH Urt v. 24. 6. 1952 – 2 StR 56/52).

54. Bei mehreren Begehungsformen Hinweis auf konkrete Form erforderlich (BGH Urt. v. 27. 5. 1952 – 1 StR 160/52).

55. Rechtlicher Hinweis auf mögliches Berufsverbot erforderlich (BGH Urt. v. 27. 9. 1951 – 3 StR 596/51).

56. Siehe auch § 338 Nr. 8 StPO.

Erfolglose Rügen

1. Wird bereits im wesentlichen Ermittlungsergebnis die Möglichkeit der Anordnung von Sicherungsverwahrung erwähnt, bedarf es bei ihrer Anordnung keines vorherigen Hinweises des Gerichts (BGH Beschl. v. 8. 11. 2000 – 1 StR 427/00).

2. Pflicht zu rechtlichem Hinweis besteht in der Regel nicht für Feststellungen, die sich auf die vor der tatbestandsmäßigen Handlung liegende Phase der Tatplanung und Tatvorbereitung beziehen (BGH Urt. v. 15. 9. 1999 – 2 StR 530/98).

3. Bei Einstellung wegen Betrugsversuch kein Hinweis auf Verwertung dieses Sachverhalts bei Verurteilung wegen Versicherungsbetrugs erforderlich (BGH Urt. v. 3. 4. 1996 – 2 StR 590/95).

4. Rüge, das Gericht habe einen Unterbrechungsantrag zur Vorbereitung der Verteidigung zu unrecht abgelehnt, setzt genauen Vortrag dazu voraus, welche Verteidigungshandlungen ohne Unterbrechung nicht möglich waren (BGH Urt. v. 29. 8. 1995 – 1 StR 404/95).

5. Ein Verstoß gegen § 265 I StPO führt nicht zur Aufhebung des Urteils, wenn ausgeschlossen werden kann, daß der Angeklagte bei gehöriger Unterrichtung sich anders und erfolgreicher als geschehen hätte verteidigen können (BGH Urt. v. 14. 2. 1995 – 1 StR 725/94).

6. Bei Anklage als Alleintäter aber Verurteilung als Mittäter ist ein rechtlicher Hinweis erforderlich (BGH Urt. v. 19. 10. 1994 – 2 StR 336/94).

7. Auf einem unterlassenen Hinweis beruht das Urteil dann nicht, wenn der Angeklagte seine Verteidigung nach erfolgtem Hinweis nicht anders hätte einrichten können (BGH Urt. v. 25. 3. 1992 – 3 StR 519/94).

8. Die Einholung eines Gutachtens „über die Schuldfähigkeit des Angeklagten sowie die Frage einer eventuellen Unterbringung in einem psychiatrischen Krankenhaus" stellt einen ausreichenden Hinweis auf eine mögliche Unterbringung dar (BGH Urt. v. 15. 1. 1992 – 2 StR 297/91).

9. Rüge, das Gericht sei von dem in der Anklage festgelegten Tatzeitpunkt abgewichen, muß vortragen, daß dieser neue Zeitpunkt in der Hauptverhandlung nicht zur Sprache gekommen ist (BGH Urt. v. 15. 1. 1991 – 1 StR 603/90).

10. Wenn bei Anklage und Eröffnungsbeschluß von Tateinheit ausgegangen wurde, setzt eine Verurteilung wegen zweier tatmehrheitlich begangener Delikte einen förmlichen Hinweis nach § 265 I StPO voraus (BGH Beschl. v. 14. 2. 1990 – StR 362/89).

11. Abweichungen, welche die vor der tatbestandsmäßigen Handlung liegende Phase der Tatplanung und -vorbereitung betreffen, sind – jedenfalls im Grundsatz – nicht hinweispflichtig (BGH Beschl. v. 18. 7. 1988 – 2 StR 311/88).

12. Es genügt, wenn der Angeklagte durch den Gang der Verhandlung oder auf andere eindeutige Weise davon unterrichtet wird, welche Veränderung der Sachlage das Gericht in Betracht zieht (BGH Urt. v. 8. 3. 1988 – 1 StR 14/88).

13. Keine Hinweispflicht des Gerichts, wenn es die in der Anklageschrift angenommene Verminderung der Schuldfähigkeit des Angeklagten nicht bejaht (BGH Urt. v. 30. 6. 1987 – 1 StR 242/87).

14. Kein Hinweis erforderlich, wenn die Änderung nur Modalitäten des zeitlich fixierten Gesamtgeschehens betrifft (BGH Urt. v. 17. 12. 1986 – 2 StR 554/86).

15. Der Hinweis an zwei der Mittäterschaft Angeklagte, einer von ihnen könne auch als Gehilfe bestraft werden, reicht als Hinweis für den anderen Angeklagten, er könne als Alleintäter bestraft werden, aus (BGH Urt. v. 14. 6. 1983 – 1 StR 82/83).

16. Der Tatrichter darf den Angeklagten nicht im unklaren lassen, wenn er die Verurteilung auf tatsächliche Umstände stützen will, die der Sachverhaltsschilderung in der zugelassenen Anklage nicht zu entnehmen sind (BGH Urt. v. 11. 11. 1980 – 1 StR 527/80).

17. Der Angeklagte selbst kann keine Aussetzung mit der Begründung verlangen, daß dem neu bestellten Pflichtverteidiger die zur Vorbereitung der Verteidigung erforderliche Zeit nicht verbleiben würde (BGH Urt. v. 17. 7. 1973 – 1 StR 61/73).

18. Hinweis bei mehreren möglichen Begehungsformen (BGH Urt. v. 17. 12. 1965 – 1 StR 300/65).

19. Erkennbarkeit wesentlicher Gesichtspunkte durch Gang der Hauptverhandlung (BGH Urt. v. 8. 10. 1963 – 1 StR 553/62).

20. Erforderlich und genügend ist jeder Hinweis auf neuen Gesichtspunkt (BGH Urt. v. 16. 10. 1962 – 5 StR 276/62).

21. Keine Hinweispflicht bei Erkennen auf Polizeiaufsicht (BGH Urt. v. 7. 9. 1962, – 4 StR 266/62).

22. Die Einziehung nach § 40 StGB bedarf keines Hinweises gem. § 265 StPO (BGH Urt. v. 8. 2. 1961 – 2 StR 622/60).

23. Bei Anklage wegen vollendeter Tat muß bei Verurteilung nur wegen Versuchs ein rechtlicher Hinweis erfolgen (BGH Urt. v. 8. 5. 1951 – 1 StR 168/51).

Erfolgreiche Rügen

1. Will das Gericht von einer „ausgehandelten" Strafhöhe wegen abredewidrig unterbliebenen Rechtsmittelverzichts des Angeklagten abweichen, bedarf es eines Hinweises.

StPO § 265 – BGH Beschl. v. 26. 9. 2001 – 1 StR 147/01 LG München I (= NStZ 2002, 219)

Die Revision rügt, das Gericht habe sich in seinem Urteil nicht an eine in der Hauptverhandlung getroffene Absprache zur Strafhöhe gehalten.

Sachverhalt: Nach dem Scheitern eines in der Hauptverhandlung erfolgten Verständigungsgespräches, wonach die schon vor diesem Gespräch geständige Angeklagte u.a. bei Rechtsmittelverzicht zu einer Freiheitsstrafe von 2 Jahren ohne Bewährung verurteilt werden sollte, verhängte das Landgericht, ohne daß weitere Beweise erhoben worden wären, eine Freiheitsstrafe von 2 Jahren und 6 Monaten. – Das Rechtsmittel hatte Erfolg.

Gründe: Da für die Beteiligten eine Veränderung der für die Strafzumessung erheblichen Sachlage nicht erkennbar war, hätte es hier – trotz der Äußerungen der Angeklagten im letzten Wort – angesichts der vom Gericht in Aussicht gestellten Strafhöhe eines ausdrücklichen Hinweises bedurft (vgl. BGHSt. 36, 210, 212 [BGH Urt. v. 7. 6. 1989 – 2 StR 66/89; vgl. § 265 StPO erfolgreiche Rügen]; 42, 46, 49 [BGH Urt. v. 20. 2. 1996 – 5 StR 679/95; vgl. § 169 GVG erfolglose Rügen]).

2. Teilt das Gericht mit, daß es bestimmte nicht angeklagte Vorfälle nur im Rahmen der Strafzumessung berücksichtigen wird, bedarf es eines Hinweises, bevor diese auch bei der dem Schuldspruch zu Grunde liegenden Beweiswürdigung zum Nachteil des Angeklagten berücksichtigt werden dürfen.

StPO § 265 – BGH Beschl. v. 19. 1. 2001 – 2 StR 528/00 LG Frankfurt am Main (= StV 2001, 387)

Die Revision rügt, das Gericht habe es unterlassen, die Angeklagte darauf hinzuweisen, daß es sich nicht an eine in der Hauptverhandlung gegebene Zusage halten will.

Sachverhalt: Die Verteidigung der Angeklagten hatte in der Hauptverhandlung den Antrag gestellt, einen rechtlichen Hinweis zu geben, falls „das Gericht weitere, im konkreten Anklagesatz nicht enthaltene Vorfälle im Zusammenhang mit dem Schuld- und/oder Rechtsfolgenausspruch verwerten will". Daraufhin hat die Strafkammer in einem Beschluß zum Ausdruck gebracht, daß sie die im Anklagesatz nicht enthaltenen Vorfälle „im Rahmen der Strafzumessung" zu würdigen gedenke. Gleichwohl hat die Strafkammer bei der dem Schuldspruch zu Grunde liegenden Beweiswürdigung zum Nachteil der Beschwerdeführerin die früheren Mißhandlungen des Kindes bei der Beweisführung zur Bejahung des Tatbestandsmerkmals der rohen Mißhandlung i.S.v. § 223b StGB a.E. herangezogen. – Das Rechtsmittel hatte Erfolg.

Gründe: Der GBA hat hierzu u.a. ausgeführt:

„Die Rüge der Verletzung des § 265 StPO greift durch. Nachdem die Verteidigung der Angeklagten in der Hauptverhandlung den Antrag gestellt hatte, einen rechtlichen Hinweis zu geben, falls ‚das Gericht weitere, im konkreten Anklagesatz nicht enthaltene Vorfälle im Zusammenhang mit dem Schuld- und/oder Rechtsfolgenausspruch verwerten will', und die Strafkammer daraufhin in einem Beschluß zum Ausdruck gebracht hatte, daß sie die im Anklagesatz nicht enthaltenen Vorfälle ‚im Rahmen der Strafzumessung' zu würdigen gedenke, war der Tatrichter gehindert, derartige Vorkommnisse bei der dem Schuldspruch zu Grunde liegenden Beweiswürdigung zum Nachteil der Beschwerdeführerin zu verwerten ... Im Hinblick auf den Beschluß der Strafkammer konnte die Beschwerdeführerin sich darauf verlassen, daß die vor der angeklagten Tat liegenden Mißhandlungen ihres

Kindes beim Schuldspruch nicht zu ihrem Nachteil berücksichtigt würden. Das aber hat die Strafkammer getan, indem sie die früheren Mißhandlungen des Kindes bei der Beweisführung zur Bejahung des Tatbestandsmerkmals der rohen Mißhandlung i.S.v. § 223b StGB a.E. herangezogen hat. Die beweismäßige Verwertung dieser Vorkommnisse hätte nur nach einem entsprechenden Hinweis nach § 265 StPO erfolgen dürfen.

Ein Beruhen des Urteils auf diesem Verfahrensfehler kann unter Berücksichtigung des dazu erfolgten Vortrages der Revision nicht sicher ausgeschlossen werden."

Dem folgt der Senat im Ergebnis. Ergänzend merkt er an:

Allerdings ist auch unter dem Gesichtspunkt fairer Verfahrensgestaltung in der Hauptverhandlung ein Zwischenverfahren, in dem sich das Gericht zu Inhalt und Ergebnis einzelner Beweiserhebungen erklären müßte, nicht vorgesehen (vgl. im einzelnen BGHSt. 43, 212 ff. [BGH Beschl. v. 3. 9. 1997 – 5 StR 237/97; vgl. § 261 StPO erfolglose Rügen]). Bei Berücksichtigung der für diese Auffassung maßgeblichen Überlegungen war der Tatrichter im vorliegenden Fall nicht ohne weiteres gehalten, vor Urteilsberatung einen derartigen spezifizierten Hinweis zu erteilen. Die damit verbundene Zusage mußte aber eingehalten werden. ...

3. Ablehnung eines Aussetzungsantrags bei begründetem Verteidigerwechsel und schwieriger Beweislage rechtsfehlerhaft.

StPO § 265 IV – BGH Beschl. v. 2. 2. 2000 – 1 StR 537/99 LG München (= NJW 2000, 1350 = StV 2000, 183)

Die Revision rügt, daß das Gericht nach einem Verteidigerwechsel am 10. Verhandlungstag einem Antrag der neuen Verteidiger auf Aussetzung des Verfahrens, weil eine ordnungsgemäße Verteidigung der Angeklagten ohne eine Wiederholung der gesamten bisherigen Beweisaufnahme nicht möglich sei und sie sich kein eigenes Urteil über Inhalt und Glaubhaftigkeit der bisherigen Zeugenaussagen bilden könnten, zu Unrecht zurückgewiesen hat.

Sachverhalt: Nach dem 10. von insgesamt 16 Hauptverhandlungstagen legten die beiden aus derselben Sozietät stammenden Wahlverteidiger der Angeklagten ihr Mandat nieder. Am folgenden Hauptverhandlungstag beantragten die inzwischen beauftragten, aus verschiedenen Sozietäten stammenden neuen Wahlverteidiger die Aussetzung der Hauptverhandlung. Sie begründeten dies insbes. damit, daß eine ordnungsgemäße Verteidigung der Angeklagten ohne eine Wiederholung der gesamten bisherigen Beweisaufnahme nicht möglich sei, weil sie sich kein eigenes Urteil über Inhalt und Glaubhaftigkeit der bisherigen Zeugenaussagen bilden könnten. Die Strafkammer hat diese und die beiden später gestellten Aussetzungsanträge zurückgewiesen. Sie hielt die angeordnete zehntägige Unterbrechung der Hauptverhandlung u.a. im Hinblick auf die den Verteidigern zur Verfügung gestellten Mitschriften der Berichterstatterin für ausreichend. – Das Rechtsmittel hatte Erfolg.

Gründe: Diese Verfahrensweise beanstandet die Revision mit Recht als unzulässige Beschränkung der Verteidigung (§ 338 Nr. 8 StPO) und Verletzung des § 265 Abs. 4 StPO.

Nach § 265 Abs. 4 StPO ist das Gericht verpflichtet, die Hauptverhandlung auszusetzen, wenn dies wegen veränderter Sachlage zu einer genügenden Vorbereitung der Verteidigung angemessen erscheint. Eine Veränderung der Sachlage kann auch durch einen Wechsel des Verteidigers eintreten (BGH NJW 1965, 2164, 2165 [BGH Urt. v. 25. 6. 1965 – 4 StR 309/65; vgl. § 265 StPO erfolgreiche Rügen]). Erklärt der neubestellte Verteidiger, daß er zur Verteidigung nicht genügend vorbereitet sei, so entscheidet das Gericht nach seinem pflichtgemäßen Ermessen darüber, ob die Verhandlung zu unterbrechen oder auszusetzen ist. Das Gericht kann nach dem geltenden Strafverfahrensrecht die Hauptverhandlung grundsätzlich mit dem neubestellten Verteidiger fortsetzen, ohne von neuem beginnen zu müssen. Es wird immer von den Umständen des einzelnen Falles abhängen, ob die Anwesenheit desselben Verteidigers bei allen Teilen der Hauptverhandlung für eine sachgemäße Durchführung der Verteidigung unbedingt notwendig ist (BGHSt. 13, 337, 340 [BGH Urt. v. 30. 10. 1959 – 1 StR 418/59; vgl. § 338 Nr. 8 StPO erfolglose Rügen]).

Die Besonderheiten des vorliegenden Falles machten es erforderlich, die Hauptverhandlung auszusetzen oder – was hier nicht geschehen ist – zumindest den Hauptbelastungszeugen erneut, nunmehr in Anwesenheit der neuen Verteidiger, zu vernehmen (vgl. BGHSt. 13, 337, 345). Von Bedeutung waren hier insbesondere die Schwere des Anklagevorwurfs (BGH NStZ 1983, 281 [BGH Urt. v. 26. 1. 1983 – 3 StR 431/82; vgl. § 145 StPO erfolgreiche Rügen]), der zu nicht mehr bewährungsfähigen Freiheitsstrafen geführt hat, und die Beweislage im Zeitpunkt des Verteidigerwechsels. Alle besonders wichtigen Zeugen waren bereits vernommen. Der zentrale Punkt des Verfahrens ist die Frage, ob der Angeklagte Dr. W. als RA gegenüber einem Mandanten, bevor dieser der Mitangeklagten D. 400 000 DM zur Verfügung stellte, hinsichtlich der beabsichtigten Verwendung des Geldes und der wirtschaftlichen Lage der Mitangeklagten D. unwahre Angaben gemacht hat. Dritte waren bei dem fraglichen Gespräch nicht zugegen. Die dazu von dem Geschädigten abgegebene Darstellung wird von den Angeklagten bestritten. Die Glaubwürdigkeit dieses Zeugen war daher – auch ausweislich der Gründe des angefochtenen Urteils – von entscheidender Bedeutung. Sie wurde von der Verteidigung u.a. mit der Begründung in Frage gestellt, der Zeuge habe während der Hauptverhandlung widersprüchliche Angaben gemacht. Hinzu kommt, daß die Kammer selbst der vom Zeugen während der Vernehmung gezeigten Mimik und Gestik Bedeutung beigemessen hat. So wird in dem angefochtenen Urteil angeführt, der Zeuge habe in Richtung des Angeklagten keinerlei Belastungsinteressen gezeigt und sogar einen Handschlag angedeutet während er der Mitangeklagten lediglich einen abschätzigen Blick zugeworfen habe.

Ob eine andere Beurteilung angezeigt sein könnte, wenn die Mandatsniederlegung erfolgte, um einen Abbruch der Hauptverhandlung zu erzwingen, kann dahingestellt bleiben. Für ein solches Verhalten gibt es hier keine Anhaltspunkte. Die Verteidiger beriefen sich insoweit auf einen erst im Laufe der Hauptverhandlung aufgetretenen Interessenwiderstreit. Dabei bezogen sie sich auf ein weiteres Ermittlungsverfahren gegen die Angeklagten, das die Strafkammer in den im hiesigen Verfahren nach dem 7. Hauptverhandlungstag erlassenen Haftbefehlen zur Begründung der Fluchtgefahr angeführt hatte. In diesem weiteren Ermittlungsverfahren wird die Angeklagte D. anders als im vorliegenden Verfahren – vom Mitangeklagten Dr. W. belastet. Daß die Mandatsniederlegungen aus diesem sachgerechten Grund (vgl. § 3 Abs. 2 der Berufsordnung für Rechtsanwälte) erfolgten, hat auch die Strafkammer in den die Aussetzung ablehnenden Beschluß nicht in Frage gestellt.

4. Regt das Gericht die teilweise Einstellung des Verfahrens selbst an und stimmt die Staatsanwaltschaft zu, muß es sich daran halten oder einen Hinweis erteilen.

StPO § 265 – BGH Beschl. v. 22. 4. 1999 – 1 StR 46/99 LG Karlsruhe (= StV 1999, 353)

Die Revision rügt, das Landgericht habe zwar zunächst in einer Anzahl von Fällen die Einstellung des Verfahrens gem. § 154 StPO angeregt, worauf die Staatsanwaltschaft einen entsprechenden Antrag stellte, dann aber in einem im Zusammenhang mit dem Urteil verkündeten Beschluß nur in einem Teil der Fälle die Verfahrenseinstellung tatsächlich vorgenommen.

Der Sachverhalt ergibt sich aus dem Revisionsvorbringen. – Das Rechtsmittel hatte Erfolg.

Gründe: Diese Verfahrensweise gibt zu rechtlichen Bedenken Anlaß. Nachdem das Landgericht selbst die Anregung zur teilweisen Einstellung des Verfahrens gegeben hatte, war es unter dem Gesichtspunkt des fairen Verfahrens gehalten, dem Angeklagten einen Hinweis zu geben, daß es inzwischen in einzelnen Fällen zu einer anderen Beurteilung gelangt sei (vgl. BGHR StPO vor § 1/faires Verfahren Hinweispflicht 1). Ohne einen solchen Hinweis konnte insbes. der Verteidiger davon ausgehen, das Gericht werde entsprechend seiner eigenen Anregung verfahren; für ihn konnte daher kaum noch Anlaß bestehen – etwa in seinem Schlußplädoyer –" auf die zur Einstellung vorgesehenen Fälle näher einzugehen.

5. Wenn eine Vorschrift mehrere gleichwertig nebeneinander stehende Begehungsweisen unter Strafe stellt, erfordert der Hinweis nach § 265 I StPO die Angabe, welche Variante im konkreten Fall in Betracht kommt.

StPO § 265 I – BGH Urt. v. 5. 5. 1998 – 1 StR 140/98 LG Hechingen (= NStZ 1998, 529)

Die Revision rügt, daß das Gericht den Angeklagten wegen Mordes verurteilt hat, obwohl er wegen Totschlags angeklagt war und in der Hauptverhandlung kein Hinweis auf eine anderweitige Verurteilung erteilt worden ist.

Der Sachverhalt ergibt sich aus dem Revisionsvorbringen. – Das Rechtsmittel hatte Erfolg.

Gründe: Der Angeklagte bemängelt zu Recht die Verletzung des § 265 I StPO. Denn da die vom Landgericht unverändert zur Hauptverhandlung zugelassene Anklage ihm lediglich einen vollendeten Totschlag (§ 212 StGB) zur Last legte, hätte er auf die eingetretene Veränderung des rechtlichen Gesichtspunktes besonders hingewiesen und ihm insoweit Gelegenheit zur Verteidigung gegeben werden müssen. Die §§ 211, 212 StGB sind im Verhältnis zueinander als jeweils anderes Strafgesetz i.S. des § 265 1 StPO zu behandeln (vgl. BGH bei Dallinger MDR 1952, 532; NStZ-RR 1996, 10 [BGH Urt. v. 14. 2. 1995 – 1 StR 725/94; vgl. § 265 StPO erfolglose Rügen]). Wie die Revision vorträgt und das Protokoll ausweist, erfolgte ein derartiger Hinweis in der zum Urteil führenden Hauptverhandlung (Beginn: 13. 10. 1997) aber nicht.

a) Der Hinweis war auch nicht aufgrund des übrigen Verfahrensablaufs entbehrlich. Ihn zu erteilen, war Aufgabe des Vorsitzenden. Er wurde daher nicht dadurch ersetzt, daß die Staatsanwaltschaft in ihrem Plädoyer eine Verurteilung wegen Mordes beantragte (BGHSt. 22, 29, 31 [BGH Urt. v. 20. 12. 1967 – 4 StR 485/67; vgl. § 265 StPO erfolgreiche Rügen]). Erst recht genügte es nicht, daß einem der Verteidiger in einem „Rechtsgespräch" außerhalb der Hauptverhandlung vom Sitzungsvertreter der Staatsanwaltschaft – wie sich dessen dienstlicher Erklärung entnehmen läßt – mitgeteilt wurde, es „komme doch wohl eher Mord in Frage". Denn des förmlichen Hinweises nach § 265 I StPO bedarf es seitens des Vorsitzenden grundsätzlich selbst dann, wenn alle Verfahrensbeteiligten den veränderten rechtlichen Gesichtspunkt bereits von sich aus (sogar) in der Hauptverhandlung angesprochen haben (vgl. BGHSt. 19, 141 [BGH Urt. v. 8. 10. 1963 – 1 StR 553/62; vgl. § 265 StPO erfolglose Rügen]; 23, 95, 98 [BGH Urt. v. 30. 7. 1969 – 4 StR 237/69; vgl. § 265 StPO erfolgreiche Rügen]; MDR 1977, 63 [BGH Urt. v. 20. 7. 1976 – 1 StR 327/76; vgl. § 265 StPO erfolgreiche Rügen]).

b) Anderes ergibt sich auch nicht daraus, daß der Angeklagte in einer ersten, am 24. 3. 1997 ausgesetzten Hauptverhandlung unter Verlesung der Vorschrift darauf hingewiesen wurde, daß „auch eine Verurteilung wegen Mordes gem. § 211 StGB in Betracht" komme. Insoweit wird allerdings die Auffassung vertreten, daß ein einmal erteilter Hinweis grundsätzlich für das ganze weitere Verfahren (vgl. RGSt 59, 423; ferner BGHR StPO § 354 I Sachentscheidung 3) oder zumindest für dieselbe Instanz wirkt.

Dies wird insbesondere auch für die Konstellation einer nach dem rechtlichen Hinweis erfolgten Aussetzung der Hauptverhandlung angenommen (vgl. BGH Urt. v. 14. 7. 1964 – 5 StR 252/64). Ob dem generell zu folgen oder beispielsweise für die vorliegende Fallgestaltung, bei der es vor der neuen Hauptverhandlung zu einem Verteidigerwechsel gekommen ist, eine Ausnahme anzunehmen ist, kann jedoch ebenso dahinstehen wie die Frage, ob es darauf ankommen kann, daß der Angeklagte den Hinweis vergessen haben könnte (vgl. BGH bei Dallinger MDR 1971, 363 f.). Denn im beschriebenen Sinne wirksam kann nur ein der Funktion des § 265 I StPO entsprechender Hinweis sein. Dieser muß so gehalten sein, daß er es dem Angeklagten und seinem Verteidiger ermöglicht, die Verteidigung auf die Veränderung des rechtlichen Gesichtspunktes einzurichten. Daran fehlt es hier.

aa) Wenn die Vorschrift – wie dies bei § 211 StGB der Fall ist – mehrere gleichwertig nebeneinander stehende Begehungsweisen unter Strafe stellt, erfordert der Hinweis nach § 265 I StPO nach ständiger Rechtsprechung des BGH die Angabe, welche Variante im konkreten Fall in Betracht kommt (BGHSt. 2, 371, 373 [BGH Urt. v. 27. 5. 1952 – 1 StR 160/52; vgl. § 265 StPO erfolgreiche Rügen]; 25, 287, 288 [BGH Urt. v. 20. 2. 1974 – 2 StR 448/73; vgl. § 265 StPO erfolgreiche Rügen]; BGH NStZ 1983, 34 f. [BGH Urt. v. 27. 5. 1982 – 4 StR 128/82; vgl. § 265 StPO erfolgreiche Rügen]; StV 1984, 367 [BGH Beschl. v. 15. 5. 1984 – 1 StR 269/84; vgl. § 265 StPO erfolgreiche Rügen]; 1991, 501; zuletzt Urt. v. 18. 11. 1997 – 1 StR 520/97). Diesem Erfordernis genügte der ausweislich des Hauptverhandlungsprotokolls unspezifiziert erteilte Hinweis auf § 211 StGB nicht.

Dieser war auch nicht aus dem Grund eindeutig, weil nach den Tatumständen ausschließlich das letztlich der Verurteilung wegen Mordes zugrunde gelegte Merkmal der Heimtücke ernsthaft in Betracht kam. Denn unmittelbar vor der Tat „stieg im Angeklagten ... der alte Groll wieder hoch, der gegen S. seit den Vorkommnissen im Herbst 1994, verstärkt noch durch dessen Äußerungen über sein Verhältnis mit seiner Schwägerin, in ihm geschlummert hatte. Er entschloß sich, dem Ärger mit ihm ein für allemal ein Ende zu setzen ...". Danach schied außer dem Vorwurf heimtückischer Begehungsweise auch ein Handeln aus niedrigen Beweggründen nicht ohne weiteres aus.

bb) Entsprechend dem Regelungszweck des § 265 I StPO, den Angeklagten vor überraschenden Entscheidungen zu schützen, ist darüber hinaus regelmäßig die Angabe der Tatsachen erforderlich, die das neu in Betracht gezogene gesetzliche Merkmal nach Ansicht des Gerichts möglicherweise ausfüllen könnten (vgl. BGHSt. 13, 320, 324 [BGH Urt. v. 3. 11. 1959 – 1 StR 425/59; vgl. § 265 StPO erfolgreiche Rügen]; NStZ 1983, 34 f.). Die diesbezüglich zu stellenden Anforderungen richten sich nach den Umständen des jeweiligen Einzelfalls unter Berücksichtigung von Anklageschrift und Eröffnungsbeschluß (vgl. BGH Urt. v. 4. 4. 1995 – 1 StR 772/94). Sie sind um so strenger, je schwerer der neu erhobene Vorwurf wiegt. Nach diesen Maßstäben hätten dem Angeklagten die vom Landgericht für § 211 StGB als erheblich angesehenen Tatumstände bezeichnet werden müssen (vgl. BGH a.a.O.):

c) Auf dem Verstoß gegen § 265 I StPO kann das angefochtene Urteil allerdings nur hinsichtlich des angenommenen Mordmerkmals und der subjektiven Tatseite beruhen. Insoweit erscheint es möglich, daß der Angeklagte, der eine zur Überzeugung des Landgerichts widerlegte Notwehrsituation für sich geltend gemacht hat, sich nach Erteilung eines Hinweises ergänzend geäußert hätte. Dies gilt besonders deswegen, weil es für die Annahme von Heimtücke in aller Regel besonderer Prüfung bedarf, ob ein Täter, der in plötzlich aufsteigender Verbitterung und Wut gehandelt hat, die für dieses Mordmerkmal maßgebenden Gesichtspunkte in sein Bewußtsein aufgenommen hatte (vgl. BGH NStZ 1983, 34 f.; 1987, 554 f.).

Im übrigen kann der Senat jedoch ausnahmsweise mit der erforderlichen Sicherheit ausschließen, daß sich der Angeklagte und seine Verteidiger bei gehöriger Unterrichtung anders und erfolgreicher als geschehen hätten verteidigen können (NJW 1985, 2488 [BGH

Beschl. v. 14. 5. 1985 – 1 StR 196/85; vgl. § 265 StPO erfolgreiche Rügen]). Denn der Angeklagte hat sich zu seiner Verteidigung im wesentlichen auf die Notwehrlage berufen, dagegen immerhin 2 Stiche mit dem Springmesser „in Richtung seines Widersachers" eingeräumt.

6. Verwertung eingestellter Verfahren nur nach Hinweis zulässig.
StPO §§ 265, 154 II – BGH Beschl. v. 16. 9. 1997 – 5 StR 491/97 LG Stade (NStZ 1998, 51)
Die Revision rügt, das Gericht habe ohne rechtlichen Hinweis in seinem Urteil zu Lasten des Angeklagten Umstände berücksichtigt, die Gegenstand eines zuvor von demselben Gericht gem. § 154 a StPO eingestellten Verfahrens waren.

Sachverhalt: Das Landgericht hat den Angeklagten wegen Beihilfe zu bandenmäßigem unerlaubten Handeltreiben mit Betäubungsmitteln in nicht geringer Menge zu einer Freiheitsstrafe verurteilt.
Bei der Beweiswürdigung zur Einbindung des Angeklagten in die Bande um seinen Onkel stellt das Landgericht einleitend auf die Begleitumstände einer gemeinsamen Fahrt des Angeklagten mit seinem Onkel nach Frankfurt a.M. ab. Der Tatrichter hält die Einlassung des Angeklagten hierzu, sie hätten einen Verwandten treffen wollen, der in Deutschland operiert werden sollte, für eine unwahre Schutzbehauptung; er hält es vielmehr für höchst wahrscheinlich, daß bei jenem Treffen Rauschgift übergeben werden sollte.
Jene Reise nach Frankfurt war indes Teil eines weiteren Anklagevorwurfs gegen den Angeklagten; insoweit ist das Verfahren gemäß § 154 II StPO vorläufig eingestellt worden. – Das Rechtsmittel hatte Erfolg.

Gründe: Der Beschwerdeführer beanstandet zutreffend, daß hierdurch ein Vertrauenstatbestand geschaffen worden ist, wonach eine belastende Verwertung mit jener Tat zusammenhängender Umstände im Rahmen der Beweiswürdigung nach dem Grundsatz des fairen Verfahrens entsprechend § 265 StPO nicht ohne einen – hier jedoch fehlenden – vorherigen Hinweis an den Angeklagten erfolgen durfte (vgl. BGHSt. 31, 302, 303 [BGH Urt. v. 16. 3. 1983 – 2 StR 826/82; vgl. § 261 StPO erfolglose Rügen]; BGHR StPO § 154 II Hinweispflicht 1 [BGH Beschl. v. 8. 12. 1987 – 4 StR 621/87 (K); vgl. § 154 StPO erfolgreiche Rügen] und 3).
Daß der Angeklagte sich gegen die Beweisführung des Tatrichters bei Einhaltung der gebotenen Hinweiserteilung wirkungsvoller hätte verteidigen können, läßt sich ebensowenig ausschließen wie die Möglichkeit für diesen Fall abweichender, für den Angeklagten günstigerer tatrichterlicher Feststellungen zu seiner Tatbeteiligung. Dies bedingt hier die umfassende Aufhebung des angefochtenen Urteils.

7. Will das Gericht eine richterliche Vernehmung wegen Verstoßes gegen die Benachrichtigungspflicht als nichtrichterliche verwerten, dann bedarf es eines Hinweises.
StPO §§ 265, 168c V, 251 – BGH Urt. v. 9. 7. 1997 – 5 StR 234/96 LG Bielefeld (= StV 1997, 512 = NStZ 1998, 312)
Die Revision rügt die Verwertung der Aussage eines Zeugen, der richterlich vernommen worden ist, ohne daß die Verteidigung von dem Vernehmungstermin benachrichtigt wurde. Sie trägt weiter vor, daß ein Verstoß gegen die Benachrichtigungspflicht nach § 168 c V StPO zu einem umfassenden Verwertungsverbot führe, das auch die Verwendung der Niederschrift als nichtrichterliche Vernehmung i.S. von § 251 II 2 StPO untersage. Ein zusätzlicher Verfahrensfehler sei darin zu sehen, daß die Kammer die Verfahrensbeteiligten nicht auf die beabsichtigte Umstellung der Verwertungsgrundlage hingewiesen habe. Wäre der gebotene Hinweis auf den Übergang von § 251 I zu § 251 II 2 StPO in der Hauptver-

handlung erfolgt, hätte die Verteidigung erfolgreich darauf hinwirken können, daß der Zeuge S. unter Wahrung der Anwesenheitsrechte der Verteidigung durch einen schweizerischen Richter vernommen worden wäre.

Sachverhalt: Das Landgericht hat die Verurteilung des Angeklagten auch auf die Bekundungen des schweizerischen Zeugen S. gestützt, die dieser am 16. 5. 1995 vor dem Ermittlungsrichter beim Amtsgericht Lörrach gemacht hat. Von dieser Vernehmung waren die Verteidiger des Angeklagten nicht benachrichtigt worden und infolgedessen auch nicht anwesend. Gegen den Widerspruch der Verteidigung hat das Landgericht das Protokoll dieser Vernehmung gemäß § 251 I StPO in der Hauptverhandlung als richterliches Vernehmungsprotokoll verlesen. Im Urteil stellte die Kammer die Verlesungsgrundlage auf § 251 II 2 StPO um und bewertete die Niederschrift der Aussage vom 16. 5. 1995 ausdrücklich als nichtrichterliches Vernehmungsprotokoll, ohne zuvor in der Hauptverhandlung einen entsprechenden Hinweis erteilt zu haben. – Das Rechtsmittel hatte Erfolg.

Gründe: Die Frage, ob ein umfassendes Verwertungsverbot besteht, brauchte der Senat nicht zu entscheiden, da die Rüge der Verletzung des rechtlichen Gehörs ohnehin durchdringt.

aa) Ein Verstoß gegen die Benachrichtigungspflicht nach § 168c V StPO hat zur Folge, daß die Vernehmungsniederschrift ohne Einverständnis des Angeklagten und seines Verteidigers nicht als richterliches Vernehmungsprotokoll gemäß § 251 I StPO verlesen werden darf (BGHSt. 26, 332 ff. [BGH Urt. v. 11. 5. 1976 – 1 StR 166/76; vgl. § 251 StPO erfolgreiche Rügen]; 31, 140, 144 [BGH Urt. v. 3. 11. 1982 – 2 StR 434/82; vgl. § 251 StPO erfolgreiche Rügen]). Der richterlichen Vernehmung kommt nicht nur wegen der Strafbarkeit falscher Angaben nach den §§ 153, 154 StGB, sondern auch wegen der in § 168c II StPO bestimmten Beteiligungsrechte eine höhere Beweiskraft zu als der nichtrichterlichen Vernehmung, bei der Anwesenheitsrechte der Verfahrensbeteiligten nicht bestehen. Nehmen die Anwesenheitsberechtigten aufgrund einer fehlenden Benachrichtigung an der richterlichen Vernehmung nicht teil, so unterscheidet sich der Vorgang insofern nicht von einer Vernehmung durch die Polizei oder die Staatsanwaltschaft. Da die so geschaffenen Protokolle nach § 251 II 2 StPO verlesen werden dürfen, spricht viel dafür, zuzulassen, daß das Protokoll einer unter Verletzung der Benachrichtigungspflicht erfolgten richterlichen Vernehmung als Protokoll einer anderen – nichtrichterlichen – Vernehmung verlesen wird (vgl. BGHSt. 34, 231, 234 [BGH Urt. v. 26. 11. 1986 – 3 StR 390/86; vgl. § 168c StPO erfolglose Rügen]; BGHR StPO § 244 III 2 Unerreichbarkeit 15; BayObLG JR 1977, 475, 476]). Hinzutreten muß allerdings, daß der Tatrichter sich des minderen Beweiswertes des Beweismittels bewußt ist.

Die Entscheidungen des 1. und 2. Strafsenats (BGHSt. 26, 332 und 31, 140) und die lediglich referierende Entscheidung des Senats (BGHSt. 38, 214, 219 [BGH Beschl. v. 27. 2. 1992 – 5 StR 190/91; vgl. § 136 StPO erfolgreiche Rügen]) würden nicht entgegenstehen. Der 1. und 2. Senat hatten lediglich zu entscheiden, ob in Fällen der Verletzung der Benachrichtigungspflicht anstelle der verbotenen Verlesung der richterlichen Vernehmungsniederschrift gemäß § 251 I StPO die Anhörung des Ermittlungsrichters oder der Vorbehalt der in der richterlichen Vernehmung gemachten Angaben zulässig ist. Mit der Verlesung der richterlichen Vernehmung als nichtrichterliches Beweismittel haben sich die Senate nicht befaßt. In einem späteren Beschluß hat der 1. Strafsenat ausdrücklich klargestellt, daß eine unter Verstoß gegen die Benachrichtigungspflicht zustande gekommene richterliche Vernehmung als nichtrichterliche gemäß § 251 II 2 StPO verlesen und verwertet werden darf (BGHR StPO § 244 III 2 Unerreichbarkeit 15).

bb) Jedenfalls ist die im Zusammenhang mit der Aussage des Zeugen S. weiter erhobene Rüge der Verletzung des rechtlichen Gehörs begründet. Entsprechend § 265 I StPO war das Landgericht verpflichtet, den Angeklagten darauf hinzuweisen, daß es eine Umbewertung der rechtlichen Grundlage für die Verlesung der Aussage des Zeugen S. beabsichtige.

Auf diesem Verfahrensfehler kann das Urteil beruhen. Der Senat kann insoweit nicht ausschließen, daß der Beschwerdeführer nach einem Hinweis auf die beabsichtigte Verlesung nach § 251 II 2 StPO eine erneute Vernehmung des Zeugen im Wege der Rechtshilfe in der Schweiz beantragt und daß diese Vernehmung durch Fragen und Vorbehalte der anwesenden Verteidiger zu einem anderen Beweisergebnis geführt hätte.

Ein Rechtshilfeersuchen durch das Landgericht an die Schweiz hätte – auch unter Berücksichtigung des Umstandes, daß es sich um ein Steuerstrafverfahren handelt – durchaus Erfolgsaussichten gehabt. An der Vernehmung in der Schweiz hätten die Verteidiger nach den zwischen Deutschland und der Schweiz bestehenden Verträgen teilnehmen dürfen, wenn das Landgericht dies – wozu es verpflichtet gewesen wäre (BGHSt. 42, 86, 89, 91 [BGH Urt. v. 19. 3. 1996 – 1 StR 497/95; vgl. §§ 168c, 251 StPO erfolglose Rügen]; 35, 83, 83 f. [BGH Beschl. v. 3. 11. 1987 – 5 StR 579/87; vgl. §§ 244 III S. 2 Var. 5, 251 StPO erfolgreiche Rügen]) – beantragt hätte (zur Rechtshilfe in Strafsachen zwischen Deutschland und der Schweiz Grützner/Pötz Int. Rechtshilfeverkehr in Strafsachen, 2. Aufl., II, S. 16, Rn. 1 ff.; zu dem Schweizer Bundesgesetz v. 20. 3. 1981 über int. Rechtshilfe in Strafsachen und die hierzu ergangene Verordnung v. 24. 2. 1982 Schultz ZStW 96 [1984], 595 ff.; Frei LJZ 1987, 13 ff.; zur Praxis der Schweiz bei deutschen Rechtshilfeersuchen in Fiskalsachen Dreßler wistra 1989, 161 ff.)

8. Bei wesentlicher Abweichung von der in der Anklage genannten Tatzeit bedarf es insbesondere bei einer Alibibehauptung eines Hinweises.

StPO § 265 – BGH Urt. v. 6. 2. 1997 – 1 StR 629/96 LG Heilbronn (= StV 1997, 237)

Die Revision rügt, daß das Gericht ohne rechtlichen Hinweis bei der Verurteilung von einer Tatzeit ausgegangen ist, die wesentlich von derjenigen in der Anklageschrift abweicht und für die der Angeklagte einen Abwesenheitsbeweis angetreten hat.

Sachverhalt: Nach der unverändert zur Hauptverhandlung zugelassenen Anklage vom 1. 12. 1995 lag dem Angeklagten zur Last, er habe „wenige Tage vor dem 12. 4. 1995 dem W. ... in Wetzlar ... 80 g Heroingemisch und 120 g Kokaingemisch ... übergeben." Demgegenüber hat das Landgericht im Urteil festgestellt, der Angeklagte habe die Tat „zu einem nicht näher feststellbaren Zeitpunkt zwischen Mitte März und etwa Mitte April 1995 – ausgenommen ... der Zeitraum vom 6. bis zum 15. 4. –" begangen.

Hier war vom Landgericht in den Urteilsgründen ein Hilfsbeweisantrag abgelehnt worden, der einen Auslandsaufenthalt des Angeklagten und eine Abwesenheit vom Tatort vom 1. bis 15. 4. 1995 belegen sollte. Zur Begründung wird mitgeteilt, daß die Beweisbehauptung teils bewiesen (6. bis 15. 4.) und im übrigen für die Entscheidung ohne Bedeutung sei (1. bis 5. 4.), denn die Tat könne auch im März oder „kurzfristig nach dem 15. 4. 1995" begangen worden sein. – Das Rechtsmittel hatte Erfolg.

Gründe: Nach der Rspr. des BGH darf der Tatrichter die von Anklage und Eröffnungsbeschluß genannte Tatzeit nicht wesentlich anders feststellen, ohne dem Angeklagten zuvor einen Hinweis auf eine solche Möglichkeit zu geben; dies gilt insbesondere im Fall einer Alibibehauptung (BGH NStZ 1984, 422 [BGH Beschl. v. 8. 3. 1984 – 2 StR 829/83; vgl. § 265 StPO erfolgreiche Rügen]) oder wenn die Tatzeit für die Überführung des Angeklagten von Bedeutung ist.

Der Beschwerdeführer beanstandet mit Recht, daß er auf die Feststellung einer veränderten Tatzeit nicht hingewiesen worden ist. Der Tatrichter darf aber den Angeklagten nicht darüber im unklaren lassen, daß er die Verurteilung auf tatsächliche Umstände stützen will, die so in der Anklage nicht enthalten sind. Eines förmlichen Hinweises, so sehr er sich aus Gründen der Klarheit auch empfiehlt, bedarf es zwar aus Rechtsgründen nicht. Vielmehr kann es ausreichen, daß der Angeklagte aus dem Gang der Hauptverhandlung die veränderten tatsächlichen Umstände entnehmen, sich dazu äußern und seine Verteidigung darauf einstellen kann. Dabei genügt es nicht, wenn der neue tatsächliche Gesichtspunkt, auf den das Gericht die Verurteilung stützt, nur von Beweispersonen im Rahmen ihrer Vernehmung angesprochen worden ist. Es muß vielmehr deutlich geworden sein, daß das Gericht selbst ihn aufgenommen und in die Erwägungen einbezogen hat, die für die Entscheidung bedeutsam sind (BGHSt. 28, 196, 197 [BGH Urt. v. 15. 11. 1978 – 2 StR 456/78; vgl. § 265 StPO erfolgreiche Rügen]; BGHR StPO § 265 Abs. 1 Hinweispflicht 11 und § 265 Abs. 4 Hinweispflicht 3 [BGH Urt. v. 22. 9. 1987 – 5 StR 378/87; vgl. § 265 StPO erfolgreiche Rügen], 4 [BGH Urt. v. 8. 3. 1988 – 1 StR 14/88; vgl. § 265 StPO erfolglose Rügen], 12 [BGH Urt. v. 22. 1. 1991 – 5 StR 498/90; vgl. § 265 StPO erfolgreiche Rügen], 13).

Einen förmlichen Hinweis hat das Landgericht ausweislich des Protokolls über den Gang der Hauptverhandlung nicht gegeben. Daß es auch im übrigen der Hinweispflicht nicht entsprochen hat, ist nach der Überzeugung des Senats bereits dem Verfahrensgang und den Urteilsgründen zu entnehmen (vgl. hierzu BGHR StPO § 265 Abs. 4 Hinweispflicht 12), so daß sich die Einholung von Stellungnahmen Prozeßbeteiligter erübrigt: Noch im Schlußvortrag hat der Verteidiger mit Hilfsbeweisanträgen, für die in der Anklage angenommene Tatzeit ein Alibi des Angeklagten unter Beweis gestellt. Auf den nunmehr angenommenen Tatzeitpunkt hat die Verteidigung nicht abgestellt. Das Tatgericht ist auch nicht im Anschluß an den Hilfsbeweisantrag nochmals in die Verhandlung eingetreten, vielmehr hat es erst in den Urteilsgründen auf die Bedeutungslosigkeit dieses Zeitpunktes hingewiesen.

Es kann nicht ausgeschlossen werden, daß das Urteil auf diesem Rechtsfehler beruht. Ergänzendes Verteidigungsvorbringen zur Tatzeitveränderung ist nicht von vornherein ausgeschlossen. Insbesondere im vorliegenden Fall, in dem die Verurteilung des bestreitenden Angeklagten allein auf der Aussage des Mitangeklagten beruht – hier sogar auf dessen polizeilicher Aussage, die er in der Hauptverhandlung als falsch bezeichnet hat – hätten der belastenden Aussage bei der Polizei, bei der er sich auf einen engen Tatzeitraum (wenige Tage vor dem 12. 4. 1995) festgelegt hatte, erhebliche Verteidigungseinwände für die nunmehr angenommene Tatzeit (März oder 16./17. 4. 1995) entgegengehalten werden können.

9. Enthält ein Tatbestand mehrere mögliche Begehungsformen, muß das Gericht bei einem Abweichen von der Anklage darauf hinweisen, von welcher Variante es ausgeht.
StPO § 265 – BGH Beschl. v. 21. 1. 1997 – 5 StR 592/96 LG Hannover (= StV 1997, 237)

Die Revision rügt, daß der Angeklagte wegen gefährlicher Körperverletzung (gemeinschaftlich) verurteilt worden ist, ohne daß das Gericht zuvor einen rechtlichen Hinweis auf diese konkrete Begehungsform gegeben hatte.

Sachverhalt: Dem Angeklagten war in der Anklage ein versuchter Totschlag mittels eines Messers zum Nachteil des G. und – insoweit wurde der Angeklagte freigesprochen – eine gefährliche Körperverletzung zum Nachteil des R. vorgeworfen worden. Mit dem Eröffnungsbeschluß ist die Anklage unverändert zur Hauptverhandlung zugelassen worden. Nach den Plädoyers der Staatsanwaltschaft und des Nebenklägervertreters ist der Angeklagte gem. § 265 Abs. 1 StPO darauf hingewiesen worden, daß im Fall des G. „auch eine Verurteilung wegen gefährlicher Körperverletzung" in Betracht kommen könne. Die Beweisaufnahme ist sodann erneut geschlossen worden. Den Urteilsgründen ist zu entnehmen, daß der Tatrichter den die Körperverletzung qualifizierenden Umstand darin sieht, daß sie von mehreren gemeinschaftlich begangen wurde. – Das Rechtsmittel hatte Erfolg.

Gründe: Bei der von Anklage und Eröffnungsbeschluß abweichenden rechtlichen Würdigung reichte der bloße Hinweis auf „gefährliche Körperverletzung" nicht aus. Die Vorschrift enthält mehrere Tatbestandsalternativen, deren Begehungsweisen ihrem Wesen nach verschieden sind. Der Hinweis nach § 265 Abs. 1 StPO muß in einem Fall wie dem vorliegenden ergeben, welche der möglichen Begehungsweisen der Tatrichter annehmen will (vgl. zu § 250 StGB BGH Urt. v. 4. 4. 1995 – 1 StR 772/94 [= StV 1995, 462]): Die im Urteil festgestellte Begehungsweise verstand sich für den Angeklagten nicht von selbst. Zum einen war ein mittels eines Messers begangener versuchter Totschlag Gegenstand von Anklage und Eröffnungsbeschluß. Zum anderen legten die Bekundungen der vernommenen Zeugen das Vorhandensein einer tatbeteiligten weiteren Person nicht nahe. Bei der gegebenen Sachlage ist nicht auszuschließen, daß sich der Angeklagte auf einen die Begehungsweise umfassenden Hinweis erfolgreicher verteidigt hätte. Damit kann das Urteil auf dem Verfahrensfehler beruhen.

10. Berücksichtigung des nach § 154 II StPO ausgeschiedenen Verfahrensstoffs bei der Beweiswürdigung zu Lasten des Angeklagten nur zulässig, wenn dieser zuvor auf die Möglichkeit einer Verwertung hingewiesen worden ist.

StPO § 265 1, 154 II – BGH Beschl. v. 14. 6. 1996 – 3 StR 199/96 LG Oldenburg (= NStZ 1996, 611)

Die Revision rügt, daß ein gemäß § 154 II StPO ausgeschiedener Verfahrensteil, der ein weiteres Tatopfer betraf, im Rahmen der Beweiswürdigung zum Nachteil des Angeklagten berücksichtigt worden ist, ohne daß zuvor ein entsprechender Hinweis erteilt worden wäre.

Sachverhalt: Die vom Landgericht unverändert zugelassene Anklage legte dem Angeklagten zur Last, als Heimleiter eines Behindertenheimes 2 geistig behinderte Heiminsassinnen sexuell mißbraucht zu haben, nämlich die Nebenklägerin M. in 3 Fällen und die Nebenklägerin B. in einem Fall. Die Taten wurden rechtlich als sexueller Mißbrauch Widerstandsunfähiger (§ 179 StGB) in 4 Fällen bewertet.

In der Hauptverhandlung wurde der Angeklagte gemäß § 265 I StPO darauf hingewiesen, daß hinsichtlich der Tat zum Nachteil B. eventuell auch eine Verurteilung wegen sexuellen Mißbrauchs von Kranken in Anstalten (§ 174a StGB) in Betracht kommen könnte. Das Tatgericht regte ferner an, das Verfahren wegen dieser Tat gemäß § 154 II StPO im Hinblick auf die Taten zum Nachteil der M. einzustellen. Die Vertreterin der Nebenklägerin B. widersprach der Einstellung. Auch der Verteidiger des Angeklagten widersprach der Verfahrenseinstellung und wies darauf hin, daß im Fall der Geschädigten M. eine Verurteilung nicht zu erwarten sei und auch im Fall der Geschädigten B. die Tat nicht bewiesen sei. Dennoch stellte die Strafkammer auf Antrag der Staatsanwaltschaft das Verfahren, soweit es die Tat zum Nachteil B. betraf, gemäß § 154 II StPO vorläufig ein. Ein Hinweis an die Verfahrensbeteiligten, daß dieser Verfahrenskomplex im Rahmen der Beweiswürdigung in den Fällen zum Nachteil der Zeugin M. Berücksichtigung finden könnte, erging nicht. Vielmehr wurde der Angeklagte gemäß § 265 I StPO darauf hingewiesen, daß eventuell auch eine Verurteilung nach § 174a StGB in den Fällen zum Nachteil der Zeugin M in Betracht kommen könnte.

Das Landgericht hat den Angeklagten unter Freisprechung im übrigen wegen sexuellen Mißbrauchs von Kranken in Anstalten in 2 Fällen zu einer Gesamtfreiheitsstrafe verurteilt. Tatopfer war in beiden Fällen die Zeugin M. – Das Rechtsmittel hatte Erfolg.

Gründe: Die Strafkammer hat rechtsfehlerhaft einen gemäß § 154 II StPO ausgeschiedenen Verfahrensteil, der das weitere Tatopfer B. betraf, im Rahmen der Beweiswürdigung zum Nachteil des Angeklagten berücksichtigt, ohne einen entsprechenden Hinweis zu erteilen.

Die Strafkammer stützt die Verurteilung des Angeklagten wegen zweier Taten zum Nachteil der Zeugin M. auch auf die Beweise, die sie bezüglich der Tat zum Nachteil der Zeugin B. erhoben hat. Sie ist davon überzeugt, daß der Angeklagte sich nicht nur M., sondern auch B. in sexueller Absicht genähert habe, was wiederum ein wichtiges Indiz für die Glaubwürdigkeit der Aussage der Zeugin M. sei.

Grundsätzlich darf der nach § 154 II StPO ausgeschiedene Verfahrensstoff bei der Beweiswürdigung zu Lasten des Angeklagten nur dann berücksichtigt werden, wenn dieser zuvor auf die Möglichkeit einer Verwertung hingewiesen worden ist (BGHSt. 31, 302 [BGH Urt. v. 16. 3. 1983 – 2 StR 826/82; vgl. § 261 StPO erfolglose Rügen]; BGHR StPO § 154 II Hinweispflicht 1 [BGH Beschl. v. 8. 12. 1987 – 4 StR 621/87 (K); vgl. § 154 StPO erfolgreiche Rügen]); denn die Verfahrenseinstellung kann für den Angeklagten das Vertrauen begründen, daß der ausgeschiedene Verfahrensstoff nicht zu seinen Lasten verwertet wird. Nur in Fällen, in denen aus den Umständen des Verfahrensganges oder aus anderen Gründen (vgl. BGH Urt. v. 3. 4. 1996 – 2 StR 590/95 [vgl. § 265 StPO erfolglose Rügen]) die vorläufige Teileinstellung des Verfahrens einen solchen Vertrauenstatbestand nicht zu erzeugen vermag, ist ein entsprechender Hinweis entbehrlich. Der Senat läßt es offen, ob ein Vertrauenstatbestand regelmäßig ausscheidet, wenn die Beweisaufnahme zum ausgeschiedenen Tatkomplex aus Sicht der Verfahrensbeteiligten abgeschlossen ist und es nur noch gilt, die erhobenen Beweise zu würdigen. Jedenfalls dann, wenn die Verteidigung der Verfahrenseinstellung mit der Zielrichtung widerspricht, einen Freispruch zu erreichen, und das Gericht aus Sicht der Verteidigung sich der Auseinandersetzung mit deren Einwendungen durch die Einstellung entzieht, kann die Verteidigung darauf vertrauen, daß der ausgeschiedene Verfahrensstoff ohne entsprechenden Hinweis bei der Beweiswürdigung des verbleibenden Verfahrensstoffes nicht mehr berücksichtigt wird.

11. Das Gericht muß, wenn es bei einer zwar noch zulässigen, aber ungenauen Fassung der Anklage – anders als diese – von nach Ort, Zeit und Tatbegehung konkret bestimmten Taten ausgehen will, den Angeklagten entsprechend § 265 StPO darauf hinweisen.

StPO § 265 – BGH Beschl. v. 19. 12. 1995 – 4 StR 691/95 LG Arnsberg (= StV 1996, 197 = NStZ 1996, 295)

Die Revision rügt, daß das Landgericht den Angeklagten nicht entsprechend § 265 StPO darauf hingewiesen hat, wegen welcher konkreter Taten eine Verurteilung in Betracht kam.

Sachverhalt: Die unverändert zur Hauptverhandlung zugelassene Anklage legt dem Angeklagten zur Last, „in Arnsberg von Juli 1992 bis Februar 1993" durch 16 selbständige Handlungen „während der 14-tägigen Besuche" seiner am 7. 10. 1989 geborenen Tochter Sina „am Wochenende" in seiner Wohnung und „im gemeinsamen 5-tägigen Urlaub über den Jahreswechsel 1992/1993" zum Nachteil des Kindes folgende sexuelle Handlungen vorgenommen zu haben:

„Der (Angeklagte) führte ... u.a. die Finger in die Scheide der ... Sina ... ein, wobei diese häufig erhebliche Schmerzen verspürte und in einem Fall eine blutende Wunde im Genitalbereich durch den (Angeklagten) ... mittels eines Pflasters versorgt wurde. Mehrfach veranlaßte der (Angeklagte) die Zeugin, sein Glied anzufassen und in den Mund zu nehmen.

In mindestens 1 Fall führte der (Angeklagte) sein Glied in den After der Zeugin ein, wobei sich dieser Vorfall im Wohnzimmer auf der Couch ereignete und der (Angeklagte) die Zeugin später ins Bett trug. In weiteren Fällen kam es zum vollendeten Geschlechtsverkehr, davon mindestens in 1 Fall auch auf einer Couch im Wohnzimmer.

In mindestens 2 Fällen zwang der (Angeklagte) die ... Sina ... Kot und Urin in den Mund zu nehmen."

Das Landgericht hat festgestellt, daß sich der – den Anklagevorwurf bestreitende – Angeklagte im Zeitraum von September 1992 bis Februar 1993 an seiner Tochter Sina in 3 Fällen in seiner Wohnung dadurch vergangen hat, daß er in einem Falle „im großen Bett" an deren Geschlechtsteil manipulierte und einen Finger in die Scheide einführte und er in 2 Fällen (Fälle 2 und 3) – „im großen Bett" und „auf der Couch im Wohnzimmer" – „beischlafähnliche Bewegungen" an dem Kind ausführte. Außerdem mißbrauchte er es nach den Urteilsfeststellungen während eines Kurzurlaubs in Grömitz in der Zeit vom 28. 12. 1992 bis zum 3. 1. 1993 zum Mundverkehr (Fall 4); in einem weiteren Fall (Fall 5) rieb er – ebenfalls in Grömitz – an der Scheide seiner Tochter und steckte, „um sich weiter sexuell zu erregen, seinen Kot in ihren Mund".

Das Landgericht hat den Angeklagten – unter Freisprechung im übrigen – wegen sexuellen Mißbrauchs von Kindern in Tateinheit mit sexuellem Mißbrauch von Schutzbefohlenen in 5 Fällen zu einer Gesamtfreiheitsstrafe verurteilt. – Das Rechtsmittel hatte Erfolg.

Gründe: Entgegen der Auffassung des Beschwerdeführers fehlt es zwar nicht an der Verfahrensvoraussetzung ordnungsgemäßer Anklageerhebung, jedoch beanstandet die Revision – im Rahmen dieser Rüge – zu Recht, daß das Landgericht den Angeklagten nicht entsprechend § 265 StPO darauf hingewiesen hat, wegen welcher konkreter Taten eine Verurteilung in Betracht kam.

Nach der Rechtsprechung des BGH (BGHSt. 40, 44, 46, 47 [BGH Urt. v. 11. 1. 1994 – 5 StR 682/93; vgl. § 200 StPO erfolglose Rügen]; BGHR StPO § 200 I 1 Tat 9, 13, 14) genügt beim Vorwurf einer Vielzahl sexueller Übergriffe gegen ein Kind die Anklage regelmäßig den gesetzlichen Erfordernissen, wenn in ihr das Tatopfer, der Tatzeitraum, die Grundzüge der Art und Weise der Tatbegehung und die (Höchst-)Zahl der vorgeworfenen Taten mitgeteilt werden. Nach diesen Grundsätzen ist die Anklage im vorliegenden Fall ausreichend bestimmt.

Aus dem in Art. 103 I GG gewährleisteten Anspruch auf rechtliches Gehör – der in § 265 StPO eine strafprozessuale Konkretisierung erfahren hat (vgl. BGHSt. 11, 88, 91 [BGH Urt. v. 6. 12. 1957 – 5 StR 536/57; vgl. § 265 StPO erfolgreiche Rügen]) – folgt jedoch, daß das Gericht, wenn es bei einer zwar noch zulässigen, aber ungenauen Fassung der Anklage – anders als diese – von nach Ort, Zeit und Tatbegehung konkret bestimmten Taten ausgehen will (vgl. BGH NStZ 1992, 602, 603 [BGH Beschl. v. 27. 11. 1991 – 3 StR 157/91; vgl. § 267 StPO erfolgreiche Rügen]), den Angeklagten entsprechend § 265 StPO darauf hinzuweisen hat (vgl. BGHSt. 40, 44, 45, 48; BGH Beschl. v. 23. 8. 1995 – 3 StR 163/95 [vgl. § 252 StPO erfolgreiche Rügen]). Es muß ihm zudem Gelegenheit geben, sich dazu zu äußern (§ 243 IV 2, 244 II StPO) und seine Verteidigung darauf einzurichten (vgl. BGHSt. 13, 320, 323 ff. [BGH Urt. v. 3. 11. 1959 – 1 StR 425/59; vgl. § 265 StPO erfolgreiche Rügen]; 19, 141 ff. [BGH Urt. v. 8. 10. 1963 – 1 StR 553/62; vgl. § 265 StPO erfolglose Rügen]; 28, 196 ff. [BGH Urt. v. 15. 11. 1978 – 2 StR 456/78; vgl. § 265 StPO erfolgreiche Rügen]; BGHR StPO § 265 IV Hinweispflicht 4 [BGH Urt. v. 8. 3. 1988 – 1 StR 14/88; vgl. § 265 StPO erfolglose Rügen], 12 [BGH Urt. v. 22. 1. 1991 – 5 StR 498/90; vgl. § 265 StPO erfolgreiche Rügen]).

Das hat das Landgericht versäumt. Die Anklage geht von 16 – im wesentlichen nicht näher konkretisierten – Taten, 2 möglichen Tatorten, einem Tatzeitraum von 8 Monaten und mehreren Tatmodalitäten aus. Die Jugendkammer hat 5 konkrete Taten festgestellt, die in der Anklage so weder nach Tatzeit und Tatort noch – in den Fällen 2 und 3 – nach der Art und Weise der Tatbegehung bezeichnet sind.

Ein förmlicher Hinweis auf die Grundlagen des Urteils ist ausweislich der Sitzungsniederschrift nicht erfolgt. Es kann auch ausgeschlossen werden, daß der Angeklagte aus dem Gang der Hauptverhandlung die dem Urteil zugrunde gelegten tatsächlichen Umstände entnehmen, sich dazu äußern und seine Verteidigung darauf einstellen konnte (vgl. BGHSt. 28, 196, 197, 198; BGH NStZ 1984, 422, 423 [BGH Beschl. v. 8. 3. 1984 – 2 StR

829/83; vgl. § 265 StPO erfolgreiche Rügen]; 1991, 550, 551 [BGH Urt. v. 3. 7. 1991 – 2 StR 132/91; vgl. § 265 StPO erfolgreiche Rügen]); denn nicht einmal aus der im Urteil wiedergegebenen Aussage des Kindes in der Hauptverhandlung, aufgrund deren die Jugendkammer ihre Überzeugung von dem für erwiesen erachteten Sachverhalt gewonnen hat, lassen sich diese Umstände klar nachvollziehen.

Auf dem Verfahrensverstoß kann das Urteil beruhen.

12. Wenn Anklageschrift und Eröffnungsbeschluß von Alleintäterschaft ausgehen, ist vor der Verurteilung wegen Mittäterschaft ein rechtlicher Hinweis erforderlich.

StPO § 265 – BGH Beschl. v. 26. 9. 1995 – 1 StR 547/95 LG Landshut (= StV 1996, 82)

Die Revision rügt, daß der als Alleintäter angeklagte Beschwerdeführer nicht darauf hingewiesen worden ist, daß auch eine Verurteilung als Mittäter in Frage kommt.

Sachverhalt: Die unverändert zugelassene Anklage legte dem Angeklagten zur Last, er habe zwischen dem 5. und 16. 10. 1994 über einen nicht bekannten Grenzübergang ca. 1 kg Heroin aus der Türkei in die Bundesrepublik Deutschland zum gewinnbringenden Weiterverkauf eingeführt. Demgegenüber begründet das Landgericht die Verurteilung des Angeklagten, soweit es um den Schuldspruch wegen unerlaubter Einfuhr von Btm. in nicht geringer Menge geht, auf die Feststellung, um den 19. 10. 1994 habe die damalige Freundin E. des Angeklagten aufgrund eines gemeinschaftlichen Tatplanes 500 Gramm Heroin, versteckt unter ihrer Kleidung am Körper, bei ihrem Rückflug aus der Türkei nach Deutschland mitgebracht. – Das Rechtsmittel hatte Erfolg.

Gründe: Mit Recht beanstandet der Angeklagte, daß er entgegen der Vorschrift des § 265 Abs. 1 StPO nicht auf eine Veränderung des rechtlichen Gesichtspunktes hingewiesen worden ist.

Das Landgericht hat – wie das Schweigen des Sitzungsprotokolls unwiderlegbar beweist – den Angeklagten nicht darauf hingewiesen, daß seine Verurteilung als Mittäter der unerlaubten Heroin-Einfuhr in Betracht kam, weil ihm die Tathandlung seiner Freundin gemäß § 25 Abs. 2 StGB anzulasten sei.

Diese Verfahrensweise verletzt § 265 Abs. 1 StPO. Will das Gericht im Urteil aufgrund veränderter Sachlage von einer anderen Täterschaftsform ausgehen als die unverändert zugelassene Anklage (hier: Mittäterschaft statt Alleintäterschaft), muß es den Angeklagten nach § 265 Abs. 1 StPO zuvor darauf hinweisen und ihm Gelegenheit geben, seine Verteidigung darauf einzurichten (vgl. BGHR StPO § 265 Abs. 1 Hinweispflicht 6 [BGH Beschl. v. 17. 5. 1990 – 1 StR 157/90; vgl. § 265 StPO erfolgreiche Rügen], 7 und 12).

Auf diesem Verfahrensverstoß kann das Urteil beruhen. Denkbar ist, daß sich der geständige Angeklagte – insbesondere zur Wertungsfrage bei der Abgrenzung Mittäter/Gehilfe – anders hätte verteidigen können, wenn ihm bewußt gemacht worden wäre, daß nunmehr seine Bestrafung als Mittäter der unerlaubten Einfuhr in Betracht gezogen wurde. Die Möglichkeit einer anderen Verteidigung braucht nicht nahezuliegen; es genügt, daß sie nicht mit Sicherheit auszuschließen ist (vgl. BGHR StPO § 265 Abs. 1 Hinweispflicht 5). Dies ist hier der Fall.

13. Die Anordnung der Sicherungsverwahrung darf nur nach vorherigem rechtlichen Hinweis erfolgen.

StPO § 265 II – BGH Beschl. v. 11. 11. 1993 – 4 StR 584/93 LG Bochum (= StV 1994, 232 = BGHR StPO § 265 II Hinweispflicht 6)

Die Revision rügt, daß der Angeklagte auf die Möglichkeit der Anordnung der Sicherungsmaßregel nicht in der gesetzlich vorgeschriebenen Form hingewiesen worden ist.

Sachverhalt: Das Landgericht hat den Angeklagten wegen Betruges und versuchten Betruges zu einer Gesamtfreiheitsstrafe verurteilt. Gleichzeitig hat es seine Unterbringung in der Sicherungsverwahrung nach § 66 Abs. 2 StGB angeordnet.

In zwei der dem Verfahren zunächst zugrunde gelegten drei Anklageschriften wird die Möglichkeit, Sicherungsverwahrung gegen den Angeklagten anzuordnen, überhaupt nicht erwähnt. Lediglich in der Anklage vom 28. 8. 1992 ist § 66 StGB der Liste der anzuwendenden Vorschriften angefügt, ohne daß auf dessen Wortlaut oder die einzelnen Voraussetzungen der Anordnung von Sicherungsverwahrung nach Abs. 1 oder 2 dieser Bestimmung eingegangen würde. Die Eröffnungsbeschlüsse äußern sich ebenfalls nicht zu dieser Frage.

Die Strafkammer bringt in ihrem Urteil zum Ausdruck, daß sie „ab dem Zeitpunkt der Hauptverhandlung, ab dem für sie eine Unterbringung des Angeklagten in der Sicherungsverwahrung überhaupt in Betracht kam, gem. § 246a StPO den Sachverständigen Dr. B. zugezogen und auch zu diesem Punkt vernommen" habe. Aus der Niederschrift über die Hauptverhandlung ergibt sich indessen nichts über einen ordnungsgemäßen Hinweis nach § 265 Abs. 2 StPO. Der der Beauftragung des Sachverständigen zugrunde liegende Beschluß ist außerhalb der Hauptverhandlung ergangen und lautet: „In der Strafsache ... wird Herr Dr. B. aus Dortmund zum Sachverständigen (§ 246a StPO) bestellt". Ob und gegebenenfalls in welcher Form dieser Beschluß dem Angeklagten bekannt gemacht worden ist, ergibt sich aus der Sitzungsniederschrift nicht. – Das Rechtsmittel hatte Erfolg.

Gründe: ...

2. ...

b) Hierauf kommt es indessen auch nicht entscheidend an, da der Beschluß in jedem Falle die geforderte Eindeutigkeit des Hinweises vermissen läßt. Die Vorschrift des § 246a StPO betrifft nämlich sowohl die Unterbringung in der Sicherungsverwahrung als auch diejenige in einer Entziehungsanstalt und die in einem psychiatrischen Krankenhaus. Der Sachverständige Dr. B. hat den Angeklagten wie sich den Urteilsgründen entnehmen läßt, „eingehend" zur Frage der Schuldfähigkeit untersucht, so daß auch eine Unterbringung nach § 63 StGB in Betracht zu ziehen war, wie sie im Ermittlungsverfahren seitens des Gutachters Dr. Br. angesprochen worden war.

c) Der nach § 265 Abs. 2 StPO erforderliche Hinweis muß aber, wenn er seine Funktion erfüllen soll, dem Angeklagten in einer solchen Form erteilt werden, daß dieser eindeutig erkennen kann, auf welche Maßregel das Gericht zu erkennen gedenkt. Die gesetzlichen Voraussetzungen ihrer Anordnung sind dem Angeklagten im einzelnen zu eröffnen, so daß er seine Verteidigung darauf einrichten kann. Bevor ein ordnungsgemäßer Hinweis nicht gegeben worden ist, braucht er grundsätzlich – von besonders gearteten Ausnahmefällen abgesehen – mit einer entsprechenden Anordnung seitens des Gerichts nicht zu rechnen. Es handelt sich bei dem vom Gericht zu fordernden Hinweis um eine Prozeßhandlung, die die rechtlichen Grenzen des Hauptverfahrens bestimmt, dieses Verfahren gestaltet und gleichzeitig den Grundsatz des rechtlichen Gehörs sichern soll (BGHSt. 22, 29, 30/31 [BGH Urt. v. 20. 12. 1967 – 4 StR 485/67; vgl. § 265 StPO erfolgreiche Rügen] zu § 265 Abs. 1 StPO). Sie ist in der Regel – von hier nicht in Betracht kommenden Ausnahmefällen abgesehen – vom Vorsitzenden in der Hauptverhandlung vorzunehmen (BGHSt. a.a.O. S.31). Als wesentliche Förmlichkeit bedarf sie der Aufnahme in das Sitzungsprotokoll (BGHSt. 2, 371, 373 [BGH Urt. v. 27. 5. 1952 – 1 StR 160/52; vgl. § 265 StPO erfolgreiche Rügen]). Nach § 274 S. 1 StPO kann die Beobachtung dieser Förmlichkeit nur durch das Sitzungsprotokoll bewiesen werden. Diesem ist die Erteilung eines solchen Hinweises indessen nicht zu entnehmen.

d) Der BGH hat bisher einen durchgreifenden Verstoß gegen die Hinweispflicht nach § 265 Abs. 2 StPO u.a. in Fällen angenommen, in denen es um ein Berufsverbot (BGHSt. 2, 85 [BGH Urt. v. 27. 9. 1951 – 3 StR 596/51; vgl. § 265 StPO erfolgreiche Rügen]) und die

Entziehung der Fahrerlaubnis (BGHSt. 18, 288 [BGH Urt. v. 12. 3. 1963 – 1 StR 54/63; vgl. § 265 StPO erfolgreiche Rügen]) ging. Die Anordnung der Sicherungsverwahrung stellt demgegenüber mit ihrer in das Leben des Angeklagten besonders tief eingreifenden Wirkung – gesetzlich vorgesehene Dauer der ersten Unterbringung: zehn Jahre (§ 67d Abs. 1 S. 1 StGB) – einen besonders gravierenden Eingriff dar. Dementsprechend können an die Hinweispflicht des Gerichts in einem solchen Falle jedenfalls keine geringeren Anforderungen gestellt werden als in sonstigen Verfahren. Das bedeutet, daß die mögliche Erörterung der Frage der Unterbringung in der Sicherungsverwahrung durch andere Prozeßbeteiligte auch hier nicht die Notwendigkeit eines förmlichen Hinweises seitens des Gerichts entfallen läßt (BGHSt. 22, 29, 31). Das Gesetz und ihm folgend die Rspr. fordern in Fällen der vorliegenden Art im Hinblick auf die Bedeutung des Hinweises als verfahrensgestaltende Maßnahme aus rechtsstaatlichen Gründen zu Recht die Einhaltung einer gewissen Formenstrenge.

Auf dem dargelegten Gesetzesverstoß kann die Anordnung der Sicherungsverwahrung beruhen, so daß diese keinen Bestand hat. Das übrige Urteil wird hiervon nicht erfaßt.

14. Anklage als Alleintäter und Verurteilung wegen Mittäterschaft setzt vorherigen rechtlichen Hinweis voraus.

StPO § 265 – BGH Beschl. v. 14. 9. 1993 – 5 StR 478/93 LG Hamburg (= StV 1994, 116)

Die Revision rügt, daß der Angeklagte statt wegen der angeklagten Alleintäterschaft wegen Mittäterschaft verurteilt worden ist, ohne daß ihn das Gericht zuvor auf diese Möglichkeit hingewiesen hatte.

Sachverhalt: Das Landgericht hat den Angeklagten wegen Brandstiftung in Tateinheit mit Versicherungsbetrug zu einer Freiheitsstrafe verurteilt.

I.

Die unverändert zugelassene Anklage hatte dem Angeklagten zur Last gelegt, er habe „unter Mithilfe einer bislang unbekannt gebliebenen Person" tateinheitlich ein Gebäude (§ 308 StGB) und eine gegen Feuersgefahr versicherte Sache (§ 265 StGB) in Brand gesetzt, indem er „auf der Rampe, in der Werkhalle und im Bürotrakt ... Brände legte", die Teile eines im Eigentum seiner Ehefrau und seiner Schwägerin stehenden Gebäudekomplexes erfaßten; nach seinem Plan sollte mit Versicherungsleistungen der H. E. ein Fabrikneubau finanziert werden. Die Anklage nahm hiernach eine Alleintäterschaft des durch einen Gehilfen unterstützten Angeklagten an.

Die Urteilsfeststellungen gehen ebenfalls davon aus, daß der Angeklagte die Brandstiftung zur Erlangung der Versicherungssumme geplant habe. Den Schuldspruch wegen gemeinschaftlicher Brandstiftung in Tateinheit mit Versicherungsbetrug hat der Tatrichter folgendermaßen begründet: Der Angeklagte habe, um im Zeitpunkt der Inbrandsetzung im Interesse seines Alibis zu Hause sein zu können, mindestens zwei Personen („Mittäter") beauftragt, den Eindruck eines Einbruchs hervorzurufen und in seiner Abwesenheit gegen 3.00 Uhr morgens das Feuer zu legen; die unbekannt gebliebenen „Mittäter" hätten auftragsgemäß gehandelt, nachdem der Angeklagte nach Hause gefahren und dort gegen 20.30 Uhr eingetroffen sei; der Angeklagte habe den Abend mit seiner Ehefrau in seinem Hause verbracht und sei dort gegen 23.00 Uhr zu Bett gegangen.

Der Angeklagte ist ausweislich des Protokolls in der Hauptverhandlung nicht darauf hingewiesen worden, daß er statt wegen Alleintäterschaft auch wegen Mittäterschaft verurteilt werden könne. – Das Rechtsmittel hatte Erfolg.

Gründe: ...

II. ...

1. ... Dieser Hinweis hätte jedoch, worauf die Revision zutreffend hinweist, nach § 265 Abs. 1 StPO gegeben werden müssen. Gegenüber der Annahme der Anklage, der Angeklagte habe unter Mithilfe eines anderen als alleiniger Täter gehandelt, ist die Mittäterschaft, die der Tatrichter zugrunde legt, ein abweichender rechtlicher Gesichtspunkt im Sinne dieser Vorschrift (BGHSt. 11, 18, 19 [BGH Urt. v. 8. 10. 1957 – 1 StR 318/57; vgl. § 357 StPO erfolgreiche Rügen]; BGH NJW 1952, 1385 [BGH v. 4. 9. 1952 – 5 StR 525/52; vgl. § 265 StPO erfolgreiche Rügen]; BGH StV 1985, 490 [BGH Beschl. v. 14. 5. 1985 – 1 StR 196/85; vgl. § 265 StPO erfolgreiche Rügen]).

2. Der Angeklagte hätte auch darüber unterrichtet werden müssen, daß dem Schuldspruch die Feststellung zugrunde gelegt werden könne, er sei während der auf sein Geheiß erfolgten Brandlegung zu Hause gewesen. Diese Unterrichtung war durch den Anspruch des Angeklagten auf rechtliches Gehör (Art. 103 Abs. 1 GG) geboten: Die Veränderung der entscheidungserheblichen Tatsachen und ihre Einbeziehung in die Urteilsfindung muß für den Angeklagten so deutlich erkennbar sein, daß er sich dazu äußern und seine Verteidigung darauf einstellen kann (BGHR StPO § 265 Abs. 4 Hinweispflicht 3 [BGH Urt. v. 22. 9. 1987 – 5 StR 378/87; vgl. § 265 StPO erfolgreiche Rügen], StV 1988, 329 [BGH Beschl. v. 30. 3. 1988 – 3 StR 78/88; vgl. § 265 StPO erfolgreiche Rügen]; BGH bei Holtz MDR 1980, 107). Es hätte ausgereicht, wenn die Hauptverhandlung einen Verlauf genommen hätte, aus dem der Angeklagte die Möglichkeit, daß das Gericht veränderte tatsächliche Umstände zugrunde legen würde, entnehmen konnte (BGHR StPO § 265 Abs. 4 Hinweispflicht 12 [BGH Urt. v. 22. 1. 1991 – 5 StR 498/90; vgl. § 265 StPO erfolgreiche Rügen]). Das ist indessen, wie der aus der Niederschrift ersichtliche Gang der Hauptverhandlung und die Urteilsgründe zeigen, nicht der Fall gewesen. Die Mittäter des Angeklagten sind unbekannt geblieben. Zeugen, die sie bei der Brandlegung beobachtet haben, waren – anders als in dem in BGHR StPO § 265 Abs. 4 Hinweispflicht 1 [BGH Urt. v. 26. 11. 1986 – 3 StR 390/86 = BGHSt. 34, 231; vgl. § 168c StPO erfolglose Rügen] behandelten Fall – nicht vorhanden.

Allerdings hat die Strafkammer die Ehefrau des Angeklagten als Zeugin vernommen. Sie hat bekundet, daß der Angeklagte in der Brandnacht zwar später als sonst nach Hause gekommen, dann jedoch ununterbrochen zu Hause geblieben sei, bis er von der Polizei über das Feuer unterrichtet wurde. Das Landgericht hat der Ehefrau des Angeklagten bei der Urteilsfindung geglaubt. Es hat aber ersichtlich nicht schon während der Hauptverhandlung zu erkennen gegeben, daß es diese Aussage für glaubhaft halte und gleichwohl den Angeklagten als Täter der Brandstiftung ansehe, nämlich in dem Sinne, daß der Angeklagte die Brandstiftung vorbereitete, ihre Ausführung dagegen im Interesse seines Alibis einem anderen überließ. Das Ergebnis der Vernehmung der Ehefrau machte diese Annahme nicht unausweichlich: Mit ihm war auch die Einlassung des Angeklagten vereinbar, daß er mit der Brandstiftung nichts zu tun habe.

3. Die Verurteilung kann auf dem fehlerhaften Verfahren beruhen. Wäre der Angeklagte auf die Möglichkeit einer Verurteilung als Mittäter hingewiesen und – was damit eng zusammenhängt – von der möglichen Veränderung der tatsächlichen Grundlagen unterrichtet worden, so wäre eine andere Verteidigung nicht ausgeschlossen gewesen: Das Landgericht legt bei der Überführung des Angeklagten besonderes Gewicht auf den Umstand, daß die Täter die Büroräume des Angeklagten und seines Bruders vor der Brandlegung geöffnet und unter Hinterlassung von „Einbruchsspuren" wieder zugeschlossen haben und daß, abgesehen von der unverdächtigen Zeugin C. und dem zur Tatzeit ortsabwesenden Bruder des Angeklagten, nur der Angeklagte einen Schlüssel zu diesen Büroräumen besaß. Wenn der Angeklagte zur Zeit der Brandstiftung nicht am Tatort, jedoch – wovon der Tatrichter ausgeht – am nächsten Morgen im Besitz des Schlüssels war, dann stellt sich die Frage, wann

er den Schlüssel von den Mittätern zurückerhalten hat. Das Landgericht ist dieser Frage nicht nachgegangen. Die Verteidigung hätte, wäre sie auf die Veränderung des tatsächlichen Gesichtspunkts hingewiesen worden, mit Beweisanträgen oder Beweisanregungen geltend machen können, daß der Angeklagte zwischen der Ankunft in seinem Hause und dem Anruf der Polizei mit niemandem außer seiner Ehefrau Kontakt gehabt habe.

15. Der Angeklagte muß auf die Möglichkeit der Anordnung einer Sperre für die Erteilung einer neuen Fahrerlaubnis hingewiesen werden.

StPO § 265 II – BGH Beschl. v. 6. 4. 1993 – 1 StR 152/93 (= BGHR StPO § 265 II Hinweispflicht 5)

Die Revision rügt, daß der Angeklagte auf die Möglichkeit der Anordnung einer Sperre für die Erteilung einer neuen Fahrerlaubnis weder in der zur Hauptverhandlung zugelassenen Anklage noch während der Hauptverhandlung durch das Gericht hingewiesen worden ist.

Der Sachverhalt ergibt sich aus dem Revisionsvorbringen. – Das Rechtsmittel hatte Erfolg.

Gründe: Der Generalbundesanwalt hat in seiner Antragsschrift vom 9. 3. 1993 ausgeführt:

„... Daß die Sitzungsvertreterin der Staatsanwaltschaft in ihrem Schlußvortrag die Anordnung einer Sperre beantragt hatte, reicht nicht aus (BGHSt. 19, 141 [BGH Urt. v. 8. 10. 1963 – 1 StR 553/62; vgl. § 265 StPO erfolglose Rügen]; 22, 29, 31 [BGH Urt. v. 20. 12. 1967 – 4 StR 485/67; vgl. § 265 StPO erfolgreiche Rügen]). Nach Sachlage läßt sich nicht ausschließen, daß der Ausspruch über die Anordnung einer Sperre auf dem unterbliebenen Hinweis beruht (BGHSt. 18, 288, 289 [BGH Urt. v. 12. 3. 1963 – 1 StR 54/63; vgl. § 265 StPO erfolgreiche Rügen]; BGH bei Kusch, NStZ 1992, 28[1]). Das Urteil muß deshalb in diesem Punkt aufgehoben werden."

Dem tritt der Senat bei.

16. Hinweis nach § 265 I StPO muß – allein oder in Verbindung mit der Anklage – hinreichend erkennbar machen, welches Strafgesetz auf die Tat anzuwenden ist und durch welche Tatsachen das Gericht die gesetzlichen Merkmale als erfüllt ansieht.

StPO § 265 I – BGH Urt. v. 24. 11. 1992 – 1 StR 368/92 LG Kempten (= NStZ 1993, 200 = StV 1993, 179)

Die Revision rügt einen unzureichenden Hinweis nach § 265 I StPO. Sie ist der Auffassung, es müsse nicht nur offengelegt werden, welches andere Strafgesetz nach Auffassung des Gerichts anzuwenden sei, sondern auch, durch welche Tatsachen das Gericht die gesetzlichen Merkmale als erfüllt ansehe.

Sachverhalt: Der Angeklagte hat seine Lebensgefährtin, die ihn wegen eines anderen Mannes verlassen wollte, nach längeren Auseinandersetzungen und Streitigkeiten getötet. Er wollte sie dafür bestrafen, daß sie ihn verlassen wollte. Außerdem wollte er sich für den Verlust seines Sexualpartners, seiner sozialen Stellung und seiner Einkunftsquelle rächen. Ohne ihn sollte die Frau nicht leben.

Die unverändert zugelassene Anklage hat die Tat als Verbrechen des Totschlags gewertet. In der Hauptverhandlung hat der Vorsitzende, nachdem er zunächst darauf hingewiesen hatte, der Angeklagte könne auch als Mörder verurteilt werden, einen weiteren rechtlichen Hinweis dahin gegeben, daß anstelle von Totschlag auch Mord in Betracht kommt,

---

1 BGH Beschl. v. 24. 7. 1991 – 2 StR 271/91: „Zu Recht sieht die Revision eine Verletzung des § 265 I StPO darin, daß der Verurteilung des Angeklagten wegen versuchten Mordes nur ein allgemeiner Hinweis auf § 211 vorangegangen war, ohne die konkrete Begehungsform zu nennen."

wobei die Merkmale in sonstigen niedrigen Beweggründen zu sehen seien, die nicht in Eifersucht zu finden sind.

Das Landgericht hat den Angeklagten wegen Mordes zu lebenslanger Freiheitsstrafe verurteilt. – Das Rechtsmittel hatte Erfolg.

Gründe: Der Hinweis nach § 265 I StPO muß gewissen Mindestanforderungen entsprechen. Er muß daher – allein oder in Verbindung mit der zugelassenen Anklage – dem Angeklagten und seinem Verteidiger hinreichend erkennbar machen, welches Strafgesetz nach Auffassung des Gerichts auf die Tat anzuwenden ist und durch welche Tatsachen das Gericht die gesetzlichen Merkmale als erfüllt ansieht (BGHSt. 13, 320, 323 [BGH Urt. v. 3. 11. 1959 – 1 StR 425/59; vgl. § 265 StPO erfolgreiche Rügen]; 18, 56, 57 [BGH Urt. v. 16. 10. 1962 – 5 StR 276/62; vgl. § 265 StPO erfolglose Rügen]; BGH NStZ 1983, 34, 35 [BGH Urt. v. 27. 5. 1982 – 4 StR 128/82; vgl. § 265 StPO erfolgreiche Rügen]).

Hier hat der Vorsitzende zwar sowohl auf die anzuwendende Vorschrift als auch auf die in Betracht kommende Begehungsweise hingewiesen; es fehlten jedoch die Tatsachen, die das Gericht als niedrige Beweggründe zu bewerten beabsichtigte. Dabei kann dahinstehen, ob die einzige dem Hinweis beigefügte Erläuterung, Eifersucht scheide aus, nicht eher geeignet war, zu verwirren als aufzuhellen, weil das Tatmotiv, kein anderer dürfe die Frau besitzen, von der Rechtsprechung teilweise dem Merkmal der Eifersucht zugeordnet worden ist (vgl. BGHSt. 3, 180, 183; 22, 12, 13). Jedenfalls war es gerade bei der Rechtsauffassung des Landgerichts, als Tatmotiv scheide die – nicht von vornherein fernliegende – Eifersucht aus, unumgänglich, auf das tatsächlich angenommene Tatmotiv der krassen Selbstsucht hinzuweisen und es zu erläutern; daß das unterblieben ist, beanstandet die Revision zu Recht.

Der Senat kann nicht ausschließen, daß das Urteil auf dem mangelhaften Hinweis beruht. Dabei kann dahinstehen, ob der Angeklagte, der sich nur beschränkt zur Sache eingelassen hat, bei einem vollständigen Hinweis sein Verteidigungsvorbringen ergänzt hätte. Der Hinweis nach § 265 I StPO richtet sich auch an den Verteidiger (BGH NStZ 1983, 34, 35); dieser hat im einzelnen dargelegt, was er bei einem ordnungsgemäßen Hinweis noch vorgebracht hätte.

17. Bei unterschiedlicher Umschreibung des den strafrechtlichen Vorwurf begründenden Tatverhaltens in der Anklageschrift und im Urteil ist ein rechtlicher Hinweis erforderlich.

StPO § 265 – BGH Urt. v. 3. 7. 1991 – 2 StR 132/91 LG Frankfurt (= NStZ 1991, 550)

Die Revision rügt, das Gericht habe die Verurteilung wegen Vorteilsannahme auf eine gegenüber der Anklage wegen Bestechlichkeit in rechtlicher und tatsächlicher Hinsicht veränderte Grundlage gestützt, ohne daß ihm zuvor ein entsprechender Hinweis erteilt worden sei.

Sachverhalt: Der Angeklagte war Leiter des Amtes für Beschaffungs- und Vergabewesen der Stadt Frankfurt/M. Er hatte den Zeugen B., einen Prokuristen und Oberbauleiter der Firma Z.-AG, kennengelernt.

Im Frühjahr 1983 ließ sich B. für die Firma Z.-AG vom Angeklagten einen Auftrag zur Umgestaltung des Gartens erteilen, der zu dem vom Angeklagten bewohnten Mietshaus gehörte. Der Angeklagte betonte dabei, daß es sich um einen ordnungsgemäßen Auftrag mit entsprechender Abrechnung handeln müsse. B. erwiderte sinngemäß, daß man sich schon einigen werde. Tatsächlich hatte er aber nicht vor, dem Angeklagten die vereinbarten Leistungen in Rechnung zu stellen; er erhoffte sich das Wohlwollen des Angeklagten gegenüber der Firma Z.-AG und betrachtete die Gartenumgestaltung als Gefälligkeit im Blick auf die bereits geschehene und künftig zu erwartende Vergabe von Aufträgen an seine Arbeitgeberin. Die von einer Gartenbaufirma im Auftrag der Firma Z.-AG ausgeführten Arbeiten waren im Frühsommer 1983 beendet. Eine Rechnung hierfür erhielt der Angeklagte trotz Nachfrage nicht.

Im Frühjahr 1984 bot B. dem Angeklagten an, durch die Firma Z.-AG als Generalunternehmerin Sanierungs- und Umbauarbeiten im Keller des Mietshauses ausführen zu lassen, das der Angeklagte bewohnte. Nachdem Einigkeit über deren Art und Umfang erzielt worden war, fragte der Angeklagte nach den Kosten. B. äußerte daraufhin, für die Arbeiten im Garten und Keller werde eine Gesamtabrechnung erteilt; den dafür zu zahlenden Betrag bezifferte er auf etwa 12 000 bis 13 000 DM. Die vereinbarten Kellerarbeiten wurden bis Februar 1985 ausgeführt. Die in Aussicht gestellte Gesamtabrechnung erhielt der Angeklagte jedoch nicht.

Im April 1986 bat der Angeklagte, der eine förmliche Abnahme der Bauleistungen für erforderlich hielt, B. um einen Besuch. Dieser fand statt. Bei der Besichtigung des Kellers bemerkte B., es seien wohl noch weitere Arbeiten notwendig. Der Angeklagte verneinte dies und bat statt dessen um Auftragsabrechnung, die jedoch auch in der Folgezeit unterblieb. Auf Veranlassung des Angeklagten kam es am 5. 11. 1987 zu einer letzten Unterredung mit B. Dabei drängte der Angeklagte erneut auf Übersendung einer Gesamtabrechnung. B. erklärte daraufhin, das sei aus buchhalterischen Gründen nicht möglich – es sei bereits alles abgerechnet. Der Angeklagte nahm dies hin. Ebenso gab er sich damit zufrieden, daß er für die empfangenen Arbeiten und Leistungen nichts zu zahlen hatte. Zahlungen leistete er weder an die Firma Z.-AG noch an einen der eingeschalteten Subunternehmer. Der Gesamtwert der Leistungen belief sich auf mindestens 32 000 DM.

Das Landgericht hat den Angeklagten wegen Vorteilsannahme zu einer Freiheitsstrafe verurteilt, deren Vollstreckung zur Bewährung ausgesetzt und den Verfall eines Wertersatzbetrages von 32 000 DM angeordnet. – Das Rechtsmittel hatte Erfolg.

Gründe:

1. Der Verurteilung wegen Vorteilsannahme (§ 331 I StGB) liegt nach den Feststellungen ein Tatbild zugrunde, das – wiewohl die Nämlichkeit der Tat (§ 264 StPO) noch gewahrt ist – von demjenigen der Anklage wesentlich abweicht.

Die zugelassene Anklage hatte dem Angeklagten zur Last gelegt, sich einer fortgesetzten Bestechlichkeit (§ 332 StGB) dadurch schuldig gemacht zu haben, daß er sich in der Zeit von April 1983 bis Juli 1985 als Gegenleistung für künftige Diensthandlungen aufgrund entsprechender Vereinbarungen mit B. von der Firma Z.-AG Vorteile in Gestalt unentgeltlicher Arbeiten in Garten und Keller seines Mietshauses versprechen ließ und annahm.

Das Urteil dagegen gründet den Schuldvorwurf darauf, daß der Angeklagte erst durch sein Verhalten bei der Unterredung mit B. am 5. 11. 1987 den Tatbestand der Vorteilsannahme (§ 331 I StGB) verwirklicht habe. Auch wenn er zunächst auf eine Abrechnung gewartet haben wolle, so sei ihm doch spätestens zu diesem Zeitpunkt klar geworden, daß für die ausgeführten Arbeiten kein Werklohn zu zahlen sei. Da er die Erklärungen des B. „hingenommen" und sich mit dessen Verzicht auf Zahlung „zufriedengegeben" habe, sei sein Verhalten als „konkludente Annahme der gewährten Vorteile" zu werten.

In diesem Zusammenhang ist es ohne Belang, daß der Vergleich zwischen zugelassener Anklage und Urteil auch eine Abweichung in rechtlicher Hinsicht ergibt, weil der Angeklagte statt wegen Bestechlichkeit (§ 332 StGB) nur wegen Vorteilsannahme (§ 331 I StGB) verurteilt worden ist; denn einen Hinweis auf die Veränderung des den Schuldvorwurf begründenden Strafgesetzes hat der Strafkammer-Vorsitzende dem Angeklagten erteilt. Ob ein weiterer rechtlicher Hinweis deshalb geboten gewesen wäre, weil der Anklagevorwurf ein aktives Tun zum Gegenstand hatte, das Verhalten des Angeklagten am 5. 11. 1987 aber nach Meinung der Revision ein bloßes Unterlassen darstellte, bedarf hier keiner Klärung.

Entscheidend ist nämlich die unterschiedliche Umschreibung des den strafrechtlichen Vorwurf begründenden Tatverhaltens in der Anklageschrift und im Urteil. Lag nach der Anklage das strafbare Verhalten des Angeklagten bereits in der Entgegennahme unentgeltlicher Werkleistungen in den Jahren 1983 bis 1985, so fand das Urteil die Merkmale des Straftatbestands erst in jenem Verhalten, das der Angeklagte bei der Unterredung mit B. am 5. 11. 1987 an den Tag gelegt hat. Diese Abweichung in der Beschreibung des Tatverhaltens, das zur Ausfüllung des gesetzlichen Straftatbestandes gedient hat, war wesentlich. Das Verhalten, dessentwegen der Angeklagte der Vorteilsannahme schuldig gesprochen worden ist, unterschied sich bereits nach Zeit und Ort erheblich von demjenigen, das die Anklage für tatbestandsmäßig hielt; darüber hinaus handelte es sich um ihrer Art nach unterschiedliche Vorteile, die der Angeklagte einerseits nach der Anklage, andererseits dem Urteil zufolge angenommen hat. Vorteile i.S. des § 331 StGB waren nach der Anklage unentgeltliche Werkleistungen; nach dem Urteil kann – worauf in anderem Zusammenhang zurückzukommen sein wird – der vom Angeklagten angenommene Vorteil nur im schenkweisen Erlaß bereits entstandener Werklohnansprüche oder im Ausschluß ihrer Geltendmachung bestanden haben.

2. Das Gericht, das den Schuldspruch innerhalb des Rahmens der angeklagten Tat (§ 264 StPO) auf einen gegenüber der Anklage wesentlich veränderten Sachverhalt stützt, muß dem Angeklagten zuvor einen entsprechenden Hinweis erteilen; das ist in der Rechtsprechung des BGH anerkannt (BGHR StPO § 265 I Hinweispflicht 3 [BGH Beschl. v. 1. 12. 1987 – 5 StR 458/87; vgl. § 265 StPO erfolgreiche Rügen]; § 265 IV Hinweispflicht 2 [BGH Urt. v. 17. 12. 1986 – 2 StR 554/86; vgl. § 265 StPO erfolglose Rügen], 4 [BGH Urt. v. 8. 3. 1988 – 1 StR 14/88; vgl. § 265 StPO erfolglose Rügen], 8 [BGH Beschl. v. 2. 2. 1990 – 3 StR 480/89; vgl. § 265 StPO erfolgreiche Rügen], 9 [BGH Urt. v. 14. 11. 1990 – 3 StR 310/90; vgl. § 267 StPO erfolglose Rügen], 12 [BGH Urt. v. 22. 11. 1991 – 5 StR 498/90; vgl. § 265 StPO erfolgreiche Rügen]). Diese Hinweispflicht dient, ohne daß es auf die Erörterung ihrer gesetzlichen Grundlage ankäme, dem schutzwürdigen Verteidigungsinteresse des Angeklagten. Sie gilt auch und gerade für wesentliche Veränderungen des dem gesetzlichen Straftatbestand zugeordneten Tatverhaltens (BGHR StPO § 265 IV Hinweispflicht 4, 8, 11 [BGH Beschl. v. 12. 2. 1991 – 4 StR 506/90; vgl. § 265 StPO erfolgreiche Rügen]; BGH Urt. v. 24. 5. 1991 – 5 StR 134/91). Demgemäß hätte dem Angeklagten der Hinweis erteilt werden müssen, daß die gesetzlichen Merkmale der strafbaren Vorteilsannahme (§ 331 I StGB) abweichend von der Anklage in dem Verhalten gefunden werden könnten, das er bei der Unterredung mit B. am 5. 11. 1987 an den Tag gelegt hat.

3. Dieser Hinweis ist dem Angeklagten – wie er mit Recht rügt – nicht gegeben worden. Dabei kann hier dahingestellt bleiben, ob es statt eines besonderen Hinweises genügt, daß dem Angeklagten durch den Gang der Hauptverhandlung die Kenntnis vermittelt wird, welches Verhalten das Gericht als tatbestandsmäßig werten und zur Grundlage des Schuldvorwurfs machen will (so BGHSt. 19, 141, 143 [BGH Urt. v. 8. 10. 1963 – 1 StR 553/62; vgl. § 265 StPO erfolglose Rügen]; BGHR StPO § 265 IV Hinweispflicht 4, 12; § 344 II 2 Hinweispflicht 2 [BGH Urt. v. 15. 1. 1991 – 1 StR 603/90; vgl. § 265 StPO erfolglose Rügen]). Denn im vorliegenden Falle steht fest, daß dem Angeklagten diese Kenntnis vom Gericht auch nicht durch den Gang der Verhandlung vermittelt worden ist.

18. Der Angeklagte muß vom Gericht auf die Veränderung der tatsächlichen Urteilsgrundlagen aufmerksam gemacht werden.

StPO § 265 IV – BGH Beschl. v. 12. 2. 1991 – 4 StR 506/90 (= BGHR StPO § 265 IV Hinweispflicht 11)

Die Revision rügt, daß die Strafkammer den Angeklagten des Handeltreibens mit der Gesamtmenge von 500 g des eingeführten Kokains für schuldig befunden hat, während ihm mit der zugelassenen Anklage lediglich der Kauf von 25 g Kokain zu 150 DM/g von dem

Mitangeklagten K. und der Weiterverkauf von 20 g Kokain an den Mitangeklagten M. zur Last gelegt worden ist, ohne den Angeklagten zuvor auf eine Veränderung der vom Gericht angenommenen Menge hingewiesen zu haben.

Sachverhalt: Das Landgericht hat zu der Beteiligung des Angeklagten an der 1987 begangenen Tat festgestellt, er habe dem Mitangeklagten K., nachdem ihm dieser über seine Kontakte zu einem Kokainhändler in Bolivien berichtet habe, zu verstehen gegeben, er habe jemanden an der Hand, der eine größere Menge Kokain zu 170 DM je Gramm kaufen könnte; daraufhin habe K. nach weiterer Absprache mit dem gesondert verfolgten F. bei dem Händler 500 g Kokain für 5000 US $ bestellt; K. und F. hätten das Kokain in Rio de Janeiro übernommen, das, wie vorher abgesprochen, durch zwei Kuriere in die Bundesrepublik Deutschland geschmuggelt worden sei; F. habe das Kokain in Deutschland auf 1 kg gestreckt; K. habe hiervon 50 g erhalten, von denen er sofort 25 g für 150 DM je Gramm an den Angeklagten übergeben habe, der von dieser Menge ca. 20 g zu seinem Einkaufspreis an den Mitangeklagten M. weiterverkauft habe. Ferner hat die Strafkammer festgestellt, daß, „nachdem der Abnehmer (des Angeklagten) nur 140 DM/g zahlen wollte, was F. zu wenig war, F. den Verkauf des Kokains allein (übernahm)". Aufgrund der Feststellungen hat die Strafkammer den Angeklagten, wie den Strafzumessungserwägungen zu entnehmen ist, des Handeltreibens mit der Gesamtmenge von 500 g des eingeführten Kokains für schuldig befunden. Demgegenüber ist dem Angeklagten mit der zugelassenen Anklage insoweit lediglich der Kauf von 25 g Kokain zu 150 DM/g von dem Mitangeklagten K. und der Weiterverkauf von 20 g Kokain an den Mitangeklagten M. zur Last gelegt worden. – Das Rechtsmittel hatte Erfolg.

Gründe: Diese von der Revision vorgetragene Abweichung des Urteils von der Sachverhaltsannahme der Anklage betraf nicht nur den Schuldumfang, sondern auch die Tathandlung als solche. Auf diese Veränderung der tatsächlichen Urteilsgrundlage mußte das Landgericht den Angeklagten hinweisen. Ein förmlicher Hinweis ist dem Angeklagten nicht erteilt worden. Wie der Senat aufgrund der Sitzungsniederschriften, der Urteilsgründe (vgl. BGHSt. 28, 196, 198) und der dienstlichen Erklärungen der berufsmäßigen Mitglieder der Strafkammer und des Sitzungsvertreters der Staatsanwaltschaft für erwiesen hält, ist der Angeklagte von dem Landgericht auch nicht auf andere Weise auf die Veränderung der tatsächlichen Urteilsgrundlagen aufmerksam gemacht worden.

Auf diesem Rechtsfehler beruht das Urteil. Der Senat kann nicht ausschließen, daß sich der Angeklagte bei prozeßordnungsgemäßem Verfahren mit Erfolg anders hätte verteidigen können.

19. Nimmt das Gericht eine im Gegensatz zur Anklageschrift veränderte Tatzeit an, muß es den Angeklagten zuvor darauf hinweisen.

StPO § 265 IV – BGH Urt. v. 22. 1. 1991 – 5 StR 498/90 LG Hamburg (= BGHR StPO § 265 IV Hinweispflicht 12 = StV 1991, 149)

Die Revision rügt, das Landgericht habe den Angeklagten auf eine wesentliche Veränderung, der tatsächlichen Grundlagen des Schuldspruchs im zweiten Fall der Urteilsgründe nicht hingewiesen.

Sachverhalt: In diesem Fall wirft die unverändert zur Hauptverhandlung zugelassene Anklage dem Angeklagten vor, mit der Zeugin L. F. in der Nacht vom 25. zum 26. 10. 1989 mit Gewalt den Geschlechtsverkehr ausgeübt und andere sexuelle Handlungen vorgenommen zu haben, nachdem er der Zeugin anläßlich der nach 19.00 Uhr in seiner Wohnung zubereiteten Mahlzeit ohne ihre Kenntnis LSD beigebracht und sie damit seinem Willen gefügig gemacht hatte. Die Einlassung des Angeklagten, er habe den Geschlechtsverkehr mit der Zeugin einverständlich ausgeübt, widerlegt das Landgericht. Es geht dabei davon aus, daß der Angeklagte das LSD dem Tee beigemengt hat, den die Zeugin am Nachmittag in seiner Gesellschaft im Cafe „Sch." getrunken hat. – Das Rechtsmittel hatte Erfolg.

Gründe: Der Beschwerdeführer beanstandet mit Recht, daß er auf die veränderte Tatzeit nicht hingewiesen worden ist. Es ist in der Rspr. des BGH anerkannt, daß eine gerichtliche Hinweispflicht besteht, wenn sich die tatsächliche Grundlage des Anklagevorwurfs in einer für den Schuldspruch ausschlaggebenden Bedeutung ändert. In diesem Fall darf der Tatrichter den Angeklagten nicht im Unklaren lassen, daß er die Verurteilung auf tatsächliche Gesichtspunkte stützen will, die in der zugelassenen Anklage nicht enthalten sind. Dafür reicht es aus, daß der Angeklagte aus dem Gang der Hauptverhandlung die veränderten tatsächlichen Umstände entnehmen kann. Die Veränderung der entscheidungserheblichen Tatsachen und ihre Einbeziehung in die Entscheidungsfindung des Gerichts muß für den Angeklagten jedoch so deutlich erkennbar sein, daß er sich dazu äußern und seine Verteidigung darauf einstellen kann (BGHSt. 28, 196, 197 [BGH Urt. v. 15. 11. 1978 – 2 StR 456/78; vgl. § 265 StPO erfolgreiche Rügen]; BGHR StPO § 265 Abs. 4 Hinweispflicht 3 [BGH Urt. v. 22. 9. 1987 – 5 StR 378/87; vgl. § 265 StPO erfolgreiche Rügen], 4 [BGH Urt. v. 8. 3. 1988 – 1 StR 14/88; vgl. § 265 StPO erfolglose Rügen], 5 [BGH Beschl. v. 18. 7. 1988 – 2 StR 311/88; vgl. § 265 StPO erfolglose Rügen], 8 [BGH Beschl. v. 2. 2. 1990 – 3 StR 480/89; vgl. § 265 StPO erfolgreiche Rügen]; BGH NStZ 1981, 190, 191 [BGH Urt. v. 11. 11. 1980 – 1 StR 527/80; vgl. § 265 StPO erfolglose Rügen]; 1984, 422 [BGH Beschl. v. 8. 3. 1984 – 2 StR 829/83; vgl. § 265 StPO erfolgreiche Rügen]; 1985, 325 [BGH Beschl. v. 15. 1. 1985 – 1 StR 707/84; vgl. § 265 StPO erfolgreiche Rügen]).

Daß das Landgericht dieser Hinweispflicht nicht entsprochen hat, ist nach Überzeugung des Senats dem Verfahrensgang und den Urteilsgründen zu entnehmen. Ausweislich der Sitzungsniederschrift stellte der Verteidiger in seinem Schlußvortrag den Hilfsbeweisantrag, das in der Wohnung des Angeklagten noch unverändert vorhandene Koch- und Eßgeschirr auf LSD-Anhaftungen untersuchen zu lassen, nachdem die vorliegenden Gutachten ergeben hätten, daß das LSD nicht mit dem Wein verabreicht worden sein könne. Spätestens zu diesem Zeitpunkt hätte das LG einen klarstellenden Hinweis auf den erweiterten Tatzeitraum geben oder den Hilfsbeweisantrag in der Hauptverhandlung bescheiden müssen. Das hat die Kammer nicht getan; sie hat den Hilfsbeweisantrag vielmehr erst in den Urteilsgründen beschieden. Diesen ist auch sonst zu entnehmen, daß der Angeklagte keine Gelegenheit hatte, sich gegen den veränderten Tatvorwurf zu verteidigen.

Es kann nicht ausgeschlossen werden, daß der Angeklagte sich bei Erteilung eines Hinweises anders verteidigt hätte. Das Urteil beruht deshalb auf diesem Verfahrensfehler.

20. Unterbringung in einer Entziehungsanstalt nur nach vorherigem rechtlichen Hinweis zulässig.

StPO § 265 – BGH Beschl. v. 8. 1. 1991 – 1 StR 683/90 LG Memmingen (= StV 1991, 198)

Die Revision rügt, daß der Angeklagte nicht auf die Möglichkeit seiner Unterbringung in einer Entziehungsanstalt (§ 64 StGB) hingewiesen worden ist.

Sachverhalt: Das Landgericht hat den Angeklagten wegen versuchter schwerer Brandstiftung in Tateinheit mit gefährlicher Körperverletzung zu einer Freiheitsstrafe verurteilt und seine Unterbringung in einer Entziehungsanstalt angeordnet. – Das Rechtsmittel hatte Erfolg.

Gründe: Mit Recht beanstandet die Revision einen Verstoß gegen § 265 Abs. 2 StPO. Auf diesem Verfahrensfehler kann die Anordnung der Maßregel beruhen: Zwar hatte der Vorsitzende des Schöffengerichts in seinem nach § 209 Abs. 2 StPO ergangenen Vorlagebeschluß v. 30. 5. 1990 – der den Beteiligten mitgeteilt wurde – die Unterbringung des Angeklagten in einem psychiatrischen Krankenhaus (§ 63 StGB) in Erwägung gezogen. Jedoch ist diese Maßregel, wie der GBA zutreffend ausgeführt hat, von anderen Voraussetzungen abhängig als die Unterbringung in einer Entziehungsanstalt. Nach § 64 Abs. 2 StGB ist die entsprechende Anordnung nicht statthaft, wenn eine Entziehungskur von vornherein aussichtslos erscheint. Es ist möglich, daß die Verteidigung des Angeklagten, bei dem bisherige Entziehungskuren ohne Erfolg blieben, auf diesen Gesichtspunkt hingewiesen hätte, wenn ihr eine entsprechender Hinweis erteilt worden wäre.

21. Bei einem Wechsel der Teilnahmeform von Mittäter- zu Alleintäterschaft ist ein rechtlicher Hinweis erforderlich.

StPO § 265 I – BGH Beschl. v. 17. 5. 1990 – 1 StR 157/90 LG Mannheim (= NStZ 1990, 449)

Die Revision rügt, der Angeklagte habe keinen rechtlichen Hinweis darauf erhalten, daß das Gericht davon ausgeht, er habe die Tat nicht, wie in der Anklageschrift angegeben als Mittäter, sondern als Alleintäter begangen.

Sachverhalt: Die unverändert zugelassene Anklage legte dem Angeklagten u.a. zur Last, er habe sich der mittäterschaftlichen schweren Brandstiftung schuldig gemacht, indem er seine Wohnungsschlüssel absprachegemäß einem noch unbekannten Mittäter überlassen habe, damit dieser in die Wohnung gelangen und sie in Brand stecken könne. Demgegenüber gründet das Landgericht die Verurteilung des Angeklagten wegen schwerer Brandstiftung auf die Feststellung, entweder habe der Angeklagte selbst oder ein von ihm beauftragter, unbekannter Dritter den Brand gelegt. – Das Rechtsmittel hatte Erfolg.

Gründe: Der GBA hat ausgeführt:

„Die Revision hat mit der Verfahrensbeschwerde aus § 265 I StPO Erfolg.

Das Landgericht hat – wie das Schweigen des Sitzungsprotokolls unwiderlegbar beweist – den Angeklagten nicht darauf hingewiesen, daß seine Verurteilung auch als Alleintäter in Betracht kam.

Diese Verfahrensweise verletzt § 265 I StPO. Will das Gericht im Urteil von einer anderen Teilnahmeform ausgehen als die unverändert zugelassene Anklage (hier: Alleintäterschaft statt Mittäterschaft), muß es den Angeklagten nach § 265 I StPO zuvor darauf hinweisen und ihm Gelegenheit geben, seine Verteidigung darauf einzurichten. Im Falle des Wechsels von Mittäterschaft auf Alleintäterschaft folgt die Notwendigkeit eines solchen Hinweises daraus, daß als Mittäter auch verurteilt werden kann, wer nicht alle tatbestandsmäßigen Handlungen ausgeführt hat, während Alleintäter nur sein kann, wer selbst den Tatbestand voll verwirklicht (Senatsurt. v. 14. 6. 1983 – 1 StR 82/83, NStZ 1983, 569 [BGH Urt. v. 14. 6. 1983 – 1 StR 82/83; vgl. § 265 StPO erfolglose Rügen]).

Darauf, daß die Urteilsformel nicht mitteilen muß, ob Allein- oder Mittäterschaft vorliegt (BGHSt. 27, 287, 289[1]), kommt es nicht an; entscheidend ist, daß die Annahme von Allein-

---

[1] BGH Beschl. v. 12. 10. 1977 – 2 StR 410/77: „Der Senat hat ferner im Urteilsspruch die Erklärungen zur Anrechnung der Untersuchungshaft und zur Verbüßung der Strafe gestrichen. Nach § 260 Abs. 4 StPO sind in die Urteilsformel die rechtliche Bezeichnung der Tat, deren der Angeklagte schuldig gesprochen wird, sowie – von den Ausnahmen des Satzes 5 abgesehen – die richterlich verhängten Rechtsfolgen aufzunehmen. Vom notwendigen Inhalt abgesehen, unterliegt die Fassung der Formel im übrigen zwar dem Ermessen des Gerichts (§ 260 Abs. 4 Satz 6 StPO). Dieses kann dabei jedoch die im Gesetz zum Ausdruck gekommene Zweckbestimmung des Tenors nicht unberücksichtigt lassen, die in der Kennzeichnung des begangenen Unrechts sowie der Verlautbarung der im Urteil getroffenen Anordnungen liegt. Der Tenor soll deshalb in knapper, verständlicher Sprache abgefaßt und von allem freigehalten werden, was nicht unmittelbar der Erfüllung seiner Aufgabe dient. Der Erwähnung von Tatmodalitäten, die nach der Gesetzes-

täterschaft dem Schuldvorwurf eine andere oder eine weitere Grundlage gibt (BGHSt. 29, 127 [BGH Urt. v. 15. 10. 1979 – AnwSt [R] 3/79; vgl. § 207 StPO erfolglose Rügen]). Das gilt auch dann, wenn, wie hier, der andere Tatbestand der Alleintäterschaft wahlweise mit der in der Anklage angeführten Mittäterschaft angewandt werden soll (vgl. Senatsurt. v. 14. 5. 1985 – 1 StR 196/85 [vgl. § 265 StPO erfolgreiche Rügen]).

Gegenüber dem Vorwurf der Alleintäterschaft ist regelmäßig eine andere Verteidigung geboten als gegenüber dem Vorwurf der Mittäterschaft. ..."

Dem stimmt der Senat zu. ...

22. Will das Gericht wegen Vereitelung der Durchsetzung einer anderen als der in der Anklageschrift genannten Forderung verurteilen, ist ein vorheriger Hinweis erforderlich.

StPO § 265 – BGH Beschl. v. 2. 2. 1990 – 3 StR 480/89 LG Mönchengladbach (= StV 1990, 249 = BGHR StPO § 265 IV Hinweispflicht 8)

Die Revision rügt, daß die Angeklagte in der Hauptverhandlung entgegen dem Grundgedanken des § 265 Abs. 4 StPO nicht auf diese Änderung der tatsächlichen Grundlage des Schuldvorwurfs hingewiesen und insofern durch das Urteil überrascht wurde

Sachverhalt: Das Landgericht hat die Angeklagte unter Freispruch im übrigen wegen Vereitelns der Zwangsvollstreckung nach § 288 StGB zu einer Geldstrafe verurteilt

Anklage und Eröffnungsbeschluß bezeichnen die Forderung, deren Durchsetzung vereitelt werden sollte, nicht ausdrücklich. Sie weisen aber auf den Arrest des Amtsgerichts E. v. 7. 5. 1987 und damit auf den dort geltend gemachten Anspruch der Firmen C. D. GmbH und C. F. GmbH auf Zahlung von 800 000 DM hin, der – auf § 3, 7 Anfechtungsgesetz, § 826 BGB gestützt – damit begründet wurde, die Angeklagte habe sich von ihrem Ehemann ein Grundstück lastenfrei schenken lassen und ihrerseits sofort mit Grundschulden in Höhe von 800 000 DM belastet. – Das Rechtsmittel hatte Erfolg.

Gründe: Es kann dahinstehen, ob die Bezugnahme auf den Arrest zur Bezeichnung der Forderung in der Anklageschrift ausreiche oder ob es insoweit eines förmlichen, klarstellenden Hinweises in der Hauptverhandlung bedurft hätte (vgl. dazu BGH NStZ 1984, 133 [BGH Urt. v. 15. 11. 1983 – 5 StR 657/83; vgl. § 200 StPO erfolgreiche Rügen]).

Das Landgericht hat nämlich die Verurteilung der Angeklagten nicht mit der Gefährdung der Durchsetzung dieser – übrigens fragwürdigen, vgl. RGZ 57, 27 – Forderung, sondern anderer, ebenfalls auf § 3, 7 Anfechtungsgesetz gestützter Zahlungsansprüche, begründet.

Die Beschwerdeführerin beanstandet mit Recht, daß sie in der Hauptverhandlung entgegen dem Grundgedanken des § 265 Abs. 4 StPO auf diese Änderung der tatsächlichen Grundlage des Schuldvorwurfs nicht hingewiesen und insofern durch das Urteil überrascht wurde (vgl. zu dieser Hinweispflicht BGHSt. 28, 196 [BGH Urt. v. 15. 11. 1978 – 2 StR 456/78; vgl. § 265 StPO erfolgreiche Rügen]).

Im vorliegenden Fall ist den Urteilsgründen zur Überzeugung des Senats zu entnehmen, daß das Landgericht seiner Hinweispflicht nicht nachgekommen ist. Diese erwähnen nämlich die neuen Forderungen lediglich im Rahmen der rechtlichen Würdigung, während die Feststellungen mit der Anklage übereinstimmend auf den Arrest „wegen einer Forderung in Höhe von 800 000 DM" abstellen. Auch sagt das Urteil an keiner Stelle etwas darüber aus, ob und wie die Angeklagte sich zu dem neuen Gesichtspunkt geäußert

---

fassung – anders als z.B. §§ 244, 250 StGB – kein eigenes Unrecht darstellen, oder die allein für die Strafzumessung von Bedeutung sind, bedarf es bei Anlegung dieses Maßstabes ebensowenig wie gerichtlicher Äußerungen ohne konstitutive Wirkung. Derartige Angaben finden ihren angemessenen Platz vielmehr im Verzeichnis der angewendeten Strafvorschriften nach § 260 Abs. 5 StPO."

hat und ob sie dazu überhaupt befragt wurde. All dem entnimmt der Senat, daß der erforderliche Hinweis unterblieben ist.

23. Hinweispflicht bei Abweichungen von zugesichertem Strafmaß.
StPO § 265 IV – BGH Urt. v. 7. 6. 1989 – 2 StR 66/89 LG Frankfurt/Main (= BGHSt. 36, 210 = NJW 1989, 2270 = StV 1989, 336 = NStZ 1989, 438)

Die Revision rügt, der Vorsitzende habe sich nicht an eine von ihm gemachte Zusage, er werde nicht über das von der Staatsanwaltschaft beantragte Strafmaß hinausgehen, gehalten. Die Verteidigung habe daraufhin auf die Stellung weiterer Anträge verzichtete.

Sachverhalt: Am zweiten von insgesamt drei Hauptverhandlungstagen unterbrach der Vorsitzende die Verhandlung von 14.40 bis 14.50 Uhr, um den Verteidigern Gelegenheit zur Prüfung zu geben, ob sie Beweisanträge stellen wollten. In dieser Pause nahmen die Verteidiger Rücksprache mit dem Sitzungsvertreter der Staatsanwaltschaft. Dieser sagte ihnen, daß er beabsichtige, gegen die Angeklagten S. und R. Freiheitsstrafen von je 3 Jahren und 6 Monten sowie gegen die Angeklagte M. eine Freiheitsstrafe von 4 Jahren zu beantragen.

Wenig später wandte sich der Vorsitzende vor dem Sitzungssaal an die Verteidiger und erklärte sinngemäß: „Na, woran hängt's denn noch, haben Sie sich mit dem Staatsanwalt geeinigt?" Daraufhin fragte ihn der Verteidiger der Angeklagten M., ob die Verteidigung davon ausgehen könne, daß nach Übung der Kammer Anträge des Staatsanwalts nicht überschritten würden. Der Vorsitzende antwortete: „Davon können Sie ausgehen".

Kurz nach Wiederaufruf der Sache bat der Verteidiger der Angeklagten M. erneut um eine Pause, da er sich noch nicht schlüssig sei, ob er nicht doch Anträge stellen solle. Die Verhandlung wurde daraufhin von 14.52 bis 15.05 Uhr unterbrochen. Während dieser Pause erschien der Vorsitzende im Sitzungssaal und trat an den Verteidiger der Angeklagten M. heran, der gerade in der Verteidigerbank saß, um Anträge vorzubereiten. Ihn fragte er sinngemäß, ob dies denn nötig sei, er habe gedacht, man habe sich mit dem Staatsanwalt geeinigt. Der so angesprochene Verteidiger und auch der mitanwesende Verteidiger des Angeklagten S. teilten nun mit, daß der Staatsanwalt die beabsichtigten Anträge offengelegt habe. Darauf erklärte der Vorsitzende – was auch der Verteidiger des Angeklagten R. beim Verlassen des Sitzungssaales noch hörte – sinngemäß: „Na also, dann können wir doch weitermachen".

Danach wurde die Verhandlung fortgesetzt. Die Verteidigung stellte keine Beweisanträge; sie gab auch keine Erklärungen mehr ab. Nach Schluß der Beweisaufnahme plädierte der Staatsanwalt auf die seiner Ankündigung entsprechenden Strafen. Mit dem angefochtenen Urteil hat das Landgericht jedoch höhere Strafen verhängt. – Das Rechtsmittel hatte Erfolg.

Gründe: Die Beschwerdeführer rügen hiernach mit Recht, in ihrem Anspruch auf ein faires Verfahren verletzt worden zu sein. Das Landgericht hat höhere Strafen als die vom Staatsanwalt beantragten verhängt, obwohl der Vorsitzende der Kammer bei den Verteidigern und den Angeklagten die Erwartung geweckt hatte, das Gericht werde im Strafmaß nicht über den Antrag des Staatsanwaltes hinausgehen. Zwar brauchte die Strafkammer dieser Erwartung nicht zu entsprechen; doch hätte der Vorsitzende, als sich herausstellte, daß auf höhere Strafen erkannt werden würde, den Verteidigern und den Angeklagten einen Hinweis auf diese Möglichkeit geben müssen, um ihrem Anspruch auf ein faires Verfahren Genüge zu tun.

a) Der Vorsitzende hatte durch seine Erklärungen bei den Verteidigern und den Angeklagten die Erwartung begründet, daß die Kammer keine höheren Strafen als die vom Staatsanwalt beantragten verhängen werde.

Bereits seine erste Erklärung war geeignet, diesen Eindruck hervorzurufen. Zwar hatte der Verteidiger der Angeklagten M. ihn nur gefragt, ob die Verteidigung davon ausgehen könne, daß „nach Übung der Kammer" Anträge des Staatsanwalts nicht überschritten würden. Dabei würde die Wendung „nach Übung der Kammer" für sich gesehen die Deutung gestatten, der Verteidiger habe sich nur nach der allgemeinen Spruchpraxis der Kammer erkundigt; die bejahende Antwort des Vorsitzenden wäre dann, da die Möglichkeit von Ausnahmen offenblieb, nicht als Zusage des Inhalts zu werten, daß die Kammer auch im vorliegenden Fall entsprechend der Übung verfahren werde. Doch führt die Berücksichtigung der Umstände des Gesprächs zu einem anderen Ergebnis. Maßgebend dafür ist, daß die Frage des Verteidigers durch eine eigene Initiative des Vorsitzenden ausgelöst worden war, der von sich aus gefragt hatte, woran es denn noch „hänge", ob er, der Verteidiger, sich mit dem Staatsanwalt „geeinigt" habe. Wenn der Verteidiger ihm darauf die Gegenfrage stellte, ob die Kammer sich nach ihrer Übung im Rahmen der Anträge des Staatsanwalts halte, so ging es ihm – für den Vorsitzenden auch erkennbar – nicht um die Befriedigung eines allgemeinen, „Fall-unabhängigen" Interesses, sondern darum, sich darüber zu vergewissern, ob das Gericht hier einer „Einigung", nach der sich der Vorsitzende selber erkundigt hatte, entsprechen werde. Danach hat der Vorsitzende den Eindruck erweckt, daß die Kammer nicht über die Anträge des Staatsanwalts hinausgehen werde und daß die Verteidigung sich in ihrem Prozeßverhalten darauf einrichten könne.

Diese Zusicherung hat der Vorsitzende durch seine zweite Erklärung wiederholt und bekräftigt. Anlaß dafür war, daß der Verteidiger der Angeklagten M. sich nicht auf dessen erste Erklärung verlassen hatte, was darin zum Ausdruck gekommen war, daß er erneut um eine Verhandlungspause bat und, als ihm diese gewährt wurde, Anträge vorzubereiten begann. Wenn der Vorsitzende daraufhin an ihn herantrat, ihn fragte, ob das denn „nötig" sei, weiter erklärte, er habe gedacht, die Verteidigung habe sich mit dem Staatsanwalt „geeinigt", anschließend erfuhr, daß den Verteidigern die beabsichtigten Anträge des Staatsanwalts offengelegt worden waren, und jetzt die Äußerung tat „na also, dann können wir doch weitermachen", so lag darin die – nach den gegebenen Umständen, insbesondere dem Gesprächszusammenhang – eindeutige und unmißverständliche Zusicherung, daß die Kammer keine höheren Strafen als die vom Staatsanwalt beantragten verhängen werde und die Verteidigung sich darauf einstellen dürfe.

Dies haben die Verteidiger denn auch getan. Sie haben sich auf die Zusicherung des Vorsitzenden verlassen und ihr Prozeßverhalten danach eingerichtet, indem sie im weiteren Verlauf der Verhandlung keine Beweisanträge, insbesondere zur Darlegung der tatsächlichen Voraussetzungen des § 31 BtMG, stellten.

b) Die hieran geknüpfte Verfahrensrüge der Beschwerdeführer ist begründet. Dabei kommt es nicht darauf an, ob das beiderseitige Verhalten von Vorsitzendem und Verteidiger als Absprache (Begrenzung der Strafhöhe gegen Unterlassung verfahrensverzögernder Beweisanträge) zu werten ist und wie die Zulässigkeit einer solchen Absprache zu beurteilen wäre. Entscheidend ist vielmehr allein, ob die Verteidigung – wie sie es getan hat – auf die Zusicherung des Vorsitzenden vertrauen durfte. Das aber ist zu bejahen.

aa) Dem steht nicht entgegen, daß die Erklärungen des Vorsitzenden außerhalb der Hauptverhandlung abgegeben worden waren. Der Bundesgerichtshof hat – wenn auch in anderem Zusammenhang – wiederholt anerkannt, daß es dem Richter, namentlich dem Vorsitzenden, grundsätzlich nicht verwehrt ist, auch außerhalb der Verhandlung Kontakt zu Verfahrensbeteiligten aufzunehmen (BGH StV 1984, 449 f. [BGH Urt. v. 5. 9. 1984 – 2 StR 347/84; vgl. § 338 Nr. 3 StPO erfolgreiche Rügen]; 1988, 417 f. [BGH Beschl. v. 9. 8. 1988 – 4 StR 222/88; vgl. § 338 Nr. 3 StPO erfolgreiche Rügen]]. Soweit der Vorsitzende dabei verfahrensbezogene Erklärungen abgibt, ist kein Grund ersichtlich, der es rechtfertigen könnte, die Verläßlichkeit seines Wortes – als Grundlage für ein entsprechendes Prozeßverhalten der Verfahrensbeteiligten – nur um deswillen in Zweifel zu ziehen, weil es nicht während der Verhandlung gesagt worden ist. Freilich sind Fälle denkbar, in denen Anlaß, Form, Ort oder sonstige Umstände einer vom Vorsitzenden außerhalb der Verhandlung gemachten Äußerung es von vornherein ausschließen, ihr die Eignung zuzuerkennen, als Vertrauensgrundlage für das Prozeßverhalten Verfahrensbeteiligter zu dienen. So verhielt es sich hier aber nicht. Im vorliegenden Fall hatte der Vorsitzende die Zusicherung zwar außerhalb der Verhandlung gegeben; doch war dies in engem zeitlichem und örtlichem Zusammenhang mit der Verhandlung, nämlich während zweier kurzer Verhandlungspausen, das erste Mal vor dem Sitzungssaal, das zweite Mal im Sitzungssaal selbst geschehen. ... Denn jedenfalls besteht angesichts der Stellung, die der Vorsitzende während des Hauptverfahrens einnimmt, für die Verfahrensbeteiligten in der Regel kein Anlaß, daran zu zweifeln, daß Erklärungen, die er in diesem Verfahrensstadium abgibt, ihrem weiteren prozessualen Verhalten zugrunde gelegt werden dürfen. So reicht etwa – wie der Bundesgerichtshof entschieden hat – eine vom Vorsitzenden allein gegebene Wahrunterstellungszusage aus, um bei dem Angeklagten die schutzwürdige Erwartung zu begründen, daß sich das Gericht daran halten werde (BGHSt. 1, 51 ff. [BGH Urt. v. 6. 3. 1951 – 1 StR 68/50; vgl. § 219 StPO erfolgreiche Rügen]; 21, 38 f. [BGH Urt. v. 16. 2. 1966 – 2 StR 489/65; vgl. § 244 III S. 2 Var. 7 StPO erfolgreiche Rügen]).

So liegt es auch hier. Anders wäre der Fall zu beurteilen, wenn sich die Erklärung des Vorsitzenden über die künftige Entscheidung der Kammer lediglich als seine persönliche Einschätzung darstellen würde, etwa mit dem Vorbehalt der (noch ausstehenden) Bestätigung durch die Kammer versehen worden wäre. Das war jedoch nicht der Fall.

Die Verteidigung hätte sich freilich auch dann nicht auf die Zusicherung des Vorsitzenden verlassen dürfen, wenn ihr etwa im Laufe der weiteren Verhandlung bekannt oder erkennbar geworden wäre, daß die Kammer trotzdem im Strafmaß über den Antrag des Staatsanwaltes hinausgehen werde; dies hätte die Vertrauensgrundlage wieder beseitigt. Dafür läßt sich dem Sachverhalt jedoch nichts entnehmen. ...

Dem liegt der Gedanke des Vertrauensschutzes zugrunde: Der Angeklagte – und gleiches gilt für seinen Verteidiger – darf nicht in einer Erwartung enttäuscht werden, die das Gericht selbst erst geweckt hat.

Der hiernach gebotene Hinweis ist nicht erteilt worden. Auf diesem Verfahrensfehler kann das Urteil in den Strafaussprüchen beruhen.

24. Bei Anklage wegen gemeinschaftlicher Begehungsweise und Verurteilung als Alleintäter ist ein Hinweis gem. § 265 I StPO erforderlich.

StPO § 265 – BGH Beschl. v. 16. 2. 1989 – 1 StR 24/89 LG München I (= StV 1990, 54)

Die Revision rügt, daß der Angeklagte nicht darauf hingewiesen worden ist, daß anstatt der angeklagten Mittäterschaft auch eine Alleintäterschaft in Frage komme.

Sachverhalt: Der Angeklagte und sein Sohn waren in einem Fall angeklagt, gemeinschaftlich einen Betrug zum Nachteil der Sparkasse N. begangen zu haben. In dieser Form hatte die Strafkammer die Anklage zugelassen. Verurteilt wurde nur der Angeklagte; sein Sohn wurde insoweit aus tatsächlichen Gründen freigesprochen. – Das Rechtsmittel hatte Erfolg.

Gründe: Mit Recht beanstandet die Revision, daß im Falle B 1 2 des Sachverhalts der Angeklagte entgegen der Vorschrift des § 265 Abs. 1 StPO nicht auf eine Veränderung des rechtlichen Gesichtspunkts hingewiesen wurde. Es wäre ein Hinweis erforderlich gewesen, daß der Angeklagte auch als Alleintäter bestraft werden konnte (vgl. BGHSt. 11, 18, 19 [BGH Urt. v. 8. 10. 1957 – 1 StR 318/57; vgl. § 357 StPO erfolgreiche Rügen]; BGH Beschl. v. 7. 9. 1977 – 3 StR 299/77].

Der Senat vermag der Auffassung des GBA nicht zu folgen, ein Hinweis nach § 265 Abs. 1 StPO sei nicht erforderlich gewesen, weil der Angeklagte nur wegen eines Teilstückes des gesamten in der Anklageschrift geschilderten Sachverhaltes, in dem er allein tätig geworden ist, verurteilt wurde. Nach der zugelassenen Anklage sollten Vater und Sohn B. aufgrund eines Gesamtplanes gemeinschaftlich gehandelt haben. Danach hätte auch der insoweit freigesprochene Sohn M. B. die Mitschuld für ein vom Angeklagten F. B. allein verwirklichtes Teilstück des Gesamtgeschehens getragen.

Auf dem erwähnten Verfahrensverstoß kann das Urteil beruhen. Denkbar ist, daß sich der Angeklagte – insbesondere hinsichtlich des Schuldumfanges – anders hätte verteidigen können, wenn er gewußt hätte, daß nunmehr nur seine Bestrafung als Alleintäter und zwar zudem nur wegen eines Teiles des angeklagten Geschehens in Betracht gezogen wurde. Die Möglichkeit einer anderen Verteidigung braucht nicht nahezuliegen. Es genügt, daß sie nicht mit Sicherheit auszuschließen ist (vgl. BGH bei Dallinger MDR 1974, 548[1]; BGH Beschl. v. 7. 9. 1977 – 3 StR 299/77). Dies ist hier der Fall.

Hinweise dafür, daß der Angeklagte in sonst ausreichender Weise über die Veränderungen des rechtlichen Gesichtspunkts unterrichtet worden wäre, ergeben sich weder aus dem angefochtenen Urteil noch aus dem Protokoll der Hauptverhandlung.

25. Der Angeklagte muß auf die Möglichkeit einer Unterbringung nach § 64 StGB hingewiesen werden.

StPO § 265 II – BGH Beschl. v. 30. 3. 1988 – 3 StR 78/88 LG Kiel (= StV 1988, 329)

Die Revision rügt, der Angeklagte sei zu Unrecht in der Hauptverhandlung nicht darauf hingewiesen worden, daß die Anordnung der Unterbringung in einer Entziehungsanstalt nach § 64 StGB in Betracht kommt, da weder die Anklageschrift noch der Eröffnungsbeschluß einen Hinweis auf die Möglichkeit einer solchen Anordnung enthielt.

Der Sachverhalt ergibt sich aus dem Revisionsvorbringen. – Das Rechtsmittel hatte Erfolg.

Gründe: Die Revision dringt jedoch hinsichtlich des Straf- und Maßregelausspruchs mit der aufs 265 StPO gestützten Verfahrensrüge durch. Der Angeklagte hätte in der Hauptverhandlung nach § 265 Abs. 2 StPO darauf hingewiesen werden müssen, daß die Anordnung der Unterbringung in einer Entziehungsanstalt nach § 64 StGB in Betracht kommt, da weder die Anklageschrift noch der Eröffnungsbeschluß einen Hinweis auf die Möglichkeit einer solchen Anordnung enthielt (vgl. BGHSt. 18, 288, 289 [BGH Urt. v. 12. 3. 1963 – 1 StR 54/63; vgl. § 265 StPO erfolgreiche Rügen]). Aufgrund der negativen Beweiskraft des Hauptverhandlungsprotokolls steht fest, daß das Gericht einen entsprechenden förmlichen Hinweis nicht erteilt hat (vgl. BGHSt. 19, 141 [BGH Urt. v. 8. 10. 1963 – 1 StR 553/62; vgl. § 265 StPO erfolglose Rügen]). Er wurde nicht durch den Schlußantrag der Staatsanwaltschaft, die Maßregel anzuordnen, entbehrlich (BGHSt. 22, 29, 31 [BGH Urt. v. 20. 12. 1967 – 4 StR 485/67; vgl. § 265 StPO erfolgreiche Rügen]; BGH bei Pfeiffer/Miebach NStZ 1983, 358[2]). Der Senat kann nicht ausschließen, daß sich der Angeklagte bei

---

[1] „Die Verletzung dieser Vorschrift ist zwar kein unbedingter Revisionsgrund. Das Beruhen des Urteils auf diesem Verfahrensverstoß kann jedoch nur ausnahmsweise verneint werden, wenn nämlich als sicher festgestellt werden kann, daß der Angeklagte und sein Verteidiger auch bei einem entsprechenden Hinweis sich nicht anders als geschehen hätten verteidigen können." (BGH Urt. v. 17. 1. 1974 – 4 StR 601/73).

[2] „Der BGH hat ein Urteil aufgehoben, in dem die Unterbringung in einem psychiatrischen Krankenhaus angeordnet worden war. Dies war geschehen, ohne daß der Angeklagte in den Anklageschriften, den Eröffnungsbeschlüssen oder gem. § 265 II 2 StPO vom Gericht in der Hauptverhandlung darauf hingewiesen wurde, daß die Unterbringung in Betracht kommen könnte. Die Anregung des Staatsanwalts, das Gericht möge einen entsprechenden Hinweis geben, reicht nicht aus (BGH Beschl. v. 22. 1. 1982 – 2 StR 759/81)."

prozeßordnungsmäßigem Verfahrensablauf anders verteidigt hätte. Auch die Höhe der verhängten Strafe kann hier von der Anordnung der Maßregel beeinflußt sein, zumal diese nach einer Teilverbüßung der Strafe vollzogen werden sollte.

26. Wenn das Gericht eine andere Tatzeit als die im Eröffnungsbeschluß genau angegebene annehmen will und insoweit eine andere Verteidigung in Betracht kommt, muß es den Angeklagten in der Hauptverhandlung darauf hinweisen.
StPO § 265 – BGH Beschl. v. 1. 12. 1987 – 5 StR 458/87 (= BGHR StPO § 265 I Hinweispflicht 3)

Die Revision rügt, daß die Jugendkammer den Angeklagten nicht auf die Möglichkeit hingewiesen habe, sie könne eine andere als die in der zugelassenen Anklage genannte Tatzeit feststellen.

Sachverhalt: Die zugelassene Anklage warf dem Angeklagten u.a. vor, am 7. 6. 1986 vor zwei Schülerinnen durch Herunterziehen seiner Hosen seinen Penis entblößt, daran gerieben und die Mädchen gefragt zu haben, ob sie „auch mal pullern müßten". Der Angeklagte ließ sich ein, er habe den Tag mit seiner Ehefrau verbracht. Nachdem diese in der Hauptverhandlung als Zeugin vernommen worden war und das behauptete Alibi bestätigt hatte, nahm das Gericht im Urteil an, der Angeklagte habe die Tat „an einem nicht mehr genau feststellbaren Tag im Monat Juni 1986" begangen. Die Tatzeit lasse sich nicht mehr genau feststellen, da weder die Kinder noch ihre Mütter Anhaltspunkte nennen könnten, aus denen sich der Tattag exakt bestimmen ließe. – Das Rechtsmittel hatte Erfolg.

Gründe: Dem Angeklagten ist ein solcher Hinweis nicht erteilt worden. Nach den Äußerungen der Berufsrichter war indessen nach der Vernehmung der beiden Kinder und ihrer Mütter allen Prozeßbeteiligten klar, daß sich der genaue Tattag nicht mehr feststellen lasse. Der Angeklagte hat sich, wie die Urteilsgründe ergeben, zu diesem neuen tatsächlichen Gesichtspunkt nicht geäußert. Er ist dazu auch nicht befragt worden.

Hiernach ist der Anspruch des Angeklagten auf rechtliches Gehör (Art. 103 Abs. 1 GG) verletzt worden.

Der Senat hat vor dem Inkrafttreten des StPÄG 1964 für einen ähnlichen Fall entschieden, es bedürfe eines förmlichen (und damit protokollpflichtigen) Hinweises, wenn das Gericht eine andere Tatzeit annehmen will als diejenige, die im Eröffnungsbeschluß genau angegeben ist, und insoweit eine andere Verteidigung in Betracht kommt. Das folge aus dem Grundgedanken des § 265 Abs. 1 StPO. In einem solchen Fall sei die Veränderung der tatsächlichen Grundlagen für den Angeklagten mindestens so schwerwiegend wie die Veränderung des rechtlichen Gesichtspunktes, auf den sich § 265 Abs. 1 StPO unmittelbar beziehe (BGHSt. 19, 88, 89 [BGH Urt. v. 3. 9. 1963 – 5 StR 306/63; vgl. § 265 StPO erfolgreiche Rügen]). Für diese Ansicht spricht jetzt auch die durch das StPÄG 1964 eingefügte Vorschrift des § 243 Abs. 4 Satz 1 StPO. Danach ist der Angeklagte darauf hinzuweisen, daß es ihm freistehe, sich zu der Anklage, also zu dem vom Staatsanwalt vorgelesenen Tatvorwurf (§ 243 Abs. 3 Satz 1 StPO), zu äußern oder nicht zur Sache auszusagen. Nennt der verlesene Anklagesatz eine genau bezeichnete Tatzeit, so kann sich auch der daran anknüpfende Hinweis nur auf diese Zeit beziehen. Will das Gericht eine andere Tatzeit annehmen, so muß es deshalb den Hinweis entsprechend erweitern. Diese Erweiterung ist ebenso wie der Hinweis selbst eine wesentliche Förmlichkeit des Verfahrens und kann deshalb nur durch das Protokoll bewiesen werden (§ 274 StPO).

Demgegenüber hat der 2. Strafsenat des Bundesgerichtshofs im Beschluß vom 8. 3. 1984 – 2 StR 829/83 (vgl. § 265 StPO erfolgreiche Rügen) die Auffassung vertreten, daß bei der Änderung der Tatzeit ein förmlicher Hinweis, wie ihn § 265 Abs. 1 StPO für die Heranziehung eines anderen Strafgesetzes vorschreibt, nicht erforderlich sei; es genüge vielmehr wie auch sonst bei einer veränderten Sachlage eine formlose Unterrichtung, sofern der Angeklagte dem Gang der Hauptverhandlung entnehmen konnte, daß die Strafkammer eine andere Tatzeit ernsthaft in Betracht zog).

Welcher Ansicht zu folgen ist, kann hier dahinstehen, weil das Verfahren der Jugendkammer auch den weniger strengen Anforderungen an die Hinweispflicht bei nur veränderter Sachlage nicht genügt.

Dazu reicht es nicht aus, wenn der neue tatsächliche Gesichtspunkt, auf den das Gericht die Verurteilung stützt, nur von Beweispersonen im Rahmen ihrer Vernehmung angesprochen worden ist. Es muß vielmehr deutlich geworden sein, daß das Gericht selbst ihn aufgenommen und in die Erwägungen einbezogen hat, die für die Entscheidung bedeutsam sind. Der Anspruch des Angeklagten auf rechtliches Gehör (Art. 103 Abs. 1 GG), die Verpflichtung des Gerichts, ihn zur Sache zu vernehmen (§ 243 Abs. 4 Satz 2 StPO), und die Aufklärungspflicht (§ 244 Abs. 2 StPO) gebieten es, dem Angeklagten Gelegenheit zu geben, auch die neuen Verdachtsgründe zu entkräften. Wenn er sich nicht unaufgefordert dazu äußert, ist es deshalb unerläßlich, daß er von Gerichtsseite zu dem neuen tatsächlichen Gesichtspunkt befragt wird (BGHSt. 28, 196, 198 [BGH Urt. v. 15. 11. 1978 – 2 StR 456/78; vgl. § 265 StPO erfolgreiche Rügen]; BGH Beschlüsse v. 23. 10. 1979 – 5 StR 524/79 – bei Holtz in MDR 1980, 107 u. v. 15. 1. 1985 – 1 StR 707/84 [vgl. § 265 StPO erfolgreiche Rügen]).

Hier hat sich der Angeklagte zu der veränderten Tatzeit nicht geäußert. Er ist dazu auch nicht befragt worden. Wenn der Vorsitzende der Jugendkammer den Verteidiger vor der Hauptverhandlung auf die Möglichkeit einer Tatzeitänderung hingewiesen hat, machte das eine Befragung des Angeklagten in der Hauptverhandlung nicht entbehrlich.

27. Kann eine Tat nach Anklage und Eröffnungsbeschluß an zwei verschiedenen Tagen begangen worden sein und wird hinsichtlich des einen Tages ein Hilfsbeweisantrag gestellt, daß an ihm die Tat nicht begangen worden sein kann, muß das Gericht darauf hinweisen, daß es den anderen Tag als Tatzeitpunkt annimmt.

StPO § 265 – BGH Urt. v. 22. 9. 1987 – 5 StR 378/87 (= BGHR StPO § 265 IV Hinweispflicht 3)

Die Revision rügt, daß die Strafkammer auf den am letzten Verhandlungstag gestellten Hilfsbeweisantrag hin keinen Hinweis gegeben hat, sie würde den 17. 6. 1981 als Tattag feststellen.

Sachverhalt: Der Anklagesatz nennt als Tatzeit des dem Angeklagten im Falle 1 zur Last gelegten schweren Raubes bei dessen Bezeichnung gemäß den gesetzlichen Merkmalen den „7. 6. 1981 gegen 21.00 Uhr", bei der konkreten Tatbeschreibung dagegen den „17. 6. 1981 gegen 21.00 Uhr". Welcher dieser nicht alternativ angeführten Zeitpunkte gemeint ist, kann dem übrigen Inhalt der Anklageschrift nicht entnommen werden. Eine ausdrückliche Klarstellung in der Hauptverhandlung weist das Protokoll nicht aus. – Das Rechtsmittel hatte Erfolg.

Gründe: Der somit nicht behobene Mangel stellt die Umgrenzungsfunktion von Anklage und Zulassungsbeschluß jedoch nicht in Frage. Die dem Angeklagten vorgeworfene Raubtat ist durch die Angaben über Begehungsort, Begehungsweise, Tatopfer und Tatbeute sowie durch ihre zeitliche Zuordnung jedenfalls in den Juni 1981 individualisiert.

Zu Recht beanstandet die Revision dagegen, daß die Strafkammer auf den am letzten Verhandlungstag gestellten Hilfsbeweisantrag hin keinen Hinweis gegeben hat, sie würde den 17. 6. 1981 als Tattag feststellen. Mit dem Antrag war unter anderem die Vernehmung bestimmter Zeugen darüber begehrt worden, daß sie „am 7. 6. 1981 gegen 21.00 Uhr" am Tatort „keine kriminellen Handlungen ... wahrgenommen" hätten. Da sich diese Beweisbehauptung eindeutig auf den 7. 6. 1981 bezog, das Gericht aber den 17. 6. 1981 als Tattag ins Auge faßte, war hierzu ein klarstellender Hinweis geboten. Er wurde nicht dadurch entbehrlich, daß die Strafkammer bei der Ablehnung des Hilfsantrags erst in den Urteilsgründen die Beweisbehauptung auf den 17. 6. 1981 bezog. Es ist nicht auszuschließen, daß sich der Angeklagte auf einen Hinweis in der Hauptverhandlung anders als geschehen hätte verteidigen können.

Auf dem Unterlassen des Hinweises können deshalb der Schuldspruch im Urteilsfall 1 und wegen des engen sachlichen Zusammenhangs auch der im Falle 2 beruhen. Das nötigt zur Aufhebung des Urteils insgesamt.

28. Bei Anklage wegen Mordes und Verurteilung wegen Totschlags ist ein rechtlicher Hinweis in der Hauptverhandlung erforderlich.

StPO § 265 – BGH Urt. v. 8. 4. 1987 – 3 StR 91/87 (= BGHR StPO § 265 I Hinweispflicht 1)

Die Revision rügt, daß die Angeklagte nicht auf die Veränderung des rechtlichen Gesichtspunkts (Totschlags- statt Mordversuch und Unterlassen statt aktives Tun) hingewiesen worden ist.

Sachverhalt: Das Landgericht hat die Angeklagte wegen durch Unterlassen begangenen Totschlagsversuchs an ihrem Ehemann (unterlassene Beiziehung eines Arztes) verurteilt, während ihr in der gerichtlich zugelassenen Anklage ein durch aktives Tun begangener Mordversuch (Vergiftung ihres Ehemanns durch eine Überdosis Medikamente) zur Last gelegt worden war. Ausweislich des Protokolls, dem insoweit formelle Beweiskraft zukommt (§ 274 StPO), ist die Angeklagte in der Hauptverhandlung nicht auf die Veränderung des rechtlichen Gesichtspunkts (Totschlags- statt Mordversuch und Unterlassen statt aktives Tun) hingewiesen worden. – Das Rechtsmittel hatte Erfolg.

Gründe: Die Hinweispflicht entfiel nicht deswegen, weil Totschlag gegenüber Mord das mildere Delikt ist (vgl. BGH NStZ 1983, 424 [BGH Beschl. v. 3. 5. 1983 – 4 StR 210/83; vgl. § 265 StPO erfolgreiche Rügen]). Der Senat kann nicht ausschließen, daß sich die Angeklagte bei prozeßordnungsgemäßem Verfahren mit Erfolg anders hätte verteidigen können.

29. Der Hinweis auf die Möglichkeit einer Verurteilung wegen Beihilfe kann den Hinweis auf die Verurteilung wegen Mittäterschaft nicht ersetzen.

StPO § 265 I – BGH Beschl. v. 14. 5. 1985 – 1 StR 196/85 LG Augsburg (= NJW 1985, 2488)

Die Revision rügt, das Landgericht habe den Angeklagten nicht darauf hingewiesen, daß er hinsichtlich der Herstellung unechter Urkunden auch als Mittäter verurteilt werden könne.

Sachverhalt: Das Landgericht hat den Angeklagten darauf hingewiesen, daß eine Verurteilung wegen Beihilfe zur Urkundenfälschung statt zu einer Verurteilung wegen Urkundenfälschung in Betracht kommen könne. Der Angeklagte wurde als Mittäter zur Urkundenfälschung verurteilt. – Das Rechtsmittel hatte Erfolg.

Gründe: ... Ein solcher Hinweis war hier deshalb notwendig, weil das Urteil entgegen Anklage und Eröffnungsbeschluß, die hinsichtlich der Herstellung der unechten Urkunden von Alleintäterschaft des Angeklagten ausgegangen waren, wahlweise angenommen hat, der Angeklagte habe entweder die gestohlenen Schecks allein ausgefüllt und unterschrieben oder aber dabei mit einer unbekannt gebliebenen Person zusammengewirkt, die die Unterschriften fälschte. Bei dieser Fallgestaltung ergibt sich die Notwendigkeit des Hinweises daraus, daß als Mittäter auch verurteilt werden kann, wer nicht alle tatbestandsmäßigen Handlungen ausgeführt hat, während Alleintäter nur sein kann, wer selbst den Tatbestand voll verwirklicht hat (vgl. BGH, StV 1983, 404 [BGH Urt. v. 14. 6. 1983 – 1 StR 82/83; vgl. § 265 StPO erfolglose Rügen]; 1983, 403 [BGH Beschl. v. 14. 7. 1983 – 4 StR 355/83; vgl. 265 StPO erfolgreiche Rügen]; 1984, 368 [BGH Beschl. v. 12. 4. 1984 – 4 StR 160/84; vgl. § 265 StPO erfolgreiche Rügen]). Daran ändert nichts, daß die Verurteilung nur wahlweise erfolgt ist (BGH, bei: Dallinger, MDR 1974, 369[1]).

Ein solcher Hinweis ist hier nicht in ausreichender Weise erfolgt. Zwar hat das Landgericht den Angeklagten darauf hingewiesen, daß statt zehn fortgesetzt begangener Vergehen der Urkundenfälschung auch zehn fortgesetzte Vergehen der Beihilfe zur Urkundenfälschung in Betracht kommen könnten. Aber abgesehen davon, daß dieser Hinweis nicht deutlich machte, auf welche der beiden angeklagten Begehungsweisen – Herstellen und Gebrauchmachen von unechten Urkunden – er sich bezog, deckte der Hinweis auf die Möglichkeit einer Verurteilung wegen Beihilfe nicht den Schuldspruch wegen Mittäterschaft ab. Zwar genügt jeder Hinweis den Anforderungen des § 265 I StPO, der den Angeklagten und seinen Verteidiger in die Lage versetzt, die Verteidigung auf den neuen rechtlichen Gesichtspunkt einzurichten (BGH Urt. v. 14. 6. 1983 – 1 StR 82/83 [vgl. § 265 StPO erfolglose Rügen] – in StV 1983, 404 insoweit nicht abgedr.). Der Hinweis auf die Möglichkeit einer Verurteilung wegen Beihilfe kann jedoch den Hinweis auf die Verurteilung wegen Mittäterschaft nicht ersetzen. Zur Verurteilung wegen Beihilfe können geringfügige, auch im Vorbereitungsstadium geleistete Hilfen genügen; der Angeklagte kann je nach Sachlage keine Möglichkeit sehen, diesem Schuldvorwurf entgegenzutreten. Der Vorwurf der Mittäterschaft geht weiter; Mittäter kann nur sein, wer den ganzen Erfolg der Straftat als eigene verursachen, insbesondere seine eigene Tätigkeit durch die Handlungen der anderen Teilnehmer vervollständigen und auch deren Tatbeiträge sich zurechnen lassen will (BGH, JW 1951, 410). Gegenüber diesem Vorwurf ist regelmäßig eine andere Verteidigung geboten als gegenüber dem Vorwurf der Beihilfe (vgl BGH, bei Pfeiffer/Miebach, NStZ 1983, 358[2]). Der Hinweis erübrigte sich hier auch nicht deshalb, weil Anklage und Eröffnungsbeschluß dem Angeklagten hinsichtlich der tateinheitlich angeklagten Begehungsform des Gebrauchmachens von unechten Urkunden bereits wahlweise Mittäterschaft vorgeworfen hatten. Die Begehungsformen des Herstellens und Gebrauchmachens von unechten Urkunden unterscheiden sich derart, daß getrennte Hinweise auf die jeweilige Teilnahmeform geboten sind (vgl. BGH, NStZ 1983, 34 [BGH Urt. v. 27. 5. 1982 – 4 StR 128/82; vgl. § 265 StPO erfolgreiche Rügen]).

---

1 „A. war in Anklage und Eröffnungsbeschluß des Diebstahls beschuldigt worden. In der Hauptverhandlung vor der erstinstanzlichen Strafkammer wurde er auf die Möglichkeit einer Bestrafung – an Stelle von Diebstahl – auch wegen Hehlerei hingewiesen. Der Tatrichter verurteilte den A. wahlweise wegen Diebstahl oder Hehlerei. Die Rüge einer Verletzung des § 265 StPO blieb erfolglos. Der gegebene Hinweis war ausreichend; auf die Möglichkeit einer Wahlfeststellung brauchte er nicht noch besonders aufmerksam gemacht zu werden. (3 StR 247/73, Urt. v. 19. 12. 1973). Der Senat führte zur Begründung aus: Der Zweck des § 265 StPO ist es, den Angeklagten gegen Überraschung zu schützen und ihm Gelegenheit zur Verteidigung unter allen in Betracht kommenden rechtlichen Gesichtspunkten zu geben. Diese Gelegenheit hatte A. Seit RGSt 68, 257 ist nie mehr zweifelhaft gewesen, daß zwischen Diebstahl und Hehlerei eine Wahlfeststellung möglich ist. Zumindest für den rechtskundigen Verteidiger mußte daher nach dem Hinweis auf § 259 StGB klar sein, daß auch eine solche wahldeutige Verurteilung in Betracht kommen konnte."

2 „Der BGH hat ein Urteil aufgehoben, in dem die Unterbringung in einem psychiatrischen Krankenhaus angeordnet worden war. Dies war geschehen, ohne daß der Angeklagte in den Anklageschriften, den Eröffnungsbeschlüssen oder gem. § 265 II 2 StPO vom Gericht in der Hauptverhandlung darauf hingewiesen wurde, daß die Unterbringung in Betracht kommen könnte. Die Anregung des Staatsanwalts, das Gericht möge einen entsprechenden Hinweis geben, reicht nicht aus (BGH Beschl. v. 22. 1. 1982 – 2 StR 759/81)."

Der Senat kann nicht ausschließen, daß das Urteil auf dem Verfahrensfehler beruht. Die Möglichkeit einer anderen Verteidigung braucht nicht nahezuliegen. Es genügt, daß sie nicht mit Sicherheit auszuschließen ist (BGH, bei: Dallinger, MDR 1974, 548[1]). So liegt es hier.

30. Das Gericht darf den Angeklagten nicht im unklaren lassen, wenn es die Verurteilung auf weitere Einzelakte stützen will, die in der zugelassenen Anklage nicht aufgeführt sind.

StPO §§ 265 IV, 244 II – BGH Beschl. v. 15. 1. 1985 – 1 StR 707/84 LG Augsburg (= StV 1985, 134 = NStZ 1985, 325)

Die Revision rügt, das Gericht habe den Angeklagten zu Unrecht nicht auf die Möglichkeit hingewiesen, daß er auch wegen in der zugelassenen Anklageschrift nicht aufgeführten Einzeltaten verurteilt werden könne.

Sachverhalt: Der Angeklagte ist während der gesamten Beweisaufnahme nicht aufgefordert worden, zu den weiteren Einzelakten deretwegen er verurteilt worden ist und die nicht Gegenstand der zugelassenen Anklage waren, Stellung zu nehmen. – Das Rechtsmittel hatte Erfolg.

Gründe: ... Zur Begründung seines Aufhebungsantrags hat der GBA ausgeführt:

„Die Revision hat mit der Verfahrensbeschwerde Erfolg. Sie rügt mit Recht, die Strafkammer habe den Angeklagten auf die Möglichkeit hinweisen müssen, daß er auch wegen der in der zugelassenen Anklageschrift nicht aufgeführten Einzeltaten II 2 und II 6 der Gründe verurteilt werden könne.

Die Strafkammer hat mit Recht die Auffassung vertreten, daß Gegenstand des Verfahrens eine fortgesetzte Tat ist. Deshalb mußte sie alle in der Hauptverhandlung bekannt gewordenen Einzelakte in die Verhandlung und Entscheidung miteinbeziehen, auch wenn sie in der zugelassenen Anklage nicht erwähnt waren (BGHSt. 27, 115 [116] [BGH Urt. v. 2. 2. 1977 – 2 StR 307/76; vgl. § 264 StPO erfolgreiche Rügen]; BGH, NStZ 1982, 128[2] und 213, 214[3]). Aus § 265 IV StPO i.V. mit § 244 II StPO und Art. 103 I GG ergibt sich aber, daß die Strafkammer den Angeklagten nicht im unklaren lassen durfte, wenn sie die Verurteilung auf weitere Einzelakte stützen wollte, die in der zugelassenen Anklage nicht aufgeführt waren. Allerdings bedurfte es dazu keines förmlichen Hinweises durch den Vorsitzenden, wie ihn § 265 I StPO für die Heranziehung eines anderen Strafgesetzes vorschreibt und wie ihn Absatz 2 der Vorschrift verlangt, wenn erst in der Hauptverhandlung vom Strafgesetz besonders vorgesehene rechtsfolgenverschärfende Umstände sich ergeben. Das bedeutet in förmlicher Hinsicht, daß es sich bei diesem Hinweis nicht um einen protokollpflichtigen Verfahrensvorgang i.S. des § 273 StPO handelt, dessen Nichterwähnung in der

---

1 „Die Verletzung dieser Vorschrift ist zwar kein unbedingter Revisionsgrund. Das Beruhen des Urteils auf diesem Verfahrensverstoß kann jedoch nur ausnahmsweise verneint werden, wenn nämlich als sicher festgestellt werden kann, daß der Angeklagte und sein Verteidiger auch bei einem entsprechenden Hinweis nicht anders als geschehen hätten verteidigen können." (BGH Urt. v. 17. 1. 1974 – 4 StR 601/73).
2 Dazu können bei einer angeklagten Fortsetzungstat auch Einzelakte gehören, die in der zugelassenen Anklage nicht im einzelnen ausgeführt werden, die aber während des angeklagten Tatzeitraums begangen worden sind. Das setzt jedoch voraus, daß sich der in der Anklageschrift nicht erwähnte, in der Hauptverhandlung aber festgestellte Vorgang nach dem Ergebnis der Hauptverhandlung als Bestandteil der angeklagten Fortsetzungstat erweist.
3 Ist Gegenstand des Verfahrens eine fortgesetzte Handlung, so umfaßt die Tat i.S.d. § 264 StPO alle in der Hauptverhandlung bekannt gewordenen Einzelakte, auch wenn sie – bei unterschiedlichen Anklagen gegen mehrere Angeklagte – in der den jeweiligen Angeklagten betreffenden Anklage noch nicht erwähnt sind.

Verhandlungsniederschrift mit der absoluten Beweiskraft des § 274 StPO ausgestattet ist, in sachlicher Beziehung, daß die Unterrichtung des Angeklagten nicht an bestimmte Formen gebunden ist und nicht ausdrücklich gegeben werden muß. Sie kann schon durch den Gang der Verhandlung geschehen (BGHSt. 19, 141 [BGH Urt. v. 8. 10. 1963 – 1 StR 553/62; vgl. § 265 StPO erfolglose Rügen]; 28, 196 [197, 198] [BGH Urt. v. 15. 11. 1978 – 2 StR 456/78; vgl. § 265 StPO erfolgreiche Rügen]; BGH, NStZ 1981, 190, 191 [BGH Urt. v. 11. 11. 1980 – 1 StR 527/80; vgl. § 265 StPO erfolglose Rügen]; 1984, 422, 423 [BGH Beschl. v. 8. 3. 1984 – 2 StR 829/83; vgl. § 265 StPO erfolgreiche Rügen]). Indessen genügt es dazu nicht, daß der neue tatsächliche Gesichtspunkt, auf den das Gericht die Verurteilung stützt, nur von Beweispersonen im Rahmen ihrer Vernehmung angesprochen worden ist. Es muß vielmehr deutlich geworden sein, daß das Gericht selbst ihn aufgenommen und in die Erwägungen einbezogen hat, die für die Entscheidung bedeutsam sind. Es erscheint deshalb unerläßlich, daß der Angeklagte von Gerichtsseite zu dem neuen tatsächlichen Gesichtspunkt befragt wird (BGHSt. 28, 196 [198]).

Die Revision behauptet nun, der Angeklagte sei während der gesamten Beweisaufnahme nicht aufgefordert worden, zu den weiteren Einzelakten Stellung zu nehmen, und habe sich nur deshalb zu den Fällen II 2 und II 6 der Gründe nicht geäußert. Das wird durch die dienstlichen Äußerungen des Vorsitzenden und der Berichterstatterin nicht eindeutig widerlegt. Danach muß davon ausgegangen werden, daß der Angeklagte durch die zusätzliche Verurteilung in den Fällen II 2 und II 6 der Gründe überrascht und ihm insoweit kein ausreichendes rechtliches Gehör gewährt worden ist. Das Urteil muß deshalb, da diese beiden Einzeltaten Teilakte einer einheitlichen fortgesetzten Handlung sind, insgesamt aufgehoben werden."

Dem tritt der Senat bei.

31. Ein rechtlicher Hinweis gem. § 265 StPO erfordert beim Tatbestand des Mordes auch den Hinweis auf die nach den Umständen in Betracht kommende konkrete Begehungsform des § 211 II StGB.

StPO § 265 – BGH Beschl. v. 15. 5. 1984 – 1 StR 269/84 LG Memmingen (= StV 1984, 367)

Die Revision rügt, der Angeklagte sei nach Anklage wegen versuchten Totschlags und einem rechtlichen Hinweis auf eine mögliche Verurteilung wegen versuchten Mordes „zur Verdeckung einer Straftat" letztendlich wegen versuchten Mordes „um eine andere Straftat zu ermöglichen" verurteilt worden, ohne vom Gericht in der Hauptverhandlung auf diese Möglichkeit hingewiesen worden zu sein.

Sachverhalt: Die – unverändert zugelassene – Anklage legte dem Angeklagten (u.a.) einen versuchten Totschlag zur Last. In der Hauptverhandlung wies der Vorsitzende daraufhin, „daß das Ziehen der Pistole auch als Mordversuch aufzufassen sein könnte bezüglich der Verdeckung eines Vergehens des unerlaubten Führens einer Schußwaffe". Die Verurteilung wegen versuchten Mordes beruht demgegenüber auf der Feststellung, der Angeklagte habe deshalb auf den Polizeibeamten F. schießen wollen, um sein ursprüngliches Vorhaben ausführen zu können: nämlich seine Frau mit Gewalt zurückzuholen und den Nebenbuhler K. mit der Waffe auszuschalten. – Das Rechtsmittel hatte Erfolg.

Gründe: Der Angeklagte ist somit auf Grund eines anderen als des in der gerichtlich zugelassenen Anklage angeführten Strafgesetzes verurteilt worden, ohne zuvor in ausreichender Weise auf die Veränderung des rechtlichen Gesichtspunktes hingewiesen worden zu sein. Hierzu gehört, wie der GBA an Hand der Rspr. des BGH zutreffend dargelegt hat, beim Tatbestand des Mordes auch der Hinweis auf die nach den Umständen in Betracht kommende konkrete Begehungsform des § 211 Abs. 2 StGB (vgl. BGHSt. 2, 371, 373 [BGH Urt. v. 27. 5. 1952 – 1 StR 160/52; vgl. § 265 StPO erfolgreiche Rügen]; 23, 95 [BGH Urt. v. 30. 7. 1969 – 4 StR 237/69; vgl. § 265 StPO erfolgreiche Rügen]; 25, 287 [BGH Urt. v.

20. 2. 1974 – 2 StR 448/73; vgl. § 265 StPO erfolgreiche Rügen]; BGH bei Dallinger MDR 1975, 545; BGH bei Holtz MDR 1981, 102[1]; BGH NStZ 1983, 34 [BGH Urt. v. 27. 5. 1982 – 4 StR 128/82; vgl. § 265 StPO erfolgreiche Rügen]). Dies gilt jedenfalls dann, wenn – wie hier – beim Übergang vom Vorwurf des Tötens „um eine andere Straftat zu verdecken" zum Vorwurf des Tötens „um eine andere Straftat zu ermöglichen" durch die geänderte Zielrichtung des täterschaftlichen Verhaltens neue Lebenssachverhalte in die Untersuchung einbezogen werden, die auch eine geänderte oder zusätzliche Verteidigung erforderlich machen. Diesen Erfordernissen genügte der vom Vorsitzenden erteilte Hinweis nicht.

32. Bei Übergang vom Vorwurf der Alleintäterschaft auf den der Mittäterschaft oder mittelbaren Täterschaft oder der Anstiftung muß dem Angeklagten ein Hinweis nach § 265 StPO gegeben werden.

StPO § 265 – BGH Beschl. v. 12. 4. 1984 – 4 StR 160/84 LG Hagen (= StV 1984, 368)

Die Revision rügt, das Gericht habe den Angeklagten nach Anklage wegen Alleintäterschaft wegen Mittäterschaft verurteilt, ohne ihn zuvor in der Hauptverhandlung auf diese Änderung des rechtlichen Gesichtspunkts hingewiesen zu haben.

Sachverhalt: In der unverändert zugelassenen Anklage war dem Angeklagten vorgeworfen worden, das Gebäude, in dem er eine Gaststätte betrieb, eigenhändig in Brand gesetzt zu haben. In den Urteilsgründen hat die Strafkammer dann festgestellt, daß entweder der An-

---

1 BGH Beschl. v. 8. 10. 1980 – 3 StR 390/80: „Ob bei dem Vorwurf des *Mordes* der Übergang von der Begehungsform des Handelns ‚um eine andere Straftat zu ermöglichen' zu der des Handelns ‚um eine andere Straftat zu verdecken' und umgekehrt einen *Hinweis erforderlich* macht, wenn es sich um dieselbe Straftat handelt, hatte der BGH bisher offengelassen. Jetzt hielt er den Hinweis für notwendig in folgendem Fall:
Die Anklage warf den Tätern vor, sie hätten auf ihr Opfer eingeschlagen, um dieses zu zwingen, das Versteck seines Geldes preiszugeben, und damit einen Mord begangen in der Begehungsform, ‚um eine andere Straftat zu ermöglichen'. Diese Absicht ließ sich nicht nachweisen. Das Schwurgericht stellte aber fest, die Angeklagten hätten ihr Opfer bewußtlos geschlagen und – mit bedingtem Vorsatz – getötet, weil sie befürchtet hätten, daß es sie erkennen und wegen des vorangegangenen versuchten Einbruchsdiebstahls anzeigen werde. Es verurteilte sie wegen Mordes in der Begehungsform der Verdeckungsabsicht, ohne zuvor auf diese Möglichkeit hingewiesen zu haben. Das beanstandete der BGH, wobei er den Ausführungen des GBA zustimmte. Danach war der bedingte Tötungsvorsatz zwar mit der Absicht vereinbar, das Opfer auszurauben, nicht aber mit der, das Opfer an einer Anzeige zu hindern. Denn hier hätte (was näher ausgeführt wird) im Bereich des Möglichen gelegen, daß die Angeklagten mit der Möglichkeit gerechnet haben, daß das Opfer den einen der Angeklagten noch erkannt hat. Wörtlich heißt es:
Dann aber hätte sie nur dessen Tötung sicher vor einer Anzeige schützen können. Für diesen Fall ist deshalb die Annahme der Verdeckungsabsicht mit dem festgestellten bloß bedingten Tötungsvorsatz nicht zu vereinbaren. Es liegt nahe, daß die Verteidigung diesen Punkt aufgegriffen hätte, wenn das Schwurgericht vor dem Urteil auf die Möglichkeit eines Schuldspruchs wegen Mordes in der Begehungsform der Verdeckungsabsicht hingewiesen hätte. Nach Sachlage läßt sich auch nicht ausschließen, daß das Urteil dann anders ausgefallen wäre.
Ein (vom Landgericht festgestellter) Zuruf des Opfers hätte zur besonders sorgfältigen Prüfung der Frage Veranlassung geben müssen, ob die Angeklagten sicher waren, daß das Opfer nicht einen von ihnen erkannt habe. Diese Prüfung sei, so meinte der BGH, möglicherweise deshalb unterblieben, weil die Verteidigung auf Grund des unterbliebenen Hinweises nicht mit der Möglichkeit einer Verurteilung wegen Tötung in Verdeckungsabsicht gerechnet und deshalb diesen Punkt in der Hauptverhandlung nicht angesprochen habe.
Mit dieser Begründung hatte die auf eine Verletzung des § 265 Abs. 1 StPO gestützte Rüge des einen Angeklagten Erfolg. Auf die Sachrüge des anderen Angeklagten hob der BGH das Urteil ebenfalls auf. Dazu heißt es: Der aufgezeigte Mangel stellt aber zugleich auch einen sachlich-rechtlichen Fehler des Urteils dar. Wie sich aus den vorstehenden Darlegungen ergibt, leidet die Beweiswürdigung des Schwurgerichts daran, daß es ohne weiteres angenommen hat, die Angeklagten hätten nicht mit ihrer Identifizierung durch ihr Opfer gerechnet, obwohl das Gegenteil auf Grund der hier festgestellten besonderen Umstände nahelag."

geklagte selbst „oder eine von ihm beauftragte Person" das Feuer gelegt habe. Die Darstellung der Einlassung des Angeklagten ergibt nicht, daß dieser zu einem derartigen Vorwurf Stellung genommen hat. Sein in den Urteilsgründen wiedergegebenes Verteidigungsvorbringen bezieht sich nur auf den Vorwurf, daß er den Brand eigenhändig gelegt habe. Auch im übrigen lassen die Urteilsgründe – auch in ihrem Zusammenhang – nicht erkennen, daß die von der Strafkammer wahlweise in Betracht gezogene andere Durchführung der Inbrandsetzung Gegenstand einer besonderen Erörterung mit dem Angeklagten war. Im Gegenteil spricht die knappe Art der Einfügung dieser Sachverhaltsalternative in die Urteilsgründe mehr dafür, daß die mögliche Tatbeteiligung eines unbekannt gebliebenen Dritten in der Hauptverhandlung nicht erörtert worden ist.

Das Landgericht hatte den Angeklagten u.a. wegen schwerer Brandstiftung in Tateinheit mit Versicherungsbetrug zu einer Gesamtfreiheitsstrafe verurteilt. – Das Rechtsmittel hatte Erfolg.

Gründe: Auf diese andere rechtliche und tatsächliche Möglichkeit der Tatbegehung hätte der Angeklagte jedoch hingewiesen werden müssen. Der Vorwurf, einen unbekannt gebliebenen Dritten in das Tatgeschehen eingeschaltet zu haben, war ein neuer, für die Verurteilung wesentlicher Gesichtspunkt. Seinem Wesen nach beinhaltet er eine andere Begehungsform der Tat, nämlich Mittäterschaft, mittelbare Täterschaft oder Anstiftung. Diese Begehungsformen weichen hier so wesentlich von der angeklagten Alleintäterschaft ab, daß eine anderweitige Verteidigung in Betracht zu ziehen war. Deshalb hätte für den Übergang vom Vorwurf der Alleintäterschaft auf den der Mittäterschaft oder mittelbaren Täterschaft oder der Anstiftung dem Angeklagten ein Hinweis nach § 265 StPO – sowohl Abs. 1 als auch Abs. 4 dieser Vorschrift kommen in Betracht – gegeben werden müssen (BGHSt. 11, 18, 19 [BGH Urt. v. 8. 10. 1957 – 1 StR 318/57; vgl. § 357 StPO erfolgreiche Rügen]; 19, 141, 142 [BGH Urt. v. 8. 10. 1963 – 1 StR 553/62; vgl. § 265 StPO erfolglose Rügen]; 28, 196, 197 [BGH Urt. v. 15. 11. 1978 – 2 StR 456/78; vgl. § 265 StPO erfolgreiche Rügen]; BGH Beschl. v. 6. 2. 1979 bei Pfeiffer in NStZ 1981, 296[1]; BGH Beschl. v. 14. 7. 1983 – 4 StR 355/83 [vgl. § 265 StPO erfolgreiche Rügen]; BGH Urt. v. 19. 1. 1984 – 4 StR 742/83 [BGH Urt. v. 19. 1. 1984 – 4 StR 742/83; vgl. § 265 StPO erfolgreiche Rügen]). Dies ist ausweislich des Schweigens des Hauptverhandlungsprotokolls (§ 274 StPO) nicht geschehen.

Da nicht auszuschließen ist, daß sich der Angeklagte bei ordnungsgemäßer Unterrichtung wirksamer als geschehen hätte verteidigen können, führt dieser Fehler zur Aufhebung der Verurteilung wegen schwerer Brandstiftung in Tateinheit mit Versicherungsbetrug und wegen Betruges (§ 337 StPO).

33. Hinweis auf veränderten Tatzeitpunkt muß nicht ausdrücklich und nicht in der Form des § 265 StPO gegeben werden, sofern der Angeklagte dem Gang der Hauptverhandlung entnehmen kann, daß das Gericht diese Möglichkeit ernsthaft in Betracht zieht.

StPO § 265 – BGH Beschl. v. 8. 3. 1984 – 2 StR 829/83 LG Aachen (= StV 1984, 368 = NStZ 1984, 422)

Die Revision rügt, die Strafkammer habe den Angeklagten auf die Möglichkeit hinweisen müssen, daß auch irgendein Tag nach dem in der Anklage genannten 29. 12. 1980 als Zeitpunkt (des ersten Teilaktes) der (fortgesetzten) Tat in Betracht komme.

---

1 „Der Tatrichter hätte dem Angeklagten einen Hinweis gemäß § 265 I StPO erteilen müssen, wenn er ihn wegen Mittäterschaft mit einem Zeugen verurteilen wollte, und der Angeklagte und sein Verteidiger schon deshalb nicht damit zu rechnen brauchten, weil der Tatrichter den Zeugen vereidigt hatte und ihn gegen Ende der Verhandlung nochmals vernommen und ihn die Richtigkeit der letzten Bekundungen unter Berufung auf den zuvor geleisteten Eid hatte versichern lassen (BGH Beschl. v. 6. 2. 1979 – 5 StR 766/78)."

Sachverhalt: Das Landgericht hat den Angeklagten wegen (fortgesetzter) sexueller Nötigung in Tateinheit mit Körperverletzung zu einer Freiheitsstrafe verurteilt. Es hat festgestellt, der Angeklagte habe die Tat „am 29. 12. 1980 oder einem der darauffolgenden Tage" und (den zweiten Teilakt) „etwa 3 Monate später" begangen. In der Anklageschrift war ihm vorgeworfen worden, den ersten Teilakt der fortgesetzten Tat am 29. 12. 1980 zwischen 17 Uhr und 18 Uhr verwirklicht zu haben. Das entspricht auch der Darstellung der Verletzten und einzigen Zeugin der Tat, die vor Anklageerhebung in einem schriftlichen Bericht und nach Aussetzung der Hauptverhandlung dem Sachverständigen gegenüber angegeben hat, es sei an dem Tag geschehen, an dem die alte Frau – die Schwiegermutter des Angeklagten – ins Altersheim gekommen sei.

Der Angeklagte hat die Tat bestritten und geltend gemacht, er sei am 29. 12. 1980 erst gegen 21.30 Uhr gemeinsam mit seiner Ehefrau nach Hause gekommen. Diese hat seine Angaben bestätigt.

Die Strafkammer hat zwar „erhebliche Zweifel" an der Richtigkeit dieser Aussage geäußert, sie aber nicht als falsch bezeichnet, sondern gemeint, es komme auf die Angaben der Ehefrau deshalb nicht an, weil der Vorfall sich nach den Bekundungen des Tatopfers auch an einem späteren Tag ereignet haben könne. – Das Rechtsmittel hatte Erfolg.

Gründe: Ein solcher Hinweis mußte allerdings nicht ausdrücklich (und nicht in der Form des § 265 StPO) gegeben werden, sofern der Angeklagte dem Gang der Hauptverhandlung entnehmen konnte, daß die Strafkammer diese Möglichkeit ernsthaft in Betracht zog (BGHSt. 28, 196 [198] [BGH Urt. v. 15. 11. 1978 – 2 StR 456/78; vgl. § 265 StPO erfolgreiche Rügen]).

Der Verteidiger des Angeklagten hat indes anwaltschaftlich versichert, im Hauptverhandlungstermin sei zu keinem Zeitpunkt zweifelhaft gewesen, daß sich der erste Vorfall nach mehrmaligen Beteuerungen der Zeugin am 29. 12. 1980 ereignet haben soll. Davon seien das Gericht und die Staatsanwaltschaft unmißverständlich ausgegangen ...

Der Senat ist davon überzeugt, daß die Strafkammer ihrer Pflicht zum Hinweis auf eine Änderung dieses für die Verurteilung wesentlichen tatsächlichen Gesichtspunkt nicht genügt hat. Er stützt sich dabei nicht nur auf die „unbestrittene" Erklärung der Verteidigung, sondern vor allem auch auf die Urteilsgründe. Hiernach hat der Angeklagte sich mit Nachdruck gegen den Vorwurf verteidigt, am 29. 12. 1980 das Mädchen zur Duldung sexueller Handlungen genötigt zu haben, hat aber zu dem Vorwurf, die Handlung an einem darauffolgenden Tage begangen zuhaben, keine konkrete Erklärung abgegeben. Das bedeutet darauf hin, daß ihm die Möglichkeit einer derartigen tatsächlichen Veränderung des Anklagevorwurfs nicht bewußt war, weil das Gericht sie nicht mit ihm erörtert hat. Die Urteilsgründe bieten auch Grund für die Annahme, daß das Landgericht – zu Unrecht – selbst davon ausging, der gegen den Angeklagten erhobene Vorwurf schließe die Möglichkeit einer späteren Tatbegehung ohne weiteres ein, und deshalb auf einen Hinweis verzichtete. Es ist zu besorgen, daß die Strafkammer dabei übersehen hat, daß die den Anklagevorwurf allein stützende Zeugenaussage den Tatzeitpunkt eindeutig auf den 29. 12. 1980 festgelegt hatte. Im Widerspruch dazu weist die Strafkammer mehrfach darauf hin, daß die Aussage der Zeugin in der Hauptverhandlung mit ihren früheren Angaben – teilweise sogar in einem ungewöhnlich hohen Maß – übereinstimme. Eine solche Übereinstimmung liegt aber in Wahrheit dann nicht vor, wenn die Zeugin, die den Zeitpunkt der Tat zunächst genau bestimmt hatte, in der Hauptverhandlung erklärte, der Vorfall könne sich auch an einem – unbestimmten – späteren Tag ereignet haben. ...

34. Das Gericht muß, wenn es von Alleintäterschaft zu Mittäterschaft übergehen will, dies dem Angeklagten gem. § 265 I StPO deutlich machen.

StPO § 265 – BGH Urt. v. 19. 1. 1984 – 4 StR 742/83 LG Saarbrücken (= StV 1984, 190)

Die Revisionen der Angeklagten rügen, das Landgericht sei seiner Hinweispflicht gem. § 265 Abs. 1 StPO nicht hinreichend nachgekommen.

Sachverhalt: Die Angeklagten M. und K. waren am 23. 10. 1981 nach S. gefahren, um ein Fußballspiel zwischen dem 1. FC Saarbrücken und ihrem „Heimatverein", dem FC Homburg, anzusehen. Der FC Homburg verlor das Spiel, worüber die Angeklagten „leicht verärgert" waren. Nachdem sie gemeinsam eine Gaststätte aufgesucht und dort – wie auch schon während des Spiels – alkoholische Getränke zu sich genommen hatten, gingen sie zum Hauptbahnhof, um wieder nach H. zurückzufahren. Als sie sich auf der L.-Straße vor dem L.-Tunnel befanden, kam ihnen der 33jährige R. entgegen. K. rempelte R. mit dem Arm so an, daß dieser „dadurch ins Torkeln geriet". Unmittelbar zuvor oder danach stellte S. dem R. ein Bein, wodurch dieser zusätzlich stolperte. Zwischenzeitlich waren auch M. und E. in Reichweite an R. herangekommen. Nunmehr wurde aus der Gruppe der Angeklagten mehrfach auf den R. eingeschlagen und -getreten. Dabei schlugen M. und S. jeweils mindestens einmal auf den infolge der vorangegangenen Angriffe und der weiteren Schläge und Fußtritte im Ungleichgewicht befindlichen R. ein. Die weiteren dem R. verabreichten Schläge und Fußtritte konnten keinem der Angeklagten mit Bestimmtheit zugeordnet werden.

Durch einen dieser Schläge oder Tritte, von denen eine eindeutige Zuordnung nicht möglich war, fiel R. nach hinten und schlug mit dem Hinterkopf im freien Fall ungebremst auf dem Straßenbelag auf. Sofort nach dem Aufschlagen begann R. deutlich vernehmbar zu röcheln. M. beugte sich nunmehr über den der Länge nach auf dem Rücken liegenden R. und tätschelte diesem die Wangen, wobei dieser jedoch keinerlei erkennbare Reaktion zeigte. Ohne sich weiter um den auf dem Boden unbeweglich liegenden und noch immer röchelnden Verletzten zu kümmern, setzten die Angeklagten ihren Weg fort". R. erlag den Verletzungen, die durch das Aufschlagen des Hinterkopfs auf dem Straßenbelag entstanden waren.

Dem Angeklagten M. war in der Anklage bezüglich des Vorfalls in S. ein – als Alleintäter begangenes – Verbrechen der Körperverletzung mit Todesfolge gem. § 226 StGB in Tatmehrheit mit einem Vergehen der unterlassenen Hilfeleistung gem. § 323c StGB zur Last gelegt worden. Im Eröffnungsbeschluß wurde die Anklage mit der rechtlichen Änderung zugelassen, daß der Angeklagte eines Verbrechens des „Totschlags durch Unterlassen gemäß §§ 212, 13 StGB" hinreichend verdächtig sei, damit eine Körperverletzung mit Todesfolge ausscheide, jedoch eine Bestrafung „wegen gefährlicher Körperverletzung gemäß § 223a Abs. 1 StGB mittels einer das Leben gefährdenden Behandlung" in Betracht komme. Nachdem in der Hauptverhandlung die Plädoyers von Staatsanwalt und Verteidigung gehalten und „Termin zur Verkündung einer Entscheidung" bestimmt worden war, eröffnete die Strafkammer an diesem Tag wieder die Beweisaufnahme. Der Angeklagte M. „wurde bezüglich der Vorfälle in S. und H. darauf hingewiesen, daß eine Verurteilung gemäß § 223 und 223 a StGB denkbar erscheint". Eine nähere Erläuterung, inwiefern § 223a StGB anwendbar sein könne, wurde vom Vorsitzenden der Strafkammer nicht gegeben. Aus den Urteilsgründen ist zu entnehmen, daß die Strafkammer eine gefährliche Körperverletzung darin sieht, daß „die Körperverletzung von mehreren gemeinschaftlich begangen" wurde.

Die Anklage hatte dem Angeklagten M. eine – als Alleintäter – fortgesetzt begangene Körperverletzung mittels einer Waffe gemäß § 223a StGB zur Last gelegt, weil er „den Geschädigten im Zugabteil aufgrund entstandener Handgreiflichkeiten mit der Faust ins Gesicht schlug und bei der Ankunft im Bahnhof H. dem flüchtenden Y. nachlief, niederschlug und als er am Boden lag, mit den Füßen nach ihm trat". Das Landgericht hatte im Eröffnungsbeschluß die Anklage mit der rechtlichen Änderung zugelassen, der Angeklagte sei insoweit „zweier selbständiger Handlungen der Körperverletzung gemäß § 53 StGB hinreichend verdächtig, wobei der Tritt mit beschuhten Füßen als gefährliche Körperverletzung gem. § 223a Abs. 1 StGB auszulegen ist, weil der Schuh als „anderes gefährliches Werkzeug" (nicht, wie in der Anklageschrift angenommen, als „Waffe") anzusehen ist". In der Hauptverhandlung erging lediglich der nicht näher ausgeführte Hinweis auf § 223a StGB.

Dem Angeklagten K. war in der Anklageschrift lediglich eine Körperverletzung gem. § 223 StGB zur Last gelegt worden, weil er „dem Geschädigten im Zugabteil bei der Heimfahrt von S. nach H. den Unterarm gegen den Hals drückte und Prügel androhte"; ferner wurde auch ihm der Vorwurf der unterlassenen Hilfeleistung gegenüber R. gemacht. Die Strafkammer hat hinsichtlich des Vorwurfs der Körperverletzung des Y. die Eröffnung des Hauptverfahrens abgelehnt. Sie hat dies zwar fehlerhaft nur als eine „rechtliche Abweichung" bezeichnet, jedoch ausgeführt, daß weder eine Körperverletzung noch „eine Strafbarkeit aus einem anderen rechtlichen Gesichtspunkt ... ersichtlich" sei.

In der Hauptverhandlung erfolgte auch an den Angeklagten K. der Hinweis, daß „bezüglich des Vorfalls in S. (R.) eine Verurteilung wegen § 223 und § 223a StPO denkbar erscheint". Daraufhin beantragte der Verteidiger des Angeklagten K., ihm förmlich mitzuteilen, aufgrund welcher neuen Tatsachen der rechtliche Hinweis erfolgt sei. Der Vorsitzende der Strafkammer erklärte, „daß er den Hinweis nach Beratung aufgrund des Ergebnisses der Hauptverhandlung gegeben habe"; er „wies weiter auf die Möglichkeit hin, Aussetzungsanträge zu stellen". Eine weitere Aufklärung wurde nicht gegeben.

Das Landgericht hatte den Angeklagten M. wegen gefährlicher Körperverletzung in 2 Fällen sowie wegen unterlassener Hilfeleistung zu einer Gesamtfreiheitsstrafe von 3 Jahren und 6 Monaten, den Angeklagten K. wegen gefährlicher Körperverletzung und unterlassener Hilfeleistung zu einer Jugendstrafe von 3 Jahren verurteilt. – Die Rechtsmittel hatten Erfolg.

Gründe: ...

I.

Die Revision des Angeklagten M.

1. ... Bei dieser von Anklage und Eröffnungsbeschluß abweichenden rechtlichen Würdigung reichte der Hinweis auf § 223a StGB ohne nähere Konkretisierung nicht aus: Enthält eine Strafvorschrift mehrere Tatbestände, deren Begehungsweisen ihrem Wesen nach verschieden sind, so muß der Hinweis nach § 265 Abs. 1 StPO ergeben, welche der möglichen Begehungsweisen das Gericht annehmen will (BGH NStZ 1983, 34 [BGH Urt. v. 27. 5. 1982 – 4 StR 128/82; vgl. § 265 StPO erfolgreiche Rügen]). Die hier von der Strafkammer im Urteil festgestellte Begehungsform der von mehreren gemeinschaftlich begangenen Körperverletzung verstand sich für den Angeklagten nicht von selbst, da die Strafkammer im Eröffnungsbeschluß hinsichtlich der Verletzung des Y. eine gefährliche Körperverletzung mittels eines gefährlichen Werkzeugs – nämlich des „beschuhten Fußes" des Angeklagten M. – angenommen hatte und auch die Alternative „mittels eines hinterlistigen Überfalls" immerhin denkmöglich erschien.

Zudem muß das Gericht stets dann, wenn es von Alleintäterschaft zu Mittäterschaft übergehen will, dies dem Angeklagten gem. § 265 Abs. 1 StPO deutlich machen (vgl. BGH NJW 1952, 1385 [BGH v. 4. 9. 1952 – 5 StR 525/52; vgl. § 265 StPO erfolgreiche Rügen]; BGHSt. 11, 18, 19 [BGH Urt. v. 8. 10. 1957 – 1 StR 318/57; vgl. § 357 StPO erfolgreiche Rügen]; BGH Beschl. v. 7. 9. 1977 – 3 StR 299/77 u. v. 14. 7. 1983 – 4 StR 355/83 [vgl.

§ 265 StPO erfolgreiche Rügen], sowie v. 6. 2. 1979 bei Pfeiffer in NStZ 1981, 296[1]). Auch das ist hier nicht geschehen.

Das Urteil kann auf dem Verfahrensfehler beruhen (§ 337 StPO). Daß die Verteidigung gegenüber dem Vorwurf eines Totschlags durch Unterlassen sich von der gegenüber einer gemeinschaftlich begangenen Körperverletzung erheblich unterscheidet, liegt auf der Hand. Dies gilt um so mehr, als der – unzureichende – Hinweis auf die Möglichkeit einer Verurteilung nach § 223a StGB erst nach Schluß der Beweisaufnahme und nach den Plädoyers gegeben wurde. Dem Angeklagten sind damit möglicherweise weitere Beweisantritte, die sich gegen den veränderten Vorwurf hätten richten können, abgeschnitten worden.

2. Die gleiche Rüge führt auch zur Aufhebung des Urteils, soweit der Angeklagte wegen gefährlicher Körperverletzung zum Nachteil des Y. verurteilt worden ist. ...

Soweit das Landgericht den Angeklagten gem. § 223a StGB in der Alternative einer von mehreren gemeinschaftlich begangenen Körperverletzung des Y. verurteilt hat, hat es ebenfalls versäumt, den wegen Wechsel der Begehungs- und der Teilnahmeform gemäß § 265 Abs. 1 StPO erforderlichen konkreten Hinweis zu geben. Auf die Ausführungen zu 1. wird Bezug genommen. Auch hier ist nicht auszuschließen, daß das Urteil auf dem Fehler beruht (§ 337 StPO).

II.

Die Revision des Angeklagten K.

... b) Der Verurteilung des Angeklagten K. stand nicht entgegen – was das Revisionsgericht von Amts wegen zu prüfen hatte – daß dem Angeklagten in der zugelassenen Anklage eine Beteiligung an der Körperverletzung des R. nicht zur Last gelegt worden war. Die Anklage wegen unterlassener Hilfeleistung bezüglich des zu Boden gefallenen und bewußtlos daliegenden R. umfaßte gem. § 264 Abs. 1 StPO auch die zum Unglücksfall führende Tathandlung. Nach ständiger Rspr. des BGH ist unter „Tat" im Sinne des § 264 StPO der vom Eröffnungsbeschluß betroffene geschichtliche Vorgang in seiner Gesamtheit zu verstehen (BGHSt. 13, 320, 321 [BGH Urt. v. 3. 11. 1959 – 1 StR 425/59; vgl. § 265 StPO erfolgreiche Rügen]). Gegenstand der Urteilsfindung ist dieser Vorgang einschließlich aller damit zusammenhängenden und darauf bezüglichen Vorkommnisse und tatsächlichen Umstände, die nach der Auffassung des Lebens eine natürliche Einheit bilden. In tatsächlicher Hinsicht ist, wenn nötig, nach dem Ergebnis der Hauptverhandlung umzugestalten. Es kann daher auch ein im Eröffnungsbeschluß nicht ausdrücklich erwähntes Tun oder Unterlassen des Angeklagten im Urteil rechtlich gewürdigt werden, sofern es bei lebensnaher Betrachtung mit dem zugrunde liegenden geschichtlichen Vorgang eine natürliche Einheit bildet und damit in den Bereich der „Tat" fällt (BGH a.a.O.). Es wäre aber eine unnatürliche Aufspaltung eines einheitlichen Vorgangs (vgl. BGHSt. 13, 21, 26; 23, 141, 147; 29, 288, 293 [BGH Urt. v. 11. 6. 1980 – 3 StR 9/80; vgl. § 264 StPO erfolglose Rügen]), wollte man das Niederschlagen des Opfers und das sich unmittelbar anschließende Unterlassen der Hilfeleistung hinsichtlich des durch den Aufprall in Lebensgefahr Schwebenden als zwei verfahrensrechtlich selbständige Taten auffassen. Das hat der BGH für den umgekehrten Fall bereits entschieden (BGHSt. 16, 200, 202 [BGH Urt. v. 28. 6. 1961 – 2 StR 83/61; vgl. § 264 StPO erfolgreiche Rügen]); auch für den hier vorliegenden Fall ist es in Rspr. und Lehre anerkannt (vgl. OLG Celle NJW 1961, 1080).

---

1 „Der Tatrichter hätte dem Angeklagten einen Hinweis gem. § 265 I StPO erteilen müssen, wenn er ihn wegen Mittäterschaft mit einem Zeugen verurteilen wollte, und der Angeklagte sowie sein Verteidiger schon deshalb nicht damit zu rechnen brauchten, weil der Tatrichter den Zeugen vereidigt hatte und ihn gegen Ende der Verhandlung nochmals vernommen und ihn die Richtigkeit der letzten Bekundung unter Berufung auf den zuvor geleisteten Eid hatte versichern lassen." (BGH Beschl. v. 6. 2. 1979 – 5 StR 766/78).

c) Die Revision beanstandet jedoch mit Recht, daß das Gericht seiner Hinweispflicht nach § 265 Abs. 1 StPO nicht genügt hat. Soweit der Vorsitzende der Strafkammer es versäumt hat, die anzuwendende Begehungsweise des § 223 a StGB mitzuteilen, wird auf die Ausführungen zu B I 1 verwiesen. Hier tritt jedoch noch ein weiterer Gesichtspunkt hinzu:

Der Verteidiger des Angeklagten hatte ausdrücklich um Mitteilung der Tatsachen gebeten, auf die sich der rechtliche Hinweis stütze. Dem hatte der Vorsitzende der Strafkammer nicht entsprochen. Nach der Rspr. des BGH (BGHSt. 13, 320; NStZ 1983, 34) genügt das Gericht seiner Hinweispflicht gem. § 265 Abs. 1 StPO nur dann, wenn dem Angeklagten erkennbar ist, in welchen Tatsachen das Gericht die gesetzlichen Merkmale des neuen Tatbestandes möglicherweise finden will. Es darf deshalb von einer ausdrücklichen Bezeichnung der Tatsachen nur absehen, wenn nach dem Inbegriff der bis dahin durchgeführten Hauptverhandlung kein Zweifel bestehen kann, an welche tatsächlichen Umstände der Hinweis anknüpft. Äußert der Angeklagte oder der Verteidiger solche Zweifel, so muß das Gericht ihn aufklären.

Eine solche notwendige Aufklärung ist hier nicht erfolgt, obwohl dazu besondere Veranlassung bestand, da gegenüber dem Angeklagten K. nunmehr ein Vorwurf erhoben wurde, der sich auf Tatsachen stützte, die in der zugelassenen Anklage ihm gegenüber nicht ausdrücklich aufgeführt waren.

35. Beim Übergang vom Vorwurf der Alleintäterschaft auf den der Mittäterschaft ist ein Hinweis nach § 265 StPO erforderlich.
StPO § 265 – BGH Beschl. v. 17. 7. 1983 – 4 StR 355/83 LG Münster (= StV 1983, 403)

Die Revision rügt, daß der Angeklagte nicht auf eine Veränderung des rechtlichen Gesichtspunkts (Mittäterschaft anstatt Alleintäterschaft) hingewiesen worden ist.

Sachverhalt: Dem Angeklagten war in der Anklage und im Eröffnungsbeschluß, der diese unverändert zuließ, vorgeworfen worden, er habe den Brand im Steakhaus am 13. 6. 1982 zwischen 1.30 Uhr und 3.30 Uhr als Alleintäter gelegt; dann sei er in die Gaststätte C. zurückgekehrt. Hiergegen hatte sich der Angeklagte gezielt mit dem Vorbringen verteidigt, er habe sich zur Tatzeit ohne Unterbrechung in dieser Gaststätte aufgehalten; zudem hätte er sich dort bei eigenhändiger Brandlegung durch Benzingeruch an seiner Kleidung verdächtig machen müssen.

Das Landgericht hat diese Einlassung nicht widerlegen können. Es ist aber zu der Überzeugung gelangt, der Angeklagte habe den Brand durch eine von ihm beauftragte, unbekannt gebliebene dritte Person legen lassen. Zwar enthält das Urteil keine Ausführungen über die Art des Zusammenwirkens zwischen dem Angeklagten und der dritten Person, aus dem Zusammenhang der Urteilsgründe ergibt sich jedoch, daß das Landgericht Mittäterschaft angenommen hat.

Das Landgericht hat den Angeklagten wegen Versicherungsbetruges in Tateinheit mit versuchter schwerer Brandstiftung zu Freiheitsstrafe verurteilt. – Das Rechtsmittel hatte Erfolg.

Gründe: Mit dieser von Anklage und Eröffnungsbeschluß abweichenden rechtlichen Würdigung hat das Landgericht den Angeklagten im Urteil überrascht. Das Schweigen des Hauptverhandlungsprotokolls beweist (§ 274 StPO), daß der Angeklagte nicht auf die Veränderung des rechtlichen Gesichtspunkts hingewiesen worden ist. Ein solcher Hinweis nach § 265 Abs. 1 StPO war jedoch beim Übergang vom Vorwurf der Alleintäterschaft auf den der Mittäterschaft geboten (vgl. BGH NJW 1952, 1385 [BGH v. 4. 9. 1952 – 5 StR 525/52; vgl. § 265 StPO erfolgreiche Rügen]; BGHSt. 11, 18, 19 [BGH Urt. v. 8. 10. 1957 –

1 StR 318/57; vgl. § 357 StPO erfolgreiche Rügen]; BGH Beschl. v. 7. 9. 1977 – 3 StR 299/77; BGH Beschl. v. 6. 2. 1979 bei Pfeffer in NStZ 1981, 296[1]).

Das Urteil kann auch auf dem Verfahrensfehler beruhen (§ 337 StPO). Der Angeklagte, der wegen des Verdachts der Alleintäterschaft den Alibibeweis geführt hatte, konnte sich von Rechts wegen so lange vor einer Verurteilung als Mittäter sicher fühlen, als er nicht zuvor auf diese Möglichkeit hingewiesen worden war (vgl. dazu BGH NJW 1952, 1385). Ihm sind durch das Unterbleiben des Hinweises möglicherweise weitere Beweisantritte, die sich gegen den veränderten Vorwurf richteten, abgeschnitten worden.

36. Bei Anklage wegen Aussetzung mit Todesfolge und Verurteilung wegen fahrlässiger Tötung ist ein vorheriger rechtlicher Hinweis erforderlich.

StPO § 265 – BGH Beschl. v. 3. 5. 1983 – 4 StR 210/83 LG Braunschweig (= NStZ 1983, 424)

Die Revision rügt, daß die zugelassene Anklage dem Angeklagten lediglich Aussetzung mit Todesfolge (§ 221 III StGB) zur Last gelegt hat und er auf die Möglichkeit einer Verurteilung wegen fahrlässiger Tötung nicht ausdrücklich hingewiesen worden ist.

Sachverhalt: Das Landgericht hat den Angeklagten wegen fahrlässiger Tötung und unerlaubten Entfernens vom Unfallort zu einer Gesamtfreiheitsstrafe verurteilt. – Das Rechtsmittel hatte Erfolg.

Gründe: Nach § 265 I StPO darf der Angeklagte nicht auf Grund eines anderen als des in der gerichtlich zugelassenen Anklage angeführten Strafgesetzes verurteilt werden, ohne daß er zuvor auf die Veränderung des rechtlichen Gesichtspunktes besonders hingewiesen und ihm Gelegenheit zur Verteidigung gegeben worden ist. Diese Hinweispflicht des Gerichts besteht auch, wenn die Anklage dem Angeklagten Aussetzung mit Todesfolge (§ 221 III StGB) zur Last legt, das Gericht ihn aber statt dessen wegen fahrlässiger Tötung (§ 222 StGB) verurteilen will; denn § 222 StGB ist gegenüber § 221 III StGB ein „anderes Strafgesetz". Unerheblich ist, daß § 222 StGB eine geringere Strafe androht als § 221 III StGB; denn i.d.R. verlangt auch der Übergang auf ein milderes Gesetz den Hinweis.

Der Hinweis ist auch nicht deshalb entbehrlich, weil die Verurteilung nach § 221 III StGB im Hinblick auf § 18 StGB voraussetzt, daß der Tod des Opfers der Aussetzung (mindestens) fahrlässig verursacht ist, und eine Verurteilung aus § 222 StGB daneben lediglich wegen Gesetzeskonkurrenz ausscheidet (vgl. BGHSt. 8, 54). Der Angeklagte, dem Aussetzung mit Todesfolge zur Last gelegt wird, kann sich gegen diesen Vorwurf schon damit verteidigen, daß er bereits das Vorliegen des Grundtatbestandes der Aussetzung – wie hier – mit Erfolg in Zweifel zieht; auf die Frage des Todeserfolgs, seiner Verursachung und des Verschuldens daran braucht er sich dann nicht mehr einzulassen.

Außerdem ist zu berücksichtigen, daß nicht jede fahrlässige Tötung, die mit einer Aussetzung zusammentrifft, den Qualifikationstatbestand des § 221 III StGB begründet; denn dieser liegt nur dann vor, wenn sich in dem tödlichen Erfolg gerade die dem Aussetzungstatbestand eigentümliche Gefahr niedergeschlagen hat (vgl. BGH Urt. v. 15. 7. 1975 – 1 StR 120/75, bei Dallinger, MDR 1976).

Aus diesen Gründen kann beim Übergang von § 221 III StGB zu § 222 StGB auf einen Hinweis nach § 265 StPO nicht verzichtet werden. Der Senat kann hier auch nicht ausschlie-

---

[1] „Der Tatrichter hätte dem Angeklagten einen Hinweis gem. § 265 I StPO erteilen müssen, wenn er ihn wegen Mittäterschaft mit einem Zeugen verurteilen wollte, und der Angeklagte sowie sein Verteidiger schon deshalb nicht damit zu rechnen brauchten, weil der Tatrichter den Zeugen vereidigt hatte und ihn gegen Ende der Verhandlung nochmals vernommen und ihn die Richtigkeit der letzten Bekundung unter Berufung auf den zuvor geleisteten Eid hatte versichern lassen." (BGH Beschl. v. 6. 2. 1979 – 5 StR 766/78).

ßen, daß der Angeklagte sich auf Grund eines solchen Hinweises anders hätte verteidigen können. Die Verurteilung des Angeklagten wegen fahrlässiger Tötung kann daher keinen Bestand haben.

37. Nennt ein Strafgesetz mehrere, gleichwertig nebeneinander stehende Begehungsweisen, ist der Hinweis nach § 265 I StPO nur dann ausreichend, wenn er angibt, welche Begehungsform im gegebenen Fall in Betracht kommt.

StPO § 265 – BGH Urt. v. 27. 5. 1982 – 4 StR 128/82 LG Saarbrücken (= StV 1982, 408 = NStZ 1983, 34)

Die Revision rügt, daß nach Anklage und Eröffnungsbeschluß wegen Totschlags der Verurteilung des Angeklagten wegen Mordes nur ein allgemeiner Hinweis des Vorsitzenden auf § 211 StGB ohne Benennung der konkreten Begehungsform vorangegangen war.

Sachverhalt: Das Gericht hat festgestellt, der Angeklagte habe K. „mittels eines Stiletts 51 Schnitt- und Stichverletzungen" beigebracht, an denen sie „durch inneres und äußeres Verbluten" verstorben sei. Das Tatgeschehen war in Anklage und Eröffnungsbeschluß als Totschlag i.S. von § 212 StGB gewertet worden. In der Hauptverhandlung vor dem Schwurgericht hat der Vorsitzende den Angeklagten darauf hingewiesen, „daß auch eine Verurteilung nach § 211 StGB erfolgen kann"; sodann ist die Vorschrift des § 211 StGB verlesen worden.

Das Landgericht hat den Angeklagten wegen Mordes zu lebenslanger Freiheitsstrafe verurteilt. – Das Rechtsmittel hatte Erfolg.

Gründe: Ein derartiger allg. Hinweis reichte hier nicht aus. Das Gesetz selbst enthält zwar keine ausdrückliche Bestimmung darüber, in welcher Weise ein Angeklagter auf die Veränderung des rechtlichen Gesichtspunktes hinzuweisen ist. Aus dem Zweck der Vorschrift, dem Angeklagten Gelegenheit zu geben, sich gegenüber dem neuen Vorwurf zu verteidigen und ihn vor Überraschungen zu schützen (BGHSt. 2, 371 [373] [BGH Urt. v. 27. 5. 1952 – 1 StR 160/52; vgl. § 265 StPO erfolgreiche Rügen]; 13, 320 [323] [BGH Urt. v. 3. 11. 1959 – 1 StR 425/59; vgl. § 265 StPO erfolgreiche Rügen]; 23, 95 [96] [BGH Urt. v. 30. 7. 1969 – 4 StR 237/69; vgl. § 265 StPO erfolgreiche Rügen]; 25, 287 [289] [BGH Urt. v. 20. 2. 1974 – 2 StR 448/73; vgl. § 265 StPO erfolgreiche Rügen]), ergibt sich jedoch, daß ein Hinweis nur ausreichend ist, wenn er so gehalten ist, daß er es dem Angeklagten und seinem Verteidiger ermöglicht, ihre Verteidigung auf den neuen rechtlichen Gesichtspunkt einzurichten. Der Hinweis – allein oder in Verbindung mit dem Inhalt der zugelassenen Anklage – muß ihnen hinreichend erkennbar machen, welches Strafgesetz nach Auffassung des Gerichts auf die Tat anzuwenden ist und durch welche Tatsachen das Gericht die gesetzlichen Merkmale als erfüllt ansieht (BGHSt. 13, 320 [324]; 18, 56 [57] [BGH Urt. v. 16. 10. 1962 – 5 StR 276/62; vgl. § 265 StPO erfolglose Rügen]). Nennt ein Strafgesetz mehrere, gleichwertig nebeneinander stehende Begehungsweisen, ist der Hinweis nach § 265 1 StPO nur dann ausreichend, wenn er angibt, welche Begehungsform nach Auffassung des Gerichts im gegebenen Fall in Betracht kommt (BGHSt. 2, 371 [373]; 23, 95 [96]; 25, 287 [288]; BGH, bei Dallinger, MDR 1975, 545).

Diesen Erfordernissen genügte der vom Vorsitzenden der Schwurgerichts-Kammer dem Angeklagten und seinem Verteidiger erteilte Hinweis nicht. Die zugelassene Anklage machte dem Angeklagten zum Vorwurf, K. getötet zu haben, ohne Mörder zu sein. Der Hinweis des Vorsitzenden beschränkte sich auf die Mitteilung der Vorschrift des § 211 StGB, ohne daß er ein besonderes Mordmerkmal bezeichnete. Nach der Rechtsprechung des BGH stellen die verschiedenen Erscheinungsformen des Mordes jeweils andersartige gesetzliche Tatbestände dar (BGHSt. 25, 287 [289]). Es kann dahingestellt bleiben, ob die Hinweispflicht stets bei einem Übergang von einem Mordmerkmal zu einem anderen besteht, sie ist jedoch unabdingbare Voraussetzung, wenn – wie hier – die zugelassene Anklage überhaupt kein Mordmerkmal nennt und auch keine Umstände mitteilt, die die Annahme eines Mordmerkmals nahelegen könnten (BGH, bei Dallinger, MDR 1975, 545). Das Landgericht stützt die Veränderung des rechtlichen Gesichtspunkts durch die Annahme von Tötung aus Heimtücke und Tötung zur Verdeckung einer anderen Straftat im Urteil hauptsächlich auf Umstände, die weder in der Anklageschrift noch im Eröffnungsbeschluß ausdrücklich erwähnt werden. Der Verteidiger konnte aus dem Hinweis daher weder entnehmen, welches Mordmerkmal vom Gericht in Betracht gezogen wird, noch war für ihn ersichtlich, in welchen tatsächlichen Umständen die Tatbestandserfüllung liegen konnte. Die Feststellungen zum Tatgeschehen sind, wie die Annahme von zwei verschiedenen Mordmerkmalen im Urteil zeigt, ferner keineswegs so eindeutig, daß es den Verfahrensbeteiligten auch ohne eines konkreten Hinweises hätte klar sein müssen, auf Grund welcher Tatsachen die Schwurgerichts-Kammer welche Tatbestandsmerkmale des § 211 StGB als möglicherweise erfüllt ansieht. Es kann auch nicht ausgeschlossen werden, daß sich der Angeklagte bei ordnungsgemäß erteiltem Hinweis anders als geschehen verteidigt hätte.

38. Ein im Bußgeldbescheid nicht angeordnetes Fahrverbot darf im Verfahren nach Einspruch nur nach Hinweis verhängt werden.
StPO § 265 I, II; StVG § 25 – BGH Beschl. v. 8. 5. 1980 – 4 StR 172/80 OLG Düsseldorf (= BGHSt. 29, 274 = NJW 1980, 2479)

Die Rechtsbeschwerde des Betroffenen rügt, daß dieser nach Einspruch gegen den Bußgeldbescheid, der kein Fahrverbot vorsah, vom Gericht nicht auf die Möglichkeit eines Fahrverbots hingewiesen worden ist.

Sachverhalt: Das Amtsgericht hat gegen den Betroffenen auf dessen Einspruch gegen den Bußgeldbescheid der Verwaltungsbehörde eine Geldbuße wegen Überschreitung der zulässigen Höchstgeschwindigkeit festgesetzt und außerdem, was im Bußgeldbescheid nicht ausgesprochen worden war, nach § 25 StVG ein Fahrverbot angeordnet.

Das zur Entscheidung berufene Oberlandesgericht Düsseldorf vertritt die Rechtsauffassung, daß der Betroffene auf die mögliche Verhängung eines Fahrverbots nach § 25 StVG hätte hingewiesen werden müssen, zumal sich erkennbar erst in der Hauptverhandlung ergeben habe, daß er die ihm zur Last gelegte Verkehrsordnungswidrigkeit unter grober oder beharrlicher Verletzung der Pflichten eines Kraftfahrzeugführers begangen habe. Es möchte deshalb der Rechtsbeschwerde stattgeben. An der beabsichtigten Entscheidung sieht es sich jedoch gehindert durch das Urteil des Oberlandesgerichts Saarbrücken vom 4. 6. 1970 (OLGSt § 265 StPO S. 15), das in einem gleichgelagerten Fall ausgesprochen hat, die Hinweispflicht nach § 265 StPO beziehe sich nicht auf die Nebenfolge des Fahrverbots nach § 25 StVG. Das Oberlandesgericht Düsseldorf hat die Sache deshalb dem Bundesgerichtshof zur Entscheidung vorgelegt. ... – Das Rechtsmittel hatte Erfolg.

Gründe: In der Sache teilt der Senat die Rechtsauffassung des vorlegenden Oberlandesgerichts. Sie steht im Einklang mit der Rechtsprechung anderer Oberlandesgerichte (OLG Schleswig bei Ernesti und Jürgensen SchlHA 1971, 220 Nr. 103; OLG Stuttgart VRS 44, 134; OLG Köln VRS 48, 52; OLG Hamm DAR 1975, 219 und NJW 1980, 251 (L); OLG Düsseldorf VRS 54, 206) und mit der herrschenden Lehre.

1. Allerdings ergibt sich die Hinweispflicht auf das Fahrverbot des § 25 StVG nicht unmittelbar aus der Verfahrensvorschrift des § 265 StPO, die gemäß § 71 OWiG auch im Bußgeldverfahren anzuwenden ist (BayObLG VRS 57, 35).

a) Das Fahrverbot des § 25 StVG ist, da das Ordnungswidrigkeitenrecht keine Strafe kennt, als Nebenfolge für begangene Verkehrsordnungswidrigkeiten ausgestaltet (BVerfG. NJW 1969, 1623). Als bloße Nebenfolge tatbestandsmäßigen Handelns ist es kein anderes

Strafgesetz i.S. von § 265 Abs. 1 StPO. Diese Vorschrift ist unmittelbar bezogen auf die inhaltlichen Erfordernisse des durch den Eröffnungsbeschluß zugelassenen Anklagesatzes (BGHSt. 16, 47, 48 [BGH Urt. v. 8. 2. 1961 – 2 StR 622/60; vgl. § 265 StPO erfolglose Rügen]). Durch § 207 i.V.m. § 200 StPO soll der Verhandlungsgegenstand für das Gericht bindend festgelegt werden. Das geschieht durch die Bezeichnung des Tatgeschehens als historischen Vorgangs, in welchem die strafbare Handlung gesehen wird, und durch die Anführung der auf diese (Straf-)Tat zutreffenden gesetzlichen Merkmale. Anderes Strafgesetz i.S. des § 265 Abs. 1 StPO ist deshalb nur eine solche Strafbestimmung, die zum notwendigen Inhalt des (zugelassenen) Anklagesatzes gehört (BGHSt. 22, 336, 338[1]) und in irgendeiner Weise den Schuldspruch beeinflussen kann (BGHSt. 29, 124 [BGH Urt. v. 15. 10. 1979 – AnwSt [R] 3/79; vgl. § 207 StPO erfolglose Rügen]. § 265 Abs. 1 StPO betrifft dagegen nicht solche Vorschriften, die lediglich Hinweise auf die gesetzliche Strafandrohung enthalten (BGH Urteile v. 10. 6. 1955 – 1 StR 199/55[2] – und v. 10. 7. 1962 – 5 StR 207/62), die gleichen Rechtsfolgen für alle Straftat bestände aussprechen und allgemein neben den Straftatbeständen berücksichtigt werden müssen (BGH NJW 1956, 1246). Insbesondere braucht, von den Fällen des § 265 Abs. 2 StPO abgesehen, nach herrschender Rechtsauffassung (vgl. BGHSt. 22, 336) nicht hingewiesen zu werden auf Nebenstrafen und andere Rechtsfolgen tatbestandsmäßigen Handelns, wie z.B. auf die Möglichkeit der Einziehung (BGHSt. 16, 47), der Zulässigkeit von Polizeiaufsicht (BGHSt. 18, 66 [BGH Urt. v. 7. 9. 1962 – 4 StR 266/62; vgl. § 265 StPO erfolglose Rügen]) oder der Bekanntmachungsbefugnis (RGSt 33, 398, 399; zur Aberkennung der bürgerlichen Ehrenrechte nach früherem Recht vgl. BGH GA 1966, 303). Über solche allgemein möglichen Rechtsfolgen kann und muß sich der Angeklagte (Betroffene) selbst informieren, gleichgültig, ob sie zwingend angedroht oder in das Ermessen des Tatrichters gestellt sind (BGHSt. 22, 336, 338).

b) Als bloße Nebenfolge tatbestandsmäßigen Handelns erfüllt das Fahrverbot des § 25 StVG auch nicht unmittelbar eine der Voraussetzungen des § 265 Abs. 2 StPO (vgl. BGHSt. 18, 66, 67 für die Nebenfolge der Polizeiaufsicht). Diese Vorschrift begründet eine Hinweispflicht nach ihrem Wortlaut nur, wenn sich in der Verhandlung vom Gesetz besonders vorgesehene Umstände ergeben, welche die Strafbarkeit erhöhen oder die Androhung einer Maßregel der Besserung und Sicherung rechtfertigen, wie z.B. die Verhängung

---

[1] BGH Urt. v. 5. 3. 1969 – 4 StR 610/68: „Wie der Bundesgerichtshof in seinem Urteil vom 8. 2. 1961 – 2 StR 622/60 – (BGHSt. 16, 47, 48) aus Anlaß einer Einziehungsanordnung ausgeführt hat, ist § 265 Abs. 1 StPO, auf den es hier nur ankommt, unmittelbar bezogen auf die inhaltlichen Erfordernisse des Eröffnungsbeschlusses, d.h. heute des durch den Eröffnungsbeschluß zugelassenen Anklagesatzes (vgl. §§ 200, 207 StPO). Dieser hat die dem Angeklagten zur Last gelegte Tat unter Anführung von Zeit und Ort ihrer Begehung, die gesetzlichen Merkmale der strafbaren Handlung und die anzuwendenden Strafvorschriften zu bezeichnen. Damit soll der Verhandlungsgegenstand für das Gericht bindend festgelegt werden. Vorschriften über bloße strafrechtliche Nebenfolgen der tatbestandsmäßigen Handlung, also auch solche über bloße Nebenstrafen, brauchen dagegen nicht in den Anklagesatz und den diesen zulassenden Eröffnungsbeschluß aufgenommen zu werden, gleichgültig, ob die Folgen zwingend angedroht werden, wie beispielsweise die Eidesunfähigkeit in § 161 StGB, oder ob sie in das Ermessen des Tatrichters gestellt sind, wie hier die Aberkennung der bürgerlichen Ehrenrechte in § 32 StGB. Was aber nicht zum notwendigen Inhalt des Eröffnungsbeschlusses nach §§ 200, 207 StPO gehört, kann auch nicht Gegenstand einer Umgestaltung im Sinne des § 265 Abs. 1 StPO sein. Es handelt sich also nicht um eine Veränderung des rechtlichen Gesichtspunktes, wenn der Tatrichter auf Grund der Hauptverhandlung eine Nebenstraffolge nach § 32 StGB in Erwägung zieht und verhängt, obwohl sie in Anklagesatz und Eröffnungsbeschluß noch nicht bezeichnet war."

[2] „... Auch der Rüge, § 265 StPO sei dadurch verletzt, daß die Angeklagte nicht auf die Möglichkeit der Zulassung von Polizeiaufsicht hingewiesen wurde, ist unbegründet. Ein Hinweis auf die gesetzliche Strafdrohung für die im Eröffnungsbeschluß angeführte Straftat, also darauf, daß auf die Zulässigkeit von Polizeiaufsicht bei Hehlerei erkannt werden könnte (§ 262 StGB), ist durch § 265 StPO nicht vorgeschrieben."

eines Berufsverbots (BGHSt. 2, 85 [BGH Urt. v. 27. 9. 1951 – 3 StR 596/51; vgl. § 265 StPO erfolgreiche Rügen]), die Entziehung der Fahrerlaubnis (BGHSt. 18, 288 [BGH Urt. v. 12. 3. 1963 – 1 StR 54/63; vgl. § 265 StPO erfolgreiche Rügen]), die Unterbringung in einem Psychiatrischen Krankenhaus (BGHSt. 22, 29 [BGH Urt. v. 20. 12. 1967 – 4 StR 485/67; vgl. § 265 StPO erfolgreiche Rügen]) oder die Anordnung der Sicherungsverwahrung (BGH GA 1966, 180).

2. Die Hinweispflicht auf das Fahrverbot des § 25 StVG ergibt sich indessen, in entsprechender Anwendung des § 265 Abs. 2 StPO, aus dem Grundgedanken dieser Vorschrift und aus Sinn und Zweck des § 265 StPO überhaupt. ...

3. Die, soweit ersichtlich alleinstehende, gegenteilige Rechtsauffassung des Oberlandesgerichts Saarbrücken benachteiligt den Betroffenen in der Praxis in einer nicht vertretbaren Weise. Im Falle eines gerichtlichen Hinweises darauf, daß – über die im Bußgeldbescheid verhängte Geldbuße hinaus – (sogar) ein Fahrverbot gegen ihn angeordnet werden könne, bleibt dem Betroffenen die Möglichkeit, diese einschränkende Maßnahme durch Rücknahme seines Einspruches von sich abzuwenden, die in dem Regelfall des § 75 Abs. 2 OWiG der Zustimmung des (an der Hauptverhandlung nicht teilnehmenden) Staatsanwalts nicht bedarf. Diese Möglichkeit ist dem Betroffenen praktisch verschlossen, wenn eine Hinweispflicht nach § 265 StPO nicht besteht und er nicht auf andere Weise, wie etwa durch den Antrag eines an der Verhandlung mitwirkenden Staatsanwalts, auf das ihm gegebenenfalls drohende Fahrverbot aufmerksam gemacht worden ist.

39. Hinweispflicht bei Änderung wesentlicher tatsächlicher Gesichtspunkte (Anschluß an BGHSt. 19, 141).

StPO § 265 IV; GG Art. 103 I – BGH Urt. v. 15. 11. 1978 – 2 StR 456/78 LG Saarbrücken (= BGHSt. 28, 196 = NJW 1979, 663 = MDR 1979, 320)

Die Revision rügt, daß die Angeklagten in der Hauptverhandlung nicht auf Änderung der tatsächlichen Grundlage des Schuldvorwurfs hingewiesen und insofern durch das Urteil überrascht worden sind.

Sachverhalt: Anklage und Eröffnungsbeschluß sahen das für den Unglücksfall ursächliche Verschulden der Angeklagten darin, daß bei der Vergabe der Rohrverlegungsarbeiten gegen Sicherheitsrichtlinien verstoßen und das Betreiben der Gasleitung als Hochdruckleitung nicht dem Energiereferat des Wirtschaftsministeriums angezeigt wurde. Das Landgericht hat aufgrund der Beweisaufnahme beides als Ursache für den Unfall ausgeschieden und die Verurteilung der Angeklagten darauf gestützt, daß diese nach der Mitteilung der Saarbergwerke über den Kohleabbau im Bereich der Gasleitung nichts unternommen hatten, um die Krümmung der Leitung bei der Umgehung des Kanalisationsschachtes durch den Einbau von Dehnern und beweglichen Rohrteilen zu sichern. – Das Rechtsmittel hatte Erfolg.

Gründe: Das Landgericht hat den Angeklagten H. als Direktor und den Angeklagten Th. als Betriebsleiter der Stadtwerke der fahrlässigen Tötung (§ 222 StGB) und der fahrlässigen Herbeiführung einer Sprengstoffexplosion (§ 311 Abs. 5 StGB) für schuldig befunden und zu Freiheitsstrafen verurteilt.

Wie der Vorschrift des § 265 Abs. 4 StPO in Verbindung mit § 244 Abs. 2 StPO und Art. 103 Abs. 1 GG zu entnehmen ist, darf der Tatrichter den Angeklagten nicht darüber im unklaren lassen, daß er die Verurteilung auf tatsächliche Gesichtspunkte stützen will, die in der zugelassenen Anklage nicht enthalten sind. Allerdings bedarf es insofern keines förmlichen Hinweises durch den Vorsitzenden, wie ihn § 265 Abs. 1 StPO für die Heranziehung eines anderen Strafgesetzes vorschreibt und wie er für den Sonderfall einer Änderung der Tatzeit in einer Entscheidung des 5. Strafsenats (BGHSt. 19, 88 [BGH Urt. v. 3. 9.

1963 – 5 StR 306/63; vgl. § 265 StPO erfolgreiche Rügen]) gefordert worden ist. Das bedeutet in förmlicher Hinsicht, daß es sich bei diesem Hinweis nicht um einen protokollpflichtigen Verfahrensvorgang im Sinne des § 273 StPO handelt, dessen Nichterwähnung in der Verhandlungsniederschrift mit der absoluten Beweiskraft des § 274 StPO ausgestattet ist, in sachlicher Beziehung, daß die Unterrichtung des Angeklagten nicht an bestimmte Formen gebunden ist und nicht ausdrücklich gegeben werden muß. Sie kann schon durch den Gang der Verhandlung geschehen (BGHSt. 19, 141 [BGH Urt. v. 8. 10. 1963 – 1 StR 553/62; vgl. § 265 StPO erfolglose Rügen]; BGH Beschl. v. 28. 10. 1976 – 4 StR 476/76 – bei Holtz, MDR 1977, 108; BGH LM § 265 Nr. 24). Indessen genügt es dazu nicht, daß der neue tatsächliche Gesichtspunkt, auf den das Gericht die Verurteilung stützt, nur von Beweispersonen im Rahmen ihrer Vernehmung angesprochen worden ist. Es muß vielmehr deutlich geworden sein, daß das Gericht selbst ihn aufgenommen und in die Erwägungen einbezogen hat, die für die Entscheidung bedeutsam sind. Da der Notwendigkeit einer Unterrichtung des Angeklagten über die Veränderung der tatsächlichen Grundlage, wie schon RGSt. 76, 82 betont hat, auch der Gedanke der Aufklärungspflicht zugrunde liegt und die Einlassung des Angeklagten eine wichtige Quelle zur Erkenntnis des Sachverhalts ist, erscheint es auf jeden Fall unerläßlich, daß der Angeklagte von Gerichtsseite zu dem neuen tatsächlichen Gesichtspunkt befragt wird.

Im gegebenen Fall ist schon den Urteilsgründen zu entnehmen, daß diesen Anforderungen nicht Rechnung getragen wurde. Sie erwähnen nämlich die neue Tatsache außer in der rechtlichen Würdigung nur im Zusammenhang mit der Wiedergabe der Sachverständigengutachten. Die Darstellung der Einlassung der Angeklagten beschränkt sich indessen auf die Tatsachen, die den von Anklage und Eröffnungsbeschluß erhobenen Vorwürfen zugrunde lagen, sagt also nichts darüber aus, ob und wie sich die Angeklagten über den neuen zur Grundlage ihrer Verurteilung gewordenen Gesichtspunkt ausgelassen haben. Auch die im Zusammenhang mit der rechtlichen Würdigung stehenden Ausführungen des Urteils lassen nicht erkennen, daß die Verurteilung tragende Gesichtspunkt Gegenstand einer besonderen Erörterung mit den Angeklagten gewesen ist. Im Gegenteil zeigen die Ausführungen zur Frage der schuldhaften Verursachung des Unglücksfalls durch den Angeklagten H. besonders deutlich, daß der Strafkammer insoweit keine Erkenntnisse aus einer speziellen Stellungnahme des Angeklagten zu diesem Punkt zur Verfügung standen, sondern daß insoweit ausschließlich aus anderweitigen Erkenntnissen geschöpft wurde. ...

Hiernach ist der Senat, ohne daß er hierzu noch dienstliche Äußerungen einzuholen brauchte, davon überzeugt, daß die Strafkammer ihrer Pflicht zum Hinweis auf eine Änderung des für die Verurteilung wesentlichen tatsächlichen Gesichtspunktes nicht genügt hat. ...

Daß das angefochtene Urteil auf dem Verfahrensmangel beruht, kann der Senat nicht mit Sicherheit ausschließen. Es muß deshalb aufgehoben werden.

40. Der Hinweis auf einen veränderten rechtlichen Gesichtspunkt muß vom Gericht auch dann erteilt werden, wenn dieser Umstand von den Verfahrensbeteiligten bereits angesprochen worden ist.

StPO § 265 I – BGH Urt. v. 20. 7. 1976 – 1 StR 327/76 LG Regensburg (= MDR 1977, 63 = JZ 1976, 790)

Die Revision rügt, daß der Angeklagte nicht darauf hingewiesen worden ist, daß anstatt einer Verurteilung wegen gemeinschaftlich begangenen Mordes eine Verurteilung wegen Beihilfe zum Mord in Frage kommt.

Sachverhalt: Die unverändert zur Hauptverhandlung zugelassene Anklage legte dem Angeklagten u.a. ein Verbrechen des gemeinschaftlich begangenen Mordes zur Last. Verurteilt ist der Angeklagte wegen Beihilfe zum Mord. Ein Hinweis auf diese Veränderung ist nicht ergangen. – Das Rechtsmittel hatte Erfolg.

Gründe: Das Unterbleiben eines Hinweises auf die Veränderung des rechtlichen Gesichtspunktes ist (§ 265 I StPO) als Verfahrensfehler zu werten. ...

Ein Wechsel der Teilnahmeform erfordert einen solchen Hinweis. Der Übergang von der Mittäterschaft zur Beihilfe bedeutet die Anwendung eines „anderen Strafgesetzes" i.S. des § 265 I StPO. Die Annahme der §§ 27, 211 StGB bietet eine andere Grundlage für den Schuldvorwurf als die der §§ 25 II, 211 StGB. Das kommt bereits in der erheblich veränderten Strafdrohung zum Ausdruck. Der Angeklagte muß die Möglichkeit erhalten, darzutun, daß auch die mildere Teilnahmeform nicht erfüllt ist.

Der Hinweis nach § 265 I StPO muß grundsätzlich auch dann noch in förmlicher Weise vom Gericht gegeben werden, wenn alle Verfahrensbeteiligten den veränderten rechtlichen Gesichtspunkt bereits von sich aus angesprochen haben (RGSt 20, 33; BGHSt. 19, 141 [BGH Urt. v. 8. 10. 1963 – 1 StR 553/62; vgl. § 265 StPO erfolglose Rügen]). Der Angeklagte darf die von anderen Verfahrensbeteiligten hervorgehobenen rechtlichen Gesichtspunkte bei seiner Verteidigung so lange außer acht lassen, bis das Gericht durch einen klaren Hinweis zu erkennen gibt, daß es sie für seine Entscheidung in Betracht ziehen will.

Der Senat kann jedoch ausschließen, daß die Verletzung des § 265 I StPO sich in einer für den Angeklagten nachteiligen Weise auf den Schuldspruch ausgewirkt hat. Der Angeklagte konnte sich gegen den Vorwurf der Beihilfe zum Mord angesichts der in der Hauptverhandlung erörterten und festgestellten Tatsachen erkennbar nicht anders verteidigen als gegen den der Mittäterschaft. Der Beschwerdeführer legt auch nicht dar, welche Einzelheiten er vorgebracht hätte, um den Vorwurf der Beihilfe zu entkräften.

Dagegen macht die Revision zu Recht geltend, daß dem Angeklagten durch das Unterbleiben des Hinweises die Möglichkeit genommen worden ist, unter dem Gesichtspunkt der Beihilfe zur Strafzumessung Stellung zu nehmen. Der gegen den Angeklagten gerichtete Strafausspruch kann hierauf beruhen.

Zwar gelten die Strafrahmen des allgemeinen Strafrechts für die Bemessung der Jugendstrafe nicht (§ 18 I S. 3 JGG), sie sind aber als Hinweise auf den Unrechtsgehalt einer Tat auch dort von Bedeutung. Auch ein Heranwachsender, gegen den das Hauptverfahren wegen in Mittäterschaft begangenen Mordes eröffnet ist und gegen den wegen dieser Anklage verhandelt wird, hat, solange ein Hinweis des Gerichts fehlt, keine Veranlassung, Gesichtspunkte zur Strafzumessung geltend zu machen, die auf den Fall der Beihilfe zum Mord abgestellt sind (vgl. BGH Urt. v. 15. 5. 1952 – 3 StR 130/52 – für das Erwachsenenstrafrecht). Daß der Angeklagte und sein Verteidiger dennoch in ihren Ausführungen zum Strafmaß von einer etwaigen Verurteilung wegen Beihilfe ausgegangen sind, ergibt weder die Darlegung im angefochtenen Urteil, noch die dienstliche Äußerung des Sitzungsstaatsanwalts.

41. Hinweis bei Verurteilung aufgrund anderer als der in der Anklage bezeichneten Mordmerkmale erforderlich.

StPO § 265 I; StGB § 211 II – BGH Urt. v. 20. 2. 1974 – 2 StR 448/73 Schwurgericht Trier (= BGHSt. 25, 287 = NJW 1974, 1005)

Die Revision rügt die Verurteilung aufgrund anderer, als den in der Anklageschrift bezeichneten Mordmerkmalen, ohne daß zuvor ein rechtlicher Hinweis erfolgt sei.

Sachverhalt: Im Eröffnungsbeschluß ist die Anklage unverändert zugelassen, zusätzlich aber darauf hingewiesen worden, daß auch eine Bestrafung wegen versuchten und vollendeten Totschlags in Betracht kommen könne. Das Schwurgericht hat den Angeklagten zwar entsprechend der rechtlichen Würdigung in der Anklageschrift wegen vollendeten und versuchten Mordes verurteilt, jedoch, nicht unter den Gesichtspunkten der Heimtücke und der Verdeckungsabsicht, sondern in beiden Fällen wegen Handelns aus niedrigen Beweggründen, und zwar jeweils aus Haß, Verärgerung und Rachsucht, in dem Versuchsfall außerdem, weil er sich der Festnahme wegen der vorherigen Tat habe entziehen wollen. Auf diese Veränderung der rechtlichen Wertung ist der Angeklagte ausweislich der Sitzungsniederschrift nicht hingewiesen worden. – Das Rechtsmittel hatte Erfolg.

Gründe: Eines Hinweises nach § 265 Abs. 1 StPO bedarf es nicht nur, wenn ein anderes Strafgesetz als das im Eröffnungsbeschluß genannte angewandt, sondern auch dann, wenn der Angeklagte wegen einer andersartigen Begehungsform desselben Strafgesetzes verurteilt werden soll (BGHSt. 23, 95, 96 [BGH Urt. v. 30. 7. 1969 – 4 StR 237/69; vgl. § 265 StPO erfolgreiche Rügen]). Denn der Hinweis dient dazu, ihm Gelegenheit zu geben, sich gegenüber einem neuen Vorwurf zu verteidigen; er soll vor Überraschungen geschützt werden. Ob es sich um eine solche andersartige Begehungsform oder lediglich um eine gleichartige Erscheinungsform desselben Tatbestands handelt, bestimmt sich nicht nach äußeren Merkmalen, sondern ausschließlich nach dem wesensmäßigen Inhalt der Begehungsform (BGH a.a.O.). Im Bereich des § 211 StGB hat der Bundesgerichtshof eine Hinweispflicht beim Übergang von der Tötung „aus niedrigen Beweggründen" zur „grausamen" Tötung bejaht (BGH Urt. v. 14. 4. 1953 – 1 StR 152/53 –), ferner wenn der Anklagevorwurf auf Tötung aus dem niedrigen Beweggrund des Hasses lautete, die Verurteilung aber wegen Tötung „zur Befriedigung des Geschlechtstriebs" erfolgte (BGH a.a.O.). In einer weiteren, nicht veröffentlichten Entscheidung (BGH Urt. v. 17. 7. 1962 – 1 StR 266/62 –) wird davon ausgegangen, daß die verschiedenen Erscheinungsformen des § 211 Abs. 2 StGB jeweils andersartige gesetzliche Tatbestände darstellen. Sie läßt dann aber offen, ob das auch bei einem Übergang von der Begehungsform des Tötens „um eine andere Straftat zu ermöglichen" zu der des Tötens „um eine andere Straftat zu verdecken" und umgekehrt dann gelte, wenn dieselbe Tat gemeint ist. Im vorliegenden Fall besteht zu einer derart umfassenden Entscheidung kein Anlaß. Soweit es sich um die Tat zum Nachteil des Gastwirts G. handelt, ist allein der Wechsel vom rechtlichen Gesichtspunkt der heimtückischen Tötung zu dem der Tötung aus niedrigen Beweggründen zu beurteilen. Diese beiden Begehungsformen unterscheiden sich ihrem Wesen nach aber völlig. Bei dem einen Merkmal beruht die besondere Verwerflichkeit in der Ausführungsweise der Tat, bei dem anderen in der inneren Einstellung des Täters. Dementsprechend sind die niedrigen Beweggründe, im Gegensatz zur Heimtücke, besondere persönliche Merkmale im Sinne des § 50 Abs. 2 StGB (BGHSt. 22, 375; 23, 103). Wechselt der Anklagevorwurf zwischen ihnen, so muß der Angeklagte seine Verteidigung grundsätzlich ändern. Deshalb war hier ein Hinweis nach § 265 Abs. 1 StPO geboten. Das gilt auch in dem Fall des versuchten Mordes gegenüber dem Zeugen S. Zwar ist insoweit kein Übergang von einem tatbezogenen auf einen täterbezogenen Umstand gegeben, weil sowohl die in der Anklage zugrunde gelegte Absicht, eine andere Straftat zu verdecken, als auch die vom Schwurgericht festgestellten niedrigen Beweggründe besondere persönliche Merkmale darstellen (BGHSt. 23, 39; 22, 375). Dennoch unterscheiden sich die beiden Begehungsformen hier in ihrer Zielrichtung grundsätzlich, soweit es sich um das Verhältnis des Tötens in Verdeckungsabsicht zur Tötung aus Wut, Verärgerung und Rachsucht handelt. Ob das auch gegenüber der Alternative des Tötens, um der Festnahme wegen der vorausgegangenen Tat zu entgehen, zutrifft, kann dahingestellt bleiben, da das Schwurgericht in diesem Bestreben lediglich einen zusätzlichen niedrigen Beweggrund gesehen hat.

Die beiden Verfahrensmängel erfordern die Aufhebung des Urteils und die Zurückverweisung der Sache. Es läßt sich nicht sicher ausschließen, daß sich der Angeklagte nach einem entsprechenden Hinweis erfolgreich gegenüber dem Vorwurf des Handelns aus den niedrigen Beweggründen der Wut, Verärgerung und Rachsucht verteidigt hätte.

42. Hinweispflicht bei Abweichen von ursprünglich angenommenem Mordmerkmal.

StPO § 265 I – BGH Urt. v. 30. 7. 1969 – 4 StR 237/69 Schwurgericht Paderborn (= BGHSt. 23, 95 = NJW 1969, 2246)

Die Revision rügt, daß der Angeklagte wegen Mordes zur Befriedigung des Geschlechtstriebs verurteilt worden ist, obwohl in der Anklageschrift als Mordmerkmal Haß angegeben worden und der Angeklagte nicht auf die Veränderung dieses Gesichtspunktes hingewiesen worden war.

Sachverhalt: Die – unverändert zugelassene – Anklage legte dem Angeklagten versuchten Mord zur Last, weil er versucht habe, A. R. „aus einem niedrigen Beweggrund – Haß – vorsätzlich zu töten". Im wesentlichen Ermittlungsergebnis ist dieser Beweggrund dahin erläutert, daß der Angeklagte einen tiefen Haß gegen alle Frauen empfinde. Von Haß ist im angefochtenen Urteil nicht mehr die Rede. Das Schwurgericht hat den Angeklagten vielmehr deshalb wegen versuchten Mordes verurteilt, weil er die Tat „zur Befriedigung des Geschlechtstriebs" begangen habe. Auf diese Veränderung hat es den Angeklagten in der Hauptverhandlung ausweislich der Sitzungsniederschrift nicht hingewiesen. – Die Revision hatte Erfolg.

Gründe: Durch den Hinweis nach § 265 Abs. 1 StPO, der als „wesentliche Förmlichkeit" in der Sitzungsniederschrift festzuhalten ist (vgl. BGHSt. 19, 141 [BGH Urt. v. 8. 10. 1963 – 1 StR 553/62; vgl. § 265 StPO erfolglose Rügen]), soll dem Angeklagten Gelegenheit gegeben werden, sich gegenüber einem neuen Vorwurf zu verteidigen; er soll vor Überraschungen geschützt werden (BGHSt. 2, 371, 373 [BGH Urt. v. 27. 5. 1952 – 1 StR 160/52; vgl. § 265 StPO erfolgreiche Rügen]). Ein Hinweis ist deshalb immer dann erforderlich, wenn der Angeklagte wegen Verwirklichung eines andersartigen gesetzlichen Straftatbestandes verurteilt werden soll, als ihm Anklage und Eröffnungsbeschluß zur Last legen (BGH MDR 1953, 629). Das ist nicht nur der Fall, wenn ein anderes Strafgesetz als das in der Anklageschrift genannte zur Anwendung gelangen soll, sondern auch dann, wenn wegen einer andersartigen Begehungsform desselben Strafgesetzes verurteilt werden soll (BGH Urt. v. 14. 4. 1953 – 1 StR 152/53). Ob es sich um einen solchen andersartigen Straftatbestand oder um eine gleichartige Erscheinungsform desselben Tatbestandes handelt, bestimmt sich nicht nach äußeren Merkmalen, sondern ausschließlich nach dem wesensmäßigen Inhalt der Begehungsform (vgl. BGH MDR 1953, 629).

Die – durch § 50 StGB nF in ihrer praktischen Auswirkung neuerdings gewichtiger gewordene – Frage, ob es sich bei den in § 211 Abs. 2 StGB aufgezählten Begehungsformen des Mordes um im Wesen verschiedene, andersartige Straftatbestände oder um wesensgleiche, auswechselbare Erscheinungsformen ein und derselben Straftat handelt und ob beim Übergang von der einen auf eine andere Begehungsart ein Hinweis nach § 265 Abs. 1 StPO geboten ist, hat der Bundesgerichtshof, jedenfalls in dieser Allgemeinheit, bisher noch nicht abschließend entschieden. Beim Übergang von „grausamer" Tötung zur Tötung „aus niedrigen Beweggründen" hat er eine Hinweispflicht bejaht (BGH Urt. v. 14. 4. 1953 – 1 StR 152/53). Eine andere unveröffentlichte Entscheidung vom 17. 7. 1962 (1 StR 266/62) geht zwar davon aus, daß die „verschiedenen Erscheinungsformen" des § 211 Abs. 2 StGB jeweils andersartige gesetzliche Tatbestände aufstellen, so daß bei einem Übergang von dem einen zu dem anderen Tatbestand ein Hinweis nach § 265 Abs. 1 StPO geboten sei. Gleichwohl läßt sie jedoch dann die Frage offen, ob das bei einem Übergang von der Begehungsform des Handelns „um eine andere Straftat zu ermöglichen" zu der des Handelns „um eine andere Straftat zu verdecken" und umgekehrt ausnahmslos auch dann gelten müsse, wenn es sich um dieselbe Straftat handelt. Weitere Urteile des Bundesgerichtshofs zu dieser Frage sind nicht bekannt.

Ob allgemein und ausnahmslos beim Übergang von einer Begehungsform des § 211 Abs. 2 StGB auf eine andere ein Hinweis nach § 265 Abs. 1 StPO geboten ist, braucht der Senat nicht zu entscheiden. Vorliegend war jedenfalls ein solcher Hinweis erforderlich. Zwar faßt das Gesetz sowohl das Töten aus Haß als auch das als Beispiel besonders hervorgehobene Töten „zur Befriedigung des Geschlechtstriebs" unter den Begriff des Tötens „aus niedrigen Beweggründen" zusammen. In ihrem Wesen sind diese beiden Begehungsformen jedoch verschieden. Sie setzen beim Täter eine anders geartete innere Einstellung voraus. Wechselt der Anklagevorwurf zwischen ihnen, muß der Angeklagte seine Verteidigung grundlegend ändern. Darauf muß er dem Schutzzweck des § 265 Abs. 1 StPO entsprechend durch das Gericht förmlich hingewiesen werden. Das würde selbst dann gelten, wenn sich alle Verfahrensbeteiligten bereits durch den Gang der Hauptverhandlung über die Änderung des rechtlichen Gesichtspunktes klar geworden wären (BGHSt. 19, 141). Das anzunehmen, bietet der festgestellte Sachverhalt im übrigen keinen Anhalt.

Der Verfahrensmangel zwingt zur Aufhebung des Urteils in vollem Umfang und zur Zurückverweisung der Sache, weil sich nicht ausschließen läßt, daß der Angeklagte sich nach einem entsprechenden Hinweis gegenüber dem Vorwurf, zur Befriedigung des Geschlechtstriebs getötet zu haben, erfolgreich verteidigt hätte.

43. Auf die Möglichkeit der Unterbringung muß hingewiesen werden.
StPO § 265 – BGH Urt. v. 20. 12. 1967 – 4 StR 485/67 LG Bochum (= BGHSt. 22, 29 = NJW 1968, 512)

Die Revision rügt, daß der Angeklagte nicht auf die Möglichkeit einer Unterbringung in einer Heil- oder Pflegeanstalt hingewiesen worden ist.

Sachverhalt: In der Anklageschrift ist von der Möglichkeit, daß der Angeklagte in einer Heil- oder Pflegeanstalt untergebracht werden könnte, nicht die Rede; § 42b StGB ist nicht angeführt. Der Eröffnungsbeschluß des Landgerichts vom 9. 3. 1967 enthält keine Änderungen oder Zusätze. Auch in der Hauptverhandlung vom 15. 6. 1967 wurde der Angeklagte nicht darauf hingewiesen, daß seine Anstaltsunterbringung in Betracht zu ziehen sei.

Das Landgericht hat den Angeklagten wegen Diebstahls verurteilt. Außerdem hat es die Unterbringung des Angeklagten in einer Heil- oder Pflegeanstalt angeordnet. – Die Revision hatte Erfolg.

Gründe: Unter diesen Umständen beanstandet die Revision mit Recht, daß das Gericht diese Maßregel der Sicherung und Besserung angeordnet hat, ohne zuvor dem Angeklagten den gemäß § 265 Abs. 1 StPO auch für Fälle solcher Art notwendigen (BGHSt. 2, 85 [BGH Urt. v. 27. 9. 1951 – 3 StR 596/51; vgl. § 265 StPO erfolgreiche Rügen]) Hinweis erteilt und ihm Gelegenheit zur Verteidigung gegen eine solche Entscheidung gegeben zu haben. Der Hinweis ist dem Angeklagten nicht schon, wie das Landgericht im Urteil meint, durch den Beschluß vom 22. 5. 1967, der dem Angeklagten am 7. 6. und seinem Verteidiger am 6. 6. 1967 zugestellt wurde, in ausreichender Weise gegeben worden. In diesem Beschluß hat das Landgericht die Fortdauer der Untersuchungshaft des Angeklagten angesichts der Höhe der zu erwartenden Strafe, der Bindungslosigkeit des Angeklagten sowie der Tatsache für erforderlich erachtet, „daß nach dem schriftlichen Gutachten des Sachverständigen Dr. N. die Unterbringung des Angeklagten in einer Heil- oder Pflegeanstalt gemäß § 42 b StGB erforderlich erscheint". Der nach § 265 Abs. 1 StPO erforderliche Hinweis auf einen rechtlichen Gesichtspunkt, der sich nicht schon aus dem Eröffnungsbeschluß (in Verbindung mit der Anklageschrift) ergibt, muß dem Angeklagten in der Weise gegeben werden, daß er eindeutig erkennen kann, es werde für das erkennende Gericht bei der Beurteilung der Straftat auf diesen Gesichtspunkt ankommen und er werde daher seine Verteidigung darauf einzurichten haben. Es handelt sich dabei um eine die rechtlichen Grenzen des Hauptverfahrens bestimmende und damit dieses Verfahren gestaltende Prozeßhandlung, die den Grundsatz des rechtlichen Gehörs sichern soll. Ein Hinweis, der etwa in einem nach § 270 StPO ergangenen Verweisungsbeschluß oder in einer zurückverweisenden Entscheidung des Rechtsmittelgerichts enthalten ist, erfüllt diese Anforderung, sofern die betreffende Entscheidung dem Angeklagten bekanntgegeben worden ist. Von solchen Fällen abgesehen, muß der erforderliche Hinweis nach allgemein anerkannter Auffassung regelmäßig durch das erkennende Gericht selbst, d.h. seinen Vorsitzenden, gegeben werden. Es reicht nicht einmal aus, daß der betreffende Gesichtspunkt in der Hauptverhandlung von einem anderen Prozeßbeteiligten als dem Gericht, etwa von der Staatsanwaltschaft oder dem Verteidiger, eingehend erörtert wird (RGSt 20, 33 sowie die von Dallinger in MDR 1952, 532[1] mitgeteilten Entscheidungen des Bundesgerichtshofs vom 15. 5. 1952 – 3 StR 130/52 – und vom 13. 3. 1952 – 4 StR 994/51 –). Denn solcher Erörterung fehlt die verbindliche Wirkung einer den rechtlichen Rahmen des Hauptverfahrens bestimmenden gerichtlichen Prozeßhandlung.

Die in dem Beschluß des Landgerichts vom 22. 5. 1967 enthaltene Feststellung, daß der Sachverständige die Unterbringung des Angeklagten in einer Heil- oder Pflegeanstalt für erforderlich halte, war zwar für die Frage der Fortdauer der Untersuchungshaft des Angeklagten von erheblicher Bedeutung. Ein Haftfortdauerbeschluß ist aber seiner Zweckbestimmung nach nicht dazu geeignet, die rechtlichen Grenzen des Hauptverfahrens festzulegen. Das war er im vorliegenden Fall um so weniger, als hier außerhalb der Hauptverhandlung über die Anordnung und die Fortdauer der Untersuchungshaft nicht das erkennende Gericht zu entscheiden hatte. Für dieses waren ohnehin die Gründe, aus denen die beschließende Strafkammer die Fortdauer der Untersuchungshaft für geboten erachtete, weder verbindlich noch auch nur richtungsweisend. Der Beschluß vom 22. 5. 1967 ließ daher auch aus diesem Grunde nicht unmißverständlich erkennen, daß auch das erkennende Gericht der Frage der Anstaltsunterbringung nähertreten werde.

44. Eine Veränderung der Sachlage kann auch durch Verfahrensvorgänge, z.B. durch einen Wechsel des Verteidigers eintreten, selbst wenn der neue Verteidiger sogleich an die Stelle des früheren tritt.

StPO § 265 IV, 338 Nr. 8 – BGH Urt. v. 25. 6. 1965 – 4 StR 309/65 Schwurgericht Hagen (= NJW 1965, 2164)

Die Revision rügt, das Schwurgericht habe die Verteidigung in unzulässiger Weise dadurch beschränkt, daß es den Aussetzungsantrag des Angeklagten, den dieser mit krankheitsbedingter Abwesenheit seines Pflichtverteidigers begründet hat, ablehnte und statt dessen den amtlich bestellten Vertreter des Pflichtverteidigers, einen Assessor, mit der

---

[1] „A. war im Eröffnungsbeschluß des Mordes nach § 211 StGB beschuldigt, wurde aber nach § 212 i.V. mit § 213 StGB wegen Totschlags verurteilt. Die Vorschriften der §§ 211 und 212 StGB sind trotz des ihnen gemeinsamen Tatbestandes der vorsätzlichen Tötung *eines* Menschen so verschieden, daß sie als andere Strafgesetze i.S. des § 265 StPO zu behandeln sind. Dafür spricht vor allem die Verschiedenartigkeit der Strafdrohung. Der vom StA gestellte Antrag auf Bestrafung wegen Totschlags vermag den dem Vorsitzenden obliegenden Hinweis nicht zu ersetzen. Auf der Unterlassung des Hinweises kann das Urteil in seinem Schuldspruch aber nicht beruhen. Der Vorwurf des Mordes schließt den des Totschlags in sich, so daß der Angeklagte sich hiergegen nur in derselben Weise verteidigen kann und muß, unabhängig davon, ob seine Tat im übrigen im Eröffnungsbeschluß rechtlich als Mord gewürdigt ist. Wohl aber kann der Strafausspruch auf dem verfahrensrechtlichen Fehler beruhen." (BGH Urt. v 15. 5. 1952 – 3 StR 130/52).
BGH Urt. v. 13. 3. 1952 – 4 StR 994/51: „Ein wegen Meineides verfolgter Angeklagter muß, bevor er wegen fahrlässigen Falscheides verurteilt werden darf, auf die Änderung des rechtlichen Gesichtspunkts hingewiesen und zu dem neuen Vorwurf gehört werden. Ein Antrag des Verteidigers auch wegen fahrlässigen Meineides freizusprechen, vermag den vorgeschriebenen Hinweis des Gerichts nicht zu ersetzen. In dem durch Entsch. vom 13. 3. 1952 – 4 StR 994/51 entschiedenen Falle wurde das angefochtene Urteil wegen dieses Verstoßes aufgehoben."

Verteidigung beauftragte und diesem nur eine Vorbereitungszeit von wenigen Stunden gewährte.

Sachverhalt: Der Angeklagte hatte dem Landgericht vier Tage vor dem Hauptverhandlungstermin mitgeteilt, daß sein Pflichtverteidiger RA Dr. F. plötzlich für längere Zeit erkrankt sei und ihn deshalb nicht verteidigen könne. Einen anderen Anwalt, auch den Vertreter des Rechtsanwalts Dr. F., könne er nicht anerkennen, da sich dieser nicht mehr einarbeiten könne; er beantrage daher Aufhebung und Verschiebung der Hauptverhandlung. Diesen Antrag wiederholte er zu Beginn der Hauptverhandlung. Der amtlich bestellte Vertreter des Rechtsanwalts Dr. F., Assessor W., erklärte ausweislich des Protokolls, daß er die Akten mit Ausnahme der Anklageschrift und des Eröffnungsbeschlusses noch nicht eingesehen habe. Das Schwurgericht bestellte hierauf durch verkündeten Beschluß Assessor W. zum Verteidiger und unterbrach die Hauptverhandlung um 9.25 Uhr bis 15 Uhr mit dem Hinweis, daß die Zeit nach Lage der Akten zur Vorbereitung der Verteidigung genüge. Nach Wiedereintritt in die Verhandlung um 15 Uhr erklärte der neue Verteidiger auf Frage des Vorsitzenden, daß er auf Grund seiner bisherigen Kenntnisse vom Sachstand und des heutigen Aktenstudiums die Verteidigung übernehmen könne und dazu auch bereit sei. – Das Rechtsmittel hatte Erfolg.

Gründe: Die Voraussetzungen des § 145 Abs. 3 StPO lagen hiernach zwar nicht vor. Diese Vorschrift regelt jedoch die Pflicht des Gerichts zur Unterbrechung oder Aussetzung der Hauptverhandlung bei einem Verteidigerwechsel nicht abschließend. Sie bedeutet nur, daß der neu bestellte Verteidiger in den Fällen des § 145 Abs. 1 und 2 StPO die Unterbrechung oder Aussetzung durch die Erklärung, er sei nicht vorbereitet, erzwingen kann, weil das Gericht dann die Unterbrechung oder Aussetzung, von offenkundigem Mißbrauch abgesehen, nicht mit der Begründung ablehnen kann, der Verteidiger bedürfe keiner weiteren Vorbereitung. Unabhängig davon und von sonstigen Anträgen und Erklärungen der Beteiligten ist das Gericht aber nach § 265 Abs. 4 StPO verpflichtet, die Hauptverhandlung von Amts wegen auszusetzen, wenn dies wegen veränderter Sachlage zu einer genügenden Vorbereitung der Verteidigung angemessen erscheint. Eine Veränderung der Sachlage kann auch durch Verfahrensvorgänge, z.B. durch einen Wechsel des Verteidigers eintreten, selbst wenn der neue Verteidiger sogleich an die Stelle des früheren tritt (RGSt. 65, 246; 71, 353; 77, 153; JW 26, 1218; HRR 1936, 1402; BGH, NJW 58, 1736 [BGH Urt. v. 19. 6. 1958 – 4 StR 725/57; vgl. § 265 erfolgreiche Rügen]). Wird sich das Gericht auch in der Regel auf die Erklärung des Verteidigers, er sei genügend vorbereitet, verlassen dürfen so kann ihm doch unter besonderen Umständen die Fürsorgepflicht, die in § 265 Abs. 4 StPO ihren gesetzlichen Niederschlag gefunden hat, gebieten, die Hauptverhandlung trotz einer solchen Erklärung auszusetzen, wenn nach Sachlage das Recht des Angeklagten, sich gegen den Anklagevorwurf zu verteidigen, durch den Verteidigerwechsel beeinträchtigt werden würde. Dies trifft vor allem zu, wenn der neue Verteidiger ersichtlich nicht genügend Zeit hatte, um sich angemessen vorzubereiten (BGH 4 StR 164/63 v. 22. 11. 1963).

Ein solcher Fall lag hier vor. Der Vorsitzende des Schwurgerichts war zwar auf Grund eines Gesprächs, das er wenige Tage vor der Hauptverhandlung mit Assessor W. geführt hatte, der Meinung, daß dieser besser über die Sache unterrichtet sei als Rechtsanwalt Dr. F. Als Assessor W. am Vormittag des Verhandlungstages zunächst erklärte, er sei nicht vorbereitet und könne daher die Verteidigung nicht übernehmen, war er daher der Auffassung, daß diesem ein mehrstündiges Studium der Akten zur Vorbereitung genügen müsse. Diese Annahme beruhte jedoch, wie der Senat der glaubwürdigen dienstlichen Äußerung des Rechtsanwalts W. entnimmt, auf einem Mißverständnis, das darin seine Ursache haben mag, daß Assessor W. zu dem Schwurgerichts-Vorsitzenden gesagt hatte, er würde den Angeklagten gerne verteidigen. Assessor W. hatte zwar den Angeklagten häufig, meist zusammen mit Rechtsanwalt Dr. F., in der Untersuchungshaft besucht. Dabei hatte er aber keine Verteidigertätigkeit in der Sache selbst ausgeübt, insbesondere nicht mit dem

Angeklagten Verteidigungsmöglichkeiten besprochen. Vom Gegenstand des Strafverfahrens hatte er bei seinen Besuchen nur bruchstückhafte Einzelheiten erfahren.

Assessor W. kannte demnach zu Beginn der Hauptverhandlung weder die Akten noch war er sonst in einer der Schwere des gegen den Angeklagten erhobenen Vorwurfs (Mordversuch) und der Schwierigkeit der Sachlage angemessenen Weise auf die Verteidigung vorbereitet. Die ihm vom Schwurgericht zur Verfügung gestellte Zeit von 9.25 Uhr bis 15 Uhr genügte zu einer angemessenen Vorbereitung nicht. Der Verteidiger kann seine Aufgabe nur erfüllen, wenn er den Sachverhalt ausreichend kennt, wenn er darüber unterrichtet ist, wie sich der Angeklagte zur Anklage verhält, und wenn er ein klares Bild über die Möglichkeiten gewonnen hat, die für eine sachgemäße Verteidigung bestehen (RGSt. 77, 153). Welche Zeit dazu erforderlich ist, hängt von den besonderen Umständen des Einzelfalles ab. Hier war zu berücksichtigen, daß der Angeklagte, der bestreitet, den ihm zur Last gelegten Raubüberfall verübt zu haben, im Vorverfahren von seiner Ehefrau schwer belastet worden war und daß sich die Anklage hauptsächlich auf deren Aussagen stützte. Es war ferner zu berücksichtigen, daß Assessor W. im Gegensatz zu Rechtsanwalt Dr. F. an der Hauptverhandlung vor der Großen Strafkammer, die zur Verweisung an das Schwurgericht geführt hatte, nicht teilgenommen hatte und die Aussagen der Ehefrau des Angeklagten und der übrigen Belastungszeugen in dieser Hauptverhandlung nicht aus eigener Wahrnehmung kannte. Um den Zeugen geeignete Vorhalte machen zu können, mußte er daher erst vom Angeklagten über diese Aussagen unterrichtet werden. Auf Grund des Aktenstudiums und eines kurzen Gesprächs mit dem Angeklagten am Tage der Hauptverhandlung konnte sich der Verteidiger auch nicht darüber schlüssig werden, ob er dem Angeklagten etwa zu einem Geständnis raten solle. Zu einer so verantwortungsvollen und schwierigen Entscheidung bedarf der Verteidiger in einem Falle wie dem vorliegenden einer ausreichenden Überlegungsfrist; sie darf nicht unter Zeitdruck getroffen werden. Schließlich mußte sich der Verteidiger noch im Gespräch mit dem Angeklagten über alle für die Strafzumessung in Betracht kommenden Umstände Klarheit verschaffen, was gerade für die Verteidigung vor einem Schwurgericht von entscheidendem Einfluß auf die Strafhöhe sein kann.

Nach allem ist der Angeklagte durch den Beschluß des Schwurgerichts, der seinem Verteidiger nur eine allenfalls für die Akteneinsicht und ein kurzes Gespräch mit dem Angeklagten ausreichende Frist von knapp 5 1/2 Stunden gewährte, in seiner Verteidigung in unzulässiger Weise beschränkt worden. Dieser Verstoß kann mit der Revision gerügt werden, ungeachtet dessen, ob er auf einem Irrtum des Gerichts über die Grenzen seines Ermessens, auf einem Versehen oder auf unverschuldeter Unkenntnis des wahren Sachverhalts beruht. § 265 Abs. 4 dient dem Schutze des Angeklagten. Daher kann es für das Revisionsgericht nur darauf ankommen, ob er objektiv verletzt worden ist. Auch sonst begründet die Verletzung von Verfahrensvorschriften die Revision ohne Rücksicht darauf, ob sie bewußt, versehentlich oder deshalb geschehen ist, weil dem Gericht die den Mangel begründenden Tatsachen nicht bekannt gewesen sind (vgl. BGHSt. 20, 98 [BGH Urt. v. 24. 11. 1964 – 1 StR 439/64; vgl. § 60 StPO erfolgreiche Rügen]). Das Urteil muß daher gemäß § 338 Nr. 8 StPO aufgehoben werden.

45. Hinweispflicht bei Abweichung von der im Eröffnungsbeschluß angegebenen Tatzeit erforderlich.

StPO § 265 – BGH Urt. v. 3. 9. 1963 – 5 StR 306/63 LG Berlin (= BGHSt. 19, 88 = NJW 1963, 2238)

Die Revision rügt, daß der im Urteil benannte Tatzeitpunkt nicht mit dem in der Anklageschrift übereinstimmt und der Angeklagte deshalb zu diesem veränderten Gesichtspunkt nicht Stellung nehmen konnte.

Sachverhalt: Anklage und Eröffnungsbeschluß hatten für die erste gegenüber Sylvia W. begangene Unzuchtshandlung „Anfang Juli 1962" als Tatzeitpunkt angegeben. Im Urteil wird als Tatzeitpunkt festgestellt: „Vor dem Strafantritt im Mai 1962, etwa im April/Mai 1962. – Das Rechtsmittel hatte Erfolg.

Gründe: Die Revision meint, der Angeklagte habe keine Gelegenheit gehabt, sich gegen den Vorwurf zu verteidigen, die festgestellte Unzuchtshandlung gegenüber Sylvia im April oder Mai 1962 begangen zu haben.

Wie der Bundesgerichtshof bereits entschieden hat, darf das Urteil den Angeklagten nicht mit der Feststellung einer Tatsache überraschen, auf die er weder durch den Inhalt der Anklageschrift oder des Eröffnungsbeschlusses noch durch den Gang der Hauptverhandlung ausreichend vorbereitet worden ist (BGHSt. 11, 88 [BGH Urt. v. 6. 12. 1957 – 5 StR 356/57; vgl. § 265 StPO erfolgreiche Rügen]). Ob hier der Gang der Hauptverhandlung den Angeklagten erkennen ließ, daß das Gericht als Tatzeitpunkt die Zeit April/Mai 1962 annehmen würde, kann dahinstehen. Denn es bedarf jedenfalls eines förmlichen Hinweises, wenn das Gericht eine andere Tatzeit annehmen will als diejenige, die im Eröffnungsbeschluß genau angegeben ist, und insoweit eine andere Verteidigung in Betracht kommt. Das folgt aus dem Grundgedanken des § 265 Abs. 1 StPO. In einem solchen Fall ist die Veränderung der tatsächlichen Grundlagen für den Angeklagten mindestens so schwerwiegend wie die Veränderung des rechtlichen Gesichtspunktes, auf die sich § 265 Abs. 1 StPO unmittelbar bezieht.

46. Auf die Möglichkeit einer Unterbringung in einer Heil- und Pflegeanstalt muß der Angeklagte vom Gericht ausdrücklich hingewiesen werden, wenn sie sich nicht aus dem Eröffnungsbeschluß ergibt.

StPO § 265 II – BGH Urt. v. 21. 5. 1963 – 1 StR 131/63 LG Tübingen (= NJW 1964, 459)

Die Revision rügt, der Angeklagte sei in der Hauptverhandlung vom Gericht nicht darauf aufmerksam gemacht worden, daß die Anordnung seiner Unterbringung nach § 42b StGB in Betracht kommen könne.

Der Sachverhalt ergibt sich aus den Entscheidungsgründen. – Das Rechtsmittel hatte Erfolg.

Gründe: ... Im Eröffnungsbeschluß war der dem Angeklagten zur Last gelegte Sachverhalt nicht als Grundlage für eine Maßregel i.S. des § 42b StGB gekennzeichnet gewesen (vgl. hierzu BGHSt. 2, 85, 87 [BGH Urt. v. 27. 9. 1951 – 3 StR 596/51; vgl. § 265 StPO erfolgreiche Rügen] und das Urteil des Senats v. 12. 3. 1963 – 1 StR 54/63 [= BGHSt. 18, 288; vgl. § 265 StPO erfolgreiche Rügen]), obwohl der gerichtliche Sachverständige schon in seinem schriftlichen Gutachten v. 3. 11. 1962 eine Unterbringung des Angeklagten empfohlen hatte. Zu dieser gerichtlich angeordneten Begutachtung – und auch der späteren Ladung des Sachverständigen zur Hauptverhandlung – war es deshalb gekommen, weil der nach §§ 140 Abs. 1 Nr. 2, 141 Abs. 1 StPO bestellte Pflichtverteidiger in den Schutzschriften auf eine frühere geistige Erkrankung des Angeklagten seine zeitweilige Unterbringung in der Heil- und Pflegeanstalt G. während des letzten Krieges, ferner auf Alkoholgenuß des Angeklagten am Tage der Tat hingewiesen und die Einholung eines fachärztlichen Gutachtens beantragt hatte.

Der Sachverständige hat dann, wie das Urteil ausführt und der Verteidiger selbst vorträgt, in der Hauptverhandlung die Frage einer etwaigen Unterbringung des Angeklagten zur Sprache gebracht. Der Angeklagte erhielt Gelegenheit, sich zu den Ausführungen des Sachverständigen zu erklären. Der Staatsanwalt beantragte gegen den Angeklagten eine Gefängnisstrafe und seine Einweisung in eine Heil- oder Pflegeanstalt. Der Verteidiger dagegen widersprach einer solchen Maßregel und bat um eine milde Strafe. Der Angeklagte bemerkte auf Befragen, er habe nichts zu erklären.

Das Gericht oder der Vorsitzende des Gerichts hat also den Angeklagten auf die Möglichkeit einer Unterbringung (neben der Strafe) nicht gemäß § 265 Abs. 2 StPO ausdrücklich hingewiesen. Dies hat die Strafkammer nachträglich erkannt und im Urteil dazu ausgeführt: „Der Angeklagte war sich im vorliegenden Verfahren darüber im klaren, daß die Kammer neben der Straffrage die Frage der Notwendigkeit seiner Unterbringung in einer Heil- oder Pflegeanstalt prüfen und beantworten werde, obgleich ihm dies ausdrücklich weder durch den Eröffnungsbeschluß, noch durch einen Hinweis nach § 265 Abs. 2 StPO kundgegeben wurde. Diese Frage beherrschte nämlich die Hauptverhandlung auf die Ausführungen des Sachverständigen hin wesentlich. Sie wurde von dem Sachverständigen, dem Gericht, dem Vertreter der Staatsanwaltschaft und dem Verteidiger eingehend erörtert, wobei der Angeklagte die Möglichkeit seiner Einweisung in eine Heil- oder Pflegeanstalt klar erkannte und Gelegenheit hatte, auch selbst hierzu Stellung zu nehmen. Die Vorschrift des § 265 Abs. 2 StPO ist also ihrem Sinn und Zweck nach nicht verletzt worden."

Diese Darlegungen sind nicht geeignet, den Verfahrensfehler ungeschehen zu machen oder die Ansicht zu rechtfertigen, es sei auszuschließen, daß das Urteil auf dem Fehler beruhen könne. Sie laufen darauf hinaus, daß der Zweck des § 265 Abs. 2 StPO auch in anderer Weise als durch den dort vorgeschriebenen Hinweis erfüllt werden könne. Das trifft nicht zu. Es genügt nicht, daß Sachverständiger, Staatsanwalt und Verteidiger das Für und Wider einer Maßregel erörtern, die nicht sie zu treffen haben, sondern das Gericht (vgl. schon RGSt. 20, 33 ff.; ebenso BGH Urt. v. 13. 3. 1962 – 4 StR 994/51 – in MDR 52, 532 bei Dallinger; ferner BGH Urt. v. 1. 2. 1963 – 5 StR 534/62). Daß sich auch das Gericht hieran beteiligt hätte, ergibt die Sitzungsniederschrift nicht (§ 274 StPO; BGHSt. 2, 371 [373] [BGH Urt. v. 27. 5. 1952 – 1 StR 160/52; vgl. § 265 StPO erfolgreiche Rügen]). Der Meinungsaustausch allein würde übrigens den vom Gesetz nun einmal vorgeschriebenen Hinweis im hier gegebenen Fall nicht ersetzt haben, denn die bloße Erörterung einer Möglichkeit braucht nicht zu bedeuten, daß das Gericht sie ernsthaft erwägt. Außerdem darf nicht übersehen werden, daß es sich bei der Maßregel des § 42b StGB um einen schwerwiegenden Eingriff und bei dem Angeklagten um einen geistig gestörten, leicht schizophrenen Menschen handelt. Gerade ihm gegenüber war ein ausdrücklicher, unmißverständlicher Hinweis seitens des Vorsitzenden unbedingt geboten. Da diese Belehrung unterblieb, ist davon auszugehen, daß die Anordnung der Unterbringung den Angeklagten überrascht hat. Dies aber will § 265 (Abs. 2 mit Abs. 1) StPO gerade verhindern (BGHSt. 2, 374; BGHSt. 13, 320, 323, 324 [BGH Urt. v. 3. 11. 1959 – 1 StR 425/59; vgl. § 265 StPO erfolgreiche Rügen]). Der BGH muß in Fällen dieser Art einen strengen Standpunkt vertreten, um eine unachtsame Handhabung wesentlicher Verfahrensvorschriften zu verhindern.

Auf dem Verfahrensfehler kann das Urteil, soweit es die Maßregel betrifft, auch beruhen. Das Beruhen (§ 337 Abs. 1 StPO) läßt sich in Fällen dieser Art nur höchst selten sicher verneinen (RGSt. 9, 69, 70).

47. Entzug der Fahrerlaubnis erfordert vorangegangenen Hinweis (Anschluß an BGHSt. 2, 85).

StPO § 265 II; StGB § 42m – BGH Urt. v. 12. 3. 1963 – 1 StR 54/63 LG Nürnberg-Fürth (= BGHSt. 18, 288 = NJW 1963, 1115)

Die Revision rügt, daß der Angeklagte in der Hauptverhandlung nicht auf die Möglichkeit des Entzugs der Fahrerlaubnis hingewiesen worden ist.

Sachverhalt: Das Landgericht hat den Angeklagten wegen Notzucht verurteilt. Ferner hat es ihm die Fahrerlaubnis entzogen und der Verwaltungsbehörde untersagt, ihm vor Ablauf von drei Jahren eine neue Fahrerlaubnis zu erteilen. Seine Revision hat zum Ausspruch über die Entziehung der Fahrerlaubnis Erfolg. – Das Rechtsmittel hatte Erfolg.

Gründe: Begründet ist die Rüge, der Angeklagte sei in der Hauptverhandlung nicht darauf aufmerksam gemacht worden, daß das Gericht beabsichtige, ihm die Erlaubnis zum Führen von Kraftfahrzeugen zu entziehen. Im Eröffnungsbeschluß ist der dem Angeklagten zur Last gelegte Sachverhalt nicht als Grundlage für eine Maßregel nach § 42m StGB gekennzeichnet gewesen. Das Landgericht hätte den Angeklagten daher nach § 265 Abs. 2 StPO auf die Möglichkeit der Anordnung hinweisen müssen, wenn die Maßregel nach dem Ergebnis der Hauptverhandlung in Betracht kam. Das hat der Bundesgerichtshof für das Berufsverbot nach § 42l StGB bereits in BGHSt. 2, 85 (BGH Urt. v. 27. 9. 1951 – 3 StR 596/51; vgl. § 265 StPO erfolgreiche Rügen) mit der Begründung ausgesprochen, daß der Angeklagte nicht mit einer ihn derart belastenden Entscheidung überrascht werden dürfe, mit der er nach dem Inhalt des Eröffnungsbeschlusses nicht zu rechnen brauchte. Es entspricht dem Zweck der in § 265 Abs. 1 und 2 StPO getroffenen Regelung, daß der Angeklagte in einem solchen Fall auf die Möglichkeit der Sicherungsmaßnahme hinzuweisen ist, um ihm seinerseits die Möglichkeit zu geben, sich dagegen zu verteidigen. Es kann daher grundsätzlich keinen Unterschied ausmachen, ob in der Hauptverhandlung neue Tatsachen hinzutreten, die erst die Anordnung der Sicherungsmaßnahme ermöglichen oder ob das Gericht bei gleichbleibendem Sachverhalt infolge anderer Beurteilung entgegen dem Eröffnungsbeschluß die Maßnahme in Erwägung zieht. In jedem Fall erlangt dann der Umstand Bedeutung für die Entscheidung, ob der Angeklagte sich „durch die Tat als ungeeignet zum Führen von Kraftfahrzeugen erwiesen hat".

Die Entziehung der Fahrerlaubnis hat zwar nicht für jeden Angeklagten die gleiche Bedeutung. Sie kann aber einen Angeklagten schwer treffen, besonders wenn er Berufsfahrer ist, wie es der Angeklagte zuletzt war. Dann kommt die Entziehung der Fahrerlaubnis einem Berufsverbot gleich.

Daß die von der Strafkammer ausgesprochene Entziehung der Fahrerlaubnis auf der Unterlassung eines Hinweises nach § 265 StPO beruht, ist nicht auszuschließen. Bei einem typischen Kraftfahrzeugvergehen mag es zwar für einen Angeklagten ohnehin naheliegen, daß er mit der Entziehung der Fahrerlaubnis zu rechnen hat. In einem Falle wie dem vorliegenden – Vorwurf der Notzucht – wird es sich ihm aber nicht ohne weiteres aufdrängen, daß ihm auch die Entziehung der Fahrerlaubnis droht. Bei der für das Revisionsgericht gebotenen Zurückhaltung (RGSt 65, 304, 307/308) kann der Senat nicht ganz ausschließen, daß der Angeklagte sich bei entsprechendem Hinweis erfolgreich gegen die Entziehung verteidigt oder wenigstens eine kürzere Sperrfrist erreicht hätte.

48. Hinweis nach § 265 I StPO muß erkennen lassen, welche bestimmten Tatsachen der Veränderung der rechtlichen Gesichtspunkte zugrundegelegt werden.

StPO § 265 Abs. 1 – BGH Urt. v. 3. 11. 1959 – 1 StR 425/59 LG Augsburg (= BGHSt. 13, 320 = NJW 1960, 110)

Die Revision rügt, der Angeklagte sei wegen einer Tat verurteilt worden, die nicht Gegenstand des Eröffnungsbeschlusses sei. Sie hat daher in erster Linie Einstellung des Verfahrens beantragt. Die Revision rügt ferner Verletzung des § 265 Abs. 1 StPO.

Sachverhalt: Nach einer umfangreichen Beweisaufnahme beantragten der Staatsanwalt und der Verteidiger, den Angeklagten freizusprechen. Das Gericht unterbrach dann die Verhandlung auf zwei Tage. Nach ihrer Wiederaufnahme wies der Vorsitzende den Angeklagten gemäß § 265 Abs. 1 StPO darauf hin, „daß das Gericht bei ihm statt eines Vergehens der Sachhehlerei nach § 259 StGB auch ein Vergehen der sachlichen Begünstigung nach § 257 StGB annehmen könne". Der Staatsanwalt beantragte erneut Freispruch. Der Verteidiger bat den Vorsitzenden, er möge ihm mitteilen, in welchem Sachverhalt das Gericht möglicherweise ein Vergehen nach § 257 StGB sehe. Bei der Vielzahl der Beschuldigungen, die der Mitangeklagte Sch. gegen den Angeklagten vorgebracht habe, sei es ihm nicht möglich, dies zu erkennen. Nach dem glaubhaften Vorbringen der Revision und der dienstlichen Äußerung des Sitzungsvertreters der Staatsanwaltschaft beantwortete der Vorsitzende die Frage dahin, daß das Gericht seine Meinung (oder Ansicht) aus der eigenen Einlassung des Angeklagten und den Aussagen der Zeugen schöpfe. Eine weitere Aufklärung wurde nicht gegeben.

Die Strafkammer hat die Verurteilung des Angeklagten hauptsächlich auf Umstände gestützt, die zwar, wie unter Ziff. 1 dargelegt, zu dem im Eröffnungsbeschluß bezeichneten geschichtlichen Vorgang gehören, jedoch weder in der Anklageschrift noch im Eröffnungsbeschluß ausdrücklich erwähnt sind. – Das Rechtsmittel hatte Erfolg.

Gründe: § 265 Abs. 1 StPO schreibt zwar Form und Inhalt des Hinweises auf die Veränderung des rechtlichen Gesichtspunktes nicht ausdrücklich vor. Aus dem Sinn dieser Vorschrift ergeben sich jedoch gewisse Mindesterfordernisse. Die Bestimmung soll den Angeklagten vor Überraschungen schützen. Ihm soll Gelegenheit gegeben werden, sich gegen den neuen Vorwurf zu verteidigen (BGHSt. 2, 371, 373 [BGH Urt. v. 27. 5. 1952 – 1 StR 160/52; vgl. § 265 StPO erfolgreiche Rügen]; 1 StR 702/53 vom 16. 6. 1954). Deshalb muß der Hinweis nach § 265 Abs. 1 StPO in engem Zusammenhang mit dem Eröffnungsbeschluß gesehen werden. Er soll den Eröffnungsbeschluß unter Berücksichtigung der in der Hauptverhandlung gewonnenen Erkenntnisse ergänzen. § 207 StPO gilt daher sinngemäß auch für den Inhalt des Hinweises nach § 265 Abs. 1 StPO. Im Eröffnungsbeschluß genügt aber die Angabe der allgemeinen („abstrakten") gesetzlichen Merkmale der Tat nicht, vielmehr muß die begangene („konkrete") Tat selbst durch bestimmte Tatumstände so genau umschrieben werden, daß keine Unklarheit darüber möglich ist, welche Handlungen dem Angeklagten zur Last gelegt werden (BGHSt. 5, 225, 227 [BGH Urt. v. 15. 12. 1953 – 5 StR 294/53; vgl. § 207 StPO erfolglose Rügen]). Dementsprechend muß auch der Hinweis nach § 265 Abs. 1 StPO so gestaltet werden, daß der Angeklagte erkennen kann, welche bestimmten Tatsachen der Veränderung der rechtlichen Gesichtspunkte zugrundegelegt werden. Nur dann wird eine sachdienliche und erschöpfende Verteidigung des Angeklagten möglich sein. Was der Hinweis im einzelnen enthalten muß, kann immer nur nach Lage des Falles beurteilt werden. In der Regel werden die zugrundeliegenden Tatsachen aus dem Eröffnungsbeschluß und dem Inbegriff der bis dahin durchgeführten Hauptverhandlung erkennbar sein. Ist der Angeklagte durch einen rechtskundigen Verteidiger vertreten, dann kann die Anführung der in Betracht kommenden Strafvorschrift genügen (anders bei rechtsunkundigen Angeklagten – vgl. BGH 2 StR 287/57 vom 9. 8. 1957, mitgeteilt von Dallinger in MDR 1957, 653). Das Gericht ist auch nicht gehalten, dem Angeklagten bekanntzugeben, auf welche Erwägungen im einzelnen die Verurteilung aus der von ihm bezeichneten Vorschrift möglicherweise gestützt werde (BGH 1 StR 671/53 v. 23. 2. 1954[1]).

---

1 „Die Revision beanstandet, daß die Strafkammer in Abweichung von dem in der Anklageschrift dargestellten Ermittlungsergebnis und von dem Vortrag des Anklagevertreters die Schuld des Angeklagten nicht in dem Abkommen von der Fahrbahn, sondern in seiner Weiterfahrt im Straßengraben gesehen habe, ohne daß die Verteidigung vor der Beratung auf die Möglichkeit dieser anderen Beurteilung hingewiesen worden sei. Die Rüge ist unbegründet. Nach der Sitzungsniederschrift hat der Vorsitzende den Angeklagten u.a. darauf hingewiesen, daß er statt wegen des im Eröffnungsbeschluß angenommenen Vergehens gegen § 315a Abs. 1 Nr. 2 StGB auch wegen eines Vergehens gegen § 316 Abs. 2 bestraft werden könne, und ihm Gelegenheit gegeben, seine Verteidigung entsprechend einzurichten. Damit hat der Vorsitzende der aus § 265 Abs. 1 StPO sich ergebenden Hinweispflicht genügt. Er war entgegen der Annahme der Revision nicht gehalten, dem Angeklagten bekanntzugeben, auf welche Erwägungen das Gericht im einzelnen die Verurteilung aus §§ 222, 316 Abs. 2 StGB möglicherweise stützen werde. Hieran ändert auch die Tatsache nichts, daß der Vorsitzende den vor der Hauptverhandlung gestellten Antrag des Verteidigers auf Zuziehung eines Sachverständigen und zweier Zeugen mit der Begründung abgelehnt hatte, die in das Wissen des Sachverständigen und der Zeugen gestellten Tatsachen seien bedeutungslos." (insoweit in BGHSt. 6, 100 nicht abgedruckt).

Bei der hier vorliegenden Sachlage genügte jedoch der gegebene Hinweis den Erfordernissen des § 265 Abs. 1 StPO nicht. Der geschichtliche Vorgang, wie ihn die Strafkammer nach dem Ergebnis der Hauptverhandlung der Beurteilung des Sachverhalts möglicherweise zugrundelegen wollte, wich von der Annahme des Eröffnungsbeschlusses erheblich ab. Er erstreckte sich nunmehr über einen langen Zeitraum (Frühjahr bis Herbst 1957) und war in seinen Einzelheiten umstritten. Das Gericht gründete die Veränderung des rechtlichen Gesichtspunkts hauptsächlich auf Umstände, die weder in der Anklageschrift noch im Eröffnungsbeschluß ausdrücklich erwähnt wurden. Weder der Verteidiger noch der Staatsanwalt, wie sich aus seinem Antrag auf Freispruch und aus seiner dienstlichen Äußerung ergibt, vermochten zu erkennen, in welchen einzelnen Umständen die Strafkammer die Tatbestandsmerkmale der sachlichen Begünstigung finden könnte. Der Verteidiger bat deshalb den Vorsitzenden ausdrücklich um Aufklärung. Unter diesen Umständen war bei dem Umfang des Gesamtvorganges, der für die rechtliche Würdigung in Betracht kam, bei der Unterschiedlichkeit der Darstellungen, die die Beteiligten von dem zu beurteilenden Vorgang gaben, und bei der Ungewißheit, welcher dieser verschiedenen Darstellungen das Gericht folgen könnte, nach dem dargelegten Sinne des § 265 StPO eine nähere Bezeichnung der von der Annahme des Eröffnungsbeschlusses abweichenden tatsächlichen Vorgänge geboten, die das Gericht der rechtlichen Beurteilung möglicherweise zugrunde legen wollte und die ihm Anlaß zum Hinweis auf die Veränderung des rechtlichen Gesichtspunktes gaben. Durch die Weigerung des Vorsitzenden, diese Aufklärung zu geben, ist § 265 Abs. 1 StPO verletzt worden.

Das Urteil kann auf diesem Verfahrensverstoß beruhen. Die Revision hat glaubhaft vorgetragen, daß der Verteidiger bei einem sachgerechten Hinweis neue Beweisanträge gestellt hätte, die möglicherweise zu einer anderen Entscheidung geführt hätten.

Das Urteil mußte aus diesem Grunde aufgehoben werden. Ob auch ein Verstoß gegen Art. 103 Abs. 1 GG (Anspruch auf rechtliches Gehör) vorliegt, wie die Revision meint, brauchte daher nicht erörtert zu werden.

49. Eine Veränderung der Sachlage, die eine Aussetzung der Verhandlung geboten erscheinen läßt, kann auch durch verfahrensmäßige Vorgänge und Lagen entstehen.

StPO § 265 IV, 338 Nr. 8 – BGH Urt. v. 19. 6. 1958 – 4 StR 725/57 LG Essen (= NJW 1958, 1736)

Die Revision rügt, das Gericht habe einen Aussetzungsantrag des neu gewählten Verteidigers, der mit mangelnder Vorbereitungsmöglichkeit begründet worden war, zu Unrecht abgelehnt und dadurch die Verteidigung in einem wesentlichen Punkt behindert.

Sachverhalt: Das Ermittlungsverfahren gegen den Angeklagten begann im Herbst 1953. Im Januar 1956 wurde gegen ihn Anklage wegen fortgesetzten Vergehens gegen das HeilpraktikerG und Betruges erhoben. Durch Anzeige v. 1. 2. 1956 meldeten sich für ihn zwei Düsseldorfer Rechtsanwälte als Verteidiger. Am 16. 5. 1956 wurde das Hauptverfahren eröffnet. Mit Schutzschrift v. 17. 5. 1956 beantragten diese Verteidiger u.a. die Vernehmung von 155 Zeugen und 14 Sachverständigen. Durch Schreiben v. 30. 8. 1956 legten sie die Vertretung des Angeklagten nieder. Durch Beschluß der Strafkammer v. 14. 9. 1956 wurde dem Angeklagten daraufhin der RA B. in E. als Pflichtverteidiger beigeordnet. Mit Eingabe v. 16. 10. 1956 reichte RA B. die ihm überlassenen Akten wieder zurück und bemerkte u.a.: „Bei dem Versuch, den Riesenstapel Akten durchzuarbeiten, habe ich zu der Überzeugung gelangen müssen, daß ich nicht die Zeit finden kann, die zur Vorbereitung auf diesen Prozeß notwendig ist." Er bat daher darum, ihn von seinem Amt als Pflichtverteidiger zu entbinden. Daraufhin widerrief die Strafkammer am 27. 10. 1956 diese Bestellung und ordnete dem Angeklagten statt dessen den RA W. bei. Durch Beschluß v. 16. 11. 1956 ordnete die Strafkammer die Vernehmung von 107 auswärtigen Zeugen durch den beauftragten Richter an, von denen etwa die Hälfte seitens der Verteidigung benannt war. Mit Vfg. v. 5. 6. 1957 wurde Termin zur Hauptverhandlung auf den 30. 7. 1957 anberaumt. Als weitere Verhandlungstage waren der 31. 7. der 1., 2., 3., der 7. 8. und 9. 8. 1957. vorgesehen. Die Ladungen und Terminsbenachrichtigungen wurden am 21. 6. 1957 zur Post gegeben. Mit Schreiben v. 19. 7. 1957 zeigte der Angeklagte an, daß er RA W. die Vollmacht zur Verteidigung entzogen habe; RA W. sei nicht in der Lage, die Rechte des Angeklagten gemäß dessen berechtigten Erwartungen wahrzunehmen. Der genannte Anwalt befinde sich schon seit Anfang Juli im Urlaub und werde nach Auskunft seines Büros erst am 29. 7. zurückerwartet; er habe selbst erklärt, daß er die Sache vor seinem Urlaub nicht habe vorbereiten können; er, der Angeklagte habe dies nicht zu vertreten. Er bat in dem genannten Schreiben weiter um Verlegung. Er werde unverzüglich einen anderen Verteidiger bestellen. Dieser werde aber nicht in der Lage sein, den sachlich und rechtlich ungewöhnlichen Prozeßstoff bis zum 30. 7. zu studieren, sich selbst eine Meinung zu bilden und ihn zu beraten. Auf dieses Schreiben teilte der stellvertretende Vorsitzende dem Angeklagten am 19. 7. 1957 mit, daß eine Verlegung des Hauptverhandlungstermins nicht in Frage komme. „Abgesehen davon, daß in diesem bereits mehrere Jahre anhängigen Verfahren schon mehrere Anwälte für Sie tätig geworden sind, die in die Prozeßmaterie eingearbeitet sind, dürfte für eine ausreichende Vorbereitung des zwar umfangreichen, aber in tatsächlicher Hinsicht keineswegs schwierigen Prozeßstoffs noch genügend Zeit zur Verfügung stehen." Mit Schreiben v. 23. 7. 1957 meldete sich nunmehr RA H. als Verteidiger (Wahlverteidiger) und bat um Aushändigung der – ihm als umfangreich bezeichneten – Vorgänge in seine Praxis. Ein Bescheid hierauf erging nicht, jedenfalls kein schriftlicher. RA W. meldete sich nicht mehr.

Am ersten Verhandlungstag v. 30. 7. 1957 beantragte der neue Verteidiger, die Verhandlung gemäß § 265 Abs. 4 StPO auszusetzen. Er begründete diesen Antrag dahin: „Der Angeklagte hat mich am 23. 7. zu seinem Verteidiger bestellt. Ich hatte bis heute nicht die Möglichkeit, die Verteidigung pflichtgemäß vorzubereiten. Hierauf hat der Angeklagte jedoch Anspruch. Es liegt ein Fall der notwendigen Verteidigung vor. Die Sach- und Rechtslage ist kompliziert Die Verteidigung ist unvorbereitet, ohne daß der Angeklagte diesen Umstand zu vertreten hat. Er sah sich gezwungen, den bisher für ihn bestellten Pflichtverteidiger durch einen Wahlverteidiger abzulösen, weil er seine Belange nicht ausreichend gewahrt sah. RA W. befand sich bis heute seit etwa 4 Wochen in Urlaub. Mein Mandant hatte nach seiner Mitteilung keine ausreichende Gelegenheit, die Verteidigung mit RA W. vorzubereiten. Ich erhielt die Handakten des RA W. soeben."

Daraufhin erließ die Strafkammer folgenden Beschluß: „Der Antrag auf Aussetzung des Verfahrens wird abgelehnt, weil der Angeklagte die Gründe, die ihn veranlaßt haben, dem Pflichtverteidiger das Mandat zu entziehen, bereits seit Ende Juni 1957 gekannt hat, schon am 19. 7. 1957 diese Absicht dem Gericht unterbreitet hat, gleichwohl aber, ... erst am 23. 7. 1957 einen neuen Verteidiger bestellt hat. Im übrigen hatte der bestellte Verteidiger ausreichend Zeit, sich mit dem zwar umfangreichen, aber in tatsächlicher Hinsicht nicht schwierigen Sachverhalt vertraut zu machen. Bei dieser Sachlage bestand keine Veranlassung zu prüfen, ob der Angeklagte hinreichenden Grund hatte, dem Pflichtverteidiger sein Vertrauen zu entziehen."

Die Verhandlung wurde daraufhin durchgeführt (sieben Verhandlungstage). Der Angeklagte wurde zu einer Gesamtstrafe verurteilt. Ferner erging gegen ihn ein Berufsverbot.

Die Revision macht geltend: „Der Verteidiger war nicht in der Lage, vom 24. bis zum 29. 7. (das Wochenende vom 27. und 28. 7. lag dazwischen) die Verteidigung pflichtgemäß vorzubereiten. An dem besonderen Umfang der Sache und den rechtlichen Schwierigkeiten ist nicht zu zweifeln. – Die Ablehnung des Antrages mit der Begründung, der Verteidiger habe vom 23. 7. bis 29. 7. ausreichend Zeit zur Vorbereitung gehabt, ist die Anwendung fehlerhaften Ermessens. In der Sache ist seit Jahren ermittelt worden. Der Aktenumfang war monströs. Die Kammer kann nicht ernsthaft annehmen, daß der Verteidiger von seiner Bestellung ab unter Aufgabe seiner sonstigen Praxis nur für diese Sache tätig sein konnte. Selbst wenn der Verteidiger das übernommen hätte, reichen vier Tage nicht aus, um die Ermittlungsakten pflichtgemäß zu prüfen, zu ordnen, über die Notwendigkeit eigener Erkundigungen zu entscheiden und Beweisanträge zu stellen. – Für den Angeklagten und den Verteidiger war die Entscheidung (d.h. die Ablehnung der Aussetzung) eine schwere Behinderung der Verteidigung." – Das Rechtsmittel hatte Erfolg.

Gründe: ... Dem ist im Ergebnis beizutreten. Der Begriff der „veränderten Sachlage i.S. des § 265 Abs. 4 StPO ist nicht zu eng auszulegen (RG, JW 26, 1218, 1219 Nr. 7; vgl. auch RGSt. 71, 353, 354). Eine solche Veränderung, die eine Aussetzung der Verhandlung geboten erscheinen läßt, kann nicht nur in dem Hervortreten neuer Umstände in bezug auf die Tatfrage liegen, sondern auch durch verfahrensmäßige Vorgänge und Lagen entstehen, mögen sich diese auch bereits durch vorhergegangene Geschehnisse abzeichnen. So war es hier. Die Verteidigung war mit Rücksicht auf das unter Umständen zu erwartende Berufsverbot nach § 140 Abs. 1 Ziff. 3 StPO notwendig. Es mag hier auf sich beruhen, ob in dem Untätigbleiben eines notwendigen Verteidigers eine – vorweggenommene – Weigerung zu erblicken wäre, die Verteidigung in der Hauptverhandlung zu führen, und ob der Angeklagte deshalb einen Anspruch darauf hatte, daß ihm an Stelle von RA W. ein anderer Pflichtverteidiger beigeordnet werde (§ 145 Abs. 1 StPO). Er konnte jedenfalls nicht gehindert werden, einen Anwalt seines Vertrauens zu wählen (§§ 137 Abs. 1, 143 StPO). Es liegt auf der Hand, daß der am 23. 7. gewählte jetzige Verteidiger in den wenigen Tagen vor Beginn der Verhandlung nicht in der Lage war, sich in dieser sehr umfangreichen Sache ausreichend vorzubereiten, zumal er erst am Terminstag von RA W. dessen Handakten erhielt und ihm eine Einsicht in die umfangreichen Gerichtsakten offensichtlich nicht möglich war. Es kam nicht darauf an, ob sich die früheren Verteidiger des Angeklagten in den Verfahrensstoff hätten einarbeiten können. Entscheidend war vielmehr, daß sich der jetzige Verteidiger nicht ausreichend vorbereiten konnte.

Der gegenteiligen Auffassung des Ablehnungsbeschlusses der Strafkammer kann also nicht beigetreten werden. Das Landgericht hat seine die Aussetzung ablehnende Entscheidung allerdings in erster Linie auf einen anderen Gesichtspunkt gestützt: Der Angeklagte habe die Gründe die ihn veranlaßten, dem Pflichtverteidiger, RA W., den Auftrag zu entziehen, bereits seit Ende Juni 1957 gekannt. Damit stimmt der Inhalt des Schreibens des Angeklagten v. 19. 7. 1957 an diesen Anwalt im wesentlichen überein. Danach befand sich RA W. „schon seit Anfang Juli in Urlaub". Vor dieser Reise hatte er dem Angeklagten selbst erklärt, er, habe noch keine Gelegenheit gehabt, die umfangreichen Akten durchzuarbeiten und Verteidigung vorzubereiten. Der Angeklagte mag zwar damals noch nicht gewußt haben, daß die Urlaubsabwesenheit dieses Verteidigers bis zum 29. 7., also einen Tag vor dem ersten Verhandlungstag, andauern würde. Dies hat der Angeklagte möglicherweise erst kurz vor dem 19. 7. 1957 durch das Anwaltsbüro gehört. Es ist aber davon auszugehen, daß er diese Tatsache, wenn er bereits vorher danach gefragt hätte, entsprechend früher hätte erfahren können. Hinzu kommt, daß der Pflichtverteidiger damals schon seit über acht Monaten (27. 10. 1956) dem Angeklagten beigeordnet war, er aber, jedenfalls soweit der Akteninhalt erkennen läßt, irgendeine Tätigkeit für diesen nicht entfaltet hatte.

Es war indes folgendes zu berücksichtigen: Wie schon erwähnt, hatten die damaligen Düsseldorfer Verteidiger eine Reihe von Zeugen zugunsten des Angeklagten benannt. Die Vernehmung einer nicht unbeträchtlichen Zahl dieser Zeugen war denn auch angeordnet und durchgeführt worden. Im Strafverfahren liegt der Schwerpunkt in der Hauptverhandlung. Als deren Termin dem Angeklagten etwa um den 22. 6. bekanntgemacht wurde und als er gegen Ende desselben Monats erfuhr, daß der Pflichtverteidiger sich nicht vorbereitet hatte und sogar noch eine Urlaubsreise antreten wollte, da wurde die Lage für den Angeklagten allerdings beunruhigend. Jetzt mußte er etwas unternehmen, wollte er sich nicht den Vorwurf aussetzen, er beabsichtige aus sachfremden Gründen den Hauptverhandlungstermin „aufliegen" zu lassen (vgl. auch RGSt. 67, 8, 9). Nachdem jedoch aus der Schau des Angeklagten bereits zwei Pflichtverteidiger seinen Erwartungen nicht entsprochen hatten, konnte es sich für ihn nur noch darum handeln, einen Wahlverteidiger seines Vertrauens zu gewinnen. Dies war indes aus verschiedenen Gründen nicht ganz einfach und nicht von einem Tag auf den anderen zu erreichen. Einmal handelte es sich um eine Strafsache mit umfangreichem Aktenmaterial, darunter zahlreichen auswärtigen Vernehmungen. Zum anderen stand die Ferienzeit nahe bevor, wodurch sich die Zahl der für eine Auswahl in Betracht kommenden Anwälte erheblich verringert. Und nicht zuletzt mußte der Angeklagte nunmehr die Mittel aufbringen, um seinem neuen Verteidiger Vorschuß zu leisten. In Anbetracht alles dessen brauchte der Angeklagte eine Überlegungs- und Auswahlfrist von mindestens zehn Tagen. Hätte er aber, wenn hiervon ausgegangen wird, etwa um den 10. 7. dem Gericht die Sachlage und die Beauftragung eines Wahlverteidigers angezeigt, so wäre das Ergebnis kein anderes gewesen, als es hier, entsprechend später, eingetreten ist. Der neue Verteidiger hätte, auch wenn er kurz nach dem 10. 7. 1957 um Überlassung der Akten gebeten haben würde, diese ebensowenig ausgehändigt bekommen, wie er sie auf seinen Antrag v. 23. 7. 1957 erhalten hat. So kurz vor einem für mehrere Tage vorgesehenen Verhandlungstermin in einer umfangreichen Strafsache werden die Akten erfahrungsgemäß nicht mehr herausgegeben. Denn sie werden vom Vorsitzenden und dem Berichterstatter zu ihrer Terminsvorbereitung benötigt. Dies war auch hier so. Zudem mußten in jenen Tagen vor der Hauptverhandlung fast ständig Eingaben von Zeugen beantwortet werden. Der neue Verteidiger wäre also im wesentlichen genau so unvorbereitet in die Verhandlung gekommen wie es hier der Fall gewesen ist.

Daß es dazu kam, war, wie ausgeführt, nicht die Schuld des Angeklagten, sondern auf das Verhalten des letzten Pflichtverteidigers und die unnachgiebige Haltung der Strafkammer zurückzuführen, wie sie sich bereits aus dem Inhalt der eingangs mitgeteilten Verfügung vom 19. 7. 1957 ergibt. Dies war eine „veränderte Sachlage" i.S.d. § 265 Abs. 4 StPO. Dieser Absatz enthält, was nicht immer berücksichtigt wird, einen über den Inhalt der vorangehenden Absätze derselben Vorschrift hinausweisenden Grundsatz.

Der eine Aussetzung ablehnende Beschluß des Landgerichts verletzte daher wegen Ermessensverstoßes das Gesetz. Die hierin liegende unzulässige Beschränkung der Verteidigung kann einen für die Entscheidung wesentlichen Punkt betroffen haben (§ 338 Nr. 8 StPO). Denn es läßt sich nicht ausschließen, daß die Aussetzung der Hauptverhandlung und eine dadurch ermöglichte bessere Vorbereitung der Verteidigung eine dem Angeklagten günstigere Entscheidung in der Schuldfrage (etwa bezüglich des Schuldumfangs) wie auch im Strafmaß und hinsichtlich des Berufsverbots zur Folge gehabt hätte. Das Urteil muß somit schon aus diesem Grunde mit den Feststellungen aufgehoben werden.

50. Überraschende Tatsachenfeststellungen im Urteil anfechtbar.

StPO § 265; GG Art. 103 I – BGH Urt. v. 6. 12. 1957 – 5 StR 536/57 LG Berlin (= BGHSt. 11, 88 = NJW 1958, 350 = JZ 1958, 284)

Die Revision rügt, daß die Strafkammer die Verurteilung zum Teil auf tatsächliche Umstände stützt, zu denen sich zu äußern der Angeklagte nach dem Inhalt der Anklageschrift und des Eröffnungsbeschlusses und nach dem Gang der Hauptverhandlung keinen Anlaß hatte.

Sachverhalt: Anklageschrift und der Eröffnungsbeschluß warfen dem Angeklagten vor, seinen Arbeitgeber, den früheren Mitangeklagten T., nach einer Wirtschaftsstraftat dadurch im Sinne des § 257 Abs. 1 StGB begünstigt zu haben, daß er während eines Fahndungsunternehmens der Zollbehörde Film- und Fotomaterial, das T. ohne behördliche Genehmigung eingeführt hatte, aus den Geschäftsräumen entfernte und vor den Beamten verbarg. – Das Rechtsmittel hatte Erfolg.

Gründe: Wie der Verteidiger in seiner Revisionsbegründungsschrift glaubhaft erklärt, hat er in seinem Schlußvortrage geltend gemacht, der Angeklagte könne aus der Besorgnis gehandelt haben, man werde, wenn die Fahndung Erfolg habe, auch ihn strafrechtlich verfolgen, weil er bei seinem Dienstherrn mit dem Schmuggelgut gearbeitet habe. Lasse sich nicht widerlegen, daß diese Befürchtung ihn wenigstens mitbestimmt habe, so liege keine strafbare Begünstigung vor.

Nach den Schlußvorträgen wies das Landgericht den Angeklagten darauf hin, „daß er statt wegen Begünstigung wegen Beihilfe zu der von T. gegangenen illegalen Einfuhr bestraft werden" könne. Der Verteidiger beantragte darauf hin, die Hauptverhandlung auszusetzen, weil Angeklagter und Verteidiger nicht genügend darauf vorbereitet seien, zu der neuen Beschuldigung Stellung zu nehmen. Diesen Antrag lehnte die Strafkammer mit der Begründung ab, der Angeklagte habe in der Hauptverhandlung zugegeben, seit Sommer 1955 mehrfach Fotomaterialien aus sowjetzonalen Verpackungen in neutrale Hüllen umgepackt zu haben. „Allein" dies und „der in der Anklage erwähnte Sachverhalt" könnten es rechtfertigen, ihn wegen Beihilfe zur unerlaubten Einfuhr zu verurteilen. Auf diese Tatsachen habe der Angeklagte seine Verteidigung in der Verhandlung einrichten können und eingerichtet.

Der Verteidiger stellte nunmehr den Hilfsantrag, bestimmte Angestellte des Betriebes als Zeugen darüber zu hören, daß die Fotomaterialien deshalb neu verpackt worden seien, weil ihre ursprünglichen Umhüllungen sie nicht genügend gegen Licht geschützt hätten. Die Strafkammer unterstellt dies im Urteil als wahr. Sie findet jedoch eine mindestens psychische Beihilfe des Angeklagten darin, daß er im Betriebe T. ständig mit dem Material aus der Sowjetzone widerspruchslos gearbeitet, solche Gegenstände dem Zugriff der Zollbeamten entzogen und sich gegenüber T. bereit erklärt habe, eine falsche Versicherung an Eides Statt abzugeben und eine unrichtige Gefälligkeitsrechnung auszustellen. Dadurch habe er den Mitangeklagten T. bewußt in dem Beschluß bestärkt, die strafbaren Handlungen fortzusetzen.

Mit dieser Feststellung brauchte der Angeklagte nach dem Gange der Hauptverhandlung nicht zu rechnen. Er konnte vielmehr, wie die Revision mit Recht vorträgt, aus der Begründung des Beschlusses entnehmen, „daß er sich nach abgelehnter Aussetzung zusätzlich nur gegen den Vorwurf des Umpackens zu verteidigen habe." Er hat das getan und zu diesem Punkte den Hilfsbeweisantrag gestellt. Wenn diesem nicht stattgegeben wurde, konnten der Angeklagte und sein Verteidiger davon ausgehen, daß die Strafkammer dem Urteil nur das zugrunde legen werde, worin die Anklageschrift und der Eröffnungsbeschluß das strafbare Tun des Angeklagten gesehen hatten. Das war das Verbergen verräterischen Materials. Diese Handlung hatten die Anklageschrift und der Eröffnungsbeschluß nur mit der vorher von T. begangenen unerlaubten Einfuhr in Verbindung gebracht und demgemäß als Begünstigung nach § 257 Abs. 1 StGB gewertet. Im Urteil entnimmt die Strafkammer demselben tatsächlichen Vorgang und anderen Tatsachen, die sie in ihrem ablehnenden Beschluß nicht angedeutet hatte, daß der Angeklagte das spätere strafbare Verhalten des T. gefördert, diesen insbesondere in seinem verbrecherischen Willen bewußt bestärkt habe. Auf solche tatsächlichen und rechtlichen Erwägungen brauchten sich der Angeklagte und sein Verteidiger nach dem besonderen Verlauf, den die Hauptverhandlung genommen hatte, nicht einzustellen.

Das Gericht darf einen Angeklagten aber nicht im Urteil mit der Feststellung eines tatsächlichen Umstandes „überraschen, auf die er weder durch den Inhalt der Anklageschrift oder des Eröffnungsbeschlusses noch durch den Gang der Hauptverhandlung – mindestens einer früheren Hauptverhandlung – so weit vorbereitet worden ist, daß er Anlaß gehabt hätte, sich dazu ausreichend zu äußern" (RGSt 76, 82, 85; BGHSt. 8, 92, 97 [BGH

Urt. v. 28. 6. 1955 – 5 StR 646/54; vgl. nachfolgend]). Das ist ein ungeschriebener, aber verbindlicher Satz des Verfahrensrechts, der sich zum Beispiel in § 265 Abs. 4 StPO erkennen läßt. Er folgt aus dem Anspruch auf rechtliches Gehör (Art. 103 Abs. 1 GG).

Auf diesem Verstoß kann das Urteil beruhen. Das Revisionsgericht vermag nicht zu übersehen, was der Angeklagte gegen die neuen Gesichtspunkte vorgebracht hätte. Vielleicht wäre er ihnen mit Beweisanträgen entgegengetreten, wie er es beim Vorwurf des Umpackens getan hat.

51. Aussetzung der Hauptverhandlung zur Vorbereitung der Verteidigung.

StPO § 265 IV – BGH Urt. v. 28. 6. 1955 – 5 StR 646/54 LG Hamburg (= BGHSt. 8, 92 = NJW 1955, 1600)

Die Revision rügt, daß die Strafkammer Vorkommnisse zum Gegenstand der Verurteilung gemacht hat, ohne den Angeklagten zuvor auf die Möglichkeit einer solchen Verurteilung hingewiesen zu haben, so daß er durch die Verurteilung überrascht worden sei.

Sachverhalt: In den Jahren 1953 und 1954 nahm der Angeklagte seine im Zeitpunkt der Hauptverhandlung vor der Strafkammer 13 und 12 Jahre alten Töchter einzeln oder zusammen wiederholt auf Zechtouren mit. Wenn er von seinen Zechtouren nach Hause kam, ereignete es sich oft, daß er seine Frau in Gegenwart der Kinder beschimpfte und schlug. Er beschimpfte sie vor den Ohren der Kinder mit Schimpfworten wie „Alte Hure", „Dirne", „Drecksau", „Pottsau" und ähnlichen. Seine Frau erwiderte mit Worten wie „Gauner", „Verbrecher" und ähnlichen. Wiederholt sagte er im Beisein der Kinder zu seiner Frau, wenn sie um Geld bat, sie solle zur Steinstraße gehen und sich dort das Geld holen. Die Kinder verstanden, daß er damit meinte, sie solle sich durch Hurerei Geld verdienen. – Das Rechtsmittel hatte Erfolg.

Gründe: ... Ein Vergehen gegen § 170d StGB, wie es die Anklage dem Angeklagten zur Last legt, setzt voraus, daß der Täter seine Fürsorge- oder Erziehungspflicht in gewissenloser Weise und gröblich vernachlässigt und daß er hierdurch das körperliche oder sittliche Wohl des Kindes gefährdet. Das wird vielfach in der Weise geschehen, daß der Täter nicht nur eine Handlung (Betätigung oder Unterlassung), sondern mehrere zeitlich getrennte Handlungen vornimmt, durch die er seine Fürsorge- oder Erziehungspflicht vernachlässigt. ...

Die Beschimpfungen der Ehefrau und die Aufforderungen an sie, auf die Steinstraße zu gehen, die offensichtlich erst in der Hauptverhandlung durch die Aussagen der in Abwesenheit des Angeklagten vernommenen Kinder in das Verfahren eingeführt worden sind, bewegten sich in derselben Richtung einer Gefährdung des sittlichen Wohls der Kinder, vor denen sie geschahen, wie die in der Anklage erwähnten Handlungen. ...

Darin, daß die Strafkammer die Beschimpfungen der Ehefrau und die Aufforderungen an sie, auf die Steinstraße zu gehen, zum Gegenstand der Verurteilung gemacht hat, kann demnach kein Verstoß gegen die §§ 264, 266 StPO gefunden werden.

3. Die Revision bemängelt aber weiterhin, daß die Strafkammer das getan habe, ohne den Angeklagten zuvor auf die Möglichkeit einer solchen Verurteilung hingewiesen zu haben, so daß er durch die Verurteilung überrascht worden sei. Mit diesem Revisionsangriff soll offenbar geltend gemacht werden, daß dem Angeklagten keine Gelegenheit gegeben worden sei, seine Verteidigung hinsichtlich der nachträglich einbezogenen Handlungen genügend vorzubereiten. Damit rügt die Revision, daß die Vorschrift des § 265 Abs. 4 StPO verletzt worden sei, die bestimmt, daß der Tatrichter auf Antrag oder von Amts wegen die Hauptverhandlung auszusetzen hat, falls dies infolge veränderter Sachlage zur genügenden Vorbereitung der Verteidigung angemessen erscheint. Die Rüge ist begründet.

Es bedarf keiner weiteren Erörterung, daß eine veränderte Sachlage im Sinne des § 265 Abs. 4 StPO vorliegt, wenn, wie hier, Handlungen zum Gegenstand der Urteilsfindung gemacht werden, die weder in der Anklage noch im Eröffnungsbeschluß erwähnt sind, denen das Gericht aber maßgebliche Bedeutung beimißt.

Darüber, ob wegen veränderter Sachlage eine Aussetzung der Hauptverhandlung angemessen ist, hat nun allerdings der Tatrichter nach seinem pflichtgemäßen Ermessen zu entscheiden. Es bedeutet aber einen Verstoß gegen den § 265 Abs. 4 StPO, wenn er von der ihm durch diese Vorschrift gegebenen Aussetzungsmöglichkeit keinen Gebrauch macht, obwohl es auf der Hand liegt, daß dies zur genügenden Vorbereitung der Verteidigung angemessen ist. Das trifft hier zu. ... Damit soll rechtsstaatlichen Erfordernissen gemäß sichergestellt werden, daß der Angeklagte aus der Anklage und dem Eröffnungsbeschluß erkennt oder jedenfalls erkennen kann, welches bestimmte Verhalten möglicherweise Gegenstand der Urteilsfindung sein werde, damit er Gelegenheit hat, seine Verteidigung genügend vorzubereiten. Dieser Zweck würde in erheblichem Umfang vereitelt oder zumindest gefährdet werden, wollte man es für zulässig halten, daß bei einer Verurteilung wegen eines Vergehens gegen § 170 d StGB nachträglich einbezogene Handlungen schlechthin ohne weiteres zum Gegenstand der Urteilsfindung gemacht werden. Das würde bedeuten, daß der Angeklagte, dem ein solches Vergehen zur Last gelegt ist, ohne Gelegenheit zur genügenden Vorbereitung seiner Verteidigung gehabt zu haben, wegen Handlungen bestraft werden könnte, von denen er auf Grund der Anklage und des Eröffnungsbeschlusses nicht angenommen hat und auch nicht anzunehmen brauchte, daß auch sie ihm möglicherweise zum Vorwurf eines strafbaren Verhaltens im Sinne des § 170d StGB gemacht würden. Ein solches Vorgehen ist mit den Erfordernissen eines rechtsstaatlichen Verfahrens nicht vereinbar. Will der Tatrichter Handlungen berücksichtigen, die nicht schon in Anklage oder Eröffnungsbeschluß als Verstöße gegen § 170d StGB erwähnt sind, so muß er in der Regel die Hauptverhandlung aussetzen, damit der Angeklagte insoweit die Gelegenheit zur genügenden Vorbereitung seiner Verteidigung erhält, die ihm nach dem Sinn und Zweck der §§ 200 Abs. 1, 207 Abs. 1 StPO zukommt. So liegt es auch hier. ...

52. Bei Anklage wegen Alleintäterschaft und Verurteilung wegen Mittäterschaft muß das Gericht auf den veränderten rechtlichen Gesichtspunkt hinweisen.

StPO § 265 I – BGH Urt. v. 4. 9. 1952 – 5 StR 525/52 LG Berlin (= NJW 1952, 1385)

Die Revision rügt, daß die Angeklagte im Eröffnungsbeschluß als Alleintäterin bezeichnet worden war, die Verurteilung indes wegen Mittäterschaft erfolgt ist, ohne daß sie zuvor vom Gericht auf diese Veränderung des rechtlichen Gesichtspunkts hingewiesen worden ist.

Sachverhalt: Im Eröffnungsbeschluß war die Angeklagte nicht als Mittäterin, sondern als Alleintäterin bezeichnet worden. Die Anklageschrift nennt den Dr. E. als Zeugen. – Das Rechtsmittel hatte Erfolg.

Gründe: ... Mit Recht erblickt die Revision einen Verfahrensverstoß darin, daß das Landgericht die Angeklagte als Mittäterin verurteilt hat, ohne sie vorher auf die Veränderung des rechtlichen Gesichtspunktes hinzuweisen, wie es § 265 Abs. 1 StPO vorschreibt. Ein „anderes Strafgesetz" im Sinne des § 265 StPO ist auch der § 47 StGB (vgl. RGSt. 63, 430).

Es sind zwar gerade beim Übergang von der Annahme der Alleintäterschaft zu der einer Mittäterschaft Fälle denkbar, in denen die Verurteilung auf dem Unterbleiben des Hinweises nicht beruhen kann. Das kann insbesondere dann gelten, wenn der Angeklagte als überführt angesehen wird, alle zum Tatbestand gehörenden Ausführungshandlungen auch in seiner eigenen Person verwirklicht zu haben, wenn also die Handlungen des Mittäters nur hinzugekommen sind. So verhält es sich hier aber nicht. Vielmehr ist hier die Strafkammer, soweit ihre allzu knappen Feststellungen das überhaupt erkennen lassen, allem

Anschein nach von der Annahme einer planmäßigen Verteilung der Ausführungshandlungen zwischen Dr. E. und der Angeklagten ausgegangen. Insbesondere scheint das Landgericht nicht als erwiesen angesehen zu haben, daß die Angeklagte in diesem Falle überhaupt irgendwie nach außen hin tätig geworden ist. Unter diesen Umständen konnte die Angeklagte sich vor einer Verurteilung solange sicher fühlen, als sie nicht auf die Veränderung des rechtlichen Gesichtspunktes hingewiesen worden war. Das gilt um so mehr, als die Angeklagte den Dr. E. als Zeugen anführte, also mindestens dem Anschein nach weit davon entfernt war, ihn – wie die Strafkammer – als einen „tatkräftigen Mittäter" anzusehen. Der Umstand, daß die Angeklagte von zwei Rechtsanwälten verteidigt wurde, ändert an dieser Erwägung nichts. Auch die Rechtsanwälte durften sich darauf verlassen, daß der § 265 StPO einer Verurteilung der Angeklagten wegen Mittäterschaft einstweilen entgegenstand. Der Senat kann nicht überblicken, wie die Angeklagte sich verteidigt haben würde, wenn sie auf die Veränderung des rechtlichen Gesichtspunkts hingewiesen worden wäre. ...

53. Beruht die Verurteilung auf der Anwendung eines anderen als des Strafgesetzes, das im Eröffnungsbeschluß angeführt ist, und zwar auf der Annahme eines die Strafbarkeit erhöhenden Umstandes, ist der Angeklagte darauf hinzuweisen.

StPO § 265 – BGH Urt v. 24. 6. 1952 – 2 StR 56/52 LG Aachen (= BGHSt. 3, 30 = NJW 1952, 983)

Die Revision rügt, daß die Strafkammer den Angeklagten außer zu Gefängnis auch zu einer Geldstrafe gemäß § 27a StGB verurteilt, ihn aber vorher auf diesen rechtlichen Gesichtspunkt, den der Eröffnungsbeschluß nicht enthielt, nicht hingewiesen hat.

Sachverhalt: Die Strafkammer hat den Angeklagten wegen Hehlerei zu Gefängnis und zu 2500 DM Geldstrafe verurteilt; die Geldstrafe hat sie auf Grund der Annahme, der Angeklagte habe aus Gewinnsucht gehandelt, in Anwendung von § 27a StGB ausgesprochen. – Das Rechtsmittel hatte Erfolg.

Gründe: ... Den rechtlichen Gesichtspunkt, der allein es gestattete, den Angeklagten wegen Hehlerei außer zu Gefängnis noch zu einer Geldstrafe zu verurteilen, nämlich § 27a, enthielt der Eröffnungsbeschluß nicht. Die Geldstrafe beruht somit auf der Anwendung eines anderen als des Strafgesetzes, das in diesem Beschluß angeführt ist, und zwar auf der Annahme eines in § 27a besonders vorgesehenen, die Strafbarkeit erhöhenden Umstandes, nämlich der Gewinnsucht. Auf die Veränderung dieses rechtlichen Gesichtspunktes hätte der Angeklagte hingewiesen und es hätte ihm Gelegenheit zur Verteidigung gegeben werden müssen (§ 265 Abs. 2 StPO). Auf diesem Versäumnis kann die Bejahung der Gewinnsucht und die auf Grund von § 27a ausgesprochene Geldstrafe beruhen. Die Annahme einer Gewinnsucht hat möglicherweise auch die Höhe der Freiheitsstrafe zu seinem Nachteil beeinflußt. Deshalb muß der gesamte Strafausspruch fallen.

2. Die Rüge berührt indes nicht nur den Strafausspruch. Auf den ersten Blick möchte dies allerdings so scheinen. Denn § 27a ermöglicht es, bei einem auf Gewinnsucht beruhenden Verbrechen oder Vergehen entweder eine schon nach der Strafdrohung des einschlägigen Strafgesetzes zulässige Geldstrafe bis zu 10 000 DM zu erhöhen, oder dann, wenn das Strafgesetz keine Geldstrafe androht, neben der Freiheitsstrafe eine zusätzliche Geldstrafe bis zu jenem Höchstmaß zu verhängen. Ist jedoch zu prüfen, ob ein Hehler aus Gewinnsucht, also aus einem auf ein ungewöhnliches und sittlich anstößiges Maß gesteigerten Erwerbssinn gehandelt hat, so ist dies nicht möglich, ohne daß zugleich die Frage nach einem Tatbestandsmerkmal des § 259 StGB beantwortet wird, nämlich die Frage danach, ob der Täter seines Vorteils wegen gehandelt hat. Denn der Hehler, der von Gewinnsucht, dh von einer seinen Vorteil in besonders verwerflicher Weise verfolgenden Absicht geleitet wird, handelt notwendig seines Vorteils wegen. Damit aber ist die Frage nach dem Grund-

tatbestand der Hehlerei gestellt. Deshalb ist bei dieser Straftat das gemäß § 27a angenommene Merkmal der Gewinnsucht ebenso wie die Gewerbsmäßigkeit nach § 260 ein zur Schuldfrage gehörender, vom Strafgesetz besonders vorgesehener straferhöhender Umstand im Sinne des § 263 Abs. 2 StPO.

Die Richtigkeit dieser Auffassung ergibt auch ein Vergleich dieser Bestimmung mit § 265 Abs. 2 StPO. Wie § 265 Abs. 2 spricht auch § 263 Abs. 2 von solchen vom Strafgesetz besonders vorgesehenen Umständen, die die Strafbarkeit erhöhen. Schon der insoweit übereinstimmende Wortlaut dieser Bestimmungen läßt erkennen, daß das Gesetz an beiden Stellen dieselben Umstände meint. Folgerichtig muß daher in einem vom Strafgesetz besonders vorgesehenen straferhöhenden Umstand, auf den der Angeklagte im Falle des § 265 Abs. 2 hinzuweisen ist, ein zur Schuldfrage gehörender Umstand im Sinne des § 263 Abs. 2 gesehen werden.

54. Bei mehreren Begehungsformen Hinweis auf konkrete Form erforderlich.
StPO § 265 I – BGH Urt. v. 27. 5. 1952 – 1 StR 160/52 LG Nürnberg-Fürth (= BGHSt. 2, 371 = NJW 1952, 899)

Die Revision rügt, daß der wegen Anstiftung zum schweren Diebstahl und gewerbsmäßigen Hehlerei Angeklagte, ohne Hinweis nach § 265 Abs. 1 StPO, wegen Begünstigung verurteilt wurde.

Sachverhalt: Das Landgericht hat den Angeklagten der Anstiftung zum schweren Diebstahl und der gewerbsmäßigen Hehlerei nicht für überführt erachtet, hat jedoch als erwiesen angesehen, er habe Kl. in Kenntnis der Tatsache, daß dieser einen gestohlenen Lastkraftwagen gekauft hatte, den Rat gegeben, einen anderen gebrauchten Lastkraftwagen derselben Marke zu erwerben und den Kraftfahrzeugbrief dieses Wagens für den gestohlenen zu verwenden. Es hat weiter angenommen, der Angeklagte habe dabei in der Erwartung gehandelt, den zweiten Lastkraftwagen vorteilhaft von Kl. zum Ausschlachten erwerben zu können. In dieser Hoffnung habe er sich auch nicht getäuscht. Die Strafkammer hat in diesem Sachverhalt alle Merkmale der sachlichen eigennützigen Begünstigung des Kl. gefunden, weil er diesem nach Begehung des Vergehens der Hehlerei in der angegebenen Weise Beistand geleistet habe, um ihm die Vorteile seines Vergehens zu sichern, und weil er dabei seines Vorteils wegen gehandelt habe (§ 257 StGB).

Da das Hauptverfahren gegen den Angeklagten nicht wegen Begünstigung des Kl. eröffnet worden war, hätte er deswegen nur verurteilt werden dürfen, wenn er vorher nach § 265 Abs. 1 StPO auf die Veränderung des rechtlichen Gesichtspunktes hingewiesen worden wäre. Das ist, wie die Revision mit Recht rügt, nicht in ausreichender Weise geschehen.

Nach der Sitzungsniederschrift wies zwar, nachdem der Staatsanwalt die Freisprechung des Angeklagten beantragt hatte, der Vorsitzende „allgemein darauf hin, daß bei dem Angeklagten F. auch ein Vergehen der Begünstigung angenommen werden könnte". – Das Rechtsmittel hatte Erfolg.

Gründe: ... Daß das Gericht im Falle der Veränderung des rechtlichen Gesichtspunkts den Angeklagten darauf hingewiesen hat, gehört zu den für die Hauptverhandlung vorgeschriebenen Förmlichkeiten des Verfahrens im Sinne des § 274 StPO. Die Sitzungsniederschrift beweist also, daß der Hinweis in der Form ausgesprochen worden ist, wie er sich aus dem Protokoll ergibt. Damit genügte das Gericht nicht dem Gebot des § 265 Abs. 1 StPO. Das Gesetz enthält zwar keine ausdrückliche Vorschrift darüber, in welcher Weise der Angeklagte auf die Veränderung des rechtlichen Gesichtspunktes hinzuweisen ist. Das ergibt aber der Zweck der Vorschrift, der der Fassung des § 265 Abs. 1 selbst zu entnehmen ist. Dem Angeklagten soll Gelegenheit gegeben werden, sich gegenüber dem neuen Vorwurf zu verteidigen; er soll vor Überraschungen geschützt werden. Dieser Zweck wird, wenn auf die Möglichkeit der Anwendung einer Vorschrift hingewiesen wird, die mehrere Begehungsweisen gleichwertig nebeneinander nennt, nur dann erreicht, wenn der Hinweis angibt, welche Begehungsform in Betracht kommt (RGSt 28, 150). Enthält das Strafgesetz Umstände, bei deren Vorliegen sich die Strafbarkeit erhöht, und kommt in Betracht, daß auch sie verwirklicht sind, so muß auch darauf hingewiesen werden. Das ergibt sich unmittelbar aus § 265 Abs. 2 StPO. Das Gericht hätte deshalb den Angeklagten darauf hinweisen müssen, ob es ein Handeln zu dem Zwecke, den Hehler der Bestrafung zu entziehen, oder zu dem Zwecke, ihm die Vorteile seines Vergehens zu sichern, für möglich hielt. Es hätte auch eines ausdrücklichen Hinweises bedurft, wenn das Gericht beim Angeklagten ein Handeln „seines Vorteils wegen" bejahen wollte. Ein solcher Hinweis wurde nicht dadurch entbehrlich, daß ein Handeln des Vorteils wegen auch zu den Tatbestandsmerkmalen der gewerbsmäßigen Hehlerei gehört, die dem Angeklagten im Eröffnungsbeschluß zur Last gelegt worden war. ...

Ändert sich aber mit dem rechtlichen Gesichtspunkt in dieser Weise die Richtung des Vorwurfs, so wird der Zweck, der mit dem Hinweis nach § 265 Abs. 1 StPO verfolgt werden soll, nur dann erreicht, wenn auch aus der Art des Hinweises die veränderte Richtung des Vorwurfs ersichtlich ist (Urteil des Senats vom 12. 2. 1952 – 1 StR 658/51[1]). Es kann

---

1 „2. Begründet ist dagegen die Rüge, das Schwurgericht habe bei der Verurteilung des Angeklagten in den Fällen von D. und Dr. K. § 265 StPO verletzt. Mit der noch vor dem 1. 10. 1950 beim Landgericht eingegangenen Anklageschrift wurde der Angeklagte beschuldigt, sich in den Fällen von D. und Dr. K. der Aussageerpressung gemäss § 343 StGB schuldig gemacht zu haben. Verurteilt wurde er im Falle von D. wegen Körperverletzung im Amt in Tateinheit mit Mißhandlung eines Wehrlosen (§ 340 Abs. 1, 223b, 73 StGB), im Falle Dr. K. wegen Pflichtverletzung als Amtsvorgesetzter in Verbindung mit Körperverletzung im Amt in Tateinheit mit gefährlicher Körperverletzung (§ 357, 340 Abs. l, 223a, 73 StGB). Auf diese Veränderung des rechtlichen Gesichtspunkts ist der Angeklagte, wie sich aus der Sitzungsniederschrift ergibt, entgegen § 265 Abs. 1 StPO nicht hingewiesen worden. Am achten Verhandlungstag wurde er im Anschluß an Ausführungen des Staatsanwalts nur darauf hingewiesen, daß die unter 1.) der Anklageschrift behandelten Vorgänge mit den unter 2.) erörterten (zu denen auch die Fälle von D. und Dr. K. gehörten) als ein fortgesetztes Verbrechen der Aussagerpressung beurteilt werden könnten. Am letzten Verhandlungstag wies ihn der Vorsitzende noch darauf hin, daß anstelle eines fortgesetzten Verbrechens im Amt gemäss § 357 Abs. 1 StGB auch einzelne Verbrechen angenommen werden könnten. Diese Hinweise genügten nicht . Die Anschuldigung wie die Verurteilung wegen Pflichtverletzung gemäss § 357 Abs. 1 StGB verlangt die Angabe, in Bezug auf welche strafbare Handlung des Untergebenen die Pflicht verletzt sein soll, ebenso wie der Vorwurf der Anstiftung oder der Beihilfe die Angabe der strafbaren Handlung erfordert, zu der angestiftet oder Beihilfe geleistet ist. Mit Rücksicht darauf, daß die Anklageschrift dem Angeklagten in den Fällen von D und Dr. K. Aussageerpressung zum Vorwurf machte, konnte der letzte Hinweis des Vorsitzenden höchstens dahin verstanden werden, daß das Verhalten des Angeklagten in diesen Fällen als Verleitung oder erfolglose Verleitung oder als Geschehenlassen einer Aussageerpressung beurteilt werden könne. Daß das Verhalten des Angeklagten als Pflichtverletzung in Bezug auf eine von einem Untergebenen begangene Körperverletzung im Amt oder als Körperverletzung im Amt in Tateinheit mit Mißhandlung eines Wehrlosen, begangen als Täter, beurteilt werden könne, war dem Hinweis nicht zu entnehmen. Unerheblich ist, daß der Vertreter der Staatsanwaltschaft den Antrag stellte, den Angeklagten eines fortgesetzten Verbrechens der Aussageerpressung gemäss § 343 StGB in Tateinheit mit zwei sachlich zusammentreffenden Vergehen der Körperverletzung im Amt gemäss den §§ 340, 73, 74 StGB schuldig zu sprechen. Denn abgesehen davon, daß auch diese rechtliche Beurteilung nicht mit dem Schuldspruch in den Fällen von D. und Dr. K. übereinstimmt, verlangt § 265 StPO einen Hinweis des Gerichts. Ausführungen des Staatsanwalts vermögen den in § 265 Abs. 1 StPO vorgeschriebenen Hinweis durch den Vorsitzenden des Gerichts nicht zu ersetzen (RGSt Bd. 20 S. 33). Nach der Sachlage kann auch nicht mit Sicherheit ausgeschlossen werden, daß die Verurteilung in diesen beiden Fällen auf der Verletzung des § 265 Abs. 1 StPO beruht. Das gilt entgegen der Auffassung des Oberbundesanwalts auch in Bezug auf den Fall Dr. K. Denn die Anklage ging von der Auffassung aus, die Behandlung Dr. K.s habe den Zweck verfolgt, die dabei anwesende Frau St. unter Druck zu setzen und von ihr eine Aussage zu erpressen. Die Beurteilung des Vorgangs durch das Gericht veränderte Inhalt und Richtung des

sonst nicht ausgeschlossen werden, daß der Angeklagte eine solche Änderung der Richtung des Vorwurfs nicht in Betracht zieht, durch die Beurteilung des Gerichts überrascht wird und Möglichkeiten der Verteidigung ungenutzt läßt. Das soll aber durch den Hinweis nach § 265 Abs. 1 StPO gerade verhindert werden. Auch im vorliegenden Fall ist nicht abzusehen, wie sich der Angeklagte gegenüber diesem veränderten Vorwurf verteidigt haben würde, wenn er darauf hingewiesen worden wäre.

Die Möglichkeit, daß das Urteil auf dem ungenügenden Hinweis beruht, kann deshalb nicht ausgeschlossen werden.

55. Rechtlicher Hinweis auf mögliches Berufsverbot erforderlich.
StPO § 265 II – BGH Urt. v. 27. 9. 1951 – 3 StR 596/51 LG Bonn (= BGHSt. 2, 85 = NJW 1952, 434 = MDR 1952, 244)

Die Revision rügt, daß der Angeklagte auf den Urteilsspruch, hinsichtlich des Berufsverbotes nicht vorbereitet war und sich diesbezüglich nicht ordentlich verteidigen konnte.

Sachverhalt: Der Angeklagte ist wegen fortgesetzten Betrugs zu einer längeren Gefängnisstrafe verurteilt worden, weil er als Inhaber eines Reisebüros durch die nicht ernst gemeinte Ankündigung mehrerer Autobusfahrten von verschiedenen Personen die Vorauszahlung des Preises für die dann nicht durchgeführten Fahrten herausgelockt hatte. Außerdem ist ihm auf die Dauer von fünf Jahren untersagt worden, den Beruf eines selbständigen Reisevermittlers auszuüben.

Im Eröffnungsbeschluß war die Bestimmung des § 42 I StGB nicht angeführt, auch ein Hinweis über einen Mißbrauch des Gewerbes nicht enthalten. Der Staatsanwalt hat in der Hauptverhandlung keinen Antrag auf Verbot der Berufsausübung gestellt. Nach dem Protokoll ist der Angeklagte nicht darauf hingewiesen worden, daß ein Verbot der Berufsausübung ergehen könne. – Das Rechtsmittel hatte Erfolg.

Gründe: Im Eröffnungsbeschluß war die Bestimmung des § 42 I StGB nicht angeführt, auch ein Hinweis über einen Mißbrauch des Gewerbes nicht enthalten. Der Staatsanwalt hat in der Hauptverhandlung keinen Antrag auf Verbot der Berufsausübung gestellt. Nach dem Protokoll ist der Angeklagte nicht darauf hingewiesen worden, daß ein Verbot der Berufsausübung ergehen könne. Er war daher auf die Anordnung einer derartigen Maßregel der Sicherung und Besserung durch das Gericht nicht vorbereitet und konnte seine Verteidigung nicht darauf einrichten. Gerade das will aber die Vorschrift des § 265 Abs. 2 StPO verhindern.

Der Aufbau des § 265 StPO ist nicht völlig eindeutig. § 265 Abs. 1 StPO verbietet die Verurteilung auf Grund eines anderen als des im Eröffnungsbeschluß angeführten Strafgesetzes, wenn nicht zuvor auf die Veränderung des rechtlichen Gesichtspunktes hingewiesen worden ist. Anerkanntermaßen ist es dabei gleichgültig, ob sich die Veränderung des rechtlichen Gesichtspunktes nur infolge einer abweichenden rechtlichen Beurteilung des dem Eröffnungsbeschluß zugrunde gelegten Sachverhalts ohne dessen tatsächliche Änderung ergibt, oder ob neue tatsächliche Umstände hervortreten, die in Verbindung mit dem Sachverhalt des Eröffnungsbeschlusses die Veränderung des rechtlichen Gesichtspunkts zur Folge haben. In beiden Fällen ist ein Hinweis nötig. Der Unterschied gewinnt erst im Rahmen des § 265 Abs. 3 StPO Bedeutung, indem nur im letzten Fall der Angeklagte ein Recht auf Aussetzung der Hauptverhandlung hat.

Vorwurfs völlig, und es ist nicht abzusehen, wie sich der Angeklagte gegenüber diesem veränderten Vorwurf verteidigt haben würde, wenn er darauf hingewiesen worden wäre. Das Urteil muß deshalb in den beiden Fällen von D. und Dr. K. auf die Revision des Angeklagten mit den ihm zugrunde liegenden Feststellungen aufgehoben werden."

Im Gegensatz zu § 265 Abs. 1 StPO ist dessen Absatz 2, der die Maßregeln der Sicherung und Besserung betrifft, auf den Fall beschränkt, daß die Umstände, die eine solche Maßregel rechtfertigen, erst in der Hauptverhandlung hervortreten. Der Wortlaut läßt die Annahme zu, daß damit Umstände tatsächlicher Art gemeint sind. Daraus könnte gefolgert werden, daß der Hinweis unterbleiben kann, wenn schon der Eröffnungsbeschluß die Tatsachen enthält, aus denen der erkennende Richter auf die Notwendigkeit der Anordnung einer Maßregel schließt (Mißbrauch des Berufs oder Gewerbes, Gefährlichkeit des Täters, Wahrscheinlichkeit neuer Straffälligkeit, Erfordernis der öffentlichen Sicherheit), ohne daß dort diese Tatsachen als Voraussetzung der Anordnung genügend gekennzeichnet sind und ohne daß die hierfür maßgebende Strafvorschrift des § 421 StGB angegeben ist.

Eine so enge Auslegung würde jedoch dem Zweck der in § 265 Abs. 2 StPO getroffenen Regelung nicht gerecht, weil dann der Angeklagte mit einer ihn belastenden Entscheidung des erkennenden Richters überrascht werden könnte, mit der er nach dem Inhalt des Eröffnungsbeschlusses nicht zu rechnen braucht. Es bedeutet für ihn eine Überraschung, wenn erst in der Hauptverhandlung dem nicht im Sinne des § 42 I StGB gekennzeichneten Sachverhalt des Eröffnungsbeschlusses die Voraussetzungen für die Anordnung einer Sicherungsmaßregel entnommen werden. Da diese Folgerung davon abhängig ist, daß der Angeklagte seine berufliche oder gewerbliche Tätigkeit zu einem seinen Berufsaufgaben zuwiderlaufenden Zweck ausgenützt hat (RGSt 68, 397), umfaßt sie neben der abweichenden Würdigung zugleich eine neue Tatsache, bildet somit einen besonders vorgesehenen Umstand im Sinne des § 265 Abs. 2 StPO. ...

Durch die Unterlassung des in § 265 Abs. 2 StPO vorgeschriebenen Hinweises ist der Angeklagte in seiner Verteidigung beschränkt worden. Da nicht auszuschließen ist, daß er bei Kenntnis des ihm drohenden Berufsverbots weitere Tatsachen vorgebracht hätte, deren Berücksichtigung zu einem anderen Ergebnis hätte führen können, ist der Urteilsausspruch über die Untersagung der Berufsausübung aufzuheben.

Erfolglose Rügen

1. Wird bereits im wesentlichen Ermittlungsergebnis die Möglichkeit der Anordnung von Sicherungsverwahrung erwähnt, bedarf es bei ihrer Anordnung keines vorherigen Hinweises des Gerichts.

StPO § 265 – BGH Beschl. v. 8. 11. 2000 – 1 StR 427/00 LG München I (= NStZ 2001, 162)

Die Revision rügt, der Angeklagte sei in der Hauptverhandlung nicht darauf hingewiesen worden, daß gegen ihn auch Sicherungsverwahrung angeordnet werden könne.

Sachverhalt: In der vom Landgericht unverändert zugelassenen Anklage heißt es:

„Zur Frage, ob die Gesamtwürdigung des Angeschuldigten und seiner Taten ergibt, daß er in Folge eines Hanges zu erheblichen Straftaten, namentlich zu solchen, durch welche die Opfer seelisch oder körperlich schwer geschädigt werden, für die Allgemeinheit gefährlich ist (§ 66 StGB), wird sich der Sachverständige erst im schriftlichen Gutachten äußern. Die Unterbringung in der Sicherungsverwahrung wird dann beantragt werden." – Das Rechtsmittel war erfolglos.

Gründe: Eines richterlichen Hinweises in der Hauptverhandlung auf die Möglichkeit der Anordnung der Sicherungsverwahrung bedurfte es nicht (§ 265 1 StPO) ...

Dieser Hinweis war in dem – hier nur kurzen – wesentlichen Ergebnis der Ermittlungen enthalten. Auch dieser Teil gehört aber zur Anklageschrift (§ 200 II StPO) und damit zur Anklage i.S. des § 265 I StPO. Damit konnte für den Angeklagten nicht zweifelhaft sein, daß er sich auch in dieser Richtung verteidigen mußte, zumal der Sachverständige sein Gutachten dann auch zu Voraussetzungen der Anordnung der Sicherungsverwahrung erstattet hat. Bei dieser Sachlage ist dem Angeklagten auch das rechtliche Gehör (Art. 103 I GG) nicht versagt worden.

Der Senat konnte deshalb davon absehen, dienstliche Äußerungen einzuholen, ob auch die Verteidigung in ihrem Schlussvortrag zur Frage der Anordnung der Sicherungsverwahrung Stellung genommen hat und deshalb das Urteil auf einem etwaigen Verstoß gegen die richterliche Hinweispflicht möglicherweise nicht beruhen würde (vgl. zu diesem Gesichtspunkt BGH Beschl. v. 26. 5. 1998 – 5 StR 196/98).

2. Pflicht zu rechtlichem Hinweis besteht in der Regel nicht für Feststellungen, die sich auf die vor der tatbestandsmäßigen Handlung liegende Phase der Tatplanung und Tatvorbereitung beziehen.

StPO § 265 – BGH Urt. v. 15. 9. 1999 – 2 StR 530/98 LG Darmstadt (= NStZ 2000, 48)

Die Revision rügt, der der Verurteilung zurunde liegende Sachverhalt, unterscheide sich deshalb wesentlich von dem in der Anklage beschriebenen, weil in der Anklage keine Rede davon sei, daß die Angeklagten schon vor der Tat verabredet hätten, Frau K. zu töten, falls es der Angeklagten C. nicht gelänge, unerkannt zu bleiben. Das Gericht habe die Angeklagte deshalb auf die Veränderung der tatsächlichen Grundlagen des Anklagevorwurfs hinweisen müssen. Dies sei weder ausdrücklich noch konkludent geschehen. Der von der Strafkammer entgegen der Anklage festgestellte Tatablauf, daß die Angeklagten nämlich die Tötung von Frau K. „alternativ" geplant hätten, habe dazu geführt, daß das Landgericht – dem Gutachten des Sachverständigen folgend – eine erhebliche Verminderung der Schuldfähigkeit i.S. von § 21 StGB bei der Angeklagten C. verneint habe.

Der Sachverhalt ergibt sich aus der Revisionsbegründung. – Das Rechtsmittel war erfolglos.

Gründe: Ein Angeklagter darf allerdings nicht mit der Feststellung einer Tatsache überrascht werden, auf die er weder durch den Inhalt der Anklageschrift oder den Eröffnungsbeschluß noch durch den Gang der Hauptverhandlung ausreichend vorbereitet wurde (BGHSt. 11, 88 [BGH Urt. v. 6. 12. 1957 – 5 StR 536/57; vgl. § 265 StPO erfolgreiche Rügen]). Er muß deshalb über die Veränderung der für die Verurteilung wesentlichen tatsächlichen Grundlagen unterrichtet werden. In der Regel genügt, wenn dies durch den Gang der Hauptverhandlung in der Art und Weise geschieht, daß das Gericht zu erkennen gibt, es habe den neuen tatsächlichen Gesichtspunkt in seine Erwägungen einbezogen (BGHSt. 19, 141 [BGH Urt. v. 8. 10. 1963 – 1 StR 553/62; vgl. § 265 StPO erfolglose Rügen]; 28, 197 [BGH Urt. v. 15. 11. 1978 – 2 StR 456/78; vgl. § 265 StPO erfolgreiche Rügen]). Eine Hinweispflicht besteht grundsätzlich aber nur dann, wenn die Abweichung solche Tatsachen betrifft, in denen Merkmale des gesetzlichen Tatbestandes gefunden werden. Sie gilt in der Regel nicht für Feststellungen, die sich auf die vor der tatbestandsmäßigen Handlung liegenden Phase der Tatplanung und Tatvorbereitung beziehen (BGHR StPO § 265 IV – Hinweispflicht 5). Ebensowenig wie dem Angeklagten im Anklagesatz und Eröffnungsbeschluß alle für die Beurteilung des Anklagevorwurfs bedeutsamen Tatsachen mitgeteilt werden müssen, die nicht die Tat selbst, insbesondere Zeit und Art ihrer Begehung betreffen, muß das Gericht den Angeklagten auf alle aus dem Anklagesatz nicht ersichtlichen, nicht die Tatbestandsverwirklichung unmittelbar berührenden Umstände hinweisen, die es aufgrund der Erkenntnis in der Hauptverhandlung bei der Urteilsfindung berücksichtigen will.

Im vorliegenden Fall ist dem Anklagesatz nicht zu entnehmen, ob die Angeklagten bereits bei der Planung der Tat verabredet hatten, Frau K. zu töten, falls diese die Angeklagte C. erkennen würde. Dieser Umstand mußte aber auch nicht in den Anklagesatz aufgenommen werden, denn er betrifft nicht unmittelbar die Tat, sondern deren Planung und war nur für die Entscheidung über den Rechtsfolgenausspruch bedeutsam. Es handelt sich hier insoweit lediglich um eine Konkretisierung innerhalb der möglichen Variationsbreite des

Geschehensbildes der Tat im weiteren Sinne, mit der ein Angeklagter zu rechnen hat und die ihn grundsätzlich nicht überraschen kann, wenn er die Verhandlung verfolgt, deren Beweisergebnis die Feststellung diese Konkretisierung rechtfertigt (vgl. BGHR StPO § 265 IV – Hinweispflicht 10[1]).

Es kommt deshalb nicht mehr darauf an, daß das Schwurgericht den Sachverständigen im Rahmen der Erörterung der Schuldfähigkeit ausdrücklich zu der „Sachverhaltsvariante" der „alternativen Tatplanung" befragt und damit hinreichend deutlich gemacht hat, daß es diese in seine Erwägungen einbeziehen wollte.

Dieses Prozeßgeschehen wird in den dienstlichen Erklärungen der Mitglieder des Schwurgericht geschildert, deren Richtigkeit der Senat nicht bezweifelt, zumal ein solches Vorgehen der üblichen und gebotenen Art und Weise einer Befragung eines psychiatrischen Sachverständigen entspricht. Der Revisionsführer selbst stellt die dienstlichen Erklärungen auch nur insoweit in Frage, als in diesen angegeben wird, die Kammer habe den Sachverständigen an verschiedenen Hauptverhandlungstagen mehrfach die genannte „Sachverhaltsvariante" vorgehalten. Der Revisionsführer erinnert sich nur an einen einzelnen entsprechenden Vorhalt eines Beisitzers. Dieser habe die Verteidigung und der Angeklagten nicht erkennbar gemacht, daß das gesamte Gericht von einer solchen „Sachverhaltsvariante" ausgehen könnte.

Der Senat vermag auch dieser Argumentation nicht zu folgen. Selbst wenn die genannte Frage nur einmal und nur von einem Beisitzer dem Sachverständigen gestellt – und von diesem i.S. der Urteilsfeststellungen beantwortet worden sein sollte, – konnte und mußte die Angeklagte im vorliegenden Falle damit rechnen, daß das Schwurgericht bei der Beurteilung der Schuldfähigkeit möglicherweise von dieser „Sachverhaltsvariante" ausgehen würde.

Diese Frage muß aber nicht weiter erörtert werden, weil bereits keine Hinweispflicht bestand.

3. Bei Einstellung wegen Betrugsversuch kein Hinweis auf Verwertung dieses Sachverhalts bei Verurteilung wegen Versicherungsbetrugs erforderlich.

StPO §§ 154 II, 265 I – BGH Urt. v. 3. 4. 1996 – 2 StR 590/95 LG Kassel (= NJW 1996, 2585 = NStZ 1996, 507 = MDR 1996, 729)

Die Revision rügt, das Landgericht habe, ohne ihn zuvor auf diese Möglichkeit hinzuweisen, eine durch vorläufige Teileinstellung des Verfahrens ausgeschiedene Tat bei der Beweiswürdigung zu seinen Lasten verwertet.

Sachverhalt: Dem Verfahren liegt ein Brand zugrunde, der in der Nacht zum 11. 3. 1994 in einem ehemaligen Kasseler Hotel- und Restaurantgebäude (S.) ausbrach. Das Gebäude gehörte dem Angeklagten und war gegen Feuergefahr versichert (Brandkasse); außerdem bestand für das Inventar eine Feuerversicherung (D.). Der Angeklagte hat die Tat geleugnet.

---

[1] „Die Rüge der Verletzung der Hinweispflicht entsprechend § 265 Abs. 4 StPO ist unbegründet. In der zugelassenen Anklage wurde dem Beschwerdeführer vorgeworfen, größere Mengen Kokain von einer Mitangeklagten bezogen zu haben. In der Hauptverhandlung hat er eingeräumt, nur die letzte Lieferung von dieser Mitangeklagten und im Laufe des Jahres vor der Lieferung bestimmte geringere Mengen von einem gewissen ‚G.' erhalten zu haben. Entsprechend seinem Geständnis wurde er verurteilt.
Es mag auf sich beruhen, ob es bei einer solchen Veränderung der Sachlage eines förmlichen Hinweises im Sinne des § 265 StPO bedarf. Der Angeklagte wußte durch sein eigenes Geständnis in welcher Weise die tatsächliche Urteilsgrundlage verändert wurde. Die Abweichung hielt sich ‚im Rahmen des Erwartungshorizonts aller Verfahrensbeteiligten ... (und konnte) ... nicht ein berechtigtes, schutzbedürftiges Vertrauen des Angeklagten enttäuschen'" (BGH Urt. v. 13. 2. 1991 – 3 StR 423/90).

Das Landgericht ist auf Grund einer Reihe von Beweisanzeichen zu der Überzeugung gelangt, daß der Brand zwar nicht von ihm selbst, aber in seinem Auftrag und entsprechend einem mit ihm verabredeten Tatplan von einem oder mehreren unbekannt gebliebenen Dritten gelegt worden ist. Das Landgericht hat den Angeklagten wegen Versicherungsbetrugs (§ 265 StGB) zu einer Freiheitsstrafe von drei Jahren verurteilt.

Die – ohne gegenständliche Einschränkung zugelassene – Anklage legt dem Beschwerdeführer zur Last, am 11. 3. 1994 in K. eine nach den §§ 265 und 308 StGB strafbare Handlung begangen zu haben. Der Anklagesatz enthält die Beschreibung der ihm vorgeworfenen Brandstiftung und des Brandverlaufs; zum Schluß heißt es darin, der Angeschuldigte habe Ende März 1994 der D. den Sachschaden gemeldet – zudem habe eine Versicherung bei der Brandkasse bestanden. Im wesentlichen Ergebnis der Ermittlungen wird dazu ausgeführt, der Angeschuldigte habe gegenüber dem Schadenssachbearbeiter der D. den bei dem Brand erlittenen Schaden auf 200 000 DM beziffert, obwohl nach dem Ergebnis einer späteren Besichtigung nur eine Couchgarnitur durch den Brand zerstört worden sei. In der Hauptverhandlung stellte das Gericht das „Verfahren betreffend die Anmeldung von Versicherungsschäden gegenüber D. und Brandkasse" gem. § 154 II StPO vorläufig ein. Einen Hinweis darauf, daß es den zugrunde liegenden Sachverhalt gleichwohl bei der Beweiswürdigung zur Frage der Verantwortlichkeit des Angeklagten für die Brandlegung zu verwerten gedenke, verzeichnet die Sitzungsniederschrift nicht.

Im beweiswürdigenden Teil der Urteilsgründe führt das Landgericht unter anderem folgendes aus: „Letztlich steht auch das Verhalten des Angeklagten nach dem Brand mit der Tat in Einklang ... Ebenso fügte sich in diesem Zusammenhang auch ein, daß M. von den beteiligten Versicherungen weit überhöhte Versicherungsleistungen erwartete. So hatte er gegenüber seinem Sachbearbeiter bei der Brandkasse spontan erklärt, es handele sich ja wohl um einen Totalschaden. Auch gegenüber der D. sprach er von einem Schadensumfang zwischen 200 000 und 300 000 DM, obwohl tatsächlich ein Schaden von rund 20 000 DM eingetreten war. Diese Äußerungen weisen unweigerlich auf sein Ziel hin, durch die Brandlegung nach Gewinn zu streben." – Das Rechtsmittel war erfolglos.

Gründe: Die Rüge dringt nicht durch. Dabei braucht nicht entschieden zu werden, ob die in Anklage und Eröffnungsbeschluß bezeichnete Tat (im verfahrensrechtlichen Sinne) außer der Brandstiftung selbst auch die spätere Beanspruchung von Versicherungsleistungen mitumfaßte. Wiewohl hieran Zweifel bestehen, kann dies hier unterstellt werden. Dann bewirkte die vorläufige Teileinstellung, daß die Anmeldung von Versicherungsansprüchen als Gegenstand des weiteren Verfahrens ausschied. Für Fälle dieser Art ist dem Grundsatz nach anerkannt, daß die durch vorläufige Einstellung des Verfahrens ausgeschiedene Tat – selbst wenn sie prozeßordnungsgemäß festgestellt worden ist – bei der Beweiswürdigung nur dann zu Lasten des Angeklagten verwertet werden darf, wenn dieser zuvor auf die Möglichkeit einer solchen Verwertung hingewiesen worden war (BGHSt. 31, 302 [BGH Urt. v. 16. 3. 1983 – 2 StR 826/82; vgl. § 261 StPO erfolglose Rügen]; BGH, StV 1984, 364 [BGH Beschl. v. 15. 5. 1984 – 1 StR 269/84; vgl. § 265 StPO erfolgreiche Rügen]; 1985, 221 [BGH Urt. v. 13. 2. 1985 – 1 StR 709/84; vgl. § 154 StPO erfolglose Rügen]; BGHR StPO § 154 Abs. 2 Hinweispflicht 1 [BGH Beschl. v. 8. 12. 1987 – 4 StR 621/87 [K]; vgl. § 154 StPO erfolgreiche Rügen]). Der Grund hierfür liegt darin, daß die Verfahrenseinstellung für den Angeklagten regelmäßig einen Vertrauenstatbestand begründet: er kann davon ausgehen, daß die Tat, die von der Verfolgung ausgenommen worden ist, auch bei der Beurteilung des verbleibenden Anklagevorwurfs außer Betracht bleibt und nicht etwa doch noch zu seinem Nachteil berücksichtigt wird. Will sich das Gericht den Weg zu einer solchen Berücksichtigung freihalten, so muß es – dies gebietet der Grundsatz des fairen Verfahrens – dem Angeklagten in der Regel einen entsprechenden Hinweis erteilen.

Das gilt indessen nicht ausnahmslos. Es gibt Fälle, in denen die vorläufige Teileinstellung des Verfahrens einen Vertrauenstatbestand nicht zu erzeugen vermag und sich daher die

Erteilung eines zu seiner Beseitigung erforderlichen Hinweises erübrigt. So verhält es sich hier. Die Anklage wegen Versicherungsbetrugs enthält nach dem Tatbestand des § 265 I StGB den Vorwurf der Brandstiftung „in betrügerischer Absicht". Über das Vorliegen dieses Merkmals vermag auch und gerade das dem Brand nachfolgende Verhalten des Angeklagten gegenüber den Versicherungen, namentlich die Anmeldung von Ansprüchen, Aufschluß zu geben. Das liegt auf der Hand und versteht sich so sehr von selbst, daß eine der Anspruchsanmeldung geltende Verfahrenseinstellung bei dem Angeklagten nicht die Erwartung begründen kann, das Gericht werde bei der Beweiswürdigung zum Vorwurf des Versicherungsbetrugs diese Vorgänge „ausblenden" und sich ihrer Bewertung enthalten. Angesichts des Zusammenhangs zwischen der „in betrügerischer Absicht" vorgenommenen Inbrandsetzung einer feuerversicherten Sache (§ 265 StGB) und der eben diese Absicht weiterverfolgenden Anmeldung von Versicherungsansprüchen (Betrugsversuch, §§ 263, 22 StGB) kann durch die vorläufige Teileinstellung des Verfahrens wegen des letztgenannten Vorwurfs ein Vertrauenstatbestand von vornherein nicht entstehen; eines Hinweises, wie ihn die Revision vermißt, bedurfte es daher nicht.

4. Rüge, das Gericht habe einen Unterbrechungsantrag zur Vorbereitung der Verteidigung zu Unrecht abgelehnt, setzt genauen Vortrag dazu voraus, welche Verteidigungshandlungen ohne Unterbrechung nicht möglich waren.

StPO §§ 265 IV, 338 Nr. 8 – BGH Urt. v. 29. 8. 1995 – 1 StR 404/95 LG Stuttgart (= StV 1996, 298 = NStZ 1996, 99)

Die Revision rügt, das Landgericht habe einen Antrag des Verteidigers auf Vertagung, zumindest aber auf Unterbrechung der Hauptverhandlung für mindestens 1 Woche zu Unrecht abgelehnt.

Sachverhalt: Der Antrag war damit begründet, der Verteidiger habe auf seinen Antrag beigezogene Strafakten gegen weitere Tatbeteiligte erst am 16./17./18. 1. 1995 erhalten und habe sie daher bis zum Beginn der Hauptverhandlung am 19. 1. 1995 nicht durcharbeiten können. Das Landgericht hat den Antrag abgelehnt, und zwar insbesondere deshalb, weil zwar der Hauptbelastungszeuge S. bereits am ersten Verhandlungstag vernommen werden solle, dem Verteidiger aber bereits zugesagt war, daß S. nochmals, frühestens auf den 26. 1. 1995 vorgeladen werden solle, so daß der Verteidiger noch die Gelegenheit habe, Fragen an den Zeugen zu stellen oder Vorhalte zu machen, die sich aus den Beiakten ergeben könnten. Tatsächlich wurde S. am 26. 1. 1995 ergänzend vernommen. – Das Rechtsmittel war erfolglos.

Gründe: ...
1.
a) Die Rüge, das Landgericht habe unter Verletzung der §§ 222a II, 338 Nr. 8 StPO – gemeint ist ersichtlich statt § 222a § 265 IV StPO – einen Antrag des Verteidigers auf Vertagung, zumindest aber auf Unterbrechung der Hauptverhandlung für mindestens 1 Woche zu Unrecht abgelehnt, greift nicht durch. ...
Bei diesem Ablauf des Verfahrens hätte der Beschwerdeführer näher darlegen müssen, welche Anknüpfungspunkte für Fragen und Vorhalte sich aus den Akten ergeben haben, warum sich aus der Durcharbeitung der Akten ergebende Fragen nicht bei der erneuten Vernehmung des Zeugen 1 Woche später angebracht werden konnten und warum nicht bis zu diesem Zeitpunkt der dem Angeklagten gegebene Rat, sich nicht zur Sache einzulassen, überprüft werden konnte (vgl. BGH StV 1990, 532[1]). Insoweit ist der Fall vergleich-

---

1 „Wird mit der Verfahrensrüge beanstandet, der Tatrichter habe einem Antrag auf Aussetzung der Hauptverhandlung wegen nicht rechtzeitig gewährter Akteneinsicht nicht stattgegeben, ist

bar mit der Aufklärungsrüge hinsichtlich Beiziehung von Akten, die gleichfalls einen genauen Vortrag dazu voraussetzt, welche Beweistatsache wo in den Akten gefunden hätte werden können. ...

5. Ein Verstoß gegen § 265 I StPO führt nicht zur Aufhebung des Urteils, wenn ausgeschlossen werden kann, daß der Angeklagte bei gehöriger Unterrichtung sich anders und erfolgreicher als geschehen hätte verteidigen können.

StPO § 265 – BGH Urt. v. 14. 2. 1995 – 1 StR 725/94 LG München II (= NStZ-RR 1996, 10)

Die Revision rügt, das Gericht habe es unterlassen, den wegen versuchten Mordes Angeklagten darauf hinzuweisen, daß auch eine Verurteilung wegen versuchten Totschlages erfolgen könne.

Sachverhalt: Die gerichtlich zugelassene Anklage legte dem Angeklagten (heimtückisch begangenen) versuchten Mord zur Last. Verurteilt wurde er – lediglich – wegen versuchten Totschlags. Ein rechtlicher Hinweis ist in der Hauptverhandlung nicht erfolgt. – Das Rechtsmittel war erfolglos.

Gründe:

a) ... Wie die Revision zutreffend rügt, hat das Landgericht es unterlassen, den Angeklagten auf diese Veränderung des rechtlichen Gesichtspunkts hinzuweisen. Dieser Hinweis wäre erforderlich gewesen, weil die Vorschriften der §§ 211 und 212 StGB trotz des ihnen gemeinsamen Tatbestands der vorsätzlichen Tötung eines Menschen so verschieden sind, daß sie als andere Strafgesetze i.S. von § 265 I StPO zu behandeln sind (BGH, bei Dallinger, MDR 1952, 532[1]). Hierfür spricht die grundlegende Verschiedenartigkeit der Strafandrohung. Die Hinweispflicht entfällt nicht deswegen, weil Totschlag gegenüber Mord ein milder zu bestrafendes Delikt ist (BGH, BGHR StPO § 265 I Hinweispflicht 1 [BGH Urt. v. 8. 4. 1987 – 3 StR 91/87; vgl. § 265 StPO erfolgreiche Rügen]; vgl. ferner BGH, NStZ 1983, 424 [BGH Beschl v. 3. 5. 1983 – 4 StR 210/83; vgl. § 265 StPO erfolgreiche Rügen]).

b) Ein Verstoß gegen § 265 1 StPO ist kein unbedingter Revisionsgrund. Er führt nicht zur Aufhebung des Urteils, wenn ausgeschlossen werden kann, daß der Angeklagte bei gehöriger Unterrichtung sich anders und erfolgreicher als geschehen hätte verteidigen können (BGHSt. 2 250 f. [BGH Urt. v. 8. 5. 1951 – 1 StR 168/51; vgl. § 265 StPO erfolglose Rügen]; sowie BGH, StV 1988, 329, [330] [BGH Urt. v. 8. 3. 1988 – 1 StR 14/88; vgl. § 265 StPO erfolglose Rügen]). So verhält es sich hier: Zum Schuldspruch kann das Unterbleiben des gebotenen Hinweises sich nicht ausgewirkt haben, weil der Vorwurf des – versuchten – Mordes dem des – versuchten – Totschlags in sich schließt (BGH, bei Dallinger, MDR 1952, 532). Entgegen der Meinung der Revision beruht das Urteil auch zum Strafausspruch

---

die Revision nur dann zulässig, wenn seitens des Beschwerdeführers vorgetragen wird, ob dem Verteidiger die Akten zumindest während der mehrtägigen Hauptverhandlung zur Verfügung gestanden haben, ob dieser Zeitraum unzureichend war und ob und für welche Zeit darüber hinaus die Akten zu einer ordnungsgemäßen Verteidigung benötigt worden wären (BGH Beschl. v. 21. 3. 1990 – 4 StR 29/90)."

1 „A. war im Eröffnungsbeschluß des Mordes nach § 211 StGB beschuldigt, wurde aber nach § 212 i.V. mit § 2l3 StGB wegen Totschlags verurteilt. Die Vorschriften der §§ 211 und 212 StGB sind trotz des ihnen gemeinsamen Tatbestandes der vorsätzlichen Tötung *eines* Menschen so verschieden, daß sie als andere Strafgesetze i.S. des § 265 StPO zu behandeln sind. Dafür spricht vor allem die Verschiedenartigkeit der Strafdrohung. Der vom StA gestellte Antrag auf Bestrafung wegen Totschlags vermag den dem Vorsitzenden obliegenden Hinweis nicht zu ersetzen. Auf der Unterlassung des Hinweises kann das Urteil in seine Schuldspruch nicht beruhen. Der Vorwurf des Mordes schließt den des Totschlags in sich, so daß der Angekl. sich hiergegen nur in derselben Weise verteidigen kann und muß, unabhängig davon, ob seine Tat im übrigen im Eröffnungsbeschluß rechtlich als Mord gewürdigt ist. Wohl aber kann der Strafausspruch auf dem verfahrensrechtlichen Fehler beruhen." (BGH Urt. v. 15. 5. 1952 – 3 StR 130/52).

nicht auf dem dargelegten Mangel. Da dem Angeklagten nur ein Versuch des Mordes zur Last lag, schied die zwingende Androhung lebenslanger Freiheitsstrafe gem. § 211 I StGB aus. Vielmehr kam von vornherein die Milderung dieser Strafe nach § 23 II StGB i.V. mit § 49 I Nr. 1 StGB in Betracht. Deshalb bestand für den Angeklagten und seinen Verteidiger Anlaß und Gelegenheit, sich zur Bemessung der zu verhängenden Strafe zu äußern (zur Milderung der Strafe bei Versuch vgl. BGHSt. 36, 1 [18][1]). Das gilt um so mehr, als gem. § 265 1 StPO darauf hingewiesen wurde, der Angeklagte könne sich auch einer gefährlichen Körperverletzung schuldig gemacht haben. Tatsächlich hat er, wie sich aus den Urteilsgründen ergibt, zur Person und zur Sache eingehende Angaben gemacht und insb. zur Frage einer Bedrohung durch den Geschädigten Stellung genommen. Im übrigen legt die Strafkammer – bei Erörterung der Notwehrfrage – rechtsfehlerhaft dar, daß er auf ein Tatopfer einstach, das „nichtsahnend" herantrat; von eben dieser Ahnungslosigkeit des Geschädigten war auch die gerichtlich zugelassene Anklage ausgegangen. Schließlich vermag auch die Revision nicht aufzuzeigen, daß das Unterbleiben des Hinweises die Verteidigung daran hinderte, für das Strafmaß bedeutsame Umstände vorzubringen.

6. Bei Anklage als Alleintäter aber Verurteilung als Mittäter ist ein rechtlicher Hinweis erforderlich.
StPO § 265 I – BGH Urt. v. 19. 10. 1994 – 2 StR 336/94 LG Darmstadt (= NStZ 1995, 247)
Die Revision rügt, daß der Angeklagte als Alleintäter angeklagt aber als Mittäter verurteilt worden ist, ohne zuvor vom Gericht auf diese Möglichkeit hingewiesen worden zu sein.

Sachverhalt: Der Angeklagte war von Ende 1988 bis September 1990 für die Firma K.-GmbH tätig, die H. als Firmenmantel erworben hatte. Die Gesellschaft, in deren Geschäfte der Angeklagte von Anfang an eingebunden war, tätigte u.a. An- und Verkäufe in der Computer- und Edelsteinbranche. In dem Zeitraum Januar 1989 bis Juli 1990 bestellte der Angeklagte in den der Verurteilung zugrundeliegenden 36 Fällen bei verschiedenen Firmen Waren oder Dienstleistungen, wobei er von Anfang an die Nichterfüllung der Verbindlichkeit bewußt in Kauf nahm und diese zumindest auch billigte. Dem Angeklagten ging es dabei in bewußtem und gewolltem Zusammenwirken mit dem Zeugen H. jedoch nur darum, schnelle Geschäfte abzuschließen und letztendlich mehr oder weniger „in die eigene Tasche" zu wirtschaften. In allen 36 Fällen erteilte der Angeklagte im Namen der GmbH die Aufträge; zumeist gab er die Bestellungen telefonisch auf und bestätigte sie anschließend per Telefax. Die gelieferten Waren wurden veräußert, und zwar in 10 Fällen weit unter dem Einkaufspreis. Von den aus den 36 Aufträgen entstandenen Verbindlichkeiten der Gesellschaft, die nach Ablehnung der Eröffnung des Konkursverfahrens mangels Masse im März 1991 zwangsgelöscht wurde, blieben rund 1 930 000 DM offen.

Zwischen dem Angeklagten und H. bestand eine Arbeits- und Aufgabenteilung. Der Angeklagte war im Bürobereich tätig. Er war u.a. Ansprechpartner des Steuerberaters der Firma in Fragen der Finanzbuchhaltung, des Finanzbeamten, der eine Umsatzsteuer-Sonderprüfung durchführte, und des Gerichtsvollziehers, der seit Mitte 1989 insgesamt 155 Vollstreckungsaufträge gegen die GmbH durchführte bzw. durchzuführen versuchte. Im übrigen war er im Bereich des An- und Verkaufs von Waren tätig, während H. auch in anderen Bereichen der Firma (Verkaufsstände, Videothek, Bistro) tätig war.

Das Landgericht hat den Angeklagten wegen Betruges in 36 Fällen zu einer Gesamtfreiheitsstrafe verurteilt. – Das Rechtsmittel war erfolglos.

---

1 BGH Urt. v. 4. 11. 1988 – 1 StR 262/88: „Bei der Strafzumessung besteht im Hinblick auf den Zweck der Rücktrittsprivilegierung kein Grund, ein freiwilliges Abstandnehmen von der geplanten Rechtsgutverletzung unterschiedlich zu behandeln, je nachdem, ob die geplante Schädigung den Tatbestand einer weiteren Rechtsnorm erfüllen, oder ob sie (nur) im Rahmen eines bereits verletzten Gesetzes den Umfang des schon entstandenen Schadens vergrößern würde."

Gründe: Der gerügte Verstoß gegen die Hinweispflichten nach § 265 I StPO liegt vor. Der Angeklagte ist in den zur gemeinsamen Verhandlung verbundenen Verfahren jeweils als Alleintäter angeklagt worden und hätte deshalb gemäß § 265 I StPO auf die beabsichtigte Verurteilung wegen Mittäterschaft hingewiesen werden müssen (st. Rspr.; vgl. BGHSt. 11, 18, 19 [BGH Urt. v. 8. 10. 1957 – 1 StR 318/57; vgl. § 357 StPO erfolgreiche Rügen]; BGHR StPO § 265 I Hinweispflicht 7). Es kann jedoch ausgeschlossen werden, daß das Urteil auf diesem Rechtsfehler beruht.

Beim Wechsel vom Vorwurf der Alleintäterschaft zum Vorwurf der Mittäterschaft beruht eine Verurteilung zwar regelmäßig dann auf dem Fehlen eines rechtlichen Hinweises, wenn dem Angeklagten die eigenhändige Verwirklichung sämtlicher Tatbestandsmerkmale nicht nachgewiesen werden kann und daher zur Feststellung seiner (Mit-)Täterschaft die Zurechnungsnorm des § 25 II StGB herangezogen wird. Es liegt nahe, daß sich der Angeklagte hiergegen anders verteidigen kann, als gegen den Vorwurf, alle Tatbestandsmerkmale eigenhändig erfüllt zu haben (vgl. BGHR StPO § 265 I StPO Hinweispflicht 7).

So liegt es hier aber nicht.

Das Landgericht hat zur Ausfüllung des hier in Rede stehenden Straftatbestandes des Betruges keine anderen als die bereits in der Anklage bezeichneten Tatsachen verwendet. In allen der Verurteilung zugrundeliegenden Fällen hat der Angeklagte die Tatbestandsmerkmale eigenhändig erfüllt. Gegen den Vorwurf, die Betrugstaten als Alleinträger begangen zu haben, hat sich der Angeklagte mit der Einlassung verteidigt, „er sei nur ausführendes, gutgläubiges Werkzeug des Zeugen H. gewesen und habe nur in einigen Fällen Bestellschreiben unterzeichnet." Er habe sämtliche Geschäfte im Auftrag des H. durchgeführt, der von vornherein alles vorgegeben habe. Das äußere Zusammenwirken mit H. hat er also eingeräumt. Mit seinen auf entsprechende Beweisanträge als wahr unterstellten Behauptungen zu den finanziellen Transaktionen, den Barentnahmen und dem Umfang der Einflußnahme des H. auf die Geschäfte der Gesellschaft hat er in erster Linie seine Behauptung stützen wollen, er sei gutgläubiges Werkzeug des H. gewesen. Daneben war sein Verteidigungsverhalten darauf ausgerichtet, den – für jeden Täter besonders zu bestimmenden – Schuldgehalt der Tat möglichst gering erscheinen zu lassen und H. das größere Maß an Schuld zuzuweisen.

Bei dieser Sachlage ist nicht ersichtlich, wie sich der Angeklagte bei Erteilung des rechtlich gebotenen Hinweises angesichts der Beweislage nach der Vernehmung von Zeugen und Verlesung von Urkunden zu den Einzeltaten anders als geschehen hätte verteidigen können.

Es kann dahinstehen, ob die Hinweispflichten nach § 265 StPO, wie die Revision meint, dem Angeklagten auch ermöglichen sollen, „den Ernst der Lage" zu erkennen und ein Geständnis abzulegen. Im vorliegenden Fall hätte es hierzu – auch bei Annahme einer so weitgehenden Fürsorgepflicht des Gerichts – eines Hinweises schon deshalb nicht bedurft, weil der Angeklagte nach dem Ergebnis der Beweisaufnahme mit seiner Verurteilung rechnen mußte und weil er sein Verteidigungsverhalten, wie seine zahlreichen Beweisanträge zum Maß der Mitverantwortung des H. belegen, auch darauf eingerichtet hat. Auch die Revision hat im übrigen nicht aufgezeigt, welche Verteidigungsmöglichkeiten dem Angeklagten bei Abgabe eines Geständnisses darüber hinaus zur Verfügung gestanden hätten.

7. Auf einem unterlassenen Hinweis beruht das Urteil dann nicht, wenn der Angeklagte seine Verteidigung nach erfolgtem Hinweis nicht anders hätte einrichten können.

StPO § 265 I – BGH Urt. v. 25. 3. 1992 – 3 StR 519/94 (= BGHR StPO § 265 I Hinweispflicht 9)

Die Revision rügt, daß der Angeklagte ohne rechtlichen Hinweis als Alleintäter verurteilt worden sei, obwohl ihm nach der zur Hauptverhandlung zugelassenen Anklage eine „teilweise gemeinschaftlich" begangene räuberische Erpressung zur Last gelegt worden war.

Der Sachverhalt ergibt sich aus dem Revisionsvorbringen. – Das Rechtsmittel war erfolglos.

Gründe: ... Jedenfalls beruht das Urteil nicht auf einem unterbliebenen Hinweis. Wie die Revision zutreffend vorträgt, ergibt sich weder aus dem Anklagesatz noch aus dem wesentlichen Ergebnis der Ermittlungen ein Anhalt für einen irgendwie gearteten Tatbeitrag des Mittäters, der die unspezifizierte Angabe „teilweise gemeinschaftlich ... mit seinem gesondert verfolgten Bruder Detlef" hätte ausfüllen können. Es werden lediglich – nur im Eigeninteresse begangene – Tathandlungen des Angeklagten beschrieben. Dem entsprechen die Urteilsfeststellungen, nach denen die Zeugin ferner u.a. ihrem Bruder Detlef Geld freiwillig gegeben und später von diesem zurückerhalten hat. Auf welche Umstände das von der Anklage angenommene „teilweise gemeinschaftliche" Handeln zurückzuführen sein könnte, wird nirgends deutlich. Auch aus dem Revisionsvorbringen wird nicht erkennbar, worin ein Tatbeitrag von Detlef an der dem Angeklagten Klaus vorgeworfenen Straftat gelegen haben könnte, und ob nach dem Gang der Hauptverhandlung überhaupt eine Verurteilung wegen gemeinschaftlicher räuberischer Erpressung in Betracht kam. Bei einer solchen Sachlage hätte die Revision – „in ausreichender Weise" (BGH Beschl. v. 7. 9. 1977 – 3 StR 299/77) – vortragen müssen, warum der Angeklagte durch einen unterlassenen Hinweis nach § 265 StPO in seiner Verteidigung beschränkt war und wie er sein Verteidigungsverhalten nach erfolgtem Hinweis anders hätte einrichten können (vgl. BGHR StPO § 265 I Hinweispflicht 2[1]).

---

[1] „Die sich auf die Verurteilung des Angeklagten als Alleintäter beziehende Rüge der Verletzung des § 265 StPO ist unbegründet. In der Hauptverhandlung am 3. 9. 1984 hat das Landgericht – im Einleitungssatz ausdrücklich an beide Angeklagte und nicht etwa an einen von ihnen gerichtet – eine Vielzahl von rechtlichen Hinweisen erteilt, und zwar gegliedert nach Anklagen und Einzelpunkten der Anklagen. Aufgrund des Umstandes, daß die bislang als Mittäterin angesehene Mitangeklagte in den genannten Einzelfällen darauf hingewiesen wurde, es komme ihre Bestrafung als Gehilfin statt als Mittäterin in Betracht, ergab sich in ausreichend deutlicher Weise für den durch zwei Verteidiger beratenen Angeklagten, daß er dann auch mit einer Verurteilung als Alleintäter rechnen mußte. Dahingestellt bleiben kann, ob in einigen Fällen anderweitig verfolgte oder verstorbene Personen mittäterschaftlich Tatbeiträge geleistet haben und die Rüge des Angeklagten insoweit schon deshalb unbegründet wäre. Das Urteil beruht jedenfalls nicht auf dem Fehlen eines ausdrücklichen Hinweises, daß er als Alleintäter verurteilt werden könne, weil er sich nach dem Beschluß des Landgerichts sowohl auf die Verurteilung als Mitwie als Alleintäter einrichten mußte. Ein Verfahrensverstoß durch Unterlassen eines Hinweises nach § 265 StPO im Hinblick auf die Einstellung des Verfahrens nach § 154 Abs. 2 StPO gegen die als Mittäterin angesehene Mitangeklagte im Fall I 1 der Urteilsgründe läßt sich nicht feststellen, weil dem angefochtenen Urteil, das die Beteiligung der früheren Mitangeklagten nicht erörtert, die Verurteilung des Angeklagten als Alleintäter nicht zu entnehmen ist." (BGH Urt. v. 29. 5. 1987 – 3 StR 242/86).

8. Die Einholung eines Gutachtens „über die Schuldfähigkeit des Angeklagten sowie die Frage einer eventuellen Unterbringung in einem psychiatrischen Krankenhaus" stellt einen ausreichenden Hinweis auf eine mögliche Unterbringung dar.

StPO § 265 – BGH Urt. v. 15. 1. 1992 – 2 StR 297/91 LG Darmstadt (= NStZ 1992, 249)

Die Revision rügt, das Landgericht habe den Angeklagten nicht förmlich darauf hingewiesen habe, daß seine Unterbringung in einem psychiatrischen Krankenhaus angeordnet werden könne.

Sachverhalt: Die Möglichkeit der Anordnung einer Maßnahme nach § 63 StGB ist weder in der zugelassenen Anklage enthalten noch ist im Laufe der Hauptverhandlung ein Hinweis darauf erteilt worden. Jedoch beschloß die Strafkammer – nach Eröffnung des Hauptverfahrens und vor Anberaumung des Hauptverhandlungstermins – die Einholung eines Gutachtens „über die Schuldfähigkeit des Angeklagten sowie die Frage einer eventuellen Unterbringung in einem psychiatrischen Krankenhaus".

Das Landgericht hat den Angeklagten wegen versuchten sexuellen Mißbrauchs eines Kindes und sexuellem Mißbrauch eines Kindes in Tateinheit mit homosexuellen Handlungen zu einer Gesamtfreiheitsstrafe verurteilt. Darüber hinaus hat es seine in einem psychiatrischen Krankenhaus angeordnet. – Das Rechtsmittel war erfolglos.

Gründe: Zwar ist es zutreffend, daß ein Hinweis auf die Möglichkeit der Anordnung einer Maßnahme nach § 63 StGB weder in der zugelassenen Anklage enthalten ist noch im Laufe der Hauptverhandlung erteilt wurde. Jedoch ordnete die Strafkammer mit Beschluß vom 26. 3. 1990 – nach Eröffnung des Hauptverfahrens und vor Anberaumung des Hauptverhandlungstermins – die Einholung eines Gutachtens „über die Schuldfähigkeit des Angeklagten sowie die Frage einer eventuellen Unterbringung in einem psychiatrischen Krankenhaus" an. Darin lag der nach § 265 I und II StPO erforderliche Hinweis.

Durch diesen Hinweis soll dem Angeklagten eindeutig erkennbar gemacht werden, es werde dem erkennenden Gericht auf diesen Gesichtspunkt ankommen und er und seine Verteidigung müßten sich darauf einrichten. Da eine die rechtlichen Grenzen des Hauptverfahrens bestimmende und dieses Verfahren gestaltende Prozeßhandlung vorliegt, die den Grundsatz des rechtlichen Gehörs sichern soll, muß dieser Hinweis, wenn er nicht bereits sachgerecht vorher erfolgt ist (z.B. in der Anklage, im Eröffnungs- oder Verweisungsbeschluß), durch eine Erklärung des erkennenden Gerichts erfolgen (vgl. BGHSt. 22, 29 f. [BGH Urt. v. 20. 12. 1967 – 4 StR 485/67; vgl. § 265 StPO erfolgreiche Rügen]; BGH NJW 1964, 459 [BGH Urt. v. 21. 5. 1963 – 1 StR 131/63; vgl. § 265 StPO erfolgreiche Rügen]; Urt. v. 14. 6. 1983 – 1 StR 82/83 [vgl. § 265 StPO erfolglose Rügen]; und v. 8. 3. 1988 – 1 StR 14/88 [vgl. § 265 StPO erfolglose Rügen]).

Der Hinweis kann weder durch die Begründung einer anderen Zwecken dienenden Zwischenentscheidung des Gerichts (vgl. BGHSt. 22, 29 f.) noch dadurch ersetzt werden, daß Verfahrensbeteiligte die Frage einer Unterbringung ansprechen (BGH StV 1988, 329 [BGH Beschl. v. 30. 3. 1988 – 3 StR 78/88; vgl. § 265 erfolgreiche Rügen]; bei Dallinger MDR 1952, 532[1]; 1973, 19, 20).

---

[1] „A. war im Eröffnungsbeschluß des Mordes nach § 211 StGB beschuldigt, wurde aber nach § 212 i.V.m. § 213 wegen Totschlags verurteilt. Die Vorschriften der §§ 211 und 212 StGB sind trotz des ihnen gemeinsamen Tatbestandes der vorsätzlichen Tötung eines Menschen so verschieden, daß sie als andere Strafgesetze i.S. des § 265 StPO zu behandeln sind. Dafür spricht vor allem die Verschiedenartigkeit der Strafdrohung. Der vom Staatsanwalt gestellte Antrag auf Bestrafung wegen Totschlags vermag den dem Vorsitzenden obliegenden Hinweis nicht zu ersetzen." (BGH Urt. v. 15. 5. 1952 – 3 StR 130/52).

Hier hat das Landgericht indessen mit seinem Beschluß vom 26. 3. 1990 eine Beweiserhebung angeordnet, die unmittelbar und gezielt der Klärung der Voraussetzungen des § 63 StGB diente.

Darin lag mehr als nur ein bloßer Hinweis auf die Möglichkeit einer Anordnung der Maßregel, was an sich für § 265 I und II StPO schon ausreichend gewesen wäre. Die Strafkammer hat zusätzlich bereits die prozessualen Maßnahmen in die Wege geleitet, die die tatsächlichen Voraussetzungen einer Unterbringung nach § 63 StGB klären sollten. In welcher Richtung er sich verteidigen mußte, konnte dem Angeklagten danach nicht zweifelhaft sein. Es wäre eine sinnlose Förmlichkeit, würde die Beweisanordnung vom 26. 3. 1990 als ausreichend nur dann angesehen, wenn sie durch einen ausdrücklichen Zusatz dahingehend, daß dies auch ein Hinweis gemäß § 265 StPO sei, ergänzt worden wäre.

Die Entscheidung BGHSt. 22, 29 steht dem nicht entgegen. ...

9. Rüge, das Gericht sei von dem in der Anklage festgelegten Tatzeitpunkt abgewichen, muß vortragen, daß dieser neue Zeitpunkt in der Hauptverhandlung nicht zur Sprache gekommen ist.

StPO §§ 265, 344 II – BGH Urt. v. 15. 1. 1991 – 1 StR 603/90 LG München I (= StV 1991, 502)

Die Revision rügt, der Angeklagte sei auf eine Änderung bei der Annahme des Tatzeitpunkts nicht hingewiesen worden. Dazu trägt sie vor, in der zugelassenen Anklage sei dem Beschwerdeführer zur Last gelegt worden, die aus Amsterdam eingeführten 50 g Kokain am 10. 4. 1989 an den Zeugen Z. geliefert zu haben. Im Urteil habe das Landgericht hingegen, nachdem der Angeklagte für den 10. 4. durch seinen als Zeugen vernommenen Vater ein Alibi beigebracht habe, den 11. 4. als Tag der Übergabe festgestellt. Wäre der Angeklagte auf diese Möglichkeit hingewiesen worden, hätte er auch für den 11. 4. ein Alibi beibringen können.

Der Sachverhalt ergibt sich aus dem Revisionsvorbringen. – Das Rechtsmittel war erfolglos.

Gründe: ...

2. ...

b) Der Sache nach etrifft der Revisionsangriff die zu II 4 festgestellte Lieferung von 50 g Kokain. Insoweit ist die Rüge jedoch unzulässig, weil sie nicht den Anforderungen des § 344 Abs. 2 StPO genügt. Zunächst ist der Ausgangspunkt der Revision unrichtig. Das Landgericht hat nicht den 11., sondern den 9. 4. als Tag der Übergabe des Kokains an Z. festgestellt. Diese Feststellung weicht zwar von der unverändert zugelassenen Anlage ab, in der der 10. 4. als Übergabetag bezeichnet war. Jedoch bedarf es nach der Rspr. eines förmlichen Hinweises nach § 265 Abs. 1 StPO nicht, wenn das Gericht eine andere Tatzeit feststellen will. Ausreichend ist vielmehr, daß der Angeklagte aus dem Gang der Verhandlung erfährt, daß das Gericht die Verurteilung auf eine andere tatsächliche Grundlage stellen will, die in der zugelassenen Anklage nicht enthalten ist (BGHSt. 19, 141 [BGH Urt. v. 8. 10. 1963 – 1 StR 553/62; vgl. § 265 StPO erfolglose Rügen]; 28, 196 [BGH Urt. v. 15. 11. 1978 – 2 StR 456/78; vgl. § 265 StPO erfolgreiche Rügen]; BGH NStZ 1981, 190 [BGH Urt. v. 11. 11. 1980 – 1 StR 527/80; vgl. § 265 StPO erfolglose Rügen]; 1984, 422 [BGH Beschl. v. 8. 3. 1984 – 2 StR 829/83; vgl. § 265 StPO erfolgreiche Rügen]; vgl. auch BGHR StPO § 265 Abs. 1 Hinweispflicht 3 [BGH Beschl. v. 1. 12. 1987 – 5 StR 458/87; vgl. § 265 StPO erfolgreiche Rügen] und § 265 Abs. 4 Hinweispflicht 2 [BGH Urt. v. 17. 12. 1986 – 2 StR 554/86; vgl. § 265 StPO erfolglose Rügen]).

Der Hinweis auf einen anderen Tatzeitpunkt gehört danach nicht zu den wesentlichen Förmlichkeiten, deren Beachtung nur durch das Protokoll bewiesen werden könnte. Zur

Zulässigkeit der Rüge hätte daher im vorliegenden Fall die Behauptung gehört, in der Hauptverhandlung sei vom 9. 4. als Übergabetag nicht oder nicht mit genügender Deutlichkeit die Rede gewesen. Dazu trägt die Revision jedoch nichts vor. Sie setzt sich mit dem 9. 4. überhaupt nicht auseinander und macht für diesen Tag auch kein Alibi geltend. Sie spricht lediglich vom 11. 4. und behauptet für diesen Tag ein Alibi. Dabei handelt es sich nicht lediglich um eine versehentliche Falschbezeichnung.

Die Revision hebt bewußt auf den 11. 4. ab, weil sie irrtümlich von einer falschen Bedeutung des Datums in den Urteilsfeststellungen ausgeht. Ausführungen der Revision zu der Frage, ob aus dem Gang der Hauptverhandlung genügend deutlich geworden sei, daß die Strafkammer auch den 9. 4. als Tag der Übergabe in ihre Erwägungen aufgenommen hatte, waren hier umso mehr angezeigt, als nach der zeugenschaftlichen Vernehmung des Vaters des Angeklagten. klar war, daß der 10. 4. als Übergabetag nicht mehr in Betracht kam, und die Strafkammer dies auf Anfrage des Verteidigers ausdrücklich erklärt hatte. Auch hat der Verteidiger selbst vorgetragen, der Zeuge Z. habe erklärt, die Übergabe könne ein bis zwei Tage vor der Festnahme stattgefunden haben. Danach kann in der Hauptverhandlung der 9. 4. als Übergabetag zur Sprache gekommen sein.

Der Senat schließt indessen aus, daß sich dieser Widerspruch auf die gegen den Angeklagten. festgesetzte Strafe ausgewirkt hat. Die Qualität des Rauschgifts im Fall II 2 spielte bei den Erwägungen der Strafkammer zur Höhe der Strafe ersichtlich keine Rolle. Maßgebend waren andere Faktoren wie langer Tatzeitraum, professionelle Vorgehensweise, Verführung des Zeugen Z. zum Kokainkonsum, um ihn anschließend als Kleinabnehmer und Vermittler zu gewinnen. Maßgebliches Gewicht hat die Strafkammer lediglich den „großen Mengen der harten Droge Kokain" in den Fällen 4 und 5 beigemessen und mit ihnen das Vorliegen eines besonders schweren Falles des Handeltreibens bejaht. Die im Fall II 2 veräußerten Betäubungsmittel Amphetamin, Haschisch und LSD und deren Menge hat es dagegen bei den strafschärfenden Umständen nicht erwähnt. Sie haben ersichtlich keine maßgebliche Rolle gespielt.

10. Wenn bei Anklage und Eröffnungsbeschluß von Tateinheit ausgegangen wurde, setzt eine Verurteilung wegen zweier tatmehrheitlich begangener Delikte einen förmlichen Hinweis nach § 265 I StPO voraus.

StPO § 265 I – BGH Beschl. v. 14. 2. 1990 – 3 StR 362/89 LG Wuppertal (= StV 1991, 101)

Der Generalbundesanwalt hat beantragt, den Schuldspruch zum Nachteil des Angeklagten dahin zu ändern, daß Körperverletzung mit Todesfolge und Diebstahl statt der vom Landgericht angenommenen Tateinheit im Verhältnis der Tatmehrheit zueinander stehen.

Sachverhalt: Das Landgericht hat den Angeklagten wegen Körperverletzung mit Todesfolge in Tateinheit mit Diebstahl unter Einbeziehung einer anderweit verhängten rechtskräftigen Geldstrafe zu einer Gesamtfreiheitsstrafe verurteilt. – Der Antrag war erfolglos.

Gründe:

1. Entgegen dem Antrag des GBA hat der Senat den Schuldspruch nicht zum Nachteil des Angeklagten dahin geändert, daß Körperverletzung mit Todesfolge und Diebstahl statt der vom Landgericht angenommenen Tateinheit im Verhältnis der Tatmehrheit zueinander stehen. Dies trifft zwar nach den Feststellungen zu; denn Körperverletzungs- und Diebstahlshandlungen überschnitten sich auch nicht teilweise. Einer Umstellung des Schuldspruchs steht aber § 265 Abs. 1 StPO entgegen. Da schon in der Anklage und im Eröffnungsbeschluß von Tateinheit ausgegangen wurde, setzt eine Verurteilung wegen zweier tatmehrheitlich begangener Delikte einen förmlichen Hinweis nach § 265 Abs. 1 StPO voraus. Würde dieser gegeben, so könnte nicht ausgeschlossen werden, daß sich der Ange-

klagte gegen eine Änderung des Konkurrenzverhältnisses mit Erfolg verteidigen kann, etwa in dem Sinn, daß in der Beweisaufnahme ungeklärt geblieben sei, ob die Körperverletzung auch Beginn der Wegnahme gewesen sei und damit Tateinheit vorliege. Derartige tatsächliche Zweifel würden wegen des Grundsatzes „in dubio pro reo" nicht zu einer Verurteilung wegen Raubes, wohl aber zur Annahme von Tateinheit zwischen Körperverletzung und Diebstahl führen (vgl. BGH NStZ 1983, 364 f; BGHR StGB § 52 1 in dubio pro reo 4). Die möglicherweise fehlerhafte Beurteilung des Konkurrenzverhältnisses beschwert den Angeklagten nicht. ...

11. Abweichungen, welche die vor der tatbestandsmäßigen Handlung liegende Phase der Tatplanung und -vorbereitung betreffen, sind – jedenfalls im Grundsatz – nicht hinweispflichtig.

StPO § 265 IV – BGH Beschl. v. 18. 7. 1988 – 2 StR 311/88 (= BGHR StPO § 265 IV Hinweispflicht 5)

Die Revision rügt, das Gericht habe den der Brandstiftung angeklagten Beschwerdeführer nicht darauf hingewiesen, daß es entgegen der Tatbestandsbeschreibung in der Anklageschrift bereits die Gründung der GmbH, die Anmietung der Lagerhalle und deren Ausstattung mit Waren als in der Absicht vorgenommen bewertet, die Halle samt den Lagerbeständen später in Brand zu setzen. Diese „Vorverlagerung der kriminellen Tatplanung" hätte nur dann dem Urteil zugrundegelegt werden dürfen, wenn dem Angeklagten zuvor ein entsprechender Hinweis erteilt worden wäre. Das sei nicht geschehen.

Sachverhalt: Abweichend von der Sachverhaltsbeschreibung der Anklage stelle das Urteil fest, daß der Angeklagte im Offenbacher Brandstiftungsfall bereits die Gründung der GmbH, die Anmietung der Lagerhalle und deren Ausstattung mit Waren in der Absicht vorgenommen habe, die Halle samt den Lagerbeständen später in Brand zu setzen, um die Auszahlung der Versicherungssumme zu erreichen. – Das Rechtsmittel war erfolglos.

Gründe: ... Auf die beschriebene Änderung brauchte das Gericht den Angeklagten nicht hinzuweisen. Anerkannt ist zwar, daß auch Veränderungen des tatsächlichen Gesichtspunkts eine gerichtliche Hinweispflicht auslösen können. Doch gilt dies grundsätzlich nur dort, wo – wie in den Fällen einer Änderung der Tatzeit, der Tatbeteiligten, des Tatopfers oder der Tathandlung – die Abweichung solche Tatsachen betrifft, in denen die Merkmale des gesetzlichen Straftatbestandes gefunden werden.

Darum geht es hier nicht. Das Gericht hat zur Ausfüllung der in Rede stehenden Straftatbestände (§ 265, 308 StGB) keine anderen Tatsachen als die bereits in der Anklage bezeichneten verwendet. Die von der Revision vorgetragene Abweichung des Urteils von den Sachverhaltsannahmen der Anklage beschränkt sich vielmehr auf die vor der tatbestandsmäßigen Handlung liegende Phase der Tatplanung und -vorbereitung. Solche Abweichungen sind – jedenfalls im Grundsatz – nicht hinweispflichtig, ohne daß im vorliegenden Falle Gesichtspunkte erkennbar wären, die eine Ausnahme von diesem Grundsatz rechtfertigen könnten.

12. Es genügt, wenn der Angeklagte durch den Gang der Verhandlung oder auf andere eindeutige Weise davon unterrichtet wird, welche Veränderung der Sachlage das Gericht in Betracht zieht.

StPO § 265 – BGH Urt. v. 8. 3. 1988 – 1 StR 14/88 (= BGHR StPO § 265 IV Hinweispflicht 5)

Die Revisionen rügen, das Landgericht habe vor Erlaß des angefochtenen Urteils nicht auf Änderungen des Anklagevorwurfs in tatsächlicher Hinsicht hingewiesen.

Erfolglose Rügen Nr. 12 § 265 StPO

Sachverhalt: Die unverändert zur Hauptverhandlung zugelassene Anklage legte den Angeklagten zur Last, sich dadurch einer Untreue in Form des Mißbrauchstatbestandes schuldig gemacht zu haben, daß sie von den ihnen – zum Erwerb hochverzinslicher Wertpapiere und zur Beschaffung von Bankavalen durch Dr. M. in Wien – überlassenen Bargeldbeträgen von 290 000 DM und Schecks über 130 000 DM „eine Provision in Höhe von jeweils 1/3 der Gesamtsumme" abzweigten und für sich verbrauchten, obwohl eine derartige Provision mit dem Geschädigten nicht vereinbart war und sie wußten, daß weder eine Kapitalanlage durchgeführt war noch Dr. M. Finanzierungsavale beigebracht hatte. Demgegenüber hält die Strafkammer für erwiesen, daß die Angeklagten „von Anfang an" vorhatten, von dem Zeugen R. „Geld zu erschwindeln", daß sie demgemäß nur zum Schein ein Finanzierungskonzept erstellten, das den Geschädigten überzeugte, und daß sie sich von ihm mit der ebenfalls nicht ernst gemeinten Zusage, mit diesen Beträgen Avale in Höhe von mehreren Millionen Schweizer Franken bei der Ungarischen Nationalbank zu besorgen, 240 000 DM in bar und Schecks über 180 000 DM als Avalgebühren – die auch die Vergütung ihrer Tätigkeit umfassen sollten – hingeben ließen. Sie hat die Angeklagten deshalb wegen Betrugs zum Nachteil des Zeugen R. verurteilt.

Zwar hatte der Vorsitzende in der Sitzung vom 9. 7. 1987 die Angeklagten „gemäß § 265 StPO" darauf hingewiesen, „daß der in der Anklageschrift der Staatsanwaltschaft Augsburg vom 16. 2. 1987 geschilderte Sachverhalt auch unter dem Gesichtspunkt je eines gemeinschaftlich und fortgesetzt begangenen Vergehens des Betrugs gewürdigt werden kann". Welche Tatsachen dieser Veränderung der rechtlichen Beurteilung zugrunde lagen, gab der Vorsitzende jedoch nicht ausdrücklich bekannt. – Das Rechtsmittel war erfolglos.

Gründe: ... Den Revisionen ist zuzugeben, daß der oben wiedergegebene Hinweis, so wie er protokolliert wurde, für sich gesehen unzureichend war. Er läßt unerwähnt, daß die Strafkammer den Schuldspruch wegen Betruges auf eine andere tatsächliche Grundlage als die in der Anklageschrift angenommene stützen wollte. Eine Belehrung hierüber war angezeigt: Sind in der Hauptverhandlung neue – nach Ansicht des Gerichts erhebliche – Tatsachen hervorgetreten, die eine Änderung der rechtlichen Beurteilung zur Folge haben, so muß der Angeklagte darüber umfassend und unmißverständlich unterrichtet werden, damit er sich sachgemäß verteidigen kann. Das gebieten der Anspruch des Angeklagten auf rechtliches Gehör (Art. 103 Abs. 1 GG), die Verpflichtung des Gerichts, ihn zur Sache zu vernehmen (§ 243 Abs. 4 Satz 2 StPO), und die Aufklärungspflicht (§ 244 Abs. 2 StPO); der gleiche Gedanke kommt in § 265 Abs. 4 StPO zum Ausdruck (BGHSt. 11, 88 [BGH Urt. v. 6. 12. 1957 – 5 StR 536/57; vgl. § 265 StPO erfolgreiche Rügen]; 13, 320 [BGH Urt. v. 3. 11. 1959 – 1 StR 425/59; vgl. § 265 StPO erfolgreiche Rügen]; 19, 141 [BGH Urt. v. 8. 10. 1963 – 1 StR 553/62; vgl. § 265 StPO erfolglose Rügen]; 28, 196 [BGH Urt. v. 15. 11. 1978 – 2 StR 456/78; vgl. § 265 StPO erfolgreiche Rügen]; BGH Urt. v. 23. 7. 1969 – 2 StR 214/69; BGH, Beschlüsse v. 28. 10. 1976 – 4 StR 476/76 bei Holtz MDR 1977, 108/109 und v. 23. 10. 1979 – 5 StR 524/79 bei Holtz MDR 1980, 107/108 = GA 1980, 185; vgl. auch BGH JZ 1988, 211, 212 = NJW 1988, 571). Im vorliegenden Fall ergaben sich wesentliche Abweichungen des Urteils von der Anklage: Diese ließ nicht den Vorwurf erkennen, daß das ganze dem Geschädigten vorgestellte „Anlagekonzept" vorgetäuscht war, daß die Angeklagten also nur darauf ausgingen, Geld von ihm zu erlangen, ohne irgendeine Gegenleistung zu erbringen. Sie machte auch nicht deutlich, welche Bedeutung die durch Dr. M. in Wien zu beschaffenden Avale für das vereinbarte Geschäft – gewinnbringende Anlage umfangreicher Mandantengelder im Ausland – haben sollten. Das Urteil stellt demgegenüber fest, daß zwischen dem angeblich geplanten Zinsdifferenzgeschäft (danach sollte bei einer Schweizer Bank ein nur mit 6% verzinslicher Kredit aufgenommen und dazu eingesetzt werden, um mit 13,5% verzinsliche kanadische Wertpapiere zu erwerben) und den Verhandlungen der Angeklagten mit Dr. M. (der seinerseits eine Finanzierung für auf seinen Grundstücken zu errichtende Hotelbauten suchte) „keinerlei Zusammenhang" bestand. In diesem Umstand sieht die Strafkammer ein Beweisanzeichen dafür, daß die Angeklagten von vornherein darauf abzielten, sich Geld zu erschwindeln.

Allerdings handelt es sich bei der die tatsächliche Grundlage des Schuldspruchs betreffenden Hinweispflicht nicht um einen protokollpflichtigen Verfahrensvorgang i.S. des § 273 StPO. Es genügt, wenn der Angeklagte durch den Gang der Verhandlung oder auf andere eindeutige Weise davon unterrichtet wird, welche Veränderung der Sachlage das Gericht in Betracht zieht (BGHSt. 19, 141, 143; 28, 196, 197/198; BGH NStZ 1981, 190/191 [BGH Urt. v. 11. 11. 1980 – 1 StR 527/80; vgl. § 265 StPO erfolglose Rügen]). Manches spricht dafür, daß dies hier geschehen ist. Die Frage bedarf indessen keiner Entscheidung. Denn unter den gegebenen Umständen ist jedenfalls – wie auch der Generalbundesanwalt meint – auszuschließen, daß das Urteil auf dem gerügten Verfahrensverstoß beruht (§ 337 Abs. 1 StPO).

Eine Verletzung des § 265 StPO ist kein unbedingter Revisionsgrund. Sie führt nicht zur Aufhebung des Urteils, wenn zweifelsfrei festgestellt werden kann, daß der Angeklagte auch bei gehöriger Unterrichtung sich nicht anders und erfolgreicher als geschehen hätte verteidigen können (BGHSt. 2, 250 [BGH Urt. v. 8. 5. 1951 – 1 StR 168/51; vgl. § 265 StPO erfolglose Rügen]). So verhält es sich hier.

13. Keine Hinweispflicht des Gerichts, wenn es die in der Anklageschrift angenommene Verminderung der Schuldfähigkeit des Angeklagten nicht bejaht.

StPO § 265 II – BGH Urt. v. 30. 6. 1987 – 1 StR 242/87 LG Konstanz (= NJW 1988, 501 = BGHR StPO § 265 II Hinweispflicht 1)

Die Revision rügt das Gericht sei ohne vorherigen Hinweis im Gegensatz zu der Anklage davon ausgegangen, bei Begehung der Tat habe bei dem Angeklagten eine – durch Drogenkonsum bedingte – erhebliche Verminderung der Schuldfähigkeit i.S. des § 21 StGB nicht vorgelegen.

Sachverhalt: Die gerichtlich zugelassene Anklage führte bereits im Anklagesatz aus, der Angeklagte sei „infolge Drogenmißbrauchs" in seiner Steuerungsfähigkeit beeinträchtigt gewesen, er habe mithin „im Zustand verminderter Schuldfähigkeit" gehandelt, seine Tat sei „unter Berücksichtigung des § 21 StGB" zu bestrafen. Zu dieser Frage nahm die Staatsanwaltschaft unter Verwertung des schriftlichen Gutachtens des Sachverständigen Medizinaldirektor K. – eines Arztes für Neurologie und Psychiatrie – bei der Wiedergabe des Ermittlungsergebnisses weiter Stellung. In der Hauptverhandlung, in der sich der Angeklagte zur Sache – auch zu seinem Drogenkonsum – äußerte, erstattete der genannte Sachverständige sein Gutachten. Im angefochtenen Urteil verneint das Landgericht eine erhebliche Verminderung der Schuldfähigkeit, ohne daß es zuvor auf die mögliche Nichtanwendung des § 21 StGB besonders hingewiesen hat. – Das Rechtsmittel war erfolglos.

Gründe: Zu Unrecht sieht die Revision darin einen Verstoß gegen § 265 I, II StPO i.V. mit Art. 6 I, III lit. a MRK, Art. 103 I GG.

Soweit die Strafkammer annimmt, daß die Schuldfähigkeit des Angeklagten nicht eingeschränkt war, ist dieser nicht aus einem anderen als dem im Eröffnungsbeschluß zugrunde gelegten Strafgesetz verurteilt worden: Die bei Anwendung des § 21 StGB mögliche Milderung des Strafrahmens nach § 49 I StGB schafft nicht einen anderen Tatbestand, auf den gem. § 265 I StPO hingewiesen werden müßte (BGH Urt. v. 13. 2. 1968 – 1 StR 613/67 – zu § 51 II StGB a.F.). In gleicher Weise setzt die Anwendung des § 21 StGB in Fällen, in denen die gerichtlich zugelassene Anklage von voller Schuldfähigkeit ausgegangen ist, keinen Hinweis nach § 265 I StPO voraus (vgl. BGH Urt. v. 29. 9. 1955 – 4 StR 247/55[1] – zu § 157 I StGB).

---

1 „Auch die Strafzumessung ist von Rechtsmängeln nicht beeinflußt. Das angefochtene Urteil läßt klar erkennen, daß das Landgericht den Angeklagten die mildernden Umstände des § 154

Der Wegfall eines in der gerichtlich zugelassenen Anklage aufgeführten Milderungsgrundes steht auch nicht dem Hervortreten eines – gesetzlich besonders vorgesehenen – rechtsfolgenverschärfenden Umstandes i.S. des § 265 II StPO gleich (BGH NJW 1955, 31 zu § 157 I StGB; 1959, 996 f. zu § 266 II StGB; BGH Urt. v. 10. 7. 1962 – 5 StR 207/62 – zu § 213 StGB). Im Gegensatz zu den in § 265 II StPO geregelten Fällen besteht hier nicht die Gefahr, der Angeklagte könne dadurch, daß in die abschließende Entscheidung sich auf einen bisher nicht angesprochenen Erschwerungsgrund stützt, überrascht und dadurch in seiner Verteidigung beeinträchtigt werden. Anders als in einem solchen Fall der vorliegenden Art verhält es sich auch, wenn erst in der Hauptverhandlung die – gesetzlich näher umschriebenen – Merkmale eines Regelbeispiels für einen besonders schweren Fall hervortreten (für die Annahme, beim unerlaubten Umgang mit Betäubungsmitteln habe der Täter „gewerbsmäßig" gehandelt, vgl. BGH, NJW 1980, 714).

Auch aus Sinn und Zweck des § 265 StPO, der eine Konkretisierung des in Art. 103 1 GG gewährleisteten Anspruchs auf rechtliches Gehör darstellt, ergibt sich grundsätzlich keine Pflicht des Gerichts, den Angeklagten darauf hinzuweisen, es erwäge oder beabsichtige, abweichend von der Beurteilung in der gerichtlich zugelassenen Anklage die Voraussetzungen des § 21 StGB zu verneinen. Die Aufnahme dieser Vorschrift in den Anklagesatz bedeutet nur, daß ihre Anwendung nach den Ergebnissen des Ermittlungsverfahrens in Betracht kommt. Insoweit enthält auch der Eröffnungsbeschluß lediglich eine vorläufige Wertung. Entgegen der Meinung der Revision ist darin irgendeine „Zusicherung", auf deren Einhaltung der Angeklagte mangels eines anderweitigen Hinweises vertrauen könnte, also ein gewisser „Besitzstand" nicht zu erblicken. Es versteht sich von selbst, daß die Annahme in der gerichtlich zugelassenen Anklage, er sei bei Begehung der Tat vermindert schuldfähig gewesen, der Überprüfung im Rahmen der Beweisaufnahme und der endgültigen Beurteilung durch das Gericht bei der Urteilsfindung unterliegt. Hierauf hatten sich der Angeklagte und sein Verteidiger einzurichten (vgl. BGH, bei: Dallinger, MDR 1972, 925).

In der Regel braucht der Tatrichter nicht in Vorwegerklärungen bekanntzugeben, wie die Beweiswürdigung ausfallen werde (BGH, Urt. v. 26. 5. 1981 – 1 StR 48/81, insoweit in BGHSt. 30, 131 = NJW 1981, 2267 nicht abgedr.). Es mag allerdings Fälle geben, in denen der Grundsatz des fairen Verfahrens – ihm entspricht die gerichtliche Fürsorgepflicht – es gebietet, die Verfahrensbeteiligten auf einen grundlegenden Wandel in der Beurteilung des Sachverhalts aufmerksam zu machen, wenn von einem solchen Hinweis eine sachgemäße Verteidigung abhängt. Eine derartige Situation ist hier jedoch nicht gegeben. Die Revision legt nicht im einzelnen dar, daß die Hauptverhandlung – unter dem Blickwinkel einer Verminderung der Schuldfähigkeit – eine Veränderung der Sachlage i.S. des § 265 IV StPO ergeben habe.

Im übrigen zeigt die Erklärung, die der Angeklagte in seinem Schlußwort zur Frage einer Drogensucht abgegeben hat, daß er sich auch in dieser Hinsicht hinreichend verteidigt hat. Bei dieser Sachlage liegt auch kein Verstoß gegen Art. 6 MRK vor.

14. Kein Hinweis erforderlich, wenn die Änderung nur Modalitäten des zeitlich fixierten Gesamtgeschehens betrifft.

StPO § 265 – BGH Urt. v. 17. 12. 1986 – 2 StR 554/86 (= BGHR StPO § 265 IV Hinweispflicht 2)

Die Revision rügt, das Landgericht habe es pflichtwidrig unterlassen, den Angeklagten und seine Verteidigung auf eine wesentliche Veränderung der Sachlage hinzuweisen. Der

---

Abs. 2 StGB zugebilligt und innerhalb des milderen Strafrahmens zusätzlich die Vorschriften des § 157 StGB zur Anwendung gebracht hat. Eines Hinweises gemäß § 265 StPO bedurfte es insoweit nicht, weil es sich nicht um ein milderes Strafgesetz, sondern nur um den Hinzutritt eines strafmildernden Umstandes handelt."

Angeklagte und seine Verteidigung hätten auf diese Veränderung der tatsächlichen Grundlagen des Schuldvorwurfs hingewiesen werden müssen. Sowohl im Ermittlungs- als auch im Zwischenverfahren sei dem Angeklagten zur Last gelegt worden, alle Tötungsdelikte kurz hintereinander begangen zu haben. Bei ihrem Schlußplädoyer sei die Staatsanwaltschaft davon ausgegangen, daß er die Taten in der „zweiten zeitlichen Lücke" verübt habe. Die Verteidigung sei – wie ein von ihr am 26. 5. 1986 gestellter Hilfsbeweisantrag zeige – um den Nachweis bemüht gewesen, daß die „zeitlichen Lücken im Alibi" je für sich genommen nicht ausgereicht hätten, sämtliche Tötungsdelikte auszuführen. Ebenso wie die Staatsanwaltschaft sei sie durch die im Urteil vorgenommene „Aufspaltung" der Tötungsdelikte – zwei im ersten, das dritte im zweiten Zeitraum – vollkommen überrascht worden. Daß die Strafkammer diesen Geschehensablauf in Betracht gezogen habe, hätten Angeklagter und Verteidigung nicht erwarten können. Trotzdem habe das Gericht keinen Hinweis auf diese Veränderung wesentlicher tatsächlicher Gesichtspunkte erteilt. Das widerspreche sowohl der Vorschrift des § 265 Abs. 4 StPO als auch dem prozessualen Fairneßgebot.

Sachverhalt: Die unverändert zugelassene Anklage hatte dem Angeklagten zum Vorwurf gemacht, am 26. 1. 1985 mit Pistolenschüssen zunächst seine Ehefrau und sodann – in nicht bekannter Reihenfolge – seine Schwiegermutter und seine ins Haus gelockte Freundin getötet zu haben; die genauere Tatzeit war im „Wesentlichen Ergebnis der Ermittlungen" alternativ dahin beschrieben, daß der Angeklagte „die im Anklagesatz geschilderte Tat" entweder zwischen 19.50 und 20.20 Uhr oder aber zwischen „ca." 23.30 und 00.15 Uhr begangen habe.

Demgegenüber ist im Urteil festgestellt, daß der Angeklagte in der Zeit zwischen (spätestens) 20.00 und 20.20 bis 20.30 Uhr seine Ehefrau und seine Schwiegermutter getötet, anschließend eine Fahrt unternommen, sich mit seiner Freundin getroffen, diese ins Haus gelockt und dann in der Zeit zwischen 23.30 und 00.15 Uhr erschossen hat. – Das Rechtsmittel war erfolglos.

Gründe: Offen bleiben kann, ob das Gericht verpflichtet gewesen ist, den Angeklagten und die Verteidigung darauf hinzuweisen, daß der Urteilsfindung auch ein Geschehensablauf zugrundegelegt werden könne, wonach die drei Tötungsdelikte nicht sämtlich entweder in der ersten oder in der zweiten „zeitlichen Lücke", sondern zum Teil in der ersten, zum anderen Teil aber in der zweiten verübt worden sind.

In Rechtsprechung und Schrifttum ist allerdings anerkannt, daß unter bestimmten Umständen das Gericht einen Hinweis zu geben hat, wenn es seinen Feststellungen eine andere als die in der Anklage bezeichnete Tatzeit zugrundelegen will (vgl. BGHSt. 19, 88 [BGH Urt. v. 3. 9. 1963 – 5 StR 306/63; vgl. § 265 StPO erfolgreiche Rügen]; BGH NStZ 1981, 190 [BGH Urt. v. 11. 11. 1980 – 1 StR 527/80; vgl. § 265 StPO erfolglose Rügen]; BGH Strafverteidiger 1984, 368 [BGH Beschl. v. 8. 3. 1984 – 2 StR 829/83; vgl. § 265 StPO erfolgreiche Rügen]; OLG Schleswig MDR 1980, 516; OLG Köln Strafverteidiger 1984, 414; OLG Frankfurt am Main Strafverteidiger 1985, 224]. Auf die unterschiedlichen Auffassungen zur rechtlichen Grundlage einer solchen Hinweispflicht und ihre Voraussetzungen im einzelnen braucht dabei nicht eingegangen zu werden. Festzuhalten ist jedoch, daß sich der vorliegende Fall von den Fällen der Änderung des Tatzeitpunkts wesentlich unterscheidet. Handelt es sich bei jenen Fällen darum, daß die Annahme eines anderen Tatzeitpunkts die Verteidigung des Angeklagten möglicherweise „leerlaufen" läßt (insbesondere wenn diese für den ursprünglich angenommenen Tatzeitpunkt einen Alibibeweis führt), so zeichnet sich der vorliegende Fall dadurch aus, daß in der Anklage von vornherein zwei Tatzeiträume bezeichnet waren, so daß Angeklagter und Verteidigung Anlaß und Gelegenheit hatten, sich auf die Feststellung von Tötungsdelikten in beiden Zeiträumen einzustellen und ihr Verteidigungshandeln darauf einzurichten. Dies ist gerade unter dem Gesichtspunkt der Verteidigung ein beachtlicher Unterschied. Daher bestehen Bedenken, eine gerichtliche Hinweispflicht im vorliegenden Fall zu bejahen; denn immerhin bleiben Zweifel, ob es sich rechtfertigen läßt, den Fällen der „echten" Tatzeitänderung (also einer Auswechslung der in Betracht kommenden Zeitpunkte) einen Sachverhalt gleichzustellen, bei dem innerhalb eines vorgegebenen zeitlichen Rahmens die Änderung nur die Zuordnung mehrerer Tötungsdelikte zu zwei, lediglich wenige Stunden auseinanderliegenden Zeitspannen, also letztlich nur Modalitäten des zeitlich fixierten Gesamtgeschehens betrifft.

Die Frage bedarf jedoch keiner abschließenden Entscheidung.

Das Urteil beruht nicht auf dem Unterbleiben des von der Revision für geboten erachteten Hinweises. Der Senat schließt aus, daß sich der Angeklagte bei Erteilung des vermißten Hinweises wirksam hätte verteidigen können.

Anhaltspunkte für die gegenteilige Annahme sind nicht vorhanden. Sie ergeben sich insbesondere auch nicht aus einer Betrachtung der tatsächlichen Verteidigung des Angeklagten. Dieser hatte vor der Hauptverhandlung mehrfach behauptet, in der Tatnacht die drei Frauen im Hause bereits tot aufgefunden zu haben. Zeitweise war seine Darstellung dahin gegangen, er sei dort seiner Freundin begegnet, von ihr mit der Pistole angegriffen und in einen Kampf verwickelt worden, wobei er sich der Waffe bemächtigt und auf seine Freundin geschossen habe; diese Darstellung sollte ersichtlich die Annahme nahelegen, Ehefrau und Schwiegermutter seien zuvor von seiner Freundin umgebracht worden. In der Hauptverhandlung hat er sich nicht zur Sache geäußert.

Möglichkeiten, sich gegen den Schuldvorwurf unter dem Gesichtspunkt des im Urteil festgestellten Geschehensablaufs mit Erfolg zu verteidigen, sind nicht ersichtlich. Auch die Revision zeigt solche Möglichkeiten nicht auf.

15. Der Hinweis an zwei der Mittäterschaft Angeklagte, einer von ihnen könne auch als Gehilfe bestraft werden, reicht als Hinweis für den anderen Angeklagten, er könne als Alleintäter bestraft werden, aus.

StPO § 265 – BGH Urt. v. 14. 6. 1983 – 1 StR 82/83 LG München I (= NStZ 1983, 569)

Die Revision rügt, die Angeklagte sei nicht darauf hingewiesen worden, daß für sie anstatt einer Verurteilung als Mittäterin eine Verurteilung als – alleinige – Täterin in Frage komme.

Sachverhalt: Gegen die Beschwerdeführerin und die Mitbeschuldigten R. und H. war Anklage wegen gemeinschaftlichen verbotenen Handeltreibens mit Betäubungsmitteln erhoben worden; diese Anklage ist zugelassen und das Hauptverfahren antragsgemäß eröffnet worden. Verurteilt wurde sie als Täterin, R. als Gehilfe, während das Verfahren gegen H. abgetrennt wurde. – Das Rechtsmittel war erfolglos.

Gründe: Bei diesem Verfahrensgang mußte die Angeklagte gemäß § 265 1 StPO darauf hingewiesen werden, sie könne auch als alleinige Täterin verurteilt werden (vgl. BGHSt. 11, 18 [19] [BGH Urt. v. 8. 10. 1957 – 1 StR 318/57; vgl. § 357 StPO erfolgreiche Rügen]; BGH Beschl. v. 7. 9. 1977 – 3 StR 299/77; RGSt 22, 367; RG GA 43, 393, 394).

Die Notwendigkeit eines solchen Hinweises ergibt sich daraus, daß als Mittäter auch verurteilt werden kann, wer nicht alle tatbestandsmäßigen Handlungen ausgeführt hat, während Alleintäter nur sein kann, wer selbst den Tatbestand voll verwirklicht; es liegt auf der Hand, daß damit gegen den Vorwurf der Alleintäterschaft eine andere Verteidigung in Frage kommt als gegen den Vorwurf der Mittäterschaft.

Der Senat ist jedoch der Ansicht, daß der gemäß § 265 I StPO gebotene Hinweis der Angeklagten v. H. in ausreichend deutlicher Weise erteilt worden ist.

Nach dem Hauptverhandlungsprotokoll hat der Vorsitzende in der Sitzung vom 20. 8. 1982 folgenden Hinweis erteilt:

Der Vorsitzende wies auf eine mögliche Änderung des rechtlichen Gesichtspunktes gemäß § 265 StPO hin, daß bei der Angeklagten v. H. auch in den Fällen 1, 3 und 4 der Anklage vom 8. 4. 1982 ein fortgesetztes Vergehen des unerlaubten Handeltreibens mit Betäubungsmitteln in einem besonders schweren Fall und bei dem Angeklagten R. ein Vergehen der Beihilfe zu einem Vergehen des unerlaubten Handels in einem besonders schweren Fall und bei dem Angeklagten R. ein Vergehen der Beihilfe zu einem Vergehen des unerlaubten Handels in einem besonders schweren Fall gegeben sein kann. Dieser Hinweis richtete sich an beide Angeklagte; die darin in Aussicht gestellten Veränderungen rechtlicher Gesichtspunkte müssen im Zusammenhang gesehen werden. Bei einer solchen Gesamtbetrachtung ergibt sich aber aus dem Hinweis eindeutig, daß für die Angeklagte v. H. weiterhin nur eine Verurteilung wegen täterschaftlichen Handeln in Frage kam, während für den Angeklagten R. auf die Möglichkeit einer Verurteilung wegen Beihilfe hingewiesen wurde. Da auf der Anbieterseite weitere Beteiligte nicht angeklagt waren, konnte für die – durch einen Verteidiger beratene – Angeklagte v. H. nicht zweifelhaft sein, daß sie als Alleintäterin verurteilt werden kann.

Der Hinweis nach § 265 1 StPO zielt darauf ab, den Angeklagten und seinen Verteidiger in die Lage zu versetzen, die Verteidigung auf den neuen rechtlichen Gesichtspunkt einzurichten. Erforderlich und genügend ist daher jeder Hinweis, der seiner Aufgabe gerecht wird (BGH Urt. v. 11. 3. 1975 – 1 StR 51/75, bei Dallinger, MDR 1975, 545). Was den Angeklagten über die mögliche Veränderung des rechtlichen Gesichtspunktes gesagt worden ist, war unmißverständlich und ermöglichte ihnen die umfassende Wahrnehmung ihres Verteidigungsinteresses.

16. Der Tatrichter darf den Angeklagten nicht im unklaren lassen, wenn er die Verurteilung auf tatsächliche Umstände stützen will, die der Sachverhaltsschilderung in der zugelassenen Anklage nicht zu entnehmen sind.

StPO § 265 – BGH Urt. v. 11. 11. 1980 – 1 StR 527/80 LG Karlsruhe (= NStZ 1981, 190)

Die Revision rügt, in der zugelassenen Anklage sei dem Beschwerdeführer zur Last gelegt worden, daß er an zwei aufeinanderfolgenden Tagen im Mai 1979 zwei Kaufabschlüsse getätigt und jeweils 50 Gramm Heroin erworben habe. Im Urteil sei der Tatzeitpunkt „auf Anfang Juli 1979 festgelegt" worden. Obwohl der Verteidiger im Schlußvortrag „fürsorglich" um einen Hinweis gebeten habe, wenn für das Tatgericht nicht nur die Monate Mai und Juni 1979 als Tatzeitraum in Betracht kämen, damit „alsdann Gegenbeweise erbracht werden könnten", habe die Strafkammer ohne vorherigen Hinweis „Juli 1979" als Tatzeit angenommen. Im Falle eines entsprechenden Hinweises hätte der Angeklagte mit Sicherheit nachweisen können, daß er sich auch im Juli 1979 nicht strafbar gemacht habe. Da der Hauptbelastungszeuge „auf Befragen den Tatzeitpunkt auf spätestens Ende Juni 1979 abgrenzte", hätten der Angeklagte und der Verteidiger davon ausgehen können, daß der Monat Juli als Tatzeit ausscheide. Jedenfalls liege eine Anklage wegen einer „vermuteten Tat im Juli 1979" nicht vor.

Sachverhalt: Die Strafkammer weist darauf hin, daß der Hauptbelastungszeuge, der „Schwierigkeiten hatte, die Heroingeschäfte mit dem Angeklagten zeitlich zu fixieren", im Rahmen der Befragung durch den Verteidiger auch bekundet habe, daß ein Bekannter von ihm (der Lieferant des Heroins) wenige Tage nach dem zweiten Geschäft in die Türkei fuhr, dort seiner Erinnerung nach etwa einen Monat bis eineinhalb Monate blieb und sich im Anschluß an seinen Aufenthalt im Heimatland Mitte August 1979 fernmündlich von Salzburg aus vernehmen ließ. Das Tatgericht weist auch darauf hin, daß es auf Beweisantrag des Verteidigers als wahr unterstellte, daß Frau B., die nach den Bekundungen des Hauptbelastungszeugen anwesend war, als die den ersten Erwerbsakt betreffenden Verhandlungen in der Wohnung eines Freundes des Angeklagten geführt wurden, sich in der

Zeit vom 15. 12. 1978 bis 7. 7. 1979 ununterbrochen in Israel aufgehalten hat, und das Tatgericht erwähnt, daß der Staatsanwalt sich im Schlußvortrag „mit einer Tatzeit im Juli 1979 auseinandergesetzt" habe. – Das Rechtsmittel war erfolglos.

Gründe: ...

c) Die Rüge kann keinen Erfolg haben. Aus § 265 IV StPO i.V. mit Art. 103 I GG und § 244 II StPO folgt zwar, daß der Tatrichter den Angeklagten nicht im unklaren lassen darf, wenn er die Verurteilung auf tatsächliche Umstände stützen will, die der Sachverhaltsschilderung in der zugelassenen Anklage nicht zu entnehmen sind. Zur Unterrichtung des Angeklagten bedarf es aber keines förmlichen Hinweises, wie ihn § 265 I StPO für die Veränderung des rechtlichen Gesichtspunktes vorschreibt und wie ihn Absatz 2 der Vorschrift verlangt, wenn erst in der Hauptverhandlung vom Strafgesetz besonders vorgesehene rechtsfolgenverschärfende Umstände sich ergeben. Es genügt, daß der Angeklagte aus dem Gang der Hauptverhandlung erfährt, daß das Gericht neue tatsächliche Gesichtspunkte in seine die Tatfrage betreffenden Überlegungen einbezogen hat und daß der Angeklagte Gelegenheit erhält, sich dazu zu äußern und Beweisanträge zu stellen oder Beweiserhebung anzuregen (RG, JW 1926, 1216 Nr. 6; BGHSt. 19, 141 [142/143] [BGH Urt. v. 8. 10. 1963 – 1 StR 553/62; vgl. § 265 StPO erfolglose Rügen]; 28, 196 [197/198] [BGH Urt. v. 15. 11. 1978 – 2 StR 456/78; vgl. § 265 StPO erfolgreiche Rügen]; BGH, Beschl. v. 28. 10. 1976 – 4 StR 476/76 bei Holtz, MDR 1977, 108; BGH Beschl. v. 11. 5. 1979 – 5 StR 524/79 bei Holtz, MDR 1980, 107).

Das gilt auch, wenn die Veränderung der tatsächlichen Grundlage der Sachentscheidung die Tatzeit betrifft, ohne daß der Schuldvorwurf dadurch eine wesentliche Veränderung erfährt (BGHSt. 19, 141 [144]; BGH Urt. v. 24. 2. 1976 – 1 StR 764/75). Auch der 5. Strafsenat des BGH hat seine in den Formulierungen weitergehende frühere Auffassung (vgl. BGHSt. 19, 88 [89] [BGH Urt. v. 3. 9. 1963 – 5 StR 306/63; vgl. § 265 StPO erfolgreiche Rügen]) inzwischen dahin eingegrenzt, daß sie nur Fälle betreffe, in denen die Tatzeit für den Schuldvorwurf von ausschlaggebender Bedeutung sei (BGH Urt. v. 1. 3. 1966 – 5 StR 21/66 und v. 24. 2. 1976 – 1 StR 764/75).

Ein solcher Fall liegt hier nicht vor. Für den Schuldvorwurf war es unwesentlich, ob der Angeklagte Betäubungsmittel (Heroin) zweimal kurz hintereinander im Mai, Juni oder Juli 1979 erworben hatte. Die Einzelheiten des Geschehensablaufs, wie sie schon die zugelassene Anklage dargelegt und das angefochtene Urteil festgestellt hat, standen mit dem einen oder anderen Tatzeitpunkt in keinem Zusammenhang. Auf Grund dieser Einzelheiten war nicht zweifelhaft, um welche Erwerbsakte im Rahmen welchen historischen Geschehens es ging.

Nur für die Beurteilung der Glaubwürdigkeit des Hauptbelastungszeugen spielte die genaue Fixierung der Tatzeit eine gewisse Rolle. Das gegen die Glaubwürdigkeit gerichtete Verteidigungsvorbringen ging weitgehend ins Leere, wenn „nicht mehr feststellbare Tage Mitte Juli 1979" in Frage kamen. Damit mußte aber gerechnet werden, weil auf der Grundlage von Anhaltspunkten, die der Zeuge für die zeitliche Fixierung gab „als mögliche Tatzeit der Zeitraum bis etwa Mitte Juli 1979 nicht ausgeschlossen war".

Auch wenn man davon absieht, lag für alle Verfahrensbeteiligten klar zutage, daß die Bekundungen des Zeugen, der eingeräumt hatte, daß er den genauen Zeitpunkt der Heroingeschäfte mit dem Angeklagten nicht mehr wisse, und der Gang der Hauptverhandlung nicht nur Raum für die von der Strafkammer vorgenommene Konkretisierung gaben, sondern sie erwarten ließen. Die Strafkammer hat die Möglichkeit der von ihr im Urteil vorgenommenen zeitlichen Fixierung des Tatgeschehens in Entscheidungen nach § 244 VI StPO zum Ausdruck gebracht. Der Angeklagte und sein Verteidiger haben diese Möglichkeit in Beweisanträgen und im Schlußvortrag in Rechnung gestellt. Der Staatsanwalt hat sich mit dieser Möglichkeit befaßt. Vor allem aber lag es in der Konsequenz des Verteidigervorbringens, die im Urteil festgestellte Tatzeit in Erwägung zu ziehen. Denn auf Grund des Verteidigungsvorbringens ergab sich folgende Alternative: Entweder wurden die tatbestandsmäßigen Erwerbshandlungen des Angeklagten erst nach dem 7. 7. 1979 begangen oder der Hauptbelastungszeuge erfand das von ihm bekundete Tatgeschehen ganz oder zum Teil. Der Angeklagte und sein Verteidiger konnten nicht nur damit rechnen und haben, wie ihr prozessuales Verhalten erkennen läßt, nicht nur damit gerechnet, daß das Gericht die zweite Alternative bejahen werde. Infolgedessen kann keine Rede davon sein, daß der Angeklagte trotz des ständigen „Kampfes um die Tatzeit" während der Hauptverhandlung im Urteil mit einer neuen Tatsache überrascht und deshalb unter Verletzung seines Anspruchs auf rechtliches Gehör in seiner Verteidigung unzulässig beschränkt worden sei.

17. Der Angeklagte selbst kann keine Aussetzung mit der Begründung verlangen, daß dem neu bestellten Pflichtverteidiger die zur Vorbereitung der Verteidigung erforderliche Zeit nicht verbleiben würde.

StPO § 265 IV – BGH Urt. v. 17. 7. 1973 – 1 StR 61/73 LG Aschaffenburg (= NJW 1973, 1985)

Die Revision rügt, daß Anträge des Angeklagten auf Aussetzung des Verfahrens mit der Begründung, der Pflichtverteidiger sei nicht mit der Sache vertraut, von der Strafkammer abgelehnt worden sind.

Sachverhalt: Am 2. 6. 1972 stellte der Verteidiger des Angeklagten H. K. den Antrag, das Verfahren gegen diesen Angeklagten abzutrennen, weil er, der Verteidiger, nicht mehr zur Verfügung stehe. Der Antrag wurde abgelehnt und RA K. als Pflichtverteidiger bestellt. Hiergegen legte RA Dr. Sch.-L. Beschwerde ein, die vom OLG Bamberg verworfen wurde. Anträge des Angeklagten H. K. v. 9. und 20. 6. 1972 auf Aussetzung des Verfahrens mit der Begründung, der Pflichtverteidiger sei nicht mit der Sache vertraut, wurden von der Strafkammer abgelehnt. – Das Rechtsmittel war erfolglos.

Gründe: ...

b) Auch die Ablehnung der Aussetzungsanträge ist nicht zu beanstanden. Der neubestellte Verteidiger selbst hat keinen derartigen Antrag gestellt und auch nicht ausdrücklich oder sinngemäß erklärt, „daß ihm die zur Vorbereitung der Verteidigung erforderliche Zeit nicht verbleiben würde" (§ 145 Abs. 3 StPO). Seine Erklärung zum zweiten Aussetzungsantrag des Angeklagten, er wolle nicht in die Konzeption des Wahlverteidigers seines Mandanten eingreifen und stelle sich deshalb nicht gegen diesen Antrag, reicht hierfür nicht aus. Die Erklärung hätte im übrigen bei der Übernahme der Verteidigung erfolgen müssen (BGHSt. 13, 337, 339 [BGH Urt. v. 30. 10. 1959 – 1 StR 418/59; vgl. § 338 Nr. 8 StPO erfolglose Rügen]). Der Angeklagte selbst kann auf Grund der genannten Vorschrift eine Aussetzung nicht verlangen (BGH, NJW 63, 1114 Nr. 13, 1115 [BGH Urt. v. 12. 3. 1963 – 1 StR 54/63 = BGHSt. 18, 288; vgl. § 265 StPO erfolgreiche Rügen]; vgl. auch § 228 Abs. 2 StPO).

Zwar kann das Gericht – unabhängig von der Regelung des § 145 StPO und von sonstigen Anträgen und Anregungen der Beteiligten – gemäß § 265 Abs. 4 StPO von Amts wegen verpflichtet sein, nach einem Verteidigerwechsel die Hauptverhandlung auszusetzen, wenn dies zur angemessenen Vorbereitung der Verteidigung als erforderlich erscheint (RGSt. 77, 153, 155; BGH, NJW 65, 2164 Nr. 12 [BGH Urt. v. 25. 6. 1965 – 4 StR 309/65; vgl. § 265 StPO erfolgreiche Rügen], 2165). Im vorliegenden Fall bestehen jedoch keinerlei Anhaltspunkte dafür, daß sich der Pflichtverteidiger nicht genügend vorbereiten konnte. Zwischen der Verteidigerbestellung und der Fortsetzung der Hauptverhandlung lag eine Frist von einer Woche, innerhalb derer RA K. Akteneinsicht nehmen und hinsichtlich der Einzelheiten der bis dahin geführten Verhandlung Rücksprache mit seinem Mandanten und dem Wahlverteidiger halten konnte. Daß dies unterblieben ist, wird von der Revision nicht behauptet. Außerdem war der Angeklagte H. K. in bezug auf den äußeren Tathergang geständig und berief sich nur auf Notstand. In einem der Schwierigkeit nach etwa vergleichbaren Fall (Schwurgerichtssache) hat der BGH eine Vorbereitungszeit von 3 Tagen als ausreichend angesehen (Urt. v. 4. 7. 1962 – 2 StR 238/62).

Zwar soll sich der Angeklagte in der Regel eines Anwalts seines Vertrauens bedienen können (vgl. BVerfGE 9, 36, 38 NJW 59, 571; BVerfGE 1, 109, 114 = NJW 52, 457; BGH Urt. v. 19. 7. 1960 – 5 StR 255/60; v. 15. 7. 1969 – 1 StR 244/69 bei Dallinger, MDR 69, 903; v. 17. 8. 1971 – 1 StR 462/70). Das bedeutet jedoch nicht, daß die Hauptverhandlung unter allen Umständen in Gegenwart dieses Verteidigers durchgeführt oder zum Abschluß gebracht werden muß. Dies ist schon den angeführten gesetzlichen Bestimmungen zu entnehmen, die sich mit der Verhinderung des Verteidigers befassen: Gemäß § 228 Abs. 2 StPO gibt eine solche – unbeschadet der Vorschrift des § 145 StPO – dem Angeklagten kein Recht, die Aussetzung der Verhandlung zu verlangen; unter den Voraussetzungen des § 145 Abs. 1 StPO ist ihm vielmehr sogleich ein anderer Verteidiger zu bestellen, mit dem die Verhandlung fortgesetzt werden kann. Der Verteidiger hat es also grundsätzlich nicht in der Hand, unter Hinweis auf andere Aufgaben oder persönliche Gründe eine Unterbrechung oder Aussetzung der Hauptverhandlung zu erzwingen (BGHSt. 15, 306, 308 [BGH Urt. v. 24. 1. 1961 – 1 StR 132/60; vgl. § 338 Nr. 5 StPO erfolgreiche Rügen]). Das schließt andererseits nicht aus, daß das Gericht im Einzelfall auch auf den Zeitplan des Verteidigers Rücksicht nimmt und etwa seiner kurzfristigen Verhinderung – soweit möglich – durch eine Terminsverlegung um wenige Tage oder durch eine Unterbrechung der Hauptverhandlung Rechnung trägt. Darum ging es jedoch im vorliegenden Fall nicht. Der Wahlverteidiger bot keine bestimmte Möglichkeit an, die Unterbrechungsfrist des § 229 StPO einzuhalten, sondern wollte die Vertagung der umfangreichen und im wesentlichen bereits durchgeführten Hauptverhandlung „auf unbestimmte Zeit" erreichen.

Bei dieser Sachlage durfte der Tatrichter ohne Verletzung der prozessualen Fürsorgepflicht dem Fortgang des Verfahrens den Vorrang geben (vgl. auch OLG Stuttgart, NJW 67, 944 Nr. 19). Die Aussetzung der bereits fortgeschrittenen Hauptverhandlung hätte zu einer unabsehbaren Verzögerung des Verfahrens geführt, das Beschleunigungsgebot (Art. 5 Abs. 3 Satz 2 und Art. 6 Abs. 1 MRK) verletzt und damit schließlich auch dem wohlverstandenen Interesse des in Untersuchungshaft befindlichen Angeklagten widersprochen.

18. Hinweis bei mehreren möglichen Begehungsformen (Einschränkung von BGHSt. 2, 371 [BGH Urt. v. 27. 5. 1952 – 1 StR 160/52; vgl. § 265 StPO erfolgreiche Rügen]).

StPO § 265 I; WeinG §§ 1, 4; LebensmittelG § 4a – BGH Urt. v. 17. 12. 1965 – 1 StR 300/65 LG Mainz (= BGHSt. 21, 1 = NJW 1966, 676)

Die Revision rügt, der Angeklagte sei nicht darauf hingewiesen worden, ob ein Versuch des Verfälschens oder einer des Nachmachens i.S. des § 4 Nr. 1 LebMG in Betracht komme.

Sachverhalt: In der Verhandlung wies der Vorsitzende den Angeklagten darauf hin, er könne gemäß § 4 Nr. 1 LebMG in Verbindung mit §§ 43, 49 StGB verurteilt werden. – Das Rechtsmittel war erfolglos.

Gründe:

1. Ohne Erfolg rügt die Revision, der Angeklagte sei nicht darauf hingewiesen worden, ob ein Versuch des Verfälschens oder des Nachmachens i.S. des § 4 Nr. 1 LebMG in Betracht komme. Der Hinweis des Vorsitzenden, der Angeklagte könne gemäß § 4 Nr. 1 LebMG in Verbindung mit §§ 43, 49 StGB verurteilt werden, umschloß beide Begehungsformen und genügte damit der Vorschrift des § 265 StPO.

An dieser Entscheidung sieht sich der Senat durch sein Urteil BGHSt. 2, 371 nicht gehindert. Dieses betraf insofern einen anderen Sachverhalt, als dort ungleichwertige Begehungsformen – persönliche oder sachliche Begünstigung – in Rede standen. Die Begriffe Verfälschen und Nachmachen dagegen wiegen rechtlich gleich schwer, und eine scharfe Grenze zwischen ihnen läßt sich nicht immer ziehen (RGSt 14, 428, 432; 21, 437, 439; 31, 72, 75). Der Hinweis des Vorsitzenden ist deshalb im vorliegenden Fall nicht darum zu beanstanden, weil er zwischen den beiden Begehungsarten nicht unterschied. Soweit die verallgemeinernde Fassung der Entscheidung BGHSt. 2, 371, 373 etwas anderes besagt, wird daran nicht festgehalten; der Senat ist bereits in seinem Urteil vom 1. 10. 1963 – 1 StR 333/63 – davon abgewichen. ...

19. Erkennbarkeit wesentlicher Gesichtspunkte durch Gang der Hauptverhandlung.
StPO § 265; GG Art. 103 I – BGH Urt. v. 8. 10. 1963 – 1 StR 553/62 LG Weiden (= BGHSt. 19, 141 = NJW 1964, 308)

Die Revision rügt, daß das Urteil von einem anderen als dem im Eröffnungsbeschluß genannten Sachverhalt ausgehe, ohne daß ein förmlichen Hinweis nach § 265 Abs. 1 StPO erfolgt sei.

Sachverhalt: Das Landgericht hat den Angeklagten K. u.a. wegen fortgesetzten Betrugs verurteilt. In einigen Fällen ist es dabei von einem anderen Sachverhalt als der Eröffnungsbeschluß ausgegangen, ohne jedoch die durch § 264 StPO gezogenen Grenzen zu überschreiten. So nahm etwa der Eröffnungsbeschluß Betrug zum Nachteil von Geschäftspartnern an, denen der Angeklagte gelieferte Waren mit Rittwechseln bezahlte, während das Urteil den Angeklagten des Betrugs zum Nachteil der Banken für schuldig befunden hat, denen diese Wechsel von den Geschäftspartnern mit Wissen des Angeklagten zum Diskont weitergegeben wurden. – Das Rechtsmittel war erfolglos.

Gründe: Sie verkennt, daß der Hinweis nach § 265 Abs. 1 StPO, der in förmlicher Weise auch dann noch vom Gericht gegeben werden muß, wenn alle Verfahrensbeteiligten den veränderten rechtlichen Gesichtspunkt bereits von sich aus angesprochen haben (RGSt 20, 33; BGH bei Dallinger MDR 1952, 532[1]), und der als „wesentliche Förmlichkeit" in der Sitzungsniederschrift festzuhalten ist (BGHSt. 2, 371 [373] [BGH Urt. v. 27. 5. 1952 – 1 StR 160/52; vgl. § 265 StPO erfolgreiche Rügen]), nur für die Fälle vorgeschrieben ist, in denen das Gericht – sei es nun auf Grund neuer Tatsachen oder nicht – auf die im Eröffnungsbeschluß bezeichnete Tat ein anderes Strafgesetz anwenden will, als dort angeführt war. Die Vorschrift gilt also nicht für die Fälle, in denen die Verurteilung bei gleichbleibendem Strafgesetz nur auf zum Teil andere Tatsachen gegründet wird (so ausdrücklich BGH Urt. v. 29. 4. 1960 – 4 StR 544/59). Diese Fälle werden ausschließlich durch § 265 Abs. 4 StPO getroffen; mit dieser Vorschrift erfaßt der Gesetzgeber, insoweit über den Rahmen des § 265 Abs. 1 bis 3 StPO hinausgreifend, alle Vorkommnisse einer bloß veränderten Sachlage und bestimmt, daß das Gericht auf Antrag oder von Amts wegen die Hauptverhandlung auszusetzen habe, falls dies infolge der veränderten Sachlage zur genügenden Vorbereitung der Anklage oder der Verteidigung angemessen erscheint (vgl. hierzu BGHSt. 8, 92 [BGH Urt. v. 28. 6. 1955 – 5 StR 646/54; vgl. § 265 StPO erfolgreiche Rügen]). Das bedeutet freilich nicht, daß das Gericht in den Fällen, in denen es eine Aussetzung von Amts wegen nicht für geboten hält, den Angeklagten über eine veränderte Sachlage im Dunkeln lassen dürfte. Die Aussetzung von Amts wegen schließt notwendig die

---

1 „A. war im Eröffnungsbeschluß des Mordes nach § 211 StGB beschuldigt, wurde aber nach § 212 i.V. mit § 213 StGB wegen Totschlags verurteilt. Die Vorschriften der §§ 211 und 212 StGB sind trotz des ihnen gemeinsamen Tatbestandes vorsätzlicher Tötung eines Menschen so verschieden, daß sie als andere Strafgesetze i.S. des § 265 StPO zu behandeln sind. Dafür spricht vor allem die Verschiedenartigkeit der Strafdrohung. Der vom Staatsanwalt gestellte Antrag auf Bestrafung wegen Totschlags vermag den dem Vorsitzenden obliegenden Hinweis nicht zu ersetzen." (BGH Urt. v. 15. 5. 1952 – 3 StR 130/52).

Unterrichtung über die veränderte Sachlage ein, und diese Unterrichtung bleibt als das Mindere übrig, wenn die Aussetzung nicht geboten ist. Schon das Reichsgericht hat sich zu dem Grundsatz bekannt, daß der Angeklagte im Urteil nicht mit der Feststellung eines tatsächlichen Umstandes überrascht werden dürfe; er müsse vielmehr auf neue Tatsachen soweit vorbereitet werden, daß er Anlaß habe, sich dazu ausreichend zu äußern (RGSt 76, 82, 85). Es hat in der letztgenannten Entscheidung dies aus dem Grundgedanken des § 265 Abs. 2 StPO und der in § 244 Abs. 2 StPO ausgedrückten Aufklärungspflicht des Gerichts abgeleitet, aus der sich ergebe, daß das Gericht die Einlassung des Angeklagten als wichtige Quelle zur Erforschung des Sachverhalts nicht ungenützt lassen dürfe. Der Bundesgerichtshof hat diese Auffassung durch den Hinweis auf den Anspruch auf Gewährung des rechtlichen Gehörs gem. Art. 103 Abs. 1 GG ergänzt (BGHSt. 11, 88, 91 [BGH Urt. v. 8. 10. 1957 – 1 StR 318/57; vgl. § 265 StPO erfolgreiche Rügen] und Urt. v. 29. 4. 1960 – 4 StR 544/59; vgl. auch BVerfGE 6, 12; 8, 208). Gerade aus dem Anspruch auf Gewährung des rechtlichen Gehörs folgt auch, daß der Tatrichter den Angeklagten nicht darüber im unklaren lassen darf, wenn er bei der Verurteilung ein Merkmal des strafrechtlichen Tatbestandes in einer (vom Angeklagten möglicherweise als unbedeutend angesehenen und deshalb von ihm nicht näher behandelten) Tatsache finden will, die der Eröffnungsbeschluß dazu nicht herangezogen hatte.

Indessen handelt es sich hier nicht um die förmliche Hinweispflicht im Sinne des § 265 Abs. 1 StPO. Es genügt, wenn der Angeklagte „durch den Gang der Hauptverhandlung" unterrichtet wird. Allein der Umstand, daß das Gericht auf eine bestimmte Tatsache in einem bestimmten Zusammenhang Wert legt, wird oft schon deutlich zeigen, daß es hierin einen für den anzuwendenden Tatbestand erheblichen neuen tatsächlichen Gesichtspunkt sieht, und einen ausdrücklichen Hinweis auch in den Augen des Angeklagten überflüssig erscheinen lassen. Das gilt erst recht, wenn ihm ein Verteidiger zur Seite steht. Es verhält sich hier ähnlich wie bei der Gestaltung des Hinweises nach § 265 Abs. 1 und 2 StPO, bei dem gleichfalls keine starre Regelung für die Pflicht des Gerichts zur Bezeichnung der Tatsachen gilt, auf die sich die Merkmale des veränderten Tatbestandes beziehen. Hier kann unter Umständen die Anführung der in Betracht kommenden Strafvorschrift für sich allein schon genügen, je nach dem aber auch eine genauere Bezeichnung der Tatsachen geboten sein (vgl. BGHSt. 13, 320 [BGH Urt. v. 3. 11. 1959 – 1 StR 425/59; vgl. § 265 StPO erfolgreiche Rügen]). Entsprechend verhält es sich mit der Protokollpflicht. Ihr ist im Falle des § 265 Abs. 1 und 2 StPO mit einem Vermerk genügt, der den vom Gericht neu ins Auge gefaßten gesetzlichen Tatbestand zuverlässig erkennen läßt, der aber nichts über die diesem Tatbestand zugeordneten Tatsachen zu enthalten braucht (BGHSt. 2, 371, 373). Ob diese dem Angeklagten in ausreichender Weise zur Kenntnis gebracht wurden, kann im Wege des Freibeweises ermittelt werden. Das bedeutet entsprechend, daß dort, wo es nur um einen Hinweis auf die veränderte Sachlage geht, kein Protokollierungszwang besteht und das Schweigen des Protokolls keinen Beweis dafür liefern kann, daß das Gericht seiner Hinweispflicht nicht genügt hat.

Es wäre hiernach Sache des Beschwerdeführers gewesen, den Nachweis für eine angeblich unzureichende Belehrung über eine Veränderung der Sachlage zu führen.

20. Erforderlich und genügend ist jeder Hinweis auf neuen Gesichtspunkt.

StPO § 265 I – BGH Urt. v. 16. 10. 1962 – 5 StR 276/62 LG Berlin (= BGHSt. 18, 56 = NJW 1962, 2360)

Die Revision rügt, § 265 Abs. 1 StPO sei dadurch verletzt worden, daß die Strafkammer die Angeklagte u.a. wegen eines Vergehens nach § 145d StGB (zweite Begehungsform) verurteilt hat, obwohl der Eröffnungsbeschluß dieses Strafgesetz nicht anführt und, wie die Revision meint, der in der Hauptverhandlung gegebene Hinweis unzulänglich gewesen sei.

Sachverhalt: Die Sitzungsniederschrift über die Hauptverhandlung vor der Strafkammer beweist: Die Angeklagte ist in der Hauptverhandlung darauf hingewiesen worden, „daß eine Bestrafung auch nach § 145d StGB an Stelle nach § 164 StGB erfolgen könne". – Das Rechtsmittel war erfolglos.

Gründe: Die Sitzungsniederschrift über die Hauptverhandlung vor der Strafkammer beweist: Die Angeklagte ist in der Hauptverhandlung darauf hingewiesen worden, „daß eine Bestrafung auch nach § 145 d StGB an Stelle nach § 164 StGB erfolgen könne". § 145d StGB ist verlesen worden. Damit ist den Erfordernissen des § 265 Abs. 1 StPO Genüge geschehen.

Die Vorschrift des § 265 Abs. 1 StPO bestimmt, daß der Angeklagte, der auf Grund eines anderen als des in dem Eröffnungsbeschluß angeführten Strafgesetzes verurteilt wird, zuvor auf die Veränderung des rechtlichen Gesichtspunktes hingewiesen und ihm Gelegenheit zur Verteidigung gegeben werden muß. Über den weiteren Inhalt des Hinweises sagt die Vorschrift nichts.

Wie der Hinweis im einzelnen aussehen muß, kann hiernach nur dem Zweck des Gesetzes entnommen werden. Er zielt darauf ab, den Angeklagten und seinen Verteidiger in die Lage zu versetzen, ihre Verteidigung auf den neuen rechtlichen Gesichtspunkt einzurichten. Erforderlich und genügend ist jeder Hinweis, der diesem Zweck gerecht wird. Das ist grundsätzlich der Fall, wenn für den Angeklagten und seinen Verteidiger aus dem Hinweis, sei es allein, sei es in Verbindung mit dem Inhalt der Anklage und des Eröffnungsbeschlusses, erkennbar ist, welche Tat der Hinweis betrifft, welches Strafgesetz nach Auffassung des Gerichts auf sie anzuwenden ist und durch welche Tatsachen das Gericht die gesetzlichen Merkmale als erfüllt ansieht. So liegt es hier.

21. Keine Hinweispflicht bei Erkennen auf Polizeiaufsicht.

StPO §§ 265 II, 267 III – BGH Urt. v. 7. 9. 1962 – 4 StR 266/62 LG Dortmund (= BGHSt. 18, 66 = NJW 1963, 212)

Die Revision rügt, daß die bloße Bezugnahme auf die §§ 38, 248 StGB keine ausreichende Begründung für den Ausspruch über die Zulässigkeit von Polizeiaufsicht ist. – Das Rechtsmittel war erfolglos.

Gründe:

1. Wäre die Polizeiaufsicht eine Nebenstrafe, so wäre ein Hinweis gemäß § 265 Abs. 2 StPO nicht erforderlich (RGSt 33, 398; BGHSt. 2, 85, 88 [BGH Urt. v. 27. 9. 1951 – 3 StR 596/51; vgl. § 265 StPO erfolgreiche Rügen]). Handelte es sich dagegen um eine Sicherungsmaßregel, wie heute die überwiegende Ansicht der Lehre ist und auch die Rechtsprechung des Bundesgerichtshofs annimmt (vgl. BGH Urt. v. 20. 7. 1962 – 4 StR 141/62), so könnte an sich die Anwendung der Vorschrift des § 265 Abs. 2 StPO in Betracht kommen, sofern man unter die dort genannten „Maßregeln der Sicherung und Besserung" über den Kreis der in § 42a StGB aufgeführten hinaus auch andere nur der Sicherung dienende Maßnahmen zählen wollte. Denn nach § 265 Abs. 2 StPO bedarf es dann eines Hinweises, wenn sich (erst) in der Hauptverhandlung vom Strafgesetz besonders vorgesehene Umstände ergeben, welche die Anordnung einer Maßregel der Sicherung und Besserung rechtfertigen. Zu § 42a Nr. 6 StGB hat der Bundesgerichtshof in BGHSt. 2, 85, 87 ausgesprochen, daß ein Berufsverbot grundsätzlich nur verhängt werden dürfe, wenn der Angeklagte zuvor gemäß § 265 Abs. 2 StPO auf diese Möglichkeit hingewiesen worden sei. Im einzelnen hat der 3. Strafsenat dort ausgeführt, daß der Angeklagte überrascht werden würde, wenn „erst in der Hauptverhandlung dem im Eröffnungsbeschluß nicht im Sinne des § 42l StGB gekennzeichneten Sachverhalt die Voraussetzungen für die Anordnung einer Sicherungsmaßregel entnommen" würden. Da das Berufsverbot davon abhängig sei, daß

der Angeklagte seine berufliche oder gewerbliche Tätigkeit zu einem seinen Berufsaufgaben zuwiderlaufenden Zweck ausgenützt hat, liege neben der abweichenden Würdigung zugleich eine neue Tatsache und damit ein besonders vorgesehener Umstand im Sinne des § 265 Abs. 2 StPO vor. Der Senat tritt dieser Auffassung bei.

Diese Erwägungen treffen jedoch auf die Anordnung der Zulässigkeit von Polizeiaufsicht im Falle der §§ 248, 38 StGB nicht zu. Denn wenn die Voraussetzungen des § 248 StGB vorliegen, hängt es lediglich von der Wertung des Gerichts ab, ob die Zulässigkeit der Polizeiaufsicht angeordnet werden soll oder nicht. Die Feststellung eines weiteren Merkmals, insbesondere einer bestimmten Gefährlichkeit des Täters für die Zukunft, ist nach dem Gesetz nicht erforderlich. Im Gegensatz zu den Maßregeln der Sicherung und Besserung im Sinne der §§ 42 a ff StGB genügt es hier, daß der Täter allgemein gefährlich ist. Das ergibt sich im Falle des Diebstahls bereits aus der im § 248 StGB vorausgesetzten Bestrafung mit Zuchthaus und ist kein besonderes gesetzliches Merkmal für die Anordnung der Zulässigkeit von Polizeiaufsicht. Die Gefährlichkeit bedarf daher keiner besonderen Feststellung. Infolgedessen treffen die Voraussetzungen des § 265 Abs. 2 StPO für die Polizeiaufsicht nicht zu. Ähnliche Erwägungen hat der Senat bereits in dem Urteil vom 13. 3. 1959 (4 StR 29/59) in NJW 1959 S. 996 Nr. 18 bei der Entscheidung der Frage angestellt, ob gemäß § 265 Abs. 2 StPO ein Hinweis darauf erforderlich ist, daß ein besonders schwerer Fall angenommen werden kann. Der Senat hat die Frage mit der Begründung verneint, daß § 265 Abs. 2 StPO die Fälle betreffe, in denen sich die Strafbarkeit dadurch erhöht, daß ein bestimmtes Merkmal zum gesetzlichen Tatbestand hinzutritt. Da es sich bei § 266 Abs. 2 StGB (besonders schwerer Fall) nur um einen allgemeinen, nicht näher umschriebenen Strafbestimmungs- oder -zumessungsgrund handele, habe der Angeklagte damit, daß dieser möglicherweise in Betracht komme, schon von sich aus rechnen müssen. Der Gesichtspunkt, den Angeklagten vor Überraschungen zu bewahren, der dem § 265 Abs. 2 StPO zugrunde liegt, kommt hier also nicht in Betracht. Entsprechendes gilt, wie ausgeführt, bei der Polizeiaufsicht (ebenso, wenn auch ohne nähere Begründung, BGH Urt. v. 10. 6. 1955 – 1 StR 199/55).

2. Die Rüge, die bloße Bezugnahme auf die §§ 38, 248 StGB sei keine ausreichende Begründung für den Ausspruch über die Zulässigkeit von Polizeiaufsicht, ist unbegründet. Die Rechtsprechung hat bisher in ständiger Übung die bloße Bezugnahme auf die Gesetzesvorschriften genügen lassen (u.a. BGH Urt. vom 31. 10. 1951 – 3 StR 375/51). Daran ist jedenfalls für solche Fälle festzuhalten, in denen die Schwere der einem Angeklagten zur Last gelegten Straftat(en) und dessen etwaige Vorstrafen die Anordnung von Polizeiaufsicht aus dem Gesichtspunkt der Gefährlichkeit des Täters ohne weiteres verständlich machen. So liegt es hier.

22. Die Einziehung nach § 40 StGB bedarf keines Hinweises gem. § 265 StPO.

StPO § 265 I; GG Art. 103 I – BGH Urt. v. 8. 2. 1961 – 2 StR 622/60 LG Köln (= BGHSt. 16, 47 = NJW 1961, 1222)

Die Revision rügt, daß das Gericht auf Antrag der Staatsanwaltschaft im Schlußantrag die Tatwerkzeuge eingezogen hat, ohne daß der Angeklagte zuvor gem. § 265 StPO darauf hingewiesen wurde. Ferner rügt die Revision die Versagung des rechtlichen Gehörs in diesem Zusammenhang.

Sachverhalt: Die Strafkammer hat gemäß § 40 Abs. 1 StGB mehrere Gegenstände, die vom Angeklagten als Tatwerkzeuge gebraucht worden waren, eingezogen und damit einem Antrag des Staatsanwalts im Schlußvortrag entsprochen. Weder im Eröffnungsbeschluß noch im Verlaufe der Hauptverhandlung hat die Strafkammer auf die Möglichkeit der Einziehung hingewiesen. – Das Rechtsmittel war erfolglos.

Gründe: § 265 StPO ist entgegen dem Vorbringen der Revision nicht verletzt. Die Vorschrift seines ersten Absatzes, auf den es hier ankommt, ist unmittelbar bezogen auf die inhaltlichen Erfordernisse des Eröffnungsbeschlusses. Dieser hat nach § 207 StPO die dem Angeklagten zur Last gelegte Tat unter Anführung der gesetzlichen Merkmale und des anzuwendenden Strafgesetzes zu bezeichnen. Damit soll der Verhandlungsgegenstand für das Gericht bindend festgelegt werden. Vorschriften über bloße Straffolgen der tatbestandsmäßigen Handlung brauchen deshalb nicht in den Eröffnungsbeschluß aufgenommen zu werden (vgl. RGSt 30, 209). Was aber nicht zu dessen notwendigem Inhalt gehört, kann auch nicht Gegenstand einer Umgestaltung sein. Es handelt sich also um keine Veränderung des rechtlichen Gesichtspunktes im Sinne des § 265 Abs. 1 StPO, wenn das Gericht auf Grund der Hauptverhandlung eine solche Straffolge in Erwägung zieht und verhängt. Auch ohne ausdrücklichen Hinweis durfte die Strafkammer die Tatwerkzeuge nach § 40 StGB einziehen. Diese Rechtsauffassung entspricht der ständigen, auch im Schrifttum anerkannten Rechtsprechung des Reichsgerichts und des Bundesgerichtshofs (vgl. RGSt 63, 432; BGH Urt. v. 21. 2. 1952 – 4 StR 933/51[1] –; Urt. v. 10. 6. 1955 – 1 StR 199/55).

Ebensowenig kann der Beschwerdeführer mit Erfolg geltend machen, daß ihm das rechtliche Gehör versagt worden sei. In welchem Umfang Art. 103 Abs. 1 GG über § 265 StPO hinaus Hinweispflichten zur Folge hat, und wie das rechtliche Verhältnis beider Vorschriften zueinander abzugrenzen ist, kann hier unerörtert bleiben. Indem der Staatsanwalt in seinem Schlußvortrag die Einziehung der einzeln angeführten Tatwerkzeuge beantragte, erhielt der Beschwerdeführer Kenntnis, daß die Anklagebehörde sie für rechtlich zulässig und für geboten halte, und daß nun das Gericht über diesen Antrag entscheiden werde. Da der Verteidiger und der Angeklagte nach dem Staatsanwalt zu Wort kamen, waren sie in der Lage, sich zu dem Antrag auf Einziehung zu äußern und die nach ihrer Ansicht dagegensprechenden Gründe dem Gericht vorzutragen. Damit war der Anspruch des Angeklagten auf rechtliches Gehör gewahrt; daß er von der ihm gegebenen Gelegenheit zur Äußerung keinen Gebrauch machte, hat er selbst zu vertreten (vgl. BVerfGE 7, 329; 8, 185).

Dem kann nicht entgegengehalten werden, daß der Antrag des Staatsanwalts im Anwendungsbereich des § 265 Abs. 1 StPO nicht genügt hätte. Denn diese Vorschrift will nicht nur der Verwirklichung des Anspruchs auf rechtliches Gehör dienen, sondern enthält, wie schon hervorgehoben wurde, den Grundsatz, daß das Gericht, wenn es abweichend vom Eröffnungsbeschluß verurteilen will, diesen zuvor umgestalten muß und daß der Angeklagte, solange dies nicht geschehen ist, seine Verteidigung nur auf den Eröffnungsbeschluß einzurichten braucht. Die Befugnis zur Umgestaltung kann aber nur dem Gericht, nicht dem Staatsanwalt zustehen, weil Grundlage des Verfahrens nicht die Anklageschrift, sondern der vom Gericht erlassene Eröffnungsbeschluß ist. Für die Anwendung des Art. 103 Abs. 1 GG sind diese Grundsätze dagegen ohne Bedeutung. Hier kommt es nur darauf an, daß der Angeklagte vor Überraschungen geschützt und daß ihm Gelegenheit gegeben wird, die ihm zu seiner Verteidigung wesentlich erscheinenden Gesichtspunkte vorzutragen und zu Anträgen Stellung zu nehmen. Diesem Anspruch wird genügt, wenn sich wie hier der Angeklagte zu dem Antrag des Staatsanwalts äußern und Einwendungen dagegen erheben kann. Zu einem besonderen Hinweis war das Gericht unter diesen Umständen nicht verpflichtet.

---

1 „Ein Hinweis auf den gesetzlichen Strafrahmen für die im Eröffnungsbeschluß angenommene Straftat, also auch darauf, daß auf die Zulässigkeit von Polizeiaufsicht bei Zuhälterei erkannt werden könne, ist durch die Prozeßordnung, insbesondere in § 265 StPO, nicht vorgeschrieben."

23. Bei Anklage wegen vollendeter Tat muß bei Verurteilung nur wegen Versuchs ein rechtlicher Hinweis erfolgen.

StPO § 265 I – BGH Urt. v. 8. 5. 1951 – 1 StR 168/51 LG München I (= BGHSt. 2, 250 = NJW 1951, 726)

Die Revision rügt, daß wegen Vollendung angeklagt, jedoch nur wegen Versuchs verurteilt wurde, ohne daß zuvor darauf hingewiesen worden ist.

Sachverhalt: Gegen den Angeklagten ist wegen eines fortgesetzten Verbrechens der Falschgeldverbreitung gemäß § 147 StGB Anklage erhoben worden. Er ist aber nur wegen versuchter Falschgeldverbreitung in einem Falle verurteilt, im übrigen freigesprochen worden. – Das Rechtsmittel war erfolglos.

Gründe: Das bedeutet, daß der Angeklagte auf Grund eines anderen als des in der Anklageschrift genannten Strafgesetzes verurteilt worden ist. Er hätte deshalb gemäß § 265 Abs. 1 StPO vorher auf die Veränderung des rechtlichen Gesichtspunktes hingewiesen werden müssen. Der Rechtfertigungsgrund, auf dem die Vorschrift des § 265 Abs. 1 StPO beruht, trifft auch regelmäßig für den Fall zu, daß das Gericht anstelle des in der Anklageschrift oder im Eröffnungsbeschluß angenommenen vollendeten Verbrechens nur den Versuch bejahen will. Denn gegenüber dem Vorwurf, ein Verbrechen versucht zu haben, kann eine andere Verteidigung in Betracht kommen als gegenüber dem Vorwurf, den Tatbestand des vollendeten Verbrechens verwirklicht zu haben. Im vorliegenden Fall kann die Unterlassung des durch § 265 Abs. 1 StPO gebotenen Hinweises jedoch der Revision nicht zum Erfolg verhelfen, weil das Urteil nach Lage der Sache nicht auf dem Fehler beruht. ...

Damit entstand für den Angeklagten jedoch, was den Fall des Versuchs und seine Beurteilung betrifft, rechtlich keine Lage, die ihm die Möglichkeit eröffnet hätte, sich in diesem Falle anders als bisher zu verteidigen. Auch die Revision bringt nicht vor, daß sich der Angeklagte, wenn er gemäß § 265 Abs. 1 StPO hingewiesen worden wäre, in tatsächlicher oder rechtlicher Beziehung anders hätte verteidigen können. Das Urteil beruht demnach nicht auf der Unterlassung des Hinweises (§ 337 Abs. 1 StPO).

§ 265a StPO

Kommen Auflagen oder Weisungen (§§ 56b, 56c, 59a Abs. 2 des Strafgesetzbuches) in Betracht, so ist der Angeklagte in geeigneten Fällen zu befragen, ob er sich zu Leistungen erbietet, die der Genugtuung für das begangene Unrecht dienen, oder Zusagen für seine künftige Lebensführung macht. Kommt die Weisung in Betracht, sich einer Heilbehandlung oder einer Entziehungskur zu unterziehen oder in einem geeigneten Heim oder einer geeigneten Anstalt Aufenthalt zu nehmen, so ist er zu befragen, ob er hierzu seine Einwilligung gibt.

§ 266 StPO

(1) Erstreckt der Staatsanwalt in der Hauptverhandlung die Anklage auf weitere Straftaten des Angeklagten, so kann das Gericht sie durch Beschluß in das Verfahren einbeziehen, wenn es für sie zuständig ist und der Angeklagte zustimmt.

(2) Die Nachtragsanklage kann mündlich erhoben werden. Ihr Inhalt entspricht dem § 200 Abs. 1. Sie wird in die Sitzungsniederschrift aufgenommen. Der Vorsitzende gibt dem Angeklagten Gelegenheit, sich zu verteidigen.

(3) Die Verhandlung wird unterbrochen, wenn es der Vorsitzende für erforderlich hält oder wenn der Angeklagte es beantragt und sein Antrag nicht offenbar mutwillig oder nur zur Verzögerung des Verfahrens gestellt ist. Auf das Recht, die Unterbrechung zu beantragen, wird der Angeklagte hingewiesen.

Erfolgreiche Rügen

1. Beschluß über die Einbeziehung einer Nachtragsanklage hat regelmäßig ausdrücklich zu erfolgen und ist als wesentliche Förmlichkeit des Verfahrens in die Niederschrift der Hauptverhandlung aufzunehmen (BGH Beschl. v. 7. 3. 2001 – 1 StR 41/01).

2. Es kann grundsätzlich nicht darauf verzichtet werden, den Einbeziehungsbeschluß in das Verhandlungsprotokoll aufzunehmen (BGH Beschl. v. 24. 8. 1995 – 4 StR 279/95).

3. Nachtragsanklage in der Berufungsinstanz unzulässig (BGH Beschl. v. 4. 4. 1985 – 5 StR 193/85).

4. Einbeziehung einer Nachtragsanklage setzt voraus, daß der Angeklagte die Zustimmung ausdrücklich und eindeutig erklärt (BGH Urt. v. 26. 6. 1984 – 1 StR 188/84).

Erfolglose Rügen

1. Fehlen eines ausdrücklichen Einbeziehungsbeschlusses kann im Einzelfall unschädlich sein (BGH Urt. v. 9. 11. 1989 – 4 StR 520/89).

2. Auch bei unnötiger Nachtragsanklage muß das Gericht den zu ihrem Gegenstand gemachten Sachverhalt durch Beschluß in das Verfahren einbeziehen und den Angeklagten auf sein Recht hinweisen, die Unterbrechung des Verfahrens zu beantragen (BGH Urt. v. 24. 2. 1970 – 1 StR 557/69).

Erfolgreiche Rügen

1. Beschluß über die Einbeziehung einer Nachtragsanklage hat regelmäßig ausdrücklich zu erfolgen und ist als wesentliche Förmlichkeit des Verfahrens in die Niederschrift der Hauptverhandlung aufzunehmen.

StPO § 266 – BGH Beschl. v. 7. 3. 2001 – 1 StR 41/01 LG München II (= StV 2002, 183)

Die Revision rügt die Verletzung sachlichen Rechts.

Sachverhalt: Nachdem im Laufe der Hauptverhandlung bereits zuvor eine Nachtragsanklage erhoben und in das Verfahren einbezogen worden war (§ 266 StPO), erhob die Staatsanwaltschaft im Hauptverhandlungstermin v. 24. 4. 2000 auch hinsichtlich des Betrugsvorwurfs Nachtragsanklage und verlas den Anklagesatz. Der Verteidiger erklärte, er könne der Einbeziehung derzeit nicht zustimmen. Der Angeklagte äußerte sich zur Sache. Darüber hinaus ergibt die Niederschrift der Hauptverhandlung zu der Nachtragsanklage nichts. Nach anderweitigem Verfahrensgeschehen wurde die Hauptverhandlung unterbrochen und Termin zur Fortsetzung auf den 3. 4. 2000 bestimmt. Am 28. 3. 2000 ging ein Schreiben des Verteidigers ein, wonach er wegen der Nachtragsanklage „in die Gefahr der Doppelverteidigung" gekommen sei. Durch Beschluß vom gleichen Tag wurde im Hinblick darauf die Hauptverhandlung ausgesetzt; der Verteidiger wurde vom Vorsitzenden entpflichtet. Nach Bestellung eines anderen Verteidigers begann am 3. 8. 2000 eine neue Hauptverhandlung. Zu deren Beginn referierte der Vorsitzende über den bisherigen Verfahrensgang und erklärte, es seien zwei Nachtragsanklagen „mit entsprechendem Beschluß in das Verfahren miteinbezogen" worden. – Das Rechtsmittel hatte Erfolg.

Gründe: ...

2. Aus diesem Verfahrensgang ergibt sich jedoch, daß in der später ausgesetzten Hauptverhandlung weder die für eine Einbeziehung erforderliche Zustimmung des Angeklagten erteilt wurde – dies wäre im Revisionsverfahren allerdings nur auf entsprechende Verfahrensrüge zu beachten – noch ein Einbeziehungsbeschluß ergangen ist. Dieser hat regelmäßig ausdrücklich zu erfolgen und ist als wesentliche Förmlichkeit des Verfahrens in die Niederschrift der Hauptverhandlung aufzunehmen. Besonderheiten im Ablauf der später ausgesetzten Hauptverhandlung, die einen ausdrücklichen Einbeziehungsbeschluß entbehrlich machen könnten (vgl. BGH NJW 1990, 1055 [BGH Urt. v. 9. 11. 1989 – 4 StR 520/89; vgl. § 266 StPO erfolglose Rügen]), sind nicht ersichtlich.

3. Ob die bis dahin nicht einbezogene Anklage zum Zeitpunkt der erneuten Hauptverhandlung überhaupt noch als Nachtragsanklage i.S. d. § 266 StPO angesehen werden konnte, oder ob nicht vielmehr nach Aussetzung der ersten Hauptverhandlung ein Eröffnungs- und Verbindungsbeschluß (§ 203 StPO i.V.m. § 2 ff. StPO) erforderlich gewesen wäre, bedarf hier keiner Entscheidung. In der Erklärung des Vorsitzenden, in der ausgesetzten Hauptverhandlung sei ein Einbeziehungsbeschluß ergangen, liegt weder ein in der erneuten Hauptverhandlung ergangener Einbeziehungsbeschluß noch die Nachholung des zwischen den beiden Hauptverhandlungen nicht getroffenen Eröffnungs- und Verbindungsbeschlusses.

4. Nach alledem liegt hinsichtlich der Anklage wegen Betrugs ein Verfahrenshindernis vor. Dies ist in jeder Lage des Verfahrens von Amts wegen zu beachten und führt insoweit zur Einstellung des Verfahrens, ohne daß damit jedoch ein Strafklageverbrauch verbunden wäre.

2. Es kann grundsätzlich nicht darauf verzichtet werden, den Einbeziehungsbeschluß in das Verhandlungsprotokoll aufzunehmen.

StPO § 266 – BGH Beschl. v. 24. 8. 1995 – 4 StR 279/95 LG Arnsberg (= StV 1996, 5)

Die Revision rügt, daß die Nachtragsanklage nicht durch Beschluß in das Verfahren einbezogen, gleichwohl aber über den Gegenstand der Nachtragsanklage verhandelt worden ist.

Der Sachverhalt ergibt sich aus dem Revisionsvorbringen. – Das Rechtsmittel hatte Erfolg.

Gründe: ...

1. Soweit der Angeklagte wegen unerlaubten Handeltreibens mit Btm in nicht geringer Menge am 20. 6. 1994 verurteilt worden ist, ist das Verfahren wegen eines Prozeßhindernisses einzustellen, weil es hinsichtlich der zugrunde liegenden Tat an einem wirksamen Einbeziehungsbeschluß gem. § 266 Abs. 1 StPO fehlt. Die Staatsanwaltschaft hat bezüglich dieser Tat in der Hauptverhandlung am 18. 1. 1995 Nachtragsanklage erhoben. Ausweislich des Hauptverhandlungsprotokolls wurde die Nachtragsanklage nicht durch Beschluß in das Verfahren einbezogen, gleichwohl aber über den Gegenstand der Nachtragsanklage verhandelt.

Zwar schreibt die StPO weder für den Eröffnungsbeschluß (§ 207 StPO) noch für den an dessen Stelle tretenden Einbeziehungsbeschluß gem. § 266 Abs. 1 StPO eine bestimmte Form vor. Der Eröffnungsbeschluß muß aber schon deswegen schriftlich abgefaßt sein, weil er gem. § 215 S. 1 StPO dem Angeklagten zuzustellen ist. Anders liegt es beim Einbeziehungsbeschluß: Er wird nicht schriftlich erlassen, sondern in der Hauptverhandlung verkündet und in das Verhandlungsprotokoll aufgenommen. Hierauf kann deswegen grundsätzlich nicht verzichtet werden, weil es sonst an einer schlüssigen und eindeutigen Willenserklärung des Gerichts mangelt, daß es die Nachtragsanklage zum Gegenstand der Hauptverhandlung macht (vgl. BGH NJW 1990, 1055 [BGH Urt. v. 9. 11. 1989 – 4 StR

520/89; vgl. § 266 StPO erfolglose Rügen]; BGHR StPO § 266 Einbeziehungsbeschluß 2, NStZ 1984, 520 [BGH Beschl. v. 15. 5. 1984 – 5 StR 283/84; vgl. § 207 StPO erfolgreiche Rügen]). Da ein derartiger Einbeziehungsbeschluß nicht ergangen ist, fehlt es an einer von Amts wegen zu beachtenden Verfahrensvoraussetzung, was zur Einstellung des Verfahrens führen muß. Daß der Angeklagte auf das Recht, die Unterbrechung zu beantragen (§ 266 Abs. 3 S. 2 StPO), hingewiesen wurde und keine Unterbrechung beantragt hat, rechtfertigt keine andere Beurteilung; denn damit wird allenfalls der Wille des Angeklagten, zu verhandeln, nicht aber eine Willensäußerung des Gerichts belegt. Ein Fall, in dem das Fehlen eines Einbeziehungsbeschlusses ausnahmsweise als unschädlich angesehen werden kann, weil das Gericht in anderer Weise zu erkennen gegeben hat, daß es die Nachtragsanklage zum Gegenstand der Verhandlung und Entscheidung machen wollte (vgl. BGH NJW 1990, 1055), ist hier nicht gegeben.

3. Nachtragsanklage in der Berufungsinstanz unzulässig (Ergänzung zu BGHSt. 29, 224 [= BGH Beschl. v. 18. 3. 1980 – 1 StR 213/79; vgl. § 207 StPO erfolglose Rügen]).
StPO §§ 199, 203, 266, 332 – BGH Beschl. v. 4. 4. 1985 – 5 StR 193/85 LG Hamburg (= BGHSt. 33, 167 = NJW 1985, 1720 = NStZ 1985, 324)

Die Revision rügt, daß der Angeklagte wegen einer Tat verurteilt worden ist, die erst in der Berufungsverhandlung mit einer Nachtragsklage eingeführt worden ist.

Sachverhalt: Die zum Schöffengericht erhobene Anklage warf dem Beschwerdeführer Diebstahl und dem Mitangeklagten S. Hehlerei sowie eine falsche Versicherung an Eides Statt vor. Das Schöffengericht verurteilte unter Freispruch im übrigen S. wegen falscher Versicherung an Eides Statt und den Beschwerdeführer wegen dazu begangener Anstiftung zu Geldstrafen, obwohl für diese Tat des Beschwerdeführers weder eine Anklage vorlag noch ein Eröffnungsbeschluß ergangen war. Beide Angeklagte legten gegen dieses Urteil Berufung ein. In der Verhandlung vor dem Landgericht erhob die Staatsanwaltschaft nach dem Vortrag des Berichterstatters gegen den Beschwerdeführer wegen der abgeurteilten Tat „Nachtragsanklage". Das Landgericht ließ sie mit Zustimmung des Beschwerdeführers „zur Hauptverhandlung zu". Es hat die Berufungen der Angeklagten verworfen. – Das Rechtsmittel hatte Erfolg.

Gründe: Das Rechtsmittel hat Erfolg. Soweit der Angeklagte wegen Anstiftung zur falschen Versicherung an Eides Statt verurteilt worden ist, sind die angefochtenen Urteile aufzuheben und das Verfahren einzustellen, weil ein wirksamer Eröffnungsbeschluß für diese Tat nicht ergangen ist (§ 260 Abs. 3, § 353 Abs. 1, § 354 Abs. 1 StPO).

Die in der Berufungsverhandlung nachgeschobene Anklage war keine Nachtragsanklage im Sinn des § 266 StPO, weil sie nicht eine wirksam erhobene Anklage auf eine „weitere" Straftat, d.h. auf eine andere als die bereits angeklagte rechtshängige Tat (§ 264 StPO) erstreckte, sondern lediglich den Sinn haben konnte, die im Berufungsverfahren gegen diesen Angeklagten gänzlich fehlende Voraussetzung einer zugelassenen Anklage nachzuholen. Dadurch unterscheidet sich der Fall von demjenigen, den das Reichsgericht in RGSt. 56, 113 zu beurteilen hatte. Dort hatte das Berufungsgericht auch über das Strafmaß für den unbefugten Waffenbesitz zu befinden, der im Eröffnungsbeschluß aufgeführt worden war. Es kann deshalb dahinstehen, ob der vom Reichsgericht vertretenen Ansicht zu folgen wäre.

Die sogenannte Nachtragsanklage war vielmehr eine gewöhnliche Anklage im Sinn des § 200 StPO, der sie zulassende Beschluß ein gewöhnlicher Eröffnungsbeschluß (§ 203 StPO). Der Bundesgerichtshof hat entschieden, daß der Eröffnungsbeschluß noch in der Hauptverhandlung des ersten Rechtszuges vor der Vernehmung des Angeklagten zur Sache nachgeholt werden kann (BGHSt. 29, 224). Entsprechendes gilt aber nicht für die Berufungsinstanz. Über die Eröffnung des Hauptverfahrens hat das Gericht des ersten Rechtszuges zu entscheiden (§ 199 Abs. 1 StPO). Das Rechtsmittelgericht ist dazu nicht befugt.

Der genannte Beschluß läßt sich auch nicht dahin umdeuten, daß das Landgericht die Sache nach § 328 Abs. 3 StPO an sich als Gericht des ersten Rechtszuges verwiesen und den Eröffnungsbeschluß als erstinstanzliches Gericht erlassen hat. Die große Strafkammer hat nach der Sitzungsniederschrift als Berufungsgericht verhandelt; ihr Urteil ist nach seiner Formel und den Gründen ein Berufungsurteil. Außerdem war sie aus Rechtsgründen daran gehindert, die Sache an sich als Gericht des ersten Rechtszuges zu verweisen, weil ein Verfahrenshindernis bestand (RGSt 66, 314) und die Voraussetzungen des § 328 Abs. 3 StPO nicht gegeben waren.

Deshalb hätte das Landgericht unter Aufhebung des amtsgerichtlichen Urteils das Verfahren einstellen müssen (§ 328 Abs. 1, § 260 Abs. 3 StPO).

4. Einbeziehung einer Nachtragsanklage setzt voraus, daß der Angeklagte die Zustimmung ausdrücklich und eindeutig erklärt.

StPO § 266 – BGH Urt. v. 26. 6. 1984 – 1 StR 188/84 LG Landshut (= NJW 1984, 2172 = JR 1985, 127)

Die Revision rügt, das Landgericht habe die in der Hauptverhandlung erhobene Nachtragsanklage in das Verfahren einbezogen, obgleich der Angeklagte dem nicht zugestimmt habe.

Der Sachverhalt ergibt sich aus den Entscheidungsgründen. – Das Rechtsmittel hatte Erfolg.

Gründe: Gem. § 266 I StPO setzt die Einbeziehung einer Nachtragsanklage voraus, daß der Angeklagte (persönlich) zustimmt. Diese Zustimmung muß ausdrücklich und eindeutig erklärt werden. Es genügt also nicht, daß der Angeklagte lediglich keine Einwendungen erhebt und sich auf den nachträglich erhobenen Anklagevorwurf einläßt (RG, GA 47, 154; BayObLG, NJW 1953, 674; KG, DAR 1956, 334; LG München 1, MDR 1978, 161). Die nach § 266 1 StPO erforderliche Zustimmung des Angeklagten – eine verfahrensgestaltende Willenserklärung – gehört zu den wesentlichen Förmlichkeiten des Verfahrens (§ 273 1 StPO), die nur durch das Protokoll bewiesen werden können (§ 274 S. 1 StPO; vgl. BGH, bei: Holtz, MDR 1977, 984[1]). Im Wege der Auslegung, deren auch Protokolle fähig sind (RG, JW 1926, 2761 Nr. 8; 1932, 421 Nr. 25; 1932, 3110 Nr. 61; 1933, 2397 Nr. 19), kann dieser Nachweis nur dann geführt werden, wenn die Sitzungsniederschrift „noch genügend deutlich" ergibt (BGHSt. 13, 53 [59/60] [BGH Urt. v. 20. 3. 1959 – 4 StR 416/58; vgl. § 258 StPO erfolglose Rügen]), daß der Angeklagte der Einbeziehung der Nachtragsanklage zugestimmt hat. Für diesen Sinn des Protokollvermerks müssen „sichere Anhaltspunkte" vorliegen.

Im vorliegenden Fall kann dem Protokoll weder seinem Wortlaut nach noch im Wege der Auslegung mit hinreichender Sicherheit entnommen werden, daß der Angeklagte die nach § 266 I StPO notwendige Zustimmung erteilt hat. Das Protokoll über die Sitzung

---

[1] „Die Rüge des Angeklagten, das Landgericht habe die in der Hauptverhandlung erhobene Nachtragsanklage ... in das Verfahren einbezogen, obgleich der Angeklagte dem nicht zugestimmt habe, ist begründet. Die nach § 266 Abs. 1 StPO zu erteilende Zustimmung gehört zu den wesentlichen Förmlichkeiten des Verfahrens (§ 273 StPO), die nur durch das Protokoll bewiesen werden können (§ 274 StPO). Ausweislich der Sitzungsniederschrift ist der Einbeziehung der Nachtragsanklage in das Verfahren nicht zugestimmt worden. Damit liegt zwar *kein* von Amts wegen zu beachtendes Verfahrenshindernis, wohl aber ein die Verfahrensvoraussetzungen eng berührender Verfahrensverstoß vor, der insoweit die Einstellung des Verfahrens rechtfertigt." (BGH Beschl. v. 5. 7. 1977 – 1 StR 258/77).

vom 14. 11. 1983 enthält den Vermerk: „Gegen die Einbeziehung der Nachtragsanklage der Staatsanwaltschaft Landshut vom 7. 11. 1983 bestanden keine Bedenken." Diese Formulierung bringt nicht zum Ausdruck, daß der Angeklagte „ausdrücklich und eindeutig zugestimmt hat. Sie deutet eher auf eine Wertung des Gerichts und die stillschweigende Hinnahme durch die Beteiligten hin. Auch sonst enthält das Protokoll keine sicheren Anhaltspunkte dafür, daß der Angeklagte der Einbeziehung der Nachtragsanklage zugestimmt hat. Allerdings erklärte der Angeklagte im Anschluß an die Verkündung des Einbeziehungsbeschlusses „auf Befragen daß er die Aussetzung des Verfahrens nicht beantrage". Dieser Protokollvermerk, der sich auf den weiteren Fortgang des Verfahrens bezieht, weist indessen nur aus, daß die Regelung in § 266 III StPO beachtet worden ist. Er gestattet nicht die Folgerung, der Angeklagte habe zuvor die gem. § 266 I StPO erforderliche Zustimmung erteilt und damit den Verzicht auf eine Rechtsposition ausgesprochen, die von erheblicher Tragweite ist. Ob das Protokoll eine solche Unklarheit aufweist, daß die formelle Beweiskraft entfällt, mit der Folge, daß das Revisionsgericht den Vorgang im Wege des Freibeweises klären darf (vgl. BGHSt. 16, 306 [308] [BGH Urt. v. 20. 11. 1961 – 2 StR 395/61; vgl. § 274 StPO erfolglose Rügen]; BGHSt. 17, 220 [222/223] [BGH Urt. v. 10. 4. 1962 – 1 StR 125/62; vgl. § 274 StPO erfolglose Rügen]; BGHSt. 31, 39 [41/42] [BGH Urt. v. 20. 4. 1982 – 1 StR 833/81; vgl. § 274 StPO erfolglose Rügen]), kann dahingestellt bleiben, da die Verurteilung jedenfalls aufgrund einer weiteren Verfahrensbeschwerde keinen Bestand haben kann.

Erfolglose Rügen

1. Fehlen eines ausdrücklichen Einbeziehungsbeschlusses kann im Einzelfall unschädlich sein.

StPO § 266 – BGH Urt. v. 9. 11. 1989 – 4 StR 520/89 LG Münster (= NJW 1990, 1055)

Die Revision rügt, daß bezüglich der erhobenen Nachtragsanklage kein ausdrücklich verkündeter Einziehungsbeschluß erging.

Sachverhalt: Gegen den Angeklagten (und gegen sechs weitere Angeklagte) hatte die Staatsanwaltschaft am 31. 12. 1987 Anklage wegen eines – in 381 Teilakten begangenen, fortgesetzten – Betrugs erhoben. In der schriftlich formulierten Nachtragsanklage vom 19. 12. 1988 wurden dem Angeklagten dann nicht etwa weitere Betrugsfälle, sondern tatmehrheitlich begangene Vergehen nach § 283b I Nr. 1 StGB, nach § 283d I Nr. 2 StGB (in zwei Fällen), sowie nach § 84 I Nr. 2 GmbHG zur Last gelegt. Die Nachtragsanklage wurde dem Angeklagten und seinen Verteidigern in der Sitzung vom 20. 12. 1988 ausgehändigt, sie wurde sodann von der Staatsanwältin verlesen und als Anlage zum Protokoll genommen. Die Staatsanwältin beantragte, die dem Angeklagten in der Nachtragsanklage zur Last gelegten Taten in das Verfahren einzubeziehen; der Angeklagte und seine Verteidiger erklärten, sie würden sich später zur Frage der Zustimmung zur Einbeziehung äußern. Am nächsten Verhandlungstag (23. 12. 1988) stimmten der Angeklagte und seine beiden Verteidiger der Verhandlung über die Nachtragsanklage zu. In der Sitzung vom 20. 1. 1989 wurde das Verfahren gegen den Angeklagten von dem Verfahren gegen die übrigen sechs Angeklagten abgetrennt und gegen ihn allein am 23. 1. 1989 fortgesetzt. An diesem Verhandlungstag wurde – nachdem zur Nachtragsanklage verhandelt worden war – auf Antrag der Staatsanwaltschaft zunächst das Verfahren hinsichtlich der Anklage vom 31. 12. 1987 und hinsichtlich der Nr. 3 der Nachtragsanklage vom 19. 12. 1988 bezüglich „des Schecks der Frau G." (ein Fall des angeklagten Vergehens nach § 283d I Nr. 2 StGB) „gem. §§ 154, 154a StPO vorläufig eingestellt".

Jetzt waren somit nur noch in der Nachtragsanklage erhobene Vorwürfe anhängig. Nachdem Staatsanwalt und Verteidiger hierzu ihre Schlußvorträge gehalten und Anträge gestellt hatten, trat das Gericht nach Beratung erneut in die Beweisaufnahme ein. Nunmehr wurde das Verfahren auch „bezüglich des Schecks W (Nr. 3 der Nachtragsanklage vom 19. 12. 88) ... gem. §§ 154, 154a StPO vorläufig eingestellt". Es handelte sich hierbei um den zweiten Fall des angeklagten Vergehens nach § 283d I Nr. 2 StGB. – Das Rechtmittel war erfolglos.

Gründe: ... Die Verfahrensvoraussetzungen sind gegeben. Zwar weist der Generalbundesanwalt zutreffend darauf hin, daß ein Beschluß, durch den die von der Staatsanwaltschaft in der Sitzung vom 20. 12. 1988 erhobene Nachtragsanklage gem. § 266 I StPO in das Verfahren einbezogen wurde, nicht ausdrücklich ergangen ist. Das führt aufgrund der im vorliegenden Fall gegebenen Besonderheiten jedoch nicht zur Einstellung des Verfahrens, da das Gericht hier unzweifelhaft die in der Nachtragsanklage bezeichneten (weiteren) Taten zum Gegenstand der Verhandlung machen wollte und gemacht hat, allen Verfahrensbeteiligten dies bewußt war und der Angeklagte genau erkennen konnte und erkannt hat, welche weiteren Handlungen ihm zur Last gelegt wurden und welchen gesetzlichen Tatbestand sie erfüllten.

Die Strafprozeßordnung schreibt weder für den Erlaß des Eröffnungsbeschlusses (§ 207 StPO) noch für den an dessen Stelle tretenden Einbeziehungsbeschluß nach § 266 I StPO eine bestimmte Form vor (vgl. BayObLG, NStZ 1989, 489). Ein Eröffnungsbeschluß muß aber schon deswegen schriftlich abgefaßt werden, weil er gem. § 215 S. 1 StPO dem Angeklagten zuzustellen ist; er muß jedenfalls in der Regel auch von den ihn beschließenden Richtern unterschrieben sein, weil anders nicht feststellbar ist, ob es sich nur um einen Entwurf oder um die von den beteiligten Richtern gewollte Beschlußfassung handelt (vgl. BGH, NStZ 1981, 448 [BGH Beschl. v. 9. 6. 1981 – 4 StR 263/81; vgl. § 207 StPO erfolgreiche Rügen]; BGHSt. 34, 248 [249] [BGH Urt. v. 15. 12. 1986 – StB StR 5/86; vgl. § 207 StPO erfolgreiche Rügen]). Anders liegt es beim Einbeziehungsbeschluß: Er wird nicht schriftlich erlassen, sondern in der Hauptverhandlung verkündet und in das Verhandlungsprotokoll aufgenommen. Hierauf wird allerdings grundsätzlich schon deswegen nicht verzichtet werden können, weil es sonst an der schlüssigen und eindeutigen Willenserklärung des Gerichts fehlt, daß es die (Nachtrags-)Anklage zum Gegenstand der Hauptverhandlung macht (vgl. auch BGH, NStZ 1984, 520 [BGH Beschl. v. 15. 5. 1984 – 5 StR 283/84; vgl. § 207 StPO erfolgreiche Rügen]).

In der Rechtsprechung ist hiervon jedoch schon für den Fall eine Ausnahme gemacht worden, in dem das Gericht seine Absicht, die nachträglich angeklagte Tat in das Verfahren einzubeziehen, auch ohne Erlaß eines Einbeziehungsbeschlusses deutlich zum Ausdruck gebracht hat. Das wurde angenommen, wenn dem Angeklagten eine schriftliche Anklage überreicht worden war, diese vom Gericht verlesen wurde und sich der Angeklagte nunmehr mit der Aburteilung einverstanden erklärte (OLG Oldenburg, Urt. v. 16. 10. 1962 – 1 Ss 231/62, zust. zit. in: OLG Oldenburg, NdsRpfl 1963, 46 [47]; ebenso OLG Schleswig, bei: Ernesti-Jürgensen, SchlHA 1969, 153). Ein ähnlicher Ausnahmefall ist auch hier gegeben: ...

Bei dieser Sachlage ist das Fehlen eines ausdrücklichen Einbeziehungsbeschlusses unschädlich. Der Angeklagte wußte durch die schriftlich abgefaßte, ihm ausgehändigte Nachtragsanklageschrift, welche weiteren Taten ihm zur Last gelegt wurden. Das Gericht hatte dadurch, daß es das Verfahren gegen den Angeklagten von dem Verfahren gegen die übrigen sechs Angeklagten abtrennte und es hinsichtlich der gesamten, dem Angeklagten in der Anklageschrift vom 31. 12. 1987 zur Last gelegten Tat einstellte, deutlich gemacht, daß es nur noch über die Nachtragsanklage verhandeln wollte. Daß (nur) die Nachtragsanklage Gegenstand der Verhandlung war, zeigte sich an den beiden Einstellungsbeschlüssen. Die Staatsanwaltschaft, der Angeklagte und seine Verteidiger haben in den Schlußanträgen schließlich lediglich – zunächst zu drei, danach nur noch zu zwei – der Anklagepunkte der Nachtragsanklage Ausführungen gemacht. Nach alledem war von dem Gericht in ausreichender Weise deutlich gemacht worden, daß die in der Nachtragsanklage erhobenen Vorwürfe – und nur diese – Gegenstand der Urteilsfindung sein sollten; der Angeklagte hat dies erkannt und – nachdem ihm die Nachtragsanklageschrift zuvor ausgehändigt worden war – seine Verteidigung darauf eingerichtet. Bei der hier vorliegenden außergewöhnlichen Fallgestaltung bedurfte es daher der ausdrücklichen Erklärung der Einbeziehung der Nachtragsanklage angesichts des eindeutigen Verhaltens der Strafkammer, daß sie sich nur noch mit dieser befassen wollte und befaßte, ausnahmsweise nicht.

2. Auch bei unnötiger Nachtragsanklage muß das Gericht den zu ihrem Gegenstand gemachten Sachverhalt durch Beschluß in das Verfahren einbeziehen und den Angeklagten auf sein Recht hinweisen, die Unterbrechung des Verfahrens zu beantragen.

StPO § 266 III – BGH Urt. v. 24. 2. 1970 – 1 StR 557/69 LG Augsburg (= NJW 1970, 904)

Die Revision rügt, das Gericht habe einen zum Gegenstand einer Nachtragsanklage gemachten Sachverhalt ohne Gerichtsbeschluß in das Verfahren einbezogen und darüberhinaus den Angeklagten nach Erhebung einer Nachtragsanklage nicht darauf hingewiesen, daß der die Unterbrechung der Verhandlung beantragen könne.

Sachverhalt: Der Eröffnungsbeschluß hatte dem Angeklagten zur Last gelegt, er habe einen Herrenanzug aus einem verschlossenen Volkswagen entwendet. Der Angeklagte erklärte dazu in der Hauptverhandlung, er habe den Anzug zwar gestohlen, aber nicht aus dem Kraftwagen, sondern aus dem Umkleideraum einer Autoreparaturwerkstätte. Darauf erhob der Staatsanwalt Nachtragsanklage mit dem Inhalt, der Angeklagte habe durch eine weitere selbständige Handlung in einer Autoreparaturwerkstätte ohne erschwerende Umstände im Umkleideraum aus einem Spind einen Herrenanzug entwendet. Der Angeklagte stimmte der Einbeziehung der Nachtragsanklage zu. Der Tatrichter hat ihn in diesem Falle auf wahldeutiger Grundlage wegen schweren Diebstahls oder einfachen Diebstahls verurteilt. – Das Rechtsmittel war erfolglos.

Gründe: Zwar hätte es der Erhebung einer Nachtragsanklage (§ 266 StPO) nicht bedurft. Denn die Nachtragsanklage führt zur Einbeziehung weiterer Straftaten des Angeklagten in das Verfahren; es muß also zu dem Geschehen, das bisher als „Tat" Gegenstand der Untersuchung gewesen ist, ein neuer historischer Vorgang hinzukommen, die „weitere" Straftat wird demnach zu den vom Eröffnungsbeschluß erfaßten Taten in der Regel im Verhältnis der Tatmehrheit stehen. So verhielt es sich hier aber nicht, wie der Tatrichter in den Gründen des angefochtenen Urteils selbst erkannt hat. Der Diebstahl des Anzugs war bereits Gegenstand des Eröffnungsbeschlusses. Damit, daß der Anzug vom Angeklagten möglicherweise unter anderen als den im Eröffnungsbeschluß angenommenen Umständen („in einer nahegelegenen Werkstätte") entwendet worden war, wurde keine „weitere" Straftat in das Verfahren eingeführt, sondern dieselbe Straftat anders gewürdigt (§ 264 Abs. 2 StPO).

Dieser Umstand entband aber die Strafkammer nicht von der Pflicht, die gleichwohl erhobene Nachtragsanklage verfahrensrechtlich einwandfrei zu behandeln. Indem sie die nach § 266 Abs. 1 StPO notwendige Zustimmung des Angeklagten einholte und protokollierte, gab sie diesem gegenüber zu erkennen, daß sie die Nachtragsanklage für zulässig und erforderlich hielt. Dann gebot es aber die prozessuale Fürsorgepflicht, daß der Tatrichter, wenn er schon die Nachtragsanklage nicht für unnötig erklärte, den zu ihrem Gegenstand gemachten Sachverhalt nicht ohne Gerichtsbeschluß in das Verfahren einbeziehen durfte und den Angeklagten auf sein Recht hinweisen mußte, die Unterbrechung des Verfahrens zu beantragen (§ 266 Abs. 1, Abs. 3 Satz 2 StPO). Beides ist ausweislich der Sitzungsniederschrift nicht geschehen. Das Fehlen des Einbeziehungsbeschlusses ist – wie das Fehlen des Eröffnungsbeschlusses – im Fall einer sachlich erforderlichen Nachtragsanklage ein von Amts wegen zu beachtendes Hindernis für das weitere Verfahren (BGH Urt. v. 2. 2.

1960 – 5 StR 19/60). Doch führt dies nicht ohne weiteres zur Einstellung des Verfahrens durch das Revisionsgericht; vielmehr kann es je nach der Verfahrenslage ausreichen, das angefochtene Urteil in dem von dem Verfahrensmangel betroffenen Fall aufzuheben (BGH Urt. v. 4. 3. 1960 – 4 StR 14/60). So wäre erst recht zu verfahren, wenn die fehlerhaft behandelte Nachtragsanklage – wie hier – an sich nicht notwendig war.

Auf dem Verfahrensmangel kann das Urteil jedoch nicht beruhen. Die Revision hat nichts vorgetragen, was der Angeklagte nach einer Verfahrensunterbrechung noch zusätzlich zu seiner Verteidigung hätte vorbringen können. Da er den neuen Sachverhalt selbst in die Hauptverhandlung eingeführt hatte, ist auch nicht ersichtlich, daß er sich noch anders hätte verteidigen können.

Der von der Revision vermißte Hinweis gem. § 265 Abs. 1 StPO war nicht notwendig, da statt schweren Diebstahls einfacher Diebstahl angenommen wurde (RGSt. 53, 100).

§ 267 StPO

(1) Wird der Angeklagte verurteilt, so müssen die Urteilsgründe die für erwiesen erachteten Tatsachen angeben, in denen die gesetzlichen Merkmale der Straftat gefunden werden. Soweit der Beweis aus anderen Tatsachen gefolgert wird, sollen auch diese Tatsachen angegeben werden. Auf Abbildungen, die sich bei den Akten befinden, kann hierbei wegen der Einzelheiten verwiesen werden.

(2) Waren in der Verhandlung vom Strafgesetz besonders vorgesehene Umstände behauptet worden, welche die Strafbarkeit ausschließen, vermindern oder erhöhen, so müssen die Urteilsgründe sich darüber aussprechen, ob diese Umstände für festgestellt oder für nicht festgestellt erachtet werden.

(3) Die Gründe des Strafurteils müssen ferner das zur Anwendung gebrachte Strafgesetz bezeichnen und die Umstände anführen, die für die Zumessung der Strafe bestimmend gewesen sind. Macht das Strafgesetz Milderungen von dem Vorliegen minder schwerer Fälle abhängig, so müssen die Urteilsgründe ergeben, weshalb diese Umstände angenommen oder einem in der Verhandlung gestellten Antrag entgegen verneint werden; dies gilt entsprechend für die Verhängung einer Freiheitsstrafe in den Fällen des § 47 des Strafgesetzbuches. Die Urteilsgründe müssen auch ergeben, weshalb ein besonders schwerer Fall nicht angenommen wird, wenn die Voraussetzungen erfüllt sind, unter denen nach dem Strafgesetz in der Regel ein solcher Fall vorliegt; liegen diese Voraussetzungen nicht vor, wird aber gleichwohl ein besonders schwerer Fall angenommen, so gilt Satz 2 entsprechend. Die Urteilsgründe müssen ferner ergeben, weshalb die Strafe zur Bewährung ausgesetzt oder einem in der Verhandlung gestellten Antrag entgegen nicht ausgesetzt worden ist; dies gilt entsprechend für die Verwarnung mit Strafvorbehalt und das Absehen von Strafe.

(4) Verzichten alle zur Anfechtung Berechtigten auf Rechtsmittel oder wird innerhalb der Frist kein Rechtsmittel eingelegt, so müssen die erwiesenen Tatsachen, in denen die gesetzlichen Merkmale der Straftat gefunden werden, und das angewendete Strafgesetz angegeben werden; bei Urteilen, die nur auf Geldstrafe lauten oder neben einer Geldstrafe ein Fahrverbot oder die Entziehung der Fahrerlaubnis und damit zusammen die Einziehung des Führerscheins anordnen, kann hierbei auf den zugelassenen Anklagesatz, auf die Anklage gemäß § 418 Abs. 3 Satz 2 oder den Strafbefehl sowie den Strafbefehlsantrag verwiesen werden. Den weiteren Inhalt der Urteilsgründe bestimmt das Gericht unter Berücksichtigung der Umstände des Einzelfalls nach seinem Ermessen. Die Urteilsgründe können innerhalb der in § 275 Abs. 1 Satz 2 vorgesehenen Frist ergänzt werden, wenn gegen die Versäumung der Frist zur Einlegung des Rechtsmittels Wiedereinsetzung in den vorigen Stand gewährt wird.

(5) Wird der Angeklagte freigesprochen, so müssen die Urteilsgründe ergeben, ob der Angeklagte für nicht überführt oder ob und aus welchen Gründen die für erwiesen angenommene Tat für nicht strafbar erachtet worden ist. Verzichten alle zur Anfechtung Berechtigten auf Rechtsmittel oder wird innerhalb der Frist kein Rechtsmittel eingelegt, so braucht nur angegeben zu werden, ob die dem Angeklagten zur Last gelegte Straftat aus tatsächlichen oder rechtlichen Gründen nicht festgestellt worden ist. Absatz 4 Satz 3 ist anzuwenden.

(6) Die Urteilsgründe müssen auch ergeben, weshalb eine Maßregel der Besserung und Sicherung angeordnet, eine Entscheidung über die Sicherungsverwahrung vorbehalten oder einem in der Verhandlung gestellten Antrag entgegen nicht angeordnet oder nicht vorbehalten worden ist. Ist die Fahrerlaubnis nicht entzogen oder eine Sperre nach § 69a Abs. 1 Satz 3 des Strafgesetzbuches nicht angeordnet worden, obwohl dies nach der Art der Straftat in Betracht kam, so müssen die Urteilsgründe stets ergeben, weshalb die Maßregel nicht angeordnet worden ist.

Erfolgreiche Rügen

1. Eine „Feststellung", die nur die Worte des Gesetzes wiederholt oder mit einem gleichbedeutenden Wort oder einer allgemeinen Redewendung umschreibt, reicht nicht aus (BGH Beschl. v. 29. 6. 2000 – 4 StR 190/00).

2. Unzulässige Bezugnahme durch den Tatrichter auf Schriftstücke bzw. Erkenntnisquellen außerhalb der eigenen Urteilsgründe (BGH Beschl. v. 5. 4. 2000 – 3 StR 58/00).

3. Eine Bezugnahme auf Feststellungen, die mit einem früheren Urteil aufgehoben worden sind, ist unzulässig (BGH Beschl. v. 29. 3. 2000 – 2 StR 71/00).

4. Tatrichter, der ein Sachverständigengutachten eingeholt hat und ihm Beweisbedeutung beimißt, muß, wenn er sich dem Gutachten anschließt, in der Regel die Ausführungen des Sachverständigen in einer zusammenfassenden Darstellung unter Mitteilung der zugrundeliegenden Anknüpfungstatsachen und der daraus gezogenen Schlußfolgerungen im Urteil wiedergeben (BGH Urt. v. 27. 10. 1999 – 3 StR 241/99).

5. Die Nichtbeachtung eines in der Hauptverhandlung gestellten Antrags nach § 267 III S. 2 StPO stellt einen Verfahrensfehler dar (BGH Beschl. v. 18. 11. 1998 – 1 StR 525/98).

6. Nicht eine aufgrund unsicherer Schätzungen des Tatopfers hochgerechnete Gesamtzahl von Straftaten ist entscheidend, sondern daß der Richter davon überzeugt ist, daß der Angeklagte jede einzelne individuelle Straftat begangen hat (BGH Beschl. v. 22. 10. 1998 – 3 StR 267/98).

7. Der Tatrichter muß sich im Rahmen seiner freien Beweiswürdigung nach § 261 StPO eine Überzeugung bilden und darf sich nicht den steuerlichen Beweislastregeln anschließen (BGH Urt. v. 5. 8. 1997 – 5 StR 210/97).

8. Auch bei dem Vorwurf einer Vielzahl sexueller Übergriffe, die erst nach Jahren aufgedeckt werden, darf eine unzureichende Konkretisierung nicht dazu führen, daß der Angeklagte unangemessen in seinen Verteidigungsmöglichkeiten beschränkt wird (BGH Beschl. v. 21. 3. 1996 – 4 StR 79/96).

9. Die den Vorverurteilungen zugrundeliegenden Sachverhalte und Strafzumessungserwägungen müssen im Urteil mitgeteilt werden (BGH Urt. v. 7. 2. 1996 – 5 StR 533/95).

10. Bei der Verurteilung mehrerer Angeklagter wegen ihrer Beteiligung an Serienstraftaten bedarf es regelmäßig einer Darstellung, aus der sich die rechtliche Beurteilung für jede einzelne Tat und für jeden Angeklagten nachvollziehen läßt (BGH Beschl. v. 13. 7. 1995 – 4 StR 339/95).

11. Computer-Ausdruck aus dem BZRG darf die Erörterung der persönlichen Verhältnisse im Urteil nicht ersetzen (BGH Beschl. v. 11. 1. 1995 – 4 StR 750/94).

12. Bei Vorwurf mehrerer Tatbestandsverwirklichungen müssen Zeit, Ort und Begehungsweise der Einzelhandlungen so konkret mitgeteilt werden, daß der Angeklagte sich gegen den Tatvorwurf im einzelnen verteidigen kann (BGH Urt. v. 29. 6. 1994 – 2 StR 250/94).

13. Wenn das Gericht eine Frage im Widerspruch zu einem für erforderlich gehaltenen Sachverständigen-Gutachten lösen will, muß es dessen maßgebliche Darlegungen wiedergeben und unter Auseinandersetzung mit diesem seine Gegenansicht begründen, damit dem Revisionsgericht eine Nachprüfung möglich ist (BGH Urt. v. 14. 6. 1994 – 1 StR 190/94).

14. Gericht darf sich nicht von einer Gesamtvorstellung des strafbaren Verhaltens in einem Zeitraum bestimmen lassen; es muß von der Tatbestandserfüllung und dem konkreten Schuldumfang bei jeder individuellen Straftat überzeugt sein (BGH Beschl. v. 25. 3. 1994 – 3 StR 18/94).

15. Hält das Gericht ein Glaubwürdigkeitsgutachten für erforderlich, muß es die Ausführungen des Sachverständigen zusammenfassend unter Mitteilung der Anknüpfungstatsachen und der Schlußfolgerungen nachprüfbar wiedergeben (BGH Beschl. v. 26. 1. 1994 – 3 StR 629/93).

16. Für widerlegt erachtete Behauptungen eines Angeklagten können nicht Grundlage für eine Verurteilung sein (BGH Beschl. v. 17. 12. 1993 – 2 StR 666/93).

17. Wenn das Gericht der Aussage eines geschädigten Zeugen in wesentlichen Punkten nicht folgt, muß es dessen Aussage detailliert wiedergeben und würdigen (BGH Urt. v. 24. 11. 1993 – 3 StR 517/93).

18. Bei „Aussage gegen Aussage" muß die Aussage eines Tatverdächtigen im Zusammenhang mit den übrigen Beweismitteln gewürdigt und darf nicht teilweise „eliminiert" und somit nicht in die Gesamtabwägung einbezogen werden (BGH Beschl. v. 21. 9. 1993 – 4 StR 413/93).

19. Ein Schuldspruch wegen Taten, die nach Ort, Zeit oder Anlaß der Begehung nicht näher bestimmt und auch nur vage beschrieben sind, ist, insbesondere wenn der Angeklagte die Vorwürfe bestreitet, mit rechtsstaatlichen Grundsätzen nicht zu vereinbaren (BGH Beschl. v. 19. 5. 1993 – 4 StR 237/93).

20. Selbst bei Annahme einer fortgesetzten Handlung muß für jeden Einzelakt der objektive und subjektive Tatbestand der Vergewaltigung vom Tatrichter ermittelt und – ggf. in zusammenfassender Wertung – festgestellt werden (BGH Beschl. v. 9. 9. 1992 – 3 StR 364/92).

21. Macht ein Zeuge vor und in der Hauptverhandlung von den Feststellungen abweichende Bekundungen, muß das Gericht im Urteil mitteilen, in welchen Punkten die Aussage im einzelnen konstant, widersprüchlich oder ungenau war, was das Gericht als Kernbereich der Aussage oder lediglich das Randgeschehen betreffend und deshalb als wesentlich oder unwesentlich bewertet hat (BGH Beschl. v. 26. 2. 1992 – 3 StR 33/92).

22. Auch eine Vielzahl von Einzeltaten, die denselben Tatbestand erfüllen sollen, entbindet das Gericht nicht von der Pflicht zur Darstellung des konkreten Sachverhalts der Einzelfälle, wenn diese nicht in allen wesentlichen Umständen gleichgelagert sind (BGH Beschl. v. 27. 11. 1991 – 3 StR 157/91).

23. Bezugnahme oder Verweisung auf Feststellungen des in einem anderen Verfahren ergangenen Urteils sind unzulässig (BGH Beschl. v. 24. 9. 1991 – 1 StR 382/91).

24. Bei einem Freispruch aus tatsächlichen Gründen muß der Tatrichter zunächst darlegen, welchen Sachverhalt er als festgestellt erachtet (BGH Urt. v. 4. 7. 1991 – 4 StR 233/91).

25. Bei „Aussage gegen Aussage" muß das Urteil erkennen lassen, daß das Gericht alle Umstände, welche die Entscheidung zugunsten des einen oder anderen zu beeinflussen geeignet sind, erkannt und in seine Überlegungen einbezogen hat (BGH Beschl. v. 3. 5. 1991 – 3 StR 112/91).

26. Bei einem Zeugen mit dem sog. Korsakow-Syndrom muß das Gericht mitteilen, welches Ausmaß diese Erkrankung erreicht hatte und in welchem Umfang das Vermögen, Geschehnisse zutreffend wahrzunehmen, im Gedächtnis zu behalten und unverfälscht wiederzugeben, beeinträchtigt war (BGH Beschl. v. 10. 4. 1991 – 3 StR 52/91).

27. Eine Verurteilung ist nur zulässig, wenn das strafbare Verhalten des Angeklagten so konkret bezeichnet wird, daß erkennbar ist, welche bestimmten Taten von der Verurteilung erfaßt werden (BGH Beschl. v. 28. 11. 1990 – 2 StR 536/90).

28. Urteil fehlerhaft, wenn es keine Feststellungen zum eigentlichen Tatgeschehen und keine Beweiswürdigung enthält (BGH Urt. v. 17. 5. 1990 – 4 StR 208/90).

29. Die Urteilsbegründung ist aus sich heraus nicht verständlich, wenn das Urteil die Anklagevorwürfe im einzelnen als bekannt voraussetzt und die weiteren Erörterungen auf dieser Unterstellung aufbaut (BGH Urt. v. 26. 4. 1990 – 4 StR 24/90).

30. Bei Widerspruch zwischen einem psychiatrischen und einem psychologischen Sachverständigengutachten darf das Gericht sich nicht dem einen anschließen, ohne die Gründe hierfür ausführlich zu erörtern (BGH Urt. v. 13. 12. 1989 – 3 StR 370/89).

31. Bei Freispruch aus tatsächlichen Gründen muß das Gericht im Urteil zunächst diejenigen Tatsachen bezeichnen, die es für erwiesen hält, bevor es in der Beweiswürdigung dartut, aus welchem Grund die Feststellungen nicht ausreichen (BGH Urt. v. 26. 9. 1989 – 1 StR 299/89).

32. Fehlerhafte Beweiswürdigung, wenn im Urteil der Inhalt zweier Zeugenaussagen nur erkennen läßt, daß beide Zeugen den Angeklagten nicht mehr als Täter benannt haben und nicht ersichtlich ist, ob die Aussagenänderungen nur in einer nicht einleuchtend begründeten Einschränkung früherer Bekundungen bestand, oder ob der Angeklagte nunmehr mit einer substantiierten Darstellung entlastet wurde (BGH Urt. v. 16. 8. 1989 – 2 StR 205/89).

33. Nachträgliche Urteilsberichtigung nur statthaft, wenn ein offensichtliches Versehen vorliegt, das sich zwanglos aus klar zutage tretenden Tatsachen ergibt, wie z.B. offenbare Schreibfehler oder ähnliche äußere, für alle Beteiligten offenkundige und aus sich selbst heraus erkennbare Unstimmigkeiten (BGH Beschl. v. 1. 8. 1989 – 1 StR 288/89).

34. Der neu erkennende Tatrichter hat selbständige und neue Erwägungen darüber anzustellen, welche Strafe gerechtfertigt ist und darf nicht auf die Strafzumessungserwägungen des Vorderrichters Bezug nehmen (BGH Urt. v. 18. 5. 1988 – 2 StR 166/88).

35. Wenn das Gericht vom Gutachten des Sachverständigen abweicht, muß es die maßgeblichen Darlegungen des Gutachtens wiedergeben und seine Gegenansicht unter Auseinandersetzung mit diesen begründen (BGH Beschl. v. 4. 12. 1987 – 2 StR 563/87).

36. Freiheitsstrafe von sieben Monaten und 100 DM Geldstrafe kann ohne nähere Begründung nicht als groß angelegtes Vermögensdelikt mit teilweise ganz erheblicher krimineller Intensität als Vorstrafe strafschärfend berücksichtigt werden (BGH Beschl. v. 15. 10. 1987 – 2 StR 459/87).

37. Will das Gericht das Vorliegen einer affektbedingten Bewußtseinsstörung aufgrund der Anhörung eines Sachverständigen ausschließen, muß es die wesentlichen tatsächlichen Grundlagen, an welche die Schlußfolgerungen des Gutachters anknüpfen, in einer zur Überprüfung ausreichenden Weise mitteilen (BGH Urt. v. 11. 6. 1987 – 4 StR 31/87).

38. Tabellarische Aufzählungen von Tatorten, Tatzeiten und Beteiligten erfüllt nicht die Anforderungen an eine in sich geschlossene und vom Revisionsgericht auf zutreffende Rechtsanwendung überprüfbare Urteilsbegründung (BGH Urt. v. 19. 5. 1987 – 1 StR 159/87).

39. Keine Verurteilung bei nur vager Darstellung des der Verurteilung zugrundeliegenden Sachverhalts wegen unzureichender Festlegung des Mindest-Schuldgehalts (BGH Beschl. v. 19. 5. 1987 – 1 StR 199/87).

40. Wenn das Gericht dem Sachverständigen nicht folgen will, muß es die Ausführungen des Sachverständigen in nachprüfbarer Weise wiedergeben, sich mit ihnen auseinandersetzen und seine abweichende Auffassung begründen (BGH Beschl. v. 15. 4. 1983 – 2 StR 78/83).

41. Das Gericht muß den äußeren Geschehensablauf im Urteil so würdigen, daß dem Revisionsgericht eine Nachprüfung auf etwaige rechtliche Fehler ermöglicht wird (BGH Urt. v. 27. 5. 1981 – 3 StR 141/81).

42. In der Regel kann sich das Gericht eine zuverlässige Überzeugung über den Vorsatz eines Angeklagten nur bilden, wenn es sich darüber klar geworden ist, was dieser getan und mit seinem Tun gewollt und bezweckt hat (BGH Urt. v. 13. 6. 1972 – 1 StR 658/71).

43. Bei Aufhebung eines Urteils im Strafausspruch müssen Feststellungen zu den persönlichen Verhältnissen des Angeklagten vom Tatrichter neu getroffen werden (BGH Beschl. v. 17. 12. 1971 – 2 StR 522/71).

44. Die Gesamtstrafenbildung ist im Urteil ebenfalls gesondert zu begründen (BGH Urt. v. 30. 11. 1971 – 1 StR 485/71).

45. Strafhaft darf Unterbringung nicht ersetzen (BGH Urt. v. 4. 8. 1965 – 2 StR 282/65).

46. Es ist unzulässig, auf mehrdeutiger Tatsachengrundlage wegen Landesverrats (§ 100 Abs. 1 StGB) *oder* wegen landesverräterischer Fälschung (§ 100a StGB) zu verurteilen (BGH Urt. v. 6. 11. 1964 – 6 StE 1/64).

47. Der zu berichtigende Fehler muß die sachlichen Feststellungen unberührt lassen (BGH Urt. v. 30. 11. 1954 – 5 StR 280/54).

48. Unzulässige Verdachtsstrafe bei Wahlfeststellung (BGH Urt. v. 22. 9. 1953 – 5 StR 331/53).

49. Bei Fahrlässigkeitstaten kann die Nichterörterung des Mitverschuldens einen Rechtsfehler darstellen (BGH Urt. v. 2. 10. 1952 – 3 StR 389/52).

50. Im Urteil dürfen nicht ausschließlich strafmildernde Umstände erörtert werden (BGH Urt. v. 30. 9. 1952 – 2 StR 675/51).

51. Der Umstand, daß der Angeklagte durch Leugnen die Vernehmung jugendlicher Zeugen veranlaßt, darf nicht strafschärfend verwertet werden (BGH Urt. v. 30. 8. 1951 – 3 StR 494/51).

Erfolglose Rügen

1. Die schriftlichen Urteilsgründe dienen nicht dazu, all das zu dokumentieren, was in der Hauptverhandlung an Beweisen erhoben wurde (BGH Beschl. v. 4. 5. 1999 – 1 StR 104/99).

2. Bei einem Tatzeitraums von 5 Jahren und 8 Monaten sind Taten angesichts möglicher weiterer Verfehlungen gleicher oder ähnlicher Art nicht mehr hinlänglich bestimmt, um abgeurteilt werden zu können (BGH Urt. v. 16. 12. 1998 – 2 StR 445/98).

3. Mögliche Meßungenauigkeiten im Laser-Meßverfahren können nur innerhalb einer Aufklärungsrüge gerügt werden (BGH Beschl. v. 30. 10. 1997 – 4 StR 24/97).

4. Nur bei nicht eindeutigen Augenscheinsobjekten (hier: Radarfoto) muß das Gericht Ausführungen zur Täteridentifizierung und Qualität des Beweismittels machen (BGH Beschl. v. 19. 12. 1995 – 4 StR 170/95).

5. Bei einer erst nach Jahren aufgedeckten Vielzahl sexueller Übergriffe auf ein allein als Beweismittel zur Verfügung stehendes Kind dürfen an die Individualisierbarkeit der einzelnen Taten im Urteil keine übersteigerten Anforderungen gestellt werden (BGH Beschl. v. 10. 5. 1994 – 5 StR 239/94).

6. Die Feststellung, daß ein Betroffener die zulässige Höchstgeschwindigkeit in einer bestimmten Höhe überschritten hat, kann allein auf der Grundlage eines Geständnisses getroffen werden (BGH Beschl. v. 19. 8. 1993 – 4 StR 627/92).

7. Unzulässige Urteilsberichtigung führt nicht zu einer Verlängerung der Revisionsbegründungsfrist (BGH Urt. v. 14. 11. 1990 – 3 StR 310/90).

8. Verweisungen auf Anlagen, die dem Urteil selbst angeschlossen und damit ersichtlich Teil der durch die richterlichen Unterschriften gedeckten Urteilsgründe sind und mit ihnen eine Einheit bilden, sind zulässig (BGH Urt. v. 25. 2. 1987 – 3 StR 552/86).

9. Keine eigene Beweiserhebung des Revisionsgerichts zu § 267 II StPO (BGH Urt. v. 2. 11. 1982 – 5 StR 622/82).

10. Es gibt Fälle, in denen die bloße Angabe von Tatbestandsmerkmalen ausnahmsweise den sicheren Schluß auf die einwandfreie Feststellung der sie ausfüllenden Tatsachen durch den Tatrichter zuläßt (BGH Urt. v. 11. 11. 1981 – 3 StR 372/81).

11. Der Tatrichter kann auf Feststellungen Bezug nehmen, die durch ein Revisionsurteil bindend geworden sind (BGH Urt. v. 13. 10. 1981 – 1 StR 471/81).

12. Auf Widersprüche zwischen den Urteilsgründen und den Angaben des Hauptverhandlungsprotokolls über die wesentlichen Ergebnisse der Vernehmungen kann die Revision nicht gestützt werden (BGH Urt. v. 4. 10. 1966 – 1 StR 441/66).

13. Keine Unterscheidung zwischen männlichen und weiblichen Tätern bei generalpräventivem Strafausspruch (BGH Beschl. v. 4. 7. 1962 – 4 StR 68/62).

14. Wahlfeststellung zwischen vorsätzlicher und fahrlässiger Körperverletzung zulässig (BGH Urt. v. 17. 4. 1962 – 1 StR 132/62).

15. Formfehler bei Offenbarungseid nicht zwingend strafmildernd (BGH Urt. v. 16. 2. 1962 – 4 StR 517/61).

16. Nachtatverhalten darf strafschärfend berücksichtigt werden (BGH Urt. v. 9. 2. 1962 – 4 StR 519/61).

17. Die versuchte Straftat begründet nicht zwingend eine Strafmilderung (BGH Urt. v. 17. 11. 1961 – 4 StR 292/61).

18. Eine Wahlfeststellung zwischen (schwerem) Diebstahl, Hehlerei (in der Begehungsform des Ansichbringens) und Unterschlagung ist zulässig (BGH Urt. v. 26. 7. 1961 – 2 StR 190/61).

19. Berichtigungsbeschluß möglich, wenn sich Versehen aus offenkundigen Tatsachen ergibt, und auch der entfernte Verdacht einer unzulässigen nachträglichen Änderung ausgeschlossen ist (BGH Urt. v. 3. 2. 1959 – 1 StR 644/58).

20. Strafe darf nicht zugleich hilfsweise auch für den Fall ausgesprochen werden, daß ein tatsächlich oder rechtlich abweichender Tatbestand der Beurteilung zugrunde zu legen sein würde (BGH Urt. v. 14. 6. 1955 – 2 StR 136/55).

21. Das Urteil muß Feststellungen zum Vorsatz enthalten (BGH Urt. v. 8. 12. 1953 – 5 StR 252/53).

22. Nur die Berichtigung von Schreibfehlern und ähnlichen Versehen ist zulässig (BGH Urt. v. 1. 4. 1952 – 2 StR 13/52).

23. Aus dem Leugnen dürfen Schlüsse auf das Maß der persönlichen Schuld und die Gefährlichkeit des Täters gezogen werden, die bei der Strafzumessung berücksichtigt werden müssen (BGH Urt. v. 10. 4. 1951 – 1 StR 88/51).

24. Der Tatrichter hat dem Urteil seine Überzeugung zugrunde zu legen, die er aus dem Inbegriff der Verhandlung gewonnen hat; ohne an bestimmte Beweisregeln gebunden zu sein (BGH Urt. v. 9. 2. 1951 – 4 StR 49/50).

Erfolgreiche Rügen

1. Eine „Feststellung", die nur die Worte des Gesetzes wiederholt oder mit einem gleichbedeutenden Wort oder einer allgemeinen Redewendung umschreibt, reicht nicht aus.

StPO § 267 – BGH Beschl. v. 29. 6. 2000 – 4 StR 190/00 LG Halle (= NStZ 2000, 607)

Die Revision rügt die Verletzung materiellen Rechts.

Sachverhalt: Das Landgericht hat den Angeklagten wegen gewerbsmäßiger Hehlerei zu einer Gesamtfreiheitsstrafe verurteilt. – Das Rechtsmittel hatte Erfolg.

Gründe:

a) Im Falle der Verurteilung des Angeklagten müssen, was das Revisionsgericht auf die Sachrüge zu prüfen hat, die Urteilsgründe die für erwiesen erachteten Tatsachen angeben, in denen die gesetzlichen Merkmale der Straftat gefunden werden. Dabei ist unter Angabe der für erwiesen erachteten Tatsachen die Schilderung des als Ergebnis der Beweiswürdigung festgestellten Lebenssachverhalts zu verstehen. Eine „Feststellung", die nur die Worte des Gesetzes wiederholt oder mit einem gleichbedeutenden Wort oder einer allgemeinen Redewendung umschreibt, reicht nicht aus. Rechtsbegriffe müssen, sofern sie nicht allgemein geläufig sind, grundsätzlich durch die ihnen zugrunde liegenden tatsächlichen Vorgänge dargestellt („aufgelöst") werden.

b) Diesen Anforderungen wird das angefochtene Urteil nur insoweit gerecht, als es die Darstellung der Vortaten anbelangt, auf die sich die Verurteilung des Angeklagten K. wegen Hehlerei bezieht: Diese werden unter näherer Angabe der tatsächlichen Umstände (insbesondere der Tatzeit, des Tatortes und der Tatopfer) sowie unter – allerdings teilweise unnötig detaillierter – Auflistung der gestohlenen oder betrügerisch erlangten Sachen, konkret geschildert.

Die gebotene Wiedergabe des tatbestandsmäßigen Lebenssachverhalts läßt das Urteil aber vermissen, soweit es die dem Angeklagten K. vorgeworfenen hehlerischen Betätigungen und seine Beziehung zu den aus den Vortaten erlangten Sachen darstellt.

Die Schilderung der Tathandlungen des Angeklagten leitet das Urteil in allen abgeurteilten Fällen mit Sätzen ein, die sich im wesentlichen auf die Wiedergabe der gesetzlichen Beschreibung des Tatverhaltens beschränken und deswegen als Angabe der erwiesenen Tatsachen i.S. des § 267 StPO nicht ausreichen. So heißt es etwa, der Angeklagte habe „sich in der Folgezeit in Kenntnis davon, daß die Gegenstände ... (aus den jeweiligen Taten) ... resultierten," bemüht, diese „an dritte Personen abzusetzen" (oder: er habe „geholfen, die Gegenstände abzusetzen"), „um sich hierdurch einen Vermögensvorteil zu verschaffen, auf den er – wie er wußte – keinen Anspruch hatte." Diesen formelhaften Wendungen folgt dann jeweils die (überflüssigerweise: wörtliche) Wiedergabe von Protokollen über die Aufzeichnung von Telefongesprächen, die der Angeklagte mit verschiedenen Personen führte und deren Gegenstand jeweils die gestohlenen oder sonst durch Vermögensdelikte erlangten Sachen waren.

Mit diesen Angaben läßt die Sachverhaltsschilderung des angefochtenen Urteils eine Subsumtion unter die in Betracht kommenden Strafvorschriften und ihre Beschreibung der unter Strafandrohung gestellten Verhaltensweisen nicht zu. Der mitgeteilte Inhalt der Telefonate belegt zwar, daß der Angeklagte an dem Absatz der Beute aus den Vortaten lebhaft interessiert war und sich nachhaltig um deren Verwertung bemühte. Mangels weiterer Angaben zu dem Handlungsrahmen, in den die Telefonate gestellt waren, insbesondere zu den ihnen vorausgegangenen sowie den nachfolgenden, die jeweilige Tatbeute betreffenden Handlungen des Angeklagten bleibt aber im Dunkeln, ob er etwa an den Diebstählen selbst als Täter oder Mittäter beteiligt war (was in einzelnen Fällen nach dem Inhalt der Telefonate jedenfalls nicht fernliegt), ob er von dem Vortäter die Verfügungsmacht über die Sachen erhalten hat, ob er selbständig um den Absatz bemüht war oder Absatzbemühungen des Vortäters oder – mit der Folge, daß er sich nur als Gehilfe strafbar gemacht hätte (OLG Köln StraFo 2000, 233) – solche eines Dritten unterstützt hat. Die Äußerungen des Angeklagten und seiner Gesprächspartner in den wiedergegebenen Telefonaten mögen zwar auch als Indiztatsachen von Bedeutung sein, indem sie – in den einzelnen Fällen mehr oder weniger plausibel – zugleich Schlüsse auf das Gesamtverhalten des Angeklagten in Bezug auf die jeweilige Tatbeute zulassen. Diese Schlüsse zu ziehen, ist aber Aufgabe des Tatrichters, die ihm das Revisionsgericht grundsätzlich nicht abnehmen kann. ...

2. Unzulässige Bezugnahme durch den Tatrichter auf Schriftstücke bzw. Erkenntnisquellen außerhalb der eigenen Urteilsgründe.

StPO §§ 261, 267 I – BGH Beschl. v. 5. 4. 2000 – 3 StR 58/00 LG Osnabrück (= NStZ-RR 2000, 304)

Die Revision rügt die Verletzung materiellen Rechts.

Sachverhalt: Das Landgericht hat dem Schuldspruch die Überzeugung zu Grunde gelegt, daß es der Angeklagte war, der den bereits rechtskräftig wegen schwerer Brandstiftung in Tateinheit mit Versicherungsbetrug verurteilten Zeugen J. angestiftet hat, in der Nacht vom 2. auf den 3. 2. 1998 den Mitte 1997 auf dem Hausgrundstück D.-Straße in N. neu errichteten Gastronomiebetrieb in Brand zu setzen, weil er Versicherungsleistungen aus dem Brandschaden geltend machen und erlangen wollte. Der Angeklagte hat bestritten, mit der Brandlegung etwas zu tun zu haben. Der Zeuge J hat ebenfalls bestritten, vom Angeklagten angestiftet worden zu sein und angegeben, den Brand aus Wut bzw. Rache gelegt zu haben. Seine Überzeugung von der Tatbeteiligung des Angeklagten hat das Landgericht aus dem Umstand abgeleitet, daß der Angeklagte Nutznießer der Inventarversicherung in Höhe von 300 000 DM war, und weil der Sohn des Angeklagten, der Zeuge E., der im Grundbuch eingetragene Eigentümer des Hausgrundstücks war und eine Gebäudeversicherung in Höhe von 1,5 Millionen DM abgeschlossen hatte, im Ermittlungsverfahren den Angeklagten als den Initiator der Tat bezeichnet hat und weil auch drei weitere Zeugen bekundet haben, der Angeklagte habe sie im Vorfeld des Brandgeschehens gefragt, ob sie gegen eine Belohnung bereit seien, die Gaststätte anzuzünden. Der Angeklagte hat zu seiner Entlastung behauptet, sein Sohn habe ihn durch falsche Angaben und Anwerbung falsch aussagender Zeugen bewußt in den Verdacht der Anstiftung zur Brandstiftung gebracht. Zum Beweis des von ihm behaupteten Aussagekomplotts gegen ihn hat der Angeklagte den Zeugen G., benannt. Die Strafkammer ist der Auffassung, daß der hierzu in der Hauptverhandlung vernommene Zeuge auf Veranlassung des Angeklagten vorsätzlich falsch ausgesagt hat und hat – statt den Inhalt der Aussage wenigstens in groben Zügen wiederzugeben – „auf den Teil der Aussage, den das Gericht wegen des Verdachts der Falschaussage wörtlich protokollierte, Bezug genommen". – Das Rechtsmittel hatte Erfolg.

Gründe: Die auf die Sachrüge gestützte Revision des Angeklagten führt schon deshalb zur Aufhebung des Urteils, weil das Landgericht im Rahmen der Beweiswürdigung unzulässig auf den Inhalt einer protokollierten Zeugenaussage Bezug genommen hat. ...

Die Revision macht mit ihren sachlich-rechtlichen Beanstandungen – die im Übrigen auch den förmlichen Anforderungen einer entsprechenden Verfahrensrüge genügen – zu Recht einen Verstoß gegen §§ 261, 267 1 StPO geltend, weil eine unzulässige Bezugnahme durch den Tatrichter auf Schriftstücke bzw. Erkenntnisquellen außerhalb der eigenen Urteilsgründe vorliegt. Nach § 267 I 1 StPO muß jedes Strafurteil aus sich heraus verständlich sein (St. Rspr., vgl. BGHSt. 30, 225 [226] [BGH Urt. v. 13. 10. 1981 – 1 StR 471/81; vgl. § 267 StPO erfolglose Rügen]; BGHSt. 33, 59 [60][1]; BGHR StPO § 267 Abs. 1 S. 1 Bezug-

---

[1] BGH Urt. v. 5. 11. 1984 – AnwSt (R) 11/84: „[a] Schriftliche Urteilsgründe müssen allerdings aus sich heraus verständlich sein. § 267 Abs. 1 Satz 1 StPO verlangt deshalb eine in sich geschlossene Darstellung der vom erkennenden Gericht zur Urteilsgrundlage gemachten Feststellungen. Deshalb ist die Bezugnahme auf andere Schriftstücke und Erkenntnisquellen, auch auf andere Urteile, grundsätzlich unzulässig. ...]
b) Davon gibt es aber Ausnahmen. So ist dem Berufungsgericht die Verweisung auf das erstinstanzliche Urteil nicht grundsätzlich verschlossen. Es darf auf die Gründe des erstinstanzlichen Urteils verweisen, die, weil sie in Rechtskraft erwachsen sind, im Berufungsverfahren bindend sind. Entsprechendes gilt für den Fall, daß ein tatrichterliches Urteil vom Revisionsgericht nur im Rechtsfolgenausspruch aufgehoben worden ist. Dem neuen Tatrichter ist es dann gestattet, die in Rechtskraft erwachsenen Feststellungen, die dem Rechtsfolgenausspruch zugrunde zu legen sind, in Bezug zu nehmen."

nahme 1 [BGH Urt. v. 25. 2. 1987 – 3 StR 552/86; vgl. § 267 StPO erfolglose Rügen]). Soweit gebotene eigene Urteilsfeststellungen oder Würdigungen durch Bezugnahmen ersetzt werden, fehlt es verfahrensrechtlich an einer Urteilsbegründung und sachlich-rechtlich an der Möglichkeit der Nachprüfung durch das Revisionsgericht. So liegt es hier.

Die Bezugnahme betrifft den Inhalt einer den Angeklagten entlastenden Zeugenaussage, die die Strafkammer für falsch hält. Der Senat kann nicht überprüfen, ob die Beweiswürdigung der Strafkammer zu diesem Punkt anerkannten rechtlichen Grundsätzen entspricht und die Überzeugung, der Zeuge habe in Absprache mit dem Angeklagten bewußt falsch ausgesagt, rechtsfehlerfrei gewonnen wurde, ohne den Inhalt der Zeugenaussage zu kennen. Schon die Behauptung der Strafkammer, der Inhalt der Aussage des Zeugen G. stehe „bereits im Gegensatz zu den Gesetzen der Logik", ist deshalb ohne Kenntnis des Aussageinhalts nicht nachvollziehbar.

Hinzu kommt, daß die Beweiswürdigung auch im Übrigen Bedenken begegnet, soweit – wie mehrfach geschehen – eigene Überzeugungen von bestimmten Geschehensabläufen als „einzig logischer Schluss" und Bekundungen von Zeugen als „unlogisch" bezeichnet werden. Dies läßt besorgen, das Landgericht habe seine Überzeugung als Ergebnis zwingender Schlussfolgerungen angesehen ohne zu berücksichtigen, daß auch andere Erwägungen denkgesetzlich oder nach der Lebenserfahrung möglich sind, und ohne diese in seine Würdigung einzubeziehen. Dies gilt insbesondere im Zusammenhang mit den Erwägungen des Landgericht zu möglichen Motiven des Zeugen aus denen heraus er den Angeklagten bewußt falsch in Tatverdacht gebracht haben soll. Zwar hat das Landgericht gesehen, daß dieser Zeuge, ebenso wie der Angeklagte ein eigenes wirtschaftliches Interesse an der Brandlegung hat. Nicht erkennbar bedacht hat es aber, daß E. als eingetragener Grundstückseigentümer und Anspruchsberechtigter aus der Gebäudeversicherung in Höhe von 1,5 Millionen DM ein Interesse daran haben kann, eine denkbare eigene Tatbeteiligung durch wahrheitswidrige (alleinige) Belastung einer anderen Person zu verschleiern. Auch das auf der Hand liegende mögliche Motiv dieses Zeugen, eine eigene Beteiligung zu verdecken, um sich selbst der Strafverfolgung zu entziehen, findet in den Urteilsgründen keine Erwähnung.

Nach alledem teilt der Senat nicht die Auffassung des Generalbundesanwalts, das Urteil beruhe nicht auf der unzulässigen Bezugnahme und stütze sich auf eine tragfähige Beweiswürdigung. Das Urteil war daher insgesamt aufzuheben. ...

3. Eine Bezugnahme auf Feststellungen, die mit einem früheren Urteil aufgehoben worden sind, ist unzulässig.

StPO § 267 – BGH Beschl. v. 29. 3. 2000 – 2 StR 71/00 LG Erfurt (= NStZ 2000, 441)

Die Revision rügt die Verletzung sachlichen Rechts.

Sachverhalt: Durch Urteil vom 2. 2. 1998 hatte das Landgericht die Angeklagte wegen Totschlags zu einer Freiheitsstrafe von 5 Jahren verurteilt. Das Landgericht hatte – im Hinblick auf der Vorliegen der Voraussetzungen des § 21 StGB bei der Angeklagten zur Tatzeit – die 2. Alternative des § 213 StGB a.F. angewandt.

Der Senat hatte dieses Urteil im Strafausspruch mit den zugehörigen Feststellungen aufgehoben, da der Tatrichter die 1. Alternative des § 213 StGB a.E. nicht rechtsfehlerfrei geprüft hatte. Denn es lag nicht fern, daß die Angeklagte auch aus Zorn gehandelt hat. Eine zweite Milderung gem. §§ 21, 49 StGB wäre dann möglich gewesen.

Durch das jetzt angefochtene Urteil wurde die Angeklagte wegen Totschlags zu einer Freiheitsstrafe von 4 Jahren und 6 Monaten verurteilt. Die Voraussetzungen der 1. Alternative des § 213 StGB a.F. wurden verneint. – Das Rechtsmittel hatte Erfolg.

Gründe: Der Strafausspruch weist erneut einen Rechtsfehler auf, der zur Aufhebung des Urteils nötigt.

Die Strafkammer hat in den Urteilsgründen unzulässige Bezugnahmen vorgenommen. Nach § 267 I StPO muß jedes Strafurteil aus sich heraus verständlich sein (vgl. BGHR StPO § 267 III 1 Strafzumessung 11). Auf mit dem früheren Urteil aufgehobene, also nicht mehr existente Feststellungen verbietet sich eine Bezugnahme von selbst. Eine Bezugnahme wird auch nicht dadurch zulässig, daß sie mit dem Hinweis verbunden wird, die neue Hauptverhandlung habe zu denselben Feststellungen geführt.

Der Tatrichter hat hier zum einen hinsichtlich der Darstellung der Vorverurteilung und der Prüfung der Schuldfähigkeit der Angeklagten, zum anderen aber vor allem hinsichtlich der Strafzumessungserwägungen, mit denen ein minder schwerer Fall i.S. der 2. Alternative des § 213 StGB a.F. angenommen wurde, auf die Gründe des ersten Urteils Bezug genommen. Dies ist unzulässig. Denn auch die Bezugnahme auf die Strafzumessungserwägungen eines anderen Richters wird der Bedeutung der Strafzumessung und der Aufgabe des Tatrichters nicht gerecht (vgl. BGHR StPO § 267 III Satz 1 Strafzumessung 7 [BGH Urt. v. 18. 5. 1988 – 2 StR 166/88; vgl. § 267 StPO erfolgreiche Rügen]). Der Senat kann im vorliegenden Fall insbesondere nicht prüfen, ob sich der Tatrichter rechtsfehlerfrei mit der Anwendung der 2. Alternative des § 213 StGB a.F. auseinandergesetzt hat. Dem steht nicht entgegen, daß der Tatrichter diese Alternative letztlich bejaht hat. Denn er ist zu diesem Ergebnis nur deshalb gelangt, weil er das Vorliegen der Voraussetzungen des § 21 StGB für ausschlaggebend hielt. Er hat aber nicht dargelegt, ob ein sonstiger minder schwerer Fall auch ohne diesen Umstand in Betracht kam. Eine diesbezügliche Erörterung lag hier nahe. Es steht rechtskräftig fest, daß eine Notwehrlage für die Angeklagte bestand, sie aber die Grenzen der Notwehr überschritten hat, wobei sie zwar (auch) in einer „nicht ganz unerheblichen Angst" gehandelt hat, die aber nicht das für § 33 StGB erforderliche gesteigerte Maß an Angst (Furcht als asthenischer Affekt) erreicht hatte. Hätte ihre Angst dieses Maß erreicht, hätte die Angeklagte wegen Vorliegens eines Schuldausschließungsgrundes nicht bestraft werden können. Hat ihre Angst das erforderliche gesteigerte Maß nicht ganz erreicht, stellt sie jedenfalls einen gewichtigen Strafmilderungsgrund dar, der allein die Prüfung eines minder schweren Falles gebietet. Hierzu verhält sich das angefochtene Urteil nicht.

Der Senat kann nicht ausschließen, daß bei rechtsfehlerfreier Prüfung der 2. Alternative des § 213 StGB a.E. das Schwurgericht zu einer geringeren Strafe gelangt wäre. Denn bei Bejahung der Voraussetzungen dieser Alternative – ohne Berücksichtigung der erheblich verminderten Schuldfähigkeit der Angeklagten – hätte die Strafe zusätzlich nach §§ 21, 49 StGB gemildert werden können. Über die Strafzumessungsfrage muß daher erneut entschieden werden. ...

4. Tatrichter, der ein Sachverständigengutachten eingeholt hat und ihm Beweisbedeutung beimißt, muß, wenn er sich dem Gutachten anschließt, in der Regel die Ausführungen des Sachverständigen in einer zusammenfassenden Darstellung unter Mitteilung der zugrundeliegenden Anknüpfungstatsachen und der daraus gezogenen Schlußfolgerungen im Urteil wiedergeben.

StPO § 267 – BGH Urt. v. 27. 10. 1999 – 3 StR 241/99 LG Oldenburg (= NJW 2000, 1350 = NStZ 2000, 106 = StV 2000, 125)

Das Revisionsvorbringen ist nicht bekannt.

Sachverhalt: Das Landgericht hat den Angeklagten wegen (richtig: schwerer) räuberischer Erpressung verurteilt. Nach den Feststellungen überfiel der mit Ausnahme des Nasenbereichs vermummte und von der Raumüberwachungskamera photographierte Angeklagte am 21. 10. 1994 eine Sparkasse. Er bedrohte die Kassiererin mit einer Pistole – nicht ausschließbar einer Scheinwaffe – und erpreßte so die Herausgabe von 7180 DM. Die Kammer hat sich aufgrund der „gesamten Indizien" von der Täterschaft des die Tat bestreitenden Angeklagten überzeugt. Dabei hat sie ihrer Überzeugungsbildung auch die Ergebnisse eines anthropometrischen Vergleichsgutachtens, wonach der Angeklagte mit einer Sicherheit von mindestens 96,7% der Täter ist, und eines „Jeansfaltenvergleichsgutachtens", wonach es sich bei einer beim Angeklagten beschlagnahmten Jeanshose mit hoher Wahrscheinlichkeit um die Hose handelt, die vom Täter beim Überfall getragen wurde, zugrundegelegt. – Das Rechtsmittel hatte Erfolg.

Gründe: Das Urteil hat keinen Bestand, weil die Urteilsgründe den sachlich-rechtlichen Anforderungen an die Darlegung von Gutachten nicht gerecht werden. Nach ständiger Rechtsprechung des BGH muß der Tatrichter, der ein Sachverständigengutachten eingeholt hat und ihm Beweisbedeutung beimißt, auch dann, wenn er sich dem Gutachten des Sachverständigen, von dessen Sachkunde er überzeugt ist, anschließt, in der Regel die Ausführungen des Sachverständigen in einer (wenn auch nur gedrängten) zusammenfassenden Darstellung unter Mitteilung der zugrundeliegenden Anknüpfungstatsachen und der daraus gezogenen Schlußfolgerungen im Urteil wiedergeben, um dem Revisionsgericht die gebotene Nachprüfung zu ermöglichen (BGHSt. 12, 311 [314 f.] [BGH Urt. v. 18. 12. 1958 – 4 StR 399/58; vgl. § 261 StPO erfolgreiche Rügen]; BGH, NStZ 1991, 596 [BGH Urt. v. 20. 3. 1991 – 2 StR 610/90; vgl. § 261 StPO erfolgreiche Rügen]). Der Umfang der Darlegungspflicht richtet sich danach, ob es sich um eine standardisierte Untersuchungsmethode handelt, sowie nach der jeweiligen Beweislage und der Bedeutung, die der Beweisfrage für die Entscheidung zukommt (vgl. BGHSt. 39, 291 [296 f.] [BGH Beschl. v. 19. 8. 1993 – 4 StR 627/92; vgl. § 267 StPO erfolglose Rügen]; BGHR StPO § 261 Sachverständiger 6).

1. Diesen Anforderungen genügt die Darstellung des anthropologischen Gutachtens nicht. Die Kammer teilt zu dem Gutachten lediglich mit: „Nach dem weiteren Gutachten des Sachverständigen Prof. Dr. H. der den Angeklagten anatomisch „vermessen" und anschließend am Tatort und auf der Dienststelle der Polizeiinspektion W. „ausgemessen" hat, ist bei einer Irrtumswahrscheinlichkeit von theoretisch minimal 3,3 Prozent bis maximal 1,2 Prozent davon auszugehen, daß das beim Angeklagten und beim Täter festgestellte Körpermaß-Merkmals-Muster ein und derselben Person angehört. Demgemäß ergibt sich eine Sicherheit für die Täterschaft des Angeklagten von 96,7 Prozent bis 98,8 Prozent."

Eine derartige, im wesentlichen auf die Mitteilung des Ergebnisses des Gutachtens beschränkte Darstellung kann zwar ausreichen, wenn es sich um ein allgemein anerkanntes und weithin standardisiertes Verfahren wie das daktyloskopische Gutachten (BGHR StPO § 261 Sachverständiger 4), die Blutalkoholanalyse (BGHSt. 28, 235 [237 f.])[1]: Angabe des Mittelwerts genügt) oder die Bestimmung von Blutgruppen (BGHSt. 12, 311), handelt

---
1 BGH Beschl. v. 20. 12. 1978 – 4 StR 460/78: „Denn die Richtigkeit des Probemittelwerts setzt nach den Untersuchungsrichtlinien des Bundesgesundheitsamtes sowie der nachfolgend diese Richtlinien ausfüllenden und ergänzenden jeweiligen Ländererlasse die Vorschriftsmäßigkeit vieler Einzelvorgänge voraus, die in ihrer Gesamtheit nachzuprüfen dem Richter weder möglich noch zumutbar ist. Dies gilt, abgesehen von den vom Oberlandesgericht Düsseldorf angeführten Teilvorgängen, etwa auch für die Untersuchung von Blindproben, für die Eichungen, für die Umrechnungsfaktoren vom Serum auf Vollblut oder für die Untersuchung von Alkoholstandardlösungen. Niemand war bisher der Meinung, daß diese Anknüpfungstatsachen und Zwischenwerte im tatrichterlichen Urteil enthalten sein müßten. Ausgerechnet von dem zeitlich und funktionell letzten Teilabschnitt, nämlich dem simplen Rechenvorgang der Addition der Einzelwerte und der Division des Ergebnisses durch die Zahl der Einzelanalysen, zu verlangen, daß er als Feststellung im tatrichterlichen Urteil Aufnahme findet, würde diesem Teilvorgang ein Gewicht verleihen, das ihm im Verhältnis zu anderen Vorgängen mit weitaus näherliegenden Fehlermöglichkeiten nicht zukommt, und entbehrt jeder sachlichen Notwendigkeit. Ein solcher einfacher Rechenvorgang gehört nicht zu den wesentlichen Anknüpfungstatsachen und Gedankengängen, die eine Wiedergabe in den Urteilsgründen erfordern. Bei reglementierten, häufig angewandten und auf Meßwerten aufgebauten Untersuchungen, wie der Bestimmung des Blutalkohols, besteht hierfür keine Notwendigkeit ...".

(grundlegend BGHSt. 39, 291). Ein solches standardisiertes Verfahren ist aber ein anthropologisches Vergleichsgutachten, bei dem anhand von Lichtbildern der Raumüberwachungskamera eine bestimmbare Zahl deskriptiver morphologischer Merkmale (z.B. Nasenfurche, Nasenkrümmung etc.) oder von Körpermaßen des Täters herausgearbeitet und mit den entsprechenden Merkmalen des Tatverdächtigen verglichen werden (vgl. BGH, NStZ 1991, 596), nicht.

Um dem Senat die Überprüfung der Schlüssigkeit des Gutachtens und seines Beweiswertes zu ermöglichen, hätte zunächst dargelegt werden müssen, auf welche und wie viele übereinstimmende metrische Körpermerkmale der Sachverständige sich bei seiner Bewertung gestützt und auf welche Art und Weise er diese Übereinstimmungen ermittelt hat. Auch fehlen Ausführungen im Urteil, aufgrund welcher Berechnungen der Sachverständige zu dem Ergebnis gelangt ist, daß der Angeklagte mit einer Sicherheit von 96,7–98,8% der Täter ist. Dem Urteil ist nicht zu entnehmen, auf welches biostatistische Vergleichsmaterial sich die Wahrscheinlichkeitsberechnung stützt (vgl. zu dem Problem der Merkmalshäufigkeit und zur Berechnung Knußmann, NStZ 1991, 175 [176]; zum gleichgelagerten Problem bei der DNA-Analyse BGHSt. 38, 320 [BGH Urt. v. 12. 8. 1992 – 5 StR 239/92; vgl. § 261 StPO erfolgreiche Rügen]; BGHR StPO § 261 Identifizierung 11), d.h. ob dieses Vergleichsmaterial im Hinblick auf die Bevölkerungsabgrenzung, die Größe des Probandenkreises und das wegen der Akzeleration der Bevölkerung bedeutsame Alter der Untersuchung repräsentativ ist, also das Vorkommen des einzelnen Merkmals in der männlichen Bevölkerung zur Tatzeit zutreffend widerspiegelt, oder ob es sich nur um mehr oder weniger genaue, den Beweiswert der Wahrscheinlichkeitsaussage relativierende Anhaltswerte handelt.

2. Auch die Ausführungen zum „Jeansfaltenvergleichsgutachten" beggnen durchgreifenden rechtlichen Bedenken. Das Landgericht war zwar nicht gehindert, eine solche, bislang nicht in größerem Umfang erprobte kriminaltechnische Erkenntnisquelle (vgl. hierzu Senat, NStZ 1998, 528 [529] [BGH Beschl. v. 15. 4. 1998 – 3 StR 129/98; vgl. § 261 StPO erfolgreiche Rügen]; hierzu auch Kohlhoff, Kriminalistik 1997, 421 ff.) im Rahmen der Beweiserhebung zu berücksichtigen. Die Aufklärungspflicht kann gebieten, sich auch über Methoden und Verfahren zu unterrichten, die noch nicht allgemein anerkannt sind. Bei der Beweiswürdigung hat das Gericht dann aber diesen Umstand einer kritischen Betrachtung zu unterziehen, die sich sowohl auf die allgemeinen Grundsätze der neuen Methode selbst als auch auf ihre konkrete Anwendung beziehen muß (BGHSt. 41, 206 [215] [BGH Urt. v. 2. 8. 1995 – 2 StR 221/94; vgl. §§ 74, 261 StPO erfolgreiche Rügen]; BGH, NStZ 1994, 250 [BGH Beschl. v. 12. 1. 1994 – 5 StR 620/93; vgl. § 244 II StPO erfolgreiche Rügen]). Insbesondere ist der Tatrichter zu einer kritischen Würdigung des Beweiswerts verpflichtet.

Diesen Anforderungen genügen die Urteilsgründe nicht. Die Kammer hat ausgeführt: „Nach dem Gutachten des kriminaltechnischen Sachverständigen ist eine der bei dem Angeklagten beschlagnahmten Hosen mit hoher Wahrscheinlichkeit die Jeanshose, die bei dem Überfall auf die Sparkasse durch die Raumüberwachungskamera abgelichtet wurde. Der Sachverständige hat in der Hauptverhandlung überzeugend dargelegt, daß Jeanskleidung in doppelter Hinsicht Besonderheiten aufweist. Zum einen weist die Kleidung eine Oberflächenstruktur auf, die keinen Gesetzmäßigkeiten unterworfen und nicht reproduzierbar ist. Zum anderen entstehen – und dies ist das Entscheidende – beim Tragen von Jeanshosen individuelle Gebrauchsfalten, die nicht mehr zu beseitigen sind. Diese charakteristischen Merkmale spiegeln sich dabei in den Lichtbildern wider und sind damit hervorragend geeignet, für vergleichende Untersuchungen im Hinblick auf Identifizierungen herangezogen zu werden. Im vorliegenden Fall ließen sich bei einer der Hosen des Angeklagten. auf der rechten Seite drei und auf der linken Seite zwei Falten feststellen, die sich auf den Lichtbildern wiederfinden, die von der Raumüberwachungskamera gemacht wurden."

Erfolgreiche Rügen   Nr. 5 § 267 StPO

Die Kammer teilt nicht mit, worauf die Erkenntnis beruht, daß beim Tragen von Jeans individuelle Gebrauchsfalten entstehen, die nicht zu beseitigen sind. Hinsichtlich des Faltenbildes beschränkt sich die Kammer auf den Hinweis, daß auf der rechten Seite der Jeans des Angeklagten drei und auf der linken Seite zwei Falten festzustellen seien, die sich auch auf den Lichtbildern der Raumüberwachungskamera wiederfänden. Mangels Beschreibung der Lichtbilder – bezüglich der Einzelheiten kann von § 267 I 3 StPO Gebrauch gemacht werden – ist es dem Senat nicht möglich, zu überprüfen, ob und in welchem Umfang die Lichtbilder zu Vergleichszwecken geeignet sind. Auch ist zu beachten, daß die Begutachtung eineinhalb Jahre nach der Tat stattfand, so daß sich die Kammer mit der Frage hätte auseinandersetzen müssen, ob durch den weiteren Gebrauch der Hose weitere Falten entstanden sein könnten, die das Faltenbild insgesamt verändert haben.

5. Die Nichtbeachtung eines in der Hauptverhandlung gestellten Antrags nach § 267 III S. 2 StPO stellt einen Verfahrensfehler dar.

StPO § 267 III S. 2 – BGH, Beschl. v. 18. 11. 1998 – 1 StR 525/98 LG Bayreuth (= StV 1999, 137)

Die Revision rügt, das Landgericht habe die Ablehnung eines minder schweren Falls nach § 29a Abs. 2 BtMG nicht begründet, obwohl die Verteidigung in ihrem Schlußvortrag einen entsprechenden Antrag gestellt und eine Verurteilung zu einer Freiheitsstrafe von 1 Jahr beantragt hatte, deren Vollstreckung zur Bewährung ausgesetzt werden sollte.

Sachverhalt: Nach den Urteilsfeststellungen fuhr die Angeklagte ihren Ehemann und den weiteren Mitangeklagten mit ihrem Pkw zu einem Parkplatz, auf dem ein Geschäft über 1,971 kg Haschisch abgewickelt wurde. In der Strafzumessung nahm das Landgericht gem. §§ 27, 49 Abs. 1 StGB eine Strafrahmenverschiebung vor und berücksichtigte bei der Bemessung der gegen die Angeklagte verhängten Freiheitsstrafe, sie sei teilgeständig und es handele sich um ein polizeilich überwachtes Geschäft. Auch sah es die Angeklagte nicht als die treibende Kraft bei dieser Tat an, denn sie habe vor allem im Verhältnis zu ihrem Ehemann eine eher untergeordnete Rolle wahrgenommen und kein wesentliches Mitspracherecht gehabt. Darüber hinaus ging es davon aus, daß die Angeklagte von den weiteren auf dem Hausgrundstück gebunkerten Rauschgiftvorräten keine Kenntnis hatte. Zu ihren Lasten wertete das Landgericht, die von ihr erbrachten Fahrdienste stellten einen wesentlichen Tatbeitrag dar, ohne den das Rauschgiftgeschäft nicht so leicht abgewickelt hätte werden können.

Das Landgericht hat die Angeklagte wegen Beihilfe zum unerlaubten Handeltreiben mit Btm in nicht geringer Menge zu einer Freiheitsstrafe von 2 Jahren 6 Monate verurteilt. – Das Rechtsmittel hatte Erfolg.

Gründe: Die Nichtbeachtung eines in der Hauptverhandlung gestellten Antrags nach § 267 Abs. 3 S. 2 StPO stellt einen Verfahrensfehler dar. Aber auch aus sachlich-rechtlichen Gründen sind Urteilsausführungen zur Frage eines minder schweren Falls erforderlich, wenn der Sachverhalt dies nahe legt oder sonst eine Erörterung in den Urteilsgründen als Grundlage für die revisionsrechtliche Überprüfung geboten ist (vgl. BGHR StPO § 267 Abs. 4 S. 2 Strafrahmenwahl 1). Im vorliegenden Fall lag die Annahme eines minder schweren Falls nahe. Bereits das Vorliegen eines sog. vertypten Milderungsgrundes wie des § 27 StGB kann nach der st. Rspr. des BGH die Annahme eines minder schweren Falls begründen. Aber auch die weiteren vom Landgericht bei der Zumessung der Strafe zu Gunsten der Angeklagten angeführten nicht unerheblichen Strafmilderungsgründe hätten es geboten, zunächst eine Gesamtbetrachtung über das Tatbild und die Täterpersönlichkeit anzustellen, um die mögliche Anwendung des Ausnahmestrafrahmens des § 29a Abs. 2 BtMG zu prüfen. Die bisher vom Landgericht zur Strafzumessung getroffenen Feststellungen können bestehen bleiben, ergänzende Feststellungen sind möglich.

6. Nicht eine aufgrund unsicherer Schätzungen des Tatopfers hochgerechnete Gesamtzahl von Straftaten ist entscheidend, sondern daß der Richter davon überzeugt ist, daß der Angeklagte jede einzelne individuelle Straftat begangen hat.

StPO § 267 – BGH Beschl. v. 22. 10. 1998 – 3 StR 267/98 LG Hannover (= StV 1999, 137)

Die Revision rügt die Verletzung materiellen Rechts.

Sachverhalt: Anders als für die Zeit, für die bereits Strafverfolgungsverjährung eingetreten ist, hat das Landgericht für den Anklage- und Aburteilungszeitraum (1. 7. 1984 bis zum 7. [richtig: 6.] 6. 1987) nur zwei bis drei noch hinreichend konkretisierte Fälle festgestellt, in denen sich der Angeklagte an seiner am 7. 6. 1973 geborenen Stieftochter verging. Im übrigen hat es ausgeführt, der Angeklagte habe mit seiner Stieftochter den Geschlechtsverkehr mindestens im Durchschnitt einmal in der Woche vollzogen. Allein darauf beruht die auch im Rahmen der rechtlichen Würdigung nicht näher begründete Annahme, der Angeklagte habe sich in insgesamt 150 Fällen des sexuellen Mißbrauchs eines Kindes schuldig gemacht.

Das Landgericht hat den Angeklagten wegen sexuellen Mißbrauchs eines Kindes in 150 Fällen zu einer Gesamtfreiheitsstrafe verurteilt. – Das Rechtsmittel hatte Erfolg.

Gründe: Zwar vermag der Senat die vom GBA geltend gemachten Bedenken gegen die Beweiserwägungen nicht zu teilen, mit denen das Landgericht seine Überzeugung, daß die den Angeklagten belastenden Angaben der Zeugin H., des Tatopfers, glaubhaft sind, begründet hat. Jedoch muß das Urteil aus anderem sachlich-rechtlichen Grund aufgehoben werden.

Es genügt nämlich nicht den Anforderungen, die an die Feststellung der Anzahl der Einzeltaten bei Serienstraftaten zu stellen sind (vgl. dazu BGH StV 1998, 472 [BGH Beschl. v. 12. 11. 1997 – 3 StR 559/97; vgl. § 261 StPO erfolgreiche Rügen]; BGH NStZ 1994, 352 [BGH Beschl. v. 25. 3. 1994 – 3 StR 18/94; vgl. § 267 StPO erfolgreiche Rügen]). Eine ausreichende Grundlage für die angenommene Anzahl der Einzeltaten ergibt sich daraus nicht. Wie der Senat in seiner Entscheidung in StV 1998, 472 näher dargelegt hat, darf der Tatrichter bei nur wenigen konkretisierten Taten die Anzahl der weiteren (nicht konkretisierten) Fälle nicht ohne Angabe von Anhaltspunkten schätzen, die belegen, daß eine geringere Anzahl von Taten ausgeschlossen ist. Vielmehr muß er darlegen, aus welchen Gründen er die Überzeugung gerade von einer bestimmten Mindestzahl von Straftaten gewonnen hat. Nicht eine aufgrund unsicherer Schätzungen des Tatopfers hochgerechnete Gesamtzahl von Straftaten ist entscheidend, sondern daß der Richter davon überzeugt ist, daß der Angeklagte jede einzelne individuelle Straftat begangen hat. Eine solche tatrichterliche Überzeugung vermittelt das angefochtene Urteil nicht.

7. Der Tatrichter muß sich im Rahmen seiner freien Beweiswürdigung nach § 261 StPO eine Überzeugung bilden und darf sich nicht den steuerlichen Beweislastregeln anschließen.

StPO § 267 – BGH Urt. v. 5. 8. 1997 – 5 StR 210/97 LG Düsseldorf (= NStZ-RR 1997, 374)

Die Revisionen der Staatsanwaltschaft rügen die Verletzung sachlichen Rechts und beanstanden jeweils die Freisprechung der beiden Angeklagten.

Sachverhalt: Das Landgericht hat den Angeklagten J. wegen Beihilfe zum Betrug in drei Fällen und wegen Beihilfe zur Steuerhinterziehung in einundzwanzig Fällen zu einer Gesamtgeldstrafe verurteilt; im übrigen hat es diesen Angeklagten ebenso wie den Mitangeklagten F. vom Vorwurf der mehrfachen Steuerhinterziehung in den Jahren 1983 bis 1990 im Zusammenhang mit der Firma J.-GmbH & Co KG freigesprochen. Den Angeklagten J. hat es darüber hinaus vom Vorwurf der Beihilfe zur Steuerhinterziehung und zum Subventionsbetrug in mehreren Fällen freigesprochen.

Dem Gesamtzusammenhang der Urteilsgründe ist lediglich zu entnehmen, daß beiden Angeklagten die Hinterziehung von Gewerbe- und Einkommensteuer im Zusammenhang mit der Firma J.-GmbH & Co KG in den Jahren 1983 bis 1989 vorgeworfen wird, ohne daß erkennbar wird, welches steuerlich erhebliche tatsächliche Verhalten im Rahmen der jeweiligen Abgabenart zu einer Steuerverkürzung geführt haben soll und in welchem der Besteuerungszeiträume dies jeweils erfolgt sein soll. – Die Rechtsmittel hatten Erfolg.

Gründe:

1. ...
Das angefochtene Urteil genügt in sachlich-rechtlicher Hinsicht nicht den Anforderungen, die nach ständiger Rechtsprechung des BGH an ein freisprechendes Urteil zu stellen sind (vgl. nur BGHR StPO § 267 V Freispruch 2 [BGH Urt. v. 26. 9. 1989 – 1 StR 299/89; vgl. § 267 StPO erfolgreiche Rügen], 3 [BGH Urt. v. 26. 4. 1990 – 4 StR 24/90; vgl. § 267 StPO erfolgreiche Rügen], 7 [BGH Urt. v. 4. 7. 1991 – 4 StR 233/91; vgl. § 267 StPO erfolgreiche Rügen]); es ermöglicht keine revisionsrechtliche Nachprüfung, ob der Freispruch jeweils auf einer bedenkenfreien Tatsachengrundlage und aufgrund rechtlich einwandfreier Erwägungen des Tatrichters erfolgt ist. § 267 V 1 StPO bestimmt, daß die Urteilsgründe ergeben müssen, ob ein Freispruch aus tatsächlichen oder rechtlichen Gründen erfolgt. Im Anschluß an die Darlegung, welcher Anklagevorwurf dem einzelnen Angeklagten gemacht wird, die insbesondere bei mehreren Angeklagten unerläßlich erscheint, damit das Urteil aus sich heraus verständlich wird (vgl. BGHSt. 37, 21 [22][1]), ist der vom Tatrichter festgestellte Sachverhalt mitzuteilen. Dieser Sachverhalt ist anschließend im Rahmen der Beweiswürdigung im wesentlichen so abzuhandeln, daß deutlich wird, auf welcher gedanklichen Grundlage der dem Angeklagten vorgeworfene – strafbare – Sachverhalt nicht erwiesen ist, falls ein Freispruch aus tatsächlichen Gründen erfolgt. Ist der dem Angeklagten vorgeworfene Sachverhalt erwiesen, so müssen die Urteilsgründe die rechtlichen Erwägungen erkennen lassen, warum das festgestellte Verhalten nicht strafbar ist, weil andernfalls nicht erkennbar wird, welcher Grund die Freisprechung trägt.

2.
a) Es fehlt bereits an klaren und eindeutigen Feststellungen zu den rechtlichen Verhältnissen der Gesellschaft und der an ihr beteiligten Gesellschafter sowie zu deren jeweiligen steuerlichen Verantwortlichkeiten. Das Landgericht führt in diesem Zusammenhang aus, der Angeklagte F. sei „alleiniger Gesellschafter" der Firma J.-GmbH & Co KG gewesen. Er sei „stiller Gesellschafter" gewesen, nach außen sei J. aufgetreten. Seit November 1980 „halte" F. 74 Prozent und J. 26 Prozent der Anteile, wobei letzterer die Anteile von F. treuhänderisch gehalten habe. Bis 1981 sei J. alleinvertretungsberechtigter Geschäftsführer gewesen, danach sei auch F. Geschäftsführer gewesen. Welche gesellschaftsrechtlichen Verträge dem zugrunde lagen und welche steuerrechtlichen Folgen sich aus den getroffenen Vereinbarungen und den von den Beteiligten tatsächlich durchgeführten Gestaltungen ergeben, ist diesen Ausführungen nicht zu entnehmen. Sie lassen allerdings erkennen, daß sich der Tatrichter nicht mit den rechtlichen Zusammenhängen zwischen der gesellschaftsrechtlichen Gestaltung und den steuerrechtlichen Folgen auseinander gesetzt und infolgedessen bereits die zur steuerrechtlichen Beurteilung erforderlichen tatsächlichen Verhältnisse nicht ausreichend geklärt hat. Dementsprechend fehlt es in der Folge auch

---

1 BGH Urt. v. 26. 4. 1990 – 4 StR 24/90: „Ein grundlegender Mangel des Urteils liegt bereits darin, daß seine Gründe nicht erkennen lassen, welche Straftaten den einzelnen Angeklagten zur Last gelegt werden. Da es sich um insgesamt sechs Angeklagte gehandelt hat, wäre es erforderlich gewesen, den individuellen Anklagevorwurf gegen jeden von ihnen nach Ort, Zeit, Verantwortungsbereich und Begehungsweise aufzuzeigen und aufgrund des Ergebnisses der Hauptverhandlung darzulegen, daß sich dieser Vorwurf nicht bestätigt hat, und zwar entweder aus tatsächlichen oder aus rechtlichen Gründen. Es ist Aufgabe der Urteilsgründe, dem Revisionsgericht eine umfassende Nachprüfung auch der freisprechenden Entscheidung zu ermöglichen."

an Feststellungen, welcher der beiden Angeklagten als Geschäftsführer der Komplementärin der Firma J.-GmbH, für die KG in den betreffenden Jahren von 1983 bis 1989 für die steuerlichen Angelegenheiten verantwortlich war (vgl. BGH, wistra 1990, 1997), welche Steuererklärungen abgegeben worden sind, inwieweit diese nach dem Anklagevorwurf unzutreffend gewesen sein sollen, welche Steuerbescheide daraufhin ergangen und welche Feststellungen insoweit in der Hauptverhandlung getroffen worden sind; entsprechender Feststellungen bedurfte es auch für den Fall, daß die Abgabe von Steuererklärungen für die KG unterlassen worden sein sollte. Sodann hätten diese Feststellungen im Rahmen der Beweiswürdigung erörtert und rechtlich bewertet werden müssen, wenn nachvollziehbar sein soll, weshalb keine Steuerhinterziehung vorliegt oder weshalb die beiden Angeklagten dafür – gegebenenfalls – nicht verantwortlich zu machen waren. ...

Wenn das Landgericht in diesem Zusammenhang unter anderem ausführt, die Anklage lege F. „Gewerbesteuerhinterziehung in Tateinheit mit Einkommensteuerhinterziehung zum Vorteil der J.-GmbH in den Jahren 1986 bis 1989" zur Last, sowie „persönliche Einkommensteuerhinterziehung in den Jahren 1983 bis 1989", so läßt auch dies erkennen, daß der Tatrichter sich nicht mit den steuerrechtlichen Zusammenhängen im Rahmen der Blankettvorschrift des § 370 I AO auseinandergesetzt hat. Zwar ist die KG i.S. von § 33 AO steuerpflichtig und hinsichtlich der Gewerbesteuer rechtsfähig, so daß insoweit zu ihren Gunsten Steuern hinterzogen werden können. Dies gilt nicht hinsichtlich der Einkommensteuer, für die nach § 1 EStG die Gesellschafter als natürliche Personen steuerpflichtig sind. Es hätte daher im einzelnen der Darlegung bedurft, welche Erklärungen zur einheitlichen und gesonderten Feststellung von Besteuerungsgrundlagen nach §§ 179, 180 I Nr. 2 lit. a AO abgegeben worden und welche Feststellungsbescheide sodann ergangen sind oder welche Erklärungen nach dem Anklagevorwurf hätten abgegeben werden müssen. Im Rahmen der einheitlichen und gesonderten Feststellung für die KG hätte sodann geklärt werden müssen, welchen der beteiligten Gesellschafter welche Gewinne und Verluste zuzurechnen sind und welche Folgen für eine mögliche Steuerverkürzung hinsichtlich der Einkommensteuer der jeweiligen Gesellschafter infolge der Bindungswirkung für die Folgebescheide nach § 182 AO sich daraus ergeben.

Das angefochtene Urteil läßt insoweit nicht einmal erkennen, wessen Einkommensteuern 1983 bis 1989 (J.) beziehungsweise 1986 bis 1989 (F.) im Rahmen der Firma J.-GmbH & Co KG hinterzogen worden sein sollen. In diesem Zusammenhang hätte es zudem der Erörterung bedurft, auf welcher Rechtsgrundlage dem Angeklagten F. „als Gesellschafter" ein „Gewinnanteil von 10 000 DM monatlich" ausgekehrt wurde, ob diese Zahlungen im Rahmen der Erklärung zur gesonderten und einheitlichen Feststellung der Einkünfte erklärt wurden, inwieweit für den Angeklagten F., der nach den Feststellungen seinen Wohnsitz im außereuropäischen Ausland hatte, daraus eine Steuerpflicht i.S. von § 1 EStG erwachsen ist und ob er seinen daraus möglicherweise folgenden steuerlichen Verpflichtungen nachgekommen ist.

b) Darüber hinaus sind auch die im Rahmen der Beweiswürdigung in diesem Zusammenhang wiedergegebenen Erwägungen des Tatrichters zu den Verantwortlichkeiten in der Firma J.-GmbH & Co KG rechtlich bedenklich. Das Landgericht führt dazu aus, „die Zeugen R. und L., die die Betriebsprüfung der Firma J. leiteten und durchführten" – hätten „aus ihren Prüfungsergebnissen Schlußfolgerungen gezogen, die Eingang in die Anklage gefunden haben. Sie betonten, daß ihre Schlußfolgerungen nicht auf strafrechtlichen Grundsätzen, sondern auf steuerrechtlichen Grundsätzen beruhe. Die Schlußfolgerungen dieser Zeugen reichen nicht aus, die Einlassung des Angeklagtren F. zu widerlegen. Sie kommen zu Schlußfolgerungen, die nicht strafrechtlich verwertbar sind."

Eine solche Beweiswürdigung läßt nicht einmal ansatzweise erkennen, mit welchen Umständen sich der Tatrichter auseinandergesetzt hat. Selbst wenn man im Rahmen eines freisprechenden Urteils nach § 267 V StPO eine lückenlose Erörterung aller Umstände, die zur Überzeugungsbildung beigetragen haben, nicht für erforderlich halten mag, so müssen doch die tragenden Aussageinhalte mitgeteilt werden, wenn der Tatrichter auf bestimmte – die Anklage stützende Zeugenaussagen hinweist, aber diese sodann für nicht ausreichend erachtet, die Einlassung der Angeklagten zu widerlegen.

Ohne Mitteilung der zugrundeliegenden Aussageinhalte und Erwägungen ist auch nicht nachprüfbar, ob der Tatrichter selbst von einem zutreffenden Verständnis der Blankettvorschrift des § 370 I AO ausgegangen ist. Diese wird materiellrechtlich ausgefüllt durch die im Einzelfall anzuwendenden steuerrechtlichen Vorschriften, aus denen sich ergibt, welches steuerlich erhebliche Verhalten im Rahmen der jeweiligen Abgabenart zu einer Steuerverkürzung geführt hat. Die Rechtsanwendung ist Sache des Gerichts, insoweit kann es nicht auf die Beurteilung der Zeugen ankommen. Indessen können diese anläßlich der Betriebsprüfung steuerlich erhebliche Ermittlungen tatsächlicher Art durchgeführt haben, die für die Frage, ob und möglicherweise in welcher Höhe Steuern hinterzogen worden sind, durchaus von Bedeutung sein können. Solche Erkenntnisse – insbesondere wenn sie die Anklage stützten – hätten sodann aber mitgeteilt werden müssen. Selbst wenn sich die Ausführungen des Landgerichts auf formale Nachweisanforderungen des Steuerrechts und daraus gezogene Schlußfolgerungen der Zeugen beziehen sollten, sind sie nicht frei von Bedenken. Der Tatrichter hat sich stets im Rahmen seiner freien Beweiswürdigung nach § 261 StPO eine Überzeugung zu bilden; er kann sich nicht den steuerlichen Beweislastregeln anschließen. Indessen darf er indiziell Umstände heranziehen, wie sie nach den Beweislastregeln der Abgabenordnung zur Versagung steuerrechtlicher Vorteile führen würden (zum Beispiel §§ 160 I, 90 II AO). Auch darf er auf die im Steuerrecht üblichen Schätzungsmethoden zur Feststellung der Besteuerungsgrundlagen zurückgreifen (BGH, wistra 1995, 67).

c) Auch soweit dem Gesamtzusammenhang der Urteilsgründe zu entnehmen ist, daß den Angeklagten zur Last gelegt worden ist, durch fingierte Betriebsausgaben und Scheinrechnungen, die auf Blankorechnungen französischer und italienischer Lieferanten gefertigt und in die Buchführung der Firma J.-GmbH & Co KG eingestellt wurden, den Gewinn in den Jahren 1983 bis 1986, 1988 und 1989 zum Zweck der Steuerverkürzung gemindert zu haben, hält die Beweiswürdigung einer rechtlichen Nachprüfung nicht stand. Zu Recht weist der GBA darauf hin, daß nach den bisherigen Feststellungen nicht ersichtlich ist, warum die Erkenntnisse der Zeugen L. und R. zu Bekundungen der italienischen und französischen Lieferanten „wegen des Gebots der Unmittelbarkeit der Beweisaufnahme nicht in die Hauptverhandlung eingeführt werden" konnten und was es mit diesen „Bekundungen" überhaupt auf sich hat.

3. Der Angeklagte F. ist ferner vom Vorwurf der Körperschaft- und Gewerbesteuerhinterziehung 1987 bis 1990 in seiner Eigenschaft als faktischer Alleingesellschafter und Geschäftsführer der Firma I.-GmbH freigesprochen worden. Auch insoweit reichen die getroffenen Feststellungen und die Beweiswürdigung für eine revisionsgerichtliche Nachprüfung nicht aus. Die über das Urteil verstreute Sachdarstellung läßt nicht erkennen, auf welcher Tatsachengrundlage die rechtliche Beurteilung erfolgt ist. Sollte die im Inland bei der Firma J.-GmbH & Co KG ansässige GmbH unter dem beherrschenden Einfluß des Angeklagten F. eine vermittelnde Position zwischen der Firma A., Südafrika, und den italienischen und französischen Lieferanten von Maschinen eingenommen haben, so könnte eine Betriebsstätte i.S. von § 12 AO gegeben sein, von der aus die GmbH gewerblich tätig geworden wäre. Dafür spricht auch die Einrichtung von zwei Geschäftskonten in Düsseldorf, über die offenbar der Zahlungsverkehr abgewickelt wurde. Daß die GmbH, vertreten durch den Angeklagten F., nach den bisherigen Feststellungen keine Vermittlungsgebühren oder andere Kosten gegenüber der südafrikanischen Firma des F. in Rechnung stellte, spricht nicht gegen die Annahme einer gewerblichen Tätigkeit der Firma I.-GmbH. Denn insoweit kommt es im Verhältnis zwischen dem geschäftsführenden beherrschenden (Allein-)Gesellschafter und seiner GmbH auf die im Geschäftsverkehr üblichen Sorgfalts-

pflichten eines ordentlichen Kaufmanns an; ein solcher hätte für die Einschaltung der GmbH eine Rechnung erstellt. Ob insoweit eine verdeckte Gewinnausschüttung vorliegt, hat das Landgericht nicht geprüft. Inwieweit sich aus der Einschaltung der GmbH eine Gewerbesteuer- und Körperschaftsteuerpflicht ergibt, bedarf erneuter Prüfung.

4. Soweit der Angeklagte J. schließlich vom Vorwurf der Beihilfe zur Steuerhinterziehung der Zeugen H. und R. in den Jahren 1983 und 1984 freigesprochen worden ist, weil „das Verfahrenshindernis der absoluten Verjährung" vorliegt, beanstandet der GBA zu Recht, daß die tatsächlichen Voraussetzungen des behaupteten Verfahrenshindernisses, das zur Einstellung des Verfahrens nach § 260 III StPO führen müßte, nicht hinreichend festgestellt sind (vgl. auch BGH, NStZ 1995, 605 [BGH Urt. v. 21. 6. 1995 – 2 StR 758/94; vgl. § 136a StPO erfolgreiche Rügen]; BGH, wistra 1990, 146; BGH Beschl. v. 16. 12. 1988 – 2 StR 595/88). Dasselbe gilt auch für den Freispruch vom Vorwurf der „Beihilfe zum Subventionsbetrug in den Jahren 1983, 1984 und 1985".

Vorsorglich weist der Senat auf die lange Verfahrensdauer hin.

8. Auch bei dem Vorwurf einer Vielzahl sexueller Übergriffe, die erst nach Jahren aufgedeckt werden, darf eine unzureichende Konkretisierung nicht dazu führen, daß der Angeklagte unangemessen in seinen Verteidigungsmöglichkeiten beschränkt wird.

StPO § 267 – BGH Beschl. v. 21. 3. 1996 – 4 StR 79/96 LG Detmold (= StV 1996, 365)

Die Revision rügt die Verletzung sachlichen Rechts.

Sachverhalt: Das Landgericht hat den Angeklagten unter Freisprechung im übrigen wegen sexueller Nötigung in 30 Fällen zu 4 Jahren Gesamtfreiheitsstrafe verurteilt.

Nach den Feststellungen begann der Angeklagte im Jahre 1979, seine Zwillingstöchter Alexandra und Sonja, die seinerzeit neun Jahre alt waren, sexuell zu mißbrauchen. Gegenstand der Verurteilung sind die Übergriffe zum Nachteil von Alexandra im Zeitraum von Juli 1984 bis Ende Juni 1989. Hierzu stellt das Landgericht fest, daß es „mindestens alle zwei Monate zu massiven sexuellen Übergriffen folgender Art (kam). Die Nebenklägerin mußte das Glied des Angeklagten in den Mund nehmen und daran lutschen. Bisweilen kam der Angeklagte bei diesem Oralverkehr zum Samenerguß. Es gelangte auch Sperma in den Mund der Nebenklägerin. Die Nebenklägerin fügte sich in ihr Schicksal, weil der Angeklagte sie mit der Pistole bedroht oder ihr angedroht hatte, er werde sie umbringen, wenn sie nicht das tue, was er von ihr verlange". Im Juli 1989 hörte der Angeklagte mit diesen Handlungen auf.

Der Angeklagte bestreitet die Tat. Das Landgericht stützt seine Überzeugung von dem Tatgeschehen im wesentlichen auf die Angaben der beiden Töchter des Angeklagten, die es „in vollem Umfang für glaubhaft" hält. – Das Rechtsmittel hatte Erfolg.

Gründe: ...

a) Dabei hat es sich jedoch nicht mit allen Umständen auseinandergesetzt, die vernünftige Zweifel am Wahrheitsgehalt der Aussagen dieser Zeuginnen begründen können. Steht Aussage gegen Aussage und hängt die Entscheidung davon ab, welcher Aussage das Gericht Glauben schenkt, so müssen die Urteilsgründe erkennen lassen, daß das Gericht alle Umstände, die seine Entscheidung zugunsten oder zuungunsten des Angeklagten beeinflussen können, erkannt und in seine Überlegungen einbezogen hat (st. Rspr.; BGHR StPO § 261 Beweiswürdigung 1 [BGH Beschl. v. 22. 4. 1987 – 3 StR 141/87; vgl. § 261 StPO erfolgreiche Rügen]; StGB § 177 Abs. 1 Beweiswürdigung 5, 15 [BGH Urt. v. 3. 2. 1993 – 2 StR 531/92; vgl. § 261 StPO erfolgreiche Rügen]). Diesen Anforderungen wird das angefochtene Urteil nicht gerecht:

b) Das Landgericht geht „aus Gründen äußerster Vorsicht" davon aus, daß der Angeklagte im Tatzeitraum „nur alle zwei Monate sexuelle Handlungen der geschilderten Art (Oralverkehr)" zum Nachteil seiner Tochter Alexandra begangen hat, und gelangt deshalb zu „30 Einzeltaten". Im übrigen „war" – wie es im Urteil heißt – „der Angeklagte aus tatsächlichen Gründen freizusprechen". Dies läßt schon für sich genommen die Annahme zu, daß die Geschädigte den Angeklagten jedenfalls im Ermittlungsverfahren in stärkerem Umfang als im Urteil festgestellt belastet hat. Dies wird bestätigt durch die Anklage, von der der Senat schon im Hinblick auf die Prüfung der Verfahrensvoraussetzungen von Amts wegen Kenntnis genommen hat. Darin wird dem Angeklagten angelastet, seine Tochter Alexandra „zumindest einmal im Monat" zur oralen Befriedigung aufgefordert sowie ferner „fast täglich" deren Genitalbereich geleckt und sein Glied bis zum Samenerguß an ihrer Scheide gerieben zu haben. Bei dieser Sachlage hätte das Landgericht darlegen und bei der Würdigung der Aussage der Geschädigten erörtern müssen, ob es deren den Angeklagten weitergehend belastenden Angaben nicht geglaubt und deshalb den Angeklagten insoweit „aus tatsächlichen Gründen" freigesprochen hat. Denn zur umfassenden Würdigung gehört regelmäßig auch die Auseinandersetzung mit dem Umstand, daß ein Teil der Aussage eines Zeugen für glaubhaft erachtet wird, ein anderer dagegen nicht (vgl. BGH NJW 1993, 2451[1]; StV 1994, 358, 359 [BGH Urt. v. 24. 11. 1993 – 3 StR 517/93; vgl. § 267 StPO erfolgreiche Rügen]; NStZ 1995, 558 [BGH Beschl. v. 16. 5. 1995 – 4 StR 237/95; vgl. § 261 StPO erfolgreiche Rügen]).

Zu dieser Erörterung unter näherer Darlegung ihrer Aussage und der Aussageentstehung hätte aber auch dann Anlaß bestanden, wenn die Geschädigte in der Hauptverhandlung von früheren weitergehenden Beschuldigungen abgerückt wäre oder sie abgeschwächt haben sollte. Denn ein solcher Umstand muß keineswegs auf das Fehlen einer Belastungstendenz hindeuten, sondern kann seine Erklärung auch in dem Bemühen finden, eine nicht zutreffende Darstellung wenigstens teilweise aufrechtzuerhalten (vgl. BGH StV 1992, 2 f. [BGH Beschl. v. 6. 9. 1991 – 2 StR 248/91; vgl. § 244 II StPO erfolgreiche Rügen] und 149 [BGH Beschl. v. 29. 11. 1991 – 2 StR 504/91; vgl. § 261 StPO erfolgreiche Rügen]; Senatsbeschl. v. 19. 12. 1995 – 4 StR 699/95). Im übrigen hätte in diesem Fall das Gericht nicht die Konstanz der Aussage als Argument für deren Glaubhaftigkeit heranziehen können.

c) Diese Erörterung war auch nicht etwa deshalb entbehrlich, weil nicht nur die Tochter Alexandra, sondern mit deren Schwester Sonja eine weitere Zeugin im Sinne der getroffenen Feststellungen ausgesagt hat. Insoweit hatte das Landgericht bei deren Würdigung nämlich die enge persönliche Beziehung der beiden Zwillingsschwestern, ihre ersichtlich gleichermaßen negative Einstellung zu dem Angeklagten, dem sie nach dem Tod ihrer Mutter „schäbige(s) Verhalten" vorwarfen, und ihre im Verhältnis zum Angeklagten auch im Zusammenhang mit der Erbschaftsauseinandersetzung gleiche Interessenlage zu bedenken. Davon abgesehen beschränkt sich das Urteil in bezug auf die sexuellen Übergriffe des Angeklagten gegenüber seiner Tochter Sonja im wesentlichen auf die Mitteilung, der Angeklagte habe sich an ihr „in ähnlicher Weise" vergangen; auch enthält es keine näheren Angaben zum Inhalt ihrer Aussage. Deshalb kann der Senat auch nicht prüfen, inwieweit die Angaben der Geschädigten Alexandra tatsächlich eine Bestätigung durch die Aussage ihrer Schwester Sonja gefunden haben, wobei hinzukommt, daß nicht erkennbar ist, daß Sonja die sexuellen Übergriffe des Angeklagten gegenüber Alexandra etwa selbst wahrgenommen hat.

d) Der Senat kann nicht ausschließen, daß das Landgericht, hätte es diese Umstände bedacht, zu einem dem Angeklagten günstigeren Ergebnis gelangt wäre. Die Sache bedarf deshalb neuer Verhandlung.

---

1 „Steht zur Beurteilung des Sachverhalts nur ein Zeuge zur Verfügung, so ist dessen Aussage in umfassender Weise zu würdigen. Dazu gehört regelmäßig auch die Auseinandersetzung mit dem Umstand, daß ein teil der belastenden Aussage eines Zeugen für glaubhaft erachtet wird, ein anderer Teil dagegen nicht." (BGH Beschl. v. 16. 2. 1993 – 5 StR 689/92).

2. Für das weitere Verfahren weist der Senat vorsorglich darauf hin, daß in Fällen, in denen dem Angeklagte eine Vielzahl sexueller Übergriffe zur Last gelegt wird, die erst nach Jahren aufgedeckt werden, an die Individualisierung der einzelnen Mißbrauchshandlungen nach Tatzeit und Geschehensablauf zwar, um gewichtige Lücken der Strafverfolgung zu vermeiden, keine überspannten Anforderungen zu stellen sind, anderseits aber eine unzureichende Konkretisierung auch nicht dazu führen darf, daß der Angeklagte unangemessen in seinen Verteidigungsmöglichkeiten beschränkt wird (vgl. BGHR StPO § 267 Abs. 1 S. 1 Mindestfeststellungen 5 [BGH Beschl. v. 25. 3. 1994 – 3 StR 18/94; vgl. § 267 StPO erfolgreiche Rügen] und Sachdarstellung 9; BGH Beschl. v. 15. 12. 1995 – 2 StR 501/95 [vgl. § 200 StPO erfolgreiche Rügen]).

Der neue Tatrichter wird zudem Gelegenheit haben, die für die Tatbestandsverwirklichung i.S.d. § 178 StGB erforderliche finale Verknüpfung zwischen den eingesetzten Nötigungsmitteln und den sexuellen Handlungen näher darzutun (vgl. BGHR StPO § 267 Abs. 1 S. 1 Mindestfeststellungen 2 und 5). Anders als in dem der Senatsentscheidung BGHR StGB § 177 Serienstraftaten 4 [= StV 1995, 173] zugrundeliegenden Fall könnte hier zweifelhaft sein, ob hinreichend durch Tatsachen belegt ist, daß die von dem Angeklagten angewandten – im Urteil konkret nur in drei, zudem vor dem Tatzeitraum liegenden Fällen beschriebenen – Nötigungsmittel (Drohung, die Geschädigte umzubringen; leichtes Zudrücken des Halses; Drohung, die Geschädigte mit der bereitliegenden Gaspistole zu erschießen) in allen Fällen nach seinem Willen auch als konkludente Drohung fortwirken sollten, um dadurch die Vornahme der sexuellen Handlungen zu ermöglichen (vgl. BGHR StGB § 177 Abs. 1 Drohung 2, 4, 6). Insoweit könnten sich Bedenken schon aus dem sich über fünf Jahre erstreckenden Tatzeitraum ergeben. Der neue Tatrichter wird sich deshalb um Aufklärung zu bemühen haben, wie häufig und bei welchen Gelegenheiten der Angeklagte Gewalt oder Drohungen einsetzte bzw. sie wiederholte. In diesem Zusammenhang ist das Landgericht durch das Verschlechterungsverbot (§ 358 Abs. 2 StPO) nicht gehindert, zur umfassenden Aufklärung und Würdigung der Beziehungen zwischen dem Angeklagten und der Geschädigten auch die bisher nicht erörterten Fälle der in der Anklage angeführten „fast täglichen" weiteren sexuellen Übergriffe heranzuziehen.

9. Die den Vorverurteilungen zugrundeliegenden Sachverhalte und Strafzumessungserwägungen müssen im Urteil mitgeteilt werden.

StPO § 267 III S. 1 – BGH Urt. v. 7. 2. 1996 – 5 StR 533/95 LG Hamburg (= BGHR StPO § 267 Strafzumessung Nr. 16)

Die Revision rügt die Verletzung sachlichen Rechts.

Sachverhalt: Das Landgericht hat bei seiner Strafzumessung „insbesondere" die „mehrfachen, erheblichen und einschlägigen Vorstrafen" des Angeklagten zu seinen Lasten berücksichtigt, dabei allerdings ausdrücklich „seine vielfachen Verurteilungen wegen Verstoßes gegen den inzwischen aufgehobenen § 175 StGB außer Betracht gelassen". – Das Rechtsmittel hatte Erfolg.

Gründe: Diese Erwägungen sind als solche rechtlich nicht zu beanstanden. Der Senat vermag aber nicht zu überprüfen, ob das Landgericht dabei von zutreffenden tatsächlichen Voraussetzungen ausging.

Allerdings sollen sich die schriftlichen Urteilsgründe auf das Wesentliche beschränken. Dies bedeutet für die Vorstrafen, daß sie nur in dem Umfang und in denjenigen Einzelheiten mitzuteilen sind, in denen sie für die getroffene Entscheidung von Bedeutung sind. Daher wird es regelmäßig, wenn nur Zahl, Frequenz, Höhe, Einschlägigkeit und Verbüßung der Vorstrafen beachtlich sind, genügen, die entsprechenden Tatsachen mitzuteilen (vgl. BGHR StPO § 267 Abs. 3 Satz 1 Strafzumessung 13). Hierbei wird sich freilich meist eher eine in die Feststellungen zum Lebenslauf des Angeklagten integrierte Darstellung denn eine schematische Wiedergabe des Auszugs aus dem Bundeszentralregister empfehlen. Indes kann es geboten sein, auch die früheren Taten und gar die vom damaligen Tatrichter angestellten Strafzumessungserwägungen in komprimierter Form mitzuteilen, wenn dies für die nunmehrige Sanktionsfindung von Bedeutung ist (vgl. BGHR StPO § 267 Abs. 3 Satz 1 Strafzumessung 6 [BGH Beschl. v. 15. 10. 1987 – 2 StR 459/87; vgl. § 267 StPO erfolgreiche Rügen]). Ein solcher Fall liegt hier vor.

Das Landgericht teilt nämlich weder bei den Feststellungen zur Person noch im Rahmen der Strafzumessung die den Vorverurteilungen zugrundeliegenden Sachverhalte und Strafzumessungserwägungen mit. Der Angeklagte war, soweit den knappen Feststellungen des Landgerichts dazu entnommen werden kann, in den Jahren 1970 bis 1981 sechsmal wegen Unzucht zwischen Männern, homosexueller Handlungen und möglicherweise damit in Zusammenhang stehender Taten verurteilt worden. Seit 1986 wurde er ferner dreimal wegen sexuellen Mißbrauchs eines Kindes in Tateinheit mit homosexuellen Handlungen, zuletzt (1991) allerdings auch in Tatmehrheit mit homosexuellen Handlungen, verurteilt.

Bei dieser Sachlage können, was das Landgericht nicht verkannt hat, maßgeblich nur die Verurteilungen wegen sexuellen Mißbrauchs eines Kindes straferschwerend von Bedeutung sein. Ob es sich dabei freilich nicht nur um einschlägige, sondern auch um „erhebliche" Vorstrafen handelt, hängt von den Sachverhalten ab, die den Verurteilungen zugrunde lagen. Der Höhe der Strafen allein läßt sich eine solche Erheblichkeit nicht entnehmen, denn es muß davon ausgegangen werden, daß bei der Bemessung dieser Strafen Vorstrafen wegen Taten erschwerend gewirkt haben, die heute nicht mehr oder nicht mehr in gleicher Weise (vgl. § 182 StGB) strafbar sind. Bei der Verurteilung aus dem Jahre 1991 zu der „Freiheitsstrafe" von drei Jahren dürfte es sich zudem um eine Gesamtfreiheitsstrafe handeln, die auch aus einer Strafe wegen einer Tat gebildet wurde, die heute nicht mehr strafbar ist.

Da der aufgezeigte Mangel gerade darin liegt, daß ausreichende Feststellungen unterblieben sind, ist die Aufhebung der seitherigen Feststellungen zum Strafausspruch nicht geboten. Ergänzende Feststellungen sind – wie stets (vgl. BGHSt. 30, 340, 342 [BGH Urt. v. 14. 1. 1982 – 4 StR 642/81; vgl. § 353 StPO erfolglose Rügen]) – zulässig.

10. Bei der Verurteilung mehrerer Angeklagter wegen ihrer Beteiligung an Serienstraftaten bedarf es regelmäßig einer Darstellung, aus der sich die rechtliche Beurteilung für jede einzelne Tat und für jeden Angeklagten nachvollziehen läßt.
StPO § 267 – BGH Beschl. v. 13. 7. 1995 – 4 StR 339/95 LG Detmold (= StV 1996, 6)
Die Revision rügt die Verletzung sachlichen Rechts.

Sachverhalt: Nach den Feststellungen des Landgerichts begingen die miteinander bekannten Angeklagten Anfang des Jahres 1992 bis zum 29. 5. 1994 zunächst einzeln Diebstähle; anschließend kamen sie überein, gemeinsam vorzugehen und zielgerichtet, planmäßig und fortgesetzt zu stehlen.

Die Jugendkammer hat hierzu zwar in den Urteilsgründen insgesamt 85 Einzelfälle mitgeteilt, die sich jeweils hinsichtlich der Art der Tatausführung und der Tatbeteiligung unterscheiden; sie hat es aber unterlassen, die jeweiligen Taten den Angeklagten im einzelnen zuzuordnen und rechtlich zu bewerten. – Das Rechtsmittel hatte Erfolg.

Gründe: Dies begegnet mit Blick auf § 267 Abs. 3 S. 1 Halbs. 1 StPO rechtlichen Bedenken. Danach müssen die Urteilsgründe in einer jeden Zweifel ausschließenden Weise zum Ausdruck bringen, welchen gesetzlichen Tatbestand das Gericht jeweils für erfüllt ansieht (vgl. OGHSt 1, 54; KG VRS 16, 44).

Es bedarf daher jedenfalls – wie hier – bei der Verurteilung mehrerer Angeklagter wegen ihrer Beteiligung an Serienstraftaten regelmäßig einer Darstellung, aus der sich die rechtliche Beurteilung für jede einzelne Tat und für jeden Angeklagten nachvollziehen läßt. Daran fehlt es im angefochtenen Urteil; dieser Mangel läßt sich auch nicht durch die Heranziehung der Urteilsformel beheben. Außerdem ist das Landgericht im Tenor hinsichtlich des Angeklagten O. von einer Beteiligung an insgesamt 39 Einzelfällen ausgegangen, obwohl die Urteilsgründe nur eine Mitwirkung des Angeklagten in 38 Fällen belegen. Da nicht auszuschließen ist, daß die Angeklagten durch die mangelhafte Darstellung, die auch eine eindeutige Zuordnung der jeweils festgesetzten Einzelstrafen nicht erlaubt, beschwert sind, muß das Urteil aufgehoben und die Revision gemäß § 357 StPO auf den Mitangeklagten S. erstreckt werden.

11. Computer-Ausdruck aus dem BZRG darf die Erörterung der persönlichen Verhältnisse im Urteil nicht ersetzen.

StPO § 267 I – BGH Beschl. v. 11. 1. 1995 – 4 StR 750/94 LG Dessau (= NStZ 1995, 300)

Die Revision rügt, das Gericht habe die persönlichen Verhältnisse des Angeklagten im Urteil nicht erörtert.

Der Sachverhalt ergibt sich aus den Entscheidungsgründen. – Das Rechtsmittel hatte Erfolg.

Gründe: Für die im Falle erneuter Verurteilung vorzunehmende Strafzumessung weist der Senat darauf hin, daß es in aller Regel einen sachlich-rechtlichen Mangel des Urteils bedeutet, wenn der Tatrichter die persönlichen Verhältnisse des Täters unerörtert läßt.

Auch entspricht die Darstellung der persönlichen Verhältnisse nicht den Erfordernissen des § 267 I StPO, wenn das strafrechtlich relevante Vorleben des Angeklagten mittels einer in die schriftlichen Urteilsgründe eingefügten ungekürzten Kopie der Computerausdrucke aus dem Bundeszentralregister mitgeteilt wird (BGHR StPO § 267 I 1 Sachdarstellung 1 [BGH Urt. v. 19. 5. 1987 – 1 StR 159/87; vgl. § 267 StPO erfolgreiche Rügen]). Eine nur dem Tatrichter obliegende Auswahl strafzumessungserheblicher Vorstrafen ist insbesondere dann erforderlich, wenn – wie hier – aus einer Vielzahl eingetragener Verurteilungen nur wenige für die Rechtsfolgenentscheidung von Bedeutung sind. ...

12. Bei Vorwurf mehrerer Tatbestandsverwirklichungen müssen Zeit, Ort und Begehungsweise der Einzelhandlungen so konkret mitgeteilt werden, daß der Angeklagte sich gegen den Tatvorwurf im einzelnen verteidigen kann.

StPO § 267 – BGH Urt. v. 29. 6. 1994 – 2 StR 250/94 LG Köln (= NStZ 1994, 555)

Die Revision rügt die Verletzung sachlichen Rechts.

Sachverhalt: An einem Tag im November 1980 nutzte der Angeklagte das Alleinsein mit seiner damals 16 Jahre alten Schwester G. dazu aus, „mit ihr gegen ihren Willen den Geschlechtsverkehr durchzuführen". Dies tat er sodann bis Juli 1981 mindestens einmal pro Woche, „mithin mindestens dreißigmal". Verhütungsmittel wandte er nicht an; stets kam er zum Samenerguß. „Jedem Geschlechtsverkehr gingen körperliche und/oder psychische Gewaltanwendungen voraus, womit der Angeklagte ... den stets verbal oder körperlich zum Ausdruck gebrachten Widerstand G.'s jeweils brach. So schlug er die Geschädigte bevorzugt mit einem Rohrstock, aber auch mit Händen und Fäusten. Auch drohte er ihr, daß sie ... in ein Heim komme ... Eine weitere Methode, den Widerstand des Mädchens zu brechen, bestand darin, ihr damit zu drohen, er werde die jüngeren Geschwister ... schlagen, wenn sie ... sich ihm verweigere". – Das Rechtsmittel hatte Erfolg.

Gründe: Diese Feststellungen entsprechen nicht den zu stellenden Anforderungen an die Bestimmtheit der Tatbeschreibung im Urteil (§ 267 II StPO). Werden einem Angeklagten mehrere Tatbestandsverwirklichungen zur Last gelegt, so müssen Zeit, Ort und Begehungsweise der Einzelhandlungen so konkret mitgeteilt werden, daß der Rechtskundige den gesetzlichen Tatbestand darin erkennen, der Angeklagte sich gegen den Tatvorwurf im einzelnen verteidigen und das Revisionsgericht die ihm obliegende Nachprüfung auf Rechtsfehler vornehmen kann (vgl. BGH StV 1991, 245 f. [BGH Beschl. v. 28. 11. 1990 – 2 StR 536/90; vgl. § 267 StPO erfolgreiche Rügen]; Beschl. v. 16. 12. 1992 – 3 StR 561/92). Diesen Anforderungen ist hier nicht genügt. Die einzelnen Vorfälle, in denen das Landgericht den Tatbestand der Vergewaltigung sieht, sind in den Feststellungen nicht ausreichend konkretisiert. Freilich genügt dort, wo der Angeklagte den Straftatbestand stets in der gleichen Weise, mit denselben Mitteln und unter auch sonst gleichen Tatumständen verwirklicht hat, eine einmalige, zusammenfassende Beschreibung der unverändert wiederholten Handlungen, verbunden mit der Angabe ihrer Mindestzahl und des Tatzeitraums. Um einen solchen Fall handelt es sich hier jedoch nicht. Nach dem festgestellten Sachverhalt hat der Angeklagte bei den einzelnen Vorfällen unterschiedliche Nötigungsmittel eingesetzt, um den Geschlechtsverkehr mit G. zu erzwingen, nämlich zum einen Gewalt in der Form von Schlägen (mit einem Rohrstock, aber auch mit Händen und Fäusten), zum anderen Drohungen (mit Heimunterbringung des Mädchens und Mißhandlung der Geschwister). Der Gebrauch der unterschiedlichen Nötigungsmittel läßt sich den einzelnen Handlungen nicht zuordnen, da sie nur in allgemein-typisierender, nicht auf die Einzelfälle bezogenen Weise beschrieben sind („bevorzugt", „auch", „eine weitere Methode"). Danach bleibt offen, in wie vielen Fällen der Angeklagte Gewalt angewandt und wie oft er sich einer Drohung bedient hat. Ebensowenig ist den Feststellungen zu entnehmen, wie häufig er das Mädchen mit einem Rohrstock geschlagen, mit Händen und Fäusten mißhandelt, ihm für den Weigerungsfall Heimunterbringung angekündigt oder eine Mißhandlung der Geschwister angedroht hat; schließlich ist unklar, ob und wie oft er gegebenenfalls mehrere dieser Mittel gleichzeitig eingesetzt hat, um sein Ziel zu erreichen. Diese Unklarheiten nehmen dem Revisionsgericht hier auch die Möglichkeit, zu prüfen, ob der Tatbestand des § 177 StGB in jedem der 30 Fälle erfüllt worden ist. Sollte – was die Feststellungen nicht ausschließen – der Angeklagte in einzelnen Fällen allein damit gedroht haben, das Mädchen, wenn es ihm nicht zu Willen sei, in einem Heim unterzubringen, so läge insoweit keine Vergewaltigung vor, da eine solche Drohung keine gegenwärtige Gefahr für Leib oder Leben zum Inhalt hat und mithin nicht tatbestandsmäßig ist. Hätte der Angeklagte – was nach dem festgestellten Sachverhalt gleichfalls nicht ausgeschlossen erscheint – sein Ziel in Einzelfällen mit der Drohung erreicht, im Weigerungsfalle die Geschwister des Mädchens zu schlagen, wäre auch darin nicht ohne weiteres eine Vergewaltigungshandlung i.S. des § 177 StGB zu erblicken. Selbst wenn vorausgesetzt würde, daß eine tatbestandsmäßige Drohung auch vorliegt, wenn sie sich auf das einem nahen Angehörigen zuzufügende Übel bezieht (offen gelassen in BGH NStZ 1982, 286), bliebe doch zu beachten, daß nicht jede Drohung mit einer einfachen Körperverletzung bereits eine Gefahr für Leib oder Leben begründet.

Der Schuldspruch wegen Vergewaltigung von G. muß deshalb aufgehoben und die Sache insoweit zurückverwiesen werden. Der nunmehr entscheidenden Strafkammer obliegt es, die neuen Feststellungen, soweit möglich, derart zu treffen, daß die einzelnen Vorfälle als konkrete Geschehnisse in Erscheinung treten, insbesondere gegebenenfalls auch das jeweils angewandte Nötigungsmittel erkennbar wird. Soweit dies nicht möglich ist, wird eine teilweise Verfahrenseinstellung nach §§ 154, 154a StPO in Erwägung zu ziehen sein. Der Senat weist in diesem Zusammenhang darauf hin, daß die Annahme einer alle Vergewaltigungsakte umfassenden Fortsetzungstat Bedenken begegnet.

13. Wenn das Gericht eine Frage im Widerspruch zu einem für erforderlich gehaltenen Sachverständigen-Gutachten lösen will, muß es dessen maßgebliche Darlegungen wiedergeben und unter Auseinandersetzung mit diesem seine Gegenansicht begründen, damit dem Revisionsgericht eine Nachprüfung möglich ist.

StPO § 267 – BGH Urt. v. 14. 6. 1994 – 1 StR 190/94 LG Waldshut-Tiengen (= NStZ 1994, 503)

Die Revision rügt die Verletzung sachlichen Rechts.

Sachverhalt: Das Landgericht hat die Aussage der Belastungszeugin für glaubhaft befunden und die Gründe hierfür eingehend dargelegt. Dabei hat es sich nicht (ausdrücklich) auf zwei in der Hauptverhandlung vorgetragene Sachverständigengutachten zur Glaubwürdigkeit der Zeugin gestützt und deren Inhalt auch nicht mitgeteilt.

Daß solche Gutachten erstattet wurden, ergibt sich (nur) aus der Ablehnung eines Hilfsbeweisantrages in den Urteilsgründen:

Der Antrag auf Erholung eines ergänzenden Sachverständigengutachtens ist vom Landgericht mit der Begründung abgelehnt worden, daß es nach Anhörung zweier Sachverständiger selbst die erforderliche Sachkunde zur Beurteilung der Glaubwürdigkeit der Zeugin habe, daß es sich „in Übereinstimmung mit dem Gutachten F. (befinde)" und daß es „der Kritik des Sachverständigen Prof. Dr. K., wonach eine Explorationsdauer von etwa 3 Stunden nicht ausreichend sei, um ein Gutachten zur Glaubwürdigkeit einer Zeugin zu erstatten, nicht zu folgen (vermag)". Es folgen Hinweise, daß dem Sachverständigen F. noch die Vernehmung der Zeugin in der Hauptverhandlung zur Beurteilung zur Verfügung gestanden habe und daß der Fall keine besonderen Schwierigkeiten aufweise, „die eine Begutachtung als unerläßlich erscheinen ließen". – Das Rechtsmittel hatte Erfolg.

Gründe: Diese Ausführungen genügen hier nicht. Die Beurteilung der Glaubwürdigkeit von Zeugen ist zwar grundsätzlich Aufgabe des Tatrichters. Der Hinzuziehung eines Sachverständigen bedarf es nur, wenn die Eigenart und die besondere Gestaltung des Falles eine Sachkunde erfordern, die ein Richter (auch mit speziellen forensischen Erfahrungen) normalerweise nicht hat. Der Grundsatz, daß nur besondere Umstände sachverständige Hilfe erforderlich machen, gilt auch bei Würdigung der Aussagen von Kindern und Jugendlichen (BGH NStZ 1981, 400 [BGH Urt. v. 3. 6. 1981 – 2 StR 170/81; vgl. § 244 IV StPO erfolglose Rügen]; 1985, 420 [BGH Urt. v. 2. 5. 1985 – 4 StR 142/85; vgl. § 244 IV StPO erfolgreiche Rügen]; BGHR StPO § 244 IV 1 Sachkunde 4 [BGH Urt. v. 20. 2. 1990 – 1 StR 7/90; vgl. § 244 IV StPO erfolglose Rügen]). Hier aber hat sich das Landgericht sachverständiger Hilfe bedient, und die Urteilsgründe deuten darauf hin (das wird durch den zutreffenden Vortrag einer Aufklärungsrüge bestätigt), daß das Gutachten des Sachverständigen Prof. Dr. K. sich nicht in Übereinstimmung mit der Meinung des Landgerichts und dem Gutachten F. befand. Die Strafkammer war danach zwar nicht gehindert (auch ohne sich auf das Gutachten F. zu stützen), vom Gutachten des Sachverständigen Prof. Dr. K. abzuweichen. Dabei mag dahinstehen, ob sich möglicherweise am Ende der Beweisaufnahme herausgestellt hat, daß die Strafkammer nach Anhörung der Sachverständigen genügend eigene Sachkunde zur Entscheidung der Frage hatte. Wenn aber der Tatrichter eine Frage, für die er geglaubt hat, des Rates eines oder mehrerer Sachverständigen zu bedürfen, im Widerspruch zu einem Gutachten lösen will, dann muß er die maßgeblichen Darlegungen dieses Gutachtens wiedergeben und unter Auseinandersetzung mit diesem seine Gegenansicht begründen, damit dem Revisionsgericht eine Nachprüfung möglich ist (BGHR StPO § 267 II Beweisergebnis 1, 4; st. Rspr.). Mit Herausgreifen und Widerlegen nur eines Punktes der Kritik an dem die Glaubwürdigkeit der Zeugin bejahenden zweiten Gutachten war dieser Pflicht nicht Genüge getan.

14. Gericht darf sich nicht von einer Gesamtvorstellung des strafbaren Verhaltens in einem Zeitraum bestimmen lassen; es muß von der Tatbestandserfüllung und dem konkreten Schuldumfang bei jeder individuellen Straftat überzeugt sein.

StPO § 267 I – BGH Beschl. v. 25. 3. 1994 – 3 StR 18/94 LG Dresden (= StV 1994, 361 = NStZ 1994, 352 = BGHR StPO § 267 I Satz 1 Mindestfeststellungen 5)

Die Revision rügt die Verletzung sachlichen Rechts.

Sachverhalt: Nach den Feststellungen hat der Angeklagte die ihm zur Erziehung anvertraute, am 16. 1. 1978 geborene M. im Februar 1990 vergewaltigt, indem er das sich wehrende Mädchen mit überlegener Kraft überwältigte, es mit der Faust auf den Kopf schlug, ihm Nase und Mund zuhielt und den Geschlechtsverkehr ausführte. Am 7. 8. 1992 hat er M., die unbekleidet aus der Dusche kam, auf das Bett geschubst, ihre Abwehrversuche mit körperlicher Überlegenheit und Schlägen gegen den Kopf unterbunden, sein Glied in ihre Scheide eingeführt, dann sie gezwungen, sein Glied in den Mund zu nehmen, und schließlich wieder den Geschlechtsverkehr bis kurz vor dem Samenerguß, der auf das Bettlaken erfolgte, ausgeführt. Wegen dieser nach § 267 Abs. 1 StPO ordnungsgemäß festgestellten Taten hat das Landgericht Einzelfreiheitsstrafen von 1 Jahr und 6 Monaten gem. §§ 177, 176, 174 StGB und von 2 Jahren und 6 Monaten gemäß §§ 177, 178, 174 StGB verhängt. – Das Rechtsmittel hatte Erfolg.

Gründe: Die Nachprüfung des Urteils aufgrund der Revisionsrechtfertigung bezüglich dieser beiden Taten hat keine Rechtsfehler zum Nachteil des Angeklagten ergeben (§ 349 Abs. 2 StPO).

Im übrigen hat das Urteil wegen unzureichender Feststellungen keinen Bestand. Denn in den weiteren 25 Fällen der Vergewaltigung in der Zeit von März 1990 bis Juli 1992 geben die Urteilsgründe nicht in ausreichender Weise die für erwiesen erachteten Tatsachen an, in denen die gesetzlichen Merkmale der Straftat gefunden werden (§ 267 Abs. 1 StPO). Schon das führt zur Aufhebung der tateinheitlichen Verurteilungen.

In mehrfacher Hinsicht leidet diese Beweiswürdigung an sachlich-rechtlichen Mängeln. Wenn der Tatrichter bei einer 42jährigen Zeugin, die infolge der Nachwirkungen der Tat geraume Zeit in einer Hauptverhandlung nicht vernommen werden konnte und die in der Tatnacht in wesentlichen Punkten zur Vorgeschichte der Tat und zum Kerngeschehen andere Angaben gemacht hat als in den am nächsten Tag und später wegen sexuellen Mißbrauchs eines Kindes und einer Schutzbefohlenen.

Das Landgericht sieht den Angeklagten, der die Taten bis auf etwa zehn Fälle gewaltfreien Geschlechtsverkehrs bestritten und Schläge ausschließlich aus erzieherischen Gründen, jedoch niemals im Zusammenhang mit sexuellen Kontakten eingeräumt hat, durch M.'s Zeugenaussage als überführt an und legt dar, daß es – mit Ausnahme einiger Monate im Jahr 1990 – nach der ersten Tat im Februar 1990 „mindestens einmal im Monat zu weiterem Geschlechtsverkehr" zwischen beiden gekommen sei. „Häufig" habe M. sich gewehrt; im übrigen habe sie, wie der Angeklagte gewußt habe, den Geschlechtsverkehr „nur unter dem Eindruck der körperlichen Überlegenheit und entweder der im jeweiligen Fall vom Angeklagten verabreichten Schläge wegen oder aufgrund der Fortwirkung ihr in früheren Fällen zugefügten Hiebe" geduldet. Der Angeklagte habe an verschiedenen Orten „sein Glied meist seitlich oder auf (dem) Mädchen liegend" in dessen Scheide eingeführt; „gelegentlich" sei der Geschlechtsverkehr von hinten oder auf dem Angeklagten sitzend vollzogen worden. Zweimal habe der Samenerguß innerhalb der Scheide stattgefunden; danach habe er M. aufgefordert, sofort zur Schwangerschaftsvorbeugung zu duschen. „Bevorzugt" sei es zu sexuellen Handlungen gekommen, wenn der Angeklagte Streit mit einer seiner Lebensgefährtinnen gehabt habe. Er habe M. unter Vorwänden, wie die Katze sei draußen oder sie solle Kaffee kochen, in sein Schlafzimmer geholt.

Diese zusammenfassenden Feststellungen und Abstraktionen zu den im Tatbild und Handlungsablauf ersichtlich durchaus unterschiedlichen Straftaten lassen individualisierbare Verbrechen der Vergewaltigung nicht erkennen. Nach der Rspr. des BGH ist eine Verurteilung nur zulässig, wenn das strafbare Verhalten des Angeklagten so konkret bezeichnet wird, daß erkennbar ist, welche bestimmten Taten von der Verurteilung erfaßt werden (BGHR StPO § 267 I 1 Mindestfeststellungen 1 [BGH Beschl. v. 28. 11. 1991 – 2 StR 536/90; vgl. § 267 StPO erfolgreiche Rügen]). Ein Schuldspruch wegen einer oder mehreren Taten, die nach Ort und Zeit oder Anlaß der Begehung nicht näher bestimmt und auch hinsichtlich des Tathergangs nur vage beschrieben sind, ist, insbesondere wenn der Angeklagte die Vorwürfe bestreitet, mit rechtsstaatlichen Grundsätzen nicht zu vereinbaren. Könnte eine Verurteilung auch auf vage Feststellungen gestützt werden, so würde der Angeklagte in seinen Verteidigungsmöglichkeiten unangemessen beschränkt. Im übrigen wird, je weniger konkrete Tatsachen über den einzelnen Schuldvorwurf bekannt sind, auch fraglicher, ob der Richter von der Tat i.S.d. § 261 StPO überhaupt überzeugt ist (BGHR a.a.O. Mindestfeststellungen 3 [BGH Beschl. v. 19. 5. 1993 – 4 StR 237/93; vgl. § 267 StPO erfolgreiche Rügen]). Dies gilt insbes. dann, wenn der Tatvorwurf Vorgänge betrifft, die sich ausschließlich zwischen dem – sie bestreitenden – Angeklagten und dem Opfer abgespielt haben (BGHR a.a.O.).

Hinzu kommt, daß eine finale Verknüpfung zwischen Gewalt und den zahlreichen sexuellen Handlungen zwar behauptet, aber nicht belegt ist. Erforderlich ist die Feststellung von Tatsachen, aus denen sich ergibt, daß der Angeklagte gegen sein Opfer in unmittelbarem Zusammenhang mit dem Geschlechtsverkehr Gewalt anwendete oder es bedrohte und daß das Opfer in anderen Fällen unter dem Eindruck der früheren Gewalt oder Drohungen von einer Gegenwehr absah (vgl. BGHR a.a.O. Mindestfeststellungen 2). Konkrete Tatsachen, die ein Fortwirken früherer Gewalt oder Drohung als konkludente Drohung belegen, hat das Landgericht nicht in ausreichendem Maße festgestellt. Das gilt um so mehr, als gerade in einer Beziehung aufgrund „väterlicher" Autorität nicht auszuschließen ist, daß die Hingabe auf Drohungen mit Zuwendungsentzug oder mit Heimunterbringung oder auf einer Ausgeh- oder Fernseherlaubnis, einem Geschenk oder sonstigen Umständen beruht.

Der Senat braucht über die Anforderungen an die Sachdarstellung von Serientaten zum Nachteil desselben Kindes nicht abschließend zu befinden; die Probleme der Stoffülle und der Beweisschwierigkeiten sind ihm bewußt. Grundsätzlich läßt sich aber im Hinblick auf eine rechtsstaatlichen Anforderungen genügende Verurteilung eines bestreitenden Angeklagten auch unter Berücksichtigung der Belange des Opferschutzes sagen, daß die Straftaten soweit möglich zu individualisieren und – wie bei anderen Tatbeständen auch – einzeln nacheinander in ihrem konkreten Ablauf festzustellen sind, so, wie sie die jugendliche Zeugin unabhängig von der zeitlichen Einordnung schildert und wie sie sich nach der Beobachtung des Senats auch aus aussagepsychologischen Begutachtungen ergeben.

Im Vordergrund der Sachverhaltsermittlung stehen nicht Tatfrequenzen („mindestens einmal im Monat"), die ein jugendliches Tatopfer ohnehin kaum annähernd zuverlässig bekunden kann, sondern konkrete Lebenssachverhalte. Diese sind in ihren unterschiedlichen Handlungsabläufen vom Ausgangspunkt an (Streit mit der Lebensgefährtin, Katze draußen, Kaffee kochen) mit den unterschiedlichen Details zur Tatausführung und zum Tatort, mit den Komplikationen (Störung, Samenerguß in die Scheide) jeweils als einzelne Straftaten in dem gegebenen Tatzeitraum, notfalls auch ohne genauere zeitliche Einordnung, unter Beachtung des Zweifelgrundsatzes festzustellen und abzuurteilen. Nicht die Frage, „wie oft hat er das getan", ist in erster Linie entscheidend, sondern die verschiedenen konkreten Tatbilder, die dem Opfer vor Augen stehen oder noch erinnerlich sind, in ihrer Individualität.

Es kommt grundsätzlich nicht auf eine geschätzte und dann heruntergerechnete Anzahl von Straftaten an, sondern auf all das, was mit der für eine Urteilsgrundlage erforderlichen Überzeugungskraft für jede einzelne Straftat bekundet wird.

Der Richter darf sich nicht von einer Gesamtvorstellung des strafbaren Verhaltens in einem Zeitraum bestimmen lassen, sondern muß von der Tatbestandserfüllung und dem konkreten Schuldumfang bei jeder individuellen Straftat überzeugt sein. Zusammenfassende Darstellungen im Urteil vermögen eine solche richterliche Überzeugung in der Regel nicht zu vermitteln; die Verwirklichung des objektiven und subjektiven Deliktstatbestandes einer jeden Straftat ist dann revisionsgerichtlich nicht mehr nachprüfbar (BGH NStZ 1993, 35 [BGH Beschl. v. 9. 9. 1992 – 3 StR 364/92; vgl. § 267 StPO erfolgreiche Rügen]; BGHR StPO § 267 I 1 Mindestfeststellungen 1, 2, 3, 4 und Sachdarstellung 6).

15. Hält das Gericht ein Glaubwürdigkeitsgutachten für erforderlich, muß es die Ausführungen des Sachverständigen zusammenfassend unter Mitteilung der Anknüpfungstatsachen und der Schlußfolgerungen nachprüfbar wiedergeben.

StPO §§ 261, 267 – BGH Beschl. v. 26. 1. 1994 – 3 StR 629/93 LG Duisburg (= StV 1994, 359)

Die Revision rügt die Verletzung sachlichen Rechts.

Sachverhalt: Die Angeklagten haben – was im Urteil im einzelnen ausgeführt wird – übereinstimmend erklärt, daß der Geschlechts- (He. N.) und Mundverkehr (Ho. N.) auf freiwilliger Basis gegen Zahlung von 100 DM stattgefunden hätte. Diese Einlassungen hält die Strafkammer insbes. durch die Aussage des Tatopfers für widerlegt. Aus mehreren Umständen ergebe sich seine Glaubwürdigkeit. Ihr stehe „das wissenschaftliche Gutachten über die Glaubwürdigkeit ... nicht entgegen", dem die Kammer „insoweit" folgt, als es die Glaubwürdigkeit auf zwei weitere Zeugenaussagen und einzelne Persönlichkeitsmerkmale der geschädigten Zeugin stützt. Die Strafkammer bemerkt ferner, sie verkenne auch nicht „die von der Sachverständigen hervorgehobene Problematik des ‚Blackouts'". Die von der Nebenklägerin angegebene Erinnerungslücke für die Zeit, in der sie vom Wohnzimmer ins Schlafzimmer gebracht worden sei, sei zwar ungewöhnlich, „wenn die Sachverständige ebenso wie die Kammer keine Erklärung für die relativ umfangreiche Erinnerungslücke wußte", so sei aber „daran nichts zu ändern". – Das Rechtsmittel hatte Erfolg.

Gründe:

1. ... Wenn der Tatrichter bei einer 42jährigen Zeugin, die infolge der Nachwirkungen der Tat geraume Zeit in einer Hauptverhandlung nicht vernommen werden konnte und die in der Tatnacht in wesentlichen Punkten zu Vorgeschichte der Tat und zum Kerngeschehen andere Angaben gemacht hat als in den am nächsten Tag und später durchgeführten Vernehmungen, es für erforderlich hält, ein Glaubwürdigkeitsgutachten einzuholen, muß er in jedem Fall – gleichgültig, ob er ihm folgt oder nicht – die Ausführungen des Sachverständigen in einer (wenn auch nur gedrängten) zusammenfassenden Darstellung unter Mitteilung der zugrundeliegenden Anknüpfungstatsachen und der daraus gezogenen Schlußfolgerungen wiedergeben, um dem Revisionsgericht die gebotene Nachprüfung zu ermöglichen (BGH NStZ 1991, 596 [BGH Urt. v. 20. 3. 1991 – 2 StR 610/90; vgl. § 261 StPO erfolgreiche Rügen]). Diesen Anforderungen werden die Urteilsgründe nicht gerecht; sie lassen bereits eine solche zusammenfassende, in sich geschlossene Darstellung vermissen, wie sie zur Beurteilung ihrer gedanklichen Schlüssigkeit erforderlich wäre.

Auch fehlt die Mitteilung darüber, zu welchem Ergebnis die Sachverständige gekommen ist; dem Urteil läßt sich nicht entnehmen, ob diese die Zeugin für glaubwürdig gehalten hat oder nicht. Der Inhalt des Gutachtens wird nur insoweit mitgeteilt, als die Strafkammer ihm folgt. Der übrige Teil des Gutachtens wird verschwiegen, so daß nicht erkennbar ist, welchen Inhalt es gehabt hat, zu welchen Schlußfolgerungen die Sachverständige in diesen Teilen ihres Gutachtens im Hinblick auf die Glaubwürdigkeit des Tatopfers gelangt ist und welche Überzeugung die Strafkammer sich hierzu gebildet hat. Vor allem dann, wenn der

Tatrichter eine Frage, für die er glaubt, des Rates eines Sachverständigen zu bedürfen, im Widerspruch zu dessen Gutachten beantworten will, muß er die Darlegungen des Gutachtens wiedergeben und seine Gegenansicht begründen (BGHR StPO § 261 Sachverständiger 1); dies gilt auch für nicht unwesentliche Einzelfragen des Gutachtens.

2. Durchgreifende rechtliche Bedenken bestehen auch insoweit, als das Urteil weder die Aussage der Zeugin, die diese in der Hauptverhandlung gemacht hat, zusammenhängend mitteilt, noch diejenigen aus den vorangegangenen Hauptverhandlungen, den polizeilichen Vernehmungen sowie derjenigen, die sich aus dem Vermerk des Zeugen F. über die Anhörung der Zeugin unmittelbar nach der Tat ergibt. In einem Fall, in dem Aussage gegen Aussage steht und die Entscheidung allein davon abhängt, welcher Aussage das Gericht Glaubwürdigkeit zumißt, in dem das Tatopfer zudem zum Tatgeschehen auch für den Kernbereich unterschiedliche Aussagen gemacht hat, in dem mehrere Hauptverhandlungen wegen Vernehmungsunfähigkeit der Zeugin abgebrochen werden mußten und das erkennende Gericht die Einholung eines Glaubwürdigkeitsgutachtens für erforderlich hielt, reicht der pauschale Hinweis: „Die Feststellungen zum Sachverhalt... beruhen auf ihrer Aussage ... Sie hat den Hergang so geschildert, wie er festgestellt worden ist" nicht aus (vgl. BGH Beschl. v. 16. 10. 1992 – 3 StR 455/92[1]; BGH NStZ 1985, 563[2]). Auch insoweit ist eine revisionsrechtliche Nachprüfung der Beweiswürdigung auf sachlich-rechtliche Mängel hin nicht möglich.

16. Für widerlegt erachtete Behauptungen eines Angeklagten können nicht Grundlage für eine Verurteilung sein.

StPO §§ 261, 267 – BGH Beschl. v. 17. 12. 1993 – 2 StR 666/93 LG Aachen (= StV 1994, 175)

Die Revisionen rügen die Verletzung sachlichen Rechts.

Sachverhalt: Der Angeklagte S. wollte am 23. 9. 1992 mit einem gemieteten Pkw in die Niederlande einreisen. Dabei wurde er wegen einer im Jahre 1990 in Amsterdam begangenen Straftat an der Grenze bei Arnheim festgenommen und erst am 26. 9. 1992 wieder auf freien Fuß gesetzt. Bei seiner Freilassung befand sich der Pkw noch an der Grenze bei Arnheim. Als sich der Angeklagte S. nicht mehr bei seiner Lebensgefährtin, der Angeklagten H., meldete, machte diese sich große Sorgen, denn sie war von der Festnahme nicht unterrichtet worden. Sie rief deshalb mehrfach bei Vetter des Angeklagten S., einem Oberstaatsanwalt, in Trier an und berichtete ihm, ihr Lebensgefährte habe sich in Montabaur mit anderen Männern treffen wollen. Später buchte sie für sich und den Mitangeklagten Sl. Hin- und Rückflüge von Wien nach Amsterdam.

Obgleich sich der Angeklagte S. nach seiner Haftentlassung aus Amsterdam bei seiner Lebensgefährtin meldete, flogen diese und der Mitangeklagte Sl. am gleichen Tage nach Amsterdam, wo sie der Angeklagte S. um 16.53 Uhr am Flughafen abholte. Nachdem sie in der Stadt gegessen hatten – wobei der Mitangeklagte eine zeitlang nicht anwesend war – reisten sie mit der Bahn nach Arnheim. Mit einem Taxi fuhren sie zur Grenze und holten

---

1 „Es ist auch nicht ausreichend, wenn das Gericht lediglich das Ergebnis des über das Opfer eingeholten Glaubwürdigkeitsgutachtens pauschal mitteilt, ohne die wesentlichen Anknüpfungstatsachen und Ausführungen des Sachverständigen wiederzugeben."
2 „Zwar braucht der Tatrichter grundsätzlich im Urteil Zeugenaussagen nicht in Einzelheiten wiederzugeben. Erforderlich ist dies aber dann, wenn bei einem im übrigen nicht eindeutigen Beweisergebnis einer Aussage entscheidende Bedeutung zukommt und dem Revisionsgericht ohne Kenntnis von deren wesentlichen Inhalt die Prüfung verwehrt ist, ob im Rahmen der Beweiswürdigung alle wesentlichen Gesichtspunkte beachtet worden sind. In Fällen dieser Art muß zumindest der entscheidende Teil der Aussage in das Urteil aufgenommen werden" (BGH Urt. v. 3. 7. 1985 – 2 StR 881/85).

den dort verbliebenen Pkw ab. In Herzogenrath reisten sie dann nach Deutschland ein. Dort wurde der Pkw kontrolliert. Als der Mitangeklagte Sl. überprüft werden sollte, flüchtete er und warf drei Tüten mit Btm weg. Nach seiner Festnahme wurden in seiner Jackentasche noch zwei weitere Tütchen gefunden. Insgesamt hatte Sl. 98,10 g Heroingemisch und 178,229 g Kokaingemisch bei sich. Dieses hatten – nach Überzeugung der Strafkammer – die Angeklagten zuvor in den Niederlanden gekauft, um es später in Österreich gewinnbringend zu verkaufen. Die genauen Umstände des Kaufs konnten nicht geklärt werden. In der Reisetasche des Angeklagten S. befand sich eine elektronische Feinwaage, in der Handtasche der Angeklagte H. ein Schminkspiegel mit Anhaftungen von Kokain.

Der Mitangeklagte Sl. hat angegeben, er habe das Rauschgift ohne Wissen der Angeklagten S. und H. von einem Freund in Utrecht gekauft. Die Angeklagten S. und H. haben bestritten, über den Erwerb und die Einfuhr des Rauschgifts informiert gewesen zu sein.

Das Landgericht hält eine Beteiligung der Angeklagte S. und H. als Mittäter für bewiesen. Es sei „lebensfremd, daß eine Person allein ein solches Rauschgiftgeschäft tätigt und dann zwei nichtbeteiligte Personen, mit denen sie auch noch sehr gut bekannt ist, der Gefahr einer Festnahme aussetzt." Als entscheidend für ihre Überzeugung von einem bewußten und gewollten Zusammenwirken aller drei Angeklagten sieht das Landgericht jedoch das Aussageverhalten der Angeklagten an. – Das Rechtsmittel hatte Erfolg.

Gründe: Die Annahme des Landgericht die beiden Angeklagten hätten in „bewußtem und gewollten Zusammenwirken" mit dem Mitangeklagten Sl. Rauschgift in den Niederlanden gekauft und in die Bundesrepublik Deutschland eingeführt, ist zum einen nicht hinreichend mit Tatsachen belegt, zum anderen setzt sich das Landgericht in rechtsfehlerhafter Weise mit den Einlassungen der Angeklagten, die eine Beteiligung an der Tat bestritten, auseinander. ...

Den tatrichterlichen Feststellungen zum Tatgeschehen und der rechtlichen Würdigung der Beweise begegnen durchgreifende rechtliche Bedenken.

1.

Eindeutige Feststellungen über den Erwerb der Btm hat das Landgericht nicht getroffen. Lediglich der Angeklagte Sl. war beim Grenzübertritt im Besitz des Rauschgifts. In welcher Art und Weise sich die Angeklagten S. und H. an der Tat des Angeklagten Sl. im einzelnen beteiligten, bleibt offen. Der BGH hat wiederholt darauf hingewiesen, daß eine Verurteilung wegen nur vage umschriebener Tatvorwürfe mit rechtsstaatlichen Grundsätzen nicht zu vereinbaren ist. Es besteht insbesondere die Gefahr, daß der Tatrichter sich in derartigen Fällen von einer in ihren Grenzen unklaren „Gesamtvorstellung" leiten läßt. Je weniger konkrete Tatsachen zum Schuldvorwurf bekannt sind, desto fraglicher wird es, ob der Richter von der Tat im festgestellten Umfang überhaupt überzeugt sein kann. Es besteht die Gefahr, daß er sich im wesentlichen nur auf Vermutungen stützt (vgl. BGHR StPO § 267 I S. 1 – Mindestfeststellungen 1 [BGH Beschl. v. 28. 11. 1990 – 2 StR 536/90; vgl. § 267 StPO erfolgreiche Rügen], 2, 3, 4; StGB § 176 I Mindestfeststellungen 1).

2.

Bedenklich ist zudem, daß die Strafkammer ihre Überzeugung von einer Tatbeteiligung der Angeklagten S. und H. vor allem auf deren als widerlegt erachtete Einlassungen stützt. Der BGH hat mehrfach darauf hingewiesen, daß für widerlegt erachtete Behauptungen eines Angeklagten nicht Grundlage für eine Verurteilung sein können, ähnlich wie das Scheitern eines Alibis noch kein Beweis für seine Schuld ist. Lügen des Angeklagten lassen sich nur mit Vorsicht als Beweisanzeichen für strafrechtliche Schuld verwerten, weil auch ein Unschuldiger vor Gericht Zuflucht zur Lüge nehmen kann und ein solches Verhalten nicht ohne weiteres tragfähige Rückschlüsse darauf gestattet, was sich in Wirklichkeit ereignet hat (BGH StV 1985, 356 [BGH Urt. v. 13. 3. 1985 – 3 StR 15/85; vgl. § 261 StPO erfolgreiche Rügen]; BGH Urt. v. 18. 3. 1986 – 5 StR 74/86 [vgl. § 261 StPO erfolgreiche Rügen]; BGH StV 1982, 158 [BGH Urt. v. 24. 9. 1963 – 5 StR 330/63; vgl. § 261 StPO erfolgreiche Rügen]).

3.
Darüber hinaus sind die Argumente, mit denen das Landgericht die Einlassungen der Angeklagten S. und H. zu widerlegen sucht, in wesentlichen Punkten unzureichend:

a) Daß die Angeklagte H. sich Sorgen machte, als ihr Lebensgefährte sich einige Tage lang nicht mehr bei ihr meldete, ist verständlich. Selbst wenn die Besorgnis auch darauf beruhte, daß sie wußte, daß ihr Lebensgefährte in illegale Geschäfte verwickelt war, so ist das kein bedeutsames Indiz für die Annahme, daß der Angeklagte S. nicht nach Montabaur, sondern nach Amsterdam fahren und dort das Rauschgift kaufen wollte (und schließlich zusammen mit Sl. auch kaufte), geschweige denn, daß die Angeklagte H. in einen derartigen Ankauf verwickelt war. Im übrigen hat das Landgericht keine eindeutigen Feststellungen zum Kauf des Rauschgifts getroffen.

b) Warum die Angeklagten H. und Sl. nach Amsterdam flogen, hat das Landgericht ebenfalls nicht festgestellt. Selbst wenn ihre Angaben über den Zweck der Reise unzutreffend sein sollten, weist das noch nicht auf ihre Tatbeteiligung hin. Denn es ist nicht dargetan oder sonst ersichtlich, warum es – aus der Sicht der Angeklagten – notwendig gewesen sein sollte, daß drei Personen, und zwar zunächst der Angeklagte S. allein mit einem Pkw und anschließend die Angeklagten Sl. und H. gemeinsam mit dem Flugzeug (mit einem Rückflugticket versehen) nach Amsterdam reisen mußten, um 300 g Rauschgift zu erwerben und gemeinsam im Pkw über die Grenze zu schmuggeln. Die Möglichkeit, daß der Angeklagte Sl. den zu einem anderen Zweck unternommenen Flug nach Amsterdam ohne Wissen der Mitangeklagten S. und H. nutzte, um Rauschgift zu kaufen, liegt nahe und hätte vom Landgericht erörtert werden müssen.

c) Nach den Feststellungen des Landgericht war der Angeklagte Sl. „zumindest" kurzzeitig abwesend, um mit dem Verkäufer des Rauschgifts zu telefonieren. Die Angeklagte H. hat hierzu angegeben, Sl. sei etwa eine halbe bis eine Stunde lang nicht beim Essen gewesen. Der Angeklagte S. will dies nicht bemerkt haben. Warum diese „widersprüchlichen Einlassungen" ein Indiz für ein gemeinschaftliches Rauschgiftgeschäft in Amsterdam sein sollen, ist nicht nachvollziehbar. War Sl. nur kurzzeitig abwesend, wie im Zweifel zugunsten des Angeklagten S. anzunehmen ist, dann liegt es nicht fern, daß dies dem Angeklagten S. nicht bewußt wurde oder er sich daran nicht mehr erinnern konnte. Daß die Angeklagte H. insoweit die Unwahrheit gesagt habe, hat das Landgericht nicht festgestellt.

d) Auch soweit das Landgericht schließlich aus anderen unterschiedlichen Einlassungen der beiden Angeklagten Schlüsse auf die Unrichtigkeit beider Einlassungen zieht, ist dies fehlerhaft.

4.
a) Der GBA ist zwar der Ansicht, aus dem Gesamtzusammenhang der Urteilsgründe ergebe sich, daß die Reise des Angeklagten S. nach Amsterdam von Anfang an der Beschaffung von Drogen diente. Klare Feststellungen dazu hat das Landgericht indessen nicht getroffen. So bleibt bereits unklar, ob der Angeklagte S. überhaupt freiwillig nach Amsterdam gekommen ist. Er wurde an der Grenze verhaftet, sein Pkw blieb dort zurück; nach der Haftentlassung meldete er sich bei der Angeklagten H. aus Amsterdam. Es liegt deshalb nahe, daß er wegen der früher in Amsterdam begangenen Straftat von der Polizei dorthin gebracht wurde.

b) Selbst wenn man aber davon ausgeht, daß der Angeklagte S. in die Niederlande reiste, um Btm zu kaufen, und daß die Angeklagte H. dies wußte, so rechtfertigt dies noch nicht die Verurteilung der Angeklagten H. Der GBA hat insoweit zutreffend ausgeführt: „Daß die drei Tage später folgende Reise der Beschwerdeführerin (Angeklagte H.) nach Amsterdam (ebenfalls) im Zusammenhang mit dem Ankauf oder dem Transport von Rauschgift stand, läßt sich den Feststellungen (dagegen) nicht entnehmen; nach ihnen liegt vielmehr nahe, daß die Beschwerdeführerin die Reise lediglich aus Sorge um ihren Lebensgefährten antrat, zu dem der Kontakt zeitweilig abgebrochen war. Die Urteilsfeststellungen belegen schließlich noch, daß sich an einem Schminkspiegel aus der Handtasche der Beschwerdeführerin Antragungen von Kokain befanden, es also zu einem Kontakt zwischen dem Spiegel der Beschwerdeführerin und Kokain gekommen sein muß. Wann das der Fall gewesen ist und ob es sich bei dem Rauschgift um das verfahrensgegenständliche Kokain gehandelt hat, bleibt nach den Urteilsfeststellungen ebenso unbeantwortet, wie die Frage, ob der Beschwerdeführerin diese Kokainanhaftungen zuzuordnen sind. Den Anhaftungen kann deshalb nur ein äußerst geringer Beweiswert zukommen.

Die Verurteilung der Beschwerdeführerin stützt sich deshalb im wesentlichen auf ihre Kenntnis von der Begehung der Tat durch S. und Sl. sowie auf ihrer Anwesenheit bei der Einfuhr des Rauschgifts. Reicht aber die bloße Kenntnisnahme von der Tat eines anderen und gegebenenfalls deren Billigung ohne einen die Tatbegehung objektiv fördernden Beitrag nach der Rspr. des BGH bereits nicht aus, um die Annahme von Beihilfe zu begründen (vgl. BGH Beschl. v. 13. 1. 1993 – 5 StR 516/92 und v. 24. 3. 1993 – 2 StR 99/93 [= StV 1993, 468]), so gilt das um so mehr für die Annahme von Mittäterschaft. Die bloße Anwesenheit der Beschwerdeführerin bei dem Verbringen des Rauschgifts erfüllt den Tatbestand der mittäterschaftlich begangenen Einfuhr ebenfalls nicht. Die Feststellungen rechtfertigen insoweit auch nicht den Vorwurf der Beihilfe. Zwar kann das bloße „Dabeisein" die Tat eines anderen im Sinne eines aktiven Tuns fördern oder erleichtern (vgl. BGH a.a.O.; BGH StV 1982, 517; BGHR StGB § 27 Abs. 1 Unterlassen 3); doch bedarf es in derartigen Fällen sorgfältiger und genauer Feststellungen dazu, daß und wodurch die Tatbegehung in ihrer konkreten Gestaltung objektiv gefördert oder erleichtert wurde (BGH Beschl. v. 13. 1. 1993 – 3 StR 516/92 [= StV 1993, 367]). Solche Feststellungen sind nicht getroffen worden. Sie lassen sich auch nicht aus dem Gesamtzusammenhang der Urteilsgründe herleiten."

Die Verurteilung der Angeklagten S. und H. hat nach allem keinen Bestand.

17. Wenn das Gericht der Aussage eines geschädigten Zeugen in wesentlichen Punkten nicht folgt, muß es dessen Aussage detailliert wiedergeben und würdigen.
StPO §§ 261, 267 – BGH Urt. v. 24. 11. 1993 – 3 StR 517/93 LG Bautzen (= StV 1994, 358)
Die Revision rügt die Verletzung sachlichen Rechts.

Sachverhalt: Am Abend des 31. 12. 1991 drang der Angeklagte in die Wohnung der zur Tatzeit 85 Jahre alten U. ein, um sich geschlechtliche Erregung zu verschaffen. Überraschend warf er die Geschädigte rückwärts in das Zimmer, so daß diese „auf einen Tisch und auf dem Fußboden zu liegen kam". Danach zog der Angeklagte der alten Frau die Schlüpfer aus, entblößte sein Geschlechtsteil und forderte sein Opfer vergeblich auf, sein Glied in den Mund zu nehmen. Um den erwarteten Widerstand gegen sexuelle Handlungen zu unterbinden, legte der Angeklagte die Beine der Geschädigten über seine Schultern und „berührte" das entblößte Geschlechtsteil der Frau. „Während dieser Handlungen übte der Angeklagte gegenüber der Geschädigten auch weiter Gewalt aus, indem er sie an den Füßen faßte und durch die Küche zog". Die um Hilfe rufende Frau erlitt hierdurch Hämatome an Stirn, Oberkörper, Unterarm und rechtem Oberschenkel. – Das Rechtsmittel hatte Erfolg.

Gründe: ...
a) Die diesen Feststellungen zugrundeliegende Beweiswürdigung leidet bereits daran, daß die Urteilsgründe eine zusammenhängende Darstellung und Würdigung der Einlassung des Angeklagten vermissen lassen. Wie dem Gesamtzusammenhang der Urteilsgründe allerdings noch zu entnehmen ist, bestreitet der Angeklagte das ihm zur Last gelegte Tatge-

schehen, räumt aber ein, mit der Geschädigten Streit wegen eines Toilettenschlüssels gehabt und deshalb deren Wohnungsschlüssel an sich genommen zu haben, um sie zur Herausgabe des Toilettenschlüssels zu veranlassen. Ob er auch eingeräumt hat, deshalb U. zum festgestellten Tatzeitpunkt in deren Wohnung aufgesucht zu haben und welches Geschehen sich nach seiner Einlassung daran anschloß, teilt das Urteil ebensowenig mit, wie sonstige Umstände, die sich im Anschluß an das Tatgeschehen zugetragen haben. Den Strafzumessungserwägungen ist lediglich zu entnehmen, daß das Verhältnis zwischen dem Angeklagten und der Geschädigten vor dem Geschehen des 31. 12. 1991 ungetrübt gewesen sein soll.

b) Das Landgericht stützt seine Tatfeststellungen auf die Angaben der Zeugin U. Wird die Überführung eines Angeklagten allein auf die Aussage des Opfers gestützt, so müssen die Urteilsgründe erkennen lassen, daß der Tatrichter alle Umstände, welche die Entscheidung zu Gunsten oder zu Ungunsten des Angeklagten zu beeinflussen geeignet sind, erkannt und in seine Überlegungen einbezogen hat (vgl. BGHR StPO § 261 Beweiswürdigung 1 [BGH Beschl. v. 22. 4. 1987 – 3 StR 141/87; vgl. § 261 StPO erfolgreiche Rügen]; BGHR a.a.O., Mitangeklagter 2 [BGH Beschl. v. 3. 5. 1991 – 3 StR 112/91; vgl. § 267 StPO erfolgreiche Rügen]; BGHR a.a.O., Zeuge 12 [BGH Beschl. v. 17. 4. 1991 – 3 StR 107/91; vgl. § 261 StPO erfolgreiche Rügen]). Unter diesem Gesichtspunkt hält das Urteil in mehrfacher Hinsicht rechtlicher Überprüfung nicht stand.

Die Strafkammer hält die Aussage der geschädigten Zeugin U. bezüglich des abgeurteilten Sachverhalts für wahr und die Zeugin selbst für glaubwürdig. Was die Geschädigte zu dem festgestellten Geschehen in seiner Entstehung und in seinem Verlauf im einzelnen berichtet hat, wird im Urteil jedoch nicht wiedergegeben. Es teilt lediglich mit, daß ihre Bekundungen zusammenhängend, sachlich und detailliert waren, ohne dies näher zu belegen. Mit dieser Würdigung nicht ohne weiteres zu vereinbaren sind die weiteren Darlegungen, die Vernehmung der Zeugin sei durch deren Hörschwäche erschwert und ihre Aussage ihrem fortgeschrittenen Alter, insbesondere bei der Wiedergabe der sexuellen Geschehnisse, angepaßt gewesen; diese Umstände lassen die Möglichkeit offen, daß die Geschädigte den tatsächlichen Geschehensablauf gerade nicht zusammenhängend und detailliert geschildert hat, sondern nur auf Nachfragen solche Geschehensabschnitte angegeben hat, die ihr als markante Einzelheiten in Erinnerung geblieben sind, ohne dies näher zu konkretisieren und in einen Gesamtzusammenhang zu stellen. Für ein solches Aussageverhalten sprechen zudem die äußerst knappen Feststellungen zur Tat, die sich nicht dazu verhalten, wie der Angeklagte in die Wohnung der Zeugin gelangt ist, wie er deren Geschlechtsteil berührt haben und wie es ihm gelungen sein soll, während dieser Handlungen die Geschädigte an den Füßen zu fassen und durch die Küche zu ziehen.

Das Landgericht war um so mehr gehalten, die Aussage der geschädigten Zeugin detailliert wiederzugeben und zu werten, als es ihr in einem wesentlichen Punkt nicht gefolgt ist. Die Bekundung der U., der Angeklagte habe seine ganze Hand in ihre Scheide eingeführt, hat die Strafkammer aufgrund der Angaben der untersuchenden Ärztin nicht für erwiesen erachtet und diesen Teil der Zeugenaussage auf die Neigung älterer Leute zu Übertreibungen zurückgeführt, ohne die Geschädigte deshalb insgesamt für unglaubwürdig zu halten. Warum die Strafkammer hinsichtlich der übrigen Einzelheiten des Tatgeschehens, soweit sie festgestellt sind, eine Übertreibung der Ereignisse durch die Geschädigte ausgeschlossen hat, hat sie nicht näher begründet.

c) Die dargelegten, möglicherweise auf das Alter der Zeugin zurückzuführenden Aussagedefizite stehen einer Wertung der Bekundung als glaubhaft zwar nicht notwendigerweise entgegen; sie bedingen jedoch eine sorgfältige Darlegung und Prüfung der sonstigen Beweisergebnisse, in denen der Tatrichter eine Bestätigung der Zeugenaussage gefunden hat. Auch hieran mangelt es. Soweit das Landgericht anführt, die Angaben der Geschädigten würden durch die Aussagen ihrer Tochter und des Zeugen L. gestützt, fehlt es an der Wiedergabe und der Würdigung der Aussageinhalte dieser Zeugen. Dessen hätte es bedurft, um die Wertung der Beweisergebnisse für den Senat überprüfbar und nachvollziehbar zu machen. Schließlich ist dem angefochtenen Urteil auch nichts dazu zu entnehmen, was die Zeugin U. zu dem von dem Angeklagten behaupteten Streit um den Toilettenschlüssel ausgesagt hat. Ihren Bekundungen hierzu kommt schon deshalb Bedeutung zu, weil Unstimmigkeiten zwischen dem Angeklagten und der Geschädigten selbst dann, wenn zwischen ihnen vor der Tat ein freundschaftliches Verhältnis bestanden haben sollte, sowohl ein Motiv für den Angeklagten gewesen sein können, die Geschädigte am Tatabend in ihrer Wohnung zu behelligen, als auch als Grund für eine denkbare Falschbelastung durch die Zeugin in Betracht kommen.

18. Bei „Aussage gegen Aussage" muß die Aussage eines Tatverdächtigen im Zusammenhang mit den übrigen Beweismitteln gewürdigt und darf nicht teilweise „eliminiert" und somit nicht in die Gesamtabwägung einbezogen werden.

StPO §§ 261, 267 – BGH Beschl. v. 21. 9. 1993 – 4 StR 413/93 LG Magdeburg (= StV 1994, 6)

Die Revision rügt die Beweiswürdigung des Schwurgerichts. Diese sei lückenhaft, weil sie sich nicht in der gebotenen Weise mit Umständen auseinandersetzt, deren Erörterung sich aufdrängte.

Sachverhalt: Nach den Feststellungen erschlug und erdrosselte der Angeklagte entweder allein oder im Zusammenwirken mit der Zeugin P. das Opfer zwischen 23 und 24 Uhr und versuchte anschließend, die Leiche zu beseitigen. Die Strafkammer hat die Überzeugung gewonnen, der Angeklagte sei an der Tötung jedenfalls als Mittäter beteiligt gewesen. Gestützt wird diese Ansicht auf folgende Erwägungen: Der Angeklagte habe ein falsches Alibi für die Tatzeit angegeben. Er habe versucht, die Tatzeit auf einen späteren Zeitpunkt zu verlagern, sich an der Beseitigung der Leiche beteiligt und schließlich nicht unverzüglich die Polizei benachrichtigt, als er den Tod des Opfers festgestellt habe; eine solche Benachrichtigung nehme aber in der Regel jemand vor, der am Tötungsdelikt nicht beteiligt gewesen sei.

Nach den Feststellungen hat sich die Lebensgefährtin des später Getöteten, K. P., die sich zur Tatzeit in der betreffenden Wohnung aufgehalten hatte, noch in der Tatnacht bei ihrer ersten Äußerung zum Tatgeschehen auf dem Polizeirevier selbst der Tat bezichtigt und sinngemäß erklärt, sie habe eben ihren Mann umgebracht.

In der Hauptverhandlung hat Frau P. demgegenüber den Angeklagten als Alleintäter bezeichnet. Das Schwurgericht hat nach seinen Ausführungen die Angaben der Zeugin P. „– mit einer Ausnahme – in keiner Weise zu Lasten des Angeklagten berücksichtigt", weil sie „für die Kammer mitverdächtig ist, in irgendeiner Weise an der Tat beteiligt gewesen zu sein". Die „Belastungsmomente gegen die Zeugin P." sprechen nach Auffassung des Schwurgerichts indessen nur dafür, daß diese „möglicherweise an der Tat in irgendeiner Weise beteiligt war". – Das Rechtsmittel hatte Erfolg.

Gründe: ...

1. Zu Recht wird mit der Revision die Beweiswürdigung des Schwurgerichts beanstandet. Sie ist lückenhaft, weil sie sich nicht in der gebotenen Weise mit Umständen auseinandersetzt, deren Erörterung sich aufdrängte. Nach den Feststellungen hat sich die Lebensgefährtin des später Getöteten, K. P., die sich zur Tatzeit in der betreffenden Wohnung aufgehalten hatte, noch in der Tatnacht bei ihrer ersten Äußerung zum Tatgeschehen auf dem Polizeirevier selbst der Tat bezichtigt und sinngemäß erklärt, sie habe eben ihren Mann umgebracht. Daß eine solche schwerwiegende Selbstbezichtigung ohne realen Hintergrund erfolgt sein sollte, ist auch bei Berücksichtigung einer gewissen alkoholischen

Beeinflussung der dies Erklärenden unwahrscheinlich. Von einer Beteiligung des Angeklagten hat sie hierbei nicht gesprochen.

In der Hauptverhandlung hat Frau P. demgegenüber den Angeklagten als Alleintäter bezeichnet. Das Schwurgericht hat nach seinen Ausführungen die Angaben der Zeugin P. „– mit einer Ausnahme – in keiner Weise zu Lasten des Angeklagten berücksichtigt", weil sie „für die Kammer mitverdächtigt ist, in irgendeiner Weise an der Tat beteiligt gewesen zu sein". Die „Belastungsmomente gegen die Zeugin P." sprechen nach Auffassung des Schwurgerichts indessen nur dafür, daß diese „möglicherweise an der Tat in irgendeiner Weise beteiligt war". Damit lassen die Urteilsausführungen aber eine Auseinandersetzung mit der Möglichkeit vermissen, daß Frau P. – wie ihren Angaben bei der Polizei in der Tatnacht zu entnehmen sein könnte – Alleintäterin gewesen ist. Die vom Schwurgericht zu Lasten des Angeklagten herangezogenen Indizien sprechen nicht gegen diese Variante, wie der GBA in seiner Antragsschrift im einzelnen zutreffend dargelegt hat.

Hierin wird auch zu Recht aufgezeigt, daß eine Auseinandersetzung mit dem Sachverständigengutachten hätte erfolgen müssen, wonach die Tritte gegen das Opfer mit einem beschuhten Fuß erfolgten, wobei der Schuh hinten eine rundliche Kante gehabt haben müsse. Die Tatsache, daß einer der Verdächtigen solches Schuhwerk zur Tatzeit getragen oder nicht getragen hat, hätte zur Klärung der Täterschaft beitragen können. Die aufgezeigten Mängel in der Beweiswürdigung können sich zum Nachteil des Angeklagten ausgewirkt haben. Das Urteil kann deshalb keinen Bestand haben.

2. Für die neue Verhandlung wird darauf hingewiesen, daß die Urteilsgründe in Fällen der vorliegenden Art, in denen letztlich „Aussage gegen Aussage" steht, erkennen lassen müssen, daß der Tatrichter alle Umstände, welche die Entscheidung zugunsten des einen oder anderen zu beeinflussen geeignet sind, erkannt und in seine Überlegungen einbezogen hat (BGHR StPO § 261 Mitangeklagte 2 [BGH Beschl. v. 3. 5. 1991 – 3 StR 112/91; vgl. 267 StPO erfolgreiche Rügen]; a.a.O. Zeuge 12 [BGH Beschl. v. 17. 4. 1991 – 3 StR 107/91; vgl. 261 StPO erfolgreiche Rügen]). Die Überzeugung des Gerichts ist nach § 261 StPO aus dem „Inbegriff der Verhandlung" zu gewinnen. Dazu gehört, daß Zeugenaussagen – wie hier die der tatverdächtigen Zeugin – im Zusammenhang mit den übrigen Beweismitteln einer Würdigung unterzogen werden. Diesem Erfordernis widerstreitet es, wenn eine oder mehrere Zeugenaussagen – wie hier geschehen – von vornherein „eliminiert" und somit nicht in die Gesamtabwägung einbezogen werden.

19. Ein Schuldspruch wegen Taten, die nach Ort, Zeit oder Anlaß der Begehung nicht näher bestimmt und auch nur vage beschrieben sind, ist, insbesondere wenn der Angeklagte die Vorwürfe bestreitet, mit rechtsstaatlichen Grundsätzen nicht zu vereinbaren.

StPO § 267 – BGH Beschl. v. 19. 5. 1993 – 4 StR 237/93 LG Paderborn (= StV 1993, 508 = BGHR StPO § 267 I Satz 1 Mindestfeststellungen 3)

Die Revision rügt die Verletzung sachlichen Rechts.

Sachverhalt: Nach den Feststellungen hat die geschädigte Ehefrau des Angeklagten" die eheliche Wohnung Ende März 1992 verlassen und inzwischen Scheidungsantrag gestellt. Die Darstellung des Tatgeschehens beschränkt sich – abgesehen von dem Hinweis darauf, daß die Schuldfähigkeit des Angeklagten in allen Fällen infolge Alkoholgenusses beeinträchtigt gewesen sei – auf folgende Ausführungen:

„1. Anfang 1990 zwang der Angeklagte die Zeugin Gabriele Sch.-D. zum Geschlechtsverkehr, indem er sie gegen ihren Willen festhielt, so daß sie sich ihm nicht entziehen konnte."

„2. Am Dienstag, dem 24. 12. 1991, führte der Angeklagte wiederum gegen den Willen seiner Ehefrau mit dieser den Geschlechtsverkehr durch, indem er sie ca. 2 Stunden an Armen und Beinen festhielt, so daß die Zeugin Gabriele Sch.-D. ihm hilflos ausgeliefert war."

„3. Anfang 1992 (Januar oder Februar) zwang der Angeklagte die Zeugin Sch.-D. erneut zum Geschlechtsverkehr mit ihm, indem er auf sie einschlug, sie wiederum festhielt, so daß sie sich ihm nicht entziehen konnte."

Der Angeklagte hat bestritten, seine Ehefrau zur Duldung des Geschlechtsverkehrs gezwungen zu haben. Die Strafkammer hat ihre Überzeugung von den Taten aufgrund der – den Feststellungen entsprechenden und über diese im wesentlichen nicht hinausgehenden – Bekundungen der Zeugin Gabriele Sch.-D. gewonnen, gegen deren Glaubwürdigkeit keine Bedenken bestünden. – Das Rechtsmittel hatte Erfolg.

Gründe: ...

2. Die getroffenen Feststellungen und die ihnen zugrundeliegende Beweiswürdigung tragen die Verurteilung des Angeklagten wegen Nötigung nicht.

a) Ein Schuldspruch wegen einer oder mehrerer Taten, die nach Ort und Zeit oder Anlaß der Begehung nicht näher bestimmt und auch hinsichtlich des Tathergangs nur vage beschrieben sind, ist, insbesondere wenn der Angeklagte die Vorwürfe bestreitet, mit rechtsstaatlichen Grundsätzen nicht zu vereinbaren. Könnte eine Verurteilung auch auf derart vage Feststellungen gestützt werden, so würde der Angeklagte in seinen Verteidigungsmöglichkeiten unangemessen beschränkt. Im übrigen wird, je weniger konkrete Tatsachen über den Schuldvorwurf bekannt sind, auch fraglicher, ob der Richter von der Tat i.S.d. § 261 StPO überhaupt überzeugt sein kann (vgl. BGHSt. 10, 137, 139 [BGH Urt. v. 26. 2. 1957 – 5 StR 411/56; vgl. § 200 StPO erfolgreiche Rügen]; BGHR StPO § 267 Abs. 1 S. 1 Mindestfeststellungen 1 [BGH Beschl. v. 28. 11. 1990 – 2 StR 536/90; vgl. § 267 StPO erfolgreiche Rügen] und 2). Das gilt insbesondere dann, wenn der Tatvorwurf Vorgänge betrifft, die sich ausschließlich zwischen dem – sie bestreitenden – Angeklagten und dem einzigen Belastungszeugen abgespielt haben und von Dritten nicht wahrgenommen wurden.

b) Hier entbehren jedenfalls die Feststellungen zu den Taten zu 1 und 3 sowohl hinsichtlich der äußeren Umstände (Ort, Zeit oder Anlaß der Begehung) als auch hinsichtlich der Darstellung des eigentlichen Tathergangs der erforderlichen Bestimmtheit. Sie sind derart farblos, daß sie sich von der Wiedergabe des gesetzlichen Tatbestandes kaum unterscheiden. Gegen den Vorwurf, seine Ehefrau Anfang 1990 und Anfang 1992 (im Januar oder Februar) bei nicht näher beschriebenen Gelegenheiten durch Festhalten in nicht näher beschriebener Weise zum Geschlechtsverkehr gezwungen zu haben, kann sich ein Angeklagter in einer Hauptverhandlung im Januar 1993 in aller Regel schlechterdings nicht verteidigen. Er kann im allgemeinen weder konkrete Tatsachen aufzeigen, die seine Täterschaft ausschließen (etwa ein Alibi vorbringen), noch die Glaubhaftigkeit der Aussage seiner Ehefrau in anderer Weise erschüttern. ...

20. Selbst bei Annahme einer fortgesetzten Handlung muß für jeden Einzelakt der objektive und subjektive Tatbestand der Vergewaltigung vom Tatrichter ermittelt und – ggf. in zusammenfassender Wertung – festgestellt werden.

StPO § 267 – BGH Beschl. v. 9. 9. 1992 – 3 StR 364/92 LG Itzehoe (= NStZ 1993, 35)

Die Revision rügt die Verletzung sachlichen Rechts.

Sachverhalt: Das Landgericht hat den Angeklagten wegen (fortgesetzter) Vergewaltigung in Tateinheit mit sexuellem Mißbrauch eines Kindes und sexuellem Mißbrauch einer Schutzbefohlenen zu einer Freiheitsstrafe verurteilt. Tatopfer ist die am 16. 8. 1972 geborene Stieftochter des Angeklagten, die Nebenklägerin und Zeugin T. Nach den Feststellungen hat sie der Angeklagte von ihrem 12. Lebensjahr bis Frühjahr 1990 in mindestens 100 Fällen durch Festhalten und unter Ausnutzen seiner körperlichen Überlegenheit vergewaltigt. In mindestens 100 weiteren Fällen mußte sie ihn mit der Hand befriedigen. – Das Rechtsmittel hatte Erfolg.

Gründe: ...

a) Die Feststellungen zu den 100 Einzelfällen der Vergewaltigung beruhen nicht in allen Fällen auf einer individualisierbaren Tatsachengrundlage.

Geschildert werden 2 etwa 3 Monate auseinanderliegende Fälle während des 12. Lebensjahres der Nebenklägerin im Bad und im Flur der gemeinsamen Wohnung. Die weiteren mindestens 98 Fälle der Vergewaltigung in den folgenden 5 Jahren hat das Landgericht nach Zeit, Ort und Ablauf nicht näher konkretisiert. Die Taten fanden nach den Feststellungen überwiegend zu Hause, einmal auch während eines Camping-Urlaubs an der Ostsee statt. Sie waren teilweise durch längere Pausen unterbrochen. Die meisten Vorfälle ereigneten sich im 14. Lebensjahr der Nebenklägerin.

Selbst bei Annahme einer fortgesetzten Handlung muß für jeden Einzelakt der objektive und subjektive Tatbestand der Vergewaltigung vom Tatrichter ermittelt und – ggf. in zusammenfassender Wertung – festgestellt werden (BGHSt. 17, 157, 158[1]; BGH GA 1965, 92). Dem ist das Landgericht nur ungenügend nachgekommen. Widersprüchlich ist schon der Zeitpunkt der Beendigung der Vergewaltigungen. Nach UA S. 9, 27 fand die letzte Vergewaltigung „im März 1990" statt, während der Angeklagte nach UA S. 7 die Vergewaltigungen „bis maximal zum Februar 1990" wiederholte. Da der Angeklagte schon bei den beiden ersten Fällen nur verhältnismäßig geringe Gewalt anwandte, ist es nicht auszuschließen, daß er in der Folgezeit in Einzelfällen oder für einen bestimmten Zeitraum weder Gewalt anzuwenden noch mit gegenwärtiger Gefahr für Leib oder Leben i.S. des § 177 I StGB zu drohen brauchte, um ans Ziel zu kommen. Damit hätte sich das Landgericht auseinandersetzen und hierbei bedenken müssen, daß die Nebenklägerin den Geschlechtsverkehr schon von Anfang an nicht nur aus Angst vor Gewalt, sondern auch deswegen geschehen ließ, weil sich der Angeklagte auf seine väterliche Autorität berief und außerdem gedroht hatte, im Falle der Weigerung die Mutter der Nebenklägerin zu verlassen. Diese beiden – möglicherweise zeitweise allein maßgebenden – Motive würden den Tatbestand des § 177 I StGB nicht erfüllen. Hinsichtlich der „erzwungenen" Manipulation am Glied des Angeklagten hat die Strafkammer ersichtlich keine Gewaltanwendung oder Drohung mit gegenwärtiger Gefahr für Leib oder Leben angenommen, weil sie den Angeklagten insoweit nicht nach § 178 StGB verurteilt hat. Diese unterschiedliche Wertung von erzwungenem Beischlaf und „mit gleichen Mitteln" erzwungener Masturbation ist kaum nachvollziehbar.

Sollte die neu erkennende Strafkammer wiederum von sich über mehrere Jahre erstreckenden Vergewaltigungen ausgehen, so bedarf es möglichst genauer Feststellungen zu deren zeitlichen Einordnung und tatsächlichem Ablauf, um dem Angeklagten eine wirksame Verteidigung und dem Senat eine rechtliche Überprüfung zu ermöglichen (BGH GA 1965, 92). Bei einem Sachverhalt der vorliegenden Art kann es sich empfehlen, wenige aber eindeutig konkretisierbare Fälle zur Grundlage der Aburteilung zu machen und das Verfahren wegen möglicher anderer Taten einzustellen.

---

1 BGH Urt. v. 2. 3. 1962 – 2 StR 9/62: „Für die Fälle, in denen mehrere Taten tateinheitlich begangen worden sind, ist allgemein anerkannt, daß die Taten, bei denen von vornherein eine Verfahrensvoraussetzung fehlt (u.a. mangelnder Strafantrag) oder später ein Hindernis für die Bestrafung eingetreten ist (u.a. Verjährung, Anwendbarkeit eines Straffreiheitsgesetzes) nicht mehr Gegenstand einer Bestrafung sein können, sie vielmehr aus dem Verfahren ausscheiden."

b) Auch der Gesamtvorsatz einer Vergewaltigung ist nicht rechtsfehlerfrei festgestellt. Er darf nicht zugunsten des Angeklagten unterstellt werden (BGHSt. 23, 33, 35; 35, 318, 324). Der allgemeine Entschluß, fortan eine Reihe gleichartiger Straftaten zu begehen, begründet noch keinen Fortsetzungszusammenhang (vgl. u.a. BGHSt. 2, 163, 166, 167; BGHR StGB vor § 1/11-1 Gesamtvorsatz 24; BGH NStZ 1992, 436; Beschl. 12. 8. 1992 – 3 StR 304/92). Nach dem ersten Geschlechtsverkehr ließ der Angeklagte seine Stieftochter „aus nicht mehr feststellbaren Gründen zunächst maximal 3 Monate in Ruhe". Wenn die Gründe dafür nicht feststellbar sind, ist es eine bloße Vermutung, dennoch anzunehmen, daß der Angeklagte schon beim ersten Geschlechtsverkehr den Entschluß gefaßt hatte, die Nebenklägerin in der nächsten Zeit unter gleichen Umständen zu vergewaltigen. Dagegen spricht auch die längere Unterbrechung im Jahre 1987.

21. Macht ein Zeuge vor und in der Hauptverhandlung von den Feststellungen abweichende Bekundungen, muß das Gericht im Urteil mitteilen, in welchen Punkten die Aussage im einzelnen konstant, widersprüchlich oder ungenau war, was das Gericht als Kernbereich der Aussage oder lediglich das Randgeschehen betreffend und deshalb als wesentlich oder unwesentlich bewertet hat.

StPO §§ 261, 267 – BGH Beschl. v. 26. 2. 1992 – 3 StR 33/92 LG Krefeld (= StV 1992, 555)

Die Revision rügt die Verletzung sachlichen Rechts.

Sachverhalt: Nach den Feststellungen des Gerichts faßten die Angeklagten während des Sommerurlaubs 1990 der Angeklagten R. D., den diese ohne ihren Ehemann, den Angeklagten J. D., in ihrer philippinischen Heimat verbrachte, den Entschluß, eine junge Philippinin zu suchen, die unter dem Vorwand, es handle sich um die Tätigkeit einer Haushaltshilfe oder Sekretärin, eingestellt und später mit nach Deutschland genommen werden sollte, um dort dem Angeklagten J. D. als Sexualpartner zu dienen. Zu diesem Zweck gab die Angeklagte R. D. für den 20. 6. 1990 in der Zeitschrift „Manila Buletrin" ein Inserat auf, mit dem eine weibliche Hilfskraft für ein deutsches Ehepaar gesucht wurde. Auf die Annonce meldete sich die damals 19jährige Zeugin N. B., die dann später am 30. 7. 1990 zusammen mit der Angeklagten R. D. und der damals 7jährigen gemeinsamen Tochter der Angeklagten von Manila nach Frankfurt flog. Bei dem von der Zeugin B. benutzten Flugticket handelte es sich um ein verbilligtes Dreimonatsticket für die Flugverbindung von Manila nach Frankfurt, das der Angeklagte J. D. am 19. 6. 1990 über ein Düsseldorfer Reisebüro auf den Namen einer in Manila lebenden Schwägerin erworben hatte, weil diese Schwägerin Deutschland besuchen wollte. Die Schwägerin sagte jedoch später den Besuch ab.

Nachdem der Angeklagte seine Ehefrau, die Tochter und die Zeugin B. am 31. 7. 1990 vom Flughafen Frankfurt abgeholt hatte, fuhr man in das gemeinsame Haus der Angeklagten, wo R. D. N. B. alsbald eröffnete, was man von ihr erwartete. Obwohl die Zeugin es ablehnte, dem Angeklagten. J. D. sexuell zu Willen zu sein, veranlaßte er im Gästezimmer des Hauses die Zeugin, sich auszuziehen, brachte sie zu Fall und begann, mit ihr den Geschlechtsverkehr durchzuführen. Der Gegenwehr der Zeugin begegnete er mit „Schlägen auf ihr Gesäß und bösen Worten". Dem Angeklagten gelang es auch, mit seinem erigierten Glied in die Scheide der Zeugin einzudringen. Er fand jedoch keine Befriedigung und ließ schließlich mit den Worten: „Du bist noch Jungfrau, es ist hart", von ihr ab.

In den Mittagsstunden des folgenden Tages floh die Zeugin, weil der Angeklagte J. D. ihr zuvor angekündigt hatte, „er sei noch nicht fertig, er werde es heute abend beenden". Da die Angeklagten sich zu diesem Zeitpunkt zum Einkaufen begeben und das Haus abgeschlossen hatten, so daß die Zeugin sich nur im Garten und in der Garage aufhalten konnte, kletterte sie auf der Rückseite des Hauses über einen hölzernen Sichtschutz auf ein Dach und von dort auf einen Balkon, von dem sie in das Gästezimmer gelangte. Sie wollte ihre persönlichen Sachen holen, fand jedoch nur ihre Kleidung, nicht aber ihre Ausweispapiere. Zurück benutzte sie den selben Weg. Teils als Anhalterin, teils mit dem Zug, gelang ihr sodann die Flucht nach B. Dabei halfen ihr ein italienischer Lastwagenfahrer und ein ihr damals unbekannter philippinischer Landsmann. Sie fuhr zu einer gewissen „J.", die sie auf dem Flug von Manila nach Frankfurt kennengelernt und die ihr ihre Telefonnummer gegeben hatte. Von dort aus fand sie am folgenden Tag bei einer Familie G. Unterkunft, die sie auch zwei bis drei Wochen später zur philippinischen Botschaft begleitete, weil die Zeugin B. noch Ausweispapiere benötigte. In der philippinischen Botschaft berichtete N. B. erstmals zu Protokoll über das von ihr Erlebte. Wenige Wochen vor Weihnachten 1990 siedelte N. B. zu ihrer in Deutschland lebenden Tante, der Familie H., um. Auf deren Betreiben wandte sie sich schließlich an einen RA, der den Angeklagten J. D. schriftlich zu Schmerzensgeldzahlungen aufforderte. Dies veranlaßte den Angeklagten seinerseits, bei der Polizei Strafanzeige wegen Erpressung zu erstatten. Am 28. 2. 1991 wurde die Zeugin B. bei der Polizei und am 19. 3. 1991 richterlich vernommen. Heute lebt sie bei der philippinischen Familie A. in Deutschland.

Die Angeklagten haben die ihnen zur Last gelegten Taten in Abrede gestellt und sich damit verteidigt, N. B. habe sich auf die Zeitungsannonce gemeldet und sei als Haushaltshilfe für die Zeit des Aufenthalts der Angeklagte R. D. in Manila angestellt worden. Sie sei deshalb zufällig in der Nähe gewesen, als die Schwägerin plötzlich doch nicht habe nach Deutschland fliegen wollen. Um das Flugticket nicht verfallen zu lassen, habe man sie als Gesellschaft für die Angeklagte R. D. und Hilfe im Haushalt für drei Monate mitgenommen. Die Angeklagten äußerten die Vermutung, N. B. habe von Anfang an nur vorgehabt, Landsleute in Deutschland zu besuchen und sei deshalb plötzlich verschwunden.

Das Landgericht hat die Einlassung der Angeklagten auf Grund der Angaben der Zeugin B. als widerlegt angesehen. – Das Rechtsmittel hatte Erfolg.

Gründe: ... Die dieser Wertung zugrundeliegende Beweiswürdigung begegnet durchgreifenden rechtlichen Bedenken. Zwar ist das Revisionsgericht in der Regel an die Überzeugungsbildung des Tatgerichts vom Tatgeschehen gebunden. Es hat dessen Entscheidung hinzunehmen und sich auf die Prüfung zu beschränken, ob die Urteilsgründe Rechtsfehler enthalten (vgl. BGHSt. 29, 18, 20 [BGH Beschl. v. 7. 6. 1979 – 4 StR 441/78; vgl. § 261 StPO erfolglose Rügen]). Rechtsfehlerhaft ist die tatrichterliche Beweiswürdigung jedoch dann, wenn sie widersprüchlich, unklar oder nicht erschöpfend ist (vgl. BGHR StPO § 261 Beweiswürdigung 2 [BGH Beschl. v. 22. 4. 1987 – 3 StR 141/87; vgl. § 261 StPO erfolgreiche Rügen]). Je nach den Besonderheiten des Einzelfalles setzt eine rechtsfehlerfreie Beweiswürdigung auch voraus, daß sich die Urteilsgründe mit widersprüchlichen, ungenauen oder aus sonstigen Gründen nicht ohne weiteres glaubhaften Zeugenaussagen zu einer erheblichen Beweisfrage in einer für das Revisionsgericht überprüfbaren Weise auseinandersetzen (vgl. BGH NStZ 1981, 271 [BGH Beschl. v. 12. 3. 1981 – 1 StR 598/80; vgl. § 261 StPO erfolgreiche Rügen]; BGH Beschl. v. 17. 4. 1991 – 3 StR 107/91 [vgl. § 261 StPO erfolgreiche Rügen]). Diesen Anforderungen genügt das angefochtene Urteil nicht.

a) Schon die Feststellungen sind in einem für die Beweiswürdigung wesentlichen Punkt widersprüchlich. Einerseits geht das Landgericht davon aus, daß der Angeklagte J. D. am 19. 6. 1990 das Flugticket für seine Schwägerin erwarb und erst in der Folgezeit, wenn auch schon bald, feststand, daß diese tatsächlich nicht mit nach Deutschland fliegen würde. Außerdem stellt das Landgericht fest, daß die Angeklagten spätestens zu diesem Zeitpunkt – der Absage durch die Schwägerin – planten, eine junge Philippinin als Sexualpartnerin für den Angeklagten J. D. anzuwerben und mit nach Deutschland zu nehmen. Andererseits hat die Angeklagte R. D. die Annonce, die nach den Feststellungen der Verwirklichung des Tatplanes dienen sollte und auf die sich die Zeugin B. meldete, bereits für den 20. 6. 1990 in Auftrag gegeben. Die Feststellungen zum Zeitpunkt des Kaufs des Flugtickets, der Tatplanung und der Aufgabe der Annonce als erstem Schritt zur Umsetzung des

Tatentschlusses sind nicht miteinander zu vereinbaren. Wenn die Annonce am 20. 6. 1990 erscheinen sollte und nach dem Zusammenhang der Urteilsgründe auch erschienen ist, drängt es sich auf, daß sie vorher und damit zeitgleich mit oder vor dem Kauf des Flugtickets am 19. 6. 1990 von der Angeklagten R. D. in Auftrag gegeben worden ist. Der Verwirklichung des Plans, der erst nach der Absage der Schwägerin entstanden ist, konnte die Zeitungsannonce danach schwerlich dienen. Dieser Umstand, den das Landgericht ersichtlich nicht bedacht hat, kann jedoch für die Richtigkeit der Einlassung der Angeklagten sprechen, daß mit dem Zeitungsinserat lediglich eine Haushaltshilfe für die Zeit des Aufenthalts der Angeklagte R. D. in Manila gesucht wurde und die Zeugin B. zu diesem Zweck auch eingestellt worden ist. Damit ist aber bereits der Ausgangspunkt der Beweiswürdigung, mit der die Kammer den Angaben der Zeugin B. gefolgt ist und die Einlassung der Angeklagten für widerlegt erachtet hat, in Frage gestellt.

b) Das Landgericht hat die Aussage der Zeugin B., die in der Hauptverhandlung den „Geschehensablauf im wesentlichen wie festgestellt" angegeben hat, insbesondere deshalb als glaubwürdig beurteilt, weil N. B. die Ereignisse „insgesamt viermal im Kernbereich widerspruchsfrei offiziellen Stellen gegenüber geschildert hat", nämlich Ende August 1990 in der philippinischen Botschaft, am 28. 2. 1991 bei ihrer polizeilichen, am 19. 3. 1991 anläßlich ihrer richterlichen Vernehmung und schließlich in der Hauptverhandlung. Die vom Landgericht gewählten Formulierungen legen die Schlußfolgerung nahe, daß die Zeugin B. in einzelnen oder mehreren Punkten früher und in der Hauptverhandlung von den Feststellungen abweichende Bekundungen gemacht hat; diese hat das Landgericht zwar ersichtlich als nicht wesentlich oder das Randgeschehen betreffend und deshalb als für die Glaubwürdigkeit der Zeugin B. nicht entscheidend gewertet. Was die Zeugin früher oder in der Hauptverhandlung konkret ausgesagt hat, in welchen Punkten ihre Aussagen im einzelnen konstant, widersprüchlich oder ungenau waren, was das Landgericht als Kernbereich der Aussage oder lediglich das Randgeschehen betreffend und deshalb als wesentlich oder unwesentlich bewertet hat, teilen die Urteilsgründe indes an keiner Stelle mit. Dessen hätte es jedoch bedurft, um den Senat in die Lage zu versetzen, zu überprüfen, ob die Erwägungen und Bewertungen des Landgericht hinsichtlich der Bedeutung und des Gewichts einzelner Aussageninhalte und darin möglicherweise enthaltener Widersprüche oder Ungenauigkeiten rechtsfehlerfrei sind und die Wertung der Aussage der Zeugin B. als glaubwürdig und zuverlässig tragen.

Das Landgericht hat allerdings Bekundungen anderer Zeugen als zusätzliches Indiz für die Richtigkeit der Angaben der Zeugin B. behauptet. Soweit N. B. den Zeugen nach den Feststellungen von ihren Erlebnissen im Hause der Angeklagten berichtet hat, fehlt jedoch auch insoweit jegliche konkrete Darlegung dazu, in welchen die Glaubwürdigkeit tragenden Punkten diese Zeugen die Angabe der N. B. bestätigt haben. Soweit die Urteilsgründe statt dessen ausführen, daß die Zeugen G., H. und A. ebenso wie B. bekundet haben, daß diese in ihren Familien ein häusliches und zurückgezogenes Leben geführt hat und daß sie Anfang August 1990 durch Zufall an die ihr bis dahin unbekannte erste Gastgeberfamilie G. geraten ist, besagt dies jedoch für sich genommen ohne Kenntnis der näheren Umstände und der wesentlichen Aussageninhalte weder etwas für noch gegen die Glaubwürdigkeit der Zeugin B. hinsichtlich des den Angeklagten angelasteten Geschehens.

Nicht erkennbar durch das Landgericht überprüft worden ist überdies, ob es überhaupt eine „J." gibt, die der Zeugin B. während des Fluges ihre Telefonnummer gegeben und diese als erste auf ihrer Flucht aufgenommen haben soll, und wenn ja, was diese Zeugin der Familie G. oder eventuellen Ermittlungspersonen gegenüber erklärt hat. Eine Aufklärung auch in diese Richtung wäre geboten gewesen, da in einem Fall, wie hier, wo Aussage gegen Aussage steht, die Verurteilung allein auf der Bekundung der Geschädigten beruht.

22. Auch eine Vielzahl von Einzeltaten, die denselben Tatbestand erfüllen sollen, entbindet das Gericht nicht von der Pflicht zur Darstellung des konkreten Sachverhalts der Einzelfälle, wenn diese nicht in allen wesentlichen Umständen gleichgelagert sind.

StPO § 267 – BGH Beschl. v. 27. 11. 1991 – 3 StR 157/91 LG Osnabrück (= NStZ 1992, 602)

Die Revisionen rügen die Verletzung sachlichen Rechts.

Sacherhalt: Nach den Feststellungen bewirkten die Angeklagten fortgesetzt und gemeinschaftlich durch den Verkauf von Warenterminoptionen – der Angeklagte S. als Geschäftsführer der Firma HWK S.-GmbH, die Angeklagten Ko., H., St. und Ka. als Telefonverkäufer dieser Firma sowie deren Vorgängerin – in der Zeit von April 1981 bis zum April 1983 die betrügerische Schädigung von 176 Kunden in 284 Einzelfällen. Ein Teil der Kunden erlitt bei einem oder mehreren Geschäften Totalverluste, ein Teil erhielt geringe Beträge des aufgewandten Geldes zurück, einige wenige Kunden erzielten Gewinne. In einer Mehrzahl von Fällen wurden die Optionen nicht an der Börse plaziert. Das Landgericht hat dem Angeklagten S. die Schädigung von 161 Kunden in 229 Einzelakten zur Last gelegt. Den Angeklagten H., Ko., St. und Ka. hat es für die Zeiten ihrer Beschäftigung bei den erwähnten Firmen die Schädigung von 24 Kunden in 37 Einzelakten (H.), von 27 Kunden in 45 Einzelakten sowie von 18 Kunden in 18 Einzelakten (Ka.), von 11 Kunden in 13 Einzelakten sowie von 16 Kunden in 19 Einzelakten (St.) und von 9 Kunden in 10 Einzelakten sowie von weiteren 3 Kunden in 4 Einzelakten (Ko.) zugerechnet.

Das Landgericht hat die allgemeinen Umstände der Gründung, Entwicklung und Betätigung der an den Warenterminoptionsgeschäften beteiligten Firmen, die Funktion der einzelnen Angeklagten in diesen Firmen, ihre Kenntnisse und Rollenverteilung ausführlich dargestellt, ebenso die allgemeine Arbeitsweise, die angewandt wurde, um Kunden zu gewinnen und zum Abschluß eines Optionskaufs zu bewegen. ...

Entsprechend ausführliche und detaillierte Feststellungen zu den den Angeklagten zur Last gelegten Einzelfällen des Betruges enthalten die Urteilsgründe hingegen nicht. Das Landgericht führt nur aus, daß die Angeklagten Ko., H., St. und Ka. „jeweils zu Beginn ihrer Verkaufstätigkeit" beschlossen, „fortan im Zusammenwirken mit der Geschäftsleitung und den sonstigen für die Firma O. und HWK S. tätigen Personen" Kunden durch wahrheitswidrige Angaben zu täuschen und zu veranlassen, Optionsgeschäfte mit ihnen abzuschließen. Sie faßten einen 5 Täuschungsvarianten umfassenden „Gesamt"vorsatz, nämlich

– Täuschung über die Gefahr des Totalverlustes (TV),

– Täuschung darüber, daß die eingezahlten Prämien erst zurückerwirtschaftet werden mußten (Prämienverlust = PV),

– Täuschung über die Verwendung der Gelder bzw. die Höhe des von den Firmen O. und HWK S. einbehaltenen Aufschlages (AS),

– Täuschung durch Zusicherung hoher Gewinne (Gewinnzusage GZ) und „in Erweiterung des ursprünglichen Tatplanes"

– Täuschung über die Erforderlichkeit eines Nachschusses zur Abwendung eines drohenden Totalverlustes aus einem Vorgeschäft, obwohl der Verlust bereits eingetreten war, und in Wahrheit ein neues Geschäft getätigt wurde (Verlustausgleich = VA)

Weiter wird lediglich pauschal mitgeteilt, daß die Angeklagten, wie beschrieben, die einzelnen Kunden täuschten und diese einem entsprechenden Irrtum erlagen, der jeweils kausal für die daraus resultierende Vermögensverfügung war. Sodann folgen 2 Tabellen. Die erste besteht aus einem reinen Zahlenwerk, nämlich den Auftragsdaten und Kundennummern, der Gegenüberstellung der verschiedenen Optionsprämien, der rechnerischen Darstellung des Schadens, den das Landgericht aus der Differenz zwischen der Summe aus „Originalprämie" plus Brokerkommission plus 18% der Kundenzahlung und dem Betrag der tatsächlich geleisteten, aus Beschaffungskosten plus 100% Aufschlag bestehenden Kundenprämie errechnet; es folgen noch die Darstellung des Ausganges der einzelnen Geschäfte (Totalverlust, Teilrückerwirtschaftungsbetrag, Gewinne usw.). Eine zweite Tabelle enthält neben Spalten mit den Überschriften: Kundennamen, Auftragsnummer und Auftragsdatum weitere 5 Spalten, die mit den die einzelnen Täuschungshandlungen kennzeichnenden Abkürzungen (TV, GZ, PV, AS und VA) überschrieben sind. Die Tabelle endet mit einer Spalte mit der Überschrift „Verkäufer", die der Kenntlichmachung des für dieses Geschäft verantwortlichen Telefonverkäufers dient und der Spalte „Geschäftsleitung", die die Kennzeichnung der nach Ansicht der Strafkammer in den Verantwortungsbereich des Angeklagten S. fallenden Einzelgeschäfte bezweckt. Diese alphabetisch nach Kundennamen geordnete Tabelle hat das Landgericht in allen 284 Einzelfällen durch Ankreuzen der Täuschungsvarianten und namentliche Erwähnung der Angeklagten ausgefüllt. Weitere Feststellungen zu den einzelnen Straftaten folgen nicht, obwohl das Landgericht seine Überzeugung hierzu auf die bis auf wenige Ausnahmen persönlich vorgenommenen Geschädigten stützt. Die Angeklagten haben, soweit sie sich zur Sache eingelassen haben, jedwede strafbare Handlung in Abrede gestellt.

Das Landgericht hat die Angeklagten zu Freiheitsstrafen verurteilt. – Das Rechtsmittel hatte Erfolg.

Gründe: Die Verurteilung der Angeklagten wegen Betruges kann keinen Bestand haben, weil das Landgericht es versäumt hat, in rechtlich nachprüfbarer Weise festzustellen, durch welche bestimmten Tatsachen die Angeklagten in den jeweiligen Einzelfällen die gesetzlichen Merkmale des objektiven und subjektiven Tatbestandes des § 263 StGB erfüllt haben. ...

Diese Art der Sachdarstellung entspricht nicht mehr den Anforderungen an eine vom Revisionsgericht überprüfbare Urteilsbegründung.

Auch eine Vielzahl von Einzeltaten, die denselben Tatbestand erfüllen sollen – gleich ob sie rechtlich zutreffend als fortgesetzte Tat gewertet worden oder ob sie tatmehrheitlich begangen worden sind – entbindet den Tatrichter jedenfalls dann nicht von der Pflicht zur Darstellung des konkreten Sachverhalts der Einzelfälle, wenn diese nicht in allen wesentlichen Umständen gleichgelagert sind (vgl. BGH NStZ 1982, 79 [BGH Urt. v. 11. 11. 1981 – 3 StR 372/81; vgl. § 267 StPO erfolglose Rügen]; BGHR StPO § 267 II Sachdarstellung 1).

Die den Angeklagten angelasteten Straftaten betreffen eine Vielzahl von Geschädigten, auf deren persönliche Umstände, insbesondere ihre Vorkenntnisse und ihr Verständnis der schriftlichen Unterlagen es für die Erfüllung des Betrugstatbestandes, insbesondere des Irrtumsmerkmals, ankommt. Auch hat das Landgericht auf verschiedene Täuschungshandlungen abgestellt, die ihrerseits durch unterschiedliche – teils ausdrückliche teils konkludente –Handlungsvarianten von den Angeklagten vorgenommen worden sein sollen. Von einer gleichartigen Begehungsweise kann deshalb keine Rede sein. Der Umstand, daß auf eine Vielzahl unterschiedlicher Sachverhalte derselbe Straftatbestand Anwendung finden soll, reicht hierfür nicht aus. Dies hat das Landgericht ersichtlich verkannt. Tatsächlich hat es durch die von ihm gewählte Darstellungsform der Einzelfälle in einer Tabelle, in der es die nach seiner Ansicht erfüllten Tatbestandsmerkmale des § 263 StGB gekennzeichnet hat, auch nicht den von ihm als erwiesen erachteten Sachverhalt wiedergegeben, sondern diesen Sachverhalt durch die Mitteilung des Ergebnisses seiner tatrichterlichen Wertung des tatsächlichen Geschehens ersetzt. Ob diese Wertung im einzelnen Fall zutrifft und ob der der Würdigung zugrundeliegende Sachverhalt einwandfrei festgestellt worden ist, entzieht sich der Überprüfung durch das Revisionsgericht. Dies stellt einen sachlich-rechtlichen Mangel dar. ...

3. Im übrigen enthalten die pauschalen Urteilsgründe Unklarheiten und Widersprüche, die auch für sich genommen der Verurteilung die Grundlage entziehen.

Die Feststellungen, die Angeklagten hätten die Kunden über die Gefahr des Totalverlustes und den grundsätzlichen zurückzuerwirtschaftenden Prämienverlust durch die Vortäuschung, als Gegenwert werde physische Ware erworben oder die angebotenen Optionen seien Aktien vergleichbar, getäuscht, lassen sich mit den Feststellungen zum Inhalt der Informationsbroschüre und den allgemeinen Vertragsbedingungen nicht ohne weiteres vereinbaren

Die generelle Annahme der kausalen Verknüpfung zwischen Täuschung, Irrtum und Vermögensverfügung wird auch dadurch in Frage gestellt, daß das Landgericht in 13 Fällen einen Versuch angenommen hat, weil es die Kausalität zwischen Täuschungshandlung und Irrtum bzw. zwischen den täuschungsbedingten Fehlvorstellungen der Geschädigten und deren Vermögensverfügungen nicht mit letzter Sicherheit feststellen konnte. Warum das Landgericht in diesen Fällen – nicht näher begründete – Zweifel an dem erforderlichen Kausalzusammenhang hatte, nicht aber in den Fällen des vollendeten Betruges, erschließt sich mangels Darlegung auch aus dem Zusammenhang der Urteilsgründe nicht. ...

23. Bezugnahme oder Verweisung auf Feststellungen des in einem anderen Verfahren ergangenen Urteils sind unzulässig.

StPO § 267 – BGH Beschl. v. 24. 9. 1991 – 1 StR 382/91 LG Konstanz (= NStZ 1992, 49)

Die Revision rügt, daß das Landgericht in mehreren für die Rechtsfolgen bedeutsamen Punkten in unzulässiger Weise auf das in einem anderen Verfahren gegen den Angeklagten ergangene rechtskräftige Urteil vom 25. 6. 1990 Bezug genommen hat.

Der Sachverhalt ergibt sich aus den Entscheidungsgründen. – Das Rechtsmittel hatte Erfolg.

Gründe: Der Strafausspruch kann jedoch keinen Bestand haben.

a) Nach der ständigen Rechtsprechung des BGH müssen die Urteilsgründe aus sich heraus verständlich sein und die getroffenen Feststellungen in einer geschlossenen Darstellung enthalten (§ 267 I bis III StPO; BGHSt. 30, 225, 227 [BGH Urt. v. 13. 10. 1981 – 1 StR 471/81; vgl. § 267 StPO erfolglose Rügen] und 33, 59, 60 [BGH Urt. v. 5. 11. 1984 – AnwSt [R] 11/84; vgl. § 116 BRAGO erfolglose Rügen]; BGHR StPO § 267 III 1, Strafzumessung 5). Dieses Erfordernis schließt, von wenigen Ausnahmen abgesehen, die Bezugnahme oder Verweisung auf Feststellungen des in einem anderen Verfahren ergangenen Urteils aus. Nur auf diese Weise ist sichergestellt, daß der Tatrichter die relevanten Umstände eigenständig feststellt und würdigt und das Revisionsgericht zur Nachprüfung der Entscheidung in der Lage ist.

b) Ob bereits die Verweisung wegen „der weiteren Einzelheiten" der dem einbezogenen Urteil des Landgerichts Konstanz vom 25. 6. 1990 zugrunde liegenden Tat fehlerhaft ist, wie der GBA meint, bedarf keiner Entscheidung. Immerhin hat das Landgericht den Ablauf jener rechtskräftig abgeurteilten Tat in allen wesentlichen Merkmalen geschildert. Das reichte insofern als Grundlage für die Strafzumessung im vorliegenden Verfahren wie auch für die nachträgliche Gesamtstrafenbildung aus. War die Mitteilung weiterer Einzelheiten unter diesen Umständen aber entbehrlich, so mag die entsprechende Verweisung auf das frühere Urteil unschädlich gewesen sein (BGH Urt. v. 29. 11. 1979 – 1 StR 526/79).

c) Die Frage kann jedoch letztlich dahinstehen, weil jedenfalls die sonstigen Bezugnahmen auf das Urteil vom 25. 6. 1990 gegen die Vorschrift des § 267 III 1 StPO verstoßen.

Bezüglich der persönlichen Verhältnisse und des Lebenslaufs des Angeklagten sowie seiner „bisherigen strafrechtlichen Auffälligkeit", bei der Bemessung der Gesamtstrafe und bei der Entscheidung über die Strafaussetzung zur Bewährung hat das Landgericht jeweils auf das in dem früheren Verfahren ergangene Urteil vom 25. 6. 1990 verwiesen. Eigene Feststellungen hierzu fehlen nahezu vollständig. Zum Werdegang des Angeklagten heißt es lediglich, der Angeklagte habe „keine geordnete Entwicklung in einem geordneten Elternhaus erfahren" dürfen, Entwicklungsschäden seien deutlich geworden. Als Vorstrafen werden zwei Verurteilungen wegen Diebstahls erwähnt. Die erforderliche kurze Kennzeichnung jener Taten und das Strafmaß sind ebensowenig mitgeteilt wie etwaige weitere Vorahndungen. Unklar bleibt schließlich auch, welche Umstände das Landgericht bei der Bemessung der Gesamtstrafe in dem Urteil vom 25. 6. 1990 und – infolge der ausdrücklichen Bezugnahme – ebenso in der angefochtenen Entscheidung für bedeutsam gehalten hat.

Die Ausführungen zur Strafaussetzung (§ 56 I StGB) erschöpfen sich in einem Hinweis auf die „schon im einbezogenen Urteil genannten Gründe". ...

24. Bei einem Freispruch aus tatsächlichen Gründen muß der Tatrichter zunächst darlegen, welchen Sachverhalt er als festgestellt erachtet.

StPO § 267 – BGH Urt. v. 4. 7. 1991 – 4 StR 233/91 (= BGHR StPO § 267 V Freispruch 7)

Die Revision der Staatsanwaltschaft rügt die Verletzung sachlichen Rechts.

Sachverhalt: Das Landgericht hat den Angeklagten vom Vorwurf des unerlaubten Handeltreibens mit Betäubungsmitteln freigesprochen.

Das Urteil beschränkt sich darauf, nach der Mitteilung des Anklagevorwurfs die diesen Vorwurf stützende Bekundung des Zeugen S. sowie die Angaben zweier Polizeibeamter zu dessen Aussageverhalten im Ermittlungsverfahren wiederzugeben, das von dem Zeugen teilweise anders dargestellt wird. Die Strafkammer meint sodann, „angesichts dieser zutage getretenen Widersprüche in den Bekundungen des Zeugen S. und angesichts der Tatsache, daß weitere Beweismittel zur Überführung des Angeklagten nicht vorhanden sind ..." nicht die für eine Verurteilung erforderliche Überzeugung von der Täterschaft des Angeklagten gewinnen (zu) können". Das Urteil schließt mit der Erwägung, es sei „letztlich nicht auszuschließen, daß der Zeuge S. den Angeklagten Se. nur als „Sündenbock" benannt hat, um für sich die Vorteile des § 31 Betäubungsmittelgesetz zu erreichen". – Das Rechtsmittel hatte Erfolg.

Gründe: Diese Ausführungen werden den Anforderungen an die Begründungspflicht bei freisprechenden Urteilen nicht gerecht. Bei einem Freispruch aus tatsächlichen Gründen muß der Tatrichter zunächst darlegen, welchen Sachverhalt er als festgestellt erachtet (st. Rechtspr.; BGH NJW 1980, 2423 [BGH Urt. v. 10. 7. 1980 – 4 StR 303/80; vgl. § 267 StPO erfolgreiche Rügen]; BGHR StPO § 267 Abs. 5 Freispruch 2 [BGH Urt. v. 26. 9. 1989 – 1 StR 299/89; vgl. § 267 StPO erfolgreiche Rügen]). Derartige Feststellungen zum Tatgeschehen selbst fehlen vollständig. So bleibt bereits offen, ob die Strafkammer überhaupt das von dem Zeugen S. bekundete Geschäft über 600 Gramm Amphetaminsulfat als solches für erwiesen hält. Das Urteil gibt lediglich die – teilweise gegensätzlichen – Bekundungen der vernommenen Zeugen wieder. Dies genügt aber der Begründungspflicht nicht (BGH NStZ 1985, 184[1]; Senatsurteil vom 17. 5. 1990 – 4 StR 208/90 – BGHR StPO § 267 Abs. 5 Freispruch 4 [vgl. § 267 StPO erfolgreiche Rügen]). Insbesondere läßt das Urteil hierbei die erforderliche Beweiswürdigung vermissen, die dem Revisionsgericht erst die

---

1 „Der *Senat* weist erneut daraufhin, daß die bloße schematische Aneinanderreihung des Inhalts der Aussagen der Angeklagten und der vernommenen Zeugen überflüssig ist. Im Urteil ist vielmehr eine Gesamtwürdigung aller in der Hauptverhandlung festgestellten Tatsachen vorzunehmen. Sie kann durch die bloße Wiedergabe des Inhalts der Aussagen nicht ersetzt werden. Aufgabe des Tatrichters ist es, im Rahmen der Beweiswürdigung eine Begründung dafür zu geben, auf welchem Weg er zu den Feststellungen gelangt ist, die Grundlage der Verurteilung geworden sind. Er ist deshalb gehalten, die in der Hauptverhandlung verwendeten Beweismittel im Urteil erschöpfend zu würdigen, soweit sich aus ihnen bestimmte Schlüsse zugunsten oder zuungunsten des Angeklagten herleiten lassen." (BGH Beschl. v. 15. 11. 1984 – 4 StR 675/84).

Prüfung ermöglicht, ob der den Entscheidungsgegenstand bildende Sachverhalt erschöpfend gewürdigt ist und ob der Freispruch auf rechtlich bedenkenfreien Erwägungen beruht (BGHR StPO § 267 Abs. 5 Freispruch 2, 5). Dabei hätte die Strafkammer von der Einlassung des Angeklagten ausgehen und sie so vollständig und genau wiedergeben müssen, wie es erforderlich ist, damit das Revisionsgericht prüfen kann, ob der Tatrichter unter Berücksichtigung der erhobenen Beweise zu Recht die Einlassung als unwiderlegbar seiner Entscheidung zugrunde gelegt hat (BGHR StPO § 267 Abs. 5 Freispruch 4). Zur Einlassung des Angeklagten begnügt sich die Strafkammer mit dem pauschalen Hinweis, er bestreite die Tat. Das genügte hier nicht.

Auch im übrigen sind die Erwägungen des Landgerichts lückenhaft. Es hat Umstände unberücksichtigt gelassen, die für die Überzeugungsbildung von Bedeutung sein konnten. So fehlt eine Erörterung zu den persönlichen Verhältnissen und zum Lebensweg des Angeklagten. Deren hätte es hier deshalb bedurft, weil nach den mitgeteilten Bekundungen des Zeugen S. der Angeklagte diesem während gemeinsamer Strafhaft erzählt hat, er sei wegen Herstellung und Verkaufs von Amphetamin verurteilt worden. Auch fehlt jede Auseinandersetzung mit der Frage nach der Herkunft des bei dem Angeklagten sichergestellten Geldes (7300 DM und 210 US-Dollar). Dabei hätten unter Umständen hieraus Schlüsse zu Ungunsten des Angeklagten gezogen werden können, die möglicherweise der auf das Ergebnis der Telefonüberwachung gestützten Einschätzung entgegengestanden hätten, daß sich „beim Angeklagten keinerlei Hinweise auf Betäubungsmittelgeschäfte ergeben" haben. Schließlich hätte die Strafkammer – worauf die Revision zu Recht hinweist – den Umstand, daß sich der Zeuge S. in seinem eigenen Strafverfahren im Zusammenhang mit dem dem Angeklagten zur Last gelegten Betäubungsmittelgeschäft selbst erheblich belastet hat, und auch die von dem Zeugen bekundete freundschaftliche Beziehung zu dem Angeklagten in ihre Erwägungen einbeziehen müssen.

Der Freispruch kann deshalb keinen Bestand haben.

25. Bei „Aussage gegen Aussage" muß das Urteil erkennen lassen, daß das Gericht alle Umstände, welche die Entscheidung zugunsten des einen oder anderen zu beeinflussen geeignet sind, erkannt und in seine Überlegungen einbezogen hat.

StPO §§ 261, 267 – BGH Beschl. v. 3. 5. 1991 – 3 StR 112/91 LG Düsseldorf (=StV 1991, 451 = BGHR StPO § 261 Mitangeklagte 2)

Die Revision rügt die Verletzung sachlichen Rechts.

Sachverhalt: Der Angeklagte hat einen strafbaren Umgang mit Heroin in Abrede gestellt und den Mitangeklagten Sch. soweit es die Vorgänge am 15. 12. 1989 angeht, der Tatbegehung beschuldigt. Das Landgericht hat jedoch die Einlassung des Angeklagten im wesentlichen auf Grund der Angaben des Mitangeklagten als widerlegt angesehen. – Das Rechtsmittel hatte Erfolg.

Gründe: Da die vorhandenen Sachbeweise zu dem im Vordergrund stehenden Tatgeschehen am 15. 12. 1989 weitgehend sowohl mit der Einlassung des Angeklagten als auch mit der Darstellung des Mitangeklagten in Einklang gebracht werden können, hängt der Schuldnachweis gegen den Angeklagten entscheidend von der Beurteilung der Glaubwürdigkeit des Angeklagten einerseits und des Mitangeklagten Sch. andererseits sowie der Glaubhaftigkeit ihrer Angaben ab. In einem solchen Falle, in dem Aussage gegen Aussage steht, müssen die Urteilsgründe aber erkennen lassen, daß der Tatrichter alle Umstände, welche die Entscheidung zu Gunsten des einen oder anderen zu beeinflussen geeignet sind, erkannt und in seine Überlegungen einbezogen hat (BGHR StPO § 261 Beweiswürdigung 1 [BGH Beschl. v. 22. 4. 1987 – 3 StR 141/87; vgl. § 261 StPO erfolgreiche Rügen]; vgl. dazu auch BGH StV 1990, 99 [BGH Urt. v. 19. 7. 1989 – 2 StR 182/89; vgl. § 261 StPO erfolgreiche Rügen]; Beschl. v. 9. 4. 1991 – 4 StR 132/91 [vgl. § 244 III S. 2 Var. 2 StPO erfolgreiche Rügen]). Diesen Anforderungen genügt das angefochtene Urteil nicht. Die Beweiserwägungen des Landgericht lassen vielmehr besorgen, daß es naheliegende, für die Glaubwürdigkeitsbeurteilung wesentliche Gesichtspunkte, deren Berücksichtigung unter Umständen zu einem dem Angeklagten günstigeren Ergebnis hätten führen können, außer acht gelassen hat (vgl. dazu BGHR § 261 StPO Beweiswürdigung unzureichende 5 [BGH Beschl. v. 10. 12. 1986 – 2 StR 614/86; vgl. § 261 StPO erfolgreiche Rügen], 6 [BGH Beschl. v. 30. 4. 1987 – 4 StR 164/87; vgl. § 261 StPO erfolgreiche Rügen]).

a) Bei der Wertung, es bestünden, weil der Mitangeklagte dem Angeklagten wegen der Hilfe bei einer Schlägerei freundschaftlich verbunden gewesen sei, „keine Anhaltspunkte", daß er den Angeklagten zu Unrecht belastet haben könnte, hat die Strafkammer Umstände, die in die entgegengesetzte Richtung weisen, nicht erkennbar beachtet. So kann der Mitangeklagte wegen des in seinem Fahrzeug und in seiner Wohnung vorgefundenen Heroins sowie des dort sichergestellten Verpackungsmaterials – zu Recht – befürchtet haben, daß er selbst in den Verdacht geraten würde, Besitzer des Heroins gewesen zu sein und es zum von ihm beabsichtigten Verkauf abgepackt zu haben. Um einem solchen Verdacht von vornherein zu begegnen, bestand für ihn im Falle eigener Täterschaft aller Anlaß, den Angeklagten zu Unrecht zu belasten. Mit dieser Möglichkeit, die trotz der freundschaftlichen Verbundenheit des Mitangeklagten zum Angeklagten nicht fernliegt, hätte sich das Landgericht im Urteil auseinandersetzen müssen.

b) Unter dem Gesichtswinkel einer möglichen eigenen Täterschaft des Mitangeklagten Sch., die wegen seiner – allerdings nicht näher mitgeteilten – Vorverurteilungen wegen Vergehens nach dem BtMG nicht von vornherein ausgeschlossen werden kann, verliert auch der als Indiz für seine Glaubwürdigkeit gewertete Umstand, daß er sich zugleich selbst belastet hat, an Gewicht und Überzeugungskraft. Das Landgericht hätte in diesem Zusammenhang bedenken müssen, daß angesichts der sichergestellten Sachbeweise die Aussicht für den Mitangeklagten Sch., den Verdacht jeglicher Tatbeteiligung von sich abwenden zu können, von Anfang an gering war. Diese Einsicht kann ihn dazu gebracht haben, gleichsam die Flucht nach vorne anzutreten und die Tatbeteiligung im Sinne bloßer Beihilfe der Sache nach als das geringere Übel einzuräumen und die „Hauptschuld" dem Angeklagten zuzuschieben. Bei dieser Sachlage kann aber in der gleichzeitigen Selbstbelastung, will man nicht der Gefahr eines Zirkelschlusses erliegen, kein überzeugendes Indiz für die Glaubhaftigkeit der den Angeklagten belastenden Angaben des Mitangeklagten gesehen werden.

26. Bei einem Zeugen mit dem sog. Korsakow-Syndrom muß das Gericht mitteilen, welches Ausmaß diese Erkrankung erreicht hatte und in welchem Umfang das Vermögen, Geschehnisse zutreffend wahrzunehmen, im Gedächtnis zu behalten und unverfälscht wiederzugeben, beeinträchtigt war.

StPO §§ 261, 267 – BGH Beschl. v. 10. 4. 1991 – 3 StR 52/91 LG Mönchengladbach (= StV 1991, 410)

Die Revision rügt die Verletzung sachlichen Rechts.

Sachverhalt: Nach den Urteilsfeststellungen zu diesem Fall schlugen und traten die Stadtstreicherkreisen zuzurechnenden Angeklagten ohne ersichtlichen Anlaß auf den auf einer Bank im Stadtgraben von V. sitzenden Zeugen K. ein, bis dieser zu Boden fiel und „durch den Sturz" eine Gehirnerschütterung, zahlreiche Prellungen im Brustbereich und einen Bruch des rechten Mittelfußknochens erlitt. Beide Angeklagten haben diese Tat in der Hauptverhandlung in Abrede gestellt; das Landgericht hat sie jedoch auf Grund des polizeilichen, später widerrufenen Geständnisses des Angeklagten M. und der Aussage des Verletzten für überführt gehalten. – Das Rechtsmittel hatte Erfolg.

Gründe: ...

aa) Die Tatschilderung enthält keine ausdrücklichen Feststellungen zur subjektiven Tatseite. Sie sind zwar insoweit entbehrlich, als es darum geht, daß die Angeklagten auf den Zeugen K. einschlugen und eintraten. Denn, daß sie dies bewußt taten, drängt sich auf und brauchte nicht weiter dargelegt zu werden. Nach den Urteilsgründen ist es jedoch möglich, daß das Landgericht die durch den Sturz hervorgerufenen Verletzungen nicht bloß als außertatbestandlich verschuldete Tatfolgen, sondern als tatbestandlichen Erfolg i.S.d. §§ 223, 223a StGB, der vom Vorsatz erfaßt sein muß, gewertet hat. Insoweit hätte es daher der Feststellung bedurft, daß die Angeklagten zumindest billigend in Kauf genommen hatten, der Zeuge K. werde von der Bank stürzen und sich dabei nicht unerheblich verletzen. Daß sie eine solche Vorstellung hatten, versteht sich nicht von selbst und kann weder ausdrücklicher Darlegung noch dem Zusammenhang der Urteilsgründe entnommen werden. Die rechtlichen Erwägungen, die das Landgericht dazu angestellt hat, vermögen entsprechende Feststellungen nicht zu ersetzen.

bb) Des weiteren erforderten Besonderheiten im objektiven Ablauf des festgestellten Geschehens sowie erhöhte Schwierigkeiten in der Beweiswürdigung eingehendere Darlegung, als dazu im Urteil enthalten sind. Daß sich jemand beim Sturz von einer Parkbank einen Mittelfußknochen bricht und sich dabei „zahlreiche" Prellungen im Brustbereich zuzieht, erscheint so außergewöhnlich, daß zur Verständlichkeit und Nachvollziehbarkeit einer solchen nicht bloß eine Nebensächlichkeit betreffenden Feststellung höhere Anforderungen an die Wiedergabe der Beweiswürdigung zum Zwecke ihrer revisionsrechtlichen Überprüfung zu stellen sind als im Regelfall. Zudem war die Würdigung der Beweise dadurch erschwert, daß gegen die Glaubwürdigkeit des Verletzten und die Zuverlässigkeit seiner Angaben wegen eines sogenannten Korsakow-Syndroms (vgl. dazu BGHR StGB § 20 Bewußtseinsstörung 7 und 8), an dem er leidet, so erhebliche Bedenken bestanden, daß die Schwurgerichts-Kammer seine Bekundungen nur im „Kerngehalt" für glaubhaft erachtet hat.

Bei dieser besonderen Sachlage, bei der es auf die Wertung des früheren Geständnisses und die Aussage des Zeugen K. entscheidend ankommt, hätte das Landgericht nicht nur mitteilen müssen, welchen Inhalt das polizeiliche Geständnis des Angeklagten M. im einzelnen hatte und aus welchen Gründen er es widerrufen hat (vgl. BGHR StPO § 267 I 2 Geständnis 1, ferner Beweisergebnis 1). Es hätte auch zur Verdeutlichung dessen, was zum „Kerngehalt" der Zeugenaussage gehört und was nicht, eingehender darlegen müssen, was der Zeuge K. im einzelnen bekundet hat (vgl. dazu BGHR StPO § 267 I 1 Beweisergebnisse 3 [BGH Beschl. v. 19. 5. 1987 – 1 StR 199/87; vgl. § 267 StPO erfolgreiche Rügen]). Bei der Würdigung seiner Aussage hat sich das Landgericht zwar – wegen der Auffälligkeiten in der Person des Zeugen zu Recht – sachverständiger Hilfe bedient. Das Sachverständigengutachten ist jedoch seinen wesentlichen Anknüpfungstatsachen nach ebenfalls nicht vollständig wiedergegeben (vgl. BGHR StPO § 267 I 1 Beweisergebnis 2 [BGH Beschl. v. 8. 4. 1987 – 2 StR 134/87; vgl. § 261 StPO erfolgreiche Rügen]).

Die Auswirkungen, die das sog. Korsakow-Syndrom im allgemeinen haben kann, werden allerdings im wesentlichen genannt. Darauf kommt es aber nicht entscheidend an. Wesentlich ist vielmehr, wie der GBA in seiner Antragsschrift zutreffend ausgeführt hat, welches Ausmaß diese Erkrankung, die unterschiedlich ausgeprägt sein kann, nach den Feststellungen des Sachverständigen bei dem Zeugen erreicht hatte und in welchem Umfang das Vermögen, Geschehnisse zutreffend wahrzunehmen, im Gedächtnis zu behalten und unverfälscht wiederzugeben, nach sachverständiger Wertung beeinträchtigt war. Dazu fehlen genaue Angaben. Sie waren um so mehr notwendig, als es Formulierungen im Urteil möglich erscheinen lassen, daß das Landgericht dem medizinischen Sachverständigen im Ergebnis nicht gefolgt ist. In einem solchen Fall ist der Tatrichter gehalten, sich mit den Ausführungen des Sachverständigen im einzelnen auseinanderzusetzen und die Gründe anzugeben, weshalb er von ihm abweicht (vgl. BGHR StPO § 267 I 1 Beweisergebnis 1 und 4 [BGH Beschl. v. 4. 12. 1987 – 2 StR 563/87; vgl. § 267 StPO erfolgreiche Rügen]).

27. Eine Verurteilung ist nur zulässig, wenn das strafbare Verhalten des Angeklagten so konkret bezeichnet wird, daß erkennbar ist, welche bestimmten Taten von der Verurteilung erfaßt werden.
StPO § 267 I 1 – BGH Beschl. v. 28. 11. 1990 – 2 StR 536/90 LG Köln (= StV 1991, 245 = BGHR StPO § 267 I Satz 1 Mindestfeststellungen 1)
Die Revision rügt die Verletzung sachlichen Rechts.

Sachverhalt: Das Landgericht hat lediglich festgestellt, daß der Angeklagte seit Juni 1988 bis zu seiner Festnahme am 9. 2. 1990 täglich ein halbes Gramm Heroin konsumierte. Seine Verlobte habe ebenfalls Heroin zu sich genommen. Insgesamt habe der Angeklagte für sich und seine Verlobte mindestens 300 g Heroin erworben.

Schon bald sei er dazu übergegangen, zur Finanzierung des gemeinsamen Eigenbedarfs an Rauschgift Heroin gewinnbringend an andere (iranische Landsleute, Deutsche und Zigeuner) zu verkaufen, und zwar bis Mitte April 1989.

Konkrete Feststellungen zu den Drogenverkäufen konnte das Landgericht nicht treffen, nicht einmal die Mindestzahl der Einzelfälle und die Mindestmenge des veräußerten Betäubungsmittels wurden festgestellt.

Das Rauschgift soll der Angeklagte sich zum Teil von unbekannt gebliebenen Dealern in Köln und im übrigen in den Niederlanden beschafft haben. Auch hierzu konnte das Landgericht weiteres nicht feststellen. – Das Rechtsmittel hatte Erfolg.

Gründe: Auf der Grundlage dieser unbestimmten Angaben durfte eine Verurteilung (jedenfalls wegen Einfuhr von Betäubungsmitteln und Handeltreiben mit Betäubungsmitteln) nicht erfolgen.

Eine Verurteilung war nur zulässig, wenn das strafbare Verhalten des Angeklagten so konkret bezeichnet wurde, daß erkennbar war, welche bestimmten Taten von der Verurteilung erfaßt werden (vgl. BGH Beschl. v. 28. 1. 1986 – 1 StR 646/85 [vgl. § 200 StPO erfolgreiche Rügen]).

Die Taten müssen sich von anderen gleichartigen, die der Angeklagte begangen haben kann, genügend unterscheiden lassen. Sind die dafür erforderlichen tatsächlichen Anhaltspunkte nicht zu ermitteln, dann darf eine Verurteilung insoweit nicht erfolgen. Anderenfalls bliebe der Umfang der Rechtskraft des Urteils zweifelhaft.

Die Verurteilung wegen einer oder gar mehrerer Taten, die insgesamt nur vage umschrieben sind, ist insbesondere mit rechtsstaatlichen Grundsätzen nicht zu vereinbaren. Der Angeklagte würde bei einem so unbestimmten Vorwurf in seiner Verteidigungsmöglichkeit unangemessen beschränkt. Bei unbestimmten Feststellungen zum Tatvorwurf besteht zudem die Gefahr, daß der Richter für die Bestimmung des Schuldumfangs keine objektive Grundlage gewinnen konnte und sich von einer in ihren Grenzen unklaren Gesamtvorstellung leiten ließ. Je weniger konkrete Tatsachen über den Schuldvorwurf bekannt sind, desto fraglicher wird es, ob der Richter von der Tat im Sinne des § 261 StPO überhaupt überzeugt sein kann (vgl. BGHSt. 10, 137, 139 [BGH Urt. v. 26. 2. 1957 – 5 StR 411/56; vgl. § 200 StPO erfolgreiche Rügen]; BGH Urt. v. 5. 5. 1982 – 2 StR 61/82; Beschl. v. 22. 2. 1985 – 2 StR 50/85 und vom 28. 1. 1986 – 1 StR 646/85].

Nach allem hat das angefochtene Urteil keinen Bestand.

28. Urteil fehlerhaft, wenn es keine Feststellungen zum eigentlichen Tatgeschehen und keine Beweiswürdigung enthält.

StPO § 267 V – BGH Urt. v. 17. 5. 1990 – 4 StR 208/90 (= BGHR StPO § 267 V Freispruch 4)

Die Revisionen der Staatsanwaltschaft und der Nebenklägerin rügen die Verletzung sachlichen Rechts.

Sachverhalt: Das Landgericht hat den Angeklagten von dem Vorwurf der Vergewaltigung freigesprochen.

Das Urteil enthält keine Feststellungen zum eigentlichen Tatgeschehen und keine Beweiswürdigung. Nach einleitenden Feststellungen zum Randgeschehen geht das Urteil auf das eigentliche Tatgeschehen mit der Formulierung ein: „Den folgenden Verlauf des Abends schildert die Zeugin D. folgendermaßen:". Deren Aussage gibt das Urteil anschließend in indirekter Rede wieder. Die Strafkammer wertet daraufhin diese Aussage dahingehend, daß gegen ihren Wahrheitsgehalt nichts einzuwenden sei; sie werde auch durch – im einzelnen aufgeführte – Zeugenaussagen und objektive Umstände (z.B. festgestellte Verletzungen) bestätigt. Das Gericht schließt seine Erwägungen mit den Worten: „Obwohl insgesamt die geschilderten Überlegungen – Detailliertheit und Konstanz der Aussage, Mangel eines Falschbelastungsmotivs, objektiv festgestellte Verletzungen und ärztliche Diagnose eines Zustandes nach Gehirnerschütterung – für die Richtigkeit der Aussage der Zeugin D. sprechen, ist das Gericht gleichwohl zu der Ansicht gekommen, daß die Aussage nicht Grundlage einer Verurteilung sein kann." Zur Begründung führt das Urteil an: „Das Gericht hält die Darstellung des bisher unbestraften Angeklagten ... für nicht widerlegbar, da auch diese Darstellung einen möglichen Handlungsverlauf wiedergibt." Im Anschluß hieran folgt die Wiedergabe der Einlassung des Angeklagten, wiederum in indirekter Rede. Der Schlußsatz der Urteilsbegründung lautet: „Da das Gericht diese Darstellung des Angeklagten für glaubhaft hielt, war er freizusprechen." – Das Rechtsmittel hatte Erfolg.

Gründe: ... Damit wird die Strafkammer den Anforderungen an die Begründungspflicht bei freisprechenden Strafurteilen nicht gerecht. Auch hierbei muß das Gericht zunächst darlegen, welchen Sachverhalt es als festgestellt erachtet (BGH NJW 1980, 2423 [BGH Urt. v. 10. 7. 1980 – 4 StR 303/80; vgl. § 267 StPO erfolgreiche Rügen]). Derartige Feststellungen zum Tatgeschehen selbst läßt das Urteil indessen vermissen. Es beschränkt sich insoweit vielmehr darauf, zwei verschiedene Tatschilderungen hierüber, die der Zeugin und die des Angeklagten, ohne jede Erörterung nebeneinander zu stellen. Eine solche bloße Wiedergabe gegensätzlicher Bekundungen genügt aber der Begründungspflicht nicht (BGH NStZ 1985, 184[1]). Das Gericht hat vielmehr anzugeben, welche Tatsachen es als festgestellt ansieht. Es hat weiter – für das Revisionsgericht nachprüfbar – den Weg, der es zu diesen Feststellungen geführt hat, im Rahmen einer Beweiswürdigung darzulegen. Eine solche fehlt hier. Die Strafkammer hätte von der Einlassung des Angeklagten ausgehen und diese anschließend unter Berücksichtigung der erhobenen Beweise eingehend würdigen müssen (BGH NJW 1980, 2423; BGHR StPO § 261 Beweiswürdigung 1 [BGH Beschl.

---

1 „Der *Senat* weist erneut daraufhin, daß die bloße schematische Aneinanderreihung des Inhalts der Aussagen der Angeklagten und der vernommenen Zeugen überflüssig ist. Im Urteil ist vielmehr eine Gesamtwürdigung aller in der Hauptverhandlung festgestellten Tatsachen vorzunehmen. Sie kann durch die bloße Wiedergabe des Inhalts der Aussagen nicht ersetzt werden. Aufgabe des Tatrichters ist es, im Rahmen der Beweiswürdigung eine Begründung dafür zu geben, auf welchem Weg er zu den Feststellungen gelangt ist, die Grundlage der Verurteilung geworden sind. Er ist deshalb gehalten, die in der Hauptverhandlung verwendeten Beweismittel im Urteil erschöpfend zu würdigen, soweit sich aus ihnen bestimmte Schlüsse zugunsten oder zuungunsten des Angeklagten herleiten lassen." (BGH Beschl. v. 15. 11. 1984 – 4 StR 675/84).

v. 22. 4. 1987 – 3 StR 141/87; vgl. § 261 StPO erfolgreiche Rügen]; BGH bei Dallinger MDR 1974, 548[1]). Sie hätte im einzelnen ausführen müssen, warum sie – trotz glaubhafter Zeugenaussage – der gegensätzlichen Einlassung des Angeklagten gefolgt ist. Dabei hätte auch – gegebenenfalls mit sachverständiger Hilfe – geklärt werden müssen, ob die festgestellten Verletzungen der Nebenklägerin sich überhaupt mit der Einlassung des Angeklagten vereinbaren lassen. Ausgehend von dem Grundsatz, daß entlastende Angaben eines Angeklagten, für deren Richtigkeit oder Unrichtigkeit es keine ausreichenden Beweise gibt, vom Richter nicht ohne weiteres als unwiderlegbar der Entscheidung zugrunde zu legen sind (BGH NStZ 1983, 133, 134 [BGH Beschl. v. 21. 12. 1982 – 5 StR 361/82; vgl. § 261 StPO erfolgreiche Rügen]; Urt. v. 7. 2. 1980 – 4 StR 680/79), hätte sie auf der Grundlage des gesamten Beweisergebnisses wertend darüber befinden müssen, ob die Angaben des Angeklagten geeignet sind, die Überzeugungsbildung zu beeinflussen (BGH NStZ 1983, 133 [BGH Urt. v. 25. 11. 1982 – 4 StR 564/82; vgl. § 261 StPO erfolgreiche Rügen]; VRS 27, 105, 106). Die Zurückweisung einer Einlassung erfordert hierbei nicht, daß sich ihr Gegenteil positiv feststellen läßt.

29. Die Urteilsbegründung ist aus sich heraus nicht verständlich, wenn das Urteil die Anklagevorwürfe im einzelnen als bekannt voraussetzt und die weiteren Erörterungen auf dieser Unterstellung aufbaut.

StPO § 267 V – BGH Urt. v. 26. 4. 1990 – 4 StR 24/90 LG Frankenthal (= BGHSt. 37, 21 = BGHR StPO § 267 V Freispruch 3)

Die Revision der Staatsanwaltschaft rügt die Verletzung sachlichen Rechts.

Sachverhalt: Das Landgericht hat die Angeklagten von dem Vorwurf, sich verschiedener Umweltdelikte schuldig gemacht zu haben, freigesprochen. – Das Rechtsmittel hatte Erfolg.

Gründe: Ein grundlegender Mangel des Urteils liegt bereits darin, daß seine Gründe nicht erkennen lassen, welche Straftaten den einzelnen Angeklagten zur Last gelegt werden. Da es sich um insgesamt sechs Angeklagte gehandelt hat, wäre es erforderlich gewesen, den individuellen Anklagevorwurf gegen jeden von ihnen nach Ort, Zeit, Verantwortungsbereich und Begehungsweise aufzuzeigen (vgl. BGHR StPO § 267 Abs. 5 Freispruch 2 [BGH Urt. v. 26. 9. 1989 – 1 StR 299/89; vgl. § 267 StPO erfolgreiche Rügen]) und aufgrund des Ergebnisses der Hauptverhandlung darzulegen, daß sich dieser Vorwurf nicht bestätigt hat, und zwar entweder aus tatsächlichen oder aus rechtlichen Gründen. Es ist Aufgabe der Urteilsgründe, dem Revisionsgericht eine umfassende Nachprüfung auch der freisprechenden Entscheidung zu ermöglichen (BGH Urteile v. 20. 10. 1983 – 4 StR 517/83 – und v. 20. 9. 1979 – 4 StR 428/79).

Die Urteilsgründe enthalten hierzu einleitend folgende Ausführungen: Den Angeklagten werde vorgeworfen, „als jeweils Verantwortliche der Erdölraffinerie S. ... bis August 1984

---

1 „Aus dem gesetzlichen Gebot, die richterliche Überzeugung aus dem Inbegriff der Hauptverhandlung zu schöpfen, ergibt sich das Erfordernis der umfassenden Würdigung aller in der Hauptverhandlung erhobenen Beweise. Es genügt nicht, wenn einzelne Vorgänge für sich und ohne Zusammenhang mit sonst festgestellten Tatsachen gewürdigt werden. In dem gegebenen Fall hatte der Tatrichter dem Umstand, daß die Tatzeugen bei der Gegenüberstellung in der Hauptverhandlung den Angeklagten nicht mit absoluter Sicherheit als Täter bezeichnen konnten, die allein entscheidende Bedeutung beigemessen. Wenn er ausführt, ‚hierauf allein', nämlich allein auf das Ergebnis der Gegenüberstellung, könne eine Verurteilung des Angeklagten nicht gestützt werden, dann läßt dies erkennen, daß er geglaubt hat, die übrigen gegen den Angeklagten sprechenden Beweisanzeichen nicht zu seinem Nachteil bei der Überzeugungsbildung mit heranziehen zu können. Darin liegt ein Rechtsfehler, auf dem das Urteil beruhen kann." (Urt. v. 20. 2. 1974 – 3 StR 9/74).

und in davorliegender, nicht rechtsverjährter Zeit in S. durch Handlungen bzw. Unterlassungen Straftaten gegen die Umwelt begangen zu haben, indem sie bei dem Raffineriebetrieb auftretende Probleme nicht entsprechend dem Umweltschutzrecht gelöst haben". An einer anderen Stelle des Urteils heißt es: „Die den Angeklagten in der Anklageschrift zur Last gelegten Verletzungen umweltschutzrechtlicher Bestimmungen konnten nach dem Ergebnis der Hauptverhandlung nicht mit der zu einer Verurteilung erforderlichen Sicherheit nachgewiesen werden, so daß sämtliche Angeklagten freizusprechen waren". Das Urteil setzt die Anklagevorwürfe im einzelnen als bekannt voraus und baut die weiteren Erörterungen auf dieser Unterstellung auf. Die Urteilsbegründung ist daher aus sich heraus nicht verständlich.

30. Bei Widerspruch zwischen einem psychiatrischen und einem psychologischen Sachverständigengutachten darf das Gericht sich nicht dem einen anschließen, ohne die Gründe hierfür ausführlich zu erörtern.

StPO § 267; StGB § 20, 21 – BGH Urt. v. 13. 12. 1989 – 3 StR 370/89 LG Duisburg (= StV 1990, 248 = NStZ 1990, 231)

Die Revision der Staatsanwaltschaft rügt die Verletzung sachlichen Rechts und ist auf den Strafausspruch beschränkt. Sie meint, die Annahme des Landgerichts, der Angeklagte sei möglicherweise vermindert schuldfähig gewesen, sei nicht rechtsfehlerfrei begründet.

Sachverhalt: Das Landgericht hat den Angeklagten wegen Mordes an der sechsjährigen J. zu 12 Jahren Freiheitsstrafe verurteilt.

Das Landgericht hat festgestellt: Am 3. 7. 1988 manipulierte der Angeklagte nach 13.20 Uhr in seiner Wohnung an dem Geschlechtsteil der ihm bekannten sechsjährigen J., obwohl sie es nicht wollte. Als sie weinend erklärte „ich will nach Hause, ich sag alles meiner Mama", beschloß er, sie zu töten, um die an ihr begangene Straftat zu verdecken. Er schlug dem Kind zunächst mehrfach mit der Hand gegen den Kopf, zog dann den Gürtel aus seiner Hose und strangulierte das weinende Kind etwa drei Minuten lang, bis es aufhörte zu zappeln und die Augen verdrehte. Als sich die Erregung des Angeklagten nach einigen Minuten gelegt hatte, vergewisserte er sich, daß ihn niemand in der näheren Umgebung des Hauses beobachten konnte, lud das tote Kind in seinen Pkw und fuhr damit gegen 14 Uhr an einen Waldrand, wo er die Leiche unter Brennesseln versteckte. Nachdem er nach Hause zurückgekehrt war, beseitigte er mit einem Staubsauger die von J. auf dem Wohnzimmerteppich verursachten Schmutzstellen, warf den benutzten Gürtel in einen Müllcontainer und steckte die im Wohnzimmer liegenden Kleidungsstücke des Kindes in eine Plastiktüte, die er unter dem Beifahrersitz seines Pkws verbarg. Gegen 15 Uhr fuhr er zu seiner Schwägerin, um einen Werkzeugkasten abzuholen, den er am nächsten Tag für seine Arbeit benötigte. Den Abend verbrachte er mit seiner inzwischen von einem Ausflug zurückgekehrten Ehefrau in der Tatwohnung. Am 5. 7. 1988 gegen 5.30 Uhr übergoß er die Leiche am Ablageort mit Benzin und zündete sie an; die Tüte mit der Kleidung warf er auf eine Abfallhalde.

Das Landgericht hat die Tötung des Kindes als Verdeckungsmord gewertet. Zur Schuldfähigkeit des Angeklagten hat es einen psychiatrischen und einen psychologischen Sachverständigen gehört. Der psychiatrische Sachverständige hat unter anderem ausgeführt: Beim Angeklagten bestehe keine Alkoholabhängigkeit; seine sexuellen Neigungen seien nicht abartig, sondern normvariant; seine Steuerungsfähigkeit zur Tatzeit sei infolge einer BAK von höchstens 1,32‰ im Zusammenwirken mit einem zur Tötungshandlung führenden Affekt vermindert gewesen; eine tiefgreifende Bewußtseinsstörung i.S.d. §§ 20, 21 StGB habe jedoch nicht vorgelegen. Das Landgericht hat sich dem psychiatrischen Gutachten nicht angeschlossen, soweit der Sachverständige einen affektiven nach § 21 StGB erheblichen Ausnahmezustand zur Tatzeit verneint hat. – Das Rechtsmittel hatte Erfolg.

Gründe: Der Strafausspruch ist auf die Sachrüge hin aufzuheben.

a) Das psychologische Gutachten wird in dem angefochtenen Urteil in rechtlich unzulänglicher Weise erörtert. Zu prüfen war, ob der Angeklagte den Mord in einem Zustand affektbedingter tiefgreifender Bewußtseinsstörung (§ 21 StGB) begangen hat. Bei der Feststellung dieses Merkmals kommt dem Psychologen besondere Sachkunde zu. Die Strafkammer meinte, die Bewertung des psychiatrischen Sachverständigen nicht teilen zu können. Unter diesen Umständen hätte das Landgericht die wesentlichen Darlegungen des psychologischen Sachverständigen im Urteil mitteilen und sie in einer dem Revisionsgericht nachprüfbaren Weise den Darlegungen des psychiatrischen Sachverständigen gegenüberstellen müssen. Daran fehlt es. Die Strafkammer verweist lediglich darauf, daß der psychologische Sachverständige „die sexuelle und von übermäßigem Alkoholkonsum geprägte Persönlichkeitsentwicklung des Angeklagten vor dem Hintergrund seiner Kindheit und der beiden Ehen kritisch gewürdigt, analysiert und Rückschlüsse auf den motivischen Hintergrund der Tat gezogen" hat, „die den diesbezüglichen Feststellungen entsprechen". Aus dieser Zusammenfassung läßt sich nicht entnehmen, was der psychologische Sachverständige im einzelnen ausgeführt und welche Meinung er zu einer etwaigen affektbedingten tiefgreifenden Bewußtseinsstörung i.S.d. § 21 StGB vertreten hat.

b) Im übrigen vermag der Senat den Ausführungen der Strafkammer, mit denen sie ihre vom psychiatrischen Gutachten abweichende Auffassung über eine nicht ausschließbare tiefgreifende Bewußtseinsstörung begründet, nicht zu folgen.

aa) Zur Widerlegung oder Erschütterung der Beurteilung des Sachverständigen tragen die breit angelegten Erörterungen wenig bei, mit denen die Strafkammer nachzuweisen versucht, daß der Sachverständige zu Unrecht normvariante sexuelle Neigungen bejaht und auch zu Unrecht eine Alkoholkrankheit des Angeklagten verneint habe. Selbst wenn der Angeklagte wegen sexueller Abartigkeit und Alkoholisierung bei Vornahme der – nach § 154 Abs. 1 StPO aus dem Verfahren ausgeschiedenen – sexuellen Handlungen an J. nachweislich oder nicht ausschließbar vermindert schuldfähig gewesen wäre, so wäre daraus entgegen der begründeten Schlußfolgerung des Landgerichts nichts Entscheidendes für die Annahme verminderter Schuldfähigkeit bei Ausführung des Mordes herzuleiten. Denn bei der vorsätzlichen Tötung eines Kindes sind in der Regel wesentlich höhere Hemmschwellen als bei dessen sexuellem Mißbrauch zu überwinden. Außerdem hätte das Landgericht berücksichtigen müssen, daß beiden Taten ganz unterschiedliche Motivationen – einerseits Befriedigung abartiger sexueller Bedürfnisse, andererseits Verhinderung von Ansehensverlust und Bestrafung – zugrunde liegen, so daß das jeweilige Hemmungsvermögen schon deswegen unterschiedlich stark beeinträchtigt sein kann.

bb) Der psychiatrische Sachverständige hat eine affektbedingte tiefgreifende Bewußtseinsstörung in erster Linie deswegen ausgeschlossen, weil „der Angeklagte unmittelbar nach der Tat gezielt und mit beachtlicher Übersicht Maßnahmen zur Verdeckung des Tatgeschehens eingeleitet habe". Es ist anerkannt, daß zielstrebiges und umsichtiges Nachtatverhalten eines Täters, bei dem vegetative, psychomotorische und psychische Begleiterscheinungen heftiger Affekterregung fehlen, gegen eine vorausgegangene tiefgreifende Bewußtseinsstörung bei der Tat spricht. Diese dem Nachtatverhalten vom Sachverständigen beigelegte Indizfunktion wird entgegen der Ansicht des Landgerichts nicht notwendig dadurch infrage gestellt, daß der Angeklagte nach der Tötung des Kindes zunächst einige Minuten hochgradig erregt und kopflos durch die Wohnung gelaufen ist. Denn eine solche Reaktion eines Täters ist nach der eigenhändigen Erdrosselung eines sechsjährigen Mädchens auch ohne vorausgegangene tiefgreifende Bewußtseinsstörung erklärbar. Nach den vom Landgericht zum Zeitablauf getroffenen Feststellungen hat sich der Angeklagte jedenfalls sehr schnell wieder gefaßt, die Tatspuren sorgfältig beseitigt und sich danach Dritten gegenüber unauffällig verhalten. Erforderlich ist nicht eine isolierte Beurteilung des Nachtatverhaltens, sondern die Ermittlung der speziellen Tatzeitverfassung des Täters aufgrund einer sachverständigen Bewertung seines Verhaltens vor, bei und nach der Tat (vgl. BGH NStZ 1984, 259 = StV 1984, 241; BGHR StGB § 20 Bewußtseinsstörung 3 = StV 1987, 434). Von einer forensisch relevanten Bewußtseinsstörung i.S.d. §§ 20, 21 StGB kann nur gesprochen werden, wenn der hochgradige affektive Ausnahmezustand eine Intensität erreicht, die in ihrer Auswirkung auf die Einsichts- oder Steuerungsfähigkeit den krankhaften seelischen Störungen i.S.d. §§ 20, 21 StGB gleichwertig ist (vgl. BGH bei Holtz MDR 1983, 447 f.). Die von Rspr. und Wissenschaft herausgearbeiteten für und gegen eine affektbedingte tiefgreifende Bewußtseinsstörung sprechenden psychiatrisch-psychologischen Beurteilungsmerkmale sind zu berücksichtigen. Danach wird nicht nur das Nachtatverhalten, sondern unter anderem auch zu würdigen sein, daß der Angeklagte das Kind, nachdem er sich zum Mord entschlossen hatte, zunächst mehrfach mit der Hand gegen den Kopf geschlagen, es erst danach – bei weiterhin voll erhaltener eigener Wahrnehmungsfähigkeit – mit dem aus der Hose gezogenen Gürtel minutenlang stranguliert hat und bei späteren Vernehmungen noch Einzelheiten des von ihm beobachteten Todeskampfes (nicht sehr starkes Zappeln, Augenverdrehen pp.) wiedergeben konnte.

31. Bei Freispruch aus tatsächlichen Gründen muß das Gericht im Urteil zunächst diejenigen Tatsachen bezeichnen, die es für erwiesen hält, bevor es in der Beweiswürdigung dartut, aus welchem Grund die Feststellungen nicht ausreichen.

StPO § 267 V – BGH Urt. v. 26. 9. 1989 – 1 StR 299/89 (= BGHR StPO § 267 V Freispruch 2)

Die Revision der Staatsanwaltschaft rügt die Verletzung sachlichen Rechts.

Sachverhalt: Das Urteil teilt nicht mit, welche konkreten Taten den Angeklagten M. und B. in zwei von mehreren Fällen eines Bandendiebstahls vorgeworfen werden. Auch nicht, was die Beweisaufnahme über diese Tatvorwürfe ergeben hat und welche Beweisanzeichen für und gegen eine Täterschaft der Angeklagten sprechen. Aus dem Urteil ergibt sich lediglich, daß die beiden Angeklagten in diesen Fällen ebenfalls Schmuckdiebstähle begangen haben sollen und daß in dem Fluchtauto ein Haar sichergestellt worden ist, das von B. herrühren könnte. Im übrigen hat sich die Strafkammer mit dem Hinweis begnügt, die Angeklagten könnten in diesen Fällen deshalb nicht überführt werden, weil die Geschädigten keiner der sichergestellten Schmuckstücke als ihr Eigentum identifiziert hätten. – Das Rechtsmittel hatte Erfolg.

Gründe: Der Freispruch vom Vorwurf des Bandendiebstahls in den Fällen A 1 und 2 der Anklage hält schon deshalb rechtlicher Nachprüfung nicht stand, weil die Begründung des Freispruchs den Anforderungen des § 267 Abs. 5 Satz 1 StPO nicht genügt. Bei einem Freispruch aus tatsächlichen Gründen muß der Tatrichter im Urteil zunächst diejenigen Tatsachen bezeichnen, die er für erwiesen hält, bevor er in der Beweiswürdigung dartut, aus welchem Grund die Feststellungen nicht ausreichen. Das hat nach der Aufgabe, welche die Urteilsgründe erfüllen sollen, so vollständig und genau zu geschehen, daß das Revisionsgericht in der Lage ist nachzuprüfen, ob der Freispruch auf rechtlich bedenkenfreien Erwägungen beruht (BGH GA 1974, 61 [BGH Urt. v. 13. 6. 1972 – 1 StR 658/71; vgl. § 267 StPO erfolgreiche Rügen]; BGH bei Holtz MDR 1980, 108; BGH NJW 1980, 2423 [BGH Urt. v. 10. 7. 1980 – 4 StR 303/80; vgl. § 267 StPO erfolgreiche Rügen]). Diesen Anforderungen wird das angefochtene Urteil nicht gerecht.

Weder wird mitgeteilt, welche konkreten Taten den Angeklagten M. und B. in diesen Fällen vorgeworfen werden, noch was die Beweisaufnahme über diese Tatvorwürfe ergeben hat und welche Beweisanzeichen für und gegen eine Täterschaft der Angeklagten sprechen. Aus dem Urteil ergibt sich lediglich, daß die beiden Angeklagten in diesen Fällen ebenfalls Schmuckdiebstähle begangen haben sollen und daß in dem Fluchtauto ein Haar sichergestellt worden ist, das von B. herrühren könnte. Im übrigen hat sich die Strafkammer mit dem Hinweis begnügt, die Angeklagten könnten in diesen Fällen deshalb nicht überführt werden, weil die Geschädigten keine der sichergestellten Schmuckstücke als ihr Eigentum identifiziert hätten. Das Revisionsgericht kann deshalb nicht nachprüfen, ob die Vorwürfe der Staatsanwaltschaft zutreffen, die Strafkammer habe wesentliche, im Urteil festgestellte belastende Indizien bei der Beweiswürdigung nicht berücksichtigt; außerdem habe sie die Beweisanzeichen nur einzeln, nicht aber auch zusammenfassend gewertet.

32. Fehlerhafte Beweiswürdigung, wenn im Urteil der Inhalt zweier Zeugenaussagen nur erkennen läßt, daß beide Zeugen den Angeklagten nicht mehr als Täter benannt haben und nicht ersichtlich ist, ob die Aussagenänderungen nur in einer nicht einleuchtend begründeten Einschränkung früherer Bekundungen bestand, oder ob der Angeklagte nunmehr mit einer substantiierten Darstellung entlastet wurde.

StPO § 267 I – BGH Urt. v. 16. 8. 1989 – 2 StR 205/89 (= BGHR StPO § 267 I Satz 1 Beweisergebnis 5)

Die Revision rügt die Verletzung sachlichen Rechts.

Sachverhalt: Den Urteilsausführungen ist zu entnehmen, daß zwei Zeugen entgegen früheren Bekundungen den Angeklagten nicht mehr als Täter benannt haben. Sie ergeben jedoch nicht, ob die Aussagenänderungen nur in einer nicht einleuchtend begründeten Einschränkung früherer Bekundungen bestand, oder ob die Zeugen den Angeklagten nunmehr mit einer substantiierten Darstellung entlastet haben. Als Grund für die Änderungen nennt das Urteil zum einen Schwinden der Erinnerung an die Geschehnisse sowie an „die Täter", zum anderen, dem Sinne nach, Begünstigungsabsicht, deren Ursache es aber nur andeutet und nicht verständlich macht. – Das Rechtsmittel hatte Erfolg.

Gründe: Die Beweiswürdigung ist rechtsfehlerhaft, weil sie den Inhalt der von G. und H. in der Hauptverhandlung hinsichtlich des Angeklagten Me. gemachten Aussagen nicht erkennen läßt. Den Urteilsausführungen ist zu entnehmen, daß beide den Angeklagten nicht mehr als Täter benannt haben. Sie ergeben jedoch nicht, ob die Aussagenänderungen nur in einer nicht einleuchtend begründeten Einschränkung früherer Bekundungen bestand, oder ob die Zeugen den Angeklagten nunmehr mit einer substantiierten Darstellung entlastet haben. So bleibt zum Beispiel offen, ob der früher dem Angeklagten zugeschriebenen Tatbeitrag in den geänderten Angaben nur weggelassen oder ob er statt dem Angeklagten einem unbekannten Täter angelastet wurde. Die Ausführungen des Gerichts zu der Frage, worauf die Aussagenänderungen zurückzuführen sind, geben ebenfalls keinen weiteren Aufschluß. Es nennt zum einen Schwinden der Erinnerung an die Geschehnisse sowie an „die Täter" (gemeint jedoch nur: an Me.), zum anderen, dem Sinne nach, Begünstigungsabsicht, deren Ursache es aber nur andeutet und nicht verständlich macht. Unter diesen Umständen muß den Urteilsgründen zu Gunsten des Angeklagten entnommen werden, daß die beiden Zeugen den Angeklagten übereinstimmend mit einer neuen Darstellung des Geschehens entlastet haben, das Gericht ihr aber jeglichen Beweiswert abgesprochen hat. Da die Einzelheiten der Darstellungen und die Erwägungen des Gerichts nicht erkennbar sind, kann der Senat nicht prüfen, ob die Strafkammer die neuen Aussagen der Zeugen G. und H. in Verbindung mit ihren lediglich durch Vernehmung anderer Zeugen in die Hauptverhandlung eingeführten früheren Bekundungen in einer rechtlich vertretbaren Weise gewürdigt hat. Eine rechtsfehlerhafte Würdigung, auf der bereits der Schuldspruch beruht, ist nicht mit Sicherheit auszuschließen.

33. Nachträgliche Urteilsberichtigung nur statthaft, wenn ein offensichtliches Versehen vorliegt, das sich zwanglos aus klar zutage tretenden Tatsachen ergibt, wie z.B. offenbare Schreibfehler oder ähnliche äußere, für alle Beteiligten offenkundige und aus sich selbst heraus erkennbare Unstimmigkeiten.

StPO § 267 – BGH Beschl. v. 1. 8. 1989 – 1 StR 288/89 (= BGHR StPO § 267 Berichtigung 1)

Die Revision rügt, daß in den Urteilsgründen die Möglichkeit der Strafrahmenmilderung gemäß §§ 21, 49 I StGB nicht erörtert worden ist.

Sachverhalt: Die Strafkammer hat die Voraussetzungen des § 21 StGB bejaht und auch geprüft, ob unter diesem Gesichtspunkt ein minder schwerer Fall (§ 265 Abs. 2 StGB) anzunehmen sei. Diese Erörterung endet mit dem Satz, die Strafkammer halte ein Abweichen vom Regelstrafrahmen nicht für gerechtfertigt. Hieran schließt sich unmittelbar die konkrete Strafbemessung an. – Das Rechtsmittel hatte Erfolg.

Gründe: Aus dem Urteil muß sich jedoch ergeben, daß der Tatrichter sich der durch §§ 21, 49 Abs. 1 StGB eröffneten Möglichkeit, den Normalstrafrahmen zu mildern, bewußt war und diese geprüft hat. Der Zusammenhang der Strafzumessungserwägungen deutet hier darauf hin, daß das Landgericht die Strafe dem Normalstrafrahmen des § 265 Abs. 1 StGB entnommen hat; es ist zu besorgen, daß es die Möglichkeit der Strafrahmenmilderung nach §§ 21, 49 Abs. 1 StGB nicht bedacht hat (vgl. BGHR StGB § 49 Abs. 1 Strafrahmenverschiebung 3). Der Senat vermag nicht auszuschließen, daß sich dieser Mangel zum Nachteil des Angeklagten ausgewirkt hat.

Zu einer anderen Beurteilung führt auch nicht der Berichtigungsbeschluß vom 16. 3. 1989, durch den das Landgericht nach der Urteilszustellung an den Verteidiger die Liste der angewendeten Vorschriften um „§ 49 StGB" ergänzt und in die Strafzumessungserwägungen den Satz eingefügt hat: „Die Kammer hat jedoch von der Milderungsmöglichkeit des § 49 i.V.m. § 21 StGB Gebrauch gemacht, so daß sich ein Strafrahmen von 3 Monaten bis 7 Jahre 6 Monaten Freiheitsstrafe ergibt." Eine nachträgliche Berichtigung des Urteils ist nur statthaft, wenn ein offensichtliches Versehen vorliegt, das sich zwanglos aus klar zutage tretenden Tatsachen ergibt, wenn die Urteilsgründe also offenbare Schreibfehler oder ähnliche äußere, für alle Beteiligten offenkundige und aus sich selbst heraus erkennbare Unstimmigkeiten enthalten. Hingegen ist sie unzulässig, wenn auch nur der Verdacht einer nachträglichen (sachlichen) Änderung und damit einer Verfälschung des Urteils entstehen kann (BGHSt. 12, 374, 377 [BGH Urt. v. 3. 2. 1959 – 1 StR 644/58; vgl. § 267 StPO erfolglose Rügen]). So liegt es hier, wo es um die nachträgliche Beseitigung eines dem Urteil anhaftenden Rechtsfehlers ging.

34. Der neu erkennende Tatrichter hat selbständige und neue Erwägungen darüber anzustellen, welche Strafe gerechtfertigt ist und darf nicht auf die Strafzumessungserwägungen des Vorderrichters Bezug nehmen.

StPO § 267 – BGH Urt. v. 18. 5. 1988 – 2 StR 166/88 (= BGHR StPO § 267 III Satz 1 Strafzumessung 7)

Die Revision rügt die Verletzung sachlichen Rechts.

Sachverhalt: Das Landgericht hat sich bei der Strafzumessung in der den Einbruchsdiebstahl vom 1. 7. 1986 betreffenden Berufungssache mit der Begründung begnügt, die vom Amtsgericht verhängte Einzelstrafe von acht Monaten sei nicht zu hoch, sondern tat- und schuldangemessen; insoweit könne auf die Ausführungen des Schöffengerichts Bezug genommen werden, in denen die Strafzumessungstatsachen vollständig und richtig gewichtet worden seien. – Das Rechtsmittel hatte Erfolg.

Erfolgreiche Rügen   Nr. 35 § 267 StPO

Gründe: Die Bezugnahme auf die Strafzumessungserwägungen des erstinstanzlichen Gerichts war schon unzulässig, weil der Strafausspruch dieses Gerichts vom Landgericht aufgehoben worden ist. Davon abgesehen bestehen aber auch sonst rechtliche Bedenken gegen die Bezugnahme. Ob und unter welchen Voraussetzungen Bezugnahmen in einem Berufungsurteil auf tatsächliche und rechtliche Ausführungen zum Schuldspruch der erstinstanzlichen Entscheidung statthaft sind, braucht hier nicht erörtert zu werden, da es sich um eine Bezugnahme auf die Strafzumessungserwägungen des Vorderrichters handelt. In diesem Bereich kann eine derartige Hinweispraxis nicht hingenommen werden (vgl. BGH Urt. v. 16. 3. 1954 – 1 StR 55/54). Die Aufgabe des Berufungsgerichts, vor allem aber die Bedeutung der Strafzumessung würden verkannt werden, wenn in einer derartigen Form die Verhängung erheblicher Freiheitsstrafen begründet werden dürfte. Der neu erkennende Tatrichter hat selbständige und neue Erwägungen darüber anzustellen, welche Strafe gerechtfertigt ist. Dieser Vorgang erschöpft sich nicht in einer Entweder-Oder-Entscheidung. Vielmehr hat das Berufungsgericht aus dem mehr oder weniger weiten gesetzlichen Strafrahmen die gerechte Strafe zu bestimmen und dabei innerhalb des Spielraums, der die Skala der schuldangemessenen Strafen abdeckt, auch die sonstigen Strafzwecke zu berücksichtigen. Dieser besonderen Bewertungsaufgabe genügt es nicht, wenn es auf die Entscheidungsgründe verweist, von denen sich ein anderer Richter hat leiten lassen, und sich im übrigen auf die Bemerkung beschränkt, dieser Richter habe die Strafzumessungstatsachen vollständig und richtig gewichtet, die von ihm bestimmte Strafe sei tat- und schuldangemessen. Hinzu kommt, daß bei einer solchen „Begründung" völlig die Umstände außer Betracht bleiben, die sich zwischen der Entscheidung des erstinstanzlichen Richters und der des Berufungsgerichts ergeben haben können.

35. Wenn das Gericht vom Gutachten des Sachverständigen abweicht, muß es die maßgeblichen Darlegungen des Gutachtens wiedergeben und seine Gegenansicht unter Auseinandersetzung mit diesen begründen.

StPO § 267 I 1 – BGH Beschl. v. 4. 12. 1987 – 2 StR 563/87 (= BGHR StPO § 267 I Satz 1 Beweisergebnis 4)

Die Revision rügt die Verletzung sachlichen Rechts.

Sachverhalt: Von den Ausführungen des Sachverständigen hat das Gericht mitgeteilt, er habe auf der Grundlage der behaupteten Trinkmenge einen Blutalkoholgehalt von mindestens 5 Promille errechnet, bei Berücksichtigung des Leistungsverhaltens und des Erinnerungsvermögens der Angeklagten jedoch ausgeschlossen, daß sie diese Menge tatsächlich getrunken habe. Dennoch habe er das Vorliegen der Voraussetzungen des § 20 StGB – infolge einer extrem hohen (wenn auch unter 5 Promille liegenden) – Blutalkoholkonzentration für möglich gehalten. – Das Rechtsmittel hatte Erfolg.

Gründe: Die Urteilsausführungen zur Frage der Schuldfähigkeit sind aus sachlich-rechtlichen Gründen zu beanstanden.

Die Strafkammer war zwar nicht gehindert, vom Gutachten des Sachverständigen abzuweichen. Dazu mußte sie aber die maßgeblichen Darlegungen des Gutachtens wiedergeben und ihre Gegenansicht unter Auseinandersetzung mit diesen begründen (ständige Rechtsprechung vgl. BGH NStZ 1985, 421 [BGH Urt. v. 13. 3. 1985 – 3 StR 8/85; vgl. § 244 StPO erfolgreiche Rügen]).

Das ist hier nicht in ausreichendem Maß geschehen. Diesen Ausführungen ist zu entnehmen, daß der Sachverständige zu seinem Ergebnis nicht allein auf der Grundlage einer errechenbaren Alkoholkonzentration, sondern unter Berücksichtigung der auch sonst maßgebenden Umstände gelangt ist. Die Urteilsgründe lassen die Mitteilung dieser Darlegungen (Anknüpfungstatsachen) und die Auseinandersetzung mit ihnen vermissen. Der Senat kann infolgedessen nicht beurteilen, ob das Tatgericht alle maßgeblichen Umstände berücksichtigt hat.

36. Freiheitsstrafe von sieben Monaten und 100 DM Geldstrafe kann ohne nähere Begründung nicht als groß angelegtes Vermögensdelikt mit teilweise ganz erheblicher krimineller Intensität als Vorstrafe strafschärfend berücksichtigt werden.

StPO § 267 – BGH Beschl. v. 15. 10. 1987 – 2 StR 459/87 (= BGHR StPO § 267 III Satz 1 Strafzumessung 6)

Die Revision rügt die Verletzung sachlichen Rechts.

Sachverhalt: Die Strafkammer gewichtet „ganz schwerwiegend" zu Lasten des Angeklagten, daß er in der Bundesrepublik Deutschland bereits elfmal strafrechtlich zur Verantwortung gezogen wurde, wobei sich fünf Eintragungen auf Vermögens- bzw. Abgabendelikte bezögen.

Ein Urteil vom 2. 4. 1970 befasse sich mit groß angelegten Vermögensdelikten, die der Angeklagte mit teilweise ganz erheblicher krimineller Intensität und großer Bedenkenlosigkeit ausgeführt habe. – Das Rechtsmittel hatte Erfolg.

Gründe: ... Eine solche Bewertung findet in den Feststellungen keine ausreichende Stütze. Der Angeklagte wurde in der Zeit von 1968 bis 1980 zwar mehrfach bestraft, dabei jedoch ganz überwiegend nur mit relativ geringen Geldstrafen belegt. Als einschlägige Vorstrafe im engeren Sinne kommt eine Verurteilung zu einer Geldstrafe von 180 Tagessätzen aus dem Jahre 1980 in Betracht. Für die nach Ansicht der Strafkammer „groß angelegten Vermögensdelikte, die der Angeklagte mit teilweise ganz erheblicher krimineller Intensität und großer Bedenkenlosigkeit ausgeführt" haben soll, wurde er im Jahre 1970 (wegen fortgesetzter gewerbsmäßiger Hehlerei in Tateinheit mit fortgesetztem gewerbsmäßigem Schmuggel) zu einer Freiheitsstrafe von sieben Monaten und 100 DM Geldstrafe verurteilt. Die Freiheitsstrafe wurde zur Bewährung ausgesetzt und später erlassen.

Das Landgericht teilt nicht mit, welcher Sachverhalt der damaligen Verurteilung zugrunde lag und welche Umstände die oben genannte besonders negative Bewertung zu Lasten des Angeklagten rechtfertigen. Das wäre im vorliegenden Falle, in dem die Hübe der damals verhängten Strafe keine Schlüsse auf eine besonders schwerwiegende Tat zuläßt, jedoch erforderlich gewesen. Das Landgericht hat nicht – in einer für das Revisionsgericht überprüfbaren Weise – dargelegt, daß es gerechtfertigt ist, dem Angeklagten die bereits geraume Zeit zurückliegende Verurteilung in besonderem Maße straferschwerend anzulasten.

37. Will das Gericht das Vorliegen einer affektbedingten Bewußtseinsstörung aufgrund der Anhörung eines Sachverständigen ausschließen, muß es die wesentlichen tatsächlichen Grundlagen, an welche die Schlußfolgerungen des Gutachters anknüpfen, in einer zur Überprüfung ausreichenden Weise mitteilen.

StPO § 267 – BGH Urt. v. 11. 6. 1987 – 4 StR 31/87 LG Kaiserslautern (= StV 1987, 434)

Die Revision rügt die Verletzung sachlichen Rechts, weil sich die Strafkammer mit der Frage, ob die Schuldfähigkeit des Angeklagten zur Tatzeit aufgehoben oder vermindert war in einer Weise auseinandergesetzt hat, die rechtlicher Prüfung nicht standhält.

Sachverhalt: Das Landgericht verurteilte den Angeklagten wegen schwerer Körperverletzung. Nach den Urteilsfeststellungen hatte der Angeklagte den Nebenkläger und Freund seiner ehemaligen Verlobten in deren Wohnung mit einem Revolver niedergeschossen und anschließend mit einem Hammer mindestens 7mal mit großer Wucht auf den Kopf seines wehrlos am Boden liegenden Gegners eingeschlagen, nachdem der Nebenkläger zunächst den Angeklagten mit jenem Hammer angegriffen und leicht verletzt hatte. Von einer Verurteilung wegen versuchten Totschlags sah das Landgericht ab, da der Angeklagte strafbefreiend vom Versuch zurückgetreten war, indem er einen Notarzt herbeirief und sich um den Nebenkläger kümmerte, nachdem ihm die Tragweite seines Vorgehens mit den sich daraus ergebenden Konsequenzen bewußt wurde. Nach dem Eintreffen des Notarztes schoß er sich selbst eine Kugel in den Kopf und versuchte sich vom Balkon zu stürzen.

Das Gericht hat ausgeführt, der Angeklagte sei weder alkoholisiert noch in sonstiger Weise in einer seelischen Verfassung gewesen, welche „die Voraussetzungen des § 21 StGB, ganz zu schweigen von denen des § 20 StGB, zu erfüllen vermögen". Bei ihm seien zwar „gewisse Affekte" vorhanden gewesen, „aber nicht in einem Ausmaß, daß sie einer tiefgreifenden Bewußtseinsstörung gleichzusetzen wären". Zur Begründung hat der Tatrichter auf die Ausführungen eines Sachverständigen verwiesen, der ausgeführt habe, die Hammerschläge hätten nicht zu einer „organisch bedingten Bewußtseinsstörung geführt", dagegen spreche „die Fähigkeit des Angeklagten zur präzisen Darstellung der Geschehensabläufe". Ebenso scheide nach den einleuchtenden Darlegungen des Sachverständigen eine tiefgreifende affektbedingte Bewußtseinsstörung aus, weil die „Introspektionsfähigkeit" des Angeklagten während der Tat erhalten geblieben sei und auch die Tat selbst, die sich durch zwei getrennte Etappen auszeichne, „dem aus forensischer Erfahrung gewonnenen Bild der Affekttat" widerspreche. – Das Rechtsmittel hatte Erfolg.

Gründe: ...

2. Die Ausführungen, mit denen die Strafkammer das Vorliegen einer affektbedingten Bewußtseinsstörung ausschließt, geben zu Bedenken Anlaß, weil sie die wesentlichen tatsächlichen Grundlagen, an welche die – für sie einleuchtenden – Schlußfolgerungen des Gutachters anknüpfen, nicht in einer zur Überprüfung ausreichenden Weise mitgeteilt hat. Das Revisionsgericht muß prüfen können, ob die Beweiswürdigung auf einer tragfähigen Tatsachengrundlage beruht und ob die Schlußfolgerungen nach den Gesetzen der Logik, den Erfahrungssätzen des täglichen Lebens und der Wissenschaft möglich sind (BGHSt. 7, 238, 240 [BGH Urt. v. 8. 3. 1955 – 5 StR 49/55; vgl. § 261 StPO erfolgreiche Rügen]; BGH NStZ 1981, 488 [BGH Beschl. v. 2. 9. 1981 – 3 StR 314/81; vgl. § 261 StPO erfolgreiche Rügen]; BGH, Urt. v. 31. 10. 1984 – 1 StR 241/ 84).

a) Der Hinweis, daß die „Introspektionsfähigkeit" (vgl. zu diesem Begriff Saß, Affektdelikte in: Der Nervenarzt [1983] 54, S. 557; 567, 569) des Angeklagten während der Tat erhalten geblieben sei, reicht hier nicht aus. Sollte mit ihm auch die nach Auffassung des Gutachters erhalten gebliebene Erinnerung des Täters an das Tatgeschehen angesprochen sein, würde dies dessen Einlassung widersprechen, die nach Auffassung des Landgerichts „teils bestätigt", teils „in einigen Punkten ... nicht zu widerlegen" ist. Nach dieser setzte „sein Erinnerungsvermögen ... ab dem Zeitpunkt der ersten Hammerschläge gegen den Nebenkläger für eine Weile aus". Wäre diese Erinnerungslosigkeit nicht auszuschließen, was nach den Darlegungen des Landgerichts möglich ist, so könnte sie – allein oder mit anderen Merkmalen – ein Anzeichen für eine auf einem Affekt beruhende Bewußtseinsstörung sein (Undeutsch in Eisen, Handwörterbuch der Rechtsmedizin Bd. II [1947] S. 112; vgl. aber auch Rasch NJW 1980, 1309, 13 12). Auf das Tatgeschehen eng begrenzte totale Erinnerungslücken oder inselhaft erhalten gebliebene Erinnerungsreste sind gerade Kennzeichen affektbedingter Beeinträchtigungen (Langelüddeke/Bresser, Gerichtliche Psychiatrie 4. A. [1976] S. 259; Mende in Venzlaff Psychiatrische Begutachtung [1986] S. 323 f.). Auf der späteren Schußverletzung kann die behauptete Erinnerungslosigkeit nicht beruhen, weil sie dann das Geschehen bis zur Abgabe des Schusses hätte erfassen müssen; der Angeklagte hat aber zu Vorgängen nähere Angaben gemacht, die nach der von ihm behaupteten Erinnerungslücke und vor seiner Schußverletzung liegen.

b) Auch der Hinweis des Landgerichts auf das nach forensischer Erfahrung gewonnene Bild der Affekttat ist ungenügend. Das Landgericht geht selbst davon aus, daß zur Tatzeit „gewisse Affekte" beim Angeklagten vorhanden gewesen seien, daß „das Überrascht- und Erschrockensein über das plötzliche Auftauchen des Nebenklägers in der Wohnung eine nicht unerhebliche Rolle" gespielt habe, daß der Angeklagte nach den Hammerschlägen auf ihn „verwirrt" war, sich in „Angst und Erregung" befand und daß „in gewissem Sinne eine kopflose Aktion" vorlag. Ob der Gutachter dies erwogen hat, ist den Darlegungen des Landgerichts nicht zu entnehmen. Dies gilt auch für sonstige Umstände, die für eine Affekttat sprechen können. Diese kann durch eine „augenblickliche Aufwallung der Leidenschaften, verursacht durch einen vielleicht einmaligen äußeren Anlaß" (Ingrid Diesinger, Der Affekttäter [1977] S. 80; vgl. auch Rasch in: Ponsold, Lehrbuch der gerichtlichen Medizin, 3. A. [1967] S. 83, 84) gekennzeichnet sein. Dies gilt insbesondere dann, wenn sich die Affektentladung in einem vom Täter her gesehenen sinnlosen Vorgehen manifestiert, etwa in einer Vielzahl von Stichen oder Schlägen (BGH Urt. v. 5. 3. 1987 – 1 StR 715/86). Das Vorliegen solcher Umstände hat das Landgericht hier ebenso festgestellt wie Symptome, die für einen Affektabbau nach einer Affekttat charakteristisch sind (vgl. Saß, Affektdelikte, in: Der Nervenarzt [1983] 54 S. 557, 564; Rasch NJW 1980, 1309, 1312 ff.; Mende in: Forster, Praxis der Rechtsmedizin [1986] S. 502, 504; Langelüddeke/Bresser, Gerichtliche Psychiatrie, 4. A. [1976] S. 256, 259), nämlich, daß der Angeklagte „plötzliche Angst" bekam, nun den Tod des Nebenklägers nicht mehr wollte, Hilfsmaßnahmen einleitete und später „in verzweifelter Stimmung" (vgl. Mende a.a.O.) versuchte, Selbstmord zu begehen.

3. Deshalb kann der Senat nicht prüfen, ob der Gutachter und ihm folgend die Strafkammer die schwierige Frage, ob ein vorhandener Affekt das Gewicht einer tiefgreifenden Bewußtseinsstörung erlangt hat, unter Berücksichtigung des Gesamtverhaltens des Täters vor, während und nach der Tat (BGH NStZ 1984, 259 = StV 1984, 241 f.) rechtlich einwandfrei beantwortet hat. Dies und die Frage, ob die weiteren Voraussetzungen des § 20 StGB oder – was hier näher liegt – des § 21 StGB vorliegen, bedarf deshalb erneuter tatrichterlicher Beurteilung.

38. Tabellarische Aufzählungen von Tatorten, Tatzeiten und Beteiligten erfüllt nicht die Anforderungen an eine in sich geschlossene und vom Revisionsgericht auf zutreffende Rechtsanwendung überprüfbare Urteilsbegründung.

StPO § 267 – BGH Urt. v. 19. 5. 1987 – 1 StR 159/87 (= BGHR StPO § 267 I Satz 1 Sachdarstellung 1)

Die Revision rügt die Verletzung materiellen Rechts.

Sachverhalt: Das Landgericht führt zur Darstellung der den Angeklagten zur Last gelegten zahlreichen Bandendiebstähle aus, sie seien „in der Weise begangen, daß man in die überwiegend von K." – inzwischen verheirateter P. – z.T. aber auch von den Mitangeklagten vorgeschlagenen und jeweils von einem mitwirkenden Bandenmitglied mit dem Pkw angefahrenen Diebstahlsobjekte – überwiegend Pfarrhäuser und Gaststätten, zum kleineren Teil aber auch Geschäfte bzw. Tierarztpraxen, Schulen, ein Kloster, eine Eissporthalle, eine Gärtnerei, eine Förderungswerkstätte, ein Hallenbad und ein Bauernhof – eindrang bzw. einstieg, nachdem man Türen bzw. und Fenster aufgebrochen hatte, wobei es in 20 Fällen beim Versuch blieb, weil der Einbruch nicht gelang bzw. die Täter kein Bargeld vorfanden oder gestört wurden". Es erwähnt dann, daß P. bei den Einbrüchen einen Schraubenzieher „benutzte", andere Angeklagte dabei „direkt" mitwirkten und im übrigen Aufpasser- oder auch Fahrdienste leisteten und die Beteiligung des Angeklagten Z. „in aller Regel" im Führen des „meist von ihm mitgebrachten Lada-Pkw's" bestand, er aber auch „teilweise im Pkw verbleibend, Aufpasserdienste leistete und sich zur Bergung der

Beute bzw. zur gemeinsamen Flucht bereithielt". Die Darstellung der Einzelfälle wird dann durch eine Tabelle ersetzt, die folgende Spalten enthält:
a) „Fallnummer der Anzeige der Polizei" (mit Zusatz „V" für Versuch),
b) „Tatort" (Postleitzahl, Ort, Straße, Hausnummer),
c) „Tatzeit",
d) „Beteiligte" (Namen der an der Tat beteiligten Angeklagten),
e) „Sachschaden" (Wert in DM),
f) „Diebstahlsschaden" (Angaben in DM). – Das Rechtsmittel hatte Erfolg.

Gründe: Diese Art der Sachdarstellung entspricht nicht mehr den Anforderungen an eine in sich geschlossene vom Revisionsgericht auf zutreffende Rechtsanwendung überprüfbare Urteilsbegründung. Die pauschale Aufzählung der Diebstahlsorte und der Begehungsweisen, die unbestimmte Charakterisierung der Tatbeiträge der einzelnen Angeklagten und die sich beziehungslos an diese allgemeine Charakterisierung des Gesamtgeschehens anschließende tabellarische Auflistung von Daten lassen auch bei Berücksichtigung des Urteilszusammenhangs nicht erkennen, welche konkreten Sachverhalte das Landgericht den Einzelfällen zugrundegelegt hat.

Die in der Tabelle angegebene Anschrift („Tatort") läßt nicht erkennen, um was für ein Gebäude es sich handelte, wie es gegen Diebstahl gesichert war und wie die Angeklagten in das Gebäude und dort an das Diebesgut gelangten. Die pauschalen Angaben über die Höhe des jeweils angerichteten Sachschadens vermögen diesen Mangel nicht auszugleichen. Die Namen der Teilnehmer in der Spalte „Beteiligte" lassen die notwendige Konkretisierung der allgemeinen, mit „überwiegend", „teilweise", „in aller Regel" und ähnlichen unbestimmten Ausdrücken umschriebenen Angaben über die Tatbeiträge jedes Angeklagten im Einzelfall vermissen. Der Spalte „Diebstahlsschaden" läßt sich nicht einmal entnehmen, was die Angeklagten gestohlen haben; daß es sich jeweils um Bargeld handelte, erscheint schon deshalb zweifelhaft, weil Ziel des bandenmäßigen Zusammenschlusses von vornherein neben der „Entwendung von Bargeld aus Kassen und Automaten" auch die „Mitnahme von Zigaretten oder Lebensmitteln" war. Der Buchstabe „V" neben der „Fallnummer" läßt lediglich erkennen, in welchem Einzelfall die Strafkammer von einem Steckenbleiben der Tatausführung im Versuchsstadium ausgegangen ist. Ob die Schwelle zum Versuch bereits überschritten war oder ob etwa ein strafbefreiender Rücktritt vom Versuch in Betracht zu ziehen ist, kann der Senat wegen des Fehlens einer Sachdarstellung nicht prüfen. Die von der Strafkammer zur Verneinung fortgesetzter Begehungsweise für in derselben Nacht begangene Taten angestellten Überlegungen, die sich im wesentlichen auf ein allgemeines „unumwundenes" Geständnis der Angeklagten stützen, lassen offen, welche konkreten Tatumstände ihnen zugrundeliegen und von welchen rechtlichen Grundsätzen sie ausgehen. Ihnen ist insbesondere nicht zu entnehmen, ob dem Landgericht die Möglichkeiten und Voraussetzungen eines erweiterten Gesamtvorsatzes bewußt waren und ob die Tatumstände eine Auseinandersetzung mit dieser Frage nahelegten.

Die aufgezeigten schwerwiegenden Unklarheiten in der Wiedergabe des Beweisergebnisses stellen einen Sachmangel dar, der sich nicht nur auf die Strafzumessung ausgewirkt haben kann, sondern den Schuldsprüchen wegen Bandendiebstahls die Grundlage entzieht. Insoweit war deshalb das Urteil mit den Feststellungen insgesamt aufzuheben.

Die Tatsache, daß die schriftliche Urteilsbegründung neben den erwähnten „Tabellen" zu einem nicht unwesentlichen Teil aus ungekürzten Kopien der Computerausdrucke aus dem Bundeszentralregister besteht, gibt Veranlassung zu dem Hinweis, daß eine derartige Praxis im Einzelfall den Strafausspruch gefährden kann. Diese zunehmend zu beobachtende Form der „Arbeitserleichterung" läßt nicht nur die dem Tatrichter obliegende Auswahl der zumessungsrelevanten Vorstrafen vermissen, sie birgt auch die Gefahr, daß nach § 51 Abs. 1 BZRG zur Zeit der Hauptverhandlung unverwertbar gewordene Vorstrafen Eingang in die Urteilsgründe finden.

39. Keine Verurteilung bei nur vager Darstellung des der Verurteilung zugrundeliegenden Sachverhalts wegen unzureichender Festlegung des Mindest-Schuldgehalts.

StPO § 267 I – BGH Beschl. v. 19. 5. 1987 – 1 StR 199/87 (= BGHR StPO § 267 I Satz 1 Beweisergebnis 3)

Die Revision rügt die Verletzung sachlichen Recht.

Sachverhalt: Die Verurteilung wegen sexuellen Mißbrauchs von Schutzbefohlenen beruht auf der Schilderung des Tatopfers, der zur Zeit der Hauptverhandlung 15jährigen leiblichen Tochter des Angeklagten. Der Angeklagte bestreitet die Tat. Die Strafkammer, die sich zur Beurteilung der Glaubwürdigkeit des Tatopfers durch eine Sachverständige hat beraten lassen, hat erhebliche Bedenken gegen die Glaubwürdigkeit des Tatopfers nicht überwinden können und deshalb eine Verurteilung nach §§ 177, 178 StGB entgegen der Anklage nicht ausgesprochen. Trotz entsprechender Bekundungen des Tatopfers hat sie insbesondere nicht die Überzeugung gewinnen können, daß es zum Geschlechtsverkehr und zur Anwendung von Gewalt durch den Angeklagten gekommen ist. – Das Rechtsmittel hatte Erfolg.

Gründe: Die Beweiswürdigung des Landgerichts hält rechtlicher Überprüfung nicht stand.

Das würde zwar – insbesondere mit Rücksicht auf die insoweit vorgenommenen sorgfältigen Differenzierungen innerhalb der Beweiswürdigung – die sichere Feststellung eines „Kerngeschehens", das die Tatbestandsmerkmale des § 174 Abs. 1 Nr. 3 StGB erfüllt, nicht ausschließen. Voraussetzung wäre aber, daß das Tatgericht sich über die Einzelheiten und den Umfang dieses Kerngeschehens eine sichere Überzeugung verschafft hätte. Daran bestehen indes nach der Urteilsbegründung durchgreifende Zweifel.

Die als Sachverständige hinzugezogene Psychologin ist „nach eingehender Exploration der Zeugin unter Anwendung wissenschaftlicher Analysemethoden nicht zu dem ‚gesicherten Ergebnis' gelangt, daß ein aussagepsychologischer Glaubwürdigkeitsnachweis gelungen sei". Sie hat andererseits die Überzeugung gewonnen, „daß da etwas war, aber was"; die Aussage stimme „im Kern". Diese Ausführungen hat sich die Strafkammer ausdrücklich zu eigen gemacht. Damit ist offen geblieben, von welchem konkreten Geschehensablauf sie überzeugt war.

Auch wenn in diesem Zusammenhang zur Klarstellung betont wird, daß sich die Zweifel der Sachverständigen nur auf den Umfang des sexuellen Geschehens beziehen und sie „trotz des aussagepsychologisch nicht geführten Beweises" zu dem Urteil gelangt sei, daß die Grenzen einer natürlichen Vater-Tochter-Beziehung eindeutig überschritten worden sind, ändert das nichts an der Tatsache, daß sie selbst nicht anzugeben vermochte, was nach ihrer Überzeugung tatsächlich geschehen war. Das stand zwar einer abweichenden Beurteilung durch die Strafkammer nicht entgegen; die Überzeugung von einem konkreten Tatgeschehen hätte jedoch einer für das Revisionsgericht nachvollziehbaren Begründung bedurft. Daran fehlt es. Die Ausführungen in der Urteilsbegründung konkretisieren nicht etwa die zum Sachverhalt unbestimmten Äußerungen der Sachverständigen, sondern beenden die Wiedergabe ihrer Schlußfolgerungen mit dem Satz: „Das ist, mit dem Inhalt ihrer getroffenen Feststellungen, auch die Überzeugung der Kammer." Auch die folgende eingehende Würdigung des Aussageverhaltens der Zeugin läßt nicht erkennen, wie das Tatgericht zu den „getroffenen Feststellungen" gelangt ist. Ihnen ist lediglich zu entnehmen, daß die Aussage des Tatopfers nicht frei erfunden ist; was an ihr nach der Überzeugung des Landgerichts im einzelnen wahr ist, bleibt unklar.

Diese Unklarheit ist nicht etwa durch die ausdrückliche Bezugnahme auf die „getroffenen Feststellungen" behoben. Abgesehen davon, daß sie die erforderliche Begründung für die Überzeugung der Strafkammer von dem festgestellten „Kerngeschehen" nicht ersetzen kann, sind die Angaben zum Tatgeschehen lückenhaft. Die Urteilsgründe schildern nur den ersten Vorfall, der sich Anfang Februar 1986 zugetragen hat (Betasten von Brust und

Geschlechtsteil über und unter der Kleidung; Einführen des Fingers in die Scheide). Das weitere Geschehen wird dann lediglich wie folgt umrissen:

„Diese sexuellen Spielereien setzte er bei der beschriebenen Gelegenheit, in der Woche wiederholt, bis zum Auszug (des Tatopfers) aus der elterlichen Wohnung Anfang Juli 1986 entsprechend seinen ersten Vorstellungen fort. Zu diesen sexuellen Handlungen kam es zusätzlich am Wochenende, wenn der Angeklagte mit (dem Tatopfer) in der Badewanne der Wohnung badete."

Diese vage Darstellung des der Verurteilung zugrundeliegenden Sachverhalts, die für sich allein wegen unzureichender Festlegung des (Mindest-)Schuldgehalts rechtlich nicht unbedenklich ist, läßt befürchten, daß auch die Strafkammer in Wahrheit – wie die Sachverständige – lediglich der Überzeugung war, daß etwas geschehen ist, ohne letzte Klarheit darüber gewonnen zu haben, was sich im einzelnen tatsächlich zugetragen hat. Das entzieht dem Schuldspruch die Grundlage.

40. Wenn das Gericht dem Sachverständigen nicht folgen will, muß es die Ausführungen des Sachverständigen in nachprüfbarer Weise wiedergeben, sich mit ihnen auseinandersetzen und seine abweichende Auffassung begründen.

StPO § 267 – BGH Beschl. v. 15. 4. 1983 – 2 StR 78/83 LG Darmstadt (= StV 1983, 404)

Die Revision rügt die Verletzung sachlichen Rechts.

Der Sachverhalt ergibt sich aus den Entscheidungsgründen. – Das Rechtsmittel hatte Erfolg.

Gründe: ...

Der GBA hat in seiner Antragsschrift zur Revision des Angeklagten ausgeführt:

„... II. Dagegen kann der Strafausspruch keinen Bestand haben.

1. Ein sachlich-rechtlicher Mangel des Urteils liegt darin, daß der Tatrichter es unterlassen hat, die Anknüpfungstatsachen vollständig mitzuteilen, aufgrund deren der Sachverständige für die Tatzeit einen Blutalkoholgehalt zwischen 1,2‰ und 2,1‰ errechnet hat. Es fehlt schon an der Mitteilung, von welchem Abbauwert der Sachverständige ausgegangen ist. Im übrigen ist zwar angegeben, daß jede 0,1-Flasche Asbach beim Angeklagten den Blutalkoholwert um 0,1‰ erhöht hat und daß der im Kino getrunkene Alkohol mit 0,1‰ für jeden Whisky anzusetzen ist. Im Urteil ist jedoch nicht angeführt, welche Werte für die in der Pizzeria getrunkenen zwei Cola-Whisky mit je 0,2 l Whisky anzunehmen sind. Daß es sich insoweit um einen Schreibfehler (0,2 statt 0,02) handelt, kann nicht mit hinreichender Sicherheit festgestellt werden. Damit ist dem Revisionsgericht die Möglichkeit zu einer Überprüfung der Berechnung verwehrt. Denn auf der Grundlage der Angaben zu dem Alkoholgenuß im übrigen läßt sich bei Berücksichtigung auch dieser insgesamt weiteren 0,4 l Whisky die Berechnung eines Blutalkoholgehalts bis höchstens 2,1‰ ohne ergänzende Angaben dazu auch nicht annähernd nachvollziehen, wenn man von dem für den Angeklagten günstigsten Abbauwert ausgeht.

Ein sachlich-rechtlicher Mangel ist des weiteren auch deshalb gegeben, weil im Urteil nicht die Anknüpfungstatsachen mitgeteilt sind, auf die der Sachverständige – anders als der Tatrichter – seine Beurteilung gestützt hat, daß eine erhebliche Verminderung der Schuldfähigkeit jedenfalls nicht auszuschließen sei. Zwar ist es grundsätzlich nicht zu beanstanden, wenn der Tatrichter dem Sachverständigen insoweit nicht folgt. Dies setzt jedoch voraus, daß er die Ausführungen des Sachverständigen in nachprüfbarer Weise wiedergibt, sich mit ihnen auseinandersetzt und seine abweichende Auffassung begründet (BGHSt. 8, 113, 118 [BGH Urt. v. 26. 4. 1955 – 5 StR 86/55; vgl. § 244 IV StPO erfolglose Rügen]). Daran fehlt es hier.

Ob sich der Tatrichter mit den Darlegungen des Sachverständigen – insbesondere mit den von diesem aufgezeigten Umständen, die für die Beurteilung von maßgeblicher Bedeutung sein konnten – in der gebotenen Weise auseinandergesetzt hat, läßt sich deshalb nicht feststellen. In diesem Zusammenhang ist zum Beispiel nicht zu ersehen, ob der Sachverständige sich zu der festgestellten Tatsache, daß der Angeklagte seinem bereits sterbenden Opfer noch mindestens 10 Schnittverletzungen am Hals zugefügt und ihm außerdem noch Schamhaare abgeschnitten hatte, geäußert hat und welche Bedeutung er gegebenenfalls diesem auffälligen Tatverhalten für die vorzunehmende Beurteilung beimaß. Der Tatrichter selbst hat sich mit dieser Auffälligkeit, die für die Beurteilung des Steuerungsvermögens erheblich sein kann und deshalb im Urteil erörtert hätte werden müssen, jedenfalls nicht auseinandergesetzt. Statt dessen hat er sich in seinen Ausführungen im wesentlichen darauf beschränkt, aus dem Erscheinungsbild des Angeklagten, seinem Leistungsverhalten in der Tatnacht sowie seinem recht guten Erinnerungsvermögen den Schluß zu ziehen, daß zwar eine gewisse alkohol- und situationsbedingte Beeinträchtigung nicht zu verneinen, eine erhebliche Verminderung der Schuldfähigkeit jedoch auszuschließen sei. Bei einer alkoholischen Beeinflussung im Bereich ab 2‰ steht aber in erster Linie die mögliche Verminderung des Hemmungsvermögens in Frage. Planmäßiges, zielstrebiges und folgerichtiges Verhalten braucht ebenso wie ungetrübte Erinnerung an das Tatgeschehen der Annahme einer erheblichen Verminderung des Hemmungsvermögens jedoch nicht entgegenzustehen (ständige Rspr.; vgl. BGH bei Holtz, MDR 1982, 100 f.). Vorliegend kommt hinzu, daß der Angeklagte nach den Feststellungen alkoholgewöhnt war, mithin gerade sein Leistungsverhalten nur sehr eingeschränkt Rückschlüsse auf sein Hemmungsvermögen zuließ. Diese sachlich-rechtlichen Mängel zwingen zur Aufhebung des Strafausspruchs. Im Hinblick darauf, daß das Hemmungsvermögen gegenüber Tötungsdelikten infolge alkoholischer Beeinflussung nur höchst selten ganz aufgehoben ist (BGH, GA 1955, 269, 271; Urt. v. 21. 3. 1973 – 2 StR 635/72), Anhaltspunkte für einen solchen Ausnahmefall jedoch nicht vorliegen, kann der Schuldspruch bestehen bleiben. ..."

Diesen Ausführungen schließt sich der Senat an.

41. Das Gericht muß den äußeren Geschehensablauf im Urteil so würdigen, daß dem Revisionsgericht eine Nachprüfung auf etwaige rechtliche Fehler ermöglicht wird.

StPO § 267 – BGH Urt. v. 27. 5. 1981 – 3 StR 141/81 LG Wuppertal (= NStZ 1981, 401)

Das Revision der Staatsanwaltschaft rügt die Verletzung sachlichen Rechts.

Sachverhalt: Der Angeklagte hatte seinen Mittäter K. beim Raubversuch zunächst dazu veranlaßt, auf das um Hilfe rufende Opfer einzuschlagen, und ihn dann von einem wuchtigen Schlag mit einer Luftpistole auf den Kopf des alten Mannes doch noch – vergeblich – abzuhalten versucht. Im weiteren Verlauf der körperlichen Auseinandersetzung zwischen dem Überfallenen und K. kam er diesem dadurch zu Hilfe, daß er mit der Faust heftig auf das Gesicht des alten Mannes einschlug. Dadurch wurde K. in die Lage versetzt, seinerseits mit gezielten Faustschlägen auf den Kopf des R. einzuschlagen. Als der hochbetagte Mann sich dennoch weiterhin heftig wehrte, forderte der Angeklagte den Mitangeklagten K. mit den Worten: „Nimm doch wieder die Pistole" dazu auf, mit dem freiliegenden fingerdicken Stahlteil des Pistolenknaufs wiederum wuchtig auf den Kopf des Opfers einzuschlagen, während er selbst mit der Taschenlampe dazu leuchtete. Der Aufforderung des Angeklagten entsprechend schlug nun K. mit größtmöglicher Entfaltung seiner erheblichen Körperkräfte jeweils sorgfältig gezielt auf Stirn, Vorderhaupt und die beiden seitlichen Schädelpartien des R. ein. Dieser verstummte blutend unter den Schlägen. Auch danach noch setzte K. die Schläge mit äußerster Kraft fort. Der Angeklagte forderte ihn erst auf, mit dem Schlagen einzuhalten, nachdem dieser dem alten Rentner 17 bis 18 schwere Kopftreffer versetzt hatte, von denen 11 bis 14 den Schädelknochen durchdrangen und die zu weitgehenden Knochenzertrümmerungen im Kopfbereich des Opfers führten. Die allermeisten der insgesamt tödlich wirkenden schweren Schläge versetzte K. dem alten Mann also auf die Aufforderung des Angeklagten, der dabei stand und seinem Freund dazu mit der Taschenlampe Licht gab.

Das Landgericht hat den Angeklagten wegen versuchten Totschlags – begangen durch Unterlassen – in Tateinheit mit versuchtem schwerem Raub zu einer Freiheitsstrafe verurteilt. – Das Rechtsmittel hatte Erfolg.

Gründe: ... Damit genügt das angefochtene Urteil bei dem vom Tatrichter hier festgestellten äußeren Geschehensablauf nicht den Anforderungen an das Maß der Würdigung des Sachverhalts, die an das Urteil zu stellen sind, damit dem Revisionsgericht eine Nachprüfung auf etwaige rechtliche Fehler ermöglicht wird (vgl. BGH, GA 1974, 61 [BGH Urt. v. 13. 6. 1972 – 1 StR 658/71; vgl. § 267 StPO erfolgreiche Rügen]; NJW 1980, 2423; bei Holtz, MDR 1980, 806).

Da es hiernach naheliegt, daß der Angeklagte sich durch sein Verhalten als Mittäter oder doch wenigstens als Anstifter oder Gehilfe an diesem Tötungsverbrechen des K. beteiligt hat, bedurfte es einer eingehenden Darlegung der Gründe für die Zweifel der Strafkammer am Vorliegen der tatsächlichen Voraussetzungen für eine entsprechende Verurteilung. Die bloße Ausführung im Urteil, es fehle an einem sicheren Nachweis dafür, daß der Angeklagte das Zufügen der zum Tode führenden Verletzungen als eigene Tat gewollt und gebilligt habe, macht das Zugrundeliegen rechtlich unzutreffender Erwägungen um so wahrscheinlicher, als sie darauf hindeutet, die Jugendkammer habe allein die Möglichkeit einer Verurteilung wegen eines täterschaftlich begangenen Tötungsverbrechens im Auge gehabt.

42. In der Regel kann sich das Gericht eine zuverlässige Überzeugung über den Vorsatz eines Angeklagten nur bilden, wenn es sich darüber klar geworden ist, was dieser getan und mit seinem Tun gewollt und bezweckt hat.

StPO § 267 – BGH Urt. v. 13. 6. 1972 – 1 StR 658/71 (= GA 1974, 61)

Die Revision der Staatsanwaltschaft rügt die Verletzung sachlichen Rechts.

Sachverhalt: Die Strafkammer ist in sämtlichen Betrugsfällen davon ausgegangen, daß die Angeklagten den objektiven Tatbestand des Betruges erfüllt haben, daß ihnen aber ein vorsätzliches Handeln, auch nur in der Form des dolus eventualis, nicht nachgewiesen werden kann. – Das Rechtsmittel hatte Erfolg.

Gründe: Dieses Ergebnis begegnet schon deshalb rechtlichen Bedenken, weil in dem Urteil nicht, jedenfalls nicht ausreichend dargelegt wird, welchen Sachverhalt die Strafkammer als festgestellt erachtet, so daß nicht geprüft werden kann, ob die einzelnen von der Kammer gezogenen Folgerungen gerechtfertigt sind.

Wird ein Angeklagter aus subjektiven Gründen freigesprochen, ist es zwar nicht unter allen Umständen erforderlich, den äußeren Tatbestand zu würdigen und festzustellen, sofern nur der Rechtsstandpunkt, von dem der Tatrichter ausgeht, klar erkennbar ist (RGSt 43, 397, 399; 47, 417, 419; RG JW 1917, 555 Nr. 12). In der Regel kann sich jedoch der Richter eine zuverlässige Überzeugung über den Vorsatz eines Angeklagten nur bilden, wenn er sich darüber klar geworden ist, was dieser getan und mit seinem Tun gewollt und bezweckt hat (OGHSt 1, 186, 188; BGH bei Dallinger MDR 1956, 272[1]).

---

1 „Das Reichsgericht hat es gelegentlich als ‚nicht notwendig‘ bezeichnet, daß der Richter, bevor er den inneren Tatbestand verneine, den äußeren feststellen müsse. In der Regel kann sich jedoch der Richter eine zuverlässige Überzeugung über den Vorsatz und die Verantwortlichkeit eines Angeklagten nur bilden, wenn er sich darüber klar geworden ist, was dieser getan und mit seinem Tun gewollt und bezweckt hat. Das gilt insbesondere im Falle des § 51 StGB; denn die

Das mußte die Strafkammer nach Lage der Sache auch hier tun, so daß im Urteil darzulegen gewesen wäre, welchen äußeren Tatbestand sie als festgestellt erachtet.

Im übrigen ist ein Tatrichter verpflichtet, den festgestellten Sachverhalt, soweit er bestimmte Schlüsse zugunsten oder zuungunsten des Angeklagten nahelegt, in den Entscheidungsgründen erschöpfend zu würdigen (BGH NJW 1959, 780 Nr. 16 [BGH Urt. v. 18. 12. 1958 – 4 StR 399/58; vgl. § 261 StPO erfolgreiche Rügen]; BGH Urteile v. 2. 6. 1970 – 1 StR 109/70 und 29. 9. 1970 – 1 StR 290/70). Nur unter dieser Voraussetzung gilt der Grundsatz, daß die vom Tatrichter gezogenen Schlüsse möglich, aber nicht zwingend sein müssen (BGH NJW 1951, 325 Nr. 26 [BGH Urt. v. 9. 2. 1951 – 4 StR 49/50; vgl. § 267 StPO erfolglose Rügen]).

43. Bei Aufhebung eines Urteils im Strafausspruch müssen Feststellungen zu den persönlichen Verhältnissen des Angeklagten vom Tatrichter neu getroffen werden.

StPO § 267 I, § 353 II – BGH Beschl. v. 17. 12. 1971 – 2 StR 522/71 LG Wiesbaden (= BGHSt. 24, 274 = NJW 1972, 548)

Die Revision rügt, daß das Gericht hinsichtlich der persönlichen Verhältnisse des Angeklagten keine eigenen Feststellungen getroffen hat, sondern lediglich auf „die insoweit in Rechtskraft erwachsenen Ausführungen eines früheren Urteils verwiesen" hat.

Sachverhalt: Die Strafkammer hatte den Angeklagten durch Urteil vom 28. 4. 1970 wegen versuchter räuberischer Erpressung in Tateinheit mit unberechtigter Führung einer Schußwaffe zu drei Jahren Freiheitsstrafe verurteilt und eine zur Tat benutzte Pistole mit Munition und Magazinen eingezogen. Auf die Revision des Angeklagten, der sein Rechtsmittel auf den Strafausspruch beschränkt hatte, wurde dieses Urteil durch Beschluß des erkennenden Senats vom 3. 3. 1971 im Strafausspruch mit den Feststellungen hierzu aufgehoben und die Sache insoweit zu neuer Verhandlung und Entscheidung an das Landgericht zurückverwiesen. Dieses hat den Angeklagten am 10. 5. 1971 zu zwei Jahren und sechs Monaten Freiheitsstrafe verurteilt und erneut die Einziehung ausgesprochen. Auch hiergegen hat der Angeklagte Revision eingelegt. – Das Rechtsmittel hatte Erfolg.

Gründe: Im angefochtenen Urteil ist „bzgl. der näheren Einzelheiten zum Sachverhalt, der rechtlichen Würdigung und der persönlichen Verhältnisse auf die insoweit in Rechtskraft erwachsenen Ausführungen des Urteils vom 28. 4. 1970 verwiesen" worden. In dieser Verweisung liegt ein Sachmangel, der zur Aufhebung des Urteils führt.

Wird ein Urteil nur im Strafausspruch mit den dazu gehörenden Feststellungen aufgehoben, so bleiben alle den Schuldspruch tragenden Feststellungen bestehen. Sie umfassen in erster Linie die Tatsachen, in denen die Merkmale des angewandten Straftatbestandes zu finden sind, sind aber nicht notwendig hierauf beschränkt. Auch die – weitergehenden – Feststellungen zum Tatgeschehen im Sinne eines geschichtlichen Vorgangs und die Tatsachen, aus denen der Beweis hierfür abgeleitet wird, sind Grundlage des Schuldspruchs. Sie bleiben deshalb auch dann aufrechterhalten, wenn sie als sogenannte doppelrelevante Feststellungen zugleich für den Strafausspruch Bedeutung haben. Als von der Aufhebung nicht erfaßt binden sie den Tatrichter bei der neuen Verhandlung und Entscheidung. Eine Bezugnahme auf sie im neuen Urteil ist zulässig, wenn auch nicht immer zweckmäßig; stets muß jedoch der Umfang der in Bezug genommenen Feststellungen eindeutig und zweifelsfrei erkennbar sein.

Beurteilung der Einsichtsfähigkeit und vor allem des Hemmungsvermögens kann entscheidend davon abhängen, welches Rechtsgut der Täter angreift und angreifen will, da der Bedeutung der Rechtsgüter, deren Verletzung in Betracht kommt, in aller Regel die Stärke des Hemmungsvermögens entspricht." (BGH Urt. v. 10. 12. 1953 – 3 StR 666/53).

Durch die Entscheidung des Revisionsgerichts aufgehoben sind andererseits alle die Feststellungen, die sich ausschließlich auf den Strafausspruch beziehen. Sie können deshalb für das neue Urteil nicht mehr, auch nicht im Wege der Bezugnahme oder Verweisung, herangezogen werden (RG 1938, 1814 Nr. 20; BGH JR 1956, 307). Insoweit muß vielmehr der Tatrichter umfassend eigene Feststellungen treffen und in den Urteilsgründen mitteilen. Dabei müssen die neuen Feststellungen mit den aufrechterhaltenen Feststellungen aus dem früheren Urteil ein einheitliches und widerspruchsfreies Ganzes bilden (BGHSt. 7, 283, 287 [BGH Urt. v. 31. 3. 1955 – 4 StR 68/55; vgl. § 264 StPO erfolgreiche Rügen]; 10, 71, 72 [BGH Beschl. v. 19. 12. 1956 – 4 StR 524/56; vgl. § 343 StPO erfolgreiche Rügen]; BGH Urt. v. 5. 10. 1966 – 2 StR 254/66].

Mit diesen Grundsätzen ist die oben angeführte Verweisung im angefochtenen Urteil nicht vereinbar. Dabei ist unerheblich, ob sich die Strafkammer bei der Verweisung darüber irrte, in welchem Umfang die Feststellungen des früheren Urteils aufgehoben sind, oder ob sie glaubte, ihrer Entscheidung ohne eigene Prüfung auch aufgehobene Feststellungen zugrunde legen zu dürfen. In beiden Fällen beruht der neue Strafausspruch teilweise auf nicht mehr bestehenden Feststellungen. Die „Einzelheiten bzgl. der persönlichen Verhältnisse", auf die unter anderem Bezug genommen ist, bedeuten nichts anderes als die Feststellungen zum Werdegang des Angeklagten, das heißt zu seinen persönlichen, familiären, beruflichen und finanziellen Verhältnissen; diese Feststellungen sind als ausschließlich zum Strafausspruch gehörend durch den Beschluß des Senats vom 3. 3. 1971 aufgehoben worden und mußten deshalb in eigener Verantwortung des Tatrichters neu getroffen werden.

Für die neue Entscheidung wird darauf hingewiesen, daß es im Interesse der Klarheit zweckmäßig ist, in den Urteilsspruch nicht nur, wie im angefochtenen Urteil geschehen, den Strafausspruch, sondern auch den rechtskräftigen Schuldspruch aufzunehmen.

44. Die Gesamtstrafenbildung ist im Urteil ebenfalls gesondert zu begründen.

StPO § 267 III; StGB § 75 I Satz 2 – BGH Urt. v. 30. 11. 1971 – 1 StR 485/71 LG Würzburg (= BGHSt. 24, 268 = NJW 1972, 454)

Die Revision rügt, daß der Tatrichter das Maß der Einzelstrafen und der Gesamtstrafe nur formelhaft begründet habe.

Sachverhalt: Das Landgericht hat den Angeklagten wegen neun Straftaten zu einer Gesamtfreiheitsstrafe von fünf Jahren verurteilt.

Zur Begründung der Gesamtstrafe führt das Urteil lediglich an: „Die gemäß §§ 74 Abs. 1, 75 StGB zu bildende Gesamtstrafe erschien in Höhe von fünf Jahren angemessen. Die Vorschrift des § 13 StGB wurde beachtet." – Das Rechtsmittel hatte Erfolg.

Gründe:

1. Bei der Strafzumessung hat der Tatrichter die Bewertungsgrundsätze der §§ 13 f. StGB zu beachten. Im Urteil darzulegen braucht er nur die bestimmenden Strafzumessungserwägungen (§ 267 Abs. 3 Satz 1 StPO); eine erschöpfende Darstellung ist nicht vorgeschrieben (vgl. dazu aus der neueren Rechtsprechung BGH, Urt. v. 30. 6. 1970 – 3 StR 17/68 – mitgeteilt bei Dallinger MDR 1970, 899; Urt. v. 1. 12. 1970 – 5 StR 646/70 – mitgeteilt bei Dallinger MDR 1971, 721; Urt. v. 19. 10. 1971 – 1 StR 613/70). Indessen muß die Begründung im Urteil so angelegt sein, daß dem Revisionsgericht eine rechtliche Nachprüfung möglich ist. Ein Verstoß hiergegen ist auch auf die Sachbeschwerde zu beachten.

Diesen Erfordernissen genügt im vorliegenden Fall die Begründung, die das angefochtene Urteil für die Bemessung der Einzelstrafen gibt. Es teilt allgemein die zugunsten des Angeklagten berücksichtigten Umstände sowie die Tatsachen mit, die das Landgericht als belastend gewertet hat. Die Strafkammer stellt diese Erwägungen für alle Einzelstrafen gemeinsam an, hebt aber auch die Schadenshöhe in jedem einzelnen Fall als bestimmend hervor. Diese Handhabung wie auch der Inhalt der Strafzumessungsgründe sind rechtlich nicht zu beanstanden.

2. Zur Begründung der Gesamtstrafe führt das Urteil lediglich an: „Die gemäß §§ 74 Abs. 1, 75 StGB zu bildende Gesamtstrafe erschien in Höhe von fünf Jahren angemessen. Die Vorschrift des § 13 StGB wurde beachtet."

Diese formelhafte Wendung verwehrt dem Senat hier die Beurteilung, ob der Tatrichter von rechtlich zutreffenden Erwägungen ausgegangen ist, ob er insbesondere die Bedeutung des § 75 Abs. 1 Satz 2 StGB erkannt hat.

a) Wie schon das Reichsgericht (RGSt 44, 302, 306) hat auch der Bundesgerichtshof ebenfalls früher die Eigenständigkeit der Einzelstrafen betont, die nicht nur als Rechnungsgrößen anzusehen seien (NJW 1966, 509 Nr. 13), andererseits ausgesprochen, daß die Bildung der Gesamtstrafe keine bloße Rechenaufgabe sei (BGHSt. 12, 1, 6, 7[1]). Nunmehr gibt der durch das 1. StrRG neu gefaßte § 75 Abs. 1 Satz 2 StGB ausdrücklich eigene, über § 13 StGB hinausgehende Bewertungsgrundsätze; er bringt zum Ausdruck, daß die Bestimmung der Gesamtstrafe ein gesonderter Strafzumessungsvorgang ist. Die Bestimmung schreibt eindeutig eine zusammenfassende Würdigung der Person des Täters und der einzelnen Straftaten vor. Der Gesetzgeber geht davon aus, daß die einzelnen Taten Ausfluß einer einheitlichen Täterpersönlichkeit sind und deshalb nicht als bloße Summe, sondern als ein Inbegriff beurteilt werden müssen, dem eine selbständige Bedeutung zukommen kann (vgl. Erster schriftlicher Bericht des Bundestags-Sonderausschusses für die Strafrechtsreform, BT-Drucks. V/4094 S. 26 mit Hinweis auf § 69 Entw. 1962 Begründung S. 193 f., die zum Teil die Formulierung von RGSt 44, 302, 306 übernimmt). Das Gesetz stellt bei der Bemessung der Gesamtstrafe auf eine Gesamtschau aller Taten ab. Hierbei sind namentlich das Verhältnis der einzelnen Straftaten zueinander, insbesondere ihr Zusammenhang, ihre größere oder geringere Selbständigkeit, ferner die Häufigkeit der Begehung, die Gleichheit oder Verschiedenheit der verletzten Rechtsgüter und der Begehungsweisen sowie das Gesamtgewicht des abzuurteilenden Sachverhalts zu berücksichtigen. Maßgeblich ist ferner die zusammenfassende Würdigung der Person des Täters, neben seiner Strafempfänglichkeit vor allem seine größere oder geringere Schuld im Hinblick auf das Gesamtgeschehen sowie die Frage, ob die mehreren Straftaten einem kriminellen Hang bzw. bei Fahrlässigkeitstaten einer allgemeinen gleichgültigen Einstellung entspringen oder ob es sich um Gelegenheitsdelikte ohne innere Verbindung handelt.

Im Rahmen dieser Gesamtbewertung läßt sich vor allem auch der besonderen kriminellen Erscheinungsform des sogenannten Serientäters Rechnung tragen. Zu dessen Ungunsten

---

1 BGH Beschl. v. 30. 6. 1958 – GSSt 2/58: „Das Strafverfahren dient der Wahrheit und Gerechtigkeit. Zweckmäßig im Sinne dieses Doppelzieles ist deshalb nicht, was bequem und billig ist, sondern allein, was die Verwirklichung der Wahrheit und Gerechtigkeit am besten sichert. Mit einer mündlichen Verhandlung wird dieses Ziel ungleich besser erreicht als in einem schriftlichen Verfahren. Dem kann nicht entgegengehalten werden, bei der Bildung einer Gesamtstrafe nach § 79 StGB ständen die Einzelstrafen rechtskräftig fest und die ihnen zugrunde liegenden Feststellungen könnten nicht mehr angegriffen werden, es sei deshalb kein Raum mehr für zusätzliche Feststellungen und auch die Erwägungen, auf die sich eine gerechte Gesamtstrafe stützen könne, seien bereits vollkommen schriftlich festgelegt. Der Einwand verkennt, daß die Bildung einer Gesamtstrafe aus mehreren rechtskräftigen Einzelstrafen keine bloße Rechenaufgabe ist. Dem Gericht steht dabei – wenn auch nicht immer, so doch recht häufig – ein weiter Ermessensspielraum zur Verfügung. Für die Bemessung der gerechten Gesamtstrafe innerhalb dieses Rahmens können Unwägbarkeiten eine erhebliche Rolle spielen, die durch die schriftlich vorliegenden Strafzumessungsgründe der rechtskräftigen Einzelurteile möglicherweise nur unvollkommen vermittelt werden, in einer Hauptverhandlung aber, die dem Gericht einen Eindruck von der Persönlichkeit des Angeklagten verschafft, voll zur Geltung und zur Wirkung kommen können."

kann dabei berücksichtigt werden, daß er trotz Aufdeckung seiner Straftaten und der Einleitung eines Verfahrens sein strafbares Verhalten bedenkenlos fortgesetzt oder sogar in der Erwartung gehandelt hat, die weiteren Taten würden auf Grund des so genannten Asperationsprinzips bei der Bildung der Gesamtstrafe nicht ins Gewicht fallen und damit praktisch straflos bleiben.

Entgegen der vielfach in der Lehre erhobenen Forderung läßt sich eine völlige Trennung der für die Einzel- und Gesamtstraffestsetzung maßgeblichen Gesichtspunkte nicht durchführen. Umstände wie die persönlichen und wirtschaftlichen Verhältnisse des Täters, sein Vorleben und seine aus der Tat sprechende Gesinnung, die schon nach § 13 StGB bei der Festsetzung der Einzelstrafen zu beachten sind, haben auch bei der Bildung der Gesamtstrafe wesentliche Bedeutung. Sie können einmal isoliert für die Einzeltat, zum anderen in ihrer Auswirkung auf die Gesamtheit der Taten „zusammenfassend" berücksichtigt werden.

Andererseits sind bei der vorangehenden Einzelstrafzumessung in der Regel lediglich solche Umstände zu berücksichtigen, die sich gerade aus der jeweiligen Einzeltat ergeben, da ja § 75 Abs. 1 Satz 2 StGB für die Gesamtstrafenbildung einen eigenen Zumessungsvorgang vorsieht. Auch insoweit kann es jedoch erforderlich sein, etwa die Tatsache der Häufung von Straftaten bereits bei der Festsetzung der Einzelstrafen zu berücksichtigen. Das gilt vor allem für die Frage, ob gemäß § 14 StGB die Verhängung einer kurzen Freiheitsstrafe unerläßlich ist; das ist nach ständiger Rechtsprechung des Bundesgerichtshofs auch bei Tatmehrheit grundsätzlich für jede Einzelstrafe unter sechs Monaten gesondert zu prüfen (BGHSt. 24, 164; BGH MDR 1969, 1022 Nr. 71; BGH bei Dallinger MDR 1970, 196).

b) Die Gesamtstrafenbildung ist im Urteil ebenfalls gesondert zu begründen (§ 75 Abs. 1 Satz 2 StGB, § 267 Abs. 3 Satz 1 StPO). Der Tatrichter braucht wie bei den Einzelstrafen so auch bei der Gesamtstrafe allerdings nur die bestimmenden Zumessungsgründe im Urteil darzulegen; auch hier ist eine erschöpfende Darstellung nicht erforderlich. In einfach gelagerten Fällen wird es nur weniger Hinweise bedürfen, wobei auch die gesamten Ausführungen des Urteils von Bedeutung sein können. Soweit Gesichtspunkte wie die persönlichen und wirtschaftlichen Verhältnisse des Angeklagten schon bei der Bildung der Einzelstrafen erörtert sind, ist eine Bezugnahme hierauf zulässig. Eine erneute Darlegung würde sich in einer unnötigen Wiederholung erschöpfen. Eingehender hingegen wird die Höhe der Gesamtstrafe in der Regel dann begründet werden müssen, wenn die Einsatzstrafe nur geringfügig überschritten oder die Summe der Einzelstrafen nahezu erreicht wird (so schon die frühere Rechtsprechung des Bundesgerichtshofs: vgl. BGHSt. 8, 205, 210[1] und Urteil v. 24. 2. 1971 – 1 StR 38/67).

---

1 BGH Urt. v. 6. 10. 1955 – 3 StR 279/55: „Die Urteilsgründe müssen die Umstände anführen, die für die Strafzumessung bestimmend gewesen sind (§ 267 Abs. 3 StPO). Das gilt an sich auch für die Gesamtstrafe, mit deren Bildung die Strafzumessung gegebenenfalls abschließt, jedoch auch hier, wie sich von selbst versteht, nur innerhalb des Sinnes dieser Mußvorschrift und des Möglichen. Wird die Gesamtstrafe nach den §§ 74 oder 79 StGB im Urteil gebildet, so darf mangels besonderer Umstände angenommen werden, daß die für die Einzelstrafen ohne Rechtsvorstoß angeführten Strafminderungs- und Straferhöhungsgründe entsprechend auch für die Bildung der Gesamtstrafe gelten. Diese besteht regelmäßig in der Erhöhung der schwersten verwirkten Einzelstrafe; sie darf die Gesamtsumme der Einzelstrafen nicht erreichen und die Grenze des § 74 Abs. 3 StGB nicht überschreiten. Innerhalb dieses gesetzlichen Rahmens hat das Gericht die Gesamtstrafe nach pflichtgemäßem Ermessen zu bestimmen, dessen Ausübung nur bei besonderem Anlaß noch für sich allein näher zu begründen ist. Ein solcher Anlaß besteht im allgemeinen nur, wenn die Gesamtstrafe der oberen oder unteren Grenze des Zulässigen nahekommt, ohne daß der Grund dafür schon aus der Art der Taten, der Person des Verurteilten oder aus den Gründen für die Einzelstrafen oder für die Verhängung einer sichernden Maßregel ohnedies hervorgeht."

Erforderlich bleibt jedenfalls eine Begründung, die dem Revisionsgericht eine rechtliche Nachprüfung ermöglicht und dem Angeklagten die bestimmenden Gesichtspunkte für die verhängte Gesamtstrafe erkennbar macht. Eine solche fehlt im vorliegenden Fall hinsichtlich der Gesamtstrafe und läßt sich auch aus der Gesamtschau des Urteils nicht herleiten. Das zwingt insoweit – entsprechend dem Antrag der Bundesanwaltschaft – zur Aufhebung und Zurückverweisung.

45. Strafhaft darf Unterbringung nicht ersetzen.

StPO § 267 III – BGH. Urt. v. 4. 8. 1965 – 2 StR 282/65 LG Kassel (= BGHSt. 20, 264 = NJW 1965, 2016)

Die Revision rügt, die Höhe der erkannten Freiheitsstrafe sei nicht schuldangemessen.

Sachverhalt: Nach dem Gutachten des ärztlichen Sachverständigen war der leicht schwachsinnige, jetzt 22 Jahre alte Angeklagte bei Begehung der Straftaten zwar in der Lage, das Strafbare seines Tuns einzusehen; seine Fähigkeit, nach dieser Einsicht zu handeln, war jedoch auf Grund gestörter charakterlicher Veranlagung, Debilität und einer nicht ausschließbaren organischen frühkindlichen Hirnschädigung erheblich vermindert. Der Sachverständige glaubt aber, daß bei dem Angeklagten, der nach seinem jetzigen Entwicklungsstand einem Siebzehn- bis Achtzehnjährigen gleichzusetzen ist, mit der zu erwartenden Nachreife der Drang zu Aggressionen und zu triebhaften Entgleisungen nachlassen werde. Er hält eine solche Nachreife innerhalb von zwei bis sechs Jahren für möglich.

Die Strafkammer ist auf Grund der nach ihrer Ansicht überzeugenden Ausführungen des Sachverständigen und nach dem persönlichen Eindruck vom Angeklagten der Auffassung, daß dieser vermindert zurechnungsfähig sei.

Sie berücksichtigt dies strafmildernd nach § 51 Abs. 2 StGB, macht weiter von der Möglichkeit der Strafermäßigung bei versuchten Delikten nach den §§ 43, 44 StGB in jedem Falle Gebrauch und billigt dem Angeklagten auch mildernde Umstände nach den §§ 176 Abs. 2, 177 Abs. 2 StGB zu. Als straferschwerend erachtet sie die Vielzahl der kurz aufeinanderfolgenden Taten und hält zur Abschreckung vor weiteren strafbaren Handlungen und „zur Förderung der Reifevorgänge im Wesen des Angeklagten" eine erhebliche Strafe für notwendig.

Das Gesetz sieht bei Annahme mildernder Umstände für das vollendete Verbrechen der Notzucht eine Mindeststrafe von einem Jahr und für das Verbrechen der Unzucht mit einem Kinde eine solche von sechs Monaten vor. Diese Mindeststrafen hätten daher bei zweimaliger Ermäßigung für die versuchten Taten auf 22 Tage und 11 Tage herabgesetzt werden können.

Obwohl die Strafkammer beachtliche Milderungsgründe feststellt und von den gesetzlichen Milderungsmöglichkeiten Gebrauch macht, erkennt sie auf Einzelstrafen von jeweils einem Jahr Gefängnis und bildet hieraus eine Gesamtstrafe von vier Jahren Gefängnis. Sie geht dabei erheblich über den Antrag der Staatsanwaltschaft hinaus, die Einzelstrafen von jeweils sechs Monaten Gefängnis und eine Gesamtstrafe von einem Jahr sechs Monaten Gefängnis für angemessen, allerdings auch die Unterbringung in einer Heil- oder Pflegeanstalt für geboten hielt. – Das Rechtsmittel hatte Erfolg.

Gründe: Gegen ihre Erwägungen bestehen jedoch sachlich-rechtliche Bedenken.

Schon die Höhe der ausgesprochenen Strafen legt die Annahme nahe, daß die Strafkammer sich von fehlerhaften Zumessungserwägungen hat leiten lassen. Die Annahme wird bestätigt durch die Ausführungen zur Höhe der Gesamtstrafe. Die Strafkammer rechtfertigt sie mit der Erwägung, daß ein enger Zusammenhang mit dem Sicherungsgedanken nach § 42b StGB bestehe; denn eine Sicherungsmaßnahme „im weitesten Sinne" sei bei dem Angeklagten unerläßlich. Das Sicherungsmittel brauche aber nicht immer und ausschließlich die Einweisung in eine Heil- oder Pflegeanstalt zu sein, wenn deren Erfolg auch auf andere Weise erreicht werden könne. Der Angeklagte sei zudem nach seiner Persönlichkeitsentwicklung nicht ein „Fall", der nach der Strafverbüßung aus Gründen der Sicherheit der Allgemeinheit durch Strafurteil in einer Heil- oder Pflegeanstalt unterzubringen sei. Schließlich wird diese Begründung dahin ergänzt, daß bei der zu erwartenden fortschreitenden Nachreife der Unterbringungszweck zugleich mit der Strafe erreicht werden könne, und daß die Strafkammer deshalb von der Anordnung der Unterbringung in einer Heil- oder Pflegeanstalt abgesehen habe.

Es mag dahinstehen, ob diese Ausführungen insofern widerspruchsvoll sind, als die Strafkammer zwar die Unterbringung des Angeklagten in einer Heil- oder Pflegeanstalt bei der zu erwartenden Persönlichkeitsentwicklung zur Sicherung der Allgemeinheit nicht für erforderlich erklärt, die hohe Strafe aber gerade als Sicherungsmaßnahme rechtfertigt. Tatsächlich glaubt sie, eine an sich, nämlich bei Verhängung der schuldangemessenen Strafe, gebotene Unterbringung durch eine übermäßige, der Schuld des Angeklagten nicht mehr entsprechende Freiheitsstrafe ersetzen zu können. Dies ist aber nicht zulässig.

Grundlagen der Strafzumessung sind die Schwere der Tat in ihrer Bedeutung für die verletzte Rechtsordnung und der Grad der persönlichen Schuld des Täters. Unter Berücksichtigung und gegenseitiger Abwägung dieser Gesichtspunkte soll der Richter die gerechte, d.h. schuldangemessene Strafe finden. Der Strafrahmen gibt ihm hierzu einen gewissen Spielraum, innerhalb dessen eine Strafe noch als schuldangemessen anzuerkennen ist (BGHSt. 3, 179 [BGH Urt. v. 30. 9. 1952 – 2 StR 675/51; vgl. § 267 StPO erfolgreiche Rügen]; 7, 28[1]). Der Richter kann dabei auch anderen Strafzwecken, so denen der Abschreckung und der Sicherung, Raum geben. Der Präventionszweck darf aber nicht dazu führen, die gerechte Strafe zu überschreiten. Die nachrangigen Zumessungsgründe können ein Übermaß in diesem Sinne niemals rechtfertigen.

Die Strafkammer durfte somit bei der Bemessung der zu verhängenden Strafe das entscheidende Gewicht nicht dem Gedanken der Sicherung beilegen; ihm dient bei einem vermindert zurechnungsfähigen Täter die in § 42b StGB vorgesehene Sicherungsmaßregel. Hiernach hat das Gericht die Unterbringung eines Angeklagten, der im Zustande der verminderten Zurechnungsfähigkeit eine mit Strafe bedrohte Handlung begangen hat, anzuordnen, wenn die Sicherheit der Allgemeinheit es erfordert. Liegt diese Voraussetzung bei Verhängung einer schuldangemessenen Strafe voraussichtlich im Zeitpunkt der Entlassung des vermindert Zurechnungsfähigen aus der Strafhaft vor, so ist die Unterbringung anzuordnen; es steht dann nicht im Belieben des Gerichts, das Ziel der Sicherung in anderer Weise zu erreichen.

Die Strafkammer verkennt aber auch, daß die Ersetzung der etwa notwendigen Anordnung der Unterbringung durch den Ausspruch einer höheren Strafe wegen der verschiedenen Folgen zu einer Beschwer des Angeklagten führen kann. Bei der Unterbringung kann nämlich das Gericht nach § 42f Abs. 3 StGB jederzeit prüfen, ob der Zweck der Unterbringung erreicht ist. Falls es dies bejaht, muß die Entlassung des Untergebrachten angeordnet werden. Demgegenüber ist es bei einer etwaigen bedingten Entlassung aus der Strafhaft an die in § 26 StGB bestimmten Voraussetzungen gebunden.

Schließlich ist auch nicht ersichtlich, inwiefern die Möglichkeit einer „wesensformenden, reifefördernden erzieherischen Einwirkung" auf den Angeklagten in einer Strafanstalt eher gegeben sein soll als in einer Heil- oder Pflegeanstalt, in der der Angeklagte un-

---

1 BGH Urt. v. 10. 11. 1954 – 5 StR 476/54: „Eine wegen erheblich verminderter Zurechnungsfähigkeit des Täters mögliche Unterschreitung des Regelstrafrahmens darf nur unterbleiben, wenn die innerhalb dieses Rahmens bestimmte Strafe noch schuldangemessen ist. Dabei kann ein Abschreckungsbedürfnis strafschärfend als Nebenstrafzweck mitberücksichtigt werden."

ter ständiger Betreuung von Ärzten steht, die in der Behandlung geistig Erkrankter erfahren sind. Es liegt vielmehr im Interesse sowohl des vermindert zurechnungsfähigen Angeklagten wie auch der Allgemeinheit, daß er, gerade wenn eine Nachreife und damit eine Beseitigung oder doch eine erhebliche Minderung seiner Gefährlichkeit zu erwarten ist, nach Verbüßung der angemessenen Strafe der therapeutischen Behandlung in der Heilanstalt zugeführt wird.

46. Es ist unzulässig, auf mehrdeutiger Tatsachengrundlage wegen Landesverrats (§ 100 Abs. 1 StGB) *oder* wegen landesverräterischer Fälschung (§ 100a StGB) zu verurteilen.

StPO § 267 I – BGH Urt. v. 6. 11. 1964 – 6 StE 1/64 (= BGHSt. 20, 100)

Die Revision rügt die Verurteilung aufgrund einer mehrdeutigen Tatsachenfeststellung als Verstoß gegen § 267 StPO.

Sachverhalt: Der Angeklagte hat eine falsche Nachricht über eine „Tatsache" an einen fremden Nachrichtendienst weitergegeben, die im Falle der Wahrheit ein Staatsgeheimnis gewesen wäre, und dadurch das Wohl der Bundesrepublik gefährdet. Es bleibt aber zweifelhaft, ob er die Nachricht von einem Dritten erlangt und an ihre Richtigkeit geglaubt oder ob er sie selbst erfunden und in Kenntnis ihrer Unwahrheit weitergegeben hat. – Die Revision hatte Erfolg.

Gründe: Diese mehrdeutige Tatsachengrundlage kann in zweifacher Weise rechtlich beurteilt werden:

Hat der Angeklagte die Nachricht für wahr gehalten oder mit ihrer Wahrheit billigend gerechnet, und ist er sich bewußt gewesen, daß deren Geheimhaltung der fremden Regierung gegenüber erforderlich war, so hat er nach den im übrigen getroffenen Feststellungen alles getan, was in seiner Macht stand, den Tatbestand des § 100 Abs. 1 StGB zu verwirklichen; denn er rechnete damit, daß durch die Preisgabe des vermeintlichen Geheimnisses die Stellung der Bundesrepublik gegenüber der fremden Regierung nachteilig beeinflußt würde oder doch gefährdet werden könnte, und nahm den Erfolg der Gefährdung billigend in Kauf. Dadurch hätte er sich des versuchten Landesverrats (§§ 100 Abs. 1, 43 StGB) schuldig gemacht.

Hat er aber die Unwahrheit der Nachricht gekannt oder mit ihr billigend gerechnet und ist er sich bewußt gewesen, daß sie im Falle ihrer Wahrheit geheimhaltungsbedürftig gewesen wäre, so hat der Angeklagte den Tatbestand eines vollendeten Verbrechens der landesverräterischen Fälschung im Sinne des § 100a Abs. 2 StGB erfüllt; denn die weiteren Merkmale dieser Vorschrift sind in den oben näher bezeichneten Feststellungen zur Gefährdung des Wohles der Bundesrepublik enthalten.

Beide rechtlichen Beurteilungen schließen sich gegenseitig aus. Der Gesetzgeber hat den § 100a StGB nicht als „Auffangtatbestand" (vgl. BGHSt. 17, 210) zu § 100 StGB gestaltet. Danach könnte der Angeklagte nur auf Grund sogenannter „wahldeutiger" Feststellung wegen versuchten Landesverrats (§§ 100 Abs. 1, 43 StGB) oder wegen vollendeter landesverräterischer Fälschung (§ 100a Abs. 2 StGB) verurteilt werden.

Das ist rechtlich nicht zulässig.

Wie der Große Strafsenat des Bundesgerichtshofs in der Entscheidung BGHSt. 9, 390, 392 ff. mit ausführlicher Begründung im Anschluß an den Beschluß des Reichsgerichts RGSt 68, 257 dargelegt hat, ist Voraussetzung einer Verurteilung auf Grund mehrdeutiger Tatsachenfeststellung, daß die mehreren Verhaltensweisen rechtsethisch und psychologisch gleichwertig (gleichartig) zu beurteilen sind. Eine solche Verurteilung ist nur dann zu rechtfertigen, wenn sie sich auf Straftaten bezieht, die, was das sittlich-rechtliche Werturteil über sie und die innere Beziehung des Täters zu ihnen angeht, wesentlich gleichwertig sind. Dabei ist unter rechtsethischer Gleichwertigkeit nicht die gleiche Strafwürdigkeit zu verstehen, vielmehr müssen die möglichen Taten einander vergleichbar in der *Art* der sittlichen Bewertung sein, die ihnen im allgemeinen Rechtsempfinden zuteil wird. Hierfür sind alle Umstände zu würdigen, die den besonderen Unrechtscharakter der Straftatsbestände ausmachen. Das Erfordernis der psychologischen Gleichartigkeit setzt eine einigermaßen gleichgeartete seelische Beziehung des Täters zu den in Frage stehenden Verhaltensweisen voraus.

Über diese Schranke darf nicht hinausgegangen werden. Das verbietet sich schon aus rechtsstaatlichen Gründen.

Ob die Tatbestände der §§ 100 und 100a StGB rechtsethisch – im hier verstandenen Sinne – einander gleichwertig sind, mag zweifelhaft sein. Der Gesetzgeber hat durch das erste Strafrechtsänderungsgesetz den Strafrahmen für beide Straftaten völlig gleich gezogen im Gegensatz zu der früheren gesetzlichen Regelung, die die landesverräterische Fälschung mit geringerer Strafe bedrohte (vgl. § 90a des Reichsstrafgesetzbuches). Dies ist allerdings – wie oben ausgeführt – nicht von entscheidender Bedeutung. Bei der Beratung des § 100a StGB wurde im Ausschuß für Rechtswesen und Verfassungsrecht des Bundestags die Meinung vertreten, die Handlung der verräterischen Fälschung sei genauso verwerflich, vielleicht noch verwerflicher als die Preisgabe wahrer Staatsgeheimnisse und könne unter Umständen schlimmste Folgen nach sich ziehen. Man kann aber durchaus auch der Ansicht sein, daß im allgemeinen Rechtsempfinden der echte Landesverrat für schimpflicher gilt als die davon in der Unrechtsart verschiedene bloße Fälschung, mag diese im Einzelfalle auch größeren Schaden anrichten. Das soll aber auf sich beruhen.

In psychologischer Hinsicht besteht jedenfalls zwischen den beiden Tatbeständen ein wesentlicher Unterschied.

Die Straftat des § 100a StGB steht nur in scheinbarem Zusammenhang mit den Verratstaten des Dritten Abschnittes im Zweiten Teil des Strafgesetzbuches. Hier dringt der Täter in Wirklichkeit nicht in den Geheimbereich des Staates ein. Es wird auch kein Geheimhaltungsinteresse des Staates verletzt. Der Tatbestand des § 100a StGB enthält keinen „Verrat" im Sinne dieses Abschnitts.

Die Strafvorschrift über Landesverrat soll den Staat nur davor schützen, daß tatsächlich bestehende Verhältnisse verraten werden, deren Bekanntgabe sein Wohl schädigen oder gefährden würde. Sie verbietet aber nicht schlechthin die Mitteilung oder Verbreitung von Nachrichten, die geeignet sind, das Wohl des Staates zu beeinträchtigen, ohne Rücksicht darauf, ob dadurch bestehende Geheimnisse enthüllt werden.

Die in § 100a StGB unter Strafe gestellten Handlungen (Fälschung oder Verbreitung falscher Nachrichten) sind aber genau das Gegenteil von Verrat eines Geheimnisses, nämlich die auf Täuschung ausgehende Vorspiegelung, es werde Verrat begangen. Unter Strafe gestellt wird hier nicht das Eindringen in den Geheimbereich des Staates, sondern die Täuschung, die ein solches Eindringen vorspiegelt und dadurch das Wohl des Staates gefährdet. Die Schädigung liegt hier auf einem anderen Gebiet als beim Geheimnisverrat. Sie besteht nicht darin, daß Vorgänge, die zur Wahrung der politischen oder militärischen Entscheidungsmöglichkeit bisher nur einem beschränkten Personenkreis zugänglich waren, zum Nachteil des Staates vor einem fremden Staate offengelegt werden. Vielmehr wird über politische oder militärische Zustände oder Absichten eines Staates bei einem anderen Staate ein falscher Eindruck erweckt und dadurch die Gefahr herbeigeführt, daß der andere Staat Maßnahmen ergreift, die für den verleumdeten Staat nachteilig sind. Beim Scheinverrat des § 100a StGB handelt es sich daher um eine Art falscher (politischer) Anschuldigung. Echter Verrat (§ 100 StGB) und Verratsvortäuschung (§ 100a StGB) enthalten ganz verschiedene Tatformen. Mag es auch bei sogenannter „Wahlverurteilung" nicht in erster Linie darauf ankommen, ob gleiche oder verschiedene Tätertypen vorliegen, so sind doch tätertypische Gesichtspunkte von Bedeutung, soweit es sich um Merkmale des gesetzlichen Tatbestandes handelt, die die seelische Verfassung des Täters widerspiegeln. Die inneren Beziehungen des Täters zur Tat sind aber gerade bei den beiden hier in Frage stehenden strafbaren Handlungen wesentlich verschieden. Im Falle des § 100 StGB dringt der Täter in den Geheimbereich des Staates ein und nimmt dort – zumindest bildlich gesprochen – etwas weg; der Scheinverrat des § 100a StGB ist dagegen das Werk eines Verleumders. Die Täter gleichen einander in ihrer seelischen Verfassung so wenig wie etwa bei Diebstahl und Betrug. Beide Verhaltensweisen sind vielmehr – psychologisch gesehen – nicht gleichartig und auch nicht gleichwertig.

Infolge der Ungewißheit über die innere Tatseite müßte der Angeklagte im Falle der Verurteilung mit jeder der beiden ungleichartigen Möglichkeiten belastet werden. Eine solch weitgehende Bloßstellung ist aber mit den in BGHSt. 9, 392 aufgestellten Grundsätzen nicht vereinbar.

Dieses Ergebnis mag vom Standpunkt wirksamer Verbrechensbekämpfung aus unbefriedigend erscheinen. Die Rücksicht auf die Sicherheit der Urteilsfindung und die Gerechtigkeit der Urteilswirkung muß aber im Vordergrund stehen (RGSt 68, 260).

Der Senat hegt auch nicht die Befürchtung, daß dadurch Belange des Staatsschutzes wesentlich beeinträchtigt werden. Nach seinen bisherigen Erfahrungen werden die Fälle nicht zahlreich sein, in denen die Bemühung um Feststellung, ob der Tatbestand des § 100 StGB oder des § 100a StGB vorliegt, trotz sorgfältiger Erschöpfung aller verfügbaren Erkenntnisquellen scheitert. Hinzu kommt, daß in solchen Fällen sehr oft der Tatbestand des § 100e StGB – wie auch hier – erfüllt sein wird. Dabei begegnet es keinen rechtlichen Bedenken, das Tatgeschehen bei der Bestrafung nach § 100e StGB schärfend zu berücksichtigen.

47. Der zu berichtigende Fehler muß die sachlichen Feststellungen unberührt lassen.
StPO §§ 267 I, 268 – BGH Urt. v. 30. 11. 1954 – 5 StR 280/54 LG Hamburg (= BGHSt. 7, 75 = NJW 1955, 510)

Die Revision der Staatsanwaltschaft rügt, daß das Gericht in einem Berichtigungsbeschluß durch Veränderung eines Satzes aus dem Urteil nicht nur einen offensichtlichen Schreibfehler korrigiert, sondern eine unzulässige sachliche Änderung der Urteilsgründe vorgenommen hat.

Sachverhalt: Die Urteilsgründe enthalten folgende Sätze:

„P. erklärte sich durch Schreiben vom 29. 3. 1952 mit dem Vorschlag des Angeklagten einverstanden. Nach seinem Willen sollten die Geschäfte jedoch derart abgewickelt werden, daß er zunächst den Angeklagten von dem Auftrage des Kunden verständigen und dieser dann den Auftrag dem Kunden bestätigen sollte."

Die Strafkammer hat den zweiten Satz auf Antrag des Verteidigers durch Beschluß vom 7. 4. 1954 „berichtigt" und ihm folgende Fassung gegeben:

„Nach seinem Willen sollten die Geschäfte jedoch derart abgewickelt werden, daß er zunächst den Angeklagten von dem Auftrage des Kunden verständigen und dieser dann den Auftrag den Kunden aber nicht bestätigen sollte." – Das Rechtsmittel hatte Erfolg.

Gründe: Dies war nicht zulässig. Die Urteilsgründe dürfen nur dann durch Beschluß berichtigt werden, wenn sie offenbare Schreibfehler oder ähnliche äußere Unstimmigkeiten enthalten; diese müssen ohne weiteres als ein bloßes Versehen erkennbar sein, das beim Niederschreiben der Gründe unterlaufen ist (BGHSt. 2, 248 [BGH Urt. v. 1. 4. 1952 – 2 StR 13/52; vgl. § 267 StPO erfolglose Rügen]). Der Fehler muß mit anderen Worten schon ohne die Berichtigung offensichtlich sein; diese muß die sachlichen Feststellungen unberührt lassen (BGHSt. 3, 245 [BGH Urt. v. 23. 10. 1952 – 5 StR 480/52; vgl. § 268 StPO erfolglose Rügen]).

So liegt es hier nicht. Die ursprüngliche Fassung des zweiten Satzes ist nicht ersichtlich unvollständig, sondern ergibt einen Sinn. Weder ihr selbst noch dem sprachlichen und sachlichen Zusammenhange des Urteils ist ohne weiteres zu entnehmen, daß in diesem Satz ein Wort oder mehrere Wörter fehlen müßten. Er gibt auch nicht etwa den Wortlaut einer dem Revisionsgericht vorliegenden Urkunde wörtlich und teilweise unrichtig wieder (BGH NJW 1952, 797). Der Beschluß vom 7. 4. 1954, der übrigens selbst mindestens nicht ausdrücklich von einem Schreibfehler spricht, enthält daher nicht zweifelsfrei nur eine zulässige äußere Berichtigung, sondern möglicherweise eine unzulässige sachliche Änderung der Urteilsgründe.

Hieraus ergibt sich im vorliegenden Falle nicht etwa, daß er zum Nachteil des Angeklagten völlig unbeachtet bleiben müßte.

Zwei der Richter, die den Beschluß unterzeichnet haben, hatten auch bei dem Urteil mitgewirkt. Wie sie durch den Erlaß des Beschlusses zu erkennen gegeben haben, halten sie ihre Unterschriften unter dem Urteil (§ 273 Abs. 2 Satz 1 StPO) insoweit nicht mehr aufrecht, als diese die ursprüngliche Fassung des nachträglich „berichtigten" Satzes deckten (vgl. für den Fall des Widerrufs der Unterschrift unter dem Hauptverhandlungsprotokoll BGHSt. 4, 364 [BGH Urt. v. 8. 10. 1953 – 5 StR 245/53; vgl. § 274 StPO erfolglose Rügen; § 338 Nr. 5 StPO erfolgreiche Rügen]). Die Feststellung, die in jenem Satz enthalten war, ist damit weggefallen.

Gleichwohl ist dieser Teil des Urteils nicht etwa für das Revisionsgericht völlig bedeutungslos geworden. Abgesehen davon, daß statt des dritten erkennenden Richters ein anderer den Beschluß mitunterschrieben hat, ist nunmehr weder festgestellt, daß der Angeklagte nach dem Willen P. s den Kunden die Aufträge bestätigen sollte, noch ist eine gegenteilige Feststellung getroffen. Das Urteil enthält also jetzt an dieser Stelle eine Unklarheit.

Das Revisionsgericht kann diese Lücke nicht durch eigene Feststellungen schließen. Nimmt der Vorsitzende oder der Urkundsbeamte nachträglich seine Unterschrift unter dem Protokoll zurück, soweit es einen bestimmten Vorgang betrifft, so beurkundet es zwar diesen Teil der Hauptverhandlung nicht mehr mit ausschließlicher Beweiskraft nach § 274 StPO, und das Revisionsgericht hat sich selbst eine Überzeugung von dem Hergang zu bilden (BGHSt. 4, 364). Im vorliegenden Falle aber betrifft der Mangel nicht die Sitzungsniederschrift, sondern die Urteilsgründe. Ihre Feststellungen über die Tat kann das Revisionsgericht nicht ergänzen.

Bei der sachlichen Unklarheit, an der die Urteilsgründe demnach leiden, kann die angefochtene Entscheidung nicht bestehenbleiben. Denn die Feststellung, die eidliche Zeugenaussage des Angeklagten vom 16. 2. 1952 sei bewußt falsch, beruht zu einem erheblichen Teil gerade auf dem Inhalt des gesamten Schriftwechsels.

48. Unzulässige Verdachtsstrafe bei Wahlfeststellung.

StPO § 267; StGB §§ 154, 163 – BGH Urt. v. 22. 9. 1953 – 5 StR 331/53 LG Verden/Aller (= BGHSt. 4, 340)

Die Revision rügt, daß das Urteil bei der Wahlfahlfeststellung zwischen Meineid und fahrlässigem Falscheid keine eindeutige Abgrenzung zwischen Vorsatz und Fahrlässigkeit trifft. Diese nicht vorliegende Abgrenzung schlage sich in den Urteilsgründen und dem Strafausspruch nieder.

Sachverhalt: Nach den Feststellungen der Strafkammer hat der Angeklagte bei Leistung des Offenbarungseides am 2. 5. 1949 in seinem Vermögensverzeichnis das Inventar seines Radiogeschäfts unvollständig angegeben. Die Strafkammer konnte nicht mit Sicherheit feststellen, daß der Angeklagte bei Aufstellung des Verzeichnisses und Ableistung des Eides sich bewußt war, daß auch die nicht aufgenommenen Gegenstände zu seinem Vermögen gehören. Sie führt aber aus, der Angeklagte habe insoweit grob fahrlässig gehandelt. (Die Ausführungen der Strafkammer hierzu werden wiedergegeben.) – Das Rechtsmittel hatte Erfolg.

Gründe: Daß die Strafkammer den Vorsatz des Angeklagten nicht mit Sicherheit hat verneinen können, schließt seine Verurteilung wegen fahrlässigen Falscheides nicht aus. Zwar vermag sich der Senat der Auffassung des Reichsgerichts (RGSt 41, 389 [391]) nicht anzuschließen, daß Vorsatz und Fahrlässigkeit sich nur im Umfang der Schuld unterscheiden, die Fahrlässigkeit also nur ein Weniger gegenüber dem Vorsatz und nicht etwas grundsätzlich anderes bedeute. Aus der Zulässigkeit der sog. Wahlfeststellung ergibt sich die Möglichkeit, wegen fahrlässigen Falscheides zu verurteilen, wenn sich der Vorsatz nicht mit hinreichender Sicherheit feststellen läßt, wohl aber feststeht, daß bei mangelndem Vorsatz Fahrlässigkeit vorliegen müsse.

Eine Wahlfeststellung zwischen Meineid und unbewußt fahrlässigem Falscheid ist grundsätzlich möglich. Die Rechtsprechung des Bundesgerichtshofs zur Frage der Wahlfeststellung (vgl. BGHSt. 1, 275, 302 u. 327) geht von der Plenarentscheidung des Reichsgerichts RGSt 68, 257 aus. ...

Der Senat schließt sich grundsätzlich der Auffassung der reichsgerichtlichen Rechtsprechung an. Diese kann aber nicht, wie es vielfach geschehen ist, dahin verstanden werden, daß Wahlfeststellungen immer nur dort zulässig seien, wo die zur Wahl stehenden Straftaten sittlich gleich bewertet würden. Vielmehr ergibt die Entscheidung, daß die Bedenken gegen die Wahlfeststellung aus dem praktischen Bedürfnis heraus immer dort zurückzustellen sind, wo die vom Reichsgericht dargelegten Gefahren nicht bestehen oder nur sehr gering sind. Das ist aber bei einer Wahlfeststellung zwischen Meineid und unbewußt fahrlässigem Falscheid in der Regel der Fall.

Überall, wo entweder Meineid oder unbewußt fahrlässiger Falscheid in Frage kommen, Meineid aber nicht mit Sicherheit bewiesen werden kann, ist stets die eindeutige Feststellung erforderlich, der Täter hätte erkennen müssen, daß seine Angaben unrichtig seien oder daß die als unrichtig erkannten Angaben unter den Eid fallen. Zur Bejahung des Vorsatzes kommt der Richter in diesen Fällen dann, wenn er aus den Umständen, die den Täter dies hätten erkennen lassen müssen, gegebenenfalls in Verbindung mit anderen Beweisanzeichen den Schluß zieht, daß er es auch erkannt hat. Wenn also auch der Meineid nicht ein Mehr, sondern etwas grundsätzlich anderes ist als der unbewußt fahrlässige Falscheid, so erfordert der Beweis des Meineids gegenüber dem des unbewußt fahrlässigen Falscheides allenfalls weitere Beweisanzeichen. Deshalb ist die Gefahr, daß ein Unschuldiger verurteilt wird, hier nicht größer als in Fällen, in denen eine eindeutige Feststellung möglich ist.

Auch das weitere Bedenken des Reichsgerichts, daß ein wahldeutiger Schuldspruch nicht die erforderliche Wucht habe, entfällt hier. Ein Bedürfnis, die Wahlfeststellung in den Urteilsspruch selbst und nicht nur in die Gründe aufzunehmen, kann nämlich nur dort bestehen, wo die Verurteilung wegen der an sich milderen Tat in irgendeiner Weise, z.B. wegen der Rückfallbegründung oder wegen der Nebenfolgen, für den Verurteilten ungünstiger wirken kann als die wegen der wahlweise festgestellten schwereren Tat. Das ist beim fahrlässigen Falscheid im Verhältnis zum Meineid nicht der Fall. Wird daher diese Wahlfeststellung, wie es allgemein geschieht und auch im vorliegenden Fall geschehen ist, nur in den Gründen getroffen, so wird der Verurteilte durch den dort ausgesprochenen Verdacht des Meineides nicht schwerer belastet als ein Angeklagter, der mangels Beweises freigesprochen ist. Schließlich läßt sich auch trotz der verschiedenen psychologischen und sittlichen Bewertung beider Taten keinesfalls sagen, daß ein wegen fahrlässigen Falscheides Verurteilter sich ungerechtfertigt bemakelt fühlen könnte, wenn er in Wahrheit einen Meineid geleistet hat.

Einer Wahlfeststellung stehen auch nicht die im Schrifttum geäußerten Bedenken entgegen, eine solche Feststellung könne leicht dazu führen, daß der Verdacht, der Täter habe in Wahrheit einen Meineid begangen, in unzulässiger Weise auf das Strafmaß wirke. Der Strafrichter ist verpflichtet, sich bei der Strafzumessung durch den Verdacht des Meineides nicht beeinflussen zu lassen, und das Revisionsgericht muß besonders sorgfältig prüfen, ob der Tatrichter hiergegen verstoßen hat. Anhaltspunkt hierfür kann neben der Fassung der Strafzumessungsgründe auch eine auffallend hohe Strafe sein.

II.

Daß der Angeklagte im vorliegenden Fall mindestens fahrlässig gehandelt hat, hat die Strafkammer einwandfrei begründet. Seiner Fahrlässigkeit steht nicht entgegen, daß er über die Bedeutung der Eidesleistung nicht belehrt worden ist und daß der Offenbarungseidrichter das Vermögensverzeichnis nicht mit ihm durchgesprochen hat.

III.

Bedenken bestehen hingegen im Strafausspruch. Das Urteil sieht es als strafschärfend an, daß das Verhalten des Angeklagten als derart grob fahrlässig anzusehen sei, daß es hart an vorsätzlichen Falscheid grenze. Diese Begründung erweckt allerdings den Verdacht, daß die Strafkammer sich bei der Strafzumessung nicht von dem Gedanken hat freimachen können, der Angeklagte habe möglicherweise einen Meineid geschworen, daß sie also eine Verdachtstrafe ausgesprochen hat. Wie bereits oben dargelegt, stehen Vorsatz und Fahrlässigkeit nicht im Verhältnis des Mehr oder Weniger zueinander, sondern sind etwas grundsätzlich voneinander Verschiedenes. Insbesondere zwischen unbewußter Fahrlässigkeit, die nach den Feststellungen allein in Betracht kommt, und Vorsatz gibt es keine „Grenze". Auch die Höhe der erkannten Strafe legt den Gedanken an eine Verdachtstrafe nahe.

Aus diesem Grunde muß das Urteil im Strafausspruch nebst den ihm zugrundeliegenden Feststellungen aufgehoben werden.

49. Bei Fahrlässigkeitstaten kann die Nichterörterung des Mitverschuldens einen Rechtsfehler darstellen.

StPO § 267 III Satz 1 – BGH Urt. v. 2. 10. 1952 – 3 StR 389/52 LG Duisburg (= BGHSt. 3, 218)

Die Revision rügt, daß der Tatrichter nicht erörtert habe, ob den getöteten Kraftfahrer ein Mitverschulden an dem Unfall treffe. Ein solches Mitverschulden müsse geprüft und bei der Strafzumessung berücksichtigt werden. Dazu sei im vorliegenden Falle um so mehr Anlaß gewesen, als das Urteil feststelle, daß der Lieferwagen mit voller Wucht auf den Lastzug aufgefahren sei.

Der Sachverhalt ergibt sich aus dem Revisionsvorbringen. – Das Rechtsmittel hatte Erfolg.

Gründe: Die Frage, ob die Nichterörterung des Mitverschuldens stets ein Rechtsfehler ist, der zur Aufhebung des Strafausspruchs führen muß, kann nicht allgemein bejaht werden. Es ist dies auch nicht in den von der Revision angeführten Entscheidungen des Reichsgerichts geschehen. Das Urteil des erkennenden Senats vom 31. 10. 1951 (3 StR 117/51) ist in der NJW 1952, 434 nicht vollständig abgedruckt. Dort war der Strafausspruch aufgehoben worden, weil der Tatrichter unzulässigerweise die mangelnde Einsicht des Angeklagten strafverschärfend verwertet hatte. Auf das Mitverschulden des Getöteten hatte der Senat nur hingewiesen und dabei ausdrücklich offengelassen, ob die Nichterörterung ein Rechtsfehler sei.

Die Frage kann schon deshalb nicht allgemein bejaht werden, weil § 267 Abs. 3 StPO den Tatrichter nur verpflichtet, diejenigen Umstände anzuführen, die für die Zumessung der

Strafe bestimmend gewesen sind. Auch sachlich-rechtlich kann keine Rede davon sein, daß der Tatrichter jedes Mitverschulden strafmildernd berücksichtigen müsse. Er kann ohne Rechtsirrtum die Auffassung vertreten, daß es für die Strafzumessung nicht ins Gewicht falle.

Andererseits läßt sich nicht verkennen, daß das Mitverschulden bei Fahrlässigkeitstaten, insbesondere bei Verkehrsunfällen, der Natur der Sache nach eine Sonderstellung gegenüber allgemeinen Strafzumessungstatsachen einnimmt. Denn der Vorwurf der Fahrlässigkeit ist von der Voraussehbarkeit des Erfolges abhängig, und diese wiederum kann durch ein Mitverschulden beeinflußt sein. Das zeigt sich schon darin, daß ein ganz überwiegendes Verschulden des Verletzten zur Verneinung der Voraussehbarkeit und damit des Schuldvorwurfs führen kann, weil die gänzlich vernunftwidrige Handlungsweise des Verletzten eine Zwischenursache ist, die außerhalb gewöhnlicher Lebenserfahrung liegt. Die Frage des Mitverschuldens ist also aufs engste mit dem Schuldvorwurf selbst verknüpft und bestimmt regelmäßig auch das Maß der Schuld, sofern nicht dieses Mitverschulden gering und unwesentlich ist. Es entspricht deshalb mit Recht allgemeiner Gerichtspraxis, das Mitverschulden zu prüfen und bei der Strafzumessung zu berücksichtigen.

Diese Sonderstellung muß auch im Rahmen des § 267 Abs. 3 StPO wirken. Gleichwohl liegt ein Rechtsfehler, der zur Aufhebung des Strafausspruchs führt, nur dann vor, wenn entweder das Verhalten des Verletzten falsch gewürdigt, insbesondere das Mitverschulden rechtsirrig bejaht oder verneint wird, oder wenn nach den Urteilsgründen ein (nicht nur geringes) Mitverschulden naheliegt oder klar ersichtlich ist, der Tatrichter sich dieses Umstandes möglicherweise nicht bewußt war und nicht ausgeschlossen werden kann, daß er andernfalls die Strafe geringer bemessen hätte. Schon ohne diese Voraussetzungen einen Rechtsfehler anzunehmen, verbietet sich nach § 267 Abs. 3 StPO.

Hiernach ist der Revisionsangriff begründet. Die Strafkammer hat die Frage des Mitverschuldens nicht erörtert, obwohl dies nach den Feststellungen besonders nahe lag.

50. Im Urteil dürfen nicht ausschließlich strafmildernde Umstände erörtert werden.

StPO § 267 III – BGH Urt. v. 30. 9. 1952 – 2 StR 675/51 LG Osnabrück (= BGHSt. 3, 179 = NJW 1952, 1306)

Die Revision der Staatsanwaltschaft rügt, daß das Urteil ausschließlich solche Umstände erörtert, die auf eine geringe Schuld des Angeklagten hindeuten oder jedenfalls wegen seiner Persönlichkeit eine geringe Strafe fordern.

Der Sachverhalt ergibt sich aus dem Revisionsvorbringen. – Das Rechtsmittel hatte Erfolg.

Gründe: Die Strafzumessungsgründe leiden an folgendem Mangel: Die Grundlage der Strafzumessung bilden für den Richter die Bedeutung der Tat für die durch sie verletzte Rechtsordnung und der Grad der persönlichen Schuld des Täters (RGSt 58, 106, 109). Beide Gesichtspunkte muß der Richter berücksichtigen und gegeneinander abwägen, wenn er die Strafe bemißt. Gegen diesen rechtlichen Grundsatz kann die Strafkammer verstoßen haben; denn sie führt in den Strafzumessungsgründen nur zwei Umstände an, die sie beide dem Angeklagten als schuldmindernd anrechnet.

Allerdings muß nach § 267 Abs. 3 StPO das Urteil nur die Umstände angeben, die für die Strafzumessung bestimmend gewesen sind. Eine erschöpfende Darstellung ist weder vorgeschrieben noch möglich. Erörtert das Urteil jedoch ausschließlich solche Umstände, die auf eine geringe Schuld des Angeklagten hindeuten oder jedenfalls wegen seiner Persönlichkeit eine geringe Strafe fordern, so spricht dies dafür, daß der Richter die Frage, wie schwer die Tat wiege, nicht geprüft und deshalb die Unrechtstat selbst mit ihren Folgen nicht berücksichtigt hat. Darin liegt ein Verstoß gegen § 267 Abs. 3 StPO und zugleich ein sachlicher Mangel. Auf ihm kann im vorliegenden Falle die Einstellung des Verfahrens beruhen.

51. Der Umstand, daß der Angeklagte durch Leugnen die Vernehmung jugendlicher Zeugen veranlaßt, darf nicht strafschärfend verwertet werden.

StPO § 267 III – BGH Urt. v. 30. 8. 1951 – 3 StR 494/51 LG Berlin (= BGHSt. 1, 342)

Die Revision rügt, daß das Gericht den Umstand, daß der Angeklagte das ihm zur Last gelegte Verbrechen geleugnet hat und deshalb die Vernehmung einer jugendlichen Zeugin in der Hauptverhandlung erforderlich wurde, strafschärfend berücksichtigt hat.

Der Sachverhalt ergibt sich aus dem Revisionsvorbringen. – Das Rechtsmittel hatte Erfolg.

Gründe: Selbst hartnäckiges Leugnen kann nur dann strafschärfend wirken, wenn daraus ungünstige Schlüsse auf die Persönlichkeit des Angeklagten, insbesondere auf sein inneres Verhalten zur Tat, zu ziehen sind. Das ist in der Rechtsprechung und im Schrifttum feststehende Meinung und auch vom 4. Strafsenat des Bundesgerichtshofes im Urteil vom 5. 4. 1951 – BGHSt. 1, 103 (4 StR 113/50; vgl. § 250 erfolgreiche Rügen) – erneut ausgesprochen worden.

Daß das Gericht diese Überzeugung gewonnen hat, muß das Urteil deutlich erkennen lassen. Das ist hier nicht der Fall. Allerdings scheint das Landgericht nachteilige Schlüsse auf die Persönlichkeit des Angeklagten daraus gezogen zu haben, daß er durch sein Leugnen Veranlassung gegeben hat, die 14jährige W. St. in der Hauptverhandlung zeugenschaftlich zu vernehmen. Denn dies hebt es als Begründung für die strafschärfende Verwertung des Leugnens besonders hervor. Ein solches Verfahren würde nichts anderes bedeuten, als daß auf den Angeklagten ein Zwang ausgeübt würde, und dies, bevor eine Beweisaufnahme stattgefunden hätte, und zu dem ausgesprochenen Zwecke, von der Beweisaufnahme absehen zu können. Das aber verstößt gegen grundlegende Sätze des Verfahrensrechts. Nicht nur ist der schuldige Angeklagte nicht verpflichtet, ein Geständnis abzulegen. Der Angeklagte ist überhaupt nicht gehalten, sich zu dem Tatverdacht zu äußern. Vielmehr ist, wie die Vorschrift des § 136 StPO ergibt, ihm freigestellt, ob er dies tun will. Er hat ferner einen Anspruch darauf, daß der Zeuge, der ihn belastet, seine Bekundungen in der Hauptverhandlung vor den zur Entscheidung berufenen Richtern in seiner und aller Prozeßbeteiligten Gegenwart in der vom Gesetz vorgeschriebenen Form macht. Im Strafverfahren geht es nicht nur um die Frage, ob der Angeklagte schuldig geworden ist und Strafe verdient hat, sondern um seine bürgerliche Ehre und sein Dasein. Deshalb muß der Wunsch, Kindern und Jugendlichen nicht erneut die Vorgänge eines an ihnen begangenen Sittlichkeitsdeliktes ins Gedächtnis zurückzurufen, zurücktreten vor dem Interesse des Angeklagten, daß die Wahrheit der im Ermittlungsverfahren gemachten, ihn belastenden oder auch ihn entlastenden Bekundungen durch Vernehmung der Zeugen vor dem erkennenden Gericht erhärtet wird. Im übrigen können auch im Einzelfalle angesichts der Notwendigkeit erschöpfender Aufklärung des Sachverhaltes schwerwiegende Bedenken bestehen, bei der Aburteilung von Sittlichkeitsdelikten, an denen Kinder als Verletzte beteiligt sind, auf die Vernehmung dieser Kinder zu verzichten, wenn der Angeklagte ein Geständnis ablegt.

Erfolglose Rügen

1. Die schriftlichen Urteilsgründe dienen nicht dazu, all das zu dokumentieren, was in der Hauptverhandlung an Beweisen erhoben wurde.

StPO § 267 – BGH Beschl. v. 4. 5. 1999 – 1 StR 104/99 LG Nürnberg (= NStZ-RR 1999, 272)

Die Revision rügt, daß eine Seite der Urteilsgründe fehlte.

Der Sachverhalt ergibt sich aus den Entscheidungsgründen. – Das Rechtsmittel war erfolglos.

Gründe: ... Daß Seite 125 der Urteilsgründe (bereits in der Urschrift) fehlt, gefährdet den Bestand des Urteils nicht. Sie enthielt offenkundig nur einen weiteren Teil (lit. g bis i) der überflüssigen Aufzählung und Beschreibung unter der Überschrift „Eingeführte und zum Gegenstand der Hauptverhandlung gemachte Schriftstücke und Urkunden" von lit. a bis p.

3. Die Abfassung dieses Urteils (203 Seiten für 6 einfach gelagerte, auf wenigen Seiten darzustellende Verurteilungen) gibt erneut Anlaß zu dem Hinweis, daß die schriftlichen Urteilsgründe nicht dazu dienen, all das zu dokumentieren, was in der Hauptverhandlung an Beweisen erhoben wurde, sie sollen nicht das vom Gesetzgeber abgeschaffte Protokoll über den Inhalt von Angeklagten- und Zeugenäußerungen ersetzen, sondern das Ergebnis der Hauptverhandlung wiedergeben und die Nachprüfung der getroffenen Entscheidung ermöglichen. Deswegen ist es regelmäßig verfehlt, nach den tatsächlichen Feststellungen (und der überflüssigen Aufzählung der in der Hauptverhandlung erhobenen Beweismittel, auf denen das Urteil beruhen soll) die Aussagen der Zeugen umfänglich wiederzugeben. Dies kann die Würdigung der Beweise nicht ersetzen. Mit der Beweiswürdigung soll der Tatrichter – unter Berücksichtigung der Einlassung des Angeklagten – lediglich belegen, warum er bestimmte bedeutsame tatsächliche Umstände so festgestellt hat. Hierzu wird er Zeugenäußerungen, Urkunden oder ähnliches heranziehen, soweit deren Inhalt für die Überzeugungsbildung nach dem Ergebnis der Beratung wesentlich ist (BGH, NStZ 1997, 377 [BGH Beschl. v. 8. 11. 1996 – 2 StR 534/96; vgl. § 261 StPO erfolgreiche Rügen]; BGHR StGB § 46 I Begründung 12).

Verfahrensvorgänge (Zeugenbelehrung, Vorhalte, Entbindungen von Schweigepflichten) sind nicht Gegenstand der Urteilsgründe. Desgleichen nicht der Gang der Ermittlungen, es sei denn, dortige Vorkommnisse dienten gerade zur Begründung bestimmter Feststellungen.

2. Bei einem Tatzeitraum von 5 Jahren und 8 Monaten sind Taten angesichts möglicher weiterer Verfehlungen gleicher oder ähnlicher Art nicht mehr hinlänglich bestimmt, um abgeurteilt werden zu können.

StPO § 267 – BGH Urt. v. 16. 12. 1998 – 2 StR 445/98 LG Mainz (= NStZ 1999, 208)

Die Revision der Staatsanwaltschaft rügt, der Teilfreispruch sei inhaltlich rechtsfehlerhaft. Daß nach dem Ergebnis der Hauptverhandlung die Mißbrauchstaten zum Nachteil des Kindes E. nicht in den von der Anklage bezeichneten Tatzeitraum fielen und sich auch sonst zeitlich nicht näher einordnen ließen, hätte das Landgericht nicht daran hindern dürfen, den Angeklagten auch wegen dieser Taten zu verurteilen.

Sachverhalt: Die unverändert zugelassene Anklage hatte dem Angeklagten – außer den beiden abgeurteilten, im März 1994 an T. begangenen Taten – zur Last gelegt, sich in der Zeit zwischen dem 5. und 16. 4. 1993 auch zweimal an dem seinerzeit 10 Jahre alten E. vergangen zu haben. Der Anklagesatz beschreibt diese Tatvorwürfe wie folgt: Während der Schulferien, die das Kind in der Wohnung seiner Großmutter und ihres Lebensgefährten, des Angeschuldigten, verbracht habe, sei dieser einmal morgens im Schlafanzug zur Matratze des Jungen gegangen, habe die Hosen bis zu den Knien herabgezogen, sich zu ihm gelegt, sein Geschlechtsteil an Fuß und Bein des Kindes gerieben und auf dessen Bein ejakuliert; ein andermal habe er im Wohnzimmer auf der Couch das Kind auf den Schoß genommen, den Hosenlatz geöffnet, sein Geschlechtsteil hervorgeholt und es bis zum Samenerguß am Körper des Jungen gerieben.

Von diesem Anklagevorwurf hat das Landgericht den Angeklagten freigesprochen, nachdem er zu dem Ergebnis gelangt war, daß die von E. glaubhaft geschilderten Taten sich mit erheblicher Wahrscheinlichkeit vor dem „angeklagten Tatzeitraum" ereignet hätten, ohne daß festzustellen gewesen sei, wann. E. sei nach den übereinstimmenden Aussagen seiner Mutter und Großmutter zwar öfter wochenends und in den Schulferien bei dem Angeklagten und dessen Lebensgefährtin gewesen, nicht aber in den Osterferien 1993 und ebensowenig im Jahre 1994; auch die Sommerferien 1993 kämen als Tatzeitraum nicht in Betracht, da der Angeklagte damals nach einer Operation im Krankenhaus und in Kur gewesen sei. – Das Rechtsmittel war erfolglos.

Gründe: Der Teilfreispruch hält rechtlicher Nachprüfung stand.

Die Mißbrauchshandlungen, die E. als solche glaubhaft geschildert hatte, waren so, wie sie sich nach dem Ergebnis der Hauptverhandlung darstellen, nicht genügend bestimmt, um den Gegenstand einer Verurteilung bilden zu können (§ 267 I 1 StPO; vgl. BGH NStZ 1994, 555 [BGH Urt. v. 29. 6. 1994 – 2 StR 250/94; vgl. § 267 StPO erfolgreiche Rügen]); denn die Tatzeiten hatten auch nicht annähernd – etwa in der Form einer hinlänglich begrenzten Zeitspanne – festgestellt werden können.

Zwar ist die Feststellung der Tatzeit nicht stets zur Individualisierung der Tat als eines konkreten, von gleichen oder ähnlichen Vorfällen abgrenzbaren Geschehens notwendig; eine Tat kann auch unabhängig vom Zeitpunkt ihrer Begehung durch andere tatsächliche Merkmale, etwa das Opfer (z.B. bei Tötungsverbrechen), einen einmaligen Tatserfolg oder die sie sonst kennzeichnenden Umstände, derart konkretisiert sein, daß Zweifel an ihrer Unterscheidbarkeit von anderen Taten nicht aufkommen können (BGHR StPO § 200 I 1 Tat 8).

So verhielt es sich hier jedoch nicht. Sexueller Mißbrauch von Kindern begegnet innerhalb eines häuslich-familiären Bereichs typischerweise als Mehrzahl von Übergriffen, die sich nicht selten gleichförmig, weil einem bestimmten Handlungsmuster folgend, über längere Zeit hinweg wiederholen. Zur Individualisierung solcher Taten bedarf es daher regelmäßig auch ihrer zeitlichen Einordnung. Dies entspricht den Anforderungen, die bei Serientaten dieser Art schon an die Anklage zu stellen sind; es muß außer dem Tatopfer, den wesentlichen Grundzügen des Geschehens und der Mindestzahl der Fälle insbesondere ein bestimmter Tatzeitraum angeben (st. Rspr.; BGHSt. 40, 44, 46 [BGH Urt. v. 11. 1. 1994 – 5 StR 682/93; vgl. § 200 StPO erfolglose Rügen]; BGHR StPO § 200 I 1 Tat 14; zuletzt BGH NJW 1998, 3788 [BGH Urt. v. 29. 7. 1998 – 1 StR 94/98 = BGHSt. 44, 153; vgl. §§ 200, 261 erfolgreiche Rügen]). Keine geringeren Anforderungen gelten für die Individualisierung der Tat, die sie nach dem Ergebnis der Verhandlung aufweisen muß, um zum Gegenstand einer Verurteilung gemacht werden zu können.

Die beiden Mißbrauchstaten zum Nachteil des Kindes E. erfüllten diese Voraussetzungen nicht. Es wäre anders, stünde zweifelsfrei fest, daß sich der Angeklagte insgesamt nur zweimal an diesem Kinde vergangen haben kann; so verhält es sich aber – zieht man den Inhalt der Anklageschrift in Betracht – hier nicht. Ohne Feststellungen zur Tatzeit ließen sich daher die hier in Rede stehenden Taten nicht zuverlässig von weiteren gleichartigen oder ähnlichen Taten des Angeklagten abgrenzen. Die für die Taten in Frage kommende Zeitspanne war dafür zu weit. Wie in den Urteilsgründen mitgeteilt ist, hatte E. einmal angegeben, er sei erstmals im Alter von 5 oder 6 Jahren (also 1987, 1988 oder 1989) vom

Angeklagten mißbraucht worden. Das Landgericht führt dazu aus, dies spreche dafür, daß sich die geschilderten Vorfälle möglicherweise „mehrere Jahre vor dem angeklagten Tatzeitraum" abgespielt hätten. Nimmt man E. Geburtstag, an dem er 5 Jahre alt wurde (25. 7. 1987) und den ersten Tag vor Beginn des Anklagezeitraums (4. 4. 1993) als Begrenzungsdaten, so handelt es sich um eine Zeitspanne von über 5 Jahren und 8 Monaten. Bei solcher Weite des in Betracht zu ziehenden Tatzeitraums waren die Taten jedenfalls angesichts möglicher weiterer Verfehlungen gleicher oder ähnlicher Art nicht mehr hinlänglich bestimmt, um abgeurteilt werden zu können.

3. Mögliche Meßungenauigkeiten im Laser-Meßverfahren können nur innerhalb einer Aufklärungsrüge gerügt werden.

StPO § 267; OWiG § 71 I – BGH Beschl. v. 30. 10. 1997 – 4 StR 24/97 OLG Köln (= BGHSt. 43, 277 = NJW 1998, 321)

Die Rechtsbeschwerde rügt mit der Sachrüge die Feststellung einer Geschwindigkeitsübertretung mit dem Laser-Meßverfahren und beruft sich auf Meßungenauigkeiten und die unterlassene richterliche Aufklärung des Tatherganges.

Sachverhalt: Das Amtsgericht hat gegen den Betroffenen wegen fahrlässiger Überschreitung der zulässigen Höchstgeschwindigkeit eine Geldbuße von 100 DM festgesetzt.

Nach den Feststellungen befuhr der Betroffene als Führer eines Personenkraftwagens die innerorts von Jülich gelegene Waldstraße, in der durch Vorschriftzeichen nach § 41 Abs. 2 Nr. 7 StVO (Zeichen 274) die zulässige Höchstgeschwindigkeit auf 30 km/h beschränkt war, mit einer Geschwindigkeit von 56 km/h.

Der Betroffene hat bestritten, zu schnell gefahren zu sein. Etwa an der Stelle, an der der messende Beamte gestanden habe, habe ein breiter Tieflader die Straße fast versperrt, so daß er seine Geschwindigkeit habe reduzieren müssen.

Zur Ermittlung der Geschwindigkeit hat das Amtsgericht ausgeführt: „... die Geschwindigkeit seines Fahrzeugs (wurde) durch den Polizeibeamten F. mit Hilfe des Laser-Meßgerätes LTI 20/20 TS/KM gemessen. Der am Gerät ausgebildete Zeuge, der auch der verantwortliche Meßtruppführer war, fixierte mit der auf dem Gerät befestigten Visiereinrichtung das Kennzeichen des Kraftfahrzeuges des Betroffenen. Er löste das Meßgerät aus, als sich das Fahrzeug des Betroffenen in einer Distanz von 201 m befand. Das Gerät zeigte daraufhin die gemessene Geschwindigkeit von 59 km/h an. Für das Gerät bestehen laut Zulassungsschein Eichfehlergrenzen von 3 km/h bei gemessenen Geschwindigkeiten bis 100 km/h. Abzüglich eines Toleranzwertes von somit 3 km/h ergab sich eine vorwerfbare Geschwindigkeit von 56 km/h. Der Betroffene hatte die zulässige Höchstgeschwindigkeit von 30 km/h um 26 km/h überschritten."

Das Oberlandesgericht Köln, das die Rechtsbeschwerde zugelassen hat, beabsichtigt, sie zu verwerfen. Es hält die Verfahrensrüge für unzulässig, da sie nicht den Voraussetzungen des § 344 Abs. 2 StPO i.V.m. § 79 Abs. 3 Satz 1 OWiG entspreche. Das Oberlandesgericht sieht auch die Sachbeschwerde als unbegründet an. Einer Verwerfung der Beschwerde steht nach seiner Ansicht jedoch der Beschluß des Oberlandesgerichts Frankfurt am Main vom 5. 7. 1995 – 2 Ws (B) 400/95 OWiG-(NZV 1995, 458) entgegen. Dieses hat in der genannten Entscheidung, der ebenfalls ein Verfahren wegen Geschwindigkeitsüberschreitung und eine Geschwindigkeitsmessung mit dem Lasermeßgerät LTI 20/20 (sog. „Laserpistole") zugrunde lag, das angefochtene Urteil auf die Sachrüge des Betroffenen aufgehoben und dabei beanstandet, es hätte festgestellt werden müssen, „daß bei einem weiteren Fahrzeug auf einer Fahrbahn (links oder rechts?) neben dem Fahrzeug des Betroffenen eine Fehlmessung ausgeschlossen ist". Da bei der Messung das Kennzeichen (Mitte) anvisiert worden sei, hätte es im Urteil der Feststellung bedurft, wie groß die bestrahlte Fläche war, und ferner, ob dabei sichergestellt gewesen sei, daß die Fläche nicht von anderen Gegenständen beeinflußt wurde.

Das Oberlandesgericht Köln vertritt demgegenüber im Anschluß an die Senatsentscheidung BGHSt. 39, 291 die Auffassung, daß in Fällen, in denen die Überzeugung des Tatrichters auf Meßergebnissen beruht, die mit anerkannten Geräten in einem weithin standardisierten Verfahren gewonnen worden sind, im Rahmen der Beweiswürdigung Fehlerquellen nur dann erörtert zu werden brauchen, wenn der Einzelfall hierzu Veranlassung gibt. Bei derartigen Routinemessungen sei davon auszugehen, daß dem Tatrichter die Möglichkeit technischer Mängel und menschlicher Fehlleistungen auch ohne entsprechende Darlegung in den Urteilsgründen bewußt gewesen sei. Er sei daher nicht verpflichtet, ohne besonderen Anlaß weitergehende Erörterungen über die Zuverlässigkeit der Meßmethode oder mögliche Fehlerquellen anzustellen. Vielmehr genüge in derartigen Fällen die Angabe des angewandten Meßverfahrens und des Toleranzwertes. – Das Rechtsmittel war erfolglos.

Gründe: Kommt der Tatrichter in diesen Fällen seiner Pflicht zur Aufklärung – etwa nach einem Beweisantrag – nicht nach, so kann, wenn die tatsächlichen Grundlagen, aus denen die Zweifel an der Zuverlässigkeit der Messung resultieren, in den Urteilsfeststellungen keinen Niederschlag gefunden haben, dies im Rechtsbeschwerdeverfahren nicht mit der Sachrüge, sondern nur mit einer Verfahrensrüge beanstandet werden (vgl. BGHSt. 39, 291, 301/302 [BGH Beschl. v. 19. 8. 1993 – 4 StR 627/92; vgl. § 267 StPO erfolglose Rügen]). ...

4. Nur bei nicht eindeutigen Augenscheinsobjekten (hier: Radarfoto) muß das Gericht Ausführungen zur Täteridentifizierung und Qualität des Beweismaterials machen.

StPO § 267; OWiG § 71 I – BGH Beschl. v. 19. 12. 1995 – 4 StR 170/95 OLG Köln (= BGHSt. 41, 376 = NJW 1996, 1420 = StV 1996, 413 = NStZ 1996, 150)

Der Betroffene rügt, daß die Identitätsfeststellung aufgrund eines Radarfotos im Vergleich mit der Anwesenden Person im Gerichtssaal nicht ausreicht, um eine zweifelsfreie Fahreridentifizierung durchzuführen.

Sachverhalt: Das Amtsgericht hat gegen den Betroffenen, der sich nicht zur Sache eingelassen hat, wegen fahrlässiger Überschreitung der innerorts zulässigen Höchstgeschwindigkeit (§ 3 Abs. 3, § 49 Abs. 1 Nr. 3 StVO, § 24 StVG) eine Geldbuße und ein Fahrverbot verhängt. Den Feststellungen zum Geschwindigkeitsverstoß liegt eine Radarmessung zugrunde. Die Überzeugung davon, daß der Betroffene Fahrer des Fahrzeugs war, hat das Amtsgericht aufgrund des Radarfotos gewonnen. Insofern heißt es in dem Urteil:

„Die vom Sachverständigen vorgelegte Ausschnittsvergrößerung des Fahrers aus dem Tatfoto zeigt den Betroffenen. Das ergibt sich, obwohl der Betroffene auf dem Foto eine Sonnenbrille trägt, aus der Kopfform, dem Haaransatz, der Kopfhaltung, dem Gesichtsschnitt, dem Oberlippenbart und auch aus der Form des rechten Ohres. Es ist deutlich und offensichtlich, daß der Betroffene, der im Termin zugegen war, derjenige ist, der auf dem Tatfoto abgebildet ist." Auf die Rechtsbeschwerde des Betroffenen möchte das zur Entscheidung berufene Oberlandesgericht Köln das Urteil aufheben. Es ist der Ansicht, das angefochtene Urteil genüge nicht den Anforderungen, die bei der Identifizierung des Fahrers aufgrund eines Radarfotos an die Urteilsgründe zu stellen seien. Der Tatrichter dürfe sich nicht damit begnügen, die an dem Betroffenen und die auf dem Lichtbild festgestellten charakteristischen Merkmale, aufgrund derer er von der Identität des Betroffenen mit dem abgebildeten Fahrer überzeugt sei, aufzulisten. Vielmehr müsse er „konkret angeben, wie diese Merkmale beschaffen (seien)". Er müsse „also eine konkrete, wenn auch knappe und auf das Wesentliche konzentrierte Beschreibung seines optischen Eindrucks liefern".

An der beabsichtigten Entscheidung sieht sich das Oberlandesgericht Köln durch den Beschluß des Oberlandesgerichts Oldenburg vom 12. 11. 1993 – Ss 448/93 – (VRS 87, 202) gehindert. Danach müssen „die Angaben im tatrichterlichen Urteil zur Identitätsfeststellung eines Betroffenen anhand eines Radarfotos im Vergleich mit seinem persönlichen Erscheinungsbild zwar mehrere hierfür generell geeignete charakteristische und individualisierende Merkmale umfassen". Deren nähere Umschreibung soll „jedoch wegen tatsächlich wie rechtlich fehlender Nachprüfmöglichkeit durch das Rechtsbeschwerdegericht nicht erforderlich" sein.

Das Oberlandesgericht Köln hat deshalb die Sache dem Bundesgerichtshof zur Entscheidung folgender Rechtsfrage vorgelegt:

„Muß zur Identitätsfeststellung eines Betroffenen anhand von Lichtbildern, die bei Verkehrsverstößen als Belegfotos gefertigt worden sind, das Urteil Ausführungen über die einerseits aus den Bildern und andererseits an dem Betroffenen erkennbaren charakteristischen Identifizierungsmerkmale sowie über die Art und das Maß der Übereinstimmung dieser jeweils festgestellten Merkmale enthalten oder genügt die Angabe von mehreren generell geeigneten charakteristischen und individualisierenden Merkmalen, ohne daß deren nähere Beschreibung erforderlich ist?" – Das Rechtsmittel war erfolglos.

Gründe:

a) Auch hinsichtlich der Identifizierung eines Betroffenen anhand eines Lichtbildes sind der freien Beweiswürdigung durch den Tatrichter indes Grenzen gesetzt. So läßt etwa ein sehr unscharfes Foto oder ein Foto, auf dem das Gesicht des Fahrers nicht oder nur zu einem geringen Teil abgebildet ist, eine Identifizierung durch bloßen Vergleich mit dem in der Hauptverhandlung anwesenden Betroffenen nach den Erfahrungssätzen des täglichen Lebens regelmäßig nicht zu. Je nach Qualität und Inhalt des Bildes können sich ein Vergleich mit dem persönlich anwesenden Betroffenen und der Schluß auf seine Täterschaft von vornherein als schlechterdings unmöglich und willkürlich erweisen. Sieht der Tatrichter den Betroffenen gleichwohl aufgrund des Lichtbildes als überführt an, so leidet das Urteil an einem Rechtsfehler, der im Rechtsbeschwerdeverfahren mit der Sachrüge beanstandet werden kann. Soweit der Senat in der Entscheidung BGHSt. 29, 18, 22 (BGH Beschl. v. 7. 6. 1979 – 4 StR 441/78; vgl. § 261 StPO erfolglose Rügen) die Auffassung vertreten hat, das Rechtsbeschwerdegericht dürfe, da ihm eine eigene Auswertung des Radarfotos verschlossen sei, auch nicht prüfen, ob das vom Tatrichter in Augenschein genommene Lichtbild für die Überzeugungsbildung (überhaupt) ergiebig sei, hält er hieran in dieser Allgemeinheit nicht fest. Allerdings setzt auch diese Prüfung eine Wertung und Würdigung des Beweismittels voraus. Diese Wertung und Würdigung ist aber – wenn auch beschränkt auf den Maßstab, den die wissenschaftlichen Erkenntnisse, die Gesetze der Logik und die Erfahrungssätze des täglichen Lebens vorgeben – überprüfbar und auch ohne Rekonstruktion der Hauptverhandlung möglich.

b) Daraus folgt für die Anforderungen an die Urteilsgründe: Diese müssen so gefaßt sein, daß das Rechtsbeschwerdegericht prüfen kann, ob das Belegfoto überhaupt geeignet ist, die Identifizierung einer Person zu ermöglichen.

aa) Diese Forderung kann der Tatrichter dadurch erfüllen, daß er in den Urteilsgründen auf das in der Akte befindliche Foto gemäß § 267 Abs. 1 Satz 3 StPO i.V.m. § 71 Abs. 1 OWiG Bezug nimmt. Aufgrund der Bezugnahme, die deutlich und zweifelsfrei zum Ausdruck gebracht sein muß (vgl. auch BayObLG NZV 1995, 163, 164), wird das Lichtbild zum Bestandteil der Urteilsgründe. Das Rechtsmittelgericht kann die Abbildung aus eigener Anschauung würdigen und ist daher auch in der Lage zu beurteilen, ob es als Grundlage einer Identifizierung tauglich ist (vgl. OLG Celle VM 1985, 53; OLG Stuttgart VRS 77, 365; OLG Karlsruhe DAR 1995, 337).

Macht der Tatrichter von der Möglichkeit des § 267 Abs. 1 Satz 3 StPO Gebrauch, so sind darüber hinausgehende Ausführungen zur Beschreibung des abgebildeten Fahrzeugführers entbehrlich, wenn das Foto – wie etwa ein (Front-)Radarfoto, das die einzelnen Gesichtszüge erkennen läßt – zur Identifizierung uneingeschränkt geeignet ist. Es bedarf weder einer Auflistung der charakteristischen Merkmale, auf die sich die Überzeugung von der Identität mit dem Betroffenen stützt, noch brauchen diese Merkmale und das Maß der Übereinstimmung beschrieben zu werden. Solche Ausführungen wären auch überflüssig und ohne Wert: Die Überprüfung, ob der Betroffene mit dem abgebildeten Fahrer identisch ist, steht dem Rechtsmittelgericht ohnehin nicht zu und wäre ihm zudem unmöglich. Als Grundlage für die Überprüfung der generellen Ergiebigkeit des Fotos könnten Beschreibungen der Abbildung dem Rechtsmittelgericht keine besseren Erkenntnisse vermitteln, als sie ihm aufgrund der – durch die Bezugnahme ermöglichten – eigenen Anschauung zur Verfügung stehen.

Daraus, daß § 267 Abs. 1 Satz 3 StPO eine Verweisung nur „wegen der Einzelheiten" erlaubt, folgt nicht, daß der Tatrichter auch im Falle der Bezugnahme die abgebildete Person (nach Geschlecht, geschätztem Alter, Gesichtsform und weiteren, näher konkretisierten Körpermerkmalen) zu beschreiben hätte. Mit der Beschränkung der Verweisungsbefugnis auf „die Einzelheiten" will das Gesetz sicherstellen, daß die Schilderung des „Aussagegehalts" der in Bezug genommenen Abbildung nicht ganz entfällt; die Urteilsgründe müssen aus sich selbst heraus verständlich bleiben. In den hier zu beurteilenden Fallgestaltungen – Foto aus einer Verkehrsüberwachung – reicht es dazu aber aus, wenn das Urteil mitteilt, daß es sich bei dem in Bezug genommenen Lichtbild um ein – nach Aufnahmeort und -zeit näher bezeichnetes – Radarfoto (Foto einer Rotlichtüberwachungsanlage usw.) handelt, das das Gesicht einer männlichen oder weiblichen Person zeigt. Weitere Angaben sind, um den Verständniszusammenhang zu wahren, nicht erforderlich (OLG Stuttgart VRS 77, 365).

5. Bei einer erst nach Jahren aufgedeckten Vielzahl sexueller Übergriffe auf ein allein als Beweismittel zur Verfügung stehendes Kind dürfen an die Individualisierbarkeit der einzelnen Taten im Urteil keine übersteigerten Anforderungen gestellt werden.

StPO § 267 – BGH Beschl. v. 10. 5. 1994 – 5 StR 239/94 LG Berlin (= NStZ 1994, 502)

Die Revision rügt die Verletzung sachlichen Rechts.

Der Sachverhalt ergibt sich aus den Entscheidungsgründen. – Das Rechtsmittel war erfolglos.

Gründe: Anders als bei dem Sachverhalt, welcher dem zur Veröffentlichung bestimmten Beschluß des 3. Strafsenats vom 25. 3. 1994 (BGH Beschl. v. 25. 3. 1994 – 3 StR 18/94; vgl. § 267 StPO erfolgreiche Rügen) zugrunde lag, ist die finale Verknüpfung zwischen der Gewalt und den sexuellen Handlungen hier in allen Einzelfällen ausreichend belegt. Diese Entscheidung steht deshalb nicht entgegen. Auf die weitergehenden Ausführungen in dem genannten Beschluß zu den Anforderungen an die Mindestfeststellungen bei Sexualstraftaten der hier vorliegenden Art, insbesondere zum Individualisierungserfordernis für die Einzeltaten, kommt es deshalb nicht an. Zwar mag eine allzu pauschale Darstellung in Einzelfällen, anders als hier, insbesondere Zweifel an der ausreichenden Feststellung des jeweiligen Einsatzes der in §§ 177, 178 StGB geforderten Nötigungsmittel begründen. Indes dürfen bei einer erst nach Jahren aufgedeckten Vielzahl sexueller Übergriffe auf ein allein als Beweismittel zur Verfügung stehendes Kind, wie hier, zur Vermeidung gewichtiger Strafverfolgungslücken an die Individualisierbarkeit der einzelnen Taten im Urteil keine übersteigerten Anforderungen gestellt werden (vgl. zur Anklage BGH MDR 1994, 399, 400). Eine Überzeugungsbildung des Tatrichters, die, von dem Gesamtbild des Geschehensablaufs ausgehend, in einem festliegenden Zeitraum eine Mindestzahl der nicht notwendig durch individuelle Merkmale voneinander unterscheidbaren Einzeltaten feststellt, ist nicht etwa grundsätzlich methodisch verfehlt; sie ist hinzunehmen, wenn sie, wie hier, zur sicheren Überzeugung des Tatrichters von der Begehung (mindestens) aller dieser Taten führt.

Da Delikte wie die hier abgeurteilten nach dem Beschluß des Großen Senats für Strafsachen nicht mehr zu einer fortgesetzten Handlung verbunden werden können, ist ungeachtet der – nur mangels Beschwer möglichen – Aufrechterhaltung des Schuldspruchs wegen einer fortgesetzten Handlung unter Aufgabe der Grundsätze von BGHSt. 19, 280, 285 für diese Fallgestaltung den Grundsätzen von BGHR StPO § 260 I Teilfreispruch 4 (BGH Beschl. v. 7. 1. 1988 – 4 StR 69/87; vgl. § 260 StPO erfolgreiche Rügen) folgend ein Teilfreispruch geboten, wenn Anklage und Eröffnungsbeschluß – wie hier (320 Fälle) – von einer größeren Zahl von Einzelakten ausgegangen sind, als sie dem Urteil zugrunde liegen.

6. Die Feststellung, daß ein Betroffener die zulässige Höchstgeschwindigkeit in einer bestimmten Höhe überschritten hat, kann allein auf der Grundlage eines Geständnisses getroffen werden.

StPO § 267 – BGH Beschl. v. 19. 8. 1993 – 4 StR 627/92 OLG Köln (= BGHSt. 39, 291 = NJW 1993, 3081 = NStZ 1993, 592)

Die Rechtsbeschwerde rügt die Verletzung sachlichen Rechts und wendet sich gegen die Verhängung des Fahrverbots gegen den Betroffenen.

Sachverhalt: Das Amtsgericht hat gegen den Betroffenen wegen fahrlässiger Überschreitung der zulässigen Höchstgeschwindigkeit (§ 41 Abs. 2, § 49 StVO, § 25 StVG) eine Geldbuße von 300 DM und ein Fahrverbot von einem Monat verhängt. Nach den Feststellungen hielt der Betroffene mit seinem Pkw auf der Bundesautobahn „unter Abzug des Toleranzwertes eine Fahrgeschwindigkeit von 157 km/h ein, obwohl die dort zulässige Höchstgeschwindigkeit auf 100 km/h begrenzt war". Er hat den festgestellten Sachverhalt eingeräumt, sich jedoch dahin eingelassen, er habe die Verkehrszeichen übersehen.

Das zur Entscheidung über das Rechtsmittel berufene Oberlandesgericht Köln hält die Rechtsbeschwerde jedenfalls zum Schuldspruch für unbegründet, sieht sich aber an der Verwerfung des Rechtsmittels durch die Beschlüsse des Oberlandesgerichts Düsseldorf v. 16. 11. 1990 – 5 Ss (OWi) 378/90 – (OWi) 155/90 I – (VRS 81, 208), v. 13. 8. 1991 – 5 Ss (OWi) 312/91 – (OWi) 130/91 – (VRS 82, 50) und v. 30. 10. 1991 – 5 Ss (OWi) 432/91 – (OWi) 175/91 I – (VRS 82, 367) gehindert: Das Oberlandesgericht Düsseldorf vertrete die Ansicht, die Feststellung, der Betroffene habe die zulässige Höchstgeschwindigkeit um einen bestimmten Wert überschritten, könne „schlechterdings nicht auf einem Geständnis beruhen".

Das Oberlandesgericht Köln hat deshalb die Sache gemäß § 79 Abs. 3 Satz 1 OWiG, § 121 Abs. 2 GVG dem Bundesgerichtshof zur Entscheidung folgender Rechtsfrage vorgelegt: „Kann die Feststellung, daß ein Betroffener die zulässige Höchstgeschwindigkeit in einer bestimmten Höhe überschritten hat, auf der Grundlage eines Geständnisses getroffen werden, oder ist dies ‚schlechterdings' ausgeschlossen?"

Der Generalbundesanwalt hat beantragt, wie folgt zu erkennen: „Stützt der Tatrichter die Verurteilung wegen fahrlässiger Überschreitung der zulässigen Höchstgeschwindigkeit allein auf ein uneingeschränktes Geständnis des Betroffenen, so stellt es keinen sachlichrechtlichen Mangel des Urteils dar, wenn in den Urteilsgründen neben der Tatsache des Geständnisses nicht auch noch die zur Feststellung der eingehaltenen Geschwindigkeit angewendete Meßmethode und die Berücksichtigung möglicher Meßfehlerquellen dargelegt wird." – Das Rechtsmittel war erfolglos.

Gründe: ...
III. ...

1. Die im vorliegenden Ordnungswidrigkeitenverfahren zutage getretenen unterschiedlichen Auffassungen – vor allem der Oberlandesgerichte – zur Bedeutung eines Geständnisses für die Feststellung einer bestimmten Geschwindigkeit sind weniger in der rechtli-

chen Einordnung des Geständnisses und den daraus folgenden Anforderungen an die tatrichterlichen Feststellungen begründet. Ursache ist vielmehr die in zahlreichen oberlandesgerichtlichen Entscheidungen in unterschiedlicher Gewichtung vertretene Auffassung, der Tatrichter habe in den Urteilsgründen unter anderem darzulegen, ob die Geschwindigkeit mit einem zugelassenen und geeichten Gerät gemessen worden ist, ob die Betriebsanleitung beachtet worden ist und ob die Funktionsprüfungen, die in der Gerätezulassung verlangt werden, bei Meßbeginn und Meßende durchgeführt worden sind. Nur durch die Mitteilung der angewandten Meßmethode und die Darlegung, daß mögliche Fehlerquellen ausreichend berücksichtigt worden sind, sei dem Rechtsbeschwerdegericht die Prüfung möglich, ob die Geschwindigkeitsüberschreitung zuverlässig festgestellt worden sei.

2. Dieser Auffassung kann nicht gefolgt werden. Derart strenge Regel-Anforderungen an die Feststellung einer Geschwindigkeitsüberschreitung lassen sich weder der Strafprozeßordnung noch dem Ordnungswidrigkeitenrecht entnehmen.

a) Nach § 261 StPO entscheidet der Tatrichter, soweit nicht wissenschaftliche Erkenntnisse, Gesetze der Logik und Erfahrungssätze entgegenstehen, nach seiner freien, aus dem Inbegriff der Verhandlung geschöpften Überzeugung. An gesetzliche Beweisregeln ist er nicht gebunden. Da die tatrichterliche Überzeugung vom Rechtsmittelgericht nur in eingeschränktem Maße und nur an Hand der Urteilsgründe überprüft werden kann, müssen diese so gefaßt sein, daß sie eine auf Rechtsfehler beschränkte Richtigkeitskontrolle möglich machen. Dagegen ist der Tatrichter weder verpflichtet, in den Urteilsgründen alle als beweiserheblich in Betracht kommenden Umstände ausdrücklich anzuführen (BGH NJW 1951, 325 [BGH Urt. v. 9. 2. 1951 – 4 StR 49/50; vgl. § 267 StPO erfolglose Rügen]; BGHR StPO § 261 Beweiswürdigung 7[1]; st. Rspr.), noch hat er stets darzulegen, auf welchem Wege und aufgrund welcher Tatsachen und Beweismittel er seine Überzeugung gewonnen hat.

Welche Anforderungen an die Feststellung solcher Tatsachen zu stellen sind, die der Richter nicht unmittelbar aus eigener Wahrnehmung in der Hauptverhandlung, sondern durch die Vermittlung von Zeugen oder als Resultat naturwissenschaftlich-technischer Beobachtungen durch sachkundige Dritte gewonnen hat, läßt sich nicht allgemeingültig beantworten.

aa) Tatsachen, die Zweifel an der Zuverlässigkeit von Beweismitteln erwecken, sind in den Urteilsgründen nur zu erwähnen und zu würdigen, wenn sie im konkreten Fall Einfluß auf die Überzeugungsbildung gewinnen können. Das gilt zum Beispiel für die Einhaltung von Belehrungspflichten und anderen Verfahrensregeln, für tatsächliche Umstände, die im Einzelfall der Zuverlässigkeit eines Beweismittels, etwa der Glaubwürdigkeit eines Zeugen, entgegenstehen können, aber auch für den regelgerechten Ablauf von Wahlgegenüberstellungen und Lichtbildvorlagen, für die Erstellung maßstabgerechter Unfallskizzen als Grundlage sachverständiger Begutachtung und tatrichterlicher Beurteilung oder für die Richtigkeit von Eintragungen im Bundeszentralregister (vgl. dazu BGH Urt. v. 11. 9. 1980 – 4 StR 451/80).

bb) Folgt der Richter dem Gutachten eines Sachverständigen, hat er die wesentlichen Anknüpfungstatsachen und Ausführungen des Gutachters so darzulegen, daß das Rechtsmittelgericht prüfen kann, ob die Beweiswürdigung auf einer tragfähigen Tatsachengrundlage beruht und ob die Schlußfolgerungen nach den Gesetzen der Logik, den Erfahrungssätzen des täglichen Lebens und den Erkenntnissen der Wissenschaft möglich sind. Der Sachverständige hat als Gehilfe des Richters die zur Beurteilung der Rechtsfragen notwendigen Tatsachen und wissenschaftlichen Erkenntnisse beizusteuern (BGHSt. 7, 238 [BGH Urt. v.

---

1 „Das Gesetz verlangt mit keiner Vorschrift, daß der Tatrichter alle in der Hauptverhandlung erörterten oder sonst benutzten Beweismittel in den schriftlichen Urteilsgründen anzuführen und sich dort über ihren Beweiswert zu äußern hat." (BGH Urt. v. 21. 3. 1989 – 5 StR 502/88).

8. 3. 1955 – 5 StR 49/55; vgl. § 261 StPO erfolgreiche Rügen]; 8, 113, 118 [BGH Urt. v. 26. 4. 1955 – 5 StR 86/55; vgl. § 244 IV StPO erfolglose Rügen]; 12, 311, 314 [BGH Urt. v. 18. 12. 1958 – 4 StR 399/58; vgl. § 261 StPO erfolgreiche Rügen]; 34, 29, 31 [BGH Urt. v. 6. 3. 1986 – 4 StR 48/86; vgl. §§ 81a, 100a StPO erfolgreiche Rügen, § 136a StPO erfolglose Rügen]). Deshalb bedarf es der Kontrolle des Rechtsmittelgerichts, ob der Tatrichter gegenüber dem Sachverständigen die Selbständigkeit des Urteils gewahrt hat (vgl. BGHSt. 7, 238, 239; 8, 113, 118; BGH GA 1962, 116; BGHR StPO § 261 Sachverständiger 1, Überzeugungsbildung 17).

cc) Die Ausführungen des Urteils sind jedoch nicht Selbstzweck (BGH wistra 1992, 225; 1992, 256). In welchem Umfang sie geboten sind, richtet sich nach der jeweiligen Beweislage, nicht zuletzt auch nach der Bedeutung, die der Beweisfrage unter Berücksichtigung des Tatvorwurfs und des Verteidigungsvorbringens für die Wahrheitsfindung zukommt (BGH NStZ 1982, 342 Nr. 27 [BGH Urt. v. 21. 4. 1982 – 2 StR 780/81; vgl. § 261 StPO erfolgreiche Rügen]; BGH NStZ 1993, 95[1]). Nichts anderes ist anzunehmen, wenn die Überzeugung des Tatrichters auf Meßergebnissen beruht, die mit anerkannten Geräten in einem weithin standardisierten und tagtäglich praktizierten Verfahren gewonnen werden (BGH NStZ 1993, 95). Zwar dürfen die Gerichte vor möglichen Gerätemängeln, Bedienungsfehlern und systemimmanenten Meßungenauigkeiten nicht die Augen verschließen. Die Anforderungen, die deshalb von Rechts wegen an Meßgeräte und -methoden gestellt werden müssen, um die grundsätzliche Anerkennung ihrer Ergebnisse im gerichtlichen Verfahren rechtfertigen zu können, dürfen jedoch nicht mit den sachlich-rechtlichen Anforderungen an den Inhalt der Urteilsgründe gleichgesetzt werden.

Die amtliche Zulassung von Geräten und Methoden verfolgt ebenso wie die Reduzierung des gemessenen Wertes um einen – die systemimmanenten Meßfehler erfassenden – Toleranzwert gerade den Zweck, Ermittlungsbehörden und Gerichte von der Sachverständigenbegutachtung und Erörterung des Regelfalles freizustellen. Es entspricht deshalb allgemein anerkannter Praxis, daß auch im Bereich technischer Messungen Fehlerquellen nur zu erörtern sind, wenn der Einzelfall dazu Veranlassung gibt. Das zeigt sich beispielhaft an den Feststellungen zur Blutalkoholkonzentration. Der von der Rechtsprechung bestimmte Grenzwert der absoluten Fahruntüchtigkeit setzt sich zusammen aus einem Grundwert, bei dem mit an Sicherheit grenzender Wahrscheinlichkeit keine Fahrtüchtigkeit mehr vorliegt, und einem Sicherheitszuschlag zum Ausgleich der technischen und naturwissenschaftlich nicht ausschließbaren Meßungenauigkeiten (BGHS 28, 1, 2 f.; 34, 133, 136; 37, 89, 92). Es gehört deshalb zu den Voraussetzungen der Anerkennung einer Blutalkoholanalyse, daß das untersuchende Institut die Gewähr bietet, die ihm von der Rechtsprechung eingeräumten Meßtoleranzen nicht zu überschreiten. Aus diesem Grunde ist in der schriftlichen Mitteilung der Analyseergebnisse die erfolgreiche Teilnahme an Ringversuchen zu versichern. Außerdem muß durch Bekanntgabe der Einzelmeßwerte nachgewiesen werden, daß die Abweichungen unter den bei der Bestimmung des Sicherheitszuschlages berücksichtigten Maximalwerten liegen (BGHSt. 28, 235, 236 f.; 37, 89, 98).

---

1 „Was die Sachbeschwerde anlangt, so der Revision zuzugeben, daß es wünschenswert ist, auch bei daktyloskopischen Gutachten nicht nur die abschließende Stellungnahme des Sachverständigen über die Identität der Spuren mitzuteilen, sondern so viele Anknüpfungstatsachen und vom Sachverständigen gezogene Schlußfolgerungen wiederzugeben, daß das Revisionsgericht die Schlüssigkeit des Gutachtens, seine Übereinstimmung mit den Erkenntnissen der Wissenschaft überprüfen kann. Doch stellt die alleinige Mitteilung des Ergebnisses nicht in jedem Fall einen Rechtsfehler dar. Der Umfang der Darlegungspflicht richtet sich auch nach den Umständen des einzelnen Falles, dabei auch nach der Art des Gutachtens. Geht es um ein weithin standardisiertes Verfahren, wie das bei daktyloskopischen Gutachten der Fall ist, so kann die Mitteilung des Ergebnisses, zu dem ein renommierter Sachverständiger gekommen ist, dann ausreichen, wenn von keiner Seite Einwände gegen die Tauglichkeit der gesicherten Spur und die Zuverlässigkeit der Begutachtung erhoben werden." (BGH Urt. v. 29. 9. 1992 – 1 StR 494/92).

Trotz dieser strengen Anforderungen an die Blutalkoholanalyse und an die Mitteilung ihrer Ergebnisse ist in der Rechtsprechung unbestritten, daß das Vorliegen dieser Voraussetzungen in den Urteilsgründen grundsätzlich nicht im einzelnen mitzuteilen ist. Es stellt daher keinen sachlich-rechtlichen Mangel des Urteils dar, wenn sich der Richter bei Überschreiten der Alkoholgrenzwerte des Straf- und Ordnungswidrigkeitenrechts oder bei Berücksichtigung der kritischen Blutalkoholkonzentration bei der Beurteilung der Schuldfähigkeit mit der Angabe des Mittelwertes der BAK begnügt (BGHSt. 12, 311, 314; 28, 235, 236 f.). Sollte der Tatrichter allerdings Zweifel an der Richtigkeit des mitgeteilten Untersuchungsergebnisses haben, hat er diese zu klären. Dem Verteidiger ist es unbenommen, durch entsprechende Anträge auf eine weitere Aufklärung zu dringen (BGHSt. 28, 235, 239).

Auch bei der Feststellung des Wirkstoffgehalts von Betäubungsmitteln verlangt die Rechtsprechung nicht, die Art der verwendeten Analysegeräte, die Zuverlässigkeit des untersuchenden Personals oder Umstände, die im Einzelfall als Fehlerquellen in Betracht kommen können, in den Gründen des Urteils mitzuteilen. Entsprechendes gilt für die von Kraftfahrzeugsachverständigen durchgeführten Messungen, für die Bestimmung von Blutgruppen (BGHSt. 12, 311, 314) und für chemisch-toxikologische Untersuchungen, die Meßgenauigkeit von Fahrtenschreibern und Wiegevorrichtungen (vgl. BayObLG DAR 1992, 388; OLG Koblenz VRS 59,63) oder das regelgerechte Funktionieren einer Wechsellichtzeichenanlage bei Rotlichtverstößen (vgl. OLG Hamm VRS 51,45).

dd) Soweit es sich um allgemein anerkannte und häufig angewandte Untersuchungsverfahren handelt, ist der Tatrichter nicht verpflichtet, Erörterungen über deren Zuverlässigkeit anzustellen oder die wesentlichen tatsächlichen Grundlagen des Gutachtens im Urteil mitzuteilen (BGHSt. 12, 311, 314). Der Bundesgerichtshof hat dies im übrigen auch für den Fall der vergleichenden Begutachtung daktyloskopischer Spuren bestätigt: Die alleinige Mitteilung des Ergebnisses, zu dem ein anerkannter Sachverständiger in einem weithin standardisierten Verfahren gekommen ist, stellt keinen Rechtsfehler dar, wenn von keiner Seite Einwände gegen die Tauglichkeit der gesicherten Spur und die Zuverlässigkeit der Begutachtung erhoben werden (BGH NStZ 1993, 95). In den Fällen der Routineuntersuchungen bieten Ausbildung, Lebenserfahrung und Selbstverständnis der Richterschaft im allgemeinen eine ausreichende Gewähr, daß dem Tatrichter die Möglichkeit technischer Mängel und menschlicher Fehlleistungen auch ohne entsprechende Darlegung in den Urteilsgründen bewußt gewesen ist. Es ist deshalb kein einleuchtender Grund ersichtlich, warum im Falle der Geschwindigkeitsfeststellung im gerichtlichen Bußgeldverfahren etwas anderes gelten soll.

b) Das Bußgeldverfahren dient nicht der Ahndung kriminellen Unrechts, sondern der verwaltungsrechtlichen Pflichtenmahnung (BVerfGE 27, 18, 28 f.; 45, 272, 288 f.). Es ist schon im Hinblick auf seine vorrangige Bedeutung für die Massenverfahren des täglichen Lebens auf eine Vereinfachung des Verfahrensganges ausgerichtet. Die Beschränkung des Rechtsbeschwerdeverfahrens verfolgt den Zweck, den Zugang zu den der Vereinheitlichung der Rechtsprechung dienenden Obergerichten nicht durch eine Fülle von massenhaft vorkommenden Bagatellsachen zu verstopfen und sie so für ihre eigentliche Aufgabe funktionsuntüchtig zu machen (BGHSt. 26, 379, 381 f.; 24, 15, 21). Daraus ergibt sich, daß auch an die Urteilsgründe keine übertrieben hohen Anforderungen zu stellen sind.

aa) Der Betroffene ist durch den Inhalt des Bußgeldbescheids (§ 66 Abs. 1 Nr. 3 und 4 OWiG) über den gegen ihn erhobenen Vorwurf und die Beweismittel hinreichend informiert (vgl. BGHSt. 23, 336, 338 f.[1]). Sein Anspruch, nur aufgrund ordnungsgemäß gewon-

---

1 BGH Beschl. v. 8. 10. 1970 – 4 StR 190/70: „Ein Bußgeldbescheid, der den Vorwurf enthält, der Betroffene habe zu bestimmter Zeit an einem bestimmten Ort mit einem bestimmten Fahrzeug einen Verkehrsunfall (mit-)verschuldet, bildet auch dann eine ausreichende Verfahrensgrundlage, wenn nähere Angaben über den Unfall und das dem Betroffenen zur Last gelegte Fehlverhalten fehlen."

nener Meßdaten verurteilt zu werden, bleibt auch dann gewahrt, wenn ihm die Möglichkeit eröffnet ist, den Tatrichter im Rahmen seiner Einlassung auf Zweifel aufmerksam zu machen und einen entsprechenden Beweisantrag zu stellen. Kommt der Tatrichter danach seiner Pflicht zur Aufklärung des Sachverhalts nicht in ausreichendem Maße nach, so kann dies im Rechtsbeschwerdeverfahren, soweit nicht allgemein gesetzliche Schranken bestehen, mit der Verfahrensrüge beanstandet werden. Haben weder der Betroffene noch ein anderer Verfahrensbeteiligter Anlaß gesehen, das Meßergebnis zu bezweifeln, und richtet sich die Rechtsbeschwerde nicht gegen die betreffenden Feststellungen, sondern gegen die verhängte Sanktion, so würden die Beanstandungen des Rechtsbeschwerdegerichts – mit entsprechenden Kostenfolgen für den Betroffenen – zu einer erneuten Verhandlung führen, ohne daß dies mit einer Änderung der Sach- und Rechtslage verbunden wäre.

bb) Etwas anderes ergibt sich auch nicht aus den Besonderheiten technischer Geschwindigkeitsmessungen. Zwar besteht kein Erfahrungssatz, daß die gebräuchlichen Geschwindigkeitsmeßgeräte unter allen Umständen zuverlässige Ergebnisse liefern. Wie bei allen technischen Untersuchungsergebnissen, insbesondere solchen, die in Bereichen des täglichen Lebens außerhalb von Laboratorien durch „angelerntes" Personal gewonnen werden, ist eine absolute Genauigkeit, d.h. hier eine sichere Übereinstimmung mit der tatsächlich gefahrenen Geschwindigkeit, nicht möglich. Der Tatrichter muß sich deshalb auch bei der Berücksichtigung der Ergebnisse von Geschwindigkeitsmeßgeräten bewußt sein, daß Fehler nicht auszuschließen sind. Den nach den jeweiligen technisch-naturwissenschaftlichen Erkenntnissen möglichen Fehlerquellen hat er durch die Berücksichtigung von Meßtoleranzen Rechnung zu tragen (vgl. BGHSt. 28, 1, 2). Darüber hinaus muß er sich nur dann von der Zuverlässigkeit der Messungen überzeugen, wenn konkrete Anhaltspunkte für Meßfehler gegeben sind (vgl. OLG Hamm NStZ 1990, 546).

Im übrigen ließen sich mit der bloßen Angabe des Gerätetyps und der Erwähnung der Einzelheiten des Meßverfahrens und der vorgeschriebenen technischen Kontrollen derartige Fehlerquellen ohnehin nicht in einem vom Rechtsbeschwerdegericht erkennbaren und überprüfbaren Umfang aufzeigen. Es handelt sich um Teilaspekte einer polizeilichen Kontrollmaßnahme, die eine substantiierte Prüfung des Meßvorgangs nicht eröffnen (vgl. BGHSt. 28, 235, 237 f.[1]). Deshalb müßte letztlich, damit das Rechtsbeschwerdegericht eine umfassende Kontrolle durchführen könnte, der gesamte Meßvorgang in seinen Einzelheiten im Urteil dokumentiert und in aller Regel auch von einem Sachverständigen begutachtet werden.

c) Der Unterschied zwischen den von Rechts wegen gebotenen Anforderungen an Meßvorgänge und der Verpflichtung des Tatrichters, deren Einhaltung in den Urteilsgründen zu dokumentieren, hat Konsequenzen für die verfahrensrechtliche Behandlung im Rechtsbeschwerdeverfahren. Ziel der Sachrüge ist die Kontrolle der zutreffenden Anwendung des materiellen Rechts auf den festgestellten Sachverhalt (§ 337 StPO i.V.m. § 79 OWiG). Ob eine Rechtsnorm nicht oder nicht richtig angewendet worden ist, kann grundsätzlich nicht davon abhängen, welcher Gerätetyp zur Anwendung gekommen ist und ob dessen Betriebsvorschriften befolgt worden sind. Umstände, die abweichend vom Regelfall dem Vertrauen in die Zuverlässigkeit von Messungen entgegenstehen, die aber in den Feststel-

---

[1] BGH Beschl. v. 2. 4. 1970 – 4 StR 45/70: „Soweit neuerdings einige Oberlandesgerichte, wie die Vorlage zeigt, die Angabe aller Einzelwerte auch im Urteil verlangen, übersehen sie, daß es sich bei der schließlichen Feststellung des Mittelwertes nur um einen Teilvorgang innerhalb des umfangreichen Gesamtuntersuchungsvorgangs handelt. Denn die Richtigkeit des Probemittelwerts setzt nach den Untersuchungsrichtlinien des Bundesgesundheitsamtes sowie der nachfolgend diese Richtlinien ausfüllenden und ergänzenden jeweiligen Ländererlasse die Vorschriftsmäßigkeit vieler Einzelvorgänge voraus, die in ihrer Gesamtheit nachzuprüfen dem Richter weder möglich noch zumutbar ist."

lungen keinen Niederschlag gefunden haben, können deshalb nicht im Wege der allgemeinen Sachrüge, sondern nur mit einer entsprechenden Verfahrensrüge gerichtlicher Kontrolle zugänglich gemacht werden.

Wie sehr der Vorrang sachlich-rechtlicher Urteilsanforderungen vor der Verfahrensrüge das Verfahren in eine Schieflage bringt, zeigt sich an den geringen Anforderungen, die an die Einführung solcher Tatsachen in das Verfahren gestellt werden. Soll der Angehörige einer polizeilichen Überwachungsgruppe nach mehr als einem Jahr über einen einzelnen, tagtäglich in hunderten von Fällen praktizierten Meßvorgang Auskunft geben, so kann dies kaum anders als durch einen Vorhalt der bei den Verfahrensakten befindlichen Unterlagen geschehen. Reicht dies bereits zur Einführung in das Verfahren und als Grundlage eines Urteils aus (vgl. BGHSt. 23, 213 [BGH Beschl. v. 13. 1. 1970 – 4 StR 438/69; vgl. § 261 StPO erfolglose Rügen]; OLG Hamm VRS 55, 208), so würden die verlangten Darlegungen zu den materiell-rechtlichen Voraussetzungen ohne jeden Grund die zu ihrer Feststellung gebotenen verfahrensrechtlichen Anforderungen übersteigen.

d) Der Senat verkennt nicht, daß die Ermittlung der Geschwindigkeit eines Kraftfahrzeuges – anders als die Analyse von Betäubungsmitteln oder der Nachweis der Blutalkoholkonzentration – nicht im Wege eines einzigen standardisierten Verfahrens erfolgt. Die in der Praxis anzutreffenden und von der Rechtsprechung prinzipiell anerkannten Verfahren der Geschwindigkeitsmessung sind zahlreich. Sie reichen von der Schätzung, dem Ablesen des Tachometers eines in unverändertem Abstand nach- oder vorausfahrenden Fahrzeuges und Messungen aus der Luft, über das Funkstoppverfahren, das Spiegelmeßverfahren, das Radarverfahren, die Lichtschrankenmessung, das Koaxialkabelverfahren und das Lasermeßverfahren bis zur Auswertung des Fahrtenschreiberschaublattes des zu schnell fahrenden Fahrzeuges.

Da die Zuverlässigkeit der verschiedenen Meßmethoden und ihr vom Tatrichter zu beurteilender Beweiswert naturgemäß voneinander abweichen, kann es hier grundsätzlich nicht mit der Wiedergabe der als erwiesen erachteten Geschwindigkeit sein Bewenden haben. Vielmehr muß der Tatrichter, um dem Rechtsbeschwerdegericht die Kontrolle der Beweiswürdigung zu ermöglichen, neben dem angewandten Meßverfahren jeweils auch den berücksichtigten Toleranzwert mitteilen. Einer Angabe des verwendeten Gerätetyps bedarf es dagegen nicht.

e) Die Angaben zum Meßverfahren und zum Toleranzwert bilden somit die Grundlage einer ausreichenden, nachvollziehbaren Beweiswürdigung. Gesteht der Betroffene uneingeschränkt und glaubhaft ein, die vorgeworfene Geschwindigkeit – mindestens – gefahren zu sein, so bedarf es nicht einmal der Angabe des Meßverfahrens und der Toleranzwerte (vgl. auch OLG Celle NdsRpfl 1993, 167).

Dabei ist zu beachten, daß der Begriff des Geständnisses im Einzelfall unterschiedliche Bedeutung haben kann. Ordnungswidrigkeitengesetz und Strafprozeßordnung enthalten weder eine Definition des Geständnisses noch geben sie Hinweise darauf, in welchem Umfang das Zugestandene zu berücksichtigen ist. Es gilt der Grundsatz der freien richterlichen Beweiswürdigung. Der Tatrichter darf die Verurteilung auf eine Einlassung des Betroffenen/Angeklagten stützen, wenn er von ihrer Richtigkeit überzeugt ist (vgl. BGH StV 1987, 378 [BGH Urt. v. 22. 1. 1986 – 3 StR 474/85; vgl. § 261 StPO erfolgreiche Rügen]). Vor der Frage nach den rechtlichen Konsequenzen eines Geständnisses muß er sich aber Klarheit verschaffen, wie die Äußerung des Betroffenen im Zusammenhang mit dem übrigen Verfahrensstoff und im Hinblick auf den konkreten Rechtsverstoß zu verstehen ist.

Auch bei fahrlässig begangenen Geschwindigkeitsüberschreitungen kann der Betroffene den zugestandenen Wert etwa durch einen Blick auf den Tachometer selbst gemessen haben. So liegt es nicht fern, daß ein Kraftfahrer seine Geschwindigkeit überprüft, wenn er auf eine polizeiliche Überwachungsmaßnahme aufmerksam geworden ist. Denkbar ist ferner, daß er infolge Unaufmerksamkeit eine Geschwindigkeitsbegrenzung übersehen und bewußt eine unzulässig hohe Geschwindigkeit eingehalten hat. In derartigen Fällen bestimmt sich der Grad der Überzeugungskraft des Geständnisses nach der Zuverlässigkeit der jeweiligen Eigenmessung.

Darüber hinaus kann das Eingeständnis eines Kraftfahrzeugführers, die im angefochtenen Bußgeldbescheid genannte Geschwindigkeit – mindestens – gefahren zu sein, auch auf eigenen Erfahrungswerten beruhen: So ist es einem geübten Kraftfahrer ohne weiteres möglich, seine Geschwindigkeit schon an Hand der Motorgeräusche des ihm vertrauten Fahrzeuges, der sonstigen Fahrgeräusche und an Hand der Schnelligkeit, mit der sich die Umgebung verändert, zuverlässig zu schätzen und dadurch zu erkennen, daß er die erlaubte Geschwindigkeit wesentlich überschreitet (OLG Hamm DAR 1972, 251; OLG Celle DAR 1978, 169; OLG Düsseldorf NZV 1992, 454).

Hat der Betroffene nach eigener sicherer Kenntnis oder aufgrund zuverlässiger Schätzungen eine weitaus höhere als die ihm zur Last gelegte Geschwindigkeit gefahren, sieht er jedoch zum Beispiel wegen der nachteiligen Konsequenzen für die Rechtsfolgenbemessung von einer überschießenden Selbstbelastung ab und räumt eine Geschwindigkeitsüberschreitung von nur 26 km/h ein, so wäre den Anforderungen des § 2 Abs. 2 Satz 2 BKatV, der eine Überschreitung von mindestens 26 km/h voraussetzt, Genüge getan.

Schließlich läßt sich insbesondere bei Geschwindigkeitskontrollen durch anerkannte, im Bußgeldbescheid genannte Meßgeräte nicht ausschließen, daß der Betroffene an den konkreten Vorfall überhaupt keine Erinnerung hat, aufgrund seines regelmäßigen Fahrverhaltens oder der andersgelagerten Zielrichtung seines Verteidigungsvorbringens die Zuverlässigkeit der Geräte und das Ergebnis der Messung aber nicht bezweifeln will.

f) Angesichts dieser Variationsbreite tatsächlicher Grundlagen und Motive eines Geständnisses liegt es auf der Hand, daß es nicht „schlechterdings" ausgeschlossen sein kann, die Feststellung, die zulässige Höchstgeschwindigkeit in einer bestimmten Höhe überschritten zu haben, auf der Grundlage eines Geständnisses zu treffen. Die abweichende Auffassung des OLG Düsseldorf, der Betroffene könne die von Dritten vorgenommene Geschwindigkeitsmessung nicht gestehen, weil er bei deren Vornahme nicht zugegen gewesen sei (OLG Düsseldorf VRS 74, 214, 215), verkennt – wie das vorlegende Gericht zu Recht ausführt – den Gegenstand des Geständnisses. Zugestanden werden nicht die Umstände des Meßvorgangs oder die Richtigkeit der vom Gerät angezeigten Geschwindigkeit, vielmehr räumt der Betroffene lediglich in dem Wissen um sein eigenes Fahrverhalten ein, eine bestimmte Geschwindigkeit gefahren zu sein.

3. Um einen solchen Sachverhalt handelt es sich hier. Das Amtsgericht hat deshalb das Geständnis des Betroffenen zu Recht dem Schuldspruch zugrunde gelegt. Die gegen den Schuldspruch gerichtete Rechtsbeschwerde ist somit als unbegründet zu verwerfen.

7. Unzulässige Urteilsberichtigung führt nicht zu einer Verlängerung der Revisionsbegründungsfrist.

StPO §§ 267 I, 268 – BGH Urt. v. 14. 11. 1990 – 3 StR 310/90 LG Kleve (= NStZ 1991, 195 = BGHR StPO § 265 IV Hinweispflicht 9)

Das Revisionsvorbringen ist nicht bekannt.

Sachverhalt: Die im Urteil festgestellten Tatzeiten wurden durch Berichtigungsbeschlüsse geändert. – Das Rechtsmittel war erfolglos.

Gründe: Nur die mit Schriftsatz vom 29. 1. 1990 angebrachten Verfahrensrügen sind rechtzeitig erhoben. Eine Verlängerung der Frist des § 345 I StPO ist grundsätzlich nicht möglich (BGHSt. 22, 221, 222 [BGH Beschl. v. 30. 7. 1968 – 1 StR 77/68; vgl. §§ 37, 345

StPO erfolgreiche Rügen]; BGH Urt. v. 30. 8. 1990 – 3 StR 489/87]. Die Rechtsprechung läßt jedoch mit der überwiegenden Meinung der Literatur dann eine Ausnahme zu, wenn die Zustellung eines zulässigen Berichtigungsbeschlusses bewirkt worden ist (vgl. BGHSt. 12, 374, 375 [BGH Urt. v. 3. 2. 1959 – 1 StR 644/58; vgl. § 267 StPO erfolglose Rügen]; BGH Urt. v. 22. 1. 1981 – 4 StR 97/80 [vgl. § 338 Nr. 6 StPO erfolglose Rügen]). Eine solche Wirkung kommt aber – jedenfalls in den Fällen, in denen die durch Urteilszustellung in Gang gesetzte Revisionsbegründungsfrist bereits abgelaufen ist – nur der Zustellung eines zulässigen Berichtigungsbeschlusses zu. Nur eine zulässige und damit wirksame Berichtigung ist geeignet, das schriftliche Urteil abzuändern und in dieser Form der Überprüfung durch das Revisionsgericht zu unterbreiten. Unzulässige Änderungen sind für das Revisionsgericht unbeachtlich (BGHSt. 2, 248, 249 [BGH Urt. v. 1. 4. 1952 – 2 StR 13/52; vgl. § 267 StPO erfolglose Rügen]; 3, 245, 247 f. [BGH Urt. v. 23. 10. 1952 – 5 StR 480/52; vgl. § 268 StPO erfolglose Rügen]); sie führen nicht dazu, daß dem Revisionsführer durch Zustellung des Berichtigungsbeschlusses nach Ablauf der Begründungsfrist eine längere Frist zur Erhebung von Verfahrensrügen eröffnet wird.

Alle Berichtigungsbeschlüsse sind unzulässig und daher unwirksam. Obwohl eine dem § 319 ZPO entsprechende Regelung in der Strafprozeßordnung fehlt, hat die Rechtsprechung seit jeher, wenn auch in engen Grenzen, eine Berichtigung von offensichtlichen äußerlichen Fehlern des schriftlichen Urteils auch nach dessen Zustellung zugelassen (vgl. u.a. RGSt 61, 388, 392; BGHSt. 3, 245, 246), selbst dann, wenn sie einer bereits erhobenen Verfahrensrüge den Boden entzieht (BGH, NJW 1954, 730). Unabdingbare Voraussetzung einer zulässigen Berichtigung des schriftlichen Urteils ist jedoch, daß ein solches Versehen für alle Verfahrensbeteiligten offenkundig ist. Dies ist dann der Fall, wenn sich reine Schreibfehler oder sonstige äußere Unstimmigkeiten aus der Urteilsurkunde selbst ergeben (vgl. BGHSt. 3, 245; 7, 75 [BGH Urt. v. 30. 11. 1954 – 5 StR 280/54; vgl. § 267 StPO erfolgreiche Rügen]; BGH NJW 1952, 797 [BGH Urt. v. 6. 5. 1952 – 1 StR 784/51; vgl. § 268 StPO erfolglose Rügen]; StV 1985, 401 [BGH Urt. v. 20. 2. 1985 – 2 StR 746/84; vgl. § 261 StPO erfolgreiche Rügen]; Urt. v. 29. 5. 1952 – 5 StR 101/52; und v. 25. 9. 1952 – 5 StR 513/52). Aber auch dort, wo die Rechtsprechung des BGH unzweifelhafte Irrtümer der nachträglichen Berichtigung für zugänglich erachtet hat, weil für die Prozeßbeteiligten aus anderen Verfahrensvorgängen, beispielsweise der mündlichen Urteilsbegründung, die Divergenz zwischen erkennbar Gewolltem und mündlich oder schriftlich Formuliertem offenkundig war (vgl. BGH NJW 1953, 155 [BGH Urt. v. 6. 11. 1952 – 3 StR 1114/51; vgl. § 268 StPO erfolgreiche Rügen] und 1954, 730; BGHSt. 5, 5 [BGH Urt. v. 16. 6. 1953 – 1 StR 508/52; vgl. § 268 StPO erfolgreiche Rügen]; 12, 374; Urt. v. 29. 1. 1975 – 3 StR 165/74; und v. 22. 1. 1981 – 4 StR 97/80; BGHR StPO § 267 Berichtigung 1 [BGH Beschl. v. 1. 8. 1989 – 1 StR 288/89; vgl. 267 StPO erfolgreiche Rügen]), ist immer wieder betont worden, daß die Möglichkeit ausgeschlossen sein muß, daß sich hinter der „Berichtigung" in Wahrheit die sachliche Abänderung eines inhaltlich anders beschlossenen Urteils verbirgt. Bestehen diesbezüglich Zweifel, so ist eine Berichtigung unzulässig.

Zu derartigen Zweifeln geben die Berichtigungsbeschlüsse des Landgerichts Anlaß. Aus dem Urteil selbst ergeben sich keine Anhaltspunkte für ein Fassungsversehen. Auf die Erwägungen des Landgericht, daß die im Wege der Berichtigung geänderten Tatzeiten Gegenstand der Hauptverhandlung waren, kommt es nicht an. Entscheidend ist, was der Tatrichter auf Grund der Hauptverhandlung als erwiesen erachtet, festgestellt und verkündet hat. Hierzu verhalten sich die Berichtigungsbeschlüsse nicht. Es kann nicht ausgeschlossen werden, daß die in den Urteilsgründen festgestellten Tatzeiten trotz eines anderen Ergebnisses der Beweisaufnahme auf Grund eines Irrtums Beratungs- und Urteilsgrundlage waren.

Entgegen der Ansicht des GBA geben die unzulässigen Berichtigungen in den Fällen 27 bis 29, sowie 1, 19, 23, 30, 31, 37 und 38 der Urteilsgründe keinen Anlaß, auf die Sachrüge hin die hierzu getroffenen Feststellungen als von der Strafkammer aufgehoben – jedenfalls soweit sie die Tatzeiten betreffen – und deshalb nicht mehr existent zu behandeln. Zwar hat der 5. Strafsenat in der Entscheidung BGHSt. 7, 75, 77 f. ausgeführt, daß die Richter durch ihre Unterschrift unter einen – unzulässigen – Berichtigungsbeschluß zu erkennen gegeben hätten, daß sie ihre Unterschrift unter dem Urteil, soweit dieses „berichtigt" worden war, nicht mehr aufrecht erhielten. Dies führe zum Wegfall des entsprechenden Teils der ursprünglichen Feststellungen und damit möglicherweise zu einer Lücke, die auf die Sachbeschwerde zur Aufhebung des Urteils nötige.

Der Senat kann dahingestellt sein lassen, ob er dieser Rechtsansicht beizutreten vermag. In jener Entscheidung handelte es sich um den Tatvorwurf des Meineides. Durch die nachträgliche „Berichtigung" wurde ersichtlich der ursprünglich festgestellte Inhalt der als bewußt falsch gewerteten Zeugenaussage in sein Gegenteil verkehrt und somit das tatbestandliche Handeln selbst und dessen rechtliche Würdigung in Frage gestellt. Um derartige, das tatbestandliche Handeln in Zweifel ziehende Berichtigungen, die für den Schuldspruch von ausschlaggebender Bedeutung sind, handelt es sich hier nicht. Die geringfügigen Änderungen der Tatzeiten von im übrigen individualisierten Diebstahlstaten lassen keinen Zweifel daran aufkommen, daß die Strafkammer nach wie vor die angeklagten, konkretisierten Einzelheiten des Bandendiebstahls aburteilen wollte und abgeurteilt hat. Auch nach den „berichtigten Tatzeiten" bleiben sie unverwechselbar; in ihrer rechtlichen Würdigung werden sie nicht geändert. Die für die Verurteilung wesentlichen Feststellungen werden durch die richterlichen Unterschriften unter der Urteilsurkunde nach wie vor gedeckt.

8. Verweisungen auf Anlagen, die dem Urteil selbst angeschlossen und damit ersichtlich Teil der durch die richterlichen Unterschriften gedeckten Urteilsgründe sind und mit ihnen eine Einheit bilden, sind zulässig.

StPO § 267 – BGH Urt. v. 25. 2. 1987 – 3 StR 552/86 (= BGHR StPO § 267 I Satz 1 Bezugnahme 1)

Die Revision rügt als Verstoß gegen § 275 StPO in Verbindung mit § 338 Nr. 7 StPO, daß dem von den Berufsrichtern unterzeichneten Urteil neun Anlagen beigegeben sind, die jeweils zu bestimmten Urteilsseiten, die ihrerseits auf die Anlagen verweisen, das Zahlenwerk für die Berechnung der Steuerverkürzungen enthalten, soweit dieses nicht im Urteilstext selbst wiedergegeben wird.

Der Sachverhalt ergibt sich aus dem Revisionsvorbringen. – Das Rechtsmittel war erfolglos.

Gründe: Das Urteil, das ohne die Anlagen 90 Seiten umfaßt, hat von allen Berufsrichtern unterschriebene Entscheidungsgründe, auch wenn die dazugehörigen Anlagen selbst nicht unterzeichnet worden sind. Es kann nicht einem Urteil gleichgestellt werden, bei dem Urteilsgründe überhaupt oder jedenfalls zu einzelnen Taten völlig fehlen. Es ist auch, wie die Beschwerdeführer selbst vortragen, mit dem unterschriebenen Text und den beigefügten Anlagen innerhalb der Frist des § 275 Abs. 1 StPO zu den Akten gebracht worden.

Die Verfahrensweise des Landgerichts verstößt weiter nicht gegen § 267 Abs. 1 Satz 1 StPO (allein oder in Verbindung mit § 275 Abs. 2 StPO). Danach müssen bei einer Verurteilung die Urteilsgründe, d.h. die durch die Unterschriften gedeckten Gründe des Gerichts, die für erwiesen erachteten Tatsachen ergeben. Allerdings muß grundsätzlich jedes Strafurteil aus sich heraus verständlich sein [BGHSt. 30, 225, 227 [BGH Urt. v. 13. 10. 1981 – 1 StR 471/81; vgl. § 338 Nr. 1 StPO erfolgreiche Rügen]; 33, 59, 60 [BGH Urt. v. 5. 11. 1984 – AnwSt [R] 11/84; vgl. § 116 BRAO erfolglose Rügen]]; es darf zur Darstellung des Sachverhalts nicht auf Aktenteile – etwa die Anklageschrift – Bezug nehmen. Der Grundsatz gilt aber nicht uneingeschränkt, selbst wenn man die Besonderheiten außer Betracht läßt, die für Strafurteile gelten, welche spätestens mit Ablauf der Rechtsmittelfrist rechtskräftig werden (§ 267 Abs. 4 Satz 1 StPO). Von Gesetzes wegen ist es heute gestattet, wegen Einzelheiten auf Abbildungen zu verweisen, die sich bei den Akten befinden (§ 267 Abs. 1 Satz 3 StPO, eingefügt durch Artikel 1 Nr. 22 Buchst. a des Strafverfahrensänderungsgesetzes 1979 vom 5. 10. 1978, BGBl. I S. 1645). Darüber hinaus hat die Rechtsprechung seit jeher in begrenztem Umfang Ausnahmen von dem Grundsatz zugelassen. So darf in der verfahrensbeendenden Entscheidung auf das Ergebnis rechtskräftig abgeschlossener Abschnitte des gegen denselben Angeklagten gerichteten Verfahrens – zum Beispiel auf den rechtskräftigen Schuldspruch und die ihm zugrunde liegenden tatsächlichen Feststellungen – Bezug genommen werden (BGHSt. 30, 225, 227 f.; 33, 59, 60). Im ehrengerichtlichen Verfahren darf das Ehrengericht auch auf die Feststellungen eines Strafurteils verweisen, an die es gemäß § 118 Abs. 3 Satz 1 BRAO gebunden ist (BGHSt. 33, 59, 60 f.). In solchen Fällen enthält sich der Tatrichter – anders als möglicherweise bei einer Bezugnahme auf Entscheidungen, die in anderen Strafsachen ergangen sind – nicht einer ihm zustehenden eigenen Prüfung (vgl. BGHSt. 17, 388, 390 f. [BGH Urt. v. 1. 8. 1962 – 3 StR 34/62; vgl. § 261 StPO erfolgreiche Rügen]).

Die Besonderheit des vorliegenden Falles, die ihn von anderen Verweisungsfällen unterscheidet, ergibt sich daraus, daß sich die Verweisungen nicht auf Aktenteile beziehen, sondern auf Anlagen, die dem Urteil selbst angeschlossen sind. Die Anlagen sind damit ersichtlich Teil der durch die richterlichen Unterschriften gedeckten Urteilsgründe und bilden mit ihnen eine Einheit. Daran sind Zweifel wegen der jeweils wechselseitigen Verweisung – vom Urteil auf bestimmte Anlagen und von diesen auf bestimmte Urteilsstellen – nicht möglich. Auch sind die Anlagen, die im wesentlichen das Rechenwerk zur Ermittlung des Umfangs der Steuerverkürzungen enthalten, tatsächlich als Urteilsbestandteil behandelt worden, indem sie den Verteidigern mit dem Urteil zugestellt worden sind. Sie sind also – anders als etwa ein nachträglicher Urteilszusatz – gerade keine „Erweiterung" des schon unterzeichneten Urteils, zu deren Gültigkeit in der Regel die Unterschrift aller mitwirkenden Berufsrichter erforderlich wäre. Bei einer Bezugnahme wie hier handelt es sich vielmehr nur um eine besondere Darstellung der vom Spruchkörper bereits beschlossenen Urteilsgründe, die sich noch im Rahmen des § 267 Abs. 1 StPO bewegt (so schon RGSt 53, 257, 258), auch wenn der Tatrichter sie besser vermiede, zumal kein sachliches Bedürfnis für eine derartige Handhabung erkennbar ist. Für diese rechtliche Beurteilung ist es unerheblich, ob der Inhalt der Anlagen eine Bedeutung für das Urteil hat, die über eine bloße Ergänzung des unterzeichneten Urteilstextes hinausgeht.

9. Keine eigene Beweiserhebung des Revisionsgerichts zu § 267 II StPO.

StPO § 267 II – BGH Urt. v. 2. 11. 1982 – 5 StR 622/82 LG Lüneburg (= BGHSt. 31, 139 = NJW 1983, 186)

Das Revisionsvorbringen ist nicht bekannt.

Der Sachverhalt ergibt sich aus den Entscheidungsgründen. – Das Rechtsmittel war erfolglos.

Gründe: Ein Verstoß gegen § 267 Abs. 2 StPO ist nicht bewiesen. Für die Darstellung des Beschwerdeführers, in der Hauptverhandlung sei behauptet worden, daß er durch freiwillige Offenbarung seines Wissens wesentlich zur Aufdeckung der Tat über seinen eigenen Tatbeitrag hinaus beigetragen habe (§ 31 Nr. 1 BtMG), ergeben weder die Sitzungsniederschrift noch die Entscheidungsgründe Anhaltspunkte.

Laut Sitzungsniederschrift hat der Verteidiger allgemein „milde Bestrafung" beantragt. Der Angeklagte hat sich ihm angeschlossen. Darin liegt kein Antrag, den besonderen Strafmilderungsgrund des § 31 Nr. 1 BtMG anzuwenden.

Nach den Urteilsgründen hat der Angeklagte in der Hauptverhandlung die Tat zum Teil gestanden, im übrigen geleugnet. Hinweise darauf, daß er behauptet habe, er habe durch freiwillige Offenbarung seines Wissens wesentlich dazu beigetragen, daß die Tat über seinen eigenen Tatbeitrag hinaus aufgedeckt werden konnte, finden sich darin nicht.

Der Senat kann entgegen einer im Schrifttum verbreiteten Meinung nicht durch eigene Beweiserhebung prüfen, ob der Angeklagte in seiner Einlassung zur Sache besondere Umstände im Sinne des § 267 Abs. 2 StPO vorgebracht hat (BGH, Urt. v. 3. 7. 1956 – 5 StR 204/56). Zwar gehört das Behaupten solcher Umstände, wenn es nicht ein Teil eines in der Hauptverhandlung gestellten Antrags ist, nicht zu den wesentlichen Förmlichkeiten im Sinne des § 274 StPO. Das Revisionsgericht kann aber darüber, was die in der Hauptverhandlung vernommenen Personen zur Schuld- oder Rechtsfolgenfrage ausgesagt haben, nicht nur bei der Prüfung der Sachbeschwerde, sondern auch zur Prüfung einer sich auf die Tatsachenfeststellung beziehenden Verfahrensrüge keine eigenen Beweise erheben (BGHSt. 17, 351, 352 [BGH Urt. v. 3. 7. 1962 – 1 StR 157/62; vgl. § 244 II StPO erfolgreiche Rügen]; 21, 149, 151 [BGH Urt. v. 7. 10. 1966 – 1 StR 305/66; vgl. § 261 StPO erfolgreiche Rügen]; 29, 18, 20 [BGH Urt. v. 7. 6. 1979 – 4 StR 441/78; vgl. § 261 StPO erfolglose Rügen]). Das würde auf eine (teilweise) Wiederholung der tatrichterlichen Verhandlung hinauslaufen und damit der Ordnung des Revisionsverfahrens widersprechen.

10. Es gibt Fälle, in denen die bloße Angabe von Tatbestandsmerkmalen ausnahmsweise den sicheren Schluß auf die einwandfreie Feststellung der sie ausfüllenden Tatsachen durch den Tatrichter zuläßt.

StPO § 267 – BGH Urt. v. 11. 11. 1981 – 3 StR 372/81 LG Krefeld (= NStZ 1982, 79)

Die Revision rügt die Verletzung sachlichen Rechts.

Der Sachverhalt ergibt sich aus den Entscheidungsgründen. – Das Rechtsmittel war erfolglos.

Gründe: Der GBA ist der Auffassung, das Landgericht habe in den Fällen 4, 14, 17, 18, 22, 39, 46, 48, 52 bis 62, 65, 70 und 71 der Urteilsgründe das Vorliegen der Voraussetzungen des § 243 StGB nicht ausreichend dargelegt, weil die für erwiesen erachteten Tatsachen, in denen die gesetzlichen Merkmale für das Vorliegen der Regelbeispiele gesehen werden, nicht angegeben worden seien.

Es trifft zu, daß das Landgericht das Vorliegen des § 243 StGB in diesen Fällen lediglich durch Hinweis auf die für erwiesen erachteten Merkmale der Vorschrift dargelegt hat, im Fall 4 durch die Wendung „mittels Einsteigens in den abgeschlossenen Kellerraum", im Fall 22 durch die Formulierung „nach gewaltsamem Eindringen", im Fall 48 durch die Worte „nach Einstieg in die Büroräume", im Fall 39 lediglich durch Verwendung des Wortes „Einbruchsdiebstahl" und in den sonst genannten Fällen – wie auch bei den Taten 41 und 51, in denen (entsprechendes gilt auch für den Fall 57) allerdings das Vorliegen eines weiteren Merkmals des § 243 StGB ausreichend dargelegt ist – durch die Worte „nach Einbruch in ...". Das reicht grundsätzlich nicht aus. Es gibt aber Fälle, in denen die bloße Angabe von Tatbestandsmerkmalen ausnahmsweise den sicheren Schluß auf die einwandfreie Feststellung der sie ausfüllenden Tatsachen durch den Tatrichter zuläßt. So liegt es nach dem Gesamtzusammenhang des Urteils auch hier. Die Strafkammer hat bei einer Reihe von Diebstahlstaten die Voraussetzungen des § 243 StGB ausreichend dargelegt; in anderen Fällen, in denen die Merkmale der Vorschrift nicht erfüllt waren, hat sie die Strafe jeweils dem § 242 StGB entnommen. Soweit der Angeklagte M. betroffen ist, hat das Landgericht die Wendung „nach Einbruch" bei der Tat 15 der Urteilsgründe dahin erläutert, daß der Angeklagte „wie auch in anderen Fällen" „das Schloß der Eingangstür unter Gewaltanwendung und mit einem Trick geöffnet" habe. Diese Feststellung, durch die das Merkmal des § 243 1 Nr. 1 StGB „einbricht" ausreichend dargelegt ist, ist bei den Diebstahlstaten dieses Angeklagten, die – soweit sie hier in Frage stehen – sämtlich mit der Wendung „nach Einbruch in ..." erläutert sind, ergänzend heranzuziehen; sie ergibt mit noch hinreichender Deutlichkeit, daß dieser Angeklagte beim Diebstahl jeweils ein Hindernis gewaltsam überwunden hat. Unter den gegebenen Umständen, nämlich bei Berücksichtigung der Feststellungen in anderen gleichgelagerten Fällen des § 243 StGB, in denen das Landgericht durch konkrete an die örtlichen Verhältnisse anknüpfende Schilderungen des Tatgeschehens das Vorliegen der Merkmale des Einbrechens und Einsteigens näher dargelegt hat, ist es aber auch bei den anderen Angeklagten als unschädlich anzusehen, daß die Begriffe „mittels Einsteigens in den abgeschlossenen Kellerraum", „Einbruchsdiebstahl", „nach gewaltsamem Eindringen", „nach Einstieg in ..." oder „nach Einbruch in ..." nicht durch die konkret vorgenommenen Handlungen näher erläutert sind. Auszuschließen ist, daß das Landgericht die rechtliche Bedeutung der Tatbestandsmerkmale des § 243 StGB verkannt haben könnte. ...

11. Der Tatrichter kann auf Feststellungen Bezug nehmen, die durch ein Revisionsurteil bindend geworden sind.

StPO § 267 – BGH Urt. v. 13. 10. 1981 – 1 StR 471/81 LG Nürnberg-Fürth (= BGHSt. 30, 225 = NJW 1982, 589)

Die Revision rügt, daß das Gericht zur Vermeidung von Wiederholungen hinsichtlich der Ausführungen zu den persönlichen Verhältnissen und Vorstrafen auf ein früheres Urteil Bezug genommen hat.

Sachverhalt: Das Landgericht hat zu den persönlichen Verhältnissen und den Vorstrafen des Angeklagten dieselben Feststellungen getroffen, wie sie im Urteil vom 11. 8. 1980 niedergelegt sind; es hat auf diese Feststellungen „zur Vermeidung von Wiederholungen" Bezug genommen. – Das Rechtsmittel war erfolglos.

Gründe: Dieses Verfahren kann entgegen der Auffassung der Revision und des Generalbundesanwalts hier nicht beanstandet werden.

Zwar hat der Bundesgerichtshof im Anschluß an das Reichsgericht die Bezugnahme oder Verweisung auf vorangegangene Urteile desselben Verfahrens dann als sachlich-rechtlichen Mangel angesehen, wenn hierdurch aufgehobene, also nicht mehr existente Feststellungen in die Urteilsgründe einbezogen worden sind. Dies soll nach ständiger Rechtsprechung auch gelten, wenn der neue Tatrichter die erforderlichen Feststellungen selbständig und in eigener Verantwortung getroffen hat und danach zu dem Ergebnis kommt, daß sie mit den aufgehobenen völlig übereinstimmen. Es kann dahingestellt bleiben, ob der letztgenannten Auffassung uneingeschränkt zuzustimmen ist. Eine Verpflichtung des Tatrichters zur eigenständigen Darstellung der erneut getroffenen Feststellungen besteht jedenfalls dann nicht, wenn er auf inhaltsgleiche Feststellungen Bezug nehmen kann, die im Laufe desselben Verfahrens getroffen und durch die Entscheidung des Revisionsgerichts bindend geworden sind.

So liegt der Fall hier. ...

Der Grundsatz, daß jedes Strafurteil aus sich heraus verständlich sein muß [RGSt 62, 216; 66, 8], steht dem nicht entgegen. Von den in § 267 StPO angeführten Ausnahmen abgesehen hat es die Praxis seit jeher zugelassen, daß auf das Ergebnis rechtskräftig abgeschlossener Abschnitte desselben, gegen den gleichen Angeklagten gerichteten Verfahrens – wie zum Beispiel den rechtskräftigen Schuldspruch und die ihm zugrunde liegenden tatsächlichen Feststellungen – in der verfahrensbeendigenden Entscheidung ohne weiteres Bezug genommen werden darf (vgl. BGH Urteile v. 20. 9. 1960 – 1 StR 286/60 – und 17. 10. 1961 – 5 StR 398/61; BGH NJW 1962, 59, 60; BGHSt. 24, 274, 275 [BGH Beschl. v. 17. 12. 1971 – 2 StR 522/71; vgl. § 267 StPO erfolgreiche Rügen]; BGH Beschl. v. 4. 6. 1976 – 2 StR 247/76). Die Verurteilung im Sinn des § 267 StPO beruht in diesem Fall eben auf mehreren sich ergänzenden gerichtlichen Erkenntnissen, die zum Verständnis der Entscheidung sämtlich herangezogen und sämtlich zur Kenntnis genommen werden müssen.

12. Auf Widersprüche zwischen den Urteilsgründen und den Angaben des Hauptverhandlungsprotokolls über die wesentlichen Ergebnisse der Vernehmungen kann die Revision nicht gestützt werden.

StPO § 267 – BGH Urt. v. 4. 10. 1966 – 1 StR 441/66 LG Trier (= NJW 1967, 61)

Die Revision rügt, daß die Urteilsfeststellungen vom Inhalt einer protokollierten Zeugenaussage abweichen.

Der Sachverhalt ergibt sich aus dem Revisionsvorbringen. – Das Rechtsmittel war erfolglos.

Gründe: Auf Widersprüche zwischen den Urteilsgründen und den Angaben des Hauptverhandlungsprotokolls über die wesentlichen Ergebnisse der Vernehmungen (§ 273 StPO) kann die Revision jedoch nicht gestützt werden. (BGH, NJW 1966, 63 [= BGH v. 26. 10. 1965 – 5 StR 405/65; vgl. § 273 StPO erfolglose Rügen]).

13. Keine Unterscheidung zwischen männlichen und weiblichen Tätern bei generalpräventivem Strafausspruch.

StPO § 267 III – BGH Beschl. v. 4. 7. 1962 – 4 StR 68/62 OLG Braunschweig (= BGHSt. 17, 354)

Die Revision rügt, daß der vom Landgericht für die Versagung von Strafaussetzung zur Bewährung angeführte Gedanke der Allgemeinabschreckung gegenüber weiblichen Kraftfahrern nicht gelten könne. Bei Frauen seien wegen ihrer naturbedingten Zurückhaltung gegenüber dem Alkohol Trunkenheitsfahrten wesentlich seltener als bei Männern. Das bedinge einen verschiedenen Maßstab in der Beurteilung der Notwendigkeit allgemeiner Abschreckung der Strafe zugunsten weiblicher Kraftfahrer. Für diese Ansicht beruft sich die Revision auf ein Urteil des Oberlandesgerichts in Köln vom 16. 6. 1961 (NJW 1961, 1936 Nr. 18 und DAR 1961, 340 Nr. 172).

Sachverhalt: Der Amtsrichter hatte die Angeklagte wegen Trunkenheit am Steuer (1,74‰) in Tateinheit mit Fahren ohne Licht nach den §§ 2, 71 StVZO, 23 Abs. 1, 49 StVO, 73 StGB zu einer Haftstrafe verurteilt. Auf die Berufung der Staatsanwaltschaft hat das Landgericht die Strafaussetzung zur Bewährung aus dem Gesichtspunkt des öffentlichen Interesses (§ 23 Abs. 3 Nr. 1 StGB) aufgehoben und dies mit der Notwendigkeit abschreckender Wirkung der Bestrafung auf die Allgemeinheit begründet. Die Häufigkeit und Gefährlichkeit des Fahrens unter Alkohol einerseits und die ständige Zunahme der Verkehrsdichte andererseits, so erwog die Strafkammer, erforderten in der Kraftfahrerwelt die Verbreitung der festen Erkenntnis, daß „die Trunkenheit im Verkehr unweigerlich die Verbüßung von Freiheitsstrafen nach sich zieht". Zwar seien Alkoholstraftaten im Verkehr nicht schlechthin von der Strafaussetzung zur Bewährung auszuschließen, die Aussetzung müsse jedoch auf wirkliche Ausnahmefälle beschränkt bleiben. Ein solcher Ausnahmefall liege hier nicht vor.

Das jetzt erkennende Oberlandesgericht in Braunschweig hält die Gründe, aus denen die Strafkammer hier der Angeklagten Strafaussetzung zur Bewährung versagt hat, für rechtsbedenkenfrei. Mit der Erwägung, daß bei einer auf Trunkenheit beruhenden Verkehrsstraftat das öffentliche Interesse vor allem aus dem Gesichtspunkt der Allgemeinabschreckung der Aussetzung der Strafe zur Bewährung in der Regel entgegenstehe, sei die Strafkammer, so führt das Oberlandesgericht aus, der Rechtsprechung des Bundesgerichtshofs gefolgt (u.a. BGH VRS 18, 347, 349). Daß sie das Erfordernis der Allgemeinabschreckung bei der Angeklagten nicht anders als bei einem Mann ausgelegt habe, sei kein Rechtsfehler. Die vom Oberlandesgericht in Köln verlangte unterschiedliche Beurteilung der Abschreckungsnotwendigkeit nach dem Geschlecht des Einzeltäters sei, wie schon früher das Oberlandesgericht in Hamm entschieden habe (DAR 1958, 192 Nr. 97), rechtlich nicht vertretbar. Das Oberlandesgericht in Braunschweig möchte danach die Revision der Angeklagten verwerfen, sieht sich hieran jedoch durch das genannte Urteil des Oberlandesgerichts in Köln vom 16. 6. 1961 gehindert.

In dieser Entscheidung hat das Oberlandesgericht die Versagung von Strafaussetzung zur Bewährung gegenüber einer wegen Vergehen nach den §§ 315a Abs. 1 Nr. 2, 316 Abs. 2 und 142 StGB verurteilten Frau mit der Begründung beanstandet, daß ein Fehlverhalten, dessen die Angeklagte schuldig gesprochen wurde, bei weiblichen Kraftfahrern erfahrungsgemäß in erheblich geringerem Umfang auftrete als bei männlichen Kraftfahrern. Diese Tatsache rechtfertige, so führt das Oberlandesgericht aus, die Überlegung, ob unter diesen Umständen dem Gedanken der allgemeinen Abschreckung als eines für die Bejahung des öffentlichen Interesses maßgeblichen Gesichtspunktes noch eine so schwerwiegende Bedeutung beigemessen werden könne, daß die zweifelsfrei gegebene persönliche Aussetzungswürdigkeit der Angeklagten dahinter zurücktreten müßte. Zwar sei die Bekämpfung der Trunkenheitsdelikte im Straßenverkehr wegen ihrer gemeinschaftsgefährdenden Häufung zu einem besonderen Anliegen der Öffentlichkeit geworden. Hiermit lasse sich jedoch bei Personen weiblichen Geschlechts die Notwendigkeit einer allgemein abschreckenden Wirkung nicht ohne weiteres und nicht in demselben Umfang begründen wie bei männlichen Kraftfahrern. Da das angefochtene Urteil nicht erkennen lasse, ob die Strafkammer diesem Gesichtspunkt bei der Entscheidung über das öffentliche Interesse an der Strafvollstreckung Raum gegeben habe, könne diese nicht bestehen bleiben. In einem Hinweis für die neue Hauptverhandlung gab das Oberlandesgericht der Strafkammer sodann auf, „auch" zu erwägen, „ob nicht bei Frauen mit bisher untadeliger Führung schon die Verhängung einer Freiheitsstrafe als solche geeignet ist, eine ausreichende präventive Wirkung gegenüber der Allgemeinheit zu erzeugen."

Das Oberlandesgericht in Braunschweig hat deshalb die Sache gemäß § 121 Abs. 2 GVG dem Bundesgerichtshof zur Entscheidung vorgelegt. – Das Rechtsmittel war erfolglos.

Gründe: In der Sache tritt der Senat der Ansicht des Oberlandesgerichts in Braunschweig bei. Wie im Vorlegungsbeschluß zutreffend dargelegt wird, verfolgt der Gedanke der allgemeinen Abschreckung (Generalprävention) den Zweck, durch die Härte des Strafausspruchs oder die Unnachsichtigkeit seines Vollzugs bei (allen) möglichen künftigen Tätern ein Gegengewicht gegen die Versuchung oder Neigung zu schaffen, Gleiches wie der Angeklagte zu tun. Er knüpft damit an eine bestimmte Art von Straftaten, hier an das Fahren unter Alkoholeinfluß, nicht an bestimmte Tätergruppen an. Das bedeutet nicht notwendig, daß die Strafe immer auf die Allgemeinheit schlechthin wirken soll. Wird eine Straftat nur von bestimmten Täterkreisen begangen, so kann es genügen, die abschreckende Wirkung auf sie zu beschränken. In solchen Fällen wird besser von einer Abschreckung anderer als von einer Allgemeinabschreckung gesprochen (vgl. BGHSt. 11, 396 [BGH Urt. v. 26. 6. 1958 – 4 StR 145/58; vgl. § 206a StPO erfolgreiche Rügen]). Durch die Bestrafung der Trunkenheit am Steuer soll nur oder doch in erster Linie der kraftfahrende Teil der Bevölkerung angesprochen werden, dieser aber ohne Unterschied des Geschlechts, des Standes oder sonstiger persönlicher Gegebenheiten, weil die Verhältnisse und Umstände, aus denen Trunkenheitsfahrten entstehen, bei allen Kraftfahrzeugführern in gleicher Weise eintreten können wie bei dem abgeurteilten Täter. Es handelt sich darum, der Gleichgültigkeit oder Sorglosigkeit entgegenzuwirken, die in Kraftfahrerkreisen gegenüber den gefährlichen Wirkungen des Alkoholgenusses zu beobachten sind. Zwar mögen Frauen der Versuchung, vor oder während einer Kraftfahrt Alkohol zu sich zu nehmen und trotz Fahruntüchtigkeit das Kraftfahrzeug zu steuern, weniger ausgesetzt sein als Männer. Das ist aber kein Grund, den Gedanken der allgemeinen Abschreckung bei weiblichen Tätern einschränkend anzuwenden.

Die gegen eine Frau wegen Trunkenheit am Steuer ausgesprochene Strafe soll und kann, wenn sich der Tatrichter von diesem Gesichtspunkt leiten läßt, nicht nur Frauen, sondern auch Männer abschrecken, ebenso wie die gegen einen Mann wegen einer gleichen Tat verhängte Strafe Frauen nicht weniger als Männer von ähnlichem Tun abhalten soll und kann. Insofern ist der Gedanke der Abschreckung anderer unteilbar.

Der beschließende Senat hat bisher in seiner Rechtsprechung die vom Oberlandesgericht in Köln geforderte Unterscheidung nicht gemacht. So hat er es im Urteil vom 15. 3. 1956 (VRS 10, 451) ausdrücklich mißbilligt, daß das Landgericht die gegen die Angeklagte wegen fahrlässiger Straßenverkehrsgefährdung infolge Trunkenheit in Tateinheit mit fahrlässiger Tötung ausgesprochene Strafe von neun Monaten Gefängnis zur Bewährung aussetzte; er hat diesen Ausspruch wegen des öffentlichen Interesses an der Strafvollstreckung beseitigt, ohne es für prüfenswert zu halten, ob Trunkenheitsfahrten von Dirnen häufig oder selten sind.

14. Wahlfeststellung zwischen vorsätzlicher und fahrlässiger Körperverletzung zulässig.

StPO § 267; StGB §§ 223, 230 – BGH Urt. v. 17. 4. 1962 – 1 StR 132/62 LG Mainz (= BGHSt. 17, 210)

Der Generalbundesanwalt hat Bedenken gegen die Verurteilung des Angeklagten wegen fahrlässiger Körperverletzung, weil sie auf einer Wahlfeststellung beruhe. Er meint, zwischen den Tatbeständen der vorsätzlichen und fahrlässigen Körperverletzung fehle es an der „rechtsethischen und psychologischen Gleichwertigkeit", die nach dem Beschluß des Großen Senats für Strafsachen in BGHSt. 9, 390 Voraussetzung für die Zulässigkeit einer Verurteilung auf Grund wahldeutiger Feststellungen sei. Der Große Senat habe das gerade mit dem Hinweis darauf betont, daß die Entscheidung BGHSt. 4, 340, die im Verhältnis von Meineid und fahrlässigem Falscheid eine Verurteilung auf Grund einer Wahlfeststellung billige, von dem bezeichneten Grundsatz abgewichen sei (BGHSt. 9, 390, 393).

Sachverhalt: Der Angeklagte suchte am 15. 11. 1959 die Gastwirtschaft „Zum Butterfaß" in N. auf. Er setzte sich an einen Tisch, an dem schon der Maurer Erich N. saß. N. wollte den Angeklagten begrüßen und streckte ihm die Rechte hin. Statt ihm die Hand zu geben, brachte ihm der Angeklagte mit einem geöffneten Taschenmesser eine Schnittwunde von 4 cm Länge auf dem Handrücken bei. Das Landgericht hält es nicht für erwiesen, schließt jedoch auch die Möglichkeit nicht aus und hat weiterhin einen erheblichen Verdacht, daß der Angeklagte die Verletzung N.'s wollte. Es ist davon überzeugt, daß der Angeklagte, der Begrüßungen N.'s mit Handschlag nicht mochte, diesen zumindest erschrecken oder ärgern wollte, indem er die ausgestreckte Hand mit dem Messer berührte. In diesem Falle, so sagt die Strafkammer, habe der Angeklagte nach seinen persönlichen Kenntnissen und Fähigkeiten damit rechnen müssen, daß N. seine Hand erschreckt zurückzog und sich dadurch verletzen konnte. Er habe deshalb die Körperverletzung N.'s zumindest durch Fahrlässigkeit herbeigeführt. – Das Rechtsmittel war erfolglos.

Gründe: Der Senat teilt diese Bedenken nicht. Die Entscheidung des Großen Senats bindet im Sinne des § 136 Abs. 1 GVG nur, so weit der Große Senat über die seinerzeit vorgelegte Rechtsfrage entschieden, also ausgesprochen hat, daß ein Täter auch dann gemäß § 330a StGB zu verurteilen ist, wenn zweifelhaft blieb, ob der verschuldete Rausch die Zurechnungsfähigkeit des Täters ausgeschlossen oder nur erheblich vermindert hat. Allerdings könnte sich die Frage stellen, ob der Senat nicht von der Entscheidung des 5. Strafsenats in BGHSt. 4, 340 abwiche, wenn er die Zulässigkeit einer Verurteilung auf Grund Wahlfeststellung im Verhältnis der vorsätzlichen und fahrlässigen Körperverletzung verneinen wollte, und ob er nicht in diesem Falle zur Anrufung des Großen Senats verpflichtet wäre. Indessen bedarf es einer weiteren Erörterung insoweit nicht, weil der Senat den vom 5. Strafsenat für den Fall des Meineids oder fahrlässigen Falscheids entwickelten Grundsätzen im Ergebnis zustimmt und der Meinung ist, daß sie in gleicher Weise auf den hier zur Erörterung stehenden Fall der vorsätzlichen oder fahrlässigen Körperverletzung zutreffen.

15. Formfehler bei Offenbarungseid nicht zwingend strafmildernd.

StPO § 267 III; StGB § 154; ZPO §§ 807, 900 II, 903 – BGH Urt. v. 16. 2. 1962 – 4 StR 517/61 LG Münster (= BGHSt. 17, 145)

Die Revision rügt, daß das Gericht es unterlassen habe, bei der Verurteilung wegen Meineids einen Formfehler bei der Ladung zum Offenbarungseid strafmildernd zu berücksichtigen.

Sachverhalt: Der Angeklagte ist wegen Meineids (Offenbarungsmeineids) zu zehn Monaten Gefängnis verurteilt worden.

Die Strafkammer hat bei der Strafzumessung zugunsten des Angeklagten berücksichtigt, daß es sich „bei dem verschwiegenen Anwartschaftsrecht" nur um einen geringfügigen Vermögenswert gehandelt habe. Sie hat ihm deshalb mildernde Umstände zugebilligt (§ 154 Abs. 2 StGB). – Das Rechtsmittel war erfolglos.

Gründe: Sie hat nichts darüber gesagt, ob der Meineid des Angeklagten etwa auch deshalb milder zu beurteilen sei, weil er erst 1958, also innerhalb der letzten drei Jahre, schon einmal den Offenbarungseid geleistet hatte. Diese Tatsache hätte das Vollstreckungsgericht nach § 900 Abs. 2 ZPO vor der Bestimmung des neuen Termins zur Leistung des Offenbarungseids von Amts wegen aus dem bei ihm geführten Schuldnerverzeichnis feststellen können und müssen und dann, wenn die entsprechende Eintragung im Schuldnerverzeichnis noch nicht gelöscht war, den Vollstreckungsgläubiger davon benachrichtigen müssen. Nur auf dessen Antrag hin hätte es dann das Verfahren fortsetzen dürfen. Dabei wäre der Angeklagte zur nochmaligen Leistung des Offenbarungseides dem Gläubiger gegenüber nur dann verpflichtet gewesen, wenn glaubhaft gemacht gewesen wäre, daß der Angeklagte später, d.h. nach dem letzten Offenbarungseid, Vermögen erworben hatte (§§ 900 Abs. 2, 903 ZPO).

Es kann dahingestellt bleiben, ob das Vollstreckungsgericht diese ihm nach den Vorschriften der Zivilprozeßordnung obliegenden Aufgaben wahrgenommen und ob der Vollstreckungsgläubiger nach Glaubhaftmachung eines neuen Vermögenszuwachses seines Schuldners nach der letzten Offenbarungseidleistung den entsprechenden Antrag auf Fortsetzung des Verfahrens gestellt hat. Denn ein Fall der unbedingten Unzulässigkeit der Abnahme des neuen Offenbarungseides im Jahre 1960 nach § 903 ZPO lag nicht vor. Diese Vorschrift will im Interesse des Schuldners und zur Vermeidung unnötiger Offenbarungseide sicherstellen, daß ein neuer Offenbarungseid in den ersten drei Jahren nach der Eidesleistung unterbleibt, wenn der Schuldner seitdem kein neues Vermögen erworben hat. Um dies zu erreichen, will das Gesetz ein näher beschriebenes Verfahren eingehalten haben, das sowohl das Vollstreckungsgericht wie der Gläubiger beobachten sollen. Diese verfahrensmäßigen Voraussetzungen sind jedoch nicht um ihrer selbst willen geschaffen. Sie sollen lediglich der Erfüllung des sachlichen, in § 903 ZPO zum Ausdruck gelangten gesetzgeberischen Anliegens dienen, ein neues Offenbarungseidsverfahren nur bei neuem Vermögenserwerb des Schuldners zu eröffnen. Ist ein solcher Vermögenserwerb eingetreten, dann ist ein neuer Offenbarungseid auch dann sachlich gerechtfertigt, wenn es an jenen verfahrensmäßigen Sicherungen fehlt. Die Tatsache, daß dem Angeklagten im vorliegenden Fall nach dem letzten Offenbarungseid ein neues Vermögen zugewachsen war, bestand unabhängig davon, ob das Vollstreckungsgericht die in § 900 Abs. 2 ZPO vorgesehenen Ermittlungen und die Benachrichtigung des Gläubigers vorgenommen hatte oder nicht und ob der Vollstreckungsgläubiger jene Tatsache glaubhaft gemacht und die Fortsetzung des Vollstreckungsverfahrens beantragt hatte. Auch wenn diese verfahrensrechtlichen Maßnahmen und Schritte unterblieben sein sollten, könnte daraus dem Angeklagten, der einen ihm nach dem letzten Offenbarungseid zugefallenen Vermögenszuwachs bewußt verschwiegen hat, billigerweise nicht der Vorteil einer weiteren Strafmilderung zuteil werden. Denn an der Strafwürdigkeit seines Meineids würde sich dadurch nichts ändern.

16. Nachtatverhalten darf strafschärfend berücksichtigt werden.

StPO § 267 III – BGH Urt. v. 9. 2. 1962 – 4 StR 519/61 LG Saarbrücken (= BGHSt. 17, 143)

Die Revision rügt, daß der sogenannte Nachtrunk im Urteil zu Unrecht strafschärfend berücksichtigt wurde.

Sachverhalt: Das Landgericht hat den Angeklagten u.a. wegen Unfallflucht verurteilt. Nach der Tat hat der Angeklagte „in nicht unerheblichem Maße" (nämlich 4 bis 5 Wassergläser = fast 1 Liter) Wein zu sich genommen und „dadurch – nachdem er vor Durchführung der Unfallfahrt in nicht unerheblichem Maße Alkohol getrunken hatte – jedenfalls die Ermittlungen über seinen Blutalkoholgehalt im Unfallzeitpunkt erschwert". – Das Rechtsmittel war erfolglos.

Gründe: Daß der Angeklagte nach dem Unfall „in nicht unerheblichem Maße" (nämlich 4 bis 5 Wassergläser = fast 1 Liter) Wein zu sich genommen hat und „dadurch – nachdem er vor Durchführung der Unfallfahrt in nicht unerheblichem Maße Alkohol getrunken hatte – jedenfalls die Ermittlungen über seinen Blutalkoholgehalt im Unfallzeitpunkt erschwert hat", durfte das Landgericht zum Anlaß einer Strafschärfung nehmen; denn durch dieses Verhalten verhinderte der Angeklagte die zuverlässige Feststellung seines Blutalkohols für den Zeitpunkt der Tat in besonders nachhaltiger, durch den Tatbestand des § 142 StGB nicht erfaßter Weise. Wegen Unfallflucht macht sich der unter Alkohol stehende Unfallbeteiligte schon dann strafbar, wenn er den Unfallort verläßt und dadurch die baldige Entnahme einer Blutprobe zum Zwecke der Ermittlung seines Blutalkoholgehalts für den Unfallzeitpunkt und damit der „Art seiner Beteiligung an dem Unfall" vereitelt oder erschwert. Wer sich hierauf nicht beschränkt, sondern während oder nach der Flucht weiteren Alkohol zu sich nimmt und durch diesen „Nachtrunk" den Strafverfolgungsbehörden und den von ihnen zugezogenen ärztlichen Sachverständigen – zum Nachteil der durch § 142 StGB geschützten Anspruchsberechtigten – die zuverlässige „Rückrechnung" des für den Zeitpunkt der Blutentnahme gefundenen Alkoholwerts auf den Unfallzeitpunkt unmöglich macht oder erschwert, fügt dem tatbestandsmäßigen Unrecht ein in derselben Richtung liegendes zusätzliches Unrecht hinzu, das vom Richter als Ausdruck eines sich nicht in der Tatbestandsverwirklichung der Unfallflucht erschöpfenden rechtsfeindlichen Verhaltens gewürdigt werden darf. Er bewegt sich nicht im Bereich erlaubter Selbstbegünstigung, sondern handelt der durch § 142 StGB in Einschränkung dieses Bereichs aufgestellten Rechtspflicht, nach (Mit-)Verursachung eines Verkehrsunfalls die zu dessen Aufklärung erforderlichen Feststellungen zu ermöglichen, besonders hartnäckig zuwider. Das Recht (und die Pflicht) des Richters, solches Verhalten strafschärfend zu berücksichtigen, setzt entgegen der Meinung der Revision auch nicht voraus, daß der Täter die Absicht hatte, die Ermittlung seines Blutalkoholgehalts zu vereiteln oder zu erschweren; es genügt, daß er diese Folge des Nachtrunks voraussah und gleichwohl trank. Daß die Strafkammer das beim Beschwerdeführer – in Übereinstimmung mit der Lebenserfahrung – für erwiesen ansah, läßt sich dem angefochtenen Urteil hinreichend deutlich entnehmen.

17. Die versuchte Straftat begründet nicht zwingend eine Strafmilderung.

StPO § 267 III – BGH Urt. v. 17. 11. 1961 – 4 StR 292/61 LG Essen (= BGHSt. 16, 351 = NJW 1962, 355)

Die Revision rügt, daß das Landgericht es abgelehnt hat die Strafe nach Versuchsgrundsätzen zu ermäßigen.

Sachverhalt: Das Landgericht hat dem Angeklagten wegen seines offenen Geständnisses mildernde Umstände zugebilligt, aber von der Milderungsmöglichkeit des § 44 StGB keinen Gebrauch gemacht. Eine Strafermäßigung erschien ihm u.a. wegen der Kürze der zwischen der letzten Strafverbüßung und der neuen Tat verstrichenen Zeit unangebracht. – Das Rechtsmittel war erfolglos.

Gründe: Die Gründe, aus denen das Landgericht abgelehnt hat, die Strafe nach Versuchsgrundsätzen zu ermäßigen, halten der rechtlichen Nachprüfung stand.

a) Rechtlich unangreifbar ist der für die Ablehnung einer Strafmilderung von der Strafkammer angeführte Grund, daß zwischen der letzten Strafverbüßung und der neuen Straftat nur eine kurze Zeit von einer Woche liege. Hieraus konnte der Tatrichter entnehmen, daß der Angeklagte einen starken verbrecherischen Willen habe, zu dessen Überwindung es einer länger dauernden Freiheitsstrafe bedürfe.

Der Bundesgerichtshof hat stets davon abgesehen, das Ermessen des Tatrichters bei der Entscheidung darüber, ob er die Strafe nach § 44 Abs. 1 StGB mildern will oder nicht, in der Auswahl der dafür in Betracht kommenden Gründe zu beschränken, wie es die vom Verteidiger angeführte Entscheidung des Oberlandesgerichts in Hamm (NJW 1958, 561) und ebenso Dreher (JZ 1956, 683; 1957, 156) sowie Schönke/Schröder (StGB 10. Aufl. § 44 Anm. I) – für erforderlich erachten, die nur in der versuchten Tat selbst hervorgetretene Umstände als beachtlich ansehen, die für die Schwere des versuchten Rechtsbruchs gegenüber dem Unwertcharakter der geplanten vollendeten Tat kennzeichnend sind.

Auch der erkennende Senat hält es – in Übereinstimmung mit allen übrigen Strafsenaten des Bundesgerichtshofs, die auf Anfrage des erkennenden Senats ihren Standpunkt eingehend begründet haben – nicht für geboten, die Anwendung oder Ablehnung des Versuchsstrafrahmens ausschließlich von versuchsbezogenen Gründen, also allein davon abhängig zu machen, ob die versuchte Tat in ihrem Schuld- und Unrechtsgehalt soweit hinter der geplanten vollendeten Tat zurückbleibt, daß sie deshalb eine mildere Beurteilung verdient. Da das Gesetz keine Einschränkung des richterlichen Ermessens vorsieht, muß es dem Tatrichter überlassen bleiben, seine Entscheidung auf Grund einer Gesamtschau der Tatumstände im weitesten Sinne sowie der Persönlichkeit des Täters zu treffen, um die versuchte Tat, als Ausfluß der Täterpersönlichkeit, in ihrer Bedeutung für die verletzte Rechtsordnung voll zu erfassen. Andernfalls könnte der Strafrichter bei zahlreichen Versuchshandlungen, denen es an kennzeichnenden Zügen für die Beurteilung ihrer Schwere fehlt, keinen zuverlässigen Maßstab für die Ausübung seines Ermessens finden. Häufig fordert ein Rechtsbruch nur deshalb eine besonders scharfe strafrechtliche Ahndung, weil er von einem schon früher als gefährlich in Erscheinung getretenen Täter verübt worden ist.

Dementsprechend hat der Bundesgerichtshof auch für den ähnlich liegenden Fall der verminderten Zurechnungsfähigkeit ausdrücklich ausgesprochen, daß über eine Strafmilderung nach Versuchsgrundsätzen gemäß § 51 Abs. 2 StGB nicht allein nach dem Grad der Zurechnungsunfähigkeit des Täters zu entscheiden sei, sondern der gesamte Schuldgehalt der Tat einschließlich der Eigenschaften des Täters in die tatrichterlichen Erwägungen mit einbezogen werden solle (BGHSt. 7, 28, 31[1]).

---

1 BGH Urt. v. 10. 11. 1954 – 5 StR 476/54: „Hieraus folgt, daß die Frage nach einer Strafmilderung wegen erheblich verminderter Zurechnungsfähigkeit nach dem Schuldgehalt der Tat zu entscheiden ist. Dieser bestimmt sich allerdings nicht allein nach dem Grad der Zurechnungsfähigkeit des Täters, sondern nach den gesamten Umständen, die die Tat der Schuldseite nach als mehr oder minder leicht oder schwer erscheinen lassen. Es kann durchaus sein, daß die Tat trotz erheblich verminderter Zurechnungsfähigkeit des Täters ihrem Schuldgehalt nach immer noch schwerer wiegt, als der denkbar leichteste Regelfall, der dem Gesetzgeber bei der Bestimmung der unteren Strafgrenze oder der unbedingt bestimmten Strafe vorgeschwebt hat, die das Gesetz für den Regelfall, d.h. für die Tat eines zurechnungsfähigen Täters, androht. Ist der Schuldgehalt der Tat eines vermindert Zurechnungsfähigen in dieser Weise zu werten, so kann er von der durch § 51 Abs. 2 StGB gegebenen Möglichkeit einer Strafmilderung absehen. Dabei ist unter Umständen auch die Strafempfindlichkeit des Täters zu beachten. Die schuldangemessene Strafe kann je nach dem Grade seiner Strafempfindlichkeit durchaus verschieden sein. Der Tatrichter darf aber eine Strafmilderung nicht aus schuldfremden Erwägungen unterlassen, die ersichtlich machen, daß die verhängte Strafe über das von ihm selbst als schuldangemessen erachtete Strafmaß hinausgeht."

b) Die hiernach bei der Wahl des Strafrahmens für die versuchte Tat zulässige Gesamtbeurteilung der Tat und des Täters hindert den Tatrichter auch nicht, die schon verwerteten Gesichtspunkte bei der Bemessung der Strafe innerhalb des gewählten Strafrahmens nochmals mit zu berücksichtigen. Hierin liegt keine unzulässige Doppelverwertung, weil die Bestimmung der zur Erziehung, Besserung und Abschreckung des Täters sowie zur allgemeinen Abschreckung erforderlichen schuldangemessenen Strafe nur auf Grund einer Ganzheitsbetrachtung des Tatgeschehens und der dieses auslösenden Persönlichkeit des Täters getroffen werden kann. Unzulässig wäre es allerdings, den Umstand, daß die Tat im Versuch stecken geblieben ist, nochmals strafmildernd zu verwerten.

18. Eine Wahlfeststellung zwischen (schwerem) Diebstahl, Hehlerei (in der Begehungsform des Ansichbringens) und Unterschlagung ist zulässig.

StPO § 267 I; StGB §§ 242, 243, 246, 259 – BGH Urt. v. 26. 7. 1961 – 2 StR 190/61 LG Köln (= BGHSt. 16, 184)

Die Revision des Angeklagten rügt, das angefochtene Urteil enthalte Verstöße gegen den Grundsatz „in dubio pro reo" und gegen die Denkgesetze. Sie bringt vor, daß auch nach den Feststellungen der Strafkammer offen sei, auf welche Sachen der Täter abzielte, als er in die Kellerräume eindrang.

Sachverhalt: Am Abend des 1. 1. 1960 – und zwar nach 19 Uhr – wurden in K. aus drei nebeneinander liegenden Kellerräumen ein Fahrrad, mehrere Flaschen Wein und ein Sack entwendet. Der Raum, in dem das Fahrrad stand, war nicht verschlossen. In die Räume, in denen sich der Sack und die mit Wein gefüllten Flaschen befanden, gelangte der Täter durch Aufbrechen der Vorhängeschlösser an den Zugangstüren. Kurz vor 24 Uhr wurde der Angeklagte etwa 600 m vom Tatort entfernt mit der Diebesbeute gesehen. Er schob das gestohlene Fahrrad, auf dessen Gepäckträger er den entwendeten Sack und in ihm vier Flaschen des weggenommenen Weins hatte.

Die Strafkammer ist davon überzeugt, daß der Angeklagte auf strafbare Weise in den Besitz des Diebesguts kam, glaubt aber, daß folgende drei Möglichkeiten des Erwerbs in Betracht kommen:

a) Der Angeklagte führte den Diebstahl selbst aus.

b) Er traf bei einem Gastwirtschaftsbummel den Dieb und erwarb von ihm die Diebesbeute, wobei sich dem Angeklagten nach den Umständen die strafbare Herkunft des Erworbenen zwingend aufdrängen mußte.

c) Der Angeklagte fand die vom verfolgten Dieb zurückgelassene Beute und eignete sie sich zu.

Die Strafkammer hat den Angeklagten des schweren Diebstahls im Rückfall oder der Hehlerei oder der Unterschlagung für schuldig befunden. – Das Rechtsmittel war erfolglos.

Gründe: Die Feststellungen des Landgerichts sind nicht zu beanstanden. Sie verstoßen weder gegen die Denkgesetze noch gegen den Grundsatz „in dubio pro reo". Was diesen Grundsatz anbelangt, so verkennt die Revision, daß bei einer Wahlfeststellung nur ein Sachverhalt für erwiesen angesehen wird, der mehrere Möglichkeiten des tatsächlichen Geschehensablaufs und damit der strafrechtlichen Beurteilung enthält. Mit dem Ausspielen einer Möglichkeit gegen die andere kann ein Verstoß gegen den Grundsatz „in dubio pro reo" nicht begründet werden. Soweit die Revision auf Möglichkeiten hinweist, die nach den Feststellungen der Strafkammer nicht in Betracht kommen, unternimmt sie den unbeachtlichen Versuch, die Beweiswürdigung der Strafkammer durch ihre eigene zu ersetzen.

Die von der Strafkammer zur Anwendung gebrachten rechtlichen Gesichtspunkte treffen zu, gegen die Zulässigkeit der Wahlfeststellung ergeben sich keine Bedenken.

a) Die Revision bringt vor, daß auch nach den Feststellungen der Strafkammer offen sei, auf welche Sachen der Täter abzielte, als er in die Kellerräume eindrang. Das kann jedoch ebenso dahingestellt bleiben, wie die Frage, ob allein die Wegnahme der mit Wein gefüllten Flaschen als Mundraub anzusehen wäre. Auch wenn der Täter in die Kellerräume einbrach, um daraus Gegenstände der in § 370 Abs. 1 Nr. 5 StGB genannten Art zum alsbaldigen Verbrauch zu entwenden und erst nach dem Einbruch den Zueignungsvorsatz auf den Sack erstreckte, ist seine Tat als schwerer Diebstahl zu beurteilen.

Es kann insoweit auf BGHSt. 9, 253 verwiesen werden.

Die Annahme, daß der Angeklagte Unterschlagung begangen haben könnte, ist ebenfalls unbedenklich. Er führte nach der Gewahrsamserlangung das Fahrrad und die übrige Diebesbeute mit sich. Dieses Mitführen war nach den Feststellungen der Strafkammer Ausdruck und Betätigung seines Zueignungswillens. Es kann dahingestellt bleiben, ob der Angeklagte bereits bei der Gewahrsamsbegründung Zueignungsabsicht hatte (vgl. RGSt 53, 302).

b) Die Verurteilung auf der wahldeutigen Grundlage „schwerer Diebstahl oder Unterschlagung oder Hehlerei (in der Form des Ansichbringens)" ist zulässig.

Eine Wahlfeststellung ist nicht notwendig auf zwei Möglichkeiten des tatsächlichen Herganges beschränkt. Wann und unter welchen Voraussetzungen sich die Wahldeutigkeit auf mehr als zwei Möglichkeiten erstrecken darf, kann nicht allgemein gesagt werden. Es ist eine Frage des Einzelfalles, ob die in Betracht kommenden Tatvorwürfe rechtsethisch und psychologisch gleichwertig sind und ob trotz ihrer Anzahl und Vielfalt die Sicherheit der Urteilsfindung gewährleistet bleibt. Schon das Reichsgericht hat nachdrücklich auf die bei einer Wahlfeststellung drohenden, mit der Zahl der sich anbietenden Möglichkeiten in der Regel zunehmenden Gefahren für diese Sicherheit der Urteilsfindung hingewiesen (RGSt 68, 257, 260).

Sie bestehen nur dort nicht, wo die Häufung der möglichen strafbaren Geschehensabläufe weniger durch die Lückenhaftigkeit der tatsächlichen Feststellungen als durch die enge Verwandtschaft und geringe Verschiedenheit der in Betracht kommenden Tatbestände bedingt wird.

Im vorliegenden Falle ist die Sicherheit der Urteilsfindung nicht gefährdet. Die nach den Feststellungen der Strafkammer verbleibenden drei Möglichkeiten des strafbaren Erwerbs sind Ausprägungen ein und desselben, gegen fremdes Eigentum gerichteten Zueignungswillens, dessen Betätigung den eindeutig nachgewiesenen Kern des Geschehens darstellt. Dieser bleibt unberührt, gleichgültig wie und nach welchem Tatbestand der Zueignungswille betätigt worden ist.

Auch die Gerechtigkeit der Urteilswirkung wird im vorliegenden Falle durch die Zahl der möglichen Tatvorwürfe nicht in Frage gestellt. Sie sind rechtsethisch und psychologisch gleichwertig. Das ist, soweit es sich um (schweren) Diebstahl und Hehlerei handelt, bereits in einer Reihe von Entscheidungen dargelegt worden (RGSt 68, 257, 262; BGHSt. 1, 302; 11, 26; 15, 63; BGH NJW 1952, 114). Darauf kann verwiesen werden.

Die Zulässigkeit der Wahlfeststellung zwischen (schwerem) Diebstahl und Unterschlagung kann ebenfalls nicht zweifelhaft sein (so auch BayObLG NJW 1958, 560). Beide Tatbestände sind nahe miteinander verwandt; das geschützte Rechtsgut ist dasselbe und der Täterwille ist durch eine gleichgeartete, eigene Sachherrschaft erstrebende Mißachtung fremden Eigentums gekennzeichnet.

Das alles gilt aber auch für das Verhältnis zwischen Unterschlagung und Hehlerei in ihrer hier gegebenen Form des Ansichbringens. Ob Wahlfeststellung zwischen den sonstigen Begehungsformen der Hehlerei und Unterschlagung zulässig ist, bedarf nicht der Entscheidung.

19. Berichtigungsbeschluß möglich, wenn sich Versehen aus offenkundigen Tatsachen ergibt, und auch der entfernte Verdacht einer unzulässigen nachträglichen Änderung ausgeschlossen ist.

StPO §§ 267 I, II, 268; § 345 I – BGH Urt. v. 3. 2. 1959 – 1 StR 644/58 LG München I (= BGHSt. 12, 374 = NJW 1959, 899)

Die Revision rügt, daß ein Berichtigungsbeschluß unwirksam sei und beanstandet deshalb, daß das Urteil, soweit es den Angeklagten als rückfälligen Dieb bestrafe, nicht die für erwiesen erachteten Tatsachen angebe, in denen die gesetzlichen Merkmale des Rückfalls (§§ 244 f. StGB) gefunden werden.

Sachverhalt: Das Landgericht hat den Angeklagten wegen zweier gemeinschaftlicher Verbrechen des schweren Diebstahls im Rückfall verurteilt.

Das mit Gründen versehene Urteil des Landgerichts wurde dem Verteidiger am 19. 8. 1958 zugestellt. Der Schriftsatz des Verteidigers mit den Revisionsanträgen und der Revisionsbegründung ging am 3. 9. 1958, also nach Ablauf von zwei Wochen seit der Zustellung, bei dem Landgericht ein. Am 7. 10. 1958 erließ die Strafkammer unter Mitwirkung der richterlichen Mitglieder, die an der Hauptverhandlung teilgenommen hatten, einen Beschluß, der das Urteil im Wege der Berichtigung dahin ergänzte, daß der Angeklagte wegen Diebstahls in rückfallbegründender Weise vorbestraft sei durch

a) Urteil des Schöffengerichts München vom 18. 8. 1952 – 3 Ls 40b/52 – wegen schweren Diebstahls zu acht Monaten Gefängnis (Strafe teilweise verbüßt durch Anrechnung der U-Haft);

b) Urteil des Schöffengerichts München vom 12. 10. 1955 – 5 Ls 61/55 – wegen versuchten schweren Raubes zu einem Jahr sechs Monaten Gefängnis (Tatzeit 16./17. 5. 1955, Strafe verbüßt am 15. 11. 1956).

Dieser mit Gründen versehene Beschluß wurde dem Verteidiger am 17. 10. 1958 zugestellt. Er hat darauf die Revision mit einem am 27. 10. 1958 eingegangenen Schriftsatz neu begründet. – Das Rechtsmittel war erfolglos.

Gründe: Die Rüge ist unbegründet, weil der Berichtigungsbeschluß das Urteil insoweit wirksam ergänzt und damit den ihm anfänglich anhaftenden Mangel beseitigt hat.

Die in § 267 StPO vorgeschriebenen schriftlichen Urteilsgründe müssen die Ergebnisse der Hauptverhandlung so, wie sie bei der für die Verkündung des Urteils grundlegenden Beratung gesehen und gewürdigt wurden, vollständig und wahrheitsgetreu wiedergeben. Allein aus diesem Erfordernis ist die Folgerung zu ziehen, daß es auch ohne eine ausdrückliche Vorschrift in der Strafprozeßordnung möglich sein muß, bei der Abfassung der schriftlichen Begründung unterlaufene Versehen, die diese Übereinstimmung in Frage stellen, durch einen nachfolgenden Beschluß des erkennenden Gerichts zu beseitigen. Diese Möglichkeit kann allerdings nicht unbeschränkt gegeben sein. Sie muß jedenfalls dort ihre Grenze finden, wo Zweifel auftreten können, ob es sich tatsächlich um die Berichtigung eines Versehens oder um eine sachliche Änderung handelt, die eben nicht die Übereinstimmung mit dem auf Grund der maßgeblichen Beratung Gewollten herstellen würde (§ 260 Abs. 1 StPO), sondern darauf hinaus liefe, einer nachträglichen Meinungsänderung des erkennenden Gerichts in unzulässiger Weise Geltung zu verschaffen. Für einen solchen Zweifel darf kein Raum sein. Wo er sich einstellen kann, hat das Bedürfnis, die schriftlichen Urteilsgründe dem anzupassen, was das Gericht auf Grund des Ergebnisses der Hauptverhandlung in der allein maßgeblichen Beratung, die der Verkündung des Urteils vorausgeht, sachlich festgestellt und rechtlich gewollt hat, gegenüber der Geltungskraft zurückzutreten, welche dem von den beteiligten Richtern unterzeichneten und den Verfahrensbeteiligten mitgeteilten Urteil zukommt. Denn es wäre mit den Grundsätzen einer geordneten Rechtspflege schlechthin unverträglich, wenn auch nur der entfernte Verdacht einer nachträglichen Änderung und damit einer Verfälschung des Urteils aufkommen könnte. Daraus folgt umgekehrt, daß eine Berichtigung dann zulässig sein muß, wenn sie sich zwanglos aus Tatsachen ergibt, die für alle Verfahrenbeteiligten klar zu Tage liegen und jeden Verdacht einer unzulässigen nachträglichen Änderung ausschließen, wo also das Versehen schon ohne die Berichtigung offensichtlich ist (BGHSt. 7, 75 [BGH Urt. v. 30. 11. 1954 – 5 StR 280/54; vgl. § 267 StPO erfolgreiche Rügen]).

Ein solcher Ausnahmefall ist hier gegeben. Die durch den Berichtigungsbeschluß den Urteilsgründen eingefügten Angaben über die rückfallbegründenden Vorstrafen des Angeklagten waren im selben Wortlaut bereits in dem Eröffnungsbeschluß angeführt. Der Eröffnungsbeschluß wurde in der Hauptverhandlung verlesen. Das Protokoll vermerkt ferner ausdrücklich, daß die Rückfallvoraussetzungen in Richtung gegen beide Angeklagten nach Maßgabe des Eröffnungsbeschlusses festgestellt und als richtig anerkannt wurden. Daß die beiden Vorstrafen nebst den sonstigen für den Rückfall wesentlichen Umständen Grundlage der für das Urteil maßgeblichen, der Verkündung vorausgehenden Beratung waren, ergibt sich nicht nur aus der Fassung des Urteilssatzes, sondern auch aus dem sonstigen Inhalt der Gründe (wird ausgeführt).

Schon aus diesen für alle Verfahrensbeteiligten offenkundigen und urkundlich festliegenden Umständen ergibt sich zweifelsfrei, daß die rückfallbegründenden Tatsachen, so wie sie der Eröffnungsbeschluß enthielt und wie sie in der Hauptverhandlung erörtert wurden, Grundlage der Urteilsfindung gewesen sind.

20. Strafe darf nicht zugleich hilfsweise auch für den Fall ausgesprochen werden, daß ein tatsächlich oder rechtlich abweichender Tatbestand der Beurteilung zugrunde zu legen sein würde.

StPO § 267 III; StGB § 51 II – BGH Urt. v. 14. 6. 1955 – 2 StR 136/55 Schwurgericht Wuppertal (= BGHSt. 7, 359 = NJW 1955, 1159)

Die Revision rügt die zur Strafzumessung führenden tatrichterlichen Erwägungen in der Urteilsbegründung.

Sachverhalt: Das Schwurgericht hat den Angeklagten wegen Totschlags zu fünf Jahren Gefängnis verurteilt. Es stellt seine volle strafrechtliche Verantwortlichkeit fest.

Das Urteil führt aus: „Selbst wenn aber die Voraussetzungen des § 51 Abs. 2 StGB zu bejahen gewesen wären, dann hätte das Schwurgericht es abgelehnt, von der aus diesem Grunde gegebenen Möglichkeit der Strafmilderung Gebrauch zu machen." – Das Rechtsmittel war erfolglos.

Gründe: Das Reichsgericht und der Bundesgerichtshof haben eine Erwägung, wie sie das Schwurgericht angestellt hat, wiederholt für unzulässig erklärt (RGSt 71, 101, 104; BGH Urt. v. 10. 4. 1953 – 1 StR 133/53 –; Urt. v. 11. 1. 1955 – 1 StR 302/54[1] –; Urt. v. 8. 2. 1955 – 2 StR 301/54[2]).

---

1 „Für die neue Hauptverhandlung sei darauf hingewiesen, daß die Strafkammer, wenn sie wieder im Gegensatz zu dem Gutachten des Sachverständigen § 51 Abs. 2 StGB verneint, dazu Stellung zu nehmen haben wird, ob sie auch keine erheblich verminderte Fähigkeit des Hemmungsvermögens des Beschwerdeführers für gegeben hält. Die Erwägung, dem Angeklagten wäre die Strafmilderung nach § 51 Abs. 2 StGB auch dann versagt worden, wenn die Voraussetzungen dieser Vorschrift als gegeben erachtet worden wären, ist unzulässig."

2 „Fehlerhaft ist aber die Hilfserwägung, daß die Gesamtstrafe auch dann festgesetzt worden wäre, ‚wenn die Handlungen in Bezug auf die Kinder K. und P. außer Betracht bleiben'. Zwar ist bei den bestimmten Feststellungen in diesen Fällen kein Zweifel an der Überzeugung des Gerichts zur Schuldfrage aus dieser Bemerkung herzuleiten. Es ist aber unzulässig, zu erklären, daß dieselbe Strafe verhängt worden wäre, wenn das Gericht die eine oder andere Rechtsverletzung nicht als nachgewiesen angesehen hätte; denn bei der Strafzumessung ist von den Taten auszugehen, wie sie festgestellt und beurteilt worden sind."

Der Grund hierfür liegt darin, daß die Strafe dem tatsächlich und rechtlich eindeutig festzustellenden Verhalten des Angeklagten entsprechen muß, also nicht zugleich hilfsweise auch für den Fall ausgesprochen werden kann, daß ein tatsächlich oder rechtlich abweichender Tatbestand der Beurteilung zugrunde zu legen sein würde, RGSt 71, 104. Denn es läßt sich nicht ohne weiteres sagen, „daß die rechtlich nicht zutreffende Entscheidung der Schuldfrage keinen Einfluß auf das Strafmaß ausgeübt habe", RG JW 1935, 1938. Daraus folgt, daß die an sich unzulässige Hilfserwägung den Strafausspruch nur dann gefährden kann, wenn das Revisionsgericht die rechtliche Beurteilung des Vorderrichters nicht teilt, sondern im Gegensatz zu ihm die Sach- oder Rechtslage für gegeben hält, für die die Hilfserwägung gelten soll.

Das Schwurgericht ist von der vollen Verantwortlichkeit des Angeklagten überzeugt. Es hat, da es mildernde Umstände fand, der Zumessung der Strafe den § 213 StGB zugrundegelegt. Es wendet also die Strafbestimmung an, die auch nach der Ansicht des Senats auf den Sachverhalt zutrifft. Der Strafausspruch ist deshalb fehlerfrei. Nur wenn der Senat Bedenken gegen die Ablehnung des § 51 Abs. 2 StGB durch das Schwurgericht hätte, wäre zu prüfen, ob die für diesen Fall angestellte Hilfserwägung des Schwurgerichts den Strafausspruch gefährden könnte, der auf einer anderen Beurteilung der Voraussetzungen des § 51 Abs. 2 StGB beruht.

21. Das Urteil muß Feststellungen zum Vorsatz enthalten (entgegen RGSt 51, 201).

StPO § 267 I u. II – BGH Urt. v. 8. 12. 1953 – 5 StR 252/53 LG Hamburg (= BGHSt. 5, 143 = NJW 1954, 283)

Die Revision rügt, daß das Urteil keine ausreichenden Feststellungen zur inneren Tatseite enthält, insbesondere vermißt sie die Feststellungen des Beleidigungsvorsatzes.

Sachverhalt: Der Angeklagte ist wegen tätlicher Beleidigung zu drei Monaten Gefängnis verurteilt worden.

Am 29. 5. 1952 traf er in einer Straße den damals siebenjährigen, ihm fremden Dieter M. Durch das Versprechen, ihm 5 Pf. zu geben, veranlaßte er das Kind, ihn in mehrere Häuser zu begleiten. In einem Treppenhause faßte er den Jungen mit der Hand unter die Hose und gab ihm einen Klaps auf das bloße Gesäß. Außerdem küßte er ihn auf die Backe und in die Nähe des Mundes und nannte ihn dabei „mein lieber Junge". – Das Rechtsmittel war erfolglos.

Gründe: Das Landgericht hat nicht als erwiesen angesehen, daß der Angeklagte diese Handlungen aus wollüstigen Beweggründen vorgenommen habe. Es hat jedoch festgestellt, er habe durch sein Verhalten gegenüber dem Jungen „eine Mißachtung von dessen Persönlichkeit zum Ausdruck gebracht, die den Tatbestand einer tätlichen Beleidigung im Sinne des § 185 StGB erfüllt". Die gesetzliche Vertreterin des Jungen hat Strafantrag gestellt.

1. Die Beleidigung nach § 185 StGB besteht im bewußten Ausdrücken der Mißachtung. Die Verurteilung setzt daher voraus, daß der Richter von diesem Bewußtsein des Täters überzeugt ist. Das angefochtene Urteil enthält keine ausdrücklichen Feststellungen über die innere Tatseite.

a) Nach § 267 Abs. 1 Satz 1 StPO müssen die Urteilsgründe „die für erwiesen erachteten Tatsachen angeben, in denen die gesetzlichen Merkmale der strafbaren Handlung gefunden werden". Darüber, ob besondere Umstände vorliegen, die nach dem Gesetz die Strafbarkeit ausschließen, müssen die Urteilsgründe sich nach § 267 Abs. 2 StPO dann äußern, wenn solche Umstände in der Hauptverhandlung behauptet worden sind. Hieraus hat das Reichsgericht in einigen älteren Entscheidungen (RGSt 27, 176 [179]; 51, 201 [204]) geschlossen, das Gericht brauche seine Überzeugung, daß der Angeklagte alle festgestellten Tatbestandsmerkmale vorsätzlich erfüllt habe, im Urteil grundsätzlich nur dann besonders auszusprechen, wenn der gesetzliche Tatbestand das Merkmal des Vorsatzes ausdrücklich erwähne. Sei dieses aber im Gesetz nicht hervorgehoben, so sei die Unkenntnis einzelner Tatumstände (§ 59 Abs. 1 StGB) ein Strafausschließungsgrund im Sinne des § 267 Abs. 2 StPO. Ob der Angeklagte alle Tatbestandsmerkmale gekannt habe, müsse das Gericht zwar auch in diesem Falle stets prüfen, es brauche sich darüber aber im Urteil nur dann zu äußern, wenn die Unkenntnis einzelner Tatumstände in der Hauptverhandlung behauptet worden sei oder eine ausdrückliche Feststellung nach der Sachlage geboten sei, um Zweifel zu beseitigen (vgl. RGSt 51, 201 [204], 57, 171 [172]).

b) Nach dieser Auffassung, die auch von *Kroschel*, „Die Abfassung der Urteile in Strafsachen", 16. Aufl. S. 72, 73, 77, 78, vertreten wird, wäre der Angriff der Revision ohne weiteres unbegründet. Denn § 185 StGB erwähnt den Vorsatz nicht ausdrücklich. Der Angeklagte hat bestritten, den Jungen an das bloße Gesäß gefaßt und ihn geküßt zu haben, und hat nur eingeräumt, er habe ihm möglicherweise einen Klaps auf die Hose gegeben. Er hat aber nicht geltend gemacht, er habe den ehrverletzenden Charakter der ihm zur Last gelegten und vom Landgericht festgestellten Handlungsweise verkannt. Der Sachverhalt bietet auch keinen Anhalt für einen solchen Irrtum, so daß etwa aus diesem Grunde eine ausdrückliche Feststellung nach der Rechtsprechung des Reichsgerichts erforderlich gewesen wäre (vgl. RGSt 51, 201 [204]; 57, 171 [172]).

2. Der Senat tritt jedoch der unter 1.a) widergegebenen Rechtsprechung des Reichsgerichts nicht bei. Die Entscheidungen, die zeitlich ziemlich weit zurückliegen, legen zu viel Gewicht auf äußere Gesichtspunkte. ... Wenn der gesetzliche Tatbestand den Vorsatz nicht hervorhebt, ihn jedoch stillschweigend voraussetzt, enthält er ihn als ungeschriebenes Merkmal. Die Tatsachen, die die gesetzlichen Merkmale der strafbaren Handlung erfüllen, müssen nach § 267 Abs. 1 StPO im Urteil festgestellt werden. Ob zu den hiernach im Urteil darzulegenden Merkmalen der Vorsatz gehört, kann nicht im einzelnen Fall von der zufälligen äußeren Fassung des anzuwendenden Strafgesetzes abhängen. Irrt der Täter über einen Tatumstand im Sinne des § 59 Abs. 1 StGB, so ist der gesetzliche Tatbestand der inneren Tatseite nach nicht verwirklicht. Dadurch unterscheidet sich dieser Fall von den Rechtfertigungs- und Entschuldigungsgründen der §§ 51 bis 55 StGB. Diese regeln die rechtliche Bedeutung gewisser Ausnahmefälle, die den gesetzlichen Tatbestand unberührt lassen. Da sie auch Abweichungen von der Regel des Lebens betreffend, ist für sie der Grundsatz des § 267 Abs. 2 StPO sinnvoll, daß ihre Voraussetzungen im Urteil dann ausdrücklich zu behandeln sind, wenn sie behauptet worden sind. Für die inneren Tatsachen jedoch, die den Vorsatz des Täters ausmachen, paßt diese Regel nicht.

3. Trotzdem ist die Revision unbegründet. Denn das Landgericht sagt, der Angeklagte habe „indem er den Dieter M. an das bloße Gesäß faßte und den ihm bis dahin völlig fremden Jungen einfach auf die Backe küßte, eine Mißachtung von dessen Persönlichkeit zum Ausdruck gebracht". Daß er sich dabei dieser Bedeutung seiner Handlungsweise nach der Überzeugung des Landgerichts bewußt war, läßt sich diesem Satze entnehmen, zumal da es sich um eine recht dreiste Zudringlichkeit handelt.

22. Nur die Berichtigung von Schreibfehlern und ähnlichen Versehen ist zulässig.

StPO § 267 I – BGH Urt. v. 1. 4. 1952 – 2 StR 13/52 LG Aachen (= BGHSt. 2, 248 = NJW 1952, 675)

Die Revision rügt, das angefochtene Urteil stelle Tatsachen fest, für die in der Hauptverhandlung keinerlei Anhaltspunkte erbracht worden seien. Die Feststellung, der Angeklagte sei mit Fernlicht gefahren, sei nämlich unrichtig; in der Hauptverhandlung habe weder der Angeklagte noch ein Zeuge „etwas davon gesagt". Weiter habe der Angeklagte nur von einer „grauen Wand" gesprochen, die er unmittelbar vor dem Zusammenstoß vor sich gesehen habe, nicht aber, wie das Urteil meine, von der „Rückwand eines Wagens".

Sachverhalt: Nach den Feststellungen des Landgerichts hat der Angeklagte mit dem von ihm gesteuerten Dienstkraftwagen am 3. 11. 1950 abends 23.45 Uhr einen tödlichen Unfall fahrlässig verursacht. Es hat ihn deshalb u.a. wegen fahrlässiger Tötung verurteilt. ... – Das Rechtsmittel war erfolglos.

Gründe: Beide Behauptungen sind tatsächlich, sie widersprechen dem festgestellten Sachverhalt und sind daher nicht zu beachten. Die Erklärungen, die der Vorsitzende und einer der Beisitzer sowie der Sitzungsvertreter der Staatsanwaltschaft nach Eingang der Revisionsbegründung zu dem Revisionsvorbringen abgegeben haben, waren nicht geboten, und der Verteidiger hatte kein Recht darauf, solche Erklärungen herbeizuführen. Die Erklärungen waren aber auch überflüssig. Dazu ist grundsätzlich folgendes zu bemerken:

Was ein Tatrichter als das „Ergebnis der Beweisaufnahme" i.S. des § 261 StPO feststellt, ist in den Gründen des Urteils wiedergegeben. Nur diese enthalten die maßgebenden und das Revisionsgericht bindenden „für erwiesen erachteten Tatsachen" (§ 267 Abs. 1 StPO) und nur diese darf das Revisionsgericht bei der rechtlichen Prüfung zugrunde legen. Ist der Tatrichter auf Grund des Verhandlungsergebnisses von einer bestimmten Tatsache überzeugt, so darf er sie nicht nur feststellen, sondern er muß sie sogar feststellen, dies selbst dann, wenn weder der Angeklagte noch ein Zeuge „davon etwas gesagt hat". Nachträgliche sachliche Berichtigungen an den so gewonnenen im Urteil wiedergegebenen Feststellungen sind nicht zulässig; das Revisionsgericht darf sie daher gar nicht beachten, RGSt 28, 81, 247. Nur Schreibfehler und ähnliche Versehen können wirksam berichtigt werden. Demnach kommt es auf die Erklärungen der zwei Gerichtsmitglieder (die übrigens die Behauptungen der Revision nicht bestätigen) und auf die Erklärung des Vertreters der Staatsanwaltschaft (die erst 2 1/2 Monate nach der Hauptverhandlung abgegeben ist) nicht an. (Es folgen Ausführungen zu weiteren Verfahrensrügen.)

23. Aus dem Leugnen dürfen Schlüsse auf das Maß der persönlichen Schuld und die Gefährlichkeit des Täters gezogen werden, die bei der Strafzumessung berücksichtigt werden müssen.

StPO § 267 II – BGH Urt. v. 10. 4. 1951 – 1 StR 88/51 LG Nürnberg-Fürth (= BGHSt. 1, 105)

Die Revision rügt, daß das Leugnen des Angeklagten ohne weitere Anmerkungen zum inneren Tatverhalten strafschärfend berücksichtigt worden ist.

Der Sachverhalt ergibt sich aus den Entscheidungsgründen. – Das Rechtsmittel war erfolglos.

Gründe: Die Erwägungen, mit denen das Landgericht die Zubilligung mildernder Umstände gemäß § 154 Abs. 2 StGB abgelehnt und die Höhe der verhängten Strafe rechtfertigt, sind rechtlich nicht zu beanstanden. Insbesondere bestehen keine Bedenken dagegen, daß das Landgericht strafschärfend den Gedanken berücksichtigt hat, die Tat des Angeklagten wiege deshalb besonders schwer, weil er sich gewissenlos über die Rechtsordnung hinweggesetzt habe, obwohl er als Polizeibeamter zu ihrer Wahrung berufen gewesen sei und ihm die Bedeutung des Eides für die Rechtspflege besonders gut bekannt gewesen sei.

Es bestehen auch keine rechtlichen Bedenken dagegen, daß die Strafkammer das „freche Leugnen" des Angeklagten strafschärfend berücksichtigt und zum Anlaß genommen hat, ihm nur einen Teil der Untersuchungshaft anzurechnen. Das Geständnis oder das Leugnen eines Angeklagten darf zwar nur mit Vorsicht als Strafzumessungsgrund verwertet werden. Denn die geltende Verfahrensordnung sieht um der Wahrheitsfindung willen davon ab, den Schuldigen zum Geständnis zu verpflichten oder gar durch Androhung von Nachteilen – wie härtere Strafe und Nichtanrechnung der Untersuchungshaft – auf ihn einen Druck nach dieser Richtung auszuüben. Darum ist es unzulässig, den geständigen

Verbrecher nur seines Geständnisses wegen milder und den leugnenden Verbrecher nur seines Leugnens wegen härter zu bestrafen, weil eine solche schematische Berücksichtigung von Geständnis oder Leugnen im Ergebnis als unzulässiger Druck auf den Angeklagten wirken könnte (§ 136a StPO).

In dem Verhalten, das der Verbrecher während des Verfahrens, vor allem auch während der Hauptverhandlung an den Tag legt, kann sich jedoch auch offenbaren, wie er innerlich zu seiner Tat steht. Wenn auch durch dieses nach der Tat liegende Verhalten der Unrechtsgehalt der Tat selbst nicht verändert wird, so können doch unter Umständen aus ihm Schlüsse auf das Maß seiner persönlichen Schuld und auf seine Gefährlichkeit gezogen werden, die – wie in der Rechtsprechung und im Schrifttum allseitig anerkannt ist – bei der Strafzumessung nicht nur Berücksichtigung finden dürfen, sondern sogar müssen. Wenn und soweit das Leugnen oder das Geständnis des Angeklagten solche Schlüsse auf das Maß seiner persönlichen Schuld und den Grad seiner Gefährlichkeit zuläßt, muß es deshalb gestattet sein, es auch bei der Strafzumessung zu berücksichtigen. In dieser Weise ist im vorliegenden Falle auch die Strafkammer verfahren. Sie legt dar, der Angeklagte habe trotz erdrückender Beweise und im Widerspruch zu dem Inhalt eines von seiner Hand stammenden Kassibers, der abgefangen wurde, bis zuletzt an der Darstellung festgehalten, daß sein ehewidriges Verhältnis zur Mitangeklagten B. nur ein harmloses Freundschaftsverhältnis sei. Daraus sei zu entnehmen, daß er weder Reue empfinde, noch daß er überhaupt seine Schuld einsehe. Was die Anrechnung der Untersuchungshaft betreffe, so sei dabei zu berücksichtigen, daß er die Haftdauer durch sein hartnäckiges Leugnen selbst verschuldet habe. Diese Ausführungen zeigen klar, daß die Strafkammer das Leugnen des Angeklagten nicht um seiner selbst willen, sondern nur deshalb als Strafzumessungsgrund verwertet hat, weil sie wegen der besonderen Umstände des Falles aus ihm in rechtlich nicht zu beanstandender Weise entnahm, wie der Angeklagte innerlich zu seiner Tat steht. Dagegen bestehen keine rechtlichen Bedenken (vgl. OGHSt 2, 219).

24. Der Tatrichter hat dem Urteil seine Überzeugung zugrunde zu legen, die er aus dem Inbegriff der Verhandlung gewonnen hat; ohne an bestimmte Beweisregeln gebunden zu sein.

StPO § 267 – BGH Urt. v. 9. 2. 1951 – 4 StR 49/50 Schwurgericht Göttingen (= NJW 1951, 325)

Die Revision rügt die Verletzung des Grundsatzes in dubio pro reo, die Verletzung von Denkgesetzen und die Unvollständigkeit der Beweiswürdigung.

Der Sachverhalt wurde nicht mitgeteilt. – Das Rechtsmittel war erfolglos.

Gründe: Der Tatrichter hat dem Urteil seine Überzeugung zugrunde zu legen, die er aus dem Inbegriff der Verhandlung gewonnen hat; an bestimmte Beweisregeln ist er nicht gebunden. Die Würdigung der Beweisaufnahme ist seine Aufgabe. Ein in der Revisionsinstanz zu beachtender Verstoß gegen den Grundsatz in dubio pro reo läge nur vor, wenn aus dem Urteil selbst ersichtlich wäre, daß das Schwurgericht von den Tatsachen, auf die es seinen Spruch gründet, nicht die volle Überzeugung ihrer Richtigkeit gewonnen hätte. Das trifft jedoch nirgends zu.

Die richterliche Überzeugung von der Schuld des Angeklagten braucht nicht das Ergebnis zwingender Schlüsse aus den einzelnen Beweistatsachen zu sein. Auch Erwägungen, die denkgesetzlich oder nach der allgemeinen Lebenserfahrung nur möglich sind, vermögen die richterliche Überzeugung vom Tathergang zu stützen; denn es gibt keine Norm dafür; welche Überzeugung der Richter bei einem bestimmten objektiven Beweisergebnis haben müsse oder dürfe oder nicht haben dürfe. Nur auf die denkgesetzlich unmögliche Grundlage darf das Gericht seine Überzeugung nicht stützen.

Weder § 267 StPO noch § 261 StPO zwingen das Gericht, sich in den Urteilsgründen mit sämtlichen als beweiserhebliche in Betracht kommenden Umständen ausdrücklich auseinanderzusetzen. Nach § 267 Abs. 1 StPO müssen die Urteilsgründe nur die für erwiesen erachteten Tatsachen, also das Ergebnis der Beweiswürdigung, enthalten. Aus dem Schweigen der Gründe zu einem Beweisgeschehen in der Hauptverhandlung kann daher nicht geschlossen werden, der Tatrichter habe diese ungewürdigt gelassen und somit seine Überzeugung nicht aus dem Gesamtinhalt der Hauptverhandlung geschöpft.

§ 268 StPO

(1) Das Urteil ergeht im Namen des Volkes.
(2) Das Urteil wird durch Verlesung der Urteilsformel und Eröffnung der Urteilsgründe verkündet. Die Eröffnung der Urteilsgründe geschieht durch Verlesung oder durch mündliche Mitteilung ihres wesentlichen Inhalts. Die Verlesung der Urteilsformel hat in jedem Falle der Mitteilung der Urteilsgründe voranzugehen.
(3) Das Urteil soll am Schluß der Verhandlung verkündet werden. Es muß spätestens am elften Tage danach verkündet werden, andernfalls mit der Hauptverhandlung von neuem zu beginnen ist. § 229 Abs. 3 und Abs. 4 Satz 2 gilt entsprechend.
(4) War die Verkündung des Urteils ausgesetzt, so sind die Urteilsgründe tunlichst vorher schriftlich festzustellen.

Erfolgreiche Rügen

1. Verstoß gegen Urteilsverkündungsfrist führt zur Aufhebung (BGH Beschl. v. 28. 11. 1989 – 5 StR 554/89).

2. Eine Unterbrechung von mehr als zehn Tagen nach § 229 II StPO setzt voraus, daß nach der Unterbrechung weiter zur Sache verhandelt wird. Steht nur noch die Urteilsverkündung aus, so ist § 229 II StPO nicht anwendbar (BGH Beschl. v. 17. 9. 1981 – 4 StR 496/81 LG Essen).

3. Beschlußverkündung gemäß § 268a StPO gehört nicht zur Urteilsverkündung (BGH Beschl. v. 28. 5. 1974 – 4 StR 633/73).

4. Anpassung des Tenors an die Gründe bei offenkundigem unlösbaren Widerspruch zwischen den nachweislich zur richtigen Sache mündlich mitgeteilten Gründen und der verkündeten Urteilsformel zulässig (BGH Urt. v. 16. 6. 1953 – 1 StR 508/52).

5. Um ein offensichtliches Schreibversehen oder eine offenbare Unrichtigkeit handelt es sich nicht, wenn das Gericht die Höhe der zunächst beratenen und verkündeten Freiheitsstrafe ändert (BGH Urt. v. 6. 11. 1952 – 3 StR 1114/51).

Erfolglose Rügen

1. Unterschiedliches Strafmaß in Urteilsformel und -begründung (BGH Beschl. v. 4. 2. 1986 – 1 StR 643/85).

2. Verstirbt der Vorsitzende nach Verlesung der Urteilsformel, liegt ein rechtswirksames Urteil vor (BGH Urt. v. 8. 7. 1955 – 5 StR 43/55).

3. Sachliche Fehler auch bei Offensichtlichkeit nicht berichtigungsfähig (BGH Urt. v. 23. 10. 1952 – 5 StR 480/52).

4. Offensichtliche Schreibfehler eines Urteils können jederzeit berichtigt werden, auch wenn dadurch der Revision der Boden entzogen wird (BGH Urt. v. 6. 5. 1952 – 1 StR 784/51).

5. Nennt der Urteilstenor eine niedrigere Strafe als die schriftlichen Gründe und beruht die Angabe in den Urteilsgründen zur Gewißheit des Revisionsgerichts auf einem Schreibversehen, ist der Urteilstenor maßgeblich (BGH Urt. v. 6. 11. 1951 – 1 StR 466/51).

Erfolgreiche Rügen

1. Verstoß gegen Urteilsverkündungsfrist führt zur Aufhebung.
StPO § 268 III – BGH Beschl. v. 28. 11. 1989 – 5 StR 554/89 (= BGHR StPO § 268 III Verkündung 1)
Die Revision rügt, daß das Urteil nicht innerhalb der 10-Tages-Frist gesprochen worden ist.

Sachverhalt: Die Verhandlung wurde am 1. 6. 1989 geschlossen. Das Urteil wurde am 22. 6. 1989 verkündet. – Das Rechtsmittel hatte Erfolg.

Gründe: Es hätte spätestens am 12. 6. 1989 verkündet werden müssen. Da dies nicht geschehen ist, war mit der Hauptverhandlung von neuem zu beginnen.

Das Urteil kann auf dem Fehler beruhen, da nicht auszuschließen ist, daß die neue Verhandlung zu einem anderen Ergebnis geführt hätte.

2. Eine Unterbrechung von mehr als zehn Tagen nach § 229 II StPO setzt voraus, daß nach der Unterbrechung weiter zur Sache verhandelt wird. Steht nur noch die Urteilsverkündung aus, so ist § 229 II StPO nicht anwendbar.
StPO § 268 III S. 2 – BGH Beschl. v. 17. 9. 1981 – 4 StR 496/81 LG Essen (= StV 1982, 4)
Die Revisionen rügen die Nichteinhaltung der Urteilsverkündungsfrist des § 268 Abs. 3 Satz 2 StPO.

Sachverhalt: In der Hauptverhandlung am 5. 3. 1981 wurde zunächst die Beweisaufnahme geschlossen. Nach den Schlußvorträgen des Vertreters der Staatsanwaltschaft und der Verteidiger wurden die Angeklagten befragt, ob sie selbst noch etwas zur Verteidigung anzuführen hätten. Sie gaben Erklärungen ab. Sodann wurde die Hauptverhandlung unterbrochen und ein Fortsetzungstermin angesetzt auf den 12. 3. 1981. Durch Verfügung vom 9. 3. 1981 verlegte der Vorsitzende der Strafkammer den Termin zur Fortsetzung der Hauptverhandlung vom 12. 3. auf den 19. 3. 1981. Nach Aufruf der Sache am 19. 3. 1981 entpflichtete der Vorsitzende zunächst den nicht erschienenen Pflichtverteidiger des Angeklagten T., Rechtsanwalt H., und bestellte dessen erschienenen Sozius, Rechtsanwalt B., zum Pflichtverteidiger. Sodann wurde das Urteil verkündet. – Das Rechtsmittel hatte Erfolg.

Gründe: ...
1. Entgegen der Meinung des Generalbundesanwalts handelt es sich nicht um eine unzulässige Protokollrüge. Vielmehr ergibt sich aus den Revisionsbegründungen eindeutig, daß nicht ein bloßer Fehler des Hauptverhandlungsprotokolls, sondern ein tatsächlich vorgekommener Verfahrensverstoß gerügt werden soll. Zwar machen alle Revisionen geltend, die Hauptverhandlung sei „ausweislich des Hauptverhandlungsprotokolls" bzw. „ausweislich des Terminsprotokolls" am 5. 3. 1981 geschlossen worden. In diesen Formulierungen kann aber nicht nur ein Hinweis auf den bloßen Anschein oder die Möglichkeit eines Verfahrensverstoßes gesehen werden. Hier geht es nämlich nicht darum, daß eine für die Hauptverhandlung vorgeschriebene Förmlichkeit, wie die Anhörung des Angeklagten zur Sache, die Vereidigung eines Zeugen usw. im Protokoll nicht vermerkt worden ist und die Revision die Möglichkeit offen läßt, daß dies versehentlich nicht geschehen ist (BGHSt. 7,

162, 163 [BGH Urt. v. 1. 2. 1955 – 5 StR 678/54; vgl. § 344 StPO erfolglose Rügen]). Der Zeitpunkt des Schlusses der Hauptverhandlung, der Vertagung und der Verkündung des Urteils wird vielmehr unter Angabe des jeweiligen Datums bestimmt behauptet. Daher ist hier die Bezugnahme auf das Hauptverhandlungsprotokoll nur als ein Hinweis auf das geeignete Beweismittel (§ 273 Abs. 1 Satz 1 StPO) zu verstehen, ohne daß dadurch die Ernsthaftigkeit und Unbedingtheit der Tatsachenbehauptungen selbst in Frage gestellt wird.

2. Die den geltend gemachten Verfahrensmangel enthaltenden Tatsachen sind in den Revisionsbegründungen auch in einer den Anforderungen des § 344 Abs. 2 Satz 2 StPO genügenden Weise angegeben worden.

Die Beschwerdeführer teilen mit, daß die Hauptverhandlung am 5. 3. 1981 geschlossen wurde. Die fehlerhafte Angabe in zwei Revisionsbegründungen, die Hauptverhandlung sei „mit dem Ende der Beweisaufnahme" geschlossen worden, ist insoweit unschädlich. Aus dieser Formulierung läßt sich hier nicht entnehmen, die Beschwerdeführer hätten nur den Zeitpunkt des Schlusses der Beweisaufnahme, nicht aber den des Endes der Hauptverhandlung mitgeteilt. Vielmehr ist diese Angabe unzweifelhaft dahin zu verstehen, daß am 5. 3. 1981 zunächst die Beweisaufnahme und dann – nach den Schlußvorträgen und den letzten Worten der Angeklagten – auch die Hauptverhandlung geschlossen wurde. Damit ist der Beginn der Frist nach § 268 Abs. 3 Satz 2 StPO genau bezeichnet. Weiter teilen die Beschwerdeführer mit, daß das angefochtene Urteil erst am 19. 3. 1981 verkündet worden ist. Die vom Generalbundesanwalt verlangte weitere ausdrückliche Angabe des Kalendertages an dem die Elftagefrist des § 268 Abs. 3 Satz 2 StPO abgelaufen ist, war für die Zulässigkeit dieser Rüge nicht erforderlich. Denn im Gegensatz zu der Rüge der Fristversäumnis nach § 26a StPO oder § 275 StPO läßt sich im vorliegenden Fall durch einen Blick in den Kalender aufgrund der Mitteilung des Zeitpunktes des Schlusses der Hauptverhandlung und des der Urteilsverkündung leicht bestimmen, ob die Frist des § 268 Abs. 3 Satz 2 StPO gewahrt worden ist oder nicht.

II.

Die Verfahrensrüge ist auch begründet.

1. Die Frist des § 268 Abs. 3 Satz 2 StPO ist nicht eingehalten.

... b) Die Frist nach § 268 Abs. 3 Satz 2 StPO war bereits mit dem 16. 3. 1981 abgelaufen. Sie hatte mit Ablauf des 5. 3. 1981 zu laufen begonnen und betrug elf Tage. Da der 16. 3. 1981 ein Montag war, verlängerte sie sich auch nicht nach § 268 Abs. 3 Satz 1 in Verb. m. § 229 Abs. 3 Satz 2 StPO.

Eine weitere Verlängerung der Frist wie im Falle des § 229 Abs. 2 StPO gibt es bei der Unterbrechung der Hauptverhandlung unmittelbar vor der Urteilsverkündung nicht. Eine Unterbrechung von mehr als zehn Tagen nach § 229 Abs. 2 setzt voraus, daß nach der Unterbrechung weiter zur Sache verhandelt wird. Steht nur noch die Urteilsverkündung aus, so ist § 229 Abs. 2 nicht anwendbar. Dies ergibt sich zwingend daraus, daß § 268 Abs. 3 Satz 3 ausdrücklich nur auf § 229 Abs. 3 Satz 2, nicht aber auf § 229 Abs. 2 verweist.

In dem Termin am 19. 3. 1981 ist nicht mehr zur Sache verhandelt worden. In der Ersetzung eines Pflichtverteidigers, die auch außerhalb der Hauptverhandlung hätte vorgenommen werden können, lag kein Wiedereintritt in die Hauptverhandlung, wie im übrigen auch das Hauptverhandlungsprotokoll ausweist.

2. Da nur in Ausnahmefällen ein Beruhen des Urteils auf dem Verstoß gegen § 268 Abs. 3 Satz 2 StPO, ähnlich wie bei einem Verstoß gegen § 229 StPO (BGHSt. 23, 224 [BGH Urt. v. 2. 8. 1968 – 4 StR 623/67; vgl. § 229 StPO erfolglose Rügen]) oder gegen § 258 Abs. 3 StPO (BGHSt. 22, 278 [BGH Urt. v. 15. 11. 1968 – 4 StR 190/68; vgl. § 258 StPO erfolglose Rügen]) ausgeschlossen werden kann und keine besonderen Umstände ersichtlich sind, die hier einen solchen Ausnahmefall begründen könnten, vielmehr die Urteilsberatung ausweislich der Verfügung des Vorsitzenden vom 9. 3. 1981 erst am 18. 3. 1981, also eben-

falls nach Ablauf der Elftagefrist stattgefunden hat, mußte das Urteil auf die Revision aller Angeklagten mit den Feststellungen aufgehoben werden. Eines Eingehens auf die – im übrigen unbegründeten – weiteren Verfahrensrügen oder die Sachbeschwerde bedurfte es daher nicht.

3. Beschlußverkündung gemäß § 268a StPO gehört nicht zur Urteilsverkündung.

StPO §§ 268, 268a – BGH Beschl. v. 28. 5. 1974 – 4 StR 633/73 OLG Hamm (= BGHSt. 25, 333 = NJW 1974, 1518)

Die Revision rügt, daß die Entziehung der Fahrerlaubnis erst nach der Kostenentscheidung und damit nach Beendigung der Urteilsverkündung ausgesprochen worden ist. Sie ist der Auffassung, mit der Begründung der Kostenentscheidung sei die Urteilsverkündung beendet, eine, wie geschehen nachträgliche Änderung oder Ergänzung des Urteils sei daher nicht mehr zulässig gewesen.

Sachverhalt: Das Amtsgericht hat gegen den Angeklagten in der Hauptverhandlung vom 19. 4. 1973 zunächst folgendes in das Protokoll aufgenommene Urteil verkündet:

„Der Angeklagte wird wegen fahrlässiger Trunkenheit im Verkehr und wegen vorsätzlichen Führens eines Kraftfahrzeugs trotz Beschlagnahme des Führerscheins (§§ 316, 74 StGB, 21 Abs. 2 Nr. 2 StVG) zu einer Gesamtfreiheitsstrafe von 3 Monaten verurteilt.

Die Vollstreckung der Strafe wird zur Bewährung ausgesetzt.

Der Angeklagte trägt die Kosten des Verfahrens."

In der Sitzungsniederschrift heißt es dann weiter:

„Nachdem der Richter die Entscheidung über die Kosten des Verfahrens begründet hatte, meldete sich der Vertreter der Staatsanwaltschaft: „Es ist offenbar übersehen worden, eine Sperrfrist festzusetzen." Daraufhin erklärte der Richter: „Der Urteilsspruch soll berichtigt werden, da die Urteilsbegründung noch nicht abgeschlossen ist." Der Verteidiger widersprach einer Abänderung des Urteilsausspruchs.

Nunmehr wurde das Urteil durch Verlesung der Urteilsformel und durch mündliche Mitteilung des wesentlichen Inhalts der Urteilsgründe dahin verkündet:

Der Angeklagte wird wegen fahrlässiger Trunkenheit im Verkehr und wegen vorsätzlichen Führens eines Kraftfahrzeuges trotz Beschlagnahme des Führerscheins (§§ 316, 74 StGB, 21 Abs. 2 Nr. 2 StVG) zu einer Gesamtfreiheitsstrafe von 3 Monaten verurteilt.

Die Vollstreckung der Strafe wird zur Bewährung ausgesetzt.

Die Fahrerlaubnis wird dem Angeklagten entzogen. Sein Führerschein wird eingezogen. Die Verwaltungsbehörde darf dem Angeklagten vor Ablauf von einem Jahr und sechs Monaten keine neue Fahrerlaubnis erteilen.

Der Angeklagte trägt die Kosten des Verfahrens.

Anschließend an diese auch in das schriftliche Urteil aufgenommene Urteilsformel ist im Protokoll noch vermerkt, daß ein Bewährungsbeschluß verkündet worden und Belehrung gemäß § 268a StPO sowie Rechtsmittelbelehrung erfolgt seien.

Das Oberlandesgericht möchte die Revision des Angeklagten verwerfen, sieht sich hieran jedoch durch das Urteil des früheren 3. Strafsenats des Bundesgerichtshofs vom 6. 11. 1952 – 3 StR 1114/51 – (NJW 1953, 155) gehindert, demzufolge das Gericht seinen Urteilsspruch ändern kann, solange dessen Verkündung nicht abgeschlossen ist, dieser Abschluß aber erreicht ist, wenn außer der Formel auch die Gründe völlig bekanntgegeben sind.

Das Oberlandesgericht vertritt demgegenüber die Auffassung, daß seit der Einführung des § 268a StPO durch das 3. Strafrechtsänderungsgesetz vom 4. 8. 1953 (BGBl. I 735) die Verkündung des Beschlusses über die Anordnungen, die sich auf die Strafaussetzung zur Bewährung beziehen, zur Urteilsverkündung gehöre, daß das Gericht daher bis zum Ende der Verkündung dieses Beschlusses den Urteilsspruch noch ändern könne.

Es hat deshalb die Sache dem Bundesgerichtshof zur Entscheidung folgender Rechtsfrage vorgelegt:

„Gehören Verkündung und Begründung des Beschlusses nach § 268a Abs. 1 StPO dergestalt mit zur Urteilsverkündung, daß diese erst hiermit abgeschlossen und deshalb eine Abänderung des Urteilsspruchs noch bis zur Verkündung und Begründung des Beschlusses möglich ist?". – Das Rechtsmittel hatte Erfolg.

Gründe:

1. Nach § 268 Abs. 2 Satz 1 StPO erfolgt die Verkündung des Urteils durch Verlesung der Urteilsformel und Eröffnung der Urteilsgründe, wobei nach Satz 3 die Formel stets vor der Mitteilung der Gründe verlesen werden muß. Urteilsformel und -gründe gehören danach als Teile eines einheitlichen Ganzen zusammen, so daß die Verkündung des Urteils erst beendet ist, wenn die mündliche Bekanntgabe der Gründe abgeschlossen ist (RGSt 57, 142; 61, 388, 390; BGH Urt. v 8. 10. 1953 – 4 StR 424/53 –, insoweit in NJW 1954, 39 nicht abgedruckt; vgl. auch BGHSt. 8, 41 [BGH Urt. v. 8. 7. 1955 – 5 StR 43/55; vgl. § 268 StPO erfolglose Rügen]; 15, 263 [BGH Urt. v. 2. 12. 1960 – 4 StR 433/60; vgl. § 338 Nr. 5 StPO erfolglose Rügen]). Bis zu diesem Zeitpunkt ist das Gericht noch nicht an die beschlossene Entscheidung gebunden, es kann vielmehr noch während der Eröffnung der Urteilsgründe mit der weiteren Verkündung innehalten und wieder in die Verhandlung und Beweisaufnahme eintreten (vgl. RGSt 57, 142, 143) und sein Urteil ändern oder ergänzen. Die Bindung tritt aber ein, sobald das Urteil vollständig verkündet ist. Das ist dann der Fall, wenn nach der erkennbaren Vorstellung des Richters die Verkündung abgeschlossen ist. Alsdann kann das Urteil, von dem Fall der stets zulässigen Berichtigung offensichtlicher Fassungsversehen oder Schreibfehler abgesehen (vgl. dazu BGHSt. 5, 5 ff. [BGH Urt. v. 16. 6. 1953 – 1 StR 508/52; vgl. § 268 StPO erfolgreiche Rügen]; 12, 374, 376 f. [BGH Urt. v. 3. 2. 1959 – 1 StR 644/58; vgl. § 267 StPO erfolglose Rügen]), nur noch mit Rechtsmittel angefochten werden.

2. Von dieser Auffassung, die auch dem Urteil des 2. Strafsenats des Bundesgerichtshofes vom 16. 11. 1959 – 2 StR 369/59 – zugrunde liegt, geht an sich auch das Oberlandesgericht aus. Es meint jedoch, der Beschluß nach § 268a StPO und seine Begründung gehörten deshalb noch mit zur Urteilsverkündung, weil die Anordnung über die Bewährungszeit und eventuelle Auflagen mit dem Ausspruch über die Strafaussetzung zur Bewährung im Urteil eine notwendige innere Einheit bildeten und der Beschluß keine eigenständige Bedeutung habe, denn die Anordnung der Strafaussetzung zur Bewährung sei für sich allein, ohne die in § 24 Abs. 1 StGB vorgeschriebene Festsetzung der Bewährungszeit, unvollständig und bedürfe notwendigerweise der zeitlichen Begrenzung.

Dem kann der Senat nicht zustimmen. Denn § 268a Abs. 1 StPO kommt für die Frage, wann die Verkündung des Urteils beendet ist, nicht die Bedeutung zu, die das Oberlandesgericht ihr beimißt.

a) Das 3. Strafrechtsänderungsgesetz hat mit Wirkung vom 1. 1. 1954 die Strafaussetzung zur Bewährung eingeführt (§§ 23–25 StGB). Im Zusammenhang damit bestimmt § 260 Abs. 4 Satz 2 StPO, daß es im Urteilsspruch zum Ausdruck zu bringen ist, wenn die Strafe zur Bewährung ausgesetzt wird. In diesem Fall hat das Gericht nach § 268 a Abs. 1 StPO die Anordnungen, die sich auf die Strafaussetzung beziehen (§§ 24 bis 24c StGB), durch Beschluß zu treffen, der mit dem Urteil zu verkünden ist. Dies läßt allerdings, da Urteil und Beschluß nicht gleichzeitig verkündet werden können, mehrere Möglichkeiten der zeitlichen Abfolge zu. § 268 Abs. 2 Satz 3 StPO zwingt nur dazu, die Urteilsformel zuerst zu verlesen. Im übrigen aber steht es dem Richter frei, ob er nach der Verlesung der Urteilsformel sogleich die Urteilsgründe bekanntgibt oder vorher den Entscheidungssatz des Beschlusses verkündet. In beiden Fällen kann der Zeitpunkt, in dem die Verkündung des Urteils beendet ist, eindeutig bestimmt werden.

b) Zwingt sonach die zeitlich enge Verbindung der beiden in der Hauptverhandlung ergehenden Entscheidungen nicht zu der vom Oberlandesgericht gezogenen Folgerung, so läßt sich dessen Auffassung auch nicht mit der an sich zutreffenden Feststellung begründen, der an das Urteil anschließende Beschluß bilde mit diesem zusammen „im natürlichen Sinne eine Einheit, dergestalt, daß er von selbst gegenstandslos wird, wenn das Urteil entfällt". Denn damit wird nur der innere sachliche Zusammenhang zwischen dem Urteil und dem Auflagenbeschluß angesprochen. Dem Gesetzgeber war es trotz diesem Zusammenhang nicht verwehrt, die Entscheidung über die Anordnungen, die sich auf die Strafaussetzung zur Bewährung beziehen, aus Gründen der Zweckmäßigkeit formal vom Urteil zu trennen. Für diese Möglichkeit hat er sich entschieden. Maßgebend war hierfür die Erwägung, daß das Urteil nicht unnötig mit Nebenentscheidungen belastet werden sollte. Diese Entscheidung des Gesetzgebers, die im Wortlaut des § 268a Abs. 1 StPO eindeutigen Ausdruck gefunden hat, verbietet es, den formalen Unterschied zwischen Urteil und Beschluß außer acht zu lassen, zumal da er sich auch auf die Anfechtungsmöglichkeiten auswirkt. Im übrigen ist für die Auffassung, die Verkündung des Auflagenbeschlusses sei noch Bestandteil der bereits abgeschlossenen Urteilsverkündung, auch kein praktisches Bedürfnis vorhanden. Es ist im Gegenteil geboten, die zeitliche Grenze für die Möglichkeit, ein Urteil zu ändern oder zu ergänzen, einheitlich zu ziehen, und zwar unabhängig davon, ob außer diesem in der Hauptverhandlung noch weitere Entscheidungen zu erlassen sind, wie zum Beispiel ein Beschluß über die Fortdauer der Untersuchungshaft oder einstweiligen Unterbringung, der nach § 268b StPO ebenfalls mit dem Urteil zu verkünden ist.

4. Anpassung des Tenors an die Gründe bei offenkundigem unlösbaren Widerspruch zwischen den nachweislich zur richtigen Sache mündlich mitgeteilten Gründen und der verkündeten Urteilsformel zulässig.

StPO §§ 268 II, 275, 353 – BGH Urt. v. 16. 6. 1953 – 1 StR 508/52 LG Traunstein (= BGHSt. 5, 5 = NJW 1953, 1926)

Die Revision rügt, daß das Gericht das Verfahren durch Urteil eingestellt und diese Einstellung damit begründet hat, es liege ein die Revision verwerfendes Urteil des Oberlandesgerichts vor, während in Wirklichkeit das Oberlandesgericht sein ursprüngliches Verwerfungsurteil dahingehend berichtigt hatte, daß der Revision stattgegeben wird.

Sachverhalt: Im Urteil vom 9. 2. 1949 erkannte das Landgericht in T. u.a. gemäß den §§ 401a, 397, 401 RAbgO auf Einziehung eines Lastkraftwagens. Auf die Revision des Fahrzeugeigentümers, des Kaufmanns F., verkündete das Oberlandesgericht in M. in der Hauptverhandlung am 26. 10. 1949 das Urteil, die Revision werde verworfen; F. habe die Kosten seines Rechtsmittels zu tragen. Die vom Senatspräsidenten unmittelbar danach mündlich mitgeteilten Urteilsgründe befaßten sich mit den Besonderheiten des Einziehungsfalles und ergaben insgesamt ohne Zweifel, daß das Oberlandesgericht die Rechtsansicht des Landgerichts aus näher mitgeteilten Gründen nicht teile, das angefochtene Urteil daher aufhebe und die Sache an das Landgericht zurückverweise. Der sachkundige Vertreter des Nebenklägers, des Hauptzollamts R. berichtete seiner Behörde alsbald nach dieser Hauptverhandlung dieses aus der mündlichen Urteilsbegründung hervorgegangene Ergebnis. Am 28. 10. 1949, zwei Tage nach jener Urteilsverkündung und vor der Zustellung des Revisionsurteils an die Beteiligten, berichtigte das Oberlandesgericht die Urteilsformel durch einen Beschluß dahin, soweit das Landgericht auf Einziehung des Lastkraftwagens erkannt habe, werde das Urteil mit den Feststellungen aufgehoben und die Sache an das Landgericht zurückverwiesen.

In der neuen Hauptverhandlung hat das Landgericht das Verfahren eingestellt, „soweit es dem Beschluß des Oberlandesgerichts M. vom 28. 10. 1949 folgt", und die Verfahrenskosten der Staatskasse auferlegt. Es hält den Berichtigungsbeschluß für unzulässig und die Sache durch das am 26. 10. 1949 verkündete Revisionsurteil für rechtskräftig entschieden, so daß es bei der im Urteil vom 9. 2. 1949 angeordneten Einziehung bleibe. Der Grundsatz der Einmaligkeit des Strafverfahrens („ne bis in idem") verbiete die nochmalige gerichtliche Erörterung der rechtskräftig entschiedenen Sache und zwinge zur endgültigen Einstellung des Verfahrens. – Das Rechtsmittel hatte Erfolg.

Gründe: Dieser Ansicht tritt der Senat nicht bei. Er hält die Berichtigung des Revisionsurteils für wirksam.

1. Der Bundesgerichtshof hat sich zur Frage der Zulässigkeit der Urteilsberichtigung mehrfach geäußert. Der 1. Strafsenat hat sich bisher nur mit offensichtlichen Schreibfehlern in den Urteilsgründen befaßt und die Berichtigung zugelassen, wenn der Fehler auch ohne sie ohne weiteres zu erkennen ist (1 StR 784/51 v. 6. 5. 1952 [vgl. § 268 StPO erfolglose Rügen]), oder wenn die schriftlichen Urteilsgründe eine höhere Strafe als die in der Hauptverhandlung in Urteilsformel und -gründen erwiesenermaßen verkündete anführen (1 StR 466/51 v. 6. 11. 1951 [vgl. § 268 StPO erfolglose Rügen]). Weitergehende Regeln hat der erkennende Senat bisher nicht aufgestellt. Der 2. Strafsenat lehnt in der Entscheidung BGHSt. 2, 248 (BGH Urt. v. 1. 4. 1952 – 2 StR 13/52; vgl. § 267 StPO erfolglose Rügen) die Berücksichtigung einer Änderung des im angefochtenen Urteil dargestellten Sachverhalts ab, weil nur Schreibfehler und ähnliche Versehen berichtigt werden dürften. Der 3. Strafsenat (3 StR 114/51 v. 6. 11. 1952, NJW 1953, 155) hat nur einen Fall entschieden, in dem der Tatrichter nach beendeter Verkündung des Urteils noch in der Hauptverhandlung nach erneuter Verständigung unter den Richtern eine Ermäßigung der soeben verhängten Gesamtstrafe verkündet hatte; er erklärt aus diesem Anlaß, daß nur die Berichtigung offensichtlicher Schreibversehen oder ähnlicher Unrichtigkeiten zulässig sei. Der 5. Strafsenat (BGHSt. 3, 245 [BGH Urt. v. 23. 10. 1952 – 5 StR 480/52; vgl. § 268 StPO erfolglose Rügen]) hat eine Berichtigung, die zur Änderung des Schuldspruchs führt (Verurteilung nach § 174 statt nach § 176 StGB), als sachliche Änderung für unzulässig erklärt und dort nur die Berichtigung offensichtlicher Versehen, „die die Sache selbst nicht berühren", für angängig erklärt. Zu der Frage, woraus sich die Offensichtlichkeit des Versehens zu ergeben habe, hat er in jener Entscheidung nicht Stellung genommen.

2. Zweifellos sprechen gewichtige Gründe für stärkste Einschränkung der Zulässigkeit einer Berichtigung. Diese muß an enge, streng zu prüfende Voraussetzungen gebunden bleiben. Im vorliegenden Falle ist sie aber für zulässig zu erachten.

Nach dem festgestellten Verfahrensverlauf scheidet die schriftliche Begründung des Revisionsurteils als Grundlage für die Prüfung der Offensichtlichkeit des Irrtums von vornherein aus. Das Oberlandesgericht hat die Urteilsformel schon zwei Tage nach der Verkündung, noch vor Abfassung der schriftlichen Gründe berichtigt. Maßgebend ist deshalb hier allein, ob schon aus der Urteilsverkündung für den Kundigen unmißverständlich hervorging, daß die verkündete Urteilsformel infolge eines Fassungsversehens offensichtlich unrichtig war, daß der Senat vielmehr die mündlich verkündeten Urteilsgründe und eine ihnen entsprechende Formel beschlossen hatte. Das ist im gegebenen Falle aus zwei Gründen zu bejahen, deren Voraussetzungen, wenn die Berichtigung zulässig sein soll, beide erfüllt sein müssen und hier vorliegen.

a) Der § 268 Abs. 2 StPO, der die Urteilsverkündung regelt, gilt im Revisionsverfahren entsprechend. Nach ihm bildet die Urteilsverkündung eine Einheit; sie vermittelt den Verfahrensbeteiligten und der Öffentlichkeit die Kenntnis, wie das Gericht entschieden und aus welchen Gründen es so erkannt hat. Erst mit der abschließenden Mitteilung der Urteilsgründe ist die Verkündung beendet. Es kann nun so liegen, daß die Mitteilung der Entscheidungsgründe dem kundigen Hörer ohne weiteres die Gewißheit ihres unlösbaren

Widerspruchs mit der Urteilsformel vermittelt. Dies trifft hier zu. Die verkündeten Urteilsgründe ergaben, daß und aus welchen rechtlichen Erwägungen das angefochtene Urteil aufgehoben und die Sache zurückverwiesen werde; die Urteilsformel lautete dagegen auf Verwerfung des Rechtsmittels. Die notwendige gedankliche Einheit der so verkündeten Entscheidung war infolge eines Versehens einem unlösbaren Widerspruch gewichen. Die Einheit fehlte nicht deswegen, weil die mitgeteilten Urteilsgründe nicht überzeugten oder dem rechtskundigen Zuhörer als rechtlich fehlerhaft erschienen. Dies wäre für die Zulässigkeit einer Berichtigung unwesentlich. Sie fehlte vielmehr wegen des offenkundigen, unlösbaren Widerspruchs zwischen den mündlich mitgeteilten Gründen und der Urteilsformel. Damit ist die erste Voraussetzung der Berichtigung erfüllt.

b) Dies allein erlaubt noch keinen sicheren Schluß auf die Unrichtigkeit der Urteilsformel. Denn die mitgeteilten Gründe können an sich zu einer anderen, ähnlichen Sache gehören und würden die Formel dann nur scheinbar widerlegen. Aber ein solcher Irrtum ist hier ausgeschlossen. Daß die mündlich mitgeteilten Entscheidungsgründe die gegenwärtige Sache betrafen, ergibt unzweideutig ihr festgestellter Inhalt, der sich mit der Besonderheit der Sache und ihrer rechtlichen Beurteilung in sich schlüssig befaßte und dem sachkundigen Vertreter des Nebenklägers ohne weiteres als Berichtsgrundlage diente. Auch das Landgericht scheint dies im Grunde nicht zu bezweifeln, wenn es auch allgemein ausführt, der Senatsvorsitzende könne versehentlich eine andere Sache betreffende Entscheidungsgründe verkündet haben; denn nirgends ist ersichtlich, daß der Senat zwei derart ähnliche Fälle an demselben Tag verhandelt und entschieden habe, so daß diese entfernte Möglichkeit unbedenklich beiseite bleiben kann. Damit steht fest, daß die zur Sache gehörigen, beschlossenen und mündlich verkündeten Entscheidungsgründe, wie im Berichtigungsbeschluß bezeugt ist, die Aufhebung und Zurückverweisung verlautbarten, während die Urteilsformel, die bei Verwerfung des Rechtsmittels im allgemeinen nur durch die Bezeichnung des Gerichts und des Tages der Verkündung des angefochtenen Urteils auf ihre Zugehörigkeit zu einer bestimmten Sache hinweist, dem unvereinbar widersprach. Unter diesen besonderen und einwandfrei festgestellten Umständen kommt mit Gewißheit nur ein offensichtliches Fassungsversehen bei der Urteilsformel in Betracht.

Ein solches berechtigt und verpflichtet das Gericht unter den angegebenen Voraussetzungen zur Berichtigung, auch wenn dies, wie hier, zur sachlichen Änderung der Urteilsformel führt. Es wäre nicht erträglich und dem Ansehen der Gerichte schädlich, wenn das Oberlandesgericht, gegen dessen Urteil kein Rechtsmittel mehr zulässig ist, an einen so offensichtlichen und unbezweifelbaren Irrtum nach beendeter Verkündung gebunden wäre und wenn ein so widersinniges, dem sachlichen Recht zuwiderlaufendes Ergebnis bestehen bliebe, obwohl die Berichtigung innerhalb der angegebenen engen Grenzen ersichtlich keine wichtigen Belange der Allgemeinheit und der Beteiligten verletzt. Nach der Überzeugung des Senats ist das auch in künftigen Fällen nicht zu befürchten, wenn die dargelegten Voraussetzungen jeweils streng geprüft werden. ...

4. In der häufig angeführten, der Tragweite nach aber wenig beachteten Entscheidung RGSt 61, 388, 391 aus dem Jahre 1927 hat das Reichsgericht einen sachlich durchaus gleichliegenden Fall des Widerspruchs zwischen den mündlich verkündeten Urteilsteilen ebenso entschieden und es für zulässig erklärt, in die Formel durch Berichtigung den Ausspruch des Verlusts der bürgerlichen Ehrenrechte auf zwei Jahre einzufügen, weil die mündlich verkündeten Gründe, allen Beteiligten erkennbar, diesen Ausspruch enthielten. Das Reichsgericht führt dort aus, eine solche Berichtigung sei bei Offenkundigkeit zugunsten wie zuungunsten des Angeklagten zulässig. Ob dem beizutreten ist, bedarf keiner Entscheidung, weil die Berichtigung hier zugunsten des Einziehungsbeteiligten wirkt.

Den von einem solchen offenkundigen Versehen Benachteiligten mangels eines Rechtsmittels, noch dazu angesichts der Kostenregelung der Strafprozeßordnung auf den Gnadenweg zu verweisen, steht den Gerichten nicht an und ist dem von dem Versehen Betroffenen, der Recht zu fordern und nicht Gnade zu erbitten hat, nicht zuzumuten. Ein offenkundiges Verkündungsversehen solcher Art ist nicht Rechtsanwendung und darf in seiner Wirkung dieser nicht gleichstehen. Unerläßliche Voraussetzung der Berichtigung ist jedoch in allen Fällen die Offenkundigkeit des Irrtums und des wirklich Beschlossenen unter Ausschluß jedes vernünftigen Zweifels.

Alle Strafsenate des Bundesgerichtshofs haben dieser Entscheidung auf Anfrage zugestimmt; der 5. Strafsenat hat mitgeteilt, daß er den vorliegenden Fall im Ergebnis ebenso entscheiden würde.

Das Landgericht hätte also von dem berichtigten Revisionsurteil ausgehen müssen. Es wird nunmehr zur Sache zu verhandeln haben.

5. Um ein offensichtliches Schreibversehen oder eine offenbare Unrichtigkeit handelt es sich nicht, wenn das Gericht die Höhe der zunächst beratenen und verkündeten Freiheitsstrafe ändert.

StPO § 268 – BGH Urt. v. 6. 11. 1952 – 3 StR 1114/51 LG Darmstadt (= NJW 1953, 155)

Die Revision der Staatsanwaltschaft rügt, daß das Gericht ein bereits verkündetes Urteil, das auf eine Freiheitsstrafe von einem Jahr und sechs Monaten erkannte, nachträglich durch Berichtigung der Urteilsformel in ein Jahr und fünf Monate Freiheitsstrafe geändert hat.

Sachverhalt: Gegen den Angeklagten wurde ein Urteil verkündet, durch das eine Gesamtstrafe von einem Jahr sechs Monaten Gefängnis verhängt wurde. Ausweislich der Sitzungsniederschrift machte am Ende der Urteilsverkündung der Verteidiger darauf aufmerksam, daß hinsichtlich der Gesamtstrafe ein Versehen vorliege. Daraufhin wurde nach Verständigung der Mitglieder des Gerichts vom Vorsitzenden eine Berichtigung der Urteilsformel verkündet, wonach der Angeklagte zu einer Gesamtstrafe von einem Jahr fünf Monaten Gefängnis verurteilt werde. – Das Rechtsmittel hatte Erfolg.

Gründe: Das Urteil, das eine Gesamtstrafe von einem Jahr sechs Monaten aussprach, ist in der durch § 268 StPO vorgeschriebenen Form verkündet worden, nämlich durch Verlesung der Formel und mündliche Mitteilung des wesentlichen Inhalts der Gründe. Insoweit war also das Verfahren in Ordnung. Mit Recht wird indes beanstandet, daß die Strafkammer hernach dieses Urteil berichtigt hat.

Das Gericht kann seinen Urteilsspruch ändern, solange dessen Verkündung nicht abgeschlossen ist. Dieser Abschluß ist erreicht, wenn außer der Formel auch die Gründe völlig bekanntgegeben sind. Daß das hier der Fall war, ergibt sich aus dem oben wiedergegebenen Inhalt des Verhandlungsprotokolls, wenngleich der darin verwendete Ausdruck „am Ende" das nicht ganz deutlich erkennen läßt. Wäre die Verkündung noch nicht beendet gewesen, so hätte der erste Spruch über ein Jahr und sechs Monate Gefängnis samt Nebenstrafe und Nebenfolge in die Sitzungsniederschrift nicht aufgenommen werden können. Denn dann wäre ein Urteil dieses Inhalts noch nicht erlassen gewesen. Nur das auf ein Jahr fünf Monate Gefängnis samt Nebenstrafe und Nebenfolge lautende Erkenntnis hätte in der Niederschrift erscheinen können.

Es konnte sonach nur eine nachträgliche Berichtigung der ergangenen Entscheidung durch Beschluß in Betracht kommen. Eine solche hat das Landgericht auch vorgenommen. Sie war aber nur zulässig, sofern ein offensichtliches Schreibversehen oder eine offenbare Unrichtigkeit vorlag (RGSt. 61, 388). Um einen Fall dieser Art hat es sich hier jedoch nicht gehandelt. Aus der dem Protokoll beigefügten schriftlich niedergelegten, zur Verlesung dienenden Urteilsformel ist zu ersehen, daß die Zahl 5 erst nach Änderung der vorher geschriebenen Ziffer (6) eingesetzt worden ist. Außerdem ist die Berichtigung „nach Verständigung der Mitglieder des Gerichts" verkündet worden. Dieser Verständigung hätte es nicht bedurft, wenn das Landgericht auf Grund der Beratung eine Gesamtstrafe von einem Jahr fünf Monaten Gefängnis festgesetzt und der Vorsitzende versehentlich eine höhere Strafe verkündet hätte. Nur in dem Fall der Abweichung des verkündeten Ergebnisses der Beratung von dem wirklich beschlossenen, also bei Vorliegen einer offenbaren Unrichtigkeit, wäre eine Berichtigung zulässig gewesen. Der Annahme einer solchen Abweichung steht der Inhalt des Protokolls entgegen. Infolgedessen war die Strafkammer nicht befugt, den nicht eine Berichtigung, sondern eine sachliche Inhaltsänderung, nämlich die Neufestsetzung der Gesamtstrafe, enthaltenden Beschluß zu erlassen. Dazu wäre sie auch – entgegen der anscheinend von der Revision vertretenen Auffassung – nicht berechtigt gewesen, wenn sich die beteiligten Richter zu einer neuen Beratung zurückgezogen hätten.

Es muß daher von dem zuerst verkündeten Urteil ausgegangen werden, durch das gegen den Angeklagten eine Gesamtstrafe von einem Jahr sechs Monaten Gefängnis verhängt worden ist.

Erfolglose Rügen

1. Unterschiedliches Strafmaß in Urteilsformel und -begründung.

StPO §§ 268, 271, 274 – BGH Beschl. v. 4. 2. 1986 – 1 StR 643/85 LG Stuttgart (= BGHSt. 34, 11 = NJW 1986, 1820)

Die Revision rügt, daß das Gericht im Urteilstenor eine geringere Strafe ausgesprochen hat als in den Urteilsgründen aufgeführt und daß es diesen Widerspruch durch eine nachträgliche Urteilberichtigung dahingehend aufgelöst hat, daß die höhere Strafe verkündet worden sei.

Sachverhalt: Nach dem Inhalt der Sitzungsniederschrift und der Urteilsurkunde in ihrer jeweils unberichtigten Fassung lautete die Urteilsformel hinsichtlich des Angeklagten S. auf eine Jugendstrafe von zwei Jahren und drei Monaten. In den Urteilsgründen ist dagegen ausgeführt, die Kammer halte „eine Jugendstrafe von zwei Jahren und neun Monaten zur erzieherischen Einwirkung für geboten". Unter Hinweis auf diese Divergenz rügte der Beschwerdeführer eine Verletzung des § 260 StPO. Daraufhin berichtigten der Kammervorsitzende und die Urkundsbeamtin die Sitzungsniederschrift dahin, daß hinsichtlich des Angeklagten S. eine Jugendstrafe von zwei Jahren und neun Monaten verkündet worden sei. Am selben Tag beschloß die Jugendkammer eine entsprechende Berichtigung der Urteilsformel im schriftlichen Urteil. – Das Rechtsmittel war erfolglos.

Gründe: Dieses Vorgehen ist im Ergebnis nicht zu beanstanden.

Der Verlauf des Verfahrens nach der Urteilsverkündung läßt die Feststellung geboten erscheinen, daß der Angeklagte S. zu einer Jugendstrafe von zwei Jahren und neun Monaten verurteilt ist:

Entgegen der Ansicht des Generalbundesanwalts kann allerdings nicht darauf abgestellt werden, daß nach der Rechtsprechung des Bundesgerichtshofes (NJW 1954, 730) die Berichtigung offensichtlicher Versehen in den Urteilsgründen unbeschränkt zulässig ist. Um die Beseitigung solcher Versehen ging es hier nicht. Beide Berichtigungen bezweckten nach ihren Begründungen, die Übereinstimmung von Sitzungsniederschrift und Urteilsurkunde mit dem in Wahrheit verkündeten Urteilstenor herzustellen. Dieses Ziel konnte nur erreicht werden, wenn das Protokoll entsprechend geändert wurde. Denn der authentische Wortlaut der Urteilsformel ergibt sich allein aus der nach § 274 StPO maßgebenden Sitzungsniederschrift.

Die Berichtigung des Protokolls ist nicht etwa deshalb unbeachtlich, weil sie nachträglich die zuvor vom Angeklagten ausdrücklich gerügte Divergenz zwischen der Urteilsformel und den Entscheidungsgründen beseitigte. Nach ständiger Rechtsprechung des Bundesgerichtshofes (BGHSt. 2, 125, 127 [BGH Urt. v. 19. 12. 1951 – 3 StR 575/51; vgl. § 274 StPO erfolgreiche Rügen]; 10, 145, 147 [BGH Urt. v. 20. 2. 1957 – 2 StR 34/57; vgl. § 274 StPO erfolgreiche Rügen]; BGH NJW 1954, 730; BGH Wistra 1985, 154) darf allerdings das Revisionsgericht eine Protokollberichtigung nicht berücksichtigen, wenn sie einer erhobenen Verfahrensrüge nachträglich den Boden entziehen würde. Es kann offen bleiben, ob dieser für den Nachweis von Verfahrensverstößen entwickelte Grundsatz überhaupt für die Änderung der Sitzungsniederschrift hinsichtlich der verkündeten Urteilsformel gelten kann; das könnte zweifelhaft sein, weil die Berichtigung außerhalb des Revisionsverfahrens – wie in allen anderen Fällen – beachtlich bleibt und damit Grundlage für die Strafvollstreckung der berichtigte Urteilstenor ist. Jedenfalls ist das Revisionsgericht an der Berücksichtigung einer Protokollberichtigung nur dann gehindert, wenn dadurch eine zulässige Rüge ihre Tatsachengrundlage verlöre.

Das ist hier aber nicht der Fall: Der Angeklagte ist nicht beschwert, wenn – wie hier – die in der Urteilsformel enthaltene Strafe geringer ist als die in den Gründen als angemessen bezeichnete. Die der Rechtsprechung des Reichsgerichts (RGSt 46, 326) offenbar zugrunde liegende gegenteilige Auffassung ging zu Unrecht davon aus, daß in solchen Fällen in der neuen Hauptverhandlung eine höhere als die verkündete Strafe verhängt werden könne, die Obergrenze nur durch die in den Gründen des aufgehobenen Urteils enthaltene höhere Strafe gebildet werde (a.a.O. S. 327). Daß dieses Ergebnis unvereinbar mit dem Verbot der reformatio in peius (§ 358 Abs. 2 StPO) ist, hat der erkennende Senat bereits in seinem Urteil vom 6. 11. 1951 – 1 StR 466/51 – (insoweit weder in LM Nr. 2 zu § 268 StPO noch in JZ 1952, 282 veröffentlicht) eingehend dargelegt.

2. Verstirbt der Vorsitzende nach Verlesung der Urteilsformel, liegt ein rechtswirksames Urteil vor.

StPO § 268 II – BGH Urt. v. 8. 7. 1955 – 5 StR 43/55 LG Wuppertal (= BGHSt. 8, 41 = NJW 1955, 1376)

Die Revision rügt, es liege kein rechtswirksam verkündetes Urteil vor, weil der Vorsitzende zwar nach Verkündung der Urteilsformel, aber noch vor Bekanntgabe der Urteilsgründe verstorben ist.

Sachverhalt: Nachdem der Vorsitzende die Urteilsformel verlesen hatte, begann er, den wesentlichen Inhalt der Urteilsgründe mündlich zu eröffnen. Nach einigen Minuten erlitt er einen Anfall, an dem er verstarb. – Das Rechtsmittel war erfolglos.

Gründe: Nach § 268 Abs. 2 Satz 1 StPO geschieht die Verkündung des Urteils durch Verlesung der Urteilsformel und Eröffnung der Urteilsgründe. Sie ist demnach erst beendet, wenn die vorgeschriebene Mitteilung beider Urteilsteile abgeschlossen ist (RGSt 61, 388, 390; 71, 377; BGH NJW 1953 155 Nr. 25). Daraus folgt aber noch nicht, daß überhaupt kein wirksames Urteil vorliegt, wenn die Eröffnung der Urteilsgründe ganz oder zum Teil unterblieben ist.

Das Gesetz unterscheidet zwischen der Formel und den Gründen. Die Formel ist nach § 268 Abs. 2 Satz 1 StPO zu verlesen, also vor der Verkündung niederzuschreiben. Die Gründe brauchen nur ihrem wesentlichen Inhalt nach mündlich mitgeteilt zu werden, jedoch nicht schriftlich vorzuliegen. Die Urteilsformel ist nach § 273 Abs. 1 StPO in die Sitzungsniederschrift aufzunehmen, sie steht damit endgültig fest. Die Gründe sind nach § 275 StPO zu den Akten zu bringen. Nach § 173 Abs. 2 GVG kann das Gericht die Öffentlichkeit unter den Voraussetzungen des § 172 für die Verkündung der Urteilsgründe ausschließen. „Die Verkündung des Urteils erfolgt in jedem Falle öffentlich", § 173 Abs. 1 GVG.

Diese unterschiedliche Behandlung der Urteilsformel und der Urteilsgründe im Gesetz zeigt, daß nach ihm die Urteilsformel den eigentlichen Urteilsspruch enthält. § 173 Abs. 1 GVG bezeichnet sie sogar als das „Urteil". Ist die Formel nicht verkündet, so liegt deshalb kein Urteil im Rechtssinne vor (RGSt 71, 377, 379). Anders verhält es sich mit den Gründen. Ihre Eröffnung ist für den Urteilsspruch nicht wesentlich. Denn er beruht immer nur auf den vom Gericht beschlossenen Gründen, deren Inhalt nur durch das von den Richtern unterzeichnete Urteil nachgewiesen werden kann. Die mündlichen Angaben des Vorsitzenden sind ihm gegenüber ohne Bedeutung (RGSt 13, 66; BGHSt. 2, 63 [66][1]). Sie sollen die Prozeßbeteiligten nur vorläufig über die Gründe unterrichten, die das Gericht zu seiner Entscheidung bestimmt haben. Daß die Gründe gegenüber dem Entscheidungssatz überhaupt nur eine untergeordnete Bedeutung haben, geht aus § 338 Nr. 7 StPO hervor, wonach ein Strafurteil, das keine Entscheidungsgründe enthält, stets als auf einer Verletzung des Gesetzes beruhend anzusehen ist. Diese Bestimmung geht also davon aus, daß auch ein Urteil ohne Gründe ein Urteil im Rechtssinne ist, das angefochten und erst durch ein Rechtsmittel beseitigt werden kann.

Nicht zweifelhaft ist es, daß in der unvollständigen Eröffnung der Urteilsgründe ein Verstoß gegen § 268 Abs. 1 Satz 1 StPO liegt. Auf dieser Gesetzesverletzung, die der Urteilsfindung erst nachgefolgt ist, kann aber das Urteil nicht beruhen.

3. Sachliche Fehler auch bei Offensichtlichkeit nicht berichtigungsfähig.

StPO § 268 – BGH Urt. v. 23. 10. 1952 – 5 StR 480/52 LG Stade (= BGHSt. 3, 245 = NJW 1953, 76 = NJW 1954, 730)

Die Revision rügt die mangelnde Zulässigkeit eines Berichtigungsbeschlusses und ist weiter der Auffassung, bei Wegfall des Berichtigungsbeschlusses müsse das angefochtene Urteil aufgehoben werden, weil die Entscheidungsgründe in unlösbarem Widerspruch zu der Urteilsformel stünden.

Sachverhalt: Am 4. 3. 1952, vor Zustellung der schriftlichen Entscheidungsgründe an den Angeklagten, hat die Strafkammer einen Berichtigungsbeschluß erlassen. Danach wurde die Formel des angefochtenen Urteils zu a) dahin berichtigt, daß der Angeklagte statt „wegen Vornahme unzüchtiger Handlungen mit Kindern in 4 Fällen", „wegen Unzucht mit Abhängigen (§ 174 Ziff. 1 StGB) in vier Fällen, wovon drei Fälle in sich fortgesetzt begangen sind", verurteilt ist. – Das Rechtsmittel war erfolglos.

Gründe: Dem Rechtsmittel ist insoweit beizutreten, als es hier die Berichtigung durch das Landgericht für unzulässig hält.

1. Ganz allgemein ist von folgendem auszugehen:

Im Unterschied zur Zivilprozeßordnung enthält die Strafprozeßordnung – auch in ihrer neuen Fassung – keine Vorschriften über eine Urteilsberichtigung. Der Gesetzgeber hält mithin grundsätzlich eine Urteilsberichtigung im Strafverfahren für untunlich. Trotzdem ist das allgemeine Bedürfnis nicht zu verkennen, dort, wo offenbare Versehen äußerlicher Art bei der Fassung des Urteils vorliegen, im einfachen Wege des berichtigenden Beschlußverfahrens zu helfen. Ein derartiges durch Rechtsprechung und Rechtslehre einheitlich anerkanntes Verfahren ist jedoch im Hinblick auf den dargelegten Willen des Gesetzgebers auf eng begrenzte Fälle zu beschränken. Dementsprechend hat der Bundesgerichtshof, zum Teil im Anschluß an die Rechtsprechung des Reichsgerichts, wiederholt

---

1 „Die mündliche Mitteilung der Urteilsgründe ist in der Regel nicht ausführlich. Sie bringt die tatsächlichen Feststellungen und die daraus gezogenen Folgerungen nicht in lückenloser Darstellung. Vor allem aber kommt ihr gegenüber den schriftlichen Urteilsgründen keine Bedeutung zu. Diese sind, auch wenn sie von den mündlich mitgeteilten Urteilsgründen abweichen, allein maßgebend." (Beschl. v. 12. 12. 1951 – 3 StR 691/51).

entschieden, daß nur Fehler, die die Sache selbst nicht berühren und ganz offenbar sind, berichtigungsfähig sein können. (Vgl. u.a. 5 StR 101/52 v. 29. 5. 1952, 5 StR 513/52 v. 25. 9. 1952, 2 StR 13/52 v. 1. 4. 1952 = BGHSt. 2, 248 [vgl. § 267 StPO erfolglose Rügen] und RGSt 56, 233).

2. Die Entscheidung darüber, wann derartige offensichtliche Versehen vorliegen, hat sich nach dem jeweiligen Einzelfall zu richten. Allgemeine Erwägungen können nur insoweit gelten, als davon auszugehen ist daß es sich keinesfalls um eine auf einem neuen Denkvorgang beruhende sachliche Änderung oder um eine selbständige Entscheidung handeln darf, die an die Stelle des verkündeten Urteils tritt; auch darf sich unter der „Berichtigung" keine sachliche Änderung verbergen.

Weiterhin ist zu berücksichtigen, daß der Urteilsformel eine überragende Bedeutung zukommt. Sie allein muß schon bei der Verkündung schriftlich vorliegen und bildet die Grundlage für die Vollstreckung. Ein Urteil ohne Gründe kann rechtskräftig werden, ein Urteil ohne Formel nicht. Aus all diesen Gründen ist bei jeder Berichtigung von Urteilsformeln besondere Zurückhaltung geboten.

3. Im vorliegenden Falle weist die Urteilsformel zu a) – in der verkündeten Fassung – durch die Anführung der Nr. („Ziffer") und durch die tatbestandsmäßige Bezeichnung – „Vornahme unzüchtiger Handlungen mit Kindern" – deutlich auf den Tatbestand des § 176 Abs. 1 Nr. 3 StGB hin, bezeichnet also ein bestimmtes Verbrechen. Die Vorschrift des § 174 Nr. 1 StGB, die der Berichtigungsbeschluß anführt, enthält im Vergleich hierzu einen mit anderen Merkmalen ausgestatteten Tatbestand. Die Einführung dieses Tatbestandes in die Urteilsformel käme mithin einer sachlichen Änderung gleich und wäre eine selbständige Entscheidung, die an die Stelle des verkündeten Urteilsatzes träte. Dies ist aber aus den dargelegten Erwägungen unter allen Umständen unzulässig, ohne daß es hierbei darauf ankommt, ob im Hinblick auf die Urteilsgründe das sachliche Versehen offenbar ist. Aus diesem Grunde war das angefochtene Urteil so zu behandeln, als ob der Berichtigungsbeschluß nicht vorhanden wäre. (Es folgen Ausführungen darüber, daß der Senat diese Berichtigung vornehmen kann.)

4. Offensichtliche Schreibfehler eines Urteils können jederzeit berichtigt werden, auch wenn dadurch der Revision der Boden entzogen wird.

StPO § 268 – BGH Urt. v. 6. 5. 1952 – 1 StR 784/51 LG Stuttgart (= NJW 1952, 797)

Die Revision rügt, daß das Gericht in den schriftlichen Urteilsgründen davon ausgegangen ist, der Angeklagte habe als Zeuge in einem Zivilverfahren der Wahrheit zuwider ausgesagt, er sei im Herbst nicht an einem bestimmten Ort gewesen, während er tatsächlich im März an diesem Ort gewesen ist.

Sachverhalt: Nach der ursprünglichen Fassung der Urteilsgründe hat die beschworene Zeugenaussage vor dem Scheidungsrichter den Satz enthalten: „Ich war mit Frau B. nicht im Herbst dieses Jahres nachts in der Nähe des Robert-Bosch-Krankenhauses". Das Urteil bezeichnet diese Aussage als unwahr, weil der Angeklagte in Wirklichkeit im März 1950 mit Frau B. nachts in der Nähe des Robert-Bosch-Kenhauses gewesen sei. Durch den Berichtigungsbeschluß der Strafkammer v. 29. 4. 1952 ist geklärt, daß dieser Widerspruch in den Urteilsgründen auf einem offensichtlichen Schreibfehler beruht. Es hat in der wörtlich angeführten Zeugenaussage des Angeklagten statt „Herbst" richtig zu lauten „März". – Das Rechtsmittel war erfolglos.

Gründe: Diese Berichtigung ist wirksam. Es ist in der Rspr. anerkannt, daß offensichtliche Schreibfehler eines Urteils jederzeit berichtigt werden können (RGSt. 28, 81 und 247; 61, 388, 391; ferner BGH v. 1. 4. 1952 – 2 StR 13/51 [BGHSt. 2, 248; vgl. § 267 StPO erfolglose Rügen]). Die berichtigte Fassung tritt dann an die Stelle der ursprünglichen.

Offensichtlich in diesem Sinne ist ein Schreibfehler allerdings nur dann, wenn er als solcher schon ohne Berichtigung zweifelsfrei erkennbar ist. Das trifft hier zu, denn das Urteil will die beschworene Zeugenaussage wörtlich aus der Sitzungsniederschrift des Zivilrichters anführen. Diese liegt dem Senat vor. Es heißt dort in der Tat nicht „Herbst", sondern „März". Der Fehler ist demnach offenbar durch falsches Abschreiben entstanden. Die Möglichkeit scheidet also völlig aus, daß sich unter der Berichtigung eines Schreibversehens eine sachliche Änderung verbirgt. Weil also die Berichtigung hier nur bestätigt, was wenigstens unter Zuhilfenahme einer im Urteil wörtlich angeführten Urkunde schon ohnehin erkennbar war, so bestehen keine Bedenken, die richtiggestellte Fassung der Urteilsgründe in der Revisionsinstanz zugrunde zu legen, obwohl der Beschwerdeführer seine Sachrüge auf die unberichtigte Fassung gestützt hatte.

Aus dem Gesagten ergibt sich, daß der Revisionsrüge, die sich auf den Widerspruch in den ursprünglichen Urteilsgründen stützt, kein Erfolg beschieden sein kann.

5. Nennt der Urteilstenor eine niedrigere Strafe als die schriftlichen Gründe und beruht die Angabe in den Urteilsgründen zur Gewißheit des Revisionsgerichts auf einem Schreibversehen, ist der Urteilstenor maßgeblich.

StPO § 268 – BGH Urt. v. 6. 11. 1951 – 1 StR 466/51 Schwurgericht Mannheim

Die Revision rügt einen Widerspruch bei der Strafhöhe zwischen dem Entscheidungssatz und den Urteilsgründen. Sie ist der Auffassung, daß schon deswegen die Aufhebung des Urteils im Strafausspruch geboten sei.

Sachverhalt: Nach dem Entscheidungssatz des angefochtenen Urteils ist der Angeklagte wegen Hehlerei zu einer Zuchthausstrafe von drei Jahren verurteilt worden, auf die acht Monate der Untersuchungshaft angerechnet worden sind. Dasselbe ergibt sich aus der Sitzungsniederschrift und dem Blatt, auf dem die in der Hauptverhandlung verlesene Urteilsformel vermerkt ist. In den Urteilsgründen ist demgegenüber ausgeführt, daß das Schwurgericht eine Strafe von vier Jahren Zuchthaus für ausreichend und erforderlich gehalten habe. Nach Eingang der diese Rüge enthaltenden Revisionsbegründung haben die richterlichen Mitglieder des erkennenden Gerichts erklärt, daß es sich bei der Erwähnung einer vierjährigen Zuchthausstrafe in den Urteilsgründen um ein Schreibversehen handele. – Das Rechtsmittel war erfolglos.

Gründe: Das Reichsgericht hat zwar mehrfach ausgesprochen, daß Widersprüche im Strafausspruch zwischen dem Entscheidungssatz des Urteils und den Gründen in jedem Falle zur Aufhebung des Urteils führen müssen (RGSt Bd. 28 S. 81; Bd. 46 S. 326). Dieser Rechtsmeinung kann nur für den Fall eines echten Widerspruchs zugestimmt werden, nicht aber dann, wenn die Urteilsgründe eine höhere Strafe nennen als der verkündete Entscheidungssatz und der Ausspruch in den Gründen auf einem Schreibversehen beruht, der Widerspruch also nur scheinbar ist, und sich hierüber auch eine genügende Gewißheit erlangen läßt. Die erste der angeführten Entscheidungen betrifft eine Gesamtstrafe, die im Entscheidungssatz wie in den Urteilsgründen in derselben Höhe ausgesprochen war, der aber nach der ursprünglichen Fassung der Urteilsgründe zwei Einzelstrafen zugrunde lagen, deren Summe gerade die Höhe der Gesamtstrafe ergab. In diesem Falle hat das Reichsgericht mit Recht, dahin entschieden, daß eine nach Einlegung der Revision ausgesprochene Berichtigung der Urteilsgründe dahin, daß das Gericht die eine Einzelstrafe in Wahrheit höher bemessen habe und die in den Urteilsgründen angegebene Höhe nur auf einem Schreibversehen beruhe, nicht beachtet werden könne, das Urteil vielmehr wegen Verletzung des § 74 StGB im Strafausspruch aufzuheben sei. Auch die Entscheidung RGSt Bd. 46 S. 326 betrifft eine Gesamtstrafe. Sie war im Urteilssatz und in den Gründen verschieden hoch angegeben worden. Nach den Einzelstrafen, die ihr zugrunde lagen, waren beide Aussprüche rechtlich möglich. Das Reichsgericht führt in dieser Entscheidung ganz allgemein aus, wenn das Urteil in einem seiner Teile eine Strafe als gewollt bezeichne, die es nach dem Inhalt eines anderen Teils nicht wolle, so verletze es das Strafgesetz, wonach der Täter zu einer dem Gesetz entsprechenden, nicht unbestimmt zu lassenden, sondern klar zu bestimmenden, vollstreckungsfähigen Strafe zu verurteilen sei. Diese Auffassung beruht jedoch auf der – auch im Urteil ausgesprochenen – Voraussetzung, es sei nicht klar, daß und an welcher Stelle ein Schreibfehler vorliege.

Darin unterscheidet sich der in jener Entscheidung behandelte Fall vom vorliegenden. Der Entscheidungssatz des schriftlichen Urteils, die Sitzungsniederschrift und die zum Zwecke der Verlesung in der Hauptverhandlung schriftlich niedergelegte Urteilsformel (§ 268 Abs 2 Satz 1 StPO) stimmen sämtlich darin überein, daß eine Strafe von drei Jahren Zuchthaus ausgesprochen wurde. Dass diese Strafe auch in der Hauptverhandlung *verkündet* wurde, ergibt sich nicht nur aus § 274 StPO. Auch die Revision behauptet nicht, daß eine andere Strafe verkündet worden sei, als sich aus dem Protokoll ergebe; sie geht vielmehr ersichtlich davon aus, daß die Strafe von drei Jahren Zuchthaus nicht nur im Entscheidungssatz des Urteils und in der Sitzungsniederschrift genannt, sondern auch wirklich verkündet worden sei. Schon daraus ergibt sich, daß auf einem Schreibversehen nicht die Beurkundung des Verkündungsinhalts, sondern die in den schriftlichen Urteilsgründen enthaltene Strafe von vier Jahren Zuchthaus beruhen muß. Um das zu erkennen, bedurfte es im vorliegenden Fall also nicht einmal der späteren Erklärung der richterlichen Mitglieder des Gerichts. Sie enthält vielmehr nur eine Bestätigung für die schon auf anderen Gründen beruhende Erkenntnis, daß die abweichende Angabe in den Urteilsgründen auf einem Schreibversehen beruht. Sie entzieht daher auch nicht etwa der Revisionsrüge nachträglich eine sonst vorhandene Grundlage.

Im übrigen müßte, selbst wenn nicht – wie ersichtlich im vorliegenden Falle – der im Entscheidungssatz des Urteils enthaltene und verkündete mildere Strafausspruch, sondern die in den schriftlichen Gründen mitgeteilte höhere Strafe dem Willen und dem Beschlusse des Gerichts entsprochen haben sollte, die *verkündete niedrigere* Strafe allein massgebend bleiben. Nach dem Gesetz stellt sich das, was in der Urteilsformel durch Verlesung als Urteil verkündet wird, als das Urteil, als das, was beschlossen ist, dar (RGSt Bd. 61 S. 388). Ist der Urteilssatz verlesen und durch Bekanntgabe der damit übereinstimmenden Urteilsgründe die Verkündung abgeschlossen, so verliert das, was abweichend davon zwar beschlossen, aber nicht verkündet worden ist, seine rechtliche Wirkung. Es würde mit der Bedeutung, die das Gesetz dem Vorgang der Verkündung beilegt, nicht im Einklang stehen, wenn eine zwar beschlossene, aber nicht verkündete und nur in die schriftlichen Gründe aufgenommene dem Angeklagten *ungünstigere* Entscheidung irgendwie erheblich werden könnte. Das wäre aber der Fall, wenn wegen des Widerspruchs zwischen dem verkündeten Urteilssatz und den Gründen das Urteil aufgehoben werden müßte. Denn wenn in einem solchen Falle diese Aufhebung einen Sinn haben sollte, müßte dem Gericht, auch wenn nur der Angeklagte Revision eingelegt hat, die Möglichkeit bleiben, in der neuen Hauptverhandlung eine neue Entscheidung zu verkünden, die nur durch den dem Angeklagten ungünstigeren Spruch in den früheren Gründen begrenzt wäre. Diese Auffassung hat das Reichsgericht in der Entscheidung BGSt Bd. 46 S. 326 in der Tat vertreten. Man käme also zu dem auffallenden Ergebnis, daß der Angeklagte, der nach dem Gesetz mit keiner ungünstigeren als der verkündeten Entscheidung zu rechnen braucht, auch wenn er nur allein Revision eingelegt hat, und trotz dem § 358 Abs 2 StPO in der neuen Verhandlung mit einer höheren Strafe rechnen müßte, sobald eine solche Strafe in den ihm bei der Revisionseinlegung noch gar nicht bekannten schriftlichen Gründen genannt wäre. Wollte man dieses mit dem Grundgedanken des § 358 Abs. 2 StPO sicher nicht im Einklang stehende Ergebnis vermeiden, müßte man annehmen, daß nur die niedrigere Strafe im Entscheidungssatz nach § 358 Abs. 2 StPO in der neuen Verhandlung massgebend sein darf. Kann aber die höhere Strafe in den früheren Urteilsgründen wegen der Wirkung, die die verkündete niedrigere Strafe für das weitere Verfahren hat, keine Bedeutung für die Bemessung der neuen Strafe erlangen, dann ist nicht einzusehen, weshalb sie auch nur die Aufhebung des Urteils im Strafausspruch soll herbeiführen können.

Für den hier allein zu entscheidenden Fall, daß der Angeklagte nur wegen einer strafbaren Handlung verurteilt und nur eine Einzelstrafe ausgesprochen ist, daß die im Urteilssatz enthaltene Strafe niedriger als die in den Urteilsgründen genannte ist und daß die in den Urteilsgründen angegebene Höhe zur Gewissheit auf einem Schreibversehen beruht, kann demnach der nur scheinbare Widerspruch den Bestand des Urteils nicht gefährden. Diese Auffassung kann auch keinerlei Unsicherheit, auch nicht bei der Strafvollstreckung, zur Folge haben. Denn die Rechtskraft wird nach § 7 der Strafvollstreckungsordnung auf der Urschrift oder auf der beglaubigten Abschrift des *verfügenden Teils der Entscheidung* bescheinigt. Er bildet also allein die Grundlage der Strafvollstreckung und ein von ihm abweichender nur auf einem Schreibversehen beruhender Ausspruch in den Gründen kann auch bei der Strafvollstreckung keine Bedeutung gewinnen. Auch die Prüfung, ob für ein Schreibversehen eine hinreichende Gewissheit besteht, verlangt keinen neuen Urteilsspruch des Tatrichters, sondern kann vom Revisionsgericht als ein seiner freien Nachprüfung zugänglicher Verfahrensvorgang beurteilt werden.

§ 268a StPO

(1) Wird in dem Urteil die Strafe zur Bewährung ausgesetzt oder der Angeklagte mit Strafvorbehalt verwarnt, so trifft das Gericht die in den §§ 56a bis 56d und 59a des Strafgesetzbuches bezeichneten Entscheidungen durch Beschluß; dieser ist mit dem Urteil zu verkünden.

(2) Absatz 1 gilt entsprechend, wenn in dem Urteil eine Maßregel der Besserung und Sicherung zur Bewährung ausgesetzt oder neben der Strafe Führungsaufsicht angeordnet wird und das Gericht Entscheidungen nach den §§ 68a bis 68c des Strafgesetzbuches trifft.

(3) Der Vorsitzende belehrt den Angeklagten über die Bedeutung der Aussetzung der Strafe oder Maßregel zur Bewährung, der Verwarnung mit Strafvorbehalt oder der Führungsaufsicht, über die Dauer der Bewährungszeit oder der Führungsaufsicht, über die Auflagen und Weisungen sowie über die Möglichkeit des Widerrufs der Aussetzung oder der Verurteilung zu der vorbehaltenen Strafe (§ 56f Abs. 1, §§ 59b, 67g Abs. 1 des Strafgesetzbuches). Erteilt das Gericht dem Angeklagten Weisungen nach § 68b Abs. 1 des Strafgesetzbuches, so belehrt der Vorsitzende ihn auch über die Möglichkeit einer Bestrafung nach § 145a des Strafgesetzbuches. Die Belehrung ist in der Regel im Anschluß an die Verkündung des Beschlusses nach den Absätzen 1 und 2 zu erteilen. Wird die Unterbringung in einem psychiatrischen Krankenhaus zur Bewährung ausgesetzt, so kann der Vorsitzende von der Belehrung über die Möglichkeit des Widerrufs der Aussetzung absehen.

§ 268b StPO

Bei der Urteilsfällung ist zugleich von Amts wegen über die Fortdauer der Untersuchungshaft oder einstweiligen Unterbringung zu entscheiden. Der Beschluß ist mit dem Urteil zu verkünden.

§ 268c StPO

Wird in dem Urteil ein Fahrverbot angeordnet, so belehrt der Vorsitzende den Angeklagten über den Beginn der Verbotsfrist (§ 44 Abs. 3 Satz 1 des Strafgesetzbuches). Die Belehrung wird im Anschluß an die Urteilsverkündung erteilt. Ergeht das Urteil in Abwesenheit des Angeklagten, so ist er schriftlich zu belehren.

§ 268d StPO

Wird in dem Urteil die Entscheidung über die Anordnung der Sicherungsverwahrung nach § 66a Abs. 1 des Strafgesetzbuches einer weiteren gerichtlichen Entscheidung vorbehalten, so belehrt der Vorsitzende den Angeklagten über den Gegenstand der weiteren Entscheidungen sowie über den Zeitraum, auf den sich der Vorbehalt erstreckt.

§ 269 StPO

Das Gericht darf sich nicht für unzuständig erklären, weil die Sache vor ein Gericht niederer Ordnung gehörte.

Erfolglose Rügen

1. Die Verfahrenstrennung nach Eröffnung des Hauptverfahrens läßt die durch die bindende Verweisung begründete Zuständigkeit des höherrangigen Gerichts nicht entfallen (BGH Beschl. v. 26. 9. 2001 – 2 StR 340/01).

Erfolglose Rügen

1. **Die Verfahrenstrennung nach Eröffnung des Hauptverfahrens läßt die durch die bindende Verweisung begründete Zuständigkeit des höherrangigen Gerichts nicht entfallen.**
StPO § 269 – BGH Beschl. v. 26. 9. 2001 – 2 StR 340/01 LG Hanau (= NJW 2002, 526 = StV 2002, 349 = NStZ 2002, 213)

Die Revision rügt, der Angeklagte sei wegen fehlender sachlicher Zuständigkeit des Landgerichts seinem gesetzlichen Richter entzogen worden.

Sachverhalt: Die Staatsanwaltschaft hatte Anklage gegen den Angeklagten und einen Mittäter wegen räuberischer Erpressung zu dem Schöffengericht Hanau erhoben. In der Hauptverhandlung erklärte sich das Schöffengericht für sachlich unzuständig, da seine Rechtsfolgenkompetenz überschritten werde, insbesondere weil für den Mitangeklagten eine Maßregel nach § 63 StGB in Betracht komme. Es verwies die Sache daher gem. § 270 II StPO an das Landgericht Hanau. Zu dem Hauptverhandlungstermin bei dem Landgericht erschienen lediglich der Mitangeklagte nebst Verteidiger sowie der Verteidiger des Angeklagten, nicht aber der Angeklagte selbst. Nachfragen ergaben, daß er den Termin vergessen hatte und nur mit erheblicher Verspätung erscheinen konnte. Die Kammer trennte sodann durch Beschluß das Verfahren gegen den Angeklagten zur gesonderten Verhandlung und Entscheidung ab. Die wenige Tage später durchgeführte Hauptverhandlung schloss mit dem hier angegriffenen Urteil. – Das Rechtsmittel war erfolglos.

Gründe: ...
2. Es ist nicht zu beanstanden, daß das Landgericht nach Abtrennung des Verfahrens gegen den Angeklagten die Sache nicht an das Amtsgericht zurückgegeben, sondern selbst entschieden hat.

a) Die Verfahrenstrennung nach Eröffnung des Hauptverfahrens läßt die durch die bindende Verweisung begründete Zuständigkeit des höherrangigen Gerichts nicht entfallen. Entsprechendes gilt, wenn die Zuständigkeit des höheren Gerichts auf einer gemeinsamen Anklage oder Verbindung mehrerer Sachen beruht. Diese bereits in der Rechtsprechung der Oberlandesgerichte sowie im Schrifttum vertretene Ansicht (OLG Hamburg, MDR

1970, 523; OLG Stuttgart, NStZ 1995, 248) entspricht der gesetzlichen Regelung. Das mit der Sache befasste höhere Gericht ist durch § 269 StPO gehindert, das abgetrennte Verfahren an das niedrigere Gericht zurückzugeben.

In der Kommentarliteratur wird zwar teilweise die Auffassung vertreten, bei Verfahrenstrennung nach Eröffnung des Hauptverfahrens (§ 4 I StPO) falle die abgetrennte Sache grundsätzlich an das Gericht zurück, das ohne die Verbindung für sie zuständig gewesen wäre. Zur Begründung dieser Ansicht wird angeführt, der Gesetzgeber habe, indem er die Trennung nach Eröffnung des Hauptverfahrens ermöglichte, eine Ausnahme zu § 269 StPO geschaffen; bei einer Anwendung des § 269 StPO in diesen Fällen seien die Regelungen der §§ 2 II, 4 I StPO als inhaltsleer anzusehen. Dieser Argumentation kann sich der Senat aber ebenso wenig anschließen wie der – nicht tragenden – Erwägung im Urteil des BGH vom 10. 1. 1969 – 5 StR 682/68" nach Trennung des Verfahrens könne das Gebot des gesetzlichen Richters möglicherweise eine Verweisung an das eigentlich zuständige niedrigere Gericht gebieten.

Die §§ 2 II, 4 I StPO ermöglichen die Trennung von Verfahren, treffen aber keine Regelung über die danach bestehenden Zuständigkeiten; eine solche läßt sich vielmehr allein aus § 269 StPO herleiten, der das höhere Gericht verpflichtet, die Sache, mit der es nach der Eröffnung des Hauptverfahrens bereits befasst war, auch zu verhandeln. Angesichts des unterschiedlichen Regelungszwecks der §§ 2, 4 StPO einerseits und des § 269 StPO andererseits kann ein Regel-Ausnahme-Verhältnis daher nicht angenommen werden.

Entscheidend für ein Verbleiben der Sache bei dem höheren Gericht sprechen außerdem die Grundsätze der Prozeßökonomie und Verfahrensbeschleunigung, die letztlich auch der Regelung in § 269 StPO zu Grunde liegen: Das höhere Gericht hat sich in der Regel mit dem Gegenstand des Verfahrens bereits vor der Trennung eingehend befasst und ist mit der Sache vertraut. Dem entspricht auch die in § 47a JGG für das Jugendstrafverfahren ausdrücklich getroffene Regelung. Da die Trennung von Verfahren im Ermessen des Gerichts steht und damit von Zufälligkeiten und auch – wie hier – vom Verhalten der Prozeßbeteiligten beeinflußt sein kann, spricht das Gebot des gesetzlichen Richters dagegen, eine durch Abtrennung bewirkte Veränderung der Zuständigkeit anzunehmen (ebenso OLG Hamburg, MDR 1970, 523 [524]). Schließlich ergeben sich auch aus dem Umstand, daß dem Angeklagten bei verbleibender Zuständigkeit des höheren Gerichts eine ihm an sich zustehende Tatsacheninstanz genommen wird, keine Bedenken. Denn der Angeklagte ist dadurch, daß er von einem Gericht höherer Ordnung abgeurteilt wird, nicht beschwert; ein Anspruch auf eine zweite Tatsacheninstanz besteht nicht (BVerfGE 9, 223 [230] [BVerfG Urt. v. 19. 3. 1959 – 1 BvR 295/58; vgl. § 24 GVG erfolglose Rügen]; BGHSt. 18, 238 [239] [BGH Urt. v. 5. 2. 1963 – 1 StR 265/62; vgl. § 261 StPO erfolglose Rügen]).

Einer Rückgabe der Sache an das Amtsgericht steht hier zudem die bindende Wirkung des vorangegangenen Verweisungsbeschlusses nach § 270 StPO entgegen. Das Landgericht war demzufolge im gesamten Umfang der wirksamen Verweisung zur Entscheidung berufen.

b) Ist demnach die Vorgehensweise des Landgerichts verfahrensrechtlich nicht zu beanstanden, so muß der Verfahrensrüge im Übrigen auch deshalb der Erfolg versagt bleiben, weil nach ständiger Rechtsprechung des BGH die Revision grundsätzlich nicht auf die behauptete Zuständigkeit eines Gerichts niedrigerer Ordnung gestützt werden kann (BGHSt. 9, 367 [368] [BGH Urt. v. 6. 7. 1956 – 2 StR 37/55; vgl. § 338 Nr. 4 StPO erfolglose Rügen]; BGHSt. 21, 334 [358] [BGH Urt. v. 10. 11. 1967 – 4 StR 512/66; vgl. §§ 68a, 338 Nr. 3 StPO erfolglose Rügen]; BGHSt. 43, 53 [55] [BGH Urt. v. 22. 4. 1997 – 1 StR 701/96; vgl. § 338 Nr. 4 StPO erfolglose Rügen]; so auch schon RGSt. 62, 265 [270]). Ein Revisionsgrund kann allenfalls bei Verletzung höherrangiger Rechtsgrundsätze vorliegen, insbesondere dann, wenn der Angeklagte willkürlich seinem gesetzlichen Richter entzogen wurde (BGH, NJW 1993, 1607 [1608] [BGH Urt. v. 8. 12. 1992 – 1 StR 594/92; vgl. § 209 StPO erfolglose Rügen]; BGHSt. 38, 212 [BGH Urt. v. 27. 2. 1992 – 4 StR 23/92; vgl. § 338 Nr. 4

StPO erfolgreiche Rügen]; BGHSt. 40, 120 [122] [BGH Beschl. v. 21. 4. 1994 – 4 StR 136/94; vgl. § 338 Nr. 4 StPO erfolgreiche Rügen]; BGHSt. 43, 53 [55]). An die Annahme von Willkür sind jedoch strenge Anforderungen zu stellen:

Sie kommt nur in Betracht, wenn die unzutreffende Bejahung gerichtlicher Zuständigkeit auf sachfremde oder offensichtlich unhaltbare Erwägungen gestützt wird (BGH, NJW 1993, 1607 [1608]; BGHSt. 43, 53 [55]). Das war hier ersichtlich nicht der Fall; insbesondere stellt die Höhe der ausgesprochenen Strafe, die noch innerhalb der Strafgewalt des Amtsgerichts gelegen hätte, kein Indiz für Willkür dar (vgl. BVerfGE 9, 223 [230 f.] = NJW 1959, 1124; BGHSt. 42, 205 [214] [vgl. §§ 328, 338 Nr. 4 StPO erfolglose Rügen]).

§ 270 StPO

(1) Hält ein Gericht nach Beginn einer Hauptverhandlung die sachliche Zuständigkeit eines Gerichts höherer Ordnung für begründet, so verweist es die Sache durch Beschluß an das zuständige Gericht; § 209a Nr. 2 Buchstabe a gilt entsprechend. Ebenso ist zu verfahren, wenn das Gericht einen rechtzeitig geltend gemachten Einwand des Angeklagten nach § 6a für begründet hält.

(2) In dem Beschluß bezeichnet das Gericht den Angeklagten und die Tat gemäß § 200 Abs. 1 Satz 1.

(3) Der Beschluß hat die Wirkung eines das Hauptverfahren eröffnenden Beschlusses. Seine Anfechtbarkeit bestimmt sich nach § 210.

(4) Ist der Verweisungsbeschluß von einem Strafrichter oder einem Schöffengericht ergangen, so kann der Angeklagte innerhalb einer bei der Bekanntmachung des Beschlusses zu bestimmenden Frist die Vornahme einzelner Beweiserhebungen vor der Hauptverhandlung beantragen. Über den Antrag entscheidet der Vorsitzende des Gerichts, an das die Sache verwiesen worden ist.

Erfolgreiche Rügen

1. Wenn das verweisende Gericht die Eröffnungsvoraussetzungen nicht geprüft hat, kann der Verweisungsbeschluß gem. § 270 StPO den Eröffnungsbeschluß nicht ersetzen (BGH Beschl. v. 20. 11. 1987 – 3 StR 493/87).

2. Auch ein fehlerhafter Verweisungsbeschluß ist bindend, wenn er nicht auf Willkür beruht (BGH Urt. v. 13. 2. 1980 – 3 StR 57/80 [S]).

3. Zwischen gleichrangigen Spruchkörpern desselben Gerichts geht das Verfahren nach Feststellung der Unzuständigkeit in der Hauptverhandlung ohne weiteres auf das zuständige Gericht über (BGH Urt. v. 12. 1. 1977 – 2 StR 662/76).

Erfolglose Rügen

1. Ein Verweisungsbeschluß ist grundsätzlich wirksam und bindend, auch wenn er unvollständig, formell fehlerhaft oder sachlich falsch ist (BGH Urt. v. 22. 4. 1999 – 4 StR 19/99).

2. Wenn das Gericht ein Gericht höherer Ordnung für zuständig hält, kann es, auch wenn bereits eine Hauptverhandlung stattgefunden hat, die Sache an dieses durch einen nicht bindenden Beschluß abgeben (BGH Urt. v. 24. 4. 1974 – 2 StR 69/74).

3. Abgabebeschluß in jeder Lage des Verfahrens möglich (BGH Urt. v. 13. 3. 1963 – 2 StR 570/62).

Erfolgreiche Rügen

1. Wenn das verweisende Gericht die Eröffnungsvoraussetzungen nicht geprüft hat, kann der Verweisungsbeschluß gem. § 270 StPO den Eröffnungsbeschluß nicht ersetzen.

StPO § 270 – BGH Beschl. v. 20. 11. 1987 – 3 StR 493/87 LG Kiel (= NStZ 1988, 236)

Die Revision rügt, das Landgericht habe die Hauptverhandlung über eine Anklage durchgeführt, obwohl es insoweit an einem Eröffnungsbeschluß gefehlt habe.

Sachverhalt: Gegen den Angeklagten hat die Staatsanwaltschaft zwei Anklagen zum Amtsgericht-Schöffengericht erhoben und zwar am 24. 7. 1986 (Az. der Staatsanwaltschaft 37 Js 143/86 = 72 Ls 25/86) betreffend die Vorfälle zum Nachteil der Zeugin B. und am 16. 9. 1986 (Az. der Staatsanwaltschaft: 33 Js 1117/86 72 Ls 28/86) betreffend die Tat zum Nachteil der Zeugin W. Das Amtsgericht erließ nach Eingang der zweiten Anklage am 10. 11. 1986 unter dem Az. 33 Js 1117/86 – 72 Ls (28/86) folgenden Beschluß:

„In der Strafsache gegen L. wird das Hauptverfahren eröffnet und die Anklage der Staatsanwaltschaft bei dem Landgericht Kiel vom 16. 9. 1986 zur Hauptverhandlung vor dem Amtsgericht in N.-Schöffengericht – zugelassen.

Die Sache wird unter dem Az. 37 Js 143/86 – 72 Ls (25/86) mit diesem Verfahren verbunden. Wegen der der Zeugin W. zugefügten Verletzungen (Kratzwunden/Hämatom) und des erzwungenen Mundverkehrs kommt auch eine Ahndung gem. §§ 223, 178, 52 StGB in Betracht

Gleichzeitig bestimmte der Vorsitzende des Schöffengerichts Termin zur Hauptverhandlung, die jedoch wegen Fehlens von Zeugen ausgesetzt werden mußte. Am 11. 2. 1987 fand eine erneute Hauptverhandlung statt, auf Grund derer folgender Beschluß erging:

„Das Strafverfahren gegen L. wird an die VII. große Strafkammer des Landgerichts K. gemäß § 270 StPO verwiesen, weil die Strafgewalt des Amtsgerichts nicht ausreicht. Es wird Bezug genommen auf

1. die Anklage der StA Kiel vom 24. 7. 1986 (37 Js 143/86) und

2. die Anklage der StA Kiel vom 16. 9. 1986 (33 Js 1117/86).

In der Hauptverhandlung vor der großen Strafkammer rügte der Verteidiger des Angeklagten, daß für die Anklage vom 24. 7. 1986 kein ausdrücklicher Eröffnungsbeschluß vorliege. Der Strafkammer-Vorsitzende wies auf den Verbindungs- und Eröffnungsbeschluß des Amtsgerichts vom 10. 11. 1986 sowie auf den Verweisungsbeschluß des Amtsgerichts vom 11. 2. 1987 hin.

Das Landgericht hat den Angeklagten wegen Vergewaltigung in Tateinheit mit sexueller Nötigung und Körperverletzung verurteilt. – Das Rechtsmittel hatte Erfolg.

Gründe: Das Landgericht hat die Hauptverhandlung über die Anklage vom 24. 7. 1986 durchgeführt, obwohl insoweit ein Eröffnungsbeschluß fehlt. Dies führt zur Einstellung des Verfahrens in diesem Tatkomplex (BGHSt. 10, 278, 279 [BGH Urt. v. 14. 5. 1957 – 5 StR 145/57; vgl. § 207 StPO erfolglose Rügen]; 29, 224, 228 [BGH Beschl. v. 18. 3. 1980 – 1 StR 213/79; vgl. § 207 StPO erfolglose Rügen]; 29, 351, 355 [BGH Beschl. v. 16. 10. 1980 – StB 29, 30 u. 31/80; vgl. § 338 Nr. 2 StPO erfolglose Rügen]; BGH, StV 1983, 2, 3 [BGH Beschl. v. 13. 10. 1982 – 3 StR 236/82; vgl. § 207 StPO erfolgreiche Rügen]; NStZ 1981, 448 [BGH Beschl. v. 9. 6. 1981 – 4 StR 263/81; vgl. § 207 StPO erfolgreiche Rügen]).

Das zunächst dafür zuständige Amtsgericht hat über die Eröffnung hinsichtlich der Anklage vom 24. 7. 1986 nicht ausdrücklich entschieden. Entgegen der Ansicht des GBA kann auch aus dem Verfahrensgang nicht eine – rechtlich ausreichende (vgl. Urt. des BGH v. 30. 7. 1974 – 1 StR 200/74; und v. 6. 8. 1974 – 1 StR 226/74, zitiert bei Dallinger, MDR

1975, 197; BGH, NStZ 1984, 520 [BGH Beschl. v. 15. 5. 1984 – 5 StR 283/84; vgl. § 207 StPO erfolgreiche Rügen]; 1987, 239 [BGH Beschl. v. 9. 1. 1987 – 3 StR 601/86; vgl. § 203 StPO erfolgreiche Rügen]) – schlüssige und eindeutige Willenserklärung des Gerichts, die Anklage zur Hauptverhandlung unter den Voraussetzungen des § 203 StPO zuzulassen, entnommen werden. Der Eröffnungsbeschluß erging (allein) unter dem für die Anklage vom 16. 9. 1986 maßgebenden Aktenzeichen. Auch der rechtliche Hinweis auf die §§ 223, 178, 52 StGB bezog sich auf diese Sache. Der Beschluß läßt in keiner Weise erkennen, daß die Strafkammer den hinreichenden Tatverdacht hinsichtlich der am 24. 7. 1986 angeklagten Straftat geprüft habe. Auch der Umstand, daß das gerade ausdrücklich eröffnete Verfahren zu dem bereits länger anhängigen und als führend bezeichneten Verfahren verbunden wurde, spricht eher für die Annahme, der Vorsitzende des Schöffengerichts sei irrig davon ausgegangen, daß insoweit ein Eröffnungsbeschluß bereits ergangen sei. Aus der sich an den Beschluß vom 10. 11. 1986 räumlich anschließenden Terminierungsverfügung kann ebenfalls nicht auf den Willen des Gerichts, auch das Verfahren Ls 25/86 zu eröffnen, geschlossen werden. In einer Terminsbestimmung durch den Vorsitzenden kann grundsätzlich keine Entscheidung über die Eröffnung des Verfahrens i.S. von § 203 StPO gesehen werden. Dahinstehen kann, ob eine andere Beurteilung angebracht ist, wenn in einem bereits eröffneten Verfahren Termin bestimmt ist und zu diesem Verfahren und damit auch zu dem bereits anberaumten Termin ein weiteres Verfahren, bei dem nicht ausdrücklich über die Eröffnung entschieden wird, hinzuverbunden wird (vgl. dazu BGH, bei Dallinger, MDR 1975, 197; NStZ 1984, 520).

Der Eröffnungsbeschluß ist weder im Verfahren vor dem Amtsgericht noch vor dem Landgericht nachgeholt worden (zur Nachholung eines Eröffnungsbeschlusses vgl. BGHSt. 29, 224, 228; BGH, NStZ 1981, 448). Die auf die Rüge des Verteidigers erfolgte Erklärung des Vorsitzenden genügt für eine Eröffnung nicht. Abgesehen davon, daß der Strafkammer-Vorsitzende zu einer solchen Entscheidung nicht allein zuständig wäre, enthält der Hinweis, über die Eröffnung sei bereits entschieden, keine schlüssige Prüfung der Voraussetzungen des § 203 StPO.

Auch die Verweisung durch das Schöffengericht nach § 270 StPO kann nicht als – schlüssige – Entscheidung über die Eröffnung des Hauptverfahrens angesehen werden. Zwar darf die Verweisung nur erfolgen, wenn hinreichender Tatverdacht hinsichtlich der Tat bejaht wird, für die das verweisende Gericht die Zuständigkeit des Gerichts der höheren Ordnung für gegeben erachtet (BGHSt. 29, 216, 219 f. [BGH Urt. v. 13. 2. 1980 – 3 StR 57/80; vgl. § 270 StPO erfolgreiche Rügen]; 29, 341, 348[1]). Da die Verweisungsentscheidung sich nicht an der Anklage orientiert, wird durch sie nicht schlüssig der hinreichende Tatverdacht i.S. von § 203 StPO bejaht.

Die Verweisung ersetzt auch nicht den Eröffnungsbeschluß. Zwar hat nach § 270 III StPO der Verweisungsbeschluß die Wirkung eines das Hauptverfahren eröffnenden Beschlusses. Dies setzt aber voraus, daß das verweisende Gericht die Eröffnungsvoraussetzungen geprüft hat. Ist das nicht der Fall, kann der Verweisungsbeschluß den Eröffnungsbeschluß nicht ersetzen. Mit der Verweisung wird zwar bindend die Zuständigkeit des höheren Ge-

---

1 „Kommt eine Wiedereinbeziehung der ausgeschiedenen Gesetzesverletzungen in Betracht, so stellen die §§ 270, 225a StPO sicher, daß das dann zuständige Gericht mit der Sache befaßt wird. Eine Verweisung nach § 270 StPO setzt voraus, daß der Angeklagte der Straftat, derentwegen verwiesen wird, mindestens hinreichend verdächtig ist (BGH NJW 1980, 1586). Ist dies nicht der Fall, so ist von der Einbeziehung abzusehen. Inwieweit eine solche Entscheidung revisibel ist, bedarf hier nicht der Entscheidung. Wiedereinbeziehungen durch das Gericht höherer Ordnung nach § 225a StPO führen zu einem entsprechenden Ergebnis, da dieses seine Zuständigkeit nur bejahen darf, wenn hinreichender Verdacht wegen der zuständigkeitsbegründenden Gesetzesverletzung gegeben ist. Nach der Wiedereinbeziehung ist also das Gericht mit der Sache befaßt, das ohne die Beschränkung der Untersuchung zuständig gewesen wäre." (BGH Beschl. v. 26. 9. 1980 – StB 32/80).

richts, an das verwiesen wird, begründet; doch werden dadurch nicht bisher fehlende wesentliche Prozeßvoraussetzungen fingiert. Der Verweisungsbeschluß tritt nur an die Stelle eines – früheren – Eröffnungsbeschlusses (vgl. dazu BGHSt. 18, 290, 294 [BGH Urt. v. 13. 3. 1963 – 2 StR 570/62; vgl. § 270 StPO erfolglose Rügen]). Die Entscheidung des 1. Strafsenats vom 30. 7. 1974 – 1 StR 316/74 (zitiert bei Dallinger, MDR 1975, 198) steht nicht entgegen. ...

2. Auch ein fehlerhafter Verweisungsbeschluß ist bindend, wenn er nicht auf Willkür beruht.

StPO § 270 – BGH Urt. v. 13. 2. 1980 – 3 StR 57/80 (S) LG Dortmund (= BGHSt. 29, 216 = NJW 1980, 1586)

Die Revisionen von Staatsanwaltschaft und Nebenklage rügen, daß die Staatsschutzkammer des Landgerichts das Verfahren gegen den Angeklagten nach Verweisung an sie durch das Schöffengericht mit der Begründung durch Urteil eingestellt hat, der vom Schöffengericht ermittelte Sachverhalt lasse nicht erwarten, daß der Angeklagte nach § 241a StGB verurteilt werden wird. Deshalb sei die Staatsschutzkammer nicht zuständig.

Sachverhalt: Die Anklageschrift der Staatsanwaltschaft beim Landgericht B. vom 3. 8. 1976, die der Vorsitzende des Schöffengerichts B. am 7. 10. 1976 zur Hauptverhandlung vor dem erweiterten Schöffengericht zugelassen hat, legt dem Angeklagten – neben der Unterschlagung eines Geldbetrages – zur Last, seit Februar 1976 O. und andere beim türkischen Generalkonsulat in E. und später gegenüber deutschen Polizeidienststellen wider besseres Wissen verdächtigt zu haben, Mitglieder einer terroristischen Vereinigung zu sein, die in der Bundesrepublik Deutschland Anschläge und Attentate plane. Das Protokoll über die Hauptverhandlung vor dem erweiterten Schöffengericht B. vom 8. 12. 1976 enthält den Hinweis, daß der Angeklagte ferner angeklagt werde, sich seit Februar 1976 wegen Verleumdung strafbar gemacht zu haben. Daraufhin ist der Geschädigte O. als Nebenkläger zugelassen worden. Nach Beginn der Hauptverhandlung vom 11. 1. 1978 verwies das erweiterte Schöffengericht B. die Sache nach Anhörung der Verfahrensbeteiligten an die Staatsschutzkammer des Landgerichts Dortmund, und zwar mit der Begründung, der Angeklagte habe sich in Tateinheit mit dem Vergehen gegen § 164 StGB auch wegen politischer Verdächtigung strafbar gemacht (§ 241a StGB). Die Staatsschutzkammer erklärte sich durch Beschluß vom 30. 8. 1978 für unzuständig und vertrat die Auffassung, nach dem Ergebnis der Hauptverhandlung vor dem Schöffengericht lägen keinerlei Anhaltspunkte dafür vor, daß sich der Angeklagte auch nach § 241a StGB strafbar gemacht haben könne. Das Oberlandesgericht H., dem sie die Sache zur Entscheidung über den Zuständigkeitsstreit vorgelegt hatte, sprach durch Beschluß vom 18. 10. 1978 aus, daß das Landgericht Dortmund an den Verweisungsbeschluß des Schöffengerichts gebunden und deshalb zuständig sei. Dem folgt das Landgericht in dem angefochtenen Urteil nicht. Es hält sich weiterhin für unzuständig. Der Verweisungsbeschluß des Schöffengerichts könne keine Bindungswirkung haben, weil er offensichtlich unhaltbar sei. Der Beschluß des Oberlandesgerichts könne die Zuständigkeit der Strafkammer nicht begründen, weil es insoweit an einer den §§ 354, 358 StPO entsprechenden gesetzlichen Regelung fehle, die zu einer Bindung der Strafkammer führen könne. – Die Rechtsmittel hatten Erfolg.

Gründe:

a) Das Schöffengericht ist in der Hauptverhandlung vom 11. 1. 1978 zu der Auffassung gekommen, der Angeklagte sei auch wegen politischer Verdächtigung nach § 241a StGB zu bestrafen. Straftaten wegen politischer Verdächtigung gehören zur ausschließlichen Zuständigkeit der Staatsschutzkammer (§ 74a Abs. 1 Nr. 6 GVG). Aus der Sicht des Schöffengerichts war deshalb eine Verweisung an diese Kammer geboten.

b) Gemäß § 270 StPO ist das Landgericht an den nach Beginn der Hauptverhandlung getroffenen Verweisungsbeschluß des Schöffengerichts gebunden (vgl. BGHSt. 27, 99, 103 [BGH Urt. v. 12. 1. 1977 – 2 StR 662/76; vgl. § 270 StPO erfolgreiche Rügen]).

Die Bindungswirkung von Verweisungsbeschlüssen, die auf der Anwendung des § 270 StPO beruhen, entfällt nur bei Entscheidungen, die mit den Grundprinzipien der rechtsstaatlichen Ordnung in Widerspruch stehen, wenn der Mangel für einen verständigen Beurteiler offenkundig ist. Demgemäß entfällt die Bindungswirkung eines Verweisungsbeschlusses, wenn dieser auf Willkür des verweisenden Gerichts beruht.

Diese Voraussetzungen liegen nicht schon bei Verweisungen vor, die fehlerhaft oder im Ergebnis unzutreffend sind. Auch solche richterlichen Entscheidungen sind grundsätzlich beachtlich. Dem kann nicht entgegengehalten werden, daß Verweisungsbeschlüsse nach § 270 StPO nicht anfechtbar sind (§ 270 Abs. 3 Satz 2 StPO i.V.m. § 210 StPO) und somit nicht korrigiert werden können. Diese Regelung dient der Beschleunigung des Verfahrens, weil sie ein Zwischenverfahren verhindert, das ohne sachliche Förderung des Strafverfahrens nur die gerichtliche Zuständigkeit klärt. Dem mit der Unanfechtbarkeit von Verweisungsbeschlüssen verbundenen Beschleunigungseffekt würde eine Auslegung widersprechen, die das Gericht, an das eine Sache verwiesen worden ist, stets verpflichtete, den Beschluß auf seine sachliche Richtigkeit zu überprüfen. Deshalb muß das Gericht eine Verweisung, selbst wenn sie fehlerhaft ist, hinnehmen, es sei denn, daß sie „bei verständiger Würdigung der das Grundgesetz beherrschenden Gedanken nicht mehr verständlich erscheint und offensichtlich unhaltbar ist" (BVerfGE 29, 45, 49). Dies liegt hier nicht vor.

aa) Das Landgericht hat zwar zutreffend die Auffassung vertreten, der vom Schöffengericht ermittelte Sachverhalt lasse nicht erwarten, daß der Angeklagte nach § 241a StGB verurteilt werden wird. Demgemäß hätte das Schöffengericht von einer Verweisung an das Landgericht absehen müssen; denn die Verweisung nach § 270 StPO setzt voraus, daß der Angeklagte der Straftat, deretwegen verwiesen wird, mindestens hinreichend verdächtig ist.

bb) Dieser Fehler führt jedoch nicht zur Unwirksamkeit des Verweisungsbeschlusses. Das Schöffengericht hatte nämlich durchaus Anhaltspunkte, welche die Prüfung der Frage nahelegten, ob der Tatbestand des § 241a StGB erfüllt war. Das Bundesamt für die Anerkennung ausländischer Flüchtlinge hatte den Nebenkläger durch Bescheid vom 26. 9. 1977 als Asylberechtigten anerkannt, weil dieser glaubhaft vorgetragen und durch entsprechende Nachweise belegt habe, daß er wegen seiner politischen Betätigung im Fall einer Rückkehr in die Türkei Verfolgung aus politischen Gründen befürchten müsse. Dem Schöffengericht konnte sich auch die Vermutung aufdrängen, daß ursächlich für die Gefahr politischer Verfolgung, die das Bundesamt bejaht hat, die Anzeigen des Angeklagten gewesen sind. Die Auffassung des Schöffengerichts, diese Umstände reichten für eine Verweisung nach § 270 StPO aus, beruht nicht auf Willkür.

cc) Die Strafkammer hat demnach ihre Zuständigkeit zu Unrecht verneint. Sie war wegen des für sie bindenden Verweisungsbeschlusses des Schöffengerichts B. der gesetzliche Richter (§ 270 StPO). Deshalb hätte sie das Verfahren nicht einstellen dürfen, sondern zur Sache verhandeln müssen.

3. Zwischen gleichrangigen Spruchkörpern desselben Gerichts geht das Verfahren nach Feststellung der Unzuständigkeit in der Hauptverhandlung ohne weiteres auf das zuständige Gericht über.

StPO § 270 – BGH Urt. v. 12. 1. 1977 – 2 StR 662/76 LG Köln (= BGHSt. 27, 99)

Die Revision der Staatsanwaltschaft rügt, daß das Schwurgericht das Verfahren nach Verweisung durch eine große Strafkammer durch Urteil mit der Begründung eingestellt hat, daß die Verweisung rechtlich unzulässig gewesen sei, da die Schwurgerichtskammer gegenüber der 1. Strafkammer keinen höheren Rang mehr habe.

Sachverhalt: Die Staatsanwaltschaft hat gegen den Angeklagten vor der Strafkammer Anklage wegen eines Vergehens des vorsätzlichen Vollrausches (§ 330a StGB) erhoben; als zugrundeliegende Rauschtat ist u.a. versuchter Mord angegeben. Die Strafkammer hat durch Beschluß vom 30. 1. 1976 die Anklage ohne Änderung zugelassen und das Hauptverfahren vor der 1. großen Strafkammer eröffnet. In der Hauptverhandlung vom 17. 5. 1976 hat die Strafkammer, nachdem Beweise erhoben worden waren, die Überzeugung gewonnen, daß die Schuldfähigkeit des Angeklagten im Tatzeitpunkt nicht ausgeschlossen gewesen sei und dieser u.a. des versuchten Mordes schuldig sei. Sie hat „gemäß § 270 Abs. 1 StPO" die Sache an die Schwurgerichtskammer des Landgerichts verwiesen und in dem Beschluß dem Angeklagten den Vorwurf des versuchten Mordes gemacht. Der Vorsitzende der Schwurgerichtskammer erhob Bedenken gegen das eingeschlagene Verfahren; gleichwohl hat er sodann über eine Besuchserlaubnis für den Angeklagten entschieden und Termin zur Hauptverhandlung anberaumt. In der Hauptverhandlung hat die Schwurgerichtskammer das Verfahren ohne Beweisaufnahme durch Urteil eingestellt. Sie ist der Auffassung, daß die Verweisung rechtlich unzulässig gewesen sei, da die Schwurgerichtskammer gegenüber der 1. Strafkammer keinen höheren Rang mehr habe. Zwar sei sie nunmehr mit der Sache befaßt und zur Entscheidung aufgerufen; das Verbot, ihren Geschäftskreis zu überschreiten, hindere sie aber an einer Sachentscheidung. – Das Rechtsmittel hatte Erfolg.

Gründe: Der Generalbundesanwalt, der die Revision vertritt, verneint demgegenüber das Bestehen eines solchen Rangverhältnisses; er erblickt in der Sachbehandlung durch die Schwurgerichtskammer eine stillschweigende Übernahme des Verfahrens, die das Gericht zur Entscheidung über den Tatvorwurf verpflichtet habe.

Die Schwurgerichtskammer war entgegen ihrer Auffassung für die sachliche Entscheidung zuständig.

Allerdings bot § 270 Abs. 1 StPO der Strafkammer keine Handhabe, die Sache an die Schwurgerichtskammer zu verweisen. Diese Möglichkeit, ein Verfahren mit bindender Wirkung an ein anderes Gericht zu verweisen, ist nur im Verhältnis vom rangniederen zum ranghöheren Gericht gegeben. Zwischen der Strafkammer und der Schwurgerichtskammer besteht ein solches Rangverhältnis nicht (BGHSt. 26, 191, 194 [BGH Urt. v. 25. 8. 1975 – 2 StR 309/75; vgl. § 2 StPO erfolgreiche Rügen]; BGH Urt. v. 30. 9. 1976 – 4 StR 198/76]. Daran scheitert auch eine rechtsähnliche Anwendung des § 270 StPO auf Fälle der vorliegenden Art ebenso wie eine Abgabe analog den Vorschriften des § 209 Abs. 2, 3 StPO (vgl. dazu BGHSt. 18, 290, 293 [BGH Urt. v. 13. 3. 1963 – 2 StR 570/62; vgl. § 270 StPO erfolglose Rügen]; 25, 309, 310 [BGH Urt. v. 24. 4. 1974 – 2 StR 69/74; vgl. § 270 StPO erfolglose Rügen]).

Vielmehr ist die Zuständigkeit der Schwurgerichtskammer kraft Gesetzes eingetreten; aus diesem Grunde ist das Verfahren rechtlich einwandfrei auf sie übergegangen.

Nach § 207 Abs. 1 StPO läßt das Gericht die Anklage zur Hauptverhandlung zu und bezeichnet dabei das Gericht, vor dem sie stattfinden soll. Damit wird zunächst ausgesprochen, vor welchem Gericht oder welcher Abteilung mit sachlich abgegrenztem eigenen Geschäftskreis (z.B. Strafrichter, Schöffengericht, Landgericht, Oberlandesgericht, Jugendgerichte) das Hauptverfahren eröffnet ist. Die zusätzliche Bestimmung, welcher von mehreren gleichartigen Spruchkörpern sich der Verhandlung und Entscheidung unterziehen werde, gibt das Ergebnis der Prüfung wieder, wer nach Gesetz und Geschäftsverteilung letztlich der berufene gesetzliche Richter ist. Da hier zunächst die 1. Strafkammer mit der Zulassung der Anklage die sachliche Zuständigkeit des Landgerichts und ihre eigene funktionelle Zuständigkeit bejaht hatte, war sie rechtens mit der Sache befaßt.

In der Hauptverhandlung hat die 1. Strafkammer aber auf Grund der Beweisaufnahme die Überzeugung gewonnen, daß nicht sie, sondern die Schwurgerichtskammer als gesetzlich mit besonderer Zuständigkeit ausgestatteter Spruchkörper zur Aburteilung berufen sei. Wie in einem solchen Falle zu verfahren ist, ist in der Strafprozeßordnung nicht ausdrücklich geregelt. In Rechtslehre und Rechtsprechung wird jedoch allgemein die Möglichkeit einer Abgabe und Übernahme von Verfahren gleichrangiger Spruchkörper desselben Gerichts bejaht (BGHSt. 18, 173, 175[1]).

Welcher rechtliche Charakter der formlosen Abgabe innerhalb desselben Gerichts allgemein zukommt, braucht nicht entschieden zu werden. Soweit allein die Geschäftsstelle mit ihr befaßt wird, wird die Abgabe als rein tatsächlicher Vorgang anzusehen sein, der dem Vollzug anderweit getroffener Regelungen über die Zuständigkeit dient. Soweit der Vorsitzende außerhalb der Hauptverhandlung Zuständigkeitsirrtümer bereinigt, dürfte dies Ausfluß seiner Pflicht zur äußeren Leitung der Kammergeschäfte sein.

Setzt die Abgabe des Verfahrens hingegen einen Akt rechtsprechender Erkenntnis voraus, so bedarf dieser seiner Natur nach der Kundgabe in Form einer gerichtlichen Entscheidung. Daher war die Strafkammer im vorliegenden Falle gehalten, ihre in der Hauptverhandlung gewonnene Überzeugung, die nach § 74 Abs. 2 GVG kraft Gesetzes die Zuständigkeit der Schwurgerichtskammer zur Folge hatte, ausdrücklich festzustellen. Der von ihr erlassene „Verweisungsbeschluß" genügt diesen Anforderungen. Keiner näheren Erörterung bedarf in diesem Zusammenhang hier die Frage, ob überhaupt und inwieweit er inhaltlich nachprüfbar wäre. Das Urteil enthält insoweit keine Ausführungen. Rechtsfehler, die eine Beanstandung begründen könnten, sind nicht ersichtlich. Im übrigen wäre kaum einzusehen, daß ein Beschluß nach § 270 StPO ein Gericht höheren Ranges absolut bindet, während bei gleichrangigen Spruchkörpern jegliche Bindung fehlen soll.

Eine Abgabe des Verfahrens auf Grund einer derartigen Entscheidung hat lediglich deklaratorischen Charakter. Mit der Feststellung, daß eine andere Kammer zuständig sei, geht das Verfahren ohne weiteres auf diese über. Weder kommt der Abgabe konstitutive Wirkung im Sinne einer besonderen Übertragung der Anhängigkeit des Verfahrens vom einen auf den anderen Spruchkörper zu, noch bedarf es einer förmlichen Übernahme. Das Verhältnis ranggleicher Spruchkörper desselben Gerichts untereinander wie zum Angeklagten verlangt, die Abgabe lediglich als den geschäftsmäßigen Vollzug der mit der richterlichen Entscheidung einhergehenden Rechtsfolge zu betrachten.

Danach war im vorliegenden Fall die Schwurgerichtskammer zuständig und mit der Sache befaßt. Ihrer Sachentscheidung stand nichts im Wege. Dies nötigt zur Aufhebung des angefochtenen Urteils.

---

[1] „Die Schwierigkeiten für die Auslegung und die sich daraus ergebenden unterschiedlichen Auffassungen beruhten darauf, daß die Jugendgerichte als eigenständige Gerichte besonderer Art innerhalb der ordentlichen Gerichtsbarkeit angesehen wurden. Der Bundesgerichtshof hat diese, auch von ihm zunächst vertretene Ansicht mit der Entscheidung des Großen Senats für Strafsachen vom 5. 10. 1962 – GSSt 1/62 aufgegeben und ausgesprochen, daß die Jugendgerichtsbarkeit ein Zweig der Strafgerichtsbarkeit, jedoch keine Gerichtsbarkeit eigener Art ist. Die Jugendgerichte haben keine andersartige sachliche Zuständigkeit als die allgemeinen Strafgerichte; vielmehr ist ihnen nur innerhalb derselben Gerichtszuständigkeit ein besonderer sachlicher Geschäftskreis zugewiesen. Einen Eingriff in den Geschäftskreis einer anderen Abteilung desselben Gerichts sieht das Gesetz aber regelmäßig nicht als ein Überschreiten der sachlichen Zuständigkeit an. Es bezieht diesen Begriff im Strafverfahrensrecht auf das Gericht als ganzes, auf einzelne seiner Abteilungen nur dann, wenn sie eine verschieden hohe Strafgewalt haben.
Damit entfällt jedes grundsätzliche Bedenken gegen eine Abgabe des Verfahrens vom Erwachsenengericht an das Jugendgericht, soweit es sich um Gerichtsabteilungen gleichen Ranges handelt." (BGH Beschl. v. 20. 12. 1962 – 2 ARs 81/62).

Erfolglose Rügen

1. Ein Verweisungsbeschluß ist grundsätzlich wirksam und bindend, auch wenn er unvollständig, formell fehlerhaft oder sachlich falsch ist.

StPO § 270 I – BGH Urt. v. 22. 4. 1999 – 4 StR 19/99 LG Münster (BGHSt. 45, 58 = StV 1999, 524)

Die Revision rügt die Verletzung sachlichen Rechts und wendet das Fehlen einer Verfahrensvoraussetzung ein.

Sachverhalt: Der Angeklagte war zunächst wegen Bandenhandels mit Btm in fünf Fällen, in einem Fall in nicht geringer Menge, angeklagt worden. Nachdem das Schöffengericht diese Anklage zugelassen hatte, verwies es die Sache in der Hauptverhandlung durch Beschluß an das Landgericht Münster, „da nach dem bisherigen Beweisergebnis eine höhere Freiheitsstrafe als vier Jahre zu erwarten ist".

Das Landgericht hat den Angeklagten wegen unerlaubten Handeltreibens mit Btm in nicht geringer Menge zu einer Freiheitsstrafe von 3 Jahren 9 Monaten verurteilt. – Das Rechtsmittel war erfolglos.

Gründe: Das vom Angeklagten behauptete Verfahrenshindernis besteht nicht.

1. Die Revision geht zutreffend davon aus, daß der Senat die von ihr nach Ablauf der Revisionsbegründungsfrist aufgeworfene Frage, ob das Amtsgericht das Verfahren wirksam an das Landgericht verwiesen hat, von Amts wegen zu prüfen hat (vgl. BGHSt. 6, 109, 113[1]; BGH bei Dallinger MDR 1966, 894; vgl. auch BGHSt. 18, 290, 294 [BGH Urt. v. 13. 3. 1963 – 2 StR 570/62; vgl. § 270 StPO erfolglose Rügen]: Grundlage des weiteren Verfahrens). § 270 Abs. 1 S. 1 Halbs. 1 StPO, auf den der Verweisungsbeschluß des Amtsgerichts gestützt ist, regelt, wie zu verfahren ist, wenn sich die Beurteilung der sachlichen Zuständigkeit nach Beginn der Hauptverhandlung ändert. Die sachliche Zuständigkeit ist, wie der Senat wiederholt entschieden hat, nach § 6 StPO als Prozeßvoraussetzung in jeder Lage des Verfahrens von Amts wegen zu prüfen (BGHSt. 40, 120, 122 [BGH Beschl. v. 21. 4. 1994 – 4 StR 136/94; vgl. § 338 Nr. 4 StPO erfolgreiche Rügen]; BGHSt. 44, 34, 36 [BGH Urt. v. 12. 2. 1998 – 4 StR 428/97; vgl. §§ 22, 240, 303 StGB erfolgreiche Rügen]; BGHR StPO § 269 Unzuständigkeit 4; Beschl. v. 3. 8. 1995 – 4 StR 420/95 und v. 16. 4. 1996 – 4 StR 80/96; a.A. – jeweils obiter dicta – BGHSt. 43, 53, 56 [BGH Urt. v. 22. 4. 1997 – 1 StR 701/96; vgl. § 338 Nr. 4 StPO erfolglose Rügen]; BGH NJW 1993, 1607 [BGH v. 8. 12. 1992 – 1 StR 594/92; vgl. § 209 StPO erfolglose Rügen]). Dies umfaßt die Frage, ob die Sache beim Landgericht prozeßordnungsgemäß anhängig geworden ist (vgl. BGHR StPO § 4 Verbindung 3 [BGH Beschl. v. 3. 5. 1990 – 4 StR 177/90; vgl. § 4 StPO erfolgreiche Rügen]; BGHSt. 44, 121 [BGH Beschl. v. 14. 7. 1998 – 4 StR 273/98; vgl. § 225a StPO erfolgreiche Rügen]).

---

1 „Die Vorschrift des § 270 Abs. 3 StPO bestimmt, daß der Verweisungsbeschluß die Wirkung eines Eröffnungsbeschlusses hat und den in § 207 Abs. 1 StPO vorgesehenen Erfordernissen eines solchen entsprechen muß. Der Verweisungsbeschluß ist somit verfahrensrechtlich wie ein Eröffnungsbeschluß zu behandeln. Die für seine Wirksamkeit maßgebenden Rechtsgrundsätze müssen daher auch auf jenen angewendet werden. Ein verfahrensrechtlich beachtlicher Mangel eines Eröffnungsbeschlusses liegt aber vor, wenn er entgegen der die Entscheidungen der Strafkammern außerhalb der Hauptverhandlung regelnden Vorschrift des § 76 Abs. 1 GVG nicht von drei, sondern nur von einem oder zwei Richtern der Strafkammer gefaßt worden ist. Dann fehlt es an einem Eröffnungsbeschlusse und damit an einer wesentlichen Voraussetzung des gerichtlichen Verfahrens. Der Mangel ist, wie der Bundesgerichtshof in Fortentwicklung der Rechtsprechung des Reichsgerichts bereits mehrfach entschieden hat, in jedem Abschnitt des Verfahrens von Amts wegen zu beachten." (BGH Beschl. v. 1. 4. 1954 – StE 4/54).

2. Der auf § 270 Abs. 1 S. 1 Halbs. 1 StPO gestützte Verweisungsbeschluß des Amtsgerichts, das nach Beginn der Hauptverhandlung die sachliche Zuständigkeit des Landgerichts Münster für begründet hielt, ist wirksam.

a) Allerdings begegnet das Verfahren des Schöffengerichts wegen des aus Art. 101 Abs. 1 S. 2 GG folgenden Verbots willkürlicher Entziehung des gesetzlichen Richters (vgl. BVerfGE 29, 45, 48; BGHSt. 40, 120) insoweit Bedenken, als es die Sache ohne Beweisaufnahme an das Landgericht verwiesen hat, nachdem der Angeklagte von seinem Schweigerecht Gebrauch gemacht hatte. Grundsätzlich darf das Amtsgericht – abgesehen von dem hier nicht gegebenen Fall, daß es das Hauptverfahren nur aus Versehen vor sich eröffnet hat („korrigierende Verweisung", vgl. RGSt 64, 179, 180) – erst dann wegen unzureichender Rechtsfolgenkompetenz (§ 24 Abs. 2 GVG) an das Landgericht verweisen, wenn es die Verhandlung soweit geführt hat, daß der Schuldspruch feststeht, und sich die Straferwartung soweit verfestigt hat, daß nicht mehr zu erwarten ist, eine mildere Beurteilung werde noch eine Strafe im Rahmen seiner Strafgewalt als ausreichend erscheinen lassen (OLG Karlsruhe NStZ 1990, 100 = JR 1991, 36). Dies gilt insbesondere für den Ausschluß eines minder schweren Falles – hier nach § 30a Abs. 3 BtMG (vgl. OLG Frankfurt StV 1996, 533, 534). Es gibt nämlich keine dem hinreichenden Tatverdacht entsprechende hinreichende Straferwartung; § 24 Abs. 2 GVG enthält lediglich das Verbot, auf eine den Strafbann überschreitende Sanktion zu erkennen. Das Gericht bleibt vielmehr bei sonst unveränderter Sach- und Rechtslage zunächst an seine der Eröffnungsentscheidung zugrundeliegende Straferwartung gebunden, weil andernfalls die für eine geordnete Verfahrensabwicklung notwendige Kontinuität der einmal – im Interesse der Verfahrensbeschleunigung gem. §§ 210, 336 S. 2 StPO grundsätzlich unanfechtbar (BGHSt. 29, 216, 219 [vgl. § 270 StPO erfolgreiche Rügen]) – begründeten Zuständigkeit ständig in Frage gestellt werden könnte (OLG Frankfurt NStZ-RR 1997, 311, 312).

b) Hieraus kann allerdings nicht die Folgerung gezogen werden, der Verweisungsbeschluß sei deswegen nichtig.

aa) Ein Verweisungsbeschluß ist vielmehr grundsätzlich wirksam und bindend, auch wenn er unvollständig, formell fehlerhaft oder sachlich falsch ist (BGHSt. 27, 99, 103 [BGH Urt. v. 12. 1. 1977 – 2 StR 662/76; vgl. § 270 StPO erfolgreiche Rügen]; BGH NStZ 1988, 236 [BGH Beschl. v. 20. 11. 1987 – 3 StR 493/87; vgl. § 270 StPO erfolgreiche Rügen]; BGHR StPO § 270 Wirksamkeit 1). Für willkürlich vorgenommene Verweisungen kann nichts anderes gelten: Zwar entfällt dann die Bindungswirkung (BVerfGE 29, 45, 48 f. zu §276 ZPO a.F.; BGHSt. 29, 216, 219); auch in diesem Fall ist der Verweisungsbeschluß aber nicht nichtig, sondern wirksam, ihm kommt die sog. „Transportwirkung" zu.

bb) Der gegenteiligen Meinung (OLG Karlsruhe NStZ 1990, 100; OLG Koblenz NStE Nr. 5 zu § 270; OLG Hamm MDR 1993, 1002; OLG Frankfurt StV 1996, 533; OLG Düsseldorf StraFo 1997, 115, 116; 1998, 274, 275; vgl. auch den Beschl. des BGH v. 17. 3. 1999 – 3 ARs 2/99, S. 5 f., zum Abdruck in BGHSt. bestimmt, in dem aber die Frage einer Transportwirkung offenbleibt) liegt die Annahme zugrunde, gerichtliche Entscheidungen könnten in seltenen Ausnahmefällen nichtig sein (vgl. BVerfG NJW 1985, 125 f.; BGHSt. 33, 126, 127 [BGH Urt. v. 16. 1. 1985 – 2 StR 717/84; vgl. § 338 Nr. 1 StPO erfolglose Rügen]; BGH NStZ 1984, 279). Der Senat kann dahinstehen lassen, ob die dagegen bestehenden Bedenken – etwa das rechtsstaatliche Gebot der Rechtssicherheit, das den Eintritt der Rechtskraft nach Ausschöpfung der formalisierten Rechtsbehelfe der Strafprozeßordnung (einschließlich § 458 StPO) fordert; die Funktion des Wiederaufnahmeverfahrens zur Beseitigung von (denkbaren) Fehlentscheidungen; die mögliche Beeinträchtigung der Schutzfunktion des Grundsatzes ne bis in idem; der Schutz der Verfassungsbeschwerde und das Fehlen praktikabler Abgrenzungskriterien – nicht von vornherein die Unbeachtlichkeit von Strafurteilen oder anderen instanzabschließenden Entscheidungen ausschließen.

cc) Jedenfalls bei der gerichtlichen Zwischenentscheidung nach § 270 Abs. 1 S. 1 Halbs. 1 StPO erscheint es verfehlt, deren Nichtigkeit anzunehmen (vgl. auch BGHSt. 29, 351, 355 [BGH Beschl. v. 16. 10. 1980 – StB 29, 30 u. 31/80; vgl. § 338 Nr. 2 StPO erfolglose Rügen]). Dies würde regelmäßig schwer erträgliche Folgen für die Rechtssicherheit und eine geordnete Rechtspflege haben. Die gesetzlich gewollte Einschränkung der Rechtsmittel in den §§ 270 Abs. 3 S.2, 336 S.2 StPO legt es vielmehr nahe, die Nichtigkeit von Verweisungsbeschlüssen abzulehnen). Die objektiv willkürliche Eröffnung des Verfahrens vor einem Gericht niederer Ordnung gem. § 209 Abs. 2 StPO ist ebenfalls wirksam; da dem Verweisungsbeschluß die Wirkung eines Eröffnungsbeschlusses bei dem Gericht, an das verwiesen wurde, zukommt (§ 270 Abs. 3 S. 1 StPO), liegt es nahe, dies auf den zu entscheidenden Fall zu übertragen.

dd) Die Annahme seiner Unwirksamkeit erscheint zudem entbehrlich: Entweder führt die Entscheidung infolge ihrer Fehlerhaftigkeit den gewünschten Erfolg nicht herbei – etwa eine „Verweisung gem. § 270 StPO" außerhalb der Hauptverhandlung (BGHSt. 44, 121) – oder sie kann – bei fehlerhafter Beurteilung der Zuständigkeit – korrigiert werden: Dies kann, abgesehen von dem Fall der Zuständigkeitsbestimmung analog §§ 14, 19 StPO, durch Weiterverweisung, Vorlage oder Abgabe der beim höheren Gericht rechtshängig gewordenen Sache gem. den §§ 225a, 270 StPO (vgl. auch BGHSt. 21, 268, 270) geschehen, aber auch durch Zurückverweisung an das zuvor mit der Sache befaßte Gericht. Falls dieses an seiner Meinung festhält, entsteht der vom 3. Strafsenat des BGH erörterte negative Kompetenzkonflikt, da die Zurückverweisung – wie der 3. Strafsenat in seinem Beschl. v. 17. 3. 1999 – 3 ARs 2/99 (Seite 6) zutreffend ausführt – im Gegensatz zum Verweisungsbeschluß – (mangels gesetzlicher Grundlage) keine bindende Wirkung hat.

ee) § 269 StPO steht einer Zurückverweisung nicht entgegen (so auch BGH Beschl. v. 17. 3. 1999 – 3 ARs 2/99; OLG Stuttgart NStZ 1995, 248, 249), denn § 270 StPO enthält insoweit eine Sonderregelung: Anders als dies im Anwendungsbereich des § 269 StPO der Fall ist, begründet nämlich eine Verweisung nach § 270 Abs. 1 S. 1 Halbs. 1 StPO – wie aus Abs. 3 S. 2 der Bestimmung folgt – eine Beschwer des Angeklagten (BGHSt. 26, 106, 109 f. [BGH Beschl. v. 15. 4. 1975 – 1 StR 388/74; vgl. § 328 StPO erfolgreiche Rügen]); auch im Falle des § 270 Abs. 1 S. 2 StPO ist § 269 StPO nicht anwendbar. Ohnehin hindert § 269 StPO nicht die Korrektur von Willkür (BGHSt. 40, 120, 122), so daß Art. 101 Abs. 1 S. 2 GG gewahrt ist. Dieses – mit der Rspr. zu § 281 ZPO übereinstimmende (BGH NJW 1989, 461 f.; 1996, 3013) – Ergebnis vermeidet einen der Prozeßökonomie, der § 270 StPO dienen will, widerstreitenden Zwang zur Rückgabe der Sache an das verweisende Gericht in den Fällen, in denen das tatsächlich zuständige (weitere) Gericht sofort bestimmt werden kann oder das Adressatgericht selbst zuständig ist.

Eine der Hilfserwägung in der bei Pfeiffer NStZ 1981, 296 f. mitgeteilten Entscheidung etwa zugrundeliegende gegenteilige Rechtsauffassung gibt der Senat auf. Rspr. anderer Strafsenate des BGH steht nicht entgegen: Die Unwirksamkeit eines Beschlusses nach § 270 StPO wurde nur bei einer Verweisung außerhalb der Hauptverhandlung angenommen (BGHSt. 6, 109, 110, 113; vgl. BGHSt. 18, 290), wohl auch in dem Beschl. des 3. Strafsenats v. 17. 3. 1999 – 3 ARs 2/99, S. 5 f., 10, in dem aber lediglich die Verneinung einer Bindungswirkung infolge von Willkür entscheidungstragend war.

c) Eine willkürliche Verweisung durch das Amtsgericht Münster ließe somit nicht die Transport-, sondern nur die Bindungswirkung des Verweisungsbeschlusses entfallen. Das Landgericht durfte und mußte daher prüfen, ob es sachlich zuständig war, da in diesem Fall eine Zurückverweisung der Sache an das Amtsgericht nicht in Betracht kam (vgl. oben 2b dd). Das war hier zu bejahen, da das Amtsgericht die Sache – wie der Senat gem. § 6 StPO von Amts wegen zu prüfen hat (vgl. oben I. 1) – im Ergebnis zutreffend an das Landgericht verwiesen hatte: Schon mit Blick auf den Anklagevorwurf und die schließlich verhängte Freiheitsstrafe bestanden gegen dessen sachliche Zuständigkeit keine Bedenken. Im übrigen war der ebenfalls geständige Mittäter des Angeklagten vom Schöffengericht bei im wesentlichen gleichliegenden Vorwürfen bereits zu einer Gesamtfreiheitsstrafe von 4 Jahren verurteilt worden.

2. Wenn das Gericht ein Gericht höherer Ordnung für zuständig hält, kann es, auch wenn bereits eine Hauptverhandlung stattgefunden hat, die Sache an dieses durch einen nicht bindenden Beschluß abgeben (Erweiterung von BGHSt. 18, 290 [BGH Urt. v. 13. 3. 1963 – 2 StR 570/62; vgl. § 207 StPO erfolglose Rügen]).

StPO § 270 – BGH Urt. v. 24. 4. 1974 – 2 StR 69/74 LG Aachen (= BGHSt. 25, 309)

Die Revision rügt, es liege ein Verfahrenshindernis vor, da das Verfahren vor dem erweiterten Schöffengericht eröffnet worden und dessen Verweisungsbeschluß an die Strafkammer nach § 270 StPO nichtig sei.

Sachverhalt: Die Staatsanwaltschaft richtete die Anklageschrift an „das erweiterte Schöffengericht". Durch Beschluß vom 24. 1. 1973 wurde das Hauptverfahren antragsgemäß eröffnet. In der Hauptverhandlung vom 13. 2. 1973, an der nach der Sitzungsniederschrift u.a. neben dem Staatsanwalt und dem Urkundsbeamten nur ein Berufsrichter und zwei Schöffen teilgenommen haben, erklärte sich das Schöffengericht gemäß § 270 StPO für sachlich unzuständig, weil seine Strafgewalt nicht ausreiche, und verwies die Sache an die Strafkammer des Landgerichts. Ein im Wortlaut mit dem in die Sitzungsniederschrift aufgenommenen gleichlautender Beschluß wurde zwei Tage später, also am 15. 2. 1973 von den beiden zum erweiterten Schöffengericht gehörenden Berufsrichtern unterschrieben. Nachdem die Akten der Strafkammer zugeleitet worden waren, wurde Termin zur Hauptverhandlung bestimmt und nach Aufhebung dieses Termins die Hauptverhandlung am 21. 5. 1973 durchgeführt und das angefochtene Urteil erlassen. – Das Rechtsmittel war erfolglos.

Gründe: ...
II.
Ein Verfahrenshindernis liegt nicht vor. Voraussetzung eines jeden ordentlichen Hauptverfahrens vor einem Strafgericht ist, daß es wirksam vor diesem Gericht eröffnet worden ist. Die Eröffnung erfolgt grundsätzlich durch den Eröffnungsbeschluß (§ 207 StPO). Ausnahmsweise kann das Gericht, das den Eröffnungsbeschluß erlassen hat, später das Hauptverfahren durch einen Verweisungsbeschluß nach § 270 StPO wirksam und verbindlich vor einem Gericht höherer Ordnung eröffnen. ...

III.
Ob, wie die Revision vorträgt, in der Hauptverhandlung vom 13. 2. 1973 einer der zwei zur Mitwirkung verpflichteten Richter gefehlt hat und deshalb der verkündete Verweisungsbeschluß nichtig ist, kann dahinstehen. Denn selbst bei Nichtigkeit des Beschlusses ist die Sache rechtswirksam vor die Strafkammer gelangt und durfte von dieser verhandelt und entschieden werden, weil das erweiterte Schöffengericht außerhalb der Hauptverhandlung in vorschriftsmäßiger Besetzung am 15. 2. 1973 nochmals einen „Verweisungsbeschluß" erlassen hat.

1. Wie der erkennende Senat bereits in der Entscheidung BGHSt. 18, 290 ausgesprochen hat, kann der Richter, der in jeder Lage des Verfahrens seine sachliche Zuständigkeit von Amts wegen zu prüfen hat, die Sache in dem Verfahrensabschnitt von der Eröffnung des Verfahrens bis zur Hauptverhandlung durch Beschluß an das Gericht höherer Ordnung abgeben, wenn er dieses für zuständig hält. Der Abgabebeschluß hat dann jedoch nicht die bindende Wirkung des § 270 Abs. 3 StPO. Vielmehr muß das Gericht höherer Ordnung die Sache nur übernehmen, wenn es seine Zuständigkeit bejaht. Auf die Gründe dieser Entscheidung, der im Schrifttum zugestimmt worden ist, wird verwiesen.

Im vorliegenden Fall ist zwar der Beschluß vom 15. 2. 1973 nicht in dem Verfahrensabschnitt zwischen Eröffnungsbeschluß und Hauptverhandlung, sondern erst nach einer Hauptverhandlung ergangen. Trotzdem gelten die Gründe der Entscheidung BGHSt. 18, 290 auch hier.

2. Das erweiterte Schöffengericht war durch die Hauptverhandlung vom 13. 2. 1973 nicht endgültig gebunden, die Sache zu Ende zu führen. Die dem Gericht nach § 6 StPO obliegende Verpflichtung, in jeder Lage des Verfahrens seine sachliche Zuständigkeit von Amts wegen zu prüfen, besteht auch dann noch, wenn eine Hauptverhandlung stattgefunden hat, die nicht zum Abschluß des Verfahrens führte, sondern aus irgendwelchen Gründen vertagt werden mußte. Stellt das Gericht nach einer solchen Hauptverhandlung fest, daß seine sachliche Zuständigkeit nicht gegeben ist und die Sache vor ein Gericht höherer Zuständigkeit gehört, darf es nicht mehr sachlich entscheiden. Unzweifelhaft hat es die Möglichkeit, das Verfahren nach § 206a StPO einzustellen, worauf die Staatsanwaltschaft erneut Anklage bei dem Gericht höherer Ordnung erheben könnte, oder Termin zur Hauptverhandlung anzuberaumen und in dieser dann einen Verweisungsbeschluß gemäß § 270 StPO zu erlassen. Das würde aber genauso wie in dem in BGHSt. 18, 290 entschiedenen Fall eine unnötige Verlängerung des Verfahrens bedeuten. Diese Verlängerung könnte im Einzelfall allenfalls dann in Kauf genommen werden, wenn die sachliche Zuständigkeit des höheren Gerichts zweifelhaft sein kann und eine bindende Entscheidung zweckmäßig ist, um zu besorgende Zuständigkeitsstreitigkeiten und ein dadurch verursachtes Hin- und Herschieben der Akten zu vermeiden. Bestehen aber solche Zweifel nicht, würde es sowohl dem Grundsatz, daß jedes Verfahren möglichst zügig zu Ende geführt werden soll, als auch dem der Prozeßwirtschaftlichkeit widersprechen, wenn das Gericht das Verfahren entweder einstellen oder eine Hauptverhandlung lediglich mit dem Ziel anberaumen müßte, einen Verweisungsbeschluß zu erlassen. Es hat auch hier die Möglichkeit, entsprechend den Bestimmungen des § 209 Abs. 2 und 3 StPO durch förmlichen Beschluß die Sache an das Gericht höherer Ordnung abzugeben, das dann zu entscheiden hat, ob es die Sache übernehmen will. Mit der Übernahme wird die Sache bei ihm anhängig. Als Grundlage für das weitere Verfahren dient der ursprüngliche Eröffnungsbeschluß, gegebenenfalls ein in Verbindung mit der Übernahme ergangener neuer Beschluß.

IV.
Die Strafkammer hat die Sache übernommen. Nach Abgabe der Akten hat der Vorsitzende Termin anberaumt. In der Hauptverhandlung sind die Anklageschrift, der Eröffnungsbeschluß vom 24. 1. 1973 und der Verweisungsbeschluß vom 15. 2. 1973 verlesen worden. Spätestens dadurch wurde dem Angeklagten deutlich gemacht, daß die Strafkammer das Verfahren im Rahmen des Eröffnungsbeschlusses i.V.m. dem Beschluß vom 15. 2. 1973 übernahm. Danach hat sich zunächst der Angeklagte sachlich geäußert; die sich weiter anschließende Hauptverhandlung endete mit seiner dem Anklagevorwurf entsprechenden Verurteilung zu einer sechsjährigen Freiheitsstrafe. Daß die Übernahme nicht durch einen förmlichen Beschluß erfolgte, steht ihrer Wirksamkeit nicht entgegen.

3. Abgabebeschluß in jeder Lage des Verfahrens möglich (Abweichung von BGHSt. 6, 109).

StPO §§ 6, 209, 270 – BGH Urt. v. 13. 3. 1963 – 2 StR 570/62 LG Frankfurt am Main (= BGHSt. 18, 290)

Die Revision rügt, daß die Sache nicht rechtswirksam an die Strafkammer gelangt sei, weil der Beschluß des Amtsrichters außerhalb der Hauptverhandlung und damit entgegen der Vorschrift des § 270 Abs. 1 StPO ergangen sei.

Sachverhalt: Durch Beschluß vom 24. 8. 1957 war vor dem Amtsgericht – Einzelrichter – gegen den Angeklagten das Hauptverfahren wegen fortgesetzten Betruges im Rückfall in Tateinheit mit Urkundenfälschung eröffnet worden. Nachdem mehrere Zeugen durch ersuchte Richter vernommen worden waren und die Hauptverhandlung vom 25. 11. 1958 wegen Verhandlungsunfähigkeit des erschienenen Angeklagten nicht hatte durchgeführt werden können, verwies der Amtsrichter die Sache im Einvernehmen mit der Staatsanwaltschaft gemäß § 270 StPO durch Beschluß vom 12. 10. 1960 – außerhalb einer Hauptverhandlung – an das Landgericht, weil seine Strafgewalt voraussichtlich nicht ausreiche. Inzwischen waren nämlich zahlreiche weitere Einzelfälle bekannt geworden, in denen der Angeklagte nach Auffassung des Amtsrichters ebenfalls des Betruges hinreichend verdächtig war. Zu Beginn der daraufhin anberaumten Hauptverhandlung vor der Strafkammer wurde der Verweisungsbeschluß verlesen. – Das Rechtsmittel war erfolglos.

Gründe:

1. Für ihre Auffassung kann sich die Revision allerdings auf die Entscheidung BGHSt. 6, 109[1] berufen. Dort hat der 6. – jetzt 3. – Strafsenat des Bundesgerichtshofes ausgesprochen, daß nach Eröffnung des Hauptverfahrens eine Sache nur durch einen auf Grund einer Hauptverhandlung ergehenden Verweisungsbeschluß an ein Gericht höherer Ordnung abgegeben werden könne.

Dieser Rechtsansicht vermag der erkennende Senat jedoch nicht beizutreten. Auch der 3. Strafsenat hält an ihr nicht fest, wie er auf Anfrage mitgeteilt hat.

Das Reichsgericht hat in einem Fall, in dem der Vorsitzende des Schöffengerichts die Sache an die Strafkammer verwiesen hatte (RGSt 52, 305), und in einem weiteren Fall, der eine Verweisung durch den Amtsrichter an das Schöffengericht betrifft (RGSt 62, 265), angenommen, daß zwar die Verweisung ohne vorgängige Hauptverhandlung unzulässig gewesen sei, daß jedoch das Urteil auf diesem Verfahrensverstoß nicht beruhe. Dabei ist es davon ausgegangen, daß das Gericht höherer Ordnung an den Beschluß nicht gebunden gewesen sei (RGSt 52, 306; vgl. auch RGSt 62, 271). Von diesem Standpunkt aus könnte der Angeklagte im vorliegenden Fall nicht mit Erfolg geltend machen, daß der Verweisungsbeschluß nicht auf Grund einer Hauptverhandlung ergangen ist. Damit stimmt der Senat im Ergebnis, nicht aber in der Begründung überein.

Den genannten Entscheidungen des Bundesgerichtshofes und des Reichsgerichts liegt die Auffassung zugrunde, daß § 270 StPO die Möglichkeit, nach Eröffnung des Hauptverfahrens die Sache an ein Gericht höherer Ordnung abzugeben, abschließend regele. Das ist der Vorschrift indessen nicht zwingend zu entnehmen. Nach ihrem Wortlaut betrifft sie vielmehr nur den Fall, daß sich erst während der Hauptverhandlung begründete Anhaltspunkte für eine höhere sachliche Zuständigkeit herausstellen. Dem entspricht die Einordnung der Bestimmung in den Abschnitt „Hauptverhandlung". Ein Grund, ihr eine weitergehende Bedeutung beizumessen, ist nicht erkennbar. Der Senat kann der Entscheidung BGHSt. 6, 109 nicht darin folgen, daß es sinnvoll sei, nach Eröffnung des Hauptverfahrens eine Abgabe nur noch auf Grund einer Hauptverhandlung zuzulassen. Ein Anlaß dazu kann schon vorher gegeben sein. So können begründete Zweifel an der Zuständigkeit entstehen, weil sich die Tat als wesentlich umfangreicher herausstellt oder weil erhebliche Vorstrafen bekannt werden. Die Unzuständigkeit des Gerichts kann sich sogar unmittelbar aus dem Gesetz ergeben, wenn z.B. eine Folge nachträglich eintritt, an die eine höhere Strafe geknüpft ist. In diesen Fällen die Abgabe des Verfahrens an die Voraussetzungen des § 270 zu binden, würde bedeuten, daß das Gericht eine Hauptverhandlung anberaumen müßte, obwohl von vornherein feststeht, daß es nicht zu einem Urteil, sondern zur Verweisung der Sache an ein Gericht höherer Ordnung kommen wird. Das Verfahren würde unnötig verlängert; anstatt möglicherweise nur einer wären mehrere Hauptverhandlungen vor verschiedenen Gerichten erforderlich.

---

[1] „Ein Gericht kann eine Sache nach § 270 StPO nur durch einen auf Grund der Hauptverhandlung, nicht durch einen außerhalb ihrer ergehenden Beschluß rechtswirksam an ein Gericht höherer Ordnung verweisen." (BGH Beschl. v. 1. 4. 1954 – StE 4/54).

Wird aber dem § 270 StPO nur die sich aus seinem Wortlaut ergebende begrenzte Bedeutung beigemessen, dann fehlt es allerdings für den Verfahrensabschnitt von der Eröffnung des Hauptverfahrens bis zur Hauptverhandlung an einer ausdrücklichen gesetzlichen Regelung. Daraus zu schließen, daß in diesem Verfahrensabschnitt eine Übertragung der Sache überhaupt unzulässig sei, ist indessen schon im Hinblick auf § 6 StPO nicht angängig. Nach dieser Vorschrift hat das Gericht seine sachliche Zuständigkeit in jeder Lage des Verfahrens, also auch in dem hier in Betracht kommenden Verfahrensabschnitt zu prüfen. Dann aber muß es ihm auch jederzeit möglich sein, seine etwaige Unzuständigkeit zu berücksichtigen und die gebotenen Folgerungen zu ziehen. Das rechtfertigt die Annahme, daß es dem Gesetzgeber in § 270 StPO nur auf die bindende Wirkung des Verweisungsbeschlusses ankam, die allerdings der gesetzlichen Festlegung bedurfte, während er von der Möglichkeit, das Verfahren ohne bindende Wirkung abzugeben, als selbstverständlich ausging. Auch aus § 209 StPO läßt sich kein Abgabeverbot für den fraglichen Verfahrensabschnitt herleiten; die Vorschrift war erforderlich, um die spezielle Eröffnungszuständigkeit zu regeln, und gestattet daher keinen Rückschluß auf eine Einschränkung der allgemeinen Weisung des § 6 StPO. Dafür gibt es auch keine sonstigen verfahrensrechtlichen Gründe, etwa solche der Rechtssicherheit. Wenn der Amtsrichter, der bei Anklageerhebung die Zuständigkeit des Landgerichts für begründet erachtet, nicht seine Unzuständigkeit auszusprechen, sondern die Akten dem Landgericht zur Entscheidung vorzulegen hat, ist nicht einzusehen, weshalb es ihm verwehrt sein soll, eine solche Entscheidung auch noch nach Eröffnung des Hauptverfahrens herbeizuführen.

Freilich läßt sich der Strafprozeßordnung nicht unmittelbar entnehmen, wie und mit welcher Wirkung das zu geschehen hat. Es bietet sich aber die entsprechende Anwendung der Bestimmungen des § 209 Abs. 2 und 3 StPO an. Ein Verweisungsbeschluß nach Maßgabe des § 270 StPO kommt nicht in Betracht; die Befugnis, eine Sache mit bindender Wirkung für das Gericht höherer Ordnung abzugeben, ist eine Ausnahmeregelung, die nach Ansicht des Senats nicht auf andere Verfahrensabschnitte ausgedehnt werden darf. Das Gericht niederer Ordnung muß sich also auf die sachliche Abgabe – wenn auch wegen der Bekanntmachungspflicht durch förmlichen Beschluß – beschränken. Das Gericht höherer Ordnung entscheidet, ob es die Sache übernehmen will; mit der Übernahme wird sie bei diesem Gericht anhängig. Einer Zustimmung der Staatsanwaltschaft bedarf es ebensowenig wie in den Fällen der §§ 209 und 270 StPO.

Die Auffassung des Senats vermeidet die Nachteile der bisherigen Rechtsprechung. Die Abgabe außerhalb der Hauptverhandlung ist kein Verfahrensverstoß, der vom Standpunkt des Reichsgerichts zur Ablehnung der Übernahme, nach der Entscheidung BGHSt. 6, 109 sogar zur Aufhebung des Urteils, gemäß § 355 StPO zur Zurückverweisung an das Gericht niederer Ordnung und zur Nachholung einer möglicherweise überflüssigen Hauptverhandlung führen müßte. Unbegründeten Abgaben ist dadurch vorgebeugt, daß die Übernahme abgelehnt werden kann. An der Möglichkeit, durch Anberaumung einer Hauptverhandlung die bindende Wirkung der Abgabe gemäß § 270 StPO zu erreichen, ändert sich selbstverständlich nichts.

Die Strafkammer durfte somit das gegen den Angeklagten anhängige Verfahren weiterführen. Allerdings hat sie möglicherweise rechtsirrtümlich angenommen, an den „Verweisungsbeschluß" gebunden zu sein. Das würde den Angeklagten jedoch nicht beschweren; denn er ist dadurch, daß ihn ein Gericht höherer Ordnung abgeurteilt hat, nicht schlechter, sondern besser gestellt worden.

2. Im Falle einer Verweisung nach § 270 StPO ist Grundlage des weiteren Verfahrens der Verweisungsbeschluß. Er tritt an die Stelle des Eröffnungsbeschlusses, muß deshalb dessen Erfordernissen entsprechen und ist in der Hauptverhandlung vor dem Gericht höherer Ordnung zu verlesen. Bei Abgabe außerhalb einer Hauptverhandlung kann das nicht gelten. Weil der Abgabebeschluß keine bindende Wirkung hat, bei der Abgabe also noch

nicht feststeht, ob es zur Übernahme kommt, muß sich das abgebende Gericht jeder Änderung des Eröffnungsbeschlusses enthalten. Als Grundlage für das weitere Verfahren kommt mithin nur der ursprüngliche Eröffnungsbeschluß oder ein von dem Gericht höherer Ordnung neu zu erlassender Beschluß in Betracht. Dieses Gericht ist an den Eröffnungsbeschluß nicht gebunden, weil die Übernahme der Sache von seiner Entscheidung abhängt. Es muß deshalb auch befugt sein, darüber zu befinden, welcher strafbaren Handlung der Angeklagte hinreichend verdächtig ist, um damit den Gegenstand der Hauptverhandlung von vornherein richtig zu bestimmen und zu begrenzen. Daß von dem Gericht höherer Ordnung ein neuer Eröffnungsbeschluß erlassen werden darf, kann daher nicht zweifelhaft sein. Es dazu in einem Fall wie dem vorliegenden, in dem sich lediglich der Umfang der von dem ursprünglichen Eröffnungsbeschluß angenommenen fortgesetzten Tat durch Bekanntwerden weiterer Einzelfälle erweitert hat, für verpflichtet zu halten, besteht jedoch kein Grund. Der Stand des Verfahrens wird durch die Übernahme nicht geändert, denn die einmal beschlossene Eröffnung des Hauptverfahrens läßt sich nicht rückgängig machen. Damit entfällt auch die Möglichkeit, noch eine Voruntersuchung durchzuführen; es wäre formalistisch, einen neuen Eröffnungsbeschluß lediglich deshalb zu verlangen, weil das Verfahren von dem Gericht höherer Ordnung weitergeführt wird. Ob in anderen Fällen, insbesondere bei einer wesentlichen Änderung der rechtlichen Beurteilung, eine solche Verpflichtung anzunehmen ist, braucht hier nicht entschieden zu werden. Stets muß das Gericht höherer Ordnung aber, wenn es die Sache vom Amtsrichter oder vom Schöffengericht übernimmt, entsprechend der Vorschrift des § 270 Abs. 4 StPO dem Angeklagten Gelegenheit geben, die Vornahme einzelner Beweiserhebungen vor der Hauptverhandlungen zu beantragen.

Da ein neuer Beschluß nicht erlassen worden war, hätte demnach in der Hauptverhandlung vor der Strafkammer der ursprüngliche Eröffnungsbeschluß und nicht der Verweisungsbeschluß verlesen werden müssen. Auf diesem Rechtsfehler beruht das Urteil indessen nicht. Durch den Verweisungsbeschluß, der in seinem ersten Teil fast wörtlich den Eröffnungsbeschluß wiederholt, wurden die Richter und Prozeßbeteiligten in derselben Weise, wie es sonst der Fall gewesen wäre, über den Gegenstand des Verfahrens unterrichtet. Die Zwecke des Eröffnungsbeschlusses können daher nicht gefährdet worden sein (vgl. BGHSt. 8, 283 [BGH Urt. v. 9. 12. 1955 – 2 StR 348/55; vgl. § 251 StPO erfolgreiche Rügen]).

§ 271 StPO

(1) Über die Hauptverhandlung ist ein Protokoll aufzunehmen und von dem Vorsitzenden und dem Urkundsbeamten der Geschäftsstelle zu unterschreiben. Der Tag der Fertigstellung ist darin anzugeben.

(2) Ist der Vorsitzende verhindert, so unterschreibt für ihn der älteste beisitzende Richter. Ist der Vorsitzende das einzige richterliche Mitglied des Gerichts, so genügt bei seiner Verhinderung die Unterschrift des Urkundsbeamten der Geschäftsstelle.

Erfolglose Rügen

1. Unbeschränkte Protokollberichtigung bei offensichtlicher Namensverwechslung zulässig (BGH Beschl. v. 12. 1. 2000 – 5 StR 617/99).

2. Fehlendes Hauptverhandlungsprotokoll kein Revisionsgrund (BGH Beschl. v. 17. 7. 1991 – 3 StR 4/91).

3. Das Sitzungsprotokoll ist mit der letzten Unterschrift der Urkundspersonen fertiggestellt, auch wenn der Tag der Fertigstellung nicht angegeben wird (BGH Beschl. v. 15. 9. 1969 – AnwSt [B] 2/69).

Erfolglose Rügen

1. Unbeschränkte Protokollberichtigung bei offensichtlicher Namensverwechslung zulässig.

StPO § 271 – BGH Beschl. v. 12. 1. 2000 – 5 StR 617/99 LG Hamburg (= NStZ 2000, 216)

Die Revision rügt, an der Hauptverhandlung habe teilweise eine nicht vereidigte Dolmetscherin teilgenommen. Am 5. Verhandlungstag habe zur Übertragung in die türkische Sprache nicht die Dolmetscherin K. teilgenommen, die zu Beginn der Hauptverhandlung eine Erklärung nach § 189 II GVG abgegeben hatte, sondern eine Dolmetscherin „Kr.", die weder vereidigt worden sei noch sich auf eine allgemeine Beeidigung berufen habe.

Der Sachverhalt ergibt sich aus dem Revisionsvorbringen. – Das Rechtsmittel war erfolglos.

Gründe: Die Verfahrensrüge einer Verletzung des § 189 GVG greift nicht durch. Das Revisionsvorbringen, das dem ursprünglich fertiggestellten Protokoll entsprach, ist, wie der GBA zutreffend ausgeführt hat, bereits deshalb entkräftet, weil bei einer offensichtlichen Namensverwechslung, wie sie hier jedenfalls im Blick auf die identischen Anfangsbuchstaben des richtigen und des angegebenen Namens vorliegt, eine unbeschränkte Protokollberichtigung zulässig ist, die hier erfolgt ist, ...

Der Senat braucht auch nicht zu entscheiden, ob eine Ausnahme von dem Grundsatz, daß eine wirksame Protokollberichtigung nach Eingang einer Revisionsrechtfertigung nicht mehr möglich ist, wenn damit einer zulässigen Verfahrensrüge die Tatsachengrundlage entzogen wird (vgl. BGHSt. 34, 11 [BGH Beschl. v. 4. 2. 1986 – 1 StR 643/85; vgl. § 268 StPO erfolglose Rügen]), für Fälle eines zweifelsfrei vom protokollierten Hergang abweichenden Sachablaufs in Betracht kommt. Hier lägen dafür eindeutige Indizien mit der Abrechnung der Dolmetscherin K. für den fraglichen Verhandlungstag vor, zumal vor dem Hintergrund, daß in Hamburg keine Dolmetscherin namens „Kr." für die türkische Sprache bekannt ist. Eine derartige Problemlösung hätte den Vorteil, daß ein Verteidigerwechsel (vgl. BGH StV 1999, 585[1]) für den Erfolg derartiger Rügen unmaßgeblich wäre, da es auf die Frage der Wissentlichkeit unrichtigen Revisionsvorbringens nicht ankäme. ...

2. Fehlendes Hauptverhandlungsprotokoll kein Revisionsgrund.

StPO § 271 – BGH Beschl. v. 17. 7. 1991 – 3 StR 4/91 LG Itzehoe (= NStZ 1991, 502)

Das Vorbringen der Revision ist nicht bekannt.

Sachverhalt: Original und Fotokopie des Hauptverhandlungsprotokolls sind auf dem Postweg abhanden gekommen. – Das Rechtsmittel war erfolglos.

Gründe: Das Fehlen des Hauptverhandlungsprotokolls stellt keinen absoluten Revisionsgrund i.S. des § 338 StPO dar. Auf der Mangelhaftigkeit oder dem Fehlen des Protokolls kann auch das Urteil, wie § 337 StPO voraussetzt, nicht beruhen (vgl. BGH NJW 1954, 1496; BGHSt. 7, 162, 163 [BGH Urt. v. 1. 2. 1955 – 5 StR 678/54; vgl. § 344 StPO erfolglose Rügen]; BGH Beschl. v. 4. 6. 1980 – StR 274/80). Das Hauptverhandlungsprotokoll dient dazu, die wesentlichen Geschehnisse der Hauptverhandlung mit Beweiskraft für oder ge-

---

[1] „Bedenken gegen die Zulässigkeit einer Verfahrensrüge, die auf das dem tatsächlichen Gang der Hauptverhandlung widersprechende Protokoll gestützt wird, können dann nicht bestehen, wenn der Verfasser der Revisionsbegründung in der Hauptverhandlung nicht anwesend war und ihm mögliches Wissen seines Mitverteidigers nicht zugerechnet werden kann." (BGH Beschl. v. 21. 7. 1999 – 3 StR 268/99).

gen die Beobachtung der dafür vorgesehenen Förmlichkeiten festzulegen. Es soll die einfache und sichere Feststellung eines – formgerecht gerügten – rechtsfehlerhaften Verhaltens des Gerichts, sofern es wesentliche Förmlichkeiten betrifft, ermöglichen; leichtere Rügemöglichkeiten eines Beschwerdeführers bezweckt es jedoch nicht (vgl. BGHSt. 36, 354, 358 und 360 [BGH Beschl. v. 6. 2. 1990 – 2 StR 29/89; vgl. § 273 StPO erfolglose Rügen]). Es ist ein mit formeller Beweiskraft ausgestattetes Beweismittel, das dem Beschwerdeführer während der gesamten Revisionsbegründungsfrist zur Verfügung stehen soll (§ 273 IV StPO). Ist das Protokoll (wie hier das Original bei der Postversendung an den einen und dessen Ablichtung bei der an einem anderen Tag erfolgten Postversendung an einen weiteren Verteidiger) abhanden gekommen, kann der Nachweis eines Verfahrensverstoßes – wie in den Fällen, in denen seine formelle Beweiskraft durch Mängel ganz oder teilweise aufgehoben ist – durch jedes sonst zulässige Beweismittel erbracht werden. Einen Verfahrensverstoß, den es zu beweisen gilt, hat keiner der Beschwerdeführer behauptet.

3. Das Sitzungsprotokoll ist mit der letzten Unterschrift der Urkundspersonen fertiggestellt, auch wenn der Tag der Fertigstellung nicht angegeben wird.
StPO §§ 271 I S. 2, 273 IV – BGH Beschl. v. 15. 9. 1969 – AnwSt (B) 2/69 EGH Bremen (= BGHSt. 23, 115 = NJW 1970, 105)
Von Amts wegen.

Sachverhalt: Der Beschwerdeführer ist durch Urteil des Ehrengerichts vom 19. 10. 1967 mit einem Verweis bestraft worden. Seine dagegen eingelegte Berufung hat der Ehrengerichtshof durch Urteil vom 18. 7. 1968 verworfen. Dabei hat er die Revision nicht zugelassen.
Gegen die Nichtzulassung der Revision hat der Rechtsanwalt am 17. 8. 1968 Beschwerde eingelegt, ohne diese zu gründen. Das Urteil ist ihm dann am 14. 10. 1968 zugestellt worden.
Das Sitzungsprotokoll des Ehrengerichtshofs enthielt ursprünglich keinen Fertigstellungsvermerk gemäß § 271 Abs. 1 Satz 2 StPO in Verbindung mit § 116 BRAO, war aber spätestens am 9. 10. 1968 mit den Unterschriften des Vorsitzenden und des Urkundsbeamten zur Geschäftsstelle gelangt. Der Fertigstellungsvermerk für den 19. 7. 1968 wurde erst, nachdem der Generalbundesanwalt sein Fehlen beanstandet hatte, vom Urkundsbeamten am 27. 2. 1969 und vom Vorsitzenden am 4. 3. 1969 unter dem Protokoll angebracht.
Darauf wurde dem Beschwerdeführer das Urteil am 17. 3. 1969 erneut zugestellt. Am 17. 4. 1969 ging dann die Begründung der Beschwerde mit Bezeichnung grundsätzlicher Rechtsfragen beim Ehrengerichtshof ein. Dieser hat der Beschwerde nicht abgeholfen. – Das Rechtsmittel war erfolglos.

Gründe: ...
II. Das Rechtsmittel ist nicht zulässig.
1. Nach § 145 Abs. 3 BRAO muß die Beschwerde innerhalb eines Monats seit Zustellung des Urteils mit ausdrücklicher Bezeichnung der für grundsätzlich gehaltenen Rechtsfrage beim Ehrengerichtshof eingelegt werden. Innerhalb dieser Frist ist hier zwar die Beschwerde, nicht aber die vorgeschriebene Begründung eingegangen.
Denn die Zustellung des Urteils am 14. 10. 1968 ist wirksam. ...
2. Es besteht Streit darüber, wann das Protokoll im Sinne des § 271 Abs. 1 Satz 2 StPO als fertiggestellt anzusehen ist. Der Wortlaut dieser Vorschrift, nach dem der Tag der Fertigstellung „darin", d.h. im Protokoll anzugeben ist, könnte dafür sprechen, daß erst mit diesem Vermerk das Protokoll fertiggestellt ist.

Gerichtliche Entscheidungen, in denen ausdrücklich zu dieser Frage Stellung genommen wird, sind nicht bekannt. Der Bundesgerichtshof hat die Bedeutung wiederholt erörtert. Dabei hat der 5. Strafsenat in dem in der Sache 5 StR 205/67 mit dem Generalbundesanwalt geführten Schriftwechsel die Auffassung vertreten, das Protokoll sei erst fertiggestellt, wenn auch der Tag der Fertigung „darin" angegeben sei. Auf dieser Ansicht beruht jedoch die dann ergangene Entscheidung nicht.

Dagegen ist nach der Ansicht des 2. Strafsenats der Fertigungsvermerk kein wesentliches Merkmal des Protokolls und von seinem Vorhandensein die Fertigstellung nicht abhängig. Vielmehr ist das Protokoll „fertig", sobald beide Urkundspersonen es unterschrieben haben. In ständiger Übung läßt deshalb der 2. Strafsenat für den Beginn der Frist zur Begründung einer Revision (§ 345 Abs. 1 Satz 2 StPO) den Tag maßgebend sein, an dem das Urteil dem Betroffenen zugestellt worden ist, auch wenn zu diesem Zeitpunkt der Fertigungsvermerk in dem von den Urkundspersonen bereits unterschriebenen Protokoll noch nicht enthalten war, und hat in vielen Fällen unter Zugrundelegung dieser Ansicht über eingelegte Revisionen entschieden. Das wäre nicht zulässig gewesen, wenn die Revisionsbegründungsfrist noch nicht beendet, ja noch nicht einmal in Lauf gesetzt gewesen wäre.

Der erkennende Senat tritt dieser Rechtsauffassung bei, da Wesen und Zweck des Protokolls wie die Entstehungsgeschichte der Neufassung dafür sprechen.

a) Das Protokoll dient dazu, die wesentlichen Geschehnisse der Hauptverhandlung mit Beweiskraft für die Beobachtung der dafür vorgeschriebenen Förmlichkeiten festzulegen. Zu diesen Geschehnissen und Förmlichkeiten gehört der Fertigungsvermerk sicher nicht. Er hätte deshalb auch keine Beweiskraft im Sinne des § 274 StPO. Die Vorgänge in der Hauptverhandlung werden im Protokoll durch die Unterschriften des Vorsitzenden und des Urkundsbeamten gemeinsam beurkundet. Mit der letzten dieser Unterschriften ist das Protokoll „fertiggestellt". Erst in diesem Augenblick kann auch ein Fertigungsvermerk endgültig angebracht werden. Durch ihn wird also ein Vorgang außerhalb der Hauptverhandlung, der oft wesentlich später stattfindet, bezeugt. Er gehört daher trotz des neuen Wortlauts des § 271 Abs. 1 Satz 2 StPO seinem Wesen nach nicht ins Protokoll.

Da der Vorsitzende und der Urkundsbeamte zudem nicht gleichzeitig unterschreiben, vielmehr der Vorsitzende erst später und in Abwesenheit des Urkundsbeamten, könnte auch in diesen Fällen der zuerst Unterzeichnende die „Fertigstellung" durch seine Unterschrift unter dem Protokoll noch gar nicht bescheinigen, falls ohne den Vermerk das Protokoll noch nicht „fertig" wäre. Dies spricht dafür, daß der Fertigstellungsvermerk nicht Bestandteil des Protokolls sein kann, sondern ein zusätzliches Beweismittel ist.

b) Mit der Änderung sollte sichergestellt werden, daß die Anfechtungsberechtigten, insbesondere der Verteidiger, die Frist zur Begründung des Rechtsmittels, die regelmäßig mit der Urteilszustellung beginnt, durch Einsicht in das Sitzungsprotokoll sachgerecht nutzen können.

Die Begründung zum Entwurf des Gesetzes, der insoweit ohne irgendwelche Änderungen Gesetz geworden ist, weist darauf hin, daß für die Ingangsetzung der Revisionsbegründungsfrist die Fertigstellung des Protokolls von Bedeutung und es deshalb erforderlich sei, daß der Zeitpunkt der Fertigstellung vermerkt werde. Das solle durch die Ergänzung des § 271 Abs. 1 erreicht werden.

Der Fertigungsvermerk ist demnach dem Wesen nach ein Vermerk zum Protokoll, der, wie es in der Praxis häufig geschieht, am besten unter dem bereits unterschriebenen Protokoll angebracht wird. Er dient nur als Beweis für die Feststellung, wann das Protokoll fertiggestellt worden ist. Dabei stellt er jedoch nicht die einzige Beweismöglichkeit für den – möglicherweise spätesten – Zeitpunkt der Fertigstellung dar. Der Beweis kann auch auf andere Weise, etwa durch Bestätigung des Eingangs des vollständigen Protokolls durch die Geschäftsstelle oder, wie es hier geschehen ist, durch Erteilung einer Abschrift des Protokolls an Verfahrensbeteiligte erbracht werden. ...

IV.
Da die Niederschrift über die Sitzung vom 18. 7. 1968 bei der ersten Zustellung des Urteils am 14. 10. 1968 bereits hergestellt war, begann die Frist zur Begründung der Beschwerde mit dem 15. 10. 1968. Die Begründung der Beschwerde am 17. 4. 1969 ist mithin erheblich verspätet eingegangen und damit das Rechtsmittel unzulässig.

§ 272 StPO

Das Protokoll über die Hauptverhandlung enthält
1. den Ort und den Tag der Verhandlung;
2. die Namen der Richter und Schöffen, des Beamten der Staatsanwaltschaft, des Urkundsbeamten der Geschäftsstelle und des zugezogenen Dolmetschers;
3. die Bezeichnung der Straftat nach der Anklage;
4. die Namen der Angeklagten, ihrer Verteidiger, der Privatkläger, Nebenkläger, Verletzten, die Ansprüche aus der Straftat geltend machen, der sonstigen Nebenbeteiligten, gesetzlichen Vertreter, Bevollmächtigten und Beistände;
5. die Angabe, daß öffentlich verhandelt oder die Öffentlichkeit ausgeschlossen ist.

§ 273 StPO

(1) Das Protokoll muß den Gang und die Ergebnisse der Hauptverhandlung im wesentlichen wiedergeben und die Beobachtung aller wesentlichen Förmlichkeiten ersichtlich machen, auch die Bezeichnung der verlesenen Schriftstücke oder derjenigen, von deren Verlesung nach § 249 Abs. 2 abgesehen worden ist, sowie die im Laufe der Verhandlung gestellten Anträge, die ergangenen Entscheidungen und die Urteilsformel enthalten.

(2) Aus der Hauptverhandlung vor dem Strafrichter und dem Schöffengericht sind außerdem die wesentlichen Ergebnisse der Vernehmungen in das Protokoll aufzunehmen; dies gilt nicht, wenn alle zur Anfechtung Berechtigten auf Rechtsmittel verzichten oder innerhalb der Frist kein Rechtsmittel eingelegt wird.

(3) Kommt es auf die Feststellung eines Vorgangs in der Hauptverhandlung oder des Wortlauts einer Aussage oder einer Äußerung an, so hat der Vorsitzende von Amts wegen oder auf Antrag einer an der Verhandlung beteiligten Person die vollständige Niederschreibung und Verlesung anzuordnen. Lehnt der Vorsitzende die Anordnung ab, so entscheidet auf Antrag einer an der Verhandlung beteiligten Person das Gericht. In dem Protokoll ist zu vermerken, daß die Verlesung geschehen und die Genehmigung erfolgt ist oder welche Einwendungen erhoben worden sind.

(4) Bevor das Protokoll fertiggestellt ist, darf das Urteil nicht zugestellt werden.

Erfolgreiche Rügen

1. Die Einlassung des Angeklagten zur Sache ist eine protokollierungspflichtige wesentliche Förmlichkeit unabhängig davon, wann und zu welchem Anlaß sie erfolgt (BGH Urt. v. 29. 6. 1995 – 4 StR 72/95).

2. Die Einlassung des Angeklagten zur Sache ist ein Vorgang, der im Hauptverhandlungsprotokoll protokolliert werden muß und durch dieses bewiesen wird (BGH Beschl. v. 13. 9. 1991 – 3 StR 338/91).

Erfolglose Rügen

1. Ob ein Angeklagter von seinem Erklärungsrecht gemäß § 257 I StPO Gebrauch gemacht hat, gehört nicht zu den wesentlichen Förmlichkeiten und ist deshalb nicht protokollierungspflichtig (BGH Beschl. v. 22. 10. 1993 – 3 StR 337/93).

2. Die Erörterung gerichtskundiger Tatsachen ist nicht protokollpflichtig (BGH Beschl. v. 6. 2. 1990 – 2 StR 29/89).

3. An einer Fertigstellung des Protokolls i.S.d. § 273 IV StPO fehlt es nicht schon deshalb, weil eine Niederschrift unrichtig oder lückenhaft ist oder sonstige formelle Mängel aufweist (BGH Beschl. v. 7. 10. 1983 – 3 StR 358/83).

4. Verteidiger kann nicht verlangen, daß ihm die Aussagen von Zeugen, so wie sie in der Sitzungsniederschrift festgehalten sind, aus dieser vorgelesen werden (BGH Urt. v. 26. 10. 1965 – 5 StR 405/65).

Erfolgreiche Rügen

1. Die Einlassung des Angeklagten zur Sache ist eine protokollierungspflichtige wesentliche Förmlichkeit unabhängig davon, wann und zu welchem Anlaß sie erfolgt.

StPO § 273 I – BGH Urt. v. 29. 6. 1995 – 4 StR 72/95 LG Essen (= NStZ 1995, 560)

Die Revision rügt, der Angeklagte habe sich entgegen den Ausführungen in dem angefochtenen Urteil überhaupt nicht zur Sache geäußert, er habe im Gegenteil in der Hauptverhandlung nach Belehrung gemäß § 243 IV 1 StPO erklärt, daß er zur Aussage nicht bereit sei. Auch im weiteren Verlauf der Verhandlung habe er sich nicht zur Sache eingelassen. Zum Beweis bezieht sich die Revision auf das Hauptverhandlungsprotokoll.

Sachverhalt: Das Urteil beschäftigt sich in der Beweiswürdigung an mehreren Stellen mit Äußerungen des Angeklagten zur Sache.

Die Sitzungsniederschrift bestätigt das Revisionsvorbringen, soweit es die von dem Angeklagten zu Beginn der Hauptverhandlung abgegebene Erklärung anbelangt. Darüber, ob er sich im Rahmen der Beweisaufnahme zur Sache eingelassen hat, läßt sich dem Protokoll nichts entnehmen. In seinem letzten Wort hat sich der Angeklagte ausweislich des Protokolls den Ausführungen seines Verteidigers, der Freispruch beantragt hatte, angeschlossen. – Das Rechtsmittel hatte Erfolg.

Gründe: ...

2. Damit steht fest, daß der Angeklagte sich – entgegen den Urteilsgründen – in der Hauptverhandlung nicht zur Sache eingelassen hat.

a) Die formelle Beweiskraft des Hauptverhandlungsprotokolls i.S. des § 274 StPO gilt nicht nur für die Feststellung, ob einem Angeklagten Gelegenheit gegeben wurde, zum Anklagevorwurf in der nach den §§ 243 IV 2, 136 II StPO vorgesehenen Weise Angaben zu machen. Sie erstreckt sich auch darauf, ob sich der Angeklagte in der Hauptverhandlung zur Sache eingelassen hat oder nicht (BGHR StPO § 274 Beweiskraft 5 [BGH v. 14. 2. 1990 – 3 StR 426/89; vgl. § 243 StPO erfolgreiche Rügen]; vgl. auch BGHSt. 37, 260, 262 [BGH Beschl. v. 13. 12. 1990 – 4 StR 519/90; vgl. § 404 StPO erfolgreiche Rügen]):

Zu den wesentlichen Förmlichkeiten i.S. des § 273 I StPO, die von der Beweiskraft des § 274 StPO erfaßt werden, gehört insbesondere auch, ob und wie Verfahrensbeteiligte von den ihnen zustehenden prozessualen Befugnissen Gebrauch machen, ohne daß damit allerdings zugleich auch der Inhalt etwaiger Erklärungen notwendig Beweisgegenstand würde. Eine solche prozessuale Befugnis ist das Recht des Angeklagten, sich durch Äußerungen zur Sache oder durch Schweigen zu verteidigen.

Hat der Angeklagte sich zunächst nicht zur Sache eingelassen, so ist die Tatsache späterer Einlassung als wesentliche Förmlichkeit i.S. des § 273 I StPO in die Sitzungsniederschrift aufzunehmen. Eine solche erstmalige Sachäußerung nach Beginn der Beweisaufnahme bedeutet nämlich eine dem Angeklagten mögliche Änderung in der Ausübung seines für das Verfahren wichtigen prozessualen Rechts, sich durch Reden oder Schweigen zu verteidigen; erst mit ihr macht er sich in seinem Aussageverhalten zum Beweismittel im materiellen Sinne. Dies muß ähnlich wie etwa die Tatsache, daß Zeugen zur Beweisfrage ausgesagt oder Sachverständige ihr Gutachten erstattet haben, aus der Sitzungsniederschrift hervorgehen (BGH StV 1992, 1, 2 [BGH v. 13. 9. 1991 – 3 StR 338/91; vgl. § 273 StPO erfolgreiche Rügen]). Das gilt auch dann, wenn ein Angeklagter sich erstmals im Zusammenhang mit Erklärungen zu einzelnen Beweiserhebungen (§ 257 StPO), die allerdings als solche keine protokollierungspflichtigen Vorgänge darstellen (BGH StV 1994, 468 [BGH Beschl. v. 22. 10. 1993 – 3 StR 337/93; vgl. § 273 StPO erfolglose Rügen]), oder erst im Schlußvortrag oder letzten Wort (§ 258 StPO) zur Sache einläßt. Nur so läßt sich nämlich der nach § 274 StPO erbrachte Beweis, der Angeklagte habe sich gemäß § 243 IV StPO nicht zur Sache eingelassen, entkräften; beurkundet die Niederschrift eine später erfolgte Einlassung des Angeklagten zur Sache nicht, ist demgegenüber bewiesen, daß dies nicht geschehen ist.

b) Aus den Entscheidungen BGH StV 1981, 56 (BGH Urt. v. 5. 11. 1980 – 2 StR 488/80; vgl. § 274 StPO erfolglose Rügen) und StV 1994, 468 ist letztlich nichts anderes zu entnehmen. Allerdings können sie zu Mißverständnissen Anlaß geben:

Im Urteil vom 5. 11. 1980 – 2 StR 488/80 (StV 1981, 56) wird ausgeführt, der Angeklagte habe zu Beginn der Hauptverhandlung erklärt, er sei zur Äußerung nicht bereit; damit sei „aber nicht erwiesen, daß er nicht während des Verlaufs der Hauptverhandlung gleichwohl Erklärungen abgegeben und sich zur Sache mindestens teilweise eingelassen" habe. In diesem Falle hatte sich die Revisionsbegründung aber – was sich aus den Gründen des Urteils des BGH allerdings nicht deutlich ergibt – lediglich auf den Inhalt der Gründe des angefochtenen Urteils gestützt, nicht jedoch unter Angabe des Inhalts des Hauptverhandlungsprotokolls dargelegt, daß insoweit ein Widerspruch bestehe. Daher wollte der BGH hier wohl zum Ausdruck bringen, daß in einem solchen Fall für die Frage, wie (nicht ob) sich der Angeklagte eingelassen habe, der Inhalt des Urteils für das Revisionsgericht maßgeblich sei; dies ergibt sich auch aus den dort in Bezug genommenen Entscheidungen (u.a. BGHSt. 21, 149, 151 [BGH Urt. v. 7. 10. 1966 – 1 StR 305/66; vgl. § 261 StPO erfolgreiche Rügen]).

Im Beschluß vom 22. 10. 1993 – 3 StR 337/93 (StV 1994, 468) wird mitgeteilt, das Hauptverhandlungsprotokoll weise nicht aus, daß sich der Angeklagte zur Sache geäußert habe. Der Senat war jedoch der Ansicht, es sei möglich, daß der Angeklagte im Rahmen seines Erklärungsrechts gemäß § 257 I StPO Angaben zur Sache gemacht habe. In jenem Verfahren hatte sich der Angeklagte aber – was allerdings aus den Gründen des Beschlusses nicht zu entnehmen ist – anders als der Angeklagte im vorliegenden Fall zur Äußerung bereit erklärt; es war also nur fraglich, wann (nicht: ob) er Angaben zur Sache gemacht hatte; damit erwies sich das Protokoll der Hauptverhandlung als unvollständig, und es konnte auf die Urteilsgründe zurückgegriffen werden.

c) Hier muß aufgrund der Angaben in der Sitzungsniederschrift daher gemäß §§ 273 I, 274 StPO davon ausgegangen werden, daß der Beschwerdeführer zu Beginn der Verhandlung erklärt hat, sich nicht zur Sache äußern zu wollen; mangels gegenteiliger Angaben ist weiter bewiesen, daß er sich auch später nicht zur Sache eingelassen hat. Das gilt auch unter Berücksichtigung seiner im Protokoll wiedergegebenen Äußerungen im Rahmen des letzten Wortes. Dem Vermerk, der Angeklagte habe sich den Ausführungen seines Verteidigers angeschlossen, läßt sich, da diese – mit Ausnahme des Antrags auf Freisprechung – nicht bekannten Ausführungen sich etwa in Rechtsausführungen oder in einer Würdigung der erhobenen Beweise erschöpft haben können, nicht entnehmen, daß der Angeklagte sich im letzten Wort zur Sache eingelassen hat.

2. Die Einlassung des Angeklagten zur Sache ist ein Vorgang, der im Hauptverhandlungsprotokoll protokolliert werden muß und durch dieses bewiesen wird.

StPO § 273 I – BGH Beschl. v. 13. 9. 1991 – 3 StR 338/91 LG Kiel (= StV 1992, 1 = NStZ 1992, 49)

Die Revision rügt, daß sich das Urteil nicht mit der in der Hauptverhandlung abgegebenen Einlassung des Angeklagten zur Sache auseinandersetzt, sondern im Gegenteil davon ausgeht, dieser habe sich nicht eingelassen.

Sachverhalt: Die Sitzungsniederschrift weist aus, daß der Angeklagte in der Hauptverhandlung im Anschluß an die ihm gemäß § 243 IV 1 StPO erteilte Belehrung erklärte, er mache von seinem „Aussageverweigerungsrecht" Gebrauch. In Übereinstimmung damit ist in den Urteilsgründen auch festgestellt, daß sich der Angeklagte zur Sache nicht geäußert hat. Demgegenüber macht der Beschwerdeführer aber geltend, daß er im späteren Verlauf der Hauptverhandlung im Zusammenhang mit der Vernehmung des Zeugen B. doch noch zur Sache ausgesagt habe. Diese Behauptung wird durch die Sitzungsniederschrift bewiesen. – Das Rechtsmittel hatte Erfolg.

Gründe: Die besondere Beweiskraft des Hauptverhandlungsprotokolls i.S. des § 274 StPO gilt nicht nur für die Feststellung, ob einem Angeklagten Gelegenheit gegeben worden ist, zum Anklagevorwurf in der nach den §§ 243 IV 2, 136 II StPO vorgesehenen Weise auszusagen. Sie erstreckt sich vielmehr auch darauf, ob sich der Angeklagte in der Hauptverhandlung zur Sache geäußert hat oder nicht (vgl. BGHR StPO § 274 Beweiskraft 5 [BGH Beschl. v. 14. 2. 1990 – 3 StR 426/89; vgl. § 243 StPO erfolgreiche Rügen]; BGH StV 1983, 8 [BGH Beschl. v. 9. 9. 1982 – 4 StR 433/82; vgl. § 261 StPO erfolgreiche Rügen]). Zu den wesentlichen Förmlichkeiten i.S. des § 273 I StPO, die – neben Angaben nach § 272 StPO (vgl. BGHSt. 16, 306, 307 [BGH Urt. v. 20. 11. 1961 – 2 StR 395/61; vgl. § 274 StPO erfolglose Rügen]) – von den besonderen Beweiswirkungen des § 274 StPO erfaßt werden, gehört insbesondere auch, ob und wie Verfahrensbeteiligte in der Hauptverhandlung von den ihnen zustehenden prozessualen Befugnissen Gebrauch machen, ohne daß allerdings zugleich auch der Inhalt etwaiger Erklärungen notwendig Beweisgegenstand ist. Eine solche prozessuale Befugnis ist das Recht des Angeklagten, sich durch Äußerungen zur Sache oder durch Schweigen zu verteidigen. Dabei kann dahinstehen, ob dann, wenn ein Angeklagter i.S. von § 243 IV 2 StPO zur Sache vernommen worden ist, auch jede seiner weiteren Äußerungen zur Sache stets einen protokollierungsbedürftigen Vorgang mit den Wirkungen des § 274 StPO darstellt oder ob dies deshalb zu verneinen ist, weil es insoweit an einer wesentlichen Förmlichkeit fehlt. Jedenfalls in den Fällen, in denen der Angeklagte sich auf die entsprechende Belehrung hin zunächst dafür entschieden hat, nicht zur Sache auszusagen, ist die Tatsache späterer Einlassung als wesentliche Förmlichkeit i.S.d. § 273 I StPO in die Sitzungsniederschrift aufzunehmen. Denn eine solche erstmalige Sachäußerung in der Hauptverhandlung bedeutet eine dem Angeklagten mögliche Änderung in der Ausübung seines für das Verfahren wichtigen prozessualen Rechts, sich durch Reden oder Schweigen zu verteidigen. Erst mit ihr macht er sich in seinem Aussageverhalten in der Hauptverhandlung zum Beweismittel im materiellen Sinne. Dies muß ähnlich wie etwa die Tatsache, daß Zeugen zur Beweisfrage ausgesagt oder Sachverständige ihre Gutachten erstattet haben, aus der Sitzungsniederschrift hervorgehen.

Da das Hauptverhandlungsprotokoll in seinem Beweiswert weder durch Lücken noch durch Widersprüche oder sonstige offensichtliche Mängel beeinträchtigt ist, steht für das Revisionsverfahren fest, daß sich der Angeklagte entgegen der Feststellung im Urteil zur Sache geäußert hat. Durch die nach Eingang der Revisionsrechtfertigung abgegebene Erklärung des Strafkammervorsitzenden, daß der entsprechende Protokollvermerk auf einem unbemerkt gebliebenen Versehen der Protokollführerin beruhe, wird der Sitzungsniederschrift die Beweiskraft nicht genommen. Nach ständiger Rechtsprechung des BGH darf selbst eine die Übereinstimmung beider Urkundspersonen voraussetzende Protokollberichtigung keine Berücksichtigung finden, wenn dadurch einer zuvor erhobenen Verfahrensrüge die tatsächliche Grundlage entzogen würde (vgl. u.a. BGHSt. 2, 125, 126 ff. [BGH Urt. v. 19. 12. 1951 – 3 StR 575/51; vgl. § 274 StPO erfolgreiche Rügen]; 34, 11, 12 [BGH Beschl. v. 4. 2. 1986 – 1 StR 643/85; vgl. § 268 StPO erfolglose Rügen]; BGH wistra 1985, 154, 155]. Nichts anderes kann für eine Erklärung gelten, mit der eine der Urkundspersonen vom Protokollinhalt abrückt (vgl. BGHSt. 8, 283 [BGH Urt. v. 9. 12. 1955 – 2 StR 348/55; vgl. § 243 StPO erfolgreiche Rügen]; 10, 342, 343 [BGH Urt. v. 2. 7. 1957 – 5 StR 107/57; vgl. § 243 StPO erfolgreiche Rügen]; 13, 53, 59 [BGH Urt. v. 30. 3. 1959 – 4 StR 416/58; vgl. § 258 StPO erfolglose Rügen]; 20, 278, 279; BGHR StPO § 274 Beweiskraft 3 [BGH Urt. v. 18. 5. 1988 – 2 StR 151/88; vgl. § 338 Nr. 5 StPO erfolgreiche Rügen] und 8 [BGH Beschl. v. 22. 2. 1991 – 3 StR 487/90; vgl. § 274 StPO erfolgreiche Rügen]; vgl. dagegen zur Wirkung einer die Verfahrensbeschwerde stützenden Erklärung einer Urkundsperson BGHR a.a.O. Beweiskraft 1). Die Entscheidung des BGH (BGHSt. 4, 364 [BGH Urt. v. 8. 10. 1953 – 5 StR 245/53; vgl. § 274 StPO erfolglose Rügen]), auf die sich der GBA bezogen hat, steht nicht entgegen; sie hat in der späteren Rechtsprechung eine entsprechende, einschränkende Klarstellung erfahren (vgl. BGHSt. 10, 342, 343).

Aus dem Urteil selbst ergibt sich, daß die Strafkammer die Äußerung des Angeklagten zur Sache nicht berücksichtigt hat. Darin liegt ein Verstoß gegen die Regelung des § 261 StPO, die verlangt, daß der Tatrichter bei der Überzeugungsbildung alles verwertet, was Gegenstand der Hauptverhandlung ist (vgl. u.a. BGH StV 1983, 8). Auf diesem Verfahrensfehler kann die Verurteilung des Beschwerdeführers auch beruhen. Der Senat vermag angesichts der Schwierigkeit der Beweislage nicht auszuschließen, daß die Strafkammer bei Berücksichtigung der Einlassung des Angeklagten, die sich ihrem Inhalt nach nicht rekonstruieren läßt, zu einem für ihn günstigeren Ergebnis gelangt wäre.

Erfolglose Rügen

1. Ob ein Angeklagter von seinem Erklärungsrecht gemäß § 257 I StPO Gebrauch gemacht hat, gehört nicht zu den wesentlichen Förmlichkeiten und ist deshalb nicht protokollierungspflichtig.

StPO § 273 – BGH Beschl. v. 22. 10. 1993 – 3 StR 337/93 LG Itzehoe (= StV 1994, 468)

Die Revision rügt, ausweislich der Urteilsgründe habe sich der Angeklagte – nach Überzeugung des Landgerichts in Form einer widerlegten Schutzbehauptung – zur Sache eingelassen; tatsächlich habe der Angeklagte aber nicht zur Sache ausgesagt, weshalb der gerichtlichen Überzeugungsbildung die äußere Grundlage fehle.

Sachverhalt: Daß der Angeklagte sich zur Sache geäußert habe, wies das Hauptverhandlungsprotokoll nicht aus.

Auf die von dem GBA erwogene Möglichkeit, der Angeklagte könne nach Abgabe einer kurzen Äußerung vor Eintritt in die Beweisaufnahme im Zusammenhang mit einzelnen Beweiserhebungen nach § 257 Abs. 1 StPO Angaben zur Sache gemacht haben, erwiderte der Beschwerdeführer, daß dies zwar denkbar sei, derartige Erklärungen aber nicht eine zusammenhängende Stellungnahme zum Schuldvorwurf ersetzen könnten, wozu es ausweislich des Hauptverhandlungsprotokolls nicht gekommen sei. – Das Rechtsmittel war erfolglos.

Gründe: ... Soweit die Revision rügt, das Landgericht habe entgegen § 261 StPO eine Aussage des Angeklagten in den Urteilsgründen gewürdigt, die er nicht gemacht habe, ist ein

Verfahrensverstoß nicht bewiesen. Ob ein Angeklagter von seinem Erklärungsrecht gemäß § 257 Abs. 1 StPO Gebrauch gemacht hat, gehört nicht zu den wesentlichen Förmlichkeiten und ist deshalb nicht protokollierungspflichtig. Wie der Beschwerdeführer in seiner Gegenerklärung zum Verwerfungsantrag des GBA selbst ausgeführt hat, lassen sich die Feststellungen des angefochtenen Urteils zu seiner Einlassung betreffend den Fall 1 der Anklage ohne weiteres – zumindest – damit erklären, daß er während der mehrtägigen Hauptverhandlung im Zusammenhang mit einzelnen Zeugenvernehmungen nach § 261 StPO verwertbare Angaben gemacht hat.

2. Die Erörterung gerichtskundiger Tatsachen ist nicht protokollpflichtig.

StPO §§ 273 I, 274 – BGH Beschl. v. 6. 2. 1990 – 2 StR 29/89 OLG Frankfurt/Main (= BGHSt. 36, 354 = NJW 1990, 1740 = StV 1991, 51)

Die Revision rügt, das Gericht habe Tatsachen – die Lage des Unfallortes und die dort am Sonntagmorgen herrschenden Verkehrsverhältnisse – verwertet, die ausweislich der Urteilsgründe und des Verhandlungsprotokolls nicht Gegenstand der Hauptverhandlung gewesen seien. Das Urteil enthalte auch keinen Hinweis darauf, daß es sich insoweit um gerichtskundige Tatsachen handle.

Sachverhalt: ... Das Landgericht hat im Verhalten des Angeklagten eine Verletzung der Wartepflicht gemäß § 142 Abs. 1 Nr. 2 StGB gesehen. Es hat hierzu im Rahmen der rechtlichen Würdigung ausgeführt: „Es handelt sich bei der K.-Straße in Biebrich um eine Straße des Innenstadtbezirkes von Biebrich, dem mit 38 000 Einwohnern größten Vorort von Wiesbaden. Auch an einem frühen Sonntagmorgen, gegen 5.30 Uhr, ist in dieser Gegend mit dem Auftauchen von Menschen jeder Zeit zu rechnen. Daß Personen vorbeikommen, erweist sich ja im vorliegenden Falle schon dadurch, daß um 5.30 Uhr ein Bürger, der den Unfall entdeckt hatte, diesen bei der Wache des 5. Polizeireviers meldete. Außerdem ist die quer zur abbiegenden K.-Straße verlaufende R.-Straße, auf der der Angeklagte hergekommen war, die aus dem Rheingau zum Werk Kalle und Albert der Firma Höchst AG führende Zufahrtsstraße. Im Werk Kalle und auch im Werk Albert, beide chemische Fabriken, wird rund um die Uhr, auch an Sonntagen, gearbeitet. Schichtwechsel ist dabei 6.00 Uhr, so daß aus diesem Grund Autoverkehr in diesem Bereich um diese Uhrzeit herrscht."

Das Oberlandesgericht Frankfurt/Main, das in den Feststellungen zur genauen Lage und Belebtheit des Unfallorts gerichtskundige Tatsachen sieht, will die Rüge durchgreifen lassen. Nach seiner Auffassung handelt es sich bei der Erörterung gerichtskundiger Tatsachen um eine wesentliche Förmlichkeit im Sinne des § 273 Abs. 1 StPO, deren Beobachtung nach § 274 StPO nur durch das Protokoll bewiesen werden kann. Da die Sitzungsniederschrift über die Berufungsverhandlung einen Hinweis auf eine solche Erörterung nicht enthält, beabsichtigt es, der Rüge stattzugeben, ohne die Richtigkeit des Tatsachenvortrags der Revision im Freibeweisverfahren zu prüfen.

Hieran sieht sich das Oberlandesgericht durch die ständige Rechtsprechung des Bundesgerichtshofes, namentlich durch die Entscheidung des 3. Strafsenats des Bundesgerichtshofes vom 10. 1. 1963 (NJW 1963, 598 [BGH Urt. v. 10. 1. 1963 – 3 StR 22/62; vgl. § 261 StPO erfolgreiche Rügen]), sowie einiger Oberlandesgerichte gehindert, wonach es sich bei der Einführung gerichtskundiger Tatsachen in die Hauptverhandlung und der Gewährung von Gelegenheit zur Stellungnahme hierzu nicht um einen protokollpflichtigen Vorgang handelt. Das Oberlandesgericht ist der Auffassung, diese Rechtsprechung werde der Bedeutung gerichtskundiger Tatsachen für die Wahrheitsfindung nicht gerecht. Die juristische Besonderheit der Einordnung einer Tatsache als gerichtskundig bestehe allein darin, daß eine Beweiserhebung über diese Tatsache entbehrlich sei. Für den Schuld- und Rechtsfolgenausspruch seien gerichtskundige Tatsachen hingegen von gleicher Bedeutung wie Tatsachen, über die Beweis erhoben worden sei. Unterschieden sich diese von den gerichtskundigen Tatsachen aber lediglich in der Art der Beweisführung, so sei eine Herausnahme der gerichtskundigen Tatsachen aus der Protokollierungspflicht mit der Folge einer wesentlichen Schlechterstellung des Beschuldigten, falls er in der Revision die Nichterörterung gerichtskundiger Tatsachen rüge, nicht zu rechtfertigen. Alle für den Schuld- und Rechtsfolgenausspruch wichtigen Tatsachen, gleichgültig, auf welchem rechtlichen Weg sie in die Hauptverhandlung eingeführt worden seien, müßten in der Hauptverhandlung zum Gegenstand der Erörterungen gemacht werden, um dem grundgesetzlichen Prinzip der Gewährung rechtlichen Gehörs Genüge zu tun. Daraus folge, daß die Erörterung aller entscheidungsrelevanten Tatsachen „wesentliche Förmlichkeit" im Sinne des § 273 Abs. 1 StPO sei. Diese Auffassung entspreche dem von der Rechtsprechung aufgestellten Grundsatz, die Bestimmung des § 273 Abs. 1 StPO diene dazu, „alle Vorgänge, die für die Gesetzmäßigkeit des Verfahrens von Bedeutung sein können", festzuhalten.

Das Oberlandesgericht hat die Sache gemäß § 121 Abs. 2 GVG dem Bundesgerichtshof zur Entscheidung über seine wie folgt formulierte Rechtsauffassung vorgelegt:

„Die Erörterung gerichtskundiger Tatsachen in der Hauptverhandlung gehört zu den wesentlichen Förmlichkeiten gemäß § 273 Abs. 1 StPO und ist im Protokoll über den Gang der Hauptverhandlung zu vermerken (Abweichung von BGH NJW 1963, 598; OLG Hamm NJW 1956, 1729 f.; OLG Hamm VRS 41,49 f.; OLG Koblenz VRS 63,130; OLG Hamm VRS 67,44 = StV 1985, 225]". – Das Rechtsmittel war erfolglos.

Gründe: Der BGH hält an seiner Rechtsauffassung fest.

Die Regelung, die § 274 StPO trifft, beruht allein auf pragmatischen Erwägungen. Sie will dem Revisionsgericht die einfache und sichere Feststellung des Vorliegens oder Nichtvorliegens der „den Mangel enthaltenden Tatsachen" (§ 344 Abs. 2 Satz 2 StPO) ermöglichen, wenn gerügt wird, das Tatgericht habe sich in bezug auf eine wesentliche (vorgeschriebene) Förmlichkeit rechtsfehlerhaft verhalten. Diese Erwägungen widerstreiten dem grundsätzlich auch für die Revisionsgerichte geltenden Gebot, die wahre Sachlage zu erforschen, wenn prozessual erhebliche Tatsachen (von Amts wegen oder weil sie Gegenstand einer Verfahrensrüge sind) der Klärung bedürfen. Dem Gesichtspunkt der Vereinfachung des Revisionsverfahrens kann nicht der Vorzug gegeben werden, wenn ein Formerfordernis sich darin erschöpft, daß im Hinblick auf den Grundsatz des rechtlichen Gehörs eine Tatsache, die möglicherweise für den Schuld- oder Strafausspruch Bedeutung erlangt, erwähnt, zur Sprache gebracht, zum Gegenstand der Verhandlung gemacht wird. Der Grundsatz des rechtlichen Gehörs beherrscht die gesamte Hauptverhandlung. Ihm kann in vielfältiger Weise Rechnung getragen werden. Seine Beachtung erübrigt sich bei Selbstverständlichkeiten, die jeder kennt. Wäre die Frage der Beachtung dieses Grundsatzes von den Revisionsgerichten stets als Frage der Beachtung einer wesentlichen (vorgeschriebenen) Förmlichkeit zu behandeln, müßte in einer Vielzahl von Fällen entgegen der wahren Sachlage angenommen werden, das rechtliche Gehör sei nicht gewährt worden. Weil sie dieses nicht billigenswerte Ergebnis vermeidet, ist der Judikatur zuzustimmen, die den Begriff der wesentlichen (vorgeschriebenen) Förmlichkeit nicht auf das Erfordernis der Gewährung des rechtlichen Gehörs ausdehnt, wenn es um die Frage geht, ob das Tatgericht seine Überzeugung auch auf Tatsachen gegründet hat, die nicht zum Gegenstand der Hauptverhandlung gemacht worden sind (vgl. BGHSt. 22, 26, 29 [BGH Urt. v. 13. 12. 1967 – 2 StR 544/67; vgl. § 261 StPO erfolgreiche Rügen]) oder wenn zu klären ist, ob der Angeklagte Gelegenheit erhalten hat, sich zu neuen tatsächlichen Gesichtspunkten zu äußern (vgl. BGHSt. 28, 196, 197 [BGH Urt. v. 15. 11. 1978 – 2 StR 456/78; vgl. § 265 StPO erfolgreiche Rügen]; BGH NStZ 1984, 422, 423 [BGH Beschl. v. 8. 3. 1984 – 2 StR 829/83; vgl. § 265 StPO erfolgreiche Rügen]; 1985, 325 [BGH Beschl. v. 15. 1. 1985 – 1 StR 707/84; vgl. § 265 StPO erfolgreiche Rügen]). Auch das Erfordernis, gerichtskundige Tatsachen in der Hauptverhandlung zur Sprache zu bringen, dem auf informelle Weise (etwa im Wege des Vorhalts) genügt werden kann, ist nicht den wesentlichen (vorgeschriebenen) Förmlichkeiten i.S.v. § 273 Abs. 1, § 274 StPO zuzurechnen. Gerichtskundige Tatsachen heben sich in ihrer Beschaffenheit, in der Bedeutung für die Sachentscheidung und in den Möglichkeiten, sie zur Sprache zu bringen, nicht so von anderen Sachverhaltselementen ab, daß es geboten oder sachgemäß erschiene, die Gewährung des rechtlichen Gehörs in bezug auf sie mit der formellen Beweiskraft des Sitzungsprotokolls gemäß § 274 StPO zu verknüpfen. Auch unter Berücksichtigung der in der Literatur gegen sie vorgebrachten Einwände sieht der Senat daher keinen Anlaß, die Auffassung, die vom Reichsgericht (vgl. RGSt 28, 171,172), vom Bundesgerichtshof (vgl. die Nachweise unter II.1.) und von Oberlandesgerichten (OLG Hamm NJW 1956, 1729, 1730) vertreten worden ist, aufzugeben. Sie besagt: Das Schweigen des Sitzungsprotokolls beweist nicht, daß eine gerichtskundige Tatsache in der Hauptverhandlung nicht zur Sprache gebracht worden ist.

Das vorlegende Oberlandesgericht stützt seine Ansicht nicht nur auf die These, daß es bei der Beachtung des Grundsatzes des rechtlichen Gehörs stets um die Beachtung einer wesentlichen Förmlichkeit i.S.v. § 273 Abs. 1 StPO gehe. Es meint auch, wenn man die gerichtskundigen Tatsachen von der Pflicht ausnehme, die Erörterung „aller entscheidungsrelevanten Tatsachen" zu protokollieren, führe das zu einer Schlechterstellung des Angeklagten, der rügen wolle, daß eine gerichtskundige Tatsache nicht zur Sprache gebracht worden sei, weil er sich auf die formelle Beweiskraft der eine Erörterung nicht ausweisenden Sitzungsniederschrift nicht berufen könne. Dieser Gedankengang beruht auf einer unzutreffenden Voraussetzung: Eine Pflicht zur Protokollierung der Erörterung aller entscheidungsrelevanten Tatsachen kann weder dem Gesetz noch der Judikatur entnommen werden. Infolgedessen kann auch von einer „Herausnahme" der Erörterung gerichtskundiger Tatsachen aus der Beurkundungspflicht keine Rede sein. Zum Gedanken der „Schlechterstellung" ist zu sagen: Die formelle Beweiskraft des Protokolls bezweckt nicht erleichterte Rügemöglichkeiten, auch wenn sich solche Möglichkeiten häufig aus ihr ergeben. Das folgt schon daraus, daß sie Rügemöglichkeiten, die nach der wahren, aber nicht beurkundeten Sachlage in Betracht kämen, abschneidet, also für einen Revisionsführer ungünstig sein kann. Im übrigen ist es nach den Erfahrungen des Senats weder für das berechtigte Verteidigungsinteresse noch für die Rechtspflege ein Nachteil, wenn die Frage, ob eine gerichtskundige Tatsache Gegenstand der Hauptverhandlung war, im Wege des Freibeweises ihre Klärung findet.

3. An einer Fertigstellung des Protokolls i.S.d. § 273 IV StPO fehlt es nicht schon deshalb, weil eine Niederschrift unrichtig oder lückenhaft ist oder sonstige formelle Mängel aufweist.

StPO § 273 IV – BGH Beschl. v. 7. 10. 1983 – 3 StR 358/83 LG Mannheim (= NStZ 1984, 89)

Die Revision trägt auf Entscheidung des Revisionsgerichts gegen einen Beschluß des Landgerichts an, in dem die Revision als unzulässig mit der Begründung verworfen worden ist, sie sei nicht innerhalb der Frist begründet worden. Die Revision meint, die Zustellung des Urteils sei unwirksam, weil das Hauptverhandlungsprotokoll am Zustellungstage noch nicht fertiggestellt gewesen sei.

Sachverhalt: Das Landgericht hat die Revision des Angeklagten gegen das Urteil vom 14. 4. 1983 durch Beschluß vom 13. 7. 1983 als unzulässig verworfen. Es hat zur Begründung ausgeführt, die rechtzeitig eingelegte Revision sei nicht begründet worden, obwohl das Urteil dem Verteidiger am 7. 6. 1983 zugestellt worden sei. – Das Rechtsmittel war erfolglos.

Gründe:... Der GBA hat ausgeführt: „Die Sitzungsniederschrift ist bereits dann fertiggestellt, wenn sie in allen wesentlichen Teilen von den Urkundspersonen unterschrieben und zu den Akten gebracht ist (BGHSt. 23, 115 [117] [BGH Beschl. v. 15. 9. 1969 – AnwSt [B] 2/69; vgl. § 271 StPO erfolglose Rügen]). Das ist hier der Fall, denn die Sitzungsniederschrift ist von dem Vorsitzenden und den Protokollbeamten unterschrieben worden, die jeweils den von ihnen zu beurkundenden Teil der Sitzungsniederschrift unterschrieben haben. Daß nicht jeder Protokollbeamte einen Hinweis auf die Beachtung der Vorschrift des § 257 StPO in den von ihm beurkundeten Teil der Sitzungsniederschrift aufgenommen hat, ist in diesem Zusammenhang unbeachtlich. An einer Fertigstellung des Protokolls i.S. des § 273 IV StPO fehlt es nicht schon deshalb, weil eine Niederschrift unrichtig oder lückenhaft ist oder sonstige formelle Mängel aufweist (BayObLG, NJW 1981, 1795). Die Regelung des § 273 IV StPO soll lediglich sicherstellen, daß der Revisionsführer mit Beginn der Revisionsbegründungsfrist das seinem Inhalt nach abgeschlossene und von den Urkundspersonen durch ihre Unterschrift genehmigte Protokoll zur fristgerechten Anbringung von Verfahrensrügen heranziehen kann (BGHSt. 27, 80 [81] [BGH Beschl. v. 16. 12. 1976 – 4 StR 614/76; vgl. § 345 StPO erfolgreiche Rügen]). Diesen Anforderungen genügt auch ein zum Zeitpunkt der Fertigstellung lückenhaftes oder mit sonstigen Mängeln behaftetes Protokoll, da nach der Fertigstellung angebrachte Berichtigungen im Revisionsverfahren nicht berücksichtigt werden dürfen, sofern sie einer innerhalb der Revisionsbegründungsfrist zulässig erhobenen Verfahrensrüge den Boden entziehen (BGHSt. 2, 125 [127] [BGH Urt. v. 19. 12. 1951 – 3 StR 575/51; vgl. § 274 StPO erfolgreiche Rügen]; 10, 145 [BGH Urt. v. 20. 2. 1957 – 2 StR 34/57; vgl. § 274 StPO erfolgreiche Rügen]]."

4. Verteidiger kann nicht verlangen, daß ihm die Aussagen von Zeugen, so wie sie in der Sitzungsniederschrift festgehalten sind, aus dieser vorgelesen werden.

StPO § 273 – BGH Urt. v. 26. 10. 1965 – 5 StR 405/65 LG Flensburg (= NJW 1966, 63 = MDR 1966, 164 = JR 1966, 305)

Die Revision rügt, das Gericht habe einen Antrag der Verteidigung, den Inhalt der Sitzungsniederschrift über die Aussagen zweier Zeuginnen zu verlesen, zu Unrecht abgelehnt und daß die im Protokoll enthaltenen Formulierungen der Aussagen der Zeuginnen die Feststellungen (des Urteils) nicht tragen.

Sachverhalt: Nach der Vernehmung der drei Zeuginnen und des Sachverständigen beantragte der Verteidiger, den Inhalt der Sitzungsniederschrift über die Aussagen der Schülerinnen Uta S. und Eva M. zu verlesen. Das lehnte die Strafkammer ab, weil kein Anspruch darauf bestehe. – Das Rechtsmittel war erfolglos.

Gründe: Hiergegen wendet sich die Revision ohne Erfolg. Abgesehen davon, daß der Verteidiger nicht die vollständige Niederschreibung, sondern nur die Verlesung des bereits Niedergeschriebenen beantragt hatte, gibt § 273 Abs. 3 Satz 1 StPO den Prozeßbeteiligten keinen Anspruch darauf, daß eine Aussage wörtlich in die Niederschrift aufgenommen und diese insoweit verlesen wird. Dies hängt vielmehr davon ab, ob es auf den Wortlaut der Aussage ankommt. Das hat allein der Tatrichter zu beurteilen. An dieser ständigen Rechtsprechung (RGSt. 5,352/353; 28, 394, 395; Urt. des BGH v. 1. 4. 1952 – 1 StR 867/51, insoweit in NJW 52, 632 nicht abgedruckt) ändert sich nichts durch das Antragsrecht, das die neue Fassung des § 273 Abs. 3 StPO den Beteiligten gewährt. Sein Fragerecht konnte der Verteidiger bei der mündlichen Vernehmung der Zeuginnen ausüben. Dazu war es entgegen dem Vortrage der Revision nicht erforderlich, daß die Aufzeichnungen des Urkundsbeamten über die Aussagen der Zeuginnen verlesen wurden.

Die Ausführungen des Beschwerdeführers darüber, „daß die im Protokoll enthaltenen Formulierungen der Aussagen der Zeuginnen die Feststellungen (des Urteils) nicht tragen", versuchen unzulässigerweise, aus dem Rechtsmittel der Revision eine Berufung zu machen. Das Revisionsgericht hat nicht zu prüfen, ob die Feststellungen im Urteil mit dem übereinstimmen, was die Sitzungsniederschrift über den Inhalt der Aussagen angibt (RGSt. 5, 352, 353; 49, 315; unveröffentl. Urt. des Senats v. 27. 11. 1956 – 5 StR 450/56[1]). Diese ständige Rechtsprechung beruhte nicht darauf, daß nach § 273 Abs. 2 (a.F.) StPO die wesentlichen Ergebnisse der Vernehmungen nur in die Sitzungsniederschriften der Amtsrichter und der Schöffengerichte aufzunehmen waren, sondern auf § 337 StPO. Sie wird daher nicht dadurch berührt, daß § 273 Abs. 2 (n.F.) StPO die genannte Beschränkung nicht mehr enthält.

§ 274 StPO

Die Beobachtung der für die Hauptverhandlung vorgeschriebenen Förmlichkeiten kann nur durch das Protokoll bewiesen werden. Gegen den diese Förmlichkeiten betreffenden Inhalt des Protokolls ist nur der Nachweis der Fälschung zulässig.

Erfolgreiche Rügen

1. Die Einnahme eines Augenscheins, die nicht protokolliert ist, ist nicht erfolgt (BGH Beschl. v. 23. 10. 2001 – 4 StR 249/01).

2. Enthält das Hauptverhandlungsprotokoll nach Ausschluß der Öffentlichkeit keinen Hinweis auf deren Wiederherstellung, war das weitere Verfahren nicht öffentlich (BGH Beschl. v. 31. 3. 1994 – 1 StR 48/94).

3. Eine förmliche Beweiserhebung, die nicht im Hauptverhandlungsprotokoll vermerkt ist, gilt als nicht erfolgt (BGH Beschl. v. 18. 8. 1992 – 5 StR 126/92).

4. Ein stenographisches Protokoll der Protokollführerin, das vom Hauptverhandlungsprotokoll abweicht, kann einer bereits erhobenen Verfahrensrüge nicht die Grundlage entziehen (BGH Beschl. v. 22. 2. 1991 – 3 StR 487/90).

5. Nach Eingang der Revisionsbegründungsschrift darf das Protokoll nicht mehr geändert werden, wenn es dieser ansonsten den Boden entziehen würde (BGH Urt. v. 20. 2. 1957 – 2 StR 34/57).

6. Keine Beweiswirkung des Protokolls bei nachträglicher Unrichtigkeitserklärung (BGH Urt. v. 8. 10. 1953 – 5 StR 245/53).

7. Nach Eingang der Revisionsbegründungsschrift darf das Protokoll nicht mehr geändert werden, wenn es ansonsten der Rüge den Boden entziehen würde (BGH Urt. v. 19. 12. 1951 – 3 StR 575/51).

---

1 „Das Schwurgericht hält eine empfindliche Strafe für erforderlich, ‚um dem Angeklagten, der noch mit seinem letzten Wort erklärte, daß er im Recht gewesen sei, das Unrecht seines Tuns voll zum Bewußtsein zu bringen'. Die Revision macht geltend, diese Erwägung beruhe auf einer Verletzung des § 261 StPO. Denn der Angeklagte habe nicht den Standpunkt eingenommen, im Recht gewesen zu sein. Das gehe aus dem hervor, was die Niederschrift als sein letztes Wort enthalte. Dieser Einwand ist im Revisionsrechtszuge nicht zulässig. Soweit es für das Urteil darauf ankommt, mit welchen Angaben zur Sache sich der Angeklagte in der Hauptverhandlung verteidigt hat, ist es allein Aufgabe des Tatrichters, hierüber Feststellungen zu treffen. An sie ist das Revisionsgericht gebunden, wie sich aus § 337 StPO ergibt. Es darf sie auch nicht an Hand der Niederschrift nachprüfen (RGSt 49, 315). Diese wäre dazu im übrigen kein geeignetes Mittel. Ihre erhöhte Beweiskraft nach § 274 StPO beschränkt sich auf ‚die Beobachtung der für die Hauptverhandlung vorgeschriebenen Förmlichkeiten', betrifft also nicht den Inhalt von Aussagen. Insoweit hat die Niederschrift keinen höheren Beweiswert als die Urteilsgründe. Sie könnte diese schon deshalb nicht entkräften, weil sie nur die Wahrnehmungen des Vorsitzenden und des Protokollführers wiedergibt, das Urteil aber die Feststellungen enthält, die das ganze Gericht oder seine Mehrheit dem Inbegriff der Hauptverhandlung entnimmt (§ 261 StPO). Daß diese unrichtig seien, ließe sich daher nicht mit der Sitzungsniederschrift beweisen."

Erfolglose Rügen

1. Beweiskraft des Protokolls entfällt, wenn nicht sein kann, was nicht sein darf (BGH Urt. v. 8. 8. 2001 – 2 StR 504/00).

2. Schweigt das Protokoll zur Frage der Vereidigung eines Zeugen, so ist diese vom Revisionsgericht im Freibeweisverfahren zu klären (BGH Beschl. v. 2. 5. 2000 – 1 StR 62/00).

3. Läßt das Protokoll mehrere Verfahrensgestaltungen offen, hat es keine Beweiskraft. Der Verfahrensablauf ist dann vom Revisionsgericht im Wege des Freibeweises zu klären (BGH Beschl. v. 20. 7.1999 – 1 StR 287/99).

4. Wenn das Sitzungsprotokoll offenkundig in sich widersprüchlich ist, entfällt die besondere Beweiskraft nach § 274 StPO (BGH Beschl. v. 7. 7. 1999 – 1 StR 303/99).

5. Einem in sich widersprüchlichen und lückenhaften Hauptverhandlungsprotokoll kommt keine Beweiskraft zu (BGH Beschl. v. 22. 6. 1999 – 1 StR 193/99).

6. Die Anwesenheit eines Sachverständigen gehört nicht zu den wesentlichen Förmlichkeiten des Verfahrens, auf die sich die (negative) Beweiskraft des Protokolls bezieht (BGH Urt. v. 21. 5. 1985 – 1 StR 175/85).

7. Ist das Protokoll unklar, gilt die freie Beweiswürdigung (BGH Urt. v. 20. 4. 1982 – 1 StR 833/81).

8. Die Beweiskraft des Protokolls gilt nicht für die Erklärungen des Angeklagten zur Sache (BGH Urt. v. 5. 11. 1980 – 2 StR 488/80).

9. Ein lückenhaftes Protokoll kann im Wege der freien Beweiswürdigung ergänzt werden (BGH Urt. v. 10. 4. 1962 – 1 StR 125/62).

10. Beweiskraft des Protokolls hinsichtlich der Abwesenheit eines Richters (BGH Urt. v. 20. 11. 1961 –2 StR 395/61).

11. Nachträgliche Unterzeichnung des Sitzungsprotokolls entzieht der Revision nicht den Boden (BGH Urt. v. 4. 12. 1958 – 4 StR 408/58).

12. Die Prozeßbeteiligten haben kein Anrecht auf die vollständige Niederlegung des Wortlauts einer Aussage (BGH Urt. v. 12. 4. 1956 – 4 StR 56/56).

13. Die Beratung des Gerichts gehört nicht zu den in die Sitzungsniederschrift aufzunehmenden Vorgängen (BGH Urt. v. 29. 1. 1954 – 1 StR 329/53).

14. Begrenzte Protokollberichtigung nur zugunsten des Angeklagten nicht möglich (BGH Urt. v. 31. 5. 1951 – 3 StR 106/51).

Erfolgreiche Rügen

1. Die Einnahme eines Augenscheins, die nicht protokolliert ist, ist nicht erfolgt.

StPO § 274 – BGH Beschl. v. 23. 10. 2001 – 4 StR 249/01 LG Neubrandenburg (= NStZ 2002, 219)

Die Revision rügt, das Landgericht habe seine Überzeugung von der Täterschaft des Angeklagten auf den selbständigen Beweiswert von Videoaufnahmen gestützt, die nicht Gegenstand der Beweisaufnahme, insbesondere eines Augenscheins waren und beruft sich insoweit auf das Hauptverhandlungsprotokoll.

Sachverhalt: Das Landgericht hat seine Überzeugung von der Täterschaft des Angeklagten im Fall II 1a der Urteilsgründe (Überfall auf ein Pizza-Bistro) und im Fall II 1b (Verwendung bei der dem Überfall erbeuteten EC-Karte und der vom Tatopfer genannten Geheimnummer zur Abhebung von Bargeld) auf Videoprints gestützt. Es hat dazu u.a. ausgeführt:

„Der Angeklagte ist auf Videoprints, die gefertigt worden sind von einem Videofilm, der von der Überwachungskamera am Geldautomaten der Sparkasse Demmin aufgenommen wurde, eindeutig zu erkennen. Insbesondere die Nase, der Mund, die Augen und die Kopfform des Angeklagten stimmen mit der auf diesen Videoprints erkennbaren Person überein".

Dass die in Bezug genommenen Videoprints in Augenschein genommen worden wären, ist jedoch in dem Hauptverhandlungsprotokoll nicht vermerkt. – Das Rechtsmittel hatte Erfolg.

Gründe: ... Die Einnahme eines Augenscheins ist eine wesentliche Förmlichkeit, deren Beurkundung durch § 273 1 StPO vorgeschrieben ist. Schweigt das Protokoll über die Einnahme eines Augenscheins, so gilt dieser wegen der Beweiskraft des Protokolls nach § 274 StPO als nicht erfolgt (BGH NStZ 1993, 51 [BGH Beschl. v. 18. 8. 1992 – 5 StR 126/92; § 274 StPO erfolgreiche Rügen]; BGHR StPO § 261 Inbegriff der Verhandlung 31). Auch wenn dieses Ergebnis der wahren Sachlage widersprechen sollte, muß es als Konsequenz oder dem § 274 StPO zugrundeliegenden gesetzgeberischen Entscheidung hingenommen werden.

Die Beweiskraft des Protokolls entfällt nur dann, wenn es offensichtliche Widersprüche oder Lücken aufweist. Dann kann das Revisionsgericht das Protokoll im Wege des Freibeweises ergänzen (vgl. BGHSt. 17, 220, 222 [BGH Urt. v. 10. 4. 1962 – 1 StR 125/62; vgl. § 274 StPO erfolglose Rügen]; 31, 39, 41 [BGH Urt. v. 20. 4. 1982 – 1 StR 833/81; vgl. § 274 StPO erfolglose Rügen]). Hier liegen die Voraussetzungen für eine Ergänzung des Protokolls im Wege des Freibeweises jedoch nicht vor.

Das Protokoll weist zwar aus, daß die Videoprints sowohl der in dem Pizza-Bistro überfallenen Zeugin St. als auch dem Polizeibeamten T. und dem Bankkaufmann O. im Rahmen ihrer Zeugenvernehmungen vorgehalten und damit als Vernehmungshilfsmittel eingesetzt worden sind. Soweit das Protokoll darüber hinaus keinen Hinweis darauf enthält, daß die Videoprints dabei auch Gegenstand der Beweisaufnahme durch Augenschein wurden, liegt darin aber entgegen der Auffassung des GBA keine offensichtliche Lücke des Protokolls. Es kann dahinstehen, ob es gängiger Praxis beim Vorhalt von Lichtbildern an Zeugen entspricht, daß alle Mitglieder des Gerichts den Beweisgegenstand in Augenschein nehmen und allen Prozeßbeteiligten Gelegenheit gegeben wird, diesen zu besichtigen. Eine solche – im Übrigen nicht belegte – gängige Praxis der Strafkammern würde eine Durchbrechung der negativen Beweiskraft des Protokolls nicht rechtfertigen. Die vorliegende Fallgestaltung ist mit den Sachverhalten, die den Entscheidungen des 3. Strafsenats (NStZ 1999, 424: Unterbleiben der Verlesung des Anklagesatzes, der Belehrung über die Aussagefreiheit sowie die Vernehmung zur Sache) und des 2. Strafsenats (Urt. v. 8. 8. 2001 – 2 StR 504/00 [vgl. § 274 StPO erfolglose Rügen]: fehlende Anwesenheit eines notwendigen Verteidigers an einem der Sitzungstage) nicht vergleichbar.

Soweit der Angeklagte in den Fällen II 1a und b verurteilt worden ist, beruht das Urteil auf dem Verfahrensfehler. Die Zeugin St. hat den Täter, der bei dem Überfall eine gestrickte Maske trug, auf den ihr vorgelegten Videoprints, „die nach Überzeugung der Kammer den Angeklagten A. zeigen", nicht erkannt. Das Landgericht hat mithin insoweit seine Überzeugung von der Täterschaft des Angeklagten auf den selbständigen Beweiswert der Videoprints gestützt, auf denen der Angeklagte „eindeutig zu erkennen" ist.

2. Enthält das Hauptverhandlungsprotokoll nach Ausschluß der Öffentlichkeit keinen Hinweis auf deren Wiederherstellung, war das weitere Verfahren nicht öffentlich.

StPO §§ 273, 274, 338 Nr. 6 – BGH Beschl. v. 31. 3. 1994 – 1 StR 48/94 LG Landshut (= StV 1994, 471 = NStZ 1994, 354)

Die Revision rügt, daß das Verfahren teilweise unter Ausschluß der Öffentlichkeit durchgeführt worden ist und beruft sich zum Beweis dafür auf das Hauptverhandlungsprotokoll.

Sachverhalt: Das Landgericht hatte in der Sitzung v. 7. 9. 1993 „die Öffentlichkeit für die Dauer der Vernehmung" der Nebenklägerin nach § 171b Abs. 1 GVG ausgeschlossen. Die Nebenklägerin wurde sodann in nichtöffentlicher Sitzung zur Sache vernommen; sie blieb aufgrund der kurz vor Ende dieses ersten Verhandlungstages getroffenen Verfügung des Vorsitzenden gem. § 61 Nr. 2 und Nr. 5 StPO unvereidigt.

Danach ist für die gesamte weitere Hauptverhandlung einschließlich der Urteilsverkündung die Öffentlichkeit nicht wieder hergestellt worden. – Das Rechtsmittel hatte Erfolg.

Gründe: Dieser Vortrag wird durch die Sitzungsniederschrift bewiesen (§ 274 StPO). Zu den wesentlichen Förmlichkeiten i.S.d. § 273 Abs. 1 StPO gehört die Feststellung, daß die Öffentlichkeit wieder hergestellt worden ist (BGH Beschl. v. 25. 4. 1989 – 4 StR 153/89). Da das Protokoll eine solche Feststellung nicht enthält, erweist sich die Verfahrensrüge als begründet.

Fehl geht demgegenüber der Hinweis des GBA auf die „Einheit" des Protokolls. Zwar wird die Öffentlichkeit der Verhandlung üblicherweise am Anfang des Protokolls vermerkt, und bei mehrtägiger Verhandlung kann dieser am 1. Verhandlungstag aufgenommene Vermerk genügen, wenn sich im Verlauf der Verhandlung keine Änderung ergeben hat. Wird jedoch – wie hier – die Öffentlichkeit im Laufe der Verhandlung ausgeschlossen, so muß der Verfahrensabschnitt, der nicht öffentlich verhandelt wurde, im Protokoll genau bezeichnet werden.

Daran fehlt es hier.

3. Eine förmliche Beweiserhebung, die nicht im Hauptverhandlungsprotokoll vermerkt ist, gilt als nicht erfolgt.

StPO § 274 – BGH Beschl. v. 18. 8. 1992 – 5 StR 126/92 LG Kaiserslautern (= NStZ 1993, 51)

Die Revision rügt, das Urteil stütze sich auf eine Beweiserhebung, die, wie das Hauptverhandlungsprotokoll beweise, nicht erfolgt sei.

Sachverhalt: Das Landgericht führt im Rahmen der Beweiswürdigung aus, der Verwalter S. habe „– so der Eindruck nach Einsicht in das vorgelegte Kassenbuch und die Einnahme- und Überschußrechnung – die Verwaltung ordnungsgemäß durchgeführt".

Beide Bücher wurden in der Hauptverhandlung ausweislich des Sitzungsprotokolls aber weder in Augenschein genommen noch verlesen. – Das Rechtsmittel hatte Erfolg.

Gründe: Es ist schon zu besorgen, das Landgericht habe gegen § 261 StPO verstoßen und seine Überzeugung nicht aus dem Inbegriff der Hauptverhandlung geschöpft.

Die Einnahme eines Augenscheins und die Verlesung einer Urkunde sind wesentliche Förmlichkeiten, deren Beurkundung durch § 273 1 StPO vorgeschrieben ist. Schweigt das Protokoll über die Einnahme eines Augenscheins oder die Verlesung, so gelten diese wegen der Beweiskraft des Protokolls nach § 274 StPO als nicht erfolgt (BGH Beschl. v. 18. 3. 1992 – 3 StR 63/92). Auch wenn dieses Ergebnis der wahren Sachlage widersprechen sollte, muß es als Konsequenz der dem § 274 StPO zugrunde liegenden gesetzgeberischen Entscheidung hingenommen werden (BGH Beschl. v. 18. 3. 1992, a.a.O.; BGHSt. 36, 354, 358 [BGH Beschl. v. 6. 2. 1990 – 2 StR 29/89; vgl. § 273 StPO erfolglose Rügen]).

Diese Beweiskraft gilt nur dann nicht, wenn das Protokoll offensichtliche Widersprüche oder Lücken aufweist, die sich aus ihm selbst heraus ergeben. Dann kann das Revisionsgericht das Protokoll im Wege des Freibeweises ergänzen (vgl. BGH Beschl. v. 18. 3. 1992; BGHSt. 17, 220, 222 [BGH Urt. v. 10. 4. 1962 – 1 StR 125/62; vgl. § 274 StPO erfolglose Rügen]). Solche Widersprüche und Lücken sind nicht ersichtlich.

Das Protokoll weist zwar – was die Revision auch vorträgt – aus, daß die Verteidigerin die beiden Bücher in der Hauptverhandlung vom 29. 10. 1991 dem Gericht übergab und daß diese als Anlage 2 zum Hauptverhandlungsprotokoll genommen wurden. Daß diese Bücher aber auch Gegenstand der Beweisaufnahme waren, folgt daraus noch nicht. Insoweit liegt auch keine Lücke des Protokolls vor, denn es kommt häufig vor, daß zu den Akten gegebene Beweismittel nicht zur Beweiserhebung herangezogen werden.

Allerdings heißt es in den Urteilsgründen, der Zeuge S. habe „auf Vorhalt des ... Kassenbuchs und des Einnahme- und Ausgabenbuchs – diese Bücher wurden vom Angeklagten am 1. Hauptverhandlungstag vorgelegt –" spontan eine Äußerung zu Stempeln auf dem Umschlag der Bücher gemacht. Daß damit auch der Inhalt der rund 30 Seiten umfassenden Bücher Gegenstand der Beweisaufnahme durch Augenschein wurde, folgt aus dieser Wendung nicht. Im übrigen könnte auch durch die Mitteilung einer Beweiserhebung in den Urteilsgründen die negative Beweiskraft des Protokolls nicht durchbrochen werden, denn die Lücken und offensichtlichen Widersprüche müssen sich aus dem Protokoll selbst ergeben (BGHSt. 17, 220, 222).

Der Möglichkeit, daß Inhalt und Form der beiden Bücher auf andere Weise als durch Verlesen oder Augenschein, nämlich durch eine Aussage auf einen Vorhalt, in die Hauptverhandlung eingeführt worden sein können, steht der Wortlaut der Urteilsgründe entgegen.

4. Ein stenographisches Protokoll der Protokollführerin, das vom Hauptverhandlungsprotokoll abweicht, kann einer bereits erhobenen Verfahrensrüge nicht die Grundlage entziehen.

StPO § 274 – BGH Beschl. v. 22. 2. 1991– 3 StR 487/90 (= BGHR StPO § 274 Beweiskraft 8)

Die Revision rügt, dem Angeklagten sei entgegen § 258 III StPO nicht das letzte Wort nicht gewährt worden.

Sachverhalt: Nachdem die Beweisaufnahme wiederum geschlossen worden war, wiederholten die Staatsanwältin, die Vertreterin der Nebenklägerin und der Verteidiger ihre Anträge. Sodann erging das Urteil, ohne daß der Angeklagte zuvor befragt worden wäre, ob er selbst noch etwas zu seiner Verteidigung anzuführen habe. – Das Rechtsmittel hatte Erfolg.

Gründe: Der Verfahrensfehler wird durch das Hauptverhandlungsprotokoll bewiesen, dessen Beweiskraft (§ 274 StPO) insoweit nicht aufgehoben ist. Allerdings hat die Protokollführerin nach Eingang der Revisionsrechtfertigung vom 1. 10. 1990 in einer dienstlichen Äußerung vom 4. 10. 1990 erklärt, ausweislich des „Kurzschriftprotokolls vom 23. 7. 1990" (d.h. der stenographischen Notizen der Protokollführerin über die Fortsetzung der Hauptverhandlung vom 23. 7. 1990 am 27. – nicht 26. – 7. 1990) sei dem Angeklagten „nochmals" das letzte Wort erteilt worden, was infolge eines Übertragungsversehens nicht in das Protokoll aufgenommen worden sei. Diese Erklärung kann der bereits erhobenen Verfahrensrüge aus Rechtsgründen aber nicht nachträglich die Grundlage entziehen. Das würde selbst dann gelten, wenn ihr der Vorsitzende aus eigenem Wissen beigetreten wäre und die Urkundspersonen die Sitzungsniederschrift dementsprechend berichtigt hätten. Vielmehr hat das Revisionsgericht in einem solchen Fall von der ursprünglichen, dem Revisionsführer günstigeren Fassung auszugehen (BGHSt. 2, 125, 126 ff. [BGH Urt. v. 19. 12. 1951 – 3 StR 575/51; vgl. § 274 StPO erfolgreiche Rügen]; 34, 11, 12 [BGH Beschl. v. 4. 2. 1986 – 1 StR 643/85; vgl. § 268 StPO erfolglose Rügen]).

Auf dem Verfahrensverstoß kann das Urteil auch beruhen. Das ergibt sich schon daraus, daß das Landgericht der Einlassung des großenteils leugnenden Angeklagten weitgehend nicht gefolgt ist, sondern ihn auf Grund der abweichenden Angaben seiner am 4. 12. 1971 geborenen Tochter Manuela verurteilt hat (vgl. BGHSt. 22, 278, 281 [BGH Urt. v. 15. 11. 1968 – 4 StR 190/68; vgl. § 258 StPO erfolglose Rügen]).

5. Nach Eingang der Revisionsbegründungsschrift darf das Protokoll nicht mehr geändert werden, wenn es dieser ansonsten den Boden entziehen würde[1].

StPO §§ 271, 274 – BGH Urt. v. 20. 2. 1957 – 2 StR 34/57 LG Düsseldorf (= BGHSt. 10, 145 = NJW 1957, 789 = JR 1957, 302 = JZ 1957, 587)

Die Revision vom 15. 12. 1956 rügt, daß der Beschluß über die Eröffnung des Hauptverfahrens nicht verlesen worden sei.

Sachverhalt: Das Protokoll über die Hauptverhandlung enthält folgenden Vordruck:

„Der Beschluß vom ... 195 ... über die Eröffnung des Hauptverfahrens (Bl. ...) wurde verlesen."

Der Vordruck wurde nachträglich durch Einfügung des Datums 28. 10. 1953 und der Blattzahl Bl. 52 Band I d.A. ausgefüllt. Auf der ersten Seite des Protokolls findet sich folgender vom Vorsitzenden und vom Protokollführer unterschriebener Vermerk:

„Das Protokoll ist wegen Unvollständigkeit bei der ersten Vorlage nicht vom Vorsitzenden unterschrieben und sollte dem Protokollführer zur Ergänzung vorgelegt werden. Ergänzung und Unterschrift ist versehentlich unterblieben und heute nachgeholt worden. Der Beschluß über die Eröffnung des Hauptverfahrens vom 28. 10. 1953 ist in der Hauptverhandlung verlesen worden. Düsseldorf, den 20. 12. 1956 W. A.". – Das Rechtsmittel hatte Erfolg.

Gründe: Hiernach ist der Satz über die Verlesung des Eröffnungsbeschlusses erst am 20. 12. 1956, also nach der in der Revisionsbegründung vom 15. 12. 1956 – eingegangen am 17. 12. 1956 – erhobenen Verfahrensrüge, eingefügt worden.

Entgegen der Ansicht des Oberbundesanwalts hat der Beschwerdeführer keine bloße Protokollrüge erhoben; denn er macht geltend, der Eröffnungsbeschluß sei nicht verlesen worden; nicht etwa beanstandet er lediglich, die Verlesung sei nicht beurkundet worden. Daß der Eröffnungsbeschluß nicht verlesen worden ist, entnimmt die Revision dem Umstande, daß zur Zeit, als der Verteidiger das Protokoll einsah, der Vordruck für die Beurkundung der Verlesung nicht mit Datum und Aktenstelle des Eröffnungsbeschlusses ausgefüllt war. Die in dem Formular vorgedruckten Worte: „Der Beschluß vom ... 195.. über die Eröffnung des Hauptverfahrens (Bl. ...) wurde verlesen", waren zwar nicht durchgestrichen. Gleichwohl kann darin, daß sie unausgefüllt stehen geblieben waren, keine gewollte Beurkundung einer stattgefundenen Verlesung gesehen werden. Denn nach dem vom Vorsitzenden und vom Protokollführer unterzeichneten Vermerk wurde das Protokoll in diesem Punkte von beiden Urkundspersonen noch für ergänzungsbedürftig angesehen. Es muß deshalb davon ausgegangen werden, daß das Protokoll bis zu dem Augen-

---

1 Änderung der Rechtsprechung nach Einführung des § 273 Abs. 3 (heute Abs. 4) StPO durch das StPÄG 1964! Vgl. BGH Beschl. v. 24. 10. 2001 – 1 StR 163/01, vgl. § 258 StPO erfolglose Rügen.

blick, als der Vordruck ausgefüllt wurde, keinen Vermerk darüber enthielt, daß der Eröffnungsbeschluß entsprechend der Vorschrift des § 243 Abs. 2 StPO verlesen worden sei.

Bei Eingang der Revisionsbegründungsschrift lag noch kein ordnungsgemäßes Protokoll über die Hauptverhandlung vor, weil die beiden Urkundspersonen – der Vorsitzende und der Protokollführer – es noch nicht unterzeichnet hatten.

Es fragt sich nun, ob das Revisionsgericht eine vor der nachträglichen Unterzeichnung vorgenommene Vervollständigung (Änderung) des Protokolls berücksichtigen darf, wenn durch die Vervollständigung (Änderung) einer bereits erhobenen Verfahrensrüge der Boden entzogen wird, oder ob hier die Grundsätze entsprechend angewendet werden müssen, die der Bundesgerichtshof im Einklang mit der älteren Rechtsprechung des Reichsgerichts über die Berücksichtigung von Berichtigungen des unterschriftlich vollzogenen Protokolls in BGHSt. 2, 125 (BGH Urt. v. 19. 12. 1951 – 3 StR 575/51; vgl. § 274 StPO erfolgreiche Rügen) aufgestellt hat. Der Bundesgerichtshof hat – soweit ersichtlich – sich zu dieser Frage bisher nicht geäußert. Urteile des Reichsgerichts, die sie unmittelbar entschieden hätten, sind nicht bekannt geworden. Jedoch ist dem Urteil RG JW 1932, 2730 Nr. 32 zu entnehmen, daß das Reichsgericht die zweite Alternative bejaht hat. Dort hatte der Vorsitzende das Protokoll erst nach Eingang der Revisionsbegründungsschrift unterzeichnet. Der Revisionsführer hatte unter anderem den Vorwurf erhoben, daß das Protokoll unvollständig und unrichtig sei. Das Reichsgericht hat dazu ausgeführt, darauf brauche nicht weiter eingegangen zu werden; da seit dem Eingange der Revisionsbegründung an dem Inhalt des Protokolls selbst nichts geändert worden sei, fänden die in RGSt 59, 429; 61, 28 ff. dargelegten Grundsätze keine Anwendung.

Der Senat ist der Ansicht, daß sie sinngemäß angewendet werden müssen, wenn an dem zur Zeit des Einganges der Revisionsbegründungsschrift nicht unterschriebenen und daher noch nicht abgeschlossenen Protokoll eine Änderung vorgenommen wird, die der Verfahrensrüge den Boden entzieht. Dafür spricht vor allem die Erwägung, daß dem Beschwerdeführer nur eine verhältnismäßig kurze Frist zur Begründung der Revision zur Verfügung steht und daß er deshalb in der Frage, ob Verfahrensrügen zu erheben sind, sich auf den Inhalt des bei den Akten befindlichen Hauptverhandlungsprotokolls verlassen können muß. Es ist weder seine Aufgabe, noch ist es ihm zuzumuten, beim Vorsitzenden die Nachholung der unterbliebenen Unterschrift anzuregen und damit die nochmalige Überprüfung des Protokolls auf seine Richtigkeit zu veranlassen. Dabei würde er übrigens Gefahr laufen, die Frist zur Begründung der Revision zu versäumen. Hinzu kommt der schon anläßlich der Plenarentscheidung RGSt 43, 1 [3] vom Oberreichsanwalt geäußerte Gesichtspunkt, daß jede Protokollberichtigung, die erst von einem Prozeßbeteiligten veranlaßt wird, die Gefahr in sich birgt, daß sie dem wahren Hergang nicht entspricht; denn bei der Notwendigkeit, amtliche Zeugnisse über gleichliegende oder ähnliche Fälle auszustellen, kann sich unbewußt und ungewollt die Folgerung einstellen, der gerügte Verfahrensverstoß sei, weil in so viel anderen Sachen nicht unterlaufen, auch vorliegend nicht begangen.

Der Oberbundesanwalt hat weiter die Ansicht vertreten, das Protokoll habe im Augenblicke des Einganges der Revisionsbegründungsschrift nicht die Beweiskraft nach § 274 StPO gehabt, weil es noch nicht unterschrieben gewesen sei; das Revisionsgericht sei deshalb befugt, auf Grund des vom Vorsitzenden und vom Protokollführer unterschriebenen Vermerkes im Wege des Freibeweises festzustellen, ob der Eröffnungsbeschluß verlesen worden sei. Dieser Gesichtspunkt kann im vorliegenden Falle aus den Gründen, die es verbieten, die der Verfahrensrüge nachträglich den Boden entziehende Änderung zu berücksichtigen, ebensowenig durchgreifen wie im Falle der nachträglichen Berichtigung eines bereits unterschriftlich vollzogenen Protokolls.

Es bleibt hiernach zu prüfen, ob das Urteil auf dem Verstoß beruht. Das kann nicht ausgeschlossen werden.

6. Keine Beweiswirkung des Protokolls bei nachträglicher Unrichtigkeitserklärung.

StPO § 274 – BGH Urt. v. 8. 10. 1953 – 5 StR 245/53 LG Hamburg (= BGHSt. 4, 364 = NJW 1953, 1925)

Die Revision rügt, daß der Angeklagte in der Hauptverhandlung während der Vernehmung der Zeuginnen K. V. und F. V. aus dem Sitzungszimmer entfernt worden sei, obwohl ein entsprechender Beschluß des Gerichts nicht vorgelegen habe.

Der Sachverhalt ergibt sich aus der Revisionsbegründung. – Das Rechtsmittel hatte Erfolg.

Gründe: ... Nach § 247 StPO kann zwar das Gericht einen Angeklagten während der Vernehmung eines Zeugen aus dem Sitzungszimmer abtreten lassen, wenn zu befürchten ist, daß der Zeuge in Gegenwart des Angeklagten die Wahrheit nicht sagen werde. Die Entfernung setzt aber voraus, daß das Gericht nach Anhörung der Prozeßbeteiligten einen Beschluß erläßt und mit Begründung verkündet. Diese Bestimmung ist hier verletzt worden.

Die Sitzungsniederschrift besagt zwar nichts darüber, daß der Angeklagte während der Vernehmung der Zeuginnen K. V. und F. V. entfernt worden ist. Die – verneinende – Beweiskraft des Protokolls (§ 274 StPO) gilt hier indessen nicht. Sie setzt ein ordnungsgemäß aufgenommenes, gemäß § 271 Abs. 1 StPO von dem Vorsitzenden und dem Urkundsbeamten der Geschäftsstelle unterschriebenes Protokoll voraus. Fehlt es an der Unterschrift der Urkundspersonen oder einer von ihnen, so kommt dem Protokoll die sich aus § 274 StPO ergebende Beweiswirkung nicht zu. Es tritt die freie Beweiswürdigung an die Stelle der in § 274 StPO bestimmten Beweisregel. Entsprechend liegt es hier. Das Protokoll trägt allerdings die Unterschriften des Vorsitzenden und des Urkundsbeamten der Geschäftsstelle. Der Vorsitzende hat jedoch nachträglich in seiner dienstlichen Äußerung vom 14. 8. 1952 erklärt, daß die Zeuginnen K. V. und F. V. in Abwesenheit des Angeklagten vernommen worden sind und daß die Protokollierung des Vorgangs versehentlich unterblieben ist. Damit ist eine der beiden Urkundspersonen von dem Inhalte des Protokolls hinsichtlich dieses Vorgangs ausdrücklich und eindeutig abgerückt. Insoweit ist der Inhalt des Protokolls durch die Unterschrift des Vorsitzenden nicht mehr gedeckt. Dieser Fall muß, soweit es sich um den durch die Unterschrift des Vorsitzenden nicht mehr gedeckten Teil des Protokolls handelt, dem des Fehlens der Unterschrift gleichgeachtet werden. Die Beweiskraft des Protokolls ist daher, soweit sie den erwähnten Punkt betrifft, aufgehoben. Dieser Auffassung steht nicht entgegen, daß nach § 274 StPO gegen die Richtigkeit des Protokolls nur der Beweis der Fälschung zulässig ist. Es handelt sich hier nicht um einem Beweis gegen die Richtigkeit des Protokolls, sondern um den durch die nachträgliche dienstliche Äußerung einer der beiden Urkundspersonen herbeigeführten Wegfall der Voraussetzungen für die Anwendbarkeit der Beweisregel.

Der Senat hatte daher in freier Beweiswürdigung zu entscheiden. Er sieht auf Grund der dienstlichen Äußerung des Vorsitzenden als erwiesen an, daß der Angeklagte während der Vernehmung der erwähnten Zeuginnen aus dem Sitzungszimmer entfernt worden ist, ohne daß ein entsprechender Gerichtsbeschluß mit Begründung verkündet worden war. Das war rechtlich unzulässig.

Der Mangel bedeutet einen unbedingten Revisionsgrund (§ 338 Nr. 5 StPO).

Der Rüge steht nicht entgegen, daß der Angeklagte und sein Verteidiger die Entfernung des Angeklagten in der Hauptverhandlung vor dem Landgericht nicht beanstandet haben. Dies wäre nur dann der Fall, wenn die Entfernung eine auf die Sachleitung bezügliche Anordnung des Vorsitzenden im Sinne des § 238 Abs. 2 StPO wäre. Über eine solche Anordnung hat gemäß § 238 Abs. 2 StPO auf Beanstandung durch einen Prozeßbeteiligten das Gericht zu entscheiden. Unterbleibt die Beanstandung, so kann die Unzulässigkeit der Anordnung mit der Revision nicht mehr geltend gemacht werden (RGSt 71, 21). Die Entfernung des Angeklagten ist indessen keine auf die Sachleitung bezügliche Anordnung des

Vorsitzenden, über die das Gericht erst auf Beanstandung durch einen Prozeßbeteiligten hin zu entscheiden hat. Sie steht gemäß § 247 StPO nicht dem Vorsitzenden zu. Ihre Anordnung bedarf von vornherein, nicht erst auf Beanstandung hin, eines Gerichtsbeschlusses. Der Angeklagte kann daher die Unzulässigkeit der Entfernung mit der Revision auch dann geltend machen, wenn er oder sein Verteidiger sie in der Hauptverhandlung nicht beanstandet haben.

Das Urteil mußte wegen der festgestellten Gesetzesverletzung aufgehoben werden.

7. Nach Eingang der Revisionsbegründungsschrift darf das Protokoll nicht mehr geändert werden, wenn es ansonsten der Rüge den Boden entziehen würde.
StPO § 274 – BGH Urt. v. 19. 12. 1951 – 3 StR 575/51 LG Düsseldorf (= BGHSt. 2, 125 = NJW 1952, 432)

Die Revision rügt, daß eine Zeugin nicht über Ihr Eidesverweigerungsrecht nach § 63 StPO belehrt worden sei.

Sachverhalt: Das Protokoll enthielt ursprünglich keinen Vermerk darüber, daß die Zeugin über ihr Eidesverweigerungsrecht belehrt worden sei. Dieser ist jedoch nachträglich im Wege der Protokollberichtigung nach Eingang der Revisionsbegründung am 9. 4. 1951 beigefügt worden. – Das Rechtsmittel hatte Erfolg.

Gründe: Die Zulässigkeit der Protokollberichtigung im allgemeinen ist durch die Rechtsprechung anerkannt. Mit ihrer Zulassung wird eine Lücke der Strafprozeßordnung, die hierüber nichts sagt, ausgefüllt.

Streitig ist jedoch, ob diese Berichtigung dann noch zulässig ist, wenn sie ein auf seinen unrichtigen Inhalt gegründetes und mit der Revision geltend gemachtes Recht des Beschwerdeführers beseitigen würde. Das Reichsgericht hat die Zulässigkeit entgegen seiner früheren ständigen Rechtsprechung (RGSt 43, 1; 63, 408) zuletzt (RGSt 70, 241) bejaht.

Der Senat schließt sich der früheren reichsgerichtlichen Rechtsprechung an.

Auszugehen ist von der in § 274 StPO getroffenen Regelung. Danach ist dem Verhandlungsprotokoll eine außerordentlich weitgehende Beweiskraft zugeschrieben. Es liefert als ausschließliches Beweismittel vollen und unwiderleglichen Beweis für die Beachtung der für die Hauptverhandlung vorgeschriebenen Förmlichkeiten. Sein Inhalt ist bis zum Nachweis seiner Fälschung, die so gut wie nie in Betracht kommt, als wahr zugrunde zu legen. Selbst der Inhalt des Urteils ist nicht geeignet, das Protokoll zu widerlegen oder zu ergänzen, soweit es den Beweis zu liefern bestimmt ist. Der in der Niederschrift beurkundete Sachverhalt bildet nach dem Gesetz ohne Rücksicht auf die wirklichen Vorkommnisse in der Hauptverhandlung die Grundlage des Verfahrens. Er bildet insbesondere auch die Grundlage für das Revisionsverfahren. Staatsanwaltschaft und Angeklagte können Angriffe gegen das Urteil wegen Verfahrensverstößen nur auf den im Protokoll niedergelegten Sachverhalt stützen.

Solange sie das nicht getan haben, ist dessen Berichtigung möglich, weil die von ihm wiedergegebenen Tatsachen bis dahin noch nicht als Anfechtungsgrundlage in Anspruch genommen worden sind. Ist das aber geschehen, so kann dem Beschwerdeführer die dadurch erlangte Rechtsstellung durch eine nachträgliche Protokollberichtigung nicht mehr entzogen werden. Da dieser zur Begründung seines mit Verfahrensmängeln gerechtfertigten Rechtsmittels nur das Protokoll in der vorliegenden Form verwerten darf und muß, ist ihm auch das Recht zuzugestehen, sich der nachträglichen Änderung des in der Niederschrift dargelegten und für alle Beteiligten maßgeblichen Sachverhalts zu widersetzen.

Dem Beschwerdeführer sind in den hierfür aufgestellten Revisionsvorschriften für die Geltendmachung von Verfahrensverstößen ziemlich enge Grenzen gezogen. Demgegenüber kann es nicht vertreten werden, den Urkundspersonen so weitgehende Möglichkeiten der Protokollberichtigung zuzugestehen, wie es das Reichsgericht zuletzt (RGSt 70, 241) getan hat. Damit würden die verfahrensrechtlichen Befugnisse des Beschwerdeführers weiter eingeengt. Er wäre der Gefahr ausgesetzt, durch eine nachträgliche Änderung des Protokolls eine nach dessen Inhalt begründete und auch nach den tatsächlichen Vorgängen der Hauptverhandlung berechtigte Verfahrensrüge zu verlieren.

Nicht durchgreifen kann demgegenüber der Gedanke, daß bei Nichtzulassung der Berichtigung das Revisionsgericht gezwungen werde, seiner Entscheidung einen unzutreffenden Sachverhalt zugrunde zu legen, der von den für die Niederschrift verantwortlichen Personen förmlich als unrichtig bezeugt worden ist.

Dem § 274 StGB ist zu entnehmen, daß es dem Gesetzgeber nicht darauf ankam, ausschließlich den Gedanken zu berücksichtigen, daß der Protokollinhalt den tatsächlichen Geschehnissen in der Hauptverhandlung entspricht. Er wollte nur eine Verfahrensregelung treffen, die er für zweckmäßig erachtete. Durch die Niederschrift sollte ein Sachverhalt geschaffen werden, der für die Beteiligten und das Revisionsgericht eine geeignete Grundlage bietet. Schon diese Regelung steht dem vorerwähnten Gesichtspunkt entgegen.

Erfolglose Rügen

1. Beweiskraft des Protokolls entfällt, wenn nicht sein kann, was nicht sein darf.

StPO § 274 – BGH Urt. v. 8. 8. 2001 – 2 StR 504/00 LG Darmstadt (= NJW 2001, 3794 = NStZ 2002, 270)

Die Revision rügt die vorschriftswidrige Abwesenheit eines notwendigen Verteidigers in der Hauptverhandlung. Dazu macht sie geltend, an 21 Verhandlungstagen sei der Angeklagte teils von Pflichtverteidiger Rechtsanwalt K. und Wahlverteidiger Rechtsanwalt B. gemeinsam, teils aber auch von jedem einzeln verteidigt worden. Am 12. Hauptverhandlungstag, dem 11. 4. 2000, sei für ihn nur Rechtsanwalt K. als Verteidiger in der Hauptverhandlung erschienen. Dieser habe während der Vernehmung des Zeugen KOK H. den Sitzungssaal zeitweise verlassen. In Abwesenheit des einzigen an diesem Tage für ihn erschienenen Verteidigers habe der Zeuge KOK H. zur Sache ausgesagt und auf Vorhalte des Vorsitzenden geantwortet. Während dieses Abschnitts der Hauptverhandlung sei er nicht verteidigt gewesen. Zum Beweis der Richtigkeit seines Vorbringens beruft sich der Beschwerdeführer auf das Protokoll der Hauptverhandlung, das diese Vorgänge ausweist.

Der Sachverhalt ergibt sich aus dem Revisionsvorbringen. – Das Rechtsmittel war erfolglos.

Gründe: ...

aa) Die Anwesenheit eines notwendigen Verteidigers nach § 140 1 Nr. 1 StPO gehört zu den wesentlichen Förmlichkeiten i.S. von §§ 273 I, 274 S. 1 StPO, deren Beobachtung nur durch das Protokoll bewiesen werden kann (vgl. BGHSt. 24, 281 [BGH Beschl. v. 5. 1. 1972 – 2 StR 376/71; vgl. § 245 StPO erfolgreiche Rügen]). Die Rüge scheint durch das Protokoll belegt zu werden. Die Beweiskraft des Protokolls kann jedoch entfallen, wenn es an bestimmten inhaltlichen Mängeln leidet. Es kommen in Betracht aus sich selbst nicht lösbare Widersprüche, unerklärliche Auslassungen (Lücken) und Unklarheiten. Um solche offensichtlichen Mängel handelt es sich nach der neueren Rechtsprechung auch, wenn die Sitzungsniederschrift Vorgänge beurkundet, die sich nach aller Erfahrung so nicht zugetragen haben können. Dabei ist zu beachten, daß das Protokoll einer sich über mehrere Termine erstreckenden Hauptverhandlung eine Einheit bildet. Der BGH hat derartige, die Beweiskraft ausschließende Mängel des Protokolls wiederholt angenommen.

So wurde als nicht lösbarer Widerspruch behandelt das Schweigen der Sitzungsniederschrift über die Anwesenheit eines beisitzenden Richters an einem bestimmten Verhandlungstag, dessen Anwesenheit die vorangegangenen Teilprotokolle auswiesen, und die Bezugnahme des nachfolgenden Teilprotokolls auf dieselbe Besetzung des Gerichts (BGH, StV 2001, 101[1]). Ein Widerspruch wurde auch in dem Fall bejaht, in dem das Protokoll für einen Sitzungstag einen anderen Richter an Stelle des an den übrigen Sitzungstagen anwesenden Beisitzers aufführte (BGHSt. 16, 306 [BGH Urt. v. 20. 11. 1961 – 2 StR 395/61; vgl. § 274 StPO erfolglose Rügen]). In gleicher Weise wurde für widersprüchlich gehalten, daß nach Ausschluß der Öffentlichkeit deren Wiederherstellung nicht protokolliert, für die später erfolgte Vernehmung einer Zeugin aber die Öffentlichkeit erneut ausgeschlossen wurde (BGH, NStZ-RR 2000, 293 [BGH Beschl. v. 7. 7. 1999 – 1 StR 303/99; vgl. § 274 StPO erfolglose Rügen]).

Eine Lücke wurde darin gesehen, daß der Staatsanwalt nach der Sitzungsniederschrift keinen bestimmten Schlussantrag zur Strafhöhe gestellt hat, obwohl sich aus anderen Umständen zwingend ergab, daß er einen solchen gestellt haben mußte (BGHR StPO § 274 Beweiskraft 12). Als lückenhaft wurde das Protokoll des weiteren dann behandelt, wenn ein protokolliert Vorgang darauf hindeutete, daß ein anderer zuvor geschehen sein mußte. Wurde in der Niederschrift die Sitzung eingangs als öffentlich bezeichnet und vor Mitteilung der Urteilsverkündung vermerkt, daß die Öffentlichkeit wieder hergestellt wurde, so enthielt das Protokoll eine augenscheinliche Lücke, soweit die Öffentlichkeit zuvor ausgeschlossen sein mußte (BGHSt. 17, 220 [BGH Urt. v. 10. 4. 1962 – 1 StR 125/62; vgl. § 274 StPO erfolglose Rügen]).

Eine Lücke hat der BGH auch in dem Fall angenommen, in dem das Landgericht den Nebenklägervertreter auf einen nicht korrekt gestellten Beweisantrag hinwies und das Protokoll keine Reaktion des Anwalts aufzeigte. Es wurde durch die Sitzungsniederschrift nicht als bewiesen angesehen, der Anwalt habe den Hinweis des Gerichts schweigend hingenommen (BGHR StPO § 274 Beweiskraft 16). Lücken und Widersprüche greifen häufig ineinander über. So wurde ein Protokoll hinsichtlich der Verlesung von Niederschriften über Telefonüberwachungen für lückenhaft und in sich widersprüchlich erachtet. Nachdem auf Anordnung des Vorsitzenden bestimmte Niederschriften laut Sitzungsprotokoll verlesen wurden, wies das Protokoll aus, daß der bereits ergangene Beschluß über die Verlesung der Niederschriften weiter ausgeführt und die Verlesung fortgeführt wurde. Das Protokoll über die Fortsetzung der Verlesung wurde als unvollständig erachtet, soweit daraus nicht zu entnehmen war, daß nur die in der Anordnung konkret bezeichneten Niederschriften über die Telefonüberwachungen verlesen worden sind (BGH Beschl. v. 22. 6. 1999 – 1 StR 193/99).

Als unklar wurde der Protokollvermerk „allgemein vereidigt" hinsichtlich einer Dolmetscherin eingestuft. Da der Vermerk die bloße Tatsache der Vereidigung, aber auch die nach § 189 II GVG erforderliche Berufung auf den Eid beinhalten kann, führte die Mehrdeutigkeit zum Wegfall der Beweiskraft (BGHSt. 31, 39 [BGH Urt. v. 20. 4. 1982 – 1 StR 833/81; vgl. § 274 StPO erfolglose Rügen]). Wegen offensichtlicher Unklarheit konnte in einem weiteren Fall das Schweigen des Protokolls keinen Beweis für die Abwesenheit eines not-

---

1 Wie die Revisionsbegründung mitteilt, ist die vom Bf. handschriftlich verfaßte Stellungnahme, die sich als Anlage 1 zum Protokoll v. 11. 5. 1999 bei den Akten befindet, dem Gericht übergeben worden. Dieser Vorgang findet zwar im Protokoll keine Erwähnung; aus der Tatsache, daß die Stellungnahme dem Protokoll als Anlage beigefügt ist, ergibt sich jedoch, daß deren Übergabe in der Verhandlung stattgefunden hat. Andernfalls wäre sie nur zu den Akten genommen, nicht aber dem Verhandlungsprotokoll beigefügt worden (BGH Beschl. v. 25. 2. 2000 – 2 StR 514/99).

wendigen Verfahrensbeteiligten (Dolmetscher) begründen. Bei unterschiedlicher Handhabung der Protokollierung der Namen in verschiedenen Fortsetzungsterminen ließ sich bei mehrfachem Wechsel in der Person des Dolmetschers dem einheitlichen Sitzungsprotokoll nicht entnehmen, welche Person die Funktion des notwendigen Verfahrensbeteiligten an dem Tag bekleidete, an dem das Protokoll zur Anwesenheit schwieg (BGH Beschl. v. 22. 5. 2001 – 3 StR 462/00).

Einen offensichtlichen Mangel – ohne nähere Einordnung – hat der BGH angenommen, soweit das Protokoll lediglich vermerkte, daß eine Zeugin erschienen war und Angaben zur Sache machte, aber zur Frage ihrer Vereidigung und Entlassung schwieg (BGH, NStZ 2000, 546 [BGH Beschl. v. 2. 5. 2000 – 1 StR 62/00; vgl. § 274 StPO erfolglose Rügen]).

bb) Der Fall eines offensichtlichen, die Beweiskraft des Protokolls ausschließenden Mangels ist auch hier gegeben. Aus dem Inhalt der Sitzungsniederschrift läßt sich kein klarer Beweis für die fehlende Anwesenheit eines notwendigen Verteidigers in der Sitzung vom 11. 4. 2000 während der Vernehmung des KOK H. führen. Der Tatrichter hat ausweislich des Gesamtprotokolls an allen anderen Verhandlungstagen das Gebot der notwendigen Verteidigung beachtet. Dafür, daß dies auch während der gesamten Vernehmung des KOK H. geschehen ist, sprechen folgende Umstände: Es gehört zu den vornehmsten Aufgaben eines Pflichtverteidigers, die notwendige Verteidigung sicherzustellen. Der Senat kann dem Pflichtverteidiger nicht unterstellen, daß er bei Abwesenheit des Wahlverteidigers sich während eines wesentlichen Teils der Hauptverhandlung eigenmächtig entfernt hätte. Ferner konnte es bei dem überschaubaren Verfahren der mit drei Berufsrichtern besetzten Kammer nicht entgehen, wenn einer von zwei Angeklagten zeitweise nicht verteidigt war. Außerdem hatte die Urkundsbeamtin das Verlassen des Sitzungssaals durch den Pflichtverteidiger in die Sitzungsniederschrift aufgenommen, so daß ihr die Abwesenheit dieses Verteidigers bewußt war. Es lag daher nahe, daß sie die Jugendkammer davon informiert hätte, sollte kein weiterer Verteidiger zugegen gewesen sein. Es handelte sich ferner um zwei augenfällige Vorgänge, einmal um den Vorgang des Entfernens durch den Pflichtverteidiger und sodann um den Vorgang des erneuten Erscheinens. Diese Vorgänge standen auch unter der Beobachtung der beiden Sitzungsvertreter der Staatsanwaltschaft und der Nebenklägervertreterin. Das Interesse sämtlicher vorbenannter Verfahrensbeteiligter an der prozeßordnungsgemäßen Abwicklung des Verfahrens, das sich schon im Stadium des zwölften Verhandlungstags befand, gab Anlaß zu besonderer Wachsamkeit und Sorgfalt. Es ist auszuschließen, daß allen diesen Verfahrensbeteiligten entgangen sein könnte, daß der Beschwerdeführer nicht verteidigt war, wie das Protokoll es aussagt.

Außerdem handelte es sich bei der Vernehmung des KOK H. um ein Kernstück der Beweisaufnahme. Er hatte als Verhörsperson die polizeilichen Vernehmungen durchgeführt. Auf seiner Aussage. beruhen wesentliche Feststellungen. Rechtsanwalt K. hatte der Vernehmung des Zeugen KOK H. über die polizeiliche Aussage des Angeklagten N. widersprochen. Der Widerspruch wurde durch Gerichtsbeschluß zurückgewiesen. Nach seinem Wiedererscheinen im Sitzungssaal beantragte Rechtsanwalt K. keine Wiederholung des Verfahrensabschnitts. Bei der Gewichtung dieser Aussage ist es schlechthin ausgeschlossen, daß er versehentlich den Sitzungssaal verließ und kein Verteidiger an diesem Abschnitt der Beweisaufnahme teilnahm.

Da die Anwesenheit eines zweiten Verteidigers nicht zu den wesentlichen in das Protokoll aufzunehmenden Förmlichkeiten i.S. von §§ 273 I, 274 S. 1 StPO gehört (vgl. BGHSt. 24, 280 [281]), liegt es nahe, daß der Wahlverteidiger Rechtsanwalt B. in der Verhandlung vom 11. 4. 2000 anwesend war, obwohl er für den Zeitraum, in dem Rechtsanwalt K. sich entfernt hatte, nicht in die Sitzungsniederschrift aufgenommen wurde. Der tatsächliche Verfahrensgang kann dem Protokoll nicht klar entnommen werden. Aus den oben angeführten Gründen enthält das Protokoll insoweit einen offensichtlichen Mangel, der zum Wegfall der Beweiskraft der Sitzungsniederschrift nach § 274 S. 1 StPO führt.

Dem stehen die von der Revision zitierten Entscheidungen (BGH, StV 1986, 287 [BGH Urt. v. 9. 10. 1985 – 3 StR 473/84; vgl. § 140 StPO erfolgreiche Rügen], und NStZ 1983, 375 [BGH Urt. v. 30. 3. 1983 – 2 StR 173/82; vgl. § 140 StPO erfolgreiche Rügen]) nicht entgegen. Die Beweiskraft des Protokolls entfällt hier auf Grund der geschilderten Besonderheiten des Verfahrensgangs, die – wie in den zuvor dargestellten Entscheidungen – das Protokoll selbst ausweist. Das von der Rechtsprechung entwickelte Korrektiv der Unklarheit greift hier insbesondere ein, weil die Zulässigkeit der Beweiserhebung durch Vernehmung des Zeugen KOK H. umstritten, der Inhalt der Aussage aber verfahrensentscheidend war. Es scheint ausgeschlossen, daß Rechtsanwalt K. nach ausdrücklichem Widerspruch gegen die Vernehmung dieses Zeugen über die polizeiliche Aussage seines Mandanten und nach Zurückweisung der beanstandeten Beweiserhebung durch Gerichtsbeschluß während der danach erfolgten Aussage des Zeugen zur Sache den Sitzungssaal verläßt, ohne daß ein anderer Verteidiger zugegen gewesen wäre. Das Schweigen des Protokolls über die Anwesenheit eines notwendigen Verteidigers während dieser umstrittenen und bedeutungsvollen Vernehmung ist dem oben zitierten Fall vergleichbar, der Nebenklägervertreter habe den Hinweis des Gerichts auf einen nicht korrekt gestellten Beweisantrag schweigend hingenommen (BGHR § 274 Beweiskraft 16). So wie die fehlende Reaktion des Nebenklägervertreters auf einen gerichtlichen Hinweis, so ist auch die fehlende Anwesenheit eines notwendigen Verteidigers während der verfahrensentscheidenden Aussage des Zeugen bei dem vorausgegangenen Prozeßgeschehen durch die Sitzungsniederschrift nicht bewiesen.

cc) Der Senat hatte deshalb im Wege des Freibeweises zu klären, wie der Verfahrensablauf wirklich war. Dazu hat er dienstliche Äußerungen und anwaltliche Versicherungen eingeholt.

Die Urkundsbeamtin der Geschäftsstelle hat in ihrer dienstlichen Äußerung erklärt, daß Rechtsanwalt B. an der gesamten Hauptverhandlung vom 11. 4. 2000 teilgenommen hat und dessen Anwesenheit nur versehentlich im Protokoll nicht aufgeführt ist, weil die entsprechende Zeile aus dem Stenogramm nicht in die Reinschrift übertragen wurde. Ihre Aufzeichnungen hat sie beigefügt. Auf Grund der zusätzlichen übereinstimmenden dienstlichen Erklärungen der drei Berufsrichter und der beiden Sitzungsvertreter der Staatsanwaltschaft sieht der Senat den Vortrag der Revision, der Angeklagte sei am 11. 4. 2000 während eines wesentlichen Teils der Hauptverhandlung nicht verteidigt gewesen, als widerlegt an. Die erstinstanzlichen Verteidiger des Angeklagten haben wegen des fortbestehenden Verteidigungsverhältnisses die erbetene Stellungnahme abgelehnt.

Der vom Beschwerdeführer in Anspruch genommene Revisionsgrund des § 338 Nr. 5 StPO ist damit nicht gegeben.

Der Senat kann deshalb offen lassen, ob nach Distanzierung der Urkundspersonen vom Inhalt der Sitzungsniederschrift die insoweit weggefallene Beweiskraft des Protokolls nur zu Gunsten des Beschwerdeführers berücksichtigt werden darf (vgl. BGHSt. 4, 364 [BGH Urt. v. 8. 10. 1953 – 5 StR 245/53; vgl. § 274 StPO erfolglose Rügen]; BGH, StV 1988, 45 [BGH Beschl. v. 18. 9. 1987 – 3 StR 398/87; vgl. § 243 StPO erfolgreiche Rügen]). Der von der Rechtsprechung entwickelte Grundsatz, daß dadurch einer zulässig erhobenen Verfahrensrüge nicht nachträglich der Boden entzogen werden darf (vgl. BGHSt. 2, 125 [127] [BGH Urt. v. 19. 12. 1951 – 3 StR 575/51; vgl. § 274 StPO erfolgreiche Rügen]; BGHSt. 10, 145 [147] [BGH Urt. v. 20. 2. 1957 – 2 StR 34/57; vgl. § 274 StPO erfolgreiche Rügen]; BGHSt. 34, 11 [12] [BGH Beschl. v. 4. 2. 1986 – 1 StR 643/85; vgl. § 268 StPO erfolglose Rügen]), basiert letztlich auf Erwägungen, die mit dem Grundsatz eines für den Angeklagten fairen Verfahrens zusammenhängen. Fraglich ist allerdings, ob aus dem Gebot des fairen Verfahrens auch folgt, daß das Revisionsgericht sehenden Auges einen Verfahrensvorgang unterstellen muß, der so nicht geschehen ist, nur weil das wirkliche Geschehen sich für den Beschwerdeführer ungünstig auswirkt. Aus dem Grundsatz des fairen Verfahrens muß dies jedenfalls dann nicht folgen, wenn der behauptete Verfahrensverstoß in der Sphäre des Angeklagten liegt.

Es bedurfte hier auch keiner Entscheidung darüber, ob eine mit dem Wissen eines Verteidigers unvereinbare Rügebehauptung sich als Rechtsmissbrauch darstellt und zur Unzulässigkeit führt (vgl. BGHR StPO § 274 Beweiskraft 21).

2. Schweigt das Protokoll zur Frage der Vereidigung eines Zeugen, so ist diese vom Revisionsgericht im Freibeweisverfahren zu klären.

StPO § 274 – BGH Beschl. v. 2. 5. 2000 – 1 StR 62/00 – LG Ravensburg (= StV 2001, 219 = NStZ 2000, 546)

Die Revision rügt, eine Zeugin sei unter Verstoß gegen § 59 StPO nicht vereidigt worden. Das ergebe sich aus dem Verhandlungsprotokoll, worin lediglich vermerkt sei, daß diese Zeugin erschienen war und Angaben zur Sache machte, das aber nichts zur Frage ihrer Vereidigung und zu ihrer Entlassung mitteilt.

Der Sachverhalt ergibt sich aus der Revisionsbegründung. – Das Rechtsmittel war erfolglos.

Gründe: Die Rüge, die Zeugin T. sei entgegen der Vorschrift des § 59 StPO nicht vereidigt worden, greift nicht durch. Soweit das Protokoll über die Hauptverhandlung vom 7. 10. 1999 lediglich vermerkt, daß diese Zeugin erschienen war und Angaben zur Sache machte, aber nichts zur Frage ihrer Vereidigung und zu ihrer Entlassung mitteilt, weist es einen offensichtlichen Mangel auf, der die in § 274 S. 1 StPO geregelte Beweiskraft entfallen läßt. In einem solchen Fall kann und muß das Revisionsgericht im Freibeweis klären, wie der Verfahrensablauf wirklich war. Aus einer – unbestritten gebliebenen – dienstlichen Äußerung des Vorsitzenden ergibt sich, daß nach allseitigem Verzicht auf die Vereidigung der Zeugin nach § 61 Nr. 5 StPO verfahren und diese sodann entlassen worden ist.

3. Läßt das Protokoll mehrere Verfahrensgestaltungen offen, hat es keine Beweiskraft. Der Verfahrensablauf ist dann vom Revisionsgericht im Wege des Freibeweises zu klären.

StPO § 274 – BGH Beschl. v. 20. 7. 1999 – 1 StR 287/99 LG Augsburg (= NStZ 2000, 49)

Die Revision rügt, an der Hauptverhandlung habe ein Dolmetscher teilgenommen, der zu Beginn der Hauptverhandlung weder gemäß § 189 I GVG vereidigt worden sei, noch sich gemäß § 189 II GVG auf einen früher geleisteten Dolmetschereid berufen habe. Zum Beweis der Richtigkeit ihres Vorbringens beruft sich die Revision auf das Protokoll der Hauptverhandlung des ersten Verhandlungstages.

Sachverhalt: Unmittelbar nach der Feststellung der Anwesenheit des Dolmetschers heißt es (ersichtlich vorgedruckt) im Hauptverhandlungsprotokoll:

„– zu Beginn der Verhandlung gemäß § 189 1 GVG vereidigt – berief sich zu Beginn der Verhandlung gemäß § 189 II GVG auf seine allgemeine Vereidigung." – Das Rechtsmittel war erfolglos.

Gründe: Ein Verfahrensfehler ist damit nicht erwiesen. Ob § 189 GVG beachtet wurde, ist eine wesentliche Förmlichkeit des Verfahrens, deren Einhaltung oder Nichteinhaltung gemäß § 274 StPO grundsätzlich nur durch das Protokoll der Hauptverhandlung bewiesen werden kann (BGHR GVG § 189 Beeidigung 1 [BGH Beschl. v. 29. 6. 1987 – 3 StR 285/87; vgl. § 189 GVG erfolgreiche Rügen]).

Aus dem geschilderten Inhalt des Protokolls läßt sich jedoch in keiner Richtung ein klarer Beweis führen.

1. Der bloße Wortlaut des Protokolls könnte darauf hindeuten, daß der Dolmetscher vereidigt wurde und sich darüber hinaus auf eine frühere Vereidigung berufen hat. Allerdings spricht der Umstand, daß vor beiden Passagen ein Spiegelstrich steht, eher gegen ein solches Vorgehen. Spiegelstriche werden vielfach vorgedruckt, wenn grundsätzlich mehrere Fallgestaltungen voraussehbar sind, ohne daß schon klar ist, welche dieser Alternativen im konkreten Einzelfall tatsächlich eintritt. Zwingend ist dies aber nicht; Spiegelstriche werden auch verwendet, um kumulatives Geschehen zu kennzeichnen.

Ein gleichzeitiges Vorgehen gemäß § 189 I 1 und § 189 II GVG würde zwar keinen revisiblen Rechtsfehler begründen, wäre aber überflüssig und erscheint daher jedenfalls nicht naheliegend. Insgesamt kann daher trotz des Wortlauts des Protokolls nicht sicher von einem kumulativen Geschehen ausgegangen werden.

2. Ebensowenig belegt das Protokoll klar, daß weder gemäß § 189 I 1 GVG noch gemäß § 189 II GVG vorgegangen wurde. Hiervon wäre zweifelsfrei nur auszugehen, wenn beide Passagen gestrichen wären. Dies ist jedoch gerade nicht der Fall.

3. Von der Sache her naheliegend und mit dem geschilderten Protokollinhalt vereinbar erscheint auch die Annahme, daß jedenfalls eine der beiden dort vorgesehenen Möglichkeiten realisiert und lediglich nicht gekennzeichnet wurde, hinsichtlich welcher dies der Fall war.

Sicher bewiesen werden kann dies durch das geschilderte Protokoll aber auch nicht.

4. Wenn das Protokoll aber unterschiedlichste Verfahrensgestaltungen möglich erscheinen läßt, ohne daß ihm der tatsächliche Verfahrensgang klar entnommen werden kann, dann kann es wegen dieser (offensichtlichen) Unklarheit auch keine Beweiskraft entfalten. Bei einer solchen Fallgestaltung obliegt es vielmehr dem Revisionsgericht, im Wege des Freibeweises zu klären, wie der Verfahrensablauf wirklich war.

Hier ergibt der Vermerk des Vorsitzenden der Strafkammer vom 29. 4. 1999 – den die Revision ausweislich ihres Schriftsatzes vom 24. 6. 1999 zwar aus Rechtsgründen für unverwertbar hält, dessen inhaltliche Richtigkeit sie dabei aber nicht in Zweifel zieht – zur Überzeugung des Senats, daß der Dolmetscher zu Beginn der Hauptverhandlung vereidigt wurde.

4. Wenn das Sitzungsprotokoll offenkundig in sich widersprüchlich ist, entfällt die besondere Beweiskraft nach § 274 StPO.

StPO § 274 – BGH Beschl. v. 7. 7. 1999 – 1 StR 303/99 (= NStZ-RR 2000, 294)

Die Revision rügt, in der Hauptverhandlung vom 21. 10. 1998 sei der Gerichtsbeschluß, mit dem die Öffentlichkeit wieder hergestellt werden sollte, nicht ausgeführt worden. Es sei auch an den Folgetagen ausweislich fehlender anderslautender Protokollvermerke die Öffentlichkeit nicht tatsächlich wiederhergestellt worden. Dies sei erst am Hauptverhandlungstag vom 20. 11. 1998 geschehen.

Sachverhalt: Ausweislich des Protokolls vom 20. 11. 1998 verkündete der Vorsitzende an diesem Tage folgenden Beschluß: „Für die Vernehmung der ... wird die Öffentlichkeit ausgeschlossen, gem. § 172 Nr. 4 GVG ...". – Das Rechtsmittel war erfolglos.

Gründe: Folgt man diesem Protokollvermerk, ist also davon auszugehen, daß zuvor öffentlich verhandelt worden war.

Damit ist das Sitzungsprotokoll offenkundig in sich widersprüchlich, mit der Folge, daß die besondere Beweiskraft nach § 274 StPO entfällt (BGHSt. 17, 220 [222] [BGH Urt. v. 10. 4. 1962 – 1 StR 125/62; vgl. § 274 StPO erfolglose Rügen]; zuletzt Sena, Beschl. v. 22. 6. 1999 – 1 StR 193/99 [BGH Beschl. v. 22. 6. 1999 – 1 StR 193/51; vgl. § 274 StPO erfolglose Rügen]) und dem Revisionsgericht der Freibeweis eröffnet ist. Der Fall liegt also anders als bei BGH Beschl. v. 19. 4. 1977 – 5 StR 191/77, wo sich eine derartige Lücke gerade nicht aus dem Protokoll selbst ergeben hatte.

Die dienstlichen Äußerungen der Berufsrichter und des Sitzungsvertreters der Staatsanwaltschaft, zu denen der Beschwerdeführer sich inhaltlich nicht geäußert hat, lassen – worauf schon in der Antragsbegründung des Generalbundesanwalts zutreffend hingewiesen wurde – keinen Zweifel daran, daß die Öffentlichkeit unmittelbar nach Verkündung des Beschlusses vom 21. 10. 1998 auch tatsächlich wiederhergestellt worden war. Der von dem Beschwerdeführer in Anspruch genommene Revisionsgrund des § 338 Nr. 6 StPO ist damit nicht gegeben.

5. Einem in sich widersprüchlichen und lückenhaften Hauptverhandlungsprotokoll kommt keine Beweiskraft zu.

StPO § 274 – BGH Beschl. v. 22. 6. 1999 – 1 StR 193/99 (= NStZ-RR 2000, 38)

Die Revision rügt, daß das Landgericht hinsichtlich zweier Taten vom 18. und 19. 3. 1997 zum Nachteil des Angeklagten Protokolle einer Telefonüberwachung als Beweismittel verwertet habe, die weder durch Verlesung noch auf andere Weise in die Hauptverhandlung eingeführt worden seien. Die in den Urteilsgründen wiedergegebenen Zitate fänden sich auch nicht in den verlesenen Überwachungsprotokollen.

Sachverhalt: Im Sitzungsprotokoll heißt es: „Es wurden auf Anordnung des Vorsitzenden verlesen: (1) Die TÜ-Protokolle aus dem TÜ-Ordner, Fach 02; (2) Alle TÜ-Protokolle aus dem TÜ-Ordner, Fach 04; (3) Die TÜ-Protokolle aus dem TÜ-Ordner, Fach 05". An anderer Stelle fährt das Protokoll fort: „Um 11.20 Uhr wurde das Protokoll von JOI W. fortgeführt. Der bereits ergangene Beschluß über die TÜ-Protokollverlesung wurde weiter ausgeführt und die Verlesung fortgeführt". – Das Rechtsmittel war erfolglos.

Gründe: Damit gibt das Sitzungsprotokoll die Verlesung der TÜ-Protokolle nur lückenhaft wieder und ist in sich widersprüchlich, so daß die besondere Beweiskraft nach § 274 StPO entfällt (BGHR StPO § 274 Beweiskraft 12). Aus der Niederschrift über die Fortsetzung der Verlesung ist nicht zu entnehmen, daß weiter nur die TÜ-Protokolle aus den Fächern 02, 04 oder 05 verlesen worden sind. Ebenso können auch Protokolle aus anderen Fächern verlesen worden sein. Der Senat hat deshalb im Freibeweis die dienstliche Äußerung des Vorsitzenden der Strafkammer eingeholt. Nach dieser Äußerung, der die Verteidigung in ihrer dazu abgegebenen Stellungnahme nicht entgegentritt, ist erwiesen, daß nach dem Wechsel des Protokollführers die Verlesung fortgeführt und TÜ-Protokolle aus dem Fach 08, darunter auch die Protokolle Nr. 19/18/ 4 und 29/20/4, verlesen wurden.

6. Die Anwesenheit eines Sachverständigen gehört nicht zu den wesentlichen Förmlichkeiten des Verfahrens, auf die sich die (negative) Beweiskraft des Protokolls bezieht.

StPO § 274 – BGH Urt. v. 21. 5. 1985 – 1 StR 175/85 LG München II (= NStZ 1985, 455)

Die Revision rügt, der Sachverständige sei am zweiten Verhandlungstag während der Beweisaufnahme nicht anwesend gewesen und habe sein Gutachten insoweit nicht auf Grund der Hauptverhandlung erstattet.

Sachverhalt: Die Revision stützt sich auf das Hauptverhandlungsprotokoll, das insoweit schweigt. – Das Rechtsmittel war erfolglos.

Gründe: Aus der dienstlichen Erklärung des Sachverständigen Dr. B. vom 11. 4. 1985 ergibt sich zur Überzeugung des Senats, daß er an jenem Verhandlungstag ab 9 Uhr anwesend war. Dieser Feststellung steht das Schweigen der Sitzungsniederschrift nicht entgegen, da sich die (negative) Beweiskraft des Protokolls nur auf die wesentlichen Förmlichkeiten des Verfahrens bezieht (§ 273 I, § 274 S. 1 StPO); dazu gehört die Anwesenheit eines Sachverständigen nicht, weil der Sachverständige nicht zu denjenigen Personen zählt, deren Anwesenheit das Gesetz zwingend vorschreibt (§ 226 StPO). ...

7. Ist das Protokoll unklar, gilt die freie Beweiswürdigung.

StPO § 274; GVG § 189 II – BGH Urt. v. 20. 4. 1982 – 1 StR 833/81 LG Konstanz (= BGHSt. 31, 39 = NJW 1982, 2739 = StV 1982, 357 = NStZ 1982, 392)

Die Revision rügt, die Dolmetscherin habe sich entgegen § 189 Abs. 2 GVG nicht auf ihren allgemein geleisteten Eid berufen und belegt dies mit dem Inhalt des Hauptverhandlungsprotokolls.

Sachverhalt: Der Protokollvermerk, auf den sich der Beschwerdeführer zum Beweis des behaupteten Verfahrensverstoßes bezieht, lautet:

„Als Dolmetscherin war anwesend:

Frau S. K., allgemein vereidigt. Die Sachverständigen und die Dolmetscherin wurden prozeßordnungsgemäß belehrt." – Das Rechtsmittel war erfolglos.

Gründe: Dieser Vermerk läßt nicht mit einer jeden Zweifel ausschließenden Eindeutigkeit erkennen, daß die Dolmetscherin sich auf den von ihr allgemein geleisteten Eid berufen und damit durch eine „irgendwie gefaßte" (RG HRR 1933, 1153) eigene Erklärung zum Ausdruck gebracht hat, daß sie die Richtigkeit der während der Hauptverhandlung von ihr vorzunehmenden Übertragungen auf diesen Eid nehme. Eine solche Erklärung ist aber nach § 189 Abs. 2 GVG unerläßlich. Nur sie kann an die Stelle der Eidesleistung nach § 189 Abs. 1 GVG treten (RGRspr. 7, 426, 427; RGSt 75, 332, 333; RG HRR a.a.O.; BGH Urteile v. 24. 9. 1974 – 1 StR 523/73 – bei Dallinger MDR 1975, 199 und vom 29. 11. 1977 – 5 StR 75/77 – bei Holtz MDR 1978, 280[1]; BGH NStZ 1981, 69 – Leitsatz[2]).

Auf Grund dieses Protokollvermerks kann aber auch nicht mit einer jeden Zweifel ausschließenden Eindeutigkeit gefolgert werden, er verlautbare lediglich die Feststellung der Urkundspersonen, daß die Dolmetscherin „für Übertragungen der betreffenden Art im allgemeinen beeidigt" sei. Entscheidungen, die in gleichliegenden Fällen diese Folgerung gezogen haben (wie z.B. RGRspr. 7, 426, 427; RG HRR 1933, 1153; BGH NStZ a.a.O.; BGH Beschl. v. 19. 6. 1979 – 1 StR 299/79), übersehen oder übergehen die Alternative, die in einer Entscheidung des 3. Strafsenats (Beschl. v. 30. 7. 1975 – 3 StR 218/75) wie folgt umschrieben worden ist: „Die Worte „allgemein vereidigt" können von der Protokollführerin eingefügt worden sein, weil ihr die Tatsache der Vereidigung, etwa aus früherer Tätigkeit der Dolmetscherin, bekannt war; der Vermerk kann aber auch auf eine dahingehende Erklärung der Dolmetscherin zu Beginn der Vernehmung zurückgehen". Diese Alternative wird auch in Entscheidungen gesehen, die anerkennen, daß der den Angaben über den Dolmetscher folgende Vermerk „allgemein vereidigt" mehrdeutig ist und deshalb die Aus-

---

1 „Nach der Rechtsprechung bedarf es einer eigenen Erklärung des Dolmetschers, daß er sich auf den allgemein geleisteten Eid berufe. Einen Verstoß hiergegen sah der BGH jedoch nicht als bewiesen an, obwohl im Protokoll lediglich vermerkt war: ‚Dolmetscher X, ... Dolmetscher der englischen Sprache, generell vereidigt.'
Dieser Vermerk – so sagt der BGH – läßt die Auslegung zu, daß die Protokollführerin die Tatsache, daß der Dolmetscher allgemein vereidigt war, von diesem selbst in der Hauptverhandlung erfahren hat. Eine solche Mitteilung des Dolmetschers würde genügen; sie ließe erkennen, daß sich der Dolmetscher seiner Bindung an den Eid bewußt war ... (BGH Urt. v. 29. 11. 1977 – 5 StR 75/77)."
2 „Der Vermerk ‚allgemeinvereidigt' in der Sitzungsniederschrift, der dem Namen des erschienenen Dolmetschers hinzugefügt ist, genügt nicht den Anforderungen des § 189 II GVG, weil daraus nicht ersichtlich ist, ob sich der Dolmetscher auf den allgemeinen Eid berufen hat." (BGH Beschl. v. 17. 10. 1979 – 3 StR 401/79).

legung gestattet, der Urkundsbeamte habe die Tatsache der generellen Vereidigung des Dolmetschers von ihm selbst in der Hauptverhandlung erfahren oder nicht erfahren, wenn sich für die eine oder andere Sinnermittlung Anhaltspunkte finden (BGH Urt. v. 29. 11. 1977 – 5 StR 75/77 – bei Holtz MDR 1978, 280 und BGH Beschl. v. 7. 5. 1981 – 1 StR 63/81 – einerseits; BGH Urt. v. 28. 8. 1979 – 1 StR 282/79 – und Beschl. v. 4. 12. 1980 – 1 StR 681/80 – andererseits).

In Fällen, in denen der den Angaben über den Dolmetscher folgende mehrdeutige Protokollvermerk „allgemein beeidigt" nicht im Wege der zulässigen und gebotenen Auslegung (vgl. BGHSt. 13, 53, 59 [BGH Urt. v. 20. 3. 1959 – 4 StR 416/58; vgl. § 258 StPO erfolglose Rügen]) einen klaren und eindeutigen Sinn erlangen kann, darf die Unvollkommenheit in der Ausdrucksform nicht dazu führen, daß ohne weiteres angenommen wird, der Dolmetscher habe sich in der Hauptverhandlung nicht auf den allgemein geleisteten Eid berufen. Eine solche Annahme wäre willkürlich. Das Revisionsgericht darf sich aber auch nicht mit der Feststellung begnügen, der Verfahrensverstoß sei nicht bewiesen (so allerdings BGH Beschl. v. 30. 7. 1975 – 3 StR 218/75). Es greifen vielmehr die Grundsätze ein, die generell im Falle eines zweideutigen Protokollvermerks gelten, dessen Unklarheit, wie hier, nicht im Wege der Auslegung behoben werden kann: Die Unklarheit gestattet es nicht, daß mit Hilfe der nicht widerlegbaren Beweisvermutung, die § 274 StPO aufstellt, ein bestimmter Schluß gezogen wird. Das Hauptverhandlungsprotokoll vermag also seine Kontrollfunktion (vgl. BGHSt. 26, 281, 283 [BGH Urt. v. 17. 2. 1976 – 1 StR 863/75; vgl. § 168a StPO erfolglose Rügen]) nicht zu erfüllen. Deshalb darf das Revisionsgericht im Wege freier Beweisermittlung und Beweiswürdigung klären, wie der Verfahrensablauf tatsächlich war (BGH NJW 1976, 977, 978; BGH Beschl. v. 4. 12. 1980 – 1 StR 681/80).

Die vom Senat im Wege des Freibeweises eingeholten dienstlichen Erklärungen der berufsrichterlichen Mitglieder der Strafkammer, des Sitzungsvertreters der Staatsanwaltschaft und des Protokollführers wie auch die Erklärung der Dolmetscherin besagen, daß sie sich auf den von ihr geleisteten allgemeinen Eid berufen hat. Der Verteidiger hat erklärt, daß er „keinerlei konkrete Erinnerung" daran habe, ob die Dolmetscherin sich „auf den von ihr geleisteten Dolmetschereid selbst berufen hat oder nicht". Nach der Auffassung des Senats ist der behauptete Verfahrensverstoß nicht nur nicht bewiesen. Für ihn steht vielmehr fest, daß er nicht begangen worden ist.

8. Die Beweiskraft des Protokolls gilt nicht für die Erklärungen des Angeklagten zur Sache[1].

StPO § 274 – BGH Urt. v. 5. 11. 1980 – 2 StR 488/80 LG Köln (= StV 1981, 56)

Die Revision rügt, die Strafkammer habe nicht beachtet, daß sich der Angeklagte, wie sich aus der Sitzungsniederschrift ergebe, nicht bereit erklärt habe, zur Sache auszusagen. Damit sei es dem Gericht aber verwehrt gewesen, aus dem Schweigen des Angeklagten zu bestimmten Punkten des Sachverhalts ihm nachteilige Schlüsse zu ziehen.

---

1 Das Urteil gibt zu Mißverständnissen Anlaß. In diesem Falle hatte sich die Revisionsbegründung – was sich aus den Gründen des Urteils des BGH allerdings nicht deutlich ergibt – lediglich auf den Inhalt der Gründe des angefochtenen Urteils gestützt, nicht jedoch unter Angabe des Inhalts des Hauptverhandlungsprotokolls dargelegt, daß insoweit ein Widerspruch bestehe. Daher wollte der BGH hier wohl zum Ausdruck bringen, daß in einem solchen Fall für die Frage, wie (nicht ob) sich der Angeklagte eingelassen habe, der Inhalt des Urteils für das Revisionsgericht maßgeblich sei; es gilt ansonsten BGH Urt. v. 29. 6. 1995 – 4 StR 72/95, abgedruckt unter § 273 StPO erfolgreiche Rügen, wonach die Einlassung des Angeklagten zur Sache – (das ob) – eine protokollierungspflichtige wesentliche Förmlichkeit ist und zwar unabhängig davon, wann und zu welchem Anlaß sie erfolgt.

Der Sachverhalt ergibt sich aus dem Revisionsvorbringen. – Das Rechtsmittel war erfolglos.

Gründe: Zwar trifft es zu, daß der Angeklagte – ebenso wie sein mitangeklagter Bruder – zu Beginn der Hauptverhandlung erklärt hat, er sei zur Äußerung nicht bereit. Damit ist aber nicht erwiesen, daß er nicht während des Verlaufs der Hauptverhandlung gleichwohl Erklärungen abgegeben und sich zur Sache mindestens teilweise eingelassen hat. So heißt es im Urteil, „unwiderlegt" sei dem Angeklagten der Name des Zeugen A. (der ihm die gestohlenen Weine und Spirituosen verkaufte und in seinen Betrieb anlieferte) damals nicht bekannt geworden, „unwiderlegt" sei A. ihm gegenüber unter dem Namen „R." aufgetreten und „seiner eigenen Einlassung folgend" habe er A. bei Rennsportveranstaltungen kennengelernt. Damit ist für das Revisionsgericht bindend festgestellt, daß sich der Angeklagte in der Hauptverhandlung zu den bezeichneten Punkten eingelassen hat. Die Beweiskraft des Protokolls gilt nicht für die Erklärungen des Angeklagten zur Sache; die Revision beachtet insoweit nicht, daß das Urteil, nicht die Sitzungsniederschrift darüber Aufschluß gibt, was Gegenstand der Hauptverhandlung war (BGHSt. 21, 149, 151 [BGH Urt. v. 7. 10. 1966 – 1 StR 305/66; vgl. § 261 StPO erfolgreiche Rügen]; BGH bei Dallinger, MDR 1973, 554, 557[1]; BGH Urt. v. 2. 12. 1975 – 2 StR 455/75). Hat sich aber der Angeklagte zum Anklagevorwurf in einzelnen Punkten eingelassen, so dürfen aus seinem Schweigen zu anderen Punkten ihm nachteilige Schlüsse gezogen werden (BGHSt. 20, 298).

9. Ein lückenhaftes Protokoll kann im Wege der freien Beweiswürdigung ergänzt werden.

StPO § 274 – BGH Urt. v. 10. 4. 1962 – 1 StR 125/62 LG Mannheim (= BGHSt. 17, 220 = NJW 1962, 1308)

Die Revision rügt die Verletzung der Vorschriften über die Öffentlichkeit des Verfahrens und beruft sich zum Beleg hierfür auf das Hauptverhandlungsprotokoll.

Sachverhalt: In der Niederschrift über die Hauptverhandlung ist die Sitzung eingangs als „öffentliche" bezeichnet und vor der Mitteilung der Urteilsverkündung vermerkt worden: „Die Öffentlichkeit wurde wiederhergestellt," ohne daß sie einen weiteren Vermerk enthält, wann und unter welchen Formen die Öffentlichkeit einmal ausgeschlossen worden war. Danach enthält die Niederschrift offensichtlich eine Lücke. Der Vermerk über die Wiederherstellung der Öffentlichkeit ist in der Sitzungsniederschrift nicht vorgedruckt, sondern von dem Protokollführer handschriftlich in das verwendete Formblatt eingefügt. – Das Rechtsmittel war erfolglos.

Gründe: Das zeigt, daß die Wiederherstellung der Öffentlichkeit nicht etwa versehentlich eingetragen, sondern bewußt beurkundet worden ist. Dann muß die Öffentlichkeit zuvor einmal ausgeschlossen worden sein. Auch die Revision macht geltend, daß die Öffentlichkeit tatsächlich ausgeschlossen worden ist; sie vermißt nur einen Beschluß des Gerichts darüber und dessen Protokollierung. Demnach ist auch nach dem Vortrag der Revision der Ausschluß der Öffentlichkeit nicht vollständig beurkundet worden. Wegen dieser erkennbaren und auch nach dem Vortrag der Revision vorhandenen Unvollständigkeit entbehrt die Sitzungsniederschrift der Beweiskraft des § 274 StPO, soweit die augenscheinliche Lücke Platz greift. Nach ständiger Rechtsprechung darf das Revisionsgericht insoweit andere Erkenntnisquellen heranziehen und seiner Beurteilung den Sachverhalt zugrunde le-

---

[1] „Die Beweiskraft des Protokolls erstreckt sich nicht auf den Inhalt der Vernehmungen (1 StR 564/72 v. 19. 12. 1972). In der Revisionsrechtfertigung aufgestellte Behauptungen, die sich auf den Inhalt der Vernehmung beziehen, sind auch dem Freibeweis nicht zugänglich; für das Revisionsgericht ist maßgeblich allein das, was der Tatrichter im Urteil über das Ergebnis der Hauptverhandlung feststellt."

gen, den es auf diese Weise zu seiner Überzeugung ermittelt (BGH Urt. v. 19. 6. 1952 – 3 StR 40/52 – bei Dallinger MDR 1952, 659[1], 13. 10. 1953 – 1 StR 102/53 –, 23. 2. 1954 – 1 StR 674/53[2] –, 8. 7. 1955 – 1 StR 195/55 – und LM StPO § 274 Nr. 10).

Hier ergibt sich aus dem gesamten Inhalt der Sitzungsniederschrift, daß während der Hauptverhandlung die Öffentlichkeit einmal ausgeschlossen worden ist. Das Protokoll besagt aber nichts darüber, zu welchem Zeitpunkt und in welcher Form das geschehen ist. Nach der Sitzungsniederschrift ist es daher möglich, daß die Öffentlichkeit nicht durch Gerichtsbeschluß, sondern, wie die Revision geltend macht, nur tatsächlich ausgeschlossen worden ist. Wenn das zuträfe, läge darin ein Verstoß gegen § 172 GVG, der nach § 338 Nr. 6 StPO die Wirkung eines zwingenden Revisionsgrundes haben würde. Obwohl nach der Fassung der Sitzungsniederschrift nicht auszuschließen ist, daß der von der Revision behauptete Fehler dem Gericht bei der Ausschließung der Öffentlichkeit unterlaufen ist, so beweist sie doch umgekehrt auch nicht mit der Beweiskraft des § 274 StPO, daß der Fehler tatsächlich geschehen ist, weil die Niederschrift in diesem Punkte erkennbar und auch nach dem Vortrag der Revision lückenhaft ist und sie in diesem Punkte deshalb nicht beweist, daß nicht geschehen ist, was nicht beurkundet ist. Denn die Anwendung des § 274 StPO setzt eine äußerlich ordnungsmäßige, vollständige und widerspruchsfreie Niederschrift voraus. Wenn das Protokoll mit augenscheinlichen Mängeln behaftet ist, insbesondere offensichtliche Lücken zeigt oder Widersprüche enthält, entbehrt es der in § 274 StPO bestimmten Beweiskraft. Anstelle der Beweisregel dieser Vorschrift greift dann die freie Beweiswürdigung uneingeschränkt Platz (BGH Urt. v. 7. 11. 1961 – 5 StR 469/61 –). Das Revisionsgericht ist deshalb auch nicht an den Vortrag der Revision gebunden und kann unter Verwertung anderer Beweisanzeichen zu einer Überzeugung gelangen, die von den Behauptungen der Revision abweicht. Bei der Prüfung, ob ein Verfahrensfehler vorliegt, muß es von dieser seiner Überzeugung ausgehen, auch wenn sie mit dem Vortrag der Revision nicht übereinstimmt.

Der Vorsitzende, der Urkundsbeamte der Geschäftsstelle und weitere Gerichtspersonen haben übereinstimmend erklärt, daß die Strafkammer beschlossen hat, die Öffentlichkeit wegen Gefährdung der Sittlichkeit auszuschließen, und daß dieser Beschluß nach dem Aufruf und der Belehrung der Zeugen verkündet und ausgeführt worden ist. Auf Grund dieser glaubhaften Erklärungen ist der Senat überzeugt, daß das Landgericht in der angegebenen Weise verfahren ist.

Danach ist die Öffentlichkeit am Anfang der Hauptverhandlung ordnungsmäßig ausgeschlossen worden. Der von dem Beschwerdeführer in Anspruch genommene Revisionsgrund des § 338 Nr. 6 StPO ist nicht gegeben.

---

1 „Die Sitzungsniederschrift enthielt zwar nicht den vom Verteidiger gestellten Beweisantrag, wohl aber einen Beschluß, durch den der Antrag ohne Begründung abgelehnt worden ist. Bei dieser Sachlage ist die Behauptung des Verteidigers, er habe die Erhebung der bezeichneten Beweise verlangt, trotz des fehlenden Hinweises im Protokoll als richtig anzunehmen. Die ausschließliche Beweiskraft des Protokolls gilt nur insoweit, als dessen Wortlaut klar und widerspruchsfrei ist. Weist dieser Mängel auf, so ist er der Auslegung zugänglich." (BGH Urt. v. 19. 6. 1952 – 3 StR 40/52).

2 „... Aus dem Sachzusammenhang, insbesondere aus dem Inhalt des den Antrag ablehnenden Beschlusses ist aber zu entnehmen, daß die Sitzungsniederschrift insoweit unvollständig ist. Die Verteidigerin hat danach nicht nur weitere Ermittlungen in der angedeuteten Richtung anregen, sondern ersichtlich behaupten wollen, daß die Brandstiftungen auf Triebhandlungen des Angeklagten zurückzuführen seien, die in Zwangsvorstellungen wurzelten und denen er nicht habe widerstehen können. Die Sitzungsniederschrift entbehrt, soweit sie einen anderen Wortlaut des Antrages wiedergibt, der Beweiskraft des § 274 StPO, da sie in diesem Umfang erkennbar unvollständig ist."

10. Beweiskraft des Protokolls hinsichtlich der Abwesenheit eines Richters.

StPO §§ 272, 274 – BGH Urt. v. 20. 11. 1961 – 2 StR 395/61 LG Bremen (= BGHSt. 16, 306 = NJW 1962, 165)

Die Revision rügt, daß das Gericht nicht ordnungsgemäß besetzt gewesen sei. Sie macht dazu geltend, an Stelle von Amtsgerichtsrat Dr. C. habe am zweiten Tage der insgesamt viertägigen Hauptverhandlung Landgerichtsrat B. als beisitzender Richter mitgewirkt.

Sachverhalt: Hier enthält das Protokoll abweichende Angaben über die Besetzung des Gerichts, indem es an einer Stelle Landgerichtsrat B. und im übrigen Amtsgerichtsrat Dr. C. als zweiten richterlichen Beisitzer aufführt. – Das Rechtsmittel war erfolglos.

Gründe: Zwar trifft es zu, daß für den zweiten Tag der Hauptverhandlung Landgerichtsrat B. als zweiter beisitzender Richter in der gerichtlichen Niederschrift genannt ist, während diese für die drei anderen Verhandlungstage Amtsgerichtsrat Dr. C. als zweiten richterlichen Beisitzer anführt. Die Revision irrt jedoch, wenn sie meint, durch das Protokoll vom 10. 1. 1961 werde auf Grund der Beweiskraft, die ihm in § 274 StPO eingeräumt sei, unwiderlegbar bewiesen, daß die Strafkammer an diesem Tage an Stelle des an den anderen Verhandlungstagen anwesenden Amtsgerichtsrat Dr. C. mit Landgerichtsrat B. als zweitem beisitzenden Richter besetzt gewesen sei.

Die gerichtliche Niederschrift über den Verlauf einer Hauptverhandlung bildet, auch wenn diese sich über mehrere Tage erstreckt hat, eine Einheit und kann daher nur als Ganzes behandelt und beurteilt werden. Das bedeutet, daß nicht einem Teil der Niederschrift, etwa den Beurkundungen über einen einzelnen Verhandlungstag, gesondert und unabhängig von den sonstigen, in dem übrigen Teil enthaltenen Vermerken die Beweiskraft des § 274 StPO hinsichtlich der Beobachtung der Förmlichkeiten zukommt, deren Aufnahme in das Protokoll die §§ 272, 273 StPO vorschreiben. Vielmehr kann die Frage, ob die gerichtliche Niederschrift als solche den Beweis für einen darin wiederzugebenden und wiedergegebenen Vorgang liefert, nur einheitlich unter Berücksichtigung des gesamten Inhalts der Niederschrift beantwortet werden. An dieser Beurteilung ändert nichts, daß, worauf der Verteidiger in der Verhandlung vor dem Senat hingewiesen hat, für jeden Verhandlungstag ein besonderes Protokoll aufgenommen und von den Urkundspersonen jeweils unterschrieben wurde. Ob das Protokoll in dieser Form oder in einer einzigen, alle Verhandlungstage umfassenden und erst am Schluß von den Urkundspersonen unterzeichneten Schrift geführt wird, ist ohne Bedeutung; in jedem Fall bildet das Sitzungsprotokoll eine einheitliche Urkunde, wie schon das Reichsgericht in RGSt 30, 205 ausgesprochen hat.

Hier enthält das Protokoll abweichende Angaben über die Besetzung des Gerichts, indem es an einer Stelle Landgerichtsrat B. und im übrigen Amtsgerichtsrat Dr. C. als zweiten richterlichen Beisitzer aufführt. Darin liegt, da das Gesetz einen Wechsel in der Person der an einer Hauptverhandlung mitwirkenden Richter, von der in § 192 Abs. 2 GVG vorgesehenen Möglichkeit des Eintritts eines Ergänzungsrichters abgesehen, nicht zuläßt und dieses Verbot auch schlechthin beachtet wird, ein offensichtlicher und aus sich selbst nicht lösbarer Widerspruch, der, soweit er sich erstreckt, der Niederschrift die ihr nach § 274 StPO zustehende Beweiskraft entzieht. Das ist in der Rechtsprechung allgemein anerkannt. Um einen Widerspruch im Sinne des gegenseitigen logischen Ausschlusses braucht es sich dabei nicht zu handeln. In der Rechtslehre ist das Beispiel erwähnt, daß die Öffentlichkeit am ersten Sitzungstag ausgeschlossen wurde und die Verhandlung am zweiten Sitzungstag laut Protokoll „in öffentlicher Sitzung" fortgesetzt worden ist. Ebensowenig wie in einem solchen Falle die Niederschrift Beweis dafür liefert, ob am zweiten Tag öffentlich oder nichtöffentlich verhandelt wurde, vermag sie hier zu beweisen, welcher der beiden Richter an der Hauptverhandlung teilgenommen hat. Deshalb ist es zulässig und geboten, im Wege freier Beweiswürdigung zu ermitteln, wie die Besetzung der Strafkammer in der Person des zweiten richterlichen Beisitzers tatsächlich gewesen ist.

Auf Grund der hierzu abgegebenen dienstlichen Äußerungen der beiden in Betracht kommenden Richter in Verbindung mit den dienstlichen Erklärungen des Vorsitzenden und des ersten richterlichen Beisitzers sowie in Übereinstimmung mit einer entsprechenden Berichtigung des Protokolls durch die Urkundspersonen ist erwiesen, daß an allen Tagen der Hauptverhandlung Amtsgerichtsrat Dr. C. als zweiter beisitzender Richter mitgewirkt hat, und daß die einmalige Anführung des Landgerichtsrats B. im Protokoll auf einem Schreibversehen beruht.

11. Nachträgliche Unterzeichnung des Sitzungsprotokolls entzieht der Revision nicht den Boden.

StPO §§ 271, 274 – BGH Urt. v. 4. 12. 1958 – 4 StR 408/58 LG Paderborn (= BGHSt. 12, 270 = NJW 1959, 733

Die Revision rügt, der Angeklagte sei vor der Beschlußfassung über den Ausschluß der Öffentlichkeit nicht gehört; ferner sei bei Verkündung des Urteils die Öffentlichkeit nicht wieder hergestellt worden.

Sachverhalt: Wie die Sitzungsniederschrift vom 12. 8. 1958 ergibt, ist der Ausschluß der Öffentlichkeit im Einverständnis mit dem Angeklagten erfolgt, der mithin zu dieser Frage gehört worden ist. Weiterhin ist die Verkündung des Urteils laut Protokoll nach Wiederherstellung der Öffentlichkeit vorgenommen worden. Der Beschwerdeführer gibt selbst zu, daß der Inhalt der Sitzungsniederschrift seinen Verfahrensrügen entgegensteht. Er ist jedoch der Meinung, daß ihr kein Beweiswert beizumessen sei, da die gemäß § 271 Abs. 1 StPO erforderliche Unterschrift des Vorsitzenden fehle; sie sei nur von dem Protokollführer unterzeichnet worden, so daß die Beweisregel des § 274 StPO nicht anzuwenden sei. Tatsächlich war die Niederschrift zu der Zeit als der Verteidiger des Angeklagten die Akten einsah und als die Revisionsbegründung einging, vom Vorsitzenden nicht unterzeichnet, da dieser inzwischen seinen Urlaub angetreten hatte. Er hat die Unterschrift jedoch nach Aufnahme seiner dienstlichen Geschäfte am 13. 9. 1958 nachgeholt. – Das Rechtsmittel war erfolglos.

Gründe: Demgegenüber beruft sich der Beschwerdeführer auf die Rechtsprechung des Bundesgerichtshofs (BGHSt. 2, 125 ff. [BGH Urt. v. 19. 12. 1951 – 3 StR 575/51; vgl. § 274 StPO erfolgreiche Rügen]), nach welcher eine nachträgliche „Berichtigung" der Niederschrift vom Revisionsgericht nicht zu berücksichtigen sei, da durch diese einer bereits erhobenen Verfahrensrüge die Grundlage nicht entzogen werden dürfe. Diese Grundsätze finden jedoch hier keine entsprechende Anwendung. Nach der Rechtsprechung des Bundesgerichtshofs darf zwar das Revisionsgericht, wenn das Hauptverhandlungsprotokoll erst nach Eingang der Revisionsbegründungsschrift unterschriftlich vollzogen wurde, Änderungen, die vor der Unterzeichnung der Niederschrift, aber nach Eingang der Revisionsbegründungsschrift vorgenommen worden sind, nicht berücksichtigen, wenn dadurch einer bereits erhobenen Verfahrensrüge der Boden entzogen wird (BGHSt. 10, 145 [BGH Urt. v. 20. 2. 1957 – 2 StR 34/57; vgl. § 274 StPO erfolgreiche Rügen]).

Hier ist jedoch die Niederschrift nicht berichtigt, sondern lediglich die – nicht fristgebundene – Unterschrift des Vorsitzenden unter das in seiner ursprünglichen Fassung unverändert gebliebene Protokoll gesetzt worden. Dieser Fall ist anders als der vom Bundesgerichtshof entschiedene zu beurteilen. Für den Gerichtshof war u.a. der Gesichtspunkt maßgebend, daß jede Protokollberichtigung die Gefahr in sich birgt, daß sie dem wahren Hergang nicht entspricht. Dies wird jedoch im allgemeinen dann nicht der Fall sein, wenn die Niederschrift in ihrer ursprünglichen Fassung unverändert unterzeichnet wird. Zwar haben auch hier die Urkundspersonen zu prüfen, ob die Niederschrift mit dem tatsächlichen Hergang der Verhandlung übereinstimmt. Dabei können sich unbewußt und ungewollt ebenfalls Erinnerungstäuschungen einstellen, besonders wenn zwischen der Hauptverhandlung und der Unterzeichnung eine längere Frist verstrichen ist. Im allgemeinen wird jedoch die während der Hauptverhandlung aufgenommene Niederschrift die tatsächliche Vermutung für sich haben, daß sie die vorgeschriebenen Förmlichkeiten zutreffend wiedergibt. Aus diesem Grunde ist die erhöhte Gefahr, die bei nachträglichen Ergänzungen und Berichtigungen besteht, daß sich nämlich bei den Urkundspersonen die Annahme einstellen kann, der gerügte Verfahrensverstoß läge, weil er in zahlreichen anderen Sachen nicht begangen sei, auch in diesem Falle nicht vor, hier nicht gegeben. Daher können die für den Fall der Berichtigung des Protokolls vom Bundesgerichtshof aufgestellten Grundsätze auf die bei unveränderter Niederschrift nach Eingang der Revisionsbegründung erfolgte Unterschrift des Vorsitzenden keine Anwendung finden. Diese Auffassung entspricht im Ergebnis der ständigen Rechtsprechung des Reichsgerichts (RGSt 13, 351 ff.).

Unter den gegebenen Umständen kommt daher der Niederschrift volle Beweiskraft zu.

12. Die Prozeßbeteiligten haben kein Anrecht auf die vollständige Niederlegung des Wortlauts einer Aussage.

StPO § 274 – BGH Urt. v. 12. 4. 1956 – 4 StR 56/56 (= VRS 11 (1956), 436)

Die Revision rügt, die protokollierte Niederschrift der Aussage eines Sachverständigen sei weder verlesen, noch von diesem genehmigt worden.

Der Sachverhalt ergibt sich aus dem Revisionsvorbringen. – Das Rechtsmittel war erfolglos.

Gründe: ... Die Rüge der Verletzung des § 273 Abs. 3 StPO greift nicht durch. Die Sitzungsniederschrift enthält allerdings keinen Vermerk, daß die auf Anordnung des Vorsitzenden im Protokoll niedergelegten Aussagen des Sachverständigen A. verlesen und genehmigt wurden; es muß daher davon ausgegangen werden, daß dies entgegen der Vorschrift des § 273 Abs. 3 StPO nicht geschehen ist (§ 274 StPO). Da indes die Prozeßbeteiligten kein Anrecht auf die vollständige Niederlegung des Wortlauts einer Aussage haben, kann die Revision auch nicht darauf gestützt werden, die Niederschrift sei weder verlesen noch genehmigt worden (RG in JW 1932, 3112 Nr. 62).

13. Die Beratung des Gerichts gehört nicht zu den in die Sitzungsniederschrift aufzunehmenden Vorgängen.

StPO §§ 260, 273, 274 – BGH Urt. v. 29. 1. 1954 – 1 StR 329/53 LG Stuttgart (= BGHSt. 5, 294 = NJW 1954, 650)

Die Revision rügt, daß aus dem Protokoll nicht ersichtlich ist, daß das Gericht sich beraten hat und dies für eine unterlassene Beratung spreche.

Sachverhalt: Aus den vom Senat beigezogenen dienstlichen Erklärungen des Vorsitzenden und des Berichterstatters geht hervor, daß die Strafkammer nach dem ersten Schlußwort der Angeklagten am 28. 11. 1952 das Urteil beraten hat. Dabei ergab sich die Notwendigkeit, die Angeklagten noch über ihre Vermögensverhältnisse zu hören. Das geschah dann in der Verhandlung vom 29. 11. 1952. Nach dem zweiten Schlußwort der Angeklagten hat sich das Gericht nochmals zu einer – nach der Sachlage kurzen – Beratung zurückgezogen und dann das Urteil verkündet. – Das Rechtsmittel war erfolglos.

Gründe: Allerdings ist die Tatsache einer Urteilsberatung in der Sitzungsniederschrift nicht beurkundet, insbesondere nicht ersichtlich gemacht, ob das Gericht nach der zweiten Schließung der Verhandlung beraten hat. Damit steht aber nicht fest, daß eine solche Beratung nicht stattgefunden hat. Die Beratung ist nicht Bestandteil der Hauptverhandlung, vollzieht sich vielmehr außerhalb dieser; sie gehört deshalb nicht zu den in die Sitzungsniederschrift aufzunehmenden Vorgängen. Das ergibt sich auch daraus, daß der Urkundsbeamte, der der Beratung nach § 193 GVG nicht anwohnen darf, gar nicht in der Lage ist, die Tatsache einer Beratung zu beurkunden. Das Schweigen der Niederschrift beweist also nicht, wie die Revision anzunehmen scheint, daß das Gericht nach dem zweiten Schlußwort der Angeklagten und vor der Urteilsverkündung nicht beraten hat (vgl. § 274 StPO; RGSt 27, 2; OGHSt 3, 121 f.).

Die Neufassung des § 260 Abs. 1 StPO durch den Art 3 Nr. 114 des Vereinheitlichungsgesetzes vom 12. 9. 1950 ergibt nichts Gegenteiliges. Es sollte dadurch sichergestellt werden, daß die Beratung der Urteilsverkündung unmittelbar vorausgeht; das Gericht darf nicht das Urteil schon vor dem Schluß der Verhandlung abschließend beraten und es nach weiterer Verhandlung ohne erneute Beratung verkünden. Damit wird nur eine schon früher anerkannte Rechtslage klargestellt (vgl. RGSt 43, 51; 46, 373; OGHSt 2, 191). Daß die Tatsache der Beratung in die Niederschrift aufzunehmen wäre, kann aus ihr nicht gefolgert werden.

14. Begrenzte Protokollberichtigung nur zugunsten des Angeklagten nicht möglich.
StPO §§ 274, 247 – BGH Urt. v. 31. 5. 1951 – 3 StR 106/51 LG Bonn (= BGHSt. 1, 259)

Die Revision rügt, daß der Angeklagte M. in der Hauptverhandlung während der Vernehmung der Mitangeklagten Sch. abgeführt und erst nach deren Beendigung wieder vorgelassen und daß er über das Ergebnis dieser Vernehmung nicht unterrichtet worden sei.

Sachverhalt: Die gerichtliche Niederschrift über die Hauptverhandlung vom 17. 10. 1950 hat hierüber keinen Vermerk enthalten. Erst mit der Erhebung der Revisionsrüge haben die Verteidiger der Angeklagten in einem an demselben Tage wie die Revisionsbegründungsschrift beim Landgericht eingegangenen Schriftsatz vom 21. 11. 1950 eine Berichtigung des Protokolls über die Hauptverhandlung dahin beantragt, daß der Angeklagte M. vor der Vernehmung der Angeklagten Sch. abgeführt worden sei. Daraufhin ist unter dem 14. 12. 1950 folgende von dem Vorsitzenden und dem Protokollführer unterzeichnete Verfügung ergangen:

„Das Sitzungsprotokoll in der Strafsache gegen M. und Sch. vom 17. 10. 1950 wird auf Antrag der Verteidiger vom 21. 11. 1950 im Anschluß an die Niederschrift über die Vernehmung der Angeklagten Sch. wie folgt ergänzt:

Während der Vernehmung der Angeklagten Sch. ließ das Gericht den Mitangeklagten M. für kurze Zeit aus dem Sitzungssaal abtreten, weil zu befürchten stand, daß die Angeklagte Sch. bei der Frage über die Art ihrer Beziehungen zu dem Mitangeklagten M. nicht die volle Wahrheit sagen würde (§ 247 StPO).

Sodann wird das vorbezeichnete Sitzungsprotokoll im Anschluß an die obige Ergänzung von Amts wegen weiter wie folgt ergänzt:

Nach Wiedereintritt von M. in den Sitzungssaal wurde dieser wieder über den wesentlichen Inhalt dessen unterrichtet, was die Angeklagte Sch. ausgesagt bzw. worüber sie die Aussage verweigert hatte." – Das Rechtsmittel war erfolglos.

Gründe: Die auf § 247 StPO gestützte Rüge der Revision scheitert an dem Inhalt der berichtigten Niederschrift über die Hauptverhandlung. Dabei ist es hier ohne Bedeutung, daß die Beurkundung über die vorübergehende Entfernung des Angeklagten M. nach § 247 StPO nicht in der Niederschrift vom 17. 10. 1950 enthalten war, sondern zum Gegenstand des Protokolls erst durch die auf Antrag der Verteidiger der Angeklagten veranlaßte Ergänzungsniederschrift vom 14. 12. 1950 geworden ist, als die Revisionsrüge schon erhoben war. Zwar ist die Frage, ob eine nachträgliche Berichtigung eines Protokolls zuungunsten einer einmal geltend gemachten Revisionsrüge in der Revisionsinstanz noch beachtet werden darf, in der Rechtsprechung verschieden beantwortet worden (vgl. OGHSt 1, 277 ff.). Jene Entscheidungen beziehen sich aber vornehmlich auf den Fall, daß einer auf den ursprünglichen Inhalt der Sitzungsniederschrift gestützten zulässigen und begründeten Verfahrensrüge durch die Berichtigung nachträglich der Boden entzogen wurde oder wäre. Diese Voraussetzung trifft jedoch hier nicht zu. In dem Protokoll über die Hauptverhandlung vom 17. 10. 1950 waren weder die vorübergehende Entfernung des Angeklagten M. aus dem Sitzungszimmer vermerkt noch dessen spätere Unterrichtung über das, was während seiner Abwesenheit ausgesagt oder sonst verhandelt war. Das Protokoll gab also der Revision keine Grundlage für ihre Rüge. Deshalb stellten die Verteidiger der Angeklagten auch den Antrag auf Berichtigung der Niederschrift. Sie hatten ihn allerdings insofern begrenzt, als sie nur die Entfernung des Angeklagten M. vor der Vernehmung der Angeklagten Sch. ins Protokoll aufgenommen haben wollten. An diese Einschränkung war indessen das Gericht nicht gebunden. Denn einen Anspruch auf Berichtigung hatten die Angeklagten nur insoweit, als die Feststellung des Vorganges, wie er sich zugetragen hatte, unterblieben und deshalb nachzuholen war. Indem die Urkundspersonen den gesamten sich auf die Entfernung des Angeklagten M. aus dem Sitzungszimmer beziehenden Hergang in die Berichtigungsniederschrift aufnahmen und damit zum Gegenstand des Protokolls machten, taten sie daher etwas, wozu sie nicht nur berechtigt, sondern auch verpflichtet waren. Hierdurch wurde auch der erhobenen Revisionsrüge nicht nachträglich der Boden entzogen; denn dieser fehlte ihr in Ermangelung eines jeden Vermerks über diesen Vorgang von Anfang an. Die Revision muß daher die Berichtigung des Protokolls im ganzen gegen sich gelten lassen. Sie kann nicht dadurch, daß sie zu einem bestimmten Verfahrenshergange nur eine beschränkte, in dieser Beschränkung ihr allein günstige Berichtigung erstrebt und so den eine Einheit bildenden Vorgang in einzelne Teile zerreißt, einen Revisionsgrund schaffen, der nicht gegeben wäre, wenn eine ordnungsmäßige, den gesamten einheitlichen Hergang umfassende Richtigstellung vorgenommen würde. Demnach war in Übereinstimmung mit der Auffassung des Reichsgerichts (RGSt 56, 29) anzunehmen, daß hier der berichtigten Niederschrift in ihrem ganzen Umfange und nicht nur in dem Teil, der mit dem Vorbringen der Revision übereinstimmt, die volle Beweiskraft gemäß § 274 StPO zukommt. Damit ist als bewiesen anzusehen, daß der Angeklagte M. entgegen dem Vorbringen der Revision im wesentlichen darüber unterrichtet worden ist, was die Angeklagte Sch. ausgesagt oder worüber sie die Aussage verweigert hatte.

§ 275 StPO

(1) Ist das Urteil mit den Gründen nicht bereits vollständig in das Protokoll aufgenommen worden, so ist es unverzüglich zu den Akten zu bringen. Dies muß spätestens fünf Wochen nach der Verkündung geschehen; diese Frist verlängert sich, wenn die Hauptverhandlung länger als drei Tage gedauert hat, um zwei Wochen, und wenn die Hauptverhandlung länger als zehn Tage gedauert hat, für jeden begonnenen Abschnitt von zehn Hauptverhandlungstagen um weitere zwei Wochen. Nach Ablauf der Frist dürfen die Urteilsgründe nicht mehr geändert werden. Die Frist darf nur überschritten werden, wenn und solange das Gericht durch einen im Einzelfall nicht voraussehbaren unabwendbaren Umstand an ihrer Einhaltung gehindert worden ist. Der Zeitpunkt des Eingangs und einer Änderung der Gründe ist von der Geschäftsstelle zu vermerken.

(2) Das Urteil ist von den Richtern, die bei der Entscheidung mitgewirkt haben, zu unterschreiben. Ist ein Richter verhindert, seine Unterschrift beizufügen, so wird dies unter der Angabe des Verhinderungsgrundes von dem Vorsitzenden und bei dessen Verhinderung von dem ältesten beisitzenden Richter unter dem Urteil vermerkt. Der Unterschrift der Schöffen bedarf es nicht.

(3) Die Bezeichnung des Tages der Sitzung sowie die Namen der Richter, der Schöffen, des Beamten der Staatsanwaltschaft, des Verteidigers und des Urkundsbeamten der Geschäftsstelle, die an der Sitzung teilgenommen haben, sind in das Urteil aufzunehmen.

(4) Die Ausfertigungen und Auszüge der Urteile sind von dem Urkundsbeamten der Geschäftsstelle zu unterschreiben und mit dem Gerichtssiegel zu versehen.

Erfolgreiche Rügen

1. Die Unterschrift der mitwirkenden Richter sowie der sie ersetzende Verhinderungsvermerk stellen ein wesentliches Formerfordernis dar, das vor Ablauf der Frist des § 275 I StPO erfüllt sein muß (BGH Beschl. v. 26. 10. 1999 – 4 StR 459/99).

2. Bei Erkrankung des Berichterstatters muß notfalls der Vorsitzende selbst das Urteil abfassen (BGH Beschl. v. 27. 4. 1999 – 4 StR 141/99).

3. Die einmal eingetretene Fristversäumung bei der Unterschrift kann nicht rückwirkend ungeschehen gemacht werden (BGH Urt. v. 9. 11. 1994 – 3 StR 436/94).

4. Innerhalb der Frist des § 275 StPO ist die endgültige Urteilsniederschrift zu den Akten zu bringen (BGH Beschl. v. 3. 11. 1992 – 5 StR 565/92).

5. Die fehlende Unterschrift eines Richters kann nach Fristablauf nicht mehr nachgeholt werden (BGH Beschl. v. 21. 9. 1988 – 2 StR 437/88).

6. Auch die Staatsanwaltschaft kann rügen, daß das Urteil nicht innerhalb der gesetzlichen Frist zu den Akten gebracht worden ist (BGH Urt. v. 27. 11. 1984 – 1 StR 701/84).

7. Siehe auch § 338 Nr. 7 StPO.

Erfolglose Rügen

1. Fehlen einer Unterschrift bzw. eines Verhinderungsvermerks unter dem Urteil ist zwar gem. § 338 Nr. 7 StPO ein absoluter Revisionsgrund, macht die Urteilszustellung aber nicht unwirksam (BGH Beschl. v. 21. 11. 2000 – 4 StR 354/00).

2. Es ist unschädlich, wenn der Vorsitzende versehentlich vermerkt, ein Richter, der an der Entscheidung nicht teilgenommen hat, sei an der Unterschrift verhindert (BGH Beschl. v. 28. 10. 1998 – 5 StR 294/98).

3. Versetzung an einen anderen Dienstort rechtfertigt Verhinderungsvermerk (BGH Beschl. v. 10. 2. 1998 – 4 StR 634/97).

4. 5monatige Urteilsansetzungsfrist gilt nicht in Strafsachen (BGH Beschl. v. 7. 9. 1993 – 5 StR 162/93).

5. Urteile im berufsgerichtlichen Verfahren nach dem Steuerberatungsgesetz bedürfen ebensowenig der Unterschrift der ehrenamtlichen Richter wie Urteile in Strafverfahren derjenigen der Schöffen (BGH Urt. v. 6. 8. 1993 – StbStR 1/93).

6. Dem Vorsitzenden steht bei der Entscheidung darüber, ob ein Beisitzer aus tatsächlichen Gründen an der Unterschrift verhindert ist, die Ausübung pflichtgemäßen Ermessens zu (BGH Urt. v. 23. 10. 1992 – 5 StR 364/92).

7. Die Wirksamkeit der Urteilszustellung wird dadurch nicht in Frage gestellt, daß in der zugestellten Urteilsausfertigung der Name eines mitwirkenden Schöffen versehentlich nicht aufgeführt ist (BGH Urt. v. 12. 5. 1989 – 3 StR 24/89).

8. Die Rechtzeitigkeit der Urteilsabsetzung kann auch im Wege des Freibeweises festgestellt werden (BGH Urt. v. 10. 5. 1988 – 1 StR 80/88).

9. Kurze Fristüberschreitung wegen unerwartet aufgetretener Behinderung des Berichterstatters unschädlich (BGH Urt. v. 2. 7. 1986 – 2 StR 285/86).

10. Ein Urteil ist auch dann vollständig, wenn es Änderungen ohne eigene Aussagekraft enthält, die nicht von allen Richtern unterschrieben worden sind (BGH Urt. v. 21. 3. 1979 – 2 StR 453/78).

Erfolgreiche Rügen

1. Die Unterschrift der mitwirkenden Richter sowie der sie ersetzende Verhinderungsvermerk stellen ein wesentliches Formerfordernis dar, das vor Ablauf der Frist des § 275 I StPO erfüllt sein muß.

StPO §§ 275 II, 338 Nr. 7 – BGH Beschl. v. 26. 10. 1999 – 4 StR 459/99 LG Bielefeld (= StV 2000, 184 = NStZ-RR 2000, 237)

Die Revision rügt, daß das angefochtene Urteil nicht von allen Berufsrichtern, die an der Hauptverhandlung teilgenommen haben, unterschrieben wurde, die Entscheidungsgründe somit nicht fristgerecht vollständig zu den Akten gebracht worden sind (§§ 275 Abs. 1 S. 2, 338 Nr. 7 StPO).

Sachverhalt: An dem angefochtenen Urteil haben drei Berufsrichter mitgewirkt, die schriftlichen Urteilsgründe sind aber nur von dem Vorsitzenden und einem richterlichen Beisitzer unterschrieben. Für den zweiten richterlichen Beisitzer enthält das Urteil weder eine Unterschrift noch einen Verhinderungsvermerk.

Nachdem die Revision diesen Mangel gerügt hatte, hat der Vors. der Strafkammer in einem Aktenvermerk dargelegt, daß es versehentlich versäumt worden sei, die Unterschrift des dritten Richters einzuholen. In einem 19 Tage nach diesem Vermerk gefertigten weiteren Aktenvermerk stellt der Vors. „ergänzend" fest, das hätte „vermerkt werden können und müssen", daß der dritte Richter verhindert gewesen sei, seine Unterschrift beizufügen, weil dieser zwei Wochen nach Verkündung des Urteils aus der erkennenden Strafkammer ausgeschieden sei und sich – worauf dieser inzwischen hingewiesen habe – in der Zeit, als das schriftliche Urteil gefertigt und zu den Akten gebracht worden sei, in Urlaub befunden habe. – Das Rechtsmittel hatte Erfolg.

Gründe: ...

2. Nach § 275 Abs. 1 S. 1 und 2 1. Hs. StPO mußte das Urteil – nach zweitägiger Hauptverhandlung – mit den Gründen unverzüglich, spätestens aber fünf Wochen nach seiner Verkündung vollständig zu den Akten gebracht werden. Vollständig ist das Urteil erst, wenn alle Berufsrichter es unterschrieben und damit bezeugt haben, daß die schriftlichen Urteilsgründe (nach der Überzeugung der Mehrheit) mit dem Ergebnis der Beratung übereinstimmen, oder wenn das Urteil von mindestens einem Richter unterzeichnet und im übrigen ein Verhinderungsvermerk nach § 275 Abs. 2 S. 2 StPO angebracht worden ist (BGHSt. 26, 247, 248 [BGH Urt. v. 2. 12. 1975 – 1 StR 701/75; vgl. § 338 Nr. 7 erfolgreiche Rügen]; BGH StV 1984, 275 [BGH Beschl. v. 17. 4. 1984 – 5 StR 227/84; vgl. § 338 Nr. 7 StPO erfolgreiche Rügen]; 1989, 5 [BGH Beschl. v. 21. 9. 1988 – 2 StR 437/88; vgl. § 275 StPO erfolgreiche Rügen]). Die Verhinderung des zweiten beisitzenden Richters hätte – sofern ein Verhinderungsgrund bestand – unter dem Urteil förmlich vermerkt werden müssen (vgl. BGHSt. 27, 334, 335 [BGH Beschl. v. 10. 1. 1978 – 2 StR 654/77; vgl. § 338 Nr. 7 erfolgreiche Rügen]), und zwar innerhalb der 5-wöchigen Frist des § 275 Abs. 1 S. 2 1. Hs. StPO; denn die nach § 275 Abs. 2 StPO vorgeschriebene Unterschrift der mitwirkenden Richter sowie der sie ersetzende Verhinderungsvermerk stellen ein wesentliches Formerfordernis dar, das vor Ablauf der Frist des § 275 Abs. 1 StPO erfüllt sein muß (BGH bei Kusch NStZ 1995, 220, 221 [BGH Urt. v. 9. 11. 1994 – 3 StR 436/94; vgl. § 275 StPO erfolgreiche Rügen]). Nur dann, wenn ein Verhinderungsvermerk – auch ohne Angabe eines Verhinderungsgrundes – vorliegt, kann das Revisionsgericht im Freibeweisverfahren nachprüfen, ob der betreffende Richter tatsächlich verhindert war zu unterschreiben (vgl. BGHSt. 28, 194 ff. [BGH Urt. v. 14. 11. 1978 – 1 StR 448/78; vgl. § 338 Nr. 7 StPO erfolgreiche Rügen]; BGHR StPO § 275 Abs. 2 S. 2 Verhinderung 2 [BGH Beschl. v. 23. 1. 1991 – 3 StR 415/90; vgl. § 338 Nr. 7 StPO erfolgreiche Rügen], 3, 4; BayObLG GA 1981, 475; KG StV 1986, 144, 145).

3. Die vom Senat vertretene Rechtsauffassung gebietet keine Anfrage nach § 132 Abs. 3 GVG. Soweit der 2. Strafsenat des BGH in seinem Urteil v. 28. 6. 1972 – 2 StR 140/72 – (zu § 338 Nr. 7 StPO a.F.) die Meinung vertreten hat, der Verhinderungsvermerk nach § 275 Abs. 2 S. 2 StPO sei „ohne Bedeutung für das Urteil mit seinen Gründen", betraf dies einen – mit dem hier zu entscheidenden nicht vergleichbaren – Fall, in dem alle mitwirkenden Berufsrichter das Urteil unterschrieben hatten, die Revision aber geltend machte, einer der Richter sei verhindert gewesen zu unterzeichnen und habe daher „zu Unrecht" unterschrieben. In späteren Entscheidungen (vgl. die Beschlüsse v. 10. 1. 1978 – 2 StR 654/77 = BGHSt. 27, 334, 335 [vgl. § 338 Nr. 7 StPO erfolgreiche Rügen] und v. 12. 5. 1993 – 2 StR 191/93 [vgl. § 338 Nr. 7 StPO erfolgreiche Rügen]) hat der 2. Strafsenat einen wirksamen Verhinderungsvermerk ausdrücklich als wesentliches Formerfordernis angesehen. Die Bemerkung des 1. Strafsenats in seinem in BGHSt. 31, 212, 214 (BGH Urt. v. 18. 1. 1983 – 1 StR 757/82; vgl. § 338 Nr. 7 StPO erfolglose Rügen) abgedruckten Urteil, das Revisionsgericht habe im Wege des Freibeweises zu klären, ob der Richter, der nicht unterschrieben hat, tatsächlich verhindert war, auch wenn der Ersetzungsvermerk „gänzlich fehlt", war dort nicht entscheidungserheblich. Im übrigen belegen die Entscheidungen, auf die sich der 1. Strafsenat zum Nachweis für seine Auffassung beruft, diese Rechtsmeinung nicht; denn ihnen lag jeweils zugrunde, daß ein Ersetzungsvermerk vorlag.

4. Da der absolute Revisionsgrund des § 338 Nr. 7 StPO gegeben ist, muß das Urteil aufgehoben werden, auch wenn es sachlich-rechtliche Mängel nicht aufweist.

2. Bei Erkrankung des Berichterstatters muß notfalls der Vorsitzende selbst das Urteil abfassen.

StPO §§ 275 I, 338 Nr. 7 – BGH Beschl. v. 27. 4. 1999 – 4 StR 141/99 LG Dortmund (= StV 1999, 526 = NStZ 1999, 474)

Die Revision rügt, daß das am 7. 8. 1998 nach dreitägiger Hauptverhandlung verkündete Urteil erst am 18. 12. 1998 – und damit nach Ablauf der Urteilsabsetzungsfrist von 5 Wochen – zu den Akten gebracht worden ist.

Der Sachverhalt ergibt sich aus dem Revisionsvorbringen. – Das Rechtsmittel hatte Erfolg.

Gründe: An der Einhaltung dieser Frist war das Landgericht – worauf der GBA in seiner Antragsschrift hingewiesen hat – nicht durch einen unvorhersehbaren und unabwendbaren Umstand i.S. des § 275 I 4 StPO gehindert. Ein solcher Umstand ist nicht etwa in der Erkrankung der Berichterstatterin zu sehen. Diese Erkrankung, die bis zum 14. 12. 1998 andauerte, war dem Vorsitzenden – wie sich aus seinem Vermerk vom 3. 9. 1998 ergibt bereits mehr als 1 Woche vor Fristablauf bekannt; dennoch beschränkte er sich darauf, die Akten bis zur Rückkehr der Berichterstatterin zu verfristen sowie – nach Fristablauf – am 2. 10. 1998 die Fortdauer der Erkrankung zu vermerken. Dies reicht zur Rechtfertigung der Fristüberschreitung von mehr als 3 Monaten nicht aus, da alle berufsrichterlichen Mitglieder des Spruchkörpers für eine Einhaltung der Frist nach § 275 I StPO verantwortlich sind. Beim Ausfall des Berichterstatters muß deshalb notfalls der Vorsitzende das Urteil abfassen, sofern ihm dies möglich und zumutbar ist (vgl. BGHSt. 26, 247, 249 [BGH Urt. v. 2. 12. 1975 – 1 StR 701/75; vgl. § 338 Nr. 7 StPO erfolgreiche Rügen]; BGHR StPO § 338 Nr. 7 Fristüberschreitung 1 [BGH Beschl. v. 9. 8. 1988 – 5 StR 295/88; vgl. § 338 Nr. 7 StPO erfolgreiche Rügen]). Gründe dafür, daß es dem Vorsitzenden unmöglich oder unzumutbar gewesen wäre, innerhalb der Frist das tatsächlich und rechtlich einfache und nicht sonderlich umfangreiche Urteil angesichts der krankheitsbedingten Verhinderung der Beisitzerin selbst abzufassen, sind nicht ersichtlich. Wie der GBA in seiner Antragsschrift mit Recht hervorhebt, wird das Fehlen solcher Umstände durch das Schweigen des Vorsitzenden auf die ihm bekannte Revisionsrüge bestätigt.

3. Die einmal eingetretene Fristversäumung bei der Unterschrift kann nicht rückwirkend ungeschehen gemacht werden.

StPO §§ 275, 338 Nr. 7 – BGH Urt. v. 9. 11. 1994 – 3 StR 436/94 (= NStZ 1995, 220)

Die Revision rügt, daß das Urteil innerhalb der in § 275 I 2 StPO bezeichneten Frist nicht vollständig, nämlich nicht mit den nach § 275 II StPO zwingend vorgeschriebenen richterlichen Unterschriften zu den Akten gebracht worden ist.

Sachverhalt: An dem Urteil haben 3 Berufsrichter mitgewirkt, die schriftlichen Urteilsgründe sind aber nur von einem richterlichen Beisitzer unterzeichnet worden, der zugleich den Vermerk für den durch Urlaub an der Unterschriftsleistung verhinderten Vorsitzenden unterschrieben hat. Für den zweiten richterlichen Beisitzer enthält das Urteil weder eine Unterschrift, noch einen Verhinderungsvermerk. – Das Rechtsmittel hatte Erfolg.

Gründe: Der absolute Revisionsgrund des § 338 Nr. 7 StPO ist gegeben, weil das Urteil innerhalb der in § 275 I 2 StPO bezeichneten Frist nicht vollständig, nämlich nicht mit den nach § 275 II StPO zwingend vorgeschriebenen richterlichen Unterschriften zu den Akten gebracht worden ist. ...

Zu einem vollständigen Urteil gehören auch die Unterschriften oder Verhinderungsvermerke für alle mitwirkenden Richter (BGHSt. 26, 247, 248 [BGH Urt. v. 2. 12. 1975 – 1 StR 701/75; vgl. § 338 Nr. 7 StPO erfolgreiche Rügen]). Daß dieser zweite richterliche Beisitzer nach Ablauf der Frist des § 275 1 StPO in einem Vermerk erklärt hat, daß er die Urteilsgründe billige, vermag diesen Verfahrensverstoß nicht zu heilen (BGHSt. 28, 194, 195 f. [BGH Urt. v. 14. 11, 1978 – 1 StR 448/78; vgl. § 338 Nr. 7 StPO erfolgreiche Rügen]). Die einmal eingetretene Fristversäumung bei der Unterschrift kann nicht rückwirkend ungeschehen gemacht werden. Auch daß das Fehlen der Unterschrift nicht auf verzögerte Urteilsabsetzung, sondern offensichtlich auf ein Versehen zurückzuführen ist, stellt keine bloße, einem Berichtigungsbeschluß zugängliche Unrichtigkeit dar. Die nach § 275 II StPO vorgeschriebene Unterschrift der mitwirkenden Richter sowie der sie ersetzende Verhinderungsvermerk stellen ein wesentliches Formerfordernis dar, das vor Ablauf der Frist des § 275 1 StPO erfüllt sein muß.

4. Innerhalb der Frist des § 275 StPO ist die endgültige Urteilsniederschrift zu den Akten zu bringen.

StPO §§ 275 II, 338 Nr. 7 – BGH Beschl. v. 3. 11. 1992 – 5 StR 565/92 LG Würzburg (= StV 1993, 117 = NStZ 1993, 200)

Die Revision rügt, das Urteil sei nicht innerhalb der in § 275 II 2 StPO bestimmten Frist zu den Akten gebracht worden.

Sachverhalt: Die dienstlichen Äußerungen des Vorsitzenden und des Berichterstatters belegen folgenden Verfahrensablauf: Nachdem das unterschriebene Urteil am 25. 3. 1992 zur Geschäftsstelle gelangt war, ließ es sich der Vorsitzende an diesem Tage wieder vorlegen, weil er zuvor „nicht mehr dazu gekommen war, auch das Zahlenwerk auf Schreib- und Rechenfehler zu überprüfen". Dazu, „die Urteilsgründe nochmals durchzusehen", kam er „in der Woche nach Ostern", mithin nach Fristablauf. Dabei hat er „einzelne Schreibfehler" ausgebessert und in einigen Fällen die Formulierungen sprachlich dadurch geglättet, daß er „die Wortfolge umgestellt" hat. Danach leitete der Vorsitzende die Akten dem Berichterstatter mit der Bitte zu, u.a. „die Daten der Steuerbescheide mit den Angaben in den Steuerakten und den Feststellungen in den Protokollen zu vergleichen" und „die Tabellen der alternativen Steuerberechnungen etwas anders zu gliedern". So verfuhr der Berichterstatter. Er hat die „Daten der Steuerbescheide ... mit den Angaben in den

Steuerakten und den Feststellungen in den Protokollen verglichen" und die genannten Tabellen „neu gegliedert". – Das Rechtsmittel hatte Erfolg.

Gründe: Hierzu hat der GBA in seiner Antragsschrift folgendes ausgeführt:

„Der vom Beschwerdeführer beanspruchte absolute Revisionsgrund des § 338 Nr. 7 StPO ist gegeben, weil das Urteil mit den Gründen nicht innerhalb der in § 275 II 2 StPO bestimmter Frist, die hier am 27. 3. 1992 ablief, zu den Akten gebracht worden ist.

Aus dem Verhalten der Richter ergibt sich, daß bis zum 27. 3. 1992 noch keine endgültige Urteilsfassung vorlag; denn die Gründe sollten noch überprüft und durchgesehen werden, was dann auch geschah. Deshalb haben die Richter zunächst lediglich einen Entwurf unterschrieben, der als solcher am 25. 3. 1992 zur Geschäftsstelle gelangte. Die endgültige Urteilsfassung ist dann jedenfalls verspätet zu den Akten gebracht worden. Allerdings heißt es in den dienstlichen Äußerungen, es seien nach dem 25. 3. 1992 keine sachlichen Änderungen im Urteil vorgenommen worden. Hierauf kommt es jedoch nicht entscheidend an.

Zum einen konnte das Unterlassen derartiger Änderungen keine rückwirkende Bedeutung erlangen. Darüber hinaus läßt sich im Revisionsverfahren nicht nachprüfen (vgl. BGH Urt. v. 21. 3. 1979 – 2 StR 453/78 – v. 23. 9. 1983 – 2 StR 151/83, bei Holtz MDR 1984, 93[1]), ob der Vorsitzende und der Berichterstatter die Bedeutung der von ihnen vorgenommenen Änderungen zutreffend bewerten, weil die vorliegende Urteilsurschrift solche nicht erkennbar macht. Daß diese Überprüfung nicht möglich ist, kann hier nicht dazu führen, den geltend gemachten Verfahrensverstoß als unbewiesen zu behandeln (vgl. OLG Stuttgart GA 1977, 26, 27)."

Dem folgt der Senat. Er bemerkt ergänzend:

Das zu den Akten gebrachte Urteil (§ 275 I StPO) hat grundsätzlich in der Form bei den Akten zu verbleiben, in der es zum Zeitpunkt des Eingangs auf der Geschäftsstelle vorlag. Dies ist hier nicht der Fall. Das am 25. 3. 1992 zur Geschäftsstelle gelangte Schreibwerk enthielt nach den dienstlichen Äußerungen bereits handschriftlich Änderungen und Einfügungen und wurde auch nachträglich mit weiteren solchen Ergänzungen versehen. Hingegen enthält die in den Akten befindliche Urteilsurschrift derartige Ergänzungen nicht.

5. Die fehlende Unterschrift eines Richters kann nach Fristablauf nicht mehr nachgeholt werden.

StPO §§ 275, 338 Nr. 7 – BGH Beschl. v. 21. 9. 1988 – 2 StR 437/88 LG Hanau (= StV 1989, 5 = BGHR StPO § 275 II Satz 1 Unterschrift 2)

Die Revision rügt, das Urteil sei nicht innerhalb der gesetzlichen Frist zu den Akten gelangt.

Sachverhalt: Das Urteil trägt nicht die Unterschrift des Richters B., der an der Hauptverhandlung mitgewirkt hat. Vielmehr befindet sich auf dem Urteil neben den Unterschriften der beiden anderen Richter der vom Vorsitzenden unterschriebene Vermerk, daß RiLG

---

1 „Die Revision des A. hatte gerügt, der Vorsitzende habe den vom Berichterstatter unterschriebenen Urteilsentwurf ohne dessen Billigung abgeändert. Die dazu abgegebene dienstliche Erklärung des Vorsitzenden ergab jedoch, so führte der BGH aus, daß die sachlichen Verbesserungen und Ergänzungen des Urteils vom Berichterstatter vor seiner eigenen Unterschriftsleistung vorgenommen wurden. Die danach vom Vorsitzenden angebrachten wenigen Änderungen sind lediglich stilistischer Art und sind weder bestimmt noch geeignet, eine sachliche Ergänzung oder Änderung der Urteilsgründe zu bewirken. Sie waren somit selbst dann unschädlich, wenn sie der Berichterstatter nicht gebilligt hätte, bevor die Urteilsurkunde nach außen in den Rechtsverkehr gelangt ist."

Dr. O. infolge Urlaubes nicht unterschreiben könne. RiLG Dr. O. hat an der Hauptverhandlung nicht mitgewirkt. Nach den dienstlichen Erklärungen des Vorsitzenden und des RiLG B. ist ein Schreibversehen (Namensverwechslung) auszuschließen, da RiLG B. ... nicht verhindert war, seine Unterschrift beizufügen. – Das Rechtsmittel hatte Erfolg.

Gründe: Der GBA hat in seiner Antragsschrift hierzu ausgeführt: „Innerhalb der in § 275 Abs. 1 S. 2 StPO bezeichneten Frist ist das Urteil nicht mit den Unterschriften der Richter, die bei der Entscheidung mitgewirkt hatten (§ 275 Abs. 2 S. 1 StPO), mithin nicht vollständig zu den Akten gebracht worden (BGH Beschl. v. 3. 6. 1986 – 5 StR 233/86). Vollständig ist das Urteil erst, wenn alle Berufsrichter es unterschrieben haben und damit bezeugt haben, daß die schriftlichen Urteilsgründe (nach der Überzeugung der Mehrheit) mit dem Ergebnis der Beratung übereinstimmen, oder wenn das Urteil von mindestens einem Richter unterzeichnet und im übrigen ein Verhinderungsvermerk nach § 275 Abs. 2 S. 2 StPO angebracht worden ist (BGH Beschl. v. 17. 4. 1984 – 5 StR 227/84 [vgl. § 338 Nr. 7 StPO erfolgreiche Rügen]). ...

Das Urteil trägt nicht die Unterschrift des Richters B., der an der Hauptverhandlung mitgewirkt hat. Vielmehr befindet sich auf dem Urteil neben den Unterschriften der beiden anderen Richter der vom Vorsitzenden unterschriebene Vermerk, daß RiLG Dr. O. infolge Urlaubes nicht unterschreiben könne. RiLG Dr. O. hat an der Hauptverhandlung nicht mitgewirkt. Nach den dienstlichen Erklärungen des Vorsitzenden und des RiLG B. ist ein Schreibversehen (Namensverwechslung) auszuschließen, da RiLG B. ... nicht verhindert war, seine Unterschrift beizufügen.

Dieser Mangel kann, da die Frist des § 275 Abs. i StPO verstrichen ist, nicht mehr geheilt werden (BGH Beschl. v. 3. 6. 1986 – 5 StR 233/86).

Es liegt der unbedingte Revisionsgrund des § 338 Nr. 7 StPO vor (BGH Beschl. v. 17. 4. 1984 – 5 StR 227/84)."

Dem stimmt der Senat zu.

6. Auch die Staatsanwaltschaft kann rügen, daß das Urteil nicht innerhalb der gesetzlichen Frist zu den Akten gebracht worden ist.

StPO § 275 I S. 2 – BGH Urt. v. 27. 11. 1984 – 1 StR 701/84 LG Stuttgart (= NStZ 1985, 184)

Die Revision der Staatsanwaltschaft rügt, das Urteil sei nicht innerhalb der gesetzlichen Frist zu den Akten gelangt. Es hätte nach 19tägiger Hauptverhandlung innerhalb von 9 Wochen zu den Akten gebracht werden müssen. Dies sei nicht geschehen.

Sachverhalt: Das Urteil wurde nach 19tägiger Hauptverhandlung am 10. 4. 1984 verkündet. Es gelangte erst am 20. 7. 1984 zu den Akten. – Das Rechtsmittel hatte Erfolg.

Gründe: Damit liegt der absolute Revisionsgrund des § 338 Nr. 7 StPO vor; entgegen der Meinung des Angeklagten kann sich auch die Staatsanwaltschaft auf diesen Revisionsgrund berufen zur Wahrung des objektiven Interesses daran, daß das Urteil den Inhalt der Beratung zutreffend und vollständig wiedergibt.

Erfolglose Rügen

1. Fehlen einer Unterschrift bzw. eines Verhinderungsvermerks unter dem Urteil ist zwar gem. § 338 Nr. 7 StPO ein absoluter Revisionsgrund, macht die Urteilszustellung aber nicht unwirksam.

StPO §§ 275, 338 Nr. 7 – BGH Beschl. v. 21. 11. 2000 – 4 StR 354/00 LG Essen (= BGHSt. 46, 204 = NJW 2001, 838 = StV 2001, 155 = NStZ 2001, 219)

Die Revision rügt die Verletzung sachlichen Rechts.

Sachverhalt: Unter dem Urteil fehlt die Unterschrift der zweiten richterlichen Beisitzerin oder ein entsprechender Verhinderungsvermerk. – Das Rechtsmittel war erfolglos.

Gründe: Dem Angeklagten ist nach Versäumung der Revisionsbegründungsfrist Wiedereinsetzung in den vorigen Stand zu gewähren, da ihn, wie sein Verteidiger glaubhaft vorgetragen hat, an der Versäumung der Frist kein (Mit-)Verschulden trifft (§ 44 S. 1 StPO). Die Frist ist versäumt worden, denn sie lief am 16. 6. 2000 ab, da das Urteil am 16. 5. 2000 zugestellt worden ist (§ 345 I 2 StPO). Die Zustellung war wirksam. Dem steht nicht entgegen, daß die Unterschrift der zweiten richterlichen Beisitzerin oder ein entsprechender (zweiter) Verhinderungsvermerk unter dem Urteil fehlt (vgl. RG, JW 1923, 934 [obiter dictum]). Zwar hat die große Jugendkammer nach dem Hauptverhandlungsprotokoll und dem Rubrum in der in § 33b II JGG bestimmten Besetzung mit drei Richtern und zwei Jugendschöffen entschieden. Der demnach gegebene Verstoß gegen § 275 II StPO hindert aber die Wirksamkeit der Zustellung nicht; insoweit besteht kein Unterschied zu den Folgen anderer Auslassungen im schriftlichen Urteil (vgl. etwa BGH, NStZ 1989, 584 [BGH Urt. v. 12. 5. 1989 – 3 StR 24/89; vgl. § 275 StPO erfolglose Rügen], und NStZ 1994, 47 [BGH Beschl. v. 13. 8. 1993 – 2 StR 323/96; vgl. § 345 StPO erfolglose Rügen] [Rubrum lückenhaft]; NJW 1999, 800 [BGH Urt. v. 11. 11. 1998 – 5 StR 325/98; vgl. § 345 StPO erfolglose Rügen] [Tenor unvollständig]). In derartigen Fällen handelt es sich nämlich nicht um einen Mangel der Zustellung, sondern um einen Fehler des Urteils selbst; ein solcher kann die Rechtswirksamkeit der Zustellung nicht berühren. Entscheidend ist vielmehr allein, daß dem Empfänger eine mit der Urschrift des Urteils übereinstimmende Ausfertigung oder beglaubigte Abschrift zugestellt worden ist, woran zu zweifeln der Senat im gegebenen Fall keinen Anlaß hat. Dem Beschwerdeführer war daher ohne weiteres erkennbar, daß er die für seine Rechtsmittelbegründung maßgebliche Fassung in Händen hielt (vgl. BayObLGSt 1996, 155 [156]). Die (erneute) Zustellung mit allen erforderlichen Unterschriften bzw. Verhinderungsvermerken kam im Übrigen schon deswegen nicht in Betracht, weil nach Ablauf der in § 275 StPO bestimmten Frist der Mangel ohnehin nicht mehr behoben werden kann (BGH, NStZ-RR 2000, 237 [BGH Beschl. v. 26. 10. 1999 – 4 StR 459/99; vgl. § 275 StPO erfolgreiche Rügen]; BGHR § 275 Abs. 2 S. 1 Unterschrift 3 bis 5). Das Fehlen einer Unterschrift bzw. eines Verhinderungsvermerks unter dem Urteil ist daher zwar gem. § 338 Nr. 7 StPO ein absoluter Revisionsgrund, nicht jedoch ein Hindernis für das weitere Revisionsverfahren.

2. Es ist unschädlich, wenn der Vorsitzende versehentlich vermerkt, ein Richter, der an der Entscheidung nicht teilgenommen hat, sei an der Unterschrift verhindert.

StPO § 275 II – BGH Beschl. v. 29. 10. 1998 – 5 StR 459/98 LG Zwickau (= NStZ 1999, 154)

Die Revision rügt, daß der Vorsitzende der Strafkammer unter den schriftlichen Urteilsgründen neben seiner und der Unterschrift des Berichterstatters die Verhinderung des Richters B. vermerkt hat, obwohl dieser ausweislich des Hauptverhandlungsprotokolls an der Hauptverhandlung einschließlich der Urteilsverkündung nicht teilgenommen hat.

Der Sachverhalt ergibt sich aus dem Revisionsvorbringen. – Das Rechtsmittel war erfolglos.

Gründe: Daß der Vorsitzende der Strafkammer unter den schriftlichen Urteilsgründen neben seiner und der Unterschrift des Berichterstatters die Verhinderung des Richters B. vermerkt hat, obwohl dieser ausweislich des Hauptverhandlungsprotokolls an der Hauptverhandlung einschließlich der Urteilsverkündung nicht teilgenommen hat, stellt keinen Verstoß gegen § 275 II StPO dar. Der Vorsitzende hat die Urteilsniederschrift nicht „für" Richter B. unterzeichnet (vgl. BGHSt. 31, 212, 214 [BGH Urt. v. 18. 1. 1983 – 1 StR 757/82; vgl. § 338 Nr. 7 StPO erfolglose Rügen]), sondern lediglich vermerkt, daß dieser wegen seiner Versetzung zu einer anderen Dienststelle an der Unterschriftsleistung gehindert sei. Das Urteil ist damit nicht – auch nicht in Vertretung – von 3, sondern wie in § 275 II 1 StPO vorgeschrieben, von den beiden Richtern unterschrieben, die an der Hauptverhandlung teilgenommen und an der Entscheidung mitgewirkt haben.

Allerdings ist der Verhinderungsvermerk nicht nur überflüssig, sondern auch insoweit irreführend, als er den Eindruck erweckt, der „verhinderte" Richter B. habe bei der Entscheidung mitgewirkt. Der Widerspruch, der sich aus der Nichterwähnung des Richters B. im Hauptverhandlungsprotokoll und im Urteilsrubrum einerseits und dem Verhinderungsvermerk am Ende der Urteilsurkunde andererseits ergibt, kann jedoch im Freibeweis durch dienstliche Erklärungen der Richter aufgelöst werden, die an der Urteilsfindung und -abfassung beteiligt waren.

Aus den dienstlichen Äußerungen des Vorsitzenden und des Berichterstatters ergibt sich hier zweifelsfrei, daß Richter B. an dem angefochtenen Urteil in keiner Weise mitgewirkt hat, der Verhinderungsvermerk des Vorsitzenden vielmehr auf einem Versehen beruht.

3. Versetzung an einen anderen Dienstort rechtfertigt Verhinderungsvermerk.

StPO § 275 II – BGH Beschl. v. 10. 2. 1998 – 4 StR 634/97 LG Dortmund (= NStZ-RR 1999, 46)

Die Revision rügt, das Urteil sei nicht von allen Richtern unterschrieben und ein Verhinderungsvermerk des Vorsitzenden beruhe auf willkürlichen, sachfremden Erwägungen.

Sachverhalt: Die zweite Beisitzerin ist nach Verkündung des angegriffenen Urteils an das Amtsgericht Essen versetzt worden. Der Vorsitzende hat deshalb das Urteil insoweit mit einem Verhinderungsvermerk versehen. Der Vorsitzende hat das Urteil am 4. Arbeitstag nach seiner Rückkehr aus einem dreiwöchigen Urlaub – und damit zugleich am letzten Tag der Frist nach § 275 I 2 StPO – unterschrieben. – Das Rechtsmittel war erfolglos.

Gründe: Es kann dahingestellt bleiben, ob der Beschwerdeführer zu der von ihm erhobenen Verfahrensrüge nach §§ 338 Nr. 7, 275 I 2 StPO substantiiert und schlüssig dargelegt hat, der Verhinderungsvermerk des Vorsitzenden beruhe auf willkürlichen, sachfremden Erwägungen (vgl. BGHSt. 31, 212 [214] [BGH Urt. v. 18. 1. 1983 – 1 StR 757/82; vgl. § 338 Nr. 7 StPO erfolglose Rügen]; BGHR StPO § 275 II 2 Verhinderung 3). Der Umstand, daß die zweite Beisitzerin nach Verkündung des angegriffenen Urteils an das AG Essen versetzt worden ist, ist nicht nur allgemein geeignet, die Richterin von der Unterschrift abzuhalten (BGHR StPO § 275 II 2 Verhinderung 1[1]). Der Vorsitzende hat zudem seinen Beur-

---

[1] „Die Verfahrensrügen sind offensichtlich unbegründet. Zu der Gegenerklärung der Verteidigung vom 11. 4. 1988 ist lediglich zu bemerken, daß eine Verletzung des § 275 Abs. 2 Satz 2 StPO nicht vorliegt. Ein an ein anderes Gericht versetzter Richter ist zwar rechtlich nicht gehindert, das unter seiner Mitwirkung zustande gekommene Urteil zu unterschreiben. Die mit seiner Versetzung verbundene Verpflichtung, an einem anderen Dienstort tätig zu sein, kann jedoch seine tatsächliche Verhinderung begründen. Die in dem Vermerk bescheinigte Versetzung des ordentlichen Kammervorsitzenden an das Landgericht Weiden war deshalb generell geeignet, ihn von

teilungsspielraum bei der Entscheidung darüber, ob die Richterin im konkreten Fall aus tatsächlichen Gründen verhindert war, nicht überschritten. Seine in der Übersendungsverfügung vom 9. 10. 1997 mitgeteilte Auffassung, nach der „der zweite Beisitzer das Urteil erst nach dem Vorsitzenden unterschreibt", ist nicht zu beanstanden. Das gleiche gilt für den Umstand, daß er das Urteil am 4. Arbeitstag nach seiner Rückkehr aus einem dreiwöchigen Urlaub – und damit zugleich am letzten Tag der Frist nach § 275 I 2 StPO – unterschrieben hat. Der Vorsitzende durfte unter den hier gegebenen Umständen die Frist zur Urteilsabsetzung ausschöpfen. Es ist jedenfalls nicht rechtsfehlerhaft, wenn er davon ausging, daß die frühere Beisitzerin, die inzwischen an einen anderen Dienstort versetzt worden war, am letzten Tag der Frist an der Unterschriftsleistung tatsächlich verhindert war. Die von der Revision auch in ihrer Gegenerklärung herangezogene Entscheidung (BGHSt. 28, 194 [BGH Urt. v. 14. 11. 1978 – 1 StR 448/78; vgl. § 338 Nr. 7 StPO erfolglose Rügen]) betrifft den hier nicht gegebenen Fall, daß ein Beisitzer am Nachmittag des letzten Tages der Urteilsabsetzungsfrist im Gerichtsgebäude nicht erreichbar ist.

4. 5monatige Urteilsabsetzungsfrist gilt nicht in Strafsachen.

StPO § 275 I S. 2 – BGH Beschl. v. 7. 9. 1993 – 5 StR 162/93 (= NStZ 1994, 46)

Die Revision rügt, das Urteil sei nicht innerhalb der vom Gemeinsamen Senat der obersten Gerichtshöfe des Bundes in seinem Beschluß vom 27. 4. 1993 über die Urteilsansetzungsfrist festgelegten Frist von 5 Monaten zu den Akten gelangt.

Sachverhalt: Das Landgericht hatte den Angeklagten nach 118tägiger Hauptverhandlung zu einer Freiheitsstrafe verurteilt. Die schriftlichen Urteilsgründe gelangten am 18. 12. 1992, dem letzten Tag der Frist des § 275 I 2 StPO, zu den Akten. Die gegen dieses Urteil eingelegte Revision des Angeklagten war fristgemäß mit der Sachrüge und mit Verfahrensrügen begründet worden. Nach Ablauf der Revisionsbegründungsfrist beantragte der Verteidiger, den Angeklagten für die weitere Verfahrensrüge, die schriftlichen Urteilsgründe seien unzulässigerweise nicht innerhalb von 5 Monaten zu den Akten gelangt, in den vorigen Stand wiedereinzusetzen. Zur Begründung berief er sich darauf, daß er erst jetzt aus der Presse von einer Entscheidung des Gemeinsamen Senats der obersten Gerichtshöfe des Bundes erfahren habe, wonach die schriftliche Begründung eines Urteils spätestens 5 Monate nach der Verkündung zu den Akten gebracht werden müsse.

Der Senat hat den Antrag auf Wiedereinsetzung in den vorigen Stand durch Beschluß verworfen, das Verfahren teilweise vorläufig eingestellt und die Revision des Angeklagten im übrigen gemäß § 349 II StPO verworfen. Gegen diesen Beschluß hat der Verteidiger Gegenvorstellung erhoben. Er hat die Auffassung vertreten, daß dem Angeklagten zu Unrecht keine Wiedereinsetzung in den vorigen Stand gewährt worden sei. Nach dem nunmehr vorliegenden Beschluß des Gemeinsamen Senats der obersten Gerichtshöfe des Bundes vom 27. 4. 1993 (GmS – OGB 1/92) müßte das vollständige und von den Richtern unterzeichnete Urteil der Geschäftsstelle innerhalb von 5 Monaten nach Urteilsverkündung übergeben werden. Das gelte für alle Gerichtsbarkeiten. – Das Rechtsmittel war erfolglos.

Gründe: ... Die Ausführungen des Verteidigers gaben dem Senat keinen Anlaß, den Beschluß vom 24. 6. 1993 zu ändern. ...

2. Davon abgesehen trifft die Auffassung des Beschwerdeführer nicht zu, der Gemeinsame Senat der obersten Gerichtshöfe des Bundes habe in seinem Beschluß vom 27. 4. 1993 auch für das Strafverfahren ausgesprochen, daß ein Urteil unabhängig von der Verfahrens-

---

der alsbaldigen Unterschriftsleistung an seinem früheren Dienstort abzuhalten; das reicht aus. Die von der Revision geäußerte Vermutung, der beanstandete Vermerk gehe irrtümlich von einer rechtlichen Verhinderung aus, findet in dem Wortlaut keine Stütze." (BGH Beschl. v. 30. 5. 1988 – 1 StR 176/88).

dauer spätestens nach 5 Monaten zu den Akten gebracht werden müsse. Dies folgt eindeutig aus dem Tenor der Entscheidung, der die Auslegung des § 138 Nr. 6 VwGO betrifft, und aus den Entscheidungsgründen, die auf die Auslegung der Verfahrensordnungen eingehen, die der Verwaltungsgerichtsordnung hinsichtlich der Fristen zur Absetzung von Urteilen (§ 117 IV, 138 Nr. 6) vergleichbar sind. Diese Verfahrensordnungen schreiben vor, daß die Urteile jedenfalls „alsbald" zu den Akten zu bringen sind. Mit diesen Regelungen ist § 275 I StPO nicht vergleichbar. Die Vorschrift gewährleistet durch feste – nach Dauer der Hauptverhandlung gestaffelte – Fristen die rechtzeitige Urteilsabsetzung. Einer eingeschränkten Auslegung in Angleichung an anders geregelte Verfahrensordnungen stünde der klare Gesetzeswortlaut entgegen, ohne daß übergeordnete, insbesondere verfassungsrechtlich verankerte Anliegen sie auch nur nahelegten. Die vom Verteidiger zitierte Formulierung auf Seite 15 des Beschlusses vom 27. 4. 1993, für alle Gerichtsbarkeiten gelte, daß ein Urteil innerhalb der 5monatigen Frist des § 552 ZPO zu den Akten zu bringen sei, bezieht sich nach dem Gesamtzusammenhang der Entscheidungsgründe nicht auf die gesetzlich festgelegten Fristen des § 275 StPO, sondern auf Verfahrensordnungen mit Regelungen wie in der Verwaltungsgerichtsordnung.

5. Urteile im berufsgerichtlichen Verfahren nach dem Steuerberatungsgesetz bedürfen ebensowenig der Unterschrift der ehrenamtlichen Richter wie Urteile in Strafverfahren derjenigen der Schöffen.

StPO § 275 II – BGH Urt. v. 6. 8. 1993 – StbStR 1/93 OLG Düsseldorf (= BGHSt. 39, 281 = NJW 1994, 206 = NStZ 1994, 90)

Die Revision rügt, daß die ehrenamtlichen Richter des Senats für Steuerberater- und Steuerbevollmächtigtensachen das Berufungsurteil nicht unterschrieben haben. Dies führe zur Unwirksamkeit des Urteils.

Der Sachverhalt ergibt sich aus der Revisionsbegründung. – Das Rechtsmittel war erfolglos.

Gründe: Ob ehrenamtliche Richter das Urteil zu unterschreiben haben, ist jeweils in den einzelnen Verfahrensordnungen geregelt. Das Steuerberatungsgesetz enthält keine ausdrückliche Bestimmung, daß die ehrenamtlichen Richter das schriftliche Urteil zu unterschreiben haben. Diese Pflicht kann auch nicht aus § 102 Abs. 1 StBerG hergeleitet werden, wonach die Steuerberater und Steuerbevollmächtigten in der Sitzung, zu der sie als ehrenamtliche Richter herangezogen werden, die Stellung eines Berufsrichters haben. Diese Vorschrift dient lediglich der Klarstellung, daß die ehrenamtlichen Richter die Stellung eines Berufsrichters nur in der Sitzung haben, zu der sie herangezogen worden sind, und nicht außerhalb derselben (vgl. Gehre, Steuerberatungsgesetz 2. Aufl. § 102 Rdnr. 2). Da das Steuerberatungsgesetz keine ausdrückliche Regelung enthält, sind nach § 153 Abs. 1 StBerG die Vorschriften der StPO ergänzend sinngemäß anzuwenden. Nach § 275 Abs. 2 Satz 3 StPO bedarf es der Unterschrift der Schöffen unter das Strafurteil nicht. Danach brauchen auch die ehrenamtlichen Richter im Verfahren wegen Berufspflichtverletzung nach dem Steuerberatungsgesetz das Urteil nicht zu unterschreiben.

Eine andere Handhabung im berufsgerichtlichen Verfahren als im Strafprozeß kann auch nicht aus der unterschiedlichen Bezeichnung der nicht berufsrichterlichen Beisitzer als Schöffen bzw. als ehrenamtliche Richter abgeleitet werden. Insofern handelt es sich lediglich um eine Frage der Terminologie (§ 45a DRiG). Auch die Schöffen üben in der Hauptverhandlung das Richteramt in vollem Umfang aus (§ 30 Abs. 1 GVG).

Der Vergleich mit anderen Verfahrensordnungen führt zu keinem anderen Ergebnis. Soweit Handelsrichter Urteile, an deren Findung sie beteiligt waren, unterschreiben müssen, ist dies in § 315 Abs. 1 Satz 1 ZPO i.V.m. § 105 GVG ausdrücklich geregelt (vgl. BGHZ 42, 163, 175) und folgt nicht etwa aus ihrer Stellung als ehrenamtliche Richter. Für das berufsgerichtliche Verfahren nach der Bundesrechtsanwaltsordnung folgt die Pflicht zur Unterschriftsleistung schon aus dem Umstand, daß alle Mitglieder des Ehrengerichts Rechtsanwälte sind (§ 94 BRAO); beim Ehrengerichtshof sind die Mehrzahl der Mitglieder einschließlich des Vorsitzenden Rechtsanwälte (§ 101 Abs. 3 BRAO). Angesichts dessen können die Vorschriften der BRAO keine Auslegungshilfe in dieser Frage sein (vgl. auch BGHSt. 38, 177, 179[1]). Zahlreiche andere Verfahrensordnungen bezeichnen dagegen wie die StPO die Unterschrift der ehrenamtlichen Richter unter dem Urteil als nicht erforderlich: Beispielsweise § 134 Abs. 1 Satz 1 SGG, § 117 Abs. 1 Satz 4 VwGO, § 105 Abs. 1 Satz 4 FGO und § 78 Abs. 2 Bundesdisziplinarordnung. Das Arbeitsgerichtsgesetz wiederum enthält eine nach Instanzenzug differenzierte ausdrückliche Regelung (§ 60 Abs. 4 Satz 1, § 69 Abs. 1 und § 75 Abs. 2 ArbGG). Daß die Rechte und Pflichten der ehrenamtlichen Richter in den verschiedenen Verfahrensordnungen unterschiedlich geregelt sein können, ergibt sich auch aus § 45 Abs. 9 DRiG, der hinsichtlich der Rechte und Pflichten der ehrenamtlichen Richter ergänzend auf die für die einzelnen Gerichtszweige geltenden Vorschriften verweist.

Nach alledem ist von Gesetzes wegen die Unterschrift der ehrenamtlichen Richter nicht erforderlich. Da die schriftlichen Urteilsgründe das Beratungsergebnis lediglich beurkunden, steht einer Unterschrift aller an der Entscheidung mitwirkenden Richter aber nichts entgegen. So handhabt es der Senat für Steuerberater- und Steuerbevollmächtigtensachen beim Bundesgerichtshof.

6. Dem Vorsitzenden steht bei der Entscheidung darüber, ob ein Beisitzer aus tatsächlichen Gründen an der Unterschrift verhindert ist, die Ausübung pflichtgemäßen Ermessens zu.

StPO §§ 275 II, 338 Nr. 7 – BGH Urt. v. 23. 10. 1992 – 5 StR 364/92 LG Lüneburg (= StV 1993, 113 = NStZ 1993, 96)

Die Revision rügt, das Urteil sei nicht innerhalb der Frist zu den Akten gelangt, weil es nicht von allen Richtern unterschrieben worden sei und die vom Vorsitzenden angenommene Verhinderung eines der Richter in Wirklichkeit nicht vorgelegen habe.

Sachverhalt: Die Urschrift des landgerichtlichen Urteils gelangte binnen der sich aus § 275 I 2 StPO ergebenden Frist zu den Akten. Das Urteil trug dabei die Unterschriften des Vorsitzenden und eines Beisitzers sowie den unterschriebenen Vermerk des Vorsitzenden „Richter V. ist nicht mehr am Landgericht tätig und daher verhindert zu unterschreiben". – Das Rechtsmittel war erfolglos.

Gründe:

a) Dem Senat ist grundsätzlich die Überprüfung eröffnet, ob eine Verhinderung des Richters V. i.S. des § 275 I 2 StPO vorgelegen hat. Hat der Vorsitzende unter dem Urteil vermerkt, daß ein Richter an der Unterzeichnung des Urteils verhindert sei, und hat er als Grund für die Verhinderung eine Tatsache angegeben, die einen Verhinderungsgrund darstellen kann, so kann allerdings vom Revisionsgericht grundsätzlich nicht nachgeprüft werden, ob diese Tatsache im einzelnen Fall objektiv einen Verhinderungsgrund dargestellt hat (BGH NJW 1961, 782; vgl. auch BGHSt. 28, 194, 195 [BGH Urt. v. 14. 11. 1978 – 1 StR 448/78; vgl. § 338 Nr. 7 StPO erfolgreiche Rügen]). Indes erleidet dieser Grundsatz eine Ausnahme in den Fällen, in denen der Beschwerdeführer geltend macht, daß der Ver-

---

1 „Die Vorschriften der Bundesrechtsanwaltsordnung über die Besetzung des Senats für Anwaltssachen beim Bundesgerichtshof sind keine Auslegungshilfe dafür, wie der Senat für Steuerberater- und Steuerbevollmächtigtensachen beim Bundesgerichtshof im berufsgerichtlichen Verfahren nach dem Steuerberatungsgesetz besetzt sein soll ..." (BGH Urt. v. 16. 12. 1991 – StB StR 2/91).

hinderungsvermerk auf willkürlichen, sachfremden Erwägungen beruhe, und die die Willkür begründenden Umstände substantiiert und schlüssig darlegt (BGHSt. 31, 212, 214 [BGH Urt. v. 18. 1. 1983 – 1 StR 757/82; vgl. § 338 Nr. 7 StPO erfolglose Rügen]). Dem ist der Fall gleichzustellen, in dem geltend gemacht wird, der Vorsitzende habe zu Unrecht eine Verhinderung eines Beisitzers aus rechtlichen Gründen angenommen (Senatsbeschl. v. 19. 8. 1992 – 5 StR 386/92 [vgl. § 338 Nr. 7 StPO erfolgreiche Rügen]). Der Wortlaut des Verhinderungsvermerks des Vorsitzenden läßt hier die Interpretation zu, der Vorsitzende habe den Beisitzer allein deshalb aus rechtlichen Gründen für verhindert gehalten, weil dieser nicht mehr am Landgericht tätig war.

b) Der Senat kann nicht feststellen, daß Richter V. nicht i.S. des § 275 II 2 StPO verhindert gewesen wäre.

aa) Allerdings war der Richter auf Probe nicht aus rechtlichen Gründen verhindert, seine Unterschrift beizufügen. Tatsächlich wurde der Richter nach seinem Ausscheiden beim Landgericht Lüneburg bei dem Amtsgericht Lüneburg eingesetzt. Er konnte Urteile des Landgerichts Lüneburg, an denen er mitgewirkt hatte, noch unterschreiben und somit auch an der der Unterschriftsleistung vorausgehenden Fassungsberatung (vgl. dazu BGHSt. 26, 92, 93 [BGH Urt. v. 25. 2. 1975 – 1 StR 558/74; vgl. § 338 Nr. 7 StPO erfolglose Rügen]) mitwirken (vgl. Senatsbeschl. v. 19. 8. 1992 – 5 StR 386/92). Eine etwaige Verhinderung aus rechtlichen Gründen hat der Strafkammer-Vorsitzende auch nicht angenommen, wie sich aus seiner dienstlichen Erklärung vom 2. 6. 1992 ergibt.

bb) Vielmehr hat der Vorsitzende den ehemaligen Beisitzer der Kammer aus tatsächlichen Gründen für verhindert erachtet. Ein Rechtsfehler haftet dem nicht an.

Für die „Verhinderung" i.S. des § 275 II 2 StPO gibt das Gesetz weder eine Definition noch Beispiele. An die Hinderungsgründe sind nicht die strengen Anforderungen zu stellen, die für den „im Einzelfall nicht voraussehbaren unabwendbaren Umstand" i.S. des § 275 I 4 StPO gelten (BGH NStZ 1988, 513 [BGH Beschl. v. 9. 8. 1988 – 5 StR 295/88; vgl. § 338 Nr. 7 StPO erfolgreiche Rügen]). Insbesondere steht dem Vorsitzenden bei der Entscheidung darüber, ob ein Beisitzer aus tatsächlichen Gründen verhindert ist, die Ausübung pflichtgemäßen Ermessens zu (vgl. BGHSt. 31, 212, 215).

Hier war der Beisitzer inzwischen bei einem anderen Gericht eingesetzt. Die Tätigkeit eines Richters bei einem anderen Gericht kann seine Verhinderung aus tatsächlichen Gründen bewirken (BGHR StPO § 275 II 2 Verhinderung 1[1]). Der Vorsitzende hat, wie sich aus seiner dienstlichen Erklärung ergibt, in den 3 Tagen zwischen seiner Rückkehr aus dem Urlaub (22. 4. 1992) und dem Tag des Fristablaufs (24. 4. 1992) wiederholt vergeblich versucht, Richter V. wegen der Unterschriftsleistung telefonisch in dessen neuer Dienststelle zu erreichen. Schon dadurch unterscheidet der vorliegende Fall sich wesentlich von denjenigen, die den Entscheidungen BGHSt. 28, 194 sowie BGHR StPO § 275 II 2 Verhinderung 2 zugrunde lagen. Zwar hebt die Revision hervor, daß die neue Dienststelle des Richters V. unweit des Landgerichts-Gebäudes liegt, jedoch brauchte der Vorsitzende sich von etwaigen Versuchen, den Richter in seiner Dienststelle persönlich zu erreichen, keinen

---

1 „Die Verfahrensrügen sind offensichtlich unbegründet. Zu der Gegenerklärung der Verteidigung vom 11. 4. 1988 ist lediglich zu bemerken, daß eine Verletzung des § 275 Abs. 2 Satz 2 StPO nicht vorliegt. Ein an ein anderes Gericht versetzter Richter ist zwar rechtlich nicht gehindert, das unter seiner Mitwirkung zustande gekommene Urteil zu unterschreiben. Die mit seiner Versetzung verbundene Verpflichtung, an einem anderen Dienstort tätig zu sein, kann jedoch seine tatsächliche Verhinderung begründen. Die in dem Vermerk bescheinigte Versetzung des ordentlichen Kammervorsitzenden an das Landgericht Weiden war deshalb generell geeignet, ihn von der alsbaldigen Unterschriftsleistung an seinem früheren Dienstort abzuhalten; das reicht aus. Die von der Revision geäußerte Vermutung, der beanstandete Vermerk gehe irrtümlich von einer rechtlichen Verhinderung aus, findet in dem Wortlaut keine Stütze." (BGH Beschl. v. 30. 5. 1988 – 1 StR 176/88).

größeren Erfolg zu versprechen als von Telefonanrufen. Die Entscheidung des Vorsitzenden, den Richter für verhindert zu erachten, war danach vertretbar, keinesfalls willkürlich.

7. Die Wirksamkeit der Urteilszustellung wird dadurch nicht in Frage gestellt, daß in der zugestellten Urteilsausfertigung der Name eines mitwirkenden Schöffen versehentlich nicht aufgeführt ist.

StPO § 275 III – BGH Urt. v. 12. 5. 1989 – 3 StR 24/89 LG Hamburg (= NStZ 1989, 584)
Das Revisionsvorbringen ist nicht bekannt.

Sachverhalt: In der Urteilsurschrift und der zugestellten Urteilsausfertigung war der Name eines mitwirkenden Schöffen versehentlich nicht aufgeführt. Der dem Angeklagten und seinem Verteidiger formlos übersandte Berichtigungsbeschluß wurde lediglich von einem Richter erlassen. – Das Rechtsmittel war erfolglos.

Gründe: ...
1. Die Revisionsbegründungsfrist ist abgelaufen; der Senat kann in der Sache entscheiden. An der wirksamen Zustellung des Urteils bestehen keine Bedenken. Zwar fehlt sowohl in der unterschriebenen Urteilsurschrift als auch in der am 25. 8. 1988 dem Verteidiger zugestellten Urteilsausfertigung im Rubrum der Name eines mitwirkenden Schöffen. Ein ordnungsgemäßer Berichtigungsbeschluß des Landgerichts liegt nicht vor. Indessen wird die Wirksamkeit der Zustellung dadurch nicht in Frage gestellt. Die in § 275 III StPO geforderten Angaben sollen dazu dienen, daß das Urteil ein in sich geschlossenes Ganzes bildet und nicht der Ergänzung aus dem Protokoll bedarf. Eine fehlerhafte Wiedergabe der Namen durch Schreibversehen oder die fehlende Angabe eines Namens der dort bezeichneten Personen, die auf offenkundigem Versehen beruht, stellt die Vollständigkeit des Urteils jedenfalls dann nicht in Frage, wenn der Angeklagte und sein Verteidiger in der Hauptverhandlung und bei der prozeßordnungsgemäßen Verkündung des Urteils zugegen waren und der Fehler in der Urteilsurkunde für alle Beteiligten damit offenkundig ist. Insoweit kann der Angeklagte unter keinem rechtlichen Gesichtspunkt durch das Versehen beschwert sein. Vielmehr ist ein solches Versehen den offensichtlichen Fehlern in der Urteilsformel – wie Schreib-, Rechen- oder sonstigen Fassungsfehler – vergleichbar, die unbeschränkt berichtigt werden können.

Allerdings wird in den Beschlüssen des 5. Strafsenats vom 26. 10. 1954 (5 StR 437/54) und des 2. Strafsenats vom 25. 10. 1978 (2 StR 342/78) die Auffassung vertreten, daß bei unvollständiger Bezeichnung der mitwirkenden Richter in der Urteilsurkunde die Revisionsbegründungsfrist des § 345 I StPO nicht in Lauf gesetzt wird. Die dafür gegebene Begründung, daß der Angeklagte die ordnungsgemäße Besetzung des Gerichts nur aus der Urteilsurkunde entnehmen und deshalb nur ein insoweit vollständiges Rubrum ihn in die Lage versetzen könnte, eine Überprüfung der rechtmäßigen Besetzung vorzunehmen und eine entsprechende Verfahrensrüge zu erheben, ist durch die Neuregelungen der §§ 222a, 222b StPO im Strafverfahrensänderungsgesetz 1979 überholt. Seit dem Inkrafttreten dieser Bestimmungen am 1. 1. 1979, durch die eine Vorverlegung der Besetzungsrüge bewirkt werden sollte, ist der innere Grund dafür weggefallen, der im Fehlen des Namens eines Schöffen liegenden offensichtlichen Unrichtigkeit des Urteilsrubrums eine weitergehende Wirksamkeit beizumessen. ...

8. Die Rechtzeitigkeit der Urteilsabsetzung kann auch im Wege des Freibeweises festgestellt werden.

StPO § 275 – BGH Urt. v. 10. 5. 1988 – 1 StR 80/88 (= BGHR StPO § 275 I Satz 5 Eingangsvermerk 1)

Die Revision rügt, das Urteil sei nicht rechtzeitig zu den Akten gebracht worden, der Stempel über den Eingang des Urteils auf der Geschäftsstelle sei unleserlich.

Der Sachverhalt ergibt sich aus dem Revisionsvorbringen. – Das Rechtsmittel war erfolglos.

Gründe: Ohne Erfolg rügt die Revision auch die Verletzung des § 275 StPO. Die Rüge kann nicht auf die Behauptung gestützt werden, die Datumsangabe in dem Stempel über den Eingang des Urteils auf der Geschäftsstelle sei unleserlich, denn ihm kommt keine absolute Beweiskraft zu. Die Rechtzeitigkeit der Urteilsabsetzung kann auch im Wege des Freibeweises festgestellt werden (vgl. BGHSt. 29, 43, 47 [BGH Urt. v. 5. 7. 1979 – 4 StR 272/79; vgl. § 338 Nr. 7 StPO erfolglose Rügen]). Aus der dienstlichen Äußerung des Geschäftsstellenbeamten vom 16. 12. 1987 ergibt sich, daß das Urteil am 1. 7. 1987 – und damit rechtzeitig – auf der Geschäftsstelle eingegangen ist.

9. Kurze Fristüberschreitung wegen unerwartet aufgetretener Behinderung des Berichterstatters unschädlich.

StPO § 275 – BGH Urt. v. 2. 7. 1986 – 2 StR 285/86 LG Trier (= NStZ 1986, 564)

Die Revision rügt, daß das Urteil, das am 22. 1. 1986 zu den Akten gelangen mußte, erst am 23. 1. 1986 fertiggestellt und der Geschäftsstelle übergeben wurde.

Der Sachverhalt ergibt sich aus dem Revisionsvorbringen. – Das Rechtsmittel war erfolglos.

Gründe: Die Rüge ist form- und fristgerecht erhoben. Die Verteidigung weist auch zutreffend darauf hin, daß das Urteil, das am 22. 1. 1986 zu den Akten gelangen mußte, erst am 23. 1. 1986 fertiggestellt und der Geschäftsstelle übergeben wurde. Die angefochtene Entscheidung hat dennoch Bestand, denn das Gericht wurde durch einen im Einzelfall nicht vorhersehbaren unabwendbaren Umstand an der Einhaltung der Frist gehindert. Nach der dienstlichen Erklärung des Berichterstatters, von deren Richtigkeit der Senat überzeugt ist und die von der Verteidigung auch nicht angezweifelt wird, hätte das Urteil von ihm noch am 21. 1. 1986 fertiggestellt und am 22. 1. 1986 von allen Richtern unterschrieben zur Geschäftsstelle gelangen können, wenn sich bei ihm nicht am Abend des 21. 1. 1986 unerwartet so starke Schmerzen am linken Handgelenk eingestellt hätten, daß er nicht nur Schreibarbeiten, sondern auch das dann begonnene Diktat des Urteiles abbrechen mußte und erst am nächsten Tag – nach einem bis 14.40 Uhr dauernden Hauptverhandlungstermin – fortsetzen konnte. Aus diesem Grunde war es nicht mehr möglich, das Urteil rechtzeitig mit allen Unterschriften versehen zur Geschäftsstelle zu bringen.

Die genannte, unerwartet aufgetretene Behinderung des Berichterstatters ist auch nicht deswegen als vorhersehbarer Umstand zu bewerten, weil der Richter bereits seit dem 2. 1. 1986 eine Oberarmgipslonguette trug, die rechte Hand nicht bewegen konnte und infolgedessen das linke Handgelenk überlastet wurde. ...

10. Ein Urteil ist auch dann vollständig, wenn es Änderungen ohne eigene Aussagekraft enthält, die nicht von allen Richtern unterschrieben worden sind.

StPO § 275 – BGH Urt. v. 21. 3. 1979 – 2 StR 453/78 (= MDR 1979, 638)

Die Revision rügt, das Urteil sei nicht innerhalb der gesetzlichen Frist zu den Akten gebracht worden, weil es keine vollständigen Entscheidungsgründe enthalte.

Sachverhalt: Den von allen drei Richtern unterschriebenen Urteilsgründen war ein Zusatz angefügt, den nur zwei Richter unterschrieben hatten. Der Zusatz besagte in drei Sätzen, der A. habe die Diebstähle vorzugsweise begangen, indem er kaltblütig und in kurzer Folge Türen in belebten Häusern geöffnet habe. Der Zusatz war durch ein entsprechendes Zeichen als Ergänzung der Urteilsgründe gedacht, wonach für die verbrecherische Energie des Angeklagten auch die Tatausführung spreche. – Das Rechtsmittel war erfolglos.

Gründe: Nach § 275 Abs. 2 S. 2 StPO ist das Urteil von den Richtern, die bei der Entscheidung mitgewirkt haben, zu unterschreiben. Mit ihrer Unterschrift bezeugen die Richter, daß die schriftlichen Urteilsgründe mit dem mehrheitlich beschlossenen Ergebnis der Beratung übereinstimmen. Vollständig ist deshalb das Urteil erst dann, wenn es die Berufsrichter unterschrieben haben (BGHSt. 26, 247 [BGH Urt. v. 2. 12. 1975 – 1 StR 701/75; vgl. § 338 Nr. 7 StPO erfolgreiche Rügen]). Werden die Urteilsgründe um einen Zusatz erweitert, so bedarf auch dieser zu seiner Gültigkeit grundsätzlich der Unterschrift aller Richter (RGSt 23, 261; 28, 54). Das Fehlen einer Unterschrift kann in diesem Fall dazu führen, daß weder der ursprüngliche noch der abgeänderte oder ergänzte Wortlaut des Urteils als gehörig beurkundet anerkannt werden kann (vgl. RGSt 44, 120). Die Anerkennung ist aber nur dann zu versagen, wenn der nicht durch die vollzähligen Unterschriften gedeckte Zusatz seinem Inhalt nach eine sachliche Änderung oder Ergänzung der ursprünglichen Urteilsgründe bewirken soll (vgl. RGSt 24, 118; 44, 120; BGHSt. 27, 334 [BGH Beschl. v. 10. 1. 1978 – 2 StR 654/77; vgl. § 338 Nr. 7 StPO erfolgreiche Rügen]). Ist der Zusatz nicht dazu bestimmt und auch nicht geeignet, die tatsächlichen Feststellungen, die in den ursprünglichen Urteilsgründen niedergelegt sind, ihre rechtliche Würdigung und die aus ihnen abgeleiteten Rechtsfolgen in einem wesentlichen Punkt sachlich abzuändern oder zu ergänzen, wird dadurch die Gültigkeit und Vollständigkeit der Entscheidungsgründe nicht in Frage gestellt. So liegt der Fall hier. Die Sätze, die hinzugefügt worden sind, stehen zu dem Inhalt der ursprünglichen Urteilsgründe in keinem Widerspruch. Sie ändern oder ergänzen weder die zum Sachverhalt getroffenen Feststellungen oder die rechtlichen Ausführungen der Strafkammer ... Der Zusatz hat also keine eigene Aussagekraft; er ist mit anderen Worten überflüssig.

§ 275a StPO

(1) Das Gericht des ersten Rechtszuges entscheidet über die im Urteil vorbehaltene Sicherungsverwahrung.

(2) Die Vollstreckungsbehörde übersendet die Akten rechtzeitig an die Staatsanwaltschaft bei dem Gericht des ersten Rechtszuges. Diese übergibt die Akten binnen einer Woche dem Vorsitzenden des Gerichts.

(3) Für die Vorbereitung und Durchführung der Hauptverhandlung zur Entscheidung über die im Urteil vorbehaltene Sicherungsverwahrung (§ 66a des Strafgesetzbuches) gelten die §§ 213 bis 275 entsprechend, soweit nachfolgend nichts anderes geregelt ist.

(4) Nachdem die Hauptverhandlung nach Maßgabe des § 243 Abs. 1 begonnen hat, hält ein Berichterstatter in Abwesenheit der Zeugen einen Vortrag über die Ergebnisse des bisherigen Verfahrens. Der Vorsitzende verliest das Urteil, soweit es für die Entscheidung über den Vorbehalt der Sicherungsverwahrung von Bedeutung ist. Sodann erfolgt die Vernehmung des Verurteilten und die Beweisaufnahme.

(5) Das Gericht holt vor der Entscheidung das Gutachten eines Sachverständigen ein. Der Gutachter darf im Rahmen des Strafvollzugs nicht mit der Behandlung des Verurteilten befaßt gewesen sein.

§ 276 StPO

Ein Beschuldigter gilt als abwesend, wenn sein Aufenthalt unbekannt ist oder wenn er sich im Ausland aufhält und seine Gestellung vor das zuständige Gericht nicht ausführbar oder nicht angemessen erscheint.

§§ 277–284 StPO

aufgehoben

§ 285 StPO

(1) Gegen einen Abwesenden findet keine Hauptverhandlung statt. Das gegen einen Abwesenden eingeleitete Verfahren hat die Aufgabe, für den Fall seiner künftigen Gestellung die Beweise zu sichern.

(2) Für dieses Verfahren gelten die Vorschriften der §§ 286 bis 294.

§ 286 StPO

(1) Für den Angeklagten kann ein Verteidiger auftreten. Auch Angehörige des Angeklagten sind, auch ohne Vollmacht, als Vertreter zuzulassen.

(2) Zeugen sind, soweit nicht Ausnahmen vorgeschrieben oder zugelassen sind, eidlich zu vernehmen.

§ 287 StPO

(1) Dem abwesenden Beschuldigten steht ein Anspruch auf Benachrichtigung über den Fortgang des Verfahrens nicht zu.

(2) Der Richter ist jedoch befugt, einem Abwesenden, dessen Aufenthalt bekannt ist, Benachrichtigungen zugehen zu lassen.

§ 288 StPO

Der Abwesende, dessen Aufenthalt unbekannt ist, kann in einem oder mehreren öffentlichen Blättern zum Erscheinen vor Gericht oder zur Anzeige seines Aufenthaltsortes aufgefordert werden.

§ 289 StPO

Stellt sich erst nach Eröffnung des Hauptverfahrens die Abwesenheit des Angeklagten heraus, so erfolgen die noch erforderlichen Beweisaufnahmen durch einen beauftragten oder ersuchten Richter.

§ 290 StPO

(1) Liegen gegen den Abwesenden, gegen den die öffentliche Klage erhoben ist, Verdachtsgründe vor, die den Erlaß eines Haftbefehls rechtfertigen würden, so kann sein im Geltungsbereich dieses Bundesgesetzes befindliches Vermögen durch Beschluß des Gerichts mit Beschlag belegt werden.

(2) Wegen Straftaten, die nur mit Freiheitsstrafe bis zu sechs Monaten oder mit Geldstrafe bis zu einhundertachtzig Tagessätzen bedroht sind, findet keine Vermögensbeschlagnahme statt.

§ 291 StPO

Der die Beschlagnahme verhängende Beschluß ist durch den Bundesanzeiger bekanntzumachen und kann nach dem Ermessen des Gerichts auch durch andere Blätter veröffentlicht werden.

§ 292 StPO

(1) Mit dem Zeitpunkt der ersten Bekanntmachung im Bundesanzeiger verliert der Angeschuldigte das Recht, über das in Beschlag genommene Vermögen unter Lebenden zu verfügen.

(2) Der die Beschlagnahme verhängende Beschluß ist der Behörde mitzuteilen, die für die Einleitung einer Pflegschaft über Abwesende zuständig ist. Diese Behörde hat eine Pflegschaft einzuleiten.

§ 293 StPO

(1) Die Beschlagnahme ist aufzuheben, wenn ihre Gründe weggefallen sind.

(2) Die Aufhebung der Beschlagnahme ist durch dieselben Blätter bekanntzumachen, durch welche die Beschlagnahme selbst veröffentlicht worden war.

§ 294 StPO

(1) Für das nach Erhebung der öffentlichen Klage eintretende Verfahren gelten im übrigen die Vorschriften über die Eröffnung des Hauptverfahrens entsprechend.

(2) In dem nach Beendigung dieses Verfahrens ergehenden Beschluß (§ 199) ist zugleich über die Fortdauer oder Aufhebung der Beschlagnahme zu entscheiden.

§ 295 StPO

(1) Das Gericht kann einem abwesenden Beschuldigten sicheres Geleit erteilen; es kann diese Erteilung an Bedingungen knüpfen.

(2) Das sichere Geleit gewährt Befreiung von der Untersuchungshaft, jedoch nur wegen der Straftat, für die es erteilt ist.

(3) Es erlischt, wenn ein auf Freiheitsstrafe lautendes Urteil ergeht oder wenn der Beschuldigte Anstalten zur Flucht trifft oder wenn er die Bedingungen nicht erfüllt, unter denen ihm das sichere Geleit erteilt worden ist.

§ 296 StPO

(1) Die zulässigen Rechtsmittel gegen gerichtliche Entscheidungen stehen sowohl der Staatsanwaltschaft als dem Beschuldigten zu.

(2) Die Staatsanwaltschaft kann von ihnen auch zugunsten des Beschuldigten Gebrauch machen.

Erfolgreiche Rügen

1. Die Revision kann auch durch einen vom Generalstaatsanwalt beauftragen Beamten der örtlich unzuständigen Staatsanwaltschaft eingelegt werden (BGH Urt. v. 18. 11. 1994 – 2 StR 172/94).

2. Rechtsmittel dürfen an keine Bedingung geknüpft sein (BGH Urt. v. 12. 11. 1953 – 3 StR 435/53).

Erfolglose Rügen

1. Gegen freisprechendes Urteil kann Verfassungsbeschwerde zulässig sein (BVerfG Beschl. v. 14. 4. 1970 – 1 BvR 33/68).

2. Revision nur bei objektiver Beschwer durch Urteilsspruch zulässig (BGH Beschl. v. 24. 11. 1961 – 1 StR 140/61).

3. Verfassungsbeschwerde gegen freisprechendes Urteil kann zulässig sein (BVerfG Beschl. v. 8. 10. 1956 – 1 BvR 205/56).

4. Die Freisprechung wegen nicht erwiesener Schuld beschwert den Angeklagten nicht. Sie kann deshalb von ihm nicht mit Rechtsmitteln angefochten werden (BGH Urt. v. 18. 1. 1955 – 5 StR 499/54).

Erfolgreiche Rügen

1. **Die Revision kann auch durch einen vom Generalstaatsanwalt beauftragen Beamten der örtlich unzuständigen Staatsanwaltschaft eingelegt werden.**

StPO § 296; GVG § 145 I – BGH Urt. v. 18. 11. 1994 – 2 StR 172/94 LG Hanau (= NStZ 1995, 204)

Die Revision der Staatsanwaltschaft gegen das Urteil des Landgerichts Hanau wurde durch einen Beamten der Staatsanwaltschaft bei dem Landgericht Darmstadt eingelegt und begründet.

Der Sachverhalt ergibt sich aus den Entscheidungsgründen. – Das Rechtsmittel hatte Erfolg.

Gründe: Die Revision ist in zulässiger Weise durch die örtlich zuständige Staatsanwaltschaft eingelegt worden. Anfechtungsberechtigt ist im Rahmen des § 296 StPO die Staatsanwaltschaft bei dem Gericht, das die anzufechtende Entscheidung erlassen hat. Dies wäre die Staatsanwaltschaft bei dem Landgericht Hanau. Eingelegt und begründet hat das Rechtsmittel Staatsanwalt R. von der Staatsanwaltschaft Darmstadt unter dem Briefkopf seiner Behörde. Dies steht hier aber der Zulässigkeit des Rechtsmittels nicht entgegen. Dieser Staatsanwalt war durch die der Strafkammer ordnungsgemäß zur Kenntnis gebrachte Verfügung des Generalstaatsanwalts beim OLG Frankfurt a.M. vom 6. 12. 1990 gemäß § 145 I GVG wirksam zusätzlich mit der „Wahrnehmung der Amtsverrichtungen der Staatsanwaltschaft für das vorliegende Strafverfahren beauftragt" worden (vgl. RGSt 58, 105, 106). Damit erlangte Staatsanwalt R. auch die Berechtigung zur Einlegung von Rechtsmitteln. Seine Beauftragung bewirkte im Rahmen der ihm zugewiesenen Aufgabe seine Zugehörigkeit zu der örtlich zuständigen Staatsanwaltschaft Hanau (RGSt 44, 75, 78). Daß er das Rechtsmittel unter dem Briefkopf seiner Ursprungsbehörde eingelegt hat, war irreführend aber unschädlich, da er als Vertreter der örtlich zuständigen Staatsanwaltschaft die Hauptverhandlung wahrgenommen hatte und allen Beteiligten klar war, daß er das Rechtsmittel auf Grund seiner Beauftragung im vorliegenden Strafverfahren eingelegt hat.

2. Rechtsmittel dürfen an keine Bedingung geknüpft sein.

StPO § 296 – BGH Urt. v. 12. 11. 1953 – 3 StR 435/53 LG Darmstadt (= BGHSt. 5, 183)

Die Revision hat folgenden Wortlaut:

„Als Verteidiger des Angeklagten lege ich gegen das Urteil der Strafkammer D. vom 13. 3. 1953 vorsorglich das Rechtsmittel der Revision ein. Ich behalte mir ausdrücklich Zurückziehung des Antrags vor."

Der Sachverhalt ergibt sich aus dem Revisionsvorbringen. – Das Rechtsmittel hatte Erfolg.

Gründe: Derartige Fassungen der Rechtsmittelschrift sind nicht selten. Sie haben zu Bedenken gegen die Zulässigkeit des Rechtsmittels geführt. Nach Ansicht des Senats bestehen sie in vorliegendem Falle nicht.

Zwar ist grundsätzlich und ausnahmslos daran festzuhalten, daß Rechtsmittel, die an eine Bedingung geknüpft sind, rechtsunwirksam und daher unzulässig sind. Auch daran ist festzuhalten, daß sich der Bestand des Rechtsmittels zweifelsfrei aus der Rechtsmittelschrift ergeben muß. Eine sogenannte „wohlwollende" Auslegung ist hier nicht möglich. Schon der bloße Zweifel, ob die Rechtsmittelerklärung mit einer Bedingung verbunden ist, macht das Rechtsmittel unzulässig. Denn die öffentlich-rechtliche Natur des Strafverfahrens und die im öffentlich-rechtlichen Interesse zu fordernde Sicherstellung eines geordneten Verfahrens verlangen, daß jede Ungewißheit über den Bestand des Rechtsmittels ausgeschlossen ist. Das Reichsgericht hatte wiederholt Veranlassung, auf diesen Gesichtspunkt eindringlich hinzuweisen (vgl. RGSt 66, 267 mit zahlreichen Nachweisen). Die vom Verteidiger gewählte Fassung der Rechtsmittelschrift ist unter diesen Umständen nicht zu empfehlen. Das Wort „vorsorglich" bedeutet zwar nicht notwendig, daß der Bestand des Rechtsmittels an eine Bedingung geknüpft werden sollte in dem Sinne, daß die Bedingung zum Inhalt der Erklärung erhoben wäre. Es kann vielmehr zum Ausdruck bringen, daß das Rechtsmittel unbedingt gelten soll, daß der Verteidiger sich aber noch nicht darüber schlüssig ist, ob er das Rechtsmittel durchführen will, weil dessen Aussichten unter Umständen von dem noch nicht bekannten Inhalt der schriftlichen Urteilsgründe abhängig sind. Allerdings wäre dann mit dem Wort „vorsorglich" etwas Überflüssiges gesagt. Denn derartige Erwägungen des Verteidigers sind ohne verfahrensrechtliche Bedeutung. Andererseits kann das Wort „vorsorglich" sehr wohl den Verdacht erregen, daß der Bestand des Rechtsmittels von einer Bedingung abhängig gemacht werden soll, etwa davon, ob die Staatsanwaltschaft oder der Privatkläger ebenfalls ein Rechtsmittel einlegt. Ergeben sich aus der Prozeßlage Anhaltspunkte in dieser Richtung und läßt sich dieser Verdacht nicht mit Sicherheit ausschließen, dann ist das Rechtsmittel unzulässig. Im vorliegenden Fall bestehen keine Bedenken gegen die Zulässigkeit. Nach dem Urteilsspruch war eine Revision der Staatsanwaltschaft nicht zu erwarten. Zudem hat der Verteidiger der Rechtsmitteleinlegung noch den Satz hinzugefügt, daß er sich die Rücknahme ausdrücklich vorbehalte. An sich ist ein solcher Satz wiederum überflüssig; denn er betont nur das selbstverständliche Recht, das Rechtsmittel der Revision jederzeit zurückzunehmen. Im Zusammenhang der vorliegenden Rechtsmittelschrift ist er aber geeignet, dem Worte „vorsorglich" einen eindeutigen Sinn zu geben und klarzustellen, daß der Verteidiger nur sagen wollte, er könne nach dem Ergebnis der Hauptverhandlung noch nicht beurteilen, ob die schriftlichen Urteilsgründe für einen Revisionsangriff Erfolg versprechen.

Der 5. Senat hatte in der Entscheidung 5 StR 183/52 v. 27. 8. 1952 die Auffassung geäußert, daß die „vorsorgliche Revisionseinlegung" das Rechtsmittel stets unzulässig mache, weil bei einer solchen Fassung der Revisionsschrift die unbedingte Geltung des Rechtsmittels nicht zweifelsfrei feststehe. Auf Anfrage hat der Senat jedoch mitgeteilt, daß er an dieser Auffassung nicht mehr festhalte. Schon in dem Urteil vom 12. 2. 1953 (5 StR 899/52) hat er die hier begründete Ansicht vertreten.

Erfolglose Rügen

1. Gegen freisprechendes Urteil kann Verfassungsbeschwerde zulässig sein.

StPO § 296 – BVerfG Beschl. v. 14. 4. 1970 – 1 BvR 33/68 (= BVerfGE 28, 151)

Der Beschwerdeführer rügt die Verletzung seiner Menschenwürde (Art. 1 GG) und seines Rechts auf freie Entfaltung der Persönlichkeit (Art. 2 I GG) durch die schriftliche Urteilsbegründung eines Urteils des Landgerichts Hannover in einem Wirtschaftsstrafverfahren. Sie belaste ihn ohne Not mit dem Makel eines erheblichen Tatverdachts in allen Anklagepunkten und enthalte darüber hinaus sachlich nicht gerechtfertigte Unwerturteile über seine Persönlichkeit. Im einzelnen erhebt der Beschwerdeführer folgende Rügen:

1. Die schriftlichen Urteilsgründe seien in sich widersprüchlich. Wenn schon gegen den Mitangeklagten keine Schuldfeststellungen hätten getroffen werden können und wenn weiter gesagt werde, es sei nicht sicher, ob der Beschwerdeführer das Verhalten des Mitangeklagten und den der Genossenschaft dadurch möglicherweise entstandenen Schaden gekannt habe, und es spreche nichts dafür, daß der Beschwerdeführer mit K. dabei zusammengearbeitet habe, so sei es unerfindlich, wie das Urteil trotzdem zu dem Ergebnis habe kommen können, gegen den Beschwerdeführer bleibe ein nicht unerheblicher Verdacht bestehen.

Ähnliche Widersprüche fänden sich auch im Fall der „H. Kreditbank". Auch hier spreche das Urteil von fortbestehendem erheblichem Verdacht, obwohl die Einzeldarstellung der einschlägigen Geschäftsvorfälle ergebe, daß jeder Tatverdacht gegen den Beschwerdeführer ausgeräumt sei, jedenfalls keine ihn strafrechtlich belastenden Feststellungen hätten getroffen werden können.

2. Der Inhalt der schriftlichen Urteilsgründe widerspreche dem Ergebnis der Hauptverhandlung und den am Schluß der Hauptverhandlung eröffneten mündlichen Urteilsgründen. Aus diesen sei zu entnehmen gewesen, daß die Kammer zu der Überzeugung gelangt

sei, gegen den Beschwerdeführer liege in keinem Punkt der Anklage – ausgenommen den Fall des Bankhauses H. – ein begründeter Verdacht vor.

3. Die schriftlichen Urteilsgründe widersprächen auch dem Inhalt des am Tage der Urteilsverkündung über die Erstattung der Auslagen erlassenen Beschlusses. Dort sei ausgesprochen, daß mit Ausnahme des Falles H. ein begründeter Verdacht gegen den Angeklagten nicht vorliege.

4. Die Urteilsgründe enthielten unnötige ehrverletzende Ausführungen. Ohne sachlichen Anlaß werde gesagt, der Beschwerdeführer habe keinerlei Kenntnisse und Erfahrungen mitgebracht, die seine Erklärung, dem Amte eines geschäftsführenden Vorstandsmitglieds gewachsen zu sein, gerechtfertigt hätten; weiter werde „passives Verhalten" und „Mangel an Verantwortungsbewußtsein" als charakteristisch für die Geschäftsführung des Beschwerdeführers bezeichnet. Im Zusammenhang mit der ausdrücklichen Feststellung erheblicher Verdachtsmomente lasse es den Beschwerdeführer als eine höchst fragwürdige Persönlichkeit erscheinen, die gerade eben noch ohne eine Verurteilung davongekommen sei.

Der Beschwerdeführer, der bei Einleitung des Ermittlungsverfahrens eine herausgehobene Position im öffentlichen Leben und eine beachtliche berufliche Stellung innegehabt habe, sei durch das 13jährige Strafverfahren und dessen Begleitumstände schwer geschädigt worden. Er habe seine Stellung im Vorstand der Genossenschaft verloren und sei während des Verfahrens in der Öffentlichkeit und namentlich unter den Mitgliedern der „Ostland" zahlreichen Gerüchten und Verdächtigungen ausgesetzt gewesen. Nach dem Verlaufe der Hauptverhandlung und nach der Urteilsverkündung habe er sich rehabilitiert geglaubt. Durch die ihm erst 9 Monate nach der Urteilsverkündung zugestellten schriftlichen Urteilsgründe, die in vollem Umfang der Anklage von einem gegen den Beschwerdeführer fortbestehenden „nicht unerheblichen Verdacht" sprächen, müsse der Eindruck entstehen, das Gericht habe die Schuld des Angeklagten in hohem Maße für wahrscheinlich gehalten und sie nur „nicht mit letzter Sicherheit" feststellen können; damit werde der Beschwerdeführer moralisch verurteilt, seine Rehabilitierung unmöglich gemacht.

Diese Beeinträchtigung der Grundrechte aus Art. 1 und 2 GG wiege umso schwerer, als nach der damaligen Rechtslage kein rechtlicher Anlaß zu derartigen Feststellungen bestanden habe. Ein solcher Anlaß hätte im Hinblick auf die Auslagenerstattung bestehen können; bei der Entscheidung hierüber habe aber das Gericht in den angegriffenen Punkten den begründeten Tatverdacht im Sinne des § 467 II StPO gerade verneint.

Sachverhalt: Der Beschwerdeführer hat eine Lehre als Zolldeklarant und Expedient durchlaufen und war bis zu seiner Einberufung zur Wehrmacht kaufmännisch tätig. Nach Kriegsende wurde er in Hannover ansässig. Hier war er von 1946 bis 1949 Landesgeschäftsführer der FDP in Niedersachsen, außerdem 1. Vorsitzender des Kreisverbandes Hannover-Stadt des „Bundes der Vertriebenen". Von 1948 bis 1952 gehörte er dem Rat der Stadt Hannover an.

Am 1. 8. 1950 wurde die Wohnungsbau- und Siedlungsgenossenschaft „Ostland" in Hannover gegründet. Gegenstand des Unternehmens war und ist die Errichtung und Bewirtschaftung von Wohnungen in eigenem Namen in Hannover und Umgebung. Der Beschwerdeführer, der zu den Gründern der Genossenschaft gehört hatte, war von 1952 bis 1955 geschäftsführendes Vorstandsmitglied.

Am 2. 9. 1958 erhob die Staatsanwaltschaft beim Landgericht Hannover nach umfangreichen Ermittlungen gegen die drei von 1952 bis 1954 tätig gewesenen Vorstandsmitglieder der „Ostland", K., I. und den Beschwerdeführer, sowie gegen den Buchhalter der Genossenschaft Anklage wegen gemeinschaftlicher genossenschaftlicher Untreue, Unterschlagung und Kredittäuschung in zahlreichen Fällen.

Der Beschwerdeführer befand sich vom 21. 10. bis 1. 11. 1954 in Untersuchungshaft.

Mit Eröffnungsbeschlüssen der Strafkammer vom 29. 12. 1961 und des Oberlandesgerichts vom 21. 9. 1962 wurde gegen den Beschwerdeführer wegen folgender Tatvorwürfe das Hauptverfahren eröffnet:

1. Er habe in 14 Fällen beim Einkauf von Baumaterialien den Baustoffgroßhandel des Vorstandsmitglieds K. beteiligt und so das Material durch dessen Gewinne und Provisionen ungerechtfertigt verteuert; dadurch habe er zu der genossenschaftlichen Untreue dieses Vorstandsmitglieds Beihilfe geleistet;

2. zur Erweiterung des Kreditvolumens der Firma „N. GmbH", deren Mitgesellschafter und Geschäftsführer das Vorstandsmitglied I. war, habe er mit den anderen Vorstandsmitgliedern eine Abtretung aller gegenwärtigen und zukünftigen Forderungen dieses Unternehmens gegen die „Ostland" an das Bankhaus H. M. & Co. in H. durch Schuldanerkenntnis bestätigt, die daraus folgenden Verbindlichkeiten jedoch nicht eingehalten, so daß die Genossenschaft habe Schadensersatz leisten müssen;

3. er habe mit den anderen Vorstandsmitgliedern zur Stützung eines Kreditantrags der „N. GmbH" an die H. Kreditbank (Filiale W.) erklärt, das Unternehmen habe noch Forderungen gegen die „Ostland" in Höhe von 45 000 DM, und der H. Kreditbank zugesichert, die Zahlungen an sie zu leisten, obwohl er gewußt habe, daß die Forderung vorher an das Bankhaus H., M. & Co. abgetreten gewesen sei. Dadurch sei die Genossenschaft wiederum Schadensersatzforderungen ausgesetzt worden.

Das Verfahren gegen den Mitangeklagten K. wurde im Jahre 1965 eingestellt, weil er nicht verhandlungsfähig war. Die beiden anderen Mitangeklagten sind 1965 und 1966 verstorben. Gegen den Beschwerdeführer fand vom 20. 2. bis zum 2. 3. 1967 die Hauptverhandlung vor der 3. großen Strafkammer des Landgerichts Hannover statt. Auf übereinstimmenden Antrag der Staatsanwaltschaft und des Verteidigers wurde der Beschwerdeführer am 2. 3. 1967 freigesprochen.

An demselben Tage faßte die Strafkammer einen Beschluß über die dem Beschwerdeführer erwachsenen notwendigen Auslagen gemäß § 467 Abs. 2 und 4 StPO in der damals geltenden Fassung vom 17. 9. 1965 – BGBl. I S. 1373 – (= StPO a.F.). Der Beschluß, den die drei Berufsrichter der Kammer unterzeichnet haben, spricht aus, daß der Beschwerdeführer seine Auslagen selbst zu tragen habe, soweit er im Fall des Bankhauses H., M. & Co. freigesprochen worden sei; im übrigen fielen sie der Landeskasse zur Last. Dazu wird ausgeführt, daß im Fall H. das Verfahren – wie im Urteil im einzelnen dargelegt sei – weder die Unschuld des Angeklagten ergeben noch dargetan habe, daß gegen ihn ein begründeter Verdacht nicht vorliege. Soweit dem Angeklagten Beihilfe zur fortgesetzten genossenschaftlichen Untreue des früheren Mitangeklagten K. zur Last gelegt worden sei, sowie im Falle der H. Kreditbank lägen die Voraussetzungen des § 467 Abs. 2 StPO vor, weil in diesen Fällen begründeter Verdacht gegen den Angeklagten nicht mehr bestehe. Weder der Beschwerdeführer noch die Staatsanwaltschaft haben gegen den Beschluß die nach § 467 Abs. 5 Satz 3 StPO a.F. mögliche sofortige Beschwerde eingelegt.

Der Berichterstatter der Strafkammer trat am 15. 5. 1967 in den Ruhestand. Den handschriftlich gefertigten Urteilsentwurf legte er erst am 29. 11. 1967 vor. Der Vorsitzende der Strafkammer unterzeichnete ihn am 6. 12. 1967, zugleich für den Berichterstatter und für den inzwischen durch Abordnung an ein anderes Gericht ausgeschiedenen dritten Berufsrichter. Das Urteil wurde dem Verteidiger am 22. 12. 1967 zugestellt.

In den Urteilsgründen heißt es, daß der Beschwerdeführer bei Übernahme der Stellung als Vorstandsmitglied erklärt habe, „dem Amt gewachsen zu sein", daß er jedoch „keinerlei kaufmännische Kenntnisse und Erfahrungen mitgebracht" habe, die diese Erklärung hätten rechtfertigen können. In umfangreicher Darstellung würdigt das Urteil das Verhalten des Mitangeklagten bei der Materialbeschaffung und erörtert die Gründe, aus denen sich der Verdacht ergebe, daß K. in einigen Fällen absichtlich zum Nachteil der Genossenschaft gehandelt habe. Von einer Schuldfeststellung gegen den abwesenden K. sieht das Urteil indessen ab. Zum Verdacht der Beteiligung des Beschwerdeführers heißt es dann weiter:

Soweit es den Angeklagten betrifft, haben keine dahingehenden Feststellungen getroffen werden können, daß er im einzelnen das geschilderte Verhalten des früheren Mitangeklagten K. bei dessen Einschaltung als Großhändler in die Lieferungen an die „Ostland" und die dadurch zum Schaden der Genossenschaft eingetretene Höhe der Verteuerung kannte. Schon gar nichts spricht dafür, daß er gar mit K. gemeinsam dabei zusammengearbeitet hätte. Wenn bei ihm mithin von einem direkten Vorsatz – der im Genossenschaftsgesetz verwendete Ausdruck „absichtlich" entspricht dem „vorsätzlich" im § 266 StGB – auch nicht gesprochen werden kann, so spricht sein ganzes passives Verhalten, das in keiner Weise seiner Stellung als Geschäftsführer der „Ostland" entsprach, der gegenüber er verpflichtet war, die Geschäfte der Genossenschaft nach den Grundsätzen eines gewissenhaften und ordentlichen Geschäftsmannes zu führen, und sein auch sonst mit seinem lebhaften Verhalten nicht in Einklang zu bringende Verhalten in diesen Fällen dafür, daß er sich offenbar dem ihm weit überlegenen früheren Mitangeklagten K. nicht gewachsen fühlte und, obgleich er vielfach die Zahlungsanweisungen an die Lieferfirmen mitunterschrieb oder auch allein ausfertigte, sich mithin einen annähernden Verdienst des früheren Mitangeklagten K. errechnen konnte, diesen gewähren ließ und dabei billigend in Kauf nahm, daß durch die Lieferungen über die Großhandlung das Material ungerechtfertigt zum Nachteil der „Ostland" verteuert wurde, also mit bedingtem Vorsatz handelte. Das reichte zur Erfüllung des strafrechtlichen Tatbestandes i.S. der Anklage aus. Bei allem gegen ihn weiter fortbestehen bleibenden nicht unerheblichen Verdacht, läßt sich ihm auch dies nicht mit hinreichender Sicherheit nachweisen, zumal er K. voll vertraut und geglaubt haben will, dieser hole für die „Ostland" tatsächlich die günstigsten Preise heraus. Der Angeklagte M. war daher in den bisher erörterten Fällen der Materialbeschaffung wegen Mangel an Beweisen freizusprechen.

Im Falle des Bankhauses H., M. & Co. führt das Urteil aus, es hätten sich keine Anhaltspunkte dafür ergeben, daß der Beschwerdeführer mit direktem Vorsatz zum Schaden der „Ostland" gehandelt habe. Aber auch bedingter Vorsatz sei ihm nicht nachzuweisen. Im Falle der H. Kreditbank enthält das Urteil zunächst tatsächliche Feststellungen über die Kreditverhandlungen der „N. GmbH" mit dieser Bank sowie über die mit der Forderungsabtretung und deren Bestätigung durch die „Ostland" zusammenhängenden Vorgänge; weiter erörtert es die Möglichkeit eines Tatbestandsirrtums des Beschwerdeführers über die vorausgegangene Globalabtretung an das Bankhaus H., M. & Co. Hinsichtlich des Verdachts der genossenschaftlichen Untreue kommt es zu dem Ergebnis, daß dem Beschwerdeführer allenfalls ein „Mangel an Verantwortungsbewußtsein", jedoch kein absichtliches Verhalten zur Last gelegt werden könne, und bemerkt abschließend über den Beschwerdeführer:

Mehr noch als sein passives Verhalten auch in diesem Falle läßt sein von ihm angegebenes Verhalten bei Hingabe eines Schecks an die „N. Fußboden" den erheblichen Verdacht gegen ihn fortbestehen, daß er sich zu allen Zeiten der Pflicht der „Ostland" bewußt war, alle Zahlungen an die „N. GmbH" aus den dieser erteilten Aufträgen ausnahmslos über das Bankhaus M. & Co. zu leisten. Die Strafkammer glaubte dies aber genau so wenig mit letzter Sicherheit feststellen zu können, wie die Tatsache, daß der Angeklagte M. zwar nicht mehr genau wußte, daß die bereits gegenüber dem Bankhaus M. & Co. abgegebene Erklärung vom 8. 7. 1953 die Verpflichtungserklärung gegenüber der H. Kreditbank vom 19. 10. 1954 verbot, er dies jedoch bewußt in Kauf nahm, um der „N. GmbH" zu dem nachgesuchten Kredit bei der H. Kreditbank zu verhelfen, mithin mit bedingtem Vorsatz handelte, was zur Erfüllung des Tatbestandes des § 146 GenGes. ausreichend gewesen wäre.

Auch zu dem Vorwurf einer Beihilfe des Beschwerdeführers zum versuchten Kreditbetrug des verstorbenen Vorstandsmitglieds I. findet das Gericht keine Anhaltspunkte für ein direkt vorsätzliches Verhalten und fährt zum bedingten Vorsatz fort:

Es sprechen aber auch jetzt noch ganz erhebliche Gründe dafür, daß er dies zumindest billigend in Kauf nahm, als er, obgleich ihm seine Stellung in der „Ostland" die Verpflichtung auferlegte, die wirkliche finanzielle Lage der „N. GmbH" aufzuklären und auf die bereits erfolgte Abtretung der Forderungen der „N. ... GmbH" gegen die „Ostland" an das Bankhaus M. & Co. hinzuweisen, dies verschwieg, um bei der H. Kreditbank den Eindruck einer günstigeren Vermögenslage der „N ... GmbH" zu erwecken, um dieser bei den Kreditverhandlungen Hilfe zu leisten. Aber auch das hat sich dem Angeklagten M. mit einer zur Verurteilung hinreichenden Sicherheit nicht nachweisen lassen. Deshalb war er auch wegen aller ihm im Zusammenhang mit den Kreditverhandlungen der „N. GmbH" und der H. Kreditbank stehenden, ihm zur Last gelegten Vorwürfe wegen Mangel an Beweisen freizusprechen. – Die Verfassungsbeschwerde war erfolglos.

Gründe:

I.

Die Verfassungsbeschwerde ist zulässig.

Das angefochtene Urteil ist in der Hauptverhandlung vom 2. 3. 1967 verkündet worden. Einen Antrag nach § 93 Abs. 1 Satz 3 BVerfGG hat der Beschwerdeführer nicht gestellt. Da er sich jedoch allein durch die schriftliche Begründung des freisprechenden Urteils beschwert fühlt, kann die Monatsfrist sinnvollerweise erst mit der Bekanntgabe der Gründe beginnen, die am 22. 12. 1967 stattgefunden hat.

Ein Rechtsschutzbedürfnis für die Verfassungsbeschwerde ist gegeben. Auch freisprechende Urteile können durch die Art ihrer Begründung Grundrechte verletzen (BVerfGE 6, 7 [9] [BVerfG Beschl. v. 8. 10. 1956 – 1 BvR 205/56; vgl. § 296 StPO erfolglose Rügen]). Der Beschwerdeführer behauptet, daß ihm der Inhalt der schriftlichen Urteilsgründe nachteilig sei, weil zu seinen Lasten ein fortbestehender Tatverdacht in allen Anklagepunkten festgestellt werde.

Der Rechtsweg ist erschöpft. Nach der ständigen Rechtsprechung des Bundesgerichtshofs ist gegen freisprechende Urteile eine Revision des Angeklagten nicht zulässig (BGHSt. 7, 153 [BGH Urt. v. 18. 1. 1955 – 5 StR 499/54; vgl. § 296 StPO erfolglose Rügen]; 16, 374 [BGH Beschl. v. 24. 11. 1961 – 1 StR 140/61; vgl. § 296 StPO erfolglose Rügen]). Dem Beschwerdeführer kann nicht zugemutet werden, ein aussichtsloses Rechtsmittel einzulegen.

II.

1. Das Bundesverfassungsgericht kann gerichtliche Entscheidungen auf eine Verfassungsbeschwerde nur in engen Grenzen nachprüfen. Es ist nicht seine Aufgabe, die Gestaltung des Verfahrens, die Richtigkeit tatsächlicher Feststellungen, die Auslegung des „einfachen" Rechts und seine Anwendung auf den einzelnen Fall zu kontrollieren; nur wenn die Gerichte spezifisches Verfassungsrecht verletzt haben, kann das Bundesverfassungsgericht auf eine Verfassungsbeschwerde hin eingreifen (BVerfGE 1, 418 [420]; 18, 85 [92 f.]). Eine Erweiterung dieses Prüfungsrahmens ergibt sich auch nicht daraus, daß für Urteile bestimmten Inhalts der oberste Gerichtshof des betreffenden Gerichtszweigs die Revision nicht zuläßt. Diese – verfassungsrechtlich nicht zu beanstandende – Beschränkung der ordentlichen Rechtsmittel kann nicht dazu führen, daß das Bundesverfassungsgericht an die Stelle des fehlenden Revisionsgerichts tritt und nun seinerseits das angegriffene Urteil auf formelle oder materiell-rechtliche Verstöße im Bereich des „einfachen" Rechts nachprüft, die im Revisionsverfahren gerügt werden könnten. Das würde den besonderen Funktionen des Bundesverfassungsgerichts und seiner Stellung innerhalb der rechtsprechenden Gewalt nicht entsprechen (vgl. auch BVerfGE 22, 93 [98]).

2. Gegen einen Freispruch im Strafverfahren ist eine Verfassungsbeschwerde des Angeklagten nicht schlechthin ausgeschlossen; denn das freisprechende Urteil kann durch die Art seiner Begründung Grundrechte verletzen (BVerfGE 6, 7 [9]). Ausführungen in den Gründen eines freisprechenden Urteils werden jedoch nur in seltenen Ausnahmefällen zur Feststellung eines selbständigen Grundrechtsverstoßes führen können. In aller Regel muß es bei dem Grundsatz bleiben, daß eine Beschwer sich nur aus dem Entscheidungstenor ergeben kann; er allein bestimmt verbindlich, welche Rechtsfolgen auf Grund des festgestellten Sachverhalts eintreten. In einzelnen Ausführungen der Entscheidungsgründe kann nur dann eine Grundrechtsverletzung erblickt werden, wenn sie – für sich genommen – den Angeklagten so belasten, daß eine erhebliche, ihm nicht zumutbare Beeinträchtigung eines grundrechtlich geschützten Bereichs festzustellen ist, die durch den Freispruch nicht aufgewogen wird. Das ist nicht schon dann anzunehmen, wenn die Entscheidungsgründe einzelne, den Beschwerdeführer belastende oder für ihn „unbequeme" Ausführungen enthalten oder Mängel aufweisen, die vielleicht in einem Revisionsverfahren mit Erfolg gerügt werden könnten.

3. Legt man diese Maßstäbe an, so ergibt sich bei einer Gesamtwürdigung des Falles, daß die gegen die Begründung des freisprechenden Urteils vorgetragenen Rügen – auch soweit sie berechtigt sind – nicht ausreichen, um eine Aufhebung des Urteils durch das Bundesverfassungsgericht zu rechtfertigen.

a) Der Beschwerdeführer sieht in den schriftlichen Urteilsgründen innere Widersprüche. Es mag möglich sein, daß ein offensichtlicher Widerspruch zwischen der abschließenden Feststellung eines Gerichts, der Angeklagte werde mangels Beweises freigesprochen, zu vorher getroffenen Feststellungen, aus denen sich ergibt, daß die Unschuld des Angeklagten als erwiesen anzusehen ist, eine Grundrechtsverletzung darstellt (vgl. BVerfGE 6, 7 [10]). Das umfangreiche Urteil, dessen Gegenstand komplizierte wirtschaftliche Vorgänge sind, weist zwar Unklarheiten und Unstimmigkeiten auf. Offensichtliche und schwerwiegende Widersprüche, die so erheblich wären, daß sie das Gepräge des Willkürlichen trügen und den gesamten Aufbau des Urteils in Frage stellen würden, sind aber in den Urteilsgründen nicht zu finden.

b) Auch aus dem etwaigen Widerspruch zwischen den mündlich mitgeteilten und den schriftlichen Urteilsgründen läßt sich ein Verfassungsverstoß nicht herleiten. Die mündliche Eröffnung der Urteilsgründe durch den Vorsitzenden soll die Prozeßbeteiligten nur vorläufig darüber unterrichten, welche Gründe das Gericht zu seiner Entscheidung bestimmt haben. Bei einem Widerspruch zwischen den mündlich eröffneten und den schriftlichen Gründen sind die schriftlichen maßgebend (BGHSt. 2, 63 [66] [BGH Beschl. v. 12. 12. 1951 – 3 StR 691/51; vgl. § 335 StPO erfolgreiche Rügen]; 7, 363 [370 f.] [BGH Urt. v. 22. 4. 1955 – 5 StR 35/55; vgl. § 267 StPO erfolglose Rügen]; 15, 263 [264 f.] [BGH Urt. v. 2. 12. 1960 – 4 StR 433/60; vgl. § 338 Nr. 5 StPO erfolglose Rügen]). Daß im vorliegenden Fall die schriftlichen Gründe vom Gericht bewußt „manipuliert" worden wären, um das Beratungsergebnis zu verfälschen, ist weder vorgetragen noch sonst ersichtlich.

c) Die schriftlichen Urteilsgründe stimmen allerdings mit den Gründen des am 2. 3. 1967 erlassenen Beschlusses über die Auslagenerstattung insofern nicht überein, als dieser Beschluß nur noch im Fall des Bankhauses H. das Weiterbestehen eines Tatverdachts annimmt, während die schriftlichen Urteilsgründe zu dem Ergebnis kommen, daß in allen Anklagepunkten ein Verdacht fortbestehe. Diese Unstimmigkeit ist offenbar auf das nicht zu billigende Verfahren des Gerichts nach der Urteilsverkündung zurückzuführen. Die in § 275 Abs. 1 StPO für die Absetzung des Urteils bestimmte Frist ist – ohne ersichtlichen Grund – ganz erheblich überschritten worden; der große zeitliche Abstand zwischen der Hauptverhandlung und der endgültigen Niederschrift der Urteilsgründe hat nicht nur – wie es natürlich ist – die Eindrücke der Hauptverhandlung verblassen lassen, sondern auch dazu geführt, daß eine nochmalige Abstimmung über die Fassung der Gründe mit gegenseitiger Kontrolle des Erinnerungsbildes zwischen den Berufsrichtern der Strafkammer nicht mehr stattfinden konnte, da zwei der drei Richter inzwischen ausgeschieden waren.

Das Bundesverfassungsgericht hat aber lediglich zu prüfen, ob die Divergenzen in der Begründung von Urteil und Beschluß so schwer wiegen, daß sie verfassungsrechtlich relevant werden und – ungeachtet des Freispruchs – zu einer Aufhebung des Urteils führen müssen. Das muß nach Lage des Falles verneint werden. Es handelt sich um Verfahrensfehler und Irrtümer, die im Bereich der Sachverhaltsfeststellung, der Beweiswürdigung und der Anwendung des einfachen Rechts verbleiben und die Ebene des Verfassungsrechts nicht erreichen. Möglicherweise hätten sie in einem Revisionsverfahren mit Erfolg gerügt werden können; das Bundesverfassungsgericht kann aber, wie schon dargelegt, nicht die Rolle des hier fehlenden Revisionsgerichts übernehmen (vgl. auch BVerfGE 9, 231 [236]).

d) Die Beurteilung der Fähigkeiten, der Vorbildung des Beschwerdeführers sowie seiner Tätigkeit im Vorstand der „Ostland eGmbH" hält sich im Rahmen dessen, was den Gerichten bei der Begründung ihrer Entscheidungen zugestanden werden muß. Kritische Bewertungen menschlicher Eigenschaften oder beruflicher Betätigungen verletzen jedenfalls dann nicht den grundrechtlich geschützten Persönlichkeitsbereich des Betroffenen, wenn sie sich allein auf das den Gegenstand des Verfahrens bildende Verhalten eines Angeklagten beziehen, dem Verfahrensgegenstand angemessen sind und keine formalen Beleidigungen enthalten. Die vom Beschwerdeführer beanstandeten kritischen Ausführungen in den Urteilsgründen sind hiernach verfassungsrechtlich nicht zu beanstanden.

Eine Verletzung der Grundrechte des Beschwerdeführers aus Art. 1 und Art. 2 Abs. 1 GG durch die Begründung des freisprechenden Urteils ist nach alledem nicht festzustellen.

2. Revision nur bei objektiver Beschwer durch Urteilsspruch zulässig.

StPO §§ 260 I, 267 V, 296, 333 – BGH Beschl. v. 24. 11. 1961 – 1 StR 140/61 Bayerisches ObLG (= BGHSt. 16, 374 = NJW 1962, 404)

Die Revision richtet sich gegen ein freisprechendes Urteil mit nachteiligen Feststellungen in den Urteilsgründen.

Sachverhalt: Der Angeklagten liegt zur Last, andere betrügerisch geschädigt zu haben, indem sie verschiedene Geschäftsinhaber durch Vorspiegelung ihres Zahlungswillens zur Hergabe von Waren oder Darlehen veranlaßte, ihre Verpflichtungen aber nicht einhielt.

Das Bayerische Oberste Landesgericht möchte die Revision als unzulässig verwerfen. Es meint, die Angeklagte sei durch das freisprechende Urteil des Amtsgerichts B. nicht beschwert, weil eine die Zulässigkeit der Revision begründende Beschwer sich allein aus dem Entscheidungssatz eines Erkenntnisses ergeben müsse, die nachteiligen Feststellungen, deren Beseitigung die Angeklagte begehre, aber nur in den Gründen des angefochtenen Urteils enthalten seien.

So zu entscheiden sieht das Bayerische Oberste Landesgericht sich durch das Urteil des Oberlandesgerichts in Schleswig vom 17. 4. 1957 (DRspr. IV, 458 Nr. 32a = SchlHA 1958, 50 = NJW 1957, 1487) und das Urteil des Oberlandesgerichts in Stuttgart vom 22. 5. 1959 (NJW 1959, 1840) gehindert. Das Oberlandesgericht in Schleswig hat in dem Urteil vom 17. 4. 1957 ausgesprochen, ein Freispruch wegen Zurechnungsunfähigkeit (§ 51 Abs. 1 StGB) enthalte für den Angeklagten jedenfalls dann eine die Zulässigkeit der Revision begründende Beschwer, wenn keine tatbestandsmäßige, rechtswidrige Handlung festgestellt sei. In dem Urteil des Oberlandesgerichts in Stuttgart vom 22. 5. 1959 (ebenso in einem Beschluß des Oberlandesgerichts in Saarbrücken vom 6. 7. 1960 – Ws 60/61 – Leitsatz NJW 1960, 2068) wird sogar angenommen, ein wegen erwiesener Geisteskrankheit freigesprochener Angeklagter sei auch im Falle der Feststellung einer tatbestandsmäßigen, rechtswidrigen Handlung in einer Weise beschwert, die Revision zulässig mache. Das

Bayerische Oberste Landesgericht hat deshalb die Sache dem Bundesgerichtshof zur Entscheidung der Rechtsfrage vorgelegt. – Das Rechtsmittel war erfolglos.

Gründe: In der Sache tritt der Senat, entgegen der Auffassung des Generalbundesanwalts, der Rechtsansicht des Bayerischen Obersten Landesgerichts bei.

1. Es ist unbestritten, daß dem Angeklagten ein Rechtsmittel gegen eine Entscheidung nur dann zusteht, wenn er durch sie „beschwert" ist, d.h. wenn durch die Entscheidung seine rechtlichen Interessen nach irgendeiner Richtung beeinträchtigt werden (BGHSt. 7, 153 [BGH Urt. v. 18. 1. 1955 – 5 StR 499/54; vgl. § 296 StPO erfolglose Rügen]). Das Reichsgericht war seit jeher der Auffassung, daß diese Beschwer aus dem Entscheidungssatz selbst hervorgehen müsse, daß dagegen eine mögliche Beeinträchtigung des Angeklagten, die sich nur aus den Entscheidungsgründen ergibt, nicht als Beschwer in diesem Sinne anzusehen sei und den Angeklagten daher zur Einlegung des Rechtsmittels nicht berechtige (vgl. RGSt 69, 124; 69, 157).

Dieser Ansicht ist die Rechtsprechung bis 1945 fast einhellig gefolgt, obwohl sie auch vorher nicht unangefochten geblieben war.

2. Der 5. Strafsenat des Bundesgerichtshofs hat in BGHSt. 7, 153 ausgesprochen, der freigesprochene Angeklagte sei nicht deshalb beschwert, weil nach den Urteilsgründen nur seine Schuld nicht erwiesen worden sei, die Beweisaufnahme also nicht seine völlige Unschuld ergeben habe. Ob es als eine Beschwer zu erachten ist, wenn der Angeklagte wegen Zurechnungsunfähigkeit freigesprochen worden ist, hat der 5. Strafsenat in seiner Entscheidung ausdrücklich offengelassen. Er hatte die Frage auch nicht zu entscheiden. Auch sie ist jedoch – mit BGHSt. 5, 267, 268[1] – zu verneinen.

a) Daß dem Angeklagten ein Rechtsmittel nur zusteht, wenn er durch den Urteilsspruch beschwert ist, ergibt sich aus der Aufgabe des Strafverfahrens und dem Zweck der Rechtsmittel. Im Strafverfahren ist zu klären, ob der Angeklagte sich einer Straftat schuldig gemacht und gegebenenfalls welche Strafe er hierwegen verwirkt hat oder, wie das Reichsgericht es ausdrückte, ob der Staat gegen ihn einen „Strafanspruch" hat. Für den Fall, daß der Angeklagte zwar eine mit Strafe bedrohte Handlung begangen, dabei aber im Zustande der Zurechnungsunfähigkeit (§§ 51 Abs. 1, 55 Abs. 1 StGB) gehandelt hat, kann an Stelle des „Strafanspruchs" der Anspruch auf Anordnung einer Maßregel der Sicherung und Besserung in Betracht kommen (vgl. §§ 42b, 42m StGB). Kann – aus welchem Grunde immer – keine strafbare Tat festgestellt werden, so ist der Angeklagte freizusprechen. Kommt auch – gleichgültig, aus welchem Grunde – keine Maßregel der Sicherung und Besserung in Betracht, so ist damit die Aufgabe der Strafrechtspflege im einzelnen Strafverfahren grundsätzlich erfüllt. Dem Angeklagten mag zwar von seinem Standpunkt aus

---

[1] „Es trifft zwar zu, daß die auf Grund des § 51 Abs. 1 StGB getroffene Anordnung nach § 42b StGB sachlich-rechtlich mit der Schuldfrage insofern untrennbar verbunden ist, als die Sicherungsmaßregel von der Bejahung der Zurechnungsunfähigkeit des Angeklagten abhängt. Wird diese verneint, so fehlt die Grundlage für die Anordnung der Unterbringung. Das bedeutet aber nicht, daß diese Verbindung auch für das Verfahren seine volle Wirkung äußert. Der Angeklagte konnte den Freispruch nicht anfechten, weil er dadurch nicht beschwert ist. Wegen des Verbotes seiner Schlechterstellung kann das von ihm allein eingelegte, nur die Unterbringungsanordnung angreifende Rechtsmittel hinsichtlich des Schuldspruchs zu keiner Änderung führen (§ 358 Abs. 2 StPO). Würde das angefochtene Urteil in vollem Umfang aufgehoben, so müßte das von der Strafkammer gegen den Angeklagten neu zu erlassende Urteil wiederum auf Freisprechung lauten, selbst wenn sich seine volle strafrechtliche Verantwortlichkeit herausstellen sollte. Die Vorschriften der §§ 42b StGB, 344 Abs. 1 StPO zwingen nicht zur Herbeiführung einer so überflüssigen Entscheidung. Sie sind vielmehr in dem Sinne anzuwenden, daß auch im Falle des § 51 Abs. 1 StGB eine gesonderte Anfechtung des Ausspruchs über die Sicherungsmaßregel möglich ist. Das solcherweise beschränkte Rechtsmittel gestattet allerdings die Nachprüfung auch der Zurechnungsunfähigkeit als Voraussetzung der Unterbringungsanordnung." (BGH Urt. v. 10. 12. 1953 – 3 StR 620/53).

sehr daran liegen, daß er aus einem bestimmten Grunde – etwa wegen erwiesener Unschuld – freigesprochen werde. Insoweit stehen seinem Verlangen jedoch die Interessen der staatlichen Rechtspflege entgegen, der die Feststellung genügt, daß gegen den Angeklagten kein Strafanspruch besteht und keine Maßregel der Sicherung und Besserung in Betracht kommt, wie denn auch bei nicht hinreichendem Verdacht gegen den Angeklagten das Hauptverfahren nicht eröffnet wird (§ 203 StPO), selbst wenn er ein Interesse daran haben sollte, sich öffentlich von den gegen ihn erhobenen Vorwürfen zu reinigen. Die allgemeine Aufgabe der Strafrechtspflege zwingt aus prozeßwirtschaftlichen Gründen zur Beschränkung im einzelnen Strafverfahren, insbesondere um eine uferlose Ausweitung der Beweisaufnahme zu vermeiden.

Daß diese Beschränkung dem geltenden Verfahrensrecht entspricht, ergibt sich insbesondere aus den Vorschriften über die Beweisaufnahme. Nach § 244 Abs. 2 StPO ist die Beweisaufnahme auf alle Tatsachen und Beweismittel zu erstrecken, die „für die Entscheidung von Bedeutung sind". Ein Beweisantrag kann u.a. abgelehnt werden, wenn die zu beweisende Tatsache „für die Entscheidung ohne Bedeutung ist" (§ 244 Abs. 3 StPO). Daß hier unter „Entscheidung" nur die Entscheidung über die Schuld- und Straffrage, also der Urteilsspruch zu verstehen ist, kann nicht bezweifelt werden.

Dem steht nicht entgegen, daß es im allgemeinen wünschenswert und in manchen Fällen unerläßlich ist, vor der Prüfung des inneren Tatbestandes den äußeren Sachverhalt aufzuklären (vgl. RGSt 47, 417, 419; OGHSt 1, 186). Denn diese Aufklärung kann für die Entscheidung selbst von Bedeutung sein. Mit auf dieser Erwägung beruht es, wenn die Rechtsprechung des Bundesgerichtshofs verlangt, daß im Verfahren wegen übler Nachrede vor der Anwendung des § 193 StGB grundsätzlich der Wahrheitsbeweis zu erheben ist, der zudem der Genugtuung des Verletzten dienen soll (vgl. BGHSt. 11, 273, 277[1]).

Nur im Hinblick auf das Endergebnis, also den Urteilsspruch, hat der Richter im Einzelfalle auch zu entscheiden, was „im Zweifel zugunsten des Angeklagten" ist. Bleibt es etwa zweifelhaft, ob der Angeklagte bei Begehung einer mit Strafe bedrohten Handlung zurechnungsfähig war, so ist er gemäß § 51 Abs. 1 StGB freizusprechen, ohne daß abzuwägen ist, ob er durch Infragestellung seiner Zurechnungsfähigkeit mehr „beschwert" wird als durch die sonst in Betracht kommende mäßige Strafe.

b) Hat der Angeklagte keinen Anspruch darauf, aus einem bestimmten, von ihm gewünschten Grunde freigesprochen zu werden, so kann ihm auch nicht das Recht zustehen, einen solchen Anspruch durch ein Rechtsmittel zu verfechten. Darum kommt es für die Frage, ob ihm ein an sich zulässiges Rechtsmittel im Einzelfall zusteht, nicht auf die im Urteil enthaltenen Feststellungen, sondern auf die daraus abgeleitete Rechtsfolge, m. a. W. auf den Urteilsspruch, nicht auf seine Begründung an. Ein ihm günstigeres Ergebnis als die Freisprechung kann der Angeklagte nicht erzielen. Seine Einwendungen könnten sich im Falle des Freispruchs also nur gegen die Begründung richten. Diese allein aber kann er nicht anfechten. Würde ein Rechtsmittel zugelassen werden, so würde das Strafverfahren seinem eigentlichen Zwecke entfremdet und die rasche und straffe Durchführung des einzelnen Verfahrens erschwert werden.

3. Ist sonach davon auszugehen, daß nach der geltenden Verfahrensordnung dem Angeklagten grundsätzlich ein Rechtsmittel nur zusteht, soweit er durch den Urteilsspruch beschwert ist, so müßte, falls hiervon eine Ausnahme zu machen wäre, dies einleuchtend

---

1 „Für die Notwendigkeit, zuerst den Wahrheitsbeweis zu erheben, spricht zudem die Tatsache, daß sich ohne vollständige Aufklärung des Sachverhalts häufig nicht hinreichend sicher beurteilen läßt, ob die ehrenrührige Behauptung nicht etwa leichtfertig (RGSt 63, 93, 204) und ob sie wirklich zur Wahrnehmung berechtigter Interessen und nicht etwa nur deshalb aufgestellt worden war, um dem Angegriffenen zu schaden und ihn in seiner Umwelt unmöglich zu machen, so daß der Schutz berechtigter Interessen auszuscheiden hätte." (BGH Beschl. v. 12. 2. 1958 – 4 StR 189/57).

und unabweislich aus übergeordneten Rechtssätzen oder sonstigen Rechtsvorschriften hervorgehen, und die Ausnahmefälle müßten sich klar von allen anderen abgrenzen lassen. Das ist beim Freispruch wegen Zurechnungsunfähigkeit nicht der Fall.

a) Die Rechtsprechung, nach der dem Angeklagten kein Rechtsmittel gegen ein freisprechendes Urteil gegeben ist, verletzt kein Grundrecht. Das hat das Bundesverfassungsgericht in BVerfGE 6, 7 (BVerfG Beschl. v. 8. 10. 1956 – 1 BvR 205/56; vgl. § 296 StPO erfolglose Rügen) bereits entschieden. Aus dem Grundgesetz läßt sich also die Forderung nach einer Anfechtungsmöglichkeit gegen die Gründe eines freisprechenden Urteils nicht zwingend ableiten.

b) Das Oberlandesgericht in Stuttgart und das Oberlandesgericht in Schleswig weisen in ihren Entscheidungen insbesondere auf § 9 StrafregVO hin und meinen, weil die Freisprechung aus § 51 Abs. 1 StGB dem Strafregister mitzuteilen sei, müsse dem Angeklagten in diesem Falle ein Rechtsmittel gegen das freisprechende Urteil zustehen. Diese Erwägung überzeugt nicht.

Es darf zunächst nicht übersehen werden, daß nicht nur mit der Zurechnungsunfähigkeit des Angeklagten begründete freisprechende Urteile dem Strafregister mitgeteilt werden, sondern schon die Einstellung des Verfahrens durch die Strafverfolgungsbehörde und die Nichteröffnung des Hauptverfahrens, wenn es dazu aus diesem Grunde kommt (§ 9 Nr. 1 StrafregVO). Ob dem Beschuldigten in diesen Fällen gegen die Mitteilungsverfügung ein Rechtsbehelf – etwa nach § 23 EG GVG – zustünde, mag dahinstehen. Dieser könnte jedenfalls nicht zu einer Nachprüfung führen, die der Hauptverhandlung in einem Strafverfahren gleichkäme. Der Beschuldigte wird zudem regelmäßig, jedenfalls nach der bisherigen Übung, von der Mitteilung an das Strafregister gar nichts erfahren. So weist denn auch hier das Strafregister schon auf Grund einer Mitteilung der Strafverfolgungsbehörde in einem anderen Verfahren gegen die jetzige Angeklagte eine entsprechende Eintragung auf.

Daß die Freisprechung wegen Zurechnungsunfähigkeit dem Strafregister mitgeteilt wird, soll ersichtlich auch dem Wohl des Angeklagten selbst dienen. Die Mitteilung kann verhindern, daß in Zukunft ein gerichtliches Verfahren gegen einen strafrechtlich nicht Verantwortlichen eingeleitet wird. Den Interessen des Betroffenen ist dadurch Rechnung getragen, daß nur beschränkt Auskunft erteilt wird (§ 34 StrafregVO). Soweit sich im übrigen Unzuträglichkeiten aus den Bestimmungen der Strafregisterverordnung ergeben, wäre in erster Linie an eine Änderung dieser Verordnung – etwa an eine weitere Beschränkung der Auskunft – zu denken, bevor dem Angeklagten unter Durchbrechung der bisherigen, dem Gesetz entsprechenden Übung ein Rechtsmittel eingeräumt wird, das doch nur einen Teil der Fälle betreffen würde.

Es ist schließlich noch darauf hinzuweisen, daß die Feststellungen zur Zurechnungsfähigkeit des Angeklagten in einem freisprechenden Urteil für kein anderes Verfahren bindend sind. Sie geben zunächst nur einen Hinweis.

c) Einem freisprechenden Urteil, das auf § 51 Abs. 1 StGB gestützt ist, können die verschiedensten Sachverhalte zugrunde liegen. In einem Strafverfahren taucht die Frage der Zurechnungsfähigkeit immer nur im Hinblick auf ein bestimmtes, eng umschriebenes Verhalten des Angeklagten auf. Die Zurechnungsfähigkeit wird auch nur im Hinblick auf ein solches bestimmtes, eng umschriebenes Verhalten bejaht oder verneint.

Freilich kann der Grund, aus dem ein Gericht die Zurechnungsfähigkeit des Angeklagten bei einem bestimmten Verhalten, das der Beurteilung des Gerichts unterliegt, verneint, von der Art sein, daß seine Zurechnungsfähigkeit auch in anderen Fällen mindestens fraglich scheint. Das braucht aber nicht der Fall zu sein. Wird ein Angeklagter wegen Zurechnungsunfähigkeit (§§ 51 Abs. 1, 55 Abs. 1 StGB) freigesprochen, so kann dem zwar zugrunde liegen, daß seine strafrechtliche Verantwortlichkeit durch eine Geisteskrankheit dauernd und nach jeder Richtung ausgeschlossen ist, wie es auch sein kann, daß der Angeklagte sich im Zeitpunkt der Tat nur vorübergehend – möglicherweise nicht vorwerfbar – in einem Zustand der Bewußtseinsstörung befand. Dazwischen können zahlreiche Abstufungen liegen. Insbesondere kann die strafrechtliche Verantwortlichkeit des Angeklagten nach den getroffenen Feststellungen nur nach einer bestimmten Richtung ausgeschlossen sein. Hieraus ergibt sich, daß nicht alle Fälle des Freispruchs aus § 51 Abs. 1 StGB für die Freigesprochenen von gleicher Bedeutung sind und daß kein Grund besteht, für alle diese Fälle die Möglichkeit der Anfechtung zu gewähren. Wollte man die in den Urteilsgründen enthaltene Feststellung der mangelnden Verantwortlichkeit als ausreichende Beschwer gelten lassen, müßte man folgerichtig das Rechtsmittel auch in einem Falle für zulässig halten, in dem das Gericht die Zurechnungsfähigkeit des Angeklagten im Hinblick auf außergewöhnliche Umstände bei der Tat verneint, die keinen Schluß auf die Zurechnungsfähigkeit des Angeklagten in anderen Lagen zulassen, der Angeklagte aber geltend macht, er fühle sich durch das Urteil trotzdem beschwert, weil die öffentliche Meinung, wie die Erfahrung lehre, zu – auch unberechtigten – Verallgemeinerungen neige und ihn deshalb für schlechthin zurechnungsunfähig halten könne. Von Darlegungen, Ausführungen, Annahmen und Feststellungen in den Urteilsgründen abhängig machen zu wollen, ob der Angeklagte beschwert ist, würde demnach – selbst wenn es zunächst auf den scheinbar eng begrenzten Bereich des § 51 Abs. 1 StGB beschränkt bliebe – bedeuten, daß jede klare und vernünftige Grenze aufgegeben wird.

d) Diese Beschränkung ließe sich überdies kaum aufrecht erhalten. Denn daß die Feststellung seiner Zurechnungsunfähigkeit in jedem Falle den Angeklagten mehr beschwert als die Freisprechung mit der Begründung, daß gegen ihn weiterhin ein erheblicher Tatverdacht bestehe, ein voller Beweis aber nicht zu erbringen sei, kann nicht anerkannt werden. Auch aus diesem Grunde wäre nicht einzusehen, daß jener Fall hinsichtlich der Zulassung eines Rechtsmittels anders behandelt werden müßte als dieser. An der Entscheidung des 5. Strafsenats in BGHSt. 7, 153 ist jedoch aus den dort angeführten Gründen weiterhin festzuhalten.

4. Das Oberlandesgericht in Schleswig vertritt in seiner Entscheidung vom 17. 4. 1957 die Meinung, daß im Falle des Freispruchs wegen Zurechnungsunfähigkeit der Grund des Freispruchs eigentlich in die Urteilsformel gehöre und daß jedenfalls nur der Grund des Freispruchs in die Urteilsformel aufgenommen zu werden brauche, um Berufung oder Revision zulässig zu machen. Dem kann nicht zugestimmt werden. Es kann keinem Gericht zustehen, durch eine solche Handhabung einem Angeklagten ein Rechtsmittel zu verschaffen, das ihm sonst nicht zustünde. Das eingelegte Rechtsmittel könnte in diesem Falle allenfalls dazu führen, daß der Grund des Freispruchs aus dem Urteilsspruch, in den er nicht gehört (s. § 267 Abs. 5 StPO), entfernt wird.

5. Allgemein ist noch zu bemerken: Der Richter ist häufig gezwungen, in der Begründung seiner Entscheidungen Feststellungen über Personen zu treffen, denen überhaupt kein Rechtsmittel gegen die Entscheidung zusteht. Man denke nur an Mitbeschuldigte, die nicht in demselben Verfahren abgeurteilt werden, an Verletzte und an Zeugen, deren Glaubwürdigkeit zu prüfen ist. Daß ihnen keine Möglichkeit gegeben ist, in demselben Verfahren gegen die ihnen nachteiligen Feststellungen im Urteil anzugehen, liegt in der Natur der Sache. Es ist bisher auch nicht gefordert worden, diesen Personen irgendeinen Rechtsbehelf einzuräumen, obwohl die Feststellungen ihrem Ansehen sehr abträglich sein können.

6. Zu Unrecht beruft sich der Generalbundesanwalt für seine gegenteilige Auffassung auf die schon oben unter 2a) erwähnte Entscheidung BGHSt. 11, 273. Mit ihr wurde keine neue Rechtsprechung in Bezug auf die Frage der Beschwer eingeleitet. Denn hier hatte nicht der Angeklagte, sondern der Privatkläger gegen ein freisprechendes Urteil Revision eingelegt. Nur im Rahmen eines zulässigen Rechtsmittels konnte auch die Frage geprüft werden, ob der Tatrichter bei der Gesetzesanwendung geirrt habe, indem er den Angeklag-

ten von der Anklage der üblen Nachrede aus § 193 StGB freigesprochen hatte, ohne vorher die Erweislichkeit der behaupteten Tatsache zu prüfen. Das gilt ebenfalls für die im vorliegenden Falle von der Revision aufgeworfene Frage, ob das Amtsgericht aus § 51 Abs. 1 StGB freisprechen durfte, ohne vorher den objektiven Tatbestand des Betrugs festzustellen. Ein Rechtsverstoß in dieser Hinsicht kann zwar unter Umständen eine zulässige Revision – etwa der Staatsanwaltschaft – begründen, nicht aber die Revision des freigesprochenen Angeklagten statthaft machen.

7. Bei den Verfechtern der gegenteiligen Auffassung kommt zum Teil der Gedanke zum Ausdruck, daß derjenige Angeklagte, der abstreitet, die Tat begangen zu haben, durch den Freispruch wegen Zurechnungsunfähigkeit beschwert sei. Vom Prozeßverhalten eines Verfahrensbeteiligten kann jedoch die Zulässigkeit eines Rechtsmittels nicht abhängig gemacht werden. Denn der Angeklagte ist von Rechts wegen zu keinem bestimmten Verhalten im Verfahren, insbesondere zu keiner bestimmten Art der Verteidigung verpflichtet. Wollte man die Frage der Beschwer danach entscheiden, in welcher Weise sich die vom Gericht zur Begründung eines freisprechenden Urteils angeführten Gründe zur Verteidigung des Angeklagten verhalten, ob sich also der Angeklagte, bezogen auf vorliegende Rechtsfrage, selbst in erster Linie oder nur hilfsweise oder überhaupt nicht auf mangelnde Zurechnungsfähigkeit berufen hat, so würde er, um sich keine Rechte für ein Rechtsmittelverfahren zu vergeben, sich mittelbar zu einer bestimmten Art der Verteidigung gedrängt sehen können. Ein solcher Zwang wäre jedoch unzulässig.

Kann also die Zulässigkeit eines Rechtsmittels des Angeklagten gegen ein freisprechendes Urteil nicht von der Art seiner Verteidigung in der Hauptverhandlung abhängig gemacht werden, so könnte die mißbräuchliche Ausnutzung eines etwa zugelassenen Rechtsmittels naheliegen. Es dürfen dabei die Folgerungen nicht übersehen werden, die sich im Falle der Zulassung eines Rechtsmittels gegen ein freisprechendes Urteil aus § 358 Abs. 2 StPO ergeben. Würde in der neuen Hauptverhandlung festgestellt, daß die Voraussetzungen des § 51 Abs. 1 StGB nicht vorliegen, so müßte es beim Freispruch verbleiben, selbst wenn nun feststünde, daß der Angeklagte der ihm zur Last gelegten Straftat schuldig ist. Sein Rechtsmittel hätte sich ja als begründet erwiesen. Peters (Strafprozeß S. 498) zieht hieraus sogar den Schluß, daß der Angeklagte nun „schlechthin", also so, als ob er die Tat nicht begangen hätte, freigesprochen werden müsse. Das wäre durchaus unbefriedigend.

Der Senat kommt hiernach zu dem Ergebnis, daß dem freigesprochenen Angeklagten – abgesehen etwa von einer Anordnung nach § 42b StGB oder einer Beschwer im Kostenpunkt – das Rechtsmittel der Revision nicht zusteht, wenn der Freispruch auf der Feststellung seiner Zurechnungsunfähigkeit beruht, und daß eine Ausnahme hiervon auch dann nicht gilt, wenn der Tatrichter es unterlassen hat, hinreichende Feststellungen zum äußeren Tatbestand zu treffen.

3. Verfassungsbeschwerde gegen freisprechendes Urteil kann zulässig sein.
StPO § 296 – BVerfG Beschl. v. 8. 10. 1956 – 1 BvR 205/56 (= BVerfGE 6, 7)

Der Beschwerdeführer rügt, aus den Feststellungen des Urteils des Amtsgerichts, das ihn freigesprochen hat, ergebe sich, daß er unschuldig sei, zumindest kein begründeter Tatverdacht gegen ihn mehr bestehe. Das Amtsgericht habe in Widerspruch dazu zusammenfassend bemerkt, er sei mangels Beweises freigesprochen worden und belaste ihn so mit einem ungerechtfertigten Verdacht, strafbare Handlungen begangen zu haben.

Sachverhalt: Der Beschwerdeführer ist durch Urteil des Amtsgerichts Hannover von der Anklage der Hehlerei und des Betruges freigesprochen worden. In den Urteilsgründen heißt es u.a.:

„Dem Angeklagten W. wird von der Anklage zur Last gelegt, sich durch den Ankauf der Schienen der Hehlerei, Vergehen gegen § 259 StGB, schuldig gemacht zu haben, weil er genau gewußt habe, daß der Angeklagte Qu. zum Verkauf der Schienen nicht befugt gewesen sei, dieses vielmehr ausschließlich Sache des Vorarbeiters H. habe sein können. Ihm wird weiter zur Last gelegt, sich eines Vergehens gegen § 263 StGB schuldig gemacht zu haben, da er dem Zeugen H. der Wahrheit zuwider vorgespiegelt habe, an Wi.'s Erben den an H. gezahlten Betrag von 35,- DM zurückzahlen zu müssen und hierdurch H. veranlaßt habe, nun seinerseits ihm diese 35,- DM zu zahlen.

Nach dem Ergebnis der Hauptverhandlung hat sich ein strafbares Tun des Angeklagten W. nicht feststellen lassen. Als der Angeklagte W. am Morgen des 21. 5. 1955 an der Baustelle erschienen war und dort verschiedene kleine Eisenteile für insgesamt 35,- DM angekauft hatte, war ihm schon in Aussicht gestellt worden, und zwar von dem Zeugen H., daß er aller Voraussicht nach gegen Abend auch noch die alsdann ausgebauten Schienen abholen könne. Als am Nachmittag die Schienen abgeholt wurden, war zwar der Zeuge H. nicht mehr auf der Baustelle anwesend. Trotzdem konnte jedoch der Angeklagte W. der Meinung sein, daß auch der Ankauf der Schienen durchaus in Ordnung gehe, weil ihm ja schon am Vormittag dieser Ankauf in Aussicht gestellt worden war und weil er nicht wissen konnte, wer nun tatsächlich den Auftrag zum Abholen der Schienen gegeben hatte. Dies konnte durchaus H. gewesen sein, wenn er selbst auch bei dem Abholen der Schienen nicht mehr zugegen war. Er konnte also nicht annehmen, daß der Ankauf der Schienen am Nachmittag des gleichen Tages zu Unrecht erfolgte und konnte glauben, daß Qu. nun der tatsächliche Verkäufer war.

Der Angeklagte W. gibt zu dem ihm zur Last gelegten Betrug an, daß er seinerzeit der Meinung gewesen sei, auch der Verkauf der am Vormittag vorgenommenen Eisenteile sei zu Unrecht erfolgt. Er habe deshalb angenommen, daß Wi.'s Erben auch diesen Betrag von ihm verlangen würden. Deshalb habe er H. aufgefordert, nunmehr seinerseits ihm das Geld zurückzugeben. Bis zur Klärung der Angelegenheit sei der Betrag von der Firma W. verwahrt und alsdann später, nachdem die Angelegenheit geklärt gewesen sei, sei an H. zurückgezahlt. Richtig ist, daß Wi.'s Erben von der Firma W. Bezahlung der Schienen verlangt haben. Der Angeklagte W. konnte deshalb durchaus der Meinung sein, daß er auch noch den weiteren Betrag für die am Vormittag gekauften Eisenteile würde an Wi.'s Erben erstatten müssen. Er hat demzufolge dem Zeugen H., als er von diesem die 35,- DM verlangte, nichts Falsches vorgespiegelt. Das Geld ist auch bei der Firma W. besonders verbucht worden, und zwar als Verwahrgeld bis zur Klärung der Angelegenheit. Aus diesen Gründen konnte dem Angeklagten W. weder eine Hehlerei noch ein Betrug nachgewiesen werden, so daß er mangels Beweises freigesprochen werden mußte". – Die Verfassungsbeschwerde war erfolglos.

Gründe:

I.

Die form- und fristgerecht eingelegte Verfassungsbeschwerde ist zulässig, soweit der Beschwerdeführer mit ihr geltend macht, er sei in seinen Rechten aus Art. 1 und 2 GG dadurch verletzt worden, daß er im angefochtenen Urteil mangels Beweises freigesprochen werde, obgleich das Gericht in den Gründen selbst dargelegt habe, daß seine Unschuld erwiesen sei. Auch freisprechende Urteile können – insbesondere durch die Art ihrer Begründung – Grundrechte verletzen. Der Rechtsweg ist erschöpft, denn nach ständiger Rechtsprechung kann ein Angeklagter, der mangels Beweises freigesprochen worden ist, kein Rechtsmittel einlegen.

II.

Die Verfassungsbeschwerde ist jedoch offensichtlich unbegründet.

Ob ein Angeklagter freigesprochen wird, weil das Gericht von seiner Unschuld überzeugt ist oder weil es sich von seiner Schuld nicht hat überzeugen können, ist eine Frage der Beweiswürdigung. Die Beweiswürdigung kann im Verfahren über eine Verfassungsbeschwerde nicht schlechthin auf ihre Richtigkeit, sondern nur daraufhin nachgeprüft werden, ob sie spezifisches Verfassungsrecht verletzt, ob also die Beweise willkürlich oder sonst unter Verletzung von Verfassungsrecht gewürdigt worden sind (vgl. BVerfGE 1, 418 [420]; 4, [6 f.]).

Es kann dahingestellt bleiben, ob ein solcher Verfassungsverstoß vorläge, wenn die abschließende Feststellung des Amtsgerichts, der Beschwerdeführer wäre mangels Beweises freigesprochen, offensichtlich im Widerspruch zu vorher getroffenen Feststellungen stände, aus denen sich ergäbe, daß das Gericht die Unschuld des Beschwerdeführers für erwiesen hielte, denn ein solcher Widerspruch liegt hier offensichtlich nicht vor.

Einige Formulierungen des Urteils könnten zwar, aus dem Zusammenhang genommen, den Anschein erwecken, als wolle das Amtsgericht das Fehlen bestimmter Tatbestandsmerkmale der Hehlerei und des Betruges positiv feststellen. Liest man diese Formulierungen jedoch im Zusammenhang der gesamten Urteilsgründe, so ergibt sich eindeutig, daß ihnen diese Bedeutung nicht zukommt. Das Amtsgericht ist vielmehr bei seiner Urteilsbegründung davon ausgegangen, daß dem Angeklagten eine strafrechtliche Schuld nicht nachzuweisen war. Mögen auch einzelne Formulierungen des Urteils mißverständlich sein, so weicht die zusammenfassende Schlußfolgerung, der Beschwerdeführer werde (nur) mangels Beweises freigesprochen, doch nicht eindeutig von dem voraufgegangenen Inhalt der Urteilsgründe ab.

Daß die Urteilsgründe sonst Ausführungen enthielten, die die Menschenwürde oder die freie Entfaltung der Persönlichkeit des Beschwerdeführers beeinträchtigten, ist nicht ersichtlich.

Die Verfassungsbeschwerde ist daher gemäß § 24 BVerfGG als offensichtlich unbegründet zu verwerfen.

4. Die Freisprechung wegen nicht erwiesener Schuld beschwert den Angeklagten nicht. Sie kann deshalb von ihm nicht mit Rechtsmitteln angefochten werden.

StPO § 296 – BGH Urt. v. 18. 1. 1955 – 5 StR 499/54 LG Berlin (= BGHSt. 7, 153 = NJW 1955, 639)

Die Revision wendet sich gegen ein freisprechendes Urteil, in dessen Urteilsgründen er nur als nicht überführt angesehen worden ist.

Der Sachverhalt ergibt sich aus der Revisionsvorbringen. – Das Rechtsmittel war erfolglos.

Gründe: Ein Angeklagter kann eine Entscheidung nur dann anfechten, wenn er durch sie beschwert ist. Dies bedeutet mindestens grundsätzlich, daß der entscheidende Teil des Urteils ihm unmittelbar nachteilig sein muß und daß es nicht genügt, wenn ihn nur der Inhalt der Urteilsgründe in irgendeiner Weise belastet. Ob etwa eine Ausnahme zu machen ist, wenn die Urteilsgründe die Unzurechnungsfähigkeit des Angeklagten feststellen, hat der Senat nicht zu entscheiden.

Jedenfalls liegt, wenn der Angeklagte freigesprochen worden ist, keine Beschwer darin, daß er nach den Urteilsgründen nur als nicht überführt angesehen worden ist.

Dies ist ein fester Grundsatz der Rechtsprechung (vgl. RGSt 67, 317; OLG Braunschweig MDR 1950, 629; OLG Hamm NJW 1953, 1484). Der Bundesgerichtshof ist ihm in einer nicht veröffentlichten Entscheidung vom 9. 2. 1954 – 1 StR 549/53 – ohne nähere Begründung gefolgt.

Der Senat sieht keinen Anlaß, einen anderen Standpunkt einzunehmen.

Er verkennt nicht, daß die Gründe eines freisprechenden Urteils die Ehre des Angeklagten mindern können, wenn sie nicht seine Unschuld feststellen. Ein solches Urteil kann ihm mancherlei Nachteile außerhalb des Strafverfahrens bringen. Der Wunsch eines freigesprochenen Angeklagten, ein Urteil, das ihn in dieser Weise belastet, mit einem Rechtsmittel anzugreifen, wird daher in vielen Fällen verständlich sein. Abhilfe kann aber nicht dadurch geschaffen werden, daß es etwa dem Rechtsmittelgericht überlassen wird, die Anfechtung dann zuzulassen, wenn der freigesprochene Angeklagte mit ihr ein berechtigtes Interesse verfolgt. Dies würde das Gericht vor eine kaum lösbare Aufgabe stellen und könnte zur Ungleichheit führen. Ein bestimmter und einfacher Grundsatz ist erforderlich, zumal da es sich um das Verfahrensrecht handelt.

Die Anfechtung kann daher nur allgemein entweder gestattet oder versagt werden. Gegenüber dem berechtigten Interesse, das der einzelne Angeklagte in einigen oder gar in vielen Fällen an ihr haben mag, verbieten überwiegende öffentliche Belange, sie zuzulassen.

Der Unterschied zwischen den Arten der Freisprechung würde vertieft, die Freisprechung wegen nicht erwiesener Schuld entwertet werden. Dies würde die vielen Freigesprochenen schädigen, deren Unschuld nicht feststellbar ist.

Die Anerkennung einer Beschwer würde ferner zu einer weiteren Überlastung der Gerichte und damit im Ergebnis zu einer Verschlechterung der Rechtsprechung führen. Die Mehrarbeit würde nicht etwa nur den Rechtsmittelgerichten, sondern vor allem auch den Richtern des ersten Rechtszuges entstehen. Denn diese dürften nicht mehr immer dann freisprechen, wenn die Schuld des Angeklagten nach dem Ergebnis der Hauptverhandlung nicht bewiesen ist und auch nicht mit weiteren Beweismitteln beweisbar erscheint. Sie müßten vielmehr von Amts wegen und besonders auf Antrag des Angeklagten auch solche Beweise erheben, aus denen sich die Unschuld des Angeklagten ergeben kann. Dadurch würde in schädlicher Weise die Strafrechtspflege äußerlich und innerlich von ihrer Hauptaufgabe abgelenkt werden. Diese besteht darin, so gründlich, gerecht und schnell wie möglich über die Bestrafung zu entscheiden und auf diese Weise das Verbrechen als Erscheinung des Gemeinschaftslebens nachdrücklich und wirksam zu bekämpfen.

Neuere Straffreiheitsgesetze haben zwar dem Angeklagten das Recht gegeben, die Niederschlagung des Verfahrens nicht hinzunehmen und seine Freisprechung zu betreiben. Straffreiheitsgesetze bringen aber der Strafrechtspflege in erster Linie eine fühlbare Entlastung. Das Recht der Angeklagten, die Fortsetzung des Verfahrens zu verlangen, verringert, soweit von ihm Gebrauch gemacht wird, nur das Maß dieser Entlastung, führt aber zu keiner Mehrarbeit im Vergleich zu der Lage, die ohne das Straffreiheitsgesetz bestände. Vor allem jedoch läßt sich jener Rechtsbehelf nicht mit der Anfechtung eines freisprechenden Urteils vergleichen. Er erzwingt die Entscheidung in der Sache selbst, die sonst überhaupt unterbliebe. Der als nicht überführt Freigesprochene hat aber eine solche Sachentscheidung erhalten. Ebensowenig ist aus der neuen Fassung, die das Dritte Strafrechtsänderungsgesetz dem § 467 Abs. 2 StPO gegeben hat, ein entscheidender Gesichtspunkt herzuleiten.

Früher war es in allen Fällen dem Ermessen des Gerichts überlassen, ob es die notwendigen Auslagen, die dem freigesprochenen Angeklagten entstanden waren, der Staatskasse auferlegte. Jetzt muß dies geschehen, wenn das Verfahren die Unschuld des Angeklagten ergeben oder dargetan hat, daß gegen ihn kein begründeter Verdacht vorliegt. In allen anderen Fällen des Freispruchs bleibt es bei der Befugnis des Gerichts, nach seinem Ermessen zu entscheiden.

Schon vor dieser Gesetzesänderung war es jedoch für die Entscheidung des Gerichts über die Auslagenerstattung regelmäßig von großer Bedeutung, aus welchen Gründen der Angeklagte freigesprochen wurde. Kam das Gericht zu dem Ergebnis, daß die Tat, wegen deren die Anklage erhoben worden war, unter kein Strafgesetz fiel, oder stellte sich die Unschuld des Angeklagten aus tatsächlichen Gründen heraus, so lag es in der Regel nahe, den Auslagenersatz anzuordnen (vgl. BGHSt. 4, 275 [277]). Wurde der Angeklagte jedoch nur wegen Mangels an Beweisen freigesprochen, so konnte das Gericht sich davon bestimmen lassen, in welchem Maße der Tatverdacht fortbestand. Die Gründe des freisprechenden Urteils hatten also regelmäßig ein erhebliches Gewicht für die Ermessensentscheidung nach § 467 Abs. 2 StPO. Sie konnten diese zuungunsten des Angeklagten beeinflussen. Darin sah aber die Rechtsprechung nur einen mittelbaren Nachteil, keine Beschwer, die ein Rechtsmittel gegen das freisprechende Urteil ermöglicht hätte. Der Angeklagte konnte zwar die Kostenentscheidung des Urteils insoweit anfechten, als seine notwendigen Auslagen nicht der Staatskasse auferlegt worden waren (vgl. BGHSt. 4, 275). Er konnte dieses Rechtsmittel aber nicht mit der Behauptung begründen, daß durch eine weitere Aufklärung des Sachverhalts seine Unschuld erwiesen worden wäre (vgl. OLG Hamm NJW 1953, 1484).

Die neue Fassung des § 467 Abs. 2 StPO verstärkt nun zwar die Bedeutung, die den Gründen des freisprechenden Urteils bei der Entscheidung über den Auslagenersatz schon früher nach der gerichtlichen Handhabung in der Regel zukam; die bisherigen biegsamen Grundsätze sind durch eine zwingende, dem Angeklagten günstige Bestimmung für die wichtigsten Fälle ersetzt worden. Diese Regelung beseitigt aber nicht die Abhängigkeit, in der die Entscheidung über die Erstattung der Auslagen von den Gründen der Freisprechung steht. Die neue Vorschrift ändert nichts daran, daß als Grundlage des Anspruchs über den Auslagenersatz nur die Gründe dienen, die dem Gericht ausreichen, zu einer Freisprechung zu kommen. Steht also fest, daß die Schuld des Angeklagten sich nicht erweisen läßt, so sind jenes Nebenpunktes wegen keine weiteren Beweise zu erheben; sie sind für die „Entscheidung" im Sinne des § 244 Abs. 2 u 3 StPO, d.h. für die Entscheidung in der Sache selbst, ohne Bedeutung. Lautet diese auf Freisprechung, so beschwert ihr entscheidender Teil den Angeklagten nicht. Der Einfluß, den ihre Gründe auf die nach § 467 Abs. 2 StPO zu treffenden Anordnungen haben, ist auch jetzt nur ein mittelbarer Nachteil, keine Beschwer.

Hätte der Bundesgesetzgeber dieser jetzt 100 Jahre alten und gefestigten Rechtsprechung entgegentreten wollen, so hätte er eine solche wichtige und einschneidende Neuerung klar und eindeutig zum Ausdruck gebracht. Sie kann der Änderung des § 467 Abs. 2 StPO, der als Vorschrift über die Kosten des Verfahrens von untergeordneter Bedeutung ist, nicht entnommen werden. Dies gilt um so mehr, als so weitgehende Absichten in der Begründung des Regierungsentwurfs nicht einmal angedeutet werden.

§ 297 StPO

Für den Beschuldigten kann der Verteidiger, jedoch nicht gegen dessen ausdrücklichen Willen, Rechtsmittel einlegen.

§ 298 StPO

(1) Der gesetzliche Vertreter eines Beschuldigten kann binnen der für den Beschuldigten laufenden Frist selbständig von den zulässigen Rechtsmitteln Gebrauch machen.

(2) Auf ein solches Rechtsmittel und auf das Verfahren sind die für die Rechtsmittel des Beschuldigten geltenden Vorschriften entsprechend anzuwenden.

Erfolgreiche Rügen

1. Wird der Angeklagte volljährig, ehe über das Rechtsmittel seines gesetzlichen Vertreters entschieden worden ist, so kann er das Rechtsmittel auch dann weiter betreiben, wenn er selbst vorher auf Rechtsmittel verzichtet hat (BGH Urt. v. 20. 3. 1957 – 2 StR 583/56).

Erfolgreiche Rügen

1. Wird der Angeklagte volljährig, ehe über das Rechtsmittel seines gesetzlichen Vertreters entschieden worden ist, so kann er das Rechtsmittel auch dann weiter betreiben, wenn er selbst vorher auf Rechtsmittel verzichtet hat.

StPO § 298 – BGH Urt. v. 20. 3. 1957 – 2 StR 583/56 LG Frankfurt a.M. (= BGHSt. 10, 174)

Das Revisionsvorbringen ist nicht bekannt.

Sachverhalt: Der Angeklagte ist zu einer Gesamtstrafe von vier Jahren Gefängnis verurteilt worden.

Gegen dieses Urteil hat der Vater des Angeklagten durch dessen Verteidiger Revision eingelegt. Der Angeklagte hat dagegen noch in der Hauptverhandlung nach der Urteilsverkündung und nach Belehrung gemäß § 35 a StPO auf Rechtsmittel verzichtet, auf Befragen aber erklärt, daß er jetzt nach Eintritt seiner Volljährigkeit das von seinem Vater eingelegte Rechtsmittel weiterverfolgen wolle.

Nach der form- und fristgerechten Begründung der Revision ist der Angeklagte volljährig geworden. Die gesetzliche Vertretungsmacht des Vaters ist mit diesem Tage erloschen (§ 1626 BGB). – Das Rechtsmittel hatte Erfolg.

Gründe: Das Reichsgericht hat daraus gefolgert, damit sei auch sein Recht, die Revision zugunsten des Angeklagten zu betreiben, weggefallen; unter diesen Umständen habe die Revision ihren Träger und damit ihren rechtlichen Bestand verloren; der weitere Betrieb des Rechtsmittels sei mit dem Wegfall einer dazu notwendigen Voraussetzung unmöglich und das Rechtsmittel deshalb unzulässig geworden (RGSt 42, 342; 47, 159).

Dieser Ansicht vermag der Senat nicht beizupflichten.

Wie schon der Oberreichsanwalt im Falle RGSt 42, 342 dargelegt hat, kann die vom Reichsgericht vertretene Auffassung zu unbilligen Nachteilen für den Angeklagten führen, die nicht wieder gutzumachen sind und deshalb vom Gesetz nicht gewollt sein können. Es ist möglich, daß der Angeklagte seinerseits ein Rechtsmittel nicht einlegt, weil er weiß, daß sein gesetzlicher Vertreter ein Rechtsmittel einlegen wird, oder weil er es der besseren Einsicht seines gesetzlichen Vertreters überlassen will, ob dies geschehen soll. Unter diesen Umständen besteht für ihn kein Anlaß, selbst ein Rechtsmittel einzulegen. Er vertraut auf die seinem gesetzlichen Vertreter ersichtlich in seinem Interesse verliehene Befugnis, selbständig das zulässige Rechtsmittel gegen das ihn beschwerende Urteil zu ergreifen. Die Dauer des Rechtsmittelverfahrens ist innerhalb der Fristen für die Einlegung und Begründung der Revision nicht zu übersehen, am allerwenigsten für den minderjährigen und deshalb in den Augen des Gesetzgebers schutzbedürftigen Angeklagten. So sind im vorliegenden Falle die Akten erst acht Monate nach der Verkündung des angefochtenen Urteils beim Senat eingegangen. Zwischen der Urteilsverkündung und dem Tage der Volljährigkeit lagen immerhin fast fünf Monate. Dem minderjährigen Angeklagten kann nicht zugemutet werden, daß er Berechnungen darüber anstellt, ob über die Revision seines gesetzlichen Vertreters noch entschieden werden wird, ehe er volljährig wird. Es kann ihm ebensowenig zugemutet werden, zusätzlich selbst Revision einzulegen, wenn die Gefahr besteht, das Revisionsgericht werde erst nach dem Eintritt seiner Volljährigkeit entscheiden. Die Ansicht, bei Eintritt der Volljährigkeit des Angeklagten werde die noch nicht erledigte Revision seines gesetzlichen Vertreters unzulässig, würde zur Folge haben, daß der gesetzliche Vertreter eines Minderjährigen, der im Zeitpunkt des Urteils sich der Volljährigkeit nähert oder bis zu neun Monaten und mehr von deren Eintritt entfernt ist, von der Ergreifung des ihm vom Gesetz verliehenen Rechtsmittels nicht mehr Gebrauch machen, sondern nur noch versuchen könnte, den Angeklagten zur Einlegung eines Rechtsmittels zu veranlassen. Damit wäre der Sinn der Vorschrift des § 298 Abs. 1 StPO in sein Gegenteil verkehrt.

Allerdings ist der gesetzliche Vertreter nicht befugt, über den Zeitpunkt der Volljährigkeit des Angeklagten hinaus das von ihm eingelegte Rechtsmittel weiter zu betreiben. Da seine Vertretungsmacht erloschen ist, bedürfe es einer ausdrücklichen gesetzlichen Vorschrift, wenn er dazu noch berechtigt sein sollte. Wer volljährig ist, bestimmt allein in seinen Angelegenheiten, also auch darüber, ob gegen das ihn zu Strafe verurteilende Erkenntnis das zulässige Rechtsmittel verfolgt werden soll. Daraus folgt aber nicht, daß das Rechtsmittel mit dem Eintritt der Volljährigkeit unzulässig würde. Vielmehr wechselt in diesem Zeitpunkt der Träger des Rechtsmittels; die Verfügungsbefugnis geht auf den Angeklagten über. Dieser erlangt damit das Recht, selbst darüber zu entscheiden, ob er die von seinem gesetzlichen Vertreter eingelegte Revision weiter betreiben will oder nicht. Erklärt er, die Revision nicht weiter verfolgen zu wollen, so nimmt er sie damit zurück. Anderenfalls ist über das Rechtsmittel sachlich zu entscheiden. Diese Auffassung wird auch im Schrifttum im wesentlichen einhellig vertreten.

Der Weiterführung des Rechtsmittels steht auch nicht entgegen, daß der Angeklagte alsbald nach Verkündung des Urteils auf Rechtsmittel verzichtet hat. Der Angeklagte hat damit auf Einlegung eines eigenen Rechtsmittels verzichtet. Der Weiterführung des von seinem gesetzlichen Vertreter eingelegten selbständigen Rechtsmittels steht dieser Verzicht nicht entgegen. Ausschlaggebend sind hierfür dieselben Erwägungen sachlicher Natur, die dazu nötigen, die Weiterführung des Rechtsmittels durch den volljährig gewordenen Angeklagten auch in diesem Falle für zulässig zu erachten. Das Gesetz gibt dem gesetzlichen Vertreter des minderjährigen Angeklagten das Recht, selbständig von den zulässigen Rechtsmitteln Gebrauch zu machen, weil er auf Grund seiner Reife und Lebenserfahrung besser imstande ist, zu erkennen, was der wahre Vorteil des Minderjährigen erheischt. Es ist möglich, daß der minderjährige Angeklagte vorschnell auf Rechtsmittel verzichtet, weil er unter dem Eindruck der eben abgelaufenen Hauptverhandlung steht oder weil er infolge seiner Jugend und Unerfahrenheit die tatsächliche oder die rechtliche Lage falsch einschätzt. Auch diese Fälle, und wohl gerade diese, hat das Gesetz im Blick, indem es dem gesetzlichen Vertreter die Befugnis zu selbständiger Rechtsmitteleinlegung gibt. Es hieße also wiederum, den Sinn des Gesetzes in sein Gegenteil verkehren, wollte man es dem volljährig gewordenen Angeklagten versagen, das von seinem gesetzlichen Vertreter eingelegte Rechtsmittel weiter zu betreiben, weil er als Minderjähriger auf die Einlegung eines Rechtsmittels verzichtet hat.

Der Rechtsfehler nötigt dazu, das Urteil im Strafausspruch mit den diesem zugrunde liegenden Feststellungen aufzuheben und die Sache an die Jugendkammer zurückzuverweisen. Diese wird gegebenenfalls auch prüfen müssen, ob es sich bei den Taten des Angeklagten um Jugendverfehlungen handelt (§ 105 Abs. 1 Nr. 2 JGG).

§ 299 StPO

(1) Der nicht auf freiem Fuß befindliche Beschuldigte kann die Erklärungen, die sich auf Rechtsmittel beziehen, zu Protokoll der Geschäftsstelle des Amtsgerichts geben, in dessen Bezirk die Anstalt liegt, wo er auf behördliche Anordnung verwahrt wird.

(2) Zur Wahrung einer Frist genügt es, wenn innerhalb der Frist das Protokoll aufgenommen wird.

§ 300 StPO

Ein Irrtum in der Bezeichnung des zulässigen Rechtsmittels ist unschädlich.

§ 301 StPO

Jedes von der Staatsanwaltschaft eingelegte Rechtsmittel hat die Wirkung, daß die angefochtene Entscheidung auch zugunsten des Beschuldigten abgeändert oder aufgehoben werden kann.

§ 302 StPO

(1) Die Zurücknahme eines Rechtsmittels sowie der Verzicht auf die Einlegung eines Rechtsmittels kann auch vor Ablauf der Frist zu seiner Einlegung wirksam erfolgen. Ein von der Staatsanwaltschaft zugunsten des Beschuldigten eingelegtes Rechtsmittel kann jedoch ohne dessen Zustimmung nicht zurückgenommen werden.

(2) Der Verteidiger bedarf zur Zurücknahme einer ausdrücklichen Ermächtigung.

Erfolgreiche Rügen

1. Rechtsmittelrücknahme ausnahmsweise dann unwirksam, wenn sie durch eine versehentlich unrichtige richterliche Auskunft veranlaßt wurde (BGH Beschl. v. 25. 4. 2001 – 5 StR 53/01).

2. Ein Rechtsmittelverzicht kann ausnahmsweise unwirksam sein, wenn er lediglich auf Grund einer – sei es auch irrtümlich – objektiv unrichtigen Erklärung oder Auskunft des Gerichts zustande gekommen ist (BGH Beschl. v. 10. 1. 2001 – 2 StR 500/00).

3. Unwirksamer Rechtsmittelverzicht durch die Art seines Zustandekommens (BGH Urt. v. 21. 4. 1999 – 5 StR 714/98).

4. Bei Verschmelzung eines erstinstanzlichen mit einem Berufungsverfahren ist eine Berufungsrücknahme nicht möglich (BGH Urt. v. 21. 5. 1992 – 4 StR 81/92).

5. Die allgemeine Verteidigervollmacht und damit die Berechtigung zur Rechtsmittelrücknahme erlischt beim Wechsel von Wahl- zu Pflichtverteidiger mit der Niederlegung des Wahlmandats (BGH Beschl. v. 8. 11. 1990 – 4 StR 457/90).

6. Kein Rechtsmittelverzicht, wenn Angeklagter oder Verteidiger zu erkennen geben, daß noch Erörterungsbedarf besteht (BGH Urt. v. 12. 2. 1963 – 1 StR 561/62).

Erfolglose Rügen

1. Die Unwirksamkeit eines Rechtsmittelverzichts kann nicht aus enttäuschten Erwartungen hergeleitet werden (BGH Beschl. v. 5. 12. 2001 – 1 StR 482/01).

2. Unzulässige Absprachen stehen der rechtlichen Anerkennung eines Rechtsmittelverzichts nicht entgegen (BGH Beschl. v. 11. 6. 2001 – 2 StR 223/01).

3. Aus enttäuschten Erwartungen kann die Unwirksamkeit eines Rechtsmittelverzichts nicht hergeleitet werden (BGH Beschl. v. 9. 11. 2000 – 1 StR 379/00).

4. Allgemeine Vollmacht reicht für Rechtsmittelverzicht nicht aus (BGH Beschl. v. 2. 8. 2000 – 3 StR 284/00).

5. Pflichtverteidiger kann Revision des Angeklagten zurücknehmen, wenn er von diesem hierzu telefonisch beauftragt worden ist (BGH Beschl. v. 12. 7. 2000 – 3 StR 257/00).

6. Rechtsmittelrücknahme eines hierzu ermächtigten Pflichtverteidigers bei fehlendem Widerruf der Ermächtigung auch wirksam, wenn zusätzlich hinzugezogener Wahlverteidiger das Verfahren weiter betreibt (BGH Beschl. v. 30. 6. 2000 – 3 StR 141/00).

7. Die Unwirksamkeit eines Rechtsmittelverzichts kann nicht aus enttäuschten Erwartungen hergeleitet werden (BGH Beschl. v. 24. 5. 2000 – 1 StR 110/00).

8. Rechtsmittelverzicht auch bei unzulässiger Absprache wirksam (BGH Beschl. v. 8. 3. 2000 – 1 StR 607/99).

9. Eine in ausländischer Sprache abgegebene Erklärung über Rechtsmittelverzicht ist wirksam (BGH Beschl. v. 13. 1. 2000 – 4 StR 619/99).

10. Rechtsmittelverzicht im Sicherungsverfahren auch bei asthenischer Persönlichkeitsstörung wirksam (BGH Beschl. v. 6. 5. 1999 – 4 StR 79/99).

11. Psychose zur Tatzeit schließt wirksamen Rechtsmittelverzicht im Zeitpunkt nach der Hauptverhandlung nicht aus (BGH Beschl. v. 19. 1. 1999 – 4 StR 693/98).

12. Für die Rechtswirksamkeit eines Rechtsmittelverzichts ist es ohne Belang, ob der Angeklagte aufgrund des Rates seines Verteidigers nach dessen Rücksprache mit dem Vorsitzenden ein – wie er behauptet – falsches Geständnis abgelegt hat (BGH Beschl. v. 12. 1. 1999 – 4 StR 649/98).

13. Rechtsmittelverzicht trotz Psychose und Drogenabhängigkeit wirksam, wenn in der Hauptverhandlung keine Anzeichen erkennbar sind, dem Angeklagten habe im Hinblick auf seinen geistigen Zustand die genügende Einsichtsfähigkeit für seine Prozeßhandlung und deren Tragweite gefehlt (BGH Beschl. v. 1. 10. 1998 – 4 StR 470/89).

14. Rechtsmittelverzicht trotz unzulässiger Absprache über das Strafmaß rechtswirksam (BGH Beschl. v. 20. 6. 1997 – 2 StR 275/97).

15. Auch ein spontaner Rechtsmittelverzicht unwiderruflich, der zwar in das Hauptverhandlungsprotokoll aufgenommen, dem Angeklagten aber nicht vorgelesen, von ihm demzufolge auch nicht genehmigt worden ist (BGH Beschl. v. 11. 6. 1997 – 2 StR 191/97).

16. Rechtsmittelverzicht nicht wegen Täuschung anfechtbar, wenn Gericht die Herausgabe von Beweismitteln in Aussicht stellt, diese aber von der Verwaltungsbehörde eingezogen werden (BGH Beschl. v. 21. 1. 1997 – 1 StR 732/96).

17. Widerruf des Rechtsmittelverzichts nicht mit der Behauptung möglich, der Verzicht sei „in der ersten Schockwirkung" oder infolge „Erregung über die Höhe der Strafe" ausgesprochen worden (BGH Beschl. v. 18. 9. 1996 – 3 StR 373/96).

18. Das Revisionsgericht muß prüfen, ob der Angeklagte sich bei Abgabe seiner Prozeßerklärung in einem solchen Zustand geistiger Klarheit und Freiheit befand, daß er deren Bedeutung und Tragweite erkennen konnte (BGH Beschl. v. 4. 1. 1996 – 4 StR 741/95).

19. Ein Verteidiger kann das von einem anderen Verteidiger eingelegte Rechtsmittel zurücknehmen (BGH Beschl. v. 9. 8. 1995 – 1 StR 699/94).

20. Obwohl ein Pflichtverteidiger seine Befugnis zur Einlegung der Revision nicht wirksam durch Untervollmacht übertragen kann, kann eine wegen mangelnder Bevollmächtigung unzulässig eingelegte Revision zurückgenommen werden (BGH Beschl. v. 16. 12. 1994 – 2 StR 461/94).

21. Irrtum kann selbst dann nicht zur Annahme der Unwirksamkeit einer Rechtsmittelrücknahme führen oder die Anfechtung rechtfertigen, wenn die Staatsanwaltschaft dem gleichen Irrtum erlegen ist (BGH Beschl. v. 22. 9. 1993 – 2 StR 367/93).

22. Wird die Revision beschränkt eingelegt, kann sie nur bis zum Ablauf der Revisionseinlegungsfrist erweitert werden (BGH Beschl. v. 27. 10. 1992 – 5 StR 517/92).

23. Eine Erweiterung der beschränkt eingelegten Revision ist nur bis zum Ablauf der Revisionseinlegungsfrist zulässig (BGH Beschl. v. 17. 10. 1992 – 5 StR 517/92).

24. Beschränkte Anfechtung bedeutet weder Teilrücknahme noch Teilverzicht (BGH Beschl. v. 13. 6. 1991 – 4 StR 105/91).

25. Rechtsmittelverzicht wegen Unwissenheit und mangels Wissen um seine Bedeutung durch anwaltlich vertretenen Angeklagten, der Gelegenheit zur Beratung hatte, nicht anfechtbar (BGH Urt. v. 7. 5. 1991 – 1 StR 181/91).

26. Überredung durch Verteidiger ist kein Grund zur Anfechtung eines erklärten Rechtsmittelverzichts (BGH Beschl. v. 10. 4. 1991 – 3 StR 354/90).

27. Der Irrtum des Angeklagten, der Mitangeklagte nehme das Urteil an, werde es auch in Zukunft nicht angreifen, führt nicht zur Anfechtbarkeit seiner Rücknahmeerklärung (BGH Beschl. v. 25. 9. 1990 – 4 StR 204/90).

28. Für die Ermächtigung zum Rechtsmittelverzicht ist eine bestimmte Form nicht vorgeschrieben; sie kann schriftlich, mündlich, auch fernmündlich erteilt werden (BGH Beschl. v. 30. 5. 1988 – 1 StR 218/88).

29. Die Wirksamkeit eines Rechtsmittelverzichts hängt nicht davon ab, daß er nach der Protokollierung vorgelesen und genehmigt wird (BGH Beschl. v. 9. 5. 1988 – 3 StR 161/88).

30. Die Tatsache, daß der Angeklagte im Laufe ein und desselben Tages anderen Sinnes geworden ist und das Rechtsmittel nach erklärtem Rechtsmittelverzicht nunmehr durchgeführt haben möchte, ändert nichts an seiner Wirksamkeit (BGH Beschl. v. 2. 5. 1988 – 2 StR 46/88).

31. Ob Verhandlungsunfähigkeit bei der Erklärung eines Rechtsmittelverzichts vorliegt, ist im Wege des Freibeweises zu prüfen; der Grundsatz „in dubio pro reo" gilt hier nicht (BGH Beschl. v. 3. 11. 1987 – 5 StR 555/87).

32. Unwiderruflichkeit einer Rechtsmittelrücknahme trotz der Behauptung nicht eingehaltener Zusagen durch die Staatsanwaltschaft (BGH Beschl. v. 18. 9. 1987 – 2 StR 430/87).

33. Behauptung des Angeklagten, ihm habe beim Rechtsmittelverzicht die Übersicht gefehlt, weil eine korrekte Verständigung mit dem Dolmetscher und dem Verteidiger nicht möglich gewesen sei, unbeachtlich (BGH Beschl. v. 4. 9. 1986 – 1 StR 461/86).

34. Ankündigung des Staatsanwalts, für den Fall, daß kein Rechtsmittelverzicht erfolge, selbst Revision einlegen zu wollen, ist keine zum Widerruf des erklärten Rechtsmittelverzicht berechtigende Drohung (BGH Beschl. v. 14. 1. 1986 – 1 StR 589/85).

35. Rechtsmittelverzicht gegenüber dem Urkundsbeamten der Geschäftsstelle nach Schluß der Verhandlung wirksam, wenn dieser schriftlich niedergelegt und vom Angeklagten genehmigt worden ist (BGH Beschl. v. 23. 6. 1983 – 1 StR 351/83).

36. Ist der Angeklagte nach ärztlicher Begutachtung für verhandlungsfähig erklärt worden, kann er auch die Bedeutung eines Rechtsmittelverzichts erkennen (BGH Beschl. v. 11. 1. 1983 – 1 StR 788/82).

37. Rechtsmittelverzicht vor Beginn der Einlegungsfrist wirksam (BGH Beschl. v. 9. 10. 1973 – 5 StR 505/73).

38. Rechtsmittelverzicht kann nicht infolge eines Irrtums über die Auswirkungen des Urteils widerrufen, wegen Irrtums angefochten oder sonst zurückgenommen werden (BGH Beschl. v. 21. 6. 1967 – 2 StR 290/67).

39. Ein unter Umgehung des Verteidigers abverlangter Rechtsmittelverzicht unmittelbar nach Verurteilung zu lebenslanger Haft ist unwirksam (BGH Urt. v. 17. 9. 1963 – 1 StR 301/63).

40. § 136a StPO ist auf die Erklärungen des Rechtsmittelverzichts und der Rechtsmittelrücknahme nicht entsprechend anwendbar (BGH Urt. v. 6. 12. 1961 – 2 StR 485/60).

41. Die Zurücknahme eines Rechtsmittels ist unwiderruflich (BGH Beschl. v. 3. 5. 1957 – 5 StR 52/57).

42. Die Unwirksamkeit des Teilverzichts hat nicht zur Folge, daß die Revision als uneingeschränkt eingelegt gilt (BGH Urt. v. 4. 7. 1952 – 2 StR 213/52).

43. Die Frage, ob ein Rechtsmittel der Staatsanwaltschaft zugunsten des Beschuldigten eingelegt ist, ist nur nach dem Gesamtinhalt der Rechtsmittelerklärung zu beantworten, nicht nach den Umständen außerhalb dieser Erklärung (BGH Beschl. v. 25. 1. 1952 – 2 StR 3/52).

44. Die ausdrückliche Ermächtigung zum Rechtsmittelverzicht kann vom Angeklagten mündlich erteilt und ihr Nachweis in der Versicherung des Verteidigers gefunden werden (BGH Urt. v. 5. 12. 1951 – 4 StR 946/51).

Erfolgreiche Rügen

1. Rechtsmittelrücknahme ausnahmsweise dann unwirksam, wenn sie durch eine versehentlich unrichtige richterliche Auskunft veranlaßt wurde.

StPO § 302 – BGH Beschl. v. 25. 4. 2001 – 5 StR 53/01 LG Berlin (= StV 2001, 556)

Die Revision beantragt die Durchführung des Rechtsmittels trotz vorangegangener Rücknahme infolge einer unzutreffenden Rechtsauskunft des Vorsitzenden.

Sachverhalt: Der Verteidiger des Angeklagten erklärte mit Schriftsatz vom 8. 6. 2000 die Rücknahme der Revision. Dem ging folgendes voraus.

Im Mai 2000, kurz vor dem Ende der 110 Verhandlungstage währenden Hauptverhandlung, haben – ausweislich der dienstlichen Stellungnahme des Vorsitzenden – die Berufsrichter der erkennenden Strafkammer mit den beiden Verteidigern und dem Angeklagten ein Rechtsgespräch geführt, in dem der weitere Verfahrensablauf erörtert wurde. Dem Angeklagten ging es darum, keine höhere Freiheitsstrafe als 10 Jahre 6 Monate zu erhalten, dies auch unter Berücksichtigung des möglichen Widerrufs der Strafaussetzung einer – nicht gesamtstrafenfähigen – Freiheitsstrafe von 2 Jahren, zu der er Anfang 1996 vom Amtsgericht Tiergarten in Berlin verurteilt worden war. Die diese Verurteilung betreffende Bewährungszeit war zwar schon seit mehr als einem Jahr abgelaufen, die Strafe aber noch nicht erlassen.

Der Vorsitzende wies darauf hin, daß ein Widerruf der Strafaussetzung wegen des Ablaufs der Jahresfrist nach § 56g Abs. 2 S. 2 StGB rechtlich nicht mehr möglich sei. Der Angeklagte zeigte sich nach dem Gespräch teilgeständig und wurde ein oder zwei Verhandlungstage später, wie dargestellt, verurteilt. Der Angeklagte legte dann zwar gegen das Urteil noch Revision ein, nahm diese aber mit Schreiben v. 8. 6. 2000 umgehend zurück, nachdem ihm auf Anfrage seitens des Gerichts mitgeteilt worden war, daß die Staatsanwaltschaft das Urteil nicht angefochten habe. Alsbald erhielt er dann ein Schreiben der Strafvollstreckungskammer des Landgerichts, mit dem ihm Gelegenheit gegeben wurde, zu einem Antrag der Staatsanwaltschaft, die Aussetzung der früher verhängten Freiheitsstrafe von 2 Jahren zu widerrufen, Stellung zu nehmen. Der Angeklagte, der aufgrund des Hinweises des Vorsitzenden mit einem (möglichen) Widerruf dieser Strafaussetzung nicht mehr gerechnet hatte, erklärte – wie später auch seine Verteidiger – gegenüber der erkennenden Strafkammer, daß die Revision – ungeachtet der zwischenzeitlichen Rücknahmeerklärung – aufrecht erhalten bleiben solle. – Das Rechtsmittel hatte Erfolg.

Gründe: ...
1. Das Rechtsmittel ist allerdings zulässig.

Die mit Schriftsatz des Verteidigers v. 8. 6. 2000 erklärte Rücknahme der Revision ist unwirksam.

Eine Rechtsmittelrücknahme ist ebenso wie der Rechtsmittelverzicht als Prozeßhandlung grundsätzlich unwiderruflich und unanfechtbar (vgl. BGHSt. 45, 51, 53 [BGH Urt. v. 21. 4. 1999 – 5 StR 714/98; vgl. § 302 StPO erfolgreiche Rügen]; BGHR StPO § 302 Abs. 1 S. 1 – Rechtsmittelverzicht 1 [BGH Beschl. v. 4. 9. 1986 – 1 StR 461/86; vgl. § 302 StPO erfolglose Rügen], 4 [BGH Beschl. v. 2. 3. 1988 – 2 StR 46/88; vgl. § 302 StPO erfolglose Rügen], 8 [BGH Beschl. v. 10. 4. 1991 – 3 StR 354/90; vgl. § 302 StPO erfolglose Rügen], 12, 15, 17). Sie ist jedoch ausnahmsweise dann unwirksam, wenn sie durch Drohung, durch Täuschung oder auch nur – wie hier – durch eine versehentlich unrichtige richterliche Auskunft veranlaßt wurde (vgl. BGHSt. 45, 51, 53; BGHR StPO § 302 Abs. 1 S. 1 – Rechtsmittelverzicht 14; BGH Beschl. v. 10. 1. 2001 – 2 StR 500/00 [BGHSt. 46, 257, vgl. § 302 StPO erfolgreiche Rügen] – zur Veröffentlichung in BGHSt. vorgesehen).

Die Auskunft des Vorsitzenden, wegen des Ablaufs der Jahresfrist nach § 56g Abs. 2 S. 2 StGB sei ein Widerruf der früher gewährten Strafaussetzung nicht mehr möglich, war unzutreffend. Er hat, wie im übrigen auch die Verteidiger des Angeklagten, offenkundig übersehen, daß die Vorschrift nur dem Widerruf eines Straferlasses nach § 56g Abs. 1 StGB zeitliche Schranken setzt, hingegen bei einem Widerruf der Strafaussetzung nach § 56f Abs. 1 StGB keine Anwendung findet. Letzterer ist zwar nicht zeitlich unbegrenzt möglich; maßgeblich sind jedoch allein die Besonderheiten des Einzelfalles, insbes. der Umstand, ob ein Verurteilter darauf vertrauen durfte, daß die Strafaussetzung nicht mehr widerrufen werden würde. Hiernach war ein Widerruf der dem Angeklagten früher gewährten Strafaussetzung vorliegend jedenfalls nicht von vornherein ausgeschlossen.

Die unrichtige Auskunft des Vorsitzenden war für das weitere Prozeßverhalten des Angeklagten auch ursächlich. Der Angeklagte hat zwar gegen das Urteil zunächst Revision eingelegt. Doch diente diese wie die im selben Schriftsatz enthaltene Anfrage, ob auch die Staatsanwaltschaft Rechtsmittel eingelegt habe, zeigt, ersichtlich allein dem Zweck, im Falle der Anfechtung durch die Staatsanwaltschaft selbst nicht mit „leeren Händen dazustehen". Nachdem ihm seitens des Gerichts mitgeteilt worden war, daß die Staatsanwaltschaft das Urteil nicht angefochten habe, nahm der Angeklagte sein Rechtsmittel – auf die Auskunft des Vorsitzenden weiter vertrauend – umgehend zurück. Erst als in der Folgezeit die Strafvollstreckungskammer ihn auf die Möglichkeit hinwies, daß ein Widerruf der Strafaussetzung sehr wohl noch in Betracht komme, erkannte der Angeklagte seinen Irrtum und erklärte sinngemäß, unverzüglich und letztlich mit Erfolg den Widerruf seiner Revisionsrücknahme.

2. Ein Rechtsmittelverzicht kann ausnahmsweise unwirksam sein, wenn er lediglich auf Grund einer – sei es auch irrtümlich – objektiv unrichtigen Erklärung oder Auskunft des Gerichts zustande gekommen ist.

StPO § 302 – BGH Beschl. v. 10. 1. 2001 – 2 StR 500/00 LG Darmstadt (= BGHSt. 46, 257 = NJW 2001, 1435 = StV 2001, 220; NStZ 2001, 439 = BGHR StPO § 302 I Satz 1 Rechtsmittelverzicht 14)

Die auf den Strafausspruch beschränkte Revision rügt die Verletzung formellen und materiellen Rechts. Der Angeklagte erstrebt eine Freiheitsstrafe von weniger als einem Jahr mit Bewährung.

Sachverhalt: Das Landgericht hat den Angeklagten wegen versuchter Erpressung zu einer Freiheitsstrafe von einem Jahr verurteilt und seine Unterbringung in einem psychiatrischen Krankenhaus angeordnet. Strafe und Maßregel wurden zur Bewährung ausgesetzt.

Die Strafkammer ging in der Hauptverhandlung – ebenso wie die übrigen Verfahrensbeteiligten – versehentlich davon aus, der Status des Angeklagten als Kommunalbeamter werde nach § 24 I Nr. 1 BRRG nicht tangiert, wenn er wegen versuchter Erpressung zu einer Freiheitsstrafe von nicht mehr als einem Jahr verurteilt werde. Diese Auffassung äußerte der Vorsitzende auch in der mündlichen Urteilsbegründung. Lediglich auf Grund dieser Umstände erklärte der Angeklagte im Anschluß an die Urteilsverkündung nach Rücksprache mit seinem Verteidiger, er verzichte auf Rechtsmittel und nehme das Urteil an. Der Verzicht wurde protokolliert, verlesen und genehmigt. Auch der Staatsanwalt verzichtete auf Rechtsmittel. Dieser Verfahrensgang ergibt sich aus den übereinstimmenden dienstlichen und anwaltlichen Erklärungen der richterlichen Mitglieder der Strafkammer und des Verteidigers sowie dem Hauptverhandlungsprotokoll. In Wirklichkeit entsprach die Rechtsauffassung der Strafkammer jedoch nicht § 24 I Nr. 1 BRRG. Nach dieser Vorschrift endet das Beamtenverhältnis mit Rechtskraft der Verurteilung eines Beamten wegen einer vorsätzlichen Tat zu einer Freiheitsstrafe von mindestens einem Jahr. – Das Rechtsmittel hatte Erfolg.

Gründe:
1. Das Rechtsmittel ist zulässig. Der in der Hauptverhandlung erklärte Rechtsmittelverzicht des Angeklagten ist unwirksam. ...
Ein Rechtsmittelverzicht ist als Prozeßerklärung grundsätzlich unwiderruflich und unanfechtbar (st. Rspr., vgl. u.a. BGHSt. 45, 51 [53] [BGH Urt. v. 21. 4. 1999 – 5 StR 714/98; vgl. § 302 StPO erfolgreiche Rügen]). Die Rechtsprechung erkennt allerdings in eng begrenztem Umfang Ausnahmen an. In Betracht kommen insbesondere die Fälle schwerwiegender Willensmängel. Auch vom Gericht zu verantwortende Umstände der Art und Weise des Zustandekommens können einen Rechtsmittelverzicht unwirksam machen (BGHSt. 45, 51 [53, 55]). Deshalb kann ein Rechtsmittelverzicht ausnahmsweise unwirksam sein, wenn er lediglich auf Grund einer – sei es auch irrtümlich – objektiv unrichtigen Erklärung oder Auskunft des Gerichts zustande gekommen ist. Diese Voraussetzungen sind hier gegeben. Die Strafkammer hat durch ihre objektiv unzutreffenden Erklärungen zu den beamtenrechtlichen Nebenfolgen des Urteils dem Angeklagten die Vorstellung vermittelt, sein Status als Beamter werde durch das Urteil nicht berührt. Nur deshalb hat der Angeklagte auf Rechtsmittel verzichtet. Daran, daß der Angeklagte auf die wiederholt geäußerte Beurteilung des Landgerichts vertraut hat, trifft ihn kein Verschulden. Wegen der dargelegten Umstände seines Zustandekommens war der Rechtsmittelverzicht des Angeklagten hier von Anfang an unwirksam. Auf eine Anfechtung wegen Irrtums kommt es daher nicht an.

2. Die Beschränkung der Revision auf den Strafausspruch ist unwirksam. Der Schuldspruch und die Strafzumessung sind hier so miteinander verknüpft, daß eine getrennte Überprüfung der Strafzumessung nicht möglich wäre, ohne den nicht angefochtenen Schuldspruch mit zu berühren. Wird der Strafausspruch angefochten, ist auch die Frage einer erheblichen Verminderung der Schuldfähigkeit Gegenstand der revisionsrechtlichen Prüfung. Diese ergibt hier, daß das Urteil eine rechtsfehlerfreie Begründung für die Annahme einer erheblichen Verminderung der Steuerungsfähigkeit des Angeklagten zur Tatzeit enthält. Auf der Grundlage des angefochtenen Urteils läßt sich auch nicht völlig ausschließen, daß der Angeklagte zur Tatzeit steuerungsunfähig war.

Das Landgericht teilt zwar die Entwicklung der psychischen Erkrankung des Angeklagten mit dem wiederholten Wechsel von manischen und depressiven Phasen näher mit. Die Beurteilung dieser Erkrankung durch das sachverständig beratene Landgericht ist jedoch unklar und widersprüchlich. Im Anschluß an den Sachverständigen meint das Landgericht, der Angeklagte sei zur Tatzeit an einer „aktuellen seelischen Störung" erkrankt gewesen, durch die seine Fähigkeit zur Willensbildung, seine Steuerungskontrolle und seine gesamte Reflexionsfähigkeit erheblich gestört gewesen seien. Die Steuerungsfähigkeit sei insbesondere auch deshalb erheblich vermindert gewesen, weil die manische Symptomatik durch die fortgeführte Einnahme von Antidepressiva verstärkt worden sei. Welche psychische Erkrankung der Sachverständige konkret festgestellt hat, wird aber nicht näher mitgeteilt. Nach den vom Landgericht beschriebenen Krankheitssymptomen kommen hier eine manische Episode zur Tatzeit, aber auch eine bipolare Störung in Betracht, die früher nach Kurt Schneider als „Zyklothymie" bezeichnet wurde (vgl. hierzu Nedopil, Forensische Psychiatrie, S. 113 ff.). Einer dahingehenden Beurteilung widerspricht aber, daß das Landgericht Schuldunfähigkeit ausschließt, weil der Angeklagte „nicht an einer Manie im Sinne einer Psychose" gelitten habe. Gerade bei den in Betracht kommenden affektiven Störungen handelt es sich aber um Psychosen. Sollte es zutreffen, daß der Angeklagte bei der Tat nicht an einer Psychose litt, fehlte schon die Grundlage für die Annahme einer erheblichen Verminderung seiner Steuerungsunfähigkeit. Hinzu kommt: Bei mittelgradigen Depressionen oder Manien kann die Willensbildung aufgehoben sein, wenn Motivation und Verhalten auf die affektive Störung zurückzuführen sind. Bei schweren manischen (oder depressiven) Episoden liegt daher eine Aufhebung der Steuerungsfähigkeit jedenfalls nicht fern (vgl. hierzu Nedopil, S. 117). Das Landgericht hätte daher die diagnostische Einordnung der Erkrankung und die Gewichtung ihrer Auswirkungen auf die Steuerungsfähigkeit des Angeklagten näher darlegen müssen. Nach der bisherigen Erörterung dieser Fragen ist nicht auszuschließen, daß die Steuerungsfähigkeit des Angeklagten zur Tatzeit nicht nur erheblich vermindert, sondern aufgehoben war. Da hierdurch nicht nur der Straf-, sondern auch der Schuldspruch betroffen ist und die Frage der Schuldfähigkeit nur einheitlich beurteilt werden kann, ist eine Beschränkung der Revision auf den Strafausspruch unzulässig. Ebensowenig kann unter diesen Umständen die Maßregelanordnung von der Anfechtung ausgenommen werden.

3. Die Sachrüge führt zur Aufhebung des Schuld- und Rechtsfolgenausspruchs. Der Schuldspruch hält der sachlich-rechtlichen Prüfung nicht stand, weil das Landgericht – wie bereits dargelegt – Schuldunfähigkeit des Angeklagten zur Tatzeit nicht rechtsfehlerfrei ausgeschlossen hat. Daneben ist auch die Strafzumessung rechtsfehlerhaft. Das Landgericht war der in den Urteilsgründen mitgeteilten Ansicht, daß die Beendigung des Beamtenverhältnisses als Nebenfolge der strafrechtlichen Verurteilung unangemessen wäre und der Tat und der Persönlichkeit des Angeklagten nicht gerecht würde. Die Strafkammer ging jedoch – wie bereits ausgeführt – unter Verkennung von § 24 BRRG irrtümlich davon aus, daß bei einer Verurteilung zu einer Freiheitsstrafe von einem Jahr diese Folge nicht eintreten werde. Daher wurde bei der Bemessung der Strafe auch die beamtenrechtliche Nebenfolge nicht zugunsten des Angeklagten berücksichtigt. Die Maßregelanordnung hat ebenfalls keinen Bestand, weil die Schuldfähigkeit des Angeklagten bisher nicht rechtsfehlerfrei geprüft wurde. Die Feststellungen zum äußeren Tathergang können jedoch bestehen bleiben, weil sie von den dargelegten Rechtsfehlern nicht berührt werden.

3. Unwirksamer Rechtsmittelverzicht durch die Art seines Zustandekommens.

StPO § 302 I – BGH Urt. v. 21. 4. 1999 – 5 StR 714/98 LG Berlin (= BGHSt. 45, 51 = NJW 1999, 2449 = StV 1999, 412)

Die Revision wurde eingelegt, obwohl die Angeklagte zuvor in einer mündlichen Haftprüfung ohne Beistand ihrer Verteidigerinnen Rechtsmittelverzicht erklärt hatte.

Sachverhalt: Dem Rechtsmittelverzicht, den L. anläßlich der Haftprüfung am 24. 3. 1998 – vier Tage nach der Urteilsverkündung – erklärt hat, gingen Gespräche über Absprachen in der Hauptverhandlung voraus.

Am 20. 3. 1998 wurde das Urteil verkündet. Beim Angeklagten L. wurde auf Antrag der Staatsanwaltschaft die Haftfortdauer angeordnet.

Am 23. 3. 1998 suchte die Mutter des Angeklagten L. die Vorsitzende und den Berichterstatter auf, um die Haftentlassung ihres Sohnes zu erreichen. Die Richter erklärten, sie müßten mit der Staatsanwaltschaft Rücksprache halten; ferner baten sie die Mutter, mit dem Angeklagten zu sprechen und Wahlverteidigerin, Rechtsanwältin B., aufzusuchen.

Die Vorsitzende traf die Wahlverteidigerin zufällig im Gebäude und bat diese, mit der Mutter zu sprechen. Nach der Unterredung mit der Mutter zeigte sich die Wahlverteidigerin verärgert. Die Vorsitzende forderte die Mutter auf, mit ihrem Mann zu sprechen und nannte ihr den Termin der Haftprüfung. Die Wahlverteidigerin versprach der Vorsitzenden – auf deren Vorschlag –, den Angeklagten L. aufzusuchen.

Die Vorsitzende telefonierte mit Staatsanwalt Kn., um dessen Ansicht zur Frage der Haftverschonung in Erfahrung zu bringen. Nach Rücksprache mit seinem Abteilungsleiter, Oberstaatsanwalt W., sprach sich Staatsanwalt Kn. gegen eine Haftverschonung aus. Auch Staatsanwalt Ha. – gleichfalls Sitzungsvertreter – konnte von der Vorsitzenden nicht zu einer Zustimmung bewogen werden. Daraufhin suchten die Vorsitzende und der Berichterstatter Oberstaatsanwalt W. auf, um ihn umzustimmen; dieser sprach sich erneut gegen eine Haftverschonung aus.

Die Wahlverteidigerin suchte am 24. 3. 1998 – dem Tag, an dem die Haftprüfung stattfand – den Angeklagten L. auf und informierte ihn über den Sachstand. Bezüglich des Rechtsmittelverzichts habe sie ihn – so ihr Vortrag – „jedoch nicht beraten, weil die Verteidigung dieses ganze Verfahren mit der Haftverschonung ablehnte". Die Wahlverteidigerin trägt weiter vor: In einem Telefonat mit dem Berichterstatter habe sie nochmals ihren Standpunkt erläutert und erklärt, daß sie „selbstverständlich keine Prozeßerklärung des Mandanten entgegengenommen habe, und daß (sie) das ganze Verfahren für falsch hielte und an dem ... Haftprüfungstermin nicht teilnehmen werde". Der Berichterstatter habe geäußert, die Kammer wolle den Angeklagten selbst hören und notfalls dessen Erklärung entgegennehmen. Auf ihren Hinweis, daß die Pflichtverteidigerin nicht informiert wäre, habe der Berichterstatter erwidert „es muß ja niemand kommen".

An der Haftprüfung am 24. 3. 1998 nahmen der – dabei unverteidigte – Angeklagte L., seine Eltern und die Staatsanwälte Kn. und Ha. teil. Im Protokoll ist vermerkt, daß Rechtsanwältin B. Kenntnis vom Termin hatte und erklärt habe, daß sie nicht erscheinen werde. Ausweislich des Protokolls erklärte der Angeklagte, daß er im Falle einer Haftverschonung auf Rechtsmittel verzichten werde. Die Staatsanwaltschaft beantragte Haftfortdauer. Es erging der Haftverschonungsbeschluß. Der Angeklagte erklärte daraufhin den Rechtsmittelverzicht. Die Staatsanwaltschaft legte sogleich Beschwerde gegen den Haftverschonungsbeschluß ein und beantragte, dessen Vollziehung auszusetzen (§ 307 Abs. 2 StPO). Die Strafkammer half der Beschwerde nicht ab.

Auf die Beschwerde der Staatsanwaltschaft hob das Kammergericht am 26. 3. 1998 den Haftverschonungsbeschluß auf und setzte den Haftbefehl wieder in Vollzug. – Das Rechtsmittel hatte Erfolg.

Gründe: ...

2. Ein Rechtsmittelverzicht ist als Prozeßerklärung grundsätzlich unwiderruflich und unanfechtbar (st. Rspr., vgl. BGHR StPO § 302 Abs. 1 Satz 1 Rechtsmittelverzicht 12). Die Rechtsprechung erkennt allerdings Ausnahmen an. In Betracht kommen namentlich drei Fallgruppen: Schwerwiegende Willensmängel, unzulässige Absprachen und sonstige Umstände der Art und Weise des Zustandekommens des Rechtsmittelverzichts.

a) In besonderen Fällen können schwerwiegende Willensmängel bei der Erklärung des Rechtsmittelverzichts aus Gründen der Gerechtigkeit dazu führen, daß eine Verzichtserklärung von Anfang an unwirksam ist (BGHR StPO § 302 Abs. 1 Satz 1 Rechtsmittelverzicht 17, 18).

b) Ein Rechtsmittelverzicht, der aufgrund einer Absprache abgegeben wird, kann bei Vorliegen besonderer Umstände unwirksam sein. Der Rechtsmittelverzicht ist allerdings nicht schon deshalb unwirksam, weil er Gegenstand einer Absprache war. Selbst eine unzulässige Absprache macht nicht zugleich auch den Rechtsmittelverzicht unwirksam, denn dessen Beurteilung unterliegt anderen Maßstäben. Eine andere Beurteilung kommt nur in Betracht, wenn diejenigen Gründe, die – allgemein oder im Einzelfall – der Zulässigkeit einer solchen Absprache entgegenstehen, zugleich auch zur rechtlichen Mißbilligung des abgesprochenen Rechtsmittelverzichts führen würden. Auch die Verbindung des Rechtsmittelverzichts mit Erklärungen zur Strafvollstreckung kann diesen unwirksam machen (BGHR StPO § 302 Abs. 1 Satz 1 Rechtsmittelverzicht 18). Der 4. Strafsenat des Bundesgerichtshofs hält die Vereinbarung eines Rechtsmittelverzichts vor der Urteilsverkündung stets für unzulässig (BGHSt. 43, 195 [BGH Urt. v. 28. 8. 1997 – 4 StR 240/97; vgl. § 169 GVG erfolgreiche Rügen]).

c) Schließlich kann die Wirksamkeit des Rechtsmittelverzichts auch durch die Art seines Zustandekommens in Frage gestellt werden (vgl. BGH wistra 1994, 197). Das kann auch durch eine unzulässige Einwirkung mit solchen Beeinflussungsmitteln geschehen, die nicht von § 136a StPO verboten sind (BGHSt. 19, 101, 104 [BGH Urt. v. 17. 9. 1963 – 1 StR 301/63; vgl. § 302 StPO erfolglose Rügen]).

3. Bezüglich des hier zu beurteilenden Sachverhalts geht der Senat davon aus, daß während der Hauptverhandlung keine Absprache zwischen Gericht, Staatsanwaltschaft und L. zustande kam, vor allem keine solche, die Schuldspruch, Strafmaß, Rechtsmittelverzicht und Haftverschonung miteinander verknüpfte.

a) Es kann offen bleiben, ob ursprünglich ein Angebot der Staatsanwaltschaft vorlag, sie werde bei Verurteilung wegen Beihilfe zum Mord zu einer Jugendstrafe von sechs Jahren und bei einem Rechtsmittelverzicht des Angeklagten keine Beschwerde gegen eine Haftverschonung einlegen. Der Senat entnimmt dem Vermerk der Vorsitzenden vom 30. 3. 1998, daß der Vater des Angeklagten, als er am 16. 3. 1998 für diesen Verständigungsgespräche führte, zusätzlich forderte, daß sein Sohn nach der Haftverschonung keine Strafe mehr verbüßen müsse. Nachdem ihm die Vorsitzende erklärt hatte, daß die Strafverbüßung unumgänglich sei, hätte der Angeklagte jedenfalls ein derartiges Angebot der Staatsanwaltschaft abgelehnt.

b) Die Staatsanwaltschaft war bei dieser Entwicklung der Gespräche an ihr „Angebot", auch wenn es die Frage der Haftverschonung mit umfaßt hätte, nicht mehr gebunden. Der Grundsatz des fairen Verfahrens gebietet nicht, daß die Staatsanwaltschaft bei der Erklärung des Angeklagten, er nehme ihr Angebot nur unter Erweiterungen an, an ihr bisheriges Angebot im weiteren Fortgang des Verfahrens gebunden bleibt (zur eingeschränkten Bindung selbst bei einer wirksam zustande gekommenen Absprache siehe BGHSt. 43, 195). Dies gilt zumal dann, wenn Gegenstand der „Verhandlungen" über eine Verfahrenserledigung auch eine Abkürzung der Beweisaufnahme durch die Einlassung des Angeklagten ist. Der Angeklagte hat bis zuletzt die Beteiligung am Tötungsdelikt bestritten mit der Folge des Fortgangs der Beweisaufnahme, so daß sich schon deshalb die Entscheidungsgrundlage zu der Frage, wie nach Urteilserlaß bezüglich der Fortdauer der Untersuchungshaft verfahren werden soll, geändert haben kann. Es kommt hinzu, daß selbst eine fortbestehende Bindung der Staatsanwaltschaft bezüglich der Haftverschonung nicht ohne weiteres dazu geführt hätte, daß der Rechtsmittelverzicht unwirksam ist.

4. Der Senat geht auch davon aus, daß das Gericht dem Angeklagten keinen Rechtsmittelverzicht abverlangt hat (vgl. BGH Beschl. v. 11. 6. 1997 – 2 StR 191/97) und daß die Vorsitzende dem Angeklagten, wie von ihr vermerkt, bei der Haftprüfung „die Risiken des Rechtsmittelverzichts erläutert" hat; eine Täuschung liegt daher ebensowenig vor wie eine sonstige unzulässige Einwirkung (vgl. BGHSt. 19, 101, 104). Die Risiken lagen ersichtlich darin, daß die Staatsanwaltschaft – ohne damit, wie oben dargelegt, gegen die

Grundsätze des fairen Verfahrens zu verstoßen – unmißverständlich zum Ausdruck gebracht hatte, daß sie gegen eine Haftverschonung Beschwerde einlegen würde. Die Beschwerde mußte als erfolgversprechend beurteilt werden und führte auch zum Erfolg.

Da keine Verständigung zustande gekommen ist, und da auch die Staatsanwaltschaft mit ihrer Entscheidung, Beschwerde gegen den Haftverschonungsbeschluß einzulegen, korrekt gehandelt hat, kommen die oben dargestellten Grundsätze der Rechtsprechung zur Wirksamkeit eines Rechtsmittelverzichts, der auf der Grundlage einer Absprache erklärt wird, nicht zur Anwendung.

5. Der Rechtsmittelverzicht ist allerdings wegen der Art und Weise seines vom Gericht zu verantwortenden Zustandekommens unwirksam.

Der Angeklagte hat den Rechtsmittelverzicht ersichtlich deswegen abgegeben, weil er den – ihm auch vom Gericht deutlich vor Augen geführten möglicherweise nur kurzfristigen, aber sofort gewährten – Vorteil der Entlassung aus der Untersuchungshaft dem Nachteil einer von ihm nicht mehr angreifbaren Verurteilung vorgezogen hat. Ein solches Entscheidungsverhalten ist zwar irrational, aber psychologisch nachvollziehbar; das allein macht den Rechtsmittelverzicht nicht unwirksam (vgl. BGHR StPO § 302 Abs. 1 Satz 1 Rechtsmittelverzicht 16). Auch wenn der Angeklagte bei der Haftprüfung 26 Jahre alt war, stand er doch für das Gericht erkennbar unter dem Einfluß seiner Eltern und entschied sich – was dem Gericht bewußt war – gegen den Rat seiner Wahlverteidigerin. Auch diese Umstände allein hätten die Wirksamkeit des Rechtsmittelverzichts noch nicht in Frage gestellt. Der Angeklagte war nicht etwa verhandlungsunfähig; auch kann ein Angeklagter gegen den Widerspruch des Verteidigers wirksam auf Rechtsmittel verzichten (vgl. BGHR StPO § 302 Abs. 1 Satz 1 Rechtsmittelverzicht 16). Hier kamen aber weitere Umstände hinzu.

a) Im vorliegenden Fall wurden die Verständigungsgespräche auf eine Art und Weise geführt, die in wesentlichen Punkten den von der Rechtsprechung hierfür aufgestellten Verfahrensgrundsätzen eklatant widersprachen (vgl. dazu BGHSt. 43, 195). Ersichtlich fanden die während der Hauptverhandlung geführten Gespräche nicht in der Hauptverhandlung statt. Sie wurden mit den Angeklagten je einzeln geführt, obwohl, gerade bei der hier bestehenden Interessenlage, der jeweilige Mitangeklagte stets mit einbezogen werden mußte. Die Nebenklägerin wurde an den Gesprächen überhaupt nicht beteiligt; sie wurde ersichtlich nicht einmal über deren Inhalt informiert. Es hing weitgehend von der jeweiligen Anwesenheit ab, welche Verteidigerin des Angeklagten L. angesprochen und beteiligt wurde; ein einheitlicher Informationsstand der Verteidigerinnen war nicht gewährleistet.

b) Folge dieser Gesprächsführung war – bei dieser Vorgehensweise nahezu unvermeidbar (vgl. BGHSt. 42, 191 [BGH Urt. v. 17. 7. 1996 – 5 StR 121/96; vgl. § 338 Nr. 3 StPO erfolglose Rügen]) – ein Dissens zwischen Gericht und Staatsanwaltschaft, wie weit denn nun das Angebot der Staatsanwaltschaft reichte. Dieser bei korrekter Vorgehensweise vermeidbare Dissens war nicht zuletzt ursächlich dafür, daß sich die Entscheidungssituation für den Angeklagten bei der Haftprüfung als schwer durchschaubar darstellen konnte und bei ihm und seinen Eltern Erwartungen geweckt wurden, die nicht realistisch waren.

c) Gerade in dieser verfahrenen Situation war er auf eine Verteidigerkonsultation im Haftprüfungstermin angewiesen. Nachdem die Wahlverteidigerin erklärt hatte, sie werde am Haftprüfungstermin nicht teilnehmen, wäre das Gericht gehalten gewesen, die Pflichtverteidigerin vom Termin zu benachrichtigen und auf deren Anwesenheit und Beratung hinzuwirken.

Dabei kommt es nicht darauf an, ob bei mehreren Verteidigern die Benachrichtigung nur eines Verteidigers nach § 118a Abs. 1 StPO genügt. Zur Benachrichtigung der Pflichtverteidigerin und der Eröffnung der Möglichkeit der Verteidigerkonsultation beim Rechtsmittelverzicht im Haftprüfungstermin war das Gericht aber aus Gründen der prozessualen Fürsorgepflicht (vgl. dazu BGHR StPO § 302 Abs. 1 Satz 1 Rechtsmittelverzicht 16) gehalten.

Es entspricht gefestigter Rechtsprechung des Bundesgerichtshofs, daß durch das Gericht dem Angeklagten vor Erklärung des Rechtsmittelverzichts Gelegenheit gegeben werden muß, sich mit seinem Verteidiger zu besprechen, oder daß der Verteidiger Gelegenheit erhalten muß, seinen Mandanten zu beraten (BGHSt. 18, 257, 260; 19, 101, 104; BGHR StPO § 302 Abs. 1 Satz 1 Rechtsmittelverzicht 16; BGH Beschlüsse v. 1. 6. 1997 – 2 StR 191/97 – und 12. 1. 1999 – 4 StR 649/98). Der Senat braucht nicht zu entscheiden, ob der Angeklagte der einen Wahl- und einen Pflichtverteidiger hat, ausdrücklich darauf hingewiesen werden muß, mit beiden Verteidigern Rücksprache zu nehmen. Hier jedenfalls war die Unterrichtung der Pflichtverteidigerin vom Haftprüfungstermin rechtlich geboten, um dem Angeklagten im Hinblick auf die oben dargestellten Umstände und auch unter Berücksichtigung der Rechtsauffassung der Wahlverteidigerin die hier unerläßliche umfassende anwaltliche Beratung zu ermöglichen.

Es reichte nicht aus, dem Angeklagten Risiken und Tragweite des Rechtsmittelverzichts (nur) aus richterlicher Sicht zu verdeutlichen. Diese konnte und durfte hier die Beurteilung und Beratung durch die Verteidigung – und zwar nicht nur durch die Wahlverteidigerin, sondern in gleicher Weise auch durch die Pflichtverteidigerin – nicht ersetzen. Dieses Ergebnis folgt auch aus Art. 6 Abs. 3 MRK i.V.m. dem aus Art. 2 Abs. 1, Art. 20 Abs. 3 GG herzuleitenden rechtsstaatlichen Gebot, dem Beschuldigten jederzeit die Möglichkeit einer geordneten und effektiven Verteidigung zu geben (BGH StV 1998, 246 [BGH Urt. v. 25. 2. 1998 – 3 StR 490/97 = BGHSt. 44, 46; vgl. § 97 StPO erfolgreiche Rügen]).

Der Rechtsmittelverzicht war daher aufgrund der Gesamtumstände seines Zustandekommens unwirksam.

4. Bei Verschmelzung eines erstinstanzlichen mit einem Berufungsverfahren ist eine Berufungsrücknahme nicht möglich.

StPO 302 I – BGH Urt. v. 21. 5. 1992 – 4 StR 81/92 LG Offenburg (= NStZ 1992, 501)

Die Revision rügt, das Landgericht habe nach Verschmelzung eines erstinstanzlichen mit einem Berufungsverfahren nach Berufungsrücknahme die Rechtskraft des erstinstanzlichen Urteils zu Unrecht festgestellt.

Sachverhalt: Das Landgericht hat den Angeklagten wegen sexueller Nötigung in Tateinheit mit versuchter gefährlicher Körperverletzung, wegen vorsätzlicher Gefährdung des Straßenverkehrs sowie wegen versuchter Nötigung zu einer Gesamtfreiheitsstrafe verurteilt und eine Maßregel nach §§ 69, 69a StGB verhängt. Ferner hat es festgestellt, daß das Urteil des Amtsgerichts-Schöffengericht Offenburg vom 13. 2. 1991 rechtskräftig ist.

Der Angeklagte wurde am 13. 2. 1991 vom Amtsgericht-Schöffengericht Offenburg wegen gewerbsmäßigen Handeltreibens mit Betäubungsmitteln in nicht geringer Menge zu einer Freiheitsstrafe von 1 Jahr und 2 Monaten verurteilt. Auf die von ihm hiergegen unbeschränkt eingelegte Berufung legte der Vorsitzende der II. Strafkammer des Landgerichts Offenburg die Sache der 1. Strafkammer, bei der gegen den Angeklagten inzwischen eine Anklage wegen sexueller Nötigung u.a. erhoben worden war, mit der Bitte um Übernahme vor. Die 1. Strafkammer eröffnete in der bei ihr anhängigen Sache das Hauptverfahren und verband mit dieser das Berufungsverfahren gemäß § 4 I StPO zur gemeinsamen Verhandlung und Entscheidung. In der hinsichtlich sämtlicher Anklagevorwürfe erstinstanzlich durchgeführten Hauptverhandlung nahm der Angeklagte mit Zustimmung der Staatsanwaltschaft seine Berufung gegen das amtsgerichtliche Urteil zurück. Sodann verkündete die Strafkammer das eingangs wiedergegebene Urteil. – Das Rechtsmittel hatte Erfolg.

Gründe: Die Auffassung der Strafkammer, das Urteil des Amtsgerichts sei rechtskräftig, ist unzutreffend:

Die Strafkammer war zwar nicht daran gehindert, das erstinstanzliche mit dem Berufungsverfahren in entsprechender Anwendung von § 4 I StPO zur gemeinsamen Verhandlung und Entscheidung zu verbinden, da zwischen beiden Verfahren ein persönlicher Zusammenhang i.S. des § 3 StPO bestand, die Strafsachen bei demselben Gericht anhängig waren, keine Teilrechtskraft eingetreten und das Landgericht zur Verhandlung der Anklage in erster Instanz zuständig war (BGHSt. 36, 348, 350 f. [BGH Beschl. v. 19. 1. 1988 – 4 StR 647/87; vgl. § 4 StPO erfolgreiche Rügen]; 37, 15, 17 f. [BGH Beschl. v. 24. 4. 1990 – 4 StR 159/90; vgl. § 338 Nr. 4 StPO erfolgreiche Rügen]; 38, 172 [BGH Beschl. v. 12. 12. 1991 – 4 StR 506/91; vgl. § 338 Nr. 4 StPO erfolgreiche Rügen]; Senatsbeschl. v. 6. 2. 1992 – 4 StR 626/91). Anders als bei der bloß gemeinsamen Verhandlung nach § 237 StPO, bei der das Berufungsverfahren trotz der Verbindung mit dem erstinstanzlichen Verfahren seine Eigenschaft als solches beibehalten hätte (BGHSt. 35, 195, 197; 36, 348, 351), führt die Verbindung entsprechend § 4 I StPO zu einer Verschmelzung der Verfahren mit der Folge, daß grundsätzlich (vgl. BGHSt. 34, 204, 207 [BGH Urt. v. 30. 10. 1986 – 4 StR 368/86; vgl. § 260 StPO erfolgreiche Rügen]) insgesamt erstinstanzlich zu verhandeln ist (BGHSt. 36, 348, 350; 37, 15, 18). Damit sind den Beteiligten jedoch die im Berufungsverfahren gegebenen Dispositionsmöglichkeiten endgültig entzogen; eine Rücknahme des Rechtsmittels ist – wegen des nunmehr auch insoweit erstinstanzlichen Charakters der Verhandlung – nicht mehr möglich (BGHSt. 34, 204, 207 f.; vgl. auch BGHSt. 21, 229, 231 [BGH Urt. v. 21. 3. 1967 – 1 StR 60/67; vgl. § 6 StPO erfolglose Rügen]). Auch bei einer – hier allerdings nicht erfolgten – Trennung der Verfahren hätte das frühere Berufungsverfahren daher nur als erstinstanzliches Verfahren fortgeführt werden können. Diese aus der Verschmelzung der Verfahren folgenden Konsequenzen sind bei der Frage, ob ein Berufungsverfahren mit einem erstinstanzlichen Verfahren verbunden werden und damit seine Eigenschaft als zweitinstanzliches Verfahren verlieren soll, stets sorgfältig zu bedenken.

Da das Landgericht über den Teil des Verfahrens, der ursprünglich Gegenstand des Berufungsverfahrens war, nicht entschieden hat, muß es dies nachholen. Das hat die Aufhebung der Feststellung über die Rechtskraft des amtsgerichtlichen Urteils zur Folge. Insoweit ist nunmehr erneut erstinstanzlich zu verhandeln, wobei allerdings das Verschlechterungsverbot (§ 331 I StPO) gegenüber dem Urteil des Amtsgerichts-Schöffengerichts Offenburg vom 13. 2. 1991, das als gegenstandslos aufzuheben ist, beachtet werden muß. ...

5. Die allgemeine Verteidigervollmacht und damit die Berechtigung zur Rechtsmittelrücknahme erlischt beim Wechsel von Wahl- zu Pflichtverteidiger mit der Niederlegung des Wahlmandats.

StPO § 302 II – BGH Beschl. v. 8. 11. 1990 – 4 StR 457/90 LG Saarbrücken (= NStZ 1991, 94)

Die Revision macht geltend, eine vom Pflichtverteidiger erklärte Rücknahme der Revision sei unbeachtlich, da dieser hierzu nicht bevollmächtigt gewesen sei.

Sachverhalt: Der Pflichtverteidiger des Angeklagten hat fristgerecht gegen das Urteil des Landgerichts Revision eingelegt. Mit Schriftsatz vom 7. 8. 1990 hat er erklärt, er nehme die Revision zurück. Das Landgericht hat daraufhin durch Beschluß vom 9. 8. 1990 die Kosten des zurückgenommenen Rechtsmittels dem Angeklagten auferlegt. Unter Bezugnahme auf diesen Beschluß hat der Angeklagte mit Schreiben vom 14. 8. 1990 mitgeteilt, er habe seine Revision nicht zurückgezogen und werde sie auch nicht zurückziehen; wenn dies von seiten seines Anwalts geschehen sei, müsse es sich um ein Mißverständnis handeln. Der Verteidiger des Angeklagten der bis zu seiner Bestellung zum Pflichtverteidiger am 2. 4. 1990 als Wahlverteidiger des Angeklagten tätig war, hat mit Schriftsatz vom 30. 10. 1990 dazu erklärt, er sei durch die ihm vom Angeklagten erteilte schriftliche Vollmacht vom 6. 7. 1989 ermächtigt worden, ein Rechtsmittel auch zurückzunehmen. – Das Rechtsmittel hatte insoweit Erfolg.

Gründe:

1. Eine wirksame Rücknahme der Revision des Angeklagten liegt nicht vor, da der Pflichtverteidiger dazu nicht ermächtigt war (§ 302 II StPO). Die allgemeine Strafprozeßvollmacht, die den Verteidiger auch zur Rücknahme von Rechtsmitteln ermächtigte und auf die er sich in seinem Schriftsatz vom 30. 10. 1990 berufen hat, ist mit der Niederlegung des Wahlmandats im Zusammenhang mit seiner Bestellung zum Pflichtverteidiger erloschen. Das folgt aus einer entsprechenden Anwendung des § 168 BGB, wonach die Vollmacht mit dem ihr zugrunde liegenden Rechtsverhältnis erlischt (BGH Beschl. v. 31. 1. 1978 – 5 StR 29/78, bei Holtz, MDR 1978, 461; und v. 7. 10. 1986 – 5 StR 493/86).

2. Das Rechtsmittel ist jedoch nicht begründet worden (§ 344, 345 StPO) und war daher gemäß § 349 I StPO als unzulässig zu verwerfen. ...

6. Kein Rechtsmittelverzicht, wenn Angeklagter oder Verteidiger zu erkennen geben, daß noch Erörterungsbedarf besteht.

StPO § 302 – BGH Urt. v. 12. 2. 1963 – 1 StR 561/62 LG Augsburg (= BGHSt. 18, 257 = NJW 1963, 963)

Das Revisionsvorbringen ist nicht bekannt.

Sachverhalt: Die Niederschrift über die Hauptverhandlung im Anschluß an die Urteilsverkündung enthält einen Vermerk, daß „alle fünf Angeklagten Rechtsmittelverzicht erklärten". – Das Rechtsmittel hatte Erfolg.

Gründe: Der in der Niederschrift über die Hauptverhandlung im Anschluß an die Urteilsverkündung enthaltene Vermerk, daß „alle fünf Angeklagten Rechtsmittelverzicht erklärten", steht nicht entgegen. Einmal bindet er nicht mit der Beweiskraft, die dem Sitzungsprotokoll der Hauptverhandlung nach § 274 StPO zukommt. Denn der Rechtsmittelverzicht, auch wenn er unmittelbar im Anschluß an die Verkündung des Urteils erklärt und in der Sitzungsniederschrift mitbeurkundet wird, ist keine für die Hauptverhandlung vorgeschriebene Förmlichkeit im Sinne jener Vorschrift, sondern steht nur in äußerem Zusammenhang mit den Vorgängen der Hauptverhandlung und ihrer Beurkundung in der Sitzungsniederschrift. Der Senat hätte zwar keine Bedenken dagegen, daß der Vorsitzende der Strafkammer die Erklärung des Angeklagten, daß er „das Urteil annehmen wolle", als einen Vorgang im Sinne des § 273 Abs. 3 StPO angesehen hätte und nach dieser Vorschrift verfahren wäre. Der Vorsitzende hätte dann anordnen müssen, daß die Erklärung in die Sitzungsniederschrift aufgenommen und verlesen werden solle. Im Protokoll hätte in diesem Falle vermerkt werden müssen, daß die beurkundete Erklärung verlesen und vom Erklärenden, also dem Angeklagten, genehmigt worden sei oder welche Einwendungen der Angeklagte dagegen erhoben habe. Der Senat hätte auch keine Bedenken dagegen, daß der Angeklagte, wenn so verfahren worden wäre, an seiner im Protokoll beurkundeten, verlesenen und von ihm genehmigten Erklärung festgehalten werden müßte. Tatsächlich ist der Vorsitzende der Strafkammer jedoch nicht in dieser Weise verfahren. Er und der Urkundsbeamte behandelten die Erklärung des Angeklagten zwar als einen zu beurkundenden Vorgang, waren aber der Meinung, sie brauche nicht im Wortlaut festgehalten zu werden, es genüge vielmehr, ihren Inhalt – zusammengefaßt mit gleichgerichteten Erklärungen von anderen Angeklagten – im Protokoll zu beurkunden, ohne daß die beurkundete Erklärung verlesen und vom Erklärenden genehmigt wurde.

Dem Senat ist nicht unbekannt, daß die Tatgerichte überwiegend in dieser Weise und nicht nach § 273 Abs. 3 StPO verfahren. Der Senat hat auch keinen Anlaß, gegen die Zulässigkeit und Beachtlichkeit dieses Verfahrens Bedenken zu erheben. Da der Vermerk jedoch in diesem Falle keine wesentliche Förmlichkeit der Hauptverhandlung beurkundet, genießt er nicht die weitgehende Beweiskraft gem. § 274 StPO. Er ist nur ein Anzeichen, das den Rechtsmittelverzicht des Angeklagten beweisen kann, aber nicht notwendig zu beweisen braucht.

Im vorliegenden Fall ergibt sich aus der im wesentlichen übereinstimmenden Schilderung der Beteiligten, auch des Vorsitzenden und des Urkundsbeamten, daß der Angeklagte Sch. entgegen dem Vermerk im Protokoll nicht wirksam auf die Einlegung eines Rechtsmittels verzichtet hatte. Er erklärte zwar auf die allgemein an alle Angeklagten gerichtete Frage des Vorsitzenden, daß er das Urteil annehme. Jedoch legte sich darauf sogleich sein Verteidiger ins Mittel und erklärte, daß er vor der Abgabe einer (endgültigen) Erklärung mit seinem Mandanten sprechen wolle. Zu diesem Eingreifen in die Erörterungen über einen Rechtsmittelverzicht hatte der Verteidiger allen Anlaß. Denn die Strafkammer hatte dem Angeklagten Strafaussetzung zur Bewährung bewilligt, obwohl § 23 Abs. 3 Nr. 2 StGB diese Anordnung im vorliegenden Falle verbot und dieser Umstand schon in der Verhandlung zur Sprache gekommen war. Der Verteidiger mußte bei dieser Sachlage damit rechnen, daß sein Mandant nur aus Freude über die nicht erwartete Strafaussetzung erklärt haben könne, er wolle das Urteil annehmen, war sich aber zugleich darüber im klaren, daß die Strafaussetzung nicht bestehen bleiben könnte, wenn die Staatsanwaltschaft ein Rechtsmittel einlege. Er hielt es – zutreffend – für seine Pflicht, den Angeklagten darüber aufzuklären, ehe dieser sich durch einen bindenden endgültigen Rechtsmittelverzicht aller Anfechtungsmöglichkeiten begab. Zu dieser Aussprache zwischen dem Angeklagten und seinem Verteidiger und einer abschließenden Äußerung über den Rechtsmittelverzicht im Sitzungssaale kam es jedoch nicht mehr; das lag daran, daß der Vorsitzende dies als überflüssig bezeichnete, weil der Angeklagte an seine einmal ausgesprochene Annahme des Urteils gebunden sei. Der Vorsitzende gab diese Meinung auch darin nicht auf, als der Sitzungsvertreter der Staatsanwaltschaft seinerseits eine Verzichtserklärung im Falle Sch. ablehnte, weil das Gericht mit der Strafaussetzung zur Bewährung gegen § 23 Abs. 3 Nr. 2 StGB verstoßen habe, und die Nachprüfung in den Akten bestätigte, daß die Strafkammer tatsächlich eine während der letzten fünf Jahre ausgesprochene Strafaussetzung zur Bewährung übersehen hatte.

Der Senat ist mit der Revision übereinstimmend der Ansicht, daß der Angeklagte unter diesen Umständen an seiner offensichtlich übereilten und nicht überprüften Erklärung nicht festgehalten werden darf. Der Rechtsmittelverzicht ist, wie die Rechtsprechung stets trotz Fehlens einer ausdrücklichen Bestimmung dieser Art gefordert hat (RGSt 32, 277, 279; 64, 164, 167), grundsätzlich an die gleiche Form wie die Einlegung des Rechtsmittels gebunden. Er muß also schriftlich oder zu Protokoll des Urkundsbeamten erklärt werden. Ein wesentlicher Zweck dieses Formzwangs ist es, den Berechtigten zu einer gründlichen Prüfung des Für und Wider seines Schrittes zu veranlassen und vor unüberlegten vorschnellen Entschlüssen zu bewahren. Wenn man für einen unmittelbar im Anschluß an die Urteilsverkündung erklärten Rechtsmittelverzicht dieselbe – im Verhältnis zur Schriftform und zur Erklärung zu Protokoll der Geschäftsstelle erleichterte – Form genügen lassen will wie für verfahrensgestaltende Erklärungen Beteiligter in der Verhandlung, nämlich die mündliche Erklärung und ihre Beurkundung im Protokoll, ohne daß der Vermerk verlesen, genehmigt und unterschrieben werden müßte, so muß hierbei doch ebenso wie bei der Schriftform oder der Erklärung zu Protokoll des Urkundsbeamten, zu der regelmäßig gehört, daß die Erklärung verlesen, genehmigt und vom Erklärenden unterschrieben wird, gesichert sein, daß der Angeklagte, der einen Rechtsmittelverzicht erwägt, die für und gegen einen solchen Entschluß sprechenden Gründe reichlich überlegen kann und nicht an unüberlegten und vorschnellen Erklärungen festgehalten wird. Einem Angeklagten, der in der Hauptverhandlung im Beisein eines Verteidigers erschienen ist, wird regelmäßig vor Abgabe eines Rechtsmittelverzichts Gelegenheit geboten werden müssen, sich mit seinem Verteidiger zu besprechen, oder der Verteidiger muß Gelegenheit erhalten, seinen Mandanten zu beraten. Bei Beachtung dieser Grundsätze ist ein beurkundungsfähiger endgültiger Rechtsmittelverzicht nach Ansicht des Senats jedenfalls solange zu verneinen, wie der Angeklagte und sein Verteidiger oder einer von ihnen zu erkennen geben, daß sie miteinander oder mit anderen noch erörtern wollen, ob ein bindender Rechtsmittelverzicht erklärt werden soll.

So verhielt es sich im vorliegenden Falle, der zudem noch die Besonderheit aufwies, daß das Gericht – wenn auch ungewollt – durch die fehlerhafte Anordnung der Strafaussetzung zur Bewährung, die nicht bestehen bleiben konnte, falls die Staatsanwaltschaft Revision einlegte, einen Rechtsmittelverzicht des Angeklagten geradezu „begünstigte" und daß der Vorsitzende der Strafkammer die Angeklagten, darunter den Beschwerdeführer, befragte, ob sie das Urteil annehmen wollten, ohne daß ein sachlich zureichender Grund ersichtlich gewesen wäre, an den auf freiem Fuß befindlichen Angeklagten überhaupt eine solche Frage zu stellen. Als der Angeklagte auf diese Frage antwortete, ohne sich vorher mit seinem Verteidiger beraten zu haben, griff dieser in die Erörterung mit dem Ziele ein, den Angeklagten zum Widerruf seiner voreilig abgegebenen Erklärung zu veranlassen. Daß der Angeklagte dann schwieg und es zu keiner völlig unmißverständlichen Erklärung im einen oder anderen Sinne kam, lag ausschließlich am Eingreifen des Vorsitzenden, der dies – rechtsirrig – nicht für nötig hielt. Richtig hätten er und der Urkundsbeamte auf dieser Klärung bestehen müssen. Unterblieb sie, so fehlte dem später niedergelegten urkundlichen Vermerk des Rechtsmittelverzichts die erforderliche sachliche Grundlage. Die vom Generalbundesanwalt vertretenen Auffassung, der Angeklagte hätte deutlich zu erkennen geben müssen, daß er an seiner einmal abgegebenen Erklärung nicht festhalten wolle, kann nicht beigetreten werden. Die bloße Ungewißheit schloß die Annahme eines Verzichts aus und stand damit der Beurkundung im Wege.

Erfolglose Rügen

1. Die Unwirksamkeit eines Rechtsmittelverzichts kann nicht aus enttäuschten Erwartungen hergeleitet werden.

StPO § 302 – BGH Beschl. v. 5. 12. 2001 – 1 StR 482/01 LG Stuttgart (= NStZ-RR 2002, 114)

Der Antragsteller begehrt nachvorangegangenem Rechtsmittelverzicht Wiedereinsetzung in den vorigen Stand zur Einlegung der Revision mit der Begründung, nach Verkündung des Urteils, aber vor Erklärung des Rechtsmittelverzichts habe die Strafkammer den gegen ihn bestehenden Haftbefehl gegen Auflagen außer Vollzug gesetzt; durch seinen Rechtsmittelverzicht sei das Urteil indessen vor Erfüllung der Auflagen des Haftverschonungsbeschlusses in Rechtskraft erwachsen, so daß eine Außervollzugsetzung nicht mehr möglich gewesen sei. Er sei in die Irre geführt worden, er hätte vor Abgabe der Verzichtserklärung auf diese Folge hingewiesen werden müssen.

Sachverhalt: Nach Verkündung des Urteils verzichteten der Angeklagte und seine Verteidigerin auf Rechtsmittel. Der Angeklagte legte nach Ablauf der Frist Revision ein und beantragte Wiedereinsetzung in den vorigen Stand. – Das Rechtsmittel war erfolglos.

Gründe: Die Revision ist unzulässig, weil der Angeklagte wirksam auf Rechtsmittel verzichtet hat. Ein Rechtsmittelverzicht ist grundsätzlich unwiderruflich und unanfechtbar (st. Rspr.; vgl. u.a. BGHSt. 5, 338 [341] [BGH Beschl. v. 20. 11. 1953 – 1 StR 279/53; vgl. § 335 StPO erfolgreiche Rügen]; BGH, StV 1994, 64 [BGH Beschl. v. 22. 9. 1993 – 2 StR 367/93; vgl. § 302 StPO erfolglose Rügen]; BGH, StV 2000, 542 [BGH Beschl. v. 24. 5. 2000 – 1 StR 110/00; vgl. § 302 StPO erfolglose Rügen]). Ausnahmsweise kann jedoch der Rechtsmittelverzicht eines Angeklagten wegen unzulässiger Willensbeeinflussung unwirksam sein. Das wird zum Beispiel angenommen, wenn der Vorsitzende unzuständiger

Weise eine Zusage gegeben hat, die nicht eingehalten worden ist, oder wenn auf Grund einer unzulässiger Weise vor Erlaß des Urteils im Rahmen einer verfahrensbeendenden Absprache getroffenen Vereinbarung ein Rechtsmittelverzicht erklärt wird (vgl. BGH, NJW 1995, 2568 [BGH Beschl. v. 26. 4. 1995 – 3 StR 600/94; vgl. § 44 StPO erfolgreiche Rügen]; BGH, NStZ 2000, 96 [BGH Beschl. v. 19. 10. 1999 – 4 StR 86/99; vgl. § 44 StPO erfolgreiche Rügen]). Aus enttäuschten Erwartungen hingegen kann die Unwirksamkeit eines Rechtsmittelverzichts nicht hergeleitet werden (BGH, StV 2000, 542).

Im vorliegenden Falle steht auf Grund der dienstlichen Äußerung des Vorsitzenden der Strafkammer fest, daß die Willensentschließung des Angeklagten vor seiner Verzichtserklärung nicht in unzulässiger Weise beeinflußt worden ist. Weder ein Rechtsmittelverzicht noch der Erlaß eines Haftverschonungsbeschlusses mit dem verkündeten Inhalt waren danach mit der Verteidigung abgesprochen. Dass der Untersuchungshaftverschonungsbeschluß, dessen Auflagen noch nicht erfüllt waren, mit dem Verzicht auf Rechtsmittel ins Leere ging, war dessen rechtlich zwangsläufige Folge. Wäre die Rechtskraft des Urteils erst nach Verstreichen der Rechtsmittelfrist eingetreten und hätte der Angeklagte zuvor die Auflagen erfüllt, insbesondere die Sicherheitsleistung erbracht, wäre er – jedenfalls zunächst – auf freien Fuß gesetzt worden. Diese unterschiedlichen Konsequenzen jeweils möglichen prozessualen Verhaltens begründeten gegenüber dem verteidigten Angeklagten jedoch keine Hinweispflicht der Strafkammer. Demnach sind auch keine vom Gericht zu verantwortenden Umstände erkennbar, die sonst die Wirksamkeit des Rechtsmittelverzichts in Frage stellen könnten. Der Wirksamkeit des Rechtsmittelverzichts steht schließlich nicht entgegen, daß eine vollständige Rechtsmittelbelehrung unterblieben war, nachdem der Vorsitzende bei dieser unterbrochen und auch insoweit ein allseitiger Verzicht auf Belehrung erklärt worden war (BGH, NStZ 1984, 181 [BGH Beschl. v. 29. 11. 1983 – 4 StR 681/83; vgl. § 35a StPO erfolglose Rügen]; BGH, NStZ 1999, 364 [BGH Beschl. v. 12. 1. 1999 – 4 StR 649/98; vgl. § 302 StPO erfolglose Rügen]). ...

2. Unzulässige Absprachen stehen der rechtlichen Anerkennung eines Rechtsmittelverzichts nicht entgegen.

StPO § 302 – BGH Beschl. v. 11. 6. 2001 – 2 StR 223/01 LG Fulda (= StV 2001, 557 = NStZ-RR 2001, 334)

Der Antragsteller begehrt Wiedereinsetzung in den vorigen Stand nach erfolgtem Rechtsmittelverzicht mit der Begründung, das Gericht habe sich nicht an Absprachen gehalten.

Sachverhalt: Das Urteil des Landgerichts Fulda vom 17. 11. 2000 wurde in Gegenwart des Angeklagten verkündet. Nach der Urteilsverkündung und anschließender mündlicher Rechtsmittelbelehrung erklärte der Verteidiger des Angeklagten mit Zustimmung desselben Rechtsmittelverzicht. Die protokollierte Rechtsmittelverzichtserklärung wurde dem Angeklagten vorgelesen und von ihm genehmigt. – Das Rechtsmittel war erfolglos.

Gründe: Der Generalbundesanwalt hat ausgeführt:

„... Diese Rechtsmittelverzichtserklärung kann nicht widerrufen, wegen Irrtums angefochten oder sonst zurückgenommen werden (st. Rspr. BGHSt. 5, 338 [341] [BGH Beschl. v. 20. 11. 1953 – 1 StR 279/53; vgl. § 335 StPO erfolgreiche Rügen]; BGHR StPO § 302 Abs. 1 Rechtsmittelverzicht 1 [BGH Beschl. v. 4. 9. 1986 – 1 StR 461/86; vgl. 302 StPO erfolglose Rügen], 4 [BGH Beschl. v. 2. 3. 1988 – 2 StR 46/88; vgl. § 302 StPO erfolglose Rügen], 5 [BGH Beschl. v. 9. 5. 1988 – 3 StR 161/88; vgl. § 302 StPO erfolglose Rügen], 8 [BGH Beschl. v. 10. 4. 1991 – 3 StR 354/90; vgl. § 302 StPO erfolglose Rügen], 15; BGH Beschl. v. 25. 10. 2000 – 2 StR 403/00).

Es kann dahinstehen, ob die Rechtsmittelverzichtserklärung – wie von dem Beschwerdeführer behauptet – Teil einer das Verfahren beendenden Absprache zwischen Gericht,

Staatsanwaltschaft und Verteidigung war, was zu rechtlichen Bedenken führen könnte (vgl. BGH, NStZ 1998, 31 [BGH Urt. v. 28. 8. 1997 – 4 StR 240/97 = BGHSt. 43, 195; vgl. § 169 GVG erfolgreiche Rügen]). Dieser Umstand würde die Wirksamkeit des erklärten Rechtsmittelverzichts nicht berühren. Die Vorbehalte, die gegen solche Absprachen bestehen, stehen der rechtlichen Anerkennung eines auf eine – auch unzulässige – Absprache folgenden, ihr entsprechenden Rechtsmittelverzichts nicht entgegen. Denn dessen Beurteilung unterliegt anderen Maßstäben: Es soll in die freie Entscheidung des Angeklagten gestellt sein, ob er ein gegen ihn ergangenes Urteil anfechte, unangefochten lassen oder durch Erklärung eines Rechtsmittelverzichts annehmen will. Diese Freiheit muß ihm auch dann erhalten bleiben, wenn das Urteil auf einer unzulässigen Absprache beruht und sich der Rechtsmittelverzicht als deren Einlösung darstellt. Auf die Art, wie der Verzicht zu Stande gekommen ist, kommt es insoweit nicht an (BGH, NJW 1997, 2691 [BGH Beschl. v. 20. 6. 1997 – 2 StR 275/97; vgl. § 302 StPO erfolglose Rügen]). Der Angeklagte kann nämlich ungeachtet einer Verletzung der für die Führung von Verhandlungsgesprächen aufgestellten Vorgaben seine Interessen unbeeinflußt und sachgerecht wahrgenommen haben. Entscheidend kann nur sein, ob eine unzulässige Beeinflussung der freien Willensbildung vorliegt (BGH, NStZ 2000, 386 [BGH Beschl. v. 8. 3. 2000 – 1 StR 607/99; vgl. § 302 StPO erfolglose Rügen]).

Hierfür sind vorliegend jedoch keine Anhaltspunkte ersichtlich. Denn nach dem Beschwerdevorbringen liegt weder ein einen möglichen Irrtum des Angeklagten auslösender Dissens oder gar eine Täuschung bzw. unrichtige Auskunft seitens des Gerichts noch eine Verletzung seiner Verteidigungsinteressen vor.

Infolge der Rechtsmittelverzichtserklärung ist das Urteil des Landgerichts Fulda vom 17. 11. 2000 in Rechtskraft erwachsen. Die dagegen eingelegte Revision ist somit nach § 349 I StPO als unzulässig zu verwerfen. Aus dem Gesagten folgt, daß dem Beschwerdeführer auch keine Wiedereinsetzung in den vorigen Stand gegen die versäumte Frist zur Einlegung der Revision gewährt werden kann. Eine Fristversäumnis i.S. von § 44 StPO liegt im zu entscheidenden Fall nicht vor. Wer von einem befristeten Rechtsbehelf bewußt keinen Gebrauch macht, ist nicht i.S. von § 44 S. 1 StPO „verhindert, eine Frist einzuhalten (BGH, NStZ-RR 1998, 109 [BGH Beschl. v. 23. 9. 1997 – 4 StR 549/97; vgl. § 44 StPO erfolgreiche Rügen])."

Dem schließt sich der Senat an.

3. Aus enttäuschten Erwartungen kann die Unwirksamkeit eines Rechtsmittelverzichts nicht hergeleitet werden.

StPO § 302 – BGH Beschl. v. 9. 11. 2000 – 1 StR 379/00 LG Passau (= NStZ 2001, 220)

Der Antragsteller begehrt annähernd 5 Jahre nach erklärtem Rechtsmittelverzicht Wiedereinsetzung in den vorigen Stand zur Nachholung der Revisionseinlegung mit der Begründung, er sei zum Rechtsmittelverzicht durch Täuschung bestimmt worden. Sein damaliger Verteidiger habe ihm nach Rücksprache mit dem Vorsitzenden der Strafkammer und der Sitzungsvertreterin der Staatsanwaltschaft gesagt, er könne „auf sicher" davon ausgehen, daß „bei Vorliegen der übrigen Voraussetzungen im üblichen Rahmen während des Strafvollzuges § 456 a StPO zum Halbstrafezeitpunkt zur Anwendung komme, wenn er auf Rechtsmittel verzichte". Von der Nichteinhaltung des von ihm darin gesehenen Versprechens habe er erst durch Zustellung eines Beschlusses des OLG München vom 19. 5. 2000 erfahren. Dieser ist in einem Verfahren nach den §§ 23 ff. EGGVG ergangen, in welchem er die Ablehnung der Staatsanwaltschaft angegriffen hatte, von der weiteren Strafvollstreckung gegen ihn nach § 456a StPO abzusehen.

Sachverhalt: Das Landgericht hat den Antragsteller am 10. 11. 1995 wegen schwerer räuberischer Erpressung in 2 Fällen zur Gesamtfreiheitsstrafe von 9 Jahren und 9 Monaten verurteilt. Dieser hat auf Rechtsmittel hiergegen verzichtet; das Urteil wurde am Tage der Verkündung rechtskräftig. Am 14. 6. 2000 hat der Ast. zu Protokoll der Geschäftsstelle des Amtsgerichts Straubing Wiedereinsetzung in den vorigen Stand gegen die Versäumung der Frist zur Einlegung der Revision beantragt. – Das Rechtsmittel war erfolglos.

Gründe: Der Antragsteller hat die Revisionseinlegungsfrist nicht unverschuldet versäumt (vgl. § 44 StPO). Vielmehr hat er durch den erklärten Rechtsmittelverzicht die Rechtskraft des ihn verurteilenden Erkenntnisses herbeigeführt. Dieser Rechtsmittelverzicht ist wirksam. Die dahingehende Erklärung ist grundsätzlich unwiderruflich und unanfechtbar (vgl. zuletzt Senat StV 2000, 542, 543 [BGH Beschl. v. 24. 5. 2000 – 1 StR 110/00; vgl. § 302 StPO erfolglose Rügen]). Ein Fall der unzulässigen Willensbeeinflussung des Erklärenden, die ausnahmsweise anderes bewirken kann (vgl. BGH a.a.O.), liegt nach dem eigenen Sachvortrag des Antragstellers nicht vor. Danach soll die ihm durch seinen Verteidiger übermittelte Erklärung des Vorsitzenden der Strafkammer und der Vertreterin der Staatsanwaltschaft den Vorbehalt enthalten haben, „bei Vorliegen der übrigen Voraussetzungen" komme „im üblichen Rahmen" § 456 a StPO zum Halbstrafezeitpunkt zur Anwendung. Der Antragsteller behauptet mithin keine feste Zusage; es ging vielmehr um eine Einschätzung. Aus enttäuschten Erwartungen kann die Unwirksamkeit eines Rechtsmittelverzichts indessen nicht hergeleitet werden (BGH StV 1994, 64 [BGH Beschl. v. 22. 9. 1993 – 2 StR 367/93; vgl. § 302 StPO erfolglose Rügen]; NStZ-RR 1997, 173 f. [BGH Beschl. v. 21. 1. 1997 – 1 StR 732/96; vgl. § 302 StPO erfolglose Rügen]; StV 2000, 542, 543].

Nach allem bedarf nicht der Klärung, ob der Vorsitzende der Strafkammer und die Vertreterin der Staatsanwaltschaft die behaupteten Äußerungen tatsächlich abgegeben haben. Dagegen dürfte hier schon sprechen, daß der Antragsteller seine dahingehende Darstellung weder in seiner Beschwerde gegen den Ablehnungsbescheid der Staatsanwaltschaft noch in seinem Antrag im Verfahren nach den §§ 23 ff. EGGVG vorgetragen hatte.

4. Allgemeine Vollmacht reicht für Rechtsmittelverzicht nicht aus.

StPO § 302 – BGH Beschl. v. 2. 8. 2000 – 3 StR 284/00 LG Oldenburg (= NStZ 2000, 665)

Das Revisionsvorbringen ist nicht bekannt.

Gründe: Die Revision des Angeklagten wurde durch den Schriftsatz seines (Wahl-)Verteidigers Rechtsanwalt G. vom 18. 2. 2000 nicht wirksam zurückgenommen, weil die gem. § 302 II StPO erforderliche ausdrückliche Ermächtigung des Angeklagten nicht vorlag. Da sich die Ermächtigung i.S. dieser Vorschrift auf ein bestimmtes Rechtsmittel beziehen muß, kann die bei der Übernahme des Mandats im Rahmen der Vollmachterteilung vom 6. 4. 1999 erteilte allgemeine Ermächtigung zur Rücknahme von Rechtsmitteln nicht als eine ausdrückliche Ermächtigung angesehen werden. Entgegen den Ausführungen im Schriftsatz vom 18. 2. 2000 ist davon auszugehen, daß die Rücknahme der Revision nicht „in Übereinstimmung mit dem Verurteilten" erfolgte. Rechtsanwalt G. hat mit Schriftsatz vom 27. 4. 2000 die Angaben des Angeklagten bestätigt, daß dieser bei dem dem Rücknahmeschriftsatz vorangegangenen Gespräch das Mandat mit ihm gekündigt und den Wunsch geäußert habe, der Pflichtverteidiger Rechtsanwalt M. solle das Revisionsverfahren weiterbetreiben. Auch die mit Schriftsatz vom 18. 4. 2000 erfolgte anwaltliche Versicherung des Rechtsanwalts M., daß er am 20. 2. 2000 die Revisionsbegründung ausführlich mit dem Angeklagten erörtert hat, spricht gegen eine vom Angeklagten dem Wahlverteidiger Rechtsanwalt G. erteilte Ermächtigung zur Revisionsrücknahme. ...

5. Pflichtverteidiger kann Revision des Angeklagten zurücknehmen, wenn er von diesem hierzu telefonisch beauftragt worden ist.

StPO § 302 – BGH Beschl. v. 12. 7. 2000 – 3 StR 257/00 LG Hildesheim (= NStZ 2001, 104)

Der Angeklagte hat mit Schreiben vom 11. 5. 2000 sofortige Beschwerde gegen einen Beschluß des Landgerichts, in dem ihm die Kosten seiner zurückgenommenen Revision auferlegt werden, sofortige Beschwerde eingelegt und gleichzeitig beantragt, ihm hinsichtlich der von ihm persönlich eingelegten Revision Wiedereinsetzung in den vorigen Stand zu gewähren bzw. das Verfahren wieder aufzunehmen. Er hat geltend gemacht, seinen Verteidiger nicht mit der Rücknahme der Revision beantragt bzw. ihn hierzu nicht bevollmächtigt zu haben.

Sachverhalt: Das Landgericht hat den Angeklagten am 13. 4. 2000 wegen versuchten Mordes in Tateinheit mit gefährlicher Körperverletzung zu einer Freiheitsstrafe verurteilt. Ausweislich des Sitzungsprotokolls haben der Angeklagte und sein ihm beigeordneter Verteidiger nach Verkündung des Urteils erklärt, daß sie „auf Rechtsmittelbelehrung und Rechtsmittel in jeder Hinsicht" verzichten. Die Erklärung wurde vorgelesen und genehmigt. Dennoch hat der Angeklagte mit einem am 20. 4. 2000 beim Landgericht eingegangenen Schreiben Revision gegen das Urteil eingelegt. Dieses Rechtsmittel hat sein Verteidiger mit Schriftsatz vom 28. 4. 2000 zurückgenommen, woraufhin das Landgericht mit Beschluß vom 3. 5. 2000 dem Angeklagten die Kosten der Revision auferlegt hat. – Das Rechtsmittel war erfolglos.

Gründe: Der Senat stellte fest, daß die Revision wirksam zurückgenommen ist. ...
2. Wird die Wirksamkeit einer Rechtsmittelrücknahme von einem Verfahrensbeteiligten bestritten, ist in der Regel eine feststellende Klärung durch förmliche Entscheidung des Rechtsmittelgerichts angezeigt (BGHR StPO § 302 I 1 Rechtsmittelverzicht 8 [BGH Beschl. v. 10. 4. 1991 – 3 StR 354/90; vgl. § 302 StPO erfolglose Rügen]). Dies führt hier zu der deklaratorischen Feststellung des Senats, daß die vom Angeklagten eingelegte Revision durch seinen Verteidiger mit dem Schriftsatz vom 28. 4. 2000 wirksam zurückgenommen wurde:

Dieser war weiterhin befugt, Erklärungen für den Angeklagten abzugeben. Zwar gilt die Bestellung eines Verteidigers durch den Tatrichter grundsätzlich nur bis zur Urteilsrechtskraft. Auch ist diese hier bereits unmittelbar nach der Urteilsverkündung eingetreten, da nicht nur der Angeklagte und sein Verteidiger, sondern auch die Staatsanwaltschaft auf Rechtsmittel verzichtet hat, und Bedenken gegen die Wirksamkeit der Verzichtserklärungen nicht bestehen. Damit ist hier jedoch nicht die allgemeine Befugnis des Verteidigers entfallen, den Angeklagten in dem durch dessen – unzulässiges – Rechtsmittel eröffneten Revisionsverfahren zu vertreten und Erklärungen in seinem Namen abzugeben. Denn diese muß jedenfalls deshalb fortgelten, da unter den gegebenen Umständen erst im Revisionsverfahren im Zusammenhang mit der Prüfung der Zulässigkeit des Rechtsmittels verbindlich der Eintritt der Rechtskraft des Urteils festgestellt wird.

Auch die für die Wirksamkeit der Revisionsrücknahme durch den Verteidiger gem. § 302 II StPO erforderliche ausdrückliche Ermächtigung des Angeklagten lag vor. Für diese Ermächtigung ist eine bestimmte Form nicht vorgeschrieben (vgl. BGH NJW 1952, 273 [BGH Urt. v. 5. 12. 1951 – 4 StR 946/51; vgl. § 302 StPO erfolglose Rügen]; BGHR StPO § 302 I 1 Rechtsmittelverzicht 6 [BGH Beschl. v. 30. 5. 1988 – 1 StR 218/88; vgl. § 302 StPO erfolglose Rügen] und 8 sowie § 302 II Rücknahme 6), so daß sie auch telefonisch erteilt werden kann. Ihr Nachweis kann noch nach Angabe der Rücknahmeerklärung geführt werden (BGHSt. 36, 259, 260 f. [BGH Urt. v. 9. 10. 1989 – 2 StR 352/89; vgl. § 259 StPO erfolgreiche Rügen]; BGHR StPO § 302 II Rücknahme 6), auch durch anwaltliche Versicherung des Verteidigers (vgl. BGH NJW 1952, 273; BGHR StPO § 302 II Rücknahme 6). Hier hatte der Verteidiger schon im Schriftsatz vom 28. 4. 2000 mitgeteilt, daß er den Angeklagten in einem Telefonat vom 27. 4. 2000 auf die Unzulässigkeit der Revision infolge des Rechtsmittelverzichts hingewiesen und dieser ihn daraufhin gebeten habe, die Revision zurückzunehmen. Auf entsprechende Nachfrage hat der Verteidiger diese Darstellung in seinem Schriftsatz vom 16. 5. 2000 nochmals bestätigt unter gleichzeitigem Hinweis darauf, daß er mit dem Angeklagten mehrfach ohne Dolmetscher Gespräche geführt habe.

Diese Angaben des Verteidigers ergeben vor dem Hintergrund der tatsächlichen Rechtslage ein in sich schlüssiges Bild und sind aus diesem Grunde ohne weiteres nachvollziehbar. Der Senat folgt ihnen daher.

Der Wirksamkeit der Rechtsmittelrücknahme steht letztlich nicht entgegen, daß die Revision schon wegen des Rechtsmittelverzichts unzulässig war (vgl. BGH bei Dallinger MDR 1957, 527[1]; BGHR StPO § 302 II Rücknahme 7).

Das Revisionsverfahren ist daher durch wirksame Rücknahme des Rechtsmittels abgeschlossen. Seine Fortsetzung i.S. der vom Angeklagten beantragten „Wiederaufnahme" scheidet daher ebenso aus wie eine Wiedereinsetzung in die Frist zu – erneuter – Revisionseinlegung oder zur Revisionsbegründung.

6. Rechtsmittelrücknahme eines hierzu ermächtigten Pflichtverteidigers bei fehlendem Widerruf der Ermächtigung auch wirksam, wenn zusätzlich hinzugezogener Wahlverteidiger das Verfahren weiter betreibt.

StPO § 302 II – BGH Beschl. v. 30. 6. 2000 – 3 StR 141/00 – LG Lüneburg (= NStZ 2000, 608)

Das Revisionsvorbringen ist nicht bekannt.

Sachverhalt: Gegen das Urteil des Landgerichts L. vom 1. 12. 1999 hat der Pflichtverteidiger des Angeklagten, Rechtsanwalt T., mit einem am 3. 12. 1999 eingegangenen Schriftsatz Revision eingelegt und diese mit einer nicht ausgeführten Verfahrensrüge und der allgemeinen Sachrüge begründet. Am 17. 1. 2000 ist das schriftliche Urteil dem Verteidiger zugestellt worden. Am 15. 2. 2000 ist beim Landgericht ein Schriftsatz des Rechtsanwaltes B. vom gleichen Tage eingegangen, in dem er sich als „weiterer" Verteidiger des Angeklagten angezeigt, auf die bereits eingelegte Revision Bezug genommen und diese ebenfalls mit der allgemeinen Sachrüge begründet hat. Am 16. 2. 2000 ging ein Schriftsatz des Pflichtverteidigers Rechtsanwalt T. vom gleichen Tage ein, in dem er namens und im Auftrag des Angeklagten das Rechtsmittel der Revision zurückgenommen hat. Auf Anfra-

---

1 „Der Verteidiger erklärte, das Rechtsmittel der Revision einzulegen. Später nahm er – eine entsprechende Ermächtigung (§ 302 Abs. 2 StPO) lag vor – diese Erklärung zurück, ohne hierbei davon Kenntnis zu haben, daß die Revisionsschrift beim Gericht verspätet eingegangen war. Der Angeklagte bestellte einen neuen Verteidiger; dieser beantragte Wiedereinsetzung in den vorigen Stand gegen die Versäumung der Frist zur Einlegung der Revision. Der BGH (Beschluß v. 3. 5. 1957 – 4 StR 70/57) lehnte bei dieser Sachlage den Wiedereinsetzungsantrag ab und führte zur Begründung aus:
‚Nun lag zwar zur Zeit der Rücknahme ein wirksam eingelegtes Rechtsmittel nicht vor. Die Erklärung muß jedoch in dem Sinn ausgelegt werden, daß sie den endgültigen Abschluß des Verfahrens durch Preisgabe weiterer Verteidigungsmöglichkeiten bezweckte. Sie brachte durch die im Namen des Angeklagten abgegebene Erklärung eindeutig den Willen zum Ausdruck, daß das Verfahren beendigt sein solle. Ein innerer Grund, diese Erklärung in ihrer Wirkung anders zu behandeln als eine Rücknahmeerklärung, die im Falle einer rechtzeitig eingelegten Revision abgegeben wird, ist nicht vorhanden. Der auf Beendigung des Verfahrens gerichtete Wille ist in beiden Fällen der gleiche. Aus dem zufälligen Umstand, daß die Revisionsschrift zu spät eingegangen ist, kann sich eine günstigere Rechtslage für den Angeklagten nicht ergeben.'" (BGH Beschl. v. 3. 5. 1957 – 4 StR 70/57).

ge des GBA hat er hierzu in einer Stellungnahme vom 5. 4. 2000 erklärt, daß er dem Angeklagten in einem Telefongespräch vom 31. 1. 2000 erklärt hatte, daß er dem Rechtsmittel keine Erfolgsaussichten beimesse und es zurücknehmen möchte. Hierauf habe der Angeklagte geäußert, daß er so verfahren möge, wenn dies seine Ansicht sei; jedoch möge er die Revision erst gegen Ende der Begründungsfrist zurücknehmen. Dem habe er mit dem Rücknahmeschriftsatz vom 16. 2. 2000 entsprochen, wobei er nicht gewußt habe, daß der Angeklagte zwischenzeitlich einen weiteren Verteidiger mit der Begründung der Revision beauftragt hatte. Rechtsanwalt B. erklärte in einer Stellungnahme vom 4. 5. 2000, daß ihm bei Einreichung der weiteren Revisionsbegründung vom 15. 2. 2000 nicht bekannt gewesen sei, daß der Angeklagte seinen Pflichtverteidiger zur Rücknahme des Rechtsmittels ermächtigt hatte. – Das Rechtsmittel war erfolglos.

Gründe: Bei dieser Sachlage ist das Rechtsmittel der Revision wirksam zurückgenommen worden, da der Pflichtverteidiger Rechtsanwalt T. hierzu vom Angeklagten ausdrücklich gem. § 302 II StPO ermächtigt worden war und diese Ermächtigung nicht widerrufen worden war. Ein solcher Widerruf ist weder gegenüber dem Pflichtverteidiger Rechtsanwalt T. noch gegenüber dem Gericht erklärt worden; er kann auch nicht in dem Schriftsatz des zusätzlich beauftragten Wahlverteidigers Rechtsanwalt B. vom 15. 2. 2000 gesehen werden, da ihm weder ausdrücklich noch konkludent zu entnehmen ist, daß die am 31. 1. 2000 erteilte Ermächtigung keinen Bestand mehr haben solle. Die Beauftragung eines ausdrücklich als „weiteren" bezeichneten Verteidigers, der neben dem bisherigen tätig werden soll und der eine weitere Revisionsbegründung abgibt, die inhaltlich über die erste Begründung nicht hinausgeht, ist nicht ungewöhnlich und läßt für sich genommen nicht erkennen, daß die Rechte des bisherigen Pflichtverteidigers beschränkt werden sollen (vgl. OLG München NStZ 1987, 342). Wie der GBA zu Recht herausgestellt hat, unterscheidet sich damit der Fall wesentlich von denjenigen, in denen in der Beauftragung eines anderen Rechtsanwaltes zur Einlegung und Begründung eines Rechtsmittels eine Rücknahme der bereits vor Erlaß des angefochtenen Urteils in der Vollmachtsurkunde enthaltenen formularmäßigen Ermächtigung zur Rechtsmittelrücknahme des früheren Verteidigers gesehen worden ist.

Die Ermächtigung des Angeklagten ist entgegen der Auffassung von Rechtsanwalt B. auch nicht deswegen unwirksam, weil der Angeklagte Rechtsanwalt T. erklärt hatte, wenn er der Ansicht sei, das Rechtsmittel verspreche keinen Erfolg, möge er es zurücknehmen. Diese Äußerung stellt keine Bedingung für die Ermächtigung selbst dar, sondern die selbstverständliche Voraussetzung für das Gebrauchmachen von einer solchen Ermächtigung durch einen verantwortlich handelnden Rechtsanwalt.

Im übrigen weist der Senat darauf hin, daß das Rechtsmittel auch in der Sache keinen Erfolg gehabt hätte, da Rechtsfehler zum Nachteil des Angeklagten dem Urteil nicht zu entnehmen sind (§ 349 II StPO).

7. Die Unwirksamkeit eines Rechtsmittelverzichts kann nicht aus enttäuschten Erwartungen hergeleitet werden.

StPO § 302 – BGH Beschl. v. 24. 5. 2000 – 1 StR 110/00 LG München I (= StV 2000, 542)

Mit seinem Antrag auf Wiedereinsetzung macht der Angeklagte nicht geltend, er habe ohne eigenes Verschulden versäumt, die Frist von einer Woche nach Urteilsverkündung zur Einlegung der Revision einzuhalten, sondern er sei durch Versprechungen, deren Einhaltung nicht beabsichtigt gewesen sei, zur Abgabe eines Rechtsmittelverzichts veranlaßt worden. Seine Erklärung, auf Rechtsmittel zu verzichten, sei unwirksam, weil sie auf Täuschung beruhe.

Sachverhalt: Das Landgericht hat den Angeklagten am 15. 5. 1996 wegen Totschlags zu einer Freiheitsstrafe verurteilt. Ausweislich des Protokolls hat der Angeklagte nach Urteilsverkündung, der Erteilung einer Rechtsmittelbelehrung und nach Rücksprache mit seinem Verteidiger auf Rechtsmittel verzichtet.

Der Angeklagte verbüßt z.Zt. Strafhaft in dieser Sache in der JVA Straubing. Er beantragte am 13. 10. 1999 zu Protokoll der Geschäftsstelle des Amtsgericht Straubing, ihm Wiedereinsetzung in den vorigen Stand gegen die Versäumung der Frist zur Einlegung der Revision zu gewähren.

Der Angeklagte stellte folgenden Antrag:

„Wegen unverschuldeter Fristversäumnis wird dem Beschwerdeführer Wiedereinsetzung in den vorigen Stand zur Einlegung der Revision gegen das Urteil des Landgerichts München I v. 15. 5. 1996 ... und Begründung der Revisionsanträge ... gewährt ...

Auf die Revision des Beschwerdeführers wird der Rechtsfolgenausspruch des Urteils des Landgerichts München I v. 15. 5. 1996 ... mitsamt den zugrunde liegenden Feststellungen aufgehoben und zur erneuten Entscheidung an eine andere Strafkammer des LG München I zurückverwiesen."

Zur Begründung seines Wiedereinsetzungsantrages trägt der Angeklagte vor, er habe den Rechtsmittelverzicht nur erklärt, weil nach Auskunft seines Verteidigers der Vorsitzende Richter der Strafkammer wie auch der Sitzungsvertreter der Staatsanwaltschaft vor dem Rechtsmittelverzicht verbindlich zugesagt hätten, zum Halbstrafenzeitpunkt von der Möglichkeit des § 456 a StPO Gebrauch zu machen.

Er ist im übrigen der Auffassung, sein Wiedereinsetzungsantrag sei rechtzeitig gestellt (§ 45 Abs. 1 StPO), und macht Ausführungen zum Zeitpunkt des Wegfalls des Hindernisses.

Zur Frage einer Absprache bzw. möglichen Täuschung des Angeklagten vor Abgabe des Rechtsmittelverzichts haben sich der Vorsitzende der Strafkammer und der damalige Sitzungsvertreter der Staatsanwaltschaft dienstlich geäußert.

Der Vorsitzende Richter Dr. H. hat hierzu erklärt:

„Nach Durchsicht der Unterlagen, Rücksprache mit Verteidiger und Staatsanwalt kann ich mit Sicherheit feststellen, daß dem Verurteilten keine verbindliche Zusage gemacht wurde. Der Fall ist mir erinnerlich. Es wurde über die Möglichkeit der Abschiebung gesprochen; es wurde aber nicht einmal Rücksprache mit der Vollstreckungsbehörde genommen oder konkrete Angaben zum Zeitpunkt einer möglichen Abschiebung gemacht."

Staatsanwalt L. hat sich hierzu dienstlich wie folgt geäußert:

„Aus meiner Erinnerung an den damaligen Gang der Hauptverhandlung kann ich sagen, daß dem Verurteilten seitens des Sitzungsvertreters keinerlei Zusagen hinsichtlich einer vorzeitigen Entlassung bzw. Abschiebung mit eventueller Reststrafenaussetzung gemacht wurden. Mangels Zuständigkeit für Erwachsenenvollstreckungsfragen werden meinerseits im Rahmen der Hauptverhandlung niemals Zusicherungen (oder auch nur Aussichten) hinsichtlich des ‚Obs' bzw. des Zeitpunkts einer möglichen Entlassung gegeben. So verhielt es sich auch in diesem Fall." – Das Rechtsmittel war erfolglos.

Gründe: ...

II.

Die Revision ist unzulässig. ...

2. Der Rechtsmittelverzicht des Angeklagten ist wirksam.

Ein Rechtsmittelverzicht ist grundsätzlich unwiderruflich und unanfechtbar (st. Rspr., vgl. u.a. BGHSt. 5, 338, 341 [BGH Beschl. v. 20. 11. 1953 – 1 StR 279/53; vgl. § 335 StPO erfolgreiche Rügen]; BGH StV 1994, 64 [BGH Beschl. v. 22. 9. 1993 – 2 StR 367/93; vgl. § 302 StPO erfolglose Rügen]; BGHR StPO § 302 Abs. 1 S. 1 Rechtsmittelverzicht 1 [BGH Beschl. v. 4. 9. 1986 – 1 StR 461/86; vgl. § 302 StPO erfolglose Rügen], 4 [BGH Beschl. v.

2. 3. 1988 – 2 StR 46/88; vgl. § 302 StPO erfolglose Rügen], 5 [BGH Beschl. v. 9. 5. 1988 – 3 StR 161/88; vgl. § 302 StPO erfolglose Rügen], 8 [BGH Beschl. v. 10. 4. 1991 – 3 StR 354/90; vgl. § 302 StPO erfolglose Rügen], 15]. Ausnahmsweise kann jedoch der Rechtsmittelverzicht eines Angeklagten wegen unzulässiger Willensbeeinflussung unwirksam sein. Das wird z.B. angenommen, wenn der Vorsitzende unzuständigerweise eine Zusage abgegeben hat, die nicht eingehalten worden ist (BGH NJW 1995, 2568 [BGH Beschl. v. 26. 4. 1995 – 3 StR 600/94; vgl. § 44 StPO erfolgreiche Rügen]; BGHR StPO § 302 Abs. 1 S. 1 Rechtsmittelverzicht 14), oder wenn auf Grund einer unzulässigerweise vor Erlaß des Urteils im Rahmen einer verfahrensbeendenden Absprache getroffenen Vereinbarung ein Rechtsmittelverzicht erklärt wird (BGH NStZ 2000, 96 [BGH Beschl. v. 19. 10. 1999 – 4 StR 86/99 = BGHSt. 45, 227; vgl. § 44 StPO erfolgreiche Rügen]).

Aufgrund der dienstlichen Erklärung von Vorsitzendem Richter Dr. H. und Staatsanwalt L. steht fest, daß eine Absprache nicht getroffen wurde und dem Angeklagten auch nicht vorgespiegelt wurde, im Falle eines Rechtsmittelverzichts werde zum Halbstrafenzeitpunkt von der weiteren Strafvollstreckung gem. § 456 a StPO abgesehen werden. Eine unzulässige Willensbeeinflussung des Angeklagten vor seiner Verzichtserklärung hat mithin nicht stattgefunden.

3. Die Wirksamkeit des Rechtsmittelverzichts führt dazu, daß die Revision gem. § 349 Abs. 1 StPO als unzulässig zu verwerfen ist (vgl. BGH NStZ 1984, 181 [BGH Beschl. v. 29. 11. 1983 – 4 StR 681/83; vgl. § 35a StPO erfolglose Rügen]).

8. Rechtsmittelverzicht auch bei unzulässiger Absprache wirksam.

StPO § 302 – BGH Beschl. v. 8. 3. 2000 – 1 StR 607/99 – LG München I (= StV 2000, 237 = NStZ 2000, 386)

Die Revision rügt, ein erklärter Rechtsmittelverzicht sei rechtsunwirksam. Der Verzicht sei Gegenstand einer Absprache gewesen. Das Landgericht habe Zweifel gehabt, ob sich eine Unterbringung in einer Entziehungsanstalt begründen lasse, da der dazu gehörte Sachverständige Zweifel an der Erfolgsaussicht der Maßnahme geäußert habe. Der Vorsitzende habe die Verhängung der Maßnahme, die als im Interesse des Angeklagten liegend dargestellt wurde, davon abhängig gemacht, daß er einen Rechtsmittelverzicht zusage. Die Absprache sei unwirksam, weil sie außerhalb der Hauptverhandlung und ohne Mitwirkung der – weiteren – Berufsrichter und der Schöffen erfolgt sei; ferner sei die Absprache und ihr Ergebnis nicht in öffentlicher Hauptverhandlung erörtert worden.

Sachverhalt: Das Landgericht hat den Angeklagten wegen versuchten Totschlags unter Einbeziehung der Strafen aus einem früheren Urteil zu einer Gesamtfreiheitsstrafe von 8 Jahren und 3 Monaten und wegen unerlaubten Handeltreibens mit Betäubungsmitteln zu einer weiteren Freiheitsstrafe von 1 Jahr verurteilt; daneben wurde die Unterbringung des Angeklagten in einer Entziehungsanstalt und die Sicherungsverwahrung angeordnet. Der Angeklagte hat unmittelbar nach der Verkündung des Urteils nach Belehrung durch den Vorsitzenden und nach Rücksprache mit seinem Verteidiger erklärt, er nehme das Urteil an und verzichte auf Rechtsmittel. Gleichwohl legte er zu Protokoll der Geschäftsstelle Revision ein und ließ sie durch seinen Verteidiger begründen. – Das Rechtsmittel war erfolglos.

Gründe: ...

2. Entgegen dem Vorbringen der Revision wurden sämtliche Berufsrichter und wohl auch die Schöffen an der Absprache beteiligt; denn in einer dienstlichen Erklärung der Berufsrichter wird hervorgehoben, der Verteidiger habe „die Kammer" aufgesucht. Die getroffene Absprache leidet hier indessen insoweit an einem Mangel, als das Ergebnis des geführten Gesprächs nicht in der Hauptverhandlung erörtert wurde.

Zur Frage, wie sich verfahrensrechtliche Mängel einer Absprache auf einen damit zusammenhängenden Rechtsmittelverzicht auswirken, hat der 2. Strafsenat des BGH am 20. 6. 1997 – 2 StR 275/97 (vgl. § 302 StPO erfolglose Rügen); ebenso BGHR StPO § 302 I 1 Rechtsmittelverzicht 12) entschieden, die Unzulässigkeit einer Absprache berühre nicht die Wirksamkeit eines absprachegemäß erklärten Rechtsmittelverzichts. Eine andere Beurteilung käme nur in Betracht, wenn diejenigen Gründe, die allgemein oder im Einzelfall der Zulässigkeit einer solchen Absprache entgegenstehen, zugleich auch zur rechtlichen Mißbilligung des abgesprochenen Rechtsmittelverzichts führen würden. In späteren Entscheidungen zu ähnlich gelagerten Fällen haben der 5. und der 4. Strafsenat diese Grundsätze nicht in Frage gestellt, sind jedoch im jeweils konkreten Fall zu einer Unwirksamkeit des Rechtsmittelverzichts gekommen. Der 5. Strafsenat (NJW 1999, 2449, 2452 [BGH Urt. v. 21. 4. 1999 – 5 StR 714/98; vgl. § 302 StPO erfolgreiche Rügen]) hat einen Rechtsmittelverzicht für unwirksam erklärt, weil die Führung der Verständigungsgespräche unter Verletzung der von der Rechtsprechung aufgestellten Verfahrensgrundsätze einen Dissens zwischen Gericht und Staatsanwaltschaft über die Reichweite des Angebots der Staatsanwaltschaft zur Folge hatte, der vom Angeklagten schwer durchschaubar war und bei ihm unrealistische Erwartungen erweckte. Im Falle des 4. Strafsenats (NStZ 2000, 98 = zur Veröff. in BGHSt. vorgesehen [BGH Beschl. v. 19. 10. 1999 – 4 StR 86/99 = BGHSt. 45, 227, vgl. § 44 StPO erfolgreiche Rügen]) war gleichfalls auf Grund nicht ordnungsgemäßer Verfahrensführung ein Dissens, hier zwischen Verteidigung und Angeklagtem auf der einen Seite, Gericht und Staatsanwaltschaft auf, der anderen Seite, entstanden. Dadurch war das berechtigte und offengelegte Verteidigungsinteresse des Angeklagten benachteiligt, weil für den Verteidiger und den Angeklagten das Risiko, die prozessuale Lage falsch einzuschätzen, erhöht wurde.

3. Der 1. Strafsenat schließt sich den vom 2. Strafsenat festgelegten und vom 4. und 5. Strafsenat nicht infrage gestellten Grundsätzen zum Verhältnis von Absprache und Rechtsmittelverzicht an. Die Verletzung der für die Führung der Verhandlungsgespräche aufgestellten Vorgaben kann nur dann zur Unwirksamkeit eines abgesprochenen und tatsächlich erklärten Rechtsmittelverzichts führen, wenn der Verfahrensmangel zu einer unzulässigen Willensbeeinflussung bei Abgabe der Verzichtserklärung geführt hat. Der Angeklagte kann nämlich ungeachtet solcher Mängel seine Interessen unbeeinflußt und sachgerecht wahrgenommen haben. Es ist daher kein Grund erkennbar, warum sämtliche Verfahrensmängel im Zusammenhang mit einer Absprache zur Unwirksamkeit eines Rechtsmittelverzichts führen müßten. Entscheidend kann nur sein, ob eine unzulässige Beeinflussung der freien Willensbildung vorliegt. Ist das nicht der Fall, muß dem Angeklagten die Möglichkeit offen stehen, auch vor Ablauf der Revisionseinlegungsfrist einen wirksamen Rechtsmittelverzicht zu erklären, etwa weil er mit dem gefundenen Ergebnis zufrieden ist oder weil er jedenfalls das Verfahren beendet sehen will.

4. Ob die angeführten Entscheidungen des 4. und 5. Strafsenats mit der Grundsatzentscheidung des 2. Strafsenats in allen Punkten übereinstimmen, ist angezweifelt worden, kann aber hier dahinstehen, denn im zu entscheidenden Fall liegt weder ein einen möglichen Irrtum des Angeklagten auslösender Dissens noch eine Verletzung seiner Verteidigungsinteressen vor.

Auch wenn das Verständigungsgespräch nicht in jeder Hinsicht den vorgegebenen Regeln entsprach, war doch den Beteiligten klar, um was es ging. Das Landgericht hat auch so entschieden wie besprochen; ein Dissens scheidet daher aus und wird auch vom Angeklagten nicht behauptet. Im Ergebnis das gleiche gilt für eine mögliche Beeinträchtigung des Verteidigungsinteresses im Sinne der Entscheidung des 4. Strafsenats. Zwar wäre eine Absprache, in der das Gericht eine Rechtsfolge zusagt, die gesetzlich nicht vorgesehen ist oder deren Voraussetzungen nicht gegeben sind, unzulässig; daraus könnte sich auch unter Umständen eine unzulässige Willensbeeinflussung des Angeklagten bei seiner Entscheidung über den Rechtsmittelverzicht ergeben. Das wird aber vom Angeklagten nicht geltend gemacht und war auch nicht so. Das Landgericht hat dem Angeklagten und seinem Verteidiger offengelegt, daß die Erfolgsaussichten einer Unterbringung in einer Entziehungsanstalt nach den Ausführungen des Sachverständigen schlechter seien, als es nach seinem schriftlichen Gutachten zu erwarten war. In dieser Situation wurde ein Konsens dahin gefunden, die Unterbringung für den Fall der Zusage eines Rechtsmittelverzichts anzuordnen, wobei die Maßnahme von allen Beteiligten als „Chance" für den Angeklagten eingestuft wurde. Ob eine solche Absprache den von der Rechtsprechung aufgestellten Grundsätzen entspricht, steht freilich nicht völlig außer Frage; jedenfalls führte sie nicht zu einer unzulässigen Willensbeeinflussung des Angeklagten, denn sie enthielt keine Aspekte der Drohung oder Täuschung, worin die Rechtsprechung allgemein den Grund sieht, aus dem ein Rechtsmittelverzicht unwirksam sein kann.

9. Eine in ausländischer Sprache abgegebene Erklärung über Rechtsmittelverzicht ist wirksam.

StPO § 302 I 1 – BGH Beschl. v. 13. 1. 2000 – 4 StR 619/99 – LG Neubrandenburg (= NStZ 2000, 441)

Das Revisionsvorbringen ist nicht bekannt. Wie sich aus dem Hauptverhandlungsprotokoll ergibt, hat der Angeklagte erklärt, er nehme das Urteil an; anschließend hat sein (damaliger) Verteidiger auf die Einlegung eines Rechtsmittels verzichtet.

Sachverhalt: Das Landgericht hat den Angeklagten zu einer Gesamtfreiheitsstrafe von 3 Jahren und 4 Monaten verurteilt. – Das Rechtsmittel war erfolglos.

Gründe: Die Revision ist unzulässig, weil der Angeklagte nach der Urteilsverkündung wirksam auf Rechtsmittel verzichtet hat (§ 302 I 1 StPO). Wie sich aus dem Hauptverhandlungsprotokoll ergibt, hat der Angeklagte erklärt, er nehme das Urteil an; anschließend hat sein (damaliger) Verteidiger auf die Einlegung eines Rechtsmittels verzichtet. Beide Erklärungen wurden zwar nicht – wie es sich im Interesse der Verfahrensklarheit empfiehlt (BGH wistra 1994, 29; vgl. Nr. 143 I 2 RiStBV) – gem. § 273 III StPO vorgelesen und genehmigt; dies hat aber nur zur Folge, daß dem Protokollvermerk über den Rechtsmittelverzicht keine Beweiskraft i.S. des § 274 StPO zukommt. Gleichwohl ist dieser Vermerk ein gewichtiges Beweisanzeichen dafür, daß der Angeklagte die in der Niederschrift festgehaltene Erklärung abgegeben hat (vgl. BGHSt. 18, 257, 258 [BGH Urt. v. 12. 2. 1963 – 1 StR 561/62; vgl. § 302 StPO erfolgreiche Rügen]; NStZ-RR 1997, 305 [BGH Beschl. v. 11. 6. 1997 – 2 StR 191/97; vgl. § 302 StPO erfolglose Rügen]; BGHR StPO § 302 I 1 Rechtsmittelverzicht 5 [BGH Beschl. v. 9. 5. 1988 – 3 StR 161/88; vgl. § 302 StPO erfolglose Rügen]). Der Angeklagte behauptet jedoch, er habe eine solche Erklärung nicht abgegeben, sein damaliger Verteidiger habe den Rechtsmittelverzicht eigenmächtig erklärt. Auf die Frage, welche Folgen die widerspruchslose Hinnahme einer solchen Äußerung hat, kommt es hier nicht an; denn der Senat ist im Freibeweis zu der Überzeugung gelangt, daß der Angeklagte selbst, wie in der Sitzungsniederschrift festgehalten, das Urteil angenommen hat: Die Vorsitzende der Strafkammer hat in ihrem Beschluß vom 10. 8. 1999, mit dem sie den gegen diesen Vermerk gerichteten Antrag auf Protokollberichtigung abgelehnt hat, ausgeführt, sie erinnere sich daran, daß der Angeklagte die Annahme des Urteils in polnischer Sprache erklärt habe; auch die Urkundsbeamtin der Geschäftsstelle hat in ihrer dienstlichen Stellungnahme vom gleichen Tag die Abgabe einer solchen Erklärung bestätigt. Der Senat sieht daher keinen weiter gehenden Aufklärungsbedarf, etwa durch Befragung der zugezogenen Dolmetscherin.

Er trägt auch keine Bedenken, daß die Annahme des Urteils hier wie regelmäßig einen Rechtsmittelverzicht enthält; von diesem Verständnis geht auch der Angeklagte in seinem Revisionsvortrag aus.

Der Rechtsmittelverzicht kann als Prozeßhandlung nicht widerrufen, wegen Irrtums angefochten oder sonst zurückgenommen werden (St. Rspr.; vgl. BGH NStZ 1999, 526 [BGH Beschl. v. 6. 5. 1999 – 4 StR 79/99; vgl. § 302 StPO erfolglose Rügen]). Die Rechtsprechung erkennt allerdings an, daß in besonderen Fällen schwerwiegende Willensmängel bei der Erklärung des Rechtsmittelverzichts aus Gründen der Gerechtigkeit dazu führen können, daß eine Verzichtserklärung von Anfang an unwirksam ist (BGHSt. 17, 14, 18 f. [BGH Urt. v. 6. 12. 1961 – 2 StR 485/60; vgl. § 302 StPO erfolglose Rügen]; BGH NStZ-RR 1997, 173 [BGH Beschl. v. 21. 1. 1997 – 1 StR 732/96; vgl. § 302 StPO erfolglose Rügen]; NJW 1999, 2449, 2451 [BGH Urt. v. 21. 4. 1999 – 5 StR 714/98; vgl. § 302 StPO erfolgreiche Rügen]). Hier bestehen indessen entgegen der Auffassung der Revision und der örtlichen Staatsanwaltschaft keine Zweifel daran, daß sich der Angeklagte der Tragweite und Verbindlichkeit seiner Verzichtserklärung im Zeitpunkt ihrer Abgabe bewußt war. Ein Rechtsmittelverzicht kann auch im Anschluß an die Urteilsverkündung wirksam abgegeben werden (BGHSt. 18, 257, 258; BGH bei Pfeiffer/Miebach NStZ 1983, 359[1]; 1996, 297 [BGH Beschl. v. 4. 1. 1996 – 4 StR 741/95; vgl. § 302 StPO erfolglose Rügen]). Unerheblich ist, daß der nicht vorbestrafte Angeklagte, ein polnischer Staatsangehöriger, die deutsche Sprache nicht beherrscht und dem polnischen Strafprozeßrecht nach der Behauptung der Revision das Institut des Rechtsmittelverzichts unbekannt sein soll. Die Vorsitzende der Strafkammer hat den Angeklagten nämlich über das Rechtsmittel der Revision belehrt; dies wurde von der Dolmetscherin, gegen deren Übertragungstätigkeit der Angeklagte in der mehrtätigen Hauptverhandlung keine Einwände erhoben hatte (vgl. BGH bei Pfeiffer/Miebach NStZ 1987, 221[2]; OLG München StV 1998, 646), in die polnische Sprache übersetzt. Dem Angeklagten war daher bewußt, daß er über die Frage einer Anfechtung des Urteils entscheidet. Die Bedeutung des Vorgangs wurde zudem dadurch unterstrichen, daß das Gericht zuvor Rechtsmittelverzichtserklärungen von 4 früheren Mitangeklagten sowie deren Verteidigern entgegengenommen hatte.

Anhaltspunkte dafür, daß das Landgericht dem Angeklagten einen Rechtsmittelverzicht ohne vorherige Beratung mit seinem Verteidiger abverlangt oder ihm jedenfalls vor der Verzichtserklärung keine Gelegenheit gegeben hätte, sich mit seinem Verteidiger zu besprechen (vgl. BGHSt. 18, 257, 259 f.; 19, 101, 103 ff. [BGH Urt. v. 17. 9. 1963 – 1 StR 301/63; vgl. § 302 StPO erfolglose Rügen]; BGH NJW 1999, 2449, 2952; NStZ 1999, 526), liegen nicht vor. Es bedarf hier auch keiner Aufklärung, ob die Vorsitzende der Strafkammer den Angeklagten zu der Erklärung über den Rechtsmittelverzicht veranlaßt hat (vgl. BGHSt. 19, 101), ausweislich der Sitzungsniederschrift wurde die Hauptverhandlung nämlich nach der Rechtsmittelbelehrung für 10 Minuten unterbrochen und zunächst mit der Verkündung von zwei Beschlüssen, die frühere Mitangeklagte betrafen, fortgesetzt. Wie die

---

1 „Nach allg. Auffassung ist ein im Anschluß an die Hauptverhandlung erklärter, in der Sitzungsniederschrift beurkundeter Verzicht wirksam. Zur Entgegennahme zuständig sind der Protokollführer und der Vorsitzende (§ 271 I StPO)." (BGH Beschl. v. 25. 8. 1982 – 3 StR 290/82)

2 „Nachdem die Revision eingelegt und begründet worden war, richtete der Angeklagte ein in italienischer Sprache abgefaßtes Schreiben an den Vorsitzenden der Strafkammer, das auf richterliche Anordnung hin übersetzt wurde. Das Schreiben beginnt mit dem Satz ‚Mit diesem Brief möchte ich den Antrag auf Wiederaufnahme-Verfahren zurücknehmen' und enthält im weiteren eine Begründung für diese Erklärung. Später schrieben Verteidiger und Angeklagter, die Revision solle nicht zurückgenommen werden.

‚Die Revision ist wirksam zurückgenommen. Es unterliegt keinem Zweifel, daß die Rücknahmeerklärung sich auf das Rechtsmittel bezog, welches zuvor eingelegt worden war, also die Revision. Vollends klar wird das durch die Bekundung der vom Landgericht zusätzlich herangezogenen öffentlich bestellten Übersetzerin, wonach das vom Angeklagten benutzet Wort ‚revisione' (im italienischen Recht ‚Wiederaufnahme des Verfahrens') allgemein von Italienern als Bezeichnung für das deutsche Rechtsmittel der Revision gebraucht wird, während die an sich korrekte Benennung ‚ricorso per cassazione' weithin unbekannt ist. Daß der Angeklagte die Erklärung in italienischer Sprache abgab, ändert an der Wirksamkeit nichts." (BGH Beschl. v. 21. 10. 1986 – 1 StR 433/86).

Vorsitzende in ihrem Beschluß vom 10. 8. 1999 – in Übereinstimmung mit der Protokollführerin – ausgeführt hat, hat sich der Angeklagte vor Abgabe seiner Erklärung durch Blickkontakt mit seinem (damaligen) Verteidiger verständigt und, als die Reihe an ihm war, in polnischer Sprache erklärt, daß er das Urteil annehme. Vor der Verzichtserklärung haben der Angeklagte und sein Verteidiger daher die Gelegenheit zur Beratung genutzt; auch ein Mißverständnis ist auszuschließen, zumal der Verteidiger anschließend selbst auf Rechtsmittel verzichtet hat.

10. Rechtsmittelverzicht im Sicherungsverfahren auch bei asthenischer Persönlichkeitsstörung wirksam.

StPO § 302 – BGH Beschl. v. 6. 5. 1999 – 4 StR 79/99 LG Dortmund (= NStZ 1999, 526)

Der Beschwerdeführer hat nach vorangegangenem Rechtsmittelverzicht die Entscheidung des Revisionsgerichts nach § 346 II StPO und die Wiedereinsetzung in den vorigen Stand nach Versäumung der Revisionsbegründungsfrist beantragt.

Sachverhalt: Das Landgericht hat im Sicherungsverfahren die Unterbringung des Beschuldigten in einem psychiatrischen Krankenhaus angeordnet. Nach Verkündung des Urteils und Belehrung über das Rechtsmittel der Revision hat der Beschuldigte auf dieses Rechtsmittel verzichtet, „nach Schluß der mündlichen Verhandlung" jedoch erklärt, den Verzicht „irrtümlich abgegeben" zu haben. Sein Verteidiger hat für ihn Revision eingelegt und vorsorglich Wiedereinsetzung in den vorigen Stand beantragt, das Rechtsmittel aber zunächst nicht begründet. Gegen den Beschluß des Landgerichts vom 9. 12. 1998, mit dem die Revision als unzulässig verworfen worden ist, hat der Beschwerdeführer die Entscheidung des Revisionsgerichts nach § 346 II StPO und die Wiedereinsetzung in den vorigen Stand nach Versäumung der Revisionsbegründungsfrist beantragt. – Das Rechtsmittel war erfolglos.

Gründe: ...

1. Der Beschluß des Landgerichts vom 9. 12. 1998 nach § 346 I StPO ist aufzuheben. Wegen des Rechtsmittelverzichts fehlt es an der Zuständigkeit des Tatgerichts für die Verwerfung der Revision (BGH NStZ-RR 1997, 173 [BGH Beschl. v. 21. 1. 1997 – 1 StR 732/96; vgl. § 302 StPO erfolglose Rügen]).

2. Die Revision des Beschuldigten ist jedoch vom Revisionsgericht als unzulässig zu verwerfen, weil er nach Urteilsverkündung wirksam auf dieses Rechtsmittel verzichtet hat (§ 302 II StPO).

a) Wie sich aus dem Hauptverhandlungsprotokoll ergibt, hat der Beschuldigte erklärt, er nehme das Urteil an und verzichte auf das Rechtsmittel der Revision. Diese Erklärung nimmt an der Beweiskraft des Protokolls nach § 274 StPO teil, da sie gemäß § 273 III StPO vorgelesen und genehmigt wurde (st. Rspr.; vgl. BGHSt. 18, 257, 258 [BGH Urt. v. 12. 2. 1963 – 1 StR 561/62; vgl. § 302 StPO erfolgreiche Rügen]; BGH NJW 1997, 2691 [BGH Beschl. v. 26. 6. 1997 – 2 StR 275/97; vgl. § 302 StPO erfolglose Rügen]; Beschl. v. 12. 1. 1999 – 4 StR 649/98 [vgl. § 302 StPO erfolglose Rügen]).

b) Der Rechtsmittelverzicht kann als Prozeßhandlung nicht widerrufen, wegen Irrtums angefochten oder sonst zurückgenommen werden (st. Rspr.; vgl. BGH NStZ 1999, 258, 259 [BGH Beschl. v. 19. 1. 1999 – 4 StR 693/98; vgl. § 302 StPO erfolglose Rügen]). Er wird sofort, nicht erst mit Fertigstellung des Protokolls, wirksam. Der vom Beschuldigten nach Schluß der Hauptverhandlung behauptete Irrtum ist daher als solcher unbeachtlich (vgl. BGHR StPO § 320 I 1 Rechtsmittelverzicht 1 [BGH Beschl. v. 4. 9. 1986 – 1 StR 461/86; vgl. § 302 StPO erfolglose Rügen], 3 [BGH Beschl. v. 3. 11. 1987 – 5 StR 555/87; vgl. § 302 StPO erfolglose Rügen] und 4 [BGH Beschl. v. 2. 3. 1988 – 2 StR 46/88; vgl. § 302 StPO erfolglose Rügen]; BGH Beschl. v. 9. 9. 1997 – 4 StR 422/97). Die Rechtsprechung erkennt allerdings an, daß in besonderen Fällen schwerwiegende Willensmängel bei der Erklärung des Rechtsmittelverzichts oder die Art und Weise seines Zustandekommens dazu führen können, daß eine Verzichtserklärung von Anfang an unwirksam ist (BGHSt. 17, 14, 18 f. [BGH Urt. v. 6. 12. 1961 – 2 StR 485/60; vgl. § 302 StPO erfolglose Rügen]; BGH NStZ-RR 1997, 173). Ein solcher Fall ist hier nicht gegeben.

aa) Anhaltspunkte dafür, daß das Landgericht dem Beschuldigten einen Rechtsmittelverzicht ohne vorherige Beratung mit seinem Verteidiger abverlangt oder ihm jedenfalls vor der Verzichtserklärung keine Gelegenheit gegeben hätte, sich mit seinem Verteidiger zu beraten (vgl. BGHSt. 18, 257, 259 f.; 19, 101, 103 ff. [BGH Urt. v. 17. 9. 1963 – 1 StR 301/63; vgl. § 302 StPO erfolglose Rügen]; BGH Urt. v. 21. 4. 1999 – 5 StR 714/98 [BGH 45, 51; vgl. § 302 StPO erfolgreiche Rügen], zum Abdruck in BGHSt. bestimmt; BGHR StPO § 302 I Rechtsmittelverzicht 9 [BGH Urt. v. 7. 5. 1991 – 1 StR 181/91; vgl. § 302 StPO erfolglose Rügen]), liegen nicht vor. Von einem abverlangten Rechtsmittelverzicht kann schon deshalb nicht gesprochen werden, weil der Vorsitzende den Beschuldigten in einer auf seine Person und seine Bedürfnisse zugeschnittenen Art und Weise mit den sich ihm bietenden Möglichkeiten, das Urteil mit der Revision anzufechten oder aber mit Blick auf die von ihm angestrebte Therapie anzunehmen, in Gegenwart seines Verteidigers vertraut gemacht und ihm zugleich angeboten hat, „ihn weiter über das Rechtsmittel im einzelnen (zu) belehren."

Der Beschwerdeführer hatte ferner vor dem – endgültigen – Zustandekommen seines Rechtsmittelverzichts Gelegenheit, sich mit seinem Verteidiger zu beraten. Zwar erfaßt die sich aus § 274 StPO ergebende Beweiskraft des Hauptverhandlungsprotokolls nicht das in der Niederschrift vermerkte „ausdrückliche Einverständnis" des Verteidigers (BGH NStZ 1996, 297 [BGH Beschl. v. 4. 1. 1996 – 4 StR 741/95; vgl. § 302 StPO erfolglose Rügen]). Nach dem Vortrag der Revision selbst hat sich der Beschuldigte nach der Urteilsverkündung rechtzeitig mit seinem Verteidiger beraten. Sie trägt nämlich selbst vor, der Beschuldigte habe unmittelbar nach Abgabe seiner mündlichen Verzichtserklärung, während der Vorsitzende diese in das Protokoll aufnahm und sodann ihre Verlesung veranlaßte, den Verzicht mit seinem Verteidiger erörtert. Weder der Beschuldigte noch sein Verteidiger gaben jedoch dem Vorsitzenden oder der Urkundsbeamtin gegenüber – wie der Senat dem Revisionsvortrag und dem Vermerk des Vorsitzenden entnimmt – zu erkennen, daß sie die Frage eines Rechtsmittelverzichts noch erörtern wollten oder gar Bedenken gegen seine Abgabe entstanden waren (vgl. BGHSt. 18, 257, 260 f). Vielmehr genehmigte der Beschwerdeführer nach dem Gespräch mit seinem Verteidiger die von ihm abgegebene Verzichtserklärung. Da sich die Form des Rechtsmittelverzichts aber nach der Form für die Rechtsmitteleinlegung richtet (BGHSt. 18, 257, 260) und ein richterliches Hauptverhandlungsprotokoll die Niederschrift der Geschäftsstelle ersetzt (BGHSt. 31, 109, 113[1]), kam bei der hier gewählten Beurkundung nach § 273 III StPO ein formwirksamer – endgültiger – Verzicht mit der Beurkundung der förmlichen Genehmigung durch den Beschuldigten zustande.

bb) Mit Blick auf die anwaltliche Beratung des Beschuldigten hat der Senat keinen Zweifel, daß die beurkundete Verzichtserklärung im Zeitpunkt ihres Wirksamwerdens dem wirklich Gewollten entsprach.

---

1 „Nach § 24 Abs. 1 Nr. 1a RPflG ist die Aufnahme von Erklärungen über die Einlegung und Begründung der Rechtsbeschwerde ‚zu Protokoll der Geschäftsstelle' (§ 341 Abs. 1 StPO i.V.m. § 79 Abs. 3 OWiG) dem Rechtspfleger übertragen. Sie liegt außerhalb der funktionellen Zuständigkeit des Richters, der sich einer Protokollierung der Rechtsbeschwerdeerklärung deshalb enthalten soll. Gleichwohl ist die durch den Richter erfolgte Aufnahme der Rechtsbeschwerdeerklärung in das Protokoll der Hauptverhandlung nicht unwirksam; denn ein richterliches (Hauptverhandlungs-)Protokoll steht der Niederschrift der Geschäftsstelle gleich und ersetzt sie." (BGH Beschl. v. 18. 9. 1982 – 1 StR 595/81).

cc) Auf die vom Verteidiger mehrfach aufgeworfene Frage, ob er sich tatsächlich mit dem Rechtsmittelverzicht einverstanden erklärt hat, kommt es nicht an; der erklärte Wille des Beschuldigten geht stets vor (BGH Urt. v. 21. 4. 1999 – 5 StR 714/98, BGHR StPO § 302 I 1 Rechtsmittelverzicht 11; OLG Oldenburg NStZ 1982, 520).

c) Der Verzicht auf Rechtsmittel setzt allerdings Verhandlungsfähigkeit des Erklärenden voraus. Ob er verhandlungsfähig ist, ist vom Revisionsgericht im Freibeweisverfahren zu klären (BGH NStZ 1999, 258; NStZ-RR 1999, 109 [BGH Beschl. v. 1. 10. 1998 – 4 StR 470/98; vgl. § 302 StPO erfolglose Rügen]). Die Verhandlungsfähigkeit ist hier indes zu bejahen.

Es sind keine Anhaltspunkte dafür ersichtlich, daß dem Beschuldigten im Hinblick auf seinen geistigen Zustand die genügende Einsichtsfähigkeit für seine Prozeßhandlung und deren Tragweite gefehlt hätte. Zwar hat das Tatgericht bei dem Beschuldigten eine „abhängige" (asthenische) Persönlichkeitsstörung, also eine schwere andere seelische Abartigkeit festgestellt, die aufgrund einer hochgradigen Erregung zur Tatzeit möglicherweise das Steuerungsvermögen des Beschuldigten gemäß § 20 StGB ausgeschlossen hat. Dadurch wird jedoch die nach anderen Grundsätzen zu beurteilende prozessuale Fähigkeit, sich sachgerecht zu verteidigen und Verfahrenshandlungen in ihrer Wirkung und Bedeutung zu erfassen, nicht in Frage gestellt. Weder aus den Urteilsgründen noch aus dem Protokoll der Hauptverhandlung ergibt sich irgendein Hinweis darauf, daß Bedenken an der Verhandlungsfähigkeit des Beschuldigten bestanden haben. Er hat aktiv an der Verhandlung mitgewirkt, indem er ausführliche Angaben zu seinen persönlichen Verhältnissen und zur Sache gemacht sowie in seinem letzten Wort in verständiger Weise Reue über die Anlaßtat des Verfahrens zum Ausdruck gebracht hat. Wenn während der Verhandlung, die zudem an 2 von 4 Tagen in Anwesenheit eines psychiatrischen Sachverständigen stattgefunden hat, das Landgericht – wie der Vorsitzende in seinem Vermerk ausdrücklich hervorgehoben hat – keine Zweifel an der Verhandlungsfähigkeit des Beschuldigten hatte und solche auch von dem Verteidiger nicht geäußert wurden, kann eine Verhandlungsfähigkeit grundsätzlich auch vom Revisionsgericht bejaht werden (BGH NStZ 1999, 258, 259). Der Vortrag des Verteidigers, der Beschuldigte habe die Verzichtserklärung impulsiv abgegeben, ohne in der Lage gewesen zu sein, deren Bedeutung einzusehen, und die Behauptungen zu seinem psychischen Zustand nach Urteilsverkündung geben mit Blick auf die erst nach der Beratung mit dem Verteidiger erklärte Genehmigung des Rechtsmittelverzichts keinen Anlaß zu einer abweichenden Beurteilung. Der Senat sieht daher auch unter Berücksichtigung der Erklärung des Beschwerdeführers nach Schluß der Hauptverhandlung und der Ausführungen des angefochtenen Urteils zu seiner möglichen Schuldunfähigkeit keinen Anlaß, auf seinen Antrag ein psychiatrisches Gutachten im Freibeweisverfahren einzuholen.

d) Der nach alledem wirksame Verzicht auf Rechtsmittel hat die Unzulässigkeit der Revision zur Folge. Er schließt zugleich jede Möglichkeit der Wiedereinsetzung in den vorigen Stand aus (BGH NJW 1997, 2691, 2692), so daß auch die hierauf gerichteten Anträge des Beschuldigten zu verwerfen sind.

11. Psychose zur Tatzeit schließt wirksamen Rechtsmittelverzicht im Zeitpunkt nach der Hauptverhandlung nicht aus.

StPO § 302 – BGH Beschl. v. 19. 1. 1999 – 4 StR 693/98 LG Münster (= NStZ 1999, 258)

Das Revision rügt die Einweisung des freigesprochenen Angeklagten in ein psychiatrisches Krankenhaus.

Sachverhalt: Das Landgericht hat den Angeklagten vom Anklagevorwurf des versuchten Totschlags freigesprochen und seine Unterbringung in einem psychiatrischen Krankenhaus angeordnet.

Wie sich aus dem Hauptverhandlungsprotokoll ergibt, haben sowohl der Angeklagte als auch sein Verteidiger nach Rechtsmittelbelehrung erklärt, auf die Einlegung von Rechtsmitteln zu verzichten. Diese Erklärungen wurden gem. § 273 III StPO vorgelesen und genehmigt. – Das Rechtsmittel war erfolglos.

Gründe: Die Revision ist unzulässig, weil der Angeklagte nach der Urteilsverkündung wirksam auf Rechtsmittel verzichtet hat (§ 302 I 2 StPO).

Der Verzicht auf Rechtsmittel setzt allerdings die Verhandlungsfähigkeit des Erklärenden voraus. Ob er verhandlungsfähig war, ist vom Revisionsgericht im Freibeweisverfahren zu klären (BGHR StPO § 302 I 1 Rechtsmittelverzicht 16). Die Verhandlungsfähigkeit ist hier zu bejahen:

Es sind keine Anhaltspunkte dafür ersichtlich, daß dem Angeklagten im Hinblick auf seinen geistigen Zustand die genügende Einsichtsfähigkeit für seine Prozeßhandlung und deren Tragweite gefehlt hätte. Zwar hat das Tatgericht bei dem Angeklagten eine Psychose, also eine krankhafte seelische Störung, festgestellt, die verbunden mit einer erheblichen Alkoholisierung das Steuerungsvermögen des Angeklagten zur Tatzeit auf jeden Fall gemindert, möglicherweise sogar gem. § 20 StGB ausgeschlossen hat. Dadurch wird jedoch die nach anderen Grundsätzen zu beurteilende prozessuale Fähigkeit, sich sachgerecht zu verteidigen und Verfahrenshandlungen in ihrer Wirkung und Bedeutung zu erfassen, nicht in Frage gestellt. Weder aus den Urteilsgründen noch aus dem Protokoll der Hauptverhandlung ergibt sich irgendein Hinweis darauf, daß Bedenken an der Verhandlungsfähigkeit des Angeklagten bestanden haben. Er hat aktiv an der Verhandlung mitgewirkt, indem er ausführliche Angaben zu seinen persönlichen Verhältnissen und zur Sache gemacht und sich in seinem letzten Wort verständig zu den Anträgen der Staatsanwaltschaft geäußert hat. Wenn während der Verhandlung, die zudem überwiegend in Anwesenheit eines psychiatrischen Sachverständigen stattgefunden hat, das Landgericht keine Zweifel an der Verhandlungsfähigkeit des Angeklagten hatte und solche auch von dem Verteidiger nicht geäußert wurden, so kann die Verhandlungsfähigkeit grundsätzlich auch vom Revisionsgericht bejaht werden (BGHR StPO § 302 I 1 Rechtsmittelverzicht 16; Beschl. v. 1. 10. 1998 – 4 StR 470/98).

Der nach alledem wirksame Verzicht auf Rechtsmittel kann nicht widerrufen, wegen Irrtums angefochten oder sonst zurückgenommen werden (BGH NStZ 1984, 181 [BGH Beschl. v. 29. 11. 1983 – 4 StR 681/83; vgl. § 35a StPO erfolglose Rügen]; Beschl. v. 4. 6. 1996 – 4 StR 250/96). Er hat somit die Unzulässigkeit der Revision zur Folge. ...

12. Für die Rechtswirksamkeit eines Rechtsmittelverzichts ist es ohne Belang, ob der Angeklagte aufgrund des Rates seines Verteidigers nach dessen Rücksprache mit dem Vorsitzenden ein – wie er behauptet – falsches Geständnis abgelegt hat.

StPO § 302 – BGH Beschl. v. 12. 1. 1999 – 4 StR 649/98 LG Bielefeld (= NStZ 1999, 364)

Die Revision rügt, der von dem Angeklagten erklärte Rechtsmittelverzicht sei unwirksam, weil dieser aufgrund des Rates seines Verteidigers nach dessen Rücksprache mit dem Vorsitzenden ein falsches Geständnis abgelegt habe und sein für den Tag der Urteilsverkündung bestellter Verteidiger habe ihn mit der Bemerkung unter Druck gesetzt, eine einmal gegebene Zusage, auf Rechtsmittel zu verzichten, müsse eingehalten werden, andernfalls stünde die sofortige Verhaftung bevor.

Sachverhalt: Der Angeklagte hat erklärt, er nehme das Urteil an und verzichte auf Rechtsmittel. Eine Rechtsmittelbelehrung war nicht erfolgt. – Das Rechtsmittel war erfolglos.

Gründe:

1. Die Revision des Angeklagten ist unzulässig, weil er nach Urteilsverkündung wirksam auf Rechtsmittel verzichtet hat (§ 302 I 1 StPO). Wie sich aus dem Hauptverhandlungs-

protokoll ergibt, hat der Angeklagte erklärt, er nehme das Urteil an und verzichte auf Rechtsmittel. Diese Erklärung nimmt an der Beweiskraft des Protokolls nach § 274 StPO teil, da sie gemäß § 273 III StPO vorgelesen und genehmigt wurde. Ihrer Wirksamkeit steht nicht entgegen, daß eine Rechtsmittelbelehrung unterblieben war (vgl. BGH NStZ 1984, 181 [BGH Beschl. v. 29. 11. 1983 – 4 StR 681/83; vgl. § 35a StPO erfolglose Rügen]; 329 [BGH Beschl. v. 3. 4. 1984 – 5 StR 172/84; vgl. § 35a StPO erfolglose Rügen]).

Der Rechtsmittelverzicht kann als Prozeßhandlung nicht widerrufen, wegen Irrtums angefochten oder sonst zurückgenommen werden (St. Rspr.; vgl. BGH a.a.O.; Beschl. v. 1. 10. 1998 – 4 StR 470/98 [vgl. § 302 StPO erfolglose Rügen]). Die Rechtsprechung erkennt allerdings an, daß in besonderen Fällen schwerwiegende Willensmängel bei der Erklärung des Rechtsmittelverzichts aus Gründen der Gerechtigkeit dazu führen können, daß eine Verzichtserklärung von Anfang an unwirksam ist (BGHSt. 17, 14, 18 f. [BGH Urt. v. 6. 12. 1961 – 2 StR 485/60; vgl. § 302 StPO erfolglose Rügen]; BGH NStZ-RR 1997, 173 [BGH Beschl. v. 21. 1. 1997 – 1 StR 732/96; vgl. § 302 StPO erfolglose Rügen]). Ein solcher Fall ist hier jedoch nicht gegeben:

a) Anhaltspunkte dafür, daß das Landgericht dem Angeklagten einen Rechtsmittelverzicht ohne vorherige Beratung mit seinem – für den Tag der Urteilsverkündung bestellten – Verteidiger Dr. K. abverlangt oder ihm eine solche Beratung verweigert hätte (vgl. BGHSt. 18, 257, 259 f. [BGH Urt. v. 12. 2. 1963 – 1 StR 561/62; vgl. § 302 StPO erfolgreiche Rügen]; 19, 101, 103 ff. [BGH Urt. v. 17. 9. 1963 – 1 StR 301/63; vgl. § 302 StPO erfolglose Rügen]; BGHR StPO § 302 I 1 Rechtsmittelverzicht 9 [BGH Urt. v. 7. 5. 1991 – 1 StR 181/91; vgl. § 302 StPO erfolglose Rügen]), liegen nicht vor.

b) Der Vortrag des Angeklagten zu einer – möglicherweise – unzulässigen Urteilsabsprache vermag die Wirksamkeit des Rechtsmittelverzichts hier nicht in Frage zu stellen. Soweit es um Vorgänge in der Hauptverhandlung geht, steht dem gemäß § 274 StPO die negative Beweiskraft der Sitzungsniederschrift entgegen (vgl. BGHSt. 43, 195, 206 [BGH Urt. v. 28. 8. 1997 – 4 StR 240/97; vgl. § 169 GVG erfolgreiche Rügen]; BGH Urt. v. 28. 5. 1998 – 4 StR 17/98; Beschl. v. 1. 7. 1998 – 3 StR 242/98). Es bedarf auch keines Eingehens auf das vom Angeklagten behauptete Gespräch über eine bestimmte Strafhöhe zwischen seinem Verteidiger und dem Vorsitzenden der Strafkammer außerhalb der Hauptverhandlung (vgl. BGHSt. 42, 46, 48 f. [BGH Urt. v. 20. 2. 1996 – 5 StR 679/95; vgl. § 169 GVG erfolglose Rügen]; 43, 195, 206 f.). Aus seinen Darlegungen ergibt sich nämlich nicht, daß ein Rechtsmittelverzicht überhaupt Gegenstand jener Erörterungen war. Für die Rechtswirksamkeit des Verzichts ist es hingegen ohne Belang, ob der Angeklagte aufgrund des Rates seines Verteidigers nach dessen Rücksprache mit dem Vorsitzenden ein – wie er behauptet – falsches Geständnis abgelegt hat (BGH Beschl. v. 4. 6. 1996 – 4 StR 250/96; vgl. auch BGH NStZ-RR 1997, 173, 174).

Der Senat kann daher unter den hier gegebenen Umständen dahingestellt sein lassen, ob er dem in NStZ 1997, 611 (BGH Beschl. v. 20. 6. 1997 – 2 StR 275/97; vgl. 302 StPO erfolglose Rügen) wiedergegebenen Beschluß des 2. Strafsenats des BGH zur Wirksamkeit eines absprachegemäß erklärten Rechtsmittelverzichts ungeachtet der Unzulässigkeit der Absprache (ebenso BGH wistra 1992, 309, 310; Beschl. v. 17. 7. 1991 – 2 StR 230/91) jedenfalls bei einer unzulässigen Verknüpfung der Rechtsmittelbefugnis mit der Höhe der Strafe folgen könnte (vgl. BGHSt. 43, 195, 204 f.; BGH NStZ 1995, 556, 557 [BGH Beschl. v. 26. 4. 1995 – 3 StR 600/94; vgl. 44 StPO erfolglose Rügen]).

c) Unerheblich ist das Vorbringen des Angeklagten in der Revisionsbegründung, sein für den Tag der Urteilsverkündung bestellter Verteidiger Dr. K. habe ihn mit der Bemerkung unter Druck gesetzt, eine einmal gegebene Zusage, auf Rechtsmittel zu verzichten, müsse eingehalten werden, anderenfalls stünde die sofortige Verhaftung bevor; das Urteil müsse sofort angenommen werden. Dabei bedarf es keiner Entscheidung, ob ein solches Vorgehen des (Pflicht-)Verteidigers überhaupt – sei es, wie der Angeklagte meint, unter dem Gesichtspunkt psychischen Drucks, sei es unter dem Aspekt einer bewußten oder unbewußten Irreführung – geeignet wäre, die Wirksamkeit eines Rechtsmittelverzichts in Frage zu stellen (vgl. BGHSt. 17, 14, 18; abl. für die Fälle einer unrichtigen Belehrung bzw. eines Versehens BGH GA 1969, 281[1]; bei Pfeiffer/Miebach NStZ 1983, 213[2]; BGHR StPO § 302 11 Rechtsmittelverzicht 8 [BGH Beschl. v. 10. 4. 1991 – 3 StR 354/90; vgl. § 302 StPO erfolglose Rügen] [zur Revisionsrücknahme]; a.A. OLG Frankfurt NJW 1971, 949; ferner BGH Beschl. v. 8. 4. 1998 – 3 StR 133/98). Der weitere Einwand des Angeklagten infolge der Einwirkung seines Verteidigers sei er zu einer freien Entscheidung über einen Rechtsmittelverzicht nicht in der Lage gewesen, ist nämlich unbegründet:

Das Landgericht hat 17 Vorverurteilungen festgestellt. Es kann dem gerichtserfahrenen Angeklagten nicht geglaubt werden, daß er – vielfach, zum Teil erheblich vorbestraft – die behaupteten Äußerungen seines Verteidigers – ohne Rückfrage beim Gericht – zur Grundlage seiner Entschließung gemacht hat. Da der Vorsitzende nach Verlesung der Verzichtserklärung seine Genehmigung eingeholt hat, kann ihm im Gegenteil nicht entgangen sein, daß es auf seine Willensentscheidung ankommt. Nach seiner eigenen Darstellung hat er den übereinstimmenden Äußerungen des Vorsitzenden und seines Verteidigers vor Abgabe des Geständnisses entnommen, er bleibe auf freiem Fuß, wenn er zu der – später verhängten – Gesamtfreiheitsstrafe von 4 Jahren und 9 Monaten verurteilt würde. Daß er nach der Urteilsverkündung angenommen haben will, das Gericht werde, wenn er nicht auf Rechtsmittel verzichte, nunmehr doch U-Haft anordnen, obwohl es dies ungeachtet der bis zum Geständnis gegebenen höheren Straferwartung nicht getan hat, vermag nicht zu überzeugen. Nach den Umständen des Falles spricht nichts für eine solche Absicht des Gerichts. ...

13. Rechtsmittelverzicht trotz Psychose und Drogenabhängigkeit wirksam, wenn in der Hauptverhandlung keine Anzeichen erkennbar sind, dem Angeklagten habe im Hinblick auf seinen geistigen Zustand die genügende Einsichtsfähigkeit für seine Prozeßhandlung und deren Tragweite gefehlt.

StPO § 302 – BGH Beschl. v. 1. 10. 1998 – 4 StR 470/89 LG Saarbrücken (= NStZ-RR 1999, 109)

Die Revision rügt trotz vorangegangenen Rechtsmittelverzichts die Anordnung der Unterbringung in einem psychiatrischen Krankenhaus.

Sachverhalt: Das Landgericht sprach den Angeklagten von dem Vorwurf, mehrere Betäubungsmittelstraftaten begangen zu haben, frei und ordnete seine Unterbringung in einem psychiatrischen Krankenhaus an; die Vollstreckung der Maßregel setzte es zur Bewährung aus.

---

1 „Nachdem in der Hauptverhandlung das Urteil verkündet worden war, haben der Angeklagte und sein Verteidiger auf ein Rechtsmittel gegen dieses Urteil verzichtet. Der Verzicht ist protokolliert, und nach Verlesung ist das Protokoll insoweit von dem Angeklagten und seinem Verteidiger genehmigt worden. Trotzdem legte der Angeklagte Revision ein. Er beruft sich darauf, daß er von seinem Rechtsanwalt falsch über die Dauer des Berufsverbots belehrt worden sei und sich nur dadurch zur Annahme des Urteils habe bewegen lassen. Nach dieser eigenen Erklärung hat er bewußt auf Rechtsmittel verzichtet. Dieser Verzicht ist wirksam. Selbst wenn der Beschwerdeführer ihn infolge eines Irrtums über die Auswirkungen des Urteils ausgesprochen haben sollte, kann er ihn nicht mehr widerrufen, wegen Irrtums anfechten oder sonst zurücknehmen. Der Verzicht steht ebenfalls einer erneuten Revisionseinlegung entgegen." (Beschl. v. 21. 6. 1987 – 2 StR 290/67).

2 „Ein Ausnahmefall liegt nicht vor, wenn der Verteidiger vorträgt, der Angeklagte sei infolge eines Schreibversehens in einem von dem Verteidiger an den Angeklagten gerichteten Schreiben zur Rücknahme veranlaßt worden (Beschl. v. 30. 9. 1981 – 2 StR 450/81)."

Sowohl der Angeklagte als auch seine Verteidigerin haben erklärt, auf eine Rechtsmittelbelehrung und auf die Einlegung von Rechtsmitteln zu verzichten. Diese Erklärungen wurden gem. § 273 II StPO vorgelesen und genehmigt. – Das Rechtsmittel war erfolglos.

Gründe: Die Revision ist unzulässig, weil der Angeklagte nach der Urteilsverkündung wirksam auf Rechtsmittel verzichtet hat (§ 302 I 1 StPO).

Der Verzicht auf Rechtsmittel setzt allerdings die Verhandlungsfähigkeit des Erklärenden voraus. Ob er verhandlungsfähig war, ist vom Revisionsgericht im Freibeweisverfahren zu klären (BGHR StPO § 302 I 1 Rechtsmittelverzicht 16). Die Verhandlungsfähigkeit ist hier zu bejahen: Es sind keine Anhaltspunkte dafür ersichtlich, daß dem Angeklagten im Hinblick auf seinen geistigen Zustand die genügende Einsichtsfähigkeit für seine Prozeßhandlung und deren Tragweite gefehlt hätte. Zwar hat das Tatgericht bei dem Angeklagten eine Psychose, also eine krankhafte seelische Störung, festgestellt, die verbunden mit einer Drogenabhängigkeit das Steuerungsvermögen des Angeklagten zur Tatzeit auf jeden Fall gemindert, möglicherweise sogar gem. § 20 StGB ganz ausgeschlossen hat. Dadurch wird jedoch die nach anderen Grundsätzen zu beurteilende prozessuale Fähigkeit, sich sachgerecht zu verteidigen und Verfahrenshandlungen in ihrer Wirkung und Bedeutung zu erfassen, nicht in Frage gestellt. Aus dem Protokoll der Hauptverhandlung ergibt sich kein Hinweis darauf, daß Bedenken an der Verhandlungsfähigkeit des Angeklagten bestanden haben. Er hat aktiv an der Verhandlung mitgewirkt, indem er ausführliche Angaben zu seinen persönlichen Verhältnissen und zur Sache gemacht hat. Wenn während der Verhandlung, die zudem in Anwesenheit eines psychiatrischen Sachverständigen stattgefunden hat, das Landgericht keine Zweifel an der Verhandlungsfähigkeit des Angeklagten hatte und solche auch von der Verteidigerin nicht geäußert wurden, so kann die Verhandlungsfähigkeit grundsätzlich auch vom Revisionsgericht bejaht werden (BGHR StPO § 302 I 1 Rechtsmittelverzicht 16).

Der nach alledem wirksame Verzicht auf Rechtsmittel kann nicht widerrufen, wegen Irrtums angefochten oder sonst zurückgenommen werden (BGH, NStZ 1984, 181 [BGH Beschl. v. 29. 11. 1983 – 4 StR 681/83; vgl. 35a StPO erfolglose Rügen]; BGH Beschl. v. 4. 6. 1996 – 4 StR 250/96). Er hat somit die Unzulässigkeit der Revision zur Folge.

14. Rechtsmittelverzicht trotz unzulässiger Absprache über das Strafmaß rechtswirksam.

StPO § 302 I 1 – BGH Beschl. v. 20. 6. 1997 – 2 StR 275/97 LG Darmstadt (= NJW 1997, 2691 = StV 1997, 572 = NStZ 1997, 611)

Der Antragsteller beantragt Wiedereinsetzung in den vorigen Stand zur Einlegung der Revision, obwohl er nach der Urteilsverkündung auf Rechtsmittelbelehrung und Rechtsmittel verzichtet hatte.

Sachverhalt: Ausweislich der Sitzungsniederschrift erklärte der Angeklagte nach Rücksprache mit seinem Verteidiger, daß er auf Rechtsmittelbelehrung und auf Rechtsmittel gegen das soeben verkündete Urteil einschließlich der Kosten- und Auslagenentscheidung verzichte; diese Erklärung wurde vorgelesen, übersetzt und genehmigt. – Das Rechtsmittel war erfolglos.

Gründe: Dieser Verzicht, wie er zufolge der Beweiskraft des Verhandlungsprotokolls feststeht (§ 274 StPO), ist wirksam. Daran ändert es nichts, daß eine Rechtsmittelbelehrung unterblieben war; denn der Angeklagte kann auch auf die Belehrung verzichten (BGH, NStZ 1984, 181 [BGH Beschl v. 29. 11. 1983 – 4 StR 681/83; vgl. § 35a StPO erfolglose Rügen]; BGHR StPO § 302 Abs. 1 Satz 1 Rechtsmittelverzicht 9 [BGH Urt. v. 7. 5. 1991 – 1 StR 181/91; vgl. § 302 StPO erfolglose Rügen]) und hat dies im vorliegenden Falle getan. Daß ihm das Bewußtsein der Tragweite seiner Erklärung gefehlt haben könnte, ist auszuschließen. Zwar hat er am 21. 3. 1997 eidesstattlich versichert, ihm sei nicht bewußt und auch nicht bewußt gewesen, daß er auf Rechtsmittel verzichtet habe und haben solle; soweit er damit sein Erklärungsbewußtsein in Abrede stellt, ist diese Behauptung jedoch durch das Sitzungsprotokoll in Verbindung mit dem Vermerk des Vorsitzenden vom 10. 4. 1997 widerlegt. Gründe, weshalb er nicht gewußt haben sollte, was er erklärt und als seine Erklärung genehmigt hat, sind weder vorgetragen noch sonst ersichtlich. Allerdings ist er türkischer Staatsangehöriger; ein Mißverständnis infolge von Sprachschwierigkeiten scheidet indessen aus. Abgesehen davon, daß ihm die Verzichtserklärung übersetzt worden ist, lebt er seit langem in Deutschland, hat die deutsche Sprache erlernt und versteht sie – wie der Vorsitzende in seinem Vermerk hervorgehoben hat – gut. ...

Der Rechtsmittelverzicht ist auch nicht deshalb unwirksam, weil er – wie der Vorsitzende in seinem Vermerk dargelegt hat – Gegenstand einer außerhalb der Verhandlung getroffenen Absprache war, die eine Abkürzung des Verfahrens durch eine „einverständliche Erledigung" in der Weise vorsah, daß eine Gesamtfreiheitsstrafe von nicht mehr als vier Jahren verhängt und unter dieser Voraussetzung auf Rechtsmittel verzichtet werde. Die Unzulässigkeit einer derartigen Absprache (BGH, wistra 1996, 68 = StV 1996, 129[1]; BGHSt. 42, 46 [48] [vgl. § 169 GVG erfolglose Rügen]) berührt die Wirksamkeit des absprachegemäß erklärten Rechtsmittelverzichts nicht. Eine andere Beurteilung käme nur in Betracht, wenn diejenigen Gründe, die – allgemein oder im Einzelfall – der Zulässigkeit einer solchen Absprache entgegenstehen, zugleich auch zur rechtlichen Mißbilligung des abgesprochenen Rechtsmittelverzichts führen würden. Das ist jedoch nicht der Fall. Die gegen die Zulässigkeit einer Absprache über das Verfahrensergebnis sprechenden Bedenken ergeben sich aus einer Reihe tragender Grundsätze des Strafverfahrens, namentlich dem Gebot umfassender Wahrheitserforschung (§ 244 II StPO), dem Prinzip der freien Überzeugungsbildung des Gerichts (§ 261 StPO), der Garantie der richterlichen Unparteilichkeit (§ 24 StPO), dem Erfordernis schuldangemessenen Strafens (§ 46 StGB), der Öffentlichkeit der Verhandlung (§ 169 GVG) und der Gewährleistung eines insgesamt rechtsstaatlichen, fairen Verfahrens (vgl. BVerfG, NJW 1987, 2662). Keines dieser Bedenken, deren Gewicht in diesem Zusammenhang nicht zu erörtern ist, steht der rechtlichen Anerkennung des auf eine – auch unzulässige – Absprache folgenden, ihr entsprechenden Rechtsmittelverzichts entgegen. Dessen Beurteilung unterliegt anderen Maßstäben: Es soll in die freie Entscheidung des Angeklagten gestellt sein, ob er ein gegen ihn ergangenes Urteil anfechten, unangefochten lassen oder durch Erklärung eines Rechtsmittelverzichts annehmen will. Diese Freiheit muß ihm auch dann erhalten bleiben, wenn das Urteil auf einer unzulässigen Absprache beruht und sich der Rechtsmittelverzicht als deren Einlösung darstellt. Auf die Art, wie der Verzicht zustande gekommen ist, kommt es insoweit nicht an; der BGH hat auch schon in anderen Fällen, in denen dem Rechtsmittelverzicht eine Absprache vorausgegangen war, die vom Angeklagten abgegebene Verzichtserklärung ohne weiteres für wirksam gehalten (BGHR StPO § 302 Abs. 1 Satz 1 Rechtsmittelverzicht 12 = wistra 1992, 309; BGH Beschl. v. 17. 7. 1991 – 2 StR 230/91). Davon abzugehen, besteht kein Anlaß.

Der wirksame Rechtsmittelverzicht kann weder widerrufen noch wegen Irrtums angefochten oder aus sonstigen Gründen zurückgenommen werden (st. Rspr., BGH, NStZ 1984, 181; 1986, 277 [BGH Beschl. v. 14. 1. 1986 – 1 StR 589/85; vgl. § 302 StPO erfolglose Rügen]; 1997, 148 [BGH Beschl. v. 18. 9. 1996 – 3 StR 373/96; vgl. 302 StPO erfolglose Rügen]; BGHR StPO § 302 Abs. 1 Satz 1 Rechtsmittelverzicht 1 [BGH Beschl. v. 4. 9. 1986 – 1 StR 461/86; vgl. § 302 StPO erfolglose Rügen], 2[2], 5 [BGH Beschl. v. 9. 5. 1988 – 3 StR

---

1 „Der Versuch, die Bemessung der Strafe in Vorgänge außerhalb der Hauptverhandlung zu verlagern und durch feste Vereinbarungen auch über das weitere Prozeßverhalten der Beteiligten abzusichern, ist mit wesentlichen Grundsätzen des Strafverfahrens unvereinbar." (BGH Beschl. v. 25. 10. 1995 – 2 StR 529/95).

2 „Der Angeklagte hat mit einem Schreiben, das bei dem Vorsitzenden der erkennenden Strafkammer am 5. 5. 1987 eingegangen ist, erklärt: ‚Hiermit ziehe ich meine Revision zurück'. Anhaltspunkte dafür, daß er sich bei Abgabe dieser Erklärung ihrer Bedeutung nicht bewußt oder ver-

161/88; vgl. § 302 StPO erfolglose Rügen], 12, 17). Die gleichwohl eingelegte Revision muß daher als unzulässig verworfen werden. Der Rechtsmittelverzicht schließt zugleich jede Wiedereinsetzung in den vorigen Stand aus (st. Rspr., BGH, NStZ 1984, 181; BGHR StPO § 302 Abs. 1 Satz 1 Rechtsmittelverzicht 16), sodaß auch der hierauf gerichtete Antrag des Angeklagten zu verwerfen ist.

15. Auch ein spontaner Rechtsmittelverzicht unwiderruflich, der zwar in das Hauptverhandlungsprotokoll aufgenommen, dem Angeklagten aber nicht vorgelesen, von ihm demzufolge auch nicht genehmigt worden ist.

StPO § 302 – BGH Beschl. v. 11. 6. 1997 – 2 StR 191/97 LG Gera (= NStZ-RR 1997, 305)

Die Revision wurde trotz vorangegangenem Rechtsmittelverzichts eingelegt.

Sachverhalt: Wie sich aus der Sitzungsniederschrift ergibt, hat der Angeklagte im Anschluß an die Urteilsverkündung erklärt, daß er das Urteil annehme. Nach dem Inhalt des Protokolls ist er, nachdem die Angeklagte J., W. und B. auf Rechtsmittel verzichtet hatten, aufgestanden, hat seinen rechten Arm erhoben und erklärt: „ich auch". Die in die Niederschrift aufgenommene Erklärung ist dem Angeklagten nicht vorgelesen, von ihm demzufolge auch nicht genehmigt worden. – Das Rechtsmittel war erfolglos.

Gründe: Der Senat schließt sich der Stellungnahme des Generalbundesanwalts an, der folgendes ausgeführt hat:

„... Das führt jedoch nicht zu ihrer Unwirksamkeit. Folge dieser Verfahrensweise ist vielmehr nur, daß dem Protokollvermerk über den Verzicht keine absolute Beweiskraft zukommt. Aus ihm ergibt sich allein ein gewichtiges Beweisanzeichen dafür, daß der Angeklagte die in der Niederschrift festgehaltene Erklärung abgegeben hat. Auf diese Differenzierung in der Beweiskraft kann es hier aber nicht ankommen, weil der Angeklagte und sein Verteidiger die Abgabe einer Erklärung mit dem aus dem Protokoll (nach dessen endgültiger Fassung) zu ersehenden Inhalt nicht in Abrede stellen. Festzuhalten ist des weiteren noch, daß der Beschwerdeführer nach seinem eigenen Vortrag die Erklärung nicht aufgrund einer Aufforderung der Vorsitzenden oder aufgrund einer sonstigen Einwirkung abgegeben hat. Auch nach diesem (eigenen) Vorbringen könnte allenfalls von einer Einwirkung auf Mitangeklagte ausgegangen werden.

Der vom Angeklagten S. erklärte Rechtsmittelverzicht war entgegen der Auffassung der Verteidigung nicht unwirksam. Ein Rechtsmittelverzicht kann nach der Rechtsprechung des BGH unwirksam sein (vgl. z.B. BGH Beschl. v. 7. 5. 1991 – 1 StR 181/91 [vgl. § 302 StPO erfolglose Rügen]), wenn entweder dem Angeklagten vom Gericht eine Rechtsmittelverzichtserklärung abverlangt wurde, ohne daß ihm gleichzeitig angeboten worden wäre, sich zuvor eingehend mit dem Verteidiger zu beraten (BGHSt. 19, 101 [104] [BGH Urt. v. 17. 9. 1963 – 1 StR 301/63; vgl. § 302 StPO erfolglose Rügen]), oder wenn zwar ohne Einwirkung auf den Angeklagten, aber ohne Gelegenheit zur vorherigen Beratung mit dem Verteidiger, ein entsprechender Verzicht zu Protokoll genommen worden wäre (BGHSt. 18, 257 [260] [BGH Urt. v. 12. 2. 1963 – 1 StR 561/62; vgl. § 302 StPO erfolglose

---

handlungsunfähig gewesen sei, sind nicht zu erkennen. Mit ihr hat er sein Rechtsmittel somit wirksam zurückgenommen. Diese Erklärung kann nicht widerrufen, wegen Irrtums angefochten oder aus sonstigen Beweggründen zurückgenommen werden. Mit der am 6. 5. 1987 von dem Verteidiger angebrachten Revisionsbegründung hat der Angeklagte das Rechtsmittel erneut eingelegt. Das war unzulässig, weil die vorbehaltlose Rücknahme auch einen Verzicht auf die erneute Einlegung in sich schließt und außerdem zu diesem Zeitpunkt die Einlegungsfrist (§ 341 Abs. 1 StPO) bereits verstrichen war." (BGH Beschl. v. 4. 8. 1987 – 5 StR 337/87).

Rügen]; vgl. auch BGH, bei Pfeiffer/Miebach, NStZ 1984, 18[1]). Diese Voraussetzungen lagen nicht vor. Dem Angeklagten war, wie bereits dargelegt, ein Verzicht weder abverlangt noch nahe gelegt worden. Es ist auf der Grundlage des Vorbringens des Beschwerdeführers selbst des weiteren aber auch nichts dafür zu ersehen, daß dem Angeklagten eine vorherige Rücksprache verweigert worden wäre. Eine solche Bitte war erkennbar von keinem Beteiligten geäußert worden. Sie war ausweislich des Vortrags auf S. 3 der Revisionseinlegungsschrift wohl auch nicht erforderlich gewesen, weil dem Angeklagten jedenfalls aus der kurz zuvor mit seinem Verteidiger geführten Unterredung die Bedeutung eines Rechtsmittelverzichts schon bekannt war, er also jedenfalls das Wissen, das erforderlich ist, um eine eigenverantwortliche Entscheidung zu treffen, bereits hatte. Schließlich steht der Wirksamkeit des Verzichts auch nicht die von der Verteidigung angeführte Persönlichkeitsstörung entgegen. Der Verzicht auf Rechtsmittel setzt Verhandlungsfähigkeit des Erklärenden, also nicht etwa Geschäftsfähigkeit im Sinne des bürgerlichen Rechts voraus. An der Verhandlungsfähigkeit konnten und können Zweifel jedoch auch bei Berücksichtigung der Ausführungen in der Revisionsschrift nicht bestehen. War der Verzicht aber wirksam erklärt, dann bleibt die Erklärung für den Angeklagten verbindlich. Sie kann insbesondere nicht wegen Irrtums angefochten werden. Daß der Angeklagte ihre Abgabe nachträglich bereut hat, vermag an ihrer Wirksamkeit erst recht nichts zu ändern. Die trotz wirksamen Rechtsmittelverzichts eingelegte Revision ist unzulässig und muß verworfen werden."

16. Rechtsmittelverzicht nicht wegen Täuschung anfechtbar, wenn Gericht die Herausgabe von Beweismitteln in Aussicht stellt, diese aber von der Verwaltungsbehörde eingezogen werden.

StPO § 302 – BGH Beschl. v. 21. 1. 1997 – 1 StR 732/96 LG München II (= NStZ-RR 1997, 173)

Die Revision beantragt Entscheidung des Revisionsgerichts gegen einen Beschluß des Landgerichts, mit dem die Revision wegen vorangegangenem Rechtsmittelverzicht als unzulässig verworfen worden war. Sie begründete dies mit der Nichteinhaltung von ausgebliebenen Zusagen durch Gericht und Staatsanwaltschaft. Das Landgericht habe die sofortige Rückgabe der Sammlung und deren Legalisierung durch das Urteil in Aussicht gestellt, wenn der Angeklagte ein Geständnis ablege ... und wenn die Gerichtskosten, die 240 DM betragen würden, bezahlt würden. Gegen den Rat seiner Verteidiger habe er sich darauf eingelassen. Jetzt müsse er erkennen, daß Gericht und Staatsanwaltschaft nicht bereit seien, ihren Teil des Deals zu erfüllen. Das Urteil sei fehlerhaft. Das Gericht habe auch seine Zusage zu den Verfahrenskosten nicht eingehalten, sondern eine Kostenrechnung über 33 612,60 DM übersandt.

---

1 „Nach ständiger Rechtsprechung kann der Verzicht auf Rechtsmittel nur in besonders gelagerten Ausnahmefällen widerrufen werden. In dem Beschl. v. 24. 3. 1983 – 1 StR 166/83 hat der BGH Ausführungen zu der Frage gemacht, wann durch die Protokollierung des Verzichts gegen das ‚fair trial'-Gebot oder gegen die gerichtliche Fürsorgepflicht verstoßen werden kann: ‚Ein solcher Verstoß läge nur dann vor, wenn entweder dem Angeklagten vom Vorsitzenden des Gerichts eine Rechtsmittelverzichtserklärung ohne gleichzeitiges Anheimgeben, sich zuvor eingehend mit dem Verteidiger zu beraten, abverlangt und der Verzicht somit praktisch unter Ausschaltung des Verteidigers erwirkt worden wäre oder wenn zwar ohne Einwirkung auf den Angeklagten, aber ohne daß diesem Gelegenheit zur vorherigen Beratung mit seinem Verteidiger geboten worden wäre, ein entsprechender Verzicht zu Protokoll genommen worden wäre.' ‚Anhaltspunkte dafür, daß der Angeklagte infolge Verhandlungsunfähigkeit oder auch nur aufgrund einer durch den Urteilsspruch hervorgerufenen Schockwirkung außerstande gewesen sein könnte, wirksam Prozeßhandlungen vorzunehmen, sind nicht ersichtlich, geschweige denn bewiesen'."

Sachverhalt: Das Landgericht verurteilte den Angeklagten wegen eines Vergehens nach § 30a BNatSchG und zog Tierpräparate, auf die sich das Verfahren nach einer Beschränkung gem. § 154a StPO noch bezog, ein. Der Angeklagte erklärte Rechtsmittelverzicht. Mit Schreiben vom 10. 1. 1994 beantragte der Verteidiger einen Beschluß des Landgerichts darüber, daß die nicht vom Urteil erfaßten Vogelpräparate „dem Angeklagten zurückgegeben werden müssen". Das Gericht lehnte dies ab, weil die Beschlagnahme mit dem rechtskräftigen Abschluß des Verfahrens ohne weiteres von selbst erlösche. Mit Schriftsatz vom 11. 5. 1994 beantragte der Angeklagte die Wiederaufnahme des Verfahrens und widerrief unter anderem sein Geständnis und den Rechtsmittelverzicht; außerdem erklärte er die Anfechtung des Verzichts und legte Revision ein. Durch Beschluß vom 11. 7. 1994 verwarf das Landgericht die Revision als unzulässig. Das Urteil beruhe zwar auf einer Verständigung im Strafverfahren. Das Gericht habe dem Angeklagten aber keine Zusagen zur Herausgabe der nicht eingezogenen Tierpräparate durch die Behörden und zum Umfang der Verfahrenskosten gemacht. – Das Rechtsmittel war erfolglos.

Gründe: ...

III.

Der Beschluß des LG ist nach § 346 1 StPO aufzuheben. Es fehlte an der Zuständigkeit des Landgerichts für die Verwerfung der Revision wegen des Rechtsmittelverzichts (BGH, NJW 1984, 1974 [1975] [BGH Beschl. v. 23. 6. 1983 – 1 StR 351/83; vgl. § 302 StPO erfolglose Rügen]).

IV.

Die Revision ist jedoch auch vom Revisionsgericht als unzulässig zu verwerfen, da der Angeklagte wirksam auf die Einlegung des Rechtsmittels verzichtet hat. Der Verzicht wurde formgerecht erklärt (BGH, NJW 1984, 1974). Er ist nach Zugang dieser Erklärung bei Gericht unwiderruflich und unanfechtbar. Die Rechtsprechung erkennt allerdings an, daß in besonderen Fällen schwerwiegende Willensmängel bei der Erklärung des Rechtsmittelverzichts aus Gründen der Gerechtigkeit dazu führen können, daß eine Verzichtserklärung von Anfang an unwirksam ist (BGHSt. 17, 14 [18 f.] [BGH Urt. v. 6. 12. 1961 – 2 StR 485/60; vgl. § 302 StPO erfolglose Rügen]; BGH, NStZ 1995, 556 [BGH Beschl. v. 26. 4. 1995 – 3 StR 600/94; vgl. § 44 StPO erfolglose Rügen]). Ein solcher Fall liegt hier jedoch nicht vor.

1. Die vom Angeklagten behauptete Fehlerhaftigkeit des Urteils kommt ohne Rücksicht auf die materielle Rechtslage als solcher Grund von vornherein nicht in Betracht. Dem Antragsteller war durch die Verlesung der Urteilsformel und mündliche Bekanntmachung der Urteilsgründe bei der Abgabe seiner Erklärung des Rechtsmittelverzichts der wesentliche Urteilsinhalt bekannt. Auf die nachträgliche Kenntnisnahme der schriftlichen Urteilsgründe kann die Annahme einer Willensbeeinflussung bei der Verzichtserklärung daher nicht gestützt werden. Andernfalls wäre auch die Unwirksamkeit des Rechtsmittelverzichts von der Begründetheit des Rechtsmittels abhängig.

2. Eine Täuschung des Angeklagten durch das Gericht lag nicht vor. Dies kann freibeweislich dem Beschluß vom 11. 7. 1994 und dem Schriftwechsel vom 10./12. 1. 1994 entnommen werden. Daraus ergibt sich, daß es dem Angeklagten um die Herausgabe der nicht durch das Urteil eingezogenen Tierpräparate gegangen war. Das Landgericht hatte zutreffend darauf hingewiesen, daß die Beschlagnahme dieser Präparate als Beweismittel und Einziehungsgegenstände mit dem rechtskräftigen Abschluß des Verfahrens erledigt sei. Auf das Verhalten der Naturschutzbehörde hatte es dagegen keinen Einfluß. Daher lag es auch aus der Sicht des anwaltlich beratenden Angeklagten zur Zeit seiner Verzichtserklärung fern, daß das Gericht eine ihm rechtlich nicht mögliche Maßnahme gegenüber der Verwaltungsbehörde zusagen und ergreifen werde. Tatsächlich ist eine solche Zusage nicht erfolgt.

Gleiches gilt für die behauptete Äußerung des Gerichts, daß die Verfahrenskosten eine bestimmte Summe nicht überschreiten würden. Sie ist nicht erfolgt. Dem Angeklagten war auch die Kostengrundentscheidung des Landgerichts zur Zeit seiner Verzichtserklärung bekannt. Mögliche Mängel der Kostenfestsetzung können nur in dem diesbezüglichen Verfahren geltend gemacht werden. Die Wirksamkeit des Rechtsmittelverzichts wird davon nicht berührt.

3. Ein Irrtum des Angeklagten über die Möglichkeit einer gegebenenfalls von der Naturschutzbehörde gem. § 22 IV BNatSchG verwaltungsrechtlich betriebenen Einziehung der nicht im Strafurteil eingezogenen Tierpräparate ist kein Grund für die Annahme der Unwirksamkeit des Rechtsmittelverzichts. Das Gericht hat dabei seine Fürsorgepflicht gegenüber dem Angeklagten nicht verletzt. Es war nicht zu dessen Aufklärung über verwaltungsrechtliche Maßnahmen verpflichtet, zumal der Angeklagte anwaltlich beraten war. Dieser hat sich vielmehr nach seinem Vorbringen gegen den Rat seiner Verteidiger auf die Absprache eingelassen. Er kann dann nicht nachträglich die Unwirksamkeit seines späteren Rechtsmittelverzichts wegen eines Irrtums geltend machen.

4. Die Behauptung des Angeklagten, daß er ein falsches oder mißverstandenes Geständnis abgelegt habe, zwingt gleichfalls nicht zur Annahme der Unwirksamkeit des Rechtsmittelverzichts. Der Angeklagte ist dadurch nicht rechtsschutzlos. Sein Geständniswiderruf stellt eine neue Beweistatsache dar, die er gem. § 359 Nr. 5 StPO im Wiederaufnahmeverfahren geltend machen kann. Einen diesbezüglichen Antrag, über den der Senat nicht zu entscheiden hat, hat er gestellt.

17. Widerruf des Rechtsmittelverzichts nicht mit der Behauptung möglich, der Verzicht sei „in der ersten Schockwirkung" oder infolge „Erregung über die Höhe der Strafe" ausgesprochen worden.

StPO § 302 – BGH Beschl. v. 18. 9. 1996 – 3 StR 373/96 LG Itzehoe (= NStZ 1997, 148)

Mit einem am 29. 4. 1996 beim Landgericht eingegangenen Schriftsatz hat der Verteidiger gegen das Urteil Revision eingelegt und beantragt, den Rechtsmittelverzicht für unwirksam zu erklären. Zur Begründung hat er vorgetragen, dieser sei „durch eine unkontrollierte Gefühlsregung" bedingt, sein Mandant habe sich „infolge der Verurteilung quasi in einem schockähnlichen Zustand" befunden und sei sich „der inhaltlichen Tragweite seiner Erklärung nicht bewußt" gewesen, erst nachdem er von „seinem Verteidiger, der von der spontanen Reaktion seines Mandanten ebenfalls überrascht war, auf die Konsequenzen seines Rechtsmittelverzichts hingewiesen worden war, den er sichtlich bedingt durch den mit seiner Verurteilung einhergehenden Erregungszustand abgab", sei dem Beschwerdeführer klar geworden, daß er „ohne Grund und zu früh einen Rechtsmittelverzicht erklärt hatte".

Sachverhalt: Der Angeklagte ist am 25. 4. 1996 aufgrund seines Geständnisses wegen Diebstahls in 14 Fällen sowie wegen versuchten Diebstahls in 25 Fällen zu einer Jugendstrafe von 2 Jahren und 6 Monaten verurteilt worden. Im Anschluß an die Urteilsverkündung erklärten er, seine beiden Mitangeklagten sowie alle 3 Verteidiger nach Rechtsmittelbelehrung noch in der Hauptverhandlung jeder für sich, daß auf Rechtsmittel verzichtet werde. Ihre Erklärung wurde verlesen und von ihnen genehmigt.

Nach dem Ende der Hauptverhandlung machte die Vertreterin der Jugendgerichtshilfe dem Beschwerdeführer deswegen Vorwürfe, auf die er sinngemäß erwiderte, das bringe doch sowieso nichts.

Mit Beschluß vom 6. 6. 1996 hat das Landgericht die Revision des Angeklagten nach § 346 I StPO als unzulässig verworfen. Hiergegen hat der Verteidiger am 17. 6. 1996 auf die Entscheidung des Revisionsgerichts angetragen. – Das Rechtsmittel war erfolglos.

Gründe: Dieser Antrag ist zulässig und begründet, weil das Landgericht die Revision aufgrund von § 346 I StPO nur in dem hier nicht gegebenen Fall, daß das Rechtsmittel verspätet eingelegt oder die Revisionsanträge nicht rechtzeitig oder nicht formgerecht angebracht worden wären, hätte verwerfen dürfen.

Da der Beschwerdeführer allerdings am 25. 4. 1996 wirksam auf die Einlegung der Revision verzichtet hat, ist diese nach § 349 I StPO als unzulässig zu verwerfen. Denn eindeutig und zweifelsfrei abgegebene Verzichtserklärungen eines verhandlungsfähigen, in seiner Willensentschließung nicht unzulässig beeinflußten Verfahrensbeteiligten sind unwiderruflich und unanfechtbar. Ein Widerruf ist nicht mit der Behauptung möglich, der Verzicht sei „in der ersten Schockwirkung" oder infolge „Erregung über die Höhe der Strafe" ausgesprochen worden, auch wird durch derartiges Vorbringen die Verhandlungsfähigkeit nicht in Frage gestellt (BGH Beschl. v. 9. 7. 1975 – 5 StR 643/75 – und v. 15. 10. 1981 – 1 StR 646/81). Im vorliegenden Fall kommt hinzu, daß der Angeklagte ersichtlich überhaupt erst aufgrund der Vorhalte der Vertreterin der Jugendgerichtshilfe anderen Sinnes geworden ist. Das gilt um so mehr, als das am 25. 4. 1996 verkündete Urteil augenscheinlich nicht nur vom Beschwerdeführer, sondern auch von seinem Verteidiger als sachgerecht eingeschätzt worden ist; anders ist es jedenfalls nicht zu erklären, daß letzterer keineswegs den Versuch unternommen hat, seinen Mandanten von einer Verzichtserklärung abzuhalten, sondern statt dessen sogar seinerseits gleichfalls alsbald auf die Einlegung der Revision verzichtet hat.

18. Das Revisionsgericht muß prüfen, ob der Angeklagte sich bei Abgabe seiner Prozeßerklärung in einem solchen Zustand geistiger Klarheit und Freiheit befand, daß er deren Bedeutung und Tragweite erkennen konnte.

StPO § 302 – BGH Beschl. v. 4. 1. 1996 – 4 StR 741/95 LG Bielefeld (= NStZ 1996, 297)

Die Revision, die nach vorangegangenem Rechtsmittelverzicht des Angeklagten eingelegt worden ist, macht geltend, der von diesem erklärte Rechtsmittelverzicht sei unwirksam, dem Angeklagten sei vor der Erklärung des Rechtsmittelverzichts nicht Gelegenheit gegeben worden, sich mit seinem damaligen Verteidiger zu beraten. Außerdem sei der Angeklagte bei Abgabe der Verzichtserklärung aufgrund der psychischen Ausnahmesituation, in der er gestanden habe, verhandlungsunfähig gewesen.

Sachverhalt: Das Landgericht hat den Angeklagten am 16. 6. 1988 zu einer Gesamtfreiheitsstrafe verurteilt und Sicherungsverwahrung angeordnet.

Der Angeklagte hat im Anschluß an die Urteilsverkündung „nach Beratung mit seinem Verteidiger" erklärt, daß er das Urteil annehme. Die Niederschrift dieser Erklärung ist dem Angeklagten vorgelesen und von ihm genehmigt worden.

Mit Schriftsatz seines Verteidigers vom 7. 11. 1995 – eingegangen beim Landgericht am 9. 11. 1995 – hat der Angeklagte Wiedereinsetzung in den vorigen Stand beantragt und gleichzeitig Revision gegen das Urteil eingelegt. – Das Rechtsmittel war erfolglos.

Gründe: Das Rechtsmittel erwies sich als unzulässig.

Die Auffassung des Beschwerdeführers, der von ihm damit erklärte Rechtsmittelverzicht sei unwirksam, trifft nicht zu.

a) Soweit die Revision unter Hinweis auf BGHSt. 18, 257 (BGH Urt. v. 12. 2. 1963 – 1 StR 561/62; vgl. § 302 StPO erfolgreiche Rügen) geltend macht, dem Angeklagten sei vor der Erklärung des Rechtsmittelverzichts nicht Gelegenheit gegeben worden, sich mit seinem damaligen Verteidiger zu beraten, gibt ihr Vorbringen keinen Anlaß, die entgegenstehenden Angaben der Sitzungsniederschrift in Zweifel zu ziehen. Zwar trifft zu, daß die „Beurkundung" der Beratung mit dem Verteidiger an der sich aus § 274 StPO ergebenden Beweiskraft des Protokolls nicht teilnimmt. Gleichwohl kommt diesem Vermerk hinsichtlich der festgehaltenen Vorgänge aber Beweiswert zu. Angesichts dessen hätte sich der Beschwerdeführer nicht mit der – nicht näher begründeten – Behauptung begnügen dürfen, ihm sei keine Gelegenheit zur Beratung mit seinem Verteidiger gegeben worden. Das gilt um so mehr, als der Angeklagte – ausweislich des mit der Revisionsschrift vorgelegten Privatgutachtens der Diplom-Psychologin Prof. Dr. R. vom 3. 11. 1995 – im Rahmen der Exploration gegenüber der Gutachterin selbst erklärt hat, daß sein damaliger Verteidiger ihm vor der Protokollierung des Verzichts ausdrücklich von dieser Erklärung abgeraten habe. ...

d) Schließlich kann dem Beschwerdeführer auch nicht gefolgt werden, soweit er geltend macht, er sei bei Abgabe der Verzichtserklärung aufgrund der psychischen Ausnahmesituation, in der er gestanden habe, verhandlungsunfähig gewesen.

Allerdings setzt der Verzicht auf Rechtsmittel die Verhandlungsfähigkeit des Erklärenden voraus. Ob er verhandlungsfähig war, ist vom Revisionsgericht im Freibeweisverfahren zu klären (vgl. BGH NStZ 1984, 181 [BGH Beschl. v. 29. 11. 1983 – 4 StR 681/83; vgl. § 35a StPO erfolglose Rügen]). Das Revisionsgericht hat dabei zu prüfen, ob der Angeklagte sich bei Abgabe seiner Prozeßerklärung in einem solchen Zustand geistiger Klarheit und Freiheit befand, daß er deren Bedeutung und Tragweite erkennen konnte (vgl. BGH a.a.O.). Das ist hier aber zu bejahen:

Aus dem Protokoll der Hauptverhandlung ergibt sich kein Hinweis darauf, daß Bedenken an der Verhandlungsfähigkeit des Angeklagten bestanden haben. Er hat aktiv an der Verhandlung teilgenommen, Angaben zu seinen persönlichen Verhältnissen und zur Sache gemacht und mehrfach prozessuale Erklärungen abgegeben. Wenn nach dieser Hauptverhandlung, die am ersten von 2 Verhandlungstagen zudem in Anwesenheit eines (gemäß § 246a StPO vernommenen) psychiatrischen Sachverständigen stattfand, das Landgericht keinen Zweifel an der Verhandlungsfähigkeit des Angeklagten hatte, so kann diese grundsätzlich auch vom Revisionsgericht ohne Bedenken bejaht werden (vgl. BGH a.a.O.).

Eine andere Beurteilung ist hier auch nicht unter Berücksichtigung des von der Revision vorgelegten Privatgutachtens vom 3. 11. 1995 geboten. Zwar kommt die Gutachterin, Frau Diplom-Psychologin Prof. Dr. R., in ihrer Stellungnahme zu dem Ergebnis, daß der Angeklagte „mit an Sicherheit grenzender Wahrschein(lich)keit) zum Zeitpunkt der Urteilsverkündung nicht in der Lage gewesen sei, die Bedeutung des Rechtsmittelverzichts zu erkennen". Diese Bewertung wird indes nicht einmal von den ihr zugrunde liegenden eigenen Äußerungen des Angeklagten gegenüber der Gutachterin im Rahmen der Exploration getragen. Danach konnte er „zwar das Geschehen verfolgen, aber er wollte nur, daß alles schnell zu Ende geht ... ‚Man nimmt es zwar wahr, aber ganz ohne innere Beteiligung' ... ‚Meine Sinne waren hellwach, aber mir war alles egal'". Daraus folgt, daß der Angeklagte durchaus in der Lage war, die Bedeutung und Tragweite des Rechtsmittelverzichts zu erkennen. Ihm war vor Abgabe der Erklärung klar, daß er sich mit dem Rechtsmittelverzicht endgültig der Möglichkeit begeben würde, eine Überprüfung des Urteils herbeizuführen. Ihm war sogar an dem Eintritt der Rechtskraft gelegen, um nicht „wieder in die ‚Hölle' der U-Haft zurückkehren zu müssen". Unter diesen Umständen war der Beschwerdeführer in bezug auf die Erklärung des Rechtsmittelverzichts aber sehr wohl verhandlungsfähig.

Da die abweichende Bewertung der Gutachterin schon den von ihr ermittelten Grundlagen nicht gerecht wird, kommt es auf die weiteren erheblichen Mängel des Gutachtens nicht mehr entscheidend an. Zu Recht weist der GBA insofern aber daraufhin, daß dieses – 7 Jahre nach der Urteilsverkündung erstellte – Gutachten auf der Durchsicht von nur wenigen Aktenteilen beruht und einseitig die nicht überprüften Angaben des Angeklagten (etwa zu Zusagen im Ermittlungsverfahren und Schikanen in der U-Haft) als wahr zugrunde legt. Angesichts dieser gravierenden Mängel wäre das Gutachten ohnehin nicht geeignet, die Verhandlungsunfähigkeit des Angeklagten zum Zeitpunkt der Verzichtserklärung zu belegen oder auch nur Zweifel an seiner Verhandlungsfähigkeit zu wecken und dadurch Anlaß zu weiteren Ermittlungen im Freibeweisverfahren zu geben. ...

19. Ein Verteidiger kann das von einem anderen Verteidiger eingelegte Rechtsmittel zurücknehmen.

StPO § 302 – BGH Beschl. v. 9. 8. 1995 – 1 StR 699/94 LG Mannheim (= NStZ 1996, 202)

Der Beschwerdeführer wendet sich mit einer sofortigen Beschwerde gegen eine Kostenentscheidung zu seinen Lasten im Revisionsverfahren mit der Begründung, das Revisionsverfahren sei noch nicht beendet, weil nicht ein Verteidiger das von einem anderen Verteidiger eingelegte Rechtsmittel zurücknehmen könne.

Sachverhalt: Der Pflichtverteidiger Rechtsanwalt B. legte für den Angeklagten am 3. 3. 1994 Revision ein und begründete sie später. Der Wahlverteidiger Rechtsanwalt Bo. legte mit einem am 8. 3. 1994 eingegangenen Schriftsatz gleichfalls Revision ein; am 4. 3. 1994 legte er sein Mandat nieder. Am 14. 10. 1994 bestellte sich Rechtsanwalt Dr. Bü. als Wahlverteidiger des Angeklagten im Revisionsverfahren unter Vorlage einer am 12. 10. 1994 unterzeichneten Strafprozeßvollmacht, u.a. mit „ausdrücklicher Ermächtigung" dazu, „Rechtsmittel ... ganz oder teilweise zurückzunehmen". Mit Schriftsatz vom 24. 2. 1995, der am 27. 2. 1995 um 8.12 Uhr eingegangen ist, erklärte dieser Verteidiger, daß er das Rechtsmittel „namens und im Auftrag" des Angeklagten zurücknehme. Gegen 10 Uhr bat er telefonisch bei der Geschäftsstelle des Senats um Rückgabe des Schriftsatzes, da es sich bei der Erklärung der Zurücknahme der Revision um ein Versehen gehandelt habe. Mit Verfügung vom 23. 2. 1995 wurde Rechtsanwalt B. auf seinen Antrag zum Pflichtverteidiger des Angeklagten für die Hauptverhandlung im Revisionsverfahren bestellt. Mit einem am 14. 3. 1995 eingegangenen Schriftsatz erklärte auch er, daß die Revision „auf ausdrücklichen Wunsch" des Angeklagten zurückgenommen werde.

Durch Urteil vom 21. 4. 1995 sprach der Senat den Mitangeklagten T. vom Vorwurf anderer gleichartiger Taten aus Rechtsgründen frei, versagte aber dem Angeklagten eine Revisionserstreckung nach § 357 StGB. Mit Beschluß vom 16. 5. 1995 entschied der Senat über die Kosten seines Rechtsmittels nach der Revisionsrücknahme gemäß § 473 I StPO. Hiergegen richtete sich die am 26. 5. 1995 eingegangene sofortige Beschwerde des Angeklagten. Mit weiterem Schriftsatz des Verteidigers Dr. Bü. beantragte er die Fortsetzung des Revisionsverfahrens. Er meinte, die Revision sei nicht wirksam zurückgenommen worden, weil nicht ein Verteidiger das von einem anderen Verteidiger eingelegte Rechtsmittel zurücknehmen könne. – Das Rechtsmittel war erfolglos.

Gründe: Die Erklärung der Zurücknahme der Revision durch Rechtsanwalt Dr. Bü. mit Schriftsatz vom 24. 2. 1995 ist wirksam und hat zum Verlust des einheitlichen Rechtsmittels geführt, auch soweit es von anderen Verteidigern eingelegt worden ist (vgl. zur Rücknahme des vom Verteidiger eingelegten Rechtsmittels durch den Angeklagten BGH NStE Nr. 13 zu § 302 StPO). Rechtsanwalt Dr. Bü. war dazu i.S. des § 302 II StPO ausdrücklich ermächtigt.

Die Rücknahmeerklärung des Verteidigers Dr. Bü. ist durch den Eingang bei Gericht vor dem telefonischen Widerruf wirksam geworden; ein Widerruf der Prozeßerklärung vor ihrem Zugang, der ihr Wirksamwerden hätte hindern können (vgl. BGH GA 1973, 46; LG München 1 NStE Nr. 29 zu § 302 StPO), liegt nicht vor. Ein nachträglicher Widerruf, eine Anfechtung oder Rücknahme dieser Erklärung sind nach ständiger Rechtsprechung grundsätzlich nicht möglich (BGHSt. 10, 245, 247 [BGH Beschl. v. 3. 5. 1957 – 5 StR 52/57; vgl. § 302 StPO erfolglose Rügen]; BGHR StPO § 302 II Rücknahme 2 [BGH Beschl. v. 25. 9. 1990 – 4 StR 204/90; vgl. § 302 StPO erfolglose Rügen], 7; BGH NStE Nr. 7, 11, 13, 26 zu § 302 StPO; Beschl. v. 26. 11. 1991 – 4 StR 517/91; v. 16. 12. 1994 – 2 StR 461/94 [vgl. § 302 StPO erfolglose Rügen]; und v. 7. 7. 1995 – 3 StR 239/95 – und 3 StR 205/95). Der Angeklagte ist deshalb daran gebunden. Anhaltspunkte für eine unzulässige Willensbeeinflussung des Angeklagten, die ausnahmsweise zur Unwirksamkeit der Rücknahmeerklärung führen können, sind weder vorgetragen worden noch sonst ersichtlich.

20. Obwohl ein Pflichtverteidiger seine Befugnis zur Einlegung der Revision nicht wirksam durch Untervollmacht übertragen kann, kann eine wegen mangelnder Bevollmächtigung unzulässig eingelegte Revision zurückgenommen werden.

StPO § 302 – BGH Beschl. v. 16. 12. 1994 – 2 StR 461/94 LG Gießen (= NStZ 1995, 356)

Der neue Verteidiger des Angeklagten hat mit Schriftsatz vom 13. 6. 1994 erneut Revision eingelegt, die Verletzung „formellen und materiellen Rechts" gerügt und die Wiedereinsetzung in den vorigen Stand beantragt. Hierzu hat er u.a. vorgetragen, der Angeklagte habe seinen Pflichtverteidiger gebeten, fristgerecht Revision einzulegen. Dieser habe ohne Wissen des Angeklagten Rechtsanwalt B. mit der Einlegung des Rechtsmittels beauftragt, der zu keinem Zeitpunkt eine Vollmacht des Angeklagten erhalten habe und auch nicht befugt gewesen sei, das eingelegte Rechtsmittel zurückzunehmen. Mit Schriftsatz vom 24. 10. 1994 hat der Verteidiger mitgeteilt, der Angeklagte habe ihm erklärt, „daß er keinen Anwalt beauftragt habe, eine bereits eingelegte Revision zurückzunehmen."

Sachverhalt: Mit Schriftsatz vom 7. 3. 1994 hat der vom Pflichtverteidiger des Angeklagten mit der Einlegung des Rechtsmittels beauftragte Rechtsanwalt B. gegen das Urteil des Landgerichts Gießen vom 1. 3. 1994 Revision eingelegt. Mit Schriftsatz vom 6. 5. 1994 hat Rechtsanwalt B den „Antrag vom 7. 3. 1994 zurückgenommen."

Auf Anfrage hat der Pflichtverteidiger des Angeklagten mit Schreiben vom 1. 9. 1994 erklärt, er sei an dem auf den Verkündungstermin folgenden Wochenende erkrankt und habe deshalb Rechtsanwalt B. gebeten, für ihn fristwahrend das Rechtsmittel einzulegen. Darüber habe er den Angeklagten unter Übersendung einer Kopie der Rechtsmittelschrift des Rechtsanwalts B. mit Schreiben vom 15. 3. 1994 unterrichtet. Danach habe er mit dem Angeklagten in mindestens 2 Telefongesprächen besprochen, ob das Revisionsverfahren durchgeführt werden solle. Der Angeklagte habe sich dann letztlich entschlossen, das Revisionsverfahren nicht durchzuführen, und erklärt, das Rechtsmittel solle zurückgenommen werden.

Rechtsanwalt B. hat mit Schreiben vom 5. 9. 1994 bestätigt, daß ihn der Pflichtverteidiger mit der Einlegung und der Rücknahme des Rechtsmittels beauftragt hat. Nach Einlegung der Revision habe ihm der Pflichtverteidiger des Angeklagten mitgeteilt, daß sein Mandant „nun doch nicht mehr die Durchführung des Revisionsverfahrens wünsche". – Das Rechtsmittel war erfolglos.

Gründe: Eine wirksame Rücknahmeerklärung führt zum Verlust des Rechtsmittels. Damit sind eine erneute Einlegung des Rechtsmittels und ein entsprechender Wiedereinsetzungsantrag rechtlich ausgeschlossen (BGHSt. 10, 245, 247 [BGH Beschl. v. 3. 5. 1957 – 5 StR 52/57; vgl. § 302 StPO erfolglose Rügen]; BGHR StPO § 302 II Rücknahme 2 [BGH Beschl. v. 25. 9. 1990 – 4 StR 204/90; vgl. § 302 StPO erfolglose Rügen] und 7) und daher unzulässig (BGHR StPO § 302 II Rücknahme 2). So liegt es hier, denn die Revision des Angeklagten vom 7. 3. 1994 ist mit dem Schriftsatz des, Rechtsanwalts B. vom 6. 5. 1994 wirksam zurückgenommen worden.

Der Rücknahme des Rechtsmittels steht nicht entgegen, daß die Revision vom 7. 3. 1994 nicht ordnungsgemäß i.S. von § 345 II StPO eingelegt worden ist, weil die Rechtsmittelschrift nicht von dem Pflichtverteidiger oder dessen amtlich bestelltem Vertreter unterzeichnet worden ist, sondern von Rechtsanwalt B., auf den der Pflichtverteidiger jedoch seine Befugnisse nicht wirksam durch Untervollmacht übertragen konnte (vgl. BGHR StPO § 349 I Einlegungsmangel 2[1]). Auch eine unzulässige Revision kann wirksam zurückgenommen werden (BGHR StPO § 302 II Rücknahme 7).

---

[1] „Die Revision ist nicht ordnungsgemäß im Sinne von § 345 Abs. 2 StPO begründet worden und daher unzulässig, weil die Revisionsbegründungsschrift nicht vom Pflichtverteidiger des Angeklagten, Rechtsanwalt Dr. L., oder dessen amtlich bestelltem Vertreter unterzeichnet worden

Rechtsanwalt B. war zur Rücknahme der Revision ermächtigt (§ 302 II StPO), da ihm der Pflichtverteidiger die vom Angeklagten erteilte Ermächtigung mit der Unterbevollmächtigung zur Rücknahme der Revision übertragen hat.

Zwar kann ein Verteidiger die Rücknahme des Rechtsmittels nur mit besonderer Ermächtigung des Angeklagten erklären (§ 302 II StPO). Eine bestimmte Form ist indes für die Ermächtigung, die auch nicht ausdrücklich erklärt zu werden braucht, nicht vorgeschrieben; sie kann schriftlich oder mündlich – auch fernmündlich – erteilt werden (BGHR StPO § 302 II Rechtsmittelverzicht 6 [BGH Beschl. v. 30. 5.1988 – 1 StR 218/88; vgl. § 302 StPO erfolglose Rügen] und StPO § 302 II Rücknahme 6). Der Nachweis der Ermächtigung kann noch nach Abgabe der Erklärung geführt werden (BGHSt. 36, 259, 260 f. [BGH Urt. v. 9. 10. 1989 – 2 StR 352/89; vgl. § 218 StPO erfolgreiche Rügen]). Vorliegend ergibt sich aus der schriftlichen Erklärung des Pflichtverteidigers vom 1. 9. 1994, daß der Angeklagte ihn fernmündlich mit der Rücknahme der Revision beauftragt und damit hierzu ermächtigt hat. Diese Ermächtigung umfaßte nach den gesamten Umständen auch die Befugnis zur Weiterübertragung der Ermächtigung auf Rechtsanwalt B. Der Angeklagte hatte zum Zeitpunkt der Erteilung der Ermächtigung Kenntnis davon, daß sein Pflichtverteidiger die Revision von Rechtsanwalt B. hatte einlegen lassen. Die wirksame Rücknahmeerklärung kann als Prozeßhandlung nicht widerrufen, angefochten oder sonst zurückgenommen werden (BGHR StPO § 302 II Rücknahme 6).

21. Irrtum kann selbst dann nicht zur Annahme der Unwirksamkeit einer Rechtsmittelrücknahme führen oder die Anfechtung rechtfertigen, wenn die Staatsanwaltschaft dem gleichen Irrtum erlegen ist.

StPO §302 – BGH Beschl. v. 22. 9. 1993 – 2 StR 367/93 LG Köln (= StV 1994, 64)

Die Revision beantragt Wiedereinsetzung in den vorigen Stand und, die ... eingelegte Revision wieder aufleben zu lassen, nach dem sie bereits zurückgenommen worden ist, weil die Revisionsrücknahme aufgrund einer Zusage der Staatsanwaltschaft erfolgt sei, die später nicht eingehalten worden ist.

Sachverhalt: Der Beschwerdeführer beruft sich auf eine ausdrückliche Zusage der Staatsanwaltschaft über die Gewährung von Strafaufschub. – Das Rechtsmittel war erfolglos.

Gründe: Der Senat schließt sich dem GBA an, der in seiner Antragsschrift v. 25. 8. 1993 folgendes ausgeführt hat:

„1. Der Wiedereinsetzungsantrag ist unzulässig. Ihm steht – ebenso wie einer erneuten Rechtsmitteleinlegung – entgegen, daß der Beschwerdeführer seine am 10. 2. 1993, also rechtzeitig eingelegte Revision zurückgenommen hatte.

2. Sein mit dem Antrag, „die ... eingelegte Revision wieder aufleben zu lassen", konkretisiertes Begehren könnte der Beschwerdeführer nur dann erreichen, wenn die Rücknahmeerklärung unwirksam gewesen wäre. So verhält es sich jedoch nicht. Das Rechtsmittel war rechtswirksam zurückgenommen worden.

a) Die Rücknahme eines Rechtsmittels ist als Prozeßhandlung grundsätzlich unwiderruflich und unanfechtbar. Eine Ausnahme von diesem Grundsatz ist allenfalls dann denkbar, wenn das Rechtsmittel aufgrund einer Täuschung durch die Staatsanwaltschaft zurückgenommen worden wäre (BGHR StPO § 302 Abs. 1 Satz 1 Rechtsmittelverzicht 12 zum Verzicht auf ein Rechtsmittel; vgl. auch BGH StV 1988, 372 [BGH Beschl. v. 18. 9. 1987 – 2 StR 430/87; vgl. § 302 StPO erfolglose Rügen]; NJW 1962, 598 [BGHSt. 17, 14; vgl. § 302

---

ist, sondern in seiner Vertretung durch Rechtsanwältin M., auf die der Pflichtverteidiger seine Befugnisse nicht wirksam durch Untervollmacht übertragen konnte." (BGH Beschl. v. 27. 9. 1989– 2 StR 434/89).

StPO erfolglose Rügen]). Dieser Ausnahmefall ist jedoch nicht gegeben. Der Beschwerdeführer beruft sich zwar auf eine ausdrückliche Zusage des zwischenzeitlich verstorbenen Staatsanwalts M. (Ergänzung durch den Senat:) über die Gewährung von Strafaufschub. „Doch erscheint schon fraglich, ob er überhaupt geltend machen will, er sei durch diesen getäuscht worden. Gegen eine solche Auslegung des Vorbringens spricht nämlich, daß in dem mit dem nunmehrigen Antrag in Ablichtung vorgelegten Schreiben an den Leitenden Oberstaatsanwalt in Köln die Entscheidung des Staatsanwalts ausdrücklich als richtig bezeichnet worden ist und lediglich eine Bindung der Behörde an die Erklärung geltend gemacht wurde. Für die Annahme einer Täuschung gibt aber auch der Inhalt des nachträglich beigezogenen und diesem Vorgang beigefügten Gnadenhefts nichts her. Mit diesem nachgereicht wurde Ablichtung eines Schreibens von Staatsanwalt M., in dem dieser – ausdrücklich Bezug nehmend auf den Antrag auf Strafaufschub gemäß § 456 StPO – darauf hinwies, daß diese Vorschrift nur auf rechtskräftige Verurteilungen anwendbar sei. Daß der Staatsanwalt in diesem Zusammenhang den – rechtlich voll zutreffenden – Hinweis auf die Voraussetzungen des § 456 StPO gegeben hat, trägt m. E. zur Aufklärung der Sachlage im Zeitpunkt der Rücknahmeerklärung in entscheidender Weise bei. Im Raum stand nicht Täuschung zum Zwecke der Herbeiführung der Rechtskraft, sondern ein rechtlicher Irrtum, dem zunächst alle Beteiligten erlegen waren: Nicht bedacht worden war, daß mit Rechtskraft des Urteils die Anwendbarkeit der Vorschrift aus anderen Gründen entfallen mußte, weil der Angeklagte sich nämlich in U-Haft befunden hat, diese mit Rechtskraft aber in Strafhaft überging mit der Folge, daß nicht mehr Strafaufschub in Betracht kommen konnte, sondern allein noch eine nur im Gnadenwege mögliche und deshalb auch in andere Zuständigkeiten fallende Unterbrechung der Strafvollstreckung. Ein Irrtum kann aber unter keinen Umständen zur Annahme der Unwirksamkeit einer Prozeßbehandlung führen oder die Anfechtung rechtfertigen, und zwar selbst dann nicht, wenn die Staatsanwaltschaft dem gleichen Irrtum erlegen ist ...".

22. Wird die Revision beschränkt eingelegt, kann sie nur bis zum Ablauf der Revisionseinlegungsfrist erweitert werden (Fortentwicklung von BGHSt. 38, 4 [vgl. § 302 StPO erfolglose Rügen]).

StPO § 302 – BGH Beschl. v. 27. 10. 1992 – 5 StR 517/92 LG Hanau (= StV 1993, 396)

Die zunächst vom Pflichtverteidiger auf das Strafmaß beschränkte Revision wurde nach Ablauf der Revisionseinlegungsfrist von einem Wahlverteidiger erweitert.

Sachverhalt: s.o. – Das Rechtsmittel war erfolglos.

Gründe: Das Rechtsmittel des Angeklagten ist wirksam darauf beschränkt worden, daß dem Angeklagten keine Aussetzung der Strafvollstreckung zur Bewährung gewährt worden ist. Nur in diesem Umfang hat der bestellte Verteidiger des Angeklagten, RA B., am 21. 5. 1992 Revision eingelegt. Die nach Ablauf der Revisionseinlegungsfrist erfolgte Erweiterung des Rechtsmittels durch den gewählten Verteidiger RA Dr. Z. in der Revisionsbegründung vom 30. 2. 1992, mit der er die Überprüfung des Schuldspruchs in vollem Umfang erstrebt, ist nicht wirksam.

a) Entgegen der Auffassung der Revision war der bestellte Verteidiger auch ohne ausdrückliche Ermächtigung nach § 302 Abs. 2 StPO befugt, ein beschränktes Rechtsmittel einzulegen. Die Ansicht, in der Teilanfechtung liege notwendigerweise auch stets ein der Ermächtigung nach § 302 Abs. 2 StPO bedürftiger Teilverzicht (RGSt 42, 241, 242; BGHSt. 3, 46 [BGH Urt. v. 4. 7. 1952 – 2 StR 213/52; vgl. § 302 StPO erfolglose Rügen]; 10, 320, 321[1]), hat der BGH in dem Beschl. v. 13. 6. 1991, der den Fall der Konkretisierung

---

[1] „In der Beschränkung der Revision ist ein Teilverzicht zu sehen. Der Rechtsanwalt ist von dem Vormund jedoch nur zur Einlegung und zur Zurücknahme der Revision, nicht aber auch zum

einer unbeschränkt eingelegten Revision in der Revisionsbegründung betrifft, ausdrücklich aufgegeben (BGHSt. 38, 4, 5). Bei einer Rechtsmittelbeschränkung macht der Verteidiger von seinem Recht auf Teilanfechtung Gebrauch, das ihm auch ohne besondere Ermächtigung ebenso zusteht wie das Recht, ein Urteil durch Nichtanfechtung insgesamt rechtskräftig werden zu lassen. In der Beschränkung liegt kein Verzicht auf weitergehende Rechtsmittel, soweit sich aus der Erklärung nichts anderes ergibt. Einen solchen weitergehenden Teilverzicht hat der bestellte Verteidiger hier nicht erklärt.

b) Da in der bloßen Teilanfechtung kein Teilverzicht zu sehen ist, tritt hinsichtlich der nicht angefochtenen Teile des Urteils zunächst keine Rechtskraft ein. Das hat zur Folge, daß der Beschwerdeführer sein bislang beschränktes Rechtsmittel erweitern kann. Dies gilt aber entgegen einer in der Literatur vertretenen Auffassung nur bis zum Ablauf der Revisionseinlegungsfrist des § 341 Abs. 1 StPO (RG JW 1912, 1070; BayObLG JR 1968, 106), denn durch das beschränkt eingelegte Rechtsmittel wird der Eintritt der Rechtskraft nur so weit gehemmt, wie die Anfechtung erklärt ist (§ 343 Abs. 1 StPO). Daher liegt der Fall anders als in der Entscheidung BGHSt. 38, 4. Dort war innerhalb der Revisionseinlegungsfrist lediglich erklärt worden, es werde Revision eingelegt. Durch die ohne Einschränkung erfolgte Einlegung der Revision wird aber die Rechtskraft des Urteils nach § 343 Abs. 1 StPO zunächst in vollem Umfang gehemmt. Erst durch die innerhalb der Frist des § 345 Abs. 1 StPO abzugebende Erklärung nach § 344 Abs. 1 StPO wird der Umfang der Anfechtung des bis dahin noch nicht rechtskräftigen Urteils konkretisiert. Verbindet aber der Beschwerdeführer die Erklärung nach § 344 Abs. 1 StPO mit der Revisionseinlegung, tritt mit Ablauf der Frist des § 341 Abs. 1 StPO Teilrechtskraft ein, soweit das Urteil nicht angefochten ist.

23. Eine Erweiterung der beschränkt eingelegten Revision ist nur bis zum Ablauf der Revisionseinlegungsfrist zulässig (Fortentwicklung von BGHSt. 38, 4 [vgl. § 302 StPO erfolglose Rügen]).

StPO § 302 – BGH Beschl. v. 17. 10. 1992 – 5 StR 517/92 LG Hanau (= BGHSt. 38, 366 = StV 1993, 396)

Die Revision rügt nach anfänglicher Beschränkung des Rechtsmittels auf die Frage der Strafaussetzung zur Bewährung nach Ablauf der Revisionsbegründungsfrist die Verletzung sachlichen Rechts.

Der Sachverhalt ergibt sich aus der Revisionsbegründung. – Das Rechtsmittel war erfolglos.

Gründe: Das Rechtsmittel des Angeklagten ist wirksam darauf beschränkt worden, daß dem Angeklagten keine Aussetzung der Strafvollstreckung zur Bewährung gewährt worden ist. Nur in diesem Umfang hat der bestellte Verteidiger des Angeklagten, Rechtsanwalt B., am 21. 5. 1992 Revision eingelegt. Die nach Ablauf der Revisionseinlegungsfrist erfolgte Erweiterung des Rechtsmittels durch den gewählten Verteidiger Rechtsanwalt Dr. Z. in der Revisionsbegründung vom 30. 7. 1992, mit der er die Überprüfung des Schuldspruchs in vollem Umfang erstrebt, ist nicht wirksam.

a) Entgegen der Auffassung der Revision war der bestellte Verteidiger auch ohne ausdrückliche Ermächtigung nach § 302 Abs. 2 StPO befugt, ein beschränktes Rechtsmittel einzulegen. Die Ansicht, in der Teilanfechtung liege notwendigerweise auch stets ein der

Verzicht ermächtigt worden. Der Mangel der Vollmacht hat daher zur Folge, daß die Erklärung insoweit unwirksam ist, als sie von der Ermächtigung nicht umfaßt wird. Da aber weder der Angeklagte noch der Vormund innerhalb der Rechtsmittelfrist das Rechtsmittel erweitert haben, ist der nicht angefochtene Teil des Urteils rechtskräftig geworden (BGHSt. 3, 46). Über die Schuldfrage ist daher nicht mehr zu entscheiden." (BGH Urt. v. 26. 6. 1957 – 2 StR 242/57).

Ermächtigung nach § 302 Abs. 2 StPO bedürftiger Teilverzicht (RGSt 42, 241, 242; BGHSt. 3, 46 [BGH Urt. v. 4. 7. 1952 - 2 StR 213/52; vgl. § 302 StPO erfolglose Rügen]; 10, 320, 321), hat der Bundesgerichtshof in dem Beschluß vom 13. 6. 1991, der den Fall der Konkretisierung einer unbeschränkt eingelegten Revision in der Revisionsbegründung betrifft, ausdrücklich aufgegeben (BGHSt. 38, 4, 5). Bei einer Rechtsmittelbeschränkung macht der Verteidiger von seinem Recht auf Teilanfechtung Gebrauch, das ihm auch ohne besondere Ermächtigung ebenso zusteht wie das Recht, ein Urteil durch Nichtanfechtung insgesamt rechtskräftig werden zu lassen. In der Beschränkung liegt kein Verzicht auf weitergehende Rechtsmittel, soweit sich aus der Erklärung nichts anderes ergibt. Einen solchen weitergehenden Teilverzicht hat der bestellte Verteidiger hier nicht erklärt.

b) Da in der bloßen Teilanfechtung kein Teilverzicht zu sehen ist, tritt hinsichtlich der nicht angefochtenen Teile des Urteils zunächst keine Rechtskraft ein. Das hat zur Folge, daß der Beschwerdeführer sein bislang beschränktes Rechtsmittel erweitern kann. Dies gilt aber nur bis zum Ablauf der Revisionseinlegungsfrist des § 341 Abs. 1 StPO, denn durch das beschränkt eingelegte Rechtsmittel wird der Eintritt der Rechtskraft nur so weit gehemmt, wie die Anfechtung erklärt ist (§ 343 Abs. 1 StPO).

Daher liegt der Fall anders als in der Entscheidung BGHSt. 38, 4. Dort war innerhalb der Revisionseinlegungsfrist lediglich erklärt worden, es werde Revision eingelegt. Durch die ohne Einschränkung erfolgte Einlegung der Revision wird aber die Rechtskraft des Urteils nach § 343 Abs. 1 StPO zunächst in vollem Umfang gehemmt. Erst durch die innerhalb der Frist des § 345 Abs. 1 StPO abzugebende Erklärung nach § 344 Abs. 1 StPO wird der Umfang der Anfechtung des bis dahin noch nicht rechtskräftigen Urteils konkretisiert. Verbindet aber der Beschwerdeführer die Erklärung nach § 344 Abs. 1 StPO mit der Revisionseinlegung, tritt mit Ablauf der Frist des § 341 Abs. 1 StPO Teilrechtskraft ein, soweit das Urteil nicht angefochten ist.

24. Beschränkte Anfechtung bedeutet weder Teilrücknahme noch Teilverzicht.

StPO § 302 - BGH Beschl. v. 13. 6. 1991 - 4 StR 105/91 LG Paderborn (= BGHSt. 38, 4 = StV 1992, 7)

Die Revision rügt allein, daß das Gericht die Unterbringung des Angeklagten in einer Erziehungsanstalt angeordnet hat.

Sachverhalt: Der gerichtlich bestellte Verteidiger des Angeklagten hat mit Schriftsatz vom 14. 12. 1990 (ohne weitere Ausführungen) Revision eingelegt. Nachdem ihm das schriftliche Urteil am 11. 1. 1991 zugestellt worden war, hat er die Revision mit einem am 8. 2. 1991 beim Landgericht eingegangenen Schreiben begründet und beantragt, das angefochtene Urteil insoweit aufzuheben, als keine Unterbringung des Angeklagten in einer Entziehungsanstalt gemäß § 64 StGB angeordnet worden sei. Er hat ausdrücklich erklärt, daß das Urteil nur in diesem Umfang angefochten werde. - Das Rechtsmittel war erfolglos.

Gründe: ...

2. Die Revision ist wirksam auf die Nichtanordnung der Unterbringung in einer Entziehungsanstalt beschränkt worden. Dies wäre nur dann nicht der Fall, wenn in dem Schreiben vom 14. 12. 1990, durch das Revision eingelegt wurde, eine unbeschränkte Revisionseinlegung und in dem Schriftsatz, in dem die Revision begründet wurde, eine teilweise Zurücknahme der unbeschränkt eingelegten Revision oder ein teilweiser Verzicht auf diese gesehen werden würde; denn hierfür hätte der Verteidiger nach § 302 Abs. 2 StPO eine ausdrückliche Ermächtigung des Angeklagten gebraucht, die er als ein nach § 141 StPO bestellter Verteidiger nicht ohne weiteres besaß und auch nicht vorgelegt hat. Der Bundesgerichtshof ist allerdings in einem solchen Fall bisher in ständiger Rechtsprechung

von dem Vorliegen einer Teilrücknahme (so beispielsweise in den Beschlüssen v. 31. 1. 1980 – 4 StR 665/79 –, v. 8. 7. 1983 – 3 StR 204/83 – und v. 13. 6. 1985 – 1 StR 247/85 – sowie im Urt. v. 17. 4. 1985 – 2 StR 27/85) bzw. eines Teilverzichts (BGHSt. 3, 46 [BGH Urt. v. 4. 7. 1952 – 2 StR 213/52; vgl. § 302 StPO erfolglose Rügen]; 10, 320, 321) ausgegangen. Der Senat ist jedoch der Ansicht, daß dieser Rechtsprechung nicht zu folgen ist; auch alle anderen Strafsenate haben auf Anfrage erklärt, daß sie daran nicht festhalten.

a) Die schlichte Erklärung, es werde Revision eingelegt, enthält noch keine Aussage darüber, in welchem Umfang eine Überprüfung des Urteils erstrebt wird. Zwar wird durch die ohne eine Einschränkung erfolgte Einlegung der Revision die Rechtskraft des Urteils nach § 343 Abs. 1 StPO zunächst in vollem Umfang gehemmt; wieweit das Urteil angefochten wird, ist aber nicht nach § 343 Abs. 1 StPO, sondern erst aus der nach Zustellung des Urteils gemäß § 341 Abs. 2 StPO oder § 343 Abs. 2 StPO abgegebenen Erklärung nach § 344 Abs. 1 StPO zu beurteilen, in der der Revisionsführer darlegen muß, inwieweit er das Urteil anfechten will. Erst durch diese Erklärung wird somit der Umfang der Revision rechtlich bindend festgelegt. Das hat seinen guten Grund: Erst durch die – regelmäßig nach der Revisionseinlegung – erfolgte Zustellung des Urteils werden dem Revisionsführer eine sinnvolle Prüfung und die abschließende Entscheidung ermöglicht, inwieweit eine Anfechtung des Urteils Erfolg verspricht; es wäre damit unvereinbar, von ihm, ohne daß er Kenntnis von den schriftlichen Urteilsgründen hat, schon eine bindende Erklärung über das Ausmaß der Anfechtung zu verlangen und ihn dadurch zu einer (vorsorglich) unbeschränkten Rechtsmitteleinlegung und gegebenenfalls zu einer späteren teilweisen Zurücknahme des Rechtsmittels – mit der Kostenfolge aus § 473 Abs. 1 StPO – zu zwingen. Erst durch die Erklärung nach § 344 Abs. 1 StPO – die allerdings auch schon, wie es in der Praxis nicht selten geschieht, mit der Revisionseinlegung verbunden werden kann – wird somit der Umfang der Anfechtung konkretisiert und damit erstmalig der Wille bekundet, inwieweit eine Anfechtung des Urteils erfolgen soll. Demnach ist in einer der bloßen Erklärung, es werde Revision eingelegt, folgenden Beschränkung des Rechtsmittels auf bestimmte Beschwerdepunkte weder eine Teilrücknahme noch ein Teilverzicht zu sehen. § 302 Abs. 2 StPO ist somit auf diese Fallgestaltung nicht anwendbar.

b) ...

3. Die somit wirksame Beschränkung des Rechtsmittels auf die Nichtanordnung der Unterbringung in einer Entziehungsanstalt führt zur Unzulässigkeit der Revision mangels Beschwer des Angeklagten. Es entspricht der ständigen Rechtsprechung des Bundesgerichtshofs, daß ein Angeklagter ein gegen ihn ergangenes Urteil nicht allein deswegen anfechten kann, weil gegen ihn (neben der Strafe) keine Maßregel nach § 64 StGB angeordnet worden ist (BGHSt. 28, 327, 330 ff.; 37, 5, 7[1]; BGHR StGB § 64 Ablehnung 1). Die Anordnung einer solchen Maßregel würde sich nämlich – wie sich schon aus der gesetzlichen Regelung in § 331 Abs. 2, § 358 Abs. 2 Satz 2 StPO ergibt, die diese Anordnung trotz des grundsätzlichen Verschlechterungsverbots als Ausnahme hiervon gestatten – als eine zusätzliche Beschwer des Verurteilten darstellen.

---

1 „Auf eine zulässig eingelegte Revision des Angeklagten kann das angefochtene Urteil im Rahmen der Sachrüge auch daraufhin überprüft werden, ob von der Anordnung der Unterbringung in einer Entziehungsanstalt zu Recht abgesehen worden ist." (BGH Urt. v. 10. 4. 1990 – 1 StR 9/90).

25. Rechtsmittelverzicht wegen Unwissenheit und mangels Wissen um seine Bedeutung durch anwaltlich vertretenen Angeklagten, der Gelegenheit zur Beratung hatte, nicht anfechtbar.

StPO § 302 – BGH Urt. v. 7. 5. 1991 – 1 StR 181/91 (= BGHR StPO § 302 I Satz 1 Rechtsmittelverzicht 9)

Die Revision wurde trotz vorangegangenem Rechtsmittelverzicht eingelegt. Der Angeklagte macht geltend, sein Verzicht sei „aus Unwissenheit und mangels Wissen einer solchen Bedeutung" erfolgt. Eine von ihm gewünschte Unterbrechung der Verhandlung habe sein Verteidiger abgelehnt; trotz Anwesenheit eines Dolmetschers sei ihm auch das Ausmaß einer Verzichtserklärung nicht erklärt worden.

Sachverhalt: Das Landgericht hat den Angeklagten wegen unerlaubten Handeltreibens mit Betäubungsmitteln in Tateinheit mit unerlaubter Einfuhr sowie wegen eines weiteren Falles unerlaubten Handeltreibens mit Betäubungsmitteln zu einer Gesamtfreiheitsstrafe verurteilt. Gegen dieses Urteil hat der Angeklagte fristgerecht Revision eingelegt.

Ausweislich der Sitzungsniederschrift erklärten die Angeklagten und ihre Verteidiger nach Verkündung des Urteils sowie des Beschlusses über die Haftfortdauer jeweils für sich, daß sie auf Rechtsmittelbelehrung verzichteten. Der Vertreter der Staatsanwaltschaft, der Angeklagte E., der Verteidiger des Angeklagten E., der Angeklagte I. und der Verteidiger des Angeklagten I. erklärten daraufhin jeweils für sich, daß sie auf Einlegung von Rechtsmitteln verzichteten, und diese Erklärungen sind vorgelesen und genehmigt worden. – Das Rechtsmittel war erfolglos.

Gründe: Das Rechtsmittel ist jedoch unzulässig, weil der Angeklagte nach Verkündung des angefochtenen Urteils vom 4. 7. 1990 wirksam Rechtsmittelverzicht erklärt hat (§ 302 Abs. 1 Satz 1 StPO). ...

Diese Einwände sind jedoch nicht geeignet, hier die Wirksamkeit des abgegebenen Rechtsmittelverzichts in Frage zu stellen.

Nach der Rechtsprechung des Bundesgerichtshofs (zusammengestellt in BGH Beschl. v. 24. 3. 1983 – 1 StR 166/83 bei Pfeiffer/Miebach NStZ 1984, 18[1]) kann ein Rechtsmittelverzicht unwirksam sein, wenn entweder dem Angeklagten vom Vorsitzenden des Gerichts eine Rechtsmittelverzichtserklärung ohne gleichzeitiges Anheimgeben, sich zuvor eingehend mit dem Verteidiger zu beraten, abverlangt und der Verzicht somit praktisch unter Ausschaltung des Verteidigers erwirkt worden wäre (vgl. BGHSt. 19, 101, 104 [BGH Urt. v. 17. 9. 1963 – 1 StR 301/63; vgl. § 302 StPO erfolglose Rügen]) oder wenn zwar ohne Einwirkung auf den Angeklagten, aber ohne daß diesem Gelegenheit zur vorherigen Beratung mit seinem Verteidiger geboten worden wäre, ein entsprechender Verzicht zu Protokoll

---

1 „Nach ständiger Rechtsprechung kann der Verzicht auf Rechtsmittel nur in besonders gelagerten Ausnahmefällen widerrufen werden. In dem Beschl. v. 24. 3. 1983 – 1 StR 166/83 hat der BGH Ausführungen zu der Frage gemacht, wann durch die Protokollierung des Verzichts gegen das ‚fair trial'-Gebot oder gegen die gerichtliche Fürsorgepflicht verstoßen werden kann: ‚Ein solcher Verstoß läge nur dann vor, wenn entweder dem Angeklagten vom Vorsitzenden des Gerichts eine Rechtsmittelverzichtserklärung ohne gleichzeitiges Anheimgeben, sich zuvor eingehend mit dem Verteidiger zu beraten, abverlangt und der Verzicht somit praktisch unter Ausschaltung des Verteidigers erwirkt worden wäre (vgl. BGHSt. 19, 101 [104]) oder wenn zwar ohne Einwirkung auf den Angeklagten, aber ohne daß diesem Gelegenheit zur vorherigen Beratung mit seinem Verteidiger geboten worden wäre, ein entsprechender Verzicht zu Protokoll genommen worden wäre (vgl. BGHSt. 18, 257 [260]).' ‚Anhaltspunkte dafür, daß der Angeklagte infolge Verhandlungsunfähigkeit oder auch nur aufgrund einer durch den Urteilsspruch hervorgerufenen Schockwirkung außerstande gewesen sein könnte, wirksam Prozeßhandlungen vorzunehmen, sind nicht ersichtlich, geschweige denn bewiesen'." (vgl. auch BGH, NStZ 1983, 469 u. 280 u. OLG Düsseldorf NStZ 1982, 521; zur Schriftform des Rechtsmittelverzichts BGH, NStZ 1983, 570).

genommen wäre (vgl. BGHSt. 18, 257, 260 [BGH Urt. v. 12. 2. 1963 – 1 StR 561/62; vgl. § 302 StPO erfolgreiche Rügen]).

Aus dem Vortrag des Beschwerdeführers ergeben sich keine Anhaltspunkte dafür, daß das Landgericht vom Angeklagten einen Rechtsmittelverzicht abverlangt oder ihm die vorherige Beratung mit seinem Verteidiger verweigert hätte. Ob es in Anbetracht der Höhe der verhängten Strafe grundsätzlich geboten gewesen wäre, den Rechtsmittelverzicht nur nach erfolgter Rücksprache mit dem Verteidiger entgegenzunehmen, bedarf hier wegen der Besonderheiten des Falles keiner Entscheidung. Wie im Urteil näher dargelegt wird, hat das Landgericht den Angeklagten am letzten Verhandlungstag ca. zweieinhalb Stunden Zeit gegeben, das bisherige Ergebnis der Hauptverhandlung zusammen und mit ihrem jeweiligen Verteidiger sowie einem Dolmetscher – den der Angeklagte E. allerdings hinausgeschickt hat – zu erörtern und sich über den weiteren Fortgang des Verfahrens Gedanken zu machen. Auf Grund dieser Besprechung hat sich der Angeklagte E. zu einem Geständnis durchgerungen, das das Landgericht – wie vom Angeklagten erwartet – strafmildernd berücksichtigt hat. Bei dieser Sachlage muß davon ausgegangen werden, daß sich der Angeklagte auch ohne nochmalige Besprechung mit seinem Verteidiger, der Bedeutung des von ihm abgegebenen Rechtsmittelverzichts bewußt war.

26. Überredung durch Verteidiger ist kein Grund zur Anfechtung eines erklärten Rechtsmittelverzichts.

StPO § 302 – BGH Beschl. v. 10. 4. 1991 – 3 StR 354/90 (= BGHR StPO § 302 I Satz 1 Rechtsmittelverzicht 8)

Der Angeklagte hat durch Erklärung zu Protokoll der Rechtsantragsstelle des Amtsgerichts am 23. 11. 1990 beantragt, durch Beschluß festzustellen, daß die durch seine Pflichtverteidigerin erklärte Revisionsrücknahme unwirksam sei. Er macht geltend, daß seine Verteidigerin ihn durch – wie sich nachträglich herausgestellt habe – unzutreffende Rechtsausführungen „überredet" habe, in die Revisionsrücknahme einzuwilligen.

Sachverhalt: Die gerichtlich bestellte Verteidigerin des Angeklagten hat mit Schriftsatz vom 17. 10. 1990 die von seinem früheren Pflichtverteidiger eingelegte und zugleich begründete Revision gegen das Urteil des Landgerichts vom 27. 3. 1990 zurückgenommen. Mit weiterem Schreiben vom 30. 10. 1990 hat sie anwaltlich versichert, daß der Angeklagte sie ausdrücklich zur Rücknahme der Revision ermächtigt habe. – Das Rechtsmittel war erfolglos.

Gründe: Das Feststellungsbegehren ist zulässig. Wird die Wirksamkeit einer Rechtsmittelrücknahme von einem Verfahrensbeteiligten bestritten, ist in der Regel eine feststellende Klärung durch förmliche Entscheidung des Rechtsmittelgerichts angezeigt (vgl. BGH Beschl. v. 5. 1. 1983 – 3 StR 471/82 und v. 26. 6. 1984 – 1 StR 275/84; OLG Schleswig Sch1HA 1972, 161). Angesichts des eindeutigen Wortlauts ist eine erneute – unzulässige – Revisionseinlegung in der Erklärung des Angeklagten vom 23. 11. 1990 nicht zu sehen.

In der Sache kann dem Antrag des Angeklagten dagegen nicht entsprochen werden. Vielmehr ist festzustellen, daß die Revision ihre Erledigung durch wirksame Rücknahme gefunden hat.

Aus der Erklärung des Angeklagten, er sei „überredet" worden, der Revisionsrücknahme zuzustimmen, ergibt sich ohne weiteres, daß er seiner Verteidigerin die nach § 302 Abs. 2 StPO notwendige Ermächtigung, für die eine bestimmte Form nicht vorgeschrieben ist (vgl. BGHR StPO § 302 I 1 Rechtsmittelverzicht 6 [BGH Beschl. v. 30. 5. 1988 – 1 StR 218/88; vgl. § 302 StPO erfolglose Rügen]), erteilt hatte und daß ihre entsprechende anwaltliche Versicherung richtig ist. An diese Ermächtigung ist der Angeklagte aber nach

Zugang der Rücknahmeerklärung beim zuständigen Gericht gebunden. Sie ist ebenso wie die Rechtsmittelrücknahme selbst grundsätzlich weder widerruflich noch anfechtbar (vgl. BGHSt. 10, 245, 247 [BGH Beschl. v. 3. 5. 1957 – 5 StR 52/57; vgl. § 302 StPO erfolglose Rügen]; BGH GA 1969, 281[1]; BGHR StPO § 302 I 1 Rechtsmittelverzicht 4 [BGH Beschl. v. 2. 3. 1988 – 2 StR 46/88; vgl. § 302 StPO erfolglose Rügen]). Die Ermächtigung nach § 302 Abs. 2 StPO ist Wirksamkeitsvoraussetzung für die Rechtsmittelrücknahme durch den gerichtlich bestellten Verteidiger, die ihrerseits als verfahrensbeendigende Prozeßhandlung den Eintritt der Rechtskraft (in der Regel) unmittelbar herbeiführt. Zwingende Gründe der Rechtssicherheit lassen daher die Berücksichtigung von Willensmängeln – zumal eines Irrtums im Beweggrund – jedenfalls dann nicht zu, wenn sie nicht die Folge einer Drohung oder einer unrichtigen richterlichen Auskunft sind. Ein solcher Ausnahmefall, in dem die Berücksichtigung von Willensmängeln in Betracht kommt, liegt nicht vor.

27. Der Irrtum des Angeklagten, der Mitangeklagte nehme das Urteil an, werde es auch in Zukunft nicht angreifen, führt nicht zur Anfechtbarkeit seiner Rücknahmeerklärung.

StPO § 302 – BGH Beschl. v. 25. 9. 1990 – 4 StR 204/90 (= BGHR StPO § 302 II Rücknahme 2)

Die Revision wurde eingelegt und zurückgenommen und danach – verspätet – erneut eingelegt, verbunden mit einem Antrag auf Wiedereinsetzung in den vorigen Stand eingelegt mit der Begründung, der Angeklagte habe zunächst darauf vertraut, sein Tatgenosse habe das Urteil angenommen, was aber nicht der Fall gewesen sei.

Sachverhalt: Gegen das Urteil des Landgerichts hatte der Angeklagte Revision eingelegt. Mit einem am 8. 11. 1989 beim Landgericht eingegangenen Schriftsatz nahm der Verteidiger des Angeklagten mit dessen Einverständnis das Rechtsmittel zurück. Dies geschah mit Rücksicht darauf, daß der Mitangeklagte das Urteil nicht angefochten hatte.

Mit einem am 15. 12. 1989 bei Gericht eingegangenen Schriftsatz legte dann aber der Verteidiger des Mitangeklagten doch noch – verspätet – Revision ein. Da er anwaltlich versicherte, daß die Versäumung der Frist ohne Verschulden seines Mandanten erfolgt sei, wurde diesem Wiedereinsetzung in den vorigen Stand gewährt.

Nachdem der Angeklagte davon Kenntnis erhalten hatte, daß sein Mitangeklagter nun das Urteil doch nicht hinnehme, stellte er am 15. 1. 1990 den Antrag, „das Urteil vom 8. 11. 1989 aufzuheben" und ihn „wieder in den alten Stand zu versetzen". Zur Begründung führt er aus: Er habe seinerzeit im Hinblick auf die Mitteilung seines Verteidigers, sein „Tatgenosse" habe sein Rechtsmittel gegen das Urteil zurückgezogen, sein Einverständnis mit der Rücknahme nur widerwillig erklärt, nachdem sein Verteidiger ihm eröffnet gehabt habe, er allein habe „keine Chance". Da sein Mitangeklagter das Urteil nunmehr angefochten habe, er selbst das Urteil auch als „durchaus zu hart" empfinde, bitte er, dies als Begründung für seinen „erneuten Revisionsantrag zu akzeptieren". – Das Rechtsmittel war erfolglos.

---

1 „Nachdem in der Hauptverhandlung das Urteil verkündet worden war, haben der Angeklagte und sein Verteidiger auf ein Rechtsmittel gegen dieses Urteil verzichtet. Der Verzicht ist protokolliert, und nach Verlesung ist das Protokoll insoweit von dem Angeklagten und seinem Verteidiger genehmigt worden. Trotzdem legte der Angeklagte Revision ein. Er beruft sich darauf, daß er von seinem Rechtsanwalt falsch über die Dauer des Berufsverbots belehrt worden sei und sich nur dadurch zur Annahme des Urteils habe bewegen lassen. Nach dieser eigenen Erklärung hat er bewußt auf Rechtsmittel verzichtet. Dieser Verzicht ist wirksam. Selbst wenn der Beschwerdeführer ihn infolge eines Irrtums über die Auswirkungen des Urteils ausgesprochen haben sollte, kann er ihn nicht mehr widerrufen, wegen Irrtums anfechten oder sonst zurücknehmen. Der Verzicht steht ebenfalls einer erneuten Revisionseinlegung entgegen." (Beschl. v. 21. 6. 1967 – 2 StR 290/67).

Gründe: Soweit darin ein Antrag auf Wiedereinsetzung in den vorigen Stand zu erblicken ist, kann ihm schon deshalb nicht stattgegeben werden, weil der Angeklagte eine Frist im Sinne von § 44 Satz 1 StPO nicht versäumt hat. Er hatte zunächst die Revision rechtzeitig eingelegt.

Wie bereits seine Formulierung „erneuter Revisionsantrag" erkennen läßt, will der Angeklagte seine Rücknahmeerklärung nicht mehr gegen sich gelten lassen. Diese ist jedoch rechtswirksam abgegeben worden. Sie führt zum Verlust des Rechtsmittels. Als Prozeßhandlung kann sie weder widerrufen noch wegen Irrtums angefochten werden (st. Rspr., vgl. BGHR StPO § 302 I Rücknahme 2 [BGH Beschl. v. 25. 9. 1990 – 4 StR 204/90; vgl. § 302 StPO erfolglose Rügen]). Im einzelnen gilt folgendes:

Wie die insoweit übereinstimmenden Angaben des Angeklagten und seines Verteidigers ergeben, war die Rücknahmeerklärung seinerzeit von der Ermächtigung des Angeklagten getragen. Beide gingen hierbei davon aus, daß der Mitangeklagte seine Revision „zurückgezogen" hatte, während er in Wirklichkeit ein Rechtsmittel nicht eingelegt hatte. Jedenfalls lag im Zeitpunkt der Besprechung des Angeklagten mit seinem Verteidiger über die Rücknahme der Revision ein Rechtsmittel seitens des Mitangeklagten nicht vor. Daß dieser mehr als einen Monat später das Urteil doch noch anfechten werde, war nicht vorhersehbar. Es wäre auch rechtlich unzulässig gewesen, die Rücknahme von einer entsprechenden Bedingung abhängig zu machen, da derartige Prozeßhandlungen – wie auch die Einlegung eines Rechtsmittels – klare Verhältnisse schaffen müssen; ein Schwebezustand wäre hiermit nicht vereinbar. Die Zurücknahme eines Rechtsmittels ist dementsprechend „bedingungsfeindlich" (allg. Meinung; vgl. BGHSt. 5, 183 [BGH Urt. v. 12. 11. 1953 – 3 StR 435/53; vgl. § 296 StPO erfolgreiche Rügen]).

Der Irrtum des Angeklagten, der Mitangeklagte nehme das Urteil an, werde es auch in Zukunft nicht angreifen, führt nicht zur Anfechtbarkeit seiner Rücknahmeerklärung. Es handelt sich hierbei um einen Irrtum im Beweggrund, der ihn zur Abgabe seiner Erklärung veranlaßt hat. Ein solcher hat grundsätzlich keinen Einfluß auf die Rechtswirksamkeit der einmal abgegebenen Rücknahmeerklärung (vgl. für den Fall des Rechtsmittelverzichts: BGH GA 1969, 281 [BGH Beschl. v. 21. 6. 1967 – 2 StR 290/67; vgl. § 302 StPO erfolglose Rügen]). Die öffentliche Bedeutung des Strafprozesses erfordert den zweifelsfreien Bestand und die unbedingte Wirksamkeit derartiger Prozeßhandlungen. Damit wäre es nicht zu vereinbaren, wenn eine solche Rücknahmeerklärung später durch Anfechtung seitens des Erklärenden in Wegfall gebracht werden könnte.

Der Angeklagte ist danach an seine Rücknahmeerklärung gebunden. In der Zurücknahme des Rechtsmittels liegt regelmäßig der Verzicht auf die Wiederholung des Rechtsmittels (BGHSt. 10, 245, 247 [BGH Beschl. v. 3. 5. 1957 – 5 StR 52/57; vgl. § 302 StPO erfolglose Rügen]). Eine erneute Einlegung und auch ein entsprechender Wiedereinsetzungsantrag sind daher unzulässig (BGH NJW 1984, 1974, 1975 [BGH Beschl. v. 23. 6. 1983 – 1 StR 351/83; vgl. § 302 StPO erfolglose Rügen]). Der Senat spricht nach allem durch Beschluß aus, daß das Rechtsmittel des Angeklagten durch Zurücknahme erledigt ist (vgl. RGSt 55, 213, 214; Beschl. des Senats v. 1. 9. 1988 – 4 StR 394/88).

28. Für die Ermächtigung zum Rechtsmittelverzicht ist eine bestimmte Form nicht vorgeschrieben; sie kann schriftlich, mündlich, auch fernmündlich erteilt werden.

StPO § 302 – BGH Beschl. v. 30. 5. 1988 – 1 StR 218/88 (= BGHR StPO § 302 I Satz 1 Rechtsmittelverzicht 6)

Die Revision wurde von dem Angeklagten selbst eingelegt, nachdem sein Verteidiger zuvor Rechtsmittelverzicht erklärt hatte.

Der Sachverhalt ergibt sich aus den Gründen. – Das Rechtsmittel war erfolglos.

Gründe: Die vom Angeklagten selbst mit Schreiben vom 14. 12. 1987 eingelegte Revision ist unzulässig. Denn zuvor hatte der Verteidiger durch Schreiben vom 10. 12. 1987 – eingegangen bei dem Landgericht München I am 11. 12. 1987 – rechtswirksam Rechtsmittelverzicht gemäß § 302 StPO erklärt. Der Angeklagte bestreitet ohne Erfolg die Wirksamkeit dieses Rechtsmittelverzichts. Zwar kann der Verteidiger den Verzicht auf Rechtsmittel nur mit besonderer Ermächtigung des Angeklagten erklären. Eine bestimmte Form ist indes für die Ermächtigung, die auch nicht ausdrücklich erklärt zu werden braucht, nicht vorgeschrieben; sie kann schriftlich, mündlich, auch fernmündlich erteilt werden.

Der Senat ist aufgrund der schriftlichen Erklärungen des Verteidigers Dr. R. vom 25. 2. 1988 und des Rechtsreferendars P. vom 22. 3. 1988 auch unter Berücksichtigung der Schreiben des Angeklagten vom 23. 4. 1988 und 7. 5. 1988 davon überzeugt, daß der Angeklagte den Verteidiger mündlich ermächtigt hat, den Rechtsmittelverzicht zu erklären.

Im übrigen weist der Senat darauf hin, daß die vom Angeklagten selbst eingelegte Revision im Falle ihrer Wirksamkeit deshalb unzulässig wäre, weil sie nicht form- und fristgerecht (§ 344, 345 StPO) begründet worden ist und insoweit auch eine Wiedereinsetzung in den vorigen Stand nicht mehr in Betracht käme.

29. Die Wirksamkeit eines Rechtsmittelverzichts hängt nicht davon ab, daß er nach der Protokollierung vorgelesen und genehmigt wird.

StPO § 302 – BGH Beschl. v. 9. 5. 1988 – 3 StR 161/88 (BGHR StPO § 302 I Satz 1 Rechtsmittelverzicht 5)

Die Revision rügt die Verletzung sachlichen Rechts, obwohl der Angeklagte nach der Urteilsverkündung auf Rechtsmittel verzichtet hatte.

Sachverhalt: Der Angeklagte, der Verteidiger und der Staatsanwalt haben nach Rechtsmittelbelehrung „ein jeder für sich" erklärt: „Ich verzichte auf die Einlegung eines Rechtsmittels." Diese Erklärung ist ihnen nicht gemäß § 273 Abs. 3 StPO vorgelesen und von ihnen auch nicht besonders genehmigt worden. – Das Rechtsmittel war erfolglos.

Gründe: Das Rechtsmittel ist unzulässig, weil der Angeklagte darauf nach der Verkündung des angefochtenen Urteils verzichtet hat (§ 302 Abs. 1 Satz 1 StPO). ...

Diese Erklärung ist ihnen zwar nicht gemäß § 273 Abs. 3 StPO vorgelesen und von ihnen auch nicht besonders genehmigt worden; sie nimmt deshalb nicht an der Beweiskraft des Hauptverhandlungsprotokolls (§ 274 StPO) teil. Gleichwohl ist dieser Vermerk ein wesentliches Beweisanzeichen dafür, daß der Angeklagte wirksam auf die Revision verzichtet hat (vgl. BGHSt. 18, 257, 258 [BGH Urt. v. 12. 2. 1963 – 1 StR 561/62]; vgl. § 302 StPO erfolgreiche Rügen]; BGH NStZ 1984, 181 [BGH Beschl. v. 29. 11. 1983 – 4 StR 681/83]; vgl. § 35a StPO erfolglose Rügen]). Es sind keine Anhaltspunkte ersichtlich, die Bedenken gegen die Richtigkeit des Vermerks oder gegen die Wirksamkeit des erklärten Verzichts begründen könnten. Vielmehr deuten sowohl die Verfahrenslage als auch die Anträge und Erklärungen der Verfahrensbeteiligten darauf hin, daß der Rechtsmittelverzicht dem Willen des Angeklagten und seines Verteidigers entsprach. Das Jugendschöffengericht hatte das Verfahren gemäß § 270 StPO an die Jugendkammer verwiesen, weil es die Anwendung von Erwachsenenstrafrecht für geboten und die eigene Strafgewalt nicht für ausreichend hielt. Der Sitzungsvertreter der Staatsanwaltschaft hatte in der Hauptverhandlung vor der Jugendkammer beantragt, den Angeklagten unter Einbeziehung des genannten früheren Urteils zu einer Einheitsjugendstrafe von fünf Jahren und sechs Monaten zu verurteilen. Der Verteidiger hatte ausweislich der Sitzungsniederschrift die Anwendung des Jugendstrafrechts beantragt, und zwar „eine Strafe bis oder unter fünf Jahren." Der Angeklagte, der schon öfter vor Gericht stand, hatte sich den Ausführungen seines Verteidigers angeschlossen.

Der Verzicht ist unanfechtbar und unwiderruflich. Das Wiedereinsetzungsgesuch vom 3. 5. 1988 ist damit gegenstandslos.

30. Die Tatsache, daß der Angeklagte im Laufe ein und desselben Tages anderen Sinnes geworden ist und das Rechtsmittel nach erklärtem Rechtsmittelverzicht nunmehr durchgeführt haben möchte, ändert nichts an seiner Wirksamkeit.

StPO § 302 – BGH Beschl. v. 2. 5. 1988 – 2 StR 46/88 (= BGHR StPO § 302 I Satz 1 Rechtsmittelverzicht 4)

Die Revision wurde von dem Angeklagten erst eingelegt, nachdem sein zuvor erklärter Rechtsmittelverzicht bereits bei Gericht eingegangen war.

Sachverhalt: Der Angeklagte hat dem Landgericht mit Schreiben vom 30. 10. 1987 mitgeteilt, er werde das gegen ihn ergangene Urteil annehmen. Am 2. 11. 1987 ist bei Gericht ein Schreiben eingegangen, in dem der Rechtsmittelverzicht widerrufen worden ist. – Das Rechtmittel war erfolglos.

Gründe: Der Senat stimmt in der Beurteilung der Revision mit der Auffassung des Generalbundesanwalts überein, der in seiner Antragsschrift folgendes ausgeführt hat:

„Die von dem Verteidiger des Angeklagten J. eingelegte Revision ist unzulässig (§ 349 Abs. 1 StPO).

Der Angeklagte hat dem Landgericht mit Schreiben vom 30. 10. 1987 mitgeteilt, er werde das gegen ihn ergangene Urteil annehmen. Darin liegt, wie aus dem anschließenden Anliegen zur Gestaltung des Strafvollzugs hervorgeht und die Wortwahl im Widerruf vom gleichen Tage zusätzlich belegt, nicht lediglich ein in die Zukunft weisendes Vorhaben, sondern die eindeutige Erklärung, wonach er auf Rechtsmittel verzichte. Der Verzicht, der auch das Rechtsmittel des Verteidigers umfaßt, wurde mit seinem Eingang bei dem Landgericht Trier, also am 30. 10. 1987, wirksam; an diesem Tage trat daher die Rechtskraft ein. Der dem Landgericht Trier erst am Montag, dem 2. 11. 1987 zugegangene Widerruf vermochte daran nichts mehr zu ändern. Anhaltspunkte dafür, daß das Widerrufsschreiben mit Vorbedacht schleppend befördert worden ist, sind weder ersichtlich noch vorgetragen. Die Tatsache, daß der Angeklagte im Laufe ein und desselben Tages anderen Sinnes geworden ist und das Rechtsmittel nunmehr durchgeführt haben möchte, ist rechtlich ohne Bedeutung. Der rechtswirksam erklärte Verzicht kann nicht widerrufen, angefochten oder sonst zurückgenommen werden (vgl. BGHSt. 10, 245, 247 [BGH Beschl. v. 3. 5. 1957 – 5 StR 52/57; vgl. § 302 StPO erfolglose Rügen]; BGH GA 1969, 281 [BGH Beschl. v. 21. 6. 1967 – 2 StR 290/67; vgl. § 302 StPO erfolglose Rügen]; ständige Rechtsprechung)."

31. Ob Verhandlungsunfähigkeit bei der Erklärung eines Rechtsmittelverzichts vorliegt, ist im Wege des Freibeweises zu prüfen; der Grundsatz „in dubio pro reo" gilt hier nicht.

StPO § 302 – BGH Beschl. v. 3. 11. 1987 – 5 StR 555/87 (= BGHR StPO § 302 I Satz 1 Rechtsmittelverzicht 3)

Die Revision wurde eingelegt, nach dem der Verteidiger des Angeklagten bereits Rechtsmittelverzicht erklärt hatte.

Sachverhalt: Rechtsanwalt M. als Verteidiger des Angeklagten hat mit Schriftsatz vom 4. 6. 1987 „auf Rechtsmittel gegen das Urteil der Kammer vom 3. 6. 1987 verzichtet". Hierzu war der Verteidiger ermächtigt, wie sich aus dem von dem Angeklagten unterschriebenen Zusatz er „bestätige ... die obige Erklärung" ergibt. – Das Rechtsmittel war erfolglos.

Gründe: Die Revision ist unzulässig, weil Rechtsanwalt M. als Verteidiger des Angeklagten mit Schriftsatz vom 4. 6. 1987 „auf Rechtsmittel gegen das Urteil der Kammer vom 3. 6. 1987 verzichtet" hat. ...

Es liegen keine hinreichenden Anhaltspunkte dafür vor, daß der Angeklagte bei der Bevollmächtigung seines Verteidigers verhandlungsunfähig und damit nicht in der Lage war, die Bedeutung seiner Erklärung zu erkennen. Diese Fähigkeit wird in der Regel nur durch schwere körperliche oder seelische Mängel ausgeschlossen; auf die Geschäftsfähigkeit im Sinne des Bürgerlichen Rechts kommt es nicht an (BGH NStZ 1983, 280 Nr. 25 [BGH Beschl. v. 11. 1. 1983 – 1 StR 788/82; vgl. § 302 StPO erfolglose Rügen]). Ob Verhandlungsunfähigkeit in diesem Sinne vorlag, ist im Wege des Freibeweises zu prüfen; der Grundsatz „in dubio pro reo" gilt hier nicht (BGH a.a.O. und NStZ 1984, 181 Nr. 26 [BGH Beschl. v. 29. 11. 1983 – 4 StR 681/83; vgl. § 35a StPO erfolglose Rügen] sowie 1984, 329 Nr. 25 [BGH Beschl. v. 3. 4. 1984 – 5 StR 172/84; vgl. § 35a StPO erfolglose Rügen]).

Allerdings läßt der Angeklagte in seiner Revisionsbegründung vortragen, er sei während der gesamten Hauptverhandlung und in der Woche danach wegen Tablettenmißbrauchs verhandlungsunfähig gewesen. Mit Verteidigerschriftsatz vom 3. 7. 1987 hat er dies auch für den 4. 6. 1987 behauptet und geltend gemacht, er habe an diesem Tage „einen völlig geistesabwesenden, die Realität nicht begreifenden, verstörten Eindruck" gemacht, „sich selbst weder klar äußern noch klar seine Gedanken formulieren" können, sondern habe sich nur „widersprüchlich, völlig wirr und unverständlich" geäußert.

Aus der von hier aus eingeholten anwaltlichen Erklärung des Rechtsanwalts M. vom 6. 10. 1987 ergibt sich jedoch nichts dergleichen. Der Verteidiger teilt darin mit, daß der Angeklagte ihn nach der Urteilsverkündung mit dem Entwurf einer Rechtsmittelverzichtserklärung beauftragt habe. Am 4. 6. 1987 habe er diesen Entwurf seinem Mandanten zur Genehmigung vorgelegt. Nachdem ein Absatz gestrichen worden sei und der Angeklagte eine handschriftliche Ergänzung (betreffend seinen Wunsch auf Verlegung „nach Haus III JVA Moabit") vorgenommen habe, hätten beide den Schriftsatz unterzeichnet. Die genannte Ergänzung habe der Angeklagte sinngemäß „als Quasi-Bedingung für seinen Rechtsmittelverzicht" bezeichnet.

Bei dieser Sachlage besteht kein Anhaltspunkt für die behauptete Verhandlungsunfähigkeit, vielmehr erweist die glaubhafte Äußerung von Rechtsanwalt M., daß dem Angeklagten durchaus klar war, welche Bedeutung die von ihm gebilligte Prozeßhandlung des Verteidigers besaß.

Die jetzt behauptete geistige Verwirrtheit des Angeklagten hat Rechtsanwalt M. jedenfalls nicht bemerkt, wobei es im übrigen ausgeschlossen erscheint, daß er – als erfahrener Strafverteidiger – anderenfalls den Rechtsmittelverzicht unter grobem Verstoß gegen § 43 S. 1 BRAO dem Gericht vorgelegt hätte.

Allerdings äußert sich Rechtsanwalt M. auch dahingehend, aus seinen „Verfahrensanträgen während der Hauptverhandlung" ließe sich ersehen, daß er „erhebliche Zweifel an der Verhandlungsfähigkeit des Mandanten gehabt" und deshalb „am ersten Verhandlungstage seine medizinische Untersuchung angeregt" hätte. Hieraus ergibt sich indes nichts, was die Wirksamkeit des Rechtsmittelverzichts berühren könnte.

Der Angeklagte ist gemäß der Anregung des Verteidigers im Laufe der Hauptverhandlung von Frau Dr. C. in der JVA Moabit auf seine Verhandlungsfähigkeit untersucht worden, ohne daß sich aus medizinischer Sicht Gründe ergaben, die dagegen sprachen. Ebenfalls während des Laufes der Hauptverhandlung ist der Angeklagte von dem Sachverständigen Dr. S. untersucht worden, der bis zur Erstattung seines Gutachtens am 3. 6. 1987 an dieser teilgenommen hat. In der Hauptverhandlung wurde außerdem der von dem Angeklagten gewünschte Sachverständige Dr. K. gehört, der bereits vor der Hauptverhandlung im Auftrage des Verteidigers ein nervenfachärztliches Gutachten über den Angeklagten erstellt hatte. Zwar betrafen die beiden Gutachten die Frage der Schuldfähigkeit des Angeklagten zur Tatzeit. Gleichwohl ist davon auszugehen, daß die Ärzte sich auch zur Frage der Verhandlungsfähigkeit des Angeklagten geäußert hätten, wenn bei ihnen Bedenken dagegen aufgekommen wären. Dies ergibt sich notwendig aus dem Verfahrensablauf. Dr. S. war am ersten Verhandlungstag mit der Untersuchung des Angeklagten beauftragt worden, nachdem der Verteidiger Zweifel an der Verhandlungsfähigkeit seines Mandanten geäußert hatte, weil dieser sich nicht konzentrieren könne und eine Erörterung des Prozeßstoffs nicht möglich sei. Der Angeklagte lehnte es jedoch ab, sich von Dr. S. untersuchen zu lassen und beharrte auf der von dem Verteidiger beantragten Untersuchung durch Dr. K. Dazu kam es zwar nicht, doch wurde dieser am 2. 6. 1987 vom Gericht „als weiterer Sachverständiger für die Frage der Schuldfähigkeit" und die „der medizinischen Voraussetzungen des § 66 StGB bestellt".

Wenn unter den geschilderten Umständen weder der forensisch erfahrene Nervenarzt Dr. S. noch der Chefarzt Dr. K., der das besondere Vertrauen des Angeklagten genoß, Zweifel an dessen Verhandlungsfähigkeit anmeldeten, sind solche auch jetzt nicht veranlaßt, zumal da auch der Verteidiger nach dem 25. 5. 1987 Entsprechendes nicht mehr geltend gemacht hat.

Bei dieser Sachlage ist der obige Antrag gerechtfertigt, ohne daß es weiterer Ermittlungen bedarf. Der Angeklagte ist an den Rechtsmittelverzicht gebunden (vgl. BGH GA 1969, 281 [BGH Beschl. v. 21. 6. 1967 – 2 StR 290/67; vgl. § 302 StPO erfolglose Rügen]); darauf, daß er nachträglich anderen Sinnes geworden ist, kommt es nicht an (vgl. Senat Beschl. v. 20. 11. 1979 – 5 StR 671/79).

32. Unwiderruflichkeit einer Rechtsmittelrücknahme trotz der Behauptung nicht eingehaltener Zusagen durch die Staatsanwaltschaft.

StPO § 302 – BGH Beschl. v. 18. 9. 1987 – 2 StR 430/87 LG Frankfurt am Main (= StV 1988, 372)

Die Revision beantragt, die Akten dem BGH vorzulegen, da die Rücknahme der Revision wegen Täuschung durch den Dezernenten der Staatsanwaltschaft unwirksam sei.

Sachverhalt: Die von dem Pflichtverteidiger des Angeklagten eingelegte Revision hat dessen am 26. 6. 1986 dazu bevollmächtigter Wahlverteidiger mit Schreiben vom 21. 11. 1986 zurückgenommen. Mit Schreiben vom 27. 11. 1986 hat der Angeklagte dem Landgericht zusätzlich mitgeteilt, daß mit der Zurücknahme der Revision durch den Wahlverteidiger auch die Revision des Pflichtverteidigers von ihm, dem Angeklagten, zurückgenommen worden sei.

Mit Schreiben vom 22. 12. 1986 hat der Wahlverteidiger beantragt, die Akten dem BGH vorzulegen, da die Rücknahme der Revision wegen Täuschung durch den Dezernenten der Staatsanwaltschaft unwirksam sei. Diese Täuschung sieht der Wahlverteidiger darin, daß ihm der Dezernent der Staatsanwaltschaft bei dem Landgericht Frankfurt zugesagt habe, der Angeklagte könne nach Rücknahme der Revision innerhalb einer Woche im offenen Vollzug sein. Die Zusage sei nicht eingehalten worden. – Das Rechtsmittel war erfolglos.

Gründe: Der Senat schließt sich dem GBA an, der in seiner Antragsschrift vom 12. 8. 1987 u.a. folgendes ausgeführt hat:

„Die Revision des Angeklagten ist wirksam zurückgenommen worden. ...

Der Rechtsmittelverzicht ist als Prozeßerklärung grundsätzlich unwiderruflich und unanfechtbar (vgl. BGH NStZ 1986, 278 [BGH Beschl. v. 14. 1. 1986 – 1 StR 589/85; vgl. § 302 StPO erfolglose Rügen]). Ob von diesem Grundsatz für den Fall eine Ausnahme zu machen ist, daß der Angeklagte aufgrund einer von der Staatsanwaltschaft bewirkten Täuschung das Rechtsmittel zurückgenommen hat, braucht nicht entschieden zu werden, weil der Wahlverteidiger des Angeklagten nicht getäuscht worden ist. Das ergibt sich klar aus der dienstlichen Erklärung des Dezernenten der Staatsanwaltschaft, der die bezeichnete Zusage gegeben haben soll."

33. Behauptung des Angeklagten, ihm habe beim Rechtsmittelverzicht die Übersicht gefehlt, weil eine korrekte Verständigung mit dem Dolmetscher und dem Verteidiger nicht möglich gewesen sei, unbeachtlich.

StPO § 302 – BGH Beschl. v. 4. 9. 1986 – 1 StR 461/86 (= BGHR StPO § 302 I Satz 1 Rechtsmittelverzicht 1)

Die Revision wurde eingelegt, obwohl der Angeklagte und sein Verteidiger auf Rechtsmittel verzichtet hatten.

Sachverhalt: Der Angeklagte und sein damaliger Verteidiger haben nach Verkündung des angefochtenen Urteils vom 22. 4. 1986 und Erteilung der vorgeschriebenen Rechtsmittelbelehrung auf Rechtsmittel verzichtet. Sie haben übereinstimmend erklärt: „Auf Rechtsmittel wird verzichtet. Das Urteil wird angenommen." Diese Erklärung ist vorgelesen und genehmigt sowie „übersetzt und rückübersetzt" worden. – Das Rechtsmittel war erfolglos.

Gründe: Die am 11. 6. 1986 eingelegte Revision des Angeklagten ist unzulässig, weil ausweislich des Protokolls der Angeklagte und sein damaliger Verteidiger nach Verkündung des angefochtenen Urteils vom 22. 4. 1986 und Erteilung der vorgeschriebenen Rechtsmittelbelehrung wirksam (§ 302 Abs. 1 Satz 1 StPO) auf Rechtsmittel verzichtet haben (vgl. etwa BGH Beschl. v. 25. 1. 1985 – 3 StR 533/84]. ...

Anhaltspunkte dafür, daß dieser Rechtsmittelverzicht unwirksam sein könnte, liegen nicht vor (vgl. BGHSt. 18, 257, 260 [BGH Urt. v. 12. 2. 1963 – 1 StR 561/62; vgl. § 302 StPO erfolgreiche Rügen]; 19, 101, 104 [BGH Urt. v. 17. 9. 1963 – 1 StR 301/63; vgl. § 302 StPO erfolglose Rügen]; BGH NStZ 1983, 280 [BGH Beschl. v. 11. 1. 1983 – 1 StR 788/82; vgl. 302 StPO erfolglose Rügen]). Soweit der Angeklagte jetzt behauptet, ihm habe die Übersicht gefehlt, weil eine korrekte Verständigung mit dem Dolmetscher und dem Verteidiger nicht möglich gewesen sei, ist dieses Vorbringen unglaubhaft. Wie sich aus dem Protokoll ergibt, hat während der zweitägigen Hauptverhandlung der Angeklagte niemals die Übertragungstätigkeit der zugezogenen Dolmetscherin beanstandet und geltend gemacht, daß die Verständigung nicht ausreiche. Auch sonst sind keine Umstände ersichtlich, welche die Wirksamkeit des Rechtsmittelverzichts in Frage stellen könnten. Daß der Angeklagte anderen Sinnes geworden ist und nunmehr Wert auf Durchführung der Revision legt, ist rechtlich ohne Bedeutung, weil der wirksam erklärte Verzicht nicht widerrufen, wegen Irrtums angefochten oder sonst zurückgenommen werden kann (BGH NStZ 1983, 280, 281).

Bei dieser Sachlage ist für die „rein fürsorglich" beantragte Wiedereinsetzung in den vorigen Stand kein Raum (vgl. BGH NStZ 1984, 181 [BGH Beschl. v. 29. 11. 1983 – 4 StR 681/83; vgl. § 35a StPO erfolglose Rügen] sowie BGH Beschlüsse v. 15. 10. 1981 – 1 StR 646/81 und v. 31. 1. 1986 – 2 StR 652/85).

34. Ankündigung des Staatsanwalts, für den Fall, daß kein Rechtsmittelverzicht erfolge, selbst Revision einlegen zu wollen, ist keine zum Widerruf des erklärten Rechtsmittelverzicht berechtigende Drohung.

StPO § 302 – BGH Beschl. v. 14. 1. 1986 – 1 StR 589/85 LG Nürnberg-Fürth (= NStZ 1986, 277)

Die Revision wurde nach zuvor erklärtem Rechtsmittelverzicht eingelegt und der Sinneswandel damit begründet, der Angeklagte sei zur Abgabe der Verzichtserklärung durch eine

Drohung des Staatsanwalts veranlaßt worden, selbst Revision einzulegen, falls der Angeklagte nicht auf Rechtsmittel verzichte.

Sachverhalt: Der Beschwerdeführer ist im Anschluß an die Urteilsverkündung über Fristen und Formen einer Revision belehrt worden. Er hat insoweit weder eine positive noch eine negative Erklärung abgegeben. Sein Entschluß, das Urteil anzunehmen, fiel nach seiner Darstellung erst, als die Strafkammer sich bereits in das Beratungszimmer zurückgezogen hatte. Der Rechtsmittelverzicht wurde durch die nochmals in den Sitzungssaal gerufene Strafkammer protokolliert. – Das Rechtsmittel war erfolglos.

Gründe:

1. Auf die Frage, ob die – nach Beendigung der Hauptverhandlung durch die nochmals in den Sitzungssaal gerufene Strafkammer vorgenommene – Protokollierung des Rechtsmittelverzichts an der Beweiskraft des Protokolls nach § 274 StPO teilnimmt, kommt es nicht an. Die Richtigkeit des Protokollvermerks wird durch die übereinstimmenden dienstlichen Erklärungen aller drei Berufsrichter und die Stellungnahme des früheren Verteidigen des Beschwerdeführers bestätigt. Daß die Protokollierung im Anschluß an eine Hauptverhandlung den Formerfordernissen genügt, hat der BGH bereits mehrfach entschieden (BGHSt. 31, 109 [113 ff.][1]; BGH, NJW 1984, 1974 [BGH Beschl. v. 23. 6. 1983 – 1 StR 351/83; vgl. § 302 StPO erfolglose Rügen]). ...

3. Zu Unrecht beruft sich der Beschwerdeführer auf die Entscheidungen des BGH (BGHSt. 18, 257 [BGH Urt. v. 12. 2. 1963 – 1 StR 561/62; vgl. § 302 StPO erfolgreiche Rügen] und 19, 101 [BGH Urt. v. 17. 9. 1963 – 1 StR 301/63; vgl. § 302 StPO erfolglose Rügen]). Ein Sachverhalt, der den dort entschiedenen Fällen vergleichbar wäre, liegt nicht vor. Nach der Sitzungsniederschrift und den dienstlichen Äußerungen der Richter ist der Beschwerdeführer im Anschluß an die Urteilsverkündung über Fristen und Formen einer Revision belehrt worden. Entgegen seinem Vorbringen ist er nicht gefragt worden, ob er auf Rechtsmittel verzichten wolle. Er hat – wie er selbst vorträgt – insoweit auch weder eine positive noch eine negative Erklärung abgegeben. Sein Entschluß, das Urteil anzunehmen, fiel nach seiner Darstellung erst, als die Strafkammer sich bereits in das Beratungszimmer zurückgezogen hatte und im Grunde kein Anlaß für eine alsbaldige Entscheidung für oder gegen die Einlegung eines Rechtsmittels bestand. Jedenfalls hatte er Gelegenheit, die nach der schriftlichen Erklärung seines früheren Verteidigers vor der Urteilsverkündung eingehend mit ihm erörterte Frage eines Rechtsmittelverzichts nochmals zu besprechen und ohne irgendein Drängen des Gerichts zu einem Entschluß zu kommen. Ein zur Unwirksamkeit des Verzichts führender Verstoß gegen die gerichtliche Fürsorgepflicht scheidet daher aus (vgl. auch BGH, StV 1983, 268[2]).

---

1 „Nach § 24 Abs. 1 Nr. 1a RPflG ist die Aufnahme von Erklärungen über die Einlegung und Begründung der Rechtsbeschwerde ‚zu Protokoll der Geschäftsstelle' (§ 341 Abs. 1 StPO i.V.m. § 79 Abs. 3 OWiG) dem Rechtspfleger übertragen. Sie liegt außerhalb der funktionellen Zuständigkeit des Richters, der sich einer Protokollierung der Rechtsbeschwerdeerklärung deshalb enthalten soll. Gleichwohl ist die durch den Richter erfolgte Aufnahme der Rechtsbeschwerdeerklärung in das Protokoll der Hauptverhandlung nicht unwirksam; denn ein richterliches (Hauptverhandlungs-)Protokoll steht der Niederschrift der Geschäftsstelle gleich und ersetzt sie." (BGH Beschl. v. 19. 8. 1982 – 1 StR 595/81).

2 „Ein zur Unwirksamkeit des Rechtsmittelverzichts führender Verstoß gegen das ‚fair trial'-Gebot oder gegen die gerichtliche Fürsorgepflicht liegt nur dann vor, wenn entweder dem Angeklagten vom Vorsitzenden des Gerichts eine Rechtsmittelverzichtserklärung ohne gleichzeitiges Anheimgeben, sich zuvor eingehend mit dem Verteidiger zu beraten, abverlangt und der Verzicht somit praktisch unter Ausschaltung des Verteidigers erwirkt wird oder wenn zwar ohne Einwirkung auf den Angeklagten, aber ohne daß diesem Gelegenheit zur vorherigen Beratung mit seinem Verteidiger gegeben worden wäre, ein entsprechender Verzicht zu Protokoll genommen wird" (BGH Beschl. v. 24. 3. 1983 – 1 StR 166/83).

4. An den wirksam erklärten Rechtsmittelverzicht ist der Beschwerdeführer gebunden. Der Verzicht ist als Prozeßerklärung grundsätzlich unwiderruflich und unanfechtbar (vgl. BGH, NStZ 1983, 280 f. [BGH Beschl. v. 11. 10. 1983 – 1 StR 788/82; vgl. § 302 StPO erfolglose Rügen] und NJW 1984, 1974 f.). Ob ausnahmsweise eine Anfechtung wegen Drohung in Betracht käme (vgl. dazu BGHSt. 17, 14 [19] [BGH Urt. v. 6. 12. 1961 – 2 StR 485/60; vgl. § 302 StPO erfolglose Rügen]), kann offen bleiben. Die vom Beschwerdeführer behauptete Ankündigung des Staatsanwalts, für den Fall, daß kein Rechtsmittelverzicht erfolge, selbst Revision einlegen zu wollen, erfüllt dieses Merkmal ersichtlich nicht. Dasselbe gilt für die angebliche Ankündigung seines Verteidigers, das Mandat niederzulegen, falls der Beschwerdeführer das Urteil nicht annehme.

35. Rechtsmittelverzicht gegenüber dem Urkundsbeamten der Geschäftsstelle nach Schluß der Verhandlung wirksam, wenn dieser schriftlich niedergelegt und vom Angeklagten genehmigt worden ist.

StPO § 302 – BGH Beschl. v. 23. 6. 1983 – 1 StR 351/83 LG München I (= NJW 1984, 1974)

Die Revision wurde nach zuvor erklärtem Rechtsmittelverzicht eingelegt.

Sachverhalt: Am 17. 12. 1982 verurteilte das Landgericht den Angeklagten wegen unerlaubten Handeltreibens mit Betäubungsmitteln zur Freiheitsstrafe. Rechtsmittelbelehrung wurde erteilt. Kurz nach Beendigung der Sitzung erklärte der Angeklagte nach Rücksprache mit seinem Verteidiger: „Ich nehme das Urteil an und verzichte auf Rechtsmittel." Diese Erklärung wurde vorgelesen, von dem Dolmetscher übersetzt und genehmigt. Daraufhin erklärte der im Sitzungszimmer noch anwesende Staatsanwalt ebenfalls Rechtsmittelverzicht. Die entsprechende Niederschrift, die einen Anhang zu dem noch am gleichen Tage fertiggestellten Protokoll über die Hauptverhandlung bildet, wurde von dem Urkundsbeamten der Geschäftsstelle, einem Justizsekretär, unterschrieben. Gleichwohl legte der Angeklagte am 20. 12. 1982 und erneut am 22. 12. 1982 Revision ein. Mit Beschluß vom 30. 12. 1982 verwarf das Landgericht das Rechtsmittel als unzulässig, weil der Angeklagte auf Einlegung der Revision verzichtet habe. Hiergegen legte der Angeklagte binnen einer Woche „Beschwerde" ein. Zu den Umständen des Rechtsmittelverzichts holte das Landgericht sodann Äußerungen des Staatsanwalts, des Verteidigers, des Dolmetschers und des Protokollführers ein. Ferner wurde das angefochtene Urteil dem Verteidiger zugestellt. Mit Beschluß vom 25. 3. 1983 verwarf das Landgericht die Revision wiederum als unzulässig, da die vorgeschriebene Begründung nicht erfolgt sei. Hiergegen wendet sich der Angeklagte mit dem fristgerecht angebrachten Antrag vom 18. 4. 1983 auf Entscheidung des Revisionsgerichts. Er bittet, „die Revision als zulässig zu erklären" und ihm Wiedereinsetzung in den vorigen Stand gegen die Versäumung der Revisionsbegründungsfrist zu gewähren. Der Generalbundesanwalt hält den Rechtsmittelverzicht für wirksam. Er beruft sich auf eine Entscheidung des RG (RGSt 17, [257]). – Das Rechtsmittel war erfolglos.

Gründe: ...
II.
Der Angeklagte hat auf die Einlegung Revision wirksam verzichtet (§ 302 I 1StPO). Der Rechtsmittelverzicht ist, wie trotz Fehlens einer besonderen Bestimmung stets gefordert worden ist, grundsätzlich an die gleiche Form wie die Einlegung des Rechtsmittels gebunden (RGSt 32, 277 [279]; BGHSt. 18, 257 [260] [BGH Urt. v. 12. 2. 1963 – 1 StR 561/62; vgl. § 302 StPO erfolgreiche Rügen]). Der Verzicht auf Einlegung der Revision muß also zu Protokoll der Geschäftsstelle oder schriftlich erklärt werden (§ 341 I StPO). Die Wahrung dieser Form soll sicherstellen, daß die Erklärung wohlüberlegt und unmißverständlich abgegeben wird.

Allerdings liegt ein gültiger Verzicht „zu Protokoll der Geschäftsstelle" nicht vor. Insoweit ist zur Aufnahme von Erklärungen gem. § 24 I Nr. 1 b RPflG grundsätzlich der Rechtspfleger berufen (vgl. BGHSt. 31, 109 [113][1]). Rechtspfleger war der tätig gewordene Urkundsbeamte der Geschäftsstelle, ein Justizsekretär, aber nicht. Die Verzichtserklärung wurde auch nicht von dem Vorsitzenden der Strafkammer – dieser war bei dem Rechtsmittelverzicht nicht mehr zugegen – zu Protokoll genommen, was gem. § 8 I RPflG wirksam gewesen wäre (BGHSt. 31, 109 [113 bis 115]; vgl. auch BGH Beschl. v. 25. 8. 1982 – 3 StR 290/82). Unter den besonderen Umständen des vorliegenden Falles ist jedoch die schriftliche Form gewahrt, obwohl der Angeklagte seine Erklärung nicht unterschrieben hat.

Das Merkmal der „Schriftlichkeit" schließt nicht unbedingt die handschriftliche Unterzeichnung ein (Gemeinsamer Senat, NJW 1980, 172 [174]). Entscheidend für das Prozeßrecht ist nicht, welche Anforderungen das bürgerliche Recht (§ 126 BGB) an diesen Begriff stellt, sondern allein, welcher Grad von Formstrenge nach den maßgeblichen verfahrensrechtlichen Vorschriften sinnvoll zu fordern ist (BVerfGE 15, 288 [292 = NJW 1963, 755]). Schriftliche Einlegung eines strafprozessualen Rechtsmittels – Gleiches muß auch für den Rechtsmittelverzicht gelten – erfordert eine (durch den Urheber selbst oder eine dazu ermächtigte Person) niedergeschriebene Erklärung und die eindeutige Erkennbarkeit des Erklärenden). Die Identität des Erklärenden – wie auch die Ernstlichkeit seiner Erklärung – ergibt sich regelmäßig aus der Unterschrift. Indessen ist die eigenhändige Unterzeichnung kein wesentliches Erfordernis der Schriftlichkeit. Es genügt vielmehr, daß aus dem Schriftstück in einer jeden Zweifel ausschließenden Weise ersichtlich ist, von wem die Erklärung herrührt und daß kein bloßer Entwurf vorliegt (RGSt 17, 256 [257]; 67, 385 [388]; BGHSt. 2, 77 [78] [BGH Urt. v. 18. 10. 1951 – 3 StR 513/51; vgl. § 345 StPO erfolgreiche Rügen]; 12, 317 [BGH Urt. v. 7. 1. 1959 – 2 StR 550/58; vgl. § 345 StPO erfolglose Rügen]; BVerfGE 15, 288 [291]).

Der vom Angeklagten erklärte Rechtsmittelverzicht entspricht unter dem Gesichtspunkt der funktionellen Bedeutung der Prozeßerklärung der schriftlichen Form: Bei der hier gegebenen Sachlage – über den Rechtsmittelverzicht fertigte der Urkundsbeamte der Geschäftsstelle ein von dem Protokoll über die Hauptverhandlung deutlich abgehobenes Schriftstück; die Erklärung, die der Angeklagte (nach Rücksprache mit seinem Verteidiger) abgegeben hatte, wurde in wörtlicher Rede wiedergegeben; diese Erklärung wurde vorgelesen, übersetzt und genehmigt – waren aus dem vom Protokollführer unterzeichneten Vermerk der Inhalt der Erklärung, die abgegeben worden ist, und die Person, von der sie ausging, zuverlässig zu entnehmen (vgl. Gemeinsamer Senat NJW 1980, 172). Ohne Belang ist, wie der Urkundsbeamte seine Rolle sah.

Diese Beurteilung der Form des Rechtsmittelverzichts steht nicht in Widerspruch zu tragenden Gründen anderer Entscheidungen des BGH. Zwar war die den Rechtsmittelverzicht enthaltende Niederschrift mit dem Protokoll über die Hauptverhandlung, das von dem Vorsitzenden und dem Urkundsbeamten der Geschäftsstelle unterschrieben ist (§ 271 I 1 StPO), äußerlich verbunden. Der Sache nach bildete der Anhang jedoch ein eigenständiges Schriftstück, das dem Angeklagten als schriftliche Erklärung zugerechnet werden kann. Darin liegt ein wesentlicher Unterschied zu dem Sachverhalt, der Gegenstand des Senatsbeschlusses vom 19. 8. 1982 – 1 StR 595/81 (BGHSt. 31, 109 [112]) – war.

---

1 „Nach § 24 Abs. 1 Nr. 1a RPflG ist die Aufnahme von Erklärungen über die Einlegung und Begründung der Rechtsbeschwerde ‚zu Protokoll der Geschäftsstelle' (§ 341 Abs. 1 StPO i.V.m. § 79 Abs. 3 OWiG) dem Rechtspfleger übertragen. Sie liegt außerhalb der funktionellen Zuständigkeit des Richters, der sich einer Protokollierung der Rechtsbeschwerdeerklärung deshalb enthalten soll. Gleichwohl ist die durch den Richter erfolgte Aufnahme der Rechtsbeschwerdeerklärung in das Protokoll der Hauptverhandlung nicht unwirksam; denn ein richterliches (Hauptverhandlungs-)Protokoll steht der Niederschrift der Geschäftsstelle gleich und ersetzt sie." (BGH Beschl. v. 18. 9. 1982 – 1 StR 595/81).

Gegen die sachliche Richtigkeit der Niederschrift bestehen keine Bedenken. Die Behauptung des Angeklagten, den Verzicht nicht erklärt zu haben, ist durch die dienstlichen Äußerungen des Staatsanwalts und des Protokollführers sowie die Stellungnahmen des Verteidigers und des Dolmetschers widerlegt. Der Senat zweifelt auch nicht daran – insoweit sind an die Annahme des Verzichtswillens strenge Anforderungen zu stellen –, daß der Angeklagte, der in der Hauptverhandlung ein umfassendes Geständnis abgelegt hatte, sich der Tragweite des von ihm erklärten Rechtsmittelverzichts bewußt war; insbesondere hatte sein Verteidiger ihn beraten und ihm gesagt, er komme dann sogleich in Strafhaft (vgl. RGSt 64, 164 [166]; BGHSt. 18, 257 [260]; BGHSt. 19, 101 [103/104] [BGH Urt. v. 17. 9. 1963 – 1 StR 301/63; vgl. § 302 StPO erfolglose Rügen]). Dafür, daß der Angeklagte bei Abgabe seiner Erklärung verhandlungsunfähig war (vgl. BGH, NStZ 1983, 280 Nr. 25 [BGH Beschl. v. 11. 1. 1983 – 1 StR 788/82; vgl. § 302 StPO erfolglose Rügen]), liegen keine Anhaltspunkte vor.

Ein wirksam erklärter Rechtsmittelverzicht ist unwiderruflich (BGHSt. 10, 245 [247] [BGH Beschl. v. 3. 5. 1957 – 5 StR 52/57; vgl. § 302 StPO erfolglose Rügen]; BGH, NStZ 1983, 280 [281]). Mithin war die spätere Revisionseinlegung durch den Angeklagten nicht mehr zulässig. Das Rechtsmittel mußte demgemäß als unzulässig verworfen werden. Hierzu war und ist, da es sich nicht um einen Fall des § 346 1 StPO handelt, nicht das Landgericht, sondern nach § 349 I StPO der BGH zuständig (BGH Beschl. v. 8. 10. 1963 – 1 StR 349/63). Schon deshalb waren die beiden Verwerfungsbeschlüsse des Landgerichts aufzuheben. Zu dem zweiten Verwerfungsbeschluß ist zu bemerken, daß angesichts der Unzulässigkeit des Rechtsmittels die Urteilszustellung nicht geeignet war, die Frist zur Begründung der Revision in Lauf zu setzen (vgl. BGHSt. 30, 335, 338 [BGH Beschl. v. 8. 1. 1982 – 2 StR 751/80; vgl. § 345 StPO erfolgreiche Rügen]).

Zugleich hatte der Senat die Revision des Angeklagten als unzulässig zu verwerfen. Der gültige Rechtsmittelverzicht schließt die Möglichkeit der Wiedereinsetzung in den vorigen Stand aus (BGH Beschl. v. 20. 8. 1980 – 2 StR 284/80).

36. Ist der Angeklagte nach ärztlicher Begutachtung für verhandlungsfähig erklärt worden, kann er auch die Bedeutung eines Rechtsmittelverzichts erkennen.

StPO § 302 – BGH Beschl. v. 11. 1. 1983 – 1 StR 788/82 LG Karlsruhe (= NStZ 1983, 280)

Die Revision wurde erneut eingelegt, nach dem der Verteidiger sie zuvor zurückgenommen hatte. Dazu trug der Verteidiger vor, der Angeklagte „leide ab und zu unter Haftpsychose"; in einem solchen Zustand wäre dieser nicht imstande gewesen, ihn wirksam zur Zurücknahme der Revision zu ermächtigen.

Sachverhalt: Gegen das Urteil legte der Verteidiger fristgerecht Revision ein. Mit Schriftsatz vom 12. 7. 1982 nahm der Verteidiger das Rechtsmittel zurück, nachdem ihn der Angeklagte mit Schreiben vom 6. 7. 1982 hierum gebeten hatte. Mit einem am 31. 7. 1982 beim Landgericht eingegangenen Schreiben teilte der Angeklagte indessen mit, „daß die Revision durchgehen soll." Dazu trug der Verteidiger vor, der Angeklagte „leide ab und zu unter Haftpsychose"; in einem solchen Zustand wäre dieser nicht imstande gewesen, ihn wirksam zur Zurücknahme der Revision zu ermächtigen. – Das Rechtsmittel war erfolglos.

Gründe: Der Verteidiger hat mit ausdrücklicher Ermächtigung des Angeklagten (§ 302 II StPO) die Revision zurückgenommen. Bedenken gegen die Rechtswirksamkeit sind nicht begründet.

Eine wirksame Ermächtigung zur Zurücknahme des Rechtsmittels setzt allerdings voraus, daß der Ermächtigende bei Abgabe seiner Erklärung verhandlungsfähig i.S. des Strafverfahrensrechts ist. Er muß sich in einem solchen Zustand geistiger Klarheit und Freiheit befinden, daß mit ihm strafgerichtlich verhandelt werden könnte; insbesondere muß er in der Lage sein, die Bedeutung von Prozeßerklärungen zu erkennen. Diese Fähigkeit wird i. d. R. nur durch schwere körperliche oder seelische Mängel oder Krankheiten ausgeschlossen; auf die Geschäftsfähigkeit i.S. des bürgerlichen Rechts kommt es nicht an (vgl. BGH Urt. v. 26. 4. 1956 – 3 StR 46/56, bei Dallinger, MDR 1958, 142[1]; v. 10. 1. 1958 – 5 StR 563/57, bei Dallinger, MDR 1958 141[2]; und v. 29. 7. 1970 – 2 StR 146/70 sowie Beschl. v. 20. 12. 1977 – 4 StR 633/77; v. 3. 8. 1978 – 4 StR 413/78 und v. 1. 10. 1980 – 2 StR 481/80; OLG Hamm, NJW 1973, 1894, 1895; OLG Hamburg, NJW 1978, 602). Ob der Angeklagte im dargelegten Sinne handlungsfähig war, ist als Prozeßvoraussetzung im Wege des Freibeweises zu prüfen (BGH Urt. v. 19. 2. 1976 – 2 StR 585/73 [BGHSt. 26, 284; vgl. § 264 StPO erfolglose Rügen]; OLG Hamm, a.a.O.). Allerdings gilt der Grundsatz „in dubio pro reo" bei Zweifeln an der Verhandlungsfähigkeit nicht (BGH Urt. v. 10. 7. 1973 – 5 StR 189/73, bei Dallinger, MDR 1973, 902). Der Angeklagte war bei Abfassung seines Schreibens vom 6. 7. 1982 nicht verhandlungsunfähig.

Das Landgericht hat im Urteil auf der Grundlage des in der Hauptverhandlung erstatteten Gutachtens des Sachverständigen Dr. M. festgestellt, es sei auszuschließen, daß der Heroinkonsum des Angeklagten zu einer krankhaften Persönlichkeitsveränderung geführt habe; soweit während des Vollzugs der U-Haft ein hochgradiger Erregungszustand aufgetreten sei, habe es sich sehr wahrscheinlich um eine Haftpsychose gehandelt, die inzwischen „völlig abgeklungen" sei. Zwar vertrat der Anstaltsarzt der Vollzugsanstalt Karlsruhe in einem Vermerk vom 7. 7. 1982 die Auffassung, der Angeklagte sei „psychisch krank". Trotzdem gestatten Form und Inhalt des Schreibens vom 6. 7. 1982 die Folgerung, daß sich der Angeklagte der Tragweite seiner Erklärung voll bewußt war (vgl. dazu BGH Beschl. v. 1. 10. 1980 – 2 StR 481/80 und v. 15. 10. 1981 – 1 StR 646/81). Zur Begründung der Rechtsmittelrücknahme hat er ausgeführt: „Ich bin mit meiner Strafe einverstanden und möchte in Strafhaft gehen." Das steht in Einklang damit, daß der Angeklagte in der Hauptverhandlung „ein volles Geständnis" abgelegt hat.

Es kann auch nicht außer Betracht bleiben, daß der Verteidiger Gelegenheit hatte, den Angeklagten zu beraten, bevor er die Revision mit Schriftsatz vom 12. 7. 1982 zurücknahm (vgl. dazu BGHSt. 18, 257 [260] [BGH Urt. v. 12. 2. 1963 – 1 StR 561/62; vgl. § 302 StPO erfolgreiche Rügen]; 19, 101 [104] [BGH Urt. v. 17. 9. 1963 – 1 StR 301/63; vgl. § 302 StPO erfolglose Rügen]).

An die Zurücknahme des Rechtsmittels bleibt der Angeklagte gebunden. Als Prozeßhandlung kann sie im Hinblick auf die im öffentlichen Interesse erforderliche Sicherstellung eines geordneten Verfahrens nicht widerrufen, wegen Irrtums angefochten oder sonst zurückgenommen werden (RGSt 57, 83; 64, 14 [15]; BGHSt. 5, 338 [341] [BGH Beschl. v.

---

1 „In der Sache 3 StR 439/53 (Urt. v. 29. 4. 1954) hat der Senat bemerkt, die Frage, ob der Verfahrensmangel der fehlenden Verhandlungsfähigkeit vorliege, habe das Revisionsgericht ohne Bindung an die tatsächlichen Feststellungen des Urteils zu prüfen. Damit sei es jedoch durchaus vereinbar, daß die Frage, ob der Angeklagte verhandlungsfähig gewesen sei, in erster Linie vom Tatrichter zu beurteilen sei. Dieser sei auf Grund des unmittelbaren Eindrucks, den er vom Angeklagten gewinne, am besten in der Lage zu erkennen, ob dieser über diejenigen physischen Fähigkeiten verfügt, die ihn in den Stand setzen, dem Gang der Verhandlung zu folgen und die ihm zustehenden Rechte geltend zu machen."
2 „Die Verhandlungsfähigkeit ist eine Prozeßvoraussetzung. Sie richtet sich nach anderen Grundsätzen als die Prozeßfähigkeit des bürgerlichen Verfahrensrechts. Für die strafrechtliche Verhandlungsfähigkeit kommt es nur darauf an, daß der Angeklagte sich im Zeitpunkt der Hauptverhandlung noch in einem solchen Zustand geistiger Klarheit und Freiheit befindet, daß mit ihm strafgerichtlich verhandelt werden kann. Der Angeklagte muß imstande sein, anderen das verständlich zu machen, was er vorbringen will, und das in sich aufzunehmen und zu verstehen, was andere erklären. Deshalb kann auch gegen einen geisteskranken Angeklagten strafgerichtlich verhandelt werden, wenn es sich um eine Form der Geisteskrankheit handelt, die eine vernünftige Verteidigung zuläßt." (BGH Urt. v. 10. 1. 1958 – 5 StR 563/57).

20. 11. 1953 – 1 StR 279/53; vgl. § 335 StPO erfolgreiche Rügen]; 10, 245 [247] [BGH Beschl. v. 3. 5. 1957 – 5 StR 52/57; vgl. § 302 StPO erfolglose Rügen]; BGH Beschl. v. 20. 12. 1977 – 4 StR 633/77; v. 4. 7. 1978 – 4 StR 331/78 und v. 15. 10. 1981 – 1 StR 646/81). Deshalb ist der bei dem Angeklagten eingetretene Sinneswandel unbeachtlich.

37. Rechtsmittelverzicht vor Beginn der Einlegungsfrist wirksam.

StPO § 302 – BGH Beschl. v. 9. 10. 1973 – 5 StR 505/73 LG Hamburg (= BGHSt. 25, 234)

Das Revisionsvorbringen ist nicht bekannt.

Sachverhalt: Das Urteil ist durch Verlesung der Urteilsformel und Eröffnung der Urteilsgründe in Abwesenheit des Angeklagten am 17. 4. 1973 verkündet worden. Der Angeklagte hat durch ein an das Landgericht gerichtetes und bei diesem am 11. 5. 1973 eingegangenes Schreiben vom 8. 5. 1973 auf das Rechtsmittel der Revision verzichtet. Das Urteil wurde erst am 24. 7. zugestellt. – Das Rechtsmittel war erfolglos.

Gründe: Die Revision des Angeklagten gegen das Urteil des Landgerichts in Hamburg vom 17. 4. 1973 ist unzulässig, weil der Angeklagte durch sein an das Landgericht gerichtetes und bei diesem am 11. 5. 1973 eingegangenes Schreiben vom 8. 5. 1973 auf das Rechtsmittel der Revision verzichtet hat.

Das Urteil ist durch Verlesung der Urteilsformel und Eröffnung der Urteilsgründe in Abwesenheit des Angeklagten verkündet worden. Die Frist zur Einlegung der Revision begann daher für den Angeklagten erst mit der Zustellung des mit Gründen versehenen Urteils an ihn (§§ 341 Abs. 2, 232 Abs. 4, 145a Abs. 2 StPO). Sie hat am 24. 7. 1973, also erst nach dem Rechtsmittelverzicht stattgefunden. Die Anwesenheit des Verteidigers bei der Urteilsverkündung ist für den Fristbeginn ohne Bedeutung.

Daß der Angeklagte den Verzicht in einem Zeitpunkt erklärt hat, in welchem die Frist zur Einlegung der Revision noch nicht begonnen hatte, macht den Verzicht nicht unwirksam.

Das Reichsgericht hat in ständiger Rechtsprechung die Meinung vertreten, der Verzicht auf ein Rechtsmittel könne nicht vor dem Beginn der Einlegungsfrist wirksam erklärt werden. Der beschließende Senat ist anderer Ansicht.

Soweit jene Meinung in RGSt 2, 78 ff. damit begründet wird, daß der Wortlaut des damaligen § 344, jetzigen § 302 StPO, nach welchem „der Verzicht auf die Einlegung eines Rechtsmittels auch vor Ablauf der Frist zu seiner Einlegung wirksam erfolgen" kann, den Beginn der Frist ausdrücklich voraussetze, greift die Begründung, wie das OLG Hamm in seinem Beschluß NJW 1957, 883 Nr. 20 zutreffend ausführt, nicht mehr durch, weil es inzwischen anerkannten Rechts ist, daß ein Rechtsmittel bereits vor Beginn der formellen Rechtsmittelfrist wirksam eingelegt werden kann, der Begriff der Rechtsmittelfrist daher tatsächlich nur noch die Frist bezeichnet, vor deren Ablauf spätestens ein befristetes Rechtsmittel eingelegt werden muß.

Die weitere Begründung, daß der Angeklagte erst durch die Bekanntgabe der Urteilsgründe in die Lage versetzt werde, sich über die Möglichkeit, ein Rechtsmittel mit Erfolg einzulegen, schlüssig zu werden, greift ebenfalls nicht durch. Abgesehen davon, daß die Erfolgsaussicht einer Revision keineswegs immer von dem Inhalt der Urteilsgründe abhängt – bei den unbedingten Revisionsgründen des § 338 Nr. 1–6 StPO fehlt es in aller Regel an einer solchen Abhängigkeit –, kommt es für die Beantwortung der Frage, ob der Angeklagte auf die Einlegung der Revision wirksam verzichtet hat, grundsätzlich nicht auf den Beweggrund für den Verzicht und demgemäß auch nicht darauf an, wie der Angeklagte die Erfolgsaussichten des Rechtsmittels beurteilt. Ob er auf die Einlegung der Revision verzichtet, weil er sich von ihr nichts verspricht, oder ob er aus einem anderen Grund auf das Rechtsmittel verzichtet, obwohl es Erfolg verspricht, ist in diesem Zusammenhang ohne Bedeutung.

Der Senat hält es aus diesem Grunde auch für bedenklich, einen Rechtsmittelverzicht, der vor dem Beginn der Rechtsmittelfrist erklärt wird, nur dann als wirksam zu erachten, wenn die Urteilsgründe dem Angeklagten, der bei der Verkündung des Urteils nicht zugegen war, inzwischen irgendwie bekannt geworden sind oder wenn es um eine Entscheidung geht, die keiner Begründung bedarf (OLG Hamm a.a.O.).

Ob auf die Einlegung einer Revision ohne weiteres wirksam verzichtet werden kann, sobald und solange das Rechtsmittel eingelegt werden darf, also frühestens, sobald die Entscheidung existiert, braucht jedoch im vorliegenden Fall nicht erörtert zu werden.

Ein Angeklagter, der in Abwesenheit verurteilt worden ist, kann vor Beginn der Rechtsmittelfrist jedenfalls dann auf Einlegung der Revision wirksam verzichten, wenn er zuvor Gelegenheit hatte, sich über den Inhalt der verkündeten Urteilsgründe zuverlässig zu unterrichten. Er bringt dadurch, daß er verzichtet, ohne sich über die Urteilsgründe unterrichtet zu haben, zum Ausdruck, daß er unabhängig von den Urteilsgründen und den sich aus ihnen ergebenden Aussichten des Rechtsmittels auf dieses verzichten will. Ein solcher Rechtsmittelverzicht kann nicht allein deshalb als unwirksam beurteilt werden, weil der Angeklagte die Begründung des Urteils nicht kannte.

So liegt es hier: Der Angeklagte hat in seiner oben erwähnten schriftlichen Verzichtserklärung vom 8./11. 5. 1973 behauptet, daß ihm die Begründung des Urteils nicht bekannt sei. Ob dies zutrifft, kann dahingestellt bleiben. Der weitere Inhalt des Schreibens beweist zur Überzeugung des Senats, daß der Angeklagte vor Abgabe der Verzichterklärung mit seinem Verteidiger verhandelt hatte und ihm von diesem geraten worden war, auf die Einlegung des Rechtsmittels zu verzichten, damit der gegen ihn erlassene Haftbefehl aufgehoben werde. Der Verteidiger war laut Sitzungsniederschrift anwesend, als das Urteil durch Verlesung der Urteilsformel und Eröffnung der Urteilsgründe verkündet wurde.

38. Rechtsmittelverzicht kann nicht infolge eines Irrtums über die Auswirkungen des Urteils widerrufen, wegen Irrtums angefochten oder sonst zurückgenommen werden.

StPO § 302 – BGH Beschl. v. 21. 6. 1967 – 2 StR 290/67 (= GA 1969, 281)

Die Revision wurde nach zuvor erklärtem Rechtsmittelverzicht eingelegt.

Sachverhalt: Nachdem in der Hauptverhandlung das Urteil verkündet worden war, haben der Angeklagte und sein Verteidiger auf ein Rechtsmittel gegen dieses Urteil verzichtet. Der Verzicht ist protokolliert, und nach Verlesung ist das Protokoll insoweit von dem Angeklagten und seinem Verteidiger genehmigt worden. Trotzdem legte der Angeklagte Revision ein. Er beruft sich darauf, daß er von seinem Rechtsanwalt falsch über die Dauer des Berufsverbots belehrt worden sei und sich nur dadurch zur Annahme des Urteils habe bewegen lassen. – Das Rechtsmittel war erfolglos.

Gründe: Nach dieser eigenen Erklärung hat er bewußt auf Rechtsmittel verzichtet. Dieser Verzicht ist wirksam (vgl. BGHSt. 18, 257 [BGH Urt. v. 12. 2. 1963 – 1 StR 561/62; vgl. § 302 StPO erfolgreiche Rügen]; 19, 101 [BGH Urt. v. 17. 9. 1963 – 1 StR 301/63; vgl. § 302 StPO erfolglose Rügen]). Selbst wenn der Beschwerdeführer ihn infolge eines Irrtums über die Auswirkungen des Urteils ausgesprochen haben sollte, kann er ihn nicht mehr widerrufen, wegen Irrtums anfechten oder sonst zurücknehmen (BGH Beschl. v. 17. 7. 1959 – 5 StR 328/59; vgl. auch BGH 10, 245, 247 [BGH Beschl. v. 3. 5. 1957 – 5 StR 52/57; vgl. § 302 StPO erfolglose Rügen]). Der Verzicht steht ebenfalls einer erneuten Revisionseinlegung entgegen.

39. Ein unter Umgehung des Verteidigers abverlangter Rechtsmittelverzicht unmittelbar nach Verurteilung zu lebenslanger Haft ist unwirksam.

StPO § 302 – BGH Urt. v. 17. 9. 1963 – 1 StR 301/63 Schwurgericht Waldshut (= BGHSt. 19, 101 = NJW 1963, 2236)

Die Revision rügt die Verletzung sachlichen Rechts.

Sachverhalt: Die Niederschrift über die Hauptverhandlung enthält im Anschluß an die Urteilsverkündung folgenden Vermerk:

„Rechtsmittelbelehrung wurde erteilt.

Der Angeklagte wurde von dem Vorsitzenden gefragt ob er eine Erklärung abgeben wolle. Darauf gab er keine Erklärung ab.

Auf die weitere Frage des Vorsitzenden, ob er das Urteil annehmen wolle, erklärte er sofort:

„Ich nehme das Urteil an."

Sodann wurde der Verteidiger gefragt, ob er eine Erklärung abgeben wolle.

Er erklärte etwa sinngemäß:

„Nachdem der Angeklagte eine Erklärung abgegeben hat, kann ich ja nichts mehr sagen." – Das Rechtsmittel war erfolglos.

Gründe: Diesem Geschehen ist, wie die Revision mit Recht geltend macht, kein wirksamer Rechtsmittelverzicht des Angeklagten zu entnehmen. Gegen den Angeklagten war vor dem Schwurgericht an zwei Tagen verhandelt worden. Der Angeklagte stand unter dem Vorwurf des Mordes, also des nach der Rechtsordnung schwersten Verbrechens. Er wurde auch entsprechend dem Eröffnungsbeschluß zu der für Mord angedrohten lebenslangen Zuchthausstrafe verurteilt. Es entsprach weder dem Willen des Gesetzes noch war es hier nach der Sachlage irgendwie veranlaßt, den Angeklagten unmittelbar im Anschluß an die Urteilsverkündung zur Erklärung über den Rechtsmittelverzicht zu veranlassen. Mit gutem Grund warnt Nr. 124 Abs. 2 der Richtlinien für das Strafverfahren davor, eine übereilte Erklärung des Angeklagten über einen Verzicht auf Rechtsmittel herbeizuführen. Hier hatte der Angeklagte von sich aus keinen Anlaß und kein Bedürfnis, sich sofort über Einlegung oder Nichteinlegung des zulässigen Rechtsmittels schlüssig zu werden. Zum Unterschied von einem zu zeitiger Freiheitsstrafe verurteilten in Haft befindlichen Angeklagten (vgl. § 450 StPO) konnte hier ein Rechtsmittelverzicht dem Angeklagten nur Nachteile, aber keinerlei Vorteil bringen. Die Entscheidung über einen so wichtigen Schritt war ihm nach der starken seelischen Beanspruchung durch eine zweitägige Hauptverhandlung und die darauf folgende Urteilsverkündung unmittelbar im Anschluß an diese auch gar nicht zuzumuten. Er war bei seinem Bildungsstand auch nicht in der Lage, von sich aus die Aussichten einer Revision zu beurteilen. Keinesfalls durfte ihm daher eine Erklärung abverlangt werden, ohne daß er sich vorher mit seinem Verteidiger darüber beraten hatte. Da die Strafprozeßordnung in Schwurgerichtssachen wegen des hier regelmäßig vorliegenden schweren Tatvorwurfs ausnahmslos die Verteidigung für notwendig erklärt (§ 140 Abs. 1 Nr. 1 StPO), entspricht es nach Ansicht des Senats dem Sinn dieser Regelung, daß mindestens in Schwurgerichtssachen vom Gewicht der vorliegenden der Angeklagte die Frage, ob er ein Rechtsmittel einlegen soll oder nicht, – von deren richtiger Beantwortung vielleicht sein ganzes weiteres Schicksal abhängt, – erst entscheiden soll, nachdem er sich mit seinem Verteidiger beraten hat oder zumindest ausreichend Gelegenheit erhalten hat, das zu tun. Wird dem Angeklagten vom Vorsitzenden des Gerichts in einem solchen Falle eine Erklärung über seinen Rechtsmittelverzicht abverlangt, ohne daß er zugleich darauf hingewiesen wird, er solle eine solche Erklärung erst nach eingehender Beratung mit seinem Verteidiger abgeben, und verzichtet der Angeklagte dann auf Rechtsmittel, muß der praktisch unter Umgehung oder Ausschaltung des Verteidigers erwirkte

Rechtsmittelverzicht als unwirksam angesehen werden, weil er durch eine unzulässige Einwirkung zustande gekommen ist, wenn auch keines derjenigen Beeinflussungsmittel angewendet worden ist, die § 136 a StPO ausdrücklich verbietet.

Nun hat allerdings der Vorsitzende im Anschluß an die Erklärung des Angeklagten, daß er das Urteil annehme, auch den Verteidiger noch befragt, ob er eine Erklärung abgeben wolle. Dieser brachte aber zum Ausdruck, daß eine Erklärung seinerseits zwecklos sei, nachdem der Angeklagte bereits bindend auf Rechtsmittel verzichtet habe. Das traf zwar nicht zu, insofern der Verteidiger, wie seinen Worten zu entnehmen war, die Frage des Rechtsmittelverzichts noch mit dem Angeklagten besprechen wollte (BGHSt. 18, 257 [BGH Urt. v. 12. 2. 1963 – 1 StR 561/62; vgl. § 302 StPO erfolgreiche Rügen]). Der Vorsitzende hat aber beide auf diese noch bestehende Möglichkeit nicht hingewiesen, sondern die Ansicht des Verteidigers unwidersprochen gelassen, so daß der Angeklagte in Wirklichkeit eine Verzichtserklärung abgegeben hat, ohne daß ihm vorher Gelegenheit gegeben wurde, sich mit seinem Verteidiger, der dies erkennbar für erforderlich hielt, zu beraten. Bei solchem Sachverhalt liegt trotz der Beurkundung im Protokoll kein bindender Rechtsmittelverzicht des Angeklagten vor. Daß der in die Sitzungsniederschrift aufgenommene Vermerk über den angeblichen Rechtsmittelverzicht des Angeklagten nicht an der Beweiskraft des Protokolls gemäß § 274 StPO teilnimmt, hat der Senat schon in BGHSt. 18, 257 entschieden.

In der Sache kann die Revision des Angeklagten keinen Erfolg haben. (Wird ausgeführt ...).

40. § 136a StPO ist auf die Erklärungen des Rechtsmittelverzichts und der Rechtsmittelrücknahme nicht entsprechend anwendbar.

StPO §§ 136a, 302 – BGH Urt. v. 6. 12. 1961 – 2 StR 485/60 OLG Düsseldorf (= BGHSt. 17, 14 = NJW 1962, 598)

Die Revision rügt, das Landgericht hätte eine Berufung gegen ein amtsgerichtliches Urteil nicht mit der Begründung als unzulässig verwerfen dürfen, der Angeklagte habe wirksam auf Rechtsmittel verzichtet. Der Rechtsmittelverzicht sei in unzulässiger Weise zustande gekommen, weil der Staatsanwalt die Entschließungsfreiheit des Angeklagten dadurch unzulässig beeinträchtigt habe, daß er nach der Rechtsmittelbelehrung durch das Gericht Antrag auf Erlaß eines Haftbefehls wegen Verdunkelungsgefahr gestellt und diesen zurückgenommen habe, als der Angeklagte auf Rechtsmittel verzichtet hat.

Sachverhalt: Gegen den Angeklagten fand vor dem Jugendschöffengericht am 21. 1. 1960 Hauptverhandlung wegen fahrlässiger Verkehrsgefährdung und fahrlässiger Körperverletzung statt. Als Zeuge wurde der Mitfahrer, der Feinmechaniker B., eidlich vernommen, der damals eine Strafe wegen Diebstahls im Gefängnis W. verbüßte. Nachdem er zunächst dem Angeklagten günstige Angaben gemacht hatte, berichtigte er auf Vorhalt seine Aussage und belastete ihn. Seine Angaben veranlaßten den Staatsanwalt, Nachtragsanklage wegen Verkehrsunfallflucht und wegen erfolgloser Anstiftung zur Falschaussage zu erheben. Laut Sitzungsniederschrift erklärten sich der Angeklagte und sein Verteidiger mit der Einbeziehung der Nachtragsanklage in das Verfahren einverstanden. Das Jugendschöffengericht verurteilte den Angeklagten wegen sämtlicher ihm zur Last gelegten Taten. Nach der Urteilsverkündung erteilte der Vorsitzende Rechtsmittelbelehrung. Der Angeklagte entschied sich zunächst, heute noch keine Erklärung über einen Rechtsmittelverzicht abzugeben. Der Staatsanwalt beantragte daraufhin Erlaß eines Haftbefehls wegen Verdunkelungsgefahr. Als nunmehr der Angeklagte und sein Verteidiger, letzterer auch vorsorglich im Namen der Eltern des Angeklagten, auf Rechtsmittel verzichteten, nahm der Staatsanwalt den Haftbefehlsantrag zurück und verzichtete ebenfalls auf Rechtsmittel.

Gleichwohl legte der Angeklagte Berufung ein und berief sich darauf, daß er und sein Verteidiger wegen des inzwischen gestellten Haftbefehlsantrags auf Rechtsmittel verzichtet hätten; denn er habe als Folge einer auch nur kurzen Inhaftnahme schwerwiegende wirtschaftliche Nachteile befürchtet und diese allein durch den Rechtsmittelverzicht abwenden können. Die Jugendkammer als Berufungsgericht ist von der keineswegs zweifelsfreien Richtigkeit dieser Einlassung ausgegangen, hält aber den Rechtsmittelverzicht für wirksam und hat demgemäß die Berufung als unzulässig verworfen. An sich will zwar die Jugendkammer auf die Prozeßerklärungen des Rechtsmittelverzichts und der Rücknahme eines Rechtsmittels die Vorschrift des § 136a StPO entsprechend anwenden; sie erkennt auch an, daß in dem Antrage des Staatsanwalts auf Erlaß des Haftbefehls eine Bedrohung lag, die die Willensfreiheit des Angeklagten in der Frage des Rechtsmittelverzichts offenbar beeinträchtigt hat. Sie hält aber den Antrag, weder für prozessual noch für sachlich unberechtigt: Der Haftbefehl nach § 112 Abs. 1 Nr. 1 und 2 StPO könne bis zum rechtskräftigen Abschluß des Verfahrens beantragt und vom Gericht bis zu diesem Zeitpunkt erlassen werden. Wenn das Gericht den Antrag als unbegründet ablehne, bedeute das noch nicht, daß er unsachlich gewesen sei. Im vorliegenden Fall habe der Verdacht nahegelegen, daß der Angeklagte versuchen werde, den Zeugen B. erneut zu beeinflussen; angesichts der bekannten Verständigungsmöglichkeiten zwischen Strafgefangenen und Außenwelt sei diese Gefahr auch nicht deshalb wesentlich gemindert gewesen, weil sich der Zeuge in Strafhaft befunden habe. Wie naheliegend die Befürchtung des Staatsanwalts gewesen sei, ergebe sich auch daraus, daß der Angeklagte noch in der Hauptverhandlung vor dem Berufungsgericht dessen berichtigte Aussage in allen Punkten als falsch bezeichnet habe. Es komme deshalb auch nicht darauf an, ob das Gericht den Haftbefehl erlassen oder ihn abgelehnt hätte, wenn der Antrag nicht zurückgenommen worden wäre.

Der Angeklagte erhebt mit der Revision eine nicht nach § 344 Abs. 2 StPO ausgeführte Verfahrensrüge und die allgemeine Sachbeschwerde. Der zur Entscheidung berufene 1. Strafsenat des Oberlandesgerichts in Düsseldorf möchte die Revision als unbegründet verwerfen. Er hält den Antrag auf Erlaß eines Haftbefehls unter den festgestellten Umständen nicht für „sachgemäß"; er möge zwar sachlich gerechtfertigt gewesen sein; wegen des zeitlichen Zusammenhangs mit der Befragung über einen Rechtsmittelverzicht sei jedoch auf den Angeklagten in unangemessener Weise Zwang ausgeübt worden, sich über den Rechtsmittelverzicht sofort zu erklären, seine Entschlußfreiheit also vermeidbar beschränkt worden. Das Oberlandesgericht meint, der Staatsanwalt habe den Antrag schon im Anschluß an seinen Schlußvortrag stellen können; dann hätte bei der Rechtsmittelerklärung schon eine Entscheidung über die Untersuchungshaft vorgelegen, und der Angeklagte hätte sich frei entschließen können, ohne durch Ausnutzung der gesetzlichen Frist Nachteile befürchten zu müssen. Gleichwohl steht die Beeinträchtigung der Entschlußfreiheit des Angeklagten nach der Ansicht des Oberlandesgerichts der Wirksamkeit des Rechtsmittelverzichtes nicht entgegen. Es verneint die entsprechende Anwendbarkeit des § 136 a StPO auf Prozeßerklärungen entgegen der in Rechtsprechung und Schrifttum überwiegend vertretenen Ansicht; denn diese Vorschrift gehöre dem Beweisrecht an, während eine Rechtsmittelerklärung nicht der Ermittlung von Tatsachen, sondern den Zwecken der Prozeßbeteiligten diene und daher mit dem Vernehmungsergebnis einer Beweisaufnahme in keinem Punkt vergleichbar sei. Entscheidend ist für das Oberlandesgericht, daß die Prozeßerklärungen des Rechtsmittelverzichts und der Rücknahme eines Rechtsmittels unmittelbar Rechtsfolgen öffentlich-rechtlicher Art nach sich ziehen und deshalb auch dann weder anfechtbar noch widerruflich sein dürfen, wenn sie durch Täuschung, Zwang oder Drohung veranlaßt worden sind. Das Oberlandesgericht möchte demgemäß die Revision als unbegründet verwerfen, sieht sich hieran aber durch den Beschluß des Oberlandesgerichts in Hamm vom 25. 5. 1956 (NRW JMBl 1956, 250) gehindert. In dieser Entscheidung ist ausgesprochen, § 136a StPO müsse auch auf verfahrensrechtliche Willenserklärungen Anwendung finden, bei denen sich die Beeinträchtigung der Willensfreiheit noch nachteiliger für den Angeklagten auswirken könne als bei Aussagen auf Grund unzulässiger Vernehmungsmethoden. Das Oberlandesgericht Düsseldorf legt deshalb folgende Rechtsfrage dem Bundesgerichtshof gemäß § 121 Abs. 2 GVG zur Entscheidung vor:

Ist § 136a StPO entsprechend anzuwenden, wenn der Angeklagte von einem Organ der Strafrechtspflege durch verbotene Mittel zum Verzicht auf Rechtsmittel veranlaßt worden ist? – Das Rechtsmittel war erfolglos.

Gründe: ...

II. ...

1. Der Senat schließt sich der Auffassung des Vorlegungsbeschlusses zunächst insofern an, als er die Voraussetzungen für eine entsprechende Anwendung des § 136a StPO nicht für gegeben erachtet. Es fehlt, wie das Oberlandesgericht zutreffend hervorgehoben hat, an der erforderlichen Rechtsähnlichkeit der zu vergleichenden Rechtsgebiete. § 136 a StPO regelt seinem Wortlaut und seinem Zweck nach ausschließlich Fragen des Beweisrechts. Das kommt nicht nur in der Anordnung des Beweisverbots zum Ausdruck, sondern zeigt sich vor allem auch darin, daß der Gesetzgeber die entsprechende Anwendung der Bestimmung nur für die Vernehmung von Zeugen und Sachverständigen (§§ 69 Abs. 3, 72 StPO), nicht aber in anderer Beziehung vorgeschrieben hat.

Es läßt sich auch nicht ohne Einschränkung sagen, daß Gründe der Gerechtigkeit dazu zwängen, die Gültigkeit oder Ungültigkeit von Rechtsmittelerklärungen, die durch Willensmängel beeinflußt sind, nach genau denselben Gesichtspunkten zu beurteilen wie die Frage, mit welchen strafprozessualen Mitteln die Wahrheit erforscht werden darf und unter welchen Voraussetzungen das Gericht Beweisverboten unterliegen soll. Im Schrifttum ist bereits zutreffend darauf hingewiesen worden, daß sich keineswegs alle Einzelheiten der Regelung des § 136a StPO zu einer Anwendung auf Rechtsmittelerklärungen eignen.

2. Das bedeutet nicht, daß Willensmängel im Bereich der Rechtsmittelerklärungen grundsätzlich und ausnahmslos unbeachtlich seien. Wie schon erwähnt, will hier der Vorlegungsbeschluß dem Gesichtspunkt der Rechtssicherheit unbedingten Vorrang einräumen. Soweit ersichtlich, hat das Reichsgericht aus der Erwägung, daß die öffentlich-rechtliche Natur des Prozesses die unbedingte Gültigkeit der Rechtsmittelerklärung gebiete, nur die Anfechtbarkeit wegen Irrtums ausgeschlossen (vgl. RGSt 57, 83), zu der Frage dagegen, ob auch Täuschung, Zwang und Drohung grundsätzlich unbeachtlich sind, nicht Stellung genommen. Insoweit kann sich der Senat der Ansicht des Vorlegungsbeschlusses in ihrer Allgemeinheit nicht anschließen; er trägt z.B. Bedenken, die Erklärung der Rechtsmittelrücknahme, die von einem Dritten unter ernster Todesdrohung erzwungen worden ist, für schlechthin bindend anzusehen, auch wenn kein anderer Ausweg blieb. Das Gebot der Gerechtigkeit zwingt zu Ausnahmen von der unbedingten Gültigkeit der Rechtsmittelerklärungen und von der grundsätzlichen Unbeachtlichkeit erwiesener Willensmängel. Die Festlegung und Umgrenzung dieser Ausnahmen kann sich aber nicht unmittelbar und in den Einzelheiten an die Regelung des § 136a StPO anschließen. Nur seine Grundgedanken können mitberücksichtigt werden; im übrigen entscheidet die Art des Willensmangels und seiner Entstehung darüber, ob überwiegende Gründe der Gerechtigkeit den Vorrang vor dem Gesichtspunkt der Rechtssicherheit beanspruchen müssen. Es ist also möglich, daß eine bestimmte Drohung zwar die Unverwertbarkeit der durch sie erzwungenen Aussage zur Folge hat, die Gültigkeit eines durch sie veranlaßten Rechtsmittelverzichts dagegen unberührt läßt, wie umgekehrt das Verwertungsverbot des § 136a StPO nur für Aussagen gilt, die ein Staatsorgan mit unerlaubten Mitteln herbeigeführt hat, während die Gültigkeit einer Rechtsmittelerklärung auch durch die Drohung eines Dritten in Frage gestellt sein kann.

3. Der Vorlegungsfall gibt keinen Anlaß zu einer allgemeinen und umfassenden Erörterung, wie die Ausnahmen vom Grundsatz der Unbeachtlichkeit von Willensmängeln festzulegen und zu umgrenzen sind. Im Vorlegungsfall liegt jedenfalls eine solche Ausnahme nicht vor; der Angeklagte hat rechtswirksam auf Rechtsmittel verzichtet. Wie das Beru-

fungsgericht annimmt, ist er zu dieser Erklärung durch den Antrag auf Erlaß eines Haftbefehls veranlaßt worden. Dieser Antrag war nicht „sachgemäß". Der Vorwurf liegt allerdings nicht darin begründet, daß der Staatsanwalt den Antrag nicht schon im Anschluß an seinen Schlußvortrag, sondern später in zeitlichem Zusammenhang mit der Befragung über einen Rechtsmittelverzicht gestellt hat; denn Verdunkelungsgefahr konnte nicht allgemein, sondern nur für den Fall angenommen werden, daß es nicht zum rechtskräftigen Abschluß des Verfahrens kam. Deshalb ist es nicht einmal sicher, daß das Gericht über einen schon im Schlußvortrag gestellten Antrag des Staatsanwalts zugleich mit der Urteilsverkündung entschieden hätte, weil für den Richter natürlich dieselbe Abhängigkeit bestand. Übrigens hätte eine dem Antrag entsprechende Entscheidung den Angeklagten nicht aus seiner Zwangslage befreien können, weil dann die Aufrechterhaltung des Haftbefehls notwendigerweise davon abhing, ob er auf Rechtsmittel verzichtete oder nicht. Dies bedarf aber keiner weiteren Erörterung. Es kann nämlich nicht gesagt werden, daß der Staatsanwalt „unsachgemäß" handle, weil er mit seinem Antrag die tatsächlich gegebene Abhängigkeit zwischen Verdunkelungsgefahr und Rechtsmittelverzicht „ausnütze". Wenn ein Angeklagter durch seine Verdunkelungsmaßnahme diese Abhängigkeit selbst herbeiführt, so muß der Staatsanwalt seine Anträge notwendigerweise danach richten. Er kann nicht verpflichtet sein, einen sachlich gebotenen Antrag deshalb zu unterlassen, weil er dadurch den Angeklagten hinsichtlich der Rechtsmittelerklärung in eine von diesem selbst verschuldete Zwangslage versetzt. Bedenken gegen das Vorgehen des Staatsanwalts bestehen hier nur aus dem Grunde, weil nach den Umständen eine Verdunkelungsgefahr kaum in Betracht kommen konnte; denn der Zeuge B. befand sich in Strafhaft. Die Sorge, daß es dem Angeklagten gelingen könnte, gleichwohl mit B. in Verbindung zu kommen und ihn mit Erfolg nochmals zu einer falschen Aussage zu überreden, lag so fern, daß sie vernünftigerweise als Grund für eine Verdunkelungsgefahr ausschied. Daß der Angeklagte noch in der Berufungsverhandlung die Aussage B.'s als falsch bezeichnet hat, ist kein Beweis für eine Verdunkelungsgefahr im Sinne der Vorschriften über die Untersuchungshaft. Allerdings stand fest, daß B. nur noch drei Monate in Strafhaft verbleiben werde, und der Staatsanwalt konnte nicht ohne weiteres damit rechnen, daß es innerhalb dieser Zeit zu einer Berufungsverhandlung, geschweige denn zum rechtskräftigen Abschluß des Verfahrens kommen werde. Die Gefahr eines neuen Beeinflussungsversuchs nach Ablauf der drei Monate war auch nicht von der Hand zu weisen. Diese Gefahr aber gebot nicht, den Antrag auf Erlaß eines Haftbefehls unmittelbar nach Abschluß der Hauptverhandlung zu stellen, um dadurch eine sofortige Rechtsmittelentscheidung des Angeklagten herbeizuführen, obwohl ihm hier die Überlegungszeit der gesetzlichen Rechtsmittelfrist hätte belassen werden können. Insofern kann also der Antrag des Staatsanwalts nicht mehr als sachgemäß bezeichnet werden.

4. Dennoch ist der Rechtsmittelverzicht wirksam, weil der bloße Antrag des Staatsanwalts auf Anordnung der Untersuchungshaft, mag er auch im dargelegten Sinne unsachgemäß sein, nicht als eine Drohung angesehen werden darf, die dem durch sie veranlaßten Rechtsmittelverzicht die Verbindlichkeit nimmt. Im Bereich des § 136a StPO mag es für die Unterscheidung zwischen unzulässiger Drohung und bloßer Warnung nicht schlechthin darauf ankommen, ob der „Drohende" das in Aussicht gestellte Übel selbst herbeiführen kann und will oder nicht. Hier ist maßgebend, daß der Antrag des Staatsanwalts den Angeklagten keineswegs unmittelbar in eine Zwangslage versetzt hat, die ihm die sofortige Entscheidung abnötigte. Er hatte den Beistand eines Verteidigers und wußte, daß der Antrag nicht die Verhaftung selbst bedeutete und daß er zunächst einmal Gegenvorstellungen erheben und die Entscheidung des Gerichts abwarten konnte. Gerade wenn der Antrag sachlich nicht gerechtfertigt war, stand zu erwarten, daß das Gericht ihm nicht entsprach. Erst der Erlaß des Haftbefehls hätte den Beschwerdeführer vor die Notwendigkeit gestellt, auf die Berufung zu verzichten, um der Vollstreckung des Haftbefehls zu entgehen. Deshalb kann er keine solche Zwangslage geltend machen, die seinen Verzicht unwirksam macht.

Unter diesen Umständen kann dahinstehen, wie zu entscheiden wäre, wenn der Angeklagte die Erklärung erst nach Erlaß des Haftbefehls und unter seinem Eindruck abgegeben hätte, um seine sofortige Freilassung zu erreichen. Der Senat hätte auch dann Bedenken, den Rechtsmittelverzicht für unwirksam zu erklären, obwohl er die Beurteilung der Verdunkelungsgefahr durch das Berufungsgericht nicht billigt: er neigt allerdings zu der Ansicht, daß ein Verzicht nicht mehr als wirksam angesehen werden könnte, wenn der Haftbefehl klar ersichtlich jeder gesetzlichen Grundlage entbehrt.

41. Die Zurücknahme eines Rechtsmittels ist unwiderruflich.
StPO § 302 – BGH Beschl. v. 3. 5. 1957 – 5 StR 52/57 LG Hannover (= BGHSt. 10, 245 = NJW 1957, 1040)
Das Revision rügt die Verletzung sachlichen Rechts.

Sachverhalt: Gegen das Urteil vom 17. 9. 1956 hatte der Verteidiger des Angeklagten W. am 19. 9. 1956 Revision eingelegt. Am 22. 9. 1956 nahm er sie zurück. Am 24. 9. 1956 legte er erneut Revision ein. Nachdem ihm das Urteil am 15. 12. 1956 zugestellt worden war, rechtfertigte er die Revision am 28. 12. 1956 mit der allgemeinen Sachrüge.

Wie die vom Senat veranlaßten Ermittlungen ergeben haben, hat der Angeklagte W. am 22. 9. 1956 einer Angestellten im Büro des Verteidigers erklärt, die Revision solle zurückgenommen werden, weil ihm ein Verwandter gesagt habe, sie habe doch keinen Zweck. Die Zurücknahmeerklärung des Verteidigers vom 22. 9. 1956 war, wie dieser sich geäußert hat, „kaum aus dem Büro herausgegangen, als W. anrief und telefonisch darauf bestand, daß die Revision auf jeden Fall durchgeführt werden müsse. Seine anderslautende Erklärung vom Vormittag des gleichen Tages oder vom Tage vorher sei unwirksam gewesen". – Das Rechtsmittel war erfolglos.

Gründe: Das Rechtsmittel ist nicht mehr zulässig.

Das folgt allerdings nicht schon daraus, daß die schriftliche Vollmacht, die schon am 24. 11. 1955, also vor Erlaß des Urteils, ausgestellt worden ist, unter anderem den vorgedruckten Satz enthält, der Verteidiger sei ermächtigt, Rechtsmittel einzulegen und zurückzunehmen. Ob dies überhaupt als „ausdrückliche Ermächtigung" im Sinne des § 302 Abs. 2 StPO anzusehen wäre, ist in Rechtsprechung und Schrifttum umstritten. Diese Frage kann jedoch hier auf sich beruhen. Denn die erforderliche ausdrückliche Ermächtigung lag jedenfalls in der Erklärung, die der Angeklagte am 22. 9. 1956 im Büro des Verteidigers mündlich abgab und die diesem alsbald zur Kenntnis kam (vgl. BGH NJW 1952, 273).

Der Angeklagte nahm sie mit seinem Ferngespräch vom selben oder vom nächsten Tage zurück. Dieser Widerruf gegenüber dem Verteidiger genügt. Er ist aber nur wirksam, solange die Rücknahmeerklärung des Verteidigers nicht bei dem zuständigen Gericht eingegangen ist. Stände die Rechtzeitigkeit des Widerrufs fest, so wäre damit übrigens zugleich die allgemeine Ermächtigung aus der schriftlichen Vollmacht, wenn diese den Anforderungen des § 302 Abs. 2 StPO genügen sollte, erloschen.

Es läßt sich jedoch nicht feststellen, daß der Angeklagte widerrufen hat, ehe die Rücknahmeerklärung vom 22. 9. 1956 am selben Tage beim Landgericht eingegangen war. Es kann nicht einmal mehr sicher geklärt werden, ob der Angeklagte noch am 22. 9. 1956 oder erst am nächsten Tage im Büro des Verteidigers angerufen hat.

Da feststeht, daß der Angeklagte die Ermächtigung erteilt hatte, geht es zu seinen Lasten, daß ungewiß ist, ob er sie rechtzeitig zurückgenommen hat. Geht der Senat nicht so weit, dem Widerruf überhaupt erst von dem Zeitpunkt an, in dem er dem Gericht bekannt wird, Bedeutung beizulegen, erkennt er vielmehr auch einen Widerruf gegenüber dem Verteidiger als grundsätzlich ausreichend an, so muß doch gewiß sein, daß die Ermächtigung widerrufen worden war, ehe die schriftliche Zurücknahme des Rechtsmittels dem Gericht zuging. Ist das zweifelhaft, so muß die Ermächtigung als fortdauernd angesehen werden.

Die Zurücknahme des Rechtsmittels ist unwiderruflich. Die zurückgenommene Revision kann auch nicht bis zum Ablauf einer Woche seit Verkündung des Urteils erneuert werden. Dieser Auffassung des Reichsgerichts tritt der Senat grundsätzlich bei. Es kann dahingestellt bleiben, ob eine Ausnahme zu machen ist, wenn der Beschwerdeführer bei der Zurücknahme zum Ausdruck gebracht hat, er behalte sich vor, das Rechtsmittel innerhalb der Anfechtungsfrist zu wiederholen. Diesen Willen hat der Angeklagte nicht gehabt. Er wäre auch in der Erklärung des Verteidigers vom 22. 9. 1956 nicht zum Ausdruck gekommen.

42. Die Unwirksamkeit des Teilverzichts hat nicht zur Folge, daß die Revision als unbeschränkt eingelegt gilt.

StPO § 302 II – BGH Urt. v. 4. 7. 1952 – 2 StR 213/52 LG Oldenburg (= BGHSt. 3, 46).

Die Revision wurde auf das Strafmaß beschränkt eingelegt.

Sachverhalt: Die Strafkammer hat den Angeklagten wegen schweren Diebstahls und wegen versuchten schweren Diebstahls verurteilt. Der Verteidiger legte Revision – beschränkt auf das Strafmaß – ein. In dieser Beschränkung ist ein Teilverzicht zu sehen (RGSt 64, 164). Nach der Vollmachtsurkunde hat der Angeklagte den Verteidiger jedoch nur ermächtigt, Rechtsmittel einzulegen und zurückzunehmen. Die Ermächtigung zur Zurücknahme enthält aber nicht die Befugnis zum Verzicht auf ein Rechtsmittel, weil dieser eine wesentlich andere Bedeutung als eine Zurücknahme hat (BGH 4 StR 500/51, Urteil v. 4. 10. 1951[1]). Es ist nicht ersichtlich, daß der Angeklagte seinen Verteidiger über die schriftliche Vollmacht hinausgehend anderweitig ermächtigt hat. – Das Rechtsmittel war erfolglos.

Gründe: Der Mangel der Vollmacht hatte zur Folge, daß die Erklärung insoweit unwirksam war, als sie von der Ermächtigung nicht erfaßt war. Unwirksam war somit die Erklärung, soweit sie einen Teilverzicht enthielt. Bestehen blieb das beschränkt eingelegte Rechtsmittel, das der Angeklagte oder sein Verteidiger innerhalb der Rechtsmittelfrist hätten erweitern können. Da dies nicht geschehen ist, wurde der nicht angefochtene Teil des Urteils rechtskräftig. Die Unwirksamkeit des Teilverzichts kann nicht zur Folge haben, daß die Revision als unbeschränkt eingelegt gilt; denn die von dem Angeklagten abgegebene Willenserklärung, die allein maßgebend für die Auslegung des Rechtsmittels sein kann, darf nicht entgegen ihrem Inhalt erweitert werden (BGHSt. 2, 41 [BGH Beschl. v. 25. 1. 1952 – 2 StR 3/52; vgl. § 302 StPO erfolglose Rügen]). Die Entscheidung des Reichsgerichts im Bd 64, 164 steht nicht entgegen. Dort hatte bei unwirksamem Teilverzicht des Verteidigers der Angeklagte selbst innerhalb der Rechtsmittelfrist unbeschränkt Berufung eingelegt. Soweit der 4. Senat in seiner Entscheidung vom 4. 10. 1951 (4 StR 500/51) eine andere Rechtsansicht vertreten hat, hält er nach Anfrage daran nicht fest.

---

1 „Der Verteidiger hat mit dem Schriftsatz vom 22. 3. 1951, mit dem er Revision eingelegt hat, den Revisionsantrag gestellt, das angefochtene Urteil ‚insoweit' aufzuheben, als die Unterbringung n einer Heil- und Pflegeanstalt angeordnet worden ist. In der Revisionsbegründungsschrift vom 12. 4. 1951, die innerhalb der gesetzlichen Frist bei Gericht eingegangen ist, hat er alsdann erklärt, er rüge ‚die Verletzung materiellen Rechts in vollem Umfang', und hat die Aufhebung des Urteils ‚in vollem Umfang' beantragt.
Die Revision ist durch den ersten Schriftsatz vom 22. 3. 1951 nicht wirksam auf die Frage der Unterbringung des Beschwerdeführers beschränkt worden, da der Verteidiger zum Rechtsmittelverzicht einer ausdrücklichen Ermächtigung bedurfte (§ 302 Abs. 2 StPO), aber vom Beschwerdeführer ausweislich der Akten nur zur Zurücknahme und nicht zum Verzicht ermächtigt war. Das Urteil unterliegt sonach in vollem Umfang der Nachprüfung durch das Revisionsgericht."

43. Die Frage, ob ein Rechtsmittel der Staatsanwaltschaft zugunsten des Beschuldigten eingelegt ist, ist nur nach dem Gesamtinhalt der Rechtsmittelerklärung zu beantworten, nicht nach den Umständen außerhalb dieser Erklärung.

StPO § 302 I – BGH Beschl. v. 25. 1. 1952 – 2 StR 3/52 LG Köln (= BGHSt. 2, 41)

Die Verteidigung war der Auffassung, sie brauche keine Revision einzulegen, weil dies bereits die Staatsanwaltschaft zu Gunsten des Angeklagten getan habe.

Sachverhalt: Die Anklageschrift und der Eröffnungsbeschluß legten der Angeklagten F. und anderen ein Verbrechen nach § 147 StGB zur Last. In der Hauptverhandlung wurde die Angeklagte F. nach Schluß der Beweisaufnahme darauf hingewiesen, daß sie auch aus § 148 StGB verurteilt werden könne. Nach der Sitzungsniederschrift beantragte die Staatsanwaltschaft gegen sie 3 Monate Gefängnis, ohne die Tat strafrechtlich näher zu kennzeichnen und ohne auf die Abweichung vom Eröffnungsbeschluß hinzuweisen. Gegen die anderen Angeklagten beantragte sie, gleichfalls ohne besondere strafrechtliche Kennzeichnung, Strafen von 1 Jahr Gefängnis bis zu 2 Jahren Zuchthaus. Das Landgericht verurteilte sämtliche Angeklagten aus § 148 StGB. Die Staatsanwaltschaft legte am 25. 5. 1951 „hinsichtlich der Angeklagten F." Revision ein und fügte folgendes hinzu:

„Antrag.

Ich beantrage, das angefochtene Urteil samt den zugrunde liegenden Feststellungen aufzuheben und die Sache zur anderweiten Verhandlung und Entscheidung an die Vorinstanz zurückzuverweisen.

Begründung.

Gerügt wird Verletzung formellen und materiellen Rechts."

Die Rügen wurden auch später nicht weiter ausgeführt. Der Verteidiger der Angeklagten F. erklärte am 31. 5. dem Gericht schriftlich, er habe mit Rücksicht darauf, daß die Staatsanwaltschaft zugunsten der Angeklagten F. Revision eingelegt habe, für sie kein Rechtsmittel eingelegt. Am 12. 6. wurde das Urteil der Staatsanwaltschaft zugestellt; am 18. 6. nahm sie die Revision zurück. Der Verteidiger bezeichnete diese Rücknahme am 20. 6. in einer Eingabe an das Landgericht unter Berufung auf § 302 Abs. 1 Satz 2 StPO als unwirksam. Am 1. 8. erklärte die Staatsanwaltschaft in einem schriftlichen Vermerk zu den Hauptakten, die Revision sei zu dem Zweck eingelegt, das Urteil zugunsten der Angeklagten F. anzufechten; die Revisionsbegründung lasse in Verbindung mit dem Antrage, den ihr Vertreter in der Hauptverhandlung gestellt habe, erkennen, daß das „Rechtsmittel nur zugunsten der Angeklagten F. eingelegt sein könne"; daß eine dahingehende ausdrückliche Erklärung fehle, sei unschädlich. Später berichtigte die Staatsanwaltschaft diese Auffassung und bezeichnete die Rücknahme als wirksam. Sie beantragte deshalb beim Landgericht, die Vollstreckung aus dem Urteil für zulässig zu erklären. Das Landgericht lehnte dies mit Beschluß vom 11. 9. ab. – Das Vorbringen der Verteidigung war erfolglos.

Gründe: Dieser Sachverhalt ist verfahrensrechtlich folgendermaßen zu würdigen:

Nach § 296 StPO darf die Staatsanwaltschaft ein Rechtsmittel zugunsten eines Angeklagten einlegen. Die Klarheit, die mit der Einlegung eines Rechtsmittels verfahrensrechtlich geschaffen werden soll, erfordert, daß sie ihre Absicht, in dieser Weise zugunsten eines Beteiligten tätig zu werden, deutlich erklärt, und zwar spätestens mit Ablauf der Frist zur Begründung des Rechtsmittels. Nach einem allgemeinen Grundsatz, der auch für das Strafverfahren gilt (soweit keine Ausnahme bestimmt ist), braucht diese Erklärung über die Richtung des Rechtsmittels nicht ausdrücklich zu sein. Vielmehr ist es genügend – aber auch notwendig –, daß sich dies aus dem Gesamtinhalt derjenigen an das Gericht gerichteten Willensäußerung ergibt, die die Rechtsmitteleinlegung und -begründung bildet (vgl. RGSt 5, 218). Nur so wird eine Verfahrenslage geschaffen, der keine Zweifel anhaften. Es ist deshalb entgegen der Auffassung des Landgerichts (in dem Beschluß vom 11. 9.)

nicht zulässig, Vorgänge und Erklärungen, die außerhalb dieser Willensäußerung liegen, zur Auslegung heranzuziehen. Demnach darf weder aus dem Schweigen der Staatsanwaltschaft auf die – unrichtige – Auffassung des Verteidigers, noch aus Erklärungen, die sie nach der Rücknahme abgegeben hat, etwas für die Auslegung der Revisionserklärung abgeleitet werden.

Im übrigen ist es nur eine Vermutung, daß die Staatsanwaltschaft in der Hauptverhandlung eine Verurteilung der Angeklagten F. aus § 148 StGB beantragt hat. Die maßgebende Sitzungsniederschrift beurkundet nur einen Antrag auf Verhängung einer Gefängnisstrafe von 3 Monaten. Zwar hatte das Gericht unmittelbar zuvor auf die Möglichkeit einer Verurteilung aus § 148 hingewiesen, und die Staatsanwaltschaft beantragte gegen die F. eine niedrigere Strafe als gegen die anderen Angeklagten. Danach läßt sich aber höchstens sagen, daß der Antrag gegen die F. als ein solcher aus § 148 gemeint gewesen sein kann. Aber selbst wenn er sich ausdrücklich auf § 148 gestützt hätte, würde das an der Beurteilung der Revisionserklärung nichts ändern. Auch dann wäre nicht mit Sicherheit zu folgern, daß die Revision, so wie sie erklärt worden ist, zugunsten der Angeklagten gemeint ist. Denn die Anklagebehörde hätte auch dann die Absicht gehabt haben können, eine Revision zuungunsten der Angeklagten einzulegen, nämlich zu dem Zweck, entgegen jenem Antrage eine Verurteilung aus § 147 zu erwirken.

Aus alledem folgt, daß die Revision wirksam zurückgenommen ist. Das Urteil des Landgerichts ist daher rechtskräftig.

44. Die ausdrückliche Ermächtigung zum Rechtsmittelverzicht kann vom Angeklagten mündlich erteilt und ihr Nachweis in der Versicherung des Verteidigers gefunden werden.

StPO § 302 – BGH Urt. v. 5. 12. 1951 – 4 StR 946/51 LG Dortmund (= NJW 1952, 273)

Die Revision wurde von dem Angeklagten eingelegt, nach dem sein Verteidiger zuvor Rechtsmittelverzicht erklärt hatte.

Sachverhalt: Der bestellte Verteidiger hat erklärt, daß er vom Angeklagten ohne Einschränkung zur Erklärung des Rechtsmittelverzichts ermächtigt worden ist. – Das Rechtsmittel war erfolglos.

Gründe: Mit der Eingabe des Angeklagten hat dieser bei sinngemäßer Auslegung Revision gegen das Urteil eingelegt. Dieses Rechtsmittel war jedoch wegen des Verzichts, den der bestellte Verteidiger vorher erklärt hatte, unzulässig.

Der bestellte Verteidiger bedurfte allerdings zur Erklärung des Rechtsmittelverzichts der ausdrücklichen Ermächtigung (§ 302 Abs. 2 StPO; RGSt 64, 164 ff.). In der Ermächtigung zur Zurücknahme, die in der schriftlichen Vollmacht enthalten ist, kann auch nicht ohne weiteres die Ermächtigung zum Rechtsmittelverzicht gefunden werden (RGSt 64, 164, 166; BGH 4 StR 500/51 v. 4. 10. 1951). Jedoch hat der Senat aus der eindeutigen Erklärung des bestellten Verteidigers die volle Überzeugung gewonnen, daß er vom Angeklagten ohne Einschränkung zur Erklärung des Rechtsmittelverzichts ermächtigt worden ist. In der Rspr. ist anerkannt, daß die ausdrückliche Ermächtigung zum Rechtsmittelverzicht (§ 302 Abs. 2 StPO) vom Angeklagten mündlich erteilt und ihr Nachweis in der. Versicherung des Verteidigers gefunden werden kann (RG Recht 1915 Nr. 279; RG 4 D 278/43 v. 21. 12. 1943). Der wirksame Rechtsmittelverzicht ist nach st. Rspr. unwiderrufbar.

Hiernach war die Revision mit der aus § 473 StPO sich ergebenden Kostenfolge als unzulässig zu verwerfen.

§ 303 StPO

Wenn die Entscheidung über das Rechtsmittel auf Grund mündlicher Verhandlung stattzufinden hat, so kann die Zurücknahme nach Beginn der Hauptverhandlung nur mit Zustimmung des Gegners erfolgen. Die Zurücknahme eines Rechtsmittels des Angeklagten bedarf jedoch nicht der Zustimmung des Nebenklägers.

Erfolgreiche Rügen

1. Keine Berufungsrücknahme ohne Zustimmung des Gegners nach begonnener Berufungshauptverhandlung möglich (BGH Beschl. v. 16. 6. 1970 5 StR 602/69).

Erfolgreiche Rügen

1. **Keine Berufungsrücknahme ohne Zustimmung des Gegners nach begonnener Berufungshauptverhandlung möglich** (entgegen RGSt 67, 281).

StPO § 303 – BGH Beschl. v. 16. 6. 1970 – 5 StR 602/69 OLG Celle (= BGHSt. 23, 277)

Die Revision rügt die Verletzung sachlichen Rechts.

Sachverhalt: Der Amtsrichter in H. hatte den Angeklagten wegen fahrlässiger Gefährdung des Straßenverkehrs zu sechs Wochen Gefängnis verurteilt. Die Staatsanwaltschaft legte Berufung ein. Die Hauptverhandlung vor dem Landgericht wurde alsbald nach ihrem Beginn auf Antrag des Verteidigers nach § 246 Abs. 2 StPO ausgesetzt, weil der Sachverständige dem Angeklagten zu spät namhaft gemacht worden war. In der Folgezeit nahm die Staatsanwaltschaft die Berufung zurück. Die Strafkammer hob daraufhin den Termin zur Hauptverhandlung auf. Auf eine Beschwerde des Angeklagten wurde sie jedoch vom Oberlandesgericht in Celle angewiesen, über die Berufung der Staatsanwaltschaft zu verhandeln, weil das Rechtsmittel mit Rücksicht auf § 303 StPO nicht wirksam zurückgenommen sei. Die Strafkammer hat den Angeklagten nunmehr am 6. 5. 1969 zu acht Wochen Gefängnis verurteilt.

Bei der Entscheidung über die Revision will das Oberlandesgericht in Celle wiederum davon ausgehen, daß die Staatsanwaltschaft ihre Berufung nicht mehr wirksam habe zurücknehmen können. Es hat wegen einer gegenteiligen Entscheidung des Oberlandesgerichts in Oldenburg vom 13. 8. 1959 – 2 Ss 246/59 (NJW 1959, 2225) die Sache dem Bundesgerichtshof nach § 121 Abs. 2 GVG zulässigerweise vorgelegt.

Der Senat tritt mit dem Generalbundesanwalt dem Oberlandesgericht in Celle bei. Der Generalbundesanwalt hat unter anderem ausgeführt:

„Die Gründe der Entscheidung des Oberlandesgerichts Oldenburg überzeugen nicht.

1. Es trifft schon nicht zu, daß eine Hauptverhandlung, die über die Frist des § 229 StPO hinaus unterbrochen worden ist, verfahrensrechtlich keine Wirkung hat. Der Vorlegungsbeschluß weist mit Recht darauf hin, daß eine jede Hauptverhandlung die Verjährung unterbricht, daß die Wahrung der Ladungsfrist für die erneute Hauptverhandlung nicht erforderlich ist, sofern sie für die erste Hauptverhandlung gewahrt wurde, und daß schließlich der Richter den Zeugen, statt ihn nochmals zu vereidigen, die Richtigkeit seiner Aussage unter Berufung auf den in einer früheren Verhandlung desselben Hauptverfahrens geleisteten Eid versichern lassen kann (§ 67 StPO).

2. Auch auf die Vorschrift des § 25 StPO kann sich die Rechtsansicht des Oberlandesgerichts Oldenburg nicht stützen. Wie Sax in Müller-Sax (KMR) Anm. 2 zu § 25 und Peters

in JZ 1960, 62 zutreffend darlegen, muß im Falle einer erneuten Hauptverhandlung die prozessuale Möglichkeit des Angeklagten, einen Richter wegen Besorgnis der Befangenheit abzulehnen, wieder aufleben, weil in der neuen Hauptverhandlung andere Richter mitwirken können oder einer der bisherigen eine andere Einstellung gegenüber dem Angeklagten erkennen lassen kann als in der unterbrochenen Hauptverhandlung.

3. Kommt es demnach auf die unter Nr. 1 und 2 erörterten Gesichtspunkte nicht an, so ist zu prüfen, welchen Sinn der § 303 StPO hat. Dieser Sinn liegt nicht etwa darin, daß es mit der Würde des Gerichts unvereinbar wäre, wenn ein Prozeßbeteiligter noch nach Beginn der Hauptverhandlung sein Rechtsmittel zurücknehmen und damit die Tätigkeit des Gerichts beenden könnte; denn in § 303 StPO ist diese Möglichkeit, sofern nur der Gegner zustimmt, ausdrücklich vorgesehen. Wenn also das Gesetz die Wirksamkeit einer Rücknahme des Rechtsmittels von der Zustimmung des Gegners abhängig macht, so kann dies nur den Sinn haben, daß der Gegner vor einer einseitigen Rücknahme geschützt werden soll; hielte das Gesetz einen solchen Schutz für unnötig, so hätte es die Wirksamkeit der Rücknahme nicht von seiner Zustimmung abhängig zu machen brauchen. Bei einer solchen Zweckrichtung des § 303 StPO kann es dahingestellt bleiben, ob die Fälle, in denen dieser Schutz erforderlich ist, häufig vorkommen werden oder nicht; das Gesetz selbst hat jedenfalls die abstrakte Möglichkeit, daß ein Schutz des Gegners notwendig sein könnte, als ausreichend für die Regelung in § 303 StPO angesehen. Es ist daher unerheblich, daß die Staatsanwaltschaft, wenn sie erkennt, daß ihr zu Ungunsten des Angeklagten eingelegtes Rechtsmittel zu dessen Gunsten ausgehen könnte, wohl kaum dieses Rechtsmittel zurücknehmen wird und daß der Angeklagte, der sein Rechtsmittel zurücknehmen will, weil die Verhandlung seiner Meinung nach dessen Aussichtslosigkeit ergeben hat, dazu wohl regelmäßig die Zustimmung der Staatsanwaltschaft finden wird. Aber gerade in einem solchen Falle kann es vorkommen, daß die Staatsanwaltschaft durch die Verweigerung ihrer Zustimmung den Angeklagten daran hindert, sein Rechtsmittel wirksam zurückzunehmen, weil sie erkennt, daß dieses in Wirklichkeit, etwa aus Rechtsgründen, keineswegs aussichtslos ist. Auch wenn die Staatsanwaltschaft der Gegner ist, kann sie also, wie dieses Beispiel zeigt eine Schutzfunktion zugunsten des Angeklagten erfüllen." – Das Rechtsmittel hatte Erfolg.

Gründe: Diesen Gedanken stimmt der Senat in dem Sinne zu, daß § 303 StPO zwar nicht den „Schutz des Gegners" bezweckt, aber der materiellen Gerechtigkeit dient, indem er die einseitige Verfügung über das Rechtsmittel dem Beschwerdeführer entzieht, sobald die Hauptverhandlung begonnen hat. Da dem Ziele, die Gerechtigkeit zu verwirklichen, hier nicht, wie sonst oft, das Erfordernis der Rechtssicherheit, sondern nur die Möglichkeit gegenübersteht, die Durchführung einer Hauptverhandlung zu sparen, verdient die Gerechtigkeit ohne weiteres den Vorzug. Ihr kommt es zugute, wenn die Befugnis des Beschwerdeführers, über sein Rechtsmittel allein zu verfügen, in Fällen der hier vorliegenden Art mit dem Beginn der Hauptverhandlung endgültig erloschen ist und durch deren Aussetzung nicht wieder auflebt. Diesen Erwägungen kommt größeres Gewicht zu als der Entstehungsgeschichte des § 303 StPO, auf die sich die gegenteilige Entscheidung RGSt 67, 281 stützt.

§ 304 StPO

(1) Die Beschwerde ist gegen alle von den Gerichten im ersten Rechtszug oder im Berufungsverfahren erlassenen Beschlüsse und gegen die Verfügungen des Vorsitzenden, des Richters im Vorverfahren und eines beauftragten oder ersuchten Richters zulässig, soweit das Gesetz sie nicht ausdrücklich einer Anfechtung entzieht.

(2) Auch Zeugen, Sachverständige und andere Personen können gegen Beschlüsse und Verfügungen, durch die sie betroffen werden, Beschwerde erheben.

(3) Gegen Entscheidungen über die Verpflichtung, Kosten oder notwendige Auslagen zu tragen, ist die Beschwerde nur zulässig, wenn der Wert des Beschwerdegegenstandes einhundert Euro übersteigt. Gegen andere Entscheidungen über Kosten und notwendige Auslagen ist die Beschwerde nur zulässig, wenn der Wert des Beschwerdegegenstandes fünfzig Euro übersteigt.

(4) Gegen Beschlüsse und Verfügungen des Bundesgerichtshofes ist keine Beschwerde zulässig. Dasselbe gilt für Beschlüsse und Verfügungen der Oberlandesgerichte; in Sachen, in denen die Oberlandesgerichte im ersten Rechtszug zuständig sind, ist jedoch die Beschwerde zulässig gegen Beschlüsse und Verfügungen, welche

1. die Verhaftung, einstweilige Unterbringung, Unterbringung zur Beobachtung, Beschlagnahme oder Durchsuchung betreffen,

2. die Eröffnung des Hauptverfahrens ablehnen oder das Verfahren wegen eines Verfahrenshindernisses einstellen,

3. die Hauptverhandlung in Abwesenheit des Angeklagten (§ 231a) anordnen oder die Verweisung an ein Gericht niederer Ordnung aussprechen,

4. die Akteneinsicht betreffen oder

5. den Widerruf der Strafaussetzung, den Widerruf des Straferlasses und die Verurteilung zu der vorbehaltenen Strafe (§ 453 Abs. 2 Satz 3), die Anordnung vorläufiger Maßnahmen zur Sicherung des Widerrufs (§ 453 c), die Aussetzung des Strafrestes und deren Widerruf (§ 454 Abs. 3 und 4), die Wiederaufnahme des Verfahrens (§ 372 Satz 1) oder den Verfall, die Einziehung oder die Unbrauchbarmachung nach den §§ 440, 441 Abs. 2 und § 442 betreffen;

§ 138d Abs. 6 bleibt unberührt.

(5) Gegen Verfügungen des Ermittlungsrichters des Bundesgerichtshofes und des Oberlandesgerichts (§ 169 Abs. 1) ist die Beschwerde nur zulässig, wenn sie die Verhaftung, einstweilige Unterbringung, Beschlagnahme oder Durchsuchung betreffen.

§ 305 StPO

Entscheidungen der erkennenden Gerichte, die der Urteilsfällung vorausgehen, unterliegen nicht der Beschwerde. Ausgenommen sind Entscheidungen über Verhaftungen, die einstweilige Unterbringung, Beschlagnahmen, die vorläufige Entziehung der Fahrerlaubnis, das vorläufige Berufsverbot oder die Festsetzung von Ordnungs- oder Zwangsmitteln sowie alle Entscheidungen, durch die dritte Personen betroffen werden.

§ 305a StPO

(1) Gegen den Beschluß nach § 268a Abs. 1, 2 ist Beschwerde zulässig. Sie kann nur darauf gestützt werden, daß eine getroffene Anordnung gesetzwidrig ist.

(2) Wird gegen den Beschluß Beschwerde und gegen das Urteil eine zulässige Revision eingelegt, so ist das Revisionsgericht auch zur Entscheidung über die Beschwerde zuständig.

§ 306 StPO

(1) Die Beschwerde wird bei dem Gericht, von dem oder von dessen Vorsitzenden die angefochtene Entscheidung erlassen ist, zu Protokoll der Geschäftsstelle oder schriftlich eingelegt.

(2) Erachtet das Gericht oder der Vorsitzende, dessen Entscheidung angefochten wird, die Beschwerde für begründet, so haben sie ihr abzuhelfen; andernfalls ist die Beschwerde sofort, spätestens vor Ablauf von drei Tagen, dem Beschwerdegericht vorzulegen.

(3) Diese Vorschriften gelten auch für die Entscheidungen des Richters im Vorverfahren und des beauftragten oder ersuchten Richters.

§ 307 StPO

(1) Durch Einlegung der Beschwerde wird der Vollzug der angefochtenen Entscheidung nicht gehemmt.

(2) Jedoch kann das Gericht, der Vorsitzende oder der Richter, dessen Entscheidung angefochten wird, sowie auch das Beschwerdegericht anordnen, daß die Vollziehung der angefochtenen Entscheidung auszusetzen ist.

§ 308 StPO

(1) Das Beschwerdegericht darf die angefochtene Entscheidung nicht zum Nachteil des Gegners des Beschwerdeführers ändern, ohne daß diesem die Beschwerde zur Gegenerklärung mitgeteilt worden ist. Dies gilt nicht in den Fällen des § 33 Abs. 4 Satz 1.

(2) Das Beschwerdegericht kann Ermittlungen anordnen oder selbst vornehmen.

Erfolgreiche Rügen

1. Das Beschwerdegericht darf eine Entscheidung nicht zum Nachteil des Beschwerdegegners ändern, ohne daß diesem die Beschwerde zur Gegenerklärung mitgeteilt worden ist (BVerfG Beschl. v. 25. 2. 1964 – 2 BvR 215/63).

2. Die Eröffnung des Hauptverfahrens auf sofortige Beschwerde des Nebenklägers ist eine Zwischenentscheidung im Strafverfahren, die selbständig mit der Verfassungsbeschwerde angefochten werden kann (BVerfG Beschl. v. 18. 12. 1963 – 2 BvR 253/63).

3. Das Beschwerdegericht darf die angefochtene Entscheidung nicht zum Nachteil des Beschwerdegegners ändern, ohne daß diesem die Beschwerde zur Gegenerklärung mitgeteilt wurde (BVerfG Beschl. v. 26. 11. 1963 – 2 BvR 677/62).

4. Einer gerichtlichen Entscheidung im Beschwerdeverfahren dürfen nur solche Tatsachen und Beweisergebnisse zugrunde gelegt werden, zu denen sich die Beteiligten äußern konnten (BVerfG Beschl. v. 3. 6. 1959 – 1 BvR 150/59).

5. Wenn ein Gerichtsbeschluß wegen Verletzung des Grundrechts auf rechtliches Gehör fehlerhaft ist, erstreckt sich die Fehlerhaftigkeit auch auf die anschließenden Entscheidungen, die auf diesem Beschluß beruhen, auch wenn in diesem Verfahren selbst eine Grundrechtsverletzung nicht ersichtlich ist (BVerfG Beschl. v. 14. 4. 1959 – 1 BvR 109/58).

6. Änderung eines Wiederaufnahmebeschlusses zum Nachteil der Verurteilten, ohne ihnen die Beschwerde der Amtsanwaltschaft vorher zur Gegenerklärung mitzuteilen, verfassungswidrig (BVerfG Beschl. v. 21. 1. 1959 – 1 BvR 644/58).

7. Beschwerde gegen Nichteröffnung des Hauptverfahrens muß dem Angeschuldigten bekanntgegeben werden (BVerfG Beschl. v. 1. 10. 1957 – 1 BvR 92/57).

Erfolgreiche Rügen

1. Das Beschwerdegericht darf eine Entscheidung nicht zum Nachteil des Beschwerdegegners ändern, ohne daß diesem die Beschwerde zur Gegenerklärung mitgeteilt worden ist.

StPO § 308 – BVerfG Beschl. v. 25. 2. 1964 – 2 BvR 215/63 (= BVerfGE 17, 262)

Der Beschwerdeführer rügt die Verletzung von Art. 103 I GG. Er macht geltend, er hätte der Beschwerde der Staatsanwaltschaft gegen einen Beschluß des Amtsgerichts, das Strafverfahren gegen ihn wegen Verjährung einzustellen, „in geeigneter Weise" entgegentreten können, wenn ihm ordnungsgemäß Gelegenheit zur Äußerung gegeben worden wäre.

Sachverhalt: Der Beschwerdeführer wurde vom Amtsgericht Fulda wegen einer Verkehrsübertretung zu einer Haftstrafe verurteilt. In der Berufungsinstanz beantragte er, das Verfahren wegen Strafverfolgungsverjährung einzustellen. Das Landgericht gab diesem Antrag statt. In seinem Einstellungsbeschluß vom 14. 2. 1963 führte es aus, die Verjährung sei letztmals am 25. 7. 1962 unterbrochen worden. Der Vorsitzende des Berufungsgerichts habe zwar am 24. 10. 1962, dem letzten Tage vor Ablauf der Verjährungsfrist, in der Strafsache des Beschwerdeführers Termin zur Hauptverhandlung bestimmt und damit eine zur Unterbrechung der Verjährung geeignete richterliche Handlung vorgenommen. Es lasse sich aber die Behauptung des Beschwerdeführers nicht widerlegen, daß die Terminsverfügung erst nach dem 24. 10. 1962 zu den Akten gelangt sei. Eine verjährungsunterbrechende Wirkung komme der Verfügung unter diesen Umständen nicht zu.

Gegen diesen Beschluß legte der Oberstaatsanwalt beim Landgericht Fulda sofortige Beschwerde ein. Er machte im wesentlichen geltend, die Terminsanberaumung habe die Verjährung unabhängig davon unterbrochen, ob sie noch vor Ablauf der Verjährungsfrist Bestandteil der Akten geworden sei. Der Generalstaatsanwalt beim Oberlandesgericht Frankfurt trat der sofortigen Beschwerde in einer Stellungnahme bei. Weder die Beschwerdeschrift des Oberstaatsanwalts noch die Stellungnahme des Generalstaatsanwalts wurde dem Beschwerdeführer zur Kenntnis gebracht.

Das Oberlandesgericht Frankfurt/Main hob den Einstellungsbeschluß des Landgerichts auf. Nach seiner Auffassung hat die Terminsanberaumung durch den Vorsitzenden der Strafkammer die Verjährung unterbrochen. Wenn sich die Verfügung vom 24. 10. 1962 bei der Akteneinsicht durch den Verteidiger des Beschwerdeführers am 2. 11. 1962 nicht bei den Akten befunden habe, so sei daraus noch nicht zwingend zu entnehmen, daß sie erst nach Ablauf der Verjährungsfrist Bestandteil der Akten geworden sei. Selbst wenn ein solcher Schluß aber zulässig wäre, sei die Verjährung unterbrochen. Es sei nicht entscheidend, ob die Terminsanordnung noch vor Ablauf der Verjährungsfrist Bestandteil der Akten geworden sei. – Die Verfassungsbeschwerde hatte Erfolg.

Gründe:

1. Die Verfassungsbeschwerde ist zulässig. Der angefochtene Beschluß des Oberlandesgerichts Frankfurt/Main ist in einem selbständigen, durch die sofortige Beschwerde des Oberstaatsanwalts beim Landgericht Fulda eingeleiteten Zwischenverfahren ergangen,

das mit der Entscheidung des Oberlandesgerichts abgeschlossen wurde. Gegen eine solche Entscheidung ist die Verfassungsbeschwerde zulässig (BVerfGE 7, 109 [110]; 9, 261 [265]).

2. Die Verfassungsbeschwerde ist auch begründet.

Nach § 308 Abs. 1 StPO darf das Beschwerdegericht eine Entscheidung nicht zum Nachteil des Beschwerdegegners ändern, ohne daß diesem die Beschwerde zur Gegenerklärung mitgeteilt worden ist. Ein Verstoß gegen diese Bestimmung enthält in aller Regel zugleich eine Verletzung des Art. 103 Abs. 1 GG (BVerfGE 4, 190 [192]; 7, 109 [111]; 9, 123 [124]; 9, 261 [266]).

Der angefochtene Beschluß beruht auf der Versagung des rechtlichen Gehörs. Es kann nicht ausgeschlossen werden, daß der Beschwerdeführer im Falle ordnungsmäßiger Anhörung eine ihm günstigere Entscheidung hätte erreichen können (BVerfGE 9, 261 [266]; 12, 6 [9]; Beschl. v. 26. 11. 1963 – 2 BvR 677/62 – S. 4).

Der angefochtene Beschluß ist daher aufzuheben; die Sache ist an das Oberlandesgericht Frankfurt/Main zurückzuverweisen (§ 95 Abs. 2 BVerfGG).

2. Die Eröffnung des Hauptverfahrens auf sofortige Beschwerde des Nebenklägers ist eine Zwischenentscheidung im Strafverfahren, die selbständig mit der Verfassungsbeschwerde angefochten werden kann.

StPO § 308 – BVerfG Beschl. v. 18. 12. 1963 – 2 BvR 253/63 (= BVerfGE 17, 197)

Die Beschwerdeführerin rügt, daß ihr die sofortige Beschwerde gegen einen Beschluß des Amtsgerichts, das Hauptverfahren gegen sie nicht zu eröffnen, nicht vor einer Entscheidung des Beschwerdegerichts, das Hauptverfahren doch zu eröffnen, zur Gegenerklärung übermittelt worden ist.

Sachverhalt: Das Amtsgericht Hannover hatte mit Beschluß vom 16. 4. 1963 unter anderem abgelehnt, gegen die Beschwerdeführerin das Hauptverfahren wegen unlauteren Wettbewerbs (§ 4 UWG) zu eröffnen. Auf die sofortige Beschwerde der Nebenkläger hat das Landgericht Hannover mit Beschluß vom 30. 5. 1963 den Beschluß des Amtsgerichts Hannover aufgehoben, soweit er die Beschwerdeführerin betrifft, und gegen diese gleichzeitig das Hauptverfahren wegen unlauteren Wettbewerbs eröffnet. Die sofortige Beschwerde war der Beschwerdeführerin nicht mitgeteilt worden. – Die Verfassungsbeschwerde hatte Erfolg.

Gründe: Die Eröffnung des Hauptverfahrens auf sofortige Beschwerde des Nebenklägers (§ 210 Abs. 2 in Verbindung mit §§ 397, 390 Abs. 1 Satz 1 StPO) ist eine Zwischenentscheidung im Strafverfahren, die selbständig mit der Verfassungsbeschwerde angefochten werden kann (vgl. BVerfGE 7, 109 [110]).

Der Beschwerdeführerin ist die sofortige Beschwerde der Nebenkläger entgegen der Vorschrift des § 308 Abs. 1 StPO nicht zur Gegenerklärung übermittelt worden. In dem Verstoß gegen § 308 Abs. 1 StPO liegt zugleich eine Verletzung des der Beschwerdeführerin durch Art. 103 Abs. 1 GG gewährleisteten Anspruchs auf rechtliches Gehör (BVerfGE a.a.O.). Da nicht ausgeschlossen werden kann, daß die Entscheidung des Landgerichts anders ausgefallen wäre, wenn die Beschwerdeführerin zu der sofortigen Beschwerde hätte Stellung nehmen können, beruht der angefochtene Beschluß auf der Verletzung von Art. 103 Abs. 1 GG. Er mußte deshalb aufgehoben werden. Gemäß § 95 Abs. 2 BVerfGG war die Sache zur erneuten Entscheidung an das Landgericht Hannover zurückzuverweisen; zu einer Verweisung an eine andere Kammer dieses Gerichts oder an ein anderes Landgericht bestand keine Veranlassung.

3. **Das Beschwerdegericht darf die angefochtene Entscheidung nicht zum Nachteil des Beschwerdegegners ändern, ohne daß diesem die Beschwerde zur Gegenerklärung mitgeteilt wurde.**

StPO § 308 – BVerfG Beschl. v. 26. 11. 1963 – 2 BvR 677/62 (= BVerfGE 17, 188)

Die Beschwerdeführerin wendet sich gegen einen Beschluß des Landgerichts Hamburg, die Änderung eines amtsgerichtlichen Kostenbeschlusses in einem Privatklageverfahren zu ihrem Nachteil betreffend, und rügt Verletzung von Art. 3 I und 103 I GG. Das Landgericht Hamburg habe versäumt, sie zur sofortigen Beschwerde der Beschuldigten zu hören.

Die Beurteilung des Sachverhalts durch das Landgericht beruhe offensichtlich auf der einseitigen Darstellung der Beschuldigten in ihrer Beschwerdeschrift, zu der sich die Beschwerdeführerin nicht habe äußern können.

Sachverhalt: Durch Beschluß vom 4. 10. 1962 hat das Amtsgericht Hamburg ein Privatklageverfahren der Beschwerdeführerin gegen eine Frau ... (Beschuldigte) gemäß § 383 Abs. 2 StPO eingestellt, die Kosten aber gemäß § 471 Abs. 3 Nr. 2 StPO der Beschuldigten auferlegt.

Am 11. 10. 1962 legte die Beschuldigte sofortige Beschwerde gegen den Beschluß des Amtsgerichts ein und begründete sie am 2. 11. 1962 in einem längeren Schriftsatz. Dem Prozeßbevollmächtigten der Beschwerdeführerin wurde am 25. 10. 1962 vom Amtsgericht mitgeteilt, daß sofortige Beschwerde eingelegt worden sei; von der Beschwerdebegründung erhielt er keine Kenntnis. Er hat am 2. 11. 1962 beantragt, die sofortige Beschwerde zurückzuweisen.

Durch Beschluß vom 19. 11. 1962 änderte das Landgericht Hamburg die Entscheidung des Amtsgerichts im Kostenpunkt dahin ab, daß die Beschwerdeführerin die Kosten des Privatklageverfahrens zu tragen habe. – Die Verfassungsbeschwerde hatte Erfolg.

Gründe: Nach § 308 Abs. 1 StPO darf das Beschwerdegericht die angefochtene Entscheidung nicht zum Nachteil des Beschwerdegegners ändern, ohne daß diesem die Beschwerde zur Gegenerklärung mitgeteilt wurde. Der Beschwerdegegner muß auch von der Begründung der Beschwerde, nicht nur von der Tatsache der Beschwerdeeinlegung, Kenntnis erhalten, und zwar unabhängig davon, ob das Beschwerdevorbringen neue Tatsachen oder Beweismittel enthält. Das Landgericht hat der Beschwerdeführerin die Begründung der sofortigen Beschwerde nicht mitgeteilt und hat damit den Anspruch der Beschwerdeführerin auf rechtliches Gehör verletzt (vgl. BVerfGE 7,109 [111] [BVerfG Beschl. v. 1. 10. 1957 – 1 BvR 92/57; vgl. § 308 StPO erfolgreiche Rügen]; 11, 29 [30]; 14, 54 [56]).

Die Entscheidung des Landgerichts beruht möglicherweise auf diesem Vorstoß. Es ist nicht auszuschließen, daß eine Äußerung des Bevollmächtigten der Beschwerdeführerin zur Beschwerdebegründung zu einer anderen Entscheidung geführt hätte.

Der angefochtene Beschluß ist daher unter Zurückverweisung an das Landgericht Hamburg aufzuheben (§ 95 Abs. 2 BVerfGG).

4. **Einer gerichtlichen Entscheidung im Beschwerdeverfahren dürfen nur solche Tatsachen und Beweisergebnisse zugrunde gelegt werden, zu denen sich die Beteiligten äußern konnten.**

StPO § 308 – BVerfG Beschl. v. 3. 6. 1959 – 1 BvR 150/59 (= BVerfGE 9, 303)

Der Beschwerdeführer rügt Verletzung des rechtlichen Gehörs durch den Beschluß des Landgerichts aufgrund einer Beschwerde der Staatsanwaltschaft, die Eröffnung des Hauptverfahrens gegen ihn betreffen. Er führt im einzelnen aus, was er bei seiner Anhörung im

Beschwerdeverfahren gegen ein dort vorgelegtes, ihm aber nicht zur Kenntnis gelangten Sachverständigengutachten, das den Ausschlag für die Entscheidung des Landgerichts erbrachte, hätte vorbringen können.

Sachverhalt: Gegen den Beschwerdeführer hat die Staatsanwaltschaft Ravensburg wegen seiner Beteiligung an einem Verkehrsunfall Anklage wegen fahrlässiger Tötung und Körperverletzung erhoben. Das Amtsgericht Ravensburg lehnte die Eröffnung des Hauptverfahrens mangels hinreichenden Tatverdachts ab. Hiergegen erhob die Staatsanwaltschaft sofortige Beschwerde, die dem Beschwerdeführer nicht mitgeteilt wurde; der Oberstaatsanwalt benachrichtigte jedoch den Verteidiger telefonisch von der Erhebung der Beschwerde und ihrem Inhalt. Er holte ferner ein Gutachten eines Kraftfahrsachverständigen ein und legte es dem Landgericht vor. Auf Grund dieses Gutachtens, das ein verkehrswidriges Verhalten des Beschwerdeführers bejahte, hob das Landgericht den Beschluß des Amtsgerichts auf und eröffnete das Hauptverfahren vor dem Schöffengericht Ravensburg durch einen ausführlich begründeten Beschluß, in dem es in Anlehnung an das Sachverständigengutachten ein verkehrswidriges Verhalten des Beschwerdeführers feststellte.

Das Gutachten war dem Beschwerdeführer oder seinem Verteidiger nicht mitgeteilt worden. Dieser erhielt es erst nach der Beschlußfassung des Landgerichts und beantragte daraufhin Einstellung des Verfahrens wegen unheilbarer Mängel des Eröffnungsbeschlusses, welcher das rechtliche Gehör verletze und mit seiner eingehenden Würdigung des Sachverhalts gegen den Grundsatz der Mündlichkeit und Unmittelbarkeit der Hauptverhandlung verstoße (BGHSt. 5, 261 [BGH Urt. v. 5. 1. 1954 – 1 StR 476/53; vgl. § 250 StPO erfolgreiche Rügen]). Das Amtsgericht lehnte den Einstellungsantrag ab, nachdem der Oberstaatsanwalt sich irrtümlich dahin geäußert hatte, daß der Verteidiger die Gutachtenabschrift rechtzeitig vor der Beschlußfassung erhalten habe. Das Strafverfahren ist bis zur Entscheidung über die Verfassungsbeschwerde ausgesetzt. – Die Verfassungsbeschwerde hatte Erfolg.

Gründe: Es kann dahingestellt bleiben, ob das Landgericht schon dadurch das rechtliche Gehör des Beschwerdeführers verletzt hat, daß es ihm die Beschwerdeschrift der Staatsanwaltschaft nicht mitgeteilt hat, oder ob dessen Recht auf Gehör dadurch gewahrt ist, daß der Oberstaatsanwalt ihn von der Beschwerde fernmündlich benachrichtigt hat. Denn der Beschluß des Landgerichts muß jedenfalls deshalb aufgehoben werden, weil er – und zwar entscheidend – auf einem Sachverständigengutachten beruht, das dem Beschwerdeführer nicht mitgeteilt war; einer Entscheidung dürfen aber nur solche Tatsachen und Beweisergebnisse zugrunde gelegt werden, zu denen die Beteiligten sich äußern konnten (BVerfGE 6, 12; 7, 239, 275).

5. Wenn ein Gerichtsbeschluß wegen Verletzung des Grundrechts auf rechtliches Gehör fehlerhaft ist, erstreckt sich die Fehlerhaftigkeit auch auf die anschließenden Entscheidungen, die auf diesem Beschluß beruhen, auch wenn in diesem Verfahren selbst eine Grundrechtsverletzung nicht ersichtlich ist.

StPO § 308 – BVerfG Beschl. v. 14. 4. 1959 – 1 BvR 109/58 (= BVerfGE 9, 261)

Die Verfassungsbeschwerde richtet sich gegen einen Beschluß des Landgerichts Marburg/Lahn vom 19. 12. 1956, den Strafbefehl des Amtsgerichts Marburg/Lahn vom 4. 4. 1957, das Urteil dieses Gerichts vom 7. 5. 1957 und gegen einen Beschluß des Oberlandesgerichts Frankfurt vom 13. 1. 1958, die Revision gegen das Urteil des Amtsgerichts als unzulässig verwerfend. Die Verfassungsbeschwerde rügt Verletzung des rechtlichen Gehörs (Art. 103 Abs. 1 GG) durch das Landgericht im Beschwerdeverfahren und durch das Oberlandesgericht im Revisionsverfahren.

Sachverhalt: Der Beschwerdeführer überquerte am 6. 2. 1956 als Fußgänger eine Einbahnstraße bei rotem Licht. Bei seiner Vernehmung erklärte er, er habe das Lichtzeichen absichtlich nicht beachtet; die fragliche Straße werde stündlich von nicht mehr als fünf bis zehn Fahrzeugen durchfahren, eine automatische Verkehrsregelung sei daher unangemessen und brauche als unzulässige Beschränkung des Gemeingebrauchs nicht beachtet zu werden.

Die Staatsanwaltschaft beantragte beim Amtsgericht Marburg/Lahn Erlaß eines Strafbefehls über eine Geldstrafe von 3 DM. Der Amtsrichter ersuchte die Polizeibehörde um Äußerung, wie stark der Verkehr an der fraglichen Straßenkreuzung sei und wann und wie die entsprechenden Feststellungen getroffen worden seien. Die Polizeibehörde verweigerte die erbetene Auskunft; Dienstaufsichtsbeschwerde beim Regierungspräsidenten blieb erfolglos. Daraufhin lehnte das Amtsgericht durch Beschluß vom 6. 9. 1956 den Erlaß eines Strafbefehls ab; dieser Beschluß wurde dem Beschwerdeführer zugestellt. Auf sofortige Beschwerde der Staatsanwaltschaft hob das Landgericht Marburg/Lahm durch Beschluß vom 19. 12. 1956 den Beschluß des Amtsgerichts auf und wies das Amtsgericht an, Hauptverhandlung anzuberaumen. In der Begründung wird ausgeführt, der Amtsrichter dürfe den Antrag auf Erlaß eines Strafbefehls nur dann zurückweisen, wenn er die erhobene öffentliche Klage für unzulässig oder unbegründet halte, dagegen sei er nicht befugt, etwaige Bedenken gegen den Strafbefehl durch eigene Erhebungen zu klären; etwa erforderliche Beweisaufnahmen müßten der Hauptverhandlung vorbehalten bleiben.

Die Beschwerde der Staatsanwaltschaft war dem Beschwerdeführer nicht mitgeteilt worden. Der Beschluß des Landgerichts ist ihm bis heute nicht bekanntgegeben worden.

Mit Schreiben vom 13. 2. 1957 an das Amtsgericht wies der Beschwerdeführer darauf hin, daß die Signalanlage nunmehr stillgelegt worden sei, offenbar weil die Polizei sie trotz der inzwischen eingetretenen Zunahme des Verkehrs nicht mehr für erforderlich halte; dann sei sie aber auch zur Zeit der Tat überflüssig und sein Verhalten berechtigt gewesen. Darauf regte das Amtsgericht bei der Staatsanwaltschaft an, die Strafklage fallen zu lassen; die Staatsanwaltschaft lehnte dies jedoch ab, denn die Stillegung der Signalanlage zeige zwar, daß der Beschwerdeführer mit seiner Kritik recht gehabt habe, nicht aber, daß sein Vorgehen berechtigt gewesen sei; diese grundsätzliche Frage bedürfe der Entscheidung. Nunmehr setzte das Amtsgericht entsprechend der ihm erteilten Weisung Termin zur Hauptverhandlung an, hob aber diesen Termin wieder auf und erließ am 4. 4. 1957 den ursprünglich beantragten Strafbefehl. Auf Einspruch des Beschwerdeführers fand am 7. 5. 1957 Hauptverhandlung statt, in der der Beschwerdeführer zu einer Geldstrafe von 3 DM, ersatzweise zu einem Tag Haft und in die Kosten des Verfahrens verurteilt wurde.

Gegen dieses Urteil legte der Beschwerdeführer Revision ein. Nachdem ihm das angefochtene Urteil am 9. 7. 1957 zugestellt worden war, begründete er am 15. 7. 1957 die Revision zu Protokoll der Geschäftsstelle. Nach diesem Protokoll, das von einem Justizinspektor als Urkundsbeamten aufgenommen wurde, erklärte er:

„Ich nehme Bezug auf die von mir eingelegte Revision und überreiche in der Anlage die Revisionsbegründung, deren Inhalt ich hiermit zu Protokoll der Geschäftsstelle erkläre."

Der von dem Beschwerdeführer gefertigte Begründungsschriftsatz trägt ein Datum, das als 10. oder 18. 7. 1957 gelesen werden kann; er enthält keinen Vermerk, daß er eine Anlage zu der Niederschrift vom 15. 7. 1957 sei. In diesem Schriftsatz rügt der Beschwerdeführer u.a. auch die Verletzung des rechtlichen Gehörs im Beschwerdeverfahren des Landgerichts, von dessen Beschluß vom 19. 12. 1956 er gerüchtweise gehört, aber keine amtliche Kenntnis bekommen habe.

Das Oberlandesgericht Frankfurt hatte Bedenken gegen die Ordnungsmäßigkeit der Revisionsbegründung im Hinblick auf die unsichere Datierung der Protokollanlage, auf das

Fehlen eines Anlagevermerks und auf das Schweigen des Protokolls darüber, ob die Anlage verlesen und genehmigt worden sei. Es holte über den dienstaufsichtsführenden Amtsrichter dienstliche Äußerungen des Urkundsbeamten und der beteiligten Kanzleiangestellten ein. Da die abgegebenen Äußerungen ihm nicht genügten, forderte es eine ergänzende Äußerung des Urkundsbeamten über das Zustandekommen der Niederschrift vom 15. 7. 1957 und ihrer Anlage; der Urkundsbeamte äußerte sich dahin, daß der Beschwerdeführer im Anschluß an die Protokollaufnahme den Begründungsschriftsatz einer Justizangestellten diktiert habe und dieser Schriftsatz am 15. 7. 1957 zu den Akten genommen, allerdings nicht nochmals dem Beschwerdeführer vorgelesen und von ihm genehmigt worden sei. Auf erneutes Ersuchen des Oberlandesgerichts vernahm das Amtsgericht die Justizangestellte eidlich darüber, wann der Beschwerdeführer ihr die Begründung diktiert habe; sie ergänzte ihre eidliche Aussage noch durch eine nachträgliche Erklärung. Der Beschwerdeführer wurde nicht gehört, auch gab ihm das Oberlandesgericht weder von den dienstlichen Äußerungen noch von der Niederschrift über die eidliche Vernehmung der Kanzleiangestellten Kenntnis.

Durch Beschluß vom 13. 1. 1958 verwarf das Oberlandesgericht die Revision als unzulässig. Die Gründe dieses Beschlusses führen aus: Das Rechtsmittel sei nicht ordnungsmäßig begründet worden. Nach dem Ergebnis der Beweisaufnahme sei zweifelhaft, ob der Begründungsschriftsatz schon am 15. 7. 1957 verfaßt worden sei. Aus der dienstlichen Äußerung des Urkundsbeamten ergebe sich aber jedenfalls, daß die Anlage bei Abfassung des Protokolls noch nicht vorgelegen habe; daher habe ihr Inhalt auch nicht zum Gegenstand der förmlichen Revisionsbegründung gemacht werden können. Sie sei dem Beschwerdeführer auch nicht vorgelesen worden. Sowohl der Beschwerdeführer wie der Urkundsbeamte hätten demnach im Protokoll Erklärungen abgegeben, die mit dem tatsächlichen Hergang nicht übereinstimmten. Die Bezugnahme auf die Protokollanlage sei daher wirkungslos; sehe man von dieser Anlage ab, so habe die Revisionsbegründung keinen sachlichen Gehalt. – Die Verfassungsbeschwerde hatte Erfolg.

Gründe:

1.

a) Die Verfassungsbeschwerde gegen den Beschluß des Landgerichts Marburg/Lahn vom 19. 12. 1956 ist rechtzeitig erhoben. Nach § 93 Abs. 1 BVerfGG beginnt die Monatsfrist zur Erhebung einer Verfassungsbeschwerde gegen eine Entscheidung, die nicht verkündet wird, mit ihrer Zustellung oder formlosen Mitteilung. Eine Bekanntgabe des angegriffenen Beschlusses an den Beschwerdeführer ist bisher unterblieben; der Lauf der Beschwerdefrist hat daher noch nicht begonnen. Daran ändert es nichts, daß der Beschwerdeführer „gerüchtweise" von dem Beschluß des Landgerichts erfahren hat. Allerdings konnte er der Tatsache, daß das Amtsgericht trotz ursprünglicher Ablehnung des Erlasses eines Strafbefehls nachträglich doch noch Termin zur Hauptverhandlung bestimmte und dann unter Aufhebung dieses Termins Strafbefehl erließ, entnehmen, daß die Staatsanwaltschaft gegen den Beschluß vom 6. 9. 1956 Beschwerde eingelegt und das Landgericht ihr entsprochen und die Sache an das Amtsgericht zurückverwiesen hatte. Die Möglichkeit einer solchen Schlußfolgerung ersetzt aber nicht die für den Beginn der Beschwerdefrist vorausgesetzte bestimmte Kenntnis von der Entscheidung.

b) Die Verfassungsbeschwerde ist auch nicht etwa deshalb unzulässig, weil der Beschluß des Landgerichts nur eine Zwischenentscheidung war. Dieser Beschluß ist in einem selbständigen, durch die sofortige Beschwerde der Staatsanwaltschaft eingeleiteten Zwischenverfahren ergangen, das mit ihm abgeschlossen wurde. Gegen eine solche Zwischenentscheidung ist die Verfassungsbeschwerde zulässig (BVerfGE 7, 109), denn es handelt sich nicht um eine der Urteilsfällung vorangehende Entscheidung des erkennenden Gerichts, gegen die nach § 305 StPO die strafprozessuale Beschwerde nicht gegeben und auch die Verfassungsbeschwerde nicht zulässig gewesen wäre (BVerfGE 1, 9).

2.

Die Verfassungsbeschwerde ist auch begründet. § 308 Abs. 1 StPO schreibt vor, daß das Beschwerdegericht die angefochtene Entscheidung nicht zum Nachteil des Beschwerdegegners ändern darf, ohne daß diesem die Beschwerde zur Gegenerklärung mitgeteilt worden ist. Diese Mitteilung hat das Landgericht unterlassen. Ein Verstoß gegen diese Bestimmung enthält in aller Regel zugleich eine Verletzung des Art. 103 Abs. 1 GG (BVerfGE 4, 190; 7, 109 [111]; Beschl. v. 21. 1. 1959 – 1 BvR 644/58). Der Beschluß des Landgerichts beruht auch auf diesem Verstoß. Zwar nimmt er nur zu der verfahrensrechtlichen Frage Stellung, ob das Amtsgericht vor Erlaß eines Strafbefehls ergänzende Erhebungen vornehmen und, wenn diese nicht durchführbar sind, den Erlaß eines Strafbefehls ablehnen darf. Die Entscheidung dieser Frage ist aber umstritten, und es ist nicht ausgeschlossen, daß es dem Beschwerdeführer im Falle seiner Anhörung gelungen wäre, durch Rechtsausführungen eine andere Beurteilung dieser Frage herbeizuführen.

3.

Da der Beschluß des Landgerichts auf einer Grundrechtsverletzung beruht, ist er aufzuheben (§ 95 Abs. 2 BVerfGG). Diese Aufhebung erstreckt sich notwendig auf die anschließenden Entscheidungen des Amtsgerichts, dessen Verfahren auf diesem Beschluß beruht, mag auch in diesem Verfahren selbst eine Grundrechtsverletzung nicht ersichtlich sein, und ebenso auf den die Revision verwerfenden Beschluß des Oberlandesgerichts.

Der Beschluß des Oberlandesgerichts vom 13. 1. 1958 müßte aber auch unabhängig von der Aufhebung des Beschlusses des Landgerichts deshalb aufgehoben werden, weil das Oberlandesgericht ebenfalls dem Beschwerdeführer das rechtliche Gehör nicht gewährt hat. Es hat eingehende Erhebungen darüber vorgenommen, unter welchen Umständen und in welchem Zeitpunkt die Revisionsbegründungsschrift des Beschwerdeführers angefertigt und zu den Akten genommen worden ist. Auf Grund dieser Erhebungen hat es festgestellt, daß die Begründungsschrift jedenfalls bei der Abfassung der Niederschrift vom 15. 7. 1957 noch nicht vorgelegen habe, so daß ihr Inhalt nicht zum Gegenstand der förmlichen Revisionsbegründung habe gemacht werden können. Demzufolge hat das Oberlandesgericht die Zulässigkeit der Revision mangels form- und fristgerechter Begründung verneint. Diese Erhebungen durfte das Oberlandesgericht aber nicht verwerten, ohne den Beschwerdeführer dazu zu hören und ihm Gelegenheit zur Stellungnahme zu geben. Indem es dies unterließ, hat es den Anspruch des Beschwerdeführers auf rechtliches Gehör verletzt, der nach der ständigen Rechtsprechung des Bundesverfassungsgerichts fordert, daß gegen einen Prozeßbeteiligten keine Tatsachen und Beweisergebnisse verwertet werden, zu denen er sich nicht hat äußern können (BVerfGE 7, 275 und die dort S. 278 zitierten Entscheidungen; BVerfGE 7, 340). Auf dieser Verletzung beruht der Beschluß des Oberlandesgerichts auch, denn es ist nicht ausgeschlossen, daß die Anhörung des Beschwerdeführers das Oberlandesgericht zu einer anderen Beurteilung des Sachverhalts veranlaßt hätte, zumal da die Zeugenaussagen sein eigenes Handeln betrafen. In der Verfassungsbeschwerde hat er vorgetragen, entgegen der dienstlichen Äußerung des Urkundsbeamten habe er die Begründungsschrift kurz *vor* Aufnahme der Niederschrift vom 15. 7. 1957 auf der Dienststelle diktiert und dem Urkundsbeamten zu Protokoll überreicht. Auf die Feststellung der Zeitfolge kam es dem Oberlandesgericht aber entscheidend an; ob es die Revision schon deswegen als unzulässig hätte verwerfen müssen, weil der Urkundsbeamte die Begründungsschrift nicht mehr vorgelesen hat, ist eine Frage des Strafverfahrensrechts, bei deren Entscheidung das Bundesverfassungsgericht den ordentlichen Gerichten nicht vorgreifen darf (BVerfGE 7, 275 [282]).

Da der Beschluß des Landgerichts vom 19. 12. 1956 und alle ihm nachfolgenden Entscheidungen aufgehoben werden, ist die Sache an das Landgericht zur erneuten Entscheidung über die sofortige Beschwerde der Staatsanwaltschaft gegen den Beschluß des Amtsgerichts vom 6. 9. 1956 zurückzuverweisen.

6. Änderung eines Wiederaufnahmebeschlusses zum Nachteil der Verurteilten, ohne ihnen die Beschwerde der Amtsanwaltschaft vorher zur Gegenerklärung mitzuteilen, verfassungswidrig.

StPO § 308 – BVerfG Beschl. v. 21. 1. 1959 – 1 BvR 644/58 (= BVerfGE 9, 123)

Die Beschwerdeführer rügen, daß das Landgericht einen Beschluß des Amtsgerichts, die Wiederaufnahme des Verfahrens betreffend, aufgehoben und den Wiederaufnahmeantrag als unbegründet verworfen hat, ohne daß ihnen zuvor die Beschwerde der Amtsanwaltschaft zur Kenntnis gebracht worden ist.

Sachverhalt: Die Beschwerdeführer waren durch rechtskräftige Strafbefehle wegen gemeinschaftlicher Körperverletzung zu Geldstrafen verurteilt. Auf ihren Wiederaufnahmeantrag ordnete das Amtsgericht Groß-Gerau nach Erhebung von Beweisen die Wiederaufnahme des Verfahrens und die Erneuerung der Hauptverhandlung an. Hiergegen erhob der Leiter der Amtsanwaltschaft sofortige Beschwerde, die den Verurteilten nicht mitgeteilt wurde. Auf die Beschwerde hob das Landgericht Darmstadt mit Beschluß vom 28. 7. 1958 den Beschluß des Amtsgerichts auf und verwarf den Wiederaufnahmeantrag als unbegründet. – Die Verfassungsbeschwerden hatten Erfolg.

Gründe: Das Landgericht hat den Beschluß des Amtsgerichts zum Nachteil der Verurteilten geändert, ohne ihnen die Beschwerde des Leiters der Amtsanwaltschaft vorher zur Gegenerklärung mitzuteilen. Durch diesen Verstoß gegen § 308 Abs. 1 StPO ist gleichzeitig der Art. 103 Abs. 1 GG verletzt (BVerfGE 4, 190). Da es nicht ausgeschlossen ist, daß der Beschluß des Landgerichts auf der Verletzung des rechtlichen Gehörs beruht, mußte er aufgehoben werden.

7. Beschwerde gegen Nichteröffnung des Hauptverfahrens muß dem Angeschuldigten bekanntgegeben werden.

StPO § 308 – BVerfG Beschl. v. 1. 10. 1957 – 1 BvR 92/57 (= BVerfGE 7, 109)

Die Verfassungsbeschwerde wendet sich gegen zwei Beschlüsse des Oberlandesgerichts Nürnberg vom 25. 1. 1957, die in einem gegen den Beschwerdeführer laufenden Strafverfahren ergangen sind. Auf Beschwerde des Oberstaatsanwalts hat das Oberlandesgericht Nürnberg durch den ersten der angefochtenen Beschlüsse den Beschluß des Landgerichts, die Ablehnung der Eröffnung des Hauptverfahrens betreffend, aufgehoben und durch den zweiten Beschluß das Hauptverfahren wegen Betrugs, Parteiverrats, falscher Anschuldigung und uneidlicher Falschaussage eröffnet.

Sachverhalt: Das Landgericht Nürnberg-Fürth hatte mit Beschluß vom 25. 10. 1956 – 301 KMs. 12/56 – abgelehnt, gegen den Beschwerdeführer das Hauptverfahren wegen Parteiverrats, falscher Anschuldigung und uneidlicher Falschaussage zu eröffnen. Auf Beschwerde des Oberstaatsanwalts hat das Oberlandesgericht Nürnberg durch den ersten der angefochtenen Beschlüsse den Beschluß des Landgerichts aufgehoben und durch den zweiten Beschluß das Hauptverfahren wegen Betrugs, Parteiverrats, falscher Anschuldigung und uneidlicher Falschaussage eröffnet. Dem Beschwerdeführer war entgegen § 308 Abs. 1 StPO die Beschwerde nicht zur Gegenerklärung mitgeteilt worden. – Die Verfassungsbeschwerde hatte Erfolg.

Gründe: Die Verfassungsbeschwerde ist zulässig und begründet. Sie richtet sich gegen Beschlüsse des Oberlandesgerichts, die in einem durch die sofortige Beschwerde des Oberstaatsanwalts nach § 210 Abs. 2 StPO eingeleiteten selbständigen Rechtsmittelverfahren ergangen sind. Bei der Bedeutung, die dem Recht auf rechtliches Gehör zukommt, unterliegt es keinem Zweifel, daß in einem solchen Verfahren der Beschwerdegegner vor einer ihm nachteiligen Abänderung der erstinstanzlichen Entscheidung gehört werden muß (vgl. Beschl. v. 24. 7. 1957 – 1 BvR 535/53 –). Demgegenüber kann nicht geltend gemacht werden, daß der Eröffnungsbeschluß nur der Vorbereitung des Hauptverfahrens dient. Es ist zu beachten, daß die Eröffnung des Hauptverfahrens durch das Landgericht abgelehnt worden war mit der Folge, daß die Rechtskraft dieses ablehnenden Beschlusses gemäß § 211 StPO weitreichende Wirkungen zugunsten des Angeschuldigten geäußert hätte. Wird gegen eine solche Entscheidung Beschwerde erhoben, so muß dem Angeschuldigten das rechtliche Gehör gemäß Art. 103 Abs. 1 GG gewährt werden. Dem trägt auch § 308 Abs. 1 StPO Rechnung.

Dem Beschwerdeführer ist die sofortige Beschwerde des Oberstaatsanwalts nicht zur Gegenerklärung mitgeteilt worden. Dadurch wurde sein Grundrecht aus Art. 103 Abs. 1 GG verletzt. Da sowohl der Beschluß des Oberlandesgerichts Nürnberg, durch den der Beschluß des Landgerichts Nürnberg-Fürth vom 25. 10. 1956 aufgehoben wurde, wie auch der gleichzeitig ergangene Eröffnungsbeschluß unter Verletzung von Art. 103 Abs. 1 GG zustande gekommen sind, müssen beide Beschlüsse aufgehoben werden; das Verfahren ist an das Oberlandesgericht Nürnberg zurückzuverweisen.

§ 309 StPO

(1) Die Entscheidung über die Beschwerde ergeht ohne mündliche Verhandlung, in geeigneten Fällen nach Anhörung der Staatsanwaltschaft.

(2) Wird die Beschwerde für begründet erachtet, so erläßt das Beschwerdegericht zugleich die in der Sache erforderliche Entscheidung.

§ 310 StPO

(1) Beschlüsse, die von dem Landgericht oder von dem nach § 120 Abs. 3 des Gerichtsverfassungsgesetzes zuständigen Oberlandesgericht auf die Beschwerde hin erlassen worden sind, können, sofern sie Verhaftungen oder die einstweilige Unterbringung betreffen, durch weitere Beschwerde angefochten werden.

(2) Im übrigen findet eine weitere Anfechtung der auf eine Beschwerde ergangenen Entscheidungen nicht statt.

§ 311 StPO

(1) Für die Fälle der sofortigen Beschwerde gelten die nachfolgenden besonderen Vorschriften.

(2) Die Beschwerde ist binnen einer Woche einzulegen; die Frist beginnt mit der Bekanntmachung (§ 35) der Entscheidung.

(3) Das Gericht ist zu einer Abänderung seiner durch Beschwerde angefochtenen Entscheidung nicht befugt. Es hilft jedoch der Beschwerde ab, wenn es zum Nachteil des Beschwerdeführers Tatsachen oder Beweisergebnisse verwertet hat, zu denen dieser noch nicht gehört worden ist, und es auf Grund des nachträglichen Vorbringens die Beschwerde für begründet erachtet.

§ 311a StPO

(1) Hat das Beschwerdegericht einer Beschwerde ohne Anhörung des Gegners des Beschwerdeführers stattgegeben und kann seine Entscheidung nicht angefochten werden, so hat es diesen, sofern der ihm dadurch entstandene Nachteil noch besteht, von Amts wegen oder auf Antrag nachträglich zu hören und auf einen Antrag zu entscheiden. Das Beschwerdegericht kann seine Entscheidung auch ohne Antrag ändern.

(2) Für das Verfahren gelten die §§ 307, 308 Abs. 2 und § 309 Abs. 2 entsprechend.

§ 312 StPO

Gegen die Urteile des Strafrichters und des Schöffengerichts ist Berufung zulässig.

Erfolgreiche Rügen

1. Innerhalb der Revisionsbegründungsfrist kann von Revision auf Berufung umgestiegen werden (BGH Urt. v. 22. 1. 1962 – 5 StR 442/61).

2. Innerhalb der Revisionsbegründungsfrist kann statt der gewählten Revision Berufung eingelegt werden, wenn nicht bereits zweifelsfrei die Revision gewählt wurde (BGH Beschl. v. 15. 1. 1960 – 1 StR 627/59).

Erfolgreiche Rügen

1. Innerhalb der Revisionsbegründungsfrist kann von Revision auf Berufung umgestiegen werden (insoweit übereinstimmend mit BGHSt. 13, 388 [Beschl. v. 15. 1. 1960 – 1 StR 627/59; vgl. § 312 StPO erfolgreiche Rügen]).

StPO § 312 – BGH Urt. v. 22. 1. 1962 – 5 StR 442/61 OLG Braunschweig (= BGHSt. 17, 44 = NJW 1962, 820)

Die Revision der Staatsanwaltschaft rügt, daß ihr Rechtsmittel deshalb als unzulässig verworfen worden ist, weil sie zunächst gegen das Urteil des Amtsgerichts Revision eingelegt, innerhalb der Revisionsbegründungsfrist jedoch erklärt hat, sie wolle das Rechtsmittel als Berufung behandelt wissen. Die Revision beruft sich auf die Rechtsprechung des Bundesgerichtshofs in BGHSt. 13, 388 und 3, 338, auf die Entscheidung des Oberlandesgerichts in Köln vom 8. 2. 1957 (NJW 1957, 641, 642) und auf KM, StPO 4. Aufl., § 335 Anm. 5. Die Beschwerdeführerin erklärt, sie habe sich bei Einlegung des Rechtsmittels gegen das schöffengerichtliche Urteil noch nicht endgültig für die Revision entschieden.

Sachverhalt: Das Schöffengericht in Braunschweig hatte den Angeklagten am 2. 11. 1960 von der Anklage freigesprochen, bei der Leitung von Abbrucharbeiten einen Menschen fahrlässig getötet zu haben (§§ 330, 222, 73 StGB). Gegen dieses Urteil hatte die Staatsanwaltschaft „Revision" eingelegt. Nach Zustellung der schriftlichen Entscheidungsgründe – innerhalb der Revisionsbegründungsfrist – war die Staatsanwaltschaft „von der eingelegten Revision zur Berufung übergegangen". Diese Berufung ist durch Urteil des Landgerichts in Braunschweig vom 14. 3. 1961 „als unzulässig verworfen" worden. Der Tatrichter sieht in der Revisionseinlegung einen Verzicht auf den Vorbehalt späterer Wahl, auf die Möglichkeit, zur Berufung überzugehen; er stützt sich dabei in erster Linie auf den Beschluß des Oberlandesgerichts in Stuttgart vom 8. 2. 1957 (NJW 1957, 641).

Das Oberlandesgericht in Braunschweig beabsichtigt, die Revision zu verwerfen, sieht sich aber durch den Beschluß des 1. Strafsenats des Bundesgerichtshofs vom 15. 1. 1960 (BGHSt. 13, 388) daran gehindert. Es hat deshalb die Sache gemäß § 121 Abs. 2 GVG vorgelegt.

Der Vorlegungsbeschluß stützt sich vor allem darauf, daß die Bezeichnung des Rechtsmittels in der Einlegungsschrift von einem „Rechtskundigen" gewählt worden sei. Dieser müsse sich an seinen Erklärungen festhalten lassen, auch wenn sie „vorschnell" abgegeben worden seien. „Ein Gebot der Gerechtigkeit" könne demgegenüber nicht anerkannt werden, zumal Verteidiger oder Staatsanwalt vier Möglichkeiten hätten, sich die endgültige Rechtsmittelwahl vorzubehalten:

a) durch bloße Erklärung der „Anfechtung";

b) durch Einlegung der Berufung;

c) durch Einlegung der Berufung mit dem Zusatz, das Rechtsmittel solle als Revision behandelt werden, falls die Berufung unzulässig sei;

d) durch Einlegung von Berufung und Revision unter Vorbehalt künftiger Wahl.

Wollte man „weitere Wahl- oder Übergangsmöglichkeiten" zulassen, so könne dies „die Beteiligten vielleicht zu nachlässiger Arbeitsweise" veranlassen. Hiervon abgesehen könne die Auffassung des 1. Strafsenats des Bundesgerichtshofs zu „erheblichen Auslegungszweifeln" führen, „ob der Beschwerdeführer im Sinne der Ausführungen BGHSt. 13, 388 das eingelegte Rechtsmittel endgültig „gewählt" habe oder nicht", wie beispielsweise der Fall des Bayerischen Obersten Landesgerichts in NJW 1960, 1682 zeige. „Weitere Zweifel" entstünden, „wenn der Beschwerdeführer wie im Falle des Bayerischen Obersten Landesgerichts und auch im vorliegenden Falle nachträglich erkläre, daß er von der eingelegten Revision zur Berufung" übergehe und wenn das eingelegte Rechtsmittel „nicht begründet" werde. Gegen die Auffassung des Bundesgerichtshofes sprächen auch praktische Erwägungen; die Entscheidung über Haftentlassungsgesuche könne in mehrfacher Hinsicht davon beeinflußt werden, ob Berufung oder Revision eingelegt worden sei. – Das Rechtsmittel hatte Erfolg.

Gründe: Der erkennende Senat schließt sich der Auffassung des 1. Strafsenats an, nach welcher der Umstand, daß der Beschwerdeführer das Rechtsmittel zunächst als „Revision" bezeichnet hatte, ihn grundsätzlich nicht daran hindert, noch innerhalb der Revisionsbegründungsfrist zu erklären, das Rechtsmittel solle als Berufung behandelt werden.

1. Es überzeugt nicht, daß ein Beschwerdeführer an der Bezeichnung des Rechtsmittels als „Revision" nur deshalb festgehalten werden soll, weil dem „Rechtskundigen die grundlegenden Unterschiede" zwischen Berufung und Revision bekannt seien, „er sich daher schon durch die Bezeichnung des Rechtsmittels zweifelsfrei" für die Revision entschieden habe. Dies müßte nämlich auch dann gelten, wenn das Rechtsmittel bei der Einlegung als „Berufung" bezeichnet wird. Für diesen Fall will aber das vorlegende Oberlandesgericht die Wahl bis zum Ablauf der Revisionsbegründungsfrist zulassen; es empfiehlt den „Rechtskundigen" sogar ausdrücklich, das Rechtsmittel im Falle des Wahlvorbehaltes zunächst „Berufung" zu nennen. Dann ist jedoch nicht einzusehen, weshalb Beschwerdeführer bei Einlegung von „Revision" nur wegen ihrer Rechtskunde an einer solchen Bezeichnung festgehalten werden sollen.

Erzieherische Erwägungen gehen in diesem Zusammenhange ohnehin fehl. Denn es entspricht ständiger Übung der Gerichte, Angeklagte nach Möglichkeit nicht unter „nachlässiger Arbeitsweise" ihrer „rechtskundigen" Verteidiger leiden zu lassen (z.B. in den Fällen der Wiedereinsetzung bei Säumnis des Verteidigers). Deshalb kann die hier zu entscheidende Frage ebenfalls nicht unter dem Gesichtspunkt der Erziehung Rechtskundiger zu einwandfreier „Arbeitsweise" betrachtet werden.

2. Die Auffassung des 1. Strafsenats verstößt auch nicht gegen Grundsätze der Rechtssicherheit und der Verfahrensklarheit. Zutreffend weist Kleinknecht (JZ 1960, 755, 756) darauf hin, daß sich aus § 302 StPO keine Gesichtspunkte für die gestellte Frage ergeben, weil weder der Widerruf eines teilweisen Rechtsmittelverzichtes noch der Widerruf einer teilweisen Rechtsmittelrücknahme vorliege. „Der Widerruf einer Rechtsmittelerklärung ist aus Gründen der Rechtssicherheit insoweit unzulässig, als er eine bereits eingetretene (teilweise) Unanfechtbarkeit oder Rechtskraft berühren würde. Um einen derartigen Widerruf handelt es sich aber bei dem Übergang von der Revision zur Berufung nicht. Daher steht einem solchen Wechsel vor Ablauf der Revisionsbegründungsfrist vom Standpunkt der Rechtssicherheit kein Bedenken entgegen. Auch der Grundsatz der Verfahrensklarheit leidet bei einem solchen Übergang nicht mehr als bei dem Übergang von der Berufung zur Revision".

3. Nicht ganz von der Hand zu weisen ist der Einwand des Vorlegungsbeschlusses, im Einzelfalle könnten sich gewisse Auslegungszweifel ergeben, ob der Beschwerdeführer das eingelegte Rechtsmittel endgültig „gewählt" habe oder nicht.

Der 1. Strafsenat hat aber bereits zutreffend hervorgehoben, solche Fälle seien wohl selten. Dies bedeutet, daß im Zweifel zugunsten des Beschwerdeführers davon auszugehen ist, er habe bei Einlegung des Rechtsmittels noch keine endgültige Wahl getroffen. (Die im Vorlegungsbeschluß angeführte Entscheidung des Bayerischen Obersten Landesgerichts – NJW 1960, 1682 – berücksichtigt dies nicht genügend und steht damit in Widerspruch zum Beschluß des Bundesgerichtshofs.) Aus dem bloßen Vorliegen von Zweifeln ergibt sich daher nichts Entscheidendes für die Gegenmeinung. Die weitere Frage aber, ob überhaupt Fälle denkbar sind, in denen sich der Beschwerdeführer bei Einlegung des Rechtsmittels bereits endgültig gebunden hat, war hier nicht zu entscheiden.

Im vorliegenden Falle sprechen nicht nur die Erklärung der Beschwerdeführerin, sondern auch äußere Umstände für einen Vorbehalt der Wahl. Die Staatsanwaltschaft hat nämlich am 3. 11. 1960 „Revision" gegen das schöffengerichtliche Urteil eingelegt, nachdem vorher schon der Beschluß des 1. Strafsenats in Fachzeitschriften veröffentlicht worden war (vgl. z.B. NJW vom 11. 3. 1960). Zumindest einstweilen durfte die Anklagebehörde darauf vertrauen, daß die Rechtsmeinung des Bundesgerichtshofes von den Gerichten beachtet werden würde; jedenfalls war aber nun – lediglich auf Grund der Bezeichnung „Revision" – keine Auslegung des Rechtsmittels im Sinne eines „Teilverzichtes" mehr möglich.

4. Nicht einzusehen ist, weshalb die hier zu entscheidende Frage für die Beurteilung von Haftentlassungsgesuchen bedeutungsvoll sein soll. Zunächst ist schon nicht ohne weiteres verständlich, was das Oberlandesgericht Braunschweig mit diesem Einwand meint. Sollte er darauf hinausgehen, daß die Revisionsgerichte (im Unterschied zu den Berufungsgerichten) bei sachlich-rechtlichen Angriffen die Feststellungen hinnehmen müssen, so bedeutet dies für die Haftfrage nichts. Denn auch eine etwaige Urteilsaufhebung durch das Revisionsgericht erstreckt sich meist auf die Feststellungen; diese Fälle müssen also ebenfalls völlig neu verhandelt werden. Sofern daher nach dem ersten tatrichterlichen Urteil überhaupt noch von einer Verdunkelungsgefahr die Rede sein kann, wäre sie auch bei vorbehaltloser Einlegung von Revision gegeben. Entsprechendes gilt für die Frage des Fluchtverdachtes. Hiervon abgesehen übersieht das vorlegende Oberlandesgericht, daß sich dieser Einwand gegen die Zulässigkeit jeder Wahl, also nicht nur der Wahl in Fällen vorliegender Art, richten würde.

5. Eine (von der Bezeichnung in der Rechtsmittelschrift möglichst unabhängige) großzügige Zulassung der Wahl bis zum Ablauf der Revisionsbegründungsfrist entspricht daher in der Tat „der Gerechtigkeit in geläuterter rechtsstaatlicher Schau" (BGH a.a.O.).

Das ergibt sich schließlich auch noch aus Überlegungen, die z. T. schon im Beschluß des früheren 3. Strafsenats vom 12. 12. 1951 – BGHSt. 2, 63 ff. (3 StR 691/51; vgl. § 335 StPO erfolgreiche Rügen) – angestellt worden sind:

Die mündliche Mitteilung der Urteilsgründe ist häufig nicht ausführlich. Sie bringt die tatsächlichen Feststellungen und die daraus gezogenen Folgerungen nicht in lückenloser Darstellung. Mitunter kann sie geradezu irreführend sein, z.B. dann, wenn der Richter des ersten Rechtszuges seine Entscheidung in der mündlichen Begründung überwiegend auf rechtliche, in den schriftlichen Urteilsgründen dagegen ausschließlich auf tatsächliche Gesichtspunkte stützt. Durch solche mündliche Urteilsverkündung wird sich der Anfechtungsberechtigte häufig bewogen fühlen, das Rechtsmittel (einstweilen) als Revision zu bezeichnen. Wollte man ihn aus rein formalen Erwägungen an dieser Erklärung festhalten, so würde dies zu höchst ungerechten Folgen führen. Denn den mündlichen Erklärungen des Richters kommt – obwohl § 268 Abs. 2 StPO sie vorschreibt – gegenüber den schriftlichen Urteilsgründen keine Bedeutung zu; diese sind, auch wenn sie von den mündlich mitgeteilten Urteilsgründen abweichen, allein maßgebend. Der Anfechtungsberechtigte wäre also – zu einem wesentlichen Teile ohne seine Schuld – an ein Rechtsmittel gebunden, mit dem er möglicherweise nichts anfangen kann.

Nach alldem mußte dem Vorlegungsbegehren des Oberlandesgerichts in Braunschweig der Erfolg versagt bleiben.

2. Innerhalb der Revisionsbegründungsfrist kann statt der gewählten Revision Berufung eingelegt werden, wenn nicht bereits zweifelsfrei die Revision gewählt wurde.

StPO § 312 – BGH Beschl. v. 15. 1. 1960 – 1 StR 627/59 BayObLG (= BGHSt. 13, 388 = NJW 1960, 494)

Von Amts wegen.

Sachverhalt: Gegen den Angeklagten war durch Strafbefehl eine Geldstrafe von 100,– DM festgesetzt worden. Auf seinen Einspruch verhängte das Amtsgericht gegen ihn durch Urteil vom 16. 6. 1959 eine Geldstrafe gleicher Höhe. Die Voraussetzungen des im Strafbefehl angenommenen Vergehens sah das Gericht zur inneren Tatseite als nicht dargetan an.

Der Verteidiger legte am 22. 6. 1959 Revision ein. Das Urteil wurde ihm am 29. 6. 1959 zugestellt. Darauf erklärte er mit Schrift vom 4./6. 7. 1959, daß er von der Revision zur Berufung übergehe. Für den Fall, daß dies nicht zugelassen werde, stellte er zugleich den „Revisionsantrag: Ich fechte das Urteil im Strafmaß und den hierzu getroffenen Feststellungen an". Er rügte die Verletzung sachlichen Rechts und wandte sich gegen die Feststellungen und den Strafausspruch. Mit Schrift vom 17. 7. 1959 beschränkte der Verteidiger die „Berufung auf das Strafmaß".

Die Staatsanwaltschaft, welche die Berufung für zulässig hielt, legte die Akten dem Landgericht vor. Die Strafkammer erklärte jedoch durch deklaratorischen „Beschluß" vom 23. 7. 1959, der Übergang von der Revision zur Berufung sei nach Ablauf der Berufungseinlegungsfrist und mit Rücksicht auf die ausdrückliche Wahl der Revision nicht mehr zulässig. Mit diesem Bescheid wurden die Akten an die Staatsanwaltschaft zurückgegeben.

Diese leitete daraufhin die Vorgänge dem Bayerischen Obersten Landesgericht als Revisionsinstanz zu, wobei die Staatsanwaltschaft bei diesem Gericht bemerkte, sie halte den Übergang zur Berufung für statthaft.

Das Bayerische Oberste Landesgericht war dagegen im Anschluß u.a. an das Oberlandesgericht Stuttgart (NJW 1957, 641 Nr. 16) der Ansicht, nach Wahl der Sprungrevision sei ein Übergang zur Berufung nicht mehr zulässig. Es sah sich jedoch an der Entscheidung über das Rechtsmittel als Revision gehindert durch die entgegengesetzte Rechtsprechung der Oberlandesgerichte Köln (NJW 1957, 641 Nr. 17), Karlsruhe (NJW 1959, 209 Nr. 21) und Hamm (NRW JMBl 1959, 175). Es hat daher die Sache unter Berufung auf § 121 Abs. 2 GVG dem Bundesgerichtshof vorgelegt. – Das Rechtsmittel hatte Erfolg.

Gründe: Durch die Entscheidung BGHSt. 2, 63 (BGH Beschl. v. 12. 12. 1951 – 3 StR 691/51; vgl. § 335 StPO erfolgreiche Rügen) war ausgesprochen worden, im Falle des § 335 Abs. 1 StPO brauche der Beschwerdeführer innerhalb der Rechtsmittelfrist (§ 345 StPO) nur zu erklären, daß er das ergangene Urteil „anfechte". In Fortentwicklung dieser Rechtsprechung hat der Senat in BGHSt. 5, 338 ff. (BGH Beschl. v. 20. 11. 1953 – 1 StR 279/53; vgl. § 335 StPO erfolgreiche Rügen) den nachträglichen Übergang von der Berufung zur Revision – innerhalb der Revisionsbegründungsfrist – zugelassen. Ob und im Bejahungsfall innerhalb welcher Frist der Beschwerdeführer noch wirksam erklären kann, seine „Revision" sei eine Berufung, war damals offen gelassen worden und ist jetzt zu entscheiden. Dabei gebührt im Ergebnis der Vorzug der von den Oberlandesgerichten Köln, Karlsruhe und Hamm vertretenen bejahenden Auffassung.

Zwar ist auch im Strafprozeß die Einhaltung gewisser Formen unerläßlich damit die Rechtssicherheit und die Zügigkeit des Verfahrensgangs nicht beeinträchtigt werden. Die Verfahrensregeln sind aber nicht um ihrer selbst willen, sondern wesentlich auch im Interesse der Beteiligten geschaffen, für die sie nicht zu Fallstricken werden dürfen. Diese freiere Betrachtungsweise ist im Rahmen des § 335 StPO besonders gegenüber Rechtsmittelerklärungen geboten, bei denen sich zumal die Angeklagten trotz Belehrung (§ 35a StPO) meist nicht auskennen. Solche Äußerungen sind möglichst so auszulegen und zu behandeln, daß der Beschwerdeführer mit seinem Rechtsmittel vor das Gericht gelangt, dem er es letztlich unterbreiten will (vgl. auch BGHSt. 5, 340).

Bereits aus BGHSt. 2, 63 ergibt sich die Auffassung, daß es in dem betreffenden Vorstadium des zweiten Rechtszuges nicht darauf ankommt, wie der Beschwerdeführer das Rechtsmittel bezeichnet hat. Entscheidend ist, daß der Anfechtungswille zum Ausdruck kommt. Daß die Kennzeichnung des Rechtsmittels als Berufung den Übergang zur Sprungrevision im Rahmen des § 335 Abs. 1 StPO nicht hindert, hat, wie gesagt, der Senat bereits anerkannt (BGHSt. 5, 338). Dann kann aber auch für den hier gegebenen Fall grundsätzlich nichts anderes gelten. Das gebietet die Gerechtigkeit in geläuterter rechtsstaatlicher Schau. Sie verbietet, den Beschwerdeführer an seiner etwaigen, vorschnell erklärten Rechtsmittelbezeichnung festzuhalten, sofern er diese bis zum Ablauf der Begründungsfrist noch ändert oder richtig stellt.

Wer im Fall des § 335 Abs. 1 StPO zwar bereits bei der Einlegung von „Revision" spricht, andererseits aber auch nicht mehr als dieses sagt, hat damit allein noch nicht das endgültige Rechtsmittel gewählt, hat noch nicht darauf verzichtet, innerhalb der Revisionsbegründungsfrist zu erklären, er wünsche die Berufung. Hierfür spricht gerade, daß der Gesetzgeber für den Zivilprozeß durch besondere Vorschrift (§ 566a Abs. 4 ZPO) eine Verzichtswirkung gesetzlich festgelegt hat (BGHSt. 5, 342). Eine solche Sonderregelung ist dem Strafverfahren fremd. Zudem steht hier der § 335 Abs. 3 Satz 1 StPO (so wird ... „die Revision als Berufung behandelt") der Auffassung entgegen, die bloße Bezeichnung des Rechtsmittels in der Einlegungsschrift als „Revision" sei schon bindend und lege den Beschwerdeführer hierauf fest.

Anderes hat allerdings zu gelten, wenn der Beschwerdeführer bereits bei der Einlegung zweifelsfrei zu erkennen gibt, daß er an Stelle der an sich zulässigen Berufung und unter Verzicht auf sie als Rechtsmittel die Revision wählt. Dies kann etwa dann anzunehmen sein, wenn er ausdrücklich erklärt, er wähle die Revision oder wenn er in der Einlegungsschrift schon den Revisionsantrag stellt und Rechtsrügen erhebt oder wenn er ankündigt, die Revision werde nach Zustellung des Urteils begründet. Damit hat er aus freiem Entschluß von seinem Wahlrecht endgültig Gebrauch gemacht. Hier gebietet es die Rechtssicherheit, ihm einen späteren „Übergang" zur Berufung zu versagen. Von solchen wohl seltenen Fällen abgesehen, wird jedoch das Rechtsmittelbegehren, trotz vorheriger Bezeichnung als „Revision", erst dadurch endgültig festgelegt, daß der Beschwerdeführer innerhalb der Revisionsbegründungsfrist die Revision rechtfertigt oder erklärt, sein Rechtsmittel sei die Berufung, oder daß er schweigt.

Für die hier vertretene Auffassung spricht auch folgende Erwägung, zu der gerade der Vorlegungsfall Anlaß gibt: Lautete das anzufechtende – amtsrichterliche – Urteil nur auf Verurteilung wegen Übertretung, so kann der Beschwerdeführer vor Kenntnis der Urteilsgründe mitunter im Zweifel sein, ob nicht etwa nach §§ 313, 334 StPO die Berufung gesetzlich ausgeschlossen und nur die Revision gegeben ist. Er wird dadurch leicht dazu verleitet werden, sogleich Revision einzulegen, weil er diese für das einzige zur Verfügung stehende Rechtsmittel hält. Erst durch die Urteilsgründe mag er erfahren, daß der erste Richter den Sachverhalt auch unter dem Gesichtspunkt geprüft hatte, ob die Tat ein Vergehen darstellte, daß also ein Bagatellfall im Sinne der §§ 313, 334 StPO nicht vorlag. Es wäre unerträglich, wollte man in solchem Fall den Beschwerdeführer an seiner „Revision" festhalten und ihm die nachträgliche Erklärung versagen, er gehe zur Berufung über oder meine diese als das in Betracht kommende Rechtsmittel. Denn hier hatte er überhaupt noch keine „Wahl" getroffen.

Der Grundsatz einheitlicher Behandlung von Rechtsmittelerklärungen dieser Art gebietet es, die Möglichkeit nachträglicher Wahl der Berufung nicht nur auf den zuvor behandelten Sondertatbestand zu beschränken. Wesentliche Unzuträglichkeiten oder Verfahrensverzögerungen sind auch im letztgenannten Fall – richtige Verfahrenshandhabung durch die beteiligten Stellen vorausgesetzt – nicht zu befürchten. Notwendig ist allerdings im Interesse der Rechtssicherheit, daß die Erklärung, das Rechtsmittel solle die Berufung sein, spätestens innerhalb der Revisionsbegründungsfrist abgegeben wird.

Wird demnach die nachträgliche Kennzeichnung der „Revision" als Berufung für statthaft angesehen, so muß doch entschieden betont werden, daß es in jedem Fall zweckmäßiger ist, zunächst nur die „Anfechtung" schlechthin zu erklären (BGHSt. 2, 63 ff). Dadurch erspart sich der Beschwerdeführer Weiterungen, wie sie eintreten können, wenn er, wie hier, vorschnell das Rechtsmittel als Revision bezeichnet hatte.

Die in BGHSt. 5, 343, 344 zu III – übrigens nur unbestimmt – angedeuteten Bedenken hält der Senat nach erneuter Prüfung für unbegründet. Zudem handelt es sich bei Rechtsmittelerklärungen, wie sie hier zu beurteilen sind, im Grunde gar nicht um einen „Übergang von der Revision zur Berufung", sondern nur um die – vorher noch nicht zweifelsfrei getroffene – endgültige Wahl des gewünschten Rechtsmittels. Daraus erklärt sich auch die Fassung des Leitsatzes der vorliegenden Entscheidung. Die in BGHSt. 5, 338 zu beurteilende Frage betraf dagegen in der Tat den nachträglichen Übergang von der Berufung zur Revision. Er wurde mit Rücksicht auf Sinn und Vereinfachungszweck der Sprungrevision zugelassen, sogar für den Fall, daß zunächst zweifelsfrei die Berufung gewählt worden war. So weit geht der Senat für die spätere Wahl der Berufung nicht. Er läßt sie nur zu, wenn sich der Beschwerdeführer durch die bloße Bezeichnung des Rechtsmittels als „Revision" noch nicht endgültig festgelegt hat. ...

§ 313 StPO

(1) Ist der Angeklagte zu einer Geldstrafe von nicht mehr als fünfzehn Tagessätzen verurteilt worden, beträgt im Falle einer Verwarnung die vorbehaltene Strafe nicht mehr als fünfzehn Tagessätze oder ist eine Verurteilung zu einer Geldbuße erfolgt, so ist die Berufung nur zulässig, wenn sie angenommen wird. Das gleiche gilt, wenn der Angeklagte freigesprochen oder das Verfahren eingestellt worden ist und die Staatsanwaltschaft eine Geldstrafe von nicht mehr als dreißig Tagessätzen beantragt hatte.

(2) Die Berufung wird angenommen, wenn sie nicht offensichtlich unbegründet ist. Andernfalls wird die Berufung als unzulässig verworfen.

(3) Die Berufung gegen ein auf Geldbuße, Freispruch oder Einstellung wegen einer Ordnungswidrigkeit lautendes Urteil ist stets anzunehmen, wenn die Rechtsbeschwerde nach

§ 79 Abs. 1 des Gesetzes über Ordnungswidrigkeiten zulässig oder nach § 80 Abs. 1 und 2 des Gesetzes über Ordnungswidrigkeiten zuzulassen wäre. Im übrigen findet Absatz 2 Anwendung.

§ 314 StPO

(1) Die Berufung muß bei dem Gericht des ersten Rechtszuges binnen einer Woche nach Verkündung des Urteils zu Protokoll der Geschäftsstelle oder schriftlich eingelegt werden.

(2) Hat die Verkündung des Urteils nicht in Anwesenheit des Angeklagten stattgefunden, so beginnt für diesen die Frist mit der Zustellung.

Erfolgreiche Rügen

1. Die Berufung in Strafsachen kann nicht fernmündlich zu Protokoll der Geschäftsstelle eingelegt werden (BGH Beschl. v. 26. 3. 1981 – 1 StR 206/80).
2. Fristwahrung bei fernmündlich zugestelltem Rechtsmitteltelegramm (BGH Beschl. v. 29. 4. 1960 – 1 StR 114/60).

Erfolgreiche Rügen

1. Die Berufung in Strafsachen kann nicht fernmündlich zu Protokoll der Geschäftsstelle eingelegt werden.

StPO § 314 Abs. 1 – BGH Beschl. v. 26. 3. 1981 – 1 StR 206/80 BayObLG (= BGHSt. 30, 64 = NJW 1981, 1627)

Die Revision rügt, daß das Landgericht die fernmündlich bei der Geschäftsstelle eingelegte Berufung der Staatsanwaltschaft zu Unrecht für zulässig gehalten hat.

Sachverhalt: Das Amtsgericht hat die Angeklagte vom Vorwurf der fahrlässigen Körperverletzung freigesprochen. Gegen dieses Urteil hat die Staatsanwaltschaft fernmündlich bei der Geschäftsstelle des Amtsgerichts Berufung eingelegt; der den Anruf entgegennehmende Beamte fertigte hierüber einen Aktenvermerk. Auf die Berufung der Staatsanwaltschaft hat das Landgericht das angefochtene Urteil aufgehoben und die Angeklagte wegen fahrlässiger Körperverletzung zu Geldstrafe verurteilt.

Das für die Entscheidung über die Revision zuständige Bayerische Oberste Landesgericht möchte im Beschlußverfahren prüfen, ob das angefochtene Urteil auf einer Verletzung des materiellen Rechts beruht; es hält die Berufung der Staatsanwaltschaft für zulässig, so daß das Landgericht noch über die der Angeklagten zur Last gelegte Straftat urteilen durfte. Mit dieser Rechtsansicht würde es sich in Widerspruch zu der Auffassung des Oberlandesgerichts Hamm setzen, das die fernmündliche Einlegung der Berufung für unwirksam erachtet (Urt. v. 4. 12. 1951 NJW 1952, 276). Bei Zugrundelegung dieser Auffassung müßten das angefochtene Urteil aufgehoben und die Berufung der Staatsanwaltschaft als unzulässig verworfen werden. Weil das Bayerische Oberste Landesgericht von der Entscheidung des Oberlandesgerichts Hamm abweichen will, hat es die Sache dem Bundesgerichtshof vorgelegt zur Entscheidung der Rechtsfrage, ob die Berufung gemäß § 314 Abs. 1 StPO auch fernmündlich zu Protokoll der Geschäftsstelle eingelegt werden kann. Auf die Gründe des Vorlegungsbeschlusses vom 13. 3. 1980 (VRS 58, 426 = DAR 1980, 182) wird Bezug genommen. – Das Rechtsmittel hatte Erfolg.

Gründe: In der Sache selbst vermag der Senat der Rechtsansicht des vorlegenden Gerichts nicht zu folgen.

Nach § 314 Abs. 1 StPO muß die Berufung bei dem Gericht des ersten Rechtszuges binnen einer Woche nach Verkündung des Urteils zu Protokoll der Geschäftsstelle oder schriftlich eingelegt werden.

Es entspricht allgemeiner Meinung, daß die fernmündliche Rechtsmitteleinlegung die Schriftform auch dann nicht erfüllt, wenn sie in einem Aktenvermerk des den Anruf entgegennehmenden Beamten Niederschlag gefunden hat. Denn das Schriftstück muß vom Rechtsmittelführer selbst oder seinem Vertreter herrühren und dem Gericht in dieser Form zugehen (vgl. RGSt 38, 282, 284; BVerwGE 17, 166; OLG Frankfurt NJW 1953, 1118).

Dagegen besteht in Rechtsprechung und Schrifttum Streit, ob eine derartige telefonische Erklärung die Voraussetzungen der Rechtsmitteleinlegung „zu Protokoll der Geschäftsstelle" erfüllen kann. Diese Frage wird insbesondere im Interesse eines umfassenden Rechtsschutzes des Bürgers vielfach bejaht. Nach der entgegengesetzten Auffassung ist die Rechtsmitteleinlegung zu Protokoll der Geschäftsstelle nur dann wirksam, wenn sie in körperlicher Anwesenheit des Erklärenden erfolgt.

Der Senat hat die Frage für den Bereich der Strafprozeßordnung bisher ausdrücklich offengelassen. Er schließt sich nunmehr der strengen Auffassung an, wonach die Berufung nicht fernmündlich zu Protokoll der Geschäftsstelle eingelegt werden kann. Hierfür sind im wesentlichen folgende Erwägungen maßgebend:

a) Bei Schaffung der Strafprozeßordnung spielte der Telefonverkehr keine Rolle. Der Angeklagte mußte sich auf die Geschäftsstelle bemühen, wenn er sein Rechtsmittel gemäß § 355 StPO a.F. zu Protokoll geben wollte. Diese Möglichkeit der Rechtsmitteleinlegung war vor allem für den Ungewandten gedacht, der des Rats und der Hilfe bedurfte. Infolgedessen hatte der „Gerichtsschreiber" auch die Stellung eines Beistands (BGH NJW 1957, 990). Ihm oblag es, den Erschienenen zu belehren und zu beraten, seine Berechtigung und die Ernstlichkeit seines Willens zu prüfen, die Erklärung entgegenzunehmen und in die rechte Form zu bringen und über die Verhandlung ein Protokoll zu führen. Diese Aufgaben, Rechte und Pflichten sind dem Urkundsbeamten der Geschäftsstelle bzw. (im Fall des § 24 RPflG) dem Rechtspfleger bis heute geblieben. Der mit ihnen angestrebte Zweck, nämlich Gewißheit über die Person des Erklärenden und Klarheit über den Inhalt seiner Erklärung zu erhalten, wird nur dann erreicht, wenn der Erklärende bei der Verhandlung körperlich anwesend ist. Nur dann kann der Urkundsbeamte auf Grund eigener Wahrnehmungen auf einfache und beweiskräftige Weise feststellen, wer das Rechtsmittel einlegen will, ob er – etwa als gesetzlicher Vertreter oder als Nebenkläger – dazu berechtigt ist und welchen Inhalt die Erklärung hat (vgl. z.B. § 318 und § 335 StPO). Diese Gewißheit kann durch fernmündliche Erklärungen nicht vermittelt werden; sie ist deshalb erforderlich, weil das Protokoll als öffentliche Urkunde vollen Beweis dafür erbringt, daß eine bestimmte Erklärung von der im Protokoll bezeichneten Person abgegeben wurde (vgl. § 415 ZPO; RGSt 48, 78, 81).

An diesen grundsätzlichen, schon für das Reichsgericht maßgebenden Erwägungen (RGSt 38, 282, 285) hat sich auch durch die Entwicklung der Fernmeldetechnik nichts geändert.

Es entspricht zudem einer im Rechts- und Geschäftsverkehr weitverbreiteten Überzeugung, daß bedeutsame Erklärungen schriftlich abzugeben sind. Dies gilt insbesondere im Verkehr zwischen Behörden.

Gegen das Ergebnis bestehen auch in verfassungsrechtlicher Hinsicht keine Bedenken, weil es durch sachliche Gründe geboten ist und den Zugang zur Instanz nicht in unzumutbarer Weise erschwert (vgl. BVerfG NJW 1980, 580).

Somit war zu beschließen, wie aus dem Leitsatz ersichtlich. Die Entscheidung entspricht dem Antrag des Generalbundesanwalts. Sie steht, worauf bereits hingewiesen wurde, auch im Einklang mit der Rechtsprechung des Bundesverwaltungsgerichts und des Bundesfinanzhofs.

2. Fristwahrung bei fernmündlich zugestelltem Rechtsmitteltelegramm.

StPO § 314 – BGH Beschl. v. 29. 4. 1960 – 1 StR 114/60 BayObLG (= BGHSt. 14, 233 = NJW 1960, 1310)

Von Amts wegen.

Sachverhalt: Das Amtsgericht verurteilte die Angeklagte am 22. 1. 1959 wegen Beleidigung zu einer Geldstrafe. Der Privatkläger hat gegen dieses Urteil telegraphisch Berufung hinsichtlich des Strafmaßes eingelegt. Die Berufungsfrist lief am 29. 1. 1959 ab. An diesem Tage hat das Postamt F. um 11.30 Uhr den Inhalt des eingegangenen Berufungstelegrammes der Geschäftsstelle des Amtsgerichts fernmündlich zugesprochen; der aufnehmende Geschäftsstellenbeamte des Amtsgerichts hat darüber eine schriftliche Feststellung zu den Akten getroffen. Das Telegramm selbst ist erst am 30. 1. 1959 bei dem Amtsgericht eingegangen.

Das Landgericht hat die Berufung für zulässig erachtet und in der Hauptverhandlung vom 20. 5. 1959 als unbegründet verworfen.

Auf die hiergegen eingelegte Revision hat das Bayerische Oberste Landesgericht von Amts wegen die Zulässigkeit der Berufung als Rechtszugsvoraussetzung erneut geprüft und dabei verneint. Nach seiner ständigen Rechtsprechung (BayObLGSt 1953, 265 = MDR 1954, 349; RReg. 4 StR 338/1959 vom 23. 9. 1959) ist die Rechtsmittelfrist nicht gewahrt, wenn bei telegraphischer Einlegung des Rechtsmittels der Inhalt des Telegramms zwar innerhalb der Frist dem Gericht durch die Postanstalt fernmündlich zugesprochen wird, die Telegrammausfertigung aber erst nach Fristablauf eingeht. An dieser Rechtsprechung will das Bayerische Oberste Landesgericht festhalten, das landgerichtliche Urteil daher aufheben, jedoch nicht selbst die Unzulässigkeit der Berufung aussprechen, sondern die Sache an das Landgericht zurückverweisen, um einem möglichen Antrag des Privatklägers auf Wiedereinsetzung in den vorigen Stand nicht vorzugreifen.

Hieran sieht es sich durch einen Beschluß des Oberlandesgerichts in Köln vom 24. 11. 1951 – Ws 237/1951 – (NJW 1952, 440) gehindert. Das Oberlandesgericht in Köln läßt die fernmündliche Übermittlung eines Telegramms durch das Postamt an das Gericht zur Wahrung der Rechtsmittelfrist genügen, wenn die fernmündliche Durchsage im Dienstbetrieb der Post durch eine Amtsperson erfolgt, vom Gericht dienstlich aufgenommen und durch das nachfolgende Telegramm bestätigt wird.

Das Bayerische Oberste Landesgericht hat daher die Sache dem Bundesgerichtshof zur Entscheidung der Rechtsfrage vorgelegt.

Gründe: In der Sache selbst tritt der Senat der Auffassung des Oberlandesgerichts Köln bei.

Nach § 314 Abs. 1 StPO muß die Berufung beim Gericht des ersten Rechtszugs binnen einer Woche nach Verkündung des Urteils zu Protokoll der Geschäftsstelle oder schriftlich eingelegt werden.

Die fernmündliche Durchsage des Telegramminhalts durch das Postamt war keine Rechtsmitteleinlegung zu Protokoll der Geschäftsstelle; ob durch Fernsprecher überhaupt Erklärungen zu Protokoll gegeben werden können, bedarf daher keiner Erörterung.

Die Schriftform wird nach heute einhelliger Auffassung in Rechtsprechung und Schrifttum durch ein Telegramm gewahrt. Dabei ist es unerheblich, ob das Aufgabetelegramm von dem Verfahrensbeteiligten selbst gefertigt und unterschrieben ist oder ob er es fernmündlich bei der Post aufgegeben hat; die Schriftform wird gewahrt durch die bei Gericht eingehende Ausfertigung des Telegramms (vgl. insbesondere RGSt 57, 280, 283; BGHSt. 8, 174, 176 [BGH Beschl. v. 11. 10. 1955 – 6 StR 289/54; vgl. § 345 StPO erfolgreiche Rügen]). Hiervon abzuweichen, besteht kein Anlaß.

Streitig ist die Frage, ob durch telegraphische Einlegung eines Rechtsmittels die Rechtsmittelfrist auch dann gewahrt wird, wenn der Telegramminhalt dem zuständigen Gericht durch das Postamt vor Fristablauf fernmündlich zugesprochen wird, die Telegrammausfertigung aber erst nach Fristablauf bei Gericht eingeht.

Diese Frage, die sich nicht nur für das Strafverfahren, sondern auch für andere Rechtsgebiete in der gleichen Weise stellt, wird bejaht vom V. Zivilsenat des Bundesgerichtshofs (NJW 1953, 25 Nr. 8), vom Bundesverwaltungsgericht (NJW 1954, 1135 und 1956, 605) und vom Bundesfinanzhof (BB 1954, 16). In der Rechtsprechung der Oberlandesgerichte und im Schrifttum sind die Ansichten geteilt.

Der Grund des Meinungsstreites liegt in der heutigen Handhabung des telegraphischen Verkehrs. Wenn ein Telegramm beim Postamt des Bestimmungsortes eingeht, so wird es, wenn es nicht fernmündlich durchgesagt werden kann, alsbald – regelmäßig also noch am gleichen Tage – durch Boten zugestellt. Wird aber sein Inhalt fernmündlich durchgegeben, so wird die Telegrammausfertigung auf dem normalen Postwege zugestellt und geht in der Regel daher erst an einem der folgenden Tage dem Empfänger zu. Diese Übung im telegraphischen Verkehr kann zur Folge haben, daß ein Rechtsmitteltelegramm, das innerhalb der Rechtsmittelfrist beim Postamt des Bestimmungsortes eintrifft und bei sofortiger Weiterleitung noch rechtzeitig bei Gericht einginge, erst nach Fristablauf dem Gericht zugeht, weil sein Inhalt fernmündlich durchgesagt wurde. Die fernmündliche Durchsage hat ihre Grundlage in der Telegraphenordnung vom 30. 6. 1926 i.d.F. vom 22. 12. 1938. Nach § 26 Abs. 1 TelegrO können Telegramme an Empfänger, die Fernsprechanschluß besitzen, fernmündlich durchgesagt werden; die Telegrammausfertigung wird dann nach § 26 Abs. 2 TelegrO auf dem normalen Postwege abgesandt. Die fernmündliche Durchsage gilt als Zustellung des Telegramms. Sie ist allerdings nur im Einverständnis mit dem Empfänger zulässig; verlangt er neben der Zustellung durch Fernsprecher die Zustellung durch Boten, so trägt er dafür besondere Gebühren (§ 26 Abs. 3 TelegrO). Die Zustellung durch fernmündliche Durchsage ist die Regel. Bei der zunehmenden Dichte des Fernsprechnetzes und dem Streben nach Vereinfachung und Beschleunigung der Nachrichtenübermittlung hat sie in den letzten Jahren besondere Bedeutung gewonnen.

Auf dieser Form der Nachrichtenübermittlung beruht die Rechtsprechung, soweit sie die fernmündliche Durchsage eines Rechtsmitteltelegramms durch das Postamt an das zuständige Gericht zur Fristwahrung genügen läßt; sie trägt damit der der Beschleunigung und Vereinfachung dienenden technischen Entwicklung der Nachrichtenübermittlung Rechnung. Die Vertreter der Gegenmeinung weisen demgegenüber auf den Wortlaut des Gesetzes hin und vermissen die Schriftform, wenn man die fernmündliche Durchsage des Telegramminhaltes zur Fristwahrung genügen lasse.

Der Senat gibt der ersten Ansicht den Vorzug.

Der Senat kommt daher in Übereinstimmung mit dem Generalbundesanwalt und dem V. Zivilsenat zu dem im Entscheidungssatz genannten Ergebnis.

Die Prüfung, ob im vorliegenden Falle die Berufung nach den hier genannten Voraussetzungen frist- und formgerecht eingelegt ist, bleibt dem Bayerischen Obersten Landesgericht vorbehalten.

§ 315 StPO

(1) Der Beginn der Frist zur Einlegung der Berufung wird dadurch nicht ausgeschlossen, daß gegen ein auf Ausbleiben des Angeklagten ergangenes Urteil eine Wiedereinsetzung in den vorigen Stand nachgesucht werden kann.

(2) Stellt der Angeklagte einen Antrag auf Wiedereinsetzung in den vorigen Stand, so wird die Berufung dadurch gewahrt, daß sie sofort für den Fall der Verwerfung jenes Antrags rechtzeitig eingelegt wird. Die weitere Verfügung in bezug auf die Berufung bleibt dann bis zur Erledigung des Antrags auf Wiedereinsetzung in den vorigen Stand ausgesetzt.

(3) Die Einlegung der Berufung ohne Verbindung mit dem Antrag auf Wiedereinsetzung in den vorigen Stand gilt als Verzicht auf die letztere.

§ 316 StPO

(1) Durch rechtzeitige Einlegung der Berufung wird die Rechtskraft des Urteils, soweit es angefochten ist, gehemmt.

(2) Dem Beschwerdeführer, dem das Urteil mit den Gründen noch nicht zugestellt war, ist es nach Einlegung der Berufung sofort zuzustellen.

Erfolglose Rügen

1. Die unterbliebene Zustellung des erstinstanzlichen Urteils ist nicht von Amts wegen zu beachten (BGH Beschl. v. 19. 4. 1985 – 2 StR 317/84).

Erfolglose Rügen

1. **Die unterbliebene Zustellung des erstinstanzlichen Urteils ist nicht von Amts wegen zu beachten.**

StPO § 316 Abs. 2, § 337 – BGH Beschl. v. 19. 4. 1985 – 2 StR 317/84 OLG Köln (= BGHSt. 33, 183 = NJW 1985, 2960 = NStZ 1985, 563)

Die Revision rügt, daß weder dem Angeklagten noch seinem Verteidiger das amtsgerichtliche Urteil zugestellt worden ist.

Sachverhalt: Das Amtsgericht hat den Angeklagten zu Freiheitsstrafe verurteilt, ihm die Fahrerlaubnis entzogen, den Führerschein eingezogen und eine Sperrfrist bestimmt. Dagegen ist von seinem Verteidiger ein als „Berufung" bezeichnetes, auf den Rechtsfolgenausspruch beschränktes Rechtsmittel eingelegt worden. Die vorgeschriebene Zustellung des angefochtenen Urteils an den Angeklagten (§ 316 Abs. 2 StPO) unterblieb. Dies wurde in der Berufungsverhandlung weder vom Angeklagten noch von seinem Verteidiger beanstandet. Das Landgericht hat die Berufung verworfen. Dagegen richtet sich die Revision des Angeklagten, die er form- und fristgerecht eingelegt sowie begründet hat.

Das Oberlandesgericht Köln möchte die Revision verwerfen. Es vertritt die Auffassung, der in der unterbliebenen Zustellung des amtsgerichtlichen Urteils liegende Verfahrensfehler sei vom Revisionsgericht nur zu beachten, wenn der Beschwerdeführer ihn nicht nur mit der Revision rüge, sondern auch schon in der Berufungsverhandlung vorgebracht und mit dieser Begründung vergeblich die Aussetzung der Verhandlung beantragt habe.

An der beabsichtigten Entscheidung sieht sich das vorlegende Gericht durch einen Beschluß des Oberlandesgerichts Hamm vom 15. 10. 1981 – 3 Ss 1640/81 (JMBlNW 1982, 107) gehindert. Auch in dem dieser Entscheidung zugrunde liegenden Fall war die Zustellung des amtsgerichtlichen Urteils an den Angeklagten versäumt worden. Das Landgericht hatte die Berufung des im Verhandlungstermin ausgebliebenen Angeklagten gemäß § 329 Abs. 1 StPO verworfen. Das Oberlandesgericht Hamm gab seiner Revision statt: Das Landgericht – so die dafür gegebene Begründung – sei wegen des Unterbleibens der in § 316 Abs. 2 StPO vorgeschriebenen Urteilszustellung an dem Erlaß der Entscheidung gehindert gewesen; es handele sich um ein – wenn auch behebbares und vorübergehendes – „Verfahrenshindernis", das hier „aufgrund der – auch erhobenen – Sachrüge" zu beachten sei.

Das Oberlandesgericht Köln ist in seinem Beschluß vom 4. 4. 1984 – 3 Ss 104/84 (NStZ 1984, 475 Nr. 33) dieser Auffassung entgegengetreten und hat die Sache gemäß § 121 Abs. 2 GVG zur Entscheidung folgender Frage vorgelegt:

„Ist das Fehlen der Zustellung des erstinstanzlichen Urteils an den Beschwerdeführer (§ 316 Abs. 2 StPO) ein vom Revisionsgericht auf die Sachrüge von Amts wegen zu beachtendes Verfahrenshindernis, das zur Aufhebung des angefochtenen Berufungsurteils zwingt?" – Das Rechtsmittel war erfolglos.

Gründe: In der Beurteilung der vorgelegten Rechtsfrage tritt der Senat dem vorlegenden Oberlandesgericht bei. Ist die in § 316 Abs. 2 StPO vorgeschriebene Zustellung des erstinstanzlichen Urteils an den Beschwerdeführer unterblieben, so hat das Revisionsgericht diesen Verfahrensfehler nichts von Amts wegen, sondern nur auf Rüge hin zu beachten.

Das Unterbleiben der Urteilszustellung begründet auch für das Berufungsverfahren kein Verfahrenshindernis. Zu den von Amts wegen zu prüfenden Verfahrenshindernissen gehören nur solche Umstände, die nach dem ausdrücklich erklärten oder aus dem Zusammenhang ersichtlichen Willen des Gesetzes für das Strafverfahren so schwer wiegen, daß von ihrem Vorhandensein oder Nichtvorhandensein die Zulässigkeit des Verfahrens im ganzen abhängig gemacht werden muß (BGHSt. 15, 287, 290 [BGH Beschl. v. 23. 11. 1960 – 4 StR 265/60; vgl. § 329 StPO erfolglose Rügen]; 24, 239, 240 [BGH Urt. v. 10. 11. 1971 – 2 StR 492/71; vgl. Art. 6 MRK erfolglose Rügen]). Eine solche Bedeutung kommt dem hier in Rede stehenden Mangel nicht zu. Mit Recht weist das vorlegende Gericht darauf hin, daß – nach zutreffender Ansicht – auch Verstöße gegen andere Zustellungsgebote kein Prozeßhindernis erzeugen; dies gilt namentlich für die Mitteilung der Anklageschrift und die Zustellung des Eröffnungsbeschlusses (§§ 201, 215 StPO). Nicht anders ist insoweit die Zustellung des amtsgerichtlichen Urteils an den Beschwerdeführer zu werten.

Die in § 316 Abs. 2 StPO vorgeschriebene Zustellung soll dem Angeklagten eine ordnungsgemäße Vorbereitung seiner Verteidigung im Berufungsverfahren erlauben. Die Kenntnis der Urteilsgründe kann für die zulässige, aber nicht notwendige Berufungsrechtfertigung (§ 317 StPO) wie auch für die Durchführung des Rechtsmittels im übrigen von Bedeutung sein. Diese Bedeutung darf allerdings nicht überschätzt werden, da der Beschwerdeführer nicht nur bei der Verkündung des angefochtenen Urteils die Urteilsgründe – in der Regel durch mündliche Mitteilung ihres wesentlichen Inhalts (§ 268 Abs. 2 Satz 2 StPO) – erfährt, sondern darüber hinaus Gelegenheit hat, zu Beginn der Berufungsverhandlung vom wesentlichen Inhalt des schriftlichen Urteils Kenntnis zu nehmen; denn das erstinstanzliche Urteil wird, soweit es für die Berufung bedeutsam ist und die Verfahrensbeteiligten nicht darauf verzichten, verlesen (§ 324 Abs. 1 Satz 2 StPO).

§ 317 StPO

Die Berufung kann binnen einer weiteren Woche nach Ablauf der Frist zur Einlegung des Rechtsmittels oder, wenn zu dieser Zeit das Urteil noch nicht zugestellt war, nach dessen Zustellung bei dem Gericht des ersten Rechtszuges zu Protokoll der Geschäftsstelle oder in einer Beschwerdeschrift gerechtfertigt werden.

§ 318 StPO

Die Berufung kann auf bestimmte Beschwerdepunkte beschränkt werden. Ist dies nicht geschehen oder eine Rechtfertigung überhaupt nicht erfolgt, so gilt der ganze Inhalt des Urteils als angefochten.

§ 319 StPO

(1) Ist die Berufung verspätet eingelegt, so hat das Gericht des ersten Rechtszuges das Rechtsmittel als unzulässig zu verwerfen.

(2) Der Beschwerdeführer kann binnen einer Woche nach Zustellung des Beschlusses auf die Entscheidung des Berufungsgerichts antragen. In diesem Falle sind die Akten an das Berufungsgericht einzusenden; die Vollstreckung des Urteils wird jedoch hierdurch nicht gehemmt. Die Vorschrift des § 35a gilt entsprechend.

§ 320 StPO

Ist die Berufung rechtzeitig eingelegt, so hat nach Ablauf der Frist zur Rechtfertigung die Geschäftsstelle ohne Rücksicht darauf, ob eine Rechtfertigung stattgefunden hat oder nicht, die Akten der Staatsanwaltschaft vorzulegen. Diese stellt, wenn die Berufung von ihr eingelegt ist, dem Angeklagten die Schriftstücke über Einlegung und Rechtfertigung der Berufung zu.

§ 321 StPO

Die Staatsanwaltschaft übersendet die Akten an die Staatsanwaltschaft bei dem Berufungsgericht. Diese übergibt die Akten binnen einer Woche dem Vorsitzenden des Gerichts.

§ 322 StPO

(1) Erachtet das Berufungsgericht die Vorschriften über die Einlegung der Berufung nicht für beobachtet, so kann es das Rechtsmittel durch Beschluß als unzulässig verwerfen. Andernfalls entscheidet es darüber durch Urteil; § 322a bleibt unberührt.

(2) Der Beschluß kann mit sofortiger Beschwerde angefochten werden.

§ 322a StPO

Über die Annahme einer Berufung (§ 313) entscheidet das Berufungsgericht durch Beschluß. Die Entscheidung ist unanfechtbar. Der Beschluß, mit dem die Berufung angenommen wird, bedarf keiner Begründung.

§ 323 StPO

(1) Für die Vorbereitung der Hauptverhandlung gelten die Vorschriften der §§ 214 und 216 bis 225. In der Ladung ist der Angeklagte auf die Folgen des Ausbleibens ausdrücklich hinzuweisen.

(2) Die Ladung der im ersten Rechtszug vernommenen Zeugen und Sachverständigen kann nur dann unterbleiben, wenn ihre wiederholte Vernehmung zur Aufklärung der Sache nicht erforderlich erscheint.

(3) Neue Beweismittel sind zulässig.

(4) Bei der Auswahl der zu ladenden Zeugen und Sachverständigen ist auf die von dem Angeklagten zur Rechtfertigung der Berufung benannten Personen Rücksicht zu nehmen.

§ 324 StPO

(1) Nachdem die Hauptverhandlung nach Vorschrift des § 243 Abs. 1 begonnen hat, hält ein Berichterstatter in Abwesenheit der Zeugen einen Vortrag über die Ergebnisse des bisherigen Verfahrens. Das Urteil des ersten Rechtszuges ist zu verlesen, soweit es für die Berufung von Bedeutung ist; von der Verlesung der Urteilsgründe kann abgesehen werden, soweit die Staatsanwaltschaft, der Verteidiger und der Angeklagte darauf verzichten.

(2) Sodann erfolgt die Vernehmung des Angeklagten und die Beweisaufnahme.

§ 325 StPO

Bei der Berichterstattung und der Beweisaufnahme können Schriftstücke verlesen werden; Protokolle über Aussagen der in der Hauptverhandlung des ersten Rechtszuges vernommenen Zeugen und Sachverständigen dürfen, abgesehen von den Fällen der §§ 251 und 253, ohne die Zustimmung der Staatsanwaltschaft und des Angeklagten nicht verlesen werden, wenn die wiederholte Vorladung der Zeugen oder Sachverständigen erfolgt ist oder von dem Angeklagten rechtzeitig vor der Hauptverhandlung beantragt worden war.

§ 326 StPO

Nach dem Schluß der Beweisaufnahme werden die Staatsanwaltschaft sowie der Angeklagte und sein Verteidiger mit ihren Ausführungen und Anträgen, und zwar der Beschwerdeführer zuerst, gehört. Dem Angeklagten gebührt das letzte Wort.

§ 327 StPO

Der Prüfung des Gerichts unterliegt das Urteil nur, soweit es angefochten ist.

§ 328 StPO

(1) Soweit die Berufung für begründet befunden wird, hat das Berufungsgericht unter Aufhebung des Urteils in der Sache selbst zu erkennen.

(2) Hat das Gericht des ersten Rechtszuges mit Unrecht seine Zuständigkeit angenommen, so hat das Berufungsgericht unter Aufhebung des Urteils die Sache an das zuständige Gericht zu verweisen.

Erfolgreiche Rügen

1. Die große Strafkammer als Berufungsgericht darf nicht in erstinstanzliches Verfahren überleiten, wenn die in Betracht kommende Strafe die Strafgewalt des Schöffengerichts nicht übersteigt (BGH Beschl. v. 18. 9. 1986 – 4 StR 461/86).

2. Ein Urteil, durch welches das Berufungsgericht das Urteil des Erstgerichts wegen dessen Unzuständigkeit aufhebt und die Sache an das zuständige Gericht höherer Ordnung verweist, kann mit der Revision angefochten werden (BGH Beschl. v. 15. 4. 1975 – 1 StR 388/74).

Erfolglose Rügen

1. Das Revisionsgericht hat nur auf die Verfahrensrüge hin eine Verletzung von § 328 II 2 StPO zu prüfen (BGH Beschl. v. 30. 7. 1996 – 5 StR 288/95).

2. Bei fehlerhafter Verwerfung eines Einspruchs gegen Strafbefehl kann Berufungsgericht an Vorinstanz zurückverweisen (BGH Beschl. v. 14. 3. 1989 – 4 StR 558/88).

Erfolgreiche Rügen

1. Die große Strafkammer als Berufungsgericht darf nicht in erstinstanzliches Verfahren überleiten, wenn die in Betracht kommende Strafe die Strafgewalt des Schöffengerichts nicht übersteigt.

StPO § 328; GVG § 24 Abs. 2, § 121 Abs. 1 Nr. 1b, § 135 Abs. 1 – BGH Beschl. v. 18. 9. 1986 – 4 StR 461/86 LG Saarbrücken (= BGHSt. 34, 159 = NJW 1987, 1211 = NStZ 1987, 33)

Die Revision rügt, daß das Landgericht das Verfahren in der Berufungsverhandlung zu Unrecht als erstinstanzliches durchgeführt hat, weil seiner Meinung nach wegen einer Gesamtstrafenbildung eine drei Jahre übersteigende Freiheitsstrafe in Betracht kam.

Sachverhalt: Da es mit durch Urteil des Amtsgerichts vom 14. 9. 1983 rechtskräftig verhängten Geldstrafen und einer durch Urteil des Amtsgerichts L. vom 26. 9. 1985 rechtskräftig erkannten, zur Bewährung ausgesetzten Freiheitsstrafe von sechs Monaten nachträgliche Gesamtstrafen bilden wollte, erließ es in der Berufungsverhandlung folgenden Beschluß: „Die Kammer weist durch vorliegenden Übergangsbeschluß darauf hin, daß sie wegen eventueller weiterer Gesamtstrafenbildung die Verhandlung als Gericht des ersten Rechtszuges durchzuführen hat".

Das Landgericht hat nach durchgeführter Hauptverhandlung folgendes Urteil verkündet:
„Unter kostenpflichtiger Verwerfung der Berufung des Angeklagten wird das Urteil dahin abgeändert, daß der Angeklagte wegen Diebstahls in 4 Fällen unter Einbeziehung der Geldstrafen aus dem Urteil des Amtsgerichts S. zu einer Gesamtfreiheitsstrafe von 1 Jahr und 8 Monaten sowie wegen versuchten Diebstahls und gefährlicher Körperverletzung unter Einbeziehung der Freiheitsstrafe aus dem Urteil des Amtsgerichts L. zu einer weiteren Gesamtfreiheitsstrafe von 1 Jahr und 8 Monaten verurteilt wird". – Das Rechtsmittel hatte Erfolg.

Gründe: Für die Entscheidung über das Rechtsmittel ist der Bundesgerichtshof nicht zuständig. Bei dem angefochtenen Urteil handelt es sich nicht um das Urteil eines Landgerichts im ersten Rechtszug (§ 135 Abs. 1 GVG), sondern um das Berufungsurteil einer großen Strafkammer im Sinne des § 121 Abs. 1 Nr. 1 Buchst. b GVG. Zuständig ist daher das Oberlandesgericht Saarbrücken. Dies war gemäß § 348 StPO durch Beschluß auszusprechen.

a) Wie ausgeführt ist es für die Frage, ob eine große Strafkammer als Berufungs- oder als erstinstanzliches Gericht entschieden hat, nicht wesentlich, in welcher Funktion sie tätig werden wollte. Lagen die Voraussetzungen für eine Berufungsverhandlung nicht vor und sind die Vorschriften für eine Hauptverhandlung im ersten Rechtszug beachtet worden, so ist das Verfahren als erstinstanzliches zu bewerten, auch wenn das Landgericht eine Berufungsverhandlung durchführen wollte (BGHSt. 21, 229, 230 [BGH Urt. v. 21. 3. 1967 – 1 StR 60/67; vgl. § 6 StPO erfolglose Rügen]; 23, 283, 285[1]). Umgekehrt kann daher die Erklärung des Berufungsgerichts, es wolle als Gericht erster Instanz tätig werden, das Berufungsverfahren nicht zu einem erstinstanzlichen Verfahren machen, wenn die Voraussetzungen für ein erstinstanzliches Verfahren nicht gegeben sind (vgl. auch RGSt 45, 351, 354). Entscheidend für die Beurteilung als erstinstanzliches oder als Berufungsverfahren ist somit die verfahrensrechtliche Situation, nicht der Wille oder die Erklärung des Gerichts (BGH, Urt. v. 19. 2. 1963 – 1 StR 8/63). So bedarf es auch keiner ausdrücklichen „Überleitung" eines Berufungs- in ein erstinstanzliches Verfahren (BGHSt. 21, 229, 230). Wird ein solcher in § 328 Abs. 3 StPO nicht vorgeschriebener – und auch nach der ursprünglichen als § 369 Abs. 3 in der Strafprozeßordnung enthaltenen Fassung nicht vorgesehener – Beschluß erlassen, so kann er daher nur die verfahrensmäßige Lage feststellen, die darin besteht, daß nach den bis dahin gewonnenen Verfahrensergebnissen die Annahme nahe liegt, die Strafgewalt des Schöffengerichts werde überschritten werden (BGHSt. 21, 229, 231). Der Beschluß hat damit nur Klarstellungsfunktion, er ist deklaratorisch, aber nicht konstitutiv. Denn das Berufungsgericht hat nicht die Befugnis, nach Belieben in die gerichtsverfassungsrechtliche Zuständigkeit einzugreifen; mit einem solchen Überleitungsbeschluß kann nur die gegebene Rechtslage dargelegt, nicht aber eine andere Rechtslage geschaffen werden.

b) Im vorliegenden Fall konnte das Landgericht aber nicht als Gericht erster Instanz entscheiden, weil einmal – wie unter 1. ausgeführt – die Verhängung einer über drei Jahre liegenden Freiheitsstrafe nicht in Betracht kam. Im übrigen hat das Landgericht – worauf der Generalbundesanwalt zutreffend hinweist – die Vorschriften über das erstinstanzliche Verfahren teilweise nicht beachtet; denn es ist hinsichtlich des versuchten Diebstahls da-

---

1 „Die Strafkammer hat jedoch, wie sich aus der Verhandlungsniederschrift ergibt, die für das Verfahren in erstinstanzlichen Verhandlungen geltenden Vorschriften beachtet. Sie ist insbesondere nicht von dem Grundsatz der Unmittelbarkeit der Beweisaufnahme abgewichen, wie § 325 StPO für das Berufungsgericht zuläßt. Darum ist die als Berufungsverhandlung durchgeführte Verhandlung als Verhandlung im ersten Rechtszuge anzusehen. Die Strafkammer hat in Wirklichkeit als erstinstanzliches Gericht entschieden. Hierbei spielt es keine Rolle, daß sie das erkennbar nicht hat tun wollen, daß sie vielmehr als Berufungsgericht tätig geworden ist." (BGH 18. 6. 1970 – 4 StR 141/40).

von ausgegangen, daß der Schuldspruch wegen der insoweit auf den Strafausspruch beschränkten Berufung rechtskräftig sei.

Nach Überleitung eines Berufungsverfahrens in ein solches erster Instanz kann eine Berufungsbeschränkung aber nicht mehr weiterwirken (BGH, Urt. v. 4. 11. 1955 – 2 StR 304/55 – bei Dallinger MDR 1956, 146[1]). Die notwendige Voraussetzung dafür, ein Berufungsverfahren als erstinstanzliches Verfahren zu werten, nämlich die Beachtung der für das erstinstanzliche Verfahren geltenden zwingenden Vorschriften (BGHSt. 21, 229, 230; 31, 63, 64/65 [BGH Beschl. v. 13. 5. 1982 – 3 StR 129/82; vgl. § 331 StPO erfolgreiche Rügen]; BGH GA 1968, 340), ist daher auch nicht erfüllt, da die Strafkammer hinsichtlich des versuchten Diebstahls ohne eigene Beweisaufnahme entschieden hat.

Nach alledem kann das angefochtene Urteil nicht als erstinstanzliches Urteil im Sinne des § 135 Abs. 1 GVG behandelt werden.

2. Ein Urteil, durch welches das Berufungsgericht das Urteil des Erstgerichts wegen dessen Unzuständigkeit aufhebt und die Sache an das zuständige Gericht höherer Ordnung verweist, kann mit der Revision angefochten werden.

StPO § 328 III – BGH Beschl. v. 15. 4. 1975 – 1 StR 388/74 Bayerisches ObLG (= BGHSt. 26, 106 = NJW 1975, 1236)

Die Revision rügt die Verletzung sachlichen Rechts.

Sachverhalt: Der Angeklagte wurde durch Urteil des Schöffengerichts vom 4. 12. 1973 wegen fahrlässiger Tötung (§ 222 StGB) in Tateinheit mit fahrlässiger Straßenverkehrsgefährdung und wegen Verkehrsunfallflucht in Tateinheit mit fahrlässiger Trunkenheit im Verkehr zur Gesamtfreiheitsstrafe von einem Jahr und drei Monaten verurteilt; die Fahrerlaubnis wurde ihm unter Anordnung einer Sperrfrist von zwei Jahren entzogen. Auf die Berufung der Staatsanwaltschaft und des Angeklagten hob das Landgericht durch Urteil vom 23. 1. 1974 das Urteil des Schöffengerichts auf und verwies die Sache an das Schwurgericht beim Landgericht. Es ging davon aus, daß der Angeklagte hinreichend verdächtig sei, in Tateinheit mit der Verkehrsunfallflucht und der fahrlässigen Trunkenheit im Verkehr auch ein Verbrechen des versuchten Totschlags durch Unterlassung begangen zu haben.

Das Bayerische Oberste Landesgericht möchte über die Revision sachlich entscheiden. Hieran sieht es sich jedoch durch einen Beschluß des Kammergerichts vom 16. 6. 1971 (JR 1972, 255) gehindert; darin ist ausgesprochen, daß die Entscheidung des Berufungsge-

---

1 „Der BGH führt mit Urt. v. 4. 11. 1955 – 2 StR 304/55 aus, es wäre zwar zweckmäßig gewesen, wenn die StA noch in der Hauptverhandlung vor dem SchöffG die Verweisung an das LG beantragt hätte. Es ist ihr aber auch nachher nicht verwehrt, sich des Rechtsmittels der Berufung zu bedienen. Kam dann die Strafkammer zu der Überzeugung, daß die als Berufungssache vor sie gekommene Straftat in der Tat die Strafgewalt des Schöffengerichts überschritt, so hatte sie die Sache an sich selbst als erstinstanzliches Gericht zu verweisen. Das entspricht ständiger Rechtsprechung.
Bei der gegebenen Sachlage ist, wie der Senat weiter bemerkt, auch der Schuldspruch des schöffengerichtlichen Urteils nicht rechtskräftig geworden. Für das Verfahren vor diesem Gericht fehlte es an der Verfahrensvoraussetzung der sachlichen Zuständigkeit. In einem solchen Falle ist die Beschränkung des Rechtsmittels auf den Strafausspruch unzulässig; beschränkte Einlegung eines Rechtsmittels ist nur insoweit möglich, als es sich um trennbare Teile des Urteilsspruchs handelt. Da die Verfahrensvoraussetzungen in jeder Lage des Verfahrens von Amts wegen geprüft werden müssen, kann die Straffrage dort, wo eine Verfahrensvoraussetzung fehlt, von der Schuldfrage nicht getrennt werden. Die Beschränkung war deshalb wirkungslos und unbeachtlich, die Berufung der StA war als unbeschränkt anzusehen. Hiernach bedurfte auch die Schuldfrage der ordnungsmäßigen Prüfung und Entscheidung durch die Strafkammer."

richts, mit der die Sache nach § 328 Abs. 3 StPO an ein Gericht höherer Ordnung verwiesen wird, unanfechtbar ist.

Da das Bayerische Oberste Landesgericht von dieser Entscheidung abweichen will, hat es die Sache durch Beschluß vom 31. 5. 1974 (NJW 1974, 1296) gemäß § 121 Abs. 2 GVG dem Bundesgerichtshof vorgelegt. – Das Rechtsmittel hatte Erfolg.

Gründe: In der Sache schließt sich der Senat entgegen der hilfsweise vorgetragenen Ansicht des Generalbundesanwalts der Auffassung des Bayerischen Obersten Landesgerichts an.

1. Zutreffend geht das vorlegende Gericht davon aus, daß das Berufungsgericht die Verweisung an das zuständige Gericht gemäß § 328 Abs. 3 StPO durch Urteil auszusprechen hat; diese Rechtsauffassung entspricht der einhellig herrschenden Meinung (RGSt 65, 397, 398;) und ergibt sich, wie der Vorlegungsbeschluß im einzelnen darlegt, aus dem Grundsatz, daß eine die Instanz abschließende Entscheidung, die in der Hauptverhandlung erlassen wird, grundsätzlich in der Form des Urteils zu ergehen hat, wenn nicht das Gesetz ausdrücklich etwas anderes bestimmt.

So ist im Falle des § 270 Abs. 1 StPO für das Verfahren des ersten Rechtszuges vorgeschrieben, daß die Verweisung an das zuständige Gericht höherer Ordnung durch Beschluß ausgesprochen wird; daß in § 328 Abs. 3 StPO für die Verweisung durch das Berufungsgericht nichts Entsprechendes vorgesehen ist, legt vom Gesetzeswortlaut her schon den Umkehrschluß nahe, daß diese Verweisung durch Urteil auszusprechen ist. Das hat auch einen sachlichen Grund; denn das Berufungsgericht kann sich – anders als das Erstgericht im Falle des § 270 StPO – nicht darauf beschränken, die Sache an das zuständige Gericht zu verweisen, sondern muß zugleich das angefochtene Ersturteil aufheben (§ 328 Abs. 3 StPO: „unter Aufhebung des Urteils").

Nichts anderes ergibt sich aus der Systematik des Gesetzes. Der Senat teilt auch insoweit die Meinung des Bayerischen Obersten Landesgerichts. Der § 328 StPO bestimmt insgesamt, welchen Inhalt die der Berufung stattgebende Entscheidung des Berufungsgerichts hat; die Entscheidungen gemäß Abs. 1 und 2 haben unzweifelhaft in Form des Urteils zu ergehen und es ist kein Grund ersichtlich, der für § 328 Abs. 3 StPO etwas anderes als angebracht oder gar erforderlich erscheinen ließe. Vielmehr muß für die Verweisungsentscheidung des Berufungsgerichts das gleiche gelten wie für die entsprechende Entscheidung des Revisionsgerichts nach § 355 StPO, die, wenn sie auf Grund einer Hauptverhandlung ergeht, ebenfalls in Form eines Urteils erlassen wird (vgl. BGHSt. 10, 74 [BGH Urt. v. 10. 1. 1957 – 2 StR 575/56; vgl. § 338 Nr. 4 StPO erfolgreiche Rügen]).

2. Dem vorliegenden Gericht ist auch darin zu folgen, daß gegen ein Verweisungsurteil gemäß § 328 Abs. 3 StPO nach dem allgemeinen Grundsatz des 333 StPO das Rechtsmittel der Revision gegeben ist; entgegen der Auffassung des Kammergerichts kann auf dem Boden des geltenden Rechts dieses Rechtsmittel nicht deshalb als unstatthaft angesehen werden, weil der Angeklagte durch das angefochtene Urteil nicht beschwert sein könnte.

Die Beschwer ist darin zu erblicken, daß das Berufungsgericht nicht die dem Angeklagten günstigste, von ihm erstrebte Sachentscheidung erläßt, sondern die Sache an ein anderes Gericht verweist. Dies wird, wie der Vorlegungsbeschluß im einzelnen zutreffend darlegt, besonders deutlich, wenn etwa der Angeklagte im ersten Rechtszug freigesprochen worden ist und das Berufungsgericht auf das Rechtsmittel der Staatsanwaltschaft dieses Urteil aufhebt und die Sache wegen des Verdachts einer schwereren als der ursprünglich angeklagten Straftat an ein Gericht höherer Ordnung verweist, oder wenn die Berufung unzulässig war, jedoch vom Berufungsgericht fehlerhaft als zulässig behandelt worden ist. Der Hinweis des Kammergerichts, daß sich der Angeklagte auch gemäß § 270 Abs. 3 Satz 2, § 210 Abs. 1 StPO nicht dagegen wehren könne, daß das gegen ihn gerichtete Verfahren vor einem Gericht höherer Ordnung eröffnet oder nachträglich dorthin verwiesen wird, besagt in diesem Zusammenhang nichts Entscheidendes. Denn zum einen ist in diesen Fällen die Anfechtung durch Gesetz ausdrücklich ausgeschlossen worden, was schon dafür spricht, daß der Gesetzgeber zwar eine Beschwer als gegeben ansieht, sie aber als nur vorläufige Beschwer nicht für unzumutbar hält; vor allem aber handelt es sich in diesen Fällen gerade nicht darum, daß der Angeklagte in Form eines erstinstanzlichen Urteils bereits eine Rechtsposition erlangt hat, in die durch Aufhebung dieses Urteils zu seinem möglichen Nachteil eingegriffen wird. Darauf, ob die spätere abschließende Entscheidung dem Angeklagten zum Vorteil gereicht, kommt es für die Frage der Beschwer nicht an.

3. Nach allem ist die Vorlegungsfrage unter Eingrenzung auf den zur Entscheidung stehenden Sachverhalt dahin zu beantworten, daß ein Urteil, durch welches das Berufungsgericht das Urteil des Erstgerichts wegen dessen Unzuständigkeit aufhebt und die Sache an das zuständige Gericht höherer Ordnung verweist, mit der Revision angefochten werden kann.

Erfolglose Rügen

1. Das Revisionsgericht hat nur auf die Verfahrensrüge hin eine Verletzung von § 328 II 2 StPO zu prüfen.

StPO §§ 6, 269, 328 II; GVG §§ 24, 25 – BGH Beschl. v. 30. 7. 1996 – 5 StR 288/95 OLG Celle (= BGHSt. 42, 205 = NJW 1997, 204 = StV 1996, 585 = JR 1997, 430)

Die Revision rügt die Verletzung sachlichen Rechts.

Sachverhalt: Dem viele Male vorbestraften Angeklagten wird vorgeworfen, während eines Hafturlaubs einen Betrug durch Inanspruchnahme eines Taxis bei Zahlungsunfähigkeit begangen und dabei einen Schaden von 2767,00 DM verursacht zu haben. Die Staatsanwaltschaft erhob dieserhalb Anklage zum Strafrichter. Ein Antrag des Angeklagten auf Pflichtverteidigerbestellung veranlaßte den Amtsrichter, die Sache der Staatsanwaltschaft mit dem Hinweis vorzulegen: „Wenn schon Pflichtverteidigung, dann auch Schöffengericht". Die Staatsanwaltschaft antwortete: „Eine Zuständigkeit des Schöffengerichts ist nicht ersichtlich." Der Amtsrichter eröffnete gleichwohl das Verfahren ohne weitere Begründung vor dem Schöffengericht. Dort führte er den Vorsitz in der Hauptverhandlung. Das Schöffengericht hat den Angeklagten wegen Betrugs zu einer Freiheitsstrafe von zehn Monaten verurteilt. Die hiergegen eingelegte, auf den Strafausspruch beschränkte Berufung des Angeklagten hat das Landgericht verworfen. Dagegen richtet sich die Revision des Angeklagten, die auf die nicht ausgeführte Rüge der Verletzung von Verfahrensrecht und auf die Sachrüge gestützt ist.

Das Oberlandesgericht Celle hält die Revision für offensichtlich unbegründet und möchte auf den entsprechenden Antrag des Generalstaatsanwalts Celle nach § 349 Abs. 2 StPO verfahren. Allerdings ist das Oberlandesgericht der Auffassung, daß das Schöffengericht „objektiv willkürlich" die Sache an sich gezogen und die sachliche Zuständigkeit des Strafrichters verletzt habe. Indes ist das Oberlandesgericht der Ansicht, daß dieser Verfahrensfehler nicht von Amts wegen, sondern nur auf eine entsprechende Verfahrensrüge, die hier nicht erhoben ist, zu beachten sei. An der beabsichtigten Entscheidung sieht sich das Oberlandesgericht gehindert durch den Beschluß des Bundesgerichtshofs BGHSt. 40, 120 (BGH Beschl. v. 21. 4. 1994 – 4 StR 136/94; vgl. § 338 Nr. 4 StPO erfolgreiche Rügen). Dort hat der Bundesgerichtshof entschieden: Das Revisionsgericht hat gemäß § 6 StPO von Amts wegen und nicht nur auf eine entsprechende Verfahrensrüge zu beachten, daß das Landgericht sich an Stelle des Amtsgerichts (objektiv) willkürlich für sachlich zuständig erklärt und damit gegen den Grundsatz des gesetzlichen Richters verstoßen hat.

Die Vorlegung betrifft die Frage, ob das Revisionsgericht im Fall einer Revision gegen ein Berufungsurteil von Amts wegen oder nur auf eine entsprechende Verfahrensrüge zu prüfen hat, ob das Schöffengericht sich an Stelle des Strafrichters willkürlich für sachlich zuständig erklärt und damit gegen den Grundsatz des gesetzlichen Richters verstoßen hat.

Das Oberlandesgericht Celle hat deshalb gemäß § 121 Abs. 2 GVG die Sache dem Bundesgerichtshof zur Entscheidung folgender Frage vorgelegt:

„Hat es das Revisionsgericht auf die Revision des Angeklagten gegen das Berufungsurteil einer kleinen Strafkammer eines Landgerichts, mit welchem Urteil sachlich über die Berufung des Angeklagten gegen ein Schöffengerichtsurteil negativ entschieden worden ist, auch ohne Rüge (von Amts wegen) zu beachten, wenn der Vorsitzende des Schöffengerichts die zum Einzelrichter angeklagte Sache unter Verletzung von § 25 Nr. 2 GVG objektiv willkürlich vor dem Schöffengericht eröffnet und damit den Angeklagten in erster Instanz seinem gesetzlichen Richter entzogen hat?" – Das Rechtsmittel war erfolglos.

Gründe: Die Vorlage ist dem vorlegenden Gericht gegenüber positiv entschieden worden.

a) Das allgemeine Willkürverbot des Art. 3 Abs. 1 GG ist speziell auch Maßstab für die Frage eines Verstoßes gegen Art. 101 Abs. 1 Satz 2 GG wegen des Entzugs des gesetzlichen Richters durch gerichtliche Entscheidungen, so auch für die Auslegung von Zuständigkeitsnormen (BVerfGE 29, 45, 48 f.; 29, 198, 207; 58, 1, 44 f.). Nach der Rechtsprechung des Bundesverfassungsgerichts liegt bei gerichtlichen Entscheidungen ein Verstoß gegen das Willkürverbot allerdings nicht schon dann vor, wenn die Rechtsanwendung oder das eingeschlagene Verfahren Fehler enthalten. Hinzukommen muß vielmehr, daß der Richterspruch unter keinem denkbaren Aspekt rechtlich vertretbar ist und sich daher der Schluß aufdrängt, daß er auf sachfremden Erwägungen beruht. Das ist anhand objektiver Kriterien festzustellen. Fehlerhafte Auslegung eines Gesetzes allein macht eine Gerichtsentscheidung nicht willkürlich (BVerfGE 4, 1, 7; 81, 132, 137; 87, 273, 278 f.; 89, 1, 13 f.). Ist eine Entscheidung derart unverständlich, daß sie sachlich schlechthin unhaltbar ist, so ist sie objektiv willkürlich. Ohne daß es auf subjektive Umstände oder ein Verschulden des Gerichts ankäme, stellt eine derartige Entscheidung einen Verstoß gegen das allgemein aus Art. 3 Abs. 1 GG abzuleitende – speziell auch in Art. 101 Abs. 1 Satz 2 GG verankerte – Verbot dar, offensichtlich unsachliche Erwägungen zur Grundlage einer staatlichen Entscheidung zu machen (BVerfGE 58, 163, 167 f.; 71, 202, 205; BVerfG – Kammer – NJW 1995, 124, 125).

b) Es kann dahinstehen, ob, was eher fernliegt, eine vom Schöffengericht etwa gehegte Straferwartung von mehr als zwei Jahren Freiheitsstrafe (§ 25 Nr. 2 GVG) für sich genommen etwa objektiv willkürlich war.

Ebenso kann dahingestellt bleiben, welche Bedeutung für sich genommen die vom Amtsrichter in den Akten angebrachte Bemerkung „Wenn schon Pflichtverteidiger, dann auch Schöffengericht" hat.

Allerdings wäre die Annahme, das Vorliegen einer notwendigen Verteidigung oder „Pflichtverteidigung" würde die sachliche Zuständigkeit des Schöffengerichts begründen, rechtsirrig. Indes ist nicht ohne weiteres davon auszugehen, daß der Amtsrichter einen solchen verkürzten Zusammenhang von notwendiger Verteidigung und Schöffengerichtszuständigkeit angenommen hat: Es wird die Ansicht vertreten, daß auch nach dem Inkrafttreten des Gesetzes zur Entlastung der Rechtspflege von 11. 1. 1993 (BGBl. I 50) – jenseits des Wortlautes von § 25 Nr. 2 GVG – die sachliche Zuständigkeit des Schöffengerichts auch bei einer Straferwartung von nicht mehr als zwei Jahren Freiheitsstrafe begründet sein kann, ... Während es hier auf eine Entscheidung dieses Streites nicht ankommt, ist jedenfalls festzuhalten, daß es angesichts der Kontroverse nicht willkürlich gewesen wäre, wenn der Amtsrichter mit seiner Eröffnungsentscheidung etwa der zuerst genannten Rechtsmeinung gefolgt sein sollte. Es erscheint möglich, daß er mit seiner zitierten Bemerkung solches gemeint hat: Diejenigen Umstände, die die Schwere der Tat oder die Schwierigkeit der Sach- oder Rechtslage im Sinne von § 140 Abs. 2 Satz 1 StPO etwa zu begründen vermögen, können möglicherweise zugleich die Grundlage dafür sein, die mindere Bedeutung der Sache im Sinne des genannten Zuständigkeitsproblems zu verneinen.

Weil das Oberlandesgericht Celle die objektive Willkür jedoch in einer Zusammenschau der vorstehend genannten, einander nicht ergänzenden Gesichtspunkte gefunden hat, ist diese Entscheidung nicht unvertretbar.

2. Bei fehlerhafter Verwerfung eines Einspruchs gegen Strafbefehl kann Berufungsgericht an Vorinstanz zurückverweisen.

StPO §§ 328, 412 – BGH Beschl. v. 14. 3. 1989 – 4 StR 558/88 OLG Hamm (= BGHSt. 36, 139 = NStZ 1989, 487)

Die Revision der Staatsanwaltschaft rügt, die Aufhebung des amtsgerichtlichen Urteils sei zwar zu Recht erfolgt; sie meint jedoch, das Landgericht hätte die Sache nicht an das Amtsgericht zurückverweisen dürfen, sondern hätte in der Sache selbst entscheiden müssen.

Sachverhalt: Das Amtsgericht erließ gegen den Angeklagten am 16. 3. 1987 einen Strafbefehl, gegen den dieser form- und fristgerecht Einspruch einlegte. Der Verteidiger des Angeklagten beantragte, den auf Grund des Einspruchs anberaumten Hauptverhandlungstermin zu verlegen. Diesem Antrag entsprach das Amtsgericht nicht, sondern verwarf mit Urteil vom 22. 4. 1987 den Einspruch gemäß § 412 StPO, weil der Angeklagte in der Hauptverhandlung weder erschienen noch durch einen Verteidiger vertreten war. Gegen dieses Urteil legte der Angeklagte rechtzeitig und in richtiger Form Berufung ein. Das Landgericht hob das Urteil des Amtsgerichts mit Urteil vom 27. 8. 1987 auf und verwies die Sache zur neuen Verhandlung und Entscheidung an das Amtsgericht zurück.

Das Oberlandesgericht Hamm möchte die Revision verwerfen. Es ist der Auffassung, das Landgericht habe die Sache ohne Rechtsverstoß an das Amtsgericht zurückverwiesen, obwohl in § 328 StPO eine solche Möglichkeit an sich nicht vorgesehen sei. So zu entscheiden, sieht es sich jedoch durch den Beschluß des Oberlandesgerichts Düsseldorf vom 11. 1. 1988 (NStZ 1988, 290) gehindert. Dieses Gericht ist der Meinung, mit der seit dem 1. 4. 1987 eingetretenen Änderung des § 328 StPO (Wegfall der Möglichkeit der Zurückverweisung der Sache an das Amtsgericht durch das Berufungsgericht bei Verfahrensmängeln) sei jede Zurückverweisung durch das Landgericht an das Amtsgericht ausgeschlossen, und zwar auch dann, wenn das Amtsgericht keine Entscheidung in der Sache getroffen, sondern lediglich den Einspruch gegen den Strafbefehl gemäß § 412 StPO verworfen habe. Das Oberlandesgericht Hamm hat die Sache daher dem Bundesgerichtshof zur Entscheidung folgender Rechtsfrage vorgelegt: „Ist die Zurückverweisung der Sache durch das Berufungsgericht an das Amtsgericht auch dann ausgeschlossen, wenn das erstinstanzliche Gericht keine Sachentscheidung getroffen, sondern den Einspruch gegen den Strafbefehl gemäß § 412 StPO verworfen hat?". – Das Rechtsmittel war erfolglos.

Gründe: Der Senat tritt der Rechtsauffassung des vorlegenden Gerichts bei.

1. Bis zum Inkrafttreten des Strafverfahrensänderungsgesetzes 1987 am 1. 4. 1987 (BGBl. I 475, 480) gab § 328 Abs. 2 Satz 1 StPO dem Berufungsgericht die Befugnis, die Sache an das Gericht des ersten Rechtszuges zurückzuverweisen, wenn das Urteil an einem Mangel litt, „der die Revision wegen Verletzung einer Rechtsnorm über das Verfahren begründen würde". Dabei gingen Rechtsprechung und Literatur davon aus, daß für eine Entscheidung des Berufungsgerichts in der Sache regelmäßig dann kein Raum sei, wenn das Amtsgericht sich in seinem Urteil mit der dem Angeklagten zur Last gelegten Tat selbst nicht befaßt habe. So war es in Rechtsprechung und Lehre auch einhellige Meinung, daß bei Erfolg der Berufung gegen das einen Einspruch gegen den Strafbefehl nach § 412 StPO verwerfende Urteil die Sache zur neuen Verhandlung an das Amtsgericht zurückverwiesen werden müsse (OLG Köln GA 1955, 60, 61).

Der Gesetzgeber hat durch Art. 1 Nr. 25 des Strafverfahrensänderungsgesetzes 1987 die Zurückverweisungsbefugnis des Landgerichts gestrichen. Er war der Ansicht, daß „Sachgründe für die Aufrechterhaltung dieser Regelung nicht erkennbar" seien; denn „bei einer die Hauptverhandlung wiederholenden und ihre Entscheidung allein auf deren Grundlage treffenden Berufungsentscheidung kann in jedem Fall in der Sache selbst entschieden werden" (Begründung des Gesetzentwurfs der Bundesregierung, BTDrucks. 10/1313 S. 31).

2. Die Frage, ob die Zurückverweisungsmöglichkeit auch dann ausgeschlossen sein soll, wenn das Amtsgericht keine Verhandlung zur Sache durchgeführt hat, ist im Gesetzgebungsverfahren nach den Gesetzesmaterialien nicht erörtert worden. Die generellen Erwägungen, die den Gesetzgeber veranlaßt haben, § 328 Abs. 2 a.F. StPO zu streichen, treffen auf den vorliegenden Fall nicht zu, weil beim Absehen von der Zurückverweisung gerade keine Hauptverhandlung „wiederholt", sondern erstmalig eine Hauptverhandlung zur Sache durchgeführt werden würde. Die Gesetzeslage ist somit nicht eindeutig. Nach dem von der Gerichtsverfassung und der Strafprozeßordnung geschaffenen System ist die Möglichkeit der Zurückverweisung in diesem Fall jedoch zu bejahen.

Das Strafbefehlsverfahren ist in der Strafprozeßordnung so geregelt, daß über einen Einspruch gegen den Strafbefehl stets das Amtsgericht zu entscheiden hat (§ 407 Abs. 1, § 411 Abs. 1 StPO). Das summarische Strafbefehlsverfahren kann zwar bei Rechtskraft des Strafbefehls die Durchführung einer Hauptverhandlung ersetzen; wird gegen den Strafbefehl aber ein zulässiger Einspruch eingelegt, so bleibt es bei der im Gerichtsverfassungsgesetz vorgesehenen Regelung, daß in einer das Amtsgericht betreffenden Sache (§ 24 GVG) zunächst dieses eine Hauptverhandlung zur Sache durchführen muß und das Landgericht erst danach entscheiden darf (§ 74 Abs. 3 GVG). Auch in Strafbefehlssachen müssen – ebenso wie in allen sonstigen amtsgerichtlichen Verfahren – dem Angeklagten also zwei Tatsacheninstanzen eröffnet sein. Würde das Landgericht hier sogleich in der Sache selbst entscheiden, so wäre sowohl dieser im Gerichtsverfassungsgesetz vorgeschriebene Instanzenzug durchbrochen als auch der in der Strafprozeßordnung enthaltene Grundsatz, daß die Sachverhandlung über einen zulässigen Einspruch beim Amtsgericht durchzuführen sei (§ 411 Abs. 1 Satz 2 StPO), verletzt. Im Ergebnis liefe dies darauf hinaus, daß die kleine Strafkammer eine erstinstanzliche Verhandlung durchführen würde, obwohl ihr nach dem Gesetz (§ 76 Satz 1 GVG) nur Berufungsverhandlungen zugewiesen sind.

3. Nach alledem kann nicht davon ausgegangen werden, daß der Gesetzgeber mit der Streichung des § 328 Abs. 2 a.F. StPO zugleich auch die Möglichkeit der Zurückverweisung der Sache an die Vorinstanz für den Fall ausschließen wollte, daß der Einspruch des Angeklagten gegen den Strafbefehl durch das Amtsgericht zu Unrecht gemäß § 412 StPO verworfen worden ist. Aus systematischen und sachgerechten Gründen ist in diesem Fall vielmehr nach wie vor die Zurückverweisung der Sache durch das Berufungsgericht als zulässig anzusehen. Der Senat hat die Vorlegungsfrage daher wie aus dem Leitsatz ersichtlich beantwortet.

§ 329 StPO

(1) Ist bei Beginn einer Hauptverhandlung weder der Angeklagte noch in den Fällen, in denen dies zulässig ist, ein Vertreter des Angeklagten erschienen und das Ausbleiben nicht genügend entschuldigt, so hat das Gericht eine Berufung des Angeklagten ohne Verhandlung zur Sache zu verwerfen. Dies gilt nicht, wenn das Berufungsgericht erneut verhandelt, nachdem die Sache vom Revisionsgericht zurückverwiesen worden ist. Ist die Verurteilung wegen einzelner von mehreren Taten weggefallen, so ist bei der Verwerfung der Berufung der Inhalt des aufrechterhaltenen Urteils klarzustellen; die erkannten Strafen können vom Berufungsgericht auf eine neue Gesamtstrafe zurückgeführt werden.

(2) Unter den Voraussetzungen des Absatzes 1 Satz 1 kann auf eine Berufung der Staatsanwaltschaft auch ohne den Angeklagten verhandelt werden. Eine Berufung der Staatsanwaltschaft kann in diesen Fällen auch ohne Zustimmung des Angeklagten zurückgenommen werden, es sei denn, daß die Voraussetzungen des Absatzes 1 Satz 2 vorliegen.

(3) Der Angeklagte kann binnen einer Woche nach der Zustellung des Urteils die Wiedereinsetzung in den vorigen Stand unter den in den §§ 44 und 45 bezeichneten Voraussetzungen beanspruchen.

(4) Sofern nicht nach Absatz 1 oder 2 verfahren wird, ist die Vorführung oder Verhaftung des Angeklagten anzuordnen. Hiervon ist abzusehen, wenn zu erwarten ist, daß er in der neu anzuberaumenden Hauptverhandlung ohne Zwangsmaßnahmen erscheinen wird.

Erfolgreiche Rügen

1. Die Revision gegen ein Berufungsurteil nach § 329 I StPO ist zulässig, auch wenn sie nur eine Sachrüge enthält, mit der behauptet wird, das Amtsgericht habe ein Verfahrenshindernis nicht beachtet, das bereits bei der Verkündung des erstinstanzlichen Urteils vorgelegen habe (Bestätigung von BGHSt. 21, 242) (BGH Beschl. v. 13. 12. 2000 – 2 StR 56/00).

2. Die Revision gegen ein Berufungsurteil nach § 329 I StPO ist nicht deshalb unzulässig, weil sie nur die allgemeine Sachrüge enthält (BGH Beschl. v. 6. 6. 1967 – 5 StR 147/67).

3. Die sofortige Verwerfung der Berufung ist unzulässig, wenn bereits zur Sache verhandelt wurde (BGH Urt. v. 3. 4. 1962 – 5 StR 580/61).

Erfolglose Rügen

1. Das Revisionsgericht ist an die tatsächlichen Feststellungen des Berufungsgerichts zum Fernbleiben des Angeklagten gebunden (BGH Beschl. v. 11. 4. 1979 – 2 StR 306/78).

2. Verwerfung der Berufung ohne Sachverhandlung nach Zurückverweisung zulässig, wenn das Berufungsgericht noch nicht zur Sache verhandelt hat (BGH Beschl. v. 10. 8. 1977 – 3 StR 240/77).

3. Gericht darf Berufung verwerfen, wenn der Angeklagte verhandlungsunfähig betrunken zur Berufungshauptverhandlung erscheint (BGH Beschl. v. 6. 10. 1970 – 5 StR 199/70).

4. Über Berufung der Staatsanwaltschaft darf unabhängig von der Strafhöhe in Abwesenheit verhandelt werden (BGH Beschl. v. 1. 8. 1962 – 4 StR 122/62).

5. Das unentschuldigte Ausbleiben des Angeklagten ist keine von Amts wegen zu prüfende Verfahrensvoraussetzung (BGH Beschl. v. 23. 11. 1960 – 4 StR 265/60).

Erfolgreiche Rügen

1. Die Revision gegen ein Berufungsurteil nach § 329 1 StPO ist zulässig, auch wenn sie nur eine Sachrüge enthält, mit der behauptet wird, das Amtsgericht habe ein Verfahrenshindernis nicht beachtet, das bereits bei der Verkündung des erstinstanzlichen Urteils vorgelegen habe (Bestätigung von BGHSt. 21, 242).

StPO § 329 I 1 – BGH Beschl. v. 13. 12. 2000 – 2 StR 56/00 OLG Koblenz (= BGHSt. 46, 230 = NJW 2001, 1509)

Die Revision rügt die Verletzung sachlichen Rechts und trägt vor, für die Verfolgung der Betrugstaten fehle es – nach Rücknahme des Strafantrags durch die Geschädigte – an einer Prozeßvoraussetzung.

Erfolgreiche Rügen　　　　　　　　　　　　　　　　　　Nr. 1 § 329 StPO

Sachverhalt: Das Amtsgericht Neuwied hat den Angeklagten unter anderem wegen Betrugs in drei Fällen verurteilt, im Übrigen das Verfahren eingestellt. Nach den Feststellungen hatte der Angeklagte im Februar und März 1998 die Geschädigte unter Vorspiegelung falscher Tatsachen um drei Darlehen gebeten und diese auch erhalten. Im April 1998 zog der Angeklagte zu der Geschädigten, auch in der Folge erhielt er auf Grund weiterer Täuschungen von ihr erhebliche Geldbeträge. Die Geschädigte nahm in der Hauptverhandlung ihren Strafantrag (§ 263 IV StGB) zurück. Die gegen das Urteil eingelegte Berufung des Angeklagten wurde nach § 329 I StPO verworfen, weil er zur Berufungshauptverhandlung unentschuldigt nicht erschienen war. Mit der dagegen eingelegten Revision hat er die Sachrüge erhoben und vorgetragen, schon im Februar und März 1998 habe er in häuslicher Gemeinschaft mit der Geschädigten gelebt, für die Verfolgung der Betrugstaten fehle es – nach Rücknahme des Strafantrags durch die Geschädigte – an einer Prozeßvoraussetzung. Das OLG Koblenz ist der Auffassung, daß zwar grundsätzlich die Verfahrensvoraussetzungen auch in der Rechtsmittelinstanz von Amts wegen zu prüfen sind, dies setze aber voraus, daß das Rechtsmittelgericht in zulässiger Weise mit der Sache selbst befasst werde. Stelle das Gesetz weitere Voraussetzungen für die Sachprüfung auf, müßten auch diese erfüllt sein. Eine solche weitere Voraussetzung sei für das Berufungsverfahren das Erscheinen des Angeklagten in der Hauptverhandlung. Das unentschuldigte Nichterscheinen habe nach § 329 I StPO zwingend die Verwerfung der Berufung zur Folge. Verfahrenshindernisse, die bereits in der Vorinstanz vorgelegen hätten, seien in diesem Stadium nicht zu prüfen. „Folglich" könne auch in der Revisionsinstanz nur geprüft werden, ob Rechtsfehler bei der Anwendung des § 329 I StPO vorliegen. Diese Beschränkung der Prüfungskompetenz des Revisionsgerichts entspreche auch dem gesetzgeberischen Zweck des § 329 I StPO und führe zu gerechten Ergebnissen.

Das OLG möchte die Revision deshalb als unzulässig verwerfen, weil kein Rechtsfehler bei der Anwendung des § 329 1 StPO geltend gemacht worden ist. Es sieht sich daran aber durch die Entscheidung des BGH in BGHSt. 21, 242 (BGH Beschl. v. 6. 6. 1967 – 5 StR 147/67; vgl. § 329 StPO erfolgreiche Rügen), und weitere Entscheidungen verschiedener Oberlandesgerichte (z.B. OLG Saarbrücken, VRS 44, 190; OLG Stuttgart, DAR 1964, 46) gehindert, wonach die Revision gegen ein nach § 329 I StPO ergangenes Urteil mit der Sachrüge begründet werden kann und die Erhebung der Sachrüge zur Prüfung der Prozeßvoraussetzungen von Amts wegen führt. Es hat die Sache deshalb gem. § 121 II GVG dem BGH zur Entscheidung der Rechtsfrage vorgelegt: Ist die Revision des Angeklagten gegen ein Verwerfungsurteil gem. § 329 1 StPO zulässig, wenn nur die Sachrüge erhoben und behauptet wird, das Amtsgericht habe ein Verfahrenshindernis nicht beachtet, das bereits bei der Verkündung des erstinstanzlichen Urteils vorgelegen habe? – Das Rechtsmittel hatte Erfolg.

Gründe: ...

II. Die Vorlegungsvoraussetzungen liegen vor.

Wird ausgeführt ...

In der Sache folgt der Senat der Rechtsansicht des vorlegenden OLG nicht.

1. Schon der Ansatz des vorlegenden Gerichts, das Berufungsgericht sei im Falle des (unentschuldigten) Ausbleibens des Angeklagten in der Berufungshauptverhandlung auch dann gezwungen, die Berufung nach § 329 I StPO zu verwerfen, wenn ein in der ersten Instanz übersehenes Verfahrenshindernis vorliegt, ist streitig. Insbesondere Meyer-Goßner vertritt die Auffassung, daß bei Vorliegen der Voraussetzungen des § 329 I StPO zwingend ein Verwerfungsurteil ohne weitere Prüfung auf in erster Instanz übersehene Verfahrenshindernisse zu ergehen habe. Die Sachlage sei vergleichbar mit der Verwerfung einer zulässig eingelegten, aber nicht oder nicht ordnungsgemäß begründeten Revision, bei der nach herrschender Meinung und ständiger Rechtsprechung nicht in die Prüfung der Verfahrenshindernisse, die bereits in erster Instanz bestanden haben, einzutreten ist. Gleich

welcher der Theorien über das Wesen des Verwerfungsurteils man folge (Verzicht, Vermutung der Unbegründetheit des Rechtsmittels, Verwirkung), sei die Überprüfung auf diese Prozeßvoraussetzungen auch mit dem verfahrensrechtlichen Sinn des § 329 I StPO unvereinbar.

Demgegenüber findet nach wohl überwiegender Meinung § 329 I StPO keine Anwendung, wenn das Berufungsgericht ein Verfahrenshindernis feststellt, das auch schon in erster Instanz vorgelegen hat. Geschieht dies bei Beginn der Hauptverhandlung, ist durch Urteil nach § 260 III StPO einzustellen (OLG Stuttgart, DAR 1964, 46; OLG Karlsruhe, NJW 1978, 840). Dies sei sachgerecht und ökonomisch. So werde bei einem nicht behebbaren Verfahrenshindernis das Verfahren regelmäßig beendet, während ein Verwerfungsurteil nach § 329 1 StPO durch die Möglichkeit der Wiedereinsetzung in die Versäumung der Hauptverhandlung nach § 329 III StPO zu einer Verzögerung der verfahrensbeendigenden Einstellung führe. Schließlich sei das Berufungsgericht auch nicht gehindert, bei Vorliegen eines Verfahrenshindernisses das Verfahren außerhalb der Hauptverhandlung nach § 206 a StPO einzustellen. Dann sei es aber ungereimt, ihm die Überprüfung der Verfahrenshindernisse in der Hauptverhandlung mit der Folge eines Einstellungsurteils nach § 260 III StPO zu verwehren (die Einstellungsmöglichkeit nach § 206a StPO im Rechtsmittelverfahren für in erster Instanz übersehene Verfahrenshindernisse ist allerdings ebenfalls nicht unstreitig, dagegen Tolksdorf, in: KK-StPO, § 206a Rdnr. 4; für zulässig erachtet wird sie u.a. von BGHSt. 24, 208 [BGH Beschl. v. 16. 9. 1971 – 1 StR 284/71; vgl. § 357 StPO erfolgreiche Rügen]; BGHSt. 32, 275 [BGH Beschl. v. 27. 2. 1984 – 3 StR 396/83; vgl. § 20 GVG erfolgreiche Rügen]).

2. Der Senat muß nicht entscheiden, ob die Argumente, die gegen eine Beschränkung der Prüfungskompetenz des Revisionsgerichts bei einem Verwerfungsurteil nach § 329 I StPO sprechen, auch die Berücksichtigung von erstinstanzlich übersehenen Verfahrenshindernissen in der Berufungshauptverhandlung bei einem nicht erschienenen Angeklagten nahe legen. Jedenfalls eine Einschränkung der revisionsrechtlichen Prüfungskompetenz, wie sie das vorlegende Gericht annehmen möchte, läßt sich weder aus der Regelung des § 329 I StPO selbst noch aus revisionsrechtlichen Bestimmungen ableiten. Sie wird auch von jenen Stimmen in der Literatur nicht befürwortet, die eine Prüfung der (erstinstanzlich übersehenen) Verfahrenshindernisse in der Berufungsinstanz bei Erlaß eines Verwerfungsurteils nach § 329 I StPO ablehnen.

a) Allerdings wäre eine solche Einschränkung dogmatisch konsequent, wenn das Erscheinen des Angeklagten in der Berufungshauptverhandlung als echte Zulässigkeitsvoraussetzung der Berufung anzusehen wäre. Nach herrschender Meinung und ständiger Rechtsprechung seit der Entscheidung in BGHSt. 16, 115 (BGH Beschl. v. 16. 6. 1961 – 1 StR 95/61; vgl. § 346 StPO erfolglose Rügen), führt nur ein zulässiges Rechtsmittel zur Prüfung der in erster Instanz übersehenen Verfahrenshindernisse. Wird gegen ein Urteil des AG nicht rechtzeitig Berufung eingelegt, so ist gegen das Berufungsurteil – gleich, ob es die Berufung durch Urteil als unzulässig verwirft oder in Verkennung der Unzulässigkeit in der Sache entscheidet – zwar das Rechtsmittel der Revision gegeben. Auf die zulässige Revision ist aber von Amts wegen vorab zu prüfen, ob eine zulässige Berufung vorgelegen hat. Da bei unzulässiger Berufung bereits Rechtskraft des mit der Berufung angefochtenen Urteils eingetreten war, können im amtsgerichtlichen Verfahren aufgetretene Verfahrenshindernisse, die bei unzulässiger Berufung das Berufungsgericht nicht berücksichtigen konnte, auch vom Revisionsgericht nicht mehr beachtet werden (BayObLGSt 1966, 21; KG, JR 1955, 310.

Zwar wird in der Literatur teilweise vertreten, daß es sich bei der Verwerfung der Berufung nach § 329 I StPO um eine Art Unzulässigkeitsverwerfung handelt. Auch nach dieser Auffassung handelt es sich aber um eine Unzulässigkeitsverwerfung der besonderen Art. Sie ist nicht ohne weiteres mit der formellen Unzulässigkeit wegen Versäumung der Frist,

Nichteinhaltung der Form oder wegen Rechtsmittelverzichts oder Rechtsmittelrücknahme gleichzusetzen. Tatsächlich wird mit der Verwerfung nach § 329 I StPO die Berufung gerade nicht als unzulässig verworfen, vielmehr setzt das Verwerfungsurteil nach § 329 I StPO eine zulässige Berufung voraus. Es handelt sich nicht um die Verwerfung eines Rechtsmittels, das nicht zu einer neuen Sachentscheidung hätte führen können, vielmehr wäre in dem Verfahren, das Gegenstand einer Entscheidung nach § 329 1 StPO geworden ist, eine Sachprüfung möglich gewesen und hätte auch erfolgen sollen. Sie scheiterte allein am Nichterscheinen des Angeklagten (BGHSt. 30, 98 [BGH Beschl. v. 14. 5. 1981 – 4 StR 694/80; vgl. § 55 JGG erfolglose Rügen]).

b) Eine entsprechende Anwendung der Grundsätze, die für die Überprüfung von (schon in erster Instanz bestehenden) Verfahrenshindernissen bei – im formalen Sinne – unzulässigen Rechtsmitteln entwickelt worden sind, auf Fallgestaltungen, bei denen aus anderen Gründen eine Sachprüfung nicht möglich ist, ist nicht geboten. Sie würde nicht der Bedeutung der Verfahrensvoraussetzungen bzw. Verfahrenshindernisse gerecht. Verfahrensvoraussetzungen sind nach ständiger Rechtsprechung Umstände, die so schwer wiegen, daß von ihrem Vorhandensein die Zulässigkeit des Verfahrens im Ganzen abhängt (BGHSt. 15, 287 [BGH Beschl. v. 23. 11. 1960 – 4 StR 265/60; vgl. § 329 StPO erfolglose Rügen]; BGHSt. 26, 84 [BGH Beschl. v. 21. 2. 1975 – 1 StR 107/74; vgl. § 338 Nr. 5 StPO erfolglose Rügen]; BGHSt. 32, 345 [BGH Urt. v. 23. 5. 1984 – 1 StR 148/84; vgl. § 260 StPO erfolgreiche Rügen]). Sie sind nicht nur im Interesse des Angeklagten, sondern auch im allgemeinen Interesse gegeben. Dies spricht aber dagegen, die Berücksichtigung von (bereits in erster Instanz bestehenden) Verfahrenshindernissen über die Grenze der Rechtskraft der Entscheidung und der Zulässigkeit eines Rechtsmittels hinaus einzuschränken. Aus der Funktion der Verfahrenshindernisse, weiteres Prozedierert mit dem Ziel einer Sachentscheidung zu verbieten, läßt sich gerade nicht ableiten, daß Verfahrenshindernisse im Revisionsverfahren gegen ein Berufungsurteil nach § 329 I StPO nicht zu beachten sind, denn zum Zeitpunkt der Revision liegt noch keine endgültige Sachentscheidung vor.

c) Eine Einschränkung der Prüfungskompetenz wird – worauf der Generalbundesanwalt zu Recht hinweist – auch vom Regelungszweck des § 329 I StPO nicht gefordert, denn die beabsichtigte Verfahrensbeschleunigung ist bereits durch das Unterbleiben einer zweiten Sachprüfung eingetreten. Dagegen wären mit ihrer Anerkennung weit reichende Abweichungen von allgemeinen revisionsrechtlichen Grundsätzen verbunden. Folgte man der Rechtsauffassung des vorlegenden Gerichts, erschiene es nämlich inkonsequent, dem Revisionsgericht die Prüfung der Verfahrensvoraussetzungen nur für den Fall der Sachrüge zu verwehren. Denn wenn die Beschränkung der revisionsgerichtlichen Prüfungskompetenz – wie es das vorlegende Gericht meint – sich zwingend aus einer entsprechenden Beschränkung der Prüfungskompetenz des Berufungsgerichts bei einem Verwerfungsurteil nach § 329 I StPO ergäbe, wäre damit kaum zu vereinbaren, die im amtsgerichtlichen Verfahren nicht berücksichtigten Verfahrenshindernisse auf eine zulässige aber unbegründete Verfahrensrüge zu beachten. In ihrer Prüfung könnte dann erst nach Feststellung der Begründetheit einer Verfahrensrüge – gegebenenfalls nach Zurückweisung an das Berufungsgericht – eingetreten werden.

d) Schließlich fordern auch nicht – wie das vorlegende Gericht meint – Gründe der Gleichbehandlung die Nichtberücksichtigung von (erstinstanzlich übersehenen) Verfahrenshindernissen. Zwar trifft es zu, daß eine amtsgerichtliche Verurteilung, die mit einem groben sachlich-rechtlichen Fehler – etwa Verkennung der Strafvorschrift – behaftet ist, mit der Revision nicht korrigiert werden kann, wenn sie sich gegen ein Verwerfungsurteil nach § 329 I StPO richtet, Rechtsfehler bei der Anwendung dieser Vorschrift aber nicht vorliegen. Der Entscheidung BGHSt. 16, 115 (119), nach der in erster Instanz übersehene Verfahrenshindernisse bei unzulässigen Revisionen nicht berücksichtigt werden können, läßt sich – entgegen der Auffassung des vorlegenden Gerichts – nicht der allgemeine

Grundsatz entnehmen, daß Verfahrenshindernissen in keinem Fall größeres Gewicht beigemessen werden können als sonstigen Rechtsfehlern. Anders als in jener Entscheidung geht es hier nicht um die Abwägung sonstiger Verfahrenshindernisse gegen das der Rechtskraft. Bei zulässigen Rechtsmitteln besteht für eine Einschränkung des Grundsatzes, daß die die Zulässigkeit des gesamten Verfahrens betreffenden Verfahrensvoraussetzungen grundsätzlich – und zwar von Amts wegen – vorrangig zu prüfen sind, kein Grund. Die Nichtberücksichtigung von sachlich-rechtlichen Fehlern des amtsgerichtlichen Urteils entspricht vielmehr der gesetzlichen Regelung, die der Dispositionsbefugnis des Angeklagten Rechnung trägt, als deren Ausfluss sich auch die an ein Verhalten des Angeklagten in der Berufungshauptverhandlung anknüpfende Rechtsfolge des § 329 I StPO darstellt. Eine solche Dispositionsbefugnis besteht aber für die Verfahrensvoraussetzungen nicht.

e) Soweit das vorlegende Gericht schließlich darauf verweist, daß ein Angeklagter bei unvollständigen Feststellungen zu doppelrelevanten Tatsachen durch Ausbleiben in der Berufungshauptverhandlung eine Aufklärung dieser Tatsachen verhindern und damit unter Anwendung des Zweifelssatzes eine ihm günstige Einstellung erzwingen kann, verkennt es, daß bei lückenhaften Feststellungen zu doppelrelevanten Tatsachen dem Revisionsgericht eine Klärung im Freibeweisverfahren obliegt. Dass damit – anders als bei Erhebung des Strengbeweises – eine Klärung nicht erreicht werden könnte, ist nicht ersichtlich.

2. Die Revision gegen ein Berufungsurteil nach § 329 Abs. 1 StPO ist nicht deshalb unzulässig, weil sie nur die allgemeine Sachrüge enthält.

StPO § 329 – BGH Beschl. v. 6. 6. 1967 – 5 StR 147/67 OLG Braunschweig (= BGHSt. 21, 242 = NJW 1967, 62)

Die Revision rügt die Verletzung sachlichen Rechts.

Sachverhalt: Der Angeklagte war vom Amtsgericht in Braunschweig wegen Betruges zu einer Geldstrafe verurteilt worden. Er legte Berufung ein. In der Hauptverhandlung vor der kleinen Strafkammer des Landgerichts in Braunschweig am 2. 11. 1966 erschien weder er noch sein Verteidiger. Die kleine Strafkammer verwarf daher die Berufung nach § 329 Abs. 1 StPO. Der Verteidiger legte Revision ein, beantragte, das angefochtene Urteil aufzuheben und den Angeklagten freizusprechen, und rügte „Verletzung materiellen Rechts". Zugleich bat er, den Angeklagten in den vorigen Stand wieder einzusetzen, und begründete dieses Gesuch. Es ist inzwischen rechtskräftig verworfen worden.

Das Oberlandesgericht Braunschweig will die Revision als unzulässig verwerfen, weil ein Berufungsurteil, das nach § 329 Abs. 1 StPO ergangen ist, keinen sachlichrechtlichen Inhalt habe und daher nicht mit der Sachrüge angegriffen werden könne. Es hat die Sache mit Recht nach § 121 Abs. 2 GVG dem Bundesgerichtshof vorgelegt. Denn die beabsichtigte Entscheidung würde jedenfalls von dem Urteil des Oberlandesgerichts Karlsruhe vom 19. 6. 1957 (MDR 1957, 760) abweichen. – Das Rechtsmittel hatte Erfolg.

Gründe: Entgegen den Darlegungen des Vorlegungsbeschlusses ist jedoch die allgemeine Sachrüge bei einem Berufungsurteil der hier vorliegenden Art nicht unzulässig. Denn dieses kann das sachliche Recht deshalb verletzen, weil die Strafverfolgung verjährt oder die Strafklage verbraucht ist oder weil die Tat unter ein Straffreiheitsgesetz fällt, also ein Verfahrenshindernis besteht, das auch dem sachlichen Strafrecht angehört. Wie der Generalbundesanwalt u.a. ausgeführt hat, „genügt es entgegen der Meinung des vorlegenden Gerichts für die Frage der allgemeinen Zulässigkeit der Sachrüge, daß Fehler dieser Art theoretisch denkbar sind. Mit der Erwägung, dem Revisionsführer, der sich wegen einer fehlenden Verfahrensvoraussetzung oder wegen eines Verfahrenshindernisses beschwert fühle, sei zuzumuten, hierwegen eine Verfahrensbeschwerde in der Form des § 344 Abs. 2 Satz 2 StPO zu erheben, setzt sich das vorlegende Gericht in Widerspruch zu der ständigen

Rechtsprechung des Bundesgerichtshofes (vgl. BGHSt. 6, 304/305 [BGH Urt. v. 24. 9. 1954 – 2 StR 598/53; vgl. § 260 StPO erfolgreiche Rügen]; BGHSt. 8, 269 [BGH Urt. v. 11. 11. 1955 – 1 StR 409/55; vgl. § 260 StPO erfolgreiche Rügen]; 11, 393/394 [BGH Urt. v. 26. 6. 1958 – 4 StR 145/58; vgl. § 206a StPO erfolgreiche Rügen]; BGHSt. 13, 128 [BGH Beschl. v. 13. 5. 1959 – 4 StR 122/59; vgl. § 206a StPO erfolgreiche Rügen]), der zufolge Verfahrensvoraussetzungen und Verfahrenshindernisse auch ohne besondere Rüge von Amts wegen zu prüfen sind."

Der Senat tritt dem bei und schließt sich auch der Auffassung des Generalbundesanwalts an, daß der Vorlegungsbeschluß nicht genügend „zwischen den widerstreitenden Gesichtspunkten der Gerechtigkeit und der Rechtssicherheit" abwägt, vielmehr „verfahrensrechtlichen Gesichtspunkten ein unangemessenes Übergewicht" einräumt. Nach der oben angeführten Rechtsprechung des Bundesgerichtshofs ist das Revisionsgericht, wie der Generalbundesanwalt in diesem Zusammenhang mit Recht erwähnt, „sogar durch die Beschränkung der Revision auf den Strafausspruch oder den Kostenausspruch, also durch den ausdrücklichen Verzicht des Beschwerdeführers auf die Überprüfung des Schuldspruchs, nicht daran gehindert, das Fehlen von Verfahrensvoraussetzungen und das Vorliegen von Verfahrenshindernissen zu berücksichtigen".

3. Die sofortige Verwerfung der Berufung ist unzulässig, wenn bereits zur Sache verhandelt wurde[1].

StPO § 329 – BGH Urt. v. 3. 4. 1962 – 5 StR 580/61 OLG Schleswig (= BGHSt. 17, 188)

Die Revision rügt, daß die Berufung des Angeklagten wegen Abwesenheit verworfen worden ist, obschon bereits in einem vorangegangenen Termin verhandelt wurde.

Sachverhalt: Der Angeklagte hatte Berufung gegen ein Urteil des Amtsgerichts in Kiel eingelegt. In der Berufungsverhandlung am 31. 10. 1960 vernahm ihn die Strafkammer zur Person und Sache, hörte einen Zeugen, setzte dann die Hauptverhandlung aus und ordnete die Ladung weiterer Zeugen an. In der neuen Berufungsverhandlung am 5. 4. 1961 blieb der Angeklagte unentschuldigt aus, obwohl er rechtzeitig ordnungsgemäß geladen worden war. Die Strafkammer verwarf daher seine Berufung nach § 329 Abs. 1 StPO.

Das Schleswig-Holsteinische Oberlandesgericht hält die Revision des Angeklagten, der die Verletzung des § 329 StPO rügt, für unbegründet. Es will von den Revisionsurteilen der Oberlandesgerichte Hamm (JMBl NRW 1958, 89) und Celle (GA 1960, 316) abweichen, die auf der Rechtsansicht beruhen, daß eine Berufung nicht mehr nach § 329 Abs. 1 StPO verworfen werden darf, wenn das Berufungsgericht über sie schon in einem früheren Termin verhandelt hat. Darum hat das Schleswig-Holsteinische Oberlandesgericht die Sache mit Recht dem Bundesgerichtshof gemäß § 121 Abs. 2 GVG vorgelegt. – Das Rechtsmittel hatte Erfolg.

Gründe: Der Generalbundesanwalt ist dem Vorlegungsbeschluß in der Sache beigetreten. Der Senat vermag dem jedoch nicht zu folgen. Er hält vielmehr an der Gegenmeinung fest, die sich in der höchstrichterlichen Rechtsprechung durchgesetzt hat.

Der § 329 Abs. 1 StPO soll einen Angeklagten, der Berufung eingelegt hat, daran hindern, die Entscheidung über sein Rechtsmittel dadurch zu verzögern, daß er sich der Verhandlung entzieht. Die Bestimmung dient also der Beschleunigung des Verfahrens. Sie nimmt dabei grundsätzlich die Möglichkeit in Kauf, daß ein sachlich unrichtiges Urteil allein dar-

---

1 Die Rechtsprechung hat sich geändert: Nunmehr ist die Berufung des Angeklagten nicht nur zu verwerfen, wenn der Angeklagte der ersten anberaumten Hauptverhandlung fernbleibt – so die herrschende Meinung vor der Änderung der Vorschrift –, sondern auch dann, wenn er in einer späteren, neuen Hauptverhandlung nicht erscheint (BGH Beschl. v. 10. 8. 1977 – 3 StR 240/77 = BGHSt. 27, 236, abgedruckt unter § 329 erfolglose Rügen).

um rechtskräftig wird, weil der Angeklagte in der Berufungsverhandlung ohne genügende Gründe ausgeblieben ist. In § 329 Abs. 1 StPO stoßen also zwei berechtigte Gedanken zusammen, nämlich das Bedürfnis nach einer Beschleunigung des Verfahrens und das Streben nach einer möglichst gerechten Entscheidung, das dem Strafverfahrensrecht im ganzen eigen ist. Das rechte Verhältnis zwischen beiden muß auch bei der Auslegung dieser Vorschrift gewahrt bleiben. Das meinte wohl schon das Reichsgericht mit seinen Worten, es handle sich um eine Ausnahmebestimmung, die für einen Angeklagten unter Umständen sehr gefährlich werden könne und daher auf das engste auszulegen sei (RGSt 61, 278, 280).

Den Grundsatz der bisherigen Rechtsprechung auf die Fälle zu beschränken, in denen sich das Revisionsgericht mit der Sache befaßt hat, ist schon im Interesse einer einheitlichen und leicht zu handhabenden Regelung nicht angebracht. Außerdem könnte die Auffassung des Vorlegungsbeschlusses auch in den übrigen Fällen zu Schwierigkeiten führen, z.B. wenn das Berufungsgericht in seiner ersten Verhandlung das Verfahren wegen eines Teils der Taten nach § 153 Abs. 3 oder § 154 Abs. 2 StPO eingestellt hat, so daß die Gesamtstrafe neu zu bilden ist.

Aus allen diesen Gründen verdient die alte und im allgemeinen bewährte Rechtsprechung den Vorzug.

Erfolglose Rügen

1. Das Revisionsgericht ist an die tatsächlichen Feststellungen des Berufungsgerichts zum Fernbleiben des Angeklagten gebunden.

StPO § 329 I – BGH Beschl. v. 11. 4. 1979 – 2 StR 306/78 OLG Frankfurt/Main (= BGHSt. 28, 384 = NJW 1979, 2319)

Die Revision rügt, daß die Verwerfung der Berufung rechtsfehlerhaft gewesen sei, weil das Berufungsgericht das Fernbleiben des Angeklagten im Hauptverhandlungstermin zu Unrecht als nicht genügend entschuldigt angesehen habe.

Sachverhalt: Das Amtsgericht hat den Angeklagten am 20. 1. 1977 wegen Diebstahls unter Einbeziehung einer früher gegen ihn verhängten Strafe zu einer Gesamtfreiheitsstrafe von zwei Monaten verurteilt. Die hiergegen eingelegte Berufung hat das Landgericht durch Urteil vom 19. 7. 1977 verworfen, weil der Angeklagte zum Hauptverhandlungstermin nicht erschienen war. In diesem Termin hatte der Verteidiger eine ärztliche Bescheinigung vorgelegt, in der ausgeführt ist, daß beim Angeklagten „z.Z. eine ausgeprägte orthostatische Kreislaufdysregulation" bestehe und er „z.Z. nicht belastbar" sei. Das Berufungsgericht hat diese Bescheinigung nicht als genügende Entschuldigung angesehen, weil sie zur Glaubhaftmachung der Verhandlungsunfähigkeit des Angeklagten nicht ausreiche.

Gegen das Urteil des Landgerichts hat der Angeklagte Wiedereinsetzung in den vorigen Stand beantragt und Revision eingelegt. Der Antrag auf Wiedereinsetzung ist durch Beschluß des Landgerichts in Darmstadt vom 5. 9. 1977, die sofortige Beschwerde hiergegen durch Beschluß des Oberlandesgerichts in Frankfurt/Main vom 14. 11. 1977 verworfen worden. Mit Beschluß vom 13. 12. 1977 hat das Landgericht Darmstadt die Revision des Angeklagten als unzulässig verworfen, weil der Angeklagte das Rechtsmittel verspätet eingelegt und keine Revisionsanträge gestellt habe. Hiergegen hat der Angeklagte gemäß § 346 Abs. 2 StPO auf Entscheidung des Revisionsgerichts angetragen.

Das Oberlandesgericht in Frankfurt/Main will auf die Revision des Angeklagten im Freibeweisverfahren eine ergänzende Stellungnahme des behandelnden Arztes einholen und auf diese Weise klären, ob der Angeklagte zur Zeit der Hauptverhandlung vor dem Berufungsgericht verhandlungsunfähig war oder nicht. Es sieht sich hieran durch die Entscheidungen der Oberlandesgerichte Hamm NJW 1963, 65, Koblenz VRS 47, 359 und Celle NdsRpfl 1966, 127 gehindert und hat deshalb die Sache gemäß § 121 Abs. 2 GVG dem Bundesgerichtshof zur Entscheidung der Frage vorgelegt, „ob das Revisionsgericht bei Prüfung der Frage, ob die Bestimmung des § 329 Abs. 1 StPO richtig angewandt wurde, an die tatsächlichen Feststellungen des Tatrichters gebunden ist, oder ob es das Vorbringen des Angeklagten auch in tatsächlicher Hinsicht überprüfen und notfalls im Freibeweisverfahren feststellen kann, ob das Ausbleiben des Angeklagten im Hauptverhandlungstermin i.S. des § 329 Abs. 1 StPO genügend entschuldigt war." – Das Rechtsmittel war erfolglos.

Gründe: ...

III. In der Sache selbst tritt der Senat der bisher herrschenden Rechtsprechung, wie sie in den genannten Entscheidungen der Oberlandesgerichte Hamm, Koblenz und Celle zum Ausdruck kommt, bei.

1. Der Angeklagte hat eine Verfahrensrüge erhoben, mit der er geltend macht, daß die Verwerfung seiner Berufung rechtsfehlerhaft sei, weil das Berufungsgericht sein Fernbleiben im Hauptverhandlungstermin zu Unrecht als nicht genügend entschuldigt angesehen habe. Diese Rüge ist nach der Auffassung des vorlegenden Oberlandesgerichts, die der Entscheidung über die Vorlage zugrunde zu legen ist, als zulässige Aufklärungsrüge (§ 244 Abs. 2 StPO) anzusehen. Es braucht deshalb nicht erörtert zu werden, wie zu entscheiden wäre, wenn der Angeklagte nur die Sachbeschwerde erhoben hätte (vgl. BGHSt. 21, 242 [BGH Beschl. v. 6. 6. 1967 – 5 StR 147/67; vgl. § 329 StPO erfolgreiche Rügen]).

2. Auf die Verfahrensrüge muß das Revisionsgericht prüfen, ob das Berufungsgericht die Pflicht zu weiterer Sachaufklärung gehabt hätte. Allein hierbei ist ihm die Möglichkeit des Freibeweises eröffnet. Führt er zu dem Ergebnis, daß besondere Umstände vorlagen, die den Tatrichter zu zusätzlichen Ermittlungen drängten – im vorliegenden Fall etwa zur Bedeutung des Begriffs der „Belastbarkeit" des Angeklagten –, so ist nach den allgemeinen Grundsätzen des Revisionsrechts das angefochtene Urteil aufzuheben und die Sache zu neuer Verhandlung und Entscheidung an die Vorinstanz zurückzuverweisen.

Nicht berechtigt ist jedoch das Revisionsgericht, den Freibeweis auch auf die tatsächlichen Feststellungen des Berufungsrichters als solche zu erstrecken und diese je nach dem Ergebnis des Beweises durch eigene Feststellungen zu ersetzen oder zu ergänzen. Das würde einem im Gesetz nicht vorgesehenen weiteren Berufungsverfahren gleichkommen und wäre mit dem Wesen und den Grundsätzen des Revisionsrechts nicht vereinbar.

Daran ändert nichts, daß die nach § 329 Abs. 1 Satz 1 StPO ergehende Entscheidung keine Feststellungen zur Schuld- und Straffrage enthält. Hieraus kann nicht hergeleitet werden, daß das Revisionsgericht an die sonstigen Feststellungen des angefochtenen Urteils nicht gebunden ist. Denn sie enthalten nicht etwa nur die wertungsfreie Wiedergabe förmlicher Geschehensabläufe, sondern bilden zugleich die „sachliche" Grundlage der Entscheidung nach § 329 Abs. 1 Satz 1 StPO und unterliegen als solche der Würdigung des Tatrichters. Damit aber sind sie den Feststellungen in einem die Schuld- und Straffrage erörternden Urteil vergleichbar und deshalb ebenso wie diese bindend. Zu ihnen gehört zunächst die Feststellung, daß der Angeklagte bei Beginn der Hauptverhandlung nicht, gegebenenfalls wann er erschienen ist, weiter, ob und wie er sein Ausbleiben entschuldigt hat. Liegt eine Entschuldigung vor, so kann nur der Tatrichter darüber befinden, ob sie als genügend anzusehen ist oder ob die Berufung des Angeklagten ohne Verhandlung zur Sache zu verwerfen ist. Daß dies nicht geschehen kann, ohne daß dem Tatrichter ein gewisser Beurteilungsspielraum zur Verfügung steht, liegt in der Natur der Sache (RGSt 66, 150, 151).

Die Bindung an die Feststellungen hindert das Revisionsgericht dann allerdings nicht, auf Grund einer zulässigen Verfahrensbeschwerde zu prüfen, ob dem Tatrichter bei der Beurteilung der tatsächlichen Umstände Rechtsfehler unterlaufen sind, er etwa den Begriff der „genügenden" Entschuldigung verkannt oder an ihn zu strenge Anforderungen gestellt hat (vgl. BGHSt. 15, 287 [BGH Beschl. v. 23. 11. 1960 – 4 StR 265/60; vgl. § 329 StPO erfolglose Rügen]; 17, 391, 396 [BGH Beschl. v. 1. 8. 1962 – 4 StR 122/62; vgl. § 329 StPO erfolglose Rügen]).

3. Auch die durch § 329 Abs. 3 StPO eröffnete Möglichkeit, von der Einlegung der Revision abzusehen und statt dessen Wiedereinsetzung in den vorigen Stand zu beantragen, macht deutlich, daß bei der Entscheidung darüber, ob der Angeklagte genügend entschuldigt ist, allein von den Tatsachen ausgegangen werden muß, die dem Berufungsgericht bei der Verwerfung des Rechtsmittels bekannt waren oder, wäre der Angeklagte nicht im Sinne des § 44 StPO verhindert gewesen, bekannt gewesen wären. Könnte das Revisionsgericht selbst andere oder weitere Feststellungen treffen, so wäre die Möglichkeit der Wiedereinsetzung weitestgehend bedeutungslos, da dem Angeklagten hierdurch nicht mehr Rechte eingeräumt würden, als er ohnehin durch das Rechtsmittel der Revision bereits hätte. Zudem könnten dann in die Entscheidung über die Entschuldigung Tatsachen einfließen, die ihren Ursprung erst in der Zeit nach der zur Verwerfung der Berufung führenden Hauptverhandlung hatten.

IV.

Das Revisionsgericht ist nach alledem an die tatsächlichen Feststellungen des Berufungsgerichts gebunden und kann auf zulässige Revisionen hin nur prüfen, ob dem Berufungsgericht bei seinen Feststellungen oder deren Bewertung Rechtsfehler unterlaufen sind. Bejaht es solche Fehler, so kann es die Entscheidung des Berufungsgerichts nicht durch seine eigene ersetzen, sondern muß die Sache unter Aufhebung des angefochtenen Urteils zu neuer Verhandlung und Entscheidung an das Berufungsgericht zurückverweisen. ...

2. Verwerfung der Berufung ohne Sachverhandlung nach Zurückverweisung zulässig, wenn das Berufungsgericht noch nicht zur Sache verhandelt hat.

StPO § 329 I – BGH Beschl. v. 10. 8. 1977 – 3 StR 240/77 OLG Düsseldorf (= BGHSt. 27, 236 = NJW 1977, 2237)

Die Revision rügt, die erneute Verwerfung der Berufung verstoße gegen den durch das Erste Gesetz zur Reform des Strafverfahrensrechts vom 9. 12. 1974 (BGBl. I 3393) neu geschaffenen § 329 Abs. I Satz 2 StPO, da die Sache vom Revisionsgericht zurückverwiesen worden sei.

Sachverhalt: Der Angeklagte hatte Berufung gegen ein Urteil des Amtsgerichts Neuss eingelegt. In der Berufungsverhandlung erschien er nicht. Daraufhin verwarf das Landgericht Düsseldorf seine Berufung gemäß § 329 Abs. 1 Satz 1 StPO. Die gegen dieses Urteil gerichtete Revision des Angeklagten hatte Erfolg. Das Oberlandesgericht Düsseldorf hob die Entscheidung des Landgerichts auf, weil die in den Urteilsgründen enthaltenen Feststellungen nicht die gebotene Nachprüfung erlaubten, ob das Ausbleiben des Angeklagten entschuldigt gewesen sei. In der erneuten Hauptverhandlung vor dem Landgericht Düsseldorf erschien der Angeklagte wiederum nicht. Das Landgericht verwarf seine Berufung, auch diese Entscheidung stützte es auf § 329 Abs. 1 Satz 1 StPO.

Das Oberlandesgericht Düsseldorf hält das Rechtsmittel für unbegründet, weil § 329 Abs. 1 Satz 2 StPO nicht eingreife, wenn das Berufungsgericht bisher nicht zur Sache verhandelt habe. Es will in dieser Frage von einer Entscheidung des Hanseatischen Oberlandesgerichts Hamburg (NJW 1976, 905) abweichen. Dieses hat in einem gleichliegenden Fall der Revision eines nicht erschienenen Angeklagten mit der Begründung stattgegeben, nach der Zurückverweisung einer Sache durch das Revisionsgericht dürfe die Berufung eines säumigen Angeklagten auch dann nicht verworfen werden, wenn das Berufungsgericht in seiner früheren Verhandlung das Rechtsmittel gemäß § 329 Abs. 1 StPO verworfen habe.

Das Oberlandesgericht Düsseldorf hat die Sache dem Bundesgerichtshof zur Beantwortung der Frage vorgelegt.

Darf das Berufungsgericht das Rechtsmittel des in der Berufungsverhandlung unentschuldigt fehlenden Angeklagten auch dann noch nach § 329 Abs. 1 Satz 1 StPO verwerfen, wenn die Sache vom Revisionsgericht zurückverwiesen und in der Sache selbst noch nicht verhandelt worden war? – Das Rechtsmittel war erfolglos.

Gründe: Die Frage wurde dem vorlegenden Gericht gegenüber positiv beantwortet. In der Sache tritt der Senat in Übereinstimmung mit dem Generalbundesanwalt der Rechtsansicht des vorlegenden Oberlandesgerichts bei.

1. Der bloße Wortlaut des § 329 Abs. 1 Satz 2 StPO, der die Verwerfung der Berufung gemäß § 329 Abs. 1 Satz 1 StPO ohne Einschränkung für unzulässig erklärt, sobald die Sache vom Revisionsgericht zurückverwiesen worden ist, könnte allerdings für die vom Hanseatischen Oberlandesgericht Hamburg vertretene Auslegung der Vorschrift sprechen. Auf den Wortlaut allein kann jedoch nicht abgestellt werden. Zwar hat die Gesetzesauslegung von ihm auszugehen (vgl. BGHSt. 18, 151, 152[1]). Die anhand des Wortlauts gewonnenen Ergebnisse sind aber am Sinn und Zweck der Bestimmung zu messen (vgl. BGHSt. 6, 394, 396[2]; BVerfGE 35, 263, 278 f.).

a) Vorweg sei bemerkt, daß auch der vom Hanseatischen Oberlandesgericht Hamburg zusätzlich herangezogene Gesichtspunkt – § 329 Abs. 1 StPO sei als Ausnahmebestimmung eng auszulegen – hier nicht weiterhilft. Diese Regel ist jedenfalls dann nicht anwendbar, wenn es um die Auslegung des neugeschaffenen § 329 Abs. 1 Satz 2 StPO geht: einer Ausnahme innerhalb der „Ausnahme" des § 329 Abs. 1 Satz 1 StPO. Das Verhältnis der beiden Vorschriften zueinander läßt sich nicht mit Hilfe formaler Regeln bestimmen. Entscheidend muß sein, welcher Zweck mit ihnen verfolgt wird.

b) § 329 Abs. 1 Satz 1 StPO soll einen Angeklagten, der Berufung eingelegt hat, daran hindern, die Entscheidung dadurch zu verzögern, daß er sich der Verhandlung entzieht. Von ihm wird erwartet, daß er wenigstens zu der auf seine Veranlassung anberaumten Hauptverhandlung erscheint. Versäumt er selbst das – bewußt oder aus Nachlässigkeit –, so wird seine Berufung verworfen. Das Interesse des Angeklagten an der Nachprüfung des gegen ihn ergangenen Urteils muß gegenüber dem Recht der Allgemeinheit auf zügige Durchführung von Strafverfahren zurücktreten. Dieser Gedanke lag bereits dem § 329 Abs. 1 StPO in seiner früheren Fassung zugrunde (vgl. BGHSt. 17, 188 [BGH Urt. v. 3. 4. 1962 – 5 StR 580/61; vgl. § 329 StPO erfolgreiche Rügen], 189; 23, 331, 334 [BGH Beschl. v. 6. 10. 1970 – 5 StR 199/70; vgl. § 329 StPO erfolglose Rügen]). Durch die Ausweitung der Bestimmung wird er noch stärker betont. Nunmehr ist die Berufung des Angeklagten nicht nur zu verwerfen, wenn der Angeklagte der ersten anberaumten Hauptverhandlung fernbleibt – so die herrschende Meinung vor der Änderung der Vorschrift –, sondern auch dann, wenn er in einer späteren, neuen Hauptverhandlung nicht erscheint.

c) Dieser Grundgedanke greift an sich auch ein, wenn das Revisionsgericht die Sache zurückverwiesen hat. Die Beschleunigung des Verfahrens ist hier mindestens in demselben Maße erforderlich wie etwa nach einer bloßen Aussetzung der Hauptverhandlung. Trotzdem macht § 329 Abs. 1 Satz 2 StPO eine Ausnahme. Das Gebot der Beschleunigung tritt zurück, weil jetzt, nach der Zurückverweisung der Sache, einer uneingeschränkten Verwerfung der Berufung Bedenken entgegenstehen. Auf diese Bedenken hatten Rechtsprechung und Schrifttum schon bei der Auslegung der alten Fassung des § 329 Abs. 1 StPO

---

1 „Jede Gesetzesauslegung hat vom Wortlaut auszugehen". (BGH Urt. v. 28. 11. 1962 – 3 StR 39/62).

2 „Aber durch den Wortlaut ist die Auslegung der Bestimmung nicht begrenzt; es kommt vielmehr auf den Sinn und Zweck an, den der Gesetzgeber – nach ihrer Stellung im Gesetz – erkennbar verfolgt hat." (BGH Beschl. v. 11. 11. 1954 – 4 StR 526/54).

hingewiesen (vgl. z.B. BGHSt. 17, 188, 189 f.). Der Gesetzgeber hat sie berücksichtigt, indem er § 329 Abs. 1 Satz 2 StPO in das Gesetz einfügte.

Die Schwierigkeiten treten auf, sobald das Revisionsgericht zur Sache entschieden hat. Wird nunmehr die Berufung des säumigen Angeklagten „ohne Verhandlung zur Sache" (§ 329 Abs. 1 Satz 1 StPO) verworfen, so kann das Urteil des Amtsgerichts, mit dem es auf diese Weise sein Bewenden haben soll, in einem schwer erträglichen Widerspruch zu der zuvor dargelegten Rechtsauffassung des Revisionsgerichts stehen.

§ 329 Abs. 1 Satz 2 StPO soll dies verhindern. Dabei stellt die Vorschrift nicht auf die Besonderheiten des jeweiligen Einzelfalls ab. Wollte man das verlangen, würde das Strafverfahren mit einer zu großen Unsicherheit belastet.

Allerdings mag es gelegentlich Fälle geben, in denen das zurückverweisende Revisionsgericht in der Sache selbst entschieden hat und die nähere Nachprüfung ergibt, daß einer sofortigen Verwerfung der Berufung trotzdem Bedenken nicht entgegenstehen. So kann etwa das Oberlandesgericht die Auffassung des Berufungsgerichts beanstanden, gleichzeitig aber der Rechtsansicht des vom Berufungsgericht abgeänderten amtsgerichtlichen Urteils beitreten. Hier geschähe einem säumigen Angeklagten kein Unrecht, wenn seine Berufung ohne weiteres verworfen würde. Weitaus häufiger aber wäre gar nicht zu erkennen, ob die Entscheidung des Oberlandesgerichts für den Angeklagten eine günstigere Wendung herbeizuführen vermag und deshalb mit einer Verwerfung der Berufung nicht zu vereinbaren ist. Darum verallgemeinert das Gesetz. Es verzichtet auf eine Nachprüfung sämtlicher Einzelumstände und steckt einen weiten Bereich ab, innerhalb dessen Widersprüche zur Entscheidung des Revisionsgerichts jedenfalls möglich sind: in diesem Bereich ist die sofortige Verwerfung der Berufung nicht gestattet.

d) Damit zeigen sich gleichzeitig die Grenzen, innerhalb derer die Schematisierung Platz greifen kann. Ein Widerstreit zwischen dem Ergebnis des Revisionsverfahrens und einer späteren Verwerfung der Berufung vermag nämlich nur dann aufzutreten, wenn das Oberlandesgericht in der Sache selbst entschieden hat, wenn also zuvor auch das aufgehobene Urteil des Berufungsgerichts auf die Sache eingegangen ist.

Diesen Regelfall hatte der Gesetzgeber im Auge, als er § 329 Abs. 1 Satz 2 StPO einfügte. Das zeigt die Begründung des Gesetzentwurfs: in ihr wird lediglich auf Entscheidungen des Revisionsgerichts zur Sache Bezug genommen (vgl. BT-Drucks. 7/551, S. 86). Ebenso war es bei der Auslegung des § 329 Abs. 1 Satz 1 StPO a.F. Soweit hier auf Gegensätze zwischen dem Urteil des Revisionsgerichts und einer späteren Verwerfung der Berufung hingewiesen wurde, ging es um Fälle, in denen sich das Revisionsgericht zur Sache geäußert hatte.

Nur in diesem Bereich ist die durch § 329 Abs. 1 Satz 2 StPO eingeführte Beschränkung sinnvoll. Bei dieser Fallgestaltung ist deshalb der Bereich verlassen, für den die verallgemeinernde Regelung des § 329 Abs. 1 Satz 2 StPO Geltung haben kann. Ein Gegensatz zwischen der Entscheidung des Oberlandesgerichts und der Verwerfung der Berufung ist hier nicht einmal möglich. Es besteht auch nicht die Gefahr, das Strafverfahren durch schwierige Auslegungsfragen und die damit verbundene Unsicherheit zu belasten. Ob das Berufungsgericht das Rechtsmittel gemäß § 329 Abs. 1 Satz 1 StPO verworfen hatte, läßt sich einfach und eindeutig feststellen. Bei dieser klar umrissenen Verfahrenslage greift § 329 Abs. 1 Satz 2 StPO nach seinem Grundgedanken nicht mehr ein. Es besteht keine Veranlassung, die Verwerfung der Berufung zu verbieten. Damit kann auf die allgemeine Regel des § 329 Abs. 1 Satz 1 StPO zurückgegriffen werden. Die Interessen des säumigen Angeklagten haben gegenüber dem Beschleunigungsgebot zurückzutreten. Sein Rechtsmittel ist zu verwerfen.

3. Gericht darf Berufung verwerfen, wenn der Angeklagte verhandlungsunfähig betrunken zur Berufungshauptverhandlung erscheint.
StPO § 329 Abs. 1 – BGH Beschl. v. 6. 10. 1970 – 5 StR 199/70 Kammergericht Berlin (= BGHSt. 23, 331)

Die Revision rügt, daß das Berufungsgericht zu Unrecht die Berufung des erschienenen Angeklagten deshalb verworfen hat, weil er erheblich betrunken und deshalb verhandlungsunfähig war.

Sachverhalt: Der Angeklagte hatte Berufung gegen ein Urteil des Schöffengerichts eingelegt. Er erschien zwar im Berufungstermin, war jedoch wegen hochgradiger Trunkenheit verhandlungsunfähig. Da er diesen Zustand in Kenntnis des Berufungstermins schuldhaft herbeigeführt hatte, verwarf die Strafkammer seine Berufung nach § 329 Abs. 1 StPO.

Das Kammergericht hält die Revision des Angeklagten für begründet. Es ist der Auffassung, die Berufung eines Angeklagten, der in der Hauptverhandlung erschienen sei, dürfe auch dann nicht nach § 329 Abs. 1 StPO verworfen werden, wenn er seine Verhandlungsunfähigkeit durch Trunkenheit schuldhaft herbeigeführt habe. Es hat wegen der gegenteiligen Entscheidung des Oberlandesgerichts Frankfurt vom 17. 7. 1967 (NJW 1968, 217) die Sache dem Bundesgerichtshof nach § 121 Abs. 2 GVG zulässigerweise vorgelegt. – Das Rechtsmittel war erfolglos.

Gründe: Der Senat tritt mit dem Generalbundesanwalt im Ergebnis dem Oberlandesgericht Frankfurt bei.

Der Generalbundesanwalt hat ausgeführt:

„Es ist freilich allgemein anerkannt, daß § 329 Abs. 1 StPO im Interesse des Angeklagten eng ausgelegt werden muß. Denn die Vorschrift enthält eine Ausnahme von dem Grundsatz, daß gegen einen ausgebliebenen Angeklagten nicht verhandelt und entschieden werden darf (§ 230 Abs. 1 StPO). Dementsprechend hat der Bundesgerichtshof im Anschluß an die Rechtsprechung des Reichsgerichts entschieden, daß die sofortige Verwerfung der Berufung des Angeklagten nach § 329 Abs. 1 StPO nicht mehr zulässig ist, wenn das Berufungsgericht schon in einem früheren Termin zur Sache verhandelt hat (BGHSt. 17, 188 [BGH Urt. v. 3. 4. 1962 – 5 StR 580/61; vgl. § 329 StPO erfolgreiche Rügen]; BGH Beschl. v. 20. 5. 1969 – 1 StR 15/69). Ebenso ist nach einhelliger Ansicht die sofortige Verwerfung seiner Berufung wegen der Ausnahmenatur der Vorschrift nicht mehr statthaft, wenn der Angeklagte zu Beginn der Hauptverhandlung erschienen ist, sich aber kurz darauf wieder entfernt hat (RGSt 63, 53, 57).

Diese Rechtsprechung, auf die sich das Kammergericht für seine Beurteilung der Vorlegungsfrage beruft, hat einleuchtende Gründe für sich. Bei Verwerfung der Berufung des Angeklagten, der zu Beginn einer weiteren Hauptverhandlung nicht erschienen ist, können sich, wie der Bundesgerichtshof in BGHSt. 17, 188 näher dargelegt hat, Konflikte zwischen § 329 Abs. 1 StPO und anderen verfahrensrechtlichen Grundsätzen, insbesondere dem Verschlechterungsverbot des § 358 Abs. 2 StPO ergeben. Eine sofortige Verwerfung der Berufung des – verhandlungsfähigen – Angeklagten, der nach anfänglichem Erscheinen die (erste) Berufungsverhandlung alsbald wieder verläßt, verbietet sich ohne weiteres schon nach dem Wortlaut des § 329 Abs. 1 StPO. Denn hier fehlt es nun einmal an der Voraussetzung, daß der Angeklagte zu Beginn der Hauptverhandlung nicht erschienen ist.

Die angeführten Entscheidungen, die den Besonderheiten der ihnen zugrunde liegenden prozessualen Sachverhalte Rechnung tragen, nötigen jedoch entgegen der Ansicht des Kammergerichts nicht dazu, die Anwendung des § 329 Abs. 1 StPO auch auf den Vorlegungsfall abzulehnen. Denn der hier zu beurteilende Sachverhalt, daß der Angeklagte in der (ersten) Hauptverhandlung über seine Berufung wegen selbstverschuldeter Trunkenheit verhandlungsunfähig ist, liegt im Vergleich zu jenen Fällen wesentlich anders. Auch unter diesen Umständen eine sofortige Verwerfung der Berufung für unstatthaft zu erachten, sind keine überzeugenden Gründe ersichtlich. Die vom Kammergericht aufgegriffene Erwägung des Reichsgerichts, eine solche Ausnahmebestimmung sei deswegen „auf das engste auszulegen", weil sie für einen Angeklagten unter Umständen sehr gefährlich werden könne (RGSt 61, 278, 280), reicht dafür nicht aus. Sie bedeutet lediglich eine Mahnung, die Vorschrift so auszulegen, daß das rechte Verhältnis zwischen den beiden in ihr zusammentreffenden Verfahrensbelangen erhalten bleibt (BGHSt. 17, 188, 189). Trotz aller hiernach notwendigen Zurückhaltung gegenüber jeder Neigung zu einer erweiternden Auslegung des § 329 Abs. 1 StPO steht seiner Anwendung auf den Vorlegungsfall auch unter diesem Gesichtspunkt nichts im Wege. Im Gegenteil liegt es durchaus im Sinne der Vorschrift, auch gegen einen wegen schuldhafter Trunkenheit zum Berufungstermin verhandlungsunfähig erschienenen Angeklagten nach ihr zu verfahren.

Der Ausdruck „nicht erschienen" in § 329 Abs. 1 StPO bedeutet nach dem Sprachgebrauch, wie er sich im Strafverfahrensrecht herausgebildet hat, nicht notwendig nur körperlich abwesend. Vielmehr umfaßt dieser Begriff auch einen Angeklagten, der zwar leiblich zugegen, aber wegen schuldhafter Trunkenheit geistig abwesend und damit verhandlungsunfähig ist. Denn es ist im Strafprozeßrecht ganz allgemein anerkannt, daß alle an der Verhandlung Beteiligten nicht nur körperlich anwesend, sondern jedenfalls auch verhandlungsfähig sein müssen. Wer in verhandlungsunfähigem Zustand auftritt, wird gemeinhin als nicht erschienen behandelt [BGHSt. 2, 300, 304 [BGH Urt. v. 22. 4. 1952 – 1 StR 622/51; vgl. § 338 Nr. 5 StPO erfolglose Rügen]). Danach ist es mit der Wortfassung des § 329 Abs. 1 StPO durchaus vereinbar, einen Angeklagten auch dann als ungenügend entschuldigt „nicht erschienen" anzusehen, wenn er in der Berufungsverhandlung schuldhaft betrunken und dadurch verhandlungsunfähig auftritt. Ihn bei solchem Verhalten einem schuldhaft ausgebliebenen Berufungsführer mit den sich daraus ergebenden gesetzlichen Folgen gleichzustellen, wird auch dem Sinn und Zweck der Vorschrift gerecht.

§ 329 Abs. 1 StPO soll einen Angeklagten, der Berufung eingelegt hat, daran hindern, die Entscheidung über sein Rechtsmittel dadurch zu verzögern, daß er sich der Verhandlung entzieht (BGHSt. 17, 188, 189). In der Vorschrift treffen hiernach zwei Anliegen zusammen, das Bedürfnis nach Verfahrensbeschleunigung und das Streben nach einer möglichst gerechten Entscheidung. Dabei nimmt das Gesetz im Interesse der erstrebten Beschleunigung des Verfahrens grundsätzlich die Möglichkeit in Kauf, daß ein sachlich unrichtiges Urteil nur wegen des nicht genügend entschuldigten Ausbleibens des Angeklagten in der Berufungsverhandlung rechtskräftig wird (BGH a.a.O.). Dieser Tendenz der Vorschrift wird gerade auch bei ihrer Anwendung auf denjenigen Angeklagten gedient, der zur Verhandlung über seine Berufung zwar erschienen, aber infolge selbst verschuldeter Trunkenheit verhandlungsunfähig ist.

Auch bei einem sich so verhaltenden Angeklagten seine Berufung sofort zu verwerfen, entspricht dem Willen des Gesetzes zur Verfahrensbeschleunigung. Andernfalls würde die Entscheidung über die Berufung unnötig verzögert werden. Denn um die Ausnüchterung des Angeklagten und Wiederherstellung seiner Verhandlungsfähigkeit abzuwarten, müßte die Hauptverhandlung jedenfalls unterbrochen werden. Vielfach, wenn nicht in den meisten Fällen, wäre wegen Terminschwierigkeiten sogar ihre Aussetzung unumgänglich. Für den Angeklagten könnte sich dabei geradezu ein Anreiz zu weiterer Verschleppung des Verfahrens ergeben. Denn er hätte es in der Hand, auch künftige Berufungsverhandlungen dadurch zu hintertreiben, daß er jeweils in betrunkenem und verhandlungsunfähigem Zustand erscheint. Dies ist nach den neueren Erfahrungen über provokatorische Reaktionen justizfeindlich gesonnener Angeklagter keine nur theoretische Möglichkeit.

Der hier vertretenen Ansicht läßt sich auch nicht entgegenhalten, bei einem verhandlungsunfähig betrunkenen Angeklagten verbiete oder erübrige sich das „Versäumnisverfahren" nach § 329 Abs. 1 StPO deswegen, weil das Berufungsgericht ihn durch Festsetzung einer sofort zu vollstreckenden Ungebühr-Haftstrafe nach § 178 GVG ernüchtern und die Hauptverhandlung sodann kurzfristig fortsetzen könne. Es steht im freien Willen des Angeklagten, ob er seine Berufung durchführen möchte. Ihm die Gelegenheit zu ihrer Durchführung mit Hilfe einer Ungebühr-Haftstrafe als eines dafür nicht vorgesehenen Zwangsmittels zu verschaffen, erscheint nicht angängig.

Schließlich können sich bei der Anwendung des § 329 Abs. 1 StPO auf den erschienenen, aber wegen Trunkenheit verhandlungsunfähigen Angeklagten auch keine Schwierigkeiten daraus ergeben, daß seine Schuld an diesem Zustand im Einzelfall zweifelhaft sein kann. Daß ein Angeklagter sich vor dem Termin über seine Berufung bis zur Verhandlungsunfähigkeit betrinkt, ohne dies vorsätzlich oder wenigstens fahrlässig zu tun, wird nur selten vorkommen. Bei gleichwohl verbleibenden Zweifeln an seinem diesbezüglichen Verschulden ist es die selbstverständliche Pflicht des Berufungsrichters, von einer sofortigen Verwerfung der Berufung abzusehen und die Hauptverhandlung auf einen anderen Termin anzusetzen. Gegen die Folgen einer ungerechtfertigten Annahme seiner Schuld an der Verhandlungsunfähigkeit ist der Angeklagte doppelt geschützt. Einmal kann er gegen das seine Berufung verwerfende Urteil unter Glaubhaftmachung seiner Entschuldigungsgründe die Wiedereinsetzung in den vorigen Stand nachsuchen (§ 329 Abs. 2 StPO). Außerdem steht ihm gegen dieses Urteil das Rechtsmittel der Revision zu." Dem stimmt der Senat zu.

4. Über Berufung der Staatsanwaltschaft darf unabhängig von der Strafhöhe in Abwesenheit verhandelt werden.

StPO § 329 – BGH Beschl. v. 1. 8. 1962 – 4 StR 122/62 OLG Hamm (= BGHSt. 17, 391)

Die Revision rügt, das Landgericht hätte den Angeklagten auf die Berufung der Staatsanwaltschaft hin nicht in seiner Abwesenheit zu einem Jahr Zuchthaus verurteilen dürfen.

Sachverhalt: Das Schöffengericht hat den Angeklagten wegen versuchten schweren Diebstahls im Rückfall zu einem Jahr Gefängnis verurteilt. Hiergegen hat der Staatsanwalt Berufung eingelegt. In der Hauptverhandlung vor dem Landgericht als Berufungsgericht ist der Angeklagte, der ordnungsgemäß unter Hinweis auf die Folgen eines etwaigen Ausbleibens geladen war, nicht erschienen; sein Ausbleiben war nicht entschuldigt. Das Landgericht hat über die Berufung des Staatsanwalts verhandelt und in seinem Urteil die Strafe unter Abänderung des Ersturteils auf ein Jahr Zuchthaus erhöht.

Über die Revision hat das Oberlandesgericht in Hamm zu entscheiden. Es möchte die Revision verwerfen. Nach seiner Auffassung kann das Berufungsgericht über die Berufung des Staatsanwalts nach § 329 Abs. 1 StPO auch dann in Abwesenheit des Angeklagten verhandeln und entscheiden, wenn die zu erwartende und die schließlich von ihm für angemessen erachtete Strafe sich nicht in dem in den §§ 232, 233 StPO vorgesehenen Rahmen hält.

An dieser Entscheidung sieht sich das Oberlandesgericht in Hamm gehindert durch das in NJW 1957, 1890 veröffentlichte Urteil des Oberlandesgerichts in Koblenz. In ihm wird die Meinung vertreten, die Schranke des § 233 Abs. 1 StPO für die Höhe der Freiheitsstrafe gelte auch für das Berufungsverfahren, wenn beim Ausbleiben des Angeklagten über die Berufung des Staatsanwalts verhandelt wird. Das Oberlandesgericht in Hamm hat deswegen die Sache gemäß § 121 Abs. 2 GVG dem Bundesgerichtshof vorgelegt. – Das Rechtsmittel war erfolglos.

Gründe: Die Frage wurde dem vorlegenden Gericht gegenüber positiv entschieden. In der Sache tritt der Senat in Übereinstimmung mit dem Generalbundesanwalt dem vorlegenden Gericht bei.

1.

Eine weitere Entscheidung eines Revisionsgerichts im Sinne des Urteils des Oberlandesgerichts in Koblenz konnte nicht festgestellt werden. Das Oberlandesgericht in Frankfurt a.M. hat in seinem in NJW 1952, 1350 veröffentlichten Urteil seine frühere Auffassung, daß bei der Verhandlung über die Berufung des Staatsanwalts nach § 329 Abs. 1 StPO die Schranke des § 232 StPO beachtet werden müsse, aufgegeben. Der seiner Entscheidung vorausgestellte Rechtssatz, bei der Verhandlung über die Berufung des Staatsanwalts nach § 329 Abs. 1 StPO sei der nicht erschienene Angeklagte ebenso zu behandeln wie der gemäß § 233 StPO vom Erscheinen entbundene Angeklagte, findet in den Entscheidungsgründen keine Stütze. Dort ist vielmehr nur dargelegt, daß im Falle des § 329 Abs. 1 StPO eine Bemessung der Strafe jedenfalls innerhalb des Strafrahmens möglich sei, den § 233 Abs. 1 StPO für das Verfahren des ersten Rechtszugs zulasse. Ob eine darüber hinausgehende Strafe zulässig ist, hat das Oberlandesgericht in Frankfurt weder entscheiden müssen noch entscheiden wollen.

2.

a) Dem Wortlaut des § 329 Abs. 1 StPO ist eine Beschränkung des Berufungsgerichts dahin, daß es die Strafe gegen den unentschuldigt ausgebliebenen Angeklagten bei der Verhandlung über die Berufung des Staatsanwalts nur in einer bestimmten, von § 232 oder § 233 StPO abhängigen Höhe aussprechen dürfe, nicht zu entnehmen.

b) Allerdings ist es, wie das Oberlandesgericht in Koblenz angenommen hat, eine das Strafverfahren beherrschende „Grundregel", daß die Straftat eines Angeklagten in seiner Anwesenheit in einer Hauptverhandlung untersucht wird und daß die von ihm verwirkten Rechtsfolgen der Straftat in eben dieser in seiner Anwesenheit durchgeführten Hauptverhandlung festgesetzt werden. Aber schon für das Verfahren des ersten Rechtszugs läßt das Gesetz gewichtige Ausnahmen von dieser „Grundregel" zu. Neben den Vorschriften der §§ 232, 233 und 276 ff. StPO ist vor allem auf die Bestimmung des § 231 Abs. 2 StPO hinzuweisen. Danach kann die Hauptverhandlung, wenn der Angeklagte sich eigenmächtig aus ihr entfernt oder ihr – im Fall ihrer Unterbrechung – bei ihrer Fortsetzung fernbleibt, in seiner Abwesenheit zu Ende geführt werden, wenn er über die Anklage schon vernommen war und das Gericht seine weitere Anwesenheit nicht für erforderlich erachtet. Eine solche Fortsetzung der Hauptverhandlung in Abwesenheit des Angeklagten ist auch dann zulässig, wenn eine besonders schwere Strafe zu erwarten ist und schließlich verhängt wird.

Den schon für das Verfahren des ersten Rechtszugs geltenden Ausnahmen hat das Gesetz durch § 329 Abs. 1 StPO für das Berufungsverfahren eine weitere, ganz selbständige hinzugefügt. Hätte es das Gesetz für richtig befunden, daß das Abwesenheitsverfahren nach § 329 Abs. 1 StPO nur in Fällen zulässig sein solle, in denen eine Bestrafung nur innerhalb eines bestimmten Rahmens – etwa in dem des § 233 Abs. 1 StPO – in Frage kommt, so hätte das leicht ausgesprochen werden können.

c) Der Zweck der Vorschrift des § 329 Abs. 1 StPO liegt auf der Hand, soweit es sich um die Möglichkeit der Verhandlung über die Berufung des Staatsanwalts in Abwesenheit des Angeklagten handelt. Er ist derselbe wie im Falle des § 231 Abs. 2 StPO. Der Angeklagte, der im bisherigen Verlauf des Verfahrens – im Falle des § 231 Abs. 2 im bisherigen Teil der Hauptverhandlung, im Falle des § 329 Abs. 1 im gesamten Ablauf des ersten Rechtszuges – Zeit und Gelegenheit hatte, sich gegen die erhobenen Vorwürfe zu verteidigen und alle ihm sachdienlich erscheinenden Gesichtspunkte vorzubringen, soll es nicht in der Hand haben, den weiteren Ablauf des von der Staatsgewalt im Interesse der Allgemeinheit gegen ihn eingeleiteten Verfahrens aufzuhalten und es auf kürzere oder längere Zeit unmöglich zu machen, daß seine Verfehlung alsbald die gerechte Ahndung findet.

Das Verfahren nach § 329 Abs. 1 StPO ist nur statthaft, wenn „das Ausbleiben des Angeklagten nicht genügend entschuldigt ist". Es kommt nicht darauf an, daß sich der Angeklagte selbst entschuldigt hat. Es genügt vielmehr, daß eine beim Vorhandensein von Anhaltspunkten von Amts wegen vorzunehmende Prüfung ergibt, daß das Fernbleiben des Angeklagten genügend entschuldigt ist. Dabei ist grundsätzlich eine weite Auslegung zugunsten des Angeklagten geboten (vgl. RGSt 62, 420 bis 422; BayObLG NJW 1956, 838, 839). Eine unrichtige Beurteilung dieser Frage durch das Berufungsgericht kann mit der Revision beanstandet werden; außerdem ist die Möglichkeit der Wiedereinsetzung in den vorigen Stand nach § 329 Abs. 2 StPO gegeben.

d) Hat somit der Gesetzgeber den § 329 StPO für das Berufungsverfahren als besondere, aus der Eigenart des Berufungsverfahrens gerechtfertigte Vorschrift geschaffen und das Verfahren in Abwesenheit des Angeklagten gerade nicht davon abhängig gemacht, daß nur auf eine Strafe bis zu einer bestimmten Höhe erkannt werden darf, so verbietet es sich, auf das Verfahren nach § 329 Abs. 1 StPO die – ganz andere Verfahrenslagen betreffenden – Rechtsgedanken des § 232 oder des § 233 StPO anzuwenden.

Rechtsstaatliche Bedenken gegen das Verfahren über die Berufung des Staatsanwalts in Abwesenheit des Angeklagten nach § 329 Abs. 1 StPO können um so weniger bestehen, als das Berufungsgericht keineswegs in jedem Fall, in dem der Angeklagte trotz ordnungsgemäßer, unter Hinweis auf die Folgen des Ausbleibens vorgenommener Ladung in der zur Verhandlung über die Berufung des Staatsanwalts anberaumten Hauptverhandlung unentschuldigt ausbleibt, ohne weiteres die Verhandlung in Abwesenheit des Angeklagten durchführen kann.

aa) Dagegen, daß das Berufungsgericht die Rechtslage abweichend vom Eröffnungsbeschluß und von den vom Erstrichter in Erwägung gezogenen Möglichkeiten beurteilt oder daß es besondere, bisher nicht hervorgetretene Strafschärfungsgründe für gegeben hält, schützen den Angeklagten die Vorschriften des § 265 Abs. 1 und 2 StPO. Ist nämlich nach diesen Vorschriften ein Hinweis an den Angeklagten vorgeschrieben, so kann die Verhandlung in seiner Abwesenheit nicht durchgeführt werden, wenn er diesen Hinweis und damit die Gelegenheit zu entsprechender Verteidigung nicht schon im ersten Rechtszug erhalten hat. Die Verletzung der Vorschriften des § 265 StPO kann mit der Revision gerügt werden.

bb) Abgesehen von diesen oben erwähnten Fällen muß das Berufungsgericht prüfen und nach pflichtgemäßem Ermessen darüber befinden, ob es beim Ausbleiben des Angeklagten in seiner Abwesenheit verhandeln kann oder ob es die Vorführung oder die Verhaftung des Angeklagten anordnen soll. Mit der Revision kann das Revisionsgericht zur Nachprüfung aufgerufen werden, ob das Berufungsgericht die Prüfung der erwähnten Frage pflichtwidrig unterlassen hat oder sich dabei von fehlerhaften Erwägungen hat leiten lassen.

Die Verhandlung in Abwesenheit des Angeklagten muß vor allem stets dann ausscheiden, wenn die dem Berufungsgericht obliegende Pflicht zur Feststellung des wahren Sachverhalts (§ 244 Abs. 2 StPO) zur erneuten Anhörung des Angeklagten oder dazu drängt, daß sich das Berufungsgericht einen auf persönlicher Beobachtung des Angeklagten beruhenden Eindruck von ihm macht. Das wird in vielen Fällen unumgänglich sein. Die Kenntnis vom Inhalt des Ersturteils und der Akten sowie anderer Umstände wird aber in geeigneten Fällen dem Berufungsgericht die Gewißheit geben können, daß die gerechte Sachentscheidung auch in Abwesenheit des Angeklagten gefunden werden kann. Dies kann nur nach den besonderen Verhältnissen des Einzelfalls beurteilt werden.

Unabhängig von der sich aus § 244 Abs. 2 StPO ergebenden Pflicht zur Erforschung der Wahrheit muß das Berufungsgericht auch prüfen, ob nicht besondere Umstände Anlaß dazu geben, darauf Wert zu legen, daß der Angeklagte in der Berufungsverhandlung anwesend ist und sich persönlich verteidigen kann. Ob solche Umstände vorliegen, ist ebenfalls nach den Verhältnissen des Einzelfalls zu entscheiden. Daß mit einer länger dauernden Gefängnisstrafe oder einer Zuchthausstrafe zu rechnen ist, reicht nach dem sich aus § 329 Abs. 1 StPO ergebenden Willen des Gesetzes, wonach insoweit eben keine Grenze gesetzt ist, für sich allein nicht aus, das Abwesenheitsverfahren auszuschließen. Die Aussetzung der Hauptverhandlung wird nach dem Gedanken des § 265 Abs. 3 und 4 StPO vor allem geboten sein, wenn für die Schuld- oder die Straffrage bedeutsame Umstände, die nicht schon nach § 265 Abs. 1 und 2 StPO zur Belehrung und Anhörung des Angeklagten nötigen, in der Berufungsverhandlung neu zu Tage treten. Im übrigen wird auch die Schwere der dem Angeklagten zur Last gelegten Tat zu berücksichtigen sein, d.h. es wird darauf Bedacht genommen werden müssen, daß der Angeklagte nicht mit einer derart hohen Strafe belegt wird, daß es in Anbetracht seiner Persönlichkeit und seines bisherigen Verhaltens und unter Vergleich mit der im ersten Rechtszug ausgesprochenen Strafe unbillig wäre, die Strafe ohne seine nochmalige Anhörung zu verhängen. Nicht ohne Bedeutung wird auch sein, ob der Angeklagte wenigstens durch einen Verteidiger in der Hauptverhandlung vertreten ist.

5. Das unentschuldigte Ausbleiben des Angeklagten ist keine von Amts wegen zu prüfende Verwerfungsvoraussetzung.

StPO § 329 I – BGH Beschl. v. 23. 11. 1960 – 4 StR 265/60 OLG Hamm (= BGHSt. 15, 287 = NJW 1961, 567)
Von Amts wegen.

Sachverhalt: Der Angeklagte ist vom Schöffengericht wegen Unterschlagung zu fünf Monaten Gefängnis verurteilt worden. Seine Berufung wurde durch Urteil des Landgerichts in Dortmund gemäß § 329 Abs. 1 StPO verworfen.

Auf seine Revision legt das Oberlandesgericht in Hamm die Sache dem Bundesgerichtshof zur Entscheidung der Rechtsfrage vor, ob das unentschuldigte Ausbleiben des Angeklagten in der Hauptverhandlung eine vom Revisionsgericht von Amts wegen zu prüfende Voraussetzung für die Verwerfung der Berufung nach § 329 Abs. 1 StPO ist. [...] Das Oberlandesgericht in Hamm möchte die gestellte Frage verneinen und demgemäß die Revision des Angeklagten verwerfen, da diese es unterlassen hat, nach Maßgabe des § 344 Abs. 2 Satz 2 StPO zu rügen, daß das Landgericht sein Nichterscheinen in der Berufungsverhandlung – möglicherweise – rechtsirrig als nicht genügend entschuldigt beurteilt hat. Es sieht sich hierin jedoch durch ein Urteil des Oberlandesgerichts in Karlsruhe vom 19. 6. 1957 (MDR 1957, 760) gehindert, in dem die Auffassung vertreten wird, daß das unentschuldigte Ausbleiben des Angeklagten in der Berufungsverhandlung eine besondere Verfahrensvoraussetzung nach § 329 Abs. 1 StPO sei, deren Vorliegen das Revisionsgericht ebenso wie das der allgemeinen Verfahrensvoraussetzungen von Amts wegen zu prüfen habe.

Gründe: Die Entscheidung entspricht dem Vorlagebegehren des OLG.

Keiner Entscheidung bedarf, ob im ersten Rechtszug die zwingend vorgeschriebene Anwesenheit des Angeklagten in der Hauptverhandlung eine Verfahrensvoraussetzung, sein Ausbleiben also ein Verfahrenshindernis ist. Auch wenn man diese Frage bejahen wollte, hätte das entgegen der Meinung des Oberlandesgerichts in Karlsruhe nicht zur Folge, daß im Falle des § 329 Abs. 1 StPO das Unentschuldigtsein des Ausbleibens des Angeklagten (und sein Nichtvertretensein) eine – bei rechtzeitig und formgerecht eingelegter Revision (vgl. den Beschluß des Senats BGHSt. 15, 203 [BGH Beschl. v. 9. 11. 1960 – 4 StR 407/60; vgl. § 346 StPO erfolgreiche Rügen]) – vom Revisionsgericht auch ohne besondere Rüge nachzuprüfende Voraussetzung für die Verwerfung der Berufung wäre. Soweit ersichtlich, wird diese Ansicht bis auf das genannte Urteil nirgends im Schrifttum oder in der Rechtsprechung vertreten. Dies mit Recht; denn die Verfahrenslage des § 329 Abs. 1 StPO unterscheidet sich wesentlich von der, daß der Angeklagte in der Hauptverhandlung fehlt, obwohl nach dem Gesetz in seiner Abwesenheit nicht verhandelt werden darf. Im Berufungsverfahren ist dies gerade zulässig, sei es, daß – auf Berufung der Staatsanwaltschaft –

die Verhandlung so abläuft, wie wenn der Angeklagte anwesend wäre, sei es, daß – auf Berufung des Angeklagten – das Rechtsmittel ohne sachliche Prüfung verworfen wird. Der Gesetzgeber hat hier bewußt eine Ausnahme von dem Grundsatz geschaffen, daß gegen einen abwesenden Angeklagten kein Urteil erlassen werden darf. Sie beruht auf der Unterstellung, daß der Berufungsführer, der zu Beginn der Hauptverhandlung ausbleibt, auf das Rechtsmittel und damit auf eine sachliche Nachprüfung des angefochtenen Urteils verzichtet (RGSt 64, 239, 246). Diese „Fiktion" wiederum fußt auf der Vorstellung, daß der Angeklagte weitgehend über sein Rechtsmittel soll verfügen können; seiner Entschließung ist es anheimgestellt, ob er Berufung einlegen will oder nicht, und er kann die einmal eingelegte Berufung bis zum Beginn der Urteilsverkündung (nach Beginn der Hauptverhandlung mit Zustimmung des Gegners) zurücknehmen. Diese Einflußnahme des Angeklagten auf das Berufungsverfahren ist mit rechtsstaatlichen Grundsätzen vereinbar, weil es in diesem Verfahren nicht um die erstmalige Prüfung der Schuldfrage, sondern um die Überprüfung eines schon vorliegenden Erkenntnisses (des ersten Rechtszugs) geht, das auf Grund einer erschöpfenden, durch die Verfahrensvorschriften der Strafprozeßordnung gesicherten sachlichen Verhandlung ergangen ist.

Voraussetzung des Abwesenheitsverfahrens nach § 329 Abs. 1 StPO ist allerdings, daß das Ausbleiben des Angeklagten nicht genügend entschuldigt ist (und daß der Angeklagte in Fällen zugelassener Vertretung nicht vertreten wird). Das bedeutet aber nicht, daß dem – vom Berufungsgericht verkannten – Vorliegen eines ausreichenden Entschuldigungsgrundes für das Ausbleiben des Angeklagten das gleiche verfahrensrechtliche Gewicht zukäme, wie dem Ausbleiben des Angeklagten bei Beginn der Hauptverhandlung des ersten Rechtszugs, wo ohne ihn grundsätzlich nicht verhandelt werden darf. Mit der bei ausreichender Entschuldigung des Berufungsführers gegebenen Verfahrenslage wäre die zu vergleichen, daß der die Berufung durchführende Angeklagte in der Hauptverhandlung vor dem Berufungsgericht erschienen ist; hier darf sein Rechtsmittel ebensowenig wie in den Fällen genügender Entschuldigung seines Ausbleibens ohne sachliche Nachprüfung verworfen werden. Geschähe es irrigerweise doch, so wäre dies zwar ein grober Verstoß gegen die Vorschrift des § 329 Abs. 1 StPO, nicht aber das Außerachtlassen eines zwingenden Verfahrenshindernisses, dem das Revisionsgericht auch ohne entsprechende Rüge nachzugehen hätte. Als Verfahrenshindernisse dieser Art kommen nur Umstände in Betracht, die nach dem ausdrücklich erklärten oder aus dem Zusammenhang ersichtlichen Willen des Gesetzes für das Strafverfahren so schwer wiegen, daß von ihrem Vorhandensein oder Nichtvorhandensein die Zulässigkeit des Verfahrens im ganzen abhängig gemacht werden muß. Davon kann bei den Voraussetzungen für die Verwerfung einer Berufung nach § 329 Abs. 1 StPO, die nicht die Zulässigkeit des Verfahrens schlechthin, sondern nur eine bestimmte Art der Erledigung betreffen, keine Rede sein.

Dieser Auslegung kann nicht entgegengehalten werden, daß der Angeklagte, gegen den wegen seines Ausbleibens ohne Verhandlung erkannt wird, schlechter gestellt sei als der Angeklagte, gegen den in seiner Abwesenheit unter Erhebung von Beweisen verhandelt wird. Im Berufungsverfahren kommt die Verhandlung gegen einen abwesenden Angeklagten – von den Sonderfällen der §§ 276 ff. und des § 429 c StPO abgesehen – nur in Frage, wenn entweder das Rechtsmittel von der Staatsanwaltschaft eingelegt worden ist und der Angeklagte ohne genügende Entschuldigung zu Beginn der Hauptverhandlung ausbleibt oder aber wenn dieser nach anfänglicher Anwesenheit der weiteren Verhandlung über seine oder des Staatsanwalts Berufung fernbleibt (§§ 231 Abs. 2, 232, 233 StPO). In keinem dieser Fälle greift die oben erörterte „Fiktion" des Verzichts des Angeklagten auf die sachliche Prüfung seines Rechtsmittels Platz. Das allein verbietet es, die für jene geltenden, dem Angeklagten günstigeren Grundsätze auf das „Versäumnisverfahren" bei anfänglichem unentschuldigten Ausbleiben des Angeklagten (§ 329 Abs. 1 Halbsatz 1 StPO) anzuwenden. Auch insoweit kann daher auf sich beruhen, ob das Revisionsgericht in den Fällen, in denen die Unterstellung eines Verzichts des Angeklagten auf sein Rechtsmittel nicht in Betracht kommt, – bei rechtzeitig eingelegter Revision – von Amts wegen prüfen darf, ob das Ausbleiben des Angeklagten nicht etwa wirksam entschuldigt ist.

Hinzu kommt, daß der unverschuldet am Erscheinen in der Hauptverhandlung verhinderte Angeklagte binnen einer Woche nach Zustellung des Berufungsurteils die Wiedereinsetzung in den vorigen Stand beantragen kann (§ 329 Abs. 2 i.V.m. § 44 StPO). Dieser Rechtsbehelf bietet dem Angeklagten einen zusätzlichen Schutz gegen die rechtsfehlerhafte Verwerfung seiner Berufung. Andererseits kommt auch in der Gewährung des genannten Rechtsbehelfs die Auffassung des Gesetzgebers zum Ausdruck, daß das Entschuldigtsein des Ausbleibens des Angeklagten in der Berufungsverhandlung kein Verfahrenshindernis ist, dessen Nichtvorliegen das Revisionsgericht von Amts wegen zu prüfen hat.

§ 330 StPO

(1) Ist von dem gesetzlichen Vertreter die Berufung eingelegt worden, so hat das Gericht auch den Angeklagten zu der Hauptverhandlung vorzuladen und kann ihn bei seinem Ausbleiben zwangsweise vorführen lassen.

(2) Bleibt allein der gesetzliche Vertreter in der Hauptverhandlung aus, so ist ohne ihn zu verhandeln. Ist weder der gesetzliche Vertreter noch der Angeklagte bei Beginn einer Hauptverhandlung erschienen, so gilt § 329 Abs. 1 entsprechend; ist lediglich der Angeklagte nicht erschienen, so gilt § 329 Abs. 2 Satz 1 entsprechend.

§ 331 StPO

(1) Das Urteil darf in Art und Höhe der Rechtsfolgen der Tat nicht zum Nachteil des Angeklagten geändert werden, wenn lediglich der Angeklagte, zu seinen Gunsten die Staatsanwaltschaft oder sein gesetzlicher Vertreter Berufung eingelegt haben.

(2) Diese Vorschrift steht der Anordnung der Unterbringung in einem psychiatrischen Krankenhaus oder einer Erziehungsanstalt nicht entgegen.

Erfolgreiche Rügen

1. Große Strafkammer als Berufungsgericht bei Strafmaßberufung an Strafgewalt des Schöffengerichts gebunden (BGH Beschl. v. 13. 5. 1982 – 3 StR 129/82).

Erfolglose Rügen

1. Wenn Amtsrichter wegen mehrerer selbständiger Handlungen teilweise verurteilt, teilweise freispricht, kann Berufungsgericht auf Berufung des Angeklagten gleichwohl eine einheitliche Handlung annehmen und wegen des Gesamtvorgangs verurteilen (BGH Beschl. v. 26. 5. 1967 – 2 StR 129/67).

Erfolgreiche Rügen

1. Große Strafkammer als Berufungsgericht bei Strafmaßberufung an Strafgewalt des Schöffengerichts gebunden (Anschluß an BGHSt. 23, 283).

StPO §§ 331, 348 – BGH Beschl. v. 13. 5. 1982 – 3 StR 129/82 LG Mannheim (= BGHSt. 31, 63)

Die Revision rügt, daß das Landgericht den Angeklagten im Berufungsverfahren zu einer Freiheitsstrafe verurteilt hat, deren Höhe die Strafgewalt des erstinstanzlichen Schöffengerichts überschreitet.

Sachverhalt: Das Schöffengericht Mannheim hatte den Angeklagten wegen fortgesetzten Diebstahls zu einer Freiheitsstrafe von 2 Jahren und 9 Monaten verurteilt. Gegen dieses Urteil hatten der Angeklagte im ganzen und die Staatsanwaltschaft unter Beschränkung auf das Strafmaß Berufung eingelegt. Die 4. Große Strafkammer des Landgerichts Mannheim hat die Berufung des Angeklagten zurückgewiesen und auf die Berufung der Staatsanwaltschaft den Angeklagten unter Abänderung des Strafausspruchs zu einer Freiheitsstrafe von 3 Jahren und 4 Monaten verurteilt. – Das Rechtsmittel hatte Erfolg.

Gründe: Für die Entscheidung über das Rechtsmittel ist der Bundesgerichtshof nicht zuständig. Bei dem angefochtenen Urteil handelt es sich nicht um ein Urteil eines Landgerichts im ersten Rechtszug (§ 135 Abs. 1 GVG), sondern um ein Berufungsurteil einer großen Strafkammer im Sinne des § 121 Abs. 1 Nr. 1 Buchst. b GVG. Zuständig ist daher das Oberlandesgericht Karlsruhe. Dies war gemäß § 348 StPO durch Beschluß auszusprechen.

Die große Strafkammer hat nach der Sitzungsniederschrift als Berufungsgericht verhandelt; ihr Urteil ist nach seiner Formel und seinen Gründen ein Berufungsurteil. Allerdings kann ein solches Urteil, das die große Strafkammer ausschließlich in ihrer Eigenschaft als Berufungsgericht erlassen wollte, unter bestimmten Voraussetzungen als erstinstanzliches und daher mit der Revision zum Bundesgerichtshof anfechtbares Urteil behandelt werden. Der Bundesgerichtshof hat das bisher zugelassen, wenn die große Strafkammer bei der Verhängung der Strafe über die auch für sie als Berufungsgericht geltende Strafgewalt des Schöffengerichts – Freiheitsstrafe bis zu drei Jahren (§ 24 Abs. 2 GVG) – hinausgegangen ist und in der Hauptverhandlung die für das erstinstanzliche Verfahren geltenden zwingenden Vorschriften beachtet hat (BGHSt. 23, 283; BGH GA 1968, 340). Diese Voraussetzungen liegen hier an sich vor. Die Kammer hat unabhängig vom Amtsgericht sämtliche Feststellungen zum Schuldspruch und zum Strafausspruch aufgrund eigener Beweisaufnahme neu getroffen. Entgegen der Auffassung des Generalbundesanwalts hat sie hierbei auch kein Beweismittel benutzt, das sie nur als Berufungsgericht hätte verwenden dürfen. Zwar hat sie die Verlesung der vor dem Schöffengericht gemachten Aussage des Zeugen B. auf den nur für das Berufungsverfahren geltenden § 325 StPO gestützt. Die Verlesung wäre jedoch auch nach dem für das Beweisverfahren erster Instanz geltenden § 251 Abs. 1 Nr. 4 StPO zulässig gewesen, weil sich Staatsanwalt, Verteidiger und Angeklagter mit der Verlesung einverstanden erklärt hatten.

Die Umdeutung des Berufungsurteils in ein im ersten Rechtszug ergangenes Urteil scheitert hier jedoch daran, daß die Strafkammer aus Rechtsgründen gehindert war, auf eine den Strafbann des Schöffengerichts übersteigende Strafe zu erkennen. Die Staatsanwaltschaft hatte ihre Berufung gegen das Urteil des Schöffengerichts Mannheim auf den Strafausspruch beschränkt. Ihre Berufung darf daher nur insoweit zu einer Erhöhung der Strafe führen, als dies auch ohne die gleichzeitig eingelegte Berufung des Angeklagten zulässig wäre. Denn sonst würde, was § 331 StPO verbietet, erst die Berufung des Angeklagten seine höhere Bestrafung ermöglichen. Hätte der Angeklagte keine Berufung eingelegt, so hätte die Strafkammer den Schuldspruch des Schöffengerichts als rechtskräftig ihrer Entscheidung zugrundelegen müssen und keine eigenen Feststellungen zur Tatfrage treffen dürfen. Es würde dann an einem vollständigen Beweisverfahren erster Instanz vor der Strafkammer fehlen. Das hätte zur Folge, daß eine Behandlung des Berufungsurteils als erstinstanzliches nicht in Betracht käme und die Strafkammer an die Strafgewalt des Amtsgerichts gebunden wäre (vgl. BGHSt. 23, 283, 285; BGH NJW 1970, 155, 156).

Denn der Anspruch des Angeklagten auf Einhaltung der sachlichen Zuständigkeitsverteilung zwischen Amtsgericht und Landgericht im ersten Rechtszug ist verletzt, wenn das Landgericht auf der Grundlage eines rechtskräftigen Schuldspruchs eines Amtsgerichts eine Strafe festsetzt, deren Verhängung der Gesetzgeber – weil drei Jahre übersteigend – nur auf der Grundlage eines erstinstanzlichen Verfahrens vor dem Landgericht vorsieht (§ 74 Abs. 1 Satz 2, § 24 Abs. 2 GVG).

Daraus folgt: Da nur der Angeklagte Berufung wegen des Schuldspruchs eingelegt hatte, war die Strafkammer bei der Bestimmung der Strafe aufgrund der Strafmaßberufung der Staatsanwaltschaft an den Strafbann gebunden, der ihr auch ohne Berufung des Angeklagten zur Verfügung stand. Sie durfte daher die Strafgewalt des Schöffengerichts nicht überschreiten. Die Staatsanwaltschaft hätte, wenn sie eine drei Jahre übersteigende Strafe erreichen wollte, Berufung in vollem Umfang einlegen müssen, um der Strafkammer den Übergang in das erstinstanzliche Verfahren zu ermöglichen. Da dies nicht geschehen ist, kann das angefochtene Urteil im Revisionsverfahren nicht als erstinstanzliches Urteil im Sinne des § 135 Abs. 1 GVG behandelt werden.

Erfolglose Rügen

1. Wenn Amtsrichter wegen mehrerer selbständiger Handlungen teilweise verurteilt, teilweise freispricht, kann Berufungsgericht auf Berufung des Angeklagten gleichwohl eine einheitliche Handlung annehmen und wegen des Gesamtvorganges verurteilen.

StPO §§ 260, 264, 327, 331 – BGH Beschl. v. 26. 5. 1967 – 2 StR 129/67 OLG Frankfurt (= BGHSt. 21, 256)

Die Revision rügt, daß das Landgericht eine einheitliche Tat angenommen und diese trotz des teilweisen Freispruchs durch den Amtsrichter insgesamt in die Verurteilung einbezogen hat. Dadurch sei gegen das Verschlechterungsverbot verstoßen worden.

Sachverhalt: Gegen den Angeklagten war ein Strafbefehl wegen Nötigung erlassen worden. Er soll mit seinem Kraftwagen auf der Überholspur der Bundesautobahn bei erheblicher Geschwindigkeit den Führer eines vorausfahrenden Wagens durch dichtes Aufrücken unter fortgesetztem Hupen und Blinken gezwungen haben, auf die rechte Fahrspur auszuweichen. Dann soll er sich vor das inzwischen überholte Fahrzeug gesetzt und dessen Führer durch Abbremsen auf die halbe Geschwindigkeit veranlaßt haben, zur Vermeidung eines Auffahrunfalls ebenfalls zu bremsen. Auf den rechtzeitigen Einspruch des Angeklagten hat das Amtsgericht ihn unter Freisprechung im übrigen wegen versuchter Nötigung zu einer Geldstrafe verurteilt und gegen ihn ein Fahrverbot verhängt. Das Amtsgericht hat festgestellt, daß der Vorausfahrende sich durch das Verhalten des Angeklagten auf der Überholspur nicht habe nötigen lassen, sondern bei passender Gelegenheit freiwillig auf die rechte Fahrspur hinübergewechselt sei, weshalb nur ein Nötigungsversuch vorliege. Daß die daran anschließende Fahrweise des Angeklagten den Tatbestand der Nötigung erfüllt habe, sei nicht nachgewiesen; da es sich insoweit um einen selbständigen Geschehensablauf handele, sei der Angeklagte teilweise freizusprechen.

Auf die Berufung des Angeklagten hat das Landgericht das Urteil aufgehoben und ihn unter Einbeziehung des zweiten Vorfalls wegen vollendeter Nötigung in Tateinheit mit fahrlässiger Verkehrsgefährdung zu den gleichen Strafen verurteilt. Das Landgericht ist der Auffassung, der Angeklagte habe sich durch vorsätzlich falsches Überholen der vollendeten Nötigung in Tateinheit mit fahrlässiger Verkehrsgefährdung schuldig gemacht; der zuvor auf der Überholspur begangene Nötigungsversuch gehe in der vollendeten Nötigung auf. Die teilweise Freisprechung durch den Amtsrichter hat das Landgericht als fehlerhaft angesehen, weil das verkehrswidrige Verhalten des Angeklagten auf beiden Fahrspuren einen einheitlichen Vorgang und damit eine einzige Tat bilde, so daß keine teilweise Rechtskraft eingetreten sei.

Das für die Entscheidung zuständige Oberlandesgericht in Frankfurt will das Berufungsurteil aufheben und die Sache zur erneuten Prüfung an das Landgericht zurückverweisen, weil das Verhalten des Angeklagten auf der linken und der rechten Fahrspur mit unzutreffender Begründung als eine einheitliche Handlung im Sinne des § 73 StGB gewertet worden sei. Möglicherweise liege allerdings eine einheitliche Handlung vor und für diesen Fall komme es darauf an, ob das Berufungsgericht den zweiten Vorfall überhaupt in sein Urteil einbeziehen dürfe oder den – wenn auch auf irrtümlicher Annahme von Tatmehrheit beruhenden – Freispruch hinnehmen müsse. Diese Frage ist nach Ansicht des Oberlandesgerichts vor einer Zurückverweisung zu entscheiden, weil es trotz des Freispruchs die Einbeziehung des zweiten Vorgangs in die Verurteilung gutheißen will, wenn eine einheitliche Handlung vorliegt. So zu erkennen, sieht es sich aber durch das Urteil des Oberlandesgerichts in Köln vom 28. 1. 1964 – SS 412/63 – (NJW 1964, 878 Nr. 20) gehindert, das den gegenteiligen Standpunkt vertritt. Das Oberlandesgericht hat die Sache deshalb dem Bundesgerichtshof zur Entscheidung vorgelegt. – Das Rechtsmittel war erfolglos.

Gründe: In der Sache tritt der Senat dem Oberlandesgericht in Frankfurt bei.

Der Prüfung des Berufungsgerichts unterliegt ein Urteil nicht, soweit es unangefochten bleibt (§ 327 StPO). Eine Beschränkung des Rechtsmittels ist aber nur zulässig, wenn sie dem Berufungsgericht die Möglichkeit läßt, den angefochtenen Urteilsteil, los gelöst vom übrigen Urteilsinhalt, selbständig zu prüfen und rechtlich zu beurteilen. Das wird trotz Einheitlichkeit des geschichtlichen Vorgangs meist der Fall sein, wenn dieser Vorgang mehrere im Sinne des § 74 StGB selbständige Taten enthält; hier ist zwar nicht immer, aber in der Regel Teilrechtskraft möglich. Dagegen ist eine Beschränkung der Berufung stets unzulässig, sofern aus Rechtsgründen, sei es nach § 73 StGB oder wegen Fortsetzungszusammenhangs, eine einheitliche Tat im Sinne des materiellen Rechts anzunehmen ist. Ein gleichwohl beschränktes Rechtsmittel erstreckt sich auch dann auf den Gesamtvorgang, wenn das Erstgericht nach der Ansicht des Rechtsmittelgerichts zu Unrecht Tatmehrheit angenommen hat (BGHSt. 6, 229, 230 im Anschluß an die Rechtsprechung des Reichsgerichts, z.B. RGSt 59, 317). Nun billigt zwar das Oberlandesgericht in Köln diese Ansicht im Grundsatz, will sie aber nur gelten lassen für die Fälle, in denen der Angeklagte durch das angefochtene Urteil beider Gesetzesverletzungen für schuldig befunden wurde; nach seiner Auffassung muß die Unteilbarkeit des Urteilsgegenstandes weichen, wenn der Angeklagte im ersten Rechtszug nur wegen der einen Gesetzesverletzung verurteilt und von dem Vorwurf der anderen (wegen irriger Annahme von Tatmehrheit) freigesprochen worden ist und das Rechtsmittel – von seinem Standpunkt aus folgerichtig – auf die Verurteilung beschränkt. Insoweit komme der Teilrechtskraft stärkeres Gewicht zu, weil sie eine Zäsur geschaffen habe, die eine erneute Einbeziehung ihres Gegenstandes in die Verurteilung verbiete.

Mit Recht wendet sich das vorlegende Oberlandesgericht gegen diese Unterscheidung, für die es keinen durchgreifenden Grund gibt; sie kann weder mit einem „Vorrang der Teilrechtskraft" noch, wie die Revision meint, mit dem Verbot der Schlechterstellung (§ 331 StPO) begründet werden.

In welchem Umfang Rechtskraft möglich ist, läßt sich nicht willkürlich bestimmen; diese Frage ist abhängig von der Entscheidung über Teilbarkeit oder Unteilbarkeit des Urteilsgegenstandes. Die Ansicht des Oberlandesgerichts in Köln würde dazu zwingen, die Teilbarkeit nicht mehr einheitlich zu bestimmen, sondern denselben Urteilsgegenstand je nach dem Ergebnis des ersten Rechtszuges das eine Mal für teilbar, das andere Mal für unteilbar zu erklären. Es kann aber nicht an erkannt werden, daß schutzwürdige Interessen des Angeklagten eine solche Unterscheidung fordern. Im Interesse der Rechtssicherheit bewirkt die Rechtskraft den Verbrauch der Strafklage ebenso zu Gunsten wie zu Ungunsten des Angeklagten. Sie dient nicht dessen einseitiger Begünstigung, so daß zu unterschiedlicher Bestimmung der Teilbarkeit kein Anlaß besteht.

Auch aus § 331 Abs. 1 StPO läßt sich nichts Gegenteiliges herleiten. Allerdings wirkt sich die Einbeziehung des gesamten Tatgeschehens in die Verurteilung zum Nachteil des Angeklagten aus. Indessen ist ein Angeklagter, der allein Berufung eingelegt hat, gemäß § 331 Abs. 1 StPO nur davor geschützt, daß das Urteil in Art und Höhe der Strafe zu seinem Nachteil geändert wird. Eine Verschärfung im Schuldspruch nach dem Ergebnis der Berufungsverhandlung muß er dagegen in Kauf nehmen.

Die Rechtsfrage ist nach allem im Sinne des vorlegenden Oberlandesgerichts zu entscheiden.

§ 332 StPO

Im übrigen gelten die im sechsten Abschnitt des zweiten Buches über die Hauptverhandlung gegebenen Vorschriften.

§ 333 StPO

Gegen die Urteile der Strafkammern und der Schwurgerichte sowie gegen die im ersten Rechtszug ergangenen Urteile der Oberlandesgerichte ist Revision zulässig.

§ 334 StPO

aufgehoben

§ 335 StPO

(1) Ein Urteil, gegen das Berufung zulässig ist, kann statt mit Berufung mit Revision angefochten werden.

(2) Über die Revision entscheidet das Gericht, das zur Entscheidung berufen wäre, wenn die Revision nach durchgeführter Berufung eingelegt worden wäre.

(3) Legt gegen das Urteil ein Beteiligter Revision und ein anderer Berufung ein, so wird, solange die Berufung nicht zurückgenommen oder als unzulässig verworfen ist, die rechtzeitig und in der vorgeschriebenen Form eingelegte Revision als Berufung behandelt. Die Revisionsanträge und deren Begründung sind gleichwohl in der vorgeschriebenen Form und Frist anzubringen und dem Gegner zuzustellen (§§ 344 bis 347). Gegen das Berufungsurteil ist Revision nach den allgemein geltenden Vorschriften zulässig.

Erfolgreiche Rügen

1. Übergang von Berufung zur Sprungrevision zulässig (BGH Beschl. v. 20. 11. 1953 – 1 StR 279/53).

2. Ist gegen ein Urteil Berufung und Revision möglich, ist das Rechtsmittel als Berufung zu behandeln, wenn es nicht innerhalb der Revisionsbegründungsfrist als solche bezeichnet wird (BGH Beschl. v. 12. 12. 1951 – 3 StR 691/51).

Erfolgreiche Rügen

1. Übergang von Berufung zur Sprungrevision zulässig.

StPO § 335 – BGH Beschl. v. 20. 11. 1953 – 1 StR 279/53 OLG Koblenz (= BGHSt. 5, 338 = NJW 1954, 765)

Von Amts wegen.

Sachverhalt: Das Amtsgericht hat den Beschwerdeführer wegen Widerstandes und Beleidigung verurteilt. Sein Verteidiger hat rechtzeitig Berufung eingelegt und 5 Tage nach der Urteilszustellung, innerhalb der Revisionsbegründungsfrist, mit Zeitangabe in den Akten vermerkt, er lege Revision ein; zugleich hat er die Revision begründet.

Das OLG in Koblenz hält die Revision für zulässig und hat die Sache dem Bundesgerichtshof vorgelegt (§ 121 Abs. 2 GVG), weil das Hanseatische OLG Hamburg die entgegengesetzte Ansicht vertritt (JR 1952, 207). – Das Rechtsmittel hatte Erfolg.

Gründe: Dem OLG Koblenz ist beizutreten.

I.

Die Einrichtung der Sprungrevision (§ 335 StPO) erstrebt die Vereinfachung des Verfahrens durch Wegfall des zweiten Tatsachenrechtszuges, wenn es nach Ansicht des Beschwerdeführers nur noch auf die höchstrichterliche Entscheidung der Rechtsfrage ankommt; „statt" der Berufung darf er alsbald Revision einlegen. Dieser Gesetzeszweck wurde nur unvollkommen erreicht, solange die Rechtsprechung in Strafsachen entgegen dem überwiegenden Teil des Schrifttums den Beschwerdeführer zwang, sich schon innerhalb der Einlegungsfrist bindend für eines der beiden Rechtsmittel zu entscheiden. Vor Kenntnis des schriftlichen Urteils, allein auf Grund der Hauptverhandlung und der mündlichen Urteilsbegründung, ist dies meist unmöglich. Diese zweckwidrige Einschränkung des § 335 StPO hat der 3. Strafsenat des Bundesgerichtshofs durch die Entscheidung BGHSt. 2, 63 (BGH Beschl. v. 12. 12. 1951 – 3 StR 691/51; vgl. § 335 StPO erfolgreiche Rügen) beseitigt. Jetzt genügt die allgemeine Anfechtung des Urteils innerhalb der Einlegungsfrist; bringt der Beschwerdeführer die Revisionsanträge mit Begründung innerhalb der Revisionsbegründungsfrist nicht in gesetzlicher Form an, so gilt die Anfechtung als Berufung. Diese Entscheidung des Bundesgerichtshofs weicht von der späteren Rechtsprechung des Reichsgerichts ab, das die allgemeine und die „gehäufte" Anfechtung untersagte (RGSt 60, 355). Sie dient jedoch einem Verfahrensbedürfnis und dem Zweck der Sprungrevision, ohne wesentliche allgemeine Verfahrensgrundlagen zu beeinträchtigen.

II.

Auf dem Boden dieser Rechtsprechung des Bundesgerichtshofs ist nunmehr zu entscheiden, ob der Übergang von der zunächst eingelegten Berufung zur Sprungrevision innerhalb der Revisionsbegründungsfrist nach § 335 StPO zulässig ist. Auch diese bestrittene Frage ist zu bejahen.

Der Senat hält den Übergang zur Sprungrevision innerhalb der Revisionsbegründungsfrist unbedenklich für zulässig.

Auch im Strafverfahren sind die Verfahrensregeln so anzuwenden, daß sie das erkennbar Gewollte innerhalb des rechtlich Zulässigen und des Gesetzeszwecks fördern, wesentliche allgemeine Belange aber nicht gefährden. Die Zulässigkeit des Übergangs zur Sprungrevision innerhalb der Revisionsbegründungsfrist genügt beiden Erfordernissen.

a) Macht der Beschwerdeführer von der Sprungrevision keinen Gebrauch, so steht ihm nach durchgeführter Berufung die Anrufung des Revisionsgerichts offen; durch Einlegung der Berufung wahrt er sich zwei weitere Rechtszüge. Dem Vereinfachungszweck des § 335 StPO entspricht es, ihm das Überspringen des ersten dieser beiden Rechtszüge solange zu ermöglichen, bis der geordnete Fortgang des Verfahrens Klarheit darüber erfordert, welches Rechtsmittelgericht zur Entscheidung berufen sein soll. Der dafür maßgebende Zeitpunkt fällt aus dem Grunde der Verfahrenswirtschaftlichkeit auf das Ende der Revisionsbegründungsfrist. ...

d) Die Einlegung der Berufung enthält keinen Verzicht auf die Sprungrevision. Die Bedeutung einer Verfahrenserklärung richtet sich nicht nach allgemeinen Erwägungen über ihr „Wesen", sondern nach ihrem Inhalt und ihrer Aufgabe in dem Verfahrensabschnitt, zu welchem sie gehört. Die gesetzlichen Bestimmungen über die Zulässigkeit und Einlegung der Rechtsmittel enthalten keine „objektive", unabänderliche Ordnung; sie schaffen erst eine solche und ändern die vorhergehende. Auch in dieser Beziehung ist der Übergang zur Sprungrevision noch nach Einlegung der Berufung bis zum Ende der Revisionsbegründungsfrist gemäß dem Vereinfachungszweck des § 335 StPO zulässig. Der Gesetzgeber könnte diese Regelung ohne Verstoß gegen wichtige Verfahrensgrundsätze treffen; es gibt keine gesetzliche Vorschrift, die diese Zweckauslegung des § 335 StPO hindert.

Demgemäß besagt die herrschende Ansicht im Zivilprozeß, „unter Übergehung der Berufungsinstanz" (§ 566a ZPO) bedeute nicht, daß vorher noch keine Berufung eingelegt worden sein dürfe. Für die entsprechende Regelung im § 335 StPO („statt mit Berufung mit Revision") muß dasselbe gelten. Enthielte die Einlegung der Berufung ohne weiteres den Verzicht auf die Sprungrevision, so verstieße die jetzige Handhabung des § 566a ZPO (vgl. unten f) gegen das Grundgefüge des Verfahrensrechts. Abs. 4 des § 566a ZPO, der bei Einlegung der Revision einen Verzicht auf die Berufung ausdrücklich unterstellt („gelten als Verzicht"), wäre dann entbehrlich. ...

f) Die Regelung im Zivilprozeß stimmt hiermit überein. Die Einlegung der Berufung hindert auch dort nach herrschender Meinung den Übergang zur Sprungrevision (§ 566a ZPO) nicht. Das Erfordernis der Zustimmung des Gegners im Zivilprozeß gibt keinen Anlaß zur abweichenden Beurteilung im Strafverfahren.

g) Der Verteidiger hätte die Urteilszustellung abwarten können, bevor er sich – nach vorangegangener allgemeiner Anfechtung – für die Sprungrevision entschied. Daß er zunächst Berufung einlegte, darf gleichwohl keinen Rechtsnachteil begründen. Allerdings ist die allgemeine Anfechtung zweckmäßig; die mündlich verkündeten Urteilsgründe können die Berufung, die schriftlichen Gründe die Revision nahelegen und umgekehrt. Als Grundlage des Rechtsmittels kommt zwar nur das schriftliche Urteil in Betracht; aber es hat bei der Berufung, die keiner Begründung bedarf, geringeres Gewicht. Auch enthalten die schriftlichen Urteilsgründe mitunter Ausführungen, die in der Hauptverhandlung und bei der Urteilsverkündung nicht hervorgetreten sind und nachträglich die Wahl eines anderen Rechtsmittels nahelegen. Gleichwohl ist die Urteilsverkündung, wie die Vorschrift des § 268 Abs. 2 StPO ergibt, auch für die ihrem wesentlichen Inhalt nach mitzuteilenden Entscheidungsgründe ein bedeutsamer Verfahrensvorgang; es darf dem Angeklagten und dem Verteidiger nicht zum Nachteil gereichen, daß er sich hierauf verlassen hat.

2. **Ist gegen ein Urteil Berufung und Revision möglich, ist das Rechtsmittel als Berufung zu behandeln, wenn es nicht innerhalb der Revisionsbegründungsfrist als solche bezeichnet wird.**

StPO § 335 I – BGH Beschl. v. 12. 12. 1951 – 3 StR 691/51 OLG Frankfurt a.M. (= BGHSt. 2, 63)

Die Revision rügt Verletzung der §§ 59 ff. StPO. Die Zeugen K. und D. seien nach dem Protokoll unvereidigt geblieben, obwohl weder ein Fall des § 61 noch des § 62 StPO vorliege. Auch sei für die Unterlassung der Beeidigung der Zeugen entgegen der Vorschrift des § 64 StPO im Sitzungsprotokoll kein Grund angegeben worden.

Sachverhalt: Die Angeklagte ist durch Urteil des Amtsgerichts in Limburg a.d. Lahn vom 2. 5. 1951 wegen Vergehens gegen § 76 RJWohlfG zu Geldstrafen verurteilt worden. In einer am 5. 5. 1951 beim Amtsgericht in Limburg eingegangenen Schrift erklärte der Verteidiger, das Urteil werde angefochten, die Begründung bleibe nach Eingang des Urteils vorbehalten. Das Urteil wurde dem Verteidiger am 23. 5. 1951 zugestellt. Mit der beim Amtsgericht am 6. 6. 1951 eingegangenen Schrift führt er nunmehr aus, die am 2. 5. 1951 erklärte Anfechtung werde als Revision bezeichnet. Der Verteidiger beantragt deshalb, das angefochtene Urteil aufzuheben und die Sache zur neuen Verhandlung und Entscheidung an das Amtsgericht zurückzuverweisen.

Das Oberlandesgericht in Frankfurt/Main will an seiner bisherigen Rechtsprechung festhalten, daß es nicht zulässig sei, gegen ein Urteil des Amtsgerichts, das nach § 335 Abs. 1 StPO statt mit der Berufung mit der Revision angefochten werden könne, zunächst unter Vorbehalt der späteren Wahl des durchzuführenden Rechtsmittels beide Rechtsmittel einzulegen oder eine farblose Anfechtungserklärung abzugeben. Es will deshalb die Rechtsmitteleinlegung als unwirksam behandeln und die Revision als unzulässig verwerfen, sieht sich hierin aber durch die Entscheidung des Oberlandesgerichts in Hamm vom 9. 2. 1951 (MDR 1951, 244) gehindert. Das Oberlandesgericht legt deshalb die Sache gemäß § 121 Abs. 2 GVG dem Bundesgerichtshof vor. – Das Rechtsmittel hatte Erfolg.

Gründe: ...

4. Für die Ausübung der Wahl innerhalb der Begründungsfrist spricht das schon hervorgehobene praktische Bedürfnis und der Sinn, der der Einführung der Sprungrevision zugrunde liegt. Durchgreifende Bedenken gegen die spätere Ausübung der Wahl sind nicht ersichtlich. Eine Verzögerung des Verfahrens tritt nicht ein, wenn die Wahl erst innerhalb der Begründungsfrist getroffen wird. Vor ihrem Ablauf kann das Amtsgericht die Sache ohnehin dem Rechtsmittelgericht nicht vorlegen. Nun ist allerdings die Frist für die Begründung der Berufung auf eine Woche bemessen (§ 317 StPO). Nach Ablauf dieser Frist sind die Akten ohne Rücksicht darauf, ob eine Rechtfertigung stattgefunden hat oder nicht, der Staatsanwaltschaft vorzulegen, diese hat nach §§ 320, 321 StPO zu verfahren. Gleichwohl ist eine nach Ablauf der Frist eingehende Begründung (Rechtfertigung) bei der Entscheidung über die Berufung zu beachten. Die Begründung ist kein wesentliches Erfordernis der Berufung. Die Bemessung der Rechtfertigungsfrist auf eine Woche bildet deshalb kein Hindernis dagegen, daß der Anfechtende die Wahl noch nach Ablauf der Frist des § 317 StPO innerhalb der für die Anbringung der Revisionsanträge und deren Begründung bestimmten Zweiwochenfrist (§ 345 StPO) trifft. Die Vorschrift des § 320 StPO steht dem nicht entgegen. Denn sie ist auf die Fälle zugeschnitten, in denen von vornherein Berufung eingelegt ist. Die mögliche Verzögerung von einer Woche in der Zustellung der Akten an die Staatsanwaltschaft fällt dabei nicht ins Gewicht. ...

§ 336 StPO

Der Beurteilung des Revisionsgerichts unterliegen auch die Entscheidungen, die dem Urteil vorausgegangen sind, sofern es auf ihnen beruht. Dies gilt nicht für Entscheidungen, die ausdrücklich für unanfechtbar erklärt oder mit der sofortigen Beschwerde anfechtbar sind.

§ 337 StPO

(1) **Die Revision kann nur darauf gestützt werden, daß das Urteil auf einer Verletzung des Gesetzes beruhe.**

(2) **Das Gesetz ist verletzt, wenn eine Rechtsnorm nicht oder nicht richtig angewendet worden ist.**

Erfolglose Rügen

1. Wenn das Gericht so entscheidet, wie es der Angeklagte im ersten Verfahren und im ersten Revisionsverfahren begehrt hat, setzt er sich zu seinem eigenen Prozeßverhalten in Widerspruch, wenn er rügt, daß dies nicht hätte geschehen dürfen (BGH Beschl. v. 14. 9. 2000 – 4 StR 314/00).

2. Widersprüchliches Prozeßverhalten verdient keinen Rechtsschutz (BGH Beschl. v. 25. 2. 2000 – 2 StR 514/99).

Erfolglose Rügen

1. **Wenn das Gericht so entscheidet, wie es der Angeklagte im ersten Verfahren und im ersten Revisionsverfahren begehrt hat, setzt er sich zu seinem eigenen Prozeßverhalten in Widerspruch wenn er rügt, daß dies nicht hätte geschehen dürfen.**

StPO § 337 – BGH Beschl. v. 14. 9. 2000 – 4 StR 314/00 LG Essen (= StV 2001, 100)

Die Revision rügt die Verletzung materiellen Rechts.

Sachverhalt: Das Landgericht hatte den Angeklagten am 12. 1. 1999 wegen Mordes in Tateinheit mit Raub mit Todesfolge sowie wegen schwerer räuberischer Erpressung in Tateinheit mit erpresserischem Menschenraub zu „lebenslanger Gesamtfreiheitsstrafe" verurteilt und festgestellt, daß seine Schuld besonders schwer wiegt. Außerdem hatte es die Unterbringung des Angeklagten in einer Entziehungsanstalt und in der Sicherungsverwahrung angeordnet und bestimmt, daß die Unterbringung in der Entziehungsanstalt vor der Strafe und vor der Unterbringung in der Sicherungsverwahrung zu vollziehen ist. Mit seiner Revision gegen dieses Urteil hat der Angeklagte. u.a. beanstandet, daß seine Unterbringung nach § 64 StGB rechtsfehlerhaft erfolgt sei.

Mit Beschluß v. 21. 9. 1999 – 4 StR 248/99 hat der Senat das Urteil auf die Revision des Angeklagten mit den Feststellungen aufgehoben, soweit seine Unterbringung in einer Entziehungsanstalt angeordnet worden ist, und die Sache in diesem Umfang zu neuer Verhandlung und Entscheidung an das Landgericht zurückverwiesen. Es hat nunmehr von einer Unterbringung des Angeklagten nach § 64 StGB abgesehen. – Das Rechtsmittel war erfolglos.

Gründe: Gegenstand des nach der Zurückverweisung durch den Senatsbeschl. v. 21. 9. 1999 ergangenen, jetzt angegriffenen Urteils ist allein die Frage, ob der Angeklagte gem.

§ 64 StGB in einer Entziehungsanstalt untergebracht werden muß. Das Landgericht hat entschieden, daß die Maßregel nicht angeordnet wird. Nach der bisherigen Rspr. des BGH ist der Angeklagte hierdurch nicht beschwert, so daß die Revision bereits aus diesem Grunde unzulässig wäre (vgl. BGHSt. 28, 327, 330 ff.; 37, 5, 7; 38, 4, 7 [BGH Beschl. v. 13. 6. 1991 – 4 StR 105/91; vgl. § 302 StPO erfolglose Rügen]; BGH, Beschl. v. 17. 1. 1995 – 1 StR 794/94). Ob dieser Rspr. weiter zu folgen ist oder ob einem Angeklagten möglicherweise ein Rechtsschutzinteresse an der Überprüfung einer solchen Entscheidung zugebilligt werden muß, wie dies im Schrifttum angenommen wird, kann offen bleiben (ebenso BGH NStZ-RR 2000, 43); denn die Revision des Angeklagten erweist sich hier als mißbräuchliche und damit als unzulässige Rechtsausübung.

Das Landgericht hat so entschieden, wie es der Angeklagte im ersten Verfahren vor dem Landgericht und im ersten Revisionsverfahren begehrt hat. Mit seiner Rüge, daß dies nicht hätte geschehen dürfen, setzt sich der Angeklagte zu seinem eigenen Prozeßverhalten in Widerspruch, ohne daß er eine nachvollziehbare Erklärung dafür gibt, warum – im Gegensatz zum ersten Verfahren – nunmehr die Voraussetzungen für seine Unterbringung in einer Entziehungsanstalt vorliegen sollen. Widersprüchliches Verhalten verdient keinen Rechtsschutz (vgl. BGH, Beschl. v. 25. 2. 2000 – 2 StR 514/99 [vgl. § 337 StPO erfolglose Rügen]); die Revision des Angeklagten ist daher unzulässig. Im übrigen bliebe das Rechtsmittel auch erfolglos, weil es – wie der GBA in seinem nach § 349 Abs. 2 StPO gestellten Antrag ausgeführt hat – offensichtlich unbegründet ist.

2. Widersprüchliches Prozeßverhalten verdient keinen Rechtsschutz.

StPO § 337 – BGH Beschl. v. 25. 2. 2000 – 2 StR 514/99 LG Limburg (= StV 2001, 101)

Die Revision rügt, das Landgericht habe eine schriftliche Stellungnahme des Angeklagten bei der Urteilsfindung verwertet, obwohl diese Erklärung nicht in die Hauptverhandlung eingeführt worden sei.

Sachverhalt: Der Beschwerdeführer hat dem Gericht in der Verhandlung eine handschriftlich verfaßte Stellungnahme, die sich als Anlage 1 zum Protokoll v. 11. 5. 1999 bei den Akten befindet, übergeben. Diese hat das Gericht verwertet, ohne sie prozeßordnungsgemäß einzuführen. – Das Rechtsmittel war erfolglos.

Gründe: ... Die Rüge ist unzulässig. Wie die Revisionsbegründung mitteilt, ist die vom Beschwerdeführer handschriftlich verfaßte Stellungnahme, die sich als Anlage 1 zum Protokoll v. 11. 5. 1999 bei den Akten befindet, dem Gericht übergeben worden. Dieser Vorgang findet zwar im Protokoll keine Erwähnung; aus der Tatsache, daß die Stellungnahme dem Protokoll als Anlage beigefügt ist, ergibt sich jedoch, daß deren Übergabe in der Verhandlung stattgefunden hat. Andernfalls wäre sie nur zu den Akten genommen, nicht aber dem Verhandlungsprotokoll beigefügt worden. Die Übergabe entsprach auch, gleichgültig, wer sie bewirkt hat, dem Willen des Beschwerdeführers. Denn das Schriftstück enthielt eine von ihm verfaßte Stellungnahme zum Anklagevorwurf und richtete sich nach Inhalt und Formulierung zweifelsfrei an das Gericht. Die Übergabe hatte daher den Sinn, die Stellungnahme dem Gericht zur Kenntnis zu bringen, damit es sie bei der Urteilsfindung verwerte. Dem hat das Gericht entsprochen. Daß es dies – unter Verstoß gegen § 261 StPO – getan hat, kann der Beschwerdeführer nicht rügen. Da geschehen ist, worauf sein Begehren gerichtet war, setzt er sich mit der Rüge, daß dies nicht hätte geschehen dürfen, zu seinem eigenen Verhalten in Widerspruch. Widersprüchliches Prozeßverhalten verdient jedoch keinen Rechtsschutz. Die Verfahrensbeschwerde erweist sich damit als mißbräuchliche und mithin unzulässige Ausübung der Rügebefugnis.

§ 338 StPO

Ein Urteil ist stets als auf einer Verletzung des Gesetzes beruhend anzusehen,

1. wenn das erkennende Gericht nicht vorschriftsmäßig besetzt war; war nach § 222a die Mitteilung der Besetzung vorgeschrieben, so kann die Revision auf die vorschriftswidrige Besetzung nur gestützt werden, soweit

a) die Vorschriften über die Mitteilung verletzt worden sind,

b) der rechtzeitig und in der vorgeschriebenen Form geltend gemachte Einwand der vorschriftswidrigen Besetzung übergangen oder zurückgewiesen worden ist,

c) die Hauptverhandlung nicht nach § 222a Abs. 2 zur Prüfung der Besetzung unterbrochen worden ist oder

d) das Gericht in einer Besetzung entschieden hat, deren Vorschriftswidrigkeit es nach § 222b Abs. 2 festgestellt hat;

2. wenn bei dem Urteil ein Richter oder Schöffe mitgewirkt hat, der von der Ausübung des Richteramtes kraft Gesetzes ausgeschlossen war;

3. wenn bei dem Urteil ein Richter oder Schöffe mitgewirkt hat, nachdem er wegen Besorgnis der Befangenheit abgelehnt war und das Ablehnungsgesuch entweder für begründet erklärt war oder mit Unrecht verworfen worden ist;

4. wenn das Gericht seine Zuständigkeit mit Unrecht angenommen hat;

5. wenn die Hauptverhandlung in Abwesenheit der Staatsanwaltschaft oder einer Person, deren Anwesenheit das Gesetz vorschreibt, stattgefunden hat;

6. wenn das Urteil aufgrund einer mündlichen Verhandlung ergangen ist, bei der die Vorschriften über die Öffentlichkeit des Verfahrens verletzt sind;

7. wenn das Urteil keine Entscheidungsgründe enthält oder diese nicht innerhalb der sich aus § 275 Abs. 1 Satz 2 und 4 ergebenden Zeitraums zu den Akten gebracht worden sind;

8. wenn die Verteidigung in einem für die Entscheidung wesentlichen Punkt durch einen Beschluß des Gerichts unzulässig beschränkt worden ist.

§ 338 Nr. 1 StPO
Vorschriftswidrige Gerichtsbesetzung

Erfolgreiche Rügen

1. Besetzung des Gerichts darf nicht von der Terminierung durch den Vorsitzenden abhängen (BGH Beschl. v. 29. 9. 1999 – 1 StR 460/99).

2. Liegt der verlegte Sitzungstag genau zwischen zwei freien, von der Strafkammer für einen Verhandlungsbeginn nicht benötigten Sitzungstagen, so wird regelmäßig der frühere ordentliche Sitzungstag die Schöffenbesetzung zu bestimmen haben (BGH Beschl. v. 22. 10. 1997 – 5 StR 223/97).

3. Die gesetzliche Zuständigkeit geht ihr widersprechendender Regelung im insoweit willkürlichen Geschäftsverteilungsplan vor (BGH Urt. v. 29. 10. 1992 – 4 StR 199/92).

4. Es widerspricht der gesetzlichen Intention, wenn außerordentliche Sitzungen an die Stelle von ordentlichen Sitzungstagen treten und sie ersetzen. Dies ist der Fall, wenn in der für die Hauptverhandlung vorgesehenen Zeit eine andere Sitzung überhaupt nicht anberaumt ist, der ordentliche Sitzungstag also ungenutzt bleibt (BGH Beschl. v. 15. 2. 1991 – 3 StR 422/90).

Übersicht § 338 Nr. 1 StPO

5. Ein blinder Richter kann nicht den Vorsitz in einer erstinstanzlichen Hauptverhandlung in Strafsachen führen (BGH Beschl. v. 9. 12. 1988 – 3 StR 366/88).

6. Feststellung der Verhinderung des Vertretungsrichters nur durch den Landgerichtspräsidenten möglich (BGH Beschl. v. 22. 3. 1988 – 4 StR 35/88).

7. Schöffenwahlausschuß muß selbst entscheiden, nicht nur absegnen (BGH Urt. v. 19. 1. 1988 – 1 StR 577/87).

8. Vorschriftswidrige Besetzung einer Strafkammer durch blinden Vorsitzenden (BGH Urt. v. 17. 12. 1987 – 4 StR 440/87).

9. Die Mitwirkung eines blinden Richters als Vorsitzender in der tatrichterlichen Hauptverhandlung in Strafsachen führt – unabhängig von den Umständen des Einzelfalls – zu einer nicht vorschriftsmäßigen Besetzung des Gerichts (BGH Urt. v. 17. 12. 1987 – 4 StR 580/87).

10. Mitwirkung eines blinden Richters bei tatgerichtlicher Verhandlung unzulässig (BGH Urt. v. 27. 11. 1986 – 4 StR 536/86).

11. Schöffenauslosung statt Schöffenwahl unzulässig (BGH Urt. v. 21. 9. 1984 – 2 StR 327/84).

12. Die durch die Auslosung festgelegte Schöffenbesetzung darf nicht von der Geschäftsstelle geändert werden (BGH Urt. v. 16. 3. 1982 – 5 StR 21/82).

13. Die vorübergehende Verhinderung eines Richters hat ausschließlich der Präsident des Landgerichts festzustellen, sofern sie sich auf andere Spruchkörper auswirkt und nicht offen zutage liegt (BGH Urt. v. 9. 3. 1982 – 5 StR 717/81).

14. Fehlerhafte Besetzung des Gerichts wegen Wahl von Schöffen durch Wahlausschuß aus Vorschlagslisten von Gerichten außerhalb des Zuständigkeitsbereichs (BGH Urt. v. 4. 12. 1979 – 5 StR 337/79).

15. Gesetzwidrige Geschäftsverteilung bei fehlender Bestimmung des Vorsitzenden (BGH Urt. v. 1. 2. 1979 – 4 StR 657/78).

16. Auslandsaufenthalt keine Verhinderung eines Schöffen (BGH Beschl. v. 21. 6. 1978 – 3 StR 81/78).

17. Keine Entbindung vom Schöffenamt trotz Entlassungsdrohung durch den Arbeitgeber bei Teilnahme an der Gerichtsverhandlung (BGH Urt. v. 31. 1. 1978 – 5 StR 534/77).

18. Wahl eines Jugendschöffen nur durch Jugendwohlfahrtsausschuß möglich (BGH Urt. v. 7. 9. 1976 – 1 StR 511/76).

19. Nachträgliche Änderung des Geschäftsverteilungsplans wegen Richterausbildung unzulässig (BGH Beschl. v. 5. 8. 1976 – 5 StR 314/76).

20. Geschäftsverteilungsplan muß Dauerverhinderung berücksichtigen (BGH Beschl. v. 24. 10. 1973 – 2 StR 613/72).

21. Im Kollisionsfall entscheidet der Präsident, nicht der Richter selbst (BGH Urt. v. 27. 3. 1973 – 1 StR 55/73).

22. Das Gericht ist falsch besetzt, wenn über die Selbstablehnung eines Richters nicht förmlich entschieden worden ist (BGH Beschl. v. 13. 2. 1973 – 1 StR 541/72).

23. Eine Strafkammer ist nicht ordnungsgemäß besetzt, wenn der Vorsitzende dauernd verhindert ist (BGH Urt. v. 16. 11. 1972 – 1 StR 418/72).

24. Fehlerhaft besetzter Schöffenwahlausschuß kann keine Richter wählen (BVerfG Beschl. v. 9. 6. 1971 – 2 BvR 114, 127/71).

25. Urlaubsvertreter kann nicht Vertreter des Vorsitzenden sein (BGH Urt. v. 13. 10. 1964 – 1 StR 312/64).

26. Wahl der Vertrauensperson gem. § 40 GVG durch Verwaltung unzulässig (BGH Urt. v. 29. 9. 1964 – 1 StR 280/64).

27. Schöffenmanipulation durch Terminierungstrick unzulässig (BGH Urt. v. 14. 7. 1964 – 1 StR 216/64).

28. Es ist mit dem GG unvereinbar, wenn die Zahl der ordentlichen Mitglieder einer Strafkammer es gestattet, daß sie in zwei personell voneinander verschiedenen Sitzgruppen hätte Recht sprechen können (BVerfG Beschl. v. 2. 6. 1964 – 2 BvR 498/62).

29. Eine Kammer ist nicht mehr in einer mit Art. 101 I S. 2 GG zu vereinbarenden Weise besetzt, wenn die Zahl ihrer ordentlichen Mitglieder gestattet, daß sie in zwei personell voneinander verschiedenen Sitzgruppen Recht sprechen oder daß der Vorsitzende drei Spruchkörper mit je verschiedenen Beisitzern bilden kann (BVerfG Beschl. v. 24. 3. 1964 – 2 BvR 42, 83, 89/63).

30. Eine Jugendkammer ist mit einem blinden Richter nicht ordnungsgemäß besetzt (BGH Urt. v. 21. 1. 1964 – 1 StR 531/63).

31. Besetzung der Spruchkörper setzt Kenntnis von der Person des Richters voraus (BGH Urt. v. 22. 10. 1963 – 1 StR 374/63).

32. Zwei gleichzeitige Hauptverhandlungen durch eine Strafkammer in personenverschiedener Besetzung unzulässig (BGH Urt. v. 21. 5. 1963 – 2 StR 84/63).

33. Auswärtige Strafkammer muß mit einem Vorsitzenden Richter besetzt sein (BGH Urt. v. 21. 12. 1962 – 4 StR 224/62).

34. Fehlerhafte Gerichtsbesetzung mit blindem Richter bei Einnahme eines Augenscheins (BGH Urt. v. 28. 9. 1962 – 4 StR 301/62).

35. Unzulässige „Assessoren-Strafkammer" (BVerfG Urt. v. 3. 7. 1962 – 2 BvR 628/60, 247/61).

36. Findet die ursprünglich anberaumte außerordentliche Sitzung nicht statt, müssen die Schöffen neu ausgelost werden (BGH Urt. v. 6. 3. 1962 – 1 StR 554/61).

37. Außerordentlich ist nur eine zusätzliche Verhandlung (BGH Urt. v. 25. 4. 1961 – 1 StR 618/60).

38. Geschäftsverteilung nach zeitlichem Eingang unzulässig (BGH Urt. v. 17. 8. 1960 – 2 StR 237/60).

39. Sitzungstage der Jugendkammer müssen von vorneherein festgesetzt werden (BGH Urt. v. 10. 8. 1960 – 2 StR 307/60).

40. Ob ein Richter im Sinne des § 63 I GVG (a.F.) „unerreichbar" ist, entscheidet der Landgerichtspräsident oder sein in § 66 II GVG (a.F.) bezeichneter Vertreter (BGH Urt. v. 21. 10. 1958 – 5 StR 412/58).

41. Feststellung der Verhinderung nur durch den Landgerichtspräsidenten oder seinen ständigen Vertreter zulässig (BGH Urt. v. 5. 8. 1958 – 5 StR 160/58).

42. Außerordentliche Sitzungen im Sinne des § 48 GVG (a.F., § 47 GVG n.F.) sind nur solche, die zusätzlich zu ordentlichen Sitzungen, nicht an ihrer Stelle abgehalten werden (BGH Urt. v. 5. 11. 1957 – 1 StR 254/57).

43. Fehlerhafter Ersatz eines Hauptschöffen durch weiteren Hauptschöffen (BGH, Urt. v. 24. 9. 1957 – 1 StR 532/56).

44. Über das endgültige Ausscheiden eines Schöffen entscheidet der Landgerichtspräsident. Sein Ersatz kommt von der Spitze der Hilfsschöffenliste (BGH Urt. v. 8. 5. 1957 – 2 StR 174/57).

45. Einzelzuweisung von Richtern unzulässig (BGH Urt. v. 4. 4. 1957 – 4 StR 82/57).

46. Ein Urteil, das auf der Terminierung durch einen ausgeschlossenen Richter beruht, ist anfechtbar (BVerfG Urt. v. 20. 3. 1956 – 1 BvR 479/55).

47. Einzelzuweisung von Richtern für bestimmte Strafsachen unzulässig (BGH Urt. v. 20. 10. 1955 – 4 StR 326/55).

48. Die Bestellung eines zeitweiligen Vertreters durch den Landgerichtspräsidenten setzt eine rechtlich einwandfreie Prüfung des Einzelfalles voraus (BGH Urt v. 8. 2. 1955 – 5 StR 561/54).

49. Keine Änderung des Geschäftsverteilungsplans für einzelne Strafsachen (BGH Urt. v. 28. 9. 1954 – 5 StR 275/53).

50. Reihenfolge der zu berufenden Hilfsschöffen (BGH Urt v. 3. 11. 1953 – 5 StR 333/53).

51. Geschäftsverteilung kann ausschließlich vom Präsidium geregelt werden (BGH Urt. v. 6. 1. 1953 – 2 StR 162/52).

52. Nicht vereidigter Schöffe als Revisionsgrund (BGH Urt. v. 12. 9. 1952 – 1 StR 349/52).

53. Gericht mit Vorsitzendem ohne wesentlichen Einfluß falsch besetzt (BGH Urt. v. 13. 12. 1951 – 3 StR 683/51).

54. Beauftragter Richter als Vorsitzender einer auswärtigen Strafkammer nicht zulässig (BGH Urt. v. 10. 7. 1951 – 2 StR 278/51).

55. Siehe auch GVG; § 101 BRAGO; Art. 101 GG.

Erfolglose Rügen

1. Überlastung einer ordentlichen Strafkammer (als Voraussetzung für die Bildung einer Hilfsstrafkammer) als unbestimmter Rechtbegriff nur auf Willkür hin überprüfbar (BGH Urt. v. 8. 12. 1999 – 3 StR 267/99).

2. „Reduzierte" Besetzung der Strafkammer nur nach Besetzungseinwand überprüfbar (BGH Urt. v. 11. 2. 1999 – 4 StR 657/98).

3. „Reduzierte Besetzung" der Strafkammer nur bei Willkür anfechtbar (BGH Urt. v. 23. 12. 1998 – 3 StR 343/98).

4. Umverteilung bereits anhängiger und noch nicht terminierter Haftsachen durch nachträgliche Änderung des Geschäftsverteilungsplans bei Überlastung einer Strafkammer zulässig (BGH Urt. v. 30. 7. 1998 – 5 StR 574/97).

5. Heranziehung der Schöffen einer Hilfsstrafkammer aus der Hauptschöffenliste rechtens (BGH Urt. v. 14. 7. 1995 – 5 StR 532/94).

6. Unvollständiger Sachvortrag bei einer Besetzungsrüge, wenn die Stellungnahme des Präsidiums zu den Gründen der beanstandeten Änderung des Geschäftsverteilungsplans fehlt (BGH Urt. v. 26. 7. 1994 – 5 StR 98/94).

7. Blinder Richter als Vorsitzender einer Berufungsstrafkammer nicht verfassungswidrig (BVerfG 2. Kammer des Zweiten Senats, Beschl. v. 10. 1. 1992 – 2 BvR 347/91).

8. Wenn alle Vertreter in einer Vertreterkette verhindert sind, kann der Landgerichtspräsident einen zeitweiligen Vertreter bestimmen (BGH Urt. v. 30. 11. 1990 – 2 StR 237/90).

9. Ein nur für Vertretungsfälle zugeteilter Richter nicht ständiges Mitglied der Kammer (BGH Urt. v. 6. 11. 1990 – 1 StR 726/89).

10. Zuständigkeitsregelung nach 3 oder 4 aufeinanderfolgenden Eingangszahlen, die über mehrere Jahre hinweg im voraus festgelegt sind (rollierendes System) nicht zu beanstanden (BGH Beschl. v. 2. 11. 1989 – 1 StR 354/89).

11. Über die Verhinderung eines Schöffen entscheidet der Vorsitzende, nicht das Gericht (BGH Urt. v. 5. 10. 1988 – 2 StR 250/88).

12. Fällt die vom Präsidenten des Landgerichts festgestellte Verhinderung eines Richters offensichtlich weg, so tritt dieser automatisch wieder als Mitglied der Kammer ein, ohne daß es hierzu einer erneuten Entscheidung des Landgerichtspräsidenten bedarf (BGH Urt. v. 9. 9. 1987 – 3 StR 233/87).

13. Befassung einer Wirtschaftsstrafkammer mit allgemeinen Strafsachen. Vorsitzender „NN" (BGH Urt. v. 29. 5. 1987 – 3 StR 242/86).

14. Zulässige Bestandsdauer einer Hilfsstrafkammer (BGH Urt. v. 22. 8. 1985 – 4 StR 398/85).

15. Eine unwirksame Schöffenwahl ist durch eine wirksame Schöffenwahl vom ursprünglichen Schöffenwahlausschuß nachzuholen. Eine Ergänzungswahl gem. § 52 VI S. 1 StPO findet in diesem Fall nicht statt (BGH Urt. v. 19. 6. 1985 – 2 StR 197/85 und 98/85).

16. Ausnahme vom Verbot gleichzeitigen Nebeneinanderverhandelns eines Spruchkörpers (BGH Urt. v. 12. 6. 1985 – 3 StR 35/85).

17. Fehlerhafte Schöffeneigenschaft nicht von Amts wegen zu berücksichtigen (BGH Urt. v. 16. 1. 1985 – 2 StR 717/84).

18. Die Präklusion der Besetzungsrüge ist verfassungskonform (BVerfG [Vorprüfungsausschuß] Beschl. v. 14. 3. 1984 – 2 BvR 249/84).

19. Richtet sich die Zuteilung der einzelnen Sachen nach allgemeinen Merkmalen, so wird ein Angeklagter dadurch, daß sein Verfahren versehentlich – und damit zufällig – zu einem anderen Spruchkörper kommt, nicht seinem gesetzlichen Richter entzogen (BGH Urt. v. 21. 12. 1983 – 2 StR 495/83).

20. Bestandsdauer einer Hilfsstrafkammer ist nur bei Willkür Revisionsgrund. Vorsitz einer Hilfsstrafkammer (BGH Urt. v. 7. 6. 1983 – 4 StR 9/83).

21. Entbindung vom Schöffenamt durch unzuständigen Richter widerruflich (BGH Urt. v. 3. 3. 1982 – 2 StR 32/82).

22. Mehrmalige Änderungen des Geschäftsverteilungsplans (BGH Urt. v. 3. 2. 1982 – 2 StR 634/81).

23. Feststellung der Verhinderung auch noch nach Besetzungseinwand zulässig (BGH Urt. v. 1. 12. 1981 – 1 StR 393/81).

24. Mangelnde Regelung des Vorsitzes im Schöffenwahlausschuß durch Geschäftsverteilungsplan führt nicht zur Unwirksamkeit der Schöffenwahl (BGH Urt. v. 10. 6. 1980 – 5 StR 464/79).

25. Abweichung vom kammerinternen Geschäftsverteilungsplan nur bei Willkür revisibel (BGH Urt. v. 13. 12. 1979 – 4 StR 632/79).

26. Zeitpunkt des Eingangs eines Befreiungsantrags bei der Geschäftsstelle für Bestimmung des Hilfsschöffen maßgeblich (BGH Urt. v. 17. 1. 1979 – 3 StR 430/78).

27. Richterausbildung darf bei Änderung des Geschäftsverteilungsplans mit berücksichtigt werden (BGH Urt. v. 12. 4. 1978 – 3 StR 58/78).

28. Bestellung eines zeitweiligen Vertreters durch das Präsidium zulässig (BGH Urt. v. 7. 6. 1977 – 5 StR 224/77).

29. Entbindung vom Schöffenamt wegen Prüfung der Amtsfähigkeit unzulässig (BGH Urt. v. 26. 1. 1977 – 2 StR 613/76).

30. Rüge nicht ordnungsgemäßer Auswahl der Schöffen einer Hilfsstrafkammer (BGH Urt. v. 10. 4. 1973 – 1 StR 523/72).

31. Beiordnung eines Hilfsrichters ist ein Richterwechsel im Sinne des § 63 II GVG (§ 21g II 2 GVG n.F.). (BGH Urt. v. 10. 9. 1968 – 1 StR 235/68).

32. Auswahl der Schöffen einer neu gebildeten großen Strafkammer nach Auflösung einer Hilfsstrafkammer (BGB Urt. v. 16. 7. 1968 – 1 StR 133/68).

33. Begründungserfordernis einer Besetzungsrüge (BGH Urt. v. 29. 5. 1968 – 3 StR 72/68).

34. Getrennte Richterkollegien unter einem Vorsitzenden und einer Bezeichnung (BGH Beschl. v. 21. 2. 1968 – 2 StR 360/67).

35. Fehlerhafte Anordnung der Bildung einer Hilfsstrafkammer kann durch Präsidium geheilt werden (BGH Urt. v. 14. 6. 1967 – 2 StR 230/67).

36. Änderung der Geschäftsverteilung auf begrenzte Zeit zulässig (BGH Urt. v. 15. 6. 1967 – 1 StR 516/66).

37. Landgerichtspräsident kann seine Verhinderung selbst feststellen (BGH Urt. v. 4. 10. 1966 – 1 StR 282/66).

38. Bei Ausfall des Vorsitzenden in der Hauptverhandlung muß dessen Vertreter nicht der geschäftsplanmäßige Vertreter sein (BGH Urt. v. 11. 7. 1966 – 4 StR 1/66).

39. Ein geschäftsplanmäßig berufener Stellvertreter des Strafkammervorsitzenden, der die Akten nicht kennt, ist an der Führung des Vorsitzes in dieser Sache tatsächlich verhindert und kann durch den nächsten Richter in der Vertreterkette ersetzt werden (BGH Urt. v. 18. 2. 1966 – 4 StR 637/65).

40. Auslosung eines Schöffen für Sitzungen einer kleinen und einer großen Strafkammer an einem Tag zulässig (BGH Urt. v. 1. 12. 1965 – 2 StR 434/65).

41. Es ist zulässig, daß für eine kurze Übergangszeit ein von der Justizverwaltung erst zu ernennender Landgerichtsdirektor im voraus für das neue Geschäftsjahr zum ordentlichen Vorsitzenden bestellt wird (BVerfG Beschl. v. 30. 3. 1965 – 2 BvR 341/60).

42. Überbesetzung einer Strafkammer nur dann verfassungswidrig, wenn die Zahl der Mitglieder eines Spruchkörpers es gestattet, daß sie in zwei personell voneinander verschiedenen Sitzgruppen Recht sprechen, oder wenn der Vorsitzende drei Spruchkörper mit je verschiedenen Beisitzern bilden kann (BVerfG Beschl. v. 3. 2. 1965 – 2 BvR 166/64).

43. Es kommt dabei, ob ein Richter ständiges Mitglied einer Kammer oder nur Vertreter ist, nicht auf den Wortsinn des Geschäftsverteilungsplans, sondern darauf, an welchen Sinn das Präsidium dem Plan beilegen wollte und wie er tatsächlich gehandhabt wurde (BGH Urt. v. 5. 1. 1964 – 1 StR 506/64).

44. Ergänzungsschöffe wird bei Wegfall des Hauptschöffen automatisch Richter (BGH Urt. v. 20. 3. 1963 – 2 StR 577/62).

45. Verhinderung eines Richters bestimmt Landgerichtspräsident nach pflichtgemäßem Ermessen (BGH Urt. v. 4. 12. 1962 – 1 StR 425/62).

46. Richter dürfen während der Schlußplädoyers Gefangenenpost zensieren (BGH Urt. v. 7. 9. 1962 – 4 StR 229/62).

47. Verhinderung durch Belastung in nachträglich angesetzten Strafsachen möglich (BGH Urt. v. 3. 2. 1961 – 4 StR 424/60).

48. Das Präsidium ist bei der Aufstellung des Geschäftsverteilungsplanes nicht verpflichtet, nur solche Richter zu ständigen Mitgliedern einer Kammer zu bestimmen, von denen anzunehmen ist, daß sie für die ganze Dauer des kommenden Geschäftsjahres Mitglieder des Landgerichts sein werden (BGH Beschl. v. 2. 5. 1960 – GSSt 3/59).

49. Vertretungsregelung bei vorübergehender Vakanz einer Planstelle zulässig (BGH Urt. v. 6. 11. 1959 – 4 StR 376/59).

50. Präsidialbeschlüsse können auch im Umlaufverfahren gefaßt werden (BGH Urt. v. 13. 2. 1959 – 4 StR 446/58).

51. Kein automatischer Eintritt eines Hilfsrichters für jeweilige Verhinderungsfälle (BGH Urt. v. 28. 11. 1958 – 1 StR 398/58).

52. Vorsitzender einer Hilfsstrafkammer muß nicht Vorsitzender Richter sein (BGH Urt. v. 11. 11. 1958 – 1 StR 532/58).

53. Entzug des gesetzlichen Richters nur bei Willkür revisibel (BGH Urt. v. 22. 11. 1957 – 4 StR 497/57).

54. Bei Heranziehung von Hilfsschöffen erfolgt keine Prüfung, ob Hauptschöffe zu Recht befreit worden ist (BGH Urt. v. 12. 1. 1956 – 3 StR 626/54).

55. Schöffe in laufender Hauptverhandlung bleibt auch im neuen Geschäftsjahr im Amt (BGH Urt. v. 20. 10. 1955 – 4 StR 286/55).

56. Die Beschäftigung von Hilfsrichtern bei den Landgerichten ist nur zulässig, soweit ein anderes, vor allem durch Festanstellung, nicht zu befriedigendes, unabweisbares vorübergehendes Bedürfnis vorliegt und auf die Einarbeitung des richterlichen Nachwuchses in angemessenem Umfang Rücksicht zu nehmen ist (BGH Urt v. 29. 9. 1955 – 3 StR 463/54).

57. Vorübergehende Überlastung des Vorsitzenden einer Strafkammer unschädlich (BGH Urt. v. 21. 6. 1955 – 5 StR 177/55).

58. Ladung eines Richters als Zeuge vor eigener Kammer schließt Vorsitz aus (BGH Urt. v. 7. 12. 1954 – 2 StR 402/54).

59. Blinder Richter als Beisitzer kein Revisionsgrund (BGH Urt. v. 5. 3. 1954 – 5 StR 661/53).

60. Bei nicht rechtzeitiger Vereidigung eines Schöffen muß der bis dahin stattgefundene Teil der Hauptverhandlung wiederholt werden (BGH Urt. v. 8. 10. 1953 – 5 StR 249/53).

61. Blindheit eines Beisitzers kein Revisionsgrund (BGH Urt. v. 28. 4. 1953 – 5 StR 136/53).

62. Vorübergehend unaufmerksamer Schöffe kein Revisionsgrund (BGH Urt. v. 23. 11. 1951 – 2 StR 491/51).

63. Beschäftigung nicht selbständiger Richter mit dem GG vereinbar (BGH Urt. v. 13. 7. 1951 – 2 StR 299/51).

Erfolgreiche Rügen

1. Besetzung des Gerichts darf nicht von der Terminierung durch den Vorsitzenden abhängen.

StPO § 338 Nr. 1 – BGH Beschl. v. 29. 9. 1999 – 1 StR 460/99 LG Heilbronn (= StV 1999, 639 = NStZ 2000, 50)

Die Revision rügt die fehlerhafte Besetzung des Gerichts aufgrund eines fehlerhaften Geschäftsverteilungsplans, der vorsieht, daß der Beisitzer, wenn die Strafkammer mit zwei Richtern besetzt ist, nach dem Zeitpunkt der Terminierung ausgewählt wird. Der Verteidiger des Angeklagten rügte diese Art der kammerinternen Geschäftsverteilung vor Beginn der Vernehmung des Angeklagten zur Sache, in ihr werde der Beisitzer in Fällen der Zweierbesetzung nicht nach abstrakten und generellen Merkmalen bestimmt, sondern durch die Terminierung, die der Vorsitzende nach seinem Ermessen vornehme.

Sachverhalt: Die erkennende 2. Große Strafkammer des Landgerichts war zur Zeit dieser Entscheidung mit Vorsitzendem Richter am Landgericht N. und den Richtern am Landgericht D. und T. besetzt. Durch den Eröffnungsbeschluß vom 6. 11. 1998 hatte die Strafkammer gem. § 76 II Alt. 1 GVG beschlossen, daß sie in der Strafsache gegen H. in der Hauptverhandlung mit zwei Berufsrichtern einschließlich des Vorsitzenden besetzt sei. Hinsichtlich der Geschäftsverteilung innerhalb der Strafkammer hatte der Vorsitzende bestimmt, daß in den Fällen, in denen die Kammer mit nur einem Beisitzer besetzt wird, Richter am Landgericht D. bei Hauptverhandlungsbeginn in den geraden Wochen, Richter am Landgericht T. in ungeraden Wochen mitwirkt. Der Verteidiger des Angeklagten rügte diese Art der kammerinternen Geschäftsverteilung vor Beginn der Vernehmung des Angeklagten zur Sache, in ihr werde der Beisitzer in Fällen der Zweierbesetzung nicht nach abstrakten und generellen Merkmalen bestimmt, sondern durch die Terminierung, die der Vorsitzende nach seinem Ermessen vornehme. Das Landgericht hat diesen Besetzungseinwand zurückgewiesen. Für die Ansetzung einer Hauptverhandlung auf einen bestimmten Termin sei nicht die Person des dann zur Mitwirkung berufenen Beisitzers maßgeblich, sondern die Verfügbarkeit von Verteidigern, Sachverständigen und anderen Personen darüber hinaus insbesondere auch die Eilbedürftigkeit der Sache. Eine Zuteilung nach der Zufälligkeit des Eingangsdatums einer Sache würde nicht vor der von der Verteidigung befürchteten Willkür schützen, denn auch bei einer solchen Regelung wäre es erforderlich, eine entsprechende Überbelastung eines Kammermitglieds auszugleichen. Die viele Jahre praktizierte und unbeanstandet gebliebene Regelung werde der von vielerlei Zwängen geprägten Arbeitsweise in der Tatsacheninstanz weit besser gerecht, ohne gegen den Grundsatz des gesetzlichen Richters zu verstoßen. – Das Rechtsmittel hatte Erfolg.

Gründe: Die Regelung der Strafkammer für die interne Geschäftsverteilung wäre in der Vergangenheit nicht zu beanstanden gewesen. Bis zur Entscheidung der Vereinigten Großen Senate vom 5. 5. 1994 (BGHZ 126, 63 = NJW 1994, 1735, NStZ 1994, 443) hatte die Rechtsprechung des BGH nicht gefordert, daß der Vorsitzende sich in der Terminierung durch Grundsätze nach § 21 g II GVG binden müsse, wenn davon die Zusammensetzung des Spruchkörpers beeinflußt wird. Seither hat sich jedoch die Rechtsprechung gewandelt und fortentwickelt. Nach den Entscheidungen der Vereinigten Großen Senate des BGH (BGHZ 126, 63 [85]) und des BVerfG (Entscheidung des Plenums v. 8. 4. 1997, BVerfGE 95, 322 [331] = NJW 1997, 1497 und des Zweiten Senats v. 28. 10. 1997, NJW 1998, 743) sollen auch nur entfernte Möglichkeiten einer manipulierten Auswahl der mitwirkenden Richter für eine bestimmte Sache ausgeschlossen werden. Dem gemäß muß die Zuständigkeit in einem Spruchkörper oder der darin bestehenden Sitzgruppen generell im voraus nach objektiven Merkmalen, beispielsweise nach Aktenzeichen, Eingangsdatum, Rechtsgebiet oder Herkunftsbezirk der abhängigen Sache bestimmt sein. Diese Voraussetzung ist nicht erfüllt, wenn im Mitwirkungsplan nur geregelt ist, welche Richter an welchen Sitzungstagen mitzuwirken haben, und erst die Terminierung der einzelnen Sache zu deren Zuordnung zu den jeweiligen Richtern führt. Hier bleibt dem Vorsitzenden bei der Heranziehung der einzelnen Richter zur Mitwirkung an der jeweiligen Sache ein Ermessensspielraum, dessen es zur effektiven Bewältigung der Rechtsprechungsaufgabe angesichts der zur Verfügung stehenden Mitwirkungssysteme nicht bedarf und dem deshalb die Gewährleistung des gesetzlichen Richters entgegensteht (BVerfGE 95, 322 [331]; BVerfG, NJW 1998, 743 [744]).

Diese für die Senate der obersten Bundesgerichte entwickelten Grundsätze müssen entgegen der Meinung des Landgerichts auch für eine große Strafkammer gem. § 76 I GVG gelten, sofern die Kammer entweder überbesetzt oder gem. § 76 II Alt. 1 GVG besetzt ist; die Problemlage ist nicht anders, da auch hier für den Vorsitzenden ein Ermessensspielraum besteht, welchen der beisitzenden Richter er zur Mitwirkung heranziehen will, wenn diese Festlegung erst durch die Terminierung erfolgt. Den vom Landgericht angeführten Schwierigkeiten bei einer generellen Regelung, soweit sie überhaupt bestehen, kann auf andere Weise begegnet werden. So kann der Vorsitzende z.B. einen Richter, der wegen Bearbeitung einer umfangreichen Sache oder wegen vorangegangenen Urlaubs oder vorangegangener Krankheit des anderen Richters überlastet ist, für verhindert erklären.

2. Liegt der verlegte Sitzungstag genau zwischen zwei freien, von der Strafkammer für einen Verhandlungsbeginn nicht benötigten Sitzungstagen, so wird regelmäßig der frühere ordentliche Sitzungstag die Schöffenbesetzung zu bestimmen haben (Ergänzung zu BGHSt. 41, 175 [BGH Urt. v. 14. 7. 1995 – 5 StR 532/94; vgl. § 338 Nr. 1 StPO erfolglose Rügen]).

StPO § 338 Nr. 1; GVG §§ 45, 77 Abs. 1 – BGH Beschl. v. 22. 10. 1997 – 5 StR 223/97 LG Verden (= BGHSt. 43, 270 = NJW 1998, 390 = StV 1998, 4)

Die Revision rügt, die Richterbank sei auf Seiten der mitwirkenden Schöffen G. und La. nicht ordnungsgemäß besetzt gewesen.

Sachverhalt: Der erkennenden zuständigen Wirtschaftsstrafkammer des Landgerichts war im Jahr 1996 als regelmäßiger Sitzungstag jeweils der Freitag einer jeden Woche zugewiesen. Mit Terminsverfügung vom 11. 7. 1996 bestimmte der Vorsitzende der Strafkammer den Beginn der Hauptverhandlung in dieser Sache auf Montag, den 19. 8. 1996; er verlegte zugleich den ordentlichen Sitzungstag der Strafkammer in dieser Woche von Freitag, dem 23. 8. 1996, vor, für den als Schöffen G. und La. durch Auslosung bestimmt waren. Weitere Sitzungstage waren bis zum 4. 12. 1996 vorgesehen; Freitag, der 23. 8. 1996 blieb unbesetzt. Für den vorangegangenen ordentlichen Sitzungstag, Freitag, den 16. 8. 1996, für den als Schöffen S. und Lo. durch Auslosung bestimmt waren, war weder eine andere Sache terminiert noch war eine Belegung dieses Sitzungstages mit einer anderen Sache vorgesehen; auch dieser Tag blieb unbesetzt.

Mit Zustellung der Terminsverfügung teilte der Vorsitzende die vorgesehene Besetzung der Strafkammer für den 19. 8. 1996 mit. Mit Schriftsatz vom 9. 8. 1996 erhob der Verteidiger des Beschwerdeführers den Besetzungseinwand; er trug vor, daß die Schöffen S. und Lo. statt der herangezogenen Schöffen G. und La. die gesetzlichen Richter seien. Diesen Besetzungseinwand wies die erkennende Strafkammer zu Beginn der Hauptverhandlung durch Beschluß als unbegründet zurück. Es handele sich um einen vorverlegten Sitzungstag, durch den die Zusammensetzung des Gerichts nicht berührt werde. Der unbesetzte ordentliche Sitzungstag am Freitag, dem 16. 8. 1996, sei ausgefallen, folglich müßten die Schöffen für diesen Tag übersprungen werden. Die Hauptverhandlung wurde sodann mit der vorgesehenen Besetzung der Strafkammer bis zum 5. 11. 1996 durchgeführt. – Das Rechtsmittel hatte Erfolg.

Gründe: Dieses Vorgehen hält einer rechtlichen Nachprüfung nicht stand. Die Richterbank war mit den herangezogenen Schöffen nicht ordnungsgemäß besetzt, der gesetzliche Richter damit nicht gewahrt.

a) Zwar kann der Vorsitzende einer Strafkammer bei der Terminierung im Rahmen pflichtgemäßen Ermessens ordentliche Sitzungstage nach vorne oder hinten verlegen; bei einem solchen Vorgehen bleibt die Besetzung der Richterbank unverändert, weil die für den verlegten Sitzungstag nach § 45 GVG ausgelosten Schöffen heranzuziehen sind (BGHSt. 41, 175, 177). Allerdings ist der Vorsitzende einer Strafkammer nicht frei in der Entscheidung, welchen Sitzungstag er – nach vorne oder hinten – verlegt und welche Schöffen damit für eine Sache als gesetzliche Richter zuständig werden. Wie der Senat in seiner Entscheidung BGHSt. 41, 175 ausgeführt hat, ist vielmehr stets maßgeblich für die Schöffenbesetzung der zeitnächste freie Sitzungstag in dem Sitzungszeitraum, in dem die Hauptverhandlung beginnen soll. Liegt der verlegte Sitzungstag genau zwischen zwei freien, von der Strafkammer für einen Verhandlungsbeginn nicht benötigten Sitzungstagen, so wird regelmäßig der frühere ordentliche Sitzungstag die Schöffenbesetzung zu bestimmen haben; insoweit handelt es sich um einen nach hinten verlegten Sitzungstag. Eine Vor- oder Nachverlegung ist dabei nur in engen Grenzen möglich. Eine Verlegung über den unmittelbar zeitlich vorangehenden Sitzungstag einerseits und den unmittelbar zeitlich nachfolgenden Sitzungstag andererseits hinaus gilt nicht mehr als vom pflichtgemäßen Ermessen des Vorsitzenden gedeckt.

Für die Beurteilung, ob ein zeitnaher freier Sitzungstag zur Verfügung steht, kommt es allein auf die Geschäftslage der Strafkammer zum Zeitpunkt der Terminierung an; stellt sich später heraus, daß die vom Vorsitzenden zugrunde gelegten Voraussetzungen nachträglich nicht mehr zutreffen, beispielsweise weil eine bei Terminierung noch vorgesehene weitere Sitzung an einem zeitnäheren ordentlichen Sitzungstag wieder abgesetzt wird, so bleibt es bei der Schöffenbesetzung, die zum Zeitpunkt der Terminierung maßgeblich war (vgl. BGHSt. 41, 175, 177 f.).

b) Für den hier zu entscheidenden Sachverhalt ergibt sich daraus folgendes: Der dem Beginn der Hauptverhandlung am 19. 8. 1996 zeitnächste freie Sitzungstag der Strafkammer war Freitag, der 16. 8. 1996. Für diesen Tag waren die Schöffen S. und Lo. ausgelost. Eine andere Sache war vom Vorsitzenden für diesen Tag weder zu irgendeinem Zeitpunkt angesetzt noch war eine solche vorgesehen, wie sich aus einer Stellungnahme des Vorsitzenden gegenüber dem Generalbundesanwalt ergibt. Damit war für den vorgesehenen Beginn der Hauptverhandlung in dieser Sache am Montag, dem 19. 8. 1996, die ausgeloste Schöffenbesetzung für den Sitzungstag vom 16. 8. 1996 vorrangig; dieser Sitzungstag hätte nach hinten verlegt werden müssen. Eine Vorverlegung des ordentlichen Sitzungstages vom Freitag, dem 23. 8. 1996, kam bei dieser Sachlage nicht in Betracht, die Schöffen dieses Sitzungstages waren nicht die gesetzlichen Richter (§ 338 Nr. 1 StPO).

3. Die gesetzliche Zuständigkeit geht ihr widersprechendender Regelung im insoweit willkürlichen Geschäftsverteilungsplan vor.

StPO § 338 Nr. 1, § 355 – BGH Urt. v. 29. 10. 1992 – 4 StR 199/92 LG Essen (= BGHSt. 38, 376 = NJW 1993, 672 = StV 1993, 61 =NStZ 1993, 248 = JZ 1993, 477 = MDR 1993, 260)

Die Revision rügt die fehlender Zuständigkeit des erkennenden Gerichts.

Sachverhalt: Am 3. 11. 1989 erhob die Staatsanwaltschaft Anklage zur Wirtschaftsstrafkammer des Landgerichts gegen L., G. und K. Hierin legte sie L. einen gemeinsam mit dem anderweitig verfolgten C. begangenen (fortgesetzten) „Stoßbetrug" mit einem Gesamtschaden von über 1,3 Millionen DM zur Last; G. und K. warf sie die Unterschlagung dreier Gabelstapler im Gesamtwert von 158 000 DM vor. Die Staatsanwaltschaft führte im Anklagesatz aus, daß diese Gabelstapler von L. und C. im Rahmen ihres betrügerischen Handelns beschafft worden seien, es diesen jedoch nicht mehr gelungen sei, die Gabelstapler zu verkaufen, bevor C. seine Geschäftstätigkeit eingestellt habe und Anfang 1989 ins Ausland geflüchtet sei. Weiter legte die Staatsanwaltschaft dar, daß der in C.s Unternehmen angestellte G. Ende 1988 bemerkt habe, daß der Betrieb aufgelöst werde. Möglicherweise ohne von dem betrügerischen Handeln des L. zu wissen, hätten er und K., der gelegentlich für die Firma des C. als Fahrer tätig gewesen sei, ebenfalls Anfang 1989 die Gabelstapler vom Gelände der Firma an einen anderen Ort gebracht, um sie auf eigene Rechnung zu verkaufen. Bevor dies gelungen sei, seien beide festgenommen worden.

... 2. Nach dem Geschäftsverteilungsplan des Landgerichts für das Jahr 1989 bestimmte sich die zuständige Wirtschaftsstrafkammer bei mehreren Angeklagten nach dem Anfangsbuchstaben des Familiennamens des ältesten Angeklagten. Ferner ist dort geregelt, daß die einmal begründete Zuständigkeit erhalten bleibt, wenn dieser Angeklagte „später aus irgendeinem Grund aus dem Verfahren ausscheidet".

Der älteste Angeklagte war der Angeklagte G. Für den Anfangsbuchstaben „G" war die XI. Strafkammer als Wirtschaftsstrafkammer zuständig; für „L", also den Angeklagten L., wäre hingegen die I. Strafkammer als Wirtschaftsstrafkammer zuständig gewesen. Die Strafsache wurde dem Vorsitzenden der XI. Strafkammer vorgelegt; die XI. Strafkammer trennte am 6. 2. 1990 das Verfahren gegen G. und K. gemäß § 2 Abs. 2 StPO vom Verfahren gegen L. ab und eröffnete das Hauptverfahren vor dem Amtsgericht. Die Staatsanwaltschaft legte hiergegen kein Rechtsmittel ein. Mit Beschluß vom 5. 2. 1991 ließ die

XI. Strafkammer die Anklage gegen L. zur Hauptverhandlung zu, führte diese durch und verkündete das angefochtene Urteil. – Das Rechtsmittel hatte Erfolg.

Gründe: ...

3. Nach dem Geschäftsverteilungsplan des Landgerichts hätte die für „L" und nicht die für „G" zuständige Wirtschaftsstrafkammer entscheiden müssen.

a) Zutreffend ist allerdings, daß nach dem Geschäftsverteilungsplan unter den Wirtschaftsstrafkammern des Landgerichts bei Eingang der Sache zunächst die XI. Wirtschaftsstrafkammer für das Verfahren gegen die drei Angeklagten L., G. und K. zuständig war. Nach dem Wortlaut dieser Regelung blieb die geschäftsplanmäßige Zuständigkeit der XI. Wirtschaftsstrafkammer für das Verfahren gegen den Angeklagten L. auch erhalten, als die Angeklagten G. und K., die diese Zuständigkeit erst begründeten, infolge der Abtrennung des Verfahrens gegen sie ausschieden.

b) Der Geschäftsverteilungsplan kann aber nicht die gesetzliche Regelung der sachlichen Zuständigkeit abändern. Dementsprechend darf die genannte Bestimmung des Geschäftsverteilungsplans nicht angewandt werden, wenn das Landgericht zur Verhandlung gegen die ausgeschiedenen Angeklagten von Anfang an sachlich unzuständig war.

c) Das Landgericht war hier für das Verfahren gegen die Angeklagten G. und K. sachlich nicht zuständig.

aa) Bei einer Anklage allein gegen die Angeklagten G. und K. wäre die Zuständigkeit des Landgerichts nach § 74 GVG für dieses Verfahren nicht gegeben gewesen. Es lag kein Verbrechen vor (§ 74 Abs. 1 Satz 1 GVG). Auch war wegen der vor dem Verkauf erfolgten Sicherstellung der Geräte und der zumindest teilweisen Geständnisse der beiden Angeklagten – trotz ihrer Vorstrafen und trotz des hohen Wertes der Gabelstapler – eine höhere Freiheitsstrafe als drei Jahre nicht zu erwarten. Eine besondere Bedeutung des Falles war weder gegeben noch wurde sie von der Staatsanwaltschaft in der Anklageschrift behauptet (§ 74 Abs. 1 Satz 2 GVG).

bb) Auch die Verbindung der Anklagen gegen L. einerseits und G. und K. andererseits vermochte hinsichtlich dieser beiden später ausgeschiedenen Angeklagten eine Zuständigkeit des Landgerichts nicht zu begründen.

Entgegen der Ansicht des Generalbundesanwalts konnte die Staatsanwaltschaft die Verfahren nicht entsprechend § 237 StPO miteinander verbinden. Die Verbindung nach dieser Bestimmung setzt beim Gericht anhängige Strafsachen voraus und kann nur von diesem vorgenommen werden (vgl. BGHSt. 20, 219, 220 f. [BGH Urt. v. 5. 5. 1965 – 2 StR 66/65; vgl. § 337 StPO erfolgreiche Rügen]). Im übrigen vermag eine Verbindung nach § 237 StPO nicht eine neue Zuständigkeit zu begründen (BGHSt. 37, 15, 19 [BGH Beschl. v. 24. 4. 1990 – 4 StR 159/90; vgl. § 338 Nr. 4 StPO erfolgreiche Rügen]); ob diese Vorschrift erfordert, daß der Spruchkörper vor der Verbindung nur für eines der Verfahren (so BGHSt. 26, 271, 273/274 [BGH Urt. v. 3. 2. 1976 – 1 StR 694/75; vgl. § 237 StPO erfolgreiche Rügen]) oder aber für beide Verfahren zuständig war, kann hier dahingestellt bleiben.

Zwischen den Strafsachen bestand auch kein sachlicher Zusammenhang im Sinne des § 3 StPO. Sie durften deshalb nicht von der Staatsanwaltschaft verbunden bei Gericht anhängig gemacht werden (§ 2 Abs. 1 Satz 1 StPO).

Der Begriff des Zusammenhangs in § 3 StPO ist zwar nicht auf die Teilnahme im Sinne des materiellen Strafrechts beschränkt. Es genügt vielmehr eine strafbare, in dieselbe Richtung zielende Mitwirkung an einer Tat (BGH NJW 1988, 150). Dabei entspricht der in dieser Vorschrift verwendete Tatbegriff dem des § 264 Abs. 1 StPO (vgl. BT-Drucks. 7/550 S. 289).

Die Handlungen von L. sowie G. und K. stellten keinen einheitlichen Lebensvorgang dar. Nach dem im Anklagesatz geschilderten und so auch weitgehend verwirklichten Tatplan

L.s sollten die Waren – auch die Gabelstapler – weiterverkauft werden, ohne deren Lieferanten zu bezahlen; die hierbei erzielten Erlöse sollten zwischen ihm und C. aufgeteilt werden. Dieses Vorhaben konnte jedoch hinsichtlich der Gabelstapler infolge der fehlgeschlagenen Verkaufsbemühungen C.s bis zu dessen Flucht nicht mehr verwirklicht werden. Der Lebensvorgang, der G. und K. mit dem als Unterschlagung gewerteten Ansichbringen und Weiterverkauf der Gabelstapler zur Last gelegt wurde, grenzte sich von diesem Verhalten L.s bereits nach Ort, Zeit und Tatumständen derart ab, daß bei natürlicher Betrachtungsweise kein einheitlicher geschichtlicher Vorgang gegeben war (vgl. BGHSt. 35, 60, 64 [BGH Urt. v. 29. 9. 1987 – 4 StR 376/87; vgl. § 265 StPO erfolgreiche Rügen]; 35, 86, 88). Es lagen damit nicht nur sachlich-rechtlich, sondern auch prozessual selbständige Taten vor. Zudem war nach dem Anklagesatz G. und K. das betrügerische Handeln des L. möglicherweise nicht bekannt. Es fehlte mithin auch an einer in die gleiche Richtung zielenden Mitwirkung dieser beiden an der Tat L.s und an der sicheren Feststellung der inneren Verknüpfung dieser Vorgänge. 4. Bei Abweichungen vom Geschäftsverteilungsplan findet § 338 Nr. 1 StPO nur Anwendung, wenn objektiv Willkür oder sonstiger Rechtsmißbrauch vorliegt. Auch diese Voraussetzung ist hier gegeben. Die XI. Strafkammer hatte ihre Unzuständigkeit für das Verfahren gegen die Angeklagten G. und K. zutreffend erkannt und daher – ohne daß etwa weitere Ermittlungen nach § 202 StPO angeordnet worden wären – dieses sogleich abgetrennt und vor dem Schöffengericht eröffnet. Sie hätte aber sodann das Verfahren gegen L. in rechtlich gebotener Auslegung und Anwendung des Geschäftsverteilungsplans an die für den Buchstaben „L" zuständige Wirtschaftsstrafkammer abgeben müssen. Indem sie dies nicht tat, handelte sie objektiv willkürlich (vgl. BGHSt. 38, 172 [BGH Beschl. v. 12. 12. 1991 – 4 StR 506/91; vgl. § 338 Nr. 4 StPO erfolgreiche Rügen]; BGH NStZ 1992, 397 [BGH v. 6. 2. 1992 – 4 StR 626/91; vgl. § 237 StPO erfolgreiche Rügen]). ...

5. Der Verfahrensverstoß muß zur Aufhebung des Urteils und entsprechend § 355 StPO zur Verweisung der Sache an die für den Angeklagten zuständige Wirtschaftsstrafkammer führen.

4. Es widerspricht der gesetzlichen Intention, wenn außerordentliche Sitzungen an die Stelle von ordentlichen Sitzungstagen treten und sie ersetzen. Dies ist der Fall, wenn in der für die Hauptverhandlung vorgesehenen Zeit eine andere Sitzung überhaupt nicht anberaumt ist, der ordentliche Sitzungstag also ungenutzt bleibt.

StPO § 338 Nr. 1; GVG § 47 – BGH Beschl. v. 15. 2. 1991 – 3 StR 422/90 LG Itzehoe (= BGHSt. 37, 324 = NJW 1991, 1964 = StV 1991, 246 = NStZ 1991, 349)

Die Revision rügt, daß an der Hauptverhandlung Hilfsschöffen teilgenommen haben, deren Mitwirkung nach § 47 GVG i.V.m. § 77 Abs. 1 GVG für außerordentliche Sitzungen vorgesehen ist.

Sachverhalt: Am 27. 3. 1990 beraumte der Vorsitzende der mit der Sache befaßten Strafkammer die Hauptverhandlung als sogenannte außerordentliche Sitzung (§ 47 i.V.m. § 77 GVG) auf den 4. sowie – als Fortsetzungstermin – den 10. 5. 1990 an. Dazu wurden die nächstberufenen Hilfsschöffen geladen. Den ordentlichen Sitzungstag, der für die Strafkammer auf den Mittwoch einer jeden Woche bestimmt ist und in der betreffenden Woche auf den 2. 5. 1990 fiel, ließ der Vorsitzende, wie aus seiner dienstlichen Erklärung hervorgeht, unbesetzt, weil er ihn „für eine verhandlungsreif werdende andere Haftsache, die sich möglicherweise an einem Tag erledigen ließ", freihalten wollte. Der 2. 5. 1990 wurde indes für eine neue Strafsache dann doch nicht genutzt, weil ihn der Vorsitzende inzwischen für einen möglichen Fortsetzungstermin in einer wider Erwarten länger dauernden anderen Hauptverhandlung vorgesehen hatte. Aber auch dafür wurde dieser Tag schließlich nicht in Anspruch genommen, da die Hauptverhandlung in jener Sache an anderen

Terminen fortgesetzt wurde. Die Strafkammer verhandelte am 2. 5. 1990 nicht. In der ersten Maiwoche 1990 fand eine Hauptverhandlung nur am 4. 5. 1990 in vorliegendem Verfahren statt. An ihr wirkten die für eine außerordentliche Sitzung vorgesehenen Hilfsschöffen mit. Den dagegen gerichteten, rechtzeitig geltend gemachten Besetzungseinwand des Verteidigers, mit dem dieser unter anderem die Vermutung äußerte, der Strafkammervorsitzende habe den ordentlichen Sitzungstag am 2. 5. 1990 von Anfang an wegen der Urlaubsabwicklung der Kammermitglieder von einer Hauptverhandlung freihalten wollen, wies die Strafkammer in der Hauptverhandlung mit der näher ausgeführten Begründung zurück, es habe sich nicht feststellen lassen, daß der Strafkammervorsitzende die Hauptverhandlung ermessensmißbräuchlich als außerordentliche Sitzung anberaumt habe. – Das Rechtsmittel hatte Erfolg.

Gründe:

a) „Außerordentlich" im Sinne von § 47 GVG sind Sitzungen nur dann, wenn sie wegen des zusätzlichen Bedarfs an Hauptverhandlungstagen anberaumt werden, weil eine sachgemäße Durchführung der zu terminierenden Hauptverhandlung an den ordentlichen Sitzungstagen nicht möglich ist (BGHSt. 11, 54, 55 [BGH Urt. v. 5. 11. 1957 – 1 StR 254/57; vgl. § 338 Nr. 1 StPO erfolgreiche Rügen]; 16, 63, 65 [BGH Urt. v. 25. 4. 1961 – 1 StR 618/60; vgl. § 338 Nr. 1 StPO erfolgreiche Rügen]; BGH, Beschl. v. 29. 11. 1978 – 4 StR 570/78; OLG Stuttgart NStZ 1984, 231). Die Feststellung, ob ein Bedarf nach zusätzlicher Tagung besteht, obliegt zunächst dem Vorsitzenden der Strafkammer. Er bestimmt nach pflichtgemäßem Ermessen, ob und wann eine außerordentliche Sitzung durchzuführen ist (vgl. BGHSt. 12, 159, 161 [BGH Urt. v. 28. 11. 1958 – 1 StR 398/58; vgl. § 338 Nr. 1 StPO erfolglose Rügen]; 16, 63, 65; BGH, Urteile v. 16. 10. 1973 – 1 StR 393/73, v. 13. 11. 1973 – 1 StR 480/73; BGH GA 1980, 68, 69). Nach den gleichen Grundsätzen richtet sich die Entscheidung, wie die einzelnen zur Terminierung anstehenden Strafsachen auf die ordentlichen und die notwendig gewordenen außerordentlichen Sitzungen zu verteilen sind. Auch insoweit steht dem Vorsitzenden ein Ermessensspielraum zu. Er ist jedoch bei der Anberaumung von außerordentlichen Sitzungen nicht völlig frei. Die pflichtgemäße Ausübung des Ermessens, die ihm obliegt, bedeutet vor allem, daß er seine Entscheidung an dem Zweck der gesetzlichen Vorschrift ausrichten muß, die die Möglichkeit der Ermessensausübung eröffnet. Der Sinn der gesetzlichen Regelung über außerordentliche Sitzungstage ist es aber nur, daß dem aus der Geschäftsbelastung oder anderen verfahrensrechtlichen Notwendigkeiten folgenden Bedarf an weiteren Verhandlungstagen zusätzlich zu den für das Geschäftsjahr von Anfang an festgelegten ordentlichen Sitzungstagen genügt werden soll. Grundsätzlich widerspricht es daher der gesetzlichen Intention schon begrifflich, wenn außerordentliche Sitzungen an die Stelle von ordentlichen Sitzungstagen treten und sie ersetzen. Dies ist der Fall, wenn in der für die Hauptverhandlung vorgesehenen Zeit eine andere Sitzung überhaupt nicht anberaumt ist, der ordentliche Sitzungstag also ungenutzt bleibt. Da die Schöffenbank für ordentliche und außerordentliche Sitzungen unterschiedlich besetzt ist (vgl. §§ 45,47 GVG), erschöpft sich die Durchführung der Hauptverhandlung als ordentliche oder außerordentliche Sitzung nicht in einem bloß gerichtsinternen Vorgang. Vielmehr ist der grundrechtlich geschützte Anspruch auf den gesetzlichen Richter (Artikel 101 Abs. 1 Satz 2 GG) berührt. Dem hat der Vorsitzende bei seiner Entscheidung Rechnung zu tragen. Auch wenn die Anberaumung einer außerordentlichen Sitzung nicht deshalb rechtsfehlerhaft wird, weil sich ihre Voraussetzungen, rückblickend betrachtet, als unzutreffend herausstellen (vgl. BGHSt. 16, 63,65; BGH, Urteile v. 5. 1. 1971 – 5 StR 576/70, v. 16. 10. 1973 – 1 StR 393/73 und v. 13. 11. 1973 – 1 StR 480/73), muß bei der Terminierung darauf geachtet werden, daß die Festlegung von außerordentlichen Sitzungen und die Verteilung der Strafsachen auf die Sitzungstage nicht absehbar und nicht ohne Not im Ergebnis dazu führen, daß im fraglichen Sitzungszeitraum die ordentlichen Sitzungstage ungenutzt und damit die gemäß § 45 GVG berufenen Schöffen von der Mitwirkung ausgeschlossen bleiben (vgl. BGH GA 1980, 68, 69). Dies kann, zumal wegen der Möglichkeit, den Beginn der ordentlichen Sitzung zu verlegen, durchaus in einer Weise geschehen, die dem Interesse der Praxis an einer flexiblen Abwicklung der Geschäfte Rechnung trägt.

b) Gemessen an diesen Grundsätzen hält sich die Durchführung der Hauptverhandlung als außerordentliche Sitzung hier nicht mehr in den Grenzen des dem Vorsitzenden insoweit eingeräumten Ermessens.

Allerdings bestehen bei Berücksichtigung seiner glaubhaften dienstlichen Äußerung keine Anhaltspunkte dafür, daß der ordentliche Sitzungstag am 2. 5. 1990 entsprechend der von der Verteidigung geäußerten Vermutung von Anfang an von Hauptverhandlungen freigehalten werden sollte. In einem solchen Falle wäre es offensichtlich, daß es sich nicht um eine außerordentliche, sondern der Sache nach um eine ordentliche Sitzung handelte, deren Beginn lediglich verlegt worden war (vgl. BGHSt. 11, 55, 56; BGH, Beschl. v. 29. 11. 1978 – 4 StR 570/78).

Von einer außerordentlichen Sitzung kann aber auch dann keine Rede sein, wenn der ordentliche Sitzungstag für die Hauptverhandlung bewußt nicht genutzt wird, weil der Vorsitzende – ähnlich wie hier – ihn ganz generell späterer Terminierung vorbehalten will. In einem solchen Fall besteht in dem für die Beurteilung maßgeblichen Zeitpunkt der Terminsbestimmung gerade keine konkrete Notwendigkeit für zusätzliche Hauptverhandlungstage. Wollte man schon die allgemein gehaltene und in aller Regel zu bejahende Erwartung, daß noch irgendwelche anderen, nicht genügend individualisierten Strafsachen rechtzeitig terminsreif werden und auf den zunächst freigehaltenen ordentlichen Sitzungstag gesetzt werden können, zur Rechtfertigung eines zusätzlichen Bedarfs an Sitzungstagen im Sinne von § 47 GVG ausreichen lassen, wäre die Anberaumung außerordentlicher Sitzungstagen letztlich in das Belieben und nicht in das pflichtgemäße Ermessen des Strafkammervorsitzenden gestellt. Ordentliche und außerordentliche Sitzungen ließen sich nicht mehr nach sachlichen Kriterien unterscheiden. Die sich im vorliegenden Falle realisierende Gefahr, daß „außerordentliche" Sitzungen an die Stelle der ordentlichen treten und sie ersetzen, wäre groß. Zugleich wäre die naheliegende Möglichkeit geschaffen, durch die Verlegung des Sitzungsbeginns in Gestalt der Anberaumung außerordentlicher Sitzungstage nicht genehme Schöffen von der Teilnahme an der Hauptverhandlung auszuschließen und so den Angeklagten seinem gesetzlichen Richter zu entziehen (vgl. BGHSt. 11, 54, 55/56; BGH GA 1980, 68, 69). Dem allem widerspricht aber die gesetzliche Wertung, wie sie in Artikel 101 Abs. 1 Satz 2 GG und in den §§ 45, 47 GVG zum Ausdruck kommt.

Der Bundesgerichtshof hat es zwar in einem Sonderfall nicht als eine zu einer fehlerhaften Gerichtsbesetzung führende Ermessensüberschreitung beurteilt, daß ein Strafkammervorsitzender einen außerordentlichen Sitzungstag angesetzt und gleichzeitig den noch unbesetzten ordentlichen Sitzungstag für eine andere Strafsache freigehalten hatte (BGH, Urt. v. 13. 11. 1973 – 1 StR 480/73). Entscheidend war jedoch, daß das Strafverfahren, das für den ordentlichen Sitzungstag vorgesehen war, genau feststand und daß mit seiner Terminierung aus der Sicht des Vorsitzenden alsbald zu rechnen war. Es bestand daher ein konkretes aus bestimmter Terminsplanung abgeleitetes Bedürfnis nach zusätzlicher Tagung. Daran fehlt es hier. Die Grundsätze jener Entscheidung lassen sich auf die in vorliegender Sache zu beurteilende Fallgestaltung nicht übertragen. Die unbestimmte Erwartung einer eiligen, für die Verhandlung am 2. 5. 1990 geeigneten, aber sonst nicht individualisierten Strafsache konnte eine konkrete Notwendigkeit für eine außerordentliche Sitzung nicht rechtfertigen, soll es nicht zu den dargestellten, dem Sinn und Zweck der gesetzlichen Regelung in Artikel 101 Abs. 1 Satz 2 GG und in den §§ 45, 47 GVG widersprechenden Konsequenzen kommen. Anderes folgt auch nicht daraus, daß die Geschäftslage der Strafkammer seit Herbst 1989 angespannt war und bereits zur Anberaumung außerordentlicher Sitzungstage geführt hatte. Sie war jedenfalls nicht so, daß im Zeitpunkt der Terminierung am 27. 3. 1990 weitere und geeignete Sachen zur Terminsbestimmung angestanden hätten. Da es für die Überprüfung, ob sich die Anberaumung einer außerordentlichen Sitzung im Rahmen des eingeräumten Ermessensspielraums hält, allein auf den Zeitpunkt der Terminsfestlegung ankommt und spätere Umstände außer Betracht zu bleiben haben, kann dahinstehen, ob das gebotene konkrete Erfordernis zusätzlicher Tagung aus dem späteren Vorhaben des Vorsitzenden, den 2. 5. 1990 für eine Fortsetzungsverhandlung in einer bestimmten anderen Strafsache freizuhalten, hätte abgeleitet werden können.

Der Besetzungsfehler erweist sich auch nicht etwa deswegen im Ergebnis als unschädlich, weil der Vorsitzende offensichtlich nicht beabsichtigte, den Angeklagten seinem gesetzlichen Richter zu entziehen, sondern nur die zur Anberaumung außerordentlicher Sitzungstage in der Rechtssprechung entwickelten Grundsätze nicht rechtsirrtumsfrei angewendet hat. Denn der Fehler beruht auf einer nicht mehr hinnehmbaren Auslegung des Verfahrensrechts (vgl. BGH GA 1980, 68, 69).

5. Ein blinder Richter kann nicht den Vorsitz in einer erstinstanzlichen Hauptverhandlung in Strafsachen führen.

StPO § 338 Nr. 1 – BGH Beschl. v. 9. 12. 1988 – 3 StR 366/88 (= BGHR StPO § 338 Nr. 1 Richter, blinder 5)

Die Revision rügt, das Gericht sei wegen eines blinden Vorsitzenden nicht ordnungsgemäß besetzt gewesen.

Der Sachverhalt ergibt sich aus dem Revisionsvorbringen. – Das Rechtsmittel hatte Erfolg.

Gründe: Die Revision des Angeklagten hat mit der Verfahrensrüge nicht vorschriftsgemäßer Besetzung des Gerichts Erfolg. Obwohl Bedenken vorgebracht werden, daß ausnahmslos ein absoluter Revisionsgrund gemäß § 338 Nr. 1 StPO vorliegt, wenn ein blinder Richter den Vorsitz in einer erstinstanzlichen Hauptverhandlung führt, folgt der Senat der neuen Rechtsprechung des 4. Strafsenats des Bundesgerichtshofs (BGHSt. 35, 164 [BGH Urt. v. 17. 12. 1987 – 4 StR 440/87; vgl. § 338 Nr. 1 StPO erfolgreiche Rügen]; BGHR StPO § 338 Nr. 1 Richter, blinder 3 [BGH Urt. v. 17. 12. 1987 – 4 StR 580/87; vgl. § 338 Nr. 1 StPO erfolgreiche Rügen]) insoweit, als ein blinder Richter nicht den Vorsitz in einer erstinstanzlichen Hauptverhandlung in Strafsachen führen kann. Bestimmend hierfür ist nach Auffassung des Senats, daß die dem Vorsitzenden gemäß § 238 StPO übertragene Verhandlungsleitung und seine sitzungspolizeilichen Aufgaben nach § 176 GVG im Interesse eines Angeklagten, gegen den in einem Strafverfahren der staatliche Strafanspruch durchgesetzt werden soll, auch die Sehkraft des Vorsitzenden erfordert. Der Vorsitzende in einer erstinstanzlichen Hauptverhandlung in Strafsachen muß in der Lage sein, selbst visuelle Wahrnehmungen zu machen, um gegebenenfalls darauf unmittelbar reagieren zu können.

Der Senat hat allerdings keinen Anlaß, aus den angeführten Entscheidungen zu folgern, daß die Mitwirkung eines jeden blinden Richters in jeder tatrichterlichen Hauptverhandlung zur vorschriftswidrigen Gerichtsbesetzung führt. Vielmehr möchte er an der wohlerwogenen ständigen Rechtsprechung des Bundesgerichtshofs festhalten, daß grundsätzlich auch blinde Richter Tatrichter sein können (BGHSt. 4, 191 [BGH Urt. v. 28. 4. 1953 – 5 StR 136/53; vgl. § 338 Nr. 1 StPO erfolglose Rügen]; 5, 354 [BGH Urt. v. 5. 3. 1954 – 5 StR 661/53; vgl. § 338 Nr. 1 StPO erfolglose Rügen]; 11, 74, 78 [BGH Beschl. v. 22. 11. 1957 – 5 StR 477/57; vgl. § 261 StPO erfolglose Rügen]; BGH, Urt. v. 29. 10. 1958 – 2 StR 425/58; anders beim Augenschein: BGHSt. 34, 236 [BGH Urt. v. 27. 11. 1986 – 4 StR 536/86; vgl. § 338 Nr. 3 StPO erfolgreiche Rügen]; 18, 51 [BGH Urt. v. 28. 9. 1962 – 4 StR 301/62; vgl. § 338 Nr. 1 StPO erfolgreiche Rügen]). Erfahrungsgemäß gleicht ein blinder Richter das nicht unmittelbare Wahrnehmen optischer Eindrücke „durch Sinneswahrnehmungen anderer Art, insbesondere durch ein geschärftes und verfeinertes Hörvermögen" derart aus, daß er Umstände erfaßt, die der Wahrnehmung sehender Richter entgehen (BGHSt. 5, 354, 355). Entscheidungserhebliche Wahrnehmungen können die Richter spätestens in der Beratung einander vermitteln. Das gilt um so mehr, als auch ein zu einem Spruchkörper gehöriger Richter allen anderen die für die Beurteilung des Sachverhalts erforderliche Sachkunde vermitteln kann (BGHSt. 12, 18 [BGH Urt. v. 10. 7. 1958 – 4 StR 211/58; vgl. § 244 StPO erfolglose Rügen]; BGH NStZ 1983, 325 [vgl. Urt. v. 22. 3. 1983 – BGH 1 StR 846/82 vgl. § 251 StPO erfolglose Rügen]).

6. Feststellung der Verhinderung des Vertretungsrichters nur durch den Landgerichtspräsidenten möglich.

StPO § 338 Nr. 1 – BGH Beschl. v. 22. 3. 1988 – 4 StR 35/88 LG Bochum (NStZ 1988, 325)

Die Revision rügt, das Gericht sei nicht vorschriftsmäßig besetzt gewesen, weil der urlaubsabwesende Vorsitzende nicht von demjenigen Richter vertreten worden war, den der Geschäftsverteilungsplan vorsah.

Sachverhalt: Der nach dem Geschäftsverteilungsplan des Landgerichts zuständige Vorsitzende der Strafkammer war wegen Urlaubs an der Mitwirkung verhindert. Dadurch wurde die Strafkammerbeschlußunfähig. Für diesen Fall bestimmte der Geschäftsverteilungsplan des Landgerichts für das Jahr 1987, daß „die Mitglieder der 1. Vertretungskammer in den einander folgenden Vertretungsfällen reihum in der Reihenfolge ihres Dienstalters ... beginnend mit dem jüngsten ... als Richter in die von dem Ausfall betroffene Kammer" eintreten (Nr. 2.11), wobei „der Sitzungsdienst in der eigenen Kammer ... dem Sitzungsdienst als Vertreter in einer anderen Kammer" vorgehen sollte (Nr. 2.4). Die Vertretungskammer für die hier zuständige 3. Strafkammer war die 8. Strafkammer des Landgerichts. Da das dienstjüngste Mitglied der 8. Strafkammer bereits einmal zur Vertretung herangezogen worden war und das zweitjüngste Mitglied wegen Urlaubs nicht mitwirken konnte, wäre nun der Vorsitzende der 8. Strafkammer zur Mitwirkung berufen gewesen. An seiner Stelle hat jedoch wiederum das dienstjüngste Mitglied in der Hauptverhandlung mitgewirkt.

Der Vorsitzende der 8. Strafkammer hat dazu nach Eingang der Revisionsbegründung eine dienstliche Äußerung folgenden Inhalts abgegeben: „Wegen starker Belastung mit eigenen Rechtsprechungsaufgaben als Vorsitzender der 8. großen und der 5. kleinen Strafkammer war ich an einer Vertretung bei der 3. großen Strafkammer am 17. 9. 1987 verhindert. Insbesondere hatte ich die Hauptverhandlung für das Umfangsverfahren gegen Zu. a. (8 KLs 47Js 264/86) vorzubereiten, in dem am 5. 10. 1987 die jetzt noch andauernde Hauptverhandlung begann. Außerdem hatte ich den Vorsitz wahrzunehmen in der Hauptverhandlung der 8. großen Strafkammer am 16. 9. 1987 und in der Hauptverhandlung der 5. kleinen Strafkammer am 18. 9. 1987." – Das Rechtsmittel hatte Erfolg.

Gründe: ...

2. Auf Grund der dienstlichen Äußerung des zur Vertretung berufenen Vorsitzenden Richters steht fest, daß der Verhinderungsfall eigener Sitzungstätigkeit (Nr. 2.4 des Geschäftsverteilungsplanes) am Hauptverhandlungstag in dieser Sache nicht vorlag. Die Frage, ob der Vorsitzende Richter als Vertreter verhindert war, war damit nicht – wie im Falle des Urlaubs oder der Erkrankung – offenkundig. Es bedurfte daher einer von zuständiger Stelle zu treffenden Ermessensentscheidung darüber, welcher Aufgabe – der Tätigkeit in der eigenen oder derjenigen in der Vertreterkammer – der Vorrang vor der anderen zukam (BGHSt. 12, 33 [BGH Urt. v. 5. 8. 1958 – 5 StR 160/58; vgl. § 338 Nr. 1 StPO erfolgreiche Rügen], 36; 162, 163 [BGH Urt. v. 31. 3. 1989 – 2 StR 706/88; vgl. § 338 Nr. 1 StPO erfolglose Rügen]; 21, 174, 175 [BGH Urt. v. 4. 10. 1966 – 1 StR 282/66; vgl. § 338 Nr. 1 StPO er-

folglose Rügen]). Ein Grundsatz, daß die allgemeine Diensttätigkeit in der „eigenen" Strafkammer stets derjenigen als Vertreter in einer anderen Strafkammer vorgeht, besteht nicht (vgl. BGHSt. 25, 163, 164 [BGH Urt. v. 27. 3. 1973 – 1 StR 55/73; vgl. § 338 Nr. 1 StPO erfolgreiche Rügen]); auch der Geschäftsverteilungsplan ging hiervon gerade nicht aus, sondern bestimmte einen Vorrang nur bei auf denselben Tag fallendem Sitzungsdienst.

Der zur Vertretung berufene Vorsitzende Richter konnte seine Verhinderung nicht selbst feststellen. Zuständig hierfür war vielmehr der Präsident des Landgerichts (BGHSt. 12, 33, 35; 12, 113, 114 [BGH Urt. v. 21. 10. 1958 – 5 StR 412/58; vgl. § 338 Nr. 1 StPO erfolgreiche Rügen]; 18, 162 [BGH Urt. v. 4. 12. 1962 – 1 StR 425/62; vgl. § 338 Nr. 1 StPO erfolglose Rügen]; 25, 163; BGH, NJW 1974, 870 [vgl. Urt. v. 29. 1. 1974 – BGH 1 StR 533/73; vgl. § 21e GVG erfolglose Rügen]). Dieser hätte grundsätzlich vor Inangriffnahme der richterlichen Tätigkeit (BGHSt. 21, 174, 179), spätestens aber im Rahmen des Verfahrens nach §§ 222a, 222b StPO (BGHSt. 30, 268 [BGH Urt. v. 1. 12. 1981 – 1 StR 393/81; vgl. § 338 Nr. 1 StPO erfolglose Rügen]), in einer für das Revisionsgericht nachprüfbaren Weise die Feststellung treffen müssen, daß der Vorsitzende der 8. Strafkammer an der Mitwirkung in dieser Sache verhindert sei. Da es an einer solchen Feststellung des Landgerichts-Präsidenten fehlt, war das Gericht nicht vorschriftsmäßig besetzt; dies begründet die Revision. ...

7. Schöffenwahlausschuß muß selbst entscheiden, nicht nur absegnen.

StPO § 338 Nr. 1; GVG § 42 Abs. 1 – BGH Urt. v. 19. 1. 1988 – 1 StR 577/87 LG Augsburg (= BGHSt. 35, 190 = NJW 1988, 3164)

Die Revision rügt, daß die Wahl der Schöffen nicht einheitlich aus der berichtigten Vorschlagsliste des Amtsgerichtsbezirks erfolgte, sondern daß einzelne eigens damit betraute Gremien jeweils eine anteilmäßig bestimmte, vorher festgelegte und zuerkannte Anzahl von Personen auswählten und diese Auswahl dann vom Wahlausschuß als Entscheidung eben dieses jeweiligen Gremiums hingenommen und gebilligt wurde.

Sachverhalt: Nachdem die Vorschlagslisten der Stadt Augsburg und der zum Landkreis Augsburg gehörenden Gemeinden – Stadt- und Landkreis bilden zusammen den Amtsgerichtsbezirk Augsburg – beim Amtsgericht eingegangen waren (§ 38 GVG), übersandte der zuständige Richter diese Listen „an die Ausschüsse zur evtl. Vorauswahl in einer vorbereitenden Sitzung (Landkreis und Stadt Augsburg je eigens und getrennt nach Fraktionen)". Das entsprach dem „Arbeitsplan zur Vorbereitung und Durchführung der Schöffenwahl 1985/88", nach dem die Schöffenwahl beim Amtsgericht Augsburg gehandhabt wurde.

Beim Landratsamt Augsburg trafen sich daraufhin die vier vom Kreistag nach § 40 Abs. 3 GVG für den Schöffenwahlausschuß gewählten Vertrauenspersonen zur „Vorauswahl der Schöffen und Jugendschöffen für die Geschäftsjahre 1985/88"; so lautet die Sachbezeichnung in der über dieses Treffen von einem Verwaltungsangestellten gefertigten Niederschrift. Aus den Vorschlagslisten wurden 42 Personen – darunter der schon genannte spätere Schöffe S. – als Hauptschöffen für das Landgericht Augsburg „in die engere Wahl gezogen" und in der Niederschrift namentlich bezeichnet.

Bei der Stadt Augsburg stellten die Fraktionen der SPD, der CSU und der CSM (einer durch Abspaltung aus der CSU-Fraktion hervorgegangenen Vereinigung) getrennte Vorschlagslisten auf. Die „SPD Schöffen-Vorschlagsliste" nannte 28, die Liste der CSU 14 und die der CSM ebenfalls 14 Personen als Hauptschöffen für das Landgericht. Insgesamt waren das 56 Personen, zusammen mit den schon erwähnten 42 Personen 98; diese Zahl an Schöffen war vom Amtsgerichtsbezirk Augsburg für das Landgericht zu wählen. Die von der SPD-Fraktion vorgeschlagenen 28 Personen gehörten alle dieser Partei an, bei der CSU waren 12 der vorgeschlagenen 14 Personen Parteimitglieder, bei der CSM besaßen 15 der als

Haupt- und Hilfsschöffen vorgeschlagenen 22 Personen die Mitgliedschaft dieser Vereinigung. Wer im einzelnen an der Aufstellung der Vorschlagslisten der Fraktionen mitwirkte, ist nicht festgehalten; doch findet der Vortrag der Revision, das sei durch besondere Vorauswahl-Ausschüsse der Fraktionen (eben die im amtsgerichtlichen Arbeitsplan als Adressaten genannten „Ausschüsse") geschehen, seine Unterstützung sowohl in einem Schreiben des Stadtrats und Schöffenwahlausschußmitglieds H. (CSM) an das Amtsgericht, in dem er zwei andere Stadträte als „federführende Mitglieder des Auswahlausschusses der SPD und CSU im Augsburger Stadtrat" bezeichnet, als auch in einer telefonischen Bitte des Stadtrats und Schöffenwahlausschußmitglieds G. gegenüber dem Amtsgericht, man möge den Termin zur Schöffenwahl erst „nach dem 17. 9. 1984 (Fraktionsferien)" ansetzen, und in einer Mitteilung von Stadträtin und Schöffenwahlausschußmitglied an das Amtsgericht, sie habe von dem erkrankten Herrn G. die Vorschlagslisten übernommen: „Gestern war Fraktionssitzung; die Listen folgen".

Bei der Sitzung des Schöffenwahlausschusses lagen die Vorschlagslisten der Fraktionen vor. Es wurde zunächst über Einsprüche und Hinderungsgründe einiger Personen entschieden, die sich auf den Vorschlagslisten der Gemeinden befanden, und auf diese Weise die (für den ganzen Amtsgerichtsbezirk einheitliche) „berichtigte Vorschlagsliste" (§ 42 GVG) erstellt. Anhand dieser Liste wurde sodann „bei jedem in Aussicht genommenen und zur Wahl gestellten Kandidaten nachgeprüft, ob dieser tatsächlich in die berichtigte Vorschlagsliste aufgenommen worden war. Dies war der Fall. Daraufhin wurden – einstimmig – folgende Personen gewählt ...

Die Liste der auf diese Weise gewonnenen 98 Hauptschöffen für das Landgericht enthielt – auch in der Reihenfolge – genau die Namen der in den Vorschlagslisten der CSU, der CSM, der SPD und der vier Kreisräte aufgeführten Personen mit Ausnahme von zwei Personen, die – wie auf der SPD-Vorschlagsliste handschriftlich vermerkt – wegen geltendgemachter Überlastung und wegen früherer Schöffentätigkeit (§ 34 Abs. 1 Nr. 7 GVG) nicht herangezogen, sondern durch zwei andere Personen ersetzt wurden, von denen eine in der SPD-Vorschlagsliste unter „Ersatz-Meldungen" aufgeführt war.

Wie viele Namen die „berichtigte Vorschlagsliste" des Amtsgerichtsbezirks enthielt, ist nicht vorgetragen; allein die Vorschlagsliste der Stadt Augsburg nannte jedoch 739 Personen. Allerdings waren der berichtigten Vorschlagsliste außer den 98 Hauptschöffen noch 60 Hilfsschöffen für das Landgericht sowie 84 Haupt- und Hilfsschöffen für das Amtsgericht Augsburg zu entnehmen. – Das Rechtsmittel hatte Erfolg.

Gründe: Der Schöffe S. war vom Schöffenwahlausschuß beim Amtsgericht Augsburg bestimmt worden. Nach Auffassung des Senats handelte es sich hierbei nicht um eine Wahl im Sinne von § 42 GVG. Dem liegt zugrunde:

Das geschilderte Verfahren verstieß gegen § 42 Abs. 1 Satz 1 GVG, wonach der Schöffenwahlausschuß die Schöffen „aus der berichtigten Vorschlagsliste wählt". Formal wurde zwar der genannten Vorschrift entsprochen: Sämtliche ausgewählten Personen waren auf der berichtigten Vorschlagsliste genannt, die vom Gesetz geforderte Zweidrittel-Mehrheit im Wahlausschuß wurde noch überschritten. Doch befaßte sich der Wahlausschuß in Wirklichkeit nicht mit der (gesamten) Vorschlagsliste; er beschränkte sich vielmehr darauf, eine Auswahl zu übernehmen und formal nachzuvollziehen, die andere, vom Gesetz nicht vorgesehene Gremien vorwegvollzogen hatten.

Schon die Übersendung der Vorschlagslisten „zur evtl. Vorauswahl" an die „Ausschüsse" und „Fraktionen" durch den Richter zeigt, daß es nicht etwa darum ging, die Mitglieder des Schöffenwahlausschusses vor der Wahl über die wählbaren Personen zu unterrichten und ihnen dadurch die Möglichkeit vorheriger Erkundigung zu geben, sondern darum, die genannten Gremien als solche zur Vorauswahl zu befähigen. Nur deren entscheidende Rolle erklärt auch, daß die Zahl der jeweils vorgeschlagenen Personen unter den Fraktionen – offenbar nach Mehrheitsverhältnissen – festgelegt war; die von der CSM vorgelegte

Liste gibt bei jeder Art von Schöffen dieses Zahlenverhältnis an, so bei den Hauptschöffen für das Landgericht „56, davon 28 SPD, 14 CSU, 14 CSM". Zwischen den im Schöffenwahlausschuß gleichberechtigten Vertrauenspersonen hätte zu solcher Festlegung – die auf die gegenseitige Anerkennung eines Benennungsrechts hinauslief – kein Anlaß bestanden.

Bei der Sitzung des Schöffenwahlausschusses wurden nur Personen in Betracht gezogen, die auf einer der Vorschlagslisten der Fraktionen oder der Kreisräte standen. Das ergibt sich aus der Niederschrift, wonach „bei jedem in Aussicht genommenen und zur Wahl gestellten Kandidaten" nachgeprüft wurde, ob er in der berichtigten Vorschlagsliste genannt war, im Zusammenhang mit dem Umstand, daß dann – mit der erwähnten Ausnahme – nur diese auf den Vorschlagslisten der Fraktionen und der Kreisräte genannten Personen gewählt wurden. Die Wahl anderer Personen stand zu dieser Zeit nicht mehr zur Debatte.

Im Landkreis war die Liste der in die engere Wahl gezogen Personen zwar nur durch Mitglieder des Schöffenwahlausschusses aufgestellt worden. Indes war auch dieser Vorgang formalisiert und wurde in einer Niederschrift des Landratsamts festgehalten; das Ergebnis wurde in die Sitzung des Schöffenwahlausschusses unverändert eingebracht und ebenso übernommen.

Insgesamt ergibt sich daher das Bild, daß die Wahl der Schöffen nicht einheitlich aus der berichtigten Vorschlagsliste des Amtsgerichtsbezirks erfolgte, sondern daß einzelne eigens damit betraute Gremien jeweils eine anteilmäßig bestimmte, vorher festgelegte und zuerkannte Anzahl von Personen auswählten und diese Auswahl dann vom Wahlausschuß als Entscheidung eben dieses jeweiligen Gremiums hingenommen und gebilligt wurde. Das war keine Wahl im Sinne von § 42 GVG.

Diese Beurteilung wird nicht dadurch in Frage gestellt, daß sowohl Stadtrat als auch Kreistag, politische Gremien in parteipolitischer Zusammensetzung, zur Mitwirkung bei der Schöffenwahl gesetzlich berufen sind. Ihre Mitwirkung liegt in der Aufstellung der Vorschlagslisten (§ 36 GVG) und der Bestellung der Vertrauenspersonen (§ 40 Abs. 3 GVG) und beschränkt sich hierauf. Sind die Vertrauenspersonen bestellt, so sind sie in ihrer Willensbildung unabhängig. Zwar ist nicht untersagt, (nur) Mitglieder der Vertretungskörperschaften zu Vertrauenspersonen zu wählen und hierbei das Verhältnis der Fraktionen zugrunde zu legen (BGH NStZ 1981, 150 [BGH Urt. v. 11. 11. 1980 – 1 StR 506/80; vgl. § 40 GVG erfolglose Rügen]), doch sind die Vertrauenspersonen auch in diesem Fall – vom Gesetz her gesehen – nicht Vertreter der Parteien, denen sie angehören.

Der Senat übersieht nicht, daß die einzelne Vertrauensperson von den zahlreichen zur Schöffenwahl insgesamt vorgeschlagenen Personen allenfalls einen kleinen Teil kennen wird und deshalb das Bedürfnis haben kann, schon vor der Wahl die Listen zu erhalten und nähere Erkundigungen einzuziehen, sei es auch durch Unterredung mit anderen (auch parteipolitisch nahestehenden) Personen. Gegen solche das Wahlverhalten vorbereitende Maßnahmen der einzelnen Vertrauensperson wäre noch nichts einzuwenden. So war es im vorliegenden Fall jedoch nicht, vielmehr wurde das Ergebnis fremder Willensbildung als solches übernommen.

Der Verstoß gegen § 42 GVG hat die Unwirksamkeit der Wahl der Hauptschöffen für das Landgericht Augsburg im Amtsgerichtsbezirk Augsburg und damit die Unwirksamkeit der Bestellung des Schöffen S. zur Folge. Der Fehler betraf die Tätigkeit des Schöffenwahlausschusses einschließlich der des richterlichen Vorsitzenden und damit den Zuständigkeits- und Prüfungsbereich des Gerichts (vgl. BGHSt. 22, 122, 123 [BGH Urt. v. 30. 4. 1968 – 1 StR 87/68; vgl. § 36 GVG erfolglose Rügen]; 33, 290, 291 [BGH Urt. v. 13. 8. 1985 – 1 StR 330/85; vgl. § 36 GVG erfolglose Rügen]). Die daraus folgende vorschriftswidrige – rechtzeitig gerügte – Besetzung des Gerichts führt zur Aufhebung des Urteils (§ 338 Abs. 1 Nr. 1 StPO).

8. Vorschriftswidrige Besetzung einer Strafkammer durch blinden Vorsitzenden.
StPO § 338 Nr. 1 – BGH Urt. v. 17. 12. 1987 – 4 StR 440/87 LG Kaiserslautern (= BGHSt. 35, 164 = NJW 1988, 1333 = StV 1988, 191 = NStZ 1988, 374)

Die Revision rügt, das Gericht sei nicht vorschriftsmäßig besetzt gewesen, weil der Vorsitzende der Jugendkammer blind war. – Das Rechtsmittel hatte Erfolg.

Gründe:

1. Diese Verfahrensrüge kann noch in der Revisionsinstanz erhoben werden, obwohl die Angeklagten die Besetzung des Gerichts mit einem blinden Richter in der Hauptverhandlung vor der Jugendkammer nicht gerügt hatten. Eine Präklusion kommt hier nicht in Betracht, da die §§ 222a, 222b StPO den Fall, daß sich der Fehler in der Besetzung des Gerichts aus Mängeln in der Person des Richters ergibt, nicht erfassen (BGHSt. 34, 236 [BGH Urt. v. 27. 11. 1986 – 4 StR 536/86; vgl. § 338 Nr. 1 StPO erfolgreiche Rügen]).

2. Die somit zulässig erhobene Rüge ist auch begründet. Der Senat hat bereits in seiner Entscheidung vom 27. 11. 1986 (BGHSt. 34, 236) unter Hinweis auf die Ausführungen des Bundesverfassungsgerichts in BVerfGE 20, 52, 55 erklärt, daß er zu der Ansicht neigt, in einer strafgerichtlichen Tatsachenverhandlung sei die Bildung eines richterlichen Urteils vom Sehvermögen abhängig und daher die Mitwirkung eines blinden Richters unzulässig, das Gericht in einem solchen Falle somit nicht vorschriftsmäßig besetzt (a.a.O. S. 238). Er hat dabei keinen Unterschied zwischen dem Vorsitzenden und einem Beisitzer gemacht; denn dem Vorsitzenden obliegt zwar gemäß § 238 Abs. 1 StPO die Leitung der Verhandlung, das ganze Gericht ist aber dafür verantwortlich, daß sein Urteilsspruch in einem rechtlich nicht zu beanstandenden Verfahren gefunden wird. Diese Frage bedarf aber keiner abschließenden Entscheidung, da es sich hier um einen Richter handelt, der den Vorsitz in einer erstinstanzlich entscheidenden Strafkammer führte.

a) Der Richter muß in der Lage sein, alle Aufgaben zu erfüllen, zu deren Wahrnehmung er verfahrensrechtlich berufen ist (BGHSt. 4, 191, 193 [BGH Urt. v. 28. 4. 1953 – 5 StR 136/53; vgl. § 338 Nr. 1 StPO erfolglose Rügen]). Dazu benötigt er die Fähigkeit, die in der Hauptverhandlung ablaufenden Vorgänge nach den für das Strafverfahren geltenden Grundsätzen aufzunehmen. Diese Fähigkeit besitzt zum Beispiel ein taubstummer Richter nicht. Dessen Mitwirkung in einem Strafverfahren verstößt gegen den Mündlichkeitsgrundsatz. Die Mitwirkung eines blinden Richters in einer tatrichterlichen Hauptverhandlung berührt hingegen den Grundsatz der Unmittelbarkeit. § 261 StPO verlangt nämlich, daß das Gericht seine Überzeugung aus dem Inbegriff der Verhandlung schöpft. Hierzu gehören nicht nur die zwischen den Verfahrensbeteiligten gesprochenen Worte; vielmehr sind auch visuelle Eindrücke von maßgebender Bedeutung. Der Richter muß „auch von der Haltung und den Reaktionsweisen der Prozeßbeteiligten, vor allem des Angeklagten, durch aufmerksame Beobachtung Eindrücke gewinnen können, die möglicherweise für seine Beweiswürdigung bedeutsam werden können. Nicht nur die Aussagen, Antworten auf Fragen und Äußerungen auf Vorhalte der vernommenen Personen sind der für die Urteilsfindung erforderlichen Überzeugungsbildung zugrunde zu legen, sondern der Gesamteindruck, den sie vor Gericht hinterlassen. Hierbei kommt es gerade auf den unmittelbaren Eindruck an, den der Richter bei der Verhandlung gewinnt. Die Strafprozeßordnung legt das entscheidende Gewicht für die Urteilsfindung auf die dem Mündlichkeits- und Unmittelbarkeitsgrundsatz unterliegende Hauptverhandlung und nicht auf die im schriftlichen Ermittlungsverfahren gewonnenen Erkenntnisse. Sie verlangt also, daß sich der Richter „in eigener Wahrnehmung ein Bild von dem Angeklagten und sämtlichen Beweispersonen" verschaffen. Daher darf ein Richter in einer tatrichterlichen Strafverhandlung nicht allgemein so beeinträchtigt sein, daß er außerstande ist, bestimmte Vorgänge in der Hauptverhandlung wahrzunehmen.

b) Die Hauptverhandlung kann daher auch nicht nur – wie BGHSt. 4, 191, 193 angenommen hat – als ein „in Erklärungen, Rede und Gegenrede bestehender Vorgang" angesehen werden. Auch optische Eindrücke können – wie ausgeführt – entgegen der dort (S. 194) geäußerten Ansicht allgemein und nicht nur bei einer Einnahme des Augenscheins im wörtlichen Sinn für die Urteilsfindung von Bedeutung sein. Die Beurteilung der Einlassung des Angeklagten und der Aussagen von Zeugen „hängt nicht allein von ihrem Inhalt und der akustisch wahrnehmbaren Art und Weise ihrer Formulierung ab" (Fezer NStZ 1987, 335, 336). Der Gehörsinn eines blinden Richters wird zwar – wie weitere Sinne auch – regelmäßig geschärft sein, so daß der blinde im Einzelfall sogar dem sehenden Richter „in der Sensibilität der Wahrnehmung" überlegen sein mag (Fezer a.a.O.). Dieser Vorteil des blinden gegenüber dem sehenden Richter vermag aber nur bestimmte zusätzliche Erkenntnismöglichkeiten zu eröffnen, kann hingegen die Fähigkeit, optische Eindrücke vollständig wahrzunehmen, nicht ersetzen. Daß auch ein sehender Richter wesentliche Geschehnisse in der Hauptverhandlung „übersehen" kann und damit dem „Wunschbild" eines allseits aufmerksamen Richters nicht entspricht, vermag an dem grundsätzlichen Erfordernis, daß ein Richter bei der Beweiserhebung Ohren und Augen einzusetzen hat, nichts zu ändern. Eine im Einzelfall unvermeidbare „menschliche Unvollkommenheit" kann – entgegen BGHSt. 5, 354, 356 f. (BGH Urt. v. 5. 3. 1954 – 5 StR 661/53; vgl. § 338 Nr. 1 StPO erfolglose Rügen) – nicht mit einer allgemein bestehenden Einschränkung der Wahrnehmungsfähigkeit bei der Beweiserhebung gleichgesetzt werden. Das „Erfordernis der optischen Wahrnehmungsfähigkeit ist ... formal zu verstehen" (Fezer a.a.O.); es kommt also nicht auf die vorgenommenen oder unterlassenen Wahrnehmungen im Einzelfall an.

c) Im Schrifttum wird zu Recht darauf hingewiesen, daß gerade auch aus der Sicht des Angeklagten berechtigte Bedenken gegen die Mitwirkung eines blinden Richters im Strafprozeß bestehen. (Wird ausgeführt ...).

d) Es entspricht auch der einhelligen Ansicht der obersten Gerichtshöfe des Bundes, daß ein blinder Richter an der Verhandlung und Entscheidung einer Sache nicht teilnehmen darf, wenn „seine richterliche Aufgabe es erfordert, daß er sich auf Grund sinnlicher Wahrnehmung mit seinen Augen einen persönlichen Eindruck von Personen oder Dingen macht" (BGHZ 38, 347, 349), wenn es auf das „Erscheinungsbild" eines Beteiligten oder Zeugen ankommt (BVerwGE 65, 240, 241/242), wenn der Richter sich „einen auf persönlicher Wahrnehmung beruhenden Eindruck von dem Aussehen einer Person oder Sache verschaffen muß" (BSGE 32, 201, 202), wenn es also für die Entscheidung „auf das Gewinnen optischer Eindrücke ankommt" (BFH BStBl 1984 11 532, 533). Dies ist in den anderen Verfahrensordnungen, die keine Hauptverhandlung im Sinne des Strafprozeßrechts kennen, allerdings nur ausnahmsweise der Fall; deshalb lassen diese auch statt der mündlichen Verhandlung grundsätzlich ein schriftliches Verfahren zu (vgl. § 128 Abs. 2 ZPO, § 102 Abs. 2 VwGO, § 124 Abs. 2 SGG, § 90 Abs. 2 FGO). Etwas anderes gilt nur im arbeitsgerichtlichen Verfahren, in dem § 46 Abs. 2 Satz 2 ArbGG die Anwendung des § 128 Abs. 2 ZPO ausschließt; das hat seinen Grund aber nicht darin, daß sich das Arbeitsgericht notwendigerweise ein Bild, von der Person der Parteien machen muß, sondern liegt daran, daß jede arbeitsgerichtliche Verhandlung gemäß § 54 Abs. 1 Satz 1 ArbGG mit einer Güteverhandlung beginnt, in der den Parteien unter lediglich unterstützender Begleitung des Vorsitzenden der Versuch des Zustandekommens einer gütlichen Einigung aufgegeben ist.

Demgegenüber gibt es im Strafverfahren – abgesehen vom Strafbefehlsverfahren, in dem sich der Angeklagte ohne Verhandlung der Entscheidung des Gerichts unterwerfen, aber auch stets durch Einspruch eine mündliche Verhandlung erzwingen kann – kein schriftliches Verfahren. Das Gesetz geht somit davon aus, daß hier optische und akustische Eindrücke von den Beteiligten für das Gericht grundsätzlich unverzichtbar sind. Dem entspricht es, wenn in der Rechtsprechung des Bundesgerichtshofes immer wieder betont wird, daß der persönliche Eindruck des Richters von den Prozeßbeteiligten entscheidende Bedeutung haben kann. So wird beispielsweise die kommissarische Vernehmung eines Zeugen als unzureichend erachtet, wenn nur die Vernehmung vor dem erkennenden Gericht die nach Sach- und Beweislage erforderliche „Ausschöpfung" des Beweismittels gewährleistet oder die notwendigen Anknüpfungstatsachen für die Beurteilung des Beweiswerts der Zeugenaussage zu erbringen vermag. Der Große Senat des Bundesgerichtshofes hat im Zusammenhang mit den Voraussetzungen zur Vernehmung einer Vertrauensperson der Polizei darauf hingewiesen, daß das geltende Recht eine Beweisaufnahme unter optischer oder akustischer Abschirmung eines Zeugen nicht vorsieht (BGHSt. 32, 115, 124 f. [BGH Beschl. v. 17. 10. 1983 – GSSt 1/83; vgl. § 251 StPO erfolgreiche Rügen]).

e) Soweit es um die Einnahme eines Augenscheins im wörtlichen Sinn geht, können sich für den blinden Richter besondere Schwierigkeiten ergeben. Zwar besteht für den Richter die Möglichkeit, sich eines Augenscheinsgehilfen zu bedienen (BGHSt. 27, 135, 136 f. [BGH Urt. v. 3. 3. 1977 – 2 StR 390/76; vgl. §§ 100a, 250 StPO erfolglose Rügen]). Ob das Gericht sich hiermit begnügen darf oder nicht, hat es aber nach pflichtgemäßem Ermessen unter Berücksichtigung der ihm obliegenden Aufklärungspflicht zu entscheiden. Dieses Ermessen könnte von vornherein eingeengt sein, wenn der Richter auf die Vermittlung durch einen Augenscheinsgehilfen angewiesen ist (vgl. auch BGHSt. 34, 236, 238), weil andernfalls die Hauptverhandlung in anderer Besetzung (neu) beginnen müßte. Daß die Prozeßbeteiligten zu einem ihnen günstig erscheinenden Zeitpunkt im Laufe der Hauptverhandlung durch Stellung eines auf Augenscheinseinnahme gerichteten Beweisantrages auf die Zusammensetzung des Gerichts Einfluß nehmen können, ist eine weitere bedenkliche Folge der Mitwirkung eines blinden Richters an der tatrichterlichen Hauptverhandlung.

f) Dies alles ist besonders bedeutsam in Verfahren, in denen das Gesetz nur eine Tatsacheninstanz vorsieht. Nach der gesetzlichen Aufgabenverteilung ist die Würdigung der vorhandenen Beweise und die Feststellung der rechtserheblichen Tatsachen allein in die Verantwortung des Tatrichters gegeben. Seinem richterlichen Gewissen obliegt es zu entscheiden, welches Gewicht einander widersprechenden Bekundungen zukommt, und deren Wahrheitsgehalt abzuschätzen. Dieser Vorgang der Überzeugungsbildung ist in seinen Einzelschritten persönlichkeitsgebunden und nur begrenzt schriftlich darstellbar. Eine exakte Richtigkeitskontrolle im Rechtsmittelverfahren ist nicht möglich; das Revisionsgericht prüft die Beweiswürdigung nur auf Rechtsfehler. Auch die Strafzumessung ist grundsätzlich Sache des Tatrichters. Es ist seine Aufgabe, auf der Grundlage des umfassenden Eindrucks, den er in der Hauptverhandlung von der Tat und der Persönlichkeit des Täters gewonnen hat, die maßgebenden Umstände zu bewerten und abzuwägen; eine ins einzelne gehende Richtigkeitskontrolle durch das Revisionsgericht ist auch hier ausgeschlossen (BGHSt. 34, 345, 349[1]). Wenn aber die Rechtsordnung dem Tatrichter eine solche Verantwortung unter weitgehendem Verzicht auf Nachprüfungsmöglichkeiten überträgt, muß sie gewährleisten, daß er grundsätzlich die Fähigkeit besitzt, diese im einzelnen nicht darstellbaren und im Wege der Revision nur beschränkt überprüfbaren Eindrücke zu empfangen.

g) Für den Vorsitzenden eines Kollegialgerichts tritt noch hinzu, daß die Leitung des Verfahrens neben der ständigen Beobachtung des Angeklagten und der übrigen zu vernehmenden Personen auch diejenige aller Prozeßbeteiligten verlangt. So muß der Vorsitzende beispielsweise darauf bedacht sein, daß die Schöffen der Verhandlung aufmerksam folgen

---

1 „Die Strafzumessung ist grundsätzlich Sache des Tatrichters. Es ist seine Aufgabe, auf der Grundlage des umfassenden Eindrucks, den er in der Hauptverhandlung von der Tat und der Persönlichkeit des Täters gewonnen hat, die wesentlichen entlastenden und belastenden Umstände festzustellen, sie zu bewerten und hierbei gegeneinander abzuwägen. Ein Eingriff des Revisionsgerichts in diese Einzelakte der Strafzumessung ist in der Regel nur möglich, wenn die Zumessungserwägungen in sich fehlerhaft sind, wenn das Tatgericht gegen rechtlich anerkannte Strafzwecke verstößt oder wenn sich die verhängte Strafe nach oben oder unten von ihrer Bestimmung löst, gerechter Schuldausgleich zu sein (BGHSt. 29, 319, 320 m.w.N.). Nur in diesem Rahmen kann eine ‚Verletzung des Gesetzes' (§ 337 Abs. 1 StPO) vorliegen. Dagegen ist eine ins einzelne gehende Richtigkeitskontrolle ausgeschlossen." (BGH 10. 4. 1987 – GSSt 1/86).

(vgl. BGHSt. 2, 14 [BGH Urt. v. 23. 11. 1951 – 2 StR 491/51; vgl. § 338 Nr. 1 StPO erfolglose Rügen]) oder beisitzende Richter nicht durch das Studium anderer Akten in der Hauptverhandlung abgelenkt sind (vgl. BGH NJW 1962, 2212 [vgl. Urt. v. 7. 9. 1962 – BGH 4 StR 229/62; vgl. § 338 Nr. 1 StPO erfolglose Rügen]). Diese Aufgaben kann ein blinder Richter nicht erfüllen.

Aus der Aufgabe des Vorsitzenden erwächst hinsichtlich des blinden Vorsitzenden noch ein gerichtsverfassungsrechtliches Bedenken. Der blinde Vorsitzende muß in jedem Einzelfall bei der Vorbereitung der Hauptverhandlung über seine eigene Mitwirkung entscheiden, je nachdem, ob er es für wahrscheinlich hält, daß die Einnahme eines Augenscheins durch alle Mitglieder der Strafkammer erforderlich wird oder nicht, oder ob mit entsprechenden Beweisanträgen seitens der Prozeßbeteiligten zu rechnen ist (vgl. BGH, Urt. v. 30. 10. 1956 – 5 StR 305/56). Die Besetzung der Richterbank würde damit in jedem Einzelfall von der unüberprüfbaren Entscheidung des blinden Vorsitzenden abhängen. Dadurch könnte der Grundsatz des gesetzlichen Richters, der die möglichst eindeutige, willkürfreie, vorhersehbare Besetzung der Richterbank für jeden Einzelfall im voraus sicherstellen will, in Frage gestellt sein.

3. Die hier zu treffende Entscheidung betrifft nur einen blinden Richter als Vorsitzenden einer (erstinstanzlichen) Strafkammer. Der 5. Strafsenat des Bundesgerichtshofs hat in seinen von der hier vertretenen Auffassung teilweise abweichenden Entscheidungen BGHSt. 4, 191; 5, 354 ausdrücklich offen gelassen, ob ein blinder Richter die Fähigkeit besitzt, als verhandlungsleitender Richter, insbesondere als Vorsitzender eines Kollegialgerichts, tätig zu sein. Diese Frage verneint der erkennende Senat nunmehr. Dazu bedarf es der Anrufung des Großen Senats für Strafsachen (§ 136 Abs. 1 GVG) nicht.

9. Die Mitwirkung eines blinden Richters als Vorsitzender in der tatrichterlichen Hauptverhandlung in Strafsachen führt – unabhängig von den Umständen des Einzelfalls – zu einer nicht vorschriftsmäßigen Besetzung des Gerichts.

StPO § 338 Nr. 1 – BGH Urt. v. 17. 12. 1987 – 4 StR 580/87 (= BGHR StPO § 338 Nr. 1 Richter, blinder 3)

Die Revision rügt die Verletzung des § 261 StPO. Sie ist der Ansicht, daß es bei der Feststellung des Alters eines Menschen nicht nur auf dessen Stimme und seine Ausdrucksweise, sondern auch auf sein Verhalten, seine Gestik, sein äußeres Aussehen und seine Erscheinung ankomme. Da der Vorsitzende des Gerichts blind gewesen sei, habe er sich keinen umfassenden und sicheren Eindruck über das Alter des Zeugen F. verschaffen können. Wie wichtig es sei, einen Gesamteindruck von dem Zeugen zu haben, ergebe sich auch daraus, daß der Sitzungsvertreter der Staatsanwaltschaft „Freispruch mit der Begründung beantragt hat, daß die Einlassung des Angeklagten, daß er geglaubt habe, daß F. bereits 18 Jahre alt sei, nicht widerlegt werden konnte".

Sachverhalt: Nach den Feststellungen des Landgerichts war der 16jährige F. dem Angeklagten, der ihn an einer Bushaltestelle angesprochen hatte, in dessen Wohnung gefolgt. Dort kam es zwischen ihnen zu sexuellen Handlungen.

Der Angeklagte hat in der Hauptverhandlung vor der Jugendkammer behauptet, „er habe angenommen, der Zeuge sei schon älter als 18 Jahre gewesen", er habe dessen Alter „wegen seiner Körpergröße auf etwa 18 Jahre geschätzt". Die Jugendkammer ist der Ansicht, dem Angeklagten sei „hinsichtlich des Alters des Zeugen F. mindestens bedingter Vorsatz anzulasten". Dies folge schon aus der eigenen Einlassung des Angeklagten, der den Jungen auf „etwa" 18 Jahre geschätzt habe. Hierauf deuteten aber auch weitere Gesichtspunkte: „Der Zeuge F. hinterließ in der Hauptverhandlung, eineinhalb Jahre nach der Tat, noch den Eindruck eines Jugendlichen. Er wirkte gehemmt. Seine Ausdrucksweise ist naiv, wenn er über sexuelle Dinge redet". – Das Rechtsmittel hatte Erfolg.

Gründe: Die Verfahrensbeschwerde ist zulässig erhoben (§ 344 Abs. 2 Satz 2 StPO). Sie enthält mit der Behauptung, das Gericht habe den Unmittelbarkeitsgrundsatz (§ 261 StPO) nicht beachtet, zugleich die Rüge, das Gericht sei wegen der Blindheit des Vorsitzenden nicht ordnungsgemäß besetzt gewesen (§ 338 Nr. 1 StPO). Insofern ist ein Rügeverlust durch Präklusion nicht eingetreten, weil die §§ 222a, 222b StPO für diesen Fall nicht gelten (BGHSt. 34, 236 [BGH Urt. v. 27. 11. 1986 – 4 StR 536/86; vgl. § 338 Nr. 1 StPO erfolgreiche Rügen]).

Die Rüge ist auch begründet. Wie der Senat in seinem Urteil vom heutigen Tage in dem Verfahren 4 StR 440/87 (BGH Urt. v. 17. 12. 1987 – 4 StR 440/87 = BGHSt. 35, 164; vgl. § 338 Nr. 1 StPO erfolgreiche Rügen) dargelegt hat, führt die Mitwirkung eines blinden Richters als Vorsitzender in der tatrichterlichen Hauptverhandlung in Strafsachen – unabhängig von den Umständen des Einzelfalls – zu einer nicht vorschriftsmäßigen Besetzung des Gerichts. Allein deswegen kann das hier angefochtene Urteil schon keinen Bestand haben. Darüber hinaus weist der Beschwerdeführer aber zutreffend darauf hin, daß im vorliegenden Fall der optische Eindruck von der Person des Tatopfers als Zeugen für die Urteilsfindung von besonderer Bedeutung war. Die Sache bedarf daher neuer Verhandlung und Entscheidung.

10. Mitwirkung eines blinden Richters bei tatgerichtlicher Verhandlung unzulässig.
StPO §§ 222a, 222b, 338 Nr. 1 – BGH Urt. v. 27. 11. 1986 – 4 StR 536/86 LG Landau
(= BGHSt. 34, 236 = NJW 1987, 1220 = StV 1987, 91 = NStZ 1987, 335)

Die Revision rügt, die Schwurgerichtskammer sei nicht vorschriftsmäßig besetzt gewesen, weil an der Verhandlung ein blinder Richter mitgewirkt hat.

Sachverhalt: Das Schwurgericht hat den Fundort der Leiche und den vom Täter mutmaßlich bis dorthin zurückgelegten Weg besichtigt. Daß die Behauptung, einer der Berufsrichter sei blind gewesen, richtig ist, ergibt sich aus dem Protokoll der Hauptverhandlung. – Das Rechtsmittel hatte Erfolg.

Gründe:

1. Die Verfahrensrüge kann noch in der Revisionsinstanz erhoben werden, obwohl der Angeklagte die Besetzung des Gerichts mit einem blinden Richter zu Beginn der Hauptverhandlung vor dem Schwurgericht nicht förmlich gerügt hatte. Eine Präklusion kommt hier nicht in Betracht, da die §§ 222a, 222b StPO den Fall, daß sich der Fehler in der Besetzung des Gerichts aus Mängeln in der Person des Richters ergibt, weder erfassen wollen noch erfassen können.

2. Es entspricht der ständigen Rechtsprechung des Bundesgerichtshofs, daß ein blinder Richter an einer tatrichterlichen Hauptverhandlung in Strafsachen nicht mitwirken kann, wenn es in dieser zur Einnahme eines Augenscheins kommt (BGHSt. 4, 191, 193/194 [BGH Urt. v. 28. 4. 1953 – 5 StR 136/53; vgl. § 338 Nr. 1 StPO erfolglose Rügen]; 5, 354, 355 [BGH Urt. v. 5. 3. 1954 – 5 StR 661/53; vgl. § 338 Nr. 1 StPO erfolglose Rügen]; 18, 51, 53 [BGH Urt. v. 28. 9. 1962 – 4 StR 301/62; vgl. § 338 Nr. 1 StPO erfolgreiche Rügen]; BGH MDR 1964, 522 [BGH Urt. v. 21. 1. 1964 – 1 StR 531/63; vgl. § 338 Nr. 1 StPO erfolgreiche Rügen]). Das war hier der Fall.

3. Der Senat braucht daher nicht zu entscheiden, ob – abgesehen von den Fällen der Augenscheinseinnahme im wörtlichen Sinn – die Mitwirkung eines blinden Richters grundsätzlich unzulässig ist. Er weist aber darauf hin, daß er bereits in seiner Entscheidung BGHSt. 18, 51 Zweifel geäußert und erwogen hat, ob der Rechtsprechung des 5. Strafsenats des Bundesgerichtshofs zu folgen oder zu der Ansicht des Reichsgerichts (RGSt 60, 63, 64) zurückzukehren ist. Auch im Schrifttum wird weithin die Auffassung vertreten,

daß die Mitwirkung eines blinden Richters bei einer tatrichterlichen Hauptverhandlung in Strafsachen unzulässig ist.

Der Senat neigt zu der Ansicht, daß in einer strafgerichtlichen tatrichterlichen Verhandlung die Bildung eines richterlichen Urteils vom Sehvermögen abhängig und daher die Mitwirkung eines blinden Richters unzulässig, das Gericht in einem solchen Falle somit nicht vorschriftsmäßig besetzt ist (vgl. BVerfGE 20, 52, 55). Er hat dabei bedacht, daß ein tatrichterliches Kollegialgericht, in dem ein blinder Richter mitwirkt, bemüht sein könnte, die Einnahme eines Augenscheins zu vermeiden, um der Gefahr einer Aussetzung der Hauptverhandlung zu entgehen; wäre die Einnahme eines Augenscheins nämlich unvermeidbar, müßte dies stets zu einer Wiederholung der Hauptverhandlung führen.

11. Schöffenauslosung statt Schöffenwahl unzulässig.
StPO § 338 Nr. 1; GVG § 42 I – BGH Urt. v. 21. 9. 1984 – 2 StR 327/84 LG/Main (= BGHSt. 33, 41 = NJW 1984, 2839 = JR 1985, 80)

Die Revision rügt, daß das erkennende Gericht nicht vorschriftsmäßig besetzt gewesen sei. Bei dem Urteil haben als Schöffen H. W. mitgewirkt. Beide seien nicht wirksam zu Schöffen bestellt worden; ihre Berufung in dieses Amt sei vielmehr nichtig, weil sie nicht – wie es das Gesetz vorschreibt (§ 42 GVG) – zu Schöffen gewählt, sondern durch Losverfahren bestimmt worden sind.

Sachverhalt: Der bei dem Amtsgericht F. eingerichtete Schöffenwahlausschuß war am 25. 8. 1980 in nichtöffentlicher Sitzung zusammengetreten, um aus der Vorschlagsliste für die nächsten vier Geschäftsjahre die Haupt- und Hilfsschöffen sowohl für das Amtsgericht (Schöffengericht) als auch für das Landgericht (Strafkammern) F. auszuwählen. Bei dieser Sitzung erklärten alle anwesenden Vertrauenspersonen, ihnen sei die Vorschlagsliste bekannt; nach ihrer Meinung sei der Vorschrift des § 42 GVG (gemeint war Absatz 2 dieser Bestimmung) bei der Aufstellung der Liste bereits ausreichend Rechnung getragen – eine besondere Auswahl nach Geschlecht, Alter, Beruf und sozialer Stellung erübrige sich daher. Darauf beschloß der Ausschuß einstimmig, daß die erforderliche Zahl der Schöffen und Hilfsschöffen „im Wege des Losverfahrens ausgewählt" werden solle. Der Beschluß wurde ausgeführt. Entsprechend der Zahl der vorgeschlagenen Personen waren – aufgeklebt auf Kladden – 2342 Lose vorhanden. Die Kladden wurden zerschnitten, die so entstandenen Lose in einen Karteikasten gegeben und gemischt. Sodann zog der Vorsitzende des Ausschusses so viele Lose, wie es der benötigten Anzahl an Hauptschöffen entsprach. Auf diese Weise wurden auch H. W. als Schöffen ausgelost. – Das Rechtsmittel hatte Erfolg.

Gründe: Dieses Verfahren war – wie die Beschwerdeführer mit Recht rügen – gesetzwidrig. Nach § 42 Abs. 1 GVG werden die Schöffen und Hilfsschöffen vom Ausschuß aus der berichtigten Vorschlagsliste gewählt. Eine Auslosung ist keine Wahl. Sie kann einer Wahl auch nicht gleichgestellt werden.

Der Wortlaut des Gesetzes läßt keinen Zweifel zu. Das Gesetz unterscheidet selbst zwischen Wahl und Auslosung. Dies geschieht gerade im Bereich jener gerichtsverfassungsrechtlichen Regelungen, die sich mit dem Amt des Schöffen befassen: so wird durch Auslosung die Reihenfolge bestimmt, in der die Hauptschöffen an den einzelnen ordentlichen Sitzungen des Jahres teilnehmen (§ 45 Abs. 2 Satz 1 GVG).

Sachliche Erwägungen bestätigen dieses Ergebnis. Nach § 42 Abs. 2 GVG soll bei der Schöffenwahl darauf geachtet werden, daß alle Gruppen der Bevölkerung nach Geschlecht, Alter, Beruf und sozialer Stellung angemessene Berücksichtigung finden. Dürfte an die Stelle der Wahl eine Auslosung treten, so liefe diese Bestimmung leer: bei einer Auslosung nämlich bleibt es dem Zufall überlassen, ob die Gesamtheit der ausgelosten

Schöffen jenen repräsentativen Querschnitt der Bevölkerung bildet, der nach Möglichkeit erreicht werden soll. Daß die Vorschlagsliste dem Gebot der Berücksichtigung aller Bevölkerungsgruppen genügt, bietet keinen Schutz dagegen, daß die Auslosung der Schöffen aus dieser Liste zu einer unangemessenen Über- oder Unterrepräsentation bestimmter Bevölkerungsgruppen führt.

Vor allem wird bei einer Auslosung der Schöffen der Legitimationszusammenhang unterbrochen, kraft dessen sich das Amt des Schöffen aus der Staatsgewalt des Volkes (Art. 20 Abs. 2 GG) ableiten läßt. Zu Recht wird die Beteiligung ehrenamtlicher Laienrichter an der Strafrechtspflege – nicht zuletzt auf dem rechtsgeschichtlichen Hintergrund des Kampfes um die Geschworenengerichte in der ersten Hälfte des 19. Jahrhunderts – als Mitwirkung des Volkes an der Rechtsprechung begriffen. Dem trägt das geltende Recht dadurch Rechnung, daß es die Auslese der Schöffen durch Wahlen vorsieht und damit das Amt des Schöffen aus der Staatsgewalt des Volkes legitimiert: die aus Wahlen hervorgegangene Kommunalvertretungskörperschaft hat die Vertrauenspersonen zu wählen; diese bilden zusammen mit dem richterlichen Vorsitzenden und dem Verwaltungsbeamten jenen Ausschuß, dem die Wahl der Schöffen obliegt. Wird die Schöffenwahl durch ein Losverfahren ersetzt, so ist der durch dreistufige Wahl vermittelte, durch das Erfordernis qualifizierter Mehrheiten (§ 40 Abs. 3 Satz 1, § 42 Abs. 1 Satz 1 GVG) verstärkte und durch die inhaltliche Ausrichtung auf möglichst gleichmäßige Repräsentation aller Bevölkerungsgruppen (§ 42 Abs. 2, § 36 Abs. 2 Satz 2 GVG) ergänzte Legitimationszusammenhang aufgehoben.

Der bezeichnete Gesetzesverstoß hat zur Folge, daß die am 25. 8. 1980 geschehene „Auswahl" der Schöffen nichtig ist. Es handelt sich nicht etwa nur um einen Fehler innerhalb des Verfahrens der Schöffenwahl (vgl. dazu BGHSt. 26, 206 [BGH Urt. v. 14. 10. 1975 – 1 StR 108/75; vgl. § 40 GVG erfolglose Rügen]; 29, 283 [BGH Urt. v. 10. 6. 1980 – 5 StR 464/79; vgl. § 338 Nr. 1 StPO erfolglose Rügen]); vielmehr hat eine Wahl im Rechtssinne nicht stattgefunden. Dies bedeutet, daß Frau Barbara H. und Frau Edith W. ebensowenig wie die übrigen ausgelosten Personen das Amt des Schöffen erlangt haben. Daß jemand, der nicht Richter ist (z.B. ein ungültig gewählter Schöffe, BVerfGE 31, 181, 184) (BVerfG Beschl. v. 9. 6. 1971 – 2 BvR 114, 127/71; vgl. § 331 Nr. 1 StPO erfolgreiche Rügen), auch nicht der „gesetzliche Richter" (Art. 101 Abs. 1 Satz 2 GG) sein kann, versteht sich von selbst.

12. Die durch die Auslosung festgelegte Schöffenbesetzung darf nicht von der Geschäftsstelle geändert werden.

StPO § 338 Nr. 1 – BGH Urt. v. 16. 3. 1982 – 5 StR 21/82 LG Hannover (= StV 1982, 358)

Die Revision rügt, das erkennende Gericht sei nicht vorschriftsmäßig besetzt gewesen, weil die durch die Auslosung festgelegte Schöffenbesetzung von der Geschäftsstelle geändert worden ist.

Sachverhalt: An der mehrtägigen Hauptverhandlung haben die Schöffen P. und J. teilgenommen. Für den Tag des Verhandlungsbeginns waren jedoch nach der dienstlichen Äußerung des Präsidenten des Landgerichts die Schöffen T. und G. ausgelost worden. – Das Rechtsmittel hatte Erfolg.

Gründe: ... Die durch die Auslosung festgelegte Schöffenbesetzung durfte nicht von der Geschäftsstelle geändert werden.

Der Besetzungsfehler zwingt zur Aufhebung des Urteils und Zurückverweisung der Sache (§ 337 Abs. 1, 338 StPO). Die von der Revision weiter erhobenen Beanstandungen können daher ungeprüft bleiben. ...

13. Die vorübergehende Verhinderung eines Richters hat ausschließlich der Präsident des Landgerichts festzustellen, sofern sie sich auf andere Spruchkörper auswirkt und nicht offen zutage liegt.

StPO § 338 Nr. 1 – BGH Urt. v. 9. 3. 1982 – 5 StR 717/81 LG Hildesheim (= StV 1982, 257)

Die Revision rügt, daß anstelle der Richterin am Landgericht W. der Vorsitzende Richter am Landgericht R. in der Hauptverhandlung mitgewirkt hat.

Sachverhalt: Die Richterin wurde vertreten, nachdem sie dienstlich ihre Überlastung angezeigt hatte. Diese Anzeige ist dem Präsidenten des Landgerichts nicht vorgelegt worden. Die Überlastung hat vielmehr der Strafkammervorsitzende festgestellt. – Das Rechtsmittel hatte Erfolg.

Gründe: ... Diese Verfahrensweise widerspricht dem geltenden Recht. Die vorübergehende Verhinderung eines Richters hat ausschließlich der Präsident des Landgerichts festzustellen, sofern sich – wie hier – auf andere Spruchkörper auswirkt und nicht offen zutage liegt (BGH NJW 1974, 870 [BGH v. 29. 1. 1974 – 1 StR 533/73; vgl. § 21e GVG erfolglose Rügen]; BGHSt. 22, 29 [BGH Urt. v. 20. 12. 1967 – 4 StR 485/67; vgl. § 265 StPO erfolgreiche Rügen]; DRiZ 1980, 147, 148; BGHSt. 12, 113, 114 [BGH Urt. v. 21. 10. 1958 – 5 StR 412/58; vgl. § 338 Nr. 1 StPO erfolgreiche Rügen]]. Da der Präsident des Landgerichts eine solche Feststellung nicht getroffen hat, hätte die Richterin als ordentliches Mitglied der Strafkammer an der Hauptverhandlung gegen den Angeklagten mitwirken müssen.

Dieser unbedingte Revisionsgrund (§ 338 Nr. 1 StPO) führt zur Aufhebung des Urteils, ohne daß auf das übrige Revisionsvorbringen eingegangen werden muß.

14. Fehlerhafte Besetzung des Gerichts wegen Wahl von Schöffen durch Wahlausschuß aus Vorschlagslisten von Gerichten außerhalb des Zuständigkeitsbereichs.

StPO § 338 Nr. 1; GVG § 42 Abs. 1 Nr. 2, § 77 Abs. 2 – BGH Urt. v. 4. 12. 1979 – 5 StR 337/79 LG Berlin (= BGHSt. 29, 144 = NJW 1980, 1175)

Die Revision rügt, daß der Schöffenwahlausschuß bei dem Amtsgericht Charlottenburg u.a. die Hilfsschöffen für die Strafkammern des Landgerichts Berlin für die Geschäftsjahre 1977 bis 1980 nicht nur aus dem Bezirk seines Amtsgerichts, sondern darüber hinaus auch noch aus den Vorschlagslisten von sieben weiteren Verwaltungsbezirken gewählt hat, die ihrerseits zu vier anderen Amtsgerichtsbezirken gehören.

Sachverhalt: Der Schöffenwahlausschuß bei dem Amtsgericht Charlottenburg hat am 18. 8. 1976 u.a. die Hilfsschöffen für die Strafkammern des Landgerichts Berlin für die Geschäftsjahre 1977 bis 1980 gewählt. Der Bezirk dieses Amtsgerichts umfaßt die Verwaltungsbezirke Charlottenburg und Wilmersdorf. Gewählt wurden die Hilfsschöffen zusätzlich aus den Vorschlagslisten von sieben weiteren Verwaltungsbezirken (u.a. von Schöneberg), die ihrerseits zu vier anderen Amtsgerichtsbezirken gehören. Die Auswahl der Bezirke stützt sich auf eine Verfügung des Präsidenten des Landgerichts, der zudem angeordnet hatte, wieviele Hilfsschöffen aus jedem Verwaltungsbezirk zu wählen seien.

Der Präsident des Landgerichts hat in seiner dienstlichen Äußerung mitgeteilt: Nach dem der Senator für Justiz durch Verfügung vom 21. 10. 1952 das Amtsgericht Charlottenburg mit der Auswahl der Hilfsschöffen beauftragt hatte, weil sich im Bezirk dieses Amtsgerichts der Sitz des Landgerichts befinde, seien bis zum Jahr 1970 die Hilfsschöffen nur aus der Vorschlagsliste des Verwaltungsbezirks Charlottenburg gewählt worden. Davon sei man mit Billigung des Senators für Justiz bereits für die Wahlperiode 1971/1972 abgegangen, weil die Verhältniszahl des § 36 Abs. 3 GVG a.F. nicht mehr ausgereicht habe, um den gestiegenen Bedarf an Hilfsschöffen zu decken. Die Beteiligten hätten gemeint, der Erlaß einer Rechtsverordnung zur Festsetzung einer höheren Verhältniszahl sei entbehrlich, weil der Schöffenwahlausschuß nach § 42 Abs. 1 Nr. 2 GVG auch Personen wählen könne, die „in nächster Umgebung der Bezirks Charlottenburg" wohnen. Zunächst habe man auf vier angrenzende Verwaltungsbezirke zurückgegriffen. Bei steigendem Bedarf an Hilfsschöffen seien schließlich die Vorschlagslisten der neun von der Revision bezeichneten Verwaltungsbezirke als Wahlgrundlage herangezogen worden. – Das Rechtsmittel hatte Erfolg.

Gründe: Die Revision beanstandet mit Recht, daß die erkennende Strafkammer nicht vorschriftsmäßig besetzt war (§ 338 Nr. 1 StPO), weil an der Hauptverhandlung P. G. und G. H. als Schöffen mitgewirkt haben. Beide, Einwohner des Verwaltungsbezirks Schöneberg, waren als Hilfsschöffen vorgesehen. Sie sind zum Schöffendienst herangezogen worden, nachdem die für die Sitzung ausgelosten Hauptschöffen von ihrer Pflicht entbunden worden waren. Ihre Wahl zum Hilfsschöffen entsprach nicht dem Gesetz.

a) Allerdings war der Wahlausschuß bei dem Amtsgericht Charlottenburg zur Wahl der Hilfsschöffen für das Landgericht berufen. Das folgt hier nicht, wie der Präsident des Landgerichts meint, aus § 77 Abs. 2 Satz 2 GVG, sondern aus dessen Satz 3. Das Landgericht Berlin hat seinen Sitz nicht in Charlottenburg, sondern in Berlin. Die Errichtung oder Aufhebung eines Gerichtes oder die Verlegung seines Sitzes bedarf eines Gesetzes (BVerfGE 2, 307, 316f; 24, 155, 166). Das Landgericht Berlin ist durch das Preußische Gesetz zur Umgestaltung des Gerichtswesens in Berlin vom 26. 4. 1933 (GS S. 125) errichtet worden. In diesem Gesetz sind die in Berlin bis dahin bestehenden Landgerichte I, II und III aufgehoben und ein einheitliches Landgericht mit dem Sitz in Berlin errichtet worden. An dieses Gesetz hat ersichtlich die Anordnung der Alliierten Kommandantur vom 29. 9. 1945 – BK/O (45) 144 – angeknüpft durch welche an Stelle des nach der Kapitulation zunächst eingerichteten Stadtgerichts wieder ein Landgericht für das Stadtgebiet von Berlin gebildet worden ist. Daß der Senator für Justiz in seiner Verfügung vom 21. 10. 1952 zum Ausdruck gebracht hat, der Sitz des Landgerichts befinde sich im Bezirk des Amtsgerichts Charlottenburg, ist für die Frage, wo sich der Sitz des Landgerichts befindet, rechtlich ohne Bedeutung. Denn diese Verfügung ist kein Gesetz.

Ihr kommt jedoch Bedeutung für die Frage zu, welches Amtsgericht berufen ist, durch seinen Schöffenwahlausschuß die Hilfsschöffen des Landgerichts zu wählen. Der Sitz des Landgerichts Berlin umfaßt die Bezirke der Amtsgerichte Charlottenburg, Spandau, Wedding, Neukölln, Schöneberg, Tiergarten und Tempelhof-Kreuzberg. Für einen solchen Fall sieht das Gesetz keine Regelung vor. Es regelt aber in § 77 Abs. 2 Satz 3 GVG den vergleichbaren Fall, daß ein Landgericht seinen Sitz außerhalb seines Bezirks hat. Hierfür sieht diese Vorschrift vor, daß die Landesjustizverwaltung das Amtsgericht bestimmt, dessen Schöffenwahlausschuß die Hilfsschöffen zu wählen hat. Sie ist entsprechend anzuwenden, wenn sich an dem Sitz eines Landgerichts mehrere Amtsgerichte befinden und deswegen nicht kraft Gesetzes feststeht, welches Amtsgericht durch seinen Schöffenwahlausschuß die Hilfsschöffen für das Landgericht zu wählen hat. Durch die Verfügung des Senators für Justiz vom 21. 10. 1952 ist dem Amtsgericht Charlottenburg diese Aufgabe zugewiesen worden.

b) Der Wahlausschuß bei diesem Amtsgericht war jedoch nicht berufen, Hilfsschöffen aus Vorschlagslisten von Verwaltungsbezirken zu wählen, die nicht zum Bezirk des Amtsgerichts gehören. Nach § 77 Abs. 1 GVG sind bei der Wahl der Schöffen und Hilfsschöffen für die Strafkammern des Landgerichts die Vorschriften über die Schöffen des Schöffengerichts entsprechend anzuwenden. Für die Hilfsschöffen bestimmt § 42 Abs. 1 Nr. 2 GVG in der bis zum 31. 12. 1980 geltenden Fassung (Art. 8 Abs. 8 StVÄG 1979 – BGBl. I 1645, 1655), daß der Schöffenwahlausschuß eines Amtsgerichts die erforderliche Zahl der Hilfsschöffen aus der berichtigten Vorschlagsliste des Amtsgerichtsbezirks wählt. Zur Auswahl stehen demnach nur diejenigen Personen, die in den Vorschlagslisten der Gemeinden (hier: Verwaltungsbezirke) aufgeführt sind (§§ 36, 42 GVG). Diese Listen haben die Gemeindevorsteher (hier: Bezirksämter) „an den Richter beim Amtsgericht des Bezirks" zu senden (§ 38 GVG). Er stellt die Vorschlagslisten der Gemeinden „zur Liste des Bezirks" zusammen (§ 39 GVG). Es liegt auf der Hand, daß hierbei nicht Vorschlagslisten von Gemeinden einbezogen werden dürfen, die überhaupt nicht zum Bezirk des Amtsgerichts gehören.

Indem der Wahlausschuß bei dem Amtsgericht Charlottenburg Hilfsschöffen aus Vorschlagslisten von Verwaltungsbezirken wählte, die gänzlich außerhalb des Amtsgerichtsbezirks liegen, überschritt er eindeutig seinen Aufgabenbereich. Das folgt schon aus dem klaren Gesetzeswortlaut, ergibt sich zudem aus der insoweit offensichtlich fehlenden Befugnis der Ausschußmitglieder. So sind die 10 Vertrauenspersonen allein „aus den Einwohnern des Amtsgerichtsbezirks" zu wählen. Ihre Wahl obliegt der Vertretung des diesem Amtsgerichtsbezirk entsprechenden Verwaltungsbezirks oder der Verwaltungsbezirke, die zum Amtsgerichtsbezirk gehören (§ 40 Abs. 3 GVG). Die Legitimation der Vertrauenspersonen reicht daher nicht über den Amtsgerichtsbezirk hinaus. Sie können deshalb keine Befugnisse ausüben, die – wenn überhaupt – nur den Vertrauenspersonen eines anderen Gerichtsbezirks zustünden, welche ihrerseits eine Legitimation dafür nur aus einer Wahl durch die dortigen Bezirksverordnetenversammlungen herleiten könnten. Es geht hier nicht mehr um – für die Justiz möglicherweise schwer erkennbare – Mängel in der Zusammensetzung eines Wahlausschusses (vgl. BGHSt. 26, 206 [BGH Urt. v. 14. 10. 1975 – 1 StR 108/75; vgl. § 40 GVG erfolglose Rügen]), sondern um eine offensichtliche Überschreitung seiner Befugnisse.

Wortlaut und Sinn der betreffenden Vorschriften des Gerichtsverfassungsgesetzes sind eindeutig. Sie verbieten eine Auslegung des § 42 Abs. 1 Nr. 2 GVG, wonach der Wahlausschuß bei einem Amtsgericht über dessen Bezirk hinaus auf die „nächste Umgebung" und damit auf Vorschlagslisten von Gemeinden (Verwaltungsbezirken) zurückgreifen dürfte, die außerhalb des Amtsgerichtsbezirks liegen. Die Vorschrift gestattet lediglich eine Einschränkung auf Personen, die am Sitz des Amtsgerichts (hier im Verwaltungsbezirk Charlottenburg) wohnen; sie erlaubt keine Ausdehnung über den Bezirk des Amtsgerichts hinaus. Das entsprach auch der Auffassung und der Praxis der Justizverwaltung bis 1970. Durch Verfügung vom 21. 10. 1952 hatte der Senator für Justiz klargestellt und den Gerichtspräsidenten bekannt gemacht, daß § 77 Abs. 2 Satz 2 GVG „die Einbeziehung der nächsten Umgebung (§ 77 Abs. 1 in Verbindung mit § 42 Abs. 1 Nr. 2 Satz 2 GVG) nicht gestatte". Dieser richtigen Auffassung widerspricht die seit 1970 geübte „faktische Einbeziehung" von Vorschlagslisten aus anderen Amtsgerichtsbezirken (so auch der aus Schöneberg). Die gesetzliche Regelung mag vor allem in Großstädten bei steigendem Bedarf an Hilfsschöffen Schwierigkeiten bereiten (§ 36 Abs. 4 GVG). Dem kann aber nur durch den Gesetzgeber und nicht durch Eingriffe der Justizverwaltung in das Wahlverfahren begegnet werden.

c) Deshalb durfte der Präsident des Landgerichts (nach seiner dienstlichen Äußerung mit Zustimmung der Senatsverwaltung für Justiz) nicht verfügen, daß die Hilfsschöffen statt aus zwei Verwaltungsbezirken (Charlottenburg und Wilmersdorf) aus neun (von insgesamt zwölf) Verwaltungsbezirken Berlins zu wählen seien, und daß auf jeden Verwaltungsbezirk eine bestimmte Anzahl von Hilfsschöffen entfallen müsse. Der Amtsrichter hätte die Vorschlagslisten aus anderen Amtsgerichtsbezirken zurückweisen müssen, der Schöffenwahlausschuß hätte die Anweisung des Präsidenten nicht beachten dürfen und in eigener Verantwortung die ihm benannte Gesamtzahl der erforderlichen Hilfsschöffen aus der berichtigten Vorschlagsliste des Amtsgerichtsbezirks Charlottenburg wählen müssen. Dies ist nicht geschehen. Die Wahl der Hilfsschöffen, die nicht aus dieser Vorschlagsliste gewählt worden sind, ist ungültig (BVerfGE 31, 181, 183 [BVerfG Beschl. v. 9. 6. 1971 – 2 BvR 114, 127/71; vgl. § 331 Nr. 1 StPO erfolgreiche Rügen]; BGHSt. 26, 393, 395 [BGH Urt. v. 7. 9. 1976 – 1 StR 511/76; vgl. § 338 Nr. 1 StPO erfolgreiche Rügen]).

d) Demnach verbleiben als Hilfsschöffen nur diejenigen Personen, die der Wahlausschuß aus der berichtigten Vorschlagsliste für den Amtsgerichtsbezirk Charlottenburg gewählt hat. Sollte ihre Zahl nicht ausreichen, so kann für den Rest der Wahlperiode eine Nachwahl stattfinden. Dabei sind entsprechend der Überleitungsvorschrift des Artikels 8 Abs. 8 StVÄG 1979 die bisherigen Vorschriften über die Schöffenwahl zu beachten.

15. Gesetzwidrige Geschäftsverteilung bei fehlender Bestimmung des Vorsitzenden.

StPO 338 Nr. 1; GVG §§ 16, 21e – BGH Urt. v. 1. 2. 1979 – 4 StR 657/78 LG Heidelberg (= BGHSt. 28, 290 = NJW 1979, 1052)

Die Revision rügt eine vorschriftswidrige Besetzung des Gerichts, weil nach dem Geschäftsverteilungsplan die Stelle des Vorsitzenden der erkennenden Kammer des Landgerichts nicht besetzt („NN") war und in der Hauptverhandlung der nach dem Geschäftsverteilungsplan zum regelmäßigen Vertreter bestellte Richter als Vorsitzender mitgewirkt hat und daß für die Strafkammer mindestens sieben Monate kein Vorsitzender bestellt worden sei und schon deshalb ein Fall nur vorübergehender Verhinderung nicht vorliegen könne. – Das Rechtsmittel hatte Erfolg.

Gründe: Die I. Strafkammer war in der Hauptverhandlung vom 24. und 26. 5. 1978 nicht vorschriftsmäßig besetzt (§ 338 Nr. 1 StPO).

a) Das Gebot der vorschriftsmäßigen Besetzung des Gerichts und der Bestimmbarkeit des gesetzlichen Richters im Sinne der Art. 101 Abs. 1 Satz 2 GG, § 16 GVG gilt nicht nur für das Gericht als organisatorische Einheit oder das erkennende Gericht als Spruchkörper, sondern auch für die im Einzelfall zur Entscheidung berufenen Richter. Aus dem Zweck des Art. 101 Abs. 1 Satz 2 GG folgt, daß die Regelungen, die der Bestimmung des gesetzlichen Richters dienen, von vornherein so eindeutig wie möglich festlegen müssen, welches Gericht, welcher Spruchkörper und welche Richter zur Entscheidung des Einzelfalls berufen sind (BVerfGE 17, 294 [BVerfG Beschl. v. 24. 3. 1964 – 2 BvR 42, 83, 89/63; vgl. § 338 Nr. 1 StPO erfolgreiche Rügen]). Zu diesen Regelungen gehört auch der im Gerichtsverfassungsgesetz vorgesehene Geschäftsverteilungsplan, der durch das Präsidium jährlich für jedes folgende Jahr aufzustellen ist und nicht ohne besonderen Anlaß geändert werden darf (§ 21e Abs. 3 Satz 1 GVG). Auch für ihn gilt, daß er die zur Entscheidung der anhängig werdenden Verfahren berufenen Richter so eindeutig und genau wie möglich bestimmen muß (BVerfGE 18, 345, 349). Er darf keine vermeidbare Freiheit bei der Heranziehung der einzelnen Richter und damit keine unnötige Unbestimmtheit hinsichtlich des gesetzlichen Richters lassen (BVerfGE 17, 294, 300).

In Ausführung dieser Grundsätze bestimmt § 21e Abs. 1 GVG, daß das Präsidium vor dem Beginn eines Geschäftsjahres für dessen Dauer die Geschäfte unter die vorhandenen Richter zu verteilen hat. Dabei hat es jede Kammer mit einem Vorsitzenden aus der Zahl der vorhandenen Vorsitzenden Richter einschließlich des Präsidenten zu besetzen; die Besetzung mehrerer Kammern mit demselben Vorsitzenden ist dabei nicht ausgeschlossen.

b) Gegen diese zwingenden, zur Ermittlung des „gesetzlichen", im voraus bestimmten Richters geschaffenen Vorschriften verstößt der Geschäftsverteilungsplan des Landgerichts Er enthält keinen Hinweis darauf, welcher der gemäß § 21f Abs. 1 GVG als Vorsitzender in Betracht kommenden Richter des Landgerichts für das Geschäftsjahr als Vorsitzender der I. Strafkammer vorgesehen war. Die dienstliche Äußerung des Präsidenten, das Präsidium sei davon ausgegangen, daß nach Abschluß der umfangreichen Schwurgerichtssache gegen M. und Br. der Vizepräsident Dr. B. – wie bereits in den Jahren 1974 bis 1977 – den Vorsitz in der I. Strafkammer übernehmen sollte, reicht zur Bestimmung der Besetzung der I. Strafkammer nicht aus. Insoweit kann es sich nur um eine interne und lediglich vorläufige Meinungsbildung innerhalb des Präsidiums gehandelt haben; denn ein

Beschluß hierüber liegt nicht vor. Danach ist eine verbindliche Entscheidung über die vollständige Besetzung der I. Strafkammer entgegen § 21e Abs. 1, 3 Satz 1 GVG nicht getroffen worden, und damit ist – wenn auch unbeabsichtigt – die Möglichkeit offen geblieben, zu jeder Zeit einen der Vorsitzenden Richter einschließlich des Präsidenten während des laufenden Geschäftsjahres mit dem Vorsitz zu betrauen. Das aber widerspricht dem Gerichtsverfassungsgesetz. Diese fehlerhafte, weil unvollständige Geschäftsverteilung hätte leicht vermieden werden können, wenn das Präsidium entweder die Geschäfte der I. Strafkammer auf die anderen Strafkammern verteilt oder mit Rücksicht auf die vorausgesehene lange Dauer des Schwurgerichtsverfahrens unter dem Vorsitz des Vizepräsidenten Dr. B. den Vorsitzenden einer anderen Kammer des Landgerichts auch mit dem Vorsitz der I. Strafkammer betraut hätte. Dieser Vorsitzende Richter hätte sich dann sowohl in seiner wie auch in der I. Strafkammer in zulässigem Umfang unter entsprechend längerfristiger Terminierung im Vorsitz durch den jeweils bestellten Stellvertreter vertreten lassen können (vgl. BGH NJW 1974, 1572 [BGH v. 28. 5. 1974 – 4 StR 37/74; vgl. § 21f GVG erfolglose Rügen]). Auch hätte das Präsidium einen Antrag gemäß § 70 Abs. 1 GVG an die Landesjustizverwaltung richten und im Falle der Abordnung eines Vorsitzenden Richters (vgl. § 37 DRiG) den Vorsitz in den Kammern dann neu verteilen können.

Steht aber die Person eines Vorsitzenden nicht fest und liegt – wie hier – der Sonderfall, daß eine vorhandene oder neu bewilligte Planstelle noch nicht besetzt ist (BGHSt. 14, 11 ff. [BGH Urt. v. 6. 11. 1959 – 4 StR 376/59; vgl. § 338 Nr. 1 StPO erfolglose Rügen]; 19, 116 [BGH Urt. v. 22. 10. 1963 – 1 StR 374/63; vgl. § 338 Nr. 1 StPO erfolgreiche Rügen]), nicht vor, so kann auch nicht geprüft werden, welche Gründe vorübergehender oder dauernder Art für die Verhinderung des – nicht vorhandenen – Vorsitzenden maßgebend sind.

16. Auslandsaufenthalt keine Verhinderung eines Schöffen.

StPO § 338 Nr. 1; GVG §§ 52, 54 – BGH Beschl. v. 21. 6. 1978 – 3 StR 81/78 (S) LG Berlin (= BGHSt. 28, 61 = NJW 1978, 2162)

Die Revision rügt, in einem laufenden Strafverfahren sei ein Schöffe wegen eines Auslandsaufenthaltes zu Unrecht von seinen weiteren Diensthandlungen befreit und durch einen Ergänzungsschöffen ersetzt worden.

Sachverhalt: An der Hauptverhandlung wirkte bis zum 22. 4. 1977 – dem 28. Verhandlungstag – als Schöffe K. mit. Mit Schreiben vom 5. 4. 1977 hatte die Arbeitgeberin dieses Schöffen gebeten, ihn ab sofort von der Aufgabe eines Schöffen freizustellen, weil die Firma einen Bauauftrag in Algerien erhalten habe, zu dessen Ausführung er als Fachkraft benötigt werde. Der Vorsitzende der Strafkammer vermerkte nach fernmündlicher Rücksprache mit einem Angestellten der Firma, daß K. Leiter einer Fertigungsstraße sei und sich bereiterklärt habe, mit einer Gruppe von Ingenieuren und anderen Fachkräften für die Dauer eines Jahres nach Algerien zu gehen, um dort Beton-Fertigwerke in Gang zu setzen. Der Beginn des Auslandsaufenthaltes, der zunächst für einen späteren Zeitpunkt vorgesehen gewesen sei, habe sich durch den vorzeitigen Abschluß der Vertragsverhandlungen verfrüht. Mit Beschluß vom 19. 4. 1977 befreite der Vorsitzende daraufhin den Schöffen – aus den Gründen des späteren Beschlusses vom 29. 4. 1977 – von weiteren Diensthandlungen, hob diesen Beschluß jedoch am 20. 4. 1977 wieder auf, weil der Schöffe mitgeteilt hatte, daß er erst am 30. 4. 1977 abreisen werde. Für die Zeit nach dem 30. 4. 1977 traf der Vorsitzende, worauf er in seinem Beschluß vom 20. 4. 1977 ausdrücklich hinwies, keine Entscheidung, und zwar in der Erwägung, daß über den 29. 4. 1977 hinaus keine Termine bestimmt seien. Am 29. 4. 1977 teilte die Ehefrau des Schöffen fernmündlich mit, ihr Ehemann sei am Vormittag nach Algerien abgeflogen. Mit Beschluß vom selben Tage befreite der Vorsitzende den Schöffen gemäß § 54 GVG „wegen eingetretener Hinderungsgründe von weiteren Dienstleistungen in dieser Sache". Zur Begründung führte er aus, bei der Prüfung der Frage, ob ein Schöffe aus beruflichen Gründen verhindert sei, müsse zwar ein strenger Maßstab angelegt werden. Es gehe hier jedoch nicht um die Wahrnehmung beruflicher Geschäfte, die der Schöffe erforderlichenfalls aufschieben müsse. Der Schöffe verlege für längere Zeit seinen gesamten Tätigkeitsbereich an einen anderen Ort. Daran könne er nicht gehindert werden, da er nach Art. 12 GG das Recht habe, seinen Arbeitsplatz frei zu wählen. Der Grund für die Verhinderung des Schöffen liege nicht darin, daß er von seiner Arbeitgeberin unbedingt benötigt werde, beruhe vielmehr darauf, daß er von seinem Aufenthaltsort im Ausland nicht oder nur unter unzumutbaren Schwierigkeiten zu den Sitzungen der Strafkammer erscheinen könne.

Anstelle des Schöffen K. wirkte an den fünf Sitzungstagen bis zum 17. 5. 1977 sodann der Ergänzungsschöffe J. mit. – Das Rechtsmittel hatte Erfolg.

Gründe: Die vom Vorsitzenden auf § 54 GVG gestützte Freistellung des Schöffen K. von der weiteren Dienstleistung ist nicht frei von Rechtsfehlern.

a) Es ist schon fraglich, ob der Schöffe überhaupt einen Antrag gestellt hat, ihn wegen eingetretener Hinderungsgründe von der weiteren Dienstleistung zu entbinden. Allein der Antrag der Arbeitgeberin rechtfertigt keine Entscheidung nach § 54 GVG. Den Unterlagen, die dem Senat vorliegen, ist nicht zu entnehmen, ob sich der Schöffe den Antrag seiner Arbeitgeberin zu eigen gemacht hat. Dies folgt nicht unzweifelhaft daraus, daß er der – in der Sitzung vom 12. 4. 1977 verlesenen – Bitte seiner Arbeitgeberin, ihn freizustellen, nicht entgegengetreten und am 29. 4. 1977 nach Algerien gereist ist; denn es ist nicht fernliegend, daß der Schöffe davon ausging, der Vorsitzende habe über den Freistellungsantrag seiner Arbeitgeberin zu entscheiden, so daß es auf seinen eigenen Antrag gar nicht ankomme. § 54 GVG setzt jedoch die eigenverantwortliche Prüfung des Schöffen und damit seinen eigenen Antrag, ihn von weiteren Dienstleistungen zu entbinden, voraus.

b) Einer abschließenden Entscheidung dieser Frage bedarf es nicht, da die vom Vorsitzenden getroffene Entscheidung die Grenzen des § 54 GVG verkennt.

Der Vorsitzende hat den Schöffen gemäß § 54 GVG von der Dienstleistung entbunden, ohne zu prüfen, ob ein auf beruflichen Umständen beruhender Verhinderungsgrund vorlag, etwa weil der Arbeitgeber des Schöffen diesen so dringend an der Baustelle in Algerien benötigte, daß es diesem trotz des fortgeschrittenen Verfahrensstands nicht möglich oder zumindest nicht zumutbar war, an den noch ausstehenden Sitzungen bis zum Ende der Hauptverhandlung als Schöffe teilzunehmen.

Der Grund, auf den der Vorsitzende seine Entscheidung gestützt hat, nämlich die Verlagerung des gesamten Tätigkeitsbereichs des Schöffen an einen anderen Ort, stellt nicht ohne weiteres einen Verhinderungsfall des § 54 GVG dar.

aa) Die Erwägungen des Vorsitzenden sind solche, die Anlaß hätten geben können, die Frage zu prüfen, ob der Schöffe gemäß § 52 GVG aus der Schöffenliste zu streichen war. Das Gesetz unterscheidet zwischen der Verhinderung eines Schöffen, an einzelnen Sitzungen teilzunehmen (§§ 49, 54 GVG), und dem Wegfall eines Schöffen wegen Unfähigkeit (§ 52 Abs. 1 GVG) oder Ungeeignetheit (§ 52 Abs. 2 GVG) zum Schöffenamt. Die Gründe für eine Ungeeignetheit im Sinne des § 52 Abs. 2 GVG ergeben sich aus den §§ 33 bis 35 GVG (BGHSt. 9, 203, 206 [BGH Urt. v. 12. 1. 1956 – 3 StR 626/54; vgl. § 338 Nr. 1 StPO erfolglose Rügen]). Nach § 33 Nr. 3 GVG sollen Personen, die zur Zeit der Aufstellung der Schöffenliste noch nicht ein Jahr in der Gemeinde wohnen, nicht in das Schöffenamt berufen werden. Vorausgesetzt wird dabei der tatsächliche Aufenthalt, nicht nur die rechtliche Wohnsitzbegründung. Verzieht der Schöffe nach der Aufstellung der Schöffenliste, so kann nach § 52 Abs. 2 GVG verfahren werden (vgl. BGH GA 1961, 206, 207). Ob dies auch dann gilt, wenn sich der Grund des Wegfalls der Eignung zum Schöffenamt während einer Hauptverhandlung zeigt, ist nicht unzweifelhaft; dagegen spricht, daß es einem Schöffen nicht gestattet sein kann, sich einer länger dauernden Hauptverhandlung durch einen Wohnsitzwechsel zu entziehen. Dies kann hier jedoch letztlich dahingestellt bleiben. Eine Anordnung, daß der Schöffe nach § 52 GVG zur Dienstleistung ferner nicht heranzuziehen sei, hätte gemäß § 52 Abs. 3 GVG nach Anhörung des beteiligten Schöffen und der Staatsanwaltschaft durch eine formelle Entscheidung getroffen werden müssen (BGHSt. 10, 252, 253 [BGH Urt. v. 8. 5. 1957 – 2 StR 174/57; vgl. § 338 Nr. 1 StPO erfolgreiche Rügen]). Sie hat der Vorsitzende, der seine Entscheidung ausdrücklich auf § 54 GVG gestützt hat, ersichtlich nicht treffen wollen. Er wäre für sie auch nicht zuständig gewesen, denn Entscheidungen nach § 52 GVG, die zur Streichung aus der Schöffenliste führen, sind – anders als die nach § 54 GVG – nicht allein vom Vorsitzenden, sondern von der Strafkammer zu treffen (§ 77 Abs. 3 Satz 2 GVG). Der Zuständigkeitsmangel könnte allenfalls dann unschädlich sein, wenn die vom Vorsitzenden getroffene Entscheidung weder eine Ermessensentscheidung noch eine solche über unbestimmte Rechtsbegriffe gewesen, sondern an eindeutig bestimmte tatsächliche Voraussetzungen gebunden gewesen wäre, welche die Strafkammer nicht anders als der Vorsitzende hätte treffen müssen (BGH NJW 1967, 1141, 1142). Dies ist hier nicht der Fall, weil die Tatsache, daß der Schöffe seinen tatsächlichen Aufenthaltsort nach Algerien verlegt hat, jedenfalls nicht von Rechts wegen, zur alsbaldigen Streichung aus der Schöffenliste führt. Vielmehr ist in einem solchen Falle eine alle Umstände des Einzelfalles berücksichtigende Entscheidung zu treffen. Es ist nicht voraussehbar, wie eine solche Entscheidung – wäre ein Verfahren nach § 52 GVG eingeleitet worden – hier ausgefallen wäre.

bb) Nach der Rechtsprechung des Bundesgerichtshofs liegt eine Verhinderung im Sinne des § 54 GVG nicht schon darin, daß bezüglich eines Schöffen ein Prüfungsverfahren nach § 52 GVG anhängig ist (BGHSt. 27, 105 [BGH Urt. v. 26. 1. 1977 – 2 StR 613/76; vgl. § 338 Nr. 1 StPO erfolglose Rügen] gegen OLG Celle MDR 1972, 261, 262); denn nicht jeder Fall, der zur Streichung aus der Schöffenliste Anlaß gibt, stellt zugleich einen Hinderungsgrund für einzelne Sitzungstage im Sinne von § 54 GVG dar. Dies gilt namentlich für die Fälle des § 52 Abs. 2 GVG. Jedenfalls in diesen Fällen kann ein Schöffe deshalb vor der rechtsgestaltenden Anordnung, die zu seiner Streichung aus der Schöffenliste führt, seine Dienstleistung nicht verweigern (BGH, Urt. v. 8. 1. 1974 – 1 StR 529/73 –). Um so mehr gilt dies für den Fall, daß ein Prüfungsverfahren nach § 52 Abs. 2 GVG zwar anhängig gemacht werden könnte, aber nicht anhängig ist. In einem solchen Fall ist vom Vorsitzenden zu prüfen, ob unabhängig von § 52 GVG ein Fall der Verhinderung nach § 54 GVG gegeben ist. Auch der vorübergehende Wechsel des Tätigkeitsbereichs, der mit einer nicht nur kurzfristigen Veränderung des Aufenthaltsortes verbunden ist, kann – unabhängig von einer dringenden beruflichen Notwendigkeit – dazu führen, daß der Schöffe an der Wahrnehmung des Schöffenamts verhindert ist. Über die Anerkennung eines derartigen Hinderungsgrundes hat der Vorsitzende unter Abwägung aller Umstände, bei Berücksichtigung der Belange des Schöffen, des Verfahrensstands und der voraussichtlichen Dauer des Verfahrens, nach pflichtgemäßem Ermessen zu entscheiden. Eine solche, alle Belange abwägende Entscheidung hat der Vorsitzende aber ersichtlich nicht getroffen. Er ist davon ausgegangen, dem Schöffen stehe auf Grund des Art. 12 GG das Recht zu, jederzeit, und zwar auch während einer laufenden Hauptverhandlung, sein Schöffenamt im Hinblick auf die Verlagerung seiner beruflichen Tätigkeit ins Ausland aufzugeben. Das Recht des Schöffen, seinen Arbeitsplatz frei zu wählen, geht aber nicht so weit, daß er ohne jede Rücksicht auf ein laufendes Verfahren die weitere Teilnahme an diesem einseitig aufsagen kann. Seinen Interessen ist ausreichend dadurch Rechnung getragen, daß er in Fällen beruflicher Verhinderung von der Dienstleistung entbunden werden kann. Ob ein solcher Fall hier vorliegt, ob also unaufschiebbare berufliche Geschäfte einer Mitwirkung des Schöffen gerade an den Sitzungen vom 3. bis 17. 5. 1977 entgegenstanden, hat der Vorsitzende aber ebenfalls nicht geprüft. Dies könnte unschädlich sein, wenn eine andere Entscheidung als die der Entbindung des Schöffen nicht in Frage gekommen wäre (BGH LM GVG § 54 Nr. 3 = NJW 1977, 443).

So liegt der Sachverhalt jedoch hier nicht. Nach ständiger Rechtsprechung ist § 54 GVG im Hinblick auf die Bedeutung des Schöffenamtes eng auszulegen. Berufliche Gründe können nur ausnahmsweise die Verhinderung eines Schöffen rechtfertigen. Zu berücksichtigen sind Berufsgeschäfte, die der Schöffe nicht oder nicht ohne erheblichen Schaden für sich oder den Betrieb aufschieben oder bei denen er sich nicht durch einen anderen vertreten lassen kann, weil die Geschäfte ihrer Art nach einen Vertreter nicht zulassen oder ein geeigneter Vertreter nicht zur Verfügung steht (BGH NJW 1978, 1169 [BGH Beschl. v. 10. 1. 1978 – 2 StR 654/77; vgl. § 338 Nr. 7 StPO erfolgreiche Rügen] mit Rechtsprechungsnachweisen). Diese Voraussetzungen sind hier nicht eindeutig zu bejahen. Die von der Arbeitgeberin des Schöffen geltend gemachten Hinderungsgründe legten keinesfalls zwingend den Schluß nahe, daß der Schöffe bereits in der Zeit bis zum 17. 5. 1977 so dringend in Algerien benötigt wurde, daß ein Aufschub der Arbeitsaufnahme oder eine kurzfristige Vertretung nicht in Frage gekommen wäre. Der Vorsitzende hätte deshalb bei Berücksichtigung aller ihm bekannten – und unter Umständen noch zu ermittelnden – Umstände eine Ermessensentscheidung treffen müssen. Eine Nachholung dieser – tatsächlich nicht getroffenen – Entscheidung im Revisionsverfahren ist schon deshalb nicht möglich, weil das Revisionsgericht bei der Befreiung von Schöffen lediglich zu prüfen hat, ob ergangene Entscheidungen Fehler enthalten (BGH NJW 1967, 165); es kann sein eigenes Ermessen nicht an die Stelle des – gar nicht ausgeübten – Ermessens des zuständigen Gerichts setzen (vgl. BGHSt. 15, 390, 393 [BGH Urt. v. 3. 2. 1961 – 4 StR 424/60; vgl. § 338 Nr. 1 StPO erfolglose Rügen]).

17. Keine Entbindung vom Schöffenamt trotz Entlassungsdrohung durch den Arbeitgeber bei Teilnahme an der Gerichtsverhandlung.

StPO § 338 Nr. 1; GVG § 54 I – BGH Urt. v. 31. 1. 1978 – 5 StR 534/77 LG Kiel (= BGHSt. 27, 344 = NJW 1978, 1196 = MDR 1978, 418)

Die Revision rügt, daß die erkennende Strafkammer nicht vorschriftsmäßig besetzt war. An der Hauptverhandlung hat nicht der für den Termin ausgeloste Hauptschöffe K., sondern der Hilfsschöffe F. mitgewirkt.

Sachverhalt: Der Vorsitzende der Strafkammer hatte den Hauptschöffen auf seinen Antrag von der Teilnahme an der Hauptverhandlung entbunden. Der Hauptschöffe hatte zur Begründung des Antrags ein Schreiben seines Arbeitgebers vorgelegt, in dem dieser darauf hinwies, daß sich die Wahrnehmung des Schöffenamts während einer so langen Prozeßdauer nicht mit seiner Tätigkeit als Gewährleistungssachbearbeiter bei einer Autovertretung vereinbaren ließe, sein Arbeitsplatz unter diesen Umständen gefährdet sei und er mit einer Beendigung des Arbeitsverhältnisses noch während der bestehenden Probezeit rechnen müsse. Auf wiederholte Anfragen hat der Vorsitzende der Strafkammer von dem Personalsachbearbeiter des Arbeitgebers jeweils die Antwort erhalten, die Firma könne das Fehlen des Schöffen an elf von neunzehn Arbeitstagen eines Monats „nicht hinnehmen", der Antritt des Schöffenamts werde zwangsläufig zur Entlassung des Schöffen führen. Die Entbindung des Schöffen hat der Strafkammervorsitzende damit begründet, der Schöffe werde von seinem Betrieb benötigt und ihm sei das Zurückstellen der beruflichen Interessen nach einer Zeit der Arbeitslosigkeit nicht zuzumuten. – Das Rechtsmittel hatte Erfolg.

Gründe: Damit hat der Vorsitzende die Grenzen des § 54 Abs. 1 GVG verkannt. Nach ständiger Rechtsprechung des Bundesgerichtshofs ist diese Vorschrift im Hinblick auf Bedeutung und Gewicht des Schöffenamtes eng auszulegen; berufliche Gründe können nur ausnahmsweise die Verhinderung eines Schöffen rechtfertigen (BGH NJW 1967, 165; NJW

1977, 443; BGH, Urt. v. 11. 5. 1976 – 1 StR 612/75, mitgeteilt bei Holtz MDR 1976, 814[1]; 5. 1. 1977 – 2 StR 490/76; 9. 4. 1974 – 5 StR 69/74 und 25. 10. 1977 – 5 StR 268/77). Dazu gehören insbesondere Berufsgeschäfte, die der Schöffe nicht oder nicht ohne erheblichen Schaden für sich oder den Betrieb aufschieben und bei denen er sich auch nicht durch einen anderen vertreten lassen kann, weil die Geschäfte ihrer Art nach eine Vertretung nicht zulassen oder ein geeigneter Vertreter nicht zur Verfügung steht (BGH NJW 1967, 165). Ob diese Voraussetzungen hier vorlagen, hat der Strafkammervorsitzende nicht ausreichend geprüft. Allein die Tatsache, daß der Schöffe sich noch in einem Probearbeitsverhältnis befand, machte die von ihm wahrzunehmenden Berufsgeschäfte nicht ohne weiteres unaufschiebbar. Anhaltspunkte dafür, daß eine Vertretung des Schöffen bei der von ihm ausgeübten Tätigkeit nicht möglich war, waren weder dem Vorbringen des Schöffen noch den Mitteilungen des Arbeitgebers zu entnehmen. Angesichts des Probecharakters des Arbeitsverhältnisses war das auch nahezu ausgeschlossen.

Darauf, ob der Arbeitgeber das Fehlen seines Arbeitnehmers nicht „hinnehmen" will, kommt es nicht an. Der Strafkammervorsitzende muß in eigener Verantwortung prüfen und frei entscheiden, ob die ihm mitgeteilten Hinderungsgründe es rechtfertigen, den Schöffen von seiner staatsbürgerlichen Pflicht zur Ausübung dieses Ehrenamtes (§ 31 GVG) zu entbinden. Dabei darf er seine Entscheidung nicht davon bestimmen lassen, daß der Arbeitgeber des Schöffen diesem Nachteile androht, wenn er seiner staatsbürgerlichen Pflicht nachkommt. Das verfassungsrechtliche Gebot, daß niemand seinem gesetzlichen Richter entzogen werden darf (Art. 101 Abs. 1 GG), will unbefugte Eingriffe in die Rechtspflege verhindern (BVerfGE 40, 356, 360). Ein derartiger Eingriff eines Unbefugten in die Entscheidungsfreiheit des hier für die Bestimmung des gesetzlichen Richters zuständigen Strafkammervorsitzenden liegt vor, wenn der Arbeitgeber mit unzulässigen Mitteln zu verhindern sucht, daß der Arbeitnehmer das Amt eines Schöffen wahrnimmt. Dem muß der Vorsitzende entgegentreten. Er hätte sich deshalb nicht damit begnügen dürfen, die Drohungen des Arbeitgebers zur Kenntnis zu nehmen und sie zur Grundlage seiner Entscheidung zu machen. Er hätte dem Arbeitgeber vielmehr die Rechtswidrigkeit der Entlassungsdrohung vorhalten und ihn darauf hinweisen müssen, daß sie sogar den Tatbestand der Nötigung (§ 240 StGB) erfüllen könne. Dazu war er auch aus Gründen der Fürsorge für den Schöffen verpflichtet. Ob, wie die Revision meint, dem Schöffen bei dieser klaren Rechtslage notfalls ein Arbeitsgerichtsprozeß zuzumuten war, wenn der Arbeitgeber bei seinem angekündigten Vorhaben blieb, brauchte der Senat nicht zu entscheiden.

---

1 „Der Schöffe hatte sich auf schwerwiegende geschäftliche Interessen des Unternehmens, bei dem er beschäftigt war, und darauf berufen, daß sie nur durch ihn wahrgenommen werden können. Mit seinem konkreten und ausreichenden Vorbringen durfte sich der Vorsitzende begnügen, wenn er es für glaubhaft und infolgedessen weiterer Nachprüfung für überflüssig hielt. Die Frage, ob ein Schöffe allein auf seine Behauptung hin von der Dienstleistung entbunden werden kann oder ob weitere Aufklärung erforderlich ist, ist eine Beweisfrage, für die, wie auch sonst der Grundsatz gilt, daß nicht vorgeschrieben werden kann, unter welchen Voraussetzungen der entscheidende Richter zu einer bestimmten Überzeugung kommen darf. Geht das Vorbringen eines um Freistellung nachsuchenden Schöffen *auf* die für den Begriff der Verhinderung wesentlichen Gesichtspunkte ein und bestehen gegen die Richtigkeit keine Bedenken, *liegt* es nicht außerhalb des pflichtgemäßen *Ermessens* des Vorsitzenden, wenn er es ohne weitere Nachprüfung zugrunde legt. Es ist nichts dafür zu ersehen, daß der Vorsitzende der Strafkammer sein Ermessen nicht pflichtgemäß ausgeübt hat. Mit dem Verlangen um schriftliche Darlegung der Hinderungsgründe (die dann nicht einging) brachte er keine Zweifel an ihrer Richtigkeit zum Ausdruck."

18. Wahl eines Jugendschöffen nur durch Jugendwohlfahrtsausschuß möglich.

StPO § 338 Nr. 1; JGG 1975 § 35 – BGH Urt. v. 7. 9. 1976 – 1 StR 511/76 LG Augsburg (= BGHSt. 26, 393 = NJW 1976, 2357 = JR 1977, 299)

Die Revision sieht § 338 Nr. 1 StPO als verletzt an, weil an der Hauptverhandlung ein Jugendschöffe teilgenommen habe, der entgegen § 35 Abs. 1 JGG nicht vom Jugendwohlfahrtsausschuß für dieses Amt vorgeschlagen worden sei. Er sei vielmehr aus der Vorschlagsliste zur Schöffenwahl für Erwachsenenschöffen ausgewählt worden.

Sachverhalt: Aus dem Protokoll der nichtöffentlichen Sitzung des Jugendschöffengerichts über die Jugendschöffenwahl für die Geschäftsjahre 1975/76 ergibt sich, daß „das Stadtjugendamt nur 52 Vorschläge" für die Wahl von Jugendschöffen eingereicht hatte, während 144 Vorschläge erforderlich waren. „Der Vorsitzende erklärte Einverständnis damit, daß die weiter benötigte Anzahl von Jugendschöffen aus der Vorschlagsliste für Erwachsenenschöffen ausgewählt wird".

Entsprechend wurde bei der Wahl der Jugendschöffen verfahren. Der zum Hauptschöffen für die Jugendkammer gewählte Schöffe, dessen Mitwirkung die Revision beanstandet, ist in der Vorschlagsliste des Jugendwohlfahrtsausschusses nicht enthalten; er ist dagegen in der Vorschlagsliste zur Schöffenwahl unter Nummer 179 aufgeführt. – Das Rechtsmittel hatte Erfolg.

Gründe: Dieses Verfahren hielt sich nicht mehr im Rahmen einer vertretbaren Gesetzesauslegung, sondern stand im klaren Widerspruch zum Gesetz.

a) Nach § 35 Abs. 1 Satz 1 JGG werden die Jugendschöffen auf Vorschlag des Jugendwohlfahrtsausschusses gewählt, der seine Vorschlagsliste gemäß § 35 Abs. 3 Satz 2 JGG aufstellt. Sinn dieser Vorschrift ist es sicherzustellen, daß als Jugendschöffen nur Persönlichkeiten herangezogen werden, die erzieherisch befähigt und in der Jugenderziehung erfahren sind (§ 35 Abs. 2 Satz 2 JGG). Für die Aburteilung von Heranwachsenden – der Angeklagte war zur Tatzeit 18 1/2 Jahre alt – gilt § 35 JGG entsprechend (§ 107 JGG). Gegen diese zwingende Vorschrift hat der Schöffenwahlausschuß, wie die Niederschrift zweifelsfrei ergibt, bewußt verstoßen. Die Begründung, der Jugendwohlfahrtsausschuß habe nicht genügend Vorschläge vorgelegt, um daraus die erforderliche Anzahl von Jugendschöffen wählen zu können, rechtfertigt den Gesetzesverstoß nicht. Es wäre vielmehr Sache des Vorsitzenden des Wahlausschusses gewesen, den Jugendwohlfahrtsausschuß auf diese Tatsache hinzuweisen mit der Aufforderung, eine Vorschlagsliste mit der notwendigen Zahl von Wahlvorschlägen vorzulegen; dafür hätte sogar eine Überschreitung des Endtermins einer fristgerechten Wahl in Kauf genommen werden müssen. So hat der Senat bereits entschieden, daß dann, wenn auf Grund einer Neuwahl des Stadtrats noch kein Jugendwohlfahrtsausschuß besteht, dessen Konstituierung selbst unter Überschreitung des Endtermins einer fristgerechten Wahl abzuwarten ist und daß die Wahl der Jugendschöffen nicht aus einer Vorschlagsliste der Verwaltung des Jugendamts vorgenommen werden darf (BGH Urt. v. 29. 10. 1974 – 1 StR 475/74). Das hat hier um so mehr zu gelten, als in jenem Fall die Vorschläge immerhin vom Jugendamt und damit offenbar unter Beachtung des § 35 Abs. 2 Satz 2 JGG aufgestellt worden waren, während im vorliegenden Fall der „Jugendschöffe" C. aus einer Liste gewählt worden ist, bei deren Aufstellung die erzieherische Befähigung und die Erfahrung in der Jugenderziehung naturgemäß keinerlei Bedeutung hatten.

b) Damit war der Schöffe C. nicht ordnungsmäßig gewählt mit der Folge, daß die Jugendkammer nicht vorschriftsmäßig besetzt war.

Etwas anderes läßt sich auch nicht aus den Grundsätzen herleiten, die der Senat im Urteil vom 14. 10. 1975 (1 StR 108/75 = BGHSt. 26, 206 [vgl. § 338 Nr. 1 StPO erfolglose Rügen]) für die Auswirkung von Fehlern im Verfahren der Schöffenwahl auf die vorschriftsmäßige Besetzung des Gerichts aufgestellt hat. Denn auch die dort aus § 21b Abs. 6 Satz 3 GVG im Zusammenhalt mit den Verfahrensordnungen anderer Gerichtszweige gewonnenen übergeordneten Gesichtspunkte können nicht dazu führen, einen Verfahrensfehler im Bereich der Bestimmung des gesetzlichen Richters hinzunehmen, der nicht auf einem bloßen Rechtsirrtum beruht, sondern offensichtlich gegen das Gesetz verstößt (BGH a.a.O. S. 211). Es entspricht vielmehr der ständigen Rechtsprechung des Bundesverfassungsgerichts wie des Bundesgerichtshofs (BVerfGE 29, 45, 48; BGHSt. 11, 106, 110 [BGH Urt. v. 22. 11. 1957 – 4 StR 497/57; vgl. § 338 Nr. 1 StPO erfolglose Rügen]), daß durch einen bloßen Rechtsirrtum – error in procedendo – niemand seinem gesetzlichen Richter entzogen wird, sondern daß dies erst dann – aber auch stets dann – der Fall ist, wenn sich die Maßnahme des Gerichts so weit von dem verfassungsrechtlichen Grundsatz des gesetzlichen Richters entfernt hat, daß sie nicht mehr zu rechtfertigen ist (zuletzt BGH, Urt. v. 14. 4. 1976 – 3 StR 266/75).

So liegt es hier. Der Vorsitzende des Wahlausschusses für die Jugendschöffen sah sich nicht einer drängenden, unausweichlichen Zwangslage gegenüber, die es als vertretbar erscheinen lassen konnte, auf die Vorschlagsliste für die Erwachsenenschöffen zurückzugreifen; der zwingende Wortlaut des Gesetzes gebot es vielmehr, das Wahlverfahren so lange auszusetzen, bis genügend Vorschläge des Jugendwohlfahrtsausschusses vorlagen, um sodann die Wahl ordnungsgemäß durchzuführen. Die hier vorgenommene Wahl eines Jugendschöffen aus der Erwachsenenliste ist ebensowenig rechtswirksam wie die Wahl von Schöffen aus einer Liste, die nicht einheitlich für das ganze Landgericht, sondern getrennt für die einzelnen Strafkammern aufgestellt worden ist (BGH Urt. v. 24. 6. 1975 – 1 StR 626/74). Im bereits angeführten Urteil vom 29. 10. 1974 – 1 StR 475/74 – hat zudem der Senat die Rüge, die Jugendschöffen seien aus einer Vorschlagsliste des Jugendamts – nicht des Jugendwohlfahrtsausschusses – gewählt worden, nur deshalb nicht durchgreifen lassen, weil die in der dortigen Hauptverhandlung mitwirkenden Schöffen gerade nicht aus der vorschriftswidrig erstellten Liste gewählt worden waren und jede Einzelwahl des Ausschusses eine für sich zu betrachtende Entscheidung darstellt.

c) Da im vorliegenden Fall der gesetzwidrig gewählte Schöffe an der Hauptverhandlung mitgewirkt hat, führt der absolute Revisionsgrund des § 338 Nr. 1 StPO zur Aufhebung des angefochtenen Urteils.

19. Nachträgliche Änderung des Geschäftsverteilungsplans wegen Richterausbildung unzulässig.

StPO § 338 Nr. 1; GVG § 21e III – BGH Beschl. v. 5. 8. 1976 – 5 StR 314/76 LG Hamburg (= BGHSt. 26, 382 = NJW 1976, 1029)

Die Revision rügt, nicht der Richter K., sondern die Richterin St. hätte als Mitglied der erkennenden Strafkammer an dem angefochtenen Urteil mitwirken müssen.

Sachverhalt: Das Präsidium des Landgerichts hatte in seiner Sitzung vom 28. 7. 1975 beide Richter, die dem Landgericht als Richter auf Probe schon zuvor beigeordnet (§ 70 Abs. 2 GVG) und für das laufende Geschäftsjahr verschiedenen Spruchkörpern zugeteilt worden waren, mit Wirkung vom 18. 8. 1976 mit der Begründung ausgetauscht, Richter K. müsse noch im Strafverfahren erprobt werden und der Richterin St. fehle die abgerundete Beurteilung für das Zivilverfahren. – Das Rechtsmittel hatte Erfolg.

Gründe: Diese Umbesetzung des erkennenden Gerichts während des laufenden Geschäftsjahrs verstieß zwar nicht gegen § 70 Abs. 2 GVG, wie die Revision meint, wohl aber gegen § 21e Abs. 3 GVG.

Nach dieser Vorschrift ist auch bei Hilfsrichtern eine nachträgliche Änderung der Besetzung der Spruchkörper nur zulässig, wenn sie aus bestimmten, genau umschriebenen Gründen ausnahmsweise notwendig wird (BGHSt. 10, 179, 181 [BGH Urt. v. 4. 4. 1957 –

Erfolgreiche Rügen   Nr. 20 § 338 Nr. 1 StPO

4 StR 82/57; vgl. § 338 Nr. 1 StPO erfolgreiche Rügen]; 14, 321, 325 [BGH Beschl. v. 2. 5. 1960 – GSSt 3/59; vgl. § 338 Nr. 1 StPO erfolglose Rügen]). Das Gesetz führt hierfür die Überlastung oder ungenügende Auslastung eines Richters oder Spruchkörpers an sowie den Wechsel oder die dauernde Verhinderung einzelner Richter. Ob diese Aufzählung der Gründe erschöpfend ist, oder ob es auch andere Vorkommnisse gibt, die eine alsbaldige Neuordnung der Geschäftsverteilung unabweislich machen (BGH, Urt. v. 29. 4. 1965 – 1 StR 40/65 –), kann hier dahinstehen. § 21e Abs. 3 GVG ist mit Rücksicht auf den Verfassungsgrundsatz des Art. 101 Abs. 1 Satz 2 GG eng auszulegen (BGHSt. 10, 179, 181). Das Interesse der Justizverwaltung an einer geeigneten Ausbildung des richterlichen Nachwuchses kann jedenfalls nicht mit den Ausnahmegründen gleichgesetzt werden, unter denen das Gesetz abweichend von dem Grundsatz des § 21e Abs. 1 Satz 2 GVG eine nachträgliche Umbesetzung des erkennenden Gerichts zuläßt. Bei ihnen handelt es sich ausschließlich um Gründe, die auch während des laufenden Geschäftsjahres eine Änderung der Geschäftsverteilung unabweisbar erforderlich machen, um eine geordnete Rechtspflege sicherzustellen. Die geeignete Heranbildung des richterlichen Nachwuchses gehört dazu nicht. Sie ist zwar ein allgemein anerkannter Zweck, dem auch bei der Besetzung der Gerichte Bedeutung zukommt (BGHSt. 14, 321, 328). Ihm kann jedoch mit Hilfe der Möglichkeiten, die § 70 Abs. 2 GVG der Justizverwaltung gibt, wie auch im Rahmen der nach § 21e Abs. 3 GVG zulässigen Änderungsgründe ausreichend Rechnung getragen werden (vgl. BGHSt. 13, 53, 56 [BGH Urt. v. 20. 3. 1959 – 4 StR 416/58; vgl. § 258 StPO erfolglose Rügen]; 22, 237, 239 [BGH Urt. v. 10. 9. 1968 – 1 StR 235/68; vgl. § 338 Nr. 1 StPO erfolglose Rügen]).

20. Geschäftsverteilungsplan muß Dauerverhinderung berücksichtigen.

StPO § 338 Nr. 1; DRiG § 4 II 3 – BGH Beschl. v. 24. 10. 1973 – 2 StR 613/72 LG Saarbrücken (= BGHSt. 25, 239 = NJW 1974, 109)

Die Revision rügt, daß die Verhinderung eines als Hochschullehrer tätigen Richters trotz genereller Vorhersehbarkeit nicht durch den Geschäftsverteilungsplan, sondern durch eine Verfügung des Vorsitzenden festgestellt worden ist.

Sachverhalt: Nach dem Geschäftsverteilungsplan des Landgerichts war die Jugendkammer I im Jahre 1972 wie folgt besetzt:

Vorsitzender: Landgerichtsdirektor G.

Beisitzer: Landgerichtsrat Prof. Dr. K.

Landgerichtsrat M.

Landgerichtsrat T.

Vertreter: Die Beisitzer der 16. Zivilkammer.

An der Hauptverhandlung vom 7. 4. 1972 haben jedoch teilgenommen: Landgerichtsrat M. als Vorsitzender, Landgerichtsrat T. und Gerichtsassessor G. als beisitzende Richter. Der Beschwerdeführer macht zutreffend geltend, daß statt des durch Urlaub verhinderten Vorsitzenden als dessen Stellvertreter Professor Dr. K. den Vorsitz hätte führen müssen. Im Geschäftsverteilungsplan war ein Stellvertreter für den Vorsitzenden gemäß § 66 Abs. 1 1. Halbsatz GVG a.F. nicht bestellt. Deshalb hatte Professor Dr. K. als dienstältestes Mitglied der Kammer wegen der Verhinderung des regelmäßigen Vorsitzenden am 7. 4. 1972 den Vorsitz zu führen (§ 66 Abs. 1 2. Halbsatz GVG a.F.). Daß er aus besonderen Gründen, etwa durch Tätigkeit an der Universität, gerade am 7. 4. 1972 an der Mitwirkung als Richter verhindert war, ist nicht behauptet, vom Landgerichtspräsidenten auch nicht festgestellt worden. Seine Nichtmitwirkung ist auf eine Verfügung des Vorsitzenden der Jugendkammer vom 10. 1. 1972 zurückzuführen, die dieser damit begründet hat, Professor Dr. K. nehme neben seiner Lehrtätigkeit an der Universität des Saarlandes zu einem

Drittel richterliche Geschäfte am Landgericht wahr und habe ihm, dem Vorsitzenden, erklärt, wegen seiner Lehrtätigkeit könne er zeitlich lediglich an einem Wochentag als Mitglied der Kammer richterliche Geschäfte wahrnehmen und an anderen Wochentagen auch keine Vertretungen übernehmen. Deshalb hat der Vorsitzende der Jugendkammer I die Geschäfte für das ganze Jahr 1972 wie folgt verteilt:

I. Sitzungsdienst:

a) Vorsitzender: Landgerichtsdirektor G.

b) Beisitzer: Landgerichtsrat M.

Landgerichtsrat T.

Landgerichtsrat Prof. Dr. K.

jeweils am 1. und 3. Mittwoch eines jeden Monats, im Verhinderungsfalle jeweils am nachfolgenden Mittwoch; im Wechsel

beginnend mit LGR T., sodann mit LGR M. usw.

II. Dezernat: Landgerichtsrat M.

ungerade Endnummern

Landgerichtsrat T.

gerade Endnummern – Das Rechtsmittel hatte Erfolg.

Gründe: Dieses Verfahren ist nicht zulässig. Nach § 4 Abs. 2 Nr. 3 DRiG kann ein Richter zugleich als Professor an einer Universität tätig sein. Daß ein Professor der Rechte durch eine Tätigkeit als Richter der Praxis verbunden bleibt, ist sogar wünschenswert. Er hat dann zwei Aufgaben zu erfüllen. Wie sich beide miteinander verbinden lassen und welche Aufgabe den Vorrang hat, hat der Gesetzgeber jedoch nicht ausdrücklich geregelt. Mangels jeglicher Anhaltspunkte hierfür kann nicht davon ausgegangen werden, daß eine etwa dafür zuständige Stelle angeordnet hat, Professor Dr. K. habe nur mit einem Drittel seiner Arbeitskraft richterliche Aufgaben wahrzunehmen. Durch seine Tätigkeit als Hochschullehrer war er aber tatsächlich gehindert, seine volle Arbeitskraft im richterlichen Dienst einzusetzen. Diese Verhinderung betraf zwar nur einen Teil seiner Arbeitskraft, war jedoch nicht bloß eine vorübergehende im Sinne des § 63 Abs. 1, § 66 Abs. 1 GVG a.F. Sie erstreckte sich vielmehr in dem beschränkten Umfange über das ganze Jahr. Eine solche Dauerverhinderung muß bereits im Geschäftsverteilungsplan berücksichtigt werden (vgl. BGHSt. 7, 205, 207 ff. [BGH Urt. v. 8. 2. 1955 – 5 StR 561/54; vgl. § 338 Nr. 1 StPO erfolgreiche Rügen]; BGH, Urt. v. 2. 7. 1957 – 5 StR 153/57 –; 1. 2. 1957 – 2 StR 120/56 –). Daß die Feststellung der Verhinderung nicht etwa dem Landgerichtspräsidenten (§ 67 GVG a.F.; § 21i Abs. 2 Satz 1 GVG n.F.) oder dem Vorsitzenden der Kammer (§ 69 GVG a.F., § 21g Abs. 2 n.F.) überlassen werden kann, zeigt gerade der vorliegende Fall. Denn durch die Verfügung vom 10. 1. 1972 hat der Vorsitzende Professor Dr. K., obwohl dieser nach dem Geschäftsverteilungsplan ohne jede Einschränkung Mitglied der Jugendkammer I und sogar deren stellvertretender Vorsitzender war, als stellvertretenden Vorsitzenden und als Bearbeiter eines Dezernats ausgeschlossen. Er hat damit den Geschäftsverteilungsplan geändert. Das geht über die Befugnisse des Vorsitzenden gemäß § 69 GVG a.F., § 21g GVG n.F. weit hinaus. Die – beschränkte – Dauerverhinderung Professor Dr. K.s konnte und mußte das Präsidium schon bei der Aufstellung des Geschäftsverteilungsplans berücksichtigen, z.B. dadurch, daß es ein anderes Mitglied als stellvertretenden Vorsitzenden bestimmte und Professor Dr. K. nur zu einem Bruchteil seiner Arbeitskraft oder so, wie es vom Vorsitzenden verfügt wurde, für von vornherein nach allgemeinen Gesichtspunkten bestimmte Sitzungstage der I. Jugendkammer zuwies. Nur dadurch wird dem Erfordernis, daß der gesetzliche Richter von vornherein durch den Geschäftsverteilungsplan so eindeutig wie möglich bestimmt sein muß (vgl. BGHSt. 25, 163 [BGH Urt. v. 27. 3. 1973 – 1 StR 55/73; vgl. § 338 Nr. 1 StPO erfolgreiche Rügen]), Rechnung getragen.

Nach alledem hätte Professor Dr. K. mitwirken müssen. Da die Ansicht des Vorsitzenden der I. Jugendkammer, er sei zu seiner Verfügung berechtigt gewesen, nicht lediglich auf einer zwar irrigen, aber immerhin vertretbaren Auslegung einer nicht eindeutigen Gesetzesbestimmung beruht, also kein Fall eines bloßen Verfahrensirrtums gegeben ist, liegt der absolute Revisionsgrund des § 338 Nr. 1 StPO vor.

21. Im Kollisionsfall entscheidet der Präsident, nicht der Richter selbst.

StPO § 338 Nr. 1; GVG § 21e I 4 – BGH Urt. v. 27. 3. 1973 – 1 StR 55/73 LG München II (= BGHSt. 25, 163 NJW 1973, 1291)

Die Revision rügt, daß Landgerichtsrat L. sowohl ständiges Mitglied der Jugendkammer wie der 5. Strafkammer gewesen sei und am Tage der Verhandlung der Jugendkammer als Vorsitzender der 5. Strafkammer tätig geworden sei. Ein echter Verhinderungsfall habe nicht vorgelegen.

Sachverhalt: Der Sachverhalt ergibt sich aus der Rüge. – Das Rechtsmittel hatte Erfolg.

Gründe: Das Gesetz läßt es zwar zu, daß ein Richter zum Mitglied mehrerer Spruchkörper bestimmt wird (§ 63 Abs. 1 Satz 2, § 117 GVG a.F.; § 21e Abs. 1 Satz 4 GVG n.F.; zu den Voraussetzungen vgl. BVerfGE 17, 294, 300 [BVerfG Beschl. v. 24. 3. 1964 – 2 BvR 42, 83, 89/63; vgl. § 338 Nr. 1 StPO erfolgreiche Rügen]). Wird von dieser Möglichkeit Gebrauch gemacht, so muß damit gerechnet werden, daß im Ausnahmefall Rechtsprechungsaufgaben beider Kammern (Senate) zeitlich zusammentreffen, so daß sie nicht mehr zugleich vom selben Richter wahrgenommen werden können. Da der gesetzliche Richter von vornherein so eindeutig wie möglich bestimmt sein muß (vgl. BVerfG a.a.O.), wird in diesem Zusammenhang bereits der Geschäftsverteilungsplan zu regeln haben, welche Aufgabe vorrangig zu erfüllen ist. Ist das – wie hier – unterblieben, weil in der Regel eine Kollision nicht zu erwarten ist, so darf die Entscheidung darüber, welche Tätigkeit vorgeht, nicht in das Ermessen des betroffenen Richters gestellt werden. Da in der Regel keines der zusammentreffenden Dienstgeschäfte einen in sich selbst begründeten, unbedingten Vorrang genießt, hat vielmehr der Präsident des zuständigen Gerichts auf Grund pflichtgemäßen Ermessens zu bestimmen, von welcher Aufgabe der überlastete Richter zu befreien ist, damit er die andere erfüllen kann (vgl. BGHSt. 18, 162, 163 [BGH Urt. v. 4. 12. 1962 – 1 StR 425/62; vgl. § 338 Nr. 1 StPO erfolglose Rügen]; 21, 174, 175 [BGH Urt. v. 4. 10. 1966 – 1 StR 282/66; vgl. § 338 Nr. 1 StPO erfolglose Rügen]).

22. Das Gericht ist falsch besetzt, wenn über die Selbstablehnung eines Richters nicht förmlich entschieden worden ist (gegen BGH NJW 1952, 987).

StPO § 338 Nr. 1 – BGH Beschl. v. 13. 2. 1973 – 1 StR 541/72 OLG Stuttgart (= BGHSt. 25, 122 = NJW 1973, 860 = JR 1974, 73).

Die Revision rügt, daß der regelmäßige Vertreter des Vorsitzenden einer kleinen Strafkammer nach dessen Selbstablehnung Termin zur Berufungsverhandlung bestimmte und in dieser den Vorsitz führte, ohne daß zuvor eine Entscheidung über das Selbstablehnungsgesuch ergangen war.

Sachverhalt: Der Vorsitzende der kleinen Strafkammer leitete die Akten, die ihm gemäß § 321 StPO vorgelegt worden waren, seinem regelmäßigen Vertreter mit folgendem Schreiben zu: „In obiger Strafsache zeige ich an, daß ich mit dem Geschädigten L. weitläufig verwandt und darüber hinaus von Jugend auf gut bekannt bin. Ich bitte deshalb, gemäß §§ 30, 27 StPO meine hierauf beruhende Selbstablehnung für begründet zu erklären." Der regelmäßige Vertreter bestimmte daraufhin Termin zur Berufungsverhandlung und führte in ihr den Vorsitz, ohne daß eine Entscheidung nach § 30 StPO ergangen war. – Das Rechtsmittel hatte Erfolg.

Gründe:

I.

Das Oberlandesgericht Stuttgart möchte der Revision stattgeben. Es hält sich nicht für befugt nachzuprüfen, wie die Strafkammer die Selbstanzeige des Vorsitzenden beschieden hätte, wenn sie eine Entscheidung nach § 30 StPO getroffen hätte. Beschlüsse nach dieser Vorschrift könnten grundsätzlich weder mit der Beschwerde noch mit der Revision angegriffen werden. Die Entscheidung obliege der alleinigen Verantwortung des nach §§ 30, 27 StPO zuständigen Gerichts. Sie nachträglich zu treffen, sei nicht angängig. Würde das Revisionsgericht seine Ansicht zugrunde legen, würde es mit einer Entscheidung, die ihm nicht zustünde, in die Rechte des gesetzlichen Richters eingreifen. Die Möglichkeit, dienstliche Äußerungen der Richter einzuholen, die nach §§ 30, 27 StPO zur Beschlußfassung berufen gewesen wären, und sich nach ihren Erklärungen zu richten, liefe auf eine nachträgliche Entscheidung dort hinaus, wo das Gesetz eine vorherige Entscheidung verlange. Im übrigen könnte die Summe einiger dienstlicher Äußerungen dem Ergebnis einer Beratung – eines einmaligen, in gleicher Weise nicht nachvollziehbaren Vorgangs – nicht gleichgesetzt werden.

An einer auf seine Auffassung gestützten Entscheidung sieht sich das Oberlandesgericht durch das Urteil des Bundesgerichtshofs vom 7. 2. 1952 – 3 StR 21/50 – (NJW 1952, 987) gehindert. In diesem Urteil ist ausgesprochen, daß im Falle der Selbstablehnung des ordentlichen Vorsitzenden die Übernahme des Vorsitzes durch den regelmäßigen Vertreter eine unvorschriftsmäßige Besetzung nicht schon deshalb zur Folge habe, weil eine die Selbstablehnung für begründet erklärende Entscheidung nach § 30 StPO nicht ergangen sei. Diese Bestimmung wolle nicht etwa die Innehaltung jeglicher Förmlichkeit bei der Besetzung der Richterbank, sondern lediglich den Erfolg sicherstellen, daß keine anderen Personen an der Rechtsfindung mitwirken als die, die bei Einhaltung der gesetzlichen Vorschriften dazu berufen sind. Demgemäß komme es darauf an, ob die Selbstablehnung begründet gewesen sei und ob die zur Entscheidung über sie berufene Strafkammer die Selbstanzeige für begründet erklärt hätte.

Das Oberlandesgericht hat die Sache gemäß § 121 Abs. 2 GVG dem Bundesgerichtshof zur Entscheidung folgender Rechtsfrage vorgelegt.

„Kann das Revisionsgericht, wenn die Strafkammer über eine Anzeige des Vorsitzenden einer kleinen Strafkammer gemäß § 30 StPO nicht entschieden hat, der ordentliche Stellvertreter vielmehr allein auf die Anzeige hin den Vorsitz in der Hauptverhandlung geführt hat, nachprüfen, wie die Strafkammer über die Anzeige entschieden hätte, und hiervon abhängig machen, ob das Urteil auf der Gesetzesverletzung beruhe?"

Der Generalbundesanwalt folgt im Ergebnis der Ansicht des Oberlandesgerichts. Zwar sei dem Bundesgerichtshof darin zuzustimmen, daß es nur darauf ankomme, ob eine Selbstablehnung sachlich gerechtfertigt gewesen sei. Bei Zweifeln dürfe das Revisionsgericht jedoch nicht in tatsächliche Abwägungen abgedrängt werden.

II.

Die Vorlegungsvoraussetzungen sind gegeben. [wird ausgeführt ...]

III.

Der Senat hält an der Rechtsauffassung, von der das Oberlandesgericht abweichen möchte, nicht fest. Er meint, daß der frühere 3. Strafsenat des Bundesgerichtshofs einen Gesichtspunkt unbeachtet ließ, der das Revisionsgericht daran hindert, eine Selbstablehnung, zu der eine Entscheidung nicht erging, nachträglich für begründet zu erklären.

1. Die Entscheidung über eine Selbstanzeige dient auch der Bestimmung des gesetzlichen Richters. Erst und nur durch sie kann der Richter, der Umstände angezeigt hat, die seine Ablehnung rechtfertigen könnten, die Eigenschaft des gesetzlichen Richters verlieren, wenn er nicht zweifelsfrei kraft Gesetzes ausgeschlossen ist. Wirkt trotz Fortbestehens

dieser Eigenschaft der Vertreter des Richters im erkennenden Gericht mit, kann es nicht vorschriftsmäßig besetzt sein. Der in § 338 Nr. 1 StPO umschriebene unbedingte Revisionsgrund liegt vor.

2. Der von der Vorschrift des § 30 StPO geforderte Beschluß kann nicht durch eine Entscheidung des Revisionsgerichts ersetzt werden. Die Frage nach dem gesetzlichen Richter bedarf einer Beantwortung, sobald sie in Erscheinung tritt. Auch im Falle der Selbstablehnung scheidet der Richter bis zur gerichtlichen Entscheidung vorläufig aus. Ob er wieder in die Behandlung der Sache einzutreten oder ob sein Vertreter für ihn tätig zu werden hat, muß feststehen, ehe er weiterhin oder an seiner Stelle der Vertreter tätig wird. Es kann in den Fällen des § 30 StPO, in denen der gesetzliche Richter durch Gerichtsentscheidung bestimmt wird (vgl. BGH GA 1962, 338; BGH NJW 1970, 1644), nichts anderes gelten als in vergleichbaren Fällen der Bestimmung des gesetzlichen Richters nach Vorschriften des GVG: Die Ausübung des Richteramts durch einen hierzu nicht bestellten Richter kann nicht nachträglich (nach Abschluß oder nach Beginn der richterlichen Tätigkeit) in Übereinstimmung mit Art. 101 Abs. 1 Satz 2 GG, § 16 Satz 2 GVG gebracht werden (vgl. RGSt 23, 166, 169; 66, 122, 124; BGHSt. 12, 33, 36 [BGH Urt. v. 5. 8. 1958 – 5 StR 160/58; vgl. § 338 Nr. 1 StPO erfolgreiche Rügen]; 21, 174, 179 [BGH Urt. v. 4. 10. 1966 – 1 StR 282/66; vgl. § 338 Nr. 1 StPO erfolglose Rügen]).

3. Zwar hat der Bundesgerichtshof nicht nur in BGH NJW 1952, 987, sondern wiederholt entschieden, daß es in Fällen des Verstoßes gegen Bestimmungen der Strafprozeßordnung über Ausschluß und Ablehnung der Gerichtspersonen allein darauf ankomme, ob ein Verstoß geeignet sei, Besorgnis an der Unparteilichkeit des erkennenden Gerichts zu begründen. Der Schutz der Interessen des Angeklagten finde seine Grenze in dem Vorhandensein einer solchen Besorgnis (vgl. BGH JR 1957, 68; BGHSt. 18, 200, 202 [BGH Urt. v. 12. 12. 1962 – 2 StR 495/62; vgl. § 338 Nr. 3 StPO erfolglose Rügen]; 23, 265, 266 [BGH Urt. v. 26. 5. 1970 – 1 StR 132/70; vgl. § 338 Nr. 3 StPO erfolglose Rügen]). Auf Grund dieser Erwägung hat der Bundesgerichtshof den in § 338 Nr. 3 StPO umschriebenen unbedingten Revisionsgrund nicht schon deshalb bejaht, weil ein Ablehnungsgesuch von einem unvorschriftsmäßig besetzten Gericht zu Recht als unbegründet (BGHSt. 18, 200 im Anschluß an BGH JR 1957, 68) oder zu Unrecht als unzulässig (BGHSt. 23, 200, 202 [BGH Urt. v. 16. 12. 1969 – 5 StR 468/69; vgl. § 338 Nr. 3 StPO erfolgreiche Rügen]) verworfen oder weil gegen die Bestimmung des § 26a Abs. 2 Satz 2 StPO verstoßen (BGHSt. 23, 265) worden ist. Er hat auch keinen absoluten Revisionsgrund darin gefunden, daß über ein Ablehnungsgesuch nicht entschieden worden ist (BGH, Urt. v. 28. 11. 1958 – 1 StR 477/58 –). Vielmehr hat der Bundesgerichtshof entweder Verfahrensfehlern keine wesentliche Bedeutung beigemessen, weil ihm das Ablehnungsgesuch nicht begründet erschien, oder er hat (in BGHSt. 23, 200, 203) wegen Fehlens der tatsächlichen Grundlage für eine Beurteilung der Begründetheit einen bedingten Revisionsgrund angenommen und das angefochtene Urteil aufgehoben, weil es möglicherweise auf dem Verfahrensfehler beruhte. In entsprechender Weise hat der Bundesgerichtshof die Rüge behandelt, ein nicht vorschriftsmäßig besetztes Gericht habe über die Selbstablehnung eines Richters Beschluß gefaßt. Er hat geprüft, ob der Vertreter dieses Richters auch mitgewirkt haben würde, wenn über die Selbstablehnung das richtig besetzte zuständige Gericht entschieden hätte (BGH, Urt. v. 21. 1. 1954 – 5 StR 825/52[1] –, erwähnt in BGHSt. 18, 200, 202).

---

[1] „... Im übrigen würde das angefochtene Urteil auch auf einem etwaigen Mangel der Zuständigkeit eines Richters zur Beschlußfassung über die Selbstablehnung nicht beruhen. Denn für die Frage kommt es nur darauf an, ob die Selbstablehnung sachlich gerechtfertigt war. Förmliche Verstöße bei der Beschlußfassung über die Besetzung der Richterbank können die spätere Entscheidung in der Hauptsache nicht berühren. Dies ergibt sich zwingend aus der Überlegung, daß nur die tatsächliche Zusammensetzung des Gerichts (bei der Urteilsfindung), nicht jedoch das Verfahren, vermittels dessen diese Zusammensetzung zustandegekommen ist, das Urteil beeinflußt haben kann."

Der Senat ist aber durch diese Rechtsprechung nicht daran gehindert, die Vorlegungsfrage so zu beantworten, wie er es tut. Er setzt sich mit seiner Entscheidung zu ihr nicht in Widerspruch, soweit sie Fälle der Ablehnung eines Richters durch die Staatsanwaltschaft, den Privatkläger oder den Angeklagten betrifft. In diesen Fällen berechtigt und verpflichtet das Gesetz (§ 28 Abs. 2 StPO) das Revisionsgericht zu einer umfassenden, nach den Grundsätzen des Beschwerderechts vorzunehmenden Prüfung der Frage, ob ein Ablehnungsgesuch sachlich gerechtfertigt war (BGHSt. 1, 34, 36 [BGH Urt. v. 9. 2. 1951 – 3 StR 48/50; vgl. § 338 Nr. 3 StPO erfolgreiche Rügen]; 18, 200, 203; 23, 265, 267). in den Fällen des § 30 StPO kann das Revisionsgericht den Beschluß, durch den die Selbstablehnung eines Richters wegen eines Verhältnisses, das seine Ablehnung rechtfertigen könnte, für begründet oder für nicht begründet erklärt wird, grundsätzlich nicht überprüfen (RGSt 30, 123, 124; 67, 276, 277; BGHSt. 3, 68, 69; BGH GA 1962, 338; BGH, Urt. v. 1. 7. 1971 – 1 StR 362/70 –). Das ist der entscheidende Unterschied. Er schließt es aus, beide Fallgruppen gleich zu behandeln. Die Nichtanfechtbarkeit des nach § 30 StPO ergehenden Beschlusses spricht gegen die Annahme, das Revisionsgericht dürfe und müsse auch in Fällen der Selbstablehnung prüfen, wie zu entscheiden gewesen wäre, wenn der Beschluß unterblieben ist.

23. Eine Strafkammer ist nicht ordnungsgemäß besetzt, wenn der Vorsitzende dauernd verhindert ist.

StPO § 338 Nr. 1; GVG § 21f (§§ 62, 66 a.F.) – BGH Urt. v. 16. 11. 1972 – 1 StR 418/72 LG München I (= BGHSt. 25, 54 = NJW 1973, 205 = JT 1974, 586)

Die Revision rügt, daß der ordentliche Vorsitzende Dr. B. an der Hauptverhandlung nicht mitgewirkt hat. Das Gericht sei nicht vorschriftsmäßig besetzt gewesen, denn er habe keinen richtungsweisenden Einfluß auf die Rechtsprechung seiner Kammer ausüben können.

Sachverhalt: Als ständige Mitglieder gehörten der erkennenden 4. Strafkammer an: Landgerichtsdirektor Dr. B. als Vorsitzender, Landgerichtsrat N. als sein Vertreter, die Landgerichtsräte Be. und E. und Gerichtsassessor S. Dr. B. war außerdem zum Vorsitzenden, die beiden Landgerichtsräte N. und E. waren zu Beisitzern für alle acht Tagungen des Schwurgerichts im Geschäftsjahr 1971 bestimmt. Sie waren dadurch verhindert, an der Hauptverhandlung gegen den Angeklagten mitzuwirken. Den Vorsitz führte deshalb Landgerichtsrat Be. als dienstältestes Mitglied der Strafkammer. Während des Geschäftsjahres 1971 hatte Dr. B. den Vorsitz in der 4. Strafkammer nur zwölf (oder dreizehn) mal bei insgesamt 44 Hauptverhandlungen inne; er wurde dreimal von Landgerichtsrat N., im übrigen von Landgerichtsrat Be. vertreten. – Das Rechtsmittel hatte Erfolg.

Gründe:

1. Nach § 62 Abs. 1 GVG (jetzt § 21f GVG) führt den Vorsitz in der Strafkammer der Vorsitzende Richter. Sinn und Zweck dieser Vorschrift liegt darin, daß diese Stelle ein qualifizierter Richter innehaben soll. Zahlreiche Vorschriften von unterschiedlichem Gewicht (§§ 142 Abs. 1, 147 Abs. 5, 213 StPO, § 69 a.F., § 21 n.F. GVG, § 238 Abs. 1 StPO, §§ 194 Abs. 1, 176 GVG) kennzeichnen äußerlich seine Stellung und geben den Rahmen für die besonderen Aufgaben, die der Vorsitz mit sich bringt: Die alsbaldige gründliche und zügige Durchführung der Hauptverhandlung, die im Interesse der Verfahrensbeteiligten und der Allgemeinheit liegt; die Beachtung der Prozeßvorschriften zur Gewährleistung eines „fair trial"; die allseitige Aufklärung des Sachverhalts und der Schutz des Angeklagten. All dies ist zunächst in die Hand des Vorsitzenden gelegt. Voraussetzungen dafür sind ein oft umfangreiches Aktenstudium und die Überwindung organisatorischer Schwierigkeiten, wie sie die Gewinnung von geeigneten Sachverständigen und die zeitliche Koordinierung in einem durchdachten Verhandlungsplan darstellen. Schließlich obliegt es in

erster Linie dem Vorsitzenden, bei wechselnder Zusammensetzung der Kammer, insbesondere beim Hinzutreten jüngerer richterlicher Mitglieder, Güte und Stetigkeit ihrer Rechtsprechung und damit letztlich die Rechtssicherheit in besonderem Maße zu gewährleisten (vgl. BGHSt. 2, 71, 73 [BGH Urt. v. 13. 12. 1951 – 3 StR 683/51; vgl. § 338 Nr. 1 StPO erfolgreiche Rügen]; 21, 131, 133).

Der in der Geschäftsverteilung bestimmte Vorsitzende muß die Möglichkeit haben, diese vielfältigen Aufgaben zu erfüllen; ist das nicht der Fall, so ist das Gericht nicht vorschriftsmäßig besetzt. Der oben wiedergegebene Sachverhalt zeigt, daß Dr. B. nicht nur vorübergehend verhindert war (§ 66 Abs. 1 a.F., § 21f Abs. 2 n.F. GVG) und deshalb den vom Gesetz vorgesehenen Einfluß auf die Rechtsprechung der 4. Strafkammer nicht hatte, selbst wenn er – wie seine dienstliche Äußerung ergibt – auch während der Dauer aller acht Schwurgerichtstagungen den Kammerbetrieb geleitet und an schriftlichen Entscheidungen der Kammer außerhalb der Hauptverhandlung in gewissem Umfang mitgewirkt hat.

2. Die in der Entscheidung BGHSt. 21, 131 ausgesprochenen Rechtsgrundsätze geben keinen Anlaß zu einer anderen Beurteilung. Der Bundesgerichtshof hatte dort eine nur vorübergehende Verhinderung des Vorsitzenden (im Sinne des § 66 Abs. 1 a.F. GVG) angenommen, weil dieser wegen Teilnahme an einer längeren Schwurgerichtssitzung nicht mitwirken konnte. In jenem Fall hatte der 4. Strafsenat die Schwierigkeiten zu berücksichtigen, die sich aus der Besonderheit des Schwurgerichts ergeben. Es ist nach dem Gesetz kein ständiger Rechtsprechungskörper (§ 79 GVG). Zusammensetzung und Tätigkeit werden von drei verschiedenen Stellen beeinflußt. Seine Besetzung bestimmen zwei Gremien: das Präsidium des Oberlandesgerichts den Vorsitzenden, das Präsidium des Landgerichts die richterlichen Beisitzer (§ 83 Abs. 1, 2 GVG). Das Zusammentreten des Schwurgerichts ordnet der Landgerichtspräsident an (§ 87 GVG). Schon hieraus ergeben sich eine Reihe von Zweifelsfragen und Schwierigkeiten, die nicht selten zu Urteilsaufhebungen aus formalen Gründen geführt haben.

So hat der Bundesgerichtshof beispielsweise über folgende Punkte entscheiden müssen: Gleichzeitige Errichtung mehrerer Schwurgerichte bei demselben Landgericht (BGHSt. 21, 191[1]); Zuständigkeit des Schwurgerichts für die im Wiederaufnahmeverfahren angeordnete erneute Hauptverhandlung (BGHSt. 14, 64 [BGH Urt. v. 11. 12. 1959 – 4 StR 321/59; vgl. § 338 Nr. 4 StPO erfolgreiche Rügen]); Bestimmtheit der Ernennung richterlicher Mitglieder (BGH MDR 1958, 442; Urt. v. 2. 9. 1958 – 5 StR 322/58; BGHSt. 20, 37 [BGH Urt. v. 29. 9. 1964 – 1 StR 280/64; vgl. § 338 Nr. 1 StPO erfolgreiche Rügen]; Urt. v. 16. 2. 1965 – 1 StR 7/65); Zeitpunkt der Ernennung der richterlichen Mitglieder (Urt. v. 19. 6. 1953 – 2 StR 145/53; BGHSt. 8, 240[2]; 12, 197, 206 [BGH Urt. v. 2. 12. 1958 – 1 StR 375/58; vgl. § 338 Nr. 1 StPO erfolglose Rügen]); Ausfall des Vorsitzenden für die ganze Dauer der Tagung (BGHSt. 3, 186[3]; Urt. v. 19. 12. 1952 – 1 StR 548/52 – und v. 9. 6. 1961 – 5 StR 49/61); dauernde oder vorübergehende Verhinderung eines richterlichen Mitglieds (BGHSt.

---

[1] „Weder das Präsidium des Landgerichts noch ein anderes Organ der gerichtlichen Selbstverwaltung oder der Justizverwaltung ist ermächtigt, gleichzeitig mehrere Schwurgerichte bei demselben Landgericht zu errichten und die Sachen auf diese zu verteilen." (BGH Urt. v. 7. 2. 1967 – 5 StR 587/66).

[2] „Das Schwurgericht ist nicht vorschriftsmäßig besetzt, wenn der Landgerichtspräsident mit Rücksicht auf die Geschäfts- und Personallage es bewußt unterlassen hat, die richterlichen Mitglieder und ihre Vertreter für das ganze Geschäftsjahr im voraus zu ernennen, vielmehr erst bei der Festsetzung der ersten Tagung die richterlichen Beisitzer nur für sie bestellt." (BGH Urt. v. 15. 11. 1955 – 5 StR 408/55).

[3] „Fällt der vom Oberlandesgerichtspräsidenten ernannte Vorsitzende eines Schwurgerichts für die ganze Dauer der Tagung voraussichtlich aus, so hat der Oberlandesgerichtspräsident einen neuen Vorsitzenden zu ernennen. Die Bestellung eines Stellvertreters durch den Landgerichtspräsidenten ist unstatthaft." (BGH Urt. v. 2. 10. 1952 – 4 StR 273/52).

18, 162 [BGH Urt. v. 4. 12. 1962 – 1 StR 425/62; vgl. § 338 Nr. 1 StPO erfolglose Rügen]; 21, 308[1]; Urt. v. 19. 9. 1967 – 1 StR 205/67 – und v. 3. 12. 1968 – 5 StR 596/68); Zuständigkeit für die Feststellung der Verhinderung eines Richters (BGH MDR 1963, 773[2]); Mitwirkung eines Ergänzungsrichters (BGHSt. 21, 108 [BGH Urt. v. 11. 6. 1966 – 4 StR 1/66; vgl. § 338 Nr. 1 StPO erfolglose Rügen]); dauernder Wegfall eines Hauptgeschworenen (BGHSt. 6, 117 [BGH Urt. v. 6. 4. 1954 – 5 StR 89/54; vgl. § 338 Nr. 1 StPO erfolglose Rügen]); Zuständigkeit für die Entscheidung über die Verhinderung und Entbindung eines Geschworenen (Urt. v. 22. 10. 1957 – 1 StR 116/57; BGH MDR 1959, 55; Urt. v. 9. 2. 1960 – 1 StR 690/59 –, v. 14. 11. 1960 – 2 StR 431/60 –, v. 9. 6. 1961 – 5 StR 49/61 – und v. 7. 5. 1968 – 1 StR 601/67); Verhinderungsgrund und Überprüfbarkeit der Befreiung eines Geschworenen (Urt. v. 5. 5. 1959 – 1 StR 641/58 – und v. 5. 2. 1970 – 4 StR 272/68 – insoweit in BGHSt. 23, 224 nicht abgedruckt); Reihenfolge der Zuziehung von Hilfsgeschworenen (Urteile v. 22. 10. 1957 – 1 StR 116/57 –, v. 11. 11. 1958 – 1 StR 423/58; BGHSt. 12, 243[3]; Urt. v. 9. 6. 1961 – 5 StR 49/61 – und v. 26. 1. 1965 – 5 StR 612/64); Stellung des Ergänzungsgeschworenen (Urteil v. 26. 1. 1965 – 5 StR 612/64); Dauer der Vertretung durch einen Hilfsgeschworenen (BGH LM GVG § 84 Nr. 2; BGHSt. 21, 308, 313; Urt. v. 6. 8. 1968 – 1 StR 252/68; BGHSt. 22, 289 [BGH Urt. v. 18. 12. 1968 – 2 StR 322/68; vgl. § 338 Nr. 5 StPO erfolglose Rügen]); Terminierung von Schwurgerichtssachen (BGHSt. 19, 382 [BGH Urt. v. 14. 7. 1964 – 1 StR 216/64; vgl. § 338 Nr. 1 StPO erfolgreiche Rügen]; Urt. v. 6. 10. 1964 – 5 StR 308/64; Überschneiden von Tagungen (Urt. v. 26. 1. 1965 – 5 StR 612/64; BGHSt. 21, 191, 193; 21, 222).

Hinzu kommt, daß die Zahl der Schwurgerichtssachen sich teilweise vermehrt hat und namentlich die Hauptverhandlungen – z.B. durch die zunehmende Heranziehung von Sachverständigen – länger dauern. Damit werden den Präsidien weitere Schwierigkeiten aufgebürdet. Tatsächlich werden die Schwurgerichte – jedenfalls bei den größeren Landgerichten – immer mehr zu ständigen Rechtsprechungskörpern, während sie nach ihrer rechtlichen Gestaltung als nichtständige Einrichtungen gelten. Mag das Schwurgericht in der noch heute geltenden Organisationsform aus historischen Gründen und wegen der früher herrschenden Lebensgewohnheiten seine Berechtigung gehabt haben, so ist unter den jetzigen Verhältnissen fraglich, ob nicht dem „ständigen Schwurgericht" der Vorzug zu geben wäre. Jedenfalls zwingt das Gesetz jetzt zu einer empfindlichen Doppelbelastung, wenn der Vorsitzende des Schwurgerichts – wie üblich und zweckmäßig – Vorsitzender Richter am Landgericht (Landgerichtsdirektor) ist; denn ihm muß außerdem der Vorsitz in einer Kammer übertragen werden (§ 62 Abs. 1 Satz 1 a.F., § 21f Abs. 1 n.F. GVG).

Der 4. Strafsenat hat in BGHSt. 21, 131 die Verhinderung des Vorsitzenden durch seine Mitwirkung im Schwurgericht als vorübergehend ansehen können, weil er in einer Schwurgerichtssache – von allerdings längerer Dauer – tätig war. Im vorliegenden Fall jedoch war Dr. B. für alle acht Tagungen zum Vorsitzenden des Schwurgerichts bei dem Landgericht München I bestimmt, bei dem wegen seiner Größe erfahrungsgemäß jährlich eine erhebliche Zahl von Sachen anfällt; das führte dazu, daß er in überwiegendem Maße

---

1 „Fällt ein richterlicher Beisitzer für die ganze Dauer der Schwurgerichtstagung aus, so hat das Präsidium des Landgerichts einen anderen Richter zum ordentlichen Mitglied des Schwurgerichts zu bestellen." (BGH Urt. v. 6. 6. 1967 – 1 StR 192/67).

2 „Liegt die Verhinderung eines Richters nicht offen zutage, muß vielmehr über sie nach pflichtgemäßem Ermessen entschieden werden, so ist dazu weder der Vorsitzende des eröffnenden noch des erkennenden Gerichts zuständig, sondern der Landgerichtspräsident oder sein Vertreter." (BGH Urt. v. 21. 5. 1963 – 1 StR 93/63).

3 „Wird im zweiten Geschäftsjahr der Wahlperiode zum erstenmal die Zuziehung eines Hilfsgeschworenen notwendig, so ist nicht der in der Hilfsgeschworenenliste an erster Stelle stehende, sondern derjenige Hilfsgeschworene einzuberufen, der in der Hilfsgeschworenenliste auf den im ersten Geschäftsjahr zuletzt zugezogenen Hilfsgeschworenen folgt." (BGH Urt. v. 9. 12. 1958 – 1 StR 551/58).

(etwa in drei Vierteln der Hauptverhandlungen) wegen des Vorsitzes im Schwurgericht verhindert war. Diese nicht mehr als vorübergehend anzusehende Verhinderung wirkte sich auf die Rechtsprechung der Strafkammer noch besonders dadurch aus, daß – wie die Revision außerdem anführt – zu den Mitgliedern des Schwurgerichts der stellvertretende Kammervorsitzende Landgerichtsrat N. gehörte, so daß auch er diese ihm bestimmte Rolle in der Strafkammer nicht wahrnehmen und dort seinen Erfahrungsschatz nicht zur Verfügung stellen konnte. Schon als Dr. B. zum Vorsitzenden des Schwurgerichts für alle acht Tagungen im Geschäftsjahr bestellt wurde, war zu erwarten, daß er dadurch nicht nur vorübergehend am Vorsitz in der Strafkammer verhindert werden würde. Zumindest hätte noch im Laufe des Jahres 1971 Abhilfe geschaffen werden können; die Hauptverhandlung gegen den Angeklagten fand vom 7. bis 17. 12. 1971, also im letzten Monat des Geschäftsjahres statt.

Die Bestellung desselben Vorsitzenden für alle Tagungen des Schwurgerichts – die in manchen Bezirken unüblich sein mag (so BGHSt. 21, 191, 192) – braucht auch bei einem großen Landgericht an sich nicht zu einer rechtsfehlerhaften Besetzung der Strafkammer zu führen; nur ist zu beachten, daß sich bei mehreren aufeinanderfolgenden und länger dauernden Sitzungsperioden – wie im vorliegenden Fall – für das Schwurgericht die tatsächlichen Verhältnisse so gestalten, als sei es ein ständiger Spruchkörper mit der Folge, daß der Vorsitzende so gestellt wird, wie wenn ihm der Vorsitz zweier Strafkammern übertragen wäre (vgl. hierfür BGHSt. 2, 71, 73). Wird also für alle Tagungen des Schwurgerichts nur ein Vorsitzender bestimmt, so muß der Zuständigkeitsbereich seiner Strafkammer so begrenzt sein, daß er dort seine Funktionen als Vorsitzender neben der Tätigkeit im Schwurgericht ohne Schwierigkeiten wahrnehmen kann. Nur dann bleibt Raum für die Annahme einer vorübergehenden Verhinderung im Einzelfall, wenn er wegen Teilnahme am Schwurgericht mitunter den Vorsitz in der Kammer nicht wahrnehmen kann.

24. Fehlerhaft besetzter Schöffenwahlausschuß kann keine Richter wählen.

StPO § 338 Nr. 1 – BVerfG Beschl. v. 9. 6. 1971 – 2 BvR 114, 127/71 (= BVerfGE 31, 181)

Die Beschwerdeführer rügen, daß die beiden Schöffen, die bei dem Berufungsurteil der Jugendkammer des Landgerichts Marburg mitgewirkt hätten, von einem nicht ordnungsmäßig konstituierten Ausschuß (§ 40 GVG) gewählt worden seien, daß die Wahl infolgedessen ungültig sei und das angefochtene Urteil gegen Art. 101 Abs. 1 Satz 2 GG verstoße.

Sachverhalt: Der Schöffenwahlausschuß für den Amtsgerichtsbezirk Marburg setzt sich zusammen aus sechs vom Kreistag des Landkreises Marburg und vier von der Stadtverordnetenversammlung der Stadt Marburg zu wählenden Vertrauenspersonen (§ 40 Abs. 3 Satz 2 GVG in Verbindung mit dem Erlaß des Hessischen Ministers des Innern vom 9. 5. 1968 - [IV A 1-25c 06] - Staatsanzeiger für das Land Hessen 1968 S. 851). Der Kreistag des Landkreises Marburg wählte im Jahre 1970 die auf ihn entfallenden Vertrauenspersonen. Dagegen kam die Wahl in der Stadtverordnetenversammlung der Stadt Marburg nicht zustande, da – wie der Magistrat mitteilte – „die der Stadtverordnetenversammlung vorgeschlagenen vier Vertrauenspersonen die nach § 40 Abs. 3 des Gerichtsverfassungsgesetzes erforderliche Mehrheit von 2/3 der gesetzlichen Mitgliederzahl der Stadtverordnetenversammlung nicht erreicht haben". Am 21. 10. 1970 trat der Schöffenwahlausschuß mit zwei abwechselnd vorsitzenden Amtsrichtern, dem Verwaltungsbeamten und den sechs vom Kreistag gewählten Vertrauensmännern zur Wahl der Schöffen für die nächsten zwei Geschäftsjahre (§ 42 GVG) zusammen. Die dem Schöffenwahlausschuß abwechselnd vorsitzenden Amtsrichter hielten den Ausschuß gemäß § 40 Abs. 4 GVG für beschlußfähig, da mehr als fünf Vertrauenspersonen anwesend waren. Dabei wählte der Ausschuß die Hausfrau R. zur Jugendschöffin; sie wirkte bei dem angefochtenen Urteil mit. Der andere an diesem Urteil beteiligte Jugendschöffe, Amtsinspektor E. war hingegen ordnungsgemäß von dem Wahlausschuß bei dem Amtsgericht Treysa gewählt worden. – Die Verfassungsbeschwerde hatte Erfolg.

Gründe: Nach § 35 des Jugendgerichtsgesetzes werden die Schöffen der Jugendgerichte, d.h. der Jugendschöffengerichte und der Jugendkammern, von dem in § 40 GVG vorgesehenen Ausschuß gewählt. Diese Vorschriften gehören zu dem von Art. 101 Abs. 1 Satz 2 GG geforderten Normensystem und dienen der Bestimmung des gesetzlichen Richters im Jugendstrafverfahren. Nur der Jugendschöffe, der auf rechtswirksame Weise gewählt worden ist, ist gesetzlicher Richter in den zur Zuständigkeit eines Jugendgerichts gehörigen Sachen. Die Wahl der Hausfrau R. zur Jugendschöffin am 21. 10. 1970 entsprach nicht den zwingenden gesetzlichen Vorschriften; sie war ungültig.

Nachdem die Stadtverordnetenversammlung der Stadt Marburg nicht in der Lage war, die von ihr zu entsendenden vier Vertrauenspersonen zu bestimmen, war am 21. 10. 1970 ein Schöffenwahlausschuß im Sinne des § 40 GVG im Amtsgerichtsbezirk Marburg nicht vorhanden. Infolgedessen konnte sich die nach Abs. 4 dieser Vorschrift zu beantwortende Frage einer Beschlußfähigkeit des Ausschusses nicht stellen. Trotz der Anwesenheit von sechs Vertrauenspersonen konnte eine Schöffenwahl nicht wirksam vorgenommen werden, da das Quorum nur für den Fall gelten kann, daß das Wahlgremium überhaupt besteht.

Der in der Rechtsprechung des Bundesverfassungsgerichts entwickelte Grundsatz, daß ein error in procedendo Art. 101 Abs. 1 Satz 2 GG nicht verletzt (vgl. BVerfGE 29, 45 [48] mit weiteren Nachweisen), greift im vorliegenden Fall nicht ein. Diese Rechtsprechung bezieht sich auf Verfahrensirrtümer eines Richters. Wirkt an einer gerichtlichen Entscheidung eine Person mit, die nicht Richter ist, so kann es nicht darauf ankommen, ob das Gericht willkürlich oder irrtümlich seine Besetzung für fehlerfrei gehalten hat. Ein Verfahrensirrtum ist hier begrifflich ausgeschlossen (vgl. BVerfGE 4, 412 [416 f.] [BVerfG Urt. v. 20. 3. 1956 – 1 BvR 479/55; vgl. § 338 Nr. 1 StPO erfolgreiche Rügen]).

25. Urlaubsvertreter kann nicht Vertreter des Vorsitzenden sein.

StPO § 338 Nr. 1; GVG § 66 a.F. – BGH Urt. v. 13. 10. 1964 – 1 StR 312/64 LG Karlsruhe (= BGHSt. 20, 61)

Die Revision rügt, die Besetzung der III. großen Strafkammer des Landgerichts mit dem Landgerichtsrat E., der in der Verhandlung gegen den Angeklagten den Vorsitz geführt hat, als stellvertretendem Vorsitzenden entspreche nicht dem § 66 GVG.

Sachverhalt: Nach dem zutreffenden Vorbringen der Revisionsbegründung war Landgerichtsrat E. im Geschäftsjahr 1963 außer in der Strafkammer III noch in zwei anderen Strafkammern als stellvertretender Vorsitzender tätig; ferner führte er den Vorsitz in der Rückerstattungskammer und war Beisitzer in einer weiteren Strafkammer für Entscheidungen außerhalb der Hauptverhandlung. Im Geschäftsjahr 1963 hat er, wie seine dienstliche Erklärung und die des Landgerichtsdirektors M. ergeben, in der großen Strafkammer III als stellvertretender Vorsitzender während des Urlaubs des Landgerichtsdirektors M. einmal im April und fünfmal im August/September den Vorsitz geführt, außerdem als Beisitzer an einer Spruchsitzung am 5. und 6. 8. und sonst nur bei Beschlüssen mitgewirkt. Daß Landgerichtsrat E. an Spruchsitzungen der III. großen Strafkammer nur als stellvertretender Vorsitzender für den verhinderten ordentlichen Vorsitzenden teilnahm, sonst aber nicht, ergab sich nicht nur aus einer zufälligen, unvorhergesehenen Personal- und Geschäftslage, die im Laufe des Jahres eintrat, sondern entsprach ersichtlich dem Plan, von dem sich das Präsidium bei der Beschlußfassung über die Geschäftsverteilung leiten ließ. Der Senat schließt das aus der sonst noch vorgesehenen Verwendung des Landgerichtsrats E., die zu einer so erheblichen Belastung führen mußte, daß an die Mitwirkung bei Spruchsitzungen der III. großen Strafkammer als Beisitzer in nennenswertem Umfange offensichtlich nicht zu denken war. – Das Rechtsmittel hatte Erfolg.

Gründe: Der Vertreter des Vorsitzenden einer Kammer muß jedoch ständiges Mitglied dieser Kammer sein, mag er nach § 66 Abs. 1 Halbsatz 1 GVG vom Präsidium zum regelmäßigen Vertreter bestellt worden (RGSt 69, 325) oder nach § 66 Abs. 1 Halbsatz 2 GVG zur Vertretung des ordentlichen Vorsitzenden berufen sein. Das hat das Reichsgericht schon für die ursprüngliche Fassung des Gerichtsverfassungsgesetzes vom 27. 1. 1877 (RGBl. 1877, 41 ff.) ausgesprochen, die in § 65 GVG für den Fall der Verhinderung des ordentlichen Vorsitzenden dessen Vertretung durch das älteste Mitglied der Kammer vorsah, eine dem heute geltenden § 66 Abs. 1 Halbsatz 1 GVG entsprechende Bestimmung des regelmäßigen Vertreters des ordentlichen Vorsitzenden durch das Präsidium dagegen nicht kannte. Das Reichsgericht hat (RGSt 1, 238) gesagt, daß im Falle der Verhinderung des Vorsitzenden der Vorsitz dem ältesten ständigen Mitglied der Kammer zustehe, sollte auch der eintretende Stellvertreter den Dienstjahren nach älter sein.

Damit ein Richter ständiges Mitglied einer Kammer ist, genügt es nicht, daß er nur dem Namen nach zum Mitglied der Kammer bestellt wird, aber zum ständigen Dienst in der Kammer nicht vorgesehen ist, sondern wie hier bloß als Urlaubsvertreter des Vorsitzenden und abgesehen davon als Beisitzer nur an einer von 51 Urteilssitzungen und an einigen Beschlüssen mitwirkt. Ständiges Kammermitglied ist einzig der Richter, der der Kammer zur ständigen Dienstleistung zugeteilt ist. So hat das Reichsgericht einen Richter, der in der Geschäftsordnung zwar als ständiges Mitglied einer Kammer aufgeführt war, aber nur im Bedarfsfall zu den öffentlichen Sitzungen herangezogen wurde, nicht als ständiges Kammermitglied, sondern bloß als Stellvertreter angesehen (RG GA 55, 109). Ebenso ist ein Richter, der einer Kammer nur zu einem ganz geringen Bruchteil seiner Arbeitskraft zugewiesen ist und im übrigen anders verwendet wird, kein ständiges Mitglied der Kammer im Sinne des § 66 GVG (so mit Recht OLG Schleswig, SchlHA 1956, 382). Daß Vertreter des Vorsitzenden einer Kammer nur ein in diesem Sinne ständiges Mitglied der Kammer sein kann (jedenfalls solange noch ein solches Kammermitglied vorhanden ist), hat seinen guten Grund. Allein ein ständiges Kammermitglied in diesem Sinne wird imstande sein, als Stellvertreter des Vorsitzenden die Stetigkeit der Rechtsprechung der Kammer zu sichern.

Danach war Landgerichtsrat E. im Geschäftsjahr 1963, in dem sich seine Teilnahme an den Spruchsitzungen der großen Strafkammer 111 von einer Ausnahme abgesehen auf die Führung des Vorsitzes zur Zeit des Urlaubs des ordentlichen Vorsitzenden beschränkte, nicht ständiges Mitglied dieser Strafkammer. Er durfte also in der Kammer nicht den Vorsitz führen. Die Kammer war demnach in der Hauptverhandlung gegen den Angeklagten nicht ordnungsmäßig im Sinne des § 66 GVG besetzt, so daß das Urteil des Landgerichts nach § 338 Nr. 1 StPO keinen Bestand haben kann.

26. Wahl der Vertrauensperson gem. § 40 GVG durch Verwaltung unzulässig[1].

StPO § 338 Nr. 1; GVG §§ 40, 42 – BGH Urt. v. 29. 9. 1964 – 1 StR 280/64 Schwurgericht Baden-Baden (= BGHSt. 20, 37 = NJW 1965, 2432)

Die Revision rügt, daß die Vertrauensperson E., die an der Wahl der Geschworenen durch den beim Amtsgericht B. gebildeten Ausschuß teilnahm, nicht wirksam gewählt worden ist. Denn E. wurde nicht vom Kreis*tag*, sondern vom Kreis*rat* des Kreises R. gewählt. Nur der Kreistag ist aber die Vertretung der Einwohner des Landkreises (§ 14 Abs. 1 BadWürtt.

---

[1] Vgl. aber BGH Urt. v. 13. 8. 1991 – 5 StR 263/91 zu § 42 GVG erfolglose Rügen, wonach die Wahl – trotz eines Verstoßes gegen das Gesetz – als wirksam angesehen worden ist, wenn der Schöffenwahlausschuß fehlerhaft besetzt war.

LandkreisO) und hat daher nach § 40 Abs. 3 GVG mit einer Mehrheit von zwei Dritteln der gesetzlichen Mitgliederzahl die Vertrauensperson zu wählen. Bei der Wahl durch den Kreisrat, der ein Verwaltungsorgan des Kreises ist (§ 26 BadWürtt. LandkreisO) ließe sich eine Zweidrittelmehrheit der Mitglieder der Einwohnervertretung gar nicht feststellen, selbst wenn alle im Kreistag vertretenen Parteien auch im Kreisrat nach ihrem Stärkeverhältnis vertreten wären.

Sachverhalt: Der Kreistag hat nachträglich der vom Kreisrat getroffenen Wahl mit der erforderlichen Mehrheit zugestimmt. Das geschah aber erst, nachdem der Ausschuß bereits die Schöffen und Geschworenen gewählt hatte. Hierdurch wurde der Fehler nicht mit rückwirkender Kraft geheilt. Der Kreistag wählte E. zum ersten Mal als Vertrauensperson. – Das Rechtsmittel hatte Erfolg.

Gründe: Die Vertrauenspersonen für den zur Wahl der Schöffen und Geschworenen berufenen Ausschuß (§§ 40, 84 GVG) werden nach § 40 Abs. 3 Satz 1 GVG von der Vertretung des unteren Verwaltungsbezirks mit einer Mehrheit von zwei Dritteln der gesetzlichen Mitgliederzahl gewählt.

Der Ausschuß bei dem Amtsgericht B., der die Wahl der Geschworenen vornahm, war somit nicht gesetzmäßig, da an ihm eine Person als Vertrauensperson teilgenommen hat, die nicht von der zuständigen Vertretung des Kreises gewählt war. Die Wahl der Geschworenen und Hilfsgeschworenen litt hierdurch an einem wesentlichen Mangel. An der Hauptverhandlung gegen den Angeklagten haben zwei von diesem Ausschuß – als Hilfsgeschworene – gewählte Personen, nämlich B. und F., als Geschworene mitgewirkt. Das Schwurgericht war damit nicht vorschriftsmäßig besetzt (vgl. RGSt 67, 120). Auch aus diesem Grunde ist das angefochtene Urteil aufzuheben.

27. Schöffenmanipulation durch Terminierungstrick unzulässig.
StPO § 338 Nr. 1 – BGH Urt. v. 14. 7. 1964 – 1 StR 216/64 Schwurgericht Darmstadt (= BGHSt. 19, 382 = NJW 1964, 1866)

Die Revision rügt, daß die für die Schwurgerichtssitzung am 30. 12. zuständigen Schöffen nicht mehr für das darauffolgende Geschäftsjahr an der Entscheidung hätten mitwirken dürfen.

Sachverhalt: Der Vorsitzende des Schwurgerichts hatte am 16. 12. 1963 den Termin zur Hauptverhandlung auf den 30. 12. 1963, ferner auf 6. und 8. 1. 1964 bestimmt. Er hatte dazu verfügt:

„Den Angeklagten und seinen Verteidiger, den Nebenkläger und seinen Anwalt bitte ich, darauf hinzuweisen, daß am 30. 12. 1963 nur die Vernehmung zur Person und keine Beweisaufnahme stattfindet. Die Beweisaufnahme beginnt erst am 6. 1. 1964. Die Sitzung am 30. 12. 1963 wird daher nur etwa 1 Stunde dauern.

Zeugen und Sachverständige wurden erst auf den 6. 1. 1964 geladen. Demgemäß wurde verfahren. Laut Sitzungsprotokoll wurde der Angeklagte am 30. 12. 1963 nur über seine Person vernommen und sodann die Verhandlung vertagt auf den 6. 1. 1964. Die Sitzung dauerte nur 25 Minuten. Am 6. und 8. 1. 1964 wurde nach Verlesung des Eröffnungsbeschlusses der Angeklagte zur Sache vernommen und dann die Beweisaufnahme durchgeführt. – Das Rechtsmittel hatte Erfolg.

Gründe: Die richterlichen Mitglieder des Schwurgerichts werden für die einzelnen Tagungen „vor Beginn des Geschäftsjahres", also jeweils für die im Laufe eines Geschäftsjahres anfallenden Tagungen ernannt (§ 83 GVG). Ebenso wird die Reihenfolge, in der die Hauptgeschworenen an den Tagungen des Schwurgerichts teilnehmen, „für das ganze Geschäftsjahr im voraus" durch Auslosung bestimmt (§ 86 GVG). Die ernannten richterlichen Mitglieder und die ausgelosten Hauptgeschworenen können also grundsätzlich nur in dem Geschäftsjahr tätig werden, für das ihre Ernennung oder Auslosung gilt. Davon macht § 89 GVG für die Geschworenen eine Ausnahme: Erstreckt sich eine Tagung des Schwurgerichts über den Endtermin des Geschäftsjahres hinaus, so bleiben die Geschworenen, die dazu einberufen sind, bis zum Schluß der Tagung zur Mitwirkung verpflichtet. Für die richterlichen Mitglieder ist eine solche besondere Regelung entbehrlich. Es versteht sich von selbst, daß sie auch über das Ende des Geschäftsjahres hinaus zur Teilnahme an einer bereits in jenem Geschäftsjahr begonnenen Tagung berufen sind (BGHSt. 8, 250 [BGH Urt. v. 20. 10. 1955 – 4 StR 286/55; vgl. § 338 Nr. 1 StPO erfolglose Rügen]). Das kann allerdings nur gelten, soweit die Hauptverhandlung in einer Sache, die während der letzten Tagung des Schwurgerichts verhandelt werden soll, noch im alten Geschäftsjahr begonnen hat. Es kann nicht im Ermessen des Schwurgerichtsvorsitzenden liegen, eine Tagung des Schwurgerichts in der Weise in das neue Geschäftsjahr zu erstrecken, daß er den Termin zur Hauptverhandlung in einer weiteren Sache bereits für das neue Geschäftsjahr ansetzt, selbst wenn dieser Termin sich unmittelbar an eine noch in der letzten Tagung zum Teil im alten Geschäftsjahr verhandelte Sache anschließt. Wohl aber ist § 89 GVG einschlägig und sind auch die richterlichen Mitglieder zur weiteren Mitwirkung berufen, wenn eine im alten Geschäftsjahr unterbrochene Hauptverhandlung im neuen Jahr nach § 229 StPO fortgesetzt wird.

Die Hauptverhandlung in der vorliegenden Sache hat nun zwar bereits am 30. 12. 1963 begonnen: Der Angeklagte wurde an diesem Tage über seine persönlichen Verhältnisse vernommen; das ist ein vom Gesetz vorgeschriebener (§ 243 Abs. 2 StPO) und wesentlicher Teil (BGHSt. 9, 243, 244 [BGH Urt. v. 29. 6. 1956 – 2 StR 252/56; vgl. § 338 Nr. 5 StPO erfolgreiche Rügen]) der Hauptverhandlung. Er genügte aber hier nach den Umständen nicht, um die Teilnahme der für die letzte Tagung des Schwurgerichts im Geschäftsjahr 1963 berufenen Richter und Geschworenen an der weiteren im Jahre 1964 gegen den Angeklagten durchgeführten Hauptverhandlung zu rechtfertigen.

Zwar kann es nicht allgemein als unzulässig erachtet werden, einen Hauptverhandlungstermin in einer Schwurgerichtssache so zu bestimmen, daß nach dem Umfang der Sache die Hauptverhandlung sich voraussichtlich zum überwiegenden Teile über das Ende des Geschäftsjahres hinaus erstrecken muß. Das ist in umfangreichen Sachen, die eine monatelange Vorbereitung des Vorsitzenden und des Berichterstatters erfordern, manchmal nicht zu umgehen, wenn nicht ein großer Arbeitsaufwand nutzlos vertan sein soll. Auch in Fällen, in denen ein zunächst für einen früheren Zeitpunkt vorgesehener Verhandlungsbeginn wegen Erkrankung von Beteiligten oder aus ähnlichen Gründen nicht eingehalten werden kann, mag es gerechtfertigt sein, die Verhandlung noch an einem der letzten Tage des zu Ende gehenden Geschäftsjahres wenigstens zu beginnen. Ebenso kann es die Rücksichtnahme auf den in Haft befindlichen Angeklagten in solchem Fall nahelegen und rechtfertigen, die Hauptverhandlung noch für die letzte Tagung des Schwurgerichts anzuberaumen, statt sie in die erste Tagung des kommenden Geschäftsjahres aufzunehmen. Kein solcher Umstand lag jedoch hier vor: Daß die Sache während der letzten Schwurgerichtstagung des Jahres 1963 beim Vorsitzenden einging, war für sich allein kein zureichender Grund, sie noch während der laufenden Tagung in der Weise zu verhandeln, daß im zu Ende gehenden Geschäftsjahr der Angeklagte nur noch kurze Zeit zur Person vernommen wurde. Es wird sogar im Gegenteil die Regel bilden, die während einer Schwurgerichtstagung eingehenden Sachen erst in der nächsten zu verhandeln. Der Angeklagte befand sich auch nicht in Haft, und der Umfang der Sache ging nicht über den gewöhnlichen Rahmen einer Schwurgerichtssache hinaus, erforderte auch für den Vorsitzenden und den Berichterstatter keine außergewöhnliche Vorbereitungsarbeit. Die Hauptverhandlung hätte offensichtlich auch ohne die Vernehmung des Angeklagten zur Person am 30. 12. 1963 an zwei Tagen durchgeführt werden können. Die Vernehmung des Angeklagten am 30. 12. 1963 bedeutete also keine erhebliche Förderung der Sache, sondern nur einen zusätzlichen Mehraufwand an Zeit für fast alle Beteiligten. Dafür einen besonderen Verhandlungstag anzusetzen, war also sachlich nicht gerechtfertigt und kann nur den Zweck gehabt haben, die Mitwirkung der zur Teilnahme an der letzten Tagung des Schwurgerichts im Jahre 1963 berufenen Richter und Geschworenen an der Hauptverhandlung rechtlich zu ermöglichen, obwohl diese in fast allen wesentlichen Punkten erst im Jahre 1964 stattfinden sollte und stattgefunden hat. Ein solches Verfahren liegt jedoch nicht im Sinne der Gesetzesbestimmungen, insbesondere des § 89 GVG.

Hiernach war das Schwurgericht, das am 8. 1. 1964 den Angeklagten verurteilte, nicht vorschriftsmäßig besetzt. Es hätte nicht mehr in der Besetzung der letzten Tagung für das Geschäftsjahr 1963 entscheiden dürfen. § 89 GVG deckt jedenfalls die Mitwirkung der für diese Tagung berufenen Geschworenen an der Hauptverhandlung gegen den Angeklagten nicht. Die Richter, die mitgewirkt haben, waren für 1964 nicht mehr zu Mitgliedern des Schwurgerichts – für die erste Tagung – ernannt und daher ebenfalls zur Mitwirkung bei der Verhandlung und Entscheidung nicht mehr berufen. Das angefochtene Urteil muß hiernach in vollem Umfange aufgehoben werden, weil der unbedingte Revisionsgrund des § 338 Nr. 1 StPO gegeben ist. Ob auch gegen Art. 101 Abs. 1 Satz 2 GG verstoßen ist, braucht nicht erörtert zu werden.

28. Es ist mit dem GG unvereinbar, wenn die Zahl der ordentlichen Mitglieder einer Strafkammer es gestattet, daß sie in zwei personell voneinander verschiedenen Sitzgruppen hätte Recht sprechen können.

StPO § 338 Nr. 1 – BVerfG Beschl. v. 2. 6. 1964 – 2 BvR 498/62 (= BVerfGE 18, 65 = NJW 1964, 1667)

Der Beschwerdeführer rügt, die Urteile des Landgerichts Mannheim und des Bundesgerichtshofs hätten das in Art. 101 Abs. 1 Satz 2 GG verbürgte Recht auf den gesetzlichen Richter verletzt. Art. 101 Abs. 1 Satz 2 GG verlange, daß die Geschäftsverteilung eines Gerichts jede vermeidbare Unklarheit über die Person des gesetzlichen Richters ausschließe. Gesetzlicher Richter sei nicht nur das Gericht als Einheit oder die Kammer, zu deren Geschäftsbereich ein Verfahren gehöre, sondern auch der einzelne Richter, der im konkreten Fall zur Entscheidung berufen sei. Den Kammern eines Landgerichts dürften daher nur so viele Richter zugeteilt werden als erforderlich seien, um die anfallenden Aufgaben des Spruchkörpers zu erledigen. Diesem Grundsatz sei im vorliegenden Falle nicht genügt. Der 1. Strafkammer des Landgerichts Mannheim hätten zur Zeit der Hauptverhandlung ein Vorsitzender und fünf Beisitzer angehört. Diese Besetzung sei durch sachliche Erwägungen nicht zu rechtfertigen. Mit Ausnahme des Vorsitzenden hätten deshalb sämtliche Mitglieder der 1. Strafkammer auch anderen Kammern angehört.

Wenn einer Strafkammer mehr als die gesetzlich vorgeschriebene Zahl von Richtern zugewiesen sei, müßten die beisitzenden Richter zu den einzelnen richterlichen Geschäften (Sitzungen, Beratungen, Beschlüsse) nach einem vorher bestimmten Plan herangezogen werden. Auch daran habe es in dem Verfahren gegen den Beschwerdeführer gefehlt. Die Landgerichtsräte Frank und Dr. Fitterer seien nicht nach einem Plan, sondern nach freier Entscheidung des Vorsitzenden aus der Zahl der Kammermitglieder als Beisitzer bestellt worden.

Nach der Geschäftsverteilung des Landgerichts Mannheim für das Geschäftsjahr 1962 gehörten der 1. Strafkammer dieses Gerichts am 1. 2. 1962 an: Landgerichtspräsident Dr. Anschütz als Vorsitzender, Landgerichtsrat Dr. Lovisa als regelmäßiger Vertreter und Mitglied, die Landgerichtsräte Frank, Kaestel, Dr. Fitterer und Gerichtsassessor Dr. Bickelhaupt als weitere Mitglieder. Landgerichtsrat Herrmann, der der Kammer ebenfalls angehörte, war durch Präsidialbeschluß vom 1. 2. 1962 unter vorübergehender Befreiung von seiner Tätigkeit in der 1. Strafkammer noch der III. Strafkammer als weiteres Mitglied zugewiesen worden. Sämtliche Mitglieder der Kammer – mit Ausnahme des Vorsitzenden – waren zugleich anderen Kammern zugeteilt.

Sachverhalt: Der Beschwerdeführer wurde durch Urteil der 1. Großen Strafkammer des Landgerichts Mannheim vom 23. 2. 1962 wegen fahrlässiger Tötung in zwei Fällen und fahrlässiger Körperverletzung in 15 Fällen, begangen in Handlungseinheit, und wegen fahrlässiger Körperverletzung in einem weiteren, selbständigen Fall zu einer Gefängnisstrafe von vier Monaten und einer Woche verurteilt. Er legte gegen dieses Urteil Revision zum Bundesgerichtshof ein, mit der er das Verfahren des Landgerichts beanstandete und die Verletzung sachlichen Rechts rügte. Als Verfahrensrüge trug er u.a. vor, § 338 Nr. 1 StPO sei verletzt, weil die 1. Große Strafkammer des Landgerichts Mannheim zur Zeit der Hauptverhandlung nicht entsprechend der Vorschrift des Art. 101 GG besetzt gewesen sei. Nach der Geschäftsverteilung des Gerichts für das Jahr 1961 hätten dieser Kammer der Landgerichtspräsident als Vorsitzender und sechs Richter als Mitglieder angehört. Das sei schon deshalb unzulässig gewesen, weil die Kammer zur Erledigung ihrer Aufgaben nicht sechs beisitzende Richter benötigt habe. Auch seien für die Hauptverhandlung am 23. 2. 1962 die beisitzenden Richter, nämlich die Landgerichtsräte Frank und Dr. Fitterer, vom Vorsitzenden nicht nach einem vorgezeichneten Plan, sondern nach seinem Ermessen bestimmt worden. Die an keinen Plan gebundene und völlig unkontrollierbare Entscheidungsfreiheit des Vorsitzenden, wenn er Richter aus einer überbesetzten Kammer zur Verhandlung und Entscheidung in einem bestimmten Falle beiziehe, mache es unbestimmt, wer als Richter zur Entscheidung berufen sei. Das verstoße gegen Art. 101 Abs. 1 Satz 2 GG.

Durch Urteil vom 10. 7. 1962 – zugestellt am 16. 8. 1962 – verwarf der Bundesgerichtshof die Revision. Er führte aus, die Rüge des Angeklagten, er sei seinem gesetzlichen Richter entzogen worden, beruhe auf falschen tatsächlichen Voraussetzungen. Nach der Geschäftsverteilung des Landgerichts Mannheim sei die 1. Strafkammer zur Zeit der Hauptverhandlung gegen den Beschwerdeführer nicht mit dem Landgerichtspräsidenten als Vorsitzendem und sechs Beisitzern, sondern lediglich mit dem Landgerichtspräsidenten als Vorsitzendem, einem Landgerichtsrat als stellvertretendem Vorsitzenden und vier Beisitzern – drei Landgerichtsräten und einem Gerichtsassessor – besetzt gewesen. Die Rüge sei auch unbegründet, denn von einer unzulässigen Überbesetzung der Kammer könne nicht die Rede sein. Das Gebot, daß niemand seinem gesetzlichen Richter entzogen werden darf, schließe nicht aus, daß der Geschäftsverteilungsplan des Gerichts einer Kammer mehr Richter zuteile als bei den zu treffenden Entscheidungen mitzuwirken haben. Es verlange auch nicht, daß von vornherein feststehen müsse, welche Richter in einem bestimmten Verfahren zu urteilen haben. Aufgabe des Vorsitzenden sei es, innerhalb der Kammer die Geschäfte auf die Mitglieder zu verteilen und sie zu den Sitzungen heranzuziehen (§ 69 GVG). Gegen Art. 101 GG und § 338 Nr. 1 StPO sei allerdings dann verstoßen, wenn der Vorsitzende bei der Auswahl der Richter zu den einzelnen Sitzungen willkürlich verfahre, um damit einen sachfremden Einfluß auf die Rechtsprechung der Kammer zu nehmen. Dafür lägen im Fall des Angeklagten keine Anhaltspunkte vor. – Die Verfassungsbeschwerde hatte Erfolg.

Gründe: Gesetzlicher Richter im Sinne des Art. 101 Abs. 1 Satz 2 GG ist nicht nur das Gericht als organisatorische Einheit oder das erkennende Gericht als Spruchkörper, sondern sind auch die zur Entscheidung im Einzelfall berufenen Richter. Die Geschäftsverteilungspläne der Kollegialgerichte, die der Bestimmung des gesetzlichen Richters dienen, müssen daher von vornherein so eindeutig wie möglich festlegen, welche Spruchkörper und welche Richter zur Entscheidung des Einzelfalls berufen sind (vgl. Beschl. v. 24. 3. 1964 – 2 BvR 42/63, 83/63 und 89/63 I). Wird dieser Forderung nicht Rechnung getragen, so wird der vom Vorsitzenden zur Entscheidung herangezogene Richter auch nicht dadurch zum gesetzlichen Richter, daß er aus sachgerechten Gründen zur Mitwirkung im Einzelfall bestimmt worden ist. Das zu Mißbilligende liegt hier nicht in der Ermessensentscheidung des Vorsitzenden, sondern in der unzulänglichen Regelung der Geschäftsverteilung, die eine derartige Ermessensentscheidung unnötigerweise erforderlich gemacht hat.

Zu der Zeit, als die Hauptverhandlung vor dem Landgericht Mannheim gegen den Beschwerdeführer stattfand, war die nach der Geschäftsverteilung des Gerichts sachlich zuständige 1. Strafkammer so besetzt, daß eine unnötige Unbestimmtheit darüber bestand, welche ihr angehörenden Richter im Einzelfall zur Entscheidung berufen waren. Die Zahl der ordentlichen Mitglieder der 1. Strafkammer, die für das Strafverfahren des Beschwerdeführers zuständig war, gestattete es, daß sie in zwei personell voneinander verschiedenen Sitzgruppen hätte Recht sprechen können. Diese Zusammensetzung der Kammer ist jedenfalls mit der Vorschrift des Art. 101 Abs. 1 Satz 2 GG unvereinbar (Beschl. v. 24. 3. 1964 – 2 BvR 42/63, 83/63 und 89/63).

Der Beschwerdeführer ist von einer Strafkammer verurteilt worden, die nach der Geschäftsverteilung des Landgerichts verfassungswidrig überbesetzt war. Das Urteil ist deshalb nicht vom gesetzlichen Richter erlassen. Der Bundesgerichtshof hat der auf diesen Verfahrensmangel gestützten Revision nicht stattgegeben. Die angegriffenen Entscheidungen sind daher wegen Verstoßes gegen Art. 101 Abs. 1 Satz 2 GG aufzuheben.

29. Eine Kammer ist nicht mehr in einer mit Art. 101 I 1 S. 2 GG zu vereinbarenden Weise besetzt, wenn die Zahl ihrer ordentlichen Mitglieder gestattet, daß sie in zwei personell voneinander verschiedenen Sitzgruppen Recht sprechen oder daß der Vorsitzende drei Spruchkörper mit je verschiedenen Beisitzern bilden kann.

StPO § 338 Nr. 1 – BVerfG Beschl. v. 24. 3. 1964 – 2 BvR 42, 83, 89/63 (= BVerfGE 17, 294 = NJW 1964, 1020 = JZ 1965, 57)

Die Beschwerdeführer rügen, beim Landgericht Mosbach fehle es an einer Geschäftsverteilung, aus der sich ermitteln lasse, welche Richter zur Entscheidung für die anhängig werdenden Zivilsachen zuständig seien.

Sachverhalt: Die vier Beschwerdeführer waren Prozeßbeteiligte an drei verschiedenen Zivilrechtsstreiten, die in zweiter und letzter Instanz vom Landgericht Mosbach entschieden worden sind. Die Beschwerdeführer haben gegen das sie betreffende Urteil Nichtigkeitsklage zum Landgericht Mosbach erhoben, weil das erkennende Gericht im vorausgegangenen Verfahren unvorschriftsmäßig besetzt gewesen sei. Diese Nichtigkeitsklagen sind durch Urteile des Landgerichts Mosbach abgewiesen worden.

Beim Landgericht Mosbach waren in den Jahren 1962 und 1963 ein Landgerichtspräsident, ein Landgerichtsdirektor, fünf Landgerichtsräte und ein nichtplanmäßiger Richter tätig. In den genannten Jahren waren nach dem Geschäftsverteilungsplan zwei Zivilkammern und zwei Strafkammern gebildet. Vorsitzender der 1. Zivilkammer war der Landgerichtspräsident, Vorsitzender der 2. Zivilkammer und der 1. Strafkammer war der Landgerichtsdirektor, Vorsitzender der 2. Strafkammer war ein Landgerichtsrat. Der 1. Zivilkammer, der 2. Zivilkammer und der 1. Strafkammer gehörten je alle Landgerichtsräte und der nichtplanmäßige Richter als ordentliche Mitglieder an. Der 2. Strafkammer gehörten dieselben Richter, mit Ausnahme des dienstältesten und des nichtplanmäßigen, ebenfalls als ordentliche Mitglieder an. Die beiden Zivilkammern und die 1. Strafkammer waren also besetzt mit je einem ordentlichen Vorsitzenden und je sechs Beisitzern, die 2. Strafkammer war besetzt mit einem Landgerichtsrat als ordentlichem Vorsitzenden und weiteren drei Landgerichtsräten. – Die Verfassungsbeschwerden hatten Erfolg.

Erfolgreiche Rügen Nr. 29 § 338 Nr. 1 StPO

Gründe:

1. Art. 101 Abs. 1 Satz 2 GG verlangt, daß der gesetzliche Richter sich im Einzelfall möglichst eindeutig aus einer allgemeinen Norm ergibt (BVerfGE 6, 45 [51]). „Gesetzlicher Richter" im Sinne dieser Vorschrift ist nicht nur das Gericht als organisatorische Einheit oder das erkennende Gericht als Spruchkörper, vor dem verhandelt und von dem die einzelne Sache entschieden wird, sondern sind auch die zur Entscheidung im Einzelfall berufenen Richter. Das folgt aus dem Zweck der Vorschrift des Art. 101 Abs. 1 Satz 2 GG (BVerfGE 4, 412 [416 f.] [BVerfG Urt. v. 20. 3. 1956 – 1 BvR 479/55; vgl. § 338 Nr. 1 StPO erfolgreiche Rügen]; 9, 223 [226] [BVerfG Urt. v. 19. 3. 1959 – 1 BvR 295/58; vgl. § 24 GVG erfolglose Rügen]).

Art. 101 Abs. 1 Satz 2 GG soll der Gefahr vorbeugen, daß die Justiz durch eine Manipulierung der rechtsprechenden Organe sachfremden Einflüssen ausgesetzt wird, insbesondere daß im Einzelfall durch die Auswahl der zur Entscheidung berufenen Richter ad hoc das Ergebnis der Entscheidung beeinflußt wird, gleichgültig, von welcher Seite die Manipulierung ausgeht (vgl. BVerfGE 4, 412 [416 f.]). Der Rechtsuchende hat einen Anspruch darauf, daß der Rechtsstreit, an dem er beteiligt ist, von seinem gesetzlichen Richter entschieden wird.

Aus dem Zweck des Art. 101 Abs. 1 Satz 2 GG folgt, daß die Regelungen, die der Bestimmung des gesetzlichen Richters dienen, von vornherein so eindeutig wie möglich bestimmen müssen, welches Gericht, welcher Spruchkörper und welche Richter zur Entscheidung des Einzelfalls berufen sind.

Bei der Vielzahl der Rechtswege und der Gerichte, bei der Verschiedenartigkeit der Organisation dieser Gerichte, bei der verschiedenen Größe der Gerichte und der verschieden großen Zahl der bei ihnen tätigen Richter, bei dem verschiedenen Umfang der Geschäftslast der Gerichte und bei dem Wechsel der Geschäftslast innerhalb eines Gerichts ist es nicht möglich, alle Regeln über den gesetzlichen Richter im Gesetz zu fixieren. Die gesetzlichen Regelungen bedürfen deshalb der Ergänzung durch die Regeln über die Geschäftsverteilung im Geschäftsverteilungsplan, der bei den Kollegialgerichten vor allem durch das Präsidium der Gerichte in richterlicher Unabhängigkeit jährlich für jedes folgende Jahr aufzustellen ist. Auch für ihn gilt, daß er die zur Entscheidung der anhängig werdenden Verfahren berufenen Richter so eindeutig und genau wie möglich bestimmen muß.

Diese Einschränkung „so genau wie möglich" ist nötig, weil die Zahl der Spruchkörper, die Zahl der Richter, der Umfang der Geschäftslast, die Leistungsfähigkeit der Richter nicht gleich bleibt, weil außerdem dem Fall des Ausscheidens, der Krankheit, der Verhinderung, des Urlaubs und des Wechsels eines oder mehrerer Richter Rechnung getragen werden muß. Nur wenn solche Gesichtspunkte unvermeidlich dazu führen, daß Gesetz und Geschäftsverteilungsplan nicht genau bestimmen, wer im konkreten Fall der gesetzliche Richter ist, sind diese Regeln mit Art. 101 Abs. 1 Satz 2 GG vereinbar. Innerhalb dieses Rahmens muß der gesetzliche Richter im Einzelfall nach pflichtgemäßem Ermessen, also nach sachgerechten Gesichtspunkten bestimmt werden.

Der Geschäftsverteilungsplan eines Gerichts darf also mit Rücksicht auf das Gebot des Art. 101 Abs. 1 Satz 2 GG keine vermeidbare Freiheit in der Heranziehung der einzelnen Richter zur Entscheidung einer Sache und damit keine unnötige Unbestimmtheit hinsichtlich des gesetzlichen Richters lassen. Allerdings können besondere Umstände, insbesondere die Geschäftslast bei einem Gericht und die möglichst gleichmäßige Beschäftigung aller Richter bei diesem Gericht, nötigen, einzelne Richter mehreren Kammern oder Senaten als ordentliche Mitglieder zuzuweisen (vgl. § 63 Abs. 1 Satz 2 GVG).

2. Der Geschäftsverteilungsplan des Landgerichts Mosbach für das Jahr 1963 – nur auf dieses Jahr kommt es im Hinblick auf die teilweise Unzulässigkeit der Verfassungsbeschwerden an – ist mit den dargelegten Grundsätzen unvereinbar.

Von der Bestellung der Richter zu ordentlichen Mitgliedern in mehreren Kammern darf nur in dem Umfang Gebrauch gemacht werden, der nach dem oben Ausgeführten nötig ist, um jede Kammer ordnungsmäßig zu besetzen. Dazu genügt, daß die dem Landgericht Mosbach zugewiesenen fünf Landgerichtsräte und der Hilfsrichter je zwei verschiedenen Kammern als ordentliche Mitglieder zugewiesen werden. Nach dem Geschäftsverteilungsplan für 1963 sind aber vier dieser Richter gleichzeitig den vier Kammern als ordentliche Mitglieder zugewiesen und zwei von ihnen gleichzeitig drei Kammern als ordentliche Mitglieder zugewiesen. Soweit die vier Richter in den vier Kammern gleichzeitig ordentliche Mitglieder sind, sind sie in Wahrheit überhaupt nicht auf die Spruchkörper verteilt, sondern allzuständig. Es steht von vornherein für kein anhängig werdendes Verfahren fest, welche Richter zur Entscheidung in erster Linie berufen sind. Die Unhaltbarkeit solcher „Geschäftsverteilung" ergibt sich daraus, daß in ihr für eine sinnvolle Regelung der Stellvertretung eines verhinderten Richters kein Raum bleibt, wenn man von der Ausnahme absieht, daß der 2. Strafkammer zwei der Richter des Landgerichts (ein Landgerichtsrat und der Hilfsrichter) nicht angehören.

Der beim Landgericht Mosbach für 1963 aufgestellte Geschäftsverteilungsplan führt mit Notwendigkeit zu einer verfassungswidrigen Überbesetzung der Kammer, die die angegriffenen Entscheidungen gefällt hat. Die Verfassungswidrigkeit besteht darin, daß die Regelung in sich die Möglichkeit zu willkürlichem Manipulieren bietet, ohne daß es im Einzelfall darauf ankäme, ob Willkür vorliegt. Wo im einzelnen die Grenze der Verfassungsmäßikeit einer Überbesetzung eines Spruchkörpers liegt, braucht hier nicht entschieden zu werden. Jedenfalls ist eine Kammer nicht mehr in einer mit Art. 101 Abs. 1 Satz 2 GG zu vereinbarenden Weise besetzt, wenn die Zahl ihrer ordentlichen Mitglieder gestattet, daß sie in zwei personell voneinander verschiedenen Sitzgruppen Recht sprechen oder daß der Vorsitzende drei Spruchkörper mit je verschiedenen Beisitzern bilden kann.

Das Argument, die gewählte Geschäftsverteilung trage dem Gesichtspunkt Rechnung, daß es an einem kleinen Landgericht zu möglichst gleichmäßiger Arbeitsbelastung aller Richter nötig sei, sie in jeder Kammer beschäftigen zu können, kann gegenüber dem Verfassungsgebot, den gesetzlichen Richter mit Hilfe des Geschäftsverteilungsplans so genau wie möglich festzulegen, nicht durchgreifen. Es ist aber auch sachlich unzutreffend. Im großen und ganzen läßt sich an Hand der bei jedem Gericht geführten Statistiken der vorausgegangenen Jahre und der in ihnen ablesbaren Tendenz der voraussichtliche Geschäftsanfall für das Jahr, für das der Geschäftsverteilungsplan gilt, schätzen. Daran hat sich die Zuteilung der Richterkräfte auf die verschiedenen Kammern zu orientieren. Ist der Geschäftsanfall innerhalb jeder der vier Kammern für eine volle Beschäftigung der ihr zugewiesenen Mindestzahl der ordentlichen Mitglieder zu gering, dann ist das ein Anzeichen dafür, daß zu viele Kammern gebildet worden sind. Und dann ist es vollends abwegig, diesen Kammern, die schon für eine volle Beschäftigung von zwei Beisitzern nicht genügend Arbeit bieten, vier Beisitzer als ordentliche Mitglieder zuzuteilen. Die Geschäftsverteilung des Landgerichts Mosbach entspricht nicht einmal dem Bedürfnis nach einer klaren Ordnung des Geschäftsbetriebes eines Gerichts, weil sie ohne fortlaufende Direktion und Verständigung der Kammervorsitzenden für jede Sitzung überhaupt nicht funktionieren kann. Sie führt zu einer Überbesetzung der Kammern, die mit der Verfassungsgarantie des gesetzlichen Richters in Art. 101 Abs. 1 Satz 2 GG unvereinbar ist.

Die angegriffenen Entscheidungen sind von einer Kammer erlassen, die nach der Geschäftsverteilung verfassungswidrig überbesetzt war. Sie sind nicht vom gesetzlichen Richter erlassen; sie sind deshalb aufzuheben.

30. Eine Jugendkammer ist mit einem blinden Richter nicht ordnungsgemäß besetzt.

StPO § 338 Nr. 1 – BGH Urt. v. 21. 1. 1964 – 1 StR 531/63 (= MDR 1964, 522)

Die Revision rügt, die Jugendkammer sei nicht vorschriftsmäßig besetzt gewesen, weil in der Hauptverhandlung ein von Jugend auf „praktisch" blinder Richter mitgewirkt habe.

Sachverhalt: Das Landgericht hat die Überzeugung von der Täterschaft des Angeklagten unter anderem daraus gewonnen, daß das Kind, an dem er sich zu vergehen versucht hatte, ihn an seinem auffälligen Mund wiedererkannt hatte und er tatsächlich „nach der Feststellung des Gerichts eine sichtbar und beim Sprechen auch hörbar auffällige Mundform" hat. – Das Rechtsmittel hatte Erfolg.

Gründe: ... Indessen konnte die Jugendkammer die Form des Mundes nur durch Sehen und daher allein mit diesem Sinn und nicht durch das Gehör feststellen, ob die Beschreibung des Mädchens zutraf. Daß es den Angeklagten auch an auffälliger Sprechweise wiedererkannt und die Jugendkammer seine Beobachtung insoweit ebenfalls bestätigt gefunden habe, ist nicht festgestellt. Ferner hat das Landgericht aus der Erscheinung des Mädchens gefolgert, der Beschwerdeführer habe an dieser erkannt, daß es noch nicht 14 Jahre alt war. Auch diese Überzeugung hat die Jugendkammer nur mit Hilfe des Gesichtssinns gewinnen können. Zu beiden Wahrnehmungen, die ein ausreichendes Sehvermögen voraussetzen, war Landgerichtsrat B. nicht imstande. Er war daher unfähig, das Richteramt in der Hauptverhandlung gegen den Beschwerdeführer auszuüben (BGHSt. 4, 191, 193 [BGH Urt. v. 28. 4. 1953 – 5 StR 136/53; vgl. § 338 Nr. 1 StPO erfolglose Rügen]; 5, 354, 355 [BGH Urt. v. 5. 3. 1954 – 5 StR 661/53; vgl. § 338 Nr. 1 StPO erfolglose Rügen]; 11, 74, 78 [BGH Beschl. v. 22. 11. 1957 – 5 StR 477/57; vgl. § 261 StPO erfolglose Rügen]; BGHSt. 18, 51, 55 [BGH Urt. v. 28. 9. 1962 – 4 StR 301/62; vgl. § 338 Nr. 1 StPO erfolgreiche Rügen]). Unvorschriftsmäßige Besetzung der Richterbank zwingt gemäß § 338 Nr. 1 StPO zur Aufhebung des Urteils ohne Prüfung, ob es auf dem Verfahrensfehler beruht.

31. Besetzung der Spruchkörper setzt Kenntnis von der Person des Richters voraus.

StPO § 338 Nr. 1; GVG §§ 62 Abs. 2, 63 Abs. 2 – BGH Urt. v. 22. 10. 1963 – 1 StR 374/63 LG Darmstadt (= BGHSt. 19, 116 = NJW 1964, 167)

Die Revision rügt, daß an der Verhandlung ein Richter teilgenommen hat, der aufgrund eines fehlerhaften Geschäftsverteilungsplans berufen war.

Sachverhalt: Den Vorsitz in der Hauptverhandlung führte Landgerichtsdirektor P. Dieser war der unmittelbare Nachfolger des am 1. 4. 1963 in den Ruhestand getretenen Landgerichtsdirektors H. auf dessen Planstelle. Als Vorsitzender der in der vorliegenden Sache zur Verhandlung und Entscheidung berufenen 2. Strafkammer wurde er auf Grund des für das Jahr 1963 beschlossenen Geschäftsverteilungsplanes tätig, in dem „Landgerichts-Direktor Dr. D. und ab 1. 4. 1963 der auf der Planstelle des Landgericht-Direktors H. zu erwartende neue Landgerichts-Direktor" als Vorsitzender bezeichnet ist. – Das Rechtsmittel hatte Erfolg.

Gründe: In welcher Kammer jedoch der zur Zeit der Aufstellung des Geschäftsverteilungsplanes noch unbekannte Nachfolger des Landgericht-Direktors H. den Vorsitz führen sollte, konnte vor seiner Ernennung nicht wirksam beschlossen werden. Die für die Verteilung des Vorsitzes in den (übrigen) Kammern nach § 62 Abs. 2 GVG zuständige Versammlung der Direktoren (das sogen. Direktorium) konnte allenfalls unverbindlich in Aussicht nehmen, den auf der freiwerdenden Stelle zu ernennenden Direktor zum Vorsitzenden der 2. Strafkammer zu bestellen. Das konnte u.a. für eine sachgemäße Auswahl des neuen Direktors durch den Justizminister von wesentlicher Bedeutung sein. Zum Unterschiede von der Revision, die eine solche Rücksicht als bedenklich, wenn nicht gar als unzulässig ansehen möchte, findet der Senat darin nichts, was die Gefahr eines bedenklichen Eingriffs der Justizverwaltung in die Rechtsprechung fördern könnte: denn die Gerichte haben ganz verschiedenartige Aufgaben zu bewältigen, und nicht jeder Richter braucht zur Erfüllung jeder Aufgabe gleich gut geeignet zu sein. Wenn die Justizverwaltung bei Ernennung oder Beförderung eines Richters auch die Aufgaben, die er voraussichtlich wahrzunehmen haben wird, bei ihrer Entschließung mit berücksichtigt, ist das nur sachgerecht. Dadurch wird allerdings nichts daran geändert, daß über die Verwendung eines im Laufe des Geschäftsjahres neu ernannten Direktors erst verbindlich bestimmt werden darf, nachdem ihm die freigewordene Planstelle übertragen ist. Die Zuweisung bestimmter Aufgaben an eine Person durch ein seinen Willen durch Mehrheitsbeschluß bildendes Kollegium setzt, wenn sie einen Sinn haben soll, voraus, daß die Mitglieder des Kollegiums diese Person kennen. Davon geht auch § 63 Abs. 2 GVG aus, der vorschreibt, daß die Anordnung über die Geschäftsverteilung im Laufe des Geschäftsjahres nur geändert werden kann, wenn dies u.a. wegen Wechsels einzelner Mitglieder des Gerichts erforderlich ist. Mit anderen Worten: Jeder personelle Wechsel durch Zugang eines Richters löst notwendig den Beschluß des zuständigen Kollegiums über seine Verwendung aus. Vorher kann ein solcher Beschluß nicht gefaßt werden (vgl. BGHSt. 12,159 [BGH Urt. v. 28. 11. 1958 – 1 StR 398/58; vgl. § 338 Nr. 1 StPO erfolglose Rügen]). Das gilt für den Fall des neuen Landgerichtsdirektors zusätzlich auch deshalb, weil dieser vom Tage seiner Einweisung in die freie Planstelle an selbst zu dem Direktorium gehört, das über seine Verwendung zu bestimmen hat und das ohne ihn und an seiner Stelle mit dem früheren Planstelleninhaber in einer falschen Zusammensetzung entschieden hätte. Nach alledem wäre die Strafkammer mit Landgerichtsdirektor P. als Vorsitzendem nur dann vorschriftsmäßig besetzt gewesen, wenn dieser durch einen nach seiner Einweisung in die freie Direktorenstelle und vor der Hauptverhandlung gefaßten Beschluß des Direktoriums mit diesem Vorsitz betraut worden wäre. Das war nicht der Fall.

Hiernach mußte der unbedingte Revisionsgrund des § 338 Nr. 1 StPO durchgreifen.

32. Zwei gleichzeitige Hauptverhandlungen durch eine Strafkammer in personenverschiedener Besetzung unzulässig.

StPO § 338 Nr. 1; GVG §§ Abs. 2, 66 – BGH Urt. v. 21. 5. 1963 – 2 StR 84/63 LG Wiesbaden (= BGHSt. 18, 386 = NJW 1963, 1882)

Die Revision rügt, der Landgerichtsdirektor habe unzulässigerweise eine „zweite" 3. Strafkammer gebildet, und hierzu die Landgerichtsrätin Ph. herangezogen, obwohl sie nicht Mitglied der 3. Strafkammer, sondern der 1. Strafkammer gewesen sei. Das erkennende Gericht sei daher nicht ordnungsgemäß besetzt gewesen.

Sachverhalt: Vor der 3. großen Strafkammer begann am 5. 11. 1962 die Hauptverhandlung in der Strafsache gegen N., die mit Unterbrechung bis zum 12. 12. 1962 dauerte. Wegen Verhinderung des ordentlichen Vorsitzenden, des Landgerichtsdirektors G., hatte als sein Vertreter das dienstälteste Mitglied der Strafkammer den Vorsitz. Um nicht untätig zu sein, beraumte der Landgerichtsdirektor in dem Verfahren gegen den Angeklagten Termin zur Hauptverhandlung auf den 12. 11. 1962 an, der unter seinem Vorsitz unter Heranziehung eines ordentlichen Mitglieds der Strafkammer und eines zur Vertretung nach dem Geschäftsverteilungsplan heranstehenden Mitglieds der 1. Strafkammer, der Landgerichtsrätin Ph., durchgeführt wurde. Am selben Tage fand auch die Hauptverhandlung gegen N. statt. – Das Rechtsmittel hatte Erfolg.

Gründe: Nach § 60 GVG werden bei dem Landgericht Zivil- und Strafkammern gebildet, deren Zahl nach Maßgabe der anfallenden Geschäftsaufgaben die Justizverwaltung bestimmt. Daneben kann das Präsidium, um einen außergewöhnlichen vorübergehenden Geschäftsandrang zu bewältigen, im Wege der Geschäftsverteilung gemäß § 63 Abs. 2

GVG eine sog. Hilfszivilkammer oder Hilfsstrafkammer errichten. Dieser Weg hätte im vorliegenden Falle beschritten werden müssen, wenn es sich als notwendig erwies, die Erledigung der sonstigen Geschäfte der 3. Strafkammer während der Hauptverhandlung gegen N. sicherzustellen. Dagegen war es nicht möglich, dieselbe große Strafkammer in zwei verschiedenen Besetzungen nebeneinander Hauptverhandlungen durchführen zu lassen. Das zeigt deutlich die vom Gesetzgeber gewählte Regelung des Vorsitzes.

Vorsitzender der Kammer muß nach § 62 GVG, abgesehen von der besonderen Bestimmung für die Hauptverhandlung der kleinen Strafkammer, der Präsident oder ein Direktor sein. Bei seiner Verhinderung führt nach § 66 Abs. 1 GVG das von dem Präsidium vor Beginn des Geschäftsjahres zum regelmäßigen Vertreter bestellte Mitglied der Kammer, falls ein solcher Vertreter nicht bestellt oder auch er verhindert ist, das dem Dienstalter nach, bei gleichem Dienstalter das der Geburt nach älteste Mitglied den Vorsitz. Voraussetzung für die Vertretung in der Hauptverhandlung der großen Strafkammer ist demnach eine vorübergehende Verhinderung des ordentlichen Vorsitzenden; sie kann nur darin liegen, daß er wegen Inanspruchnahme durch andere Dienstgeschäfte oder aus sonstigen Gründen nicht in der Lage ist, an der Hauptverhandlung der großen Strafkammer teilzunehmen und den Vorsitz zu führen. Für eine Vertretung ist kein Raum, wenn er selbst den Vorsitz in der Hauptverhandlung wahrnimmt. Damit entfällt bereits die Möglichkeit, daß dieselbe große Strafkammer zu gleicher Zeit in zwei verschiedenen Besetzungen tätig wird, da in diesem Falle kein Mitglied der Kammer zum Vorsitz berechtigt ist.

Die Sachlage ist ebenso zu beurteilen, wenn wie hier wegen Verhinderung des ordentlichen Vorsitzenden bereits dessen Stellvertreter die Hauptverhandlung leitet; denn das Gesetz kennt nur einen Vorsitzenden und dessen Vertreter, nicht aber zwei Vorsitzende, die nebeneinander in der großen Strafkammer, wenn auch in verschiedenen Sachen, eine Hauptverhandlung leiten. Der einmal verhinderte Vorsitzende kann nicht mehr in einer Hauptverhandlung tätig werden, solange sein Vertreter für ihn den Vorsitz in einer solchen führt; er kann nicht Vertreter seines Vertreters sein.

Aber auch deshalb war das Gericht in der vorliegenden Sache nicht vorschriftsmäßig besetzt, weil der Vorsitzende ein Mitglied der 1. Strafkammer zur Vertretung zuzog, offenbar in der Meinung, die Mitglieder der 3. Strafkammer seien verhindert, soweit sie bei der Hauptverhandlung gegen N. mitwirkten. Es gilt hier dasselbe wie hinsichtlich der Verhinderung des Vorsitzenden; die Mitwirkung in einer Hauptverhandlung derselben großen Strafkammer ist gerade kein Verhinderungsfall im Sinne des Gesetzes, der die Möglichkeit einer Vertretung und damit die Bildung eines Spruchkörpers derselben Art auslösen könnte.

Nach Ansicht des Senats hätte der Vorsitzende auch dann nicht in der dargelegten Weise verfahren dürfen, wenn nach dem Geschäftsverteilungsplan noch zwei ordentliche Mitglieder der 3. Strafkammer verfügbar gewesen wären; denn grundsätzlich gestattet es die Gerichtsverfassung dem Vorsitzenden nicht, zur Beseitigung einer Überbelastung eine „weitere" große Strafkammer in Funktion zu setzen. Ob aus dieser Regelung nicht überhaupt die Grenze für die an sich zulässige Überbesetzung einer Strafkammer herzuleiten ist, muß hier auf sich beruhen. Die Entscheidung des Senats bezieht sich im übrigen nur auf den Fall, daß die Strafkammer in derselben „Erscheinungsform" tätig wird. Ob sie gleichzeitig und nebeneinander in verschiedenen Erscheinungsformen tätig werden darf, braucht ebenfalls nicht entschieden zu werden.

Der eingeschlagene Weg, eine durch die Hauptverhandlung in der umfangreichen Sache gegen N. entstandene Überbelastung zu beheben, war somit ungangbar. Wie schon erwähnt, hätte ihr jedoch begegnet werden können durch die Bildung einer von der ordentlichen Strafkammer getrennten und damit selbständigen Hilfsstrafkammer, wobei die Geschäfte, ausgenommen natürlich die bereits angesetzte Sache gegen N., nach allgemeinen Merkmalen durch das Präsidium auf die ständige und auf die Hilfsstrafkammer hätten verteilt werden müssen (RGSt 62, 309; BGHSt. 7, 23 [BGH Urt. v. 28. 9. 1954 – 5 StR 275/53; vgl. § 338 Nr. 1 StPO erfolgreiche Rügen]).

Zu Recht rügt nach allem die Revision, daß das Gericht nicht vorschriftsmäßig besetzt war. Der Verstoß führt nach § 338 Nr. 1 StPO zur Aufhebung des Urteils.

33. Auswärtige Strafkammer muß mit einem Vorsitzenden Richter besetzt sein (unter Aufgabe von BGH 4 StR 72/31 v. 21. 6. 1951 = LM § 78 GVG Nr. 2).

StPO § 338 Nr. 1; GVG §§ 62, 78 a.F. – BGH Urt. vom 21. 12. 1962 – 4 StR 224/62 LG Bochum (= BGHSt. 18, 176)

Die Revision rügt, die Strafkammer sei nicht vorschriftsmäßig besetzt gewesen, weil ständiger Vorsitzender der Großen Strafkammer R. des Landgerichts in B. nicht ein Landgerichtsdirektor, sondern ein Landgerichtsrat gewesen sei.

Sachverhalt: Wie die Einsichtnahme in den Beschluß über die Geschäftsverteilung des Landgerichts in B. ergeben hat, ist der Vorsitz der auswärtigen Strafkammer im Geschäftsjahr 1962 ständig nicht mit einem Landgerichtsdirektor, sondern mit einem Landgerichtsrat besetzt gewesen. – Das Rechtsmittel hatte Erfolg.

Gründe: Hiergegen ergeben sich rechtliche Bedenken. Das Reichsgericht (vgl. RGSt 9, 387) sowie der Bundesgerichtshof (4 StR 72/51 vom 21. 6. 1951 = LM Nr. 2 zu § 78 GVG) haben allerdings ausgesprochen, daß der Vorsitz einer auswärtigen Strafkammer nach § 78 GVG zwar nur einem festangestellten Richter im Sinne des § 6 GVG übertragen werden dürfe, daß jedoch die Besetzung mit einem Landgerichtsdirektor nicht erforderlich sei. Dies ist daraus gefolgert worden, daß § 78 Abs. 2 GVG eine Sondervorschrift für die Besetzung auswärtiger Strafkammern und in ihr die Auswahl der Mitglieder erschöpfend geregelt sei. Da hier kein Unterschied zwischen dem Vorsitzenden und den Beisitzern gemacht werde, könne zum Vorsitzenden in Abweichung von § 62 GVG jedes ordentliche Mitglied des Landgerichts und des Amtsgerichts berufen werden. § 62 GVG sei, da er in § 78 Abs. 2 GVG nicht genannt werde, nicht anwendbar.

Diese Auffassung kann der Senat nicht aufrechterhalten. Die bei einem Amtsgericht gemäß § 78 GVG gebildete Strafkammer hat nur in Bezug auf die örtliche Zuständigkeit eine Besonderheit. Im übrigen bildet sie einen Teil des dem Amtsgericht übergeordneten Landgerichts (RG Rspr. 2, 30; RGSt 48, 132). Ihr sachlicher Geschäftskreis unterscheidet sich kraft Gesetzes nicht von dem der anderen Strafkammern. Hinsichtlich der Besetzung ergibt sich lediglich die Besonderheit, daß die Kammer auch mit Mitgliedern des Amtsgerichts desjenigen Bezirks besetzt werden kann, für den sie gebildet wird. Da sie die gleichen Aufgaben wie jede andere Strafkammer hat, müssen im übrigen nach dem Sinn des Gesetzes auf ihre Besetzung die gleichen Grundsätze angewandt werden, wie sie auch sonst für Strafkammern gelten und in § 62 Abs. 1 GVG niedergelegt sind. Der Angeklagte muß die gleichen Garantien haben, wie sie nach dem Sinn des Gesetzes auch sonst für Strafkammern gelten. Angesichts ihres gleichen Aufgabenkreises dürfen sie nicht Kammern minderer Art sein. Allein aus der Tatsache, daß § 78 GVG den § 62 GVG nicht erwähnt, kann bei sinngemäßer Auslegung nicht geschlossen werden, daß diese Vorschrift nicht zur Anwendung kommen soll. Der Grundsatz des § 62 GVG ist angesichts seiner rechtspolitischen Bedeutung ein allgemeiner, der auch dort zu gelten hat, wo er bei den Besetzungsvorschriften nicht ausdrücklich erwähnt ist. Die auswärtigen Großen Strafkammern müssen nach alledem genau wie alle anderen ordentlichen Großen Strafkammern einen Landgerichtsdirektor als Vorsitzenden haben. Ein Amtsgerichtsdirektor würde übrigens nicht genügen. Er besitzt eine hervorgehobene Stellung nur im Hinblick auf seine Tätigkeit in der Justizverwaltung, nicht dagegen in seiner richterlichen Tätigkeit.

Die Rechtsprechung des Bundesgerichtshofs, nach welcher eine Hilfsstrafkammer, die im Laufe des Geschäftsjahres vorübergehend zur Entlastung der ordentlichen Strafkammer gebildet wird, sowie eine Ferienstrafkammer auch mit einem Landgerichtsrat als Vorsitzenden besetzt werden kann (vgl. BGHSt. 12, 104 [BGH Urt. v. 11. 11. 1958 – 1 StR 532/58; vgl. § 338 Nr. 1 StPO erfolglose Rügen]), bleibt unberührt. Der wesentliche Unterschied liegt darin, daß es sich hier um einen nur vorübergehenden Zustand handelt, während die auswärtige Strafkammer eine Dauereinrichtung ist.

Andere Entscheidungen des Bundesgerichtshofs als die oben erwähnte des 4. Strafsenats sind zu dieser Frage, wie eine Anfrage bei den anderen Strafsenaten ergeben hat, nicht ergangen. Auf der abweichenden Auffassung BGHSt. 12, 104, 107 beruht das Urteil nicht. Letzteres gilt auch für die Entscheidung BGHSt. 12, 228, 229[1], falls in ihr ein anderer Standpunkt gefunden werden könnte. Das Urteil BGHSt. 1, 265 (BGH Urt. v. 10. 7. 1951 – 2 StR 278/51; vgl. § 338 Nr. 1 StPO erfolgreiche Rügen), das sich mit der Besetzung einer auswärtigen Strafkammer beschäftigt, hat zu der hier erörterten Frage keine Stellung genommen. Einer Anrufung des Großen Senats bedurfte es unter diesen Umständen nicht.

34. Fehlerhafte Gerichtsbesetzung mit blindem Richter bei Einnahme eines Augenscheins.

StPO § 338 Nr. 1 – BGH Urt. v. 28. 9. 1962 – 4 StR 301/62 LG Hagen (= BGHSt. 18, 51 = NJW 1962, 2361)

Die Revision rügt, daß ein blinder Richter (Berufsrichter) in der Hauptverhandlung als Beisitzer mitgewirkt habe. Sie macht weiter geltend, während der Vernehmung des Angeklagten und der Zeugen sei die Örtlichkeit der den Gegenstand des Verfahrens bildenden Diebstahlshandlung an Hand einer Zeichnung erörtert worden, die der Vorsitzende auf einer im Gerichtssaal stehenden Tafel angefertigt habe. Das habe der blinde Beisitzer nicht mitverfolgen können. Dadurch sei der § 338 Nr. 1 StPO verletzt worden.

Der Sachverhalt ergibt sich aus dem Revisionsvorbingen. – Das Rechtsmittel hatte Erfolg.

Gründe: Der 5. Strafsenat des Bundesgerichtshofs hat wiederholt entschieden, daß die Mitwirkung eines erblindeten Richters als Beisitzer in einem als Tatgericht erkennenden Kollegialgericht dieses in der Regel nicht zu einem nicht vorschriftsmäßig besetzten Gericht mache; das sei jedoch der Fall, wenn es im Laufe der Hauptverhandlung zur Einnahme eines Augenscheins komme (BGHSt. 4, 191 ff. [BGH Urt. v. 28. 4. 1953 – 5 StR 136/53; vgl. § 338 Nr. 1 StPO erfolglose Rügen]; 5, 354, 355 [BGH Urt. v. 5. 3. 1954 – 5 StR 661/53; vgl. § 338 Nr. 1 StPO erfolglose Rügen] und BGHSt. 11, 74, 78 [BGH Beschl. v. 22. 11. 1957 – 5 StR 477/57; vgl. § 261 StPO erfolglose Rügen]).

Darüber braucht der erkennende Senat nicht zu entscheiden. Auch dann, wenn man die Mitwirkung eines blinden Richters als Beisitzer in der Hauptverhandlung des Tatgerichts nicht als schlechthin unzulässig erachtet, muß dies für die vorliegende Sache angenommen werden.

Das Beweismittel des „Augenscheins", das nach der wiedergegebenen Rechtsprechung des 5. Strafsenats dem blinden Richter unzugänglich ist, ist hier nur insoweit von Bedeutung, als sich dieses Beweismittel auf die Wahrnehmung von Personen oder Sachen durch die Augen, nicht aber auf den möglichen weiteren Anwendungsbereich dieses Beweismittels, nämlich auf das Befühlen, Abhören, Schmecken oder Riechen bezieht. Zur Augen-

---

1 „Beruht es auf letztlich irriger, aber vertretbarer Auslegung einer nicht eindeutigen Gesetzesbestimmung, daß das Präsidium eines Landgerichts nicht vorschriftsmäßig gebildet wird, so sind dessen Beschlüsse über die Geschäftsverteilung und Besetzung der Kammern nicht ohne weiteres ungültig; die Kammern sind nicht schlechthin vorschriftswidrig besetzt." (BGH Urt. v. 28. 11. 1958 – 1 StR 449/58).

scheinseinnahme im engeren Sinne gehört auch die Vornahme einer Ortsbesichtigung, bei der durch das Betrachten von Häusern, Straßen, Verkehrseinrichtungen usw. die Verhältnisse an einem Tatort aufgeklärt werden sollen. Ob Lichtbilder oder Skizzen u. dergl., die dem Richter nicht unmittelbar, sondern nur mittelbar den Eindruck von dem Aussehen eines Gegenstandes oder einer Örtlichkeit verschaffen können als Gegenstände eines Augenscheins anzusehen sind, mag dahinstehen. Jedenfalls darf sie der Richter als Hilfsmittel benützen, um sich seine freie Überzeugung über den Verlauf der den Gegenstand der Untersuchung bildenden Tat zu verschaffen.

Wird ein solches Hilfsmittel vom Tatgericht in der Hauptverhandlung herangezogen und mit den Beteiligten erörtert, so wird es zum Gegenstand der Hauptverhandlung gemacht. Es wirkt auf die beteiligten Richter in der Regel ebenso unmittelbar ein wie das, was die Beteiligten – der Angeklagte, die Zeugen usw. – dazu sagen. Allerdings mag es vorkommen, daß der vernehmende Vorsitzende dem Angeklagten oder einem Zeugen, der sich mündlich schwer ausdrücken kann, eine Skizze vorlegt, damit der Angeklagte oder der Zeuge das, was er meint, deutlich machen kann. In einem solchen Fall ist die Skizze nicht dazu bestimmt, auf die Überzeugungsbildung des Gerichts zu wirken, sondern nur die Darstellung der vernommenen Person zu erleichtern; es muß dann aber klar erkennbar sein, daß die Skizze neben der Sachverhaltsschilderung des Angeklagten oder des Zeugen keine ergänzende Bedeutung haben kann und daß allein die mündlichen Ausführungen des Angeklagten oder des Zeugen ausgewertet werden sollen und können. Das ist nur dann der Fall, wenn der Aussagende ohne jede – ausdrückliche oder sinngemäße – Bezugnahme auf die Zeichnung Erklärungen abgibt, die ohne Kenntnis des Inhalts der Zeichnung aus sich heraus eindeutig verständlich sind. Nur wenn dies mit Sicherheit feststeht, kann davon ausgegangen werden, daß die Skizze nicht von den Richtern bei der Urteilsfindung berücksichtigt worden ist und werden sollte.

Im vorliegenden Fall läßt sich die Möglichkeit, daß der eine oder andere der mitwirkenden Richter Sinngehalt und Prozeßbedeutung der in der Verhandlung unter – sicherer oder möglicher – Bezugnahme auf die Zeichnung gemachten Aussagen nur bei eigener Erfassung der Zeichnung richtig und vollständig würdigen konnte und infolgedessen in seiner Überzeugung von der Täterschaft der Angeklagten gerade auch durch den Anblick der Zeichnung bestärkt oder wankend gemacht werden konnte, nicht ausschließen.

Der erkennende Senat ist der Auffassung, daß in einem solchen Falle die Mitwirkung eines blinden Richters das Tatgericht zu einem nicht vorschriftsmäßig besetzten Gericht macht. Die vom Vorsitzenden auf der im Sitzungssaal stehenden Tafel angebrachte Zeichnung konnte nicht etwa nur wie das Erbleichen, das Erröten oder die Gebärden eines Angeklagten oder eines Zeugen von den zufällig gerade hinblickenden Richtern wahrgenommen werden, sondern sie war zum Gegenstand der vom Tatrichter „aufgesuchten" Wahrnehmungen und Eindrücke gemacht worden (vgl. RGSt 39, 303, 304; BGHSt. 5, 354, 356). Ein Richter, der Wahrnehmungen nicht machen kann, auf die es anderen Mitgliedern seines Kollegiums zur Bildung ihrer richterlichen Überzeugung gerade ankommt oder die wenigstens zur Gewinnung ihrer Überzeugung auch nur beitragen können und deren Gegenstand in der Hauptverhandlung für diese Wahrnehmungen zur Verfügung gestellt wird, ist unfähig, in dieser Hauptverhandlung das Richteramt wahrzunehmen.

35. Unzulässige „Assessoren-Strafkammer".

StPO § 338 Nr. 1 – BVerfG Urt. v. 3. 7. 1962 – 2 BvR 628/60, 247/61 – (= BVerfGE 14, 156)

Der Beschwerdeführer zu 1 rügt, ein Urteil des Landgerichts Osnabrück und die auf ihm beruhenden Entscheidungen des Bundesgerichtshofs verstießen gegen Art. 101 Abs. 1 Satz 2 i.V.m. Art. 97 Abs. 2 und gegen Art. 104 GG. An seiner Verurteilung durch die

Erfolgreiche Rügen	Nr. 35 § 338 Nr. 1 StPO

Strafkammer 1 des Landgerichts Osnabrück hätten zwei nicht planmäßig endgültig angestellte, also persönlich nicht unabhängige Richter, mitgewirkt. Die Strafkammer sei nicht nur in einem Ausnahmefall in der Besetzung mit zwei persönlich nicht unabhängigen Richtern als Beisitzern zusammengetreten, da ihr nach dem Geschäftsverteilungsplan für das Geschäftsjahr 1958 außer dem Vorsitzenden nur ein planmäßig endgültig angestellter Richter und zwei, zeitweise sogar drei außerplanmäßige Richter angehört hätten.

Der Beschwerdeführer zu 2 rügt, Urteile des Oberlandesgerichts Hamm und des Landgerichts Detmold verstießen gegen Art. 101 Abs. 1 Satz 2 i.V.m. Art. 97 Abs. 2 GG. An der Entscheidung über seine Berufung durch die Ferienstrafkammer 1 des Landgerichts Detmold hätten zwei nicht planmäßig endgültig angestellte, also persönlich nicht unabhängige Richter mitgewirkt. Die Ferienstrafkammer 1 des Landgerichts Detmold sei nicht nur in einem Ausnahmefall in der Besetzung mit zwei persönlich nicht unabhängigen Richtern zusammengetreten; vielmehr hätten ihr am Tag der Entscheidung nach dem Geschäftsverteilungsplan ausschließlich persönlich abhängige Richter als Beisitzer angehört.

Sachverhalt: Der Beschwerdeführer zu 1 ist von der Strafkammer 1 des Landgerichts Osnabrück zu 10 Monaten Gefängnis verurteilt worden. Gegen dieses Urteil hat er Revision eingelegt und u.a. gerügt, die Strafkammer sei mit einem Landgerichtsrat und zwei Assessoren nicht ordnungsmäßig besetzt gewesen. Vor der Entscheidung über die Revision hat der zuständige 4. Strafsenat des Bundesgerichtshofs mit Beschluß vom 16. 10. 1959 nach § 137 GVG dem Großen Senat für Strafsachen die Frage vorgelegt, ob eine ordentliche Strafkammer ordnungsmäßig besetzt sei, wenn ihr nach dem Geschäftsverteilungsplan für die Dauer des Geschäftsjahres nur zwei planmäßige Richter, im übrigen aber nur Assessoren als Hilfsrichter angehörten. Der Große Senat hat diese Frage mit Beschluß vom 2. 5. 1960 dahin beantwortet, daß die Besetzung einer Großen Strafkammer nicht schon deshalb gegen das Gesetz verstoße, weil ihr im Geschäftsverteilungsplan für die Dauer des Geschäftsjahres nur zwei planmäßige Richter, im übrigen aber Hilfsrichter zugeteilt seien. Darauf hat der 4. Strafsenat durch Urteil vom 19. 8. 1960 das angefochtene landgerichtliche Urteil dahin abgeändert, daß die Verurteilung wegen fahrlässiger Straßenverkehrsgefährdung entfiel, die Revision aber im übrigen verworfen.

Nach der dienstlichen Äußerung des Präsidenten des Landgerichts Osnabrück waren bei dem Landgericht Osnabrück am 17. 2. 1958, dem Tag der Hauptverhandlung gegen den Beschwerdeführer, 25 planmäßige Richter beschäftigt. Anstelle von 5 weiteren planmäßigen Richtern, von denen einer verstorben war und 4 an andere Gerichte abgeordnet waren, wurden Hilfsrichter beschäftigt. Neben diesen zur Verwaltung von Planstellen verwendeten Hilfsrichtern gehörten dem Landgericht weitere 7 Hilfsrichter (davon einer mit halber Arbeitskraft) an, so daß den 25 planmäßigen Richtern des Gerichts 12 Hilfsrichter gegenüberstanden. Nach dem Geschäftsverteilungsplan des Landgerichts in Osnabrück im Geschäftsjahr 1958 vom 18. 12. 1957, der durch Präsidialbeschlüsse vom 8. und 15. 1. und vom 6., 10. und 11. 2. 1958 geändert worden war, waren die Hilfsrichter vorwiegend den Strafkammern 1 und III zugeteilt. Nach der dienstlichen Äußerung des Landgerichtspräsidenten war eine gleichmäßige Verteilung der Hilfsrichter auf die einzelnen Kammern wegen ihrer verschiedenen Belastung nicht möglich.

Der Beschwerdeführer zu 2 ist vom Amtsgericht – Schöffengericht – Höxter zu 8 Monaten Gefängnis verurteilt worden. Das Landgericht Paderborn hat seine Berufung verworfen; auf die Revision des Beschwerdeführers hat das Oberlandesgericht Hamm die Entscheidung des Landgerichts Paderborn aufgehoben und die Sache zur erneuten Verhandlung und Entscheidung über die Berufung des Beschwerdeführers an das Landgericht Detmold verwiesen. In der Sitzung vom 1. 8. 1960 hat die Ferienstrafkammer 1 des Landgerichts Detmold die Berufung des Beschwerdeführers ebenfalls verworfen. Auch seine Revision, mit der er u.a. unvorschriftsmäßige Besetzung des Berufungsgerichts gerügt hatte, ist vom Oberlandesgericht Hamm verworfen worden.

Nach einer dienstlichen Äußerung des Präsidenten des Landgerichts Detmold waren bei dem Landgericht Detmold am 1. 8. 1960, dem Tag der Hauptverhandlung gegen den Beschwerdeführer, 13 planmäßige Richter und 6 Hilfsrichter beschäftigt. 2 Hilfsrichter waren dem Gericht zur Verwaltung von Planrichterstellen zugewiesen, die infolge Versetzung unbesetzt waren, die übrigen 4 Hilfsrichter dagegen zur Befriedigung des durch den Anfall an Entschädigungssachen verursachten Bedarfes an Richtern.

Für die Besetzung der Ferienstrafkammer 1 mit einem Landgerichtsdirektor als Vorsitzendem und drei Hilfsrichtern als Beisitzern werden folgende Gründe angeführt: Am Tag der Hauptverhandlung gegen den Beschwerdeführer hätten sich sechs planmäßige Richter, davon fünf planmäßige Beisitzer, und zwei Hilfsrichter in Erholungsurlaub befunden. Der Ferienstrafkammer 1 seien nur solche Richter zugeteilt worden, die während der Gerichtsferien voraussehbar im Dienst gewesen seien. Drei der im Dienst befindlichen planmäßigen Richter seien als ordentliche Vorsitzende und ein planmäßiger Richter als stellvertretender Vorsitzender anderer Kammern infolge sonstiger Belastung für eine Verwendung als Beisitzer der Ferienstrafkammer 1 nicht in Frage gekommen; zwei planmäßige Richter seien als Beisitzer der Entschädigungskammer unabkömmlich gewesen; ein planmäßiger Richter habe den Vorsitz in der Ferienstrafkammer 1 geführt. Das Präsidium habe der Ferienstrafkammer 1 als Beisitzer daher nur Hilfsrichter zuweisen können. – Die Verfassungsbeschwerden hatten Erfolg.

Gründe:
I.
Die Verfassungsbeschwerden sind zulässig und im wesentlichen begründet. Die Urteile der Landgerichte Osnabrück vom 17. 2. 1958 und Detmold vom 1. 8. 1960 sowie die Urteile des Bundesgerichtshofs vom 19. 8. 1960 und des Oberlandesgerichts Hamm vom 25. 4. 1961 verstoßen gegen das Grundrecht der Beschwerdeführer nach Art. 101 Abs. 1 Satz 2 und Art. 104 Abs. 2 Satz 1 GG. Art. 101 Abs. 1 Satz 2 GG setzt voraus, daß nur Gerichte bestehen, die in jeder Hinsicht den Anforderungen des Grundgesetzes entsprechen (BVerfGE 10, 200 [213]). Die nach den gegebenen Umständen vermeidbare Besetzung der Strafkammer 1 des Landgerichts Osnabrück und der Ferienstrafkammer 1 des Landgerichts Detmold mit zwei persönlich nicht unabhängigen Hilfsrichtern ist mit Art. 97 Abs. 2 und Art. 92 GG nicht vereinbar. Daher verletzen die Entscheidungen dieser verfassungswidrig besetzten Gerichte und die sie bestätigenden Urteile der Revisionsgerichte das Recht der Beschwerdeführer auf den gesetzlichen Richter nach Art. 101 Abs. 1 Satz 2 GG und zugleich ihr Recht auf persönliche Freiheit, die nach Art. 104 Abs. 2 Satz 1 GG nur durch den gesetzlichen Richter entzogen werden kann. Auch die Freiheitsstrafe ist eine Freiheitsbeschränkung im Sinne des Art. 104 GG (vgl. Urt. v. 3. 7. 1962 – 2 BvR 15/62 – Abschnitt B 11,21).

1. Richter müssen sachlich unabhängig sein. Zur Sicherung der sachlichen Unabhängigkeit garantiert Art. 97 Abs. 2 GG den hauptamtlich und planmäßig angestellten Richtern die persönliche Unabhängigkeit. Daraus ergibt sich, daß die Verwendung von Richtern ohne die Garantie der persönlichen Unabhängigkeit, soweit Art. 97 Abs. 2 GG sie gestattet, nicht die Regel sein darf, sondern Ausnahme bleiben muß. Wie das Bundesverfassungsgericht schon in der Entscheidung vom 9. 11. 1955 dargelegt hat, geht das Grundgesetz als selbstverständlich davon aus, daß die Gerichte, soweit Berufsrichter beschäftigt werden, grundsätzlich mit hauptamtlich und planmäßig endgültig angestellten Richtern besetzt sind, und daß die Heranziehung von Richtern auf Probe (Gerichtsassessoren) nur in den Grenzen erfolgt, die sich nach verständigem Ermessen aus der Notwendigkeit, Nachwuchs heranzubilden, oder aus anderen zwingenden Gründen ergeben (BVerfGE 4, 331 [345]).

Die gleichen Grundsätze sind aus Art. 92 GG abzuleiten, nach dem die rechtsprechende Gewalt den Richtern anvertraut ist und durch die Gerichte ausgeübt wird. Auch Art. 92 GG setzt als Normalfall den Richter voraus, der unversetzbar und unabsetzbar ist. Der nicht auf diese Weise in seiner persönlichen Unabhängigkeit gesicherte Hilfsrichter ist nur als Ausnahme und nur aus zwingenden Gründen zur Mitwirkung an der Rechtsprechung zuzulassen.

Die Notwendigkeiten, die die Verwendung von Hilfsrichtern rechtfertigen, können in den einzelnen Gerichtszweigen, bei den einzelnen Gerichten und bei ihren Kammern oder Senaten örtlich und zeitlich verschieden sein; daher hängt es von den jeweiligen besonderen Umständen ab, ob und in welchem Maß im Einzelfall die Besetzung der erkennenden Gerichte mit Hilfsrichtern zulässig ist.

Das Grundgesetz verbietet nicht, unumgänglichen Bedürfnissen der Rechtspflege durch Verwendung von Hilfsrichtern Rechnung zu tragen; es beschränkt aber ihre Verwendung auf das zwingend gebotene Maß. Aus dem Grundgesetz ist weder abzuleiten, daß jedenfalls ein Hilfsrichter beigezogen werden, noch, daß niemals mehr als ein Hilfsrichter an einer gerichtlichen Entscheidung mitwirken darf. Eine derart starre Begrenzung würde weder die Zuweisung von Hilfsrichtern an die Gerichtszweige, Gerichte, Kammern und Senate im gebotenen Maß beschränken, noch würde sie die Verschiedenheit und den Wechsel des Bedürfnisses zur Verwendung von Hilfsrichtern hinreichend berücksichtigen. Nach dem Gehalt der einschlägigen Bestimmungen des Grundgesetzes ist vielmehr die Zahl der Hilfsrichter auf das unumgänglich gebotene Maß beschränkt, ihre möglichst gleichmäßige Verteilung auf Gerichte, Kammern und Senate und ihre gleichmäßige Beiziehung zur Mitwirkung an richterlichen Entscheidungen gefordert und schließlich dem Ermessen der Justizverwaltung bei Maßnahmen, die die Verteilung der Hilfsrichter mittelbar beeinflussen, eine Grenze gezogen. Weitere Folgerungen können aus dem Grundgesetz jedoch nicht abgeleitet werden. Die Mitwirkung eines oder mehrerer Hilfsrichter an der Entscheidung eines erkennenden Gerichts ist daher nur verfassungswidrig, wenn sie auf der Nichtbeachtung der genannten Schranken für die Verwendung von Hilfsrichtern beruht.

Es genügt daher für die verfassungsrechtliche Beurteilung nicht, ausschließlich und allein auf die Zahl der an einer gerichtlichen Entscheidung mitwirkenden Hilfsrichter abzustellen. Immerhin wird die Mitwirkung nur eines Hilfsrichters an einer richterlichen Entscheidung im allgemeinen nicht zu beanstanden sein, da sie in den angegebenen Grenzen durch unabweisliche Bedürfnisse der Rechtspflege des öfteren geboten sein dürfte; dagegen wird die Beteiligung mehrerer Hilfsrichter in aller Regel die verfassungsrechtlichen Schranken überschreiten und nur in ganz besonders gelagerten Ausnahmefällen zwingend notwendig sein. Dem trägt übrigens auch § 29 des am 1. 7. 1962 in Kraft getretenen Deutschen Richtergesetzes vom 8. 9. 1961 (BGBl. I S. 1665) Rechnung, der bestimmt, daß „bei einer gerichtlichen Entscheidung nicht mehr als ein Richter auf Probe oder ein Richter kraft Auftrags oder ein abgeordneter Richter mitwirken" darf.

Das Verfassungsprinzip der persönlichen Unabhängigkeit der Richter und der Rechtsprechungsorgane gebietet zunächst, die Zahl der persönlich nicht unabhängigen Hilfsrichter so klein wie möglich zu halten und ihren Anteil an der Zahl aller Richter eines Gerichtszweiges nicht über das dringend gebotene Maß hinaus anwachsen zu lassen. Solche zwingenden Gründe sind zum Beispiel gegeben, wenn für eine planmäßig endgültige Anstellung als Richter in Betracht kommende Assessoren auszubilden sind, wenn planmäßige Richter unterer Gerichte an obere Gerichte abgeordnet werden, um ihre Eignung zu erproben, wenn vorübergehend ausfallende planmäßige Richter, deren Arbeit von den im Geschäftsverteilungsplan bestimmten Vertretern neben den eigenen Aufgaben nicht bewältigt werden kann, vertreten werden müssen oder wenn ein zeitweiliger außergewöhnlicher Arbeitsanfall aufzuarbeiten ist. Aber auch in solchen Fällen wäre die Verwendung von Hilfsrichtern nicht gerechtfertigt, wenn die Arbeitslast des Gerichts deshalb nicht bewältigt werden kann, weil es unzureichend mit Planstellen ausgestattet ist, oder weil die Justizverwaltung es verabsäumt hat, offene Planstellen binnen angemessener Frist zu besetzen.

2. Um die vom Grundgesetz gewollte persönliche Unabhängigkeit der Richter nach Möglichkeit zu verwirklichen, genügt es nicht, den Anteil der Hilfsrichter an der Gesamtzahl der Richter eines Gerichtszweigs auf den notwendigen Bedarf zu begrenzen. Als Organisationsprinzip der Gerichtsverfassung bezieht sich die persönliche Unabhängigkeit zuerst auf die rechtsprechenden Organe, d.h. auf die Kammern und Senate und auf die als Einzelrichter entscheidenden Richter. Daher muß der Anteil der Hilfsrichter nicht nur innerhalb der Gerichtszweige und Gerichte, sondern auch innerhalb der einzelnen Kammern und Senate so gering wie möglich gehalten werden. Dieses Ziel läßt sich nur erreichen, wenn die in einem Gerichtszweig beschäftigten Hilfsrichter möglichst gleichmäßig auf Gerichte, Kammern und Senate verteilt werden. Diese Forderung bindet nicht nur das Ermessen der Justizverwaltung bei der Besetzung der Gerichte, sondern auch – in Kollegialgerichten – das Ermessen der Präsidien bei der Bestimmung der Mitglieder der Kammern und Senate und der Vorsitzenden bei der Bestimmung der Beisitzer; sie gilt nicht nur für die Besetzung der Kammern und Senate mit ordentlichen Mitgliedern, sondern auch für die Bestimmung ihrer Vertreter.

Das Gebot möglichst gleichmäßiger Verteilung der Hilfsrichter läßt freilich eine Reihe rechtlich oder tatsächlich bedingter Ausnahmen zu. Es kann nicht erfüllt werden, soweit die Unversetzbarkeit der planmäßig endgültig angestellten Richter (Art. 97 Abs. 2 GG) die Verwendung von Hilfsrichtern und planmäßigen Richtern bei allen Gerichten im gleichen zahlenmäßigen Verhältnis verhindert; es muß aber auch in den Fällen zurücktreten, in denen die Verwendung von Hilfsrichtern infolge besonderer Bedürfnisse einzelner Gerichte oder einzelner Kammern und Senate erforderlich wird. Bei Kollegialgerichten ist die gleichmäßige Verteilung der Hilfsrichter auf die Kammern und Senate des Gerichts zwar grundsätzlich möglich und geboten; allerdings läßt sich nicht vermeiden, daß das Zahlenverhältnis zwischen Hilfsrichtern und Planrichtern bei einem Gericht ungünstiger ist als bei einem anderen Gericht, bei dem ein besonderes Bedürfnis nach vorübergehender Hilfeleistung nicht besteht.

Aber auch auf die einzelnen Kammern oder Senate eines Gerichts können die Hilfsrichter nicht immer ganz gleichmäßig verteilt werden. Die Zuteilung einer überdurchschnittlichen Zahl von Hilfsrichtern an einzelne Kammern oder Senate ist freilich angesichts des Verfassungsgebots nach bestmöglicher Verwirklichung der persönlichen Unabhängigkeit aller Rechtsprechungsorgane nur dann zulässig, wenn sie unumgänglich ist, um eine geordnete Rechtsprechung des Gerichts zu sichern. Unter diesem Gesichtspunkt ist namentlich zu beurteilen, wieweit das Präsidium bei der Geschäftsverteilung den Spezialkenntnissen, Erfahrungen und Interessen der einzelnen Richter und ihrer verschiedenen Leistungsfähigkeit Rechnung tragen kann.

3. Schließlich können Ermessensakte der Justizverwaltung bei einzelnen Gerichten, Kammern oder Senaten ein besonderes Bedürfnis zur Heranziehung von Hilfsrichtern herbeiführen und eine ungleichmäßige Verteilung der Hilfsrichter zur Folge haben, so namentlich bei der Abordnung planmäßiger Richter an ein anderes Gericht oder an eine Behörde oder bei der Beurlaubung planmäßiger Richter. Nicht anders als bei der Zuweisung von Richtern an die einzelnen Gerichte oder bei der innergerichtlichen Geschäftsverteilung unterliegt auch hier das Ermessen der Justizverwaltung den Beschränkungen, die sich aus dem Verfassungsgebot der persönlichen Unabhängigkeit der Richter ergeben. Abordnungen oder Beurlaubungen, die ein besonderes Bedürfnis zur Verwendung von Hilfsrichtern verursachen oder das Zahlenverhältnis zwischen planmäßigen Richtern und Hilfsrichtern bei einzelnen Gerichten, Kammern oder Senaten nachteilig beeinflussen, müssen aus zwingenden Gründen geboten sein.

II.

Diese Schranken sind bei der Besetzung der Strafkammer 1 des Landgerichts Osnabrück und der Ferienstrafkammer 1 des Landgerichts Detmold nicht beachtet worden.

| Erfolgreiche Rügen | Nr. 35 § 338 Nr. 1 StPO |

1. Beim Landgericht Osnabrück waren die dort neben 25 planmäßigen Richtern beschäftigten 12 Hilfsrichter (davon einer mit halber Arbeitskraft) im Geschäftsjahr 1958 auf die Kammern des Gerichts ungleichmäßig verteilt, und zwar derart, daß nahezu die Hälfte aller beim Gericht beschäftigten Hilfsrichter bei den Strafkammern 1 und III verwendet wurde. Der Strafkammer 1, die das gegen den Beschwerdeführer E ... ergangene Urteil erlassen hat, gehörten neben 2 planmäßigen Richtern 2 Hilfsrichter mit voller Arbeitskraft und ein Hilfsrichter mit halber Arbeitskraft an. Bei der Strafkammer III, die zugleich in anderer Zusammensetzung als Jugendkammer fungierte, waren ebenfalls 2 Hilfsrichter mit voller und ein Hilfsrichter mit halber Arbeitskraft beschäftigt. Der Strafkammer II, der Wiedergutmachungskammer und den acht Zivilkammern gehörten dagegen zum Teil gar keine, zum Teil wesentlich weniger Hilfsrichter an. Die 5. und die 7. Zivilkammer war nur mit planmäßigen Richtern besetzt; den übrigen genannten Kammern gehörten zwar bis zu 2 Hilfsrichter an; ihre Arbeitskraft konnte jedoch nach dem Geschäftsverteilungsplan nur soweit in Anspruch genommen werden, daß sie in den einzelnen Kammern im Höchstfall eine, in drei Kammern sogar nur eine halbe Richterstelle auszufüllen hatten.

Diese Verteilung der bei dem Landgericht verwendeten Hilfsrichter führte dazu, daß der Strafkammer 1 außer dem Vorsitzenden nur ein planmäßiger Richter mit halber Arbeitskraft, im übrigen aber 3 Hilfsrichter, davon einer mit halber Arbeitskraft, als Beisitzer angehörten. Der Anteil der Hilfsrichter in dieser Kammer betrug der Personenzahl nach 60 v.H., nach dem Maß ihrer Arbeitskraft sogar 62,5 v.H. Dieser hohe Hilfsrichteranteil hat zwangsläufig dazu geführt, daß die Mehrzahl der der Kammer zugefallenen Strafsachen mit 2 Hilfsrichtern als Beisitzern entschieden werden mußte. Ebenso lagen die Dinge auch in der Strafkammer III. In den anderen Kammern des Landgerichts war das Zahlenverhältnis zwischen planmäßigen Richtern und Hilfsrichtern dagegen ungleich günstiger. Zwar gehörten auch der 1. und der 8. Zivilkammer je 2 Hilfsrichter an, jedoch durchschnittlich nur mit einem Viertel ihrer Arbeitskraft; außerdem standen ihnen in der 1. Zivilkammer 6 und in der 8. Zivilkammer 5 planmäßige Richter gegenüber, so daß die Besetzung dieser Kammern es in jedem Fall ermöglichte, von der Mitwirkung zweier Hilfsrichter an einer Entscheidung abzusehen. In den übrigen Kammern war die Mitwirkung zweier Hilfsrichter an einer Entscheidung auf Grund der Geschäftsverteilung sogar ausgeschlossen.

Gründe, die eine derart ungleichmäßige Verteilung von planmäßigen Richtern und Hilfsrichtern auf die einzelnen Kammern des Landgerichts zwingend geboten hätten, sind nicht ersichtlich. Zwar war – worauf der Präsident des Landgerichts Osnabrück in seiner dienstlichen Äußerung mit Recht abgehoben hat – eine Verteilung der Hilfsrichter in der Weise, daß jeder der in Betracht kommenden 12 Kammern ein Hilfsrichter (mit voller Arbeitskraft) zugewiesen worden wäre, infolge der verschiedenen Geschäftslast der einzelnen Kammern undurchführbar. In einzelnen Kammern (so in der 5., in der 6., in der 7. und in der 8. Zivilkammer und in der Wiedergutmachungskammer) war der Geschäftsanfall so gering, daß er die Arbeitskraft der für die gesetzliche Mindestbesetzung erforderlichen Mitglieder nicht voll, sondern nur zu einem Bruchteil (im Durchschnitt zur Hälfte bis zu zwei Dritteln) in Anspruch nahm, so daß die Richter dieser Kammern mit dem verbleibenden Teil ihrer Arbeitskraft auch anderen Kammern zugewiesen werden mußten, in denen die gesetzliche Mindestzahl von 3 Richtern zur Bewältigung der Geschäfte nicht ausreichte (so in der 1. Zivilkammer und in den drei Strafkammern). Diese Notwendigkeit bezog sich auf die Hilfsrichter ebenso wie auf die planmäßigen Richter des Gerichts, so daß infolge der verschiedenen Geschäftslast bei einem Teil der Kammern des Gerichts ein Hilfsrichter nur mit einem Bruchteil seiner Arbeitskraft Verwendung finden konnte, während anderen Kammern außer einem voll beschäftigten Hilfsrichter noch ein weiterer Hilfsrichter mit einem Bruchteil seiner Arbeitskraft zugeteilt werden mußte.

Dagegen stand die verschiedene Arbeitslast einer verhältnismäßigen Verteilung der Hilfsrichter entsprechend der Arbeitslast und der dadurch bedingten Größe der Kammern grundsätzlich nicht im Wege. Der Umstand, daß der nicht benötigte Bruchteil der Arbeitskraft solcher Hilfsrichter, die einer weniger belasteten Kammer angehörten, in der Regel nicht genau dem Bruchteil der Arbeitskraft entsprach, mit der ein zweiter Hilfsrichter einer Kammer mit zusätzlichem Richterbedarf hätte zugeteilt werden müssen, um eine genau verhältnismäßige Verteilung der Hilfsrichter auf die einzelnen Kammern zu erreichen, hätte allenfalls zu geringfügigeren Unterschieden in der Verteilung von Hilfsrichtern geführt. Besondere, mit der Leistungsfähigkeit, dem fachlichen Können und der persönlichen Eignung der planmäßigen Richter und Hilfsrichter zusammenhängende Gründe, die eine abweichende Regelung erforderlich gemacht hätten, sind nicht bekannt.

Beim Landgericht Osnabrück wäre daher am Tag der Hauptverhandlung gegen den Beschwerdeführer E. ... eine Geschäftsverteilung möglich gewesen, nach der die dem Landgericht angehörenden Hilfsrichter den Kammern des Gerichts annähernd entsprechend ihrer Größe und Geschäftslast hätten zugeteilt werden können. Dabei wäre auf die Strafkammer 1 ein Hilfsrichter mit voller und ein weiterer Hilfsrichter mit halber, allenfalls mit zwei Dritteln seiner Arbeitskraft entfallen. Da die Geschäftslast der Strafkammer 1 vier Richter in Anspruch nahm, hätten ihr bei solcher Verteilung außer dem Vorsitzenden ein planmäßiger Richter mit voller Arbeitskraft und ein weiterer planmäßiger Richter mit einem Drittel seiner Arbeitskraft, möglicherweise auch mit halber Arbeitskraft, als Beisitzer angehört. Dadurch hätte erreicht werden können, daß die überwiegende Mehrzahl der der Strafkammer zugefallenen Strafsachen unter Mitwirkung nur eines Hilfsrichters entschieden wurde.

Da nach dem Grundgesetz eine möglichst gleichmäßige Verteilung der Hilfsrichter des Landgerichts auf die einzelnen Kammern geboten war, entsprach die Zusammensetzung der Strafkammer 1 am 17. 2. 1958 nicht den Erfordernissen der persönlichen Unabhängigkeit der Gerichte. Die auf dieser fehlerhaften Zusammensetzung der Strafkammer 1 beruhende Besetzung des erkennenden Gerichts war daher verfassungswidrig; die gegen den Beschwerdeführer E. ... erkannte Verurteilung zu Freiheitsstrafe hat daher sein Grundrecht aus Art. 101 Abs. 1 Satz 2 GG und aus Art. 104 Abs. 2 Satz 1 GG verletzt.

2. Auch den Kammern des Landgerichts Detmold, bei dem neben 13 planmäßigen Richtern 6 Hilfsrichter beschäftigt waren, gehörten im Geschäftsjahr 1960 verschieden viele Hilfsrichter an (von einem Hilfsrichter der Zivilkammern II und III und der Strafkammern 1 und III bis zu 3 Hilfsrichtern der Zivilkammer 1, während der Kammer für Baulandsachen kein Hilfsrichter zugeteilt war); alle Hilfsrichter waren zugleich mehreren Kammern zugeteilt, wobei aus dem Geschäftsverteilungsplan jedoch nicht hervorgeht, mit welchem Teil ihrer Arbeitskraft die Hilfsrichter bei den einzelnen Kammern beschäftigt wurden. Bei der Strafkammer 1, an deren Stelle während der Gerichtsferien die gegen den Beschwerdeführer P. ... erkennende Ferienstrafkammer 1 trat, entsprach das Verhältnis zwischen planmäßigen Richtern und Hilfsrichtern dem Anteil der beim Landgericht Detmold beschäftigten Hilfsrichter an der Gesamtzahl aller Richter. Der Kammer gehörten außer dem Vorsitzenden als Beisitzer ein planmäßiger Richter, der im Verhinderungsfall durch einen anderen planmäßigen Richter vertreten wurde, und ein Hilfsrichter an. Auf Grund dieser Besetzung war es ausgeschlossen, daß an Entscheidungen der Strafkammer 1 mehr als ein Hilfsrichter mitwirken konnte.

Die im voraus zugesagte Beurlaubung von 2 Hilfsrichtern und von 6 planmäßigen Richtern, darunter den planmäßigen ordentlichen und stellvertretenden Beisitzern aller Strafkammern und – bis auf einen Richter – den planmäßigen Beisitzern aller drei Zivilkammern hätte dazu geführt, daß am 1. 8. 1960, dem Tag der Hauptverhandlung gegen den Beschwerdeführer P. ..., die Strafkammern 1 und III und die Zivilkammern II und III völlig und die Strafkammer II (Kleine Strafkammer) für Entscheidungen außerhalb der Hauptverhandlung beschlußunfähig geworden wären, während die Zivilkammer 1 nur in der Besetzung mit 2 Hilfsrichtern hätte zusammentreten können. Während das Präsidium gegen die zeitweilige Beschlußunfähigkeit der Zivilkammer III nichts unternommen hat, hat es der zu erwartenden Beschlußunfähigkeit der Zivilkammer II durch die Zuweisung von weiteren 4 Hilfsrichtern mit maximal 1/5 ihrer Arbeitskraft und der Beschlußunfähigkeit der Strafkammern durch die Bildung zweier Ferienstrafkammern vorgebeugt, von denen die Ferienstrafkammer 1 die Geschäfte der Strafkammern 1 und II und die Ferienstrafkammer II die Geschäfte der Strafkammer II (Kleine Strafkammer) für die Dauer der Gerichtsferien fortführte (Präsidialbeschlüsse vom 15. 7. 1960 – 32 E III LG – 1.170 und 1.171).

Dabei wurde so verfahren, daß der Ferienstrafkammer 1 unter wöchentlichem Wechsel bis zu 4 Richter als Beisitzer zugeteilt wurden. Während der einzelnen Wochen des Monats 8. gehörten der Kammer jeweils 3 Hilfsrichter, dagegen kein planmäßiger Richter als Beisitzer an. Die Beisitzer der Ferienstrafkammer 1 waren für Entscheidungen außerhalb der Hauptverhandlung zugleich auch Mitglieder der Ferienstrafkammer II.

Diese, einen vollen Monat während Besetzung der Ferienstrafkammer 1 mit einem Hilfsrichteranteil von 75 v.H., die in allen Fällen dazu führen mußte, daß an den Kammerentscheidungen 2 Hilfsrichter mitwirkten, war vermeidbar, obwohl – worauf der Landgerichtspräsident in seiner dienstlichen Äußerung abgehoben hat – dem Landgericht damals nur 7 planmäßige Richter, davon 3 Landgerichtsräte, zur Verfügung standen. In der Entschädigungskammer waren außer dem Vorsitzenden 2 planmäßige Richter und 2 Hilfsrichter verfügbar. Beide Hilfsrichter der Entschädigungskammer waren der Ferienstrafkammer 1 für je 2 Wochen als Beisitzer zugeteilt. Selbst wenn der Geschäftsanfall der Entschädigungskammer auch während der Gerichtsferien die volle Arbeitskraft von 2 beisitzenden Richtern in Anspruch nahm, hätte es möglich sein müssen, der Ferienstrafkammer 1 statt eines Hilfsrichters einen planmäßigen Richter der Entschädigungskammer als zeitweiliges ordentliches Mitglied zuzuweisen. Dadurch wäre für beide Kammern sichergestellt worden, daß 2 Hilfsrichter bei der Erledigung höchstens eines Drittels der Geschäfte zugleich hätten mitwirken müssen. – Im übrigen hätte sich dem Mißverhältnis zwischen der Zahl der verfügbaren planmäßigen Richter und der Hilfsrichter bei den Zivilkammern durch die Errichtung einer oder zweier Ferienzivilkammern unter gegenseitiger Einsetzung der Vorsitzenden und Beisitzer als Vertreter ebenso abhelfen lassen wie der zeitweiligen Beschlußunfähigkeit der Zivilkammer III. – Besondere Gründe, die einer derartigen Geschäftsverteilung entgegengestanden hätten, sind nicht dargetan worden.

Die Zusammensetzung der Ferienstrafkammer 1 im August 1960 war danach in doppelter Hinsicht fehlerhaft.

Zunächst beruhte sie auf der gleichzeitigen Beurlaubung von 6 (also nahezu der Hälfte) der dem Gericht angehörenden planmäßigen Richter, durch die das ohnehin schon kritische Zahlenverhältnis zwischen den planmäßigen Richtern und den Hilfsrichtern des Gerichts und seiner Kammern weiterhin nachteilig beeinflußt wurde. Der Landgerichtspräsident hätte sowohl dem planmäßigen ordentlichen Beisitzer der Strafkammer 1 (und III) als auch seinem geschäftsplanmäßigen Vertreter Erholungsurlaub für die gleiche Zeit ohne zwingenden Grund nur dann bewilligen dürfen, wenn eine entsprechende Vertretung unbeschadet der Verhältnisse in den übrigen Kammern sichergestellt worden wäre. Das ist nicht geschehen. Dem Gebot, den Anteil der Hilfsrichter innerhalb eines Gerichts und seiner Kammern möglichst zu beschränken, das auch bei der Beurlaubung von Richtern zu beachten ist, ist offensichtlich nicht Rechnung getragen worden.

Fehlerhaft war außerdem die vermeidbare Verwendung dreier Hilfsrichter als Beisitzer der Ferienstrafkammer 1. Durch die Zuteilung eines planmäßigen Richters an Stelle eines Hilfsrichters hätte die Mitwirkung zweier Hilfsrichter an den Kammerentscheidungen zwar nicht völlig vermieden, aber auf ein erträglicheres Maß herabgesetzt werden können. Diese vermeidbare Häufung von Hilfsrichtern in einer Kammer verstieß gegen Art. 97 Abs. 2 GG; denn auch bei der Vertretungsregelung – als solche ist die Errichtung einer Ferienstrafkammer zu bewerten – können Hilfsrichter nur im Rahmen des zwingend Gebotenen beigezogen werden.

Die Besetzung der Ferienstrafkammer 1 mit 2 Hilfsrichtern war daher verfassungswidrig. Die gegen den Beschwerdeführer ergangene Entscheidung verletzt also sein Grundrecht aus Art. 101 Abs. 1 Satz 2 und aus Art. 104 Abs. 2 Satz 1 GG, weil das Gericht in fehlerhafter Besetzung auf Freiheitsstrafe erkannt hat.

3. Auf die Verfassungsbeschwerden waren die Urteile der Landgerichte Osnabrück und Detmold und die sie bestätigenden Revisionsentscheidungen des Bundesgerichtshofs und des Oberlandesgerichts Hamm gemäß § 95 Abs. 2 BVerfGG aufzuheben.

Dagegen ist die Verfassungsbeschwerde des Beschwerdeführers E. ... gegen den Beschluß des Großen Senats für Strafsachen des Bundesgerichtshofs vom 2. 5. 1960 unbegründet, weil dieser weder Grundrechte des Beschwerdeführers verletzt noch eine Grundrechtsverletzung bestätigt hat.

36. Findet die ursprünglich anberaumte außerordentliche Sitzung nicht statt, müssen die Schöffen neu ausgelost werden (wie RGSt 65, 298).

StPO § 338 Nr. 1; GVG §§ 48 Abs. 1, 45 – BGH Urt. v. 6. 3. 1962 – 1 StR 554/61 LG Augsburg (= BGHSt. 17, 176 = NJW 1962, 1167)

Die Revision rügt, die beteiligten Schöffen seien ursprünglich für eine außerordentliche Sitzung des Gerichts ausgelost worden. Diese Sitzung habe jedoch nicht stattgefunden. Es sei an einem späteren, ebenfalls außerordentlichen Sitzungstag verhandelt worden. Dafür hätten die Schöffen erneut ausgelost werden müssen.

Sachverhalt: Die Hauptverhandlung hatte zu der ursprünglich dafür vorgesehenen Zeit in der ersten Oktoberhälfte 1960 aus dienstlichen Gründen nicht durchgeführt werden können. Die Sache sollte dann in einer außerordentlichen Sitzung behandelt werden, weil ihr Umfang und die sonstige Belastung der nach der Geschäftsverteilung des Landgerichts dafür zuständigen Strafkammer es nicht gestatteten, die Hauptverhandlung an den ordentlichen Sitzungstagen der Kammer durchzuführen. Für diese außerordentliche Sitzung waren die Tage vom 27. 2. bis zum 7. 3. 1961 vorgesehen. Dafür waren am 13. 1. 1961 der Schneidermeister B. und der Rentner A. als Schöffen ausgelost worden. Am 22. 2. 1961 hat dann der Vorsitzende den Hauptverhandlungstermin in die Zeit vom 2. bis 10. 5. 1961 verlegt, hauptsächlich weil der bisherige Wahlverteidiger des Hauptangeklagten Sch. am 7. 2. 1961 die Verteidigung niedergelegt hatte. Die Hauptverhandlung ist daraufhin als außerordentliche Sitzung in der Zeit zwischen dem 2. und 15. 5. 1961 durchgeführt worden. Hierfür sind die Schöffen nicht neu ausgelost worden; in ihr haben vielmehr die am 13. 1. 1961 ausgelosten Schöffen mitgewirkt. – Das Rechtsmittel hatte Erfolg.

Gründe: Daß die Hauptverhandlung nicht an den regelmäßigen Sitzungstagen, sondern in einer außerordentlichen Sitzung durchgeführt wurde, ist aus Rechtsgründen nicht zu beanstanden.

Nach der überzeugenden dienstlichen Äußerung des Vorsitzenden der Strafkammer waren bei der Verlegung der Hauptverhandlung auf Anfang Mai 1961 die in diese Zeit fallenden ordentlichen Sitzungstage bereits mit anderen Sachen besetzt. Der Fall liegt also anders als die in BGHSt. 16, 63 ff. (BGH Urt. v. 25. 4. 1961 – 1 StR 618/60; vgl. § 338 Nr. 1 StPO erfolgreiche Rügen) entschiedene Sache.

Mit Recht rügt die Revision jedoch, daß für die Hauptverhandlung keine neuen Schöffen ausgelost worden sind:

Nach §§ 77, 45 GVG wird durch die Auslosung bestimmt, in welcher Reihenfolge die Hauptschöffen an den einzelnen für das ganze Jahr im voraus festgelegten ordentlichen

Sitzungstagen teilnehmen. An diesen Sitzungen sind die Schöffen zur Ausübung des Richteramtes berechtigt und verpflichtet. Daraus ergibt sich, daß die Schöffen nicht für bestimmte Strafsachen, sondern für bestimmte Sitzungen zur Mitwirkung als Richter berufen werden. Dasselbe gilt für die Schöffen einer außerordentlichen Sitzung. Sie sind nach § 48 Abs. 1 GVG „vor dem Sitzungstag" auszulosen. Das kann jedoch nicht lediglich rein sprachlich bedeuten, daß die Schöffen zeitlich vor der Hauptverhandlung ausgelost werden müssen. Solche Regelung wäre überflüssig, weil eine Hauptverhandlung ohne rechtzeitige vorherige Bestimmung der Schöffen nicht ordnungsmäßig vorbereitet und durchgeführt werden kann. Nach seinem Zusammenhang mit den anderen Bestimmungen über die Schöffenauslosung kann § 48 Abs. 1 GVG nur so verstanden werden, daß die für eine außerordentliche Sitzung notwendigen Schöffen für den Sitzungstag auszulosen sind, an dem die Verhandlung stattfinden soll. Nur an diesem Tag – vorbehaltlich des § 50 GVG – sind sie berechtigt, ihr Amt auszuüben. Das hat das Reichsgericht bereits in RGSt 65, 298 entschieden. Es besteht kein Anlaß, von dieser Auffassung, der sich der Bundesgerichtshof schon in BGHSt. 8, 250, 251 (BGH Urt. v. 20. 10. 1955 – 4 StR 286/55; vgl. § 338 Nr. 1 StPO erfolglose Rügen) – wenn auch mehr beiläufig – angeschlossen hat, abzugehen. Dies um so weniger, als dem Grundsatz, daß niemand seinem gesetzlichen Richter entzogen werden darf (Art. 101 Abs. 1 GG), heute besondere Bedeutung beigemessen wird. Mit anderen Worten: Die Schöffen stehen und fallen mit der Sitzung, für die sie ausgelost sind. Das ist eine klare und einfache Regel, wie sie das Recht der Gerichtsverfassung erfordert.

Demnach waren die Schöffen B. und A. nur für die außerordentliche Sitzung ausgelost, die am 27. 2. 1961 beginnen sollte und dann ausfiel. Dagegen waren sie für die – übrigens mehr als zwei Monate später – am 2. 5. 1961 beginnende Sondersitzung nicht ausgelost und konnten auch nicht dafür als ausgelost gelten. Daher waren sie zur Mitwirkung an der Hauptverhandlung in dieser außerordentlichen Sitzung nicht berufen. Hierfür hätten nach §§ 48 Abs. 1, 45 GVG erneut Schöffen ausgelost werden müssen. Das ist nicht geschehen. Deshalb war die Strafkammer nicht vorschriftsmäßig besetzt. Dieser Auffassung war auch der Generalbundesanwalt. Nach § 338 Nr. 1 StPO muß das Urteil als auf dieser Gesetzesverletzung beruhend angesehen und deshalb aufgehoben werden, soweit es den Angeklagten Sch. betrifft, der diese Rüge erhoben hat.

Auf die Verurteilung der Mitangeklagten H., L. und R. ist die Urteilsaufhebung nicht zu erstrecken. Die Hinzuziehung nicht vorschriftsmäßig ausgeloster Schöffen bedeutet nicht, daß es an einer Verfahrensvoraussetzung fehlt oder daß ein Verfahrenshindernis besteht. Sie ist ein Verfahrensfehler (vgl. § 338 Nr. 1 StPO) und führt zur Aufhebung des Urteils nur bei dem Beschwerdeführer, der den Verstoß entweder selbst gerügt hat oder zu dessen Gunsten ihn die Staatsanwaltschaft geltend gemacht hat. Er rechtfertigt aber nicht die Erstreckung der Urteilsaufhebung nach der Ausnahmevorschrift des § 357 StPO auf andere Mitangeklagte (BGH LM StPO § 357 Nr. 1; BGH JR 1954, 271; BGH Urt. v. 21. 3. 1961 – 1 StR 14/61). Es bleibt vielmehr insoweit bei der Regel des § 352 StPO.

37. Außerordentlich ist nur eine zusätzliche Verhandlung (im Anschluß an BGHSt. 11, 54 [BGH Urt. v. 5. 11. 1957 – 1 StR 254/57; vgl. § 338 Nr. 1 StPO erfolgreiche Rügen]).
StPO § 338 Nr. 1; GVG §§ 48, 77 – BGH Urt. v. 25. 4. 1961 – 1 StR 618/60 LG München II (= BGHSt. 16, 63 = NJW 1961, 1413).

Die Revision rügt, daß die Schöffen zu Unrecht aus der Hilfsschöffenliste herangezogen worden seien und begründet dies damit, daß die Strafkammer keine außerordentliche Sitzung abgehalten, sondern bloß wegen des Umfangs der Sache die im Geschäftsplan vorgesehene ordentliche Sitzung vorverlegt habe. Denn an diesem Tage habe sie geschäftsplanmäßig keine Sitzung abgehalten. Außerordentlich sei eine Sitzung jedoch nicht schon dann, wenn sie – aus besonderen Gründen an einem anderen Tag – an die Stelle der geschäftsplanmäßigen Sitzung trete, sondern erst dann, wenn das Gericht sie zusätzlich zu dieser abhalte.

Sachverhalt: Der Vorsitzende bestimmte den Termin zur Hauptverhandlung ursprünglich auf Montag, den 11. 7. 1960, und die folgenden Tage. Auf Antrag eines Verteidigers verlegte er wegen dessen Verhinderung infolge Inanspruchnahme durch eine umfangreiche auswärtige Sache die Hauptverhandlung auf Montag, den 18. 7. 1960, und die folgenden Tage. Der ordentliche Sitzungstag der Strafkammer fiel in der Arbeitswoche, die mit dem 18. 7. begann, auf Mittwoch, den 20. 7. 1960. Um der Strafkammer wegen ihrer starken Geschäftsbelastung diesen Sitzungstag zu erhalten, behandelte der Vorsitzende die Hauptverhandlung gegen den Angeklagten als eine außerordentliche Sitzung und loste für sie gemäß §§ 45 Abs. 2, 48 Abs. 1 und 77 Abs. 3 GVG besondere Schöffen aus. Diese wirkten an der Hauptverhandlung gegen den Angeklagten mit. – Das Rechtsmittel hatte Erfolg.

Gründe: Das beanstandet die Revision mit Grund. Wie sie zutreffend ausführt, hat die Strafkammer keine außerordentliche Sitzung abgehalten, sondern bloß wegen des Umfangs der Sache die im Geschäftsplan für den 20. 7. 1960 vorgesehene ordentliche Sitzung vorverlegt. Denn an diesem Tage hielt sie geschäftsplanmäßig keine Sitzung ab. Außerordentlich ist eine Sitzung jedoch nicht schon dann, wenn sie – aus besonderen Gründen an einem anderen Tag – an die Stelle der geschäftsplanmäßigen Sitzung tritt, sondern erst dann, wenn das Gericht sie zusätzlich zu dieser abhält (BGHSt. 11, 54; 15, 107, 110 [BGH Urt. v. 10. 8. 1960 – 2 StR 307/60; vgl. § 338 Nr. 1 StPO erfolgreiche Rügen]).

Allerdings bestimmt der Vorsitzende nach seinem pflichtmäßigen Ermessen, ob die Geschäftslage des Gerichts eine außerordentliche Sitzung erfordert und für wann eine solche anzusetzen ist (BGHSt. 12, 159, 161 [BGH Urt. v. 28. 11. 1958 – 1 StR 398/58; vgl. § 338 Nr. 1 StPO erfolglose Rügen]). Auch ist seine Verfügung nicht deswegen rechtsfehlerhaft, weil sich ihre Voraussetzungen aus der Rückschau als irrig erweisen. Darum wäre es rechtlich nicht zu beanstanden, wenn der Strafkammervorsitzende hier, wie er sich dienstlich geäußert hat, die Hauptverhandlung in der Vorstellung für eine „außerordentliche" Sitzung anberaumte, daß das Verfahren alsbald, womöglich schon am ersten Verhandlungstag würde ausgesetzt werden müssen, sei es weil der Verteidiger noch durch das auswärtige Verfahren in Anspruch genommen war oder erwartungsgemäß Beweisanträge auf Vernehmung ausländischer Zeugen eingebracht wurden. Er hatte zwar von dem Vorsitzenden des auswärtigen Gerichts die Auskunft erhalten, dieser rechne „mit ziemlicher Sicherheit" mit dem Abschluß jenes Verfahrens bis zum 18. 7. 1960, weil die Sachverständigen dort nur „bis Mitte Juli" zur Verfügung ständen. Auch war es nach Lage des Falles wenig wahrscheinlich, daß Anträge, Zeugen aus dem Ausland zu laden oder dort vernehmen zu lassen, schon bei Beginn des Verfahrens zu seiner Aussetzung führen würden. Aber die Tragweite dieser Umstände einzuschätzen, lag in seinem Ermessen; an seine Beurteilung wäre das Revisionsgericht gebunden, mag die tatsächliche Entwicklung der Dinge sie auch nicht bestätigt haben.

Der Vorsitzende der Strafkammer überschritt aber die rechtlichen Grenzen seines Ermessens, als er von vornherein in die außerordentliche Hauptverhandlung den ordentlichen Sitzungstag vom 20. 7. 1960 einbezog. Er bestimmte in der Terminsverfügung die Ladung von Zeugen auf diesen Tag und ließ deswegen, wie seine dienstliche Erklärung ergibt, den ordentlichen Sitzungstag unbesetzt. Er erwog also nicht allein, daß die Verhandlung würde ausgesetzt werden müssen, sondern außerdem ebenso die Möglichkeit, daß sie dem Terminplangemäß vonstatten gehen würde, wie das dann auch tatsächlich geschah. Dann durfte er jedoch die Hauptverhandlung in dieser Sache nicht als außerordentlich im Sinne des § 48 GVG behandeln; denn er setzte sie dann bloß an die Stelle der ordentlichen Sitzung. Wollte er eine außerordentliche Sitzung – neben der ordentlichen – abhalten, so mußte er von vornherein beide Sitzungen mit Terminen besetzen. Er durfte sich das bei dem ordentlichen Sitzungstag nicht bloß für den Fall vorbehalten, daß die „außerordentliche" Verhandlung diesen Tag nicht in Anspruch nehmen würde. Sonst hätte der Gerichtsvorsitzende es gerade bei umfangreichen und bedeutsamen Sachen beliebig in der Hand, unter dem Anschein einer außerordentlichen Tagung ordentliche Gerichtssitzungen abzuhalten und für diese die Besetzung des Gerichts selbst, von Fall zu Fall, und demnach anders zu bestimmen, als es in der Absicht des Gesetzes liegt, das die Gerichtsbesetzung im voraus für einen bestimmten Zeitabschnitt festgelegt wissen will.

Verhandelte die Strafkammer indes nicht in einer außerordentlichen, sondern in einer ordentlichen Sitzung gegen den Angeklagten, so entsprach ihre Besetzung jedenfalls mit den Schöffenrichtern nicht dem Gesetz. Das Urteil muß daher aufgehoben werden (§ 338 Nr. 1 StPO).

38. Geschäftsverteilung nach zeitlichem Eingang unzulässig.
StPO § 338 Nr. 1; GVG §§ 16, 63 – BGH Urt. v. 17. 8. 1960 – 2 StR 237/60 LG Bonn (= BGHSt. 15, 116 = NJW 1960, 2109)

Die Revision rügt, die Strafkammer sei nicht ordnungsgemäß besetzt gewesen, weil sich ihre Zuständigkeit aus einem unzulässigen Geschäftsverteilungsplan ergebe, der die eingehenden Strafsachen nicht nach allgemeinen Gesichtspunkten, sondern nach deren zeitlichen Eingang unter den Strafkammern verteilt habe.

Sachverhalt: Mit Wirkung vom 1. 10. 1958 wurde bei dem Landgericht in Bonn eine weitere Strafkammer, die 6. Große Strafkammer, errichtet. Die dadurch bedingte Änderung der Geschäftsverteilung wurde vom Präsidium am 27. 9. 1958 beschlossen. Alle ab 1. 10. 1958 neu eingehenden Sachen wurden auf die 1. und 6. Große Strafkammer abwechselnd nach der zeitlichen Reihenfolge des Eingangs derart aufgeteilt, daß die erste Sache der 6. Großen Strafkammer zufiel, die zweite der 1. Großen Strafkammer usw. Diese Regelung galt bis 31. 12. 1958. Während dieser Zeit, am 3. 12. 1958, ging die vorliegende Sache bei der Geschäftsstelle des Landgerichts ein und wurde der 6. Großen Strafkammer zugeteilt. Am 1. 1. 1959 trat ein neuer Geschäftsverteilungsplan in Kraft. Die 6. Große Strafkammer war nunmehr zuständig für alle Sachen, bei denen der Name des Angeklagten mit den Buchstaben L–Z begann. Zugleich wurde aber bestimmt, daß die bis zum 31. 12. 1958 nach der bisherigen Regelung eingegangenen Strafsachen bei der Kammer bleiben. Die Zuständigkeitsregelung nach den Buchstaben L–Z wurde demnach erst für die ab 1. 1. 1959 eingehenden Sachen wirksam. – Das Rechtsmittel hatte Erfolg.

Gründe: Das Gerichtsverfassungsgesetz wird von dem Grundsatz der Stetigkeit beherrscht, wie er in § 63 Abs. 1 GVG festgelegt ist. Hiernach sind die Geschäfte grundsätzlich für das Geschäftsjahr im voraus zu verteilen. Die Verteilung obliegt dem Präsidium. Sein Ermessen findet eine Grenze in der Bestimmung des Art. 101 Abs. 1 Satz 2 GG (§ 16 GVG), daß niemand seinem gesetzlichen Richter entzogen werden darf. Zum Begriff des gesetzlichen Richters gehört es aber, daß die Zuteilung der einzelnen Sachen sich nach allgemeinen Merkmalen richtet, um auf diese Weise eine willkürliche Besetzung des Gerichts und eine willkürliche Zusammensetzung der Richterkollegien zu vermeiden. Der Grundsatz gilt auch bei einer nach § 63 Abs. 2 GVG zulässigen Änderung der Geschäftsverteilung während des Geschäftsjahres, so u.a. bei der wegen Überlastung notwendigen Errichtung einer weiteren Strafkammer (BGHSt. 7, 23 [BGH Urt. v. 28. 9. 1954 – 5 StR 275/53; vgl. § 338 Nr. 1 StPO erfolgreiche Rügen]; 10, 179 [BGH Urt. v. 4. 4. 1957 – 4 StR 82/57; vgl. § 338 Nr. 1 StPO erfolgreiche Rügen]). Die vom Präsidium beschlossene Regelung wird dieser Forderung nicht gerecht. Gewiß lassen sich kaum allgemeine – für die Praxis brauchbare – Merkmale finden, die jede willkürliche Zuteilung schlechthin ausschließen. Es dürfen aber keine Merkmale gewählt werden, die unter bestimmten Voraussetzungen eine bewußte Zuteilung nach irgendwelchen Zweckmäßigkeitsgesichtspunkten sogar nahe legen. Es kann dahingestellt bleiben, ob die vom Präsidium beschlossene

Regelung, wie die Revision meint, bereits deshalb unzulässig war, weil sie die Möglichkeit gibt, daß andere Stellen Einfluß auf den Eingang der Akten und damit auf die Zuständigkeit nehmen. Daß sie eine bewußte Zuteilung der Sachen in der Geschäftsstelle nicht ausschließt, bedarf keiner Begründung. Das gilt vor allem für die Fälle, in denen mehrere Sachen gleichzeitig bei dem Landgericht eingehen; sie sind im Beschluß des Präsidiums nicht besonders geregelt. Der Geschäftsstellenleiter hat also praktisch über die Reihenfolge des Eingangs und damit über die Zuteilung an die Strafkammer zu entscheiden. Die Feststellung der Reihenfolge muß notgedrungen nach seinem Gutdünken geschehen, und läßt sich kaum vermeiden, worauf die Revision zutreffend hinweist, daß hierbei die Rücksicht auf den scheinbaren Umfang der Sache, die Belastung der Strafkammern, die vermeintlich besondere Sachkunde einer Strafkammer und ähnliche Gesichtspunkte mitwirken, Gesichtspunkte, die keineswegs unsachlich zu sein brauchen. Damit ist aber das Recht auf den gesetzlichen Richter nicht mehr gewährleistet. Der Beschluß des Präsidiums genügt nicht den gesetzlichen Anforderungen.

Der Fehler nötigt nach § 338 Nr. 1 StPO zur Aufhebung des Urteils, da die auf ihm beruhende Zuweisung der Sache an die 6. Strafkammer auch nach dem 31. 12. 1958 bestehen blieb und in der Folge nach dem Ferienplan 1959 vom 30. 5. 1959 zur Zuteilung an die 6. Ferienstrafkammer führte.

39. Sitzungstage der Jugendkammer müssen von vorneherein festgesetzt werden.

StPO § 338 Nr. 1; GVG §§ 45, 48, 60, 63, 77; JGG §§ 33, 35, 41 – BGH Urt. v. 10. 8. 1960 – 2 StR 307/60 LG Bremen Jugendkammer Bremerhaven (= BGHSt. 15, 107)

Die Revision rügt, daß die Sitzung der Jugendkammer, in der die Strafsache gegen den Angeklagten verhandelt wurde, eine außerordentliche Sitzung gewesen sei; es hätten daher die Schöffen nach den §§ 77, 48 GVG vor dem Sitzungstag ausgelost werden müssen; da dies nicht geschehen sei, habe die Besetzung des Gerichts nicht dem Gesetz entsprochen.

Sachverhalt: Nach der dienstlichen Äußerung des Vorsitzenden der Jugendkammer wurden zwar die ordentlichen Sitzungstage der Strafkammer und Jugendkammer für das Geschäftsjahr 1960 auf Mittwoch und Freitag festgesetzt. Wegen des unterschiedlichen Anfalls von Strafsachen bei der Jugendkammer – im Geschäftsjahr 1959 fünf Sitzungstage – ist jedoch aus Zweckmäßigkeitsgründen davon abgesehen worden, für diese bestimmte Sitzungstage für das ganze Jahr im voraus festzulegen; vielmehr besteht die Übung, je nach Bedarf einen der für die Strafkammer und Jugendkammer gemeinsam vorgesehenen Sitzungstage heranzuziehen. Zu diesem Zweck waren die Jugendschöffen von vornherein für zehn Sitzungstage in einer bestimmten Reihenfolge ausgelost worden. In dieser, von vornherein feststehenden Reihenfolge berief man sie zu den Sitzungstagen der Jugendkammer ein. Die Sitzung vom 31. 3. 1960 ist der fünfte Sitzungstag der Jugendkammer im Jahre 1960 gewesen; an ihr haben die für den fünften Sitzungstag ausgelosten Jugendschöffen teilgenommen. – Das Rechtsmittel hatte Erfolg.

Gründe: Das Gerichtsverfassungsgesetz will Willkür bei der Zusammensetzung der Richterkollegien verhindern und verlangt deshalb, daß diese für einen bestimmten Zeitabschnitt im voraus festgelegt wird (BGHSt. 8, 240[1]; 10, 179 [BGH Urt. v. 4. 4. 1957 – 4 StR 82/57; vgl. § 338 Nr. 1 StPO erfolgreiche Rügen]). Diesem Grundsatz der Stetigkeit dient die Vorschrift des § 45 GVG, wonach die ordentlichen Sitzungstage des Schöffengerichts

---

[1] (Leitsatz) „Das Schwurgericht ist nicht vorschriftsmäßig besetzt, wenn der Landgerichtspräsident mit Rücksicht auf die Geschäfts- und Personallage es bewußt unterlassen hat, die richterlichen Mitglieder und ihre Vertreter für das ganze Geschäftsjahr im voraus zu ernennen, vielmehr erst bei der Festsetzung der ersten Tagung die richterlichen Beisitzer nur für sie bestellt." (BGH v. 15. 11. 1955 – 5 StR 408/55).

für das ganze Jahr im voraus festzusetzen und die Reihenfolge der Hauptschöffen für diese Sitzungstage durch Auslosung in öffentlicher Sitzung zu bestimmen sind. Es wurde hierbei von der Erfahrung ausgegangen, daß bei jedem Gericht mit ziemlicher Bestimmtheit der für das Jahr zu erwartende Geschäftsanfall und daher die Zahl der notwendigen Sitzungstage voraussehbar ist (Hahn Materialien zum GVG 2. Aufl. Bd. 1 S. 89). Ordentliche Sitzungstage sind demnach nur die vor Beginn des Geschäftsjahres festgesetzten.

Entsprechendes gilt nach § 77 GVG für die Strafkammer und damit auch für die Jugendkammer. Die Jugendkammer ist als Jugendgericht ein Gericht besonderer Art innerhalb der ordentlichen Gerichtsbarkeit (BGHSt. 7, 26 [BGH Urt. v. 2. 11. 1954 – 5 StR 492/54; vgl. § 338 Nr. 4 StPO erfolgreiche Rügen]). Die Jugendgerichte haben wegen ihrer von der allgemeinen Gerichtsverfassung abweichenden Zuständigkeit, ihres eigenständigen Verfahrens und der besonderen Vorschriften für ihre Besetzung und die Auswahl der Jugendschöffen eine gewisse Sonderstellung. Deshalb können die Sitzungstage für die Strafkammer nicht ohne weiteres auch als Sitzungstage der Jugendkammer bestimmt werden, in der Weise, daß es dem Belieben des Vorsitzenden der Jugendkammer überlassen bleibt, aus den Sitzungstagen nach Bedarf einen als Sitzungstag für die Jugendkammer auszuwählen. Die ordentlichen Sitzungstage der Jugendkammer müssen vielmehr, da auch die Jugendschöffen nach § 35 JGG für die Dauer von zwei Geschäftsjahren gewählt werden, für jedes der beiden Jahre von vornherein selbständig festgesetzt und hierfür die Jugendschöffen ausgelost werden. Anders wäre es nicht möglich, festzustellen, ob eine ordentliche oder außerordentliche, d.h. eine zusätzlich anberaumte Sitzung der Jugendkammer stattgefunden hat, wie der vorliegende Fall aufzeigt. Von dieser Unterscheidung hängt aber die Besetzung der Jugendkammer ab (siehe auch BGHSt. 11, 54 [BGH Urt. v. 5. 11. 1957 – 1 StR 254/57; vgl. § 338 Nr. 1 StPO erfolgreiche Rügen]). Würde man das Verfahren, wie es hier gehandhabt wurde, zulassen, so wäre eine Nachprüfung der ordnungsgemäßen Besetzung des Gerichts ausgeschlossen; dies widerspricht dem Willen des Gesetzes.

Diese Regelung genügt auch dem Bedürfnis nach beschleunigter Durchführung der Jugendgerichtsverfahren; denn dem Gericht ist es unbenommen, falls die baldige Durchführung vor der nächsten ordentlichen Sitzung dringlich ist, eine zusätzliche, außerordentliche Sitzung nach § 48 GVG anzuberaumen und hierzu die Jugendschöffen nach den §§ 45, 48 GVG vor dem Sitzungstag auszulosen.

Da demnach die bei der Verhandlung gegen den Angeklagten mitwirkenden Jugendschöffen nicht ordnungsgemäß für diese Sitzung ausgelost wurden, war das erkennende Gericht nicht vorschriftsmäßig besetzt. Dies zwingt nach § 338 Nr. 1 StPO zur Aufhebung des Urteils.

40. Ob ein Richter im Sinne des § 63 I GVG (a.F.) „unerreichbar" ist, entscheidet der Landgerichtspräsident oder sein in § 66 II GVG (a.F.) bezeichneter Vertreter.

StPO § 338 Nr. 1 – BGH. Urt. v. 21. 10. 1958 – 5 StR 412/58 LG Berlin (= BGHSt. 12, 113)

Die Revision rügt, das erkennende Gericht sei nicht ordnungsgemäß besetzt gewesen, die Verhinderung eines Richters sei zu Unrecht nicht von dem Landgerichtspräsidenten, sondern von seinem Vertreter festgestellt worden.

Sachverhalt: Aus den vom Senat erbetenen ergänzenden Äußerungen des Landgerichtspräsidenten ergibt sich, daß im vorliegenden Fall nicht der Landgerichtspräsident oder sein nach § 66 Abs. 2 GVG zuständiger Vertreter festgestellt hat, daß die vor Landgerichtsrat G. geschäftsplanmäßig berufenen Richter unerreichbar seien, sondern Landgerichtsdirektor B. als nach § 13 Satz 2 der Verordnung vom 20. 3. 1935 (RGBl I, 403) „Beauftragter des Landgerichtspräsidenten im Geschäftsbereich Strafgerichtsbarkeit des Landgerichts". Der Landgerichtspräsident hält dieses Verfahren für zulässig, weil die „Feststellung der Abwesenheit und damit der Unerreichbarkeit" der in Betracht kommenden Richter eine solche tatsächlicher Natur sei, so daß eine Ermessensentscheidung nicht nötig gewesen sei. – Das Rechtsmittel hatte Erfolg.

Gründe: Diese Rechtsansicht teilt der Senat nicht.

Daß die Zusammensetzung einer Strafkammer der verfassungsmäßigen Garantie des Art. 101 Abs. 1 Satz 2 GG entspricht, ist durch genaue Feststellung des Vertretungserfordernisses bei jedem in Betracht kommenden Richter von dem dazu gesetzlich bestimmten Rechtspflegeorgan sicherzustellen. Diesem Erfordernis war im vorliegenden Fall nicht schon dadurch genügt, daß Landgerichtsdirektor B. feststellte, die vor Landgerichtsrat G. zur Vertretung berufenen Richter seien nicht im Dienstgebäude. Wie schon im Urteil vom 5. 8. 1958 (NJW 1958, 1692 Nr. 20 [BGH Urt. v. 5. 8. 1958 – 5 StR 160/58; vgl. § 338 Nr. 1 StPO erfolgreiche Rügen]) ausgeführt, ist die Bindung des Revisionsgerichts an die tatsächliche Feststellung, daß ein gesetzlich zur Vertretung berufener Richter im Sinne des § 63 Abs. 1 GVG „verhindert" sei, mit rechtsstaatlichen Grundsätzen nur vereinbar, wenn diese Feststellung der Landgerichtspräsident oder sein in § 66 Abs. 2 GVG bezeichneter Vertreter getroffen hat. Das gleiche gilt grundsätzlich für die Feststellung, daß der zunächst in Betracht kommende Richter unerreichbar ist. Es wird Fälle geben, in denen die Unerreichbarkeit in diesem Sinne offensichtlich ist, z.B. wenn der Richter eine Reise angetreten hat oder nicht am Sitze des Gerichts wohnt und fernmündlich nicht zu erreichen ist; dann wäre es ein übertriebener Formalismus, die Feststellung einer solchen Unerreichbarkeit durch den Landgerichtspräsidenten zur Voraussetzung für die Heranziehung des nächstberufenen Richters zu machen. Aber die auch dem Senat bekannte Tatsache, daß die Richter des Landgerichts B. zum großen Teil in B. in erheblicher Entfernung von dem Dienstgebäude der Strafkammern wohnen, genügt für sich allein nicht, die „Unerreichbarkeit" eines zur Vertretung berufenen Richters schon dann als offensichtlich zu behandeln, wenn er zu der Zeit, da das Bedürfnis nach einer sofortigen Vertretung auftritt, nicht im Dienstgebäude anwesend ist. Hier drängt sich der Vergleich mit den Maßstäben auf, die § 49 Abs. 2 GVG für den Fall vorschreibt, daß zu einer einzelnen Sitzung des Schöffengerichts die Hinzuziehung eines anderen als des zunächst berufenen Schöffen erforderlich wird: nur die nicht am Sitze des Gerichts wohnenden Hilfsschöffen dürfen übergangen werden, wenn durch die Berufung des Hilfsschöffen nach der Reihenfolge der Schöffenliste eine Vertagung der Verhandlung oder eine erhebliche Verzögerung ihres Beginns notwendig werden würde. Die Geschäftsverteilung des Landgerichts für 1957 machte den Fall, in dem der Landgerichtspräsident nach § 67 GVG wegen Verhinderung des regelmäßigen Vertreters einen zeitweiligen Vertreter bestellen darf, dadurch praktisch zur seltenen Ausnahme, daß die richterlichen Beisitzer sämtlicher Strafkammern in einer bestimmten Reihenfolge zu regelmäßigen Vertretern der Beisitzer jeder anderen Strafkammer bestellt sind. Die so durch den jeweiligen Mitgliederbestand der Strafkammern objektiv festgelegte Vertreterliste gewährleistet die Bestimmung des gesetzlichen Richters in ähnlicher Weise, wie dies der Zweck der Schöffenliste im Sinne des § 44 GVG ist. Für ihre praktische Handhabung ergibt sich daher ein Anhalt aus den Richtlinien, die das Gesetz in § 49 Abs. 2 GVG für die Berufung des Hilfsschöffen bestimmt hat. Wie schon das Reichsgericht entschieden hat, kann von dem Versuch der Heranziehung des zunächst berufenen Hilfsschöffen nicht darum abgesehen werden, weil dies einen größeren Zeitaufwand erfordern würde als die Zuziehung einer in der Reihenfolge später stehenden Person, und dies selbst dann nicht, wenn mit großer Wahrscheinlichkeit angenommen wird, der Versuch einer Einberufung der vorhergehenden Person werde ergebnislos bleiben (RGSt 63, 309). Nach dem entsprechenden Grundsatz schieden hier die Vormänner des Landgerichtsrats G. nicht deshalb ohne weiteres aus, weil sie sich nicht im Gerichtsgebäude aufhielten.

Zu § 49 Abs. 2 GVG hat der Senat schon in seinem Urteil vom 3. 11. 1953 (BGHSt. 5, 73 [BGH Urt. v. 3. 11. 1953 – 5 StR 333/53; vgl. § 338 Nr. 1 StPO erfolgreiche Rügen]) entschieden, daß diese Vorschrift auf Hilfsschöffen, die am Sitz des Gerichts wohnen, nicht entsprechend angewendet werden darf. Die dafür angeführten Gründe gelten auch für die am Sitze des Gerichts wohnenden Beisitzer einer Strafkammer, die nach dem Geschäftsverteilungsplan in einer bestimmten Reihenfolge zur Vertretung eines verhinderten Strafkammermitglieds berufen sind. Die bloße Feststellung, daß der zunächst berufene Richter nicht im Dienstgebäude ist, schließt nicht ohne Weiteres die Möglichkeit aus, daß er herbeigeholt werden und – wenn auch vielleicht erst nach Verzögerung des Verhandlungsbeginns – seine Pflicht zur Mitwirkung als der für diese Sache bestimmte gesetzliche Richter erfüllen könnte. Inwieweit von dem Versuch, ihn herbeizuholen, abgesehen werden soll, weil sonst zu viel Zeit vergehe, bis die Sitzung beginnen kann, hat nur der Landgerichtspräsident oder sein ständiger Vertreter (§ 66 Abs. 2 GVG) nach pflichtgemäßem Ermessen zu entscheiden.

41. Feststellung der Verhinderung nur durch den Landgerichtspräsidenten oder seinen ständigen Vertreter zulässig.

StPO § 338 Nr. 1; GVG § 63 Abs. 1 – BGH Urt. v. 5. 8. 1958 – 5 StR 160/58 LG Berlin (= BGHSt. 12, 33 = NJW 1958, 1692)

Die Revision rügt, daß Landgerichtsrat Dr. B. kein nach dem Gerichtsverfassungsgesetz zur Mitwirkung bei dem angefochtenen Urteil berufenes Mitglied der 6. Großen Strafkammer gewesen sei, da er nach dem Geschäftsverteilungsplan weder ordentliches Mitglied der Kammer noch zur Vertretung berufen gewesen sei.

Sachverhalt: Nachdem durch Beschluß gemäß §§ 27 und 30 StPO festgestellt worden war, daß der Vorsitzende und zwei ständige Mitglieder der 6. Großen Strafkammer wegen Besorgnis der Befangenheit nicht mitwirken konnten, mußten als Beisitzer die beiden Richter aus anderen Strafkammern eintreten, die im Geschäftsverteilungsplan als regelmäßige Vertreter bestimmt waren. Nach diesem Plan waren, stets mit dem Dienstjüngeren beginnend, nacheinander die Mitglieder der 8., 3., 13., 9. und 7. Großen Strafkammer zur Vertretung berufen.

Daß hiernach Landgerichtsrat Dr. B. in der Hauptverhandlung der vorliegenden Strafsache mitzuwirken habe, weil die vor ihm zur Vertretung berufenen Beisitzer der 8., 3., 13. und 9. Großen Strafkammer verhindert seien, hat nicht der Landgerichtspräsident, sondern Landgerichtsdirektor Bg. als „Der Beauftragte des Landgerichtspräsidenten im Geschäftsbereich Strafgerichtsbarkeit" durch Verfügung vom 18. 4. 1957 festgestellt. – Das Rechtsmittel hatte Erfolg.

Gründe: Nach der ständigen Rechtsprechung des Reichsgerichts, der sich der Bundesgerichtshof schon in mehreren Urteilen angeschlossen hat, bilden für die Frage, ob ein Richter im Sinne der §§ 63 Abs. 1, 66 Abs. 1 GVG „verhindert" war, die Ermittlungen des Landgerichtspräsidenten die tatsächliche Grundlage für die Entscheidung des Revisionsgerichts; dieses darf nicht nachprüfen, ob die tatsächlichen Voraussetzungen einer Verhinderung vorgelegen haben, sondern muß sich auf die Prüfung beschränken, ob der Rechtsbegriff der Verhinderung verkannt ist (BGH 1 StR 354/55 v. 13. 12. 1955 = LM Nr. 4 zu § 67 GVG, mit Hinweis auf weitere Rechtsprechung). Aus dieser das Revisionsgericht im Tatsächlichen bindenden Wirkung ergibt sich, daß die Feststellung des Landgerichtspräsidenten, ein Richter des Landgerichts sei im Sinne des § 63 Abs. 1 GVG verhindert, ebenso ein Akt der Rechtspflege, ein „durch dieses Gesetz bestimmtes Geschäft" des Präsidenten im Sinne des § 66 Abs. 2 GVG ist, wie dies für die Bestimmung eines zeitweiligen Vertreters durch den Präsidenten nach § 67 GVG von jeher anerkannt ist. Nur für solche Geschäfte, die der Präsident als Organ der Justizverwaltung – z.B. im Rahmen der Dienstaufsicht – vornimmt, kann er nach § 13 Satz 2 der VO zur einheitlichen Regelung der Gerichtsverfassung vom 20. 3. 1935 (RGBl. I 403) die seiner Dienstaufsicht unterstellten Beamten zu den Geschäften der Justizverwaltung heranziehen. Wo er aber, wie es hier der

Fall war, als Organ der Rechtspflege tätig ist, wird er – abgesehen von seiner Tätigkeit als Kammervorsitzender – nach § 66 Abs. 2 GVG durch seinen von der Landesjustizverwaltung gemäß § 7 Abs. 1 Satz 2 der genannten Verordnung etwa bestellten ständigen Vertreter, sonst durch den Landgerichtsdirektor vertreten, der dem Dienstalter nach, bei gleichem Dienstalter der Geburt nach der älteste ist. Die Landesjustizverwaltung kann auch mehr als einen Direktor zu ständigen Vertretern des Präsidenten bestellen (BGH 1 StR 150/58 v. 8. 7. 1958). Nach den Ermittlungen des Senats erfüllt Landgerichtsdirektor Bg. keine dieser Voraussetzungen.

Es bedarf hier keiner Erörterung, ob es stets einer förmlichen Feststellung der Verhinderung eines Richters durch den Landgerichtspräsidenten bedarf, wenn ihr Grund unzweifelhaft und der erkennenden Kammer ohnehin bekannt ist, wie es z.B. bei Erkrankung, Beurlaubung oder vorübergehender Abordnung eines verhinderten Richters zu einer Beschäftigung außerhalb des Landgerichts der Fall sein kann. Denn unter allen Umständen darf da, wo es eine Ermessensfrage ist, ob ein Richter als verhindert angesehen werden kann, nur das im Gerichtsverfassungsgesetz vorgesehene Rechtspflegorgan die Verhinderung feststellen oder verneinen. Der Senat hat schon in seinem Urteil BGHSt. 7, 205 (BGH Urt. v. 8. 2. 1955 – 5 StR 561/54; vgl. § 338 Nr. 1 StPO erfolgreiche Rügen) darauf hingewiesen, daß es sich hier um die Wahrung rechtsstaatlicher Grundsätze (Art. 101 Abs. 1 Satz 2 GG) handelt, die sorgfältige Beachtung erfordern. Um Ermessensfragen handelte es sich aber bei der Feststellung, ob von den nach dem Geschäftsverteilungsplan vor Landgerichtsrat Dr. B. berufenen Richtern der Landgerichtsrat Dr. J. und die beauftragte Richterin K. durch die Vorbereitung auf Termine ihrer eigenen Strafkammern und Landgerichtsrat M. durch anderweite Dienstgeschäfte (Urteilsabsetzung oder Vorbereitung von Entscheidungen nach dem Gesetz zur Wiedergutmachung nationalsozialistischen Unrechts auf dem Gebiete des Strafrechts vom 5. 1. 1951) an der Mitwirkung in der vorliegenden Sache verhindert waren. Diese Ermessensfragen mußten durch den Landgerichtspräsidenten selbst oder seinen in § 66 Abs. 2 GVG vorgesehenen Vertreter schon vor dem ersten Hauptverhandlungstage in dieser Sache, also vor dem 25. 4. 1957, in einer für das Revisionsgericht rechtlich nachprüfbaren Form beantwortet sein. Insoweit liegt aber nur die erwähnte Verfügung des Landgerichtsdirektors Bg. vom 18. 4. 1957 vor. Die notwendige Feststellung konnte auch nicht durch die nachträglichen, vom Generalbundesanwalt veranlaßten dienstlichen Äußerungen des Landgerichtspräsidenten ersetzt werden.

42. Außerordentliche Sitzungen im Sinne des § 48 GVG (a.F., § 47 GVG n.F.) sind nur solche, die zusätzlich zu ordentlichen Sitzungen, nicht an ihrer Stelle abgehalten werden.

StPO § 338 Nr.1; GVG §§ 77, 48 – BGH Urt. v. 5. 11. 1957 – 1 StR 254/57 LG Mosbach (= BGHSt. 11, 54 = NJW 1958, 32 = JZ 1958, 218)

Die Revision rügt, daß in der Verhandlung gegen den Angeklagten Schöffen mitgewirkt haben, die nicht hätten mitwirken dürfen, weil diese zu Unrecht aus der Hilfsschöffenliste herangezogen worden seien, weil die Strafkammer eine außerordentliche Sitzung anberaumt habe. In Wirklichkeit habe es sich indes nicht um eine außerordentliche Sitzung der Strafkammer gehandelt, sondern lediglich um die Verlegung eines ordentlichen Sitzungstages.

Sachverhalt: Die Strafkammer hat für die Verhandlung der vorliegenden Strafsache eine „außerordentliche Sitzung" auf Mittwoch, den 28. 11. 1956, anberaumt und für diese Sitzung besondere Schöffen ausgelost (§ 48 GVG), weil sie die umfangreiche Sache wegen anderweitiger Inanspruchnahme der beteiligten Richter bis zum Wochenende abschließen wollte. Dafür entfiel die nach dem Geschäftsverteilungsplan auf Donnerstag, den 29. 11. 1956, anstehende ordentliche Sitzung. – Das Rechtsmittel hatte Erfolg.

Gründe: Der Revision ist darin beizutreten, daß die voraussichtlich mehrtägige Dauer der Hauptverhandlung unter den gegebenen Umständen die Abhaltung einer außerordentlichen Sitzung nicht rechtfertige. Der Fall hätte in der auf Donnerstag anstehenden ordentlichen Sitzung verhandelt werden können, deren Beginn notfalls hätte vorverlegt werden dürfen. In Wirklichkeit handelte es sich auch nur um eine solche Maßnahme, wie sich eben daraus ergibt, daß wegen der „außerordentlichen Sitzung" die Sitzung vom 29. 11. nicht stattfand. Deshalb hätten an der am 28. 11. beginnenden Sitzung dieselben Richter mitwirken müssen, die für die Sitzung vom 29. 11. vorgesehen waren. Das traf jedenfalls bei den Schöffen nicht zu; denn sie wurden für die Sitzung vom 28. 11. 1956 gemäß §§ 77, 48 GVG besonders ausgelost, während die Schöffen für die Sitzung vom 29. 11. 1956 bereits zu Beginn des Geschäftsjahres nach § 45 GVG ausgelost und bestimmt worden waren (§§ 77, 45 GVG).

Daß außerordentliche Sitzungen im Sinne des § 48 GVG nur solche sind, die zusätzlich zu ordentlichen Sitzungen, nicht an ihrer Stelle abgehalten werden, ergibt sich aus folgender Erwägung: Wäre eine als Ersatz für eine ordentliche Sitzung auf einen anderen Tag anberaumte Sitzung als außerordentliche im Sinne des § 48 GVG anzusehen, dann hätte es der Vorsitzende in der Hand, durch entsprechende Terminänderungen die bei Jahresbeginn für eine ordentliche Sitzung bestellten Schöffen durch neu ausgeloste Schöffen zu ersetzen und sie so vom Richteramte auszuschließen. Das widerspräche dem Sinn und Zweck des § 45 GVG, der sicherstellen will, daß die Hauptschöffen für das ganze Geschäftsjahr im voraus bestimmt und in der hierbei getroffenen Reihenfolge zu den Sitzungen herangezogen werden. Reichen daher die für eine Strafkammer bei Jahresbeginn festgestellten ordentlichen Sitzungen (§§ 77, 45 Abs. 1 GVG) zur Erledigung ihrer Geschäfte aus und läßt sich nur eine dieser Sitzungen an dem dafür vorgesehenen Tag nicht oder nicht sachgerecht durchführen, so ist der Weg der Verlegung der Sitzung zu wählen. Hierdurch wird der Angeklagte – anders als bei der unzulässigen Anberaumung einer außerordentlichen Sitzung – nicht seinem gesetzlichen Richter entzogen (Art. 101 Abs. 1 Satz 2 GG, § 16 Satz 2 GVG); denn die Besetzung des erkennenden Gerichts bleibt in diesem Falle grundsätzlich unverändert. Die Frage, ob das auch dann gilt, wenn infolge der Verlegung ein Hauptschöffe an der Mitwirkung verhindert ist und ein Hilfsschöffe einzutreten hat (§ 49 GVG), braucht nicht entschieden zu werden, weil der vorliegende Sachverhalt keinen Anhalt für eine solche Fallgestaltung gibt.

Da demnach in der Verhandlung gegen den Angeklagten Schöffen mitgewirkt haben, die nicht hätten mitwirken dürfen, war das erkennende Gericht nicht vorschriftsmäßig besetzt. Das zwingt nach § 338 Nr. 1 StPO zur Aufhebung des angefochtenen Urteils und zur Zurückverweisung der Sache an das Landgericht.

43. Fehlerhafter Ersatz eines Hauptschöffen durch weiteren Hauptschöffen.

StPO § 338 Nr.1; GVG §§ 49 Abs. 1, 77 Abs. 1 – BGH Urt. v. 24. 9. 1957 – 1 StR 532/56 Landgericht Karlsruhe (= BGHSt. 10, 384)

Die Revision rügt die vorschriftswidrige Besetzung des Gerichts, weil an Stelle eines ausgefallenen Hauptschöffen nicht ein Hilfsschöffe, sondern ein weiterer Hauptschöffe zum Einsatz gekommen sei.

Sachverhalt: Wie P. R. war auch der an seiner Stelle auf die Hauptschöffenliste gesetzte erste Hilfsschöffe A. A. krankheitshalber von dieser wieder gestrichen worden. Für ihn trat der zweite Hilfsschöffe K. Au. als Hauptschöffe ein Dieser entschuldigte sich von der Sitzung mit beruflicher Unabkömmlichkeit. Der Vorsitzende erkannte den Hinderungsgrund an. Weil er befürchtete, es werde für die auf nahezu vier Wochen Dauer berechnete Sitzung „nicht leicht ein Hilfsschöffe gefunden werden" können, beauftragte er den Geschäftsstellenbeamten, die sämtlich am Sitz des Landgerichts wohnenden – Hilfsschöffen "der Reihe nach persönlich oder womöglich fernmündlich zu befragen, ob sie an dieser Sitzung teilnehmen könnten". Der Beamte entledigte sich des Auftrags mit dem Erfolg, daß ihm nach seiner dienstlichen Äußerung „alle noch auf der Liste stehenden Hilfsschöffen glaubhaft versicherten", sie seien „unmöglich für fast vier Wochen abkömmlich". Er meldete dieses Ergebnis dem Vorsitzenden und wies ihm eine Liste darüber vor. Der Vorsitzende loste nunmehr, weil nach seiner Meinung – außer dem schon für den Hauptschöffen H. einberufenen Betriebsschlosser J. Ba. – Hilfsschöffen nicht mehr zur Verfügung standen, aus den Hauptschöffen den Angestellten D. Br. aus. – Das Rechtsmittel hatte Erfolg.

Gründe: Die Einberufung des Angestellten D. Br., eines Hauptschöffen, zu der Sitzung entspricht nicht dem Gesetz. Das war unzulässig. Außer in den Fällen der §§ 45, 48 und 77 GVG findet keine Auslosung von Hauptschöffen statt. Vielmehr ist, wenn zu einzelnen Sitzungen die Zuziehung anderer als der zunächst berufenen Schöffen erforderlich wird, die nötige Ergänzung ausnahmslos und in jedem Falle der Zahl der Hilfsschöffen zu entnehmen (RG JW 1933, 1599 Nr. 21). Hierbei ist derjenige Hilfsschöffe, der nach der Hilfsschöffenliste an der Reihe ist, in gehöriger Form zur Sitzung einzuberufen (§§ 77, 49 Abs. 1, 46 Abs. 1 GVG; RGSt 63, 309; BGHSt. 5, 73 [BGH Urt. v. 3. 11. 1953 – 5 StR 333/53; vgl. § 338 Nr. 1 StPO erfolgreiche Rügen]). Daran fehlt es hier.

Die formlose allgemeine Erkundigung, welcher der überhaupt auf der Liste stehenden Hilfsschöffen an der Sitzung „teilnehmen könne", vermag sie nicht zu ersetzen; denn damit war kein gesetzmäßiges Verfahren geübt. Es gibt auch dem Zweifel Raum, ob die Hilfsschöffen der bloßen Frage des Geschäftsstellenbeamten, „ob sie an der Sitzung teilnehmen könnten", verpflichtende Bedeutung beilegten oder ob sie sie etwa dahin mißverstanden, als stünde die Mitwirkung in der Sitzung in ihrem Ermessen. Erst die förmliche Ladung läßt den einberufenen Hilfsschöffen seine gesetzliche Verpflichtung in ihrer vollen Tragweite erkennen (§ 56 GVG). Nicht selten verflüchtigen sich unter ihrem Eindruck vorher für gewichtig gehaltene Hinderungsgründe. Erst recht vermag der Vorsitzende nur bei einer derart bestimmten Ladung sachgemäß zu beurteilen, ob etwa vorgebrachte Hinderungsgründe so triftig sind, daß der einberufene Schöffe von der Dienstleistung zu befreien ist (§ 54 GVG). Bei solcher Gesetzeshandhabung hätte der Vorsitzende – da keine Möglichkeit mehr bestand, den ursprünglich berufenen Hauptschöffen K. Au. auf den Weg des Tausches zu verweisen (§ 47 GVG) – doch durch eine Maßnahme nach § 54 Abs. 2 GVG die ordnungsmäßige Besetzung der Strafkammer sichern können.

Das Urteil muß demnach schon wegen nicht vorschriftsmäßiger Besetzung der Strafkammer aufgehoben werden (§ 338 Nr. 1 StPO).

44. Über das endgültige Ausscheiden eines Schöffen entscheidet der Landgerichtspräsident. Sein Ersatz kommt von der Spitze der Hilfsschöffenliste.

StPO § 338 Nr. 1 GVG §§ 49, 52, 77 – BGH Urt. v. 8. 5. 1957 – 2 StR 174/57 Landgericht Bonn (= BGHSt. 10, 252)

Die Revision macht geltend, daß an Stelle des Rolladenmachers G. die Schneidermeisterin H. gesetzlich berufen war, als Schöffe an der Hauptverhandlung und Entscheidung mitzuwirken.

Die Revision hält die Mitwirkung des Schöffen G. aus doppeltem Grunde für gesetzwidrig. Einmal, weil der von der Dienstleistung endgültig entbundene Schöffe R. nicht durch den Schöffen G., sondern durch die unter Nr. 2 der Hilfsschöffenliste stehende Margarete H. hätte ersetzt werden müssen und, weil nicht der Strafkammervorsitzende, sondern der Landgerichtspräsident die Verfügung über die endgültige Entbindung des Schöffen R. hätte treffen müssen.

Sachverhalt: Der unter Nr. 16 der Hilfsschöffenliste stehende Alois G. hat an Stelle des an sich für den Sitzungstag des 1. 10. 1956, an dem die Hauptverhandlung begann, ausgelosten Hauptschöffen R. an der Verhandlung teilgenommen, nachdem der Vorsitzende der Strafkammer bereits am 5. 3. 1956 verfügt hatte, daß R. wegen Krankheit für das Geschäftsjahr 1956 von seinem Amt als Schöffe entbunden und an seiner Stelle der Hilfsschöffe G. für den Rest des Geschäftsjahres 1956 einberufen werde. – Das Rechtsmittel hatte Erfolg.

Gründe: Das Gesetz unterscheidet zwischen der Behinderung eines Schöffen, an einer einzelnen Sitzung teilzunehmen (§ 49 GVG), und dem Wegfall eines Schöffen wegen Unfähigkeit (§ 52 Abs. 1 GVG) oder Ungeeignetheit (§ 52 Abs. 2 GVG) zum Schöffenamt. Während im ersten Fall für den verhinderten Hauptschöffen nach § 49 GVG derjenige Hilfsschöffe heranzuziehen ist, der nach der Reihenfolge der Hilfsschöffenliste an der Reihe ist, also derjenige, der in der Liste nach dem Hilfsschöffen steht, der zuletzt an einer Verhandlung mitgewirkt hat, regelt das Gesetz den Fall, daß ein Schöffe für den Rest des Geschäftsjahrs wegfällt, dahin, daß dieser Schöffe in der Hauptliste zu streichen ist. An seine Stelle tritt als Hauptschöffe mit allen Rechten und Pflichten des gestrichenen Hauptschöffen der zur Zeit der Streichung an der Spitze der Hilfsschöffenliste stehende Hilfsschöffe, der nunmehr an Stelle des gestrichenen Hauptschöffen in die Hauptschöffenliste einzutragen ist (§ 52 GVG; RGSt 65, 319; BGHSt. 6, 118 [BGH Urt. v. 6. 4. 1954 – 5 StR 89/54; vgl. § 338 Nr. 1 StPO erfolglose Rügen]). Ob ein Fall des § 52 Abs. 1 oder 2 GVG eingetreten ist, muß gemäß § 52 Abs. 3 GVG durch eine formelle Entscheidung festgestellt werden. Diese Entscheidung trifft beim Landgericht, wo in der Regel Schöffen für mehrere Kammern aus derselben Liste heranzuziehen sind, der Landgerichtspräsident (§ 77 Abs. 3 GVG); von dieser Entscheidung hängt die Streichung des Schöffen und die Reihenfolge der Teilnahme an den Sitzungen ab, insbesondere ob der an der Spitze der Hilfsschöffenliste stehende Hilfsschöffe nunmehr Hauptschöffe wird oder ob die Verhinderung des Hauptschöffen nur als vorübergehend anzusehen ist, er also Hauptschöffe bleibt und nur der für die nächste Sitzungsvertretung an der Reihe befindliche Hilfsschöffe für ihn eintritt. Daß diese Entscheidung nicht dem Kammervorsitzenden zustehen kann, ergibt sich auch aus der Einheitlichkeit der Schöffenliste für das einzelne Gericht.

Im vorliegenden Fall war der Hauptschöffe R. im Frühjahr 1956 krank geworden; seine Verhinderung bis zum Ablauf seiner Amtsperiode stand zur Entscheidung (§ 52 Abs. 2 GVG). Diese wurde nicht durch den Landgerichtspräsidenten, sondern durch einen Kammervorsitzenden getroffen, der am 5. 3. 1956 verfügte, daß R. in der Hauptschöffenliste zu streichen und an seiner Stelle (Nr. 73 der Hauptschöffenliste) nicht etwa die an der Spitze der Hilfsschöffenliste stehende Margarete H., sondern der damals für eine Einzelvertretung heranstehende Hilfsschöffe G. (Nr. 16 der Hilfsschöffenliste) als Hauptschöffe eingetragen werde. Der sachliche Fehler ist später bemerkt worden; denn am 5. 11. 1956 ist die Streichung des G. in der Hilfsschöffenliste wieder beseitigt und seine Eintragung in die Hauptschöffenliste zurückgenommen worden; nunmehr wurde Margarete H. in der Hilfsschöffenliste gestrichen und für R. unter Nr. 73 in die Hauptschöffenliste eingetragen; ob diese Verfügung der Landgerichtspräsident getroffen hat, ist der Liste nicht zu entnehmen.

In jedem Fall war das erkennende Gericht am 1. 10. 1956 nicht vorschriftsmäßig besetzt. Für die Streichung des Hauptschöffen R. und die Eintragung eines anderen Hauptschöffen an seiner Stelle war eine ordnungsmäßige Entscheidung des Landgerichtspräsidenten die Voraussetzung. Bei ihrem Fehlen war an jedem Sitzungstage, für den R. ausgelost war, bei dessen Verhinderung ein anderer Hilfsschöffe nach der Reihenfolge der Hilfsschöffenliste heranzuziehen. Der gesetzliche Richter war demnach am 1. 10. 1956 jedenfalls nicht der schon im März heranzuziehende Hilfsschöffe G. Dieser wäre auch dann nicht der gesetzliche Richter gewesen, wenn für die Verfügung vom 5. 3. 1956 etwa der Kammervorsitzende als Vertreter des Landgerichtspräsidenten zuständig gewesen wäre, denn dann wäre Margarete H. als Hauptschöffin zu berufen gewesen.

Da hiernach der unbedingte Revisionsgrund des § 338 Nr. 1 StPO gegeben ist, ist das angefochtene Urteil aufzuheben.

45. Einzelzuweisung von Richtern unzulässig.
StPO § 338 Nr. 1;GVG § 63 Abs. 2 – BGH Urt. v. 4. 4. 1957 – 4 StR 82/57 LG Bochum (= BGHSt. 10, 179 = NJW 1957, 800)
Die Revision rügt, die Strafkammer sei in der Person des Gerichtsassessors Schn. nicht ordnungsgemäß besetzt gewesen, weil dieser dem erkennenden Gericht nicht allgemein, sondern nur für zwei Sitzungen zugewiesen worden ist.

Sachverhalt: An der Sitzung der erkennenden Strafkammer vom 26. 9. haben als richterliche Mitglieder teilgenommen: Landgerichtsrat Schae. als Vorsitzender, Gerichtsassessor Schn., Gerichtsassessor Dr. B. als beisitzende Richter.

Dieser Strafkammer gehörten nach den Ermittlungen zur damaligen Zeit an: Landgerichtsdirektor P. als Vorsitzender, Landgerichtsrat Schae. als stellv. Vorsitzender, Landgerichtsrat Schi. und Ger.-Ass. Dr. B. als weitere Beisitzer.

Hauptverhandlungstermin in dieser Sache (Strafsache gegen den Angeklagten) war zunächst am 19. 7. auf den 10. 9. und sodann, wegen Verhinderung der Sachverständigen und eines Zeugen, am 29. 8. auf den 26. 9. 1956 anberaumt worden. Landgerichtsrat Schi. war an der Mitwirkung verhindert, weil er als Zeuge geladen und vernommen worden ist.

Zu der Mitwirkung des Gerichtsassessors Schn. an der Verhandlung gegen den Angeklagten ist es nach den Ermittlungen auf folgende Weise gekommen: Das Präsidium des Landgerichts hat durch Beschluß vom 6. 9. 1956 „für die zusätzlichen Sitzungen am 19. und 26. 9. 1956 Gerichtsassessor Schn. der Strafkammer II als Beisitzer zugeteilt". Dies geschah mit Rücksicht auf „die Anberaumung zusätzlicher Sitzungen bei der Strafkammer II". Der Landgerichtspräsident hat in seiner dienstlichen Äußerung hierzu erklärt: Die Anberaumung zusätzlicher Sitzungen durch die Strafkammer II sei mit Rücksicht auf den nach den Gerichtsferien ungewöhnlich starken Arbeitsanfall bei dieser Strafkammer erforderlich geworden. Die Zuweisung des Gerichtsassessors Schn. sei wegen Überlastung dieser Kammer gemäß 63 Abs. 2 GVG geschehen. – Das Rechtsmittel hatte Erfolg.

Gründe: Diese auf den § 63 Abs. 2 GVG gestützte Anordnung des Präsidiums war unzulässig. Das Gerichtsverfassungsgesetz wird aus rechtsstaatlichen Gründen und im Interesse des Vertrauens der Rechtsuchenden von dem Grundsatz der Stetigkeit beherrscht. Er besagt, daß die Rechtsprechungskörper grundsätzlich für ein Geschäftsjahr im voraus und nicht von Fall zu Fall bestimmt werden. Dadurch soll eine willkürliche Zusammensetzung der Richterkollegien verhindert werden (BGHSt. 7, 23, 24 [BGH Urt. v. 28. 9. 1954 – 5 StR 275/53; vgl. § 338 Nr. 1 StPO erfolgreiche Rügen]; vgl. auch BGHSt. 8, 252, 253 [BGH Urt. v. 20. 10. 1955 – 4 StR 326/55; vgl. § 338 Nr. 1 StPO erfolgreiche Rügen]). Diese Grundsätze haben in § 63 Abs. 1 Satz 1 GVG ihren Niederschlag gefunden. Hiervon läßt § 63 Abs. 2 GVG gewisse, genau umschriebene Ausnahmen zu. Diese Vorschrift ist, zumal mit Rücksicht auf Art 100 Abs. 1 Satz 2 GG, eng auszulegen.

Im hier zu entscheidenden Fall lag weder ein Richterwechsel noch die dauernde Verhinderung eines richterlichen Mitgliedes der Strafkammer II vor. Der Grund für die Zuweisung des Assessors Schn. war vielmehr eine vorübergehende Überlastung dieser Kammer. Daher erfolgte die Zuweisung dieses Hilfsrichters für zwei bestimmte Sitzungen, darunter die gegen den Angeklagten. Eine Änderung der gemäß § 63 Abs. 1 GVG von vornherein festgelegten Besetzung aus dem vom Präsidium hierfür angegebenen Grund war durch § 63 Abs. 2 GVG nicht gerechtfertigt. Eine Maßnahme gemäß § 63 Abs. 2 GVG wäre nur bei einer hinsichtlich ihrer Dauer nicht übersehbaren Überlastung nach allgemeinen Merkmalen (BGHSt. 7, 25) zulässig gewesen. Für den hier als Grund der Anordnung angegebenen Fall sind ausreichende andere Aushilfen im Gesetz vorgesehen.

Bei Verhinderung des regelmäßigen Vertreters eines Kammermitgliedes hätte der Landgerichtspräsident nach § 67 GVG einen zeitweiligen Vertreter bestimmen können (vgl hierzu BGHSt. 7, 205 f. [BGH Urt. v. 8. 2. 1955 – 5 StR 561/54; vgl. § 338 Nr. 1 StPO erfolgreiche Rügen]). Eine solche Anordnung hat er hier nicht getroffen, auch nicht dadurch, daß er an dem betreffenden Präsidialbeschluß mitwirkte. Das ergibt die Erklärung des Präsidenten selbst, in der er sich ausdrücklich auf § 63 Abs. 2 GVG beruft. Insofern unterscheidet sich der vorliegende Fall von dem in RGSt 65, 299, 301 beurteilten, besonders gestalteten Sachverhalt.

Ferner hätte zur Entlastung der II. Strafkammer vorübergehend eine Hilfsstrafkammer gebildet werden können unter Beachtung der dazu in der Rechtsprechung aufgestellten Grundsätze. Dagegen lief die Anordnung des Präsidiums hier im Ergebnis darauf hinaus, daß für die am 26. 9. 1956 gegen den Angeklagten anstehende, bereits einige Zeit vorher angesetzte Verhandlung außer der Reihe ein bestimmter Richter ausgewählt wurde. Dies widersprach den oben dargelegten, den gesamten § 63 GVG beherrschenden Grundsätzen.

Gerichtsassessor Schn., der an der Hauptverhandlung gegen den Angeklagten mitwirkte, ist somit der erkennenden Strafkammer auf Grund einer gesetzwidrigen Anordnung zugeteilt worden. Daher muß das Urteil gemäß dem unbedingten Revisionsgrund des § 338 Nr. 1 StPO aufgehoben werden.

46. Ein Urteil, das auf der Terminierung durch einen ausgeschlossenen Richter beruht, ist anfechtbar.

StPO § 338 Nr. 1 – BVerfG Urt. v. 20. 3. 1956 – 1 BvR 479/55 (= BVerfGE 4, 412)

Der Beschwerdeführer beantragt, das Urteil des Landgerichts München 1 vom 21. 12. 1954 mit den zugrunde liegenden Feststellungen aufzuheben und die Sache zu anderweitiger Verhandlung und Entscheidung an ein anderes Landgericht zurückzuverweisen.

Er rügt die Verletzung des Art. 101 Abs. 1 Satz 2 GG und begründet seine Verfassungsbeschwerde wie folgt:

Der ordentliche Vorsitzende der zuständigen 1. Strafkammer des Landgerichts München 1, Landgerichtsdirektor Dr. M., sei in dieser Sache ausgeschlossen gewesen; dennoch habe er maßgeblichen Einfluß auf das Verfahren genommen. Der Termin am 20. 12. 1954 sei auf sein Drängen hin, übrigens durch den wegen Übergehung der Landgerichtsräte Dr. R. und O. dazu nicht berufenen Landgerichtsrat Dr. L, anberaumt worden. Schon durch die von Dr. M. getroffene Auswahl des Termins sei die Besetzung des Gerichts maßgeblich festgelegt worden. Darüber hinaus habe Dr. M. unmittelbar die Gerichtsbesetzung vorgeschrieben, und dem sei entsprochen worden. Auch hierbei habe man wieder die Landgerichtsräte Dr. R. und O. übergangen. Ohne das Eingreifen Dr. M.'s wäre das erkennende Gericht anders zusammengesetzt gewesen. Daher sei der Beschwerdeführer seinem gesetzlichen Richter entzogen worden.

Sachverhalt: Der Beschwerdeführer wurde durch Urteil der 1. Strafkammer des Landgerichts München I vom 14. 8. 1952 zu einem Jahr Gefängnis und 10 000 DM Geldstrafe, ersatzweise weiteren 100 Tagen Gefängnis, verurteilt. Auf seine Revision hob der Bundesgerichtshof am 9. 7. 1954 dieses Urteil im Strafausspruch mit den hierzu getroffenen Feststellungen auf und verwies die Sache in diesem Umfange zu neuer Verhandlung und Entscheidung an das Landgericht zurück. Auf Grund der Hauptverhandlung am 20. und 21. 12. 1954 wurde der Beschwerdeführer zu einem Jahr Gefängnis verurteilt. Mit seiner erneuten Revision rügte der Beschwerdeführer u.a., er sei seinem gesetzlichen Richter entzogen worden, weil die Landgerichtsräte Dr. R. und O. bei der Entscheidung nicht mitgewirkt hätten und der Hauptverhandlungstermin auf eine Verfügung des in dieser Sache ausgeschlossenen geschäftsplanmäßigen Vorsitzenden der 1. Strafkammer, Landgerichtsdirektor Dr. M., zurückgehe; außerdem sei der Termin von dem dazu nicht berufenen Landgerichtsrat Dr. L. unter Übergehung der Landgerichtsräte Dr. R. und O. anberaumt worden.

Der Bundesgerichtshof verwarf die Revision mit Urteil vom 13. 12. 1955. Zur Begründung führte er aus, das erkennende Gericht sei ordnungsgemäß besetzt gewesen und der Beschwerdeführer daher nicht seinem gesetzlichen Richter entzogen worden. Das ergebe sich aus den dienstlichen Erklärungen des Landgerichtspräsidenten, wonach die Landgerichtsräte Dr. R. und O. an der Mitwirkung in der Hauptverhandlung verhindert gewesen seien. An diese Stellungnahme sei das Revisionsgericht gebunden, weil das Ergebnis der Ermittlungen des Landgerichtspräsidenten die tatsächliche Grundlage für seine Entscheidung bilde. Es könne nur nachprüfen, ob der Rechtsbegriff der Verhinderung verkannt sei, nicht aber, ob die tatsächlichen Voraussetzungen einer Verhinderung vorgelegen hätten.

Auch die Anberaumung des Termins zur Hauptverhandlung sei aus Rechtsgründen nicht zu beanstanden. Dr. L. sei dazu berufen gewesen, weil sowohl Dr. R. als auch Landgerichtsrat O. verhindert gewesen seien, den Termin anzuberaumen. Das Hinwirken Dr. M's auf beschleunigte Erledigung des Verfahrens in dem vor seinem Abschluß stehenden Geschäftsjahr stelle keinen unzulässigen Eingriff in das Verfahren dar, sondern sei eine Verwaltungsmaßnahme, zu der Dr. M. als Kammervorsitzender befugt gewesen sei. – Die Verfassungsbeschwerde hatte Erfolg.

Gründe:

I.

1. Das Gebot: „Niemand darf seinem gesetzlichen Richter entzogen werden" soll ebenso wie die Gewährleistung der Unabhängigkeit der Gerichte Eingriffe Unbefugter in die Rechtspflege verhindern und das Vertrauen der Rechtsuchenden und der Öffentlichkeit in die Unparteilichkeit und Sachlichkeit der Gerichte schützen; das geschichtlich damit verbundene Verbot von Ausnahmegerichten soll einer Umgehung dieses Gebots entgegenwirken. Da diese Bestimmungen im wesentlichen das Prinzip der Rechtsstaatlichkeit auf dem Gebiet der Gerichtsverfassung verwirklichen, wurden sie schon in die meisten deutschen Landesverfassungen des 19. Jahrhunderts aufgenommen und ihnen damit der Rang eines Verfassungssatzes gegeben. Art. 105 der Weimarer Reichsverfassung setzte diese Überlieferung fort. In dem Maße, in dem sich die Prinzipien der Rechtsstaatlichkeit und Gewaltentrennung verfeinerten, wurden auch die Vorschriften über den gesetzlichen Richter vervollkommnet. Das Gerichtsverfassungsgesetz, die Prozeßordnungen und die Geschäftsverteilungspläne der Gerichte bestimmten deren örtliche und sachliche Zuständigkeit, die Geschäftsverteilung und die Besetzung der einzelnen Abteilungen, Kammern und Senate. War ursprünglich das Gebot, „niemand darf seinem gesetzlichen Richter entzogen werden", vor allem nach außen, insbesondere gegen jede Art von „Kabinettsjustiz" gerichtet, so erstreckte sich nunmehr seine Schutzfunktion auch darauf, daß niemand durch Maßnahmen innerhalb der Gerichtsorganisation dem in seiner Sache gesetzlich berufenen Richter entzogen werde.

2. Das bedeutet allerdings nicht, daß Art. 101 Abs. 1 Satz 2 GG in jedem Falle verletzt wäre, in dem ein anderer als der „gesetzliche Richter" tätig wird. Beruht die Maßnahme eines Richters, die eine solche Folge herbeiführt, auf einem Verfahrensirrtum (error in procedendo), so scheidet eine Verletzung des Art. 101 Abs. 1 Satz 2 GG aus (BVerfGE 3, 359 [364]). Wie „Verfahrensirrtum" und „Entziehung des gesetzlichen Richters" von einander abzugrenzen sind, kann hier dahingestellt bleiben, denn jedenfalls ist ein Verfahrensirrtum schon begrifflich ausgeschlossen, wenn es sich um das Einwirken einer außerhalb der Ge-

richte stehenden Person oder Stelle handelt. Nichts anderes aber kann für die Personen innerhalb der Gerichtsorganisation gelten, die allgemein oder in einer bestimmten Sache – etwa als ausgeschlossener Richter – keine richterliche Funktionen wahrnehmen dürfen.

3. Solche Personen können Eingriffe in die Rechtspflege, die Art. 101 Abs. 1 Satz 2 GG verletzen, nicht nur dadurch vornehmen, daß sie sich richterliche Funktionen anmaßen, sondern auch dadurch, daß sie durch ihre Autorität richterliche Handlungen in ihrem konkreten Inhalt maßgeblich beeinflussen. Nur wenn Art. 101 Abs. 1 Satz 2 GG auch hiergegen schützt, kann er seine rechtsstaatliche Schutzfunktion erfüllen.

4. Art. 101 Abs. 1 Satz 2 GG gilt nicht nur für den erkennenden Richter, sondern auch für den Richter, der einen Termin zur Hauptverhandlung anberaumt. Das folgt daraus, daß die Zuständigkeit und personelle Besetzung der Gerichte durch Gesetz und Geschäftsverteilungsplan nicht nur für die Entscheidung selbst, sondern auch für die sie vorbereitenden richterlichen Handlungen geregelt sind. Der einer Terminbestimmung anhaftende Mangel ergreift das Urteil allerdings nur, wenn es darauf beruht, d.h. wenn zwischen Verfahrensmangel und Urteil ein ursächlicher Zusammenhang besteht.

Nach ständiger Rechtsprechung ist ein solcher zur Aufhebung eines Urteils führender Zusammenhang bei Verletzung wesentlicher Verfahrensvorschriften schon dann gegeben, wenn die Möglichkeit besteht, daß der Verfahrensverstoß den Inhalt des Urteils beeinflußt hat. Die Anwendung dieses Rechtsgedankens auf Fälle, in denen bei der Terminsanberaumung gegen Art. 101 Abs. 1 Satz 2 GG verstoßen worden ist, entspricht der Funktion dieser Norm, das Vertrauen in die Unparteilichkeit und Sachlichkeit der Gerichte zu schützen; ein Verstoß gegen Art. 101 Abs. 1 Satz 2 GG bei der Terminsanberaumung führt also schon dann zur Aufhebung des Urteils, wenn dieser Verstoß möglicherweise das Urteil beeinflußt hat. Diese Möglichkeit ist aber wegen der Bedeutung der Besetzung des erkennenden Gerichts für die Urteilsfindung nicht auszuschließen, wenn das Gericht bei fehlerfreier Terminsanberaumung möglicherweise anders besetzt gewesen wäre.

II.

Unter Berücksichtigung dieser Grundsätze verstößt das gegen den Beschwerdeführer am 21. 12. 1954 ergangene Urteil des Landgerichts München gegen Art. 101 Abs. 1 Satz 2 GG, da nach dem Ergebnis der Beweisaufnahme

1. feststeht, daß die Anberaumung des Hauptverhandlungstermins vom 20. 12. 1954 durch den in dieser Sache ausgeschlossenen Vorsitzenden der 1. Strafkammer, Landgerichtsdirektor Dr. M. in ihrem konkreten Inhalt maßgeblich beeinflußt worden ist,

2. nicht ausgeschlossen ist, daß die Hauptverhandlung gegen den Beschwerdeführer ohne das Eingreifen des ausgeschlossenen Richters in einer anderen Besetzung stattgefunden hätte.

Ad 1. Für die erneute Hauptverhandlung gegen den Beschwerdeführer war nach dem Geschäftsverteilungsplan die 1. Strafkammer des Landgerichts München I zuständig. Sie bestand aus dem Landgerichtsdirektor Dr. M. als Vorsitzendem und den Landgerichtsräten Ro. und Dr. R. sowie dem Gerichtsassessor Ri. Die Mitglieder der Kammer wurden geschäftsplanmäßig durch die der 2. Strafkammer vertreten, wobei der jeweils Dienstjüngere zuerst einzutreten hatte. Landgerichtsdirektor Dr. M. und Landgerichtsrat Ro. erklärten sich für befangen. Ihre Selbstablehnung wurde durch Kammerbeschluß vom 15. 9. 1954 für begründet erklärt. Damit ging der Vorsitz in dieser Sache auf das nächstälteste nicht ausgeschlossene ständige Mitglied der 1. Strafkammer, Landgerichtsrat Dr. R., über.

Dieser Richter war als ständiger Vorsitzender der 1. Kleinen Strafkammer dienstlich stark belastet. Dr. M. hielt sich andererseits als Kammervorsitzender trotz seines Ausschlusses als Richter in dieser Sache für berechtigt und verpflichtet, sich um den weiteren Fortgang der Sache zu kümmern. Er befürchtete, daß die ohnehin starke Geschäftslast der Kammer bei der relativ schwachen personellen Besetzung starke Verzögerungen im Geschäftsablauf nach sich ziehen könne. Dies wollte er aber unter allen Umständen vermeiden, zumal alle Kammervorsitzenden auf Grund einer innerdienstlichen Anweisung regelmäßig über Rückstände in ihren Kammern berichten mußten.

Ein ursprünglich auf den 4. 11. 1954 anberaumter Termin wurde auf Antrag des Beschwerdeführers aufgehoben und später auf den 22. 11. 1954 neu bestimmt. An diesem Tage verhandelte die Strafkammer gegen den Beschwerdeführer unter dem Vorsitz von Landgerichtsrat Dr. L., der ordentliches Mitglied der 2. Strafkammer war; Beisitzer waren Amtsgerichtsrat Dr. W. (gleichfalls 2. Strafkammer) und Gerichtsassessor Ri., letzterer als Berichterstatter. Mit Rücksicht auf ein bei Beginn dieser Hauptverhandlung von dem Beschwerdeführer eingereichtes Wiederaufnahmegesuch wurde die Verhandlung zunächst auf den Nachmittag vertagt und dann der Termin abgesetzt. Am folgenden Tage lehnte die 1. Strafkammer in derselben Besetzung wie am Vortage das Wiederaufnahmegesuch als unzulässig ab. Gegen diesen Beschluß legte der Beschwerdeführer am 3. 12. 1954 sofortige Beschwerde ein. Am 8. 12. 1954 beraumte Dr. L. neuen Hauptverhandlungstermin auf den 20. 12. 1954 an; gleichzeitig leitete er die Akten der Staatsanwaltschaft weiter zur Ladung der Beteiligten und zur Vorlage der Akten an das Oberlandesgericht zwecks Entscheidung über die sofortige Beschwerde. Nach Rücksprache des Sachbearbeiters beim Generalstaatsanwalt mit einem Richter des Oberlandesgerichts wurden die Akten am 9. 12. 1954 dem Vorsitzenden der 1. Strafkammer zurückgegeben, damit zunächst die Hauptverhandlung durchgeführt werde. Dies geschah am 20. und 21. 12. 1954 unter Mitwirkung derselben Richter wie in dem Termin vom 22. 11. 1954.

Obwohl als Richter ausgeschlossen, hatte Landgerichtsdirektor Dr. M. bereits die Terminsverfügung auf den 4. 11. und ebenso die Terminsanberaumung auf den 22. 11. 1954 vorbereitet; die vorbereiteten Verfügungen hatte er jeweils Dr. R. übergeben, der sie unterzeichnete. Ebenso hatte er auf die sofortige Beschwerde gegen die Ablehnung des Wiederaufnahmegesuchs am 4. 12. eine Verfügung „Akten beifügen" vorbereitet, die er wiederum von Dr. R. unterzeichnen ließ.

Zu der Terminsanberaumung auf den 20. 12. 1954 kam es wie folgt:

Nach seiner dienstlichen Erklärung gegenüber dem Landgerichtspräsidenten und nach seinen eigenen Angaben bei seiner Vernehmung als Zeuge vor dem Bundesverfassungsgericht traf Dr. M. am 7. 12. mittags im Justizgebäude den an der Bearbeitung des Falles des Beschwerdeführers beteiligten Oberstaatsanwalt Dr. H. Von ihm erfuhr er, daß als Hauptverhandlungstermin nur der 21. 12. 1954 in Betracht komme, wenn die Sache noch im Jahre 1954 verhandelt werden solle. Da Dr. M. eine weitere Verzögerung für unerträglich hielt, diktierte er am Spätnachmittag folgendes Schriftstück:

„München, den 7. 12. 1954

Verfügung:

1. Ich bitte unbedingt in dieser Sache Termin anzuberaumen und zwar noch vor Weihnachten und zwar wenn irgend möglich am *21. Dez. 1954* vorm. 9 Uhr.

2. Besetzung: Landgerichtsrat L. Amtsgerichtsrat W. Gerichtsassessor Ri.

3. Nach Terminsanberaumung bitte Akt sofort von Hand zu Hand an Herrn Oberstaatsanwalt H.

Der Vorsitzende der 1. Strafkammer

des Landgerichts München I:

M.

Landgerichtsdirektor."

Dieses Schriftstück wurde von Dr. M. handschriftlich rot mit „Eilt" und „Bitte sofort, M. 7. 12. 54" besonders auffällig gekennzeichnet und – wie sich aus seiner dienstlichen Äußerung vom 7. 4. 1955 ergibt – noch am Abend des 7. 12. 1954 von ihm persönlich auf den Schreibtisch des Landgerichtsrats Dr. L. gelegt. Daraufhin beraumte dieser am 8. 12. 1954 Hauptverhandlungstermin auf den 20. 12. 1954 an, der zu dem mit der Verfassungsbeschwerde angegriffenen Urteil führte.

An der Terminsbestimmung durch Dr. L. hat der Beschwerdeführer zunächst beanstandet, daß sie nicht von dem in erster Linie berufenen stellvertretenden Vorsitzenden der 1. Strafkammer Dr. R. ausging. Dr. M. hat hierzu erklärt, Dr. R. sei am 7. 12. abends nicht mehr erreichbar gewesen und am 8. 12. 1954 wegen eines katholischen Feiertags nicht in das Dienstgebäude gekommen. Am 9. 12. habe Dr. R. als Vorsitzender der Kleinen Strafkammer eine größere Verhandlung zu leiten gehabt. Deswegen habe er Dr. R. für verhindert gehalten, da die Terminsanberaumung geeilt habe. In diesem Sinne hat sich auch der Landgerichtspräsident dienstlich geäußert.

Es kann dahingestellt bleiben, ob Dr. R. und der zunächst zu seiner Vertretung berufene Landgerichtsrat O. verhindert waren und ob daher Dr. L. zur Terminsbestimmung zuständig war. Auch wenn dies der Fall war, war die Verfügung fehlerhaft. Denn sowohl durch die Tatsache wie insbesondere durch die Form seines Schreibens vom 7. 12. hat Dr. M. in unzulässiger Weise auf die Terminsanberaumung Einfluß genommen; nachdem er als Richter ausgeschlossen war, mußte er sich nicht nur selbst jeder richterlichen Handlung enthalten, er mußte auch davon absehen, die richterliche Tätigkeit der an seiner Stelle eintretenden Richter in ihrem konkreten Inhalt maßgebend zu beeinflussen. Unter diesem Gesichtspunkt ist schon die Einflußnahme auf die Termine vom 4. und 22. 11. 1954 bedenklich. Das Eingreifen Dr. M.'s am 7. 12. 1954 verstößt aber auf alle Fälle gegen Art. 101 Abs. 1 Satz 2 GG. Dr. M. hält zwar das von ihm verfaßte Schriftstück nicht für eine Verfügung, sondern nur für eine Bitte, und hat bekundet, seines Wissens habe er die Überschrift „Verfügung" nicht diktiert. Das ändert aber nichts an der Tatsache, daß er es in dieser Form unterzeichnete, und daß diese Form dem Schreiben erhöhte Bedeutung gegenüber Dr. L. und den anderen beteiligten Richtern zu verleihen geeignet war, zumal es auf die Stellung Dr. M.'s als Kammervorsitzender ausdrücklich hinwies.

Formell überließ zwar diese „Verfügung" Dr. L. die Entscheidung über den Termin. Der Bundesgerichtshof hat deshalb das Verhalten Dr. M.'s lediglich als eine auch einem ausgeschlossenen Richter nicht verwehrte Justizverwaltungstätigkeit gekennzeichnet. Sicherlich hat der Kammervorsitzende ein legitimes Interesse an der Überwachung des Geschäftsganges in seiner Kammer, und es kann ihm daher nicht verwehrt sein, auch in Sachen, in denen er als Richter nicht mitwirken darf, auf die Erledigung binnen angemessener Zeit hinzuwirken. Er muß sich aber dabei auf eine allgemein gehaltene Einwirkung beschränken; diese ihm durch Art. 101 Abs. 1 Satz 2 GG gezogene Schranke überschreitet er, wenn er, wie hier, als ausgeschlossener Kammervorsitzender den Termin de facto selbst bestimmt.

Der Bundesgerichtshof mißt dem Umstand Bedeutung bei, daß Dr. L. den Termin nicht – wie Dr. M. gewünscht hatte – auf den 21. 12., sondern auf den 20. 12. 1954 angesetzt hat. Das geschah aber nur, weil Dr. L. mit einer zweitägigen Verhandlung rechnete und am 22. 12. 1954 durch anderweitige Inanspruchnahme verhindert war. Diese Abweichung ergibt also nicht, daß Dr. L. unabhängig von dem durch die Verfügung Dr. M.'s ausgehenden Willensimpuls gehandelt hat.

Somit verstieß die Terminsanberaumung vom 8. 12. 1954 gegen Art. 101 Abs. 1 Satz 2 GG.

Ad 2. Die Möglichkeit, daß die 1. Strafkammer in dem Verfahren gegen den Beschwerdeführer ohne das Eingreifen Dr. M.'s in anderer Besetzung entschieden hätte, entfiele, wenn feststände, daß die Hauptverhandlung auch ohne die Einflußnahme Dr. M.'s auf einen Termin anberaumt worden wäre, in dem das Gericht in derselben Besetzung wie am 20.

und 21. 12. 1954 getagt hätte. Einer solchen Feststellung steht das Ergebnis der Beweisaufnahme entgegen:

Dr. R., der in erster Linie zur Vertretung von Dr. M. berufene Richter, hat als Zeuge bekundet, daß er vor dem Eingreifen Dr. M.'s zwar die Möglichkeit einer Terminsanberaumung erwogen, aber noch keinen bestimmten Entschluß gefaßt gehabt habe. Es läßt sich deshalb keine sichere Feststellung treffen, ob Dr. R. noch einen Termin im alten Geschäftsjahr anberaumt hätte.

Daß Landgerichtsrat Dr. O., der im Falle einer Verhinderung von Dr. R. als Dienstjüngerer vor Dr. L. als Vertreter einzutreten hatte, von sich aus nichts unternommen hätte, steht nach der Beweisaufnahme fest.

Auch hinsichtlich des mutmaßlichen Verhaltens Dr. L.'s lassen sich keine eindeutigen Feststellungen treffen. Er hat einerseits bekundet, den Anstoß zur Terminsanberaumung habe ihm das Schreiben Dr. M.'s vom 7. 12. 1954 gegeben; andererseits will er ohnehin die Absicht gehabt haben, Termin anzuberaumen, und zwar noch im Dezember. Ob er dies tatsächlich vor der Entscheidung des Oberlandesgerichts über die sofortige Beschwerde im Wiederaufnahmeverfahren noch getan hätte, muß schon deshalb zweifelhaft bleiben, weil er selbst den Hauptverhandlungstermin am 22. 11. 1954 wegen des Wiederaufnahmegesuchs des Beschwerdeführers abgesetzt hat, dem dadurch anhängig gewordenen Wiederaufnahmeverfahren also gegenüber dem Hauptverfahren den Vorrang einräumte und nach Ablehnung des Wiederaufnahmegesuchs keinen neuen Termin zur Hauptverhandlung anberaumte. Jedenfalls läßt sich unter diesen Umständen nicht sicher feststellen, auf welchen Zeitpunkt Dr. L. Termin anberaumt hätte, wenn Dr. M. nicht eingegriffen hätte, und in welcher Besetzung das Gericht alsdann getagt hätte.

Unter diesen Umständen ist die Möglichkeit nicht ausgeschlossen, daß die Hauptverhandlung erst im neuen Geschäftsjahr stattgefunden hätte. Dann aber hätte das Gericht schon deshalb eine andere Besetzung gehabt, weil sowohl Landgerichtsrat Dr. L. als auch Amtsgerichtsrat Dr. W. wegen Änderungen des Geschäftsverteilungsplanes für die Teilnahme an einer Hauptverhandlung gegen den Beschwerdeführer nicht mehr in Betracht gekommen wären. Somit beruht die Besetzung des erkennenden Gerichts auf der fehlerhaften Terminsanberaumung vom 8. 12. 1954.

Es ist also festzustellen, daß das gegen den Beschwerdeführer ergangene Urteil des Landgerichts München 1 vom 21. 12. 1954 auf einem Verstoß gegen Art. 101 Abs. 1 Satz 2 GG bei der Terminsanberaumung beruht. Es kann deshalb dahingestellt bleiben, ob – wie der Beschwerdeführer weiter geltend macht – die Besetzung des Gerichts in der Hauptverhandlung unmittelbar auf die Angaben Dr. M.'s in seinem Schreiben vom 7. 12. 1954 über die mitwirkenden Richter zurückgeht. Ebensowenig braucht geprüft zu werden, ob das Gericht – abgesehen von der Einwirkung Dr. M.'s – am 20./21. 12. 1954 ordnungsgemäß besetzt war.

III.

Das Urteil des Landgerichts München 1 vom 21. 12. 1954 ist als mit Art. 101 Abs. 1 Satz 2 GG unvereinbar aufzuheben. Diese Aufhebung erstreckt sich notwendig auf das Urteil des Bundesgerichtshofs vom 13. 12. 1955, weil es jene Entscheidung bestätigt. Damit werden auch die diesen Urteilen zugrunde liegenden Feststellungen hinfällig.

Die Verweisung an das Landgericht Augsburg beruht auf § 95 Abs. 2 BVerf GG. Zuständiges Gericht im Sinne dieser Vorschrift ist jedes Gericht, das sachlich zuständig ist, im Strafverfahren gegen den Beschwerdeführer tätig zu werden. Auf die örtliche Zuständigkeit kommt es ebensowenig an wie bei einer Zurückverweisung durch ein Revisionsgericht nach § 354 Abs. 2 StPO.

47. Einzelzuweisung von Richtern für bestimmte Strafsachen unzulässig.

StPO § 338 Nr. 1; GVG §§ 63, 65 – BGH Urt. v. 20. 10. 1955 – 4 StR 326/55 LG Hagen (= BGHSt. 8, 252)

Die Revision rügt, daß drei Richter dem erkennenden Gericht nicht allgemein, sondern für bestimmte Strafsachen zugewiesen worden sind.

Sachverhalt: Der im Laufe des Geschäftsjahres 1954 durch Anfall mehrerer größerer Verfahren überlasteten 4. Strafkammer des Landgerichts H. wurden durch einen Beschluß des Präsidiums nach § 63 Abs. 2 GVG drei weitere Richter zugeteilt. Am 28. 12. 1954 beschloß das Präsidium, daß diese drei Richter „bis zur Erledigung" zweier bestimmter bezeichneter Strafverfahren, darunter des vorliegenden Verfahrens, auch im neuen Geschäftsjahr Mitglieder der Strafkammer bleiben sollten. Die Hauptverhandlung in dem Verfahren, das in der Revision anhängig ist, begann erst im neuen Geschäftsjahr. Sie endete mit der Verurteilung des Angeklagten wegen Diebstahls. – Das Rechtsmittel hatte Erfolg.

Gründe: Hätte die Hauptverhandlung gegen den Beschwerdeführer noch im Geschäftsjahr 1954 stattgefunden, so wäre die Kammer ordnungsgemäß besetzt gewesen. Dies gilt jedoch nicht für das Geschäftsjahr 1955, in dem die Verhandlung am 24. 2. 1955 begann. Ob der Beschluß des Präsidiums vom 28. 12. 1954, durch den die drei Richter bis zum Abschluß dieses Verfahrens und des Verfahrens gegen Sch. weiterhin der 4. Strafkammer zugeteilt wurden, vom Präsidenten gebilligt und wegen der Billigung die Wirkung des § 65 GVG hätte haben können (RG GoltdArch 56, 85), kann dahingestellt bleiben. Die Voraussetzungen für die Anwendung dieser Bestimmung sind schon deshalb nicht gegeben, weil die Hauptverhandlung erst im neuen Geschäftsjahr begann. Die nach § 63 GVG aufzustellende Geschäftsverteilung kann nicht in der Weise vorgenommen werden, daß die Mitglieder einer Kammer nur für einen von vornherein festumgrenzten Teil eines Jahres oder sogar, wie im vorliegenden Fall, bis zu einem unbestimmten, voraussichtlich im Laufe des Jahres eintretenden Zeitpunkt zugeteilt werden. Die gegenteilige Auffassung widerspräche schon dem Wortlaut des Gesetzes, der darlegt, daß vor Beginn des Geschäftsjahres auf seine Dauer die Geschäfte verteilt und die Mitglieder der einzelnen Kammern bestimmt werden. Diese Wortauslegung wird durch die Entstehungsgeschichte bestätigt. Der ursprüngliche Entwurf des Gerichtsverfassungsgesetzes (§§ 46 ff.) enthielt keine Bestimmung über die Bildung der Zivil- und Strafkammern, sondern überließ diese Regelung der Landesgesetzgebung. Die vom Reichstag zur Vorberatung der Entwürfe der Reichsjustizgesetze eingesetzte Kommission fand hierin eine Lücke. Die Bildung der Kammern sollte auf festen gesetzlichen Regeln beruhen. Man war sich darüber einig, daß die Verteilung der Richter auf die einzelnen Kammern oder Senate für bestimmte längere Perioden, und zwar für das Geschäftsjahr zu geschehen habe, „um eine tendenziöse Besetzung für die Aburteilung einer einzelnen Sache auszuschließen". Aus diesem Grunde schlug die Kommission eine Bestimmung vor, die dann Gesetz wurde und mit einer lediglich sprachlichen Änderung dem heutigen § 63 entspricht. Hiergegen verstößt der Beschluß des Präsidiums, durch den die Richter für einen anderen Zeitraum als das Geschäftsjahr zugeteilt wurden.

48. Die Bestellung eines zeitweiligen Vertreters durch den Landgerichtspräsidenten setzt eine rechtlich einwandfreie Prüfung des Einzelfalles voraus.

StPO § 338 Nr. 1 – BGH Urt v. 8. 2. 1955 – 5 StR 561/54 LG Lübeck (= BGHSt. 7, 205)

Die Revision rügt, bei dem Urteil der 1. Großen Strafkammer vom 12. 7. 1954 habe der Landgerichtsrat Dr. Ke. mitgewirkt, der nach dem Geschäftsverteilungsplan weder ordentliches Mitglied dieser Kammer noch regelmäßiger Vertreter ihrer Mitglieder gewesen sei.

Sachverhalt: Der Vorsitzende und ein ordentliches Mitglied der 1. Großen Strafkammer, der Landgerichtsdirektor V. und der Landgerichtsrat Dr. B., waren vom 5. 7. 1954 an beurlaubt. Als ordentliche Mitglieder waren noch die Landgerichtsräte Kr., S. und Dr. T. vorhanden. Durch Verfügung vom 22. 6. 1954 bestimmte der Landgerichtspräsident unter anderem:

„Für die Zeit vor Beginn der Gerichtsferien wird die Vertretung wie folgt geregelt:

Für Landgerichtsdirektor V. ist Vertretung in der Strafkammer 1, und zwar in den Sitzungen vom 5. und 12. 7. 1954 erforderlich. Den Vorsitz übernimmt in diesen Sitzungen Landgerichtsrat K., als Vertreter treten ein

am 5. 7. 1954 Landgerichtsrat Dr. T.,

am 12. 7. 1954 Landgerichtsrat Dr. Ke."

Landgerichtsrat Dr. Ke. war kein ordentliches Mitglied der Kammer. Deren regelmäßige Vertreter waren nach dem Geschäftsverteilungsplan „die Richter der Strafkammer II, der dienstjüngste zuerst". Auch zu ihnen gehörte Landgerichtsrat Dr. Ke. nicht. Er hat bei dem angefochtenen Urteil vom 12. 7. 1954 mitgewirkt.

In seiner dienstlichen Äußerung vom 30. 8. 1954 hat der Landgerichtspräsident erklärt, er habe den Landgerichtsrat Dr. Ke. gemäß § 67 GVG „infolge Verhinderung des regelmäßigen Vertreters" zum zeitweiligen Vertreter bestellt.

Auf eine Rückfrage des Oberbundesanwalts teilte der Landgerichtspräsident am 24. 11. 1954 die Gründe mit, aus denen alle Richter der 2. Strafkammer verhindert waren, an der Sitzung der 1. Großen Strafkammer am 12. 7. 1954 als Vertreter teilzunehmen.

In einer dritten, vom Senat veranlaßten Erklärung vom 29. 1. 1955 bestätigte der Landgerichtspräsident, daß Landgerichtsrat Dr. T. am 12. 7. 1954 noch ordentliches Mitglied der 1. Großen Strafkammer war, also in erster Linie in die Sitzung an diesem Tage hätte eintreten müssen. Das Schreiben fährt fort:

„Landgerichtsrat Dr. T. konnte wegen Überlastung am 12. 7. 1954 nicht erneut zur Sitzung der 1. Strafkammer herangezogen werden. Er war bereits belastet durch die Sitzung der 1. Strafkammer am 5. 7. 1954. Er hat am 8. 7. 1954 an einer Sondersitzung seiner Zivilkammer 1 teilnehmen müssen, die den ganzen Tag erforderte, weil mehrere Termine an auswärtigen Orten mit Wohnungsbesichtigungen u. dgl. durchzuführen waren. Ferner nahm er an seiner regelmäßigen Kammersitzung am Freitag, dem 9. 7. 1954 teil. Endlich war er Leiter einer Arbeitsgemeinschaft. Aus diesem Grunde war seine nochmalige Heranziehung am 12. 7. 1954 unmöglich. Ich darf auf meine Ausführungen am Schlusse meines Schreibens vom 24. 11. 1954 verweisen, wonach ich, weil völlig überflüssig, davon abgesehen habe, in jedem einzelnen Fall die Notwendigkeit, andere als die planmäßigen Vertreter heranzuziehen, besonders zu begründen." – Das Rechtsmittel hatte Erfolg.

Gründe: ...

II.

Das Verfahren des Landgerichtspräsidenten entsprach nicht dem Gesetz.

Er konnte allerdings für die Sitzung am 12. 7. 1954 einen zeitweiligen Vertreter nach § 67 GVG bestellen, wenn er die tatsächlichen Voraussetzungen dieser Bestimmung nach seinem pflichtgemäßen Ermessen als erfüllt ansah. Dies setzte jedoch eine rechtlich einwandfreie Prüfung des Einzelfalles voraus. Daß sie unterblieben ist, ergibt sich aus folgendem:

1. In der Verfügung vom 22. 6. 1954 kommt nicht zum Ausdruck, daß Landgerichtsrat Dr. Ke. zeitweiliger Vertreter nach § 67 GVG sein sollte. Sie stellt auch nicht fest, daß und aus welchen Gründen das ordentliche Mitglied Landgerichtsrat Dr. T. und die regelmäßigen Vertreter verhindert waren, an der Sitzung vom 12. 7. 1954 teilzunehmen. In § 67

GVG ist zwar nicht vorgeschrieben, daß die Verfügung alle diese Angaben enthalten müsse. Davon hängt also die Gültigkeit der Anordnung nicht schon aus rechtlichen Gründen ab. Ihr Inhalt ist aber für das Revisionsgericht ein wichtiges tatsächliches Anzeichen dafür, ob der Landgerichtspräsident pflichtgemäß die Voraussetzungen geprüft hat, an die seine Ermächtigung geknüpft ist. In dieser Richtung ist jedenfalls der Verfügung selbst nichts zu entnehmen.

2. Andererseits enthält sie ihrem Wortlaut nach zum Teil Anordnungen, die der Landgerichtspräsident nicht treffen konnte. Die Vertretung des beurlaubten ordentlichen Vorsitzenden, des Landgerichtsdirektors V., regelte sich von selbst nach § 66 Abs. 1 GVG. Der Landgerichtspräsident konnte und wollte möglicherweise auch nicht von sich aus bestimmen, daß Landgerichtsrat K. den Vorsitz am 5. und 12. 7. 1954 übernahm. Landgerichtsrat Dr. T. war ordentliches Mitglied der Kammer. Er hatte daher in der Sitzung am 5. 7. 1954 ohnehin mitzuwirken. Auch dies konnte der Landgerichtspräsident nur feststellen. Seine Verfügung lautet aber dahin, Landgerichtsrat Dr. T. trete in die Sitzung „als Vertreter" ein.

3. Der Inhalt der Verfügung betrifft also einerseits Folgen, die kraft Gesetzes eintreten (vgl. 2), und andererseits einen Akt der gerichtlichen Verwaltung, der dem Landgerichtspräsidenten unter bestimmten Voraussetzungen zusteht (vgl. 1). Ihr Wortlaut behandelt beides mit den gleichen Ausdrücken. Dadurch wird der Unterschied verwischt. Das erweckt den Eindruck, daß der Landgerichtspräsident ihn nicht wichtig genommen und nicht genau eingehalten hat. Schon aus diesem Grunde liegt die Besorgnis nahe, daß er nicht geprüft hat, ob die tatsächlichen Voraussetzungen einer Anordnung nach § 67 GVG erfüllt waren.

4. Zur Gewißheit wird dies dem Senat durch folgendes:

Der Landgerichtspräsident hat in seinem Schreiben vom 24. 11. 1954 von sich aus auf die angespannte Personallage hingewiesen. Es waren wiederholt Richter krank, einige Richterstellen nicht besetzt und Urlaubsvertreter nicht bewilligt worden. Dies hatte zur Folge, daß alle Richter sehr häufig zu Vertretungen herangezogen werden mußten. Der Landgerichtspräsident selbst sagt, es sei ihm aus diesem Grunde überflüssig erschienen, in seinen Verfügungen in jedem einzelnen Falle die Gründe der Verhinderung anzugeben. Seine Großzügigkeit ging jedoch noch weiter. Das ergibt sich aus allen hier dargelegten Einzelheiten. Zu ihnen gehört auch, daß er mit seiner ersten dienstlichen Äußerung auf die Verfahrensrüge zwar den Wortlaut seiner Verfügung vom 22. 6. 1954, aber nicht ihre Gründe in einer Weise mitteilte, die die rechtliche Nachprüfung ermöglichte.

5. Wie der Senat aus allen diesen Tatsachen folgert, ist der Landgerichtspräsident wegen des Richtermangels an seinem Gericht so vorgegangen, als dürfte er, ohne an die Voraussetzungen des § 67 GVG im Einzelfall gebunden zu sein, die Vertretung nach seinem Ermessen regeln, wie es am zweckmäßigsten war, um der Schwierigkeiten Herr zu werden und die Arbeitsfähigkeit der Kammern aufrechtzuerhalten.

Dieser Ausweg aus einer schwierigen Lage mag verständlich sein, widerspricht aber dem Gesetz. Es ist Sache der Landesjustizverwaltung, die Gerichte so mit Richtern zu versehen, daß das Präsidium die Zusammensetzung der Kammern und die gegenseitige Vertretung der Richter in dem allgemeinen Geschäftsverteilungsplan (§§ 63, 64 GVG) in einer Weise ordnen kann, die wenigstens in der Regel durchführbar ist. Dann wird die Gefahr oder der Anschein willkürlicher Eingriffe des Landgerichtspräsidenten, also einer Stelle der Justizverwaltung, in die Zusammensetzung der Kammern vermieden. Es geht dabei um wichtige rechtsstaatliche Grundsätze (vgl. Art 101 Abs. 1 Satz 2 des Grundgesetzes, § 338 Nr. 1 StPO).

Sogar die ordnungsmäßige Besetzung aller Kammern könnte in Frage gestellt sein, wenn etwa ein Landgericht im Vergleich zu seiner Geschäftslast allzu wenig Richterkräfte haben und wenn daher schon bei der Aufstellung des Geschäftsverteilungsplans durch das

Präsidium vorauszusehen sein sollte, daß er im wesentlichen nicht eingehalten werden kann und die Kammern nur dann arbeitsfähig bleiben, wenn hauptsächlich der Landgerichtspräsident die Vertretungen unter Berufung auf § 67 GVG regelt. Er könnte dann ziemlich frei über die jeweilige Zusammensetzung der Kammern verfügen. Denn wenn ein Landgericht zu wenig Richter hat, sind diese meist alle ständig überlastet. Der Landgerichtspräsident könnte dann jederzeit nach seinem Ermessen ein ordentliches Mitglied und dessen regelmäßigen Vertreter für verhindert erklären und einen anderen Richter aussuchen. Ein solcher Zustand verstieße gegen die rechtsstaatlichen Grundsätze der Gerichtsverfassung. Daran würde auch § 7 GVG nichts ändern. Er setzt einen allgemeinen Geschäftsverteilungsplan des Präsidiums voraus, der nicht nur auf dem Papier steht, sondern im Regelfall eingehalten werden kann. Nur wenn dies ausnahmsweise unmöglich ist, ermächtigt § 67 GVG den Landgerichtspräsidenten zu einer außerordentlichen Maßnahme. Er gibt ihm aber nicht gleichsam ein allgemeines „Notverordnungsrecht", mit dessen Hilfe ein Landgericht beim ständigen Versagen des Geschäftsverteilungsplans „regiert" werden könnte.

6. Ob die Verhältnisse so bedenklich lagen, kann hier dahingestellt bleiben. Es genügt die Feststellung, daß der Landgerichtspräsident, als er zum zeitweiligen Vertreter für die Sitzung der I. Großen Strafkammer am 12. 7. 1954 den Landgerichtsrat Dr. Ke. bestimmte, die tatsächliche Verhinderung des Landgerichtsrates Dr. T. nicht auf der Grundlage zutreffender rechtlicher Erwägungen geprüft hat. Aus diesem Grunde war die Strafkammer, die das angefochtene Urteil erlassen hat, nicht ordnungsgemäß besetzt. Landgerichtsrat Dr. T. mag zu dieser Zeit wirklich wegen Überlastung verhindert gewesen sein. Darauf kommt es jedoch entgegen der Auffassung des Oberbundesanwalts nicht an. Entscheidend ist vielmehr, daß der Landgerichtspräsident sich beim Erlaß seiner Verfügung vom 22. 6. 1954 nicht in den rechtlichen Grenzen des § 67 GVG gehalten hat. Der unbedingte Revisionsgrund des § 338 Nr. 1 StPO liegt daher vor.

49. Keine Änderung des Geschäftsverteilungsplans für einzelne Strafsachen.

StPO § 338 Nr. 1; GVG §§ 62 Abs. 2 Satz 1, 63 Abs. 2 – BGH Urt. v. 28. 9. 1954 – 5 StR 275/53 LG Hamburg (= BGHSt. 7, 23 = NJW 1955, 152 = JZ 1955, 170)

Die Revision rügt, daß der Angeklagte seinem gesetzlichen Richter entzogen worden ist.

Sachverhalt: Nach dem ursprünglichen Geschäftsverteilungsplan war die Strafkammer 9 für diese Sache zuständig. Diese Kammer, der die Sache seit der Anklageerhebung im Dezember 1951 vorlag, wurde als überlastet angesehen. Deshalb nahm das Präsidium ihr durch Beschluß vom 29. 2. 1952 drei umfangreiche Sachen ab. Diese Sachen wurden auf drei andere Kammern verteilt, darunter die vorliegende auf die Strafkammer 1. Diese hat das angefochtene Urteil erlassen. – Das Rechtsmittel hatte Erfolg.

Gründe: Der Beschluß des Präsidiums vom 29. 2. 1952 entspricht nicht dem § 63 GVG. Die Vorschrift, daß die Geschäfte grundsätzlich vor Beginn des Geschäftsjahrs verteilt werden müssen, soll möglichst verhindern, daß für bestimmte Einzelsachen bestimmte Richter ausgesucht werden. Es gehört zum Begriff des gesetzlichen Richters, daß die einzelne Sache „blindlings" an ihn kommt, auf Grund allgemeiner Merkmale, wie etwa nach dem Anfangsbuchstaben des Angeklagten, nach der Endzahl des Aktenzeichens, nach Herkunftsbezirken oder auch nach dem Strafgesetz, dessen Verletzung dem Angeklagten vorgeworfen wird. Freilich ist auch damit ein Mißbrauch nicht schlechthin unmöglich gemacht. Einzelne der Sachen, die im künftigen Geschäftsjahr heranstehen, pflegen bei der Beschlußfassung über die Geschäftsverteilung schon bekannt zu sein. Indessen liegt eine hinreichende Sicherung gegen einen Mißbrauch darin, daß bei der Verwendung allgemeiner Zuständigkeitsmerkmale die Berücksichtigung unsachlicher Gesichtspunkte praktisch allzu große Schwierigkeiten machen würde.

Entsprechend diesem Sinn und Zweck des § 63 Abs. 1 Satz 1 GVG muß auch § 63 Abs. 2 GVG gehandhabt werden. Wird wegen Überlastung einer Kammer eine Änderung der Geschäftsverteilung erforderlich, so muß auch diese Änderung nach allgemeinen Merkmalen vorgenommen werden. Ebensowenig, wie die vor Beginn des Geschäftsjahrs beschlossene Geschäftsverteilung eine einzelne Sache gegen einen mit Namen bezeichneten Angeklagten für sich einer bestimmten Kammer zuweisen dürfte, darf das bei einer Änderung der Geschäftsverteilung gemäß § 63 Abs. 2 GVG geschehen. Die vorliegende Sache durfte deshalb nicht wegen ihres Umfanges von der Strafkammer 9 auf die Strafkammer 1 übertragen werden. Der Umfang einer Sache ist niemals ein allgemeines Merkmal, wie es allein als Grundlage einer ursprünglichen oder einer geänderten Geschäftsverteilung dienen darf. Der Umfang läßt sich nur mit dem Blick auf eine ganz bestimmte einzelne Sache beurteilen. Ist eine Strafkammer überlastet, sei es auch durch einzelne umfangreiche Sachen, so kann sie gleichwohl nur durch eine Anordnung nach allgemeinen Merkmalen entlastet werden. Dabei gibt es mehrere zulässige Möglichkeiten. Ist die Geschäftsverteilung nach Anfangsbuchstaben geregelt, so können der überlasteten Kammer ein oder mehrere Anfangsbuchstaben abgenommen werden. Ist sie nach Bezirken geregelt, so kann ihr Bezirk verkleinert werden. Auch kann ihr eine Gruppe von Sachen mit aufeinanderfolgenden Aktenzeichen abgenommen werden; auf diese Weise ist z.B. die vorliegende Sache zusammen mit 49 anderen von dem ursprünglich zuständigen überlasteten 2. Strafsenat des Bundesgerichtshofs an den erkennenden 5. Strafsenat gelangt. Es kann auch für die voraussichtliche Dauer der Belastung mit einer umfangreichen Sache eine Hilfskammer eingerichtet werden, der für diese Zeit alle anderen Sachen zugewiesen werden. Auch können die anderen Sachen auf die übrigen Kammern nach allgemeinen Merkmalen verteilt werden. Nicht dagegen dürfen bestimmte Sachen ausgesucht und gerade wegen ihrer Eigenart, zum Beispiel wegen ihres Umfanges, von einer Kammer auf eine andere übertragen werden, wie es hier geschehen ist. Damit ist der Angeklagte seinem gesetzlichen Richter, der Strafkammer 9, entzogen worden. – Der Verstoß führt gemäß § 338 Nr. 1 StPO zur Aufhebung des Urteils.

50. Reihenfolge der zu berufenden Hilfsschöffen.

StPO § 338 Nr. 1; GVG § 49 – BGH Urt v. 3. 11. 1953 – 5 StR 333/53 LG Lübeck (= BGHSt. 5, 73 = NJW 1954, 82)

Die Revision rügt, daß in der Hauptverhandlung vor der Strafkammer der Hilfsschöffe S. mitgewirkt habe, obwohl er nicht der nächste in der Liste der Hilfsschöffen gewesen sei.

Sachverhalt: Nach der dienstlichen Äußerung des Vorsitzenden der Strafkammer ist wegen der kurz vor der Hauptverhandlung bekannt gewordenen Verhinderung des Hauptschöffen B. der am Sitz des Gerichts in L. wohnende, telefonisch erreichbare Hilfsschöffe S. berufen worden, weil die in L. wohnenden Vormänner, deren Wohnungen 2,5 bis 4,3 km vom Gerichtsgebäude entfernt seien, telefonisch nicht hätten erreicht werden können und ihre Berufung durch einen Justizwachtmeister wegen Schneeverwehungen und Stockungen im Straßenbahn- und Omnibusbetrieb mit einem solchen Zeitverlust verbunden gewesen wäre, daß sie die Sitzung in Frage gestellt hätte. – Das Rechtsmittel hatte Erfolg.

Gründe: Die Berufung des Hilfsschöffen S. war gesetzwidrig. Nach § 49 Abs. 1 GVG sind bei Verhinderung eines Schöffen die Hilfsschöffen nach der Reihenfolge der Schöffenliste zu berufen. Erst dann, wenn der hiernach zu berufende und berufene Hilfsschöffe verhindert ist oder nicht erscheint, kann sein Nachmann berufen werden. Diese Voraussetzung war hier nicht gegeben. Die Vormänner des Hilfsschöffen S. sind überhaupt nicht berufen worden.

§ 49 Abs. 2 GVG sieht nun allerdings eine Ausnahme für den Fall vor, daß durch die Berufung der Hilfsschöffen nach der Reihenfolge der Schöffenliste eine Vertagung der Verhandlung oder eine erhebliche Verzögerung ihres Beginns notwendig wird. Die Bestimmung gestattet jedoch nur, die Hilfsschöffen zu übergehen, die nicht am Sitz des Gerichts wohnen. Das trifft hier nicht zu.

Eine entsprechende Anwendung des § 49 Abs. 2 GVG auf Hilfsschöffen, die am Sitz des Gerichts wohnen, ist nicht zulässig. Sie würde der Bestimmung des Art 101 Abs. 1 Satz 2 GG widersprechen, nach der niemand seinem gesetzlichen Richter entzogen werden darf. Diese Vorschrift erfordert, daß die Umstände, die für die Auswahl des zu berufenden Hilfsschöffen maßgebend sind, von vornherein allgemein bestimmt sind. Seine Auswahl darf nicht dem Ermessen des Vorsitzenden überlassen sein. Das wäre aber der Fall, wenn man den Vorsitzenden als befugt erachten wollte, einen oder einige der am Sitz des Gerichts wohnenden Hilfsschöffen zu übergehen, weil ihre Berufung schwieriger und zeitraubender ist als diejenige ihrer Nachmänner. Der in § 49 Abs. 2 GVG genannte Personenkreis ist örtlich bestimmt. Er umfaßt alle Hilfsschöffen, die nicht am Sitz des Gerichts wohnen. Sie können nicht nur, sondern sie müssen übergangen werden, falls die Berufung des ersten der auswärtigen Hilfsschöffen eine Vertagung der Verhandlung oder eine erhebliche Verzögerung des Beginns notwendig macht. Es werden dann nicht einer oder einige, sondern alle auswärtigen Schöffen übergangen. Die Folge einer solchen Maßnahme ist nicht, daß der Vorsitzende nunmehr irgendeinen am Sitz des Gerichts wohnenden Hilfsschöffen berufen könnte. Er muß denjenigen von ihnen berufen, der nach der Reihenfolge der Schöffenliste der nächste ist. Bei einer entsprechenden Anwendung des § 49 Abs. 2 GVG auf die am Sitz des Gerichts wohnenden Schöffen würde es wesentlich anders liegen. Hier wäre der Personenkreis, der übergangen wird, nicht örtlich bestimmt sein. Es würden nicht alle einheimischen Hilfsschöffen, sondern nur einer oder einige von ihnen übergangen werden. Wer von ihnen bei der Berufung übergangen werden darf, würde von dem Grad der Schwierigkeiten und der Dauer des Zeitverlustes abhängen, die mit seiner Berufung verbunden sind. Ob diese derart sind, daß sie eine Übergehung rechtfertigen, kann im voraus nicht bestimmt werden. Die Entscheidung hierüber müßte im einzelnen Fall vom Vorsitzenden getroffen werden. Er würde sie unter Umständen nicht nur für denjenigen am Sitz des Gerichts wohnenden Hilfsschöffen treffen müssen, der nach der Reihenfolge der Schöffenliste zu berufen ist, sondern auch für eine mehr oder minder große Zahl von Nachmännern. Das würde aber bedeuten, daß es im – wenn auch pflichtgebundenen – Ermessen des Vorsitzenden läge, welchen der in der Schöffenliste aufgeführten, am Sitz des Gerichts wohnenden Hilfsschöffen er beruft. Dies ist nicht zulässig.

Die Strafkammer war demnach nicht ordnungsgemäß besetzt. Der Mangel bedeutet einen unbedingten Revisionsgrund (§ 338 Nr. 1 StPO). Das Urteil mußte daher aufgehoben werden.

51. Geschäftsverteilung kann ausschließlich vom Präsidium geregelt werden (wie RGSt 23, 166 ff.).

StPO § 338 Nr. 1; GVG §§ 63 Abs. 2, 64 – BGH Urt. v. 6. 1. 1953 – 2 StR 162/52 LG Hamburg (= BGHSt. 3, 353 = NJW 1953, 353 = JZ 1953, 243)

Die Revision rügt, das erkennende Gericht sei falsch besetzt gewesen, weil ihm die Strafsache vom Landgerichtspräsidenten zugewiesen worden ist.

Sachverhalt: Der Geschäftsverteilungsplan des Landgerichts für 1951 bestimmt in § 8:

„Der Landgerichtspräsident wird ermächtigt,

1.–4. ...

5. Im Laufe des Geschäftsjahres bei Überlastung einer Kammer die zur Behebung derselben erforderlichen Maßnahmen zu treffen."

Auf Grund dieser Ermächtigung hat der Präsident des Landgerichts die nach dem Geschäftsverteilungsplan bei der Großen Strafkammer 8 anhängig gewordene Sache wegen

Überlastung dieser Kammer der Großen Strafkammer 1 zugewiesen. – Das Rechtsmittel hatte Erfolg.

Gründe: Das Gesetz zur Wiederherstellung der Rechtseinheit vom 12. 9. 1950 hat bei allen Gerichten aus grundsätzlichen rechtsstaatlichen Erwägungen die Präsidialverfassung (wieder) eingeführt (§§ 22a, 64, 117, 131 GVG) und bei den Landgerichten, den Oberlandesgerichten sowie dem Bundesgerichtshof die Geschäftsverteilung ausschließlich dem Präsidium übertragen. Dies gilt sowohl für die Verteilung der Geschäfte unter die Kammern (Senate) derselben Art vor Beginn des Geschäftsjahres (§ 63 Abs. 1 GVG) wie für Änderungen in der Geschäftsverteilung, die im Laufe des Geschäftsjahres notwendig werden (§ 63 Abs. 2 GVG). Dem Recht des Präsidiums zur Geschäftsverteilung entspricht die Pflicht, die ihm zugewiesene Aufgabe selbst wahrzunehmen. Wie das Reichsgericht (RGSt 23, 166) schon im Jahre 1892 unter Hinweis auf den Wortlaut, die Entstehungsgeschichte und den Zweck der §§ 63 ff. (damals 62 ff.) GVG eingehend dargelegt hat, sind die dem Präsidium vom Gesetz übertragenen Befugnisse nicht weiter übertragbar. Es kann den Präsidenten auch nicht ermächtigen, die im § 63 Abs. 2 GVG bezeichneten Anordnungen an seiner Stelle zu treffen, insbesondere bei Überlastung einer Kammer die bei dieser anhängigen Sachen einer anderen Kammer zuzuweisen. Für das Präsidium bei einem besonders großen Landgericht gilt nichts anderes; gerade um seine Handlungsfähigkeit zu sichern, ist durch die neue Vorschrift des § 64 Abs. 3 GVG die Zahl seiner Mitglieder begrenzt worden.

Hiernach verstößt die angeführte Bestimmung des § 8 Nr. 5 des Geschäftsverteilungsplans des Landgerichts, soweit sie den Landgerichtspräsidenten bei Überlastung einer Strafkammer zur Änderung der Geschäftsverteilung ermächtigt, gegen das Gesetz. Die Zuweisung der Sache an die Strafkammer 1 durch den Präsidenten des Landgerichts war daher unwirksam. Infolgedessen war diese Strafkammer zur Verhandlung und Entscheidung der Sache nicht berufen.

Der Verfahrensverstoß muß zur Aufhebung des angefochtenen Urteils führen. Zwar ist nicht, wie die Revision folgert, der unbedingte Revisionsgrund des § 338 Nr. 4 StPO – Unzuständigkeit des Gerichts – gegeben; die Verteilung der Geschäfte unter die Strafkammer eines und desselben Landgerichts ist eine Angelegenheit des inneren Dienstes und ohne Bedeutung für die Frage der Zuständigkeit des Landgerichts als solchen (RGSt 45, 260, 262; RGZ 119, 379 [384]). Dagegen liegt der unbedingte Revisionsgrund des § 338 Nr. 1 StPO – unvorschriftsmäßige Besetzung des Gerichts – vor.

Dem steht nicht entgegen, daß nach der ständigen, im Schrifttum neuerdings wieder bekämpften, Rechtsprechung des Reichsgerichts das Rechtsmittel der Revision nicht auf die Behauptung gestützt werden kann, nach der Geschäftsverteilung sei eine andere Kammer des Landgerichts zur Aburteilung berufen gewesen. Denn die Revision rügt nicht Verletzung des – gesetzmäßig aufgestellten – Geschäftsverteilungsplans durch Nichteinhaltung, sondern sie macht geltend, daß das Landgericht bei der Abänderung des Plans, die zur Überweisung der Sache an die Große Strafkammer 1 geführt hat, das Gesetz, nämlich die §§ 63 Abs. 2, 64 GVG, nicht beachtet habe. Die Gesetzmäßigkeit der Aufstellung und Abänderung des Geschäftsverteilungsplans unterliegt jedoch der Nachprüfung durch das Revisionsgericht.

52. Nicht vereidigter Schöffe als Revisionsgrund.

StPO § 338 Nr. 1, GVG § 51 Abs. 1 – BGH Urt. v. 12. 9. 1952 – 1 StR 349/52 LG Memmingen (= BGHSt. 3, 175)

Die Revision rügt, die an der Hauptverhandlung mitwirkenden Schöffen seien in dem Geschäftsjahr, in dem sie tätig wurden, nicht vereidigt worden.

Sachverhalt: An der Entscheidung in der Hauptverhandlung am 18. 3. 1952 haben die Schöffen E. und St. mitgewirkt, von denen der eine am 5. 4., der andere am 20. 4. 1951 als Schöffe vereidigt worden war. – Das Rechtsmittel hatte Erfolg.

Gründe: Gemäß § 51 Abs. 1 Satz 2 GVG galt diese Beeidigung aber nur für die Dauer des Geschäftsjahrs, also bis Ende 1951; im Geschäftsjahr 1952 hätten die beiden Schöffen bei ihrer ersten Dienstleistung in öffentlicher Sitzung für dieses Geschäftsjahr neu vereidigt werden müssen. Dies ist unterblieben. Die Große Strafkammer war deshalb in der Hauptverhandlung am 18. 3. 1952 nicht vorschriftsmäßig besetzt, RGSt 67, 363. Dieser unbedingte Revisionsgrund nötigt nach § 338 Nr. 1 StPO zur Aufhebung und Zurückverweisung.

53. Gericht mit Vorsitzendem ohne wesentlichen Einfluß falsch besetzt (im Anschluß an RGZ 132, 301).

StPO § 338 Nr. 1; GVG §§ 62 Abs. 1, 66 Abs. 1 – BGH Urt. v. 13. 12. 1951 – 3 StR 683/51 LG Krefeld (= BGHSt. 2, 71 = NJW 1952, 395)

Die Revision rügt, daß die Hauptverhandlung vom Vertreter eines Vorsitzenden geleitet worden ist, der wegen überwiegender anderweitiger Belastung indes nicht hätte Vorsitzender sein dürfen.

Sachverhalt: Den Vorsitz der 1. großen Strafkammer hatte ausweislich der Sitzungsniederschrift am 8. 5. 1951 der Landgerichtsrat W. Nach der amtlichen Auskunft des Landgerichtspräsidenten war durch Beschluß des Präsidiums vom 28. 12. 1950 der Vorsitz in der 1., 2. und 3. Strafkammer für das Geschäftsjahr 1951 dem Landgerichtsdirektor R. übertragen worden. Zugleich wurden als Sitzungstage der 1. großen Strafkammer der Dienstag und der Freitag jeder Woche bestimmt und Landgerichtsdirektor R. für sämtliche Sitzungen mit Ausnahme der Sitzung am ersten Dienstag eines jeden Monats für verhindert erklärt. Landgerichtsdirektor R. hat sich dienstlich dahin geäußert, daß der Vorsitz in einer Strafkammer seine volle Richterkraft erfordert habe und daß es ihm daher nicht möglich gewesen sei, in allen Kammern auch sämtliche üblicherweise von dem Vorsitzenden wahrgenommenen Geschäfte zu erledigen. Er habe sich vielmehr darauf beschränken müssen, in der 1. Strafkammer einmal im Monat den Vorsitz zu führen, mit den übrigen Geschäften aber seine ständigen Vertreter zu betrauen, die auch die Termine anberaumt und die Geschäfte verteilt hätten. Die Möglichkeit, sich in die Geschäfte aller Kammern einzuschalten, habe zwar bestanden, jedoch sei ihm bei der Wahrnehmung nur einer Sitzung im Monat ein richtungweisender Einfluß auf die Rechtsprechung der Kammer nicht möglich gewesen. – Das Rechtsmittel hatte Erfolg.

Gründe: Diese Art der Geschäftsbehandlung, vor allem der Führung des Vorsitzes entspricht nicht den Vorschriften der §§ 62 Abs. 1 und 66 Abs. 1 GVG. Zwar können keine grundsätzlichen Bedenken dagegen erhoben werden, daß der Präsidialbeschluß dem Landgerichtsdirektor R. den Vorsitz in drei Strafkammern übertragen hat (RGSt 55, 201; 56, 157). Die Rechtsprechung des Reichsgerichts hat auch zugelassen, daß der Vorsitzende sich schon vor Beginn des Geschäftsjahres für gewisse Sitzungstage im voraus für verhindert erklärt oder für verhindert erklären läßt und an diesen Tagen den Vorsitz seinem Stellvertreter überläßt (RGSt 54, 298; 55, 201; 55, 236). Dabei steht es allein im pflichtmäßigen Ermessen des Vorsitzenden, auf welche Termine er die einzelnen Sachen ansetzen will, so daß er auf diese Weise in der Lage ist, die von ihm selbst zu erledigenden Sachen zu bestimmen (RGZ 115, 157). In Ermessens- und Zweckmäßigkeitsfragen dieser Art kann nicht im Wege der Revision eingedrungen werden.

Sinn und Zweck des Gesetzes gehen aber dahin, daß der Vorsitz in den Kammern solchen Richtern anvertraut wird, die vermöge ihrer besonderen Auswahl die Güte und Einheitlichkeit der Rechtsprechung der Kammer, der sie vorsitzen, in besonderem Maße gewährleisten. Das Gesetz erfordert somit eine Führung der Kammer wenigstens in dem Umfang, daß der zum ordentlichen Vorsitzenden bestellte Landgerichtsdirektor seinen richtunggebenden Einfluß geltend machen kann. Er muß stets einen ausreichenden Überblick über die anhängig werdenden Sachen behalten und nach seiner allgemeinen Arbeitsbelastung in der Lage sein, den Vorsitz in einem Umfang zu führen, der diesen richtunggebenden Einfluß sichert. Umgangen wird daher der § 62 Abs. 1 GVG nicht erst dann, wenn der Vorsitz einem Direktor übertragen wird, bei dem von vornherein feststeht, daß er während des ganzen Geschäftsjahres überhaupt nicht zur Erfüllung der Obliegenheiten eines Vorsitzenden in der Lage sein wird (RGSt 55, 236; 56, 157). Vielmehr wird der Vorschrift des Gesetzes schon dann nicht mehr genügt, wenn die Verhinderung derart ist, daß ein wesentlicher Einfluß auf den Geschäftsgang und die Rechtsprechung der Kammer infolge anderweitiger Belastung nicht mehr ausgeübt werden kann (RGSt 62, 366).

Im vorliegenden Fall kann es nach der dienstlichen Äußerung des Landgerichtsdirektors R. nicht zweifelhaft sein, daß das erkennende Gericht im Sinne dieser Grundsätze nicht vorschriftsmäßig besetzt war. Die Wahrnehmung nur einer Sitzung im Monat war im Verhältnis zur Gesamtbelastung der Kammer unbedeutend; sie ermöglichte nicht den erforderlichen Überblick über den gesamten Geschäftsstand. Der ordentliche Vorsitzende war, wie er selbst dargelegt hat, nicht einmal in der Lage, die Geschäfte zu verteilen und die Termine zu bestimmen. Von einem richtunggebenden Einfluß auf die Erledigung der Geschäfte kann deshalb keine Rede sein. Das Mindestmaß der zu stellenden Anforderungen ist nicht erfüllt. An dem Grundgedanken des Gesetzes muß auch gegenüber dem allgemeinen Anwachsen der Geschäfte festgehalten werden, wenn nicht die Führung des Vorsitzes zu einer leeren Form herabsinken soll.

54. Beauftragter Richter als Vorsitzender einer auswärtigen Strafkammer nicht zulässig.
StPO § 338 Nr. 1; GVG §§ 66 (a.F.), 78 – BGH Urt. v. 10. 7. 1951 – 2 StR 278/51 LG Lüneburg (= BGHSt. 1, 265)

Die Revision rügt, der Vorsitz sei nicht von einem ordentlichen Mitglied der Kammer, sondern von einem beauftragten Richter geführt worden.

Sachverhalt: Nach dem Sitzungsprotokoll hat den Vorsitz in der Hauptverhandlung vom 5. 3. 1951 der beauftragte Richter P. geführt. Er war durch Beschluß des Präsidiums des Landgerichts Lüneburg vom 21. 12. 1950 für das Geschäftsjahr 1951 zum Vertreter des ordentlichen Vorsitzenden der erkennenden Strafkammer bestellt worden. – Das Rechtsmittel hatte Erfolg.

Gründe: Diese Bestellung war unzulässig, weil nach § 66 Abs. 1 GVG nur ordentliche Mitglieder des Gerichts Vertreter des Vorsitzenden sein dürfen; das gilt auch für die auswärtigen Strafkammern des § 78 GVG (vgl. RGSt 1, 240; 18, 307; 54, 253, s auch RGSt 60, 259). Der genannte Richter war aber als nur beauftragter Richter kein ordentliches Mitglied des Gerichts. Jene Auslegung des § 66 GVG, deren Richtigkeit seit dem 1. 10. 1879 nie bezweifelt worden ist, beruht auf dem Gesetzeszweck.

Der Erlaß des niedersächsischen Ministers der Justiz vom 8. 3. 1951 (also nach dem Erlaß des Urteils), der den genannten Richter „mit Wirkung vom 1. 3. 1951" in eine Amtsgerichtsratsstelle beim Amtsgericht Celle einweist, hat den vorher gekennzeichneten Verfahrensmangel nicht mit Rückwirkung geheilt. Daß der Richter mit Rückwirkung ernannt ist, hat nur beamtenrechtliche Wirkung, ändert aber nichts daran, daß er am 5. 3. 1951 noch kein ordentliches Mitglied des Gerichtes war, also auch nicht Vertreter des Vorsitzenden sein konnte; vgl. RGSt 55, 225.

Das angefochtene Urteil war mithin, ohne daß auf die Sachbeschwerde eingegangen zu werden brauchte, nach §§ 337, 338 Nr. 1 StPO aufzuheben und die Sache war zur neuen Verhandlung und Entscheidung zurückzuverweisen.

Erfolglose Rügen

1. Überlastung einer ordentlichen Strafkammer (als Voraussetzung für die Bildung einer Hilfsstrafkammer) als unbestimmter Rechtbegriff nur auf Willkür hin überprüfbar.

StPO § 338 Nr. 1 – BGH Urt. v. 8. 12. 1999 – 3 StR 267/99 LG Lübeck (= NJW 2000, 1580)

Die Revision rügt, die Bildung einer Hilfsstrafkammer zeitgleich mit der Beschlußfassung über die Geschäftsverteilung für das unmittelbar folgende Geschäftsjahr sei unzulässig gewesen. Sie macht darüber hinaus geltend, daß das Schwurgericht nicht, wie dies für die Schaffung einer Hilfsstrafkammer vorausgesetzt werden müßte, lediglich vorübergehend überlastet gewesen sei, sondern daß wegen eines Großverfahrens aber auch allein schon auf Grund der anderen anhängigen Strafsachen eine dauernde Überlastung vorgelegen habe, der durch die Verteilung der Schwurgerichtssachen auf eine oder mehrere ordentliche (institutionelle) Strafkammern, nicht aber durch die Bildung einer Hilfsstrafkammer hätte abgeholfen werden dürfen. In der Vorgehensweise des Präsidiums sieht die Revision einen Verstoß gegen das die Geschäftsverteilung bestimmende Stetigkeitsprinzip sowie –wegen der Belastung der Richter des Schwurgerichts mit Strafvollstreckungssachen – gegen die Konzentrationsmaxime für Schwurgerichtssachen.

Sachverhalt: Mit Beschluß vom 22. 12. 1998 richtete das Präsidium des Landgerichts Lübeck wegen Überlastung der Strafkammer 1 – Schwurgericht – durch die Strafsachen gegen Dres. M. und gegen B. mit Wirkung vom 23. 12. 1998 die mit einem Vorsitzenden Richter und zwei beisitzenden Richtern besetzte Hilfsstrafkammer X – Hilfsschwurgericht – ein. Dem neuen Spruchkörper wies es alle bei der Strafkammer 1 anhängigen Verfahren mit Ausnahme der Strafsachen zu, in denen der Name des oder der Angeklagten mit den Buchstaben B, M und S beginnt, und bestimmte, daß es im Übrigen bei der Zuständigkeit der Strafkammer 1 verbleibe, ebenso hinsichtlich zurückverwiesener Strafsachen und derer, in denen die Hauptverhandlung bereits begonnen hat. Die Tätigkeit der Hilfsstrafkammer sollte grundsätzlich mit dem Ende der Hauptverhandlung in den ihr übertragenen Strafsachen abgeschlossen sein. Ebenfalls am 22. 12. 1998 faßte das Präsidium des Landgerichts Lübeck Beschluß über den Geschäftsverteilungsplan für das Jahr 1999. Danach ist die Strafkammer 1 – wie bereits in den vorausgegangenen Geschäftsjahren – zuständig für die Schwurgerichtssachen, außerdem für Beschwerden in Strafsachen sowie für Sicherungsverfahren i.S. des § 413 StPO einschließlich insoweit anfallender Beschwerden, soweit nicht die Zuständigkeit der Jugendkammer gegeben ist. Sie ist – wie übrigens alle Kammern des Landgerichts Lübeck – mit einem Vorsitzenden Richter und zwei beisitzenden Richtern besetzt, die mit der Hälfte ihrer Arbeitskraft zugleich der Strafkammer V angehören. Die vom Präsidium am Tag der Beschlußfassung über die Geschäftsverteilung 1999 angeordnete Einrichtung der Hilfsstrafkammer X – Hilfsschwurgericht – wird im Geschäftsverteilungsplan aufrechterhalten. – Das Rechtsmittel war erfolglos.

Gründe: In seinen vom Senat erbetenen Stellungnahmen vom 17. 11. 1999 und 6. 12. 1999 hat der Präsident des Landgerichts Lübeck mitgeteilt, daß die Strafkammer 1 durch die Bildung einer weiteren Hilfsschwurgerichtskammer zum 1. 7. 1999 und durch die Entlastung des Kammervorsitzenden und eines Beisitzers von Aufgaben der Strafvollstreckungskammer zum 1. 7. bzw. 16. 8. 1999 nochmals entlastet wurde, daß sich aber bereits Ende September 1999 abzeichnete, daß die Überlastung der Strafkammer 1 gegen Ende des Jahres beendet sein würde. Die Hauptverhandlung in dem Strafverfahren gegen Dres. M. hat Anfang November 1999 begonnen und stand Anfang Dezember 1999 kurz vor dem Abschluß.

Auf der Grundlage des mit dem Besetzungseinwand in der Hauptverhandlung unterbreiteten und die revisionsrechtliche Beurteilung zugleich begrenzenden Sachverhalts begegnen die Einrichtung der Hilfsstrafkammer X – Hilfsschwurgericht – des Landgerichts Lübeck und die Regelung ihrer Zuständigkeit keinen durchgreifenden rechtlichen Bedenken.

a) Grundsätzlich unterliegt die Gesetzmäßigkeit der Aufstellung und Abänderung der Geschäftsverteilung der Nachprüfung des Revisionsgerichts (BGHSt. 3, 353 [BGH Urt. v. 6. 1. 1953 – 2 StR 162/52; vgl. § 338 Nr. 1 StPO erfolgreiche Rügen]). Dieser Nachprüfung sind jedoch Grenzen gesetzt, die aus der eigenverantwortlichen Stellung des Präsidiums als Gremium verwaltungsunabhängiger Selbstorganisation der Gerichte und aus der Besonderheit der ihm übertragenen Aufgaben folgen. Der Beurteilung durch das Präsidium muß wegen der Notwendigkeit flexibler, an die konkrete Situation angepaßter und auf wesentliche Veränderungen zeitnah reagierender Entscheidungen schon deshalb ein gewisser Vorrang zukommen, weil es mit den persönlichen und sachlichen Gegebenheiten im Gericht sowie mit den örtlichen Verhältnissen im Gerichtsbezirk, insbesondere was den Anfall von Strafverfahren und anderen Rechtssachen angeht, auf Grund längerer Erfahrung besonders vertraut ist und damit über Entscheidungsgrundlagen verfügt, die dem sachverhaltsferneren Revisionsgericht durch dienstliche Äußerungen und andere Mittel des Freibeweises nur unvollkommen vermittelt werden können. Hinzu kommt, daß die Entscheidungen über die Geschäftsverteilung wesentlich von der Bewertung zukünftiger Entwicklungen insbesondere im Geschäftsanfall bestimmt sind und solche vorausschauenden Beurteilungen ihrer Natur nach eine ins Einzelne gehende Richtigkeitskontrolle nicht zulassen. Aus diesen Gründen ist die Regelung dem pflichtgemäßen Ermessen des Präsidiums überlassen. Im Bereich rechtlicher Einzelnormierung muß den dargelegten Besonderheiten dadurch Rechnung getragen werden, daß dem Präsidium bei der Anwendung unbestimmter Rechtsbegriffe ein weiter Beurteilungsspielraum zugebilligt wird. Um einen solchen unbestimmten Rechtsbegriff handelt es sich bei der Voraussetzung vorübergehender Überlastung der ordentlichen (institutionellen) Strafkammern, von der die im Gesetz nicht ausdrücklich vorgesehene, aber nach allgemeiner Meinung in der Rechtsprechung (auch im Bereich der Spezialspruchkörper wie dem Schwurgericht) zulässige Einrichtung einer Hilfsstrafkammer abhängt (vgl. u.a. BGHSt. 41, 175 [BGH Urt. v. 14. 7. 1995 – 5 StR 532/94; vgl. § 338 Nr. 1 StPO erfolglose Rügen]; BGHSt. 33, 303 [BGH Urt. v. 22. 8. 1958 – 4 StR 398/85; vgl. § 338 Nr. 1 StPO erfolglose Rügen]; BGHSt. 31, 389 [BGH Urt. v. 7. 6. 1983 – 4 StR 9/83; vgl. § 338 Nr. 1 StPO erfolglose Rügen]; BGHSt. 10, 179 [BGH Urt. v. 4. 4. 1957 – 4 StR 82/57; vgl. § 338 Nr. 1 StPO erfolgreiche Rügen]). Der weite Beurteilungsspielraum, der dem Präsidium insoweit zugebilligt werden muß, bezieht sich nicht nur auf die Feststellung der – hier unstreitigen – Überlastung der ordentlichen Strafkammern, sondern auch auf die wesentlich von einer Prognose beeinflußte Beurteilung, ob die Überlastung von Dauer ist, mithin eine Verteilung der zur Überlast führenden Geschäfte auf andere ordentliche Kammern verlangt, oder ob sie lediglich vorübergehender Natur ist, so daß ihr mit der Bildung einer Hilfsstrafkammer abgeholfen werden darf. Dahinstehen kann dabei, ob die Zubilligung eines Beurteilungsspielraums dazu zwingt, daß die tatsächlichen Grundlagen einer solchen Änderungsentscheidung des Präsidiums revisionsgerichtlicher Nachprüfung grundsätzlich entzogen werden (vgl. BGH, NJW 1956, 111; BGH, NJW 1976, 60 [BGH v. 25. 9. 1975 – 1 StR 199/75; vgl. § 21e GVG erfolglose Rügen]). Ein durchgreifender Rechtsmangel ist jedenfalls erst dann begründet, wenn offen zu Tage liegt, daß die Mehrbelastung von Dauer und nicht bloß vorübergehend ist, und daher die Entscheidung über die Bildung der Hilfsstrafkammer als objektiv willkürlich erscheint (BGHSt. 31, 389; vgl. auch BGH bei Holtz, MDR 1981, 455[1]; BGH, Urt.

---

1 „Eine auf Überlastung eines einzelnen Spruchkörpers zurückzuführende Änderung des Geschäftsverteilungsplanes gem. § 21e Abs. 3 GVG unterliegt – vom Falle der Willkür abgesehen – nicht der Nachprüfung durch das Revisionsgericht." (BGH Urt. v. 17. 2. 1981 – 1 StR 546/80).

v. 9. 5. 1961 – 1 StR 103/60;. BGH, Urt. v. 7. 11. 1979 – 2 StR 398/79, und BGH, Urt. v. 11. 4. 1979 – 1 StR 752/77). Ein solcher Fall ist hier bei Zugrundelegung des mit dem ursprünglichen Besetzungseinwand übereinstimmenden tatsächlichen Revisionsvorbringens – nicht aber auch der damit verbundenen Wertungen – noch nicht festzustellen.

Eine Überlastung der als Schwurgericht zuständigen Strafkammer 1 ist zwar zweifelsfrei durch die ursprünglich beim Landgericht Kiel anhängige und durch den Senat an das Landgericht Lübeck durch Urteil vom 15. 11. 1996 verwiesene Strafsache gegen Dres. M. wegen Mordes eingetreten. Der Senat, der auf Grund des vorausgegangenen Revisionsverfahrens mit dem besonderen Umfang und der Schwierigkeit jener Strafsache vertraut ist, teilt jedoch nicht die mit der Revision vertretene Auffassung, es sei offensichtlich, daß allein schon die mit der Strafsache gegen Dres. M. eingetretene Überlastung nicht bloß vorübergehend, sondern von Dauer sei. Vielmehr erscheint die dem Präsidiumsbeschluß über die Bildung der Hilfsstrafkammer X ersichtlich zu Grunde liegende Beurteilung, nach der vorgenommenen Entlastung wird die Strafkammer 1 in der Lage sein, die Strafsache gegen Dres. M. im Geschäftsjahr 1999 abzuschließen, als aus damaliger Sicht noch vertretbar und nicht im Sinne objektiver Willkür als offensichtlich verfehlt. Daß angesichts der verfahrenserleichternden Klärungen und Vorgaben, die sich auf Grund des Revisionsverfahrens in jener Strafsache ergeben haben, nicht die Dauer der früheren Hauptverhandlung vor dem Schwurgericht des Landgerichts Kiel von zwei Jahren als bestimmender Maßstab für die im Dezember 1998 getroffene Beurteilung des voraussichtlichen zeitlichen Aufwands für die Bewältigung der Umfangsache zu Grunde gelegt werden durfte, findet seine Bestätigung auch in der aus dem Protokoll der Präsidiumssitzung vom 22. 11. 1999 ersichtlichen tatsächlichen Entwicklung dieses Verfahrens. Ohnehin ist die Tätigkeit der Hilfsstrafkammer X nicht durch den Abschluß jener Umfangstrafsache, sondern durch die Erledigung der ihr übertragenen Strafsachen (nach Darstellung der Revision: fünf Strafverfahren) begrenzt; daß diese Aufgaben nicht vor Abschluß des Geschäftsjahrs 1999 bewältigt werden könnten, will auch die Revision offensichtlich nicht geltend machen.

Auch bei Berücksichtigung der allgemeinen, unabhängig vom Strafverfahren gegen Dres. M. bestehenden Geschäftslage der Strafkammer 1 war es, gemessen an dem mit der Revision geltend gemachten Sachverhalt, für den maßgeblichen Zeitpunkt der Einrichtung der Hilfsstrafkammer nicht offensichtlich, daß die Überlastung von Dauer und nicht nur vorübergehend sein werde. Außer dem Verfahren gegen Dres. M. waren nach den zum Inhalt der Revision gemachten Unterlagen bei der (einzigen) Schwurgerichtskammer des Landgerichts Lübeck im Monat März 1998 noch insgesamt neun und im Oktober 1998 sieben Strafsachen anhängig, die nach Umfang und Schwierigkeit vom Vorsitzenden der Schwurgerichtskammer in Schreiben an das Präsidium näher erläutert sind. Auch auf dieser Grundlage ist eine dauerhafte Überlastung, der nicht durch die Bildung einer Hilfsstrafkammer hätte abgeholfen werden dürfen, selbst dann nicht offengelegt, wenn die Geschäftslage der Schwurgerichtskammer dazu ins Verhältnis gesetzt wird, daß ihre Richter mit der Hälfte ihrer Arbeitskraft noch der Strafkammer V angehören. Anderes folgt nicht schon daraus, daß nach der mit der Revision mitgeteilten Eingabe eines Verteidigers eine andere im März 1997 und damit etwa zeitgleich mit der Umfangsache gegen Dres. M. bei der Strafkammer 1 eingegangene Strafsache wegen vorrangiger Haftsachen noch im April 1998 nicht terminiert war. Gleiches gilt insoweit, als in Berichten des Leitenden Oberstaatsanwalts in Lübeck unterstellt ist, daß die Schwurgerichtskammer zur Bewältigung ihrer Überlastung mit Haftsachen in vermehrtem Umfang zum Mittel der Haftverschonung gegriffen habe, und weiter darauf hingewiesen ist, daß das OLG Schleswig in Haftprüfungsentscheidungen nach § 121 I StPO die Überlastung als „noch" vorübergehend bezeichnet hat. Daraus kann zwar gefolgert werden, daß eine Überlastung der Strafkammer 1 vorlag, der das Präsidium schon wesentlich früher hätte abhelfen müssen; daraus kann jedoch noch nicht geschlossen werden, daß eine Überlastung gegeben war, die offensichtlich nicht durch die Bildung einer vorübergehend tätigen Hilfsstrafkammer beseitigt werden konnte. Im Übrigen hat der Begriff der bloß vorübergehenden (oder kurzfristigen), für die Aufrechterhaltung der Untersuchungshaft nach § 121 I StPO unschädlichen Überlastung des zuständigen Spruchkörpers eine andere Bedeutung als bei der Frage der Einrichtung einer Hilfsstrafkammer. Daß in früheren Sitzungsprotokollen des Präsidiums noch Anfang Dezember 1998 – offenbar wegen der Aussicht auf Zuweisung zwei weiterer Richter im Januar 1999 – die Erwartung festgehalten ist, daß vom Landgerichtspräsidenten eine weitere Schwurgerichtskammer eingerichtet wird, mag zwar deutlich machen, daß es um einen Grenzfall in der Beurteilung geht, ob die Belastung von Dauer oder nur vorübergehend ist. Die demgegenüber veränderte Beurteilung, die dem Präsidiumsbeschluß vom 22. 12. 1998 ersichtlich zu Grunde liegt, wird dadurch jedoch nicht i.S. objektiver Willkür offensichtlich unvertretbar.

b) Das Vorgehen des Präsidiums ist auch nicht unter dem Gesichtspunkt der in § 74 II GVG zum Ausdruck kommenden Konzentrationsmaxime in revisionsrechtlich erheblicher Weise fehlerhaft. Nach diesem Grundsatz sind die so genannten Schwurgerichtssachen (möglichst) bei einer Strafkammer als Schwurgericht zu konzentrieren und sie müssen in den Fällen, in denen dies wegen des großen Anfalls solcher Strafsachen nicht möglich ist, so auf mehrere Schwurgerichtskammern verteilt werden, daß sie den eindeutigen Schwerpunkt in der Zuständigkeit dieser Spruchkörper ausmachen (vgl. BGHSt. 27, 349 [BGH Urt. v. 9. 2. 1978 – 4 StR 636/77; vgl. § 338 Nr. 1 StPO erfolgreiche Rügen]; BGHSt. 34, 379 [BGH Urt. v. 29. 5. 1987 – 3 StR 242/86; vgl. § 338 Nr. 1 StPO erfolglose Rügen]; BGH, NJW 1978, 1594 [BGH Urt. v. 11. 4. 1978 – 1 StR 576/77; vgl. § 74 GVG erfolgreiche Rügen]). Dahingestellt bleiben kann dabei, ob im Hinblick auf die identische Besetzung der Strafkammer 1 (Schwurgericht) und der Strafkammer V (Strafvollstreckungskammer) mit je der Hälfte der Arbeitskraft der Richter aus dem Sinn der Konzentrationsmaxime trotz der formalen Trennung in zwei Spruchkörper überhaupt abgeleitet werden kann, daß das Präsidium, bevor es das Hilfsschwurgericht bildete, die im Schwurgericht tätigen Richter von ihren Aufgaben in der Strafvollstreckungskammer hätte freistellen müssen. Darauf kommt es deshalb nicht entscheidend an, weil der durch die Strafsache gegen Dres. M. eingetretenen Überlastung der Strafkammer 1 durch die Freistellung ihrer Richter von den Aufgaben in der Strafvollstreckungskammer allein nicht wirksam hätte begegnet werden können. Den diesbezüglichen Ausführungen des Präsidenten des Landgerichts liegt erkennbar der Umstand zu Grunde, daß angesichts der Unterschiede zwischen Schwurgerichtssachen und Strafvollstreckungssachen (Umfang, Vorbereitungszeit, Erfordernis von sächlichen und sonstigen personellen Mitteln) die Freistellung der Richter von Aufgaben der Strafvollstreckungskammer nicht zu einer gleichwertigen Steigerung der Arbeitskapazität des Schwurgerichts geführt hätte. Es hätte mithin in jedem Fall eine Hilfsstrafkammer gebildet werden müssen. Die Möglichkeit, daß dann weniger Strafsachen auf die Hilfsstrafkammer übertragen worden wären und das vorliegende Verfahren unter Umständen in der Zuständigkeit der Strafkammer 1 verblieben wäre, macht die angegriffene Entscheidung des Präsidiums nicht im Sinne objektiver Willkür unvertretbar und ist nicht geeignet, eine Verletzung des Rechts auf den gesetzlichen Richter zu begründen.

c) Auch die Art und Weise, wie das Präsidium die Geschäfte zwischen der Strafkammer 1 und der neu eingerichteten Hilfsstrafkammer X verteilt hat, unterliegt keinen durchgreifenden Bedenken. Die dabei zu beachtenden Grundsätze (vgl. BGHSt. 44, 161 [BGH Urt. v. 30. 7. 1998 – 5 StR 574/97; vgl. § 338 Nr. 1 StPO erfolglose Rügen]; BGHSt. 11, 106 [BGH Urt. v. 22. 11. 1957 – 4 StR 497/57; vgl. § 338 Nr. 1 StPO erfolglose Rügen]; BGHSt. 7, 23 [BGH Urt. v. 28. 9. 1954 – 5 StR 275/53; vgl. § 338 Nr. 1 StPO erfolgreiche Rügen]; BGHR StPO § 338 Nr. 1 Geschäftsverteilungsplan 2; BGH bei Holtz, MDR 1981, 455; BGH, NJW 1976, 60) sind eingehalten worden; eine unzulässige Einzelfallzuweisung liegt nicht vor. Die Änderung der bisherigen Geschäftsverteilung darf bereits anhängige Verfahren erfassen und kann darauf beschränkt sein (vgl. BGHSt. 44, 161; BGHR StPO § 338 Nr. 1 Geschäftsverteilungsplan 2). Daß die Änderung erkennbar bestimmte Strafverfahren betraf, hinderte die Anordnung des Präsidiums nicht (vgl. BGH bei Holtz, MDR 1981, 455). Entscheidend ist, daß diese Verfahren nach allgemeinen Kriterien der Hilfsstrafkammer X zugewiesen worden sind. Als praktisch unvermeidbare Folge einer zulässig auf bereits anhängige Verfahren bezogenen Änderung der bisherigen Geschäftsverteilung muß es im Interesse einer zügigen und sachgerechten Bewältigung der Geschäfte hingenommen werden, daß die konkreten Auswirkungen einer solchen Regelung auf bestimmte Verfahren für das Präsidium absehbar waren (vgl. BGHSt. 44, 161; BGH bei Holtz, MDR 1981, 455).

d) Schließlich folgt auch nicht aus dem Zeitpunkt der Bildung der Hilfsstrafkammer X ihre Unzulässigkeit. Eine Änderung der Geschäftsverteilung wegen Überlastung des Spruchkörpers nach § 21e III GVG ist grundsätzlich zu jedem Zeitpunkt des laufenden Geschäftsjahrs zulässig. Soweit der Bf. geltend macht, die ab 23. 12. 1998 wirksame Bildung der Hilfsstrafkammer X habe vor Beginn des neuen Geschäftsjahrs 1999 keine praktische Wirkung entfalten können, übersieht er, daß die Entlastung insofern auch in tatsächlicher Hinsicht sofort eintreten konnte, als es Maßnahmen außerhalb der Hauptverhandlung und die vorbereitende Bearbeitung der Strafsachen angeht. Zudem ist es nach Auffassung des Senats ohnehin rechtlich nicht ausgeschlossen, eine Hilfsstrafkammer mit Wirkung vom Beginn eines neuen Geschäftsjahrs an einzurichten (so auch der Sache nach BGHSt. 11, 106) und die Bildung des neuen Spruchkörpers mit der Beschlußfassung über die Geschäftsverteilung für das anstehende Geschäftsjahr zu verbinden oder sogar formal zum Inhalt des neuen Geschäftsverteilungsplans zu machen. Die Regelung in § 21e I 2 GVG, wonach das Präsidium die Geschäftsverteilung vor Beginn des Geschäftsjahrs für dessen Dauer zu treffen hat, bedeutet nicht, daß das Präsidium bei der Beschlußfassung über die Geschäftsverteilung ausnahmslos nur solche Maßnahmen treffen dürfte, von denen zu erwarten ist, daß sie während des ganzen Geschäftsjahrs bestehen bleiben. Vielmehr ist diese Vorschrift ebenso wie das aus ihr abgeleitete Stetigkeitsprinzip wegen der sich aus der Praxis ergebenden Sachzwänge, denen sich auch der Gesetzgeber nicht entziehen kann (vgl. etwa Einteilung von Richtern auf Probe oder kraft Auftrags, die gem. § 70 II GVG für eine kürzere Zeit als das Geschäftsjahr zugewiesen sind, oder von Richtern, die aus anderen Gründen im Laufe des Geschäftsjahrs absehbar ausscheiden werden), dahin zu verstehen, daß zwar grundsätzlich Anordnungen nur für die gesamte Dauer des Geschäftsjahrs getroffen werden dürfen, ausnahmsweise auch solche Regelungen zulässig sind, von denen mit Wahrscheinlichkeit oder Gewissheit vorauszusehen ist, daß sie im Laufe des Geschäftsjahrs geändert werden müssen. Zu den zulässigen Ausnahmen gehört auch die Bildung einer Hilfsstrafkammer. Die gegenteilige Beurteilung würde nur dazu führen, daß die Entscheidung über die Bildung der Hilfsstrafkammer zu Lasten einer zügigen und sachgerechten Erledigung der anfallenden Geschäfte zeitlich verlagert werden müßte. Letzten Endes würde dies auf die Einhaltung einer bloßen Formalie hinauslaufen.

Daß die erkennende Hilfsstrafkammer X als – materiell gesehen – Vertretungsspruchkörper der Schwurgerichtskammer mit den für die Sitzung des Schwurgerichts ausgelosten Schöffen besetzt war, entspricht dem Gesetz (vgl. BGHSt. 25, 174 [BGH Urt. v. 10. 4. 1973 – 1 StR 523/72; vgl. § 338 Nr. 1 StPO erfolglose Rügen]; BGHSt. 41, 175). Eigenständige, von der Frage der Zulässigkeit der Einrichtung der Hilfsstrafkammer unabhängige Gründe, weshalb die Mitwirkung dieser Schöffen unzulässig gewesen sein soll, werden mit der Revision nicht geltend gemacht.

2. „Reduzierte" Besetzung der Strafkammer nur nach Besetzungseinwand überprüfbar.

StPO § 338 Nr. 1; GVG § 76 II – BGH Urt. v. 11. 2. 1999 – 4 StR 657/98 LG Dortmund (= BGHSt. 44, 361 = NJW 1999, 1724 = StV 1998, 529 = NStZ 1999, 365)

Die Revision rügt, daß das Landgericht in der Besetzung mit zwei – anstatt mit drei – Berufsrichtern (und zwei Schöffen) entschieden hat, obwohl es einen dahin gehenden Beschluß nach § 76 Abs. 2 GVG nicht gefaßt hatte.

Der Sachverhalt ergibt sich aus der Revisionsbegründung. – Das Rechtsmittel war erfolglos.

Gründe:

a) Die Revision beanstandet an sich zu Recht, daß das Landgericht in der Besetzung mit zwei – anstatt mit drei – Berufsrichtern (und zwei Schöffen) entschieden hat, obwohl es einen dahin gehenden Beschluß nach § 76 Abs. 2 GVG nicht gefaßt hatte. Ein solcher Beschluß war hier ungeachtet dessen zulässig – aber auch erforderlich –" daß das Hauptverfahren zunächst vor dem Schöffengericht eröffnet worden war, das die Sache gemäß § 270 Abs. 1 Satz 1 StPO an das Landgericht verwiesen hatte. Zwar sieht § 76 Abs. 2 GVG nach seinem Wortlaut die Möglichkeit für die große Strafkammer, in dieser Weise über seine Besetzung zu beschließen, (nur) „bei der Eröffnung des Hauptverfahrens" vor. Nach Sinn und Zweck dieser durch das Gesetz zur Entlastung der Rechtspflege vom 11. 1. 1993 (BGBl. I 50) eingeführten Regelung (vgl. BT-Drucks. 12/1217 S. 19, 46 f.) kann aber nichts anderes gelten, wenn die Zuständigkeit des Landgerichts durch eine Verweisung der Sache nach §§ 225a, 270 StPO begründet wird (vgl. zur Anwendung der entsprechenden Vorschrift des § 33b Abs. 2 JGG für die Jugendkammer als Berufungsgericht BGHR JGG § 33b Abs. 2 Besetzungsentscheidung 1).

b) Das Fehlen des Beschlusses nach § 76 Abs. 2 GVG hat zur Folge, daß die Strafkammer in der regulären Besetzung mit drei Berufsrichtern und zwei Schöffen (§ 76 Abs. 1 Satz 1 GVG) hätte verhandeln müssen, sie mithin nicht vorschriftsmäßig besetzt war. Dabei kann dahinstehen, ob § 76 Abs. 2 GVG die Beschlußfassung nunmehr auch dann gebietet, wenn wegen des Umfangs oder der Schwierigkeit der Sache die Strafkammer mit drei Berufsrichtern besetzt ist. Jedenfalls hat das Entlastungsgesetz, wie die dem § 76 Abs. 2 GVG vorangehende und – soweit hier von Interesse – unverändert gebliebene Regelung des Absatzes 1 Satz 1 der Vorschrift zeigt, die gesetzliche Regelbesetzung der Strafkammer mit drei Berufsrichtern unangetastet gelassen, die deshalb auch dann maßgebend ist, wenn eine ausdrückliche Beschlußfassung unterbleibt.

c) Die Revision kann die fehlerhafte Besetzung jedoch nicht rügen, weil der Angeklagte und sein Verteidiger weder den in § 222b Abs. 1 StPO vorgesehenen Besetzungseinwand in der Hauptverhandlung erhoben noch die Unterbrechung der Hauptverhandlung zur Prüfung der Besetzung (§ 222a Abs. 2 StPO) beantragt haben (§ 338 Nr. 1 Halbsatz 2 StPO). Die Besetzung der Strafkammer für die am 26. 6. 1998 beginnende Hauptverhandlung wurde dem Angeklagten und dem Verteidiger mit Verfügung des Vorsitzenden vom 25. 5. 1998 gemäß § 222a Abs. 1 StPO mitgeteilt. Hiernach konnte der Einwand, daß das Gericht „vorschriftswidrig besetzt" sei, nach § 222b Abs. 1 Satz 1 StPO nur bis zum Beginn der Vernehmung des Angeklagten in der Hauptverhandlung geltend gemacht werden.

Entgegen der Auffassung der Revision war der Einwand zur Erhaltung der Besetzungsrüge auch nicht etwa entbehrlich. Der Senat teilt nicht die Auffassung, die durch das Strafverfahrensänderungsgesetz 1979 vom 5. 10. 1978 (BGBl. I 1645) eingeführte Präklusionsregelung für Besetzungsrügen sei auf den hier zu entscheidenden Fall deshalb nicht anwendbar, weil bis zum Inkrafttreten des § 76 Abs. 2 GVG die Strafkammer ausnahmslos mit drei Berufsrichtern besetzt gewesen sei und deshalb §§ 222b, 338 Nr. 1 Halbsatz 2 StPO die Besetzungsrüge in der Revision nur dann ausschlössen, wenn die Vorschriftswidrigkeit die personelle Zusammensetzung, nicht aber auch die Größe der Strafkammer, also die zahlenmäßige Besetzung betreffe. Es spricht nichts dafür, der Gesetzgeber hätte die mit § 76 Abs. 2 GVG zur Entlastung geschaffene „reduzierte" Besetzung im Widerspruch zu dieser Zielsetzung von der Präklusionswirkung ausnehmen wollen. Der Wortlaut der unverändert gebliebenen Vorschriften der §§ 222b, 338 Nr. 1 StPO, der unterschiedslos auf „die vorschriftswidrige Besetzung" abstellt, gibt hierfür nichts her. Auch der gesetzgeberische Zweck der Rügepräklusion, die im Interesse der Verfahrensbeschleunigung dazu beitragen soll, die Urteilsaufhebung wegen eines – in aller Regel nur auf Irrtum beruhenden –

Besetzungsfehlers zu vermeiden, spricht nicht für eine Beschränkung des Anwendungsbereichs der Vorschriften auf die personelle Zusammensetzung des Gerichts. Hat deshalb die Strafkammer zwar die Besetzung mit zwei Berufsrichtern nach § 76 Abs. 2 Halbsatz 1 GVG beschlossen, wird aber (erst) mit der Revision gerügt, die Besetzung der Strafkammer sei fehlerhaft gewesen, weil Umfang oder Schwierigkeit der Sache die Zuziehung eines dritten Richters erfordert hätten (§ 76 Abs. 2 Halbsatz 2 GVG), so gibt es (ungeachtet der ohnehin nur eingeschränkten Überprüfbarkeit der Entscheidung) keinen überzeugenden Grund, die Präklusionswirkung zu verneinen, wenn der Besetzungseinwand nicht entsprechend § 222b StPO in der Hauptverhandlung geltend gemacht worden ist. Fehlt der Beschluß nach § 76 Abs. 2 GVG, so kann im Ergebnis nichts anderes gelten.

d) Maßgebend für die Präklusion ist, ob die Prüfung der ordnungsgemäßen Zusammensetzung des Gerichts bereits zu Beginn des Verfahrens durchführbar und den Verfahrensbeteiligten, die insoweit Zweifel haben, auch zuzumuten ist. Aus diesem Grund sind von der Präklusionswirkung nach der Rechtsprechung für den Rügeberechtigten objektiv nicht erkennbare Besetzungsfehler (vgl. dazu BGHR StPO § 338 Nr. 1 Schöffe 5) sowie solche ausgeschlossen, die sich allein aus Mängeln in der Person des Richters ergeben oder erst im Laufe der Hauptverhandlung eintreten (BGHSt. 34, 236 [BGH Urt. v. 27. 11. 1986 – 4 StR 536/86; vgl. § 338 Nr. 1 StPO erfolgreiche Rügen]; 35, 164 [BGH Urt. v. 17. 12. 1987 – 4 StR 440/87; vgl. § 338 Nr. 1 StPO erfolgreiche Rügen], jeweils zur Mitwirkung eines blinden Richters). Um solch einen Fall handelt es sich hier jedoch nicht.

Der Verteidiger hätte sich unschwer durch Nachfrage beim Gericht oder durch Einblick in die Sachakten Kenntnis darüber verschaffen können, daß ein Besetzungsbeschluß nach § 76 Abs. 2 GVG nicht ergangen war. Dies gilt hier um so mehr, als die Sachakten unter Einschluß der Terminsverfügung des Vorsitzenden dem Verteidiger auf seinen Antrag wenige Tage vor Beginn der Hauptverhandlung noch einmal zur Einsicht überlassen wurden. Daß der Verteidiger möglicherweise im Vertrauen auf das Vorliegen des erforderlichen Gerichtsbeschlusses nach § 76 Abs. 2 GVG insoweit eine Nachprüfung unterlassen hat, ändert an der Präklusion der Rüge nichts (vgl. BGHR StPO § 338 Nr. 1 Vertreter 4).

Etwas anderes ergibt sich auch nicht daraus, daß erst die Entscheidung der Strafkammer über ihre Besetzung nach § 76 Abs. 2 GVG den gesetzlichen Richter im Sinne von Art. 101 Abs. 1 Satz 2 GG, § 16 Satz 2 GVG bestimmt. Denn durch die Präklusionsregelung wird nicht die Verfassungsgarantie des gesetzlichen Richters als solche angetastet, sondern – in verfassungsrechtlich nicht zu beanstandender Weise (BVerfG – Vorprüfungsausschuß – NStZ 1984, 370, 371 [BVerfG Beschl. v. 14. 3. 1984 – 2 BvR 249/84; vgl. § 338 Nr. 1 StPO erfolglose Rügen]) – lediglich ihre zeitliche Geltendmachung.

Im übrigen kann auch nicht unberücksichtigt bleiben, daß der Gesetzgeber mit der Einführung des § 76 Abs. 2 GVG unbeschadet der Befristung der Regelung „grundsätzlich" eine Besetzung der erstinstanzlich entscheidenden Strafkammern mit zwei Berufsrichtern vorgesehen und die Erwartung verbunden hat, daß diese Besetzung „in der Mehrheit der Fälle" zu beschließen sein werde (BT-Drucks. 12/1217 S. 47). Angesichts dieser gesetzgeberischen Intention, der – was die Revision auch nicht in Frage stellt – die „reduzierte" Besetzung der Strafkammer hier entsprach, erscheint es gerechtfertigt, das Fehlen des Besetzungsbeschlusses nach § 76 Abs. 2 GVG jenen Besetzungsmängeln zuzurechnen, auf die die Präklusionsregelung der §§ 222a, 222b, 338 Nr. 1 Halbsatz 2 StPO Anwendung findet.

e) Soweit die Revision in diesem Zusammenhang neben § 338 Nr. 1 StPO als weiteren absoluten Revisionsgrund auch den des § 338 Nr. 5 StPO i.V.m. § 226 StPO geltend macht, verkennt sie, daß für die Rüge der Besetzung der Richterbank allein § 338 Nr. 1 StPO gilt.

3. „Reduzierte Besetzung" der Strafkammer nur bei Willkür anfechtbar.

StPO § 338 Nr. 1, § 222b; GVG § 76 II – BGH Urt. v. 23. 12. 1998 – 3 StR 343/98 LG Mönchengladbach (= BGHSt. 44, 328 = NJW 1999, 1644 = StV 1999, 526 = NStZ 1999, 367)

Die Revision rügt, daß die Strafkammer unter Verstoß gegen § 76 Abs. 2 GVG in der Hauptverhandlung mit nur zwei Berufsrichtern besetzt gewesen ist.

Sachverhalt: Am ersten Hauptverhandlungstag, dem 23. 10. 1997, teilte der Vorsitzende die Besetzung des Gerichts mit. Der Verteidiger des Angeklagten, Rechtsanwalt W., beantragte die Unterbrechung der Hauptverhandlung zur Prüfung der Besetzung. Fortsetzungstermin wurde im Einverständnis mit Rechtsanwalt W. auf den 29. 10. 1997 bestimmt. An diesem Tag erhob der zweite Verteidiger des Angeklagten, Rechtsanwalt D., in einem Schriftsatz, der auch von Rechtsanwalt W., der an diesem Tage nicht anwesend war, mitunterzeichnet war, zwei Besetzungsrügen (Zweierbesetzung trotz Umfangsverfahren, Schöffenauslosung). Das Gericht beschloß, die Entscheidung über die Besetzungsrügen zurückzustellen und die Hauptverhandlung nicht zu unterbrechen. Unter dem 2. 11. 1997 kündigte Rechtsanwalt W. weitere Besetzungseinwände an. Am 6. 11. 1997 teilte er sodann die weitere Besetzungsrüge, die Strafkammer sei mit insgesamt vier Berufsrichtern fehlerhaft besetzt, per Fax dem Gericht – allerdings ohne Anlagen – mit. Am dritten Hauptverhandlungstag, dem 10. 11. 1997, nahm Rechtsanwalt W. wieder an der Hauptverhandlung teil, verlas die vorab übersandte Besetzungsrüge und übergab die Anlagen dem Gericht. Nach Ablehnung aller Besetzungsrügen begann die Vernehmung des Angeklagten zur Sache. – Das Rechtsmittel war erfolglos.

Gründe:

a) § 338 Nr. 1 StPO ist nicht verletzt. Die Vorschrift sichert das Recht auf den gesetzlichen Richter. Sie greift u.a. dann ein, wenn ausdrückliche Regelungen über die Gerichtsbesetzung verletzt sind. Hierzu gehört auch § 76 Abs. 2 GVG. Eine Verletzung dieser Norm kann die Revision begründen, wenn die Kammer zu Unrecht die Besetzung mit nur zwei Berufsrichtern für die Hauptverhandlung beschlossen hat und die Rüge nicht gemäß § 338 Nr. 1 Halbsatz 2 i.V.m. § 222b StPO ausgeschlossen ist. Dies gilt aber nur dann, wenn die Strafkammer ihren weiten Beurteilungsspielraum hinsichtlich der Tatbestandsmerkmale Umfang und Schwierigkeit der Sache in unvertretbarer Weise und damit objektiv willkürlich überschritten hat. Bei Anwendung dieser Kriterien hält die Entscheidung der Strafkammer revisionsrechtlicher Prüfung noch stand.

aa) Gemäß § 76 Abs. 1 GVG ist eine große Strafkammer in der Hauptverhandlung grundsätzlich mit drei Berufsrichtern und zwei Schöffen besetzt. Diese Besetzung gilt ausnahmslos für die Schwurgerichtskammer nach § 74 Abs. 2 GVG. Für die übrigen großen Strafkammern hat das Gesetz zur Entlastung der Rechtspflege vom 11. 1. 1993 (BGBl. I 50) für die Zeit vom 1. 3. 1993 bis zum 28. 2. 1998 in § 76 Abs. 2 GVG für die Hauptverhandlung die Möglichkeit einer verringerten Besetzung vorgesehen. Die Regelung gilt nach dem 3. Verjährungsgesetz vom 22. 12. 1997 (BGBl. I 3223) nunmehr bis zum 31. 12. 2000. Sie bestimmt, daß die große Strafkammer bei der Eröffnung des Hauptverfahrens beschließt, daß sie in der Hauptverhandlung mit zwei Richtern einschließlich des Vorsitzenden und zwei Schöffen besetzt ist, wenn nicht nach dem Umfang oder der Schwierigkeit der Sache die Mitwirkung eines dritten Richters notwendig erscheint. Somit ist die Besetzung mit zwei Berufsrichtern die Regel, diejenige mit drei Berufsrichtern die Ausnahme, wodurch der Grundsatz des § 76 Abs. 1 Satz 1 GVG für den genannten Zeitraum umgekehrt wird.

bb) Die Entscheidung über die in der Hauptverhandlung reduzierte Besetzung ist im erstinstanzlichen Verfahren nicht selbständig mit Rechtsmitteln anfechtbar. § 76 Abs. 2 GVG stellt aber eine ausdrückliche Regelung über die Gerichtsbesetzung dar, so daß ein Verstoß gegen diese Norm unter den Voraussetzungen des § 338 Nr. 1 StPO die Revision grundsätzlich zu begründen vermag, wenn die Strafkammer zu Unrecht die reduzierte Besetzung angeordnet hat. Inwieweit der Beschluß der Strafkammer, die Hauptverhandlung mit drei Berufsrichtern durchzuführen, einer revisionsrechtlichen Kontrolle unterliegt, braucht der Senat hier nicht zu entscheiden.

Der Revisibilität der Entscheidung nach § 76 Abs. 2 GVG im Falle der Anordnung einer Zweierbesetzung steht der enge Zusammenhang zwischen der Bestimmung der Besetzung in der Hauptverhandlung und der Entscheidung über die Eröffnung des Hauptverfahrens nicht entgegen. Der Beschluß über die Gerichtsbesetzung ist kein Teil des Eröffnungsbeschlusses, der an dessen Unanfechtbarkeit für den Angeklagten (§ 210 Abs. 1 StPO) teilnimmt, und kann auch nicht, wie der Beschwerdeführer meint, im Falle seiner Fehlerhaftigkeit ein zur Einstellung des Verfahrens führendes Verfahrenshindernis begründen. Dies folgt schon aus dem Wortlaut des § 76 Abs. 2 GVG, der bestimmt, daß die Besetzungsentscheidung „bei" der Entscheidung über die Eröffnung des Hauptverfahrens zu treffen ist. Die Entscheidung über die Gerichtsbesetzung, die sich an Umfang und Schwierigkeit der Sache orientiert, läßt sich auch inhaltlich von derjenigen über die Eröffnung des Hauptverfahrens trennen, für die der hinreichende Tatverdacht maßgebend ist, vgl. § 203 StPO. Es besteht insofern eine den gemäß § 207 Abs. 4 StPO zu treffenden Entscheidungen über die Fortdauer der Untersuchungshaft oder der einstweiligen Unterbringung vergleichbare Lage. Die zeitliche Verknüpfung der Entscheidung über die Besetzung in der Hauptverhandlung mit derjenigen über die Eröffnung des Hauptverfahrens dient vor allem dazu sicherzustellen, daß der gesetzliche Richter für das gesamte Hauptverfahren bereits bei dessen Beginn bestimmt ist.

cc) Die Rüge ist nicht gemäß § 338 Nr. 1 Halbsatz 2 StPO i.V.m. § 222b StPO präkludiert, da der Beschwerdeführer sie in der Hauptverhandlung rechtzeitig erhoben hat. Die genannten Präklusionsvorschriften gelten bei dem Einwand der Unterbesetzung der Strafkammer mit Berufsrichtern entsprechend.

Zwar erscheint die direkte Anwendung des § 222b StPO, der den Fall einer Mitteilung der Gerichtsbesetzung nach § 222a StPO betrifft, fraglich. Denn soweit in § 222a StPO eine solche Mitteilung angeordnet ist, betrifft dies nach dem Sinn und Zweck der Regelung vorrangig die Benennung der zur Mitwirkung berufenen konkreten Personen, nicht aber die Frage des Umfangs der Kammerbesetzung. Über diesen wird durch Kammerbeschluß bei der Eröffnung des Hauptverfahrens entschieden, die Entscheidung ist den Verfahrensbeteiligten bekanntzumachen. Eine gesonderte, durch den Vorsitzenden veranlaßte Mitteilung gemäß § 222a StPO über die Anzahl der in der Hauptverhandlung mitwirkenden Richter ist dann nicht mehr erforderlich.

§ 222b StPO gilt aber jedenfalls entsprechend. Diese Regelung ist zwar als Präklusionsvorschrift eng auszulegen. Der Normzweck und die Interessenlage erfassen jedoch auch die hier gegebene Fallkonstellation. Die §§ 222a, 222b StPO sollen zum Zwecke der Prozeßökonomie dazu beitragen, den unnützen Aufwand und die erhebliche Verfahrensverzögerung zu vermeiden, die entstehen, wenn das Revisionsgericht wegen eines in aller Regel nur auf einem Irrtum beruhenden Besetzungsfehlers ein Urteil aufheben und das Verfahren an die Vorinstanz zurückverweisen muß (vgl. BT-Drucks. 8/1844 S. 31). Dieser Gedanke gilt gleichermaßen für die Bestimmung der konkreten Richterpersonen wie für die Festlegung des Umfangs der Besetzung in der Hauptverhandlung. Ein Verstoß gegen § 76 Abs. 2 GVG gleicht insoweit einem organisatorischen Besetzungsmangel, wie er von den §§ 222a, 222b StPO erfaßt wird.

Die Strafkammer ist zur Abänderung ihres Beschlusses jedoch nur befugt, wenn dieser nach der zum Zeitpunkt seiner Fassung bestehenden Sach- und Rechtslage fehlerhaft war. Ansonsten läge es in der Hand der Verfahrensbeteiligten, durch ein entsprechendes Verhalten noch während des Hauptverfahrens Einfluß auf den gesetzlichen Richter zu nehmen. Später eingetretene Änderungen bezüglich des Umfangs oder der Schwierigkeit der Sache sind deshalb auch im Revisionsverfahren nicht zu berücksichtigen.

dd) Ein Verstoß gegen § 76 Abs. 2 GVG begründet die Revision allerdings nur dann, wenn die Entscheidung der Strafkammer objektiv willkürlich ist, weil sie den ihr zustehenden Beurteilungsspielraum in unvertretbarer Weise überschreitet. Dies ist hier nicht der Fall.

Der das Hauptverfahren eröffnenden Strafkammer steht bei der Entscheidung nach § 76 Abs. 2 GVG kein Ermessen zu (vgl. BT-Drucks. 12/1217 S. 47). Die reduzierte Besetzung ist zu beschließen, wenn nicht eine der in § 76 Abs. 2 GVG geregelten Ausnahmen vorliegt. Jedoch ergibt sich bereits aus dem Wortlaut des Gesetzes, wonach die Dreierbesetzung zu beschließen ist, wenn dies nach dem Umfang oder der Schwierigkeit der Sache notwendig „erscheint", daß die Kammer bei der Auslegung dieser Tatbestandsmerkmale über einen weiten Beurteilungsspielraum verfügt, der es gestattet, die Umstände des Einzelfalles zu berücksichtigen. Bei der Bewertung des Umfangs der Sache ist ein quantitativer Maßstab anzulegen. Bedeutsam sind dabei etwa die Zahl der Angeklagten und Verteidiger, die Zahl der Delikte und notwendiger Dolmetscher, die Zahl der Zeugen und anderer Beweismittel, die Notwendigkeit von Sachverständigengutachten, der Umfang der Akten sowie die zu erwartende Dauer der Hauptverhandlung. Die überdurchschnittliche Schwierigkeit der Sache kann sich etwa aus der Notwendigkeit umfangreicher Sachverständigengutachten, zu erwartenden Beweisschwierigkeiten oder der rechtlichen oder tatsächlichen Kompliziertheit z.B. in Wirtschaftsstrafsachen ergeben.

Bei der Prüfung dieser Kriterien und der Ausübung des Beurteilungsspielraums ist zu bedenken, daß der Gesetzgeber zu Recht davon ausgeht, daß sich die Besetzung einer großen Strafkammer mit drei Berufsrichtern bewährt hat. Der Strafkammer steht die Strafgewalt in der gesamten Breite zu, über die das Strafrecht verfügt. Mit der Möglichkeit z.B. der Anordnung der Sicherungsverwahrung oder der Unterbringung in einem psychiatrischen Krankenhaus sind die weitestgehenden Entscheidungen im Bereich des Strafrechts in ihre Zuständigkeit gelegt. Zudem ist das Verfahren vor der Strafkammer die einzige Tatsacheninstanz. Vor diesem Hintergrund kommt der Qualität der Entscheidungen eine große Bedeutung zu. Deren Sicherung ist durch das Kollegialitätsprinzip in besonderer Weise gewährleistet. Die Mitwirkung mehrerer Berufsrichter ermöglicht es, die Aufgaben in der Hauptverhandlung sachgerecht zu verteilen, den Tatsachenstoff intensiver und von mehreren Seiten zu würdigen und Rechtsfragen grundsätzlich besser als nur unter Beteiligung von Laienrichtern zu lösen. Der Gesetzgeber war sich deshalb der Gefahren, die sich bei einer Minderung der Mitgliederzahl des Kollegiums ergeben können, bewußt, glaubte aber, sie im Hinblick auf die durch den Aufbau einer rechtsstaatlichen Justiz in den neuen Bundesländern verursachte besondere Lage für einen vorübergehenden Zeitraum in Kauf nehmen zu können. Dementsprechend spricht vieles dafür, bei der Anordnung einer Zweierbesetzung eine gewisse Zurückhaltung zu üben, wenn zweifelhaft ist, ob Umfang oder Schwierigkeit der Sache die Bestimmung einer Dreierbesetzung notwendig erscheinen läßt. Jedenfalls wäre es sachfremd und damit objektiv willkürlich, etwa aus Gründen der Personaleinsparung oder Ähnlichem eine reduzierte Besetzung zu beschließen. Die Justizverwaltung hat deshalb sicherzustellen, daß umfangreiche oder schwierige Verfahren mit drei Berufsrichtern durchgeführt werden können.

Im vorliegenden Fall spricht insbesondere die Anzahl von ursprünglich acht Angeklagten, zehn Verteidigern, neunzehn Anklagevorwürfen und mehr als siebzig in der Anklageschrift benannten Zeugen deutlich für das Vorliegen eines in Dreierbesetzung zu verhandelnden Umfangverfahrens. Die Entscheidung der Kammer, die Hauptverhandlung mit nur zwei Berufsrichtern durchzuführen, erscheint deshalb rechtlich bedenklich. Unter Berücksichtigung der besonderen Umstände des vorliegenden Falles ist die Auffassung der Strafkammer bei einer wertenden Gesamtbeurteilung der Einzelfallkriterien hätten der Umfang oder die Schwierigkeit der Sache die Hinzuziehung eines dritten Berufsrichters nicht geboten, jedoch noch nicht als unvertretbar und damit objektiv willkürlich anzusehen. So hat die Kammer ihre Entscheidung u.a. damit begründet, der Umfang des Anklagevorwurfs werde durch die in der Hauptverhandlung feststellungsbedürftigen äußeren und inneren Tatumstände der angeklagten Delikte deutlich relativiert. Drei Angeklagte hätten umfangreiche Geständnisse, zwei Angeklagte hätten Teilgeständnisse abgelegt, ein weiterer Angeklagter habe eine Einlassung zum Anklagevorwurf angekündigt. So sei die Annahme einer Reduktion der ins Auge gefaßten Sitzungstage nicht ganz fernliegend gewesen. Besondere Schwierigkeiten in verfahrens- oder sachlichrechtlicher Hinsicht hätten sich nicht gezeigt. Damit hat sich die Kammer in noch hinzunehmender Weise an sachgerechten Kriterien orientiert. Hinzu kommt, daß es eine feststehende Rechtsprechung zu § 76 Abs. 2 GVG zum Zeitpunkt der Entscheidung über die reduzierte Besetzung nicht gab.

ee) Ein Verstoß gegen den Grundsatz des rechtlichen Gehörs liegt nicht vor. Die Besetzungsentscheidung ist von Amts wegen zu treffen. Rechtliches Gehör ist dem Beschwerdeführer bereits dadurch gewährt worden, daß ihm gemäß § 201 StPO die Anklageschrift mitgeteilt worden ist. Eines ausdrücklichen Hinweises darüber, daß die Kammer erwägt, die Besetzungsreduktion anzuordnen, bedarf es nicht, da es sich um eine bei der Eröffnungsentscheidung allgemein vorzunehmende Prüfung handelt, auf die sich der Angeschuldigte auch ohne besonderen Hinweis einstellen muß. Im übrigen wäre das rechtliche Gehör jedenfalls deshalb nachgeholt, weil der Beschwerdeführer Einwendungen gegen die Besetzung erhoben und die Strafkammer hierüber in der Sache entschieden hat.

b) Die weitere Rüge vom 6. 11. 1997 war nicht Gegenstand eines zulässigen Besetzungseinwandes. Hierzu bemerkt der Senat ergänzend zur Antragsschrift des Generalbundesanwalts:

Nach § 222b Abs. 1 Satz 3 StPO sind alle Beanstandungen gleichzeitig vorzubringen. Daran fehlt es bei der erst am 2. 11. 1997 angekündigten, unter dem 6. 11. 1997 mitgeteilten und schließlich am 10. 11. 1997 vollständig erhobenen Rüge. Rechtsanwalt W. war Mitunterzeichner des Besetzungseinwandes vom 26. 10. 1997; diesen muß er sich zurechnen lassen. Sein Recht, einen weiteren Besetzungseinwand anzubringen, war damit verbraucht.

Dies gilt selbst dann, wenn man die Auffassung vertritt, daß bei mehreren Verteidigern jedem ein eigenständiges Rügerecht zusteht und jeder die gesetzliche Frist ausnützen kann. Hat ein Verteidiger von diesem Recht Gebrauch gemacht, sind seine späteren Einwendungen unzulässig. Daran ändert entgegen der Auffassung des Beschwerdeführers auch nichts, daß Rechtsanwalt W. am zweiten Verhandlungstag, als der von ihm mitunterzeichnete Besetzungseinwand erhoben wurde, nicht anwesend war und er selbst die Rüge nicht mündlich (mit)erheben konnte. Der Einwand kann auch in der Weise geltend gemacht werden, daß sich ein Beteiligter den Einwendungen eines anderen anschließt. Dies kann auch durch die Mitunterzeichnung eines von einem anderen Verteidiger desselben Angeklagten mündlich vorgetragenen Einwands geschehen.

Nichts anderes ergibt sich daraus, daß die nachgeschobene Besetzungsrüge noch vor der Vernehmung des Angeklagten zur Sache angebracht wurde. Das Nachschieben von Tatsachen oder eines Einwandes gegen die Besetzung ist auch dann unzulässig, wenn die Vernehmung des Angeklagten zur Sache noch nicht begonnen hat. Unerheblich ist ebenfalls, daß der nachgeschobene Besetzungseinwand erhoben wurde, bevor über die Besetzungsrügen vom 29. 10. 1997 entschieden wurde. Denn auch darauf, ob es tatsächlich zu einer Verfahrensverzögerung gekommen ist, kommt es nicht an.

Schließlich kann sich der Beschwerdeführer nicht darauf berufen, daß ihm bei Erhebung der ersten Besetzungsrüge der Grund für die weitere Beanstandung noch nicht bekannt gewesen sei. Nach dem Präklusionszeitpunkt können nur noch solche Besetzungsfehler gerügt werden, die zuvor objektiv nicht erkennbar waren, d.h. einem sorgfältigen Prozeßbeobachter, der von der Möglichkeit der Einsichtnahme in die Besetzungsunterlagen Gebrauch gemacht hätte, verborgen geblieben wären (vgl. BGH NJW 1997, 403, 404 [BGH Urt. v. 17. 10. 1996 – 4 StR 404/96; vgl. § 202a StPO erfolglose Rügen]). Da sich der Präsidiumsbeschluß, auf den die zweite Besetzungsrüge gestützt wird, bereits im Zeitpunkt der Erhebung der ersten Besetzungsrüge in den Besetzungsunterlagen befand, hätte diese Rüge schon zusammen mit der ersten Beanstandung erhoben werden können.

4. Umverteilung bereits anhängiger und noch nicht terminierter Haftsachen durch nachträgliche Änderung des Geschäftsverteilungsplans bei Überlastung einer Strafkammer zulässig.

StPO 222b, 338 Nr. 1; GVG § 21e III – BGH Urt. v. 30. 7. 1998 – 5 StR 574/97 LG Hamburg (= BGHSt. 44, 161 = NJW 1999, 154 = StV 1999, 1)

Die Revision rügt, die erkennende Strafkammer sei nicht zuständig gewesen, weil ihr die vorliegende Sache durch einen nachträglichen Geschäftsverteilungsplan zugewiesen wurde, der eine unzulässige Einzelzuweisung darstelle. Sie ist weiter der Ansicht, die Voraussetzungen des § 21e Abs. 3 GVG lägen nicht vor, der Präsidiumsbeschluß hätte nicht im Umlaufverfahren erlassen werden dürfen.

Sachverhalt: Nach dem für das Jahr 1996 geltenden Geschäftsverteilungsplan des Landgerichts ist zunächst die Große Strafkammer 6 für die Sache zuständig gewesen. Die Anklage ist deswegen am 24. 4. 1996 als Haftsache bei dieser Strafkammer eingegangen. In einem Vermerk vom 25. 4. 1996 hat der Vorsitzende der Großen Strafkammer 6 festgehalten, daß wegen anderer (namentlich genannter) vorgreiflicher Verfahren eine Förderung dieses Verfahrens nicht mit der in Haftsachen gebotenen Beschleunigung stattfinden könne; frühester Beginn der Hauptverhandlung würde November 1996 sein. Mit Schreiben vom 15. 5. 1996 hat der Vizepräsident des Landgerichts den Präsidiumsmitgliedern eine Änderung des Geschäftsverteilungsplans vorgeschlagen, weil die Große Strafkammer 6 nicht mehr in der Lage sei, Haftsachen zeitgerecht zu verhandeln. Im Umlaufverfahren hat das Präsidium des Landgerichts am 20. 5. 1996 folgende Änderung des Geschäftsverteilungsplans beschlossen (§ 21e Abs. 3 Satz 1 VG): „Die bei der Großen Strafkammer 6 im April 1996 eingegangenen und dort noch anhängigen Hauptverhandlungssachen gelangen, soweit es sich dabei zum Zeitpunkt dieses Beschlusses um Haftsachen handelt, die noch nicht terminiert sind, an die Große Strafkammer 19."

Aufgrund dieses Beschlusses ist die vorliegende Sache – und nur diese – an die Große Strafkammer 19 gelangt. – Das Rechtsmittel war erfolglos.

Gründe:

1. Soweit die Beschwerdeführer rügen, die Voraussetzungen des § 21e Abs. 3 GVG lägen nicht vor, da die Große Strafkammer 6 nicht überlastet gewesen sei, ist die Besetzungsrüge präkludiert, denn der vor der erkennenden Kammer geltend gemachte Besetzungseinwand entsprach nicht der vorgeschriebenen Form.

a) Die Zulässigkeit der Besetzungsrüge setzt voraus (§ 338 Abs. 1 Nr. 1 Buchst. b) StPO), daß der Besetzungseinwand bereits in der Hauptverhandlung vor dem Landgericht „rechtzeitig und in der vorgeschriebenen Form geltend gemacht worden ist". Die Vorschrift des § 338 Abs. 1 Nr. 1 Buchst. b StPO nimmt damit Bezug auf § 222b Abs. 1 Satz 2 StPO, der bestimmt, daß die Tatsachen, aus denen sich die vorschriftswidrige Besetzung ergeben soll, anzugeben sind. Um die Formerfordernisse erfüllen zu können, gibt § 222a Abs. 3 StPO ein Einsichtsrecht in die für die Besetzung maßgebenden Unterlagen.

Die Begründungsanforderungen an den Besetzungseinwand entsprechen den Rügevoraussetzungen des § 344 Abs. 2 Satz 2 StPO, wie schon die insoweit wortgleiche Formulierung zeigt. Fehlt die erforderliche Begründung, so ist der Besetzungseinwand nicht in der vorgeschriebenen Form geltend gemacht, mithin nicht zulässig erhoben worden.

Die Beschwerdeführer haben zu Beginn der Hauptverhandlung am 5. 8. 1996 rechtzeitig eingewendet, die große Strafkammer 6 sei nicht überlastet gewesen. Die Änderung des Geschäftsverteilungsplans habe die Angeklagten ihrem gesetzlichen Richter entzogen. Anknüpfend an die Entlastungsvorschlag vom 15. 5. 1996 verwendete Formulierung, die Große Strafkammer 6 sei „voll austerminiert", haben die Beschwerdeführer in dem schriftlich erhobenen Besetzungseinwand „gebuchte" und freie Termine dieser Strafkammer für die Zeit von Mai 1996 bis September 1996 im einzelnen vorgetragen. Mehr als zwei Drittel der zur Verfügung stehenden Zeit seien danach nicht terminiert.

Dem Besetzungseinwand waren der (den Beschwerdeführern zugestellte) Vermerk des Vorsitzenden der Großen Strafkammer 6 vom 25. 4. 1996 und die dienstliche Äußerung des Vorsitzenden der Großen Strafkammer 6 zur Terminslage er Kammer vom 19. 6. 1996 (also nach dem Präsidiumsbeschluß) nicht beigefügt; auch deren Inhalt wurde nicht vollständig vorgetragen. Die Beschwerdeführer haben lediglich auf die letztgenannte Unterlage Bezug genommen und beide im Wortlaut erst den Revisionsbegründungen beigefügt.

Wäre der Inhalt des Vermerkes und der dienstlichen Äußerung in der Revisionsbegründung nicht vorgetragen worden, wäre die Besetzungsrüge unzulässig (§ 344 Abs. 2 Satz 2 StPO). Der Senat braucht nicht zu entscheiden, ob beim Besetzungseinwand nach § 222b Abs. 1 Satz 2 StPO, anders als bei § 344 Abs. 2 Satz 2 StPO, insoweit geringere Anforderungen zu stellen sind, als – neben einer allerdings mindestens erforderlichen schlagwortartigen Bezeichnung der Beanstandungen – Bezugnahmen auf Unterlagen bei den Strafakten der Kammer ausreichen, die über den Besetzungseinwand zu entscheiden hat. Jedenfalls fehlt es im Besetzungseinwand am vollständigen Vortrag weiterer Tatsachen, die zur Beurteilung der Frage notwendig waren, ob zum Zeitpunkt des Präsidiumsbeschlusses eine Überlastung der Großen Strafkammer 6 vorgelegen hat und ob infolgedessen eine Änderung Geschäftsverteilungsplans nötig gewesen ist (§ 21e Abs. 3 Satz 1 GVG).

In dem vor dem Präsidiumsbeschluß gefertigten Vermerk des Vorsitzenden der Großen Strafkammer 6 vom 25. 4. 1996 sind unter anderem die beiden bereits bei der Großen Strafkammer 6 anhängigen Verfahren 606 KLs 6/96 und 606 KLs 11/96 angesprochen worden. Die genauen Umstände ihrer Terminierung, die eine Überlastung der Strafkammer hätten belegen können, sind jedoch weder diesem Vermerk noch dem nach dem Präsidiumsbeschluß gefertigten – in einzelnen Punkten vom ersten Vermerk nach zeitlicher Überholung abweichenden – Vermerk des Vorsitzenden der Großen Strafkammer 6 vom 19. 6. 1996 zu entnehmen. Hier hätte es bereits im Besetzungseinwand ergänzenden Vortrags durch die Beschwerdeführer bedurft.

aa) In dem ersten Vermerk vom 25. 4. 1996 hatte der Vorsitzende der Großen Strafkammer 6 erwähnt, daß am 15. 5. 1996 die Hauptverhandlung in der Strafsache 606 KLs 6/96 beginnen werde. Hätte sich diese Sachlage bis zum Präsidiumsbeschluß geändert, so hätten die Beschwerdeführer dies im Besetzungseinwand vortragen müssen. (Es folgen nähere Ausführungen, auch zur freibeweislichen Überprüfung dieser Terminslage durch den Senat).

bb) Der Besetzungseinwand läßt ferner die in dem Vermerk vom 25. 4. 1996 unter den „umfangreichen Haftsachen" aufgeführte, im März 1996 eingegangene Sache 606 KLs 11/96 gänzlich unerwähnt, bei der am 12. 4. 1996 die 6-Monats-Haftprüfung durch das Hanseatische Oberlandesgericht nach § 121 StPO angestanden hatte. Es liegt auf der Hand, daß es sich dabei um eine Tatsache handelt, die für die Frage der „Überlastung" und der „nötigen" Entlastung von wesentlicher Bedeutung war. Insoweit ist nämlich nicht nur entscheidend, welche Hauptverhandlungen bereits terminiert sind, es müssen auch die Verfahren mitberücksichtigt werden, die als vordringliche Haftsachen eine zügige Terminierung erforderlich machen (wird näher ausgeführt ...).

2. Soweit die Beschwerdeführer die Art und Weise des vom Präsidium gewählten Verfahrens beanstanden, ist die Besetzungsrüge jedenfalls unbegründet. Das Präsidium durfte die Geschäftsverteilung für das Jahr 1996 im Umlaufverfahren ändern. Die Vorschrift des § 21i GVG untersagt eine Beschlußfassung im Umlaufverfahren zumindest im Bereich des § 21e Abs. 3 GVG bei – wie vorliegend – eilbedürftigen und nicht umstrittenen Entscheidungen nicht, wenn aus Gründen der Vereinfachung und Beschleunigung auf eine Sitzung verzichtet werden kann, ohne daß dadurch die inhaltliche Qualität des gefaßten Beschlusses beeinträchtigt wird, und alle anderen an dem konkreten Beschluß mitwirkungsberechtigten und nicht durch Krankheit, Urlaub o.ä. verhinderten Mitglieder des Präsidiums mit einem Umlaufverfahren einverstanden sind (vgl. BVerwG NJW 1992, 254).

Daß im vorliegenden Fall ein Beratungsbedarf in mündlicher Sitzung bestanden hätte, ist nicht ersichtlich, zumal die Präsidiumsmitglieder mit der Belastungssituation der Strafkammern grundsätzlich vertraut waren (wird näher ausgeführt).

3. Auch soweit die Beschwerdeführer eine unzulässige Einzelfallzuweisung behaupten, ist die Besetzungsrüge jedenfalls unbegründet.

Das Präsidium darf den Geschäftsverteilungsplan im Laufe des Geschäftsjahres ändern, wenn dies wegen Überlastung eines Spruchkörpers nötig wird (§ 21e Abs. 3 GVG). Diese Voraussetzungen hat das Präsidium, gemessen an den Maßstäben der – im Rahmen des von den Beschwerdeführern zu ihren Beanstandungen vorgetragenen Sachverhalts vorgenommenen – revisionsgerichtlichen Prüfung (vgl. BGHSt. 27, 397 [BGH Urt. v. 12. 4. 1978 – 3 StR 58/78; vgl. § 338 Nr. 1 StPO erfolglose Rügen]; BGH NJW 1956, 110, 111; vgl. auch BVerwG NJW 1982, 2394; BFH/NV 1991, 826) rechtsfehlerfrei angenommen. Das gilt wohl für die Entlastung der Großen Strafkammer 6 als auch für die Zuweisung an die Große Strafkammer 19.

Eine Änderung nach § 21e Abs. 3 GVG darf bereits anhängige Verfahren erfassen (BVerfGE 95, 322, 332; BGHSt. 30, 371 [BGH Urt. v. 3. 2. 1982 – 2 StR 634/81; vgl. § 338 Nr. 1 StPO erfolglose Rügen]; BGHR StPO § 338 Nr. 1 Geschäftsverteilungsplan 2; BGHR GVG § 21e Abs. 3 Änderung 1[1]). Eine solche Notwendigkeit folgt bereits aus dem Gebot der beschleunigten Verfahrensförderung in Haftsachen und aus dem Umstand, daß eine von der Justiz zu verantwortende Verfahrensverzögerung rechtsstaatswidrig sein kann; eine wegen dieser rechtsstaatlichen Anforderungen erforderliche Entlastung einer Strafkammer kann nicht in jedem Fall dadurch herbeigeführt werden, daß nur zukünftig eingehende Verfahren umverteilt werden (vgl. BGHSt. 30, 371). Allerdings dürfen mit Rücksicht auf das bei der Zuweisung zu beachtende Abstraktionsprinzip nicht einzelne Sachen ohne objektive und sachgerechte Kriterien einer anderen Strafkammer zugewiesen werden (vgl. BGHSt. 7, 23 [BGH Urt. v. 28. 9. 1954 – 5 StR 275/53; vgl. § 338 Nr. 1 StPO erfolgreiche Rügen]; BGHR StPO § 338 Nr. 1 Geschäftsverteilungsplan 2). Wird hiergegen verstoßen, wird die Zuweisung nicht dadurch zulässig, daß sie durch eine allgemein gehaltene Klausel erfolgt (BGHR StPO § 338 Nr. 1 Geschäftsverteilungsplan 2).

a) Der Präsidiumsbeschluß entspricht diesen Vorgaben (vgl. BGHSt. 30, 371; der Beschluß des 3. Strafsenats vom 9. 7. 1978 – 3 StR 223/79 – betrifft eine andere Fallgestaltung). Das Präsidium durfte die Große Strafkammer 6 um nur eine Haftsache, nämlich das gegenständliche Verfahren, entlasten.

aa) Die Große Strafkammer 6 war Ende April 1996 durch umfangreiche Haft- und Jugendschutzsachen und bis mindestens Oktober 1996 terminierte Hauptverhandlungen sowie

---

1 „Zutreffend hat der Generalbundesanwalt auf die in BGHSt. 30, 371 abgedruckte Entscheidung hingewiesen. Danach kann bei einem zwingenden sachlichen Anlaß (hier die nach dem bereits erfolgten Eingang der Sache anders nicht behebbare Überlastung eines Spruchkörpers) die Geschäftsverteilung nach § 21e Abs. 3 GVG auch hinsichtlich anhängiger Verfahren geändert werden." (BGH Urt. v. 12. 10. 1988 – 3 StR 194/88 = BGHSt. 35, 374).

durch die im März 1996 eingegangene Haftsache 606 KLs 11/96 stark belastet. Die vorliegende Haftsache konnte – auch insoweit ist die Beurteilung des Präsidiums nicht zu beanstanden – in absehbarer Zeit nicht mit der gebotenen Beschleunigung bearbeitet werden. Der Großen Strafkammer 6 blieben in dieser Situation nur die Möglichkeiten, eine (rechtsstaatswidrige) Verzögerung der vorliegenden Haftsache und möglicherweise auch anderer Haftsachen in Kauf zu nehmen, bestehende Haftbefehle außer Vollzug zu setzen oder aber das Präsidium um Entlastung zu bitten.

Bei dieser nunmehr eingetretenen Überlastungssituation war die vom Präsidium gewählte Entlastung sachgerecht. Die Entlastung von zukünftig eingehenden Sachen hätte der Großen Strafkammer 6 – angesichts der konkreten Belastung und Terminslage – in dem überlasteten Zeitraum nicht geholfen (vgl. BGHSt. 30, 371). Die Entlastung von bereits anhängigen terminierten oder vorbereiteten Haftsachen hätte die Bearbeitung jener Sachen unvertretbar verzögert. Daher durfte das Präsidium zuletzt eingegangene, noch nicht vorbereitete und terminierte Haftsachen umverteilen, um auf diese Weise die Bearbeitung der schon anhängigen Haftsachen zu gewährleisten. Diese Fallgruppe hat das Präsidium einerseits anhand des Zeitraums des Eingangs der Verfahren bei der Großen Strafkammer 6 – nämlich im April 1996 – und andererseits anhand der Qualifizierung der eingegangenen Verfahren als noch nicht terminierte Haftsachen umschrieben. Das sind objektive, sachgerechte Kriterien.

Daß das Präsidium eine Entlastung für die nach April 1996 bis zum Präsidiumsbeschluß ergangenen Haftsachen nicht vorgesehen hatte, war nicht etwa ersichtlich unvertretbar:

Nach der Erklärung des Vorsitzenden der Großen Strafkammer 6 konnte das Präsidium davon ausgehen, daß diese Strafkammer ab November 1996 nicht mehr überlastet war, so daß ab Mai 1996 eingehende Haftsachen noch in voraussichtlich angemessener Frist zur Verhandlung gebracht werden konnten. Zudem ist zu einem etwaigen Eingang von Haftsachen bei der Großen Strafkammer 6 im Mai 1996 und zur ebenfalls maßgeblichen Belastungssituation der übernehmenden Großen Strafkammer 19 nichts bekannt; von den Beschwerdeführern, die in diesem speziellen Zusammenhang keine Beanstandung erhoben haben, ist hierzu nichts vorgetragen.

bb) Die an solchen Kriterien ausgerichtete Entlastung der großen Strafkammer 6 wird auch nicht etwa schon dadurch unzulässig, daß hier – für das Präsidium zumindest erkennbar – nur eine Sache unter die Kriterien fiel. Eine andere Umverteilung, die zum gleichen, notwendig zu gewährleistenden Entlastungsziel geführt hätte, wäre hier nur in der Form denkbar gewesen, daß die zu entlastende Strafkammer – zusätzlich zu dem umverteilten einen Verfahren – von mehr Verfahren befreit worden wäre, als für die gebotene Entlastung erforderlich gewesen wäre. Eine solche Regelung, die letztlich wesentlich nur der Dokumentation ihrer Abstraktheit gedient hätte, war nicht geboten.

Der Umstand, daß die von der Umverteilung betroffene Sache den Präsidiumsmitgliedern hinsichtlich des Verfahrensgegenstandes bekannt war führt ebenfalls nicht zur Unzulässigkeit der Regelung. Dies ist bei einer Umverteilung bereits anhängiger Verfahren, welche die Rechtsprechung als zulässig ansieht, häufig der Fall. Solche Probleme können sich auch bei der Jahresgeschäftsverteilung stellen, wenn schon anhängige Sachen neu verteilt werden müssen. In all diesen Fällen – sowohl bei der Jahresgeschäftsverteilung und erst recht bei § 21e Abs. 3 GVG – ist die Kenntnisnahme des Präsidiums von Gegenstand und Umfang der betroffenen Sachen vielfach unvermeidbar, unter Umständen gar geboten, wenn anderenfalls weder die konkrete Belastung der einzelnen Spruchkörper festgestellt noch die Frage einer Entlastung sachgerecht entschieden werden kann. Bei einer Umverteilung nach § 21e Abs. 3 GVG, insbesondere von Haftsachen, muß das Präsidium bei seiner Entscheidung möglicherweise konkret bedenken, wie lange eine Hauptverhandlung voraussichtlich dauern wird und wann ein anderer Spruchkörper die Sache terminieren könnte.

b) Auch durfte das Präsidium die Sache der Großen Strafkammer 19 übertragen.

aa) Der Präsidiumsbeschluß war nicht bereits deswegen fehlerhaft, weil im Geschäftsverteilungsplan des Landgerichts für das Jahr 1996 keine Regelung enthalten war, welche Kammer bei einer Überlastung einer anderen Kammer zuständig werden sollte.

Daß im Falle nicht vorhersehbarer Umstände wie Überlastung und ungenügende Auslastung einer Kammer ein Spielraum für eine etwaige Änderung des Geschäftsverteilungsplans im Laufe des Geschäftsjahres unvermeidbar ist, hat der Gesetzgeber berücksichtigt, indem er in Absatz 3 des § 21e GVG, anders als bei der Geschäftsverteilung nach Absatz 1, keine Regelung vor dem Beginn des Geschäftsjahres vorgesehen hat. Hier muß das Präsidium, gerade weil solche Umstände nicht vorhersehbar sind, eine auf die konkrete Belastungssituation abgestellte Umverteilung vornehmen können, die sich an den Kriterien „Überlastung" und „ungenügende Auslastung" eines Spruchkörpers ausrichtet. Welcher Spruchkörper überlastet ist, und welcher ihn (sei es aufgrund ungenügender, sei es aufgrund geringerer Auslastung) – gegebenenfalls ad hoc – entlasten kann, läßt sich nicht von vornherein bestimmen; insoweit ist eine Verteilung anhand der vom Gesetz gewählten unbestimmten Begriffe unumgänglich. Bei einer solchen nachträglichen Änderung des Geschäftsverteilungsplans kann sachgerechtes Kriterium nur eine Regelung sein, die die konkrete Belastungssituation der Spruchkörper berücksichtigt (vgl. BGHSt. 30, 371; BGHR StPO § 338 Nr. .1 Geschäftsverteilungsplan 2; BVerwG NJW 1982, 2394).

Eine sich an die Zuständigkeitsbestimmung bei Vertretung, Zurückverweisung und Wiederaufnahme anlehnende Regelung wäre entgegen der Auffassung der Beschwerdeführer für den Fall der Überlastung eines Spruchkörpers – bei den anderen in § 21e Abs. 3 GVG geregelten Fällen käme eine solche Regelung von vornherein nicht in Betracht – deshalb gerade nicht sachgerecht.

Die Notwendigkeit für eine vorsorgliche Regelung über die Zuständigkeit bei einer Entlastung nach § 21e Abs. 3 GVG läßt sich auch nicht aus der Forderung des Bundesverfassungsgerichts (BVerfGE 95, 322) nach einem Bestand von Rechtssätzen, die für jeden Streitfall im voraus generell-abstrakt den Richter bezeichnen, ableiten. Geschäftsverteilungspläne eines Gerichts dürfen danach allerdings mit Rücksicht auf das Gebot des Art. 101 Abs. 1 Satz 2 GG keinen vermeidbaren Spielraum bei der Heranziehung der einzelnen Richter zur Entscheidung einer Sache und damit keine unnötige Unbestimmtheit hinsichtlich des gesetzlichen Richters lassen. Für den Fall einer aufgrund unvorhergesehener Ereignisse entstehenden Über- bzw. Unterlastung eines Spruchkörpers hat das Bundesverfassungsgericht eine offene Regelung, wie sie der Gesetzgeber in § 21e Abs. 3 GVG getroffen hat, jedoch aus Gründen der zu gewährleistenden Effektivität der Tätigkeit der Rechtsprechungsorgane ausdrücklich als verfassungskonform erklärt (BVerfGE 95, 322, 331 f.).

bb) Zu welchen Änderungen des Jahresgeschäftsverteilungsplans nach § 21e Abs. 3 GVG die Überlastung eines Spruchkörpers zwingt, ist weitgehend dem pflichtgemäßen Ermessen des Präsidiums überlassen (BGHSt. 27, 397; BGH NJW 1982, 2394). Es ist nicht Aufgabe des Revisionsgerichts, sein eigenes Ermessen an die Stelle des pflichtgemäßen Ermessens des Präsidiums des Landgerichts zu setzen (BGHSt. 27, 397). Die Entscheidung muß allerdings sachlich begründet sein und dem Interesse der Rechtspflege dienen.

Auch hier ist das Abstraktionsprinzip freilich nicht unbeachtlich: Die Übertragung der umzuverteilenden Geschäfte muß unter möglichst weitgehender Beachtung generell-abstrakter Merkmale erfolgen, wie sie im Jahresgeschäftsverteilungsplan vorgegeben sein müssen, damit eine steuernde Auswahl und Manipulation bei der Zuteilung der zu erledigenden Aufgaben verhindert wird. Gerade in einem Fall wie dem vorliegenden, der sich dadurch auszeichnet, daß das Präsidium der überlasteten Strafkammer nur ein Verfahren abgenommen hat, bedarf es einer besonders kritischen Überprüfung der Sachgerechtigkeit der Auswahlkriterien.

cc) Gemessen an diesen Grundsätzen war die Übertragung der Haftsache auf die Große Strafkammer 19 rechtsfehlerfrei. Die freibeweislich eingeholte dienstliche Äußerung des Präsidialrichters vom 28. 7. 1998 hat ergeben, daß dieser sich bei der Vorbereitung der Entscheidung des Präsidiums auf der Grundlage der ihm detailliert bekannten Belastungssituation der Strafkammern die Kenntnis verschafft hatte, daß nur die Großen Strafkammern 11 und 19 für die Entlastung in Betracht kamen, und daß er durch ergänzende Rückfrage bei diesen Strafkammern die für die Umverteilung notwendigen Auskünfte eingeholt hat. Die auf der Grundlage dieser Informationen gefundene Beurteilung des Präsidiums entsprach pflichtgemäßem Ermessen.

5. Heranziehung der Schöffen einer Hilfsstrafkammer aus der Hauptschöffenliste rechtens (im Anschluß an, teilweise abweichend von BGHSt. 31, 157 [BGH Beschl. v. 9. 11. 1982 – 5 StR 471/82; vgl. § 338 Nr. 1 StPO erfolgreiche Rügen]).

StPO § 338 Nr. 1; GVG §§ 45, 47, 77 I – BGH Urt. v. 14. 7. 1995 – 5 StR 532/94 LG Berlin (= BGHSt. 41, 175 = NJW 1996, 267)

Die Revision rügt, die Richterbank sei auf Seiten der mitwirkenden Schöffen H. und G. nicht ordnungsgemäß besetzt gewesen: Zum einen habe es sich um einen außerordentlichen Sitzungstag der erkennenden Hilfsstrafkammer 19b des Landgerichts gehandelt, weil die ordentliche Strafkammer 19 am selben Tage verhandelt habe, so daß Hilfsschöffen nach § 47 GVG hätten herangezogen werden müssen; zum anderen – falls man dem nicht folge – habe die Hilfsstrafkammer jedenfalls die Hauptschöffen des nächsten ordentlichen Sitzungstages heranziehen müssen, der in die Terminierung einbezogen war.

Sachverhalt: Durch Präsidialbeschluß vom 30. 6. 1993 wurde zur Entlastung der ordentlichen Strafkammer 19 die Hilfsstrafkammer 19b eingesetzt. Ihr wurden als regelmäßige Sitzungstage Montag und Donnerstag zugewiesen, während die ordentlichen Sitzungstage der Strafkammer 19 jeweils der Dienstag und Donnerstag einer Woche waren. Mit Terminsverfügung vom 2. 9. 1993 bestimmte der Vorsitzende der Hilfsstrafkammer 19b den Beginn der Hauptverhandlung in dieser Sache auf Montag, 1. 11. 1993. Der nächste Verhandlungstag war Donnerstag, 4. 11. 1993; weitere Sitzungstage waren jeweils für Montag und Donnerstag der folgenden Wochen vorgesehen. Als Schöffen wurden die für Dienstag, 2. 11. 1993 der Strafkammer 19 zugelosten Schöffinnen H. und P. herangezogen, als Ergänzungsschöffe G. Er trat an die Stelle von P., deren Verhinderung noch vor Beginn der Sitzung bekannt wurde (§ 48 Abs. 2 GVG).

Am Dienstag, 2. 11. 1993, fanden vor der Großen Strafkammer 19 zwei Fortsetzungstermine in anderen länger andauernden Strafverfahren statt, derentwegen diese Strafkammer entlastet worden war. – Das Rechtsmittel war erfolglos.

Gründe: Entgegen der Auffassung der Revision liegt bei diesem Sachverhalt unter keinem rechtlichen Gesichtspunkt eine außerordentliche Sitzung vor; auch im übrigen ist die Besetzung der Richterbank nicht zu beanstanden.

1. Nach der bisherigen Rechtsprechung des Bundesgerichtshofs ergibt sich folgendes: Außerordentliche Sitzungen unter Hinzuziehung von Hilfsschöffen nach § 47 GVG sind im Rahmen einer ordentlichen Strafkammer in der Rechtsprechung des Bundesgerichtshofs nur dann für unbedenklich erachtet worden, wenn sie wegen des zusätzlich erforderlichen Verhandlungsbedarfs neben den ordentlichen Sitzungstagen anberaumt werden, nicht aber an deren Stelle stattfinden (std. Rspr.: BGHSt. 11, 54 [BGH Urt. v. 5. 11. 1957 – 1 StR 254/57; vgl. § 338 Nr. 1 StPO erfolgreiche Rügen]; 16, 63, 65 [BGH Urt. v. 25. 4. 1961 – 1 StR 618/60; vgl. § 338 Nr. 1 StPO erfolgreiche Rügen]; 37, 324 [BGH Beschl. v. 15. 2. 1991 – 3 StR 422/90; vgl. § 338 Nr. 1 StPO erfolgreiche Rügen]; BGH GA 1980, 68; vgl. auch OLG Stuttgart NStZ 1984, 231).

Soweit an einem anderen als dem ordentlichen Sitzungstag mit einer Hauptverhandlung begonnen wird und der ordentliche Sitzungstag bei der Terminierung aus allgemeinen Erwägungen der Zweckmäßigkeit (vgl. BGHSt. 11, 54 und 37, 324) vom Vorsitzenden freigehalten (oder aber in die Terminierung der Sache von vornherein einbezogen) wird, hat der Bundesgerichtshof stets eine Verlegung des ordentlichen Sitzungstages nach vorne oder hinten angenommen, so daß die für den ordentlichen Sitzungstag ausgelosten Schöffen und nicht etwa Hilfsschöffen nach § 47 GVG heranzuziehen waren. Im Hinblick auf den grundrechtlich geschützten Anspruch auf den gesetzlichen Richter gebührt allgemein der Mitwirkung der nach § 45 GVG im voraus bestimmten Schöffen der Vorrang. Das bedeutet, daß im Rahmen des pflichtgemäßen Ermessens, das dem Vorsitzenden bei der Terminierung anhängiger Sachen zusteht, zunächst von der anerkannten Möglichkeit der Verlegung des zeitnächsten freien Sitzungstages Gebrauch zu machen ist, weil die Besetzung der Richterbank bei diesem Vorgehen unverändert bleibt.

Steht ein solcher zeitnaher Sitzungstag allerdings nicht zur Verfügung, ist die Anberaumung einer außerordentlichen Sitzung unbedenklich und auch nicht dadurch gehindert, daß im Rahmen einer lang andauernden Hauptverhandlung in einem weiten zeitlichen Abstand auch ein ordentlicher Sitzungstag einbezogen wird (BGH, Urt. vom 13. 11. 1973 – 1 StR 480/73). Nichts anderes wird für den Fall angenommen, daß sich die vom Vorsitzenden zugrundegelegten Voraussetzungen nachträglich als unzutreffend erweisen, beispielsweise indem eine bei Terminierung noch vorgesehene weitere Sitzung am ordentlichen Sitzungstag wieder abgesetzt wird. Denn es kommt für die Beurteilung alleine auf die Geschäftslage der Strafkammer zum Zeitpunkt der Terminierung an (vgl. BGHSt. 16, 63, 65; 37, 324, 326).

2. Inwieweit diese Grundsätze auch auf die Hilfsstrafkammer anzuwenden sind, ist bisher nicht entschieden.

a) Nach ständiger Rechtsprechung des Bundesgerichtshofs stellt die Bildung einer Hilfsstrafkammer zur Entlastung einer ordentlichen Strafkammer eine andere zulässige Art einer Regelung für die Verhinderung der Mitglieder der ordentlichen Strafkammern dar, als sie in den §§ 21e, 21f GVG vorgesehen ist. Die Hilfsstrafkammer vertritt die ordentliche Strafkammer in solchen Geschäften, die diese nicht selbst erledigen kann (BGHSt. 12, 104 [BGH Urt. v. 11. 11. 1958 – 1 StR 532/58; vgl. § 338 Nr. 1 StPO erfolglose Rügen]; 25, 174, 175 [BGH Urt. v. 10. 4. 1973 – 1 StR 523/72; vgl. § 338 Nr. 1 StPO erfolglose Rügen]; 31, 157, 158; 31, 389, 391 [BGH Urt. v. 7. 6. 1983 – 4 StR 9/83; vgl. § 338 Nr. 1 StPO erfolglose Rügen]; 33, 303 [BGH Urt. v. 22. 8. 1985 – 4 StR 398/85; vgl. § 338 Nr. 1 StPO erfolglose Rügen]). Daher kommt eine Auslosung eigener Hauptschöffen aus der Hilfsschöffenliste in Anwendung des § 46 GVG für die Hilfsstrafkammer nicht in Betracht. Es sind die für die Strafkammer ausgelosten Schöffen an den für sie bestimmten Tagen ohne weiteres zu den Sitzungen der Hilfsstrafkammer einzuberufen, wenn sie nicht von der ordentlichen Kammer benötigt werden (BGHSt. 25, 174, 175; 31, 157 ff.). Der Umstand, daß die ordentliche Strafkammer an demselben Sitzungstag eine andere, bereits früher – mit anderen Schöffen – begonnene Hauptverhandlung fortsetzt, führt nicht zu einer Kollision zwischen beiden Spruchkörpern, die die Anberaumung einer außerordentlichen Sitzung für die Hilfsstrafkammer erforderlich machen könnte mit der Folge, daß Hilfsschöffen nach § 47 GVG heranzuziehen wären. Es kommt vielmehr nur darauf an, ob die (Haupt-)Strafkammer die Schöffen eines ordentlichen Sitzungstages für den Beginn einer neuen Hauptverhandlung benötigt. Ist dies nicht der Fall, muß die Hilfsstrafkammer mit den für diesen Tag ausgelosten Hauptschöffen als den gesetzlichen Richtern verhandeln.

Abgesehen von Gründen der Rechtsklarheit und der Praktikabilität muß die enge Bindung an die Schöffen der Strafkammer, die in ihren Geschäften vertreten wird, im Hinblick auf das Gebot des gesetzlichen Richters nach Auffassung des Senats dazu führen, daß auf die Hilfsstrafkammer dieselben Grundsätze über die Zulässigkeit der Verlegung von Sitzungstagen und die Anberaumung von außerordentlichen Sitzungen anzuwenden sind, wie sie nach der Rechtsprechung des Bundesgerichtshofs für die ordentliche Strafkammer gelten.

b) Soweit in der Entscheidung BGHSt. 31, 157, 159 zwar auf die Möglichkeit der Verlegung eines Sitzungstages verwiesen wird, für die Bestimmung der Schöffen im Ergebnis aber darauf abgestellt wird, ob später ein ordentlicher Sitzungstag in die Terminierung der Hilfsstrafkammer konkret einbezogen wird, hält der Senat in diesem Umfang an seiner Rechtsprechung nicht fest; auch kann die Schöffenbestimmung in keiner Weise an den für die Hilfsstrafkammer vorgesehenen Sitzungstagen angeknüpft werden.

aa) Die einer Hilfsstrafkammer „zugewiesenen" Sitzungstage sind kein tragfähiger Bezugspunkt für die Bestimmung der Richterbank. Da der Hilfsstrafkammer keine Schöffen für bestimmte Tage im voraus zuzulosen sind, kommt der Zuweisung bestimmter Sitzungstage keine rechtliche Bedeutung zu. Hierin kann allenfalls eine technische Regelung liegen, die gewährleisten soll, daß die äußeren sachlichen und räumlichen Voraussetzungen für die Durchführung einer Hauptverhandlung seitens der Verwaltung geschaffen werden.

bb) Soweit im Hinblick auf eine mögliche Vorverlegung auf die konkrete Einbeziehung eines ordentlichen Sitzungstages für die Bestimmung der Schöffen abgestellt wird, ist dies nicht praktikabel. Zum einen kann dadurch nicht der denkbare und grundsätzlich zulässige Fall der Verlegung eines ordentlichen Sitzungstages nach hinten abgedeckt werden, der schon der Sache nach nicht in die konkrete Terminierung einbezogen werden kann. Zum anderen ergibt sich keine befriedigende Lösung für die häufigen Fälle, in denen eine konkrete Einbeziehung des nächsten ordentlichen Sitzungstages – etwa auch durch kurzfristige Verlegung des Sitzungsbeginns – wegen Verhinderung eines Beteiligten, auf dessen Anwesenheit nicht verzichtet werden kann, gerade nicht möglich ist. Darüber hinaus erscheint es wenig überzeugend, die Besetzung der Richterbank bei einer voraussichtlich lang andauernden Hauptverhandlung der Hilfsstrafkammer davon abhängig zu machen, ob zu irgend einem mehr oder weniger fernen Zeitpunkt ein Sitzungstag der ordentlichen Strafkammer einbezogen wird, obwohl eine (bei der Hauptstrafkammer auch ohne Einbeziehung als zulässig anerkannte) Verlegung des Verhandlungsbeginns von einem zeitnahen freien Sitzungstag möglich wäre.

c) Auf der Grundlage dieser Erwägungen ergibt sich folgendes:

Grundsätzlich ist die Hilfsstrafkammer an die nach § 45 GVG ausgewählten Schöffen der ordentlichen Strafkammer gebunden. Werden diese zum Zeitpunkt der Terminierung durch den Vorsitzenden der Hilfsstrafkammer durch eine vorangegangene Terminierung der Hauptstrafkammer von dieser benötigt, liegt eine außerordentliche Sitzung der Hilfsstrafkammer vor (§ 47 GVG). Werden sie nicht benötigt, sind sie für die Hauptverhandlung der Hilfsstrafkammer heranzuziehen. Findet der erste Verhandlungstag der Hilfsstrafkammer nicht an einem ordentlichen Sitzungstag der Strafkammer statt, ist der jeweilige Sitzungstag – nicht anders als in der ordentlichen Strafkammer – nach vorne oder hinten zu verlegen.

Maßgeblich für die Schöffenbesetzung ist stets der zeitnächste freie Sitzungstag in dem Sitzungszeitraum, in dem die Hauptverhandlung beginnen soll. Liegt der verlegte Sitzungstag genau zwischen zwei freien, von der Hauptstrafkammer für einen Verhandlungsbeginn nicht benötigten Sitzungstagen, so wird regelmäßig der frühere ordentliche Sitzungstag die Schöffenbesetzung zu bestimmen haben; insoweit handelt es sich um einen nach hinten verlegten Sitzungstag.

Eine Vor- oder Nachverlegung ist allerdings nur in engen Grenzen möglich. Dem Senat erscheint im Interesse der Klarheit und Überprüfbarkeit der Besetzung einer (Haupt- wie Hilfs-)Strafkammer eine Verlegung über den unmittelbar zeitlich vorangehenden Sitzungstag einerseits und den unmittelbar zeitlich nachfolgenden Sitzungstag andererseits hinaus als nicht mehr vom pflichtgemäßen Ermessen des Vorsitzenden gedeckt. Steht in dem vorgesehenen Zeitraum kein freier derart zeitnaher Sitzungstag zur Verfügung, muß der Vorsitzende der Hilfsstrafkammer eine außerordentliche Sitzung nach § 47 GVG anberaumen, wie es auch im Rahmen der ordentlichen Strafkammer bei einer vergleichbaren Geschäftslage erforderlich wäre. Auch insoweit kommt es für die Beurteilung auf die konkrete Geschäftslage beider Spruchkörper zum Zeitpunkt der Terminierung an.

Diese Vorgehensweise räumt zwar nicht die Schwierigkeiten aus, daß die Vorsitzenden der beiden Spruchkörper ihre Terminierung sinnvollerweise aufeinander abstimmen müssen. Indessen dürften daraus resultierende Probleme in der Praxis gering sein.

Eine etwa erfolgte Besetzung von Hilfsstrafkammern unter Berufung auf das bisher vom Senat vorgegebene System in BGHSt. 31, 157 wird allerdings nicht rückwirkend dazu führen, daß ein Revisionsgrund nach § 338 Nr. 1 StPO anzunehmen ist. Vielmehr wird eine solche Besetzung insoweit vorübergehend als vertretbare Verfahrensweise, die nicht gegen das Willkürverbot verstößt, anzuerkennen sein.

3. Für den hier zu entscheidenden Fall ergibt sich damit, daß die Heranziehung der Schöffen H. und G. zu Recht erfolgte. Da die Strafkammer 19 am 2. 11. 1993 keine neue Hauptverhandlung begann, sondern zwei andere Verfahren fortsetzte, standen die für diesen Tag ausgelosten Hauptschöffen der Hilfsstrafkammer zur Verfügung. Ein Fall der Kollision, die für die Strafkammer 19 b möglicherweise eine außerordentliche Sitzung mit anderen Schöffen hätte erforderlich machen können, lag demnach von vornherein nicht vor.

Daß der Vorsitzende der Strafkammer 19b den ordentlichen Sitzungstag vom 2. 11. 1993 um einen Tag vorverlegte, ist aus Rechtsgründen nicht zu beanstanden. Die Schöffenbesetzung änderte sich dadurch nicht.

6. Unvollständiger Sachvortrag bei einer Besetzungsrüge, wenn die Stellungnahme des Präsidiums zu den Gründen der beanstandeten Änderung des Geschäftsverteilungsplans fehlt.

StPO §§ 338 Nr. 1, 344 II 2 – BGH Urt. v. 26. 7. 1994 – 5 StR 98/94 LG Berlin (= BGHSt. 40, 218 = NJW 1994, 2703 = StV 1994, 534 = NStZ 1994, 537)

Die Revision rügt, die Zuständigkeit und die Besetzung der Strafkammer sei durch eine Änderung des Geschäftsverteilungsplans gesetzwidrig manipuliert worden. – Das Rechtsmittel war erfolglos.

Gründe: Rechtsfehler zum Nachteil der Angeklagten hat die sachlich-rechtliche Überprüfung nicht aufgedeckt. Die Verfahrensrügen der Angeklagten sind unbegründet im Sinne des § 349 Abs. 2 StPO.

Zur Frage der Zulässigkeit der Besetzungsrügen merkt der Senat lediglich folgendes an: Der Generalbundesanwalt hat bereits in seiner Antragsschrift darauf hingewiesen, daß die von allen Angeklagten erhobenen Rügen, die Zuständigkeit und Besetzung der erkennenden Strafkammer sei gesetzwidrig manipuliert worden, deshalb unzulässig sind, weil die Beschwerdeführer die bei den Akten befindliche Stellungnahme des Präsidenten des Landgerichts als Vorsitzenden des Präsidiums zu den Gründen der beanstandeten Änderung des Geschäftsverteilungsplans nicht mitgeteilt haben.

Eine solche Änderung des Geschäftsverteilungsplans während des Geschäftsjahres kann gesetzwidrig sein, wenn Gründe nach § 21e Abs. 3 GVG nicht vorliegen oder sachfremde Gesichtspunkte die Entscheidung des Präsidiums bestimmen. Trägt der Beschwerdeführer in einem solchen Fall die Gründe nicht vor, die das Präsidium nach der Stellungnahme seines Vorsitzenden zu der Änderung der Geschäftsverteilung veranlaßt haben, und behauptet er lediglich die Willkürlichkeit der Maßnahme, fehlt es nicht nur an der Mitteilung entscheidungserheblicher Tatsachen. Der Beschwerdeführer entzieht durch einen derart lückenhaften Vortrag seiner Behauptung, die Maßnahme sei gesetzwidrig, den Boden, weil er sich mit den gegen seine Behauptung sprechenden Umständen nicht auseinandersetzen muß. Dies macht die Rügen unzulässig (§ 344 Abs. 2 Satz 2 StPO).

7. Blinder Richter als Vorsitzender einer Berufungsstrafkammer nicht verfassungswidrig.
StPO § 338 Nr. 1 – BVerfG 2. Kammer des Zweiten Senats, Beschl. v. 10. 1. 1992 – 2 BvR 347/91 (= NJW 1992, 2075)

Die Verfassungsbeschwerde rügt, daß an der Berufungshauptverhandlung gegen den Angeklagten als Vorsitzender ein blinder Richter mitgewirkt hat.

Sachverhalt: Den Vorsitz in der Berufungshauptverhandlung, in der auch Zeugen vernommen wurden, führte ein blinder Richter. Gegen diese Besetzung der Berufungskammer richtete sich nach erfolgloser Revisionsrüge die Verfassungsbeschwerde. Der Beschwerdeführer wandte sich gegen die Entscheidungen des Berufungsgerichts und des Revisionsgerichts. Die Verfassungsbeschwerde wurde mangels hinreichender Erfolgsaussicht nicht zur Entscheidung angenommen. – Das Rechtsmittel war erfolglos.

Gründe: Die angegriffenen Entscheidungen sind von Verfassungs wegen nicht zu beanstanden.

1. Durch die Mitwirkung eines blinden Richters als Vorsitzender einer Großen Strafkammer in der Berufungshauptverhandlung wird der Beschwerdeführer in seinem Verfahrensgrundrecht auf den gesetzlichen Richter (Art. 101 I 2 GG) nicht verletzt.

Gesetzlicher Richter ist nach dieser Vorschrift nicht nur das Gericht als organisatorische Einheit oder das erkennende Gericht als Spruchkörper, sondern auch der zur Entscheidung im Einzelfall berufene Richter (vgl. BVerfGE 17, 294 [BVerfG Beschl. v. 24. 3. 1964 – 2 BvR 42, 83, 89/63; vgl. § 338 Nr. 1 StPO erfolgreiche Rügen]). Dieser muß in jeder Hinsicht den Anforderungen des Grundgesetzes entsprechen (vgl. BVerfGE 10, 200 [213] = NJW 1060, 187. Dazu gehören auch bestimmte Voraussetzungen in der Person des mitwirkenden Richters, damit er ein „gesetzlicher Richter" ist. Er muß wirksam zum Richter ernannt (Art. 92 GG) und unabhängig sein (Art. 97 GG). Neben dieser Gewährleistung der Unabhängigkeit des Richters und der Verhinderung von Eingriffen Unbefugter in die Rechtspflege soll das Gebot: „Niemand darf seinem gesetzlichen Richter entzogen werden" auch das Vertrauen der Rechtsuchenden und der Öffentlichkeit in die Unparteilichkeit und Sachlichkeit der Gerichte schützen (vgl. BVerfGE 4, 416 [BVerfG Urt. v. 20. 3. 1956 – 1 BvR 479/55; vgl. § 338 Nr. 1 StPO erfolgreiche Rügen]). Dies ist eine besondere Ausprägung des allgemeinen rechtsstaatlichen Objektivitätsgebots auf dem Gebiet der Gerichtsverfassung (vgl. BVerfGE 82, 159 [194] = NVwZ 1990).

Aus dem Grundsatz, daß der zur Entscheidung im Einzelfall berufene Richter in jeder Hinsicht den Anforderungen des Grundgesetzes entsprechen muß, folgt indessen nicht, daß jeder Verstoß gegen eine Regelung des im Rang unter der Verfassung stehenden richterlichen Dienst- oder Amtsrechts, des Gerichtsverfassungsrechts oder des Prozeßrechts, aus der sich ausdrücklich oder sinngemäß durch die jeweilige Funktion bestimmte Anforderungen an die Person des Richters ergeben, auch eine Verletzung des Anspruchs auf den gesetzlichen Richter darstellt. So bezieht sich der Rechtsanspruch auf den gesetzlichen Richter nicht darauf, daß ein Richter, der über die allgemeine Befähigung zum Richteramt verfügt, darüber hinaus auch eine besondere innere Einstellung oder Befähigung besitzt, wie sie gerade für das ihm übertragene konkrete Amt erwartet wird. Der Schutzbereich des Art. 101 I 2 GG ist auch enger als etwa der Anwendungsbereich der revisionsrechtlichen Besetzungsrüge im Strafprozeß, mit der grundsätzlich jede vorschriftswidrige Besetzung der Richterbank geltend gemacht werden kann (vgl. § 338 Nr. 1 StPO).

Ob und gegebenenfalls inwieweit bestimmte persönliche Eignungsmerkmale eines Richters überhaupt durch Art. 101 I 2 GG gefordert werden, hat das BVerfG bisher nicht entschieden. Auch der vorliegende Fall nötigt nicht dazu, diese Frage allgemein zu beantworten. Vom Schutzbereich der Vorschrift werden jedenfalls solche persönlichen Eignungsmerkmale nicht erfaßt, die den Schutzzweck der Norm, Eingriffe Unbefugter in die Rechtspflege zu verhindern und das Vertrauen der Rechtsuchenden und der Öffentlichkeit in die Unparteilichkeit und Sachlichkeit der Gerichte zu schützen, nicht berühren. Das trifft jedenfalls für Mängel in der physischen oder psychischen Konstitution des Richters zu, die seine Verhandlungsfähigkeit vorübergehend oder auf Dauer beeinträchtigen können, wie etwa Blindheit, Taubheit, Schwerhörigkeit, Krankheit oder Übermüdung. Solche Beeinträchtigungen können im Einzelfall zu Verletzungen des Anspruchs auf rechtliches Gehör (Art. 103 I GG) oder auf ein rechtsstattlich faires Verfahren (Art. 2 I GG in Verbindung mit dem Rechtsstaatsprinzip des Grundgesetzes) führen. Mit dem Anspruch auf den gesetzlichen Richter haben sie jedoch nichts zu tun.

2. Ein Verstoß gegen das Grundrecht auf rechtliches Gehör ist nicht gegeben. Art. 103 I GG gewährleistet, daß der Beschuldigte im Strafverfahren Gelegenheit erhält, sich zu dem einer Entscheidung zugrundeliegenden Sachverhalt vor deren Erlaß zu äußern und damit das Gericht in seiner Willensbildung zu beeinflussen (vgl. BVerfGE 123 [126] = NJW 1990, 1104). Dem Äußerungsanspruch entspricht die Pflicht des Gerichts, die Ausführungen der Prozeßbeteiligten zur Kenntnis zu nehmen und in Erwägung zu ziehen. Dabei soll das Gebot des rechtlichen Gehörs als Prozeßgrundrecht sicherstellen, daß die Entscheidung frei von Verfahrensfehlern ergeht, welche ihre Gründe in unterlassener Kenntnisnahme und Nichtbeachtung des Sachvortrages der Parteien haben (vgl. BVerfGE 50, 32 [35] = NJW 1979, 413). In der Entscheidung BVerfGE 20, 52 [55] = NJW 1966, 1307 hat das BVerfG ausdrücklich festgestellt, daß auch ein blinder Richter die Fähigkeit besitzt, den mündlichen Vortrag der Beteiligten entgegenzunehmen und gedanklich zu verarbeiten. Aus der Entscheidung ist nicht der Schluß zu ziehen, dies sei nur dann möglich, wenn sich der Vortrag auf Rechtsfragen beschränke. Eine Beeinträchtigung der Kenntnisnahme ist nur dann gegeben, wenn sie vom Sehvermögen abhängig ist. Eine Kommunikationsbeeinträchtigung zwischen Angeklagtem und blindem Vorsitzenden durch Nichtwahrnehmen optischer Artikulation ist hier jedoch nicht vorgetragen (§ 92 BVerfGG).

3. Die Besetzung der Berufungskammer mit einem blinden Vorsitzenden verstößt auch weder gegen den Gleichheitssatz oder das Willkürverbot (Art. 3 I GG), noch beeinträchtigt sie den Beschwerdeführer in seinem Recht auf ein faires Strafverfahren.

Neuere Entscheidungen des BGH (BGHSt. 35, 164 [BGH Urt. v. 17. 12. 1987 – 4 StR 440/87; vgl. § 338 Nr. 1 StPO erfolgreiche Rügen]; BGHR StPO § 338 Nr. 1 Richter, blinder 3 [BGH Urt. v. 17. 12. 1987 – 4 StR 580/87; vgl. § 338 Nr. 1 StPO erfolgreiche Rügen] und 5 [BGH Beschl. v. 9. 12. 1988 – 3 StR 366/88; vgl. § 338 Nr. 1 StPO erfolgreiche Rügen]) nehmen zwar eine vorschriftswidrige Besetzung des Gerichts an, wenn ein blinder Richter als Vorsitzender einer erstinstanzlichen Strafkammer in der Hauptverhandlung mitwirkt. Wenn Landgericht und Revisionsgericht im vorliegenden Fall dieser Rechtsprechung in bezug auf den Vorsitzenden einer Berufungskammer nicht gefolgt sind, so ist darin jedoch kein Verstoß gegen das Willkürverbot oder den Gleichheitsgrundsatz zu sehen. Ihre Auffassung vermag sich auf eine langjährige – auch neuere – Rechtsprechung des BGH zu stützen, wonach grundsätzlich blinde Richter auch Tatrichter sein können (vgl. BGHSt. 4, 191 [BGH Urt. v. 28. 4. 1953 – 5 StR 136/53; vgl. § 338 Nr. 1 StPO erfolglose Rügen]; BGHSt. 5, 354 [BGH Urt. v. 5. 3. 1954 – 5 StR 661/53; vgl. § 338 Nr. 1 StPO erfolglose Rügen]; BGHSt. 11, 74 [78] [BGH Beschl. v. 22. 11. 1957 – 5 StR 477/57; vgl. § 261 StPO erfolglose Rügen]; BGHR StPO § 338 Nr. 1 Richter, blinder 5].

Ein Verstoß gegen den Anspruch auf ein faires Strafverfahren ist ebenfalls nicht erkennbar. Der Beschwerdeführer hat nicht dargetan, daß die Entscheidung des Landgerichts auf dem Fehlen visueller Eindrücke des Strafkammervorsitzenden von entscheidungserheblichen Verfahrensvorgängen beruhe (§ 92 BVerfGG). Die fachgerichtliche Auffassung, daß im allgemeinen auch einem blinden Richter die Eignung nicht abgesprochen werden könne, in einem als Tatgericht erkennenden Kollegialgericht mitzuwirken, hält sich innerhalb der durch das Rechtsstaatsprinzip gezogenen weiten Grenzen. Ob sich aus dem im Rang unter der Verfassung stehenden Strafverfahrensrecht strengere Maßstäbe für einen Strafkammervorsitzenden ableiten lassen, ist eine Frage der Auslegung des Prozeßrechts, die die dafür zuständigen Fachgerichte – nicht das BVerfG – zu entscheiden haben.

4. Eine Verletzung des Art. 101 I 2 GG liegt schließlich nicht darin, daß das Oberlandesgericht eine Vorlage nach § 121 II GG an den BGH unterlassen hat. Die Nichtbeachtung der Pflicht zur Vorlage an ein anderes Gericht stellt nur dann einen Verstoß gegen Art. 101 I 2 GG dar, wenn sie willkürlich erfolgt (vgl. BVerfGE 3, 359 [364] = NJW 1954, 593; BVerfGE 9, 213 [215 f.] = NJW 1959, 1075); die Vorschrift bietet keinen Schutz gegen Irrtum (vgl. BVerfGE 6, 45 [53] = NJW 1957, 337). Das Oberlandesgericht ist ersichtlich davon ausgegangen, daß die angegriffene Entscheidung nicht i.S. von § 121 II GVG von der neueren Rechtsprechung des BGH abweiche. Das ist jedenfalls nicht willkürlich. Denn die vom Beschwerdeführer angeführte Rechtsprechung des BGH betrifft den Vorsitz in einer erstinstanzlichen Strafkammer (vgl. BGHSt. 35, 164; BGHR StPO § 338 Nr. 1 Richter, blinder 3 und 5), nicht das hier zu beurteilende Mitwirken eines blinden Richters als Vorsitzender einer Großen Strafkammer in der Berufungshauptverhandlung. Die Beurteilung, ob bei unterschiedlichen Sachverhalten eine auf dieselbe Rechtsfrage bezogene Abweichung i.S. von § 121 II GVG vorliegt, ist eine Frage der Auslegung und Anwendung des im Rang unter der Verfassung stehenden Gerichtsverfassungsgesetzes, die das BVerfG nur beschränkt nachzuprüfen hat (vgl. BVerfGE 18, 85 [92 ff.] = NJW 1964, 1715). Das Oberlandesgericht hat sich insoweit innerhalb des den Strafgerichten von Verfassungs wegen zukommenden Bewertungsrahmens gehalten. Ob seiner Entscheidung nach strafverfahrensrechtlichen Maßstäben uneingeschränkt zu folgen ist, hat das BVerfG nicht nachzuprüfen.

8. Wenn alle Vertreter in einer Vertreterkette verhindert sind, kann der Landgerichtspräsident einen zeitweiligen Vertreter bestimmen.

StPO § 338 Nr. 1; GVG § 21e III – BGH Urt. v. 30. 11. 1990 – 2 StR 237/90 LG Aachen (= StV 1993, 397 = NStZ 1991, 195)

Die Revision rügt, die erkennende Strafkammer sei mit dem Richter am Landgericht Dr. V. als beisitzendem Richter nicht ordnungsmäßig besetzt gewesen. Sie sieht die Vertretungsregelung im Geschäftsverteilungsplan des Landgerichts für das Jahr 1988 als unzureichend an, weil es bei einer mehrtägigen Hauptverhandlung vor einer großen Strafkammer zwangsläufig zu Überschneidungen mit Sitzungstagen aller Vertretungskammern kommen könne.

Sachverhalt: Ordentliche Mitglieder der zur Verhandlung der Sache berufenen 4. großen Strafkammer waren der Vorsitzende Richter Dr. P. und als Beisitzer der Richter am Landgericht B und der Richter H. Der Geschäftsverteilungsplan des Landgerichts für das Jahr 1988 sah als Vertreter für den Fall der Verhinderung der Mitglieder dieser Kammer die Mitglieder aller weiteren Strafkammern vor, nämlich – und zwar in dieser Reihenfolge – die der 5., 6., 1., 2. und 3. großen Strafkammer und der 2. und 1. kleinen Strafkammer. Alle großen Strafkammern des Landgerichts waren jeweils mit 3 Berufsrichtern unter Einschluß des Vorsitzenden besetzt, die kleinen Strafkammern mit jeweils einem Vorsitzenden Richter.

Mit Verfügung vom 19. 10. 1987 setzte der Vorsitzende der 4. großen Strafkammer Termin zur Hauptverhandlung gegen den Beschwerdeführer für den 25. 1. 1988 und 5 weitere Verhandlungstage bis zum 4. 2. 1988 an. Nachdem Richter am Landgericht B in einer dienstlichen Äußerung vom 8. 1. 1988 gemäß § 30 StPO mitgeteilt hatte, er halte sich im Verfahren gegen den Beschwerdeführer für befangen, erklärte die 4. Strafkammer diese Selbstanzeige durch Beschluß vom 11. 1. 1988 für begründet. Am selben Tage stellte der Präsident des Landgerichts fest, eine Vertretung des Richters am Landgerichtt B für die Hauptverhandlung gegen den Beschwerdeführer sei geschäftsplanmäßig nicht möglich, da in allen Strafkammern an zumindest einem der für diese Verhandlung vorgesehenen Terminstage ebenfalls Hauptverhandlungen stattfinden. Das Präsidium des Landgerichts teilte daraufhin der 4. Strafkammer für das Verfahren gegen den Beschwerdeführer den der 3. Zivilkammer angehörenden Richter am Landgericht Dr. V. als weiteren Beisitzer zu. – Das Rechtsmittel war erfolglos.

Gründe: ...
3. Die Vertretungsregelung im Geschäftsverteilungsplan des Landgerichts für das Jahr 1988 war ausreichend. Deshalb durfte das Präsidium des Landgerichts, nachdem der Präsident des Landgerichts zutreffend festgestellt hatte, daß nach dem Geschäftsverteilungsplan kein Vertreter für den Richter am Landgericht B zur Verfügung stand, den Richter am Landgericht Dr. V. als zeitweiligen Vertreter bestimmen.

a) Bei der im Geschäftsverteilungsplan für die Strafkammern vorgesehenen „Ringvertretung", wie sie unter 1. wiedergegeben ist, standen für die Vertretung eines Richters einer Strafkammer je 3 Richter aus 5 großen und je ein Richter aus 2 kleinen Strafkammern, insgesamt also 17 Richter, zur Verfügung. Die Anzahl von Vertretern wird den vom BGH gestellten Anforderungen an den Umfang der „Vertreterkette" gerecht, selbst wenn man berücksichtigt, daß alle Strafkammern nur mit der gesetzlichen Mindestzahl von Richtern (§ 76 I GVG) besetzt waren (vgl. BGHSt. 27, 209 [BGH Urt. v. 7. 6. 1977 – 5 StR 224/77; vgl. § 338 Nr. 1 StPO erfolglose Rügen]; BGH StV 1987, 514 [BGH Beschl. v. 19. 8. 1987 – 2 StR 160/87; vgl. § 222a StPO erfolgreiche Rügen]; Urt. v. 8. 7. 1986 – 5 StR 184/86; und Beschl. v. 9. 2. 1988 – 5 StR 6/88).

Allerdings konnte es bei einer Überschneidung von bereits bestimmten Hauptverhandlungsterminen der Strafkammer, in der eine Vertretung erforderlich wurde, und einer Vertreterkammer dazu kommen, daß die Richter dieser Kammer als Vertreter ausfielen. Denn der vom Senat eingeholten dienstlichen Äußerung des Präsidenten des Landgerichts vom 16. 8. 1990 ist zu entnehmen, daß bei einer solchen Terminsüberschneidung der Präsident des Landgerichts der Mitwirkung eines Mitglieds der Vertreterkammer an den Hauptverhandlungen dieser Kammer stets den Vorrang gegenüber der Mitwirkung als Vertreter in einer anderen Strafkammer gegeben hat. Im Hinblick auf die bereits erwähnte Besetzung der Strafkammern nur mit der gesetzlichen Mindestzahl von Richtern konnte in einem solchen Fall kein Mitglied der Vertreterkammer als Vertreter eingesetzt werden.

Gleichwohl durfte bei der Aufstellung des Geschäftsverteilungsplanes für das Jahr 1988 davon ausgegangen werden, daß durch die festgelegte „Ringvertretung" in aller Regel für einen verhinderten Richter eine geschäftsplanmäßige Vertretung möglich sein werde und es allenfalls bei Vorliegen außergewöhnlicher Umstände ausnahmsweise wegen der Überschneidung bereits bestimmter Hauptverhandlungstermine – wie hier – dazu kommen könnte, daß die Richter aller 7 Vertretungskammern an einer Vertretung verhindert sind. Tatsächlich hatte sich eine entsprechende Vertretungsregelung nach der dienstlichen Äußerung des Präsidenten des Landgerichts vom 16. 8. 1990 in der Vergangenheit als ausreichend erwiesen. Bei der Beurteilung der Vertretungsregelung waren zudem die vom Präsidenten des Landgerichts weiter mitgeteilten Umstände zu berücksichtigen, daß die großen Strafkammern durchschnittlich nur 2 Verhandlungstage in der Woche hatten, die 3. große Strafkammer noch weniger, und daß mit den Vorsitzenden der großen Strafkammern abgesprochen worden war, Mehrtagesverfahren nur dann zu terminieren, wenn die ordentlichen Kammermitglieder voraussehbar nicht verhindert sein würden. So wurde übrigens auch im hier zu entscheidenden Falle verfahren:
Die Verhinderung des Richters am Landgericht B ergab sich erst Wochen nach der Terminierung.

b) Bei Eintritt des Vertretungsfalles am 11. 1. 1988 waren in allen Vertretungskammern bereits Hauptverhandlungstermine angesetzt, die zumindest mit einem der von der 4. Strafkammer bestimmten Verhandlungstage für das Strafverfahren gegen den Beschwerdeführer kollidierten. In einem solchen Fall hat der Präsident des Landgerichts nach pflichtgemäßem Ermessen zu bestimmen, ob ein als Vertreter in Frage kommender Richter an einem Dienstgeschäft durch ein anderes verhindert ist, und an welchem (BGHSt. 18, 162 [BGH Urt. v. 4. 12. 1962 – 1 StR 425/62; vgl. § 338 Nr. 1 StPO erfolglose Rügen]). Er hat hier der Tätigkeit der Richter der Vertretungskammern in diesen Kammern den Vorzug gegeben und demgemäß die Verhinderung dieser Richter für die Tätigkeit als Vertreter in der 4. Strafkammer festgestellt. Diese Entscheidung bewegte sich im Rahmen seines pflichtgemäßen Ermessens und ist revisionsrechtlich nicht zu beanstanden. ...

e) Nachdem damit feststand, daß die Vertretungsregelung der Geschäftsverteilung für das Jahr 1988 für den Fall der Vertretung des Richters am Landgericht B im Strafverfahren gegen den Beschwerdeführer versagte, weil alle Richter der Vertreterkette verhindert waren, durfte das Präsidium des Landgerichts im Rahmen des § 21 III GVG einen zeitweiligen Vertreter für den Richter am Landgericht B bestimmen (BGHSt. 27, 209; BGH, Urt. v. 18. 9. 1985 – 2 StR 378/85; vgl. auch BGH StV 1987, 514). Anhaltspunkte dafür, daß die Heranziehung gerade des Richters Dr. V. auf sachfremden Gesichtspunkten und damit auf Willkür beruhte, sind nicht vorgebracht worden und nicht zu ersehen.

9. Ein nur für Vertretungsfälle zugeteilter Richter nicht ständiges Mitglied der Kammer.
StPO § 338 Nr. 1 – BGH Urt. v. 6. 11. 1990 – 1 StR 726/89 LG Mannheim (= NStZ 1991, 143)

Die Revision rügt, das Landgericht sei nicht vorschriftsmäßig, weil geschäftsplanmäßig mit zwei Richtern überbesetzt gewesen.

Der Sachverhalt ergibt sich aus dem Revisionsvorbringen. – Das Rechtsmittel war erfolglos.

Gründe: Die 24. Strafkammer ist nicht in unzulässiger Weise überbesetzt gewesen.

a) Die Strafkammer war entgegen dem Vortrag der Revision nicht mit zwei, sondern nur mit einem Richter „überbesetzt". Richter am Landgericht F wurde im Geschäftsverteilungsplan zwar der 24. Strafkammer (bei Vorrang seiner Tätigkeit in der 21. Strafkammer) als 5. Richter zugewiesen. Tatsächlich aber handelt es sich hierbei nur um eine spezielle Ausgestaltung der Vertretungsregelung. Für die Frage, ob ein Richter ständiges Mitglied eines Spruchkörpers ist oder nur Vertreter, kommt es nicht auf den Wortlaut des Geschäftsverteilungsplanes, sondern darauf an, welchen Sinn das Präsidium dem Plan beilegen wollte und wie er infolgedessen tatsächlich gehandhabt worden ist (BGH NJW 1965, 875 [BGH Urt. v. 5. 1. 1965 – 1 StR 506/64; vgl. § 338 Nr. 1 StPO erfolglose Rügen]). Ständiges Kammermitglied ist nur der Richter, welcher der Kammer zur ständigen Dienstleistung zugeteilt ist (BGHSt. 20, 61, 63 [BGH Urt. v. 13. 10. 1964 – 1 StR 312/64; vgl. § 338 Nr. 1 StPO erfolgreiche Rügen]). Das war bei Richter am Landgericht F nicht der Fall. Die Tätigkeit dieses Richters in der 24. Strafkammer war darauf beschränkt, daß er als Vertreter tätig wurde, wenn gleichzeitig zwei Richter der Sitzgruppen A oder B verhindert waren. Diese Handhabung geschah in Erfüllung des Präsidiumsbeschlusses, wonach jeder Wirtschafts-Strafkammer je ein namentlich benannter Richter einer anderen Strafkammer als Vertreter zugeteilt wurde. Dem hat der Vorsitzende der 24. Strafkammer in seiner kammerinternen Geschäftsverteilung Rechnung getragen.

b) Unbeschadet der vom GBA verneinten Frage der Zulässigkeit der Revisionsrüge begegnet die „Überbesetzung" der Strafkammer mit insgesamt 4 Richtern keinerlei rechtlichen Bedenken. Einer ausdrücklichen Begründung, warum das Präsidium eine solche „Überbesetzung" für erforderlich hält, bedurfte es nicht; die Gründe liegen auf der Hand (vgl. hierzu BVerfGE 17, 294, 300 [BVerfG Beschl. v. 24. 3. 1964 – 2 BvR 42, 83, 89/63; vgl. § 338 Nr. 1 StPO erfolgreiche Rügen]; 18, 344, 349 [BVerfG Beschl. v. 3. 2. 1965 – 2 BvR 166/64; vgl. § 338 Nr. 1 StPO erfolglose Rügen]).

10. Zuständigkeitsregelung nach 3 oder 4 aufeinanderfolgenden Eingangszahlen, die über mehrere Jahre hinweg im voraus festgelegt sind (rollierendes System) nicht zu beanstanden.

StPO § 338 Nr. 1 – BGH Beschl. v. 2. 11. 1989 – 1 StR 354/89 LG Mannheim (= NStZ 1990, 138)

Die Revision rügt, das Gericht sei nicht richtig besetzt gewesen, weil sich seine Zuständigkeit nach einen rollierenden System richte, das Manipulationen durch die Staatsanwaltschaft nicht ausschließe.

Sachverhalt: Der Geschäftsverteilungsplan regelt die Zuständigkeit der vier Wirtschafts-Strafkammern des Landgerichts nach einem „rollierenden System" in der Weise, daß die Zuständigkeit nach 3 oder 4 aufeinanderfolgenden Eingangszahlen, die über mehrere Jahre hinweg im voraus festgelegt sind, wechselt. – Das Rechtsmittel war erfolglos.

Gründe: Diese Regelung begegnet keinen rechtlichen Bedenken. Die Rechtsprechung hat eine bewegliche Zuständigkeitsregelung für zulässig gehalten, soweit sie unter justizgemäßen Gesichtspunkten generalisiert und sachfremden Einflüssen auf das Verfahren vorbeugt (BVerfGE 9, 223 [BVerfG Urt. v. 19. 3. 1959 – 1 BvR 295/58; vgl. § 24 GVG erfolglose Rügen]; 18, 423 [BVerfG Beschl. v. 30. 3. 1965 – 2 BvR 341/60; vgl. § 338 Nr. 1 StPO erfolglose Rügen]; BGHSt. 9, 367 [BGH Urt. v. 4. 10. 1956 – 4 StR 294/56; vgl. § 338 Nr. 4 StPO erfolglose Rügen]; 15, 116 [BGH Urt. v. 17. 8. 1960 – 2 StR 237/60; vgl. § 338 Nr. 1 StPO erfolgreiche Rügen]; BGH, Urt. v. 26. 6. 1980 – 1 StR 785/79). Sachfremde Einflüsse der Justizverwaltung sind hier durch die Regelung, wie bei gleichzeitigem Eingang mehrerer Sachen zu verfahren ist, ausgeschlossen. Aber auch sachfremden Einflüssen der Staatsanwaltschaft auf die Bestimmung des Gerichts wird in ausreichender Weise vorgebeugt. Insoweit genügt es, daß solche sachfremde Eingriffe nach dem Verteilungsmodus nicht ernsthaft zu befürchten sind (BVerfGE 18, 423, 426). Eine Regelung, die schlechthin alle Einflußmöglichkeiten ausschließt und dennoch praktikabel ist, erscheint kaum vorstellbar (BGHSt. 15, 116, 117). Die abstrakte Möglichkeit eines Mißbrauchs macht eine Geschäftsverteilung weder verfassungswidrig noch gesetzeswidrig (BVerfGE 9, 223, 230; 18, 423, 427; BGHZ 40, 91, 98). Danach dürfen lediglich keine Merkmale gewählt werden, die unter bestimmten Voraussetzungen eine bewußte Zuteilung nach irgendwelchen Zweckmäßigkeitsgesichtspunkten nahelegen BGHSt. 15, 116, 117).

In diesem Rahmen hält sich die Zuständigkeitsregelung des Geschäftsverteilungsplanes. Der Senat hat in bezug auf die wechselnde Zuständigkeit von Wirtschaftsstrafkammern bereits in seinem Urteil vom 26. 6. 1980 (1 StR 785/79) darauf hingewiesen, daß sachfremde Einflüsse der Staatsanwaltschaft im allgemeinen schon deswegen nicht zu befürchten sind, weil diese kraft Gesetzes zur Mitwirkung im Strafverfahren berufen ist. Sie ist organisch in die Gerichtsbarkeit eingegliedert und in besonderem Maße dem Neutralitätsgebot (§ 160 I 1 StPO) verpflichtet (vgl. auch BVerfGE 9, 223, 228). Darüberhinaus wird hier sachfremden Einflüssen der Staatsanwaltschaft auf die Zuständigkeit des Spruchkörpers weiter dadurch vorgebeugt, daß die im Geschäftsverteilungsplan festgelegte Liste der umlaufenden A-Sachen-Nummern jahrelang gleichbleibt und unabhängig von den jährlich neu beginnenden KLs-Aktenzeichen ist. Ferner ist es den Geschäftsstellenbeamten untersagt, Auskünfte über den aktuellen Stand der jeweiligen A-Sachen-Nummern zu geben. Bei dieser Sachlage handelt es sich bei den von der Revision befürchteten Einflußmöglichkeiten der Staatsanwaltschaft lediglich um abstrakte Möglichkeiten, die für die Entscheidung keine Bedeutung haben.

11. Über die Verhinderung eines Schöffen entscheidet der Vorsitzende, nicht das Gericht.

StPO § 338 Nr. 1; GVG § 192 II, III – BGH Urt. v. 5. 10. 1988 – 2 StR 250/88 LG Koblenz (= BGHSt. 35, 366 = NJW 1989, 1681)

Die Revision rügt einen Verstoß gegen § 77 Abs. 1, § 48 und § 54 GVG, weil ein Schöffe vom Vorsitzenden nicht durch förmliche Verfügung vom Schöffenamt entbunden worden ist. Für das Nachrücken der Ergänzungsschöffin fehle es deshalb bereits an der gesetzlichen Grundlage. Selbst wenn sich aber – auf Grund der tatsächlichen Umstände – eine „stillschweigende" Entbindung des Schöffen bejahen ließe, könne nicht ausgeschlossen werden, daß dessen Ersetzung willkürlich gewesen sei. Die Annahme der Willkür gründe sich darauf, daß der Vorsitzende nicht geprüft habe, ob der Schöffe auch für den folgenden Verhandlungstermin verhindert sei. Angesichts der Möglichkeit, die Hauptverhandlung nach § 229 Abs. 1 StPO für bis zu 10 Tagen zu unterbrechen, hätte festgestellt werden müssen, ob zu befürchten war, daß die im verlesenen Attest angeführte Erkrankung des Schöffen noch über den 28. 6. 1987 hinaus fortdauern werde. Solche Feststellungen seien nicht getroffen worden. Das lasse besorgen, daß dies nicht erwogen worden sei. Der darin liegende Nichtgebrauch des Ermessens stelle sich als grob fehlerhafte Behandlung des – in der Vorlage des Attests zu erblickenden – Entbindungsgesuchs dar und begründe den Vorwurf der Willkür.

Sachverhalt:
1. Frau K. war zu Beginn der Hauptverhandlung als Ergänzungsschöffin hinzugezogen (§ 192 Abs. 2, 3 GVG). Am 12. Verhandlungstag, dem 24. 6. 1987, trat sie an die Stelle des nicht mehr erschienenen Schöffen Heinz K., der bis zu diesem Zeitpunkt an der Verhandlung teilgenommen hatte. Zum Grund seines Ausbleibens enthält die Hauptakte folgenden „Vermerk":

„Herr H. – Geschäftsleiter des LG Koblenz – teilte heute telefonisch mit, daß der Schöffe Heinz K., der morgen ... Fortsetzungstermin hat, nicht erscheinen kann, da Herr K. erkrankt sei. Attest werde nach hier gesandt.

Koblenz, den 23. 6. 1987

gez. ... Amtsinspektor"

Das Sitzungsprotokoll vom 24. 6. 1987 vermerkt zunächst die Fortsetzung der Verhandlung in Anwesenheit derselben Personen wie bei der vorangegangenen Sitzung, jedoch „mit Ausnahme des Schöffen K." und in Gegenwart derselben „Ergänzungsschöffin, die jetzt Hauptschöffin ist". Angaben über die Präsenz der Angeklagten, ihrer Verteidiger und mehrerer Sachverständiger (sowie eine Aufstellung der Verhandlungszeiten) schließen sich an. Sodann heißt es in der Niederschrift:

„Der Vorsitzende teilte mit, daß der Schöffe K. erkrankt sei.

Das ärztl. Attest vom 23. 6. 1987 wurde verlesen."

An der weiteren Verhandlung der Sache nahm der Schöffe Heinz K. nicht mehr teil. Statt seiner wirkte die bisherige Ergänzungsschöffin mit. – Das Rechtsmittel war erfolglos.

Gründe: ...

3. ... Die Besetzung der Strafkammer in der Person der Schöffin Marga K. war nicht vorschriftswidrig (§ 338 Nr. 1 StPO).

a) Welche Merkmale gegeben sein müssen, damit ein Ergänzungsschöffe an die Stelle des zu ersetzenden Schöffen tritt, geht aus dem Gesetz nicht eindeutig hervor; denn es beschreibt den Tatbestand, der diese Rechtsfolge auslöst, nicht vollständig. § 192 Abs. 2, 3 GVG regelt, wann der Vorsitzende die Zuziehung von Ergänzungsrichtern anordnen kann. Zugleich bezeichnet die Vorschrift Aufgabe und Pflichten des Ergänzungsrichters, indem sie bestimmt, daß dieser der Verhandlung beiwohnen und im Falle der Verhinderung eines

Richters für ihn eintreten muß. Mit dem Begriff der Verhinderung ist zwar die materielle Voraussetzung des Richterwechsels benannt; doch bleibt offen, was in formeller Hinsicht geschehen muß, um den Ergänzungsrichter anstelle des verhinderten Richters zum Mitglied des Spruchkörpers werden zu lassen. Darüber gibt der Gesetzeswortlaut keine Auskunft; auch die Motive zum Gerichtsverfassungsgesetz äußern sich hierzu nicht.

Die Antwort auf diese Frage folgt aber aus allgemeinen Grundsätzen über die Vertretung verhinderter Richter. Danach tritt der Ergänzungsschöffe in den Spruchkörper ein, wenn festgestellt wird, daß der zu ersetzende Schöffe verhindert ist. Diese Feststellung obliegt dem Vorsitzenden.

Der Vorsitzende hat die ihm hiernach obliegende Entscheidung getroffen; sie wird von der Revision zu Unrecht vermißt.

Das Gesetz schreibt nicht vor, wie der Verhinderungsfall festgestellt werden muß (für die Feststellung sonstiger Verhinderungsfälle: BGHSt. 21, 174, 179 f. [BGH Urt. v. 4. 10. 1966 – 1 StR 282/66; vgl. § 338 Nr. 1 StPO erfolglose Rügen]; BGH NJW 1974, 870 [BGH Urt. v. 29. 1. 1974 – 1 StR 533/73; vgl. § 21e GVG erfolglose Rügen]). Weder braucht die Feststellung in die Form einer – auf Entlassung des zu ersetzenden Richters aus der Verhandlung gerichteten – Verfügung gekleidet noch überhaupt ausdrücklich getroffen zu werden. Sie ist nicht einmal protokollpflichtig, da der Vorsitzende über die Verhinderung auch außerhalb der Verhandlung entscheiden kann (vgl. § 273 Abs. 1 StPO), ja unter Umständen sogar muß, falls etwa – zwischen zwei Verhandlungsterminen – der Schöffe sein Fernbleiben von der Anerkennung des von ihm behaupteten Hinderungsgrundes abhängig macht. Wenngleich es sich um der Klarheit willen sachlich empfiehlt, die Feststellung des Verhinderungsfalls durch einen Protokoll- oder Aktenvermerk zum Ausdruck zu bringen, genügt es doch rechtlich, wenn aus dem Verhalten des Vorsitzenden schlüssig, in einer für die Verfahrensbeteiligten und das Revisionsgericht erkennbaren Weise, hervorgeht, daß er den Schöffen als verhindert ansieht und deshalb die Verhandlung ohne ihn fortsetzen will.

So lag es hier. Der Vorsitzende hatte den Verfahrensbeteiligten – ersichtlich als eigene Einschätzung – mitgeteilt, daß der nicht erschienene Schöffe erkrankt sei. Anschließend verlas er das von diesem eingereichte ärztliche Attest. Statt – wie es andernfalls zu erwarten, weil zur Weiterverhandlung mit dem Schöffen notwendig gewesen wäre – die Hauptverhandlung zu unterbrechen, einen neuen Termin anzuberaumen und dazu den ausgebliebenen Schöffen laden zu lassen, setzte er die Verhandlung ohne weiteres mit der Ergänzungsschöffin fort. Dieses Vorgehen enthielt konkludent die Feststellung des Verhinderungsfalls. Dies wird zusätzlich durch den Umstand belegt, daß der in die Sitzungsniederschrift aufgenommene Vermerk über die Anwesenheit der Ergänzungsschöffen mit dem erläuternden Zusatz versehen ist, sie sei jetzt Hauptschöffin.

b) Die weitere Rüge, bei Annahme einer stillschweigend getroffenen Entscheidung beruhe diese auf Willkür, dringt ebensowenig durch. Es kann offenbleiben, inwieweit die Feststellung des Verhinderungsfalls der revisionsgerichtlichen Prüfung zugänglich ist, insbesondere, ob als Prüfungsmaßstab – wovon die Revision offenbar ausgeht – nur das Willkürverbot in Betracht kommt oder auch eine Verkennung des Rechtsbegriffs der Verhinderung mit der Revision gerügt werden kann. Weder unter dem einen noch unter dem anderen Gesichtspunkt ist die Verfahrensbeschwerde ordnungsgemäß ausgeführt (§ 344 Abs. 2 Satz 2 StPO). Ohne Kenntnis von der Art der Erkrankung des Schöffen, die Anlaß zur Annahme seiner Verhinderung gab, kann nicht beurteilt werden, ob die entsprechende Feststellung des Vorsitzenden willkürlich war oder auf einer Verkennung des Rechtsbegriffs der Verhinderung beruhte. Dies gilt um so mehr, als die Revision – in Übereinstimmung mit der Ansicht des erkennenden Senats (BGH StV 1986, 369, 370 [BGH Beschl. v. 14. 5. 1986 – 2 StR 854/84; vgl. §§ 229, 338 Nr. 3 StPO erfolgreiche Rügen]) – den Standpunkt vertritt, die Bejahung des Verhinderungsfalls könne davon abhängig sein, ob aus damaliger

Sicht zu befürchten stand, daß die Erkrankung des Schöffen noch über einen innerhalb der Fristen des § 229 StPO anzuberaumenden Folgetermin hinaus andauern würde. Zur Art, Schwere und voraussichtlichen Dauer der Erkrankung des Schöffen trägt die Revision aber nichts vor; insbesondere teilt sie den Inhalt des ärztlichen Attestes nicht mit, das vom Schöffen eingereicht und vom Vorsitzenden im Verhandlungstermin vom 24. 6. 1987 verlesen worden war.

12. Fällt die vom Präsidenten des Landgerichts festgestellte Verhinderung eines Richters offensichtlich weg, so tritt dieser automatisch wieder als Mitglied der Kammer ein, ohne daß es hierzu einer erneuten Entscheidung des Landgerichtspräsidenten bedarf.

StPO § 338 Nr. 1; GVG § 21e I – BGH Urt. v. 9. 9. 1987 – 3 StR 233/87 LG Hof (= BGHSt. 35, 55 = NJW 1988, 1922)

Die Revision rügt die fehlerhafte Besetzung des Gerichts, weil an der Hauptverhandlung eine Richterin teilgenommen habe, deren vorübergehende Verhinderung zuvor vom Präsidenten des Landgerichts festgestellt worden war, ohne daß der Wegfall der Verhinderung vom Präsidenten des Landgerichts festgestellt worden wäre.

Sachverhalt: Weil ein ordentliches Mitglied der 4. großen Strafkammer des Landgerichts kraft Gesetzes von der Ausübung des Richteramtes gegen den Angeklagten ausgeschlossen war, hatte der Präsident des Landgerichts in dem Vermerk vom 29. 1. 1987 – ersichtlich auf Grund der kammerübergreifenden Vertretungsregelung im Geschäftsverteilungsplan nach § 21e Abs. 1 GVG – die Reihenfolge der zur Vertretung berufenen Richter und ferner im einzelnen die Gründe ihrer Verhinderung festgestellt. Dennoch hatte die danach berufene, als erste der Vertreterreihe nach den Feststellungen des Präsidenten des Landgerichts nicht verhinderte Richterin am Landgericht K. an der Hauptverhandlung gegen den Angeklagten nicht mitzuwirken. Denn der in der Verfügung des Präsidenten des Landgerichts genau umschriebene Verhinderungsgrund der vor ihr berufenen Richterin S. war offensichtlich weggefallen. – Das Rechtsmittel war erfolglos.

Gründe: Der Revision ist zuzugeben, daß aus Gründen der Rechtssicherheit und Klarheit in aller Regel der Präsident des Landgerichts, der eine vorübergehende Verhinderung ausdrücklich festgestellt hat (vgl. hierzu BGHSt. 30, 268 [BGH Urt. v. 1. 12. 1981 – 1 StR 393/81; vgl. § 338 Nr. 1 StPO erfolglose Rügen]; BGH MDR 1974, 416), auch den Wegfall dieser Verhinderung feststellen sollte. Das empfiehlt sich auch bei einem offensichtlichen Wegfall der zunächst festgestellten Verhinderung, zumal der Zeitverlust gegenüber der dadurch gewonnenen Klarheit nicht ins Gewicht fällt.

Andererseits kann aber auf die Feststellung des Präsidenten des Landgerichts verzichtet werden, wenn die Verhinderung aus tatsächlichen Gründen offensichtlich wegfällt. Es gilt nichts anderes als bei dem offensichtlichen Eintreten einer Verhinderung aus tatsächlichen Gründen (vgl. hierzu BGHSt. 18, 162, 164 [BGH Urt. v. 4. 12. 1962 – 1 StR 425/62; vgl. § 338 Nr. 1 StPO erfolglose Rügen]; 12, 113, 114 [BGH Urt. v. 21. 10. 1958 – 5 StR 412/58; vgl. § 338 Nr. 1 StPO erfolgreiche Rügen]).

Die vorübergehende Verhinderung eines Richters ist aus tatsächlichen Gründen offensichtlich weggefallen, wenn der die Verhinderung begründende Umstand objektiv nicht mehr besteht und der Richter persönlich rechtzeitig vor Beginn der Hauptverhandlung bei dem Spruchkörper in den er einzutreten hat, anzeigt, nicht mehr verhindert zu sein. Dabei ist es gleichgültig, ob ein erkrankter Richter früher als angenommen seinen Dienst wieder antritt oder ein zur Verhinderung führendes anderweitiges Dienstgeschäft beendet ist.

Diese Voraussetzungen sind erfüllt. Entscheidend für die Offensichtlichkeit des Wegfalls der Verhinderung war, daß die Richterin S. selbst angezeigt hat, tatsächlich zur Verfügung zu stehen. Sie war nach den Feststellungen des Präsidenten des Landgerichts wegen der

Sitzung ihrer eigenen Kammer, der Jugendkammer, in einem genau bezeichneten Verfahren verhindert, an der Hauptverhandlung der 4. großen Strafkammer gegen den Angeklagten teilzunehmen. Noch ehe sich die Richter der 4. großen Strafkammer zum Sitzungssaal begaben, erschien Richterin S. und zeigte an, daß ihre Sitzung in der Jugendkammer bereits beendet sei. Weil danach der vom Präsidenten des Landgerichts festgestellte Verhinderungsgrund aus tatsächlichen Gründen offensichtlich weggefallen war, hatte nun Richterin S., die als nächste zur Vertretung des kraft Gesetzes ausgeschlossenen ordentlichen Mitglieds der 4. großen Strafkammer berufen war, an der Hauptverhandlung gegen den Angeklagten mitzuwirken.

13. Befassung einer Wirtschaftsstrafkammer mit allgemeinen Strafsachen. Vorsitzender „NN".

StPO § 338 Nr. 1 – BGH Urt. v. 29. 5. 1987 – 3 StR 242/86 LG Bochum (= BGHSt. 34, 379 = NJW 1987, 1397)

Die Revision rügt, daß den bei dem Landgericht eingerichteten Wirtschaftsstrafkammern neben den in § 74c GVG aufgeführten Straftaten auch allgemeine Strafsachen zugewiesen worden sind und daß die Besetzung der Stelle des Vorsitzenden der neu gebildeten 11. großen Strafkammer des Landgerichts im Geschäftsverteilungsplan für das Jahr 1983 mit „NN" ist gesetzwidrig sei.

Sachverhalt: In dem hier zu entscheidenden Fall lag der Zuständigkeitsschwerpunkt der Wirtschaftsstrafkammern bei den Straftaten gemäß § 74c Abs. 1 GVG. Nach der im einzelnen belegten dienstlichen Äußerung des Präsidenten des Landgerichts waren die fünf Wirtschaftsstrafkammern nämlich zu jeweils ungefähr drei Vierteln ihrer Leistungsfähigkeit – also mit eindeutigem Schwerpunkt – mit Wirtschaftsstrafsachen befaßt. Die zu bearbeitenden allgemeinen Strafsachen fielen demgegenüber nicht ins Gewicht. Bei Beginn der Verhandlung gegen den Angeklagten wurde der Vorsitz der neu gebildeten 11. großen Strafkammer des Landgerichts dem Gesetz entsprechend wegen Verhinderung des Vorsitzenden gemäß § 21f Abs. 2 GVG durch das vom Präsidium bestimmte Mitglied dieser Strafkammer, den Richter am Landgericht S., geführt. Ausweislich seiner dienstlichen Äußerung hatte der Präsident des Landgerichts nach Eingang der Anklage im vorliegenden Verfahren am 14. 7. 1982 dem Präsidenten des Oberlandesgerichts mit Schreiben vom 26. 7. 1982 auch im Hinblick auf die nun eingegangene Umfangsache – die Hauptverhandlung dauerte über 20 Monate – im einzelnen von der Überlastung der bestehenden vier Wirtschaftsstrafkammern berichtet und diesen gebeten, die Zuweisung einer weiteren Stelle eines Vorsitzenden Richters am Landgericht zur Einrichtung einer weiteren Wirtschaftsstrafkammer zu beantragen. Durch Erlaß des Justizministers vom 22. 12. 1982 wurden dem Landgericht eine weitere Planstelle für einen Vorsitzenden Richter am Landgericht und eine weitere Planstelle für einen Richter am Landgericht zugewiesen. Die Vorsitzendenstelle wurde daraufhin am 15. 1. 1983 in dem halbmonatlich erscheinenden Justizministerialblatt für das Land Nordrhein-Westfalen ausgeschrieben. Mit Aushändigung der Ernennungsurkunde am 27. 6. 1983 wurde der stellvertretende Vorsitzende der 11. großen Strafkammer zum Vorsitzenden Richter am Landgericht ernannt und durch Präsidiumsbeschluß vom 29. 6. 1983 zum Vorsitzenden der 11. großen Strafkammer bestellt. – Das Rechtsmittel war erfolglos.

Gründe: Das erkennende Gericht war vorschriftsmäßig besetzt (§ 338 Nr. 1 StPO).
1. Mit der Einrichtung der 5. Wirtschaftsstrafkammer, der 11. großen Strafkammer des Landgerichts, wurde nicht gegen den in § 74c GVG zum Ausdruck gekommenen Konzentrationsgrundsatz verstoßen. Es ist nicht zu beanstanden, daß Wirtschaftsstrafkammern neben den in § 74c GVG aufgeführten Straftaten auch allgemeine Strafsachen bearbeiten, wenn der Schwerpunkt ihrer Zuständigkeit eindeutig bei den Wirtschaftsstrafverfahren

bleibt (BGHSt. 31, 323, 326 [BGH Urt. v. 22. 4. 1983 – 3 StR 420/82; vgl. §§ 244 III S. 2 Var. 5, 338 Nr. 5 StPO erfolglose Rügen und § 74c GVG erfolglose Rügen]). Unter dieser Voraussetzung durften bei dem Landgericht auch fünf Wirtschaftsstrafkammern gebildet werden, obwohl – ohne Zuweisung allgemeiner Strafsachen auf diese fünf Strafkammern – möglicherweise vier ausschließlich mit Strafsachen nach § 74c GVG befaßte Strafkammern ausgereicht hätten. Zwar würde es dem Konzentrationsgrundsatz zuwiderlaufen, die Spezialsachen auf alle Strafkammern oder auf mehrere so zu verteilen, daß kein eindeutiger Zuständigkeitsschwerpunkt mehr besteht (vgl. BGHSt. 27, 349 [BGH Urt. v. 9. 2. 1978 – 4 StR 636/77; vgl. § 338 Nr. 1 StPO erfolgreiche Rügen]; BGH NJW 1978, 1594 [BGH Urt. v. 11. 4. 1978 – 1 StR 576/77; vgl. § 74 GVG erfolgreiche Rügen]). Rechtlich möglich ist es aber, daß das Präsidium des Landgerichts aus wohlerwogenen sachlichen Gründen allen Wirtschaftsstrafkammern einen geringeren Anteil an allgemeinen Strafsachen als „Bodensatz" zuweist, etwa um ihre Arbeitskraft auszuschöpfen, wenn zeitliche Lücken durch die bei langdauernden Großverfahren erfahrungsgemäß unvermeidbaren Terminsaufhebungen entstehen oder ein umfangreiches Verfahren früher abgeschlossen wird. Für den Schwerpunkt der Zuständigkeit entscheidend ist es, daß die zugewiesenen allgemeinen Strafsachen die Spezialkammern nicht besonders belasten.

Mit Recht hat der Präsident des Landgerichts bei der Prüfung der Frage, ob im Rahmen der Geschäftsverteilung der Schwerpunkt der Zuständigkeit eindeutig bei den Wirtschaftsstrafsachen liegt, entgegen der Auffassung der Revision nicht auf die Zahl der nach dem Geschäftsverteilungsplan rechnerisch abstrakt zugewiesenen Sachen, sondern auf die Belastung der Strafkammer mit Wirtschaftsstrafverfahren nach ihrer Leistungsfähigkeit abgestellt (BGHSt. 31, 323, 326).

2. Die Besetzung der Stelle des Vorsitzenden der neu gebildeten 11. großen Strafkammer des Landgerichts im Geschäftsverteilungsplan für das Jahr 1983 mit „NN" ist nicht gesetzwidrig. Anders als in dem in BGHSt. 28, 290 (BGH Urt. v. 1. 2. 1979 – 4 StR 657/78; vgl. § 338 Nr. 1 StPO erfolgreiche Rügen) entschiedenen Fall war dem Landgericht hier rechtzeitig vor Inkrafttreten des Geschäftsverteilungsplanes zu Beginn des Geschäftsjahres 1983 durch Erlaß des Justizministers vom 22. 12. 1982 die entsprechende Planstelle zugewiesen worden. Wenn eine vorhandene oder, wie hier, eine neu bewilligte Planstelle noch besetzt werden muß, ist es zulässig, die vorübergehende Verhinderung des neuen Vorsitzenden im Geschäftsverteilungsplan durch „NN" auszuweisen.

Unter Verhinderung im Sinne des § 21f Abs. 2 GVG ist jede vorübergehende tatsächliche oder rechtliche Unmöglichkeit zu verstehen, den Vorsitz zu führen. Das ist auch bei der Besetzung einer neu bewilligten Vorsitzendenstelle während der Dauer des üblichen Besetzungsverfahrens der Fall (vgl. BGHSt. 14, 11, 15 [BGH Urt. v. 6. 11. 1959 – 4 StR 376/59; vgl. § 338 Nr. 1 StPO erfolglose Rügen]).

Dieses Verfahren ist nicht zu beanstanden. Der Präsident des Landgerichts hat zur Einrichtung der neuen Strafkammer unverzüglich das Erforderliche in die Wege geleitet; das Präsidium hat im Hinblick auf die abzusehende Stellenzuweisung rechtzeitig mit dem Geschäftsverteilungsplan für das Jahr 1983 die Einrichtung der neuen 5. Wirtschaftsstrafkammer, nämlich der 11. großen Strafkammer des Landgerichts, beschlossen und die noch zu besetzende Stelle des Vorsitzenden mit „NN" gekennzeichnet. Die neu zugewiesene Vorsitzendenstelle ist umgehend zur Besetzung ausgeschrieben und unter Beachtung der im Besetzungsverfahren gesetzlich vorgeschriebenen Anforderungen in angemessener Zeit besetzt worden.

14. Zulässige Bestandsdauer einer Hilfsstrafkammer (Ergänzung zu BGHSt. 31, 389 [BGH Urt. v. 7. 6. 1983 – 4 StR 9/83; vgl. § 338 Nr. 1 StPO erfolglose Rügen]).

StPO § 338 Nr. 1; GVG §§ 21f, 60 – BGH Urt. v. 22. 8. 1985 – 4 StR 398/85 LG Bochum (= BGHSt. 33, 303 = NJW 1986, 144 = JR 1986, 260)

Die Revision beanstandet, daß die Hilfsstrafkammer für das Verfahren nicht zuständig gewesen sei und einen entsprechenden in der Hauptverhandlung vor Beginn der Vernehmung des Angeklagten zur Sache erhobenen Einwand zu Unrecht zurückgewiesen habe. Die Dauer des Bestehens der Hilfsstrafkammer – zur Zeit des Erlasses des angefochtenen Urteils mehr als fünfeinhalb Jahre –, ihre ständige Besetzung im Vorsitz mit einem Richter bzw. einer Richterin am Landgericht statt eines Vorsitzenden Richters und die häufigen Änderungen in der Besetzung der Hilfsstrafkammer müßten jedenfalls in ihrer Gesamtheit zur Annahme einer nicht vorschriftsmäßigen Besetzung des Gerichts führen.

Sachverhalt: Aus den Geschäftsverteilungsplänen für die Jahre 1980 bis 1984 ergibt sich vielmehr, daß jeweils mit einem Abschluß des NSG-Verfahrens, durch das allein die an sich zuständige große Strafkammer voll ausgelastet war, im Laufe des Sommers des nächsten Jahres gerechnet worden ist. – Das Rechtsmittel war erfolglos.

Gründe: Der Senat hat bereits in BGHSt. 31, 389 dargelegt, daß die Einrichtung einer Hilfsstrafkammer und die Besetzung der Hilfsstrafkammer mit einem Richter am Landgericht als Vorsitzenden auch unter der jetzt gültigen Fassung des Gerichtsverfassungsgesetzes als zulässig betrachtet werden muß. Daran hält er fest.

Allerdings darf eine Hilfsstrafkammer niemals die Stelle einer ordentlichen Strafkammer einnehmen. Sie ist keine Strafkammer im Sinne des § 60 GVG, sondern vertritt die ordentliche Strafkammer in solchen Geschäften, die diese infolge anderweitiger Inanspruchnahme nicht selbst erledigen kann (BGHSt. 31, 389, 391). Daraus folgt, daß die Hilfsstrafkammer nur innerhalb eines bestimmten Zeitraumes bestehen und nicht etwa zu einer „ständigen Einrichtung" werden darf. So kann die Bildung einer Hilfsstrafkammer nur dann in Betracht kommen, wenn begründete Wahrscheinlichkeit dafür besteht, daß sie, wenn auch nicht im laufenden, so doch im folgenden Geschäftsjahr wieder aufgelöst werden wird; denn es würde § 60 GVG und damit dem Grundgedanken der Institution einer Hilfsstrafkammer widersprechen, für die Zeit eines gesamten Geschäftsjahres im Geschäftsverteilungsplan neben den ordentlichen Strafkammern eine Hilfsstrafkammer einzurichten. Stellt sich heraus, daß entgegen den Erwartungen die ordentliche Strafkammer ihre – die Bildung der Hilfsstrafkammer bedingenden – Verfahren im laufenden und im folgenden Geschäftsjahr nicht bewältigen konnte, sondern auch noch im nächsten (dritten) Jahr entlastet werden muß, so wird in der Regel die Hilfsstrafkammer nicht einfach weiter bestehen dürfen; vielmehr muß dann – um der Gefahr der Gleichstellung der Hilfsstrafkammer mit den ordentlichen Strafkammern zu begegnen – nach einer anderen Lösung gesucht werden. Falls die Einrichtung einer neuen ordentlichen Strafkammer aus haushaltsrechtlichen Gründen nicht möglich ist, muß eine Neuverteilung der Geschäfte auf die bestehenden Strafkammern mit der Folge einer größeren Belastung aller Strafkammern und einer möglicherweise längeren Dauer aller Verfahren hingenommen werden. Es ist nämlich schon wegen der – zulässigen – Besetzung des Vorsitzes in der Hilfsstrafkammer nur mit einem Richter am Landgericht statt mit einem Vorsitzenden Richter (§ 21f Abs. 1 GVG) grundsätzlich nicht angängig, eine Hilfsstrafkammer über mehrere Geschäftsjahre hinaus bestehen zu lassen.

Im vorliegenden Fall sind jedoch keine hinreichenden Anhaltspunkte dafür erkennbar, daß das Präsidium des Landgerichts sich über diese Grundsätze willkürlich (BVerfGE 20, 336, 346 [BVerfG Beschl. v. 25. 10. 1966 – 2 BvR 291, 656/64; vgl. § 354 StPO erfolglose Rügen]; 42, 237, 241 [BVerfG Beschl. v. 29. 6. 1976 – 2 BvR 948/75; vgl. § 121 GVG erfolgreiche Rügen]) hinweggesetzt hat. Ein bestimmtes Datum für einen Verfahrensabschluß läßt sich zu Beginn eines Geschäftsjahres niemals vorhersagen; dem steht ebenso die Aufklärungspflicht des Gerichts (§ 244 Abs. 2 StPO), die zu weiteren Beweiserhebungen zwingen kann, wie die Möglichkeit der Stellung von Beweisanträgen durch Staatsanwaltschaft und Verteidigung (§ 244 Abs. 3 bis 5 StPO), die gemäß § 246 Abs. 1 StPO nicht wegen verspäteten Vorbringens abgelehnt werden dürfen, entgegen. Stellt sich nachträglich heraus, daß sich der Abschluß des Verfahrens somit unvorhergesehen und unvorhersehbar verzögert hat, so kann dies – wie der Senat ebenfalls bereits erklärt hat (BGHSt. 31, 389, 391/392) – die zulässige Bildung der Hilfsstrafkammer nicht nachträglich unzulässig machen.

Es ist nicht ersichtlich, daß das Präsidium des Landgerichts bei seiner Erwartung, das bei der ordentlichen Strafkammer anhängige, diese voll beschäftigende einzige Verfahren werde im Laufe des jeweils kommenden Geschäftsjahres abgeschlossen und damit die Hilfsstrafkammer aufgelöst werden können, von unrealistischen Voraussetzungen ausgegangen ist; auch die Revision trägt insofern nichts vor. Es liegt zudem auf der Hand, daß der Abschluß des NSG-Verfahrens mit längerer Verhandlungsdauer immer wahrscheinlicher und nicht etwa immer unwahrscheinlicher wurde. Inzwischen ist das NSG-Verfahren bei der 7. Strafkammer abgeschlossen; die Hilfsstrafkammer ist – wie der Präsident des Landgerichts auf Anfrage des Senats erklärt hat – seit Ende Januar 1985 aufgelöst. Wenn die Hilfsstrafkammer also auch in den Jahren 1983 und 1984 weiter bestanden hatte, weil mit einem Abschluß des NSG-Verfahrens zu einem früheren Zeitpunkt gerechnet worden war und – wie sich aus der Stellungnahme des Präsidenten des Landgerichts Bochum ergibt – gerechnet werden konnte, so war dies unter den hier vorliegenden außergewöhnlichen Umständen noch vertretbar. Es verbleibt zwar ein Unbehagen darüber, daß die Hilfsstrafkammer weit über zwei Jahre hinaus eingerichtet war; aber eine die Besetzungsrüge begründende unvertretbare Anwendung der Besetzungsvorschriften oder gar deren willkürliche Handhabung kann hierin noch nicht gefunden werden. Zukünftig nach Veröffentlichung des vorliegenden Urteils wird in der Regel der Zeitablauf zu einer anderen Beurteilung der Vertretbarkeit führen müssen; das bedarf jetzt jedoch noch keiner abschließenden Entscheidung.

15. Eine unwirksame Schöffenwahl ist durch eine wirksame Schöffenwahl vom ursprünglich Schöffenwahlausschuß nachzuholen. Eine Ergänzungswahl gem. § 52 VI S. 1 StPO findet in diesem Fall nicht statt.

StPO § 338 Nr. 1; GVG § 42 I – BGH Urt. v. 19. 6. 1985 – 2 StR 197/85 und 98/85 LG Frankfurt/Main (= BGHSt. 33, 261 = NJW 1985, 2840 = NStZ 1986, 83)

Die Revision rügt,, zuständig für die Nachholwahl einer unwirksamen Schöffenwahl aus dem Jahr 1980 sei nicht der „alte", sondern der für die Wahlperiode 1985 bis 1988 gebildete Schöffenwahlausschuß gewesen Dies gelte vor allem deshalb, weil den Vertrauenspersonen, die von den Kommunalvertretungen in den „alten" Ausschuß gewählt worden waren, die Legitimation für die Wahrnehmung ihres Amtes fehle, nachdem 1981 Kommunalwahlen stattgefunden und zur Bildung neuer (anders zusammengesetzter) Kommunalvertretungen geführt hätten.

Die Revision beanstandet weiter, daß Schöffen nur für die Restzeit der bis zum Ende des Jahres 1984 laufenden Wahlperiode gewählt worden sind und daß Schöffen, die bereits im Losverfahren bestimmten Sitzungstagen zugeteilt gewesen seien nicht in die neue Auslosung hätten einbezogen werden dürfen, weil der Bundesgerichtshof nicht die Wahl aller Schöffen, sondern nur die Schöffenauslese des Amtsgerichts Frankfurt/Main für nichtig erklärt habe. Für diejenigen Schöffen, die bei den außerhalb Frankfurts liegenden Amtsgerichten gewählt worden seien, hätte es bei der früheren Auslosung bleiben müssen. Statt dessen seien auch sie neu ausgelost worden. Darin liege eine stillschweigende, von Gesetz nicht gedeckte Aufhebung der früheren Auslosung.

Sachverhalt:

1. Schöffenwahl

Am 25. 8. 1980 hatte der bei dem Amtsgericht Frankfurt/Main bestehende Schöffenwahlausschuß die vom Amts- und Landgericht Frankfurt/Main für die Geschäftsjahre 1981 bis 1984 benötigten Haupt- und Hilfsschöffen im Wege der Auslosung bestimmt. Der Bundesgerichtshof erklärte in seinem Urteil vom 21. 9. 1984 – 2 StR 327/84 (BGHSt. 33, 41 ff. [BGH Urt. v. 21. 9. 1984 – 2 StR 327/84; vgl. § 338 Nr. 1 StPO erfolgreiche Rügen]) dieses Verfahren für gesetzwidrig, führte aus, daß eine Wahl im Rechtssinne nicht stattgefunden habe, und stellte fest, daß die ausgelosten Personen nicht Schöffen geworden seien.

Daraufhin trat am 3. 10. 1984 der Schöffenwahlausschuß nochmals zusammen. Er beschloß, „die Wahl unter Berücksichtigung der Gründe des Bundesgerichtshof-Urteils im Interesse des Fortgangs der Strafrechtspflege im hiesigen Bezirk erneut durchzuführen". An der Sitzung wirkten – bis auf eine Ausnahme – sämtliche Mitglieder des 1980 gebildeten Schöffenwahlausschusses mit, die auch bei der Sitzung vom 25. 8. 1980 zugegen gewesen waren. Dem Ausschuß lag die Gesamtvorschlagsliste in derselben Form wie bei der früheren Sitzung vor; er bestätigte die anläßlich dieser Sitzung getroffenen Entscheidungen über die damals gegen die Liste erhobenen Einsprüche, berücksichtigte den Wegfall der im Laufe der Wahlperiode durch Amts- und Landgericht gestrichenen Schöffen und stellte fest, daß hiernach noch 2174 Personen aus der Vorschlagsliste für die Wahl zur Verfügung stünden. Diese Personen wurden in einem Schema erfaßt, das eine Aufgliederung nach 40 Gruppen vorsah (Männer und Frauen in je vier Altersstufen und fünf Berufsgruppen). Für sämtliche Personen der „bereinigten" Vorschlagsliste legte der Ausschuß Karteizettel an; diese Zettel wurden sodann nach der Gruppenzugehörigkeit der darauf vermerkten Personen entsprechend dem Schema sortiert und auf 40 Umschläge verteilt. Daraufhin wurde anhand der amtlichen Statistik der Bundesrepublik Deutschland für das Jahr 1979, die hierfür als Maßstab diente, ermittelt, wie viele der benötigten Schöffen – nach Haupt- und Hilfsschöffen, Strafkammern und Schöffengericht gegliedert – jeder der 40 Gruppen angehören sollten. Der Ausschuß beschloß, nach diesem statistischen Maßstab die Schöffen – soweit der Bestand der Vorschlagsliste dies zulasse – in festgelegter Reihenfolge aus den 40 Gruppen zu wählen. Reichte der Bestand einzelner Gruppen nicht aus, sollten die fehlenden Schöffen aus der jeweils folgenden Altersgruppe gewählt werden; für den Fall, daß auch die Altersgruppen erschöpft sein würden, war vorgesehen, die fehlenden Schöffen der jeweils nächsten Berufsgruppe zu entnehmen.

Nach diesem Modus wurde verfahren. Dabei zog der Vorsitzende jeweils aus den 40 Umschlägen die einzelnen Karteizettel und schlug die darauf vermerkte Person zur Wahl vor. Dies geschah durch Ausruf der jeder Person zugeordneten Nummer. Die übrigen Ausschußmitglieder verfolgten den Vorgang anhand der ihnen ausgehändigten Listen; jedem Ausschußmitglied lagen außer der „bereinigten" Vorschlagsliste 40 Gruppenlisten vor. Erhoben die Ausschußmitglieder nach Ausruf der Nummer keine Einwände, so wurde die vorgeschlagene Person als gewählt protokolliert. Wurden Einwände geltend gemacht, so fand eine Abstimmung statt. Auf diese Weise wurden alle benötigten Schöffen bestimmt. Anschließend erklärten die Mitglieder des Ausschusses einstimmig, nach Überprüfung des „Wahlergebnisses" sei ihrer Ansicht nach eine angemessene Berücksichtigung aller Bevölkerungsgruppen erreicht, so daß keine Änderungen am „Wahlergebnis" erforderlich seien, das damit aufrechterhalten bleiben könne.

2. Schöffenauslosung

Am 9. 10. 1984 fand bei dem Landgericht Frankfurt/Main die Auslosung der Reihenfolge statt, in der die Hauptschöffen im restlichen Jahr 1984 an den Sitzungstagen der Strafkammern teilnehmen sollten (§§ 45, 77 GVG). Die Auslosung erstreckte sich nicht nur auf die am 3. 10. 1984 vom Schöffenwahlausschuß bei dem Amtsgericht Frankfurt/Main gewählten Schöffen, sondern auch auf diejenigen Hauptschöffen, die bei den Amtsgerichten Bad

Homburg, Königstein, Bad Vilbel und Usingen für die Jahre 1981 bis 1984 gewählt und am 9. 12. 1983 schon einmal für das Jahr 1984 ausgelost worden waren. – Das Rechtsmittel war erfolglos.

Gründe: Die Strafkammern waren mit den Schöffen, die an den angefochtenen Urteilen mitgewirkt haben, vorschriftsmäßig besetzt. Diese Schöffen haben ihr Amt durch gültige Wahl erlangt (§§ 42, 77 GVG); ihre Teilnahme an den Sitzungen, in denen die Strafsachen der Beschwerdeführer verhandelt und entschieden wurden, fand ihre Grundlage in einer rechtswirksamen Auslosung (§§ 45, 77 GVG).

Die gegen die Wirksamkeit der Schöffenwahl erhobenen Einwände der Beschwerdeführer sind unbegründet. Die Schöffenwahl vom 3. 10. 1984 ist nicht deshalb unwirksam, weil etwa die am 25. 8. 1980 getroffene Auslese eine gültige Wahl gewesen wäre. Diese Rechtsauffassung geht fehl. Die vom Schöffenwahlausschuß im Jahre 1980 vorgenommene Bestimmung der Schöffen war keine wirksame Schöffenwahl, da die Schöffen nicht gewählt, sondern ausgelost worden sind. Das hat der Senat bereits in seinem Urteil vom 21. 9. 1984 – 2 StR 327/84 (BGHSt. 33, 41 ff.) entschieden.

Die Schöffen sind nicht auf Grund einer ausdrücklichen unmittelbar personenbezogenen Willenskundgabe des Ausschusses bestimmt worden. Der Ausschuß hatte sich vielmehr dazu entschlossen, das Losverfahren darüber entscheiden zu lassen, wer das Amt des Schöffen erlangen sollte, und erachtete das ihm obliegende Geschäft mit der Auslosung für erledigt. Der Beschluß, die Schöffen im Wege des Losverfahrens zu berufen, war keine Wahl, weil er nur das Bestimmungsverfahren regelte, nicht aber schon darüber entschied, welche Personen Schöffen sein sollten. Die bewußt widerspruchslose Hinnahme des jeweiligen Losentscheids – wie auch des Auslosungsergebnisses im ganzen – läßt sich nicht als Wahl deuten, weil dieses Verhalten keine ausdrückliche Willenskundgabe der Ausschußmitglieder enthielt. Es kommt nicht darauf an, ob die Ausschußmitglieder die Möglichkeit hatten, einem einzelnen Losentscheid oder dem Gesamtergebnis der Auslosung zu widersprechen und dadurch eine Abstimmung herbeizuführen; erst recht ist unerheblich, welche Bedeutung sie selbst – damals und später – ihrem Verhalten beimaßen.

Die am 3. 10. 1984 vorgenommene Schöffenwahl leidet – entgegen der Ansicht der Beschwerdeführer – nicht an Rechtsmängeln, die ihre Gültigkeit beeinträchtigen könnten. Anders als bei der Sitzung vom 25. 8. 1980 hat es der Ausschuß diesmal nicht einem zufallsbestimmten Verfahren überlassen, wer Schöffe werden sollte; er hat vielmehr die Schöffen gewählt. Zufallsbestimmt war – innerhalb des festgelegten Ausleseverfahrens – lediglich die Ziehung der Nummern, die den einzelnen Personen der Vorschlagsliste zugeordnet worden waren. Diese Ziehung besaß im Rahmen des Gesamtvorgangs die Funktion einer den Wahlakt vorbereitenden Handlung. Die eigentliche Wahl bestand in der von den Mitgliedern des Ausschusses einstimmig abgegebenen Erklärung, das „Wahlergebnis" – hier zu verstehen als Ergebnis des bis dahin durchgeführten Ausleseverfahrens – genüge dem Gebot angemessener Berücksichtigung aller Bevölkerungsgruppen, brauche daher nicht geändert zu werden und könne aufrechterhalten bleiben. Diese Erklärung enthielt die für die Schöffenwahl erforderliche und ausreichende Willenskundgabe des Ausschusses, daß die im Wege der Vorauslese ermittelten Personen zu Schöffen berufen sein sollten.

Die von den Beschwerdeführern angezweifelte Rechtswirksamkeit dieser Wahl ist zu bejahen. Der Ausschuß hat eine „Nachholwahl" durchgeführt. Diese war rechtlich geboten, weil einerseits der Schöffenwahlausschuß seine Aufgabe, die Schöffen für die Wahlperiode 1981 bis 1984 zu wählen, bis dahin noch nicht erfüllt hatte, andererseits diese Wahlperiode noch andauerte.

Angesichts dieser Sach- und Rechtslage kam eine Ergänzungswahl gemäß § 52 Abs. 6 Satz 1 GVG nicht in Betracht. Die gegenteilige Auffassung, wie sie eine Strafkammer des Landesgerichts Frankfurt/Main (NJW 1985, 928) zum Ausdruck gebracht hat, geht fehl.

Sie entbehrt der gesetzlichen Grundlage. Eine Ergänzungswahl findet statt, wenn sich die ursprüngliche Zahl der Hilfsschöffen in der Hilfsschöffenliste auf die Hälfte verringert; ihr Zweck besteht in der Auffüllung der Hilfsschöffenliste, falls der darin enthaltene Schöffenbestand durch Streichungen von der Hauptschöffenliste und dem daraus folgenden Aufrücken von Hilfsschöffen zu Hauptschöffen unter eine bestimmte, gesetzlich festgelegte Mindestgrenze absinkt. Soweit die Ergänzungswahl eine Verringerung der Hilfsschöffenliste ausgleichen und ihrer vorzeitigen Erschöpfung vorbeugen soll, dient sie ausschließlich dem Ziel, solchen Veränderungen Rechnung zu tragen, die – was den Schöffenbestand angeht – erst im Laufe der Wahlperiode eintreten. Solche Veränderungen standen im vorliegenden Fall jedoch nicht in Rede. Die Notwendigkeit, Schöffen zu wählen, ergab sich nicht aus einer nachträglichen Verringerung dem Schöffenbestandes, sondern daraus, daß wegen Ungültigkeit der am 25. 8. 1980 getroffenen Schöffenauslese von vornherein nicht genügend Schöffen vorhanden waren. Das rechtlich gebotene Mittel, einem derartigen Mangel abzuhelfen, ist nicht die durch Ergänzungswahl vorzunehmende Auffüllung der Hilfsschöffenliste, sondern die Nachholung der im Rechtssinne unterbliebenen Schöffenwahl.

Dieser Aufgabe hat sich der Ausschuß am 3. 10. 1984 in rechtswirksamer Weise entledigt, indem er eine „Nachholwahl" vornahm. Bereits aus dieser Bestimmung des Charakters der Wahl folgt, daß die hiergegen von den Beschwerdeführern erhobenen Einwände nicht durchgreifen. Da es lediglich nachzuholen galt, was bisher versäumt worden war, mußte der Schöffenwahlausschuß – so wie geschehen – in der für die Wahlperiode 1981 bis 1984 festgelegten Besetzung nochmals zusammentreten und aus der „alten" (freilich noch zu aktualisierenden) Vorschlagsliste für den Rest der bis zum Ende des Jahres 1984 reichenden Wahlperiode die Schöffen wählen.

Das den Vertrauenspersonen mit ihrer Wahl erteilte Mandat umfaßte – über die Wahlperiode der Kommunalvertretungen hinausreichend – die Mitwirkung an der dem Schöffenwahlausschuß obliegenden Tätigkeit. Dessen Aufgabe war es, die für 1981 bis 1984 benötigten Schöffen zu wählen. Dies hat er in seiner Sitzung vom 25. 8. 1980 nicht wirksam getan, sondern erst mit der Wahl vom 3. 10. 1984 – soweit dies noch möglich war – nachgeholt. Mit der „Nachholwahl" wurde eben diejenige Aufgabe (teilweise) erfüllt, deren Wahrnehmung dem Ausschuß von vornherein oblag. Daraus folgt, daß – ebenso wie für die Schöffenwahl 1981 bis 1984 insgesamt – der Ausschuß in seiner alten Besetzung auch für die „Nachholwahl" zuständig war.

Bestätigt wird dies im übrigen auch dadurch, daß selbst eine Ergänzungswahl – wie sie bereits oben erörtert wurde – in die Zuständigkeit desjenigen Ausschusses fällt, der (ursprünglich) „die Schöffenwahl vorgenommen hatte" (§ 52 Abs. 6 Satz 1 GVG). Es wäre ein sinnwidriges und ungereimtes Ergebnis, wenn derselbe Ausschuß, der nach wirksamer Schöffenwahl gegebenenfalls Ergänzungswahlen abhalten muß, nicht dafür zuständig sein sollte, das nachzuholen, was von Anfang an seines Amtes war.

Der Einwand, die gesetzliche Schöffenwahlperiode betrage vier Jahre, für eine Wahl auf kürzere Zeit gebe es keine gesetzliche Grundlage, geht fehl. Die gesetzliche Grundlage für die „Nachholwahl" war dieselbe wie diejenige für die Wahl der in den Jahren 1981 bis 1984 benötigten Schöffen insgesamt. Zwar heißt es in § 42 Abs. 1 GVG, der Ausschuß wähle die erforderliche Zahl der Schöffen (und Hilfsschöffen) „für die nächsten vier Geschäftsjahre". Wird aber – wie hier – eine wirksame Schöffenwahl nicht rechtzeitig vor Beginn der Wahlperiode vorgenommen, sondern erst während der Wahlperiode nachgeholt, so verringert sich die Zeit, für welche die Schöffen gewählt werden, aus der Natur der Sache heraus um den im Zeitpunkt der „Nachholwahl" bereits verstrichenen Zeitraum der Wahlperiode.

Mit Recht hat der Ausschuß die Schöffen am 3. 10. 1984 aus der „alten" Vorschlagsliste gewählt, die schon der Schöffenauslosung vom 25. 8. 1980 zugrundegelegt worden war.

Daß diese Liste Verwendung zu finden hatte, ergibt sich ebenfalls aus dem „Nachholcharakter" der Wahl. Die Vorschlagsliste ist „in jedem vierten Jahr" aufzustellen (§ 36 Abs. 1 Satz 1 GVG). Die für die Schöffenwahl 1981 bis 1984 aufgestellte Liste blieb ohne weiteres für die „Nachholwahl" maßgebend; für die Aufstellung einer neuen Liste war dagegen kein Raum.

Allerdings mußte die „alte" Vorschlagsliste geprüft und unter Berücksichtigung zwischenzeitlich eingetretener Veränderungen berichtigt werden. Dies ist auch in bestimmter Hinsicht geschehen: Der Ausschuß hat die Liste, die in der am 25. 8. 1980 vorliegenden Fassung noch 2342 Personen enthielt, nicht unverändert zugrunde gelegt, sondern diejenigen Schöffen ausgeschieden, die im Laufe der Wahlperiode vom Land- und Amtsgericht gestrichen worden waren. Die Beschwerdeführer behaupten jedoch, daß eine ins einzelne gehende Prüfung der 2174 Personen des verbleibenden Listenbestandes unterblieben sei; das habe dazu geführt, daß einzelne, in der Liste noch aufgeführte Personen im Zeitpunkt der „Nachholwahl" bereits verstorben (Nr. 63, 127, 144), wegen „einer strafrechtlichen Verurteilung" nicht mehr wählbar (Nr. 96) oder nicht mehr im Gerichtsbezirk wohnhaft (Nr. 2, 5, 10, 25, 34, 84, 91, 166, 268) gewesen seien. Zwar wird nicht geltend gemacht, daß amtsunfähige oder aus dem Gerichtsbezirk verzogene Personen gerade als Schöffen an den hier angefochtenen Urteilen mitgewirkt hätten; indessen vertreten die Beschwerdeführer den Standpunkt, daß auf Grund der behaupteten Mängel die Wahl insgesamt nichtig sei.

Dem kann nicht zugestimmt werden. Ungültig ist eine Schöffenwahl nur, wenn sie an einem besonders schwerwiegenden Fehler leidet und dies bei verständiger Würdigung aller in Betracht kommenden Umstände offenkundig ist (BGHSt. 29, 283, 287 [BGH Urt. v. 10. 6. 1980 – 5 StR 464/79; vgl. § 338 Nr. 1 StPO erfolglose Rügen]). Das war nicht der Fall.

Soweit ein Verfahrensfehler darin erblickt wird, daß der Ausschuß den verbleibenden Listenbestand von 2174 Personen keiner ins einzelne gehenden Prüfung unterzogen hat, ist zu berücksichtigen, daß einerseits eine solche Prüfung einen erheblichen Aufwand (Einholung von Bundeszentralregisterauszügen, Anfragen bei Einwohnermeldeämtern) erfordert hätte, andererseits aber bei der Durchführung der „Nachholwahl" besondere Eile geboten war. Wenn der Ausschuß unter diesen Umständen auf die Einzelprüfung verzichtete und damit gewisse, nicht ohne weiteres erkennbare, nur verhältnismäßig wenige Personen betreffende Mängel der Vorschlagsliste in Kauf nahm, so war das – bei Abwägung der in Rede stehenden Belange und einer Gesamtwürdigung aller hierfür erheblichen Umstände – vertretbar. Die Mängel, mit denen die Vorschlagsliste auf Grund dieses Verfahrens behaftet blieb, wogen – nach Art und Ausmaß – nicht schwer; sie nahmen der Liste nicht die Eignung, als Grundlage für die fällige „Nachholwahl" zu dienen. Betroffen davon waren – dem Revisionsvortrag zufolge – lediglich 13 Personen, das sind 0,6% des Gesamtbestandes der „bereinigten" Liste. Auch ihrer Art nach konnten die Mängel die Tauglichkeit der Vorschlagsliste als Wahlgrundlage nicht beeinträchtigen. Daß der Tod einzelner in ihr vermerkter Personen die Vorschlagsliste nicht insgesamt hinfällig macht, versteht sich von selbst, da andernfalls jeder Todesfall zur Aufstellung einer neuen Vorschlagsliste nötigen würde. Was die übrigen Mängel betrifft, so gilt folgendes: Umstände in der Person eines Schöffen, die nicht einmal die Gültigkeit seiner eigenen Berufung berühren, sind erst recht nicht geeignet, einen Gültigkeitsmangel der Vorschlagsliste und die Nichtigkeit der Schöffenwahl insgesamt zu begründen.

Die behaupteten Mängel der Vorschlagsliste hätten eine Berufung der betreffenden Personen zu Schöffen nicht unwirksam gemacht. Soweit vorgebracht wird, eine der vorgeschlagenen Personen sei „wegen einer strafrechtlichen Verurteilung" nicht mehr wählbar gewesen, ist hieraus schon nicht zu ersehen, ob bei dieser Person (Nr. 96) die Voraussetzungen der Amtsunfähigkeit vorlagen; da nur eine vorsätzliche Tat, wegen der auf eine Freiheitsstrafe von mehr als sechs Monaten erkannt worden ist, Amtsunfähigkeit als Schöffe begründet (§ 32 Nr. 1 GVG), hätte die Revision Schuldvorwurf und Strafmaß mitteilen müssen (§ 344 Abs. 2 Satz 2 StPO). Soweit geltend gemacht wird, einzelne Personen seien im Zeitpunkt der Wahl bereit aus dem Gerichtsbezirk verzogen gewesen, würde dies die Gültigkeit ihrer Berufung zu Schöffen nicht berühren. Zwar sollen solche Personen nicht zu Schöffen gewählt werden (§ 33 Nr. 3 GVG) und sind – wo dies schon geschehen ist – gegebenenfalls aus der Schöffenliste zu streichen (§ 52 Abs. 1 Nr. 2 GVG); dies ändert indessen nichts daran, daß eine gegen diese Vorschrift verstoßende Wahl zum Schöffen gleichwohl rechtswirksam ist (RGSt 39, 306; BGHSt. 30, 255, 257 [BGH Urt. v. 3. 11. 1981 – 5 StR 566/81; vgl. § 338 Nr. 1 StPO erfolgreiche Rügen]). Wenn hiernach die behaupteten Mängel der Vorschlagsliste keine Nichtigkeit der „Nachholwahl" begründen, so gilt gleiches schließlich auch für den Verfahrensfehler, der darin bestehen soll, daß – wie gerügt wird – die Vorschlagsliste den Ausschußmitgliedern zu spät ausgehändigt worden sei und sie deshalb keine ausreichende Gelegenheit gehabt hätten, sich über die zur Wahl stehenden Personen zu unterrichten; ein derartiger, im Vorfeld der Wahl begangener Fehler stellt die Wirksamkeit der Wahl nicht in Frage.

Der Einwand der fehlerhaften Auslosung der Schöffen dringt nicht durch. Grundlage für die Auslosung der Schöffen, nach der sich die Reihenfolge ihrer Teilnahme an den einzelnen Sitzungen richtet, ist die Schöffenliste, die der Präsident des Landgerichts aus den Namen der bei den Amtsgerichten des Landgerichtsbezirks gewählten Hauptschöffen zusammenstellt (§ 77 Abs. 2 Satz 5 GVG). Die Schöffenliste, aus der die Auslosung vom 9. 12. 1983 für das Jahr 1984 vorgenommen wurde, umfaßte 436 Personen, von denen 294 am 25. 8. 1980 im Wege des Losverfahrens zu Hauptschöffen bestimmt worden waren. Diese 294 Personen hatten – dem Urteil des Senats vom 21. 9. 1984 – 2 StR 327/84 (BGHSt. 33, 41 ff.) zufolge – das Schöffenamt nicht erlangt. Die Schöffenliste bestand demgemäß zu mehr als zwei Dritteln aus Nichtschöffen; rechtlich gesehen fehlte in ihr die Gesamtheit derjenigen Schöffen, die vom weitaus größten Amtsgericht zu berufen gewesen wären.

Ob eine derart mangelhafte Schöffenliste Grundlage einer rechtswirksamen Auslosung sein kann, braucht hier nicht entschieden zu werden. Denn jedenfalls war die Liste, deren Personenbestand sich zu mehr als zwei Dritteln aus ungültig gewählten Schöffen zusammensetzte, in solchem Maß fehlerhaft, daß es vertretbar war, die Auslosung – wie gesehen – nach ordnungsgemäßer „Nachholwahl" der bei dem Amtsgericht Frankfurt/Main zu wählenden Schöffen insgesamt, also unter Einbeziehung der bei den anderen Amtsgerichten bereits früher gültig gewählten Schöffen zu wiederholen.

16. Ausnahme vom Verbot gleichzeitigen Nebeneinanderverhandelns eines Spruchkörpers (Ergänzung zu BGHSt. 18, 386 [BGH Urt. v. 21. 5. 1963 – 2 StR 84/63; vgl. § 338 Nr. 1 StPO erfolgreiche Rügen]).

StPO § 338 Nr. 1.; GG Art. 101 Abs. 1; GVG §§ 16, 21e III – BGH Urt. v. 12. 6. 1985 – 3 StR 35/85 LG Duisburg (= BGHSt. 33, 234 = NJW 1985, 2840 = NStZ 1986, 36)

Die Revision rügt, das erkennende Gericht sei überbesetzt gewesen, weil es gleichzeitig zwei Verfahren in personell voneinander verschiedenen Sitzgruppen durchgeführt habe.

Sachverhalt: Die IX. Strafkammer des Landgerichts Duisburg hat die dem Urteil zugrunde liegende Hauptverhandlung am 29. 10. 1981 in der Besetzung mit Richter am Landgericht Be. als Vorsitzendem sowie mit Richter am Landgericht Pu. und Richter Schm. als berufsrichterlichen Beisitzern begonnen, obwohl sie in der Besetzung mit Vorsitzendem Richter am Landgericht Schi. sowie mit den Richtern am Landgericht Ha. und Richter am Amtsgericht Ho. als berufsrichterlichen Beisitzern die im Jahre 1979 begonnene Hauptverhandlung in dem Strafverfahren gegen K. noch nicht beendet hatte. – Das Rechtsmittel war erfolglos.

Gründe: Die Überbesetzung des erkennenden Gerichts verstieß nicht gegen das Gebot des gesetzlichen Richters (Art. 101 Abs. 1 Satz 2 GG, § 16 Satz 2 GVG).

Allerdings dürfen einem kollegialen Spruchkörper durch den vom Präsidium aufzustellenden Geschäftsverteilungsplan grundsätzlich nicht so viele Richter zugewiesen werden, daß er in die Lage versetzt wird, gleichzeitig zwei Hauptverhandlungen in personell voneinander verschiedenen Sitzgruppen durchzuführen (BGHSt. 18, 386; BGH NJW 1965, 1434; BGH, Beschl. v. 3. 5. 1977 – 5 StR 200/27). Hier aber lag eine besondere, ein Abweichen von diesem Grundsatz rechtfertigende Verfahrenslage vor.

Aus dem Geschäftsverteilungsplan des Landgerichts Duisburg für 1981 in der geänderten Fassung vom 27. 7. 1981 ergab sich eine gegen den genannten Grundsatz verstoßene Überbesetzung nicht. Denn er wies der Strafkammer nur vier ordentliche Beisitzer, nämlich die Richter Ha., Be., Pu. und Schm. zu. Die Überbesetzung einer Strafkammer durch Zuweisung von vier berufsrichterlichen Beisitzern ist nicht zu beanstanden, wenn das Präsidium sie – wie hier – zur sachgerechten Erledigung der Aufgaben der Strafkammer für unvermeidbar hält (BVerfGE 18, 344, 350 [BVerfG Beschl. v. 3. 2. 1965 – 2 BvR 166/64; vgl. § 338 Nr. 1 StPO erfolglose Rügen]; 22, 282, 286; BGH NJW 1965, 1715; BGH, Urt. v. 22. 10. 1957 – 5 StR 168/57 – und v. 11. 2. 1975 – 5 StR 228/74).

Richter am Amtsgericht Ho. ist 1981 nicht mehr im Geschäftsverteilungsplan des Landgerichts aufgeführt worden. Er war deshalb nicht mehr ordentliches Mitglied der für das Geschäftsjahr 1981 gebildeten IX. Strafkammer. Während der gegen K. laufenden Hauptverhandlung war er im Jahre 1980 vom Landgericht Duisburg an ein Amtsgericht versetzt worden. Das Präsidium hatte am 31. 7. 1980 beschlossen, daß er trotz der – vor der Versetzung ausgesprochenen – Abordnung an das Amtsgericht Beisitzer der IX. Strafkammer „für das Verfahren gegen K." bleibt, und am 29. 8. 1980, daß „Richter am Amtsgericht Ho., der in dem erforderlichen Umfange an das Landgericht abgeordnet ist", ab 1. 9. 1980 der IX. Strafkammer zugewiesen wird. Da eine solche Bestimmung nicht mehr in den Geschäftsverteilungsplan 1981 übernommen worden ist, stand Richter am Amtsgericht Ho. jedenfalls im Jahre 1981 der IX. Strafkammer für andere Verfahren nicht mehr zur Verfügung. Er übte in ihr nur noch die Funktionen aus, die er als Richter in der früher begonnenen Hauptverhandlung gegen K. kraft Gesetzes weiterzuführen hatte (vgl. BGHSt. 8, 250 [BGH Urt. v. 20. 10. 1955 – 4 StR 286/55; vgl. § 338 Nr. 1 StPO erfolglose Rügen]). Einer ausdrücklichen Regelung im Geschäftsverteilungsplan bedurfte es insoweit nicht. Sie wäre mit konstitutiver Wirkung auch nicht möglich gewesen, weil nach § 21e Abs. 1 Satz 2 GVG ein Richter einer Strafkammer nur für die Dauer des Geschäftsjahres, also nicht bis zur Erledigung bestimmter Strafverfahren zugeteilt werden darf (vgl. BGHSt. 8, 252 [BGH Urt. v. 20. 10. 1955 – 4 StR 326/55; vgl. § 338 Nr. 1 StPO erfolgreiche Rügen]) und auch ein Fall des § 21e Abs. 4 GVG bei begonnener, in das nächste Geschäftsjahr hinüberreichender Hauptverhandlung nicht vorliegt (vgl. BGHSt. 8, 250). War aber die geschäftsplanmäßige und kammerinterne Zuständigkeit des Richters am Amtsgericht Ho. in der Weise beschränkt, daß er nur noch in dem zu Ende gehenden Verfahren gegen K. mitwirken durfte, so schied im Jahre 1981 die Möglichkeit aus, die Besetzung unter Einschluß dieses Richters zu manipulieren. Deshalb sind unter den hier vorliegenden Umständen Sinn und Zweck des von der Rechtsprechung herausgearbeiteten grundsätzlichen Verbots, durch Überbesetzung ein gleichzeitiges Nebeneinanderverhandeln eines Spruchkörpers zu ermöglichen, nicht verletzt.

Der auf § 21e Abs. 3 GVG beruhende Beschluß des Präsidiums vom 27. 7. 1981, der IX. Strafkammer mit Wirkung vom 15. 10. 1981 den Richter Schm. als vierten Beisitzer mit halber Kraft zuzuweisen, war auch nicht deshalb fehlerhaft, weil statt dessen die Einrichtung einer Hilfsstrafkammer geboten gewesen wäre. Zwar darf das Präsidium die Bildung einer Hilfsstrafkammer nicht dadurch umgehen, daß es einer überlasteten Strafkammer für eine Einzelsache zwei weitere Richter zuteilt und es ihr dadurch möglich macht, gleichzeitig in verschiedenen Besetzungen zwei Hauptverhandlungen durchzuführen (BGH GA 1977, 366). Ein solcher Fall liegt hier aber ebensowenig vor wie der in BGHSt. 18, 386 beanstandete Versuch, die Einrichtung einer Hilfsstrafkammer durch das Hinzuziehen eines Vertreters zu vermeiden und so das Nebeneinanderverhandeln in zwei unterschiedlichen Besetzungen zu ermöglichen. Das Präsidium hat durch die von der Revision gerügte Art und Weise, in der die sich aus der unvorhergesehenen Dauer der Hauptverhandlung gegen K. ergebende Überlastung der IX. Strafkammer beseitigt wurde, jedenfalls nicht die Grenzen des ihm zustehenden Ermessensspielraums überschritten. Denn die Einrichtung einer Hilfsstrafkammer war hier nicht erforderlich. Vorsitzender Richter am Landgericht Schi. leitete nämlich außer dem Verfahren gegen K. noch sämtliche andere Verfahren, die vor der IX. Strafkammer anhängig waren. Die Übertragung einer Einzelsache – hier also des vorliegenden Falles – auf eine Hilfsstrafkammer wäre aber selbst dann nicht unbedenklich, wenn die Verteilung formal nach allgemeinen Merkmalen vorgenommen würde (vgl. BGHSt. 7, 23, 25 [BGH Urt. v. 28. 9. 1954 – 5 StR 275/53; vgl. § 338 Nr. 1 StPO erfolgreiche Rügen]; BGH, Urt. v. 14. 4. 1976 – 3 StR 266/75 [S]).

17. Fehlerhafte Schöffeneigenschaft nicht von Amts wegen zu berücksichtigen (Ergänzung zu BGHSt. 33, 41 [BGH Urt. v. 21. 9. 1984 – 2 StR 327/84; vgl. § 338 Nr. 1 StPO erfolgreiche Rügen]).

StPO §§ 222a, 222b, 338 Nr. 1; GVG § 42 I – BGH Urt. v. 16. 1. 1985 – 2 StR 717/84 LG Frankfurt/Main (= BGHSt. 33, 126 = NJW 1985, 926 = StV 1985, 90)

Die Revision rügt, der Angeklagte sei seinem gesetzlichen Richter entzogen worden, da bei dem Urteil zwei Personen als Schöffen mitgewirkt hätten, die nicht zu Schöffen gewählt, sondern lediglich ausgelost und deshalb nicht wirksam zu ehrenamtlichen Richtern bestellt worden seien.

Sachverhalt: Obwohl die Gerichtsbesetzung vor dem Hauptverhandlungstermin mitgeteilt worden war, hat der Beschwerdeführer bis zum Beginn seiner Vernehmung zur Sache weder den Besetzungseinwand erhoben (§ 222b Abs. 1 Satz 1 StPO) noch den Antrag gestellt, die Verhandlung zur Prüfung der Besetzung zu unterbrechen (§ 222a Abs. 2 StPO). – Das Rechtsmittel war erfolglos.

Gründe: Diese Rüge dringt nicht durch. Richtig ist allerdings, daß die beiden Personen, die neben den Berufsrichtern am Urteil mitgewirkt haben, nicht zu Schöffen gewählt, sondern ausgelost worden waren; sie haben deshalb – wie der Senat bereits in einem ebenso gelagerten Falle entschieden hat (BGHSt. 33, 41) – das Schöffenamt nicht erlangt.

a) Dieser Mangel begründet nicht schon die Nichtigkeit des angefochtenen Urteils. Daß als ehrenamtliche Richter zwei Personen mitgewirkt haben, die infolge eines ungültigen Auswahlverfahrens nicht Schöffen geworden sind, berührt die Gerichtseigenschaft des damit fehlerhaft besetzten Spruchkörpers (§ 76 Abs. 2 GVG) nicht und ist – wie das Bundesverfassungsgericht zutreffend ausgeführt hat (BVerfG NJW 1985, 125; außerdem Beschl. v. 30. 10. 1984 – 2 BvR 1308/84) – kein derart schwerer, offen zutage liegender Mangel, daß es bei Berücksichtigung der Belange der Rechtssicherheit und des Rechtsfriedens vom Standpunkt der Gerechtigkeit aus schlechthin unerträglich wäre, das so zustande gekommene Urteil als einen mit staatlicher Autorität ausgestatteten, in einem rechtsförmlichen Verfahren gefundenen verbindlichen Richterspruch anzuerkennen und gelten zu lassen.

b) Mit der Revision kann der Beschwerdeführer die vorschriftswidrige Besetzung des erkennenden Gerichts nicht mehr rügen. Die Besetzungsrüge ist damit ausgeschlossen (§ 338 Nr. 1a und c StPO).

Dürfte die Rügepräklusion nur bei „Einzelfällen", nicht aber dort Anwendung finden, wo ein organisatorischer oder verfahrensmäßiger Fehler im Bereich der Justizverwaltung (z.B.

Geschäftsverteilung, Schöffenauswahl und -auslosung) gleichartige Besetzungsmängel bei mehreren Spruchkörpern nach sich zieht, so würde das Gesetz seinen Zweck weitgehend verfehlen; denn es bliebe dann gerade dort wirkungslos, wo die Rügepräklusion wegen der Mehrzahl gleichgelagerter Fälle am ehesten dazu beitragen könnte, die Zahl der Urteilsaufhebungen wegen fehlerhafter Gerichtsbesetzung wesentlich zu vermindern. Dafür, daß gerade dieser praktisch bedeutsame Ausschnitt von der Anwendung der Präklusionsvorschriften ausgespart werden sollte, ist kein Grund ersichtlich. Auch verfassungsrechtliche Maßstäbe gebieten es nicht, Fälle der vorliegenden Art vom Geltungsbereich der Rügepräklusion auszunehmen. Das Bundesverfassungsgericht hat die betreffende Gesetzesregelung für verfassungsgemäß, insbesondere auch mit dem Grundsatz des gesetzlichen Richters vereinbar erklärt (BVerfG NStZ 1984, 370 [BVerfG Beschl. v. 14. 3. 1984 – 2 BvR 249/84; vgl. § 338 Nr. 1 StPO erfolglose Rügen]). Dabei ist lediglich offengelassen worden, ob die Rügepräklusion auch gelte, wenn die fehlerhafte Gerichtsbesetzung ihre Ursache in persönlichen Mängeln des Richters hat. Darum geht es hier nicht. Persönliche Mängel sind ausschließlich individuell in der Person des jeweiligen Richters begründete Eignungs- oder Qualifikationsdefizite. Von ganz anderer Art ist der Rechtsmangel fehlender Richtereigenschaft, der seinen Grund in einem fehlerhaften und darum ungültigen Richterberufungsverfahren hat. Solche Rechtsmängel gehören zum Anwendungsbereich der Vorschriften über die Präklusion der Besetzungsrüge.

Daß hiergegen keine verfassungsrechtlichen Bedenken bestehen, ergibt sich schließlich auch noch aus folgender Überlegung: das Bundesverfassungsgericht hat es für unbedenklich erklärt, daß Besetzungsmängel der hier vorliegenden Art vom Revisionsgericht nicht von Amts wegen, sondern nur auf Rüge hin geprüft werden; weder aus Artikel 3 Abs. 1 GG noch aus Artikel 101 Abs. 1 Satz 2 GG (oder aus Artikel 104 Abs. 2 Satz 1 GG) lasse sich ableiten, daß insoweit „die Förmlichkeit des Revisionsverfahrens nicht durchgreifen dürfe" (BVerfG NJW 1985, 125; außerdem Beschlüsse vom 11. und 30. 10. 1984 – 2 BvR 1241, 1301 und 1308/84). Ist es aber verfassungsgemäß, den hier in Rede stehenden Besetzungsfehler nur auf Revisionsrüge hin zu beachten, dann kann nichts anderes für die Anwendung derjenigen Vorschriften gelten, welche die Zulässigkeit einer solchen Revisionsrüge an die weitere Voraussetzung knüpfen, daß der Besetzungseinwand rechtzeitig und formgerecht schon vor dem erkennenden Gericht erhoben worden war. Soweit der Beschwerdeführer schließlich die Ansicht vertritt, die Rügepräklusion dürfe hier deshalb nicht eingreifen, weil der gerügte Besetzungsmangel für ihn und seinen Verteidiger unerkennbar gewesen sei, trifft diese Begründung nicht zu. Der Verteidiger hat einen Rechtsanspruch auf Einsicht in die für die Gerichtsbesetzung maßgebenden Unterlagen. Zu diesen Unterlagen gehört auch das Protokoll des Schöffenwahlausschusses. Daraus ging hier hervor, daß die Schöffen nicht gewählt, sondern ausgelost und mithin nicht wirksam in ihr Amt berufen worden waren. Dementsprechend bestand für jeden Verteidiger die Möglichkeit, den Mangel zu erkennen, den Besetzungseinwand darauf zu stützen und ihn rechtzeitig vor dem Tatrichter geltend zu machen. Daß dies in anderen Fällen auch tatsächlich geschehen ist, zeigt das Urteil des Senats zur Schöffenauslosung vom 21. 9. 1984 – 2 StR 327/84 (BGHSt. 33, 41; vgl. auch die Beschlüsse des LG Frankfurt/Main StV 1983, 411 und 413). Der Einwand, in Frankfurt/Main sei die Bestimmung der Schöffen bereits seit langem in der nunmehr beanstandeten Weise gehandhabt worden, ändert an der Erkennbarkeit dieses Mangels nichts.

18. Die Präklusion der Besetzungsrüge ist verfassungskonform.

StPO § 338 Nr. 1 – BVerfG (Vorprüfungsausschuß), Beschl. v. 14. 3. 1984 – 2 BvR 249/84 (= NStZ 1984, 370)

Die Verfassungsbeschwerde rügt die Verfassungswidrigkeit der Präklusionsvorschriften hinsichtlich des Besetzungseinwands im Strafprozeß.

Erfolglose Rügen   Nr. 18 § 338 Nr. 1 StPO

Sachverhalt: Bei der Verurteilung der Beschwerdeführerin zu einer Freiheitsstrafe wirkten in der erkennenden Großen Strafkammer des Landgerichts entgegen § 29 S. 1 DRiG ein abgeordneter Richter und ein Richter auf Probe als Beisitzer mit. Die deshalb mit der Revision erhobene Besetzungsrüge (§ 338 Nr. 1 StPO) hatte gleichwohl keinen Erfolg; sie wurde als präkludiert angesehen. Die Beschwerdeführerin und ihr Verteidiger hatten nach Mitteilung der Gerichtsbesetzung zu Beginn der Hauptverhandlung (§ 222a I 1 StPO) weder einen Besetzungseinwand erhoben (§ 222b I StPO) noch die Unterbrechung der Hauptverhandlung zur Prüfung der Besetzung beantragt (§ 222a II StPO). Die Verfassungsbeschwerde wurde nicht zur Entscheidung angenommen. – Das Rechtsmittel war erfolglos.

Gründe:

1. Die in §§ 222a, 222b, 338 Nr. 1 StPO getroffene Regelung und ihre Anwendung durch den BGH sind – entgegen im Schrifttum vereinzelt geäußerter Bedenken – verfassungsrechtlich nicht zu beanstanden.

a) Muß ein Strafurteil des Landgerichts oder des Oberlandesgerichts, das möglicherweise nach längerer Hauptverhandlung und großem justiziellem Aufwand zustande gekommen ist, ohne Rücksicht darauf, ob es materiell richtig ist und sonst auf einem einwandfreien Verfahren beruht, allein wegen vorschriftswidriger Besetzung des erkennenden Gerichts auf die entsprechende Revisionsrüge des Angeklagten hin aufgehoben und die gesamte Hauptverhandlung wiederholt werden, so bewirkt dies – in aller Regel in erheblichem Maße – eine Mehrbelastung der Strafjustiz und eine Verzögerung des Verfahrens. Hierdurch wird nicht zuletzt auch der Angeklagte selbst belastet; außerdem können sich Erschwernisse bei der Wahrheitsfindung ergeben (vgl. Begr. zum Entwurf des Strafverfahrensänderungsgesetzes 1979, BT-Dr 8/976, S. 24 ff.). Schon im Blick auf diese das Rechtsstaatsgebot im Strafverfahren berührenden Gesichtspunkte war es dem Gesetzgeber nicht verwehrt, durch die hier in Frage stehende Regelung dem Angeklagten aufzuerlegen, bereits zu Beginn der Hauptverhandlung eine Überprüfung der vorschriftsmäßigen Besetzung des Gerichts zu veranlassen und, wenn er hiergegen Bedenken hat, von ihm zu verlangen, daß er seinen Anspruch auf den gesetzlichen Richter im Strafverfahren spätestens bis zum Beginn der Vernehmung des ersten Angeklagten zur Sache geltend macht.

Diese Regelung hat – auch im Blick auf die ihr entsprechende Konsequenz der Rügepräklusion (§ 338 Nr. 1 Halbs. 2 StPO) – vor Art. 101 I 2 GG Bestand. Dem Angeklagten wird hierdurch nichts Unzumutbares abverlangt. Eine Präklusion kann nur in Verfahren eintreten, in denen er über den rechtskundigen Beistand eines Verteidigers verfügt (§ 140 I Nr. 1, 141 I, 222a I 1 StPO; vgl. auch Begr. zum Gesetzentwurf, a.a.O., S. 45), und, wenn ihm und seinem Verteidiger genügend Zeit zur Prüfung der Besetzung verblieben ist (§ 222a II StPO; vgl. dazu BGHSt. 29, 283 [284 ff.] [BGH Urt. v. 10. 6. 1980 – 5 StR 464/79; vgl. § 338 Nr. 1 StPO erfolglose Rügen]). Sie wird im übrigen nur für solche Rügen gelten, die zu dem Zeitpunkt, als der Besetzungseinwand zu erheben war, für die Verteidigung erkennbar waren. Daß durch den Eintritt der Präklusion möglicherweise auch Sorgfaltsverstöße des Verteidigers zu Lasten des Angeklagten gehen, ist eine auch sonst im Rahmen des Rechtsmittels der Revision unvermeidliche Folge, die keine durchgreifenden verfassungsrechtlichen Bedenken zu begründen vermag (vgl. BVerfGE 63, 45 [70] zu § 344 II 2 StPO).

b) Die Beschwerdeführerin hat hier den erforderlichen Besetzungseinwand nicht erhoben, obgleich die Vorschriftswidrigkeit der Besetzung (§ 29 S. 1 DRiG) zum Zeitpunkt ihrer Bekanntgabe erkennbar war. Bei solcher Sach- und Rechtslage ist es verfassungsrechtlich nicht zu beanstanden, daß der BGH die Besetzungsrüge der Beschwerdeführerin nach § 338 Nr. 1 StPO als ausgeschlossen erachtet hat. Daß eine objektiv unvertretbare Mißachtung einer Besetzungsvorschrift vorlag, ändert hieran nichts.

Ob von einer Präklusion auch ausgegangen werden dürfte, wenn die Verletzung des Art. 101 I 2 GG durch persönliche Mängel eines mitwirkenden Richters oder durch gezielte

Manipulation der Gerichtsbesetzung begründet ist (vgl. BVerfGE 17, 294 [299] [BVerfG Beschl. v. 24. 3. 1964 – 2 BvR 42, 83, 89/63; vgl. § 338 Nr. 1 StPO erfolgreiche Rügen]), bedarf hier keiner Entscheidung.

2. Da die Beschwerdeführerin danach den Formerfordernissen für eine Nachprüfung der Gerichtsbesetzung durch das Revisionsgericht nicht genügt hat, hat sie insoweit den Rechtsweg nicht erschöpft (§ 90 III BVerfGG). Ihre allein auf die unrichtige Besetzung der Strafkammer gestützte Verfassungsbeschwerde gegen das Urteil des Landgerichts ist daher unzulässig (vgl. BVerfGE 16, 124 [127]; 63, 45 [72]; st. Rspr.; vgl. auch Begr. zum Gesetzentwurf, a.a.O., S. 28). Daß mit der Verfassungsbeschwerde neben der Rüge aus Art. 101 I 2 GG auch die Verletzung von Art. 104 I 1 GG geltend gemacht worden ist, ändert hieran nichts.

19. Richtet sich die Zuteilung der einzelnen Sachen nach allgemeinen Merkmalen, so wird ein Angeklagter dadurch, daß sein Verfahren versehentlich – und damit zufällig – zu einem anderen Spruchkörper kommt, nicht seinem gesetzlichen Richter entzogen.

StPO § 338 Nr. 1 – BGH Urt. v. 21. 12. 1983 – 2 StR 495/83 LG Frankfurt/Main (= NStZ 1984, 181)

Die Revisionen rügen, die Angeklagten sie seien durch die Verhandlung der Sache vor der 28. Strafkammer ihrem gesetzlichen Richter entzogen worden, für das vorliegende Verfahren sei an sich die 2. Strafkammer zuständig gewesen. Die Zuständigkeit habe sich nur dadurch ergeben, daß das Geburtsdatum des einen Angeklagten in der Anklageschrift irrtümlich zunächst falsch angegeben worden ist.

Sachverhalt: Nach den allgemeinen Bestimmungen des Geschäftsverteilungsplans (III B 1b) richtet sich bei Anklageerhebung gegen mehrere Angeschuldigte die Zuständigkeit der Strafkammer nach dem Namen des ältesten Angeschuldigten. Ältester war der am 20. 6. 1935 geborene Mitangeschuldigte A. Die Sache hätte deshalb vor der für den Buchstaben A zuständigen 2. Strafkammer (Wirtschafts-Strafkammer) und nicht vor der für den Buchstaben B zuständigen 28. Strafkammer (Wirtschafts-Strafkammer) verhandelt werden müssen. Letztere hatte sich jedoch mit der Sache befaßt und die Anklage zur Hauptverhandlung zugelassen, weil in der Anklageschrift als Geburtsdatum des Mitangeschuldigten A irrtümlich der 20. 6. 1936 angegeben und infolge dessen der am 6. 9. 1935 geborene Mitangeschuldigte B als Ältester angesehen worden war. Erst nach Eröffnung des Hauptverfahrens wurde der Fehler bemerkt und berichtigt. Den Einwand der vorschriftswidrigen Besetzung des Gerichts (§ 222b StPO) hat das Gericht unter Hinweis auf die allgemeinen Bestimmungen des Geschäftsverteilungsplanes (III B 2a) zurückgewiesen, nach denen eine Kammer, die über die Eröffnung des Hauptverfahrens entschieden hat, mit diesem grundsätzlich weiter befaßt bleibt, wenn sich ihre Unzuständigkeit nachträglich ergibt. Diese Entscheidung hat die Strafkammer auch auf einen „klarstellenden" Beschluß des Präsidiums gestützt, wonach die genannte Regelung über den Fortgang der Zuständigkeit alle Fälle erfasse, „in denen sich nachträglich – auf Grund welcher Umstände auch immer – die Unzuständigkeit herausstelle, also auch den vorliegenden Fall". – Das Rechtsmittel war erfolglos.

Gründe: Hiernach hat die nach dem Geschäftsverteilungsplan letztlich zuständige Strafkammer die Sache verhandelt und über sie entschieden.

Die Revisionen wenden sich allerdings auch gegen die Regelung des Geschäftsverteilungsplans in der vom Präsidium vorgenommenen Auslegung, da dieser die „objektive Willkür des Vorausgegangenen erneut willkürlich" festschreibe.

Die Rüge ist jedoch auch insoweit unbegründet. Den Beschwerdeführern ist zwar darin zuzustimmen, daß die Regelung in III B 2a des Geschäftsverteilungsplans nicht gesetzmäßig wäre, wenn sie eine bei Eröffnung des Hauptverfahrens willkürliche Bestimmung der Zuständigkeit einer Strafkammer fortbestehen ließe. Ein solcher Fall liegt hier aber nicht vor. Die 28. Strafkammer hatte ihre Zuständigkeit nicht willkürlich bejaht. Sie hatte lediglich nicht sogleich bemerkt, daß das Geburtsdatum des Angeklagten A in der Anklageschrift nicht richtig angegeben worden war. Ein derartiges Versehen kann einem Gericht – besonders in umfangreichen Verfahren – auch bei sorgfältiger Prüfung seiner Zuständigkeit unterlaufen. Richtet sich die Zuteilung der einzelnen Sachen nach allgemeinen Merkmalen, die es allein gewährleisten sollen, daß das Verfahren frei von Manipulationsmöglichkeiten gleichsam „blindlings" an den zuständigen Spruchkörper gelangt, so wird ein Angeklagter dadurch, daß sein Verfahren versehentlich – und damit ebenso zufällig – zu einem anderen Spruchkörper kommt, nicht seinem gesetzlichen Richter entzogen. Die Besorgnis der Revision, die Staatsanwaltschaft erhalte dadurch Gelegenheit zu Manipulationen, ist nicht begründet (vgl. BGH, Urt. v. 26. 6. 1980 – 1 StR 785/79). ...

20. Bestandsdauer einer Hilfsstrafkammer ist nur bei Willkür Revisionsgrund. Vorsitz einer Hilfsstrafkammer (im Anschluß an BGHSt. 12, 104 [BGH Urt. v. 11. 11. 1958 – 1 StR 532/58; vgl. § 338 Nr. 1 StPO erfolglose Rügen]).

StPO § 338 Nr. 1; GVG § 21e III, 21f I – BGH Urt. v. 7. 6. 1983 – 4 StR 9/83 LG Bochum (= BGHSt. 31, 389 = NJW 1983, 2952 = NStZ 1984, 84)

Die Revision rügt, daß die 1. große Hilfsstrafkammer für das Verfahren nicht zuständig gewesen sei und zu Unrecht einen entsprechenden in der Hauptverhandlung vor Beginn der Vernehmung des Angeklagten zur Sache geltend gemachten Einwand zurückgewiesen habe. Die Hilfsstrafkammer habe nämlich bei Eröffnung des Hauptverfahrens bereits im dritten Jahr und bei Erlaß des angefochtenen Urteils bereits im vierten Jahr bestanden. Damit sei sie zu einer unstatthaften Dauereinrichtung geworden.

Die Revision rügt ferner, die Hilfsstrafkammer sei nicht vorschriftsmäßig besetzt gewesen, weil sowohl bei der Eröffnung des Hauptverfahrens als auch bei Erlaß des angefochtenen Urteils der Vorsitz nicht von einem Vorsitzenden Richter, sondern von einem Richter am Landgericht bzw. einer Richterin am Landgericht geführt worden sei.

Sachverhalt: Das Präsidium des Landgerichts hat mit Beschluß vom 3. 4. 1979 zur Entlastung der durch ein umfangreiches NSG-Verfahren überlasteten 7. großen Strafkammer die Hilfsstrafkammer gebildet und ihr mit Ausnahme dieses Großverfahrens alle Geschäfte der ständigen Strafkammer übertragen. Die Hilfsstrafkammer sollte bis zum Tage der abschließenden Entscheidung in dem NSG-Verfahren tätig sein; für dieses rechnete das Präsidium bei zwei bis drei Verhandlungstagen je Woche mit einer Verfahrensdauer von ein bis eineinhalb Jahren. Nach der dienstlichen Erklärung des Präsidenten des Landgerichts vom 10. 2. 1983 ist die Hilfsstrafkammer auch für die Geschäftsjahre 1981 und 1982 beibehalten worden, weil sich die Beweisaufnahme in dem NSG-Verfahren überaus kompliziert und umfangreich entwickelt hatte, so daß die 7. große Strafkammer die jeweils ins Auge gefaßten Endtermine nicht hatte einhalten können. – Das Rechtsmittel war erfolglos.

Gründe:

1. Diese Verfahrensweise des Präsidiums ist aus Rechtsgründen nicht zu beanstanden, auch wenn die Hilfsstrafkammer bei Erlaß des Eröffnungsbeschlusses am 15. 12. 1981 bereits über 2 1/2 Jahre und bei Erlaß des angefochtenen Urteils am 3. 6. 1982 bereits über 3 Jahre bestanden hat. Hilfsstrafkammern sind im Gesetz nicht erwähnt; sie dürfen nach den von der Rechtsprechung in Anlehnung an § 63 Abs. 2 GVG a.F. bzw. § 21e Abs. 3 GVG n.F. entwickelten Grundsätzen (BGHSt. 21, 260, 261 [BGH Urt. v. 14. 6. 1967 – 2 StR 230/67; vgl. § 338 Nr. 1 StPO erfolglose Rügen]; BGH, Beschl. vom 9. 11. 1982 – 5 StR 471/82 [BGHSt. 31, 157; vgl. § 338 Nr. 1 StPO erfolgreiche Rügen]) bei vorüberge-

hender Überlastung eines ständigen Spruchkörpers – beispielsweise durch ein Großverfahren – für begrenzte Zeit errichtet werden und gehören nicht zu den in § 60 GVG genannten „institutionellen" Kammern des Landgerichts. Die Hilfsstrafkammer vertritt die ordentliche Strafkammer in solchen Geschäften, die diese infolge anderweitiger Inanspruchnahme nicht selbst erledigen kann (BGH, Beschl. vom 9. 11. 1982 – 5 StR 471/82).

Hier waren die Zeitdauer und damit der Geschäftsbereich der Hilfsstrafkammer von vornherein durch die Anbindung an das Ende des NSG-Verfahrens eindeutig bestimmt. Daß bei der Bildung der Hilfsstrafkammer der Tag der abschließenden Entscheidung in jenem Verfahren noch nicht feststand, ist unschädlich. Das Ende eines solchen Großverfahrens ist nur in den seltensten Fällen kalendermäßig im voraus bestimmbar. Es genügt daher die Anordnung, daß das Ende der Tätigkeit der Hilfsstrafkammer mit einem sicher eintretenden, vom Willen einzelner unabhängigen Ereignis zusammenfällt (BGHSt. 21, 260, 263), auch wenn dies voraussichtlich nicht mehr im laufenden Geschäftsjahr der Fall sein wird. Die Tatsache, daß sich das NSG-Verfahren hier entgegen der ursprünglichen Planung unvorhergesehen erheblich verzögert hat, kann die zulässige Bildung einer Hilfsstrafkammer nicht nachträglich unzulässig machen. Etwas anderes würde nur gelten, falls die Entscheidung über die Errichtung der Hilfsstrafkammer von Willkür beeinflußt gewesen wäre, etwa, weil eine dauernde Mehrbelastung des Gerichts bereits offen zutage gelegen hätte (BGH, Urt. v. 9. 5. 1961 – 1 StR 103/60) und aus diesem Grund ein Verstoß gegen das Gebot des gesetzlichen Richters (Art. 101 Abs. 1 Satz 2 GG, § 16 Satz 2 GVG) angenommen werden müßte (vgl. BGHSt. 26, 206, 211 [BGH Urt. v. 14. 10. 1975 – 1 StR 108/75; vgl. § 40 GVG erfolglose Rügen]; BGH, Urt. v. 7. 11. 1979 – 2 StR 398/79; BGH, Urt. v. 17. 2. 1981 – 1 StR 546/80 – bei Holtz MDR 1981, 455). Dafür liegen bei dem gegebenen Sachverhalt keine Anhaltspunkte vor; auch die Revision behauptet dies nicht.

2. Die Hilfsstrafkammer hat diesen Besetzungseinwand zurückgewiesen mit der Begründung, es sei nicht zwingend geboten, Hilfsstrafkammern mit einem Vorsitzenden Richter zu besetzen.

Dieser Auffassung stimmt der Senat zu. Die Vorschrift des § 21f Abs. 1 GVG, nach der den Vorsitz in den Spruchkörpern des Landgerichts der Präsident und die Vorsitzenden Richter führen, gilt nur für Kammern, die als ständige Spruchkörper eingerichtet sind, nicht jedoch für nur vorübergehend gebildete Spruchkörper, zu denen auch die Hilfsstrafkammern gehören (so die nach § 349 Abs. 2 StPO ergangenen Beschl. des Senats v. 24. 9. 1981 – 4 StR 480/81 – und v. 27. 5. 1982 – 4 StR 224/82).

Bereits vor der Einführung des § 21f Abs. 1 GVG durch das Gesetz zur Änderung der Bezeichnungen der Richter und ehrenamtlichen Richter und der Präsidialverfassung der Gerichte vom 26. 5. 1972 (BGBl. I 841) hat der Bundesgerichtshof in ständiger Rechtsprechung (vgl. BGHSt. 12, 104) die Auffassung vertreten, eine Hilfsstrafkammer dürfe auch mit einem Landgerichtsrat als Vorsitzenden besetzt werden. An dieser Rechtslage hat sich durch das angeführte Gesetz nichts geändert. Denn die jetzige Regelung des § 21f Abs. 1 GVG entspricht der früheren Bestimmung des § 62 Abs. 1 Satz 1 GVG). Zwar ist bei der Neufassung des Gesetzes die Bestimmung des § 62 Abs. 1 Satz 2 GVG a.F., wonach den Vorsitz in der kleinen Strafkammer und in der Kammer für Handelssachen auch ein ständiges Mitglied des Landgerichts – das nicht Direktor war – führen konnte, ersatzlos gestrichen worden. Für die Besetzung der Hilfsstrafkammern können hieraus jedoch keine Schlüsse gezogen werden. Denn die Frage der Bildung und Besetzung von Hilfsstrafkammern ist im Gesetzgebungsverfahren, obwohl die ständige Rechtsprechung des Bundesgerichtshofs hierzu bekannt war, ersichtlich nicht erörtert worden. Auch der „Bericht der Kommission für Gerichtsverfassungsrecht und Rechtspflegerrecht" des Bundesministeriums der Justiz von 1975 enthält keine Äußerung hierzu. Damit behalten die in der Entscheidung BGHSt. 12, 104 aufgeführten Gründe ihre Gültigkeit, soweit sie sich auf den Vorsitz in einer Hilfsstrafkammer beziehen.

Bereits aus dem Wesen der Hilfsstrafkammer als einem nur vorübergehend eingerichteten Spruchkörper folgt, daß an dessen Besetzung nicht dieselben strengen Anforderungen zu stellen sind wie an die eines ständigen Spruchkörpers. Eine Hilfsstrafkammer muß häufig innerhalb kürzester Zeit aus dem vorhandenen Personalbestand geschaffen werden, um einen unvermittelt auftretenden vorübergehenden Mehranfall an Geschäftsbelastung im Bereich eines Landgerichts zu bewältigen. Erfahrungsgemäß sind die Justizverwaltung und die gesetzgebende Gewalt im Rahmen der Haushaltsgesetze nicht kurzfristig in der Lage, eine zusätzliche Planstelle eines Vorsitzenden Richters zu schaffen und zu besetzen; das Präsidium des Landgerichts ist dadurch gezwungen, einen Richter am Landgericht mit dem Vorsitz zu betrauen. Für diese Gerichtspraxis sprechen auch justizfiskalische Erwägungen; es erscheint wirtschaftlich nicht vertretbar, wegen eines nur vorübergehenden Personalbedarfs eine auf Dauer angelegte neue Beförderungsplanstelle einzurichten und zu besetzen.

Der Sache nach stellt die Bildung einer Hilfsstrafkammer nichts anderes dar als eine außerordentliche Vertretungsregelung auf Kammerebene für einen Sonderfall der Verhinderung (BGHSt. 12, 104 ff.; BGH, Beschl. vom 9. 11. 1982 – 5 StR 471/82). Für den Fall der Einzelverhinderung eines Vorsitzenden Richters ist in § 21f Abs. 2 GVG, § 28 Abs. 2 Satz 2 DRiG ausdrücklich die Vertretung durch einen Richter am Landgericht vorgesehen. Es ist kein sachlicher Grund ersichtlich, warum dies nicht auch für den Fall der „Gruppenvertretung" einer ständigen Strafkammer durch eine Hilfsstrafkammer gelten sollte. Der Sinn und Zweck des § 21f Abs. 1 GVG, die institutionelle Sicherung des richtungweisenden Einflusses des Vorsitzenden Richters auf die Rechtsprechung des Spruchkörpers (BGHSt. 25, 54, 56 [BGH Urt. v. 16. 11. 1972 – 1 StR 418/72; vgl. § 338 Nr. 1 StPO erfolgreiche Rügen]; 21, 131, 133 [BGH Urt. v. 9. 9. 1966 – 4 StR 226/66; vgl. § 338 Nr. 1 StPO erfolglose Rügen]; BGH NJW 1974, 1572 [BGH Urt. v. 28. 5. 1974 – 4 StR 37/74; vgl. § 21f GVG erfolglose Rügen]), tritt demgegenüber wegen der grundsätzlich zeitlich begrenzten Dauer der Einrichtung einer Hilfsstrafkammer zurück.

Die zusätzliche Betrauung des Vorsitzenden einer ständigen Strafkammer mit dem Vorsitz in einer Hilfsstrafkammer würde den mit deren Bildung bezweckten Entlastungseffekt weitgehend wieder zunichte machen; denn dieser Vorsitzende Richter könnte nicht gleichzeitig den Vorsitz in beiden Strafkammern führen. Er müßte entweder in der ständigen Strafkammer oder in der Hilfsstrafkammer in erheblichem Umfang den Vorsitz seinem regelmäßigen Vertreter überlassen. Bei der ständigen Strafkammer wäre dies unter dem Gesichtspunkt der vorschriftsmäßigen Besetzung bedenklich, weil der Vorsitzende Richter dann nicht nur – was nach den in BGHSt. 25, 54, 59 aufgestellten Grundsätzen zulässig wäre – mitunter den Vorsitz nicht führen würde, sondern in einer beträchtlichen Zahl von Verfahren. Er wäre entgegen dem Sinn und Zweck des § 21f Abs. 1 GVG gerade gehindert, in dem ständigen Spruchkörper seinen richtungsweisenden Einfluß auszuüben. Würde dieser Vorsitzende Richter andererseits schwerpunktmäßig der ständigen Strafkammer vorsitzen und in der Hilfsstrafkammer nur gelegentlich den Vorsitz führen, so könnte er dort keinen richtungsweisenden Einfluß ausüben; damit kämen die Vorzüge des Vorsitzendensystems ohnehin nicht zur Geltung.

21. Entbindung vom Schöffenamt durch unzuständigen Richter widerruflich (Anschluß an BGHSt. 30, 149 [BGH Urt. v. 2. 6. 1981 – 5 StR 175/81; vgl. § 54 GVG erfolgreiche Rügen]).

StPO § 338 Nr. 1; GVG §§ 49, 54 – BGH Urt. v. 3. 3. 1982 – 2 StR 32/82 LG Limburg (= BGHSt. 31, 3 = NJW 1982, 1655)

Die Revision rügt, das Gericht sei in der Person des Schöffen Z. vorschriftswidrig besetzt gewesen, weil dieser von der Dienstleistung an bestimmten Sitzungstagen entbunden worden war und diese Entbindung unwiderruflich sei.

Sachverhalt: Der Hilfsschöffe Z. war auf seinen Antrag vom 14. 9. 1981 am gleichen Tage vom Vertreter des Vorsitzenden, dem Richter am Landgericht G., für die Sitzung vom 24. und 25. 9. 1981 von der Dienstleistung entbunden worden, weil er in seiner Funktion als Stadtverordneter der Stadt L. an einem Besuch beim Patenschiff dieser Stadt in K. teilnehmen wollte. Daraufhin war die Hilfsschöffin D. zum Termin geladen worden.

Der Vorsitzende der Strafkammer, Vorsitzender Richter am Landgericht S., hob nach Rückkehr aus seinem Urlaub die Entscheidung seines Stellvertreters mit der Begründung auf, dieser sei für die Entscheidung über die Verhinderung des „Schöffen Z." nicht zuständig gewesen und die Gründe, die der „Schöffe" vortrage, seien nicht ausreichend, um seine Entbindung zu rechtfertigen. Der Hilfsschöffe Z. wurde erneut zum Termin geladen.

Die Richter S. und G. hatten am 27. 10. 1980 und am 18. 3. 1981 gemäß § 30 StPO Umstände angezeigt, die nach ihrer Auffassung eine Ablehnung wegen Besorgnis der Befangenheit im vorliegenden Verfahren rechtfertigen konnten. Die Selbstablehnung des Richters am Landgericht G. wurde am 23. 9. 1981 für begründet erklärt. Am gleichen Tage beschloß die Strafkammer, daß die Selbstanzeige des Vorsitzenden Richters S. seine Ablehnung wegen Besorgnis der Befangenheit nicht rechtfertige. Die zu Beginn der Hauptverhandlung wegen der Mitwirkung des „Schöffen Z." erhobene Besetzungsrüge hat sie mit der Begründung zurückgewiesen, die Entscheidung über die „Verhinderung des Schöffen" sei von einem unzuständigen Richter getroffen worden, da über seine Selbstanzeige wegen Befangenheit zum Zeitpunkt seiner Entscheidung über die Verhinderung des „Schöffen" noch nicht entschieden gewesen sei. Auch stelle der beabsichtigte Besuch auf dem Patenschiff keinen Hinderungsgrund dar. „Die Angeklagten (würden) ihrem gesetzlichen Richter (Art. 101 GG) entzogen werden, wenn an seiner Stelle ein anderer Schöffe mitwirken würde." – Das Rechtsmittel war erfolglos.

Gründe:

1. Daß die Besetzung des Gerichts somit auf dem Widerruf der Entscheidung über die Entbindung eines Schöffen beruht, berührt die Zulässigkeit der Besetzungsrüge nicht. § 336 Satz 2 StPO findet hier keine Anwendung, denn nach § 54 Abs. 3 GVG ist nur die Entbindung eines Schöffen von der Dienstleistung unanfechtbar, nicht aber deren Widerruf (BGHSt. 30, 149, 150).

2. Die Rüge ist jedoch unbegründet, weil die Befreiung des Schöffen mit Recht widerrufen wurde. Dieser Widerruf führte nicht etwa – wie die Revision meint – zu einer vorschriftswidrigen Besetzung des Gerichts, sondern verhinderte, daß der Angeklagte seinem gesetzlichen Richter entzogen wurde. Er war aus diesem Grunde zulässig und geboten.

Die Unanfechtbarkeit der Befreiung eines Schöffen von der Dienstleistung hat zwar regelmäßig zur Folge, daß die Besetzung des Gerichts auch dann nicht nach § 338 Nr. 1 StPO mit der Revision gerügt werden kann, wenn die Entscheidung über die Befreiung fehlerhaft war (§ 336 Satz 2 StPO). Auch wird ein Angeklagter nicht durch jede fehlerhafte Befreiung eines Schöffen seinem gesetzlichen Richter entzogen. Ist die mit dieser Entbindung des Schöffen verbundene Bestimmung des im Einzelfall berufenen Richters jedoch grob fehlerhaft, dann wird Artikel 101 Abs. 1 Satz 2 GG verletzt, und die Revision kann auf diesen Fehler gestützt werden. Ein solcher Verstoß liegt bereits vor, wenn die Fehlbesetzung offensichtlich unhaltbar ist (BVerfGE 29, 45, 49), insbesondere veröffentlichte obergerichtliche Entscheidungen nicht beachtet (BGH GA 1976, 142). Die Befreiung des Hilfsschöffen Z. verstieß bereits deshalb gegen Artikel 101 Abs. 1 Satz 2 GG, weil sie von einem Richter erteilt wurde, der nach einer Selbstablehnung gemäß § 30 StPO an der Mitwirkung im vorliegenden Verfahren ausgeschlossen war. Der in Artikel 101 Abs. 1 Satz 2 GG normierte Anspruch auf den gesetzlichen Richter gebietet auch, daß die richterliche Tätigkeit von einem nichtbeteiligten Dritten ausgeübt wird, der in Neutralität und Distanz gegenüber den Verfahrensbeteiligten entscheidet (vgl. BVerfGE 21, 139, 146). Das gilt nicht nur für den erkennenden Richter, sondern auch für richterliche Handlungen, die

die Hauptverhandlung vorbereiten (vgl. BVerfGE 4, 412 ff. [BVerfG Urt. v. 20. 3. 1956 – 1 BvR 479/55; vgl. § 338 Nr. 1 StPO erfolgreiche Rügen]).

Daß ein Richter bis zur gerichtlichen Entscheidung über seine Selbstablehnung in dem einschlägigen Verfahren nicht tätig werden darf, ist nicht zweifelhaft und war in einem veröffentlichten Beschluß des Bundesgerichtshofs bereits entschieden worden (BGHSt. 25, 122, 125 [BGH Beschl. v. 13. 2. 1973 – 1 StR 541/72; vgl. § 338 Nr. 1 StPO erfolgreiche Rügen]). Es ist auch nicht dargetan oder sonst ersichtlich, daß die Entscheidung des Richters am Landgericht G. im Sinne von § 29 Abs. 1 StPO unaufschiebbar gewesen wäre.

Die mit der Sache befaßten Richter waren vielmehr irrtümlich davon ausgegangen, daß über die Selbstanzeigen der Richter S. und G. bereits entschieden worden sei. Als der Vorsitzende am 23. 9. 1981 den Irrtum bemerkte, wurden diese Entscheidungen noch am gleichen Tage nachgeholt. Es kann deshalb nicht davon ausgegangen werden, die Erledigung des Befreiungsgesuchs des Hilfsschöffen Z. habe nicht bis zur Entscheidung der bereits am 27. 10. 1980 und 18. 3. 1981 erstatteten Selbstanzeigen zurückgestellt werden können oder Richter am Landgericht G. habe die Befreiung des Hilfsschöffen aus vertretbaren Gründen für unaufschiebbar gehalten. Durch den Widerruf der Befreiung des Hilfsschöffen Z. von der Sitzung hat der Vorsitzende somit verhindert, daß der Angeklagte seinem gesetzlichen Richter entzogen wurde.

Daß über die Selbstanzeige des Vorsitzenden im Zeitpunkt des Widerrufs auch noch nicht entschieden worden war, ist unerheblich. Diese wurde noch vor Beginn der Hauptverhandlung für unbegründet erklärt, und der Vorsitzende hat den Widerruf auch dann noch aufrechterhalten (vgl. auch BGHSt. 4, 208 ff. [BGH Urt. v. 19. 5. 1953 – 2 StR 445/52; vgl. § 338 Nr. 3 StPO erfolglose Rügen]; 18, 200, 202 [BGH Urt. v. 12. 12. 1962 – 2 StR 495/62; vgl. § 338 Nr. 3 StPO erfolglose Rügen]). Im übrigen war der Hilfsschöffe Z., da mit seiner Befreiung gegen Artikel 101 Abs. 1 Satz 2 GG verstoßen worden war, ohnehin der gesetzliche Richter (vgl. auch BGH Urt. v. 1. 7. 1971 – 1 StR 362/70).

Mit dieser Auffassung setzt sich der Senat nicht in Widerspruch zu der oben genannten Entscheidung des 5. Strafsenats in BGHSt. 30, 149 ff., nach der die Befreiung eines Schöffen von der Dienstleistung an einem bestimmten Sitzungstag nach Eingang bei der Schöffengeschäftsstelle nicht mehr widerrufen werden kann. Wie in Fällen zu entscheiden wäre, in denen die Befreiung gegen Artikel 101 Abs. 1 Satz 2 GG verstößt, hat der 5. Strafsenat ausdrücklich offengelassen. Seine mit dem Wortlaut und der Systematik der gesetzlichen Bestimmungen sowie mit Gesichtspunkten der praktischen Durchführbarkeit begründete Entscheidung läßt sich jedoch auf diese Fälle nicht ausdehnen. Das Gebot des Artikels 101 Abs. 1 Satz 2 GG kann nicht dadurch eingeschränkt werden, daß richterliche Entscheidungen aus den genannten Gesichtspunkten für unwiderruflich erklärt werden.

22. Mehrmalige Änderungen des Geschäftsverteilungsplans.

StPO § 338 Nr. 1; GVG § 21e III; IV – BGH Urt. v. 3. 2. 1982 – 2 StR 634/81 LG Frankfurt/Main (= BGHSt. 30, 371 = NJW 1982, 1470)

Die Revision rügt, der absolute Revisionsgrund des § 338 Nr. 1 StPO liege vor, da nicht die erkennende 28., sondern die 17. Strafkammer zuständig gewesen sei.

Sachverhalt: Bei dieser hatte die Staatsanwaltschaft die Anklage (vom 28. 11. 1978) erhoben, weil sie damals für die Wirtschaftsstrafsachen mit dem Anfangsbuchstaben L zuständig war. Der Vorsitzende der 17. Strafkammer befaßte sich mit der Sache. Jedoch kam es nicht mehr zur Eröffnung des Hauptverfahrens durch diese Kammer, da am 17. 10. 1979 folgender Präsidiumsbeschluß (gemäß § 21e Abs. 3 GVG) erging:

„Der Vorsitzende der 28. Strafkammer hat mitgeteilt, daß sich die Geschäfts- und Terminlage seiner Kammer vorübergehend entspannt habe, so daß er in geringem Umfang vorübergehend weitere Sachen übernehmen könne.

Wegen der aus den monatlichen Berichten ersichtlichen starken Überbelastung der 17. Strafkammer wurde deshalb mit sofortiger Wirkung beschlossen:

Aus dem Geschäftskreis der 17. Strafkammer gehen sämtliche Verfahren erster Instanz mit dem Anfangsbuchstaben L, soweit sie in der Zeit vom 1. 7. 1978 bis 17. 10. 1979 eingegangen sind und im Zeitpunkt des Präsidiumsbeschlusses vom 17. 10. 1979 kein Hauptverhandlungstermin bestimmt ist, auf die 28. Strafkammer über."

Bis zum Jahresende 1979 blieb die Sache bei der 28. Strafkammer unbearbeitet. Im Geschäftsverteilungsplan für das Jahr 1980 wurde bestimmt, daß bei einer Änderung der Geschäftsverteilung bereits anhängige Strafsachen grundsätzlich in der bisherigen Zuständigkeit weiter bearbeitet werden, soweit keine Sonderregelung erfolgt (Ziff. III B 4 Satz 1), und daß Veränderungen im Geschäftsbereich der Strafkammern für alle Neueingänge ab 1. 1. 1980 gelten (Ziff. V Satz 1). In dem „Geschäftskreis" der 17. Strafkammer sind unter anderem die „aus § 74c GVG anfallenden Geschäfte" mit dem Anfangsbuchstaben L angeführt. Die Angeklagten machten vor ihrer Vernehmung zur Sache in der Hauptverhandlung geltend, die 28. Strafkammer sei nicht zuständig. Das erkennende Gericht wies den Einwand zurück.

Die Beschwerdeführer haben in ihrer schriftlichen Revisionsbegründung den Standpunkt vertreten, nach der im Geschäftsverteilungsplan 1980 getroffenen Regelung hätte die Sache zur Zuständigkeit der 17. Strafkammer gehört; die Rückführung der Sachen, die von vornherein nur vorübergehend auf eine andere Strafkammer übertragen worden seien, stelle keine „Veränderung" i.S. der Ziff. V Satz 1 des Geschäftsverteilungsplans dar; sowohl diese als auch die in Ziff. III B Nr. 4 Satz 1 enthaltene Bestimmung weise in dieselbe Richtung, daß eine Sache grundsätzlich von der Kammer zum Abschluß gebracht werden solle, bei der sie eingegangen sei; die Tatsache, daß zur vorübergehenden Entlastung der 17. Strafkammer Sachen mit dem Anfangsbuchstaben L für etwas mehr als zwei Monate durch den Präsidiumsbeschluß vom 17. 10. 1979 auf die 28. Strafkammer übertragen worden seien, hätte die danach wiederhergestellte Zuständigkeit der 17. Strafkammer nur dann beseitigen können, wenn die 28. Strafkammer in der Zwischenzeit „tätig geworden" sei (i.S. des § 21e Abs. 4 GVG); das müsse hier um so mehr gelten, als sich die eigentlich zuständige 17. Strafkammer schon vorher mit der Sache befaßt habe.

In der Hauptverhandlung vor dem Senat haben die Beschwerdeführer zusätzlich ausgeführt, der Beschluß des Präsidiums vom 17. 10. 1979 sei nicht mit dem Abstraktionsprinzip vereinbar; durch ihn hätten nur zukünftig eingehende, nicht aber bereits anhängige Sachen der 28. Strafkammer zugeteilt werden dürfen, zumal kein zwingender sachlicher Anlaß für die Umverteilung bestanden habe. – Das Rechtsmittel war erfolglos.

Gründe:

a) Es kann dahingestellt bleiben, ob es sich bei dem neuen Vorbringen der Angeklagten um eine selbständige, nachgeschobene Verfahrensrüge handelt und deshalb Bedenken gegen die Zulässigkeit dieser Erweiterung bestehen. Jedenfalls ist es unbegründet.

Die im Präsidialbeschluß vom 17. 10. 1979 bezeichneten Verfahren sind, entgegen der Ansicht der Beschwerdeführer, der 28. Strafkammer nicht nur vorübergehend zugeteilt worden. Selbstverständlich hatte der Beschluß lediglich Wirkung bis Ende 1979; denn über die Geschäftsverteilung für das Jahr 1980 war durch den Geschäftsverteilungsplan neu zu entscheiden. Es bestehen keine Bedenken dagegen, daß der Beschluß anhängige Verfahren betraf. Die durch § 21e Abs. 3 GVG eröffnete Möglichkeit einer Änderung der Geschäftsverteilung im Laufe des Geschäftsjahres ist nicht auf zukünftig eingehende Sachen beschränkt. Für eine solche Begrenzung gibt der Wortlaut der Vorschrift keinen Anhaltspunkt. Sie gestattet unter bestimmten Voraussetzungen die Änderung von „Anordnungen nach Absatz 1". Zu diesen gehören die im Geschäftsverteilungsplan getroffenen Regelungen. Da das Präsidium nicht gehindert ist, im Rahmen der Jahresgeschäftsverteilung bereits anhängige Verfahren einer anderen als der bisher zuständigen Kammer zuzuweisen (BVerwG DÖV 1979, 299; BFH Betrieb 1970, 715), gilt nach dem Wortlaut des § 21e Abs. 3 GVG das gleiche für Geschäftsverteilungsänderungen, die auf diese Bestimmung gestützt sind. Das entspricht auch den sachlichen Bedürfnissen. Wenn Geschäftsverteilungsänderungen im Laufe des Jahres allein für künftig eingehende Sachen beschlossen werden dürften, könnte in vielen Fällen der mit der Umverteilung erstrebte Erfolg nur unvollkommen erreicht werden. Der Änderungsbeschluß würde sich nicht sofort, sondern erst mit Verzögerung auswirken. Die Kammer, die entlastet werden soll, wäre auch weiterhin belastet mit der Folge, daß die Erledigung der bei ihr anhängigen Verfahren hinausgeschoben würde. Demgegenüber würde die Kammer, die bisher nicht genügend ausgelastet war, dies solange bleiben, bis nach und nach die neuen Sachen bei ihr eingehen. Wie sich aus dem Beschluß des Präsidiums vom 17. 10. 1979 ergibt, erschien ihm die beschlossene Änderung „wegen der aus den monatlichen Berichten ersichtlichen starken Überlastung der 17. Strafkammer" geboten. Bei dieser Sachlage läßt die Entscheidung des Präsidiums keinen Rechtsfehler erkennen.

b) Zu Unrecht stützen sich die Beschwerdeführer im Zusammenhang mit dem Geschäftsverteilungsplan 1980 auf § 21e Abs. 4 GVG. Diese Bestimmung setzt eine „Änderung der Geschäftsverteilung" voraus. Mit diesem Merkmal ist nicht jegliche Abweichung der neuen Geschäftsverteilung von der alten gemeint. Die Änderung muß die Sachgruppe betreffen, zu der die einzelne Sache gehört, die von der Umverteilung ausgenommen werden soll. Denn nur dann besteht überhaupt ein Anlaß für eine Ausnahmeregelung, wie sie § 21e Abs. 4 GVG gestattet. Diese Vorschrift findet Anwendung, wenn anhängige Verfahren einer anderen Kammer zugeteilt und hiervon diejenigen ausgenommen werden, in denen die bisher zuständig gewesene Kammer bereits tätig geworden war. Ein solcher Sachverhalt ist hier aber nicht gegeben. Hinsichtlich der Wirtschaftsstrafsachen mit dem Anfangsbuchstaben L ist die Geschäftsverteilung gegenüber der bisherigen nicht geändert worden, insbesondere nicht bezüglich der anhängigen Verfahren. Diese sind wiederum denjenigen Strafkammern zugewiesen worden, die schon vorher für sie zuständig waren. Allerdings enthält der Geschäftsverteilungsplan keine ausdrückliche Regelung für anhängige Verfahren in Buchstabengruppen, hinsichtlich deren keine Änderung erfolgt ist. Die erwähnten Ziffern III B 4 Satz 1 und V Satz 1 setzen eine „Änderung der Geschäftsverteilung" oder eine „Veränderung im Geschäftsbereich" voraus. Wenn aber schon in diesen Fällen die anhängigen Verfahren bei den bisher zuständigen Strafkammern verbleiben sollten, so kann vom Präsidium nicht das Gegenteil für die anhängigen Verfahren in jenen anderen Fällen gewollt gewesen sein. Somit sind die im Präsidiumsbeschluß vom 17. 10. 1979 bezeichneten Sachen durch den Geschäftsverteilungsplan 1980 wiederum der 28. Strafkammer zugeteilt worden.

23. Feststellung der Verhinderung auch noch nach Besetzungseinwand zulässig.
StPO §§ 222a, 222b, 338 Nr. 1; GVG § 21f II – BGH Urt. v. 1. 12. 1981 – 1 StR 393/81 LG Freiburg i.Br. (= BGHSt. 30, 268 = NJW 1982, 1404 = NStZ 1982, 295)

Die Revision rügt, daß die Verhinderung des geschäftsplanmäßigen Vorsitzenden nicht vor Beginn richterlicher Tätigkeit durch dessen Vertreter durch den Präsidenten des Landgerichts festgestellt worden war. Die Revision beanstandet, daß diese Feststellung erst nach Erhebung des Besetzungseinwandes nach § 222b StPO erfolgt sei. Richter am Landgericht Dr. K. habe in der Hauptverhandlung vom 12. bis 14. 1. 1981 gegen den Angeklagten den Vorsitz geführt, obwohl der Vorsitzende der Strafkammer, Vorsitzender Richter am Landgericht B., nicht verhindert gewesen sei.

Sachverhalt: Vorsitzender Richter am Landgericht B. hatte durch Schreiben vom 7. 1. 1981 seinem damaligen Vertreter Richter am Landgericht Dr. K. mitgeteilt, er sei durch die Vorbereitung einer anderen umfangreichen Sache verhindert, in der am 12. 1. 1981 beginnenden Hauptverhandlung gegen den Angeklagten den Vorsitz zu führen; weiter waren an diesem Verhandlungstag von den planmäßigen Mitgliedern der erkennenden Strafkammer Richter am Landgericht H. durch Urlaub und Richter am Amtsgericht P. durch Mitwirkung an einer anderen Strafsache verhindert, so daß an der Hauptverhandlung als Vertreter aus einer anderen Strafkammer Richter K. teilnahm. – Das Rechtsmittel war erfolglos.

Gründe: Bei dieser Sachlage mußte zwar die – nicht offensichtliche – Verhinderung des planmäßigen Vorsitzenden der erkennenden Strafkammer vom Präsidenten des Landgerichts festgestellt werden, weil sie sich auf eine andere Kammer auswirkte (vgl. BGHSt. 21, 174, 176 [BGH Urt. v. 4. 10. 1966 – 1 StR 282/66; vgl. § 338 Nr. 1 StPO erfolglose Rügen]; BGH NJW 1968, 512[1]). Daran ändert nichts, daß diese Verhinderung hier nicht allein, sondern erst im Zusammenwirken mit der Verhinderung zweier weiterer Mitglieder über die erkennende Strafkammer hinaus griff; auch in einem solchen Fall erscheint die Feststellung der – nicht offensichtlichen – Verhinderung des Strafkammervorsitzenden durch den Präsidenten des Landgerichts geboten, weil die Mitwirkung eines Richters aus einer anderen Strafkammer nicht erforderlich gewesen wäre, wenn der Vorsitzende seine Aufgabe hätte wahrnehmen können.

Entsprechend dieser rechtlichen Beurteilung hat aber der Präsident des Landgerichts durch Verfügung vom 12. 1. 1981 im Rahmen des Verfahrens nach §§ 222a, 222b StPO die Verhinderung des Vorsitzenden der erkennenden Strafkammer festgestellt.

An sich zutreffend weist der Beschwerdeführer zwar auf die bisherige Rechtsprechung des Bundesgerichtshofs hin, wonach die Feststellung einer Verhinderung vor der Inangriffnahme der richterlichen Aufgabe getroffen werden müsse (BGHSt. 21, 174, 179). Inzwischen ist jedoch durch die Einfügung der §§ 222a, 222b StPO und die Neufassung des § 338 Nr. 1 StPO durch das Strafverfahrensänderungsgesetz vom 5. 10. 1978 (BGBl. I 16 45) ein selbständiges Zwischenverfahren zur Überprüfung der Gerichtsbesetzung eingeführt worden. Dieses Verfahren soll es auch ermöglichen, unschwer heilbare Mängel der Besetzung alsbald zu beseitigen. Der früher vom Senat zu Recht aufgestellte Grundsatz, daß die Feststellung einer Verhinderung vor der Inangriffnahme der richterlichen Aufgabe getroffen werden müsse, kann nach der eingetretenen Rechtsänderung daher nicht uneingeschränkt aufrechterhalten werden.

Führt die auf diesem Weg bewirkte Heilung eines Besetzungsfehlers zu einer Änderung der Gerichtsbesetzung, muß freilich mit der Hauptverhandlung von neuem begonnen werden; wird dagegen wie hier nur die Feststellung einer Verhinderung nachgeholt, ohne daß sich daraus eine Änderung der Besetzung ergibt, wäre ein Neubeginn der Hauptverhandlung ohne Sinn und nichts als eine leere Formalität. Es kann daher nicht beanstandet werden, daß das Landgericht, nachdem die zunächst fehlende Feststellung der Verhinderung des Vorsitzenden nachgeholt worden war, mit der Hauptverhandlung fortgefahren ist.

---

1 (Leitsatz) „Die Verhinderung des Vorsitzenden eines gerichtlichen Spruchkörpers, die ausschließlich durch die in seiner Kammer oder in seinem Senat anfallenden Rechtsprechungsaufgaben verursacht wird, braucht nicht durch den Präsidenten des Gerichts festgestellt zu werden, wenn der Vorsitzende durch ein Mitglied seines Spruchkörpers vertreten wird und sich diese Vertretung auch sonst nicht auf die übrigen Kammern oder Senate auswirkt." (BGH Beschl. v. 17. 11. 1967 – 4 StR 452/67).

24. Mangelnde Regelung des Vorsitzes im Schöffenwahlausschuß durch Geschäftsverteilungsplan führt nicht zur Unwirksamkeit der Schöffenwahl.

StPO § 338 Nr. 1; GVG § 21e I – BGH Urt. v. 10. 6. 1980 – 5 StR 464/79 LG Berlin (= BGHSt. 29, 283 = NJW 1980, 2369 = StV 1981, 6 = NStZ 1981, 31 = JR 1981, 122)

Die Revision rügt, daß an der Hauptverhandlung eine Schöffin teilgenommen hat, die von einem Schöffenwahlausschuß gewählt worden ist, dessen Vorsitz nicht im Geschäftsverteilungsplan des Amtsgericht geregelt war.

Sachverhalt: Diese Schöffin ist von dem Schöffenwahlausschuß des Amtsgerichts Schöneberg gewählt worden. Den Vorsitz im Schöffenwahlausschuß des Amtsgerichts Schöneberg führte der Direktor des Amtsgerichts. Der Geschäftsverteilungsplan dieses Amtsgerichts sah keinen Richter für diese Aufgabe vor. Sie ist als Justizverwaltungssache angesehen und als solche von dem aufsichtsführenden Richter wahrgenommen worden. – Das Rechtsmittel war erfolglos.

Gründe: Die Aufgaben, die das Gesetz (§§ 38 ff. GVG) dem Richter beim Amtsgericht als Vorsitzendem des Schöffenwahlausschusses zuweist, enthalten keine „reinen Verwaltungstätigkeiten". Sie gehören zu den Geschäften der gerichtlichen Selbstverwaltung, die in richterlicher Eigenschaft wahrzunehmen sind. Sie hätten deshalb im Geschäftsverteilungsplan berücksichtigt und einem bestimmten Richter beim Amtsgericht übertragen werden müssen (§ 21e Abs. 1 GVG).

Daß ein Richter beim Amtsgericht, der im Geschäftsverteilungsplan nicht dafür vorgesehen war, bei der Schöffenwahl mitwirkte, hat aber nicht zu einer vorschriftswidrigen Besetzung der Schwurgerichtskammer geführt. Die Schöffenwahl ist trotz des bezeichneten Mangels gültig. Dabei kann offenbleiben, ob die Wahl aus diesem Grunde angefochten werden könnte, etwa mit einem Antrag nach §§ 23 ff. EGGVG. Denn die Wahl ist bisher nicht angefochten worden. Sie ist deshalb grundsätzlich wirksam, auch wenn bei ihr Verfahrensfehler vorgekommen sind. Ungültig ist eine Schöffenwahl nur, wenn sie an einem besonders schwerwiegenden Fehler leidet und dies bei verständiger Würdigung aller in Betracht kommenden Umstände offenkundig ist (vgl. die entsprechende Regelung in § 44 Abs. 1 VwVfG): So wenn ein Schöffenwahlausschuß entscheidet, der als solcher gar nicht besteht (BVerfGE 31, 181, 184 [BVerfG Beschl. v. 9. 6. 1971 – 2 BvR 114, 127/71; vgl. § 338 Nr. 1 StPO erfolgreiche Rügen]), oder wenn die Vertrauenspersonen von einem unzuständigen Gremium und deshalb nicht wirksam gewählt worden sind (BGHSt. 20, 37, 33 f. [BGH Urt. v. 29. 9. 1964 – 1 StR 280/64; vgl. § 338 Nr. 1 StPO erfolgreiche Rügen]); ferner wenn ein Wahlausschuß Jugendschöffen aus einer Vorschlagsliste für Erwachsenenschöffen (BGHSt. 26, 393, 395 [BGH Urt. v. 7. 9. 1976 – 1 StR 511/76; vgl. § 338 Nr. 1 StPO erfolgreiche Rügen]) oder Hilfsschöffen aus den für andere Amtsgerichtsbezirke aufgestellten Vorschlagslisten (BGHSt. 29, 144 [BGH Urt. v. 4. 12. 1979 – 5 StR 337/79; vgl. § 338 Nr. 1 StPO erfolgreiche Rügen]) wählt.

Dagegen beeinträchtigt es die Gültigkeit der Schöffenwahl nicht, wenn – wie hier – das Präsidium des Amtsgerichts aus Rechtsirrtum die richterliche Aufgabe des Vorsitzes im Schöffenwahlausschuß keinem bestimmten Richter zugeteilt und deshalb der aufsichtführende Richter aus demselben Rechtsirrtum dieses Geschäft wahrgenommen hat. Das ergibt sich schon aus § 22d GVG. Danach wird die Gültigkeit der Handlung eines Richters beim Amtsgericht nicht dadurch berührt, daß die Handlung nach der Geschäftsverteilung von einem anderen Richter wahrzunehmen gewesen wäre. Entsprechendes muß gelten, wenn der Richter ein Geschäft wahrgenommen hat, das im Geschäftsverteilungsplan unberücksichtigt geblieben ist. Denn dieser Verstoß wiegt noch weniger schwer. Ob § 22d GVG dahin zu verstehen ist, daß es bei der Wahrnehmung richterlicher Geschäfte nicht auf die Zuständigkeit des einzelnen Richters, sondern nur auf die des Gerichts ankommt, oder ob die Vorschrift im Hinblick auf Art. 101 Abs. 1 Satz 2 GG einschränkend auszulegen ist und nur den allgemein anerkannten Grundsatz enthält, daß nicht willkürliche Abweichungen von dem Geschäftsverteilungsplan unschädlich sind, kann hier dahinstehen. Denn es liegt keine Willkür vor. Vielmehr hat ein Richter des zuständigen Amtsgerichts den Vorsitz im Wahlausschuß geführt. Daß er dabei von der irrigen Annahme ausgegangen ist, es handele sich um eine Angelegenheit der Justizverwaltung, ist eine Folge jenes Irrtums, dem das Präsidium bei der Aufstellung des Geschäftsverteilungsplans erlegen ist. Ein solcher Mangel gehört nicht zu den besonders schwerwiegenden Fehlern. Er macht die Wahl nicht ungültig.

25. Abweichung vom kammerinternen Geschäftsverteilungsplan nur bei Willkür revisibel.

StPO § 338 Nr. 1; GVG § 21g II – BGH Urt. v. 13. 12. 1979 – 4 StR 632/79 LG Münster (Westf.) (= BGHSt. 29, 162 = NJW 1980, 951)

Die Revision rügt, daß das erkennende Gericht nicht vorschriftsmäßig besetzt gewesen sei, weil der Richter am Landgericht F. als beisitzender Richter an der Hauptverhandlung gegen den Angeklagten mitgewirkt habe. Ein „Besetzungshinweis" sei nicht gegeben worden.

Sachverhalt: Neben dem Vorsitzenden war die Strafkammer mit den Richtern K., F. und H. besetzt, von denen die Richter K. und F. an der Hauptverhandlung mitgewirkt haben. Die Mitwirkung des Richters F. entsprach allerdings nicht den Grundsätzen, die der Vorsitzende für die Mitwirkung der Kammermitglieder an den Verfahren des Geschäftsjahres 1979 aufgestellt hatte. Danach waren zur Verhandlung und Entscheidung in Jugendschutzsachen die Richter K. und H. berufen.

Hier beruht die Abweichung darauf, daß am Vormittag des Terminstages – die vorliegende Sache begann am Nachmittag – eine andere Jugendschutzsache anstand, in der der Richter H. Berichterstatter war. „Um eine möglichst gleichmäßige Arbeitsbelastung der Kammermitglieder zu erreichen, die alle infolge der starken Belastung der Kammer voll ausgelastet sind", bestimmte der Vorsitzende den Richter F. anstelle des Richters H. zum Beisitzer in der vorliegenden Sache. Richter F. war im übrigen ausweislich der Akten in der Sache bereits als beauftragter Richter tätig gewesen und hatte an dem vorbereitenden Beschluß auf Einholung eines psychologischen Gutachtens über die allgemeine und spezielle Glaubwürdigkeit der Zeugin W. mitgewirkt. – Das Rechtsmittel war erfolglos.

Gründe: ...

Diese Rüge ist hier zulässig, denn es ist nicht ersichtlich, daß die Besetzung des Gerichts gemäß § 222a StPO dem Verteidiger des Angeklagten in ausreichender Form (Aushang vor dem Gerichtssaal genügt nicht) mitgeteilt worden ist. ...

2. In einem solchen Fall der Abweichung vom kammerinternen Geschäftsverteilungsplan kann die Revision jedoch nur auf eine willkürliche oder sonst mißbräuchliche Nichteinhaltung der von dem Vorsitzenden gemäß § 21g Abs. 2 GVG bestimmten „Grundsätze" gestützt werden (BGHSt. 21, 250 [BGH Urt. v. 15. 6. 1967 – 1 StR 516/66; vgl. § 338 Nr. 1 StPO erfolglose Rügen]).

a) Der Vorsitzende kann nämlich im Einzelfall von ihnen abweichen, wenn hierfür ein sachlicher Grund vorliegt. Auf die Voraussetzungen, unter denen der Vorsitzende nach § 21g Abs. 2, 2. Halbsatz GVG die Anordnung ändern kann, ist er bei einer Abweichung im Einzelfall nicht beschränkt. Es kommen sowohl alle Umstände in Betracht, die eine Vertretung rechtfertigen, wie Krankheit, Urlaub, Abordnung, vorübergehende Arbeitsüberlastung, als auch andere Umstände, die im laufenden Geschäftsjahr auftreten und bei strikter Einhaltung der „Grundsätze" zu Verzögerungen in der Bearbeitung von Geschäften, teilweisem Leerlauf im Spruchkörper, ungleichgewichtiger Auslastung der Mitglieder des Spruchkörpers und vermeidbarem doppelten Arbeitsaufwand führen würden. Denn der Vorsitzende ist gehalten, darauf zu achten, daß die Arbeit im Spruchkörper geordnet, stetig und sinnvoll abläuft (vgl. BGHSt. 21, 250, 254).

b) Mit seiner Bestimmung zum Beisitzer genügte somit der Vorsitzende nur seiner Verpflichtung, auf eine gleichmäßige Verteilung der Arbeitslast auf die Mitglieder des Spruchkörpers zu achten. Diese Verpflichtung ergibt sich nicht nur aus der diesen gegenüber bestehenden Fürsorgepflicht. Ihre Einhaltung dient auch der Rechtspflege, da der Gefahr zu begegnen ist, daß durch eine Überbelastung einzelner Richter eine unsachgemäße Behandlung der Geschäfte, insbesondere eine vermeidbare Verzögerung in deren Bearbeitung verursacht wird. Von willkürlicher oder sonst mißbräuchlicher Nichteinhaltung der gemäß § 21g Abs. 2 GVG bestimmten Grundsätze kann in einem solchen Falle nicht die Rede sein.

3. Unschädlich ist, daß der Vorsitzende die Gründe für die von ihm angeordnete Abweichung vom kammerinternen Geschäftsverteilungsplan nicht schriftlich niedergelegt hat. Ein Vermerk über diese Gründe ist für die Praxis zur aktenmäßigen Klarstellung zwar empfehlenswert, mangels entsprechender Vorschrift ist der Vorsitzende hierzu jedoch nicht verpflichtet. Die Entscheidung des Bundesgerichtshofes in BGHSt. 21, 250 ff. steht dem nicht entgegen. Die dortigen Ausführungen gelten den gemäß § 21g Abs. 2 GVG festzulegenden allgemeinen „Grundsätzen", nicht jedoch den Gründen, aus denen der Vorsitzende im Einzelfall eine Abweichung anordnet.

Die von der Revision in diesem Zusammenhang geltend gemachten Bedenken bestehen nicht. Wenn auch eine Verfahrensrüge gemäß § 344 Abs. 2 Satz 2 StPO alle den Mangel enthaltenden Tatsachen so vollständig und genau angeben muß, daß das Revisionsgericht allein aufgrund der Rechtfertigungsschrift prüfen kann, ob ein Verfahrensfehler vorliegt, so bedeutet das jedoch nicht, daß von dem Revisionsführer im Rahmen seiner Begründungspflicht verlangt werden kann, Tatsachen anzugeben, die ihm nicht allgemein oder als Verfahrensbeteiligtem zugänglich sind, sondern – wie hier – sich aus kammerinternen Vorgängen ergeben (vgl. BGHSt. 28, 290, 291 [BGH Urt. v. 1. 2. 1979 – 4 StR 657/78; vgl. § 338 Nr. 1 StPO erfolgreiche Rügen]).

26. Zeitpunkt des Eingangs eines Befreiungsantrags bei der Geschäftsstelle für Bestimmung des Hilfsschöffen maßgeblich.
StPO § 338 Nr. 1; GVG §§ 49 I, 54, 77 III 3 – BGH Urt. v. 17. 1. 1979 – 3 StR 430/78 LG Heidelberg (= BGHSt. 28, 266 = NJW 1979, 1835)

Die Revision rügt, die Strafkammer sei wegen der Mitwirkung der Hilfsschöffin Pl. (Nr. 49 der Hilfsschöffenliste) nicht vorschriftsmäßig besetzt gewesen. Sie meint, anstelle dieser Schöffin hätte entweder der Hilfsschöffe L. (Nr. 47) oder die Hilfsschöffin B. (Nr. 48) mitwirken müssen.

Sachverhalt: Die Hilfsschöffin Pl. wurde anstelle des verhinderten Hauptschöffen K. berufen. K. hatte mit Schreiben vom 31. 1. 1978 mitgeteilt, daß er verhindert sei, an den Sitzungen vom 1. 3. 1978 (bei der Strafkammer 4) und 7. 6. 1978 (bei der Strafkammer 1 gegen den Angeklagten) teilzunehmen. Das Schreiben war an den Präsidenten des Landgerichts gerichtet. Es ging am 2. 2. 1978 bei der gemeinsamen Briefannahmestelle des Amtsgerichts und des Landgerichts ein. Der Landgerichtspräsident leitete es mit Zuschrift vom 6. 2. 1978 an die Geschäftsstellen der Strafkammern 1 und 4 weiter. Am 9. 2. 1978 gelangte es zur Geschäftsstelle der Strafkammer 1. Daraufhin ordnete der Vorsitzende dieser Strafkammer am 13. 2. 1978 an, daß zur Sitzung am 7. 6. 1978 anstelle des Hauptschöffen K. die in der Hilfsschöffenliste als nächste aufgeführte Hilfsschöffin Pl. (Nr. 49) zu laden sei. Der Vorsitzende der Strafkammer 4 bestimmte am 20. 2. 1978, daß zur Sitzung am

1. 3. 1978 anstelle des Hauptschöffen K. der Hilfsschöffe M. (Nr. 7) heranzuziehen sei. Schon vor diesen Anordnungen war folgendes geschehen:

Am 8. 2. 1978 war dem Landgericht mitgeteilt worden, daß der Hauptschöffe F. an diesem Tage wegen einer Erkrankung nicht an der Sitzung der Strafkammer 1 teilnehmen könne. Auf Grund einer Verfügung des Vorsitzenden vom 8. 2. 1978 wurde an seiner Stelle der Hilfsschöffe L. (Nr. 47) geladen, der dann auch an jener Hauptverhandlung mitwirkte. Als der Vorsitzende diese Anordnung traf, war ihm vom Befreiungsgesuch des Hauptschöffen K. vom 31. 1. 1978 nichts bekannt, weil es der Geschäftsstelle der Strafkammer 1 noch nicht vorlag.

Am 9. 2. 1978 teilte der Hauptschöffe R. dem Vorsitzenden der Strafkammer 4 persönlich mit, er sei verhindert, am 15. und 24. 2. 1978 an einer Hauptverhandlung dieser Strafkammer mitzuwirken. Nach einer Überprüfung des Vorbringens ordnete der Vorsitzende am 10. 2. 1978 an, daß zur Sitzung am 15. 2. 1978 anstelle R.'s die Hilfsschöffin B. (Nr. 48) zu laden sei. Dem Vorsitzenden war hierbei vom Befreiungsgesuch des Hauptschöffen K. vom 31. 1. 1978 nichts bekannt; es lag seiner Geschäftsstelle noch nicht vor, als er dort am 9. 2. 1978 den an bereitester Stelle stehenden Hilfsschöffen ermittelte. – Das Rechtsmittel war erfolglos.

Gründe:

1. Bei dieser Sachlage könnte die Besetzungsrüge durchgreifen, wenn es für die Bestimmung des Ersatzschöffen in den Fällen des § 49 Abs. 1 GVG, das heißt bei Verhinderung eines Hauptschöffen für einzelne Sitzungen, nur auf den Zeitpunkt des Eingangs des Befreiungsgesuchs beim Landgericht schlechthin ankäme. Denn das Schreiben mit dem Antrag des Hauptschöffen K. traf dort früher ein als die Verhinderungsanzeigen der Hauptschöffen F. und R. Bei seinem Eingang am 2. 2. 1978 stand die Hilfsschöffin Pl. (Nr. 49) nicht an bereitester Stelle der Liste; vielmehr gingen ihr noch die Hilfsschöffen L. (Nr. 47) und B. (Nr. 48) vor, so daß sie nicht an die Stelle des Hauptschöffen K. hätte treten dürfen. Die Revision geht von dieser Rechtsansicht aus. Der Senat vermag ihr jedoch nicht zu folgen.

a) § 49 Abs. 1 GVG schreibt vor, daß der Ersatzschöffe „aus der Zahl der Hilfsschöffen nach der Reihenfolge der Schöffenliste" zu berufen ist. Danach ist als Ersatzschöffe zu bestimmen, wer nach den Eintragungen in der Liste dem Hilfsschöffen folgt, der als letzter zur Dienstleistung herangezogen worden ist. Welcher Zeitpunkt dafür maßgebend ist, läßt sich dem Gesetz nicht unmittelbar entnehmen; in Betracht kommen der Eingang des Befreiungsgesuchs des Hauptschöffen beim Landgericht, bei der Geschäftsstelle der Strafkammer oder unmittelbar beim Vorsitzenden sowie die Entscheidung des Vorsitzenden, durch die er den Hauptschöffen von der Dienstleistung an bestimmten Sitzungstagen entbindet (§§ 54, 77 Abs. 3 Satz 3 GVG), oder der Eingang dieser Entscheidung bei der Geschäftsstelle der Strafkammer.

b) Der Revision ist zuzugeben, daß sich für ihre Auffassung, es komme – ohne weitere Differenzierung – lediglich auf den Eingang des (später anerkannten) Befreiungsgesuchs beim Landgericht an, eine Reihe von Entscheidungen des Bundesgerichtshofs zu § 49 GVG anführen läßt. Diese Entscheidungen u.a. BGH, Urt. v. 18. 9. 1957 – 2 StR 51/57 –, 9. 8. 1968 – 4 StR 149/68 = VRS 36, 20; Beschl. v. 20. 6. 1973 – 2 StR 124/73 – und 27. 3. 1974 – 2 StR 312/73; Urt. v. 30. 10. 1974 – 2 StR 509/4; Beschl. v. 1. 8. 1975 – 2 StR 141/75 – und 21. 1. 1976 – 2 StR 667/75; Urt. v. 14. 11. 1978 – 5 StR 546/78) stellen in der Tat auf den Eingang der Verhinderungsanzeige beim Gericht ab. Sie beruhen auf der Erwägung, daß diese Auffassung am besten den der gesetzlichen Regelung zugrundeliegenden Gedanken verwirkliche, die Schöffenauswahl soweit wie möglich von einer Ermessensausübung freizuhalten, für die Raum wäre, wenn es für die Berufung des an bereitester Stelle stehenden Hilfsschöffen auf den Zeitpunkt der richterlichen Entscheidung über den Befreiungsantrag ankäme (vgl. BGH, Urt. v. 24. 6. 1959 – 2 StR 7/59). Mit dieser Erwägung hebt die Rechtsprechung aber eindeutig nur auf die unterschiedlichen Auswirkungen ab, die sich ergeben, wenn man den einen oder anderen dieser beiden Zeitpunkte (den Eingang des Entbindungsantrags beim Gericht einerseits und die Entscheidung über den Antrag andererseits) für maßgebend erachtet. Die im vorliegenden Fall bedeutsame zusätzliche Frage, ob im Rahmen der ersten Alternative der Eingang bei der allgemeinen Posteinlaufstelle des Landgerichts oder erst der bei einer zuständigen Geschäftsstelle (oder unmittelbar beim zuständigen Richter) maßgebend ist, wird nirgends erörtert. Vielmehr werden, offenbar weil diese Unterscheidung im Ergebnis jeweils unerheblich war, der Eingang beim Landgericht und der Eingang bei der Geschäftsstelle entweder einander gleichgesetzt oder jedenfalls nicht als Gegensatz verstanden (vgl. Urt. v. 24. 6. 1959 – 2 StR 7/59 –; Beschl. v. 20. 6. 1973 – 2 StR 124/73 – und 27. 3. 1974 – 2 StR 312/73 –; Urt. v. 7. 5. 1976 – 2 StR 226/76).

c) Der Senat ist der Auffassung, daß als frühester Zeitpunkt, der gemäß § 49 Abs. 1 GVG für die Bestimmung des an bereitester Stelle stehenden Hilfsschöffen maßgebend sein kann, der Zeitpunkt des Eingangs des (später anerkannten) Befreiungsantrags des Hauptschöffen bei der Geschäftsstelle der Strafkammer, bei einer mit der Führung der Hilfsschöffenliste betrauten Geschäftsstelle oder unmittelbar beim zuständigen Richter zugrundezulegen ist. Denn vor diesem Zeitpunkt besteht die Gefahr, der begegnet werden soll, praktisch nicht. Erst wenn der Befreiungsantrag bei einer der bezeichneten Geschäftsstellen oder unmittelbar beim zuständigen Richter eingeht, ist es immerhin vorstellbar, daß – unter dem Anschein einer Ermessensausübung – auf dem Wege über die Art und Weise der Bearbeitung des Gesuchs ein sachfremder Einfluß auf die Besetzung der Schöffenbank angestrebt wird. Die bloße Möglichkeit, daß etwa der Vorsitzende einer Zivilkammer oder der Landgerichtspräsident als Organ der Justizverwaltung ein fälschlich an ihn adressiertes oder ihm versehentlich vorgelegtes Befreiungsgesuch eines Hauptschöffen vor der Weiterleitung schleppend behandeln könnte, um – trotz offensichtlicher eigener Unzuständigkeit – die Besetzung einer Strafkammer mit Schöffen in unzulässiger Weise zu beeinflussen, muß als zu fernliegend bei der Entscheidung der hier erörterten Rechtsfrage außer Betracht bleiben. Ungezielten Verzögerungen, die sich nach dem Eingang des Gesuchs innerhalb des Landgerichts aus dem allgemeinen Geschäftsgang ergeben, kann für die ordnungsmäßige Besetzung der Spruchkörper, die im Rechtssinne willkürfrei sein muß, keine größere Bedeutung beigemessen werden als zum Beispiel Verzögerungen bei der Beförderung eines Befreiungsantrags durch die Post.

d) Danach ist im vorliegenden Fall für die Bestimmung des zu berufenden Hilfsschöffen nicht auf den Stand der Hilfsschöffenliste bei Eingang des Schreibens des Hauptschöffen K. am 2. 2. 1978 abzustellen, sondern frühestens auf deren Stand am 9. 2. 1978, als das Gesuch auf dem Umweg über den Landgerichtspräsidenten die mit der Führung der Hilfsschöffenliste befaßte Geschäftsstelle der Strafkammer 1 des Landgerichts erreichte. Da die Verhinderung des Hauptschöffen F. schon vorher, nämlich am 8. 2. 1978, der Geschäftsstelle der Strafkammer angezeigt und anerkannt worden war, stand der noch am selben Tage für F. eintretende Hilfsschöffe L. (Nr. 47) für das Verfahren gegen den Angeklagten nicht mehr zur Verfügung. Da L. „verbraucht" war, kam neben der Hilfsschöffin Pl. (Nr. 49) am 9. 2. 1978 also nur noch die Hilfsschöffin B. (Nr. 48) in Betracht.

Die Ladung der Hilfsschöffin Pl. statt der Hilfsschöffin B. gefährdet den Bestand des angefochtenen Urteils nicht. Ein Verfahrensverstoß ist insoweit weder dargetan noch erwiesen. Am 9. 2. 1978, als das Schreiben des Hauptschöffen K. bei der Geschäftsstelle der Strafkammer 1 einging, hat auch der Hauptschöffe R. seinen Befreiungsantrag gestellt. Daß der Antrag K. an diesem Tage früher bei der Geschäftsstelle der Strafkammer 1 eingetroffen sei als der R.'s beim Vorsitzenden der Strafkammer 4, behauptet die Revision nicht. Ob das der Fall war, ist auch zweifelhaft und nicht mehr zu klären, weil der Eingangsvermerk auf dem Gesuch K.'s die Uhrzeit nicht angibt.

2. Soweit es sich um den dauernden Wegfall eines Hauptschöffen handelt (§§ 32 ff. 52f, 77 Abs. 3 Satz 2 GVG), hat der 2. Strafsenat des Bundesgerichtshofs unter Aufgabe seiner bisherigen Rechtsprechung (vgl. Urt. v. 24. 6. 1959 – 2 StR 7/59 – bei Herlan GA 1959, 336, 338) im Anschluß an Entscheidungen anderer Strafsenate (Urt. v. 13. 9. 1966 – 5 StR 342/66 – und 8. 1. 1974 – 1 StR 529/73) im Urteil vom 15. 11. 1978 – 2 StR 503/77 – angenommen, daß es für die Heranziehung des Hilfsschöffen nicht auf den Eingang des Entbindungsantrags des Hauptschöffen beim Landgericht ankomme, sondern auf den Zeitpunkt des nach § 52 GVG erlassenen Beschlusses der Strafkammer. Der erkennende Senat braucht nicht zu klären, ob die hierfür angeführten Gesichtspunkte es nahe legen, auch bei der Heranziehung von Hilfsschöffen nach § 49 GVG auf den Zeitpunkt der richterlichen Entscheidung (Entbindung des Hauptschöffen von der Dienstleistung, §§ 54, 77 Abs. 3 Satz 3 GVG) abzustellen. Auf die Frage kommt es nicht an, weil der Ausgang des Revisionsverfahrens davon nicht abhängt. Sollte nämlich auch hier der Zeitpunkt der richterlichen Entscheidung maßgebend sein, so wäre die Strafkammer im Verfahren gegen den Angeklagten ordnungsmäßig besetzt gewesen; denn die Hilfsschöffin Pl. (Nr. 49) stand zu der danach maßgebenden Zeit an bereitester Stelle der Hilfsschöffenliste. Als sie der Vorsitzende am 13. 2. 1978 laden ließ, waren sowohl (am 8. 2. 1978) der Hilfsschöffe L. (Nr. 47) als auch (am 10. 2. 1978) die Hilfsschöffin B. (Nr. 48) jeweils auf Grund einer richterlichen Anordnung schon zu einer Sitzung herangezogen.

27. Richterausbildung darf bei Änderung des Geschäftsverteilungsplans mit berücksichtigt werden.

StPO § 338 Nr. 1; GVG § 21e III – BGH Urt. v. 12. 4. 1978 – 3 StR 58/78 LG Wuppertal (= BGHSt. 27, 397 = NJW 1978, 1444)

Die Revision rügt, die Richterbank sei wegen der Mitwirkung des Richters am Landgericht Dr. W. nicht vorschriftsmäßig besetzt gewesen. Dieser Richter sei auf Grund eines fehlerhaften Präsidiumsbeschlusses vom 18. 3. 1977 ab 1. 5. 1977 zum Mitglied der – entscheidenden – 5. Strafkammer bestellt worden und habe deshalb in den Sitzungen vom 25. 8. bis zum 27. 9. 1977 – und damit an der Entscheidung in der vorliegenden Sache nicht mitwirken dürfen. An seiner Stelle hätte der Richter P., der zum Zeitpunkt der Beschlußfassung noch der 5. Strafkammer angehörte, an der Verhandlung teilnehmen müssen. Die Absicht des Präsidiums, den Richter P. durch Zuweisung in eine Zivilkammer weiter zu erproben, habe die Änderung der Geschäftsverteilung nicht rechtfertigen können.

Der Sachverhalt ergibt sich aus dem Revisionsvorbringen. – Das Rechtsmittel war erfolglos.

Gründe: Die Auffassung des Beschwerdeführers, die Richterbank sei wegen der Mitwirkung des Richters am Landgericht Dr. W. nicht vorschriftsmäßig besetzt gewesen, trifft nicht zu. Dieser Richter ist auf Grund des Präsidiumsbeschlusses vom 18. 3. 1977 ab 1. 5. 1977 zum Mitglied der – entscheidenden – 5. Strafkammer bestellt worden und durfte deshalb in den Sitzungen vom 25. 8. bis zum 27. 9. 1977 – und damit an der Entscheidung in der vorliegenden Sache – mitwirken.

Die Revision rügt zu Unrecht, daß die Änderung der Besetzung der 5. Strafkammer durch den Beschluß des Präsidiums vom 18. 3. 1978 fehlerhaft gewesen sei.

Unter den Voraussetzungen des § 21e Abs. 3 GVG darf die Besetzung von Spruchkörpern eines Landgerichts auch im Laufe eines Geschäftsjahres geändert werden. Diese Vorschrift ist hier nicht verletzt. Die Absicht des Präsidiums, den Richter P., der am 18. 3. 1977 der entscheidenden Strafkammer angehörte, durch Zuweisung in eine Zivilkammer weiter zu erproben, hätte allerdings, worauf die Revision zu Recht hinweist, die Änderung der Geschäftsverteilung allein nicht rechtfertigen können; denn § 21e Abs. 3 GVG läßt Änderungen der Besetzung eines Spruchkörpers im Laufe eines Geschäftsjahres nur zu, wenn dies wegen Überlastung oder ungenügender Auslastung eines Richters oder Spruchkörpers oder infolge Wechsels oder dauernder Verhinderung einzelner Richter nötig wird. Die Ausbildung des richterlichen Nachwuchses ist daneben, so große Bedeutung ihr auch zukommt, kein Grund, der eine Umbesetzung eines Spruchkörpers während des laufenden Geschäftsjahres erlauben würde (BGHSt. 26, 382 [BGH Beschl. v. 5. 8. 1976 – 5 StR 314/ 76; vgl. § 338 Nr. 1 StPO erfolgreiche Rügen]). Anlaß für die Änderung des Geschäftsverteilungsplanes war jedoch – wie der von der Revision wiedergegebene Beschluß des Präsidiums ergibt – nicht die für erforderlich gehaltene weitere Erprobung des Richters P., sondern die Tatsache, daß der Richter am Landgericht Dr. B. nach Beendigung seiner Abordnung an das Oberlandesgericht in seine Planstelle beim Landgericht zurückkehrte und der Richter am Amtsgericht Z. – der in der 7. Zivilkammer eingesetzt war – an das Oberlandesgericht abgeordnet worden war. Bei der damit notwendigen Änderung der Geschäftsverteilung war das Präsidium des Landgerichts nicht gezwungen, die frei werdende Richterstelle in der 7. Zivilkammer mit dem zum Landgericht zurückkehrenden Dr. B. zu besetzen. Im Rahmen einer nach § 21e Abs. 3 Satz 1 GVG zulässigen Änderung der Besetzung von Spruchkörpern kann das Präsidium vielmehr alle Umstände berücksichtigen, die der Gewährleistung der geordneten Rechtspflege dienen. Wie es das tut, liegt in seinem pflichtgemäßen Ermessen. Es ist nicht Aufgabe des Revisionsgerichts, sein eigenes Ermessen an die Stelle des pflichtgemäßen Ermessens des Präsidiums des Landgerichts zu setzen (BGHSt. 22, 237, 239, 240 [BGH Urt. v. 10. 9. 1968 – 1 StR 235/68; vgl. § 338 Nr. 1 StPO erfolglose Rügen]). Nicht zu beanstanden ist deshalb, wenn das Präsidium in diesem Rahmen auch besondere Belastungen der Kammer, besondere Kenntnisse der in Frage kommenden Richter, ihre Belastungsfähigkeit oder die voraussichtliche Dauer ihrer Zugehörigkeit zum Landgericht berücksichtigt. Außerdem kann dem Erfordernis der Ausbildung des richterlichen Nachwuchses Rechnung getragen werden (BGHSt. 26, 382, 383).

Der Gesetzgeber hat der Aus- und Fortbildung des richterlichen Nachwuchses einen hohen Stellenwert beigemessen. Dies folgt schon aus der Regelung des § 10 Abs. 1 DRiG, nach der zum Richter auf Lebenszeit ernannt werden kann, wer mindestens drei Jahre im richterlichen Dienst tätig gewesen ist. Mangelnde Eignung in dieser Probezeit kann gemäß § 22 Abs. 1 Nr. 1 DRiG zur Entlassung des Richters führen. Die demnach vom Gesetzgeber verlangte Prüfung, ob der Richter auf Probe (§ 12 DRiG) zum richterlichen Dienst befähigt ist, setzt seine Erprobung bei möglichst vielen Tätigkeiten voraus, deren Beherrschung von einem Richter verlangt wird. Der damit geltende Wechsel der Tätigkeit eines Richters auf Probe ist nur möglich, wenn das Präsidium die Notwendigkeit der Aus- und Fortbildung der Proberichter im Rahmen der Geschäftsverteilung angemessen berücksichtigt. Dies kann allein – wie ausgeführt – die Änderung einer Geschäftsverteilung im Laufe eines Geschäftsjahres nicht rechtfertigen. Es ist jedoch nicht zu beanstanden, daß das Präsidium im Rahmen einer wegen Richterwechsels gebotenen und damit nach § 21e Abs. 3 GVG zulässigen Änderung der Besetzung von Spruchkörpern des Landgerichts auch dem Erfordernis, den Richter P. weiter im Zivilrecht auszubilden, dadurch Rechnung getragen hat, daß es seine Versetzung in eine Zivilkammer beschloß.

Ein Rechtsfehler liegt auch nicht darin, daß der vom Oberlandesgericht zurückkehrende Dr. B. nicht die Stelle des aus der 5. Strafkammer ausscheidenden Richters P. einnahm. Die Erwägungen, die das Präsidium veranlaßten, den Richter am Landgericht Dr. W. der 5. Strafkammer zuzuweisen und die von ihm in der 4. Strafkammer freigemachte Richterstelle mit Dr. B. zu besetzen, waren – wie die der Verteidigung bekannt gemachte Stellungnahme des Präsidenten des Landgerichts ergibt – nicht ermessensfehlerhaft. Dieser Stellungnahme ist zu entnehmen, daß eine länger dauernde Zugehörigkeit des der 5. Strafkammer zuzuordnenden Richters geboten war, dies bei der Zuordnung von Dr. B. aber nicht gewährleistet gewesen wäre, weil mit seiner alsbaldigen Beförderung zum Richter am Oberlandesgericht gerechnet wurde. Mit der Berücksichtigung dieser Umstände hat das Präsidium des Landgerichts das ihm eingeräumte Ermessen bei der Neufestsetzung der Geschäftsverteilung nicht verletzt.

28. Bestellung eines zeitweiligen Vertreters durch das Präsidium zulässig.

StPO § 338 Nr. 1; GVG § 21e – BGH Urt. v. 7. 6. 1977 – 5 StR 224/77 LG Berlin (= BGHSt. 27, 209 = NJW 1977, 1696)

Die Revision des Angeklagten rügt, bei dem Urteil der 52. Großen Strafkammer – Schwurgericht – habe der Richter B. mitgewirkt, der nach dem Geschäftsverteilungsplan weder ordentliches Mitglied dieser Kammer noch regelmäßiger Vertreter ihrer Mitglieder gewesen sei. Seine durch Beschluß des Präsidiums vom 13. 10. 1976 erfolgte Zuweisung als zeitweiliger Vertreter verstoße gegen das Gebot des gesetzlichen Richters. Eine derartige Regelung dürfe das Präsidium nur in Ausnahmefällen treffen. Die Regelung der Vertretung in dem Geschäftsverteilungsplan 1976 habe sich als undurchführbar erwiesen. Das sei mindestens seit dem ersten Drittel des Geschäftsjahres erkennbar gewesen.

Sachverhalt: Nach der dienstlichen Äußerung des Präsidenten des Landgerichts vom 3. 3. 1977 reichte die in dem Geschäftsverteilungsplan 1976 getroffene Vertreterregelung aus, die ordnungsgemäße Besetzung der Strafkammern sicherzustellen. Die Zahl der Mitglieder der vier Vertreterkammern war so bemessen, „daß bei Verhinderung von Mitgliedern einer der Kammern jedenfalls ein Mitglied einer der anderen Kammern zur Verfügung stand". Dem steht nicht entgegen, daß eine der Vertretungskammern auch an einem Tag Sitzung hatte, der für die 52. Große Strafkammer vorgesehen war. Für sie war nämlich ein weiterer Sitzungstag eingeplant. Im Laufe des Geschäftsjahres 1976 trat ein „personeller Engpaß" ein, der durch einen verstärkten Anfall von Großverfahren mit unbestimmter Zeitdauer, der Notwendigkeit der Gestellung von Ersatzrichtern und der Einrichtung von drei Hilfsstrafkammern verursacht war. Nach der dienstlichen Äußerung des Präsidenten des Landgerichts war diese Entwicklung weder voraus- noch absehbar. Daß die Entsendung des Richters B. als zeitweiligen Vertreters im Interesse einer reibungslosen Geschäftsabwicklung durch das Präsidium erfolgt ist, wird von der Revision nicht in Zweifel gezogen. – Das Rechtsmittel war erfolglos.

Gründe: Das Präsidium hat gemäß § 21e Abs. 1 GVG die Besetzung der Spruchkörper so zu bestimmen, daß im voraus und generell so eindeutig wie möglich festliegen muß, welche Richter zur Entscheidung des Einzelfalles berufen sind und wer im Vertretungsfall an ihre Stelle tritt. Es läßt sich jedoch nicht ausschließen, daß auch die durch den Geschäftsverteilungsplan bestellten regelmäßigen Vertreter vorübergehend verhindert sind oder daß ihre Zahl im Einzelfall nicht ausreicht. In diesen Fällen konnte gemäß § 67 Abs. 1 GVG a.F. der Präsident des Gerichts einen zeitweiligen Vertreter bestimmen. Nach Streichung des § 67 GVG durch die Neufassung des Gesetzes vom 26. 5. 1972 (BGBl. I 841) „darf" gemäß § 21e Abs. 3 GVG eine Änderung der Besetzung der Spruchkörper im Laufe des Geschäftsjahres wegen einer Dauerverhinderung durch Änderung des Geschäftsplans erfolgen. Diese Vorschrift regelt indessen die Vertreterbestellungen nicht abschließend (vgl. §§ 21i Abs. 2, 22b Abs. 2 GVG). Im Interesse einer sachgerechten und raschen Durchführung des Verfahrens hat der Senat keine Bedenken, eine zeitweilige Vertreterbestimmung durch das Präsidium im Rahmen des § 21e Abs. 3 GVG zuzulassen (vgl. BVerfG 31, 145, 163/164). Wird allerdings durch eine voraussehbare Häufung der Bestellung zeitweiliger Vertreter die gesetzmäßige Besetzung der Spruchkörper in Frage gestellt, so ist das Präsidium gehalten, durch eine Änderung des Geschäftsverteilungsplans dem entgegenzutreten.

Der Senat hält die Mitwirkung des Richters B. als zeitweiligen Vertreter in der 52. Großen Strafkammer für hinnehmbar.

Daraus, daß das Präsidium für das Jahr 1977 eine sogenannte Ringvertretung beschlossen hat, die die Bestellung zeitweiser Vertreter überflüssig machen kann, lassen sich Bedenken gegen die ordnungsgemäße Besetzung der 52. Großen Strafkammer im Jahre 1976 nicht herleiten.

29. Entbindung vom Schöffenamt wegen Prüfung der Amtsfähigkeit unzulässig.

StPO § 338 Nr. 1; GVG §§ 52, 54, 77 III 3 – BGH Urt. v. 26. 1. 1977 – 2 StR 613/76 LG Frankfurt/Main (= BGHSt. 27, 105 = NJW 1977, 965)

Die Revision rügt, die Richterbank sei in der Person des Hilfsschöffen R. nicht vorschriftsmäßig besetzt gewesen. Sie ist der Auffassung, der Vorsitzende des erkennenden Gerichts habe zu Unrecht einen Verhinderungsfall angenommen, weil der Schöffe dem Gericht mitgeteilt habe, er könne das Schöffenamt wegen einer Vorstrafe nicht antreten, die Frage der Amtsfähigkeit aber noch nicht abschließend geprüft war.

Sachverhalt: Nach der Benachrichtigung von dem ursprünglich auf den 6. 2. 1975 festgesetzten Hauptverhandlungstermin hatte der Hauptschöffe L. dem Gericht durch eine am 4. 2. 1975 eingegangene Karte mitgeteilt, daß er wegen seiner Vorstrafen das Schöffenamt nicht annehmen könne. Darauf war vom Vorsitzenden des erkennenden Gerichts (16. große Strafkammer) am folgenden Tag der Vorgang an die gemäß § 77 Abs. 3 Satz 2 GVG zuständige Strafkammer zur weiteren Veranlassung abgegeben worden. Deren Vorsitzender forderte am 25. 2. 1975 einen Strafregisterauszug bezüglich des Schöffen an und gab den Vorgang an das erkennende Gericht zur Entscheidung gemäß § 54 GVG zurück, weil bis zu dem inzwischen auf den 6. 3. 1975 bestimmten neuen Hauptverhandlungstermin nicht geprüft und entschieden werden könne, ob der Schöffe weiter heranzuziehen sei. Vom Vorsitzenden des erkennenden Gerichts wurde hierauf der Schöffe am 27. 2. 1975 von der Dienstleistung an jenem Sitzungstag mit der Begründung entbunden, das Prüfungsverfahren nach § 52 GVG sei noch nicht abgeschlossen und deshalb der Schöffe in der Ausübung des Schöffenamts im Sinne des § 54 GVG verhindert. Er berief sich für diese Ansicht in einem Aktenvermerk auf BGHSt. 10, 252, 254 (BGH Urt. v. 8. 5. 1957 – 2 StR 174/57; vgl. § 338 Nr. 1 StPO erfolgreiche Rügen); OLG Celle, MDR 1972, 261 f. Die erbetene Auskunft des Bundeszentralregisters ging erst nach Beginn der Hauptverhandlung ein. Sie ergab, daß die Voraussetzungen des § 32 Nr. 1 GVG nicht vorlagen. – Das Rechtsmittel war erfolglos.

Gründe: Die Rüge greift nicht durch. Allerdings beruhte die Entbindung des Hauptschöffen und damit auch dessen Ersetzung durch einen Hilfsschöffen auf einem Rechtsfehler. Wie sich aus dem erwähnten Aktenvermerk ergibt, ist der Vorsitzende des erkennenden Gerichts davon ausgegangen, daß der Hauptschöffe allein schon wegen der Anhängigkeit des Prüfungsverfahrens nach § 52 GVG gehindert sei, an der Hauptverhandlung mitzuwirken. Diese Meinung entspricht der vom Oberlandesgericht Celle in der genannten Entscheidung vertretenen Ansicht. Sie ist jedoch unzutreffend. Die Durchführung eines derartigen Prüfungsverfahrens stellt für sich noch keinen Hinderungsgrund im Sinne des § 54 GVG dar. Dem Gesetzeswortlaut läßt sich eine mit der Einleitung der Prüfung nach § 52 GVG verbundene vorläufige Suspendierung des betreffenden Schöffen nicht entnehmen. Weder in dieser Vorschrift noch in § 54 GVG ist eine dahingehende Regelung getroffen, ebensowenig in den §§ 32 bis 35 GVG. Sie wäre auch nicht mit der Bedeutung, die der Wahrung des Prinzips des gesetzlichen Richters zukommt, vereinbar. Denn sie würde die Möglichkeit einer willkürlichen Beeinflussung der Zusammensetzung der Schöffenbank eröffnen. So wäre zum Beispiel mit der bloßen Behauptung geistiger oder körperlicher Gebrechen im Sinne von § 33 Nr. 4 GVG n.F. (= § 33 Nr. 3 GVG a.F.) durch den zur Mitwirkung an einer Hauptverhandlung bereits einberufenen Schöffen und mit der daraufhin eingeleiteten Prüfung nach § 52 GVG stets die Entbindung dieses Schöffen von der Dienstleistung an allen für ihn bestimmten Sitzungstagen bis zum Abschluß jener Prüfung verknüpft. Dieses Ergebnis zeigt, daß durch die Einleitung des Verfahrens zur Prüfung einer etwa notwendig werdenden Streichung des Schöffen von der Schöffenliste der für eine Entscheidung nach § 54 GVG zuständige Richter nicht davon befreit sein kann, selbst die Grundlagen für seine Entscheidung zu ermitteln und zu würdigen.

Demgemäß hätte der Vorsitzende des erkennenden Gerichts spätestens, nachdem er erfahren hatte, daß die nach § 77 Abs. 3 Satz 2 GVG zuständige Strafkammer nicht mehr vor Beginn der Hauptverhandlung entscheiden werde, in eigener Zuständigkeit klären müssen, ob der Schöffe wegen Unfähigkeit zum Schöffenamt für eine Mitwirkung an dieser Hauptverhandlung ausschied. Dies wäre ihm durch Einholen einer fernschriftlichen Auskunft beim Bundeszentralregister möglich gewesen.

Obwohl somit seine Entscheidung von einem Rechtsirrtum beeinflußt war, kann doch nicht von einem klar zutage liegenden Gesetzesverstoß oder einem willkürlichen Eingriff in die Besetzung des Gerichts die Rede sein. Abgesehen von dem genannten Urteil des Oberlandesgerichts Celle sind nach der Kenntnis des Senats bisher keine anderen Entscheidungen veröffentlicht worden, in denen die sich hier ergebende Problematik ausdrücklich erörtert wird. Das gilt auch für das Urteil des Senats in BGHSt. 10, 252, auf das sich das Oberlandesgericht Celle – allerdings zu Unrecht – für seine Meinung berufen hat. Der Senat ist zwar bereits damals von dem hier vertretenen Standpunkt ausgegangen, hat dazu aber keine Ausführungen gemacht, da zu ihnen kein Anlaß bestand, auch nicht später in der Entscheidung BGHSt. 22, 289 ff. (BGH Urt. v. 18. 12. 1968 – 2 StR 322/68; vgl. § 338 Nr. 5 StPO erfolglose Rügen). Unter diesen Umständen erweist sich die – an sich fehlerhafte – Entbindung des Schöffen L. noch nicht als eine „Entziehung" des gesetzlichen Richters (vgl. BVerfGE 29, 45, 48; 30, 165, 167 [BVerfG Beschl. v. 27. 1. 1971 – 2 BvR 507, 511/69; vgl. § 23 StPO erfolgreiche Rügen]; BGHSt. 12, 227, 234; 25, 66, 71 f.).

30. Rüge nicht ordnungsgemäßer Auswahl der Schöffen einer Hilfsstrafkammer (Ergänzung zu BGHSt. 12, 104, 105 [BGH Urt. v. 11. 11. 1958 – 1 StR 532/58; vgl. § 338 Nr. 1 StPO erfolglose Rügen]).

StPO § 338 Nr. 1; GVG § 21e III (§ 63 II 2 a.F.) – BGH Urt. v. 10. 4. 1973 – 1 StR 523/72 LG München (= BGHSt. 25, 174 = NJW 1973, 1193)

Die Revision rügt, daß die Schöffen nicht ordnungsgemäß ausgewählt worden seien. Mit den beiden an der Sitzung der Hilfsstrafkammer, die am 16. 3. 1972 begann, beteiligten Schöffen seien nämlich die für die 2. Strafkammer für denselben Tag vorgesehenen und ausgelosten Schöffen herangezogen worden. Da die Sitzung der Hilfsstrafkammer als außerordentliche Sitzung i.S. des § 48 GVG anzusehen sei, sei eine gesonderte Auslosung der Schöffen erforderlich gewesen.

Sachverhalt: Mit Präsidialbeschluß vom 20. 1. 1972 war beim Landgericht zur Entlastung der 2. Strafkammer eine Hilfsstrafkammer gebildet worden, die sämtliche bei der 2. Strafkammer anhängigen Strafverfahren – soweit nicht bereits Termin zur Hauptverhandlung bestimmt war – mit den Anfangsbuchstaben E bis J zu behandeln hatte. Vorsitzender und Mitglieder der Hilfsstrafkammer wurden bestimmt. Besondere Sitzungstage wurden nicht festgesetzt. Eine gesonderte Auslosung eigener Schöffen hat nicht stattgefunden. Wie sich aus der dienstlichen Äußerung des Landgerichtspräsidenten ergibt, werden beim Landgericht München I die Schöffen zu Beginn des Jahres für alle Strafkammern gemeinsam ausgelost. Sodann werden sie in der festgestellten Reihenfolge auf die einzelnen Sitzungen der Strafkammer verteilt. Dies geschieht in der Weise, daß fortschreitend nach der Schöffenliste für jeden Kalendertag, an dem ordentliche Sitzungen von Strafkammern stattfinden – beginnend jeweils bei der Kammer mit der niedrigsten Ordnungszahl, die sie bezeichnet (also die 1. vor der 2., die 17. vor der 18. Strafkammer) –, die ehrenamtlichen Beisitzer festgestellt werden. – Das Rechtsmittel war erfolglos.

Gründe: Diese Rüge greift nicht durch. Wird eine Hilfsstrafkammer vorübergehend zur Entlastung einer ordentlichen Strafkammer gebildet, so liegt nur eine andere zulässige Art einer Regelung der Verhinderung der Mitglieder der ordentlichen Strafkammer vor, als in den §§ 66 Abs. 1 und 63 Abs. 1 GVG a.F. (§§ 21e, 21f n.F.) vorgesehen war. Sie wird sogar der letztgenannten Regelung vorzuziehen sein, wenn die Verhinderung nicht auf einzelne wenige Sitzungen beschränkt bleibt (BGHSt. 12, 104, 105/106). Die Bildung der Hilfsstrafkammer bedeutet also nichts anderes als eine zeitweilige Änderung der Besetzung der ordentlichen Strafkammer und der Verteilung ihrer Geschäftsaufgaben. Die Hilfsstrafkammer vertritt die ordentliche Strafkammer in solchen Geschäften, die diese infolge anderweitiger Inanspruchnahme durch ihr zufallende Aufgaben nicht selbst erledigen kann. Daher sind auch die für die Strafkammer ausgelosten Schöffen an den für sie bestimmten Tagen ohne weiteres zu den Sitzungen der Hilfsstrafkammer einzuberufen. Der 16. 3. 1972 war ein nach der Geschäftsverteilung des Landgerichts für die 2. Strafkammer vorgesehener Sitzungstag. Die Revision hat nicht vorgetragen, daß auch die 2. Strafkammer an diesem Tag eine Verhandlung begonnen hat. Nur dann könnte wegen Kollision von einer außerordentlichen Sitzung der Hilfsstrafkammer gesprochen werden, die gemäß § 48 GVG eine besondere Auslosung der Schöffen erforderlich machen würde. Nach der dienstlichen Äußerung des Landgerichtspräsidenten bestand auch für die Regel keine Kollisionsgefahr, da beide Kammern fast ausschließlich mit größeren Strafverfahren befaßt waren, die Verhandlungen von längerer, z.T. mehrmonatiger Dauer erforderlich machten. Das beim Landgericht geübte Verfahren der Schöffenauswahl für die Hilfsstrafkammer ist daher rechtlich nicht zu beanstanden. Der Fall in BGHSt. 22, 209 (BGH Urt. v. 16. 7. 1968 – 1 StR 133/68; vgl. § 338 Nr. 1 StPO erfolglose Rügen) liegt anders.

31. Beiordnung eines Hilfsrichters ist ein Richterwechsel im Sinne des § 63 II 2 GVG (§ 21g II GVG n.F.).

StPO § 338 Nr. 1; GVG § 63 II – BGH Urt. v. 10. 9. 1968 – 1 StR 235/68 LG Passau (= BGHSt. 22, 237 = NJW 1968, 2388)

Die Revision rügt, die Strafkammer sei nicht vorschriftsmäßig besetzt gewesen, weil Gerichtsassessor L. und nicht Landgerichtsrat A. als Beisitzer mitgewirkt habe. Zwar sei durch Präsidialbeschluß vom 12. 6. 1967 angeordnet worden, daß Landgerichtsrat A. aus der 1. großen Strafkammer ausscheide, während Gerichtsassessor L. auch dieser Strafkammer zugeteilt worden sei. Dieser Beschluß sei jedoch gesetzwidrig gewesen.

Sachverhalt: Nach der ursprünglichen Geschäftsverteilung für das Jahr 1967 waren Mitglieder der 1. großen Strafkammer die Landgerichtsräte H. und A. Durch Beschluß des Präsidiums vom 31. 3. 1967 wurde wegen Erkrankung des Vorsitzenden dieser Strafkammer, des Landgerichtsdirektors W., bis zu dessen Dienstantritt, längstens für die Dauer der Abordnung des Amtsgerichtsrats B. an das Landgericht, dieser Richter als weiteres Mitglied der 1. großen Strafkammer zugeteilt. Diese Anordnung wurde durch das Präsidium aufgehoben, als am 12. 6. 1967 Landgerichtsdirektor W. seinen Dienst wieder antrat und die Abordnung des Amtsgerichtsrats B. aufgehoben wurde. Gleichzeitig wurde aus Anlaß des Dienstantritts des Gerichtsassessors L. dieser der 1. und 2. Strafkammer als Mitglied zugeteilt, während Landgerichtsrat A. aus den Strafkammern ausschied und der 1. Zivilkammer als ständiges Mitglied zugeteilt wurde. – Das Rechtsmittel war erfolglos.

Gründe: Entgegen der Meinung des Beschwerdeführers entspricht die durch den Beschluß des Präsidiums vom 12. 6. 1967 getroffene Anordnung dem Gesetz. Insbesondere widerspricht sie nicht dem § 63 Abs. 2 GVG.

Diese Änderung der Geschäftsverteilung ist rechtlich nicht zu beanstanden. Die Geschäftsverteilung kann im Laufe des Geschäftsjahres dann geändert werden, wenn dies wegen Überlastung einer Kammer oder infolge Wechsels oder dauernder Verhinderung einzelner Mitglieder des Gerichts erforderlich wird (§ 63 Abs. 2 GVG). Entgegen der Ansicht des Beschwerdeführers setzt der „Wechsel einzelner Mitglieder" nicht voraus, daß es sich dabei um planmäßige Mitglieder des Gerichts handelt. Auch die Zuweisung eines Hilfsrichters ist ein Richterwechsel im Sinne des § 63 Abs. 2 GVG (so beiläufig BGHSt. 13, 53, 56 [BGH Urt. v. 20. 3. 1959 – 4 StR 416/58; vgl. § 258 StPO erfolglose Rügen]; ferner BGH Urt. v. 8. 7. 1958 – 5 StR 241/58).

Wird dem Gericht ein Hilfsrichter beigeordnet (§ 70 Abs. 2 GVG), so hat das Präsidium über seine Verwendung zu befinden (BGHSt. 12, 159, 161 [BGH Urt. v. 28. 11. 1958 – 1 StR 398/58; vgl. § 338 Nr. 1 StPO erfolglose Rügen]; RGSt 37, 301). Bei seiner Entschließung, welcher Kammer der Hilfsrichter zugeteilt werden solle, kann das Präsidium alle Umstände berücksichtigen, die auch sonst bei der Bestimmung der Mitglieder der Kammern (s. § 63 Abs. 1 GVG) von Bedeutung sein können. Es wird etwa die besondere Eignung des Hilfsrichters für ein Rechtsgebiet oder die Erfordernisse seiner weiteren Ausbildung besonders in Betracht ziehen (vgl. BGHSt. 14, 321, 328 [BGH Beschl. v. 2. 5. 1960 – GSSt 3/59; vgl. § 338 Nr. 1 StPO erfolglose Rügen]). Keinesfalls ist das Präsidium gehalten, einen beigeordneten Gerichtsassessor gerade in der Kammer einzusetzen, deren Geschäfts- oder Personallage – etwa wegen zeitweiligen Ausfalls eines Richters oder wegen außergewöhnlichen Geschäftsanfalls – Anlaß zu seiner Beiordnung gegeben hat. Andernfalls würde der Justizverwaltung ein Einfluß auf die Besetzung einer Kammer eingeräumt werden, der ihr nicht zusteht (vgl. BGHSt. 12, 159, 161; 13, 53, 56).

Wird hiernach der Hilfsrichter einer bestimmten Kammer zugeteilt, so kann sich die Notwendigkeit ergeben, ein bisheriges Mitglied dieser Kammer zum ständigen Mitglied einer anderen Kammer zu bestimmen, weil diese einen weiteren Richter benötigt. Was in dieser Hinsicht „erforderlich" ist, hat allein das Präsidium des Landgerichts zu entscheiden und unterliegt grundsätzlich nicht der Nachprüfung des Revisionsgerichts. Denn es handelt sich hierbei vielfach um Ermessensfragen und es kann nicht Aufgabe des Revisionsgerichts sein, sein eigenes Ermessen an die Stelle des Ermessens des Präsidiums zu setzen.

Es kann hiernach dahingestellt bleiben, ob die Bestimmung des Landgerichtsrats A. zum Mitglied der 1. Zivilkammer auch schon deshalb gerechtfertigt war, weil Landgerichtsrat Dr. T., der nach der Geschäftsverteilung für das Jahr 1967 ständiges Mitglied dieser Kammer war, seit Monaten an das Justizministerium abgeordnet und damit im Sinne des § 63 Abs. 2 GVG dauernd verhindert war. Jedenfalls durfte das Präsidium den neu eingetretenen Gerichtsassessor L. der 1. Strafkammer zuteilen. Auch die weitere Änderung der Geschäftsverteilung durch Beschluß des Präsidiums vom 12. 6. 1967 war durch den Richterwechsel veranlaßt und hielt sich im Rahmen des § 63 Abs. 2 GVG. Daraus ergibt sich von selbst, daß auch Art. 101 GG nicht dadurch verletzt worden sein kann, daß Landgerichtsrat A. der 1. Zivilkammer und Gerichtsassessor L. der 1. großen Strafkammer zugeteilt wurde.

32. Auswahl der Schöffen einer neu gebildeten großen Strafkammer nach Auflösung einer Hilfsstrafkammer.

StPO § 338 Nr. 1 – BGB Urt. v. 16. 7. 1968 – 1 StR 133/68 LG Saarbrücken (= BGHSt. 22, 209 = NJW 1968, 1974)

Die Revision rügt Verstöße gegen § 338 Nr. 1 StPO und Art. 101 GG.

Einen Besetzungsfehler sieht sie u.a. in der Mitwirkung der Schöffen M. und F. Sie ist der Ansicht, die am 19. 10. 1967 erfolgte Auslosung dieser Schöffen für die Sitzung der 5. großen Strafkammer am 31. 10. 1967 sei ungerechtfertigt gewesen. § 48 GVG erlaube eine Auslosung innerhalb des Geschäftsjahres nur für außerordentliche Sitzungen. Diese Voraussetzung fehle hier, da es sich um eine ordentliche Sitzung der aus der früheren Hilfsstrafkammer hervorgegangenen 5. großen Strafkammer gehandelt habe. Für diese hätten die für die Hilfsstrafkammer ausgelosten Schöffen Z. und K. zur Verfügung gestanden. – Das Rechtsmittel war erfolglos.

Gründe: Mit der Auflösung der Hilfsstrafkammer endete die Mitgliedschaft aller ihr angehörenden Richter, also auch das Amt der für sie bestellten Schöffen. Für die neugebildete ordentliche Strafkammer mußte daher eine Neuauslosung erfolgen. Die nach Maßgabe des § 77 GVG auch für die Besetzung der Strafkammern geltende Vorschrift des § 45 GVG sieht allerdings ausdrücklich nur vor, daß die Schöffen zu den ordentlichen Sitzungen, an denen sie teilzunehmen haben, für das ganze Jahr im voraus durch Auslosung bestimmt werden. Damit trifft das Gesetz jedoch nur Vorsorge für den Regelfall. Ergibt sich erst im Laufe des Geschäftsjahres die Notwendigkeit, eine ordentliche Strafkammer zu bilden, so steht nichts im Wege, die Bestimmung der für diese benötigten Schöffen in der durch die §§ 77, 45 GVG bezeichneten Weise nachträglich vorzunehmen. Insoweit stellt auch § 48 GVG, wonach die für außerordentliche Sitzungen einzuberufenden Schöffen vor dem Sitzungstag nach § 45 GVG auszulosen sind, kein Hindernis dar. Diese Vorschrift enthält keine erschöpfende, jede andere Möglichkeit der nachträglichen Auslosung ausschließende Sonderregelung. Folgte man der gegenteiligen Auffassung der Beschwerdeführerin, so würden der Neubildung einer ordentlichen großen Strafkammer im Laufe des Geschäftsjahres unüberwindliche Hindernisse entgegenstehen. Daß eine solche Lösung dem Willen des Gesetzgebers nicht entspräche, liegt auf der Hand. Auch der Umstand, daß die 5. große Strafkammer Sitzungstage der aufgelösten Hilfsstrafkammer übernommen hat, vermag eine andere Beurteilung nicht zu rechtfertigen; denn für die Frage der Besetzung einer im Laufe des Geschäftsjahres gebildeten ordentlichen Strafkammer kann es darauf, ob ihr zufällig eine Hilfsstrafkammer vorausging und ob deshalb für bestimmte Sitzungstage dieser Kammer Schöffen „zur Verfügung gestanden" haben, nicht ankommen (vgl. OLG Hamm NJW 1956, 1937; BayObLG NJW 1961, 568).

Das erkennende Gericht war daher auch mit den beiden mitwirkenden Schöffen richtig besetzt.

33. Begründungserfordernis einer Besetzungsrüge.

StPO §§ 338 Nr. 1, 344 II – BGH Urt. v. 29. 5. 1968 – 3 StR 72/68 LG Wuppertal (= BGHSt. 22, 169 = NJW 1968, 1684)

Die Revision beanstandet die Besetzung der Strafkammer bei Erlaß des Eröffnungsbeschlusses und trägt dazu vor: „Der Eröffnungsbeschluß ist von den Landgerichtsräten W. und N. und dem Gerichtsassessor S. erlassen. Alle drei Richter gehören der 2. Strafkammer nicht an. Sie waren deshalb nicht berufen, über die Eröffnung des Verfahrens zu beschließen." – Das Rechtsmittel war erfolglos.

Gründe: Ob auf einen solchen Besetzungsfehler beim Eröffnungsbeschluß eine Revision überhaupt nicht gestützt werden kann, wie der 5. Strafsenat des Bundesgerichtshofs unter Hinweis auf § 210 Abs. 1 StPO meint (vgl. Urt. v. 23. 2. 1960 – 5 StR 513/59 und v. 27. 2. 1962 – 5 StR 520/61), kann dahinstehen. Die Rüge scheitert hier jedenfalls daran, daß sie nicht so erhoben worden ist, wie § 344 Abs. 2 StPO es vorschreibt.

Die Pflicht des Revisionsgerichts, von Amts wegen zu prüfen, ob ein – rechtsgültiger – Eröffnungsbeschluß vorliegt, bedeutet nicht, daß das Revisionsgericht auch von sich aus klären müßte, ob die an der Beschlußfassung beteiligten Richter ordnungsgemäß zu Mitgliedern der Beschlußkammer bestellt worden sind. Etwaige Verfahrensverstöße dieser Art werden erst beachtlich, wenn der Beschwerdeführer sie in einer den Erfordernissen des § 344 Abs. 2 Satz 2 StPO entsprechenden Weise rügt (BGHSt. 10, 278 [BGH Urt. v. 4. 5. 1957 – 5 StR 145/57; vgl. § 207 StPO erfolglose Rügen]). Dieser Vorschrift wird aber das nicht näher ausgeführte Vorbringen nicht gerecht, die mitwirkenden Richter hätten der zur Entscheidung berufenen Strafkammer nicht angehört. Eine solche Behauptung, die dahin verstanden werden muß, daß die Richter nach dem Geschäftsverteilungsplan nicht ordentliche Mitglieder der beschließenden Strafkammer gewesen seien, reicht als Tatsachenangabe im Sinne des § 344 Abs. 2 Satz 2 StPO nicht aus. An den Entscheidungen einer Strafkammer dürfen nämlich auch Richter mitwirken, die, ohne dem Spruchkörper anzugehören, diesem entweder als im Geschäftsverteilungsplan vorgesehene, regelmäßige Vertreter oder als gemäß § 67 GVG zeitweilig bestellte Vertreter der ordentlichen Mitglieder zugewiesen und deshalb im Einzelfalle zur Mitwirkung berufen sein können.

Im Hinblick hierauf bedarf es zur ordnungsgemäßen Erhebung einer sogenannten Besetzungsrüge hinsichtlich eines jeden Richters, dessen Beteiligung an der Entscheidung beanstandet wird, der genauen Angabe der Tatsachen, die der Mitwirkung nach Meinung des Revisionsführers entgegenstanden. Da es im gegebenen Falle an einer solchen Darlegung fehlt, entspricht die Rüge fehlerhafter Besetzung nicht den Erfordernissen des § 344 Abs. 2 Satz 2 StPO und ist daher unzulässig.

34. Getrennte Richterkollegien unter einem Vorsitzenden und einer Bezeichnung.
StPO § 338 Nr. 1; GG Art. 101 Abs. 1 Satz 2; GVG §§ 16 Satz 2, 63, 69, 121 II – BGH Beschl. v. 21. 2. 1968 – 2 StR 360/67 OLG Frankfurt (= BGHSt. 22, 94 = NJW 1968, 1242)

Die Revision rügt, daß die 1. große Strafkammer des Landgerichts in G. in Widerspruch zu der Vorschrift des Art. 101 Abs. 1 Satz 2 GG und der daran anknüpfenden Rechtsprechung des Bundesverfassungsgerichts (BVerfGE 17, 294, 299; 18, 65, 69, 344, 349) und des Bundesgerichtshofs (BGH NJW 1965, 1715 Nr. 8 und 9) mit einem Vorsitzenden und fünf beisitzenden Richtern in unzulässiger Weise überbesetzt gewesen sei.

Sachverhalt: Das Oberlandesgericht in Frankfurt will diese Rüge nicht durchgreifen lassen. Es geht dabei davon aus, daß das Präsidium des Landgerichts mit einem Beschluß vom 22. 3. 1966 erläuternd klargestellt habe, daß von den fünf der 1. großen Strafkammer zu geteilten Beisitzern von allem Anfang an zwei – nämlich die Landgerichtsräte Dr. F. und R. – nur dann tätig zu werden hätten, wenn es sich um Entscheidungen außerhalb der Hauptverhandlung in Strafsachen handelt, die bei der 3. – kleinen – Strafkammer anhängig sind. Daraus ergebe sich, daß unter der Bezeichnung 1. Strafkammer in Wahrheit zwei von demselben Vorsitzenden geleitete, im übrigen aber sachlich und personell völlig selbständige Strafkammern zusammengefaßt worden seien und daß die 1. große Strafkammer als erkennendes Gericht nur aus einem Vorsitzenden und drei beisitzenden Richtern bestanden habe. An einer so begründeten Verwerfung der Besetzungsrüge sieht sich das Oberlandesgericht jedoch durch die Urteile des Bundesgerichtshofs vom 25. 6. 1965 (DRiZ 1965, 304 = NJW 1965, 1715 Nr. 8), v. 12. 7. 1965 (DRiZ 1965, 343 = NJW 1965, 1715 Nr. 9) und v. 20. 10. 1965 – Ib ZR 130/64 gehindert. Es entnimmt diesen Entscheidungen, daß der Bundesgerichtshof, darin über die vom Bundesverfassungsgericht gestellten Anforderungen hinausgehend, die Besetzung eines dreiköpfigen Kollegialgerichts mit dem Vorsitzenden und mehr als vier Beisitzern schlechthin und unter allen Umständen für unzulässig halte, und hat deshalb die Sache nach § 121 Abs. 2 GVG zur Entscheidung über folgende Frage vorgelegt:

Ist eine Kammer (oder ein Senat) auch schon dann unzulässig überbesetzt, wenn die ihr (ihm) zugeteilten fünf Beisitzer von vornherein in zwei Gruppen mit gleichzeitig festgelegtem verschiedenen Aufgabenbereich aufgeteilt worden sind?

Der Generalbundesanwalt hält diese Vorlegung allein schon deshalb nicht für zulässig, weil die angeführten und auch andere Entscheidungen des Bundesgerichtshofs einer verneinenden Beantwortung der vom Oberlandesgericht aufgeworfenen Rechtsfrage in Wahrheit nicht entgegenstünden. Das trifft für die drei angeführten Urteile zu. In ihnen hatte es der Bundesgerichtshof mit Fällen zu tun, in denen der Geschäftsverteilungsplan für einen bestimmten sachlichen, dem Kollegium im ganzen zugewiesenen Aufgabenbereich die Entscheidung in zwei personell verschiedenen und in ihrer Zusammensetzung nicht von vornherein bestimmten Spruchkörpern möglich machte. Von den Strafsenaten ist die mit der Vorlegung aufgeworfene Frage, soweit es der Senat übersieht, bisher nur in einem unveröffentlichten Urt. vom 9. 3. 1965 – 1 StR 42/65 – berührt worden. Hier hat der Bundesgerichtshof den in einer dienstlichen Äußerung des Vorsitzenden gegebenen Hinweis, daß einer der fünf beisitzenden Richter nur bei Beschlußsachen aus dem Bereich der kleinen Strafkammer mitgewirkt habe, ganz betont deshalb nicht gelten lassen, weil diese Begrenzung der Tätigkeit des Beisitzers nicht auf einem Beschluß des Präsidiums beruhte, und so zugleich zum Ausdruck gebracht, daß er eine entsprechende Regelung im Geschäftsverteilungsplan als zulässig angesehen hätte. Dagegen hat der IV. Zivilsenat des Bundesgerichtshofs in einem veröffentlichten Urt. v. 27. 4. 1966 – IV ZR 75/65 – (NJW 1966, 1458 Nr. 6 = LM Nr. 1 zu § 69 GVG) die Aufteilung eines Spruchkörpers in der dargestellten Form als unzulässig angesehen und deshalb eine die unstatthafte Überbesetzung des Senats eines Oberlandesgerichts bemängelnde Rüge durchgreifen lassen. – Das Rechtsmittel war erfolglos.

Gründe: Angesichts dieser Entscheidung des IV. Zivilsenats hätte der Senat, falls nicht – was noch näher zu erörtern sein wird – aus einem anderen Grunde die Zulässigkeit der Vorlegung zu verneinen wäre, in die sachliche Erörterung der Vorlegungsfrage einzutreten. Er wäre auch geneigt, dem vorlegenden Oberlandesgericht beizupflichten, weil er die vom IV. Zivilsenat angeführten Gründe nicht als stichhaltig ansieht.

Die Auffassung des IV. Zivilsenats, daß bei der hier zu erörternden Aufteilung eines Spruchkörpers das Präsidium in unzulässiger Weise in die Befugnisse des Vorsitzenden (§ 69 GVG) eingreife, die Geschäfte innerhalb der Kammer auf die Mitglieder zu verteilen, läßt außer acht, daß es das Gerichtsverfassungsgesetz gestattet, einen Direktor als Vorsitzenden mehrerer Kammern einzusetzen (RGSt 55, 201; BGHSt. 2, 71 f. [BGH Urt. v. 13. 12. 1951 – 3 StR 683/51; vgl. § 338 Nr. 1 StPO erfolgreiche Rügen]), und daß es keinen Unterschied machen kann, ob diese mehreren Kammern mit verschiedenen Nummern bezeichnet oder mit Rücksicht auf die Leitung durch denselben Vorsitzenden äußerlich unter einer gemeinsamen Bezeichnung zusammengefaßt sind. Das Gesetz schreibt eine besondere unterscheidende Benennung der einzelnen Gerichtskörper, wie sie üblich und zweckmäßig ist, nicht vor und stellt allein auf ihre sachliche Selbständigkeit ab. Diese zeigt sich aber gerade darin, daß jeder Kammer oder jedem Senat vom Präsidium ein nach allgemeinen Merkmalen bestimmter Geschäftsanteil zugewiesen wird (§§ 63, 64 Abs. 1 GVG), dessen Aufteilung auf die einzelnen Mitglieder nach § 69 GVG dann Sache des Vorsitzenden ist.

Auch die weitere Erwägung des IV. Zivilsenats, daß durch die Aufteilung des Gerichtskörpers vom Präsidium in die Rechte des Präsidenten eingegriffen worden sei, dem die Bestimmung der Zahl der Kammern oder Senate nach §§ 7 f. der VO vom 20. 3. 1935 (RGBl I 403) allein zustehe, kann nicht überzeugen. Sie könnte nur dann zum Tragen kommen, wenn das Präsidium sich über einen entgegenstehenden Willen des Präsidenten in diesem Punkt hinwegsetzen könnte und hinweggesetzt hätte. Wo, wie es praktisch kaum anders vorstellbar ist, die Aufteilung mit Wissen und Willen des den Vorsitz im Präsidium führenden Präsidenten (§ 64 Abs. 2 GVG) beschlossen worden ist, hat der Präsident der Sache nach die ihm auf Grund der VO vom 20. 3. 1935 zustehende Befugnis ausgeübt. Seine Willensäußerung, eine weitere selbständige Kammer zu bilden, kann nicht dadurch bedeutungslos werden, daß ihr andere Gerichtsmitglieder im Rahmen eines Präsidialbeschlusses überflüssigerweise beigepflichtet haben (vgl. hierzu auch BGHSt. 21, 260 [BGH Urt. v. 14. 7. 1967 – 2 StR 230/67; vgl. § 338 Nr. 1 StPO erfolglose Rügen]).

Indessen ist – für eine Anrufung der Vereinigten Großen Senate (§ 136 Abs. 2 GVG) oder eine der Vermeidung dieser Anrufung dienende förmliche Anfrage beim IV. Zivilsenat kein Raum, weil die Vorlage des Oberlandesgerichts Frankfurt aus einem anderen Grunde nicht angenommen werden kann. (Wird ausgeführt ...)

35. Fehlerhafte Anordnung der Bildung einer Hilfsstrafkammer kann durch Präsidium geheilt werden (im Anschluß an BGHSt. 15, 217[1]).

StPO § 338 Nr. 1; GVG §§ 63 II, 64 I – BGH Urt. v. 14. 6. 1967 – 2 StR 230/67 LG Saarbrücken (= BGHSt. 21, 260 = NJW 1967, 1868)

Die Revision rügt, das erkennende Gericht sei unvorschriftsmäßig besetzt gewesen, weil nicht das Präsidium, sondern der Landgerichtspräsident die Errichtung der Hilfsstrafkammer angeordnet habe und darüber hinaus daß die der Hilfsstrafkammer zugewiesenen Geschäfte nicht klar bestimmt gewesen seien, weil man die Dauer der Verhandlung in der Sache E. nicht habe absehen können.

Sachverhalt: Der Angeklagte ist von einer Hilfsstrafkammer verurteilt worden, deren Bildung der Landgerichtspräsident „für die Dauer der Bearbeitung und Verhandlung der Strafsache gegen E. angeordnet" hatte. Der vorsitzende Landgerichtsdirektor war vom Direktorium (§ 62 Abs. 2 S. 2 GVG), die beisitzenden Richter waren vom Präsidium des Landgerichts bestimmt. Das Präsidium hatte der Kammer auch die Geschäfte zugewiesen. Die Beschlüsse des Landgerichtspräsidenten, des Direktoriums und des Präsidiums sind sämtlich am 24. 10. 1966 ergangen. – Das Rechtsmittel war erfolglos.

Gründe:

1. Die Hilfsstrafkammer wurde gebildet, weil die ständige Strafkammer durch die Verhandlung einer bestimmten einzelnen Strafsache in Anspruch genommen war. Ihr Zweck war, die Überlastung der ständigen Strafkammer zu vermeiden und die ordnungsmäßige Bearbeitung der übrigen zum Geschäftsbereich dieser Kammer gehörenden Strafverfahren zu gewährleisten.

Für solche Hilfsstrafkammern, die aus dem gegebenen Anlaß für begrenzte Zeit errichtet werden, gelten dieselben Grundsätze, wie sie der Senat in BGHSt. 15, 217 für die Ferienkammern dargelegt hat. Sie gehören, wie diese, nicht zu den in § 60 GVG genannten Kammern, deren Zahl von der Justizverwaltung bestimmt wird und deren Einrichtung deshalb von einer vorgehenden Verwaltungsentscheidung abhängt. § 60 GVG ist die maßgebliche Vorschrift für den organisatorischen Aufbau der Landgerichte und bezieht sich dieser Bedeutung entsprechend nur auf die „institutionellen" Kammern des Landgerichts, das heißt die Kammern, die als dauernde Einrichtung vorgesehen sind und durch deren Errichtung oder Wegfall die Organisation des Gerichts geändert wird. Hilfskammern, die nur zur Bewältigung einer vorübergehenden besonderen Belastung errichtet werden, führen eine solche Änderung nicht herbei. Ihre Bildung läßt die Aufgaben und Interessen der Justizverwaltung unberührt; sie ist, nicht anders als die Übertragung bestimmter Geschäfte von einer ständigen auf eine andere ständige Kammer während des Geschäftsjahres, eine auf § 63 Abs. 2 GVG beruhende Maßnahme der Geschäftsverteilung und obliegt als solche nach § 64 Abs. 1 GVG allein dem Präsidium. Eine eigene selbständige Funktion bei Errichtung einer Hilfskammer kommt also dem Landgerichtspräsidenten nicht zu. Der Senat kann auch nicht anerkennen, daß der Landgerichtspräsident neben dem Präsidium befugt sei, die Errichtung einer Hilfskammer anzuordnen mit der Folge, daß das Präsidium nunmehr verpflichtet wäre, über Besetzung und Geschäftszuweisung zu beschließen.

Daß hier der Landgerichtspräsident gleichwohl eine Anordnung getroffen hat, ist aber ohne rechtliche Folgen. Durch seinen Beschluß vom 24. 10. 1966 hat das Präsidium des Landgerichts die ihm obliegende Aufgabe vollständig erfüllt. Erst durch diesen einheitlichen Akt der Geschäftsverteilung, durch den die Mitglieder der Kammer bestimmt und dieser die Geschäfte zugewiesen wurden, wurde die Hilfsstrafkammer konstituiert und zum gesetzlichen Richter berufen. Der Beschluß des Landgerichtspräsidenten vom selben

---

[1] „Ob und wie viele Ferienkammern gebildet werden sollen, hat nicht der Landgerichtspräsident, sondern das Präsidium zu bestimmen." (BGH Urt. v. 27. 10. 1960 – 2 StR 342/60).

Tag war für die Entscheidung des Präsidiums weder Voraussetzung noch hatte er – anders als dies bei Kammern im Sinne des § 60 GVG der Fall ist – die Wirkung, daß das Präsidium zur Bildung einer arbeitsfähigen Hilfskammer verpflichtet wurde. Der „Anordnung" des Landgerichtspräsidenten kann also nur die Bedeutung einer an das Präsidium gerichteten Anregung zuerkannt werden; darüber, ob es dieser Anregung Folge leisten und die Geschäftsverteilung entsprechend ändern wollte, hatte das Präsidium auf Grund selbständiger Prüfung eigenverantwortlich zu entscheiden (vgl. BGHSt. 3, 353 [354] [BGH Urt. v. 6. 1. 1953 – 2 StR 162/52; vgl. § 338 Nr. 1 erfolgreiche Rügen]). Das ist geschehen. Die Hilfsstrafkammer wir demnach ordnungsgemäß gebildet, das erkennende Gericht vorschriftsmäßig besetzt.

2. Das Präsidium hat in seinem Beschluß vom 24. 10. 1966 angeordnet, daß der Geschäftsbereich der „mit Wirkung vom 17. 11. 1966 für die Dauer der Bearbeitung und Verhandlung der Strafsache gegen E. gebildeten Hilfsstrafkammer" alle Geschäfte umfasse, „die im Präsidialbeschluß vom 15. 12. 1965 der 1. Strafkammer zugewiesen wurden, mit Ausnahme der Strafsache gegen E.". Der Geschäftsbereich der Hilfsstrafkammer war dadurch klar bestimmt: Ihr oblag vom 17. 11. 1966 an bis zum Tag der abschließenden Entscheidung in der Sache E. mit Ausnahme dieser Sache die Bearbeitung aller Strafverfahren, die in den normalen Geschäftsbereich der 1. Strafkammer fielen. Daß bei der Bildung der Hilfsstrafkammer der Tag der Urteilsverkündung oder sonstigen abschließenden Entscheidung in der Sache E. noch nicht feststand, ist unschädlich. Das Ende einer besonderen Belastung, die zur Bildung einer Hilfsstrafkammer führt, kann nur in seltenen Ausnahmefällen von vornherein auf einen bestimmten Kalendertag festgesetzt werden. Es genügt deshalb, um eine eindeutige zeitliche Abgrenzung zu schaffen, die Anordnung, daß das Ende der Tätigkeit der Hilfsstrafkammer mit einem sicher eintretenden, vom Willen einzelner unabhängigen Ereignis zusammenfalle. Diese Voraussetzung ist hier erfüllt.

36. Änderung der Geschäftsverteilung auf begrenzte Zeit zulässig (Anschluß an RGSt 20, 385, 387).

StPO § 338 Nr. 1; GVG §§ 63 II, 69 II – BGH Urt. v. 15. 6. 1967 – 1 StR 516/66 LG Schweinfurt (= BGHSt. 21, 250 = NJW 1967, 1622)

Die Revision rügt, Amtsgerichtsrat B., der wegen Geschäftsandrangs dem Landgericht zur gleichzeitigen Dienstleistung bis zum 30. 6. 1966 zugewiesen worden war, habe zur Zeit der Hauptverhandlung der erkennenden 1. Strafkammer nicht angehört.

Sachverhalt: Bei dem Landgericht waren 1966 zwei große Strafkammern und eine Jugendkammer gebildet. Der 1. großen Strafkammer oblagen alle Entscheidungen mit Ausnahme derjenigen in zurückverwiesenen Sachen oder in solchen Verfahren, in denen ihre Mitglieder nicht mitwirken konnten (§ 354 Abs. 2, § 23 Abs. 2 Satz 1 StPO) und die deshalb – zusammen mit einer weiteren Sonderaufgabe – der offensichtlich als sog. Auffangkammer gedachten 2. großen Strafkammer zugeteilt waren. Das Präsidium hatte Amtsgerichtsrat B. zunächst zum Mitglied der beiden große Strafkammern bestellt. Diese Entscheidung änderte es am 3. 1. 1966 ab und teilte ihn „für die Dauer der Erkrankung des Landgerichtsrats A." der 1. Zivilkammer zu. Am 1. 2. 1966 nahm Landgerichtsrat A. den Dienst wieder auf. Amtsgerichtsrat B. wirkte im Januar 1966 in der 1. Zivilkammer, danach in beiden großen Strafkammern und später ferner in der Jugendkammer mit, nachdem das Präsidium ihn am 15. 2. 1966 „auch" dieser zugeteilt hatte. – Das Rechtsmittel hatte war erfolglos.

Gründe:
1. ...

Die Rüge, die ganze Geschäftsverteilung des Landgerichts für 1966 sei bereits deshalb gesetzwidrig gewesen, weil Landgerichtsrat A. schon zu der Zeit, als sie beschlossen wurde, erkrankt gewesen und die 1. Zivilkammer daher von vornherein unzureichend besetzt worden sei, ist nicht in einer dem § 344 Abs. 2 Satz 2 StPO entsprechenden Form erhoben. Die Revision teilt nämlich nicht mit, aus welchen tatsächlichen Gründen zur Zeit der Beschlußfassung über die Geschäftsverteilung für 1966 bereits feststand, daß die Erkrankung des Landgerichtsrats A. noch längere, vorläufig nicht übersehbare Zeit andauern würde, und inwiefern die 1. Zivilkammer, der vier Richter angehörten, so unzureichend besetzt gewesen sei, daß sie auch unter Heranziehung der vorgesehenen Vertreter ihre Aufgaben überhaupt nicht hätte bewältigen können.

Die Einwendung, der Beschluß des Präsidiums vom 3. 1. 1966 über die anderweite Zuteilung des Amtsgerichtsrats B. sei nicht statthaft gewesen, kann der Revision nicht zum Erfolg verhelfen. Das Präsidium des Landgerichts hat auf Grund eines in einer Vorbemerkung zu dem beanstandeten Beschluß ausdrücklich erwähnten ärztlichen Zeugnisses vom 29. 12. 1965 seine ursprüngliche Entscheidung über die Verwendung des Amtsgerichtsrats B. gemäß § 63 Abs. 2 GVG geändert. Solch eine Neuregelung muß nicht, wie die Revision meint, stets für den ganzen Rest des Jahres getroffen werden. Das wäre hier zudem gar nicht möglich gewesen, weil Amtsgerichtsrat B. nur bis zum 30. 6. 1966 zur zusätzlichen Dienstleistung an das Landgericht ab geordnet war (vgl. ferner § 70 Abs. 2 GVG). Eine Änderung der Geschäftsverteilung nach § 63 Abs. 2 GVG darf auch in der Weise angeordnet werden, daß sie nur für die Dauer ihres Anlasses gilt und daß nach dessen Wegfall die ursprüngliche Geschäftsverteilung wieder von selbst maßgebend ist. Dabei muß freilich darauf geachtet werden, daß wegen der Bedeutung des durch die Verfassung geschützten Rechts auf den gesetzlichen Richter (Art. 101 Abs. 1 Satz 2 GG, § 16 GVG) Beginn und Ende der Abweichung von der zunächst vorgesehenen Geschäftsverteilung entweder ausdrücklich oder in einer eindeutig erkennbaren und nachprüfbaren Weise bestimmt werden. Diesen Erfordernissen hat der Beschluß des Präsidiums vom 3. 1. 1966 entsprochen. Nach ihm sollte Amtsgerichtsrat B. der 1. Zivilkammer nur „für die Dauer der Erkrankung des Landgerichtsrats A." angehören und nur für diese Zeit sollte eine Änderung in seiner Zugehörigkeit zu den beiden großen Strafkammern eintreten. Diese neue Regelung hat das Präsidium ausdrücklich sofort, also am 3. 1. 1966 beginnen lassen; ihr Ende hat es nicht kalendermäßig, aber durch den Wiedereintritt des Landgerichtsrats A. ausreichend deutlich und genau bestimmt, zumal dieses Ereignis in den Verwaltungsakten von dem Landgerichtspräsidenten festgestellt wurde. Dementsprechend nahm Amtsgerichtsrat B. nach der Rückkehr des Landgerichtsrats A. seinen Dienst in den beiden großen Strafkammern wieder auf, ohne ihnen vom Präsidium ausdrücklich neu zugeteilt worden zu sein. Solch eine neue Zuweisung war auch nach der Auffassung des Präsidiums nicht nötig. Das zeigt der Beschluß, den es am 15. 2. 1966 zu einer Zeit faßte, als dieser Richter der 1. Zivilkammer bereits über zwei Wochen nicht mehr angehörte. Es teilte ihn nun „auch" der – sonst ohnehin mit denselben Richtern wie die 1. Strafkammer besetzten – Jugendkammer zu. Bei dieser Entschließung ging das Präsidium also davon aus, daß Amtsgerichtsrat B. damals schon Mitglied der beiden großen Strafkammern war, denen es ihn von Anfang an zugeteilt hatte.

Dem Beschluß vom 3. 1. 1966 haftete allerdings eine gewisse Undeutlichkeit an. Aus ihm ging nämlich nicht klar hervor, ob Amtsgerichtsrat B. während der Erkrankung des Landgerichtsrats A. sowohl den beiden großen Strafkammern als auch der 1. Zivilkammer oder nur der letzteren angehören sollte. Darauf braucht hier jedoch nicht näher eingegangen zu werden; denn die Hauptverhandlung gegen den Beschwerdeführer hat erst lange nach der Rückkehr des Landgerichtsrat A. stattgefunden.

2. Der weiteren Rüge, der Vorsitzende habe entgegen § 69 Abs. 2 GVG nicht im voraus bestimmt, nach welchen Grundsätzen die Mitglieder der Strafkammer an den Verfahren mitwirkten, fehlt die tatsächliche Grundlage. Zutreffend geht die Revision davon aus, daß die Strafkammer vom Eintritt des Amtsgerichtsrats B. an mit einem Richter überbesetzt war und daß – jedenfalls – von diesem Zeitpunkt an für die Dauer seiner Zugehörigkeit

solch eine Anordnung nach § 69 Abs. 2 GVG unerläßlich war. Dieser Vorschrift hat der Vorsitzende nach seiner dienstlichen Äußerung vom 7. 11. 1966 durch die Bestimmung entsprochen, daß wochenweise wechselnd, in der Reihenfolge des Dienstalters, beginnend mit dem Dienstältesten ein Beisitzer aussetze. Diese Anordnung hat er allerdings nur mündlich gegeben. Das schadet hier jedoch nicht. § 69 Abs. 2 GVG schreibt für die Festlegung der angeführten Grundsätze keine bestimmte Form vor. Gleichwohl wird der Vorsitzende die Bestimmung zweckmäßigerweise schriftlich niederlegen, damit ihr Inhalt und ihre Beachtung jederzeit nachgeprüft werden können (vgl. BGHSt. 21, 174, 179 [BGH Urt. v. 4. 10. 1966 – 1 StR 282/66; vgl. § 338 Nr. 1 StPO erfolglose Rügen]) und damit auch Mißverständnisse vermieden werden (vgl. die unvollständige Auskunft der Geschäftsstelle vom 28. 7. 1966 an den Verteidiger). Die Schriftform kann jedoch ausnahmsweise entbehrlich sein, wenn es sich wie in vorliegenden Fall um eine verhältnismäßig einfache und übersichtliche Anordnung handelt, die sich auch auf andere Weise zuverlässig feststellen läßt. Der Inhalt der Anordnung des Vorsitzenden genügte den Erfordernissen des § 69 Abs. 2 GVG. Diese Vorschrift verlangt von dem Vorsitzenden nämlich nicht eine vorgeplante „Verteilung der Geschäfte" innerhalb der Kammer oder des Senats, wie sie der § 63 GVG von dem Präsidium hinsichtlich der dem Gericht obliegenden Aufgaben fordert, sondern läßt die Anordnung nur der Grundsätze genügen, nach welchen die Mitglieder des Spruchkörpers an den Verfahren mitwirken. Diese Beschränkung hat guten Grund: Die auf längere Zeit im voraus nicht übersehbaren tatsächlichen Gegebenheiten, insbesondere die Unterschiede im Umfang und in der Art der mit den verschiedenen Sachen verbundenen Arbeit und die Verhinderung einzelner Richter infolge früherer Befassung mit einem Verfahren, Krankheit, Urlaub oder anderer Ereignisse, wirken sich bei der Erledigung der einzelnen Geschäfte noch erheblich stärker auf den betroffenen Spruchkörper aus als bei der Verteilung der nach Erfahrungszahlen geschätzten Aufgabengruppen auf die gesamten Kammern oder Senate des Gerichts. Das hat zur Folge, daß der Vorsitzende die Geschäfte innerhalb einer Kammer oder eines Senats gar nicht auf längere Zeit im voraus verteilen kann, wenn er zugleich seiner weiteren Aufgabe gerecht werden will, darauf hinzuwirken, daß die Arbeit in dem Spruchkörper geordnet, stetig und sinnvoll abläuft und daß dabei auch den Besonderheiten jeder Sache Rechnung getragen wird. Der § 69 Abs. 2 GVG geht selbst bereits über das verfassungsrechtlich Gebotene hinaus (BVerfGE 18, 344, 351 f.). An die von ihm vorgeschriebenen Grundsätze sind nicht, wie die Revision meint, dieselben Anforderungen wie an die Geschäftsverteilung innerhalb des Gerichts zu stellen. Insbesondere braucht sich aus ihnen nicht zu ergeben, welcher Richter jeweils zum Berichterstatter bestimmt wird. Maßgebend für die Gestaltung der Grundsätze ist der Zweck des § 69 Abs. 2 GVG. Die Vorschrift will verhindern, daß der Vorsitzende die Richterbank nach persönlichem Belieben zusammensetzen und so möglicherweise die Entscheidung sachwidrig beeinflussen kann. Diesem Zweck genügt es, wenn der Vorsitzende eines mit einem Richter überbesetzten Spruchkörpers bestimmt, daß jeweils ein Richter während eines kalendermäßig bestimmten Zeitabschnitts im Sitzungsdienst aussetzt und in welcher Reihenfolge das geschieht. Daher war die Anordnung des Vorsitzenden der Strafkammer ausreichend, daß wochenweise wechselnd, in der Reihenfolge des Dienstalters, beginnend mit dem Dienstältesten ein Beisitzer aussetzen solle.

Nach der Aufstellung des Vorsitzenden vom 6. 2. 1967 ist diese Regelung in der erkennenden Strafkammer allerdings nicht immer genau eingehalten worden. Das hat der – von der Geschäftsstelle des Landgerichts zunächst nicht vollständig unterrichtete – Beschwerdeführer erst in der Verhandlung vor dem Senat gerügt. Ob das noch rechtzeitig geschehen ist, kann hier dahingestellt bleiben; denn die Rüge ist ohnehin unzulässig. Aus dem schon angeführten Zweck des § 69 Abs. 2 GVG ergibt sich nämlich, daß die Revision nur auf eine willkürliche oder auf eine sonst mißbräuchliche Nichteinhaltung der vom Vorsitzenden nach dieser Bestimmung aufgestellten Grundsätze gestützt werden kann. Daß hier der Vorsitzende von seiner Anordnung über die jeweilige Zusammensetzung der Strafkammer, insbesondere auch in dem vorliegenden Verfahren aus sachfremden Erwägungen abgewichen sei, behauptet die Revision jedoch nicht, wie der Verteidiger in der Verhandlung vor dem Senat ausdrücklich erklärt hat.

37. Landgerichtspräsident kann seine Verhinderung selbst feststellen.

StPO § 338 Nr.1; GVG § 66 – BGH Urt. v. 4. 10. 1966 – 1 StR 282/66 LG Heidelberg (= BGHSt. 21, 174 = NJW 1967, 637)

Die Revision rügt, daß nicht der ordentliche Vorsitzende der Strafkammer, Landgerichtspräsident Dr. K., sondern dessen Vertreter die Hauptverhandlung geleitet, nach dem der Präsident seine Verhinderung selbst festgestellt hat.

Sachverhalt: Die Hauptverhandlung hat nicht der ordentliche Vorsitzende der Strafkammer, Landgerichtspräsident Dr. K., sondern das gemäß § 66 Abs. 1 Halbsatz 1 GVG zu dessen regelmäßigem Vertreter bestellte Kammermitglied geleitet; Beisitzer waren zwei diesem Spruchkörper ebenfalls ständig angehörende Richter. Diese Besetzung halten die Beschwerdeführer für gesetzwidrig, weil der ordentliche Vorsitzende nicht verhindert gewesen sei. Dr. K., bisher Angehöriger eines anderen Gerichts, war mit Wirkung vom 1. 1. 1966 zum Präsidenten des Landgerichts bestellt worden. Dringende Verwaltungsgeschäfte, die sich unmittelbar nach der Übernahme des neuen Amtes häuften, verwehrten es ihm, den Vorsitz in der am 21. 1. 1966 beginnenden Hauptverhandlung zu führen, für die von vornherein zwei Verhandlungstage vorgesehen waren und die tatsächlich vier Tage dauerte. Deshalb hatte er deren Leitung seinem regelmäßigen Vertreter in der Strafkammer übertragen. – Das Rechtsmittel war erfolglos.

Gründe: Diese Handhabung unterliegt keinen durchgreifenden Bedenken.

Nach § 66 Abs. 1 GVG hat bei vorübergehender Verhinderung des ordentlichen Vorsitzenden einer Kammer sein Vertreter den Vorsitz zu führen. Ein Verhinderungsgrund in diesem Sinne ist nach ständiger Rechtsprechung auch die Geschäftsüberlastung des Richters (RGSt 62, 482; BGHSt. 12, 33, 36 [BGH Urt. v. 5. 8. 1958 – 5 StR 160/58; vgl. § 338 Nr. 1 StPO erfolgreiche Rügen]; BGH bei Dallinger MDR 1951, 539 zu GVG § 67). Für die Annahme solch einer Verhinderung macht es keinen Unterschied, ob die Überbeanspruchung durch die Häufung verschiedener Aufgaben allein der Rechtsprechung, sei es in demselben, sei es in mehreren (vgl. §§ 59 Abs. 2, 63 Abs. 1 Satz 2 GVG) Spruchkörpern, oder durch das Zusammentreffen von Rechtsprechungsaufgaben und anderen dem Richter übertragenen Obliegenheiten (vgl. §§ 4 Abs. 2, 40 bis 42 DRiG) verursacht wird. In der Regel wird keines der zusammentreffenden Geschäfte einen in sich selbst begründeten, unbedingten Vorrang haben (BGHSt. 18, 162 [BGH Urt. v. 4. 12. 1962 – 1 StR 425/62; vgl. § 338 Nr. 1 StPO erfolglose Rügen]). Die durch Überlastung verursachte Verhinderung eines Richters, eine bestimmte dienstliche Aufgabe zu bestimmter Zeit zu erfüllen, liegt daher im allgemeinen nicht offen zutage; sie ergibt sich vielmehr erst aus der Feststellung, welches Dienstgeschäft vorrangig ist und welches der Richter nicht gleichzeitig erledigen kann.

Diese Feststellung wirkt auf die Besetzung der Richterbank zurück; sie kann so von gewissem Einfluß auf die Rechtsprechung in einem oder mehreren Verfahren sein. Deshalb ist die Feststellung, daß ein in einem bestimmten Verfahren geschäftsplanmäßig zur Mitwirkung berufener Richter verhindert ist, eine Rechtspflegeaufgabe; sie muß von einem gerichtsverfassungsmäßig dafür vorgesehenen Rechtspflegeorgan getroffen werden (BGHSt. 12, 33, 35), und zwar sowohl dann, wenn die Überlastung durch eine Häufung allein von Rechtsprechungsaufgaben, als auch dann, wenn sie durch das Zusammentreffen solcher und anderer (vgl. § 4 Abs. 2 DRiG) Obliegenheiten verursacht wird. Welches Rechtspflegeorgan zu dieser Feststellung berufen ist, bestimmt das Gesetz nicht ausdrücklich. Die Lösung der Frage muß daher aus Sinn, Zweck und Zusammenhang der Vorschriften über die Besetzung der gerichtlichen Spruchkörper und über die Verteilung der Geschäfte auf sie entnommen werden.

Die Fälle sind verschieden. Manchmal berührt die Überlastung, sei es des Vorsitzenden, sei es eines Beisitzers allein den gerichtlichen Spruchkörper, dem sie angehören. Das ist zum Beispiel der Fall, wenn die Überbeanspruchung eines Richters ausschließlich durch die in seiner Kammer oder in seinem Senat anfallenden Rechtsprechungsaufgaben verursacht wird und wenn dieser Richter, soweit er dadurch verhindert ist, von einem anderen Mitglied desselben – in zulässiger Weise überbesetzten (BVerfGE 18, 344) – Spruchkörpers vertreten wird. Ob in solch einem Fall der Vorsitzende, dem allein das Gesetz die Verteilung der Geschäfte innerhalb des Spruchkörpers übertragen hat (§§ 69, 117, 131 GVG), des Zusammenhanges wegen berufen ist, die Verhinderung, auch die eigene, festzustellen, braucht der Senat nicht zu entscheiden; denn hier ist der Fall nicht so gelagert. Manchmal greift die Überbeanspruchung eines Richters aber über das Kollegium hinaus, dem er angehört, entweder weil sie nicht ausschließlich durch diesem Spruchkörper obliegende Rechtsprechungsaufgaben hervorgerufen wird oder weil sie die Hinzuziehung eines Vertreters aus einer anderen Kammer oder einem anderen Senat notwendig macht. In diesen Fällen läßt die ständige Rechtsprechung den Präsidenten des Gerichts nach pflichtgemäßem Ermessen entscheiden, welche Aufgaben der überlastete Richter, gleichgültig ob Vorsitzender oder Beisitzer, zu erledigen hat und welche gleichzeitig zu erfüllen er verhindert ist (BGHSt. 12, 33 und 113 [BGH Urt. v. 21. 10. 1958 – 5 StR 412/58; vgl. § 338 Nr. 1 StPO erfolgreiche Rügen]; BGHSt. 18, 162; BGH LM GVG § 83 Nr. 7).

Zu dieser Entscheidung ist der Präsident auch berufen, wenn wie hier das Zusammentreffen von Rechtsprechungsaufgaben und Verwaltungsgeschäften es ihm selbst zeitweilig nicht erlaubt, einzelne richterliche Dienstgeschäfte in dem Spruchkörper zu erledigen, dem er sich angeschlossen hat. In solch einem Fall befindet er über seine Verhinderung nicht als Kammer- oder Senatsvorsitzender, sondern als Präsident des Gerichts; denn nur in dieser Eigenschaft kann er zugleich über Bedeutung, Umfang und Dringlichkeit der Verwaltungsaufgaben urteilen. Er darf dabei über seine eigene Verhinderung entscheiden.

Im Schrifttum wird zwar die Ansicht vertreten, daß die Verhinderung des Landgerichtspräsidenten dann, wenn Zweifel bestünden oder eine Ermessensentscheidung zu treffen sei, von dem Oberlandesgerichtspräsidenten – (als Rechtspflege- oder Justizverwaltungsorgan?) – festzustellen sei. Diese Ansicht teilt der Senat nicht. Die vorgeschlagene Handhabung, die Entscheidung der ranghöheren Stelle zu übertragen, wäre zwar noch bei der Verhinderung des Landgerichtspräsidenten durchführbar. Sie versagt aber bei Verhinderung des Oberlandesgerichtspräsidenten, obwohl für diesen die §§ 62 bis 69 und 70 Abs. 1 GVG entsprechend gelten (§ 117 GVG); denn seine Gerichtsverwaltungsgeschäfte sind Landesdienst und als solcher einer Wertung durch den Präsidenten des im Rechtszug übergeordneten Bundesgerichtshofs nicht unterworfen. Ebenso könnte die Verhinderung des Präsidenten des Bundesgerichtshofs (§ 131 GVG), Aufgaben der Rechtsprechung wahrzunehmen, nicht etwa der Bundesjustizminister feststellen; denn er ist nicht Rechtspflegeorgan im Sinne der Gerichtsverfassung, sondern Regierungs- und Verwaltungsorgan. Ganz unklar ist, wie nach jener Meinung bei Verhinderung des Amtsgerichtspräsidenten zu verfahren wäre, dem in der Rechtspflege grundsätzlich das Landgericht übergeordnet ist, der aber in der Verwaltung dem Oberlandesgerichtspräsidenten untersteht. Außerdem verlagert diese Ansicht eine Rechtspflegeaufgabe aus dem Rechtszug, in dem sie entsteht und der mit dem Verfahren selbst befaßt ist, der also den Gegebenheiten am nächsten steht, unzweckmäßig in die höhere Instanz, die die Dinge aus der größeren Ferne meist nicht selbst überblicken kann und sich vielfach erst darüber unterrichten lassen muß. Verhinderungen eines Richters durch Amtsgeschäfte, insbesondere solche der Justizverwaltung, können jedoch überraschend auftreten, gerade auch bei Gerichtspräsidenten. Die Entscheidung über die Vertretung erfordert dann den sofortigen Entschluß. Rückfragen bei der höheren Behörde sind untunlich. Diese ist daher als Instanz zur Feststellung der Verhinderung des Landgerichtspräsidenten nicht geeignet.

Aus demselben Grund scheiden – außer möglicherweise in lange vorher überschaubaren Fällen – das Präsidium und die Gesamtheit der Direktoren aus. Ihnen fehlt auch die – jedenfalls in manchen Fällen der Geschäftsüberlastung, wie etwa hier – erforderliche Zuständigkeit in Verwaltungsfragen. Ebensowenig kommt der allgemeine Vertreter des Landgerichtspräsidenten (§ 66 Abs. 2 GVG) dafür in Betracht. Sollte nämlich der Landgerichtspräsident die eigene Verhinderung nicht feststellen dürfen, weil er selbst „beteiligt" ist, so dürfte auch sein Vertreter darüber nicht befinden; denn auch er wäre „beteiligt", weil er möglicherweise den Landgerichtspräsidenten zu vertreten hätte. Indessen ist der Gedanke, daß der Richter durch „Selbstbeteiligung" in Angelegenheiten der Gerichtsverfassung nicht ausgeschlossen wird, dem Gerichtsverfassungsgesetz nicht fremd. Vielmehr dürfen die „betroffenen" Richter vielfach mitwirken, zum Beispiel die Mitglieder des Präsidiums bei der Verteilung der Geschäfte und der Vertretungsregelung, die Direktoren und Senatspräsidenten auch bei der Verteilung des Vorsitzes (§§ 22a bisc, 62 ff., 117, 131 GVG). Dem Gerichtspräsidenten gestattet das Gesetz, selbst zu bestimmen, welcher Kammer oder welchem Senat er während des Geschäftsjahres vorsitzen will (§§ 22c Abs. 1 Satz 3, 62 Abs. 2 Satz 1, 117, 131 GVG). Ferner ermächtigt es ihn, bei Erschöpfung der vom Präsidium geregelten Vertretung einen zeitweiligen Vertreter als Beisitzer in einen Spruchkörper zu entsenden (§ 67 GVG). Die Rechtsprechung hat es stets zugelassen, daß der Landgerichtspräsident sich selbst zu einem solchen Vertreter bestimmt (RGSt 40, 436). Zugleich zeigen diese und andere Vorschriften, beispielsweise §§ 22c Abs. 3, 65, 77 Abs. 3, 87 GVG, daß das Gesetz dem Gerichtspräsidenten – augenscheinlich als Vorsitzendem des Präsidiums (§ 64 Abs. 2 GVG) – Rechtspflegeaufgaben anvertraut, die zwar im Verhältnis zu den dem Präsidium vorbehaltenen Geschäften an Bedeutung zurücktreten, aber ungleich gewichtiger sind als die Erklärung des Präsidenten, er sei durch dringende Verwaltungsgeschäfte unerwartet verhindert, in einem Einzelfall den Vorsitz zu führen. Hiernach ist es dem Landgerichtspräsidenten, dem – jedenfalls vielfach – ohnehin die Aufgabe zufällt, die Verhinderung eines Richters festzustellen, rechtlich nicht verwehrt, sich selbst an der Führung des Vorsitzes in einer Verhandlung für verhindert zu erklären. Diese Lösung entspricht vielmehr gerade sowohl dem Sinn, Zweck und Zusammenhang der Bestimmungen des Gerichtsverfassungsgesetzes über die Besetzung der Spruchkörper und über die Verteilung der Geschäfte auf sie als auch der Zweckmäßigkeit.

Eine solche Feststellung muß vor der Inangriffnahme der richterlichen Aufgabe getroffen werden, an der an Stelle des zuerst berufenen verhinderten Richters dessen Vertreter mitwirkt. Eine bestimmte Form ist dafür nicht vorgeschrieben. Wegen der Bedeutung, die dem durch die Verfassung geschützten Recht auf den gesetzlichen Richter zukommt (Art. 101 Abs. 1 Satz 2 GG), ist es jedoch erforderlich, daß die Verhinderung eines Richters, die nicht offenkundig ist, sondern von einer Ermessensentscheidung abhängt, „in einer für das Revisionsgericht rechtlich nachprüfbaren Form" festgestellt wird (BGHSt. 12, 33, 36). Es ist daher zweckmäßig, daß der Verhinderungsgrund schriftlich festgehalten wird, unerläßlich ist das aber nicht, wenn die Feststellung sonst in einer ausreichend sicheren Weise getroffen wird.

Hier war der Landgerichtspräsident durch Verwaltungsgeschäfte verhindert, an der mehrtägigen Hauptverhandlung gegen die Beschwerdeführer teilzunehmen. Das hat er vor deren Beginn mündlich festgestellt, indem er aus diesem Grund ihre Leitung seinem regelmäßigen Vertreter in der Strafkammer übertrug. Diese Maßnahme kann hier als rechtlich genügend nachprüfbare und ausreichende Feststellung der Verhinderung des ordentlichen Vorsitzenden angesehen werden, zumal die Gestaltung des Falles es beinahe offenkundig erscheinen läßt, daß der soeben ernannte Landgerichtspräsident damals nicht sofort alle ihm obliegenden – bei Antritt des Amtes eines Behördenleiters erfahrungsgemäß gehäuft anfallenden – Aufgaben gleichzeitig bewältigen konnte und daß die anstehenden Gerichtsverwaltungsgeschäfte zunächst besonders dringlich waren.

38. Bei Ausfall des Vorsitzenden in der Hauptverhandlung muß dessen Vertreter nicht der geschäftsplanmäßige Vertreter sein.

StPO § 338 Nr. 1; GVG §§ 66 I, 83, 192 II – BGH Urt. v. 11. 7. 1966 – 4 StR 1/66 Schwurgericht Essen (= BGHSt. 21, 108)

Die Revision rügt, daß das Schwurgericht nach dem krankheitsbedingten Ausscheiden des Vorsitzenden, Landgerichtsdirektor R., die Hauptverhandlung in der Besetzung mit Landgerichtsrat W., dem Berichterstatter und dienstälteren der beiden bisherigen Beisitzer, als neuem Vorsitzenden, Landgerichtsrat T., dem bisherigen Beisitzer, als neuem Berichterstatter, und Amtsgerichtsrat N., dem dienstältesten von ihnen und bisherigen Ergänzungsrichter, als weiterem richterlichen Beisitzer fortgesetzt hat. Nach Meinung der Revision hätte den Vorsitz nur der vor Beginn des Geschäftsjahres vom Präsidium des Oberlandesgerichts berufene Vertreter des Schwurgerichtsvorsitzenden übernehmen dürfen; das Verfahren des Schwurgerichts verstoße daher gegen die Garantie des gesetzlichen Richters.

Der Sachverhalt ergibt sich aus der Revisionsbegründung. – Das Rechtsmittel war erfolglos.

Gründe: Die Rüge ist schon im Ausgangspunkt verfehlt. Nach § 83 Abs. 2 GVG hat nicht das Präsidium des Oberlandesgerichts, sondern das Präsidium des Landgerichts den Stellvertreter des Schwurgerichtsvorsitzenden zu bestimmen. Das war hier geschehen, wie sich von dem Landgerichtspräsidenten im Revisionsrechtszug mitgeteilte Auszug aus dem Geschäftsverteilungsplan des Landgerichts Essen für das Geschäftsjahr 1964 ergibt.

Die Rüge ist aber auch insoweit unbegründet, als – unabhängig davon – geltend gemacht wird, die besondere Regelung, wie sie in § 83 GVG für das Schwurgericht getroffen sei, erfordere, daß bei jeder Verhinderung des Vorsitzenden, also auch bei dessen Ausfall während einer Hauptverhandlung, der bestellte Vertreter den Vorsitz übernehmen müsse. Das kann weder aus § 83 Abs. 2 GVG, der die Bestimmungen über die Bestellung des Vertreters des Vorsitzenden sowie der Beisitzer und deren Vertreter für das Schwurgericht enthält, noch aus § 66 Abs. 1 GVG entnommen werden, der die Vertretung des Strafkammervorsitzenden zum Gegenstand hat. Keine der beiden Vorschriften regelt den Fall der Fortsetzung einer einmal begonnenen Verhandlung bei Ausfall des Vorsitzenden. Insoweit kann daher von einer Sonderregelung des § 83 GVG gegenüber § 66 GVG keine Rede sein.

Für die Fortsetzung einer begonnenen Hauptverhandlung bei Ausfall eines Richters, und zwar auch des Vorsitzenden, gelten vielmehr die allgemein für die Zuziehung von Ergänzungsrichtern maßgeblichen Grundsätze. Danach kann eine Übernahme des Vorsitzes durch den nach § 83 Abs. 2 GVG bestellten Vertreter nicht in Betracht kommen, wenn dieser an der Verhandlung nicht als Richter mitgewirkt hat. Eine Hauptverhandlung darf im Hinblick auf die in § 226 StPO vorgeschriebene ununterbrochene Gegenwart der zur Urteilsfindung berufenen Personen nur mit Richtern fortgesetzt werden, die ihr in dieser Eigenschaft ständig beigewohnt haben. Zu ihnen rechnen auch die Ergänzungsrichter, deren Zuziehung gemäß § 192 Abs. 2 GVG bei einer länger dauernden Verhandlung angeordnet werden kann, mit der Folge, daß sie der Verhandlung beizuwohnen und bei Verhinderung eines Richters für ihn einzutreten haben. Fällt wie hier der Vorsitzende des Schwurgerichts während der Hauptverhandlung aus, so regelt sich seine Vertretung nach Eintritt des Ergänzungsrichters in gleicher Weise, wie es bei einem Vorsitzenden der Strafkammer der Fall wäre. Den Vorsitz übernimmt dann sein regelmäßiger Vertreter oder, falls ein solcher nicht bestellt oder an der Übernahme des Vorsitzes verhindert ist (z.B. weil er an der Hauptverhandlung bisher nicht teilgenommen hat), der nach Dienstalter, gegebenenfalls der nach Geburt älteste Beisitzer.

Hiergegen lassen sich entgegen der von der Revision vorgetragenen Auffassung Eb. Schmidts (vgl. Lehrkom. Rdz 8 zu § 192 GVG und Rdz 7 zu § 66 GVG) aus dem Gesichtspunkt der verfassungsmäßigen Garantie des gesetzlichen Richters keine Bedenken herleiten. Wie der Bundesgerichtshof schon wiederholt ausgesprochen hat (vgl. BGH LM Nr. 26 zu § 63 GVG; BGHSt. 21, 40 [BGH Urt. v. 18. 2. 1966 – 4 StR 637/65; vgl. § 338 Nr. 1 StPO erfolglose Rügen]), ist das Erfordernis des gesetzlichen Richters nicht die einzige Folge, die sich aus dem Verlangen nach Rechtssicherheit als einem Element der Rechtsstaatlichkeit ergibt. Das Bedürfnis nach reibungslosem Ablauf des Rechtsfindungsverfahrens (vgl. BVerfGE 2, 380, 403), nach rascher Justiz sowie nach bester und sorgfältigster Bearbeitung der einzelnen Sachen ist nicht minder dem rechtsstaatlichen Grundsatz verhaftet. Der Verwirklichung dieses Anliegens dienen, ähnlich wie die Vorschrift des § 67 GVG, die Bestimmungen des § 192 GVG.

Ebenso wie dort im Hinblick auf die zuvor näher umschriebenen Erfordernisse einer geordneten Rechtspflege bei Verhinderung des für die Mitwirkung an einer Hauptverhandlung an sich vorgesehenen, regelmäßigen Vertreters eines Richters das Gesetz eine Durchbrechung der aus dem Gedanken des Art. 101 Abs. 1 Satz 2 GG getroffenen gesetzlichen Regelung gestattet, läßt es in § 192 GVG eine Ausnahme für den Fall zu, daß während einer Hauptverhandlung die Verhinderung eines der an ihr beteiligten Richter eintritt. Daher müssen hier die gleichen Erwägungen Platz greifen, die den Senat veranlaßt haben, die Vorschrift des § 67 GVG als mit der verfassungsmäßigen Garantie des gesetzlichen Richters vereinbar anzusehen und zu behandeln (BGHSt. 21, 40). Diese Erwägungen rechtfertigen es, daß im Interesse der ununterbrochenen Durchführung des Verfahrens auch bei Ausfall des als Vorsitzenden tätigen Richters die an der Hauptverhandlung mitwirkenden Richter diese unter Zuziehung des Ergänzungsrichters fortsetzen, und zwar unabhängig davon, ob sich unter ihnen der gemäß § 66 GVG oder § 83 Abs. 2 GVG bestellte Vertreter des Vorsitzenden befindet oder nicht. Nur eine solche Regelung, die zugleich die Bedürfnisse der Rechtspflege nach sachgemäßer und rascher Beendigung länger dauernder Verhandlung beachtet, entspricht der recht verstandenen Garantie des gesetzlichen Richters.

Die Tatsache, daß hier nach dem Ausscheiden des Landgerichtsdirektors R. nicht Amtsgerichtsrat N. als dienstältester der drei Berufsrichter den Vorsitz übernommen hat, sondern der gegenüber N. dienstjüngere Landgerichtsrat W., vermag die Rüge nicht ordnungsmäßiger Besetzung des Schwurgerichts gleichfalls nicht zu rechtfertigen. Landgerichtsrat W. fiel der Vorsitz zu, weil Amtsgerichtsrat N. an der Führung der Verhandlung verhindert war. Zwar hatte er bis zum Ausfall des – ordentlichen – Vorsitzenden über einen Zeitraum von 2 1/2 Monaten hinweg der Hauptverhandlung als Ergänzungsrichter beigewohnt. Indessen war er mit dem Prozeßstoff nicht so vertraut und konnte sich bei dessen erheblichem Umfange auch nicht in kurzer Zeit so damit vertraut machen, daß er in der Lage war, die Verhandlung zu leiten, deren Fortführung nach Aufnahme seiner Tätigkeit als Mitglied des Schwurgerichts noch volle drei Monate in Anspruch genommen hat. Wegen dieser Verhinderung war der nach ihm dienstälteste Richter, also Landgerichtsrat W., zur Verhandlungsführung berufen, der den damit verbundenen Anforderungen auch gerecht werden konnte, weil er die hierfür erforderliche Aktenkenntnis besaß, die er in seiner Eigenschaft als – bisheriger – Berichterstatter erworben hatte (vgl. BGHSt. 21, 40).

39. Ein geschäftsplanmäßig berufener Stellvertreter des Strafkammervorsitzenden, der die Akten nicht kennt, ist an der Führung des Vorsitzes in dieser Sache tatsächlich verhindert und kann durch den nächsten Richter in der Vertreterkette ersetzt werden.

StPO § 338 Nr. 1; GVG §§ 66, 67 – BGH Urt. v. 18. 2. 1966 – 4 StR 637/65 LG Mönchengladbach (= BGHSt. 21, 40)

Die Revision rügt, die Strafkammer sei nicht ordnungsgemäß besetzt gewesen, weil den Vorsitz zu Unrecht Landgerichtsrat R. geführt habe, obwohl er weder der ordnungsgemäße Vorsitzende gewesen noch zu dessen gesetzmäßigen Stellvertreter berufen worden sei.

Auch sei kein Präsidialbeschluß über die Bestellung des Landgerichtsrats R. zum zeitweiligen Vertreter des ordentlichen Vorsitzenden ergangen.

Sachverhalt: Aufgrund des Geschäftsverteilungsplans des Landgerichts war die 2. große Strafkammer am Tag des Beginns der Hauptverhandlung gegen den Angeklagten mit Landgerichtsdirektor B. als Vorsitzendem, den Landgerichtsräten P. und J. sowie Gerichtsassessor R. als beisitzenden Richtern besetzt.

Landgerichtsdirektor B. und Landgerichtsrat P. waren an der Mitwirkung in der vorliegenden Strafsache durch Teilnahme an einer Sitzung des Schwurgerichts verhindert. Landgerichtsrat J., der den Vorsitz führen sollte, teilte unmittelbar vor Sitzungsbeginn mit, daß seine Tochter lebensgefährlich erkrankt sei und er sich auf Abruf bereithalten müsse; deshalb und wegen der hohen nervlichen Belastung könne er seine Dienstgeschäfte nicht wahrnehmen. Die Verhandlung gegen den Angeklagten fand daraufhin in der Besetzung mit Landgerichtsrat R. als Vorsitzendem sowie Landgerichtsrat S. und Gerichtsassessor R. als beisitzenden Richtern statt. Von ihnen gehörte nur Gerichtsassessor R. als ständiges Mitglied der erkennenden Strafkammer an. Landgerichtsrat S. war Mitglied der nach dem Geschäftsverteilungsplan zur regelmäßigen Vertretung der Mitglieder der erkennenden Strafkammer berufenen 1. großen Strafkammer. Der einzige weitere Beisitzer dieser Kammer, Landgerichtsrat D., war infolge Arbeitsüberlastung verhindert, in der vorliegenden Strafsache mitzuwirken, was der Landgerichtspräsident bereits festgestellt hatte. Somit konnte nur Landgerichtsrat P. durch einen regelmäßigen Vertreter (§ 63 Abs. 1 Satz 1 GVG), nämlich durch Landgerichtsrat S., vertreten werden. Deshalb bestellte der Landgerichtspräsident für Landgerichtsrat J. mit Verfügung vom 19. 5. 1965, in der er auch dessen Verhinderung feststellte, Landgerichtsrat R. gemäß § 67 GVG zum zeitweiligen Vertreter. – Das Rechtsmittel war erfolglos.

Gründe: Die Besetzung der Strafkammer mit Landgerichtsrat R., Landgerichtsrat S. und Gerichtsassessor R., die sich aus dem Geschäftsverteilungsplan (§ 63 GVG) und der Vertretungsanordnung des Landgerichtspräsidenten (§ 67 GVG) ergab, entsprach der verfassungsmäßigen Garantie des gesetzlichen Richters (Art. 101 Abs. 1 Satz 2 GG, § 16 Satz 2 GVG).

§ 66 Abs. 1 GVG sieht zwar bei Verhinderung des Vorsitzenden dessen Vertretung nur durch ständige Mitglieder der Kammer vor (BGHSt. 20, 61, 62 [BGH Urt. v. 13. 10. 1964 – 1 StR 312/64; vgl. § 338 Nr. 1 StPO erfolgreiche Rügen]). Dieser Grundsatz schließt aber nicht aus, daß auch ein anderes ordentliches Mitglied des Landgerichts den Vorsitz führen darf, wenn infolge Verhinderung sämtlicher ständigen, für eine Vertretung des Vorsitzenden gesetzlich in Betracht kommenden Mitglieder der Kammer der Vorsitzende aus deren Reihen nicht vertreten werden kann. Für einen solchen Fall hat der Bundesgerichtshof in NJW 1959, 1141 ausgesprochen, daß der Dienstälteste der von einer anderen Kammer bestellten regelmäßigen Vertreter den Vorsitz übernehmen kann. Zuvor hatte schon das Reichsgericht entschieden, daß auch ein gemäß § 67 GVG zeitweilig bestellter Vertreter den Vorsitz dann ausüben darf, wenn er dienstälter als der regelmäßige Vertreter ist (RG Urt. v. 11. 5. 1931 – II 216/31). Hier war allerdings ausweislich des „Handbuchs der Justiz 1964" Landgerichtsrat S. dienstälter als Landgerichtsrat R. Gleichwohl ist rechtlich nichts dagegen einzuwenden, daß dieser den Vorsitz geführt hat.

Wie der Landgerichtspräsident in seiner Verfügung vom 19. 5. 1965 – für das Revisionsgericht bindend – festgestellt hat, kannte Landgerichtsrat S. den Inhalt der umfangreichen Akten nicht und konnte sich auch unmittelbar vor Beginn der Verhandlung nicht mehr auf diese vorbereiten. Ihm durch deren Unterbrechung Gelegenheit zur Einarbeitung zu geben, war nicht möglich, weil er Berichterstatter einer umfangreichen anderen Strafsache war, die am 20. 5. 1965 vor der 1. großen Strafkammer verhandelt werden sollte. Er war infolgedessen an der Führung des Vorsitzes in dieser Sache tatsächlich verhindert; denn unter Verhinderung im Sinne des § 67 GVG ist jede rechtliche und tatsächliche Unmöglichkeit des Tätigwerdens eines Richters zu verstehen (RGSt 56, 63 mit weiteren Nachweisen). Sie liegt deshalb, weil die Leitung der Verhandlung die Kenntnis der Akten voraussetzt, auch darin, daß der Vorsitzende nicht in der Lage ist, sich mit dem Prozeßstoff ausreichend vertraut zu machen. Landgerichtsrat R., der früher einmal Berichterstatter in der Sache gewesen war, kannte die Akten.

Bei dieser Sachlage können Bedenken weder dagegen erhoben werden, daß der Landgerichtspräsident die Verhinderung des Landgerichtsrats S. in seiner Verfügung feststellte, noch dagegen, daß Landgerichtsrat R. nunmehr den Vorsitz übernahm. Das war eine notwendige Folge der tatsächlichen Verhinderung des Landgerichtsrats S. an dieser Tätigkeit; der Vorsitz fiel Landgerichtsrat R. nach § 66 Abs. 1 GVG, § 28 Abs. 2 DRiG ohne weiteres zu. Ein Beschluß des Präsidiums über die vertretungsweise Übernahme des Vorsitzes kam nicht in Betracht.

Bedenken gegen die Führung des Vorsitzes durch Landgerichtsrat R. lassen sich auch nicht aus dem Gesichtspunkt der verfassungsmäßigen Garantie des gesetzlichen Richters herleiten. Wie der Bundesgerichtshof in der Entscheidung BGH LM Nr. 26 zu § 63 GVG zur Geschäftsverteilung innerhalb eines Spruchkörpers des näheren dargelegt hat, braucht sich der gesetzliche Richter nicht unbedingt ohne jede zwischengeschaltete Ermessensentscheidung zu ergeben. Das Erfordernis des gesetzlichen Richters ist nicht die einzige Folge, die sich aus dem Verlangen nach Rechtssicherheit als einem Element der Rechtsstaatlichkeit ergibt. Das Bedürfnis nach reibungslosem Ablauf des Rechtsfindungsverfahrens (vgl. BVerfGE 2, 380, 403), nach rascher Justiz sowie bester und sorgfältigster Bearbeitung der einzelnen Sachen ist nicht minder dem rechtsstaatlichen Grundsatz verhaftet. Dieses Anliegen zu verwirklichen, dient die Bestimmung des § 67 GVG, die den im Gerichtsverfassungsgesetz verankerten Grundsatz der gerichtlichen Selbstverwaltung durch das Präsidium in den Fällen durchbricht, in denen bei unerwarteter Verhinderung alsbald eine Regelung für den Augenblick getroffen werden muß. Daher wird die verfassungsmäßige Garantie des gesetzlichen Richters nicht dadurch verletzt, daß in Ausnahmefällen die Vertretung des Vorsitzenden, die sich nach § 66 Abs. 1 GVG richtet, mittelbar durch eine vom Landgerichtspräsidenten als Rechtspflegeorgan nach § 67 GVG getroffene Vertretungsregelung beeinflußt werden kann.

Anders würde es allerdings sein, wenn eine solche Regelung willkürlich, insbesondere von sachfremden Erwägungen getragen wäre. Dafür ist hier jedoch kein Anhalt gegeben. Auch die Revision trägt in dieser Hinsicht nichts vor. Es handelte sich um ein umfangreiches Verfahren, das sich gegen acht Angeklagte richtete. Sechs von ihnen befanden sich in Haft. Gerade ihre Belange machten es notwendig, die Hauptverhandlung, für die mehrere Verhandlungstage vorgesehen waren, unverzüglich durchzuführen. Diesen Erfordernissen wurde die Vertretungsregelung des Landgerichtspräsidenten gerecht; denn sie ermöglichte es, daß trotz des plötzlichen Eintritts der Verhinderung des Landgerichtsrats J. die Verhandlung im Einklang mit den Bedürfnissen der Rechtspflege nach raschem Ablauf sowie nach bester und sorgfältigster Bearbeitung der Sache zum Abschluß gebracht werden konnte.

40. Auslosung eines Schöffen für Sitzungen einer kleinen und einer großen Strafkammer an einem Tag zulässig.

StPO § 338 Nr.1; GVG §§ 77, 78, 45 – BGH Urt. v. 1. 12. 1965 – 2 StR 434/65 LG Bremen (= BGHSt. 20, 296)

Die Revision rügt, die Strafkammer sei infolge vorschriftswidriger Heranziehung der Schöffen nicht ordnungsmäßig besetzt gewesen. Nach den Unterlagen über die Auslosung der Schöffen für das Geschäftsjahr 1965 seien diese für die große und die kleine Strafkammer in Bremerhaven zusammen ausgelost worden; darin liege ein Verstoß gegen die §§ 77, 45 GVG, da die Auslosung für jede Strafkammer gesondert vorzunehmen sei.

Sachverhalt: Ausweislich der im Revisionsrechtszuge herbeigeführten dienstlichen Äußerung des Landgerichtsdirektors Dr. S. hat dieser zwar in seiner Eigenschaft als Vorsitzender der für den Bezirk des Amtsgerichts Bremerhaven gebildeten großen und kleinen Strafkammer die Schöffen für beide Kammern zusammen ausgelost, weil für deren Sitzungen mit Rücksicht auf die unterschiedliche Stärke des Geschäftsanfalls dieselben Wochentage vom Präsidium festgesetzt worden waren. – Das Rechtsmittel war erfolglos.

Gründe: Diese Art der Auslosung steht nicht in Widerspruch zu den Bestimmungen der §§ 77, 45 GVG und begegnet nicht den Bedenken, welche die Revision aus der Entscheidung des OLG Hamm in NJW 1956, 1937 herleiten will. Darin ist allerdings u.a. gesagt, daß die Schöffen für jede einzelne Strafkammer gesondert ausgelost werden müßten, wenn beim Landgericht mehrere Strafkammern gebildet seien. Diese Wendung muß indessen in dem Zusammenhang, in dem sie gebracht ist, und nicht losgelöst von der Sachlage gesehen und verstanden werden, deren Beurteilung dem Oberlandesgericht oblag. Dort waren nämlich Schöffen, die zur Mitwirkung an den Sitzungen einer großen Strafkammer für einen bestimmten Wochentag ausgelost waren, ohne weiteres zu Sitzungen herangezogen worden, die eine kleine Strafkammer an demselben Wochentag abhielt, wenn dieser von der großen Strafkammer als Sitzungstag nicht benötigt wurde. An den Sitzungen der kleinen Strafkammer wurden also Schöffen beteiligt, die dafür gar nicht ausgelost waren. Allein dieser Umstand hat das Oberlandesgericht dazu veranlaßt auszusprechen, daß es erforderlich sei, die Auslosung der Schöffen für die einzelne Strafkammer vorzunehmen, weil es nicht genüge, Schöffen nur für einen bestimmten Sitzungstag auszulosen.

Ein solcher Mangel liegt im gegebenen Fall nicht vor. Hier sind die Schöffen nicht für die Sitzungstage als solche ausgelost worden, um dann nach Bedarf entweder bei der großen oder bei der kleinen Strafkammer eingesetzt zu werden. Sie sind vielmehr durch die Auslosung zur Mitwirkung in beiden Strafkammern berufen worden. Damit stand von vornherein fest, an welchen Sitzungen der großen und der kleinen Strafkammern sie teilzunehmen hatten. Daß diese Sitzungen zeitlich nacheinander für denselben Wochentag vorgesehen waren, die Schöffen also an einem Tage bei zwei Strafkammern mitwirkten, mag eine Besonderheit gegenüber der im allgemeinen üblichen Heranziehung von Schöffen zu Strafkammersitzungen sein. Das Gesetz verbietet aber nicht, daß ein Schöffe, der für zwei verschiedene Strafkammern ausgelost ist, an *einem* Tage bei beiden mitwirkt, falls sich das – wie hier – ermöglichen läßt.

41. Es ist zulässig, daß für eine kurze Übergangszeit ein von der Justizverwaltung erst zu ernennender Landgerichtsdirektor im voraus für das neue Geschäftsjahr zum ordentlichen Vorsitzenden bestellt wird.

StPO § 338 Nr. 1 – BVerfG Beschl. v. 30. 3. 1965 – 2 BvR 341/60 – (= BVerfGE 18, 423)

Die Beschwerdeführer rügen, die Bestellung eines der Person nach nicht bestimmten Richters zum Kammervorsitzenden für verfassungswidrig, weil sie der Justizverwaltung die Möglichkeit eröffne, auf die Besetzung einer Strafkammer Einfluß zu nehmen. Dieser Mangel werde nicht behoben, wenn während der Vakanz der ständige Vertreter des Vorsitzenden den Vorsitz führe.

Sachverhalt: In der Hauptverhandlung vor der 1. Großen Strafkammer, die am 26. und 29. 1. 1959 stattfand, führte Landgerichtsrat Dr. K. als geschäftsplanmäßiger regelmäßiger Vertreter des Kammervorsitzenden den Vorsitz. Nach dem Geschäftsverteilungsplan des Landgerichts Dortmund für das Geschäftsjahr 1959 vom 21. 11. 1958 war ständiger Vorsitzender der 1. Großen Strafkammer „derjenige Richter, welcher in die Landgerichtsdirektor-Stelle eingewiesen wird, die im Justizministerialblatt von Nordrhein-Westfalen 1958 Nr. 14 für das Landgericht Dortmund ausgeschrieben ist". Durch Erlaß des Justizministers des Landes Nordrhein-Westfalen vom 23. 1. 1959 wurde Landgerichtsrat M. unter Ernennung zum Landgerichtsdirektor mit Wirkung vom 1. 12. 1958 in die genannte Stelle eingewiesen. Die Ernennungsurkunde wurde ihm am 5. 2. 1959 ausgehändigt; damit wurden Ernennung und Einweisung wirksam. Am gleichen Tag übernahm er den Vorsitz in der 1. Großen Strafkammer.

Die Beschwerdeführer wurden am 29. 1. 1959 durch Urteil der 1. Großen Strafkammer des Landgerichts Dortmund wegen gemeinschaftlicher vorsätzlicher Steuerhinterziehung zu Geldstrafen von je 4200 DM verurteilt. Ihre Revision hat der Bundesgerichtshof am 6. 11. 1959 verworfen. – Die Verfassungsbeschwerde war erfolglos.

Gründe:

1. Gesetzlicher Richter im Sinn des Art. 101 Abs. 1 Satz 2 GG ist zwar nicht nur das Gericht als organisatorische Einheit oder das erkennende Gericht als Spruchkörper, sondern sind auch die zur Entscheidung im Einzelfall berufenen Richter. Die Geschäftsverteilungspläne der Kollegialgerichte, die der Bestimmung des gesetzlichen Richters dienen, müssen daher von vornherein so eindeutig wie möglich festlegen, welche Spruchkörper und welche Richter zur Entscheidung des Einzelfalles berufen sind (BVerfGE 17, 294 [298 f.]; 18, 65 [69]; Beschl. v. 3. 2. 1965 – 2 BvR 166/64 –). Die Normen, aus denen sich der gesetzliche Richter ergibt, müssen überdies so geartet sein, daß sachfremden Eingriffen, sei es der Exekutive, der Legislative oder eines Gerichts, vorgebeugt wird (BVerfGE 3, 359 [364]; 9, 223 [226 f.]).

Nach diesen Grundsätzen ist die Besetzung der 1. Großen Strafkammer des Landgerichts Dortmund in der Hauptverhandlung vom 26. und 29. 1. 1959 verfassungsrechtlich nicht zu beanstanden. Dem in Art. 101 Abs. 1 Satz 2 GG enthaltenen Gebot, daß der zur Entscheidung im Einzelfall berufene Richter sich so genau wie möglich aus einer generellen Regelung ergeben muß, war durch den Geschäftsverteilungsplan in hinreichender Weise Rechnung getragen.

Es verstieß nicht gegen Art. 101 Abs. 1 Satz 2 GG, daß für eine kurze Übergangszeit ein von der Justizverwaltung erst zu ernennender Landgerichtsdirektor im voraus für das neue Geschäftsjahr zum ordentlichen Vorsitzenden und daß ein Landgerichtsrat – Landgerichtsrat Dr. K. – zu dessen regelmäßigem Vertreter bestellt wurde. Es war klar ersichtlich, daß bis zur Ernennung und zum Amtsantritt des neuen Landgerichtsdirektors der Landgerichtsrat Dr. K. als regelmäßiger Vertreter des ordentlichen Vorsitzenden den Vorsitz führen werde.

Die Ungewißheit, wann dieser Zustand durch Ernennung des neuen Landgerichtsdirektors ein Ende finden werde, war nicht größer als in den Fällen einer Verhinderung des ordentlichen Vorsitzenden durch Krankheit, anderweitige Abhaltung oder Ausscheiden, und sie war praktisch unvermeidbar. Auch wenn das Präsidium des Landgerichts eine andere Übergangsregelung getroffen, z.B. den Vorsitz dem Vorsitzenden einer anderen Kammer vorübergehend übertragen hätte, wäre die Ungewißheit über die Dauer dieses Zustands gleich groß geblieben, da dessen Ende eben von der Ernennung des neuen Landgerichtsdirektors durch die Justizverwaltung abhing. Eine solche sich aus der Sache ergebende und unvermeidbare Ungewißheit über die Person des gesetzlichen Richters muß hingenommen werden.

Der Geschäftsverteilungsplan war auch so ausgestaltet, daß sachfremde Eingriffe, insbesondere der Justizverwaltung, nicht ernsthaft zu befürchten waren. Zwar hatte die Justizverwaltung es in der Hand, durch Ernennung des neuen Landgerichtsdirektors zu einem bestimmten Zeitpunkt den Übergangszustand zu beenden und damit im Ergebnis zu bewirken, daß der regelmäßige Vertreter – von Fällen normaler Verhinderung des ordentlichen Vorsitzenden abgesehen – nicht mehr den Vorsitz in der Kammer führen konnte. Aber auch bei jeder anderen Übergangsregelung, die das Präsidium des Landgerichts sinnvollerweise hätte treffen können, hätte der regelmäßige Vertreter des ordentlichen Vorsitzenden bei dessen Verhinderung den Vorsitz in der Kammer geführt, und die Vertretung hätte erst mit der Ernennung des neuen Landgerichtsdirektors ihr Ende gefunden. Es liegen keine Anhaltspunkte dafür vor, daß die Möglichkeit sachfremder Eingriffe der Justizverwaltung in die geschäftsplanmäßige Zuständigkeit des Landgerichtsrats Dr. K. ernstlich bestanden hat. Die abstrakte Möglichkeit eines Mißbrauchs macht eine Anordnung des Geschäftsverteilungsplans noch nicht verfassungswidrig (BVerfGE 9, 223 [230]).

Der im Geschäftsverteilungsplan als regelmäßiger Vertreter des Vorsitzenden bestellte Landgerichtsrat Dr. K. war in der Hauptverhandlung vom 26. und 29. 1. 1959 gesetzlicher Richter. Er war gemäß § 66 Abs. 1 GVG „bei Verhinderung des ordentlichen Vorsitzenden" zum Vorsitz in der Kammer berufen. Der Bundesgerichtshof hat in dem angefochtenen Revisionsurteil (BGHSt. 14, 11 [BGH Urt. v. 6. 11. 1959 – 4 StR 376/59; vgl. § 338 Nr. 1 StPO erfolglose Rügen]) einen Fall der Verhinderung angenommen, da es sich nur um einen vorübergehenden Zustand gehandelt habe. In den Urteilsgründen hat er ausgeführt, die Sachlage während der Übergangszeit bis zur Besetzung einer neugeschaffenen Landgerichtsdirektorenstelle sei nicht anders zu beurteilen, als wenn der ordnungsgemäß bestimmte Kammervorsitzende durch Tod, Abordnung oder Versetzung in den Ruhestand ausgeschieden und – vorübergehend – noch kein Nachfolger ernannt sei; auch in diesen Fällen sei ein Kammervorsitzender nicht vorhanden; da unter Verhinderung im Sinne des § 66 Abs. 1 GVG jede vorübergehende tatsächliche oder rechtliche Unmöglichkeit, den Vorsitz zu führen, zu verstehen sei, müsse in allen diesen Fällen – in Fortführung der Rechtsprechung des Reichsgerichts und des Bundesgerichtshofs – gleichmäßig eine Verhinderung des ordentlichen Vorsitzenden angenommen werden. Diese Auslegung des § 66 Abs. 1 GVG verstößt nicht gegen Vorschriften des Grundgesetzes. ...

42. Überbesetzung einer Strafkammer nur dann verfassungswidrig, wenn die Zahl der Mitglieder eines Spruchkörpers es gestattet, daß sie in zwei personell voneinander verschiedenen Sitzgruppen Recht sprechen, oder wenn der Vorsitzende drei Spruchkörper mit je verschiedenen Beisitzern bilden kann.

StPO § 338 Nr. 1 – BVerfG Beschl. v. 3. 2. 1965 – 2 BvR 166/64 (= BVerfGE 18, 344 = NJW 1965, 1219)

Der Beschwerdeführer wendet sich gegen den Beschluß des Bundesgerichtshofs vom 18. 2. 1964 und das Urteil der Großen Strafkammer des Landgerichts Rottweil vom 24. 10. 1963. Er rügt die Verletzung des in Art. 101 Abs. 1 Satz 2 GG verbürgten Rechts auf den gesetzlichen Richter.

Die Große Strafkammer des Landgerichts Rottweil sei mit einem Landgerichtsdirektor als Vorsitzendem und vier Landgerichtsräten als Beisitzern verfassungswidrig überbesetzt gewesen. Der Kammer eines Landgerichts dürften nur so viele Richter zugewiesen werden, als zur Erledigung der laufenden Aufgaben des Spruchkörpers erforderlich seien.

Es seien keine Anhaltspunkte für die Notwendigkeit einer Überbesetzung der Strafkammer vorhanden. Die Überbesetzung verstoße daher gegen Art. 101 Abs. 1 Satz 2 GG.

Diese Vorschrift sei aber auf jeden Fall deshalb verletzt, weil die beisitzenden Richter des erkennenden Gerichts vom Vorsitzenden nicht nach einem Plan, sondern nach seinem Ermessen bestellt worden seien.

Sachverhalt: Der Beschwerdeführer wurde durch Urteil der Großen Strafkammer des Landgerichts Rottweil vom 24. 10. 1963 wegen eines fortgesetzten Verbrechens der Unzucht mit Abhängigen, teilweise begangen in Tateinheit mit einem Verbrechen der Unzucht mit Kindern, zur Zuchthausstrafe von zwei Jahren und sechs Monaten verurteilt.

Nach dem Geschäftsverteilungsplan des Landgerichts Rottweil, der zur Zeit der Verurteilung des Beschwerdeführers galt, war die einzige beim Landgericht Rottweil gebildete Große Strafkammer wie folgt besetzt:

Vorsitzender:
1.Stellvertreter:
2.Stellvertreter:
Beisitzer:
Landgerichtsdirektor H.
Landgerichtsrat St.
Landgerichtsrat Dr. F.
Landgerichtsrat St.
Landgerichtsrat W.
Landgerichtsrat Dr. F. und
Landgerichtsrat L.

An der Hauptverhandlung gegen den Beschwerdeführer nahmen Landgerichtsdirektor H. als Vorsitzender und die Landgerichtsräte Dr. F. und L. als Beisitzer teil.

Mit der gegen seine Verurteilung eingelegten Revision rügte der Beschwerdeführer u.a. Verletzung des formellen Rechts durch nicht vorschriftsmäßige Besetzung der Großen Strafkammer des Landgerichts Rottweil.

Die Überbesetzung eines Spruchkörpers sei nur zulässig, wenn sie im Hinblick auf die anfallende Geschäftslast geboten sei. Auch dürften die Beisitzer zu den einzelnen Verhandlungen nicht nach dem Ermessen des Vorsitzenden, sondern müßten nach einem im voraus festgelegten Plan herangezogen werden.

Der Strafkammervorsitzende hat im Revisionsverfahren eine dienstliche Erklärung folgenden Inhalts abgegeben:

„Für die Aufteilung der Referate unter den Mitgliedern der Strafkammer besteht kein bestimmter Schlüssel nach Buchstaben, Zahlen oder Gerichtsbezirken. Die Referate werden so verteilt, daß eine gleichmäßige Belastung der Referenten eintritt."

Der Bundesgerichtshof verwarf mit Beschluß vom 18. 2. 1964, dem Verteidiger des Beschwerdeführers zugestellt am 21. 2. 1964, die Revision gemäß § 349 Abs. 2 StPO als offensichtlich unbegründet. – Die Verfassungsbeschwerde war erfolglos.

Gründe: Der Geschäftsverteilungsplan des Landgerichts Rottweil für das Geschäftsjahr 1963 hatte der Strafkammer des Gerichts einen Landgerichtsdirektor als Vorsitzenden und vier Landgerichtsräte als beisitzende Richter zugeteilt. Das war mit Art. 101 Abs. 1 Satz 2 GG vereinbar.

I.

1. Gesetzlicher Richter im Sinne des Art. 101 Abs. 1 Satz 2 GG ist nicht nur das Gericht als organisatorische Einheit oder das erkennende Gericht als Spruchkörper, vor dem verhandelt und von dem die Einzelsache entschieden wird, sondern sind auch die zur Entscheidung im Einzelfall berufenen Richter. Aus dem Zweck dieser Vorschrift folgt, daß die Regelungen, die der Bestimmung des gesetzlichen Richters dienen, von vornherein so eindeutig wie möglich bestimmen müssen, welches Gericht, welcher Spruchkörper und welche Richter zur Entscheidung des Einzelfalles berufen sind. Zu diesen Regelungen gehört auch der im Gerichtsverfassungsgesetz vorgesehene Geschäftsverteilungsplan, der bei den Kollegialgerichten durch das Präsidium der Gerichte in richterlicher Unabhängigkeit jährlich für jedes folgende Jahr aufzustellen ist. Auch für ihn gilt, daß er die zur Entscheidung der anhängig werdenden Verfahren berufenen Richter so eindeutig und genau wie möglich bestimmen muß. Die Einschränkung „so genau wie möglich" ist nötig, weil die Zahl der Spruchkörper, die Zahl der Richter, der Umfang der Geschäftslast, die Leistungsfähigkeit der Richter nicht gleichbleibt, weil außerdem dem Fall des Ausscheidens, der Krankheit, der Verhinderung, des Urlaubs und des Wechsels eines oder mehrerer Richter Rechnung getragen werden muß (BVerfGE 17, 294 [298] [BVerfG Beschl. v. 24. 3.

1964 – 2 BvR 42, 83, 89/63; vgl. § 338 Nr. 1 StPO erfolgreiche Rügen]). Diese Umstände rechtfertigen auch eine begrenzte Überbesetzung der Kammern und Senate.

2. Der Überbesetzung sind allerdings verfassungsrechtliche Schranken gesetzt. Eine Überbesetzung, die in vermeidbarer Weise die Möglichkeit zum willkürlichen Manipulieren bietet, ist verfassungswidrig, ohne daß es im Einzelfall darauf ankäme, ob Willkür vorliegt. Das ist jedenfalls dann der Fall, wenn die Zahl der Mitglieder eines Spruchkörpers es gestattet, daß sie in zwei personell voneinander verschiedenen Sitzgruppen Recht sprechen, oder wenn der Vorsitzende drei Spruchkörper mit je verschiedenen Beisitzern bilden kann (BVerfGE 17, 294 [301]; 18, 65 [70] [BVerfG Beschl. v. 2. 6. 1964 – 2 BvR 498/62; vgl. § 338 Nr. 1 StPO erfolgreiche Rügen]).

Ist eine Überbesetzung unvermeidbar, um eine geordnete Rechtsprechung zu gewährleisten, so ist sie mit Art. 101 Abs. 1 Satz 2 GG grundsätzlich vereinbar, wenn die oben bezeichnete Schranke – Unzulässigkeit einer Überbesetzung, die der Kammer oder dem Senat eine Rechtsprechung in zwei Sitzgruppen gestattet – eingehalten ist. Das Gerichtspräsidium hat darüber zu entscheiden, ob eine Überbesetzung unvermeidbar ist. Es kennt den Gerichtsbezirk, vermag die vermutlich anfallende Arbeitslast abzuschätzen und kann die Richter mit ihren verschiedenen Fähigkeiten beurteilen. Seine Entscheidung kann vom Bundesverfassungsgericht nur darauf nachgeprüft werden, ob es den Begriff der Unvermeidbarkeit verkannt und dadurch die Möglichkeit des Manipulierens eröffnet hat oder ob es eindeutig sachfremd entschieden und dadurch selbst manipuliert hat. Bejaht das Präsidium eines Landgerichts die Unvermeidbarkeit der Überbesetzung einer Kammer, so ist es grundsätzlich unbedenklich, wenn ihr durch den Geschäftsverteilungsplan ein oder allenfalls zwei Mitglieder über die gesetzlich vorgeschriebene Richterzahl hinaus zugeteilt werden. In diesem Fall verstößt die Überbesetzung einer Straf- oder Zivilkammer des Landgerichts mit einem Vorsitzenden und vier beisitzenden Richtern nicht gegen Art. 101 Abs. 1 Satz 2 GG.

3. Der Geschäftsverteilungsplan des Landgerichts Rottweil für das Geschäftsjahr 1963 war mit den dargelegten Grundsätzen vereinbar. Es sind keine Anhaltspunkte dafür ersichtlich, daß das Gerichtspräsidium die Unvermeidbarkeit der Überbesetzung der Strafkammer zu Unrecht bejaht hätte oder willkürlich verfahren wäre.

II.

Der Beschwerdeführer ist auch nicht dadurch seinem „gesetzlichen" Richter entzogen worden, daß der Vorsitzende der Strafkammer des Landgerichts Rottweil die richterlichen Mitglieder nach seinem Ermessen und nicht nach einem vorher festgelegten Plan zur Hauptverhandlung beigezogen hat. Aus Art. 101 Abs. 1 Satz 2 GG läßt sich kein Gebot des Inhalts herleiten, der Vorsitzende einer Kammer oder eines Senats habe vor Beginn des Geschäftsjahres zu bestimmen, welche Mitglieder seines Kollegiums bei den einzelnen richterlichen Geschäften mitwirken.

1. Das Grundgesetz knüpft dadurch, daß es der Vorschrift des § 16 GVG in wörtlicher Übereinstimmung mit Art. 105 WRV den Rang eines Verfassungsrechtssatzes verlieh, an die Rechtstradition vergangener Jahrzehnte an. Art. 101 Abs. 1 Satz 2 GG fordert, daß die Prozeßgesetze und die in ihnen ermächtigten Stellen durch Aufstellung des Geschäftsverteilungsplanes die Zuständigkeit der einzelnen Spruchkörper und durch die Berufung ihrer Mitglieder zur Mitwirkung in den einzelnen Verfahren die Zusammensetzung des erkennenden Gerichts näher bestimmen. Es genügt also, daß der zur Entscheidung eines Einzelfalles berufene Richter seine allgemeine Zuständigkeit aus dem Gesetz und aus dem Geschäftsverteilungsplan ableitet und daß seine Berufung zum erkennenden Richter in Einklang mit den generellen Regelungen erfolgt.

2. Bei den Landgerichten wird der Geschäftsverteilungsplan auf Grund der gesetzlichen Ermächtigung der §§ 63, 64 GVG aufgestellt. Die Heranziehung der richterlichen Mitglie-

der zur Mitwirkung bei den einzelnen Sachen durch den Vorsitzenden ist in der zur Zeit noch geltenden Fassung des § 69 GVG geregelt. Diese Vorschrift lautet:

Innerhalb der Kammer verteilt der Vorsitzende die Geschäfte auf die Mitglieder. Diese Aufgabe obliegt ihm, gleichgültig ob die Kammer nur aus der gesetzlichen Mitgliederzahl besteht oder ob sie in verfassungsgemäßer Weise überbesetzt ist. Er trägt die Verantwortung für den ordnungsgemäßen Geschäftsablauf in seiner Kammer, insbesondere für die rechtzeitige und sachgemäße Erledigung der anfallenden Geschäfte. Das allein kann der Sinn „des richtungweisenden Einflusses des Vorsitzenden auf die Rechtsprechung seines Senates" sein, von dem der Bundesgerichtshof in seiner Stellungnahme spricht. Die Rechtsordnung geht also davon aus, daß auch bei einem überbesetzten Spruchkörper der Vorsitzende befugt ist, die Rechtsprechungsaufgaben unter die einzelnen Mitglieder seines Kollegiums zu verteilen. Er handelt dabei in richterlicher Unabhängigkeit.

Dem Sinn und dem Zweck des Art. 101 Abs. 1 Satz 2 GG ist somit genügt, wenn im Einzelfall der gesetzliche Richter sich so eindeutig wie möglich aus einer allgemeinen Regelung ergibt und er unter Ausschluß von sachfremden Einflüssen bestimmt wird. Der Tendenz der Vorschrift entspricht es aber durchaus, wenn der Gesetzgeber über das verfassungsrechtlich Gebotene hinausgeht. Das ist mit der Einführung des § 69 Abs. 2 GVG in der Fassung des Gesetzes zur Änderung der Strafprozeßordnung und des Gerichtsverfassungsgesetzes vom 19. 12. 1964 (BGBl. I S. 1067) geschehen.

3. Gesetzlicher Richter im Sinne des Art. 101 Abs. 1 Satz 2 GG sind demnach sowohl das durch die Prozeßgesetze für zuständig erklärte Gericht als auch die in gesetzmäßiger Weise durch den Geschäftsverteilungsplan bestimmten Kammern und Senate, von denen eine Sache entschieden wird. Bei Kollegialgerichten ist der einzelne Richter „gesetzlicher Richter" insofern, als er auf Grund gesetzlicher Vorschriften dem sachlich zuständigen Spruchkörper durch einen gültigen Geschäftsverteilungsplan zugeteilt und im einzelnen Verfahren vom Vorsitzenden zur Mitwirkung berufen worden ist. Das verfassungsrechtliche Erfordernis der Bestimmtheit des Richters ist somit erfüllt, wenn sich die Entscheidungsbefugnis des Richters im konkreten Fall aus der generellen Zuständigkeitsordnung der Prozeßgesetze, aus der Geschäftsverteilung und aus der Berufung durch den Vorsitzenden ergibt.

43. Es kommt dabei, ob ein Richter ständiges Mitglied einer Kammer oder nur Vertreter ist, nicht auf den Wortsinn des Geschäftsverteilungsplans, sondern darauf, an welchen Sinn das Präsidium dem Plan beilegen wollte und wie er tatsächlich gehandhabt wurde.

StPO § 338 Nr. 1 – BGH Urt. v. 5. 1. 1964 – 1 StR 506/64 LG München (= NJW 1965, 875)

Die Revision rügt, daß die Strafkammer nach dem zur Zeit der Entscheidung gültigen Geschäftsverteilungsplan mit einem Landgerichts-Direktor als Vorsitzenden und fünf weiteren Richtern als Beisitzern überbesetzt gewesen sei.

Sachverhalt: Der im Geschäftsverteilungsplan aufgeführte Landgerichts-Rat S. war der Kammer in Wahrheit nicht als Mitglied, sondern nur als Vertreter zugeteilt. Zu Sitzungen der Kammer wurde er nach Fühlungnahme des Vorsitzenden mit dem Vorsitzenden einer anderen Strafkammer, deren ständiges Mitglied Landgerichts-Rat S. war, jeweils nur dann herangezogen, wenn die Kammer wegen Verhinderung eines Teils ihrer Mitglieder nicht mehr beschlußfähig gewesen wäre.

Anlaß zu dieser Regelung war, daß nach dem Geschäftsverteilungsplan für das Jahr 1964 nicht nur zwei Mitglieder der Kammer dem Schwurgericht als Beisitzer angehörten, sondern daß außerdem auch der Vorsitzende der Kammer mit dem Vorsitz des Schwurgerichts betraut war. Infolgedessen wären während der Schwurgerichtstagung ohne die Zuteilung des Landgerichts-Rats S. nur zwei Richter für Sitzungen der Strafkammern übriggeblieben, die Kammer also nicht mehr beschlußfähig gewesen. – Das Rechtsmittel war erfolglos.

Gründe:

I.

1. ...

Darin läge in der Tat ein Verstoß gegen Art. 101 Abs. 1 Satz 2 GG, wenn alle fünf Beisitzer als ordentliche und ständige Mitglieder der Kammer anzusehen wären; denn die Kammer könnte dann in zwei personell verschiedenen Spruchkörpern Recht sprechen. Das wäre, wie das BVerfG entschieden hat (NJW 64, 1020 [BVerfG Beschl. v. 24. 3. 1964 – 2 BvR 42, 83, 89/63 = BVerfGE 17, 294; vgl. § 338 Nr. 1 StPO erfolgreiche Rügen] und 1667 [BVerfG Beschl. v. 2. 6. 1964 – 2 BvR 498/62 = BVerfGE 18, 65; vgl. § 338 Nr. 1 StPO erfolgreiche Rügen]), eine verfassungsrechtlich nicht mehr zulässige Überbesetzung der Strafkammer.

Das Präsidium war selbstverständlich nicht gehindert, für diesen Fall Vorsorge zu treffen und durch Bestimmung eines benannten Vertreters sicherzustellen, daß die Strafkammer auch während der Schwurgerichtstagung beschlußfähig blieb. Dazu bestand hier um so mehr Anlaß, als die Strafkammer zugleich Jugendkammer war und das Präsidium daher allen Grund hatte, für den Fall, daß einmal ein Vertreter in dieser Kammer mitwirken mußte, einen Richter zu bestimmen, der alle Voraussetzungen für diese besondere Aufgabe mitbrachte. Das Präsidium hätte auch ohne einen solchen besonderen Anlaß den Vertretungsfall so regeln können, daß es einen namentlich genannten Richter als Vertreter einsetzte. Zu bemängeln ist freilich, daß die Vertretereigenschaft des Landgerichts-Rats S. im Geschäftsverteilungsplan nicht deutlich kenntlich gemacht und infolgedessen der Anschein erweckt wurde, als gehöre er der Strafkammer als ständiges Mitglied an, das auch dann zu Sitzungen herangezogen werden könne, wenn dies nicht zur Behebung einer sonst vorhandenen Beschlußunfähigkeit der Kammer erforderlich war.

Da dies jedoch, wie die dienstlichen Äußerungen zur Überzeugung des Senats ergeben, weder tatsächlich in irgendeinem Falle geschehen ist, noch auch nach dem Sinn, der der Zuteilung des Landgerichts-Rats S. bei der Beschlußfassung über die Geschäftsverteilung beigelegt wurde, überhaupt hätte geschehen dürfen, war Landgerichts-Rat S. nicht als Mitglied der Kammer anzusehen, sondern nur als namentlich benannter Vertreter; aus diesem Grunde ist keine verfassungswidrige Überbesetzung der Kammer gegeben. Der Senat hat auch sonst anerkannt, daß es für die Frage, ob ein Richter ständiges Mitglied einer Kammer oder nur Vertreter ist, nicht auf den Wortsinn des Geschäftsverteilungsplans, sondern darauf ankommt, welchen Sinn das Präsidium dem Plan beilegen wollte und wie er infolgedessen tatsächlich gehandhabt wurde (BGHSt. 20, 61 [BGH Urt. v. 13. 10. 1964 – 1 StR 312/64; vgl. § 338 Nr. 1 StPO erfolgreiche Rügen]). Der Senat ist auch weiterhin der Meinung, daß die Frage, ob in dem erörterten Sinne ein Richter Mitglied einer Kammer ist oder nur als Vertreter gelten kann, grundsätzlich unter Berücksichtigung aller Umstände des Falles einheitlich beantwortet werden kann. Es geht insbesondere nicht an, einen Richter unter dem Gesichtspunkt, ob er den Vorsitzenden vertreten darf, nicht als ständiges Mitglied der Kammer anzusehen, sondern nur als Vertreter, ihn aber für die Frage, ob eine Kammer verfahrens- und verfassungsrechtlich überbesetzt sei, als ständiges Mitglied zu behandeln.

2. Einen weiteren Verstoß gegen Art. 101 Abs. 1 Satz 2 GG sieht die Revision darin, daß es für die überbesetzte Kammer an einer internen Geschäftsverteilung gefehlt und der Vorsitzende infolgedessen nach seinem sachlichen Ermessen die bei der einzelnen Sache jeweils mitwirkenden Richter bestimmt habe.

Der Senat vermag dieser Auffassung nicht zu folgen. Er hat es vielmehr ebenso wie die anderen Senate des BGH im Anschluß an die Praxis des RG (vgl. insbesondere RGZ 115, 157) stets für zulässig gehalten, daß der Vorsitzende auch im Falle einer – verfahrens- und verfassungsrechtlich noch zulässigen – Überbesetzung des Spruchkörpers die Geschäfte innerhalb des Kollegiums gem. § 69 GVG nach seinem pflichtgemäßen Ermessen verteilt, ohne dabei an einen im voraus festgelegten innerkollegialen Verteilungsplan gebunden zu sein. Daran ist bis zu anderweiter gesetzlicher Regelung festzuhalten.

Gerade bei der Großen Strafkammer ist offenkundig, daß eine durch einen starren Plan festgelegte Verteilung der anfallenden Sachen unter die mehreren Mitglieder des Kollegiums auch ohne die in jedem Falle eine solche Planung fraglich machenden Umstände wie Erkrankungen, Beurlaubungen und andere Fälle außergewöhnlicher Behinderung schon durch die nächste Sache von größerer Verhandlungsdauer umgestoßen würde. Eine auch nur einigermaßen gleichmäßige, der Leistungsfähigkeit der einzelnen Richter angepaßte Verteilung des Geschäftsanfalls und zugleich seine Bewältigung in angemessener Zeit ist nur erreichbar, wenn dem Vorsitzenden die Möglichkeit bleibt, den verschiedenen, im einzelnen unvorhersehbaren Zufällen und Wechselfällen, die im Laufe eines Geschäftsjahres eintreten, mit sachgerechten Ermessensentscheidungen zu begegnen. Der Senat kann auch nicht anerkennen, daß sich der gesetzliche Richter in dem Sinne, daß sich tunlichst ohne jede zwischengeschaltete Ermessensentscheidung ergeben müsse, welcher Richter mit der Entscheidung einer Rechtssache zu befassen sei, schon aus dem recht verstandenen Gedanken der Rechtsstaatlichkeit, insbesondere aus dem Gedanken der Rechtssicherheit ergebe. Es ist vor allem zu bedenken, daß das Erfordernis des gesetzlichen Richters nicht die einzige Folge ist, die sich aus dem Verlangen nach Rechtssicherheit als einem Element der Rechtsstaatlichkeit ergibt. Das Bedürfnis nach reibungslosem Ablauf des Rechtsfindungsverfahrens (vgl. BVerfGE 2, 380, 403 = NJW 53, 1137), nach rascher Justiz sowie bester und sorgfältigster Bearbeitung der einzelnen Sachen ist nicht minder dem rechtsstaatlichen Grundsatz verhaftet. Diese Anliegen würden notleiden, wenn der Grundsatz des gesetzlichen Richters so zu verstehen wäre, daß das von § 69 GVG dem Vorsitzenden zugebilligte pflichtmäßige Ermessen etwa einem von der Geschäftsstelle bedienten und damit auch beeinflußbaren Automatismus weichen sollte, der sich überdies kaum mit der vom Grundgesetz betonten Bedeutung des richterlichen Amtes vertrüge. ...

44. Ergänzungsschöffe wird bei Wegfall des Hauptschöffen automatisch Richter (zum Teil gegen RGSt 61, 307).

StPO § 338 Nr. 1; GVG §§ 49, 192 – BGH Urt. v. 20. 3. 1963 – 2 StR 577/62 LG Bonn (= BGHSt. 18, 349 = NJW 1963, 1511 = JZ 1963, 766)

Die Revision rügt, daß der Vorsitzende den als Ergänzungsschöffen einberufenen Hilfsschöffen V. nicht als Ersatzschöffen für den ausgeschiedenen Hauptschöffen hätte bestellen dürfen; denn im Zeitpunkt des Wegfalls des Hauptschöffen Br. sei V. nach der Hilfsschöffenliste nicht mehr an der Reihe gewesen, da inzwischen mehrere ihm in der Liste folgende Hilfsschöffen zu anderen Dienstleistungen herangezogen worden waren.

Außerdem sei als Ersatz für Br. wirksam schon der Hilfsschöffe Wo. bestimmt gewesen. V. hätte bei der Urteilsfindung nur mitwirken dürfen, wenn einer der nunmehr bestimmten Schöffen D. und Wo. während der Hauptverhandlung weggefallen wäre. Im übrigen sei auch eine Verfügung des Vorsitzenden, daß die Einberufung des V. als Ergänzungsschöffe rückgängig gemacht werde, nicht getroffen worden.

Sachverhalt: Der Vorsitzende der Strafkammer ordnete bei der Terminsanberaumung wegen der voraussichtlichen Dauer der Hauptverhandlung die Zuziehung eines Ergänzungsschöffen an. Als Hauptschöffen wurden berufen die Schöffen D. und B., als Ergänzungsschöffe der in der Hilfsschöffenliste zunächst anstehende Hilfsschöffe V. Der Schöffe B. schied wegen Befangenheit aus, worauf der Vorsitzende der Strafkammer an seine Stelle den Hilfsschöffen Wo., der nach der Liste an der Reihe war, einberufen ließ. Vor Eintritt in die Hauptverhandlung eröffnete er den erschienenen Hilfsschöffen, daß V. nicht als Ergänzungsschöffe, sondern an Stelle des ausgeschiedenen Hauptschöffen Br. eintreten müsse, Wo. dagegen als Ergänzungsschöffe an der Verhandlung teilzunehmen habe. – Das Rechtsmittel war erfolglos.

Gründe: Nach § 192 Abs. 2, 3 GVG kann der Vorsitzende bei Verhandlungen von längerer Dauer die Zuziehung von Ergänzungsschöffen anordnen, die der Verhandlung beizuwohnen und im Falle der Verhinderung eines Hauptschöffen für ihn einzutreten haben. Der Ergänzungsschöffe ist nach den §§ 49, 77 GVG aus der Zahl der Hilfsschöffen nach der Reihenfolge der Schöffenliste zu berufen. Zweifellos sollte damit in erster Linie der Gefahr vorgebeugt werden, bei Ausfall eines Schöffen während der Verhandlung diese in einer neuen Besetzung vollständig wiederholen zu müssen. Dem Wortlaut des Gesetzes ist aber nicht zu entnehmen, daß es den Eintritt des Ergänzungsschöffen hierauf beschränken und ihn bei Wegfall eines Hauptschöffen vor Beginn der Hauptverhandlung nicht zulassen will.

Es entspricht vielmehr dem Sinn der gesetzlichen Regelung des § 49 GVG, daß auch in diesem Falle der Ergänzungsschöffe einzutreten hat. Um den Grundsatz des gesetzlichen Richters (§ 16 GVG, Art. 101 Abs. 1 Satz 2 GG) auch bei der Berufung der Schöffen zu verwirklichen, bestimmt § 49 GVG, daß, abgesehen von der Ausnahme nach Absatz 2, an Stelle eines für eine Sitzung ausfallenden Hauptschöffen der nach der Reihenfolge der Schöffenliste zunächst heranstehende Hilfsschöffe zuzuziehen ist. § 192 GVG weicht von dieser Regelung nicht ab, sondern fügt sich in sie ein. Indem die Zuziehung eines Hilfsschöffen auch für den Fall der möglichen Verhinderung eines Hauptschöffen zugelassen wird, bestimmt sich die Auswahl dieses Hilfsschöffen gemäß § 49 GVG nicht nach dem Zeitpunkt der tatsächlichen Verhinderung, sondern nach dem Zeitpunkt der Einberufung auf Anordnung des Vorsitzenden. Zugleich wird damit endgültig festgelegt, daß der einmal als Ergänzungsschöffe zugezogene Hilfsschöffe stets als Ersatz für einen ausfallenden Hauptschöffen heranzuziehen ist, gleichgültig, ob der Verhinderungsgrund während der Hauptverhandlung oder vor deren Beginn eintritt. Die vom Gesetz gewollte Klarheit über den Ersatz eines ausfallenden Hauptschöffen ist so am besten gewährleistet. Für Geschworene hat nach § 84 GVG dasselbe zu gelten.

Diese Auffassung hat schon das Reichsgericht in seiner Entscheidung in RGSt 61, 307 vertreten, indem es bei Wegfall eines Geschworenen vor Beginn der Sitzung die Ersetzung durch den Ergänzungsgeschworenen für rechtmäßig erklärte. Allerdings kann der Begründung dieses Urteils insoweit nicht gefolgt werden, als das Reichsgericht darauf abgestellt hat, daß der Vorsitzende die Anordnung über die Zuziehung eines Ergänzungsgeschworenen zurückgenommen hatte. Danach würde es nämlich von einer im Ermessen des Vorsitzenden liegenden Anordnung abhängen, wer im Einzelfall Ersatzschöffe für den ausfallenden Hauptschöffen sein soll. Der Vorsitzende hätte es durch Zurücknahme oder Aufrechterhaltung seiner Anordnung über die Zuziehung eines Ergänzungsschöffen in der Hand, zu bestimmen, ob der Ergänzungsschöffe als Ersatzschöffe einzutreten hat oder ob er Ergänzungsschöffe bleiben muß und der nach der Liste heranstehende Hilfsschöffe einzuberufen ist. Gerade die Möglichkeit einer solchen Auswahl will aber das Gesetz verhindern, um willkürlichen Einfluß auf die Besetzung des erkennenden Gerichts auszuschalten (BGHSt. 5, 73 [BGH Urt. v. 3. 11. 1953 – 5 StR 333/53; vgl. § 338 Nr. 1 StPO erfolgreiche Rügen]). Es kann daher keine Bedeutung haben, ob und wann der Vorsitzende die Anordnung über die Zuziehung eines Ergänzungsschöffen aufhebt. Entscheidend ist allein, daß der Ergänzungsschöffe bei seiner Einberufung nach der Schöffenliste als Hilfsschöffe an der Reihe war. Infolgedessen ist es auch unerheblich, ob der Vorsitzende der Strafkammer in einer schriftlichen Verfügung die Einberufung des Hilfsschöffen V. als Ergänzungsschöffen rückgängig gemacht hat.

Das Gericht war nach allem ordnungsgemäß besetzt.

45. Verhinderung eines Richters bestimmt der Landgerichtspräsident nach pflichtgemäßem Ermessen (Anschluß an BGHSt. 8, 240[1]).

StPO § 338 Nr. 1; GVG §§ 63, 83 – BGH Urt. v. 4. 12. 1962 – 1 StR 425/62 Schwurgericht München II (= BGHSt. 18, 162 = NJW 1963, 1260)

Die Revision rügt, die Teilnahme des dem Schwurgericht angehörenden Landgerichtsrats P. an einer Berufungsverhandlung vor der 1. großen Strafkammer sei keine echte Verhinderung gewesen, weil Schwurgerichtssachen vorgehen. Darüber hinaus habe die Verhandlung des Schwurgerichts für die Dauer der Teilnahme des Landgerichtsrats P. an den Sitzungen der 1. großen Strafkammer unterbrochen werden können, so daß dieser nicht daran gehindert gewesen wäre, auch als Richter des Schwurgerichts tätig zu werden.

Sachverhalt: Der Landgerichtspräsident (§ 83 Abs. 2 GVG a.F.) hatte zu richterlichen Mitgliedern des Schwurgerichts die Landgerichtsräte W. und P., zum Vertreter des Landgerichtsrats P. den Amtsgerichtsrat K. vom Amtsgericht E. und zum Stellvertreter eines etwa verhinderten Richtervertreters den Landgerichtsrat J. bestimmt. Dieser hat in der Hauptverhandlung mitgewirkt.

Landgerichtsrat P. war nach Feststellung des Landgerichtspräsidenten verhindert, an der Hauptverhandlung gegen die Angeklagte teilzunehmen; er war in einer gleichzeitig stattfindenden, schon länger verzögerten Berufungsverhandlung vor der 1. Strafkammer, der er nach dem Geschäftsplan angehörte, als Berichterstatter unentbehrlich. – Das Rechtsmittel war erfolglos.

Gründe:

a) Schwurgerichtssachen haben keinen unbedingten Vorrang vor den übrigen Aufgaben der Rechtsprechung; dergleichen ist in der Entscheidung BGHSt. 8, 240, 243, auf die sich die Revision beruft, nicht ausgesprochen. Kein Gesetz bestimmt, daß Geschäfte eines Strafgerichts höherer Ordnung solchen eines Gerichts niederer Ordnung stets vorgehen. Vielmehr ist, wenn verschiedene dienstliche Aufgaben zeitlich zusammentreffen, jeweils zu prüfen, von welcher Aufgabe der Richter befreit werden muß, damit er die andere, ihm ebenfalls obliegende erledigen kann. Das hat der Landgerichtspräsident richtig erkannt. Aus Rechtsgründen ist es nicht zu beanstanden, daß er im abwägenden Für und Wider den Landgerichtsrat P. als Berichterstatter in der schon länger hinausgeschobenen, auch aus Besetzungsgründen notleidenden, nach der Person des Angeklagten, der Art der Anklagevorwürfe und der (zweitägigen) Dauer der Verhandlung ebenfalls bedeutsamen Strafkammersache für unabkömmlich und an der Mitwirkung in der Schwurgerichtssitzung gegen die Angeklagte für verhindert erklärte (ebenso RG HRR 1931, 1615 zum Verhältnis von Schwurgericht und Zivilkammer; BGH Urt. v. 13. 5. 1960 – 4 StR 5/60 – zum Verhältnis von Strafkammer und Jugendrichter).

Die Schwurgerichtsverhandlung war auf den 25. 4. 1962 und die folgenden Tage, die Strafkammersache auf den 26. und 27. 4. 1962 angesetzt. Die Revision meint, mithin sei Landgerichtsrat P. allenfalls an diesen beiden Tagen verhindert gewesen, möglicherweise auch nur für Stunden, so daß die Schwurgerichtsverhandlung auf diese Dauer ohne Schwierigkeiten habe unterbrochen werden können. Eine solche Ansicht verkennt, daß der Richter für die Vorbereitung der Verhandlung und der Berichterstatter außerdem Zeit dafür benötigt, das Urteil abzusetzen; auch läßt sich der vorausbedachte und in Gang gesetzte Plan

---

[1] „Das Schwurgericht ist nicht vorschriftsmäßig besetzt, wenn der Landgerichtspräsident mit Rücksicht auf die Geschäfts- und Personallage es bewußt unterlassen hat, die richterlichen Mitglieder und ihre Vertreter für das ganze Geschäftsjahr im voraus zu ernennen, vielmehr erst bei der Festsetzung der ersten Tagung die richterlichen Beisitzer nur für sie bestellt." (BGH Urt. v. 15. 11. 1955 – 5 StR 408/55).

für den Ablauf einer auf längere Dauer berechneten Verhandlung nicht umstoßen, ohne daß neue, andere Schwierigkeiten für die Rechtspflege auftreten.

b) Entgegen der Meinung der Revision ist ferner der als erster Stellvertreter des Landgerichtsrats P. berufene Amtsgerichtsrat K. nicht gesetzwidrig übergangen worden. Dieser Richter war durch Erlaß des B. Staatsministeriums der Justiz zunächst für die Zeit vom 1. 1. 1962 bis zum 31. 3. sodann bis zum 31. 5. 1962 an das Amtsgericht M. abgeordnet worden, das zum Bezirk des Landgerichts M. I gehört.

Er war daher, wie es dem Sinn einer Abordnung entspricht, auf ihre Dauer nur für Dienstgeschäfte im Bereiche des Landgerichts M. I, jedoch nicht des Landgerichts M. II verfügbar. Er war mithin an der Mitwirkung in der Schwurgerichtssitzung gegen die Angeklagte tatsächlich verhindert – gleichviel, welchem Landgericht er dienstrechtlich zugehörte. Unerheblich ist es, daß der Landgerichtspräsident die Verhinderung dieses Richters nicht ausdrücklich feststellte; dessen bedarf es bei klar zu Tage liegender Verhinderung nicht (vgl. BGHSt. 12, 33, 35 [BGH Urt. v. 5. 8. 1958 – 5 StR 160/58; vgl. § 338 Nr. 1 StPO erfolgreiche Rügen]). Keine Rede kann davon sein, daß die Justizverwaltung durch einen unzulässigen Eingriff in die richterliche Unabhängigkeit die Angeklagte dem gesetzlichen Richter entzogen hätte: Amtsgerichtsrat K. war mit seinem Einverständnis abgeordnet worden.

c) Unter Berufung auf das Urteil des IV. Zivilsenats in BGHZ 16, 254 macht die Revision geltend, der Landgerichtspräsident habe an Stelle des Amtsgerichtsrats K. spätestens nach Verlängerung seiner Abordnung einen anderen ersten Stellvertreter bestimmen müssen; dieser wäre dann, vor Landgerichtsrat J., zur Teilnahme an der Schwurgerichtsverhandlung gegen die Angeklagte berufen gewesen. Auch dieser Angriff geht fehl. Die erwähnte Entscheidung betrifft den Fall einer Abordnung in einen anderen Geschäftsbereich auf unbestimmte Zeit, aber nicht den hier zutreffenden Fall zeitlich begrenzter Abordnung und zweifelsfrei vorübergehender Verhinderung. Außerdem ist die Verhinderung des ordentlichen Vorsitzenden eines ständig tagenden Spruchkörpers, den die Entscheidung behandelt, offenbar anders anzusehen als die Verhinderung des Vertreters eines Beisitzers im Schwurgericht, das nur zeitweise zusammentritt. Die Vorausbestimmung mehrerer Stellvertreter dient ferner gerade dem Zweck, nachträgliche Vertreterbestellungen zu vermeiden, hieran etwa anzuknüpfenden Verfahrensrügen (vgl. BGHSt. 8, 240, 242) vorzubeugen und die gesetzliche Gerichtsbesetzung zu sichern. Landgerichtsrat P. sollte zunächst durch Amtsgerichtsrat K., bei dessen Ausfall durch Landgerichtsrat J. vertreten werden. Dieser war, da beide Vorgänger ausschieden, gesetzlich zur Mitwirkung in der Schwurgerichtsverhandlung gegen die Angeklagte berufen; das Schwurgericht war somit ordnungsmäßig besetzt.

46. Richter dürfen während der Schlußplädoyers Gefangenenpost zensieren.

StPO § 338 Nr. 1 – BGH Urt. v. 7. 9. 1962 – 4 StR 229/62 LG Dortmund (= NJW 1962, 2212)

Die Revision rügt, die in der Hauptverhandlung des Landgerichts mitwirkenden Richter hätten es in zweifacher Hinsicht während der Verhandlung an der gebotenen Aufmerksamkeit fehlen lassen. Der Vorsitzende, der Landgerichts-Direktor Dr. A., habe sich während der Schlußausführungen des Verteidigers etwa fünf Minuten lang angeregt mit dem beisitzenden Ass. Dr. K. über einen Brief unterhalten. Der zweite Beisitzer, der Landgerichtsrat Ka., habe ebenfalls während der Schlußausführungen des Verteidigers für die Dauer von mindestens 15 Minuten „insgesamt sieben Briefe irgendwelcher Untersuchungsgefangener zensiert".

Sachverhalt: Nach dienstlichen Äußerungen des Landgerichts-Direktors Dr. A. und des Landgerichtsrats Ka. trifft es zwar zu, daß der Vorsitzende mit dem Assessor. Dr. K. und auch mit Landgerichtsrat Ka. während der Ausführungen des Verteidigers einmal über die Sache des Angeklagten und gerade auch über die Ausführungen des Verteidigers gesprochen hat. In ihren dienstlichen Äußerungen haben die Richter auch ausdrücklich erklärt, daß ihnen durch diese kurze Besprechung nichts von den Ausführungen des Verteidigers entgangen sei. Der Landgerichtsrat Ka. hat der Behauptung des Verteidigers nicht widersprochen, daß er etwa 15 Minuten lang während der Schlußausführungen des Verteidigers mehrere Gefangenenbriefe zur Zensur durchgesehen habe. – Das Rechtsmittel war erfolglos.

Gründe:

a) ... Damit ist aber noch nicht dargetan, daß sie sich dadurch außerstande gesetzt hätten, den Ausführungen des Verteidigers zu folgen. In ihren dienstlichen Äußerungen haben die Richter auch ausdrücklich erklärt, daß ihnen durch diese kurze Besprechung nichts von den Ausführungen des Verteidigers entgangen sei. Das ist nach der Erfahrung nicht zu widerlegen. In diesem Punkte ist also der behauptete Verfahrensverstoß nicht mit Sicherheit erwiesen.

b) ... In der Rspr. des BGH ist zwar anerkannt, daß es noch keinen Verfahrensverstoß bildet, wenn es einer der in der Hauptverhandlung mitwirkenden Richter einmal für kurze Zeit an der gebotenen Aufmerksamkeit fehlen läßt (vgl. BGHSt. 2, 14 [BGH Urt. v. 23. 11. 1951 – 2 StR 491/51; vgl. § 338 Nr. 1 StPO erfolglose Rügen]; MDR 56, 398 bei DALLINGER[1]). Es muß jedoch grundsätzlich als Verstoß gegen die Anwesenheitspflicht (§ 338 Ziff. 1 StPO) und gegen § 261 StPO angesehen werden, daß sich einer der mitwirkenden Richter, zumal der Berichterstatter, während eines so wichtigen Verhandlungsabschnitts wie den Schlußausführungen des Verteidigers durch eine mit der Verhandlung der Sache nicht in Zusammenhang stehende Tätigkeit selbst ablenkt und dadurch seine Fähigkeit beeinträchtigt, die Verhandlung in allen ihren wesentlichen Teilen zuverlässig in sich aufzunehmen und richtig zu würdigen. Im vorliegenden Fall ist jedoch zu berücksichtigen, daß das Zensieren von Gefangenenbriefen regelmäßig keine besonderen Anforderungen an die Verstandestätigkeit und die Aufmerksamkeit eines Richters stellt. Der Richter muß nur feststellen, ob der Gefangene in dem Brief auf seine eigene oder eine andere schwebende Strafsache eingeht, ob er irgendwelche anstößigen Bemerkungen macht u. dgl. Erfahrungsgemäß können viele Richter diese Tätigkeit – anders als etwa das Lesen von Entscheidungen, das Durchsehen eines Urt Entwurfs – nebenbei ausüben, so daß sie den gleichzeitig gemachten Ausführungen anderer Verfahrensbeteiligter noch folgen können. Deswegen kann der Versicherung des Landgerichtsrats Ka. in seiner dienstlichen Äußerung geglaubt werden, er habe den Ausführungen des Verteidigers trotz der Durchsicht der Gefangenenbriefe seine Aufmerksamkeit widmen können.

Die Verfahrensrüge kann daher nicht zur Aufhebung des angefochtenen Urteils führen.

47. Verhinderung durch Belastung in nachträglich angesetzten Strafsachen möglich.

StPO § 338 Nr. 1; GVG § 66 – BGH Urt. v. 3. 2. 1961 – 4 StR 424/60 LG Bielefeld (= BGHSt. 15, 390)

Die Revision rügt, der ordentliche Vorsitzende der Strafkammer sei im Rechtssinn nicht verhindert gewesen, den Vorsitz zu führen; ein Vertretungsfall habe daher nicht vorgelegen; das Gericht sei deshalb nicht vorschriftsmäßig besetzt gewesen.

Sachverhalt: In der vorliegenden Sache war zunächst Termin zur Hauptverhandlung auf den 27. 5. 1960 festgesetzt. Landgerichtsdirektor Dr. H. hatte die Möglichkeit, sich in je-

---

1 „Eine unvorschriftsmäßige Besetzung des Gerichts liegt vor, wenn ein Richter vom Schlaf so übermannt wird, daß er wesentlichen Vorgängen in der Hauptverhandlung während einer ins Gewicht fallenden Zeitspanne nicht mehr folgen kann." (BGH Urt. v. 13. 3. 1956 – 1 StR 29/56).

der vierten Sitzung vertreten zu lassen. Er hatte dafür u.a. auch den Terminstag vom 27. 5. 1960 vorgesehen. Daher ersuchte er Landgerichtsrat Dr. F., die Vorbereitung und Berichterstattung zu übernehmen, behielt sich jedoch vor, von der Vertretung möglicherweise keinen Gebrauch zu machen, um die Sache selbst zu verhandeln. Am 16. 5. 1960 ergab sich aus Gründen, die sich nicht mehr aufklären lassen, die Notwendigkeit, die vorliegende Sache vom 27. 5. auf den 3. 6. 1960 zu verlegen. Die Terminsverfügung wurde daraufhin von Landgerichtsdirektor Dr. H. mit Zustimmung des Landgerichtsrats Dr. F., der die erste Terminsverfügung von 12. 5. 1960 unterzeichnet hatte, abgeändert. Dr. F. blieb jedoch weiter Berichterstatter. Zwischen dem 20. und dem 27. 5. 1960 setzte dann Landgerichtsdirektor Dr. H. einige umfangreiche Sachen auf den 10. 6. 1960 und, soweit nötig, weitere Tage, sowie auf den 27. 6. 1960 an. Sofort nach dem 27. 5. 1960 erklärte Landgerichtsdirektor Dr. H. der Justizverwaltung, daß er wegen dieser umfangreichen Sachen den Termin vom 3. 6. 1960 in der vorliegenden Sache nicht wahrnehmen könne. Er wurde aufgefordert, eine schriftliche Erklärung nachzureichen.

Unter dem 2. 6. 1960 hat Landgerichtsdirektor Dr. H. dem Landgerichtspräsidenten angezeigt, er sei verhindert, in der vorliegenden Sache am 3. 6. 1960 den Vorsitz zu führen, da er mit der Vorbereitung dreier, von ihm ausdrücklich bezeichneter Sachen beschäftigt sei. Der Vertreter des Landgerichtspräsidenten hat durch Verfügung vom 3. 6. 1960 die Verhinderung wegen dringender anderweitiger Dienstgeschäfte festgestellt. – Das Rechtsmittel war erfolglos.

Gründe: Das Revisionsgericht ist nicht befugt, die tatsächlichen Grundlagen für eine solche Verhinderung zu prüfen (BGHSt. 12, 33, 34 [BGH Urt. v. 5. 8. 1958 – 5 StR 160/58; vgl. § 338 Nr. 1 StPO erfolgreiche Rügen]).

Wohl aber war zu erörtern, ob bei der Verhinderungserklärung der Rechtsbegriff der Verhinderung verkannt worden ist. Aus den dienstlichen Äußerungen des Landgerichtspräsidenten sowie des Landgerichtsdirektors Dr. H. und seines geschäftsplanmäßigen Vertreters, des Landgerichtsrats Dr. F., ergibt sich in Verbindung mit einer beigefügten Aufstellung der Hauptverhandlungen der 2. Großen Strafkammer vom 2. 5. bis 29. 6. 1960, daß Landgerichtsdirektor Dr. H. außerordentlich stark belastet war.

Unter diesen Umständen ist die Belastung des Landgerichtsdirektor Dr. H. ausreichend dargetan. Auch aus der auffallend späten schriftlichen Anzeige der Verhinderung des Landgerichtsdirektors Dr. H. kann nicht etwa der Schluß gezogen werden, daß eine nicht auf sachlichen Gründen beruhende Vereinbarung stattgefunden hätte, daß der Vorsitz auf jeden Fall durch Landgerichtsrat Dr. F. und nicht durch den ordentlichen Vorsitzenden geführt werden solle.

Weiterhin kann auch der Auffassung der Revision nicht beigetreten werden, daß ein Fall der Verhinderung im Rechtssinn nicht vorläge, wenn diese erst nachträglich dadurch entstanden ist, daß der Vorsitzende nach Bestimmung des Termins in einer Sache andere Sachen auf spätere Terminstage in der Weise festsetzt, daß deren Vorbereitung ihn an der Wahrnehmung des früher angesetzten Termins behindert. Der Vorsitzende hat das Recht, die bei seiner Kammer anfallenden Sachen auf die verfügbaren Sitzungstage so zu verteilen, wie es eine zweckmäßige Erledigung der Geschäfte erfordert. Dabei kann es z.B. angezeigt sein, eine etwa wegen der Verhaftung oder wegen der alsbald vorzunehmenden ärztlichen Operation eines Angeklagten eilige Sache oder eine Sache, in der ein für sie benötigter Sachverständiger oder Zeuge später nicht mehr erreichbar wäre, nachträglich so kurz hinter einer schon anstehenden anderen Sache anzuberaumen, daß die Übernahme des Vorsitzes durch ihn in der früher angesetzten Sache durch die Vorbereitung auf die spätere Sache unmöglich gemacht wird. Ist der Vorsitzende durch Zahl und Umfang mehrerer angesetzter Sachen an der Führung des Vorsitzes in sämtlichen Sachen verhindert, so darf er die zu seiner Entlastung erforderliche Verhinderungserklärung nach seiner Wahl statt auf die zuletzt anstehende Sache auch auf eine der vorher zu verhandelnden richten.

Das kann beispielsweise geboten sein, wenn die spätere Sache wegen ihrer grundsätzlichen Bedeutung oder ihrer Schwierigkeit seine persönliche Mitwirkung besonders erwünscht erscheinen läßt, während die vorangehenden Sachen sich im durchschnittlichen Rahmen halten und deshalb eher seinem Stellvertreter überlassen werden können. Über alles dies entscheidet das pflichtmäßige Ermessen des Vorsitzenden. Eine Nachprüfung in der Richtung, ob etwa auch eine andere Planung hätte stattfinden können, kann vom Revisionsgericht nicht vorgenommen werden. Nur dann, wenn sich Anhaltspunkte dafür ergeben, daß die durch nachträgliche Ansetzung anderer Sachen geschaffene Verhinderung zu dem Zweck vorgenommen worden ist, den Angeklagten einer früher anstehenden Sache seinem gesetzlichen Richter zu entziehen, wäre die Rechtslage anders zu beurteilen. In dieser Richtung liegen jedoch keinerlei Anzeichen vor. Auch die Revision hat hierzu nichts vorgetragen. – Die Rüge ist nach alledem unbegründet.

48. Das Präsidium ist bei der Aufstellung des Geschäftsverteilungsplanes nicht verpflichtet, nur solche Richter zu ständigen Mitgliedern einer Kammer zu bestimmen, von denen anzunehmen ist, daß sie für die ganze Dauer des kommenden Geschäftsjahres Mitglieder des Landgerichts sein werden.

StPO § 338 Nr. 1 – BGH Beschl. v. 2. 5. 1960 – GSSt 3/59 (BGHSt. 14, 321)

Die Revision rügt die Mitwirkung zweier Assessoren bei dem angefochtenen Urteil. Nach der Geschäftsverteilung sei nämlich schon, die fast ausschließliche Beteiligung von zwei Assessoren vorgesehen, weil bei Verhinderung des Landgerichtsdirektors die Strafkammer ständig in der Besetzung mit zwei nicht planmäßig angestellten Richtern entscheiden müsse. Das verstoße gegen die Vorschriften über die ordnungsmäßige Besetzung des Gerichts.

Sachverhalt: Nach dem Geschäftsverteilungsplan für die Jahre 1957 und 1958 war die I. Große Strafkammer des Landgerichts in O., mit Ausnahme der Zeit vom 18. 9. bis 30. 11. 1957, mit einem Landgerichtsdirektor, einem Landgerichtsrat und zwei Probeassessoren, ab 15. 1. 1958 mit zwei Planrichtern und drei Assessoren besetzt. Von ihnen haben an der Hauptverhandlung gegen den – verurteilten – Angeklagten der Landgerichtsrat, der als regelmäßiger Vertreter des Landgerichtsdirektors den Vorsitz führte, sowie zwei Assessoren teilgenommen.

Der 4. Strafsenat des Bundesgerichtshofs hat dem Großen Senat für Strafsachen gemäß § 137 GVG folgende Rechtsfrage zur Entscheidung vorgelegt:

Ist eine ordentliche Strafkammer im Sinne von § 338 Nr. 1 StPO ordnungsmäßig besetzt, wenn ihr nach dem Geschäftsverteilungsplan für die Dauer des Geschäftsjahres nur zwei planmäßige Richter, ein Landgerichtsdirektor und ein Landgerichtsrat, im übrigen aber nur – im Laufe des Jahres häufiger wechselnde – Assessoren als Hilfsrichter angehören?

I.

Der vorlegende Senat hat die Rüge dahin ausgelegt, der Beschwerdeführer wolle geltend machen, als ständige Mitglieder der Kammer des Landgerichts müßten in dem Geschäftsverteilungsplan mindestens drei fest angestellte Richter bestimmt werden; eine Strafkammer sei deshalb im Einzelfall nicht ordnungsmäßig besetzt, wenn infolge geschäftsplanmäßiger Unterbesetzung mit fest angestellten Richtern an einer Hauptverhandlung zwei Hilfsrichter teilnähmen.

Der vorlegende Senat hält die Rüge für begründet.

Zwar will er an der bisherigen Rechtsprechung festhalten, soweit nach ihr ein Vorwurf unvorschriftsmäßiger Besetzung nicht allein schon daraus herzuleiten ist, daß in der jeweiligen Hauptverhandlung mehr als ein Hilfsrichter mitgewirkt haben (so BGHSt. 8, 159 [BGH Urt. v. 29. 9. 1955 – 3 StR 463/54; vgl. § 338 Nr. 1 StPO erfolglose Rügen]; ferner

Urt. v. 12. 1. 1954 – 5 StR 585/53 – und v. 27. 3. 1958 – 4 StR 555/57). Er sieht jedoch einen die Revision rechtfertigenden Verstoß gegen die Besetzungsvorschriften des Gerichtsverfassungsgesetzes darin, daß eine ordentliche Strafkammer nur mit zwei fest angestellten Richtern (einem Landgerichtsdirektor und einem Landgerichtsrat), im übrigen aber mit Assessoren besetzt ist. Dabei, so meint er, komme es nicht darauf an, ob das Landgericht, wie es hier möglicherweise der Fall war, über eine der erkennbaren Dauerbelastung entsprechende Zahl an Planstellen und demgemäß an fest angestellten Richtern verfüge.

Im einzelnen begründet er seine Ansicht wie folgt:

1. Nach § 63 GVG müßten die ständigen Mitglieder der einzelnen Kammern und für den Fall ihrer Verhinderung ihre regelmäßigen Vertreter vor Beginn des Geschäftsjahres auf dessen Dauer bestimmt werden. Nach § 59 GVG müßten ferner Landgerichte mit der erforderlichen, d.h. zur Erledigung des regelmäßig laufenden Arbeitsanfalls ausreichenden Anzahl von Mitgliedern besetzt werden, die gemäß § 6 GVG auf Lebenszeit ernannt würden. Aus dieser gesetzlichen Regelung sei zu entnehmen, daß die beim Landgericht dauernd vorhandenen richterlichen Aufgaben regelmäßig durch fest angestellte Richter zu erfüllen seien, um die Unabhängigkeit der Richter und die Stetigkeit der Rechtsprechung zu gewährleisten. Die in § 70 Abs. 2 GVG zugelassene Beiordnung nicht auf Lebenszeit ernannter Richter dürfe daher nicht zu einer völligen Aushöhlung der bezeichneten Vorschriften und damit zu einer Gefährdung der erwähnten rechtsstaatlichen Grundsätze führen. Das sei aber der Fall, wenn es zulässig wäre, Kammern zu bilden, bei denen nicht einmal die gesetzliche Mindestbesetzung von drei Mitgliedern (§ 76 GVG) in Gestalt eines Direktors als Vorsitzenden und zwei fest angestellter Richter als Beisitzer vorhanden sei, sondern als notwendige Beisitzer im Geschäftsverteilungsplan von vornherein für die Dauer des ganzen Geschäftsjahres Hilfsrichter beigeordnet worden seien, insbesondere Probeassessoren oder sonstige Assessoren, die dem Landgericht von vornherein jeweils nur für einige Monate zugewiesen seien.

2. Ferner verletze die Heranziehung von Assessoren schon auf der Stelle des dritten Kammermitgliedes auch den Grundsatz nur vorübergehender Verwendung von Hilfsrichtern. Die Mitwirkung im Rahmen der Mindestbesetzung einer Kammer des Landgerichts sei notwendig immer die Ausübung einer Daueraufgabe, da sie beim Fehlen einer ausreichenden Anzahl von Planrichtern zur Durchführung der Rechtsprechung dieser Kammer, also einer ständigen Aufgabe, unerläßlich sei.

3. Weiterhin sei der bei der I. Großen Strafkammer vollzogene ständige Wechsel der Besetzung schon auf der dritten Stelle mit dem rechtsstaatlichen Grundsatz der Stetigkeit und Unabhängigkeit der Rechtsprechung unvereinbar. – Das Rechtsmittel war erfolglos.

Gründe: ...

III.

Der Große Senat ist der Auffassung, daß auch weiterhin die hier anerkannten Grundsätze den Erfordernissen genügen und es der erstrebten Erweiterung auf die Besetzung der einzelnen Kammern nicht bedarf.

1. Die Ansicht des 4. Strafsenats, § 63 GVG sei durch den Geschäftsverteilungsplan verletzt, weil die ständigen Mitglieder der einzelnen Kammern und ihre rechtmäßigen Vertreter vor Beginn des Geschäftsjahres auf seine Dauer bestimmt werden müßten, ist nicht zutreffend.

Die Worte „vor Beginn des Geschäftsjahres" und „auf seine Dauer" bedeuten nicht, daß das Präsidium bei der Aufstellung des Geschäftsverteilungsplanes nur solche Richter zu ständigen Mitgliedern einer Kammer bestimmen kann, von denen anzunehmen ist, daß sie für die ganze Dauer des kommenden Geschäftsjahres Mitglieder des Landgerichts sein werden. § 63 Abs. 2 GVG ergibt, daß der Geschäftsverteilungsplan des § 63 Abs. 1 GVG stets unter dem Vorbehalt einer späteren Änderung aufgestellt wird. Sie ist allerdings nur unter den in Abs. 2 bestimmten Voraussetzungen (Überlastung einer Kammer, Wechsel oder dauernde Verhinderung einzelner Mitglieder des Gerichts) zulässig. Es kann hierbei aber keinen Unterschied machen, ob bei der Aufstellung des Geschäftsverteilungsplanes nach § 63 Abs. 1 GVG der spätere Eintritt der Voraussetzungen des Abs. 2 schon voraussehbar ist. Auch abgesehen von dem Fall, daß in einer Kammer Hilfsrichter tätig sind, deren Beschäftigungsdauer während des Geschäftsjahres endet, kommt es häufig vor, daß planmäßige Richter einer Kammer zugeteilt werden, von denen feststeht oder bei denen zum mindesten damit zu rechnen ist, daß sie im Laufe des Jahres aus verschiedenen Gründen, wie Erreichung der Altersgrenze, Beförderung oder Abordnung an ein Oberlandesgericht, ausscheiden werden. Es kann keinem Zweifel unterliegen, daß das Präsidium in der Lage sein muß, auch solche Richter einer Kammer als ständige Mitglieder zuzuteilen.

Das gleiche muß für Hilfsrichter gelten, die im Zeitpunkt der Aufstellung des Geschäftsverteilungsplanes, wenn auch nur für einen Teil des Geschäftsjahres, dem Landgericht den gesetzlichen Vorschriften entsprechend beigeordnet sind. Hilfsrichter sind zwar nicht Mitglieder des Landgerichts im Sinne des § 59 GVG; in dieser Vorschrift sind unter „Mitglieder" nur die auf Lebenszeit angestellten (planmäßigen) Richter – mit Ausnahme des Präsidenten und der Direktoren, die besonders genannt sind –, d.h. also die Landgerichtsräte, zu verstehen. Hilfsrichter können aber gemäß § 63 Abs. 1 GVG zuständigen Mitgliedern einer Kammer bestimmt werden. Denn im § 63 Abs. 1 GVG steht das Wort „Mitglieder" im Gegensatz zum Vertreter (BGHSt. 13, 262, 264 f.[1]), nicht zum Hilfsrichter.

2. Die Bestimmung eines Hilfsrichters zum Mitglied einer Kammer ist nicht bloß zum Zweck der Vertretung verhinderter Planrichter, sondern auch zur Behebung eines anderen vorübergehenden, auf andere Weise nicht zu befriedigenden Bedürfnisses, besonders wegen zeitweiliger Geschäftsüberlastung und zur Einarbeitung des richterlichen Nachwuchses zulässig. Die Beiordnung von Hilfsrichtern darf jedoch keine Dauereinrichtung werden, ein nicht nur vorübergehendes Bedürfnis nach zusätzlichen Richterkräften muß vielmehr durch Schaffung und Besetzung ausreichender Planstellen befriedigt werden (vgl. RGSt 23, 119, 120; 46, 254, 255; 60, 410, 412; 71, 204; BGHSt. 1, 274 [BGH Urt. v. 13. 7. 1951 – 2 StR 299/51; vgl. § 338 Nr. 1 StPO erfolglose Rügen]; 7, 205 [BGH Urt. v. 8. 2. 1955 – 5 StR 561/54; vgl. § 338 Nr. 1 StPO erfolgreiche Rügen], 206; 8, 159; 9, 107 [BGH Urt. v. 13. 3. 1956 – 2 StR 361/55; vgl. § 338 Nr. 1 StPO erfolgreiche Rügen]; 12, 104 [BGH Urt. v. 11. 11. 1958 – 1 StR 532/58; vgl. § 338 Nr. 1 StPO erfolglose Rügen] NJW 1953, 1034 – betr. Hilfsstrafkammer –; Urteile vom 27. 3. 1958 – 4 StR 555/57 – sowie vom 26. 1. 1954 – 5 StR 585/53 –; ferner BGHZ 12, 1; 20, 209, 250; 22, 142; NJW 1957, 1762; LM § 337 ZPO Nr. 3). Der 4. Strafsenat geht davon aus, daß im vorliegenden Fall beim Landgericht eine der erkennbaren Dauerbelastung entsprechende Zahl von richterlichen Planstellen geschaffen und mit fest angestellten Richtern besetzt worden ist. In der Tatsache, daß hier ein Assessor bereits im Rahmen der Mindestbesetzung als ständiges Mitglied einer Kammer in dem Jahresgeschäftsverteilungsplane zugeteilt ist, erblickt der 4. Strafsenat aber einen Verstoß gegen den Grundsatz der nur vorübergehenden Verwendung von Hilfsrichtern.

---

1 „Der Ausdruck ‚Mitglieder' wird in den §§ 59 ff. GVG in verschiedenen Bedeutungen gebraucht. Die §§ 59, 62 Abs. 1, § 63 Abs. 2, 66 Abs. 2, 78 Abs. 2 Satz 1, 83 Abs. 2 GVG meinen allgemein die Mitglieder des Landgerichts ohne Rücksicht auf ihre Zugehörigkeit zu den einzelnen Spruchkörpern, die §§ 63 Abs. 1 66 Abs. 1, 67, 69, 70, 76 GVG dagegen die Mitglieder der Kammern. Insoweit läßt das Gesetz keine Zweifel über die Bedeutung der Ausdrucksweise. Mitglieder der Kammern, auch ständige Mitglieder, können Hilfsrichter, insbesondere also Gerichtsassessoren sein, obwohl diese nicht ständig angestellte Richter sind. Mitglied steht hier vor allem im Gegensatz zum Vertreter. Unter den Mitgliedern des Landgerichts im Sinne der grundlegenden Vorschrift des § 59 GVG sind nur die auf Lebenszeit angestellten (planmäßigen) Richter, mit Ausnahme des Präsidenten und der Direktoren, die besonders genannt sind, d.h. also die Landgerichtsräte, zu verstehen." (BGH Urt. v. 14. 10. 1959 – 2 StR 349/59).

Dem kann nicht beigetreten werden. Aus dem Grundsatze, daß Hilfsrichter nur zur Behebung eines vorübergehenden Bedürfnisses (und zur Einarbeitung des richterlichen Nachwuchses) einberufen werden dürfen, folgt nicht, daß Hilfsrichter nach ihrer Einberufung nicht auch mit Daueraufgaben beschäftigt werden dürfen. Vielmehr ergibt sich aus diesem Grundsatz nur, daß Hilfsrichter nicht auf die Dauer mit Daueraufgaben beschäftigt werden dürfen. Dies wäre der Fall, wenn die Beiordnung des Hilfsrichters darauf beruhen würde, daß bei dem Gericht, dem der Hilfsrichter zugeteilt ist, die für die Erledigung der richterlichen Daueraufgaben erforderlichen Planstellen nicht vorhanden oder nicht besetzt wären. Das ist aber, wie ausgeführt, hier nicht der Fall.

Daß die Auffassung, Hilfsrichter dürften schlechthin nicht mit richterlichen Daueraufgaben beschäftigt werden, nicht zutreffend ist, ergibt sich auch schon daraus, daß es sich in den Fällen der Vertretung wegen Erkrankung eines Planrichters oder aus sonstigen Gründen um die Wahrnehmung von Daueraufgaben handelt.

Abgesehen hiervon wird es nicht selten zweifelhaft sein, ob und in welchem Umfang die Aufgaben, mit denen der Hilfsrichter betraut werden soll, vorübergehende oder Daueraufgaben sind. Eine vorübergehende Geschäftsvermehrung, die eine Beiordnung von Hilfsrichtern rechtfertigt, kann verschiedene Ursachen haben, z.B. die, daß dem Gericht durch besondere Gesetze Aufgaben zugewiesen werden, die sich ihrer Art nach von den – bisherigen – Daueraufgaben unterscheiden (z.B. Wiedergutmachungssachen, Entschädigungssachen). Darüber, ob solche Aufgaben zusätzliche Daueraufgaben oder nur vorübergehende Aufgaben sind, können die Ansichten auseinandergehen (vgl. hierzu BGHZ 20, 250). Eine vorübergehende Geschäftsvermehrung kann ferner auch darauf beruhen, daß Geschäfte, die ihrer Art nach zu den Daueraufgaben gehören, wegen der Zahl, der Schwierigkeit oder des Umfanges der Sachen vorübergehend anwachsen. Hier festzustellen, ob und in welchem Umfang die Kammer, der der Hilfsrichter zugeteilt werden soll, Daueraufgaben oder vorübergehende Aufgaben wahrnimmt, wird oft kaum möglich sein.

Die Auffassung, daß die Mitwirkung von Assessoren im Rahmen der Mindestbesetzung einer Kammer die – unzulässige – Ausübung einer Daueraufgabe sei, würde im Ergebnis bedeuten, daß jede Kammer mit einem Direktor und zwei Landgerichtsräten als Beisitzern besetzt werden müßte, gleichgültig ob die Zahl der bei dem Gericht gebildeten Kammern durch die Daueraufgaben des Gerichts bedingt ist oder nicht. Dies würde dazu führen, daß Gerichte von dem Augenblick an, in welchem bei ihm vorübergehende Aufgaben ersatzlos wegfallen, möglicherweise derart mit fest angestellten Richtern übersetzt wären, daß für eine Beiordnung von Assessoren zum Zwecke ihrer Erprobung und Heranbildung kaum noch hinreichende Gelegenheit wäre.

Überdies ist die vorübergehende Beschäftigung von Assessoren mit Daueraufgaben ein besonders geeignetes Mittel zu dem allgemein anerkannten Zweck der Heranbildung des Richternachwuchses. Ferner muß dem Präsidium bei der Verteilung der Planrichter und Hilfsrichter auf die einzelnen Kammern ein Ermessensspielraum gelassen werden. Das Präsidium muß die Möglichkeit haben, den Kammern die geeignet erscheinenden Richter den jeweiligen personellen Bedürfnissen, entsprechend zuzuteilen.

Nicht jeder Richter kann in gleicher Weise für Zivilsachen und Strafsachen Verwendung finden. Die besonderen Fähigkeiten und Erfahrungen, der Gesundheitszustand und andere Gesichtspunkte können hierbei eine Rolle spielen. Es sind daher Fälle denkbar, in welchen es gerade die Sorge um die Güte der Rechtsprechung verlangt, die Planrichter nicht rein rechnerisch auf alle Kammern in gleicher Weise zu verteilen, sondern einzelne Kammern mit einer höheren, andere mit einer geringeren Anzahl von Planrichtern zu besetzen und in entsprechender Weise die Verteilung der Hilfsrichter vorzunehmen. Auch das Bedürfnis einer geeigneten Ausbildung des Richternachwuchses kann maßgebend dafür sein, Assessoren bestimmten Kammern zuzuteilen, sie also nicht gleichmäßig den einzelnen Kammern zuzuweisen.

3. Die geschäftsplanmäßige Besetzung einer Kammer mit einem Assessor als Hilfsrichter auf der Stelle des dritten Kammermitglieds kann auch nicht als mit den Grundsätzen der Stetigkeit der Rechtsprechung und der Unabhängigkeit der Gerichte unvereinbar angesehen werden. Beiden Grundsätzen kann nur bis zu einem gewissen Grade Rechnung getragen werden, wenn, wie es der Fall ist, Hilfsrichter überhaupt aus den angegebenen Gründen beschäftigt werden dürfen. Sie erleiden insoweit unvermeidlicherweise eine Einschränkung, auf die „man für unsere Gerichtsverfassung nicht verzichten kann" und die daher „als praktisch notwendiges Übel in Kauf genommen werden muß" (vgl. BGHZ 22,142, 144; amtliche Begründung zu §§ 15 bis 19 des Entwurfs einer Verwaltungsgerichtsordnung, DBT 3. Wahlperiode 1957, Drucks. 55). Unter welchen Voraussetzungen die Mitwirkung von Hilfsrichtern in einem erkennenden Gericht mit den erwähnten Grundsätzen vereinbart werden kann, ist mithin immer nur eine Frage des Maßes.

Der Forderung nach Stetigkeit der Rechtsprechung ist dadurch hinreichend genügt, daß der Strafkammer nach dem Geschäftsverteilungsplan zwei fest angestellte Richter (1 Landgerichtsdirektor und 1 Landgerichtsrat) angehören. Bei einem Landgerichtsdirektor, der den Vorsitz einer Kammer führt, muß vorausgesetzt werden, daß es sich um einen Richter handelt, der vermöge der besonderen Auswahl seiner Person, seiner Fähigkeiten und seiner Kenntnisse in der Lage ist, einen richtunggebenden Einfluß auf die Rechtsprechung der Kammer auszuüben.

Daß der verfassungsrechtliche Grundsatz der Unabhängigkeit der Gerichte die Mitwirkung eines Hilfsrichters in einem erkennenden Gericht nicht ohne weiteres ausschließt, ist anerkannt (vgl. insbesondere BVerfGE 3, 213, 224; 4, 331, 345). Gehören der Kammer zwei planmäßige Richter an, so ist durch die Zuteilung eines Hilfsrichters auf der Stelle des dritten Kammermitglieds die Unabhängigkeit des Gerichts nicht in einem solchen Maß infrage gestellt, daß es gerechtfertigt erscheint, allein aus der geschäftsplanmäßigen Besetzung der Strafkammer auf unvorschriftsmäßige Besetzung des erkennenden Gerichts im Sinne des § 338 Abs. 1 StPO zu schließen. Diese Auffassung würde überdies die weitgehende Folge haben, daß sämtliche Urteile der Kammer auf das Rechtsmittel der Revision hin aufgehoben werden müßten, selbst wenn an der Entscheidung nur ein Hilfsrichter mitgewirkt hätte.

Ein grundsätzlicher Unterschied zwischen Gerichtsassessoren und Assessoren ist im Hinblick auf die Verschiedenheiten der jeweiligen Regelungen des Landesrechts nicht zu machen. Die Zuteilung eines Gerichtsassessors (Assessors) auf die dritte Richterstelle einer Strafkammer im Jahresgeschäftsverteilungsplan kann hiernach unter der Voraussetzung, daß bei dem Landgericht eine der erkennbaren Dauerbelastung des Gerichts entsprechende Zahl von richterlichen Planstellen geschaffen und mit fest angestellten Richtern besetzt worden ist, nicht beanstandet werden. Sie verstößt nicht gegen das Gebot, daß die Kammermitglieder „auf die Dauer des Geschäftsjahres" bestimmt werden müssen (§ 63 Abs. 1 GVG). Sie verstößt auch nicht gegen das Gebot, daß im Jahresgeschäftsverteilungsplan „die ständigen Mitglieder der einzelnen Kammern" bestimmt werden müssen (§§ 63 Abs. 1, 59 Abs. 1 GVG). Sie verstößt ferner nicht gegen den Grundsatz der nur vorübergehenden Verwendung von Hilfsrichtern, und sie ist endlich vereinbar mit den Grundsätzen der Stetigkeit und Unabhängigkeit der Rechtspflege.

49. Vertretungsregelung bei vorübergehender Vakanz einer Planstelle zulässig.

StPO § 338 Nr. 1; GVG §§ 24, 66; GG Art. 101 Abs. 1 Satz 2 – BGH Urt. v. 6. 11. 1959 – 4 StR 376/59 LG Dortmund (= BGHSt. 14, 11 = NJW 1960, 542)

Die Revision rügt, die erkennende Strafkammer sei nicht ordnungsmäßig besetzt gewesen, denn es sei kein ständiger Vorsitzender für sie ernannt worden. Der den Vorsitz in der Hauptverhandlung führende, zum regelmäßigen Vertreter des Vorsitzenden bestellte

Landgerichtsrat Dr. K. sei nicht zur Vertretung berechtigt gewesen, weil kein Fall der Verhinderung des Vorsitzenden im Sinne von § 66 GVG vorgelegen habe.

Sachverhalt: Wegen der Unterbesetzung des Landgerichts mit Direktorenstellen war eine neue Direktorenstelle bewilligt und im Justizministerialblatt vom 15. 6. 1958 ausgeschrieben worden. Daraufhin wurde durch Beschluß des Landgerichtspräsidenten und der Direktoren des Landgerichts vom 21. 11. 1958 zum Vorsitzenden der 1. großen Strafkammer „derjenige Richter bestimmt, der in diese Direktorenstelle eingewiesen wird." Durch Erlaß des Justizministers vom 23. 1. 1959 wurde Landgerichtsrat M. unter Ernennung zum Landgerichtsdirektor mit Wirkung, vom 1. 12. 1958 in diese Stelle eingewiesen. Die Ernennungsurkunde wurde ihm am 5. 2. 1959, also eine Woche nach Erlaß des angefochtenen Urteils, ausgehändigt; am selben Tage hat er den Vorsitz in der erkennenden Strafkammer übernommen. – Das Rechtsmittel war erfolglos.

Gründe: ...
II. ...
1. ...

a) Es kann unerörtert bleiben, ob es zulässig war, einen der Person nach noch nicht benannten Landgerichtsdirektor gemäß § 62 Abs. 2 Satz 2 GVG zum Kammervorsitzenden im voraus für das neue Geschäftsjahr zu bestimmen (vgl. OLG Köln in NJW 1957, 1729 Leitsatz). Wirksam konnte diese Bestimmung jedenfalls nicht vor dem Amtsantritt des neuen Landgerichtsdirektors werden. Bis dahin fehlte der 1. großen Strafkammer also der im § 62 Abs. 1 GVG vorgeschriebene ordentliche Vorsitzende. Die Sachlage ist nicht anders zu beurteilen, als wenn der ordnungsmäßig bestimmte Kammervorsitzende durch Tod, Abordnung oder Versetzung in den Ruhestand ausgeschieden und – vorübergehend – noch kein Nachfolger ernannt ist; denn auch dann ist ein Kammervorsitzender überhaupt nicht vorhanden. Eine Verhinderung im Sinne des § 66 Abs. 1 GVG ist – entgegen der Auffassung des Verteidigers – in allen diesen Fällen grundsätzlich gegeben. Darunter ist jede vorübergehende tatsächliche oder rechtliche Unmöglichkeit zu verstehen, den Vorsitz zu führen (RGSt 64, 6; 69, 325). Es ist kein Grund ersichtlich, warum die Rechtslage während der Übergangszeit bis zur Besetzung einer neugeschaffenen Landgerichtsdirektorenstelle anders zu beurteilen sein sollte als der Rechtszustand bis zur Wiederbesetzung einer schon bestehenden, aber infolge Ausscheidens ihres Inhabers frei gewordenen Stelle. Ob eine solche Stelle schon bei Aufstellung des Geschäftsplans unbesetzt war oder ob sie erst im Laufe des Geschäftsjahres frei geworden ist, bedeutet keinen sachlichen Unterschied. Daher greift auch in beiden Fällen die Vorschrift des § 66 Abs. 1 GVG Platz, nach der das zum regelmäßigen Vertreter bestellte Kammermitglied den Vorsitz in der Kammer zu führen hat. Anders wäre die Rechtslage nur dann, wenn die neue Direktorenstelle zwar beantragt, aber noch nicht bewilligt gewesen wäre (vgl. BGHZ 9, 291; 10, 130, 135).

b) Nach der Rechtsprechung des Reichsgerichts galt allerdings eine Ausnahme, wenn mit der Verzögerung oder dem Unterbleiben der Wiederbesetzung der Landgerichtsdirektorenstelle eine Umgehung der §§ 62 und 66 GVG beabsichtigt war; denn dann handele es sich nicht mehr um die Schaffung eines vorübergehenden, sondern eines dauernden Zustandes, so daß die Anwendung des § 66 Abs. 1 GVG nach seinem Sinn und Zweck ausgeschlossen sei (RGSt 64, 6). Mit der gleichen Einschränkung hat es das Reichsgericht auch für zulässig erachtet, wenn bis zur Bewilligung und Besetzung einer neuen Landgerichtsdirektorenstelle für die Kammer, die der neue Direktor übernehmen soll, nach dem Geschäftsplan ein anderer Direktor den Vorsitz in dieser Kammer, wie von vornherein beabsichtigt ist, nur dem Namen nach führt, in Wirklichkeit aber nach § 66 Abs. 1 GVG ständig vertreten werden muß.

Auch der Bundesgerichtshof erachtet eine solche rein äußerliche Bestellung eines Vorsitzenden einer Kammer oder eines Senats beim Oberlandesgericht mit der Folge seiner ständigen Vertretung nach § 66 Abs. 1 GVG für zulässig, wenn eine neue Direktoren- oder

Präsidentenstelle bereits bewilligt ist oder die Wiederbesetzung einer durch Ausscheiden des bisherigen Vorsitzenden frei werdenden Stelle bevorsteht, sofern der vorsitzlose Zustand noch als vorübergehend bezeichnet werden kann (vgl. NJW 1953, 1302 Nr. 7; 1955, 587 Nr. 4; 1447 Nr. 13). Diese Grundsätze müssen auch angewendet werden, wenn zunächst von der Bestellung eines bestimmten Vorsitzenden überhaupt abgesehen und der Vorsitz lediglich dem von dem Justizminister noch zu ernennenden Direktor vorbehalten wird, wie es hier geschehen ist; denn die formale Zuteilung der Geschäfte des Vorsitzenden an den Direktor einer anderen Kammer, der die Aufgaben des Vorsitzenden in der zweiten Kammer auch nicht teilweise wahrnehmen kann, wirkt sich praktisch genau so aus, als wenn von der Bestellung eines bestimmten Vorsitzenden zunächst abgesehen wird. Auch dann muß also die Führung des Vorsitzes durch den ständigen Vertreter des „verhinderten" Vorsitzenden vorübergehend, d.h. während einer nicht allzu lange währenden Übergangszeit, für zulässig erachtet werden.

c) Im vorliegenden Falle konnten der Landgerichtspräsident und die Direktoren, wie die spätere Entwicklung bestätigt, bei der Verteilung des Vorsitzes in den Kammern für das Geschäftsjahr 1959 am 21. 11. 1958 annehmen, daß der neue Direktor in absehbarer Zeit ernannt und den Vorsitz in der erkennenden Strafkammer übernehmen werde. In dem hier entscheidenden Zeitpunkt der Hauptverhandlung (vgl. BGHZ 10, 136) war der neue Direktor schon ernannt und in die Direktorenstelle eingewiesen, wenn auch die zum Wirksamwerden der Ernennung erforderliche Aushändigung der Ernennungsurkunde erst eine Woche später stattfand. Bei dieser Sachlage war der neue Vorsitzende bei Beginn der Hauptverhandlung nur vorübergehend an der Wahrnehmung der Dienstgeschäfte verhindert. Sein regelmäßiger Vertreter war daher zur Führung des Vorsitzes in der Hauptverhandlung berufen. Die Strafkammer war mithin ordnungsmäßig besetzt.

2. Die Rechtshängigkeit der Strafsache beim Schöffengericht ist infolge Rücknahme der öffentlichen Klage vor Eröffnung des Hauptverfahrens gemäß § 156 StPO nicht eingetreten. Der gemäß § 468 AbgO erlassene Aussetzungsbeschluß des Amtsgerichts stand der Anklagerücknahme nicht entgegen; denn die Rechtshängigkeit wird erst durch den Eröffnungsbeschluß oder einen ihm gleichstehenden Akt des Gerichts begründet, während die Aussetzung in diesem Falle nur der Vorbereitung der Entscheidung über die Eröffnung des Hauptverfahrens diente.

Die Rücknahme der Klage stand der Erhebung einer neuen Anklage mit dem gleichen Inhalt vor demselben oder einem anderen Gericht grundsätzlich nicht entgegen. Die Staatsanwaltschaft war auch bei der Wiederholung der öffentlichen Klage in der Ausübung des ihr nach §§ 24 Abs. 1 Nr. 2, 74 Abs. 1 GVG zustehenden Ermessens bei der Wahl des zuständigen Gerichts wieder frei. An die bei der Einreichung der früheren Anklage getroffene Wahl war sie nicht mehr gebunden. Allerdings durfte sie ihr Wahlrecht wiederum nur im Rahmen des ihr in den genannten Vorschriften eingeräumten pflichtgemäßen Ermessens ausüben, also die Anklage bei der Strafkammer nur erheben, wenn ihr dies wegen der besonderen Bedeutung des Falles gerechtfertigt erschien. Eine mißbräuchliche Handhabung der Befugnis zur Klagerücknahme und des Wahlrechts bei der Erhebung der Anklage vor der Strafkammer, etwa zu dem Zweck, eine im Zwischenverfahren (§§ 198 ff. StPO) zutage getretene, dem Erfolg der Anklage möglicherweise abträgliche Auffassung des zuerst angerufenen Gerichts zu umgehen, könnte als Verstoß gegen das Verbot, den Angeklagten seinem gesetzlichen Richter zu entziehen (Art. 101 Abs. 1 Satz 2 GG), gewürdigt werden. Alsdann wäre der Mangel der sachlichen Zuständigkeit der Strafkammer im Sinne von § 338 Nr. 4 StPO begründet (BVerfGE 9, 223 [BVerfG Urt. v. 19. 3. 1959 – 1 BvR 295/58; vgl. § 24 GVG erfolglose Rügen]).

Daß hier die Rücknahme der Anklage beim Schöffengericht und die Wiederholung der Anklageerhebung bei der Strafkammer auf solchen oder ähnlichen unsachlichen Gesichtspunkten beruhte, ist nach Lage der Sache jedoch nicht nachgewiesen (wird ausgeführt).

50. Präsidialbeschlüsse können auch im Umlaufverfahren gefaßt werden.

StPO § 338 Nr. 1; GVG § 64 IV – BGH Urt. v. 13. 2. 1959 – 4 StR 446/58 LG Saarbrücken (= BGHSt. 12, 402 = NJW 1959, 1093)

Die Revision rügt, die 3. große Strafkammer des Landgerichts sei bei der Verhandlung und Entscheidung der vorliegenden Sache nicht vorschriftsmäßig besetzt gewesen. Sie beanstandet die Mitwirkung des Landgerichtsrats Dr. Schw. Dieser habe an der Verhandlung aufgrund eines geänderten Geschäftsverteilungsplanes teilgenommen, der vom Präsidium des Landgerichts im Umlaufverfahren beschlossen worden sei. Der Beschluß sei vom Landgerichtspräsident unter dem 30. 12. 1957 unterschrieben und durch die Verfügung: „Beschluß von den Mitgliedern des Präsidiums unterschreiben lassen" in Umlauf gesetzt worden Diese Verfügung richtete sich an die Verwaltungsgeschäftsstelle mit dem Auftrage, den Beschlußvorschlag den Mitgliedern des Präsidiums zur Unterschrift, d.h. zur Entschließung über ihre Zustimmung, vorzulegen. Die Revision meint, durch diese Verfügung habe „die Mitunterzeichnung durch sieben Mitglieder des Präsidiums angeordnet" werden sollen und stelle daher keinen echten Beschluß des Präsidiums dar.

Sachverhalt: Nach dem Beschluß des Präsidiums über die Geschäftsverteilung des Landgerichts vom 19. 12. 1957 gehörten für die Dauer des Geschäftsjahres 1958 der 3. großen Strafkammer an: Landgerichtsdirektor A., Landgerichtsrat J. und Landgerichtsrat K. Von diesen hat Landgerichtsrat K. hier den Vorsitz geführt.

Landgerichtsrat Dr. Schw. ist als Vertreter eines verhinderten Mitgliedes der 3. Strafkammer auf Grund des Beschlusses des Präsidiums vom 30. 12. 1957 eingetreten, wonach – in Abänderung des Beschlusses vom 19. 12. 1957 – nicht die Mitglieder der 10. Zivilkammer, sondern die Mitglieder der 2. großen Strafkammer zur Vertretung verhinderter Mitglieder der 3. Strafkammer berufen waren; die erste Vertretung hatte der dienstjüngste Beisitzer zu übernehmen und so fort.

Nach der Auskunft des Landgerichtspräsidenten mußte die Vertretung der Mitglieder der Zivilkammern u.a. geändert werden, weil im Beschluß vom 19. 12. 1957 übersehen war, daß die Mitglieder der 8. und 9. Zivilkammer die gleichen Sitzungstage hatten und daher nicht, wie der Beschluß bestimmte, zu gegenseitiger Vertretung imstande waren. Das machte es ersichtlich auch nötig, von der Vertretung der Beisitzer der 3. Strafkammer durch Beisitzer der 10. Zivilkammer abzusehen. Daher entwarf der Landgerichtspräsident unter dem 30. 12. 1957 den schon erwähnten Beschluß, unterschrieb ihn und setzte ihn durch die Verfügung: „Beschluß von den Mitgliedern des Präsidiums unterschreiben lassen" in Umlauf. Diese Verfügung richtete sich an die Verwaltungsgeschäftsstelle mit dem Auftrage, den Beschlußvorschlag den Mitgliedern des Präsidiums zur Unterschrift, d.h. zur Entschließung über ihre Zustimmung, vorzulegen. – Das Rechtsmittel war erfolglos.

Gründe:

a) Die Meinung der Revision, durch diese Verfügung habe „die Mitunterzeichnung durch sieben Mitglieder des Präsidiums angeordnet" werden sollen und stelle daher keinen echten Beschluß des Präsidiums dar, bedarf keiner ernstlichen Widerlegung.

b) Die teilweise Undurchführbarkeit des Geschäftsverteilungsplanes vom 19. 12. 1957 hinderte die Mitglieder der 8. und 9. Kammer dauernd, sich gegenseitig zu vertreten. Daher war seine Änderung gemäß § 63 Abs. 2 GVG auch noch im Laufe des Geschäftsjahres 1958 zulässig. Daraus, daß einzelne Mitglieder des Präsidiums erst am 2. 1. 1958 zugestimmt hatten, sind mithin keine Bedenken herzuleiten.

c) Präsidialbeschlüsse können auch im Umlaufverfahren gefaßt werden. Gesetzliche Vorschriften hierüber bestehen nicht. Durch das Vereinheitlichungsgesetz vom 12. 9. 1950 sollten „der Führergrundsatz im Gerichtswesen beseitigt, die ursprüngliche Präsidialverfassung wiederhergestellt und die hergebrachten Grundsätze für die Stellvertretung des

Präsidenten und der Kammervorsitzenden sowie für die Geschäftsverteilung wiedereingeführt werden" (Amtliche Begründung zu Nr. 30 des Regierungsentwurfs). Zu diesen hergebrachten Grundsätzen gehörte auch die Möglichkeit, Präsidialbeschlüsse im Umlaufverfahren zu fassen. Es bedarf hierbei auch nicht, wie die Revision meint, stets der Zustimmung aller Mitglieder des Präsidiums. Die dafür aus dem Recht der Vereine und Handelsgesellschaften herangezogenen gesetzlichen Bestimmungen sind wegen der völlig verschiedenen Lebensgebiete, die sie betreffen, hier auch im Grundgedanken nicht anwendbar. Es genügte die Mitwirkung aller erreichbaren Mitglieder bei der Beschlußfassung.

d) Die erforderliche Abänderung des Geschäftsverteilungsplanes berührte die Vertretung verhinderter Mitglieder von drei Zivilkammern und der 3. Strafkammer; sie mußte daher möglichst früh vor den ersten Sitzungen dieser Kammern im neuen Geschäftsjahr beschlossen sein. Schon aus diesem Grunde schied die Beteiligung des beurlaubten Landrichtsdirektors B., des erkrankten Landgerichtsdirektors Dr. Sch. und des ortsabwesenden Landgerichtsdirektors M. an der Beschlußfassung des Präsidiums aus. Für vorübergehend verhinderte Mitglieder des Präsidiums ist im Gesetz keine Stellvertretung vorgesehen; in einem solchen Fall entscheidet das aus den übrigen Mitgliedern bestehende Präsidium. Das hat der Bundesgerichtshof schon in dem nichtveröffentlichten Teile der Gründe seines Urteils v. 8. 7. 1958 – 1 StR 150/58 – (BGHSt. 12, 11) ausgesprochen.

e) Eines der drei gewählten Mitglieder des Präsidiums, Landgerichtsrats Dr. H., war im August 1957 durch Versetzung an ein Amtsgericht ausgeschieden. Es kann dahingestellt bleiben, ob eine Nachwahl im Jahre 1957 erforderlich, oder wie der Landgerichtspräsident meint, unzulässig war. Denn auch wenn eine Ergänzung des Präsidiums durch Nachwahl noch im Jahre 1957 und mit Wirkung für dieses Geschäftsjahr zulässig und erforderlich und das nicht so ergänzte Präsidium im Dezember 1957 nicht mehr als gesetzmäßig gebildet anzusehen war, ergibt sich daraus im vorliegenden Falle nicht die Unwirksamkeit des hier erörterten Beschlusses. Der Bundesgerichtshof hat in dem Urteil vom 28. 11. 1958 – 1 StR 449/58 – (BGHSt. 12, 227[1]) den Geschäftsverteilungsbeschluß eines nicht ordnungsgemäß gebildeten Präsidiums für gültig erklärt, weil der Fehler bei der Besetzung dieser Körperschaft auf der Mehrdeutigkeit des Begriffs „Mitglieder des Landgerichts" in § 64 Abs. 3 GVG beruhte. „Müßten in einem solchen Zweifelsfalle" – so lauten die anschließenden Erwägungen, denen der Senat beitritt –, „wenn der Bundesgerichtshof die rechtliche Auffassung des landgerichtlichen Präsidiums nicht billigt, dessen Beschlüsse als ungültig und die auf ihnen beruhende Besetzung der Kammern als gesetzwidrig angesehen werden, so könnte die geordnete Rechtspflege schwer gestört und die Rechtssicherheit erheblich beeinträchtigt werden ... Unmöglich kann das Rechtsleben so weittragende Folgen nur um eines rechtlichen Zweifels willen auf sich nehmen. Dienten diese ... Erwägungen nur zum Vorwand, auf die Gestaltung des Präsidiums und so auf die Geschäftsverteilung und die Besetzung der Kammern sachfremden Einfluß zu gewinnen, so könnte es anders liegen. ... Die Präsidialverfassung ist den Gerichten gegeben, um die Rechtspflege vor willkürlichen Eingriffen der Staatsmacht zu schützen. Die Geschäftsverteilung und die Besetzung der Rechtsprechungskörper sind in die Hand unabhängiger Richter selbst gelegt, um zu verhüten, daß die Regierungsgewalt sich die Rechtsprechung gefügig macht und um zu gewährleisten, daß Richter unparteiisch urteilen, die allein dem Gesetz, dem Gewissen und der Gerechtigkeit verpflichtet sind." Diesen Erfordernissen läuft es auch im vorliegenden Falle nicht zuwider, daß das Präsidium des Landgerichts nach dem Ausscheiden des Landgerichtsrats Dr. H. von einer Nachwahl absah, weil es sie mit Wirkung

---

1 „Beruht es auf letztlich irriger, aber vertretbarer Auslegung einer nicht eindeutigen Gesetzesbestimmung, daß das Präsidium eines Landgerichts nicht vorschriftsmäßig gebildet wird, so sind dessen Beschlüsse über die Geschäftsverteilung und Besetzung der Kammern nicht ohne weiteres ungültig; die Kammern sind nicht schlechthin vorschriftswidrig besetzt." (BGH Urt. v. 28. 11. 1958 – 1 StR 449/58).

für das Geschäftsjahr 1957 nicht für zulässig hielt, da das Gesetz eine solche Nachwahl nicht erwähnt und § 64 Abs. 3 GVG von der „Dauer des Geschäftsjahres" spricht, für welche die drei durch Wahl zu bestimmenden Mitglieder des Präsidiums gewählt werden sollen. Diese Auslegung wäre, auch wenn sie unrichtig sein sollte, nicht so abwegig, daß bei ihrer praktischen Anwendung der Gesetzesverstoß klar zutage gelegen hätte oder von Willkür bei der Bildung des Präsidiums die Rede sein könnte.

f) Sieht man von dem unter e) erörterten Bedenken ab, so genügte im vorliegenden Falle die Beteiligung der danach verbleibenden neun Mitglieder des Präsidiums an der schriftlichen Abstimmung. Diese haben nach der dienstlichen Auskunft des Landgerichtspräsidenten den Beschluß sämtlich bis zum 2. 1. 1958 unterschrieben. Mit der Unterschrift des letzten Mitgliedes war die Vertretung verhinderter Beisitzer der 3. großen Strafkammer durch Beisitzer der 2. großen Strafkammer rechtsgültig angeordnet. Einer Mitteilung des Beschlusses an alle Mitglieder des Präsidiums bedurfte es dazu nicht mehr.

51. Kein automatischer Eintritt eines Hilfsrichters für jeweilige Verhinderungsfälle (im Anschluß an RGSt 37, 301).

StPO § 338 Nr. 1; GVG §§ 64, 63 – BGH Urt. v. 28. 11. 1958 – 1 StR 398/58 LG Offenburg (= BGHSt. 12, 159 = NJW 1960, 1396 = JZ 1960, 378 = MDR 1960, 599)

Die Revision rügt, der Geschäftsverteilungsplan vom 13. 12. 1957 sei in gesetzwidriger Weise aufgestellt worden, weil in ihm die Frage der Vertretung der ständigen Kammermitglieder nicht so geregelt sei, daß sich der zuständige Vertreter in jedem Einzelfall ohne weiteres ergebe. Sie stützt sich dabei einerseits darauf, daß sowohl bei der Benennung der ständigen Mitglieder als auch bei derjenigen der regelmäßigen Vertreter jeweils am Schlusse der Vermerk „oder deren Vertreter im Amt" beigefügt sei, ohne daß sich erkennen lasse, welcher Richter als ein solcher „Vertreter im Amt" in Betracht komme. Andererseits beruft sich der Beschwerdeführer auf die Schlußverfügung in dem Geschäftsverteilungsplan, wonach „sich die Richter der Straf- und Zivilkammern gegenseitig vertreten".

Sachverhalt: Nach der dienstlichen Erklärung des Landgerichtspräsidenten vom 3. 11. 1958 sollte der Vermerk oder Vertreter im Amt in dem Geschäftsverteilungsplan bedeuten, daß, falls ein Richter im Laufe des Geschäftsjahres ausfällt, die als Ersatz neu zugewiesene Richterkraft – vorbehaltlich einer etwaigen anderen Regelung des Präsidiums nach § 63 Abs. 2 GVG bei Bedenken gegen den Eintretenden – in der Geschäftsverteilung an die Stelle des ausfallenden Richters tritt. – Das Rechtsmittel war erfolglos.

Gründe:

a) ...

Was die Regelung in dem Schlußabsatz des Geschäftsverteilungsplanes betrifft, so ist der Revision zwar zuzugeben, daß sie dem § 64 Abs. 1 i.V.m. § 63 Abs. 1 Satz 1 GVG widerspricht (vgl. BGH 2 StR 96/56 v. 25. 5. 1956). Nach der dienstlichen Erklärung des Landgerichtspräsidenten vom 4. 7. 1958 sollte die allgemeine Anordnung über die gegenseitige Vertretung der Richter jedoch nur eine Sicherung für außergewöhnliche Fälle schaffen, ohne die eigentliche Regelung der Vertretung anzutasten. Trotzdem hätte sie die Bestimmung enthalten müssen, in welcher Reihenfolge die Mitglieder anderer Kammern zur Vertretung berufen sein sollten. Die Besetzung der erkennenden Kammer im vorliegenden Falle ist jedoch durch die erwähnte Anordnung nicht berührt; denn sie ist für die Besetzung der Strafkammer in der Hauptverhandlung gegen den Angeklagten nicht zum Zuge gekommen.

b) Unbegründet ist ferner die Rüge, aus dem Geschäftsverteilungsplan sei nicht ersichtlich, durch welchen der regelmäßigen Vertreter jeweils das ständige Kammermitglied vertreten werden solle. Wie sich aus der Fassung des Geschäftsverteilungsplans ergibt, ist in ihm nicht für jedes einzelne Mitglied der Kammer ein besonderer Vertreter bestimmt; die

Vertretung ist vielmehr so geregelt, daß die als Vertreter bestimmten Richter im Einzelfalle für jedes verhinderte ständige Kammermitglied einzutreten haben. Das ist verfahrensrechtlich nicht zu beanstanden. Nach der dienstlichen Erklärung des Landgerichtspräsidenten vom 4. 7. 1958 richtet sich der Einsatz des jeweiligen Vertreters nach der Reihenfolge der in dem Geschäftsverteilungsplan gemäß dem Dienstalter angeführten Richter und innerhalb dieser Reihenfolge nach den Belastungsverhältnissen der einzelnen Vertreter. Auch hiergegen erheben sich keine verfahrensrechtlichen Bedenken.

c) Der Vortrag des Verteidigers in der Revisionsverhandlung gibt dem Senat Anlaß zu folgenden Bemerkungen:

Ob die Geschäftsverhältnisse einer Kammer die Anberaumung einer außerordentlichen Sitzung erforderlich machen, hat der Vorsitzende nach seinem nicht nachprüfbaren Ermessen zu entscheiden; dasselbe gilt für die Bestimmung des Sitzungstages.

Dem Revisionsführer ist darin beizutreten, daß das Präsidium nach § 64 Abs. 1 i.V.m. § 63 Abs. 2 GVG verpflichtet ist, bei dauernder Verhinderung eines Kammermitglieds den von der Justizverwaltung als Ersatz zugewiesenen Hilfsrichter einer Kammer als Mitglied zuzuteilen, falls nicht in zulässiger Weise von seiner Verwendung in einer Kammer ganz abgesehen werden soll. Dieser Verpflichtung kann es sich nicht dadurch begeben, daß es für das ganze Geschäftsjahr von vornherein bestimmt, die zugewiesene Ersatzkraft trete von selbst in das Geschäftsgebiet des verhinderten Richters ein. Vielmehr hat das Präsidium über die Verwendung einer solchen Ersatzkraft jeweils durch besondere Verfügung zu befinden (vgl. u.a. RGSt 37, 301; BGH II ZR 137/56 v. 13. 2. 1958 – NJW 1958, 550 Nr. 11 –). Diese Verpflichtung obliegt dem Präsidium schon deshalb, damit jegliche Einwirkungsmöglichkeit der Justizverwaltung auf die Verteilung der Richtergeschäfte beim Landgericht ausgeschlossen bleibt. Mangels eines besonderen Präsidialbeschlusses war hiernach der durch Erlaß des bad.-württ. Justizministeriums vom 31. 12. 1957 mit Wirkung ab 1. 1. 1958 dem Landgericht als Nachfolger des Gerichtsassessors L. zugewiesene Assessor H. zur Zeit der Hauptverhandlung gegen den Angeklagten nicht Mitglied der (Großen) Strafkammer I. Damit erschöpfte sich die Wirkung der Gesetzwidrigkeit, die dem zusätzlichen Vermerk im Geschäftsverteilungsplan „... oder Vertreter im Amt" anhaftete. Die Unzulässigkeit des Vermerks hatte nicht etwa, wie der Beschwerdeführer meint, zur Folge, daß die erkennende Strafkammer wegen der „mangelnden Berufung des an sich zuständig gewesenen Hilfsrichters H." unvorschriftsmäßig besetzt war. Noch weniger bewirkte die Beifügung des zu beanstandenden Vermerks, daß der ganze Besetzungsplan gesetzwidrig war.

52. Vorsitzender einer Hilfsstrafkammer muß nicht Vorsitzender Richter sein.

StPO § 338 Nr. 1 – BGH Urt. v. 11. 11. 1958 – 1 StR 532/58 LG Koblenz (= BGHSt. 12, 104)

Die Revision rügt, der Angeklagte sei seinem gesetzlichen Richter entzogen worden (Art. 101 Abs. 1 Satz 2 GG, § 16 Satz 2 GVG), weil ihn nicht die ordentliche (3. Große) Strafkammer, sondern deren Hilfsstrafkammer abgeurteilt hat.

Sachverhalt: Die Hilfsstrafkammer war auf Anordnung des Landgerichtspräsidenten mit Wirkung vom 1. 4. 1958 gebildet worden, als der ursprüngliche Geschäftsverteilungsplan des Landgerichts für das Jahr 1958 durch Beschluß des Präsidiums vom 26. 3. 1958 wegen Arbeitsüberlastung der 3. Großen Strafkammer und wegen Richterwechsels geändert wurde.

In der Hauptverhandlung tagte die Hilfsstrafkammer mit einem Landgerichtsrat als Vorsitzenden und zwei Assessoren als Beisitzern. Das rügt die Revision ebenfalls. Nach ihrer Meinung hätte die Kammer vorschriftsmäßig mit einem Landgerichtsdirektor als Vorsitzenden und zwei Landgerichtsräten als Beisitzern besetzt sein müssen. – Das Rechtsmittel war erfolglos.

Gründe:

1.
Eine solche Maßnahme ist in der Rechtsprechung des Reichsgerichts und des Bundesgerichtshofs stets für zulässig erachtet worden (u.a. RGSt 55, 201; 62, 309; BGHSt. 10, 179 [BGH Urt. v. 4. 4. 1957 – 4 StR 82/57; vgl. § 338 Nr. 1 StPO erfolgreiche Rügen], 181; BGHSt. 11, 106, 107 [BGH Urt. v. 22. 11. 1957 – 4 StR 497/57; vgl. § 338 Nr. 1 StPO erfolglose Rügen]; BGH NJW 1953, 1034 Nr. 20). Sie ist auch hier nicht zu beanstanden, da sie nicht für die Dauer, sondern nur vorübergehend vorgesehen war; bei Erlaß des angefochtenen Urteils bestand die Hilfskammer etwa 2 1/2 Monate.

2.
a) Richtig ist, daß das Gesetz eine solche Besetzung grundsätzlich für die ordentlichen Kammern zur Erledigung des stetigen Anfalls richterlicher Aufgaben verlangt (§ 59 GVG; u.a. BGHSt. 9, 107[1]; BGHZ 22, 142). Gleich strenge Anforderungen stellt es jedoch nicht bei der Bewältigung vorübergehenden Geschäftsandrangs. Kann die ordentliche Kammer unvorhergesehenen Geschäftsanfalls in der Regelbesetzung nicht Herr werden, ist es auch nicht möglich, sie durch Zuweisung bestimmter Geschäfte nach allgemeinen Merkmalen (BGHSt. 7, 23 [BGH Urt. v. 28. 9. 1954 – 5 StR 275/53; vgl. § 338 Nr. 1 StPO erfolgreiche Rügen]) an eine andere ordentliche Kammer zu entlasten oder ihr neue Mitglieder zuzuteilen, so sind der Vorsitzende und die ständigen Mitglieder der Kammer an der Erledigung der Dienstgeschäfte verhindert, soweit ihre Überlastung reicht (RGSt 55, 236; BGH LM Nr. 4 zu § 67 GVG). Einen solchen Fall ordnet an sich das Gesetz selbst. Soweit die Verhinderung besteht, treten für die verhinderten Richter deren regelmäßige Vertreter ein. Den Vorsitzenden vertritt im allgemeinen ein ständiges Mitglied des Landgerichts, das der Kammer angehört, also ein Landgerichtsrat (§ 66 Abs. 1 GVG). Die Beisitzer werden nach Bestimmung des Geschäftsverteilungsplans vertreten (§ 63 Abs. 1 Satz 1 GVG). Das kann durch Hilfsrichter geschehen (BGH NJW 1953, 1034 Nr. 20). Nicht ohne weiteres läßt sich beanstanden, wenn im Einzelfall nach dem Geschäftsverteilungsplan für beide ordentlichen Beisitzer ein Hilfsrichter einzutreten hat (BGHSt. 9, 107, 108; BGHZ 20, 250). Ordnet aber das Gesetz selbst die Lage bei Verhinderung der ordentlichen Mitglieder der Kammer in der Weise, daß es ihre Vertretung durch einen Landgerichtsrat als Vorsitzenden und durch Hilfsrichter als Beisitzer zuläßt, so kann nichts anderes gelten, wenn bei Überlastung der ordentlichen Kammer, ebenfalls einem Fall der Verhinderung, gemäß § 63 Abs. 2 GVG eine Hilfskammer gebildet wird; denn das ist nur eine andere zulässige Art, den Verhinderungsfall zu regeln. Nicht immer wird es dabei zweckmäßig sein, es bei der erwähnten gesetzlichen Ordnung bewenden zu lassen. Ist die Verhinderung nicht auf einzelne wenige Sitzungen beschränkt, nimmt die Bewältigung unvorhergesehenen Arbeitsanfalls – wie oft bei umfangreichen Sachen – gewisse Zeit in Anspruch, so kann sich die Einrichtung einer Hilfsstrafkammer mehr empfehlen, als die gesetzliche Regelung nach den §§ 66 Abs. 1, 63 Abs. 1 GVG, schon weil sie anders als diese häufigeren Richterwechsel vermeidet.

Wird aber eine Hilfsstrafkammer aus solchem Anlaß nur vorübergehend gebildet, läßt sich insbesondere alsbald vorausbeurteilen, daß der Geschäftsandrang in absehbarer Zeit bewältigt sein wird und sie dann wieder weg fällt, so kann ihre Besetzung nicht an solchen Gerichtsverfassungsvorschriften gemessen werden, die auf die ordentlichen, zu dauerndem Bestand errichteten Kammern zugeschnitten sind. Die Zuteilung neuer planmäßiger Kräfte, auf Lebenszeit angestellter Richter, scheidet bei derartigen Umständen von vornherein aus; schon eine vernünftige Staatswirtschaft verbietet sie. Die Hilfskammer aus den vorhandenen Richterkräften wie eine ordentliche Kammer mit ständigen Mitgliedern

---

[1] „Die Beiordnung von Hilfsrichtern darf keine Daueinrichtung werden mit der Folge, daß über mehrere Geschäftsjahre hin dem feststehenden Bedarf an Richterkräften zu einem wesentlichen Teil und ständig mit Hilfsrichtern genügt wird." (BGH Urt. v. 13. 3. 1956 – 2 StR 361/55).

des Landgerichts zu besetzen, würde voraussetzen, daß diese nicht genügend ausgelastet wären; das wird nicht oft vorkommen, da die Justizverwaltungen, wie dem Senat bekannt ist, mit Planstellen für Richter sparsam umzugehen pflegen. Im gegebenen Falle ist für eine derartige Sachlage von der Revision nichts auch nur behauptet. Ist dann aber davon auszugehen, daß ständige Mitglieder des Landgerichts für die Hilfsstrafkammer nicht in genügender Anzahl zur Verfügung standen, insbesondere kein Landgerichtsdirektor als Vorsitzender, so kann nicht beanstandet werden, daß das Präsidium sie mit Vertretungskräften besetzt und so die durch vorübergehende Überlastung der ordentlichen Strafkammer entstandene Lage ähnlich geordnet hat, wie es das Gesetz ohne diese Maßnahme selbst getan haben würde. Das gilt um so mehr, als der Strafkammer außer dem Vorsitzenden ein ständiges Mitglied des Landgerichts auch als Beisitzer zugeteilt war.

Bei solcher Sachlage dennoch zu verlangen, daß die Hilfskammer mit einem Landgerichtsdirektor und zwei Landgerichtsräten wie eine ordentliche Strafkammer hätte besetzt werden müssen, wäre leere Förmelei. Eine undurchführbare Anordnung zu treffen, nur um dem Buchstaben zu genügen und den Schein zu wahren, ist der Rechtspflege unwürdig. Eine solche Maßnahme umgeht das Gesetz und ist deshalb auch unzulässig. Das ist in der Rechtsprechung anerkannt, wenn im Geschäftsverteilungsplan zum Vorsitzenden einer Kammer (eines Senats) ein Landgerichtsdirektor (ein Senatspräsident) bestellt wird, von dem von vornherein feststeht, daß er die ihm daraus zufallenden Obliegenheiten überhaupt nicht oder auch nur in einem irgendwie erheblichen Maße nicht wird wahrnehmen können (RGSt 62, 366; BGHSt. 2, 71 [BGH Urt. v. 13. 12. 1951 – 3 StR 683/51; vgl. § 338 Nr. 1 StPO erfolgreiche Rügen]; BGHZ 9, 291, 293 und 10, 130, 131). Ist in einem solchen Falle, wie das Reichsgericht (JW 1928, 1302 Nr. 20) und der Bundesgerichtshof (BGHZ 9, 291, 293) entschieden haben, in Wirklichkeit der regelmäßige Vertreter im Amte zum Vorsitzenden bestellt, wird also nicht nach dem Wortlaut, sondern nach der tatsächlichen Handhabung der Anordnung beurteilt, ob sie gesetzmäßig und rechtswirksam ist, so muß sie auch von vornherein so ausgesprochen werden können, wie sie wirklich getroffen ist und gehandhabt werden soll.

Es beweist nichts gegen die hier vertretene Ansicht, daß das Gerichtsverfassungsgesetz die Bestellung eines Landgerichtsrats zum Vorsitzenden nur bei der kleinen und der auswärtigen Strafkammer sowie bei der Kammer für Handelssachen zuläßt, bei der auswärtigen Strafkammer auch die Bestellung eines Amtsgerichtsrats (§ 62 Abs. 1 Satz 2, § 78 Abs. 2, § 105 Abs. 1, § 106 GVG; BGH LM Nr. 2 zu § 78 GVG). Diese Ausnahmen betreffen die Besetzung ordentlicher, dauernd bestehender Kammern. Im gegebenen Falle handelt es sich indes um eine bloß zu vorübergehender Vertretung der ordentlichen Kammer errichtete Hilfsstrafkammer.

Dagegen spricht für die Ansicht des Senats, daß andernfalls die Errichtung von Hilfskammern bei kleinen Landgerichten – etwa solchen, bei denen gar kein Direktor ernannt ist (§ 59 Abs. 1 Satz 2, § 64 Abs. 2 Halbsatz 2 GVG) – zu unüberwindlichen Schwierigkeiten führen müßte; ferner daß das Gesetz für die Ferienkammern, einen durchaus ähnlichen Fall vorübergehender Verhinderung der ordentlichen Kammern, gleichfalls nicht die Bestellung eines Landgerichtsdirektors zum Vorsitzenden verlangt (BGH 5 StR 625/57 v. 25. 2. 1958). In gleichem Sinne hat der Senat schon durch Urt. v. 28. 9. 1954 – 1 StR 247/54[1] entschieden.

---

1 „... Dass den ständigen Vorsitz in einer Hilfsstrafkammer statt des mit anderen Dienstgeschäften voll beschäftigten Vorsitzenden dauernd der dienstälteste Richter als sein Vertreter führt, ist zulässig (RGSt 62, 309). Dann ist aber auch nichts dagegen einzuwenden, wenn das Präsidium, wie hier, den Vorsitz für die Dauer des Bestehens der Hilfskammer von vornherein einem planmäßig angestellten Richter, der nicht Landgerichtsdirektor ist, überträgt (so RG JW 1932, 2888 Nr. 36). Voraussetzung ist allerdings, daß die Hilfskammer einem nur vorübergehenden Bedürfnis dient."

b) Daß die Mitwirkung von zwei Assessoren als Beisitzer der Hilfsstrafkammer in der Hauptverhandlung hier nicht ohne weiteres beanstandet werden kann, ist schon oben ausgeführt worden. Gegengründe hat die Revision nicht dargelegt.

c) Da die Hilfsstrafkammer zulässig errichtet worden ist, war auch „die insoweit vorgenommene Zuteilung der Schöffen" nicht gesetzwidrig.

Die Rüge unvorschriftsmäßiger Besetzung der Hilfsstrafkammer ist hiernach in vollem Umfange unbegründet.

53. Entzug des gesetzlichen Richters nur bei Willkür revisibel.

StPO § 338 Nr. 1 – BGH Urt. v. 22. 11. 1957 – 4 StR 497/57 I. LG Essen (= BGHSt. 11, 106 = NJW 1958, 429 = MDR 1958, 253)

Die Revision rügt, daß die erkennende Kammer erst nach Begehung der zu beurteilenden Straftaten für eine nach individuellen Merkmalen bestimmte Gruppe von Einzelfällen zur Entscheidung eingesetzt worden sei.

Sachverhalt: Durch Beschluß des Präsidiums des Landgerichts vom 29. 12. 1956 ist wegen der außergewöhnlichen Belastung der 7. Strafkammer mit Wirkung vom 2. 1. 1957 eine Hilfsstrafkammer der 7. Strafkammer gebildet worden. – Das Rechtsmittel war erfolglos.

Gründe: Hiergegen sind rechtliche Bedenken nicht zu erheben. Aus den im Beschluß angeführten Gründen der Überlastung der ordentlichen Strafkammer ist die Bildung einer Hilfsstrafkammer zulässig (BGH 3 StR 145/54 Urt. v. 23. 4. 1953 = LM § 63 GVG Nr. 2) und damit auch eine dadurch erforderlich werdende Änderung der Besetzung der ordentlichen Strafkammer. Im vorliegenden Falle bestehen hiergegen umsoweniger Bedenken, als die Bildung der Hilfsstrafkammer und die dadurch bedingte Änderung der Zusammensetzung der 7. Strafkammer zwar nach der Aufstellung des Geschäftsverteilungsplanes für 1957, aber noch vor Beginn des Geschäftsjahres vorgenommen worden ist. Allerdings müssen bei der durch das Präsidium vorzunehmenden Verteilung der Geschäfte zwischen diesen beiden Kammern die Grundsätze beachtet werden, die in der Entscheidung des Bundesgerichtshofs BGHSt. 7, 23 ff. (BGH Urt. v. 28. 9. 1954 – 5 StR 275/53; vgl. § 338 Nr. 1 StPO erfolgreiche Rügen) enthalten sind. Einer Nachprüfung, ob dies hier geschehen ist, bedarf es jedoch nicht. Denn die vorliegende Strafsache ist nicht vor der Hilfsstrafkammer, sondern vor der ordentlichen 7. Strafkammer verhandelt worden, wie dies das Sitzungsprotokoll und der Kopf des Urteils in Verbindung mit dem erwähnten Präsidialbeschluß ergibt. Dies verkennt anscheinend die Revision. Soweit Verfahren bei der ordentlichen Strafkammer verbleiben, kann nicht geltend gemacht werden, daß im übrigen die Übertragung von Strafsachen auf die Hilfsstrafkammer nicht den genannten Erfordernissen entspricht. Denn die der ordentlichen Strafkammer verbleibenden Sachen sind hierdurch ihrem gesetzlichen Richter nicht entzogen worden. Dies entspricht im Grundgedanken auch den in der genannten Entscheidung aufgestellten Grundsätzen, nach welchen es zulässig ist, eine Strafsache der ordentlichen Strafkammer zu belassen und alle anderen Sachen der Hilfsstrafkammer zuzuweisen.

Ebenso ist die Rüge unbegründet, daß das erkennende Gericht nicht für die Entscheidung zuständig gewesen sei. Hierbei sind zu unterscheiden die Frage der Zuständigkeit des Landgerichts und die Frage der Zuständigkeit der 7. Strafkammer. Beide Fragen müssen getrennt geprüft werden, während die Beschwerdeführer diese häufig miteinander verquicken.

a) Die Zuständigkeit des Landgerichts ist zweifelsfrei gegeben. Einige der Angeklagten haben ihren Wohnsitz im Bezirk des Landgerichts. Daraus ergibt sich für diese die Zuständigkeit des Landgerichts gemäß § 8 StPO. Hierdurch war aber auch gleichzeitig derselbe Gerichtsstand für die Beschwerdeführer, die ihren Wohnsitz nicht dort hatten, begründet.

Nach § 13 StPO ist für zusammenhängende Strafsachen, die einzeln nach den Vorschriften der §§ 7–11 StPO zur Zuständigkeit verschiedener Gerichte gehören würden, ein Gerichtsstand bei jedem Gericht begründet, das für eine der Strafsachen zuständig ist. Gemäß § 3 StPO ist hier ein solcher Zusammenhang vorhanden, da alle Angeklagten als Täter oder Teilnehmer des in Tateinheit mit Urkundenfälschung und Beamtenbestechung stehenden Betruges beschuldigt wurden (sachlicher Zusammenhang). Für die Frage der Zuständigkeit ist es ohne Bedeutung, ob der Gerichtsstand für einen Teilnehmer oder einen Täter bei einem bestimmten Gericht begründet ist. Wie § 13 StPO eindeutig ergibt, ist für jeden Beteiligten der Gerichtsstand bei dem Gericht begründet, das für einen der Beteiligten zuständig ist.

b) Im übrigen läuft die Rüge der Beschwerdeführer darauf hinaus, daß nach dem Geschäftsverteilungsplan nicht die 7. Strafkammer zuständig sei. Es ist zwar zutreffend, daß diese Kammer weder nach dem Anfangsbuchstaben des im Gerichtsbezirk wohnhaften Angeklagten A., noch nach der örtlichen Einteilung zuständig war. Die 7. Strafkammer des Landgerichts hat vielmehr ihre Zuständigkeit auf Grund der Vorbemerkung zur Verteilung der Geschäfte unter den Strafkammern III Nr. 3 bejaht, wo es heißt: „Für einen Gesamtkomplex von Strafsachen, der wegen seines inneren tatsächlichen und rechtlichen Zusammenhangs eine einheitliche Strafsache darstellt, aber wegen seines Umfangs nur in Teilprozessen verhandelt werden kann, ist die Strafkammer zuständig, in deren Zuständigkeit der Tatort bzw. der Name des Haupttäters fällt. Bei Zweifeln darüber, wer als Haupttäter anzusehen ist, ist diejenige Strafkammer zuständig, die mit dem ersten der Teilprozesse befaßt worden ist". Diese Voraussetzungen hat die 7. Strafkammer in ihrem in der Hauptverhandlung vom 23. 1. 1957 erlassenen Beschluß für gegeben erachtet und den Einwand der Unzuständigkeit der erkennenden Kammer verworfen. Sie hat ausgeführt, in dem Komplex der Kohlenlieferungen nach Süddeutschland seien u.a. anhängig die Verfahren gegen W. u.a. und gegen die Eheleute G. Als erste der in diesen Komplex fallenden Anklagen sei unter Nr. 1 des Registers 27a/1956 der Aktenkontrolle der 7. großen Strafkammer die Strafsache gegen W. u.a. eingetragen worden. Die ihm zur Last gelegten Straftaten seien in erster Linie im Amtsgerichtsbezirk G. begangen worden, so daß insoweit nach der Geschäftsverteilung die Zuständigkeit der Strafkammer begründet sei. Auch bei den Angeklagten G., von denen der Ehemann als einer der Haupttäter des Komplexes anzusehen sei, sei die Kammer aus demselben Grunde nach der Geschäftsverteilung zuständig. Zwischen diesen beiden Verfahren und dem Verfahren gegen E. u.a. bestehe ein innerer tatsächlicher und rechtlicher Zusammenhang, wie im Beschluß näher dargelegt ist.

Es ist nun zwar anerkannt, daß mit der Revision die Gesetzmäßigkeit der Aufstellung des Geschäftsverteilungsplanes gerügt werden kann (BGHSt. 3, 353 ff. [BGH Urt. v. 6. 1. 1953 – 2 StR 162/52; vgl. § 338 Nr. 1 StPO erfolgreiche Rügen]). Eine solche Rüge haben die Beschwerdeführer aber nicht erhoben. Sie haben vielmehr geltend gemacht, daß die Voraussetzungen der Anwendbarkeit jener Bestimmung im vorliegenden Falle vom Landgericht zu Unrecht bejaht worden seien.

Nach der im Einklang mit der herrschenden Ansicht stehenden Rechtsprechung des Reichsgerichts kann die Revision jedoch nicht darauf gegründet werden, daß das Urteil von einer nach dem Geschäftsverteilungsplan nicht zur Aburteilung der Sache berufenen Strafkammer erlassen worden sei (vgl. BGHSt. 3, 353, 355). Indessen muß die Revision dann zulässig sein, wenn die unrichtige Anwendung des Geschäftsverteilungsplanes einen Verstoß gegen Art. 101 Abs. 1 Satz 2 GG und § 16 Satz 2 GVG (Richterentziehung) zur Folge hat. Diese Bestimmungen sind aber nicht in jedem Falle verletzt, in dem ein anderer als der „gesetzliche Richter" tätig wird. Von dem Fall der „Entziehung des gesetzlichen Richters" ist der des „Verfahrensirrtums" zu unterscheiden. Dieser liegt jedenfalls dann vor, wenn der mit dem Fall befaßte Richter nicht willkürlich seine Zuständigkeit angenommen hat. Jene Bestimmungen geben in dem hier in Betracht kommenden Bereich nur einen Schutz gegen Willkür (BVerfG 4, 412, 416, 417 [Urt. v. 20. 3. 1956 – 1 BvR 479/55;

vgl. § 338 Nr. 1 StPO erfolgreiche Rügen]; 3, 359, 364, 365). Etwas anderes gilt dann, wenn es sich um das Einwirken einer außerhalb der Gerichte stehenden Stelle oder von solchen Personen innerhalb der Gerichtsorganisation handelt, die allgemein oder in einer bestimmten Sache keine richterliche Aufgabe wahrnehmen dürfen. Diese Voraussetzungen sind jedoch hier nicht gegeben.

Ein Fall der Willkür – dieser Begriff braucht hier von dem des Verfahrensirrtums nicht näher abgegrenzt zu werden – scheidet in diesem Verfahren von vornherein aus. Wie die Niederschrift der Hauptverhandlung ergibt, ist über die Frage der Zuständigkeit der Kammer eingehend verhandelt worden, nachdem sowohl der Staatsanwaltschaft als auch der Verteidigung die für die Beurteilung der Zuständigkeit des Gerichts maßgebenden Unterlagen zugänglich gemacht worden waren und beide Teile Gelegenheit hatten, ihren Standpunkt vorzutragen. Auch der Beschluß des Gerichts läßt erkennen, daß sich die erkennende Kammer mit den von der Verteidigung geltend gemachten Gesichtspunkten eingehend auseinandergesetzt hat.

Unter diesen Umständen käme, selbst wenn der Beschluß auf einer unrichtigen Auslegung des Geschäftsverteilungsplanes beruhen oder das Landgericht die Voraussetzungen jener Bestimmung zu Unrecht bejaht haben sollte, nur ein Verfahrensirrtum in Frage. Ob darüber hinaus die Revision auch sonst auf die Verletzung des Geschäftsverteilungsplanes gestützt werden kann, bedurfte hier keiner Prüfung, da das Urteil aus einem sachlich-rechtlichen Grunde aufgehoben werden muß.

54. Bei Heranziehung von Hilfsschöffen erfolgt keine Prüfung, ob Hauptschöffe zu Recht befreit worden ist.

StPO § 338 Nr. 1 – BGH Urt. v. 12. 1. 1956 – 3 StR 626/54 LG Frankfurt. (Main) (= BGHSt. 9, 203 = NJW 1956, 1362)

Die Revision rügt, daß der Hauptschöffe R., der nach der durch das Los festgelegten Reihenfolge an der Sitzung vom 8. 12. 1952, also an der Hauptverhandlung gegen die Beschwerdeführer teilzunehmen hatte, nicht mitwirkte, da er inzwischen in der Liste der Hauptschöffen gestrichen worden war. Diese Streichung entbehre der gesetzlichen Grundlage. Die an die Stelle des R. getretene Hilfsschöffin Sch. sei nicht zum Richteramte berufen gewesen.

Sachverhalt: Der in der Hauptschöffenliste eingetragene Schauspieler R. bat das Landgericht am 13. 2. 1952 um Befreiung von der künftigen Dienstleistung als Schöffe, weil es infolge der Eigenart seines Arbeitsverhältnisses ganz ungewiß sei, ob er zu den ihm mitgeteilten Sitzungen im Laufe des Jahres 1952 erscheinen könne.
Daraufhin verfügte der Landgerichtspräsident am 22. 2. 1952, daß „der Hauptschöffe R. in der Schöffenliste zu streichen" sei. Er rechtfertigt das unter Berufung auf die §§ 77 Abs. 3, 52 GVG. Es wurde jedoch nicht, wie zu erwarten gewesen wäre, an R.s Statt der nächste Hilfsschöffe in die Hauptschöffenliste übernommen (§ 42 Nr. 2 GVG), vielmehr wurde die Verfügung des Präsidenten den sechs Strafkammern, bei denen R. im Laufe des Jahres 1952 als Schöffe Dienst zu tun hatte, „zur Kenntnisnahme und Ersatzgestellung" vorgelegt. Die „Ersatzgestellung" ging demgemäß in der Weise vor sich, daß die Strafkammern zu den einzelnen Sitzungen, für die R. ausgelost worden war, von sich aus einen Hilfsschöffen heranzogen. – Das Rechtsmittel war erfolglos.

Gründe: Der Revision ist zuzugeben, daß die Streichung des Hauptschöffen R. in der Schöffenliste durch den Landgerichtspräsidenten nicht den Vorschriften der §§ 77, 52, 53 in Verbindung mit den §§ 32 bis 35 GVG entspricht.

Die Bestimmungen der §§ 52, 53 und 54 GVG unterscheiden zwischen der Befreiung eines Schöffen von der Pflicht der Mitwirkung an einer einzelnen Sitzung und dem Ausschluß von jeder weiteren Tätigkeit für den Rest der Wahlperiode. Die im Gesuche des Schöffen R. dargelegten Gründe ergaben weder seine Unfähigkeit (§ 32 GVG) noch seine Ungeeignetheit im Sinne der §§ 33, 34 GVG, sie berechtigten ihn auch nicht, die Berufung zum Amt des Schöffen nach § 35 GVG abzulehnen. Die in der zuletzt genannten Vorschrift aufgeführten Angehörigen bestimmter Berufe und Personengruppen dürfen die Berufung zum Amt des Schöffen ablehnen, weil das Gesetz davon ausgeht, daß ihnen die Übernahme der mit dem Amt verbundenen Pflichten nicht zuzumuten ist, und zwar vornehmlich deshalb, weil sie in ihrem Wirkungskreis nicht leicht ersetzt werden können. Dieser im Gesetz umschriebene Personenkreis darf nicht, wie es hier geschehen ist, durch Justizverwaltungsentscheidungen erweitert werden. Da grundsätzlich *jeder* Deutsche berechtigt und verpflichtet ist, das Amt eines Schöffen zu übernehmen, ist es nicht angängig, aus Zweckmäßigkeitserwägungen die im Gesetz im einzelnen geregelten Ausschluß- und Ablehnungsgründe durch Maßnahmen der Justizverwaltung zu erweitern. Die Streichung des Schöffen R. in der Schöffenliste durch den Landgerichtspräsidenten war daher unzulässig.

Hieraus folgt indessen noch nicht, daß die Strafkammer, die das angefochtene Urteil erlassen hat, nicht ordnungsmäßig besetzt war.

Ungeachtet seiner Streichung in der Hauptschöffenliste hat nämlich R., veranlaßt durch eine Rückfrage des Vorsitzenden der 1. Strafkammer, am 3. 12. 1952 bei dieser Strafkammer ein besonderes Gesuch um Befreiung vom Schöffendienst für die am 8. 12. 1952 beginnende Sitzung eingereicht und es mit seiner starken beruflichen Beanspruchung begründet. *Diesem* Gesuch hat der Strafkammervorsitzende am selben Tage stattgegeben, nachdem er bei der Anstellungsbehörde R.'s Erkundigungen eingezogen hatte. Hierzu war der Vorsitzende nach §§ 77 Abs. 3, 54 Abs. 1 GVG zuständig und berechtigt; die Verfügung kann in keiner Weise rechtlich beanstandet werden. Infolgedessen war R. zum Schöffenamte nicht mehr berufen, vielmehr hatte seine Stelle in der am 8. 12. 1952 beginnenden Sitzung nach § 49 Abs. 1 GVG derjenige Hilfsschöffe einzunehmen, der nach der Namensfolge der Hilfsschöffenliste an der Reihe war. Nach einem Vermerk des Strafkammervorsitzenden stand dort „an bereiter Stelle" der unter Nummer 10 verzeichnete Hilfsschöffe (Frau Sch.).

Trotzdem hält der Beschwerdeführer K. die Heranziehung dieses Hilfsschöffen für gesetzwidrig. Er hat dazu vorgetragen: Entsprechend dem § 43 Abs. 2 GVG sei R. für zahlreiche, im Lauf des Jahres 1952 stattfindende Strafkammersitzungen ausgelost gewesen. Er habe in diesen, vor dem 8. 12. 1952 abgehaltenen Sitzungen nicht mitgewirkt, weil man seine Streichung in der Hauptschöffenliste durch den Landgerichtspräsidenten für wirksam gehalten habe. An seiner Stelle seien der Reihe nach Hilfsschöffen eingetreten. Damit sei, da R. vom Schöffenamt nicht wirksam entbunden gewesen sei, gegen das Gesetz verstoßen worden. Wäre bei jenen Sitzungen richtig verfahren worden, so wäre am 8. 12. 1952 nicht der Hilfsschöffe Nr. 10 (Frau Sch.), sondern ein anderer an der Reihe gewesen.

Nach dem hier anzuwendenden § 49 Abs. 1 GVG bestimmte sich „nach der Reihenfolge der Schöffenliste", welcher Hilfsschöffe zuzuziehen war. Gemeint ist dabei die Hilfsschöffenliste (§ 44 GVG). Berufen ist in solchem Falle derjenige Hilfsschöffe, der nach den Eintragungen der Liste dem Hilfsschöffen folgt, der als letzter zu Dienstleistungen tatsächlich herangezogen wurde (RGSt 63, 309). Sollten bei der Einberufung der der Frau Sch. vorangehenden Hilfsschöffen Fehler unterlaufen sein, so hat dies keinesfalls zur Folge, daß durch die Heranziehung der Hilfsschöffin Sch. die Besetzung der 1. Strafkammer am 8. 12. 1952 fehlerhaft geworden wäre. Es kommt allein darauf an, daß Frau Sch. tatsächlich an der Reihe war. Die Vorschrift des § 49 GVG will bei der Entscheidung der Frage, wer infolge des Wegfalls oder des Ausbleibens eines Schöffen an dessen Stelle zu treten hat, Ermessensentscheidungen und Willkür nach Möglichkeit ausschließen. Deshalb ist in den Entscheidungen des Reichsgerichts mehrfach betont worden, daß, abgesehen von der Ausnahme des § 49 Abs. 2 GVG, ein Abweichen von der strengen Reihenfolge der

Hilfsschöffenliste nicht statthaft sei (RGSt 63, 309). Dieser Rechtsprechung ist der Bundesgerichtshof gefolgt (BGHSt. 5, 73 [BGH Urt. v. 3. 11. 1953 – 5 StR 333/53; vgl. § 338 Nr. 1 StPO erfolgreiche Rügen]). Dem Zweck der gesetzlichen Regelung würde es widersprechen, wollte man zulassen, daß der Vorsitzende einer Strafkammer bei der Prüfung der Frage, welcher Hilfsschöffe an der Reihe ist, Erwägungen darüber anzustellen hätte, ob die nach dem Inhalt der Schöffenliste bereits früher einmal herangezogenen Vordermänner zu Recht in Anspruch genommen wurden. Ein solches Verfahren würde dazu zwingen, daß der Vorsitzende bei der Bestimmung des heranzuziehenden Hilfsschöffen jeweils nachprüfen müßte, ob die von ihm oder sogar von anderen Strafkammervorsitzenden früher getroffenen Entscheidungen über die Einberufung der einzelnen Hilfsschöffen dem Gesetz entsprachen. Es kann sich dabei um schwierige und zweifelhafte Fragen handeln. Es liegt auf der Hand, daß eine solche nachträgliche Prüfung dem Zweck des Gesetzes zuwiderläuft, im Interesse der Rechtssicherheit die Bestimmung des Ersatzschöffen lediglich nach der einfachen Reihenfolge der Hilfsschöffenliste zu treffen. Das von der 1. Strafkammer gewählte Verfahren, Frau Sch. zu berufen, weil sie nach der Reihenfolge der Hilfsschöffenliste an „bereiter Stelle" stand, entspricht daher dem Gesetz, ohne daß es hier darauf ankäme, wie früher verfahren wurde.

55. Schöffe in laufender Hauptverhandlung bleibt auch im neuen Geschäftsjahr im Amt.

StPO § 338 Nr. 1 – BGH Urt. v. 20. 10. 1955 – 4 StR 286/55 LG Hagen (= BGHSt. 8, 250)

Die Revision rügt, das Gericht sei nicht ordnungsgemäß besetzt gewesen, weil die Schöffen des laufenden Verfahrens, das in das neue Geschäftsjahr überging, erneut hätten vereidigt werden müssen. Dies sei indes nicht geschehen.

Der Sachverhalt ergibt sich aus der Revisionsbegründung. – Das Rechtsmittel war erfolglos.

Gründe:

1. Eine nicht vorschriftsgemäße Besetzung des Gerichts trat auch nicht dadurch ein, daß nach dem Beschluß des Präsidiums vom 28. 12. 1954 die in der Verhandlung gegen den Angeklagten mitwirkenden Richter bis zur Erledigung dieses und eines anderen Verfahrens der 4. Strafkammer für das neue Geschäftsjahr zugeteilt wurden. Zwar würde eine derartige befristete Zuteilung, wie in der Entscheidung des Senats vom 20. 10. 1955 (4 StR 326/55) – s. S. 252 ff. (vgl. § 338 Nr. 1 StPO erfolgreiche Rügen) dieses Bandes – ausgeführt ist, gegen § 63 Abs. 1 GVG verstoßen. Ob die Anordnung des Präsidiums vom Präsidenten gebilligt war und wegen dieser Billigung die Wirkung des § 65 GVG hatte, kann dahingestellt bleiben. Es bedurfte nämlich im vorliegenden Fall keiner derartigen Anordnung. Die genannten Richter befanden sich als im abgelaufenen Geschäftsjahr ordnungsgemäß bestellte Mitglieder in der Hauptverhandlung, die innerhalb der Frist des § 229 StPO fortgesetzt wurde. Da lediglich diejenige Verhandlung fortzusetzen war, zu der sie in gesetzmäßiger Weise berufen worden waren, mußten sie der für die Verhandlung zuständigen Kammer nicht erneut zugeteilt werden. Der Fall des § 65 GVG setzt – jedenfalls in Strafsachen – eine nicht nur unterbrochene und in der Frist des § 229 StPO fortgesetzte, sondern eine von neuem begonnene Verhandlung voraus. Wenn man auch den Fall der nur fortgesetzten Hauptverhandlung der Geltung des § 65 GVG unterstellen wollte, hieße das, entweder ein vom Standpunkt der Prozeßökonomie sinnloses Abbrechen einer in Gang befindlichen Hauptverhandlung in Kauf nehmen oder aber ihre sachlich gebotene Fortsetzung von der Entscheidung der Justizverwaltung abhängig machen, deren Einwirkung auf die Zuteilung der Sachen im Einzelfall nach dem Sinn der gesetzgeberischen Regelung möglichst ausgeschlossen werden soll.

Auch in der für Schöffen getroffenen Regelung des § 5 GVG ist ersichtlich der Grundgedanke zum Ausdruck gekommen, daß Mitglieder des Gerichts eine einmal begonnene

Verhandlung, soweit sie nicht ausgesetzt oder vertagt wurde, auch über den Zeitraum hinaus fortsetzen können, für den sie zur Verhandlung vorgesehen waren. Soweit es sich um Schöffen handelt, bedurfte dies einer besonderen Aufnahme in das Gesetz, da der Schöffe nur für bestimmte Sitzungstage und nie über die Wahlperiode hinaus einberufen wird, somit nur für diese Tage zur Dienstleistung berufen ist (RGSt 65, 298). Für Berufsrichter, die dagegen auf Dauer zur Dienstleistung berufen sind, bedurfte es einer solchen Bestimmung im Gesetz nicht. § 65 GVG enthält also eine besondere Regelung für die Fälle, in denen eine frühere Verhandlung vertagt wurde und daher prozeßökonomische Gründe die weitere Verhandlung durch dieselben Richter nicht mit gleicher Dringlichkeit fordern. Der Anordnung des Präsidiums vom 28. 12. 1954 kommt daher nur deklaratorische (bestätigende) Bedeutung zu.

2. Es trifft zu, daß die beiden Schöffen im Jahre 1955 nicht erneut vereidigt wurden. Nach § 51 GVG gilt die Vereidigung der Schöffen für die zwei Jahre betragende Wahlperiode, die mit Ablauf des Jahres 1954 endete. Soweit dieselben Schöffen nach Ablauf der Wahlperiode wiederum neu gewählt werden, bedarf es allerdings ihrer Vereidigung, da ihre Schöffeneigenschaft erloschen ist und zur Neubegründung dieses Amtes Wahl und Vereidigung gehören. Soweit jedoch Schöffen, wie im vorliegenden Fall, in einer zu Ende des Geschäftsjahres noch nicht abgeschlossenen Hauptverhandlung nach § 50 GVG weiter mitwirken, handelt es sich nicht um eine erneute Übertragung des Schöffenamtes, der eine Wahl vorausgehen müßte, sondern um eine Art gesetzliche Verlängerung des gültig übertragenen Amtes, wofür es keiner besonderen Vereidigung bedarf.

56. Die Beschäftigung von Hilfsrichtern bei den Landgerichten ist nur zulässig, soweit ein anderes, vor allem durch Festanstellung, nicht zu befriedigendes, unabweisbares vorübergehendes Bedürfnis vorliegt und auf die Einarbeitung des richterlichen Nachwuchses in angemessenem Umfang Rücksicht zu nehmen ist.

StPO § 338 Nr. 1 – BGH Urt v. 29. 9. 1955 – 3 StR 463/54 LG Frankfurt (Main) (= BGHSt. 8, 159)

Die Revision rügt, das Gericht sei nicht ordnungsgemäß besetzt gewesen, weil der Kammer auf längere Dauer mit nur zwei auf Lebenszeit angestellte und zwei Hilfsrichtern angehört haben.

Sachverhalt: Die 4. Große Strafkammer, die den Angeklagten verurteilt hat, war in der Hauptverhandlung mit dem stellvertretenden Vorsitzenden und zwei Assessoren besetzt. Auch in den Geschäftsjahren 1953 und 1952 hatten ihr neben dem Vorsitzenden und einem Landgerichtsrat, zeitweise mit halber Kraft auch einem Amtsgerichtsrat, je zwei Assessoren angehört. – Das Rechtsmittel war erfolglos.

Gründe: Nach den Auskünften, die der erkennende Senat über die Besetzung der 4. Strafkammer und den Stellenplan des Landgerichts allgemein eingeholt hat, kann die Verfahrensrüge, obwohl manches für sie spricht, nicht durchdringen.

Die Beschäftigung von Hilfsrichtern bei den Landgerichten ist an sich stets für zulässig gehalten worden (BGHSt. 1, 274; 8, 17 [BGH Urt. v. 21. 6. 1955 – 5 StR 177/55; vgl. § 338 Nr. 1 erfolglose Rügen]; RGSt 71, 204; BGH 5 StR 585/53 v. 26. 1. 1954; 5 StR 441/53 v. 5. 2. 1954 BGHZ 12, 1; BVerfG NJW 1954, 30; OGHSt 2, 331). Art. 97 GrundG und die Vorschriften des Gerichtsverfassungsgesetzes und der Strafprozeßordnung stehen ihr nicht grundsätzlich entgegen (vgl. §§ 10 Abs. 2, 70 Abs. 2 GVG). Der erkennende Senat tritt jedoch für den vorliegenden Fall der Entscheidung des 2. Zivilsenats des Bundesgerichtshofs vom 16. 12. 1953 bei, wo ausgeführt ist, daß die Beiordnung von Hilfsrichtern den Beschränkungen unterliegt, die sich aus den Grundsätzen der persönlichen Unabhängigkeit der Richter von Einflüssen der Verwaltung (Art. 97 GrundG, § 1 GVG) und aus dem Bedürfnis nach Stetigkeit der Rechtspflege ergeben (BGHZ 12, 1, 3). Beide Rechtsgrundsätze sind beherrschende Leitgedanken der Rechtspflege. Zusammen mit dem richtig verstandenen Begriff des Hilfsrichters (§§ 70, 10 Abs. 2 GVG) zwingen sie dazu, die Beschäftigung von Hilfsrichtern bei den Landgerichten nur für angängig zu halten, soweit ein anders, vor allem durch Festanstellung, nicht zu befriedigen des, unabweisbares vorübergehendes Bedürfnis vorliegt und auf die Einarbeitung des richterlichen Nachwuchses in angemessenem Umfang Rücksicht zu nehmen ist. Der 2. Zivilsenat hatte sich in jenem Urteil mit der Beiordnung von auf Lebenszeit angestellten Richtern als Hilfsrichter beim Oberlandesgericht zu befassen. Die von ihm ausgesprochenen Rechtsgrundsätze gelten jedoch sinngemäß auch für die Landgerichte. Auch dort darf die Beschäftigung von Hilfsrichtern, von der Probebeschäftigung und von vorübergehender Vertretungstätigkeit abgesehen, nicht dazu führen, daß diejenigen Richterplanstellen, die zur ordnungsgemäßen Erledigung des Dauerbedarfs der Geschäfte erforderlich sind, nicht rechtzeitig geschaffen und nicht alsbald besetzt werden. Wo es auf die Wahrung der Unabhängigkeit der rechtsprechenden Gewalt und die vollwertige Erledigung ihrer Obliegenheiten ankommt, haben fiskalische und Verwaltungsgesichtspunkte zurückzutreten. Die Präsidien der Landgerichte müssen imstande sein, die Geschäftspläne so aufzustellen, daß bei dem Gericht dauernd vorhandene richterliche Aufgaben, von unvermeidlicher Vertretung bei Erkrankung, Urlaub und vorübergehenden Abordnungen abgesehen, grundsätzlich und in der Regel durch fest angestellte Richter erfüllt werden.

Nichts Gegenteiliges ergibt sich aus den Vorschriften der §§ 10 Abs. 2, 70 Abs. 2 GVG. Die erste Vorschrift regelt nur die grundsätzliche Zulässigkeit der Beschäftigung von Hilfsrichtern bei den Amts- und Landgerichten, jedoch innerhalb der hier gekennzeichneten zwingenden vorübergehenden Bedürfnisse. § 70 Abs. 2 sichert den Hilfsrichter gegen vorzeitige Abberufung aus sachfremden Erwägungen; die Vorschrift dient der Wahrung seiner persönlichen Unabhängigkeit, soweit diese ohne Festanstellung überhaupt gewahrt werden kann. Das dort gekennzeichnete Bedürfnis, für dessen Dauer der Hilfsrichter berufen worden ist und vor dessen Wegfall er bei Berufung auf unbestimmte Zeit nicht abberufen werden darf, hat stets ein vorübergehendes in dem dargelegten Sinne zu sein.

Bei Berücksichtigung aller vom Senat ermittelten Umstände hat die Besetzung der 4. Großen Strafkammer am 27. 4. 1954 diesen Anforderungen gerade noch entsprochen. Die damaligen Verhältnisse sind im Zusammenhang einer Entwicklung zu sehen, die zu einer allmählichen Vermehrung der ständig angestellten Richter und zu einer Verminderung der Hilfsrichter geführt hat. Das zeigen die Geschäftsverteilungspläne des Landgerichts aus den Jahren 1952 bis 1955. Es kann daher nicht gesagt werden, daß das ungünstige Verhältnis der Zahl der fest angestellten Richter zu der der Hilfsrichter ein Dauerzustand gewesen wäre. Dabei darf berücksichtigt werden, daß unverkennbar auch die hessische Justizverwaltung in der Nachkriegszeit ungewöhnliche sachliche und persönliche Schwierigkeiten bei der planmäßigen Wiederbesetzung der Gerichte zu überwinden hatte, deren Bewältigung nicht von ihr allein abhing. Auch sieht sich die Rechtsprechung erst neuerdings besonders genötigt, jene wichtigen rechtlichen Grenzen der Beschäftigung von Hilfsrichtern stärker zu betonen, während sie die erhebliche Bedeutung, die diese Frage für die Gewaltentrennung und die persönliche richterliche Unabhängigkeit hat, früher weniger und nur aus besonderem Anlaß hervorgehoben hat (z.B. RGSt 18, 307; 22, 168, 170; 71, 204; BGH 5 StR 585/53 vom 26. 1. 1954). Die Zahl der Planstellen ist schon im Haushaltsjahr 1954 vermehrt worden; die hessische Justizverwaltung ist bestrebt, wie ihre Äußerung zeigt, die beim Landgericht jetzt vorhandenen 67 Planstellen, von denen im November 1954 62 besetzt waren, alsbald sämtlich zu besetzen. Allerdings standen dem Landgericht von den 62 Planstellenrichtern wegen Beurlaubung, Krankheit und vor allem infolge von Abordnungen noch Anfang November 1954 nur 55 zur Verfügung, so daß das Präsidium über 18% der eingerichteten Planstellen für die richterlichen Aufgaben des Landgerichts nicht verfügen konnte, ein Zustand, der besonders deshalb nicht unbedenklich sein mochte, weil die Erfahrung lehrt, daß schon die Zahl der eingerichteten Planstellen hinter dem Dauergeschäftsanfall bisweilen zurückbleibt. Die Äußerung des Hessischen Ministers der Justiz vom 2. 11. 1954 hat den Senat jedoch überzeugt, daß die 5 damals noch offenen Planstellen inzwischen besetzt worden sein werden und daß dem Landgericht zur Erledigung seiner richterlichen Geschäfte in den Kammern nunmehr 60 fest angestellte Richter bei 67 Planstellen (= etwa 89,5% der Planstellen) zur Verfügung stehen. Dagegen sind keine rechtlichen Bedenken zu erheben, solange ausreichend Planstellen vorhanden sind. Dafür, daß dies nicht zutrifft, besteht kein hinreichender Anhalt. Im Geschäftsjahr 1955 ist die 4. Strafkammer mit drei fest angestellten Richtern und einem Assessor besetzt.

Unter diesen Umständen vermag der Senat einen Verstoß gegen die von der Revision zutreffend herangezogenen Vorschriften noch nicht anzuerkennen.

57. Vorübergehende Überlastung des Vorsitzenden einer Strafkammer unschädlich.

StPO § 338 Nr. 1 – BGH Urt. v. 21. 6. 1955 – 5 StR 177/55 LG Stade (= BGHSt. 8, 17 = NJW 1955, 1447)

Die Revision rügt, der ordentliche Vorsitzende, Landgerichtsdirektor W., habe zur gleichen Zeit auch den Vorsitz in der 1. Großen Strafkammer innegehabt und sei infolge Überlastung von vornherein nicht in der Lage gewesen, die Geschäfte des Vorsitzenden der 2. Großen Strafkammer zu erledigen. Diese sei daher nicht vorschriftsmäßig besetzt gewesen.

Sachverhalt: Bei dem angefochtenen Urteil der 2. Strafkammer des Landgerichts hat als Vorsitzender der Landgerichtsrat T. mitgewirkt. Der Landgerichtsdirektor G. war aus dem Justizdienst des Landes Niedersachsen ausgeschieden, weil er mit Wirkung vom 1. 10. 1954 zum Landessozialgerichtsrat ernannt worden war. Das Präsidium des Landgerichts hatte daher durch Beschluß vom 1. 10. 1954 dem Vorsitzenden der 1. Großen Strafkammer, Landgerichtsdirektor W., „bis zur Ernennung eines Landgerichtsdirektors auch den Vorsitz in der Strafkammer 2" übertragen.

Landgerichtsdirektor W. hat in einer dienstlichen Äußerung erklärt, er sei zwar durch den Vorsitz in der 1. Großen Strafkammer voll in Anspruch genommen gewesen, habe sich aber „bemüht, im Rahmen des Möglichen auch die Geschäfte des Vorsitzenden in der Strafkammer 2 weitgehend persönlich wahrzunehmen". Er habe die meisten eingehenden Sachen selbst überprüft und sie sodann entweder selbst bearbeitet oder dem Landgerichtsrat T. zugeschrieben, an zahlreichen Beschlüssen mitgewirkt, mit geringen Ausnahmen alle Hauptverhandlungstermine anberaumt und bis Mitte Februar 1955 an sechs Verhandlungstagen den Vorsitz geführt. – Das Rechtsmittel war erfolglos.

Gründe: Die Vorsitzenden der großen Strafkammern sind zwar nicht vom Präsidium, sondern nach § 62 Abs. 2 GVG von dem Landgerichtspräsidenten und den Landgerichtsdirektoren zu bestimmen. Diesen Mangel rügt die Revision aber nicht.

Es ist auch zulässig, einen Landgerichtsdirektor mit dem Vorsitz in mehreren Kammern zu betrauen (RGSt 55, 201, BGHSt. 2, 71 [BGH Urt. v. 13. 12. 1951 – 3 StR 683/51; vgl. § 338 Nr. 1 StPO erfolgreiche Rügen]). Es kann unentschieden bleiben, ob die Art und das Maß dieser Tätigkeit ausreiche, dem Landgerichtsdirektor W. einen richtungweisenden Einfluß auf die Rechtsprechung der 2. Großen Strafkammer zu verschaffen. Daß sich der ordentliche Vorsitzende diese Möglichkeit der Einwirkung durch den Umfang seiner Mitarbeit sichert, ist zwar grundsätzlich zur vorschriftsmäßigen Besetzung der Kammer erforderlich (BGHSt. 2, 71; 7, 23 [BGH Urt. v. 28. 9. 1954 – 5 StR 275/53; vgl. § 338 Nr. 1 StPO erfolgreiche Rügen]; BGHZ 9, 291; 10, 130). Ist er jedoch nur vorübergehend verhindert, so tritt in dieser Zeit nach § 66 Abs. 1 GVG sein regelmäßiger Vertreter für ihn ein. Auch dann ist die Kammer vorschriftsmäßig besetzt (RGSt 62, 273, 366; BGHZ 9, 291; 10, 130; 15, 135; BGH JZ 1955, 246). So lag es hier.

Das Präsidium des Landgerichts ging bei seinem Beschluß vom 1. 10. 1954 ersichtlich davon aus, der neue Landgerichtsdirektor werde in absehbarer Zeit ernannt werden. Die Richtigkeit dieser Auffassung wurde durch den Gang der Ereignisse bestätigt. Denn in demselben Heft der „Niedersächsischen Rechtspflege", in dem das Ausscheiden des Landgerichtsdirektors G. aus dem Justizdienst mitgeteilt wurde (Nr. 10 v. 15. 10. 1954), wurde dessen frei gewordene Stelle zur Neubesetzung ausgeschrieben. Sie wurde später dem Landgerichtsrat D. verliehen. Seine Beförderung zum Landgerichtsdirektor wurde im Heft Nr. 2 der „Niedersächsischen Rechtspflege" vom 15. 2. 1955 veröffentlicht. Sie war aber schon etwa Anfang Februar 1955 ausgesprochen worden. Das geht aus dem Beschluß des Präsidiums des Landgerichts vom 3. 2. 1955 hervor. Am 28. 2. 1955 übernahm Landgerichtsdirektor D. den Vorsitz in der 2. Strafkammer.

Es war also von vornherein nur eine einstweilige Regelung, daß Landgerichtsdirektor W. den Vorsitz in zwei großen Strafkammern innehatte und sich daher seinen Aufgaben in der 2. Strafkammer nicht im vollen Umfange widmen konnte. Dieser Zustand dauerte insgesamt fünf Monate. Er kann noch als vorübergehend bezeichnet werden.

Der 3. und der 5. Zivilsenat des Bundesgerichtshofes (BGHZ 9, 291; 10, 130) haben Urteile eines Oberlandesgerichts aufgehoben, weil schon bei der Aufstellung des Geschäftsverteilungsplan vorauszusehen gewesen war, daß der Senatspräsident, der zum ordentlichen Vorsitzenden bestimmt wurde, den Vorsitz während der ganzen Dauer des Geschäftsjahres 1952 nicht führen konnte. Diesen Zustand haben die beiden genannten Zivilsenate des Bundesgerichtshofes vor allem deshalb als nicht nur vorübergehend angesehen, weil die beim Oberlandesgericht erforderliche neue Stelle eines Senatspräsidenten zu Beginn des Geschäftsjahres 1952 noch nicht vorhanden gewesen war. Sie war zwar schon im Herbst 1951 beantragt, aber erst am 20. 8. 1952 bewilligt und besetzt worden. In diesem Zusammenhange hat der 3. Zivilsenat des Bundesgerichtshofes beiläufig geäußert, wenn eine schon bestehende Stelle zu besetzen sei, werde man im allgemeinen davon ausgehen können, daß dies in absehbarer Zeit geschehen werde (BGHZ 9, 291).

Ob eine solche Regel anzuerkennen ist, ist nicht zweifelsfrei, kann indessen hier dahinstehen. Der 2. Strafsenat des Bundesgerichtshofes hat in einem unveröffentlichten Urteil v. 22. 4. 1952 – 2 StR 12/52 – eine wesentlich engere Auffassung vertreten. In dem Fall, der seiner Entscheidung zugrunde lag, war die Stelle eines Landgerichtsdirektors schon am 1. 10. 1950 ausgeschrieben, aber erst am 1. 9. 1951 besetzt worden. Das Präsidium des Landgerichts war bei der Geschäftsverteilung für das Jahr 1951 davon ausgegangen, der neue Landgerichtsdirektor werde bald eintreten. Hierzu hat der 2. Strafsenat erklärt, es habe keine Gewähr dafür bestanden, daß diese Erwartung sich schon in verhältnismäßig kurzer Zeit, gemessen an der Dauer des Geschäftsjahres, erfüllen werde. Das beweise die Tatsache, daß die Stelle erst nach Ablauf von zwei Dritteln des Geschäftsjahres besetzt worden sei. Da also der Vorsitz während des größeren Teils des Geschäftsjahres nicht von dem ordentlichen Vorsitzenden wahrgenommen worden sei, sei die Strafkammer bei dem Erlaß ihres Urteils am 29. 5. 1951 nicht ordnungsmäßig besetzt gewesen.

Einen strengeren Maßstab hat übrigens auch der 4. Zivilsenat des Bundesgerichtshofes in einem Urteil vom 9. 2. 1955 (JZ 1955, 246) angelegt, das allerdings eine etwas andere Sachlage betrifft. Er hat entschieden: wenn der Vorsitzende eines Senats oder einer Kammer in einen anderen Geschäftsbereich abgeordnet werde, habe die Justizverwaltung spätestens nach drei Monaten eine endgültige Anordnung über die weitere Dauer dieser anderweitigen Verwendung zu treffen. Auf diese Weise müsse dem Präsidium des Gerichts eine Entscheidung darüber ermöglicht werden, ob die Verhinderung auch fortan nur vorübergehend oder ob die Geschäftsverteilung zu ändern sei. Bleibe die Dauer der Verhinderung auch nach Ablauf einer solchen Übergangszeit ungewiß, so sei der Senat oder die Kammer nicht mehr ordnungsmäßig besetzt.

Der jetzt erkennende Senat billigt grundsätzlich die höheren Anforderungen, die die beiden zuletzt genannten Entscheidungen an den Begriff einer nur „vorübergehenden" Verhinderung stellen. Die Güte, Gleichmäßigkeit und Unabhängigkeit der Rechtsprechung können gefährdet werden, wenn der Vorsitz in einer großen Strafkammer längere Zeit hindurch nicht von einem Landgerichtsdirektor geführt wird, wie § 62 Abs. 1 Satz 1 GVG es als Regel vorschreibt. Aus diesem Grunde ist es insbesondere erforderlich, daß freie Stellen unverzüglich besetzt werden. Ein regelwidriger Zustand kann daher nur dann als vorübergehend anerkannt werden, wenn er verhältnismäßig kurzfristig ist. Die noch erträgliche Grenze ist jedoch im vorliegenden Fall nicht überschritten.

Die vorschriftsmäßige Besetzung der Strafkammer ist also nicht deshalb zu verneinen, weil bei dem Erlaß des angefochtenen Urteils nicht der ordentliche Vorsitzende, sondern der Landgerichtsrat T. mitgewirkt hat, der vom Präsidium zum regelmäßigen Vertreter des Vorsitzenden bestellt worden war (§ 66 Abs. 1 GVG).

58. Ladung eines Richters als Zeuge vor eigener Kammer schließt Vorsitz aus.
StPO § 338 Nr. 1 – BGH Urt. v. 7. 12. 1954 – 2 StR 402/54 LG Bremen (= BGHSt. 7, 44 = NJW 1955, 152)

Die Revision rügt, daß die Strafkammer nicht vorschriftsmäßig besetzt gewesen sei, weil nicht der ordentliche Vorsitzende oder dessen ständiger Vertreter den Vorsitz geführt hat. Die Revision meint, die Ladung zur Hauptverhandlung begründe keine Unmöglichkeit, als Richter oder Vorsitzender tätig zu werden, weil ein Richter nur dann von der Ausübung des Richteramts kraft Gesetzes ausgeschlossen sei (§§ 22 Nr. 5 StPO), wenn er in der Sache als Zeuge oder Sachverständiger bereits vernommen worden ist.

Sachverhalt: Nachdem das Oberlandesgericht in B. durch Beschluß vom 23. 12. 1953 die Wiederaufnahme des Verfahrens und die Erneuerung der Hauptverhandlung angeordnet hatte, beraumte der Vorsitzende der Strafkammer I am 2. 3. 1954 Termin auf den 29. 3. 1954 an und verfügte u.a. die Ladung des Landgerichtsdirektors Dr. B. und des Landgerichtsrats Dr. J. als Zeugen. Der Termin fand nicht statt, weil mehrere wichtige Zeugen nicht erscheinen konnten. Am 30. 4. beraumte Landgerichtsdirektor Dr. B. Termin vor der Strafkammer II als ihr Vorsitzender auf den 31. 5. 1954 an und verfügte die Ladung derselben Zeugen. Am 15. 5. bat er Landgerichtsrat Dr. K., am 31. 5. 1954 den Vorsitz zu führen, weil er und Landgerichtsrat Dr. J. als Zeugen zu diesem Termin geladen seien. Landgerichtsrat Dr. K. setzte den Termin vom 31. 5. ab und neuen Termin auf den 2. 6. 1954 an. Er verfügte die Ladung des Landgerichtsdirektors Dr. B. und des Landgerichtsrats Dr. J. als Zeugen. Sie erschienen im Termin. Der Vorsitzende vernahm Landgerichtsrat Dr. J. Auf die Vernehmung des Landgerichtsdirektors Dr. B. verzichteten die Prozeßbeteiligten. – Das Rechtsmittel war erfolglos.

Gründe: Eine Verhinderung des Vorsitzenden i.S. des § 66 GVG ist vielmehr stets dann gegeben, wenn es ihm aus tatsächlichen oder rechtlichen Gründen nicht möglich ist, den Vorsitz zu führen. Zwar braucht in der Ladung eines Richters zur Hauptverhandlung noch keine Verhinderung i.S. des § 66 GVG zu liegen. Sonst könnte ein Angeklagter jeden ihm nicht genehmen Richter hindern, sein Amt auszuüben. Landgerichtsdirektor Dr. B. und Landgerichtsrat Dr. J. sind jedoch nicht nur zur Hauptverhandlung geladen worden, sondern in ihr erschienen, und zwar als Zeugen. Sie waren deshalb an der Ausübung ihres Amtes verhindert; denn niemand kann in einer Sache gleichzeitig Zeuge und Richter sein. Daß Landgerichtsdirektor Dr. B. später nicht vernommen wurde, weil die Prozeßbeteiligten dies nach der Aussage des Landgerichtsrats Dr. J. nicht mehr für notwendig hielten, ändert nichts daran. Er war als Zeuge anwesend. Ohne den Verzicht der Prozeßbeteiligten hätte ihn der Vorsitzende nach § 245 StPO vernehmen müssen. Er durfte deshalb nicht Richter sein.

59. Blinder Richter als Beisitzer kein Revisionsgrund (Anschluß an BGHSt. 4, 191 [BGH Urt. v. 28. 4. 1953 – 5 StR 136/53; vgl. § 338 Nr. 1 StPO erfolglose Rügen]).

StPO §§ 338 Nr. 1 – BGH Urt. v. 5. 3. 1954 – 5 StR 661/53 OLG Celle (= BGHSt. 5, 354 = NJW 1954, 932)

Die Revision rügt, das Gericht sei nicht ordnungsgemäß besetzt gewesen, weil an der Verhandlung ein blinder Richter als Beisitzender mitgewirkt habe. Außerdem sei dadurch der Grundsatz der Unmittelbarkeit verletzt worden. – Das Rechtsmittel war erfolglos.

Gründe: Die Bedenken, die von der Revision, in den Gründen des Vorlegungsbeschlusses, vom Oberbundesanwalt und von Wimmer (JZ 1953, 671) gegen die Mitwirkung eines blinden Richters erhoben werden, geben dem Senat keinen Anlaß, von seiner in BGHSt. 4, 191 vertretenen Rechtsauffassung abzuweichen.

Die Mitwirkung eines blinden Richters als Beisitzer in einem Kollegialgericht, das als Tatgericht entscheidet, verletzt nicht den Grundsatz der Unmittelbarkeit. Erfahrungsgemäß wird bei einem Blinden das fehlende Sehvermögen durch Sinnesausweitungen anderer Art, insbesondere durch ein geschärftes und verfeinertes Hörvermögen derart ausgeglichen, daß nach der Auffassung des Senats ein blinder Richter in der Lage ist, sich unmittelbar aus dem Inbegriff der Hauptverhandlung eine eigene Überzeugung über die Wahrheit oder Unwahrheit von Tatsachen zu bilden, die der eines sehenden Richters gleichwertig ist. Mehr erfordern der Grundsatz der Unmittelbarkeit und die dem Tatrichter gemäß § 261 StPO obliegende Aufgabe nicht.

Keiner Erörterung bedarf es hier, ob dies auch in Fällen gelten kann, in denen es zu einer Augenscheineinnahme im Wortsinn, d.h. zu einer zu Beweiszwecken geschehenden bewußten und gewollten Betrachtung eines Gegenstandes mit den Augen, kommt. Eine solche Augenscheinseinnahme hat im vorliegenden Fall nicht stattgefunden.

Zuzugeben ist nun allerdings, daß, abgesehen von den Fällen einer Augenscheinseinnahme im Wortsinn, auch sonst nur mit den Augen wahrnehmbare Umstände, wie zB der äußere Eindruck, das Erbleichen oder Erröten, das Mienenspiel oder die Gebärden eines Angeklagten oder Zeugen, gelegentlich für die Entscheidung über die Wahrheit oder Unwahrheit von Tatsachen von Bedeutung sein können. Solche Umstände sind jedoch, wie in RGSt 39, 303 zutreffend ausgeführt ist, nur Gegenstand vom Tatrichter „nicht aufgesuchter" Wahrnehmungen und Eindrücke. Sie werden nicht selten auch von einem sehenden Richter nicht bemerkt. Ob dies darauf beruht, daß er sie nicht sieht, weil seine Aufmerksamkeit gerade durch andere Dinge in Anspruch genommen ist, oder darauf, daß er sie infolge körperlicher Mängel nicht sehen kann, ist für die Entscheidung im Einzelfall gleichgültig. Nicht wenige Richter sind zu kurzsichtig, als daß sie den Gesichtsausdruck eines Angeklagten oder Zeugen beobachten könnten. Ihnen aus diesem Grunde die Fähigkeit abzusprechen, als Beisitzer in einem Tatgericht mitzuwirken, ist nicht angängig. Im übrigen ist auch Schwerhörigkeit ein körperliches Gebrechen, das die Wahrnehmung zahlreicher an sich hörbarer Einzelheiten und Feinheiten unmöglich machen kann. Auch dies ist kein Grund, einen Richter von der Mitwirkung als Beisitzer in einem Tatgericht auszuschließen. Da das Wesentliche an der Verhandlung stets die mündliche Rede und Gegenrede ist, kann die Blindheit eines Richters nicht schwerer ins Gewicht fallen als die Schwerhörigkeit.

Außerdem können von ebenso großer Bedeutung wie die eben erwähnten mit den Augen wahrnehmbaren Umstände auch solche Umstände sein, die nur von einem Menschen mit besonders fein ausgebildetem Gehörsinn, wie ihn Blinde in der Regel haben, wahrgenommen zu werden pflegen, wie z.B. Zittern der Stimme, Änderung des Tonfalls und ähnliches. Deshalb kann es geradezu ein Vorteil sein, wenn in einem Kollegialgericht sehende Richter mit einem blinden zusammenwirken, weil sie die unter Umständen ausschlaggebenden unwägbaren Tatsachen mit verschiedenen Sinnen wahrnehmen.

Daß ein Richter diese oder jene Einzelheit der Hauptverhandlung nicht wahrnimmt, gehört zu den menschlichen Unvollkommenheiten, mit denen der Richter wie jeder Mensch behaftet ist, und die sich niemals völlig ausschließen lassen. Sie begründen gerade die Daseinsberechtigung des Kollegialgerichtes. Von einem einzelnen Richter eines Gerichts versäumte Wahrnehmungen oder Eindrücke – mag er sie aus Zufall oder wegen Blindheit, Kurzsichtigkeit oder Schwerhörigkeit versäumt haben – werden ihm in der Beratung bekannt. Daß er sie in der Hauptverhandlung versäumt hat, sie ihm erst in der Beratung bekannt werden, bedeutet keinen Verstoß gegen den Grundsatz der Unmittelbarkeit. Diese braucht nicht für jede kleinste Einzelheit gegenüber jedem einzelnen Richter tatsächlich gegeben zu sein. Es genügt, daß die Unmittelbarkeit gegenüber dem Gericht als ganzem besteht, wobei vorausgesetzt werden kann und muß, daß die Wahrnehmungen der verschiedenen Richter in der Beratung zusammengetragen werden.

Ob ein blinder Richter die Fähigkeit besitzt, als verhandlungsleitender Richter, insbesondere als Vorsitzender eines Kollegialgerichts tätig zu sein, braucht hier nicht entschieden zu werden. Der blinde Richter hat im vorliegenden Fall als beisitzender Richter mitgewirkt. Aus einer etwaigen Unfähigkeit des blinden Richters, als Vorsitzender tätig zu sein, ergibt sich auch nicht, daß er, weil er für die Entscheidung die gleiche Verantwortung wie der Vorsitzende trägt, auch nicht Beisitzer sein könne. Der blinde Richter trägt zwar für die Entscheidung die gleiche Verantwortung wie jeder andere Richter des Kollegialgerichts, also auch wie der Vorsitzende. Die Leitung der Verhandlung liegt gemäß § 238 Abs. 1 StPO aber allein dem Vorsitzenden ob. Er ist für sie in erster Linie verantwortlich. Das Gericht als solches entscheidet gemäß § 238 Abs. 2 StPO insoweit nur, wenn eine auf die Sachleitung bezügliche Anordnung des Vorsitzenden als unzulässig beanstandet wird. Inwieweit der blinde Richter unfähig sein sollte, bei einer solchen Entscheidung mitzuwirken, ist nicht ersichtlich. Ebenso ist nicht ersichtlich, warum der blinde Beisitzer den Vorsitzenden bei der Verhandlungsleitung nicht sollte unterstützen können, warum er nicht mit Anregungen und Fragen sollte eingreifen können und warum er sich keine Notizen sollte machen können. Im vorliegenden Fall steht auf Grund der dienstlichen Äußerung des Vorsitzenden fest, daß der blinde Beisitzer sich mit Hilfe einer besonderen Vorrichtung völlig ausreichende Notizen machen konnte und gemacht hat und daß die von ihm ohne Hilfe entworfenen Urteilsgründe das Ergebnis der Hauptverhandlung so wiedergeben, wie es sich auch den sehenden Richtern dargestellt hat. Ob ein als Tatgericht entscheidendes Kollegialgericht auch dann ordnungsgemäß besetzt ist, wenn alle Richter oder doch alle Beisitzer blind sind, braucht hier ebenfalls nicht entschieden zu werden. Diese Voraussetzungen sind im vorliegenden Fall nicht gegeben. Ein solcher Fall wird im übrigen in der Wirklichkeit auch kaum vorkommen.

Gegen die vom Senat vertretene Auffassung kann auch nicht mit Erfolg eingewandt werden, daß die Mitwirkung eines blinden Richters den Hergang der Verhandlung selbst verändern könne, weil das Fehlen des „sehend-verstehenden Austausches" die Lage für den Angeklagten oder Zeugen erschwere. Es gibt zahlreiche persönliche Eigenarten, die die Lage weit mehr erschweren können, wie zB die Schwerhörigkeit, die den Angeklagten oder Zeugen in die Lage versetzen kann, sich über peinlichste Dinge in größter Lautstärke zu äußern.

Der Einwand, das Gesetz gestatte die Beteiligung eines blinden Richters nicht, trifft nicht zu. Das Gesetz schweigt über diese Frage. Sie kann daher nur im Wege freier Auslegung beantwortet werden.

60. Bei nicht rechtzeitiger Vereidigung eines Schöffen muß der bis dahin stattgefundene Teil der Hauptverhandlung wiederholt werden.

StPO § 338 Nr. 1 – BGH Urt. v. 8. 10. 1953 – 5 StR 249/53 LG Hamburg (= NJW 1953, 1801

Die Revision rügt, daß einer der Schöffen, die an der Hauptverhandlung vor der Strafkammer mitgewirkt haben, nicht rechtzeitig beeidigt worden ist.

Sachverhalt: Nach der dienstlichen Äußerung des Vorsitzenden der Strafkammer und der richterlichen Beisitzer, sowie der Erklärung des Verteidigers des früheren Mitangeklagten D. ist als erwiesen anzusehen, daß tatsächlich erst nach dem Aufruf der Zeugen und Sachverständigen und während der frühere Mitangeklagte D. sich zur Person äußerte, bemerkt wurde, daß der eine der Schöffen noch nicht vereidigt war. Dies wurde daraufhin nachgeholt und im allgemeinen Einverständnis in der Verhandlung fortgefahren. – Das Rechtsmittel war erfolglos.

Gründe: Zwar ist das Gericht nicht vorschriftsmäßig besetzt, wenn ein Schöffe nicht beeidigt worden ist. Wirkt er, ohne beeidigt zu sein, als Richter an der Hauptverhandlung mit, so muß das Urt. gemäß § 338 Ziff. 1 StPO aufgehoben werden. Der Mangel kann nicht durch das Einverständnis der Beteiligten geheilt werden. Das alles gilt aber nur dann, wenn die Beeidigung erst in der sachlichen Verhandlung nachgeholt worden ist, also ein wesentlicher Teil der Hauptverhandlung begonnen hat. Diese beginnt gem. § 243 Abs. 1 StPO mit dem Aufruf der Zeugen und Sachverständigen. Dieser hat vor der Beeidigung des Schöffen stattgefunden. Hierdurch ist aber der unbedingte Revisionsgrund des § 338 Ziff. 1 StPO noch nicht gegeben. Der Aufruf des Zeugen und Sachverständigen hat keine weitere sachliche Bedeutung, als daß das Gericht und die Prozeßbeteiligten sich von der Gegenwart der Beweispersonen überzeugen und sich beim Ausbleiben über die weiter zu unternehmenden Schritte schlüssig werden können: Einen wesentlichen Teil der Hauptverhandlung stellt er nicht dar (vgl. RGSt. 58,180; 64, 309). Nun ist allerdings auch schon mit der Vernehmung des Mitangeklagten D. über seine persönlichen Verhältnisse begonnen worden. Dies ist zwar bereits ein wesentlicher Teil der Hauptverhandlung (vgl. RG, HER 1939 Nr. 1217; RGSt. 53, 170). Dieser Mangel ist aber geheilt. Denn aus der dienstlichen Erklärung des Vorsitzenden der Strafkammer ergibt sich, daß die Vernehmung des Mitangeklagten D. bis zur Vereidigung des Schöffen sich nur auf die Feststellung der Identität erstreckt hat. Nachdem die Beeidigung der Schöffen nachgeholt worden ist, hat sich der Mitangeklagte D. dann weiter über seine persönlichen Verhältnisse geäußert. Hierdurch wurde zwangsläufig erneut die Identität des D. festgestellt, also der Teil der persönlichen Vernehmung wiederholt, der schon stattgefunden hatte.

61. Blindheit eines Beisitzers kein Revisionsgrund.

StPO § 338 Nr. 1 – BGH Urt. v. 28. 4. 1953 – 5 StR 136/53 LG Hannover (= BGHSt. 4, 191 = NJW 1953, 1115 = JZ 1953, 670)

Die Revision der Staatsanwaltschaft rügt, die Strafkammer sei nicht vorschriftsmäßig besetzt gewesen, weil ein von Jugend an erblindeter Richter mitgewirkt habe.

Sachverhalt: Nach der dienstlichen Äußerung des Vorsitzenden der Strafkammer hat in der Hauptverhandlung der erblindete Gerichtsassessor L. als Berichterstatter mitgewirkt, von dem es in der dienstlichen Äußerung heißt, sein Beratungsvortrag habe das Ergebnis der Hauptverhandlung vollständig wiedergegeben, er habe den Sachverhalt voll erfaßt, das von ihm abgesetzte Urteil stelle den Sachverhalt richtig dar. Ein Augenschein ist nicht vorgenommen worden. – Das Rechtsmittel war erfolglos.

Gründe: Die Mitwirkung des erblindeten Gerichtsassessors L. ist keine Gesetzesverletzung. Es besteht keine Gesetzesbestimmung, die besagt, daß ein erblindeter Richter von der Mitwirkung in einem erkennenden Gericht, insbesondere einem im ersten Rechtszuge erkennenden Strafgericht (Tatgericht), ausgeschlossen sei. Die von der Revision angezogene Bestimmung des § 338 Nr. 1 StPO besagt nichts darüber, wann ein erkennendes Gericht nicht vorschriftsmäßig besetzt ist. Der in RGZ 124, 153 zu der gleichlautenden Bestimmung des § 515 Nr. 1 ZPO vertretenen Rechtsansicht, nach der von einer nicht vorschriftsmäßigen Besetzung des Gerichts nur die Rede sein kann, wenn ausdrückliche, die Besetzung des Gerichts regelnde Vorschriften unbeachtet gelassen worden sind, vermag der Senat zwar nicht zu folgen. Sie läßt außer acht, daß die Ausübung des Richteramtes in einem erkennenden Gericht die Verhandlungsfähigkeit des Richters und damit auch seine Fähigkeit voraussetzt, die Vorgänge in der Hauptverhandlung wahrzunehmen. Dies ergibt sich für den als Tatrichter erkennenden Strafrichter auch aus der Bestimmung des § 261 StPO, nach der er über das Ergebnis der Beweisaufnahme nach seiner freien aus dem Inbegriff der Verhandlung geschöpften Überzeugung zu entscheiden hat. Diese ihm durch § 261 StPO übertragene Aufgabe kann er aber nur erfüllen, wenn er fähig ist, die Vorgänge der Hauptverhandlung wahrzunehmen. Soweit das Verfahrensrecht die Anwesenheit bestimmter Personen bei bestimmten Vorgängen, hier des Richters bei der Hauptverhandlung, für erforderlich erklärt, meint es niemals die bloße körperliche Anwesenheit. Anwesend ist vielmehr nur, wer auch imstande und in der Lage ist, diejenigen Aufgaben zu erfüllen, zu deren Wahrnehmung er verfahrensrechtlich berufen ist, wer also in diesem Sinne verhandlungsfähig ist. Der nicht verhandlungsfähige Richter kann danach nicht als anwesend angesehen werden. Das erkennende Gericht, in dem er mitwirkt, ist im Sinne des § 338 Nr. 1 StPO nicht vorschriftsmäßig besetzt (ebenso im Ergebnis BGHSt. 2, 14 [BGH Urt. v. 23. 11. 1951 – 2 StR 491/51; vgl. § 338 Nr. 1 StPO erfolglose Rügen]).

Der Senat ist jedoch der Auffassung, daß einem erblindeten Richter, der, wie vorliegend, in einem als Tatgericht erkennenden Kollegialgericht als Beisitzer (Berichterstatter) mitwirkt, die hierfür notwendige Fähigkeit nicht schlechthin abgesprochen werden kann. Nicht jeder körperliche Mangel in der Person eines Richters beeinträchtigt schon die Verhandlungsfähigkeit. Irgendwelche körperliche oder geistige Mängel wiegen je nach ihrer Art verschieden schwer, weil sie die Tauglichkeit zur Erfüllung der dem Richter gestellten Aufgabe in verschieden hohem Grade beeinflussen. Der taube Richter wird regelmäßig als verhandlungsunfähig angesehen werden müssen. Bei dem die Hauptverhandlung beherrschenden Grundsatz der Mündlichkeit, der die ganze Verhandlung zu einem in Erklärungen, Rede und Gegenrede bestehenden Vorgang gestaltet, der nur oder jedenfalls hauptsächlich mit dem Gehör wahrnehmbar ist, muß der Gehörsinn als so wesentlich angesehen werden, daß sein Fehlen die Verhandlungsfähigkeit des Richters beseitigt. Für den blinden Richter gilt dies nicht. Die Fähigkeit, selbst zu sprechen und Gesprochenes in seinem Sinne zu verstehen und geistig zu verarbeiten, ist bei ihm durch den Mangel des Gesichtssinnes regelmäßig nicht beeinträchtigt. Es ist darum nicht einzusehen, weshalb beim Richter das Fehlen des Gesichtssinnes stets und ausnahmslos gleichbedeutend mit dem Mangel der Verhandlungsfähigkeit sein soll. Das ist – jedenfalls bei dem beisitzenden Richter – nur dann zu bejahen, wenn Wahrnehmungen mit dem Auge für die Urteilsbildung ebenso bedeutsam werden wie sonst regelmäßig die Wahrnehmungen mit dem Gehör, also dann, wenn es im Laufe der Hauptverhandlung zur Einnahme eines Augenscheins kommt. In diesem Fall kann und muß angenommen werden, daß dem Richter durch das Auge Eindrücke und Erkenntnisse vermittelt werden, für die der Gehörsinn keinen ausreichenden Ersatz bietet, und daß der mitwirkende blinde Richter seiner Aufgabe nicht mehr gerecht werden kann. Kommt es aber, wie vorliegend, im Laufe der Hauptverhandlung nicht zu einer Einnahme des Augenscheines, so ist die Fähigkeit eines blinden Richters zur Erfüllung der ihm gestellten Aufgaben durch das Fehlen des Gesichtssinnes nicht so beeinträchtigt, daß seine Mitwirkung bei der Hauptverhandlung als unvorschriftsmäßige Besetzung des erkennenden Gerichts angesehen werden könnte. Dem steht nicht entgegen, daß für den sehenden Richter, auch wenn kein Augenschein eingenommen wird, oft nicht nur Wahrnehmungen mit dem Gehör, sondern auch optische Eindrücke für die Urteilsbildung bedeutsam sein werden. Diese optischen Eindrücke sind aber, wenn es nicht zur Einnahme des Augenscheins kommt, nicht so wesentlich, daß von der Fähigkeit, sie aufzunehmen, die Verhandlungsfähigkeit eines Richters abhängig gemacht werden könnte. Wenn dem blinden Richter solche Wahrnehmungen entgehen, wird er sie – wie die Erfahrung lehrt – regelmäßig dadurch ausgleichen, daß sein geschärfter Gehörsinn dafür manches wahrnimmt, was dem Gehörsinn des sehenden Richters entgeht. Wollte man von solchen Unterschieden die Verhandlungsfähigkeit eines Richters abhängig machen, so hieße das, die Verhandlungsfähigkeit des blinden Richters nach einem Wunschbild zu beurteilen, dem auch der sehende Richter selten oder nie gleicht. Die Mitwirkung des erblindeten Gerichtsassessors L. verletzte demnach nicht das Gesetz.

Ob dasselbe auch für einen verhandlungsleitenden Richter zu gelten hat, war im vorliegenden Falle nicht zu entscheiden.

62. Vorübergehend unaufmerksamer Schöffe kein Revisionsgrund (wie RGSt 60, 63; RG JW 1932, 2888; 1936, 3473).

StPO § 338 Nr. 1 – BGH Urt. v. 23. 11. 1951 – 2 StR 491/51 LG Hildesheim (= BGHSt. 2, 14 = NJW 1952, 352)

Die Revision rügt, daß ein „Schöffe während der Verhandlung fest eingeschlafen" sei.

Sachverhalt: Der Justizwachtmeister, der während der Verhandlung Dienst tat, hat erklärt, „die Unaufmerksamkeit des Schöffen" könne „nur einen ganz kurzen Augenblick gedauert" haben. Nach der Äußerung des Protokollführers kann der Schöffe „nicht sehr lange" geschlafen haben. Der Schöffe selbst will der Verhandlung gefolgt sein. Er schließt seine Erklärung mit dem Satz: „Sollte ich wirklich einen Moment eingenickt sein, so hat solches auf meine Wahrnehmung keinen Einfluß gehabt, da mich der Protokollführer, der neben mir saß, gleich angestoßen hat". – Das Rechtsmittel war erfolglos.

Gründe: Danach ist der Schöffe offensichtlich nur ganz vorübergehend in seiner Aufmerksamkeit durch Ermüdungserscheinungen beeinträchtigt gewesen. Eine unvorschriftsmäßige Besetzung des Gerichts liegt darin noch nicht. Die Erfahrung lehrt, daß bei längeren und schwierigeren Verhandlungen nicht alle Gerichtspersonen und Prozeßbeteiligten jeder Einzelheit folgen können. Die Schlußanträge und die Beratung sorgen dafür, daß der gesamte Verhandlungsstoff allen Richtern zur Kenntnis gelangt und deshalb bei der Entscheidung berücksichtigt wird. Nur wenn ein Schöffe einen nicht unerheblichen Zeitraum fest geschlafen hat, so daß er wesentlichen Vorgängen, die sich während dieses Zeitraums ereigneten, nicht folgen konnte, ist eine Verletzung des § 338 Nr. 1 StPO gegeben (RGSt 60, 63; RG in JW 1932, 2888 und 1936, 3473). Denn in einem solchen Falle ist eine allseitige Unterrichtung und eine eigene Meinungsbildung des Schöffen über das Verhandlungsergebnis in Frage gestellt. Nach den wiedergegebenen dienstlichen Erklärungen ist dies bei dem Schöffen B. nicht der Fall gewesen. Die Rüge kann deshalb keinen Erfolg haben.

63. Beschäftigung nicht selbständiger Richter mit dem GG vereinbar.

StPO § 338 Nr. 1; GrundG Art. 97, GVG § 10 Abs. 2 – BGH Urt. v. 13. 7. 1951 – 2 StR 299/51 LG Lüneburg (= BGHSt. 1, 274)

Die Revision rügt, an dem Urteil habe ein beauftragter Richter mitgewirkt, dies sei nach dem Grundgesetz nicht zulässig. – Das Rechtsmittel war erfolglos.

Gründe: Die Beschäftigung nichtständiger Richter bei einem Landgericht (Hilfsrichter, beauftragte Richter, Richter auf Widerruf) widerspricht nicht dem Bonner Grundgesetz. Dies enthält keine ausdrücklichen Bestimmungen über solche nichtständigen Richter; es verbietet sie aber auch nicht, sondern setzt sie, wie Art. 97 Abs. 2 Satz 1 beweist, gerade als zulässige Einrichtung voraus. Art. 97 Abs. 1 des GrundG erkennt an, daß alle Richter unabhängig und nur dem Gesetz unterworfen sind. Das gilt sowohl für die ständigen wie für die nichtständigen Richter. Art. 97 Abs. 2 Satz 1 bestimmt nur die Voraussetzungen, unter denen „hauptamtlich und planmäßig endgültig angestellte Richter" entlassen oder versetzt werden dürfen. Im übrigen überläßt das GrundG es stillschweigend den Bundes- und Ländergesetzen, die beamtenrechtlichen Verhältnisse der nichtständigen Richter zu regeln. Ein solches Bundesgesetz ist GVG. Nach § 10 Abs. 2 GVG dürfen bei Amts- und Landgerichten solche Personen als Hilfsrichter verwendet werden, die, ohne gemäß § 6 zum Richter auf Lebenszeit ernannt zu sein, zum Richteramt befähigt sind. Wie die amtliche Auskunft Bl. 64 ergibt, ist der beauftragte Richter R. ein solcher Hilfsrichter. Seine Beschäftigung ist mithin nicht gerichtsverfassungswidrig (vgl. auch Entscheidung des OGH Köln in NJW 1950, 315 22).

§ 338 Nr. 2 StPO
Mitwirkung eines ausgeschlossenen Richters

Erfolgreiche Rügen

1. Amtsunfähigkeit des Schöffen wegen eines gegen ihn schwebenden Ermittlungsverfahrens (BGH Urt. v. 6. 8. 1987 – 4 StR 319/87).

2. Ausschluß eines Richters wegen Zeugnis in anderer Sache (BGH Urt. v. 29. 4. 1983 – 2 StR 709/82).

3. Der Ausschlußgrund des § 22 Nr. 1 StPO liegt auch dann vor, wenn die Tat, die die Verletzteneigenschaft begründet, gem. § 153 StPO eingestellt wurde und in der Verhandlung nach Zurückverweisung, in der der betroffene Richter erstmals mitwirkt, nicht mehr Gegenstand des Verfahrens ist (BGH Urt. v. 4. 11. 1959 – 2 StR 421/59).

Erfolglose Rügen

1. Unbefangenheit von Richtern, die eine vor ihren Augen in der Hauptverhandlung begangene Straftat aburteilen sollen (BGH Urt. v. 8. 12. 1999 – 5 StR 32/99).

2. Äußerung über dienstliche Vorgänge macht Richter nicht zum Zeugen (BGH Urt. v. 28. 1. 1998 – 3 StR 575/96).

3. Wahrnehmungen des Richters während der Hauptverhandlung führen nicht zur Zeugeneigenschaft (BGH Urt. v. 23. 6. 1993 – 3 StR 89/93).

4. Mitwirkung eines ausgeschlossenen Richters beim Eröffnungsbeschluß unschädlich (BGH Beschl. v. 16. 10. 1980 – StB 29, 30 u. 31/80).

5. Unschädliche Tätigkeit als Staatsanwalt in einbezogenen Strafsachen (BGH Urt. v. 16. 1. 1979 – 1 StR 575/78).

6. Bisher beteiligter Richter nicht von der weiteren Mitwirkung nach Zurückverweisung ausgeschlossen (BGH Urt. v. 9. 9. 1966 – 4 StR 261/66).

7. Mitwirkung im Straf- schließt Mitwirkung im Ehrengerichtsverfahren nicht aus (BGH Urt. v. 6. 2. 1961 – AnwSt (R) 3/60).

8. Einzelne Beweiserhebungen führen nicht zum Ausschluß (BGH Urt. v. 4. 6. 1956 – 2 StR 22/56).

9. § 22 Nr. 4 StPO soll schon den Schein eines Verdachts der Parteilichkeit vermeiden (BGH Urt. v. 25. 5. 1956 – 2 StR 96/56).

10. Der Prokurist einer geschädigten Firma ist auch dann nicht Verletzter i.S.v. § 22 Nr. 1 StPO, wenn er an deren Gewinn beteiligt ist (BGH Urt. v. 26. 7. 1951 – 2 StR 251/51).

Erfolgreiche Rügen

1. Amtsunfähigkeit des Schöffen wegen eines gegen ihn schwebenden Ermittlungsverfahrens.

StPO § 338 Nr. 2, GVG § 32 Nr. 2 – BGH Urt. v. 6. 8. 1987 – 4 StR 319/87 LG Frankenthal (= BGHSt. 35, 28 = NJW 1988, 82)

Die Revision rügt, an der mehrtägigen Hauptverhandlung gegen den Angeklagten im Dezember 1986 habe der Schöffe U. nicht mitwirken dürfen, weil er zu dieser Zeit gemäß § 32 Nr. 2 GVG unfähig gewesen sei, das Schöffenamt auszuüben. Gegen den Schöffen sei am 3. 12. 1986 wegen eines Vergehens der Körperverletzung im Amt (§ 340 StGB) Anklage erhoben worden. – Das Rechtsmittel hatte Erfolg.

Gründe:

1.
Die Verfahrensrüge ist zulässig. Dem steht der Einwand der Präklusion hier schon deshalb nicht entgegen, weil der von der Revision geltend gemachte Fehler einem Mangel in der Person eines Richters gleichzusetzen ist, der durch die §§ 222a, 222b StPO nicht erfaßt wird (BGHSt. 34, 236 [BGH Urt. v. 27. 11. 1986 – 4 StR 536/86; vgl. § 338 Nr. 1 StPO erfolgreiche Rügen]). Darüber hinaus war der vom Angeklagten geltend gemachte Besetzungsfehler während der Hauptverhandlung weder für diesen noch für seinen Verteidiger erkennbar.

2.
a) Die gegen den Schöffen U. während der Hauptverhandlung erhobene Anklage wegen Körperverletzung im Amt führte zu dessen Unfähigkeit, das Schöffenamt auszuüben.

aa) Nach § 32 Nr. 2 GVG sind Personen unfähig zum Amt eines Schöffen, gegen die ein Ermittlungsverfahren wegen einer Tat schwebte, die den Verlust der Fähigkeit zur Bekleidung öffentlicher Ämter (§ 45 StGB) zur Folge haben kann. Diese Voraussetzung liegt bei einem Ermittlungsverfahren wegen Körperverletzung im Amt (§ 340 StGB) vor. Ein solches kann gemäß § 358 StGB i.V.m. § 45 Abs. 2 StGB zur Anordnung der genannten Nebenfolge führen, wenn der deswegen angeklagte Schöffe zu einer Freiheitsstrafe von wenigstens sechs Monaten verurteilt wird. Darauf, ob dies hier tatsächlich zu erwarten war, kommt es nicht an. Dabei braucht der Senat nicht zu entscheiden, ob bereits Ermittlungen, die wegen des Gegenstandes des Vorwurfes nur theoretisch den Verlust der Amtsfähigkeit zur Folge haben können, ohne nähere Prüfung des Einzelfalles dazu führen, daß der Betroffene unfähig ist, das Schöffenamt auszuüben. Jedenfalls dann, wenn sich die Ermittlungen wegen einer Tat, die Amtsunfähigkeit nach sich ziehen kann, so zum Tatverdacht konkretisiert haben, daß die Staatsanwaltschaft – wie hier – Anklage erhebt, wird der Beschuldigte unfähig zur Ausübung des Schöffenamtes; denn bei solcher Verfahrenslage ist die Anordnung einer Nebenfolge nach § 45 StGB nicht mehr auszuschließen. Darauf, daß sich das Gewicht der Tat bei späterer gerichtlicher Prüfung tatsächlich als so schwer erweist, daß Amtsunfähigkeit angeordnet wird, kommt es nicht an. § 32 Nr. 2 GVG will dem Vertrauensverlust entgegenwirken, der bei Angeklagten entstehen könnte, wenn die Entscheidung ihrer Sache Richtern anvertraut wurde, die selbst verdächtig sind, eine Straftat begangen zu haben, die so schwer wiegt, daß das Gesetz die Möglichkeit der Aberkennung der Amtsfähigkeit vorsieht (OLG Bremen MDR 1964, 244). Diese Gefahr des Vertrauensverlustes kann erst durch das spätere endgültige Ergebnis des Strafverfahrens ausgeräumt werden, wenn sich erweist, daß der Verdacht unbegründet war oder die Anordnung der Amtsunfähigkeit nicht notwendig ist, nicht aber durch irgendeine Bewertung des vermutlichen Ergebnisses des Strafverfahrens zu einem früheren Zeitpunkt.

bb) Das Vorliegen der Voraussetzungen des § 32 Nr. 2 GVG führt unmittelbar zur Anwendung des § 338 Nr. 1 StPO. Einer vorherigen Streichung des Schöffen U. aus der Schöffenliste bedurfte es nicht. Dem eindeutigen Wortlaut des § 32 Nr. 2 GVG ist zu entnehmen, daß die Amtsunfähigkeit bereits mit dem Vorliegen der Voraussetzungen dieser Vorschrift eintritt und nicht erst dann, wenn das daran anknüpfende Verfahren, den Schöffen gemäß § 52 GVG aus der Schöffenliste zu streichen, mit der Streichung zum Abschluß gekommen ist. Der Bundesgerichtshof hat zwar in BGHSt. 27, 105 (BGH Urt. v. 26. 1. 1977 – 2 StR 613/76; vgl. § 338 Nr. 1 StPO erfolglose Rügen) zum Ausdruck gebracht, daß ein Schöffe nicht schon deshalb verhindert ist, das Schöffenamt wahrzunehmen, weil bezüglich seiner Person ein Prüfungsverfahren nach § 52 GVG anhängig ist. Das bedeutet aber nur, daß über die Amtsunfähigkeit unabhängig vom Stand des Prüfungsverfahrens – auch unabhängig davon, ob ein solches überhaupt eingeleitet ist – zu entscheiden ist (BGHSt. 27, 105, 107). Deshalb war die Strafkammer wegen der Mitwirkung eines zum Schöffenamt unfähigen Schöffen nicht vorschriftsmäßig besetzt.

b) Die Amtsunfähigkeit des Schöffen U. ist nicht dadurch rückwirkend entfallen, daß der Schöffe nach Abschluß des erstinstanzlichen Verfahrens gegen den Angeklagten vom Vorwurf der Körperverletzung im Amt rechtskräftig freigesprochen worden ist. Ob der in der Literatur vertretenen Auffassung, daß mit dem Wegfall des Verdachts gegen den Schöffen – durch Freispruch oder durch Einstellung des Ermittlungsverfahrens – eine Streichung aus der Schöffenliste rückgängig zu machen sei, zu folgen ist, bedarf hier nicht der Entscheidung. Sie führt jedenfalls nicht dazu, daß eine nach § 32 Nr. 2 GVG wegen eines anhängigen Verfahrens bejahte Möglichkeit des Ausspruchs der Amtsunfähigkeit unberücksichtigt zu bleiben hat, wenn sie sich später nicht verwirklicht. Der Annahme, eine an sich gegebene Unfähigkeit könne rückwirkend entfallen, steht schon der Umstand entgegen, daß die Frage, wer gesetzlicher Richter ist, im Augenblick seiner Amtstätigkeit beantwortet werden muß; deshalb kann ihre Beantwortung nicht von Entscheidungen abhängen, die nach Abschluß des gerichtlichen Verfahrens ergehen. Diese Annahme widerspricht aber auch dem eindeutigen Wortlaut des § 32 Nr. 2 GVG und dem Sinn der gesetzlichen Regelung, die nicht nur das mögliche Mißtrauen berücksichtigt, das der Angeklagte gegen einen Schöffen haben kann, gegen den strafrechtliche Ermittlungen anhängig sind, sondern auch die unbefangene Urteilsfähigkeit des Schöffen aufgrund des gegen ihn gerichteten Ermittlungsverfahrens nicht gewahrt sieht. Maßgeblicher Zeitpunkt dafür ist der der Amtstätigkeit des Schöffen. Das verbietet die Berücksichtigung später eintretender Umstände.

2. Ausschluß eines Richter wegen Zeugnis in anderer Sache.

StPO §§ 22 Nr. 5, § 338 Nr. 2 – BGH Urt. v. 29. 4. 1983 – 2 StR 709/82 LG Koblenz (= BGHSt. 31, 358 = NJW 1983, 2711 = StV 1983, 313 = MDR 1983, 681)

Die Revision rügt, der Berichterstatter des vorliegenden Verfahrens, Richter E., sei am 21. 9. 1981 in dem Verfahren gegen Ünal T. vom Jugendschöffengericht in B. als Zeuge vernommen worden. Beide Verfahren hätten den gleichen Anklagevorwurf zum Gegenstand. Richter E. sei deshalb nach dieser Vernehmung gemäß § 22 Nr. 5 StPO von der Ausübung des Richteramtes kraft Gesetzes ausgeschlossen gewesen.

Sachverhalt: Im vorliegenden Falle hatte Richter E. als Zeuge vor dem Amtsgericht B. insbesondere bekundet, was der ehemalige Mitangeklagte K. in dem gegen ihn durchgeführten Verfahren zur Beteiligung des Ünal T. an der den Beschwerdeführern hier angelasteten

Tat ausgesagt hatte. Auf diese Aussage des K. als Angeklagter in der Hauptverhandlung vom März 1981 und die späteren Angaben als Zeuge im vorliegenden Verfahren stützt sich auch die Verurteilung der beiden Beschwerdeführer. Die Kammer hält die Angaben, die K. als Zeuge zur Entlastung der Beschwerdeführer und des Ünal T. gemacht hat, im Hinblick auf seine frühere anderslautende Einlassung nicht für glaubhaft. Die Zeugenaussage des Richters E. darüber, was K. zur Tatbeteiligung des Ünal T. tatsächlich ausgesagt hatte, berücksichtigt das Landgericht dabei ausdrücklich nicht. Es hat zwar die Akten des Amtsgerichts beigezogen, den Antrag der Verteidigung, Auszüge aus dem Hauptverhandlungsprotokoll und dem Urteil zu verlesen, aber abgelehnt. Gleichzeitig rechtfertigt die Strafkammer die weitere Mitwirkung des Richters E. im vorliegenden Verfahren damit, daß eine Aufklärung und Würdigung der gegen Ünal T. erhobenen Vorwürfe nicht erforderlich und auch nicht erfolgt sei. Deshalb sei eine Verwertung der von Richter E. gemachten Aussage nicht möglich. – Das Rechtsmittel hatte Erfolg.

Gründe: Richter E. war seit dem 21. 9. 1981 kraft Gesetzes von der Ausübung des Richteramtes für das vorliegende Verfahren ausgeschlossen, weil er an diesem Tage „in der Sache" im Sinne von § 22 Nr. 5 StPO als Zeuge vernommen wurde. Sachgleichheit in diesem Sinne liegt deshalb vor, weil derselbe Sachverhalt, der Gegenstand des Verfahrens gegen Unal T. war, im vorliegenden Verfahren auch den Angeklagten Ökkes T. und Mehmet T. angelastet wird. Der Tatbeitrag des Ünal T. ist ein Teil der dem Angeklagten Ökkes T. angelasteten Tat, zu der Mehmet T. Beihilfe geleistet hat. Bei dieser Sachlage ist es unerheblich, daß gegen Ünal T. gesondert verhandelt und Richter E. damit in einem anderen Verfahren – in dem er nicht das Richteramt ausübte – als Zeuge vernommen wurde.

Daß Sachgleichheit nicht Verfahrensidentität bedeutet, hat der Bundesgerichtshof zu § 22 Nr. 4 StPO bereits mehrfach entschieden (vgl. BGHSt. 9, 193 [BGH Urt. v. 25. 5. 1956 – 2 StR 96/56; vgl. § 338 Nr. 2 StPO erfolglose Rügen]; BGH GA 1968, 280; BGH, Urt. v. 4. 10. 1977 – 1 StR 192/77; BGHSt. 28, 262, 265 [BGH Urt. v. 16. 1. 1979 – 1 StR 575/78; vgl. § 338 Nr. 2 StPO erfolglose Rügen]). Für das gleichlautende Abgrenzungskriterium des § 22 Nr. 5 StPO kann nichts anderes gelten. Verwendet das Gesetz bei der Regelung ähnlicher Sachverhalte in nur einer Norm mehrfach denselben Begriff, so sprechen Wortlaut und Gesetzessystematik für eine einheitliche Auslegung. Eine solche ist hier auch nach Sinn und Zweck der Vorschrift geboten. § 22 StPO will mit Rücksicht auf das Ansehen der Strafrechtspflege schon den Anschein eines Verdachts der Parteilichkeit vermeiden und deshalb alle Personen von der Ausübung des Richteramtes ausschließen, wenn aus den in § 22 Nrn. 1 bis 5 StPO angeführten Gründen die Möglichkeit einer Voreingenommenheit besteht (BGHSt. 14, 219, 221 [BGH Urt. v. 4. 11. 1959 – 2 StR 421/59; vgl. § 338 Nr. 2 StPO erfolgreiche Rügen]). Diese Möglichkeit ist allgemein jedenfalls auch dann gegeben, wenn jemand, der in einem anderen Verfahren zu einem Geschehen als Zeuge ausgesagt hat, dieses Geschehen später als Richter in tatsächlicher und rechtlicher Hinsicht bewerten muß. Dabei kommt es nicht darauf an, ob er auch die eigene Zeugenaussage mit zu beurteilen hat und das Geschehen, zu dem er ausgesagt hat, für die Beurteilung des ihm vorliegenden Falles tatsächlich herangezogen wird. Denn bereits die Entscheidung, die eigene Aussage oder das genannte Geschehen nicht zu verwerten, kann von der Tatsache beeinflußt sein, daß der Richter als Zeuge ausgesagt hat.

3. Der Ausschlußgrund des § 22 Nr. 1 StPO liegt auch dann vor, wenn die Tat, die die Verletzteneigenschaft begründet, gem. § 153 StPO eingestellt wurde und in der Verhandlung nach Zurückverweisung, in der der betroffene Richter erstmals mitwirkt, nicht mehr Gegenstand des Verfahrens ist.

StPO §§ 22 Nr. 1, 338 Nr. 2 – BGH Urt. v. 4. 11. 1959 – 2 StR 421/59 LG Duisburg (= BGHSt. 14, 219 = NJW 1960, 301)

Die Revision rügt, an dem Urteil habe ein Schöffe mitgewirkt, der durch eine Tat Verletzter gewesen sei, die zwar nicht Gegenstand der Urteilsfindung war, an der der Schöffe mitgewirkt hat, die aber von dem ursprünglichen Eröffnungsbeschluß mit umfaßt sei.

Sachverhalt: Der Angeklagte war am 7. 11. 1957 vom Landgericht wegen Betruges und Unterschlagung in zahlreichen Fällen und wegen weiterer Straftaten verurteilt worden. Auf die Revision des Angeklagten wurde das Urteil vom Bundesgerichtshof zum Teil berichtigt, zum Teil aufgehoben und die Sache im Umfange der Aufhebung zur neuen Verhandlung und Entscheidung an das Landgericht zurückverwiesen. Gegen das hierauf ergehende Urteil des Landgerichts vom 12. 5. 1959 hat der Angeklagte neuerdings Revision eingelegt.

Der Eröffnungsbeschluß legte dem Angeklagten unter IV Nr. 2 zur Last, am 5. 1. 1956 eine gemietete Schreibmaschine für ein Darlehen verpfändet und sich dadurch einer Unterschlagung schuldig gemacht zu haben. Die Anklageschrift führte hierzu unter dem wesentlichen Ergebnis der Ermittlungen aus, er habe die Maschine am 22. 12. 1955 bei der Firma K. gemietet und am 5. 1. 1956 dem Trinkhallenbesitzer J. für ein Darlehen von 21,– DM verpfändet. Während der ersten Hauptverhandlung, die sich auf mehrere Tage erstreckte, wurde nach teilweiser Durchführung der Beweisaufnahme das Verfahren wegen verschiedener Fälle, so auch wegen der Unterschlagung der Schreibmaschine, mit Zustimmung der Staatsanwaltschaft nach § 153 Abs. 3 StPO eingestellt. Auf die Vernehmung von J., der zu der Hauptverhandlung am 30. 10. 1957 geladen und erschienen war, wurde demgemäß verzichtet. In der dem neuen Urteil vom 12. 5. 1959 zugrunde liegenden Hauptverhandlung hat nun J. als Schöffe mitgewirkt. Nach seiner Erklärung hat er sich nicht befangen gefühlt, obwohl er glaubt, von dem Angeklagten um 21,– DM geschädigt zu sein. Er hat deshalb auch nicht darauf hingewiesen, daß er zu der früheren Hauptverhandlung als Zeuge geladen war, und dies mit seiner geringen Sachkunde erklärt. – Das Rechtsmittel hatte Erfolg.

Gründe: Die Revision unterscheidet in ihren Ausführungen nicht klar zwischen dem Ausschluß von der Ausübung des Richteramtes kraft Gesetzes nach § 22 StPO und der Ablehnung eines Richters wegen Besorgnis der Befangenheit nach den §§ 24 bis 30 StPO. Aus dem Zusammenhang ihres Vorbringens ist jedoch zu entnehmen, daß sie auch rügen will, J. sei kraft Gesetzes von der Ausübung des Richteramtes ausgeschlossen gewesen. Dies trifft zu.

Allerdings entfällt der Ausschließungsgrund des § 22 Nr. 5 StPO. Er liegt nur vor, wenn der Richter oder Schöffe in der Sache als Zeuge vernommen ist; es genügt nicht, daß er als Zeuge geladen war (RGSt 12, 180; 58, 285). Hier war J. zwar zu der Hauptverhandlung am 30. 10. 1957 geladen, aber nicht vernommen worden.

Es war jedoch der Ausschließungsgrund des § 22 Nr. 1 StPO gegeben. Die dem Angeklagten vorgeworfene Tat war die Verpfändung der bei der Firma K. gemieteten Schreibmaschine an J. für ein von diesem gegebenes Darlehen. Das Gericht nahm in dem Eröffnungsbeschluß zwar nur an, der Angeklagte habe sich dadurch einer Unterschlagung schuldig gemacht, und übersah, daß er auch einen Betrug gegenüber dem gutgläubigen J. begangen haben konnte (BGHSt. 3, 370; 9, 90). Die rechtliche Beurteilung im Eröffnungsbeschluß entband das Gericht indessen nicht von der Verpflichtung, die Tat auch in dieser Richtung zu prüfen und, falls es den Tatbestand eines Betruges feststellte, den Angeklagten hierwegen zu verurteilen (§ 264 StPO). J. war demnach durch diese, dem Angeklagten vorgeworfene strafbare Handlung unmittelbar betroffen und verletzt.

Nach den §§ 22 Nr. 1, 31 Abs. 1 StPO ist ein Richter oder Schöffe von der Ausübung des Richteramtes kraft Gesetzes ausgeschlossen, wenn er selbst durch die strafbare Handlung verletzt ist. Während das Gesetz nun bei den Ausschließungsgründen des § 22 Nr. 4 und 5 StPO den Umfang des Ausschlusses an dem Merkmal der „Sachgleichheit" ausrichtet – als Richter ist ausgeschlossen, wer „in der Sache" in einer bestimmten Eigenschaft tätig geworden oder als Zeuge oder Sachverständiger vernommen worden ist –, fehlt eine solche ausdrückliche Umgrenzung in § 22 Nr. 1 StPO. Die Voraussetzungen des Ausschlusses können aber hier nicht enger sein als in den Fällen des § 22 Nr. 4 und 5 StPO. Dies ergibt sich klar aus dem Zweck der Vorschrift: § 22 StPO will mit Rücksicht auf das Ansehen der Strafrechtspflege schon den Anschein eines Verdachtes der Parteilichkeit vermeiden und deshalb alle Personen von der Ausübung des Richteramtes ausschließen, wenn aus den in § 22 Nr. 1 bis 5 StPO angeführten Gründen allgemein die Möglichkeit einer Voreingenommenheit besteht (RGSt 59, 267; BGHSt. 3, 68[1]; 9, 193 [BGH Urt. v. 25. 5. 1956 – 2 StR 96/56; vgl. § 338 Nr. 2 StPO erfolglose Rügen]). Diese Gefahr ist naturgemäß unter den Voraussetzungen des § 22 Nr. 1 wesentlich größer als in den Fällen des § 22 Nr. 4 und 5 StPO. Deshalb darf der Ausschluß des durch die strafbare Handlung verletzten Richters nicht auf die Aburteilung dieser Straftat selbst beschränkt werden, sondern muß allgemein für das Strafverfahren gelten, das die ihn verletzende Tat zum Gegenstand hat.

Das Gesetz geht allerdings zunächst davon aus, daß jede selbständige strafbare Handlung einem gesonderten Strafverfahren unterliegt, und versteht unter Strafsache die Strafverfolgung wegen einer einzelnen Tat. In diesem Sinne spricht es in den §§ 2, 4 StPO von der Verbindung oder Trennung zusammenhängender Strafsachen, wobei für die Dauer einer Verbindung die einzelne Strafsache ihre Selbständigkeit verliert. Wenn also mehrere zusammenhängende Strafsachen zur gemeinsamen Aburteilung durch das Gericht verbunden werden, liegt nunmehr ein einheitliches Strafverfahren vor; dieses ist dann die „Sache" im Sinne des § 22 StPO. Deshalb muß sich der durch einen einzelnen Straffall begründete Ausschluß eines Richters von selbst auf die sämtlichen verbundenen Strafsachen erweitern.

Ob diese Erstreckung stets eine endgültige ist, also auch durch spätere Trennung nicht mehr aufgehoben werden kann, braucht im einzelnen nicht erörtert zu werden; insbesondere kann hier dahingestellt bleiben, welche Wirkung insoweit Verbindung und Trennung im Vorverfahren haben. Spätestens dem gemeinsamen Eröffnungsbeschluß kommt die endgültige Ausschlußwirkung auch hinsichtlich der Straftaten zu, durch die der Richter nicht verletzt ist. Damit wird auch – dem Grundgedanken des § 22 StPO entsprechend – schon jeder Anschein ausgeschlossen, als könne mit einem der Eröffnung nachfolgenden gerichtlichen Trennungsbeschluß das Ziel verfolgt werden, eine Ausschlußwirkung teilweise wieder zu beseitigen.

Deshalb blieb J. als Richter ausgeschlossen, als in der ersten Hauptverhandlung das Verfahren wegen der Tat, die den Ausschluß zunächst begründete, nach § 153 Abs. 3 StPO

---

1 „Ein Richter, dessen Selbstanzeige nach § 30 StPO für begründet erklärt worden ist, steht zwar ebenso wie ein mit Erfolg abgelehnter einem kraft Gesetzes ausgeschlossenen gleich. Daraus folgt aber, wie der klare Wortlaut des § 22 StPO ergibt, nur, daß er von der Ausübung des Richteramtes, d.h. von jeder Art richterlicher Tätigkeit ausgeschlossen ist. Hierunter fällt nicht die [zuvor erfolgte] Auslosung der Schöffen. Das ist eine Maßnahme der Justizverwaltung. [...] Im übrigen will § 22 StPO verhindern, daß persönliche Empfindungen des Richters die Entscheidung der Schuldfrage beeinflussen. Hiervon kann keine Rede sein, wenn der ausgeschlossene Richter eine Verwaltungshandlung vornimmt, deren Ergebnis noch dazu vom Zufall abhängt. § 22 StPO trifft also in dem vorliegenden Falle auch seinem Sinn und Zweck nach nicht zu." (BGH Urt. v. 28. 9. 1952 – 2 StR 67/52), obsolet seit BGHSt. 29, 283, 287, abgedruckt bei § 338 Nr. 1 StPO erfolglose Rügen.

eingestellt wurde; denn die Erweiterung des Ausschlusses war kraft Gesetzes endgültig und konnte im Verlauf des Verfahrens nicht mehr beseitigt werden. Es ist daher auch ohne Bedeutung, daß J. erst in der zweiten Hauptverhandlung als Schöffe mitgewirkt hat. Die Rechtsprechung nimmt sogar an, daß das einem Wiederaufnahmeverfahren vorangehende, mit der ersten Hauptverhandlung abschließende Verfahren mit dem Wiederaufnahmeverfahren eine „Sache" im Sinne des § 22 Nr. 5 StPO bilde (vgl. RGSt 30, 70). Um so mehr muß dies hier gelten, da das Hauptverfahren durch die erste Hauptverhandlung nicht abgeschlossen wurde (RGSt 2, 234).

Das Ergebnis entspricht allein dem bereits dargelegten Zweck des § 22 StPO. Es liegt nahe, daß der Richter oder Schöffe, auch wenn die ihn verletzende Tat nicht mehr zur Aburteilung steht, sich nur selten von dem Unwillen gegen den Angeklagten, durch den er sich geschädigt fühlt, lösen kann und daß er deshalb in seiner Entscheidung durch diese persönlichen Empfindungen zu Ungunsten des Angeklagten beeinflußt wird, mag er sich dessen auch nicht bewußt werden. Daß bei solcher Sachlage erst recht der Anschein der Parteilichkeit gegeben wäre, bedarf keiner weiteren Begründung. Daß J. sich selbst nicht befangen fühlte, ist unerheblich (RGSt 33, 309).

Es hat somit in der „Sache" ein kraft Gesetzes ausgeschlossener Schöffe mitgewirkt. Diese Gesetzesverletzung führt nach § 338 Nr. 2 StPO zur Aufhebung des Urteils.

Erfolglose Rügen

1. Unbefangenheit von Richtern, die eine vor ihren Augen in der Hauptverhandlung begangene Tat aburteilen sollen.

StPO § 338 Nr. 2 – BGH Urt. v. 8. 12. 1999 – 5 StR 32/99 LG Hamburg (BGHSt. 45, 342 = NJW 2000, 1274)

Die Revision rügt, die Richter seien befangen gewesen, weil sie eine Straftat aburteilen mußten, die in einer Hauptverhandlung begangen worden ist, an der sie selbst als Richter teilgenommen haben.

Sachverhalt: Am 4. 9. 1996 – einen Monat nach Beginn der Hauptverhandlung gegen H. B. – wurde I. B. als Zeugin vernommen. Sie gab an, sie sei mit A. B. verheiratet, und machte nach Belehrung von ihrem „Zeugnisverweigerungsrecht" Gebrauch. Ihre Vernehmung war damit abgeschlossen.

Tatsächlich war I. B. zu diesem Zeitpunkt noch mit S. verheiratet; die Ehe wurde drei Wochen später, am 26. 9. 1996, in der Türkei geschieden. Erst am 30. 9. 1996 wurde, gleichfalls in der Türkei, die Ehe mit A. B. geschlossen. Am 13. 11. 1996 wurde I. B. erneut als Zeugin vernommen; sie machte von ihrem Zeugnisverweigerungsrecht nach § 52 Abs. 1 Nr. 3 StPO Gebrauch.

Am 12. 2. 1997 erhob die Staatsanwaltschaft Anklage gegen I. B. und beantragte die Verbindung zu der Strafsache gegen H. B. I. B. wurde zur Last gelegt, mit ihrer Aussage vom 4. 9. 1996 eine versuchte Strafvereitelung und eine uneidliche Falschaussage begangen zu haben. Am 10. 4. 1997 eröffnete die Schwurgerichtskammer, die das Verfahren gegen H. B. verhandelte, das Hauptverfahren und verband beide Strafsachen.

Zu den Bekundungen I. B.s im Termin vom 4. 9. 1996 hat die Schwurgerichtskammer ihren seinerzeitigen Vorsitzenden als Zeugen gehört; dieser war im Dezember 1996 zum Vizepräsidenten des Hanseatischen Oberlandesgerichts ernannt worden und aus der Schwurgerichtskammer ausgeschieden; für ihn trat ein Ergänzungsrichter ein. I. B. wurde im selben Urteil wie der Beschwerdeführer zu einer Freiheitsstrafe von einem Jahr auf Bewährung verurteilt; gegen sie ist das Urteil rechtskräftig. – Das Rechtsmittel war erfolglos.

Gründe: Bei der Beurteilung der Verfahrensweise des Landgerichts sind drei Rechtsfragen zu unterscheiden: Zum einen der Rückgriff auf zeugenschaftliche Bekundungen I. B.s bei nicht-richterlichen Vernehmungen im Ermittlungsverfahren (Problem des § 252 StPO), zum zweiten die Zulässigkeit der Verbindung einer Strafsache, die eine in der Hauptverhandlung in einer anderen Sache begangene Straftat zum Gegenstand hat, zu eben jener Strafsache während fortlaufender Hauptverhandlung (Problem der §§ 3, 4 und 261 StPO) und zum dritten die „Unbefangenheit" der Richter, die eine vor ihren Augen in der Hauptverhandlung begangene Straftat aburteilen sollen (Problem des § 338 Nr. 2 i.V.m. § 22 Nr. 5 StPO).

1. Ein Verwertungsverbot nach § 252 StPO liegt nicht vor (Wird ausgeführt ...).

2. Abgesehen davon war I. B. nicht Zeugin, sondern Mitangeklagte des Beschwerdeführers (Wird ausgeführt ...).

3. Auch ein Fall des eng auszulegenden (BGHSt. 44, 4, 7 [BGH Urt. v. 28. 1. 1998 – 3 StR 575/96; vgl. § 338 Nr. 2 StPO erfolglose Rügen]) gesetzlichen Richterausschlusses liegt nicht vor.

a) Der Senat kann hier ausschließen, daß das Landgericht dadurch, daß es eine vor seinen Augen in derselben Hauptverhandlung begangene Straftat aburteilte, den Beteiligten nicht mit der erforderlichen Distanz des unbeteiligten Dritten gegenüberstand. Allerdings setzt die Strafprozeßordnung der Mitwirkung eines Richters bei Vorliegen gewisser Konfliktlagen auch Grenzen. So ist nach den in §§ 22, 23 StPO aufgezählten Fällen ein Richter von der Ausübung des Richteramts kraft Gesetzes ausgeschlossen, etwa dann, wenn er in der Sache als Zeuge vernommen ist (§ 22 Nr. 5 StPO). Wirkt er gleichwohl bei dem Urteil mit, so liegt der absolute Revisionsgrund des § 338 Nr. 2 StPO vor. Der gesetzliche Richterausschluß dient ebenso wie die Ablehnung eines Richters wegen Besorgnis der Befangenheit gemäß §§ 24, 31 StPO dem Ziel, das erkennende Gericht von Richtern freizuhalten, die dem rechtlich zu würdigenden Sachverhalt und den daran Beteiligten nicht mit der erforderlichen Distanz des unbeteiligten Dritten gegenüberstehen (BGHSt. 44, 4, 7).

Im vorliegenden Fall ist eine derartige Konfliktlage, zumal zu Lasten des Angeklagten H. B., ausgeschlossen. Bei der Aussage I. B.s handelte es sich um einen einfachen, evidenten, problemlos wahrzunehmenden prozessual erheblichen Vorgang (vgl. BGHSt. 39, 239, 240 [BGH Urt. v. 23. 6. 1993 – 3 StR 89/93; vgl. § 338 Nr. 2 StPO erfolglose Rügen]; 44, 4, 9). Die Tatsache, daß die Zeugin bekundet hat, sie sei mit A. B. verheiratet, konnte das Landgericht problemlos auf die Aussage des ausgeschiedenen Vorsitzenden stützen, ohne in den oben beschriebenen Interessenkonflikt zu geraten.

b) Auch sonst ist nicht ersichtlich, daß Rechte des Beschwerdeführers durch diese Vorgehensweise verletzt worden sind. Die Verfahrensfrage, ob auf frühere Bekundungen I. B.s zurückgegriffen werden konnte, hing nicht von deren Aussageinhalt ab – allein diesen bekundete der ausgeschiedene Vorsitzende –, sondern von anderen Verfahrenstatsachen. Für die Beweiswürdigung der den Beschwerdeführer betreffenden Tatvorwürfe war es irrelevant, ob I. B. behauptet hatte, sie sei mit A. B. verheiratet. Es kann ausgeschlossen werden, daß der Umstand, daß I. B. als Zeugin zu ihrem Personenstand gelogen hat, für die Beurteilung der Zuverlässigkeit ihrer Bekundungen im Ermittlungsverfahren von Bedeutung gewesen wäre; das wird vom Beschwerdeführer selbst nicht behauptet.

2. Äußerung über dienstliche Vorgänge macht Richter nicht zum Zeugen (Anschluß an BGHSt. 39, 239 [BGH Urt. v. 23. 6. 1993 – 3 StR 89/93; vgl. § 338 Nr. 2 StPO erfolglose Rügen]).

StPO §§ 22 Nr. 5; 338 Nr. 2 – BGH Urt. v. 28. 1. 1998 – 3 StR 575/96 LG Leipzig (= BGHSt. 44, 4 = NJW 1998, 1234 = NStZ 1998, 524)

Die Revision rügt, der absolute Revisionsgrund des § 338 Nr. 2 StPO sei gegeben, weil der Vorsitzende durch Wahrnehmungen anläßlich der Hauptverhandlung und seine beiden dienstlichen Erklärungen in die Position eines Zeugen zur Sache geraten und damit gemäß § 22 Nr. 5 StPO als Richter ausgeschlossen sei.

Sachverhalt: In der zu dem ersten Urteil des Landgerichts führenden Hauptverhandlung im April und Mai 1994 hatte der frühere Mitangeklagte P., der zu der Gruppe um den Angeklagten gehörte, die am Tattage bei der Verfolgung des Täters, der den Pkw des Angeklagten gestohlen hatte, die Auseinandersetzung mit den Hausbesetzern suchte, zunächst eingeräumt, selbst auf den Getöteten geschossen zu haben, später hatte er dann den Angeklagten als den Schützen bezeichnet. Die früher zuständige Strafkammer folgte der geänderten Aussage des P. und verurteilte den Angeklagten wegen Totschlags, während sie P. wegen fahrlässiger Tötung verurteilte. Das Urteil gegen P. wurde rechtskräftig, weil dieser seine zunächst eingelegte Revision später zurückgenommen hatte.

Der Angeklagte bestreitet, wie auch früher, während der Schüsse auf die Gruppe der Hausbesetzer am Tatort gewesen zu sein. Dem jetzigen Schuldspruch wegen Körperverletzung mit Todesfolge in Tateinheit mit Beteiligung an einer Schlägerei liegt die Überzeugung und Würdigung des Landgerichts zugrunde, daß der Angeklagte sich in der Gruppe der Angreifer als Mittäter aufhielt und den Einsatz des Gewehrs durch P. für möglich hielt und billigte. Auch in der zweiten Hauptverhandlung war die entscheidende Beweisfrage, wer auf die Gruppe der Hausbesetzer geschossen hatte und unter welchen Umständen es zur Aussageänderung des früheren Mitangeklagten und jetzt als Zeuge vernommenen P. gekommen war. Aus diesem Grunde waren auch die Mitglieder der für das frühere Verfahren zuständigen Strafkammer als Zeugen geladen. Die Vernehmung des Vorsitzenden dieser Kammer, des RiLG Dr. M., war zunächst für den 14. 12. 1995 vorgesehen; tatsächlich konnte seine erste Zeugenvernehmung in dieser Sache aber erst am 10. 1. 1996 durchgeführt werden.

Am 11. 12. 1995 unterrichtete der Nebenklägervertreter Rechtsanwalt Sch., den Vorsitzenden der jetzt zuständigen Strafkammer, VRiLG Dr. E., telefonisch über „hauptverhandlungsfremde" Informationen, wonach nicht P. sondern der Angeklagte H. derjenige gewesen sein soll, der die tödlichen Schüsse abgegeben hat. Diese Information wollte der Nebenklägervertreter von dem Verteidiger des früheren Mitangeklagten P. erhalten haben.

Am 13. 12. 1996 fand – auf wessen Veranlassung genau ist unklar – zwischen VRiLG Dr. E. und RiLG Dr. M. ein persönliches Gespräch statt, in dem nach der Darstellung von Dr. E. in seiner später in der Hauptverhandlung abgegebenen dienstlichen Erklärung Dr. M. die Frage, ob ihm vor dem ersten Urteil irgendein Verfahrensbeteiligter außerhalb der Hauptverhandlung zuverlässig offenbart habe, daß der Angeklagte H. den Th. erschossen habe, ohne daß dieser Beweis in die Hauptverhandlung eingeführt wurde, mit ja beantwortete. Ferner erklärte Dr. M., daß er jedoch nicht offenbaren werde, was er im einzelnen erfahren habe. Über diese Gespräche unterrichtete Dr. F. sowohl am 19. 12. 1995 den Leitenden Oberstaatsanwalt der Staatsanwaltschaft L. als auch am 21. 12. 1995 in einer Verhandlungspause die Verteidiger des Angeklagten und den Nebenklägervertreter. Daraufhin beantragte der Sitzungsvertreter der Staatsanwaltschaft in der Hauptverhandlung vom 21. 12. 1995, den Inhalt des zwischen dem Kammervorsitzenden sowie den Verteidigern und dem Nebenklägervertreter in der Verhandlungspause geführten Gesprächs mitzuteilen. Am 21. 12. 1995 gab der Strafkammervorsitzende Dr. F. eine erste dienstliche Erklärung ab, in der er die Verfahrensbeteiligten sowohl über die Tatsache als auch über den Inhalt des Telefongesprächs mit dem Nebenklägervertreter vom 11. 12. 1995 und auch über die Tatsache und den Inhalt des persönlichen Gesprächs mit RiLG Dr. M. vom 13. 12. 1995 informierte; ferner teilte er mit, daß er den Leitenden Oberstaatsanwalt ebenfalls unterrichtet habe und, da er mit diesem der Ansicht sei, daß es um wichtige Ansatzpunkte für mögliche weitere Beweiserhebungen gehe, in einer Verhandlungspause am 21. 12. 1995 auch die Verteidiger und den Nebenklägervertreter.

Nachdem RiLG Dr. M. am 10. 1. 1996 als Zeuge vernommen worden war und dabei Teile des in der dienstlichen Äußerung des Vorsitzenden schriftlich niedergelegten und ihm vorgehaltenen Inhalts des Gesprächs vom 13. 12. 1995 in Abrede gestellt hatte, verlas der Vorsitzende der Strafkammer Dr. F. am nächsten Verhandlungstag, am 11. 1. 1996, eine schriftlich abgefaßte und anschließend zu Protokoll gegebene zweite dienstliche Äußerung. Darin teilte er u.a. mit und legte dies näher dar, daß sämtliche Einzelheiten des Gesprächs vom 13. 12. 1995 von ihm wahrheitsgemäß dargestellt worden und ein Irrtum seinerseits ausgeschlossen sei, ferner, daß die Aussage des Zeugen Dr. M. nicht der Wahrheit entspreche, soweit dieser den Gesprächsinhalt bestritten oder anders dargestellt habe. Ebenso teilte er mit, daß Dr. M. 1994 und 1995 anläßlich privater Abendessen mindestens zweimal geäußert habe, definitiv zu wissen, daß H. geschossen habe, und die Behauptung, von der Täterschaft H.s definitiv Kenntnis zu haben, auch gegenüber anderen Richterkollegen wiederholt habe. Die dienstliche Äußerung schloß mit dem Bemerken, daß er meine, die ihm außerhalb der Hauptverhandlung mitgeteilten Umstände offenbaren zu müssen, weil diese so, wie sie mitgeteilt worden seien, entscheidungserheblich sein könnten; deshalb sei es ihm unabweisbar erschienen, diese zu offenbaren. – Das Rechtsmittel war erfolglos.

Gründe: ...

1. ...

a) Nach § 22 Nr. 5 StPO ist ein Richter von der Ausübung des Richteramtes kraft Gesetzes ausgeschlossen, wenn er in der Sache als Zeuge oder als Sachverständiger vernommen ist. Diese Vorschrift ist Teil der in den §§ 22, 23 StPO aufgeführten Konfliktslagen, die von Gesetzes wegen zum Richterausschluß führen. Dabei dient der gesetzliche Richterausschluß ebenso wie die Ablehnung eines Richters wegen Besorgnis der Befangenheit gemäß §§ 24, 31 StPO dem Ziel, das erkennende Gericht von Richtern freizuhalten, die dem rechtlich zu würdigenden Sachverhalt und den daran Beteiligten nicht mit der erforderlichen Distanz des unbeteiligten Dritten gegenüberstehen (vgl. BVerfGE 46, 34, 37). Anders als eine aus vielfältigen Gründen denkbare Besorgnis der Befangenheit, in die in der Regel persönliche Wertungen einfließen, ist der Richterausschluß kraft Gesetzes an abschließend aufgezählte Tatbestände geknüpft, denen objektivierbare Tatsachen und Vorgänge zugrunde liegen, die jederzeit zuverlässig und eindeutig nachprüfbar sind (BVerfGE a.a.O.). Diese, auch als Konkretisierung des verfassungsrechtlichen Grundsatzes des gesetzlichen Richters zu verstehenden Vorschriften (vgl. BVerfGE 21, 139, 145 f.), sind – schon um der erforderlichen Eindeutigkeit und Klarheit willen – eng auszulegen. Dies gilt um so mehr, wenn von einem möglichen Ausschluß der erkennende Richter betroffen ist, der in der Regel der nach Gerichtsverfassungsgesetz und Geschäftsverteilungsplan zur Entscheidung in der Sache berufene gesetzliche Richter ist, der nicht nach Belieben der Prozeßbeteiligten aus dem anhängigen Verfahren entfernt werden kann.

aa) Voraussetzung für den Richterausschluß nach dem Wortlaut des § 22 Nr. 5 StPO ist, daß der Richter als Zeuge zur Sache vernommen ist. Deshalb reicht es nach der Rechtsprechung weder aus, daß er als Zeuge benannt (BGHSt. 11, 206 [BGH Urt. v. 11. 2. 1958 – 1 StR 6/58; vgl. § 244 StPO erfolglose Rügen]), noch daß er zwar als Zeuge geladen, aber nicht vernommen worden ist (BGHSt. 14, 219, 220 [BGH Urt. v. 4. 11. 1959 – 2 StR 421/59; vgl. § 338 Nr. 2 StPO erfolgreiche Rügen]). Erst recht reicht die bloße Möglichkeit, daß er als Zeuge in Betracht kommen kann, nicht aus, den Ausschluß nach § 22 Nr. 5 StPO zu begründen (BGH bei Holtz MDR 1977, 107). Diese Auslegung des § 22 Nr. 2 StPO wird von der herrschenden Meinung in der Literatur geteilt. Bei der Prüfung der Frage, wann und unter welchen Voraussetzungen eine Zeugenvernehmung im Sinne den § 22 Nr. 5 StPO vorliegt, muß überdies die gesetzgeberische Zielsetzung berücksichtigt werden. Durch die Anbindung des Richterausschlusses an eine bereits erfolgte Zeugenvernehmung, und zwar „in der anhängigen" Sache, sollte die Möglichkeit des Beschuldigten ausgeschlossen werden, einen ihm mißliebigen Richter durch dessen bloße Benennung als Zeugen an der Ausübung seines Amtes zu hindern. Die Entscheidung BGHSt. 7, 44 (BGH Urt. v. 7. 12. 1954 – 2 StR 402/54; vgl. § 338 Nr. 1 StPO erfolglose Rügen) besagt nichts anderes. Zwar wird diese immer wieder als Beleg für die Ansicht genannt, daß auch der Richter, der als Zeuge zur Hauptverhandlung geladen und als solcher auch erschienen ist, gemäß § 22 Nr. 5 StPO als Richter ausgeschlossen ist. Die Entscheidung befaßt sich jedoch nicht mit dem gesetzlichen Richterausschluß nach § 22 Nr. 5 StPO, sondern betrifft die Frage der Verhinderung des Kammervorsitzenden im Sinne des Gerichtsverfassungsgesetzes und die davon abhängige vorschriftsmäßige Besetzung des Gerichts gemäß § 338 Nr. 1 StPO.

bb) Eine Zeugenvernehmung im Sinne des § 22 Nr. 5 StPO erfordert nicht stets eine persönliche Anhörung durch ein Organ der Rechtspflege; es kommen auch schriftliche Erklärungen in Betracht. Als Zeugenvernehmungen im Sinne des § 22 Nr. 5 StPO reicht zum Beispiel die Einführung einer schriftlichen Zeugenerklärung in die Hauptverhandlung aus, durch die eine persönliche Zeugenvernehmung, etwa in den Fällen des § 251 Abs. 2 StPO, ersetzt werden soll. Dienstliche Erklärungen sind jedoch nicht ohne weiteres solchen schriftlichen Zeugenerklärungen gleichzusetzen. Denn auch nach der Ansicht, die grundsätzlich schriftliche Äußerungen als eine den Richterausschluß nach § 22 Nr. 5 StPO bewirkende Zeugenvernehmung gelten lassen will, fallen schon diejenigen dienstlichen Erklärungen eines Richters nicht unter den gesetzlichen Richterausschluß nach § 22 Nr. 5 StPO, die sich lediglich zu prozessual erheblichen Vorgängen und Zuständen verhalten, etwa wenn sie der freibeweislichen Aufklärung der Frage dienen, ob ein Richter überhaupt als Zeuge zu den in sein Wissen gestellten Tatsachen in Betracht kommt. Diese Auffassung wird von der bisher hierzu ergangenen Rechtsprechung des Bundesgerichtshofs geteilt.

cc) Maßgebliches Kriterium für die Abgrenzung, ob eine mündliche oder schriftliche Äußerung eines Richters die Voraussetzungen des § 22 Nr. 5 StPO erfüllt oder nicht, kann letztlich nur die Frage sein, ob der Richter tatsächlich Bekundungen als Zeuge gemacht hat, weil seine Wahrnehmungen Tatsachen und Vorgänge zur Schuld- und Straffrage betreffen, die er „außerhalb des anhängigen Prozesses" gemacht hat, „wie es für einen Zeugen kennzeichnend ist" (BGH Urt. vom 8. 12. 1976 – 3 StR 363/76). Handelt es sich nämlich um die laufende Hauptverhandlung und das anhängige Verfahren betreffende dienstliche Wahrnehmungen, die er in seiner amtlichen Eigenschaft als mit der Sache befaßter Richter machen mußte, können, wie der Senat bereits entschieden hat, die so wahrgenommenen Tatsachen und Umstände in zulässiger Weise durch eine dienstliche Äußerung in die Hauptverhandlung eingeführt werden (BGHSt. 39, 239, 240 f.). Ein erkennender Richter ist deshalb auch kein Zeuge im Sinne des § 22 Nr. 5 StPO, wenn er sich dienstlich über Vorgänge äußert, die den Gegenstand des bei ihm anhängigen Verfahrens betreffen und die er im Zusammenhang mit seiner amtlichen Tätigkeit in dieser Sache wahrgenommen hat. Wenn diese Kenntnisse für die Beweiswürdigung von Bedeutung sein können, sind sie – gleichsam als gerichtskundige Tatsache – durch die dienstliche Äußerung in die Hauptverhandlung eingeführt. Der Senat kann offen lassen, ob dienstlich erworbenes Wissen, das auch die Entscheidung zur Schuld- oder Rechtsfolgenfrage berührt, es in besonderen Fallgestaltungen rechtfertigt, den Richter – ggfls. zusätzlich – förmlich als Zeugen zu den von ihm wahrgenommenen Umständen zu vernehmen. Ein entsprechender Antrag ist weder gestellt noch ist das Unterbleiben einer Zeugenvernehmung gerügt worden.

b) Gemessen an diesen Grundsätzen sind die dienstlichen Äußerungen von VRiLG Dr. F keine Zeugenbekundungen im Sinne des § 22 Nr. 5 StPO.

aa) Wie sich aus den mitgeteilten dienstlichen Äußerungen und dem übrigen Revisionsvorbringen ergibt, wurde Dr. E. zuerst von dem Nebenklägervertreter Rechtsanwalt Sch. am 11. 12. 1995 telefonisch darüber informiert, daß der Verteidiger des früheren Mitangeklagten P. kurz zuvor geäußert habe, seit langer Zeit sichere Kenntnis davon zu haben, daß nicht sein Mandant P., sondern der Angeklagte H. den Th. erschossen hat. Diese Information hat der Nebenkläger-Vertreter – ungefragt – an Dr. E. deshalb weitergegeben, weil dieser der Vorsitzende der Strafkammer war, vor der das gegen den Angeklagten H. anhängige Strafverfahren zur Zeit verhandelt wurde. Dieses Telefongespräch war eindeutig dienstlicher Natur. Der Inhalt dieses Gesprächs mag, wie der Zusammenhang der dienstlichen Äußerungen nahelegt, Dr. F. daran erinnert haben, Ähnliches von dem Richterkollegen Dr. M. schon einmal gehört zu haben, dessen Vernehmung als Zeuge für den 14. 12. 1995 vorgesehen war. Denn Dr. M. hatte früher sowohl gegenüber Dr. F. bei gelegentlichen privaten Treffen als auch gegenüber anderen Richterkollegen geäußert, definitiv zu wissen, daß H. geschossen habe. Jedenfalls ersichtlich als Folge des Telefongesprächs mit dem Nebenklägervertreter vom 11. 12. 1995 und aufgrund des Inhalts dieses Gesprächs sah sich Dr. F. am 13. 12. 1995 veranlaßt, seinerseits Dr. M. konkret zu fragen, „ob vor dem ersten Urteil (der 2. Strafkammer) irgendein Verfahrensbeteiligter ihm außerhalb der Hauptverhandlung zuverlässig offenbart habe, daß der Angeklagte H. geschossen habe, ohne daß dieser Beweis in die Hauptverhandlung eingeführt wurde". Nach der Darstellung in der dienstlichen Äußerung vom 21. 12. 1995 hat Dr. M. die Frage bejaht und weiter angegeben, er werde jedoch nicht offenbaren, was er damals im einzelnen erfahren habe.

Bei den durch die Gespräche mit dem Nebenklägervertreter am 11. 12. 1995 und Dr. M. am 13. 12. 1995 erhaltenen Informationen einschließlich der Verhaltensweisen des Dr. M. handelt es sich um dienstlich erworbenes Wissen. Der Umstand, daß Dr. M. sich gelegentlich bei früheren privaten Treffen mit Dr. F. und gegenüber Richterkollegen in ähnlicher Weise geäußert hatte wie der Nebenklägervertreter bei seinem Telefonanruf am 11. 12. 1995, kommt zwar als Mitursache für die am 13. 12. 1995 an Dr. M. gerichtete konkrete Frage nach Vorkommnissen während der Dauer der ersten Hauptverhandlung in Betracht. Dieser Umstand vermag jedoch den durch die Gespräche vom 11. und 13. 12. 1995 erlangten Kenntnissen nicht den Charakter des rein privaten, außerhalb des anhängigen Verfahrens erworbenen Wissens zu geben. Dr. F. fühlte sich verpflichtet, wie die zweite dienstliche Äußerung belegt, als Vorsitzender der zuständigen Strafkammer, den Informationen, die ihm zunächst ungefragt durch den Telefonanruf des Nebenklägervertreters offenbart worden waren, weiter dienstlich nachzugehen. Das belegt auch der Umstand, daß Dr. F. den Leitenden Oberstaatsanwalt der Staatsanwaltschaft L. über die außerhalb der Hauptverhandlung in Erfahrung gebrachten Umstände unterrichtet und mit diesem erörtert hat, wie zweckmäßigerweise weiter verfahren werden kann.

bb) Die erste dienstliche Äußerung vom 21. 12. 1995 diente außerdem dem Zweck, alle Verfahrensbeteiligten über die Tatsache und den Inhalt der mit dem Nebenklägervertreter am 11. 12. 1995 und mit Dr. M. am 13. 12. 1995 geführten Gespräche zu informieren, weil sie wesentliche Anhaltspunkte für zusätzlich erforderlich werdende weitere Beweiserhebungen bieten konnten und diese als möglicherweise entscheidungserheblich zu offenbaren waren. Diese Vorgehensweise des Strafkammervorsitzenden, für den Fortgang des Verfahrens bedeutsame Umstände den Verfahrensbeteiligten bekanntzugeben, ist aus Rechtsgründen nicht zu beanstanden.

In seiner zweiten dienstlichen Äußerung vom 11. 1. 1996 ist der Vorsitzende der Strafkammer allerdings über die bloße Wiedergabe der Gespräche hinausgegangen. Denn er hat, soweit Dr. M. dem Inhalt der ihm vorgehaltenen ersten dienstlichen Erklärung zum Verlauf und Inhalt des Gesprächs vom 13. 12. 1995 bei seiner zeugenschaftlichen Vernehmung am 10. 1. 1996 widersprochen hatte, die Richtigkeit seiner – des Vorsitzenden – dienstlichen Äußerung versichert und die abweichende Aussage des Dr. M. als nicht der Wahrheit entsprechend bezeichnet. Daß der Strafkammervorsitzende die zuvor ordnungsgemäß in die Hauptverhandlung eingeführten, einander widersprechenden Angaben in der Hauptverhandlung durch eine weitere dienstliche Äußerung einer Bewertung unterzieht, mag ihn dem Verdacht der Befangenheit aussetzen; ein Antrag zur Ablehnung des Vorsitzenden wegen der Besorgnis der Befangenheit wurde jedoch von keinem Verfahrensbeteiligten gestellt. Ein solcher Vorgang, gleich wie er im übrigen zu werten ist, ist jedenfalls für sich genommen nicht geeignet, das zuvor dienstlich erworbene Wissen des Richters in Zeugenwissen umzuwandeln und den gesetzlichen Richterausschluß nach § 22 Nr. 5 StPO zu begründen.

2. Ob der Beschwerdeführer mit seinem Revisionsvorbringen zu dem behaupteten Verstoß gegen § 338 Nr. 2, § 22 Nr. 5 StPO zugleich geltend gemacht hat, daß Tatsachen, die die Schuld- und Rechtsfolgenfrage zumindest mittelbar betreffen, nicht im Wege des Freibeweises zur Grundlage des Urteilsspruchs gemacht werden dürften, kann dahingestellt bleiben, da das Urteil auf einem solchen relativen Verfahrensverstoß – Verletzung des § 261 StPO – nicht beruhen würde. Das angefochtene Urteil geht nicht davon aus, daß der Angeklagte geschossen hat, sondern stellt fest, daß P. der Schütze war.

3. Wahrnehmungen des Richters während einer Hauptverhandlung führen nicht zur Zeugeneigenschaft.

StPO §§ 22, 338 Nr. 2, 344 III 2 – BGH Urt. v. 23. 6. 1993 – 3 StR 89/93 LG Krefeld (= BGHSt. 39, 239 = NJW 1993, 2758 = StV 1993, 507 = NStZ 1994, 80)

Die Revision rügt, der Vorsitzende sei als Zeuge benannt worden und damit vom weiteren Verfahren ausgeschlossen gewesen.

Sachverhalt: Die in der Hauptverhandlung vernommene Zeugin S. suchte nach Abschluß der Beweisaufnahme den Vorsitzenden der erkennenden Strafkammer in seinem Dienstzimmer auf und erklärte, entgegen ihren früheren Bekundungen sei nicht der Angeklagte, sondern ihr Vater der Täter der Messerstiche gewesen. Der Vorsitzende brach das Gespräch sofort ab, veranlaßte die Wiedereröffnung der Beweisaufnahme zur erneuten Vernehmung dieser Zeugin und fertigte über den Vorgang einen Aktenvermerk. Nachdem in dem Fortsetzungstermin die Zeugin unerreichbar blieb, beantragte der Verteidiger in einem Hilfsbeweisantrag die Vernehmung des Vorsitzenden über dieses Gespräch. Das Landgericht hat diesen Antrag nicht förmlich verbeschieden, seiner Beweiswürdigung jedoch das Geschehen zugrundegelegt. – Das Rechtsmittel war erfolglos.

Gründe: Die Rügen sind nicht den Formerfordernissen des § 344 Abs. 2 Satz 2 StPO entsprechend erhoben. [wird ausgeführt ...].

Die Rügen wären auch nicht begründet. Der Vorsitzende hat sein Wissen über dieses Geschehen während des Laufs des anhängigen Verfahrens in seiner Eigenschaft als Vorsitzender dienstlich erlangt und in nicht zu beanstandender Weise durch eine dienstliche Erklärung in die Hauptverhandlung eingebracht.

Darin hat er – mit Recht – alle Prozeßbeteiligten von den Verfahrenstatsachen unterrichtet, nämlich dem Erscheinen der Zeugin, seinem sofortigen Abbrechen des Gesprächs, dem Grund zum Wiedereintreten in die Beweisaufnahme und der erneuten Ladung der Zeugin, sowie ferner – insoweit auch für die Schuldfrage von Bedeutung – von der angekündigten Aussageänderung, ehe er, was er zutreffend sofort getan hat, das Gespräch abbrechen konnte. Weder eine solche dienstliche Erklärung, noch der Umstand der Benennung als Zeuge (BGHSt. 14, 219, 220 [BGH Urt. v. 4. 11. 1959 – 2 StR 421/59; vgl. § 338 Nr. 2 StPO erfolgreiche Rügen]), führen zu einem Ausschluß als erkennender Richter nach § 22 Nr. 5 StPO. Denn der Richter hat keine Wahrnehmungen mitgeteilt, die er „außerhalb des anhängigen Prozesses" gemacht hatte, wie das für einen Zeugen kennzeichnend ist. Er hat nicht etwa sein früher „schriftlich fixiertes und der Strafverfolgung übermitteltes Wissen von der angeklagten Straftat zum Gegenstand der eigenen Würdigung" gemacht, sondern das, was er im Zusammenhang mit der laufenden Hauptverhandlung wahrnehmen mußte. Solche dienstliche Wahrnehmungen des erkennenden Richters, die die laufende Hauptverhandlung und das anhängige Verfahren betreffen, können in zulässiger Weise durch eine dienstliche Äußerung in die Hauptverhandlung eingeführt werden; ein dahingehender Beweisantrag auf Vernehmung des Richters wäre auf eine im Sinne des § 244 Abs. 3 Satz 1 StPO unzulässige Beweiserhebung gerichtet. Seinem gesetzlichen Richter darf der Angeklagte durch ein Ereignis dieser Art nicht entzogen werden.

4. Mitwirkung eines ausgeschlossenen Richters beim Eröffnungsbeschluß unschädlich.
StPO §§ 22 Nr. 1, 203, 338 Nr. 2 – BGH Beschl. v. 16. 10. 1980 – StB 29, 30 u. 31/80 Kammergericht Berlin (= BGHSt. 29, 351 = NJW 1981, 133 = JR 1981, 377)

Sachverhalt: Den Angeklagten M. und E. wird je ein durch Verbreiten von Druckschriften begangenes Vergehen vorgeworfen. Nachdem die hier maßgebliche sechsmonatige Frist für die Verjährung der Verfolgung von Pressevergehen durch die Anklage vom 30. 8. 1979 unterbrochen worden war, eröffnete der 5. Strafsenat des Kammergerichts zunächst am 20. 2. 1980 das Hauptverfahren. Da dieser Beschluß an dem Fehler litt, daß die Sache dem 5. Strafsenat des Kammergerichts durch eine unzulässige Einzelzuweisung durch den Geschäftsverteilungsplan des Kammergerichts zugewiesen worden war, bestätigte ihn der bezeichnete Senat nach ordnungsgemäßer erneuter Zuweisung der Sache durch das Präsidium des Kammergerichts durch Beschluß vom 28. 4. 1980. Mit Beschluß vom 19. 5. 1980 stellte derselbe Senat fest, daß der Vorsitzende Richter am Kammergericht Z., der an den Beschlüssen vom 20. 2. und vom 28. 4. 1980 mitgewirkt hatte, in dieser Sache nach § 22 Nr. 1 StPO kraft Gesetzes ausgeschlossen sei, weil er durch eine der Schriften, die Gegenstand der angeklagten fortgesetzten Straftaten ist, verletzt sei; diese Verletzung bewirke den Ausschluß des Richters ungeachtet des Umstandes, daß die Verfolgung vor Erlaß des Eröffnungsbeschlusses vom 28. 4. 1980 gemäß § 154a Abs. 2 StPO auf andere Teile der Tat beschränkt worden war. Wegen der Mitwirkung des danach kraft Gesetzes ausgeschlossenen Richters an den bezeichneten Eröffnungsbeschlüssen stellte der 5. Strafsenat des Kammergerichts durch den angefochtenen Beschluß vom 2. 6. 1980 das Verfahren gegen die Angeklagten M. und E. ein. Das Kammergericht geht dabei von der Rechtsauffassung aus, die Mitwirkung des kraft Gesetzes ausgeschlossenen Vorsitzenden Richters Z. an den Eröffnungsbeschlüssen vom 20. 2. und vom 28. 4. 1980 habe die Unwirksamkeit dieser Beschlüsse zur Folge. Damit hätten die Eröffnungsbeschlüsse die Verfolgungsverjährung nicht unterbrochen. Deshalb sei die Strafverfolgung mit Ablauf von sechs Monaten seit der Anklage vom 30. 8. 1979, also am 29. 2. 1980, verjährt. – Das Rechtsmittel war erfolglos.

Gründe: Die Verfolgung der den Angeklagten M. und E. vorgeworfenen Straftat ist nicht verjährt, da die Eröffnungsbeschlüsse vom 20. 2. und vom 28. 4. 1980 sowie die Verfügungen des Vorsitzenden Richters Z. vom 17. 3. und 29. 4. 1980, mit denen er die Hauptverhandlung anberaumt hatte, auch dann nicht unwirksam sind, wenn er, wie das Kammergericht festgestellt hat, von der Mitwirkung in dem Verfahren als Verletzter gemäß § 22 Nr. 1 StPO ausgeschlossen war.

Gänzliche Unwirksamkeit mit der Folge rechtlicher Unbeachtlichkeit einer gerichtlichen Entscheidung kann allenfalls in seltenen Ausnahmefällen in Betracht gezogen werden

(BGH Urt. v. 23. 10. 1953 – 2 StR 188/53[1]). Das folgt aus den Erfordernissen der Rechtssicherheit und der ihr dienenden Autorität gerichtlicher Entscheidungen sowie aus der Gesamtstruktur des Strafverfahrens mit seinem zur Korrektur fehlerhafter Entscheidungen bestimmten Rechtsmittelsystem.

Die Annahme rechtlicher Unbeachtlichkeit einer richterlichen Entscheidung – wie eines sonstigen fehlerhaften Staatsaktes – führt dazu, daß jedermann sich in jeder Verfahrenslage, auch nach Rechtskraft der Entscheidung, auf deren Unwirksamkeit berufen kann, und zwar auch außerhalb der Ordnung, die das Strafverfahrensrecht mit den ihm eigenen Kontrollmechanismen darstellt. Nach der Verfahrensordnung an sich endgültigen Entscheidungen fehlt, bei Annahme ihrer Nichtigkeit, die Maßgeblichkeit; sie müssen und dürfen nicht befolgt werden. Es stehen keine Regeln bereit, die in einem solchen Fall die Nachprüfung der Gültigkeit oder Nichtigkeit zwingend in geordnete Bahnen lenken. Bei Entscheidungen, die durch Rechtsmittel anfechtbar sind, laufen die dafür gesetzlich aufgestellten Regeln – Formen und Fristen – leer, wenn man die Entscheidungen für rechtlich unbeachtlich hält.

Solche der Gesamtordnung des Strafverfahrensrechts zuwiderlaufenden Folgen dürfen an die Fehlerhaftigkeit einer richterlichen Entscheidung allenfalls dann geknüpft werden, wenn die Anerkennung der (zumindest vorläufigen) Gültigkeit wegen des Ausmaßes und des Gewichts der Fehlerhaftigkeit für die Rechtsgemeinschaft geradezu unerträglich wäre, weil die Entscheidung ihrerseits dem Geist der Strafprozeßordnung und wesentlichen Prinzipien unserer rechtsstaatlichen Ordnung kraß widerspricht. Die Annahme der Nichtigkeit setzt, unter dem Gesichtspunkt der Rechtssicherheit, überdies voraus, daß eine derart schwerwiegende Fehlerhaftigkeit offenkundig ist (BGHSt. 10, 278, 281 [BGH Urt. v. 14. 5. 1957 – 5 StR 145/57; vgl. § 207 StPO erfolglose Rügen]). Auf Offenkundigkeit eines besonders schweren Fehlers stellt auch § 44 Abs. 1 VwVfG bei der gesetzlichen Umschreibung der Voraussetzungen für die Nichtigkeit eines Verwaltungsaktes ab.

Ob die Fehlerhaftigkeit einer gerichtlichen Entscheidung in diesem Sinne noch hinnehmbar ist, bestimmt sich nicht allein nach der Schwere des Fehlers und der Offenkundigkeit seines Vorliegens, sondern auch nach der sachlichen Bedeutung der gerichtlichen Entscheidung für das Verfahren. Ein und derselbe Verfahrensfehler hat deshalb nicht bei jeder von ihm betroffenen Entscheidung dieselbe Folge.

Der Eröffnungsbeschluß ist die Grundlage für das Hauptverfahren; sein Vorliegen ist Prozeßvoraussetzung. Er bestimmt, zusammen mit der zugelassenen Anklage, Art und Umfang des Schuldvorwurfs, der Gegenstand des Verfahrens ist, und fixiert, jedenfalls zunächst (vgl. § 225a StPO), die Zuständigkeit des Gerichts (§§ 209, 209a StPO). Insbesondere ist er mit seiner Voraussetzung hinreichenden Tatverdachts (§ 203 StPO) die entscheidende Schwelle auf dem Weg zur Hauptverhandlung. Die Mitwirkung eines anderen als des gesetzlichen Richters bei der Entscheidung über die Eröffnung des Hauptverfahrens ist namentlich auch deswegen von Bedeutung für das ganze Verfahren, weil es Fälle geben kann, in denen sich, trotz Verurteilung des Angeklagten aufgrund der Hauptverhandlung, an der die gesetzlich berufenen Richter mitgewirkt haben, nicht ausschließen läßt, daß bei Mitwirkung des für die Entscheidung über die Eröffnung berufenen Richters das

---

1 „Das am 18. 11.1952 erlassene Urteil ist aber nicht schon deshalb ‚nicht existent' oder ‚nichtig' oder nicht beachtlich, weil die Strafkammer auf eine für Straftaten Jugendlicher nicht zugelassene Gefängnisstrafe erkannt, die Strafe also nach dem Strafrecht für Erwachsene verhängt hat. Nur dann, wenn das Urteil auf eine dem deutschen Strafensystem völlig unbekannte Strafe lauten würde, könnte wegen des fehlerhaften Strafausspruchs eine solche Folgerung gezogen werden. Dies träfe etwa zu bei Urteilen, mit denen die Prügelstrafe oder die Todesstrafe verhängt worden wäre. Sofern aber nur eine in dem besonderen Fall nicht zulässige andere Strafart des deutschen Strafensystems gewählt worden ist, muß das ergangene Urteil als ein solches, und zwar auch als ein wirksames Urteil anerkannt werden ...".

Hauptverfahren nicht eröffnet worden und es damit zur Hauptverhandlung gar nicht gekommen wäre. Dennoch kommt dem Eröffnungsbeschluß und der Frage, ob die gesetzlich dazu berufenen Richter ihn erlassen haben, nicht die gleiche Bedeutung zu wie dem das Verfahren abschließenden Urteil. Er legt die weiteren Bahnen fest, in denen das Verfahren zu laufen hat, aber nicht dessen Ergebnis.

Die Mitwirkung eines kraft Gesetzes ausgeschlossenen Richters an einer gerichtlichen Entscheidung ist ein schwerwiegender Fehler. Das gilt auch für die Mitwirkung an dem Eröffnungsbeschluß. Dessen Bedeutung als Verfahrensgrundlage ist zwar groß. Immerhin ist aber seine, gegenüber dem Urteil, eingeschränkte Funktion, die im wesentlichen auf Gang und Umfang des Hauptverfahrens begrenzt ist, zu beachten. Daß die Mitwirkung eines gesetzlich ausgeschlossenen Richters am Urteil nicht zu dessen gänzlicher Unbeachtlichkeit führt, zeigt § 338 Nr. 2 StPO. Danach erkennt das Gesetz dem Verfahrensfehler zwar die Bedeutung eines absoluten Revisionsgrundes zu. Wird von ihm aber nicht durch form- und fristgerechte Revision Gebrauch gemacht, so erwächst das Urteil in Rechtskraft (RGSt 72, 176, 181). Angesichts der im Vergleich zum Urteil geringeren Bedeutung des Eröffnungsbeschlusses für das Verfahren besteht kein Anlaß, als Folge der Mitwirkung eines ausgeschlossenen Richters an einem solchen Beschluß demgegenüber ein stärkeres Maß an Fehlerhaftigkeit dieser Entscheidung anzunehmen. Schwerwiegende Mängel des Eröffnungsbeschlusses, die seine verfahrenslenkende und abgrenzende Funktion berühren, können zwar, sofern sie nicht wirksam geheilt werden, ebenso wie das gänzliche Fehlen eines Eröffnungsbeschlusses die Einstellung des Verfahrens zur Folge haben. Ein derartiger Mangel hängt einem nach Form und Inhalt fehlerfreien Eröffnungsbeschluß, der unter Mitwirkung eines ausgeschlossenen Richters zustande gekommen ist, aber nicht an.

Der Umstand, daß ein solcher Richter an einem derartigen Beschluß im Zwischenverfahren beteiligt war, ist nach alledem nicht so gänzlich unerträglich, daß dem Eröffnungsbeschluß angesichts seiner Fehlerhaftigkeit jede Wirkung abgesprochen werden müßte. Außerdem fehlt es in der Regel an der Offenkundigkeit des Fehlers. Selbst dann, wenn die äußeren Umstände, die den Ausschließungsgrund ergeben, offen liegen und dem Gericht bekannt sind, was in den praktisch werdenden Fällen der Mitwirkung eines ausgeschlossenen Richters selten sein wird, kann die Frage, ob sie einen gesetzlichen Ausschlußgrund bilden, rechtlichem Zweifel ausgesetzt und schwierig zu entscheiden sein. Das gilt namentlich für den Rechtsbegriff des Verletzten (§ 22 Nrn. 1, 2 StPO), auch in seiner Abgrenzung zu dem in anderen Vorschriften verwendeten gleichen Begriff, für die Frage, inwieweit Trennung und Verbindung von Strafsachen in dem einen oder anderen Stadium des Verfahrens eine Rolle spielen (vgl. BGHSt. 14, 219, 222 [BGH Urt. v. 4. 11. 1959 – 2 StR 421/59; vgl. § 338 Nr. 2 StPO erfolgreiche Rügen]), für die, was unter der „Sache" in § 22 Nrn. 4, 5 StPO zu verstehen ist, wie dafür, ob und wann dienstliche Äußerungen eines Richters seinen Ausschluß nach § 22 Nr. 5 StPO bewirken. Die Frage, ob ein gesetzlich von der Mitwirkung ausgeschlossener Richter an der Entscheidung mitgewirkt hat, wäre also häufig auch aus diesem Grunde nicht mit einem Blick zu entscheiden und mithin nicht offenkundig.

Wäre ein unter Mitwirkung eines ausgeschlossenen Richters ergangener Eröffnungsbeschluß ohne weiteres unwirksam, so müßte das Revisionsgericht, auch ohne besondere Rüge, in jeder Sache von Amts wegen prüfen und gegebenenfalls Ermittlungen darüber anstellen, ob etwa bei einem der „Eröffnungsrichter", die mit den in der Hauptverhandlung entscheidenden nicht identisch zu sein brauchen, ein Verhältnis der in § 22 StPO bezeichneten Art vorliegt. Daß das Gesetz dem Revisionsgericht eine solche Pflicht habe auferlegen wollen, ist so wenig anzunehmen wie eine entsprechende Pflicht zur Prüfung, ob die am Eröffnungsbeschluß beteiligten Richter ordnungsgemäß zu Mitgliedern der Strafkammer bestellt worden waren (vgl. BGHSt. 10, 278, 280).

In der angefochtenen Entscheidung beruft sich das Kammergericht für seine gegenteilige Auffassung und für die Annahme, die Mitwirkung eines ausgeschlossenen Richters sei als

Tätigkeit eines Nichtrichters zu behandeln, zu Unrecht auf die in BVerfGE 4, 412, 417 (BVerfG Urt. v. 20. 3. 1956 – 1 BvR 479/55; vgl. § 338 Nr. 1 StPO erfolgreiche Rügen) abgedruckte Entscheidung des Bundesverfassungsgerichts. Dort ist lediglich gesagt, daß eine solche Mitwirkung nicht als bloßer „error in procedendo", sondern als eine „Entziehung des gesetzlichen Richters" zu werten sei, eine Wertung, die nicht zur rechtlichen Unbeachtlichkeit einer Entscheidung führt. Soweit die Entscheidung des Reichsgerichts RGSt 55, 113 der Rechtsauffassung des Senats entgegenstehen sollte – in ihr wird nicht gesagt, daß der unter Mitwirkung eines nach § 22 Nr. 4 StPO ausgeschlossenen Richters ergangene Eröffnungsbeschluß nichtig sei, sondern nur, daß er keine genügende gesetzliche Grundlage für das Hauptverfahren bilde – könnte der Senat ihr aus den erörterten Gründen nicht folgen. Auf das Urteil BGHSt. 10, 278 kann das Kammergericht sich nicht stützen. Gerade in dieser Entscheidung hat der 5. Strafsenat des Bundesgerichtshofs die Auffassung, wonach die Mitwirkung eines ausgeschlossenen Richters an einem Eröffnungsbeschluß zu dessen Rechtsungültigkeit führe, in Frage gestellt – er brauchte sie nicht zu entscheiden – und hat dabei hervorgehoben, daß Gründe, die den Eröffnungsbeschluß rechtsungültig machen und die von Amts wegen zu berücksichtigen sind, nur in Mängeln liegen können, „die der Eröffnungsbeschluß gleichsam an der Stirn trägt", also nur in solchen, „die sich seinem Leser ohne weiteres aufdrängen, nicht dagegen" in solchen, „die erst ermittelt werden müssen".

Der 1. Strafsenat des Bundesgerichtshofs hat auf Anfrage erklärt, daß er, soweit Entscheidungen dieses Senats der hier vertretenen Rechtsauffassung entgegenstehen sollten, an ihnen nicht festhält.

Da nach allem die Eröffnungsbeschlüsse vom 20. 2. und vom 28. 4. 1980 nicht wegen der Mitwirkung des Vorsitzenden Richters am Kammergericht Z. unwirksam sind, ist an der die Verfolgungsverjährung unterbrechenden Wirkung der beiden Beschlüsse jedenfalls aus diesem Grunde nicht zu zweifeln. Denn allein deren Nichtigkeit, nicht aber der ihnen anhaftende ihre bloße Fehlerhaftigkeit begründende mindere Mangel, würde ihnen die Wirkung nehmen, die Verfolgung zu unterbrechen (vgl. OLG Stuttgart NJW 1968, 1340; ein Fall der funktionellen Unzuständigkeit des Gerichts liegt nicht vor; hierzu vgl. einerseits OLG Hamm NJW 1979, 884, BayObLG NJW 1953, 1482, andererseits OLG Koblenz NJW 1968, 2393).

Auch der Umstand, daß die Sache zunächst mittels unzulässiger Einzelzuweisung durch den Geschäftsverteilungsplan an den 5. Strafsenat des Kammergerichts gekommen war, macht den Eröffnungsbeschluß vom 20. 2. 1980 lediglich fehlerhaft, aber nicht gänzlich unwirksam (vgl. BGHSt. 10, 278). Auch daran scheitert also die verjährungsunterbrechende Wirkung dieses Beschlusses nicht. Schließlich ist die Verfolgungsverjährung auch noch durch die nach allem ebenso nicht unwirksamen Verfügungen des Vorsitzenden Richters am Kammergericht Z. vom 17. 3. 1980 und vom 29. 4. 1980 unterbrochen worden, mit denen er jeweils Hauptverhandlung anberaumt hatte (§ 78c Abs. 1 Nr. 8 StGB). Der Senat ist zwar der Auffassung, daß auch der in der Sache ergangene zweite Eröffnungsbeschluß vom 28. 4. 1980 die Verjährung unterbrochen hat und daß dieser Annahme die Fassung des § 78 c Abs. 1 Nr. 7 StGB nicht entgegensteht, obgleich sie nicht, entsprechend den Nummern 2, 3, 4, 8 und 12, ausdrücklich „jeder" Eröffnung des Hauptverfahrens verjährungsunterbrechende Wirkung beilegt. Das bedarf jedoch keiner näheren Begründung, da es vorliegend, im Hinblick auf die Unterbrechungswirkung der Verfügung vom 29. 4. 1980, hierauf nicht entscheidend ankommt.

Es kann dahinstehen, wie zu verfahren ist, wenn erst nach Beginn der Hauptverhandlung eine auf der Mitwirkung eines ausgeschlossenen Richters beruhende (bloße) Fehlerhaftigkeit eines im übrigen fehlerfreien Eröffnungsbeschlusses bekannt wird, und ob in der Revision § 336 Satz 2 i.V.m. § 210 StPO eingreift. Ist das Verfahren, wie hier, noch nicht in dieses Stadium gelangt, so erscheint es jedenfalls angezeigt, daß der Fehler durch Nachholung einer neuen Entscheidung über die Eröffnung des Hauptverfahrens durch den dazu berufenen Spruchkörperkörper bereinigt wird. Zu diesem Zwecke gibt der Senat daher die Sache an den 5. Strafsenat des Kammergerichts zurück.

5. Unschädliche Tätigkeit als Staatsanwalt in einbezogenen Strafsachen.

StPO §§ 338 Nr. 2, 22 Nr. 4 – BGH Urt. v. 16. 1. 1979 – 1 StR 575/78 LG Heilbronn (= BGHSt. 28, 262 = NJW 1979, 2160)

Die Revision rügt, der Vorsitzende Richter H. habe in der Sache, die den Urteilen des Landgerichts Stuttgart vom 31. 5. 1974 und vom 31. 5. 1977 zugrunde liege, als damaliger Beamter der Staatsanwaltschaft die Anklage erhoben, wenn auch nicht mehr vor Gericht vertreten. Deshalb sei es H. verwehrt gewesen, im vorliegenden Verfahren „bei Einbeziehung der Gesamtstrafen und der Bildung einer neuen Gesamtstrafe" als Richter tätig zu sein. H. sei gemäß § 22 Nr. 4 StPO von der Ausübung des Richteramts kraft Gesetzes ausgeschlossen gewesen.

Sachverhalt: Die Strafkammer hat den Angeklagten wegen Zuhälterei unter Einbeziehung der Einzelstrafen aus dem Urteil des Landgerichts Stuttgart vom 31. 5. 1977 (1 KLs 60/75) in Verbindung mit dem Urteil des Landgerichts Stuttgart vom 31. 5. 1974 (IX KLs 76/73) zu einer Gesamtfreiheitsstrafe verurteilt. Der Angeklagte war am 31. 5. 1974 u.a. wegen Zuhälterei zu einer Gesamtfreiheitsstrafe von 2 Jahren 3 Monaten verurteilt worden. Auf seine Revision hatte der Bundesgerichtshof dieses Urteil, das im übrigen Rechtskraft erlangte, im Ausspruch über die Gesamtstrafe aufgehoben. Danach wurde die Gesamtfreiheitsstrafe durch Urteil vom 31. 5. 1977 auf 2 Jahre 2 Monate herabgesetzt. – Das Rechtsmittel war erfolglos.

Gründe: Der behauptete Verfahrensfehler liegt indessen nicht vor. Nach § 22 Nr. 4 StPO ist ein Richter u.a. dann von der Ausübung seines Amtes ausgeschlossen, wenn er in der Sache als Beamter der Staatsanwaltschaft tätig gewesen ist. Dabei ist unter der Sache grundsätzlich das Verfahren zu verstehen, welches die strafrechtliche Verfolgung einer bestimmten Straftat zum Gegenstand hat (RGSt 57, 275, 276). Es kommt also in erster Linie auf die Identität des historischen Ereignisses an, um dessen Aufklärung es zu der Zeit ging, als der Richter eine nichtrichterliche Funktion ausübte. Der Annahme einer solchen Identität steht weder das Vorhandensein von materiell-rechtlicher Tatmehrheit noch das Vorliegen mehrerer selbständiger Taten im Sinne von § 264 StPO (vgl. hierzu BGHSt. 23, 141, 148) entgegen (BGH GA 68, 280). Vielmehr entscheidet in solchen Fällen regelmäßig die Einheit der Hauptverhandlung, sie kann auch Vorgänge, die bei natürlicher Betrachtung als verschiedene historische Ereignisse erscheinen, zu einer Einheit zusammenfassen und bedingt damit, daß sogar bei durch gemeinsamen Eröffnungsbeschluß verbundenen Strafsachen das gesamte Verfahren von vornherein als eine Sache im Sinne des § 22 Nr. 4 StPO anzusehen ist (BGHSt. 14, 219, 222 [BGH Urt. v. 4. 11. 1959 – 2 StR 421/59; vgl. § 338 Nr. 2 StPO erfolgreiche Rügen] zu § 22 Nr. 1 StPO; BGH, Urt. v. 7. 8. 1973 – 1 StR 219/73). Weiterhin gehören zur Sache alle Verfahrensabschnitte von den Vorermittlungen über die Hauptverhandlung bis zum Wiederaufnahmeverfahren (BGHSt. 14, 223 zu § 22 Nr. 5 StPO Ergänzungsurteil).

Eine Einheit der „Sache" im vorbezeichneten Sinn ist im vorliegenden Fall nicht gegeben. Die Einbeziehung der Einzelstrafen aus früherer Verurteilung erfolgte nicht auf der Grundlage desselben historischen Ereignisses oder desselben Verfahrensgegenstandes, sondern gemäß der besonderen Regelung des § 55 StGB, wonach die Vorschriften über die Gesamtstrafenbildung in Fällen der Tatmehrheit (§§ 53, 54 StGB) auch anzuwenden sind, wenn ein rechtskräftig Verurteilter, bevor die gegen ihn erkannte Strafe vollstreckt, verjährt oder erlassen ist, wegen einer anderen Straftat verurteilt wird, die er vor der früheren Verurteilung begangen hat. Die Anwendung von § 55 StGB setzt also gerade die Begehung von Straftaten voraus, die nicht Gegenstand eines einheitlichen Verfahrens waren und sind. Daran ändert sich auch durch den Vorgang der Einbeziehung nichts. Zwar dient § 55 StGB dem Zweck, solche Taten, die bei gemeinsamer Aburteilung nach den §§ 53, 54 StGB behandelt worden wären, auch bei getrennter Aburteilung noch nachträglich bei der Bildung einer einheitlichen Gesamtstrafe zu berücksichtigen, um den Täter im Ergebnis weder besser noch schlechter zu stellen (vgl. BGHSt. 15, 66, 69; 17, 173). Die Selbständigkeit des vorausgegangenen, rechtskräftig abgeschlossenen Verfahrens wird aber dadurch nicht berührt. Ebensowenig ist hierfür von Bedeutung, daß der neue Tatrichter die nach § 55 StGB einzubeziehenden – rechtskräftigen – Einzelstrafen der Vorverurteilung bei Bemessung der Gesamtstrafe zu würdigen und in ihrer Schwere gegenüber dem Unwertsgehalt der neu abgeurteilten Taten abzuwägen hat. Auch diese ihrem Wesen nach begrenzte richterliche Aufgabe dient nur einer vom Gesetzgeber besonders angeordneten Korrektur von Strafaussprüchen (vgl. die ergänzende Regelung des § 460 StPO), nicht jedoch einer sachlichen oder verfahrensrechtlichen Verbindung des rechtskräftig erledigten mit dem neuen Strafverfahren.

Die Annahme ein und derselben Sache läßt sich hier auch nicht aus Sinn und Zweck des § 22 Nr. 4 StPO rechtfertigen. Allerdings ist diese Vorschrift, wie in der Rechtsprechung anerkannt ist, keineswegs nur dazu da, das Strafverfahren gegen eine aus früherer anderweitiger Tätigkeit abzuleitende Voreingenommenheit des Richters zu schützen, sondern auch dazu bestimmt, bereits den Schein eines Verdachts der Parteilichkeit zu vermeiden (RGSt 59, 267, 268; BGHSt. 9, 193, 194 [BGH Urt. v. 25. 5. 1956 – 2 StR 96/56; vgl. § 338 Nr. 2 StPO erfolglose Rügen]; 14, 219, 222). Daraus kann sich die Notwendigkeit ergeben, § 22 Nr. 4 StPO u. U. auch anzuwenden, wenn es an der für den Normalfall vorausgesetzten Verfahrenseinheit fehlt (BGH, Urt. v. 4. 10. 1977 – 1 StR 192/77). Der Verdacht der Parteilichkeit kann jedoch bei mehreren für eine einheitliche Behandlung in Betracht zu ziehenden Verfahren vernünftigerweise nur aufkommen, wenn zumindest ein enger und für die zu treffende Entscheidung bedeutsamer Sachzusammenhang besteht (vgl. BGHSt. 9, 193). Diese Voraussetzung ist nicht erfüllt, wenn es sich allein darum handelt, in einem anderen Verfahren rechtskräftig festgesetzte Einzelstrafen in eine neu zu bildende Gesamtstrafe einzubeziehen. Der Gedanke an eine innere Abhängigkeit dieser Entscheidung von einer staatsanwaltlichen Beteiligung an den verfahrensrechtlichen Vorgängen, die zu der – rechtskräftig feststehenden – Wertung der Vortaten geführt haben, liegt auch für den unbefangenen Betrachter so fern, daß ihm für die Ausschließung des Richters kraft Gesetzes, die sich auf die gesamte Verhandlung erstrecken müßte, in aller Regel eine entscheidende Bedeutung nicht zukommen kann. Die Einbeziehung rechtskräftiger Einzelstrafen in eine neu zu bildende Gesamtstrafe stellt vielmehr einen seinem Wesen nach unabhängigen Entscheidungsvorgang dar, der sich nicht erheblich von sonstigen Fällen der Berücksichtigung rechtskräftiger Vorstrafen unterscheidet, so etwa von der Entscheidung über Rückfallvoraussetzungen (§ 48 StGB) oder über die Anordnung der Sicherungsverwahrung (§ 66 StGB). Bei alledem geht es letztlich nur darum, durch Bezugnahme auf in anderen Verfahren ergangene, rechtkräftige Vorentscheidungen und durch Würdigung ihres Inhalts eine erweiterte Grundlage für den neuen Rechtsfolgenausspruch zu finden. Wertungen solcher Art gehören zu den normalen Aufgaben des Tatrichters, deren ungehinderte und vorurteilsfreie Wahrnehmung nach allgemeiner Rechtsauffassung auch dann generell gesichert erscheint, wenn der Richter durch eine nichtrichterliche Tätigkeit am Zustandekommen einer in Bezug genommenen Entscheidung mitgewirkt hat. Besondere Umstände, die eine andere Betrachtung rechtfertigen könnten, sind nicht gegeben.

Die Ausschlußvoraussetzungen des § 22 Nr. 4 StPO liegen somit nicht vor.

6. Bisher beteiligter Richter nicht von der weiteren Mitwirkung nach Zurückverweisung ausgeschlossen.

StPO §§ 23 II, 24, 338 Nr. 2 – BGH Urt. v. 9. 9. 1966 – 4 StR 261/66 LG Hamburg (= BGHSt. 21, 142 = NJW 1967, 62)

Die Revision rügt, Richter, die an einem inzwischen aufgehobenen Urteil beteiligt gewesen seien, dürften nach dem Gesetz vom 19. 12. 1964 bei einem neuen Urteil in derselben Sache nicht tätig werden, weil sie wegen der früheren Mitwirkung von Gesetzes wegen als befangen anzusehen seien.

Sachverhalt: Die Große Strafkammer 3 des Landgerichts hatte den Angeklagten wegen fahrlässiger Tötung in Tateinheit mit fahrlässiger Gefährdung des Straßenverkehrs nach §§ 315a Abs. 1 Nr. 2, 316 Abs. 2 StGB a.F. und mit einer Übertretung nach § 8 StVO verurteilt. Dieses Urteil wurde auf die Revision des Angeklagten am 16. 10. 1964 durch den Bundesgerichtshof aufgehoben, der zugleich die Sache zu neuer Verhandlung und Entscheidung an das Landgericht zurückverwies, ohne dabei von der nach § 354 Abs. 2 Satz 2 StPO a.F. gegebenen Möglichkeit der Verweisung an eine andere Strafkammer Gebrauch zu machen. Nunmehr hat wiederum die Große Strafkammer 3 in der Besetzung mit einem anderen Vorsitzenden und anderen Schöffen als in der früheren Hauptverhandlung aber mit denselben richterlichen Beisitzern wie damals den Angeklagten wegen fahrlässiger Tötung in Tateinheit mit fahrlässiger Gefährdung des Straßenverkehrs nach §§ 315a Abs. 1 Nr. 2, 316 Abs. 2 StGB a.F. verurteilt.

Bereits vor der neuen Hauptverhandlung hatte sich der Angeklagte gegen die Mitwirkung der beiden richterlichen Beisitzer gewandt, weil er ihnen gegenüber „auf Grund der gesetzlichen Vermutung des neuen Gesetzes ab 1. 4. 1965" die Besorgnis der Befangenheit für gegeben ansah. Die Ablehnung hat die Strafkammer nicht als berechtigt anerkannt mit der Begründung, durch das Gesetz zur Änderung der Strafprozeßordnung und des Gerichtsverfassungsgesetzes vom 19. 12. 1964 (StPÄG) sei zwar die Zurückverweisung an eine andere Kammer gemäß § 354 Abs. 2 StPO Mußvorschrift geworden; die Neuregelung stelle aber, da § 23 StPO insoweit nicht geändert worden sei, für die Richter, die nach der alten Regelung tätig würden, weder allgemein einen vernünftigen Grund dar, der auch vom Standpunkt des Angeklagten geeignet sei, Mißtrauen gegen die Unparteilichkeit eines Richters zu rechtfertigen, noch seien in der vorliegenden Sache besondere Gründe dieser Art ersichtlich. – Das Rechtsmittel war erfolglos.

Gründe: Zwar erstrebt, wie der Revision zuzugeben ist, das neue Gesetz, daß in der Regel eine Sache nach Zurückverweisung durch das Revisionsgericht vor andere Richter kommt. Durch die Neufassung des § 354 Abs. 2 StPO wird jedoch, was auch die Revision einräumt, ein bisher beteiligter Richter nicht von der weiteren Mitwirkung ausgeschlossen. Das hat schon der 2. Strafsenat des Bundesgerichtshofs in dem Urteil vom 2. 2. 1966 – 2 StR 483/65 – (NJW 1966, 1718) ausgesprochen. Dabei hat er darauf hingewiesen, daß ein auf die Aufnahme des Ausschlusses in die Vorschrift des § 23 Abs. 2 StPO gerichteter Antrag im Rechtsausschuß des Bundestages mit großer Mehrheit abgelehnt wurde, und daß sich der Rechtsausschuß sowie der Bundestag selbst um eine Regelung bemüht haben, die nicht zum unbedingten Ausschluß führten (vgl. BGHSt. 20, 252, 253[1]). Aus der

---

1 „Dem steht nicht entgegen, daß möglicherweise die Richterbank des neuen Schwurgerichts teilweise ebenso besetzt ist wie die des ersten. Diese Möglichkeit, die infolge Änderung der Geschäftsverteilung oder durch Mitwirkung von Vertretern auch bei den ständigen Spruchkörpern besteht, hat der Gesetzgeber bewußt in die Neuregelung einbezogen. Das ergibt sich deutlich aus der Änderung des § 23 StPO, wonach nunmehr im Wiederaufnahmeverfahren jeder Richter ausgeschlossen ist, der bei der angefochtenen Entscheidung mitgewirkt hat. Ersichtlich mit Vorbedacht und aus guten Gründen ist dasselbe nicht auch für den Richter angeordnet worden, der an dem vom Revisionsgericht aufgehobenen Urteil beteiligt war; er ist *nicht* kraft Gesetzes von der weiteren Mitwirkung ausgeschlossen." (BGH Urt. v. 7. 7. 1965 – 2 StR 210/65).

Entstehungsgeschichte des § 354 Abs. 2 StPO n.F. ergibt sich auch, daß in dieser Bestimmung „andere" Kammer oder Abteilung nicht als „anders besetzte" Kammer oder Abteilung verstanden werden kann.

Das macht aber zugleich deutlich, daß der Gesetzgeber eine Besorgnis der Befangenheit, wie sie die Revision behauptet, nicht schlechthin als gegeben erachtet hat. Wäre er davon ausgegangen, daß eine solche Befangenheit im allgemeinen zu besorgen, ihr Vorliegen also sozusagen von Gesetzes wegen zu vermuten sei, so müßte angenommen werden, daß er den gesetzlichen Ausschluß der an einem Urteil beteiligt gewesenen Richter von weiteren Entscheidungen, die nach Urteilsaufhebung und Zurückverweisung der Sache durch das Revisionsgericht notwendig werden, in gleicher Weise in die Vorschrift des § 23 Abs. 2 StPO aufgenommen hätte, wie er ihn bei Entscheidungen im Wiederaufnahmeverfahren für diejenigen Richter angeordnet hat, die bei einer durch einen Wiederaufnahmeantrag angefochtenen Entscheidung mitgewirkt haben. Das Absehen von einer entsprechenden Regelung spricht daher entscheidend dafür, daß der Neufassung des § 354 Abs. 2 StPO nicht die Meinung des Gesetzgebers zugrunde liegt, der einzelne Richter, der an einem im Revisionsrechtszug aufgehobenen Urteil beteiligt war, sei allein wegen dieser Mitwirkung als befangen anzusehen.

7. Mitwirkung im Straf- schließt Mitwirkung im Ehrengerichtsverfahren nicht aus.

StPO §§ 23 I; 338 Nr. 2 – BGH Urt. v. 6. 2. 1961 – AnwSt (R) 3/60 I. EGH für Rechtsanwälte beim Kammergericht (= BGHSt. 15, 372 = NJW 1961, 931)

Die Revision rügt, die Besetzung des Ehrengerichtshofs sei gesetzwidrig, weil der beisitzende Kammergerichtsrat F. im Strafverfahren bei dem Beschluß mitgewirkt hat, durch den die Revision des Beschuldigten gegen das Berufungsurteil des Landgerichts gemäß § 349 Abs. 2 StPO als offensichtlich unbegründet verworfen ist.

Sachverhalt: Nachdem der Beschuldigte zwei Grundstückskaufverträge als Notar beurkundet hatte, zahlten die Käufer die Kaufpreise auf zwei von ihm eingerichtete Anderkonten ein. Von diesen hob er wiederholt Gelder ab und verbrauchte sie für sich. Daraufhin wurde der Beschuldigte rechtskräftig wegen Untreue zu einer Gefängnisstrafe verurteilt.

Das Ehrengericht der Rechtsanwaltskammer befand den Beschuldigten der Verletzung einer Standespflicht für schuldig und schloß ihn aus der Rechtsanwaltschaft aus. Seine Berufung verwarf der Ehrengerichtshof. – Das Rechtsmittel war erfolglos.

Gründe: Der § 23 StPO, der nach § 116 BRAO auch für das Ehrengerichtsverfahren gilt, besagt, daß ein Richter, der bei einer durch ein Rechtsmittel angefochtenen Entscheidung mitgewirkt hat, von der Mitwirkung bei einer Entscheidung in einem höheren Rechtszuge kraft Gesetzes ausgeschlossen ist. Kammergerichtsrat F. hat jedoch nicht früher in dieser Sache, sondern in dem Strafverfahren mitgewirkt und sich jetzt nicht in einem „höheren Rechtszuge" betätigt. Ehrengerichtsverfahren und Strafverfahren sind nicht dieselbe Sache. Beiden Verfahren liegt vielmehr nur derselbe Sachverhalt zugrunde, aus dem verschiedene Folgerungen gezogen werden. Es kann sich also nur darum handeln, ob die Vorschrift des § 23 StPO auf einen Fall der vorliegenden Art entsprechend anwendbar ist. Die Rechtsprechung hat das bisher verneint. Bereits der Reichsdisziplinarhof hat wiederholt entschieden, daß ein Richter, der im Strafverfahren gegen den Beschuldigten tätig geworden war, dadurch nicht als Richter im Disziplinarverfahren ausgeschlossen ist. Auch das Reichsgericht hat – insoweit allerdings zu § 23 Abs. 2 StPO – den Untersuchungsführer im Dienststraf- oder Ehrengerichtsverfahren nicht gemäß § 23 Abs. 2 StPO als von der Mitwirkung im späteren Strafverfahren ausgeschlossen angesehen (JW 1936, 2143; vgl. auch RGSt 62, 314).

Im Ergebnis ist diesen Entscheidungen für das Ehrengerichtsverfahren nach der Bundesrechtsanwaltsordnung beizutreten. Sie stammen zwar aus einer Zeit, in der die Disziplinargerichte an die Feststellungen eines den Beschuldigten verurteilenden Straferkenntnisses unbeschränkt gebunden waren. Die neuere Gesetzgebung hat diese Bindung gelockert (vgl. § 13 Abs. 3 RDStO; § 13 Abs. 3 BDO; § 67 Abs. 3 RAO 1936). So bestimmt auch § 118 Abs. 3 BRAO, daß die Feststellungen im strafgerichtlichen Urteil für die Entscheidung im ehrengerichtlichen Verfahren bindend sind, es sei denn, daß das Ehrengericht oder der Ehrengerichtshof einstimmig deren Richtigkeit bezweifeln. Aber auch diese Befugnis des Disziplinarrichters kann die entsprechende Anwendbarkeit des § 23 StPO im Verhältnis zwischen Straf- und ehrengerichtlichem Verfahren nicht begründen. Dem steht der Ausnahmecharakter der Vorschrift entgegen (vgl. BGHSt. 9, 233 [BGH Urt. v. 4. 6. 1956 – 2 StR 22/56; vgl. § 338 Nr. 2 StPO erfolglose Rügen]), aber auch die Erwägung, daß dem Beschuldigten notfalls ein anderer Rechtsbehelf gegeben ist. Hat er nämlich Grund zur Annahme, daß ein Richter im Ehrengerichtsverfahren durch seine Mitwirkung im Strafverfahren beeinflußt ist und nicht mehr unbefangen urteilt, insbesondere von seiner Befugnis nach § 118 Abs. 3 BRAO keinen sachgemäßen Gebrauch macht, so kann er ihn wegen Besorgnis der Befangenheit ablehnen (§ 116 BRAO, § 24 StPO). Das ist aber keineswegs immer der Fall, insbesondere in der Regel nicht bei einem Richter, der – wie hier – nur im Revisionsrechtszuge des Strafverfahrens mitgewirkt hat. Mit der Möglichkeit, den Richter abzulehnen, ist den berechtigten Belangen eines Beschuldigten in dieser Richtung Genüge getan.

8. Einzelne Beweiserhebungen führen nicht zum Ausschluß (Anschluß an RGSt 63, 337).

StPO §§ 23 II, 338 Nr. 2 – BGH Urt. v. 4. 6. 1956 – 2 StR 22/56 LG Bonn (= BGHSt. 9, 233 = NJW 1956, 1246)

Die Revision rügt, daß die erkennenden Richter kraft Gesetzes ausgeschlossen gewesen seien, weil sie nicht nur einzelne Beweise nach § 202 StPO vor Eröffnung des Hauptverfahrens angeordnet und erhoben, sondern eine Beweiserhebung in einem Umfange durchgeführt hätten, die einer Voruntersuchung gleichkomme; auf sie müsse also § 23 Abs. II StPO entsprechend angewandt werden. – Das Rechtsmittel war erfolglos.

Gründe: Die Revision verkennt den Ausnahmecharakter des § 23 Abs. 2 StPO. Die Strafprozeßordnung geht von dem allgemeinen Grundsatz aus, daß die der Mitwirkung als erkennende Richter vorausgehende richterliche Tätigkeit keine Befangenheit begründe (RGSt 62, 299, 302). Das Gesetz verneint, daß ein Richter, der sich vor der Hauptverhandlung mit einer Sache befaßt, Aktenkenntnis erlangt und bei den der Hauptverhandlung vorausgehenden Entscheidungen mitwirkt, schon um dieser Tätigkeit willen als voreingenommen und befangen gelten müsse. Hauptbeispiele hierfür sind die Haftentscheidungen, die Entscheidung über die Eröffnung des Hauptverfahrens sowie die erneute Mitwirkung als erkennender Richter nach Aufhebung des Urteils durch das Revisionsgericht und im Wiederaufnahmeverfahren. Als einzige Ausnahmen von diesem Grundsatz kennt das Gesetz nur die beiden Fälle des § 23 StPO. Die bis zur Verordnung vom 24. 1. 1924 bestehende dritte Ausnahme, daß der Berichterstatter bei der Entscheidung über die Eröffnung des Hauptverfahrens nicht als erkennender Richter mitwirken dürfe, ist beseitigt worden. Die von dem allgemeinen Grundsatz abweichende Regelung des § 23 Abs. 2 StPO für den Untersuchungsrichter beruht auf der Erwägung, daß das Zusammentreffen der beiden Merkmale, die die Tätigkeit des Untersuchungsrichters kennzeichnen, nämlich das Vorgehen nach einem bestimmten Plan, den sich der Richter selbst und unabhängig von der Weisung eines anderen bildet, und der selbständige Beitrag zur Sachgestaltung durch unmittelbare Erforschung der Tat, nach der Erfahrung des Lebens regelmäßig die Besorgnis einer gewissen Befangenheit begründen kann. Das hat den Gesetzgeber veranlaßt, in diesem Fall allgemein die Ausschließung als erkennender Richter anzuordnen. Das Reichsgericht hat aber in ständiger Rechtsprechung und sehr nachhaltig den Ausnahmecharakter der Vorschrift betont, insbesondere nicht jede Tätigkeit des Untersuchungsrichters als Ausschließungsgrund gelten lassen. So begründen die bloße Eröffnung der Voruntersuchung, der Ausspruch über ihren Schluß, die Entscheidung über die Fortdauer der Untersuchungshaft, die Anordnung von Ladungen und ähnliche Handlungen, die Ausschließung nicht (vgl. RGSt 21, 285; 61, 415). Ferner hat das Reichsgericht eine entsprechende Anwendung des § 23 Abs. 2 StPO auf den beauftragten Richter sowie den Amtsrichter, der nach § 162, § 165 oder § 185 Satz 2 StPO tätig wird, ausdrücklich abgelehnt (RGSt 30, 400; 68, 375, 377).

An dieser Rechtsprechung hält der Senat ohne Einschränkung fest. Infolgedessen kommt auch eine entsprechende Anwendung des § 23 Abs. 2 StPO auf den Fall, daß das mit der Eröffnung des Verfahrens befaßte Gericht einzelne Beweise anordnet und erhebt, nicht in Betracht. Durch eine solche Tätigkeit erlangen die Richter nicht die Stellung des Untersuchungsrichters. Die Anordnung von Beweiserhebungen ist keine unmittelbare Erforschung der Tat und der die Beweise erhebende Richter, der übrigens in vorliegendem Falle gar nicht als erkennender Richter mitgewirkt hat, handelt nicht nach eigenem selbständigem Plan. Der Umfang der einzelnen Beweiserhebungen und ihrer Zeitdauer sind in diesem Zusammenhang grundsätzlich ohne Bedeutung. Die Auffassung der Revision, es komme hier auf das Maß der Beweiserhebungen an, führt zu einer Unsicherheit, mit der das Hauptverfahren nicht belastet werden darf. Ob ein Richter vom Richteramt ausgeschlossen ist, muß nach Möglichkeit und von vornherein zweifelsfrei sein.

9. § 22 Nr. 4 StPO soll schon den Schein eines Verdachts der Parteilichkeit vermeiden.
StPO § 22 Nr. 4, 338 Nr. 2 StPO – BGH Urt. v. 25. 5. 1956 – 2 StR 96/56 LG Bonn (= BGHSt. 9, 193 = NJW 1956, 1246)

Die Revision rügt, der als Staatsanwalt in einen früheren Verfahren gegen den Angeklagten tätig gewesene Richter habe zu Unrecht nicht an der Hauptverhandlung mitgewirkt, weil die damalige Tätigkeit keine „Sache" i.S.v. § 22 Nr. 4 StPO gewesen sei.

Sachverhalt: Landgerichtsdirektor S. war als Staatsanwalt in dem Verfahren gegen den Angeklagten tätig, das gegen ihn wegen seines Aufsatzes „Der Fall Dr. A." in der Wochenzeitung „Rh. M." vom 12. 12. 1952 eingeleitet worden war. In dem gegenwärtigen Verfahren ist dem Angeklagten zur Last gelegt, die in dem bezeichneten Aufsatz gegen Dr. A. erhobenen Vorwürfe in einem Schreiben vom 13. 2. 1954 gegenüber Dr. G. wiederholt zu haben. Auch dieses Verfahren hat also in erster Linie den Aufsatz des Angeklagten vom 12. 12. 1952 zum Gegenstande. – Das Rechtsmittel war erfolglos.

Gründe: Landgerichtsdirektor S. war nach § 22 Nr. 4 StPO von der Ausübung des Richteramtes ausgeschlossen, weil er „in der Sache" als Staatsanwalt die Ermittlungen gegen den Angeklagten geführt hatte. Die Revision zieht dies in Zweifel, weil die Tätigkeit des Landgerichtsdirektors S. nicht das gegenwärtige Verfahren betroffen habe.

Die Entscheidung im zweiten Verfahren ist nicht möglich, ohne daß die Strafkammer den Inhalt des Aufsatzes des Angeklagten vom 12. 12. 1952 auslegt. Diesen Inhalt zu ermitteln, ist aber die Aufgabe des damaligen Staatsanwalts S. gewesen.

Bei dieser Sachlage sind die Voraussetzungen des § 22 Nr. 4 StPO gegeben. Die „Sache" im Sinne dieser Vorschrift bedeutet allerdings regelmäßig das Strafverfahren, das die Verfolgung derselben Straftat gegen dieselbe Person zum Gegenstand hat. Sinn und Zweck des § 22 Nr. 4 StPO verbieten es jedoch, seine Anwendung auf diesen Fall zu beschränken. Insoweit besteht ein wesentlicher Unterschied zur Vorschrift des § 23 Abs. 2 StPO über den Ausschluß des Untersuchungsrichters von der Mitwirkung als erkennender Richter. Dort handelt es sich um eine Ausnahme von dem allgemeinen Grundsatz der Strafprozeßordnung, daß die der Mitwirkung als erkennender Richter vorausgehende *richterliche* Tätigkeit in der Sache *keine* Befangenheit begründe (vgl. RGSt 62, 299, 302). Als Ausnahmevorschrift verträgt § 23 Abs. 2 StPO keine ausdehnende Auslegung. Das Reichsgericht hat deshalb wiederholt ausgesprochen, daß der Untersuchungsrichter nur dann als erkennender Richter ausgeschlossen sei, wenn er die Voruntersuchung wegen derselben Straftat (im Sinne des § 264 StPO) und gegen dieselbe Person geführt hat. Hat er z.b. die Voruntersuchung nur gegen den Täter geführt, so ist er in dem Verfahren gegen den Anstifter oder Gehilfen nicht als erkennender Richter ausgeschlossen (vgl. RGSt 62, 314, 317). Für § 22 Nr. 4 StPO hat das Reichsgericht gerade den entgegengesetzten Standpunkt eingenommen (vgl. RGSt 57, 275). Es hat auch sonst für den Ausschluß nach § 23 Abs. 2 StPO nur wesentliche Untersuchungshandlungen gelten lassen, für den Ausschluß nach § 22 Nr. 4 StPO dagegen jede noch so geringfügige und rein formelle Tätigkeit für ausreichend erklärt (vgl. RGSt 61, 415 einerseits; RGSt 28, 53; 55, 113 andererseits). Darüber hinaus ist der erkennende Senat der Ansicht, daß die Vorschrift des § 22 Nr. 4 StPO eine Beschränkung auf den Fall der Tatgleichheit im Sinne des § 264 StPO nicht verträgt. § 22 Nr. 4 StPO verfolgt ein weiteres Ziel als § 23 Abs. 2 StPO; er will das Strafverfahren nicht nur gegen Voreingenommenheit schützen, sondern schon den Schein eines Verdachts der Parteilichkeit vermeiden (RGSt 59, 267). Das ergibt sich u.a. daraus, daß nicht nur der in der Sache tätig gewesene Staatsanwalt, sondern auch der Verteidiger vom Richteramt ausgeschlossen ist. Deshalb darf Sachgleichheit im Sinne des § 22 Nr. 4 StPO nicht ausnahmslos als Tatgleichheit nach § 264 StPO verstanden werden. Der Schein der Parteilichkeit kann auch sonst gegeben sein. Es kommt auf den Einzelfall an. Jedenfalls liegt hier Sachgleichheit im Sinne des § 22 Nr. 4 StPO vor, weil eine strafrechtliche Würdigung der jetzt dem Angeklagten zur Last gelegten Tat überhaupt nicht möglich ist ohne Beurteilung des Aufsatzes vom 12. 12. 1952, der der Gegenstand der Ermittlungen des damaligen Staatsanwalts S. war.

Landgerichtsdirektor S. hat deshalb mit Recht weder an der Eröffnung des Hauptverfahrens mitgewirkt noch in der Hauptverhandlung den Vorsitz geführt.

10. Der Prokurist einer geschädigten Firma ist auch dann nicht Verletzter i.S.v. § 22 Nr. 1 StPO, wenn er an deren Gewinn beteiligt ist.

StPO §§ 22, 338 Nr. 2 – BGH Urt. v. 26. 7. 1951 – 2 StR 251/51 LG Kiel (= BGHSt. 1, 298)

Die Revision rügt, der an dem Urteil mitwirkende Schöffe A. sei gewinnbeteiligter Prokurist derjenigen Firma gewesen, deren Schädigung dem Angeklagten zur Last gelegt worden ist.

Sachverhalt: Die Ermittlungen der Staatsanwaltschaft haben ergeben, daß A. Prokurist bei der Eisenwarengroßhandlung K. A. & Co., GmbH in K., war. Er hatte neben seinem festen Gehalt Anteil am Gewinn der Firma. – Das Rechtsmittel war erfolglos.

Gründe: Das Reichsgericht hat in ständiger Rechtsprechung als verletzt im Sinne des § 22 Nr. 1 StPO nur eine Person angesehen, die durch die abzuurteilende Tat unmittelbar betroffen ist (RGSt 67, 219; 69, 127).

An dieser Rechtsansicht ist festzuhalten, da eine Einbeziehung der nur mittelbar Geschädigten in den Begriff des Verletzten jede zuverlässige Begrenzung unmöglich machen würde. Die strafbare Handlung muß daher einen Eingriff in die Rechte einer Person enthalten und einen unmittelbaren Nachteil für deren Vermögen herbeiführen.

Die Firma A. & Co. ist eine GmbH. Sie ist eine juristische Person und ist damit eine von den Gesellschaftern getrennte, verschiedene Rechtspersönlichkeit mit eigenem Vermögen. Die dem Angeklagten gegenüber dieser Firma zur Last gelegte Betrugshandlung konnte nur das Vermögen dieser juristischen Person unmittelbar treffen, nicht das der Gesellschafter und deren Organe. Wilhelm A. war ein Angestellter der Firma, dem die besonderen Handlungsvollmachten eines Prokuristen übertragen waren (§§ 48, 54 HGB, § 46 GmbHG). Er war demnach nicht einmal Gesellschafter oder ein Organ der GmbH. Nach den Ermittlungen war er jedoch am Gewinn beteiligt. Eine Schädigung des Vermögens der Gesellschaft konnte demnach zwar auch eine Verringerung seines Gewinnanteils herbeiführen. Dies war aber kein unmittelbarer Eingriff in seine Rechte, sondern nur ein mittelbarer Schaden (RGSt 23, 361). Verletzt wurde A. auch nicht dadurch, daß er dem Angeklagten die Waren (Geschirr) selbst verkauft hat, also von dem Angeklagten getäuscht und zur Vornahme der die Firma benachteiligenden Vermögensverfügung veranlaßt wurde. Er ist dadurch weder in seinen persönlichen Rechten noch in seinem Vermögen betroffen worden. A. war somit von der Mitwirkung als Schöffe nicht ausgeschlossen. § 338 Nr. 2 StPO ist demnach nicht gegeben.

§ 338 Nr. 3 StPO
Mitwirkung eines zu Recht abgelehnten Richters

Erfolgreiche Rügen

1. Besorgnis der Befangenheit begründet, wenn ein Richter den nicht geständigen Angeklagten darauf hinweist, fehlende Einsicht in das Unrecht der Tat könne sich strafschärfend auswirken (BGH Beschl. v. 7. 8. 2001 – 4 StR 290/01).

2. Befangenheit eines Richters, der als Reaktion auf den Antrag auf Aufhebung des Haftbefehls gegen einen Angeklagten einen Haftbefehl gegen einen bisher in Freiheit befindlichen Mitangeklagten verkündet und damit kommentiert „das haben Sie nun davon" (BGH Beschl. v. 9. 8. 2000 – 3 StR 504/99).

3. Verbindliche Zusagen zum Strafmaß können Befangenheit begründen (BGH Urt. v. 17. 11. 1999 – 2 StR 313/99).

4. Besorgnis der Befangenheit, wenn sich ein Richter in einem Mißbrauchsprozeß gegen einen die Tat bestreitenden Angeklagten danach erkundigt, ob die Geschädigte sich bereits in einer Therapie befinde (BGH Beschl. v. 24. 8. 1999 – 4 StR 339/99).

5. Massive objektiv ungerechtfertigte Kritik an Verteidigerverhalten als Ablehnungsgrund (BGH Beschl. v. 4. 3. 1993 – 1 StR 895/92).

6. Unterbrechung eines Befangenheitsantrags durch den Vorsitzenden und Stellung eines Strafantrags gegen den Angeklagten kann Besorgnis der Befangenheit begründen (BGH Beschl. v. 14. 2. 1992 – 2 StR 254/91).

7. Äußerung über Befriedigung des Richters darüber, daß der Angeklagte keinen Kontakt mehr zu seinem Mitangeklagten unterhalte, als Befangenheitsgrund (BGH Beschl. v. 27. 9. 1991 – 2 StR 146/91).

8. Befangenheit durch Urteilsabsprache (BGH Urt. v. 23. 1. 1991 – 3 StR 365/90).

9. Unbedachte Äußerung eines Schöffen als Ablehnungsgrund (BGH Urt. v. 30. 10. 1990 – 5 StR 447/90).

10. Dem Angeklagten muß eine Frist eingeräumt werden, in der er über die Berechtigung eines Befangenheitsantrags nachdenkt und sie mit seinem Verteidiger bespricht (BGH Beschl. v. 28. 9. 1990 – 2 StR 189/90).

11. Richterablehnung nach Verständigungsgespräch (BGH Beschl. v. 4. 7. 1990 – 3 StR 121/89).

12. Erfolgreiche Richterablehnung wegen Zurücknahme der Bestellung als Pflichtverteidiger aus sachfremden Erwägungen (BGH Urt. v. 31. 1. 1990 – 2 StR 449/89).

13. Entbindung des Pflichtverteidigers wegen angeblich nicht vorschriftsmäßiger Kleidung kann Befangenheitsgrund sein (BGH Beschl. v. 9. 8. 1988 – 4 StR 222/88).

14. Unmutsäußerungen des Vorsitzenden nach Stellung von Beweisanträgen als Befangenheitsgrund (BGH Urt. v. 9. 3. 1988 – 3 StR 567/87).

15. Ein Richter, der während eines Umfangsverfahrens mit einem der Angeklagten Tennis spielt und sich über die Prozeßsituation der übrigen Mitangeklagten unterhält, kann von diesen abgelehnt werden (BGH Beschl. v. 14. 5. 1986 – 2 StR 854/84).

16. Ungerechtfertigte Beschneidung des Fragerechts des Angeklagten als Befangenheitsgrund (BGH Beschl. v. 4. 10. 1984 – 4 StR 429/84).

17. Kuhhandel zwischen Gericht und Staatsanwaltschaft über Beweisantrag als Befangenheitsgrund (BGH Urt. v. 5. 9. 1984 – 2 StR 347/84).

18. Besorgnis der Befangenheit, wenn sich der Vorsitzende weigert, über den Inhalt eines längeren Gesprächs mit dem Sitzungsstaatsanwalt außerhalb der Hauptverhandlung im Anschluß an diese Auskunft zu geben (BGH Urt. v. 21. 3. 1984 – 2 StR 634/83).

19. Warnung des Vorsitzenden an den Zeugen „entweder Sie sagen die Wahrheit oder halten die Klappe" und nicht mehr nachvollziehbare Rechtsauffassung der Richter als Befangenheitsgrund (BGH Urt. v. 9. 12. 1983 – 2 StR 452/83).

20. Ablehnungsantrag aus früherer – ausgesetzter – Hauptverhandlung ist revisibel (BGH Beschl. v. 24. 3. 1982 – 2 StR 105/82).

21. Äußerung des Vorsitzenden zum Angeklagten „jetzt sind Sie dran, ich glaube jetzt können Sie die Hosen runterlassen" vor Abschluß der Beweisaufnahme als Befangenheitsgrund (BGH Beschl. v. 24. 3. 1982 – 2 StR 105/82).

22. Besorgnis der Befangenheit wegen längerer Unterredung eines Richters mit einem Mitangeklagten unter vier Augen in dessen Haftraum in der JVA (BGH Beschl. v. 19. 1. 1982 – 5 StR 640/81).

23. Äußerung über den Sitzungsvertreter der Staatsanwaltschaft, dieser „fungiere wie ein vierter Verteidiger" als Befangenheitsgrund (BGH Beschl. v. 4. 5. 1977 – 3 StR 93/77).

24. Besorgnis der Befangenheit nach Zurückverweisung wegen unzulässiger abträglicher Werturteile in der aufgehobenen Entscheidung (BGH Beschl. v. 27. 4. 1972 – 4 StR 149/72).

25. Ablehnung aller Richter (BGH Urt. v. 16. 12. 1969 – 5 StR 468/69).

26. Richterablehnung bis zum Beginn auch einer nachgeholten Vernehmung zur Sache möglich (BGH Urt. v. 9. 12. 1959 – 2 StR 265/59).

27. Trägt der Angeklagte nach Verwerfung eines Befangenheitsantrags neue Tatsachen vor, sind die abgelehnten Richter bei der Mitwirkung über das erneute Ablehnungsgesuch ausgeschlossen (BGH Urt. v. 27. 1. 1955 – 3 StR 591/54).

28. Pressemitteilungen eines Richters als Befangenheitsgrund (BGH Urt. v. 9. 7. 1953 – 5 StR 282/53).

29. Einflußnahme auf das Aussageverhalten einer Zeugin als Befangenheitsgrund (BGH Urt. v. 9. 2. 1951 – 3 StR 48/50).

Erfolglose Rügen

1. Mögliche Rufschädigung des Gremiums, dem ein Schöffe angehört, kein Befangenheitsgrund (BGH Urt. v. 13. 3. 1997 – 1 StR 793/96).

2. Keine Befangenheit von Laienrichtern, bei Unverwertbarkeit vorheriger Geständnisse (BGH Urt. v. 17. 7. 1996 – 5 StR 121/96).

3. Drastisch und volkstümlich formulierte Unmutsäußerungen des Vorsitzenden rechtfertigen für sich allein nicht die Besorgnis der Befangenheit (BGH Urt. v. 29. 11. 1995 – 5 StR 345/95).

4. Äußerung einer Rechtsmeinung rechtfertigt in der Regel die Ablehnung selbst dann nicht, wenn in ihr die Überzeugung von der Schuld des Angeklagten zum Ausdruck gekommen ist (BGH Beschl. v. 16. 12. 1988 – 4 StR 563/88).

5. Ein Richter darf zwecks Förderung des Verfahrens mit den Verfahrensbeteiligten auch außerhalb der Hauptverhandlung Kontakt aufnehmen (BGH Urt. v. 11. 5. 1988 – 3 StR 566/87).

6. Gespanntes Verhältnis zwischen Vorsitzendem und Verteidigerin begründet für sich genommen keine Besorgnis der Befangenheit (BGH Urt. v. 15. 1. 1986 – 2 StR 630/85).

7. Es kommt nicht darauf an, ob die Verwerfung eines Befangenheitsantrags als unzulässig verfahrensfehlerfrei war, sondern darauf, ob ein Ablehnungsgrund tatsächlich vorlag (BGH Urt. v. 9. 12. 1983 – 2 StR 490/83).

8. Kenntnis der Richter vom Protokoll des Berichterstatters in einem vorangegangenen Prozeß kein Befangenheitsgrund (BGH Urt. v. 1. 12. 1982 – 2 StR 210/82).

9. Entscheidung des Oberlandesgerichts über Richterablehnung nicht anfechtbar (BGH Beschl. v. 5. 1. 1977 – 3 StR 433/76).

10. Mangelhafte Form der Zurückweisung eines Ablehnungsgesuchs nicht revisibel (BGH Urt. v. 26. 5. 1970 – 1 StR 132/70).

11. Unvorschriftsmäßige Gerichtsbesetzung bei Entscheidung über Ablehnungsgesuch allein begründet die Revision nicht (BGH Urt. v. 10. 11. 1967 – 4 StR 512/66).

12. Unschädliche Vorbefassung mit anderen Verfahren gleichen Inhalts (BGH Urt. v. 10. 11. 1967 – 4 StR 512/66).

13. Verwerfung eines Ablehnungsgesuchs durch ein unvorschriftsmäßig besetztes Gericht allein unschädlich (BGH Urt. v. 12. 12. 1962 – 2 StR 495/62).

14. Verkündung der Entscheidung über das Ablehnungsgesuch durch einen abgelehnten Richter (BGH Urt. v. 3. 3. 1961 – 4 StR 548/60).

15. Beschluß über Ablehnungsgesuch gegen erkennenden Richter nicht mit der Beschwerde anfechtbar (BGH Urt. v. 22. 10. 1953 – 1 StR 66/53).

16. Mitwirkung eines zu Unrecht abgelehnten Richters macht Eröffnungsbeschluß nicht unwirksam (BGH Urt. v. 19. 5. 1953 – 2 StR 445/52).

Erfolgreiche Rügen

1. Besorgnis der Befangenheit begründet, wenn ein Richter den nicht geständigen Angeklagten darauf hinweist, fehlende Einsicht in das Unrecht der Tat könne sich strafschärfend auswirken.

StPO § 338 Nr. 3 – BGH Beschl. v. 7. 8. 2001 – 4 StR 290/01 LG Dortmund (= StV 2002, 115)

Die Revision rügt, daß an dem Urteil ein Richter mitgewirkt hat, nachdem er wegen Besorgnis der Befangenheit abgelehnt war und das Ablehnungsgesuch mit Unrecht verworfen worden ist.

Sachverhalt: Mit der Anklage war dem Angeklagten u.a. vorgeworfen worden, den Zeugen W. und einen weiteren Geschädigten durch Schüsse aus einer mit Schrotmunition geladenen sog. „Pumpgun" schwer verletzt zu haben. Zu Beginn des zweiten Hauptverhandlungstages hat der Angeklagte durch seinen Verteidiger den Vorsitzenden der Strafkammer wegen Besorgnis der Befangenheit abgelehnt. Zur Begründung hat er ausgeführt: Er, der Angeklagte, habe am Ende des ersten Hauptverhandlungstages, an dem er sich noch nicht zur Sache eingelassen habe, nach Schluß der Sitzung gegenüber einem noch anwesenden Zeugen geäußert, daß er den Geschädigten W. für einen Kriminellen halte. Diese seine Äußerung habe der Vorsitzende, der als einziger Richter den Sitzungssaal noch nicht verlassen hätte, sofort aufgegriffen und sinngemäß erklärt: „Auch wenn das Kriminelle sein sollten, gibt ihnen das kein Recht, auf die Leute zu schießen. Sie haben offensichtlich den Ernst der Angelegenheit noch nicht erkannt. Ihre Einstellung wird sich jedoch im Strafmaß wiederfinden. Sie haben mit einer empfindlichen Freiheitsstrafe zu rechnen."

Diesen Wortwechsel und seinen Inhalt hat der Vorsitzende in seiner dienstlichen Äußerung im Kern bestätigt. Danach hat er den Angeklagten auf dessen Bemerkung über den Geschädigten „darauf hingewiesen, daß dies, auch wenn es zutreffe, für sichgenommen niemandem das Recht gebe, solche Leute niederzuschießen", und diesem Hinweis die Bemerkung, „das Fehlen einer Einsicht könne beim Strafmaß Berücksichtigung finden", sowie weitere Erklärungen zur Strafhöhe angefügt. – Das Rechtsmittel hatte Erfolg.

Gründe: Bei diesem Sachverhalt ist das Ablehnungsgesuch des Angeklagten zu Unrecht verworfen worden.

Dabei kann dahingestellt bleiben, ob für den Angeklagten, der sich im Ermittlungsverfahren auf Putativnotwehr berufen hatte, schon aufgrund des Hinweises, daß niemand ein Recht habe, Kriminelle niederzuschießen, berechtigter Anlaß bestand, die Befangenheit des Vorsitzenden zu besorgen (§ 24 StPO); das mag je nach dem genauen Wortlaut dieser Erklärung und nach den weiteren Umständen ihrer Abgabe (wie etwa Tonfall, Mimik und Gestik) der Fall sein oder auch nicht. Mißtrauen in die Unparteilichkeit des Vorsitzenden war aus der Sicht des Angeklagten jedenfalls aufgrund der Bemerkung gerechtfertigt, daß das Fehlen der Einsicht strafschärfend berücksichtigt werden könne.

Bei verständiger Würdigung dieser Erklärung hatte der Angeklagte Grund zu der Annahme, daß der Vorsitzende ihm gegenüber eine innere Haltung eingenommen hatte, die die gebotene Unparteilichkeit und Unvoreingenommenheit würde störend beeinflussen können. Unter Berücksichtigung der Erklärungssituation handelte es sich nicht um einen abstrakten Hinweis auf die Rechtslage, der allerdings kein Ablehnungsrecht geben könnte. Vielmehr drängt sich für einen objektiven Empfänger angesichts der Gesamtumstände der Eindruck auf, der Vorsitzende sei bereits von der Schuld des Angeklagten überzeugt und werte dessen Äußerung, bei dem Geschädigten handele es sich um einen Kriminellen (oder Schwerverbrecher), als Ausdruck fehlender Einsicht in das Unrecht der Tat.

Soweit die Strafkammer in dem das Ablehnungsgesuch zurückweisenden Beschl. die Auffassung vertritt, daß die beanstandete Bemerkung „nicht Ausdruck von Befangenheit, sondern als Wahrnehmung der gerichtlichen Fürsorgepflicht zu verstehen" sei, vermag sich der Senat dem nicht anzuschließen. Das gilt auch für die Stellungnahme des GBA, der darauf abstellt, daß der Vorsitzende, keinen „direkten – i.S.v. ,dem Angeklagten zum Nachteil gereichenden' – Zusammenhang zwischen der Äußerung des Angeklagten über das Tatopfer der bemängelten Einsichtigkeit sowie der drohenden empfindlichen Strafe hergestellt hätte"; dieser Zusammenhang mußte nicht hergestellt werden; er lag aus der Sicht eines verständigen Erklärungsempfängers in der Situation des Angeklagten ohne weiteres auf der Hand.

Da der absolute Revisionsgrund des § 338 Nr. 5 StPO gegeben ist, kann das Urteil insgesamt keinen Bestand haben.

2. Befangenheit eines Richters, der als Reaktion auf den Antrag auf Aufhebung des Haftbefehls gegen einen Angeklagten einen Haftbefehl gegen einen bisher in Freiheit befindlichen Mitangeklagten verkündet und damit kommentiert „das haben Sie nun davon".

StPO § 338 Nr. 3 – BGH Beschl. v. 9. 8. 2000 – 3 StR 504/99 LG Hannover (= StV 2002, 116)

Die Revision rügt, an der Verhandlung habe ein Richter teilgenommen, nach dem er zuvor wegen Besorgnis der Befangenheit abgelehnt worden und das Ablehnungsgesuch mit Unrecht verworfen worden ist.

Sachverhalt: Die Hauptverhandlung richtete sich gegen vier Angeklagte, von denen sich die Angeklagten Mustafa K. und Suphi K. in U-Haft befanden. Der Verteidiger des Angeklagten Suphi K. beantragte, den Haftbefehl gegen seinen Mandanten aufzuheben bzw. außer Vollzug zu setzen. Zur Begründung führte er u.a. an, die Mitangeklagten Cengiz K. und D. befänden sich auf freiem Fuß. Die Strafkammer lehnte den Antrag ab und erließ anschließend Haftbefehl gegen die Angeklagten Cengiz K. und D. Nach Verkündung dieses Beschlusses wandte sich der Vorsitzende Richter an diese beiden Angeklagten mit den Worten – so der Revisionsvortrag –: „Das haben Sie nun davon. Dies ist das Resultat dieser Anträge. Der Kollege (hierbei deutete er auf den Verteidiger des Angeklagten Suphi K.) wollte dies so haben." Daraufhin lehnte der Verteidiger des Angeklagten Cengiz K. die drei Berufsrichter wegen Besorgnis der Befangenheit ab. Der Haftbefehl sei von den Berufsrichtern unterzeichnet und von dem Vorsitzenden u.a. mit den zitierten Äußerungen begründet worden. Gegen den Beschluß, mit dem das Gericht den Befangenheitsantrag gem. § 26a Abs. 1 Nr. 2 StPO als unzulässig verworfen hatte, weil ein Ablehnungsgrund nicht angegeben sei, erhob der Angeklagte mit dem Hinweis Gegenvorstellung, daß er als Ablehnungsgrund die zitierten Äußerungen des Vorsitzenden angegeben habe. Gleichzeitig stellte er einen neuen Befangenheitsantrag gegen die drei Berufsrichter, bezog sich auf die Äußerungen des Vorsitzenden und darauf, daß der Erlaß des Haftbefehls erkennen lasse, daß die Richter dem Angeklagten nicht mehr unvoreingenommen gegenüberstehen. Die Kammer hat sodann die Gegenvorstellung aus den Gründen des Unzulässigkeitsbeschlusses zurückgewiesen und auch den zweiten Ablehnungsantrag aus den weiterhin zutreffenden Gründen dieses Beschlusses als unzulässig verworfen. – Das Rechtsmittel hatte Erfolg.

Gründe: ...

2. Die Rüge, die sich nur auf die Mitwirkung des abgelehnten Vorsitzenden Richters bezieht, ist zulässig. Insbesondere hat der Beschwerdeführer alle Umstände vollständig vorgetragen, die zu der beanstandeten Äußerung geführt haben.

Davon, daß die Äußerungen auch so gemacht worden sind, ist nach den im Freibeweisverfahren eingeholten dienstlichen Äußerungen auszugehen. Der abgelehnte Vorsitzende, der sich an den genauen Wortlaut nicht mehr erinnern kann, bestreitet nicht, diese Äußerungen getan zu haben. Sein schriftlich mitgeteilter Eindruck, er habe nur in für die Angeklagten verständlicher Form den Verfahrensstand erläutert, er sei nicht verärgert gewesen, und habe dies auch nicht ausgedrückt, sagt nichts darüber aus, wie seine Äußerungen aus der Sicht des Angeklagten bewertet werden konnten. Das gilt auch für die anderen eingeholten dienstlichen Äußerungen, die sich darin erschöpfen, daß sich die übrigen Richter, die Sitzungsvertreterin der Staatsanwaltschaft und die Urkundsbeamtin an den Wortlaut der Äußerung nicht mehr erinnern können. Damit ist dem Senat zwar nicht die volle Überzeugung vermittelt worden, daß die zitierten Äußerungen auch tatsächlich so gefallen sind. Es genügt aber schon, daß die Wahrscheinlichkeit ihrer Richtigkeit in hinreichendem Maße dargetan ist (BGHSt. 21, 334, 350 [BGH Urt. v. 10. 11. 1967 – 4 StR 512/66; vgl. § 338 Nr. 3 StPO erfolglose Rügen]; BGH NStZ 1991, 144 [BGH Urt. v. 30. 10. 1990 – 5 StR 447/90; vgl. § 338 Nr. 3 StPO erfolgreiche Rügen]). So liegt es hier.

Das Ablehnungsgesuch ist auch zu Unrecht verworfen worden. Die zitierten Äußerungen begründen die Besorgnis der Befangenheit; sie waren geeignet, Mißtrauen gegen die Unparteilichkeit des Vorsitzenden zu rechtfertigen (§ 24 Abs. 2 StPO).

Der Angeklagte hatte wegen der Äußerungen des Vorsitzenden „Das haben Sie nun davon. Dies ist das Resultat dieser Anträge. Der Kollege wollte dies so haben." bei vernünftiger Würdigung aller Umstände begründeten Anlaß, an der Unvoreingenommenheit des Vorsitzenden zu zweifeln. Diese Äußerungen unmittelbar im Anschluß an die Verkündung eines gegen ihn erlassenen Haftbefehles konnte der Angeklagte dahin verstehen, daß er nicht in Haft genommen worden wäre, wenn der Verteidiger des Mitangeklagten Suphi K. nicht einen Antrag auf Aufhebung des gegen seinen Mandanten gerichteten Haftbefehls gestellt hätte, die Entscheidung somit aus objektiven Gründen nicht veranlaßt war. Darauf, ob der Haftbefehl gegen den Angeklagten zu diesem Zeitpunkt der Sache nach zu Recht erlassen werden konnte, kommt es nicht an. Daß der Erlaß mit den dargestellten Worten kommentiert wurde, konnte jedenfalls in dem Angeklagten die Befürchtung wecken, der Vorsitzende lasse sich nicht mehr von sachlichen Erwägungen leiten und sei deshalb ihm gegenüber nicht mehr unbefangen.

3. Verbindliche Zusagen zum Strafmaß können Befangenheit begründen.

StPO §§ 24, 338 Nr. 3 – BGH Urt. v. 17. 11. 1999 – 2 StR 313/99 LG Aachen (= BGHSt. 45, 312 = NJW 2000, 965 = StV 2000, 177)

Die Revision der Staatsanwaltschaft rügt, das Gericht habe den Angeklagten für den Fall eines Geständnisses unzulässige Zusicherungen zur Strafobergrenze gemacht.

Sachverhalt: Vor Beginn der Sitzung am zweiten Hauptverhandlungstag suchte der Vorsitzende, begleitet von einem der Beisitzer, das Gespräch mit den außerhalb des Sitzungssaals wartenden Verteidigern der Angeklagten T. und O., hinzu kamen später die Beisitzerin, der Verteidiger des Angeklagten G. und Staatsanwalt D., der an diesem Tag den Sitzungsdienst anstelle des sachbearbeitenden Staatsanwalts B. wahrnahm. Dabei kündigte der Verteidiger T.s ein Geständnis seines Mandanten für den Fall an, daß mit der Staatsanwaltschaft eine Einigung über das Strafmaß erzielt werde; dieser sei bereit, eine Gesamtfreiheitsstrafe von höchstens vier Jahren zu akzeptieren; andernfalls werde kein Geständnis abgelegt. Staatsanwalt D. erklärte sich außerstande, hierzu verbindlich Stellung zu nehmen, und verwies auf den Sachbearbeiter. Mit diesem nahm der Verteidiger während der Mittagspause in der Gerichtskantine Kontakt auf; eine Einigung kam dabei jedoch nicht zustande. Dies teilte der Verteidiger dem Vorsitzenden noch während der Pause mit und erklärte dazu, die Sache sei damit für ihn erledigt. Darauf kündigte der Vorsitzende an, die Kammer werde vorab beraten, ob sie eine Gesamtfreiheitsstrafe von vier Jahren als schuldangemessen ansehen könne. Die angekündigte Vorberatung fand im Anschluß an die Verhandlung statt. Noch am selben Tag unterrichtete der Vorsitzende die Verteidiger T.s und O.s telefonisch vom Ergebnis der Vorberatung und erörterte mit ihnen den Fortgang der Hauptverhandlung.

Am dritten Verhandlungstag gab der Vorsitzende zu Beginn der Verhandlung bekannt,

„daß die Kammer nach Schluß des gestrigen Verhandlungstages im Anschluß an mit den Verteidigern der Angeklagten O. und T. geführte Gespräche des Vorsitzenden, an denen teilweise auch die berufsrichterlichen Mitglieder der Kammer und der Vertreter der Staatsanwaltschaft teilgenommen haben, darüber beraten hat, welches Strafmaß sie bei den Angeklagten O. und T. für tat- und schuldangemessen hält. Die Kammer erachtet für beide Angeklagte für den Fall eines glaubhaften und überzeugenden Geständnisses, das im wesentlichen dem Anklagevorwurf entspricht, mögen auch die Angaben zu den transportierten Kokainmengen hiervon abweichen, Freiheitsstrafen von höchstens 4 Jahren für tat- und schuldangemessen. Dies ist den Verteidigern der Angeklagten O. und T. im Anschluß an die Beratung telefonisch mitgeteilt worden."

Der Vertreter der Staatsanwaltschaft und die anderen Prozeßbeteiligten erhielten sodann Gelegenheit zur Stellungnahme. Der Verteidiger T.s verlas einen Schriftsatz und machte ergänzende Ausführungen. Sein Mandant erklärte dazu: „Es ist so gewesen". Danach wurde eine Zeugin im allseitigen Einverständnis entlassen und die Verhandlung für mehrere Stunden unterbrochen.

Bei deren Wiederbeginn lehnte der Staatsanwalt die Berufsrichter wegen Besorgnis der Befangenheit ab: Er habe erst durch die Erklärung des Vorsitzenden erfahren, daß nach der Verhandlung vom Vortag „weitere Gespräche zwischen Verteidigern und den Berufsrichtern" stattgefunden hätten; dies erwecke den Eindruck, daß sich die Kammer ohne Beteiligung der Staatsanwaltschaft auf ein bestimmtes Strafmaß festgelegt habe und insoweit voreingenommen sei.

Die Strafkammer hat – ohne die betroffenen Richter das Ablehnungsgesuch als unbegründet zurückgewiesen, weil Grund vorliege, der Mißtrauen gegen die Unparteilichkeit der abgelehnten Richter rechtfertige. Die Staatsanwaltschaft habe Gelegenheit zur Äußerung gehabt; sie sei durch die Teilnahme ihres Sitzungsvertreters an dem Gespräch, das vor Beginn der Sitzung am zweiten Verhandlungstag stattfand, über die Strafmaßvorstellung der Verteidigung T.s informiert gewesen, habe ihren abweichenden Standpunkt darlegen können und dies auch getan. – Das Rechtsmittel hatte Erfolg.

Gründe: Das Ablehnungsgesuch der Staatsanwaltschaft ist zu Unrecht verworfen worden.

a) Die Ablehnung war zulässig, insbesondere – was die hiermit befaßte Kammer auch selbst erkannt und zum Ausdruck gebracht hat – nicht verspätet (§ 26a Abs. 1 Nr. 1 StPO); das Gesuch ist unverzüglich gestellt worden (§ 25 Abs. 2 Nr. 2 StPO). Dem steht nicht entgegen, daß die Staatsanwaltschaft es nicht sofort nach Bekanntgabe des Ergebnisses der Vorberatung angebracht hat. „Unverzüglich" („ohne schuldhaftes Zögern") heißt nicht „sofort", sondern bedeutet, daß die Ablehnung im Interesse eines zügigen Verfahrensfortgangs ohne unnötige, nicht durch die Sachlage begründete Verzögerungen geltend gemacht werden muß. Durch die Sachlage begründet ist aber eine Verzögerung, die dadurch entsteht, daß der Antragsteller, nachdem er Kenntnis vom Ablehnungsgrund erlangt hat, eine gewisse Zeit zum Überlegen und zum Abfassen des Gesuchs benötigt (BGHR StPO § 25 Abs. 2 unverzüglich 2). Welche Zeitspanne dafür erforderlich, angemessen und deshalb zuzubilligen ist, hängt von den Umständen des Einzelfalls ab. Diese Zeitspanne ist im vorliegenden Fall, in dem die Staatsanwaltschaft das Gesuch nach Unterbrechung der Hauptverhandlung bei deren Wiederbeginn noch am selben Tag angebracht hat, nicht überschritten.

b) Die Ablehnung der Berufsrichter wegen Besorgnis der Befangenheit war berechtigt; es lag ein Grund vor, der Mißtrauen gegen ihre Unparteilichkeit rechtfertigen konnte (§ 24 Abs. 2 StPO). Die Staatsanwaltschaft hatte bei vernünftiger Würdigung aller Umstände begründeten Anlaß, an der Unvoreingenommenheit der abgelehnten Richter zu zweifeln. Den Anlaß dazu bot die Bekanntgabe des Ergebnisses der gerichtlichen Vorberatung, wonach bei den Angeklagten T. und O., falls sie Geständnisse ablegen würden, Gesamtfreiheitsstrafen von höchstens vier Jahren tat- und schuldangemessen seien.

Dem Gericht ist es allerdings nicht verwehrt, das Höchstmaß der zu verhängenden Strafe, die es im Fall eines dem Anklagevorwurf entsprechenden Geständnisses für tat- und schuldangemessen hält, schon vor Durchführung der Beweisaufnahme zum Gegenstand einer Vor- oder Zwischenberatung zu machen und das Ergebnis den Verfahrensbeteiligten in der Hauptverhandlung bekanntzugeben (BGHSt. 38, 102, 104 [BGH Urt. v. 30. 10. 1991 – 2 StR 200/91; vgl. § 33 StPO erfolgreiche Rügen]). Dies kann durchaus zweckmäßig sein, um dem Angeklagten eine bessere Abschätzung der Chancen und Risiken seines

Einlassungsverhaltens zu ermöglichen, ihn unter Umständen zu einem Geständnis zu veranlassen, das er bei völliger Ungewißheit über das für diesen Fall vom Gericht in Betracht gezogene Strafmaß nicht ablegen würde, und so dazu führen, daß sich eine womöglich langwierige und zeitraubende Beweisaufnahme erübrigt. Regelmäßig läßt sich daraus, daß ein Gericht seine Strafmaßvorstellung offenlegt und zum Gegenstand der Erörterung mit den Verfahrensbeteiligten macht, kein Befangenheitsgrund herleiten; denn es ist ohne Anhaltspunkte für die gegenteilige Annahme nicht davon daß es sich dadurch in unwiderruflicher, das Urteil insoweit vorwegnehmender Weise binden will.

Der zu entscheidende Fall liegt jedoch anders. Hier hat das Gericht durch sein Verhalten im Zusammenhang mit der Bekanntgabe des Ergebnisses der Vorberatung, wonach im Fall von Geständnissen der Angeklagten T. und O. Gesamtfreiheitsstrafen von höchstens vier Jahren tat- und schuldangemessen seien, den Eindruck erweckt, es habe sich insoweit schon vorbehaltlos und endgültig festgelegt, werde also Rücksicht auf dagegen sprechende Umstände, die sich insbesondere aus dem Umfang des Geständnisses oder im weiteren Verlauf der Verhandlung ergeben könnten, die genannte Strafobergrenze auf keinen Fall überschreiten; ein derartiger Eindruck läßt das Gericht – im buchstäblichen Sinne des Wortes – als voreingenommen erscheinen und setzt daher die beteiligten Richter der Besorgnis aus, befangen zu sein.

Daß für die Verfahrensbeteiligten, namentlich die Staatsanwaltschaft, dieser Eindruck entstand, ergibt sich aus der Gesamtheit der dafür bedeutsamen Umstände:

aa) Dazu gehören bereits die Vorgänge, die zur Vorberatung der Kammer über das Strafmaß und zur Bekanntgabe des Ergebnisses geführt haben. Bei der Art und Weise, wie die – durch Ablegung von Geständnissen bedingte – Zusage der Einhaltung einer Strafobergrenze zustande kam, fallen zwei Besonderheiten ins Auge:

Zum einen entsprach die vom Vorsitzenden als Ergebnis der Vorberatung bezeichnete Strafobergrenze genau dem Höchstmaß, das der Verteidiger des Angeklagten T. bei dem außerhalb der Hauptverhandlung geführten Gespräch vor Beginn der Sitzung am zweiten Verhandlungstag in kompromißloser Form (andernfalls werde kein Geständnis abgelegt) als Bedingung für ein Geständnis seines Mandanten genannt hatte. In diesem Zusammenhang kommt es nicht darauf an, ob diese Übereinstimmung eine – allerdings nur zweiseitige – Urteilsabsprache darstellt und die ohne Einbeziehung oder Mitwirkung der übrigen Verfahrensbeteiligten erreichte Verständigung über das Verfahrensergebnis den hieran zu stellenden rechtlichen Anforderungen genügt. Der vorliegende Fall erfordert es nicht, zur Zulässigkeit von Urteilsabsprachen im Strafverfahren und ihren Voraussetzungen Stellung zu nehmen (vgl. hierzu BGHSt. 43, 195, 205 ff. [BGH Urt. v. 28. 8. 1997 – 4 StR 240/97; vgl. § 169 GVG erfolgreiche Rügen]). Unter dem Gesichtspunkt der Festlegung ist hier lediglich von Bedeutung, daß sich die Kammer durch die vom Verteidiger T.s gestellte Bedingung dazu gedrängt sehen konnte, die bezeichnete Höchststrafe, ohne deren Einhaltung ein Geständnis nicht zu erwarten war, keinesfalls zu überschreiten.

Zum anderen wurde der Eindruck einer solchen Festlegung auch noch dadurch gefördert, daß die Kammer der Staatsanwaltschaft vor Bekanntgabe des Ergebnisses der Vorberatung keine Gelegenheit zur Stellungnahme gegeben hat. Dies war verfahrensfehlerhaft. Das Gericht ist verpflichtet, alle Prozeßbeteiligten anzuhören, bevor es einem Angeklagten die Zusage gibt, im Fall seines Geständnisses eine bestimmte Strafobergrenze einzuhalten; ist es aufgrund einer Vor- oder Zwischenberatung zu dem Ergebnis gelangt, daß dem Angeklagten bei einem Geständnis die Einhaltung einer solchen Obergrenze in Aussicht gestellt werden soll, so darf es ihm dies nicht mitteilen, bevor die anderen Prozeßbeteiligten hierzu gehört worden sind (BGHSt. 38, 102). Dies hat die Kammer nicht beachtet, sondern der Staatsanwaltschaft erst nach Bekanntgabe des Ergebnisses der Vorberatung Gelegenheit zur Stellungnahme gegeben. Allerdings bieten Rechtsfehler, auch Verfahrensfehler des Gerichts regelmäßig für sich allein kein Grund, die Unparteilichkeit der beteiligten

Richter in Zweifel zu ziehen (BGHSt. 24, 336, 337 [BGH Beschl. v. 27. 4. 1972 – 4 StR 149/72; vgl. § 338 Nr. 3 StPO erfolgreiche Rügen]; BGH NStZ 1994, 447 [BGH Beschl. v. 18. 5. 1994 – 3 StR 628/93; vgl. § 23 StPO erfolglose Rügen]; BGH bei Kusch NStZ 1995, 218); darin macht auch die Verletzung von Anhörungspflichten keine Ausnahme. Im Zusammenhang mit den weiteren, in dieselbe Richtung deutenden Umständen war hier jedoch auch der beschriebene Anhörungsmangel geeignet, den Anschein einer Festlegung des Gerichts auf das Vorberatungsergebnis, bei der es auf eine Stellungnahme der ohnehin ablehnenden Staatsanwaltschaft nicht mehr ankommen würde, noch zu verstärken.

bb) Für die Besorgnis, das Gericht habe sich ohne Rücksicht auf möglicherweise entgegenstehende Umstände auf die von ihm genannte Strafobergrenze ein für allemal festgelegt, um auf jeden Fall die vom Verteidiger T.s für ein Geständnis genannte Bedingung erfüllen zu können, sprechen weitere Umstände:

Zum einen war die vom Gericht für den Fall von Geständnissen in Aussicht gestellte Strafobergrenze derart niedrig zogen, daß bei ihrer Einhaltung dem Gebot tat- und schuldangemessenen Strafens nicht mehr entsprochen werden konnte; bei Bestätigung des Anklagevorwurfs mußte das Mindestmaß der noch schuldangemessenen Strafe unterschritten werden. Das gilt unbeschadet des Grundsatzes, daß die Bemessung Strafe Sache des Tatgerichts ist und nur eingeschränkter Kontrolle des Revisionsgerichts unterliegt, wie auch in Anbetracht aller überhaupt in Betracht kommender Milderungsgründe einschließlich des vorausgesetzten Geständnisses. Mit der verändert zugelassenen Anklage, von welcher der Senat zur Prüfung der Verfahrensvoraussetzungen ohnehin Kenntnis zu nehmen hatte, war dem Angeklagten T. in fünf und dem Angeklagten O. in sechs Fällen Handeltreiben mit sehr großen Mengen (insgesamt über 20 kg) an hochprozentigem Kokain zur Last gelegt worden. Selbst wenn die Kammer – was unterstellt werden kann – in der Vorberatung zu dem Ergebnis gelangt sein sollte, daß die Angeklagten keine Bande gebildet hatten und mithin die für bandenmäßiges Handeltreiben vom Gesetz angedrohte Mindestfreiheitsstrafe von fünf Jahren aus dem Regelstrafrahmen (§ 30a Abs. 1 BtMG) nicht in Betracht kam, war jedenfalls eine für alle angeklagten Taten zu verhängende Gesamtfreiheitsstrafe von vier Jahren zu milde, um ihrer Bestimmung, gerechter Schuldausgleich zu sein, noch genügen zu können.

Zum anderen hat die Strafkammer die Einhaltung der genannten Strafobergrenze nicht einmal an die Bedingung eines den Anklagevorwurf voll abdeckenden (anklagekongruenten) Geständnisses geknüpft. Zwar hat sie, zufolge der protokollierten Erklärung des Vorsitzenden, ein Geständnis vorausgesetzt, das „im wesentlichen dem Anklagevorwurf entspricht"; doch lag schon in der daran anschließenden, einschränkenden Wendung, „mögen auch die Angaben zu den transportierten Kokainmengen hiervon abweichen", ein Verzicht auf eben dieses Erfordernis. Es blieb – jedenfalls nach dem durch die Bekanntgabe hervorgerufenen Anschein – offen, welche Mengenabweichung nach unten die Kammer noch hinnehmen wolle, ohne sich zum Widerruf der Strafmaßzusage veranlaßt zu sehen. Ein Geständnis aber, durch das der Angeklagte ein Handeltreiben mit Rauschgiftmengen einräumt, die in einem unbestimmten Ausmaß hinter den ihm zur Last gelegten zurückbleiben, entspricht dem Anklagevorwurf nicht, jedenfalls nicht „im wesentlichen", sondern erweist sich der Sache nach als bloßes Teilgeständnis. Auch dies konnte aus der Sicht der Staatsanwaltschaft den Eindruck erwecken, das Gericht sei entschlossen, die vom Verteidiger T.s gestellte Bedingung für die Ablegung eines Geständnisses unter allen Umständen, insbesondere ohne die gebotene Rücksicht auf die für den Tat- und Schuldumfang bedeutsamen Rauschgiftmengen, zu erfüllen.

c) Die Strafkammer hat diesen, von ihr nach den Gesamtumständen des Falles erweckten Eindruck, auf die Einhaltung der bekanntgegebenen Strafobergrenze vorbehaltlos und endgültig festgelegt zu sein, auch nicht noch vor Anbringung Befangenheitsgesuchs beseitigt und damit die bis dahin begründete Besorgnis der Befangenheit nachträglich ausgeräumt.

Sie hat insbesondere die Einhaltung der genannten Strafobergrenze nicht in Frage gestellt, nachdem der Angeklagte T. das angekündigte Geständnis abgelegt hatte, das – wiewohl er noch weitere, von der Anklage nicht erfaßte Beschaffungsfahrten eingeräumt hatte – beträchtlich hinter dem Anklagevorwurf zurückblieb.

dd) Schließlich enthalten auch die Urteilsgründe Belege dafür, daß sich die Kammer an die dem Angeklagten T. zugesagte Einhaltung einer Strafobergrenze für vorbehaltlos und endgültig gebunden gehalten hat. Sie hat ihm eine Gesamtfreiheitsstrafe von höchstens vier Jahren – über die am dritten Verhandlungstag gegebene Zusage hinausgehend – am fünften Verhandlungstag sogar für „alle in seiner Einlassung eingeräumten strafrechtlich relevanten Verhaltensweisen" in Aussicht gestellt. In den Urteilsgründen hat sie sich ausdrücklich an diese Obergrenze für gebunden erklärt. Sie hat endlich Verhängung einer um sechs Monate geringeren Gesamtfreiheitsstrafe damit begründet, daß nicht alle vom Angeklagten eingeräumten strafrechtlich relevanten Verhaltensweisen Gegenstand des Urteils geworden seien und der mit einer weiteren, diesbezüglichen Anklage befaßten Strafkammer die Möglichkeit verschafft werden solle, unter Einbeziehung der im vorliegenden Verfahren verhängten Einzelstrafen auf eine Gesamtfreiheitsstrafe von vier Jahren zu erkennen. Diese Ausführungen, die den Versuch dokumentieren, der Zusage eine über den eigenen Entscheidungsbereich hinausgreifende Wirkung zu verleihen, sind Anzeichen für den Grad der von der Kammer beabsichtigten Festlegung und bestätigen damit die von der Staatsanwaltschaft gehegte Besorgnis der Befangenheit.

4. Besorgnis der Befangenheit, wenn sich ein Richter in einem Mißbrauchsprozeß gegen einen die Tat bestreitenden Angeklagten danach erkundigt, ob die Geschädigte sich bereits in einer Therapie befinde.

StPO § 338 Nr. 3 – BGH Beschl. v. 24. 8. 1999 – 4 StR 339/99 LG Bielefeld (= StV 1999, 575 = NStZ 1999, 629)

Die Revision rügt, das Gericht habe einen Befangenheitsantrag gegen die Vorsitzende Richterin zu Unrecht abgelehnt, der damit begründet wurde, diese habe sich in einem Mißbrauchsprozeß gegen einen die Tat bestreitenden Angeklagten vor Abschluß der Beweisaufnahme danach erkundigt, ob sich die Geschädigte „bereits in einer Therapie" befinde und dazu ergänzend bemerkt, „daß eine derartige intensive Therapie dringend erforderlich sei, da die Geschädigte diese belastenden Geschehnisse sonst ja überhaupt nicht verarbeiten könne".

Sachverhalt: Das Landgericht hat den Angeklagten wegen sexuellen Mißbrauchs einer Schutzbefohlenen zu einer Freiheitsstrafe verurteilt.

Nach den Feststellungen des angefochtenen Urteils hat der Angeklagte seine im Juni 1982 geborene Tochter Nicole im Zeitraum von Oktober 1994 bis Ende März 1997 in mindestens 6 Fällen sexuell mißbraucht. Der Angeklagte hat die ihm zur Last gelegten Taten „in vollem Umfang" abgestritten. Das Urteil stützt sich im wesentlichen auf die Bekundungen der Geschädigten.

Am 1. Hauptverhandlungstag (16. 3. 1999) wurde, nachdem sich der Angeklagte zur Sache geäußert hatte, in dessen Abwesenheit (§ 247 StPO) nur noch die Geschädigte als Zeugin vernommen, die dabei, wie auch das angefochtene Urteil ergibt, im wesentlichen ihre früheren, den Angeklagten belastenden Angaben wiederholte. Nach Wiederzulassung des Angeklagten wurde die Geschädigte um 16.15 Uhr entlassen. Sodann wurde die Hauptverhandlung bis zum Fortsetzungstermin am übernächsten Tag (18. 3. 1999), unterbrochen. Zu Beginn dieses 2. Hauptverhandlungstages stellte der Verteidiger einen mit umfangreichem Schriftsatz vorbereiteten Antrag, mit dem er „namens und im Auftrage" des Angeklagten die Vorsitzende Richterin wegen Besorgnis der Befangenheit ablehnte. Zur Begründung führte er aus, die abgelehnte Richterin habe nach Vernehmung der Geschädigten sich bei deren im Sitzungssaal anwesenden Betreuerin erkundigt, ob sich die Geschädigte „bereits in einer Therapie" befinde und dazu ergänzend bemerkt, „daß eine derartige intensive Therapie dringend erforderlich sei, da die Nicole diese belastenden Geschehnisse sonst ja überhaupt nicht verarbeiten könne". Mit der Bezugnahme auf „die belastenden Geschehnisse" als Anlaß für eine Therapie habe die abgelehnte Richterin zu erkennen gegeben, daß sie von der Schuld des Angeklagten bereits überzeugt sei, ohne zuvor die weitere Beweisaufnahme abzuwarten. In ihrer daraufhin eingeholten dienstlichen Äußerung bestätigte die abgelehnte Richterin die beanstandete Äußerung gegenüber der Betreuerin im wesentlichen; sie führte dazu aber aus, mit „Geschehnissen" habe sie „die Gesamtsituation des Verfahrens und die damit verbundenen Situationen von Nicole, d.h. Vernehmungen durch Frau T., Herrn W., jetzige Vernehmung, Exploration durch die Sachverständige, das Leben im Heim seit 2 Jahren ohne Kontakt zur Familie" gemeint. Die Jugendkammer lehnte den Befangenheitsantrag ohne Mitwirkung der abgelehnten Richterin als unbegründet mit der Begründung ab, „die Frage nach der Therapie (könne) als sachgerecht beurteilt werden, da aufgrund der gesamten persönlichen Situation und der besonderen Vernehmungssituation der Zeugin, unabhängig von der Richtigkeit der belastenden Angaben, eine Aufarbeitung unter fachlicher Hilfe durchaus angezeigt" gewesen sei. – Das Rechtsmittel hatte Erfolg.

Gründe: Das Landgericht hat den – hier noch rechtzeitig gestellten – Ablehnungsantrag zu Unrecht verworfen. Der Senat hat die im Ablehnungsantrag enthaltene Begründung nach Beschwerdegrundsätzen zu würdigen (st. Rspr.; BGHSt. 23, 265 f. [BGH Urt. v. 26. 5. 1970 – 1 StR 132/70; vgl. § 338 Nr. 3 StPO erfolglose Rügen]). Diese Überprüfung führt zu dem Ergebnis, daß der Angeklagte Anlaß hatte, an der Unparteilichkeit der Vorsitzenden zu zweifeln. Dabei kommt es nicht darauf an, ob die abgelehnte Richterin tatsächlich befangen war und sich bereits in dem frühen Stadium der Hauptverhandlung eine abschließende Meinung zur Schuldfrage gebildet hatte. Auch wenn die abgelehnte Richterin die Notwendigkeit einer Therapie der Geschädigten wegen der belastenden Situation des Verfahrens in Betracht gezogen haben mag, ließ doch die Bezugnahme auf „die Geschehnisse" in der beanstandeten Äußerung auch bei vernünftiger Würdigung eher die Deutung zu, daß mit „den Geschehnissen" die dem Angeklagten angelasteten sexuellen Übergriffe gemeint waren. Dies legte schon der zeitliche und sachliche Zusammenhang der beanstandeten Äußerung mit der Aussage der Geschädigten nahe, deren Gegenstand gerade die Tatvorwürfe waren. Deshalb bezog sich die an die Betreuerin der Geschädigten gerichtete Frage nach einer Therapie – entgegen der Auffassung des GBA in der Antragsschrift vom 16. 7. 1999 – gerade nicht „ersichtlich" auf die von dem dem Angeklagten angelasteten Tatgeschehen unabhängige „evidente Belastungssituation der Zeugin"; im Gegenteil liegt – wie die Revision überzeugend einwendet – die Notwendigkeit einer Therapie wegen der mit den Vernehmungen und der Heimunterbringung verbundenen Belastung eher fern, jedenfalls weniger nahe, als dies zur Verarbeitung der traumatisierenden Erlebnisse tatsächlich stattgefundener sexueller Übergriffe der Fall ist. Aus diesem Grund konnte vom Standpunkt des Angeklagten aus dieser auch die dienstliche Erklärung der abgelehnten Richterin als lediglich „nachgeschobene Begründung" werten. Deshalb war aus seiner Sicht bei verständiger Würdigung durch die dienstliche Äußerung die begründete Besorgnis der Befangenheit nicht ausgeräumt. Auf die Frage, ob der Angeklagte – wie er in seinem Ablehnungsgesuch geltend gemacht hatte – die beanstandete Äußerung dahin auffassen konnte, die abgelehnte Richterin habe sich schon aufgrund der Aussage von Nicole zur Schuldfrage festgelegt, geht die Jugendkammer in ihrem Beschluß, mit dem sie das Ablehnungsgesuch verworfen hat, nicht ein. Vermochte demgegenüber der Angeklagte bereits aus der beanstandeten Äußerung der Vorsitzenden Richterin begründete Zweifel an deren Unparteilichkeit und Unvoreingenommenheit herzuleiten, so kommt es für den Erfolg der Rüge nicht mehr darauf an, ob sich für den Angeklagten die Besorgnis der Befangenheit auch daraus ergab, daß – wie im Ablehnungsgesuch weiter geltend gemacht wurde – die abgelehnte Richterin gegenüber der Ehefrau des Angeklagten und Mutter von Nicole in „sehr harschem Ton" ankündigte, man werde „dem Jugendamt über die Vorkommnisse eine Mitteilung zusenden und dabei auch anregen, den Eltern der Nicole das Sorgerecht umgehend zu entziehen". ...

5. Massive objektiv ungerechtfertigte Kritik an Verteidigerverhalten als Ablehnungsgrund.

StPO §§ 24, 338 Nr. 3 – BGH Beschl. v. 4. 3. 1993 – 1 StR 895/92 LG München I (= StV 1993, 339)

Die Revision rügt, das Gericht habe einen Befangenheitsantrag gegen den Vorsitzenden Richter mit Unrecht verworfen.

Sachverhalt: Nachdem bekannt geworden war, daß die Berichterstatterin mit einem Zeugen telefoniert hatte, richtete der Verteidiger an den Zeugen die Frage, ob der Verfahrensgegenstand Gesprächsinhalt gewesen war. Nachdem der Zeuge erklärt hatte, das Gespräch habe sich auf formale Fragen hinsichtlich seines Vernehmungstermins beschränkt, und eine Frage nach einem weitergehenden Gesprächsinhalt verneint hatte, stellte der Verteidiger keine weiteren Fragen an den Zeugen mehr, brachte also nicht etwa Zweifel an der Richtigkeit von dessen Schilderung (und damit Bedenken gegen das Vorgehen des Richters) zum Ausdruck. Der Vorsitzende bezeichnete das Vorgehen des Verteidigers u.a. als Unverschämtheit; eine Einschaltung der Anwaltskammer komme in Betracht, der Verteidiger sei mit dem Knüppel über Kollegen hergefallen. Daraufhin lehnte der Verteidiger des Vorsitzenden wegen Besorgnis der Befangenheit ab. Das Ablehnungsgesuch wurde verworfen. – Das Rechtsmittel hatte Erfolg.

Gründe: Nachdem bekannt geworden war, daß die Berichterstatterin mit einem Zeugen telefoniert hatte, durfte der Verteidiger an den Zeugen die Frage richten, ob der Verfahrensgegenstand Gesprächsinhalt gewesen war. Der Kontakt eines Richters während eines laufenden Verfahrens zu einem Verfahrensbeteiligten anders als im Rahmen eines prozeßförderlichen Vorgangs kann zwar im Einzelfall dem Richter zur Verfahrensförderung nicht verwehrt sein; er muß aber hierbei stets die gebotene Zurückhaltung beachten (BGH NStZ 1991, 348 [BGH Beschl. v. 4. 5. 1977 – 3 StR 93/77; vgl. § 338 Nr. 3 StPO erfolgreiche Rügen]). Da der Verteidiger bei dem Gespräch der Richterin mit dem Zeugen nicht anwesend war, liegt die Frage nach dem Gesprächsinhalt (und damit nach der Einhaltung der gebotenen Grenzen) im Rahmen zulässigen Verteidigervorgehens. Daran ändert sich auch nicht dadurch etwas, daß sich zuvor nach Aufklärung von Mißverständnissen letztlich ergeben hatte, daß die Richterin auch mit einem anderen Zeugen telefoniert, dabei aber nur über formale Fragen gesprochen hatte. Daß der Verteidiger sich in diesem Zusammenhang unangemessen verletzend geäußert hätte, ist nicht ersichtlich.

Es mag dahinstehen, ob der Vorsitzende gleichwohl aus seiner Sicht in der genannten Befragung eine unterschwellige Kritik am Gericht sehen konnte, die eine Unmutsaufwallung verständlich erscheinen lassen könnte. Die Äußerungen des Vorsitzenden gehen jedenfalls weit über eine bloße Unmutsäußerung hinaus: Er bezeichnete nach dem von ihm in seiner dienstlichen Erklärung nicht bestrittenen Vorbringen des Verteidigers dessen Verhalten als „Unverschämtheit"; eine Einschaltung der Anwaltskammer komme in Betracht, der Verteidiger sei mit dem „Knüppel" über Kollegen „hergefallen". Daß es sich bei diesen Äußerungen auch nicht etwa nur um den Ausdruck einer momentanen, alsbald wieder ruhigerer Betrachtung gewichenen Verärgerung handelte, belegt die dienstliche Äußerung zum Ablehnungsantrag. Diese stammt vom 9. 3. 1992, die genannten Vorgänge hatten sich im Termin vom 26. 2. 1992 abgespielt. Der Vorsitzende bezeichnet sich darin als „massiv beleidigt" und meint, er brauche sich das Verhalten des Verteidigers nicht „bieten zu lassen". Von dem Verteidiger als Organ der Rechtspflege sei zu verlangen, daß er „das Recht vertritt", dieser dürfte mit dem Gericht nicht „nach Belieben umspringen". Die dienstliche Äußerung schließt mit den Worten: „Für das Zartbesaitete bin ich taub, wenn zuvor zu laut geredet wurde".

In ihrer Gesamtschau sind die Äußerungen des Vorsitzenden zur Überzeugung des Senats geeignet, die Besorgnis der Befangenheit zu erwecken.

Zwar begründen Spannungen zwischen Richter und Verteidiger, die erst im Verfahren entstanden sind, in aller Regel nicht die Besorgnis der Befangenheit; diese kann sich aber aus Reaktionen des Richters ergeben. So verhält es sich hier. Die Reaktionen des Vorsitzenden stehen zu dem sie auslösenden Anlaß in keinem vertretbaren Verhältnis mehr. Unter Berücksichtigung aller Geschehnisse kann auch bei einem verständigen Angeklagten die Besorgnis bestehen, ein Richter, der sich selbst als durch den Verteidiger für „massiv beleidigt" und für dessen Vorbringen zumindest in Teilen für „taub" erklärt, würde auch künftiges Verteidigungsvorbringen nicht in der erforderlichen abwägenden Distanziertheit zur Kenntnis nehmen.

6. Unterbrechung eines Befangenheitsantrags durch den Vorsitzenden und Stellung eines Strafantrag gegen den Angeklagten kann Besorgnis der Befangenheit begründen.
StPO §§ 24, 25, 338 Nr. 3 – BGH Beschl. v. 14. 2. 1992 – 2 StR 254/91 LG Darmstadt (= StV 1992, 211 = NStZ 1992, 290)

Die Revision rügt, das Gericht habe einen Ablehnungsantrag gegen den Vorsitzenden Richter mit Unrecht verworfen.

Sachverhalt: In der Hauptverhandlung vom 24. 4. 1990 stellte der Angeklagte am Nachmittag den Antrag, über den Inhalt eines Telefongesprächs des Vorsitzenden der erkennenden Strafkammer mit Bediensteten eines psychiatrischen Krankenhauses Beweis zu erheben. Die Beweisbehauptung ging dahin, der Vorsitzende habe bereits einen Tag vor dem Erlaß eines Unterbringungsbefehls gegen den Angeklagten durch die Strafkammer „definitiv die Reservierung eines Unterbringungsplatzes ... gefordert und zum Ausdruck gebracht, daß ein entsprechender Beschluß am nächsten Tage ergehen" werde. Sinngemäß habe er ergänzt, „daß er als Vorsitzender bestimme, was die Strafkammer zu beschließen habe." Wegen der unter Beweis gestellten Äußerungen des Vorsitzenden und im Hinblick auf die von diesem hierzu abgegebene dienstliche Äußerung, die „wesentlich falsch" gewesen sei, lehnte er den Vorsitzenden Richter J. wegen Besorgnis der Befangenheit ab. Während der Verlesung dieser Anträge durch den Angeklagten „stellte der Vorsitzende Richter J. Strafantrag gegen den Angeklagten M. wegen Verleumdung".

Unter anderem wegen dieses Strafantrags lehnte der Angeklagte den Vorsitzenden Richter J. in der Hauptverhandlung vom 25. 7. 1990 erneut wegen Besorgnis der Befangenheit ab. Dieses Ablehnungsbegehren wurde von der erkennenden Strafkammer unter Mitwirkung des ablehnenden Richters als unzulässig verworfen, weil der Angeklagte nur versuche, „das Verfahren unter Mißbrauch prozessualer Mittel aufzuhalten."

Der Hauptverhandlungstermin vom 24. 4. 1990 hatte um 17.50 Uhr geendet und der Fortsetzungstermin am 25. 4. 1990 um 10.30 Uhr begonnen. Nachdem der Angeklagte in diesem Termin angekündigt hatte, er wolle weitere Anträge stellen, waren in einer Sitzungspause von 11 bis 11.35 Uhr die zu stellenden Anträge fotokopiert worden. Nach Wiedereintritt in die Verhandlung und Verteilung der Fotokopien an die Verfahrensbeteiligten hatte die Verteidigerin die Anträge verlesen, darunter den erneuten Antrag auf Ablehnung des Vorsitzenden Richters J. wegen Besorgnis der Befangenheit. – Das Rechtsmittel hatte Erfolg.

Gründe: Die Strafkammer hat das Ablehnungsgesuch zu Unrecht verworfen.

1. Es war nicht, wie der GBA meint, verspätet angebracht worden.

Zwar muß die Ablehnung eines Richters nach Beginn der Vernehmung des Angeklagten über seine persönlichen Verhältnisse unverzüglich geltend gemacht werden (§ 25 II, II Nr. 2 StPO), d.h. ohne schuldhaftes Zögern (BGHSt. 21, 334, 339 [BGH Urt. v. 10. 11. 1967 – 4 StR 512/66; vgl. §§ 68a, 338 Nr. 3 StPO erfolglose Rügen]). Das bedeutet aber nicht, daß dem Angeklagten keine Überlegungsfrist einzuräumen wäre und daß er keinen Anspruch auf vorherige Beratung mit seinem Verteidiger hätte. Ihm ist vielmehr eine gewisse Zeit zum Überlegen und zum Abfassen seines Gesuchs zu bewilligen (vgl. BGH StV 1991, 49 [BGH Beschl. v. 28. 9. 1990 – 2 StR 189/90; vgl. § 338 Nr. 3 StPO erfolgreiche Rügen]) und es ist ihm ausreichend zu ermöglichen, die Berechtigung seiner Bedenken gegen die Unvoreingenommenheit des betreffenden Richters mit seinem Verteidiger zu erörtern (vgl. BGH NStZ 1984, 371 [BGH Urt. v. 21. 3. 1984 – 2 StR 634/83; vgl. § 338 Nr. 3 StPO erfolgreiche Rügen]). Im vorliegenden Fall hat der Angeklagte das Ablehnungsgesuch, das sich auf einen Vorgang stützte, der sich in der erst um 17.50 Uhr beendeten Verhandlung am Nachmittag des 24. 4. 1990 ereignet hatte, in der Hauptverhandlung vom 25. 4. 1990 angebracht, sobald er nach Fertigung der Fotokopien dazu Gelegenheit bekam. Unter diesen Umständen kann ihm nicht der Vorwurf gemacht werden, er hätte die Antragstellung schuldhaft verzögert.

2. Das Ablehnungsgesuch war auch begründet.

Der Senat ist an der Prüfung der sachlichen Berechtigung des Ablehnungsgesuchs nicht dadurch gehindert, daß die Strafkammer zu dieser Frage keine Entscheidung getroffen hat, weil sie sich ihr nach der Verwerfung des Antrags als unzulässig nicht mehr gestellt hat. Er hat vielmehr nach Beschwerdegrundsätzen zu entscheiden, ob ein Ablehnungsgrund vorlag (BGH NStZ 1984, 230 [BGH Urt. v. 9. 12. 1983 – 2 StR 490/83; vgl. § 338 Nr. 3 StPO erfolglose Rügen]). Die Frage der Begründetheit des Ablehnungsantrags ist vom Standpunkt des Ablehnenden aus zu beurteilen; ob der Richter tatsächlich befangen ist, spielt keine Rolle (BGHSt. 24, 336, 338 [BGH Urt. v. 9. 12. 1983 – 2 StR 490/83; vgl. § 338 Nr. 3 StPO erfolgreiche Rügen]).

Der Senat braucht nicht allgemein zu entscheiden, wann die Anbringung eines Strafantrags gegen den Angeklagten den erkennenden Richter als befangen erscheinen läßt. Grundsätzlich gilt, daß er in der Hauptverhandlung Angriffen Verfahrensbeteiligter nicht schutzlos ausgesetzt ist. Das Gesetz stellt ihm in den §§ 177 ff. GVG sitzungspolizeiliche Maßnahmen zur Verfügung, mit denen er Verletzungen der Würde des Gerichts, häufig auch seiner eigenen Person, unmittelbar und schon im Verfahren begegnen kann. Im übrigen sieht § 183 GVG vor, daß in der Sitzung begangene Straftaten zu Protokoll festzustellen sind. Bedarf es zur Verfolgung solcher Taten eines Strafantrags, kann seine Anbringung auch dem erkennenden Richter nicht schlechthin verwehrt sein. Das muß der Angeklagte grundsätzlich hinnehmen. Andernfalls wäre der Richter in jedem Falle zu der Entscheidung genötigt, ob er der Erfüllung der Berufpflicht Vorrang vor der Durchsetzung seines persönlichen Anspruchs auf Achtung einräumen soll. Eine solche Entscheidung verlangt das Gesetz von ihm nicht. Die Stellung eines Strafantrags versetzt den Richter andererseits jedoch der Sache nach in eine Parteirolle, welche sich in dem einzuleitenden Verfahren auch verwirklichen kann (§ 374, 395 StPO). Aus der Sicht des Angeklagten gerät er damit zwangsläufig in die Gefahr, seine Unbefangenheit zu verlieren. Daß auch der Dienstvorgesetzte den Strafantrag anbringen kann (§ 194 III StGB), ändert daran nichts. Dies wird dem Richter häufig Zurückhaltung gebieten. Anders liegt es zwar, wenn der Angeklagte den Richter bewußt provoziert hat, um den Abbruch des Verfahrens herbeizuführen; in einem solchen Fall geht es dem Angeklagten nicht um eine gerechte Entscheidung, sondern darum, eine solche zu verhindern. Ansonsten aber kann – je nach den Umständen – die dem Richter von Berufs wegen obliegende Pflicht zur Vermeidung schon des Anscheins der Voreingenommenheit es mit sich bringen, daß er die Durchsetzung seiner Persönlichkeitsrechte zurückstellen muß. Diesem Gebot unterzieht sich der Richter, wie die Praxis zeigt, im allgemeinen mit Selbstverständlichkeit. Wo von Rechts wegen die Grenzen liegen, kann nur im Einzelfall ermittelt werden.

Im vorliegenden Falle war zu bedenken, daß der Angeklagte sich mit allen Mitteln gegen seine einstweilige Unterbringung zu wehren suchte. Das Landgericht hat festgestellt, daß er massive querulatorische Züge aufweist und angenommen, daß er nur verhindert schuldfähig sei. Die in den verlesenen Anträgen enthaltenen Angriffe auf die Ehre des Vorsitzenden waren durch dienstliche Erklärung richtigzustellen; eine nachhaltige Wirkung ging von ihnen offensichtlich nicht aus. Unter diesen Umständen hätte der Verzicht auf einen Strafantrag nicht ohne weiteres eine unannehmbare Preisgabe der eigenen Ehre und ihre schutzlose Auslieferung an den Angeklagten bedeutet. Daß der Vorsitzende den Angeklagten während der Verlesung seines Antrags unterbrach und Strafantrag zum Sitzungsprotokoll stellte, war vielmehr ein außergewöhnlicher Vorgang. Er konnte in dem Angeklagten die Besorgnis erwecken, der Richter wolle ihn einschüchtern und sei daher nicht unvoreingenommen. Daß der Angeklagte den Vorsitzenden hätte provozieren wollen, ist angesichts der mangelnden Vorhersehbarkeit von dessen Reaktion nicht anzunehmen. Aus der vom Senat eingeholten dienstlichen Erklärung des Vorsitzenden ergibt sich auch nicht, daß er den Strafantrag aus einer augenblicklichen Verärgerung oder aus begrifflicher Erregung gestellt hat. Hiernach war das Ablehnungsgesuch begründet ...

7. Äußerung über Befriedigung des Richters darüber, daß der Angeklagte keinen Kontakt mehr zu seinem Mitangeklagten unterhalte, als Befangenheitsgrund.
StPO § 338 Nr. 3 – BGH Beschl. v. 27. 9. 1991 – 2 StR 146/91 LG Frankfurt/M. (= StV 91, 450)

Die Revision rügt, daß an dem Urteil zwei Richter mitgewirkt haben, obwohl sie wegen Besorgnis der Befangenheit abgelehnt wurden und der Antrag zu Unrecht verworfen worden ist.

Sachverhalt: Zu Beginn der Hauptverhandlung waren der Angeklagte und seine mitangeklagte Ehefrau nicht erschienen. Dagegen war der weitere Mitangeklagte G., an den der Angeklagte nach dem Vorwurf der Anklage in zahlreichen Fällen Heroingemisch verkauft haben soll, anwesend. Bei Erörterung des weiteren Verfahrens regte die Sitzungsvertreterin der Staatsanwaltschaft an, den Mitangeklagten G. zu fragen, ob er wisse, wo der Angeklagte und seine Ehefrau seien. Der Verteidiger des Mitangeklagten G. erklärte daraufhin, sein Mandant habe „leider keinen Kontakt mehr mit ihnen". Daraufhin sagte die Richterin H. „Gott sei dank". Danach äußerte der Vorsitzende Richter Dr. M.: „Ja, wohl Gott sei Dank, aus seiner Sicht".

Als die Hauptverhandlung nach einer Unterbrechung in Anwesenheit des nunmehr vorgeführten Angeklagten und seiner ebenfalls vorgeführten Ehefrau fortgesetzt wurde, lehnte der Angeklagte die beiden genannten Richter wegen Besorgnis der Befangenheit ab. Das Ablehnungsgesuch, das auf die zitierten Äußerungen gestützt war, wurde als unbegründet verworfen. In den Gründen des Verwerfungsbeschlusses heißt es, die beanstandeten Äußerungen der abgelehnten Richter ließen aus der Sicht eines verständigen Angeklagten nicht den Schluß zu, daß sie sich in der Frage der Schuld des Angeklagten bereits festgelegt hätten. Es handele sich vielmehr um eine Äußerung, die vor dem Hintergrund des bisherigen Ermittlungsergebnisses zu sehen sei. – Das Rechtsmittel hatte Erfolg.

Gründe: Das Ablehnungsgesuch ist zu Unrecht verworfen worden. Die zitierten Äußerungen begründeten die Besorgnis der Befangenheit: sie waren geeignet, Mißtrauen gegen die Unparteilichkeit der abgelehnten Richter zu rechtfertigen (§ 24 Abs. 2 StPO). Auch aus der Sicht eines verständigen Angeklagten legten sie die Deutung nahe, daß diese Richter sich bereits ein Urteil zur Schuldfrage gebildet hätten. Mit den Worten „Gott sei Dank" hatten die Richter ihre Befriedigung darüber zum Ausdruck gebracht, daß G. zu dem Angeklagten und dessen Ehefrau keinen Kontakt mehr habe. Darin lag eine Mißbilligung dieses Kontakts. Diese Mißbilligung konnte ihre Erklärung nach den Umständen des Falles nur in der Annahme finden, der Angeklagte und seine Ehefrau hätten G. mit Rauschgift beliefert. Demgemäß waren die beanstandeten Äußerungen geeignet, bei dem Angeklagten, der den Tatvorwurf nicht eingeräumt hat, der Eindruck hervorzurufen, die abgelehnten Richter hätten sich in der Beurteilung der Schuldfrage bereits zu seinen Ungunsten festgelegt und seien ihm gegenüber voreingenommen.

8. Befangenheit durch Urteilsabsprache.
StPO §§ 24 II, 338 Nr. 3 – BGH Urt. v. 23. 1. 1991 – 3 StR 365/90 LG Darmstadt (= BGHSt. 37, 298 = BGHR StPO § 24 Abs. 2 Befangenheit 4 = NJW 1991, 1692 = StV 1991, 194 = NStZ 1991, 346)

Die Revision der Staatsanwaltschaft rügt, der Vorsitzende habe ohne Beteiligung der Staatsanwaltschaft weitestgehende prozeßerledigende Absprachen getroffen und daran festgehalten und sei damit voreingenommen in die Hauptverhandlung gegangen. Die vom Vorsitzenden entwickelte Linie sei von den berufsrichterlichen Beisitzern mitgetragen worden; sie seien in die Absprachen mit einbezogen. Die Staatsanwaltschaft rügt weiter, daß ihre Ablehnungsgesuche, mit denen sie die drei Berufsrichter – einen jeden für sich – wegen Besorgnis der Befangenheit abgelehnt hat, fehlerhaft zurückgewiesen worden seien.

Sachverhalt: Einen Monat vor Beginn der Hauptverhandlung führte der Vorsitzende der Strafkammer jeweils einzeln mit Verteidigung und Staatsanwaltschaft, nach deren Auffassung die Freiheitsstrafe bei einem Geständnis des Angeklagten mindestens fünf Jahre betragen sollte, vertrauliche Vorgespräche „über eine Abkürzung" der Verhandlung, die „bei streitiger Durchführung" die Vernehmung vieler Zeugen erforderlich gemacht und mindestens acht Monate gedauert hätte. „Namens der Kammer", ersichtlich aber ohne Beteiligung der Schöffen, erklärte der Vorsitzende – entgegen der Auffassung der Staatsanwaltschaft – dem Verteidiger, „daß nach Kenntnis der Akten und demgemäß vorläufiger Bewertung ein Geständnis sich im Strafmaß so auswirken könne, wie dies (dem Staatsanwalt) bekannt ist", daß dann also mit vier Jahren Freiheitsstrafe zu rechnen sei. Sollte die Hauptverhandlung etwas anderes ergeben, werde dem Angeklagten ein entsprechender Hinweis erteilt. Dieser „kann dann seinerseits neu entscheiden, ob er an seinem Geständnis festhält oder nicht. Widerruft er sein Geständnis, dürfte dieses – weil anderenfalls unter Verstoß gegen den Grundsatz des fairen Verfahrens erlangt – nicht verwertet werden".

Der Beisitzer, der an den „persönlichen Gesprächen" des Vorsitzenden nicht beteiligt war, hat ergänzt, daß bei der Vorbereitung der Hauptverhandlung nach entsprechenden Vorberatungen die Kammer „ihre Vorstellungen dahingehend geäußert hat, welches Strafmaß im Falle einer Verurteilung entsprechend der Anklageschrift ohne bzw. mit Geständnis des Angeklagten zu erwarten ist. Dies entspricht ständiger Übung der Kammer und ist nach hier vertretener Auffassung Ausfluß des Grundsatzes des fairen Verfahrens. Es ist weiterhin zutreffend, daß die Kammer dargelegt hat, sie sperre sich nicht dagegen, eine Empfehlung zur Aufnahme des Angeklagten in den offenen Vollzug ins Urteil aufzunehmen".

Der sachbearbeitende Staatsanwalt erwiderte auf die Anfrage des Vorsitzenden, daß er bei einem Geständnis mindestens fünf Jahre Freiheitsstrafe erwarte und zum „Freigang" ablehnend Stellung nehmen werde. In einem weiteren Gespräch erklärte der Vorsitzende, er könne nach wie vor „ein Geständnis entgegennehmen und das mit vier Jahren honorieren" und den Haftbefehl außer Vollzug setzen. Die Staatsanwaltschaft könne dann ja eine – kaum aussichtsreiche – Strafmaßrevision einlegen. Sodann suchte der Vorsitzende den Abteilungsleiter des sachbearbeitenden Staatsanwalts und danach – wegen der urlaubsbedingten Abwesenheit des Leitenden Oberstaatsanwalts – dessen ständigen Vertreter auf. Beide lehnten es ab, dem Staatsanwalt Weisung zu dem Antrag in der Hauptverhandlung oder einer Stellungnahme zum offenen Vollzug zu erteilen.

Der Angeklagte legte am ersten Verhandlungstag, dem 27. 9. 1989, ein Geständnis entsprechend der Anklageschrift ab. Nach Erörterung der Beweislage verzichtete die Staatsanwaltschaft auf die Vernehmung eines Teils der Zeugen. Die Kammer vertrat die Auffassung, daß man angesichts des umfassenden Geständnisses des Angeklagten keine weiteren Zeugen benötige. Weil der Staatsanwalt anderer Ansicht blieb, wurde im Hinblick auf § 245 StPO Fortsetzungstermin bestimmt. „Auch die Tatsache, daß die Verteidigung dies als Skandal bezeichnete, hat die Kammer nicht dazu bewegen können, entgegen dem Beharren der Staatsanwaltschaft auf der Vernehmung einzelner Zeugen die Beweisaufnahme zu schließen" (dienstliche Erklärung des Beisitzers). Auf Antrag der Verteidigung wurde anschließend der Haftbefehl außer Vollzug gesetzt. Nach einem Pressebericht hat der Angeklagte in einer Verhandlungspause gegenüber Journalisten geäußert, „daß man ihm ein mildes Urteil – nach einem Jahr Gefängnis, dann „Freigang" – versprochen habe, wenn er ein Geständnis ablege und für einen kurzen Prozeß sorge. Jetzt fühle er sich verschaukelt". Einige Tage später zitierte eine Journalistin den Angeklagten mit den Worten: „Glauben Sie ich hätte sonst gestanden? Sie glauben das doch selbst nicht alles, was da in der Anklageschrift steht."

Auf Grund der vorgenannten Ereignisse und in Kenntnis des Presseberichts hat die Staatsanwaltschaft die Berufsrichter wegen Besorgnis der Befangenheit abgelehnt, weil, wie nunmehr zur Gewißheit geworden sei, der Vorsitzende „ohne Beteiligung der Staatsanwaltschaft weitestgehende prozeßerledigende Absprachen getroffen hat, daran festhält und damit voreingenommen in die Hauptverhandlung gegangen ist". Die vom Vorsitzenden entwickelte Linie werde von den berufsrichterlichen Beisitzern mitgetragen; sie seien in die Absprachen mit einbezogen. Der Vorsitzende hat sich nicht umfassend dienstlich erklärt, weil sich das Ablehnungsgesuch im wesentlichen auf den Inhalt von Vorgesprächen stütze, die „üblicherweise als vertraulich angesehen werden".

Mit Beschluß vom 9. 10. 1989 wies die Strafkammer in der Besetzung mit anderen als den abgelehnten Richtern die Befangenheitsanträge als unbegründet zurück. Zur Begründung führte sie u.a. aus: „Die Grenzen, die sich aus der Gewährleistung eines rechtsstaatlichen Verfahrens bei Absprachen zu dem Prozeßverlauf und gegebenenfalls -ergebnis herleiten, sind nicht überschritten worden. Die vorgelegten Erklärungen und Unterlagen reichen nicht zur Glaubhaftmachung dahin aus, daß nach dem Scheitern allseitiger Vorgespräche um eine verfahrensabkürzende Übereinkunft die Kammer unter Nichtbeteiligung der Staatsanwaltschaft verbindliche Absprachen mit der Verteidigung oder dem Angeklagten getroffen hat. ... Der dienstlichen Äußerung des Vorsitzenden ist ausdrücklich zu entnehmen, daß gerade keine endgültige Festlegung der Kammer erfolgt ist. Die Glaubhaftigkeit seiner Äußerung wird nicht dadurch in Frage gestellt, daß der Angeklagte ... subjektiv von einer Festlegung überzeugt gewesen sein (mag)." Auf die Frage nach einer Beteiligung der Schöffen bei der Festlegung der Kammermeinung wird nicht eingegangen. – Das Rechtsmittel hatte Erfolg.

Gründe: Auf die Revision der Staatsanwaltschaft ist das Urteil aufzuheben, weil bei dem Urteil zwei Richter mitgewirkt haben, nachdem sie wegen Besorgnis der Befangenheit abgelehnt waren und die Ablehnungsgesuche zu Unrecht verworfen worden sind (§ 338 Nr. 3 StPO).

In zulässiger Form und mit Recht macht die Staatsanwaltschaft geltend, daß Gründe vorliegen, die geeignet sind, Mißtrauen gegen die Unparteilichkeit des Vorsitzenden und des anderen Beisitzers, des Berichterstatters, zu rechtfertigen.

a) Nach § 24 Abs. 2 StPO kann ein Richter wegen Besorgnis der Befangenheit abgelehnt werden, wenn ein Grund vorliegt, der geeignet ist, Mißtrauen gegen die Unparteilichkeit eines Richters zu rechtfertigen. Das ist der Fall, wenn der Ablehnende bei verständiger Würdigung des ihm bekannten Sachverhalts Grund zu der Annahme hat, der Richter nehme ihm gegenüber eine innere Haltung ein, die dessen Unparteilichkeit und Unvoreingenommenheit störend beeinflussen kann (BGHSt. 21, 334, 341 [BGH Urt. v. 10. 11. 1967 – 4 StR 512/66; vgl. §§ 68a, 338 Nr. 3 StPO erfolglose Rügen]). Danach hat die Beschwerdeführerin den Vorsitzenden und den Berichterstatter mit Recht abgelehnt. Entgegen der Auffassung des Landgerichts kommt es nicht auf eine „verbindliche" Absprache, eine „endgültige" Festlegung an, sondern auf den nach außen deutlich gewordenen Eindruck von der inneren Haltung des Richters.

Die Besorgnis der Staatsanwaltschaft, die beteiligten Richter seien befangen, ist begründet, weil der Vorsitzende im Einvernehmen mit dem Beisitzer vor der Hauptverhandlung ohne Anwesenheit der anderen Verfahrensbeteiligten dem Verteidiger konkret, wenn auch nach außen hin unverbindlich, erklärt hat, welche Strafe bei einem Geständnis des Angeklagten in Betracht kommt. Jeder vernünftige Prozeßbeteiligte – einschließlich des Angeklagten –, der zu einem solchen Gespräch außerhalb der Hauptverhandlung nicht hinzugezogen worden ist, kann mit Recht befürchten, daß der Richter im Sinne der dem anderen Verfahrensbeteiligten in seiner Abwesenheit konkret genannten Strafe voreingenommen ist. Nach außen gegebene Hinweise auf eine Unverbindlichkeit oder Vorläufigkeit des Strafmaßes ändern daran nichts. Sie sind nicht geeignet, die Annahme der störend beeinflußten Unvoreingenommenheit des Richters in Frage zu stellen. Entscheidend ist nicht, daß „feste Zusagen" gegeben worden sind, sondern der einem Verfahrensbeteiligten vermittelte Eindruck, daß der Richter mit einer „vorgebildeten Meinung" an der Hauptverhandlung mitwirkt. Das gilt um so mehr, wenn – wie hier – durch Pressionen und durch den tatsächlichen Verfahrensablauf deutlich gemacht wird, daß die beteiligten Richter bemüht sind, die genannten Vorstellungen zu verwirklichen, und wenn der Verdacht besteht, der Richter habe etwas zu verschweigen, weil er sich entgegen seiner dienstlichen Verpflichtung nicht umfassend erklärt (vgl. BGH StV 1984, 318 [BGH Urt. v. 21. 3. 1984 – 2 StR 634/83; vgl. § 338 Nr. 3 StPO erfolgreiche Rügen]). Die Befangenheit eines Richters kann kaum deutlicher gekennzeichnet werden, als durch ein die Öffentlichkeit scheuendes – sogenanntes „offenes Wort vor der Verhandlung" nach entsprechenden Vorberatungen der „Kammer" unter Ausschluß der Laienbeisitzer, „welches Strafmaß im Falle einer Verurteilung entsprechend der Anklageschrift ohne bzw. mit Geständnis des Angeklagten zu erwarten" sein werde (dienstliche Erklärung des Beisitzers). Wenn der Verteidiger mit dem Gericht spricht und eine bestimmte Strafe in Aussicht gestellt wird, erweckt das Gericht zumindest den Anschein, daß es sich daran halten wird, daß es gebunden ist. Eine Bindung des Gerichts, sei es auch nur der Anschein einer Bindung, vor dem letzten Wort des Angeklagten bewirkt aber die Befangenheit des Gerichts.

b) Der Senat hat Anlaß, der in der dienstlichen Äußerung des Vorsitzenden zum Ausdruck gebrachten fehlerhaften Auffassung, die Zulässigkeit von Vorgesprächen „dieser Art" sei durch die höchstrichterliche Rechtsprechung ausdrücklich anerkannt, entgegenzutreten. Das gilt auch für die im Vorbringen der Beschwerdeführerin erkennbare Ansicht, eine „Erörterung unter sechs Augen", also mit Beteiligung des Staatsanwalts, sei rechtlich unbedenklich. Vertrauliche, also ohne Mitwirkung aller Prozeßbeteiligten, einschließlich des Angeklagten und der Schöffen, getroffene Absprachen über die Höhe der Strafe bei einem bestimmten Verhalten des Angeklagten widersprechen – ebenso wie alle „Zusagen bezüglich der Strafbemessung" (BGH NStZ 1985, 36, 37 [BGH Urt. v. 5. 9. 1984 – 2 StR 347/84; vgl. § 338 Nr. 3 StPO erfolgreiche Rügen]) – den geltenden Verfahrensvorschriften. Die vom Gericht in einem Urteil zu verkündende Strafe darf nicht ohne die vom Gesetz gewährten Garantien der Anwesenheit und Mitwirkung aller Verfahrensbeteiligten, der Unmittelbarkeit und Mündlichkeit der Hauptverhandlung sowie nicht unter Umgehung des Öffentlichkeitsgrundsatzes gefunden werden. Welche Strafe angemessen ist, kann das Gericht grundsätzlich erst beurteilen, wenn die Hauptverhandlung ergeben hat, was von dem Vorwurf gegen den Angeklagten in welchem Umfang festgestellt ist, welche Umstände das begangene Unrecht kennzeichnen und welches Maß an Schuld anzunehmen ist. Wenn einzelne oder alle Mitglieder des Gerichts – vor allem über den Kopf eines

Verfahrensbeteiligten hinweg – vertrauliche Absprachen für ein abgekürztes Verfahren treffen oder konkret anbieten, erwecken sie den Eindruck, daß ihnen an einer gerechten Abklärung aller für die Schuld und Strafe bedeutsamen Umständen nichts gelegen ist.

Dem Richter ist es nach der Rechtsprechung des Bundesgerichtshofs nicht verwehrt, zur Förderung des Verfahrens – häufig zur Vorbereitung der Sitzung – mit den Prozeßbeteiligten auch außerhalb der Hauptverhandlung Fühlung aufzunehmen und eine sachgerechte Antragstellung anzuregen. Dabei muß er die gebotene Zurückhaltung wahren, um jeden Anschein der Parteilichkeit zu vermeiden (BGH, Beschl. v. 4. 5. 1977 – 3 StR 93/77 [vgl. § 338 Nr. 3 StPO erfolgreiche Rügen]; BGH NStZ 1985, 36, 37; BGHR StPO § 24 Abs. 2 Befangenheit 1). Solche Fühlungnahmen dürfen aber nur – wenn auch insoweit mit allen denkbaren Fragen – den Verfahrensablauf, einschließlich eventueller Anregungen zu §§ 154, 154 a StPO, nicht die Festlegung einer zu verhängenden Strafe oder deren Aussetzung zur Bewährung betreffen, schon gar nicht die Art und Weise des Strafvollzugs.

Entgegen der im Zurückweisungsbeschluß des Landgerichts geäußerten Ansicht gibt es kein „rechtsstaatliches Verfahren bei Absprachen zu dem Prozeßergebnis"; vielmehr ist es dem Gericht untersagt, „sich auf einen ‚Vergleich' im Gewande des Urteils, auf einen ‚Handel mit der Gerechtigkeit' einzulassen" (BVerfG wistra 1987, 134 [BVerfG Beschl. v. 27. 1. 1987 – 2 BvR 1133/86; vgl. § 136a StPO erfolglose Rügen]). Der Entscheidung in BGHSt. 36, 210, 214 (BGH Urt. v. 7. 6. 1989 – 2 StR 66/89; vgl. § 265 StPO erfolgreiche Rügen) kann nichts anderes entnommen werden.

9. Unbedachte Äußerung eines Schöffen als Ablehnungsgrund.

StPO § 338 Nr. 3 – BGH Urt. v. 30. 10. 1990 – 5 StR 447/90 LG Hamburg (= StV 1991, 50 = NStZ 1991, 144)

Die Revision rügt, bei dem Urteil habe ein Richter mitgewirkt, nachdem er wegen Besorgnis der Befangenheit abgelehnt war und das Ablehnungsgesuch zu Unrecht verworfen worden ist.

Sachverhalt: Aus dem Vorbringen der Revision ergibt sich, daß die Verteidigerin des Mitangeklagten K., Rechtsanwältin Z., vor Beginn des Fortsetzungstermins vom 8. 12. 1989 in der Kantine des Gerichtsgebäudes mit den beiden Schöffen der erkennenden Strafkammer ins Gespräch kam. Im Verlauf der kurzen Unterhaltung äußerte nach der Darstellung von Rechtsanwältin Z. der Schöffe S. sinngemäß:

„Na, was meinen Sie denn? Das ist ja wohl klar bei denen. Das sieht man ja, daß die mit Drogen zu tun haben!". Diese Äußerung teilte Rechtsanwältin Z. am Abend des 11. 12. 1989 der Verteidigerin des Angeklagten U. mit, ohne daß sie ihrerseits in der Hauptverhandlung vom 8. 12. 1989 für den Angeklagten K. einen Befangenheitsantrag gestellt hatte. Der Beschwerdeführer nahm diese Mitteilung am Morgen des 12. 12. 1989 zum Anlaß, seinerseits die beiden ehrenamtlichen Richter der Strafkammer wegen der Besorgnis der Befangenheit abzulehnen. Aus der wiedergegebenen Äußerung des Schöffen S., von der sich der Schöffe F. nicht distanziert habe, könne nur der Schluß gezogen werden, daß die Schöffen nicht mehr unvoreingenommen entscheiden würden, sondern von der Schuld des Angeklagten bereits überzeugt seien. Dies müsse auch für den Fall gelten, daß die bekundete Äußerung scherzhaft gemeint gewesen sein sollte.

Während der ehrenamtliche Richter F. ausführte, er könne sich an eine derartige Äußerung seines Mitschöffen nicht erinnern, erklärte der ehrenamtliche Richter S., es sei zwischen den Schöffen und Rechtsanwältin Z. am 8. 12. 1989 ein „lockeres Gespräch" entstanden, in dessen Verlauf auch „scherzhafte Bemerkungen fielen, wie denn nun ein Rauschgifthändler auszusehen habe." Er versichere ausdrücklich, keinen der Angeklagten gemeint zu haben, zumal er auch nicht wisse, wie jemand aussehe, der mit Drogen zu tun habe. Die Strafkammer lehnte den Befangenheitsantrag ab, weil die dem Schöffen S. unterstellte sinngemäße Äußerung durch die anwaltliche Versicherung von Rechtsanwältin Z. über das Gespräch nicht hinreichend glaubhaft gemacht worden sei. – Das Rechtsmittel hatte Erfolg.

Gründe: Diese Begründung hält einer Überprüfung nicht stand. Der Befangenheitsgrund ist vielmehr hinreichend glaubhaft gemacht. Dabei kommt es – entgegen der Auffassung der Strafkammer – nicht darauf an, daß die Rechtsanwältin Z. ihrerseits für den Mitangeklagten K. kein Ablehnungsgesuch angebracht hat. Entscheidend für die Glaubhaftmachung des Ablehnungsgrundes ist die Tatsache, daß der abgelehnte ehrenamtliche Richter S. selbst die ihm zugeschriebenen Äußerungen nicht in Abrede stellt; in seiner Erklärung dazu bestätigt er vielmehr ein „lockeres Gespräch", in dessen Verlauf scherzhafte Bemerkungen über das Aussehen von „Rauschgifthändlern" gefallen seien. Diese Darstellung steht den von Rechtsanwältin Z. bekundeten Äußerungen des Schöffen nicht entgegen. Für die Glaubhaftmachung bedarf es nicht der vollen Überzeugung des Gerichts von der Richtigkeit der behaupteten Tatsachen; es reicht aus, daß durch die beigebrachten Beweismittel in einem hinreichenden Maße die Wahrscheinlichkeit ihrer Richtigkeit dargetan wird. Diese Voraussetzungen sind hier gegeben.

Die Äußerungen des Schöffen S. sind auch geeignet, in einem besonnenen Angeklagten die Befürchtung zu wecken, der Schöffe sei ihm gegenüber nicht mehr unbefangen und bereits von seiner Schuld überzeugt. Dem steht nicht entgegen, daß der Schöffe das Gespräch in einer lockeren Atmosphäre in scherzhaftem Ton geführt hat. Denn der an diesem Gespräch nicht beteiligte Angeklagte vermag als Außenstehender nachträglich nicht nachzuvollziehen, in welchem Bedeutungszusammenhang und in welchem Ton die betreffenden Äußerungen gefallen sind. Für ihn, der mit dem Anklagevorwurf des unerlaubten Handeltreibens mit Betäubungsmitteln konfrontiert ist und für den deshalb eine mehrjährige Freiheitsstrafe in Betracht kommt, stellt eine – auch scherzhaft gemeinte – Äußerung über den Gegenstand seines Verfahrens und seine Verstrickung in „Rauschgiftgeschäfte" jedenfalls einen Umstand dar, der Mißtrauen gegen die Unparteilichkeit des Richters begründen kann. Auf die tatsächlich eingenommene innere Haltung des ehrenamtlichen Richters kommt es nicht an; entscheidend ist vielmehr die Sicht des Angeklagten (vgl. BGHR StPO § 24 II Vorsitzender 1 [BGH Urt. v. 9. 3. 1988 – 3 StR 567/87; vgl. § 338 Nr. 3 StPO erfolgreiche Rügen], 2 [BGH Beschl. v. 9. 8. 1988 – 4 StR 222/88; vgl. § 338 Nr. 3 StPO erfolgreiche Rügen]).

10. Dem Angeklagten muß eine Frist eingeräumt werden, in der er über die Berechtigung eines Befangenheitsantrags nachdenkt und sie mit seinem Verteidiger bespricht.

StPO §§ 24, 338 Nr. 3 – BGH Beschl. v. 28. 9. 1990 – 2 StR 189/90 LG Mainz (= StV 1991, 49)

Die Revision rügt, daß ein Ablehnungsgesuch gegen den Vorsitzenden wegen unbedachter Äußerungen, die dieser am Vormittag getätigt hatte, in der Verhandlung nach der Mittagspause zu Unrecht mit der Begründung verworfen worden ist, es sei verspätet.

Sachverhalt: Am ersten Tag der Hauptverhandlung wurde die Sitzung, die um 8.35 Uhr begonnen hatte, nach Vernehmung des Angeklagten und mehrerer Zeugen um 12.40 Uhr zur Mittagspause unterbrochen. Der in U-Haft genommene Angeklagte wurde in seine Zelle in der JVA Mainz verbracht. Dort verfaßte er handschriftlich ein Gesuch auf Ablehnung des Vorsitzenden der erkennenden Strafkammer wegen Besorgnis der Befangenheit, das er auf Vorgänge in der Verhandlung am Vormittag stützte. U.a. führte er aus: „Richter H. hat wiederholt versucht, mich zu einem Geständnis zu bringen. Dabei hat er die Aussage vom Hauptangeklagten Be., der bei mir als Kronzeuge auftritt, dazu benutzt, um die Aussichtslosigkeit meiner Situation vor Augen zu führen. Er verstieg sich dabei in einseitigen Übertreibungen dahingehend, daß in Singapur und Malaysia die Todesstrafe bzw. 40 Jahre Haft, in den USA noch mehr stehen."

Als der Angeklagte zur Fortsetzung der Hauptverhandlung erneut vorgeführt wurde, setzte er seinen Verteidiger von der Absicht, den Vorsitzenden abzulehnen, in Kenntnis und übergab ihm das schriftliche Ablehnungsgesuch. Die Hauptverhandlung wurde um 14.22 Uhr mit der Vernehmung des Zeugen Br. fortgesetzt. Während dieser Vernehmung legte der Verteidiger das Gesuch dem Gericht vor und lehnte den Vorsitzenden wegen Besorgnis der Befangenheit ab, nachdem die Vernehmung des Zeugen um 14.27 Uhr unterbrochen worden war.

Das Ablehnungsgesuch wurde durch Beschluß der erkennenden Strafkammer mit folgender Begründung als unzulässig verworfen:

„Der Antrag ist verspätet. Die vom Angeklagten gerügten Äußerungen des Vorsitzenden wurden bereits vor der Mittagspause gemacht. Der Antrag wurde nicht vor und auch nicht sofort nach der Mittagspause, sondern erst im Verlauf der Vernehmung des Zeugen Br. gestellt." – Das Rechtsmittel hatte Erfolg.

Gründe: Die Strafkammer hat das Ablehnungsgesuch zu Unrecht verworfen.

1. Es war nicht verspätet angebracht worden.

Zwar muß die Ablehnung eines Richters nach Beginn der Vernehmung des Angeklagten über seine persönlichen Verhältnisse unverzüglich geltend gemacht werden (§ 25 Abs. 1 S. 1, Abs. 2 Nr. 2 StPO), das heißt ohne schuldhaftes Zögern (BGHSt. 21, 334, 339 [BGH Urt. v. 10. 11. 1967 – 4 StR 512/66; vgl. §§ 68a, 338 Nr. 3 StPO erfolglose Rügen]). Das bedeutet aber nicht, daß dem Angeklagten keine Überlegungsfrist einzuräumen wäre und daß er keinen Anspruch auf vorherige Beratung mit seinem Verteidiger hätte. Ihm ist vielmehr eine gewisse Zeit zum Überlegen und zum Abfassen seines Gesuchs zu bewilligen (vgl. BGH NStZ 1982, 291, 292 [BGH Urt. v. 3. 2. 1982 – 2 StR 374/81; vgl. Art. 6 MRK erfolglose Rügen]) und es ist ihm ausreichend zu ermöglichen, die Berechtigung seiner Bedenken gegen die Unvoreingenommenheit des betreffenden Richters mit seinem Verteidiger zu erörtern (vgl. BGH NStZ 1984, 371 [BGH Urt. v. 21. 3. 1984 – 2 StR 634/83; vgl. § 338 Nr. 3 StPO erfolgreiche Rügen]). Im vorliegenden Fall hat der Angeklagte das Ablehnungsgesuch während der Mittagspause abgefaßt und mit seinem Verteidiger Verbindung aufgenommen, sobald ihm das möglich war, nämlich bei seiner Vorführung zur Fortsetzung der Hauptverhandlung am Nachmittag. Der Verteidiger hat das Gesuch, nachdem er von seinem Inhalt Kenntnis genommen hatte, innerhalb der ersten fünf Minuten der Verhandlung vorgelegt und den Ablehnungsantrag bei der nächsten Gelegenheit gestellt, nämlich nach der Unterbrechung der Vernehmung des Zeugen Br. Unter diesen Umständen kann dem Angeklagten nicht der Vorwurf gemacht werden, er hätte die Antragstellung schuldhaft verzögert.

2. Das Ablehnungsgesuch war auch begründet.

Der Senat ist an der Prüfung der sachlichen Berechtigung des Ablehnungsgesuchs nicht dadurch gehindert, daß die Strafkammer zu dieser Frage keine Entscheidung getroffen hat, weil sie sich ihr nicht mehr gestellt hat. Er hat vielmehr nach Beschwerdegrundsätzen zu entscheiden, ob ein Ablehnungsgrund vorlag (BGH NStZ 1984, 230 [BGH Urt. v. 9. 12. 1983 – 2 StR 490/83; vgl. § 338 Nr. 3 StPO erfolglose Rügen]). Diese Überprüfung führt zu dem Ergebnis, daß der Angeklagte Anlaß hatte, an der Unparteilichkeit des Vorsitzenden zu zweifeln.

Der vom Beschwerdeführer beanstandete Hinweis auf die in anderen Ländern für Betäubungsmitteldelikte angedrohten Strafen ist erfolgt. Dies ergibt sich schon aus den Gründen des das Befangenheitsgesuch verwerfenden Gerichtsbeschlusses („Die ... Äußerungen des Vorsitzenden wurden bereits vor der Mittagspause gemacht") und ist auch den vom Senat eingeholten dienstlichen Äußerungen des abgelehnten Richters, des beisitzenden

Richters am Landgericht E. und des Sitzungsvertreters der Staatsanwaltschaft zu entnehmen, die weiterhin erkennen lassen, daß sich der Hinweis auf die dem Angeklagten angelastete Straftat bezogen hat. Nicht mehr aufzuklären war, in welchem Zusammenhang der abgelehnte Richter die Strafdrohungen in ausländischen Rechtsordnungen erwähnt hat. Selbst wenn der Vorsitzende, wie er angegeben hat, dem Angeklagten verdeutlichen wollte, „welchen Stellenwert andere Länder der Bekämpfung der Rauschgiftkriminalität beimessen", ist es verständlich, wenn dieser Zweifel an der Unvoreingenommenheit des Richters bekam.

Die Frage der Begründetheit des Ablehnungsantrags ist vom Standpunkt des Ablehnenden aus zu beurteilen; ob der Richter tatsächlich befangen ist, spielt keine Rolle (BGHSt. 24, 336, 338 [BGH Beschl. v. 27. 4. 1972 – 4 StR 149/72; vgl. § 338 Nr. 3 StPO erfolgreiche Rügen]). Hier konnte auch ein vernünftig denkender Angeklagter nach dem Hinweis auf die erwähnten Strafdrohungen in anderen Ländern, insbes. auf die – in der Bundesrepublik Deutschland durch die Verfassung abgeschaffte – Todesstrafe die Besorgnis hegen, die Strafmaßerwägungen des Richters seien von jenen schärferen Bewertungen der Betäubungsmitteldelikte beeinflußt, und dies werde sich bei der Strafbemessung zum Nachteil des Angeklagten auswirken.

11. Richterablehnung nach Verständigungsgespräch.

StPO §§ 338 Nr. 3, 24 II, 26a – BGH Beschl. v. 4. 7. 1990 – 3 StR 121/89 LG Hamburg (= BGHSt. 37, 99 = NJW 1990, 3030 = StV 1990, 387 = NStZ 1990, 502)

Die Revision rügt, die abgelehnten Richter hätten ohne Wissen des Angeklagten und ohne seine Beteiligung Gespräche mit den Verteidigern der Mitangeklagten und anderen Prozeßbeteiligten geführt. Die Besorgnis der Befangenheit werde dadurch verstärkt, daß die Kammer in der Hauptverhandlung am 29. 4. 1987 einen förmlichen Hinweis zu Fragen der Strafzumessung erteilt und in ihm insbesondere darauf hingewiesen habe, daß auch eine Verurteilung wegen Steuerhinterziehung in einem besonders schweren Fall in Betracht komme. Wenn das Ergebnis der Hauptverhandlung für die beiden Mitangeklagten bereits „ausgehandelt" worden sei, müsse ein besonnener Angeklagter in der Situation des Beschwerdeführers diesen Hinweis als eine Drohung ihm gegenüber verstehen.

Sachverhalt: Die Berufsrichter der Strafkammer, der Vertreter der Staatsanwaltschaft und Vertreter des am Verfahren beteiligten Finanzamtes hatten, seit Anfang April 1987, außerhalb der Hauptverhandlung Gespräche mit den Verteidigern der beiden Mitangeklagten G. und Sch. darüber geführt, ob bei einem Geständnis der Mitangeklagten das Verfahren gegen diese schneller beendet werden könne. Die Gespräche führten dazu, daß einer der Verteidiger für die Mitangeklagten in der Hauptverhandlung am 29. 4. 1987 einräumte, daß es einen mündlichen „Generalunternehmer-Vertrag" mit Dr. D. im Jahre 1970 nicht gegeben habe. Im Anschluß an dieses „Geständnis" stellte die Verteidigung des Beschwerdeführers in der Hauptverhandlung an den Vorsitzenden Fragen (u.a.) zum Inhalt der Gespräche, die zu dem „Geständnis" der Mitangeklagten geführt hatten. Aus der Antwort des Vorsitzenden ergab sich, daß die Berufsrichter nach Beratung mit den Schöffen den Verteidigern der Mitangeklagten mitgeteilt hatten, welche Sanktionen gegen die Mitangeklagten im Falle eines Geständnisses höchstens verhängt werden würden. Zusatzfragen der Verteidigung dahin, ob die Berufsrichter, insbesondere der Vorsitzende und der Berichterstatter, in den Gesprächen geäußert hätten, es handle sich um einen Urkundenprozeß, die Zeugen seien abgeladen worden, blieben sie bei ihren bisherigen Aussagen, so werde gegen sie ein Verfahren wegen vorsätzlicher Falschaussage eingeleitet werden (Zusatzfrage 1), beantwortete der Vorsitzende mit Nichtwissen, der Berichterstatter damit, daß er das Wort „Urkundenprozeß" ironisch benutzt habe; möglich sei, daß er gesagt habe, „nach Lage des Verfahrens könnte ein Verfahren gegen die Zeugen eingeleitet werden". Die Frage

(Zusatzfrage 2), ob die Berufsrichter gegenüber den Verteidigern der Mitangeklagten geäußert hätten, ohne Geständnis gebe es keine Bewährung, beantworteten Vorsitzender und Berichterstatter mit: „Wahrscheinlich ja". Eine der weiteren Zusatzfragen lautete: „3) Haben sich die zu Ziff. 1 angeführten Richter in einem Gespräch mit den Verteidigern der Angeklagten G. und Sch. in ‚Verhandlungen' auf eine ‚Bewährungsstrafe für den Fall eines Geständnisses ‚geeinigt', und zwar auf eine solche von 2 Jahren? Ist eine ‚Einigung' auch über eine zusätzliche Geldstrafe erfolgt?

War als Geldauflage ursprünglich ein Betrag von 750 000 DM in Rede, der auf 500 000 DM für Sch. und G. – zusammen also 1 Mio. DM – herabgehandelt wurde?

Der Vorsitzende und der Berichterstatter erklärten hierzu, sie wollten diese Fragen nicht beantworten. Daraufhin lehnte der Beschwerdeführer die drei Berufsrichter der Strafkammer – jeden für sich – wegen Besorgnis der Befangenheit ab. Das Ablehnungsgesuch begründete er damit, die abgelehnten Richter hätten die Gespräche ohne sein Wissen und ohne seine Beteiligung geführt (wird weiter ausgeführt). Die Besorgnis der Befangenheit werde dadurch verstärkt, daß die Kammer in der Hauptverhandlung am 29. 4. 1987 einen förmlichen Hinweis zu Fragen der Strafzumessung erteilte und in ihm insbesondere darauf hingewiesen habe, daß auch eine Verurteilung wegen Steuerhinterziehung in einem besonders schweren Fall in Betracht komme. Wenn das Ergebnis der Hauptverhandlung für die beiden Mitangeklagten bereits „ausgehandelt" worden sei, müsse ein besonnener Angeklagter in der Situation des Beschwerdeführers diesen Hinweis als eine Drohung ihm gegenüber verstehen.

Die Strafkammer verwarf mit Beschluß vom 7. 5. 1987 in der Besetzung mit den drei Berufsrichtern das gegen sie gerichtete Ablehnungsgesuch als teilweise, nämlich insoweit – wegen Verspätung – unzulässig, „als es den Inhalt der außerhalb der Hauptverhandlung mit der Verteidigung der Angeklagten G. und Sch. geführten Gespräche zum Gegenstand hat". Der Beschwerdeführer habe insoweit ein rechtzeitiges Vorbringen nicht glaubhaft gemacht. Die Gespräche hätten sich mehr als drei Wochen vor der Anbringung des Ablehnungsgesuchs ereignet. „Der Angeklagte M. hätte deshalb vortragen müssen, wann er von den Gesprächen und vom Inhalt (der in vielen Einzelheiten richtig wiedergegeben ist) erfahren hat, und diesen Vortrag glaubhaft machen müssen. Beides hat er nicht getan." Mit Schriftsätzen vom 7. und 12. 5. 1987 erhob der Beschwerdeführer Gegenvorstellungen. Mit ihnen rügte er unter anderem, die Strafkammer habe verkannt, daß das Ablehnungsgesuch auch auf die Art und Weise gestützt sei, in welcher der Vorsitzende und der Berichterstatter auf die in der Hauptverhandlung vom 29. 4. 1987 gestellten Fragen geantwortet hatten.

In seiner dienstlichen Äußerung zu dem Ablehnungsgesuch teilte der Vorsitzende u.a. mit, er habe Anfang April die Verteidiger der Mitangeklagten auf deren Frage nach der Möglichkeit von Gesprächen über eine schnelle Verfahrensbeendigung gebeten, bei den Verteidigern des Angeklagten M. nachzufragen, ob auch sie sich an den Gesprächen beteiligen wollten. Die Verteidiger der Mitangeklagten hätten tags darauf mitgeteilt, der Angeklagte M. beabsichtige nicht, ein Geständnis abzulegen; seine Verteidiger wollten nicht an einem Gespräch teilnehmen. Mit Beschluß vom 13. 5. 1987 wies die Strafkammer in der Besetzung mit anderen als den abgelehnten Richtern den Befangenheitsantrag vom 29. 4. 1987 – soweit er nicht bereits durch Beschluß vom 7. 5. 1987 als unzulässig verworfen worden ist – als unbegründet zurück. – Das Rechtsmittel hatte Erfolg.

Gründe: Die zulässig erhobene Rüge der Verwerfung dieses Ablehnungsgesuchs vom 29. 4. 1987 begründet die Revision. Der Senat teilt nicht die Auffassung der Strafkammer in deren Beschluß vom 7. 5. 1987, der Beschwerdeführer sei seiner Obliegenheit, in dem Ablehnungsgesuch vom 29. 4. 1987 die Ablehnungsgründe unverzüglich geltend zu machen und diesen Vortrag glaubhaft zu machen, nicht nachgekommen. Die Strafkammer verkennt die Richtung des Vortrags, mit dem das Gesuch begründet ist. Diese geht dahin, die abgelehnten Richter hätten die bezeichneten Gespräche mit den Verteidigern der Mitangeklagten außerhalb der Hauptverhandlung geführt, ohne ihn, den Beschwerdeführer, daran zu beteiligen oder ihm sonst das für ihn in diesem Zusammenhang wichtige Wissen zu vermitteln. Daß die abgelehnten Richter ihn an den Gesprächen nicht beteiligt hatten, bedurfte als gerichtskundig keiner besonderen Glaubhaftmachung. Daß sie den Antragsteller weder unmittelbar, noch über seinen Verteidiger vom wesentlichen Inhalt der Gespräche unterrichtet hatten, war ebenfalls gerichtskundig. Daran ändert nichts, daß nach der dienstlichen Erklärung des Vorsitzenden dieser die Verteidiger der Mitangeklagten gebeten hatte, bei den Verteidigern des Beschwerdeführers nachzufragen, ob auch sie sich an den Gesprächen beteiligen wollten, und die Verteidiger der Mitangeklagten am folgenden Tag mitteilten, der Angeklagte M. beabsichtige nicht, ein Geständnis abzulegen; seine Verteidiger wollten nicht an einem Gespräch teilnehmen. Wenn die Verteidigung sich an einer „Verhandlung über ein Geständnis" auch ihres Mandanten nicht beteiligen will, dann hat dies nicht die Bedeutung eines Verzichts auf Information durch das Gericht über den Inhalt von Gesprächen, in denen notwendig auch die Beweislage und die Beweisführung erörtert werden; noch weniger kann eine mittelbare Nachfrage nach dem Willen, an Gesprächen über eine Geständnisbereitschaft teilzunehmen, eine solche Unterrichtung selbst ersetzen, zumal das Gericht eine Kommunikation zwischen ihm und den Verteidigern des Beschwerdeführers weder im einzelnen gelenkt, noch kontrolliert hat. Da die eine sachgerechte Handhabung allein gewährleistende Unterrichtung durch das Gericht wesentlich ist, kommt es für die Zulässigkeit des Ablehnungsgesuchs nicht auf den Vortrag an, ob, in welchem Umfang, mit welchen Einzelheiten, auf welchem anderen Weg, mit welchem Grad an Zuverlässigkeit und zu welchem Zeitpunkt der Antragsteller oder seine Verteidiger Kenntnisse über hier in Rede stehende Gespräche der abgelehnten Richter erlangt haben.

Das somit zulässige Ablehnungsgesuch vom 29. 4. 1987 ist auch begründet.

Seine Auslegung ergibt, daß der Beschwerdeführer mit ihm auch die in den Antworten der abgelehnten Richter hervorgetretene Reaktion auf seinen Wunsch, über Einzelheiten der außerhalb der Hauptverhandlung stattgefundenen Gespräche unterrichtet zu werden, zum Gegenstand der Prüfung machen wollte, ob die von ihm erklärte Besorgnis der Befangenheit begründet sei (wird ausgeführt).

Der Senat braucht nicht zu prüfen, ob die Gespräche über eine zügige Erledigung der gegen die Mitangeklagten geführten Verfahren und die darauf gestützte Verurteilung dieser Angeklagten zu Bewährungsstrafen den rechtlichen Anforderungen entsprachen, die an eine solche Verständigung zu stellen sind (vgl. BVerfG Beschl. v. 27. 1. 1987 – 2 BvR 1133/86 [vgl. § 136a StPO erfolglose Rügen], wistra 1987, 134). Im Rahmen ihrer rechtlichen Zulässigkeit wird eine solche Verständigung durch die Weigerung eines von mehreren Mitangeklagten, sich an ihr mit gleicher Zielrichtung zu beteiligen, nicht ausgeschlossen. Andererseits verpflichtet das Vorliegen widerstreitender Interessen eines solchen Mitangeklagten das Gericht zu besonderer Rücksichtnahme auf dessen Verteidigungsinteresse. Dadurch können dem Rahmen einer Verständigung mit den anderen Angeklagten und der Verfahrensweise bei ihr engere rechtliche Grenzen gesetzt, insbesondere die rechtzeitige völlige Offenlegung in der Hauptverhandlung erforderlich sein. Von besonderer Bedeutung ist der mögliche Interessenwiderstreit zwischen mehreren Mitangeklagten jedenfalls unter dem hier entscheidenden Gesichtspunkt, ob das Vorgehen der Richter bei dem zu einer Verständigung nicht geneigten Mitangeklagten eine Besorgnis der Befangenheit zu wecken geeignet ist. Aus diesem Blickwinkel begegnet das Vorgehen der Richter jedenfalls insoweit Bedenken, als sie auf jeglichen Versuch verzichteten, den Beschwerdeführer über seine Verteidiger unmittelbar von Gang und Inhalt der informellen Gespräche zu unterrichten. Wenn das Gericht schon den Weg einer Erledigung einzelner Verfahren mittels eingehender, außerhalb der Hauptverhandlung geführter Verständigungsgespräche beschritt, so durfte es angesichts des erkennbaren Widerstreits der Interessen der mehreren

Angeklagten nicht – ohne die Besorgnis der Befangenheit zu wecken – auf eine zuverlässige Unterrichtung des Beschwerdeführers verzichten. Diese Unterrichtung mußte die Einzelheiten der Gespräche so weit umfassen, daß bei einem verständigen Angeklagten nicht die Besorgnis auftreten konnte, die Richter verlören, etwa durch eine Bindung an Absprachen mit den Mitangeklagten oder durch ihr Verhalten oder das anderer „Verhandlungspartner" bei der Erörterung der Beweislage oder der in Betracht kommenden Rechtsfolgen, die Freiheit der Verhandlungsführung sowie ihres Urteils in seiner Sache. Allein durch eine so weitgehende zuverlässige Unterrichtung des Angeklagten mag dessen verständliche Besorgnis, mittelbar werde letztlich seine Sache hinter verschlossenen Türen ohne seine Kenntnis mitverhandelt, ausgeräumt werden können. Ist die danach gebotene zuverlässige Unterrichtung unterblieben, dann wird es in der Regel eine einfühlbare Besorgnis bei dem Angeklagten sowohl dann hervorrufen, wenn sich aus den in der Hauptverhandlung auf Fragen erteilten Auskünften der Richter Anhaltspunkte dafür ergeben, daß dazu begründeter Anlaß besteht, wie auch dann, wenn sich die Richter auch auf Befragen in der Hauptverhandlung nicht dazu bereit finden, entsprechende Auskünfte zu erteilen, die geeignet sein könnten, seine Besorgnis zu beseitigen oder aber zu verstärken.

So war es hier. Die Antwort des Berichterstatters auf die Zusatzfrage 1 („Urkundenprozeß"; „Verfahren gegen Entlastungszeugen") bietet Anhaltspunkte für die Besorgnis, über die Beweislage sei – ohne Wissen des Beschwerdeführers – in einer Weise „verhandelt" worden, die sein Verteidigungsinteresse beeinträchtigen konnte. Der Beschwerdeführer war bei den „Verständigungsgesprächen" nicht nur nicht selbst anwesend. Auch seine Verteidiger waren nicht dabei und waren auch nicht etwa aufgefordert worden – ohne eigene Beteiligung an einer auf Ablegen eines Geständnisses ihres Mandanten gerichteten Erörterung –, solche Gespräche als Zuhörer begleitend zu „kontrollieren"; auch eine Unterrichtung durch das Gericht war nicht erfolgt. Unter diesen Umständen kann die Weigerung beider Richter, sich zu der Zusatzfrage 3 überhaupt zu äußern, nicht nur den Verdacht erwecken, die abgelehnten Richter hätten sich in unzulässiger Weise „auf einen ‚Vergleich' im Gewande des Urteils, auf einen ‚Handel' mit der Gerechtigkeit" (vgl. BVerfG a.a.O.) eingelassen. Im Zusammenhang mit dem bezeichneten Mangel zuverlässiger Unterrichtung kann sie auch, worauf es hier allein ankommt, bei einem verständigen Angeklagten die Besorgnis begründen, er selbst sei durch feste, die Beweiswürdigung berührende Absprachen, die es den Richtern nicht mehr erlaubten, seine Sache in innerer Unabhängigkeit davon zu beurteilen, mittelbar zum „Objekt des Verfahrens" im Sinne der bezeichneten Entscheidung des Bundesverfassungsgerichts geworden.

Nach allem ist die auf eine Verletzung des § 338 Nr. 3 StPO gestützte Revision begründet (vgl. auch das Senatsurteil BGHR StPO § 24 Abs. 2 Befangenheit 1).

Zur verfahrensrechtlichen Seite der Behandlung des Ablehnungsgesuchs durch die abgelehnten Richter ist zu bemerken: § 26 a StPO läßt nur die Entscheidung über die Ablehnung eines Richters als unzulässig zu und sieht nur für eine solche Entscheidung die Mitwirkung des abgelehnten Richters vor. Die Verwerfung einzelner von mehreren Ablehnungsgründen als unzulässig ist ebenso ausgeschlossen wie im Rahmen des § 346 Abs. 1 StPO die Verwerfung einzelner Revisionsgründe. Das von der Kammer hier eingeschlagene Verfahren, mit dem sie einen Teil des Vorbringens, auf den das Gesuch gestützt ist, wegen vermeintlich unvollkommenen und nicht glaubhaft gemachten Vortrags ausschied, birgt die Gefahr, daß abgelehnte Richter, ohne zur Entscheidung über das Ablehnungsgesuch überhaupt berufen zu sein, auch die sachliche Überprüfung ihres eigenen Verhaltens den im Gesetz dafür vorgesehenen Richtern entziehen. So hatte die Teilentscheidung durch die abgelehnten Richter am 7. 5. 1987 zur Folge, daß die Strafkammer in der Besetzung, in der sie am 13. 5. 1987 über die Begründetheit im übrigen entschied, nicht nur keinen Anlaß sah, den als unzulässig erledigten Teil des Ablehnungsvorbringens auf seine Rechtzeitigkeit im einzelnen zu untersuchen, sondern daß sie es abgelehnt hat, ihn auf seine Begründetheit zu überprüfen.

12. Erfolgreiche Richterablehnung wegen Zurücknahme der Bestellung als Pflichtverteidiger aus sachfremden Erwägungen.

StPO §§ 24 II, 338 Nr. 3 – BGH Urt. v. 31. 1. 1990 – 2 StR 449/89 LG Köln (= NJW 1991, 1373 = StV 1990, 241 = NStZ 1990, 289)

Die Revision rügt, daß bei dem Urteil ein Vorsitzender Richter mitgewirkt hat, nachdem dieser von dem Angeklagten wegen Besorgnis der Befangenheit abgelehnt und das Ablehnungsgesuch zu Unrecht verworfen worden war.

Sachverhalt: Die Staatsanwaltschaft hatte im vorliegenden Falle Anklage zum Amtsgericht-Schöffengericht Köln erhoben. Dort war dem Angeklagten auf seinen Wunsch hin sein bisheriger Wahlverteidiger Rechtsanwalt Dr. B. aus Köln am 6. 5. 1988 als Pflichtverteidiger beigeordnet worden. Nach mehrfacher Verhandlung hatte das Amtsgericht Köln mit Beschluß vom 10. 3. 1989 die Sache gemäß § 270 StPO an das Landgericht Köln verwiesen, wo es am 21. 3. 1989 bei der zuständigen 8. großen Strafkammer einging. Am 28. 3. 1989 hob der Vorsitzende dieser Strafkammer die Bestellung von Rechtsanwalt Dr. B zum Verteidiger auf, da der bestellte Verteidiger weder die Gewähr sachgerechter Verteidigung noch die eines ordnungsgemäßen Ablaufs der Hauptverhandlung biete. ...

Das OLG Köln hat mit Beschluß vom 25. 4. 1989 der Beschwerde des Angeklagten stattgegeben und dabei im wesentlichen ausgeführt, daß die Abberufung des Verteidigers selbst dann unzulässig wäre, wenn die gegen ihn erhobenen Vorwürfe zuträfen.

Der Angeklagte lehnte nunmehr den Vorsitzenden wegen Besorgnis der Befangenheit ab, weil sowohl die Aufhebung der Bestellung zum Pflichtverteidiger als auch die Behandlung der Beschwerde (Nichtabhilfe) grob fehlerhaft und darauf angelegt gewesen seien, einen dem Vorsitzenden nicht genehmen Verteidiger auszuschließen. – Das Rechtsmittel hatte Erfolg.

Gründe: Das angefochtene Urteil muß aufgehoben werden, weil der absolute Revisionsgrund des § 338 Nr. 3 StPO gegeben ist.

Die Ablehnung des Vorsitzenden der Strafkammer wegen Besorgnis der Befangenheit war berechtigt. Durch die Art und Weise seines Vorgehens, wie durch die Erwägungen, auf die er den Widerruf der Pflichtverteidigerbestellung stützte, gab er dem Angeklagten hinlänglichen Grund zu der Annahme mangelnder Unvoreingenommenheit.

a) Der Widerruf der Bestellung eines Pflichtverteidigers, der das Vertrauen des Beschuldigte besitzt, berührt die Verteidigungsbelange auf das stärkste. Es versteht sich von selbst, daß dem Verteidiger und seinem Mandanten grundsätzlich rechtliches Gehör gewährt werden muß, bevor die Widerrufsverfügung ergeht. Der Vorsitzende des Tatgerichts hat sich über diesen Grundsatz hinweggesetzt. Billigenswerte Gründe für sein Verhalten sind nicht zu ersehen.

b) Ein rasches Hinwegsetzen des abgelehnten Richters über die Verteidigungsinteressen wird auch in der Nichtabhilfeentscheidung vom 4. 4. 1989 erkennbar. Er unterließ die gebotene Auseinandersetzung mit dem gewichtigen Beschwerdevorbringen. Was er ins Feld führte – die Beschwerde sei unzulässig und prozessual überholt – konnte Anlaß zu der Folgerung geben, daß er aus sachfremden Erwägungen eine sachliche Prüfung verweigere.

c) Der Widerruf der Bestellung eines Pflichtverteidigers setzt einen wichtigen Grund voraus. Es müssen Umstände vorliegen, die den Zweck der Pflichtverteidigung ernsthaft gefährden. Der Zweck besteht darin, dem Beschuldigten einen geeigneten Beistand zu sichern und einen geordneten Verfahrensablauf zu gewährleisten (BVerfGE 39, 238, 244). Die Gründe, die der Vorsitzende der Strafkammer in seiner Widerrufsverfügung anführte, hatten keinen Bezug zum Verteidigungsinteresse und rechtfertigen es nicht, einen geordneten Verfahrensablauf in dieser Sache in Frage zu stellen. Sie mußten den Eindruck erwecken, daß es sich um vorgeschobene Gründe handele, die vorgebracht wurden, um einen mißliebigen, weil unbequemen Verteidiger aus dem Verfahren entfernen zu können.

13. Entbindung des Pflichtverteidigers wegen angeblich nicht vorschriftsmäßiger Kleidung kann Befangenheitsgrund sein.
StPO §§ 24, 338 Nr. 3 – BGH Beschl. v. 9. 8. 1988 – 4 StR 222/88 LG Frankenthal (= StV 1988, 417 = NStZ 1988, 510)

Die Revision rügt, bei dem Urteil habe ein Richter mitgewirkt, nachdem er wegen Besorgnis der Befangenheit abgelehnt war und das Ablehnungsgesuch zu Unrecht verworfen worden sei.

Sachverhalt: Der Vorsitzende der Strafkammer hatte zu Beginn der Verhandlung beanstandet, daß der Pflichtverteidiger des Angeklagten einen dunklen Pullover unter der Robe trug und nicht erkennbar war, „ob darunter ein Langbinder getragen wurde". Nachdem der Verteidiger die Aufforderung des Vorsitzenden, gemäß der Kleiderordnung aufzutreten und zu zeigen, ob er einen weißen Langbinder trage", abgelehnt hatte, entband der Vorsitzende den Verteidiger von der Pflichtverteidigung und setzte die Hauptverhandlung aus.

Noch am gleichen Tage lehnte der Verteidiger im Auftrag des Angeklagten den Vorsitzenden wegen Besorgnis der Befangenheit ab und führte u.a. aus, „das Verfahren des Vorsitzenden (gebe) jedem vernünftigen Angeklagten den Eindruck, der Vorsitzende lebe in Feindschaft zum Verteidiger", und jeder vernünftige Angeklagte müsse, „wenn er gezwungen ist, aus der Haft vorgeführt, derartige Verhaltensweisen eines Strafkammervorsitzenden mit zu erleben, davon ausgehen, daß dieser Strafkammervorsitzende nicht mehr in der Lage ist, ihm gegenüber vorurteilslos und unbefangen zu urteilen, es sei denn, um den evtl. Preis eines Verteidigerwechsels".

Die Strafkammer lehnte den Befangenheitsantrag ohne Mitwirkung des abgelehnten Richters unter Beteiligung eines anderen Richters als unbegründet ab, „da der Hinweis des Vorsitzenden auf die ... Amtstracht bei den Gerichten keinem am Verfahren Beteiligten bei vernünftiger Würdigung aller Umstände Anlaß gibt, an der Unvoreingenommenheit und objektiven Einstellung des Vorsitzenden zu zweifeln. – Das Rechtsmittel hatte Erfolg.

Gründe: Die Strafkammer hat den Ablehnungsantrag zu Unrecht verworfen. Der Senat hat die im Ablehnungsantrag enthaltene Begründung nach Beschwerdegrundsätzen zu würdigen (BGHSt. 23, 265 ff. [BGH Urt. v. 26. 5. 1970 – 1 StR 132/70; vgl. § 338 Nr. 3 StPO erfolglose Rügen]). Diese Überprüfung führt zu dem Ergebnis, daß der Angeklagte Anlaß hatte, an der Unparteilichkeit des Vorsitzenden zu zweifeln. Dabei konnte der Grund hierfür nicht – wie die Strafkammer angenommen hat – in dem Hinweis des Vorsitzenden auf die Amtstracht der Rechtsanwälte liegen. Vielmehr leitete sich diese Besorgnis daraus her, daß der Vorsitzende – worauf die Strafkammer in ihrem Beschluß nicht eingeht – die seiner Ansicht nach unvorschriftsmäßige Kleidung des Verteidigers zum Anlaß genommen hatte, den Verteidiger von der Verteidigung zu entbinden. Eine unvorschriftsmäßige Kleidung des Verteidigers (vgl. aber Nr. 2.1 S. 3 der Verwaltungsvorschrift über die Amtstracht bei den Gerichten des Ministeriums der Justiz v. 3. 9. 1981, Justizbl. Rheinland-Pfalz 1981, S. 221, wonach Rechtsanwälte „entsprechende Kleidungsstücke in unauffälliger Farbe tragen" können) hätte jedoch höchstens Veranlassung zu einer Mitteilung des Vorsitzenden an die Rechtsanwaltskammer geben können; ein Grund für eine Zurücknahme der Verteidigerbestellung konnte darin nicht gefunden werden, weil der ordnungsgemäße Verfahrensablauf hierdurch nicht gefährdet war (Beschl. des OLG Zweibrücken, NStZ 1988, 544 = StV 1988, 142).

Durch dieses Verhalten des Vorsitzenden wurde dem unter einem schweren Vorwurf stehenden, seit mehreren Monaten in Untersuchungshaft befindlichen Angeklagten wegen (möglicher) Nichteinhaltung der Kleiderordnung eines Rechtsanwalts der Verteidiger seines Vertrauens entzogen. Das konnte in dem Angeklagten, für den in diesem Verfahren viel auf dem Spiel stand, die Befürchtung aufkommen lassen, der Vorsitzende werde die Interessen des Angeklagten auch sonst nicht ausreichend berücksichtigen (vgl. BGH StV 1988, 281, 282 [BGH Urt. v. 9. 3. 1988 – 3 StR 567/87; vgl. § 338 Nr. 3 StPO erfolgreiche Rügen]). Die Frage der Begründetheit des Ablehnungsantrags ist vom Standpunkt des Ablehnenden aus zu beurteilen; ob der Richter tatsächlich befangen ist, spielt keine Rolle (BGHSt. 24, 336, 338 [BGH Beschl. v. 27. 4. 1972 – 4 StR 149/72; vgl. § 338 Nr. 3 StPO erfolgreiche Rügen]). Hier konnte aber auch ein vernünftig denkender Angeklagter die begründete Besorgnis hegen, der Vorsitzende sei ihm gegenüber nicht unbefangen und geneigt, auf ein nicht genehmes Verhalten des Angeklagten oder seines Verteidigers in einer seiner Sache nachteiligen Weise zu reagieren. Der Angeklagte hatte somit Grund zu der Annahme, der abgelehnte Richter nehme ihm gegenüber eine innere Haltung ein, die dessen Unparteilichkeit und Unvoreingenommenheit störend beeinflussen könne (BGHSt. 21, 334, 341 [BGH Urt. v. 10. 11. 1967 – 4 StR 512/66; vgl. §§ 68a, 338 Nr. 3 StPO erfolglose Rügen]; BGH StV 1985, 2 [BGH Beschl. v. 4. 10. 1984 – 4 StR 429/84; vgl. § 338 Nr. 3 StPO erfolgreiche Rügen]).

Da der Ablehnungsantrag somit zu Unrecht verworfen worden ist, liegt ein absoluter Revisionsgrund (§ 338 Nr. 3 StPO) vor, der zur Aufhebung des Urteils zwingt.

14. Unmutsäußerungen des Vorsitzenden nach Stellung von Beweisanträgen als Befangenheitsgrund.

StPO §§ 24, 338 Nr. 3 – BGH Urt. v. 9. 3. 1988 – 3 StR 567/87 LG Lübeck (= StV 1988, 281 = NStZ 1988, 372)

Die Revision rügt, das Landgericht habe einen Befangenheitsantrag des Angeklagten gegen den Vorsitzenden wegen dessen abträglicher Äußerungen zu seinem Verteidigungsverhalten zu Unrecht verworfen.

Sachverhalt: Der Vorsitzende war davon ausgegangen – und glaubte mangels vorheriger Hinweise auf zu erwartende Beweisanträge auch, davon ausgehen zu können, – daß die Beweisaufnahme am ersten Verhandlungstag abgeschlossen werden könne, und war darüber verärgert, daß die Verteidigung am Nachmittag dieses Tages, für ihn unerwartet, eine ganze Reihe von Beweisanträgen stellte, wodurch eine Fortsetzung der Beweisaufnahme an weiteren Verhandlungstagen unerläßlich wurde. Der Vorsitzende äußerte sich, unmittelbar nachdem ein Verteidiger des Angeklagten die Beweisanträge angebracht hatte, diesem gegenüber:

„Sie machen die Kammer nicht fertig, wir haben den längeren Arm."

Der Vorsitzende hat in seiner dienstlichen Erklärung den ersten Teil dieser Äußerung eingeräumt und den zweiten nicht angesprochen. Der Staatsanwalt hat die Abgabe einer solchen Erklärung für möglich gehalten und der Verteidiger des Mitangeklagten hat sie in vollem Umfang bestätigt, auch die im selben Zusammenhang der Beweisantragsstellung an den Verteidiger gerichteten Fragen: „Meinen Sie, daß Sie im Interesse Ihres Mandanten handeln?" und „Sie müssen ja wissen, wie Sie Ihren Mandanten verteidigen, Sie werden schon sehen, was Sie davon haben". – Das Rechtsmittel hatte Erfolg.

Gründe: ... Die Gründe, mit denen die Strafkammer in ihrem Beschluß v. 16. 7. 1987 das Ablehnungsgesuch verworfen hat, tragen diese Entscheidung nicht. Der Senat kann die Auffassung der Kammer nicht teilen, der Befangenheitsantrag sei insoweit wegen Verspätung unzulässig, als er sich auf Gründe stützt, die sich aus der Hauptverhandlung ergeben haben. Diese Äußerungen des Vorsitzenden können hier verfahrensrechtlich nicht losgelöst von den nach Schluß der Hauptverhandlung gefallenen behandelt werden. Hat sich der Eindruck des Angeklagten von einer Befangenheit des Vorsitzenden, wie die Revision glaubhaft vorträgt, durch die späteren Äußerungen des Vorsitzenden verstärkt und stützte sich seine Auffassung von einer Voreingenommenheit des Vorsitzenden auf den zusammengefaßten Bedeutungsgehalt aller vom Angeklagten beanstandeten Äußerungen, dann kann das Ablehnungsgesuch nicht lediglich insoweit als rechtzeitig angebracht bewertet werden, als es mit den am Nachmittag des ersten Verhandlungstags gefallenen Äußerungen des Vors. belegt ist. ...

Die Äußerungen, die der Vorsitzende unmittelbar nachdem ein Verteidiger des Angeklagten die Beweisanträge angebracht hatte, diesem gegenüber machte, können auch in einem besonnenen Angeklagten die Befürchtung wecken, dieser Richter sei ihm gegenüber nicht mehr unbefangen und sei geneigt, auf das prozessuale Vorgehen seines Verteidigers ihm, dem Angeklagten, gegenüber in einer seiner Sache nachteiligen Weise zu reagieren. Das gilt namentlich für die gegenüber dem Verteidiger gemachte Äußerung des Vors.:

„Sie machen die Kammer nicht fertig, wir haben den längeren Arm." Der Senat muß davon ausgehen, daß der Vorsitzende sich, wenn nicht wörtlich, so doch sinngemäß, so geäußert hat, nachdem dieser in seiner dienstlichen Erklärung den ersten Teil dieser Äußerung einräumt und den zweiten nicht anspricht, während der Staatsanwalt die Abgabe einer solchen Erklärung für möglich hält und der Verteidiger des Mitangeklagten sie in vollem Umfang bestätigt. Auch die im selben Zusammenhang der Beweisantragsstellung an den Verteidiger gerichteten Fragen: „Meinen Sie, daß Sie im Interesse Ihres Mandanten handeln?" und „Sie müssen ja wissen, wie Sie Ihren Mandanten verteidigen, Sie werden schon sehen, was Sie davon haben", können von einem Angeklagten dahin verstanden werden, der Vorsitzende beziehe ihn in seinen Ärger ein und kündige nachteilige Folgen für ihn an. Das könnte anders sein, wenn sich aus dem Gesamtzusammenhang, in dem die Äußerungen gefallen sind, ergäbe, daß der Vors. die Beweisanträge nach ihrem Inhalt insofern als für den Angeklagten nachteilig angesehen habe, als das zu erwartende oder für möglich gehaltene Ergebnis einer entsprechenden Beweisaufnahme zu für den Angeklagten belastenden Ergebnissen führen werde. Anhaltspunkte dafür, daß aus den bezeichneten Äußerungen – für den Angeklagten erkennbar – in diesem Sinne ein Bedürfnis des Vors. nach Fürsorge für den Angeklagten gegenüber einem dessen Interessen mißverstehenden und sie verletzenden Verteidiger spreche, sind aber nicht zu sehen. Namentlich der abgelehnte Richter selbst beruft sich auf eine solche Erwägung nicht. Das gilt auch für die nach Unterbrechung der Hauptverhandlung im Gespräch mit dem Verteidiger – jedenfalls sinngemäß – geäußerte Meinung des Vorsitzenden: „Der Schuß geht nach hinten los, aber Sie werden schon wissen, wie Sie Ihren Mandanten beraten", die im Sinne einer für den Angeklagten nachteiligen Vorwegnahme der Beweiswürdigung vor Erhebung der beantragten Beweise verstanden werden kann. Die im selben Zusammenhang, jedenfalls sinngemäß, gemachte Äußerung: „Was glauben Sie, was wir zu tun haben, wir haben noch mehr Arbeit" bringt den Unmut des Vorsitzenden in einer Weise zum Ausdruck, daß – jedenfalls im Zusammenhang mit den anderen Äußerungen – auch ein besonnener Angeklagter zu der Annahme kommen kann, der Vorsitzende ziehe eine schnelle Prozeßerledigung einer sachgemäßen Aufklärung der Sache vor und nehme eine seine Vorstellung von dem Prozeßablauf störende Stellung von Beweisanträgen „übel". Der Umstand, daß die Strafkammer unter Mitwirkung des Vorsitzenden inzwischen bereits beschlossen hatte, dem anscheinend überwiegenden Teil der Beweisanträge stattzugeben, was dazu führte, daß die Hauptverhandlung sich noch über drei weitere Tage hinzog, ist nicht geeignet, den Äußerungen des Vors. ihre die Befürchtung der Befangenheit begründende Bedeutung zu nehmen. So wenig wie die rechtsirrige Ablehnung begründeter Beweisanträge allein die Besorgnis der Befangenheit begründet, so wenig entfällt eine durch grob unsachliche Äußerungen des Richters hervorgerufene Besorgnis einer Voreingenommenheit des Richters dadurch, daß er sich, wenn auch widerstrebend, der gesetzlichen Anordnung beugt, eine beantragte Beweisaufnahme vorzunehmen. Der Umstand, daß ein Richter sich zu derart massiven Unmutsäußerungen hinreißen läßt, obgleich der Verteidiger lediglich von einem prozessualen Recht Gebrauch machte, kann einen Angeklagten befürchten lassen, einem Richter gegenüberzustehen, bei dem der Zwang zur Einhaltung der Prozeßordnung eine unsachliche Einstellung bewirkt. Äußerungen solcher Art aus dem Munde eines beruflich überlasteten Richters mögen menschlich verständlich sein. Daran, daß ein Angeklagter, für den in einem Strafverfahren sehr viel auf dem Spiel steht, ein solches Verständnis nicht aufbringt und die Befürchtung hegen kann, er könne das Opfer eines seine Interessen nicht ausreichend berücksichtigenden Erledigungsdrangs des Richters werden, ändert sich dadurch nichts. – Nach allem kann der Revision des Angeklagten der Erfolg nicht versagt bleiben.

15. Ein Richter, der während eines Umfangsverfahrens mit einem der Angeklagten Tennis spielt und sich über die Prozeßsituation der übrigen Mitangeklagten unterhält, kann von diesen abgelehnt werden.

StPO §§ 24, 338 Nr. 3 – BGH Beschl. v. 14. 5. 1986 – 2 StR 854/84 LG Köln (= StV 1986, 369 = NStZ 1986, 518)

Die Revision rügt, an dem Verfahren habe ein Richter (weiter) mitgewirkt, der von den Angeklagten und von der Staatsanwaltschaft wegen Besorgnis der Befangenheit abgelehnt worden war. Das Landgericht habe diese Ablehnungsgesuche zu Unrecht verworfen.

Sachverhalt: Der abgelehnte Richter hatte – nach etwa zweijähriger Verhandlungsdauer – mit dem Angeklagten H. Tennis gespielt und sich danach mit ihm im Restaurant der Tennisanlage längere Zeit über das anhängige Verfahren unterhalten. Über den Inhalt des Gesprächs hatte lediglich der Angeklagte H. einen Vermerk angefertigt. Etwa ein halbes Jahr später erfuhren die Mitangeklagten A. und B. von diesem Gespräch und dem Vermerk. Hiernach soll der Richter unter anderem erklärt haben, die Lage des Angeklagten A. sei doch wohl sehr schlimm, sie sei eindeutig. 1982 sei das Jahr der Entscheidungen, sie müßten etwas tun, denn je länger ein Verfahren dauere, um so mehr würde auch die Öffentlichkeit eine Verurteilung verlangen. Diese Verurteilung wäre auch sehr hoch. In erster Linie wurde damals aber über die gegen den Angeklagten H. erhobenen Anklagevorwürfe gesprochen, wobei der Richter dem Angeklagten empfahl, sich zur Sache einzulassen und Beweisanträge zu stellen. Der abgelehnte Richter hat in seiner späteren dienstlichen Stellungnahme die Richtigkeit des Vermerks weitgehend bestätigt, allerdings die Äußerungen über die „Lage" des Angeklagten A. bestritten. – Das Rechtsmittel hatte Erfolg.

Gründe: Vieles spricht dafür, daß der Richter jedenfalls von den Angeklagten A. und B. zu Recht wegen Besorgnis der Befangenheit abgelehnt worden ist. Es ist bereits ungewöhnlich, daß ein Richter mit einem Angeklagten Tennis spielt und ein Restaurant aufsucht, über den er in einem mehrere Jahre andauernden Verfahren zu urteilen hat. Erhebliche Bedenken bestehen gegen ein derartiges Verhalten jedenfalls dann, wenn sich der Richter in einer solchen persönlichen Atmosphäre mit dem Angeklagten eingehend über das schwebende Verfahren unterhält und ihm dabei Ratschläge erteilt.

Ob Mitangeklagte aus einem solchen Verhalten eine Besorgnis der Befangenheit ableiten können, hängt von den Umständen des Einzelfalles ab, unter anderem davon, ob sie Grund zu der Annahme hatten, das private Gespräch könne sich zu ihren Ungunsten auswirken. Dabei ist auch bedeutsam, ob die Angeklagten unterschiedliche Verteidigungspositionen aufgebaut hatten. Kann der Inhalt eines derartigen Gesprächs nicht mehr genau rekonstruiert werden, ist die Besorgnis der Befangenheit schon dann begründet, wenn die unbestrittenen Teile den Verdacht aufkommen lassen, der Richter bevorzuge seinen Gesprächspartner gegenüber den anderen Angeklagten.

Daß der Angeklagte A. den Richter zu Recht wegen Besorgnis der Befangenheit abgelehnt hätte, falls dieser in dem Gespräch die Lage dieses Angeklagten tatsächlich als „sehr schlimm und eindeutig" bezeichnet haben sollte, bedarf keiner weiteren Erörterung. In diesem Falle wäre auch das Befangenheitsgesuch des Angeklagten H. gerechtfertigt, soweit es sich darauf stützt, der Richter bezichtigte ihn, den Sachverhalt in dem genannten Vermerk falsch dargestellt zu haben. Dafür, daß der Vermerk des Angeklagten H. insgesamt zutreffend ist, spricht der Umstand, daß er sogleich nach dem Gespräch mit dem Richter angefertigt wurde. Da dieser ihm sehr wohlwollend gegenübergetreten war, hatte er damals nach dem Gespräch auch keinen Grund, ihm Äußerungen zuzuschreiben, die den Richter, falls sie den anderen Angeklagten bekannt wurden, nach einer Befangenheitsrüge von der weiteren Mitwirkung am Verfahren ausschließen mußten. Etwas anderes könnte nur gelten, wenn H. auf diese Weise Vorbereitungen treffen wollte, den Richter im Falle einer ungünstigen Entwicklung des Verfahrens abzulehnen und den Erlaß eines Urteils vor Eintritt der Verfolgungsverjährung zu verhindern. Gegen ein solches Motiv spricht allerdings der Umstand, daß zu dieser Zeit (Ende 1981) noch ein Ergänzungsrichter zur Verfügung stand, mit dem – aus der Sicht des Angeklagten – der Prozeß dann hätte weitergeführt werden können.

Die Frage, ob alle Angeklagten, oder nur A. und B. Grund zum Mißtrauen gegen die Unparteilichkeit des abgelehnten Richters hatten, muß hier jedoch nicht abschließend entschieden werden, denn eine andere, von allen Angeklagten erhobene Verfahrensrüge ist zweifelsfrei begründet und führt zur Aufhebung des Urteils.

16. Ungerechtfertigte Beschneidung des Fragerechts des Angeklagten als Befangenheitsgrund.

StPO §§ 24, 338 Nr. 3 – BGH Beschl. v. 4. 10. 1984 – 4 StR 429/84 LG Kaiserslautern (= StV 1985, 2 = NStZ 1985, 205)

Die Revision rügt, bei dem Urteil habe ein Richter mitgewirkt, nachdem er wegen Besorgnis der Befangenheit abgelehnt war und das Ablehnungsgesuch zu Unrecht verworfen worden sei. Die Revision bringt vor, der Vorsitzende habe dem Angeklagten, als dieser am zweiten Verhandlungstag nach der Vernehmung des Zeugen K. verlangt habe, diesem eine Frage stellen zu dürfen, dies mit der Begründung untersagt, solange der Angeklagte keine Angaben zur Sache mache, könne er auch keine Fragen an den Zeugen richten; ein Fragerecht habe er insoweit nicht. Erst nach einem heftigen Disput mit dem Angeklagten und nachdem sich dessen Verteidiger unter Hinweis auf die eindeutige Rechtslage nach der StPO in die Auseinandersetzung eingeschaltet habe, sei dem Angeklagten vom Vorsitzenden gestattet worden, die beabsichtigten Fragen über seinen Verteidiger zu stellen. Eine direkte Befragung von Zeugen durch den Angeklagten habe der Vorsitzende abgelehnt. Auf Gegenvorstellungen des Angeklagten und seines Verteidigers habe der Vors. seine Anordnung bestätigt und damit begründet, daß auf diese Art und Weise vom Verteidiger zuvor die Zweckmäßigkeit und Zulässigkeit der Fragen geprüft werden könne. Daraufhin habe der Angeklagte erbost den Sitzungssaal verlassen und dann, nach Rückkehr und Fortsetzung der Hauptverhandlung, den Vorsitzenden wegen Besorgnis der Befangenheit abgelehnt, weil ihm die Befragung des Zeugen K. verweigert worden und er ferner bei der Vernehmung der vorhergehenden Zeugen überhaupt nicht gefragt worden sei, ob er Fragen an diese Zeugen habe; außerdem sei ihm die Befragung des Zeugen K. mit einer „saudummen Begründung" versagt worden.

Sachverhalt: Nachdem dieser Ablehnungsantrag von der Strafkammer zunächst als unzulässig abgelehnt worden war, „weil er nicht glaubhaft gemacht" sei, hat der Angeklagte ihn erneut gestellt und sich zur Glaubhaftmachung auf die dienstliche Erklärung des abgelehnten Richters bezogen. Der daraufhin die Ablehnung für unbegründet erklärende Gerichtsbeschluß führt aus, die Behauptung des Angeklagten, der Vorsitzende habe ihm nach der Vernehmung früherer Zeugen nicht gestattet, sein Fragerecht auszuüben, sei unzutreffend. Auf die nach der Vernehmung der Zeugen an die Prozeßbeteiligten gerichtete Frage, ob noch Fragen gestellt werden, habe der Angeklagte ein entsprechendes Verlangen nicht geäußert. Hinsichtlich des Zeugen K. treffe es zu, daß der Vorsitzende dem Angeklagten entgegen § 240 Abs. 2 StPO ein Fragerecht nur über seinen Verteidiger eingeräumt habe. Der abgelehnte Richter habe mit dieser Äußerung jedoch nicht die Absicht verbunden, in die Entschlußfreiheit des Angeklagten einzugreifen, sondern lediglich den Zweck verfolgt, dem Verteidiger die Möglichkeit zu geben, die von dem Angeklagten zu stellenden Fragen vorab mit diesem zu besprechen. Soweit im Ablehnungsantrag darauf abgehoben werde, das Fragerecht sei verwehrt worden, weil der Angeklagte zur Sache noch keine Angaben gemacht habe, werde dieser Satz aus dem Gesamtzusammenhang mit den folgenden Äußerungen des Vorsitzenden herausgenommen, in denen klargestellt worden sei, daß dem Angeklagten ein Fragerecht nur über seinen Verteidiger zustehe. Auch aus der Sicht des Angeklagten habe daher diese Äußerung nicht dahin erstanden werden können, daß der Vorsitzende das Fragerecht des Angeklagten von seiner Einlassung zur Sache habe abhängig machen wollen.

Der Vorsitzende hat in seiner dienstlichen Erklärung angegeben, er habe dem Angeklagten das Recht zur Befragung des Zeugen K. nicht verweigert, sondern ihn lediglich aufgefordert, aus Zweckmäßigkeitsgründen die Fragen über seinen Verteidiger zu stellen. Der Sitzungsvertreter der Staatsanwaltschaft erklärte in seiner vom Senat eingeholten dienstlichen Äußerung, daß der Vorsitzende die Fragen des Angeklagten nur über den Verteidiger zugelassen und dies mit der Zweckmäßigkeit und der bisherigen Aussageverweigerung durch den Angeklagten begründet habe, dem Angeklagten also „letztlich" das Fragerecht nicht verweigert worden sei. Dem entsprechen im Ergebnis auch die dienstlichen Erklärungen der berufsrichterlichen Beisitzerinnen, die sich auf den im Ablehnungsbeschluß wiedergegebenen Sachhergang beziehen. – Das Rechtsmittel hatte Erfolg.

Gründe: ...

b) Es kann dahingestellt bleiben, ob – wie der Verteidiger in seiner Äußerung vorgetragen hat – der Vorsitzende das Fragerecht zunächst generell mit der Begründung abgeschnitten hat, solange der Angeklagte keine Angaben zur Sache mache, könne er auch keine Fragen an den Zeugen richten, oder ob er mit dieser und seiner weiteren Äußerung lediglich verlangt hat, die Fragen über den Verteidiger zu stellen. Nach § 240 Abs. 2 StPO hat der Vorsitzende dem Angeklagten zu gestatten, Fragen an Zeugen zu richten. Dieses Recht wurde dem Angeklagten vom Vorsitzenden dadurch unberechtigt beschränkt, daß er auf die indirekte Befragung über seinen Verteidiger verwiesen wurde, zumal keinerlei Anhalt für die Annahme bestand, daß der Angeklagte sein Fragerecht mißbräuchlich ausüben werde. Er hatte bis zu diesem Zeitpunkt noch keine einzige Frag gestellt. Es ist ferner nicht ersichtlich, daß etwa das Prozeßverhalten des Angeklagten im übrigen den Verdacht rechtfertigen konnte, er werde das Fragerecht in unzulässiger Form ausüben. Hinzu kommt im vorliegenden Fall vor allem, daß der Vorsitzende die Einschränkung des Fragerechts damit begründet hat, daß der Angeklagte keine Angaben zur Sache gemacht habe. Dies ergibt sich nicht nur aus der Versicherung des Verteidigers, sondern wird durch die dienstliche Äußerung des Sitzungsvertreters der Staatsanwaltschaft und – indirekt – durch die Begründung des Ablehnungsbeschlusses bestätigt. Der dadurch möglicherweise auf den Angeklagten ausgeübte Druck, auf sein Recht, keine Angaben zu machen, zu verzichten, stellte einen massiven Verstoß gegen einen fundamentalen Grundsatz des geltenden Strafverfahrensrechts (§ 136 Abs. 1 S. 2, § 243 Abs. 4 S. 1 StPO) dar, der im Angeklagten berechtigte Zweifel an der Unvoreingenommenheit des Vors. entstehen lassen konnte (vgl. BGH NJW 1959, 55). Dies gilt um so mehr, als der Vorsitzende auch an dem nachfolgenden Beschluß beteiligt war, durch den das Ablehnungsgesuch des Angeklagten in ebenfalls fehlerhafter

Weise zunächst als unzulässig, weil nicht glaubhaft gemacht, verworfen worden war. Die Strafkammer durfte bei der Entscheidung über die Begründetheit des Ablehnungsantrags diese Umstände nicht unberücksichtigt lassen und allein darauf abheben, daß letztlich der Angeklagte, wenn auch nur über seinen Verteidiger, Fragen an den Zeugen stellen konnte. Die mehrfachen teilweise schwerwiegenden Verstöße gegen das Verfahrensrecht durch den Vorsitzende konnten auch bei verständiger Würdigung der Sache im Angeklagten den Eindruck erwecken, der abgelehnte Richter nehme ihm gegenüber eine innere Haltung ein, die dessen Unparteilichkeit und Unvoreingenommenheit störend beeinflussen werde (vgl. BGHSt. 21, 334, 341 [BGH Urt. v. 10. 11. 1967 – 4 StR 512/66; vgl. §§ 68a, 338 Nr. 3 StPO erfolglose Rügen]), so daß er kein gerechtes Urteil mehr erwarten könne. Da das Ablehnungsgesuch mithin zu Unrecht verworfen worden ist, liegt ein absoluter Revisionsgrund (§ 338 Nr. 3 StPO) vor, der zur Aufhebung des Urteils zwingt.

17. Kuhhandel zwischen Gericht und Staatsanwaltschaft über Beweisantrag als Befangenheitsgrund.

StPO §§ 24, 338 Nr. 3 – BGH Urt. v. 5. 9. 1984 – 2 StR 347/84 LG Frankfurt/M. (= StV 1984, 449 = NStZ 1985, 36)

Die Revision rügt, ein Ablehnungsgesuch des Angeklagten gegen den Vorsitzenden Richter und einen Beisitzer wegen unzulässiger Absprachen mit dem Sitzungsvertreter der Staatsanwaltschaft sei zu Unrecht abgelehnt worden.

Sachverhalt: In der Hauptverhandlung vom 10. 11. 1983 beantragte der Angeklagte die Ladung und Vernehmung, hilfsweise die kommissarische Vernehmung des Zeugen „A. S.", zum Beweis dafür, daß er, der Angeklagte, sich ihm gegenüber lediglich zum Transport von 200 g Kokain bereiterklärt, der Zeuge dann aber ohne sein Wissen veranlaßt habe, daß ihm kurz vor Abflug der Maschine in Bogota zwei Flaschen à 1,75 l ausgehändigt worden seien, in denen sich ca. 1,5 kg aufgelöstes Kokain befunden hätten; er, der Angeklagte, hiervon aber nichts gewußt habe. Der Sitzungsvertreter der Staatsanwaltschaft schloß sich dem Antrag gegenbeweislich an. Am nächsten Sitzungstag (15. 11. 1983) nahm der Staatsanwalt seinen Gegenantrag zurück. Das Gericht lehnte in derselben Hauptverhandlung den vom Angeklagten gestellten Beweisantrag ab. Nach der Verkündung dieses Beschlusses fragte einer der Verteidiger den Strafkammervorsitzenden, ob das Gericht zwischen den beiden Terminstagen mit der Staatsanwaltschaft über die weitere Durchführung der Beweisaufnahme gesprochen habe und hierauf die Rücknahme des Gegenantrags zurückzuführen sei. Der Vorsitzende räumte ein solches Gespräch zwischen ihm, dem Berichterstatter sowie dem Sitzungsvertreter der Staatsanwaltschaft ein und erklärte, bei dieser Gelegenheit habe er dem Staatsanwalt gegenüber zum Ausdruck gebracht, der vom Angeklagten geschilderte Ablauf sei im Falle eines Transports von Kokain durch einen Kurier sehr gut vorstellbar, und den Staatsanwalt gefragt, ob er seinen Gegenantrag nicht zurücknehmen wolle. Nach dieser Erläuterung bat der Vorsitzende den Berichterstatter um Bestätigung der Richtigkeit seiner Wiedergabe. Dieser äußerte, er gebe dazu keine Erklärung ab.

Nunmehr lehnte der Angeklagte den Vorsitzenden und den Berichterstatter wegen der Besorgnis der Befangenheit u.a. mit der Begründung ab, das Verhalten der beiden Richter müsse auch bei einem verständigen Angeklagten den Eindruck erwecken, daß sie sich unter Geheimhaltung gegenüber ihm und seinem Verteidiger, möglicherweise sogar gegenüber den übrigen Mitgliedern des erkennenden Gerichts, mit dem Sitzungsvertreter der Staatsanwaltschaft über den Fortgang der Beweisaufnahme, den möglichst baldigen Abschluß des Verfahrens und die (zumindest ungefähre) Höhe der zu verhängenden Strafe geeinigt hätten; er habe die begründete Befürchtung, die beiden Richter hätten sich der Strafwartung des Staatsanwalts gefügig gezeigt, wenn nicht sogar konkrete Zusagen gemacht und diesen dadurch zu der verfahrensverkürzenden Rücknahme seines Gegenantrags veranlaßt.

Der abgelehnte Vorsitzende gab in seiner dienstlichen Erklärung u.a. an, bei jener Unterredung sei der Staatsanwalt darauf hingewiesen worden, daß der Beweisantrag des Angeklagten möglicherweise zurückgewiesen werden könne, der staatsanwaltschaftliche Gegenantrag aber wegen seiner anderen Zielrichtung möglicherweise zu einer Vertagung der Sache führen müsse, weil eine Vernehmung des Zeugen nicht so schnell durchführbar sei.

Der abgelehnte Berichterstatter bezog sich in seiner Stellungnahme hinsichtlich der beanstandeten Unterredung auf die dienstliche Äußerung des Vorsitzenden.

Auch der Sitzungsvertreter der Staatsanwaltschaft gab eine dienstliche Erklärung ab. Sie hatte u.a. zum Inhalt, er sei am Ende der Hauptverhandlung vom 10. 11. 1983 davon ausgegangen, daß dem Beweisantrag, dem er sich gegenbeweislich angeschlossen habe, entsprochen werden müsse; am folgenden Tag habe der Strafkammer-Vorsitzende um ein Gespräch gebeten; in dessen Verlauf hätten die beiden Richter zu verstehen gegeben, daß es ihrer Auffassung nach der Vernehmung des Zeugen nicht bedürfe, da auf Grund der Einlassung des Angeklagten davon ausgegangen werden könne, daß er die Gesamtmenge des sichergestellten Kokains mit bedingtem Vorsatz transportiert habe; ferner hätten sie darauf hingewiesen, daß im Falle der Aufrechterhaltung des Gegenbeweisantrags die Hauptverhandlung gegebenenfalls vertagt werden müsse und es äußerst ungewiß sei, ob die Vernehmung des Zeugen, sofern er überhaupt erreichbar wäre, letztendlich der Wahrheitsfindung dienlich sein könne; unter Zugrundelegung dieser Gesichtspunkte hätten sie ihn gebeten, die Aufrechterhaltung des Gegenantrags zu überdenken; sie hätten bestätigt, daß bei dessen Rücknahme das Strafmaß nicht unterschritten werde, das er gelegentlich einer Besprechung mit den Berufsrichtern und den Verteidigern vor Beginn der Hauptverhandlung für den Fall eines Geständnisses durch den Angeklagten „in den Raum gestellt" habe. Diese Äußerung des Staatsanwalts bewirkte, daß der Strafkammervorsitzende eine zusätzliche, wesentlich ausführlichere dienstliche Erklärung abgab. In ihr erläuterte er, daß die Verteidiger bei dem Vorgespräch wissen wollten, mit welcher Strafe der Angeklagte im Falle eines Geständnisses rechnen müsse. Der Staatsanwalt habe damals gemeint, daß auch dann wegen der großen Menge des eingeführten Rauschmittels eine Freiheitsstrafe von mindestens sieben Jahren gerechtfertigt sei. Die Verteidiger hätten zunächst eine niedrigere Strafe für ausreichend erachtet. Der Berichterstatter habe „für die Kammer" zu verstehen gegeben, daß nach dem bisherigen Verfahrensstand auch im Falle eines Geständnisses eine Freiheitsstrafe von sieben Jahren nicht unterschritten werden könne. Einer der Verteidiger hätte am Ende des Gesprächs diese Strafe offensichtlich für angemessen gehalten, ohne dies allerdings ausdrücklich kundzutun. Bei der späteren Unterredung zwischen ihm, dem Berichterstatter und dem Staatsanwalt sei diesem gesagt worden, daß die von ihm damals geforderte Strafe von sieben Jahren nach dem derzeitigen Verfahrensstand weiterhin in Betracht käme. Der Berichterstatter ergänzte ebenfalls seine frühere dienstliche Erklärung und bezog sich dabei wiederum auf die des Vorsitzenden.

Die dienstlichen Erklärungen veranlaßten den Angeklagten zu weiteren Ausführungen. So brachte er vor, aus der dienstlichen Äußerung des Staatsanwalts ergebe sich, daß die (erste) dienstliche Stellungnahme des Vorsitzenden unrichtig und unvollständig gewesen sei, vor allem weil sie nichts über den wesentlichen Inhalt der beanstandeten Unterredung zwischen den beiden Richtern und dem Staatsanwalt enthalte; das Verschweigen der Zusicherung einer dessen Erwartung entsprechenden Strafe vertiefe den Eindruck, daß der Vorsitzende nicht in der Lage sei, unbefangen die weitere Hauptverhandlung zu leiten und sein Urteil zu bilden.

Das Landgericht hat das Ablehnungsgesuch als unbegründet zurückgewiesen. Es vertritt die Auffassung, aus der Sicht eines verständigen Angeklagten könne die Tatsache, daß zwischen den beiden abgelehnten Richtern und dem Vertreter der Staatsanwaltschaft ein Gespräch über eine mögliche Rücknahme des Gegenbeweisantrags geführt worden sei, nicht die Besorgnis der Befangenheit begründen; denn Folge der Rücknahme sollte die Unterstellung eines für den Angeklagten günstigen Tatbestandes sein; die Nichtbeteiligung der Verteidiger an dem Gespräch habe ihren Grund darin, daß es um einen Antrag der StA gegangen sei und nur diese über seine Rücknahme habe entscheiden können; da die zu erwartende Strafhöhe bereits Gegenstand eines früheren Gesprächs mit den Verteidigern gewesen sei, gehe das Landgericht davon aus, dem Angeklagten sei schon im Zeitpunkt der Abgabe seines Teilgeständnisses bekannt gewesen, daß die Strafkammer die von dem Staatsanwalt in den Raum gestellte Strafe nach dem damaligen Stand durchaus als erwägenswert angesehen habe; unter diesen Umständen könne er aus der Erklärung der beiden abgelehnten Richter, daß auch bei Rücknahme des Gegenbeweisantrags die vom Staatsanwalt erwartete Strafe weiterhin in Betracht komme, nicht die Besorgnis der Befangenheit der Richter ableiten; ebensowenig sei ein Grund für eine solche Befürchtung darin zu sehen, daß sie erst nach der dienstlichen Äußerung des Staatsanwalts weitere Erklärungen abgegeben hätten; denn eine Strafe von sieben Jahren sei seit der ersten Unterredung mit den Verteidigern im Gespräch gewesen; daß darüber nochmals mit dem Staatsanwalt gesprochen worden sei, hätte deshalb nicht ohne weiteres erwähnt werden müssen. – Das Rechtsmittel hatte Erfolg.

Gründe: Einem Richter ist zwar nicht verwehrt, zwecks Förderung des Verfahrens mit Prozeßbeteiligten auch außerhalb der Hauptverhandlung Fühlung aufzunehmen und sie zu einer bestimmten Prozeßhandlung anzuregen. Diese muß aber sachlich gerechtfertigt sein. Außerdem hat er die gebotene Zurückhaltung zu wahren, um jeden Anschein der Parteilichkeit zu vermeiden (BGH Beschl. v. 4. 5. 1977 – 3 StR 93/77 [vgl. § 338 Nr. 3 StPO erfolgreiche Rügen]). Unter beiden Gesichtspunkten bestehen erhebliche Bedenken gegen das außergewöhnliche Vorgehen der beiden abgelehnten Richter. Obwohl auch nach ihrer Überzeugung kein Ablehnungsgrund für den Gegenantrag des Staatsanwalts bestand, wirkten sie auf den Sitzungsvertreter dahin ein, daß er ihn zurücknahm. Dabei bedienten sie sich eines unzulässigen Mittels, indem sie ihm Zusagen bezüglich der Strafbemessung machten. Das erscheint um so schwerwiegender, als die Beweisaufnahme noch nicht abgeschlossen war und die beiden Richter nicht über die Strafvorstellungen der anderen Gerichtsmitglieder entscheiden konnten. Diese – ohne Wissen des Angeklagten und seiner Verteidiger geführten – Verhandlungen hatten zum Ziel, das Hindernis zu beseitigen, das nach Meinung der beiden Richter einer Zurückweisung des vom Angeklagten gestellten Beweisantrags entgegenstand. Die dargelegten Vorwürfe des Angeklagten sind somit berechtigt. Dem Fehlverhalten der beiden Richter kommt ein solches Gewicht zu, daß auch bei verständiger Würdigung der hier zu berücksichtigenden Umstände der Angeklagte besorgen konnte, diese Richter seien ihm gegenüber nicht mehr unvoreingenommen. Das Ablehnungsgesuch war daher begründet.

18. Besorgnis der Befangenheit, wenn sich der Vorsitzende weigert, über den Inhalt eines längeren Gesprächs mit dem Sitzungsstaatsanwalt außerhalb der Hauptverhandlung im Anschluß an diese Auskunft zu geben.

StPO §§ 24, 338 Nr. 3 – BGH Urt. v. 21. 3. 1984 – 2 StR 634/83 LG Darmstadt (= StV 1984, 318 = NStZ 1984, 371)

Die Revisionen rügen, das Gericht habe einen Befangenheitsantrag gegen den Vorsitzenden zu Unrecht abgelehnt.

Sachverhalt: Am achten Sitzungstag (25. 2. 1983) dauerte die Hauptverhandlung nur bis 9.10 Uhr. Sie wurde zudem durch eine Pause (von 8.40 bis 8.55 Uhr) unterbrochen. Nach dieser Pause fragte der Verteidiger des Angeklagten S. den Vorsitzenden, ob es zutreffe, daß unmittelbar im Anschluß an die Hauptverhandlung vom 23. 2. 1983 der sachbearbeitende Staatsanwalt H. und der Wirtschaftsreferent H. mit ihm, dem Vorsitzenden, in seinem Dienstzimmer von etwa 10.45 bis gegen 11.15 Uhr über das vorliegende Strafverfahren gesprochen hätten. Ferner bat er um Aufklärung, welchen Inhalt dieses Gespräch gehabt habe. Darauf äußerte der Vorsitzende, hierzu gebe er keine Erklärung ab. Nachdem dann kurz über den Antrag eines anderen Verteidigers verhandelt worden war, wurde die Sitzung um 9.10 Uhr beendet. Noch nicht zwei Stunden später reichten Verteidiger der beiden Angeklagten auf der Geschäftsstelle der Wirtschafts-Strafkammer ein Ablehnungsgesuch ein. Es richtete sich gegen den Vorsitzenden und war auf dessen erwähnte Äußerung gestützt. In der folgenden Sitzung vom 2. 3. 1983 verwarf die Wirtschafts-Strafkammer das Ablehnungsgesuch gem. § 26a Abs. 1 Nr. 1 StPO als unzulässig. Sie führte zur Begründung aus, die Ablehnung sei verspätet; die Gründe, welche die Angeklagten zur Ablehnung veranlaßt hätten, seien ihnen spätestens am 25. 2. 1983 bekannt geworden; sie hätten das Gesuch deshalb noch während der Hauptverhandlung an diesem Tag stellen müssen. – Das Rechtsmittel hatte Erfolg.

Gründe: Die Wirtschafts-Strafkammer hat das Ablehnungsgesuch zu Unrecht verworfen.

Es war nicht verspätet angebracht worden. Zwar muß die Ablehnung eines Richters nach Beginn der Vernehmung des Angeklagten zur Sache unverzüglich geltend gemacht werden (§ 25 Abs. 2 Nr. 2 StPO). Das bedeutet aber nicht, daß er keinen Anspruch auf vorherige Beratung mit seinem Verteidiger hat. Ihm ist eine ausreichende Möglichkeit einzuräumen, die Berechtigung seiner Bedenken gegen die Unvoreingenommenheit des betreffenden Richters mit seinem Verteidiger zu erörtern, damit er die Aussichten eines Ablehnungsgesuchs abschätzen kann. Welcher Zeitraum hierfür erforderlich ist, hängt von dem jeweiligen Einzelfall ab. Im vorliegenden Fall dauerte die Sitzung (vom 25. 2. 1983), nachdem sich der Vorsitzende in jenem Sinne geäußert hatte, nur noch wenige Minuten. Hinzu kommt, daß während dieser kurzen Zeit über ein anderes Thema verhandelt wurde. Unter diesen Umständen kann den Angeklagten nicht der Vorwurf gemacht werden, sie hätten die Antragstellung schuldhaft verzögert.

Ihr Ablehnungsgesuch war nicht nur zulässig, sondern auch begründet. Der Senat ist an der Prüfung der sachlichen Berechtigung des Ablehnungsgesuchs nicht dadurch gehindert, daß die Strafkammer zu dieser Frage keine Entscheidung getroffen hat, weil sie sich ihr nicht mehr gestellt hat. Dem Revisionsgericht kommt insoweit eine allgemeine sachliche Entscheidungsbefugnis zu. Es darf die im Ablehnungsgesuch enthaltene Begründung nach Beschwerdegrundsätzen würdigen (BGHSt. 23, 265 ff. [BGH Urt. v. 26. 5. 1970 – 1 StR 132/70; vgl. § 338 Nr. 3 StPO erfolglose Rügen]). Diese Überprüfung führt zu dem Ergebnis, daß die Angeklagten Anlaß hatten, an der Unparteilichkeit des Vorsitzenden zu zweifeln. Ausgelöst wurde ihre Besorgnis durch seine Weigerung, eine Erklärung zu jenen an ihn gerichteten Fragen abzugeben. Dieses Verhalten rechtfertigte ihre Überzeugung, daß die Unterredung zwischen den Genannten tatsächlich stattgefunden und das anhängige Strafverfahren betroffen hatte, zumal das Gespräch unmittelbar nach Beendigung der Hauptverhandlung gegen sie geführt worden war. Vor allem legte es die Annahme nahe, daß unzulässige Absprachen den Gegenstand der Unterredung gebildet hatten und daß deshalb der Vorsitzende keine Erklärung hierzu abgab, als er in der Sitzung vom 25. 2. 1983 danach gefragt wurde. Angesichts dieser Besonderheiten haben die Angeklagten den Vorsitzenden der Wirtschafts-Strafkammer berechtigterweise abgelehnt.

19. Warnung des Vorsitzenden an den Zeugen „entweder Sie sagen die Wahrheit oder halten die Klappe" und nicht mehr nachvollziehbare Rechtsauffassung der Richter als Befangenheitsgrund.

StPO §§ 24, 338 Nr. 3 – BGH Urt. v. 9. 12. 1983 – 2 StR 452/83 LG Frankfurt/M. (= NJW 1984, 1907 = StV 1984, 99 = MDR 1984, 335)

Die Revision rügt, daß das Gericht Befangenheitsanträge des Angeklagten sowohl gegen den Vorsitzenden Richter als auch gegen alle Richter der Strafkammer zu Unrecht abgelehnt habe.

Sachverhalt:

1. Der Angeklagte hat in der Hauptverhandlung v. 18. 6. 1980 RiLG S. wegen Besorgnis der Befangenheit abgelehnt und dieses Gesuch wie folgt begründet: Der Richter habe dem Zeugen K. Vorhaltungen wegen angeblicher Widersprüche zwischen seiner Aussage vor der Strafkammer und früheren polizeilichen Vernehmungen gemacht und dabei bemerkt, daß die jetzigen Bekundungen – im Gegensatz zu den früheren Angaben – auffallend der Entlastung des Angeklagten dienen würden; diese Vorhaltungen habe der Richter mit dem Hinweis abgeschlossen, daß der Zeuge die Wahrheit zu sagen habe, und wenn er das nicht wolle, solle er gefälligst „die Klappe halten"; aus dieser Äußerung, so meinte der Angeklagte gehe hervor, daß der Richter bereits vor Abschluß der Hauptverhandlung, insbesondere vor dem Ende der Vernehmung des Zeugen, der Meinung gewesen sei, dieser habe wahrheitswidrig zu seinen Gunsten ausgesagt; durch den Hinweis habe der Richter dem Zeugen, der auf ein mögliches Auskunftsverweigerungsrecht verzichtet oder dem ein solches nicht mehr zugestanden habe, nahegelegt, keine weiteren Bekundungen zu machen, die ihn, den Angeklagten, möglicherweise entlasten könnten.

Der abgelehnte Richter hat in seiner dienstlichen Äußerung u.a. erklärt, bei der Befragung des Zeugen K. durch den Verteidiger des Angeklagten K. sei seines Erachtens erneut ein erheblicher Widerspruch zu der betreffenden polizeilichen Vernehmung des Zeugen aufgetreten, und zwar bezüglich der Tatbeteiligung des Angeklagten K.; er habe den Zeugen darauf aufmerksam gemacht, daß er in seiner jetzigen Zeugeneigenschaft zu einer wahrheitsgemäßen Aussage verpflichtet sei, im Gegensatz zu seiner Rolle als Angeklagter in seinem Strafverfahren, das zur Verurteilung dieses Zeugen wegen des Diebstahls geführt habe; das Urteil sei noch nicht rechtskräftig gewesen; unter Anspielung auf das deshalb bestehende Auskunftsverweigerungsrecht habe er zu dem Zeugen gesagt, es sei „besser, die Klappe zu halten"; er habe diesen Ausdruck, den die Verteidiger der Angeklagten K. und M. als „unangebracht und der Würde des Gerichts nicht entsprechend" beanstandet hätten, gebraucht, weil ihm der Zeuge einfach strukturiert erschienen sei und in einigen Aussageteilen selbst eine derbe Umgangssprache verwandt habe; mit seinem Hinweis habe er – seines Erachtens für jeden verständigen Prozeßbeteiligten erkennbar – zum Ausdruck bringen wollen, daß für den Zeugen die Gefahr bestanden und diese sich nach dem erneuten Widerspruch noch verstärkt habe, wegen des Verdachts der Falschaussage strafrechtliche verfolgt zu werden.

Das Landgericht hat das Gesuch mit der Begründung zurückgewiesen, wenn ein Richter den Eindruck gewinne, daß der Zeuge möglicherweise in einzelnen Punkten die Unwahrheit sage, so sei er berechtigt und unter Umständen verpflichtet, ihm die diesbezüglichen Zweifel deutlich zu machen und ihn an seine Wahrheitspflicht zu erinnern; es sei auch sachgerecht gewesen, daß RiLG S. den Zeugen auf den Zusammenhang zwischen seiner Wahrheitspflicht und dem Recht zur Auskunftsverweigerung (§ 55 StPO) aufmerksam gemacht habe; soweit sich die beanstandete Äußerung auf den Angeklagten K. entlastende Bekundungen des Zeugen bezogen habe, könne aus ihr bei verständiger Betrachtungsweise nicht der Schluß hergeleitet werden, der abgelehnte Richter sei befangen und bereits vor Abschluß der Beweisaufnahme von der Schuld des Angeklagten K. überzeugt; auch die gebrauchten Formulierungen vermöchten eine solche Schlußfolgerung nicht zu tragen.

2. Ein weiteres gegen die Berufsrichter der erkennenden Strafkammer vorgebrachtes Ablehnungsgesuch wurde durch die Begründung ausgelöst, mit der das Landgericht den Beweisantrag des Angeklagten auf Vernehmung der Zeugin W. aus B. (Österreich) zurückgewiesen hatte. Vom Angeklagten war beantragt worden, die Zeugin zu laden und zu vernehmen bzw. ihre kommissarische Vernehmung zu veranlassen. Die Strafkammer hatte – ohne jeglichen Vorbehalt – die Vernehmung der Zeugin angeordnet. Der Vorsitzende hatte dann bei ihr angefragt, ob sie bereit sei, nach Frankfurt zu reisen, oder ob sie ihre Vernehmung durch das für ihren Wohnort zuständige Rechtshilfegericht wünsche. Nachdem von

ihr mitgeteilt worden war, daß sie nicht kommen könne und um ihre Vernehmung im Wege der Rechtshilfe bitte, hatte die Strafkammer den Beweisantrag mit der Begründung abgelehnt, eine Vernehmung der Zeugin vor dem ersuchten Richter in Österreich sei zur Wahrheitsforschung nicht ausreichend; wegen der Bedeutung ihrer Aussage komme es auf ihren persönlichen Eindruck an. In dem Ablehnungsgesuch wies der Angeklagte darauf hin, daß nach dem Europäischen Übereinkommen über die Rechtshilfe in Strafsachen sowie nach den österreichischen Gesetzesbestimmungen die Anwesenheit deutscher Richter bei der Vernehmung zulässig sei. Weiter legte er dar, wegen des Verschweigens dieser Möglichkeit in dem Beschluß befürchte er, die abgelehnten Richter seien gegen ihn in einem Vorurteil befangen, daß sie entweder wider besseres Wissen die Vernehmung der Zeugin zu sabotieren suchten, um die Möglichkeit eines wohl mit Konsequenzen für ihre Urteilsfindung versehenen Alibibeweises zu eliminieren, oder weil sie sich nicht mehr um die Realisierung von Entlastungsbeweisen bemühen wollten.

Auf dieses Ablehnungsgesuch erklärte der Strafkammervorsitzende, die Kammer wisse, daß nach dem Rechtshilfeübereinkommen die Anwesenheit deutscher Richter gestattet sei. Der Angeklagte erweiterte sein Ablehnungsgesuch nun auch auf diese Bemerkung. RiLG S. meinte in seiner dienstlichen Erklärung, die Verteidigung berücksichtige nicht die grundlegende Entscheidung BGHSt. 22, 118, 122 (BGH Urt. v. 8. 3. 1968 – 4 StR 615/67; vgl. § 251 StPO erfolglose Rügen). RA X. replizierte, dieses Urteil behandle die sich im vorliegenden Fall ergebende Frage nicht; das zeige, daß die abgelehnten Richter sich vor für den Angeklagten negativen Beschlußfassungen noch nicht einmal genügend mit der Rspr. befäßten, auf die sie sich berufen würden; auch aus diesem Grund lehne er sie ab.

In dem die Ablehnungsgesuche verwerfenden Beschluß wird die Ansicht vertreten, die Begründung des Ablehnungsbeschlusses entspreche der ständigen Rspr. des BGH. – Das Rechtsmittel hatte Erfolg.

Gründe:

1. Der Beschwerdeführer vertritt zu Recht die Auffassung, daß das Ablehnungsgesuch nicht hätte verworfen werden dürfen und es nicht darauf ankommt, welche der beiden unterschiedlichen Darstellungen zutreffend ist. Auch unter Zugrundelegung der in der dienstlichen Erklärung des abgelehnten Richters enthaltenen Begründung hatte der Angeklagte berechtigten Anlaß, an der Unvoreingenommenheit des Richters zu zweifeln.

Einem Richter ist zwar nicht verwehrt, dem Zeugen wegen Widersprüchen zwischen dessen Bekundungen in der Hauptverhandlung und seinen früheren Angaben ernste Vorhaltungen zu machen und ihn zu warnen (BGHSt. 3, 199, 200 [BGH Urt. v. 23. 9. 1952 – 1 StR 750/51; vgl. §§ 57, 253 StPO erfolglose Rügen]). Dabei sind jedoch die Grenzen zu beachten, die sich aus dem Gebot der Unvoreingenommenheit des Richters ergeben. So darf nicht der Eindruck entstehen, daß er sich in seiner Überzeugung von der Unwahrhaftigkeit der Zeugenaussage bereits endgültig festgelegt hat. Der hier beanstandete Hinweis bot dem Beschwerdeführer aber Anlaß zu der Besorgnis, daß für Richter S. schon zu jenem Zeitpunkt die Richtigkeit der früheren Angaben des Zeugen feststand und der nicht bereit war, dessen nunmehrige Aussagen noch auf ihren Wahrheitsgehalt abzuwägen. Dem Angeklagten brauchte sich nicht aufzudrängen, daß der Richter den Zeugen durch jene Bemerkung nochmals an die Möglichkeit einer Auskunftsverweigerung erinnern wollte. Aus dem Inhalt der Äußerung ergab sich dies nicht ohne weiteres; zudem bestand für einen solchen Hinweis kein besonderer Grund, nachdem der Zeuge bereits vorher nach § 55 Abs. 2 StPO belehrt worden war. Richter S. hat in seiner dienstlichen Erklärung denn auch selbst eingeräumt, er habe auf das nach seiner Meinung bestehende Auskunftsverweigerungsrecht lediglich „angespielt".

Schließlich wendet sich der Beschwerdeführer zu Recht gegen die von dem abgelehnten Richter gewählte Ausdrucksweise. Sie kann – auch unter Berücksichtigung der in der dienstlichen Erklärung angeführten Gründe – nicht hingenommen werden. Ein solcher

Sprachgebrauch ist nicht nur mit der Würde des Gerichts unvereinbar, sondern muß dem dadurch betroffenen Angeklagten die Vorstellung vermitteln, daß der Richter nicht einmal davor zurückschreckt, sich bei der Einwirkung auf den Zeugen eines solchen Mittels zu bedienen.

Zumindest die Gesamtheit dieser Bedenken konnte im Angeklagten, auch bei verständiger Würdigung der ihm bekannten Umstände, die Besorgnis aufkommen lassen, der Richter S. sei nicht mehr unvoreingenommen. Das Ablehnungsgesuch war deshalb begründet.

2. Der Senat teilt die Auffassung des Beschwerdeführers, daß auch dieses Ablehnungsgesuch hätte Erfolg haben müssen. Das gerügte Prozeßverhalten der Richter war so widersprüchlich, daß hierfür eine Erklärung nicht mehr gefunden werden kann. Vor allem aber legte es die Annahme nahe, daß sie – ohne Rücksicht auf die Belange des Angeklagten – unter allen Umständen eine Vernehmung der Zeugin in Österreich und eine dadurch bedingte Verzögerung des Abschlusses der Hauptverhandlung verhindern wollten. In einem solchen Fall kann auch von einem verständig urteilenden Angeklagten nicht erwartet werden, daß sich bei ihm keine Zweifel an der objektiven Einstellung der Richter ergeben.

20. Ablehnungsantrag aus frührer – ausgesetzter – Hauptverhandlung ist revisibel.

StPO §§ 25, 26a, 336, 338 Nr. 3 – BGH Beschl. v. 24. 3. 1982 – 2 StR 105/82 LG Kassel (= BGHSt. 31, 15 = NJW 1982, 1712 = StV 1982, 355)

Das Revisionsvorbringen ist nicht bekannt.

Gründe: Der Begründetheit der auf § 338 Nr. 3 StPO gestützten Verfahrensbeschwerde steht nicht entgegen, daß der Ablehnungsantrag nicht in der Hauptverhandlung, die mit dem Urteil geendet hat, sondern in der früheren – ausgesetzten – Hauptverhandlung gestellt worden ist. Von dem Grundsatz, daß in früheren Hauptverhandlungen erlassene Entscheidungen nicht mit der Revision angefochten werden können, ist in Fällen wie dem vorliegenden eine Ausnahme zu machen. Die Verwerfung des Ablehnungsgesuchs hat in der späteren Hauptverhandlung weitergewirkt. Wenn sie zu Unrecht erfolgt, der Vorsitzende also befangen war, traf dies auch für den Zeitraum der zweiten Hauptverhandlung zu. Der vorliegende Fall ist vergleichbar mit dem, daß ein erkennender Richter nach der Eröffnung des Hauptverfahrens, aber noch vor Beginn der Hauptverhandlung abgelehnt wird. In beiden Fällen betrifft die Entscheidung einen „erkennenden Richter". Die Tätigkeit des „erkennenden" Gerichts erstreckt sich auf das ganze Hauptverfahren (RGSt 43, 179, 181; BGH NJW 1952, 234). Deshalb hat im vorliegenden Fall das gleiche zu gelten wie in jenem anderen Fall. Für ihn ist bereits wiederholt entschieden worden, daß der das Ablehnungsgesuch für unbegründet erklärende Beschluß nur mit dem Urteil angefochten werden kann, also mittels der Revision (RGSt 22, 135).

Der Erfolg einer Anfechtung auf diesem Weg hängt nicht davon ab, daß das Ablehnungsgesuch in der neuen Hauptverhandlung wiederholt wird. Ein solcher erneut gestellter (unveränderter) Antrag müßte als unzulässig verworfen werden. In dem Unterbleiben einer derartigen Antragswiederholung kann deshalb weder ein (stillschweigender) Verzicht noch eine Verwirkung gesehen werden.

21. Äußerung des Vorsitzenden zum Angeklagten „jetzt sind Sie dran, ich glaube, jetzt können Sie die Hosen runterlassen" vor Abschluß der Beweisaufnahme als Befangenheitsgrund.

StPO §§ 24, 338 Nr. 3 – BGH Beschl. v. 24. 3. 1982 – 2 StR 105/82 LG Kassel (BGHSt. 31, 115 = StV 1982, 355)

Die Revision rügt, das Landgericht habe einen Befangenheitsantrag gegen den Vorsitzenden, der sich vor Abschluß der Beweisaufnahme nach der Vernehmung einer Zeugin gegenüber dem Angeklagten geäußert hat „jetzt sind Sie dran, ich glaube, jetzt können Sie die Hosen runterlassen" zu Unrecht abgelehnt hat.

Sachverhalt: Die Sitzung der Strafkammer war am 4. 6. 1981 nach der Vernehmung der geladenen Zeugen, unter anderem der Zeugin W., für etwa eine halbe Stunde unterbrochen worden. Während dieser Zeit hatte die Strafkammer beschlossen, ein Gutachten zur Frage der Glaubwürdigkeit der Zeugin W. einzuholen. Im Anschluß an die Verkündung des Beschlusses hat der Verteidiger den Vorsitzenden wegen Besorgnis der Befangenheit abgelehnt. Die Ablehnung ist unter anderem damit begründet worden, daß der Vorsitzende nach einer ergänzenden Vernehmung der genannten Zeugin zum Angeklagten erklärt habe: „Herr W. jetzt sind Sie dran. Ich glaube, Sie können jetzt die Hosen runterlassen."

In dem Gesuch hat der Verteidiger ausgeführt, der Vorsitzende habe mit dieser Äußerung deutlich zum Ausdruck gebracht, daß für ihn der Schuldspruch bereits feststehe und nach seiner Ansicht der Angeklagte gelogen, die Zeugin aber die Wahrheit gesagt habe.

Der Vorsitzende hat sich in seiner dienstlichen Erklärung wie folgt geäußert: Nach der Vernehmung der Zeugen habe er die Sitzung unterbrochen, unter anderem um den Verfahrensbeteiligten Gelegenheit zu geben, sich schlüssig zu werden, ob und welche Beweisanträge gestellt werden sollten oder ob die Beweisaufnahme in der Sache geschlossen werden könne; bei Verlassen des Sitzungssaales habe er zum Angeklagten gesagt:

„Herr W., jetzt sind Sie dran, Sie sollten sich überlegen, ob Sie nicht die Hosen runterlassen wollen."

Der erste Satz sei von ihm so betont worden, daß für den Angeklagten kein Zweifel habe bestehen können, daß seine nochmalige Vernehmung nach der Beratung beabsichtigt sei. Mit dem zweiten Satz habe er, der Vorsitzende, bezweckt, daß der Angeklagte die Pause zum Nachdenken darüber benutze, ob er etwas zu gestehen habe.

Das Ablehnungsgesuch ist als unbegründet verworfen worden.

Wegen der beschlossenen Begutachtung der Zeugin wurde die Hauptverhandlung ausgesetzt und später Termin für die neue Hauptverhandlung auf den 20. 11. 1981 bestimmt. In dieser Hauptverhandlung erging das angefochtene Urteil. – Das Rechtsmittel hatte Erfolg.

Gründe: Der Begründetheit der Verfahrensbeschwerde steht nicht entgegen, daß der Ablehnungsantrag nicht in der Hauptverhandlung, die mit dem Urteil geendet hat, sondern in der früheren – ausgesetzten – Hauptverhandlung gestellt worden ist. Von dem Grundsatz, daß in früheren Hauptverhandlungen erlassene Entscheidungen nicht mit der Revision angefochten werden können ist in Fällen wie dem vorliegenden eine Ausnahme zu machen. Die Verwerfung des Ablehnungsgesuchs hat in der späteren Hauptverhandlung weitergewirkt. Wenn sie zu Unrecht erfolgt, der Vorsitzende also befangen war, traf dies auch für den Zeitraum der zweiten Hauptverhandlung zu. Der vorliegende Fall ist vergleichbar mit dem, daß ein erkennender Richter nach der Eröffnung des Hauptverfahrens, aber noch vor Beginn der Hauptverhandlung abgelehnt wird. In beiden Fällen betrifft die Entscheidung einen „erkennenden Richter". Die Tätigkeit des „erkennenden" Gerichts erstreckt sich auf das ganze Hauptverfahren (RGSt 7, 175; 43, 179, 181; BGH NJW 1952, 234). Deshalb hat im vorliegenden Fall das gleiche zu gelten wie in jenem anderen Fall. Für ihn ist bereits wiederholt entschieden worden, daß der das Ablehnungsgesuch für unbegründet erklärende Beschluß nur mit dem Urteil angefochten werden kann, also mittels der Revision (RGSt 7, 175; 22, 135).

Der Erfolg einer Anfechtung auf diesem Weg hängt nicht davon ab, daß das Ablehnungsgesuch in der neuen Hauptverhandlung wiederholt wird. Ein solcher erneut gestellter (unveränderter) Antrag müßte als unzulässig verworfen werden. In dem Unterbleiben einer derartigen Antragswiederholung kann deshalb weder ein (stillschweigender) Verzicht noch eine Verwirkung gesehen werden.

Das Ablehnungsgesuch ist zu Unrecht verworfen worden. Es kann dahingestellt bleiben, ob die beanstandete Äußerung den vom Verteidiger oder den vom Vorsitzenden (in seiner dienstlichen Erklärung) behaupteten Wortlaut gehabt hat. Denn selbst im letzteren Fall konnte ein verständiger Angeklagter – auch bei vernünftiger Würdigung aller Umstände – an der Unvoreingenommenheit des Vorsitzenden Zweifel haben. Angesichts des im Zeitpunkt der Äußerung vorliegenden Beweisergebnisses bestand kein Anlaß, den Angeklagten in dieser Form ausdrücklich zu der Überlegung aufzufordern, ob er ein Geständnis ablegen wolle. Abgesehen davon, daß die Beweisaufnahme noch nicht geschlossen war, die Verhandlungspause dem Angeklagten und seinem Verteidiger vielmehr Gelegenheit geben sollte, sich zu entscheiden, ob und welche Beweisanträge ihnen notwendig erschienen, lag zu dieser Zeit noch nicht ein zur Überführung des Angeklagten ausreichendes Beweisergebnis vor. Das ergibt sich aus den Ausführungen des Landgerichts im Urteil sowie aus dem während der Verhandlungspause gefaßten Beweisbeschluß. Zwar heißt es auf S. 12 UA, die Kammer sei aus eigener Sachkunde in der Lage gewesen, die Glaubwürdigkeit der den Angeklagten belastenden Zeugin W. zu beurteilen. Unmittelbar anschließend begründet das Landgericht die Einholung des Glaubwürdigkeitsgutachtens aber damit, daß dies zur Absicherung seiner Überzeugungsbildung geschehen sei, weil Aussage gegen Aussage gestanden habe. Obwohl somit in jenem Zeitpunkt noch kein endgültiges Beweisergebnis vorlag, hat der Vorsitzende durch seine Aufforderung an den Angeklagten recht eindeutig erkennen lassen, daß er bereits jetzt von dessen Schuld überzeugt sei. Hinzu kommt, daß die Äußerung auch ihrer Formulierung nach in besonderem Maße unpassend war. Die Gesamtheit dieser Gründe rechtfertigte die Ablehnung des Vorsitzenden.

22. Besorgnis der Befangenheit wegen längerer Unterredung eines Richters mit einem Mitangeklagten unter vier Augen in dessen Haftraum in der JVA.
StPO §§ 24, 338 Nr. 3 – BGH Beschl. v. 19. 1. 1982 – 5 StR 640/81 LG Hildesheim (= StV 1982, 99)

Die Revisionen rügen, daß bei dem Urteil ein Richter, nämlich der Richter am Landgericht W., mitgewirkt hat, nachdem er von ihnen wegen Besorgnis der Befangenheit abgelehnt war und die Ablehnungsgesuche mit Unrecht verworfen worden sind.

Sachverhalt: Die Angeklagten D. und R. haben sowohl eine Unrechtsvereinbarung mit dem Angeklagten J. als auch eine Beteiligung an den Gewinnen aus den mit ihm abgesprochenen Kursdifferenzen geleugnet. Nachdem der Angeklagte J. in der Verhandlung am 17. 5. 1979 ein Teilgeständnis abgelegt und dabei behauptet hatte, die Gewinne seien zwischen ihm und den Angeklagten D. und R. geteilt worden, erließ die Strafkammer gegen sie Haftbefehl. Beide befanden sich darauf bis zum 11. bzw. 12. 12. 1979 in Untersuchungshaft. Seitdem ist der Vollzug des Haftbefehls gegen Leistung von Sicherheiten ausgesetzt worden. Die Strafkammer hat im Urteil festgestellt, daß die Angeklagten D. und R. an den genannten Gewinnen nicht beteiligt waren, die gegenteilige Aussage des Angeklagten J. somit nicht zutraf.

Richter am Landgericht W., der in dieser Sache Berichterstatter war, nahm vom 5. bis 16. 11. 1979 an einer Fortbildungsveranstaltung in der Justizvollzugsanstalt Hannover teil. Er suchte in dieser Zeit zweimal den Angeklagten J. in seiner Zelle auf und unterhielt sich mit ihm unter vier Augen. Das erste Gespräch hatte keinen dienstlichen Anlaß und bezog sich auf den Gefängnisaufenthalt und persönliche Neigungen des Angeklagten J. sowie gemeinsame Interessen am Sport. Bei dem zweiten Besuch übergab Richter am Landgericht W. dem Angeklagten J. eine Abschrift des Beschlusses der Strafkammer vom 5. 11. 1979, in dem eine Anklage gegen J. wegen Steuerhinterziehung zur Hauptverhandlung zugelassen, das Hauptverfahren eröffnet und mit dem vorliegenden Strafverfahren verbunden worden war. Der Vorsitzende der Strafkammer hatte Richter am Landgericht W. gebeten, J. das Schriftstück zu überbringen. Nachdem Richter am Landgericht W. dem Angeklagten die Beschlußabschrift ausgehändigt hatte, äußerte dieser, er sei „stinksauer". Daraus entwickelte sich ein Gespräch über den Prozeßgegenstand von mindestens fünf Minuten Dauer. Über den Inhalt des Gesprächs haben Richter am Landgericht W. und der Angeklagte J. unterschiedliche Angaben gemacht. – Das Rechtsmittel hatte Erfolg.

Gründe: Diese Tatsachen waren geeignet, bei den Angeklagten D. und R. Mißtrauen gegen die Unparteilichkeit des Richters am Landgericht W. zu rechtfertigen. Die Besuche des Richters in der Zelle des Angeklagten J. waren unter den hier gegebenen Umständen überflüssig und unangebracht. Das versteht sich für den ersten Besuch von selbst, gilt aber auch für den zweiten. Der Richter hätte die Beschlußabschrift durch einen Bediensteten der Justizvollzugsanstalt überbringen lassen, sich J. vorführen lassen oder dessen Zelle wenigstens in Begleitung betreten können. Daß er allein ihn in der Zelle aufsuchte und sich mit ihm auf ein Gespräch über den Prozeßgegenstand einließ, konnte die Angeklagten D. und R. zu der verständlichen Annahme führen, er interessiere sich so sehr für den Mitangeklagten J., daß er die gegensätzlichen Einlassungen und Beweisergebnisse nicht mehr unbefangen würdigen könne.

Bei der dargestellten Verfahrenslage hatte auch der Angeklagte J. Grund zur Besorgnis, der Richter würde ihm gegenüber nicht unbefangen sein. Das Gespräch über den Prozeßgegenstand fand unmittelbar nach Aushändigung des Beschlusses über die Zulassung einer schwerwiegenden Anklage statt; dabei wurde auch das Prozeßverhalten dieses Angeklagten erörtert, wie die dienstliche Äußerung des Richters ergibt.

23. Äußerung über den Sitzungsvertreter der Staatsanwaltschaft, dieser „fungiere wie ein vierter Verteidiger" als Befangenheitsgrund.

StPO § 24, 338 Nr. 3 – BGH Beschl. v. 4. 5. 1977 – 3 StR 93/77 LG Mannheim (= NStZ 1991, 348)

Die Revision rügt, die Zurückweisung eines von dem Angeklagten in der Hauptverhandlung gegen den Vorsitzenden Richter der Strafkammer gerichteten Ablehnungsgesuchs.

Sachverhalt: Zur Begründung dieses Gesuchs hatte sich die Verteidigung des Angeklagten auf den Inhalt eines Gesprächs gestützt, das der Kammervorsitzende während der Hauptverhandlung mit dem Dienstvorgesetzten des Sitzungsstaatsanwalts geführt hatte. Bei dieser Unterredung hat sich der Richter, von ihm nicht in Abrede gestellt, über den Sitzungsvertreter der Staatsanwaltschaft beklagt und dabei sinngemäß zum Ausdruck gebracht, es bestehe der Verdacht, daß dieser die ihm wohl unerwünschte Vertretung in der Hauptverhandlung möglichst schnell beendet wissen wolle. Es dränge sich jedenfalls auf, einen bestimmten Beweis- und Aussetzungsantrag der Staatsanwaltschaft unter solchem Blickwinkel zu sehen. Die Kammer habe erwogen, den Beweisantrag des Sitzungsvertreters, der in der Hauptverhandlung wie ein vierter Verteidiger fungiere, bei der Fragestellung sich zurückhaltend zeige und wohl auch nicht genügend vorbereitet sei, wegen der Absicht der Prozeßverschleppung zurückzuweisen.

Bei ihrer Entscheidung über den Ablehnungsantrag ist die Strafkammer im wesentlichen von diesem Sachverhalt ausgegangen. Sie hat ihn aber nicht für ausreichend erachtet, bei vernünftiger Würdigung seitens des Angeklagten die Besorgnis einer Befangenheit des abgelehnten Richters zu stützen. Der Vorsitzende sei hier – allseits erkennbar – lediglich seiner prozessualen Pflicht nachgekommen, auf eine volle Wahrnehmung der Hauptverhandlung durch die Staatsanwaltschaft hinzuwirken, so wie es deren Aufgabe sei und ihrer Stellung als Prozeßbeteiligte entspreche. Seine Äußerungen gegenüber dem Dienstvorgesetzten des Sitzungsstaatsanwalts sollten schlagwortartig dieses Anliegen verdeutlichen, keinesfalls aber darauf abzielen, den Pflichtenkreis der Staatsanwaltschaft einzuengen. – Das Rechtsmittel hatte Erfolg.

Gründe: Der Strafkammer ist einzuräumen, daß es einem Vorsitzenden Richter nicht verwehrt sein kann, zur Förderung des seiner Leitung unterliegenden Verfahrens mit den Prozeßbeteiligten auch außerhalb der Hauptverhandlung Fühlung aufzunehmen und eine sachgerechte Antragstellung anzuregen. Eine solche Verfahrensweise wird häufig zur Vorbereitung der Sitzung geboten und oft sogar unerläßlich sein. Ob ein derartiger Anlaß hier gegeben war – die von der Strafkammer geschilderte Prozeßlage deutet darauf hin – kann jedoch dahinstehen. Denn auch in diesem Fall obliegt dem Vorsitzenden, ebenso wie bei der Leitung der Hauptverhandlung, ein gewisses Maß an Zurückhaltung, um jeden Anschein der Parteilichkeit zu vermeiden. In der Regel wird dem schon durch Benachrichtigung der übrigen Prozeßbeteiligten oder durch deren Einbeziehung in die Erörterung Rechnung getragen werden können. Beides ist hier nicht geschehen. Der Angeklagte erfuhr erst durch den Ablehnungsantrag des Sitzungsstaatsanwalts von dem Schritt des Vorsitzenden und gleichzeitig auch von den hierbei gefallenen, zumindest ungewöhnlichen Äußerungen. Mag auch für den Rechtskundigen angesichts der Prozeßsituation kein Zweifel daran bestehen, daß der abgelehnte Richter nur auf eine ordnungsgemäße Durchführung der Hauptverhandlung hinwirken wollte, so erscheint es doch immerhin verständlich und einfühlsam, wenn der Angeklagte selbst einem Richter mit Vorbehalten begegnet, dessen Kritik am Prozeßverhalten der Anklagebehörde letztlich in dem „Vorwurf" gipfelte, der Sitzungsvertreter der Staatsanwaltschaft fungiere als vierter Verteidiger. Solche Vorbehalte können nicht als unverständig abgetan werden. Dies um so weniger, als die beanstandeten kritischen Äußerungen des Vorsitzenden an den Dienstvorgesetzten des Sitzungsstaatsanwalts gerichtet waren und ersichtlich eine Einwirkung auf dessen Verhalten bezwecken sollten. Aus dem Blickwinkel des Angeklagten bedeutete dies aber eine Einflußnahme zu seinen Ungunsten, die zudem außerhalb der Hauptverhandlung und ohne sein Wissen veranlaßt wurde. Er konnte daher auch bei vernünftiger Beurteilung Grund zu der Annahme haben, der Kammervorsitzende nehme ihm gegenüber eine nicht mehr ganz unvoreingenommene und unparteiische Haltung ein, ein Mißtrauen, das durch die dienstliche Erklärung des abgelehnten Richters nicht ohne weiteres auszuräumen war. ...

24. Besorgnis der Befangenheit nach Zurückverweisung wegen unzulässiger abträglicher Werturteile in der aufgehobenen Entscheidung (Ergänzung zu BGHSt. 21, 142 [BGH Urt. v. 9. 9. 1966 – 4 StR 261/66; vgl. § 338 Nr. 2 StPO erfolglose Rügen]).

StPO §§ 338 Nr. 3, 354 II – BGH Beschl. v. 27. 4. 1972 – 4 StR 149/72 Schwurgericht Bielefeld (= BGHSt. 24, 336 = NJW 1972, 1288)

Die Revision rügt, an der neuen Verhandlung und Entscheidung des Schwurgerichts hätten drei Richter mitgewirkt, die bereits dem Schwurgericht angehört hatten, welches das vom Senat im Strafausspruch aufgehobene Urteil vom 19. 11. 1970 gefällt hatte, obwohl das Urteil deswegen aufgehoben worden sei, weil sich nach dem Inhalt der Urteilsgründe abträgliche Werturteile über die Person des Angeklagten oder sein Verhalten vor oder nach der Tat in rechtlich unzulässiger Weise nachteilig auf die Strafzumessung ausgewirkt haben können.

Sachverhalt: Das Schwurgericht hatte den Angeklagten mit Urteil vom 19. 11. 1970 wegen Totschlags zur Freiheitsstrafe von vier Jahren verurteilt. Auf die Revision des Angeklagten hat der Senat das Urteil im Strafausspruch aufgehoben und die Sache insoweit an das Schwurgericht zurückverwiesen. Dieses hat den Angeklagten wiederum zur Freiheitsstrafe von vier Jahren verurteilt.

An der neuen Verhandlung und Entscheidung des Schwurgerichts haben drei Richter mitgewirkt, die bereits dem Schwurgericht angehört hatten, welches das vom Senat im Strafausspruch aufgehobene Urteil vom 19. 11. 1970 gefällt hatte, nämlich Landgerichtsdirektor K. als Vorsitzender, Landgerichtsrat Dr. P. als Beisitzer und der Kaufmann W. als Geschworener. Der Angeklagte hat diese drei Richter vor seiner Vernehmung zur Sache u.a. deswegen abgelehnt, weil die vom Bundesgerichtshof beanstandeten Strafzumessungsgründe des Urteils vom 19. 11. 1970 die Besorgnis der Befangenheit dieser Richter als begründet erscheinen ließen. Die richterlichen Mitglieder des Schwurgerichts haben die Ablehnungsgesuche für unbegründet erklärt. Der Angeklagte müsse darauf vertrauen, daß die abgelehnten Richter in der neuen Verhandlung die Beanstandungen des Revisionsgerichts unvoreingenommen berücksichtigen. – Die Revision hatte Erfolg.

Gründe: Nach der Rechtsprechung des Bundesgerichtshofes ist ein Richter, der an einer vom Revisionsgericht aufgehobenen Entscheidung mitgewirkt hat, nach Zurückverweisung der Sache weder kraft Gesetzes von der Mitwirkung an der neuen Entscheidung ausgeschlossen, noch rechtfertigt seine Mitwirkung an der früheren Entscheidung für sich allein seine Ablehnung wegen Besorgnis der Befangenheit (BGHSt. 20, 252, 253[1]; 21, 142 [vgl. § 338 Nr. 2 StPO erfolglose Rügen]; NJW 1966, 1718 Nr. 11; 1967, 2217). Mit der Neufassung der §§ 23 und 354 Abs. 2 StPO strebt das Gesetz zwar an, daß eine vom Revisionsgericht zurückverwiesene Sache in der Regel vor andere Richter kommen soll. Jedoch ist, wie die Gesetzesmaterialien ergeben, bewußt in Kauf genommen worden, daß im Einzelfall an der neuen Entscheidung auch ein Richter mitwirkt, der schon an der aufgehobenen Entscheidung beteiligt war. Daher kann ein solcher Richter nicht „im Regelfall" wegen Besorgnis der Befangenheit abgelehnt werden (BGHSt. 21, 142, 145).

An dieser Rechtsprechung ist grundsätzlich festzuhalten. So wird regelmäßig keine Befangenheit der Richter, die an dem früheren, aufgehobenen Urteil mitgewirkt haben, angenommen werden können, wenn das Revisionsgericht das Urteil wegen eines die innere Einstellung des Richters nicht berührenden Verfahrensfehlers oder wegen unrichtiger Anwendung des Strafgesetzes auf den festgestellten Sachverhalt oder gar wegen nachträglicher Änderung des vom Tatrichter angewendeten Gesetzes aufgehoben hat. In solchen Fällen besteht in der Regel auch vom Standpunkt des Angeklagten aus kein vernünftiger Grund zu Zweifeln an der Unbefangenheit der Richter, welche die aufgehobene Entscheidung gefällt haben. Ein verständiger Angeklagter wird davon ausgehen, daß der beanstandete Verfahrensfehler nicht wiederholt wird und daß die Richter ihre Bindung an die Rechtsauffassung des Revisionsgerichts beachten, auch wenn sie für ihre Person anderer Ansicht sein sollten. Er wird auch im allgemeinen keinen Grund zu der Befürchtung haben, die Richter könnten bloß deswegen gegen ihn voreingenommen sein, weil ihr Urteil aufgehoben worden ist.

Eine andere Beurteilung ist jedoch geboten, wenn, wie hier, ein Urteil deswegen aufgehoben worden ist, weil sich nach dem Inhalt der Urteilsgründe abträgliche Werturteile über die Person des Angeklagten oder sein Verhalten vor oder nach der Tat in rechtlich unzulässiger Weise nachteilig auf die Strafzumessung ausgewirkt haben können; dabei ist es nicht von Bedeutung, ob die Strafe an sich tat- und schuldangemessen erscheint oder nicht. Das Schwurgericht hatte in dem ersten Urteil die ehewidrigen Beziehungen des Angeklagten zur Ehefrau des von ihm Getöteten als solche strafschärfend gewertet, ebenso wie den Umstand, daß er keine Bedenken gehabt habe, die Leiche im Wald „zu verscharren" und es dem Zufall zu überlassen, „ob der Leichnam je ein ordentliches Begräbnis finden würde". Der Senat hat dies beanstandet, da nicht ersichtlich war, daß in den ehewidrigen Beziehungen bereits eine feindliche Gesinnung des Angeklagten gegen den Ehemann zum Ausdruck gekommen wäre, da ferner eine besonders verabscheuungswürdige Behandlung der Leiche nicht festgestellt war. Der Angeklagte hat die Leiche vielmehr nur

---

1 „§ 23 StPO, wonach nunmehr im Wiederaufnahmeverfahren jeder Richter ausgeschlossen ist, der bei der angefochtenen Entscheidung mitgewirkt hat. Ersichtlich mit Vorbedacht und aus guten Gründen ist dasselbe nicht auch für den Richter angeordnet worden, der an dem vom Revisionsgericht aufgehobenen Urteil beteiligt war, er ist nicht kraft Gesetz von der weiteren Mitwirkung ausgeschlossen." (BGH Urt. v. 7. 7. 1965 – 2 StR 210/65).

deshalb im Wald vergraben, weil er die Tat verheimlichen und den Eindruck erwecken wollte, der Getötete müsse in seine Heimat, die Türkei, zurückgekehrt sein.

Es besteht zwar kein Grund für die Annahme, daß die abgelehnten Richter dem Angeklagten in der neuen Verhandlung nicht mit der nötigen Unbefangenheit gegenübergestanden hätten, daß sie sich insbesondere, falls sie die Strafzumessungsgründe des aufgehobenen Urteils gebilligt haben sollten, von ihrer damaligen Auffassung nicht hätten freimachen können. Hierauf kommt es indessen nicht an. Entscheidend ist nur, ob der Angeklagte von seinem Standpunkt aus bei verständiger Überlegung Grund zu einer solchen Besorgnis haben konnte. Dies kann bei Werturteilen der hier in Frage stehenden Art nicht verneint werden. Angesichts der Wertungen, die zur Aufhebung des ersten Urteils im Strafausspruch geführt haben, konnte ein – zumal nicht sachkundiger und mit der richterlichen Praxis in Deutschland nicht vertrauter – Angeklagter sehr wohl besorgen, daß die Richter, die nun zum zweiten Mal über seine Tat zu urteilen hatten, mehr oder weniger unbewußt an ihrer früheren Auffassung festhalten würden. Dabei durfte er davon ausgehen, daß sie die in dem aufgehobenen Urteil zum Ausdruck gekommene Auffassung gebilligt haben. Die Ablehnungsgesuche des Angeklagten sind somit zu Unrecht für unbegründet erklärt worden. Dies ist ein unbedingter Revisionsgrund nach § 338 Nr. 3 StPO, so daß nicht geprüft werden kann, ob das Urteil auf dem Fehler beruht.

25. Ablehnung aller Richter (im Anschluß an BGHSt. 18, 200 [BGH Urt. v. 12. 12. 1962 – 2 StR 495/62; vgl. § 338 Nr. 3 StPO erfolglose Rügen]).

StPO §§ 24 ff., 338 Nr. 3 – BGH Urt. v. 16. 12. 1969 – 5 StR 468/69 Schwurgericht Berlin (= BGHSt. 23, 200 = NJW 1970, 478 = JR 1970, 268)

Die Revision rügt, daß ein in der Hauptverhandlung gestellter Befangenheitsantrag gegen die Berufsrichter Landgerichtsdirektors Dr. Sch., Landgerichtsrat Sch., Landgerichtsrat G. „und der Damen und Herren Geschworenen, deren Namen aus der Sitzungsniederschrift ersichtlich sind" zu Unrecht als unzulässig abgelehnt worden ist.

Sachverhalt: In der Hauptverhandlung ist am 12. 2. 1969 unmittelbar vor der Vertagung der Verhandlung auf den 13. 2. 1969 nach der Beweisaufnahme sowie vor den Schlußausführungen der Verteidiger und dem letzten Wort des Angeklagten ein Beschluß des Schwurgerichts verkündet worden, durch welchen die dem Angeklagten gewährte Haftverschonung u.a. mit der Begründung widerrufen wurde, der Angeklagte müsse nach dem Ergebnis der zweitägigen Hauptverhandlung mit einer empfindlichen Freiheitsstrafe rechnen, er sei – auch nach dem Gutachten der beiden medizinischen Sachverständigen – außergewöhnlich labil, besitze nur geringe Willenskraft, neige aber zu Kurzschlußhandlungen dergestalt, daß er sich unangenehmen Situationen durch Verlassen seines Lebenskreises entziehe. Das Gesuch meint, mit der Behauptung, der Angeklagte müsse nach dem Ergebnis der zweitägigen Hauptverhandlung mit einer empfindlichen Freiheitsstrafe rechnen, habe das Schwurgericht über Schuld und Strafe vorweg entschieden, und macht geltend, keiner der Sachverständigen habe den Angeklagten als außergewöhnlich labil bezeichnet und erklärt, der Angeklagte neige dazu, sich unangenehmen Situationen durch Verlassen seines Lebenskreises zu entziehen. Zur Glaubhaftmachung nimmt das Gesuch auf dienstliche Äußerungen der Berufsrichter und Geschworenen und einzuholende Äußerungen der namentlich genannten Sachverständigen Bezug.

Das Schwurgericht hat das Gesuch in der Hauptverhandlung am 20. 2. 1969 „als unzulässig abgelehnt". Es ist der Auffassung, daß das Gesuch sich in Wahrheit gegen das Gericht als Ganzes richte und der Ablehnungsgrund durch Bezugnahme auf dienstliche Äußerungen der Berufsrichter und Geschworenen wegen deren Pflicht, das Beratungsgeheimnis zu wahren, nicht glaubhaft gemacht werden könne. Bei dieser Entscheidung haben alle abgelehnten Berufsrichter und Geschworenen mitgewirkt. – Das Rechtsmittel hatte Erfolg.

Gründe: Die Rüge, das Schwurgericht habe das in der Hauptverhandlung am 13. 2. 1969 gegen die Berufsrichter und Geschworenen angebrachte Ablehnungsgesuch der Verteidiger zu Unrecht als unzulässig abgelehnt, führt zur Aufhebung des Urteils.

Das Schwurgericht hat das Ablehnungsgesuch zu Unrecht als unzulässig beurteilt. Es richtet sich nicht gegen das Schwurgericht als Ganzes, sondern gegen dessen einzelne Mitglieder. Das ergibt sein Inhalt. Der Angeklagte wußte und weiß nicht, welche Berufsrichter und Geschworenen dem Beschluß, aus dem die Besorgnis der Befangenheit hergeleitet wird, zugestimmt haben. Die Besorgnis der Befangenheit konnte und kann sich daher auf jeden einzelnen Berufsrichter und Geschworenen beziehen, der bei dem Beschluß mitgewirkt hat. Die Behauptungen des Gesuchs über den genannten Beschluß, den Zeitpunkt seiner Verkündung und die Erklärungen der Sachverständigen in der Hauptverhandlung konnten und können auch durch dienstliche Äußerungen der Berufsrichter und Geschworenen glaubhaft gemacht werden. Der Berufsrichter oder Geschworene, der sich nur hierüber äußert, verletzt dadurch noch nicht das Beratungsgeheimnis. Da das Gesuch hiernach nicht unzulässig war, durften bei der Entscheidung über das Gesuch auch nicht die abgelehnten Berufsrichter und Geschworenen mitwirken. Es hätten andere Richter darüber entscheiden müssen.

Der bloße, von der Revision eines Angeklagten gerügte Umstand, daß ein nicht ordnungsgemäß besetztes Gericht ein Ablehnungsgesuch des Angeklagten oder seines Verteidigers zu Unrecht als unzulässig verworfen hat, führt allerdings nicht unbedingt zur Aufhebung des Urteils. Ob und unter welchen Voraussetzungen das Revisionsgericht in einem solchen Falle berechtigt oder gar verpflichtet ist, zunächst zu prüfen, ob das Gesuch begründet war, braucht der Senat indessen im vorliegenden Falle nicht allgemein zu entscheiden. Eine Verpflichtung, dies zu prüfen, besteht hier jedenfalls nicht, weil es an der für eine solche Prüfung erforderlichen tatsächlichen Grundlage fehlt. Die in dem Ablehnungsgesuch behauptete Tatsache, daß keiner der Sachverständigen die im Beschluß des Schwurgerichts vom 12. 2. 1969 verwerteten Erklärungen abgegeben habe, kann – sei es für sich, sei es in Verbindung mit dem übrigen Inhalt des Beschlusses – sehr wohl die Auffassung rechtfertigen, daß der Angeklagte besorgte und auch besorgen konnte, die Berufsrichter und Geschworenen seien nicht mehr unbefangen.

Auch insoweit hatten die Verteidiger sich in dem Ablehnungsgesuch zur Glaubhaftmachung u.a. auf dienstliche Äußerungen der Berufsrichter und Geschworenen bezogen. Die abgelehnten Berufsrichter und Geschworenen hatten sich nach den §§ 26 Abs. 3 und 31 StPO hierüber dienstlich zu äußern. Der Angeklagte und seine Verteidiger waren unter den Voraussetzungen des § 33 StPO hierzu zu hören. Alles dies ist nicht geschehen. Es ist nicht Aufgabe des Revisionsgerichts, insoweit nachzuholen, was das Tatgericht aus Rechtsirrtum unterlassen hat.

Der Senat kann nicht ausschließen, daß das Urteil auf den dargelegten Mängeln beruht.

Die Entscheidung BGHSt. 18, 200 steht der hier vertretenen Rechtsansicht nicht entgegen. Sie sagt nur, der unbedingte Revisionsgrund des § 338 Nr. 3 StPO sei nicht schon deshalb gegeben, weil das Ablehnungsgesuch von einem unvorschriftsmäßig besetzten Gericht als unbegründet verworfen worden ist. Es komme vielmehr – ebenso wie bei einem irrtümlich als unzulässig verworfenen Ablehnungsgesuch – darauf an, ob das Gesuch sachlich gerechtfertigt war. Das schließt nicht aus, daß das Revisionsgericht in einem Falle, in dem es die Frage, ob das Gesuch sachlich gerechtfertigt war, mangels ausreichender tatsächlicher Beurteilungsgrundlagen nicht ohne weiteres beantworten kann, einen bedingten Revisionsgrund als gegeben erachtet und, falls das Urteil hierauf beruhen kann, dieses aufhebt. Die in BGHSt. 18, 200 zitierten Entscheidungen BGH 2 StR 265/59 vom 9. 12. 1959 (vgl. § 338 Nr. 3 StPO erfolgreiche Rügen) und 4 StR 477/61 v. 10. 8. 1962 stehen ebenfalls nicht entgegen. Keine dieser Entscheidungen besagt, daß das Revisionsgericht verpflichtet wäre, zu prüfen, ob das Ablehnungsgesuch begründet war. In der zuletzt genannten Entscheidung wird eine solche Verpflichtung ausdrücklich verneint.

26. Richterablehnung bis zum Beginn auch einer nachgeholten Vernehmung zur Sache möglich.

StPO §§ 25, 338 – BGH Urt. v. 9. 12. 1959 – 2 StR 265/59 LG Kassel (= BGHSt. 13, 358)

Die Revision rügt, daß der Vorsitzende der Strafkammer, Landgerichtsdirektor Dr. S., bei dem Urteil mitgewirkt hat, obwohl er wegen Besorgnis der Befangenheit abgelehnt worden ist.

Sachverhalt: Sämtliche Angeklagten hatten den Richter am ersten Verhandlungstage auf Grund verschiedener Äußerungen, die er bei Vorhaltungen dem Angeklagten Sch. gegenüber gemacht hatte, wegen Besorgnis der Befangenheit abgelehnt. Das Ablehnungsgesuch hat die Strafkammer unter Mitwirkung des abgelehnten Richters als verspätet verworfen, weil „nach der Vernehmung der Angeklagten zur Sache bereits in die Beweisaufnahme eingetreten war und die Auseinandersetzung, auf die das Ablehnungsgesuch gestützt wird, erst im Zusammenhang mit der Anhörung des Angeklagten Sch. über das bisherige Beweisergebnis stattgefunden hat".

Die Beschwerdeführer halten die Verwerfung und deren Begründung für verfehlt, weil nach ihrer Auffassung bis zu dem Zeitpunkt der Anbringung des Ablehnungsgesuches weder in die Beweisaufnahme eingetreten noch die Vernehmung der Angeklagten zur Sache durchgeführt war, diese vielmehr erst gerade begonnen hatte. Der Vorsitzende habe nämlich, so machen sie geltend, die Angeklagten zunächst nur ganz kurz befragt und habe erklärt, eine eingehende Vernehmung zur Sache sei vor der Verlesung gewisser Urkunden zwecklos, da bei dem verwickelten Sachverhalt der zweite beisitzende Richter und vor allem die Schöffen der Einlassung der Angeklagten nicht würden folgen können; die Verlesung sei somit allein zur Unterrichtung dieser Personen, nicht aber zu Beweiszwecken geschehen; infolgedessen sei die in § 25 StPO vorgesehene Frist gewahrt, so daß die Strafkammer unter Ausschluß des abgelehnten Richters über das Ablehnungsgesuch sachlich hätte entscheiden müssen.

Ausweislich der gerichtlichen Niederschrift hatte jeder Angeklagte, bevor es zu dem Vorfall kam, der zu dem Ablehnungsgesuch gegen Landgerichtsdirektor Dr. S. führte, eine Erklärung zur Sache abgegeben; auch war schon ein Teil der Beweise erhoben worden. Trotzdem war entgegen der Auffassung der Strafkammer das Ablehnungsgesuch nicht verspätet angebracht und durfte deshalb gemäß § 25 StPO nicht als unzulässig verworfen werden, weil im Zeitpunkt der Ablehnung die Vernehmung der Angeklagten zur Sache noch nicht durchgeführt war.

Wie aus der dienstlichen Äußerung des Vorsitzenden hervorgeht, hat er sich bei der in der gerichtlichen Niederschrift vermerkten Befragung der Angeklagten zur Sache darauf beschränkt, jedem einzelnen die von ihm in dem Arbeitsgerichtsverfahren gemachte und von der Anklage in bestimmten Punkten als falsch bezeichnete Aussage vorzuhalten und lediglich die von jedem dazu abgegebene Erklärung entgegenzunehmen, was er im Arbeitsgerichtsprozeß ausgesagt habe, entspreche der Wahrheit. Sich im einzelnen gegen den Vorwurf der Anklage zu verteidigen, hat er dabei den Angeklagten keine Gelegenheit gegeben, vielmehr darauf verwiesen, daß die Einzelheiten des Sachverhalts im Zusammenhang mit der Beweisaufnahme erörtert werden müßten. – Das Rechtsmittel hatte Erfolg.

Gründe: Nach dieser Darstellung des Geschehensablaufs durch den Vorsitzenden, die von dem Berichterstatter und von dem Sitzungsvertreter der Staatsanwaltschaft bestätigt wird und mit der die Schilderung der Beschwerdeführer zum Teil übereinstimmt, war die durch die gerichtliche Niederschrift ausgewiesene Befragung keine vollständige und abschließende Anhörung der Angeklagten zur Sache, wie sie § 243 Abs. 3 StPO in Verbindung mit § 136 StPO vorschreibt. Hiernach soll die Vernehmung einem Angeklagten Gelegenheit geben, die gegen ihn vorliegenden Verdachtsgründe zu beseitigen und die zu seinen Gunsten sprechenden Tatsachen geltend zu machen, und zwar nach Möglichkeit im Zusammenhang. Davon, daß hier die Angeklagten diese Möglichkeit bei jener kurzen Befragung gehabt hätten, kann keine Rede sein. Der Vorsitzende hat vielmehr die Vernehmung der Angeklagten abgebrochen und die ihnen im Gesetz eingeräumte Gelegenheit zu einer eingehenden Stellungnahme einem späteren Zeitpunkt der Hauptverhandlung vorbehalten, weil er es im Interesse des besseren Verständnisses für zweckmäßig hielt, zunächst den Inhalt einer größeren Anzahl von Urkunden in die Verhandlung einzuführen. Gegen eine solche, durchaus sachdienliche Prozeßführung ist an sich aus Rechtsgründen nichts einzuwenden, weil Abweichungen von der Reihenfolge im Ablauf der Hauptverhandlung, wie sie in § 243 Abs. 1 bis 3 und § 244 Abs. 1 StPO vorgesehen ist, zulässig sind, falls dies nach Lage der Sache angemessen ist und sich kein Widerspruch erhebt (BGHSt. 3, 384 [BGH Urt. v. 9. 1. 1953 – 1 StR 620/52; vgl. § 247 StPO erfolglose Rügen]; BGH Urt. v. 15. 3. 1953 – 5 StR 661/54 –, angeführt bei Dallinger MDR 1955, 397). Die Befugnis, von jener Reihenfolge abzuweichen, berechtigt aber nicht dazu, einzelne Verfahrensabschnitte beliebig zu kürzen und vor allem dem Angeklagten das für ihn so wichtige Recht zu beschneiden, im Zusammenhange zu dem Schuldvorwurf Stellung zu nehmen. Wenn daher seine Vernehmung zur Sache aus Gründen einer zweckmäßigen Durchführung der Hauptverhandlung in diese nicht so eingeordnet werden kann, wie es das Gesetz an sich vorschreibt, so muß sie nachgeholt werden, sobald die Behandlung und die Erörterung des Prozeßstoffs es zulassen.

Das ist hier tatsächlich auch geschehen, als nach der Verlesung einer Anzahl von Urkunden der Vorsitzende zunächst dem Angeklagten Sch. das Wort erteilt hat. Erst dadurch wurde diesem von dem Vorsitzenden Gelegenheit zur Verteidigung gegeben und die Möglichkeit eröffnet, sich im einzelnen sachlich zu äußern. Infolgedessen waren die Angaben, die er nunmehr machte, Gegenstand seiner Vernehmung zur Sache und nicht etwa nur Erklärungen zu einzelnen Schriftstücken im Sinne des § 257 StPO. Hieran ändert nichts, daß ein Teil der Beweisaufnahme vorweggenommen war; denn dies war ja gerade deshalb geschehen, um die Einlassung, die nach der gesetzlichen Regelung zuvor hätte entgegengenommen werden müssen, den Prozeßbeteiligten besser verständlich zu machen. Es ist daher ohne Bedeutung, daß „man sich", worauf die Strafkammer in ihrem das Ablehnungsgesuch verwerfenden Beschlusse abhebt und was auch der Vorsitzende und der Berichterstatter in ihren dienstlichen Äußerungen betonen, „schon mitten in der Beweisaufnahme befand". Dieser Umstand konnte an dem Charakter der Einlassung als Teil der Sachvernehmung nichts ändern und hat daran auch nichts geändert.

Demgemäß war die Anhörung der Angeklagten zur Sache noch nicht beendet, als die Äußerungen des Vorsitzenden fielen, die das Ablehnungsgesuch gegen ihn ausgelöst haben. Dieses war daher nach § 25 StPO noch zulässig. In einem Teil des Schrifttums wird allerdings die Ansicht vertreten, die Ablehnung eines Richters sei nicht mehr möglich, sobald in die Beweisaufnahme eingetreten sei, und zwar unabhängig davon, ob die Anhörung des Angeklagten zur Sache vorher abgeschlossen war oder nicht, weil sonst die Gefahr des Mißbrauchs des Ablehnungsrechts bestehe und weil es oft schwierig sei, festzustellen, was Sachvernehmung im eigentlichen Sinne und was nur Erklärung nach § 257 StPO gewesen sei. Diese Gesichtspunkte können für die Auslegung des § 25 StPO nicht als maßgebend anerkannt werden. Abzustellen ist vielmehr auf den Zweck, den der Gesetzgeber mit dieser Vorschrift verfolgt. Er ergibt sich mit hinreichender Deutlichkeit aus den Änderungen, die sie im Laufe der Zeit erfahren hat. Während darin früher für die Hauptverhandlung erster Instanz zeitlich bestimmte Vorgänge vorgesehen waren, bis zu denen eine Ablehnung erklärt werden konnte, so zunächst die Verlesung des Eröffnungsbeschlusses und später der Beginn der Vernehmung des Angeklagten zur Sache, ist nunmehr einheitlich für alle Rechtszüge die Möglichkeit einer Ablehnung bis zum Beginn des Teiles der

Hauptverhandlung gegeben, der an die Sachvernehmung des Angeklagten anschließt. Daraus geht hervor, daß nach dem Willen des Gesetzgebers dem Angeklagten die Geltendmachung des Rechts, einen Richter abzulehnen, so lange offen stehen soll, als seine Vernehmung zur Sache nicht abgeschlossen ist. Das hat auch seinen guten Sinn, weil gerade in diesem Verfahrensabschnitt, in dem der dem Angeklagten bis dahin in der Regel unbekannte Vorsitzende die Sach- und Rechtslage mit diesem erörtern muß, aus Art und Inhalt der Vorhaltungen, die er dabei dem Angeklagten macht, erst Umstände sichtbar werden können, die diesem Anlaß zu der Besorgnis geben, der Richter sei befangen. Demnach muß § 25 StPO in seiner heute geltenden Fassung trotz der Gefahr etwaigen Mißbrauchs des Ablehnungsrechts und trotz der Schwierigkeiten, die sich möglicherweise bei der Feststellung der Beendigung der Sachvernehmung ergeben, dahin ausgelegt werden, daß die Ablehnung eines Richters wegen Besorgnis der Befangenheit zulässig bleibt, solange die Anhörung zur Sache nicht abschließend durchgeführt ist, ganz gleich, ob, so wie hier, die Beweisaufnahme ganz oder zum Teil vorweggenommen war.

Das Ablehnungsgesuch der Angeklagten ist somit entgegen der Annahme des Landgerichts nicht verspätet angebracht worden und durfte daher nicht als unzulässig verworfen werden vielmehr hätte darüber die Strafkammer unter Ausschluß des abgelehnten Richter sachlich entscheiden müssen.

27. Trägt der Angeklagte nach Verwerfung eines Befangenheitsantrags neue Tatsachen vor, sind die abgelehnten Richter bei der Mitwirkung über das erneute Ablehnungsgesuch ausgeschlossen.

StPO § 338 Nr. 3 – BGH Urt. v. 27. 1. 1955 – 3 StR 591/54 LG Frankfurt am Main[1]

Die Revision rügt, daß die Strafkammer über das zweite Ablehnungsgesuch des Verteidigers gegen denselben Vorsitzenden und gegen die beiden Beisitzer selbst entschieden hat. Dazu führt sie aus, ein abgelehnter Richter sei nicht befugt, über ein gegen ihn gerichtetes Ablehnungsgesuch zu befinden. Der Vorsitzende sei aus einem anderen Grunde als früher abgelehnt worden. Verschleppungsabsicht habe nicht vorgelegen.

Sachverhalt: Die erkennende Strafkammer hat das gegen ihre drei richterlichen Mitglieder, den Landgerichtsdirektor K., die Assessoren He. und Si. angebrachte Ablehnungsgesuch als unzulässig verworfen. Sie erachtet die Ablehnung der beiden Beisitzer in Wirklichkeit für einen Angriff gegen den die frühere Ablehnung zurückweisenden Beschluß, der nur mit der Revision angefochten werden könne. Gegen den Vorsitzenden sind nach Ansicht der Strafkammer keine neuen Ablehnungsgründe vorgetragen, die Mißtrauen gegen seine Unparteilichkeit rechtfertigen könnten.

Die Assessoren He. und Si. sind abgelehnt worden, weil die bei dem Gespräch zwischen Landgerichtsdirektor K. und Rechtsanwalt B. anwesenden dritten Personen nicht gehört worden sind, was der Angeklagte auf die Abhängigkeit der richterlichen Beisitzer von der dienstlichen Bewertung durch ihren Kammervorsitzenden zurückführt. Darin kommt allerdings zunächst ein Gedanke zum Ausdruck, der den Gegenstand der sachlichen Begründung einer Beschwerde gegen den das Ablehnungsgesuch verwerfenden Beschluß bilden könnte, nämlich ungenügende Aufklärung des Sachverhalts. Daneben ist aber zugleich ein persönlicher Gesichtspunkt gegen die beiden Beisitzer vorgebracht worden. Der Angeklagte hat sich auch darauf berufen, darin, daß von der vollen Aufklärung des Hergangs abgesehen worden sei, zeige sich eine Befangenheit der beiden Beisitzer. – Das Rechtsmittel hatte Erfolg.

---

[1] Dieses Urteil wurde vom Verfasser beim Archiv des BGH angefordert. Es ist bisher nicht vollständig veröffentlicht worden. Deshalb enthält es auch keine Quellenangabe.

Gründe: ...

4. ...

a) Mit dieser Behauptung hat der Angeklagte eine neue Tatsache geltend gemacht. Das damit begründete Ablehnungsgesuch war daher nicht unzulässig. Infolgedessen waren die beiden Beisitzer von einer Mitwirkung an der Entscheidung über das gegen sie eingereichte Ablehnungsgesuch ausgeschlossen. Über dieses ist demnach nicht ordnungsgemäß entschieden worden. Die beiden Beisitzer durften daher am weiteren Verfahren und am Urteil nicht mitwirken ohne Rücksicht darauf, ob das Gesuch als begründet anzusehen gewesen wäre oder nicht.

Da sonach das Ablehnungsgesuch zu Unrecht verworfen worden ist, kann das Urteil nicht bestehenbleiben. § 338 Nr. 3 StPO.

b) Dasselbe gilt hinsichtlich der Person des Vorsitzenden.

Ihn hat der Angeklagte erneut abgelehnt. Soweit dieses Gesuch darauf gestützt ist, daß die Erklärung des Vorsitzenden der des Rechtsanwalts B. inhaltlich widerspreche, enthält es im wesentlichen nur eine Wiederholung der vom Landgericht nicht als durchgreifend anerkannten früheren Ablehnungsgründe. Anders steht es mit dem weiteren Ablehnungsgrund, der Vorsitzende habe den Tatsachen zuwider behauptet, er habe in einer Strafsache gegen We. den Verteidiger Kl. wegen seines Verhaltens gerügt. Wenngleich in dem ersten Ablehnungsgesuch ganz allgemein persönliche Auseinandersetzungen zwischen dem Vorsitzenden und Rechtsanwalt Kl. bestritten worden sind, so sind doch Einzeltatsachen über den Vorfall in der Sache We. dort nicht vorgetragen worden. Das war nicht möglich, weil die Erklärung des Landgerichtsdirektors K. über das Benehmen des Rechtsanwalts in der bezeichneten Strafsache erst nach der ersten Ablehnung abgegeben worden war.

Da es sich also jedenfalls insoweit um eine neue Tatsache handelt, konnte sie in einem neuen Ablehnungsgesuch vorgebracht werden. Dieses war deshalb entgegen der Meinung des Landgerichts zulässig. Infolgedessen mußte darüber in einer Besetzung entschieden werden, an der Landgerichtsdirektor K. nicht beteiligt war. Da das nicht geschehen ist, war er ebenso wie die Beisitzer verhindert, im weiteren Verfahren und am Urteil gegen den Angeklagten mitzuwirken. Auch bezüglich seiner Person liegt ein zur Urteilsaufhebung zwingender Verstoß gegen §§ 29, 338 Nr. 3 StPO vor.

28. Pressemitteilungen eines Richters als Befangenheitsgrund.

StPO §§ 24, 338 Nr. 3 – BGH Urt. v. 9. 7. 1953 – 5 StR 282/53 LG Braunschweig (= BGHSt. 4, 264 = NJW 1953, 1358)

Die Revision rügt, der abgelehnte Richter habe der Presse feststehende Tatsachen hinsichtlich des dem Angeklagten zur Last gelegten Verhaltens gemacht, die das Ergebnis der Hauptverhandlung zu seinem Nachteil vorweggenommen hätten.

Sachverhalt: Die gegen den Angeklagten anberaumten Hauptverhandlungstermine hatten mehrmals abgesetzt werden müssen. Nunmehr war Termin auf den 12. 11. 1951 anberaumt worden. Durch Schriftsatz vom 8. 11. 1951 teilte der Verteidiger mit, er habe soeben ein Telegramm der Ehefrau erhalten: „Mein Mann schweren Herzanfall erlitten, reiseunfähig, Termin aufheben lassen." Der Verteidiger bat demgemäß um Aufhebung des Termins. Ein Versuch, den Angeklagten vorführen zu lassen, schlug fehl. Der Termin mußte demgemäß abgesetzt werden. Da die Zeitungen sich für die Sache interessierten, suchten mehrere Presseberichterstatter den Vorsitzenden auf. Am folgenden Tage, dem 13. 11. 1951, erschien in der „Br.er Zeitung" folgender Aufsatz:

„‚Rechtsanwalt' Kl. (voller Name) verschwunden

Verhandlung vor der Braunschweiger Strafkammer fiel aus.

Vor etwa drei Jahren tauchte in G. ein Wirtschaftsanwalt Hans-Rudolf Kl. auf. Er bezeichnete sich, wenngleich er keine Praxis ausübte, als Rechtsanwalt und führte auch den Doktortitel. Gewichtige Momente, die an der Echtheit dieses Rechtsanwalts zweifeln ließen, veranlaßten die Staatsanwaltschaft in B., bereits im Dezember 1949 Anklage gegen Kl. wegen unberechtigter Titelführung und wegen Betruges zu erheben. Nachdem der Verhandlungstermin mehrfach abgesetzt werden mußte, sollte es nunmehr am 12. 11. zum Prozeß kommen.

Der Angeklagte hatte wieder eine Überraschung für das Gericht bereit. Als zwei Tage vor der Verhandlung ein Telegramm der Ehefrau einlief, daß ihr Ehemann wegen eines Herzkrampfes verhandlungsunfähig im Bett liege, konnte der mißtrauische Gerichtsvorsitzende als Ergebnis der sofort angestellten Recherchen nur noch feststellen: „Kl. auf Interzonenpaß am 7. 11. nach Berlin gefahren." Der Angeklagte, der sich offenbar aus gutem Grunde der Verhandlung entzogen hatte, gehörte, wie festgestellt ist, seit 1939 der NSDAP an und war zu jener Zeit als Devisen- und Wirtschaftssachverständiger tätig. Nach dem Zusammenbruch schwenkte er alsbald zur SED über und betätigte sich für diese Partei als eifriger Propagandist.

Nach halbjähriger Tätigkeit in Be. verlegte er sein Wirkungsfeld nach Br. Mehrere seiner SED-Genossen fühlten sich von ihm betrogen und hatten Anzeige erstattet. Durch falsche Angaben verstand er es, Ministerialreferent für Preisbildung beim damaligen Ministerium in Br. zu werden. Nachdem er sich auch hier verdächtig gemacht hatte und ihm gekündigt worden war, schlug er sein Domizil in G. auf und fungierte hier gleichzeitig als Funktionär des BHE.

Die Strafkammer hofft, daß sich dieser wandlungsfähige „Rechtsanwalt" doch noch einmal an berufener Stelle dazu äußern wird, ob er seine Titel mit Fug und Recht trägt. Bisher konnte festgestellt werden, daß der bereits Siebenundfünfzigjährige über das Referendarexamen nicht hinausgekommen ist."

Zu Beginn der Hauptverhandlung vom 19./20. 1. 1953, auf die das angefochtene Urteil ergangen ist, lehnte der Angeklagte den Vorsitzenden ab, weil er, „ohne die Verhandlung abzuwarten, d.h. also indem er ... dem Urteil des Richterkollegiums vorgriff, die Presse völlig einseitig und falsch informiert" habe.

Der Vorsitzende äußerte sich dazu dienstlich wie folgt:

„Der Termin vom 12. 11. 1951 mußte ganz kurzfristig abgesetzt werden. Die Presse, welche ein erhebliches Interesse an der schon jahrelang schwebenden Sache hatte, war deshalb erschienen, und es suchten mich verschiedene Vertreter, darunter der mir seit langem bekannte Berichter Br. auf. Den Presseberichterstattern habe ich auf ihre Bitte nach den mir vorliegenden Akten eine kurze Information über den Stand der Sache erteilt. Dabei habe ich aber über die Tätigkeit des Angeklagten im BHE nichts gesagt. Im übrigen beruhen die tatsächlichen Angaben in der Pressenotiz auf meiner Information."

Die Strafkammer wies das Ablehnungsgesuch zurück. In der Begründung des Beschlusses wird gesagt, ein Richter gebe mit der Mitteilung aktenmäßig feststehender Tatsachen an die Presse keinen Grund zur Besorgnis der Befangenheit. Es sei Recht und Pflicht der Presse, die Öffentlichkeit auch über schwebende Verfahren zu unterrichten; und es sei Aufgabe des Gerichts, dabei mitzuwirken. Daß die Presse gelegentlich die Mitteilungen mit ironischen Akzenten versehe, dafür könne das Gericht nicht verantwortlich gemacht werden. Soweit der Aufsatz Unrichtigkeiten und Ungenauigkeiten enthalte, müsse der Presseberichterstatter die Angaben des Vorsitzenden unrichtig oder ungenau aufgenommen haben. Der Angeklagte selbst habe bisher keinen Zweifel in die Unparteilichkeit des abgelehnten Richters gesetzt; sonst würde er die Ablehnung längst angebracht haben. – Das Rechtsmittel hatte Erfolg.

Gründe: Die Rüge der Revision, daß das Ablehnungsgesuch gegen den Strafkammervorsitzenden, Landgerichtsdirektor H., mit Unrecht verworfen worden sei, führt zur Aufhebung des angefochtenen Urteils.

Es geht nicht um die Frage, ob der abgelehnte Richter für eine unrichtige Wiedergabe oder für die „ironischen Akzente" der Pressenotiz verantwortlich gemacht werden kann. Auch die Person eines bewährten Berichterstatters bietet dagegen keinen ganz verläßlichen Schutz; es ist dem Senat bekannt, daß gerade Gerichtsberichte vielfach nicht in der vom Berichterstatter selbst entworfenen Fassung, sondern mit Änderungen des Redakteurs erscheinen.

Bei der Ablehnung handelt es sich vielmehr nur um die Frage, ob vom Standpunkt eines vernünftigen Angeklagten aus ein Grund vorliegt, der Unparteilichkeit des Richters zu mißtrauen (vgl. BGHSt. 1, 34 [BGH Urt. v. 9. 2. 1951 – 3 StR 48/50; vgl. § 338 Nr. 3 StPO erfolgreiche Rügen]). Der Angeklagte kann nicht nachprüfen, ob und in welchem Maße die Unrichtigkeiten und die Ironie von dem Richter oder von dem Journalisten herrühren. Für ihn liegt es deshalb nahe, beides dem Richter zuzuschreiben, soweit über Dinge berichtet wird, die nur auf Grund von Mitteilungen des Richters in die Zeitung gekommen sein können.

Der Beschluß der Strafkammer spricht auch zu Unrecht von der „Mitteilung aktenmäßig feststehender Tatsachen". Um solche handelt es sich hier nur, soweit der Zeitungsaufsatz die Prozeßgeschichte erörtert. Darauf beschränkt er sich jedoch nicht. Vielmehr liegt das Schwergewicht gerade auf denjenigen Dingen, die dem Angeklagten sachlich zur Last gelegt werden: den Vorgängen, in denen der Betrug und die unberechtigte Titelführung erblickt werden. In dieser Beziehung darf es für einen erkennenden Tatrichter vor der Verhandlung überhaupt keine „aktenmäßig feststehenden Tatsachen" geben. Er darf Tatsachen nur auf Grund der Hauptverhandlung feststellen, selbst soweit sie sich aus den Akten feststellen lassen. Wenn die tatsächlichen Angaben der Pressenotiz, wie der Vorsitzende selbst erklärt, auf seinen Mitteilungen beruhen, so muß beim Angeklagten die Besorgnis entstehen, es sei für den Vorsitzenden schon vor der Verhandlung eine „feststehende Tatsache", daß er, der Angeklagte, es „durch falsche Angaben verstanden" habe, „Ministerialreferent zu werden", und daß er „über das Referendarexamen nicht hinausgekommen" sei. Da der Beschluß der Strafkammer davon ausgeht, daß es für den Vorsitzenden schon vor der Hauptverhandlung „feststehende Tatsachen" hinsichtlich des dem Angeklagten zur Last gelegten Verhaltens gegeben habe, so bezeichnet er damit den Vorsitzenden geradezu selbst als befangen.

Die Auffassung des Beschlusses, der erkennende Richter habe bei der Unterrichtung der Öffentlichkeit über schwebende Verfahren mitzuwirken, trifft nur mit starken Einschränkungen zu. Zunächst geht für den Richter die Pflicht vor, sich die eigene Unbefangenheit zu wahren und auch den Schein der Voreingenommenheit zu meiden. Keinesfalls ist es deshalb seine Aufgabe, der Presse Mitteilungen zu machen, die das Ergebnis der Hauptverhandlung auch nur in Teilen vorwegnehmen. Gerade weil der erkennende Richter durch solche Mitteilungen vor der Verhandlung in einen Widerstreit zu seinen eigentlichsten Berufspflichten geraten kann, die Öffentlichkeit aber andererseits ein berechtigtes Interesse an frühzeitiger Unterrichtung hat, haben die Justizverwaltungen besondere Pressedezernenten bestellt und Justizpressestellen eingerichtet. Mitteilungen des Pressedezernenten sind weniger in Gefahr, mißdeutet zu werden. Ihnen kann nicht so leicht unterstellt werden, daß sie maßgebende Äußerungen seien, auf die sich das erkennende Gericht oder eines seiner Mitglieder schon festgelegt habe.

Unbedenklich wird es in der Regel sein, wenn der Richter sich auf Mitteilungen über die Prozeßgeschichte beschränkt. So rechtfertigt die sachliche Mitteilung, daß und warum die Termine mehrmals vertagt worden sind, für sich noch kein Mißtrauen in die Unparteilichkeit des Vorsitzenden. Bedenklich ist aber schon die Wendung, daß der Angeklagte sich „der Verhandlung entzogen" habe, auch ohne die vielleicht erst von der Zeitung hinzugesetzte ironische Bemerkung, daß er das „offenbar aus gutem Grunde" getan habe. Der Vorsitzende konnte damals nicht wissen, ob der Angeklagte sich wirklich der Verhandlung „entzog". Später stellte sich heraus, daß der Angeklagte in Wahrheit „aus gutem Grunde" nach Berlin gefahren war, um nämlich dort nach entlastenden Beweismitteln zu suchen, und zwar so frühzeitig, daß er im gewöhnlichen Verlauf der Dinge ohne weiteres zur Hauptverhandlung zurück sein konnte. Ferner konnte der Angeklagte durch Zeugnisse eines Facharztes und eines Amtsarztes nachweisen, daß er tatsächlich einen schweren Herzanfall erlitten hatte und deshalb reise- und verhandlungsunfähig geworden war.

Bei Mitteilungen darüber, was dem Angeklagten zur Last gelegt wird, empfiehlt sich für den Richter große Zurückhaltung, wenn er den Schein der Voreingenommenheit vermeiden will. Das Interesse der Öffentlichkeit an solchen vorzeitigen Mitteilungen des erkennenden Richters kann im allgemeinen nicht als berechtigt anerkannt werden. Selbst der Angeklagte, um dessen eigenes Schicksal es gehe und dessen Interesse an einer Stellungnahme seines Richters weit dringender wäre, muß – wie sich von selbst versteht – bis zur Verhandlung warten. Die §§ 17, 18 Abs. 1 Nr. 1 des Reichspressegesetzes bedrohen die vorzeitige Veröffentlichung der Anklageschrift oder „anderer amtlicher Schriftstücke eines Strafprozesses" mit Strafe. Es kann nicht Sache des Richters sein, Veröffentlichungen zu ermöglichen, die – auch wenn sie nicht unmittelbar gegen diese Strafvorschriften verstoßen – inhaltlich auf das gleiche hinauslaufen. Sie können mindestens dann, wenn sie auf Mitteilungen eines beteiligten Richters zurückgehen, die Unbefangenheit jedenfalls der mitwirkenden Laienrichter stark beeinträchtigen. Auch wo das nicht der Fall ist, erschüttert doch die Mithilfe des Richters an solchen Veröffentlichungen das Vertrauen des Angeklagten in seine Unbefangenheit.

Hat ein Richter sich bei seinen Mitteilungen gegenüber der Presse innerhalb der hier gezogenen engen Grenzen gehalten, kommt es aber trotzdem zu weitergehenden Veröffentlichungen, so wird das allein seine Ablehnung im allgemeinen noch nicht begründen. Ein vernünftiger Angeklagter wird das zunächst bei ihm entstandene verständliche Mißtrauen überwinden müssen, wenn er aus der dienstlichen Äußerung des Richters erfährt, daß dieser sich jeder Vorwegnahme des Verhandlungsergebnisses enthalten hat. Das hat aber im vorliegenden Fall der abgelehnte Richter nach seiner eigenen dienstlichen Äußerung nicht getan. Soweit die Strafkammer ausführt, die Unrichtigkeiten und Ungenauigkeiten des Zeitungsaufsatzes müßten darauf beruhen, daß der Presseberichterstatter die Angaben des Vorsitzenden unrichtig oder ungenau aufgenommen hätte, setzt sie sich in Widerspruch zu den eigenen Erklärungen des Vorsitzenden. Dieser räumt ausdrücklich ein, daß „die tatsächlichen Angaben in der Pressenotiz" (mit einer einzigen, neben der Sache liegenden Ausnahme) auf seiner Unterrichtung beruhen. Da diese Angaben das Ergebnis zum Teil vorwegnahmen, konnten sie beim Angeklagten verständliche Bedenken gegen die Unbefangenheit des Vorsitzenden hervorrufen.

Zu Unrecht schließt die Strafkammer aus dem Umstande, daß der Angeklagte das Ablehnungsgesuch erst in der Hauptverhandlung angebracht hat, er setze selbst keinen Zweifel in die Unparteilichkeit des abgelehnten Richters. Der Angeklagte macht von einer verfahrensrechtlichen Befugnis Gebrauch, wenn er mit der Ablehnung bis zum Beginn seiner Vernehmung zur Sache wartet (§ 25 StPO). Es steht ihm nicht nur zu, sondern es wird sich für ihn vielfach durchaus empfehlen, daß er sich zur Ablehnung erst dann entschließt, wenn er außer dem förmlichen Ablehnungsgrund auch einen persönlichen Eindruck von der Verhandlungsweise des Richters hat. Gerade dadurch können unnötige Ablehnungen vermieden werden. Aus dem späten Zeitpunkt der Ablehnung dürfen deshalb keine Schlüsse gegen den Angeklagten gezogen werden.

Aus diesen Gründen war gemäß § 338 Nr. 3 StPO das angefochtene Urteil aufzuheben.

29. Einflußnahme auf das Aussageverhalten einer Zeugin als Befangenheitsgrund.

StPO §§ 24, 338 Nr. 3 – BGH Urt. v. 9. 2. 1951 – 3 StR 48/50 LG Duisburg (= BGHSt. 1, 34 = NJW 1951, 323)

Die Revision rügt, der abgelehnte Richter habe der Ehefrau des Angeklagten mit Rücksicht auf ihre Absicht, bei einer neuen Hauptverhandlung gegen ihren Mann die Aussage zu verweigern erklärt „Der Weg, den Sie jetzt gehen, ist falsch!" Auf ihre Frage, was damit gemeint sei, habe er weiter geäußert „Das Urteil, das gegen Sie ausgesprochen wurde, bleibt nicht bestehen. Das gleiche wird mit dem Urteil gegen Ihren Ehemann der Fall sein, das sage ich Ihnen".

Sachverhalt: Nachdem durch Urteil des Landgerichts in D. vom 5. 5. 1950 der Angeklagte wegen fortgesetzten Verbrechens gemäß § 174 Nr. 1 StGB verurteilt, seine damals mitangeklagt gewesene Ehefrau aber freigesprochen worden war und über die hiergegen gerichteten Revisionen des Angeklagten und der Staatsanwaltschaft noch nicht entschieden war, bat die Ehefrau des Angeklagten, ihr zu einer Unterredung mit ihrem in Untersuchungshaft befindlichen Mann Sprecherlaubnis zu erteilen. Bei der dadurch veranlaßten Rücksprache sagte ihr der Vorsitzende der erkennenden Strafkammer Landgerichtsdirektor Dr. G. – und zwar nach ihrer Annahme mit Rücksicht auf ihre Absicht, bei einer neuen Hauptverhandlung gegen ihren Mann die Aussage zu verweigern –: „Der Weg, den Sie jetzt gehen, ist falsch!" Auf ihre Frage, was damit gemeint sei, äußerte er weiter: „Das Urteil, das gegen Sie ausgesprochen wurde, bleibt nicht bestehen. Das gleiche wird mit dem Urteil gegen Ihren Ehemann der Fall sein, das sage ich Ihnen". Nachdem die Staatsanwaltschaft die Revision zurückgenommen hatte, auf die Revision des Angeklagten aber das Urteil vom 5. 5. 1950, soweit es ihn betraf, aufgehoben und die Sache zu neuer Verhandlung zurückverwiesen worden war, lehnte der Angeklagte vor der neuen Hauptverhandlung durch Schriftsatz seines Verteidigers vom 8. 9. 1950 den Vorsitzenden der erkennenden Strafkammer Landgerichtsdirektor Dr. G. unter Darlegung der vorstehend erwähnten Vorgänge wegen Besorgnis der Befangenheit ab. Der abgelehnte Richter erklärte sich in seiner dienstlichen Äußerung nicht für befangen, bemerkte jedoch, daß die zur Begründung des Gesuchs angeführten Worte möglicherweise gebraucht habe. Zur Erläuterung dieses Verhaltens erklärte er noch folgendes: die Ehefrau des Angeklagten habe, wie sich aus ihren Angaben im ersten Hauptverhandlungstermin ergeben habe, in ihrer Ehe ein wahres Martyrium durchgemacht. Erst kurz vor dem Termin habe sie sich, frei von dem ständigen Einfluß ihres Mannes, zu dem Entschluß durchgerungen, in der Hauptverhandlung gegen ihn auszusagen und die Scheidung der Ehe zu betreiben. In der nach der Verhandlung zutage getretenen neuerlichen Hinneigung zu ihrem Manne habe er eine Uneinsichtigkeit und Dummheit der Frau erblickt und deshalb mit seinen Worten andeuten wollen, sie solle sich nicht einbilden, daß ihr Mann mit seinem bisherigen Benehmen gebrochen und sich in einen liebevollen und treuen Ehegatten verwandelt habe. Die in dem Verhalten der Frau zum Ausdruck gekommene nahezu erschütternde Charakterlosigkeit möge der Grund dafür gewesen sein, weshalb er sich ihr gegenüber kühl und unverbindlich geäußert habe. Nachdem für den abgelehnten Richter dessen Vertreter eingetreten war, erklärte die Strafkammer durch Beschluß vom 22. 9. 1950 das Ablehnungsgesuch für unbegründet. – Das Rechtsmittel hatte Erfolg.

Gründe: Das bei der Behandlung des Ablehnungsgesuchs beobachtete Verfahren entspricht dem für das Gericht zur Zeit der Entscheidung geltenden § 27 StPO in der Fassung der VO des Zentraljustizamtes für die britische Zone vom 9. 2. 1948 (VOBlBZ 1948 S. 41). Mit Recht bekämpft jedoch die Revision die Entscheidung selbst als unrichtig.

Es entspricht der einhelligen Ansicht in der Rechtsprechung und im Schrifttum, daß Ablehnungsgesuche auch in tatsächlicher Beziehung der freien Nachprüfung des Revisionsrichters unterliegen. Diese Prüfung führt zu dem Ergebnis, daß der Angeklagte auf Grund des dargelegten ihm bekannten Sachverhalts auch bei verständiger Würdigung der Sache Grund zu der Annahme hatte, der abgelehnte Richter nehme ihm gegenüber eine innere Haltung ein, die dessen Unvoreingenommenheit und Unparteilichkeit störend beeinflussen könne (RGSt 61, 67), sei also befangen. Die Äußerung des Richters zur Ehefrau des Angeklagten: „Der Weg, den Sie gehen, ist falsch", bezog sich nach dem Zusammenhang, in dem sie fiel, auf den Wandel, der in den Gesinnungen der Frau dem Angeklagten gegenüber eingetreten war. Im Zeitpunkt der ersten Verhandlung war sie entschlossen, sich von ihrem Ehemann scheiden zu lassen; sie hatte durch ihre Angaben als Mitangeklagte ihren Mann stark belastet. Die Feststellungen, zu denen die Strafkammer damals gekommen war, beruhen vorwiegend auf ihren Angaben. Nach dem Termin faßte sie jedoch wieder Zuneigung zu ihrem Ehemann und erklärte, sie werde ihn in einem neuen Termin nicht mehr belasten, sondern ihre Aussage verweigern. Diesen Gesinnungswandel bezeichnet die Äußerung als falsch. Zwar steht nicht fest, daß bei der Unterredung zwischen dem Richter und der Frau des Angeklagten ausdrücklich auch von ihrer Absicht die Rede war, in Zukunft die Aussage zu verweigern. Es kann deshalb sein, daß Landgerichtsdirektor Dr. G. nur seine Auffassung von dem Gesinnungswandel im allgemeinen ausdrücken wollte und an die von der Frau geäußerte Absicht, in Zukunft die Aussage zu verweigern, nicht dachte. Diese Absicht bildete aber ein Stück dieses Gesinnungswandels und die für den Angeklagten im Augenblick wichtigste Folge. Es entbehrt deshalb keinesfalls einer tatsächlichen Grundlage, sondern liegt im Gegenteil sehr nahe, daß die Ehefrau des Angeklagten und dieser selbst das in der Äußerung zum Ausdruck kommende Unwerturteil auch und gerade auf die Absicht der späteren Aussageverweigerung bezogen und in ihr die Aufforderung zu erkennen glaubten, die Ehefrau möge sich lieber „richtig" in dem Sinne verhalten, daß sie auch in einem neuen Verhandlungstermin den Angeklagten belastende Aussagen mache.

Ob diese Deutung dem Willen und der Vorstellung des Landgerichtsdirektors Dr. G. entsprach, ist ohne Bedeutung. Es kommt nur darauf an, ob der Angeklagte bei vernünftiger Würdigung der ihm bekannten Umstände zu dieser wenn auch irrtümlichen Ansicht gelangen konnte, und das ist entgegen der im Beschluß vom 22. 9. 1950 zum Ausdruck gekommenen Meinung der Strafkammer aus den angeführten Gründen zu bejahen.

Vom Boden dieser Auffassung ist aber auch ein Mißtrauen des Angeklagten gegen die Unparteilichkeit des Richters nicht unbegründet. Ein Zeuge, dem nach § 52 StPO als Angehörigem ein Zeugnisverweigerungsrecht zusteht, kann nach seinem Ermessen darüber entscheiden, ob er davon Gebrauch machen will oder nicht. Jede Einwirkung auf ihn in dem Sinne, daß er von seinem Recht keinen Gebrauch machen solle, wäre für den Richter ein Eingriff in diese Entschlußfreiheit und ist ihm daher nicht gestattet. Geschieht es dennoch, vor allem dann, wenn – wie im vorliegenden Falle – zu erwarten ist, daß der Angehörige den Angeklagten belastende Aussagen machen könnte, so setzt sich der Richter dem Verdacht oder der Mißdeutung aus, daß er sich aus unsachlichen Gründen nicht auf die ihm obliegende Aufgabe beschränken wolle, unter Benutzung der gesetzlich zulässigen Beweismittel die Wahrheit zu erforschen, sondern daß er den durch das Verfahrensrecht gewiesenen Weg verlasse und auf Grund einer vorgefaßten Meinung von der Schuld des Angeklagten seine Aufgabe darin sehe, möglichst viel belastendes Material gegen ihn zusammenzutragen. Diese Meinung konnte im Angeklagten nicht ohne Grund vor allem wegen der sonstigen begleitenden Umstände aufkommen, unter denen der Landgerichtsdirektor die Äußerungen machte. Sie enthielten eine Beurteilung der Entwicklung des Verhältnisses zwischen den Ehegatten. Diese Beziehungen zu bestimmen, ist aber Sache der Eheleute selbst. Das gilt ganz allgemein, besonders aber dann, wenn eine Ehefrau vor der Frage steht, ob sie ihrem Mann, der sich schwere Eheverfehlungen hat zuschulden kommen lassen, nicht trotzdem verzeihen soll. Ein Strafrichter, der aus Anlaß einer dienstlichen Verrichtung, zu der die Beurteilung der ehelichen Beziehungen und die Äußerung eines solchen Urteils nicht gehört, gleichwohl der Frau ungefragt deutlich zu verstehen gibt, daß er die Aussöhnung als falsch beurteile, setzt sich damit nicht ohne Grund bei dem angeklagten Ehemann dem Verdacht einer Einmischung aus Voreingenommenheit und Parteilichkeit aus. Dabei ist zu bedenken, daß selbst dann, wenn einem Gericht eheliche Verhältnisse zur Beurteilung unterbreitet werden, zwar eine Einwirkung auf die Ehegatten im Sinne einer Versöhnung nicht selten stattfinden und oft sogar vom Gesetz vorgeschrieben ist, die Beeinflussung eines Ehegatten nach der Richtung, sich nicht zu versöhnen, aber durchaus ungewöhnlich ist. An dieser Beurteilung ändert auch der Umstand nichts, daß Landgerichtsdirektor Dr. G., worauf er in seiner dienstlichen Erklärung hinweist, Grund zu der Annahme zu haben glaubte, die Aussöhnung werde vom Angeklagten nicht ganz ehrlich betrieben und werde deshalb keinen Bestand haben, und daß er deshalb aus guter Absicht handelte. Auch dann blieb eine irrtümliche Auffassung des Angeklagten hierüber verständlich.

Es kommt hinzu, daß der Angeklagte auch aus dem Tonfall ungünstige Schlüsse ziehen konnte. Die Ehefrau des Angeklagten nennt ihn erregt und betont unfreundlich. Landgerichtsdirektor Gs. dienstliche Erklärung geht zwar nur dahin, er habe sich kühl und unverbindlich geäußert, sie enthält aber die weitere Bemerkung, das sei geschehen, weil im Verhalten der Ehefrau des Angeklagten Uneinsichtigkeit, Dummheit und eine geradezu erschütternde Charakterlosigkeit zum Ausdruck gekommen seien. Es muß deshalb davon ausgegangen werden, daß aus dem Tonfall und der Form der Äußerungen jedenfalls nichts entnommen werden konnte, was geeignet gewesen wäre, beim Angeklagten die Bedenken gegen die Unvoreingenommenheit des Richters zu zerstreuen, die er aus dem sachlichen Inhalt seines Verhaltens herleiten durfte.

Alle diese Gründe konnten im Angeklagten auch bei verständiger Würdigung aller ihm bekannten Umstände die Besorgnis aufkommen lassen, der von ihm abgelehnte Richter nehme ihm gegenüber schon vor Beginn der neuen Hauptverhandlung eine innere Haltung ein, durch die dessen Unparteilichkeit störend beeinflußt werden könnte. Das – rechtzeitig angebrachte – Ablehnungsgesuch war deshalb begründet und ist mit Unrecht verworfen worden. Das angefochtene Urteil muß infolgedessen nach der zwingenden Vorschrift des § 338 Nr. 3 StPO mit den ihm zugrunde liegenden Feststellungen aufgehoben und die Sache zu neuer Verhandlung und Entscheidung zurückverwiesen werden.

Erfolglose Rügen

1. Mögliche Rufschädigung des Gremiums, dem der Schöffe angehört, kein Befangenheitsgrund.

StPO §§ 24 II, 31 I, 338 Nr. 3 – BGH Urt. v. 13. 3. 1997 – 1 StR 793/96 LG Tübingen (= BGHSt. 43, 16 = NJW 1998, 550 = StV 1997, 449 = NStZ 1997, 559)

Die Revision rügt, bei dem Urteil habe der Schöffe H. aus C. mitgewirkt, nachdem er wegen Besorgnis der Befangenheit abgelehnt und das Ablehnungsgesuch vom 18. 6. 1996 zu Unrecht verworfen worden sei.

Sachverhalt:

a) Der Angeklagte war seit 1986 Vorstandsmitglied der Volksbank W. und blieb dies nach der Fusion mit der Volksbank C. zu den Vereinigten Volksbanken e.G. W./C. im Jahre 1991 neben dem Vorstandsvorsitzenden und dessen Stellvertreter H., der früher Vorstandsvorsitzender der Volksbank C. gewesen war. Nach dem Ausscheiden von H. im April 1994 übernahm der Angeklagte zusätzlich dessen Aufgabengebiet. Er arbeitete deshalb ab 1994 wöchentlich je zur Hälfte in C. und in W. Die dem Angeklagten zur Last gelegten Taten zum Nachteil der in C. als Kreditsachbearbeiterin und als Mitarbeiterin im Vorstandssekretariat eingesetzten Frau G. fanden nach den Feststellungen des Landgerichts vom Dezember 1994 bis zum 14. 3. 1995 statt, sämtlich in den Räumen der Volksbank C. Die Vorfälle haben in der Öffentlichkeit großes Aufsehen erregt.

b) Der Schöffe Ha. ist seit 15 Jahren Mitglied der Vertreterversammlung der Volksbank C., nach der Fusion im Jahre 1991 Mitglied der Vertreterversammlung der Vereinigten Volksbanken e.G. W./C. Eine EDV-Liste der Mitglieder der Vertreterversammlung der Vereinigten Volksbanken umfaßt rund 450 Personen. Der Schöffe nahm in seiner Funktion als Mitglied der Vertreterversammlung an einer Vertreterversammlung am 5. 5. 1995 teil, in der die vier aus C. stammenden Aufsichtsräte zurücktraten.

c) Die Hauptverhandlung nahm insgesamt sechs Tage in Anspruch. Am dritten Sitzungstag brachte der Verteidiger im Namen des Angeklagten ein Ablehnungsgesuch gegen den Schöffen Ha. ein. In diesem Ablehnungsgesuch wurde u.a. ausgeführt, daß der Schöffe Ha. Mitglied der Vertreterversammlung der Vereinigten Volksbanken e.G. W./C. sei. Der Schöffe habe diese Funktion mehr als 15 Jahre zunächst bei der Volksbank C., später bei den Vereinigten Volksbanken ausgeübt und an der Sitzung am 5. 5. 1995 teilgenommen. Der Angeklagte habe deshalb kein Vertrauen in die Unparteilichkeit des Schöffen. Zur Frage, ob es einen „Machtkampf" gegeben habe, sei vom Aufsichtsratsvorsitzenden als Zeuge bekundet worden, daß es immer Querelen im Aufsichtsrat gegeben habe und sich „die C.er unterlegen gefühlt" hätten.

In seiner dienstlichen Erklärung führte der Schöffe u.a. aus, bei der Versammlung am 5. 5. 1995 sei bekannt geworden, daß die vier C.er Aufsichtsratsmitglieder zurückgetreten seien; Gründe hierfür seien nicht genannt worden. Er habe mit dem Angeklagten noch nie geschäftliche oder private Gespräche geführt noch einen solchen Kontakt mit ihm gehabt.

d) Die Kammer verwarf das Ablehnungsgesuch u.a. mit folgender Begründung: Daß der abgelehnte Schöffe an dem im Ablehnungsgesuch so genannten „Machtkampf" in Vorstand/Aufsichtsrat der Volksbank e.G. W./C. beteiligt gewesen wäre, werde vom Ablehnenden selbst nicht behauptet und sei dem Gericht auch sonst nicht bekannt geworden. Daß der Schöffe nach dem 5. 5. 1995 aus der Presse von den Meinungsverschiedenheiten im Aufsichtsrat und von den diesen Meinungsverschiedenheiten zugrundeliegenden Vorwürfen gegen den Angeklagten erfahren haben könne, begründe bei verständiger Würdigung nicht die Besorgnis, der Schöffe sei deswegen gegen den Angeklagten voreingenommen und in seiner Unparteilichkeit störend beeinflußt. – Das Rechtsmittel war erfolglos.

Gründe: Die Ablehnung eines Schöffen wegen Besorgnis der Befangenheit ist nach §§ 31, 24 Abs. 2 StPO nur gerechtfertigt, wenn der Angeklagte auf Grund des ihm bekannten Sachverhalts und bei verständiger Würdigung der Sache Grund zu der Annahme hat, der abgelehnte Richter nehme ihm gegenüber eine innere Haltung ein, die dessen Unparteilichkeit und Unvoreingenommenheit störend beeinflussen könne (BGHSt. 1, 34 [BGH Urt. v. 9. 2. 1951 – 3 StR 48/50; vgl. § 338 Nr. 3 StPO erfolgreiche Rügen]).

Wenn es danach für die Prüfung der Ablehnungsfrage auch auf den Standpunkt des Angeklagten ankommt, so bedeutet das doch nicht, daß etwa nur seine eigene Einstellung, seine eigene Sicht der Dinge, maßgebend ist. Es kommt vielmehr auf den Standpunkt eines vernünftigen Angeklagten an (BGHSt. 21, 334, 341 [BGH Urt. v. 10. 11. 1967 – 4 StR 512/66; vgl. §§ 68a, 338 Nr. 3 StPO erfolglose Rügen]). Es ist ein individuell-objektiver Maßstab anzulegen.

Nur auf die subjektive Sicht des Ablehnenden abzustellen, kommt schon wegen der Bestimmung des Art. 101 Abs. 1 Satz 2 GG nicht in Betracht, die es verbietet, daß der an sich zuständige Richter ohne zureichend objektivierbaren Grund in einem Einzelfall von der Mitwirkung an der Entscheidung ausgeschlossen wird (vgl. BVerfGE 31, 145, 165).

Mit Recht hat hiernach die Strafkammer das Ablehnungsgesuch verworfen. Der Angeklagte konnte, was der Senat nach Beschwerdegrundsätzen zu prüfen hatte, keinen Anlaß zur Besorgnis der Befangenheit und zu Zweifeln an der Unparteilichkeit des Schöffen haben.

a) Allein die Mitgliedschaft des Schöffen in der Volksbank C. und später den Vereinigten Volksbanken begründet von diesem Standpunkt aus nicht die Besorgnis der Befangenheit. Aus diesem Umstand ergibt sich noch kein eigenes, wirtschaftliches Interesse am Ausgang des Verfahrens. Die möglicherweise durch die Taten des Angeklagten und deren Bekanntwerden eingetretene Rufschädigung der Vereinigten Volksbanken ist ebenfalls kein im Sinne dieser Fragestellung beim Schöffen eintretender wirtschaftlicher Nachteil oder Schaden. Für einen durch eine Rufschädigung eingetretenen wirtschaftlichen Schaden ist nichts ersichtlich.

b) Auch aus der Funktion und Aufgabenstellung des Schöffen als Vertreter in der Vertreterversammlung der Genossenschaft, in der der Angeklagte Vorstandsmitglied war, ergibt sich kein Grund zur Besorgnis der Befangenheit. Zwar kommen der Vertreterversammlung weitreichende Befugnisse zu. Sie hat eine große Machtfülle aufgrund ihrer Satzungshoheit und, soweit die Satzung nichts anderes bestimmt, der Möglichkeit, Vorstands- und Aufsichtsratsmitglieder zu bestellen und abzuberufen. Doch tritt hinzu, daß der Vertreter in der Vertreterversammlung nicht seine eigenen persönlichen Interessen zum Maßstab seiner Entscheidungen machen darf.

Bei Kenntnis dieser Kompetenzverteilung und der gesetzlichen und satzungsrechtlichen Bindungen des Schöffen konnte beim Angeklagten deshalb ernsthaft keine Besorgnis entstehen, der Schöffe sei aufgrund seiner Funktion in der Vertreterversammlung für die hier zur Beurteilung anstehenden strafrechtlichen Fragen voreingenommen.

Etwas anderes ergibt sich auch nicht daraus, daß der Charakter der Genossenschaft vielfach durch personale Elemente gekennzeichnet ist. Der Senat läßt dahingestellt, wie zu entscheiden wäre, wenn der personale Charakter der juristischen Person dominierend wäre, wie dies etwa bei einer nur wenige Mitglieder umfassenden Genossenschaft der Fall sein kann. Vorliegend handelt es sich jedenfalls um eine Genossenschaft, die über ein erhebliches Geschäftsvolumen verfügt und einen hohen Mitgliederbestand aufweist. Von einem personalen Charakter kann bei dieser Größenordnung nicht die Rede sein. Die körperschaftliche Organisation prägt entscheidend das Bild der Vereinigten Volksbanken e.G. W./C. Der Schöffe hat in seiner dienstlichen Erklärung auch darauf hingewiesen, daß er den Angeklagten weder geschäftlich noch privat gesprochen oder solche Kontakte zu ihm gehabt habe. Jedenfalls bei einer solch großen, durch die körperschaftliche Organisation bestimmten Genossenschaft, die die Anonymität großer Kapitalgesellschaften erreicht, kann ein Grund zur Besorgnis der Befangenheit aufgrund der Funktion und Aufgabenstellung des Schöffen als Vertreter in der Vertreterversammlung bei verständiger Würdigung nicht entstehen.

c) Ein Ablehnungsgrund besteht aber auch nicht unter dem Gesichtspunkt, der Schöffe habe aufgrund der vom Angeklagten in den Räumen der Volksbank begangenen Sexualstraftaten und der sich anschließenden Meinungsverschiedenheiten zwischen den aus C. stammenden Aufsichtsratsmitgliedern und den übrigen Aufsichtsratsmitgliedern, insbesondere dem Vorsitzenden des Aufsichtsrats, eine vorgefaßte Meinung in bezug auf den zu entscheidenden Fall gehabt.

aa) Vorgefaßte Meinungen, etwa aufgrund persönlicher Zerwürfnisse oder feindseliger Beziehungen, die unabhängig vom konkreten Strafverfahren bestehen und eine gewisse Intensität erreichen, können auch bei Anlegen eines individuell-objektiven Maßstabs grundsätzlich geeignet sein, die Besorgnis der Befangenheit eines Richters oder Schöffen zu rechtfertigen. Dies wäre etwa dann der Fall, wenn innerhalb der Gremien der Vereinigten Volksbanken ein „Machtkampf" oder eine Intrige zu Lasten des Angeklagten stattgefunden hätte und der Schöffe hieran in irgendeiner Form beteiligt gewesen wäre.

Es mag sein – und die Aussage des aus W. stammenden Aufsichtsratsvorsitzenden der Vereinigten Volksbanken, er habe eine wahrheitswidrige Beschuldigung des Angeklagten durch C.er Angehörige der Bank für möglich gehalten, spricht dafür –, daß zwischen den aus C. stammenden Aufsichtsräten und den aus W. stammenden Intrigen und Meinungsverschiedenheiten im Spiel waren, die als Machtkampf bezeichnet werden konnten, und daß diese Meinungsverschiedenheiten insbesondere bei der bankinternen Beurteilung der Vorwürfe gegen den Angeklagten deutlich wurden. Der Schöffe war mit diesen Vorgängen aber allenfalls dadurch befaßt, daß er als Mitglied der Vertreterversammlung davon besonders interessiert Kenntnis nahm.

bb) Auch wenn der Schöffe aus C. stammt und deshalb, abgestellt auf die Sicht des Angeklagten, dem C.er Lager im weiteren Sinne zuzurechnen sein mag, rechtfertigt dies nicht die Annahme der Besorgnis der Befangenheit. Es ist insbesondere nichts dafür ersichtlich, daß die Rivalitäten, die sich im Rücktritt der vier C.er Aufsichtsräte am 5. Mai 1995 manifestierten, Resonanz beim Schöffen gefunden hätten. Dabei ist auch zu berücksichtigen, daß die Hauptverhandlung über ein Jahr nach den Vorfällen im Frühjahr 1995 stattfand und der Angeklagte im Dezember 1995 – nach Erhebung der Anklage – aufgrund einer Vereinbarung aus den Diensten der Vereinigten Volksbanken ausgeschieden war. Angesichts des Umstandes, daß für den Schöffen als Mitglied der Vertreterversammlung die Vorgänge im Aufsichtsrat und im Vorstand der Vereinigten Volksbanken entfernt lagen und er lediglich einer von insgesamt 100 aus C. stammenden Mitgliedern der Vertreterversammlung der Vereinigten Volksbanken war, konnte der Angeklagte bei verständiger Betrachtung nicht den weitergehenden Schluß ziehen, der Schöffe werde nicht unvoreingenommen entscheiden. Ein verständiger Angeklagter kann und muß bei einer solchen Fallgestaltung davon ausgehen, daß der Schöffe deshalb nicht für die anstehende Entscheidung festgelegt und damit voreingenommen ist. Ein verständiger Angeklagter wird vielmehr von der zutreffenden Erwägung ausgehen, daß ein Richter – für einen Schöffen gilt im wesentlichen Gleiches – sich aufgrund der ihm nach seiner Stellung und gesetzlichen Verantwortung eigenen Haltung von Befangenheit freihält und sich nicht durch ein aus seiner genossenschaftsrechtlichen Funktion fließendes Miterleben bei künftigen Entscheidungen, namentlich dem Urteil beeinflussen läßt (vgl. zu der Frage der Befangenheit wegen richterlicher Vorbefassung: BGHSt. 9, 234 [BGH Urt. v. 4. 6. 1956 – 2 StR 22/56; vgl. § 338 Nr. 2 StPO erfolglose Rügen]; vgl. auch BGH, Urteile v. 23. 11. 1995 – 1 StR 296/95 [vgl. § 24 StPO erfolglose Rügen] – und v. 17. 7. 1996 – 5 StR 121/96 [vgl. § 338 Nr. 3 StPO erfolglose Rügen]).

2. Keine Befangenheit von Laienrichtern bei Unverwertbarkeit vorheriger Geständnisse.

StPO § 338 Nr. 3 – BGH Urt. v. 17. 7. 1996 – 5 StR 121/96 LG Berlin (= BGHSt. 42, 191 = NJW 1996, 3018 = StV 1996, 521)

Die Revision rügt u.a., die Laienrichter könnten sich von dem Eindruck der von ihnen zuvor im Rahmen einer fehlgeschlagenen Verfahrensverständigung gehörten detaillierten Geständnisse nicht mehr freimachen.

Sachverhalt: Am fünften Tag der insgesamt achttägigen Hauptverhandlung kam es in einer Sitzungspause zu einem vom Strafkammervorsitzenden angeregten Gespräch zwischen diesem, der Sitzungsvertreterin der Staatsanwaltschaft und den Verteidigern der beiden Angeklagten. Dieses Gespräch hatte die Frage zum Gegenstand, ob und unter welchen Voraussetzungen die Angeklagten, die bislang die Tatbegehung bestritten (G.) oder sich nicht zur Sache eingelassen (M.) hatten, ein Geständnis ablegen würden. Ergebnis der Unterredung war aus Sicht der Verteidiger, daß im Falle eines Geständnisses gegen beide Angeklagten eine Freiheitsstrafe von jeweils acht Jahren verhängt und gegen sie geführte Ermittlungsverfahren wegen des Verdachts der Begehung weiterer Überfälle nach § 154 StPO eingestellt werden. Auch der Strafkammervorsitzende verstand – ausweislich seiner dienstlichen Erklärung vom 6. 6. 1995 – das Gesprächsergebnis dahin, daß sämtliche weiteren gegen die Angeklagten anhängigen Ermittlungsverfahren im Falle eines Geständnisses und der Verurteilung zu einer achtjährigen Freiheitsstrafe einer Einstellung nach § 154 StPO zugeführt werden sollten. Demgegenüber stellte sich nach Ablegung der angekündigten Geständnisse heraus, daß die Sitzungsvertreterin der Staatsanwaltschaft die Erörterungen nur auf Straftaten bezogen wissen wollte, die den Gegenstand des vorliegenden Verfahrens bildeten; ein Absehen von Strafverfolgung wegen anderer Straftaten kam aus Sicht der Staatsanwaltschaft nicht in Betracht.

Nachdem dieser Dissens offenbar geworden war, faßte die Strafkammer den Beschluß, die Geständnisse nicht zu verwerten. Einen Antrag der Verteidigung, das Verfahren nunmehr wegen eines Prozeßhindernisses einzustellen, hat das Landgericht zurückgewiesen. Die Ablehnungsgesuche beider Angeklagten gegen die Schöffen, die im wesentlichen damit begründet waren, die Laienrichter könnten sich von dem Eindruck der von ihnen zuvor gehörten detaillierten Geständnisse nicht mehr freimachen, wurden von der Strafkammer als unzulässig verworfen. – Das Rechtsmittel war erfolglos.

Gründe: Die Rüge aus § 338 Nr. 3 StPO hat keinen Erfolg. Es kann offenbleiben, ob die gegen die Schöffen gerichteten Ablehnungsgesuche zu Recht als unzulässig verworfen worden sind; jedenfalls erweisen sie sich als unbegründet. Der Umstand, daß Laienrichtern in laufender Hauptverhandlung Beweisergebnisse präsentiert werden, die sich in einem späteren Zeitpunkt der Verhandlung als unverwertbar darstellen, rechtfertigt für einen verständigen Angeklagten kein Mißtrauen gegen die Unparteilichkeit dieser Richter. Von Schöffen kann und muß – nicht anders als von Berufsrichtern – erwartet werden, daß sie in der Lage sind, nach entsprechender rechtlicher Unterrichtung durch die Berufsrichter ihre Überzeugungsbildung ausschließlich auf der Basis dessen vorzunehmen, was ihnen als in der Schlußberatung verwertbares Beweismaterial unterbreitet worden ist. Etwaigen Schwierigkeiten bei der Bewältigung dieser Aufgabe im Einzelfall kann von dem die Beratung leitenden Vorsitzenden durch jeweils angemessene Hinweise und Erklärungen Rechnung getragen werden. Dem Erfordernis, einzelne Beweisergebnisse unter Umständen aus der Überzeugungsbildung gleichsam ausblenden zu müssen, werden sich Laienrichter wie Berufsrichter verschiedentlich gegenübersehen. Dies gilt namentlich, wenn Verwertungsverbote erst durch einen rechtzeitigen Widerspruch des Angeklagten oder seines Verteidigers zur Entstehung gelangen (vgl. etwa BGHSt. 38, 214 [BGH Beschl. v. 27. 2. 1992 – 5 StR 190/91; vgl. § 136 StPO erfolgreiche Rügen]; 39, 349 [BGH Urt. v. 12. 10. 1993 – 1 StR 475/93; vgl. § 136 StPO erfolglose Rügen]; 42, 15 [BGH Urt. v. 12. 1. 1996 – 5 StR 756/94; vgl. § 136 StPO erfolglose Rügen, § 261 StPO erfolgreiche Rügen]). Es liegt auf der Hand, daß diese „Widerspruchslösungen" nicht regelmäßig zur Annahme von zu besorgender Voreingenommenheit der Schöffen führen können. Ähnliches gilt für die Korrektur von Vorgängen in der Hauptverhandlung.

Daß im vorliegenden Fall aufgrund außergewöhnlicher Umstände eine andere Betrachtung geboten wäre, ist nicht ersichtlich. Auch der Umstand, daß es sich um Geständnisse handelt, die in der Hauptverhandlung erfolgt sind, genügt dafür nicht.

3. Drastisch und volkstümlich formulierte Unmutsäußerungen des Vorsitzenden rechtfertigen für sich allein nicht die Besorgnis der Befangenheit.

StPO § 338 Nr. 3 – BGH Urt. v. 29. 11. 1995 – 5 StR 345/95 LG Hamburg (= NStZ-RR 1996, 200)

Die Revision rügt, ein Ablehnungsgesuch gegen den Vorsitzenden Richter sei mit Unrecht abgelehnt worden.

Sachverhalt: Während der Hauptverhandlung hatte die Strafkammer zunächst ein die Vernehmung von zehn Zeugen betreffendes Rechtshilfeersuchen an die polnischen Justizbehörden gerichtet. Auf Grund von Beweisanträgen erfolgten zwei weitere Rechtshilfeersuchen nach Polen. Die danach wiederholt an die Verteidiger gerichtete Frage des Vorsitzenden der Strafkammer nach weiteren Beweisanträgen wurde verneint oder unbeantwortet gelassen. Als sich abzeichnete, daß die kommissarischen Vernehmungen demnächst „abgearbeitet" sein würden und die Beweisaufnahme sich dem Ende zuneigte, stellte die Verteidigung nach siebenmonatiger Hauptverhandlung in zwei Sitzungen weitere Beweisanträge, die zu erneuten Rechtshilfeersuchen an die polnischen Justizbehörden führten. Auf die Anbringung der Beweisanträge äußerte der Vorsitzende – wie aus seiner dienstlichen Äußerung hervorgeht – „sinngemäß" seinen Unmut darüber, daß der jeweilige Beweisantrag „nicht bereits früher gestellt worden ist, obwohl dies sicher möglich und auch kostengünstiger gewesen wäre." – Das Rechtsmittel war erfolglos.

Gründe: ... Aus diesen Äußerungen konnten die Beschwerdeführer bei verständiger Würdigung kein gerechtfertigtes Mißtrauen in die Unparteilichkeit des Vorsitzenden herleiten. Selbst wenn der Vorsitzende gesagt haben sollte „Wenn der Steuerzahler, der O von der Mönckebergstraße, wüßte, was das uns alle kostet, würde er auf die Anwälte und auf uns alle losgehen" und "Der Steuerzahler bedankt sich für solche Anträge" sowie „Uns ist hier nichts zu teuer", so wären dies nur drastisch und volkstümlich formulierte Unmutsäußerungen, die – auch vor dem Hintergrund der rechtspolitischen Diskussion um eine Änderung des Beweisantragsrechts – eine Besorgnis der Befangenheit i.S. des § 24 II StPO nicht zu begründen vermochten. Dabei kann auch nicht unbeachtet bleiben, daß die Strafkammer vor und nach den beanstandeten Äußerungen allen Beweisanträgen auf kommissarische Vernehmungen in Polen stattgegeben hat, obwohl die Anwendung der Vorschrift des § 244 V 2 StPO in Betracht kam.

4. Äußerung einer Rechtsmeinung rechtfertigt in der Regel die Ablehnung selbst dann nicht, wenn in ihr die Überzeugung von der Schuld des Angeklagten zum Ausdruck gekommen ist.

StPO § 338 Nr. 3 – BGH Beschl. v. 16. 12. 1988 – 4 StR 563/88 (= GA 1989, 232)

Die Revision rügt, das Gericht habe einen Ablehnungsantrag des Angeklagten gegen die Vorsitzende Richterin mit Unrecht als unzulässig verworfen.

Sachverhalt: Die Vorsitzende hat den Angeklagten im Zusammenhang mit der Ablehnung eines Beweisantrages auf die Möglichkeit hingewiesen, daß die Anrechnung der Untersuchungshaft unterbleiben könne, weil sie im Hinblick auf das Verhalten des Angeklagten nach der Tat nicht gerechtfertigt sein könnte. Daraufhin wurde sie von dem Angeklagten wegen Besorgnis der Befangenheit abgelehnt. – Das Rechtsmittel war erfolglos.

Gründe: Der Angeklagte M. beanstandet zwar zu Recht, daß das von ihm am 9. 3. 1988 gegen die Vorsitzende Richterin H. wegen Besorgnis der Befangenheit gestellte Ablehnungsgesuch als unzulässig verworfen worden ist. Entgegen der Darlegung im dazu ergangenen Beschluß hatte der Angeklagte durchaus einen Ablehnungsgrund angegeben, nämlich den nach Ablehnung eines Beweisantrages durch die Vorsitzende gegebenen Hinweis auf § 51 Abs. 1 Satz 2 StGB. Dieser Ablehnungsgrund konnte – entgegen der Ansicht des Generalbundesanwalts – auch nicht als „aus zwingenden rechtlichen Gründen zur Rechtfertigung eines Ablehnungsgrundes völlig ungeeignet" und damit der fehlenden Begründung gleichzustellen – angesehen werden.

Dieser Fehler führt jedoch nicht zur Aufhebung des Urteils, da der Revisionsgrund des § 338 Nr. 3 StPO nur gegeben ist, wenn das Ablehnungsgesuch sachlich begründet war. Dies hat der Senat nach Beschwerdegrundsätzen zu prüfen (BGHSt. 23, 265 ff. [BGH Urt. v. 26. 5. 1970 – 1 StR 132/70; vgl. § 338 Nr. 3 StPO erfolglose Rügen]). Diese Prüfung ergibt hier, daß der Angeklagte bei verständiger Würdigung des Sachverhalts keinen Grund hatte, an der Unparteilichkeit und Unvoreingenommenheit der Vorsitzenden zu zweifeln; denn die Äußerung einer Rechtsmeinung rechtfertigt in der Regel die Ablehnung selbst dann nicht, wenn in ihr die Überzeugung von der Schuld des Angeklagten zum Ausdruck gekommen ist. Besondere Umstände, die eine andere Beurteilung rechtfertigen könnten, sind hier nicht ersichtlich (vgl. Senatsurteil vom 14. 2. 1985 – 4 StR 731/84 [vgl. § 238 StPO erfolglose Rügen]).

5. Ein Richter darf zwecks Förderung des Verfahrens mit den Verfahrensbeteiligten auch außerhalb der Hauptverhandlung Kontakt aufnehmen.

StPO §§ 24, 338 Nr. 3 – BGH Urt. v. 11. 5. 1988 – 3 StR 566/87 LG Wuppertal (= NJW 1989, 465 = StV 1988, 417 = BGHR StPO § 338 Nr. 6 Zuhörer 1)

Die Revision rügt, das Gericht habe einen Befangenheitsantrag zu Unrecht als unzulässig verworfen.

Sachverhalt: Das Gericht hat je einen Verteidiger der früheren Mitangeklagten M. und H. – deren Verfahren wenig später abgetrennt wurden – in das Beratungszimmer gebeten. Die Staatsanwälte folgten ihnen, ohne dazu aufgefordert worden zu sein. Der Verteidiger des Angeklagten ist nicht ebenfalls in das Beratungszimmer gebeten worden. – Das Rechtsmittel war erfolglos.

Gründe: Ob das Ablehnungsgesuch vom 14. 10. 1986 deswegen als unzulässig verworfen werden durfte, weil es sich gegen alle Richter der erkennenden Strafkammer richtete, kann dahinstehen. Jedenfalls ergibt sich aus dem Revisionsvortrag nicht, daß es begründet gewesen sei. Der von der Revision vorgetragene Vorgang, wonach je ein Verteidiger der früheren Mitangeklagten M. und H. – deren Verfahren wenig später abgetrennt wurden – in das Beratungszimmer gebeten wurden und die Staatsanwälte ihnen, ohne dazu aufgefordert worden zu sein, folgten, ist nicht ohne weiteres geeignet, bei einem Mitangeklagten, dessen Verteidiger nicht ebenfalls in das Beratungszimmer gebeten wurden, die Besorgnis der Befangenheit der beteiligten Richter zu begründen. Einem Richter ist es nicht verwehrt, zwecks Förderung des Verfahrens mit den Verfahrensbeteiligten auch außerhalb der Hauptverhandlung Kontakt aufzunehmen (BGH StV 1984, 449 [BGH Urt. v. 5. 9. 1984 – 2 StR 347/ 84; vgl. § 338 Nr. 3 StPO erfolgreiche Rügen]; s. auch Senatsbeschl. v. 4. 5. 1977 – 3 StR 93/77 [vgl. § 338 Nr. 3 StPO erfolgreiche Rügen]). Ob ein Mitangeklagter aus der Fühlungnahme des Gerichts mit dem Verteidiger eines Angeklagten außerhalb der Hauptverhandlung eine Besorgnis der Befangenheit ableiten kann, hängt von den Umständen des Einzelfalls ab, unter anderem davon, ob er Grund zu der Annahme hat, ein solches Gespräch könne sich zu seinen Ungunsten auswirken (BGH StV 1986, 369 [BGH Beschl. v. 14. 5. 1986 – 2 StR 854/84; vgl. § 338 Nr. 3 StPO erfolgreiche Rügen]). Das Revisionsvorbringen läßt hier die maßgebliche Würdigung aller Umstände des Einzelfalls (vgl. auch Senatsbeschl. v. 15. 4. 1975 – AK 19/75) nicht zu. Auch wenn der von der Revision geschilderte äußere Vorgang besser hätte vermieden werden sollen, läßt er dennoch die Möglichkeit einer auch aus der Sicht des B. sachgerechten, seine Interessen nicht berührenden Fühlungnahme der in der Rüge genannten Prozeßbeteiligten offen. Lagen – von der Revision nicht dargelegte – zusätzliche Anhaltspunkte für einen Verdacht der Parteilichkeit der Richter nicht vor, so käme aus der Sicht eines verständigen Angeklagten eine Besorgnis der Befangenheit erst dann in Betracht, wenn er oder sein Verteidiger nach der Bedeutung des beobachteten Vorgangs gefragt und daraufhin eine Auskunft erhalten hätten, die geeignet gewesen wäre, eine solche Besorgnis zu begründen. ...

6. Gespanntes Verhältnis zwischen Vorsitzendem und Verteidigerin begründet für sich genommen keine Besorgnis der Befangenheit.

StPO §§ 24, 25, 338 Nr. 3 – BGH Urt. v. 15. 1. 1986 – 2 StR 630/85 LG Koblenz (= StV 1986, 281)

Die Revision rügt, das Gericht habe einen Ablehnungsantrag der Angeklagten gegen den Vorsitzenden Richter zu Unrecht verworfen.

Sachverhalt: Am ersten Hauptverhandlungstag lehnte die Angeklagte den Strafkammervorsitzenden wegen Besorgnis der Befangenheit ab. Ihre Verteidigerin hatte vorher wiederholt seine Fragen an den Zeugen W. bei dessen Vernehmung beanstandet. In dem Ablehnungsgesuch heißt es u. a., der Vorsitzende habe dem Zeugen fortwährend seine, des Richters, eigene Reaktionsweise in bestimmten Lebenssituationen als normal und allgemein richtige Verhaltensmuster vorgehalten, andere Reaktionen aber als unglaubwürdig dargestellt. Daraufhin sei von der Verteidigung eingewandt worden, man könne sich durchaus andere Ansichten über menschliche Reaktionen und Verhaltensmuster vorstellen. Diese Äußerung habe der Vorsitzende als eine Unterbrechung seiner Vernehmung gewertet und in diesem Zusammenhang der Verteidigerin gegenüber wörtlich zum Ausdruck gebracht:

„Sie haben mich heute morgen in meinem Dienstzimmer nicht gegrüßt, und auch später im Gerichtsgang, als ich zu Ihnen kam, mich nicht gegrüßt ... Ihr (oder dieses) Verhalten ist rotzig."

Daraufhin habe die Verteidigerin um eine Unterbrechung der Verhandlung zwecks Stellens eines unverzüglichen Antrags gebeten und, als der Vorsitzende hierauf nicht eingegangen sei, weiter erklärt, sie wolle einen Befangenheitsantrag stellen. Der Vorsitzende habe trotzdem die Befragung des Zeugen fortgesetzt. Auch dieses Verhalten begründe bei ihr, der Angeklagten, die Besorgnis der Befangenheit, da nicht auszuschließen sei, daß der Vorsitzende später ihr Ablehnungsgesuch gemäß §§ 26a Nr. 1, § 25 Abs. 2 Nr. 2 StPO als unzulässig zurückzuweisen gedenke. – Das Rechtsmittel war erfolglos.

Gründe: Zu Recht ist das Ablehnungsgesuch verworfen worden. Ihm läßt sich mangels Angabe von Einzelheiten nicht entnehmen, daß die Vorhalte an den Zeugen sachlich ungerechtfertigt waren. Die in dem Ablehnungsgesuch wörtlich wiedergegebene Rüge des Richters betraf ausschließlich das gespannte Verhältnis zwischen ihm und der Verteidigerin. Das konnte sowohl nach dem Inhalt als auch der Form seiner Äußerung für die Angeklagte nicht zweifelhaft sein. Diese hatte daher keinen vernünftigen Grund, aus der Bemerkung eine Unvoreingenommenheit des Vorsitzenden ihr gegenüber herzuleiten. Auch sein späteres Verhalten bot keinen Anhaltspunkt für eine Parteilichkeit. Zulässigerweise bestand er darauf, die Vernehmung des Zeugen W. zu dem Einzelthema, über das er ihn während dieser Vorfälle gerade befragte, zu Ende zu führen, bevor er der Verteidigerin Gelegenheit gab, das angekündigte Ablehnungsgesuch zu formulieren. Die behauptete Befürchtung, der Vorsitzende könnte die hierdurch bedingte kurze zeitliche Verschiebung des Ablehnungsantrags eventuell dazu nutzen, diesen wegen Verspätung als unzulässig zu verwerfen, entbehrte ebenfalls jeglicher Grundlage.

7. Es kommt nicht darauf an, ob die Verwerfung eines Befangenheitsantrags als unzulässig verfahrensfehlerfrei war, sondern darauf, ob ein Ablehnungsgrund tatsächlich vorlag.

StPO § 338 Nr. 3 – BGH Urt. v. 9. 12. 1983 – 2 StR 490/83 LG Köln (= StV 1984, 144 = NStZ 1984, 230)

Die Revision rügt, daß ein gegen den Vorsitzenden gerichtetes Ablehnungsgesuch mit Unrecht verworfen worden sei.

Sachverhalt: Der Verteidiger des Angeklagten K. hatte den Vorsitzenden wegen Besorgnis der Befangenheit abgelehnt, weil dieser nach der Stellung eines Unterbrechungsantrags durch einen Verteidiger des Angeklagten H. mitgeteilt habe, die Kammer hätte „heute den letzten Verhandlungstag" – eine Unterbrechung sei daher leider nicht möglich. Diesem Ablehnungsantrag schloß sich der Verteidiger des Angeklagten H. in dessen Namen und Einverständnis an.

Das Gericht hat in der den Vorsitzenden einschließenden Besetzung den Antrag als unzulässig verworfen, da die Ablehnung offensichtlich den Zweck der Verfahrensverschleppung verfolge (§ 26a I Nr. 3 StPO). – Das Rechtsmittel war erfolglos.

Gründe: Die Rüge dringt nicht durch. Darauf, ob die Verwerfung des Antrags als unzulässig verfahrensfehlerfrei war, kommt es nicht an. Denn der Senat muß nach Beschwerdegrundsätzen in der Sache entscheiden, ob ein Ablehnungsgrund vorlag (BGHSt. 18, 200 [BGH Urt. v. 12. 12. 1962 – 2 StR 495/62; vgl. § 338 Nr. 3 StPO erfolglose Rügen]; 21, 334, 338 [BGH Urt. v. 10. 11. 1967 – 4 StR 512/66; vgl. §§ 68a, 338 Nr. 3 StPO erfolglose Rügen]; BGH, Urt. v. 1. 12. 1982 – 2 StR 210/82 [vgl. Art. 6 MRK, § 338 Nr. 3 StPO erfolglose Rügen]). Das aber war nicht der Fall. ...

8. Kenntnis der Richter vom Protokoll des Berichterstatters in einem vorangegangenen Prozeß kein Befangenheitsgrund.

StPO §§ 24, 338 Nr. 3 – BGH Urt. v. 1. 12. 1982 – 2 StR 210/82 LG Köln (= NStZ 1983, 135)

Die Revision rügt, ein Befangenheitsantrag des Angeklagten, mit dem er die drei Berufsrichter mit der Begründung abgelehnt hatte, ihnen sei das „Protokoll", das der Berichterstatter im Vorverfahren vor der 14. Großen Strafkammer gefertigt hatte, zur Kenntnis gelangt; somit bestehe die Gefahr, daß sie sich ihre Überzeugung nicht nur auf Grund der Hauptverhandlung und der zu ihrem Gegenstand gemachten Unterlagen bilden würden, sei zu Unrecht abgelehnt worden.

Der Sachverhalt ergibt sich aus dem Revisionsvorbringen. – Das Rechtsmittel war erfolglos.

Gründe: ...

b) Auch insofern greift das Vorbringen des Angeklagten nicht durch. Zu Recht hat das Landgericht ausgeführt, daß vom Standpunkt eines vernünftigen Angeklagten (BGHSt. 21, 334, 341 [BGH Urt. v. 10. 11. 1967 – 4 StR 512/66; vgl. §§ 68a, 338 Nr. 3 StPO erfolglose Rügen]) ein Berufsrichter nicht durch die bloße Kenntnis vorprozessualer Vorgänge voreingenommen erscheint. Vielmehr ist davon auszugehen, daß er die Fähigkeit besitzt, sich von solchen Informationen in der neuen Hauptverhandlung nicht beeinflussen zu lassen. So liegt es auf der Hand, daß ein Richter nicht schon deshalb als befangen angesehen werden kann, weil er die Vorgänge im Vorprozeß mittels der Presseberichte sowie mündlicher Äußerungen von Prozeßbeteiligten verfolgt hat. Gegenüber diesem Fall macht es keinen Unterschied, daß er die gleiche Kenntnis durch ein „Berichterstatterprotokoll" erlangt hat. Selbst ein Richter, der schon bei dem früheren, vom Revisionsgericht aufgehobenen Urteil mitgewirkt hat, ist nicht allein deswegen befangen (RGSt 65, 43; BGH JR 1957, 68; BGHSt. 21, 334, 341). Besondere Umstände, die neben der bloßen Kenntnis der „Protokolle" den Schluß auf eine Voreingenommenheit zulassen würden, sind nicht dargetan. ...

9. Entscheidung des Oberlandesgerichts über Richterablehnung nicht anfechtbar.

StPO §§ 28 II, 304 IV, 338 Nr. 3 – BGH Beschl. v. 5. 1. 1977 – 3 StR 433/76 BayObLG Landesgericht (= BGHSt. 27, 96 = NJW 1977, 1829)

Gründe: Der Auffassung des Generalbundesanwalts, wonach Entscheidungen der Oberlandesgerichte nach § 28 Abs. 2 StPO grundsätzlich nicht, auch nicht mit der Revision, angefochten werden können, ist zuzustimmen.

Nach ständiger Rechtsprechung des Bundesgerichtshofs sind oberlandesgerichtliche Beschlüsse nur in den engen, vom Gesetz bestimmten Grenzen beschwerdefähig. Eine Anfechtungsmöglichkeit in entsprechender Anwendung der in § 304 Abs. 4 StPO oder in anderen Vorschriften enthaltenen Ausnahmeregelungen ist nach Sinn und Zweck des Gesetzes allenfalls im engsten Rahmen gegeben. Das entspricht dem Rang, der Entscheidung eines Oberlandesgerichts zukommt, und folgt gleichzeitig aus dem sachgerechten Bestreben des Gesetzgebers, den Bundesgerichtshof nicht mit Fragen zu belasten, deren abschließende Beurteilung angesichts ihrer Bedeutung für das Verfahren dem ranghohen Gericht überlassen werden kann.

Diese Überlegungen gelten selbst für die nach § 464 Abs. 3 StPO vorgesehene Anfechtbarkeit der in erstinstanzlichen, mit der Revision an greifbaren oberlandesgerichtlichen Urteilen enthaltenen Kosten- und Auslagenentscheidungen. Auch hier ist für eine isolierte Beschwerde kein Raum (BGHSt. 26, 250, 254[1]). Daß dennoch eine Anfechtungsmöglichkeit, wenn auch nur im Zusammenhang mit der Einlegung der Revision, eröffnet wird, beruht auf ausdrücklicher gesetzlicher Anordnung (§ 464 Abs. 3 Satz 3 StPO), die für die angesprochenen Fälle an die Zuständigkeit des Bundesgerichtshofs zur Entscheidung über die Revision auch die zur Entscheidung über die vom Revisionserfolg abhängende Kosten- und Auslagenfolge knüpft. Diese Regelung ist zweckmäßig. Sie trägt dem engen, unmittelbaren Zusammenhang zwischen Kostenentscheidung und der Entscheidung in der Hauptsache Rechnung. Insoweit müssen die allgemein für die Unanfechtbarkeit oberlandesgerichtlicher Entscheidungen sprechenden Gesichtspunkte zurücktreten.

Die Entscheidungen, die die Ablehnung eines erkennenden Richters als unzulässig verwerfen oder als unbegründet zurückweisen, sind zwar, ebenso wie die Kosten- und Auslagenentscheidung, zusammen mit dem Urteil, also im Rahmen des Revisionsverfahrens, anfechtbar (§ 28 Abs. 2 Satz 2 StPO). Es fehlt jedoch eine gesetzliche Bestimmung, die das Revisionsgericht in jedem Falle zur Entscheidung über eine solche Rüge berufen würde. § 338 Nr. 3 StPO kann dies nicht entnommen werden. Die Vorschrift besagt nur, daß eine derartige Rüge, falls sie zulässig erhoben wird und begründet ist, in Abweichung von § 337 Abs. 1 StPO keinen Raum mehr für die Frage läßt, ob das Urteil auf dem festgestellten Verfahrensmangel beruht. Letzteres wird zur Wahrung der in § 338 StPO herausgestellten Grundnormen des Strafverfahrensrechts von Gesetzes wegen unwiderlegbar vermutet. Für die Beurteilung der Zulässigkeit der Rüge ist damit nichts gewonnen. Hierfür sind vielmehr die allgemeinen Vorschriften maßgebend, vornehmlich § 28 Abs. 2 StPO. Danach kann es nicht zweifelhaft sein, daß die Anfechtung eines Ablehnungsbeschlusses generell nur mit der sofortigen Beschwerde möglich ist. Das Rechtsmittel bleibt seiner Natur nach auch Beschwerde, wenn es sich, weil die angefochtene Entscheidung einen erkennenden Richter betrifft, gegen das Urteil wendet und demgemäß in der Form der revisionsrechtlichen Verfahrensrüge eingelegt wird. Es ändert sich insoweit aus Gründen der Zweckmäßigkeit nur der Instanzenzug. Die Sache selbst bleibt die gleiche. Die Entscheidung des Revisionsgerichts folgt nicht den Regeln des Revisionsverfahrens; sie richtet sich vielmehr nach den für die Beschwerde geltenden Grundsätzen (BGHSt. 21, 334, 340 [BGH

---

1 (Leitsatz) „Die Entscheidung des im ersten Rechtszug zuständigen Oberlandesgerichts über die Entschädigungspflicht nach § 9 StrEG kann nicht mit der sofortigen Beschwerde zum Bundesgerichtshof angefochten werden." (BGH Beschl. v. 9. 12. 1975 – 7 BJs 176/74 StB 28/75).

Urt. v. 10. 11. 1967 – 4 StR 512/66; vgl. §§ 68a, 338 Nr. 3 StPO erfolglose Rügen]; 25, 122, 126 [BGH Beschl. v. 13. 2. 1973 – 1 StR 541/72; vgl. § 338 Nr. 1 StPO erfolgreiche Rügen]).

Als Folgerung ergibt sich daraus, daß die Frage der Zulässigkeit der Anfechtung in den Fällen des § 28 Abs. 2 Satz 2 StPO nicht anders zu beantworten ist als in denjenigen nach § 28 Abs. 2 Satz 1 StPO. Voraussetzung ist in beiden Fällen die Zulässigkeit der sofortigen Beschwerde nach § 304 StPO. An dieser fehlt es, da hier ein Beschluß des im ersten Rechtszug zuständigen Oberlandesgerichts Gegenstand der Rüge ist und § 304 Abs. 4 StPO für die Fälle einer Anfechtung nach § 28 Abs. 2 StPO keine Ausnahmeregelung enthält.

Diese gesetzlich normierte Unzulässigkeit der Anfechtung eines vom Oberlandesgericht im ersten Rechtszug erlassenen Beschlusses nach § 28 Abs. 2 StPO bringt zwar eine nicht unerhebliche Einschränkung der Beschwerdemöglichkeiten in den einschlägigen Revisionsverfahren mit sich. Dies ist jedoch die vom Gesetzgeber in Kauf genommene Folge der Übertragung der erstinstanzlichen Zuständigkeit des Bundesgerichtshofs in Staatsschutzstrafsachen auf die in § 120 Abs. 1 GVG bezeichneten Oberlandesgerichte, deren Entscheidungen ein besonderer Rang zuerkannt wird. Eine solche Einschränkung erschien um so eher vertretbar, als auch in den aus der Sicht des Angeklagten durchaus vergleichbaren Fällen der Entscheidung über die Selbstablehnung eines Richters (§ 30 StPO) eine Nachprüfung im Revisionsverfahren grundsätzlich ausgeschlossen ist (BGHSt. 25, 122, 127).

Ob unbeschadet dieser Rechtslage in den angesprochenen Fällen im Revisionsverfahren eine Nachprüfung unter dem Gesichtspunkt des Art. 101 Abs. 1 Satz 2 GG begehrt werden kann (BGHSt. 22, 94, 100 [BGH Beschl. v. 21. 2. 1968 – 2 StR 360/67; vgl. § 338 Nr. 1 StPO erfolglose Rügen]), bedarf hier keiner Entscheidung. Eine willkürliche Verfahrensweise ist weder gerügt noch ersichtlich.

10. Mangelhafte Form der Zurückweisung eines Ablehnungsgesuchs nicht revisibel.

StPO §§ 24 ff., 338 Nr. 3 – BGH Urt. v. 26. 5. 1970 – 1 StR 132/70 LG Hechingen (= BGHSt. 23, 265 = NJW 1970, 1558 = JR 1970, 467)

Die Revision rügt, die Strafkammer habe bei der Verwerfung des Ablehnungsgesuchs des Angeklagten §§ 26 a Abs. 2 Satz 2, 338 Nr. 3 StPO verletzt, weil die Entscheidung weder einstimmig ergangen ist, noch die Umstände, die den Verwerfungsgrund ergeben, nennt.

Sachverhalt: Der Angeklagte hat in der Hauptverhandlung vom 6. 10. 1969 vor Beginn seiner Vernehmung zur Sache „das Gericht" wegen Besorgnis der Befangenheit abgelehnt. Als Begründung hat er angegeben, in der voraufgegangenen, ergebnislos abgebrochenen Hauptverhandlung vom 2. 6. 1969 seien an den Zeugen B. unzulässige Fragen gestellt worden. Die Strafkammer hat das Ablehnungsgesuch unter Mitwirkung der abgelehnten Richter durch in der Hauptverhandlung verkündeten Beschluß als unzulässig verworfen, weil offensichtlich nur das Verfahren verschleppt werden solle. Der Angeklagte hat daraufhin weitere Ablehnungsgesuche gestellt. Er hat sie u.a. damit begründet, daß sein Antrag vom 9. 5. 1969, ihm Gelegenheit zu Aussagen zu geben, und ein Antrag auf Einholung eines Obergutachtens nicht beschieden worden seien. Das Gericht habe auch seinem Wunsche, einem Herzspezialisten vorgeführt zu werden, nicht entsprochen. Auch diese Gesuche hat das Landgericht in derselben Besetzung als unzulässig verworfen, weil durch sie ebenfalls das Verfahren nur verschleppt werden solle. – Das Rechtsmittel war erfolglos.

Gründe: Die Form der Zurückweisung der Ablehnungsgesuche entspricht nicht den gesetzlichen Erfordernissen. Das Landgericht durfte zwar nach § 26a Abs. 2 Satz 1 StPO unter Mitwirkung der abgelehnten Richter über die Ablehnung entscheiden, weil es die Ablehnungsgesuche für unzulässig hielt. § 26a Abs. 2 Satz 2 StPO schreibt aber zwingend vor, daß die ablehnende Entscheidung die Umstände anführen muß, auf denen die Verwerfung beruht. Daran fehlt es hier. Beide Beschlüsse der Strafkammer enthalten lediglich den Gesetzeswortlaut. Tatsachen, aus denen die Verschleppungsabsicht hervorgeht, sind nicht dargetan. Die Sitzungsniederschrift weist auch nicht aus, daß die Beschlüsse einstimmig gefaßt sind.

Bei der Entscheidung über die Verfahrensrüge nach § 338 Nr. 3 StPO ist das Revisionsgericht jedoch nicht auf die rechtliche Nachprüfung des tatrichterlichen Verwerfungsbeschlusses beschränkt. Es darf die im ersten Rechtszuge vorgebrachten und glaubhaft gemachten Ablehnungsgründe auch in tatsächlicher Hinsicht würdigen und überprüfen; denn die Anfechtung eines solchen Beschlusses ist nach den für das Beschwerdeverfahren geltenden Grundsätzen zu behandeln (BGHSt. 1, 34 [BGH Urt. v. 9. 2. 1951 – 3 StR 48/50; vgl. § 338 Nr. 3 StPO erfolgreiche Rügen]; 18, 200, 203 [BGH Urt. v. 12. 12. 1962 – 2 StR 495/62; vgl. § 338 Nr. 3 StPO erfolglose Rügen]; BGH JR 1957, 68). Der § 338 Nr. 3 StPO soll, wie die Vorschriften über die Ablehnung, die Unparteilichkeit des Richterspruchs sichern. Die schutzwürdigen Belange des Beschwerdeführers finden ihre Grenze dort, wo eine Besorgnis in dieser Richtung fehlt. Ein Ablehnungsgesuch ist deshalb nur dann „mit Unrecht verworfen", wenn es sachlich gerechtfertigt war und wenn ihm demgemäß hätte stattgegeben werden müssen (BGHSt. 18, 200, 202).

Aus diesem Grunde ist für das Revisionsgericht nicht ausschlaggebend, ob der Tatrichter das Ablehnungsgesuch als unzulässig oder als unbegründet verworfen hat. Auch einen rechtsfehlerhaft als unzulässig verworfenen Ablehnungsantrag darf es sachlich prüfen und bescheiden, da ihm insoweit allgemeine sachliche Entscheidungsbefugnis zukommt (RG Urteil vom 30. 4. 1930 – 2 D 1145/29 – Amtliches Nachschlagewerk des RG, StPO § 26 Nr. 2; BGH, Urteil v. 9. 12. 1959 – 2 StR 265/69; BGHSt. 18, 200, 203). Die Möglichkeit der Zurückverweisung bei fehlender tatsächlicher Beurteilungsgrundlage wird dadurch nicht ausgeschlossen (BGH, Urteil v. 17. 8. 1962 – 4 StR 477/61; BGH NJW 1970, 478 Nr. 15 [BGH Urt. v. 16. 12. 1969 – 5 StR 468/69; vgl. § 338 Nr. 3 StPO erfolgreiche Rügen]).

Bei Anwendung dieser Grundsätze erweisen sich die Ablehnungsgesuche des Angeklagten jedenfalls als offensichtlich unbegründet [wird ausgeführt ...].

11. Unvorschriftsmäßige Gerichtsbesetzung bei Entscheidung über Ablehnungsgesuch allein begründet die Revision nicht.

StPO § 338 Nr. 3 – BGH Urt. v. 10. 11. 1967 – 4 StR 512/66 LG Münster (= BGHSt. 21, 334 = NJW 1968, 710)

Die Revision rügt, daß über die am 24. 5. 1965 gegen die drei Berufsrichter des erkennenden Gerichts, die Landgerichtsräte M. und B. sowie Gerichtsassessor S., angebrachten Ablehnungsgesuche ohne Landgerichtsdirektor Dr. K. entschieden, die Zurückweisung dieser Gesuche damit durch eine nicht vorschriftsmäßig besetzte Kammer beschlossen worden sei.

Sachverhalt: In der Hauptverhandlung vom 24. 5. 1965 lehnte der Angeklagte zunächst die Landgerichtsräte M. und B. und, nachdem er darüber unterrichtet worden war, daß über die Zulässigkeit der Ablehnungsgesuche Landgerichtsdirektor Dr. K., Landgerichtsrat Ma. und Gerichtsassessor S. zu entscheiden hätten, auch Gerichtsassessor S. und schließlich Landgerichtsdirektor Dr. K., insoweit für die Entscheidung über die gegen die erkennenden Richter gerichteten Ablehnungsgesuche, wegen Besorgnis der Befangenheit ab. Über sämtliche Ablehnungsgesuche entschieden daraufhin am selben Tage die Landgerichtsräte Ma. und Dr. Sch. sowie Gerichtsassessor T. durch einheitlichen Beschluß dahin, daß die Ablehnung der Landgerichtsräte M. und B. und des Gerichtsassessors S. wegen Verspätung unzulässig und die des Landgerichtdirektors Dr. K. unbegründet sei. Dieser Beschluß wurde in der Hauptverhandlung vom 25. 5. 1965 verkündet. – Das Rechtsmittel war erfolglos.

Gründe: Mit Recht beanstandet die Revision allerdings dieses Verfahren.

Bedenken gegen die Zuständigkeit der beschließenden Kammer bestehen zwar nicht deshalb, weil § 27 StPO sich seinem Wortlaut nach nur auf den Fall der Zurückweisung des Ablehnungsgesuchs als unbegründet bezieht und die abgelehnten Richter der erkennenden Kammer die Ablehnungsgesuche gemäß § 26a Abs. 2 StPO auch selbst als unzulässig hätten verwerfen können. Mit der Einführung des § 26a StPO und der Neufassung der §§ 27 und 28 StPO sollte den abgelehnten Richtern nur die Möglichkeit einer solchen Verwerfung gegeben werden.

Ist jedoch einmal ein Ablehnungsgesuch von der erkennenden Kammer als zulässig angesehen und in das Zwischenverfahren übergeleitet worden, so kann es auch noch von dem nach § 27 StPO zuständigen beschließenden Gericht als unzulässig verworfen werden, wenn die Voraussetzungen dazu gegeben sind.

Fehlerhaft war es jedoch, über alle vier Ablehnungsgesuche durch einheitlichen Beschluß zu entscheiden. Diese Gesuche hatten nicht den gleichen Rang. Auch mit dem gegen Landgerichtdirektor Dr. K. gerichteten Gesuch bezweckte der Angeklagte letzten Endes zwar nichts anderes als die Ausschaltung der drei erkennenden Richter. Gleichwohl mußte denkgesetzlich über dieses Gesuch ohne Rücksicht auf die zeitliche Reihenfolge der Antragstellung vorab entschieden werden; denn erst wenn die äußeren Voraussetzungen für die Entscheidung über die Ablehnungsgesuche gegen die erkennenden Richter erfüllt waren, wenn geklärt war, in welcher Besetzung über diese Gesuche zu beschließen war, konnten sie in der Sache selbst beschieden werden. Hätte die beschließende Kammer die Ablehnung Dr. K.'s für begründet gehalten, hätte sie zwar in derselben Besetzung auch über die anderen Gesuche entscheiden müssen; ob das dann durch einheitlichen Beschluß geschehen konnte, bedarf hier nicht der Entscheidung. Nachdem sie jedoch die Ablehnung Dr. K.'s für unbegründet erachtet hatte, hätte sie die notwendigen Folgerungen daraus ziehen müssen: Die Entscheidung war Dr. K. bekanntzumachen [BGHSt. 15, 384, 385 [BGH Urt. v. 3. 3. 1961 – 4 StR 548/60; vgl. § 338 Nr. 3 StPO erfolglose Rügen]]; mit ihm war alsdann die Kammer zu bilden, die über die Ablehnungsgesuche gegen die erkennenden Richter zu entscheiden hatte.

Denn wenn ein Ablehnungsgesuch für unbegründet erklärt worden ist, muß der abgelehnte Richter, gleichgültig ob er erkennender oder nicht erkennender Richter ist, alsbald wieder bei der Untersuchung und Entscheidung mitwirken. Das folgt aus § 29 StPO. Daß dieses Verfahren zu einer gewissen Verzögerung im Ablauf der Hauptverhandlung führen kann, wird nicht übersehen. Indessen ist dieser Gesichtspunkt nicht so bedeutungsvoll, daß er es rechtfertigen würde, die den gesetzlichen Richter bestimmenden allgemeinen Merkmale unberücksichtigt zu lassen und statt dessen die Bestimmung des Richters, der über Ablehnungsgesuche gegen erkennende Richter beschließen soll, letzten Endes dem beschließenden Richter selbst zu überlassen. Das wäre aber der Fall, wenn den beschließenden Richtern freigestellt wäre, über ein Ablehnungsgesuch gegen einen für diese Entscheidung zunächst berufenen Richter nicht vorab, sondern gleichzeitig mit der Entscheidung über die anderen Ablehnungsgesuche zu beschließen.

Die Tatsache allein, daß über die Ablehnungsgesuche in unvorschriftsmäßiger Besetzung entschieden worden ist, begründet indessen die Revision noch nicht. Der unbedingte Revisionsgrund des § 338 Nr. 3 StPO ist vielmehr nur dann gegeben, wenn die Ablehnungsgesuche auch sachlich gerechtfertigt waren (vgl. BGHSt. 18, 200 [BGH Urt. v. 12. 12. 1962 – 2 StR 495/62; vgl. § 338 Nr. 3 StPO erfolglose Rügen]). Das ist nicht der Fall.

12. Unschädliche Vorbefassung mit anderem Verfahren gleichen Inhalts.
StPO §§ 24, 25 II Nr. 2, 27, 29, 338 Nr. 3 – BGH Urt. v. 10. 11. 1967 – 4 StR 512/66 LG Münster (= BGHSt. 21, 334 = NJW 1963, 964)

Die Revision rügt, daß der abgelehnte Richter, Gerichtsassessor S., sich durch ein Urteil in einem Zivilprozeß festgelegt und nunmehr denselben Sachverhalt im Strafverfahren zu beurteilen habe. Er könne deshalb seiner bereits festgelegten Meinung folgen und sei deshalb voreingenommen.

Sachverhalt: Der abgelehnte Richter war Berichterstatter in einem Zivilrechtsstreit der Witwe U. Bl. gegen ihren Schwager C. Bl. In diesem Rechtsstreit, dem zum Teil derselbe Sachverhalt wie dem vorliegenden Strafverfahren zugrunde liegt, ist C. Bl. im ersten Rechtszug am 8. 4. 1964 verurteilt worden, die Behauptung zu unterlassen und zu widerrufen, der am 25. 8. 1961 verstorbene Rechtsanwalt Bl. sei durch fremde Hand unter Beteiligung der Klägerin getötet worden. Im Berufungsrechtszug hat das Oberlandesgericht Hamm das Ruhen des Verfahrens bis zum Ausgang des Strafverfahrens angeordnet.

Der Angeklagte hat Gerichtsassessor S. abgelehnt, weil die Richter der Zivilkammer ihrer Entscheidung das nach seiner – im einzelnen erläuterten – Ansicht unzulängliche Ermittlungsergebnis der Staatsanwaltschaft zugrundegelegt, andererseits aber für die Entscheidung maßgebliche Gesichtspunkte außer acht gelassen oder ohne genauere Prüfung abgetan hätten. – Das Rechtsmittel war erfolglos.

Gründe: Die Ablehnung eines Richters wegen Besorgnis der Befangenheit ist nach § 24 Abs. 2 StPO nur gerechtfertigt, wenn der Angeklagte auf Grund des ihm bekannten Sachverhalts auch bei verständiger Würdigung der Sache Grund zu der Annahme hat, der abgelehnte Richter nehme ihm gegenüber eine innere Haltung ein, die dessen Unparteilichkeit und Unvoreingenommenheit störend beeinflussen könne (BGHSt. 1, 34, 36 [BGH Urt. v. 9. 2. 1951 – 3 StR 48/50; vgl. § 338 Nr. 3 StPO erfolgreiche Rügen]; 21, 85, 86 [BGH Urt. v. 13. 7. 1966 – 2 StR 157/66; vgl. § 338 Nr. 5 StPO erfolglose Rügen]). Wenn es danach für die Prüfung der Ablehnungsfrage auch auf den Standpunkt des Angeklagten ankommt, so bedeutet das doch nicht, daß etwa nur seine eigene Einstellung maßgebend sei. Der Angeklagte muß vielmehr vernünftige Gründe für sein Ablehnungsbegehren vorbringen, die jedem unbeteiligten Dritten einleuchten (BGH JR 1957, 68). Es kommt also auf den Standpunkt eines vernünftigen Angeklagten an (BGH Urt. v. 27. 1. 1965 – 3 StR 591/54 [vgl. § 338 Nr. 3 StPO erfolgreiche Rügen]; BGH NJW 1961, 2069 [BGH Urt. v. 14. 7. 1961 – 4 StR 191/61; vgl. § 74 StPO erfolgreiche Rügen]).

Mit Recht ist die Strafkammer hiernach davon ausgegangen, daß Gerichtsassessor S. nicht allein schon deswegen als befangen angesehen werden kann, weil er früher in einem anderen Verfahren mitgewirkt hat, in dem dieselben Vorgänge wie in dem jetzigen Verfahren eine Rolle spielen (BGH Urt. v. 9. 7. 1953 5 StR 127/53[1]). Für einen Richter ist es in der Regel selbstverständlich, daß er in der neuen Sache sein Urteil nur auf Grund der neuen Verhandlung bildet; normalerweise kann davon auch der vernünftige Angeklagte ausgehen. Diese Auffassung ist in der Rechtsprechung des Reichsgerichts und des Bundesge-

---

1 „Der Angeklagte B. hatte seine Ablehnung damit begründet, die erkennende Kammer habe in einem vorausgegangenen Verfahren gegen K. und P. bei der Urteilsverkündung zum Ausdruck gebracht, es sei strafmildernd berücksichtigt worden, daß die Aufsichtsorgane ihre Tätigkeit mangelhaft beaufsichtigt hätten. Da er selbst zu diesen Aufsichtsorganen gehöre, sei die Strafkammer insoweit mit einer vorgefaßten Meinung an die Beurteilung seines Falles herangegangen. Die Beschlußkammer hat das Ablehnungsgesuch ohne Rechtsirrtum mit der Begründung abgelehnt, die Tatsache, daß ein Richter sich in einem früheren Verfahren nach einer Beweisaufnahme über einen Sachverhalt ein Urteil gebildet habe, gebe keinen Grund zu der Annahme, daß er in einem späteren Verfahren die unparteiische Prüfung unterlasse, auch wenn der frühere Tatsachenstoff in dem späteren Verfahren eine Rolle spiele."

richtshofs sogar ständig bei den Richtern vertreten worden, die in demselben Verfahren bei einer Zwischenentscheidung (vgl. BGH GA 1962, 282) oder bei einem früheren Urteil mitgewirkt haben, das wegen irriger Rechtsauffassung vom Revisionsgericht aufgehoben worden ist (vgl. BGH JR 1957, 68). Sie hatte in der früheren Fassung des § 354 Abs. 2 StPO im Gesetz selbst ihren Niederschlag gefunden, wonach aufgehobene Strafsachen durch das Revisionsgericht in der Regel wieder an diejenigen Gerichte zu neuer Verhandlung und Entscheidung zurückzuverweisen waren, deren Urteile aufgehoben wurden. Diese Bestimmung ist zwar durch das Strafprozeßänderungsgesetz vom 9. 12. 1964 dahin geändert worden, daß die Sachen nunmehr an eine andere Abteilung oder Kammer des Gerichts, dessen Urteil aufgehoben wird, oder an ein anderes Gericht gleicher Ordnung zurückzuverweisen sind. Das bedeutet jedoch nicht, daß der Gesetzgeber neuerdings davon ausginge, der Richter, der bei einer aufgehobenen Entscheidung mitgewirkt habe, sei allein schon deswegen für die neue Verhandlung und Entscheidung in der Sache befangen. Das hat der Senat in seinem Urteil vom 9. 9. 1966 (4 StR 261/66 = BGHSt. 21, 142 [vgl. § 338 Nr. 2 StPO erfolglose Rügen]) im Anschluß an zwei Entscheidungen des 2. Strafsenats (vgl. BGHSt. 20, 252, 253[1] und NJW 1966, 1718) bereits eingehend dargelegt.

13. Verwerfung eines Ablehnungsgesuchs durch ein unvorschriftsmäßig besetztes Gericht allein unschädlich (im Anschluß an BGH JR 1957, 68).

StPO § 338 Nr. 3 – BGH Urt. v. 12. 12. 1962 – 2 StR 495/62 LG Wiesbaden (= BGHSt. 18, 200 = NJW 1963, 964)

Die Revision rügt, daß die Entscheidungen über die Ablehnungsgesuche, mit Unrecht verworfen worden seien weil über diese ein unvorschriftsmäßig besetztes Gericht entschieden habe. – Das Rechtsmittel war erfolglos.

Gründe: Das Reichsgericht hat angenommen, ein Ablehnungsgesuch sei schon dann „mit Unrecht" im Sinne des § 338 Nr. 3 StPO verworfen worden, wenn es von einem unvorschriftsmäßig besetzten Gericht beschieden worden sei. Denn das prozessuale Unrecht, welches in einem solchen Falle den Prozeßbeteiligten zugefügt werde, sei von dem materiellen Unrecht, das in der Nichtberücksichtigung eines gültigen Ablehnungsgrundes enthalten sei, im Wesen nicht verschieden (RGSt 49, 9, 12). Dem hat sich der 5. Strafsenat des Bundesgerichtshofes im Urteil vom 17. 12. 1954 – 5 StR 567/54 – (mitgeteilt bei Dallinger MDR 1955, 271) zunächst angeschlossen.

Im Urteil vom 11. 9. 1956 – 5 StR 5/56 – (JR 1957, 68) hat er diese Auffassung jedoch aufgegeben und ausgesprochen, daß es jedenfalls dann, wenn das Ablehnungsvorbringen offensichtlich unbegründet sei, nicht mehr darauf ankommen könne, ob die Beschlußkammer vorschriftsmäßig besetzt gewesen sei. Denn die Vorschriften über die Richterablehnung seien nur im Interesse der Erzielung eines unparteiischen Spruches in das Gesetz eingeführt worden; der Schutz der Interessen des Angeklagten habe daher seine notwendige Grenze in dem wirklichen Vorhandensein jener Besorgnis zu finden.

Diesem Gesichtspunkt kommt auch nach Ansicht des erkennenden Senats ausschlaggebende Bedeutung zu; er hat in ähnlichem Zusammenhang schon in einem unveröffentlichten Urteil des früheren 3. Strafsenats Anerkennung gefunden. In der Entscheidung 3 StR 21/50 v. 7. 2. 1952 ist zu der Frage, ob ein erkennendes Gericht schon deshalb unvorschriftsmäßig besetzt gewesen sei, weil ohne gerichtliche Entscheidung über die

---

[1] „aus der Änderung des § 23 StPO, wonach nunmehr im Wiederaufnahmeverfahren jeder Richter ausgeschlossen ist, der bei der angefochtenen Entscheidung mitgewirkt hat. Ersichtlich mit Vorbedacht und aus guten Gründen ist dasselbe nicht auch für den Richter angeordnet worden, der an dem vom Revisionsgericht aufgehobenen Urteil beteiligt war, er ist nicht kraft Gesetz von der weiteren Mitwirkung ausgeschlossen." (BGH v. 7. 7. 1965 – 2 StR 210/65).

Selbstablehnung eines Richters (§ 30 StPO) dessen Vertreter mitgewirkt habe, folgendes ausgeführt:

„Dieser prozessuale Verstoß bewirkt indessen noch nicht eine unvorschriftsmäßige Besetzung des Schwurgerichts im Sinne des § 338 Nr. 1 StPO; denn diese Bestimmung will nicht etwa die Einhaltung jeglicher Förmlichkeit bei Besetzung der Richterbank, sondern lediglich den Erfolg sicherstellen, daß keine anderen Personen an der Rechtsfindung mitwirken als die, die bei Einhaltung der gesetzlichen Vorschriften dazu berufen sind. Dies ergibt sich zwingend aus der Überlegung, daß nur die tatsächliche Zusammensetzung des Gerichts, nicht aber auch das Verfahren, vermittels dessen eben diese Zusammensetzung zustande gekommen ist, das Urteil beeinflußt haben kann. Die gesetzliche Vermutung des Beruhens gemäß § 338 StPO bezieht sich nur auf den ursächlichen Zusammenhang zwischen der wirklichen Besetzung des Gerichts und dem gesprochenen Urteil, nicht aber auf die Kausalbeziehung zwischen Formfehlern, die bei der Gerichtsbesetzung unterlaufen sind, und einem Urteil, das von eben den Richtern gesprochen worden ist, die auch bei Befolgung der gesetzlichen Vorschriften am Richtertisch gesessen hätten."

Diesen Erwägungen ist der 5. Strafsenat im Urteil vom 21. 1. 1954 – 5 StR 825/52[1] – für den Fall der Beschlußfassung über die Selbstablehnung eines Richters durch die unvorschriftsmäßig besetzte Strafkammer beigetreten. Demgemäß haben beide Senate geprüft, ob der Vertreter auch mitgewirkt haben würde, wenn über die Selbstablehnung ordnungsmäßig entschieden worden wäre. Diese Frage haben sie bejaht. Die Erwägungen treffen aber uneingeschränkt auch dann zu, wenn ein vom Angeklagten angebrachtes Ablehnungsgesuch in unvorschriftsmäßiger Besetzung beschieden worden ist. Seine berechtigten Belange werden in diesem Fall ebenfalls nur durch die sachliche Entscheidung über das Gesuch betroffen. Dabei kann es allerdings nicht, wovon der 3. Strafsenat noch ausgeht, darauf ankommen, wie das vorschriftsmäßig besetzte Gericht entschieden hätte. Maßgebend kann vielmehr nur sein, ob sachlich richtig entschieden worden ist; denn nur wenn die Besorgnis der Befangenheit tatsächlich vorhanden ist, wird das Interesse des Angeklagten an einem unparteiischen Spruch berührt.

Bei der Nachprüfung der Frage, ob ein Ablehnungsgesuch begründet ist oder nicht, ist das Revisionsgericht nach ständiger Rechtsprechung nicht an Feststellungen des Gerichts gebunden, das den Beschluß erlassen hat. Es hat vielmehr die Ablehnungsgründe auch in tatsächlicher Beziehung – entsprechend den für das Beschwerdeverfahren geltenden Regeln – selbständig zu würdigen. Diese umfassende Nachprüfungsmöglichkeit gewährleistet die Aburteilung des Angeklagten durch unvoreingenommene Richter und trägt damit seinen schutzwürdigen Interessen voll Rechnung. In der Rechtsprechung ist deshalb auch anerkannt, daß das Rechtsmittelgericht ein irrtümlich als unzulässig verworfenes Ablehnungsgesuch auf seine Begründetheit nachzuprüfen hat oder jedenfalls nachprüfen darf (vgl. u.a. das im amtlichen Nachschlagewerk des RG zu § 26 StPO mitgeteilte Urteil v. 30. 4. 1930 – 2 D 1145/29 – und die Urteile des BGH vom 9. 12. 1959 – 2 StR 265/59 – und v. 10. 8. 1962 – 4 StR 477/61 –, beide mit den hier in Betracht kommenden Teilen in BGHSt. 13, 358 und BGHSt. 18, 46 nicht veröffentlicht). Für den Fall der Beschlußfassung durch ein unvorschriftsmäßig besetztes Gericht kann nichts anderes gelten.

---

[1] „... Im übrigen würde das angefochtene Urteil auch auf einem etwaigen Mangel der Zuständigkeit eines Richters zur Beschlußfassung über die Selbstablehnung nicht beruhen. Denn für die Frage kommt es nur darauf an, ob die Selbstablehnung sachlich gerechtfertigt war. Förmliche Verstöße bei der Beschlußfassung über die Besetzung der Richterbank können die spätere Entscheidung in der Hauptsache nicht berühren. Dies ergibt sich zwingend aus der Überlegung, daß nur die tatsächliche Zusammensetzung des Gerichts (bei der Urteilsfindung), nicht jedoch das Verfahren, vermittels dessen diese Zusammensetzung zustandegekommen ist, das Urteil beeinflußt haben kann."

Der erkennende Senat kommt somit im Anschluß an die Entscheidung BGH JR 1957, 68 zu dem Ergebnis, daß bei Verwerfung eines Ablehnungsgesuches als unbegründet durch ein unvorschriftsmäßig besetztes Gericht der unbedingte Revisionsgrund des § 338 Nr. 3 StPO nur gegeben ist, wenn das Gesuch sachlich gerechtfertigt war. Darin liegt kein Widerspruch zu der genannten Entscheidung. Der 5. Strafsenat brauchte nur über einen Fall zu befinden, in dem es sich um ein offensichtlich unbegründetes Ablehnungsgesuch handelte. Mehr hat er nicht entschieden, insbesondere nicht zum Ausdruck gebracht, daß er für andere Fälle an seiner früheren Rechtsansicht festhalten wolle. Die Abweichung von der dem Urteil vom 7. 2. 1952 – 3 StR 21/50 – zugrunde liegenden Ansicht, es komme darauf an, wie das vorschriftsmäßig besetzte Gericht entschieden hätte, nötigt nicht zur Vorlegung gemäß § 136 GVG, da der frühere 3. Strafsenat nicht mehr besteht. Zudem hätte die Rechtsauffassung des erkennenden Senats zu demselben Ergebnis geführt.

14. Verkündung der Entscheidung über das Ablehnungsgesuch durch einen abgelehnten Richter (im Anschluß an RGSt 58, 285, 287).
StPO §§ 27 I, II S. 1, 338 Nr. 3 – BGH Urt. v. 3. 3. 1961 – 4 StR 548/60 LG Essen (= BGHSt. 15, 384)

Die Revision rügt, daß die Entscheidung auf ein sämtliche mitwirkenden Richter der erkennenden Strafkammer ablehnendes Gesuch vom mitabgelehnten Vorsitzenden dieser Strafkammer in Anwesenheit der mitabgelehnten Beisitzer, nicht aber von dem Vorsitzenden der beschließenden Strafkammer verkündet worden ist, die über sein Ablehnungsgesuch befunden hatte. – Das Rechtsmittel war erfolglos.

Gründe: Auszugehen ist davon, daß eine Entscheidung nicht immer erst in dem Augenblick ergeht, in dem sie bekannt gemacht wird, und daß § 35 StPO nur festlegt, in welcher Form eine Entscheidung bekanntzumachen ist, nicht aber, wann sie entstanden ist. Für Entscheidungen, die in Anwesenheit der davon betroffenen Personen ergehen, schreibt § 35 Abs. 1 StPO die Verkündung als Form der Bekanntmachung vor, für andere Entscheidungen § 35 Abs. 2 StPO die Zustellung oder, wenn durch die Bekanntmachung der Entscheidung keine Frist in Lauf gesetzt wird, die formlose Mitteilung, es sei denn, daß es sich um Urteile handelt. Ob der das Ablehnungsgesuch zurückweisende, nach § 28 Abs. 2 StPO durch eine befristete Beschwerde nicht mehr abänderbare Beschluß unter Abs. 1 oder Abs. 2 des § 35 StPO fällt, kann unentschieden bleiben. Denn wenn er zu den nach § 35 Abs. 2 StPO nur formlos mitzuteilenden Entscheidungen zu rechnen wäre, würde die förmliche Verkündung die formlose Mitteilung ersetzt haben. Gehörte der Beschluß aber zu den nach § 35 Abs. 1 StPO zu verkündenden Entscheidungen, so wäre er, wie sich aus folgendem ergibt, durch den Vorsitzenden der erkennenden Strafkammer wirksam verkündet worden.

Das Ablehnungsgesuch ist in der Hauptverhandlung gestellt worden. Die Mitglieder der ersten Strafkammer, deren Zuständigkeit zur Entscheidung über das Gesuch die Revision nicht in Zweifel zieht, haben darüber, nachdem die abgelehnten Richter der erkennenden Strafkammer sich zu ihrer Ablehnung geäußert hatten und der Vorsitzende der erkennenden Strafkammer das Ablehnungsgesuch dem Vorsitzenden der ersten Strafkammer zugeleitet hatte, außerhalb der dadurch unterbrochenen Hauptverhandlung entschieden (vgl. RGSt 21, 250, 251). Innerhalb der Hauptverhandlung konnte das gar nicht geschehen, weil die erkennende Kammer zunächst ausfiel (§ 29 StPO) und die beschließende Kammer nicht an die Stelle der erkennenden tritt. Diesem Verfahrensweg entspricht es, daß der das Ablehnungsgesuch zurückweisende, mit Gründen versehene Beschluß der ersten Strafkammer den danach zu Unrecht abgelehnten Richtern der erkennenden Kammer gegenüber schon in dem Augenblick wirksam wurde, in dem er dem Vorsitzenden der erkennenden Kammer durch den Vorsitzenden der beschließenden Kammer zur amtlichen

Kenntnis zuging. In dem Augenblick, in dem dies geschah, war das Hindernis beseitigt, das der Ausübung richterlicher Tätigkeit der abgelehnten Richter entgegenstand. Mithin konnte der Vorsitzende der erkennenden Strafkammer bei der nunmehr möglichen Fortsetzung der Hauptverhandlung zusammen mit den zu Unrecht abgelehnten Beisitzern seiner Kammer den anwesenden Beteiligten den nach Eingang bei ihm nicht mehr abänderbaren Beschluß der ersten Strafkammer mündlich verkünden.

15. Beschluß über Ablehnungsgesuch gegen erkennenden Richter nicht mit der Beschwerde anfechtbar.

StPO § 338 Nr. 3 – Auch der Beschluß, durch den das Ablehnungsgesuch gegen einen erkennenden Richter für unzulässig erklärt wird, kann nicht mit der Beschwerde angefochten werden.

BGH Urt v. 22. 10. 1953 – 1 StR 66/53 LG Nürnberg-Fürth (= BGHSt. 5, 153)

Die Revision rügt, daß einem Ablehnungsgesuch hätte stattgegeben werden müssen und ferner, daß der abgelehnte Vorsitzende weiter als Richter tätig gewesen sei, obgleich das Beschwerdeverfahren noch geschwebt habe.

Sachverhalt: Die Hauptverhandlung begann am 6. 8. 1952. Nachdem der Angeklagte zur Sache gehört worden war, wurden zehn Zeugen vernommen. Im Anschluß hieran wurde die Hauptverhandlung unterbrochen und Termin zur Weiterverhandlung auf den 12. 8. 1952 angesetzt. Mit einem Schriftsatz vom 7. 8. 1952, der am 9. 8. 1952 bei dem Landgericht eingegangen ist, lehnte der Nebenkläger den Vorsitzenden der Strafkammer, Landgerichtsdirektor Dr. St., wegen Besorgnis der Befangenheit ab. Das Gesuch wurde ohne Mitwirkung des abgelehnten Richters durch Beschluß vom 11. 8. 1952 als unzulässig verworfen. An demselben Tage legte der Nebenkläger gegen diesen Beschluß sofortige Beschwerde ein. Über das Rechtsmittel ist nicht entschieden worden. Bei der am 12. 8. 1952 fortgesetzten Hauptverhandlung und der Urteilsfindung wirkte der von dem Nebenkläger abgelehnte Vorsitzende mit. – Das Rechtsmittel war erfolglos.

Gründe:
1. Das – im übrigen auch unbegründete – Ablehnungsgesuch war unzulässig, da es nach der vollständigen Sachvernehmung des Angeklagten und Durchführung des größten Teils der Beweisaufnahme angebracht worden ist. Die Ansicht des Nebenklägers, daß der Zeitpunkt seiner Vernehmung und nicht der des Angeklagten maßgebend sei, steht mit der Vorschrift des § 25 StPO in Widerspruch.

2. Auch § 29 StPO ist, entgegen der Annahme des Nebenklägers, nicht verletzt.

Nach dieser Vorschrift darf ein abgelehnter Richter vor Erledigung des Ablehnungsgesuches nur solche Handlungen vornehmen, die keinen Aufschub gestatten. Das Ablehnungsgesuch war jedoch bereits durch den Beschluß der Strafkammer vom 11. 8. 1952 „erledigt", als die Hauptverhandlung unter Mitwirkung des Landgerichtsdirektors Dr. St. am 12. 8. 1952 fortgesetzt wurde.

Die Frage, ob unter der „Erledigung" im Sinne des § 29 StPO die erste Entscheidung oder die rechtskräftige Beendigung des Beschwerdeverfahrens zu verstehen ist, ist zwar von dem Reichsgericht nicht einheitlich beantwortet worden (BGHSt. 4, 208 [BGH Urt. v. 19. 5. 1953 – 2 StR 445/52; vgl. § 338 Nr. 3 StPO erfolglose Rügen]). Darauf kommt es aber nicht an; denn der Beschluß vom 11. 8. 1952 war nicht mit der Beschwerde anfechtbar und daher für das landgerichtliche Verfahren sofort rechtskräftig.

Die Ablehnung richtete sich gegen einen erkennenden Richter. In einem derartigen Falle kann der Beschluß, durch den das Ablehnungsgesuch für unbegründet erklärt wird, gemäß § 28 Abs. 2 StPO nicht für sich allein, sondern nur mit dem Urteil angegriffen werden.

Diese Vorschrift bezieht sich zwar nach ihrem Wortlaut nur auf ein unbegründetes Gesuch. Ihrem Zweck und Sinn muß aber entnommen werden, daß dieselben Folgen eintreten, wenn die Ablehnung für unzulässig erklärt worden ist.

Mit der Bestimmung des § 28 Abs. 2 StPO soll verhindert werden, daß die kurz bevorstehende oder bereits begonnene Hauptverhandlung verzögert oder ihre Durchführung in Frage gestellt wird. Deswegen wird dem Betroffenen, ähnlich wie im Falle des § 305 StPO, das Beschwerderecht versagt. Seine Belange sind ausreichend dadurch gewahrt, daß er die beanstandete Entscheidung zusammen mit dem Urteil angreifen kann.

Diese Erwägungen gelten in gleicher Weise für die Verwerfung des Ablehnungsgesuches als unzulässig. Auch in diesem Falle würde die Zulassung der Beschwerde dazu führen, daß der Fortgang des Verfahrens zu einem Zeitpunkt beeinträchtigt wird, in dem es grundsätzlich ohne Verzögerung zu Ende geführt werden soll. Da somit keine sachlichen Gründe zu erkennen sind, die den Gesetzgeber veranlaßt haben könnten, die Verwerfung des Ablehnungsgesuches als unzulässig anders zu behandeln als die als unbegründet, muß angenommen werden, daß § 28 Abs. 2 StPO auch dann anzuwenden ist, wenn das Ablehnungsgesuch für unzulässig erklärt worden ist.

Diese Ansicht findet zudem ihre Bestätigung in der Bestimmung des § 338 Nr. 3 StPO, die dem Betroffenen einen unbedingten Revisionsgrund gewährt, wenn sein Ablehnungsgesuch „mit Unrecht" verworfen worden ist. Diese Ausdrucksweise umfaßt sowohl die Verwerfung als unbegründet wie auch die als unzulässig. Daraus ist zu schließen, daß § 28 Abs. 2 StPO, mit dem § 338 Nr. 3 StPO in engem Zusammenhange steht, in demselben Sinne auszulegen ist.

Der Beschluß der Strafkammer vom 11. 8. 1952 unterlag somit keinem selbständigen Rechtsmittel. Das Ablehnungsgesuch war daher bereits für diesen Verfahrensabschnitt endgültig „erledigt", im Sinne des § 29 StPO, als die Hauptverhandlung am 12. 8. 1952 fortgesetzt wurde. Landgerichtsdirektor Dr. St. brauchte unter diesen Umständen nicht die Entscheidung des Beschwerdegerichts abzuwarten, sondern durfte seine Amtstätigkeit alsbald wieder ausüben (RG Goltd Arch 59, 351).

16. Mitwirkung eines zu Unrecht abgelehnten Richters macht Eröffnungsbeschluß nicht unwirksam.

StPO §§ 29, 338 Nr. 3 – BGH Urt. v. 19. 5. 1953 – 2 StR 445/52 LG Bremen (= BGHSt. 4, 208)

Die Revision rügt, daß kein gültiger Eröffnungsbeschluß vorliege, weil an ihm Landgerichtsrat Dr. J. mitgewirkt habe, den der Angeklagte wegen Besorgnis der Befangenheit abgelehnt habe.

Sachverhalt: Der Angeklagte lehnte am 19. 11. 1951 in seiner Beschwerde gegen den Haftbefehl vom 1. 11. 1951 den Landgerichtsrat Dr. J. wegen Besorgnis der Befangenheit ab. Am 26. 1. 1952 erklärte die Strafkammer das Ablehnungsgesuch durch Beschluß für unbegründet. Nunmehr eröffnete die Strafkammer das Verfahren gegen den Angeklagten. An diesem Beschluß wirkte Landgerichtsrat Dr. J. mit. Am 31. 1. legte der Angeklagte gegen den Beschluß vom 26. 1. 1952 sofortige Beschwerde ein. Das Oberlandesgericht verwarf sie durch Beschluß vom 5. 2. 1952. – Das Rechtsmittel war erfolglos.

Gründe: Nach § 29 StPO darf ein abgelehnter Richter vor Erledigung des Ablehnungsgesuchs nur solche Handlungen vornehmen, die keinen Aufschub gestatten. Dafür, daß der Eröffnungsbeschluß in dem vorliegenden Falle unaufschiebbar gewesen sein könne, liegt kein Anhaltspunkt vor. Wäre er es gewesen, so hätte aber auch ein anderer Richter als Landgerichtsrat Dr. J. an ihm mitwirken können. Seine Mitwirkung ist deshalb nicht als dringende Amtshandlung im Sinne des § 29 StPO anzusehen.

Die Frage, welche Bedeutung den Worten „vor Erledigung des Ablehnungsgesuchs" in § 29 StPO zukommt, ist in keiner Entscheidung der Strafsenate des Reichsgerichts erörtert. Auch die Urteile anderer Gerichte und die Erläuterungsbücher zur Strafprozeßordnung behandeln sie nicht. Nach der Entscheidung in RGZ 66, 46 ist zwar mit der „Erledigung" in § 47 ZPO, der mit § 29 StPO wörtlich übereinstimmt, nicht die rechtskräftige Erledigung, sondern die erstmalige Entscheidung gemeint. Demgegenüber erklärt das Reichsgericht in JW 1902, 249, daß unter Erledigung im Sinne des § 47 ZPO nur die rechtskräftige Entscheidung über das Ablehnungsgesuch zu verstehen sei. Folgt man der ersten Entscheidung, so hat Landgerichtsrat Dr. J. zulässigerweise an dem Eröffnungsbeschluß mitgewirkt. Im andern Falle liegt in seiner Mitwirkung allerdings ein Verstoß gegen § 29 StPO. Der Angeklagte kann jedoch hierdurch nicht beschwert sein. Die §§ 22 ff. StPO sollen es sicherstellen, daß über einen Angeklagten nur solche Richter urteilen, die unbefangen sind und vernünftigerweise von ihm auch nicht als befangen angesehen werden können. Da das Oberlandesgericht die sofortige Beschwerde des Angeklagten zurückgewiesen hat, steht fest, daß Landgerichtsrat Dr. J. in keinem Augenblick befangen gewesen ist und daß der Angeklagte keinen vernünftigen Grund gehabt hat, ihn für befangen zu halten. Es kann deshalb dem Angeklagten in keiner Beziehung nachteilig gewesen sein, daß Landgerichtsrat Dr. J. an dem Eröffnungsbeschluß mitgewirkt hat. Eine etwaige Verletzung des § 29 StPO macht deshalb den Eröffnungsbeschluß nicht unwirksam. Die Frage, ob mit dem Worte „Erledigung" in § 29 StPO die erste oder letzte Entscheidung über das Ablehnungsgesuch gemeint ist, bedarf deshalb keiner endgültigen Stellungnahme.

§ 338 Nr. 4 StPO
Unzuständigkeit des Gerichts

Erfolgreiche Rügen

1. Willkürliche Annahme sachlicher Zuständigkeit (BGH Beschl. v. 21. 4. 1994 – 4 StR 136/94).

2. Willkürliche Annahme sachlicher Zuständigkeit (BGH Urt. v. 27. 2. 1992 – 4 StR 23/92).

3. Unzulässige Verfahrensverbindung zwischen erst- und zweitinstanzlichem Verfahren (BGH Beschl. v. 12. 12. 1991 – 4 StR 506/91).

4. Unzulässige Verbindung von erst- und zweitinstanzlichem Verfahren (BGH Beschl. v. 24. 4. 1990 – 4 StR 159/90).

5. Abgabe von Jugendkammer an Erwachsenenstrafkammer nach Eröffnung unzulässig (BGH Urt. v. 4. 11. 1981 – 2 StR 242/81).

6. Zuständigkeit des Schwurgerichts auch im Wiederaufnahmeverfahren von Amts wegen zu beachtende Prozeßvoraussetzung (BGH Urt. v. 11. 12. 1959 – 4 StR 321/59).

7. Sachliche Zuständigkeit des Gerichts ist eine von Amts wegen zu berücksichtigende Verfahrensvoraussetzung (hier: Strafkammer statt Jugendkammer im Berufungsverfahren) (BGH Beschl. v. 13. 5. 1959 – 4 StR 439/58).

8. Mangelnde örtliche Zuständigkeit ist absoluter Revisionsgrund (BGH Urt. v. 10. 1. 1958 – 5 StR 487/57).

9. Sachliche Zuständigkeit in der Revisionsinstanz von Amts wegen zu berücksichtigen (BGH Urt. v. 10. 1. 1957 – 2 StR 575/56).

10. Einheitliche Zuständigkeit der Jugendkammer (BGH Urt. v. 29. 2. 1956 – 2 StR 25/56).

11. Jugendgericht für Heranwachsende ausschließlich zuständig (BGH Urt. v. 15. 12. 1955 – 4 StR 342/55).

12. Unzuständigkeit der Strafkammer bei Verfahren gegen Jugendliche vom Revisionsgericht von Amts wegen zu beachten (BGH Urt. v. 2. 11. 1954 – 5 StR 492/54).

Erfolglose Rügen

1. Das Revisionsgericht ist an die Feststellungen zum Alter des Angeklagten gebunden, weil diese nicht nur die gerichtliche Zuständigkeit, sondern im Hinblick auf die unterschiedlichen Rechtsfolgen, die das Gesetz für Erwachsene und Heranwachsende vorsieht, auch die Anwendung des materiellen Rechts betreffen (BGH Beschl. v. 11. 1. 2000 – 1 StR 633/99).

2. Mangelnde sachliche Zuständigkeit des Gerichts nicht von Amts wegen zu prüfen (BGH Urt. v. 22. 4. 1997 – 1 StR 701/96).

3. Willkürliche Annahme der erstinstanzlichen Zuständigkeit des Schöffengerichts im Berufungsverfahren nicht von Amts wegen zu prüfen (BGH Beschl. v. 30. 7. 1996 – 5 StR 288/95).

4. Unzuständigkeit der allgemeinen Strafkammer bei Verhandlung gegen Heranwachsenden nur mit Verfahrensrüge anfechtbar (BGH Beschl. v. 18. 3. 1996 – 1 StR 113/96).

5. Allgemeine Strafkammer auch dann zuständig, wenn unter anderem Anklage wegen eines als Heranwachsender begangenen Delikts erfolgte, das im Eröffnungsbeschluß gemäß § 154 a II StPO eingestellt worden ist (BGH Beschl. v. 28. 11. 1995 – 5 StR 588/95).

6. Zurückverweisung an allgemeine Strafkammer bei Verfahren gegen Jugendliche und Erwachsene zulässig aber nicht zwingend, wenn sich das weitere Verfahren nur noch gegen den Erwachsenen richtet (BGH Urt. v. 27. 4. 1994 – 3 StR 690/93).

7. Sachliche Zuständigkeit des Gerichts hängt davon ab, ob es zum Zeitpunkt der Urteilsfällung zuständig war (BGH Beschl. v. 3. 5. 1991 – 3 StR 483/90).

8. Umstände, die nach Vernehmung zur Sache eintreten, begründen keine andere sachliche Zuständigkeit (BGH Urt. v. 11. 8. 1981 – 5 StR 309/81).

9. Jugendkammer auch dann zuständig, wenn nur ein erwachsener Mitangeklagter Berufung gegen das Urteil des Jugendrichters einlegt (BGH Beschl. v. 30. 1. 1968 – 1 StR 319/67).

10. Die Revision kann nicht darauf gestützt werden, daß ein Gericht niederer Ordnung habe entscheiden müssen (BGH Urt. v. 10. 11. 1967 – 4 StR 512/66).

11. Keine Prüfung von Amts wegen, ob statt kleiner Strafkammer Jugendkammer für Berufung zuständig war (BGH Beschl. v. 5. 10. 1962 – GSSt 1/62).

12. Zuständigkeit der Staatsschutzkammer nicht von Amts wegen zu prüfen (BGH Urt. v. 22. 12. 1959 – 3 StR 40/59).

13. Verurteilung durch ursprünglich sachlich unzuständiges Gericht nach dem Ergebnis der Hauptverhandlung wegen einer strafbaren Handlung, die seine Zuständigkeit nicht überschreitet, nicht erfolgreich anfechtbar (BGH Urt. v. 8. 1. 1957 – 5 StR 378/56).

14. Auswahl des Gerichts durch Staatsanwaltschaft nicht anfechtbar (BGH Urt. v. 4. 10. 1956 – 4 StR 294/56).

15. Erfolgreich anfechtbar ist nur die Verurteilung durch, nicht die Verhandlung vor einem unzuständigen Gericht (BGH Urt. v. 2. 10. 1951 – 1 StR 434/51).

Erfolgreiche Rügen

1. Willkürliche Annahme sachlicher Zuständigkeit.

StPO § 338 Nr. 4; GVG §§ 24,74; GG Art. 101 Abs. 1 Satz 2 – BGH Beschl. v. 21. 4. 1994 – 4 StR 136/94 LG Saarbrücken (= BGHSt. 40, 120 = NJW 1994, 2396 = StV 1994, 414 = NStZ 1994, 399 = JR 1995, 255 = JZ 1995, 261)

Die Revision rügt, daß das Landgericht zu Unrecht (willkürlich) seine sachliche Zuständigkeit bejaht hat.

Sachverhalt: Die Staatsanwaltschaft hat gegen den Angeklagten drei Anklagen zum Landgericht erhoben: Am 13. 4. 1993 klagte sie ihn wegen eines Vergehens des Diebstahls an, weil er am 2. 8. 1992 ein Auto gewaltsam geöffnet und daraus einen Verstärker und zwei Lautsprecher im Gesamtwert von 300 DM sowie einen Führerschein entwendet habe; als Beweismittel bezeichnete sie die „geständige Einlassung des Angeschuldigten".

Noch an demselben Tage erhob sie gegen den Angeklagten eine weitere Anklage zum Landgericht, in der sie ihm „Vergehen gemäß §§ 2, 21 StVG, 242 I, 243 I 2 Nr. 1, 53 StGB" vorwarf, weil er am 19. 11. 1992 ein Kraftfahrzeug ohne die dazu erforderliche Fahrerlaubnis geführt sowie einen Pkw gewaltsam geöffnet und aus diesem das Autoradio sowie einen grünen Parka entwendet habe; hier hatte sich der Angeklagte zum Tatvorwurf nicht eingelassen.

Zwei Tage später, am 15. 4. 1993, erhob die Staatsanwaltschaft gegen den Angeklagten die dritte Anklage zum Landgericht. Sie beschuldigte ihn eines Vergehens des Diebstahls, weil er am 11. 3. 1992 „in stark angetrunkenem Zustand" bei einem Pkw eine Scheibe eingeschlagen und aus dem Fahrzeug eine Mappe mit den Fahrzeugpapieren sowie eine Musikkassette entnommen habe; der Angeschuldigte habe die Tat gestanden.

Das Landgericht ließ die Anklagen in drei getrennten Beschlüssen jeweils am 8. 6. 1993 zur Hauptverhandlung zu und verband die Verfahren zur gemeinsamen Verhandlung und Entscheidung. In der Hauptverhandlung wurde das Verfahren bezüglich des Vorwurfs des Fahrens ohne Fahrerlaubnis nach § 154 Abs. 2 StPO eingestellt. Wegen der übrigen Taten beantragte der Staatsanwalt eine Gesamtfreiheitsstrafe von neun Monaten; diesem Antrag entsprach das Gericht. – Das Rechtsmittel hatte Erfolg.

Gründe: Es ist offenkundig, daß das Landgericht für jede einzelne der erhobenen Anklagen sachlich unzuständig war. Daß für die jeweils angeklagten Taten eine Freiheitsstrafe von mehr als vier Jahren (§ 24 Abs. 1 Nr. 2 GVG) nicht in Betracht kommen konnte (hinsichtlich des Vergehens des vorsätzlichen Fahrens ohne Fahrerlaubnis beträgt die gesetzliche Höchststrafe ohnehin nur ein Jahr), bedarf keiner näheren Ausführungen. Daran ändert es auch nichts, daß der Angeklagte erheblich und einschlägig vorbestraft ist. Eine besondere Bedeutung der einzelnen Fälle (§ 24 Abs. 1 Nr. 3 GVG) ist ebenfalls ersichtlich nicht gegeben und wurde von der Staatsanwaltschaft in den Anklageschriften auch nicht behauptet.

Allerdings hatte die Staatsanwaltschaft bereits in den Anklageschriften Verbindung der Verfahren beantragt. Warum sie die drei Verfahren nicht selbst verbunden und sogleich gemeinsam angeklagt hatte, bleibt dabei unverständlich; sachliche Gründe sind hierfür nicht erkennbar.

Auch für das verbundene Verfahren war das Landgericht offensichtlich unzuständig: Durch die Verbindung hatte die Sache keine besondere Bedeutung erlangt (§ 24 Abs. 1 Nr. 3 GVG), und eine Gesamtfreiheitsstrafe von mehr als vier Jahren lag außerhalb des Möglichen, wie bereits durch den Antrag der Staatsanwaltschaft und das diesem entsprechende Urteil des Gerichts augenfällig belegt wird. Eine Freiheitsstrafe von mehr als vier Jahren gegen einen zwar einschlägig vorbestraften, aber weithin geständigen Autoaufbrecher, der nur einen geringfügigen Schaden angerichtet hatte, liegt so weit außerhalb der zu erwartenden Strafe, daß weder die Staatsanwaltschaft bei Anklageerhebung noch das Gericht bei der Eröffnung des Hauptverfahrens hiermit auch nur im entferntesten hätten rechnen können. Damit fehlte es an der sachlichen Zuständigkeit des Landgerichts.

Die sachliche Zuständigkeit ist als Prozeßvoraussetzung nach § 6 StPO in jeder Lage des Verfahrens von Amts wegen zu beachten. Allerdings bestimmt § 269 StPO, daß sich ein Gericht nicht für unzuständig erklären dürfe, weil die Sache vor ein Gericht niederer Ordnung gehöre. Dies gilt aber dann nicht, wenn das höhere Gericht willkürlich gehandelt hat; denn damit verstößt es gegen Art. 101 Abs. 1 Satz 2 GG und entzieht den Angeklagten seinem gesetzlichen Richter (BGHSt. 38, 172, 176 [BGH Beschl. v. 12. 12. 1991 – 4 StR 506/91; vgl. § 338 Nr. 4 StPO erfolgreiche Rügen]; BGH NStZ 1992, 397 [BGH Beschl. v. 6. 2. 1992 – 4 StR 626/91; vgl. § 237 StPO erfolgreiche Rügen]; BGH GA 1970, 25[1]). So liegt es hier: Das Landgericht ist nicht etwa nur einem Irrtum erlegen, indem es seine Zuständigkeit bejahte. Als es sich in diesem Fall für zuständig erklärte, mißachtete es die aus § 24 GVG zu entnehmende gesetzliche Erwägung, Fälle der kleineren und mittleren Kriminalität den Amtsgerichten zuzuweisen. Diese Entscheidung des Gesetzgebers ist durch das am 1. 3. 1993 in Kraft getretene Gesetz zur Entlastung der Rechtspflege (BGBl. 1993 I 50) noch verstärkt worden, durch das die Strafobergrenze in § 24 Abs. 1 Nr. 2 GVG von drei Jahren auf vier Jahre heraufgesetzt worden ist. Für die Annahme des Landgerichts, es sei hier zuständig, fehlte somit jeder sachliche Grund. Das Landgericht entfernte sich damit so weit von den gesetzlichen Maßstäben, daß seine Entscheidung unter keinem Gesichtspunkt mehr vertretbar war; damit handelte es (objektiv) willkürlich und entzog dadurch den Angeklagten seinem gesetzlichen Richter.

Der Angeklagte hat mit seiner Revision allerdings nicht gerügt, daß das Landgericht unzuständig und er willkürlich seinem gesetzlichen Richter entzogen worden sei. Diesen Rechtsverstoß hat der Senat aber von Amts wegen zu beachten.

Zwar hat der 5. Strafsenat des Bundesgerichtshofs in seinem Urteil GA 1970, 25 erklärt, daß das Revisionsgericht die Entziehung des gesetzlichen Richters durch willkürliche Annahme der Zuständigkeit durch ein höheres Gericht nur auf eine entsprechende Verfahrensrüge beachten dürfe. Auch der 1. Strafsenat des Bundesgerichtshofs hat in seinem Urteil NJW 1993, 1607 (BGH Urt. v. 8. 12. 1992 – 1 StR 594/92; vgl. § 209 StPO erfolglose Rügen) gegen die Annahme eines von Amts wegen zu beachtenden Verfahrenshindernisses Bedenken geäußert. Der Senat teilt diese Auffassung nicht: Der 5. Strafsenat hat sich zur Begründung seiner Ansicht lediglich auf die Entscheidung des 3. Strafsenats BGHSt. 19, 273 (BGH Urt. v. 24. 3. 1964 – 3 StR 60/63; vgl. § 344 StPO erfolglose Rügen) bezogen. Dieses Urteil betraf aber eine Verletzung des Brief- und Postgeheimnisses im Ermittlungsverfahren; hierzu führt der 3. Strafsenat dann allerdings allgemein aus (a.a.O. S. 277), daß § 344 Abs. 2 StPO auch beachtet werden müsse, „wenn das Urteil wegen Verletzung einer Grundrechtsnorm über das Verfahren angegriffen wird". Er bemerkt sodann jedoch, daß etwas anderes gelten könnte, wenn die Verletzung des Brief- und Postgeheimnisses als ein Verfahrenshindernis von Amts wegen zu berücksichtigen wäre (a.a.O. S. 278); gerade darum geht es hier aber.

---

1 „Nach § 269 StPO darf ein Gericht ‚sich nicht für unzuständig erklären, weil die Sache vor ein Gericht niederer Ordnung gehöre'. Darum hat der BGH den Revisionsgrund des § 338 Nr. 4 StPO bisher verneint, wenn geltend gemacht wurde, statt des Landgerichts hätte das Amtsgericht entscheiden müssen. Diese Regel wird aber durch Art. 101 Abs. 1 Satz 2 GG eingeschränkt, nach dem niemand seinem gesetzlichen Richter entzogen werden darf. Ob dieses Grundrecht dadurch verletzt worden ist, daß statt des Amtsgerichts das Landgericht geurteilt hat, ist nicht nur vom Bundesverfassungsgericht auf eine Verfassungsbeschwerde, sondern auch schon vorher im Rechtsmittelzuge zu prüfen. Das Revisionsgericht ist dazu allerdings nur in der Lage, wenn eine entsprechende Verfahrensbeschwerde ordnungsgemäß erhoben worden ist." (BGH Urt. v. 10. 1. 1969 – 5 StR 682/68).

Der 1. Strafsenat hat ausgeführt, es könne „schwerlich von einer wertenden Betrachtung, die bei Eröffnung des Hauptverfahrens anzustellen ist, abhängen, ob ein Verfahrenshindernis vorliegt oder nicht". Daß dies sehr wohl möglich ist, beweist der vorliegende Fall: Wenn bereits bei Eröffnung des Hauptverfahrens für jedermann erkennbar ist, daß eine Überschreitung des Strafrahmens des § 24 Abs. 1 Nr. 2 GVG auch nicht im entferntesten in Betracht kommen kann, läßt sich eine willkürliche Überschreitung der Zuständigkeit ohne weiteres feststellen.

Im übrigen weist der 1. Strafsenat nur noch auf § 269 StPO hin, ohne sich mit § 6 StPO auseinanderzusetzen. Wenn § 269 StPO aber gerade keine Geltung beanspruchen kann, weil ein Verstoß gegen Art. 101 Abs. 1 Satz 2 GG vorliegt, muß wiederum die Regel des § 6 StPO Anwendung finden, wonach das Gericht die sachliche Zuständigkeit in jeder Lage des Verfahrens von Amts wegen zu prüfen hat. Das bedeutet, daß auch das Revisionsgericht diesen Mangel beachten muß, wenn die Vorschrift des § 269 StPO wegen willkürlicher Bejahung der Zuständigkeit nicht mehr zum Zuge kommen kann. Gerade im Gegensatz zum Fehlen der örtlichen Zuständigkeit, was die Revision mit Rücksicht auf § 16 StPO nur auf eine entsprechende Rüge hin begründen kann, ist die sachliche Zuständigkeit auch in der Revisionsinstanz von Amts wegen zu beachten; § 338 Nr. 4 StPO hat daher für die sachliche Zuständigkeit keine Bedeutung. Anders ausgedrückt: Das Fehlen der sachlichen Zuständigkeit ist unschädlich, wenn § 269 StPO eingreift. Ist diese Vorschrift aber nicht anwendbar, so bleibt es bei § 6 StPO mit der Folge, daß ein von Amts wegen zu beachtendes Verfahrenshindernis vorliegt, das zwar – im Gegensatz zu anderen Prozeßhindernissen – nicht zur Einstellung des Verfahrens, aber gemäß § 355 StPO zur Verweisung der Sache an das zuständige Gericht führt. Das ist hier der Strafrichter (§ 25 Nr. 2 GVG) beim (örtlich zuständigen) Amtsgericht.

Einer Vorlage der Sache an den Großen Senat für Strafsachen nach § 132 Abs. 2, 3 GVG bedarf es nicht: Das Urteil des 5. Strafsenats beruht nicht auf der hier abgelehnten Rechtsansicht, weil dort eine ordnungsgemäße Verfahrensrüge erhoben worden war und der Senat zudem ein willkürliches Vorgehen des Landgerichts verneint hat (insoweit in GA 1970, 25 nicht abgedr.). Der 1. Strafsenat hat ausdrücklich erklärt, daß er zu der Frage nicht abschließend Stellung zu nehmen brauche; auch in dem von ihm entschiedenen Fall konnte außerdem ein willkürliches Handeln des Landgerichts nicht festgestellt werden.

2. Willkürliche Annahme sachlicher Zuständigkeit.

StPO 338 Nr. 4 – BGH Urt. v. 27. 2. 1992 – 4 StR 23/92 LG Paderborn (= BGHSt. 38, 212 = NJW 1992, 2104 = StV 1992, 212 = NStZ 1992, 342)

Die Revision rügt, daß das Landgericht seine sachliche Zuständigkeit willkürlich angenommen und ihn damit seinem gesetzlichen Richter entzogen hat.

Sachverhalt: Die Staatsanwaltschaft hatte Anklage zum Schöffengericht erhoben. Sie warf dem – nicht vorbestraften – Angeklagten darin vor, er habe in einem minder schweren Fall sexuelle Handlungen von einiger Erheblichkeit an einem Kind vorgenommen, indem er der 8-jährigen A. einen Kuß auf den Mund gegeben, das sich wehrende Mädchen mit der linken Hand festgehalten, mit der rechten Hand zwischen die Beine des Kindes gefaßt und (über der Kleidung) einige Male dessen Geschlechtsteil gestrichelt habe.

Der Vorsitzende des Schöffengerichts gab der Staatsanwaltschaft die Anklage mit dem Bemerken zurück, es sei ein Freispruch zu erwarten, weil fraglich sei, ob im Hinblick auf § 184c Nr. 1 StGB der von der Staatsanwaltschaft bejahte Tatbestand des § 176 Abs. 1 StGB erfüllt sei. Er regte – auch wegen zu erwartender Beweisschwierigkeiten – die Rücknahme der Anklage an. Die Staatsanwaltschaft beharrte jedoch auf der Anklage und beantragte die Eröffnung des Hauptverfahrens vor dem Schöffengericht.

Daraufhin legte der Vorsitzende des Schöffengerichts die Akten gemäß § 209 Abs. 2 StPO über die Staatsanwaltschaft der Jugendschutzkammer des Landgerichts vor. Obwohl die Staatsanwaltschaft bei der Vorlage der Akten an das Landgericht auf § 26 Abs. 2 GVG hinwies und nunmehr beantragte, das Hauptverfahren vor dem Jugendschöffengericht zu eröffnen, ließ die Jugendschutzkammer des Landgerichts die Anklage ohne weitere Begründung zur Hauptverhandlung vor sich zu. – Das Rechtsmittel hatte Erfolg.

Gründe: Dieses Verfahren war rechtsfehlerhaft. Wie außer jedem Zweifel steht, leicht erkennbar war und vom Vorsitzenden des Schöffengerichts auch bemerkt wurde, lag hier ein minder schwerer Fall des sexuellen Mißbrauchs eines Kindes nach § 176 Abs. 1 StGB vor; die Erheblichkeitsschwelle des § 184c Nr. 1 StGB war nur gerade eben überschritten. Damit schied eine Zuständigkeit des Landgerichts nach § 74 Abs. 1 GVG – und damit auch der Jugendschutzkammer nach § 74b GVG – offenkundig aus. Indem das Landgericht gleichwohl das Hauptverfahren vor sich eröffnete, handelte es willkürlich und entzog damit den Angeklagten seinem gesetzlichen Richter.

Das Urteil kann daher keinen Bestand haben. Der Senat verweist die Sache gemäß § 355 StPO an das zuständige Schöffengericht. Zwar hatte die Staatsanwaltschaft – wie dargelegt – bei der Vorlage der Akten an das Landgericht nunmehr im Gegensatz zur Anklage die Eröffnung des Hauptverfahrens vor dem Jugendschöffengericht beantragt. Ob der Vorsitzende des Schöffengerichts diesem Antrag folgen und deswegen die Akten gemäß § 209 Abs. 2, § 209a Nr. 2b StPO dem Jugendschöffengericht vorlegen oder das Hauptverfahren vor sich eröffnen will, muß dieser entscheiden. Dabei wird er zu bedenken haben, daß die Voraussetzungen des § 26 Abs. 2 GVG nach dem derzeitigen Verfahrensstand nicht gegeben sein dürften, weil der Angeklagte voll geständig ist und daher schon beim Landgericht eine Vernehmung des Kindes nicht erforderlich war.

3. Unzulässige Verfahrensverbindung zwischen erst- und zweitinstanzlichem Verfahren.

StPO §§ 4, 338 Nr. 4; GVG §§ 24, 74 – BGH Beschl. v. 12. 12. 1991 – 4 StR 506/91 LG Münster (= BGHSt. 38, 172 = NJW 1992, 1775 = StV 1992, 45 = NStZ 1992, 342)

Die Revision rügt die Verletzung formellen und materiellen Rechts.

Sachverhalt: Der Angeklagte wurde am 26. 4. 1990 vom Schöffengericht wegen falscher Verdächtigung verurteilt. Gegen dieses Urteil legten der Angeklagte und die Staatsanwaltschaft Berufung ein; die Staatsanwaltschaft beschränkte ihre Berufung auf den Strafausspruch.

Sodann wurde am 22. 2. 1991 von der Staatsanwaltschaft gegen den Angeklagten zum Landgericht M., bei dem das Berufungsverfahren anhängig war, eine Anklage wegen uneidlicher Falschaussage in Tateinheit mit Strafvereitelung erhoben. Dies geschah ersichtlich deshalb, weil es der Staatsanwaltschaft nunmehr zweifelhaft erschien, ob der Angeklagte am 9. 12. 1988 dadurch, daß er behauptet hatte, er habe das Arzneimittel „Clenbuterol" unerlaubt an einige Kälberaufzüchter abgegeben, sich einer falschen Verdächtigung schuldig gemacht hatte oder ob er uneidlich falsch ausgesagt (und zugleich eine Strafvereitelung begangen) habe, als er am 28. 8. 1989 bei seiner Vernehmung als Zeuge durch das Amtsgericht W. erklärt hatte, er habe das Mittel „Clenbuterol" nicht an diese Personen weitergegeben.

Das Landgericht ließ die Anklage wegen falscher uneidlicher Aussage in Tateinheit mit Strafvereitelung zur Hauptverhandlung zu. Mit Beschluß vom 21. 3. 1991 hat es das Verfahren mit dem bei ihm anhängigen Berufungsverfahren gemäß § 4 StPO zur gemeinsamen Verhandlung und Entscheidung verbunden und den Angeklagten darauf hingewiesen, daß „eine Verurteilung wegen falscher Verdächtigung oder wegen uneidlicher Falschaussage in Betracht kommt". In der Ladung zur Hauptverhandlung hat es erklärt: „Das Verfahren wird insgesamt nach erstinstanzlichen Grundsätzen durchgeführt werden (vgl. BGHSt. 36, 348 [BGH Urt. v. 18. 1. 1990 – 4 StR 616/89; vgl. § 4 StPO erfolgreiche Rügen])".

Das Landgericht hat den Angeklagten wegen falscher Verdächtigung verurteilt. Das Urteil des Schöffengerichts vom 26. 4. 1990 hat es für gegenstandslos erklärt. Einen (teilweisen) Freispruch des Angeklagten hat es für nicht erforderlich erachtet. Dem liegt folgendes prozessuales Geschehen zugrunde. – Das Rechtsmittel hatte Erfolg.

Gründe:
1. Der Senat ergänzt das Urteil um den vom Landgericht rechtsfehlerhaft unterlassenen (teilweisen) Freispruch. Diese Ergänzung ist ohne Rücksicht darauf, ob der Bundesgerichtshof für die Entscheidung über die Revision in der bei ihm anhängig gewordenen Sache zuständig ist, notwendig und zulässig: Gegen den Angeklagten ist Anklage zur großen Strafkammer beim Landgericht wegen falscher uneidlicher Aussage in Tateinheit mit Strafvereitelung erhoben worden. Die Strafkammer ist nach durchgeführter erstinstanzlicher Hauptverhandlung zu dem Ergebnis gelangt, daß der Angeklagte sich insoweit nicht schuldig gemacht hat. Dann hätte sie den Angeklagten aber auch von diesem Vorwurf freisprechen müssen. Daß zwischen der angeblich falschen uneidlichen Aussage (in Tateinheit mit Strafvereitelung) und der falschen Verdächtigung ein Alternativverhältnis bestand, ändert daran – entgegen der Auffassung der Strafkammer – nichts. Jede der beiden Alternativtaten ist eine selbständige Tat im Sinne des § 264 StPO; unabhängig davon, ob eine eindeutige Verurteilung wegen einer dieser Taten oder eine mehrdeutige Verurteilung im Wege einer – hier zulässigen – Wahlfeststellung erfolgen soll, bedarf es einer Anklage hinsichtlich beider Alternativtaten (BGHSt. 32, 146[1]). Das bedeutet aber andererseits, daß dann, wenn der Angeklagte nur einer der beiden Alternativtaten schuldig gesprochen wird, er vom Vorwurf der anderen Tat freigesprochen werden muß. Denn da der Tatbegriff des § 264 StPO derselbe wie in Art. 103 Abs. 3 GG ist (BVerfGE 45, 434; BGH a.a.O. S. 150), muß durch einen Freispruch klargestellt werden, daß die Strafklage hinsichtlich des Vorwurfs der uneidlichen Falschaussage in Tateinheit mit Strafvereitelung (Tat vom 28. 8. 1989) verbraucht und ein neues Verfahren bezüglich dieser „Tat" nicht mehr zulässig ist.

Den somit notwendigen – vom Landgericht aber unterlassenen – Freispruch holt der Senat nach. Dies ist erforderlich, weil der Freispruch mangels Beschwer des Angeklagten nicht Gegenstand des weiter durchzuführenden Revisionsverfahrens ist.

2. Zur Entscheidung über die Revision gegen das Urteil des Landgerichts ist der Bundesgerichtshof im übrigen nicht zuständig. Zwar hat das Landgericht (insgesamt) ein erstinstanzliches Verfahren durchführen wollen. Dafür, ob eine große Strafkammer beim Landgericht als Berufungs- oder als erstinstanzliches Gericht entschieden hat, ist aber nicht der Wille oder die Erklärung der Strafkammer, sondern allein die verfahrensrechtliche Situation maßgebend (BGHSt. 34, 159, 164 [BGH Beschl. v. 18. 9. 1986 – 4 StR 461/86; vgl. § 328 StPO erfolgreiche Rügen]). Hier war jedoch die Verbindung des Berufungsverfahrens mit dem erstinstanzlichen Verfahren entsprechend § 4 Abs. 1 StPO und die dadurch erfolgende Umwandlung des zweitinstanzlichen Verfahrens in ein erstinstanzliches Verfahren nicht zulässig: Die Staatsanwaltschaft hätte wegen des Vorwurfs der falschen uneidlichen Aussage in Tateinheit mit Strafvereitelung nicht Anklage beim Landgericht erheben, das Landgericht hätte diese Anklage nicht zur Hauptverhandlung vor sich zulassen dürfen. Die Zuständigkeit des Landgerichts war nämlich weder nach § 74 Abs. 1 Satz 1 GVG (vgl.

---
1 (Leitsatz) „Eine Verurteilung auf wahldeutiger Grundlage wegen einer uneidlichen Falschaussage und ihr inhaltlich widersprechenden falschen Verdächtigung ist nicht zulässig, wenn es sich um selbständige Taten im verfahrensrechtlichen Sinne handelt und eine dieser Taten nicht angeklagt ist." (BGH Beschl. v. 3. 11. 1983 – 1 StR 178/83).

§ 12 Abs. 1 und 2 StGB) noch nach dessen Satz 2 gegeben; eine höhere Strafe als drei Jahre Freiheitsstrafe war hier offenkundig nicht zu erwarten, eine besondere Bedeutung des Falles lag nicht vor und wurde von der Staatsanwaltschaft in der Anklageschrift auch nicht behauptet. Der Senat hat bereits in seiner Entscheidung vom 24. 4. 1990 – 4 StR 159/90 – ausgesprochen, daß es eine unzulässige Umgehung des Gesetzes wäre, wenn ein Amtsgericht einem Landgericht nur deswegen ein bei ihm anhängiges Verfahren vorlegen würde, damit dieses dann ein bei ihm anhängiges Berufungsverfahren in ein erstinstanzliches Verfahren überleiten könnte (BGHSt. 37, 15, 19/20 [BGH Beschl. v. 24. 4. 1990 – 4 StR 159/90; vgl. § 338 Nr. 4 StPO erfolgreiche Rügen]). Ebenso war es nicht zulässig, daß sich Staatsanwaltschaft und Landgericht allein deshalb, um eine Verbindung mit dem anhängigen Berufungsverfahren zu erreichen, über die zwingenden Zuständigkeitsregeln in §§ 24, 74 GVG hinwegsetzten.

Zwar wäre das Amtsgericht, wenn – wie es §§ 24, 74 GVG entspricht – eine Anklage gegen den Angeklagten wegen uneidlicher Falschaussage in Tateinheit mit Strafvereitelung bei ihm erhoben worden wäre, wegen der entgegenstehenden Rechtshängigkeit hinsichtlich des Vorwurfs der falschen Verdächtigung durch das Berufungsverfahren gehindert gewesen, den Angeklagten im Wege der Wahlfeststellung zu verurteilen. Dies wäre die Folge davon gewesen, daß die Staatsanwaltschaft es versäumt hatte, den Angeklagten sogleich wahlweise wegen falscher Verdächtigung oder uneidlicher Falschaussage (in Tateinheit mit Strafvereitelung) anzuklagen. Wenn das Amtsgericht somit nicht zu einer eindeutigen Verurteilung nach §§ 153, 258, 52 StGB gelangt wäre, hätte es den Angeklagten freisprechen müssen. Dann hätte aber die Staatsanwaltschaft – ebenso wie im Falle der Verurteilung sie und der Angeklagte – Berufung einlegen können. Das Landgericht hätte daraufhin beide bei ihm anhängigen Berufungsverfahren zu einem Berufungsverfahren entsprechend § 4 Abs. 1 StPO verbinden können sowohl eine eindeutige als auch eine mehrdeutige Verurteilung des Angeklagten wäre dann möglich gewesen. Wäre ein Freispruch durch das Amtsgericht wegen Nichtanfechtung seitens der Staatsanwaltschaft hingegen rechtskräftig geworden, hätte das Landgericht im Berufungsverfahren allerdings wegen entgegenstehender Rechtskraft des freisprechenden Urteils den Angeklagten nicht mehr wahldeutig verurteilen können. Wären dem Landgericht – anders als im vorliegenden Fall – Zweifel verblieben, hätte es den Angeklagten dann freisprechen müssen. Diese beiden Freisprüche wegen der Unmöglichkeit einer wahldeutigen Verurteilung sowohl im erstinstanzlichen Verfahren vor dem Amtsgericht als auch im – nur die falsche Verdächtigung betreffenden – Berufungsverfahren vor dem Landgericht wären aber eine unvermeidbare Folge der fehlerhaft eindeutigen – weil nicht wahlweisen – Anklage der Staatsanwaltschaft wegen der falschen Verdächtigung und einer dann ebenso fehlerhaften Nichtanfechtung des Freispruchs vom Vorwurf der falschen uneidlichen Aussage in Tateinheit mit Strafvereitelung durch die Staatsanwaltschaft gewesen. Es wäre allerdings – wie dargelegt – bei einer die gesetzlichen Zuständigkeitsbestimmungen beachtende Anklage wegen §§ 153, 258, 52 StGB zum Amtsgericht statt zur großen Strafkammer wegen der Möglichkeit der Verbindung beider Berufungsverfahren eine Verurteilung im Wege der Wahlfeststellung an sich noch möglich gewesen. Das Landgericht hätte somit das Hauptverfahren hinsichtlich der am 22. 2. 1991 erhobenen Anklage beim Amtsgericht – Schöffengericht – W. eröffnen müssen. Es war gemäß §§ 24, 74 GVG zur Verhandlung in erster Instanz nicht zuständig. Das Versäumnis der unterbliebenen wahldeutigen Anklage durfte nicht einfach durch Außerachtlassen der gesetzlichen Zuständigkeitsregelungen behoben werden. Deswegen kam auch eine Verbindung des Berufungsverfahrens mit dem erstinstanzlichen Verfahren nicht in Betracht.

Die fehlende sachliche Zuständigkeit des Landgerichts ist auch in der Revisionsinstanz als Prozeßhindernis von Amts wegen zu beachten (§ 6 StPO), allerdings nur, soweit das Urteil in zulässiger Weise angefochten ist (vgl. BGHSt. 16, 115, 117 [BGH Beschl. v. 16. 6. 1961 – 1 StR 95/61; vgl. § 346 StPO erfolglose Rügen]; 22, 213, 216 [BGH Beschl. v. 17. 7.

1968 – 3 StR 117/68; vgl. § 346 StPO erfolgreiche Rügen]); das ist hier – mangels Beschwer des Angeklagten im übrigen – nur hinsichtlich des Berufungsverfahrens der Fall. Weil das Landgericht überhaupt nicht erstinstanzlich verhandeln durfte, steht auch § 269 StPO der Feststellung der Unzuständigkeit nicht entgegen. Das Berufungsverfahren konnte somit nicht wirksam – mittels Verbindung – in ein erstinstanzliches Verfahren übergeleitet werden. Es ist daher ein Berufungsverfahren geblieben.

Über die Revision gegen ein zweitinstanzliches Urteil hat nach § 121 Abs. 1 Nr. 1c GVG das Oberlandesgericht zu entscheiden. Zuständig ist hier das Oberlandesgericht Hamm. Das hat der Senat gemäß § 348 Abs. 1 und 2 StPO ausgesprochen.

4. Unzulässige Verbindung von erst- und zweitinstanzlichem Verfahren.
StPO §§ 338 Nr. 4, 348, 355 – BGH Beschl. v. 24. 4. 1990 – 4 StR 159/90 LG Detmold (= BGHSt. 37, 15 = NJW 1991, 239 = StV 1990, 385)

Die Revision rügt die Verletzung sachlichen Rechts.

Sachverhalt: Der Angeklagte wurde vom Amtsgericht (Schöffengericht) Detmold durch Urteil vom 31. 8. 1989 verurteilt. Gegen dieses Urteil legte sein Verteidiger am 1. 9. 1989 Berufung ein und beschränkte diese „auf das Strafmaß". Mit Schriftsatz vom 6. 9. 1989 (beim Amtsgericht eingegangen am folgenden Tag) nahm er die Berufungsbeschränkung zurück und erklärte, die Berufung „solle in vollem Umfang durchgeführt werden". Das Landgericht stellt im vorliegenden Urteil fest, die Berufung sei „in zulässiger Weise auf den Strafausspruch beschränkt". Aus dem Protokoll der Hauptverhandlung vor dem Landgericht ist nicht zu entnehmen, ob und inwieweit über die Berufung verhandelt worden ist.

Das Landgericht hat den Angeklagten wegen Diebstahls in fünf Fällen unter Einbeziehung rechtskräftig erkannter Strafen zu einer Gesamtfreiheitsstrafe von einem Jahr und zwei Monaten sowie wegen Diebstahls „unter Verwerfung der gegen das Urteil des Schöffengerichts Detmold vom 31. 8. 1989 gerichteten Berufung und unter Auflösung der dort gebildeten Gesamtstrafe" zu einer weiteren Gesamtfreiheitsstrafe von einem Jahr und vier Monaten verurteilt.

Die Staatsanwaltschaft Detmold hatte ferner am 18. 9. 1989 gegen den Angeklagten wegen Diebstahls in sechs Fällen Anklage zum Amtsgericht (Schöffengericht) Lemgo erhoben. Dieses Verfahren hatte das Landgericht Detmold durch Beschluß vom 30. 10. 1989 „gem. § 13 Abs. II StPO übernommen", zugleich die Anklage zur Hauptverhandlung zugelassen, das Hauptverfahren vor der Strafkammer I eröffnet und die Sache mit dem oben erwähnten Berufungsverfahren „zur gemeinsamen Verhandlung und Entscheidung verbunden". Es hat den Angeklagten sodann wegen der angeklagten Taten verurteilt; weil aber die letzte dieser Taten (Diebstahl vom 20. 4. 1989) erst nach dem Urteil des Jugendschöffengerichts Detmold vom 6. 4. 1989 begangen worden ist, hat es gemäß § 55 Abs. 1 StGB zwei Gesamtstrafen gebildet. – Das Rechtsmittel hatte Erfolg.

Gründe: ...

2. Das Verfahren des Landgerichts war fehlerhaft. Eine Verbindung des Berufungsverfahrens mit dem erstinstanzlichen Verfahren war nicht zulässig. Das Landgericht war zur Entscheidung über die beim Amtsgericht Lemgo erhobene Anklage nicht zuständig. Dies ist gemäß § 6 StPO in jeder Lage des Verfahrens von Amts wegen zu beachten und führt gemäß § 355 StPO zur Verweisung des erstinstanzlichen Verfahrens an das Amtsgericht (Schöffengericht) Lemgo.

a) Eine Übernahme des beim Amtsgericht Lemgo anhängigen Verfahrens durch das Landgericht Detmold nach § 13 Abs. 2 StPO war rechtlich nicht möglich. Zwar könnte – auch ohne förmlichen Abgabebeschluß (vgl. BGH NStZ 1982, 294 [BGH Urt. v. 17. 3. 1982 –

2 StR 414/81; vgl. § 13 StPO erfolgreiche Rügen]) – in der durch das Amtsgericht Lemgo erfolgten, auf eine Rücksprache des Verteidigers mit dem Vorsitzenden der Strafkammer zurückgehenden Abgabe der Akten an das Landgericht Detmold noch eine Vereinbarung der beiden Gerichte, wie sie § 13 Abs. 2 Satz 1 StPO verlangt, gesehen werden. Eine Verbindung nach § 13 StPO setzt jedoch voraus, daß es sich um verschiedene Gerichte gleicher Ordnung handelt (BGHSt. 22, 232, 234 [BGH Urt. v. 30. 8. 1968 – 4 StR 335/68; vgl. § 12 StPO erfolgreiche Rügen]; BGH NStZ 1982, 294; 1986, 564 [BGH Beschl. v. 5. 6. 1986 – 4 StR 238/86; vgl. § 13 StPO erfolgreiche Rügen]); denn § 13 StPO betrifft nur die Frage der örtlichen Zuständigkeit.

b) Da durch die hier erfolgte Verbindung auch die sachliche Zuständigkeit geändert, nämlich an Stelle des Amtsgerichts das Landgericht für das erstinstanzliche Verfahren zuständig werden sollte, kam nur eine Verbindung der Verfahren nach § 4 StPO in Betracht. Auch eine solche Verbindung ist allerdings grundsätzlich ausgeschlossen, wenn sich die zu verbindenden Verfahren in verschiedenen Verfahrensstadien befinden (BGHSt. 19, 177[1]; 25, 51, 53[2]). Hiervon hat der Senat zwar eine Ausnahme zugelassen und § 4 Abs. 1 StPO für entsprechend anwendbar erklärt, wenn ein Berufungsverfahren bei demselben Landgericht anhängig ist, bei dem sich auch ein erstinstanzliches Verfahren gegen denselben Angeklagten befindet (BGHSt. 36, 348 [BGH Urt. v. 18. 1. 1990 – 4 StR 616/89; vgl. § 4 StPO erfolgreiche Rügen]). Er hat dort aber dargelegt, daß eine solche Verbindung nicht möglich ist, wenn das amtsgerichtliche Urteil gegen den Angeklagten teilweise in Rechtskraft erwachsen ist, weil die Überleitung in das Verfahren erster Instanz dann einen unzulässigen Eingriff in die Rechtskraft bedeuten würde. Ob das Urteil des Amtsgerichts (Schöffengerichts) Detmold vom 31. 8. 1989 hier teilweise rechtskräftig geworden war, läßt sich nicht sicher feststellen. Die ursprüngliche Beschränkung der Berufung auf den Strafausspruch hatte der Verteidiger zurückgenommen. Eine solche Rücknahme ist zwar rechtlich nicht möglich. Fraglich ist jedoch, ob der Verteidiger überhaupt zu einer Beschränkung der Berufung nach § 302 Abs. 2 StPO ermächtigt war. Ob dies der Fall war oder ob der Angeklagte möglicherweise in der Hauptverhandlung die Berufung (erneut) in zulässiger Weise auf den Strafausspruch beschränkt hat, kann der Senat den Akten nicht entnehmen.

Selbst wenn die Berufung aber – entgegen der Feststellung im Urteil – nicht wirksam auf den Strafausspruch beschränkt gewesen, eine Verbindung analog § 4 Abs. 1 StPO also noch zulässig gewesen sein sollte, konnte diese Vorschrift hier aus einem anderen Grund keine Anwendung finden: Die Verbindung eines Berufungsverfahrens mit einem erstinstanzlichen Verfahren entsprechend § 4 Abs. 1 StPO, die zu einer Verschmelzung beider Verfahren und damit insgesamt zu einem erstinstanzlichen Verfahren führt (BGHSt. 36, 348), kann nur dann in Betracht kommen, wenn für das Landgericht bereits eine erstinstanzliche Zuständigkeit besteht. Nur dann kann das Landgericht weitere bei ihm anhängige (erst- oder zweitinstanzliche) Verfahren diesem erstinstanzlichen Verfahren hinzu-

---

1 „Der Senat hält eine Verbindung für unzulässig, sobald in einem der Verfahren oder, wie hier, auch in beiden ein Urteil der ersten Instanz ergangen ist. Dies ergibt sich nach seiner Ansicht klar aus der im Gerichtsverfassungsgesetz getroffenen Regelung der sachlichen Zuständigkeit und auf Grund des durch die Gerichtsorganisation festgelegten Instanzenzuges." (BGH Beschl. v. 13. 8. 1963 – 2 ARs 172/63).
2 „Allerdings können nach der Rechtsprechung des beschließenden Senats Strafsachen, die bei Gerichten verschiedener Ordnung [...] anhängig sind, dann nicht mehr gemäß §§ 2 bis 4 StPO miteinander verbunden werden, wenn in einer der Sachen ein Urteil im ersten Rechtszuge ergangen ist (BGHSt. 19, 177). An dieser Ansicht hält der Senat [...] für diejenigen Fälle fest, in denen das vor dem Gericht niederer Ordnung schwebende Verfahren durch ein Urteil des ersten Rechtszugs abgeschlossen wurde. In diesen Fällen darf dem Rechtsmittelgericht seine durch die abschließende Entscheidung des Gerichts des ersten Rechtszugs begründete funktionelle Zuständigkeit nicht mehr entzogen und hierdurch in die Gerichtsorganisation und den durch sie festgelegten Instanzenzug eingegriffen werden." (BGH Beschl. v. 15. 11. 1972 – 2 ARs 300/72).

verbinden; denn § 4 StPO gibt einem Gericht nicht die Befugnis, in seinem Gerichtsbezirk anhängige Verfahren beliebig an sich zu ziehen, sondern gestattet dem höheren Gericht nur, zu einem bei ihm bereits anhängigen Verfahren weitere Verfahren hinzuzuverbinden. Das Landgericht hätte hier also nur weitere Berufungsverfahren mit dem bei ihm bereits anhängigen Berufungsverfahren verbinden können. Weil es aber keine erstinstanzliche Zuständigkeit gegen den Angeklagten hatte, konnte es auch kein erstinstanzliches Verfahren hinzuverbinden. Denn durch die Verbindung entsprechend § 4 Abs. 1 StPO kann zwar ein Berufungsverfahren mit einem bereits anhängigen erstinstanzlichen Verfahren verschmolzen werden; ein anhängiges Berufungsverfahren darf aber nicht dazu benutzt werden, ein erstinstanzliches Verfahren, für das das Landgericht keine Zuständigkeit besitzt, zu übernehmen, damit erst durch die Verbindung eine Zuständigkeit zu begründen und dann auf diese Weise das Berufungsverfahren zu einem erstinstanzlichen Verfahren umzugestalten. Mit anderen Worten: Die Verbindung kann nur dahin führen, daß sich die Zuständigkeit für das hinzuverbundene Verfahren ändert, sie vermag jedoch nicht, auch eine neue Zuständigkeit für das andere Verfahren zu begründen. Dies würde nämlich zur Folge haben, daß sich dann in beiden Verfahren die Zuständigkeit ändert; eine solche Befugnis gewährt § 4 StPO aber nicht. Bei einer anderen Handhabung würde der Angeklagte sowohl hinsichtlich des erstinstanzlichen als auch hinsichtlich des Berufungsverfahrens seinem gesetzlichen Richter entzogen werden (Art. 101 Abs. 1 Satz 2 GG). Wenn die Staatsanwaltschaft eine gemeinsame Verhandlung hätte erreichen wollen, so hätte sie die beim Amtsgericht Lemgo erhobene Anklage zurücknehmen, die Anklage beim Landgericht Detmold neu erheben und Verbindung mit dem Berufungsverfahren beantragen müssen. Das Landgericht hätte die Verfahren je nach Sachstand dann entsprechend § 4 Abs. 1 StPO zu einem erstinstanzlichen Verfahren verschmelzen oder eine reine Verhandlungsverbindung nach § 237 StPO vornehmen können (vgl. dazu BGH a.a.O.).

c) Da das Landgericht Detmold somit für die beim Amtsgericht Lemgo angeklagte Strafsache nicht zuständig war und seine Zuständigkeit auch nicht durch eine Verfahrensverbindung begründen konnte, kam auch eine Verbindung der Verfahren nach § 237 StPO – wie sie dem Landgericht möglicherweise vorschwebte, weil es im Urteilstenor gesondert über das erst- und das zweitinstanzliche Verfahren entschieden und „die Berufung verworfen", also keine Verfahrensverschmelzung vorgenommen hat (vgl. BGH a.a.O.) – nicht in Betracht.

d) Eine Zuständigkeit des Landgerichts konnte schließlich auch nicht auf andere Weise als über eine Verfahrensverbindung begründet werden:

aa) Zwar ist ein Amtsgericht nach § 209 Abs. 2 StPO befugt, eine bei ihm anhängig gemachte Sache durch Vermittlung der Staatsanwaltschaft einem Gericht höherer Ordnung zur Entscheidung vorzulegen, falls es dessen Zuständigkeit für begründet hält. Eine solche Vorlage hat das Amtsgericht hier jedoch nicht vorgenommen, denn es hat die Akten lediglich auf die Anregung des Verteidigers hin zwecks Verbindung zu dem anhängigen Berufungsverfahren zur Weiterleitung an das Landgericht übersandt. Eine Zuständigkeit des Landgerichts für das beim Amtsgericht Lemgo angeklagte Verfahren, das sechs Diebstahlsfälle zum Inhalt hatte, war zudem nach § 74 Abs. 1 GVG offenkundig nicht gegeben. Allein die Absicht, das Verfahren mit einem Berufungsverfahren zu verbinden, begründete gegenüber den Vorschriften der §§ 24 und 74 GVG keine Zuständigkeit des Landgerichts an Stelle des Amtsgerichts. Insbesondere würde es eine unzulässige Umgehung der im Gerichtsverfassungsgesetz bestimmten gesetzlichen (sachlichen) Zuständigkeiten bedeuten, wenn ein Amtsgericht einem Landgericht nur deswegen ein bei ihm anhängiges Verfahren vorlegen würde, damit dieses dann ein bei ihm anhängiges Berufungsverfahren in ein erstinstanzliches Verfahren überleiten könnte. Ob das Landgericht im vorliegenden Fall allerdings eine solche Überleitung des bei ihm anhängigen Berufungsverfahrens überhaupt in Erwägung gezogen hat oder vornehmen wollte, ist unklar, da es nach dem Urteilstenor und den Urteilsgründen (auch) als Berufungsgericht entschieden hat.

bb) Auch nach § 269 StPO kann hier die Zuständigkeit des Landgerichts nicht bejaht werden. Danach darf sich ein Gericht höherer Ordnung zwar nicht deswegen für unzuständig erklären, weil die Sache vor ein Gericht niederer Ordnung gehört. Diese Vorschrift darf aber nicht dahin ausgelegt werden, daß sich ein höheres Gericht auch für zuständig erklären dürfte, obwohl die Sache bei einem Gericht niederer Ordnung anhängig ist. Wenn eine Sache nämlich bereits bei einem Gericht niederer Ordnung anhängig ist, so ist dem Gericht höherer Ordnung eine Entscheidung in der Sache verwehrt (BGHSt. 22, 232, 235), es sei denn, die Anhängigkeit der Sache beim Gericht niederer Ordnung wurde – durch Rücknahme der Anklage oder durch Vorlage oder Verweisung nach § 209 Abs. 2, §§ 225a, 270 StPO oder durch Verbindung nach § 4 StPO – beendet und die Zuständigkeit des Gerichts höherer Ordnung dementsprechend prozeßordnungsgemäß begründet. Das war hier aber – wie dargelegt – nicht der Fall.

e) Das Amtsgericht (Schöffengericht) Lemgo muß daher über die Anklage vom 18. 9. 1989 (nach erneuter Zulassung) verhandeln. Der Senat hat deswegen die diesbezügliche Verurteilung durch das Landgericht aufgehoben und die Sache gemäß § 355 StPO an das Amtsgericht Lemgo verwiesen. Die Aufhebung dieser Verurteilung hat den Wegfall der beiden Gesamtstrafen zur Folge.

3. Das Landgericht hat hier – wie dargelegt – in unzulässiger Weise als Gericht erster Instanz entschieden, soweit es sich um das die Anklage vom 18. 9. 1989 betreffende Verfahren handelt. Im übrigen hat es in zulässiger Weise ein Berufungsurteil erlassen. Zur Entscheidung über die Revision gegen das Berufungsurteil ist gemäß § 121 Abs. 1 Nr. 1b GVG das Oberlandesgericht zuständig. Allein die Tatsache, daß der Bundesgerichtshof aufgrund einer unzulässigen Verfahrensverbindung ebenfalls mit der Sache befaßt worden ist, vermag seine Zuständigkeit für das gesamte Revisionsverfahren nicht zu begründen (vgl. BGHSt. 35, 195, 198/199 [BGH Beschl. v. 19. 1. 1988 – 4 StR 647/87; vgl. § 3 StPO erfolglose Rügen]). Der Senat hat daher insoweit gemäß § 348 Abs. 1 StPO seine Unzuständigkeit ausgesprochen.

5. Abgabe von Jugendkammer an Erwachsenenstrafkammer nach Eröffnung unzulässig.
StPO § 338 Nr. 4, JGG §§ 47a, 103 II, III – BGH Urt. v. 4. 11. 1981 – 2 StR 242/81 LG Frankfurt/Main (= BGHSt. 30, 260 = NJW 1982, 454 StV 1982, 122 = NStZ 1982, 119)

Die Revision rügt, die erkennende Strafkammer habe ihre Zuständigkeit zu Unrecht angenommen und gegen § 338 Nr. 4 StPO verstoßen, zuständig sei die Jugendkammer gewesen.

Sachverhalt: Die 8. große Strafkammer als Jugendkammer hatte am 22. 8. 1980 das Hauptverfahren gegen den erwachsenen Angeklagten, den erwachsenen Mitangeklagten G. und den jugendlichen Mitangeklagten C. eröffnet. Während der Hauptverhandlung erachtete die Jugendkammer eine von den beiden erwachsenen Angeklagten beantragte voraussichtlich zeitraubende Beweiserhebung für geboten. Sie war andererseits der Auffassung, „die Durchführung der in Aussicht genommenen Beweisaufnahme (sei) nicht für die Feststellung der Art und des Umfangs der Beteiligung des Angeklagten C. erforderlich". Sie trennte deshalb mit Beschluß vom 11. 7. 1980 das Verfahren gegen den Angeklagten und den erwachsenen Mitangeklagten ab, um das Verfahren gegen den jugendlichen Angeklagten alsbald abschließen zu können. Da das abgetrennte Verfahren nur noch Erwachsene betraf und die Jugendkammer sich angesichts ihrer Terminlage zu dessen Durchführung erst dreieinhalb Monate später in der Lage gesehen hätte, verwies sie es durch denselben Beschluß in Anwendung des § 103 Abs. 3 JGG „an die zuständige Erwachsenenstrafkammer des Landgerichts". Daraufhin führte die 1. große Strafkammer die Hauptverhandlung durch. – Das Rechtsmittel hatte Erfolg.

Gründe: Die Rüge ist zulässig. Hierfür ist nicht vorausgesetzt, daß der Angeklagte in der Hauptverhandlung einen Besetzungseinwand erhoben hat. Eine den §§ 6a, 16 oder 222a

StPO entsprechende Vorschrift sieht das Gesetz im Verhältnis zwischen Erwachsenengericht und Jugendgericht nicht vor (BGH, Beschlüsse vom 22. 1. 1980 – 5 StR 12/80 – und vom 26. 11. 1981 – 2 StR 689/80). Vielmehr hat der Tatrichter in jeder Lage des Verfahrens von Amts wegen zu prüfen, ob das Jugendgericht oder das Erwachsenengericht zuständig ist (BGHSt. 26, 191, 199 [BGH Urt. v. 25. 8. 1975 – 2 StR 309/75; vgl. § 2 StPO erfolgreiche Rügen]). Es genügt somit der Vortrag der Tatsachen, aus denen sich die Unzuständigkeit des erkennenden Gerichts ergibt.

Die Rüge ist auch begründet.

Die 1. große Strafkammer war unzuständig; zuständig blieb auch für das abgetrennte Verfahren die Jugendkammer.

Zwar gebietet § 103 Abs. 3 JGG nach seinem Wortlaut für den Fall der Trennung verbundener Jugend- und Erwachsenensachen, und zwar ohne Beschränkung auf bestimmte Fallgruppen oder Verfahrensabschnitte, „die Abgabe der abgetrennten Sache an den Richter, der ohne die Verbindung zuständig gewesen wäre". Das wäre im vorliegenden Fall allerdings die für Erwachsene zuständige Strafkammer. Jedoch muß § 103 Abs. 3 JGG im Zusammenhang mit dem durch das Strafverfahrensänderungsgesetz 1979 vom 5. 10. 1978 (BGBl. I 1645) mit Wirkung vom 1. 1. 1979 geänderten Absatz 2 des § 103 JGG und dem durch dasselbe Gesetz neu eingefügten § 47a JGG gesehen werden. § 103 Abs. 2 JGG begründet nunmehr für alle (nicht zur Zuständigkeit der Wirtschaftsstraf- oder Staatsschutzkammern gehörenden) verbundenen Jugend- und Erwachsenensachen zwingend die Zuständigkeit des Jugendgerichts. Sofern sich in einer beim Jugendgericht anhängigen Sache – z.B. für einen nach Abtrennung nur noch gegen Erwachsene gerichteten Teil – ergibt, daß für die Verhandlung und Entscheidung eigentlich ein Erwachsenengericht gleicher oder niedrigerer Ordnung zuständig wäre, schließt § 47a JGG für das Stadium nach Eröffnung des Hauptverfahrens die Zuständigkeitsübertragung aus.

Im Gesetzentwurf (BT-Drucks. 8/976 S. 69) wurde diese Regelung mit der Erwägung, daß Jugendgerichte ebenso gut wie Erwachsenengerichte zur Verhandlung von Erwachsenensachen in der Lage sind, und mit dem Interesse an der zügigen Erledigung anhängiger Verfahren begründet. Damit soll ersichtlich ausgeschlossen werden, daß der bis zur Verfahrenseröffnung erforderliche Arbeits- und Zeitaufwand, wenn er vom Jugendgericht bereits geleistet wurde, von einem anderen, nicht besser geeigneten Gericht erneut aufgewandt werden muß. Diese Gesamtregelung führt bei Berücksichtigung des mit ihr verfolgten Zwecks zu der Auslegung, daß der neu geschaffene § 47a JGG der aus dem alten Recht unverändert beibehaltenen Vorschrift des § 103 Abs. 3 JGG vorgeht und deren Anwendungsbereich entsprechend einschränkt (BayObLGSt 1980, 46). Das gilt unabhängig davon, ob der Gesetzgeber die Anpassung des § 103 Abs. 3 JGG aus Versehen unterlassen oder seine auf § 47a JGG abgestimmte Anwendung auch ohne Änderung für gesichert gehalten hat.

Die vorliegende, von der Jugendkammer nach Eröffnung der Hauptverhandlung abgetrennte Sache gehörte nicht zu den Ausnahmefällen, in denen die Zuständigkeit einer Wirtschaftsstrafkammer, einer Staatsschutzkammer oder eines Erwachsenengerichts höherer Ordnung begründet ist. Infolgedessen war der Jugendkammer durch § 47a JGG die Verweisung an die für Erwachsene zuständige Strafkammer untersagt; sie blieb selbst für die weitere Verhandlung und Entscheidung zuständig.

Aus diesen Gründen muß auch die Zurückverweisung an die Jugendkammer erfolgen (BGH Beschl. v. 16. 10. 1981 – 2 StR 408/81).

6. Zuständigkeit des Schwurgerichts auch im Wiederaufnahmeverfahren von Amts wegen zu beachtende Prozeßvoraussetzung[1].

StPO § 338 Nr. 4 – BGH Urt. v. 11. 12. 1959 – 4 StR 321/59 LG Bielefeld (= BGHSt. 14, 64 = NJW 1960, 545)

Die Revision der Staatsanwaltschaft rügt, daß nicht die Strafkammer, sondern das Schwurgericht hätte entscheiden müssen.

Sachverhalt: Der Angeklagte war vom Schwurgericht in B. am 24. 9. 1937 wegen Totschlags zu 15 Jahren Zuchthaus verurteilt worden, weil er am 1. 4. 1936 seine Ehefrau im Streit erwürgte. Das Urteil wurde rechtskräftig. Da sich später herausstellte, daß der Angeklagte schon zur Tatzeit an Schizophrenie litt und deshalb sehr wahrscheinlich für seine Tat strafrechtlich nicht verantwortlich war, beantragte die Staatsanwaltschaft 1958 auf sein Ersuchen bei der Strafkammer des Landgerichts in Bielefeld, das Verfahren zu seinen Gunsten wieder aufzunehmen und die Erneuerung der Hauptverhandlung vor der Strafkammer anzuordnen. Diesem Antrag entsprach diese durch rechtskräftigen Beschluß vom 22. 10. 1958. In der neuen Hauptverhandlung hat sie die gleichen Feststellungen wie das Schwurgericht über die äußeren Umstände und die Durchführung der Tat des Angeklagten getroffen, aber in Übereinstimmung mit einem ärztlichen Sachverständigen die Überzeugung gewonnen, daß der Angeklagte zur Tatzeit wegen Schizophrenie zurechnungsunfähig war. Sie hat ihn deshalb freigesprochen, jedoch seine Unterbringung in einer Heil- oder Pflegeanstalt angeordnet. – Das Rechtsmittel hatte Erfolg.

Gründe:

1. Durch den rechtskräftigen Beschluß des Landgerichts, durch den die Wiederaufnahme des Verfahrens und die Erneuerung der Hauptverhandlung in unbeschränktem Umfange angeordnet worden war, wurde das Urteil des Schwurgerichts vom 24. 9. 1937 in seiner rechtlichen Wirksamkeit beseitigt und das Verfahren wieder in die Lage zurückversetzt, die es durch den Beschluß über die Eröffnung des Hauptverfahrens erreicht hatte. Dieser Beschluß war nun wieder zur Grundlage für die neue Hauptverhandlung geworden. Da in ihm Termin zur Hauptverhandlung vor dem Schwurgericht wegen der zwingenden Zuständigkeitsregelung des § 80 GVG bestimmt gewesen war, lebte diese Zuständigkeit auch für die erneute Hauptverhandlung wieder auf.

2. Demgegenüber vermögen die Gründe nicht zu überzeugen, welche die Strafkammer in ihrem Urteil für ihre vermeintliche Zuständigkeit anführt.

a) Zwar eröffnet nach rechtskräftigem Wiederaufnahmebeschluß § 371 Abs. 2 StPO die Möglichkeit, einen Verurteilten mit Zustimmung der Staatsanwaltschaft ohne neue Hauptverhandlung durch Beschluß sofort freizusprechen, wenn dazu genügende Beweise bereits vorliegen. Ein solcher Beschluß, in dem zugleich die Aufhebung der früheren Verurteilung auszusprechen ist, fällt selbst in Schwurgerichtssachen nach § 80 GVG in die Zuständigkeit der Strafkammer, weil außerhalb einer Hauptverhandlung auch in diesen Fällen die Strafkammer zur Entscheidung berufen ist, wenn nicht bereits eine Tagung des Schwurgerichts anberaumt ist (§ 82 Abs. 2 StPO). Zweck dieser Regelung ist offensichtlich, daß, wenn auf Grund der neuen Beweislage mit einer an Sicherheit grenzenden Wahrscheinlichkeit nur der Freispruch des Verurteilten in einer etwaigen neuen Hauptverhandlung zu erwarten wäre, der damit verbundene Aufwand an Zeit, Arbeitskraft und Kosten vermieden werden und deshalb ein abgekürztes Verfahren ohne Hauptverhandlung Platz greifen soll. Dieser prozeßwirtschaftliche Gesichtspunkt der Vereinfachung und Beschleunigung rechtfertigt es in einem Fall, in dem keine den Verurteilten auch nur teilweise beschwerende Entscheidung, sondern ausschließlich sein Freispruch sicher zu erwarten ist, diese Entscheidung im Beschlußweg ohne Hauptverhandlung zu erlassen. Da-

---

[1] Vgl. § 140a I GVG.

mit wird in einem nach § 80 GVG an sich zur Zuständigkeit des Schwurgerichts gehörenden Falle dessen Einsatz vermieden. Diese schon auf den ersten Blick als Ausnahme von dem Grundsatz der Zuständigkeit des Schwurgerichts für die Aburteilung von schweren Verbrechen erscheinende Regelung verträgt keine Ausdehnung auf den Fall, daß es im Wiederaufnahmeverfahren zu einer neuen Hauptverhandlung kommt. Dann muß das Schwurgericht in seiner vollen Besetzung mit drei Berufsrichtern und sechs Geschworenen entscheiden, mag auch von vornherein aller Voraussicht nach nur mit einem Freispruch des Angeklagten zu rechnen sein.

b) An diesem Ergebnis vermag es nichts zu ändern, daß, wie im vorliegenden Fall, neben dem Freispruch die Einweisung des Angeklagten in eine Heil- oder Pflegeanstalt angeordnet ist, wodurch dieser in seiner Freiheit erneut beeinträchtigt worden ist. Allerdings ist für die Hauptverhandlung die Strafkammer zuständig, wenn ausschließlich diese Sicherungsmaßnahme Ziel eines objektiven Verfahrens ist (§ 429b Abs. 3 StPO). Hier aber hat die Strafkammer nicht im objektiven Verfahren erkannt, sondern in einem Verfahren, in dem über Schuld oder Nichtschuld des Angeklagten zu entscheiden war. Das war sogar der hauptsächliche Inhalt der Prüfung des erkennenden Gerichts, mochte daneben auch die Frage der Sicherungsmaßnahme nach § 42b StGB eine wichtige Rolle spielen. Jenem Freispruch kam nicht nur, wie die Strafkammer meint, „rein formale" Bedeutung zu. Er hatte vielmehr das gleiche sachliche Gewicht wie eine Entscheidung in einer Hauptverhandlung außerhalb des Wiederaufnahmeverfahrens.

Daß die Staatsanwaltschaft beantragt hatte, die Strafkammer solle in der Hauptverhandlung entscheiden, vermochte die ausschließliche, sich aus der strengen Regelung des § 80 GVG ergebende Zuständigkeit des Schwurgerichts nicht zugunsten der Strafkammer zu beseitigen.

c) Auch § 354 Abs. 3 StPO bot der Strafkammer keine rechtliche Handhabe für die Bejahung ihrer Zuständigkeit. Diese Bestimmung greift in einer völlig anders gearteten Verfahrenslage Platz, als sie sich nach einem Wiederaufnahmebeschluß für das erkennende Gericht darbietet. Dieses Gericht ist Tatsacheninstanz, muß also, wenn die Wiederaufnahme des Verfahrens unbeschränkt angeordnet ist, über Schuld- und Straffrage in vollem Umfange neu entscheiden. § 354 Abs. 3 StPO kommt dagegen zur Anwendung, wenn für den Prozeßstoff, der nach voller oder teilweiser Aufhebung eines tatrichterlichen angefochtenen Urteils der neuen tatrichterlichen Beurteilung zu unterbreiten ist, eine niedrigere gerichtliche Zuständigkeit als die des vorher erkennenden Gerichts ausreicht. Demgemäß hat das Reichsgericht in dem in RGSt 70, 338 behandelten Fall die Sache an die Strafkammer, nicht aber an das Schwurgericht, das das angefochtene Urteil erlassen hatte, zurückgewiesen, weil der Schuld- und der Strafausspruch rechtskräftig waren und nur noch über die Frage der Einziehung von Verbrechenswerkzeugen zu entscheiden war. Dafür aber reichte die Zuständigkeit der Strafkammer aus. Aus ähnlichen Gründen hat der erkennende Senat in seinem Urteil vom 24. 4. 1959 – 4 StR 84/59 – (NJW 1959, 1332 Nr. 20) an die Strafkammer, nicht aber wieder an das Schwurgericht zurückverwiesen, weil es nur noch um die Frage der Einweisung des Angeklagten in eine Heil- oder Pflegeanstalt ging, dafür aber ebenfalls die Strafkammerzuständigkeit ausreichte. Im vorliegenden Falle aber mußte vor der Frage der Einweisung in erster Linie die Schuldfrage völlig neu geklärt werden. Dies fiel in den Bereich der Zuständigkeit des Schwurgerichts.

7. Sachliche Zuständigkeit des Gerichts ist eine von Amts wegen zu berücksichtigende Verfahrensvoraussetzung (hier: Strafkammer statt Jugendkammer im Berufungsverfahren).

StPO §§ 6, 337, 338 Nr. 4; JGG §§ 41 II, 103 III, 112; GVG § 74 II – BGH Beschl. v. 13. 5. 1959 – 4 StR 439/58 OLG Hamm (= BGHSt. 13, 157 = NJW 1959, 1694 = MDR 1959, 940) (geänderte Rspr. seit Beschl. v. 5. 10. 1962 – GSSt 1/62 = BGHSt. 18, 79; vgl. § 338 Nr. 4 StPO erfolglose Rügen)

Von Amts wegen.

Gründe:

I.

Die Staatsanwaltschaft hatte aus Anlaß eines Verkehrsunfalls gegen den Lehrling S., einen Heranwachsenden, und den Verwaltungsrat Dr. Gr., als Fahrer verschiedener Personenwagen wegen fahrlässiger Körperverletzung Anklage beim Jugendschöffengericht erhoben, das auch einen entsprechenden Eröffnungsbeschluß erließ. Dieses Gericht sprach den Angeklagten S. frei, während es Dr. Gr. wegen fahrlässiger Körperverletzung verurteilte. Hiergegen legte Dr. Gr. Berufung ein, soweit er verurteilt war, ferner die Staatsanwaltschaft gegen den Freispruch des Angeklagten S. Die Staatsanwaltschaft übersandte sodann die Akten dem Landgericht mit dem Antrag auf Terminbestimmung und nahm zugleich ihre Berufung zurück.

Über die Berufung des Angeklagten Dr. Gr. hat die Jugendkammer verhandelt und das Rechtsmittel durch Urteil verworfen.

Hiergegen hat Dr. Gr. Revision eingelegt. Er hat zwar nicht gerügt, daß die Jugendkammer sachlich unzuständig gewesen sei. Das Oberlandesgericht in Hamm möchte aber aus diesem Grund ohne sachliche Prüfung dem Rechtsmittel stattgeben. Das Oberlandesgericht vertritt die Auffassung, es handele sich um eine von Amts wegen zu beachtende Verfahrensvoraussetzung. Es sieht sich jedoch an der beabsichtigten Entscheidung gehindert durch das Urteil des Oberlandesgerichts in Oldenburg vom 30. 4. 1957 (NJW 1957, 1329 Nr. 24), wonach in solchen Fällen bei nicht erhobener Rüge der Unzuständigkeit (§ 338 Nr. 4 StPO) das Revisionsgericht zu prüfen habe, ob das angefochtene Urteil auf dem Mangel beruhe. Das Oberlandesgericht in Hamm hat daher die Sache dem Bundesgerichtshof vorgelegt.

II.

Die Vorlegungsvoraussetzungen (§§ 121 Abs. 2 GVG) sind gegeben. In der Sache ist, entsprechend der Stellungnahme des Generalbundesanwalts, dem vorlegenden Gericht beizutreten.

1. Allerdings hatte im ersten Rechtszug das Jugendschöffengericht entschieden. Ferner bestimmt § 41 Abs. 2 JGG, daß für die Verhandlung und Entscheidung über die Berufung gegen Urteile (des Jugendrichters und) des Jugendschöffengerichts die Jugendkammer sachlich zuständig ist. Wenn aber das Berufungsverfahren nur noch einen erwachsenen Angeklagten betrifft, kann die Zuständigkeitsregelung des § 41 Abs. 2 JGG nicht gelten; ebensowenig der von Peters (NJW 1956, 493) erwähnte – an sich durchaus beachtliche – Grundsatz der Einhaltung des einmal eingeschlagenen Weges.

Wie die Regelung der §§ 103, 112 JGG erkennen läßt, stellt die Verbindung von Strafsachen erwachsener mit solchen heranwachsender Täter zur gemeinsamen Aburteilung eine Ausnahme dar, die im Einzelfall zur Erforschung der Wahrheit oder aus anderen wichtigen Gründen geboten sein kann. Im Falle der Trennung der verbundenen Sachen soll jede Sache wieder dem Richter zufallen, der ohne die Verbindung zuständig gewesen wäre (§ 103 Abs. 3 JGG). Der Erwachsene würde danach im weiteren Verfahren durch das allgemeine für Volljährige zuständige Gericht, hier durch die ordentliche große Strafkammer als Berufungsgericht (§§ 74 Abs. 2, 76 Abs. 2 GVG), abzuurteilen sein, auch wenn seine Sache wegen des Zusammenhanges mit der Straftat eines Heranwachsenden zunächst zur gemeinsamen Aburteilung vor dem Jugendgericht verbunden war. Im vorgelegten Fall ist es nun allerdings nicht zu einem in § 103 Abs. 3 JGG vorausgesetzten förmlichen Trennungsbeschluß gekommen, weil das Verfahren gegen den Heranwachsenden bereits vor Befassung des Berufungsgerichts rechtskräftig abgeschlossen worden war, so daß von vornherein im zweiten Rechtszug nur noch das Verfahren gegen den Erwachsenen anhängig war. Ein Trennungsbeschluß wäre hier, worauf das vorlegende Oberlandesgericht unter Bezugnahme auf die Entscheidung des Oberlandesgerichts in Oldenburg in NJW 1957, 1329 mit Recht hinweist, eine überflüssige und nur rein förmliche Verfahrenshandlung. Nach dem Sinn der erörterten Vorschrift ist jedenfalls dann, wenn die Verbindung vor Beginn eines neuen Rechtszuges durch endgültiges Ausscheiden eines der beiden beteiligten Angeklagten genau so wie im Fall der Trennung durch Beschluß gelöst ist, das Verfahren gegen den verbleibenden Angeklagten, hier gegen den Erwachsenen, vor dem Gericht fortzusetzen, vor das es gehören würde, wenn es von vornherein nur gegen diesen Angeklagten eröffnet worden wäre.

Diese Handlung ist auch durch innere Gründe gerechtfertigt. Der Senat hat bereits in seiner Entscheidung BGHSt. 8, 349, 352 (BGH Urt. v. 15. 12. 1955 – 4 StR 342/55; vgl. § 338 Nr. 4 StPO erfolgreiche Rügen) bemerkt, daß grundsätzlich erwachsene Täter möglichst nicht in größerem Umfang vor Jugendgerichte gestellt werden sollen. Dies liegt weder im Interesse der Jugendgerichtsbarkeit noch in dem der Erwachsenen. Wie dazu Peters in NJW 1956, 493 zutreffend ausführt, ist eine Überbeanspruchung der Jugendgerichte mit der Aburteilung von Erwachsenen zu vermeiden, damit nicht durch das zu häufige Befassen mit deren Straftaten ihre eigentliche Aufgabe, nämlich die jugendgemäße Behandlung junger Rechtsbrecher, zu sehr in Richtung auf die allgemeine Verbrechensbekämpfung verschoben wird. Der erwachsene Angeklagte wiederum hat bei Aburteilung durch die für ihn bestimmten Gerichte im allgemeinen den Vorteil, daß sich die oft größere Erfahrung dieser Gerichte bei der Beurteilung der meist durch Volljährige begangenen Straftaten günstig auf die Wahrheitsfindung auswirkt. So würde hier die Sache nach der Geschäftsverteilung vor die Berufungs-Verkehrsstrafkammer kommen, womit den Belangen des Beschwerdeführers gerade gedient wäre.

Die hier vertretene entsprechende Anwendung des § 103 Abs. 3 JGG steht im Einklang mit der Rechtsauffassung, von der bereits der 5. Strafsenat des Bundesgerichtshofs für den umgekehrten Fall ausgegangen ist, in dem er entschieden hat, daß die durch Verbindung begründete Zuständigkeit des Erwachsenengerichts zur Aburteilung auch des Heranwachsenden entfällt, wenn die Strafsache gegen den Erwachsenen vorweg rechtskräftig abgeschlossen wird (LM JGG § 103 Nr. 1).

2. Das Revisionsgericht hat die sachliche Zuständigkeit des Gerichts, dessen Urteil angefochten wird, von Amts wegen zu prüfen, weil es sich insoweit um eine Verfahrensvoraussetzung handelt. Dies ist bereits in BGHSt. 7, 26 (BGH Urt. v. 2. 11. 1954 – 5 StR 492/54; vgl. § 338 Nr. 4 StPO erfolgreiche Rügen), im Urt. vom 7. 6. 1956 – 4 StR 154/56 – (LM JGG § 103 Nr. 2) und in BGHSt. 10, 74 (BGH Urt. v. 10. 1. 1957 – 2 StR 575/56; vgl. § 338 Nr. 4 StPO erfolgreiche Rügen) ausgesprochen worden und auch unter den Oberlandesgerichten Hamm und Oldenburg nicht streitig. Es kann dabei keinen Unterschied machen, ob ein Jugendlicher oder Heranwachsender vor einem sachlich unzuständigen Erwachsenengericht stand oder, wie hier, ein Erwachsener allein vor einem für ihn sachlich nicht zuständigen Jugendgericht (d.h. der Jugendkammer). Dies ergibt sich schon aus § 6 StPO. Abgesehen davon muß die Frage der Prüfung derartiger Verfahrensvoraussetzungen von Amts wegen im Interesse der Rechtssicherheit und der Rechtsklarheit gleichmäßig gehandhabt werden. Es geht nicht an, im einen Fall das Fehlen der sachlichen Zuständigkeit von Amts wegen zu prüfen, dagegen in anderen Fällen diese Prüfung nur auf Rüge nach § 338 Nr. 4 StPO vorzunehmen.

Gebieten demnach allgemeine Belange der Rechtspflege durchweg die Nachprüfung der sachlichen Zuständigkeit der Strafgerichte von Amts wegen als Verfahrensvoraussetzung, so ist es entgegen der Meinung des Oberlandesgerichts in Oldenburg (a.a.O.) auch nicht statthaft, den Mangel einer solchen Verfahrensvoraussetzung wegen fehlender „Beschwer" als unschädlich zu behandeln. Das würde mit dem Wesen einer Verfahrensvoraussetzung, deren Einhaltung nicht nur dem Interesse der jeweiligen Verfahrensbeteiligten dienen soll, nicht vereinbar sein. Eine solche Einschränkung entspräche auch nicht der unbedingten Wirkung, die der Gesetzgeber in § 338 Nr. 4 StPO dem Mangel der sachlichen Zuständigkeit beigemessen hat. Die durch die Rechtsprechung seit längerem geschaffene Ausgestaltung dieses unbedingten Rechtsrügegrundes zu einer Verfahrensvoraussetzung (BGHSt. 10, 74, 76) hat an dieser von einer „Beschwer" unabhängigen Wirkung nichts geändert. Es kommt also nicht darauf an, ob das Urteil auf dem Mangel der sachlichen Zuständigkeit beruht (§ 337 StPO). Wer ein Rechtsmittel einlegt, kann auch darauf rechnen, daß das Revisionsgericht das angefochtene Urteil unter Umständen wegen sachlicher Unzuständigkeit ohne sachliche Prüfung aufhebt. Geschieht dies, so darf er indes mit den durch die erste Berufungsverhandlung entstandenen ausscheidbaren Mehrkosten nicht belastet werden.

8. Mangelnde örtliche Zuständigkeit ist absoluter Revisionsgrund.

StPO § 338 Nr. 4 – BGH Urt. v. 10. 1. 1958 – 5 StR 487/57 LG Berlin (= BGHSt. 11, 130)

Die Revision rügt, das Landgericht Berlin sei für das Verfahren gegen den Angeklagten örtlich nicht zuständig gewesen.

Sachverhalt: Das Landgericht in Berlin hat den Angeklagten wegen schwerer passiver Bestechung verurteilt. Der Angeklagte hat den Mangel der örtlichen Zuständigkeit in der Hauptverhandlung rechtzeitig geltend gemacht (vgl. §§ 16, 18 StPO). – Das Rechtsmittel hatte Erfolg.

Gründe: Das Landgericht in Berlin war örtlich nicht zuständig. Auch dieser Mangel fällt unter § 338 Nr. 4 StPO (RGSt 40, 354, 359).

Der Tatort ist Hamburg (§ 7 Abs. 1 StPO). Dort hat der Angeklagte auch seinen Wohnsitz (§ 8 Abs. 1 StPO).

In Berlin ist kein Gerichtsstand nach § 13 Abs. 1 in Verbindung mit § 3 StPO begründet.

Entgegen der Auffassung des Landgerichts hängt das Verfahren gegen den Angeklagten wegen schwerer passiver Bestechung nicht im Sinne dieser Bestimmungen mit der Strafsache gegen K. zusammen. Beide Angeklagte werden nicht, wie § 3 StPO voraussetzt, „bei einer strafbaren Handlung als Täter, Teilnehmer, Begünstigter oder Hehler beschuldigt".

K. hatte zwar dem Angeklagten Geschenke oder andere Vorteile gewährt. Das Verfahren gegen ihn wegen aktiver Bestechung nach § 333 StGB hatte aber schon die Staatsanwaltschaft bei dem Landgericht in Berlin eingestellt, weil die Strafverfolgung wegen dieses Vergehens verjährt war.

K. war bei dem Landgericht in Berlin in einem besonderen Verfahren unter anderem wegen Devisenvergehens angeklagt worden. Der Angeklagte W., der jetzige Beschwerdeführer, erschien zwar verdächtig, mit bestimmten pflichtwidrigen Amtshandlungen, die durch die Bestechung veranlaßt waren, wissentlich Beihilfe zum Devisenvergehen K's geleistet oder diesen begünstigt zu haben. Insoweit hat aber die Staatsanwaltschaft gegen ihn keine Anklage erhoben, sondern das Verfahren nach § 154 Abs. 1 StPO vorläufig eingestellt.

Die Strafkammer hat den Zusammenhang der Strafsachen gegen K. und gegen den Angeklagten darin gesehen, daß beide sich auf einen geschichtlichen Vorgang bezögen, der nach der Auffassung des Lebens ein einheitliches Ganzes sei. Sie versteht also den Begriff der „strafbaren Handlung", die nach § 3 StPO einen Zusammenhang zwischen Strafsachen gegen mehrere Personen begründen kann, nicht im Sinne des sachlichen Strafrechts, sondern wie die „Tat" in § 264 StPO.

Dieser Ansicht vermag der Senat nicht zu folgen. Sie geht auf eine Bemerkung des Reichsgerichts (RGSt 71, 251, 252) zurück. Diese Entscheidung betrifft jedoch die Frage, wann sich ein aufgehobener Teil eines Urteils noch auf andere Angeklagte erstreckt, so daß § 357 StPO anzuwenden ist. Dafür genügt dem Reichsgericht ein Zusammenhang nach § 3 StPO. Als Teilnehmer im Sinne dieser Bestimmung bezeichnet es „alle, die in strafbarer Weise bei dem geschichtlichen Vorgang, innerhalb dessen die Tat liegt, in derselben Richtung mitgewirkt haben". Diese Worte erinnern zwar an die übliche Umschreibung des Begriffs der Tat in § 264 StPO. Es ist aber fraglich, ob das Reichsgericht ohne Begründung sagen wollte, der Ausdruck „strafbare Handlung" in § 3 StPO sei nicht im Sinne des sachlichen Strafrechts zu verstehen, sondern bedeute dasselbe wie die „Tat" in § 264 StPO. Vor dieser Frage stand das Reichsgericht nicht. Das gilt auch für die Entscheidungen RGSt 42, 133[1] (vgl. § 3 StPO erfolgreiche Rügen); 70, 398 (nicht 298); 71, 361; 72, 340 und RG GA 73, 107. Das erste dieser Urteile spricht aus, daß § 3 StPO „eine Einheit der Straftat erfordert, die nicht ersetzt wird durch die Gleichartigkeit der von mehreren Personen begangenen strafbaren Handlungen". Hier geht es also um den Unterschied zwischen Identität und bloßer Gleichartigkeit. Die übrigen Entscheidungen sind nicht zu § 3, sondern zu § 264 StPO ergangen und behandeln den Begriff der Tat im Sinne dieser Bestimmung.

Überwiegende Gründe sprechen dafür, einen Zusammenhang nach § 3 StPO zwischen Strafsachen gegen mehrere Personen nur dann anzuerkennen, wenn diese beschuldigt werden, an derselben strafbaren Handlung im sachlich-rechtlichen Sinne beteiligt zu sein.

Es besteht kein Anlaß, entgegen dem Wortlaut an die Stelle der „strafbaren Handlung" den Begriff der „Tat" zu setzen, den § 264 StPO verwendet. Die §§ 3, 13 Abs. 1 StPO ermöglichen es, jemanden vor ein Gericht zu ziehen, das für ihn sonst örtlich nicht zuständig wäre. Da es sich darum handelt, wer der gesetzliche Richter ist (Art. 101 Abs. 1 Satz 2 GG), muß die Rechtslage so klar und eindeutig sein, wie die praktischen Bedürfnisse der Strafrechtspflege es irgend zulassen.

Ob tatsächliche Vorgänge, an denen mehrere mitgewirkt haben, nach dem sachlichen Strafrecht eine Einheit oder eine Mehrheit strafbarer Handlungen bilden, ist nach bestimmten anerkannten Rechtsgrundsätzen zu beurteilen und läßt sich in der Regel ziemlich eindeutig entscheiden. Darüber aber, ob die Vorgänge „nach der Auffassung des Lebens ein einheitliches geschichtliches Ereignis" sind, können oft sehr verschiedene Auffassungen vertreten werden. Die Rechtsprechung muß zwar die „Tat" im Sinne des § 264 StPO so weit und unbestimmt umschreiben, weil diese Bestimmung das Gericht befähigen soll, den Tatsachenstoff, der ihm mit der Anklage unterbreitet worden ist, erschöpfend abzuurteilen. Bei den §§ 3, 13 StPO geht es aber um etwas ganz anderes, nämlich darum, ob eine Sache vor ein Gericht gebracht werden kann, vor das sie sonst nicht gehören würde. Auf diese Frage den Begriff der Tat mit seinen unvermeidlichen Unklarheiten zu übertragen, ist allzu bedenklich.

Praktische Erwägungen nötigen dazu nicht. Wenn der Gerichtsstand des Zusammenhanges nach § 13 Abs. 1 StPO nicht besteht, ist in aller Regel ein anderer vorhanden, vor dem der Beschuldigte verfolgt werden kann; nötigenfalls bestimmt der Bundesgerichtshof das zuständige Gericht nach § 13a StPO. Zweck der §§ 3, 13 Abs. 1 StPO ist es allerdings, zu-

---

1 „Zwar setzt (...) der durch die Mitwirkung mehrerer Täter bei einer strafbaren Handlung begründete Zusammenhang nicht ein Verhältnis im Sinne des § 47 StPO voraus; wohl aber wird Einheit der Straftat gefordert, die nicht ersetzt wird durch die Gleichartigkeit der von mehreren Personen begangenen strafbaren Handlungen." (RG Urt. v. 2. 1. 1909 – III. Strafsenat 856/08).

sammengehörige Sachen vor einem Gericht in demselben Verfahren erledigen zu lassen. Dadurch soll nicht nur unnötige Doppelarbeit erspart, sondern vor allem vermieden werden, daß derselbe Sachverhalt verschieden beurteilt wird. Das ist aber im wesentlichen nur dann ein ernster Nachteil, wenn die Tatsachen, die in beiden Verfahren eine Rolle spielen, jedesmal zu der sachlich-rechtlichen „strafbaren Handlung" gehören, derentwegen „mehrere Personen als Täter, Teilnehmer, Begünstiger oder Hehler beschuldigt werden", wie sich § 3 StPO ausdrückt. Liegen jene Tatsachen jedoch nur in den weiteren Grenzen desselben „einheitlichen geschichtlichen Vorganges", so läßt sich eher die Gefahr in Kauf nehmen, daß mehrere Gerichte sie verschieden beurteilen.

Es mag zwar auch bei einem solchen loseren Zusammenhange zuweilen zweckmäßig sein, nur ein Verfahren durchzuführen. Häufig wird aber ohnehin dasselbe Gericht nach den §§ 7 bis 11 StPO örtlich zuständig sein. Dann kann es die Sachen verbinden und gleichzeitig verhandeln. Das ist in einem solchen Falle nach § 237 StPO zulässig, „auch wenn dieser Zusammenhang nicht der im § 3 bezeichnete ist". Es ist also ohne weiteres möglich, mehrere Sachen desselben Gerichts, die einander berühren, in einem Verfahren zu erledigen. Gehören solche Sachen aber nach den §§ 7 bis 11 StPO vor verschiedene Gerichte, so wird es zuweilen schon mit Rücksicht auf den einen Angeklagten, seinen Verteidiger und einen Teil der Zeugen gar nicht so zweckmäßig sein, daß nur ein Verfahren vor einem Gericht stattfindet. Soweit dafür dennoch ein Bedürfnis vorhanden sein kann, ist dieses allein kein Grund, den § 3 StPO weit auszulegen.

Im vorliegenden Falle wurde der Angeklagte nur wegen schwerer passiver Bestechung verfolgt. Er war nicht angeklagt, durch pflichtwidrige, auf der Bestechung beruhende Amtshandlungen Beihilfe zum Devisenvergehen K's geleistet oder diesen begünstigt zu haben. Die Beihilfe oder die Begünstigung hätten zur schweren Bestechlichkeit in Tatmehrheit nach § 74 StGB gestanden (vgl. BGHSt. 7, 149, 151), mit dieser also keine einheitliche strafbare Handlung im Sinne des § 3 StPO gebildet. Eine solche sachlich-rechtliche Verknüpfung fehlte daher zwischen der schweren passiven Bestechung des Angeklagten und dem Devisenvergehen K's. Ob beide strafbare Handlungen nach natürlicher Auffassung ein einheitliches geschichtliches Ereignis und damit die Tat im Sinne des § 264 StPO waren, ist hier nicht entscheidend.

K. wurde nicht beschuldigt, an der schweren passiven Bestechung des Angeklagten beteiligt zu sein. Denn die Strafverfolgung gegen ihn wegen aktiver Bestechung war verjährt. Zwischen den Strafsachen gegen den Angeklagten und gegen K. bestand also kein Zusammenhang nach § 3 StPO und das Landgericht in Berlin war für das Verfahren gegen den Angeklagten nicht nach § 13 Abs. 1 StPO zuständig.

Die Entscheidung entspricht im Ergebnis dem Antrage des Generalbundesanwalts.

9. Sachliche Zuständigkeit in der Revisionsinstanz von Amts wegen zu berücksichtigen.
StPO §§ 6, 338 Nr. 4 – BGH Urt. v. 10. 1. 1957 – 2 StR 575/56 LG Krefeld (= BGHSt. 10, 74 = NJW 1957, 511)

Von Amts wegen.

Sachverhalt: Die Angeklagten W. und J. sind von der Jugendkammer wegen gemeinschaftlich versuchten Mordes verurteilt worden. Zur Tatzeit hatte W. das 21. Lebensjahr überschritten. J. war über 18 Jahre, aber noch nicht 21 Jahre alt. – Das Rechtsmittel hatte Erfolg.

Gründe: W. hatte zur Zeit der Tat das 21. Lebensjahr überschritten. Er hat die Tat also als Erwachsener begangen. Für den ihm zur Last gelegten Mordversuch war das Schwurgericht zuständig (§ 80 GVG). Eine Strafsache gegen einen Erwachsenen, für dessen Aburteilung das Schwurgericht zuständig ist, kann nicht im Wege der Verbindung gemäß § 103 JGG von der Jugendkammer abgeurteilt werden (BGHSt. 9, 399 [*überholt durch Änderung* *des § 103 Abs. 2 JGG durch Art. 3 Nr. 8 StVÄG 79]).* Die Jugendkammer war W. gegenüber sachlich nicht zuständig.

Die Revision des Angeklagten hat dies – anders als im Falle BGHSt. 9, 399 – nicht gerügt. Der Senat hatte deshalb zu prüfen, ob der Mangel der sachlichen Zuständigkeit, weil es sich um eine Prozeßvoraussetzung handelt, in der Revisionsinstanz von Amts wegen oder aber im Hinblick auf § 338 Nr. 4 StPO nur auf Revisionsrüge hin zu berücksichtigen ist.

Diese Vorschrift bezeichnet es als einen absoluten Revisionsgrund, wenn das Gericht seine Zuständigkeit mit Unrecht angenommen hat. Der Gesetzgeber von 1877 hat damit auch die sachliche Zuständigkeit gemeint. Einer solchen Regelung hätte es nicht bedurft, wenn bereits damals Einverständnis darüber geherrscht hätte, daß die sachliche Zuständigkeit eine Prozeßvoraussetzung ist. Denn aus dem Wesen der Prozeßvoraussetzungen, Bedingung für die Zulässigkeit zu sein, in einem bestimmten Verfahren – vor diesem Gericht, unter Mitwirkung dieser Prozeßsubjekte – zu einem Sachurteil in einer bestimmten Sache zu gelangen, folgt, daß ihr Mangel von Amts wegen auch vom Revisionsgericht zu berücksichtigen ist, sofern das Gesetz keine gegenteilige Regelung trifft. Der Vorschrift des § 338 Nr. 4 StPO ist eine gegenteilige Regelung nicht zu entnehmen. Sie findet ihre Erklärung darin, daß die Lehre von den Prozeßvoraussetzungen, die erst im Jahre 1868 von Oskar Bülow – und zwar in Ausrichtung auf den Zivilprozeß – begründet worden ist, damals im Strafprozeß noch keine Anerkennung gefunden hatte. Sie hat sich auch in der Rechtsprechung des Reichsgerichts erst in neuerer Zeit durchgesetzt. Der Umstand, daß der Mangel der Zuständigkeit des Gerichts in § 338 Nr. 4 StPO unter den absoluten Revisionsgründen aufgeführt ist, die – auf Rüge – stets zur Aufhebung des angefochtenen Urteils führen, bildet deshalb keinen zwingenden Grund für die Annahme, der Mangel der sachlichen Zuständigkeit sei im Revisionsverfahren nur auf Rüge zu beachten.

Im Schrifttum wird diese Ansicht allerdings vereinzelt vertreten. Das Reichsgericht hat dagegen dem Revisionsgericht Befugnis und Pflicht zuerkannt, die sachliche Zuständigkeit des Gerichts des ersten Rechtszuges auch ohne Revisionsrüge von Amts wegen zu prüfen (RGSt 67, 57; 66, 256). Im Urteil BGHSt. 7, 26 (BGH Urt. v. 2. 11. 1954 – 5 StR 492/54; vgl. § 338 Nr. 4 StPO erfolgreiche Rügen) hat der 5. Strafsenat ausgesprochen, daß, falls an Stelle der sachlich zuständigen Jugendkammer die große Strafkammer entschieden hat, das Urteil wegen dieses Fehlers auch dann aufzuheben ist, wenn die Revision ihn nicht rügt. Dabei hat er aber offen gelassen, ob der Grundsatz so allgemein gilt, wie ihn das Reichsgericht aufgestellt hat. In dem Falle BGHSt. 7, 26 trifft das nach der Meinung des 5. Strafsenates zu, weil die Jugendkammer ein Gericht besonderer Art innerhalb der ordentlichen Gerichtsbarkeit ist und die Beachtung ihrer Zuständigkeit in hohem Maße die öffentlichen Interessen berührt.

Nach der Ansicht des Senates greift jener Grundsatz erst recht im vorliegenden Falle durch. Große Strafkammer und Jugendstrafkammer haben, wenn sie auch Gerichte verschiedener Art sind, doch gleichen Rang. Die Besonderheit der Jugendkammer besteht darin, daß ihre Richter unter dem Gesichtspunkt der erzieherischen Befähigung und der Erfahrung in der Jugenderziehung ausgewählt werden (§ 37 JGG). Beide Kammern entscheiden aber in der Besetzung von drei Berufsrichtern und zwei Laienrichtern. Dagegen ist – jedenfalls für Erwachsene – das Schwurgericht ein Gericht höherer Ordnung gegenüber der Jugendkammer, wie schon die größere Zahl der mitwirkenden Richter zeigt (ebenso BGHSt. 9, 399). Wenn daher an Stelle des sachlich zuständigen Schwurgerichts rechtsfehlerhaft die Jugendkammer die Sache entschieden hat, so besteht ein erhöhtes rechtspolitisches Interesse, daß der Mangel der sachlichen Zuständigkeit von Amts wegen berücksichtigt wird. Auch der Wortlaut des § 6 StPO steht dem nicht entgegen. Die Vorschrift ist nicht dahin zu verstehen und auch nie dahin verstanden worden, daß sie dem Gericht nur die Pflicht auferlege, die eigene Zuständigkeit zu prüfen. Eine derartige Auslegung würde sich mit § 328 Abs. 3 StPO in Widerspruch setzen.

Das angefochtene Urteil ist deshalb, soweit es den Angeklagten W. betrifft, mangels sachlicher Zuständigkeit der Jugendkammer aufzuheben und die Sache insoweit an das Schwurgericht zurückzuverweisen.

10. Einheitliche Zuständigkeit der Jugendkammer.

StPO §§ 338 Nr. 4 – BGH Urt. v. 29. 2. 1956 – 2 StR 25/56 LG Oldenburg (= BGHSt. 10, 100 = NJW 1956, 680)

Die Revision rügt, daß die erkennende Große Strafkammer des Landgerichts ihre sachliche Zuständigkeit zu Unrecht angenommen habe; denn die erste Straftat (Verwahrungsbruch in Tateinheit mit Diebstahl) sei nach den Feststellungen des Urteils am 15. 2. 1952 begangen, der am 28. 9. 1933 geborene Angeklagte habe sie mithin als Heranwachsender verwirklicht; dies begründe nach § 108 JGG die Zuständigkeit der Jugendgerichte (BGHSt. 7, 26 [BGH Urt. v. 2. 11. 1954 – 5 StR 492/54; vgl. § 338 Nr. 4 StPO erfolgreiche Rügen]). – Das Rechtsmittel hatte Erfolg.

Gründe: Der Angeklagte hat die Taten, die Gegenstand des Strafverfahrens gegen ihn geworden sind, teils als Heranwachsender und teils als Erwachsener begangen. Das Jugendgerichtsgesetz hat für diesen Fall keine besondere Regelung über die Zuständigkeit getroffen. Die Vorschrift des § 32 JGG, die nach Maßgabe des § 105 Abs. 1 JGG auch für Heranwachsende gilt, bestimmt nur das in Fällen solcher Art anzuwendende sachliche Recht, sagt aber nichts über das zur Entscheidung berufene Gericht. Für die vor Vollendung des 21. Lebensjahres begangene Straftat ist also nach § 108 JGG die Zuständigkeit des Jugendgerichts begründet. Eine entsprechende Anwendung des § 103 JGG in dem Sinne, daß beim Zusammentreffen mehrerer in verschiedenen Altersstufen begangener Straftaten der Staatsanwalt je nach dem Schwergewicht Anklage vor dem Jugendgericht oder dem Erwachsenengericht erheben könnte, ist nicht möglich, wie der Bundesgerichtshof bereits wiederholt entschieden hat (vgl. BGHSt. 7, 26 und das zum Abdruck bestimmte Urteil 4 StR 342/55 vom 15. 12. 1955 [BGHSt. 8, 349; vgl. § 338 Nr. 4 StPO erfolgreiche Rügen]).

Daher ist im Umfang der Revision Aufhebung des Urteils und Zurückverweisung an das Jugendschöffengericht geboten, das als sachlich zuständiges Gericht berufen ist.

11. Jugendgericht für Heranwachsende ausschließlich zuständig.

StPO §§ 3, 269, 338Nr. 4; GVG § 60; JGG §§ 7, 10, 33, 108 – BGH Urt. v. 15. 12. 1955 – 4 StR 342/55 LG Wuppertal (= BGHSt. 8, 349)

Die Revision rügt die sachliche Unzuständigkeit der erkennenden Strafkammer in dem Verfahren gegen einen Heranwachsenden.

Sachverhalt: Der Angeklagte hat die ersten Betrugstaten, in denen das Landgericht eine fortgesetzte Handlung findet, als Heranwachsender, den überwiegenden Teil seiner Straftaten als Erwachsener begangen. Die Verhandlung fand vor der (allgemeinen) Strafkammer des Landgerichts statt. – Das Rechtsmittel hatte Erfolg.

Gründe: ...

1. ...

Für die Aburteilung der vom Angeklagten als Heranwachsender begangenen Taten war gemäß §§ 107, 108 JGG ein Jugendgericht, und zwar gemäß § 40 JGG das Jugendschöffengericht zuständig. Das Gesetz enthält keine ausdrückliche Vorschrift über die Zuständigkeit, falls strafbare Handlungen, die ein Angeklagter in diesen beiden Altersstufen begangen hat, zur gleichzeitigen Aburteilung stehen.

Im Schrifttum hat Peters (Strafprozeß 1952 S 111) zur Zeit der Geltung des RJGG 1943 die Auffassung vertreten, daß in Anwendung des Grundgedankens des § 15 RJGG, der im wesentlichen dem jetzigen § 32 JGG entspricht, für Fälle solcher Art das Jugendgericht oder das Erwachsenengericht zuständig sei, je nachdem, ob das Schwergewicht bei der Jugendtat oder Erwachsenentat liegt. Dieser Lösung steht das Bedenken entgegen, daß sich dann, wenn das zunächst mit der Sache befaßte Jugend- oder Erwachsenengericht das Schwergewicht den die Zuständigkeit des anderen Gerichts begründenden Taten zumißt und aus diesem Grunde seine Zuständigkeit verneint, die Möglichkeit eines sog. negativen Kompetenzkonfliktes ergibt, da diese Entscheidung das andere Gericht nicht bindet (BayObLG 4, 153). Außerdem ist es nicht unbedenklich, aus jener sachlich-rechtlichen Vorschrift im Wege der Auslegung verfahrensrechtliche Folgerungen zu ziehen.

Näher läge es, hier den Grundgedanken der §§ 103, 112 JGG entsprechend anzuwenden (so BayObLG 4, 154). Nach dieser Bestimmung können Strafsachen gegen Jugendliche und Erwachsene nach den Vorschriften des allgemeinen Verfahrensrechts verbunden werden, wenn es zur Erforschung der Wahrheit oder aus anderen wichtigen Gründen geboten ist. Der Staatsanwalt erhebt die Klage vor dem Jugendgericht, wenn das Schwergewicht bei dem Verfahren gegen Jugendliche oder Heranwachsende liegt. Der Standpunkt des Gesetzes ist demnach nicht der, daß Jugendliche und Heranwachsende ausschließlich vom Jugendgericht abzuurteilen sind; vielmehr können unter besonderen Voraussetzungen, falls das Schwergewicht bei der Erwachsenentat liegt, Jugendliche und Heranwachsende auch vom Erwachsenengericht abgeurteilt werden. Diese Bestimmung gilt jedoch nur dann, wenn bei einer strafbaren Handlung mehrere Personen als Täter, Teilnehmer usw. beschuldigt werden, so daß der Fall des sog. sachlichen Zusammenhangs gegeben ist. Es könnte zunächst naheliegend scheinen, den Gedanken der Zuständigkeitsregelung gemäß Schwerpunkt auf den Fall auszudehnen, daß ein und dieselbe Person Taten als Heranwachsender und als Erwachsener begangen hat, die gleichzeitig abgeurteilt werden sollen (sog. persönlicher Zusammenhang). Ob mehrere oder nur eine Person die Heranwachsendentaten und Erwachsenentaten begangen haben, scheint zunächst keine grundsätzliche Verschiedenheit der Beurteilung begründen zu können. Das Gesetz, das darum bemüht ist, Jugendliche und Heranwachsende von erwachsenen Tätern getrennt zu halten und die ersten grundsätzlich nur vom Jugendgericht aburteilen zu lassen, erachtet es für erträglich, jene zusammen mit Erwachsenen vor ein Erwachsenengericht zu stellen, falls das Schwergewicht in dem Verfahren gegen Erwachsene liegt. Es könnte deshalb um so unbedenklicher erscheinen, unter denselben Voraussetzungen die Aburteilung ein und derselben Person wegen ihrer Verfehlungen als Heranwachsender und Erwachsener durch das allgemeine Strafgericht für zulässig zu erachten.

Eine nähere Prüfung führt jedoch zur gegenteiligen Auffassung. Es entspricht grundsätzlich dem Jugendgerichtsgesetz, daß über Taten Jugendlicher und Heranwachsender die Jugendgerichte entscheiden sollen. In den Bestimmungen über ihre Zusammensetzung (§§ 33 ff.) hat es besonders dafür gesorgt, daß die Täter durch Richter abgeurteilt werden, die für diese Aufgabe durch erzieherische Befähigung und ihre Erfahrungen auf Grund der Beschäftigung mit Minderjährigen besonders geeignet sind. Eine Aburteilung durch ein Erwachsenengericht ist gegenüber dieser grundsätzlichen Auffassung des Gesetzes eine Ausnahme, für die schwerwiegende Gründe maßgebend gewesen sein müssen.

Die Ausnahmebestimmung des § 103 Abs. 2 JGG, wonach Jugendliche und Heranwachsende vor ein Erwachsenengericht gestellt werden können, hat ihren inneren Grund darin, daß vermieden werden soll, (erwachsene) Täter, in deren Person die Zuständigkeit des Jugendgerichts überhaupt nicht begründet ist, in größerem Umfang von einem Jugendgericht aburteilen zu lassen. Dieser Gesichtspunkt trifft aber dann nicht zu, wenn ein und dieselbe Person Taten als Heranwachsender und als Erwachsener begangen hat. Denn dann ist die Zuständigkeit des Jugendgerichts für diesen Erwachsenen jedenfalls für einen Teil seiner Taten gegeben. Mithin besteht in dieser Frage zwischen den Fällen des sachlichen und persönlichen Zusammenhangs ein wesentlicher Unterschied. Die Vorschrift des § 103 JGG ist hiernach eine Ausnahmevorschrift für den Fall des sachlichen Zusammenhangs. Sie kann daher auf die Fälle des persönlichen Zusammenhangs nicht ausgedehnt werden. Hier muß es bei der grundsätzlichen Regel des Jugendgerichtsgesetzes verbleiben.

Es ist zudem zweckmäßig, alle zur gemeinschaftlichen Aburteilung verbundenen Verfehlungen eines Täters, die er in beiden Altersstufen begangen hat, stets durch ein Jugendgericht aburteilen zu lassen, weil die Erwachsenentaten für das Verständnis der Heranwachsendentaten von großer Bedeutung sein können. Die Gefahr, daß auf diese Weise ohne zwingenden Grund Erwachsenentaten vor ein Jugendgericht gelangen, würde deshalb ausscheiden, weil die Verbindung der Strafsachen eines solchen Täters in der Regel nur dann sachgemäß sein wird, wenn ein innerer Zusammenhang zwischen ihnen besteht und die Verbindung zur gleichzeitigen Aburteilung zweckmäßig ist.

Nach der gegenteiligen Auffassung wäre außerdem die Entscheidung über die Zuständigkeit überwiegend in die Hände des Staatsanwalts gelegt, der übrigens, wenn die Sache in einem ordentlichen Dezernat bearbeitet wird, nicht einmal der Jugendstaatsanwalt wäre. Dann besteht die Gefahr, daß die Frage, bei welcher Tat das Schwergewicht liegt – für die nicht äußerlich die Zahl der Taten, sondern ihre innere Bedeutung maßgebend ist – auf Grund des hierfür oft nicht zureichenden Akteninhalts entschieden wird. Auch dies würde dem erkennbaren Sinn des Gesetzes widersprechen.

Im übrigen ist die Wahlmöglichkeit der Staatsanwaltschaft für die Bestimmung der Zuständigkeit nach den §§ 24 Abs. 1 Nr. 2 und 3, 74 Abs. 1 Satz 2 GVG trotz § 209 Abs. I Satz 2 StPO aus rechtsstaatlichen Gründen als nicht unbedenklich angesehen worden. Diese Grundsätze erfordern, daß sich die Zuständigkeit des Gerichts möglichst unmittelbar aus dem Gesetz ergibt und nicht bis zu einem gewissen Grade auf dem Ermessen einer abhängigen Behörde beruht. Auch dies spricht gegen eine erweiternde Auslegung.

Somit sind zur gemeinschaftlichen Aburteilung von Taten, die ein Angeklagter als Heranwachsender und Erwachsener begangen hat, die Jugendgerichte zuständig (ebenso im Ergebnis BGHSt. 7, 26). Da die Straftaten hier nicht von einer Jugendkammer abgeurteilt worden sind, greift der zwingende Revisionsgrund des § 338 Nr. 4 StPO durch.

2. Unanwendbar ist hier die Vorschrift des § 269 StPO, nach der sich ein Gericht in der Hauptverhandlung nicht für unzuständig erklären darf, weil die Sache vor ein Gericht niederer Ordnung gehöre. Die Strafkammer ist gegenüber dem Jugendschöffengericht kein Gericht höherer Ordnung. Die Jugendgerichte sind wegen ihrer Zusammensetzung (vgl. §§ 33 Abs. 3, 35, 37 JGG) Gerichte besonderer Art (BGHSt. 7, 28). Ihre Aufgaben weichen von denen der übrigen Strafgerichte ab. Sie müssen den jungen Rechtsbrecher in seiner Entwicklung, in seinen körperlichen, geistigen und seelischen Bedingungen verstehen und die Eigenart und das Persönlichkeitsbild gerade des jungen Menschen berücksichtigen. Sie haben sodann unter den zur Auswahl stehenden Mitteln die für seine Behandlung geeigneten auszuwählen. Bei Heranwachsenden haben sie gemäß § 105 JGG die schwierige Frage zu entscheiden, ob auf sie Jugendrecht oder allgemeines Strafrecht anzuwenden ist. Gerade bei jungen Menschen kann in höherem Maße als bei Erwachsenen die Entscheidung für das ganze weitere Leben des Betroffenen und damit auch für die Gemeinschaft von ausschlaggebender Bedeutung sein. Für die besonders folgenschwere Lösung dieser Aufgaben eignen sich, wie erwähnt ist, als Richter (Jugendrichter und Jugendschöffen) wie auch als Jugendstaatsanwälte nur besonders ausgewählte Persönlichkeiten, bei denen jugendpsychologische Kenntnisse, erzieherische Fähigkeiten und die entsprechenden Erfahrungen auf diesen Gebieten gegeben sind. Diese Erkenntnis ist bereits seit vielen Jahrzehnten Gemeingut geworden. Sie ist im Verlaufe des Kampfes um die Jugendgerichte, der am Ende des vorigen Jahrhunderts begann, für so bedeutend angesehen worden, daß man den Abschluß der gesetzgeberischen Reformarbeiten, die zum Jugendgerichtsgesetz von 1923 führten, nicht abwarten zu können glaubte, sondern innerhalb der damals

geltenden unzulänglichen Gesetze die Bestrebungen dieser Bewegung praktisch zu verwirklichen suchte, insbesondere im Wege der Geschäftsverteilung diese Rechtsprechung Richtern übertrug, die mit dem Denken und Fühlen und den Lebensverhältnissen der Jugend vertraut sind. Das Jugendgerichtsgesetz von 1923 erkannte in weitem Umfang diesen Zustand an. Die Jugendgerichtsgesetze von 1943 und 1953 entwickelten ihn entsprechend den inzwischen gewonnenen Erkenntnissen der. Wissenschaft und den Erfahrungen der Praxis fort, u.a. auch durch Ausdehnung der Zuständigkeit der Jugendgerichte auf Heranwachsende. Das Jugendstrafverfahren ist im Laufe dieser Entwicklung nicht mehr lediglich eine Abart des allgemeinen Strafverfahrens, sondern ein „nach Zielrichtung, Aufbau und Durchführung eigenständiges Verfahren" geworden. Demgegenüber kann der formale, nur die äußere Organisation betreffende Gesichtspunkt, daß die Jugendgerichte nicht „besondere Gerichte" im Sinne des § 13 GVG, sondern bloß Abteilungen ordentlicher Gerichte sind, den das Reichsgericht (Urteil vom 16. November 1937, JW 1938, 42) ausschlaggebend sein ließ, jedenfalls für den jetzt geltenden Rechtszustand, keine Bedeutung beanspruchen. Das Jugendschöffengericht ist somit kein niederes Gericht im Verhältnis zur (allgemeinen) Strafkammer im Sinne des § 269 StPO. Ein Rangverhältnis setzt ein Stehen in derselben Ordnung voraus. Dies ist hier nicht gegeben. Der innere Grund dieser Vorschrift ist, daß bei dem höheren Gericht die Sicherheit für die Rechtsfindung in erhöhtem Maße gegeben ist. Das ist aber im Verhältnis zu den Jugendgerichten bei den mit Erwachsenenstrafsachen befaßten Abteilungen der Gerichte nach der dem Jugendgerichtsgesetz zugrundeliegenden Auffassung nicht der Fall (ebenso im Ergebnis 5 StR 170/ 54 vom 21. 9. 1954, LM § 103 JGG Nr. 1).

Das Urteil mußte daher aufgehoben und die Sache gemäß § 355 StPO an das Jugendschöffengericht verwiesen werden.

12. Unzuständigkeit der Strafkammer bei Verfahren gegen Jugendliche von Revisionsgericht von Amts wegen zu beachten.
StPO §§ 6, 338 Nr. 4, 352; JGG § 33 – BGH Urt. v. 2. 11. 1954 – 5 StR 492/54 LG Hamburg (= BGHSt. 7, 26 = NJW 1955, 273 = JZ 1955, 219 = JR 1955, 104 = MDR 1955, 180)

Von Amts wegen.

Gründe: Schon ein Grund, der von der Revision nicht geltend gemacht, aber von Amts wegen zu beachten ist, führt zur Aufhebung des Urteils.

Als der Angeklagte die ersten der Taten verübte, die Gegenstand des Verfahrens sind, war er noch nicht 21 Jahre alt, also Heranwachsender (§ 1 Abs. 2 JGG). Zur Aburteilung dieser Taten war daher nach den §§ 107, 108 Abs. 1, 116 Abs. 1, 39–41 JGG ein Jugendgericht zuständig. Dieses hatte zugleich die späteren Verfehlungen zu ahnden. Bejahte es für die ersten die Voraussetzungen des § 105 Abs. 1 JGG, so hatte es auch darüber zu entscheiden, ob auf alle Fälle das allgemeine oder das Jugendstrafrecht anzuwenden ist (§ 32 JGG). Selbst wenn diese Frage zugunsten des allgemeinen Strafrechts beantwortet worden wäre, war und blieb das Jugendgericht zuständig. Jugendgerichte sind der Jugendrichter, das Jugendschöffengericht und die Jugendkammer (§ 33 Abs. 2 JGG). Da mehr als zwei Jahre Zuchthaus zu erwarten waren, gehörte die Sache nach § 108 Abs. 3 JGG vor die Jugendkammer.

Die Große Strafkammer des Landgerichts in H., die das angefochtene Urteil nach dem 1. 10. 1953, – dem Tage, an dem das Jugendgerichtsgesetz in Kraft getreten ist, – erlassen hat, ist keine Jugendkammer. Ihr fehlte daher die sachliche Zuständigkeit. Diese ist nach § 6 StPO in jeder Lage des Verfahrens von Amts wegen zu prüfen. Sie ist eine Verfahrensvoraussetzung. In der neueren Rechtsprechung des Reichsgerichts hat sich daher die Auffassung durchgesetzt, das Revisionsgericht habe von Amts wegen darauf zu achten, ob die sachliche Zuständigkeit in dem Verfahren, das zu dem angefochtenen Urteil geführt hat, nicht überschritten worden ist (vgl. RGSt 66, 255 [256]; 67, 57 [58]; RG HRR 1939, 1285). Diese Ansicht wird von dem überwiegenden Teil des Schrifttums gebilligt. Ob sie in dieser Allgemeinheit zutrifft, hat der Senat nicht zu entscheiden. Er tritt ihr jedenfalls für den Fall bei, daß die Sache vor die Jugendkammer gehörte, für ihre Behandlung durch eine andere große Strafkammer also aus diesem Grunde die Verfahrensvoraussetzung der sachlichen Zuständigkeit fehlte. Mindestens dies ist auch im Revisionsrechtszuge von Amts wegen zu beachten. Denn die Jugendkammer ist als Jugendgericht ein Gericht besonderer Art innerhalb der ordentlichen Gerichtsbarkeit. Sie ist wegen ihrer Zusammensetzung (vgl. §§ 33 Abs. 3, 35, 37 JGG) besonders geeignet, über Verfehlungen zu urteilen, die der Täter als Jugendlicher oder Heranwachsender begangen hat. Die Beachtung ihrer Zuständigkeit berührt in hohem Maße die öffentlichen Interessen.

Das angefochtene Urteil ist daher schon aus diesem Grunde mit den Feststellungen aufzuheben. Zugleich verweist der Senat die Sache nach § 355 StPO an die nach § 108 Abs. 3 Satz 2 JGG zuständige Jugendkammer.

Die Urteile nach § 355 StPO berücksichtigen in ihrer Fassung in der Regel die Form, die § 270 Abs. 2 StPO für Verweisungsbeschlüsse vorschreibt (vgl. RGSt 61, 322 [326]; 69, 155 [157]). Hier bleibt jedoch der tatsächliche und rechtliche Inhalt der Anschuldigung derselbe wie im Eröffnungsbeschluß. Der Senat hält es daher nicht für erforderlich, die dem Angeklagten zur Last gelegten Taten, die in ihnen zu finden strafbaren Handlungen und die anzuwendenden Strafgesetze noch einmal anzugeben.

Erfolglose Rügen

1. Das Revisionsgericht ist an die Feststellungen zum Alter des Angeklagten gebunden, weil diese nicht nur die gerichtliche Zuständigkeit, sondern im Hinblick auf die unterschiedlichen Rechtsfolgen, die das Gesetz für Erwachsene und Heranwachsende vorsieht, auch die Anwendung des materiellen Rechts betreffen.

StPO § 338 Nr. 4 – BGH Beschl. v. 11. 1. 2000 – 1 StR 633/99 LG Heilbronn (= StV 2001, 174)

Die Revision rügt die Zuständigkeit der Schwurgerichts-Kammer und legt Urkunden vor, aus denen sich ergebe, daß der Angeklagte entgegen den Urteilsfeststellungen nicht am 22. 9. 1976, sondern am 22. 9. 1977 geboren sei und erhebt in diesem Zusammenhang eine Aufklärungsrüge.

Der Sachverhalt ergibt sich aus dem Revisionsvorbringen. – Das Rechtsmittel war erfolglos.

Gründe: ...

2. Obwohl dem Vorbringen der Revision nicht entgegensteht, daß in der Hauptverhandlung ein entsprechender Einwand nicht erhoben wurde (BGHSt. 30, 260 [BGH Urt. v. 4. 11. 1981 – 2 StR 242/81; vgl. § 338 Nr. 4 StPO erfolgreiche Rügen]), hat der Senat die vorgelegten Unterlagen nicht zu prüfen:

Bei der Frage nach dem Alter des Angeklagten handelt es sich um eine doppelrelevante Tatsache. Sie betrifft nicht nur die gerichtliche Zuständigkeit, sondern im Hinblick auf die unterschiedlichen Rechtsfolgen, die das Gesetz für Erwachsene einerseits und Heranwachsende andererseits vorsieht, auch die Anwendung des materiellen Rechts (BGH StV 1982, 101 [BGH Beschl. v. 11. 11. 1981 – 2 StR 596/81; vgl. § 244 VI StPO erfolgreiche Rügen]). Daher ist das Revisionsgericht an entsprechende Feststellungen gebunden soweit sie rechtsfehlerfrei getroffen sind.

So verhält es sich hier. Wie der GBA – von der Revision unwidersprochen – im einzelnen zutreffend dargelegt hat, waren (aus tatsächlichen Gründen) zum Urteilszeitpunkt keine

Anhaltspunkte für Zweifel an der Richtigkeit der Angabe des Angeklagten, am 22. 9. 1976 geboren zu sein, ersichtlich.

2. Mangelnde sachliche Zuständigkeit des Gerichts nicht von Amts wegen zu prüfen (Bestätigung BGH NJW 1993, 1607 [BGH Urt. v. 8. 12. 1992 – 1 StR 594/92; vgl. § 209 StPO erfolglose Rügen] gegen BGHSt. 40, 120 [BGH Beschl. v. 21. 4. 1994 – 4 StR 136/94; vgl. § 338 Nr. 4 StPO erfolgreiche Rügen]).

StPO §§ 6, 269, 338 Nr. 4, 344 II; GVG § 24 I Nr. 3 – BGH Urt. v. 22. 4. 1997 – 1 StR 701/96 LG Passau (= BGHSt. 43, 53 = NJW 1997, 2689 = StV 1998, 1 = JR 1997, 164 = JZ 1998, 672)

Die Revision rügt nicht die mangelnde sachliche Zuständigkeit des Gerichts.

Der Generalbundesanwalt hat die Frage aufgeworfen, ob es auch ohne hierauf bezogene Verfahrensrüge der revisionsgerichtlichen Prüfung unterfällt, ob das Landgericht zu Recht seine Zuständigkeit bejaht hat.

Sachverhalt: Der Angeklagte beschäftigte ab 1991/1992 tschechische Grenzgänger als Maurer, die er bis einschließlich Oktober 1993 mit einem Bruttostundenlohn von 12,70 DM entlohnte. Der Tariflohn für Maurer betrug 1993 19,05 DM pro Stunde. Seine übrigen Arbeitnehmer entlohnte der Angeklagte für gleiche Arbeit mit einem Stundenlohn von 21 DM brutto.

Am 31. 3. 1993 erklärte der Angeklagte gegenüber dem zuständigen Arbeitsamt wahrheitswidrig, er werde die beiden Maurer ab Mitte April 1993 zu einem Stundenlohn von 21 DM brutto beschäftigen. Daraufhin erhielten diese im Mai 1993 jeweils bis zum Jahresende befristete Grenzgängerkarten durch das Landratsamt und Grenzarbeitserlaubnisse durch das Arbeitsamt. Nach Bekanntwerden der tatsächlichen Arbeitsbedingungen nahm das Arbeitsamt die Arbeitserlaubnisse im Januar 1994 mit rückwirkender Kraft zurück (§ 45 SGB X).

Auf der Grundlage dieser Erkenntnisse erhob die Staatsanwaltschaft Anklage vor dem Landgericht, wobei sie dem Angeklagten Wucher (§ 302 a Abs. 1 Satz 1 Nr. 3 StGB) in Tateinheit mit einem Vergehen gegen § 227a Abs. 1 AFG vorwarf. Sie vertrat die Auffassung, im Sinne der genannten Vorschrift sei eine fehlende Arbeitserlaubnis einer rückwirkend für unwirksam erklärten Arbeitserlaubnis gleichzusetzen, und maß dieser für die Praxis der Arbeitsverwaltung bedeutsamen Frage eine besondere Bedeutung i.S.v. § 24 Abs. 1 Nr. 3 GVG bei. Die Anklageerhebung vor dem Landgericht sollte eine rasche Klärung dieser Frage durch den Bundesgerichtshof ermöglichen.

Das Landgericht hat sich die Erwägungen der Staatsanwaltschaft zur besonderen Bedeutung des Falles in seiner Eröffnungsentscheidung ausdrücklich zu eigen gemacht.

Auf der Grundlage der dem Anklagevorwurf entsprechenden Feststellungen hat die Strafkammer den Angeklagten wegen Wuchers (§ 302a Abs. 1 Satz 1 Nr. 3 StGB) in zwei Fällen zu einer Gesamtgeldstrafe verurteilt. – Das Rechtsmittel war erfolglos.

Gründe: Für die Entscheidung dieser Frage kommt es nicht darauf an, ob das Landgericht – wie hier – seine Zuständigkeit im Hinblick auf die besondere Bedeutung des Falles (§ 24 Abs. 1 Nr. 3 GVG) oder im Hinblick auf die Rechtsfolgenerwartung (§ 24 Abs. 1 Nr. 2 GVG) bejaht hat. Es ist kein Grund ersichtlich, der eine unterschiedliche Behandlung dieser Fallgestaltungen rechtfertigen könnte.

a) Auszugehen ist von § 269 StPO, wonach das Gesetz aus Gründen der Verfahrensbeschleunigung und der Prozeßwirtschaftlichkeit die fehlerhafte Annahme seiner Zuständigkeit durch ein Gericht höherer Ordnung im Grundsatz für unbeachtlich erklärt; die weitergehende sachliche Zuständigkeit schließt die weniger weitgehende mit ein. Die

Verhandlung vor einem unzuständigen Gericht höherer Ordnung benachteiligt den Angeklagten auch nicht. Dementsprechend führt die fehlerhafte Annahme eines Gerichts höherer Ordnung, es sei anstelle des tatsächlich zuständigen Gerichts niederer Ordnung zur Entscheidung berufen, regelmäßig nicht zu einer Urteilsaufhebung (st. Rspr., vgl. z.B. BGHSt. 9, 367, 368 [BGH Urt. v. 4. 10. 1956 – 4 StR 294/56; vgl. § 338 Nr. 4 StPO erfolglose Rügen]; 21, 334, 358 [BGH Urt. v. 10. 11. 1967 – 4 StR 512/66; vgl. §§ 68a, 338 Nr. 3 StPO erfolglose Rügen]; BGH NJW 1993, 1607, 1608).

b) Nach der Rechtsprechung des Bundesgerichtshofs erfährt dieser Grundsatz eine Einschränkung, wenn (objektive) Willkür vorliegt (vgl. z.B. BGH GA 1970, 25; BGH NJW 1993, 1607), also wenn die unzutreffende Annahme seiner Zuständigkeit durch das Gericht höherer Ordnung auf sachfremde oder andere offensichtlich unhaltbare Erwägungen gestützt ist (vgl. BGH NJW 1993, 1608). Diese Einschränkung des Grundsatzes von § 269 StPO beruht darauf, daß bei einer willkürlichen Annahme der Zuständigkeit das Grundrecht gemäß Art. 101 Abs. 1 Satz 2 GG verletzt ist. Ob dieses Grundrecht dadurch verletzt worden ist, daß statt des Amtsgerichts das Landgericht entschieden hat, ist nicht nur vom Bundesverfassungsgericht auf eine Verfassungsbeschwerde hin, sondern auch schon vorher im Revisionsrechtszuge zu prüfen (BVerfG NJW 1959, 871, 872; BGH GA 1970, 25).

c) Noch nicht abschließend geklärt ist in der Rechtsprechung des Bundesgerichtshofs, ob in den – seltenen (vgl. BGH GA 1970, 25; BGH NJW 1993, 1608) – Fällen, in denen die Annahme der Zuständigkeit des Gerichts höherer Ordnung auf (objektiver) Willkür beruht, ein nur auf eine entsprechende Verfahrensrüge zu berücksichtigender Verstoß vorliegt (so der 5. Strafsenat in BGH GA 1970, 25 und der erkennende Senat in BGH NJW 1993, 1608; ebenso der 5. Strafsenat für den Fall, daß das Schöffengericht anstelle des zur Entscheidung berufenen Strafrichters (objektiv) willkürlich seine Zuständigkeit angenommen hat, in BGHSt. 42, 205 [BGH Beschl. v. 30. 7. 1996 – 5 StR 288/95; vgl. §§ 328, 338 Nr. 4 StPO erfolglose Rügen]), oder ob ein solcher Verstoß ein Verfahrenshindernis darstellt und daher auch ohne Verfahrensrüge von Amts wegen zu berücksichtigen ist (so der 4. Strafsenat in BGHSt. 38, 172, 176 [BGH Beschl. v. 12. 12. 1991 – 4 StR 506/91; vgl. § 338 Nr. 4 StPO erfolgreiche Rügen]; 40, 120; NStZ 1992, 397 [BGH Beschl. v. 6. 2. 1992 – 4 StR 626/91; vgl. § 237 StPO erfolgreiche Rügen]).

d) Der Senat hält an der Auffassung fest, daß die Frage einer (objektiv) willkürlichen Zuständigkeitsbegründung durch das Gericht höherer Ordnung nur aufgrund einer entsprechenden Verfahrensrüge zu prüfen ist.

Ein Verfahrenshindernis liegt in einem solchen Fall nicht vor. Bei einem Verfahrenshindernis handelt es sich um einen Umstand, der nach dem ausdrücklich erklärten oder aus dem Zusammenhang gesetzlicher Vorschriften ersichtlichen Willen des Gesetzgebers so schwer wiegt, daß von seinem Vorhandensein oder Fehlen die Zulässigkeit des gesamten Verfahrens abhängt (BGHSt. 36, 294, 295 [BGH Urt. v. 31. 10. 1989 – 1 StR 501/89; vgl. § 260 StPO erfolgreiche Rügen]; 35, 137, 140 [BGH Urt. v. 9. 12. 1987 – 3 StR 104/87; vgl. § 260 StPO erfolgreiche Rügen]; 33, 183, 186 [BGH Beschl. v. 19. 4. 1985 – 2 StR 317/84; vgl. § 316 StPO erfolglose Rügen] jew. m.w.N.). Angesichts der weitreichenden Konsequenzen, die mit dem Vorliegen eines Verfahrenshindernisses verbunden sind, muß das Verfahrenshindernis, sei es auch nach vorangegangener Ermittlung der ihm zugrundeliegenden Tatsachen, offenkundig sein. Kann der Fehler dagegen erst aufgrund einer Wertung festgestellt werden, liegt in aller Regel kein Verfahrenshindernis vor (BGHSt. 32, 345, 351 f. [BGH Urt. v. 23. 5. 1984 – 1 StR 148/84; vgl. § 260 StPO erfolgreiche Rügen]).

An alledem gemessen, erweist sich die willkürliche Annahme seiner Zuständigkeit durch das Gericht höherer Ordnung nicht als Verfahrenshindernis. Schon allein der Umstand, daß die – bloß – fehlerhafte Annahme seiner Zuständigkeit durch das höhere Gericht keinen Rechtsfehler darstellt, der den Bestand des Urteils gefährdet (vgl. oben 1a), spricht dagegen, ein Verfahrenshindernis dann anzunehmen, wenn einem in seinen unmittelbaren

Auswirkungen – Verhandlung vor dem Landgericht statt vor dem Amtsgericht – identischen Fehler in seltenen Fällen ausnahmsweise besonders schwerwiegende Fehlbeurteilungen zugrunde liegen. Erhärtet wird dieses Ergebnis durch den Gesamtzusammenhang der gesetzlichen Regelung in § 338 Nrn. 1 bis 4 StPO; diese Regelung zeigt, daß das Gesetz auch in anderen Fällen, in denen ein anderer als der gesetzlich zuständige Richter entschieden hat, (nur) Verstöße sieht, die erst aufgrund entsprechender Verfahrensrügen zu beachten sind. In § 338 Nr. 1 StPO verlangt das Gesetz sogar zusätzlich, daß ein solcher Verstoß regelmäßig bereits in der Hauptverhandlung vor dem Landgericht geltend gemacht werden muß, damit er mit einer Verfahrensrüge im Revisionsverfahren noch vorgebracht werden kann.

§ 6 StPO ändert an diesem Ergebnis nichts, da diese Bestimmung generell unter dem Vorbehalt von § 269 StPO steht. Etwas anderes folgt auch nicht daraus, daß die objektiv willkürliche Annahme seiner Zuständigkeit durch das Gericht höherer Ordnung eine Verfassungsverletzung (Art. 101 Abs. 1 Satz 2 GG) darstellt. Auch dann, wenn Verfahrensverstöße zugleich Verfassungsverstöße enthalten, müssen diese nach der Rechtsprechung des Bundesgerichtshofs mit einer Verfahrensrüge geltend gemacht werden und dürfen vom Revisionsgericht nicht von Amts wegen berücksichtigt werden (vgl. z.B. BGHSt. 19, 273, 277 [BGH Urt. v. 24. 3. 1964 – 3 StR 60/63; vgl. § 344 StPO erfolglose Rügen]); dies gilt insbesondere auch für einen Verstoß gegen den Grundsatz des gesetzlichen Richters (BGH StV 1996, 585, 587 [BGH Beschl. v. 30. 7. 1996 – 5 StR 288/95 = BGHSt. 42, 205; vgl. §§ 328, 338 Nr. 4 StPO erfolglose Rügen]; BGHSt. 26, 84, 90 [BGH Beschl. v. 21. 2. 1975 – 1 StR 107/74; vgl. § 338 Nr. 5 StPO erfolglose Rügen]; BGH MDR 1984, 335 [BGH Urt. v. 9. 12. 1983 – 2 StR 452/83; vgl. § 260 StPO erfolglose Rügen, § 338 Nr. 3 StPO erfolgreiche Rügen]). Das Rügeerfordernis relativiert das Gewicht der Grundrechtsverletzung nicht, sondern zieht lediglich eine auch im Interesse der Rechtssicherheit gebotene Grenze für deren Geltendmachung und überläßt es dem Beschwerdeführer, ob er sich auf einen Grundrechtsverstoß, der nicht zwingend zu einer unrichtigen Entscheidung geführt haben muß, berufen will oder nicht (vgl. BGHSt. 19, 273, 277).

e) Die unterschiedlichen Auffassungen des erkennenden Senats und des 4. Strafsenats zur Frage, ob eine willkürliche Annahme seiner Zuständigkeit durch das höhere Gericht nur auf eine entsprechende Verfahrensrüge oder von Amts wegen zu beachten ist, führen hier jedoch nicht zu einem Verfahren gemäß § 132 GVG, da die Revision des Angeklagten auch unter Zugrundelegung der Rechtsauffassung des 4. Strafsenats zu verwerfen wäre (vgl. BGHSt. 16, 271, 278).

Die genannte Erwägung, mit der das Landgericht die Annahme seiner Zuständigkeit begründet hat, geht von einem zutreffenden Ansatz aus. Unbeschadet des Umstands, daß es letztlich auch im Rahmen eines Verfahrens gemäß § 121 Abs. 2 GVG zu einer Entscheidung des Bundesgerichtshofs kommen könnte, kann das Bedürfnis nach einer alsbaldigen höchstrichterlichen Entscheidung einer Rechtsfrage, die über den Einzelfall hinaus in einer Vielzahl gleichgelagerter Fälle bedeutsam ist, die Annahme einer besonderen Bedeutung i.S.v. § 24 Abs. 1 Nr. 3 GVG rechtfertigen (BGH NJW 1960, 542, 544). Bei dieser Sachlage bestünde auch vom Standpunkt des 4. Strafsenats aus kein Anlaß, an der Zuständigkeit des Landgerichts zu zweifeln (vgl. Urt. v. 13. 12. 1979 – 4 StR 562/79 [vgl. § 209 StPO erfolglose Rügen] – GA 1980, 220). Der Umstand, daß es infolge des – zum Zeitpunkt der Zuständigkeitsentscheidung noch nicht absehbaren – weiteren Verfahrensgangs dann doch nicht zu einer Entscheidung des Bundesgerichtshofs über die in Rede stehende Rechtsfrage kommt, ändert an alledem nichts.

3. Willkürliche Annahme der erstinstanzlichen Zuständigkeit des Schöffengerichts im Berufungsverfahren nicht von Amts wegen zu prüfen.

StPO §§ 6, 269, 328 II, 338 Nr. 4; GVG §§ 24, 25 – BGH Beschl. v. 30. 7. 1996 – 5 StR 288/95 OLG Celle (= BGHSt. 42, 205 = NJW 1997, 204 = StV 1996, 585 = JR 1997, 430) Vorlagebeschluß.

Die Vorlegung betrifft die Frage, ob das Revisionsgericht im Fall einer Revision gegen ein Berufungsurteil von Amts wegen oder nur auf eine entsprechende Verfahrensrüge zu prüfen hat, ob das Schöffengericht sich an Stelle des Strafrichters willkürlich für sachlich zuständig erklärt und damit gegen den Grundsatz des gesetzlichen Richters verstoßen hat.

Sachverhalt: Dem viele Male, darunter 14mal einschlägig vorbestraften Angeklagten wird vorgeworfen, während eines Hafturlaubs einen Betrug durch eine 23stündige Inanspruchnahme eines Taxis bei Zahlungsunfähigkeit begangen und dabei einen Schaden von 2767,00 DM verursacht zu haben. Die Staatsanwaltschaft erhob dieserhalb Anklage zum Strafrichter. Ein Antrag des Angeklagten auf Pflichtverteidigerbestellung veranlaßte den Amtsrichter, die Sache der Staatsanwaltschaft mit dem Hinweis vorzulegen: „Wenn schon Pflichtverteidigung, dann auch Schöffengericht". Die Staatsanwaltschaft antwortete: „Eine Zuständigkeit des Schöffengerichts ist nicht ersichtlich." Der Amtsrichter eröffnete gleichwohl das Verfahren ohne weitere Begründung vor dem Schöffengericht. Dort führte er den Vorsitz in der Hauptverhandlung. Das Schöffengericht hat den Angeklagten wegen Betrugs zu einer Freiheitsstrafe von zehn Monaten verurteilt. Die hiergegen eingelegte, auf den Strafausspruch beschränkte Berufung des Angeklagten hat das Landgericht verworfen. Dagegen richtet sich die Revision des Angeklagten, die auf die nicht ausgeführte Rüge der Verletzung von Verfahrensrecht und auf die Sachrüge gestützt ist.

Das Oberlandesgericht Celle hält die Revision für offensichtlich unbegründet und möchte auf den entsprechenden Antrag des Generalstaatsanwalts Celle nach § 349 Abs. 2 StPO verfahren. Allerdings ist das Oberlandesgericht der Auffassung, daß das Schöffengericht „objektiv willkürlich" die Sache an sich gezogen und die sachliche Zuständigkeit des Strafrichters verletzt habe. Indes ist das Oberlandesgericht der Ansicht, daß dieser Verfahrensfehler nicht von Amts wegen, sondern nur auf eine entsprechende Verfahrensrüge, die hier nicht erhoben ist, zu beachten sei. An der beabsichtigten Entscheidung sieht sich das Oberlandesgericht gehindert durch den Beschluß des Bundesgerichtshofs BGHSt. 40, 120 (BGH Beschl. v. 21. 4. 1994 – 4 StR 136/94; vgl. § 338 Nr. 4 StPO erfolgreiche Rügen). Dort hat der Bundesgerichtshof entschieden: Das Revisionsgericht hat gemäß § 6 StPO von Amts wegen und nicht nur auf eine entsprechende Verfahrensrüge zu beachten, daß das Landgericht sich an Stelle des Amtsgerichts (objektiv) willkürlich für sachlich zuständig erklärt und damit gegen den Grundsatz des gesetzlichen Richters verstoßen hat.

Das Oberlandesgericht Celle hat deshalb gemäß § 121 Abs. 2 GVG die Sache dem Bundesgerichtshof zur Entscheidung folgender Frage vorgelegt:

„Hat es das Revisionsgericht auf die Revision des Angeklagten gegen das Berufungsurteil einer kleinen Strafkammer eines Landgerichts, mit welchem Urteil sachlich über die Berufung des Angeklagten gegen ein Schöffengerichtsurteil negativ entschieden worden ist, auch ohne Rüge (von Amts wegen) zu beachten, wenn der Vorsitzende des Schöffengerichts die zum Einzelrichter angeklagte Sache unter Verletzung von § 25 Nr. 2 GVG objektiv willkürlich vor dem Schöffengericht eröffnet und damit den Angeklagten in erster Instanz seinem gesetzlichen Richter entzogen hat?"

Gründe: ...

III. Die Vorlegungsvoraussetzungen nach § 121 Abs. 2 GVG sind gegeben.

1. Das Oberlandesgericht Celle erachtet die Entscheidung des Schöffengerichts über die sachliche Zuständigkeit als objektiv willkürlich. Der Senat hat diese Beurteilung hinzunehmen, weil sie noch eben vertretbar ist.

a) Das allgemeine Willkürverbot des Art. 3 Abs. 1 GG ist speziell auch Maßstab für die Frage eines Verstoßes gegen Art. 101 Abs. 1 Satz 2 GG wegen des Entzugs des gesetzlichen Richters durch gerichtliche Entscheidungen, so auch für die Auslegung von Zuständigkeitsnormen (BVerfGE 29, 45, 48 f.; 29, 198, 207; 58, 1, 44 f.). Nach der Rechtsprechung des Bundesverfassungsgerichts liegt bei gerichtlichen Entscheidungen ein Verstoß gegen das Willkürverbot allerdings nicht schon dann vor, wenn die Rechtsanwendung oder das eingeschlagene Verfahren Fehler enthalten. Hinzukommen muß vielmehr, daß der Richterspruch unter keinem denkbaren Aspekt rechtlich vertretbar ist und sich daher der Schluß aufdrängt, daß er auf sachfremden Erwägungen beruht. Das ist anhand objektiver Kriterien festzustellen. Fehlerhafte Auslegung eines Gesetzes allein macht eine Gerichtsentscheidung nicht willkürlich (BVerfGE 4, 1, 7; 81, 132, 137; 87, 273, 278 f.; 89, 1, 13 f.). Ist eine Entscheidung derart unverständlich, daß sie sachlich schlechthin unhaltbar ist, so ist sie objektiv willkürlich. Ohne daß es auf subjektive Umstände oder ein Verschulden des Gerichts ankäme, stellt eine derartige Entscheidung einen Verstoß gegen das allgemein aus Art. 3 Abs. 1 GG abzuleitende – speziell auch in Art. 101 Abs. 1 Satz 2 GG verankerte – Verbot dar, offensichtlich unsachliche Erwägungen zur Grundlage einer staatlichen Entscheidung zu machen (BVerfGE 58, 163, 167 f.; 71, 202, 205; BVerfG – Kammer – NJW 1995, 124, 125).

b) Es kann dahinstehen, ob, was eher fernliegt, eine vom Schöffengericht etwa gehegte Straferwartung von mehr als zwei Jahren Freiheitsstrafe (§ 25 Nr. 2 GVG) für sich genommen etwa objektiv willkürlich war.

Ebenso kann dahingestellt bleiben, welche Bedeutung für sich genommen die vom Amtsrichter in den Akten angebrachte Bemerkung „Wenn schon Pflichtverteidigung, dann auch Schöffengericht" hat.

Allerdings wäre die Annahme, das Vorliegen einer notwendigen Verteidigung oder „Pflichtverteidigung" würde die sachliche Zuständigkeit des Schöffengerichts begründen, rechtsirrig. Indes ist nicht ohne weiteres davon auszugehen, daß der Amtsrichter einen solchen verkürzten Zusammenhang von notwendiger Verteidigung und Schöffengerichtszuständigkeit angenommen hat: Es wird die Ansicht vertreten, daß auch nach dem Inkrafttreten des Gesetzes zur Entlastung der Rechtspflege von 11. 1. 1993 (BGBl. I 50) – jenseits des Wortlautes von § 25 Nr. 2 GVG – die sachliche Zuständigkeit des Schöffengerichts auch bei einer Straferwartung von nicht mehr als zwei Jahren Freiheitsstrafe begründet sein kann, weil etwa in Fortschreibung der Grundsätze der Entscheidung BVerfGE 22, 254 die Vorschrift des § 25 Nr. 2 GVG um das Merkmal der minderen Bedeutung der Sache zu ergänzen sei. Mehrere Oberlandesgerichte sind freilich anderer Ansicht (OLG Oldenburg MDR 1994, 1139; OLG Hamm StV 1995, 182 und 1996, 300; OLG Düsseldorf NStZ 1996, 206). Während es hier auf eine Entscheidung dieses Streites nicht ankommt, ist jedenfalls festzuhalten, daß es angesichts der Kontroverse nicht willkürlich gewesen wäre, wenn der Amtsrichter mit seiner Eröffnungsentscheidung etwa der zuerst genannten Rechtsmeinung gefolgt sein sollte. Es erscheint möglich, daß er mit seiner zitierten Bemerkung solches gemeint hat: Diejenigen Umstände, die die Schwere der Tat oder die Schwierigkeit der Sach- oder Rechtslage im Sinne von § 140 Abs. 2 Satz 1 StPO etwa zu begründen vermögen, können möglicherweise zugleich die Grundlage dafür sein, die mindere Bedeutung der Sache im Sinne des genannten Zuständigkeitsproblems zu verneinen.

Weil das Oberlandesgericht Celle die objektive Willkür jedoch in einer Zusammenschau der vorstehend genannten, einander nicht ergänzenden Gesichtspunkte gefunden hat, ist diese Entscheidung nicht unvertretbar.

2. Das Oberlandesgericht Celle meint, es würde mit der beabsichtigten Entscheidung von dem Beschluß des Bundesgerichtshofs BGHSt. 40, 120 abweichen. Es nimmt also an, daß die in BGHSt. 40, 120 zum Revisionsverfahren – vor dem Bundesgerichtshof – für den Fall der willkürlichen Verkennung der sachlichen Zuständigkeit im Verhältnis zwischen Landgericht und Amtsgericht aufgestellten Grundsätze auch insofern gelten, als im Verfahren über die Revision gegen ein Berufungsurteil – vor dem Oberlandesgericht – eine Überprüfung der erstinstanzlichen Entscheidung über die sachliche Zuständigkeit im Verhältnis von Schöffengericht und Strafrichter in Betracht kommt. Damit stellt das Oberlandesgericht Celle durch seinen Vorlegungsbeschluß – nicht unvertretbar – die Frage, ob der beabsichtigten Entscheidung eine bestimmte Entscheidung des Bundesgerichtshofs entgegensteht. Die Identität der Rechtsfrage ist also gerade Kern der Vorlegungsfrage. Auch unter diesem Gesichtspunkt sind die Vorlegungsvoraussetzungen gemäß § 121 Abs. 2 GVG zu bejahen.

3. Im übrigen würde das Oberlandesgericht Celle mit der beabsichtigten Entscheidung auch von dem Beschluß des Oberlandesgerichts Hamm StV 1996, 300 abweichen. Diesem Beschluß liegt entscheidungstragend die Rechtsansicht zugrunde, daß das Revisionsgericht im Fall einer Revision gegen ein Berufungsurteil die in der Vorinstanz erfolgte willkürliche Annahme einer sachlichen Zuständigkeit des Schöffengerichts statt der gegebenen sachlichen Zuständigkeit des Strafrichters von Amts wegen und nicht allein auf eine Verfahrensrüge zu beachten habe.

IV.

Die Vorlegungsfrage ist wie aus der Beschlußformel ersichtlich zu beantworten.

1. In Frage steht im weiteren Sinne, unter welchen Voraussetzungen das Revisionsgericht zu prüfen hat, ob in der ersten Instanz die sachliche Zuständigkeit objektiv willkürlich angenommen worden ist und dadurch der Angeklagte seinem gesetzlichen Richter entzogen worden ist.

a) Der 4. Strafsenat des Bundesgerichtshofs hat in seinem Beschluß BGHSt. 40, 120 zu einem Ausschnitt dieses Problemkreises, nämlich für den Fall, daß das Landgericht sich an Stelle des Amtsgerichts willkürlich für sachlich zuständig erklärt und damit gegen den Grundsatz des gesetzlichen Richters verstoßen hat, entschieden, daß das Revisionsgericht – also der Bundesgerichtshof – dies gemäß § 6 StPO von Amts wegen und nicht nur auf eine entsprechende Verfahrensrüge zu beachten hat. Zur Begründung hat der 4. Strafsenat insbesondere ausgeführt:

Die sachliche Zuständigkeit ist als Prozeßvoraussetzung nach § 6 StPO in jeder Lage des Verfahrens von Amts wegen zu beachten. Allerdings bestimmt § 269 StPO, daß sich ein Gericht nicht für unzuständig erklären dürfe, weil die Sache vor ein Gericht niederer Ordnung gehöre. Dies gilt aber dann nicht, wenn das höhere Gericht willkürlich gehandelt hat; denn damit verstößt es gegen Art. 101 Abs. 1 Satz 2 GG und entzieht den Angeklagten seinem gesetzlichen Richter. Diesen Rechtsverstoß hat der Bundesgerichtshof von Amts wegen zu beachten, so daß es einer entsprechenden Verfahrensrüge nicht bedarf. Die Vorschrift des § 338 Nr. 4 StPO hat für die sachliche Zuständigkeit keine Bedeutung. Anders ausgedrückt: das Fehlen der sachlichen Zuständigkeit ist unschädlich, wenn § 269 StPO eingreift. Ist diese Vorschrift aber nicht anwendbar, so bleibt es bei § 6 StPO mit der Folge, daß ein von Amts wegen zu beachtendes Verfahrenshindernis vorliegt, das zwar – im Gegensatz zu anderen Prozeßhindernissen – nicht zur Einstellung des Verfahrens, aber gemäß § 355 StPO zur Verweisung der Sache an das zuständige Gericht führt.

Der 4. Strafsenat hat in seinem Beschluß StV 1995, 620 sowie in seinen Beschlüssen vom 3. 8. 1995 – 4 StR 420/95 – und vom 16. 4. 1996 – 4 StR 80/96 – ebenso entschieden und

Ähnliches schon in seinen früheren Entscheidungen BGHSt. 38, 172, 176 (BGH Beschl. v. 12. 12. 1981 – 4 StR 506/91; vgl. § 338 Nr. 4 StPO erfolgreiche Rügen); 38, 212 (BGH Urt. v. 27. 2. 1992 – 4 StR 23/92; vgl. § 338 Nr. 4 StPO erfolgreiche Rügen); BGH NStZ 1992, 397 (BGH Beschl. v. 6. 2. 1992 – 4 StR 626/91; vgl. § 237 StPO erfolgreiche Rügen) ausgesprochen (vgl. auch BGH GA 1981, 321).

b) Der Senat braucht nicht zu entscheiden, ob dieser Rechtsprechung uneingeschränkt zu folgen ist, weil es auf sie hier nicht ankommt:

Maßgeblich für die vorliegende Fallgestaltung, nämlich für die Revision gegen ein Berufungsurteil, ist die Regelung des § 328 Abs. 2 StPO. Danach hat das Berufungsgericht unter Aufhebung des Urteils die Sache an das zuständige Gericht zu verweisen, wenn das Gericht des ersten Rechtszuges zu Unrecht seine Zuständigkeit angenommen hat. Die Frage, ob diese Vorschrift des Verfahrensrechts verletzt worden ist, betrifft nicht die sachliche Zuständigkeit des Gerichts, dessen Urteil mit der Revision angefochten ist, also nicht den Fall, wie er BGHSt. 40, 120 (und den Folgeentscheidungen) zugrunde liegt. Betroffen ist vielmehr das Problem, ob das sachlich zuständige Berufungsgericht das Verfahrensrecht beachtet hat. Dies hat das Revisionsgericht nur auf eine entsprechende Verfahrensrüge zu prüfen; § 344 Abs. 2, § 352 Abs. 1 StPO (vgl. auch BayObLG NJW 1987, 3091).

c) Aus Verfassungsrecht ist nicht der Rechtssatz herzuleiten, daß in Verfahrensfehlern liegende Verfassungsverstöße in der Revision von Amts wegen zu beachten seien (BGHSt. 19, 273, 276 ff. [BGH Urt. v. 24. 3. 1964 – 3 StR 60/63; vgl. § 344 StPO erfolglose Rügen]). Auch Grundrechtsverletzungen sind rügebedürftig; ihre Geltendmachung steht zur Disposition des Grundrechtsträgers. Das gilt insbesondere für einen Verstoß gegen den in Art. 101 Abs. 1 Satz 2 GG normierten Grundsatz des gesetzlichen Richters (BGHSt. 26, 84, 90 [BGH Beschl. v. 21. 2. 1975 – 1 StR 107/74; vgl. § 338 Nr. 5 StPO erfolglose Rügen]; BGH MDR 1984, 335 [BGH Urt. v. 9. 12. 1983 – 2 StR 452/83; vgl. § 260 StPO erfolglose Rügen, § 338 Nr. 3 StPO erfolgreiche Rügen]).

In den Fällen der vorliegenden Art verbleibt es daher dabei, daß das Revisionsgericht den in der willkürlichen Annahme sachlicher Zuständigkeit liegenden Verfahrensfehler des Schöffengerichts nur auf eine entsprechende Verfahrensrüge zu beachten hat (BGH GA 1970, 25; BGH NJW 1993, 1607 [BGH Urt. v. 8. 12. 1992 – 1 StR 594/92; vgl. § 209 StPO erfolglose Rügen]).

Es kommt nicht darauf an, ob die Vorschrift des § 328 Abs. 2 StPO ergibt, daß die sachliche Zuständigkeit grundsätzlich keine Prozeßvoraussetzung ist, oder ob § 328 Abs. 2 StPO etwa nur eine Ausnahme von dem angenommenen Grundsatz enthält, daß die sachliche Zuständigkeit Prozeßvoraussetzung sei, wobei ihr Nichtvorliegen – anders als bei sonstigen Verfahrenshindernissen – ausnahmsweise nicht zur Verfahrenseinstellung, sondern zur Zurückverweisung der Sache an das zuständige Gericht führt.

2. Der Senat braucht nicht zu entscheiden, ob in den Fällen der Sprungrevision (§ 335 StPO) die Grundsätze der Entscheidung BGHSt. 40, 120 entsprechend gelten (so OLG Düsseldorf NStZ 1996, 206) oder ob auch in diesen Fällen eine Verfahrensrüge der genannten Art zu verlangen ist. Gesichtspunkte des Gerichtsverfassungsrechts und der Verfahrenspraxis sprechen allerdings dafür, daß im Fall einer Sprungrevision die revisionsgerichtliche Prüfung, ob das Schöffengericht sich an Stelle des Strafrichters willkürlich für sachlich zuständig erklärt hat, nicht denselben Regeln folgt, wie sie nach BGHSt. 40, 120 und der weiteren genannten Rechtsprechung des 4. Strafsenates für die revisionsgerichtliche Prüfung der Frage gelten, ob das Landgericht willkürlich seine sachliche Zuständigkeit statt einer solchen des Amtsgerichts angenommen hat.

Zwar handelt es sich in beiden Fällen gleichermaßen um die Frage der revisionsgerichtlichen Prüfbarkeit der erstinstanzlichen Entscheidung über die sachliche Zuständigkeit. Jedoch bestehen bedeutsame Unterschiede zwischen beiden Konstellationen:

a) Während im Vergleich zur unbeschränkten Rechtsfolgenkompetenz des Landgerichts das Amtsgericht nicht auf eine höhere Strafe als vier Jahre Freiheitsstrafe und nicht auf Unterbringung in einem psychiatrischen Krankenhaus oder der Sicherungsverwahrung erkennen darf (§ 24 Abs. 2 GVG), hat der Strafrichter die gleiche Rechtsfolgenkompetenz wie das Schöffengericht. Der – freilich mit dem Gedanken der Vorschrift des § 269 StPO kollidierende – Gesichtspunkt, daß das Landgericht mit einer willkürlichen Annahme seiner sachlichen Zuständigkeit den Angeklagten dem begrenzten Strafbann des Amtsgerichts entzieht, findet also keine Entsprechung darin, daß das Schöffengericht eine Sache, für die der Strafrichter sachlich zuständig ist, willkürlich an sich zieht.

b) Von besonderer Bedeutung für die hier vorzunehmende Differenzierung ist der unterschiedliche Rechtsweg: Während die willkürliche Annahme der erstinstanzlichen Zuständigkeit durch das Landgericht dem Angeklagten in der Folge allein die Revision zum Bundesgerichtshof eröffnet und die Berufungsinstanz nimmt, verbleibt es im Fall willkürlicher Annahme der sachlichen Zuständigkeit durch das Schöffengericht statt einer solchen des Strafrichters bei demselben Rechtsweg: Die Berufung führt – seit dem Gesetz zur Entlastung der Rechtspflege (s.o.) – fast durchgehend (Ausnahme: § 76 Abs. 3 Satz 1 GVG) gleichermaßen zur kleinen Strafkammer des Landgerichts (§ 74 Abs. 3, § 76 Abs. 1 Satz 1 GVG). Die Revision führt gleichermaßen zum Oberlandesgericht (§ 121 Abs. 1 Nr. 1 lit. a und b GVG). Damit tritt es für beide Rechtsmittelinstanzen in den Hintergrund, ob in der ersten Instanz der Strafrichter oder das Schöffengericht entschieden hat.

c) Es kann auch nicht außer Betracht bleiben, daß der oben genannte Streit besteht, ob – jenseits des Wortlauts von § 25 Nr. 2 GVG – die sachliche Zuständigkeit des Schöffengerichts auch bei einer Straferwartung von nicht mehr als zwei Jahren Freiheitsstrafe begründet sein kann. Es besteht keine Veranlassung, diesem Streit hier nachzugehen. Gleichwohl indiziert er eine Unsicherheit in der Abgrenzung der sachlichen Zuständigkeit zwischen Schöffengericht und Strafrichter.

d) Auch ist zu bedenken, daß – nach der Praxis der Geschäftsverteilung bei manchen Amtsgerichten; so auch im Ausgangsverfahren – der in der konkreten Sache berufene Strafrichter als Person identisch sein kann mit dem Vorsitzenden des Schöffengerichts. Die Anwendung der Maßstäbe von BGHSt. 40, 120 auf die Fälle amtsgerichtlicher sachlicher Zuständigkeit würde daher gegebenenfalls dazu führen, daß das Urteil des Schöffengerichts aufgehoben wird und die Sache zu neuer Verhandlung und Entscheidung an einen Strafrichter zurückverwiesen wird, der identisch ist mit dem Vorsitzenden des Schöffengerichts – ohne daß der Angeklagte oder andere Beschwerdeführer solches mit einer Verfahrensrüge begehrt hätten. Gerade dies zeigt, daß ein solches procedere nicht von Amts wegen ausgelöst werden, sondern lediglich dann stattfinden sollte, wenn der Angeklagte oder andere Revisionsführer mit einer entsprechenden Verfahrensrüge ein derartiges Verfahren postulieren.

e) Ungeachtet der klaren Maßstäbe des Bundesverfassungsgerichts zum Willkürbegriff (oben III. 1.a) kann es im Einzelfall erheblichen Schwierigkeiten begegnen zu bestimmen, ob ein Gericht bei der Bejahung der eigenen sachlichen Zuständigkeit objektiv willkürlich gehandelt hat. Insbesondere erscheint es verfehlt, ex post den Strafausspruch zum Maßstab dafür zu nehmen, ob die prognostische Entscheidung nach § 24 Abs. 1 Nr. 2 GVG oder nach § 25 Nr. 2 GVG willkürlich war. Dabei sind die Revisionsgerichte in Gefahr, außer acht zu lassen, daß der relevante Sachverhalt und die Persönlichkeit des Angeklagten sich am Ende der Hauptverhandlung häufig anders darstellen als nach Aktenlage bei Eröffnung des Hauptverfahrens (vgl. BGH NJW 1993, 1607, 1608).

4. Unzuständigkeit der allgemeinen Strafkammer bei Verhandlung gegen Heranwachsenden nur mit Verfahrensrüge anfechtbar.

StPO § 338 Nr. 4 – BGH Beschl. v. 18. 3. 1996 – 1 StR 113/96 LG Ravensburg (= StV 1998, 345)

Die Revision rügt die Verletzung materiellen Rechts.

Sachverhalt: Ende 1994 und Anfang 1995 fragten Drogeninteressenten den am 28. 1. 1974 geborenen Angeklagten nach Heroin, der daraufhin im Januar 1995 80 g Heroin erwarb, die er auf 130 g streckte und zwischen Februar und April 1995 in zehn im einzelnen festgestellten Vorgängen gewinnbringend an verschiedene Interessenten verkaufte. – Das Rechtsmittel war erfolglos.

Gründe: ...
1. ...

Diese Feststellungen tragen zwar den Schuldspruch, ergeben aber nicht, daß der am 28. 1. 1974 geborene Angeklagte zur Zeit der Tat – hier: deren Beginn – bereits das 21. Lebensjahr vollendet hatte. Ist dies aber unklar, so ist davon auszugehen, daß dies noch nicht der Fall war (BGHSt. 5, 366[1]).

Dieser Mangel führt zwar nicht zur Aufhebung des Urteils insgesamt, da der Umstand, daß nicht die gem. § 108 Abs. 3 S. 2 JGG zuständige Jugendkammer, sondern die allgemeine Strafkammer entschieden hat, im Revisionsverfahren nur aufgrund einer hier nicht erhobenen Verfahrensrüge gem. § 338 Nr. 4 StPO zu beachten gewesen wäre (BGHSt. 18, 79, 83 [BGH Beschl. v. 5. 10. 1962 – GSSt 1/62; vgl. § 338 Nr. 4 StPO erfolglose Rügen]; 26, 191, 199 [BGH Urt. v. 25. 8. 1975 – 2 StR 309/75; vgl. § 2 StPO erfolgreiche Rügen]; BGH, Beschl. v. 5. 2. 1986 – 3 StR 23/86).

Es stellt jedoch einen auf die Sachrüge hin zu beachtenden Mangel dar, wenn die gem. § 32 JGG i.V.m. § 105 Abs. 1 JGG gebotene Überprüfung unterblieben ist, ob der Angeklagte nach Jugend- oder nach Erwachsenenstrafrecht abzuurteilen ist. § 32 JGG i.V.m. § 105 Abs. 1 JGG ist auch anwendbar, wenn mehrere strafrechtlich bedeutsame Vorgänge (hier: Ankauf von Rauschgift und dessen nachfolgender portionsweiser Verkauf), die, wie auch die Strafkammer zutreffend angenommen hat, im Rechtssinne als eine Tat zu werten sind (vgl. BGHR BtMG § 29 Abs. 1 Nr. 1 Konkurrenzen 4), sich über mehrere Altersstufen hinziehen (BGH StV 1989, 308).

Die Entscheidung, bei welchen Teilen einer Tat deren Schwergewicht liegt, betrifft im wesentlichen eine Tatfrage und kann daher vom Revisionsgericht nur in eingeschränktem Umfang überprüft werden (BGH a.a.O.). Gleiches gilt für die Frage, ob dann, wenn die entsprechende Prüfung ergäbe, daß das Schwergewicht bei den Tatteilen liegt, bei deren Begehung der Angeklagte noch nicht ganz 21 Jahre alt war, Jugend- oder Erwachsenenstrafrecht anzuwenden wäre (vgl. BGHR JGG § 105 Abs. 1 Nr. 1 Entwicklungsstand 1). Werden – wie hier – entsprechende Erwägungen deshalb nicht angestellt, weil der Tatrichter übersehen hat, daß die Anwendbarkeit des JGG überhaupt im Raum steht, können daher nicht eigene Erwägungen des Revisionsgerichts an deren Stelle treten. ...

3. Der Strafausspruch kann jedoch auch in diesem Fall [Fall 2] nicht bestehen bleiben.

Dies folgt schon daraus, daß für den Fall, daß im Fall 1 Jugendrecht anzuwenden wäre, durch Gegenüberstellung jener Tat mit der Tat im Fall 2, bei deren Begehung der Angeklagte das 21. Lebensjahr bereits vollendet hatte, (erneut) gem. § 32 JGG i.V.m. § 105 Abs. 1 JGG über die einheitliche Anwendbarkeit von Jugend- oder Erwachsenenstrafrecht zu entscheiden ist.

---

[1] (Leitsatz) „Läßt sich nicht klären, ob der Angeklagte die Straftat vor oder nach dem Zeitpunkt begangen hat, von dem ab er dem Erwachsenenstrafrecht untersteht, so ist das Jugendgerichtsgesetz auf ihn anzuwenden. [...]" (BGH Urt. v. 23. 2. 1954 – 1 StR 723/53).

5. Allgemeine Strafkammer auch dann zuständig, wenn unter anderem Anklage wegen eines als Heranwachsender begangenen Delikts erfolgte, das im Eröffnungsbeschluß gemäß § 154a II StPO eingestellt worden ist.

StPO § 338 Nr. 4 – BGH Beschl. v. 28. 11. 1995 – 5 StR 588/95 LG Hamburg (= NStZ 1996, 244)

Die Revisionen rügen, die allgemeine Strafkammer sei für das Verfahren gegen die Angeklagten nicht zuständig gewesen, weil auch eine Tat angeklagt war, die einer der Angeklagten als Heranwachsender begangen haben soll.

Der Sachverhalt ergibt sich aus dem Revisionsvorbringen. – Das Rechtsmittel war erfolglos.

Gründe: Die von beiden Angeklagten erhobene Rüge aus § 338 Nr. 4 StPO greift nicht durch. Die allgemeine Strafkammer hat nur über Erwachsenenstraftaten entschieden; §§ 33 I, 107, 103 II 1 JGG finden keine Anwendung. Die im Fall 10 der Anklage vom Angeklagten D. möglicherweise noch im Heranwachsendenalter begangene Herstellung einer unechten Urkunde, wegen deren Gebrauchs er verurteilt worden ist, hat die allgemeine Strafkammer im Eröffnungsbeschluß mit Zustimmung der Staatsanwaltschaft gemäß § 154a II StPO von der Verfolgung ausgenommen. Entgegen der Auffassung von BayObLGSt 1966, 119 beanstandet der Senat diese Verfahrensweise hier nicht. Er hält sie für ebenso unbedenklich wie in den anerkannten, ganz ähnlich gelagerten und nicht abweichend zu beurteilenden Fällen, in denen die Staatsanwaltschaft vor Anklageerhebung die entsprechende Beschränkung herbeigeführt hat (vgl. BGHSt. 29, 341, 349[1]) oder in denen die allgemeine Strafkammer nach § 154 II StPO verfährt (dazu BGHR StPO § 338 Nr. 4 Jugendgericht 1). Ein Fall gezielter Umgehung jugendgerichtlicher Zuständigkeit zum Zweck der Vermeidung jugendrechtlicher Sanktionen liegt hier offensichtlich nicht vor. ...

6. Zurückverweisung an allgemeine Strafkammer bei Verfahren gegen Jugendliche und Erwachsene zulässig aber nicht zwingend, wenn sich das weitere Verfahren nur noch gegen den Erwachsenen richtet.

StPO §§ 338 Nr. 4, 354 II, 355; JGG § 47a – BGH Urt. v. 27. 4. 1994 – 3 StR 690/93 LG Itzehoe (= StV 1994, 415)

Die Revision rügt, daß das Verfahren gegen den erwachsenen Angeklagten, das ursprünglich wegen eines mitangeklagten Jugendlichen vor der Jugendkammer stattgefunden hat, nach Zurückverweisung durch den Bundesgerichtshof „an eine andere Strafkammer" vor einer allgemeinen Strafkammer und nicht vor einer Jugendkammer hätte stattfinden müssen, weil sich das weitere Verfahren nur noch gegen den erwachsenen Angeklagten richtete.

Sachverhalt: Die III. Jugendkammer des Landgerichts hatte den zur Tatzeit 26 Jahre alten Angeklagten zu einer Gesamtfreiheitsstrafe verurteilt. Auf die Revision des Angeklagten hat der Senat durch Beschl. das Verfahren gegen den Angeklagten teilweise eingestellt, den Schuldspruch geändert und das Urteil im Ausspruch über die Gesamtfreiheitsstrafe mit den Feststellungen aufgehoben und die Sache „an eine andere Strafkammer des Landgerichts" zurückverwiesen. Die Revision eines in demselben Verfahren verurteilten Heranwachsenden hat er nach § 349 Abs. 2 StPO verworfen. Die neu entscheidende 1. Ju-

---

[1] „Werden Gesetzesverletzungen, die eine solche funktionelle Zuständigkeit bestimmter Strafkammern begründen, vor Anklageerhebung oder danach mit Erlaß des Eröffnungsbeschlusses ausgeschieden, so ist das Hauptverfahren vor der dann – also ohne Berücksichtigung der ausgeschiedenen Gesetzesverletzungen – zuständigen Strafkammer zu eröffnen (vgl. § 209a StPO)." (BGH Beschl. v. 26. 9. 1980 – StB 32/80).

gendkammer hat den Angeklagten zu einer Gesamtfreiheitsstrafe verurteilt. – Das Rechtsmittel war erfolglos.

Gründe: Die Rüge der Verletzung des § 338 Nr. 4 StPO ist unbegründet. Zu Recht hat die 1. Jugendkammer des Landgerichts ihre Zuständigkeit für die neue Verhandlung und Entscheidung nach Aufhebung und Zurückverweisung des Urteils der III. Jugendkammer angenommen.

a) Nach der Rspr. des BGH kann in einem verbundenen Verfahren gegen einen Erwachsenen und einen Jugendlichen oder Heranwachsenden das Revisionsgericht die Sache an eine allgemeine Strafkammer statt an eine Jugendkammer zurückverweisen, wenn sich das weitere Verfahren nur noch gegen den Erwachsenen richtet (BGHSt. 35, 267 ff. [BGH Urt. v. 28. 4. 1988 – 4 StR 33/88; vgl. § 47a JGG erfolgreiche Rügen]). Mit dieser Entscheidung hat der 4. Strafsenat an der früheren Rspr., nach der bei einer solchen Fallgestaltung an eine Jugendkammer zurückverwiesen werden müsse, nicht mehr festgehalten; die anderen Strafsenate haben auf Anfrage erklärt, daß sie an Entscheidungen, die dieser Auffassung entgegenstehen, nicht festhalten.

Daraus folgt, daß – entgegen einer in der Lit. vertretenen Ansicht – das Revisionsgericht nicht an einer Zurückverweisung an eine Jugendkammer gehindert ist. Es wird die Sache nach wie vor dann an eine Jugendkammer zurückverweisen, wenn es dies für sachlich geboten hält. Ausschlaggebend für eine solche Entscheidung können die Gründe sein, die wie bisher – nach der durch das Inkrafttreten des StVAG 1979 vom 5. 10. 1978 (BGBl. I S. 1645) geschaffenen Rechtslage (vgl. BGHSt. 30, 260 ff. [BGH Urt. v. 4. 11. 1981 – 2 StR 242/81; vgl. § 338 Nr. 4 StPO erfolgreiche Rügen]; BGH Beschl. v. 22. 1. 1980 – 5 StR 12/80; BayObLG MDR 1980, 958) – zu einer, nach der neueren Rspr. freilich nicht mehr zwingenden Zurückverweisung an die Jugendkammer geführt haben: nämlich die einfache Lösung von Zuständigkeitsfragen im Verhältnis von Jugend- und Erwachsenengerichten, die Vermeidung von Verfahrensverzögerungen, zusätzlicher Arbeitsbelastung und unnötigem Zeitaufwand und ebenso – wie auch im vorliegenden Fall – die Möglichkeit der Berücksichtigung jugendspezifischer Umstände der Tat, auch wenn sich das Verfahren nur noch gegen einen Erwachsenen richtet.

b) Demgemäß hat der Senat – gemäß §§ 354 Abs. 2, 355 StPO (vgl. dazu BGHSt. 35, 267, 268 ff.). – die Sache an eine Jugendkammer des Landgerichts zurückverwiesen. Dem steht der Wortlaut des zurückverweisenden Beschlusses „an eine andere Strafkammer" nicht entgegen. Denn aus der ständigen Übung des Senats und dem Zusammenhang der Beschlußgründe ergibt sich, daß diese Formulierung keine Festlegung auf eine Erwachsenen-Strafkammer bedeutete, sondern vielmehr der Begriff „Strafkammer" übergreifend (vgl. § 60 GVG, § 32 Abs. 2 JGG) für Erwachsenen- und Jugendkammer verwendet worden ist.

c) Wie dem Wortlaut des eine Verweisung an eine Erwachsenen Strafkammer ablehnenden Beschlusses der Jugendkammer zu entnehmen ist, hat diese den Beschluß des Senats auch so verstanden und zutreffend ihrer Entscheidung die oben dargelegte Auffassung zugrunde gelegt.

7. Sachliche Zuständigkeit des Gerichts hängt davon ab, ob es zum Zeitpunkt der Urteilsfällung zuständig war.

StPO § 338 Nr. 4 – BGH Beschl. v. 3. 5. 1991 – 3 StR 483/90 LG Kleve (= NStZ 1991, 503)

Die Revisionen rügen einen Verstoß gegen § 338 Nr. 4 StPO, weil nicht die allgemeine Strafkammer, sondern die Jugendkammer zur Aburteilung der Angeklagten zuständig gewesen sei. Sie haben unter Hinweis auf BayObLGSt 1966, 199 die Ansicht vertreten, die Verfahrensbeschränkung gemäß § 154a StPO auf das Geschehen vom 29. 7. 1989 habe die Zuständigkeit der Strafkammer als Erwachsenengericht nicht begründen können, da der Angeklagte F. G. den der angeklagten fortgesetzten Tat zugrundeliegenden Gesamtvorsatz vom 17. 4. 1989 und damit als Heranwachsender gefaßt habe (BayObLGSt 1966, 199). Die Entscheidung BGHSt. 10, 64 (BGH Urt. v. 8. 1. 1957 – 5 StR 378/56; vgl. § 338 Nr. 4 StPO erfolglose Rügen), wonach der absolute Revisionsgrund des § 338 Nr. 4 StPO auch im Fall einer fortgesetzten Tat, die der Angeklagte als Heranwachsender begonnen und als Erwachsener beendet habe, dann nicht gegeben sei, wenn die allgemeine Strafkammer den Angeklagten nur wegen solcher Einzelhandlungen verurteilt, die er als Erwachsener begangen hat, gelte nicht mehr; diese Entscheidung sei vor dem StVÄG 1979 ergangen, das nunmehr den Jugendgerichten im Hinblick auf § 209a Nr. 2 StPO eine „Kompetenz-Kompetenz einräume.

Sachverhalt: Die Staatsanwaltschaft hat die Brüder H. G. und F. G. angeklagt, am 29. 7. 1989 und zu anderer Zeit durch eine fortgesetzte Handlung unerlaubt Betäubungsmittel in nicht geringer Menge eingeführt und damit Handel getrieben zu haben. Neben dem Hauptvorwurf, daß beide am 29. 7. 1989 zuvor von ihnen eingeführtes Heroin von Kalkar nach Hamburg verbrachten, um dieses gewinnbringend zu veräußern, legte die Anklage dem F. G. u.a. zur Last, seinem Bruder H. G. am 17. 4. 1989 zur Bezahlung einer früheren Heroinlieferung Geld überbracht zu haben. Der am 27. 4. 1969 geborene F. G. war am 17. 4. 1989 noch Heranwachsender i.S. des § 1 Abs. 2 JGG. Gleichwohl erhob die Staatsanwaltschaft die Anklage nicht bei der gemäß § 108 JGG zuständigen Jugendkammer, sondern bei der allgemeinen Strafkammer, die die Anklage unverändert zur Hauptverhandlung zuließ und das Hauptverfahren eröffnete. Am letzten Tag der Hauptverhandlung beschränkte die Strafkammer mit Zustimmung der Verfahrensbeteiligten die angeklagte fortgesetzte Tat gemäß § 154a StPO auf den am 29. 7. 1989 begangenen Teilakt und verurteilte die Angeklagten nur wegen dieses Geschehens. – Das Rechtsmittel war erfolglos.

Gründe: Das StVÄG 1979 hat an der revisionsrechtlichen Beurteilung des Verhältnisses zwischen Jugendgericht und Erwachsenengericht nichts geändert. Es kommt deshalb bei der Rüge des § 338 Nr. 4 StPO darauf an, ob das erkennende Gericht zum Zeitpunkt der Urteilsfällung zuständig war. Dies war der Fall. Im übrigen fehlt es schon nach der Anklage und den Urteilsgründen an einem für die fortgesetzte Handlung erforderlichen Gesamtvorsatz. Ein solcher Gesamtvorsatz kann nicht zugunsten eines Angeklagten unterstellt werden. Die Zulässigkeit der vorläufigen Einstellung selbständiger Taten gemäß § 154 StPO begegnet keinen Bedenken (vgl. auch BGHSt. 10, 100 [BGH Urt. v. 29. 2. 1956 – 2 StR 25/56; vgl. § 338 Nr. 4 StPO erfolgreiche Rügen]; BGH MDR 1974, 54 [BGH Urt. v. 2. 10. 1973 – 1 StR 217/73; vgl. § 2 StPO erfolglose Rügen]). ...

8. Umstände, die nach Vernehmung zur Sache eintreten, begründen keine andere sachliche Zuständigkeit.

StPO §§ 6 a, 338 Nr. 4 – BGH Urt. v. 11. 8. 1981 – 5 StR 309/81 LG Hannover (= BGHSt. 30, 187 = NJW 1981, 2311 = NStZ 1981, 447)

Die Revision rügt die sachliche Unzuständigkeit der Strafkammer. Sie ist der Auffassung, das Verfahren wegen Körperverletzung hätte nach dem Tod des Opfers, der erst nach Vernehmung des Angeklagten zur Sache eingetreten ist, von der Strafkammer an das Schwurgericht verwiesen werden müssen.

Sachverhalt: Die Strafkammer hat den Angeklagten wegen Körperverletzung mit Todesfolge verurteilt. Das Tatopfer ist zwischen dem ersten und dem zweiten Tag der Hauptverhandlung an den Folgen der abgeurteilten Tat gestorben. Der wegen schwerer Körperverletzung angeklagte Beschwerdeführer hatte am ersten Verhandlungstag zur Sache ausgesagt. Nachdem er am zweiten Verhandlungstag auf § 226 StGB hingewiesen worden war, beanstandete seine Verteidigerin die Unzuständigkeit der Strafkammer. Diese lehnte die beantragte Verweisung an das Schwurgericht mit der Begründung ab, daß die Unzuständigkeit der allgemeinen Strafkammer nicht mehr geltend gemacht werden könne, weil der

Angeklagte bereits zur Sache vernommen worden sei (§ 6a Satz 3 StPO). – Das Rechtsmittel war erfolglos.

Gründe: Der Angeklagte konnte den Einwand, daß statt der allgemeinen Strafkammer das Schwurgericht zuständig sei, am zweiten Verhandlungstag nicht geltend machen, da er schon am ersten Verhandlungstag zur Sache vernommen worden war. Dies ergibt sich aus § 6a Satz 3 StPO. Darum war die Strafkammer gehindert, die Sache nach § 270 Abs. 1 Satz 2 StPO an das Schwurgericht zu verweisen.

Die Vorschrift des § 6a Satz 3 StPO ist auch dann zu beachten, wenn Umstände, die der Zuständigkeit der allgemeinen Strafkammer entgegenstehen, erst nach dem dort bezeichneten Zeitpunkt hervortreten. Dies ist bei Umständen, die zwar von vornherein vorhanden, aber bis zur Vernehmung des Angeklagten zur Sache unbekannt gewesen sind, allgemein anerkannt (Begründung des Regierungsentw. zum StVÄG 1979, BT-Drucks. 8/976 S. 57); ebenso ist die gleichartige Bestimmung des § 16 Satz 3 StPO ausgelegt worden (RGSt 65, 267, 268). Nichts anderes kann gelten, wenn die allgemeine Strafkammer bei der Vernehmung des Angeklagten zur Sache zuständig gewesen und die Zuständigkeit des Schwurgerichts erst später durch den Eintritt des Todes bei einem der in § 74 Abs. 2 GVG bezeichneten erfolgsqualifizierten Delikte begründet worden ist. Beiden Fällen ist gemeinsam, daß der Angeklagte zu dem in § 6a Satz 3 StPO bezeichneten Zeitpunkt noch nicht in der Lage war, die Zuständigkeitsfrage aufzuwerfen. Das Gesetz muß nach seinem eindeutigen Wortlaut dahin verstanden werden, daß in beiden Fällen die Verfahrensverzögerung vermieden werden soll, die mit einer Verweisung (§ 270 Abs. 1 Satz 2 StPO) verbunden wäre.

9. Jugendkammer auch dann zuständig, wenn nur ein erwachsener Mitangeklagter Berufung gegen das Urteil des Jugendrichters einlegt (gegen BGHSt. 13, 157 [BGH Beschl. v. 13. 5. 1959 – 4 StR 439/58; vgl. § 338 Nr. 4 StPO erfolgreiche Rügen]).

StPO § 338 Nr. 4 – BGH Beschl. v. 30. 1. 1968 – 1 StR 319/67 OLG Stuttgart (= BGHSt. 22, 48)

Die Revision rügt, über die Berufung der erwachsenen Angeklagten gegen das Urteil des Jugendrichters habe nicht die Jugendkammer, sondern die kleine Strafkammer entscheiden müssen.

Sachverhalt: Der Jugendrichter hat die erwachsene Angeklagte wegen vorsätzlicher Körperverletzung in Tateinheit mit Beleidigung zu einer Geldstrafe verurteilt und einem zur Tatzeit jugendlichen Mitangeklagten wegen vorsätzlicher Körperverletzungen als besondere Pflicht eine Geldzahlung an eine gemeinnützige Einrichtung auferlegt. Dieses Urteil hat allein die erwachsene Angeklagte mit der Berufung angefochten. Die Jugendkammer hat das Rechtsmittel verworfen. Gegen diese Entscheidung hat die Angeklagte Revision eingelegt.

Das Oberlandesgericht Stuttgart will die Revision verwerfen. Die Verfahrensrüge hält es für unbegründet. Nach seiner Meinung ist für die Entscheidung über die Berufung gegen ein Urteil des Jugendrichters nach § 41 Abs. 2 JGG die Jugendkammer auch dann zuständig, wenn sich das Berufungsverfahren nur noch gegen einen erwachsenen Angeklagten richtet. An der beabsichtigten Entscheidung sieht sich das Oberlandesgericht jedoch durch den Beschluß des Bundesgerichtshofs vom 13. 5. 1959 (BGHSt. 13, 157) gehindert. Dort hat der 4. Strafsenat nämlich ausgesprochen, daß für die Verhandlung und Entscheidung über die allein von einem erwachsenen Mitangeklagten eingelegte Berufung gegen das Urteil eines Jugendschöffengerichts die ordentliche Berufungsstrafkammer (§ 74 Abs. 2 GVG) zuständig sei. Das Oberlandesgericht hat dem Bundesgerichtshof daher nach § 121 Abs. 2 GVG die Rechtsfrage vorgelegt, ob als Rechtsmittelgericht die Jugendkammer oder die allgemeine Strafkammer zuständig ist, wenn allein ein erwachsener Angeklagter das Urteil des Jugendrichters mit der Berufung anficht. – Das Rechtsmittel war erfolglos.

Gründe: ...

II.

Die Vorlegungsvoraussetzungen sind gegeben. Der Beschluß des 4. Strafsenats BGHSt. 13, 157 ist zwar durch die Entscheidung des Großen Senats für Strafsachen BGHSt. 18, 79 (BGH Beschl. v. 5. 10. 1962 – GSSt 1/62; vgl. § 338 Nr. 4 StPO erfolglose Rügen) insoweit überholt, als danach das Revisionsgericht nicht von Amts wegen, sondern nur auf Rüge zu prüfen hat, ob der Jugendrichter oder der Amtsrichter und über die Berufung die Jugendkammer oder die kleine Strafkammer zu entscheiden hatte. Die jetzt gestellte, von dem 1. Strafsenat damals allgemein aufgeworfene Frage, welche Strafkammer als Rechtsmittelgericht zuständig ist, wenn allein der erwachsene Angeklagte das Urteil des Jugendrichters mit der Berufung an ficht, hat der Große Senat für Strafsachen jedoch bewußt unbeschieden gelassen (BGHSt. 18, 79, 84, 81).

III.

In der Sache tritt der Senat, seiner bisherigen Rechtsansicht folgend (vgl. BGHSt. 18, 79, 80), dem vorlegenden Oberlandesgericht bei.

Der Rechtsmittelzug im Strafverfahren bestimmt sich nicht nach den auf die Eingangsgerichte zugeschnittenen Zuständigkeitsvorschriften der Strafprozeßordnung (RGSt 48, 297). Er richtet sich nicht danach, welches Gericht in erster Instanz als zuständig hätte entscheiden müssen. Erst recht ist für ihn nicht die – von dem 4. Strafsenat in BGHSt. 13, 157, 160 herangezogene – Erwägung bestimmend, welches Gericht unter Zugrundelegung einer erst nach Erlaß des angefochtenen Urteils eingetretenen, veränderten Verfahrenslage als Eingangsgericht zur Entscheidung berufen gewesen wäre. Maßgebend für den Rechtsmittelzug ist vielmehr die Gerichtsverfassung. Sie knüpft für die Zuständigkeit des Rechtsmittelgerichts allein daran an, welches Gericht – zuständig oder unzuständig – in der vorhergehenden Instanz tatsächlich entschieden hat. Der Rechtsmittelzug führt von diesem Gericht zu dem ihm durch die Gerichtsorganisation übergeordneten Gericht. Diese gerichtsverfassungsrechtliche Regelung ist unabänderlich. Die Rechtsprechung darf nicht in sie eingreifen. Der 2. Strafsenat hat das bereits für den Fall der örtlichen Unzuständigkeit des erstinstanzlichen Gerichts ausgesprochen (BGHSt. 10, 177; 11, 56, 62; 18, 261; vgl. auch BGHSt. 14, 179, 184 f.; 19, 177, 179[1]). Für den Fall der sachlichen Unzuständigkeit hat die Rechtsprechung nach diesem Grundsatz vornehmlich die Fälle der Verbindung solcher Strafsachen behandelt, die in die Zuständigkeit von Gerichten verschiedener Ordnung fallen, z.B. einer erstinstanzlichen Strafkammersache mit einem in der Berufung schwebenden schöffengerichtlichen Verfahren. Dabei hat sie stets angenommen, daß der Rechtsmittelzug vom entscheidenden Gericht zu dem ihm übergeordneten führt, gleichgültig, ob das Verfahren ursprünglich verschiedene Straftaten gegen einen oder gegen mehrere Angeklagte verband, und gleichviel, in welcher der verbundenen Sachen das – einheitliche – Urteil angefochten wird. Selbst dann hat die Rechtsprechung dieses übergeordnete Gericht als das zuständige Rechtsmittelgericht angesehen, wenn die Anfechtung al-

---

1 „Der erkennende Senat ist dem gefolgt und hat, wie schon das Reichsgericht in einem frühen Beschluß in RGSt 13, 365, nicht nur die Übertragung der Untersuchung und Entscheidung einer Strafsache nach § 12 Abs. 2 StPO, sondern auch die Abgabe nach § 42 Abs. 3 JGG an ein anderes Gericht ausgeschlossen, sobald ein Urteil im ersten Rechtszug ergangen ist, da andernfalls unzulässigerweise in die funktionelle Zuständigkeit eingegriffen würde (BGHSt. 10, 177). Ebenso hat er auch bei Übernahme eines Privatklageverfahrens durch die Staatsanwaltschaft den Übergang auf ein anderes Gericht nicht zugelassen (BGHSt. 11, 56, 61, 62) und schließlich eine Änderung der örtlichen Zuständigkeit durch Abgabe an ein anderes Gericht abgelehnt, wenn die Sache vom Rechtsmittelgericht in den ersten Rechtszug zurückverwiesen wird (BGHSt. 18, 261)." (BGH Beschl. v. 13. 8. 1963 – 2 ARs 172/63).

lein eine Sache betraf, die sonst – ohne die Verbindung – einen anderen Rechtsmittelweg genommen hätte oder für die – allein – ein Rechtsmittel überhaupt ausgeschlossen wäre (RGSt 22, 113; 31, 125; 48, 93; 59, 363, 364; 62, 63; 63, 421, 423; 68, 414; RG DJ 1941, 349; RG GA 45, 29; RGZ 166, 360, 363; BGHSt. 4, 207 [BGH Urt. v. 13. 5. 1953 – 5 StR 640/52; vgl. § 121 GVG erfolgreiche Rügen]; BGH MDR 1955, 755 Nr. 722; 1956, 146 zu § 24 GVG; 1957, 370 Nr. 42; BGH LM GVG § 135 Nr. 3).

Diese Grundsätze gelten auch im Jugendstrafverfahren. Allerdings beziehen sie sich unmittelbar auf die Frage, welches von mehreren – örtlich, im Rang oder im Aufbau – verschiedenen Gerichten als Rechtsmittelgericht berufen ist. Darum geht es hier nicht. Denn von der nach der Entscheidung BGHSt. 13, 157 zugrundeliegenden Auffassung, daß die Jugendgerichte anderer Ordnung seien als die allgemeinen Strafgerichte, ist der Große Senat für Strafsachen in dem erwähnten Beschluß BGHSt. 18, 79 zugunsten der früheren Rechtsprechung abgegangen, wonach die Jugendgerichte Spruchabteilungen der ordentlichen Gerichte sind. Wie in dem Beschluß weiter ausgeführt ist, hat das Jugendgerichtsgesetz den Rechtsmittelzug des Gerichtsverfassungsgesetzes übernommen, der vom Amtsgericht an das übergeordnete Landgericht geht (§ 74 Abs. 2 GVG, § 33 Abs. 2 und 3 JGG). Somit handelt es sich hier darum, ob die dargelegten Grundsätze über die Zuständigkeit des Rechtsmittelgerichts auf das Verhältnis der Jugendkammer zu den allgemeinen Strafkammern desselben Landgerichts übertragen werden können. Das bejaht der Senat. Der § 41 Abs. 2 JGG weist nämlich die Verhandlung und Entscheidung über die Berufung gegen Urteile des Jugendrichters und des Jugendschöffengerichts ausdrücklich der Jugendkammer zu. Dabei nimmt die Vorschrift keine Rücksicht darauf, ob das Jugendgericht nach der Verfahrenslage, wie sie vor ihm – von Anfang an oder doch beim Urteil – bestand, über den ihm unterbreiteten Sachverhalt hätte entscheiden dürfen. Ebensowenig faßt sie für den Rechtsmittelzug ins Auge, ob eine vor dem allgemeinen Amtsrichter verhandelte Strafsache vor das Jugendgericht gehört hätte oder ob eine Strafsache gar erst infolge einer nach Urteilserlaß eintretenden Verfahrensänderung, etwa infolge Trennung ursprünglich verbundener Verfahren – jetzt – vor den Jugendrichter oder einen anderen Strafrichter gehören würde. Sie befaßt sich überhaupt nicht mit der sachlichen Zuständigkeit des ersten Richters und der Art der von ihm verhandelten Sache. Vielmehr bezeichnet sie den Rechtsmittelweg allein nach dem Gericht, das entschieden hat, und eröffnet ihn, falls dies ein (amtsgerichtliches) Jugendgericht war, zur Jugendkammer. Indem das Jugendgerichtsgesetz ferner, abweichend von § 76 Abs. 2 GVG alle Berufungen gegen Urteile der Jugendgerichte amtsgerichtlicher Ordnung bei der Jugendkammer zusammenfaßt, schließt es die allgemeinen Strafkammern von der Entscheidung über Rechtsmittel gegen jene Jugendgerichte aus und bestimmt allein die Jugendkammer zum gesetzlichen Rechtsmittelrichter. Demzufolge ist für die Verhandlung und Entscheidung über die Berufung gegen ein Urteil des Jugendrichters die Jugendkammer auch dann zuständig, wenn das Rechtsmittel allein von einem erwachsenen Mitangeklagten eingelegt ist.

Diese Rechtsansicht entspricht dem Gebot der Verfahrensklarheit. Sie ermöglicht es den Beteiligten, das zuständige Rechtsmittelgericht festzustellen, ohne weiter nachforschen zu müssen, z.B. ob ein Mitangeklagter an dem Verfahren weiterhin teilnimmt oder nicht. Die Entscheidungen des 4. Strafsenats BGHSt. 13, 157 und des 5. Strafsenats LM JGG § 103 Nr. 3 hindern den Senat nicht, diese Rechtsauffassung auszusprechen. Der 4. Strafsenat hat auf Anfrage mitgeteilt, daß er an seiner in dem Beschluß BGHSt. 13, 157 , Leitsatz 1 wiedergegebenen Meinung nicht festhält. Der 5. Strafsenat hat auf die Anfrage geantwortet, er habe keine gegenteilige Entscheidung erlassen. Der 2. und der 3. Strafsenat haben sich mit der behandelten Zuständigkeitsfrage bisher nicht befaßt.

10. Die Revision kann nicht darauf gestützt werden, daß ein Gericht niederer Ordnung habe entscheiden müssen.

StPO § 338 Nr. 4 – BGH Urt. v. 10. 11. 1967 – 4 StR 512/66 LG Münster (= BGHSt. 21, 334 = NJW 1968, 710)

Die Revision rügt, die Strafkammer habe nach der Überleitung des zunächst bei ihr anhängigen Sicherungsverfahrens ihre Zuständigkeit unter Verletzung der §§ 24, 74 GVG mit Unrecht angenommen.

Sachverhalt: Nachdem die Professoren de B., v. und R. im Gegensatz zu Professor S. die Zurechnungsfähigkeit des Angeklagten grundsätzlich bejaht hatten, hat die Strafkammer die Beteiligten gehört und sie durch Beschluß vom 9. 4. 1965 unter Bezugnahme auf das Ergebnis der Begutachtung darauf hingewiesen, daß die Hauptverhandlung gegen den Angeklagten nicht im Sicherungsverfahren, sondern im Strafverfahren vor ihr stattfinden werde sowie dem Angeklagten Gelegenheit gegeben, seine Verteidigung auf die veränderte Rechtslage einzurichten. – Das Rechtsmittel war erfolglos.

Gründe: Ergibt sich, wie hier, im Sicherungsverfahren nach der Eröffnung des Hauptverfahrens die Zurechnungsfähigkeit des Beschuldigten, so hat die nach § 429b Abs. 3 StPO für das Sicherungsverfahren ausschließlich zuständige Strafkammer, falls sie für das Strafverfahren sachlich nicht zuständig ist, ihre Unzuständigkeit auszusprechen und die Sache an das zuständige Gericht zu überweisen (§ 429d Abs. 1 StPO), falls sie dagegen zuständig ist, den Beschuldigten auf die veränderte Rechtslage hinzuweisen und ihm Gelegenheit zur Verteidigung zu geben (§ 429d Abs. 2 StPO). Das letztere hat die Strafkammer getan. Diese Entscheidung entsprach nicht nur der Auffassung der Staatsanwaltschaft und dem ausdrücklichen, in der Verhandlung vor dem Senat wiederholten Wunsche der Verteidigung, sondern – im Gegensatz zur Meinung der Revision – auch dem Gesetz. Es trifft zwar zu, daß für die hier abzuurteilenden Vergehen grundsätzlich das Amtsgericht (§ 24 Abs. 1 Nr. 2 GVG), und zwar das Schöffengericht (§§ 25 Nr. 2b, 28 GVG) zuständig ist und die Zuständigkeit der Strafkammer (im ersten Rechtszug) nach § 24 Abs. 1 Nr. 2 GVG nur dadurch begründet werden kann, daß die Staatsanwaltschaft wegen der besonderen Bedeutung des Falles Anklage bei ihr erhebt und sie diesem Antrag entspricht (vgl. § 209 Abs. 2 StPO). Richtig ist ferner, daß die Staatsanwaltschaft eine solche Ermessensentscheidung nicht getroffen hat und hier auch nicht treffen konnte, weil sie die Eröffnung des Sicherungsverfahrens nur bei der Strafkammer beantragen konnte (§ 429b Abs. 3 StPO) und an der Entscheidung über die Überleitung des bei dieser einmal anhängig gemachten Sicherungsverfahrens ins Strafverfahren nach dem Gesetz nicht beteiligt ist. Schließlich ist der Revision auch darin zuzustimmen, daß § 429d Abs. 1 StPO eine Verweisung nicht nur an das höhere, sondern auch an das Gericht niederer Ordnung vorschreibt, wenn es zuständig ist; denn nach Satz 2 dieser Bestimmung sind nur die Absätze 2 und 3 des § 270 StPO entsprechend anzuwenden, nicht dagegen dessen Absatz 1, der mit § 269 StPO zusammenhängt, der bestimmt, daß ein Gericht sich nicht deshalb für unzuständig erklären dürfe, weil die Sache vor ein Gericht niederer Ordnung gehöre.

Daraus folgt jedoch nicht, daß die Strafkammer ihre Unzuständigkeit aussprechen und die Sache an das Schöffengericht verweisen mußte; denn das würde bedeuten, daß in den Fällen des § 429d StPO eine Zuständigkeit der Strafkammer zur Aburteilung von Vergehen überhaupt nicht begründet werden könnte. Die vom Gesetz vorgesehene, verfassungsrechtlich zulässige (vgl. BVerfGE 9, 223 [BVerfG Urt. v. 19. 3. 1959 – 1 BvR 295/58; vgl. § 24 GVG erfolglose Rügen]; BGHSt. 9, 367 [BGH Urt. v. 4. 10. 1956 – 4 StR 294/56; vgl. § 338 Nr. 4 StPO erfolglose Rügen]) und allgemein als vernünftig gehandhabte Regelung, Vergehen von besonderer Bedeutung vor der dafür in der Regel besser geeigneten Strafkammer zu verhandeln, wäre dann für diese Fälle ausgeschlossen. Das kann vom Gesetz um so weniger gewollt sein, als gerade sie wegen der bei der Prüfung der Zurechnungsfähigkeit zu beurteilenden mannigfaltigen Fragen häufig nicht einfach gelagert sind und eine Verweisung an das Schöffengericht regelmäßig von allen Beteiligten zusätzliche Belastungen fordert. Vielmehr muß in diesen besonders gelagerten Fällen die Strafkammer nach pflichtgemäßem Ermessen darüber entscheiden dürfen, ob das Verfahren wegen der besonderen Bedeutung der Sache weiterhin vor ihr oder aber mangels einer solchen Bedeutung vor dem Schöffengericht durchgeführt werden soll, eine Entscheidung, die sie letzten Endes auch in den Normalfällen des § 24 Abs. 1 Nr. 2 GVG nach Anklageerhebung zu treffen hat (§ 209 Abs. 2 StPO). Das allein ist vernünftig und enthält auch keine über die gesetzliche Regelung hinausgehende Willkür. Daß vorliegend die Strafkammer eine sachgerechte Ermessensentscheidung getroffen hat, bedarf keiner Erörterung.

Im übrigen würde auch die gegenteilige Auffassung nicht zum Erfolg führen. Nach der Rechtsprechung des Bundes ist der unbedingte Revisionsgrund des § 338 Nr. 4 StPO nur gegeben, wenn die abgeurteilte strafbare Handlung die Zuständigkeit des Vorderrichters überschreitet (BGHSt. 9, 367; BGH VRS 23, 267). Die Revision kann dagegen nicht darauf gestützt werden, daß ein Gericht niederer Ordnung habe entscheiden müssen, beispielsweise darauf, daß die Strafkammer zu Unrecht ein Vergehen von besonderer Bedeutung angenommen habe (BGH Urt. vom 13. 2. 1962 – 5 StR 643/61). Diese Rechtsprechung geht zwar von § 269 StPO aus und diese Bestimmung selbst findet, wie bereits dargelegt, im Rahmen des § 429d Abs. 1 StPO keine Anwendung. Ihr Grundgedanke gilt aber auch hier; denn die vorgeschriebene Verweisung auch ein zuständiges Gericht niederer Ordnung dient nur der Entlastung der Strafkammer, nachdem der Grund für die Zuständigkeitskonzentration bei ihr (§ 429b Abs. 3 StPO) weggefallen ist, und nicht etwa dem Interesse des Angeklagten, der nicht dadurch beschwert ist, daß ein Gericht höherer Ordnung entscheidet (vgl. auch Schäfer a.a.O.). Auch sonst ist kein Grund für eine unterschiedliche Behandlung dieser Fälle ersichtlich (vgl. auch BGH Urt. v. 7. 2. 1961 – 5 StR 511/60).

11. Keine Prüfung vom Amts wegen, ob statt kleiner Strafkammer Jugendkammer für Berufung zuständig war.

StPO §§ 6, 338 Nr. 4; GVG §§ 74, 76; JGG §§ 33, 41 – BGH Beschl. v. 5. 10. 1962 – GSSt 1/62 OLG Stuttgart (= BGHSt. 18, 79 = NJW 1963, 60)

Die Revision des Nebenklägers rügt, daß über die Berufung des erwachsenen Angeklagten gegen ein Urteil des Jugendrichters die Jugendkammer und nicht die kleine Strafkammer hätte entscheiden müssen.

Sachverhalt: Der Jugendrichter erließ gegen den Angeklagten und einen Heranwachsenden, die einen Verkehrsunfall verursacht und dabei andere Personen zu Schaden gebracht hatten, einen Strafbefehl wegen fahrlässiger Körperverletzung. Beide Beschuldigte legten Einspruch ein. Der Heranwachsende nahm ihn später zurück. Den (erwachsenen) Angeklagten verurteilte der Jugendrichter zu Geldstrafe. Auf die Berufung sprach ihn die kleine Strafkammer frei. Das Oberlandesgericht Stuttgart will die Revision des Nebenklägers als unbegründet verwerfen. Zur Frage der Zuständigkeit des Jugendrichters vertritt es im Anschluß an sein Urteil NJW 1959, 1697 Nr. 23 die Ansicht, das Revisionsgericht habe die sachliche Zuständigkeit, wenn ein erwachsener Angeklagter vom Jugendgericht abgeurteilt wurde, – anders als wenn das Urteil eines allgemeinen Strafgerichts gegen einen Jugendlichen erging – nur auf die ausdrückliche Rüge nach § 338 Nr. 4 StPO hin zu prüfen. Zumal dann will es solchenfalls der Amtsprüfung enthoben sein, wenn nicht die Zuständigkeit des Gerichts im vorangehenden, sondern im ersten, dem Eingangsrechtszug in Frage steht. Da es mit dieser Meinung in Gegensatz zu dem Beschluß BGHSt. 13, 157 (BGH Beschl. v. 13. 5. 1959 – 4 StR 439/58; vgl. § 338 Nr. 4 StPO erfolgreiche Rügen) tritt, hat es die Frage gemäß § 121 Abs. 2 GVG dem Bundesgerichtshof vorgelegt.

Der zur Entscheidung berufene 1. Strafsenat will seinerseits von der Rechtsprechung des Bundesgerichtshofs abweichen, wonach bei Verbindung der Strafsache gegen einen Erwachsenen mit der gegen einen Jugendlichen die Zuständigkeit, wenn sich eines der Verfahren erledigt, von selbst dem Gericht zufällt, vor das der verbleibende Angeklagte gehörte, wäre er allein angeklagt gewesen (BGH LM Nr. 1 zu § 103 JGG; BGHSt. 13, 157). Der 1. Strafsenat meint, die Zuständigkeit des Richters der verbundenen Sachen dauere fort; sie endige nur bei Trennung und Abgabe der abgetrennten Sache. Der Jugendrichter sei daher hier zuständig geblieben. Der 1. Strafsenat sieht ferner – anders als das Oberlandesgericht Stuttgart und der 4. Strafsenat in BGHSt. 13, 157 – gemäß § 41 Abs. 2 JGG die Jugendkammer als Berufungsgericht für den Jugendrichter an, obwohl hier allein der erwachsene Angeklagte das Rechtsmittel eingelegt hat. Dennoch will er unberücksichtigt lassen, daß statt der Jugendkammer die kleine Strafkammer über die Berufung entschied. Der 1. Strafsenat will nämlich der Rechtsprechung des Bundesgerichtshofs nicht länger folgen, daß es stets als eine Verfahrensvoraussetzung von Amts wegen zu prüfen sei, ob ein Jugendgericht oder ein allgemeines Strafgericht zu entscheiden hatte (BGHSt. 10, 74 [BGH Urt. v. 10. 1. 1957 – 2 StR 575/56; vgl. § 338 Nr. 4 StPO erfolgreiche Rügen]; 13, 157, 161). Nach seiner Ansicht sind die Jugendgerichte keine von den Strafgerichten verschiedenen Gerichte andersartiger sachlicher Zuständigkeit, sondern wie diese selbst unselbständige Spruchabteilungen der ordentlichen Gerichte und wesensgleicher Zuständigkeit. Wie früher das Reichsgericht (RGSt 58, 331) will er daher von Amts wegen nur Übergriffe in die Strafgewalt eines (Jugend- oder allgemeinen Straf-)Gerichts höherer Ordnung berücksichtigen. Dagegen meint er, Zuständigkeitsversehen im Verhältnis von allgemeinen und Jugendgerichten gleichen Ranges nur auf Rüge beachten zu müssen.

Gemäß §§ 136, 137 GVG hat der 1. Strafsenat deshalb die Entscheidung des Großen Senats für Strafsachen in folgenden Rechtsfragen angerufen:

1. Verliert der Jugendrichter die Zuständigkeit und wird an seiner Stelle das allgemeine Strafgericht zuständig, wenn sich bei Verbindung mit der Strafsache gegen einen Erwachsenen das Strafverfahren gegen den Jugendlichen (hier: Heranwachsenden) vor dem Urteil anderweit erledigt?

2. Welche verfahrensrechtliche Bedeutung hat es, daß statt des Amtsrichters der Jugendrichter den dann noch allein beteiligten Erwachsenen aburteilt? Muß das Revisionsgericht dies als einen Verfahrensverstoß – von Amts wegen oder auf eine Verfahrensrüge hin – beachten?

3. Ist die Jugendkammer oder die allgemeine Strafkammer als Rechtsmittelgericht zuständig, wenn allein der Erwachsene das Urteil des Jugendrichters mit der Berufung anficht? – Das Rechtsmittel war erfolglos.

Gründe: Der Große Senat für Strafsachen hat nur die zweite Rechtsfrage entschieden, weil schon ihre Beantwortung das Oberlandesgericht Stuttgart in den Stand versetzt, über die Revision des Nebenklägers, wie beabsichtigt, zu befinden.

Die sachliche Zuständigkeit des Gerichts ist, wie jetzt in Rechtslehre und Rechtsprechung feststeht, eine Strafverfahrensvoraussetzung. Sie ist es in dem Sinne, daß dabei zwar nicht die Zulässigkeit des Verfahrens selbst in Frage steht, das Gericht aber ohne die Voraussetzung kein Sachurteil erlassen darf. Das Revisionsgericht hat daher von Amts wegen zu prüfen, nicht nur ob es selbst sachlich zuständig ist, sondern auch, ob die Gerichte der vorangehenden Rechtszüge zuständig waren.

Als eine solche von Amts wegen zu berücksichtigende Verfahrensvoraussetzung sah die bisherige Rechtsprechung des Bundesgerichtshofes es auch an, ob im Strafverfahren das Jugendgericht oder das allgemeine ordentliche Gericht zur Entscheidung berufen ist. Die Gründe fand sie darin, daß den Jugendlichen mit der Aburteilung heranreifender junger Menschen bei ihrer eigentümlichen körperlichen, geistigen und seelischen Beschaffenheit andere Aufgaben überwiesen seien als den allgemeinen Strafgerichten, und daß sie zu ihrer Bewältigung mit eigentümlichen strafrechtlichen Mitteln, einem eigenständigen jugendgemäßen Verfahren und besonders besetzten Spruchkörpern ausgestattet seien. Das unterscheide und sondere sie von den allgemeinen Strafgerichten auch der sachlichen Zuständigkeit nach (BGHSt. 7, 26 [BGH Urt. v. 28. 9. 1954 – 5 StR 275/53; vgl. § 338 Nr. 4 StPO erfolgreiche Rügen]; 8, 349, 353 [BGH Urt. v. 15. 12. 1955 – 4 StR 342/55; vgl. § 338 Nr. 4 StPO erfolgreiche Rügen]; 9, 399, 402[1]; BGH LM Nr. 1 zu § 103 JGG). Diese Folgerung aus im übrigen zutreffenden Erwägungen hält der Große Senat für Strafsachen bei neuer rechtlicher Prüfung nicht für begründet.

Die Jugendgerichte stehen, wie die Rechtsprechung schon bisher annahm, im Gefüge der ordentlichen Strafgerichte. Nach § 33 JGG sind Jugendgerichte „der Amtsrichter als Jugendrichter, das Schöffengericht (Jugendschöffengericht) und die Strafkammer (Jugendkammer)". Sie sind mithin nicht – als besondere Gerichte – bloß äußerlich den ordentlichen Gerichten angegliedert, sondern ihnen wesensgleich. Das war niemals anders, weder in den Anfängen des Jugendstraf- und Jugendstrafverfahrensrechts, als die Jugendsachen im Wege der Geschäftsverteilung einer bestimmten Gerichtsabteilung zugewiesen wurden, noch unter der Geltung des Jugendgerichtsgesetzes 1923 (§ 17 Abs. 1 Satz 2, § 19 Abs. 3; RGSt 58, 331, 332) und des Reichsjugendgerichtsgesetzes (§ 21; BGHSt. 2, 308[2]). Deshalb sind die Berufsrichter an Jugendgerichten stets Richter der ordentlichen Gerichtsbarkeit. Der Jugendrichter soll zugleich vormundschaftsgerichtliche Aufgaben wahrnehmen (§ 34 Abs. 2 JGG). Kraft der Geschäftsverteilung kann er auch sonst mit dem allgemeinen ordentlichen Richter personeneins sein. Nach dem Strafbann stuft das Gesetz, mag es ihn gegen Jugendliche auch anders bestimmen als gegen Erwachsene, die Jugendgerichte in die allgemeine Rangordnung der Strafgerichte ein. Das ergibt sich klar aus § 108 Abs. 2 und 3 JGG. Die Bezeichnung als Jugendgerichte erläutert nur die besondere Eigenschaft, in der sie als Spruchabteilung des ordentlichen Gerichts tätig werden. Auch die Besonderheit ihrer Aufgabe und der Mittel, sie zu bewältigen, kennzeichnet keine Wesensunterschiede. Vielmehr ist Jugendgerichtsbarkeit eine strafgerichtliche Aufgabe, wie sie den ordentlichen Gerichten ureigentlich obliegt. Sie wird nicht allein von den Jugendgerichten ausgeübt, sondern ebenso von den allgemeinen Strafgerichten, wenn diese über Straftaten Jugendlicher oder Heranwachsender zu urteilen haben (§§ 102, 104, 112, 112e JGG). Umgekehrt fallen den Jugendgerichten allgemeine strafgerichtliche Aufgaben zu, wenn erwachsene Angeklagte vor ihnen stehen. Jugendgerichtsbarkeit ist daher ein Zweig der Strafgerichtsbarkeit, jedoch keine Gerichtsbarkeit eigener Art. Demnach haben die Jugendgerichte keine andersartige sachliche Zuständigkeit als die allgemeinen Strafgerichte. Ihnen ist nur innerhalb derselben Gerichtszuständigkeit ein besonderer sachlicher Geschäftskreis zugewiesen.

Den Eingriff in den Geschäftskreis einer anderen Abteilung desselben Gerichts sieht das Gesetz im allgemeinen nicht als Überschreiten der sachlichen Zuständigkeit an. Im Strafverfahrensrecht bezieht es diesen Begriff auf das Gericht als Ganzes, auf einzelne seiner

---

1 „Die auch vom Senat vertretene Auffassung, daß zwischen Erwachsenen- und Jugendgerichten (vom Standpunkt der Jugendlichen gesehen) grundsätzlich kein Rangverhältnis bestehen könne, beruht auf der besonderen Aufgabe und Ausgestaltung der Jugendgerichte. Deren Aufgaben weichen von denen der übrigen Strafgerichte ab. Sie müssen den jungen Rechtsbrecher in seiner Entwicklung, in seinen körperlichen, geistigen und seelischen Bedingungen verstehen und die Eigenart und das Persönlichkeitsbild gerade des jungen Menschen berücksichtigen." (BGH Urt. v. 19. 10. 1956 – 5 StR 142/56).

2 „Die Jugendkammer ist zwar mit Rücksicht auf die Persönlichkeit der Jugendlichen, die sich vor ihr zu verantworten haben, durch das Reichsjugendgerichtsgesetz mit besonderen von der allgemeinen Gerichtsverfassung abweichenden Zuständigkeiten ausgestattet worden. Damit ist sie aber kein selbständiges, von der allgemeinen Gerichtsverfassung mehr oder minder losgelöstes Gericht geworden, sondern sie ist eine Strafkammer des Landgerichts im Sinne des Gerichtsverfassungsgesetzes geblieben." (BGH Urt. v. 20. 3. 1952 – 3 StR 1141/51).

Abteilungen dann, wenn diese verschieden hohe Strafgewalt haben wie z.B. der Amtsrichter und das Schöffengericht, der Jugendrichter und das Jugendschöffengericht, die Strafkammer oder die Jugendkammer und das Schwurgericht (§§ 1, 2, 5 StPO; §§ 24, 25, 28, 73, 80, 120, 134 GVG, § 39 JGG). Demgemäß ist das Gericht dann sachlich unzuständig, wenn es die eigene Strafgewalt überschreitet und in den Strafbann eines Gerichts höherer Ordnung eingreift. Ein solcher Mangel muß von Amts wegen berücksichtigt werden (§§ 209, 269, 270 StPO). Dagegen ist das versehentliche Eindringen in den Geschäftsbereich einer anderen Gerichtsabteilung gleichen Ranges nicht von demselben Gewicht. Ob ein Mißgriff dieser Art unterlaufen ist, braucht das Revisionsgericht – wie auch sonst Verfahrensfehler im allgemeinen – nur auf Rüge zu prüfen.

Amtsrichter und Jugendrichter sind Spruchabteilungen gleichen Ranges. Daher ist keine Prüfung von Amts wegen geboten, ob statt des einen der andere zur Entscheidung berufen war.

Für die Verhandlung und Entscheidung über die Berufung gegen die Urteile des Jugendrichters ist nach § 41 Abs. 2 JGG die Jugendkammer zuständig. Mit dieser Vorschrift übernimmt das Jugendgerichtsgesetz für das Jugendstrafverfahren den Rechtsmittelzug des Gerichtsverfassungsgesetzes, der vom Amtsgericht an das übergeordnete Landgericht geht (§ 74 Abs. 2 GVG, § 33 Abs. 2 und 3 JGG). Innerhalb der so begründeten Strafkammerzuständigkeit weist es abweichend von § 76 Abs. 2 GVG alle Berufungen gegen Urteile der Jugendgerichte amtsgerichtlicher Ordnung dem Geschäftsbereich der Jugendkammer zu. Ein Verstoß gegen diese gesetzliche Regelung betrifft mithin die sachliche Zuständigkeit des Rechtsmittelgerichts nur dann, wenn die urteilende Strafkammer ihren Strafbann überschritt. Das ist hier nicht der Fall; denn die kleine Strafkammer hat über die Berufung gegen das Urteil des Jugendrichters, eines Einzelrichters, entschieden und sich somit im Rahmen ihrer Strafgewalt gehalten. Eine Verfahrensrüge ist nicht erhoben. Daher ist nicht zu prüfen, ob über die Berufung statt der kleinen Strafkammer die Jugendkammer hätte entscheiden müssen.

Diese Verfahrenshandhabung vermeidet Umständlichkeiten, zu denen die bisherige Rechtsprechung geführt hatte. Sie wahrt die Rechte der Beteiligten, ohne die öffentlichen Interessen zu verletzen.

12. Zuständigkeit der Staatsschutzkammer nicht von Amts wegen zu prüfen (vgl. BGHSt. 13, 157 [BGH Beschl. v. 13. 5. 1959 – 4 StR 439/58; vgl. § 338 Nr. 4 StPO erfolgreiche Rügen]).

StPO § 338 Nr. 4; GVG § 74a – BGH Urt. v. 22. 12. 1959 – 3 StR 40/59 LG Köln (= BGHSt. 13, 378 = NJW 1960, 493)

Von Amts wegen.

Sachverhalt: Das Landgericht hat den Angeklagten in Anwendung des interlokalen Strafrechts wegen versuchter Verschleppung nach § 2 Abs. 1 des Berliner Gesetzes zum Schutze der persönlichen Freiheit vom 14. 6. 1951 (GVBl. S. 417) verurteilt. – Das Rechtsmittel war erfolglos.

Gründe: Nach § 6 StPO hat das Gericht seine sachliche Zuständigkeit von Amts wegen zu prüfen. Das Revisionsgericht hat auch die sachliche Zuständigkeit des ersten Richters von Amts wegen zu prüfen (BGHSt. 13, 157, 161).

Die 1. Große Strafkammer des Landgerichts in K., die das angefochtene Urteil erlassen hat, ist nach dem Geschäftsverteilungsplan des Landgerichts für Staatsschutzsachen (§ 74a GVG) und für allgemeine Strafsachen zuständig. Sie hat nach der dienstlichen Äußerung ihres Vorsitzenden als Staatsschutzkammer entschieden. Bereits die Anklage war an die 1. Große Strafkammer gerichtet, was bei der Art der Zuteilung der übrigen eingehenden Strafsachen nur möglich war, wenn die Staatsanwaltschaft diese Kammer als Staatsschutzkammer für zuständig ansah.

§ 74a GVG in der Fassung des 4. Strafrechtsänderungsgesetzes vom 11. 6. 1957 (BGBl. I 597), der die Zuständigkeit der Staatsschutzkammern regelt, führt die Verschleppung (§ 234a StGB) und die politische Verdächtigung (§ 241a StGB) auf, nicht dagegen die diesen beiden Vorschriften entsprechenden §§ 1 und 2 des Berliner Freiheitsschutzgesetzes.

Der Angeklagte hat die Zuständigkeit der erkennenden Strafkammer mit seiner Revision nicht in Zweifel gezogen. Daher ergibt sich zunächst die Frage, ob das Revisionsgericht, wie sonst allgemein, auch die Zuständigkeit der Staatsschutzkammer als Verfahrensvoraussetzung von Amts wegen zu prüfen hat. Das hängt davon ab, welche Bedeutung die in § 74a GVG geschaffene besondere Zuständigkeit hat.

Die Staatsschutzkammern sind keine „Ausnahmegerichte" im Sinne des Artikels 101 Abs. 1 Satz 1 GG und des § 16 Satz 1 GVG (so BGH 6 StR 22/54 v. 7. 4. 1954[1] und 6 StR 87/54 v. 24. 3. 1954[2]). Die im § 74a GVG geschaffene Zuständigkeit ist eine sachliche Zuständigkeit nur im Verhältnis des Landgerichts zu den Amtsgerichten. Im übrigen ist sie eine Regelung der örtlichen Zuständigkeit im Verhältnis mehrerer Landgerichte untereinander und eine geschäftsordnungsmäßige (funktionelle) Zuständigkeit im Verhältnis mehrerer großer Strafkammern zu der an demselben Landgericht bestehenden Staatsschutzkammer.

Wie die Entstehungsgeschichte des § 74a GVG zeigt, sollte durch die Zusammenfassung der in die Zuständigkeit des Landgerichts fallenden Staatsschutzsachen bei einer Strafkammer jedes Oberlandesgerichtsbezirks sichergestellt werden, daß diese wenigen Strafkammern einen Überblick über die gesamten verfassungsfeindlichen Bestrebungen und ihre Verflechtung untereinander gewinnen, daß sie Erfahrungen sammeln können und überörtliche Zusammenhänge, einheitliche Methoden sowie die eigentlichen Drahtzieher besser erkennen. Für diese Ziele erwiesen sich zahlreiche Landgerichtsbezirke als zu klein; andererseits wollte man auf die Mitwirkung von Laienrichtern nicht verzichten; so kam es zur Einrichtung der für den gesamten Oberlandesgerichtsbezirk zuständigen landgerichtlichen Staatsschutzkammer. Die Zuständigkeit nach § 74a GVG ähnelt hiernach nicht der eigenständigen Gerichtsbarkeit für Jugendliche und Heranwachsende, sondern eher der Zuständigkeitszusammenfassung, wie sie in zahlreichen anderen Fällen, so in § 58 GVG, § 33 Abs. 4 JGG, § 74 Abs. 2, 3 OWiG, § 13 WiStG 1954 und dem durch Gesetz vom 11. 5. 1956 (BGBl. I 418) eingefügten § 476a AbgO vorgesehen ist.

Den Staatsschutzkammern ist zwar ein bestimmter Kreis von Verbrechen und Vergehen zugewiesen, nämlich Straftaten mit staatsgefährdendem Einschlag. Ihre Besetzung mit Berufs- und Laienrichtern unterscheidet sich aber in nichts von derjenigen der übrigen großen Strafkammern. (Die Regelung des § 74a Abs. 4 GVG kann hier außer Betracht bleiben.) Auch sind den Staatsschutzkammern häufig noch allgemeine Strafsachen zugewiesen. Die Staatsschutzkammern nehmen schließlich im Rechtsmittelzug keinen besonderen Platz ein; ihre Urteile unterliegen vielmehr der Revision zum Bundesgerichtshof genau so wie die Urteile der allgemeinen Strafkammern.

---

1 „Sonderstrafkammern nach § 74a GVG sind ordentliche Gerichte im Sinne des § 13 GVG. Sie sind für ein besonderes Sachgebiet errichtet, was Art. 101 Abs. 2 GrundG ausdrücklich zuläßt." (BGH Urt. v. 7. 4. 1954 – 6 StR 22/54).

2 „Die nach § 74a GVG gebildete Strafkammer hat die Angeklagten verurteilt. Die Revision behauptet, die Strafkammer sei ein Ausnahmegericht und deshalb nach Art. 101 Abs. 1 GrundG unzulässig. Das trifft nicht zu. Ausnahmegerichte sind außerordentliche Gerichte, die für die Aburteilung eines bestimmten Rechtsfalles oder einer Mehrheit bestimmter Einzelfälle nachträglich eingerichtet werden. Die Sonderstrafkammern nach § 74a GVG sind für ein besonderes Sachgebiet durch Gesetz errichtet, was Art. 101 Abs. 2 GrundG ausdrücklich zuläßt, und deshalb ordentliche Gerichte im Sinne des § 13 GVG." (BGH Urt. v. 24. 3. 1954 – 6 StR 87/54).

Die Zuständigkeit im Rahmen des § 74a GVG ist nach alledem keine Verfahrensvoraussetzung und daher nicht von Amts wegen zu prüfen.

13. Verurteilung durch ursprünglich sachlich unzuständiges Gericht nach dem Ergebnis der Hauptverhandlung wegen einer strafbaren Handlung, die seine Zuständigkeit nicht überschreitet, nicht erfolgreich anfechtbar (BGHSt. 1, 346 [BGH Urt. v. 16. 10. 1951 – 1 StR 468/51; vgl. § 338 Nr. 4 StPO erfolglose Rügen, § 338 Nr. 5 StPO erfolgreiche Rügen]).

StPO §§ 6, 338 Nr. 4; JGG §§ 33, 108 – BGH Urt. v. 8. 1. 1957 – 5 StR 378/56 LG Aurich (= BGHSt. 10, 64 = NJW 1957, 389)

Die Revision rügt, statt der Strafkammer sei das Jugendgericht zuständig gewesen. – Das Rechtsmittel war erfolglos.

Gründe: Die Verfahrensbeschwerde, statt der Strafkammer sei das Jugendgericht zuständig gewesen, hat der Verteidiger zwar erst nach dem Ablaufe der Revisionsrechtfertigungsfrist (§ 345 Abs. 1 StPO), also verspätet vorgetragen. Das Revisionsgericht hat aber zu prüfen, ob ein Mangel vorliegt, der von Amts wegen zu berücksichtigen ist und zur Aufhebung des Urteils führt (BGHSt. 7, 26 [BGH Urt. v. 28. 9. 1954 – 5 StR 275/53; vgl. § 338 Nr. 4 StPO erfolgreiche Rügen]). Das ist nicht der Fall.

Der Angeklagte hat das 21. Lebensjahr am 26. 6. 1951 vollendet. Der erste unselbständige Einzelakt der abgeurteilten fortgesetzten Handlung liegt zwei Tage nach diesem Zeitpunkt.

Die Sachlage ist also anders als in den Fällen, die zu den Entscheidungen BGHSt. 7, 26 und 8, 349 (BGH Urt. v. 15. 12. 1955 – 4 StR 342/55; vgl. § 338 Nr. 4 StPO erfolgreiche Rügen) führten. Dort hatte der Angeklagte einen Teil der festgestellten Taten als Heranwachsender, den anderen Teil als Erwachsener begangen. Die Strafkammer hatte ihre Zuständigkeit überschritten, indem sie ihn für Taten bestrafte, die das Jugendgericht hätte aburteilen müssen. Dieser Fehler bei der Verurteilung gelangte durch die Revision des Angeklagten an das Revisionsgericht und führte zur Aufhebung und Zurückverweisung. Ein solcher Mangel liegt hier nicht vor.

Allerdings hätte die Sache vor ein Jugendgericht gehört. Denn im Beschluß über die Eröffnung des Hauptverfahrens war eine Tatzeit vom 28. 4. 1950 bis 30. 11. 1954 angenommen worden, und die sachliche Zuständigkeit richtet sich zunächst danach, wie die Tat im Eröffnungsbeschluß beurteilt worden ist. Findet aber das erkennende Gericht in ihr nach dem Ergebnis der Hauptverhandlung eine strafbare Handlung, die seine Zuständigkeit nicht überschreitet, und entscheidet es selbst, so ist dieses Urteil auf eine Revision des Angeklagten nicht wegen sachlicher Unzuständigkeit aufzuheben (BGHSt. 1, 346).

Da nur der Angeklagte das Urteil der Strafkammer angefochten hat, ist das Revisionsgericht mit der Sache nur in dem Umfange befaßt, wie der Angeklagte durch das Urteil beschwert ist. Das ist insoweit nicht der Fall, als eine strafbare Handlung verneint worden ist. Dieser Teil der Entscheidung ist nicht an das Revisionsgericht gelangt. Es hat daher nicht zu prüfen, ob die ordentliche Strafkammer für ihn zuständig war.

14. Auswahl des Gerichts durch Staatsanwaltschaft nicht anfechtbar.

StPO § 338 Nr. 4; GG Art 101, GVG §§ 24, 74 – BGH Urt. v. 4. 10. 1956 – 4 StR 294/56 LG Kassel (= BGHSt. 9, 367 = NJW 1957, 33)

Die Revision rügt die fehlerhafte Zuständigkeit des Gerichts, weil das Verfahren gegen die Angeklagte nicht vor der großen Strafkammer, sondern vor einem Amtsgericht hätte verhandelt werden müssen.

Sachverhalt: Die Angeklagte ist von der Großen Strafkammer des Landgerichts K. wegen fahrlässiger Tötung in Tateinheit mit fahrlässiger Körperverletzung verurteilt worden. – Das Rechtsmittel war erfolglos.

Gründe: Die Zuständigkeit der Strafkammer ist nach § 74 in Verbindung mit § 24 Abs. 1 Nr.2 GVG begründet. Darauf, daß das Amtsgericht, also ein Gericht niederer Ordnung, hätte entscheiden müssen, kann die Revision nicht gestützt werden. Der unbedingte Revisionsgrund des § 338 Nr.4 StPO ist nicht gegeben, weil die landgerichtliche Zuständigkeit nicht überschritten worden ist (vgl. § 269 StPO, RGSt 45, 293; BGHSt. 1, 346 [348] [BGH Urt. v. 2. 10. 1951 – 1 StR 434/51; vgl. nachfolgend und § 338 Nr. 5 StPO erfolgreiche Rügen]).

Die Verteidigung kann sich auch nicht mit Erfolg darauf berufen, daß die Bestimmungen der §§ 24 Abs. 1 Nr. 2, 74 GVG, die der Staatsanwaltschaft die Befugnis einräumen, die Anklage nach ihrem Ermessen entweder bei dem Amtsgericht oder der Strafkammer zu erheben, verfassungswidrig seien. Der im Art 101 GrundG verankerte Rechtsgrundsatz, daß niemand seinem gesetzlichen Richter entzogen werden darf, bezweckt, wie die geschichtliche Entwicklung zeigt, den Schutz gegen Willkür. Daß die Anklageerhebung bei der Strafkammer im vorliegenden Fall auf sachfremden Gesichtspunkten beruhe, also eine willkürliche Verschiebung der Zuständigkeit beabsichtigt sei, trägt die Revision selbst nicht vor.

Art 101 GG richtet sich allerdings nicht bloß gegen Willkürakte der Verwaltung, besonders der Staatsanwaltschaft, sondern verbietet auch dem Gesetzgeber willkürliche Zuteilungen, wie z.B. schon erwachsene Streitfälle dem gesetzlich zugeordneten Gericht nach anderen als allgemeinen Gesichtspunkten durch Änderung der Zuständigkeitsvorschriften zu entziehen.

Wer der „gesetzliche" Richter in einem Strafverfahren ist, wird nicht durch die Verfassung selbst bestimmt, sondern durch die Vorschriften des Gerichtsverfassungsgesetzes und der Strafprozeßordnung, die sich dem Geist der gesamten Rechtsordnung einfügen müssen. Die weiten Strafrahmen, die die wachsende Verästelung der Lebensverhältnisse berücksichtigen sollen, lassen eine starre Zuständigkeitsabgrenzung nicht mehr zu. Sie würde den Zweck einer sinnvollen Zuständigkeitsordnung vereiteln, die Entscheidung schwererer Straftaten den höheren, die leichterer Verfehlungen den niederen Gerichten zu überweisen. Die demselben Zweck dienenden gerichtlichen Verweisungsbefugnisse (§§ 134a Abs. 3 GVG, 270 StPO), die praktisch unentbehrliche, mehrfache örtliche Zuständigkeit der Strafgerichte, ebenso die Vorschriften über Verbindung und Abtrennung zusammenhängender Strafsachen müßten bei strenger Durchführung jener Forderung einiger Strafrechtswissenschaftler ebenfalls beseitigt werden. Eine unerträgliche Starrheit des Strafverfahrens wäre die Folge. Die Preisgabe der Wahlzuständigkeit würde daher zu anderen, schwerer wiegenden Nachteilen in der Strafrechtspflege führen. Den zwingenden rechtsstaatlichen Anforderungen ist durch die gesetzliche Pflicht der Staatsanwaltschaft, sich bei Ausübung ihres Wahlrechts nach der Bedeutung des Falles zu richten, und die in den §§ 209, 210 Abs. 3 StPO vom Bundesgesetzgeber geschaffene Entscheidungsbefugnis des Gerichts Genüge geschehen. Der Gesetzgeber des Bonner Grundgesetzes hat diese – in ihren Grundzügen schon seit dem 4. 1. 1924 bestehende – Regelung vorgefunden und durch die Übernahme der im wesentlichen gleichlautenden Vorschrift des Art 105 WeimVerf die bewegliche Zuständigkeitsordnung bestätigt.

15. Erfolgreich anfechtbar ist nur die Verurteilung durch, nicht die Verhandlung vor einem unzuständigen Gericht.

StPO 338 Nr. 4 – BGH Urt. v. 2. 10. 1951 – 1 StR 434/51 LG Nürnberg-Fürth (= BGHSt. 1, 346 = NJW 1952, 192 = MDR 1952, 117)

Die Revision rügt, die Verhandlung gegen den Angeklagten wegen des Vorwurfs des versuchten Raubes mit Todesfolge habe anstatt vor dem sachlich zuständigen Schwurgericht vor der Strafkammer stattgefunden. – Das Rechtsmittel war erfolglos.

Gründe: Zwar wurde dem Angeklagten in der Anklageschrift und im Eröffnungsbeschluß zur Last gelegt, daß er sich im Falle K. des versuchten besonders schweren Raubes gemäß den §§ 251, 43 StGB schuldig gemacht habe. Zur Verhandlung und Entscheidung wäre daher nach § 80 GVG das Schwurgericht zuständig gewesen und das Hauptverfahren hätte vor ihm eröffnet werden müssen. Es ist aber vor der großen Strafkammer eröffnet und von dieser auch durchgeführt worden. Diese Verfahrensfehler beschweren den Angeklagten jedoch nicht. Denn das Landgericht hat auf Grund des Ergebnisses der Hauptverhandlung die Voraussetzungen des versuchten besonders schweren Raubes nach § 251 StGB mit Recht verneint und nur einen versuchten schweren Raub nach § 250 Abs. 1 Nr. 1 und 3 StGB als gegeben angesehen und den Angeklagten deswegen verurteilt. Zur Aburteilung dieses Verbrechens war die Strafkammer sachlich zuständig (§ 74 GVG). Daß sie rechtlich gehindert gewesen wäre, den Angeklagten wegen besonders schweren Raub es zu verurteilen, und das Urteil, wenn sie es gleichwohl getan haben würde, wegen Unzuständigkeit des Gerichts hätte aufgehoben werden müssen, berührt nicht den Bestand des hier ergangenen Urteils. Nachdem die Strafkammer die Hauptverhandlung durchgeführt hatte und zu dem Ergebnis gelangt war, daß der Angeklagte keinen Versuch des besonders schweren Raub es begangen hatte, und nach dieser Richtung gegen den Angeklagten auch keinerlei Verdacht bestand, hatte sie als für die Verurteilung wegen versuchten schweren Raub es zuständig auch keine Möglichkeit mehr, den vorher, namentlich bei der Eröffnung des Verfahrens begangenen Verfahrensverstoß dadurch zu berichtigen, daß sie die Sache gemäß § 270 StPO an das Schwurgericht verwies. Die Vorschrift des § 338 Nr. 4 StPO ist, wie diese Zusammenhänge ergeben, dahin auszulegen, daß der unbedingte Revisionsgrund des § 338 Nr. 4 StPO nur gegeben ist, wenn das Gericht seine Zuständigkeit beim Urteil zu Unrecht angenommen hat. Das zeigt auch die den § 338 Nr. 4 StPO ergänzende Vorschrift des § 335 StPO, nach der das Revisionsgericht, wenn es ein Urteil aufhebt, weil sich das Gericht des vorangegangenen Rechtszuges mit Unrecht für zuständig erachtet hat, die Sache gleichzeitig an das zuständige Gericht zu verweisen hat. Für eine solche vom Gesetz im Falle des § 338 Nr. 4 StPO als notwendig angesehene Verweisung ist aber kein Raum, wenn das Gericht des vorangegangenen Rechtszuges beim Urteil seine Zuständigkeit nicht überschritten hat und die Sache deshalb nur an dasselbe Gericht als zuständiges Gericht verwiesen werden konnte. Der unbedingte Revisionsgrund des § 338 Nr. 4 StPO ist nach alledem hier nicht gegeben. Der im Eröffnungsbeschluß enthaltene Fehler kann nicht zur Aufhebung des Urteils führen, weil das Urteil nicht auf ihm beruht (RGSt 16, 39).

§ 338 Nr. 5 StPO
Vorschriftswidrige Abwesenheit

Erfolgreiche Rügen

1. Verhandlung über die Vereidigung in Abwesenheit des Angeklagten unzulässig (BGH Beschl. v. 30. 3. 2000 – 4 StR 80/00).

2. Einnahme eines Augenscheins und Beweisaufnahme in Abwesenheit des Angeklagten (BGH Beschl. v. 24. 3. 1998 – 4 StR 663/97).

3. Entscheidung der obersten Dienstbehörde über Aussagegenehmigung vor Ausschluß des Angeklagten von einer V-Mann Vernehmung erforderlich (BGH Urt. v. 2. 7. 1996 – 1 StR 314/96).

4. Verzicht auf Zeugenvernehmung in Abwesenheit des Angeklagten auch dann unzulässig, wenn Verteidiger Verzicht erklärt hat (BGH Beschl. v. 5. 9. 1995 – 1 StR 456/95).

5. Der Revisionsgrund der unvorschriftsmäßigen Abwesenheit des Angeklagten liegt auch dann vor, wenn diese auf einem Antrag seines Verteidigers beruht (BGH Beschl. v. 27. 11. 1992 – 3 StR 549/92).

6. Unzulässige Abwesenheit des Angeklagten während der Einlassung eines Mitangeklagten (BGH Beschl. v. 19. 12. 1991 – 1 StR 749/91).

7. Auch die freiwillige Abwesenheit des Angeklagten, die nicht durch einen Gerichtsbeschluß gedeckt ist, stellt einen absoluten Revisionsgrund dar (BGH Beschl. v. 6. 2. 1991 – 4 StR 35/91).

8. Augenscheinseinnahme einer Tatortskizze in Abwesenheit des Angeklagten unzulässig (BGH Beschl. v. 30. 6. 1988 – 1 StR 309/88).

9. Weder kann der Angeklagte auf seine Anwesenheit wirksam verzichten, noch kann das Gericht ihn davon wirksam entbinden, wenn die Voraussetzungen einer im Gesetz vorgesehenen Ausnahme nicht vorliegen (BGH Urt. v. 18. 5. 1988 – 2 StR 151/88).

10. Gegen einen Angeklagten, der nur verschlafen hat, darf nicht in Abwesenheit verhandelt werden (BGH Beschl. v. 22. 1. 1988 – 3 StR 561/87).

11. Vorübergehende Abtrennung unzulässig, wenn die in Abwesenheit des Angeklagten durchgeführte Verhandlung Vorgänge zum Gegenstand hat, die die gegen ihn erhobenen Vorwürfe berühren (BGH Beschl. v. 3. 6. 1986 – 5 StR 208/86).

12. Unzulässige Abwesenheitsverhandlung, wenn diese nicht durch einen Beurlaubungsbeschluß abgedeckt ist (BGH Beschl. v. 21. 2. 1985 – 1 StR 7/85).

13. Die Hauptverhandlung darf gegen einen Angeklagten nicht geführt werden, wenn der Tatrichter Zweifel an dessen Verhandlungsfähigkeit hat und die in den §§ 231 II, 231a StPO bezeichneten Voraussetzungen nicht vorliegen (BGH Beschl. v. 17. 7. 1984 – 5 StR 449/84).

14. In Niedersachsen kann ein Gerichtsreferendar nur dann eigenverantwortlich ein Protokoll führen, wenn der Behördenleiter ihn dazu ermächtigt hat (BGH Beschl. v. 3. 4. 1984 – 5 StR 986/83).

15. Unzulässige vorübergehende Verfahrensabtrennung gegen Mitangeklagte (BGH Urt. v. 22. 2. 1984 – 3 StR 530/83).

16. Unzulässige Entfernung des Angeklagten aus der Hauptverhandlung (BGH Urt. v. 1. 7. 1983 – 1 StR 138/83).

17. Augenscheinseinnahme ohne den Angeklagten kann nicht nachträglich als kommissarischer Augenschein gewertet werden (BGH Beschl. v. 30. 6. 1983 – 4 StR 351/83).

18. Unzulässige kommissarische Vernehmung in Abwesenheit des Angeklagten und seines Verteidigers (BGH Urt. v. 2. 2. 1983 – 2 StR 576/82).

19. Der nach § 247 StPO ausgeschlossene Angeklagte muß vor der Verhandlung über die Vereidigung und Entlassung eines Zeugen wieder zugelassen werden (BGH Urt. v. 20. 10. 1982 – 2 StR 263/82).

20. Als Zeuge vernommener Staatsanwalt darf nur dann weiter allein tätig werden, wenn seine Aussage nicht in einem unlösbaren Zusammenhang mit der Beweiswürdigung steht (BGH Urt. v. 19. 10. 1982 – 5 StR 408/82).

21. Ortsbesichtigung und ergänzende Zeugenvernehmung vor Ort in Abwesenheit des Angeklagten unzulässig (BGH Beschl. v. 15. 6. 1982 – 5 StR 369/82).

22. Eine vorübergehende Abtrennung ist unzulässig, wenn die Verhandlung in Abwesenheit des Angeklagten Vorgänge zum Gegenstand hat, die die gegen ihn erhobenen Vorwürfe berühren (BGH Beschl. v. 5. 3. 1982 – 2 StR 640/81).

23. Verhandlung in Abwesenheit nur möglich, wenn der Angeklagte eigenmächtig fernbleibt, d.h. durch Mißachtung seiner Anwesenheitspflicht den Gang der Rechtspflege stört (BGH Beschl. v. 5. 2. 1982 – 3 StR 22/82).

24. Vernehmung und Vereidigung eines V-Mannes stellen einen wesentlichen Teil der Hauptverhandlung dar, der nicht in Abwesenheit des Angeklagten stattfinden darf (BGH Beschl. v. 9. 9. 1981 – 2 StR 406/81).

25. Sieben Minuten Abwesenheit des Angeklagten können die Revision begründen (BGH Beschl. v. 12. 8. 1981 – 3 StR 249/81).

26. Einnahme eines Augenscheins ohne den Angeklagten unzulässig (BGH Beschl. v. 26. 6. 1981 – 3 StR 162/81 [S]).

27. Nur Unterrichtung des Angeklagten nach unzulässiger Verhandlung in Abwesenheit genügt nicht (BGH Urt. v. 1. 4. 1981 – 2 StR 791/80).

28. Unzulässige Verteidigung durch Assessor bei notwendiger Verteidigung (BGH Urt. v. 30. 3. 1976 – 1 StR 30/76).

29. Entfernung des Angeklagten bei Zeugenvereidigung unzulässig (BGH Urt. v. 21. 10. 1975 – 5 StR 431/75).

30. Weigerung des Angeklagten, am Ortstermin teilzunehmen, unerheblich (BGH Urteil v. 9. 5. 1974 – 4 StR 102/74).

31. Feststellung von Vorstrafen in Abwesenheit des Angeklagten unzulässig (BGH Urt. v. 16. 8. 1972 – 2 StR 98/72).

32. Unzulässige Abwesenheit bei nur vorübergehender Abtrennung (BGH Urt. v. 25. 10. 1971 – 2 StR 238/71).

33. Urkundenbeweis in Abwesenheit des Angeklagten unzulässig (BGH Urt. v. 18. 10. 1967 – 2 StR 477/67).

34. Bewährungshelfer kann nicht Pflichtverteidiger sein (BGH Urt. v. 17. 11. 1964 – 1 StR 442/64).

35. Auch bei selbstverschuldeter nur beschränkter Verhandlungsunfähigkeit keine Verhandlung in Abwesenheit zulässig (BGH Urt. v. 5. 11. 1963 – 5 StR 445/63).

36. Abwesenheit des Verteidigers bei notwendiger Verteidigung (BGH Urt. v. 24. 1. 1961 – 1 StR 132/60).

37. Ausschluß des Angeklagten ohne Begründung jedenfalls bei infolgedessen verbleibender Zweifelhaftigkeit des Zugrundeliegens zulässiger Erwägungen anfechtbar (BGH Urt. v. 28. 9. 1960 – 2 StR 429/60).

38. Verhandlung gegen den nicht eigenmächtig ausgebliebenen Angeklagten (BGH Urt. v. 26. 6. 1957 – 2 StR 182/57).

39. Notwendige Wiederholung der Hauptverhandlung bei nachträglicher Pflichtverteidigerbestellung wegen Nachtragsanklage (BGH Urt. v. 29. 6. 1956 – 2 StR 252/56).

40. Unzulässige Rücknahme der Pflichtverteidigerbestellung (BGH Urt. v. 16. 11. 1954 – 5 StR 299/54).

41. Entfernung des Angeklagten muß begründet werden (BGH Urt. v. 8. 10. 1953 – 5 StR 245/53).

42. Abwesenheit des Angeklagten bei der Ortsbesichtigung (BGH Urt. v. 2. 10. 1952 – 3 StR 83/52).

43. Der Angeklagte ist über das in seiner Abwesenheit Verhandelte unverzüglich vor jeder weiteren Verfahrenshandlung zu unterrichten (BGH Urt. v. 2. 10. 1951 – 1 StR 434/51).

44. Siehe auch §§ 140, 146, 230 ff., 247 StPO.

Erfolglose Rügen

1. Entfernt sich der Wahlverteidiger, bleibt aber der Pflichtverteidiger in der Hauptverhandlung, ist der Angeklagte ausreichend verteidigt, auch wenn zu diesem angeblich kein Vertrauensverhältnis besteht (BGH Urt. v. 10. 12. 1997 – 3 StR 441/97).

2. Verwirkung des Rügerechts bei eigenmächtigem Entfernen des Verteidigers vor der Urteilsverkündung (BGH Beschl. v. 26. 11. 1997 – 5 StR 561/97).

3. Kein Revisionsgrund, wenn Gericht und Staatsanwaltschaft bei der Übersetzung der mündlichen Urteilsgründe den Saal verlassen (BGH Beschl. v. 22. 2. 1996 – 1 StR 23/96).

4. Stellt das Hauptverhandlungsprotokoll am Anfang die Anwesenheit der notwendigen Beteiligten fest, so gilt diese Beweiskraft auch für die Fortsetzungstermine, es sei denn, ihre Entfernung wird ausdrücklich protokolliert (BGH Urt. v. 10. 8. 1994 – 3 StR 53/94).

5. Gesonderter Beschluß über die Fortsetzung der Verhandlung in Abwesenheit des Angeklagten gemäß § 231b StPO ist neben einem Beschluß seiner Entfernung wegen Mißachtens der Ordnungsgewalt des Vorsitzenden gemäß § 177 GVG nicht erforderlich (BGH Urt. v. 1. 12. 1992 – 5 StR 494/92).

6. Telefonische Ladung zum Fortsetzungstermin über den Verteidiger zur Mitteilung an den Angeklagten rechtswirksam (BGH Urt. v. 8. 4. 1992 – 2 StR 240/91).

7. Die Rüge der teilweisen Abwesenheit eines notwendigen Dolmetschers erfordert eine Darlegung, wieweit die sprachlichen Fertigkeiten des Angeklagten reichten und was Gegenstand des in Rede stehenden Verhandlungsteils war (BGH Beschl. v. 26. 6. 1991 – 2 StR 583/90).

8. Eigenmächtiges Entfernen erfordert keine Boykottabsicht (BGH Urt. v. 30. 11. 1990 – 2 StR 44/90).

9. War ein Verteidiger anwesend, kann die Revision auch bei mangelndem Vertrauensverhältnis nicht auf § 338 Nr. 5 StPO gestützt werden (BGH Urt. v. 18. 5. 1988 – 2 StR 22/88).

10. Keine unzulässige Abwesenheit bei vorübergehender Abtrennung, wenn endgültige Verfahrenstrennung beabsichtigt war (BGH Urt. v. 15. 1. 1985 – 1 StR 680/84).

11. Verfahren in Abwesenheit nach zeitweiliger Abtrennung zulässig (BGH Urt. v. 5. 10. 1983 – 2 StR 298/83).

12. Zulässige Beurlaubung des Angeklagten (BGH Urt. v. 22. 4. 1983 – 3 StR 420/82).

13. Die Rüge, die Protokollführung sei durch eine nicht ordnungsgemäß zum Urkundsbeamten der Geschäftsstelle berufene Justizangestellte erfolgt, setzt Aufzählung voraus, daß keine der im Gesetz aufgeführten Möglichkeiten der Ernennung vorliegen (BGH Urt. v. 8. 12. 1981 – 5 StR 504/81).

14. Feststellung der Vorstrafen in Abwesenheit zulässig (BGH Urt. v. 22. 6. 1977 – 3 StR 139/77).

15. Vorschriftswidrige Abwesenheit des Angeklagten in der Hauptverhandlung ist absoluter Revisionsgrund, aber nur auf Rüge hin zu berücksichtigen (BGH Beschl. v. 21. 2. 1975 – 1 StR 107/74).

16. Zeugenvernehmung in Abwesenheit des Angeklagten (BGH Urt. v. 18. 12. 1968 – 2 StR 322/68).

17. Zeitweiliger Ausschluß des Angeklagten zur Vermeidung einer berechtigten Zeugnisverweigerung zulässig (BGH Urt. v. 6. 12. 1967 – 2 StR 616/67).

18. Abwesenheit des Verteidigers während eines Teils der Hauptverhandlung (BGH Urt. v. 2. 12. 1966 – 4 StR 201/66).

19. Sitzungsstaatsanwalt als Zeuge (BGH Urt. v. 13. 7. 1966 – 2 StR 157/66).

20. Eigenmächtiges Entfernen durch Selbstmordversuch (BGH Urt. v. 26. 7. 1961 – 2 StR 575/60).

21. Urteilsverkündung in Abwesenheit des Angeklagten zulässig (BGH Urt. v. 2. 12. 1960 – 4 StR 433/60).

22. Staatsanwalt als Zeuge nur bedingter Revisionsgrund (BGH Urt. v. 3. 5. 1960 – 1 StR 155/60).

23. Unterbliebene Begründung eines Beschlusses über die Ausschließung des Angeklagten nach § 247 StPO ist nur dann absoluter Revisionsgrund, wenn die sachlichen Voraussetzungen hierfür nicht vorgelegen haben (BGH Urt. v. 25. 6. 1954 – 2 StR 269/53).

24. Verteidigerloser Zustand während der Vernehmung des eigenen Verteidigers als Zeuge kein wesentlicher Teil der Hauptverhandlung (BGH Urt. v. 19. 5. 1953 – 2 StR 116/53).

25. Die Abwesenheit eines Dolmetschers kann nur von dem davon betroffenen Angeklagten erfolgreich gerügt werden (BGH Urt. v. 11. 11. 1952 – 1 StR 484/52).

26. Versetzung in seelische Erregung ist selbst verschuldete Verhandlungsunfähigkeit (BGH Urt. v. 22. 4. 1952 – 1 StR 622/51).

Erfolgreiche Rügen

1. Verhandlung über die Vereidigung in Abwesenheit des Angeklagten unzulässig.

StPO §§ 247, 338 Nr. 5 – BGH Beschl. v. 30. 3. 2000 – 4 StR 80/00 LG Neubrandenburg (= StV 2000, 653 = NStZ 2000, 440)

Die Revision rügt, daß der Angeklagte bei der Verhandlung und Entscheidung über die Vereidigung und Entlassung der Geschädigten, der Zeugin Martina Sch. von der Anwesenheit in der Hauptverhandlung ausgeschlossen gewesen sei.

Sachverhalt: Das Landgericht hatte den Angeklagten u.a. wegen Vergewaltigung verurteilt. Auf die Revision des Angeklagten hob der Senat jenes Urteil wegen Verletzung der Grundsätze über die Öffentlichkeit des Verfahrens auf und verwies die Sache zur erneuten Verhandlung und Entscheidung an das Landgericht zurück. Dieses hat nunmehr den Angeklagten erneut u.a. wegen Vergewaltigung zu einer Gesamtfreiheitsstrafe verurteilt.

Die Strafkammer hatte den Angeklagten „für die Dauer der Vernehmung" der Zeugin gem. § 247 S. 2 Alt. 2 StPO von der Anwesenheit in der Hauptverhandlung ausgeschlossen, „weil ein Nervenzusammenbruch der Zeugin unter den Belastungen einer Aussage in Anwesenheit des Angeklagten mit hoher Wahrscheinlichkeit zu besorgen" sei. Nachdem die Zeugin in der Sitzung am 21. 6. 1999 vernommen worden war, teilte die Vorsitzende dem Angeklagten zu Beginn des folgenden Verhandlungstages den wesentlichen Inhalt der Aussage mit. Zum weiteren Verfahrensgang ist im Protokoll festgehalten: „Auf Anordnung der Vorsitzenden wurde der Angeklagte aus dem Saal geführt. Auf Anordnung der Vorsitzenden erschien die Zeugin Martina Sch. im Sitzungssaal. Es wurde die Öffentlichkeit wieder hergestellt. Auf Anordnung der Vorsitzenden bleibt die Zeugin gem. § 61 Nr. 2 unvereidigt. Die Zeugin wurde im allseitigen Einverständnis entlassen. Der Angeklagte wurde in den Sitzungssaal geführt, über den weiteren Verhandlungsablauf in Kenntnis gesetzt und daß die Zeugin unvereidigt entlassen worden ist". – Das Rechtsmittel hatte Erfolg.

Gründe: Diese Verfahrensweise der Vorsitzenden verletzte den Angeklagten in seinem Anwesenheitsrecht. Die Verhandlung über die Vereidigung gehört nach ständiger Rechtsprechung des BGH ebenso wie die Verhandlung über die Entlassung eines Zeugen nicht mehr zur Vernehmung, sondern bildet einen selbstständigen Verfahrensabschnitt. Deshalb ist in der Regel der absolute Revisionsgrund des § 338 Nr. 5 StPO gegeben, wenn der Angeklagte während dieser Verhandlungsteile von der Hauptverhandlung ausgeschlossen war (vgl. BGHSt. 26, 218 [BGH Urt. v. 21. 10. 1975 – 5 StR 431/75; vgl. § 338 Nr. 5 erfolgreiche Rügen]; BGHR StPO § 247 Abwesenheit 15, 18). Das gilt auch, wenn ein Zeuge – wie hier – als Verletzter nach § 61 Nr. 2 StPO unvereidigt geblieben ist (BGH NStZ 1999, 522 [BGH Beschl. v. 23. 6. 1999 – 3 StR 212/99; vgl. § 247 StPO erfolgreiche Rügen]). Zwar hätte in einem solchen Fall die Vereidigung als solche unter gegen Voraussetzungen auf Grund eines entsprechenden Beschlusses des Gerichts auch in Abwesenheit des Angeklagten stattfinden können (für den Fall der Gefährdung oder Enttarnung des Zeugen vgl. BGHSt. 37, 48, 50 [BGH Urt. v. 31. 5. 1990 – 4 StR 112/90; vgl. §§ 136, 247 StPO erfolglose Rügen]; NJW 1985, 1478 [BGH Beschl. v. 8. 11. 1984 – 1 StR 657/84; vgl. § 247 StPO erfolglose Rügen]; anders noch BGH NStZ 1982, 256 [BGH Beschl. v. 16. 3. 1982 – 1 StR 115/82; vgl. § 247 StPO erfolgreiche Rügen]). Dies ändert jedoch nichts daran, daß der Angeklagte Gelegenheit haben muß, auf die Entscheidung über die Vereidigung durch Anträge Einfluß zu nehmen (BGH NJW a.a.O., 1479). Immerhin ist hier die Zeugin in der früheren Hauptverhandlung auch vereidigt worden. Deshalb ist die Verhandlung über die Vereidigung ein wesentlicher Teil der Hauptverhandlung, der grundsätzlich nicht ohne den Angeklagten stattfinden darf. Ebenso verhält es sich mit der Verhandlung über die Entlassung des Zeugen, weil die Anwesenheit des Angeklagten hierbei sein Recht auf effektive Ausübung des Fragerechts sichert (st. Rspr.; BGH NJW 1986, 267 [BGH Beschl. v. 3. 10. 1985 – 1 StR 392/85; vgl. § 247 StPO erfolgreiche Rügen]; BGHR StPO § 247 Abwesenheit 3 [BGH Urt. v. 11. 5. 1988 – 3 StR 89/88 (U); vgl. § 247 StPO erfolgreiche Rügen] und 15; zweifelnd bzw. a.A. in nicht tragenden Erwägungen der 5. Strafsenat des BGH Urt. v. 22. 6. 1995 – 5 StR 173/95 in NStZ 1995, 557 f. [vgl. § 247 StPO erfolgreiche Rügen] und v. 8. 2. 2000 – 5 StR 543/99 [vgl. § 344 StPO erfolglose Rügen]).

Auch wenn die Vorsitzende begründetermaßen bestrebt gewesen sein mag, ein Zusammentreffen des Angeklagten mit der Geschädigten auszuschließen (zum Vorgehen in einem solchen Fall vgl. BGH NJW a.a.O.), mußte sie den Angeklagten vor der Entscheidung über die Vereidigung und zur Verhandlung über die Entlassung wieder zulassen. Da das nicht geschehen ist, liegt der absolute Revisionsgrund des § 338 Nr. 5 StPO vor. Ein Ausnahmefall, in dem nach der Rechtsprechung trotz vorschriftswidriger Abwesenheit eine Heilung des Verfahrensverstoßes durch ausdrücklich oder konkludent geäußerten Verzicht des Angeklagten auf die Vereidigung des Zeugen und auf Fragen an den Zeugen (vgl. BGHR StPO § 247 Abwesenheit 18, 19; BGH, Beschl. v. 10. 8. 1995 – 5 StR 272/95; v. 21. 9. 1999 – 1 StR 253/99 und v. 3. 11. 1999 – 3 StR 333/99 [vgl. § 247 StPO erfolgreiche Rügen]) in Betracht kommt, ist nicht gegeben. Daß sich der Angeklagte nach der Unterrichtung über die Nichtvereidigung und die Entlassung der Zeugin dazu nicht erklärt hat, bedeutet keinen Verzicht. Etwas anderes ergibt sich deshalb auch nicht etwa daraus, daß der Angeklagte – wie es in der Sitzungsniederschrift vom 16. 7. 1999, dem 3. Verhandlungstag nach Entlassung der Zeugin Martina Sch., vor dem Schluß der Beweisaufnahme allgemein vermerkt ist – „nach der Vernehmung eines jeden Zeugen befragt (wurde), ob er etwas zu erklären habe".

2. Einnahme eines Augenscheins und Beweisaufnahme in Abwesenheit des Angeklagten.
StPO § 338 Nr. 5 – BGH, Beschl. v. 24. 3. 1998 – 4 StR 663/97 LG Siegen (= NStZ 1998, 476)
Die Revision rügt, daß eine Ortsbesichtigung und dort eine Zeugenvernehmung in Abwesenheit des Angeklagten durchgeführt worden ist.

Sachverhalt: Am 3. Verhandlungstag wurde die Verhandlung nach einer Unterbrechung „an Ort und Stelle" in Bad Laasphe bei Anwesenheit der Angeklagten (das Verfahren richtete sich gegen den Beschwerdeführer und 2 weitere Mitangeklagte) und ihrer Verteidiger fortgesetzt. Alle Verfahrensbeteiligten – mit Ausnahme der Angeklagten – begaben sich sodann in die Wohnung des Zeugen S. Dort wurde der Tatort in Augenschein genommen und der Zeuge S. weiter zur Sache vernommen. – Das Rechtsmittel hatte Erfolg.

Gründe:
1. ...
a) ...
b) Dieses Vorgehen verstößt gegen § 230 I StPO. Bei der Ortsbesichtigung und der Zeugenvernehmung handelt es sich um Teile der Hauptverhandlung, für die die Strafprozeßordnung die Anwesenheit des Angeklagten zwingend vorschreibt (zur Ortsbesichtigung vgl. BGHR StPO § 338 Nr. 5 Angeklagte 15). Die Verhandlung ohne den Angeklagten war hier auch nicht ausnahmsweise nach § 231 II StPO zulässig. Nach dieser Vorschrift darf zwar eine unterbrochene Hauptverhandlung ohne den Angeklagten zu Ende geführt werden, wenn er eigenmächtig ferngeblieben ist, d.h. ohne Rechtfertigungs- oder Entschuldigungsgründe wissentlich seiner Anwesenheitspflicht nicht genügt (vgl. BGHSt. 37, 249, 251 [BGH Urt. v. 30. 11. 1990 – 2 StR 44/90; vgl. § 338 Nr. 5 StPO erfolglose Rügen]). Für das Vorliegen dieser Voraussetzung bestehen jedoch vorliegend keine Anhaltspunkte. Auch wenn der Angeklagte, wie der Vorsitzende der Strafkammer dienstlich erklärt hat, nicht auf „Geheiß" des Vorsitzenden vor der Wohnung gewartet und er, der Vorsitzende, dessen Abwesenheit „gar nicht bemerkt" hat, ist damit Eigenmacht nicht belegt. Vielmehr liegt es nach den Gesamtumständen nahe, daß dem Angeklagten wie auch den beiden Mitangeklagten entweder nicht bekannt war, daß sich ihre Anwesenheitspflicht auch auf den in der Wohnung des Zeugen stattfindenden Verhandlungsteil erstreckte, oder daß sie – nachdem sie zum Betreten der Wohnung nicht aufgefordert worden waren – davon ausgingen, das Gericht sei jedenfalls mit ihrer vorübergehenden Abwesenheit einverstanden (vgl. BGHSt. 37, 249, 252).
c) Bei der Ortsbesichtigung und der Vernehmung des Zeugen S. handelt es sich um Teile der Beweisaufnahme und damit um wesentliche Verfahrensteile, so daß der absolute Revisionsgrund des § 338 Nr. 5 StPO gegeben ist. Der Ausnahmefall, daß ein Einfluß des Verfahrensfehlers auf das Urteil zum Nachteil des Angeklagten denkgesetzlich ausgeschlossen werden kann (vgl. BGHR StPO § 338 Beruhen 1), liegt hier entgegen der Auffassung des GBA nicht vor. Zwar ist es zutreffend, daß in den Urteilsgründen die Aussage des Zeugen S. und das Ergebnis der Ortsbesichtigung nur zugunsten des Angeklagten berücksichtigt werden, indem das Landgericht hierauf seine Überzeugung stützt, daß auch einer der Geschädigten bei der Schlägerei ein Messer in der Hand hielt. Es kann indessen keinesfalls ausgeschlossen werden, daß bei einer Teilnahme des Angeklagten an der Ortsbesichtigung und der Zeugenvernehmung nicht weitere, den Angeklagten möglicherweise entlastende Umstände zutage getreten wären.

3. Entscheidung der obersten Dienstbehörde über Aussagegenehmigung vor Ausschluß des Angeklagten von einer V-Mann Vernehmung erforderlich.

StPO §§ 54, 96, 338 Nr. 5; BayBG Art. 70 Abs. 3 Satz 2 – BGH Urt. v. 2. 7. 1996 – 1 StR 314/96 LG Würzburg (= BGHSt. 42, 175 = NJW 1996, 267 = StV 1996, 523 = NStZ 1996, 608)

Die Revision rügt, daß das Landgericht während der Vernehmung eines Zeugen gegen seine Pflicht verstoßen hat, in Anwesenheit des Angeklagten zu verhandeln (§ 230 Abs. I StPO).

Sachverhalt: Das Rauschgiftgeschäft, welches zur Verurteilung des Angeklagten geführt hat, war unter anderem von einem unter dem Pseudonym „Dieter" verdeckt ermittelnden Polizeibeamten eingefädelt und überwacht worden. Ihn hat das Landgericht als Zeugen gehört; es sah sich dabei jedoch „gezwungen", die Angeklagten während der Vernehmung nach § 247 Satz 1 StPO von der Hauptverhandlung auszuschließen. Zur Begründung hat es in dem Beschluß ausgeführt: „Das Polizeipräsidium ... hat ... die Erteilung einer Aussagegenehmigung für diesen Zeugen hiervon abhängig gemacht, da ansonsten eine Enttarnung des Zeugen, auch bei einer vorübergehenden Änderung seines Aussehens, zu befürchten sei". – Das Rechtsmittel hatte Erfolg.

Gründe: Allein mit dieser Begründung hätte der Angeklagte nicht von der Zeugenvernehmung ausgeschlossen werden dürfen. Das Landgericht hätte vielmehr im Hinblick auf die nur bedingt erteilte Aussagegenehmigung weitere Bemühungen entfalten müssen, um die nach Überzeugung des Gerichts für den Zeugen unschädliche Präsenz der Angeklagten prozeßordnungsgemäß zu ermöglichen.

Für eine vorübergehende Ausschließung nach § 247 Satz 1 StPO genügt die begründete Besorgnis des Gerichts, ein Zeuge werde bei seiner Vernehmung in Gegenwart von Angeklagten nicht die Wahrheit sagen. Dem steht es nach gefestigter Rechtsprechung gleich, wenn eine Zeugenvernehmung aus den in § 96 oder § 54 StPO in Verbindung mit § 39 Abs. 3 Satz 1 BRRG anerkannten Gründen von behördlicher Seite sonst nicht ermöglicht wird (BGHSt. 32, 32, 36 [BGH Urt. v. 7. 1. 1983 – 1 StR 138/83; vgl. § 338 Nr. 5 StPO erfolgreiche Rügen]; BGHR StPO § 247 Abwesenheit 7 [BGH Beschl. v. 9. 8. 1989 – 2 StR 306/89; vgl. 247 StPO erfolgreiche Rügen]). Doch gilt dies nur, wenn die Gefahr für die Wahrheitsfindung nicht durch andere Maßnahmen als die Ausschließung des Angeklagten abgewendet werden kann.

Ist die (bedingte) Versagung einer Aussagegenehmigung für einen Zeugen nicht hinreichend und für das Gericht überzeugend begründet, so muß es im Rahmen seiner Pflicht zur Wahrheitsermittlung zunächst auf eine Überprüfung der Verwaltungsentscheidung dringen (BVerfGE 57, 250, 288 [BVerfG Beschl. v. 26. 5. 1981 – 2 BvR 215/81; vgl. § 251 StPO erfolglose Rügen]; BGHSt. – GS – 32, 115, 126 [BGH Beschl. v. 17. 10. 1983 – GSSt 1/83; vgl. § 251 StPO erfolgreiche Rügen]; BGH NStZ 1993, 248 [BGH Beschl. v. 17. 11. 1992 – 1 StR 752/92; vgl. § 96 StPO erfolgreiche Rügen]).

So lag es hier. Das Polizeipräsidium hatte die Erteilung der Aussagegenehmigung für den Zeugen „Dieter" zu dessen Schutz u.a. davon abhängig gemacht, daß er in Abwesenheit der Angeklagten vernommen werde. Das Landgericht hat zunächst schriftlich und später telefonisch eine Überprüfung dieser Entscheidung angestrebt und darauf hingewiesen, daß die Angeklagten den Zeugen nicht nur bei ihrer Festnahme kurzzeitig, sondern anläßlich der Anbahnung und Durchführung des Rauschgiftgeschäfts schon längere Zeit gesehen und – dies betrifft insbesondere den Revisionsführer – teilweise auch gesprochen hatten. Dennoch hat das Polizeipräsidium an seiner Entscheidung festgehalten, ohne das Landgericht von der Erforderlichkeit des Ausschlusses der Angeklagten zu überzeugen. In dieser Situation hat es das Landgericht versäumt, eine Entscheidung der obersten Dienstbehörde, hier des Bayerischen Staatsministeriums des Innern, einzuholen.

Das Bundesverfassungsgericht hat in seinem Beschluß vom 26. 5. 1981 (BVerfGE 57, 250) dargelegt, daß es von Verfassungs wegen geboten ist, zusätzliche rechtsstaatliche Anforderungen an solche behördlichen Entscheidungen zu stellen, die infolge bewußter Zurückhaltung sachnäherer Beweismittel im Strafprozeß zu Einschränkungen der Wahrheitsermittlung führen. Insbesondere sind solche Entscheidungen nur hinnehmbar, wenn sie von der obersten Dienstbehörde getroffen werden Zwar kann die oberste Dienstbehörde für häufig auftretende und im wesentlichen gleichgelagerte Fälle nachgeordnete Behörden ermächtigen, selbst Einzelfallentscheidungen zu treffen Dem entspricht die landesrechtliche Ermächtigung nach Art. 70 Abs. 3 Satz 2 BayBG (BayRS 2030-1-1-F) in Verbindung mit § 3 Abs. 2 der Verordnung über beamten- und richterrechtliche Zuständigkeiten im Geschäftsbereich des Bayerischen Staatsministeriums des Innern (BayRS 2030-3-2-1-i), wonach die Ausübung der Befugnis, Aussagegenehmigungen zu versagen, auf unmittelbar nachgeordnete Behörden übertragen wird. Leuchten dem Gericht die Gründe für die Versagung durch diese nachgeordnete Behörde jedoch nicht ein, gebietet der vom Bundesverfassungsgericht abgesteckte Rahmen, daß eine Entscheidung der obersten Dienstbehörde selbst herbeigeführt wird. Andernfalls kommt das Gericht seiner Pflicht nicht nach, die behördliche Maßnahme in eigener Zuständigkeit auf ihre Vereinbarkeit mit den Regeln des Strafprozeßrechts zu überprüfen (BGHSt. 32, 115, 126; BGH NStZ 1993, 248).

Hinzu kommt hier eine weitere Erwägung: Es drängt sich auf – ohne daß der Senat dies aufgrund des revisionsrechtlich zugänglichen Sachverhalts abschließend entscheiden kann –, daß der mittels falscher Personalien geschützte Zeuge „Dieter" – ungeachtet seiner Bezeichnung als „nicht offen ermittelnder Polizeibeamter" (n.o.e.P.) – tatsächlich als Verdeckter Ermittler im Sinne von § 110a Abs. 2 StPO tätig war. Sein Einsatz als Beamter des Polizeidienstes unter einer Legende war und ist – wie auch das Polizeipräsidium dargelegt hat – auf Dauer angelegt. Er erstreckte sich gegen die in dieser Sache Verfolgten über einen Zeitraum von ca. sechs Monaten, ging über einzelne Ermittlungshandlungen hinaus (dazu BGHSt. 41, 64 ff. [BGH Urt. v. 7. 3. 1995 – 1 StR 685/94; vgl. § 110a StPO erfolglose Rügen, § 110b StPO erfolgreiche Rügen]) und soll auch in künftigen Fällen gesichert sein.

Handelt es sich bei „Dieter" um einen Verdeckten Ermittler, kommt die Spezialregelung des § 110b Abs. 3 StPO zur Anwendung, wonach die Geheimhaltung der Identität eines Verdeckten Ermittlers in Strafverfahren nur nach Maßgabe des § 96 StPO zulässig ist. Damit wollte der Gesetzgeber klarstellen, daß behördliche Sperrentscheidungen, die die Geheimhaltung der Identität des Verdeckten Ermittlers nicht nur zu seinem eigenen Schutz, sondern auch zum Schutz für seine weitere Verwendung bezwecken, nur auf dem Wege des § 96 StPO und nicht mehr über die Verweigerung der Aussagegenehmigung nach § 54 StPO getroffen werden dürfen. Nur damit ist eine sachgerechte Handhabung, bei der die Belange der sachbearbeitenden Dienststelle nicht überbewertet werden, gewährleistet (BT-Drucks. 12/989 S. 42 unter Bezugnahme auf BVerfGE 57, 250, 289).

4. Verzicht auf Zeugenvernehmung in Abwesenheit des Angeklagten auch dann unzulässig, wenn Verteidiger Verzicht erklärt hat.

StPO § 338 Nr. 5 – BGH Beschl. v. 5. 9. 1995 – 1 StR 456/95 LG Landshut (= StV 1995, 623 = NStZ 1996, 351)

Die Revision rügt, die Hauptverhandlung habe in einem wesentlichen Teil in Abwesenheit der Angeklagten stattgefunden, weil das Gericht an einem Tag, an dem sie erkrankt war, in der Hauptverhandlung geladene und erschienene Zeugen informatorisch gehört und einen Verzicht aller übrigen Verfahrensbeteiligten auf deren Einvernahme entgegengenommen hat.

Sachverhalt: Zum Hauptverhandlungstermin vom 1. 3. 1995 war die Angeklagte nicht erschienen. Die Mitangeklagte S., ihre Tochter, teilte mit, daß sie einen schweren Asthmaanfall erlitten habe; der Verteidiger übergab eine Arbeitsunfähigkeitsbescheinigung. Darauf wurden die erschienenen Zeugen E., Sch. und G. informatorisch befragt und bekanntgegeben, daß der Zeuge W. sich entschuldigt habe. Die Verteidiger der Angeklagten, Rechtsanwalt H. auch im Namen der abwesenden Angeklagten Ö., die Angeklagte S. und der Vertreter der Staatsanwaltschaft verzichteten auf die Einvernahme aller für den 1. 3. 1995 geladenen Zeugen. – Das Rechtsmittel hatte Erfolg.

Gründe: Nach § 245 I StPO ist die Beweisaufnahme auf alle vom Gericht vorgeladenen und auch erschienenen Zeugen zu erstrecken, es sei denn, Staatsanwalt, Verteidiger und Angeklagter verzichten darauf. Ob die vom Gericht durch die Ladung der Zeugen in Aussicht gestellte Beweiserhebung stattfinden soll, hängt damit wesentlich auch vom Angeklagten ab. Das gilt hier auch hinsichtlich des Zeugen W., der geladen, aber – durch berufliche Verhinderung entschuldigt – nicht erschienen war, denn der Zeuge hätte erneut geladen werden müssen. Damit kann nicht bezweifelt werden, daß ein Verzicht auf eine vom Gericht zunächst für notwendig erachtete Zeugenvernehmung auch für den Angeklagten ein wesentlicher Teil der Hauptverhandlung ist. Da ein solcher Verzicht hier vom Landgericht entgegengenommen wurde, ohne daß die Angeklagte dabei mitwirkte, ist § 338 Nr. 5 StPO verletzt.

Der Fehler ist auch nicht, was möglich gewesen wäre, an dem nachfolgenden Hauptverhandlungstag vom 10. 3. 1995 dadurch geheilt worden, daß die nun wieder anwesende Angeklagte gleichfalls auf die Zeugen verzichtet hätte.

Dagegen kann keine Heilung darin gesehen werden, daß der Verteidiger der Angeklagten an diesem Hauptverhandlungstag die bisher gestellten Beweisanträge zurücknahm. Es wird schon nicht deutlich, ob diese Erklärung auch den Beweisantrag auf Vernehmung der Zeugen E., Sch. und W. betraf, denn auf diese Zeugen war bereits verzichtet worden; zudem steht nicht fest, daß die Rücknahme der Beweisanträge im Einvernehmen mit der Angeklagten geschah.

Der Fehler erfaßt das Urteil in vollem Umfang; die Zeugen E. und W. waren Steuerberater der Angeklagten, die Zeugin Sch. Steuergehilfin. Sie waren dafür benannt, daß die Buchhaltung der Angeklagten mangelhaft war und sie über ihre finanzielle Situation nur unzureichend unterrichtet war. ...

5. Der Revisionsgrund der unvorschriftsmäßigen Abwesenheit des Angeklagten liegt auch dann vor, wenn diese auf einem Antrag seines Verteidigers beruht.

StPO §§ 230 I, 338 Nr. 5 – BGH, Beschl. v. 27. 11. 1992 – 3 StR 549/92 LG Düsseldorf (= StV 1993, 286 = NStZ 1993, 198)

Die Revision rügt, die Hauptverhandlung habe in einem wesentlichen Teil in Abwesenheit des Angeklagten stattgefunden, ohne daß einer der hierfür im Gesetz vorgesehenen Gründe vorgelegen hätten.

Sachverhalt: Am 1. Hauptverhandlungstag ordnete der Vorsitzende der Schwurgerichts-Kammer zu Beginn der Anhörung des gerichtsmedizinischen Sachverständigen Prof. Dr. B. auf Antrag des Verteidigers an, daß sich der Angeklagte während der Erstattung des Gutachtens aus dem Sitzungssaal entferne. Nachdem der Angeklagte entsprechend dieser ausweislich der Sitzungsniederschrift ohne Begründung getroffenen Anordnung „vorübergehend abgeführt" worden war, setzte Prof. Dr. B., der an der Obduktion der Tatopfer – der Ehefrau, des Sohnes und des Schwagers des Angeklagten – mitgewirkt hatte, sein Gutachten fort. Dabei wurden Lichtbilder „allseits" in Augenschein genommen. Im Anschluß an die gutachtlichen Ausführungen entschied der Vorsitzende, daß der Sachverständige gemäß § 79 I StPO unvereidigt bleibe, und entließ ihn „in allseitigem Einverständnis". Als die Hauptverhandlung nach einer einstündigen Unterbrechung fortgesetzt wurde, war der

Angeklagte wieder anwesend. Er würde sodann vom Vorsitzenden mit dem wesentlichen Ergebnis des Sachverständigengutachtens bekannt gemacht. – Das Rechtsmittel hatte Erfolg.

Gründe: Diese Verfahrensweise verstieß gegen die verfahrensrechtlichen Regelungen über die Anwesenheit des Angeklagten in der Hauptverhandlung. Keine der Ausnahmevorschriften, die in Abweichung von dem grundsätzlichen Anwesenheitsrecht und der grundsätzlichen Anwesenheitspflicht des Angeklagten (§ 230 StPO) ein Verhandeln in seiner – vorübergehenden – Abwesenheit zulassen, greift ein.

Der Verstoß gegen das Anwesenheitsrecht des Angeklagten betrifft mit der Vernehmung des gerichtsmedizinischen Sachverständigen, der Einnahme eines Augenscheins sowie der Verhandlung und Entscheidung über die Vereidigung und Entlassung des Sachverständigen, wesentliche Teile der Hauptverhandlung und erfüllt damit die Voraussetzungen des unbedingten Revisionsgrundes nach § 338 Nr. 5 StPO.

Seiner Geltendmachung steht wegen der Unverzichtbarkeit der davon berührten Rechtsstellung (vgl. BGH NJW 1973, 522 [BGH Urt. v. 30. 1. 1973 – 1 StR 560/72; vgl. § 230 StPO erfolgreiche Rügen]) nicht entgegen, daß die beanstandete Entfernung des Angeklagten während der gutachtlichen Äußerungen des Sachverständigen einem Antrag des Verteidigers entsprach, der, wie als naheliegend anzunehmen ist, im Einverständnis des Angeklagten gestellt wurde (vgl. BGH bei Holtz MDR 1978, 461). Zureichende Anhaltspunkte für ein darüber hinausgehendes, gezielt auf die – vorsorgliche – Schaffung eines Revisionsgrundes gerichtetes Verhalten, das Anlaß zur Prüfung hätte geben können, ob dadurch in einer dem Angeklagten zurechenbaren Weise die Zulässigkeit der Rüge unter dem Gesichtspunkt arglistigen (rechtsmißbräuchlichen) Vorgehens beeinflußt sein könnte (vgl. dazu BGHSt. 24, 280, 283 [BGH Beschl. v. 5. 1. 1972 – 2 StR 367/71; vgl. § 245 StPO erfolgreiche Rügen]; 22, 83, 85 [BGH Urt. v. 13. 2. 1968 – 5 StR 706/97; vgl. § 169 GVG erfolgreiche Rügen]; 15, 306, 308 [BGH Urt. v. 24. 1. 1961 – 1 StR 132/60; vgl. § 338 Nr. 5 StPO erfolgreiche Rügen]; 10, 77 [BGH Urt. v. 12. 7. 1956 – 4 StR 236/56; vgl. § 252 StPO erfolgreiche Rügen]), ergeben sich aus dem dem Senat bekannten Sachverhalt nicht. Zudem war jedenfalls der allein schon zur Anwendung des § 338 Nr. 5 StPO führende Verstoß gegen das Anwesenheitsrecht des Angeklagten während der Augenscheinseinnahme sowie der Verhandlung und Entscheidung über die Vereidigung und Entlassung des Sachverständigen durch den Antrag des Verteidigers auf vorübergehende Entfernung des Angeklagten während der Erstattung des Sachverständigengutachtens nicht veranlaßt. ...

6. Unzulässige Abwesenheit des Angeklagten während der Einlassung eines Mitangeklagten.

StPO §§ 230, 338 Nr. 5 – BGH Beschl. v. 19. 12. 1991 – 1 StR 749/91 LG Augsburg (= StV 1992, 501)

Die Revision rügt, die Hauptverhandlung habe in einem wesentlichen Teil, nämlich während der Einlassung eines Mitangeklagten und der Vernehmung eines Sachverständigen, in Abwesenheit des Angeklagten stattgefunden.

Sachverhalt: Die Strafkammer hat am Morgen des 28. 1. 1991 ohne den Angeklagten verhandelt. Dabei haben sich die Mitangeklagten St. und M. sowie der damalige Mitangeklagte F. zur Sache geäußert. Außerdem hat die Strafkammer den Zeugen B. und den Sachverständigen Dr. Sch. vernommen. Nach der Mittagspause hat der Angeklagte wieder an der Hauptverhandlung teilgenommen und sein Fernbleiben entschuldigt. Deshalb hat die Strafkammer „die Einlassungen der Angeklagten F. und St. ... wiederholt" und die wörtlich protokollierte Aussage des Zeugen B. nach § 251 Abs. 1 Nr. 4 StPO verlesen: Nicht wiederholt hat sie dagegen die Einlassung des Mitangeklagten. M. und die Vernehmung des Sachverständigen Dr. Sch. – Das Rechtsmittel hatte Erfolg.

Gründe: Der GBA hat u.a. ausgeführt:

„Die Revision rügt mit Recht, daß ein Teil der Hauptverhandlung in Abwesenheit des Angeklagten stattgefunden hat.

Nach § 338 Nr. 5 StPO ist davon auszugehen, daß das Urteil auf dieser Gesetzesverletzung beruht. Allerdings hat der BGH hiervon dann Ausnahmen gemacht, wenn das Beruhen des Urteils auf dem Mangel denkgesetzlich ausgeschlossen werden kann. Das ist hier jedoch nicht der Fall.

Der Mitangeklagte M. hat sich zwar erst an dem Geschehen beteiligt, als der Tatbeitrag des Angeklagten bereits abgeschlossen war. Das schließt aber nicht aus, daß der Mitangeklagte Angaben über die anderen Beteiligten gemacht hat, die auch für die Verurteilung des Angeklagten von Bedeutung waren".

Dem tritt der Senat bei.

7. Auch die freiwillige Abwesenheit des Angeklagten, die nicht durch einen Gerichtsbeschluß gedeckt ist, stellt einen absoluten Revisionsgrund dar.

StPO § 338 Nr. 5 – BGH Beschl. v. 6. 2. 1991 – 4 StR 35/91 LG Frankenthal (= BGHR StPO § 338 Nr.5 Angeklagter 18 = NStZ 1991, 296)

Die Revision rügt, daß die Hauptverhandlung gegen den Angeklagten in einem wesentlichen Teil in dessen Abwesenheit stattgefunden habe, ohne daß dies durch einen Gerichtsbeschluß gedeckt gewesen sei.

Sachverhalt: Nach Beginn der Vernehmung der Tochter Kerstin des Angeklagten – die sich dem Verfahren als Nebenklägerin angeschlossen hat – als Zeugin „verzichtete der Angeklagte freiwillig auf sein Anwesenheitsrecht für die Zeit der Vernehmung der Zeugin und verließ den Sitzungssaal". Die Zeugin wurde sodann in Abwesenheit des Angeklagten vernommen, wobei auch eine Skizze in Augenschein genommen wurde. Es wurde der Beschluß verkündet, daß die Zeugin gemäß § 61 Nr. 2 StPO als Verletzte unvereidigt bleibe. Die Zeugin wurde anschließend entlassen. Erst danach nahm der Angeklagte wieder an der Hauptverhandlung teil. – Das Rechtsmittel hatte Erfolg.

Gründe: Auch wenn der Angeklagte freiwillig dazu bereit ist, den Sitzungssaal zu verlassen, entbindet dies das Gericht nicht von der Pflicht, einen ausdrücklichen Beschluß dazu zu fassen und zu verkünden, ob die Hauptverhandlung (zeitweilig) ohne den Angeklagten durchgeführt werden soll; denn das Recht des Angeklagten auf Teilnahme an der Hauptverhandlung ist unverzichtbar und darf nur in den gesetzlich vorgesehenen Fällen eingeschränkt werden. Das Fehlen des Angeklagten ist nach § 338 Nr. 5 StPO ein absoluter Revisionsgrund (BGHSt. 4, 364, 365 [BGH Urt. v. 22. 9. 1953 – 1 StR 726/52; vgl. § 274 erfolglose Rügen, § 338 Nr. 5 StPO erfolgreiche Rügen]). Er führt demgemäß zur Aufhebung des Urteils. Ob etwas anderes gelten kann, wenn für alle Beteiligten feststeht, daß die – hier ersichtlich allein für eine Entfernung des Angeklagten aus dem Verhandlungssaal in Betracht kommenden – Voraussetzungen des § 247 StPO vorlagen (vgl. BGH NStZ 1983, 36 [BGH Beschl. v. 19. 10. 1982 – 5 StR 670/82; vgl. § 230 StPO erfolgreiche Rügen]), kann dahingestellt bleiben. Denn es ist nicht erkennbar, ob das Gericht – und nicht nur der Vorsitzende – befürchtete, die Zeugin könne in Abwesenheit des Angeklagten nicht die Wahrheit sagen (§ 247 S. 1 StPO), oder ob es die dringende Gefahr eines schwerwiegenden Nachteils für die Gesundheit der Zeugin bei ihrer Aussage in Gegenwart des Angeklagten für gegeben ansah (§ 247 S. 2 StPO). Sowohl der Erlaß eines Beschlusses durch das Gericht als auch die Begründung dieses Beschlusses waren daher erforderlich (vgl. BGHSt. 22, 18, 20 [BGH Urt. v. 6. 12. 1967 – 2 StR 616/67; vgl. §§ 247, 338 Nr. 5 StPO erfolglose Rügen]).

Im übrigen hätten auch bei einer ordnungsgemäßen Ausschließung des Angeklagten während der Vernehmung der Zeugin keine Augenscheinseinnahmen vorgenommen und die

Verhandlungen über die Frage der Vereidigung und der Entlassung der Zeugin nicht in Abwesenheit des Angeklagten durchgeführt werden dürfen, ganz abgesehen davon, daß der Angeklagte hier auch nur „für die Zeit der Vernehmung der Zeugin" freiwillig den Sitzungssaal verlassen hatte. ...

8. Augenscheinseinnahme einer Tatortskizze in Abwesenheit des Angeklagten unzulässig.

StPO § 338 Nr. 5 – BGH Beschl. v. 30. 6. 1988 – 1 StR 309/88 LG Konstanz (= StV 1989, 192)

Die Revision rügt, daß die während der Abwesenheit des Angeklagten durchgeführte Augenscheinseinnahme der Tatortskizze nach seiner Wiederzulassung nicht wiederholt worden ist.

Der Sachverhalt ergibt sich aus dem Revisionsvorbringen. – Das Rechtsmittel hatte Erfolg.

Gründe: Hierzu hat der GBA ausgeführt:

„... § 247 StPO gestattet es nur, den Angeklagten „während einer Vernehmung" aus dem Sitzungszimmer zu entfernen. Die Einnahme eines richterlichen Augenscheins während der Abwesenheit des Angeklagten ist durch die Vorschrift nicht gedeckt. Erfolgt sie dennoch und betrifft sie einen wesentlichen Teil der Hauptverhandlung, so hat damit „die Hauptverhandlung" insoweit (entgegen § 230 Abs. 1 StPO) „in Abwesenheit ... einer Person, deren Abwesenheit das Gesetz vorschreibt, stattgefunden". Eine Verwertung des nur so erhobenen Augenscheinsbeweises bewirkt den unbedingten Revisionsgrund des § 338 Nr. s StPO. Nur wenn die Augenscheinseinnahme in Anwesenheit des Angeklagten (und auch im übrigen fehlerfrei) wiederholt wird, ist der Beweisgegenstand als solcher in die Verhandlung ordnungsgemäß eingeführt und bei der Beweiswürdigung verwertbar (BGH StV 1987, 475 [BGH Beschl. v. 10. 6. 1987 – 2 StR 242/87; vgl. § 247 StPO erfolgreiche Rügen]).

Bei der förmlichen Augenscheinseinnahme der Tatortskizze handelte es sich um einen Teil der Beweisaufnahme und damit um einen wesentlichen Teil der Hauptverhandlung. Wie das Sitzungsprotokoll beweist, ist die Augenscheinseinnahme nach der Wiederzulassung des Angeklagten nicht wiederholt worden. Auch vor der Entfernung des Angeklagten aus dem Sitzungssaal ist die Skizze lediglich mit der Zeugin G. erörtert, aber nicht förmlich in Augenschein genommen worden. Das Revisionsgericht muß deshalb gemäß § 338 Nr. 5 StPO davon ausgehen, daß das Urteil auf diesem Verfahrensfehler beruht."

Dem tritt der Senat bei. Er verweist noch auf BGH NStZ 1986, 564 (BGH Beschl. v. 12. 8. 1986 – 1 StR 420/86; vgl. § 247 StPO erfolgreiche Rügen) und bemerkt ergänzend: Das Protokoll ist bezüglich der Verwertung der von der Zeugin G. übergebenen Skizze nicht etwa unklar oder mehrdeutig, widersprüchlich oder lückenhaft mit der Folge, daß dieser Vorgang einer Klärung im Wege des Freibeweises zugänglich wäre (vgl. BGHSt. 17, 220 [BGH Urt. v. 10. 4. 1962 – 1 StR 125/62; vgl. § 274 StPO erfolglose Rügen] sowie 31, 39 [BGH Urt. v. 20. 4. 1982 – 1 StR 833/81; vgl. § 274 StPO erfolglose Rügen]). Vielmehr ist dem Protokoll zu entnehmen, daß das, was anläßlich der Vernehmung der Zeugin G. in Gegenwart des Angeklagten geschah, keine förmliche Augenscheinseinnahme darstellte, bei der erforderlich gewesen wäre, daß alle Mitglieder des Gerichts in der Hauptverhandlung den Beweisgegenstand in Augenschein nehmen und daß allen Prozeßbeteiligten Gelegenheit gegeben wird, diesen zu besichtigen (vgl. BGHSt. 3, 187 [BGH Urt. v. 2. 10. 1952 – 3 StR 83/52; vgl. § 338 Nr. 5 StPO erfolgreiche Rügen]). Dies zeigt sich vor allem an der unterschiedlichen Wortwahl: Im Anschluß an den Vermerk, daß die Zeugin G. die fragliche Skizze „übergab" und „die Örtlichkeiten erläuterte", vermerkt das Protokoll, daß (über eine Wahlgegenüberstellung aufgenommene) Lichtbilder „mit den Beteiligten in

Augenschein genommen werden;" im zuletzt bezeichneten Sinne ist für denjenigen Verhandlungsteil, bei dem der Angeklagte nach § 247 StPO ausgeschlossen war (Vernehmung der Zeugin R., des Tatopfers), beurkundet: „Die von der Zeugin G. gefertigte und übergebene Skizze wurde mit der Zeugin und den übrigen Beteiligten in Augenschein genommen und erörtert."

9. Weder kann der Angeklagte auf seine Anwesenheit wirksam verzichten, noch kann das Gericht ihn davon wirksam entbinden, wenn die Voraussetzungen einer im Gesetz vorgesehenen Ausnahme nicht vorliegen.

StPO § 338 Nr. 5 StPO – BGH Urt. v. 18. 5. 1988 – 2 StR 151/88 (= BGHR StPO § 338 Nr. 5 Angeklagter 10)

Die Revision rügt, ein wesentlicher Teil der Hauptverhandlung, nämlich die Vernehmung des Zeugen L. am Tatort vor dem Gerichtsgebäude, habe in Abwesenheit des Angeklagten stattgefunden.

Sachverhalt: Im Hauptverhandlungstermin vom 4. 6. 1987 beantragte ein Nebenkläger-Vertreter im Zuge der Vernehmung dieses Zeugen eine Ortsbesichtigung in Gegenwart des Zeugen. Der weitere Geschehensablauf wurde im Hauptverhandlungsprotokoll von diesem Tage wie folgt festgehalten:

Alle Prozeßbeteiligten mit Ausnahme des Angeklagten begaben sich nunmehr vor das Gerichtsgebäude A. Der Tatort vor dem Gebäude A wurde informatorisch in Augenschein genommen. Auf Wunsch der Verteidigung, des Angeklagten und aus Sicherheitsgründen blieb der Angeklagte im Gerichtsgebäude, um evtl. Anschläge auf sein Leben zu verhindern. Vertr. d. Staatsanwaltschaft, Nebenklägervertreter sind damit einverstanden, die Verteidiger ebenso. Der Zeuge L. wurde weiter zur Sache vernommen. Bei Fortsetzung der Verhandlung im Gerichtssaal waren alle Beteiligten sowie der Angeklagte wieder anwesend. Der Zeuge L. wurde weiter zur Sache vernommen ...". – Das Rechtsmittel hatte Erfolg.

Gründe: Demnach wurde der Zeuge L. am Tatort vor dem Gerichtsgebäude A in Abwesenheit des Angeklagten vernommen. Die dienstliche Äußerung des Vorsitzenden der Schwurgerichtskammer vom 11. 12. 1987, der Zeuge sei am Tatort nicht förmlich vernommen, sondern außerhalb der Hauptverhandlung informatorisch angehört worden, ist nicht geeignet, die formelle Beweiskraft des insoweit eindeutigen Protokollinhalts (§ 274 StPO) zu entkräften.

Bei der Vernehmung des Zeugen L. handelte es sich um einen Teil der Beweisaufnahme und damit um einen wesentlichen Verfahrensteil, für den die StPO die Anwesenheit des Angeklagten zwingend vorschreibt. Weder kann der Angeklagte auf seine Anwesenheit wirksam verzichten, noch kann das Gericht ihn davon wirksam entbinden, wenn die Voraussetzungen einer im Gesetz vorgesehenen Ausnahme nicht vorliegen (BGH NJW 1973, 522 [BGH Urt. v. 30. 1. 1973 – 1 StR 560/72; vgl. § 230 StPO erfolgreiche Rügen]). Da der Angeklagte während der Zeugenvernehmung am Tatort abwesend war, ohne daß ein Gerichtsbeschluß dies angeordnet (§ 247 StPO) oder gestattet (§ 231c StPO) hätte, und da er sich auch nicht eigenmächtig entfernt hatte (§ 231 Abs. 2 StPO), ist daher der absolute Revisionsgrund des § 338 Nr. 5 StPO gegeben, so daß das angefochtene Urteil aufzuheben ist.

10. Gegen einen Angeklagten, der nur verschlafen hat, darf nicht in Abwesenheit verhandelt werden.

StPO §§ 231 II, 338 Nr. 5 – BGH Beschl. v. 22. 1. 1988 – 3 StR 561/87 LG Hamburg (= StV 1988, 185 = BGHR StPO § 231 Abs. 2 Abwesenheit, eigenmächtige 4)

Die Revision rügt, daß wesentliche Teile der Hauptverhandlung in Abwesenheit des Angeklagten stattgefunden haben, ohne daß hierfür ein rechtlicher Grund vorgelegen habe.

Sachverhalt: Der ordnungsgemäß zum Fortsetzungstermin der Hauptverhandlung geladene Angeklagte ist zu diesem erst erschienen, nachdem die Staatsanwaltschaft und die Verteidigung in seiner Abwesenheit plädiert hatten. Der Angeklagte begründete sein verspätetes Erscheinen damit, daß sein Wecker ausgefallen sei und er verschlafen habe. Daraufhin wurden ihm die Schlußanträge des Staatsanwalts und des Verteidigers mitgeteilt. Die in seiner Abwesenheit durchgeführten – wesentlichen – Teile der Hauptverhandlung wurden nicht wiederholt. – Das Rechtsmittel hatte Erfolg.

Gründe: Hierzu war die Strafkammer nicht berechtigt. Die Voraussetzungen des § 231 Abs. 2 StPO lagen nicht vor. Die Fortsetzung einer unterbrochenen Hauptverhandlung ohne den Angeklagten ist über den Wortlaut dieser Vorschrift hinaus nur zulässig, wenn er der Hauptverhandlung eigenmächtig ferngeblieben ist. Er muß den Versuch unternommen haben, durch Mißachtung seiner Anwesenheitspflicht den Gang der Rechtspflege zu stören. Es ist durchaus möglich, daß der arbeitslose Angeklagte zu dem um 8 Uhr in Hamburg beginnenden Fortsetzungstermin deswegen unpünktlich erschienen ist, weil er verschlafen hat. Weder aus dem Hauptverhandlungsprotokoll noch aus dem sonstigen Akteninhalt ergibt sich, daß das Landgericht Nachforschungen nach dem Grund des Nichterscheinens angestellt oder ein Prozeßbeteiligter nach dem Eintreffen des Angeklagten den von ihm angegebenen Verspätungsgrund in Zweifel gezogen hat. Der Senat geht daher – ebenso wie der GBA – nicht von einem eigenmächtigen Fernbleiben des Angeklagten aus.

11. Vorübergehende Abtrennung unzulässig, wenn die in Abwesenheit des Angeklagten durchgeführte Verhandlung Vorgänge zum Gegenstand hat, die die gegen ihn erhobenen Vorwürfe berühren.

StPO §§ 230, 338 Nr. 5 – BGH Beschl. v. 3. 6. 1986 – 5 StR 208/86 LG Hildesheim (= StV 1986, 465)

Die Revision rügt, daß in einem vorläufig abgetrennten Verfahren gegen Mitangeklagte Vorgänge erörtert worden sind, die mit dem Verfahren gegen den Angeklagten in innerem Zusammenhang standen und deshalb die Anwesenheit des Angeklagten erfordert hätten.

Sachverhalt: Die Staatsanwaltschaft warf dem Beschwerdeführer N. und den früheren Mitangeklagten S., Ni., R., J. und M. gemeinschaftliche Brandstiftung in Tateinheit mit gemeinschaftlichem Versicherungsbetrug vor. Das Landgericht hat das Verfahren gegen R. und J. nach § 154 Abs. 2 StPO vorläufig eingestellt, den Beschwerdeführer N wegen Anstiftung zur Brandstiftung in Tateinheit mit Anstiftung zum Versicherungsbetrug und M. wegen Brandstiftung verurteilt; die Angeklagten Ni. und S. hat es freigesprochen.

Die Strafkammer hat in der Hauptverhandlung das Verfahren gegen den Beschwerdeführer zweimal vorläufig abgetrennt und in Abwesenheit dieses Angeklagten und seines Verteidigers Erklärungen der Mitangeklagten Ni. und S. zur Sache entgegengenommen und neun Zeugen, darunter die früheren Mitangeklagten R. und J., die nach Überzeugung der Strafkammer den Brand im Obergeschoß gelegt haben, sowie zwei Sachverständige vernommen. – Das Rechtsmittel hatte Erfolg.

Gründe: Die Revision beanstandet dieses Verfahren mit Recht. Eine vorübergehende Abtrennung des Verfahrens ist nur dann rechtlich unbedenklich, wenn in der inzwischen weitergeführten Hauptverhandlung ausschließlich Vorgänge erörtert werden, die mit dem abgetrennten Verfahrensteil in keinem inneren Zusammenhang stehen und deshalb die Anwesenheit des Angeklagten, gegen den das Verfahren abgetrennt wurde, nicht erfordern; unzulässig ist die vorübergehende Abtrennung jedoch dann, wenn die in Abwesenheit des Angeklagten durchgeführte Verhandlung Vorgänge zum Gegenstand hat, die die gegen ihn erhobenen Vorwürfe berühren, da hier die Abtrennung auf eine Umgehung des in § 230 StPO niedergelegten und in § 338 Nr. 5 StPO abgesicherten Anwesenheitsgebots hinausläuft (BGHSt. 24, 257, 259 [BGH Urt. v. 25. 10. 1971 – 2 StR 238/71; vgl. § 338 Nr. 5 StPO erfolgreiche Rügen]; 30, 74, 75 [BGH Urt. v. 1. 4. 1981 – 2 StR 791/80; vgl. § 338 Nr. 5 StPO erfolgreiche Rügen]).

So war es hier. Die Strafkammer hat in Abwesenheit des Bf. über die Tat verhandelt, an der er nach dem Anklagevorwurf als Mittäter beteiligt gewesen sein soll.

Die Verurteilung des Bf. ist deshalb aufzuheben. Die Aufhebung kann entgegen der Ansicht des GBA nicht auf den Strafausspruch beschränkt werden. Daß der Bf. eingeräumt hat, R. und J. zur Brandlegung aufgefordert zu haben, ändert daran nichts. Der absolute Revisionsgrund der vorschriftswidrigen Abwesenheit (§ 338 Nr. 5 StPO) gestattet keine Prüfung der Beruhensfrage, wenn – wie hier – der Verfahrensverstoß einen wesentlichen Teil der Hauptverhandlung betrifft (BGH Beschl. v. 8. 12. 1983 – 1 StR 598/83 [vgl. § 231c StPO erfolgreiche Rügen]).

Allerdings hat der 3. Strafsenat in einer von ihm als Ausnahmefall bezeichneten Sache die Aufhebung auf den Strafausspruch beschränkt, weil nach seiner Ansicht die Verhandlung in Abwesenheit des Angeklagten „hinsichtlich des Schuldspruchs das Verteidigungsinteresse des Angeklagten nicht berührt haben" konnte (BGHSt. 32, 270, 273/274 [BGH Urt. v. 22. 2. 1984 – 3 StR 530/83; vgl. § 338 Nr. 5 StPO erfolgreiche Rügen]). Ob dieser Auffassung für den dort entschiedenen Fall zu folgen ist, kann hier dahinstehen. Die in Abwesenheit des Beschwerdeführers geführte Verhandlung hat nämlich auch den Schuldspruch gegen ihn betroffen. Es hing von ihrem Ergebnis ab, ob er entsprechend dem Anklagevorwurf als Mittäter, als Mitanstifter oder, wie geschehen, als Alleinanstifter zu verurteilen war.

12. Unzulässige Abwesenheitsverhandlung, wenn diese nicht durch einen Beurlaubungsbeschluß abgedeckt ist.

StPO §§ 231c, 338 Nr. 5 – BGH Beschl. v. 21. 2. 1985 – 1 StR 7/85 LG Stuttgart (= StV 1985, 354 = NStZ 1985, 375 = JZ 1985, 692)

Die Revision rügt, die Hauptverhandlung habe in wesentlichen Teilen in Abwesenheit des notwendigen Verteidigers des Angeklagten stattgefunden, weil ein Sachverständiger gehört wurde, ohne daß dies von dem Beurlaubungsbeschluß gedeckt gewesen sei.

Sachverhalt: Das Landgericht hat den einzigen Verteidiger des Beschwerdeführers auf seinen Antrag gem. § 231 c StPO „für die Dauer der Vernehmung" von 5 namentlich bezeichneten Zeugen „am Nachmittag des 12. 7. 1984 von der Anwesenheit in der Hauptverhandlung beurlaubt". In Abwesenheit des Verteidigers hat es an jenem Nachmittag nicht nur die genannten 5 Zeugen vernommen, sondern darüber hinaus auch den Sachverständigen G. gehört. – Das Rechtsmittel hatte Erfolg.

Gründe: Das stellt, da ein Fall notwendiger Verteidigung nach § 140 Abs. 1 Nr. 1 und 2 StPO vorlag, einen Verstoß gegen § 145 StPO und damit einen absoluten Revisionsgrund nach § 338 Nr. 5 StPO dar.

Dabei kommt es nicht darauf an, ob der Sachverständige sein Gutachten zu einem Thema erstattet hat, das mit den gegen den Beschwerdeführer erhobenen Anklagevorwürfen nichts zu tun hatte. Daß der Angeklagte von den in seiner oder seines Verteidigers Abwesenheit stattfindenden Verhandlungsteilen nicht betroffen wird, ist nach § 231c StPO nur eine der Voraussetzungen für die Beurlaubung. Erforderlich ist ferner ein entsprechender Antrag des Angeklagte oder seines Verteidigers und ein Gerichtsbeschluß, der im Interesse der Verfahrensklarheit die Verhandlungsteile, für die die Erlaubnis gilt, zu bezeichnen hat. Nach der Sitzungsniederschrift ist für die Anhörung des Sachverständigen weder ein Freistellungsantrag gestellt noch ein entsprechender Beschluß gefaßt worden. Keines dieser Erfordernisse ist ersetzbar.

Eine Beurlaubung durch prozeßleitende Anordnung des Vorsitzenden hat der Gesetzgeber wegen der Bedeutung der Maßnahme nicht für ausreichend angesehen. Unter diesen Umständen scheidet eine stillschweigende Beurlaubung von vornherein aus. Es kann offen bleiben, ob ein stillschweigender „Antrag" ausreichen würde.

Da die Anhörung des Sachverständigen in Abwesenheit des Verteidigers somit nicht durch einen Beschluß nach § 231c StPO gedeckt war, ist das Urteil in vollem Umfang aufzuheben, ohne daß es darauf ankäme, ob es auf dem Verstoß beruht (§ 338 StPO). Der Verstoß betrifft auch nicht nur einen ausscheidbaren Teil des Urteils.

13. Die Hauptverhandlung darf gegen einen Angeklagten nicht geführt werden, wenn der Tatrichter Zweifel an dessen Verhandlungsfähigkeit hat und die in den §§ 231 II, 231a StPO bezeichneten Voraussetzungen nicht vorliegen.

StPO §§ 230 I, 338 Nr. 5 – BGH Beschl. v. 17. 7. 1984 – 5 StR 449/84 LG Hannover (= NStZ 1984, 520)

Die Revision rügt, das Gericht habe gegen den Angeklagten verhandelt, obwohl er wegen einer schweren endogenen psychischen Störung in der Form einer einfachen paranoiden Psychose teilweise nicht in der Lage war, der Verhandlung zu folgen, weil er eingeschlafen war.

Sachverhalt: Der Angeklagte leidet nach den Urteilsgründen an einer schweren endogenen psychischen Störung in der Form einer einfachen paranoiden Psychose. Dies drückt sich insbesondere darin aus, daß er sich zeitweise in einer deutlich paranoiden Stimmung befindet und deutliche Störungen im Kontaktverhalten mit Ablehnung jeder Kontaktaufnahme mit anderen aufweist. In diesem Zustand kapselt er sich von der Umwelt ab und ist weder zum Sprechen noch zum Reagieren zu bewegen. So war es auch in der Hauptverhandlung. Der Angeklagte hat dort „keinerlei Äußerung von sich gegeben. Er hat sich im Laufe der Hauptverhandlung auf die Anklagebank gelegt und geschlafen bzw. sich schlafend gestellt. Auch dem Sachverständigen gelang eine Kontaktaufnahme mit dem Angeklagten nicht mehr". Ob dieser tatsächlich geschlafen hat, hat die Strafkammer nicht festgestellt; sie hat es auch nicht ausgeschlossen. – Das Rechtsmittel hatte Erfolg.

Gründe: Die Strafkammer hat also gegen den Angeklagten verhandelt, obwohl sie zumindest für möglich hielt, daß er wegen seines Zustandes der Verhandlung nicht folgen konnte. Damit ist § 230 I StPO verletzt worden. Nach dieser Vorschrift findet gegen einen ausgebliebenen Angeklagten eine Hauptverhandlung nicht statt. Es liegt der unbedingte Revisionsgrund des § 338 Nr. 5 StPO vor.

Der Senat weist zur Vermeidung von Mißverständnissen auf folgendes hin: Der BGH hat entschieden, daß für das Verfahrenshindernis der Verhandlungsunfähigkeit der Grundsatz in dubio pro reo nicht gilt (Urt. v. 10. 7. 1873 – 5 StR 189/73, bei Dallinger, MDR 1873, 902). Dies bedeutet, daß eine auf Verletzung des § 230 I StPO gestützte Verfahrensbeschwerde nur Erfolg haben kann, wenn der Verstoß nachgewiesen ist. Daran ist festzuhalten. Hier geht es jedoch um die davon zu unterscheidende Frage, ob die Hauptverhandlung gegen einen Angeklagten geführt werden darf, wenn der Tatrichter Zweifel an dessen Verhandlungsfähigkeit hat und die in den §§ 231 II, 231a StPO bezeichneten Voraussetzungen nicht vorliegen.

Diese Frage ist zu verneinen.

14. In Niedersachsen kann ein Gerichtsreferendar nur dann eigenverantwortlich ein Protokoll führen, wenn der Behördenleiter ihn dazu ermächtigt hat.

StPO § 338 Nr. 5 – BGH Beschl. v. 3. 4. 1984 – 5 StR 986/83 LG Braunschweig (= NStZ 1984, 327)

Die Revision rügt, daß die Hauptverhandlung am zweiten Sitzungstag nicht in Anwesenheit eines Urkundsbeamten der Geschäftsstelle stattgefunden hat, sondern das Protokoll von einer Gerichtsreferendarin geführt worden ist.

Sachverhalt: An diesem Tage hat die Referendarin S. das Protokoll geführt. Sie war einem Richter der Kammer zur Ausbildung zugeteilt und vom Vorsitzenden mit der Protokollführung beauftragt worden. Jedoch war sie nicht Urkundsbeamtin der Geschäftsstelle. – Das Rechtsmittel hatte Erfolg.

Gründe: Allerdings können auch Referendare unter den in § 153 V GVG bezeichneten Voraussetzungen mit Aufgaben eines Urkundsbeamten der Geschäftsstelle betraut werden, wenn das Landesrecht dies vorsieht (BGH, Urt. v. 20. 4. 1982 – 5 StR 521/81). In Niedersachsen bestimmt § 8 der Anordnung über die Geschäftsstellen der ordentlichen Gerichte und der Staatsanwaltschaften i.d.F. der AV vom 3. 12. 1980 (NdsRpfl 1980, 273) folgendes:

Mit Aufgaben der Geschäftsstelle einschließlich der Aufgaben des Urkundsbeamten der Geschäftsstelle, die nicht den Beamten des gehobenen Justizdienstes vorbehalten sind, können auch Justizbedienstete betraut werden, die auf dem Sachgebiet, das ihnen übertragen werden soll, einen Wissens- und Leistungsstand aufweisen, der dem durch die Ausbildung nach § 153 II GVG vermittelten Stand gleichwertig ist. Die Entscheidung hierüber treffen die Behördenleiter. Bei der Übertragung von Aufgaben auf Justizangestellte ist auch zu prüfen, ob die haushalts- und tarifrechtlichen Voraussetzungen erfüllt sind.

Danach kann nur der Behördenleiter andere als die in § 153 II, III GVG genannten Personen mit Aufgaben eines Urkundsbeamten der Geschäftsstelle betrauen. Das gilt auch für Referendare. Die Niedersächsische Ausbildungsordnung für Juristen besagt nichts anderes. Nach ihr soll der Referendar während der Ausbildung bei einem Gericht in Strafsachen sich auch darin üben, Protokolle über die Hauptverhandlung aufzunehmen, soweit dies der Ausbildung förderlich ist (§ 50 S. 1 Nr. 3 NJAO). Dies kann dadurch geschehen, daß er ohne eigene Verantwortung einen Protokollentwurf anfertigt oder ein Nebenprotokoll führt, aber auch in der Weise, daß er das Protokoll eigenverantwortlich aufnimmt. Da der Referendar „so frühzeitig wie möglich ... im Rahmen der gesetzlichen Möglichkeiten selbständig tätig werden" soll (§ 40 I 3 NJAO), kann es sich empfehlen, ihn das Protokoll eigenverantwortlich führen zu lassen, sobald er einen entsprechenden Wissens- und Leistungsstand aufweist. Die Entscheidung darüber hat indessen nicht der ausbildende Richter oder der Kammer-Vorsitzende, sondern der hierfür zuständige Behördenleiter zu treffen, dessen Weisungen der Referendar in seiner dienstlichen Tätigkeit untersteht (§ 30 II NJAO). ...

15. Unzulässige vorübergehende Verfahrensabtrennung gegen Mitangeklagte.

StPO §§ 4, 230, 231c, 338 Nr. 5 – BGH Urt. v. 22. 2. 1984 – 3 StR 530/83 LG Mannheim (= BGHSt. 32, 270 = NJW 1984, 1245 = StV 1984, 185)

Die Revision des Angeklagten sieht einen Verstoß gegen das Gebot, die Hauptverhandlung nicht während seiner und seines Verteidigers Abwesenheit durchzuführen, darin, daß das Landgericht das Verfahren gegen Mitangeklagte, nämlich gegen S. und gegen M., vorübergehend abgetrennt und gegen diese in den zeitweilig gesonderten Verhandlungen zur Sache verhandelt habe.

Sachverhalt:

a) Die am 5. 10. 1964 geborene S. ist – rechtskräftig – verurteilt, Anfang August 1982 als Kurier des Angeklagten rund 1 kg Heroin transportiert zu haben. Am 2. Verhandlungstag der gegen sie, den Angeklagten und andere geführten Hauptverhandlung wurde das Verfahren gegen sie „vorübergehend von dem übrigen Verfahren abgetrennt". Während der Abtrennung wurde – in Abwesenheit des Angeklagten und seines Verteidigers – der Vertreter der Jugendgerichtshilfe gehört. Die Angeklagte S. äußerte sich, wie im Protokoll vermerkt ist, „auf Fragen zur Sache". Anschließend wurden die getrennten Verfahren wieder zur gemeinsamen Verhandlung verbunden.

b) Der Mitangeklagte M. ist – rechtskräftig – verurteilt, dem Angeklagten bei der Durchführung eines Betäubungsmittelgeschäfts – Verkauf und Übergabe von 568,05 g Heroin – Hilfe geleistet zu haben. In der gegen ihn, den Angeklagten und andere gemeinsam durchgeführten Hauptverhandlung hat er keine Angaben zur Sache gemacht. Er ist nach Auffassung des Landgerichts unter anderem „durch die ihn belastenden Angaben" des Angeklagten überführt. Am 3. Verhandlungstag der gemeinsamen Hauptverhandlung hat das Landgericht das Verfahren gegen den Mitangeklagten zur „zeitweiligen gesonderten Verhandlung von dem übrigen Verfahren abgetrennt". Während der Abtrennung hielten – in Abwesenheit des Angeklagten und seines Verteidigers – die Staatsanwaltschaft und der Verteidiger des Mitangeklagten in dieser Sache ihre Schlußvorträge; der Mitangeklagte hatte Gelegenheit zum letzten Wort. Am nächsten Verhandlungstag wurde in Abwesenheit des Mitangeklagten M. gegen die anderen Angeklagten weiter zur Sache verhandelt. Für die Urteilsverkündung wurden die getrennten Verfahren wieder zur gemeinsamen Verhandlung verbunden. – Das Rechtsmittel hatte Erfolg.

Gründe: Das Vorgehen des Landgerichts gefährdet den Schuldspruch nicht. Es enthält aber einen Verfahrensfehler, der den Strafausspruch betrifft.

a) Der Bundesgerichtshof hat es in seiner zu § 231c StPO ergangenen in NStZ 1983, 34 (BGH Beschl. v. 5. 10. 1982 – 1 StR 174/82; vgl. § 231c StPO erfolgreiche Rügen) abgedruckten Entscheidung offengelassen, ob die genannte Vorschrift eine Spezialvorschrift in dem Sinne ist, daß sie eine kurzfristige Abtrennung nach allgemeinen Vorschriften (§ 4 StPO) ausschließt. Andere Entscheidungen des Bundesgerichtshofs knüpfen an die Rechtslage, wie sie vor Einfügung des § 231c StPO in die Strafprozeßordnung gegeben war (BGHSt. 24, 157), an und halten eine vorübergehende Abtrennung grundsätzlich weiterhin für möglich, ohne allerdings die Voraussetzungen der Abtrennung nach § 4 StPO und ihre Abgrenzung gegenüber der Beurlaubung nach § 231c StPO zu erörtern (BGHSt. 30, 74, 75 [BGH Urt. v. 1. 4. 1981 – 2 StR 791/80; vgl. § 338 Nr. 5 StPO erfolgreiche Rügen]; 32, 100 [BGH Urt. v. 5. 10. 1983 – 2 StR 298/83; vgl. § 338 Nr. 5 StPO erfolglose Rügen]; BGH des Verfahrens eine getrennte Verhandlung NStZ 1981, 111 [BGH Beschl. v. 29. 10. 1980 – 3 StR 335/80 = BGHSt. 29, 390; vgl. § 244 StPO erfolgreiche Rügen]; BGH bei Holtz MDR 1979, 807). Für Fälle der vorliegenden Art, in denen das von Amts wegen zu berücksichtigende Interesse an zügiger Förderung angezeigt erscheinen läßt und in denen die Abtrennung nicht der Umgehung des Antragserfordernisses aus § 231c StPO dient, schließt sich der Senat der auch in der Literatur vertretenen Auffassung an, daß das aus § 4 StPO herzuleitende Recht zur vorübergehenden Trennung von Verfahren durch die Einfügung des § 231c StPO nicht berührt ist.

Den Gesetzgebungsmaterialien ist nichts zu entnehmen, was diese dem Wortlaut des § 231c StPO nicht widersprechende Auslegung in Frage stellen könnte. Die Begründung des Gesetzentwurfes der Bundesregierung, auf den die Einfügung des § 231c StPO zurückgeht (BT-Drucks. 8/976 S. 49, 50), bezeichnet die Möglichkeit vorübergehender Abtrennung in Fällen, in denen auf Verhinderungen einzelner Angeklagter oder Verteidiger Rücksicht zu nehmen ist, als Notbehelf, der dem eigentlichen Sinn der Trennungs- und Verbindungsvorschriften kaum gerecht werde. Mit der neuen Regelung könne der verfahrenstechnische Umweg einer Trennung und Wiederverbindung vermieden werden. § 231c StPO sollte „in erster Linie den Interessen des Angeklagten und des Verteidigers" dienen (Begründung des Entwurfs a.a.O. S. 50). Daraus ist zu folgern, daß keine abschließende Regelung gewollt war, mit der alle Verfahrenssituationen erfaßt werden sollten, die bisher Anlaß zu einer vorübergehenden Abtrennung gaben. Deshalb bleibt es bei dieser Möglichkeit nach § 4 StPO bei Verfahrenslagen, denen nicht durch Urlaubsgewährung Rechnung getragen werden kann.

b) Die vorübergehende Abtrennung hat hier das Interesse des Angeklagten an seiner Verteidigung zur Schuldfrage nicht berührt.

aa) Eine vorübergehende Abtrennung ist allerdings in der Regel unzulässig, wenn die ohne den Angeklagten fortgesetzte Verhandlung einer Tat gilt, auf die sich auch der gegen ihn erhobene Anklagevorwurf sachlich bezieht. Denn wenn die in Abwesenheit des Angeklagten durchgeführte Verhandlung Vorgänge zum Gegenstand hat, welche die gegen ihn erhobenen Vorwürfe berühren, läuft die Abtrennung auf eine Umgehung des in § 230 StPO niedergelegten und in § 338 Nr. 5 StPO abgesicherten Anwesenheitsgebots hinaus (BGHSt. 24, 257, 259 [BGH Urt. v. 25. 10. 1971 – 2 StR 238/71; vgl. § 338 Nr. 5 StPO erfolgreiche Rügen]; BGHSt. 30, 74, 75). Aber auch in Verfahren, in denen sich mehrere Angeklagte wegen Beteiligung an derselben Tat zu verantworten haben, kann die Verhandlung auf einen Punkt beschränkt sein, der nur einen der Angeklagten berührt. Steht dies zweifelsfrei fest, läßt sich also ausschließen, daß die in dem abgetrennten Verfahren durchgeführte Verhandlung das Verteidigungsinteresse des abwesenden Angeklagten berührt, liegt ein Verstoß gegen § 338 Nr. 5 StPO nicht vor (BGHSt. 32, 100). In Zweifelsfällen darf auf dienstliche Äußerungen zurückgegriffen werden (vgl. BGHSt. 21, 180, 182 [BGH Urt. v. 2. 12. 1966 – 4 StR 201/66; vgl. § 338 Nr. 5 StPO erfolglose Rügen]), soweit sie – ohne inhaltliche Rekonstruktion der Verhandlung im einzelnen (vgl. BGHSt. 31, 139, 140 [BGH Urt. v. 2. 11. 1982 – 5 StR 622/82; vgl. § 267 StPO erfolglose Rügen]) – zur Klärung des Verhandlungsgegenstandes den äußeren Ablauf der Hauptverhandlung wiedergeben.

bb) Während der Abtrennung des Verfahrens gegen S. hat sich die Verhandlung, wie die dienstliche Äußerung des Vorsitzenden ergibt, auf die Entgegennahme des Berichts der Jugendgerichtshilfe über die persönlichen, familiären und wirtschaftlichen Verhältnisse dieser Angeklagten bezogen. Insoweit erhebt die Revision keine Rüge. Die im Protokoll erwähnten Angaben der S. „zur Sache" gingen über diesen Verhandlungsgegenstand nicht hinaus; sie können die Verteidigungsinteressen des Angeklagten nicht berührt haben.

Daß während der Abtrennung des Verfahrens gegen M. sowohl die Staatsanwaltschaft als auch seine Verteidigung die diesen Mitangeklagten betreffenden Schlußvorträge gehalten haben und dieser Gelegenheit zum letzten Wort hatte, kann unter den hier vorliegenden besonderen Umständen, soweit der Schuldspruch in Frage steht, die Verteidigungsinteressen des Beschwerdeführers ebenfalls nicht berührt haben. Der Senat verkennt nicht, daß dies bei solchen Verfahrensvorgängen in der Regel anders zu beurteilen ist (BGH NStZ 1983, 34; BGH bei Holtz MDR 1978, 807). Hier liegt aber ein Ausnahmefall vor. Denn die Verurteilung des Angeklagten hat keinen Zusammenhang mit dem Prozeßverhalten des Mitangeklagten M., der sich – wie überhaupt – nach der dienstlichen Versicherung des Vorsitzenden auch nach Erteilung des Schlußworts nicht zur Sache eingelassen hat. Auch die Schlußvorträge von Staatsanwaltschaft und Verteidiger in dem abgetrennten Verfahren gegen M. können hinsichtlich des Schuldspruchs das Verteidigungsinteresse des Angeklagten nicht berührt haben, weil M. sich als Gehilfe nur an Handlungen beteiligt hat, die der Angeklagte voll eingeräumt hat und hinsichtlich derer sich das Urteil gerade auf seine Einlassung stützt.

c) Anders liegt es hinsichtlich des Strafausspruchs. Es würde der Ordnung des Revisionsverfahrens widersprechen, den Inhalt der Schlußvorträge in dem gegen M. geführten Verfahren zu rekonstruieren (vgl. BGHSt. 31, 139, 140). Darauf kommt es aber auch nicht an. Bei der gegebenen Sachlage liegt es sogar nahe, daß die Schlußvorträge sich auch mit der Frage befaßten, wie die Taten des Angeklagten und von M. im Gewicht gegeneinander abzustufen sind. Die Beachtlichkeit dieser Abstufung für die Bestrafung des Angeklagten wird im übrigen in den Urteilsgründen deutlich, in denen ausgeführt ist, der Angeklagte habe M. in seine Betäubungsmittelgeschäfte „hineingezogen", und in denen in diesem Zusammenhang seine „Bedenkenlosigkeit" hervorgehoben wird. Nach alledem ist der unbedingte Revisionsgrund des § 338 Nr. 5 StPO gegeben.

16. Unzulässige Entfernung des Angeklagten aus der Hauptverhandlung.

StPO §§ 54 I, 96, 247, 338 Nr. 5; BRRG § 39 III S. 1 – BGH Urt. v. 1. 7. 1983 – 1 StR 138/83 LG Karlsruhe (= BGHSt. 32, 32 = NJW 1984, 1973 = NStZ 1983, 565 = JZ 1984, 45)

Die Revision rügt, das Landgericht haben den Zeugen G. in Abwesenheit der Angeklagten vernommen, ohne daß die Voraussetzungen dafür vorgelegen hätten.

Sachverhalt: G. war V-Mann des Landeskriminalamts Baden-Württemberg. Die Behörde teilte dem Gericht seine Anschrift nicht mit. Der Präsident des Landeskriminalamts war aber damit einverstanden, daß G. durch die Strafkammer in Anwesenheit des Staatsanwalts und der Verteidiger im Landeskriminalamt vernommen wird. Daraufhin faßte die Strafkammer am 27. 9. 1982 außerhalb der Hauptverhandlung folgenden Beschluß:

„Im Hinblick auf das Fernschreiben des Landeskriminalamts Baden-Württemberg vom 24. 9. 1982 wird die kommissarische Vernehmung des Zeugen G. im Gebäude des Landeskriminalamts Baden-Württemberg angeordnet ...".

Gemäß diesem Beschluß wurde G. von der erkennenden Strafkammer (einschließlich der Schöffen) in Anwesenheit des Staatsanwalts und des Verteidigers des Angeklagten A. am 29. 9. 1982 im Landeskriminalamt unter Ausschluß der Öffentlichkeit vernommen. Der Verteidiger des Angeklagten B. erschien im Laufe der Vernehmung. Die Angeklagten, die sich in Untersuchungshaft befanden, waren abwesend. Die Niederschrift über die Vernehmung wurde mit Zustimmung des Staatsanwalts, der Angeklagten und der Verteidiger am 8. 10. 1982 in der Hauptverhandlung verlesen. – Das Rechtsmittel hatte Erfolg.

Gründe:

a) Eine Beweiserhebung, die im Sinne des § 261 StPO zum „Inbegriff der Verhandlung" gehört, erfordert die Anwesenheit des Angeklagten (§ 230 Abs. 1 StPO), wenn nicht die Voraussetzungen einer Durchbrechung des die Hauptverhandlung beherrschenden Anwesenheitsgrundsatzes vorliegen. Die Strafkammer hat das Anwesenheitserfordernis außer Betracht gelassen, weil sie angenommen hat, es handele sich bei der Vernehmung des Zeugen G. um eine Vernehmung durch den beauftragten Richter, für welche nach § 224 Abs. 2 StPO das Anwesenheitsrecht der Angeklagten entfalle. Die Frage, ob aus den in § 96 StPO und § 39 Abs. 3 Satz 1 BRRG (§ 62 Abs. 1 BBG) anerkannten Gründen (vgl. BVerfGE 57, 250, 289 [BVerfG Beschl. v. 26. 5. 1981 – 2 BvR 215/81; vgl. § 251 StPO erfolglose Rügen]; BGHSt. 29, 109, 111 [BGH Urt. v. 10. 10. 1979 – 3 StR 281/79 [S]; vgl. §§ 110a, 251, 261 StPO erfolgreiche Rügen]) ein Ausschluß der Angeklagten von der Beweiserhebung in Betracht kam, stellte sich dem Tatrichter nicht.

b) Der Senat bejaht diese Frage. In der Rechtsprechung dem Bundesverfassungsgerichts und des Bundesgerichtshofs ist anerkannt, daß es verfassungsmäßig legitimierte staatliche

Aufgaben gibt, bei deren Erfüllung Maßnahmen der Geheimhaltung notwendig sind, und daß das öffentliche Interesse an der Wahrnehmbarkeit dieser Aufgaben dem strafprozessualen Aufklärungs- und Verteidigungsinteresse widerstreiten kann. Ob ein Widerstreit vorliegt und inwieweit das mit streng gesetzmäßiger Rechtspflege nicht konform gehende öffentliche Interesse dazu führen darf, „daß ein an sich zugängliches, dem Beweisthema sachnäheres Beweismittel in den üblichen prozessualen Formen nicht für die Beweisaufnahme in der Hauptverhandlung zur Verfügung gestellt werden kann", ist eine Frage des einzelnen Falles, die sich nur aufgrund einer Abwägung aller auf dem Spiel stehenden Rechtsgüter und Interessen beantworten läßt. Im Rahmen dieser Abwägung sind neben der Schwere der Straftat, um deren Erforschung und Aburteilung es geht – und damit dem Ausmaß der einem Angeklagten drohenden Nachteile – das Gewicht der einer bestmöglichen Aufklärung entgegenstehenden Umstände und der Stellenwert des sachnäheren Beweismittels in Anbetracht der gesamten Beweislage von besonderer Bedeutung. Die Pflicht zur Abwägung der widerstreitenden Interessen trifft auch und in erster Linie die Behörde, deren Erklärung oder Entscheidung zu einer Vorenthaltung des sachnäheren Beweismittels oder zu seiner Verwendung unter Modalitäten führt, die dem justizförmigen Strengbeweisverfahren der Strafprozeßordnung nicht oder nur teilweise entsprechen. Sie muß dem Gericht im Rahmen des Möglichen die Gesichtspunkte, die für das Ergebnis ihrer Prüfung bestimmend sind, darlegen. In den Katalog der in Betracht kommenden Modalitäten deren Einhaltung die Behörde mit zureichender Begründung nach dem Grundsatz verlangen kann, daß die Beeinträchtigung justizförmiger Wahrheitserforschung (§ 244 Abs. 2 StPO) und des Verteidigungsinteresses nicht weiter gehen darf, als berücksichtigungsfähige Gesichtspunkte des „Staatswohls es unabdingbar erfordern, gehört auch die Entfernung des Angeklagten während der Vernehmung eines Zeugen in der Hauptverhandlung (zweifelnd BGH NStZ 1982, 42 [BGH Urt. v. 13. 10. 1981 – 1 StR 561/81; vgl. § 338 Nr. 8 StPO erfolglose Rügen]). § 247 StPO gestattet es, durch eine solche Entfernung dem Interesse an vollständiger und wahrheitsgemäßer Aufklärung des Sachverhalts Rechnung zu tragen, wenn bestimmte Gründe vorliegen.

Offensichtlich sieht das Gesetz in der vorübergehenden Einschränkung des Rechts des Angeklagten, bei allen in der Hauptverhandlung sich abspielenden Vorgängen dabei zu sein und auf Gang und Ergebnis des Strafverfahrens durch unmittelbares Befragen der Zeugen Einfluß zu nehmen, ein kleineres Übel als im Verzicht auf den Grundsatz der Unmittelbarkeit (§ 250 StPO). Die Wahrung dieses Grundsatzes ermöglicht es auch im Falle des vorübergehenden Ausschlusses des Angeklagten dem erkennenden Gericht selbst, dem Staatsanwalt und dem Verteidiger, das Beweismittel voll „auszuschöpfen" und durch eigene Wahrnehmung Eindrücke zu gewinnen, die für die umfassende Beurteilung der Glaubwürdigkeit eines Zeugen unerläßlich sind. Deshalb verdient die Beweisaufnahme in der Hauptverhandlung, auch wenn sie in Abwesenheit des Angeklagten erfolgt, den Vorzug gegenüber der nur kommissarischen Vernehmung unter Ausschluß (in Abwesenheit) des Angeklagten zur Gewinnung eines nach § 251 Abs. 1 Nr. 2 StPO verlesbaren Protokolls. Bei dieser Vernehmung müssen die Nachteile der Nichtanwesenheit und der Durchbrechung des Unmittelbarkeitsgrundsatzes in Kauf genommen werden. Ihre Anerkennung als geeignetes Mittel zur Lösung des Konflikts zwischen dem öffentlichen Interesse an der Abschirmung eines Zeugen einerseits, dem Gebot, eine möglichst zuverlässige Beweisgrundlage zu gewinnen, und dem Verteidigungsinteresse andererseits, umschließt die Anerkennung der zeitweiligen Entfernung des Angeklagten aus dem Sitzungszimmer als geringfügigeren Eingriff. Genügt er – eventuell in Verbindung mit dem Ausschluß der Öffentlichkeit – zur Bewältigung des Interessenwiderstreits, braucht und darf nicht auf die kommissarische Vernehmung zurückgegriffen werden.

c) Das Landgericht hat im zu entscheidenden Fall, ausgehend davon, es nehme eine kommissarische Vernehmung vor, eine Entfernung der Angeklagten nicht angeordnet. Das wäre nach Sachlage unschädlich, wenn sich aus der Entscheidung, mit der die kommissarische Vernehmung des Zeugen G. angeordnet wurde, tragfähige Gründe für eine Entfernung der Angeklagten aus dem Vernehmungsraum entnehmen ließen.

Das ist jedoch nicht der Fall. Dabei kann dahinstehen, ob die im Fernschreiben des Landeskriminalamts Baden-Württemberg vom 24. 9. 1982 angeführten Gründe einen Ausschluß der Angeklagten bei der Vernehmung des Zeugen G. rechtfertigen könnten (vgl. BGHSt. 31, 290 [BGH Urt. v. 16. 3. 1983 – 2 StR 543/82; vgl. § 251 StPO erfolgreiche Rügen]).

Jedenfalls kam ein Ausschluß des Angeklagten nach § 247 Satz 1 StPO nur in Frage, wenn andernfalls die Mitteilung der ladungsfähigen Anschrift aufgrund einer Erklärung der obersten Dienstbehörde verweigert worden wäre (vgl. BGHSt. 29, 390, 393 [BGH Beschl. v. 29. 10. 1980 – 3 StR 335/80; vgl. § 244 StPO erfolgreiche Rügen]; 30, 34 [BGH Urt. v. 1. 4. 1981 – 2 StR 791/80; vgl. § 244 StPO erfolgreiche Rügen]; BVerfGE 57, 250, 289). Eine solche Sperrerklärung der obersten Dienstbehörde liegt nicht vor. Schon deshalb durfte die Vernehmung des Zeugen G. nicht in Abwesenheit der Angeklagten erfolgen.

Daran ändert nichts, daß die Angeklagten und ihre Verteidiger in der Hauptverhandlung der Verlesung der Niederschrift der Vernehmung des Zeugen G. gemäß § 251 Abs. 1 Nr. 4 StPO zugestimmt und demgemäß auf die Rüge eines Verstoßes gegen die Voraussetzungen der Verlesbarkeit verzichtet haben. Dieser Rügeverzicht betrifft nur § 251 StPO. Das Fehlen einer Entscheidung der obersten Dienstbehörde haben die Beschwerdeführer dagegen ausdrücklich beanstandet.

17. Augenscheinseinnahme ohne den Angeklagten kann nicht nachträglich als kommissarischer Augenschein gewertet werden.

StPO § 338 Nr. 5 – BGH Beschl. v. 30. 6. 1983 – 4 StR 351/83 LG Memmingen (= StV 1983, 402 = NStZ 1984, 41)

Die Revision rügt, das Gericht habe eine Ortsbesichtigung ohne den Angeklagten durchgeführt.

Sachverhalt: Nach dem letzten Wort des Angeklagten und der Anberaumung eines Termins zur Urteilsverkündung ordnete der Vorsitzende außerhalb der Hauptverhandlung die Einnahme eines Augenscheins für denselben Abend an. Die Verfahrensbeteiligten und drei Zeugen wurden fernmündlich zum Tatort geladen. Der Angeklagte erschien nicht. Gleichwohl nahm die Strafkammer den Augenschein ein und hörte die Zeugen. In der später an Gerichtsstelle fortgesetzten Verhandlung erklärte der Vorsitzende, daß „dieser Augenschein nur als kommissarischer Augenschein gewertet werden" könne. Die Niederschrift wurde verlesen und der nunmehr anwesende Angeklagte über die Ergebnisse der Beweisaufnahme unterrichtet. – Das Rechtsmittel hatte Erfolg.

Gründe: Die Strafkammer durfte den Ortstermin nicht ohne den Angeklagten durchführen.

a) Eine kommissarische Einnahme des Augenscheins hat nicht stattgefunden. Eine derartige Beweisaufnahme vor dem beauftragten oder ersuchten Richter (§ 223 StPO), für die die Anwesenheitspflicht des Angeklagten (§ 230 StPO) nicht gilt, war weder beabsichtigt noch ist sie durchgeführt worden.

Den Ortstermin hat der Vorsitzende, nicht das Gericht, angeordnet. Alle Verfahrensbeteiligten sollten an der Beweisaufnahme teilnehmen und sind mit Ausnahme des Angeklagten auch erschienen. Nach der Niederschrift wurde an Ort und Stelle „erneut in die Beweisaufnahme eingetreten". Die Niederschrift genügt, soweit Zeugen gehört wurden, nicht den Anforderungen der §§ 168, 168a StPO für eine Beweiserhebung durch den Richterkommissar. Erst in der später fortgesetzten Verhandlung schließlich äußerte der Vorsitzende der Strafkammer, die Beweisaufnahme könne lediglich als kommissarische „gewertet" werden. Aus alledem ergibt sich, daß die Strafkammer mit dem Ortstermin erneut in die reguläre Hauptverhandlung eintreten wollte und eingetreten ist; die nachträgliche Erklärung des Vorsitzenden vermag daran nichts zu ändern (vgl. auch BGH MDR 1983, 504 [BGH Urt. v. 2. 2. 1983 – 2 StR 576/82 = BGHSt. 31, 236; vgl. § 338 Nr. 5 StPO erfolgreiche Rügen]).

b) Aus der Hauptverhandlung darf sich der Angeklagte nicht entfernen (§ 230 StPO). Tut er es dennoch, muß das Gericht mit der Hauptverhandlung innehalten, sofern nicht einer der Ausnahmefälle gegeben ist, in denen sie weitergeführt werden darf. Ein solcher Ausnahmefall lag hier nicht vor. Zwar kann das Gericht die Hauptverhandlung gemäß § 231 Abs. 2 StPO ohne den Angeklagten zu Ende führen, wenn dieser in einem Fortsetzungstermin ausbleibt, über die Anklage bereits vernommen ist und seine Anwesenheit nicht erforderlich erscheint. Voraussetzung dafür ist jedoch, daß sein Ausbleiben eigenmächtig ist (BGHSt. 10, 304 [BGH Urt. v. 26. 6. 1957 – 2 StR 182/57; vgl. § 338 Nr. 5 StPO erfolgreiche Rügen]; 25, 317, 319 [BGH Urt. v. 9. 5. 1974 – 4 StR 102/74; vgl. § 338 Nr. 5 StPO erfolgreiche Rügen]; BGH 1 StR 470/78 bei Holtz MDR 1979, 989). Daran fehlt es, wenn er nicht erscheinen mußte, weil er nicht wirksam geladen war. Die telefonische Benachrichtigung, die hier der Angeklagte erhalten hat, stellte eine rechtswirksame Ladung nicht dar. Da die Anberaumung des Ortstermins nicht in der Sitzung verkündet worden war, bedurfte es vielmehr der Wahrung der in § 35 Abs. 2 Satz 2 StPO festgelegten Förmlichkeiten, also einer schriftlichen Bekanntmachung. Mangels einer solchen Bekanntmachung des Fortsetzungstermins durfte das Landgericht daher nicht nach § 231 Abs. 2 StPO verfahren. Darauf, daß der Angeklagte sein Fernbleiben außerdem mit einem durch ärztliche Bescheinigung belegten Unfall entschuldigt hat, kommt es hiernach nicht mehr an.

Die Beweisaufnahme an Ort und Stelle war ein wesentlicher Teil der Hauptverhandlung. Das Landgericht hat sie in Abwesenheit einer Person durchgeführt, deren Anwesenheit das Gesetz vorschreibt. Der Verfahrensverstoß nötigt deshalb zur Aufhebung des Urteils, ohne daß zu prüfen ist, ob es auf ihm beruht (§ 338 Nr. 5 StPO).

18. Unzulässige kommissarische Vernehmung in Abwesenheit des Angeklagten und seines Verteidigers.

StPO §§ 223, 338 Nr. 5; GVG §§ 30, 76, 77 – BGH Urt. v. 2. 2. 1983 – 2 StR 576/82 LG Darmstadt (= BGHSt. 31, 236 = NJW 1983, 1864)

Die Revision der Angeklagten rügt, daß die Vernehmung des Zeugen „Dieter Bauer" durch die Strafkammer keine kommissarische, sondern eine Zeugenvernehmung in nichtöffentlicher Hauptverhandlung gewesen sei, von der die Kammer sie selbst und ihre Verteidiger zu Unrecht ausgeschlossen habe.

Sachverhalt: In die Abwicklung der von den Angeklagten betriebenen Geschäfte mit Heroin war außer einem V-Mann der Polizei auf dessen Veranlassung auch ein Kriminalbeamter des Hessischen Landeskriminalamts eingeschaltet worden, der sich allen Beteiligten, darunter auch den Beschwerdeführern gegenüber als „Dieter Bauer" ausgab und maßgeblich an der Aufklärung des Falles und der Festnahme der Beschwerdeführer beteiligt war.

In der Hauptverhandlung vom 2. 10. 1981 verkündete die Strafkammer, nachdem die Verteidiger der vorgesehenen Art der Vernehmung widersprochen hatten, folgenden Beschluß:

„Der als ‚Dieter Bauer' bekannte Beamte des Hessischen Landeskriminalamtes soll durch die Kammer außerhalb der Hauptverhandlung kommissarisch in Abwesenheit der Verteidiger und der Angeklagten als Zeuge unter Wahrung seiner Anonymität gehört werden.

Die gerichtliche Aufklärungspflicht gebietet die Vernehmung dieses Zeugen. Angesichts des Inhalts des Fernschreibens des Hessischen Ministers des Innern (Bl. 417 d.A.) kann die vom Gericht angestrebte Vernehmung innerhalb der Hauptverhandlung oder außerhalb der Hauptverhandlung in Anwesenheit der Verteidiger oder der Angeklagten nicht durchgeführt werden. Diese Beschränkung durch den Hessischen Minister des Innern ist weder willkürlich, offensichtlich fehlerhaft oder ohne Angabe von Gründen erfolgt."

Der Zeuge wurde sodann als „unbekannte männliche Person" noch am 2. 10. 1981 in „nichtöffentlicher Sitzung des Landgerichts Darmstadt, 5. Große Strafkammer" in Anwesenheit sowohl der Berufsrichter wie der Schöffen, jedoch in Abwesenheit des Staatsanwalts, der Angeklagten und ihrer Verteidiger vernommen.

In der Hauptverhandlung vom 5. 10. 1981 erging, wiederum nach Widerspruch der Verteidiger, folgender Beschluß der Strafkammer:

„Die Niederschrift über die kommissarische Vernehmung des Zeugen ‚Dieter Bauer' soll gemäß § 251 Abs. 1 Nr. 2 StPO verlesen werden, weil einer Vernehmung des Zeugen innerhalb der Hauptverhandlung infolge der Nichtpreisgabe des Zeugen durch den Hessischen Minister des Innern für eine Vernehmung in der Hauptverhandlung ein nicht zu beseitigendes Hindernis entgegensteht."

Die Aussage des Zeugen wurde verlesen. – Das Rechtsmittel hatte Erfolg.

Gründe: Voraussetzungen und Art der kommissarischen Vernehmung eines Zeugen sind in den §§ 223, 224, 168a StPO im einzelnen und abschließend geregelt. Danach ist der Zeuge „durch einen beauftragten oder ersuchten Richter" zu vernehmen, der hierüber ein Protokoll aufzunehmen hat, das unter den im Gesetz vorgesehenen Voraussetzungen (vgl. § 251 Abs. 1 Nr. 2 StPO) in der Hauptverhandlung verlesen werden darf. Kennzeichnend für die Vernehmung ist es, daß sie außerhalb der Hauptverhandlung stattfindet und daß hierbei an die Stelle des in der Hauptverhandlung mitwirkenden Tatrichters – Einzelrichters oder Richterkollegiums – ein anderer Richter tritt, der dem später entscheidenden Gericht den Inhalt der Zeugenaussage vermittelt. Ordnet eine Strafkammer als „das Gericht" im Sinne des § 223 Abs. 1 StPO die kommissarische Vernehmung an, so kann sie mit der Durchführung eines oder mehrere ihrer (berufsrichterlichen) Mitglieder beauftragen (vgl. zu alledem BGHSt. 2, 2[1]; BGH LM Nr. 3 zu § 223 StPO; BGH, Beschlüsse vom 13. 10. 1976 – 2 StR 426/76 – und vom 21. 12. 1982 – 2 StR 329/82).

Wie der Wortlaut der von der Strafkammer in der Hauptverhandlung verkündeten Beschlüsse deutlich macht, war die Vernehmung des „Dieter Bauer" am 2. 12. 1981 als kommissarische Vernehmung in dem dargelegten Sinn gedacht. In Wirklichkeit handelte es sich nach Art und Ablauf jedoch nicht um eine solche Vernehmung, sondern um einen Teil der Hauptverhandlung, der die Besonderheit aufwies, daß der Staatsanwalt nicht teilnahm und die Angeklagten und ihre Verteidiger ausgeschlossen waren. Nicht ein anderer als der Tatrichter, sondern die später entscheidende Strafkammer selbst führte – auf ihre eigene Anordnung hin – die Vernehmung durch, und zwar, da auch die Schöffen mitwirkten, in ihrer nur in der Hauptverhandlung zulässigen Besetzung (§§ 76, 77, 30 GVG). Eine zur Entscheidung in der Hauptverhandlung berufene Strafkammer kann nicht sich selbst in voller Besetzung mit der Vernehmung eines Zeugen außerhalb der Hauptverhandlung

---

[1] „Unter einem beauftragten Richter verstehen die Prozeßgesetze ein Mitglied des mit der Sache befaßten Kollegialgerichts, dem das Kollegium eine richterliche, insbesondere eine Untersuchungshandlung überträgt. Landgerichtsrat Sp. war in diesem Sinne beauftragter Richter. Denn die Vernehmung ist ihm durch Beschluß der Strafkammer übertragen worden, bei der die Sache nach Eröffnung des Hauptverfahrens schwebte; er war Mitglied dieser Strafkammer und hat auch bei dem Beschluß selbst mitgewirkt. Auch zur Zeit der Vernehmung besaß er jene Eigenschaft. Damit ist dem Gesetz genügt. Die gelegentliche Umschreibung des Begriffs des beauftragten Richters im Schrifttum dahin, er sei ein Mitglied des erkennenden Gerichts, steht damit nicht im Widerspruch; denn erkennendes Gericht ist das Gericht, bei dem das Hauptverfahren anhängig ist, und nicht nur das Gericht, das die Hauptverhandlung durchführt." (BGH Urt. v. 13. 11. 1951 – 1 StR 597/51).

beauftragen. Das aber hat hier die Strafkammer mit ihrem Beschluß vom 2. 10. 1981 getan; dem entspricht, daß auch die Niederschrift über die Zeugenvernehmung als in „nichtöffentlicher Sitzung des Landgerichts Darmstadt, 5. Große Strafkammer" erstellt bezeichnet ist.

Beide Beschwerdeführer rügen in zulässiger Weise (§ 344 Abs. 2 Satz 2 StPO), daß sie selbst und ihre Verteidiger von diesem Teil der Hauptverhandlung ausgeschlossen waren. Ihr erzwungener Ausschluß war unter keinem rechtlichen Gesichtspunkt gerechtfertigt.

Da sowohl die Angeklagten wie auch ihre Verteidiger zu den Personen gehörten, deren Anwesenheit in der Hauptverhandlung das Gesetz vorschreibt (§§ 230, 231, 140 Abs. 1 Nr. 1, § 145 StPO, vgl. auch BGHSt. 9, 24, 27 [BGH Urt. v. 1. 11. 1955 – 5 StR 186/55; vgl. § 251 StPO erfolgreiche Rügen]), liegt der absolute Revisionsgrund des § 338 Nr. 5 StPO vor, der zur Aufhebung des Urteils in vollem Umfang zwingt.

19. Der nach § 247 StPO ausgeschlossene Angeklagte muß vor der Verhandlung über die Vereidigung und Entlassung eines Zeugen wieder zugelassen werden.

StPO § 338 Nr. 5 – BGH Urt. v. 20. 10. 1982 – 2 StR 263/82 LG Frankfurt/M. (= StV 1983, 3)

Die Revision rügt, daß der Angeklagte auch während der Erörterung über eine etwaige Vereidigung einer Zeugin und sogar bis nach ihrer Entlassung von der Hauptverhandlung ausgeschlossen war.

Sachverhalt: Das Landgericht faßte den Beschluß, den Angeklagten für die Dauer der Vernehmung der Zeugin K. aus dem Saal zu entfernen, da zu befürchten sei, daß die Zeugin – die Tochter des Angeklagten – bei seiner Anwesenheit nicht die Wahrheit sagen werde. Der Beschluß wurde ausgeführt. Die Zeugin K. sagte zur Sache aus, wobei mit ihr die Lichtbilder erörtert wurden. Während ihrer weiteren Vernehmung zeigte die Zeugin ihre vernarbten Kopf- und Handverletzungen. Desweiteren wurden die Lichtbilder vom rekonstruierten Tatgeschehen sowie das Titelblatt eines Pornoheftes mit der Zeugin erörtert und von den Prozeßbeteiligten in Augenschein genommen. Der Vorsitzende regte dann an, die Zeugin als Verletzte unvereidigt zu lassen. Nachdem alle Prozeßbeteiligten dieser Anregung zugestimmt hatten, blieb die Zeugin auf Anordnung des Vorsitzenden unbeeidigt, wurde entlassen und entfernte sich aus dem Saal. Nach einer kurzen Unterbrechung der Hauptverhandlung wurde der Angeklagte wieder in den Saal geführt und vom Vorsitzenden über den Inhalt der Aussage der Zeugin K. in Kenntnis gesetzt; auch wurden ihm die Lichtbilder vom rekonstruierten Tatgeschehen und das Titelblatt eines Pornoheftes zur Ansicht vorgelegt. – Das Rechtsmittel hatte Erfolg.

Gründe: ... Dieses Verfahren war fehlerhaft.

Allerdings vermag die Erörterung der Lichtbilder von ... und die Inaugenscheinnahme der Lichtbilder vom rekonstruierten Tatgeschehen sowie des Titelblattes des Pornoheftes in Abwesenheit des Angeklagten die Revision nicht zu begründen. Die Lichtbilder von ..., waren bereits vor der Vernehmung der Zeugin mit dem Angeklagten erörtert und von den Prozeßbeteiligten in Augenschein genommen worden. Die erneute Betrachtung dieser Bilder und ihre Erörterung mit der Zeugin konnte deshalb in Abwesenheit des Angeklagten erfolgen; es handelte sich um einen Teil der Vernehmung, an welcher der Angeklagte nach dem rechtsfehlerfreien Beschluß des Gerichts nicht teilnehmen durfte. Die anderen Lichtbilder und das Titelblatt des Pornoheftes wurden dem Angeklagten später nicht nur zur Ansicht vorgelegt, sondern sie wurden mit weiteren Zeugen in seiner Anwesenheit erneut erörtert. Somit wurde der Augenschein, soweit er nicht ohne den Angeklagten stattfinden durfte, wiederholt, auch wenn diese erneute Betrachtung der Bilder nicht ausdrücklich als Augenscheinseinnahme bezeichnet worden ist.

Zu Recht beanstandet die Revision jedoch, daß der Angeklagte auch während der Erörterung über eine etwaige Vereidigung der Zeugin und sogar bis nach ihrer Entlassung von der Hauptverhandlung ausgeschlossen war.

Die Verhandlung über die Vereidigung gehört nicht mehr zur Vernehmung, sondern ist ein selbständiger Verfahrensabschnitt. Das Interesse des Angeklagten an einer richtigen Entscheidung über die Frage der Vereidigung erfordert, ihn an der Verhandlung darüber zu beteiligen, nachdem er zuvor über den wesentlichen Inhalt der in seiner Abwesenheit gemachten Aussage unterrichtet worden war, Gelegenheit hatte, der Zeugin Fragen stellen zu lassen und sich die Verletzungen ebenfalls anzusehen (vgl. BGH NStZ 1982, 256 [BGH Beschl. v. 16. 3. 1982 – 1 StR 115/82; vgl. § 247 StPO erfolgreiche Rügen]; – BGH, Urt. v. 24. 1. 1978 – 1 StR 731/77; BGH bei Holtz, MDR 1978, 460; BGH, Beschl. v. 5. 1. 1977 – 2 StR 746/76; Urt. v. 7. 12. 1976 – 1 StR 678/76 und NJW 1976, 1108 [BGH Beschl. v. 25. 2. 1976 – 3 StR 511/75; vgl. § 247 StPO erfolgreiche Rügen]).

Die in Abwesenheit des Angeklagten vorgenommene Verhandlung über die Vereidigung wurde auch nicht später in seiner Anwesenheit wiederholt. Zwar war die Zeugin K. am 6. Verhandlungstag erneut anwesend und überreichte dem Gericht ein Schriftstück. Von einer erneuten Anhörung der Zeugin wurde dann im allseitigen Einverständnis abgesehen. Dabei hat das Gericht aber weder erneut über die Frage der Vereidigung verhandelt, noch hat es dem Angeklagten eine solche Verhandlung und eine Befragung der Zeugin zu ihrer früheren Vernehmung angeboten.

20. Als Zeuge vernommener Staatsanwalt darf nur dann weiter allein tätig werden, wenn seine Aussage nicht in einem unlösbaren Zusammenhang mit der Beweiswürdigung steht.

StPO § 337, 338 Nr. 5 – BGH Urt. v. 19. 10. 1982 – 5 StR 408/82 LG Berlin (= NStZ 1983, 135)

Die Revisionen rügen, daß der Staatsanwalt als einziger Vertreter der Staatsanwaltschaft weiter an der Hauptverhandlung teilgenommen hat, nachdem er vor dem erkennenden Gericht als Zeuge ausgesagt hatte.

Der Sachverhalt ergibt sich aus dem Revisionsvorbringen. – Das Rechtsmittel hatte Erfolg.

Gründe: Diese Sitzungstätigkeit, die die Anträge nach § 258 I StPO und ihre Begründung einschloß, war mit der Stellung des Staatsanwalts im Strafverfahren unvereinbar und deshalb unzulässig (vgl. RGSt 29, 236; RG, GA Bd. 67 S. 436 und Bd. 71 S. 92; BGHSt 14, 265 [266] [BGH Urt. v. 3. 5. 1960 – 1 StR 155/60; vgl. § 338 Nr. 5 StPO erfolglose Rügen]; BGH, Urt. v. 7. 5. 1976 – 2 StR 709/75). Es lag keiner der Fälle vor, bei denen die Rechtsprechung Ausnahmen von der Regel, daß der als Zeuge vernommene Staatsanwalt keine weitere Sitzungstätigkeit für die Staatsanwaltschaft ausüben darf, anerkannt hat. Die Aussage des Zeugen M. betraf ausweislich der Urteilsgründe den Inhalt von Angaben, welche der Mitangeklagte S. in einer früheren Hauptverhandlung über das Erscheinungsbild sowie die Freundschafts- und Arbeitsverhältnisse des „Beifahrers" gemacht hat, der am Abend des 9. 11. 1979 (Fall A) mit den Angeklagten G. und S. unterwegs gewesen ist. Der Zeuge M. hat sich also nicht darauf beschränkt, über Fragen der Verfahrensgestaltung oder sonst über einen Gegenstand auszusagen, der in keinem unlösbaren Zusammenhang mit der Beweiswürdigung steht (vgl. BGHSt. 21, 85 [88 f.] [BGH Urt. v. 13. 7. 1966 – 2 StR 157/66; vgl. § 338 Nr. 5 StPO erfolglose Rügen]; BGH, bei Dallinger, MDR 1957, 16; BGH, Urt. v. 18. 5. 1976 – 5 StR 529/75 und v. 20. 7. 1976 – 1 StR 327/76 [vgl. § 265 StPO erfolgreiche Rügen]).

Der Senat kann nicht ausschließen, daß die Verurteilung der drei Beschwerdeführer auf dem Verfahrensfehler, also auf der Weiterführung der staatsanwaltschaftlichen Tätigkeit durch den als Zeugen vernommenen Staatsanwalt M., beruht. Für die Überführung des Angeklagten N. im Fall A. war es von ausschlaggebender Bedeutung, ob er mit dem von dem Mitangeklagten S. genannten „Beifahrer" identisch gewesen ist. Es liegt nahe, daß der Staatsanwalt bei seinem Schlußvortrag auch den Inhalt seiner eigenen Aussage über die einschlägigen Angaben des Angeklagten S. in die Beweiswürdigung einbezogen hat; daß seine Ausführungen zur Beweiswürdigung Einfluß auf die Meinungsbildung des Gerichts gehabt haben, ist nicht ohne weiteres auszuschließen. ...

21. Ortsbesichtigung und ergänzende Zeugenvernehmung vor Ort in Abwesenheit des Angeklagten unzulässig.

StPO § 338 Nr. 5 – BGH Beschl. v. 15. 6. 1982 – 5 StR 369/82 LG Berlin (= StV 1983, 4)

Die Revisionen rügen, ein wesentlicher Teil der Hauptverhandlung, nämlich eine Ortsbesichtigung und eine dort durchgeführte Zeugenvernehmung habe in Abwesenheit der Angeklagten stattgefunden.

Sachverhalt: Auf Antrag der Verteidigung ist am Tatort zur Überprüfung der Angaben des Belastungszeugen K. eine Ortsbesichtigung durchgeführt und bei dieser Gelegenheit der Zeuge ergänzend vernommen worden. Die Angeklagten waren bei diesem Teil der Hauptverhandlung nicht anwesend. – Das Rechtsmittel hatte Erfolg.

Gründe: Der GBA hat zutreffend ausgeführt:

„Die von beiden Beschwerdeführer in zulässiger Weise erhobene Rüge einer Verletzung der §§ 230 ff. StPO ist begründet. [...] Das Protokoll beweist, daß die Angeklagten bei diesem Teil der Hauptverhandlung nicht anwesend gewesen sind. Es handelte sich um einen wesentlichen Teil der Hauptverhandlung (BGHSt. 3, 188 [BGH Urt. v. 2. 10. 1952 – 3 StR 83/52; vgl. § 338 Nr. 5 StPO erfolgreiche Rügen]; 25, 318 [BGH Urt. v. 9. 5. 1974 – 4 StR 102/74; vgl. § 338 Nr. 5 StPO erfolgreiche Rügen]). Die Voraussetzungen des § 231 Abs. 2 StPO (vgl. BGHSt. 3, 168) oder andere Ausnahmetatbestände, die eine Verhandlung in Abwesenheit der Angeklagten erlaubt hätten, lagen nicht vor. Danach ist der absolute Revisionsgrund des § 338 Nr. 5 StPO gegeben, der zur Aufhebung des Urteils in vollem Umfang zwingt."

22. Eine vorübergehende Abtrennung ist unzulässig, wenn die Verhandlung in Abwesenheit des Angeklagten Vorgänge zum Gegenstand hat, die die gegen ihn erhobenen Vorwürfe berühren.

StPO § 338 Nr. 5 – BGH Beschl. v. 5. 3. 1982 – 2 StR 640/81 LG Darmstadt (= StV 1982, 252 = NStZ 1983, 355)

Die Revision rügt, das Verfahren gegen den Angeklagten habe teilweise in dessen Abwesenheit stattgefunden, ohne daß ein rechtlicher Grund hierfür vorgelegen habe.

Sachverhalt: In der Hauptverhandlung vom 30. 9. 1980 wurde auf Antrag des Verteidigers das Verfahren gegen den Beschwerdeführer vorübergehend abgetrennt und am 1. 10. 1980 wieder mit den anderen Verfahren verbunden. Während der Trennung der Verfahren wurden in Abwesenheit des Beschwerdeführers die Zeugen Zi., Sch., W., D. und Z. vernommen. Die Aussagen der Zeugen W., D. und Z. betrafen den Raubüberfall auf die Sparkassenfiliale in D., zu dem der Beschwerdeführer F. nach dem Anklagevorwurf und nach den in der Hauptverhandlung getroffenen Feststellungen Beihilfe durch Beschaffung der Schußwaffen geleistet hat. Das Ergebnis der Vernehmung dieser Zeugen war mit maßgebend dafür, daß die Strafkammer das Geständnis des Angeklagten B. für glaubhaft angesehen hat. – Das Rechtsmittel hatte Erfolg.

Gründe: Der Generalbundesanwalt hat in seiner Antragsschrift vom 4. 2. 1982 ausgeführt:
„Der vom Beschwerdeführer geltend gemachte absolute Revisionsgrund des § 338 Nr. 5 StPO liegt vor. ...

Die Verfahrensweise des Landgerichts erweist sich als Verstoß gegen § 230 StPO, der nach § 338 Nr. 5 StPO die Revision begründet. Die Zulässigkeit einer vorübergehenden Abtrennung des Verfahrens hat dort ihre Grenze, wo zwingende Vorschriften der Strafprozeßordnung entgegenstehen. Unzulässig ist eine vorübergehende Abtrennung danach dann, wenn die Verhandlung in Abwesenheit des Angeklagten Vorgänge zum Gegenstand hat, die die gegen ihn erhobenen Vorwürfe berühren. Denn in einem solchen Fall läuft die Abtrennung auf eine Umgehung des in § 230 StPO niedergelegten und in § 338 Nr. 5 StPO besonders abgesicherten Anwesenheitsgebots hinaus. Deshalb greift der absolute Revisionsgrund des § 338 Nr. 5 StPO dann ein, wenn sich nicht sicher ausschließen läßt, daß die in Abwesenheit des Angeklagten geführte Hauptverhandlung den Gegenstand seiner späteren Verurteilung sachlich mitbetroffen hat (BGHSt. 24, 257, 259 [BGH Urt. v. 25. 10. 1971 – 2 StR 238/71; vgl. § 338 Nr. 5 StPO erfolgreiche Rügen]).

Die in Abwesenheit des Beschwerdeführers durchgeführte Vernehmung der Zeugen W., D. und Z. hat seine Verurteilung sachlich mitbetroffen. Denn die Verurteilung wegen Beihilfe setzt die Feststellung der Haupttat voraus. Für diese waren die Aussagen dieser Zeugen von Bedeutung, wie sich aus den Darlegungen auf UA S. 12, 13 ergibt.

Die vom Beschwerdeführer erhobene Rüge genügt auch unter diesem rechtlichen Gesichtspunkt noch der Vorschrift des §344 Abs. 2 StPO. Denn in der Revisionsbegründungsschrift werden die ergangenen Beschlüsse und die Namen der während der Abtrennung vernommenen Zeugen mitgeteilt. Zwar kann der Begründungsschrift selbst nicht entnommen werden, welche Zeugenaussagen die Verurteilung des Angeklagten mitbetroffen haben können, weil der Beschwerdeführer den Umstand, der für die Begründetheit der Beanstandung entscheidend ist, nicht ausdrücklich herausstellt. Doch ist dieser Mangel unschädlich, weil sich die notwendige Ergänzung seines Vorbringens aus den Urteilsgründen ergibt.

Der absolute Revisionsgrund des § 338 Nr. 5 StPO nötigt hier zur Aufhebung des Urteils insgesamt, obwohl er unmittelbar nur die Verurteilung wegen Beihilfe zur versuchten schweren räuberischen Erpressung betrifft. Denn die rechtliche Begründung auf UA S. 20 rechtfertigt es nicht, zwei rechtlich selbständige Vergehen gegen das Waffengesetz anzunehmen, von denen eines mit dem Verbrechen der Beihilfe zur versuchten schweren räuberischen Erpressung in Tateinheit steht. Für das Dauerdelikt des § 53 Abs. 1 Nr. 3a Waffengesetz war die Aufgabe des Entschlusses, sich an dem Raubüberfall zu beteiligen, für sich allein noch kein Umstand, der die weitere Ausübung der tatsächlichen Gewalt über die halbautomatische Schußwaffe als eine neue, rechtlich selbständige Straftat erscheinen lassen könnte."

Dem schließt sich der Senat an.

23. Verhandlung in Abwesenheit nur möglich, wenn der Angeklagte eigenmächtig fernbleibt, d.h. durch Mißachtung seiner Anwesenheitspflicht den Gang der Rechtspflege stört.

StPO §§ 230 I, 1, 231 I, 338 Nr. 5 – BGH Beschl. v. 5. 2. 1982 – 3 StR 22/82 LG Heidelberg (= StV 1982, 153)

Die Revision rügt, ein wesentlicher Teil der Hauptverhandlung habe zu Unrecht in Abwesenheit des Angeklagten stattgefunden.

Sachverhalt: Der Angeklagte hat, nachdem er zur Anklage vernommen war, an der Hauptverhandlung am 18. 2. 1981 in der Zeit von 9.55 bis 11.55 Uhr und am 7. 7. 1981 in der Zeit von 9.13 bis 12.34 Uhr nicht teilgenommen. Während seiner Abwesenheit am 18. 2. 1981 sind drei Zeugen vernommen worden. Am Vormittag des 7. 7. 1981 hielt der Staatsanwalt einen Teil seines Schlußvortrages. – Das Rechtsmittel hatte Erfolg.

Gründe: ...

2. Darin, daß das Landgericht die Hauptverhandlung in Abwesenheit des Angeklagten fortgesetzt hat, liegt gemäß § 230 Abs. 1 StPO dann ein Rechtsfehler, wenn keine Gründe vorliegen, welche ausnahmsweise die Fortsetzung der Verhandlung ohne den Angeklagten gestatten. Als Ausnahmeregelung kommt hier nur die des § 231 Abs. 2 StPO in Frage, die auch das Landgericht in einem Beschluß vom 18. 2. 1981 und in zwei Beschlüssen vom 7. 7. 1981 zur Stützung seiner Auffassung, in Abwesenheit des Angeklagten verhandeln zu dürfen, herangezogen hat. Sie setzt voraus, daß der Angeklagte der Hauptverhandlung eigenmächtig ferngeblieben ist, nämlich versucht hat, durch Mißachtung seiner Anwesenheitspflicht den Gang der Rechtspflege zu stören (BGHSt. 25, 317 [BGH Urt. v. 9. 5. 1974 – 4 StR 102/74; vgl. § 338 Nr. 5 StPO erfolgreiche Rügen]; BGH bei Holtz MDR 1979, 281; StV 1981, 393 [BGH Beschl. v. 10. 4. 1981 – 3 StR 236/80; vgl. § 231 StPO erfolgreiche Rügen]; Beschluß vom 18. 2. 1981 – 3 StR 269/80 [vgl. § 207 StPO erfolglose Rügen]). Dabei kommt es nicht darauf an, ob das Gericht Grund zu der Annahme hatte, der Angeklagte habe den Termin zur Fortsetzung der Hauptverhandlung vorsätzlich nicht wahrgenommen, sondern allein darauf, ob eine solche Eigenmächtigkeit tatsächlich vorlag (BGH bei Holtz MDR 1979, 281). Dies ist nach der vom Revisionsgericht insoweit selbständig vorzunehmenden Prüfung (BGH StV 1981, 393) jedenfalls für die Sitzung vom 7. 7. 1981 nicht bewiesen.

a) Der Angeklagte ist nach den Feststellungen des Landgerichts im Jahre 1958 an Kinderlähmung erkrankt, an deren Folgen er noch heute leidet. Er ist auf seinen Rollstuhl angewiesen und kann nur kleinere Wegstrecken ohne diesen mit Hilfe eines Stützapparates zurücklegen. Als er am Nachmittag des 7. 7. 1981 zur Hauptverhandlung erschien – und den vom Landgericht abgelehnten Antrag stellte, den in seiner Abwesenheit gehaltenen Teil des Plädoyers des Staatsanwalts zu wiederholen – hat er sein Fernbleiben am Vormittag damit erklärt, er habe Schmerzen gehabt und seinen Stützapparat nicht anziehen können; sein Oberschenkel sei wund und teilweise offen gewesen. Er habe am Tag vorher versucht, den Stützapparat reparieren zu lassen; dies sei ihm jedoch nicht gelungen.

b) Die Strafkammer hat in ihrem Beschluß, durch den es den Antrag auf Wiederholung des Schlußvortrages abgelehnt hat, keine Gründe genannt, die dafür sprechen könnten, daß die Angaben des Angeklagten nicht der Wahrheit entsprechen. Ihr Hinweis, der Angeklagte habe das Gericht zumindest rechtzeitig über die Gründe seines Fernbleibens unterrichten müssen, ist insoweit unerheblich; denn die Anwendbarkeit des § 231 Abs. 2 StPO hängt nicht davon ab, ob und wann ein Angeklagter sein Fernbleiben in der Hauptverhandlung entschuldigt; maßgeblich ist nur, ob die Gründe, die dem Ausbleiben zugrundeliegen, den Schluß zulassen, daß er den Gang der Rechtspflege durch Mißachtung der Rechtspflege stören will. Die Strafkammer hat ihre Auffassung, daß das Fernbleiben des Angeklagten in diesem Sinne eigenmächtig war, damit begründet, daß ihn Beschwerden der angegebenen Art – wie sein Erscheinen am Nachmittag des Sitzungstages zeige – „nicht daran hindern, vor Gericht zu erscheinen". Diese Erwägung berücksichtigt nicht die Angabe des Angeklagten, er habe heute morgen Schmerzen gehabt und seinen Stützapparat nicht anziehen können. Bei Zugrundelegung eines solchen – bei Berücksichtigung der erheblichen Behinderung des Angeklagten möglichen und mangels anderer Erkenntnisquellen nicht zu widerlegenden – Sachverhalts kann sein Erscheinen am Nachmittag des 7. 7. 1981 als Anzeichen für sein Bemühen verstanden werden, seiner Anwesenheitspflicht möglichst Rechnung zu tragen. Da eine solche Fallgestaltung nicht auszuschließen ist, ist der für die Anwendbarkeit des § 231 Abs. 2 StPO erforderliche Nachweis eigenmächtigen Fernbleibens (BGH StV 1981, 393; Urt. v. 18. 12. 1981 – 2 StR 395/81) nicht erbracht.

3. Nach alledem liegt der absolute Revisionsgrund des § 338 Nr. 5 StPO vor. Die Revision des Angeklagten hat also Erfolg, ohne daß es auf die sonst erhobenen Rügen ankäme.

24. Vernehmung und Vereidigung eines V-Mannes stellen einen wesentlichen Teil der Hauptverhandlung dar, der nicht in Abwesenheit des Angeklagten stattfinden darf.

StPO §§ 54, 96, 230 I, 247, 338 Nr. 5 – BGH Beschl. v. 9. 9. 1981 – 2 StR 406/81 LG Frankfurt/M. (= StV 1981, 596 = NStZ 1982, 42)

Die Revision rügt, daß der V-Mann der Polizei in der Hauptverhandlung in seiner Abwesenheit vernommen wurde und daß die dabei gewonnenen Erkenntnisse im Urteil zu seinen Lasten verwendet worden sind.

Sachverhalt: Ein V-Mann der Kriminalpolizei wurde unter Ausschluß der Öffentlichkeit und nach Entfernung des Angeklagten aus dem Sitzungssaal als Zeuge vernommen, vereidigt und sodann entlassen. Erst nach einer Mittagspause konnte der Angeklagte wieder an der Verhandlung teilnehmen. Er wurde dann vom Vorsitzenden über den wesentlichen Inhalt der Zeugenaussage des V-Mannes in Kenntnis gesetzt. Diese Verfahrensweise hatte die Strafkammer damit begründet, die Kriminalpolizei habe der Vernehmung des V-Mannes nur unter den Voraussetzungen zugestimmt, daß sie unter Ausschluß der Öffentlichkeit und in Abwesenheit des Angeklagten stattfinde und die Personalien des Zeugen nicht aufgenommen würden. Die Exekutive habe die vom Gericht vorgeschlagene Vernehmung des V-Mannes unter Verwendung einer Maskierung als nicht genügend sicher abgelehnt. Die dieser Entscheidung zugrunde liegenden Erwägungen erschienen „als berechtigte Schutzbelange".

Die Entscheidung, die Vernehmung des V-Mannes nur unter den genannten Bedingungen zu gestatten, hatte der Polizeipräsident in Frankfurt am Main getroffen. – Das Rechtsmittel hatte Erfolg.

Gründe: ... Der Ausschluß des Angeklagten von der Hauptverhandlung während der Vernehmung des V-Mannes findet im Gesetz keine Stütze und verstößt deshalb gegen § 338 Nr. 5 StPO in Verbindung mit § 230 StPO.

Auf § 247 StPO kann die Verfahrensweise des Gerichtes nicht gestützt werden. Abgesehen davon, daß die Strafkammer diese Vorschrift nicht zur Begründung ihrer Entscheidung herangezogen hat, ist nicht ersichtlich, daß die Voraussetzungen für die Anwendung des § 247 StPO vorlagen. Die Vernehmung des Zeugen unter Ausschluß des Angeklagten läßt sich im vorliegenden Falle auch nicht damit rechtfertigen, daß sonst die Vernehmung überhaupt nicht möglich gewesen wäre.

Dabei kann offen bleiben, ob eine solche Verfahrensweise zur Vermeidung eines sonst zu erwartenden Beweismittelverlustes generell zulässig wäre (vgl. BGH, Urt. v. 28. 5. 1980 – 3 StR 155/80 (L) [vgl. § 174 GVG erfolgreiche Rügen]). Das Landgericht hat nämlich nicht dargetan, daß der V-Mann bei Beachtung des dem Angeklagten zustehenden Anwesenheitsrechts als Beweismittel nicht zur Verfügung gestanden hätte.

Ob und unter welchen Bedingungen die Polizeibehörde der Vernehmung des V-Mannes „zustimmen" würde, konnte allenfalls dann Bedeutung erlangen, wenn dem Gericht Name und Anschrift des Zeugen unbekannt waren und die zuständig Behörde die erforderlichen Auskünfte zu Recht nur unter genannten Bedingungen erteilt hätte oder wenn die Erteilung einer etwa erforderlichen Aussagegenehmigung (§ 54 StPO) von entsprechenden Zusagen des Gerichts abhing. Dafür, daß der V-Mann eine Aussagegenehmigung benötigt hätte, sind keine Anhaltspunkte vorhanden. Eine solche wurde bei Vernehmung auch nicht vorgelegt. Es kann jedoch davon ausgegangen werden, daß dem Gericht Name und Anschrift des V-Mannes nicht bekannt waren und es diese nur von der Polizeibehörde erfahren konnte. Dennoch durfte die Strafkammer die Bedingungen, die der Polizeipräsident in Frankfurt am Main an die Vernehmung des Zeugen knüpfte, nicht ohne weiteres erfüllen. Der Polizeipräsident hatte nämlich nicht das Recht, die Auskunft über den polizeilichen Gewährsmann zu verweigern oder von Bedingungen abhängig zu machen. Er war grundsätzlich zur uneingeschränkten Auskunftserteilung verpflichtet, es sei denn, die oberste Dienstbehörde hätte erklärt, daß dies dem Wohl des Bundes oder eines deutschen Landes Nachteile bereiten würde (vgl. BGHSt. 30, 34 ff. [BGH Beschl. v. 17. 2. 1981 – 5 StR 21/81; vgl. § 244 StPO erfolgreiche Rügen]). Eine solche Erklärung liegt aber nicht vor. Es versteht sich auch nicht von selbst, daß die oberste Dienstbehörde im vorliegenden Falle den V-Mann ebenfalls nur unter den genannten Bedingungen als Zeugen zur Verfügung gestellt hätte. Nach den Urteilsfeststellungen hatten sich nämlich der Angeklagte und der V-Mann unmittelbar vor der Verhaftung des Angeklagten mehrfach getroffen. Sie hatten über den Ankauf des Heroins miteinander verhandelt. Der Angeklagte hatte demnach den V-Mann – wenn auch unter falschem Namen – persönlich kennengelernt. Warum die Vernehmung des sogar maskierten V-Mannes in Anwesenheit des Angeklagten die Gefahr einer weiteren Enttarnung begründet hätte, ist nicht ohne weiteres einzusehen.

Die Vernehmung und Vereidigung des V-Mannes stellt einen wesentlichen Teil der Hauptverhandlung dar, der nicht in Abwesenheit des Angeklagten hätte stattfinden dürfen. Der Verstoß gegen § 338 Nr. 5 in Verbindung mit § 230 Abs. StPO konnte auch nicht dadurch geheilt werden, daß der Vorsitzende den Angeklagten über den wesentlichen Inhalt der Zeugenaussage unterrichtete (BGH, Urteil vom 1. 4. 1981, 2 StR 791/80 [= BGHSt. 30, 74; vgl. § 338 Nr. 5 StPO erfolgreiche Rügen] – zur Veröffentlichung in BGHSt. bestimmt).

25. Sieben Minuten Abwesenheit des Angeklagten können die Revision begründen.

StPO § 338 Nr. 5 – BGH Beschl. v. 12. 8. 1981 – 3 StR 249/81 LG Krefeld (= NStZ 1981, 449)

Die Revision rügt, ein wesentlicher Teil der Hauptverhandlung habe in Abwesenheit des Angeklagten stattgefunden, ohne daß eine Ausnahme von der Anwesenheitspflicht bestanden hätte.

Sachverhalt: Der Angeklagte ist während der Hauptverhandlung sieben Minuten lang abwesend gewesen. Während dieser Zeit ist „allseits" auf die Vereidigung der Zeugin S. verzichtet worden und daraufhin die Anordnung des Vorsitzenden ergangen, daß die Zeugin gemäß § 61 Nr. 5 StPO unbeeidigt bleibe. Außerdem haben die Mitangeklagten B., P. und J. – weiter – zur Sache ausgesagt. – Das Rechtsmittel hatte Erfolg.

Gründe: Das waren wesentliche Teile der Hauptverhandlung. Es liegt daher der absolute Revisionsgrund des § 338 Nr. 5 StPO vor. ...

26. Einnahme eines Augenscheins ohne den Angeklagten unzulässig.

StPO § 338 Nr. 5 – BGH Beschl. v. 26. 6. 1981 – 3 StR 162/81 (S) LG Berlin (= StV 1981, 510)

Die Revision rügt, daß die Hauptverhandlung während der Einnahme eines Augenscheins in Abwesenheit der Angeklagten stattgefunden habe.

Sachverhalt: Das Landgericht beschloß in der Hauptverhandlung vom 2. 7. 1980, um 11.15 Uhr desselben Tages einige Zellen der Vollzugsanstalt für Frauen, Lehrter Straße, in Augenschein zu nehmen. Die Hauptverhandlung wurde hierzu unterbrochen und um

Erfolgreiche Rügen   Nr. 27 § 338 Nr. 5 StPO

11.20 Uhr in der genannten Vollzugsanstalt in Abwesenheit aller Angeklagten fortgesetzt. Nach der Besichtigung einer Zelle wurde die Hauptverhandlung um 12.05 Uhr erneut unterbrochen und um 13.15 Uhr im Sitzungssaal des Landgerichts weitergeführt. Die Angeklagten wurden dabei über das wesentliche Ergebnis der Augenscheinseinnahme in Kenntnis gesetzt. – Das Rechtsmittel hatte Erfolg.

Gründe: Damit steht fest, daß die Hauptverhandlung in einem wesentlichen Teil ohne die Angeklagte stattgefunden hat. Die Augenscheinseinnahme war hier Teil der Hauptverhandlung (BGHSt. 3, 187 [BGH Urt. v. 2. 10. 1952 – 3 StR 83/52; vgl. § 338 Nr. 5 StPO erfolgreiche Rügen]). Die Anwesenheit der Angeklagten war also vorgeschrieben (§ 230 StPO). Ein Ausnahmefall lag nicht vor. Insbesondere ist nichts dafür ersichtlich, daß die Angeklagte bei Fortsetzung der Hauptverhandlung in der Vollzugsanstalt eigenmächtig ausgeblieben wäre (§ 231 Abs. 2 StPO – BGHSt. 3, 187, 189), obwohl sie sich damals in Untersuchungshaft befunden hat. Sie ist auch von dem betroffen, was Gegenstand der Augenscheinseinnahme war (vgl. BGHSt. 21, 180 [BGH Urt. v. 2. 12. 1966 – 4 StR 201/66; vgl. § 338 Nr. 5 StPO erfolglose Rügen]; BGH, Urteil vom 8. 10. 1980 – 3 StR 273/80 [vgl. § 338 Nr. 6 StPO erfolgreiche Rügen]). Die Augenscheinseinnahme bezog sich nämlich auf Tatsachen, die für die Beurteilung der Glaubwürdigkeit der Zeugin B. von Bedeutung waren. In dem Teil der Beweiswürdigung, der der Angeklagten gilt, hat sich das Landgericht ausdrücklich auch auf die Aussagen dieser Zeugin gestützt. Auf die zulässig erhobene Rüge, das Landgericht habe zugleich die Vorschriften über die Öffentlichkeit des Verfahrens verletzt (§ 338 Nr. 6 StPO), kommt es danach nicht mehr an.

27. Nur Unterrichtung des Angeklagten nach unzulässiger Verhandlung in Abwesenheit genügt nicht.

StPO §§ 230 I, 338 Nr. 5 – BGH Urt. v. 1. 4. 1981 – 2 StR 791/80 LG Wiesbaden (= BGHSt. 30, 74 = NJW 1981, 1568 = StV 1981, 270)

Die Revision rügt, daß ein Teil der Hauptverhandlung in Abwesenheit des Angeklagten durchgeführt worden sei und daß die dabei gewonnenen Erkenntnisse im Urteil zu seinem Nachteil verwertet worden seien.

Sachverhalt: Aus dem Sitzungsprotokoll ergibt sich, daß der Angeklagte T. am ersten Tag der Hauptverhandlung nicht erschienen war und daß daraufhin das Verfahren gegen ihn vorübergehend abgetrennt wurde. In seiner Abwesenheit wurden die Mitangeklagten B., A., E. und W. vernommen, und zwar auch zu den Anklagepunkten, die den Angeklagten T. mitbetrafen. Nachdem T. vorgeführt und das gegen ihn gerichtete Verfahren wieder mit dem Verfahren gegen die übrigen Angeklagten verbunden worden war, wurden der Angeklagte T. und sein Verteidiger „eingehend über den bisherigen Verfahrensgang und über die Aussagen der anderen Mitangeklagten unterrichtet". – Das Rechtsmittel hatte Erfolg.

Gründe:
a) Die Rüge ist in zulässiger Form erhoben (§ 344 Abs. 2 Satz 2 StPO). Dem Tatsachenvortrag ist zu entnehmen, daß das Verfahren gegen den Angeklagten T. vorübergehend abgetrennt worden ist, daß in seiner Abwesenheit die Mitangeklagten vernommen und daß Teile von deren Aussagen zum Nachteil des Angeklagten im Urteil verwertet worden sind. Es kann dahingestellt bleiben, ob in solchen Fällen allgemein die Revision auch die Unwirksamkeit der Abtrennung des Verfahrens ausdrücklich geltend machen muß (so BGH, Urt. v. 13. 5. 1975 – 1 StR 138/75); jedenfalls hier ist die Bemängelung auch der Abtrennung so offensichtlich, daß es der ausdrücklichen Beanstandung nicht bedurfte, da diese dem Revisionsvortrag hinreichend deutlich zu entnehmen ist. Es kommt also auch nicht darauf an, ob die Revision zusätzlich darauf gestützt ist, der Tatrichter habe die in

dem abgetrennten Verfahren gewonnenen Erkenntnisse unter Verletzung des § 261 StPO in das Urteil eingeführt.

b) Eine vorübergehende Abtrennung des Verfahrens ist nur dann rechtlich unbedenklich, wenn in der inzwischen weitergeführten Hauptverhandlung ausschließlich Vorgänge erörtert werden, die mit dem abgetrennten Verfahrensteil in keinem inneren Zusammenhang stehen und deshalb die Anwesenheit des Angeklagten, gegen den das Verfahren abgetrennt wurde, nicht erfordern; unzulässig ist die vorübergehende Abtrennung jedoch dann, wenn die in Abwesenheit des Angeklagten durchgeführte Verhandlung Vorgänge zum Gegenstand hat, die die gegen ihn erhobenen Vorwürfe berühren, da hier die Abtrennung auf eine Umgehung des in § 230 StPO niedergelegten und in § 338 Nr. 5 StPO abgesicherten Anwesenheitsgebots hinausläuft (BGHSt. 24, 257, 259 [BGH Urt. v. 25. 10. 1971 – 2 StR 238/71; vgl. § 338 Nr. 5 StPO erfolgreiche Rügen]).

Hier ist das Recht des Angeklagten auf Anwesenheit verletzt worden, da ausweislich des Sitzungsprotokolls die Mitangeklagten in seiner Abwesenheit auch über Tatkomplexe vernommen worden sind, in denen der Angeklagte der Mittäterschaft beschuldigt war und auch als Mittäter verurteilt worden ist. Es handelt sich um eine Fallgestaltung, die den Bundesgerichtshof schon mehrfach zu dem Hinweis veranlaßt hat, der Tatrichter möge bei der vorübergehenden Abtrennung des Verfahrens gegen einzelne Angeklagte Vorsicht walten lassen (BGH NStZ 1981, 111 [BGH Beschl. v. 29. 10. 1980 – 3 StR 335/80 = BGHSt. 29, 390; vgl. § 244 StPO erfolgreiche Rügen]; BGH, Urt. v. 15. 5. 1979 – 5 StR 101/79].

c) Der Verfahrensmangel ist nicht dadurch geheilt worden, daß der Berichterstatter den Angeklagten und seinen Verteidiger nach der Verbindung der Verfahren „eingehend über den bisherigen Verfahrensgang und über die Aussagen der anderen Mitangeklagten unterrichtet" hat.

Verfahrensmängel können grundsätzlich dadurch geheilt werden, daß der fehlerhafte Verfahrensvorgang fehlerfrei wiederholt wird; eine angemessene Erklärung des Vorsitzenden kann dann genügen, wenn eine Wiederholung nicht in Betracht kommt, sondern die Wirkung eines prozessualen Verhaltens beseitigt werden soll (vgl. RGSt 41, 217 für die fehlerhafte Verlesung einer Vernehmungsniederschrift). Ist gegen das Anwesenheitsrecht des Angeklagten dadurch verstoßen worden, daß ein wesentlicher Teil der Hauptverhandlung in seiner Abwesenheit stattgefunden hat, so kann der begangene Verstoß nur dadurch geheilt werden, daß der fehlerhafte Teil der Verhandlung in Anwesenheit des Angeklagten wiederholt wird (BGH, Beschl. v. 13. 11. 1979 – 5 StR 713/79 – bei Pfeiffer NStZ 1981, 95 [vgl. § 247 StPO erfolgreiche Rügen]; vgl. BGH, Urt. v. 3. 8. 1979 – 2 StR 475/78). Die bloße Unterrichtung des Angeklagten über den Gang und das Ergebnis des in seiner Abwesenheit durchgeführten Verhandlungsteils genügt in diesem Falle nicht; sie ist vom Gesetz nur dann zugelassen, wenn das Recht des Angeklagten auf Anwesenheit ausnahmsweise hinter anderen vorrangigen Belangen zurückzutreten hat und er daher unter genau umschriebenen gesetzlichen Voraussetzungen aus der Verhandlung entfernt werden darf (§ 247 StPO). Dieser Regelung kann jedoch kein allgemeiner Rechtsgedanke des Inhalts entnommen werden, daß in Fällen der gesetzwidrigen Abwesenheit des Angeklagten der Verstoß durch bloße Unterrichtung nach Rückkehr in die Verhandlung geheilt werden könnte. Soweit eine solche Auffassung einem Hinweis im Beschluß des Bundesgerichtshofes vom 22. 8. 1979 – 1 StR 158/79 – zu entnehmen sein sollte, könnte der Senat dem nicht folgen. Denn damit würde im Ergebnis eine im Gesetz nicht vorgesehene Möglichkeit eines Verfahrens in Abwesenheit des Angeklagten eröffnet.

28. Unzulässige Verteidigung durch Assessor bei notwendiger Verteidigung.
StPO §§ 139, 338 Nr. 5 – BGH Urt. v. 30. 3. 1976 – 1 StR 30/76 LG Traunstein (= BGHSt. 26, 319)

Die Revision rügt, die Hauptverhandlung habe in Abwesenheit eines Verteidigers stattgefunden, obwohl es sich um einen Fall notwendiger Verteidigung gehandelt habe.

Sachverhalt: Der vom Angeklagten gewählte Verteidiger Rechtsanwalt G. war in der Hauptverhandlung nicht erschienen; er ließ sich in Untervollmacht von Assessor K. vertreten, der nicht von der Landesjustizverwaltung als sein Vertreter bestellt worden war. – Das Rechtsmittel hatte Erfolg.

Gründe: Da es sich um eine notwendige Verteidigung handelte, genügte die Mitwirkung des Assessors K. nicht. Sie war durch den – hier allein in Betracht kommenden – § 139 StPO nicht gedeckt. Mangelnde Zustimmung des Angeklagten hat die Revision innerhalb der Begründungsfrist nicht gerügt. Aber Assessor K. gehörte nicht zu dem in § 139 StPO bezeichneten Personenkreis.

Die Vorschrift erlaubt – ohne daß es, anders als im Fall des § 138 Abs. 2 StPO, der Zustimmung des Gerichts bedurfte – die Vertretung durch einen „Rechtskundigen, der die erste Prüfung für den Justizdienst bestanden hat und darin seit mindestens einem Jahr und drei Monaten beschäftigt ist". Hieraus läßt sich jedoch nicht entnehmen, daß die Verteidigung um so mehr einem Assessor übertragen werden dürfe, der auch die zweite Prüfung bestanden hat. § 139 StPO läßt eine solche ausdehnende Auslegung nicht zu.

Die von der Reichstagskommission eingefügte Vorschrift ist, soweit hier wesentlich, bis heute unverändert geblieben, obwohl nicht alle Gründe für ihre Einführung jetzt noch Bedeutung haben. Heute noch wesentlich ist die durch § 139 StPO eröffnete Möglichkeit, die praktische Ausbildung der Referendare zu fördern, hierin allein läge allerdings kein Grund, den Anwendungsbereich des § 139 StPO zu beschränken. Jedoch sind schon im damaligen Gesetzgebungsverfahren weitere Erwägungen angestellt worden, die gegen eine ausdehnende Auslegung der Vorschrift sprechen. Der Antrag, als Verteidiger nach § 138 Abs. 1 StPO alle zum Richteramt befähigten Personen allgemein zuzulassen, wurde mit der Begründung abgelehnt, es gehe nicht an, jemandem dieselbe Vertrauensstellung zu geben wie einem Rechtsanwalt oder Hochschullehrer, der „irgendeinmal ein Examen gemacht", sich danach aber in anderen Berufen betätigt habe; andernfalls würden auch „Justizbeamte, seien es nun Richter oder Advokaten, welche kraft Disziplinargewalt aus dem Amt entfernt" seien, als Verteidiger auftreten können.

Dementsprechend hat das Reichsgericht seine Auffassung, § 139 StPO beziehe sich nur auf Rechtskundige, die noch im Justizdienst beschäftigt seien, damit begründet, daß sich auf sie die staatliche Dienststrafgewalt erstrecke (RGSt 61, 104, 106). Dieser Gesichtspunkt ist auch heute noch von ausschlaggebender Bedeutung. Die weitgehenden Befugnisse des Verteidigers im Strafprozeß und die zum Teil schwierige Erfüllung seiner Pflichten gegenüber dem Angeklagten stehen, soweit der Verteidiger ein Rechtsanwalt ist, unter ehrengerichtlicher Kontrolle. Dem entspricht die disziplinarrechtliche Verantwortung des Referendars als eines Beamten auf Widerruf.

Dem steht nicht entgegen, daß das Beamtenrechtsrahmengesetz (§ 3 Abs. 1 Nr. 4 Buchst. a) den Ländern nur die Möglichkeit gibt, Referendare zu Beamten auf Widerruf zu machen, nicht aber sie dazu zwingt (vgl. auch BVerfGE 39, 334, 372 ff.). In jedem Fall unterliegt der im Vorbereitungsdienst Stehende der Aufsicht der ausbildenden Justizbehörde. Der Sachverhalt zwingt nicht zur Erörterung der Frage, ob und wann bei einstufiger Ausbildung § 139 StPO anwendbar ist; § 5b Abs. 2 DRiG erwähnt zwar § 142 Abs. 2, nicht aber § 139 StPO.

Die bei einem Rechtskundigen, der die erste juristische Prüfung bestanden hat, in jedem Fall gegebene Kontrollmöglichkeit fehlt bei einem Juristen, der die zweite Prüfung bestanden hat und damit aus dem Vorbereitungsdienst ausgeschieden ist. Es ließe sich sogar nicht ausschließen, daß ein Rechtsanwalt die Verteidigung jemandem überträgt, der zwar die Befähigung zum Richteramt erlangt hat, danach aber durch Spruch des Ehrengerichts (als Rechtsanwalt) oder des Disziplinargerichts (als Richter oder Staatsanwalt) „aus dem Amt entfernt" worden ist. Demgemäß läßt es § 139 StPO nicht zu, einem Assessor die Verteidigung zu übertragen.

29. Entfernung des Angeklagten bei Zeugenvereidigung unzulässig.
StPO §§ 247, 338 Nr. 5 – BGH Urt. v. 21. 10. 1975 – 5 StR 431/75 Schwurgericht Itzehoe (= BGHSt. 26, 218 = NJW 1976, 199)

Die Revision rügt, daß die Vereidigung eines Zeugen in Abwesenheit des Angeklagten stattgefunden habe.

Sachverhalt: Laut Sitzungsniederschrift beschloß das Schwurgericht, daß der Beschwerdeführer während der Vernehmung des Zeugen Johannes W. das Sitzungszimmer zu verlassen habe, weil zu befürchten war, daß der Zeuge bei seiner Vernehmung in Gegenwart des Beschwerdeführers die Wahrheit nicht sagen werde (§ 247 Abs. 1 Satz 1 StPO in der damals geltenden Fassung). Der Beschwerdeführer wurde darauf aus dem Saal geführt, der Zeuge Johannes W. in dessen Abwesenheit vernommen und „vorschriftsmäßig vereidigt". Danach wurde der Beschwerdeführer wieder vorgelassen und über den wesentlichen Inhalt der bereits beschworenen Aussage des Zeugen unterrichtet. Nach einer Pause bat der Verteidiger des Beschwerdeführers, weitere Fragen an den Zeugen stellen zu dürfen. Darauf wurde der Beschwerdeführer wieder aus dem Saal geführt. Der Zeuge wurde nochmals vernommen und „versicherte die Richtigkeit seiner weiteren Aussage unter Bezugnahme auf den von ihm schon geleisteten Eid". Dann wurde der Beschwerdeführer wieder hereingeführt und über den wesentlichen Inhalt der weiteren Aussage des Zeugen unterrichtet. – Das Rechtsmittel hatte Erfolg.

Gründe: Dieses Verfahren entsprach nicht dem Gesetz.

Der Angeklagte, dessen Anwesenheit während der Hauptverhandlung gemäß § 230 StPO grundsätzlich vorgeschrieben ist, darf von ihr unter den Voraussetzungen des § 247 Abs. 1 Satz 1 a.F. (jetzt § 247 Satz 1) StPO nur bei der Vernehmung eines Zeugen oder Mitangeklagten ausgeschlossen werden.

Die Vereidigung eines Zeugen und die ihr gleichstehende Berufung auf den früheren Eid gehören ebenso wie schon die Verhandlung über die Frage der Vereidigung nicht mehr zur Vernehmung. „Zur Vereidigung wird erst geschritten, wenn das Bekunden des Zeugen und das Fragen des Richters und der übrigen Prozeßbeteiligten endgültig aufgehört hat, wenn alle Beteiligten die Angaben des Zeugen als Bekundung ansehen müssen, zu der er stehen will. Aussagen und Schwören, Vernehmung und Beeidigung (Vereidigung) sind voneinander zu trennen. Die Eidesleistung ist niemals ein Teil der Aussage, die Beeidigung kein Teil der Vernehmung" (BGHSt. 8, 301, 310). Das entspricht dem Wortlaut der Strafprozeßordnung. Diese behandelt die Vernehmung und die Vereidigung als voneinander zu trennende Vorgänge. Zeugen sind „nach ihrer Vernehmung" (§ 59), Sachverständige „nach Erstattung des Gutachtens" (§ 79 Abs. 2) zu vereidigen.

Auch das Reichsgericht hatte in seiner früheren Rechtsprechung die Vereidigung nicht als Bestandteil der Vernehmung angesehen und deshalb wiederholt ausgesprochen, daß der Angeklagte nach dem früheren § 246 (jetzt § 247) StPO nur während der Vernehmung, nicht aber auch während der Vereidigung eines Zeugen ferngehalten werden dürfe. Es hatte dieses sowohl mit der Ausdrucksweise der damals geltenden Strafprozeßordnung, die noch den Voreid vorsah, als auch damit begründet, daß es sich bei der Vereidigung

„um einen wichtigen Vorgang handelt, dem beizuwohnen für das Verteidigungsinteresse keineswegs bedeutungslos ist" (RGSt 39, 356; RG Recht 1908 Nr. 3369).

Das Reichsgericht hat diese Ansicht erst im Jahre 1940 aufgegeben. Es ist dabei bewußt über den Wortlaut des § 247 Abs. 1 StPO a.F. hinausgegangen (RGSt 74, 47, 49).

Der erkennende Senat hält das nicht für zulässig. § 247 StPO durchbricht den für den Strafprozeß beherrschenden Grundsatz der Anwesenheitspflicht, der dem Angeklagten die Möglichkeit allseitiger und uneingeschränkter Verteidigung sichern und ihm im wichtigsten Abschnitt des Verfahrens das rechtliche Gehör gewährleisten soll. Er ist als Ausnahmevorschrift eng auszulegen; sein Anwendungsbereich muß streng auf den Wortlaut des Gesetzes beschränkt bleiben. Das hat der Bundesgerichtshof in anderem Zusammenhang schon wiederholt ausgesprochen (BGHSt. 15, 194, 195 [BGH Urt. v. 28. 9. 1960 – 2 StR 429/60; vgl. § 338 Nr. 5 StPO erfolgreiche Rügen]; 21, 332, 333/334 [BGH Urt. v. 18. 10. 1967 – 2 StR 477/67; vgl. § 338 Nr. 5 StPO erfolgreiche Rügen]; 22, 18, 20 [BGH Urt. v. 6. 12. 1967 – 2 StR 616/67; vgl. §§ 247, 338 Nr. 5 StPO erfolglose Rügen]).

Auch der Zweck des § 247 Abs. 1 a.F. (jetzt § 247 Satz 1) StPO erfordert nicht, die Entfernung des Angeklagten während der Vereidigung des Zeugen zuzulassen. Die Vorschrift soll dem befangenen Zeugen eine wahrheitsgemäße Aussage erleichtern. Da die Aussage schon vor der Vereidigung abgeschlossen ist, gebietet es das Interesse an der Wahrheitserforschung nicht, den Angeklagten von der Vereidigung fernzuhalten. Vielmehr erfordert sein Interesse, daß über die Frage der Vereidigung richtig entschieden wird, ihn schon vor der Vereidigung wieder vorzulassen, über den wesentlichen Inhalt der in seiner Abwesenheit gemachten Aussage zu unterrichten und ihm Gelegenheit zu geben, zur Vereidigung des Zeugen Stellung zu nehmen (BGHSt. 22, 289, 297 [BGH Urt. v. 18. 12. 1968 – 2 StR 322/68; vgl. § 338 Nr. 5 StPO erfolglose Rügen]).

Das zeigt gerade dieser Fall. Das Schwurgericht hat den Zeugen Johannes W. vereidigt, obwohl die Urteilsfeststellungen ergeben, daß er das ihm vom Beschwerdeführer mitgeteilte Vorhaben des nachher begangenen Explosionsverbrechens möglicherweise nicht rechtzeitig angezeigt hat und sich daher eines Vergehens nach § 138 StGB schuldig gemacht haben kann. Schon ein entfernter Verdacht in dieser Richtung schloß nach § 60 Nr. 2 StPO die Vereidigung des Zeugen aus (BGH LM Nr. 2 zu § 68a StPO; weitere Nachweise bei Dallinger in MDR 1969, 535). Wäre der Beschwerdeführer vor der Vereidigung wieder vorgelassen worden, hätte er darauf hinwirken können, daß die Vereidigung unterblieb.

Da § 247 Abs. 1 StPO a.F. es nicht rechtfertigte, den Zeugen Johannes W. in Abwesenheit des Beschwerdeführers zu vereidigen und ihn nach seiner erneuten Vernehmung wiederum in Abwesenheit des Beschwerdeführers die Richtigkeit seiner weiteren Aussage unter Berufung auf den bereits geleisteten Eid versichern zu lassen, ist § 230 Abs. 1 StPO verletzt worden. Es liegt der unbedingte Revisionsgrund des § 338 Nr. 5 StPO vor.

Der Senat verweist die Sache an eine Schwurgerichtskammer zurück, weil die zugelassene Anklage dem Beschwerdeführer auch einen tateinheitlich begangenen Mordversuch zur Last legt. Zwar hat das Schwurgericht in rechtsirriger Anwendung des § 260 Abs. 1 StPO den Beschwerdeführer von diesem Vorwurf freigesprochen. Das hat aber keine selbständige Bedeutung und hindert das neu entscheidende Gericht nicht, die Tat auch unter diesem rechtlichen Gesichtspunkt zu beurteilen (§ 264 StPO).

30. Weigerung des Angeklagten, am Ortstermin teilzunehmen, unerheblich.

StPO §§ 231 II, 247 II, 338 Nr. 5, GVG § 177 – BGH Urteil v. 9. 5. 1974 – 4 StR 102/74 LG Dortmund (= BGHSt. 25, 317 = NJW 1974, 1290)

Die Revision rügt, daß eine Ortsbesichtigung in Abwesenheit des Angeklagten stattgefunden hat, nur weil sich dieser weigerte, gefesselt daran teilzunehmen, obwohl das Gericht die Möglichkeit hatte, die Teilnahme zu erzwingen.

Sachverhalt: Ausweislich der Sitzungsniederschrift „begaben sich (am 3. Verhandlungstag) die Gerichtspersonen an Ort und Stelle der Tat ... Dort wurden angetroffen ... vorgeführt der Angeklagte, sein Verteidiger ... Der Vorsitzende ordnete an, daß der Angeklagte zur Ausführung gefesselt werde. Der Angeklagte lehnte daraufhin eine Teilnahme an dem Ortstermin ab; er blieb in dem Fahrzeug, mit dem er an Ort und Stelle gebracht worden war, sitzen. Es wurde der Beschluß verkündet: Es soll ohne den Angeklagten ... weiter verhandelt werden ... Nunmehr begaben sich sämtliche Beteiligten zurück zum Gerichtsgebäude. Die Verhandlung wurde fortgesetzt, und zwar im Beisein des Angeklagten ...". – Das Rechtsmittel hatte Erfolg.

Gründe: Die Strafprozeßordnung schreibt in § 230 Abs. 1 die ununterbrochene Anwesenheit des Angeklagten für die gesamte Dauer der Hauptverhandlung in der Tatsacheninstanz, also auch für eine Ortsbesichtigung, zwingend vor (BGHSt. 3, 187, 189 [BGH Urt. v. 2. 10. 1952 – 3 StR 83/52; vgl. § 338 Nr. 5 StPO erfolgreiche Rügen]). Weder kann der Angeklagte auf seine Anwesenheit verzichten, noch kann das Gericht ihn wirksam von seiner Anwesenheitspflicht entbinden (BGH NJW 1973, 522 [BGH Urt. v. 30. 1. 1973 – 1 StR 560/72; vgl. § 230 StPO erfolgreiche Rügen]). Ausnahmen hiervon enthalten lediglich die §§ 231 Abs. 2, 232, 233 und 247 Abs. 1 StPO sowie § 177 GVG i.V.m. § 247 Abs. 2 StPO. Ist ein Ausnahmefall nicht gegeben, bildet die Abwesenheit des Angeklagten einen unbedingten Revisionsgrund (§ 338 Nr. 5 StPO). So liegt es hier.

Die Strafkammer hat nicht angegeben, auf welche Vorschrift sie den teilweisen Ausschluß des Angeklagten von der Hauptverhandlung stützt. Die §§ 232, 233 und 247 Abs. 1 StPO kommen nicht in Betracht, was keiner näheren Erörterung bedarf. Die Ortsbesichtigung durfte auch nicht aus dem Grunde des § 231 Abs. 2 StPO in Abwesenheit des Angeklagten durchgeführt werden. Diese Vorschrift meint nur das eigenmächtige Sichentfernen oder Ausbleiben des Angeklagten (BGHSt. 10, 304, 305 [BGH Urt. v. 26. 6. 1957 – 2 StR 182/57; vgl. § 338 Nr. 5 StPO erfolgreiche Rügen]). Eigenmächtig in diesem Sinne handelt aber nur der Angeklagte, der den Versuch gemacht hat, den Gang der Rechtspflege zu stören und die Hauptverhandlung durch seine Abwesenheit bewußt unwirksam zu machen (BGH VRS 36, 212), der also vorsätzlich die Pflicht zur Anwesenheit verletzt und dadurch dem Gang der Rechtspflege entgegentritt (BGHSt. 16, 178, 183 [BGH Urt. v. 26. 7. 1961 – 2 StR 575/60; vgl. § 338 Nr. 5 StPO erfolglose Rügen]). Maßgebend für diese Bestimmung war die Erwägung, daß es ebenso sehr gegen das Interesse der Strafrechtspflege wie gegen die Rücksicht auf die Würde des Gerichts verstoßen würde, wenn dem Angeklagten die Möglichkeit gewährt wäre, eine begonnene und vielleicht schon dem Abschluß nahe Hauptverhandlung dadurch, daß er sich entfernt oder bei ihrer Wiedereröffnung ausbleibt, unwirksam zu machen.

Einen solchen Versuch, die Weiterverhandlung unmöglich zu machen, hat der Angeklagte nicht unternommen. Dazu hatte er nicht die „Macht". Er verbüßte eine Strafe und wurde zur Hauptverhandlung in den Gerichtssaal und von dort zum Tatort vorgeführt. Ohne das Einverständnis des Gerichts hätte er sich also weder aus der Hauptverhandlung entfernen noch bei ihrer Fortsetzung ausbleiben können, selbst wenn er das gewollt hätte. Schon das Reichsgericht hat darauf hingewiesen, daß bei einem nicht auf freiem Fuß befindlichen Angeklagten von einem „Sichentfernen" oder „Ausbleiben" überhaupt nicht die Rede sein könne, weil das Gericht die Pflicht und die Macht habe, seine jederzeitige Anwesenheit an Gerichtsstelle durch Vorführung sicherzustellen (RGSt 58, 149, 150). Daran änderte sich hier auch nichts, als der Angeklagte sich weigerte, die letzten Schritte aus dem Auto gefesselt zu gehen. Das Gericht hatte die Macht, seine Anwesenheit bei der Weiterverhandlung am Tatort trotz dieser Weigerung zu erzwingen (vgl. auch § 231 Abs. 1 Satz 2 StPO). Es hat dies nach der Sitzungsniederschrift nicht einmal versucht und sich damit eine (zulässige) Weiterverhandlung ohne den Angeklagten selbst unmöglich gemacht. Von einem eigenmächtigen Ausbleiben des Angeklagten, das allein nach § 231 Abs. 2 StPO – einer Ausnahmevorschrift, die deshalb auch nicht etwa erweitert ausgelegt werden darf (BGHSt. 3, 187, 190; 19, 144, 148 [BGH Urt. v. 5. 11. 1963 – 5 StR 445/63; vgl. § 338 Nr. 5 StPO erfolgreiche Rügen]) – eine Weiterverhandlung ohne ihn zugelassen hätte, kann danach keine Rede sein (vgl. auch OLG Hamburg GA 1961, 177).

Nach § 177 GVG schließlich hat die Strafkammer nicht verfahren wollen; denn der Vorsitzende hat, wie die Sitzungsniederschrift ergibt, den Angeklagten nicht über den wesentlichen Inhalt der Verhandlung während seiner Abwesenheit unterrichtet, nachdem dieser zur Weiterverhandlung im Gerichtsgebäude wieder zugelassen worden war (§ 247 Abs. 2 StPO). Die Voraussetzungen für die Anwendung des § 177 GVG waren auch nicht gegeben. Nach dieser Bestimmung wäre allerdings ein zeitweiser Ausschluß des Angeklagten von der Hauptverhandlung zulässig gewesen, wenn der Angeklagte bei dem Versuch, ihn gefesselt auszuführen, Widerstand geleistet und durch diesen Ungehorsam gegenüber einem Befehl des Gerichts die Ordnung gestört hätte. Der Senat neigt dazu, einen den Ausschluß rechtfertigenden Ungehorsam bereits anzunehmen, wenn der Angeklagte durch seine Verhaltensweise die ernstliche Befürchtung hervorgerufen hätte, er werde sich der Anordnung, ihn gefesselt auszuführen, widersetzen. Die rein theoretische Befürchtung von möglichen Schwierigkeiten bei einer solchen Ausführung, von der nach der Sitzungsniederschrift (vgl. § 182 GVG) höchstens ausgegangen werden könnte, reicht jedoch, zumal da die Vorschrift eng auszulegen ist (vgl. BGHSt. 9, 77 [BGH Urt. v. 28. 2. 1956 – 5 StR 609/55; vgl. § 258 StPO erfolgreiche Rügen]) nicht aus.

Der Verfahrensverstoß zwingt nach § 338 Nr. 5 StPO zur Aufhebung des Urteils im vollen Umfang und zur Zurückverweisung der Sache.

31. Feststellung von Vorstrafen in Abwesenheit des Angeklagten unzulässig[1].
StPO §§ 231 II, 338 Nr. 5 – BGH Urt. v. 16. 8. 1972 – 2 StR 98/72 LG Bremen (= BGHSt. 25, 4 = NJW 1972, 2006)

Die Revision rügt, daß die Verhandlung gegen den Angeklagten in dessen Abwesenheit durchgeführt und seine Vorstrafen erörtert worden sind, obwohl er hierzu noch nicht gehört worden war.

Sachverhalt: Die Hauptverhandlung dauerte vom 8. 4. bis zum 11. 6. 1971. Nach seiner Vernehmung zur Person und zu den einzelnen Straftaten fehlte der Angeklagte seit dem 6. Verhandlungstag (ab 7. 5. 1971). Die Strafkammer sah die Voraussetzungen des § 231 Abs. 2 StPO für gegeben an und führte die Hauptverhandlung in Abwesenheit des Angeklagten bis zur Urteilsfällung fort.

Im Sitzungsprotokoll vom 21. 5. 1971 heißt es:

„Hinsichtlich der Vorstrafen des Angeklagten wurden die Eintragungen im Strafregisterauszug erörtert. Folgende Akten wurden zum Gegenstand der Verhandlung gemacht und teilweise verlesen":

---

1 Die Rechtsprechung hat sich geändert. Nach BGH Urt. v. 22. 6. 1977 – 3 StR 139/77 = BGHSt. 27, 216; vgl. § 338 Nr. 5 StPO erfolglose Rügen, ist die Feststellung von Vorstrafen in Abwesenheit des Angeklagten zulässig.

Es folgt die Aufzählung der Vorstrafakten.

Wie sich hieraus und aus dem Sitzungsprotokoll des ersten Verhandlungstages ergibt, wurden die Vorstrafen nicht in Anwesenheit des Angeklagten behandelt. – Das Rechtsmittel hatte Erfolg.

Gründe: Voraussetzung des Verfahrens nach § 231 Abs. 2 StPO ist, daß der Angeklagte über die Anklage schon vernommen ist. Vernehmung zur Anklage und Äußerung zur Sache ist rechtlich gleichbedeutend (§ 243 Abs. 4 Satz 1 StPO). Gemäß § 243 Abs. 2 Satz 2 StPO muß der Angeklagte schon zuvor, und zwar noch vor Verlesung des Anklagesatzes, zur Person vernommen werden. § 231 Abs. 2 StPO ist somit dahin zu verstehen, daß die Hauptverhandlung in Abwesenheit des Angeklagten nur fortgesetzt werden darf, wenn der Anklagesatz verlesen und er bereits zur Person und Sache vernommen worden ist. Das entspricht dem im Verfahrensrecht allgemein geltenden Grundsatz, daß der Angeklagte Gelegenheit haben muß, sich zu allen die angeklagte Tat und den Täter betreffenden Umständen persönlich zu äußern. Hierzu gehören auch die Vorstrafen. Sie durften deshalb nicht in Abwesenheit des Angeklagten erörtert und festgestellt werden.

Die Feststellung der Vorstrafen war auch kein ganz unwesentlicher Teil der Hauptverhandlung, was hier schon daraus erhellt, daß sie strafverschärfend berücksichtigt worden sind.

Da der Angeklagte somit erst unvollständig vernommen war, mußte die Fortführung der Hauptverhandlung in seiner Abwesenheit gemäß § 338 Nr. 5 StPO auf die Revision zur Aufhebung des gesamten gegen ihn ergangenen Urteils führen. Wie zu entscheiden wäre, wenn die Vorstrafen im Urteil nicht verwertet worden wären, ist hier nicht zu erörtern.

32. Unzulässige Abwesenheit bei nur vorübergehender Abtrennung.
StPO §§ 230, 338 Nr. 5 – BGH Urt. v. 25. 10. 1971 – 2 StR 238/71 LG Frankenthal/Pfalz (= BGHSt. 24, 257 = NJW 1972, 545)

Die Revision rügt, daß in der während der Abtrennung gegen den Angeklagten K. allein durchgeführten Hauptverhandlung auch Vorgänge zur Sprache gekommen seien, die die gegen den Beschwerdeführer erhobenen Vorwürfe unmittelbar betroffen hätten. Die Abtrennung des Verfahrens gegen den Beschwerdeführer sei aus diesem Grunde unzulässig gewesen.

Sachverhalt: Dem Beschwerdeführer und seinem Verteidiger war vor Beginn der Hauptverhandlung die gemäß § 207 Abs. 3 StPO berichtigte Anklageschrift nicht zugestellt worden. Nach Aufruf der Sache am 14. 10. 1969, dem ersten Tag der Hauptverhandlung, beantragte die Verteidigung unter Hinweis auf die unterbliebene Zustellung die Aussetzung des Verfahrens. Die Strafkammer entsprach diesem Antrag noch an demselben Tag durch den nachfolgenden Beschluß:

„1) Das Verfahren gegen den Angeklagten Kr. wird abgetrennt und ausgesetzt.

2) Auf Donnerstag, den 16. 10. 1969, 14.30 Uhr, wird Kr. als Zeuge geladen.

3) Die Hauptverhandlung gegen K. wird am Mittwoch, dem 15. 10. 1969, vormittags 8.30 Uhr, fortgesetzt.

4) Die Hauptverhandlung gegen Kr. wird am Mittwoch, dem 22. 10. 1969, vormittags 8.30 Uhr, fortgesetzt."

Vom 22. 10. 1969 an wurde die Hauptverhandlung wieder gegen beide Angeklagte gemeinsam weitergeführt. – Das Rechtsmittel hatte Erfolg.

Gründe: Zwar kann das Gericht Strafsachen, die zu gemeinsamer Verhandlung miteinander verbunden worden sind, jederzeit wieder trennen und auch erneut verbanden (BGH JR

1969, 148 [BGH Urt. v. 14. 5. 1986 – 1 StR 552/67; vgl. § 70 StPO erfolglose Rügen]). Die Zulässigkeit solcher Maßnahmen hat jedoch dort ihre Grenze, wo zwingende Vorschriften der Strafprozeßordnung entgegenstehen (RGSt 69, 361; 70, 65). Dies ist auch dann der Fall, wenn Trennung und Wiederverbindung zu dem Erfolg führen, daß die Hauptverhandlung teilweise unter Verstoß gegen § 230 Abs. 1 StPO in Abwesenheit des Angeklagten stattfindet. So lag es hier:

Die Strafkammer hatte, wie aus Nr. 4) ihres Beschlusses vom 14. 10. 1969 hervorgeht, schon bei der Abtrennung des Verfahrens gegen den Beschwerdeführer die spätere Wiederverbindung mit dem Verfahren gegen den Mitangeklagten K. vorgesehen und sogar deren genauen Zeitpunkt festgelegt. Es handelte sich mithin von vornherein um eine nur vorübergehende Trennung der Verfahren. Eine Abtrennung dieser Art ist dann rechtlich unbedenklich, wenn in der inzwischen weitergeführten Hauptverhandlung ausschließlich Vorgänge erörtert werden, die mit dem abgetrennten Verfahrensteil in keinem inneren Zusammenhang stehen und deshalb die Anwesenheit des Angeklagten, gegen den das Verfahren abgetrennt wurde, nicht erfordern (RGSt 69, 363; 70, 68, 69; vgl. BGHSt. 21, 180, 182 [BGH Urt. v. 2. 12. 1966 – 4 StR 201/66; vgl. § 338 Nr. 5 StPO erfolglose Rügen]). Vor allem in länger dauernden Strafverfahren gegen mehrere Angeklagte können Zweckmäßigkeitserwägungen eine solche Abtrennung nahelegen. Unzulässig ist jedoch die vorübergehende Abtrennung stets dann, wenn die Verhandlung in Abwesenheit des Angeklagten Vorgänge zum Gegenstand hat, die die gegen ihn erhobenen Vorwürfe berühren. Hier läuft die Abtrennung auf eine Umgehung des in § 230 StPO niedergelegten und in § 338 Nr. 5 StPO besonders abgesicherten Anwesenheitsgebots hinaus und deshalb muß der absolute Revisionsgrund des § 338 Nr. 5 StPO eingreifen, wenn nicht sicher auszuschließen ist, daß die in Abwesenheit des Angeklagten geführte Hauptverhandlung den Gegenstand seiner späteren Verurteilung sachlich mitbetroffen hat.

Geht man hiervon aus, so greift § 338 Nr. 5 StPO sicher nicht ein, soweit der Beschwerdeführer wegen fortgesetzten Betrugs zum Nachteil des Fiskus verurteilt worden ist. Denn dieser Tatkomplex bezog sich allein auf den Angeklagten Kr. und stand mit den Vorwürfen, die gegen K. erhoben und in dem gegen diesen in Abwesenheit Kr.s geführten Teil der Verhandlung erörtert wurden, in keinem Zusammenhang.

Anders verhält es sich mit der Verurteilung des Beschwerdeführers wegen Beihilfe zu zwei versuchten Betrugstaten des Angeklagten K. Sie ist von der Gesamtheit der gegen K. erhobenen Vorwürfe sachlich nicht zu trennen. In der gegen K. allein weitergeführten Hauptverhandlung kam das Verhältnis der beiden Angeklagten zueinander und die Arbeitsweise Kr.s im Büro des K. zur Sprache und wurde der Beschwerdeführer hierzu sogar als Zeuge vernommen. Das waren Umstände, die für alle Fälle Bedeutung hatten, in denen eine Beteiligung Kr.'s an den Taten K.'s in Betracht kam. Sie betrafen in diesem Sinne auch die beiden Fälle, in denen der Beschwerdeführer wegen Beihilfe zum versuchten Betrug verurteilt wurde, mochten diese Fälle auch im einzelnen nicht Gegenstand der getrennt geführten Verhandlung gewesen sein.

33. Urkundenbeweis in Abwesenheit des Angeklagten unzulässig.

StPO §§ 247 I S. 1, 249, 338 Nr. 5 – BGH Urt. v. 18. 10. 1967 – 2 StR 477/67 LG Frankfurt/Main (= BGHSt. 21, 332 = NJW 1968, 167)

Die Revision rügt, daß die Beweisaufnahme durch Urkundenbeweis ohne rechtlichen Grund in Abwesenheit des Angeklagten stattgefunden hat.

Sachverhalt: Ausweislich des Sitzungsprotokolls beschloß die Strafkammer, den Angeklagten während der Vernehmung seiner Tochter Hertha aus dem Sitzungssaal abtreten zu lassen, weil zu befürchten war, daß die Zeugin in seiner Gegenwart nicht die Wahrheit sagen werde (§ 247 Abs. 1 Satz 1 StPO). Die Zeugin legte bei ihrer in Abwesenheit des Angeklagten durchgeführten Vernehmung zwei von ihrer Mutter an sie gerichtete Briefe vor. Diese wurden verlesen. – Das Rechtsmittel hatte Erfolg.

Gründe: Da in der Sitzungsniederschrift nichts anderes vermerkt ist, muß davon ausgegangen werden, daß die Verlesung, wie auch die Urteilsgründe bestätigen, zum Zwecke des Urkundenbeweises geschah. Das war unzulässig.

Der Angeklagte, dessen Anwesenheit während der Hauptverhandlung gemäß § 230 StPO grundsätzlich vorgeschrieben ist, darf hiervon unter den Voraussetzungen des § 247 Abs. 1 Satz 1 StPO lediglich bei der Vernehmung eines Zeugen oder eines Mitangeklagten ausgeschlossen werden. Zwar dürfen der Auskunftsperson auch Urkunden vorgehalten werden, weil dies nur ein Vernehmungsbehelf ist und die Bekundung der vernommenen Person ausschließliches Beweismittel bleibt (BGHSt. 14, 310, 312 [BGH Urt. v. 31. 5. 1960 – 5 StR 168/60; vgl. § 261 StPO erfolgreiche Rügen] mit Nachweisen). Beweismittel, die § 247 Abs. 1 Satz 1 StPO nicht nennt, sind aber nach der Entfernung des Angeklagten unter allen Umständen ausgeschlossen, selbst wenn ihre Benutzung der sachdienlichen Vernehmung des Zeugen oder Mitangeklagten förderlich wäre. Vorschriften, die eine Durchbrechung des die Hauptverhandlung beherrschenden Anwesenheitsgrundsatzes zulassen, dürfen nicht erweiternd ausgelegt werden (BGHSt. 15, 194, 195 [BGH Urt. v. 28. 9. 1960 – 2 StR 429/60; vgl. § 338 Nr. 5 StPO erfolgreiche Rügen]). Urkundenbeweis ist deshalb nicht zugelassen.

Die Strafkammer hätte den Verfahrensfehler durch Wiederholung des Urkundenbeweises in Gegenwart des Angeklagten beheben können. Das ist jedoch nicht geschehen, wie das Schweigen des Sitzungsprotokolls hierüber ausweist. In dieser Unterlassung liegt nicht nur der bedingte Revisionsgrund einer Verletzung der §§ 247, 249 StPO; vielmehr ist, weil der Urkundenbeweis in Abwesenheit des Angeklagten erhoben wurde, der unbedingte Revisionsgrund nach § 338 Nr. 5 StPO gegeben.

34. Bewährungshelfer kann nicht Pflichtverteidiger sein.

StPO §§ 142 II, 338 Nr. 5 – BGH Urt. v. 17. 11. 1964 – 1 StR 442/64 LG Karlsruhe (= BGHSt. 20, 95)

Die Revision rügt, daß der Vorsitzende dem Angeklagten den ihm in anderer Sache gemäß §§ 89 Abs. 2, 88 Abs. 5, 24 JGG bestellten Bewährungshelfer als Pflichtverteidiger beigeordnet und demgemäß mangels gesetzmäßiger Verteidigerbestellung die Hauptverhandlung in Abwesenheit des notwendigen Verteidigers stattgefunden hat (§ 338 Nr. 5 StPO).

Der Sachverhalt ergibt sich aus der Revisionsbegründung. – Das Rechtsmittel hatte Erfolg.

Gründe: Es kann auf sich beruhen, ob der Dienst des Bewährungshelfers und die Stellung des Verteidigers ihrem inneren Wesen nach miteinander unvereinbar sind, wie die Revision geltend macht, oder ob es mit Rücksicht auf den Inhalt des der Strafkammer von dem Bewährungshelfer über den Angeklagten erstatteten Berichts wenigstens in diesem Falle unzulässig war, ihn als Verteidiger beizuordnen. Denn der hauptamtliche Bewährungshelfer in Baden-Württemberg gehört überhaupt nicht zu dem Personenkreis, aus dem gemäß § 142 StPO der Pflichtverteidiger ausgewählt werden kann. Er ist weder Rechtsanwalt noch ein nichtrichterlicher Justizbeamter noch zählt er zu den Rechtskundigen, „welche die vorgeschriebene erste Prüfung für den höheren Justizdienst bestanden haben".

Hierbei ist es rechtlich unerheblich, daß der dem Angeklagten zum Verteidiger bestellte Bewährungshelfer diese Prüfung, wie einer Bemerkung der Revision entnommen werden könnte, erfolgreich abgelegt hat. Mit jener – fast gleichlautend in § 139 StPO wiederkehrenden – Wendung meint das Gesetz nicht jeden, der irgendwann einmal die erste juristische Staatsprüfung für den höheren Justizdienst bestanden hat (§ 5 DRiG, zuvor § 2 GVG a.F.). Vielmehr begreift die Strafprozeßordnung darunter in beiden Vorschriften nur solche Rechtskundige, die außer dieser ersten Prüfung noch keinen weiteren Erfolg nachweisen können, d.h. zwar die erste, aber noch nicht die zweite Richteramtsprüfung bestanden und sich auch nicht – unter Verzicht auf die zweite Prüfung – einem anderen Beruf zugewandt haben. Sie versteht demnach darunter die Referendare. Zu dieser Auslegung nötigen schon die sonst auftretenden Sprachwidrigkeiten: Niemand wird einen hohen Beamten oder den Angehörigen einer anderen Berufsgruppe, etwa einen Geschäftsmann, nach dem – vielleicht Jahrzehnte zurückliegenden – bestandenen Examen als Referendar bezeichnen; erst recht nicht jemanden, der auch die zweite Staatsprüfung bestanden hat. Wären justizfremde Berufsangehörige, weil sie ehedem als Rechtskandidaten erfolgreich waren, oder wären gar Richter, Rechtsanwälte und Hochschullehrer als Rechtskundige mit bestandener erster Staatsprüfung anzusprechen, so würde ein solcher Standpunkt nicht nur das Regel-Ausnahmeverhältnis des Abs. 1 zum Abs. 2 im gedanklichen Aufbau des § 142 StPO umkehren. Es würde auch § 142 Abs. 2 StPO sich selbst widersprechen; denn nach seinem zweiten Halbsatz könnten Richter und Rechtslehrer an deutschen Hochschulen zu Verteidigern bestellt werden, während § 142 Abs. 2 Halbs. 1 StPO das nur für nichtrichterliche Justizbeamte gestattet, also andere Beamtenklassen und Richter als Pflichtverteidiger gerade ausschließt. Da auch bei den Erörterungen über den Gesetzentwurf unter der fraglichen Begriffsbeschreibung stets nur die Referendare verstanden wurden – freilich unter damals üblichen Bezeichnungen – so kann der Unterschied im Wortlaut der §§ 139 und 142 StPO, an den die Gegenmeinung anknüpft, nicht bedeuten, daß der erstmals erfolgreich geprüfte Rechtskundige hier – anders als im Falle des § 139 StPO – überhaupt nicht im höheren Justizdienst beschäftigt zu sein brauche. Vielmehr besagt er nur, daß der Rechtskundige, soll ihm der Wahlanwalt gemäß § 139 StPO die Verteidigung übertragen können, anders als bei Bestellung zum Pflichtverteidiger wenigstens ein Jahr und drei Monate im Vorbereitungsdienst zurückgelegt haben muß – dies offenbar deswegen, weil die Übertragung der Wahlverteidigung auf ihn nach § 139 StPO nicht wie die Bestellung zum Pflichtverteidiger gerichtlicher Verfügung unterliegt.

In Baden-Württemberg sind die hauptamtlichen Bewährungshelfer nicht Justizbeamte. Ihre Rechtsverhältnisse sind hier noch nicht gesetzlich geregelt. Über die Einrichtung der Bewährungshilfe besteht vorerst nur der Gemeinsame Erlaß des Justiz- und Innenministeriums vom 28. 3. 1955 (GAmtsbl. 165), der zwar zur Anstellungsbehörde den Land- und den Amtsgerichtspräsidenten bestimmt, damit aber nach ausdrücklichem Vorbehalt die Frage der Zuordnung der Bewährungshelfer zur Justiz oder zur Jugendwohlfahrtspflege nicht vorweg entscheidet. Ob die Bewährungshelfer schon aus diesem Grunde nicht die Fähigkeit zum Pflichtverteidiger haben, mag dahinstehen. Sie kommen jedenfalls deswegen nicht für dieses Amt in Betracht, weil sie nicht Beamte sind, sondern im Angestelltenverhältnis beschäftigt werden. Der § 142 StPO schließt nämlich nicht an den Beamtenbegriff des § 359 StGB an; das versteht sich aus der Verschiedenheit der Aufgaben der beiden Vorschriften. Da § 142 Abs. 2 StPO seine Entstehung überhaupt nur dem damaligen Mangel an Rechtsanwälten verdankt, dem Richter also nur einen Behelf für Notfälle an die Hand gibt, darf sein Anwendungsbereich nicht ausgedehnt, sondern muß dem Gesetzeswortlaut gemäß auf solche nicht rechtsgelehrten Justizpersonen begrenzt bleiben, die Beamte sind. Das verlangt auch die Bedeutung, die eine sachgerechte Verteidigung für das Strafverfahren hat.

Hiernach greift die Verfahrensrüge durch. Es stellt ihren Erfolg nicht in Frage, daß der Angeklagte selbst beantragt hatte, ihm den Bewährungshelfer „als Beistand für die Hauptverhandlung" beizuordnen, auch wenn er dabei nicht bloß den § 69 JGG im Auge gehabt haben sollte. Die Verteidigung betrifft öffentliche Belange, nicht solche des Angeklagten allein. Daher bestimmt nicht er, sondern gemäß dem Gesetz das Gericht, wer ihm als Verteidiger beizuordnen ist. Ebensowenig beeinträchtigt es den Erfolg der Verfahrensrüge, daß sie nicht unter dem rechtlichen Gesichtspunkt erhoben ist, unter dem sie durchgreift;

denn § 344 Abs. 2 Satz 2 StPO verlangt von der Revision für die Begründung einer Verfahrensbeanstandung nur, daß sie die den Rechtsmangel enthaltenden Tatsachen angeben müsse. Das ist geschehen.

Demgemäß ist das Urteil auf die Revision des Angeklagten M. mit den Feststellungen aufzuheben (BGHSt. 15, 306 [BGH Urt. v. 24. 1. 1961 – 1 StR 132/60; vgl. § 338 Nr. 5 StPO erfolgreiche Rügen]).

35. Auch bei selbstverschuldeter nur beschränkter Verhandlungsunfähigkeit keine Verhandlung in Abwesenheit zulässig.

StPO §§ 231 II, 338 Nr. 5 – BGH Urt. v. 5. 11. 1963 – 5 StR 445/63 LG Berlin (= BGHSt. 19, 144 = NJW 1964, 261)

Die Revision rügt, das Gericht hätte gegen den wegen eines Selbstmordversuchs nur beschränkt verhandlungsfähigen Angeklagten nicht in Abwesenheit verhandeln dürfen.

Sachverhalt: Die Strafkammer hat gegen den Angeklagten wegen des Vorwurfs, sich in zahlreichen Fällen der schweren passiven Bestechung schuldig gemacht zu haben, mit Unterbrechungen an insgesamt 27 Tagen in der Zeit vom 23. 10. 1962 bis zum 11. 1. 1963 verhandelt. Nach dem sechsten Verhandlungstag unternahm der Angeklagte, der über die Anklage vernommen worden war, in der Nacht vom 5. zum 6. 11. 1962 einen ernsthaften Selbstmordversuch. Infolge dieses Selbstmordversuchs konnte der Angeklagte, der auf Grund eines vorläufigen Unterbringungsbeschlusses des Amtsgerichts vom 9. 11. 1962 in die Karl-Bonhoeffer-Heilstätten verbracht worden war, bis einschließlich 23. 11. 1962 nicht an der Hauptverhandlung teilnehmen. Das Landgericht hat in seiner Abwesenheit das Verfahren gemäß § 231 Abs. 2 StPO fortgesetzt, „weil sich der Angeklagte, um das Verfahren zu verhindern, in einen Zustand zeitweiliger Verhandlungsunfähigkeit vorsätzlich versetzt hat und damit bei der Fortsetzung der unterbrochenen Hauptverhandlung eigenmächtig ausgeblieben ist. Die weitere Anwesenheit des über die Anklage schon vernommenen Angeklagten erachtete das Gericht nicht für erforderlich".

Am 27. 11. 1962 hatte sich der körperliche Zustand des Beschwerdeführers soweit gebessert, daß er an diesem Tage zur Hauptverhandlung vorgeführt werden konnte und nach dem Gutachten eines ärztlichen Sachverständigen zeitweise – nämlich für zwei bis zweieinhalb Stunden – verhandlungsfähig war. Auch an den bis zum 8. 1. 1963 folgenden Verhandlungstagen war der Angeklagte jeweils nur für einige Stunden verhandlungsfähig und „entfernte" sich, nachdem der ihn begleitende Arzt erklärt hatte, der Angeklagte sei nicht mehr verhandlungsfähig. Den Antrag der Staatsanwaltschaft, des Angeklagten und seines Verteidigers, jeweils bei Eintritt der Verhandlungsunfähigkeit des Angeklagten die Hauptverhandlung zu unterbrechen, hat die Strafkammer abgelehnt; auch „die zeitweilige Verhandlungsunfähigkeit des Angeklagten seit dem 26. 11. 1962 beruhe gegenüber seiner Verhandlungsfähigkeit, wie sie ... vor dem Selbstmordversuch bestand, auf diesem von ihm schuldhaft herbeigeführten Ereignis". – Das Rechtsmittel hatte Erfolg.

Gründe: Mit Recht beanstandet die Revision dieses Verfahren des Landgerichts. Jedenfalls war es nicht zulässig, in Abwesenheit des Beschwerdeführers zu verhandeln, nachdem dieser vom 27. 11. 1962 ab wieder zur Hauptverhandlung erschienen und – wenn auch nur zeitweilig – verhandlungsfähig war. Der Senat hat die Verhandlung auf diese Rüge beschränkt und nicht auch die Frage entschieden, ob grundsätzlich eine Hauptverhandlung nach § 231 Abs. 2 StPO zu Ende geführt werden darf, wenn der Angeklagte infolge eines ernstlichen Selbstmordversuchs nicht verhandlungsfähig und deshalb nicht anwesend ist. Die Frage ist vom 2. Strafsenat in BGHSt. 16, 178 ff. (BGH Urt. v. 26. 7. 1961 – 2 StR 575/60; vgl. § 338 Nr. 5 StPO erfolglose Rügen) bejaht worden. Der Senat könnte – käme es im vorliegenden Falle auf ihre Beantwortung an – von der Auffassung des 2. Strafsenats nicht abweichen, ohne nach § 136 Abs. 1 GVG den Großen Senat für Strafsachen anzurufen. Das ist jedoch nicht erforderlich. Selbst wenn man mit dem 2. Strafsenat und wohl auch der Revision die aufgeworfene Frage bejaht, muß die in der Verhandlung vor dem Senat allein erörterte Rüge Erfolg haben.

Der hier zu entscheidende Fall unterscheidet sich nämlich von dem in BGHSt. 16, 178 ff. abgeurteilten Falle wesentlich dadurch, daß der Angeklagte noch während des Ganges der Hauptverhandlung wieder – wenn auch nur zeitweise – erschienen ist und in dieser Zeit auch verhandlungsfähig war. In einem derartigen, soweit ersichtlich vom Bundesgerichtshof noch nicht entschiedenen Falle liegen entgegen der Auffassung der Bundesanwaltschaft von dem Augenblick ab, in dem der Angeklagte wieder an der Hauptverhandlung teilnimmt, die Voraussetzungen des § 231 Abs. 2 StPO nicht vor. Das ergibt sich aus folgendem:

Der Angeklagte hat nach der Strafprozeßordnung das Recht und – soweit nicht Ausnahmen zugelassen sind – die Pflicht, nach ordnungsgemäßer Ladung zur Hauptverhandlung zu erscheinen. Er darf sich hieraus nicht eigenmächtig entfernen und auch bei der Fortsetzung einer unterbrochenen Verhandlung nicht eigenmächtig fernbleiben. Eigenmächtig handelt er, wenn er bewußt diese Pflicht zur Anwesenheit verletzt und dadurch dem Gang der Rechtspflege entgegentritt (so BGHSt. 16, 178ff im Anschluß an die Rechtsprechung des Reichsgerichts). Nur wenn diese Voraussetzungen vorliegen, kann die Hauptverhandlung in Abwesenheit des Angeklagten nach § 231 Abs. 2 StPO zu Ende geführt werden, wenn auch die übrigen Voraussetzungen dieser Vorschrift erfüllt sind. Sie soll (vgl. RGSt 22, 247, 249) im Interesse der Strafrechtspflege und mit Rücksicht auf die Würde des Gerichts verhindern, daß „dem Angeklagten die Möglichkeit gewährt wäre, eine begonnene, vielleicht schon dem Abschluß nahe Hauptverhandlung dadurch, daß er sich entfernt oder bei ihrer Wiedereröffnung ausbleibt, unwirksam und gleichsam ungeschehen zu machen". Diese Voraussetzungen waren von dem Augenblick ab, als der nunmehr verhandlungsfähige Angeklagte wieder zur Hauptverhandlung erschienen war, nicht gegeben. Zwar war der Angeklagte auch nunmehr nur zeitweise in der Lage, an der Hauptverhandlung teilzunehmen. Hierdurch war jedoch – die bisherige Ordnungsmäßigkeit der Hauptverhandlung unterstellt – nicht eine Lage geschaffen, die ihm ohne § 231 Abs. 2 StPO die Möglichkeit gegeben hätte, die begonnene Hauptverhandlung unwirksam, gleichsam ungeschehen zu machen. Es konnte nunmehr, wenn auch mit Unterbrechungen nach § 229 StPO, die Verhandlung in Gegenwart des Angeklagten zum Abschluß gebracht werden. Die rechtspolitischen Erwägungen, die zur Einführung der Bestimmung des § 231 Abs. 2 StPO geführt haben, treffen daher jedenfalls von dem Augenblick nicht zu, als der Angeklagte wieder an der Hauptverhandlung teilnahm. Wollte man auch unter diesen Voraussetzungen § 231 Abs. 2 StPO anwenden, so wäre das nur bei ausdehnender Auslegung dieser Bestimmung möglich. Eine solche ist nicht möglich. § 231 Abs. 2 StPO gestattet es, eine Ausnahme von der Forderung der Strafprozeßordnung zu machen, daß der Angeklagte während der gesamten Hauptverhandlung anwesend zu sein hat. Eine derart die Rechte des Angeklagten einschränkende Vorschrift darf nicht ausdehnend ausgelegt werden (vgl. RGSt 42, 197, 198/199; BGHSt. 3, 187, 190 [BGH Urt. v. 2. 10. 1952 – 3 StR 83/52; vgl. § 338 Nr. 5 StPO erfolgreiche Rügen]).

36. Abwesenheit des Verteidigers bei notwendiger Verteidigung.

StPO §§ 140 II, 338 Nr. 5 – BGH Urt. v. 24. 1. 1961 – 1 StR 132/60 LG Landau (= BGHSt. 15, 306 = NJW 1961, 740)

Die Revision rügt, daß die Hauptverhandlung in Abwesenheit eines Verteidigers stattfand. Die Mitwirkung eines Verteidigers sei jedoch nach § 140 Abs. 2 StPO geboten gewesen, da es sich um ein umfangreiches Verfahren mit schwieriger Sach- und Rechtslage handelte. Das ergäbe sich sowohl aus der großen Zahl der Anklagepunkte wie aus dem besonderen Umfang der Beweisaufnahme im Zusammenhang mit der Tatsache, daß sich die Hauptverhandlung über zwei Monate hinzog und die schriftlichen Urteilsgründe erst sieben Monate nach Verkündung zu den Akten gebracht werden konnten. Der Mangel habe sich auf einen wesentlichen Verfahrensabschnitt bezogen. Das Gericht hätte deshalb nach §§ 141 Abs. 2, 145 StPO verfahren müssen.

Sachverhalt: Der Verhandlungstag am 7. 4. 1959 diente, wie das Sitzungsprotokoll ergibt, der Beweisaufnahme. Es wurden mehrere Vernehmungsniederschriften verlesen und der Angeklagte hierzu gehört. Keiner der beiden Wahlverteidiger des Angeklagten sei anwesend, ein Pflichtverteidiger nicht bestellt gewesen. – Das Rechtsmittel hatte Erfolg.

Gründe: Die Fortführung der Verhandlung ohne Verteidiger bildete unter diesen Umständen einen unbedingten Revisionsgrund nach § 338 Nr. 5 StPO. Wer in Fällen der notwendigen Verteidigung in einer über mehrere Wochen sich hinziehenden Hauptverhandlung zum Verteidiger gewählt wird und die Wahl annimmt, wird allerdings Vorsorge treffen müssen, daß seine Aufgaben in der Hauptverhandlung im Falle kurzfristiger Verhinderung durch sonstige Geschäfte von einem anderen Verteidiger wahrgenommen werden oder daß er in seinen übrigen termingebundenen Geschäften vertreten wird. Denn er hätte es sonst in der Hand, das Gericht mit der Behauptung, durch andere unaufschiebbare Aufgaben verhindert zu sein, immer wieder zu Unterbrechungen der Hauptverhandlung zu zwingen oder zu veranlassen, ohne Verteidiger zu verhandeln auf die Gefahr hin, dadurch einen Revisionsgrund zu schaffen. Unterläßt der Verteidiger solche Vorkehrungen und verhandelt das Gericht im Falle seines Ausbleibens ohne ihn und ohne eine Anordnung nach § 145 Abs. 1 StPO, dann ist der Verteidiger trotzdem nicht gehindert, diesen Mangel gem. § 338 Nr. 5 StPO mit der Revision zu rügen. Denn das Verfahrensrecht gewährt dem Angeklagten die im Falle der notwendigen Verteidigung sich ergebenden Rechte, darunter den unbedingten Revisionsgrund des § 338 Nr. 5 StPO im Falle des Ausbleibens des Verteidigers, ohne sie von der Vorsorge, der Umsicht oder dem guten Willen eines anderen, auch nicht des Verteidigers selbst, abhängig zu machen. Das Gericht darf jedoch, wenn sich die Gefahr abzeichnet, daß der Verteidiger die zur reibungslosen Durchführung der Hauptverhandlung erforderlichen Maßnahmen nicht treffen kann oder nicht treffen will, neben dem Wahlverteidiger einen Pflichtverteidiger bestellen, um damit den reibungslosen Fortgang der Verhandlung zu sichern.

37. Ausschluß des Angeklagten ohne Begründung jedenfalls bei infolgedessen verbleibender Zweifelhaftigkeit des Zugrundeliegens zulässiger Erwägungen anfechtbar.

StPO §§ 247, 338 Nr. 5 – BGH Urt. v. 28. 9. 1960 – 2 StR 429/60 LG Mönchengladbach (= BGHSt. 15, 194 = NJW 1961, 132)

Die Revision rügt, der Angeklagte R. sei gegen Schluß der Vernehmung aller Angeklagten zur Sache während eines Teiles der Vernehmung des früheren Mitangeklagten W. aus dem Sitzungssaal entfernt worden. Der diese Maßnahme anordnende Gerichtsbeschluß enthalte jedoch keine Begründung, während § 247 Abs. 1 StPO die Entfernung des Angeklagten nur gestatte, wenn zu befürchten sei, daß in seiner Gegenwart ein Mitangeklagter nicht die Wahrheit sagen werde, müsse aus den Umständen entnommen werden, daß das Gericht sich zu der gerügten Maßnahme nicht aus diesem Grunde entschlossen, vielmehr habe verhindern wollen, daß R. seine Aussage nach der des W. einrichte. Dies sei aber kein rechtlich zulässiger Grund gewesen, so daß die Abwesenheit des Angeklagten R. bei einem Teil der Hauptverhandlung einen Verstoß gegen § 338 Nr. 5 StPO darstelle.

Sachverhalt: Nachdem die Angeklagten sich zur Sache erklärt hatten und den Angeklagten W. und R. Vorhalte aus ihren polizeilichen Aussagen gemacht worden waren, beschloß das Gericht, den Angeklagten W. in Abwesenheit des Angeklagten R. weiter zur Sache zu vernehmen. R. wurde aus dem Sitzungssaal geführt und W. weiter zur Sache gehört. Alsdann wurde R. wieder hereingeführt und selbst weiter zur Sache vernommen. – Das Rechtsmittel hatte Erfolg.

Gründe: Hiernach ist dem Vorbringen der Revision die Berechtigung nicht zu versagen. Nach § 230 StPO ist die Anwesenheit des Angeklagten während der gesamten Dauer der Hauptverhandlung notwendig. Eine Ausnahme läßt u.a. die Vorschrift des § 247 StPO zu. Da nach der Sachlage die Entfernung des Angeklagten wegen ordnungswidrigen Verhaltens (§ 247 Abs. 2 StPO) ausscheidet, kommt nur Abs. 1 Satz 1 dieser Vorschrift in Betracht. Er gestattet dem Gericht, den Angeklagten während der Vernehmung eines Mitangeklagten aus dem Sitzungszimmer abtreten zu lassen, wenn zu befürchten ist, daß dieser in Gegenwart des Angeklagten die Wahrheit nicht sagen werde. Eine erweiternde Auslegung dieser Ausnahmevorschrift ist nicht zulässig; insbesondere widerstreitet eine Zwangsentfernung zu dem Zweck, die Anpassung des Angeklagten an die Einlassung eines Mitangeklagten zu verhindern, dem klaren Wortlaut des Gesetzes; sie ist dem Gericht versagt, mag eine solche Maßnahme noch so sehr zur Ermittlung der Wahrheit dienlich erscheinen. Die Anwesenheitspflicht soll dem Angeklagten die Möglichkeit allseitiger und uneingeschränkter Verteidigung sichern und ihm vor allem im wichtigsten Abschnitt des Verfahrens das rechtliche Gehör gewährleisten; die Durchbrechung dieses den Strafprozeß beherrschenden Grundsatzes muß streng auf den Wortlaut des Gesetzes beschränkt bleiben. Deshalb hält der Senat eine Ausweitung, wie sie das Reichsgericht in einem gleich gelagerten Falle in HRR 1941 Nr. 314 zur Erforschung der Wahrheit zulassen wollte, nicht für vertretbar; er schließt sich vielmehr der bereits vom 1. Strafsenat in BGHSt. 3, 384, 386 (BGH Urt. v. 9. 1. 1953 – 1 StR 620/52; vgl. § 247 StPO erfolglose Rügen) vertretenen Auffassung und ihrer Begründung an (vgl. auch BGHSt. 3, 187, 190 [BGH Urt. v. 2. 10. 1952 – 3 StR 83/52; vgl. § 338 Nr. 5 StPO erfolgreiche Rügen]; 9, 77 [BGH Urt. v. 28. 2. 1956 – 5 StR 609/55; vgl. § 258 StPO erfolgreiche Rügen]).

Die Befugnis zu einer Anordnung gemäß § 247 Abs. 1 Satz 1 StPO steht nach ständiger Rechtsprechung nicht dem Vorsitzenden, sondern allein dem Gericht zu, so daß stets ein förmlicher Gerichtsbeschluß ergehen muß, der zu begründen und zu verkünden ist (vgl. RGSt 20, 273; BGHSt. 1, 346, 350 [BGH Urt. v. 2. 10. 1951 – 1 StR 434/51; vgl. § 338 Nr. 4 StPO erfolglose Rügen, 338 Nr. 5 StPO erfolgreiche Rügen]). Die Frage, ob ein Mangel in diesen Förmlichkeiten – Fehlen eines Gerichtsbeschlusses überhaupt oder Fehlen einer Begründung – den unbedingten Revisionsgrund des § 338 Nr. 5 StPO zur Folge hat, ist bisher in der Rechtsprechung des Bundesgerichtshofs nicht einheitlich beantwortet worden. Während der 5. Strafsenat in BGHSt. 4, 364 (BGH Urt. v. 8. 10. 1953 – 5 StR 245/53; vgl. §§ 274, 338 Nr. 5 StPO erfolgreiche Rügen) ohne weiteres einen unbedingten Revisionsgrund annimmt, wenn kein Gerichtsbeschluß über die Entfernung des Angeklagten ergangen ist, hat der erkennende Senat in dem nichtveröffentlichten Urteil vom 25. 6. 1954 (2 StR 269/53) im Anschluß an RG JW 1935, 1861 ausgesprochen, daß bei fehlender Begründung des Beschlusses § 338 Nr. 5 StPO nur verletzt sei, wenn die sachlichen Voraussetzungen des § 247 StPO in Wirklichkeit nicht vorgelegen hätten. Ob es gerechtfertigt ist, das Fehlen des Gerichtsbeschlusses selbst anders zu beurteilen als das Fehlen einer Begründung, mag zweifelhaft sein. Die Frage bedarf indessen keiner Entscheidung. § 338 Nr. 5 StPO ist jedenfalls dann verletzt, wenn wegen des Fehlens der Begründung zweifelhaft bleibt, ob das Gericht von zulässigen Erwägungen ausgegangen ist. Das ist hier der Fall. Der Beschwerdeführer und der frühere Mitangeklagte W. haben zwar nach dem Urteil ein umfassendes Geständnis abgelegt. Sie hatten sich auch schon teilweise zur Sache erklärt, und es waren ihnen Vorhalte aus ihren polizeilichen Aussagen gemacht worden, bevor der angefochtene Beschluß erging. Deshalb kann es wohl sein, daß das Gericht zur Klärung noch bestehender Unklarheiten und Widersprüche in den Einlassungen der beiden Angeklagten das Abtreten des R. während der Vernehmung des W. für notwendig hielt, weil es befürchtete, W. werde in Anwesenheit des R. die Wahrheit nicht sagen. Es besteht aber auch die Möglichkeit, wie die Revision zutreffend geltend macht, daß das Gericht durch die Anordnung R. hindern wollte, seine weitere Einlassung nach der Aussage des W. einzurichten. Eine Zwangsentfernung aus diesem Grunde wird aber, wie schon ausgeführt, vom Gesetz nicht gestattet.

Da somit nicht auszuschließen ist, daß die sachlichen Voraussetzungen des § 247 Abs. 1 Satz 1 StPO von der Strafkammer verkannt worden sind, muß das Urteil aufgehoben werden (§ 338 Nr. 5 StPO).

38. Verhandlung gegen den nicht eigenmächtig ausgebliebenen Angeklagten.

StPO §§ 231 II, 235, 338 Nr. 5 – BGH Urt. v. 26. 6. 1957 – 2 StR 182/57 LG Kaiserslautern (= BGHSt. 10, 304 = NJW 1957, 1325 = JZ 1957, 673)

Die Revision rügt, daß gegen den abwesenden Angeklagten verhandelt worden ist, obwohl seine Abwesenheit nicht auf Eigenmächtigkeit zurückzuführen war. – Das Rechtsmittel hatte Erfolg.

Gründe: Die Revision rügt u.a. die unrichtige Anwendung des § 231 Abs. 2 StPO. Nach dieser Vorschrift darf die Hauptverhandlung in Abwesenheit des Angeklagten zu Ende geführt werden, wenn er bei der Fortsetzung einer unterbrochenen Hauptverhandlung ausbleibt, sofern er bereits über die Anklage vernommen war und das Gericht seine fernere Anwesenheit nicht für erforderlich erachtet. Nach Zweck und Zusammenhang der Vorschriften des § 231 StPO ist allerdings Voraussetzung einer solchen Verhandlung, daß der Angeklagte „eigenmächtig" der Hauptverhandlung ferngeblieben ist, daß er also den Versuch gemacht hat, den Gang der Rechtspflege zu stören und die Hauptverhandlung durch seine Abwesenheit unwirksam zu machen (BGHSt. 3, 187, 190 [BGH Urt. v. 2. 10. 1952 – 3 StR 83/52; vgl. § 338 Nr. 5 StPO erfolgreiche Rügen]).

(Es wird ausgeführt, daß dem Angeklagten eigenmächtiges Ausbleiben nicht nachgewiesen werden kann.)

Ohne diesen Nachweis muß davon ausgegangen werden, daß der Tatrichter nicht nach § 231 Abs. 2 StPO verhandeln durfte. § 235 StPO findet keine Anwendung, weil er dem Angeklagten die Wiedereinsetzung in den vorigen Stand nur gewährt, wenn die Hauptverhandlung gemäß § 232 StPO ohne ihn stattgefunden hat. Eine entsprechende Anwendung dieser Vorschrift scheidet aus. Sie bezog sich zwar früher ausdrücklich auch auf die Fälle des § 231 Abs. 2 StPO. Bei ihrer Neufassung durch das Vereinheitlichungsgesetz vom 12. September 1950 hat sich aber der Gesetzgeber für die erwähnte Beschränkung auf § 232 StPO entschieden. Die entsprechende Anwendung des § 235 StPO kann um so weniger zugelassen werden, als sie den Angeklagten schlechter stellt. Wiedereinsetzungsgründe müssen glaubhaft gemacht werden. Wenn hierfür auch ein nach billigem Ermessen genügendes Maß von Wahrscheinlichkeit statt des vollen Beweises ausreicht, so hat doch der Angeklagte die Last der Darlegung und Glaubhaftmachung. Sie darf ihm in den Fällen des § 231 Abs. 2 StPO nicht etwa in dem Sinne aufgebürdet werden, daß er die „Nichteigenmächtigkeit" seines Ausbleibens glaubhaft zu machen hätte. Vielmehr kommt es nach der Neufassung des § 235 StPO allein noch darauf an, ob dem Angeklagten die Eigenmächtigkeit nachgewiesen ist. Dabei ist es gleichgültig, ob etwa der Tatrichter nach Maßgabe der in der Hauptverhandlung bekannten Umstände eine Eigenmächtigkeit annehmen durfte, wie es hier wegen der nicht recht verständlichen Erklärung des Verteidigers der Fall war. Revisionsgrund ist nicht die mangelnde Prüfung, ob der Angeklagte eigenmächtig ausgeblieben ist, sondern die Tatsache, daß diese Eigenmächtigkeit nicht vorlag oder nicht nachgewiesen ist.

Die Voraussetzungen des § 231 Abs. 2 StPO lagen also nicht vor; die Hauptverhandlung durfte in Abwesenheit des Angeklagten nicht durchgeführt werden. Der unbedingte Revisionsgrund des § 338 Nr. 5 StPO führt zur Aufhebung des Urteils, ohne daß auf die Sachrüge einzugehen ist.

39. Notwendige Wiederholung der Hauptverhandlung bei nachträglicher Pflichtverteidigerbestellung wegen Nachtragsanklage.

StPO §§ 140 I Nr.2, III, 141 II; 338 Nr. 5 – BGH Urt. v. 29. 6. 1956 – 2 StR 252/56 LG Mainz (= BGHSt. 9, 243 = NJW 1956, 1366)

Die Revision rügt, schon vor Erhebung der Nachtragsanklage sei die Bestellung eines Verteidigers nach § 140 Abs. 2 StPO wegen der Schwierigkeit der Sach- und Rechtslage notwendig gewesen, so daß die gesamte vor Beiordnung des Verteidigers vorgenommene Hauptverhandlung hatte wiederholt werden müssen; jedenfalls sei aber § 243 StPO verletzt, weil der Angeklagte in Anwesenheit des Verteidigers zur Nachtragsanklage hätte vernommen werden müssen. Dies sei unterblieben und alsbald mit der Beweisaufnahme fortgefahren worden; damit sei zugleich der unbedingte Revisionsgrund des § 338 Nr. 5 StPO gegeben.

Sachverhalt: Gegen den Angeklagten war das Hauptverfahren wegen eines Notzuchtversuchs und wegen einer Körperverletzung eröffnet worden. In der Hauptverhandlung vom 13. 1. 1956 wurde eine Nachtragsanklage gegen ihn erhoben wegen eines weiteren vollendeten Notzuchtsverbrechens. Das Verhandlungsprotokoll ergibt, daß dem Angeklagten, der bis dahin keinen Verteidiger hatte, nach Hinweis auf die Nachtragsanklage Gelegenheit zur Verteidigung gegeben wurde, daß er seine Zustimmung zur Einbeziehung der Nachtragsanklage in das Verfahren gab und nach Belehrung die Unterbrechung der Hauptverhandlung und die Beiordnung eines Pflichtverteidigers beantragte. Hierauf wurde ein Beschluß verkündet, durch den die Nachtragsanklage in das Verfahren einbezogen, die Hauptverhandlung bis zum 16. 1. 1956, einem Montag, unterbrochen und dem Angeklagten gemäß § 141 Abs. 2 StPO ein Pflichtverteidiger bestellt wurde. In der Hauptverhandlung vom 16. 1. stellte der Verteidiger einen Vertagungsantrag und einen Antrag, der als Beweisermittlungsantrag abgelehnt wurde, sowie zwei weitere Beweisanträge, denen stattgegeben wurde. Es wurde sodann sogleich mit der Beweisaufnahme fortgefahren. – Das Rechtsmittel hatte Erfolg.

Gründe: Mit dem sofort nach Erhebung der Nachtragsanklage gestellten Antrage des Angeklagten auf Bestellung eines Verteidigers wurde die Verteidigung notwendig im Sinne des § 140 StPO. Nunmehr gehörte der Verteidiger zu den Personen, deren auch nur vorübergehende Abwesenheit in der Hauptverhandlung den unbedingten Revisionsgrund des § 338 Nr. 5 StPO bildet. Das hat zur Folge, daß alle wesentlichen Teile der Hauptverhandlung, wie Vernehmung des Angeklagten zur Person und Sache, Verlesung des Eröffnungsbeschlusses, Beweisaufnahme, wiederholt werden müssen. Diese Notwendigkeit ergibt sich aus der Einheit der Hauptverhandlung, zu deren gesamtem Verlauf der Verteidiger Stellung zu nehmen berufen ist. Dazu ist er nicht in der Lage, wenn er auch nur dem Teil der Hauptverhandlung nicht beigewohnt hat, während dessen die Notwendigkeit der Verteidigung noch nicht bestand oder noch nicht erkannt worden ist. In diesem Sinne hatte bereits das Reichsgericht in dem nichtveröffentlichten Urteil 2 D 361/34 vom 23. 4. 1934 entschieden. Hiernach ist das angefochtene Urteil aufzuheben.

40. Unzulässige Rücknahme der Pflichtverteidigerbestellung.

StPO §§ 140 II, 143, 338 Nr. 5 – BGH Urt. v. 16. 11. 1954 – 5 StR 299/54 LG Hamburg (= BGHSt. 7, 69)

Die Revision rügt, die Verteidigung der Angeklagten sei dadurch unzulässig beschränkt worden, daß sie in der Hauptverhandlung ohne Verteidiger gewesen sei.

Sachverhalt: Auf Antrag des Rechtsanwalts K. war dieser durch Verfügung des Vorsitzenden vom 20. 2. 1953 der Angeklagten als Pflichtverteidiger beigeordnet worden. Rechtsanwalt K. hatte seinen Antrag damit begründet, daß die Schwierigkeit der Sach- und Rechtslage eine Verteidigung notwendig mache. Hauptverhandlungstermin stand zunächst am 28. 12. 1953 an. Mit Schreiben vom 19. 12. 1953 bat Rechtsanwalt K., mit Rücksicht auf seine persönliche Verhinderung wegen einer Reise, diesen Termin zu verlegen und, falls dies nicht möglich sei, ihn von seinen Pflichten als Pflichtverteidiger zu entbinden. Daraufhin erging folgende Verfügung des Vorsitzenden:

„Die Bestellung des Rechtsanwalts K. zum Verteidiger der Angeklagten wird wegen Behinderung des Anwalts am Urteilstage zurückgenommen. An Stelle des Rechtsanwalts K. wird der Angeklagten der Rechtsanwalt Dr. H. beigeordnet."

Der Termin vom 28. 12. 1953 wurde dann aber doch aus dienstlichen Gründen auf den 12. 2. 1954 verlegt. Mit Schriftsatz vom 22. 1. 1954, bat nun der neu bestellte Pflichtverteidiger Dr. H., an seiner Stelle wieder Rechtsanwalt K. als Pflichtverteidiger zu bestellen, da er selbst am 12. 2. 1954 mehrere Termine habe, auch annehme, daß Rechtsanwalt K. wieder von seiner Reise zurückgekehrt sei. Daraufhin verfügte der Vorsitzende am 26. 1. 1954:

„Die Bestellung des Rechtsanwalts Dr. H. zum Pflichtverteidiger der Angeklagten wird auf seinen Antrag vom 22. ds. Mts. aufgehoben."

Diese Verfügung wurde der Angeklagten mitgeteilt. Der Antrag des Rechtsanwalts Dr. H. vom 22. 1. 1954 war dem Vorsitzenden mit folgender Notiz (wohl eines der Richter) vorgelegt worden: „Notwendige Verteidigung liegt nicht vor. Allenfalls kommt § 140 Abs. 2 StPO in Frage." – Das Rechtsmittel hatte Erfolg.

Gründe: Das Verfahren des Vorsitzenden bei der Abberufung des Pflichtverteidigers verstößt gegen § 140 Abs. 2 StPO. Die Strafprozeßordnung regelt nur einen Fall, in dem ein Pflichtverteidiger abberufen werden kann, ausdrücklich. Nach § 143 StPO ist er abzuberufen, wenn der Angeklagte einen Wahlverteidiger hat.

Es ist allgemein anerkannt, daß auch außerhalb des § 143 StPO Fälle möglich sind, in denen ein bestellter Pflichtverteidiger ohne Ersetzung durch einen anderen abberufen werden kann. Das Reichsgericht hat mehrfach (vgl. RGSt 40, 4; 70, 317) Fälle entschieden, in denen nachträglich durch veränderte Umstände die Notwendigkeit der Verteidigung entfallen war. Es hat dabei ausgesprochen, daß die Verteidigung so lange notwendig sei, bis der bestellte Verteidiger abberufen sei und nicht etwa von selbst entfalle. Im vorliegenden Fall hatten sich die Umstände nach der Verteidigerbestellung nicht geändert. Insbesondere lag in dem Antrag des Rechtsanwalts Dr. H. vom 22. 1. 1954 kein Umstand, der für die Frage, ob die Verteidigung nach wie vor notwendig war, von Erheblichkeit sein konnte.

Die Frage, ob trotz gleichbleibender Umstände nur auf Grund anderer rechtlicher Beurteilung ein bestellter Pflichtverteidiger ohne Ersetzung durch einen anderen abberufen werden könne, haben weder das Reichsgericht noch der Bundesgerichtshof entschieden.

Nach Auffassung des Senats ist es mindestens im allgemeinen nicht zulässig, eine nach § 140 Abs. 2 StPO vorgenommene Verteidigerbestellung nachträglich nur deshalb wieder rückgängig zu machen, weil ohne Veränderung der Umstände der Vorsitzende seine Ansicht darüber ändert, ob der Fall rechtlich oder tatsächlich so schwierig liegt, daß eine Verteidigung notwendig ist. Durch die Verteidigerbestellung nach § 140 Abs. 2 StPO erkennt der Vorsitzende an, daß dessen Voraussetzungen vorliegen. Für den Angeklagten wird durch eine Verteidigerbestellung ein Recht auf Verteidigung begründet. Dieses Recht kann ihm, wenigstens nicht ohne seine Zustimmung, regelmäßig nicht nachträglich entzogen werden, wenn die Umstände sich nicht verändert haben. Eine andere Handhabung kann leicht dazu führen, das Vertrauen in die Rechtspflege zu erschüttern. Sie kann zur Folge haben, daß ein Angeklagter, der sich darauf verlassen hat, daß er verteidigt wird, sich nicht rechtzeitig bemüht, Mittel zusammenzubringen, um einen Wahlverteidiger zu bestellen, oder sich auf die Selbstverteidigung einzurichten.

Die Verhandlung ohne Verteidiger war daher nicht zulässig. Das Urteil muß gemäß § 338 Nr. 5 StPO aufgehoben werden.

41. Entfernung des Angeklagten muß begründet werden.
StPO §§ 274, 338 Nr. 5 – BGH Urt. v. 8. 10. 1953 – 5 StR 245/53 LG Hamburg (= BGHSt. 4, 364 = NJW 1953, 1925)

Die Revision rügt, daß der Angeklagte in der Hauptverhandlung während der Vernehmung der Zeuginnen K. V. und F. V. aus dem Sitzungszimmer entfernt worden sei, obwohl ein entsprechender Beschluß des Gerichts nicht vorgelegen habe.

Der Sachverhalt ergibt sich aus der Revisionsbegründung. – Das Rechtsmittel hatte Erfolg.

Gründe: Nach § 247 StPO kann zwar das Gericht einen Angeklagten während der Vernehmung eines Zeugen aus dem Sitzungszimmer abtreten lassen, wenn zu befürchten ist, daß der Zeuge in Gegenwart des Angeklagten die Wahrheit nicht sagen werde. Die Entfernung setzt aber voraus, daß das Gericht nach Anhörung der Prozeßbeteiligten einen Beschluß erläßt und mit Begründung verkündet (RGSt 20, 273; RG in GoltdArch 48, 302). Diese Bestimmung ist hier verletzt worden.

Die Sitzungsniederschrift besagt zwar nichts darüber, daß der Angeklagte während der Vernehmung der Zeuginnen K. V. und F. V. entfernt worden ist. Die – verneinende – Beweiskraft des Protokolls (§ 274 StPO) gilt hier indessen nicht. Sie setzt ein ordnungsgemäß aufgenommenes, gemäß § 271 Abs. 1 StPO von dem Vorsitzenden und dem Urkundsbeamten der Geschäftsstelle unterschriebenes Protokoll voraus. Fehlt es an der Unterschrift der Urkundspersonen oder einer von ihnen, so kommt dem Protokoll die sich aus § 274 StPO ergebende Beweiswirkung nicht zu. Es tritt die freie Beweiswürdigung an die Stelle der in § 274 StPO bestimmten Beweisregel. Entsprechend liegt es hier. Das Protokoll trägt allerdings die Unterschriften des Vorsitzenden und des Urkundsbeamten der Geschäftsstelle. Der Vorsitzende hat jedoch nachträglich in seiner dienstlichen Äußerung vom 14. 8. 1952 erklärt, daß die Zeuginnen K. V. und F. V. in Abwesenheit des Angeklagten vernommen worden sind und daß die Protokollierung des Vorgangs versehentlich unterblieben ist. Damit ist eine der beiden Urkundspersonen von dem Inhalte des Protokolls hinsichtlich dieses Vorgangs ausdrücklich und eindeutig abgerückt. Insoweit ist der Inhalt des Protokolls durch die Unterschrift des Vorsitzenden nicht mehr gedeckt. Dieser Fall muß, soweit es sich um den durch die Unterschrift des Vorsitzenden nicht mehr gedeckten Teil des Protokolls handelt, dem des Fehlens der Unterschrift gleichgeachtet werden. Die Beweiskraft des Protokolls ist daher, soweit sie den erwähnten Punkt betrifft, aufgehoben. Dieser Auffassung steht nicht entgegen, daß nach § 274 StPO gegen die Richtigkeit des Protokolls nur der Beweis der Fälschung zulässig ist. Es handelt sich hier nicht um einem Beweis gegen die Richtigkeit des Protokolls, sondern um den durch die nachträgliche dienstliche Äußerung einer der beiden Urkundspersonen herbeigeführten Wegfall der Voraussetzungen für die Anwendbarkeit der Beweisregel.

Der Senat hatte daher in freier Beweiswürdigung zu entscheiden. Er sieht auf Grund der dienstlichen Äußerung des Vorsitzenden als erwiesen an, daß der Angeklagte während der Vernehmung der erwähnten Zeuginnen aus dem Sitzungszimmer entfernt worden ist, ohne daß ein entsprechender Gerichtsbeschluß mit Begründung verkündet worden war. Das war rechtlich unzulässig.

Der Mangel bedeutet einen unbedingten Revisionsgrund (§ 338 Nr. 5 StPO).

Der Rüge steht nicht entgegen, daß der Angeklagte und sein Verteidiger die Entfernung des Angeklagten in der Hauptverhandlung vor dem Landgericht nicht beanstandet haben. Dies wäre nur dann der Fall, wenn die Entfernung eine auf die Sachleitung bezügliche Anordnung des Vorsitzenden im Sinne des § 238 Abs. 2 StPO wäre. Über eine solche Anordnung hat gemäß § 238 Abs. 2 StPO auf Beanstandung durch einen Prozeßbeteiligten das Gericht zu entscheiden. Unterbleibt die Beanstandung, so kann die Unzulässigkeit der

Anordnung mit der Revision nicht mehr geltend gemacht werden (RGSt 71, 21[1]). Die Entfernung des Angeklagten ist indessen keine auf die Sachleitung bezügliche Anordnung des Vorsitzenden, über die das Gericht erst auf Beanstandung durch einen Prozeßbeteiligten hin zu entscheiden hat. Sie steht gemäß § 247 StPO nicht dem Vorsitzenden zu. Ihre Anordnung bedarf von vornherein, nicht erst auf Beanstandung hin, eines Gerichtsbeschlusses. Der Angeklagte kann daher die Unzulässigkeit der Entfernung mit der Revision auch dann geltend machen, wenn er oder sein Verteidiger sie in der Hauptverhandlung nicht beanstandet haben.

Das Urteil mußte wegen der festgestellten Gesetzesverletzung aufgehoben werden.

42. Abwesenheit des Angeklagten bei der Ortsbesichtigung.

StPO §§ 230 I, 231, 338 Nr. 5 – BGH Urt. v. 2. 10. 1952 – 3 StR 83/52 LG Marburg a.d. Lahn (=BGHSt. 3, 187 = NJW 1952, 1306 = JZ 1953, 44)

Die Revision rügt, daß eine Ortsbesichtigung durch das Gericht in Abwesenheit der Angeklagten stattgefunden habe.

Sachverhalt: In dem Protokoll über die Hauptverhandlung vom 3. 4. 1951 ist hierüber folgendes beurkundet:

„Im Einverständnis mit der Staatsanwaltschaft und den Verteidigern beschlossen und verkündet: Es soll eine informatorische Ortsbesichtigung stattfinden.

Der Beschluß wird ausgeführt. Das Gericht, der Vertreter der Staatsanwaltschaft, die Verteidiger und die Sachverständigen begaben sich nach M. und besichtigten dort das inzwischen wieder aufgebaute Wohnhaus der Angeklagten sowie die benachbarten Örtlichkeiten und den Weg zur Kirche.

Die Hauptverhandlung war von 15.30 Uhr bis 17.05 Uhr unterbrochen."

Der Vorsitzende hat sich dienstlich dahin geäußert, die Ortsbesichtigung sei nur vorgenommen worden, um den Angaben der Angeklagten, Zeugen und Sachverständigen über die Örtlichkeiten leichter folgen zu können, nicht aber, weil die Beweisaufnahme im Verhandlungsraum kein genügend klares Bild über die Örtlichkeiten und noch vorhandenen Spuren ergeben hätte. Das Gericht habe zu keiner Zeit einen richterlichen Augenschein im Sinne der Bestimmungen der Strafprozeßordnung zum Beweise bestimmter Tatsachen für erforderlich erachtet, weil der Sachverhalt, soweit er den Zustand von Örtlichkeiten und Gegenständen betroffen habe, durch die an Gerichtsstelle benutzten Beweismittel habe hinreichend aufgeklärt werden können. – Das Rechtsmittel hatte Erfolg.

Gründe: Die Strafprozeßordnung kennt eine „informatorische" Ortsbesichtigung nicht. Jede „Ortsbesichtigung", die das vollzählig versammelte Gericht unter Teilnahme der als Richtergehilfen tätigen Sachverständigen, des Vertreters der Staatsanwaltschaft und der Verteidiger vornimmt, ist eine Beweisaufnahme vor dem erkennenden Gericht und somit ein Teil der Hauptverhandlung (RGSt 42, 197 [198] und 66, 28 [29]). Sie dient in jedem Falle dazu, sämtlichen Mitgliedern des erkennenden Gerichtes die unmittelbare Wahrnehmung aller für die Schuldfrage erheblichen Verhältnisse am Tatort zu ermöglichen. Das Bild, das auf diese Weise von der Örtlichkeit gewonnen wird, ist mitbestimmend für die Würdigung der Angaben des Angeklagten und der Bekundungen der Zeugen und Sachverständigen und damit für die Bildung der richterlichen Überzeugung bei der Feststellung

---

1 „Der § 53 StPO gibt dem Zeugen ein Recht, seine Aussage zu verweigern. Darauf, daß er von diesem Recht Gebrauch mache, hat der Angeklagte keinen verfahrensrechtlichen Anspruch; ihm gegenüber ist vielmehr der Zeuge in seiner Entschließung völlig frei. Daher können grundsätzlich die Erwägungen, die den Zeugen bei dieser Entschließung bestimmen, keine Rechte des Angeklagten berühren." (RG Urt. v. 17. 11. 1936 – I. Strafsenat 793/36).

des Sachverhalts. Dabei macht es keinen Unterschied, ob die Einnahme des Augenscheins das einzige Mittel ist, dem erkennenden Gericht die Kenntnis von diesen örtlichen Verhältnissen zu verschaffen, oder ob noch andere Beweismittel (Zeichnungen, Karten, Lichtbilder, Bekundungen von Zeugen und Sachverständigen) hierfür vorhanden sind und benutzt werden, ferner ob im letzten Falle die Augenscheinseinnahme nur dazu dient, die Zuverlässigkeit dieser anderen Beweismittel zu überprüfen oder dem erkennenden Gericht die Benutzung der anderen Beweismittel zu erleichtern.

Die Strafprozeßordnung schreibt in § 230 Abs. 1 die Anwesenheit des Angeklagten für die gesamte Dauer der Hauptverhandlung zwingend vor. Ausnahmen hiervon enthalten die Vorschriften der §§ 231 Abs. 2, 232, 233 und 247. Wenn ein solcher Ausnahmefall nicht vorliegt, bildet die Abwesenheit des Angeklagten während eines Teiles der Hauptverhandlung einen unbedingten Revisionsgrund, der dazu nötigt, das angefochtene Urteil aufzuheben (§ 338 Nr. 5 StPO).

Keiner dieser Ausnahmefälle liegt hier vor, auch nicht der des § 231 Abs. 2 StPO. Danach kann zwar die Verhandlung in Abwesenheit des Angeklagten zu Ende geführt werden, wenn er sich aus der Verhandlung entfernt und wenn er über die Anklage schon vernommen war und das Gericht seine weitere Anwesenheit nicht für erforderlich hält. Es würde nichts im Wege stehen, diese Vorschrift auch auf die Fälle anzuwenden, in denen der Angeklagte später wieder in die Hauptverhandlung zurückkehrt. Der Vorsitzende hätte nunmehr nicht die Pflicht, ihn von dem wesentlichen Inhalt dessen zu unterrichten, was während seiner Abwesenheit ausgesagt und verhandelt worden ist. Denn dies gilt nur, wenn der Angeklagte vom Gericht aus der Hauptverhandlung entfernt worden ist (§ 247 StPO). Die Voraussetzungen des § 231 Abs. 2, daß der Angeklagte bereits über die Anklage vernommen war und daß das Gericht seine Anwesenheit nicht für erforderlich hielt, liegen zwar für alle drei Angeklagten vor. Dagegen haben sie sich nicht eigenmächtig aus der Hauptverhandlung entfernt. Es kann dabei dahingestellt bleiben, ob sie auf ihre Anwesenheit bei der Ortsbesichtigung dadurch verzichtet haben, daß sie dem in ihrer Anwesenheit hierzu erklärten Einverständnis ihrer Verteidiger nicht widersprochen haben. Auch wenn sie ihr Einverständnis damit erklärt hätten, würde es im Hinblick auf das Einverständnis des Gerichts doch an dem Merkmal der Eigenmacht fehlen. Dies ist im Gesetz zwar nicht ausdrücklich erwähnt, ergibt sich aber aus dem Zweck des § 231 Abs. 2 und dem Zusammenhang dieser Vorschrift mit Absatz 1. § 231 Abs. 2 läßt gegen diesen Angeklagten den Rechtsnachteil einer Verhandlung in seiner Abwesenheit zu, damit er nicht dadurch, daß er sich entfernt, die Hauptverhandlung unwirksam und gleichsam ungeschehen machen kann. Hier beruht die Abwesenheit der Angeklagten während der Ortsbesichtigung auf einer fehlerhaften Maßnahme des Vorsitzenden. Dieser ist nicht nur nach Abs. 1 befugt, sondern im Interesse der Durchführung des Verfahrens auch verpflichtet, für die Anwesenheit des Angeklagten durch geeignete Maßnahmen zu sorgen. Wenn er selbst anordnet, daß der in Untersuchungshaft befindliche Angeklagte zur Ortsbesichtigung nicht vorgeführt wird, so kann von einer eigenmächtigen Entfernung des Angeklagten, wie sie § 231 Abs. 2 meint, nicht die Rede sein. Eine ausdehnende Auslegung dieser Vorschrift auf einen solchen Fall ist, wie schon das Reichsgericht in RGSt 42, 197 entschieden hat, nicht zulässig, weil es sich um eine Ausnahme von einem den Strafprozeß beherrschenden Grundsatz handelt. Von dieser Auffassung abzugehen, besteht kein Anlaß.

Von dem Grundsatz, daß die Hauptverhandlung nur in Anwesenheit des Angeklagten stattfinden darf, hat die Rechtsprechung nur in einem im Gesetz nicht geregelten Falle eine Ausnahme gemacht. Sie hat für zulässig erklärt, daß der Angeklagte der Hauptverhandlung für die Dauer der Vernehmung eines Sachverständigen fernbleibt, der sich gutachtlich über seinen Gesundheitszustand äußert, wenn durch die Offenbarung der Natur und der Schwere des Leidens Gefahren für seinen Leib oder sein Leben eintreten würden (RGSt 49, 40 und 60, 313). Das Gesetz verlangt die Anwesenheit des Angeklagten einerseits im Interesse der Wahrheitsermittlung, weil auch der Eindruck seiner Person, seines

Auftretens, seiner Auslassungen der Wahrheitsermittlung dienen, andererseits, um ihm die Möglichkeit allseitiger und uneingeschränkter Verteidigung zu sichern. Das erste Interesse wird durch die Abwesenheit des Angeklagten bei der Erstattung des Gutachtens nicht verletzt. Die Beeinträchtigung der Verteidigung aber wird als das kleinere Übel zur Vermeidung des größeren der Gefährdung von Leib oder Leben in Kauf genommen. Mit dieser außergewöhnlichen Lage ist der jetzt abzuurteilende Fall nicht vergleichbar. Nach der dienstlichen Äußerung des Vorsitzenden wollte man den drei Angeklagten die Schande ersparen, als Untersuchungsgefangene in ihrem Heimatort vorgeführt zu werden. Ihre Anwesenheit bei der Ortsbesichtigung war im Interesse der Wahrheitsermittlung jedoch erforderlich. Schon aus diesem Grunde war die Rücksichtnahme auf etwa vorhandene Gefühle der Scham unzulässig. Ebensowenig kann unter diesem Gesichtspunkt die Möglichkeit allseitiger und uneingeschränkter Verteidigung beschnitten werden, und zwar auch dann nicht, wenn der Angeklagte mit dieser Einschränkung einverstanden ist.

Der Vermerk im Sitzungsprotokoll, daß die Hauptverhandlung während der Zeit, in der die Ortsbesichtigung stattfand, unterbrochen war, vermag der Ortsbesichtigung die Eigenschaft einer Beweisaufnahme vor dem erkennenden Gericht nicht zu nehmen. Das bedarf keiner weiteren Ausführung.

Die Hauptverhandlung hat demnach für die Dauer der Ortsbesichtigung in Abwesenheit des Angeklagten, dessen Anwesenheit das Gesetz vorschrieb, stattgefunden.

Es handelt sich, wie sich aus § 338 Nr. 5 ergibt, um zwingende Vorschriften, auf deren Beachtung der Angeklagte nicht verzichten und von deren Einhaltung das Gericht oder der Vorsitzende nicht befreien können. Es ist deshalb unerheblich, daß die Verteidiger ohne Widerspruch der Angeklagten ihr Einverständnis mit dem Verfahren erklärt haben (RGSt 58, 149 [150]). Da die Gesetzesverletzung einen unbedingten Revisionsgrund bildet, bedarf es keiner Prüfung, ob das Urteil darauf beruht.

43. Der Angeklagte ist über das in seiner Abwesenheit Verhandelte unverzüglich vor jeder weiteren Verfahrenshandlung zu unterrichten (wie RGSt 20, 273).

StPO § 338 Nr. 5 – BGH Urt. v. 2. 10. 1951 – 1 StR 434/51 LG Nürnberg-Fürth (= BGHSt. 1, 346 = NJW 1952, 192 = MDR 1952, 117)

Die Revision rügt, der Angeklagte sei in der Hauptverhandlung während der Einlassung des früheren Mitangeklagten A. auf Anordnung des Vorsitzenden für einige Zeit aus dem Sitzungssaal entfernt worden, weil A. in Abwesenheit des Beschwerdeführers bestimmte Angaben habe machen wollen. Die Entfernung des Beschwerdeführers sei nicht durch Beschluß des Gerichts angeordnet worden. Auch seien die Beteiligten vorher nicht gehört worden. Der Beschwerdeführer sei auch, nachdem er wieder in den Sitzungssaal zurückgekommen sei, nicht darüber unterrichtet worden, was A. während seiner Abwesenheit ausgesagt habe.

Sachverhalt: Die Sitzungsniederschrift enthält dazu folgendes:

„Während der Anhörung des Angeklagten A. bat dieser, etwas in Abwesenheit des Mitangeklagten G. sagen zu dürfen. Von keiner Seite wurde hiergegen etwas erinnert. Der Angeklagte G. entfernte sich daraufhin auf Anordnung des Vorsitzenden aus dem Sitzungssaal. Nach kurzer Zeit wurde G. zurückgeholt. A. fuhr dann in seiner Einlassung fort." – Das Rechtsmittel hatte Erfolg.

Gründe: Aus der Bemerkung, daß „von keiner Seite hiergegen etwas erinnert" worden ist, ergibt sich, daß die Beteiligten vor der Anordnung entgegen dem Vortrag der Revision die Möglichkeit hatten, sich zu ihr zu äußern. Der behauptete Verstoß gegen § 33 StPO liegt also nicht vor. Dagegen rügt die Revision mit Recht, daß das Gericht den § 247 StPO verletzt habe.

Danach kann das Gericht den Angeklagten, wenn zu befürchten ist, daß ein Mitangeklagter in seiner Gegenwart die Wahrheit nicht sagen werde, während dieser Vernehmung aus dem Sitzungszimmer abtreten lassen. Die Rechtsprechung hat diese Vorschrift stets dahin verstanden, daß die Befugnis des § 247 Abs. 1 StPO dem Gericht und nicht dem Vorsitzenden eingeräumt sei und daß darum stets ein Gerichtsbeschluß erforderlich sei, der begründet und verkündet werden müsse. Die im Urteil RGSt 20, 273 ausführlich behandelte Entstehungsgeschichte läßt keine andere Deutung zu. Der Senat schließt sich dieser Auffassung an.

Nach § 247 Abs. 1 Satz 2 StPO muß der Vorsitzende den Angeklagten, sobald dieser wieder zugelassen ist, über den wesentlichen Inhalt dessen unterrichten, was während seiner Abwesenheit ausgesagt oder sonst verhandelt worden ist. Da die Sitzungsniederschrift über die Beachtung dieser Förmlichkeit nichts enthält, muß angenommen werden, daß sie nicht beachtet worden ist (§ 274 StPO).

Die Revision macht nicht geltend, daß es an den sachlichen Voraussetzungen für das Abtretenlassen des Beschwerdeführers aus dem Sitzungszimmer gefehlt habe. Ihre Rüge geht vielmehr nur dahin, daß das Gericht die dabei zu beachtenden Verfahrensvorschriften nicht beobachtet habe. Ob dieser Fehler auf das Urteil von Einfluß gewesen sein kann, braucht nicht erörtert zu werden, da jedenfalls nicht auszuschließen ist, daß das Urteil im Falle K. auf dem Mangel der Unterrichtung des Beschwerdeführers über die Vorgänge während seiner Abwesenheit beruht. Zwar ergeben die Urteilsgründe, daß der Mitangeklagte A. während dieser Zeit nichts ausgesagt hat, was er nicht auch zu anderen Gelegenheiten während der Hauptverhandlungen in Gegenwart des Beschwerdeführers erklärt hat. Aus den Urteilsgründen ist weiter ersichtlich, daß die Überzeugung des Gerichts von der Mitwirkung des Beschwerdeführers bei dem Raubüberfall auf K. nicht auf diesen in Abwesenheit des Beschwerdeführers gemachten Angaben des A., sondern auf anderen Beweisanzeichen beruht. Trotzdem läßt sich nicht ausschließen, daß der Verfahrensfehler Einfluß auf das Urteil gehabt hat. Denn dem Angeklagten wurde die Möglichkeit genommen, auf der Stelle Erklärungen zu dem in seiner Abwesenheit behandelten Punkte abzugeben. Zum anderen kann die Unkenntnis über das, was in seiner Abwesenheit verhandelt worden war, in ihm eine Unsicherheit hervorgerufen haben, die seine Haltung und seine Erklärungen während des Restes der Hauptverhandlung beeinflußt hat.

Erfolglose Rügen

1. Entfernt sich der Wahlverteidiger, bleibt aber der Pflichtverteidiger in der Hauptverhandlung, ist der Angeklagte ausreichend verteidigt, auch wenn zu diesem angeblich kein Vertrauensverhältnis besteht.

§ 338 Nr. 5 – BGH Urt. v. 10. 12. 1997 – 3 StR 441/97 LG Wuppertal (= NStZ 1998, 267)

Die Revision rügt, der Angeklagte sei für die Dauer der Abwesenheit seines Wahlverteidigers unverteidigt gewesen, da die bloße körperliche Anwesenheit seines Pflichtverteidigers, der nicht sein Vertrauen genoß, keine wirksame Beistandsleistung gewesen sei.

Sachverhalt: Nach dem Vortrag der Revision hat sich der die Revision begründende Wahlverteidiger, Rechtsanwalt H, während der Vernehmung eines Mitangeklagten und eines Zeugen am 2. Verhandlungstag für 10 Minuten und am 3. Verhandlungstag für (die letzten) 5 Minuten aus der Hauptverhandlung entfernt. Anwesend war jeweils der ursprünglich als Wahlverteidiger aufgetretene, später vom Vorsitzenden zum Verteidiger bestellte Rechtsanwalt S. Der Fortbestand dieser Verteidigung war bereits mehrfach Gegenstand von Entscheidungen gewesen. Noch vor der Hauptverhandlung war ein Antrag des Angeklagten auf Entpflichtung von Rechtsanwalt S. zurückgewiesen worden. Am 1. Hauptverhandlungstag hatte Rechtsanwalt S. selbst seine Entpflichtung beantragt und Rechtsanwalt H. hatte nach Ablehnung dieses Antrags durch den Vorsitzenden (unnötigerweise; vgl. BGHSt. 39, 310, 312 [BGH Urt. v. 26. 8. 1993 – 4 StR 364/93; vgl. § 142 StPO erfolgreiche Rügen]; NStZ 1995, 296 [BGH Urt. v. 8. 2. 1995 – 3 StR 586/94; vgl. § 142 StPO erfolglose Rügen]) Antrag auf gerichtliche Entscheidung gestellt. – Das Rechtsmittel war erfolglos.

Gründe: ... Nach dem Revisionsvortrag erscheint es nicht ausgeschlossen, daß der Wahlverteidiger den Angeklagten zweimal bei einem wesentlichen Teil der Hauptverhandlung verlassen hat, obwohl nach seiner Auffassung eine Verteidigung des Angeklagten danach nicht mehr gegeben war, ohne den Angeklagten oder das Gericht auf diesen Umstand hinzuweisen. Der Angeklagte hat dem Verhalten seines Wahlverteidigers aus dann nicht fernliegenden Gründen nicht widersprochen. Dies könnte dazu führen, die Verfahrensrüge als verwirkt anzusehen (vgl. BGH NStZ 1997, 451[1]; Beschl. v. 7. 7. 1997 – 5 StR 307/97).

Näherer Aufklärung bedarf dies nicht, weil die Rüge auch unbegründet ist. Der Angeklagte war nicht ohne Verteidiger (BGHSt. 39, 310, 313 f.). Die Revision behauptet nicht, daß Rechtsanwalt S. in der Zeit der Abwesenheit von Rechtsanwalt H. die Verteidigung nicht geführt hätte (vgl. BGH NStZ 1992, 503 [BGH Beschl. v. 14. 5. 1992 – 4 StR 202/92; vgl. § 140 StPO erfolgreiche Rügen]). Auch der in diesem Zusammenhang geltend gemachte relative Revisionsgrund einer Verletzung von § 142 StPO und Art. 6 IIIc MRK liegt nicht vor. Der Vorsitzende hat in Ansehung des Inhalts der Vorwürfe des Angeklagte ohne Rechtsfehler den begründeten Verdacht gehegt, der Angeklagte habe den Verteidiger nur deshalb verbal angegriffen, damit dieser eine Strafanzeige wegen Beleidigung erstattet, um darauf gestützt dessen Entpflichtung zu betreiben. Dies stellt keinen wichtigen Grund für eine Entpflichtung des Verteidigers dar (BGHSt. 39, 310, 316). ...

2. Verwirkung des Rügerechts bei eigenmächtigem Entfernen des Verteidigers vor der Urteilsverkündung.

StPO §§ 338 Nr. 5, 337 – BGH Beschl. v. 26. 11. 1997 – 5 StR 561/97 LG Berlin (= NStZ 1998, 209)

Die Revision rügt, ein wesentlicher Teil der Hauptverhandlung, nämlich die Urteilsverkündung, habe in Abwesenheit des notwendigen Verteidigers stattgefunden.

Der Sachverhalt ergibt sich aus dem Revisionsvorbringen. – Das Rechtsmittel war erfolglos.

Gründe: ... Der Senat sieht allerdings Anlaß, zu der für den Angeklagten B. erhobenen Rüge, die Urteilsverkündigung habe teilweise in Abwesenheit seines Verteidigers stattgefunden, folgendes anzumerken:

Die Rüge ist bereits nicht statthaft; auf die (zutreffenden) Ausführungen des GBA zur Nichterweislichkeit des Rügevorbringens gemäß § 274 StPO kommt es daher nicht einmal an. Entfernt sich der Verteidiger eigenmächtig von der Urteilsverkündung, so ist eine hierauf gestützte Rüge nach § 338 Nr. 5 StPO verwirkt. Eine etwa vorangegangene Verfahrensrechtsverletzung durch das Gericht ändert nichts an der Pflichtwidrigkeit des Verteidigerverhaltens. Hier ist das Vorgehen der Strafkammer-Vorsitzenden, infolgedessen sich der Verteidiger zum Verlassen des Gerichtssaales hat hinreißen lassen, nicht einmal zum Gegenstand einer Revisionsrüge, etwa wegen Verletzung des § 258 StPO, gemacht worden. ...

---

1 „Die mit der Revision beanstandete Verfahrensweise, daß nur der Wahlverteidiger plädiert hat und nicht auch der Pflichtverteidiger, entsprach ersichtlich dem Einvernehmen beider Verteidiger. Bei dieser Sachlage neigt der Senat dazu, die – ohnehin offensichtlich unbegründete – Verfahrensrüge als verwirkt anzusehen." (BGH Beschl. v. 11. 3. 1997 – 5 StR 77/97).

3. Kein Revisionsgrund, wenn Gericht und Staatsanwaltschaft bei der Übersetzung der mündlichen Urteilsgründe den Saal verlassen.

StPO § 338 Nr. 5 – BGH Beschl. v. 22. 2. 1996 – 1 StR 23/96 LG Ravensburg (= NStZ-RR 1996, 337)

Die Revision rügt, daß bei der Übersetzung der mündlichen Urteilsgründe sowohl die Richter als auch der Staatsanwalt den Sitzungssaal verlassen haben.

Sachverhalt: Bei der Urteilsverkündung hat die Dolmetscherin zunächst abschnittsweise übersetzt. Dann ist sie vom Vorsitzenden gebeten worden, sich die Urteilsverkündung insgesamt anzuhören, um dann anschließend die Übertragung für den Angeklagten vorzunehmen. So ist dann auch verfahren worden. Während dieser Übertragung in die chinesische Sprache haben sich sämtliche Richter sowie der Staatsanwalt aus dem Sitzungssaal entfernt, sind dann jedoch wieder zurückgekommen. Es ist noch die Rechtsmittelbelehrung sowie die Belehrung über die Folgen einer Strafaussetzung zur Bewährung erfolgt. – Das Rechtsmittel war erfolglos.

Gründe: ... Es bedarf keiner Erörterung, daß sämtliche Richter und der Staatsanwalt während des Verlaufs der gesamten Hauptverhandlung anwesend zu sein haben. Jedoch vermag der Vortrag der Revision weder einen absoluten Revisionsgrund (für die Richterbank käme nur § 338 Nr. 1 StPO in Betracht) noch sonst einen zur Aufhebung führenden Verfahrensfehler zu belegen. Ein wirksames Urteil liegt bereits nach Verlesung der Urteilsformel vor (BGHSt. 8, 41 [BGH Urt. v. 8. 7. 1955 – 5 StR 43/55; vgl. § 268 StPO erfolglose Rügen]). Anders verhält es sich mit den Gründen. Ihre Eröffnung ist für den Urteilsspruch nicht wesentlich. Denn er beruht immer nur auf den vom Gericht beschlossenen Gründen, deren Inhalt nur durch das von den Richtern unterzeichnete schriftliche Urteil nachgewiesen werden kann. Mündliche Angaben des Vorsitzenden sind insoweit ohne Bedeutung (BGHSt. 8, 41 [42]; BGHSt. 15, 263 [BGH Urt. v. 2. 12. 1960 – 4 StR 433/60; vgl. § 338 Nr. 5 StPO erfolglose Rügen]), wenngleich die unvollständige Eröffnung einen Verstoß gegen § 268 II 1 StPO darstellt. Die mündliche Verkündung der Gründe eines Urteils gegenüber einem der deutschen Sprache nicht mächtigen Angeklagten ist erst dann abgeschlossen, wenn diese ihn – vermittelt durch einen Dolmetscher – erreicht haben. Dies folgt aus seiner Subjektstellung im Strafprozeß und dem Umstand, daß er nicht schlechter gestellt werden darf als ein Angeklagter, der die Begründung unmittelbar verfolgen kann. Auf dieser Gesetzesverletzung, die der Urteilsfindung erst nachfolgt, kann das Urteil jedoch nicht beruhen (BGHSt. 8, 41 [42]; NJW 1961, 419; BGHSt. 15, 263 [265]).

Etwas anderes könnte sich nur ergeben, machte der Beschwerdeführer geltend, er habe just in diesem Begründungszeitraum etwas zur Sache vorbringen wollen, habe jedoch seine Richter nicht mehr erreicht. Der Angeklagte hat nach Beginn der Urteilsverkündung zwar keinen Anspruch mehr darauf, daß das Gericht Anregungen oder Einwendungen entgegennimmt (BGHSt. 15, 263 [264]). Das Gericht kann aber innehalten, wieder in die Verhandlung eintreten und sein Urteil ändern oder ergänzen (BGHSt. 25, 333 [335 f.] [BGH Beschl. v. 28. 5. 1974 – 4 StR 633/73; vgl. § 268 StPO erfolgreiche Rügen]). Damit das Gericht von dieser Entscheidungsmöglichkeit pflichtgemäß Gebrauch machen kann, muß es freilich anwesend sein. Hier trägt die Revision jedoch nicht vor, der Angeklagte habe noch etwas vorbringen wollen, was das Gericht zum Innehalten gerade während des Zugangs der Gründe an den anwesenden Angeklagten hätte drängen sollen. Sie muß daher auch unter diesem Gesichtspunkt ohne Erfolg bleiben.

4. Stellt das Hauptverhandlungsprotokoll am Anfang die Anwesenheit der notwendigen Beteiligten fest, so gilt diese Beweiskraft auch für die Fortsetzungstermine, es sei denn, ihre Entfernung wird ausdrücklich protokolliert.

StPO § 338 Nr. 5 – BGH Urt. v. 10. 8. 1994 – 3 StR 53/94 LG Kleve (= wistra 1995, 70)

Die Revision rügt, der Vertreter der Staatsanwaltschaft habe an einem wesentlichen Teil der Hauptverhandlung nicht teilgenommen, in dieser Zeit sei „das Urteil des Landgerichts Duisburg vom 3. 3. 1984" und ein Beweisantrag des Verteidigers des Mitangeklagten H. A. verlesen worden.

Der Sachverhalt ergibt sich aus dem Revisionsvorgringen. – Das Rechtsmittel war erfolglos.

Gründe: ...

2. Die Rüge eines Verstoßes gegen die §§ 226, 338 Nr. 5 StPO ist in ihrer Zulässigkeit zweifelhaft, weil nicht dargetan wird, daß die behauptete – vorübergehende – Abwesenheit des Sitzungsvertreters der Staatsanwaltschaft einen gerade für den Beschwerdeführer wesentlichen Teil der Hauptverhandlung betraf. Aus dem Vortrag, in dieser Zeit sei „das Urteil des Landgerichts Duisburg vom 3. 3. 1984" und ein nicht näher mitgeteilter Beweisantrag des Verteidigers des Mitangeklagten H. A. verlesen worden, ergibt sich nicht, daß davon das Verfahren gegen den Beschwerdeführer in irgendeiner Weise betroffen gewesen sein könnte. Doch kann dies auf sich beruhen. Die Verfahrensbeschwerde kann jedenfalls aus anderem Grunde keinen Erfolg haben. Die Sitzungsniederschrift über eine mehrtägige Hauptverhandlung wie hier stellt eine Einheit dar (vgl. BGHSt. 16, 306, 307 [BGH Urt. v. 20. 11. 1961 – 2 StR 395/61; vgl. § 274 erfolglose Rügen]); der für den Beginn der Hauptverhandlung aufgenommene Vermerk über die Anwesenheit der in § 226 StPO genannten Personen braucht, auch wenn dies üblich ist, zu Anfang der die einzelnen Hauptverhandlungstage betreffenden Teile des Hauptverhandlungsprotokolls nicht wiederholt zu werden. Die zu Beginn aufgeführten Personen gelten wegen des Grundsatzes der Einheitlichkeit der Hauptverhandlungsniederschrift mit der Beweiskraft des § 274 StPO als anwesend, wenn ihre (vorübergehende) Entfernung nicht protokolliert ist. Werden einzelne von ihnen zu Beginn des einen neuen Sitzungstag betreffenden Protokollabschnitts gleichwohl ausdrücklich als anwesend genannt, so ergibt sich daraus die Abwesenheit der nichtaufgeführten Personen noch nicht.

5. Gesonderter Beschluß über die Fortsetzung der Verhandlung in Abwesenheit des Angeklagten gemäß § 231b StPO ist neben einem Beschluß seiner Entfernung wegen Mißachtens der Ordnungsgewalt des Vorsitzenden gemäß § 177 GVG nicht erforderlich.

StPO §§ 231b, 338 Nr. 5; GVG § 177 – BGH Urt. v. 1. 12. 1992 – 5 StR 494/92 Bezirksgericht Potsdam (= BGHSt. 39, 72 = StV 1993, 285 = NStZ 1993, 198)

Die Revision rügt, der Angeklagte sei zu Unrecht zeitweilig wegen Ungebühr von der Hauptverhandlung ausgeschlossen worden (§ 338 Nr. 5 StPO). Es sei neben dem Beschluß nach § 177 GVG ein gesonderter Beschluß nach § 231b StPO erforderlich gewesen. Dieser Beschluß sei aber nicht ergangen. Es fehle deshalb auch eine zeitliche Beschränkung des Ausschlusses des Angeklagten von der Hauptverhandlung. Die Voraussetzungen des § 231b StPO hätten nicht vorgelegen, insbesondere sei die Maßnahme unverhältnismäßig, und die Anwesenheit des Angeklagten wäre unerläßlich gewesen.

Sachverhalt: Am zweiten Hauptverhandlungstag, dem 12. 3. 1992, störte der Angeklagte die Beweisaufnahme. Er wurde von dem Vorsitzenden erfolglos ermahnt. Es erging sodann der folgende Beschluß, der sich auf S. 16 des Hauptverhandlungsprotokolls vom 12. 3. 1992 befindet: b.u.v.

Der Angeklagte wird wegen des ungebührlichen Verhaltens aus dem Sitzungssaal entfernt.

Der Beschluß wird ausgeführt.

In Ausführung des Beschlusses wurde der Angeklagte aus dem Sitzungssaal geführt. Während seiner Abwesenheit wurde sodann über die Vereidigung des Sachverständigen G. entschieden. Er blieb unvereidigt und wurde dann entlassen. Danach wurde der Angeklagte wieder vorgeführt. Vor diesem Ereignis ist der Angeklagte von dem Vorsitzenden noch nicht wegen ungebührlichen Verhaltens ermahnt worden." – Das Rechtsmittel war erfolglos.

Gründe: Erörterungsbedürftig ist die von beiden Verteidigern erhobene Verfahrensrüge, der Angeklagte sei zu Unrecht zeitweilig von der Hauptverhandlung ausgeschlossen worden (§ 338 Nr. 5 StPO).

Neben der Entscheidung nach § 177 GVG bedurfte es eines gesonderten Beschlusses gemäß § 231b StPO über die Fortsetzung der Hauptverhandlung in Abwesenheit des Angeklagten nicht.

Zwar mögen Gründe der Verfahrensklarheit dafür sprechen, durch einen förmlichen Beschluß kundzutun, daß die Hauptverhandlung in Abwesenheit des Angeklagten fortgesetzt wird.

Das Gesetz schreibt einen solchen Beschluß nicht vor. Durch das Gesetz zur Ergänzung des Ersten Gesetzes zur Reform des Strafverfahrensrechts vom 20. 12. 1974 (BGBl. I 3686) wurde die bis dahin in § 247 Abs. 2 StPO enthaltene Regelung dem neu geschaffenen § 231a StPO angepaßt und als § 231b StPO übernommen. Anders als in § 231a StPO ist in § 231b StPO aber von dem Erfordernis eines ausdrücklichen Beschlusses nicht die Rede. Hätte der Gesetzgeber hier einen solchen für erforderlich gehalten, hätte er dies zum Ausdruck gebracht.

Setzt das Gericht nach dem Erlaß des Beschlusses nach § 177 GVG und der Entfernung des Angeklagten die Hauptverhandlung ohne ihn fort, macht es durch sein Vorgehen hinreichend deutlich, daß es für die weitere Hauptverhandlung die fernere Anwesenheit des Angeklagten nicht für unerläßlich hält.

Soweit die Verteidigung das Vorliegen der Voraussetzungen des § 231b StPO mit der Begründung verneint, es habe sich um keine schwerwiegende Störung gehandelt, da die störenden Rufe des Angeklagten in ihrer Lautstärke wie auch ihrem Inhalt nach nicht geeignet gewesen seien, den Fortgang der Hauptverhandlung erheblich zu beeinträchtigen, widerspricht das Revisionsvorbringen dem Inhalt des Protokolls. Die Rüge ist insoweit unzulässig. Ausweislich des Protokolls, das den Anforderungen des § 182 GVG noch genügt, „störte der Angeklagte während der Begutachtung durch den Sachverständigen G. mit Rufen, Beschimpfungen und Drohungen die Beweisaufnahme. Er wurde mehrfach erfolglos abgemahnt".

Im übrigen wäre die Rüge auch unbegründet. Da der Angeklagte trotz Abmahnungen sein Verhalten fortgesetzt hat, waren nach der Sachlage weitere schwerwiegende Störungen zu befürchten.

Es ist auch nicht ersichtlich, daß die Entscheidung des Gerichts, die Hauptverhandlung ohne den Angeklagten fortzusetzen, ermessensfehlerhaft, insbesondere unverhältnismäßig gewesen ist. Entgegen den Ausführungen der Verteidiger handelte es sich gerade nicht um eine einmalige Entgleisung des nach dem Gutachten des Sachverständigen Gö. durch die Einnahme von Medikamenten nicht beeinträchtigten Angeklagten. Der Angeklagte wurde nach Abschluß der Vernehmung des Sachverständigen wieder zur Hauptverhandlung zugelassen. Auch die lange Dauer der Hauptverhandlung an diesem Tage und die damit verbundene Belastung des Beschwerdeführers begründen nicht die Unverhältnismäßigkeit der Maßnahme.

Dafür, daß das Tatgericht den Begriff der Unerläßlichkeit der Anwesenheit des Angeklagten verkannt hätte, ist nichts ersichtlich. Die Frage der Unerläßlichkeit der Anwesenheit obliegt der Beurteilung des Tatrichters. Seine Entscheidung ist nur darauf überprüfbar, ob sie durch einen Rechtsfehler beeinflußt worden ist.

Es bestehen auch keine Bedenken dagegen, daß der Angeklagte erst nach der Entlassung des Sachverständigen wieder zur Hauptverhandlung zugelassen worden ist. Denn seine „Ausfälle" erstreckten sich ersichtlich gegen den Sachverständigen. Der Verpflichtung nach § 231b Abs. 2 i.V.m. § 231a Abs. 2 StPO hat das Gericht Genüge getan. Hätte die Anhörung des Angeklagten ergeben, daß der Sachverständige nicht hinreichend befragt worden ist, hätte dies zur erneuten Vernehmung des Sachverständigen führen können.

6. Telefonische Ladung zum Fortsetzungstermin über den Verteidiger zur Mitteilung an den Angeklagten rechtswirksam.

StPO §§ 35 II S. 2, 145a I, 216 Abs. I, 231 II, 338 Nr. 5 – BGH Urt. v. 8. 4. 1992 – 2 StR 240/91 LG Bonn (= BGHSt. 38, 271 = NJW 1992, 2039 = StV 1993, 453 = NStZ 1992, 369)

Die Revision rügt, die Hauptverhandlung sei am 29. 12. 1989 in Abwesenheit des Angeklagten fortgesetzt worden, obwohl die Voraussetzungen des § 231 Abs. 2 StPO nicht vorgelegen hätten. Er sei zu diesem Termin nicht geladen worden und habe hiervon nichts gewußt.

Sachverhalt: Im Hauptverhandlungstermin vom 19. 12. 1989 war in Anwesenheit des Angeklagten Termin zur Fortsetzung der Hauptverhandlung auf den 28. 12. 1989 verkündet worden. Am 27. 12. 1989 traf der Vorsitzende außerhalb der Hauptverhandlung mit dem Vermerk „Eilt!" folgende, in den Akten festgehaltene Verfügung: „1. Der Termin vom 28. 12. 1989 wird verlegt auf den 29. 12. 1989, 9.00 Uhr, S. U 35.

2. Die Verteidiger wurden telefonisch umgeladen. Sie erklärten, die Angeklagten von der Terminsverlegung zu benachrichtigen.

3. Die Staatsanwaltschaft wurde telefonisch umgeladen.

4. Geschäftsstelle zur Kenntnisnahme.

...

Der Vorsitzende

gez.B."

Im neuen Fortsetzungstermin vom 29. 12. 1989 erschienen für den Angeklagten und seine damaligen beiden Mitangeklagten lediglich die Verteidiger. Zum weiteren Verlauf der Hauptverhandlung heißt es im Protokoll:

„Es wurde festgestellt, daß alle drei Angeklagten zum heutigen Termin ohne Entschuldigung eigenmächtig ausgeblieben sind.

b.u.v.

Die Verhandlung soll gem. § 231 Abs. 2 StPO fortgesetzt werden."

Sodann wurden ausweislich des Protokolls zu Beweiszwecken zwei Urkunden verlesen. Danach wurde die Hauptverhandlung erneut unterbrochen. – Das Rechtsmittel war erfolglos.

Gründe: ...

b) Die Rüge ist unbegründet, soweit der Beschwerdeführer geltend macht, sein Ausbleiben am 29. 12. 1989 sei deshalb nicht eigenmächtig gewesen, weil er zu diesem Termin nicht geladen worden sei. Ein Angeklagter bleibt zwar nicht eigenmächtig im Sinne von

§ 231 Abs. 2 StPO aus, wenn er nicht erscheinen mußte, weil er nicht wirksam geladen war (vgl. BGH NStZ 1984, 41 [BGH Beschl. v. 30. 6. 1983 – 4 StR 351/83; vgl. § 338 Nr. 5 StPO erfolgreiche Rügen]). Die dem Verteidiger außerhalb der Hauptverhandlung telefonisch mitgeteilte und in einem Aktenvermerk dokumentierte Umladung zu dem verlegten Fortsetzungstermin war aber auch gegenüber dem Angeklagten wirksam. Es ist nicht zu beanstanden, daß der Angeklagte nicht durch Übersenden einer schriftlichen Ladung von dem neuen Termin unterrichtet wurde.

Das Erfordernis einer schriftlichen Ladung des Angeklagten ergibt sich nicht aus § 216 Abs. 1 StPO. Diese Vorschrift betrifft nur den ersten Hauptverhandlungstermin (RG GA 73, 290; BGH JZ 1957, 673 [BGH Urt. v. 26. 6. 1957 – 2 StR 182/57 = BGHSt. 10, 304; vgl. § 338 Nr. 5 StPO erfolgreiche Rügen]; OLG Karlsruhe JR 1985, 31). Zum Fortsetzungstermin kann daher nach § 35 Abs. 1 StPO auch durch dessen Verkündung in Anwesenheit des Angeklagten (vgl. auch Nr. 137 Abs. 1 RiStBV) oder – da die Ladungsfrist des § 217 nicht mehr gilt (vgl. BGH JZ 1957, 673) – gemäß § 35 Abs. 2 Satz 2 StPO durch formlose Mitteilung geladen werden.

Hierzu hat der 4. Strafsenat des Bundesgerichtshofs zwar bereits entschieden, daß die lediglich telefonische Benachrichtigung des Angeklagten von einem außerhalb der Hauptverhandlung anberaumten Fortsetzungstermin grundsätzlich eine rechtswirksame Ladung nicht darstelle. Wenn der Fortsetzungstermin nicht in der Sitzung verkündet werde, bedürfe es vielmehr „der Wahrung der in § 35 Abs. 2 Satz 2 StPO festgelegten Förmlichkeiten, also einer schriftlichen Bekanntmachung" (BGH NStZ 1984, 41).

Dem vermag der Senat in dieser Allgemeinheit nicht zu folgen. Das Erfordernis der Schriftlichkeit gilt jedenfalls nicht, wenn die Ladungsmitteilung nicht an den Angeklagten, sondern an den Verteidiger gerichtet wird, für den in § 145a StPO eine besondere Regelung getroffen ist. Nach Absatz 1 dieser Vorschrift in der Fassung des Strafverfahrensänderungsgesetzes 1987 (BGBl. 1987 I 475) gelten der gewählte Verteidiger, dessen Vollmacht sich bei den Akten befindet, sowie der bestellte Verteidiger als ermächtigt, Zustellungen und sonstige Mitteilungen für den Beschuldigten in Empfang zu nehmen. Außer Betracht bleiben kann hier der einschränkende Absatz 2 dieser Vorschrift, da er nur förmlich zuzustellende Ladungen betrifft, nicht aber solche, die lediglich einer formlosen Mitteilung bedürfen. Der Grundgedanke des § 145a StPO besteht nach der Begründung des Regierungsentwurfs zu der 1987 ergänzten Fassung darin, den Verteidiger, der nicht Vertreter des Beschuldigten, sondern sein Beistand ist, in bezug auf den Zugang von Informationen wie einen Bevollmächtigten zu behandeln. Der Verteidiger sei regelmäßig besser als der Beschuldigte in der Lage, auf Zustellungen und sonstige Mitteilungen sachgerecht zu reagieren. Von ihm könne eher erwartet werden, daß er sich – falls erforderlich – mit dem Beschuldigten in Verbindung setze als umgekehrt. Außerdem diene die Regelung auch der Verfahrensökonomie (vgl. BT-Drucks. 10/1313 S. 21). Diese zutreffenden Erwägungen in Verbindung mit der hervorgehobenen Rolle des Verteidigers als Organ der Rechtspflege rechtfertigen es, bei formlosen Mitteilungen an den Verteidiger dessen grundsätzliche Mitwirkungsbereitschaft vorauszusetzen und geringere Sicherungsvorkehrungen im Interesse der Rechtssicherheit zu fordern als bei Mitteilungen an den Beschuldigten selbst. Bei der an den Verteidiger gerichteten formlosen Mitteilung eines außerhalb der Hauptverhandlung bestimmten oder verlegten Fortsetzungstermins bedarf es deshalb nicht des besonderen amtlichen Aufforderungscharakters einer schriftlichen Ladung. Es genügt in derartigen Fällen auch eine telefonische Mitteilung des neuen Termins, jedenfalls dann, wenn sie – wie hier – in den Akten schriftlich dokumentiert ist. Damit war der Angeklagte über seinen Verteidiger wirksam geladen. Diese Handhabung ist sachgerecht, da ohne die aufgezeigte Möglichkeit einer telefonischen Benachrichtigung des Verteidigers von einem Fortsetzungstermin die Angeklagten bei kurzfristig erforderlichen Terminsverfügungen nicht oder nur schwer rechtzeitig verständigt werden können. Im vorliegenden Fall hätte das Landgericht den am Starnberger See wohnenden Angeklagten vor dem zunächst bestimmten Hauptverhandlungstermin in Bonn schon wegen der weiten Anreise kaum noch mit einer schriftlichen Mitteilung des verlegten Termins erreichen können, so daß die rechtzeitige Fortsetzung der Hauptverhandlung gefährdet gewesen wäre. Schließlich zwingt auch der Umstand, daß die Vorführung oder Verhaftung des unentschuldigt ausgebliebenen Angeklagten (§ 230 Abs. 2 StPO) allein aufgrund einer mündlichen Mitteilung des Termins möglich wäre, zu keinem anderen Ergebnis. Zum einen steht auch bei der schriftlichen Mitteilung eines Fortsetzungstermins ohne förmliche Zustellung nicht sicher fest, ob sie den Empfänger erreicht hat. Zum anderen wird das Gericht derartige Zwangsmaßnahmen nur ergreifen, wenn keine berechtigten Zweifel daran bestehen, daß dem Angeklagten der neue Termin bekannt war.

c) Soweit der Beschwerdeführer darüber hinaus geltend macht, er sei auch deshalb nicht im Sinne von § 231 Abs. 2 StPO eigenmächtig ausgeblieben, weil er von dem neuen Termin (29. 12. 1989) nichts gewußt habe, hat die Rüge ebenfalls keinen Erfolg. Dabei kann dahingestellt bleiben, ob sie den Anforderungen des § 344 Abs. 2 Satz 2 StPO genügt. Jedenfalls ist sie unbegründet, da der Senat davon überzeugt ist, daß dem Angeklagten die Verlegung des Fortsetzungstermins vom 28. auf den 29. 12. 1989 bekannt war. Von dem zunächst vorgesehenen Fortsetzungstermin hatte der Angeklagte Kenntnis, denn er war in seiner Anwesenheit verkündet worden. Wäre ihm die Terminsverlegung auf den 29. 12. nicht bekannt gewesen, hätte er bereits am 28. 12. zur Fortsetzung der Hauptverhandlung vor dem Landgericht in Bonn erscheinen müssen. Daß er hieran gehindert gewesen sei, macht die Revision nicht geltend. Spätestens beim Erscheinen im Landgericht am 28. 12. hätte er daher erfahren, daß an diesem Tage eine Hauptverhandlung nicht stattfand, weil der Termin auf den folgenden Tag verlegt worden war. Dies spricht dafür, daß der Angeklagte entweder durch die Mitteilung seines damals tätigen Verteidigers oder am Morgen des 28. 12. im Landgericht Bonn von dem neuen Fortsetzungstermin Kenntnis erhielt. Es fällt zudem auf, daß die Revision lediglich pauschal behauptet, der Angeklagte habe von dem neuen Termin nichts gewußt, jedoch nicht mitteilt, was er am 28. 12. unternommen hat. Ebensowenig macht sie geltend, daß der Verteidiger entgegen seiner ausdrücklichen Zusage den Angeklagten nicht unterrichtet habe oder daß ihm dies nicht mehr möglich gewesen sei. Auf Nachfrage des Senats in der Verhandlung hat der Verteidiger die pauschale Behauptung der Revision lediglich ohne nähere Erläuterung wiederholt. Der Senat vermag ihr daher nicht zu folgen.

7. Die Rüge der teilweisen Abwesenheit eines notwendigen Dolmetschers erfordert eine Darlegung, wieweit die sprachlichen Fertigkeiten des Angeklagten reichen und was Gegenstand des in Rede stehenden Verhandlungsteils war.

StPO §§ 338 Nr. 5, 344; GVG § 189 – BGH Beschl. v. 26. 6. 1991 – 2 StR 583/90 LG Bonn (= StV 1992, 54)

Die Revision rügt, der Angeklagte sei der deutschen Sprache nur ungenügend mächtig gewesen und der Dolmetscher für die türkische Sprache habe an zwei Verhandlungsterminen gefehlt, obwohl die durchgehende Anwesenheit des Dolmetscher gem. § 185 GVG erforderlich gewesen sei.

Der Sachverhalt ergibt sich aus dem Revisionsvorbringen. – Das Rechtsmittel war erfolglos.

Gründe: Die Rüge, der Dolmetscher für die türkische Sprache habe an zwei Verhandlungsterminen gefehlt, bleibt gleichfalls ohne Erfolg, wobei es nicht darauf ankommt, ob der Dolmetscher an den beiden Termintagen tatsächlich abwesend war. Wird dies unterstellt, so gilt folgendes:

Der absolute Revisionsgrund des § 338 Nr. 5 StPO läge nur vor, wenn die Angeklagten der deutschen Sprache gänzlich unkundig gewesen wäre (vgl. BGHSt. 3, 285 f. [BGH Urt. v.

11. 11. 1952 – 1 StR 484/52; vgl. § 338 Nr. 5 StPO erfolglose Rügen]). Das behaupten sie selbst nicht. Sie tragen vor, des Deutschen „nur ungenügend mächtig" gewesen zu sein, haben also nach eigenem Vorbringen die deutsche Sprache zumindest teilweise beherrscht, was im übrigen auf Grund der Urteilsfeststellungen zu ihrem jeweiligen Lebenslauf naheliegt.

Verhandelt das Gericht zeitweilig ohne Dolmetscher mit einem teilweise des Deutschen mächtigen Angeklagten, so kann allerdings ein relativer Revisionsgrund gegeben sein, falls es in Anbetracht der beschränkten Sprachkenntnisse des Angeklagten und der sprachlichen Anforderungen, die der betreffende Verhandlungsteil stellt, der Zuziehung eines Dolmetschers bedurfte (§ 337 StPO i.V.m. § 185 GVG). Ob diese Zuziehung dann in das pflichtgemäße Ermessen des Tatrichters gestellt ist (so BGH a.a.O.), muß nicht entschieden werden. Jedenfalls gehört es, wenn dieser Revisionsgrund geltend gemacht wird, zur ordnungsgemäßen Erhebung der Rüge, daß dargelegt wird, wieweit die sprachlichen Fertigkeiten des Angeklagten reichen und was Gegenstand des in Rede stehenden Verhandlungsteils war; denn andernfalls kann das Revisionsgericht nicht beurteilen, ob der Angeklagte außerstande gewesen ist, ohne Dolmetscher der Verhandlung zu folgen und sein Mitwirkungsrecht wahrzunehmen. Das hiernach notwendige Vorbringen (§ 344 Abs. 2 S. 2 StPO) enthalten die Revisionsbegründungen nicht. Sie beschränken sich auf die unsubstantiierte Behauptung, die „durchgehende Anwesenheit des Dolmetschers" sei gem. § 185 GVG erforderlich gewesen. Das genügt nicht.

8. Eigenmächtiges Ausbleiben erfordert keine Boykottabsicht.

StPO § 231 II, 338 Nr. 5 – BGH Urt. v. 30. 11. 1990 – 2 StR 44/90 LG Bonn (= BGHSt. 37, 249 = NJW 1990, 1364 = StV 1991, 97)

Die Revision der Nebenklage rügt, die Verhandlung gegen den Angeklagten hätte nicht in seiner Abwesenheit fortgeführt werden dürfen, da sein Ausbleiben nicht eigenmächtig gewesen sei. Sie macht geltend, der Strafkammervorsitzende habe durch Erklärungen gegenüber dem Verteidiger des Angeklagten den Anschein hervorgerufen, das Gericht sei mit der Abwesenheit des Angeklagten einverstanden.

Sachverhalt: Der Angeklagte war in den Verhandlungsterminen vom 12. 11. 1987 und 10. 3. 1988 nicht erschienen. Das Gericht hatte daraufhin jeweils beschlossen, die Verhandlung gemäß § 231 Abs. 2 StPO ohne ihn fortzusetzen, da er bereits zur Anklage vernommen sei und seine fernere Anwesenheit entbehrlich erscheine. – Das Rechtsmittel war erfolglos.

Gründe:

1. Die Rüge vorschriftswidriger Abwesenheit des Angeklagten in der Hauptverhandlung ist auch dem Nebenkläger eröffnet. Dem steht § 339 StPO nicht entgegen. Nach dieser Vorschrift kann die Staatsanwaltschaft – und Gleiches gilt für den Nebenkläger (BGH MDR 1968, 18) – zwar die Verletzung von Rechtsnormen, die lediglich zugunsten des Angeklagten gegeben sind, nicht zu dessen Nachteil geltend machen; doch trifft das für die hier in Rede stehenden Rechtsnormen nicht zu. Denn die Gesetzesbestimmungen, nach denen die Anwesenheit des Angeklagten in der Hauptverhandlung erforderlich ist (§§ 230, 231 Abs. 1 StPO), sind nicht lediglich zu seinen Gunsten gegeben, was bereits darin zum Ausdruck kommt, daß sie eine Pflicht, nicht nur ein Recht des Angeklagten begründen. Sie dienen vielmehr auch dem öffentlichen Interesse einer möglichst umfassenden und zuverlässigen Wahrheitsermittlung (RGSt 60, 179 f.). Allein diese abstrakte Zweckbestimmung ist maßgebend; darauf, ob im jeweils konkreten Fall ein öffentliches Interesse an der Anwesenheit des Angeklagten besteht, kommt es – wie schon das Reichsgericht ausgeführt hat (RGSt 29, 44, 48) – nicht an.

2. ...

Die Strafkammer durfte an den beiden Terminstagen ohne den Angeklagten verhandeln. Die Voraussetzungen des § 231 Abs. 2 StPO lagen vor. Der Angeklagte war bereits über die Anklage vernommen. Auch hatte das Gericht nach pflichtgemäßem Ermessen seine fernere Anwesenheit für entbehrlich erachtet.

Allerdings reicht – wie allgemein anerkannt ist – der Umstand allein, daß der Angeklagte im Termin nicht erscheint, noch nicht aus, um unter den sonstigen Voraussetzungen, die § 231 Abs. 2 StPO nennt, die Fortsetzung der Verhandlung ohne ihn zu erlauben. Vielmehr ist dieses Verfahren nur statthaft, wenn das Ausbleiben des Angeklagten eigenmächtig war. Mit dem Erfordernis der Eigenmacht wird in einschränkender Auslegung des Gesetzes dem Gedanken Rechnung getragen, daß es nicht Sinn dieser Vorschrift sein kann, ein Verhandeln gegen den Angeklagten ohne Rücksicht auf die für sein Ausbleiben maßgebenden Gründe zuzulassen und zwar schon deshalb nicht, weil das Gesetz einer genügenden Entschuldigung Rechtserheblichkeit beimißt (§ 230 Abs. 2 StPO). Die Rechtsprechung – insbesondere des Bundesgerichtshofs und der Oberlandesgerichte – hat demgemäß in einer Vielzahl von unterschiedlichen Fällen und Fallvarianten darüber befunden, wann jeweils Eigenmacht vorlag und wann nicht. Diese Entscheidungen, deren Kasuistik hier nicht dargestellt werden kann, machen Bedeutung und Tragweite des Begriffs der Eigenmacht deutlich. Bleiben Randbereiche noch strittiger Einzelfragen außer Betracht, so bildet den gemeinsamen Nenner der Grundsatz, daß Eigenmacht vorliegt, wenn der Angeklagte ohne Rechtfertigungs- oder Entschuldigungsgründe wissentlich seiner Anwesenheitspflicht nicht genügt.

Danach war das Ausbleiben des Angeklagten an den beiden Terminstagen eigenmächtig. Für die Versäumung dieser Termine hatte er keine Rechtfertigungs- oder Entschuldigungsgründe. Aus der dienstlichen Äußerung des Strafkammervorsitzenden vom 18. 9. 1989 und den darin mitgeteilten Erklärungen des Verteidigers erster Instanz, Rechtsanwalt Dr. W., ergibt sich, daß der Angeklagte im ersten Fall einen Verwandtenbesuch der Terminswahrnehmung vorzog und im zweiten Fall die Beschwernisse der Reise zum auswärtigen Termin nicht auf sich nehmen wollte, obgleich er reisefähig war. Dies waren keine Hinderungsgründe, die sein Ausbleiben rechtfertigen oder entschuldigen konnten.

Eigenmacht fehlt allerdings auch, wenn das Ausbleiben des Angeklagten darauf beruht, daß er gemeint hat, nicht zum Termin erscheinen zu müssen: ist er des Glaubens, nicht dazu verpflichtet zu sein, so scheidet Eigenmacht aus, weil sie voraussetzt, daß der Angeklagte seiner Anwesenheitspflicht wissentlich, also im Bewußtsein ihres Bestehens, zuwiderhandelt. Unter diesem Gesichtspunkt kann Eigenmacht dann zu verneinen sein, wenn das Gericht dem Angeklagten das Ausbleiben entweder gestattet oder den Eindruck des Einverständnisses erweckt (BGHSt. 3, 187, 190 [BGH Urt. v. 2. 10. 1952 – 3 StR 83/52; vgl. § 338 Nr. 5 StPO erfolgreiche Rügen]; BGH NJW 1973, 522 [BGH Urt. v. 30. 1. 1973 – 1 StR 560/72; vgl. § 230 StPO erfolgreiche Rügen]; BGH StV 1987, 189 [BGH Beschl. v. 19. 12. 1986 – 2 StR 519/86; vgl. § 244 StPO erfolgreiche Rügen]; 1989, 187 [BGH Beschl. v. 21. 3. 1989 – 5 StR 120/88; vgl. § 231 StPO erfolgreiche Rügen]).

Das Revisionsvorbringen ist jedoch widerlegt. Das Freibeweisverfahren hat aufgrund der dienstlichen Äußerungen des Strafkammervorsitzenden vom 18. 9. 1989 und 27. 11. 1990 sowie der anwaltlichen Versicherungen der Rechtsanwälte Dr. W. und Dr. H. vom 22. 11. 1990 folgenden Sachverhalt ergeben: Vor dem ersten der beiden Terminstage fragte der Verteidiger, Rechtsanwalt Dr. W., den Strafkammervorsitzenden, ob, falls der Angeklagte einmal einem Termin fernbleibe, der Erlaß eines Haftbefehls zu befürchten sei. Der Vorsitzende, der den Anlaß der Frage erfuhr, gab zur Antwort, er könne naturgemäß nicht mit Sicherheit die Entscheidung der Kammer voraussagen; jedoch sei mit dem Erlaß eines Haftbefehls bei einem einmaligen Fernbleiben nicht zu rechnen. Vielmehr werde voraussichtlich ein Gerichtsbeschluß gemäß § 231 Abs. 2 StPO ergehen. Nachdem der auswärtige Termin bestimmt worden war, erkundigte sich der Verteidiger erneut, ob die Kammer auch ein Fernbleiben des Angeklagten in diesem Termin „hinzunehmen" bereit sei. Der Vorsitzende beantwortete diese Frage in der gleichen Weise wie schon zuvor. Er wies darauf hin, daß er die ihm mitgeteilten Fakten nicht als hinreichende Entschuldigung ansehen könne. Erscheine der – reisefähige – Angeklagte nicht, so werde die Kammer möglicherweise wiederum nach § 231 Abs. 2 StPO verfahren.

Aufgrund dieses Sachverhaltes steht fest, daß der Vorsitzende nicht erklärt hat, er sei mit dem Fernbleiben des Angeklagten einverstanden. Eine solche Einverständniserklärung lag insbesondere nicht in der Äußerung, bei Ausbleiben des Angeklagten sei nicht mit dem Erlaß eines Haftbefehles zu rechnen, vielmehr werde dann voraussichtlich gemäß § 231 Abs. 2 StPO ohne ihn verhandelt. Diese Äußerung bezog sich lediglich auf die prozessualen Folgen pflichtwidrigen Ausbleibens; sie brachte jedoch nicht zum Ausdruck, daß der Angeklagte nicht zu erscheinen brauche. Der Angeklagte könnte einem Irrtum darüber allenfalls dann erlegen sein, wenn sein Verteidiger ihm die Äußerungen des Vorsitzenden als Entlassung aus der Anwesenheitspflicht dargestellt hätte. Dafür gibt es jedoch keine Anhaltspunkte. Rechtsanwalt Dr. W. hat glaubhaft versichert, dem Angeklagten gegenüber niemals zum Ausdruck gebracht zu haben, daß es dem Gericht gleichgültig sei, ob er erscheine oder nicht. Rechtsanwalt Dr. H. hat – wie seiner glaubhaften Versicherung zu entnehmen ist – den Angeklagten darüber hinaus darauf hingewiesen, daß die Kammer ihm das Kommen nicht freistellen dürfe, seine Pflicht zum Erscheinen fortbestehe und er, falls er fernbleibe, „auf eigenes Risiko" handele.

Daraus folgt, daß der Angeklagte beiden Terminen im Bewußtsein seiner Anwesenheitspflicht ferngeblieben ist. Dabei hat er allerdings möglicherweise vorausgesehen, daß die Strafkammer keine Sanktionen (Haft- oder Vorführungsbefehl) anordnen, sondern statt dessen ohne in weiterverhandeln werde. Ein solches Vorauswissen schließt Eigenmacht aber nicht aus. Anders wäre es nur, wenn zur Eigenmacht auch die Absicht gehörte, die Fortsetzung der Verhandlung durch Abwesenheit überhaupt zu vereiteln (Boykottabsicht). So ist der Eigenmachtbegriff jedoch nicht zu verstehen. Wäre das Verfahren nach § 231 Abs. 2 StPO nur statthaft, wenn der Angeklagte mit seinem Fernbleiben den Fortgang der Verhandlung zu verhindern bezweckt, so würde der Anwendungsbereich dieser Vorschrift auf solche Fälle verengt, in denen der Angeklagte irrigerweise meint, dies erreichen zu können. Ist ihm nämlich bewußt, daß bei seinem Ausbleiben die Verhandlung auch ohne ihn fortgeführt werden darf, so kann er nicht gleichzeitig die Absicht verfolgen, die Fortsetzung der Verhandlung durch seine Abwesenheit zu verhindern. Bei einer derart einschränkenden Auslegung würde die Vorschrift des § 231 Abs. 2 StPO aber weitgehend ihrer praktischen Bedeutung entkleidet, weil sie dann nur noch Anwendung fände, wenn der Angeklagte sie entweder nicht kennt oder ihre Anwendbarkeit falsch beurteilt. Das entspricht nicht dem Zweck des Gesetzes.

Allerdings hat der Bundesgerichtshof bisher den Begriff der Eigenmacht in ständiger Rechtsprechung dahin umschrieben, daß der Angeklagte versucht haben müsse, durch Mißachtung seiner Anwesenheitspflicht den „Gang der Rechtspflege zu stören" oder ihm „entgegenzutreten" (vgl. etwa BGH NJW 1980, 950 [BGH Beschl. v. 31. 12. 1979 – 2 StR 705/79; vgl. § 231 StPO erfolglose Rügen]; BGH StV 1981, 393 [BGH Beschl. v. 10. 4. 1981 – 3 StR 236/80; vgl. § 231 StPO erfolgreiche Rügen]; 1982, 153 [BGH Beschl. v. 5. 2. 1982 – 3 StR 22/82; vgl. § 338 Nr. 5 StPO erfolgreiche Rügen]; 1984, 325 [BGH Beschl. v. 13. 3. 1984 – 3 StR 82/84; vgl. § 231 StPO erfolgreiche Rügen]; 1988, 185 [BGH Beschl. v. 22. 1. 1988 – 3 StR 561/87; vgl. § 338 Nr. 5 StPO erfolgreiche Rügen]; BGH NStZ 1988, 421 [BGH Urt. v. 21. 4. 1987 – 1 StR 81/87; vgl. § 231 StPO erfolglose Rügen]). Die dabei gebrauchten Wendungen lassen Raum für die Deutung, Voraussetzung sei, daß der Angeklagte mit seinem Ausbleiben die Absicht verfolgt habe, die Fortsetzung der Verhandlung überhaupt zu vereiteln. Doch sind sie so nicht gemeint. Das zeigt sich bei Betrachtung der jeweils entschiedenen Fälle, ergibt sich aber auch aus einem Vergleich mit der in § 231a

StPO getroffenen Regelung. Diese Vorschrift bestimmt, unter welchen Voraussetzungen in Abwesenheit des noch nicht zur Anklage vernommenen Angeklagten verhandelt werden darf. Zu diesen Voraussetzungen gehört, daß der Angeklagte wissentlich die ordnungsgemäße Durchführung oder Fortsetzung der Hauptverhandlung „in seiner Gegenwart" verhindert. Entsprechendes muß auch für die Anwendung des § 231 Abs. 2 StPO genügen. Das folgt aus dem Verhältnis beider Regelungen. § 231a StPO geht über § 231 Abs. 2 StPO insoweit hinaus, als er die Möglichkeit einer Verhandlung ohne den Angeklagten auf dasjenige Stadium ausdehnt, in dem dieser noch nicht über die Anklage vernommen ist. Macht sich der Angeklagte dagegen nach seiner Vernehmung über die Anklage verhandlungsunfähig, so findet, wenn auch die übrigen Voraussetzungen des § 231a StPO vorliegen, § 231 Abs. 2 StPO unmittelbar Anwendung (BGH bei Pfeiffer NStZ 1981, 95 [BGH Beschl. v. 13. 11. 1979 – 5 StR 713/79; vgl. § 247 StPO erfolgreiche Rügen]). Dies bedeutet zugleich, daß es auch für die Anwendung des § 231 Abs. 2 StPO ausreicht, wenn der Angeklagte mit seinem Ausbleiben wissentlich die Fortsetzung der Verhandlung „in seiner Gegenwart" verhindert. Ist nämlich in einem Teilbereich (für das Stadium nach Vernehmung des Angeklagten über die Anklage) der gesamte Tatbestand des § 231a StPO in § 231 Abs. 2 StPO mitenthalten, dann gilt dies auch für das Merkmal der wissentlichen Verhinderung: so, wie es § 231a StPO umschreibt, gehört es zum Tatbestand des § 231 Abs. 2 StPO. Wäre zur Anwendung dieser Vorschrift erforderlich, daß der Angeklagte beabsichtigt, die Fortsetzung der Verhandlung überhaupt unmöglich zu machen, so ergäbe sich im Überschneidungsbereich beider Regelungen zudem die nicht billigenswerte Folge, daß die Verhandlung ohne den Angeklagten nach dessen Vernehmung über die Anklage an strengere Voraussetzungen gebunden wäre als vorher.

Den Wendungen, der Angeklagte müsse versucht haben, den „Gang der Rechtspflege zu stören" oder ihm „entgegenzutreten", kann nach alledem nicht die Bedeutung eines selbständigen und zusätzlichen Kriteriums – im Sinne einer Boykottabsicht – zukommen. Sie sind entbehrlich; denn sie besagen nichts, was nicht bereits im Erfordernis einer wissentlichen Mißachtung der Anwesenheitspflicht enthalten wäre. Es erscheint daher angebracht, zur Vermeidung von Mißverständnissen auf ihren Gebrauch zu verzichten. Alle rechtserheblichen Merkmale sind benannt, wenn der Begriff der Eigenmacht dahin bestimmt wird, daß eigenmächtig derjenige Angeklagte handelt, der ohne Rechtfertigungs- oder Entschuldigungsgründe wissentlich seiner Anwesenheitspflicht nicht genügt.

Demgemäß scheidet Eigenmacht nicht etwa deshalb aus, weil der Angeklagte Grund zu der Annahme hatte, die Strafkammer werde bei seinem Ausbleiben keine Sanktionen (Haft- oder Vorführungsbefehl) ergreifen, sondern die Verhandlung gemäß § 231 Abs. 2 StPO ohne ihn fortsetzen. Weder dem Vorsitzenden noch der Strafkammer ist es verwehrt, den Angeklagten schon im voraus wissen zu lassen, daß im Falle seines pflichtwidrigen und unentschuldigten Ausbleibens womöglich nach § 231 Abs. 2 StPO verfahren wird. Vermieden werden muß nur, daß der Eindruck entsteht, das Gericht billige sein Fernbleiben, lege auf seine Anwesenheit keinen Wert und entlasse ihn somit aus seiner Pflicht zum Erscheinen.

9. War ein Verteidiger anwesend, kann die Revision auch bei mangelndem Vertrauensverhältnis nicht auf § 338 Nr. 5 StPO gestützt werden.

StPO § 338 Nr. 5 – BGH Urt. v. 18. 5. 1988 – 2 StR 22/88 (= BGHR StPO § 338 Nr. 5 Verteidiger 1)

Die Revision rügt, die Hauptverhandlung gegen den Angeklagten habe ohne den notwendigen Verteidiger stattgefunden, weil der dem Angeklagten bestellte Pflichtverteidiger diesen wegen mangelnden Vertauensverhältnisses nicht effizient verteidigt habe.

Der Sachverhalt ergibt sich aus dem Revisionsvorbringen. – Das Rechtsmittel war erfolglos.

Gründe: Von einem Verstoß gegen § 338 Nr. 5 StPO kann schon deshalb die Rede nicht sein, weil der Verteidiger des Angeklagten in der Hauptverhandlung zu keiner Zeit abwesend war. Die Revision bezweifelt das nicht, meint aber, der Abwesenheit des Verteidigers stehe es gleich, falls der Angeklagte vom Verteidiger – infolge fehlenden Vertrauensverhältnisses – „nicht effizient verteidigt worden" sei. Diese Ansicht geht fehl. Der absolute Revisionsgrund des § 338 Nr. 5 StPO liegt nur bei Abwesenheit (oder Verhandlungsunfähigkeit) des Verteidigers vor; war der Verteidiger anwesend, so kann die Revision nicht darauf gestützt werden, daß er die Verteidigung – aus welchen Gründen auch immer – nicht ordnungsgemäß geführt hat.

10. Keine unzulässige Abwesenheit bei vorübergehender Abtrennung, wenn endgültige Verfahrenstrennung beabsichtigt war.

StPO §§ 230, 261, 338 Nr. 5 – BGH Urt. v. 15. 1. 1985 – 1 StR 680/84 LG Stuttgart (= BGHSt. 33, 119 = NJW 1985, 1175)

Die Revision rügt, daß der Angeklagte in einigen der nach seinem Ausscheiden in Augenschein genommenen und verlesenen Vernehmungsniederschriften belastend erwähnt werde, auch habe die Mitangeklagte M. J. zu diesen Punkten Angaben zur Sache gemacht. Der versäumte Teil der Hauptverhandlung sei für den Angeklagten und dessen Verteidigung wesentlich gewesen.

Sachverhalt: Das Verfahren vor der Strafkammer richtete sich gegen den Beschwerdeführer und drei Mitangeklagte. Nachdem am 17., 21. und 29. 5. 1984 gegen alle vier Angeklagten verhandelt worden war, stellte die Verteidigung des Beschwerdeführers am 29. 5. 1984 mehrere Beweisanträge. Daraufhin faßte die Strafkammer den Beschluß:

„Das Verfahren gegen S. J. wird zu gesonderter Verhandlung und Entscheidung abgetrennt."

Fortsetzung der gegen diesen Angeklagten (den Beschwerdeführer) gerichteten Hauptverhandlung wurde auf 5. 6. 1984 bestimmt.

Gegen die drei Mitangeklagten wurde die Hauptverhandlung mit den Schlußanträgen der Staatsanwaltschaft und der Verteidiger fortgesetzt. Nachdem die Verteidigung einer der Mitangeklagten mehrere Hilfsbeweisanträge gestellt hatte, wurde die Beweisaufnahme wieder eröffnet. Schließlich befand die Strafkammer:

„Das Verfahren gegen M. und H. J. wird zur gesonderten Verhandlung und Entscheidung abgetrennt."

Fortsetzung der Verhandlung gegen diese Angeklagten wurde auf 6. 6. 1984 bestimmt.

Anschließend wurde die Hauptverhandlung gegen den allein noch verbliebenen Mitangeklagten bis zur Urteilsverkündung fortgeführt.

Am 30. 5. 1984 verfügte der Vorsitzende außerhalb der Hauptverhandlung deren Fortsetzung gegen den Beschwerdeführer ebenfalls auf 6. 6. 1984. An diesem Tag wurden die Verfahren gegen den Beschwerdeführer und gegen M. und H. J. wieder verbunden; die Hauptverhandlung wurde zu Ende geführt. – Das Rechtsmittel war erfolglos.

Gründe: Zwar ist nach ständiger Rechtsprechung des Bundesgerichtshofs eine „vorübergehende Abtrennung" des Verfahrens dann unzulässig, wenn „in der inzwischen fortgesetzten Hauptverhandlung gegen den (oder die) anderen Angeklagten Vorgänge verhandelt werden, die mit den in dem ab getrennten Verfahren erhobenen und zur Verurteilung führenden Vorwürfen zusammenhängen" (BGHSt. 24, 257 [BGH Urt. v. 25. 10. 1971 – 2 StR 238/71; vgl. § 338 Nr. 5 StPO erfolgreiche Rügen]; ebenso BGHSt. 30, 74 [BGH Urt. v. 1. 4. 1981 – 2 StR 791/80; vgl. § 338 Nr. 5 StPO erfolgreiche Rügen]; 32, 100 [BGH Urt. v. 5. 10.

1983 – 2 StR 298/83; vgl. § 338 Nr. 5 StPO erfolglose Rügen]; BGH StV 1984, 364[1]; BGH, Beschl. v. 24. 4. 1979 – 4 StR 112/79; Urt. v. 15. 5. 1979 – 5 StR 101/79; Beschl. v. 22. 5. 1979 – 1 StR 158/79). In diesem Fall ist die Behauptung, bestimmte Feststellungen des Urteils beruhten auf solchen Vorgängen und seien deshalb unter Verstoß gegen § 261 StPO zustande gekommen, nicht erforderlich (BGHSt. 30, 74, 75). Sinn dieser Rechtsprechung ist, eine Umgehung des in § 230 StPO festgelegten Gebots ständiger Anwesenheit des Angeklagten zu verhindern (BGHSt. 24, 257, 259).

Dementsprechend wird die Besonderheit der „vorübergehenden Abtrennung" darin gesehen, daß von vornherein die spätere Wiederverbindung ins Auge gefaßt wird, eine eigentliche – auf Dauer angelegte – Trennung der Verfahren also gar nicht beabsichtigt ist, im Ergebnis vielmehr die Wirkung einer (bis zum Inkrafttreten von § 231c StPO überhaupt nicht und seither nur unter den Voraussetzungen dieser Vorschrift zulässigen) Beurlaubung erreicht werden soll. Kommt nach der Prozeßlage und den Intentionen des Tatgerichts eine Umgehung des Anwesenheitsgebots nicht in Betracht, so besteht jedoch kein Anlaß, die vom Gesetz auch für die Hauptverhandlung vorgesehene Möglichkeit der Trennung verbundener Strafsachen einzuschränken. So liegt es hier.

Wie sich aus dem protokollierten Verfahrensablauf ergibt, wollte das Landgericht dem unterschiedlichen Verfahrensstand gegen die verschiedenen Angeklagten Rechnung tragen. Die Hauptverhandlung gegen die drei Mitangeklagten wollte es zu Ende führen, die Hauptverhandlung gegen den Beschwerdeführer fortsetzen, um die Beweisanträge zu erledigen. Zu einer Wiederverbindung der Verfahren sollte es nach der Vorstellung des Gerichts nicht kommen. Daß aufgrund der im Schlußvortrag gestellten Beweisanträge die Hauptverhandlung gegen zwei weitere Mitangeklagte unterbrochen werden mußte, war nicht vorauszusehen. Das weitere Verhandeln gegen den dritten Mitangeklagten bis zum Urteil unterstreicht vielmehr die Absicht der Strafkammer, die Verfahren entsprechend ihrer Entscheidungsreife zu Ende zu führen.

Obwohl das Landgericht die endgültige Verfahrenstrennung wollte, war es nicht gehindert, erneut zu verbinden, wenn die aus dem Fortgang des Verfahrens sich ergebende Situation dafür sprach. Es ist nichts dafür zu ersehen, daß das Tatgericht sein Ermessen insoweit fehlerhaft ausgeübt hat. Allerdings mußte das Landgericht in der Folge darauf achten, daß Verfahrensstoff, der nach dem Ausscheiden des Beschwerdeführers in der Hauptverhandlung sich ergeben hatte, nicht zur Überzeugungsbildung im Hinblick auf den gegen ihn gerichteten Schuldspruch herangezogen wurde. Insofern unterschied sich die Verfahrenslage nicht von derjenigen, die sich ergibt, wenn zwei bisher völlig getrennt geführte Verfahren verbunden werden (vgl. BGH NJW 1953, 836 [BGH Urt. v. 5. 3. 1953 – 5 StR 676/52; vgl. § 237 StPO erfolglose Rügen]). Daß das Landgericht insoweit fehlerhaft vorgegangen wäre (§ 261 StPO), hätte in der Form, die § 344 Abs. 2 S. 2 vorschreibt, gerügt werden müssen; das ist nicht geschehen.

11. Verfahren in Abwesenheit nach zeitweiliger Abtrennung zulässig.

StPO §§ 230 I, 338 Nr. 5 – BGH Urt. v. 5. 10. 1983 – 2 StR 298/83 LG Darmstadt (= BGHSt. 32, 100 = NJW 1984, 501 = NStZ 1984, 89)

Die Revision rügt, daß die Schwurgerichtskammer in der gegen drei Angeklagte geführten Hauptverhandlung das Verfahren gegen einen Mitangeklagten abgetrennt, im abgetrennten Verfahren ohne ihn, den Beschwerdeführer, weiterverhandelt und Beweis erhoben hat.

---

[1] „Legt in der Zeit der vorübergehenden Abtrennung des Verfahrens gegen den angeklagten dessen der Mittäterschaft beschuldigte Mitangeklagte ein Geständnis ab, läuft die vorübergehende Abtrennung gegen den Angeklagten auf eine unzulässige Umgehung des Anwesenheitsgebots des § 230 StPO hinaus, weil nicht auszuschließen ist, daß das Geständnis des Mitangeklagten für das Urteil von Bedeutung ist." (BGH Beschl. v. 16. 1. 1984 – 3 StR 378/83).

Erfolglose Rügen   Nr. 11 § 338 Nr. 5 StPO

Sachverhalt: Die Verurteilung bezieht sich auf einen von allen drei Angeklagten unternommenen Einbruchsversuch. Im Rahmen dieses Geschehens sind die Mordtaten begangen, derentwegen der Beschwerdeführer verurteilt worden ist. Sowohl der Beschwerdeführer als auch der Mitangeklagte B. sind des versuchten Diebstahls mit Waffen schuldig gesprochen worden. Der Beschwerdeführer hatte seine Anwesenheit am Tatort von vornherein eingeräumt, der Mitangeklagte B. seine Beteiligung an dem Einbruchsversuch hingegen bis zuletzt geleugnet.

Im Hauptverhandlungstermin vom 28. 9. 1982 faßte das Gericht den Beschluß, das Verfahren gegen den Beschwerdeführer und die Mitangeklagte S. vorübergehend von dem Verfahren gegen den Mitangeklagten B. abzutrennen und die Verhandlung am nächsten Tag fortzusetzen. Die Verhandlung in dem Verfahren gegen B. wurde am selben Tag in Abwesenheit des Beschwerdeführers weitergeführt. Im Rahmen dieser Verhandlung vernahm das Gericht die Zeugin M. Im Verhandlungstermin vom 29. 9. 1982 wurden die vorübergehend getrennten Verfahren durch entsprechenden Beschluß wieder miteinander verbunden. – Das Rechtsmittel war erfolglos.

Gründe:

a) In verbundenen Verfahren gegen mehrere Angeklagte ist die vorübergehende Abtrennung des Verfahrens gegen einen von ihnen nur dann rechtlich unbedenklich, wenn in der weitergeführten Hauptverhandlung ausschließlich Vorgänge erörtert werden, die mit dem getrennten Verfahrensteil in keinem inneren Zusammenhang stehen und deshalb die Anwesenheit des Angeklagten, gegen den das Verfahren abgetrennt wurde, nicht erfordern; unzulässig ist die vorübergehende Abtrennung jedoch dann, wenn die in Abwesenheit des Angeklagten fortgeführte Verhandlung Vorgänge zum Gegenstand hat, welche die gegen ihn erhobenen Vorwürfe berühren, da hier die Abtrennung auf eine Umgehung des in § 230 StPO enthaltenen und in § 338 Nr. 5 StPO abgesicherten Anwesenheitsgebots hinausläuft (BGHSt. 24, 257, 258 f. [BGH Urt. v. 25. 10. 1971 – 2 StR 238/71; vgl. § 338 Nr. 5 StPO erfolgreiche Rügen]; 30, 74 f. [BGH Urt. v. 1. 4. 1981 – 2 StR 791/80; vgl. § 338 Nr. 5 StPO erfolgreiche Rügen]; BGH bei Pfeiffer/Miebach NStZ 1983, 355 Nr. 13[1]). Wann ein die Anwesenheit des Angeklagten erfordernder Zusammenhang vorliegt, die erörterten Vorgänge auch die gegen ihn erhobenen Vorwürfe berühren, der Angeklagte also von dem entsprechenden Verhandlungsteil betroffen ist (vgl. § 231c Satz 1 StPO), läßt sich nicht in einer allgemeingültigen, alle denkbaren Fälle von vornherein umfassenden Weise nach generell-abstrakten Merkmalen entscheiden.

Regelmäßig fehlt ein die Abtrennung hindernder Zusammenhang, wenn der betreffende Verhandlungsteil der Erörterung einer Tat – im prozessualen (§ 264 StPO) oder auch materiell-rechtlichen (§ 52 StGB) Sinne – dienen soll, die nur dem oder den Mitangeklagten zur Last gelegt wird, also nicht Gegenstand des gegen den abwesenden Angeklagten erhobenen Anklagevorwurfes ist; je nach Fallgestaltung kann aber auch hier der abwesende Angeklagte von der in seiner Abwesenheit durchgeführten Verhandlung sachlich mitbetrof-

---

1 „Die Zulässigkeit einer vorübergehenden Abtrennung des Verfahrens hat dort ihre Grenze, wo zwingende Vorschriften der Strafprozeßordnung entgegenstehen. Unzulässig ist eine vorübergehende Abtrennung danach dann, wenn die Verhandlung in Abwesenheit des Angeklagten Vorgänge zum Gegenstand hat, die die gegen ihn erhobenen Vorwürfe berühren. Denn in einem solchen Fall läuft die Abtrennung auf eine Umgehung des in §230 StPO niedergelegten und in § 338 Nr. 5 StPO besonders abgesicherten Anwesenheitsgebots hinaus. Deshalb greift der absolute Revisionsgrund des § 338 Nr. 5 StPO dann ein, wenn sich nicht sicher ausschließen läßt, daß die in Abwesenheit des Angeklagten geführte Hauptverhandlung den Gegenstand seiner späteren Verurteilung sachlich mitbetroffen hat. Sind Aussagen von Zeugen, während deren Vernehmung der Angeklagte abwesend war, für die Feststellung einer *Haupttat* von Bedeutung, dann ist die wegen *Beihilfe* erfolgte Verurteilung des Angeklagten sachlich mitbetroffen, denn die Verurteilung wegen Beihilfe setzt die Feststellung der Haupttat voraus (Beschl. v. 5. 3. 1982 – 2 StR 640/81)."

fen sein, sofern die verschiedenen Taten einen Zusammenhang aufweisen und sich der in Rede stehende Verhandlungsteil auch auf das den Zusammenhang vermittelnde Merkmal erstreckt (vgl. BGH, Urt. v. 9. 7. 1974 – 5 StR 616/73).

In der Regel sind Abtrennung und Weiterverhandlung unzulässig, falls die ohne den Angeklagten fortgesetzte Verhandlung im abgetrennten Verfahren einer Tat gilt, auf die sich auch der gegen den Angeklagten erhobene Anklagevorwurf sachlich bezieht. Hierher gehören die Fälle, in denen ein einheitliches Tatgeschehen zu verhandeln ist (BGHSt. 30, 74; BGH, Urteile v. 15. 5. 1979 – 5 StR 101/79 – und 1. 4. 1981 – 2 StR 761/80), wobei oftmals zugleich eine Verknüpfung in materiellrechtlicher Hinsicht besteht.

Damit sind jedoch nur Regeln beschrieben, die nicht ausnahmslos gelten. Auch in einem Verfahren, in dem sich mehrere Angeklagte wegen Beteiligung an derselben Straftat zu verantworten haben, kann die Verhandlung zeitweise auf einen Punkt beschränkt sein, der nur einen der Angeklagten berührt. Gegen eine Verfahrensabtrennung und Weiterverhandlung bestehen in solchem Fall keine grundsätzlichen Bedenken. Allerdings ist hierbei – im Blick auf den sachlichen Zusammenhang der gegen die Angeklagten erhobenen Tatvorwürfe – besondere Vorsicht geboten. Es muß zweifelsfrei feststehen, daß sich die Frage, die in dem abzutrennenden Verfahren verhandelt werden soll, unter Berücksichtigung aller verfahrensbedeutsamen Umstände, namentlich der Beweislage, als deutlich abgrenzbarer, den abwesenden Angeklagten nicht betreffender Verhandlungsgegenstand darstellt, daß sich das Ergebnis des in Rede stehenden Verhandlungsteils – wie immer es ausfällt – nicht auf den abwesenden Angeklagten auswirkt und daß sich die Verhandlung dann auch tatsächlich in dem damit gesteckten Rahmen hält. Nur wenn diesen Bedingungen Genüge getan ist, läßt sich ausschließen, daß die zeitweilige Abtrennung des Verfahrens jene Verteidigungsinteressen des Angeklagten beeinträchtigt, denen das Anwesenheitsgebot zu dienen bestimmt ist.

b) So liegt der Fall hier. Die Verhandlung in dem vorübergehend abgetrennten Verfahren, die sich in Abwesenheit des Beschwerdeführers vollzog, betraf zwar den versuchten Diebstahl mit Waffen, der beiden Angeklagten als Mittätern zur Last gelegt worden war.

Im Zeitpunkt der Abtrennung bestand jedoch nach der gegebenen Beweislage kein Zweifel mehr daran, daß der Beschwerdeführer den ihm vorgeworfenen Diebstahlsversuch unternommen hatte; die Annahme seiner Täterschaft erschien angesichts des bisherigen Verfahrensergebnisses gesichert, zumal er insoweit, als es diesen Tatvorwurf anging, von vornherein geständig gewesen war. Das in dieser Hinsicht bereits erzielte Verfahrensergebnis war in seinem Bestand nicht mehr davon abhängig, ob es gelingen würde, den weiteren Nachweis zu führen, daß auch der Mitangeklagte B. an dem versuchten Diebstahl mit Waffen mitgewirkt hatte. Bei dieser Beweislage durfte das gegen ihn gerichtete Verfahren zeitweilig abgetrennt und über die Frage seiner Beteiligung an der Tat in Abwesenheit des Beschwerdeführers verhandelt werden.

12. Zulässige Beurlaubung des Angeklagten.

StPO §§ 231c, 338 Nr. 5 – BGH Urt. v. 22. 4. 1983 – 3 StR 420/82 LG Düsseldorf (= BGHSt. 31, 323 = NJW 1983, 2335)

Die Revision rügt, das Landgericht habe dem Angeklagten und seinen Verteidigern am 3. Juni 1981 zu Unrecht gestattet, sich während der Vernehmung der Mitangeklagten v. W., H. und Sp. zur Person aus der Hauptverhandlung zu entfernen. Der Sachverhalt ergibt sich aus dem Revisionsvorbringen. – Das Rechtsmittel war erfolglos.

Gründe: ...

1. ...

4. ...

a) ...

b) Eine Beurlaubung nach § 231c StPO ist zwar nur auf Antrag zulässig. Ein Verteidiger, der für sich den Antrag zunächst nicht gestellt hat, billigt jedoch seine insoweit auf einem Versehen des Gerichts beruhende Beurlaubung, wenn er von ihr Gebrauch macht. Damit holt er den Antrag stillschweigend nach mit der Folge, daß die Beurlaubung verfahrensrechtlich statthaft wird, falls ihre Voraussetzungen im übrigen vorliegen.

Das Landgericht hat auch rechtsfehlerfrei angenommen, daß der Angeklagte K. von diesem Teil der Hauptverhandlung im Sinne des § 231c StPO nicht betroffen war. Es spricht nichts dafür, daß der Angeklagte v. W. die Angaben über seine persönlichen Verhältnisse, die sich mit der Tat berühren, schon oder nur während dieses einleitenden Hauptverhandlungsabschnitts gemacht hätte; denn er hat sich anschließend auch zur Sache eingelassen. Die Angeklagte H. hat sich in der Hauptverhandlung zwar nicht zur Anklage geäußert. Auch bei ihr hält es der Senat aber für ausgeschlossen, daß ihre Angaben zur Person das Urteil gegen den Angeklagten K. beeinflußt haben können, zumal das Geständnis, das sie bei einer richterlichen Vernehmung abgelegt hatte, durch Verlesung in der Hauptverhandlung verwertet worden ist. ...

d) Soweit der Angeklagte K. geltend macht, während seiner Vernehmung zur Person seien die übrigen Angeklagten und deren Verteidiger abwesend gewesen, greift auch dieses Vorbringen nicht durch. Insoweit kann er sich nicht auf § 338 Nr. 5 StPO berufen (BGH, Urt. v. 27. 3. 1979 – 5 StR 836/78 – bei Pfeiffer NStZ 1981, 297[1]).

13. Die Rüge, die Protokollführung sei durch eine nicht ordnungsgemäß zum Urkundsbeamten der Geschäftsstelle berufene Justizangestellte erfolgt, setzt Aufzählung voraus, daß keine der im Gesetz aufgeführten Möglichkeiten der Ernennung vorliegen.

StPO §§ 226, 338 Nr. 5, 344 II. S. 2 GVG § 153 II. u. III – BGH Urt. v. 8. 12. 1981 – 5 StR 504/81 LG Berlin (= StV 1982, 155)

Die Revision rügt, die Protokollführung sei durch eine Justizangestellte erfolgt, die nicht zur Urkundsbeamtin der Geschäftsstelle berufen gewesen sei, weil sie keinen Vorbereitungsdienst von zwei Jahren abgeleistet und nicht die Prüfung für den mittleren Justizdienst bestanden habe.

Der Sachverhalt ergibt sich aus dem Revisionsvorbringen. – Das Rechtsmittel war erfolglos.

Gründe: Die Rüge, in der Hauptverhandlung habe zeitweise die Justizangestellte H. das Protokoll geführt, obwohl sie mit dieser Aufgabe nicht betraut werden durfte, ist nicht ordnungsmäßig erhoben (§ 344 Abs. 2 Satz 2 StPO). Der Rechtfertigungsschrift läßt sich nur entnehmen, daß die Justizangestellte H. keinen Vorbereitungsdienst von zwei Jahren abgeleistet und nicht die Prüfung für den mittleren Justizdienst bestanden hat (§ 153 Abs. 2 GVG in der Fassung des Gesetzes vom 19. 12. 1979). Indessen kann nach § 153 Abs. 3 GVG n.F. mit den Aufgaben eines Urkundenbeamten der Geschäftsstelle auch betraut werden, wer die Rechtspflegerprüfung oder die Prüfung für den gehobenen Dienst

---

1 „Wegen der behaupteten unzulässigen Abwesenheit eines Mitangeklagten kann sich der Angeklagte nicht auf den unbedingten Revisionsgrund des § 338 Nr. 5 StPO berufen. Möglich wäre in diesem Zusammenhang lediglich die Rüge einer Verletzung der Aufklärungspflicht (§ 244 II StPO)."

bei der Arbeitsgerichtsbarkeit bestanden hat, wer nach den Vorschriften über den Laufbahnwechsel die Befähigung für die Laufbahn des mittleren Justizdienstes erhalten hat oder wer als anderer Bewerber nach den landesrechtlichen Vorschriften in die Laufbahn des mittleren Justizdienstes übernommen worden ist. Daß die Justizangestellte H. auch diese Voraussetzungen nicht erfüllt, geht aus der Revisionsbegründung nicht hervor.

14. Feststellung der Vorstrafen in Abwesenheit zulässig (Aufgabe von BGHSt. 25, 4 [BGH Urt. v. 16. 8. 1972 – 2 StR 98/72; vgl. § 338 Nr. 5 StPO erfolgreiche Rügen]).

StPO §§ 231 Abs. 2, 338 Nr. 5, 243 IV S. 3 – BGH Urt. v. 22. 6. 1977 – 3 StR 139/77 LG Düsseldorf (= BGHSt. 27, 216 = NJW 1977, 1888)

Die Revision rügt, daß die Verhandlung gegen den Angeklagten in dessen Abwesenheit durchgeführt und seine Vorstrafen erörtert und in dem Urteil verwertet worden sind, obwohl er hierzu noch nicht gehört worden war.

Sachverhalt: Der Angeklagte, gegen den bereits an 33 Tagen verhandelt worden war, blieb am 21. 11. 1975 der Hauptverhandlung ohne Entschuldigung fern. Die Sache wurde daraufhin auf den 25. 11. 1975 vertagt und der Angeklagte zu diesem Termin ordnungsgemäß geladen. Als er wiederum nicht erschien, erging der Beschluß, die Hauptverhandlung gemäß § 231 Abs. 2 StPO in seiner Abwesenheit fortzuführen. Entsprechend wurde am 25. und 28. 11. 1975 sowie am 5. 12. 1975 verfahren. An diesem Tag wurde bekannt, daß der Angeklagte am 4. 12. 1975 auf dem Züricher Flughafen Kloten bei dem Versuch, falsche Reiseschecks einzulösen, nach einem Fluchtversuch festgenommen worden war. Die Verhandlung wurde daraufhin auf zunächst unbestimmte Zeit vertagt und nach vergeblichen Bemühungen, die alsbaldige Auslieferung des Angeklagten zu erreichen, am 29. 12. 1975 fortgesetzt. Nunmehr beantragte die Verteidigung, das Verfahren bis zur Auslieferung des Angeklagten auszusetzen. Die Strafkammer beschloß jedoch, in Abwesenheit des Angeklagten weiterzuverhandeln. Am selben Tage wurde gemäß § 249 StPO der den Angeklagten betreffende Strafregisterauszug verlesen. Am nächsten Tag erging das Urteil. – Das Rechtsmittel war erfolglos.

Gründe: Es geht in diesem Zusammenhang um die in § 231 Abs. 2 StPO aufgestellte Voraussetzung, daß der Angeklagte „über die Anklage schon vernommen war". Einigkeit besteht darin, daß zum Begriff der Vernehmung nicht auch Erklärungen des Angeklagten zu der Beschuldigung gehören. Vielmehr reicht es aus, daß der Angeklagte Gelegenheit erhalten hat, sich zum Gegenstand der Anklage zu äußern (BGH bei Dallinger MDR 1972, 18). Fraglich kann nur sein, in welchem Umfang dies geschehen sein muß wenn die Hauptverhandlung nach seinem Fernbleiben in seiner Abwesenheit soll fortgeführt werden dürfen. Die Frage muß im Zusammenhang mit der Regelung des Gangs der Hauptverhandlung in § 243 StPO gesehen werden. Nach dessen Absatz 4 Satz 2 wird der nach Belehrung über seine Aussagefreiheit zur Äußerung bereite Angeklagte nach Maßgabe des § 136 Abs. 2 zur Sache vernommen, das heißt, es wird ihm Gelegenheit gegeben, „die gegen ihn vorliegenden Verdachtsgründe zu beseitigen und die zu seinen Gunsten sprechenden Tatsachen geltend zu machen". Ein gesetzliches Erfordernis, jeden einzelnen bereits bekannten Umstand, der mit der Tat und im Falle ihres Nachweises mit der Schuldschwere in Beziehung steht, schon an dieser Stelle mit dem Angeklagten zu erörtern, auch wenn dieser nicht von sich aus hierauf zu sprechen kommt, ist der Vorschrift nicht zu entnehmen. Es wäre auch praktisch nicht erfüllbar, da sonst der gesamte Akteninhalt, soweit er Anlaß zur Eröffnung des Hauptverfahrens gegeben hat, vorweg behandelt werden müßte, obwohl es in der Regel allein sinnvoll ist, zu den in der Hauptverhandlung tatsächlich erhobenen Beweisen jeweils im einzelnen Stellung zu nehmen (§ 257 Abs. 1 StPO).

Ein Umstand, der gelegentlich für die Schuldfrage und meist für die Straffrage Bedeutung hat, ist das Vorhandensein von Vorstrafen des Angeklagten. Für ihn trifft § 243 Abs. 4 Satz 3, 4 StPO ausdrücklich eine besondere Regelung. Vorstrafen sollen nur insoweit festgestellt werden, als sie für die Entscheidung von Bedeutung sind, und den Zeitpunkt ihrer Feststellung bestimmt der Vorsitzende. Mit der Einführung dieser Regelung durch das Gesetz zur Änderung der StPO und des GVG (StPÄG) vom 19. Dezember 1964 (BGBl. I 1067) sollte der Angeklagte vor überflüssiger Bloßstellung geschützt werden; es wurde in der Regierungsvorlage davon ausgegangen, und in der parlamentarischen Beratung ist dem, soweit feststellbar, nicht widersprochen worden, daß es in der Regel genügen werde, die Vorstrafen erst am Ende der Beweisaufnahme festzustellen (BT-Drucks. IV 178 S. 41). Der Gesetz gewordene Wille des Gesetzgebers geht also eindeutig dahin, die früher durchweg geübte Praxis der Gerichte zu ändern, im Rahmen der Vernehmung zur Person sogleich die Vorstrafen des Angeklagten zu erörtern. Eine Erschwerung der Möglichkeiten der Gerichte, das Verfahren gegen einen Angeklagten fortzusetzen, der seine Anwesenheitspflicht eigenmächtig verletzt und dadurch dem Gang der Rechtspflege entgegentritt, war mit der Gesetzesänderung nicht beabsichtigt. Eine solche Erschwerung wäre aber unausbleiblich, wenn die Beachtung des § 243 Abs. 4 Satz 3 StPO durch die Gerichte dazu führen würde, daß die Fortsetzung der Hauptverhandlung in Abwesenheit des Angeklagten nur noch in den Fällen möglich wäre, in denen der Angeklagte sich nach der Erörterung seiner Vorstrafen, nach den Vorstellungen des Gesetzgebers also erst am Ende der Beweisaufnahme, eigenmächtig entfernt hat. Um dieser sicher nicht beabsichtigten Wirkung der Vorschrift zu entgehen, würden die Gerichte, so ist zu befürchten, immer dann die alsbaldige Erörterung der Vorstrafen einem längeren Zuwarten vorziehen, wenn in umfangreicheren Verfahren nicht ganz auszuschließen ist, daß der Angeklagte sich der weiteren Verhandlung schließlich eigenmächtig entziehen werde. Eine solche Handhabung wäre kaum zu beanstanden, da die zudem überlasteten Tatgerichte nicht nur die Rechte des Angeklagten, sondern auch das Interesse der Allgemeinheit an einer geordneten Rechtspflege im Auge haben müssen.

Indes muß eine solche unangemessene Auswirkung des § 243 Abs. 4 Satz 3 StPO auf den Anwendungsbereich des § 231 Abs. 2 StPO nicht hingenommen werden. Sie läßt sich dadurch vermeiden, daß man unter „Vernehmung über die Anklage" im Sinne des § 231 Abs. 2 StPO lediglich die Ermöglichung der Äußerung zum Anklagesatz versteht, also den Teil der Vernehmung zur Sache, der im Stadium der Hauptverhandlung vor Beginn der Beweisaufnahme vorgenommen werden muß.

Diese Auslegung steht nicht in Widerspruch zu dem verfahrensrechtlichen Grundsatz, daß der Angeklagte Gelegenheit haben muß, sich zu allen die angeklagte Tat und ihn betreffenden Umständen persönlich zu äußern. Dem Angeklagten wird die Gelegenheit zur Äußerung nicht entzogen. Er war zunächst in der Hauptverhandlung anwesend und konnte sich zur Sache äußern. Seine Befugnis, schon in diesem Stadium Beweisanträge zu seinen früheren Bestrafungen zu stellen, war nicht eingeschränkt (29; BT-Drucks. IV 178 S. 41). Daß er sich dann zu der später verlesenen Strafliste nicht mehr äußern kann, stellt keine Besonderheit dar. Er kann das auch nicht hinsichtlich solcher Tatsachen, die erst im Laufe der in seiner Abwesenheit fortgeführten Beweisaufnahme zutage getreten sind. Daß das Bekanntwerden neuer Umstände die Fortsetzung des Verfahrens nach § 231 Abs. 2 StPO nicht ohne weiteres hindert, steht aber außer Frage.

Aus dem Zusammenspiel der §§ 231 Abs. 2 und 243 Abs. 4 StPO folgt ferner, daß die vorherige Verlesung der Strafliste nicht nur keine Voraussetzung für die Anwendung des § 231 Abs. 2 StPO ist; vielmehr ist es auch zulässig, die Vorstrafen in Abwesenheit des Angeklagten festzustellen und – ebenso wie im Laufe des nach § 231 Abs. 2 StPO fortgesetzten Verfahrens neu hervorgetretene Umstände – zum Nachteil des Angeklagten zu verwerten. Wollte man das nicht annehmen, so wäre der Anwendbarkeit des § 231 Abs. 2 StPO auf diesem Wege weitgehend der Boden entzogen. Denn auf die Ermittlung der Vorstrafen kann in vielen Fällen, insbesondere in Verfahren wegen schwerwiegender Straftaten Rückfälliger, ohne Verstoß gegen die Aufklärungspflicht (§ 244 Abs. 2 StPO) nicht verzichtet werden. Die Befugnis des Tatrichters, auch ohne vorherige Feststellung der Vorstrafen nach § 231 Abs. 2 StPO zu verfahren, gibt in solchen Fällen nur dann einen Sinn, wenn diese Feststellung nachgeholt werden darf.

Das gefundene Ergebnis wird bestätigt durch § 265 Abs. 5 StPO, der durch das Gesetz zur Ergänzung des Ersten Gesetzes zur Reform des Strafverfahrensrechts vom 20. Dezember 1974 (BGBl. I 3686) eingeführt worden ist. Danach ist es zulässig, den eigenmächtig abwesenden Angeklagten nach anderen als den in der Anklageschrift angegebenen Vorschriften zu bestrafen und aufgrund von Umständen, die sich erst in der Verhandlung ergeben haben, einen schwereren Strafrahmen anzuwenden und sogar Maßregeln der Besserung und Sicherung zu verhängen, wenn nur dem Verteidiger die nach § 265 Abs. 1 und 2 StPO vorgesehenen Hinweise gegeben werden. Es läge ein innerer Widerspruch in einer Auslegung des Gesetzes, die trotz dieser Regelung die weit weniger ins Gewicht fallende Verlesung des Strafregisterauszuges in Abwesenheit des Angeklagten und seine Verwertung im Urteil ausschließen würde.

Soweit diese Auffassung mit der Entscheidung BGHSt. 25, 4, die vor der Ergänzung des § 265 StPO ergangen ist, nicht in Einklang steht, hat der 2. Strafsenat auf Anfrage erklärt, daß er an seiner Rechtsansicht nicht festhalte.

Nach alledem sind die Angriffe der Revision gegen den Beschluß der Strafkammer vom 25. 11. 1975 unbegründet. Dessen Voraussetzungen sind entgegen der von dem Verteidiger vertretenen Meinung auch nicht dadurch entfallen, daß der Angeklagte durch seine Festnahme am 4. 12. 1975 die Wahlmöglichkeit verloren hatte, an den weiteren Sitzungen teilzunehmen. Dies war die Folge seiner Flucht ins Ausland, die dem Gericht die Befugnis zur Anwendung des § 231 Abs. 2 StPO verschafft hatte. Der Angeklagte muß sie sich als selbstverschuldet anrechnen lassen. Was die Revision in diesem Zusammenhang sonst noch vorbringt, ist offensichtlich unbegründet.

15. Vorschriftswidrige Abwesenheit des Angeklagten in der Hauptverhandlung ist absoluter Revisionsgrund, aber nur auf Rüge hin zu berücksichtigen.

StPO §§ 230 ff., 332, 338 Nr. 5, § 344 II – BGH Beschl. v. 21. 2. 1975 – 1 StR 107/74 BayObLG (= BGHSt. 26, 84 = NJW 1975, 885)

Die Revision rügt nur die Verletzung sachlichen Rechts.

Sachverhalt: Zu der Hauptverhandlung über die von ihm eingelegte Berufung war der Angeklagte trotz ordnungsgemäßer Ladung nicht erschienen. Auf Antrag seines anwesenden, entsprechend bevollmächtigten Verteidigers wurde er daraufhin durch Gerichtsbeschluß „vom Erscheinen in der heutigen Hauptverhandlung entbunden". Diese wurde sogleich fortgesetzt und – nach der Verhandlung zur Sache – mit der Urteilsverkündung abgeschlossen. – Das Rechtsmittel war erfolglos.

Gründe:

I.

Nach Auffassung des Bayerischen Obersten Landesgerichts enthält das angefochtene Urteil jedenfalls insoweit keinen den Angeklagten beschwerenden sachlich-rechtlichen Fehler, als er zu der Gesamtfreiheitsstrafe verurteilt worden ist. Die Entscheidung über diesen Teil der Revision hängt infolgedessen davon ab, ob das Urteil schon deshalb im ganzen aufgehoben werden muß, weil die Strafkammer in Abwesenheit des Angeklagten verhandelt und entschieden hat.

Das Bayerische Oberste Landesgericht möchte dies verneinen.

Es hält zwar die sofortige Durchführung der Hauptverhandlung für fehlerhaft und durch die in Betracht kommenden gesetzlichen Bestimmungen (§§ 232, 233, 329 Abs. 1, § 411 Abs. 2 StPO) nicht gedeckt. Insbesondere sei der Entbindungsbeschluß nur dem Namen nach auf § 233 Abs. 1 StPO gestützt, weil die Strafkammer von vorneherein nicht die Absicht gehabt hätte, nach Absatz 2 dieser Vorschrift zu verfahren und die dort genannten weiteren Voraussetzungen einer Abwesenheitsverhandlung (richterliche Vernehmung des Angeklagten nebst Belehrung über die zulässigen Strafen und Maßnahmen und Befragung, ob der Entbindungsantrag aufrechterhalten wird) herbeizuführen. Es bewertet diesen Mangel jedoch nur als Verfahrensverstoß, der gemäß § 344 Abs. 2 StPO ordnungsgemäß gerügt sein müsse, um vom Revisionsgericht berücksichtigt werden zu können.

An dieser Auffassung sieht sich das Bayerische Oberste Landesgericht durch Entscheidungen des Oberlandesgerichts Karlsruhe vom 16. 5. 1968 (Justiz 1969, 127) und des Oberlandesgerichts Hamburg vom 19. 11. 1968 (NJW 1969, 762 = JR 1969, 310) gehindert, die die vorgeschriebene Anwesenheit des Angeklagten während der Hauptverhandlung als Verfahrensvoraussetzung, seine unzulässige Abwesenheit als Prozeßhindernis ansehen, das auch vom Revisionsgericht von Amts wegen zu beachten sei. Die beiden Gerichte haben aus diesem Grund die ihnen zur Prüfung unterstellten Urteile ohne entsprechende Rüge aufgehoben. Das Oberlandesgericht Karlsruhe gründet seine Meinung im wesentlichen auf den Wortlaut des § 230 Abs. 1 StPO, rechtsstaatliche Erfordernisse, die die Anwesenheit des Angeklagten in der Verhandlung bedingen, und einen Vergleich mit der als Prozeßvoraussetzung anerkannten Verhandlungsfähigkeit. Nach Ansicht des Oberlandesgerichts Hamburg besteht wegen der besonderen Bedeutung und des zwingenden Charakters des Anwesenheitsgrundsatzes ein „erhöhtes rechtspolitisches Interesse" daran, den Verstoß hiergegen stets von Amts wegen zu berücksichtigen.

Diese Auffassung müßte auch im vorliegenden Fall zur Aufhebung des angefochtenen Urteils führen. Das Bayerische Oberste Landesgericht hält sie jedoch für unzutreffend, insbesondere aus folgenden, im einzelnen näher ausgeführten Erwägungen: Das Ausbleiben des Angeklagten berühre nicht die Zulässigkeit des Verfahrens (oder eines bestimmten Verfahrensabschnitts) im ganzen, sondern führe lediglich dazu, daß die betreffende Hauptverhandlung nicht durchgeführt werden dürfe. Aus dem Wortlaut und dem zwingenden Charakter des § 230 Abs. 1 StPO könne nicht auf die Rechtsfolgen eines Verstoßes geschlossen werden. Das öffentliche Interesse und der Schutz des Angeklagten verlangten die Berücksichtigung des Mangels von Amts wegen nicht. Den Vorschriften über die Anwesenheit des Angeklagten in der Hauptverhandlung komme für die Rechtsstaatlichkeit des Verfahrens und die Wahrheitsfindung keine größere Bedeutung zu als zahlreichen anderen Verfahrensvorschriften von Gewicht, deren Verletzung ebenfalls nur auf Rüge zu beachten sei. Daß der Gesetzgeber den Anwesenheitsgrundsatz nicht habe überbewerten wollen, ergebe sich schon aus der Zulassung weitgehender Ausnahmen. Ein Vergleich mit der rechtlichen Bewertung der Verhandlungsfähigkeit komme nicht in Betracht, weil es sich um unterschiedliche Sachverhalte handle.

Da das Bayerische Oberste Landesgericht deshalb von den angeführten Entscheidungen der Oberlandesgerichte Karlsruhe und Hamburg abweichen will, hat es die Sache durch Beschluß vom 29. 1. 1974, abgedruckt in VRS 46, 356, gemäß § 121 Abs. 2 GVG dem Bundesgerichtshof vorgelegt.

II.

Die Vorlegung ist zulässig [wird ausgeführt ...].

III.

In der Sache tritt der Senat der Rechtsauffassung des vorlegenden Gerichts bei.

1. Die Strafprozeßordnung spricht zwar an einzelnen Stellen (§§ 206 a Abs. 1, 260 Abs. 3 StPO) von einem „Verfahrenshindernis", definiert aber diesen Begriff ebensowenig wie

den entsprechenden der „Verfahrensvoraussetzung". Ob der vorschriftswidrigen Abwesenheit des Angeklagten während der Hauptverhandlung die Bedeutung eines Verfahrenshindernisses zukommt, ist dem Wortlaut des Gesetzes nicht zu entnehmen. Aus der Anführung im Katalog der sog. absoluten Revisionsgründe (§ 338 Nr. 5 StPO) läßt sich nichts herleiten. Die Lehre von den Prozeßvoraussetzungen wurde erst nach dem Erlaß der Strafprozeßordnung entwickelt; so ist z.B. die im Katalog unter § 338 Nr. 4 StPO aufgeführte sachliche Unzuständigkeit als Verfahrenshindernis anerkannt (vgl. statt aller BGHSt. 18, 79, 81 [BGH Beschl. v. 5. 10. 1962 – GSSt 1/62; vgl. § 338 Nr. 4 StPO erfolglose Rügen]).

a) In der Rechtslehre besteht keine einhellige Meinung [wird ausgeführt ...]

b) Die obergerichtliche Rechtsprechung neigt zur Annahme eines Verfahrenshindernisses (so außer den angeführten Entscheidungen der Oberlandesgerichte Karlsruhe und Hamburg: OLG Karlsruhe MDR 1957, 760 Nr. 56; OLG Düsseldorf MDR 1958, 623 Nr. 97; OLG Köln GA 1971, 27). Nach Auffassung des OLG Hamm (NJW 1973, 2308 Nr. 23) ist die Abwesenheit des Angeklagten während der Hauptverhandlung jedenfalls dann nicht von Amts wegen zu beachten, wenn er bereits vernommen worden ist; das OLG Düsseldorf hat an seiner hiervon abweichenden Entscheidung GA 1957, 417 nicht festgehalten.

c) Der Bundesgerichtshof hatte Fälle von Abwesenheit des Angeklagten mehrfach zu beurteilen, war jedoch nicht zu einer Entscheidung darüber gezwungen, ob ein Verfahrenshindernis vorlag; denn in all diesen Fällen war eine zulässige Verfahrensrüge erhoben worden (BGHSt. 10, 304, 306 [BGH Urt. v. 26. 6. 1957 – 2 StR 182/57; vgl. § 338 Nr. 5 StPO erfolgreiche Rügen]; 10, 396[1]; 19, 144, 145 [BGH Urt. v. 5. 11. 1963 – 5 StR 445/63; vgl. § 338 Nr. 5 StPO erfolgreiche Rügen]; 24, 257, 258 [BGH Urt. v. 25. 10. 1971 – 2 StR 238/71; vgl. § 338 Nr. 5 StPO erfolgreiche Rügen]; 25, 4 [BGH Urt. v. 16. 8. 1972 – 2 StR 98/72; vgl. § 338 Nr. 5 StPO erfolgreiche Rügen]; 25, 317, 320 [BGH Urt. v. 9. 5. 1974 – 4 StR 102/74; vgl. § 338 Nr. 5 StPO erfolgreiche Rügen]). In dem Beschluß BGHSt. 15, 287 (BGH Beschl. v. 23. 11. 1960 – 4 StR 265/60; vgl. § 329 StPO erfolglose Rügen) ist die hier zu entscheidende Frage ausdrücklich offen gelassen (S. 288 a.a.O.); der 4. Strafsenat hat dort ausgesprochen, daß das unentschuldigte Ausbleiben des Angeklagten zu Beginn der Berufungsverhandlung keine vom Revisionsgericht von Amts wegen zu prüfende Voraussetzung für die Verwerfung der Berufung nach § 329 Abs. 1 StPO ist. Der Bundesgerichtshof sah als Verfahrenshindernisse nur Umstände an, „die nach dem ausdrücklich erklärten oder aus dem Zusammenhang ersichtlichen Willen des Gesetzes für das Strafverfahren so schwer wiegen, daß von dem Vorhandensein oder Nichtvorhandensein die Zulässigkeit des Verfahrens im Ganzen abhängig gemacht werden muß" (S. 290 a.a.O.).

Bei zeitweiliger Abwesenheit des Angeklagten hat der Bundesgerichtshof kein von Amts wegen zu beachtendes Verfahrenshindernis angenommen. In dem Urteil GA 1963, 19 (BGH Urt. v. 6. 12. 1961 – 2 StR 466/61; vgl. § 231 StPO erfolglose Rügen) wird eine entsprechende Rüge deshalb verworfen, weil die Revision nicht angegeben hatte, während welcher Abschnitte der Verhandlung der Angeklagte abwesend war; es könne deshalb nicht beurteilt werden, ob es sich um einen wesentlichen Teil der Hauptverhandlung gehandelt habe. Der 2. Strafsenat ist also in dieser Entscheidung davon ausgegangen, daß eine zulässige, dem § 344 Abs. 2 Satz 2 StPO entsprechende Verfahrensrüge vorliegen muß, um das Revisionsgericht zu einer Prüfung zu veranlassen.

2. Der Senat ist der Auffassung, daß die vorschriftswidrige Abwesenheit des Angeklagten in der Hauptverhandlung kein von Amts wegen zu beachtendes Verfahrenshindernis ist; sie ist ein sog. absoluter Revisionsgrund, aber nur auf formgerechte Rüge hin zu berücksichtigen.

---

1 „Die Hauptverhandlung ist auf Antrag der Staatsanwaltschaft und des Nebenklägers in Abwesenheit des Angeklagten durchgeführt worden. Zu Recht macht die Revision geltend, daß dies nicht zulässig war." (BGH Urt. v. 22. 11. 1957 – 5 StR 317/57).

a) Nach § 230 Abs. 1 StPO ist die Anwesenheit des Angeklagten während der Hauptverhandlung grundsätzlich notwendig. Einerseits will die Prozeßordnung dem Angeklagten die Möglichkeit allseitiger und uneingeschränkter Verteidigung sichern, andererseits soll dem Tatrichter ein unmittelbarer Eindruck von der Person des Angeklagten, seinem Auftreten und seinen Erklärungen vermittelt und damit die Wahrheitsfindung gefördert werden (BGHSt. 3, 187, 190 [BGH Urt. v. 2. 10. 1952 – 3 StR 83/52; vgl. § 338 Nr. 5 StPO erfolgreiche Rügen]). Daraus ergibt sich Recht und Pflicht des Angeklagten zur Anwesenheit.

Dieser Grundsatz gilt jedoch nicht ausnahmslos. Eine Durchbrechung ist in zahlreichen Fällen zugelassen (§ 231 Abs. 2, §§ 232, 233, 247, 329 Abs. 1, § 387 Abs. 1, § 411 Abs. 2, § 415, neuerdings §§ 231a, 231b StPO). Daraus ist zu entnehmen, daß der Gesetzgeber den Anwesenheitsgrundsatz nicht überbewerten wollte (vgl. zur Verfassungsmäßigkeit des Abwesenheitsverfahrens BVerfGE 1, 332, 346, 347). Im übrigen ist das Gewicht von Verfahrensvorschriften, die die Rechtsstaatlichkeit und die Wahrheitsfindung betreffen, kein ausschlaggebender Umstand für die Würdigung als Verfahrensvoraussetzung. Selbst Grundrechtsverletzungen sind rügebedürftig (BGHSt. 19, 273, 278 [BGH Urt. v. 24. 3. 1964 – 3 StR 60/83; vgl. § 344 StPO erfolglose Rügen]). Ein Verstoß gegen die verfassungskräftige Garantie des gesetzlichen Richters (Art. 101 Abs. 1 Satz 2 GG, § 338 Nr. 1 StPO) wird nur auf eine zulässige Revisionsrüge hin beachtet. Dasselbe gilt, wenn das rechtliche Gehör (Art. 103 Abs. 1 GG) nicht gewährt worden ist (BGHSt. 22, 26, 29 [BGH Urt. v. 13. 12. 1967 – 2 StR 544/67; vgl. § 261 StPO erfolgreiche Rügen]).

b) Von Bedeutung für die hier zu entscheidende Frage ist es sicherlich, ob die vorschriftswidrige Abwesenheit des Angeklagten das Verfahren „im ganzen" betrifft (BGHSt. 15, 287, 290); das könnte bei Abwesenheit während der gesamten Hauptverhandlung angenommen werden. Jedoch kommt auch diesem Umstand kein entscheidendes Gewicht zu. Denn eine unterschiedliche Behandlung von ständiger und zeitweiliger Abwesenheit erscheint nicht vertretbar; die zeitweilige Abwesenheit aber ist ein Verfahrensmangel, der nicht von Amts wegen zu beachten ist. Die Rechtsprechung hat es hier seit jeher mit Recht als entscheidungserheblich angesehen, ob der Angeklagte bei einem „wesentlichen Teil" der Hauptverhandlung abwesend war (RGSt 58, 180; RG HRR 1937, 288; BGHSt. 15, 263, 264 [BGH Urt. v. 2. 12. 1960 – 4 StR 433/60; vgl. § 338 Nr. 5 StPO erfolglose Rügen]; 16, 178, 180 [BGH Urt. v. 26. 7. 1961 – 2 StR 575/60; vgl. § 338 Nr. 5 StPO erfolglose Rügen]; BGH GA 1963, 19; BGH NJW 1973, 522 Nr. 18 [BGH Urt. v. 30. 1. 1973 – 1 StR 560/72; vgl. § 230 StPO erfolgreiche Rügen]; BayObLG NJW 1974, 249 Nr. 21). Ob das aber der Fall war, ist nur auf eine dem § 344 Abs. 2 Satz 2 StPO entsprechende Rüge zu prüfen, in der angegeben ist, wann der Angeklagte gefehlt hat. Das Revisionsgericht wäre überfordert, wenn es immer von Amts wegen untersuchen müßte, ob der Angeklagte in einem Zeitpunkt abwesend war, in dem ein wesentlicher Teil der Hauptverhandlung stattfand.

c) Schon hieraus wird deutlich, daß jedenfalls eine zeitweilige Abwesenheit des Angeklagten nicht als von Amts wegen zu beachtendes Verfahrenshindernis angesehen worden ist. Die abweichende Beurteilung der ständigen Abwesenheit ist nicht begründbar. Dem stehen auch allgemeine Erwägungen entgegen. Anlaß und Rechtfertigung dafür, daß eine „in jeder Lage des Verfahrens von Amts wegen" zu prüfende Verfahrensvoraussetzung (so § 6 StPO für die sachliche Zuständigkeit) angenommen werden muß, ist das Vorliegen übergeordneter Belange der Allgemeinheit oder sonstiger öffentlicher Interessen. Als das Wesen einer Verfahrensvoraussetzung bezeichnet es die Entscheidung BGHSt. 13, 157 (BGH Beschl. v. 13. 5. 1959 – 4 StR 439/58; vgl. § 338 Nr. 4 StPO erfolgreiche Rügen) (hier zur sachlichen Zuständigkeit), daß ihre „Einhaltung nicht nur dem Interesse der jeweiligen Verfahrensbeteiligten dienen soll" (S. 161 a.a.O.). Ähnliche Erwägungen kommen auch sonst in der höchstrichterlichen Rechtsprechung zum Ausdruck. So führt der Bundesgerichtshof bei der sachlichen Zuständigkeit „erhöhte rechtspolitische Interessen", „öffentliche Interessen", „allgemeine Belange der Rechtspflege" (BGHSt. 7, 26, 28 [BGH

Urt. v. 28. 9. 1954 – 5 StR 275/53; vgl. § 338 Nr. 4 StPO erfolgreiche Rügen]; 10, 74, 77 [BGH Urt. v. 10. 1. 1957 – 2 StR 575/56; vgl. § 338 Nr. 4 StPO erfolgreiche Rügen]; 18, 79, 84), bei der Rechtskraft die „allgemeine Rechtssicherheit" (BGHSt. 10, 358, 363), bei der Verjährung den „Rechtsfrieden" (BGHSt. 11, 393, 396 [BGH Urt. v. 26. 6. 1958 – 4 StR 145/58; vgl. § 206a StPO erfolgreiche Rügen]) an.

Derartige überindividuelle Interessen werden auch durch eine ständige Abwesenheit des Angeklagten in der Hauptverhandlung nicht berührt. Es steht ihm frei, das Urteil mit der jedem Beschwerdeführer naheliegenden Begründung anzugreifen, er habe nicht an der Hauptverhandlung teilgenommen. Unterläßt er es, weil er sich hierdurch nicht beschwert fühlt, weil er etwa sachlichrechtliche Fragen vom Revisionsgericht entschieden wissen will, so besteht kein zwingender Anlaß, den Verfahrensmangel von Amts wegen zu berücksichtigen.

d) Die rechtliche Bewertung der Verhandlungsfähigkeit steht dieser Beurteilung nicht entgegen. Zwar wird sie in der Rechtsprechung des Bundesgerichtshofs als Verfahrensvoraussetzung angesehen (vgl. BGH bei Dallinger MDR 1958, 141, 142; MDR 1968, 552; BGH NJW 1970, 1981 Nr. 13 – in BGHSt. 23, 311 nicht abgedruckt). Ob dieser Auffassung in allen Fällen zu folgen ist, kann offenbleiben. Sie beruht jedenfalls auf einem anders gelagerten Sachverhalt und betrifft einen Umstand, der die prozessuale Fürsorgepflicht des Gerichts in besonders hohem Maße anspricht und mögliche Fehlerquellen vervielfacht. Denn die Anwesenheit eines verhandlungsunfähigen Angeklagten in der Hauptverhandlung gibt ein verzerrtes Bild seiner Persönlichkeit und den nur scheinbaren Eindruck einer umfassenden Verteidigung. Eine vergleichbare Rechtslage ist deshalb nicht gegeben.

16. Zeugenvernehmung in Abwesenheit des Angeklagten.

StPO §§ 247, 338 Nr. 5 – BGH Urt. v. 18. 12. 1968 – 2 StR 322/68 Schwurgericht Mainz (= BGHSt. 22, 289 = NJW 1969, 703)

Die Revision rügt die Vernehmung einer Zeugin und die Entscheidung über ihre Nichtvereidigung in Abwesenheit des Angeklagten sowohl unter dem rechtlichen Gesichtspunkt des § 240 Abs. 2 in Zusammenhang mit § 338 Nr. 8 StPO als auch als Verstoß im Sinne der §§ 230 Abs. 1, 338 Nr. 5 StPO.

Sachverhalt: Die Zeugin B., eines der Opfer, wurde in Abwesenheit des Angeklagten vernommen, weil nach amtsärztlichem Zeugnis jedes Zusammentreffen mit dem Angeklagten die Gefahr eines Nervenzusammenbruchs der Zeugin begründe. Der Angeklagte wurde hier erst wieder in den Sitzungssaal geführt, nachdem das Gericht die Nichtvereidigung der Zeugin beschlossen und diese sich entfernt hatte. – Das Rechtsmittel war erfolglos.

Gründe: Das Schwurgericht war unter den gegebenen Umständen nicht gehindert, die Vernehmung der Zeugin in einer Art und Weise durchzuführen, die jedes Zusammentreffen mit dem Angeklagten vermied. Es war nicht gehalten, den Angeklagten in ihrer Gegenwart über den Inhalt der in seiner Abwesenheit gemachten Aussage zu unterrichten und ihm eine unmittelbare Befragung der Zeugin zu ermöglichen.

Die Ausübung des Fragerechts nach § 240 StPO ordnet sich dem Vorgang der Vernehmung mit den für diesen geltenden Regeln im ganzen ein. Ist nach den Umständen die Entfernung des Angeklagten während der ganzen Vernehmung eines Zeugen geboten, so liegt darin notwendigerweise auch der Ausschluß einer unmittelbaren Befragung des Zeugen durch den Angeklagten im persönlichen Gegenüber und ist die Ausübung des Fragerechts nach § 240 StPO durch den Angeklagten zwangsläufig nur noch in der Weise möglich, daß er nach seiner Rückkehr in den Gerichtssaal und seiner Unterrichtung über die Aussage des Zeugen seine Fragen stellt und diese Fragen dann in seiner Abwesenheit an den wieder herbeigerufenen Zeugen gerichtet werden.

Für seine gegenteilige Meinung, daß die Befragung unter allen Umständen im persönlichen Gegenüber gewährt werden müsse, hat sich der Beschwerdeführer auf die von Dallinger in MDR 1952, 18 zum Urteil des BGH vom 2. 10. 1951 – 1 StR 434/51 – gegebene Darstellung berufen, in der gesagt ist, daß die Unterrichtung des wieder vorgelassenen Angeklagten in Anwesenheit dessen zu geschehen habe, der sich vorher zur Sache geäußert hat. Die angeführte Entscheidung ist in BGHSt. 1, 346, 349 ff. (BGH Urt. v. 2. 10. 1951 – 1 StR 434/51; vgl. § 338 Nr. 4 StPO erfolglose Rügen, § 338 Nr. 5 StPO erfolgreiche Rügen) in allen hier wesentlichen Teilen abgedruckt. Sie enthält den von Dallinger angeführten Satz weder wörtlich noch sinngemäß und betraf einen Fall, in dem der Angeklagte nur für einen Ausschnitt der Vernehmung seines Mitangeklagten ausgeschlossen und dann bei dessen weiterer Vernehmung wieder zugelassen worden war und in dem es der Vorsitzende versäumt hatte, ihn über die in seiner Abwesenheit gemachte Aussage zu unterrichten. Der Bundesgerichtshof hat hierzu ausgeführt, daß der Vorsitzende den Angeklagten ohne Rücksicht auf das sachliche Gewicht der in seiner Abwesenheit gemachten Aussage über ihren wesentlichen Inhalt sogleich nach seiner Wiederzulassung zu unterrichten hatte, was dann unter den gegebenen Umständen selbstverständlich in Gegenwart des weiter vernommenen Mitangeklagten geschehen wäre. Folgerungen im Sinne der von der Revision vorgetragenen Auffassung können daraus nicht gezogen werden.

Nicht richtig war es allerdings, daß das Schwurgericht zur Frage der Vereidigung der Zeugin B. in Abwesenheit des Angeklagten verhandelt hat. Das Schwurgericht hätte hierzu den Angeklagten hinzuziehen und die Zeugin solange abtreten lassen sollen. Indessen liegt hierin kein Verfahrensmangel im Sinne des § 338 Nr. 5 StPO, weil es sich mit Rücksicht auf das Ergebnis der Verhandlung zu diesem Punkt, nämlich das Absehen von der Vereidigung der Zeugin gemäß § 61 Nr. 2 StPO, insofern nicht um einen wesentlichen Vorgang der Hauptverhandlung handelte. Dem Angeklagten blieb es unbenommen, noch nachträglich auf eine Vereidigung der Zeugin anzutragen und eine Überprüfung der ohne seine Anhörung gefällten Entscheidung zu veranlassen.

17. Zeitweiliger Ausschluß des Angeklagten zur Vermeidung einer berechtigten Zeugnisverweigerung zulässig.

StPO §§ 247 Abs. 1 Satz 1, 338 Nr. 5 – BGH Urt. v. 6. 12. 1967 – 2 StR 616/67 LG Frankenthal (= BGHSt. 22, 18 = NJW 1968, 806)

Die Revision rügt den Mangel einer näheren Begründung des Beschlusses über die Zwangsentfernung des Angeklagten wegen der Befürchtung, seine Tochter werde in Gegenwart ihres Vaters die Wahrheit nicht sagen, und daß er vor dem Ausschluß nicht selbst gehört worden sei. Auch habe die Befürchtung, die Zeugin A. werde in Gegenwart ihres Vaters nicht die Wahrheit sagen, aus ihrer Erklärung in der Hauptverhandlung allein nicht hergeleitet werden dürfen.

Sachverhalt: Die vierzehnjährige Tochter A. des Angeklagten hatte sich als Zeugin in der Hauptverhandlung nach Belehrung über ihr Zeugnisverweigerungsrecht zur Aussage bereit erklärt und sagte auch zunächst – unter Ausschluß der Öffentlichkeit – aus. Als die Sprache auf die Unzuchtshandlungen des Angeklagten kam, fragte sie, ob sie jetzt nicht allein im Saale bleiben könne, und erläuterte ihre Frage dahin, daß sie nicht in Anwesenheit ihres Vaters aussagen möchte. Daraufhin wurde „im allseitigen Einverständnis" beschlossen, „während der weiteren Vernehmung der Zeugin den Angeklagten aus dem Sitzungssaal zu entfernen (§ 247 StPO)". Der Angeklagte wurde demgemäß aus dem Sitzungssaal geführt, A. als Zeugin weiter gehört. – Das Rechtsmittel war erfolglos.

Gründe: Der erkennende Senat hat in ständiger Rechtsprechung den § 247 Abs. 1 Satz 1 StPO als Ausnahmevorschrift eng ausgelegt und dessen Anwendungsbereich streng auf den Wortlaut des Gesetzes beschränkt (vgl. zuletzt die Entscheidung vom 18. 10. 1967 –

2 StR 477/67 [= BGHSt. 21, 332; vgl. § 338 Nr. 5 StPO erfolgreiche Rügen] in JZ 1968, 72 und früher BGHSt. 15, 194 [BGH Urt. v. 28. 9. 1960 – 2 StR 429/60; vgl. § 338 Nr. 5 StPO erfolgreiche Rügen]). Der zeitweise Ausschluß des Angeklagten ist stets durch Gerichtsbeschluß anzuordnen, der sich nicht auf förmliche Begründung beschränken darf. Bleibt wegen des Fehlens einer Begründung zweifelhaft, ob das Gericht von zulässigen Erwägungen ausgegangen ist, so ist der unbedingte Revisionsgrund nach § 338 Nr. 5 StPO gegeben (BGHSt. 15, 194, 196).

Hier steht nach dem Sitzungsprotokoll fest, daß die Strafkammer den Beschluß außer mit dem allgemeinen Hinweis auf § 247 StPO nicht näher begründet hat. Eine Begründung war nicht etwa deshalb überflüssig, weil sämtliche Beteiligten, also auch der Angeklagte – wie ebenfalls durch die Sitzungsniederschrift bewiesen ist – mit der Anordnung einverstanden waren; denn § 338 Nr. 5 StPO zeigt gerade, daß der Angeklagte nicht wirksam auf die Anwesenheit verzichten, das Gericht ihn nicht wirksam davon entbinden kann, wenn die Voraussetzungen des § 247 StPO fehlen.

Indes ist der gerügte Mangel hier ausnahmsweise unschädlich. Es kamen nach der Sachlage unzweifelhaft nur zwei mögliche Gründe für die Anordnung nach § 247 Abs. 1 Satz 1 StPO in Betracht: Entweder war zu befürchten, A. werde in Gegenwart ihres Vaters die Wahrheit nicht sagen, oder es war ihre Erklärung in der Hauptverhandlung dahin zu verstehen, daß sie ankündigte, sie werde unter den gegebenen Umständen von ihrem Zeugnisverweigerungsrecht (§ 52 Abs. 1 Nr. 3 StPO) Gebrauch machen.

Die erste Möglichkeit entspricht dem Regelfall des § 247 Abs. 1 Satz 1 StPO. Die Strafkammer konnte auch auf die Äußerungen des Mädchens die naheliegende Besorgnis gründen, die Anwesenheit des Angeklagten werde die Zeugin von einer wahren, vor allem vollständigen Aussage über die Unzuchtshandlungen ihres Vaters mit ihr abhalten. Diese Annahme kann die Revision nicht angreifen.

Die zweite, ebenso nahe liegende Möglichkeit steht der ersten gleich. Dieser Fall ist bisher – soweit ersichtlich – vom Bundesgerichtshof noch nicht entschieden worden. Auf ihn trifft die Vorschrift nach ihrem Wortlaut ebenfalls zu. Ein Zeuge, der zur Verweigerung des Zeugnisses berechtigt ist und unter dem Druck der Anwesenheit des Angeklagten von diesem Recht Gebrauch zu machen droht, will überhaupt nichts mehr, also auch die Wahrheit nicht sagen; es ist der gänzliche Verlust des Beweismittels zu befürchten.

Der Senat schließt sich der Entscheidung des Reichsgerichts in HRR 1935 Nr. 1361 (vgl. auch RGSt 73, 355) und der fast einhelligen Ansicht im Schrifttum an.

18. Abwesenheit des Verteidigers während eines Teils der Hauptverhandlung.

StPO §§ 140 II, 338 Nr. 5 – BGH Urt. v. 2. 12. 1966 – 4 StR 201/66 LG Dortmund (= BGHSt. 21, 180 = NJW 1967, 580)

Die Revision rügt, daß für fünf Sitzungstage, an denen der Angeklagte anwesend war, an denen jedoch nur gegen einen Mitangeklagten über dessen Taten verhandelt wurde, dem Angeklagten kein Pflichtverteidiger beigeordnet worden ist. Sie macht geltend, bei der Schwierigkeit der Sach- und Rechtslage sei die Mitwirkung eines Verteidigers auch an diesen Tagen geboten gewesen. Die Strafkammer hätte daher, da der Wahlverteidiger nicht zu gegen gewesen sei, dem Angeklagten einen Pflichtverteidiger bestellen müssen. Durch die Unterlassung habe sie gegen die Vorschrift des § 140 Abs. 2 StPO verstoßen. Zugleich sei damit der unbedingte Revisionsgrund des § 338 Nr. 5 StPO gegeben.

Sachverhalt: Die Hauptverhandlung gegen den Beschwerdeführer und dessen Mitangeklagte fand in der Zeit zwischen dem 21. 9. und dem 23. 12. 1964 statt. Der Angeklagte und sein Verteidiger waren nicht an allen Verhandlungstagen anwesend. Vielmehr wurde das Verfahren gegen den Angeklagten wiederholt abgetrennt, wenn nach dem Verhandlungsplan, den die Strafkammer vor Beginn der Hauptverhandlung aufgestellt und dem Verteidiger zugänglich gemacht hatte, die Erörterung nur solcher Schuldvorwürfe vorgesehen war, die allein den Mitangeklagten zur Last gelegt waren. Hierdurch wurde es dem Angeklagten und insbesondere dessen Verteidiger ermöglicht, der Hauptverhandlung nicht ständig beiwohnen zu müssen. Trotz Abtrennung des Verfahrens gegen den Angeklagten war dieser allerdings an insgesamt fünf Tagen ohne seinen Verteidiger bei der Hauptverhandlung zugegen. Die Strafkammer hob dann jeweils die Trennung auf und verband das Verfahren mit dem Verfahren gegen die übrigen Angeklagten; am Schluß des einzelnen Verhandlungstages trennte sie es wieder ab, sofern nicht nach dem Verhandlungsplan für den folgenden Sitzungstag die Fortsetzung der Hauptverhandlung gegen den Angeklagten in Aussicht genommen war. Einen Pflichtverteidiger bestellte sie dem Angeklagten nicht. Sie hatte zuvor mit ihm und dem Verteidiger die Frage der Notwendigkeit der Beiordnung eines Pflichtverteidigers für solche Sitzungstage erörtert, an denen der Angeklagte erscheinen wollte, der Verteidiger aber fernzubleiben wünschte. Dabei waren sich alle Beteiligten darüber einig, daß sich eine solche Maßnahme erübrigte, weil an diesen Tagen keine Vorgänge behandelt werden sollten, bei denen eine Beteiligung des Angeklagten in Betracht kam. – Das Rechtsmittel war erfolglos.

Gründe: Allerdings ist der Revision darin beizutreten, daß hier, was auch die Strafkammer nicht verkannt hat, wegen der Schwierigkeit der Sach- und Rechtslage die Mitwirkung eines Verteidigers erforderlich war. Demgemäß mußte die Hauptverhandlung, soweit sie den Angeklagten und die gegen ihn erhobenen Schuldvorwürfe betraf, in Anwesenheit des Verteidigers durchgeführt werden. Das ist jedoch geschehen.

Zwar könnte die Tatsache, daß das Verfahren gegen den Angeklagten auch an den fünf Tagen, an denen er ohne seinen Verteidiger erschien, mit dem Verfahren gegen die Mitangeklagten verbunden wurde, dafür sprechen, daß die Strafkammer, abweichend von ihrem Plan, die Verhandlung auf den Angeklagten miterstreckt hätte. Indessen wird diese Möglichkeit durch die im Revisionsrechtszuge herbeigeführte dienstliche Äußerung des Berichterstatters ausgeräumt, deren Richtigkeit von dem Vorsitzenden der Strafkammer uneingeschränkt bestätigt und weder in einer schriftlichen Erklärung noch in der mündlichen Verhandlung vor dem Senat von dem Angeklagten und dessen Verteidiger in Zweifel gezogen worden ist. Danach sind an keinem der fünf Sitzungstage Vorgänge erörtert worden, die mit den gegen den Angeklagten gerichteten Schuldvorwürfen unmittelbar oder mittelbar zusammenhängen. Vielmehr sind diese nur an den Sitzungstagen verhandelt worden, an denen der Angeklagte und sein Verteidiger zugegen waren. Dabei sind auch die in der dienstlichen Äußerung des Berichterstatters als allgemeine Tatgrundlage bezeichneten Vorgänge behandelt worden, also insbesondere diejenigen Tatsachen, die für die Beurteilung des Verhältnisses zwischen der Bundesrepublik einerseits sowie den Jugendverbänden und den für sie handelnden Personen, wie dem Mitangeklagten F., andererseits von Bedeutung waren. Hieran scheitert auch der in der Verhandlung vor dem Senat erhobene Einwand des Verteidigers, es sei nicht auszuschließen, daß die allgemeinen Tatgrundlagen auch an den fünf Sitzungstagen zur Sprache gekommen sein könnten, an denen der Angeklagte ohne Verteidiger der Hauptverhandlung beigewohnt habe.

Demnach ist als erwiesen anzusehen, daß dem Verhandlungsplan der Strafkammer entsprechend gegen den Angeklagten nur im Beisein seines Verteidigers sachlich verhandelt worden ist. *Somit hat die Hauptverhandlung, soweit sie den Beschwerdeführer betraf, stets in Anwesenheit des Verteidigers stattgefunden.* Demgemäß ist die Ansicht der Revision, die Strafkammer habe dem Angeklagten gemäß § 140 Abs. 2 StPO einen Pflichtverteidiger bestellen müssen, ebenso unbegründet wie ihre Auffassung, es sei hier der unbedingte Revisionsgrund des § 338 Nr. 5 StPO gegeben.

19. Sitzungsstaatsanwalt als Zeuge (im Anschluß an BGHSt. 14, 265 [BGH Urt. v. 3. 5. 1960 – 1 StR 155/60; vgl. § 338 Nr. 5 StPO erfolglose Rügen]).

StPO § 338 Nr. 5 – BGH Urt. v. 13. 7. 1966 – 2 StR 157/66 Schwurgericht Fulda (= BGHSt. 21, 85 = NJW 1966, 2321)

Die Revision rügt, der Sitzungsdienst in einer Hauptverhandlung könne nicht nacheinander von zwei verschiedenen Beamten der Staatsanwaltschaft wahrgenommen werden und, daß Staatsanwalt M. nach seiner Vernehmung als Zeuge weiterhin neben Staatsanwalt N. für die Staatsanwaltschaft auftrat.

Sachverhalt: Nach Vernehmung der Zeugen und vor Beginn der Anhörung der Sachverständigen beantragte der Verteidiger, den bereits im Ermittlungsverfahren mit der Sache befaßten Sitzungsvertreter der Staatsanwaltschaft, Staatsanwalt M., als Zeugen darüber zu vernehmen, daß der Polizeimeister E. dem Angeklagten G. am 8. 2. 1965 anläßlich einer Vernehmung durch den Staatsanwalt M., bei der er anwesend war, erklärt habe, „wenn Sie den Stenoblock nicht unterschreiben, wird Ihr Betrieb geschlossen". Staatsanwalt M. begegnete diesem Antrag sogleich durch Benennung der Justizangestellten, welche ihm damals das Protokoll geführt hatte, als Zeugin dafür, daß eine solche Äußerung nicht gefallen sei. Gleichwohl hielt der Verteidiger seinen Antrag aufrecht und ordnete das Gericht schließlich die Vernehmung des Staatsanwalts M. als Zeugen an. Während seiner Vernehmung, die sachlich keine Bestätigung der Beweisbehauptung des Verteidigers brachte, nahm Staatsanwalt N. die Aufgaben der Staatsanwaltschaft wahr. Neben diesem nahm dann in der Folge auch Staatsanwalt M. wieder als Sitzungsvertreter der Staatsanwaltschaft an der Hauptverhandlung teil. Entsprechend einer im Protokoll festgehaltenen Ankündigung des Staatsanwalts N. teilten sodann die beiden Staatsanwälte ihre Schlußvorträge in der Weise auf, daß Staatsanwalt M. das Beweisergebnis der Hauptverhandlung unter Ausschluß seiner eigenen Vernehmung würdigte, während Staatsanwalt N. auf die Vernehmung des Staatsanwalts M. einging und als Ergebnis der Gesamtwürdigung die Anträge stellte. – Das Rechtsmittel war erfolglos.

Gründe:

a) Die Auffassung der Beschwerdeführer, der Sitzungsdienst in einer Hauptverhandlung könne nicht nacheinander von zwei verschiedenen Beamten der Staatsanwaltschaft wahrgenommen werden, ist abwegig.

Der Gesetzgeber hat in § 226 StPO mit Bedacht zwischen den zur Urteilsfindung berufenen Personen und der Staatsanwaltschaft (sowie einem Urkundsbeamten der Geschäftsstelle) unterschieden und damit zum Ausdruck gebracht, daß er nur für die Richter eine ununterbrochene persönliche Gegenwart vorschreiben wollte, während er im übrigen die Möglichkeit offen ließ, daß die Geschäfte der Staatsanwaltschaft ebenso wie die des Urkundsbeamten auch durch verschiedene einander ablösende Personen wahrgenommen würden. Das ist seit jeher in der Rechtsprechung anerkannt (s. RGSt 16, 180).

b) Es bestehen auch keine rechtlichen Bedenken dagegen, daß Staatsanwalt M. nach seiner Vernehmung als Zeuge weiterhin neben Staatsanwalt N. in der oben angeführten Weise für die Staatsanwaltschaft auftrat. Zwar ist an der Rechtsprechung des Reichsgerichts festzuhalten, daß ein Sitzungsstaatsanwalt, der in der Hauptverhandlung als Zeuge vernommen wird, nicht nur während dieser seiner Vernehmung an der Ausübung der Funktionen des Sitzungsvertreters gehindert und deshalb durch einen anderen Beamten der Staatsanwaltschaft zu ersetzen ist, sondern daß diese Behinderung auch für den Rest der Hauptverhandlung fortbesteht (s. hierzu BGHSt. 14, 265) und die dort angeführte Rechtsprechung). Indessen hat das letztere nicht ausnahmslos als starre Regel zu gelten. Hat etwa die Zeugenvernehmung des Sitzungsstaatsanwalts nur auf einen von mehreren Angeklagten und auf eine Tat Bezug, die nur diesem einen Angeklagten zur Last liegt, so ist nicht einzusehen, warum dieser Staatsanwalt nicht weiterhin die Anklage gegen die übrigen Angeklagten vertreten sollte. In ähnlicher Weise kommt eine Teilung der staatsanwaltschaftlichen Aufgaben unter mehrere Sitzungsvertreter auch in Bezug auf einen Angeklagten in Betracht, wenn die Zeugenvernehmung des Sitzungsstaatsanwalts sich auf Wahrnehmungen bezogen hat, die nicht in unlösbarem Zusammenhang mit dem im übrigen zu erörternden Sachverhalt stehen und Gegenstand einer abgesonderten Betrachtung und Würdigung sein können. Das trifft in der Regel für Vorgänge zu, die sich erst aus der dienstlichen Befassung des Staatsanwalts mit der Sache ergeben haben und die Gestaltung des Verfahrens betrafen. So hat es der Bundesgerichtshof in einem bei ihm im ersten und letzten Rechtszuge anhängigen Verfahren für zulässig erachtet, daß der über die Registrierung und Verwahrung einer beschlagnahmten Urkunde vernommene Staatsanwalt weiterhin in der Sitzung auftrat und sich nur der Würdigung seiner eigenen Aussage zu enthalten hatte (Verfahren StE 1/52). Wollte man diese Ausnahme, zu der die gesetzliche Regelung des § 227 StPO die Hand bietet, nicht zulassen, so wäre das der ständigen Übung im Interesse einer raschen und orientierten Verfahrensgestaltung tunlichst den mit den Ermittlungen befaßten Staatsanwalt auch mit den staatsanwaltschaftlichen Geschäften in der Hauptverhandlung zu betreuen, durchaus entgegengesetzt. Überdies besteht, solange eine sichere Grenzziehung möglich ist, kein Grund, die Wirkungen des Ausschlusses von den staatsanwaltschaftlichen Funktionen in der Hauptverhandlung für den als Zeugen beanspruchten Sitzungsstaatsanwalt weiter zu spannen, als es die sachlichen Erwägungen, welche der Rechtsprechung über den Ausschluß zugrunde liegen, unbedingt gebieten. In diesem Sinne läßt sich sagen, daß ein teilweiser Ausschluß des als Zeugen vernommenen Sitzungsvertreters, wie er im vorliegenden Fall gehandhabt wurde, immer genügt, wenn die für den Schlußvortrag unentbehrliche Sachlichkeit und Objektivität nicht gefährdet erscheinen kann.

20. Eigenmächtiges Entfernen durch Selbstmordversuch (im Anschluß an RG DR 1944, 836).

StPO § 231 II, 338 Nr. 5 – BGH Urt. v. 26. 7. 1961 – 2 StR 575/60 LG Köln (= BGHSt. 16, 178 = NJW 1961, 1980)

Die Revision rügt, die Strafkammer habe gegen die §§ 338 Nr. 5, 226, 231 II, 244 II StPO verstoßen, als sie in Abwesenheit des Angeklagten das Urteil verkündet hat. Zur Begründung trägt sie vor: Der Angeklagte habe keinen Selbstmordversuch verübt, sondern infolge der Aufregungen einen Zusammenbruch erlitten; er habe sich daher nicht der Hauptverhandlung entziehen wollen, sondern sei unverschuldet am Erscheinen verhindert gewesen. Der Verteidiger und der Sachverständige, der auf Veranlassung des Gerichts den Sachverhalt durch telefonische Rückfrage bei dem behandelnden Arzt in der Landesheilanstalt feststellen sollte, hätten infolge der in der Familie des Angeklagten entstandenen Aufregung offensichtlich eine falsche Auskunft erhalten oder sich ein falsches Bild von dem wahren Sachverhalt gemacht. Die Strafkammer habe auch insoweit ihrer Aufklärungspflicht nicht genügt, da sie keine Zeugen über den wirklichen Sachverhalt vernommen und auch die behandelnden Ärzte nicht gehört habe. Selbst wenn aber ein Selbstmordversuch des Angeklagten vorgelegen hätte, sei es nach § 231 II StPO nicht zulässig gewesen, das Urteil in dessen Abwesenheit zu verkünden; denn er sei nicht eigenmächtig der Hauptverhandlung ferngeblieben.

Sachverhalt: Am 15. 3. 1960, dem 14. Verhandlungstag, wurde die Beweisaufnahme geschlossen und den Vertretern der Staatsanwaltschaft sowie dem Angeklagten und seinem Verteidiger das Wort zu ihren Ausführungen und Anträgen erteilt. Der Angeklagte hatte das letzte Wort. Die Verhandlung wurde hierauf unterbrochen; sie sollte am 18. 3. 1960 zur Urteilsverkündung fortgesetzt werden. Der Angeklagte wurde hierzu geladen. Er erschien jedoch an diesem Verhandlungstage nicht. Der Verteidiger erklärte, daß der Angeklagte wegen eines Selbstmordversuches, den er gestern mittag unternommen habe, nicht verhandlungs- und vernehmungsfähig sei, und beantragte, das Verfahren zu unterbrechen, da der Angeklagte sein Fernbleiben von der Hauptverhandlung nicht verschuldet habe. Das Gericht lehnte den Antrag ab mit der Begründung, daß der Angeklagte einen Selbstmordversuch unternommen habe, der der eigenmächtigen Entfernung aus der Hauptverhandlung gleichstehe; die Hauptverhandlung sei deshalb in seiner Abwesenheit zu Ende zu führen, da er über die Anklage schon vernommen sei und das Gericht seine weitere Anwesenheit nicht für erforderlich erachte. Hierauf wurde das Urteil durch Verlesung der Urteilsformel und mündliche Mitteilung der Urteilsgründe verkündet. – Das Rechtsmittel war erfolglos.

Gründe: § 230 Abs. 1 StPO bestimmt, daß beim Ausbleiben des Angeklagten eine Hauptverhandlung nicht stattfindet. Die Hauptverhandlung beginnt mit dem Aufruf der Zeugen und Sachverständigen (§ 243 Abs. 1 StPO) und endet mit der Verkündung des Urteils (§ 260 Abs. 1 Satz 1 StPO; BGHSt. 4, 279 [BGH Urt. v. 22. 5. 1953 – 2 StR 539/52; vgl. § 338 Nr. 6 StPO erfolgreiche Rügen]). Der Bundesgerichtshof hat zwar die Abwesenheit des Angeklagten bei der Verkündung der Urteilsgründe nicht als unbedingten Revisionsgrund im Sinne des § 338 Nr. 5 StPO angesehen. Dies gilt jedoch nicht für die Verkündung der Urteilsformel; denn sie ist ein wesentlicher Teil der Verhandlung. Die Urteilsformel enthält den eigentlichen Urteilsspruch; ist er nicht verkündet, so liegt kein Urteil im Rechtssinne vor (BGHSt. 8, 41 [BGH Urt. v. 8. 7. 1955 – 5 StR 43/55; vgl. § 268 StPO erfolglose Rügen]; 15, 263 [BGH Urt. v. 2. 12. 1960 – 4 StR 433/60; vgl. § 338 Nr. 5 StPO erfolglose Rügen]).

Die Verkündung der Urteilsformel in Abwesenheit des Angeklagten ist daher nur unter den Voraussetzungen des § 231 Abs. 2 StPO gestattet. Nach dieser Bestimmung darf die Hauptverhandlung in Abwesenheit des Angeklagten zu Ende geführt werden, wenn er bei der Fortsetzung einer unterbrochenen Hauptverhandlung ausbleibt, sofern er bereits über die Anklage vernommen war und das Gericht seine weitere Anwesenheit nicht für erforderlich hält. Aus dem Zweck des Gesetzes und dem Zusammenhang der beiden Absätze des § 231 StPO hat die Rechtsprechung gefolgert, daß die Vorschrift nur anwendbar ist, wenn der Angeklagte „eigenmächtig" der Hauptverhandlung ferngeblieben ist. Dabei liegt es nicht dem Angeklagten ob, glaubhaft zu machen, daß sein Ausbleiben nicht auf Eigenmächtigkeit beruht. Diese ist ihm vielmehr nachzuweisen. Ein Irrtum des Gerichts hierüber kann ihm nicht zum Nachteil gereichen, selbst wenn er durch den Verteidiger verschuldet ist (BGHSt. 10, 304 [BGH Urt. v. 26. 6. 1957 – 2 StR 182/57; vgl. § 338 Nr. 5 StPO erfolgreiche Rügen]).

Im vorliegenden Falle hat das Landgericht auf Grund der Erklärung des Verteidigers und des Sachverständigen angenommen, der Angeklagte habe einen ernsthaften Selbstmordversuch unternommen. Die Revision behauptet, die Annahme sei unzutreffend gewesen und habe auf einer unrichtigen Auskunft oder einer Verkennung des wahren Sachverhalts beruht. Das Vorbringen ist jedoch, wie die Nachprüfung ergeben hat, unzutreffend.

Nach den Ermittlungen haben die Feuerwehrleute K. und am 17. 3. 1960 um 12.40 Uhr den Auftrag zum Transport des gasvergifteten Angeklagten erhalten. Sie fanden ihn vollständig angezogen, bewußtlos auf einem Sofa in seiner Wohnung liegend vor. Frau C. gab an, ihr Mann habe in der geschlossenen Garage den Motor des Kraftwagens laufen lassen, Abgase eingeatmet und sei bewußtlos geworden; mit Hilfe ihrer Tochter habe sie ihn in die Wohnung gebracht; dort sei es ihm später noch gelungen, Schlaftabletten einzunehmen. Frau C. hat, wie beide Zeugen bekunden, eindeutig erklärt, daß ihr Mann versucht habe, sich das Leben zu nehmen; als Motiv hierfür hat sie angegeben, daß er auf Grund einer falschen Beschuldigung am nächsten Tage eine Verurteilung zu erwarten hätte. Dementsprechend haben sie auch den Transportzettel ausgefüllt und vermerkt, daß es sich um einen Selbstmordversuch handle. Der Angeklagte wurde zunächst in das A.-Krankenhaus gebracht, nach einer Magenspülung aber wegen seiner Unruhe und wegen Selbstmordgefahr in das Landeskrankenhaus D. verlegt. In dem Überweisungsschreiben des A.-Krankenhauses ist u.a. vermerkt, daß C. wegen eines Suicidversuches mit Schlaftabletten und Benzinabgasen ohne ärztliche Einweisung eingeliefert worden sei. In dem Krankenblatt des Landeskrankenhauses ist u.a. verzeichnet: „... gegen 19 Uhr ansprechbar, aber noch stark verdöst; er sehe keinen Ausweg, es tue ihm leid, er werde es wieder versuchen." Auch hier hatte die Ehefrau bei der Einlieferung berichtet, daß ihr Mann in der Garage den Motor habe laufen lassen; als dies entdeckt worden sei, habe er eine Handvoll unbekannter Schlaftabletten geschluckt und sei in das A.-Krankenhaus verbracht worden. Am 30. 3. 1960 hat der Angeklagte allerdings dann bestritten, daß er sich bei laufendem Motor unter das Auto gelegt habe, eine solche Behauptung als unwahr und böswillig bezeichnet und angegeben, es sei bei ihm, wie schon einmal, ein plötzlicher Zusammenbruch eingetreten.

Der Senat hält nach den Bekundungen der beiden Feuerwehrleute über die ihnen unmittelbar nach dem Geschehen von Frau C. gemachten Angaben, die sie auch bei der Einlieferung ihres Mannes in das Landeskrankenhaus wiederholt hat, und insbesondere auf Grund der Äußerung des Angeklagten selbst am Abend des 17. 3. 1960 „es tue ihm leid, er werde es nochmals versuchen" für erwiesen, daß der Angeklagte einen ernsthaften Selbstmordversuch unternommen hat. Demgegenüber ist seinen späteren abweichenden Angaben und den jetzigen Bekundungen von Frau C. und der Tochter I. kein Beweiswert zuzuerkennen. Nach der Äußerung des Sachverständigen, der der Hauptverhandlung beigewohnt und den Angeklagten schon früher untersucht hat, war die Zurechnungsfähigkeit des Angeklagten bei dem Selbstmordversuch nicht ausgeschlossen.

Die Strafkammer ist demnach zu Recht davon ausgegangen, daß der Angeklagte infolge eines Selbstmordversuchs verhandlungsunfähig und deshalb nicht in der Hauptverhandlung erschienen war. Sie hat auch rechtlich fehlerfrei angenommen, er sei dadurch „eigenmächtig" der weiteren Hauptverhandlung ferngeblieben. Sie kann sich hierbei auf das, auch von der Revision angeführte Urteil des Reichsgerichts in DR 1944, 836 berufen.

Gegen die in der angeführten Entscheidung vertretene Auffassung sind allerdings vor kurzem Einwände erhoben worden, die sich auch die Revision zu eigen macht (Franzheim, GA 1961, 108). Es wird vorgebracht, daß ein Angeklagter, der einen ernstlichen Selbstmordversuch verübe, den Vorsatz habe, sich zu töten, aber nicht wolle, daß die Selbstmordhandlung im Versuche stecken bleibe; der Tod eines Angeklagten habe die sofortige Beendigung des Verfahrens zur Folge; wenn aber ein Angeklagter einen Zustand herbeiführen wolle, der das Verfahren sofort beende, könne ihm nicht „vorgeworfen" werden, daß er das Verfahren zu verschleppen beabsichtige; das Abweichen des Kausalverlaufes könne nur dann als unbeachtlich für die Schuld des Angeklagten angesehen werden, wenn es pflichtwidrig wäre, sich einem Strafverfahren durch Selbstmord zu entziehen; das Gesetz begründe aber keine solche Pflicht.

Diese Einwände sind unbegründet; sie treffen nicht den Kern der Sache. Es sollen in unzulässiger Weise Begriffe des sachlichen Strafrechts auf das Verfahrensrecht übertragen und Folgen, die die Strafprozeßordnung bei einem bestimmten Verhalten eines Angeklagten vor Gericht eintreten läßt, von Voraussetzungen abhängig gemacht werden, die das Gesetz für die Erfüllung eines strafbaren Tatbestandes fordert. Der Angeklagte hat nach der Strafprozeßordnung, soweit nicht Ausnahmen zugelassen sind, die Pflicht, nach ordnungsgemäßer Ladung zur Hauptverhandlung zu erscheinen. Er darf sich hieraus nicht eigenmächtig entfernen und auch bei der Fortsetzung einer unterbrochenen Verhandlung nicht eigenmächtig fortbleiben. Eigenmächtig handelt er, wenn er vorsätzlich diese Pflicht zur Anwesenheit verletzt und dadurch dem Gang der Rechtspflege entgegentritt (RGSt 22, 247; 69, 18). Diese Voraussetzung ist hier gegeben; denn der Angeklagte wollte die Fortsetzung und Beendigung der Hauptverhandlung mit der Verkündung des Urteils verhindern, indem er in zurechnungsfähigem Zustande einen Selbstmordversuch unternahm. Daß sein Selbstmordversuch mißlungen ist, ist rechtlich ohne Bedeutung. Entscheidend ist allein, daß er es vorsätzlich unternommen hat, die Weiterführung der Verhandlung zu verhindern, und daß sein Vorgehen seine Verhandlungsunfähigkeit und damit sein Fernbleiben bei der Hauptverhandlung zur Folge hatte. Der Bundesgerichtshof hat bereits in einem Falle, in dem eine Angeklagte sich bewußt in eine krankhafte Erregung versetzt hatte, um den Fortgang des Verfahrens zu verhindern, ein solches Verhalten einem eigenmächtigen Fernbleiben gleichgesetzt, obwohl die Angeklagte sich aus der krankhaften Erregung nicht mehr ohne weiteres befreien konnte (BGHSt. 2, 300, 304 [BGH Urt. v. 22. 4. 1952 – 1 StR 622/51; vgl. § 338 Nr. 5 StPO erfolglose Rügen]). Ob die Grundsätze auch gelten, wenn der Selbstmordversuch im Zustande der Unzurechnungsfähigkeit unternommen wird, bedarf keiner Entscheidung. Die Strafkammer durfte daher, da auch die weiteren Voraussetzungen des § 231 Abs. 2 StPO gegeben waren, das Urteil in Abwesenheit des Angeklagten verkünden.

21. Urteilsverkündung in Abwesenheit des Angeklagten zulässig (Abweichung von RG JW 1938, 1644 Nr. 5).

StPO §§ 268 II, 338 Nr. 5 – BGH Urt. v. 2. 12. 1960 – 4 StR 433/60 LG Dortmund (= BGHSt. 15, 263 = NJW 1961, 419)

Die Revision der Angeklagten rügt, daß der Vorsitzende das angefochtene Urteil mündlich begründet hat, nachdem sie nach der Verlesung der Urteilsformel einen Zusammenbruch erlitten hatte und zum Krankenhaus befördert worden war.

Der Sachverhalt ergibt sich aus der Revisionsbegründung. – Das Rechtsmittel war erfolglos.

Gründe: Das Reichsgericht hat zwar den Standpunkt vertreten, ein derartiges Verfahren stelle einen Revisionsgrund dar (RG NJW 1938, 1644 Nr. 5). Der Senat vermag dieser Ansicht aber nicht zu folgen.

§ 230 Abs. 1 StPO bestimmt allerdings, daß gegen einen ausgebliebenen Angeklagten eine Hauptverhandlung nicht stattfindet, und zur Hauptverhandlung gehört die Urteilsverkündung, die aus der Verlesung der Urteilsformel und der Eröffnung der Urteilsgründe besteht (§ 268 Abs. 2 StPO), so daß sie erst beendet ist, wenn die Mitteilung beider Teile des Urteils abgeschlossen ist (BGH NJW 1953, 155 Nr. 25; BGHSt. 8, 41 [BGH Urt. v. 8. 7. 1955 – 5 StR 43/55; vgl. § 268 StPO erfolglose Rügen]).

Gleichwohl hat schon das Reichsgericht mit Recht die Abwesenheit des Angeklagten beim Aufruf der Zeugen und Sachverständigen nicht als Revisionsgrund im Sinne von § 338 Nr. 5 StPO angesehen, weil deren Aufruf keine weitere sachliche Bedeutung habe, als daß das Gericht und die Prozeßbeteiligten sich von der Gegenwart der Beweispersonen überzeugen und beim Ausbleiben einer von ihnen sich über etwaige Vertagung der Verhandlung oder Stellung entsprechender Anträge schlüssig machen können (RGSt 58, 180).

Ebenso wird der mit § 230 Abs. 1 StPO verfolgte Zweck, der u.a. darin besteht, dem Angeklagten die Möglichkeit allseitiger und uneingeschränkter Verteidigung, insbesondere durch Stellung von Anträgen auf Grund des von ihm selbst wahrgenommenen Verlaufs der Hauptverhandlung, zu sichern (BGHSt. 3, 187, 190 [BGH Urt. v. 2. 10. 1952 – 3 StR 83/52; vgl. § 338 Nr. 5 StPO erfolgreiche Rügen]), nicht gefährdet, wenn der Angeklagte bei Eröffnung der Urteilsgründe nicht zugegen ist. Denn nach Beginn der Urteilsverkündung können keine Anträge mehr angebracht werden; das Gericht braucht auch auf irgendwelche, an sich noch möglichen Anregungen des Angeklagten, die zum Wiedereintritt in die Verhandlung oder wenigstens zur Änderung der Urteilsformel führen könnten, nicht einzugehen (RGSt 59, 420, 421).

Auch stellt die mündliche Eröffnung der Urteilsgründe nur den unwesentlichen Teil der Urteilsverkündung und damit einen unwesentlichen Teil der Hauptverhandlung dar. Die

Urteilsformel ist es, die den eigentlichen Urteilsspruch enthält. Wird sie nicht verkündet, so liegt kein Urteil im Rechtssinne vor (RGSt 71, 377, 379). Die mündliche Eröffnung der Urteilsgründe durch den Vorsitzenden hingegen ist für den Urteilsspruch nicht wesentlich, weil dessen Grundlage die vom Gericht beschlossenen Gründe darstellen, die sich aus dem von den Richtern zu unterschreibenden Urteil ergeben. Ihnen gegenüber ist die mündliche Begründung ohne Bedeutung; sie unterrichtet die Prozeßbeteiligten nur vorläufig darüber, welche Gründe das Gericht zu seiner Entscheidung bestimmt haben (BGHSt. 2, 63, 66 [BGH Beschl. v. 12. 12. 1951 – 3 StR 691/51; vgl. § 335 StPO erfolgreiche Rügen]; 7, 363, 370, 371 [BGH Urt. v. 22. 4. 1955 – 5 StR 35/55; vgl. § 267 StPO erfolglose Rügen]; 8, 41). Dementsprechend kann die Revision auch nicht damit begründet werden, daß unterlassen worden ist, die Urteilsgründe mündlich mitzuteilen, weil das Urteil nicht hierauf beruhen kann, das gilt selbst, wenn die Eröffnung der Urteilsgründe zuvor beabsichtigt war (BGHSt. 8, 41). Gleiches ist bei einem Widerspruch zwischen den mündlich mitgeteilten und den schriftlichen Gründen anzunehmen (BGHSt. 7, 363, 371). Angesichts der sich hieraus ergebenden untergeordneten Bedeutung der mündlichen Urteilsbegründung kann – im Gegensatz zu dem Fehlen der schriftlichen Entscheidungsgründe (§ 338 Nr. 7 StPO) – kein unbedingter Revisionsgrund darin gesehen werden, daß die Urteilsgründe in Abwesenheit des Angeklagten mitgeteilt worden sind.

Die Annahme eines etwaigen einfachen Verfahrensverstoßes könnte – ebenso wie bei dem Unterlassen der mündlichen Urteilsbegründung entgegen § 268 Abs. 2 StPO – der Revision nicht zum Erfolge verhelfen, weil das Urteil hierauf nicht beruht.

Demgegenüber kann der vom Reichsgericht zur Begründung seiner abweichenden Meinung verwendete Gesichtspunkt nicht entscheidend ins Gewicht fallen, daß die Urteilsformel bis zum Abschluß der Verkündung, also auch bis zur beendigten mündlichen Bekanntgabe der Urteilsgründe berichtet oder abgeändert werden dürfe, mithin also jederzeit wieder in einen Teil der Hauptverhandlung eingetreten werden könne, der als wesentlich anzusehen sei. Eine derartige Berichtigung oder Abänderung gehört zu den Ausnahmefällen. Auch kann der Angeklagte einem derartigen Vorgang mit Anträgen nicht entgegentreten. Für die Wahrung der Rechtsmittelfrist entsteht ihm andererseits kein Nachteil. Denn dem Angeklagten, der sich vor Ende der Urteilsverkündung entfernt hat, muß das Urteil zugestellt werden, und zwar ihm selbst, auch dann, wenn sein Verteidiger zur Empfangnahme der Urteilsausfertigung ausdrücklich ermächtigt ist (RGSt 19; 390; 34, 331; 43, 321), und die Frist zur Rechtsmitteleinlegung beginnt, wenn der Angeklagte nicht bei der gesamten Verkündung des Urteils anwesend war, für ihn erst mit der Zustellung (§§ 314 Abs. 2, 341 Abs. 2 StPO).

22. Staatsanwalt als Zeuge nur bedingter Revisionsgrund (im Anschluß an die Rechtsprechung des Reichsgerichts, insbesondere RGSt 29, 236; GA 67, 436; 71, 92; JW 1933, 523 Nr. 17).

StPO § 338 Nr. 5 – BGH Urt. v. 3. 5. 1960 – 1 StR 155/60 Schwurgericht Heidelberg (= BGHSt. 14, 265 = NJW 1960, 1358)

Die Revision beanstandet, daß ein Staatsanwalt wieder für die weitere Hauptverhandlung bis zum Schlusse die Obliegenheiten des Sitzungsstaatsanwaltes wahrnahm, obwohl er am 1. Verhandlungstag als Zeuge vernommen und vereidigt worden war. – Das Rechtsmittel war erfolglos.

Gründe: Mit der – in der Strafprozeßordnung nicht ausdrücklich geregelten – Frage, ob der Sitzungsstaatsanwalt als Zeuge vernommen werden und nach Abschluß der Vernehmung in derselben Hauptverhandlung wieder sein Amt als Anklagevertreter aufnehmen kann, hat sich das Reichsgericht wiederholt befaßt. Es hat – von der vereinzelt gebliebenen Entscheidung 2 D 1021/23 vom 25. 2. 1924 (JW 1924, 1761 Nr. 7) abgesehen – ausgesprochen, daß der Sitzungsstaatsanwalt zwar – in Gegenwart eines anderen Staatsanwalts als Beamten der Staatsanwaltschaft – als Zeuge vernommen werden könne, danach jedoch nicht mehr die Aufgaben des Anklagevertreters wahrnehmen dürfe (vgl. u.a. RGSt 29, 236[1]). Die weitere Sitzungstätigkeit des Staatsanwalts erachtet das Reichsgericht als mit der Rechtsstellung der Staatsanwaltschaft im Strafverfahren unvereinbar; es sei, führt das Reichsgericht in der grundlegenden Entscheidung RGSt 29, 236 hierzu aus, namentlich undenkbar, daß der als Zeuge vernommene Staatsanwalt unbefangen prüfen könnte, welche Anträge auf Vorhalte oder Gegenüberstellungen zu stellen seien, wenn Widersprüche zwischen den Aussagen der vernommenen Zeugen hervorträten; außerdem sei er unmöglich in der Lage, in seinen Schlußausführungen in objektiver, unbefangener Weise die Glaubwürdigkeit der Zeugen und das Gewicht ihrer Aussagen zu erörtern, wenn seine eigene Person und seine eigenen Aussagen in Frage stünden.

Im vorliegenden Falle war es hiernach unzulässig, daß Oberstaatsanwalt Dr. N. nach seiner Vernehmung als Zeuge wieder das Amt des Anklagevertreters übernahm und es bis zum Schlusse der Verhandlung beibehielt. Bei diesem Verfahrensverstoß handelt es sich jedoch nicht um einen unbedingten Revisionsgrund im Sinne des § 338 StPO, sondern nur um einen solchen nach § 337 StPO. Dem Verstoß könnte daher eine durchgreifende Wirkung nur dann zukommen, wenn die Möglichkeit nicht auszuschließen wäre, daß das Urteil auf ihm beruht. Dies ist jedoch bei der besonderen Sachgestaltung mit Sicherheit zu verneinen. Anlaß zur Vernehmung des Oberstaatsanwalts Dr. N. als Zeuge war der Umstand, daß er den Beschwerdeführer im Ermittlungsverfahren als Beschuldigten gehört hatte und daß W. seine vor der Kriminalpolizei, dem Haftrichter, dem Ermittlungsrichter, dem Oberstaatsanwalt und dem Untersuchungsrichter abgelegten Geständnisse in der Hauptverhandlung u.a. mit der Begründung widerrief, die Kriminalbeamten und der Oberstaatsanwalt hätten ihm alles vorgeredet und gegenüber dem Untersuchungsrichter habe er seine früheren Aussagen nicht „umwerfen" wollen. Dies ergibt sich aus den Urteilsgründen. Sie ergeben weiterhin zweifelsfrei – daß der Sitzungsniederschrift insoweit nichts entnommen werden kann, ist entgegen der Meinung der Revision ohne Bedeutung –, daß Dr. N. nicht über den Inhalt, sondern bloß über das Zustandekommen der von W. vor ihm erstatteten Aussage vernommen worden ist; ferner, daß der Angeklagte auf ausdrückliches Befragen die Bekundung Dr. N.'s als richtig bestätigt hat, er (W.) habe nach entsprechender Belehrung und Vorhalt des Ermittlungsergebnisses seine damaligen Angaben frei, flüssig, ohne Vorbehalt und zusammenhängend gemacht. Nach den Urteilsgründen hat das Schwurgericht diese Bestätigung des Angeklagten für glaubwürdig befunden und nur sie, nicht auch die von Dr. N. erstattete Aussage, für die Urteilsfindung verwertet. Das allein könnte allerdings ein Beruhen des Urteils auf dem in Frage stehenden Verfahrensmangel noch nicht ausschließen. Es muß vielmehr auch auszuschließen sein, daß

---

1 „Unbedenklich wird der in der Verhandlung fungierende Staatsanwalt als Zeuge vernommen werden können, wenn von diesem Zeitpunkte an ein anderer Beamter der Staatsanwaltschaft an der Verhandlung teilnimmt. Aber daß der Vertreter der Staatsanwaltschaft, wenn er in der Hauptverhandlung als Zeuge vernommen ist, nach der Anhörung wieder die Funktionen der Staatsanwaltschaft in derselben Verhandlung übernimmt, widerspricht den Aufgaben und der Stellung, die das Gesetz dem Staatsanwalte zuweist. Namentlich ist es undenkbar, daß der als Zeuge vernommene Staatsanwalt unbefangen prüfen könnte, welche Anträge auf Vorhalte und Konfrontationen zu stellen seien, wenn Widersprüche zwischen den Aussagen der vernommenen Zeugen hervortreten. Ferner ist es geradezu ausgeschlossen, daß der als Zeuge vernommene Staatsanwalt in objektiver unbefangener Weise, wie es seine Aufgabe ist, in der Schlußausführung über die Schuldfrage die Glaubwürdigkeit der Zeugen und das Gewicht ihrer Aussagen erörtern kann, wenn seine eigene Person und seine eigenen Aussagen in Frage stehen. Wenn daher auch keine Einzelbestimmung der Strafprozeßordnung das hier eingeschlagene und von der Revision gerügte Verfahren ausdrücklich verbietet, so ergibt sich die Unstatthaftigkeit desselben doch aus der gesamten Struktur des Strafprozesses und der Stellung der Staatsanwaltschaft." (RG Urt. v. 11. 12. 1896 – Rep. 4531/96).

die Zeugenvernehmung des Oberstaatsanwalts Dr. N. seine spätere Tätigkeit als Vertreter der Anklage, insbesondere seinen Schlußvortrag, in einem solchen Maße beeinflußt hat, daß auch die Beeinflussung des Gerichts bei der Urteilsfindung im Bereich der Möglichkeit läge. Für eine solche Wirkung der Zeugenvernehmung Dr. N.'s spricht jedoch nicht das geringste. Nachdem der Angeklagte selbst die Bekundungen des Oberstaatsanwalts im unmittelbaren Anschluß an dessen Vernehmung als richtig bestätigt hatte, ist schlechterdings kein Grund ersichtlich, welcher dem Oberstaatsanwalt Dr. N. im weiteren Verlaufe der Verhandlung, vor allem bei seinem Schluß vortrage, Anlaß gegeben haben könnte, auf seine – wie erwähnt, nur auf das „Zustandekommen" der Vernehmung des Angeklagten durch ihn beschränkte – Zeugenaussage zurückzukommen, oder aus welchem Grunde er sonst durch die vorausgegangene Zeugenvernehmung in der Wahrnehmung der Sitzungstätigkeit zuungunsten des Angeklagten beeinflußt gewesen sein sollte. Im übrigen ist aus den Feststellungen und der Beweiswürdigung im Urteil zweifelsfrei zu schließen, daß auch eine derartige Beeinflussung des Oberstaatsanwalts keine Wirkungen auf das Schwurgericht und seine Urteilsfindung gehabt haben könnte.

23. Unterbliebene Begründung eines Beschlusses über die Ausschließung des Angeklagten nach § 247 StPO ist nur dann absoluter Revisionsgrund, wenn die sachlichen Voraussetzungen hierfür nicht vorgelegen haben.

StPO § 338 Nr. 5 – BGH Urt. v. 25. 6. 1954 – 2 StR 269/53

Die Revision rügt, daß die Strafkammer auf Antrag der Staatsanwaltschaft in der Hauptverhandlung beschlossen habe, den Angeklagten während der Vernehmung der Brigitte St. aus dem Sitzungszimmer abtreten zu lassen, ohne ihn und seinen Verteidiger vorher zu hören und ohne den Beschluß zu begründen.

Sachverhalt: Der Vorsitzende hat den Angeklagten und seinen Verteidiger nicht ausdrücklich aufgefordert, sich zu dem Antrage der Staatsanwaltschaft zu erklären. – Das Rechtsmittel war erfolglos.

Gründe: ...

I. ...

1. ...

a) ...

Das schreibt jedoch § 35 StPO nicht vor. Dieser Bestimmung ist vielmehr schon genügt, wenn jeder Prozeßbeteiligte Gelegenheit gehabt hat, sich zu äussern (RGSt 37, 437; 47, 342; OGHSt 2, 113; BGH 2 StR 111/51 und 2 StR 601/53 [Urt. v. 9. 4. 1954; vgl. § 33 StPO erfolglose Rügen]). Das war hier der Fall. Angeklagter und Verteidiger konnten, sowohl bevor die Strafkammer über den Antrag der Staatsanwaltschaft beriet und entschied, als auch während der Vorsitzende den Beschluß durchführen liess, etwaige Bedenken geltend machen, wenn ihnen daran gelegen war.

b) Nach § 34 StPO ist eine Entscheidung, die einen Antrag ablehnt, mit Gründen zu versehen Die Strafkammer hat den beanstandeten Beschluß nicht begründet. Darin liegt ein Verfahrensmangel. Er gefährdet aber den Bestand des Urteils nicht.

Die Revision meint, es sei ein unbedingter Revisionsgrund gegeben. Das trifft nicht zu. § 338 Nr. 5 StPO wäre nur verletzt, wenn die sachlichen Voraussetzungen des § 247 StPO nicht vorgelegen hätten. Das behauptet die Revision nicht. Deshalb (§ 352 Abs. 1 StPO) muß der Senat davon ausgehen, daß die Strafkammer den Angeklagten zu Recht nach § 247 StPO hat abtreten lassen. Ist dies aber der Fall, so kann es das Ergebnis der Verhandlung nicht beinflußt haben, daß die Strafkammer bei dem Abtretenlassen nicht vorschriftsmässig verfahren ist.

24. Verteidigerloser Zustand während der Vernehmung des eigenen Verteidigers als Zeuge kein wesentlicher Teil der Hauptverhandlung.

StPO § 338 Nr. 5 – BGH Urt. v. 19. 5. 1953 – 2 StR 116/53 LG Hamburg

Die Revision rügt, während der Vernehmung des Wahlverteidigers als Zeuge am ersten Verhandlungstag hätte ein anderer Verteidiger bestellt werden müssen, weil ein Fall der notwendigen Verteidigung vorlag; der erklärte Verzicht auf die Bestellung eines Pflichtverteidigers für diese Zeit sei wirkungslos.

Sachverhalt: Während der Vernehmung des Angeklagten wurde ihm vom Vorsitzenden vorgehalten, daß sein Verteidiger in einer Haftbeschwerde geschrieben hatte:

„Dagegen, daß der Beschuldigte dringend verdächtig ist, sich gegen §§ 263, 266 StGB sowie gegen das Gesetz Nr. 53 vergangen zu haben, soll nichts eingewandt werden; im Gegenteil, der Beschuldigte ist insoweit in mehrfacher Beziehung geständig."

Der Angeklagte äusserte darüber sein Erstaunen und der Verteidiger wollte seine Eingabe abschwächen. Daraufhin wurde die Vernehmung des Verteidigers als Zeuge beschlossen. Angeklagter und Verteidiger verzichteten auf Beiordnung eines Pflichtverteidigers für diese Zeit, der Angeklagte entband seinen Verteidiger von der Schweigepflicht, dieser legte für die Dauer der Vernehmung sein Mandat nieder, wurde eidlich als Zeuge vernommen und übernahm dann wieder die Verteidigung. Die Vernehmung ergab, daß mit jener Bemerkung kein echtes Geständnis hatte abgegeben werden sollen, sondern daß es sich um blosse Schlussfolgerungen des Verteidigers gehandelt hatte. – Das Rechtsmittel war erfolglos.

Gründe: Die Rüge ist unbegründet, ohne daß es einer Prüfung bedarf, ob der Verzicht auf Bestellung eines anderen Verteidigers wirksam war. Eine Gesetzesverletzung ist es nach § 338 Nr. 5 StPO, wenn die Hauptverhandlung in Abwesenheit eines Verteidigers in Fällen stattfindet, wo die Verteidigung notwendig ist. Hier war die Verteidigung nach § 140 Abs. 1 Nr. 3 StPO notwendig, weil das Verfahren zur Untersagung der Berufsausübung führen konnte; das zeigt sich daran, daß im Urteil auf eine derartige Maßregel erkannt ist. Allerdings hat sich das erst am zweiten Verhandlungstage herausgestellt Nunmehr mußte die Verhandlung, soweit sie nicht in Gegenwart eines Verteidigers stattgefunden hatte, in ihren für die Urteilsfindung wesentlichen Teilen wiederholt werden. Unwesentliche Teile brauchten dagegen nicht wiederholt zu werden (vgl. RGSt 58, 180). Hier war ein Verteidiger nur am ersten Verhandlungstage während der Vernehmung des Verteidigers als Zeuge nicht zugegen gewesen, weil der Verteidiger für die Dauer seiner Vernehmung sein Mandat niedergelegt hatte. Dieser Teil der Verhandlung kann hier als nichtwesentlich bezeichnet werden, weil die Vernehmung der Klärung einer durch einen Schriftsatz des Verteidigers entstandenen Unklarheit und der Entlastung des Angeklagten gedient hatte und der Verteidiger immerhin in eigener Person – nämlich als Zeuge – diesen Teil der Hauptverhandlung mit wahrgenommen hatte. Unter diesen besonderen Umständen durfte von einer Wiederholung dieses Verhandlungsabschnittes abgesehen werden, so daß eine Gesetzesverletzung nicht vorliegt.

25. Die Abwesenheit eines Dolmetschers kann nur von dem davon betroffenen Angeklagten erfolgreich gerügt werden.

StPO § 338 Nr. 5; GVG § 185 – BGH Urt. v. 11. 11. 1952 – 1 StR 484/52 LG Tübingen (= BGHSt. 3, 285 = NJW 1953, 114)

Die Revision rügt, daß der Angeklagte zu Beginn des zweiten Verhandlungstages in Abwesenheit des erst später erschienenen Dolmetschers kurz zur Sache vernommen worden ist. – Das Rechtsmittel war erfolglos.

Gründe: Nach der Sitzungsniederschrift ist für die Hauptverhandlung ein Dolmetscher der ungarischen Sprache zugezogen worden, weil die drei Angeklagten „die deutsche Sprache nicht voll beherrschen".

Die Rüge wäre nur begründet, wenn N. der deutschen Sprache überhaupt nicht mächtig gewesen wäre; denn in diesem Falle hätte der Dolmetscher zu den Personen gehört, deren Anwesenheit für die gesamte Dauer der Hauptverhandlung erforderlich war (RG Goltd Arch 47, 384). Hier liegt die Sache aber anders. Der Dolmetscher wurde nur deshalb zugezogen, weil N. und die beiden anderen Angeklagten die deutsche Sprache „nicht voll" beherrschten. In einem solchen Falle bleibt es dem pflichtgemäßen Ermessen des Tatrichters überlassen, in welchem Umfang er unter oder ohne Mitwirkung des bestellten Dolmetschers mit der nur teilweise der deutschen Sprache mächtigen Person verhandeln will (RG Goltd Arch 50, 394). Es fehlt jeder Anhalt dafür, daß hier der Vorsitzende die seinem Ermessen gesetzten Schranken überschritten hätte. Wie die Gerichtsakten ergeben, ist bei den zahlreichen umfangreichen Vernehmungen des Angeklagten N. durch die Polizei niemals ein Dolmetscher zugezogen worden. Zum Schlusse seiner Vernehmung am 2. 5. 1951 hat er ausdrücklich erklärt, daß er, obwohl er rumänischer Staatsangehöriger sei, dem Gange der Verhandlung habe gut folgen können, alles verstanden und die Niederschrift der Vernehmung selbst gelesen habe. Bei seiner Vernehmung am 11. 9. 1951 hat er ferner versichert, daß er sehr gut deutsch sprechen könne und deshalb die Vernehmung gut verstanden habe. In der ersten Hauptverhandlung, die am 20. 5. 1952 gegen die drei Angeklagten stattfand, wurde nach der Sitzungsniederschrift zwar ein Dolmetscher beigezogen, aber nur, weil „die Angeklagten R. und K." – nicht also N. – „die deutsche Sprache nicht voll beherrschen". Ebenso ergibt sich aus den Beiakten, daß in den Hauptverhandlungen, die am 3. 5. 1950 vor dem Landesgericht in Linz/Österreich und am 3. 7. 1951 vor dem Schöffengericht in Karlsruhe gegen N. stattfanden, ohne Dolmetscher verhandelt wurde. Nach alledem hat N. in der Hauptverhandlung vom 16. und 17. 6. 1952 die deutsche Sprache in einem Maße beherrscht, daß ihn der Vorsitzende auch ohne Mitwirkung des Dolmetschers zur Sache, dazu nur kurz, hören durfte.

Es wäre Sache des Angeklagten oder seines Verteidigers gewesen, wegen der Nichtzuziehung des Dolmetschers die Entscheidung der Strafkammer anzurufen, wenn sich der Angeklagte dadurch benachteiligt fühlte.

26. Versetzung in seelische Erregung ist selbst verschuldete Verhandlungsunfähigkeit.
StPO §§ 231 II, 338 Nr. 5 – BGH Urt. v. 22. 4. 1952 – 1 StR 622/51 Schwurgericht Augsburg (= BGHSt. 2, 300)

Die Revision rügt, daß die Hauptverhandlung teilweise ohne die Angeklagte stattgefunden hat.

Sachverhalt: Wie die Sitzungsniederschrift beweist (§ 274 StPO), ist die Angeklagte am 27. und 28. 11. 1950 zur Anklage vernommen worden; sie hat der Hauptverhandlung dann noch bis zum 7. 12. 1950 beigewohnt. Dann zerstörte sie ihre Zelleneinrichtung und blieb der Hauptverhandlung mit mehreren Unterbrechungen fern. Während dieser Zeit war sie krank und verhandlungsunfähig. – Das Rechtsmittel war erfolglos.

Gründe: Gleichwohl durfte die Hauptverhandlung ohne sie weitergeführt und das Urteil in ihrer Abwesenheit verkündet werden, weil die Voraussetzungen des § 231 Abs. 2 StPO erfüllt waren. Nach der Überzeugung der ärztlichen Sachverständigen, die die Angeklagte während dieser Zeit untersucht, ständig überwacht und dem Schwurgericht berichtet haben, und nach gerichtlicher Überzeugung hat die Angeklagte die zeitweilige Verhandlungsunfähigkeit selbst herbeigeführt, indem sie sich, um das Verfahren zu hindern, in krankhafte seelische Erregung versetzte, aus der sie sich dann allerdings nicht mehr ohne weiteres befreien konnte. Eine von ihrem Willen von vornherein unabhängige Erkrankung, etwa eine sog. Psychose, schied als Ursache der Verhandlungsunfähigkeit aus. Mit Recht hat das Schwurgericht diesen Sachverhalt dem freiwilligen, schuldhaften Ausbleiben der Angeklagten im Sinne des § 231 Abs. 2 gleichgesetzt. Das Reichsgericht hat in DR 1944, 836 ebenso für den Fall entschieden, daß sich der Angeklagte durch einen Selbstmordversuch verhandlungsunfähig macht.

§ 338 Nr. 6 StPO
Verletzung der Vorschriften über die Öffentlichkeit des Verfahrens

Erfolgreiche Rügen

1. Der Ausschluß der Öffentlichkeit muß begründet werden (BGH Beschl. v. 9. 11. 1999 – 5 StR 552/99).

2. Ein die Öffentlichkeit ausschließender Beschluß muß in öffentlicher Sitzung verkündet und begründet werden (BGH Beschl. v. 29. 6. 1999 – 5 StR 300/99).

3. Ausschluß der Öffentlichkeit nur durch Gerichtsbeschluß zulässig (BGH Beschl. v. 1. 12. 1998 – 4 StR 585/98).

4. Beschluß über Ausschluß der Öffentlichkeit muß nicht nur öffentlich verkündet, sondern auch öffentlich begründet werden (BGH Urt. v. 22. 11. 1995 – 3 StR 284/95).

5. Hat das Gericht durch Anordnung der Durchsuchung von Zuhörern bewirkt, daß sich deren Zutritt zum Sitzungssaal verzögert, darf es mit der Verhandlung erst beginnen, wenn den rechtzeitig erschienenen Personen der Zutritt gewährt worden ist (BGH Urt. v. 2. 12. 1994 – 2 StR 394/94).

6. Beschluß über Ausschließung der Öffentlichkeit ohne Begründung ist rechtsfehlerhaft (BGH Urt. v. 30. 8. 1994 – 5 StR 403/94).

7. „Freiwilliger" Ausschluß der Öffentlichkeit nicht zulässig (BGH Beschl. v. 16. 4. 1993 – 3 StR 14/93).

8. Ausschluß der Öffentlichkeit nur für den Zweck zulässig, zu dem er beschlossen worden ist (BGH Beschl. v. 27. 7. 1990 – 2 StR 110/90).

9. Ausschluß der Öffentlichkeit während der Vernehmung einzelner Zeugen deckt nicht die vollständige Vernehmung weiterer Zeugen in nichtöffentlicher Sitzung (BGH Beschl. v. 6. 10. 1989 – 2 StR 429/89).

10. Beschluß, der die Öffentlichkeit ausschließt, muß auch dann in öffentlicher Sitzung verkündet werden, wenn die Öffentlichkeit nach vorübergehendem Ausschluß weiterhin von der Verhandlung ausgeschlossen wird (BGH Beschl. v. 24. 8. 1984 – 5 StR 552/84).

11. Ausschluß der Öffentlichkeit wegen Gefährdung der öffentlichen Ordnung bei Vernehmung eines V-Mannes, der anonym bleibt und optisch und akustisch abgeschirmt ist, muß eingehend begründet werden (BGH Urt. v. 4. 7. 1984 – 3 StR 101/84).

12. Beschluß über Ausschluß der Öffentlichkeit muß angeben, warum er ergeht (BGH Beschl. v. 30. 3. 1983 – 4 StR 122/83).

13. Der bloße Umstand, daß sich ein Zuhörer handschriftliche Aufzeichnungen über Vorgänge der Hauptverhandlung macht, rechtfertigt grundsätzlich nicht, ihm das weitere Mitschreiben zu untersagen oder ihn gar des Saales zu verweisen. Über Maßnahmen gegenüber nicht an der Verhandlung beteiligten Personen kann der Vorsitzende allein befinden (BGH Urt. v. 13. 5. 1982 – 3 StR 142/82).

14. Berechtigte Zeugnisverweigerung keine Gefährdung der öffentlichen Ordnung (BGH Urt. v. 19. 8. 1981 – 3 StR 226/81).

15. Wird ein bereits entlassener Zeuge, der unter Ausschluß der Öffentlichkeit ausgesagt hatte, erneut vernommen, bedarf der erneute Ausschluß der Öffentlichkeit während seiner Vernehmung eines neuerlichen Gerichtsbeschlusses (BGH Beschl. v. 26. 11. 1980 – 2 StR 597/80).

16. Begründungszwang für Ausschluß der Öffentlichkeit entfällt nicht deshalb, weil sich für die Beteiligten aus dem Gang der Hauptverhandlung entnehmen läßt, auf welche Vorschrift das Gericht den Ausschluß stützen will (BGH Urt. v. 8. 10. 1980 – 3 StR 273/80).

17. Wenn ein Strafgericht ein justizfremdes Gebäude zur Verhandlung benutzt, muß der Vorsitzende besonders darauf achten, daß die Öffentlichkeit gewahrt wird (BGH Urt. v. 1. 10. 1980 – 2 StR 220/80).

18. Gericht muß bei Zulaßkontrollen auf die Öffentlichkeit warten (BGH Beschl. v. 7. 3. 1979 – 3 StR 39/79 [S]).

19. Begründungserfordernis für Ausschluß der Öffentlichkeit (BGH Urt. v. 17. 5. 1977 – 4 StR 102/77).

20. Ein Zuhörer, der durch Lärm die Hauptverhandlung stört, darf zwangsweise nur auf Grund eines Beschlusses des Gerichts aus dem Sitzungssaal entfernt werden (BGH Urt. v. 13. 4. 1972 – 4 StR 71/72).

21. Gericht darf Stenograph der Verteidigung nicht des Saales verweisen (BGH Urt. v. 15. 1. 1963 – 5 StR 528/62).

22. Verletzung des Öffentlichkeitsgrundsatzes wegen Ausschlusses eines Zuschauers (BGH Urt. v. 10. 4. 1962 – 1 StR 22/62).

23. Ausschluß der Öffentlichkeit nur für den Verfahrensabschnitt zulässig, der in dem Ausschließungsbeschluß genannt ist (BGH Urt. v. 24. 2. 1955 – 3 StR 543/54).

24. Die Öffentlichkeit braucht auch genügend Platz (BGH Urt. v. 10. 11. 1953 – 5 StR 445/53).

25. Urteilsverkündung ohne Öffentlichkeit ist absoluter Revisionsgrund (BGH Urt. v. 22. 5. 1953 – 2 StR 539/52).

26. Begründung bei Ausschluß der Öffentlichkeit zwingend erforderlich (BGH. Urt. v. 21. 12. 1951 – 2 StR 480/51).

27. Beschluß über Ausschluß der Öffentlichkeit muß den Grund nennen (BGH Urt. v. 25. 9. 1951 – 1 StR 464/51).

28. Siehe auch § 174 GVG.

Erfolglose Rügen

1. Fehlen der Begründung unschädlich, wenn Grund für Ausschluß der Öffentlichkeit offensichtlich (BGH Urt. v. 9. 6. 1999 – 1 StR 325/98).

2. Rüge, die Öffentlichkeit sei über den im Ausschließungsbeschluß festgelegten Umfang hinausgehend ausgeschlossen gewesen, muß vortragen, was konkret in dieser Zeit erörtert worden ist und warum es nicht vom Ausschließungsgrund umfaßt war (BGH Beschl. v. 13. 3. 1998 – 3 StR 67/98).

3. Ausschluß der Öffentlichkeit bei Verfahren gegen Heranwachsende (BGH Urt. v. 25. 2. 1998 – 3 StR 362/97).

4. Urteilsverkündung im Verfahren gegen Heranwachsende unter Ausschluß der Öffentlichkeit zulässig (BGH Urt. v. 6. 11. 1996 – 2 StR 391/96).

5. Das Ablehnungsverfahren ist nicht Teil der vom Öffentlichkeitsprinzip bestimmten Hauptverhandlung (BGH Beschl. v. 17. 4. 1996 – 3 StR 34/96).

6. Rechtlicher Hinweis gem. § 265 StPO muß in öffentlicher Sitzung erteilt werden (BGH Beschl. v. 25. 7. 1995 – 1 StR 342/95).

7. Gesetzeswortlaut für Begründung des Ausschlusses der Öffentlichkeit ausreichend. Der Beschluß über die Ausschließung gilt bis zur Beendigung der Vernehmung (BGH Urt. v. 10. 5. 1995 – 3 StR 145/95).

8. Zeitweilig verschlossene Tür zum Zuhörerraum nur dann Revisionsgrund, wenn der Umstand dem Vorsitzenden zuzurechnen ist (BGH Beschl. v. 28. 11. 1994 – 5 StR 611/94).

9. Hausrecht geht vor Öffentlichkeit (BGH Urt. v. 14. 6. 1994 – 1 StR 40/94).

10. Ausschluß der Öffentlichkeit für die Dauer der Vernehmung kindlicher Zeugen umfaßt alle Verfahrensvorgänge, die mit der Vernehmung in enger Verbindung stehen oder sich aus ihnen entwickeln. Dies gilt auch für die Beschlußfassung nach § 247 StPO (BGH Urt. v. 25. 1. 1994 – 5 StR 508/93).

11. Die Ausschließungsgründe Gefährdung der Sittlichkeit und Verletzung schutzwürdiger Interessen stehen mit unterschiedlicher Schutzfunktion selbständig nebeneinander (BGH Urt. v. 19. 3. 1992 – 4 StR 73/92).

12. Ausschluß der Öffentlichkeit kann unbegrenzt für die gesamte Beweisaufnahme angeordnet werden, wenn abzusehen ist, daß in ihr durchgängig Umstände aus dem persönlichen Lebensbereich von Verfahrensbeteiligten oder Zeugen erörtert werden (BGH Urt. v. 23. 2. 1989 – 4 StR 29/89).

13. Beschluß über den Ausschluß der Öffentlichkeit während einer Zeugenaussage deckt auch die Einnahme eines Augenscheins ab, die sich aus der Vernehmung dieses Zeugen unmittelbar ergibt (BGH Urt. v. 17. 12. 1987 – 4 StR 614/87).

14. Die Beschlußbegründung bei Ausschluß der Öffentlichkeit wegen Gefährdung der Sittlichkeit braucht grundsätzlich nicht außer dem Gesetzeswortlaut noch die tatsächlichen Umstände darzulegen, aus denen sich der Ausschließungsgrund ergibt (BGH Urt. v. 9. 7. 1985 – 1 StR 216/85).

15. Kein Verstoß gegen Öffentlichkeitsgrundsatz bei Bedeutungslosigkeit der Gesetzesverletzung (BGH Urt. v. 19. 12. 1984 – 2 StR 438/84).

16. Der Grundsatz der Öffentlichkeit besagt nicht, daß jedermann und unter allen Umständen zu jeder Zeit Zutritt zu einer Verhandlung haben muß (BGH Urt. v. 28. 6. 1984 – 4 StR 243/84).

17. Grundsatz der Öffentlichkeit der Verhandlung gebietet nicht, daß jedermann weiß, wann und wo ein erkennendes Gericht tagt. Es genügt die Möglichkeit, sich ohne besondere Schwierigkeiten davon Kenntnis zu verschaffen (BGH Urt. v. 22. 6. 1982 – 1 StR 249/81).

18. Bezugnahme auf früheren Ausschließungsgrund reicht als Begründung (BGH Urt. v. 9. 12. 1981 – 3 StR 368/81 [S]).

19. Begründungserfordernis für Ausschließungsbeschluß gem. § 172 Nr. 2 GVG (BGH Urt. v. 18. 9. 1981 – 2 StR 370/81).

20. Hinweistafel im Gerichtsgebäude auf Verhandlung an anderer Stelle ist nicht in jedem denkbaren Fall unverzichtbare Voraussetzung für die Öffentlichkeit der weiteren Verhandlung (BGH Urt. v. 22. 1. 1981 – 4 StR 97/80).

21. Wiederherstellung der Öffentlichkeit nach zeitweiligem Ausschluß (BGH Urt. v. 23. 4. 1980 – 3 StR 434/79 [S]).

22. Zulässige Maßnahmen des Gerichts oder des Gerichtspräsidenten, die der Aufrechterhaltung der Sicherheit im Gerichtsgebäude dienen, stellen keinen beachtlichen Druck auf potentielle Zuhörer dar, der den Grundsatz der Öffentlichkeit verletzt (BGH Beschl. v. 11. 7. 1979 – 3 StR 165/79 [S]).

23. Gesetzestext für Begründung des Ausschlusses der Öffentlichkeit ausreichend (BGH Urt. v. 9. 2. 1977 – 3 StR 382/76).

24. Ausweispflicht keine Verletzung des Öffentlichkeitsgrundsatzes (BGH Urt. v. 6. 10. 1976 – 3 StR 291/76).

25. Abwehr von Störungen kein Verstoß gegen den Öffentlichkeitsgrundsatz (BGH Urt. v. 22. 1. 1971 – 3 StR 3/70).

26. Öffentlichkeit in Jugendstrafsachen kein Revisionsgrund (BGH Urt. v. 21. 11. 1969 – 3 StR 249/68).

27. Kein Anspruch auf Ausschluß der Öffentlichkeit (BGH Urt. v. 2. 7. 1969 – 4 StR 226/69).

28. Irrtümlicher Ausschluß der Öffentlichkeit kein Revisionsgrund (BGH Urt. v. 18. 12. 1968 – 3 StR 297/68).

29. Verhandlung gegen Heranwachsende automatisch ohne Öffentlichkeit (BGH Urt. v. 13. 12. 1967 – 2 StR 548/67).

30. Kein Revisionsgrund bei unbeabsichtigtem Ausschluß der Öffentlichkeit (BGH Urt. v. 10. 6. 1966 – 4 StR 72/66).

31. Ausschluß der Öffentlichkeit kein Revisionsgrund im Verfahren gegen Jugendliche (BGH Urt. v. 23. 1. 1957 – 2 StR 600/56).

32. Aufforderung zum Verlassen des Sitzungssaales kein Ausschluß (BGH Urt. v. 20. 1. 1953 – 1 StR 626/52).

33. Erschwerung der Wahrheitsfindung ist Störung der Öffentlichen Ordnung (BGH Urt. v. 16. 12. 1952 – 1 StR 528/52).

34. Zur Vermeidung von Störungen der Sitzung darf der Vorsitzende für einen eng begrenzten Zeitraum anordnen, daß der Zuhörerraum weder betreten noch verlassen wird (BGH Urt. v. 17. 4. 1952 – 4 StR 210/51).

Erfolgreiche Rügen

1. Der Ausschluß der Öffentlichkeit muß begründet werden.

StPO § 338 Nr. 6 – BGH Beschl. v. 9. 11. 1999 – 5 StR 552/99 LG Chemnitz (= StV 2000, 243)

Die Revision rügt, bei dem Ausschluß der Öffentlichkeit nach § 172 Nr. 2 GVG entgegen § 174 Abs. 1 S. 3 GVG nicht angegeben wurde, aus welchem Grund der Ausschluß erfolgte.

Sachverhalt: In öffentlicher Sitzung wurde der Bruder des Getöteten als Zeuge vernommen. Ein Verteidiger fragte den Zeugen, ob nach dem Tode seines Bruders in der Automatenaufstellerfirma personelle Veränderungen eingetreten seien. Der Vorsitzende wies den Zeugen darauf hin, daß er damit geschäftliche Geheimnisse, nämlich die Erbfolge im Testament bezüglich der Firma angeben und daher nicht antworten müsse. Der Verteidiger beantragte die Entscheidung durch das Gericht; er wollte seine Frage auch nicht dahin präzisieren, ob es um Veränderungen von Angestellten oder Gesellschaftern ging. Daraufhin erging der Gerichtsbeschluß:

„1. Die Frage wird zugelassen.

2. Die Öffentlichkeit wird für diese Frage ausgeschlossen (§ 172 Nr. 2 GVG)."

In nichtöffentlicher Sitzung beantwortete der Zeuge die Frage; sodann wurde die Öffentlichkeit wiederhergestellt. – Das Rechtsmittel hatte Erfolg.

Gründe: Damit ist der absolute Revisionsgrund des § 338 Nr. 6 StPO gegeben. Bei dieser Sachlage kommt es nicht darauf an, ob die fehlende Begründung für den Ausschluß der Öffentlichkeit etwa dann unschädlich wäre, wenn der Ausschließungsgrund nach Verfahrensgegenstand und Verfahrensablauf auf der Hand liegt (vgl. Beschl. des Senats v. 9. 12. 1998 – 5 ARs 60/ 98 –" ergangen auf die Anfrage des 1 Strafsenats des BGH v. 20. 10. 1998 = NStZ 1999, 92 und das aufgrund des Anfrageverfahrens ergangene Urteil des 1. Strafsenats v. 9. 6. 1999 [1 StR 325/98; vgl. § 338 Nr. 6 StPO erfolglose Rügen]).

Hier liegt der Ausschließungsgrund – wie die Revision in Übereinstimmung mit dem GBA zutreffend darlegt, gerade nicht auf der Hand. Ob damit ein Geschäftsgeheimnis – und zwar, wie das Gesetz verlangt, ein wichtiges – zur Sprache kommen würde, wurde nämlich durch die dem Ausschluß vorangegangene Kontroverse nicht hinreichend deutlich. Dieser Begründungsmangel erlaubt es auch nicht, nachzuvollziehen, ob – was § 172 Nr. 2 GVG zusätzlich verlangt – durch die öffentliche Erörterung überwiegende schutzwürdige Interessen verletzt würden.

2. Ein die Öffentlichkeit ausschließender Beschluß muß in öffentlicher Sitzung verkündet und begründet werden.

StPO § 338 Nr. 6; GVG § 171b – BGH Beschl. v. 29. 6. 1999 – 5 StR 300/99 LG Chemnitz (= StV 2000, 243)

Die Revision rügt, daß ein die Öffentlichkeit ausschließender Beschluß in nicht öffentlicher Sitzung verkündet worden ist.

Sachverhalt: Nachdem die Jugendkammer während der Einlassung des Mitangeklagten H. zu seinen persönlichen Verhältnissen und zu seinem Lebenslauf die Öffentlichkeit gem. § 171b GVG ausgeschlossen hatte, beschloß sie unter fortdauerndem Ausschluß der Öffentlichkeit auf Antrag des Verteidigers des Beschwerdeführers, daß die Öffentlichkeit auch während dessen Einlassung zu seinen persönlichen Verhältnissen und zu seinem Lebenslauf und während der Berichterstattung der Jugendgerichtshilfe gem. § 171b GVG ausgeschlossen werde; der Beschluß schließt mit den Worten: „Die Öffentlichkeit bleibt daher weiter ausgeschlossen." – Das Rechtsmittel hatte Erfolg.

Gründe: Mit Recht beanstandet der Beschwerdeführer, daß dieser Beschluß in nicht-öffentlicher Sitzung verkündet wurde. Dies verletzte § 174 Abs. 1 S. 2 GVG, der grundsätzlich zur Information des auszuschließenden Öffentlichkeit über Anlaß und Ausmaß der Ausschließung eine öffentliche Verkündung des Beschlusses gebietet. Ein Ausnahmegrund im Sinn des zweiten Halbsatzes der Vorschrift lag ersichtlich nicht vor. Es sind auch aus dem Urteil, dem Sitzungsprotokoll oder sonst keine Umstände erkennbar, welche die Annahme nahelegten, der den Mitangeklagten betreffende persönliche Ausschließungsgrund hinge mit dem den Beschwerdeführer betreffenden so eng zusammen, daß der fortdauernde Ausschluß der Öffentlichkeit von der ersten Beschlußfassung mit abgedeckt gewesen wäre. Hiergegen spricht schon der Umstand der weiteren – andernfalls überflüssigen – Beschlußfassung, ferner die allein auf den Beschwerdeführer persönlich bezogene Begründung dieses zweiten Beschlusses.

Die Statthaftigkeit der Rüge ist nicht zweifelhaft. Sie wird nicht etwa dadurch in Frage gestellt, daß der Verteidiger den weiteren Ausschluß der Öffentlichkeit in nichtöffentlicher Verhandlung beantragt und gegen die Beschlußverkündung unter fortdauerndem Ausschluß der Öffentlichkeit keine Gegenvorstellung erhoben hatte. Es bedarf keiner Entscheidung, ob Abweichendes – ungeachtet der primären Verpflichtung des Gerichts, die Wahrung der Öffentlichkeit in der Hauptverhandlung zu garantieren – in besonders gelagerten Fällen in Betracht käme, etwa wenn der Verteidiger gerade auf die später gerügte Einschränkung der Öffentlichkeit angetragen hätte. Dies war hier, die nichtöffentliche Beschlußverkündung betreffend, nicht gegeben.

Auch sonst bestehen keine Bedenken gegen die Zulässigkeit der Rüge. Daß der Beschwerdeführer weitergehende – wenn auch naheliegende unbegründete – Öffentlichkeitsverstöße im Zusammenhang mit der wiederholten Anwendung des § 171b GVG geltend gemacht hat, vermag die Zielrichtung der für sich ausreichend klar vorgebrachten durchgreifenden Beanstandung nicht in Zweifel zu ziehen.

Der absolute Revisionsgrund zieht die Aufhebung der Verurteilung des Beschwerdeführers nach sich.

3. Ausschluß der Öffentlichkeit nur durch Gerichtsbeschluß zulässig.

StPO § 338 Nr. 6; GVG §§ 169, 174 – BGH Beschl. v. 1. 12. 1998 – 4 StR 585/98 LG Neubrandenburg (= StV 2000, 242 = NStZ 1999, 371)

Die Revision rügt, daß die Öffentlichkeit auf Anordnung des Vorsitzenden ohne Gerichtsbeschluß ausgeschlossen worden ist.

Sachverhalt: Am ersten Hauptverhandlungstermin beantragte die Vertreterin der Nebenklägerin (der Geschädigten im Fall der Vergewaltigung) nach einer Unterbrechung der Sitzung, die Öffentlichkeit „für die Dauer der weiteren Vernehmung" der Geschädigten auszuschließen. Der Verteidiger und der Sitzungsvertreter der Staatsanwaltschaft erhielten Gelegenheit, zu dem Antrag Stellung zu nehmen. Hieran anschließend ist im Protokoll vermerkt: „Auf Anordnung des Vorsitzenden verließen sodann die anwesenden Zuschauer den Sitzungssaal". – Das Rechtsmittel hatte Erfolg.

Gründe: ...

1. ...

Damit ist – da das Protokoll weder lückenhaft noch widersprüchlich ist und deshalb auch keine andere Deutung zuläßt (vgl. BGHSt. 17, 220, 222 [BGH Urt. v. 10. 4. 1962 – 1 StR 125/62; vgl. § 274 StPO erfolglose Rügen]) – bewiesen (§ 274 S. 1 StPO), daß der nach § 174 Abs. 1 S. 2 GVG zwingend vorgeschriebene Beschluß des Gerichts nicht ergangen, jedenfalls aber nicht verkündet worden ist. Die Anordnung des Vorsitzenden vermag den Beschluß nicht zu ersetzen, ganz abgesehen davon, daß die Anordnung nicht einmal den Ausschlußgrund erkennen läßt und deshalb auch nicht den Mindestanforderungen an die nach § 174 Abs. 1 S. 3 GVG vorgeschriebene Begründung genügt. Schon dieser Verfahrensmangel begründet den absoluten Revisionsgrund des § 338 Nr. 6 StPO.

2. Der absolute Revisionsgrund des § 338 Nr. 6 StPO führt zur Aufhebung des Urteils insgesamt. Anders könnte es sich verhalten, wenn der unter unzulässiger Beschränkung der Öffentlichkeit durchgeführte Verhandlungsteil ausschließlich den Vorwurf der Vergewaltigung zum Nachteil der Nebenklägerin betroffen hätte (zur Möglichkeit der Teilaufhebung im Fall eines absoluten Revisionsgrundes des § 338 Nr. 6 vgl. BGHR StPO § 338 Nr. 6 Ausschluß 3). Hier waren aber – wie die Gründe des angefochtenen Urteils ausweisen – die Bekundungen der Zeugen über die Alkoholisierung des Angeklagten auch bedeutsam für die Schuldfähigkeitsbeurteilung im Zusammenhang mit der Unfallfahrt. Zu den Zeugen gehörten von den unter Ausschluß der Öffentlichkeit vernommenen Zeugen jedenfalls die Nebenklägerin sowie Daniela H. Im übrigen wurde an diesem Verhandlungstag auch über den Verzicht auf die zum Unfallgeschehen geladenen Zeugen verhandelt und wurden diese Zeugen im allseitigen Einverständnis entlassen. Auch dieser Teil der Verhandlung durfte nicht ohne Wiederzulassung der Öffentlichkeit erfolgen. Schon deshalb erfaßt der absolute Revisionsgrund auch die Verurteilung wegen der Unfallfahrt und damit das Urteil insgesamt.

4. Beschluß über Ausschluß der Öffentlichkeit muß nicht nur öffentlich verkündet, sondern auch öffentlich begründet werden.

StPO § 338 Nr. 6; GVG §§ 174 I, 172 – BGH Urt. v. 22. 11. 1995 – 3 StR 284/95 LG Wuppertal (= StV 1996, 135 = NStZ 1996, 202)

Die Revision rügt, daß ein die Öffentlichkeit ausschließender Beschluß des Landgerichts zu Unrecht nicht in öffentlicher Sitzung begründet worden ist.

Sachverhalt: In der Hauptverhandlung vom 18. 4. 1994 beantragte der Vertreter der Staatsanwaltschaft, „für die Dauer der Vernehmung des Zeugen C die Öffentlichkeit auszuschließen, da Gefahr für Leib und Leben des Zeugen bestehe, wenn dieser weiterhin in öffentlicher Sitzung vernommen wird."

Die Verteidigung widersprach diesem Antrag. Das Protokoll über die Hauptverhandlung gibt den weiteren Verfahrensablauf wie folgt wieder:

„Nach Beratung: b.u.v.: Die Öffentlichkeit wird für die Dauer der erneuten Vernehmung des Zeugen C. ausgeschlossen.

Die Öffentlichkeit wurde sodann um 10.35 Uhr ausgeschlossen. Sodann wurden die Gründe für den Ausschluß der Öffentlichkeit bekanntgegeben wie folgt: Der Zeuge ist nach seiner letzten Vernehmung dem Haftrichter vorgeführt und dort vernommen worden. Hiervon und von dem Ergebnis der Befragung sowie dem Protokoll der Vernehmung sind die Berufsrichter der Kammer am Nachmittag des 15. 4. 1994 vom Sitzungsvertreter der Staatsanwaltschaft in Kenntnis gesetzt worden. Der Zeuge hat bei dieser Vernehmung von mehrfachen Versuchen – zum Teil auch während seiner Befragung am Vortag während einer Sitzungspause – berichtet, ihn zu einer bestimmten Aussage zu veranlassen. Andernfalls werde ihm oder seinen Kindern etwas geschehen. Zum Schutz des Zeugen ist deshalb die Ausschließung der Öffentlichkeit für die Dauer seiner Befragung erforderlich." – Das Rechtsmittel hatte Erfolg.

Gründe: Damit ist der die Öffentlichkeit ausschließende Beschluß zwar in öffentlicher Sitzung verkündet, jedoch nicht öffentlich begründet worden. Nach § 174 I 2 Halbs. 2 GVG ist der Beschluß, der die Öffentlichkeit ausschließt, jedoch vollständig öffentlich zu verkünden. Hierzu gehört nach § 174 I 3 GVG in den Fällen der §§ 171b, 172 und 173 GVG auch die Angabe des Grundes für den Ausschluß.

Zwar hat es der BGH als ausreichend erachtet, wenn das Gericht den gesetzlichen Wortlaut des für die Ausschließung herangezogenen Grundes mitteilt (vgl. BGHR GVG § 174 I 3 Begründung 1 [BGH Beschl. v. 6. 1. 1987 – 5 StR 573/86; vgl. § 174 GVG erfolgreiche Rügen]), nur die Gesetzesbestimmung angibt (vgl. BGHR GVG § 174 I 3 Begründung 4 für den Fall, daß die bezeichnete Norm nur einen einzigen Ausschließungsgrund enthält) oder jedenfalls erkennbar auf eine bestimmte Gesetzesstelle Bezug nimmt (BGHR StPO § 338 Nr. 6 Begründungsmangel 3). So liegt es hier jedoch nicht. Es fehlt an jeder in öffentlicher Verhandlung gegebenen Begründung für den Ausschluß. Es ist nicht erkennbar, ob der Ausschließungsgrund ausnahmsweise in Anwendung des § 174 I 2 Halbs. 2 GVG wegen befürchteter erheblicher Störung der Ordnung in der Sitzung oder aus einem anderen Grund nicht öffentlich verkündet wurde. Es fehlen auch Anhaltspunkte dafür, daß die Ordnung in der Sitzung gestört worden wäre, wenn das Gericht den bereits von der Staatsanwaltschaft in öffentlicher Sitzung genannten Ausschließungsgrund in dem öffentlichen verkündeten Ausschließungsbeschluß angegeben hätte; dies hätte, soweit ersichtlich, geschehen können, ohne Umständen zu offenbaren, die den Zeugen gefährdeten. Es kann daher dahingestellt bleiben, ob die Entscheidung, die Begründung nicht öffentlich zu verkünden, allein von dem Vorsitzenden als Teil der Verhandlungsleitung gemäß § 238 I StPO, oder aber durch Gerichtsbeschluß zu treffen ist.

5. Hat das Gericht durch Anordnung der Durchsuchung von Zuhörern bewirkt, daß sich deren Zutritt zum Sitzungssaal verzögert, darf es mit der Verhandlung erst beginnen, wenn den rechtzeitig erschienenen Personen der Zutritt gewährt worden ist.

StPO § 338 Nr. 6 – BGH Urt. v. 2. 12. 1994 – 2 StR 394/94 LG Köln (= NStZ 1995, 181)

Die Revisionen rügen einen Verstoß gegen den Grundsatz der Öffentlichkeit, weil das Gericht bereits mit der Verhandlung begonnen hatte, bevor allen rechtzeitig erschienenen Zuhörern Einlaß in den Sitzungssaal gewährt worden war.

Sachverhalt: Die Vorsitzende der Jugendkammer hatte vor dem 1. Verhandlungstag die sitzungspolizeiliche Anordnung getroffen, daß die Zuhörer bei der Einlaßkontrolle auf Waffen und gefährliche Werkzeuge zu durchsuchen seien. Diese Anordnung wurde befolgt. Die erschienenen Zuhörer mußten an einem außerhalb des Gerichtsgebäudes gelegenen Aufgang warten. Im Abstand von einigen Minuten wurden jeweils 2 Zuhörer von den Wachtmeistern in einen Raum des 1. Stockwerks gebeten und dort durchsucht. War deren Durchsuchung beendet, so teilten die mit der Durchsuchung befaßten Wachtmeister einem am Aufgang postierten Wachtmeister per Funk mit, daß 2 weitere Zuhörer kommen sollten. Der Beginn der Verhandlung war auf 9.30 Uhr festgesetzt; tatsächlich begann die Verhandlung um 9.45 Uhr. Auch noch danach betraten Zuhörer im Abstand von mehreren Minuten den Sitzungssaal.

Am 14. 10. 1993, dem 2. Verhandlungstag, beantragten die Verteidiger des Angeklagten H., die Hauptverhandlung teilweise zu wiederholen. Zur Begründung trugen sie vor, Zuhörer, die am 1. Verhandlungstag rechtzeitig zum vorgesehenen Sitzungsbeginn erschienen gewesen seien, hätten infolge der dargestellten Durchsuchungspraxis den Sitzungssaal erst im Verlauf der Hauptverhandlung betreten können; beigefügt war dem Antrag eine Erklärung des Zuhörers L., in der er diesen Vortrag für seine Person bestätigte und angab, daß ihm erst gegen 10.10 Uhr Zutritt zum Sitzungssaal gewährt worden sei.

Das Gericht wies den Antrag zurück, erklärte dabei die Ausführungen der Verteidiger zum Ablauf des Einlasses der Zuschauer für zutreffend, verwies aber darauf, daß mit dem Sitzungsbeginn bis 9.45 Uhr gewartet worden war und auch nach der Mittagspause der Wiederbeginn der Verhandlung eine Viertelstunde später begonnen hatte. „Der Zuschauerraum" – so heißt es in den Beschlußgründen weiter – „war jeweils gut gefüllt. Damit war der Grundsatz der Öffentlichkeit des Verfahrens gewahrt". – Das Rechtsmittel hatte Erfolg.

Gründe: ...

2. Dieser Auffassung kann nicht gefolgt werden. Hat das Gericht durch Anordnung der vorherigen Durchsuchung von Zuhörern selber bewirkt, daß sich deren Zutritt zum Sitzungssaal verzögert, so darf es mit der Verhandlung erst beginnen, wenn den rechtzeitig erschienen Personen der Zutritt gewährt worden ist (BGHSt. 28, 341 [BGH Beschl. v. 7. 3. 1979 – 3 StR 39/79 [S]; vgl. § 338 Nr. 6 StPO erfolgreiche Rügen]). Das war hier nicht der Fall. Aus dem Revisionsvorbringen der Beschwerdeführer, der Erklärung des Zuhörers L. und der dienstlichen Äußerung der Vorsitzenden ergibt sich vielmehr zur Überzeugung des Senats, daß nicht alle Personen, die rechtzeitig zum vorgesehenen Verhandlungsbeginn erschienen waren, bis zum tatsächlichen Beginn der Verhandlung Einlaß gefunden hatten. Dabei ist unter „rechtzeitig" der für den Verhandlungsbeginn vorgesehene Zeitpunkt, hier also 9.30 Uhr, zu verstehen. Die vom GBA vertretene Meinung, Zuhörer hätten sich gegebenenfalls von vornherein auf eine Verzögerung durch Kontrollmaßnahmen einzustellen, so daß „rechtzeitig" nur erscheine, wer schon einige Zeit vor der Terminsstunde eintreffe, teilt der Senat nicht; sie findet in der zitierten Entscheidung des BGH keine Stütze. Es ist von Zuhörern billigerweise nicht zu erwarten, daß sie sich vor Beginn der Verhandlung nach einer eventuellen Anordnung von Kontrollmaßnahmen erkundigen und die durch deren Vollzug entstehende Verzögerung selbst abschätzen.

Der Verpflichtung, mit der Verhandlung erst zu beginnen, nachdem allen rechtzeitig erschienenen Zuhörern der Zutritt zum Sitzungssaal gewährt worden war, hat das Gericht nicht genügt. Dazu reichte die Verschiebung des Verhandlungsbeginns um eine Viertelstunde nicht aus. Welche Zeitspanne gebraucht werden würde, um alle rechtzeitig eingetroffenen Zuhörer den angeordneten Kontrollmaßnahmen zu unterziehen, ließ sich – weil dies von der Zahl der Erschienenen und dem Verlauf der Durchsuchungen abhing – kaum vorhersagen. Das Gericht konnte zumindest nicht sicher sein, ob es allen termingerecht erschienenen Zuhörern gelingen würde, innerhalb von 15 Minuten die Durchsuchung hinter sich zu bringen, die Einlaßkontrolle zu passieren und den Sitzungssaal zu erreichen. Demgemäß hätte es sich vor Beginn der Verhandlung, etwa durch Nachfrage bei den Wachtmeistern, darüber vergewissern müssen, ob alle bis zur vorgesehenen Terminsstunde eingetroffenen Zuhörer inzwischen Gelegenheit hatten, den Sitzungssaal zu betreten. Das ist nicht geschehen.

Nach allem liegt ein absoluter Revisionsgrund vor, der – ebenso wie die mit der Revision der Nebenklage erhobene Sachrüge – zur Aufhebung des angefochtenen Urteils führt.

6. Beschluß über Ausschließung der Öffentlichkeit ohne Begründung ist rechtsfehlerhaft.
StPO § 338 Nr. 6 – BGH Urt. v. 30. 8. 1994 – 5 StR 403/94 LG Neuruppin (= StV 1993, 641 = NStZ 1994, 591)

Die Revision rügt, daß das Gericht in dem Beschluß über die Ausschließung der Öffentlichkeit während der Vernehmung einer Zeugin entgegen § 174 I 3 GVG den Grund für den Ausschluß der Öffentlichkeit nicht angegeben hat.

Sachverhalt: Im Beschluß des Landgerichts über den Ausschluß der Öffentlichkeit ist lediglich ausgeführt, „daß die Öffentlichkeit auf Antrag der Staatsanwaltschaft ausgeschlossen wird", solange die Vernehmung einer Zeugin andauert. Eine Begründung für den Ausschließungsgrund enthält der Beschluß nicht. – Das Rechtsmittel hatte Erfolg.

Gründe:
1. Die Rüge ist ungeachtet dessen zulässig, daß der Beschwerdeführer lediglich den Beschluß der Strafkammer mitteilt, nicht aber den Inhalt des Antrages der Staatsanwaltschaft, auf den sich die Strafkammer ausdrücklich bezogen hatte. Da die Rechtsprechung des BGH bislang davon ausgegangen ist, daß für die Angabe des Ausschließungsgrundes eine Bezugnahme auf einen in der Hauptverhandlung gestellten Antrag nicht ausreiche, kann dem Beschwerdeführer ein solcher Vortrag zur Erfüllung der Begründungspflicht nach § 344 II 2 StPO nicht abverlangt werden:
2. Eine Begründung für den Ausschließungsgrund enthält der Beschluß nicht. Dies ist nach § 174 I 3 GVG fehlerhaft.

a) Allerdings neigt der Senat dazu, in Fortführung der Grundsätze von BGHSt. 30, 298, 301 ff. (BGH Urt. v. 9. 12. 1981 – 3 StR 368/81 [S]; vgl. § 338 Nr. 6 StPO erfolglose Rügen) für die Angabe des Ausschließungsgrundes im Falle des § 171b GVG eine Bezugnahme auf einen in öffentlicher Hauptverhandlung hinreichend begründeten Antrag auf Ausschließung der Öffentlichkeit ausreichen zu lassen. Voraussetzung ist allerdings, daß der Inhalt des Antrages, auf den sich der Beschluß über die Ausschließung der Öffentlichkeit bezieht, in einer Weise dokumentiert ist, wie es beim Beschluß notwendig wäre; dieser ist, einschließlich des wesentlichen Inhalts seiner Begründung, gemäß § 273 I StPO zu protokollieren (vgl. dazu Senatsbeschl. v. 22. 3. 1994 – 5 StR 8/94 [vgl. § 244 III S. 2 Var. 6 StPO erfolglose Rügen]). Im vorliegenden Fall sind indes dem Protokoll die Gründe, die der Staatsanwaltschaft Anlaß gegeben haben, den Ausschluß der Öffentlichkeit zu fordern, nicht zu entnehmen.

b) Keiner Klärung bedarf hier, ob der Mangel, daß eine ausdrückliche Begründung für den Ausschluß der Öffentlichkeit fehlt, in Abkehr von bisheriger Rechtsprechung (vgl. BGHR GVG § 174 I 3 Begründung 3 [BGH Beschl. v. 27. 11. 1987 – 2 StR 591/87; vgl. § 174 GVG erfolgreiche Rügen]) ausnahmsweise als unschädlich anzusehen ist, wenn der Ausschließungsgrund nach Verfahrensgegenstand und Verfahrensablauf auf der Hand liegt (vgl. zu § 338 Nr. 5 StPO, BGHR StPO § 247 S. 2 Begründungserfordernis 1 [BGH Urt. v. 6. 8. 1986 – 3 StR 243/86; vgl. § 247 StPO erfolglose Rügen]; Senatsurt. v. 20. 4. 1993 – 5 StR 568/92 [vgl. § 33 StPO erfolgreiche Rügen]). Es liegt zwar nahe, daß der Ausschluß der Öffentlichkeit zum Schutz der Persönlichkeitsrechte der vernommenen Zeugin erfolgt ist. Im Hinblick auf die Anzahl der Tatvorwürfe, zu denen die Zeugin ersichtlich gehört wurde, kann der Senat dazu aber weitere Feststellung nicht selbst treffen.

7. „Freiwilliger" Ausschluß der Öffentlichkeit nicht zulässig.

StPO § 338 Nr. 6; GVG § 169 – BGH Beschl. v. 16. 4. 1993 – 3 StR 14/93 LG Mönchengladbach (= StV 1993, 460 = NStZ 1993, 450)

Die Revision rügt, das Verfahren habe in unzulässiger Weise nicht öffentlich stattgefunden, weil der Vorsitzende die Besucher gebeten hatte den Sitzungssaal zu verlassen, ohne daß hierfür ein im Gesetz vorgesehener Grund vorhanden gewesen wäre.

Sachverhalt: Nachdem ein Entlastungszeuge die Frage des Vorsitzenden, ob er zu einer genaueren Aussage in der Lage sei, wenn die Öffentlichkeit ausgeschlossen werde, bejaht hatte, bat der Vorsitzende die anwesenden Zuhörer – mindestens 25 Personen, darunter 3 Pressevertreter – den Sitzungssaal zu verlassen. Dabei wies er ausdrücklich daraufhin, daß er die Öffentlichkeit nicht ausschließen werde, weil die gesetzlichen Voraussetzungen hierfür nicht gegeben seien. In der Sitzungsniederschrift der Hauptverhandlung heißt es zu diesem Vorgang: „Auf Wunsch des Vorsitzenden verließen die Zuhörer sowie die Presse den Sitzungssaal" und – nach Abschluß der Zeugenvernehmung – „die Öffentlichkeit wurde wieder hergestellt". – Das Rechtsmittel hatte Erfolg.

Gründe: Dieses Verfahren stellt einen unzulässigen Ausschluß der Öffentlichkeit dar. Eine Verletzung der Öffentlichkeitsvorschriften (§ 169 GVG, § 338 Nr. 6 StGB) liegt nicht nur vor, wenn die Öffentlichkeit insgesamt ohne gesetzlichen Grund ausgeschlossen wird, sondern auch dann, wenn eine einzelne Person in einer nicht dem Gesetz entsprechenden Weise aus dem Verhandlungsraum entfernt wird (BGHSt. 3, 386, 388 [BGH Urt. v. 20. 1. 1953 – 1 StR 626/52; vgl. § 338 Nr. 6 StPO erfolglose Rügen]; 18, 179, 180 [BGH Urt. v. 15. 1. 1963 – 5 StR 528/62; vgl. § 338 Nr. 6 StPO erfolgreiche Rügen]; 24, 329, 330 [BGH Urt. v. 13. 4. 1972 – 4 StR 71/72; vgl. § 338 Nr. 6 StPO erfolgreiche Rügen]). Der Senat hat es allerdings in der Entscheidung NStZ 1988, 467 (BGH Urt. v. 11. 5. 1988 – 3 StR 566/87; vgl. § 169 GVG erfolglose Rügen) für zulässig angesehen, daß 2 im Sitzungssaal anwesende Zeugen auf die ausdrückliche Bitte des Vorsitzenden den Verhandlungsraum verlassen haben, weil sie in einem weiteren Verfahren gegen denselben Angeklagten voraussichtlich wieder als Zeugen aussagen mußten. In dem genannten Fall war unmißverständlich klargestellt, daß die Zuhörer freiwillig der Bitte des Vorsitzenden entsprochen und sich nicht etwa der hinter der Bitte stehenden Autorität des Gerichtsvorsitzenden widerwillig gebeugt haben. Außerdem wurde die Verhandlung im übrigen unter Beibehaltung der Öffentlichkeit fortgesetzt. Diese Entscheidung ist auf den vorliegenden Fall nicht übertragbar. Der Vorsitzende hat hier alle anwesenden Zuhörer gebeten, während der Vernehmung eines Zeugen den Sitzungssaal zu verlassen. Die Vernehmung des Zeugen fand tatsächlich unter Ausschluß der Öffentlichkeit statt. Bei den zum Verlassen des Sitzungssaales aufgeforderten Zuhörer war auch ersichtlich nicht sichergestellt, daß sie anwesend sein dürfen, falls sie dies wünschen sollten. Daß der vom Vorsitzenden geäußerte Wunsch von im Verhandlungsraum Anwesenden – sei es auch irrtümlich – so aufgefaßt werden konnte, es handele sich um eine höflich formulierte Anordnung, ließe sich zudem auch dem Protokollvermerk entnehmen, wonach nach der Zeugenvernehmung „die Öffentlichkeit wieder hergestellt wurde". Im übrigen ist zu bemerken: Die Vorschriften über die Öffentlichkeit unterliegen nicht der Disposition des Richters. Der Ausschluß der Öffentlichkeit kann nur unter bestimmten, im Gesetz niedergelegten Voraussetzungen beschlossen werden. Liegen sie nicht vor, darf ein Ausschluß nicht erfolgen; es ist auch nicht erlaubt, diesen Ausschluß auf freiwilliger Basis zu erreichen. Würde so verfahren werden können, würde dies im Ergebnis zu einer Umgehung des Öffentlichkeitsgrundsatzes (vgl. BGH MDR 1963, 150) und damit tatsächlich zu einer Außerkraftsetzung der gesetzlichen Regelung der §§ 169 ff. GVG führen. ...

8. Ausschluß der Öffentlichkeit nur für den Zweck zulässig, zu dem er beschlossen worden ist.

StPO § 338 Nr. 6; GVG § 174 – BGH Beschl. v. 27. 7. 1990 – 2 StR 110/90 LG Kassel (= StV 1991, 199)

Die Revision rügt, daß das Gericht die Öffentlichkeit durch Beschluß nur für die Dauer der Vernehmung des Angeklagten zur Sache ausgeschlossen, in nichtöffentlicher Verhandlung darüber hinaus aber auch zwei Zeugen vernommen hat.

Der Sachverhalt ergibt sich aus dem Revisionsvorbringen. – Das Rechtsmittel hatte Erfolg.

Gründe: Der GBA hat in seiner Antragsschrift zutreffend ausgeführt:

„Die Verfahrensrüge, mit der der absolute Revisionsgrund des § 338 Nr. 6 StPO – Verletzung von Vorschriften über die Öffentlichkeit des Verfahrens – geltend gemacht wird, greift durch. Das Landgericht hat, wie von der Revision sachlich und rechtlich zutreffend dargelegt, während der Hauptverhandlung die Öffentlichkeit durch Beschluß „zunächst für die Dauer der Vernehmung der Angeklagten zur Sache" ausgeschlossen. Dieser konkret bezeichnete Verhandlungsteil, für den die Öffentlichkeit danach ausgeschlossen war, wurde in der Folgezeit nicht durch einen ergänzenden Beschluß erweitert. Dennoch hat das Landgericht während der nichtöffentlichen Verhandlung auch die Polizeibeamten S. und F. als Zeugen vernommen. Dadurch hat es den Grundsatz der Öffentlichkeit des Verfahrens verletzt. Denn für diesen Teil der Beweisaufnahme war die Öffentlichkeit nicht ausgeschlossen. Beschlüsse nach § 174 Abs. 1 GVG sind zwar grundsätzlich auslegungsfähig. Je nach Sachlage kann diese Auslegung ergeben, daß sich der Ausschluß auch auf weitere notwendig werdende Beweiserhebungen erstrecken soll, die sich aus dem im Beschluß ausdrücklich genannten Verhandlungsteil ergeben und mit diesem in einem engen inneren Zusammenhang stehen. Ein solcher Zusammenhang ist hier jedoch auch bei Würdigung des Urteils und des aus der Sitzungsniederschrift folgenden Verhandlungsablaufs nicht zu ersehen."

Der Senat fügt hinzu:

Anlaß für den Antrag des Angeklagten waren seine Hemmungen, seine eigene Tatschilderung in öffentlicher Verhandlung zu geben. Dementsprechend hatte die Strafkammer den Öffentlichkeitsausschluß auf „die Dauer der Vernehmung der Angeklagten zur Sache" beschränkt. Dagegen hat sie selbst die Zeugenaussagen der sexuell mißbrauchten Frau in öffentlicher Verhandlung entgegengenommen. Die beiden Polizeibeamten wurden noch nicht einmal zum Tathergang (oder zu Aussagen der Angeklagten darüber) vernommen, sondern lediglich zu ihrem Eindruck, den sie als Angehörige einer Funkstreife beim Aufgreifen der Angeklagten etwa eine Stunde nach der Tat von deren äußerem Erscheinungsbild und Trunkenheitsgrad gewonnen hatten.

9. Ausschluß der Öffentlichkeit während der Vernehmung einzelner Zeugen deckt nicht die vollständige Vernehmung weiterer Zeugen in nichtöffentlicher Sitzung.

StPO § 338 Nr. 6; GVG § 171b – BGH Beschl. v. 6. 10. 1989 – 2 StR 429/89 LG Kassel (= StV 1990, 525)

Die Revision rügt, daß zwei Zeugen unter Ausschluß der Öffentlichkeit vernommen worden sind, ohne daß hierfür ein Gerichtsbeschluß vorgelegen habe.

Der Sachverhalt ergibt sich aus dem Revisionsvorbringen. – Das Rechtsmittel hatte Erfolg.

Gründe: Die Öffentlichkeit war gemäß § 171b Ziffer 1 GVG nur für die Dauer der Vernehmung der Nebenklägerinnen und Zeuginnen S. und G. ausgeschlossen worden. Die vom Vorsitzenden in der Hauptverhandlung vertretene Auffassung, der Ausschluß der Öffentlichkeit erstrecke sich auch „über die Vernehmung der Zeugin K", weil „die Vernehmung der Zeugin S. noch nicht stattgefunden habe", sowie „auf die Dauer der Vernehmung der Zeugen N. und B", weil die „Vernehmung der Nebenklägerinnen noch nicht abgeschlossen sei", ist unzutreffend. Der Ausschluß der Öffentlichkeit galt nicht für einen bestimmten Zeitraum, der mit der Verkündung und Ausführung des Beschlusses begann und mit dem Abschluß der Vernehmung der Nebenklägerinnen endete, sondern für die Zeugenvernehmung der Nebenklägerinnen als solche. Er konnte sich allerdings auf einzelne Verfahrensvorgänge erstrecken, die sich aus den Vernehmungen ergaben und mit ihnen unmittelbar zusammenhingen. Die vollständige Vernehmung mehrerer weiterer Zeugen unter Ausschluß der Öffentlichkeit war hier von dem genannten Beschluß jedoch nicht mehr abgedeckt.

Der Verstoß gegen § 169 GVG führt zur Aufhebung des angefochtenen Urteils (§ 338 Nr. 6 StPO).

10. Beschluß, der die Öffentlichkeit ausschließt, muß auch dann in öffentlicher Sitzung verkündet werden, wenn die Öffentlichkeit nach vorübergehendem Ausschluß weiterhin von der Verhandlung ausgeschlossen wird.

StPO § 338 Nr. 6 – BGH Beschl. v. 24. 8. 1984 – 5 StR 552/84 LG Hamburg (= NStZ 1985, 37)

Die Revisionen rügen, daß ein Beschluß über den Ausschluß der Öffentlichkeit in nicht öffentlicher Sitzung verkündet worden sei.

Sachverhalt: Die Strafkammer schloß in der Hauptverhandlung am 4. 4. 1984 die Öffentlichkeit nach § 172 Nrn. 1 und 2 GVG für die Dauer der Vernehmung der Angeklagten zur Sache aus. Nach Ausführung dieses Beschlusses verkündete der Vorsitzende die Entscheidung, daß die Öffentlichkeit in Abänderung des bereits verkündeten Beschlusses ausgeschlossen bleibt, „weil eine Zeugin unter 16 Jahren vernommen wird (§ 1721 V GVG)." Im Anschluß an die daraufhin durchgeführte Vernehmung der 14jährigen Tochter des Angeklagten wurde die Öffentlichkeit wieder hergestellt. – Die Rechtsmittel hatten Erfolg.

Gründe: ... Nach § 174 I 2 GVG muß der Beschluß, der die Öffentlichkeit ausschließt, in öffentlicher Sitzung verkündet werden. Das gilt auch, wenn die Öffentlichkeit nach vorübergehendem Ausschluß weiterhin von der Verhandlung ausgeschlossen wird (BGH, NJW 1980, 2088 [BGH Urt. v. 28. 5. 1990 – 3 StR 155/80; vgl. § 174 GVG erfolgreiche Rügen]; BGH, Beschl. v. 1. 7. 1976 – 4 StR 304/76, bei Holtz, MDR 1976, 988[1]). Daran hat

---

[1] „Nachdem die Strafkammer die Zeugin W. unter Ausschluß der Öffentlichkeit vernommen und entlassen hatte, wurde der weitere Beschluß verkündet, die Öffentlichkeit ‚bleibe weiterhin' während der Vernehmung des Zeugen M. ausgeschlossen. Erst im Anschluß an diese Vernehmung wurde die Wiederherstellung der Öffentlichkeit vermerkt. Daraus ergab sich für den BGH, daß der Beschluß über den weiteren Ausschluß der Öffentlichkeit in nichtöffentlicher Sitzung verkündet worden war".

sich das Landgericht nicht gehalten, als es in nichtöffentlicher Verhandlung die Entscheidung verkündete, daß die Öffentlichkeit weiter ausgeschlossen bleibt.

Dieser Verfahrensverstoß stellt einen unbedingten Revisionsgrund i.S. des § 338 Nr. 6 StPO dar, der zur Aufhebung des angefochtenen Urteils zwingt.

11. Ausschluß der Öffentlichkeit wegen Gefährdung der öffentlichen Ordnung bei Vernehmung eines V-Mannes, der anonym bleibt und optisch und akustisch abgeschirmt ist, muß eingehend begründet werden.

StPO § 338 Nr. 6; GVG §§ 169, 172 Nr. 1 – BGH Urt. v. 4. 7. 1984 – 3 StR 101/84 LG Mönchengladbach (= NStZ 1984, 522)

Die Revision rügt, bei der Vernehmung eines anonym gebliebenen, optisch und akustisch abgeschirmten Belastungszeugen sei die Öffentlichkeit zu Unrecht ausgeschlossen worden.

Sachverhalt: Zur Begründung des Ausschlusses der Öffentlichkeit hat die Strafkammer ausgeführt, es sei eine Gefährdung der öffentlichen Ordnung zu besorgen; denn die Preisgabe der Identität des Zeugen, der als verdeckt eingesetzter Polizeibeamter arbeite, werde die Erfüllung öffentlicher Aufgaben ernstlich gefährden und erheblich erschweren. Außerdem bestehe Gefahr für Leib und Leben des Zeugen, wenn seine Identität preisgegeben werde. Der Schutz des Zeugen vor Aufdeckung seiner Identität sei in öffentlicher Verhandlung nicht zu gewährleisten. – Das Rechtsmittel hatte Erfolg.

Gründe: ...

2. Diese Begründung trägt den Ausschluß der Öffentlichkeit nicht.

a) Zwar kann die Öffentlichkeit gemäß § 172 Nr. 1 GVG wegen Gefährdung der öffentlichen Ordnung ausgeschlossen werden, wenn die oberste Dienstbehörde einen Zeugen, der als verdeckt eingesetzter Polizeibeamter arbeitet, nur unter dieser Voraussetzung aus Sorge vor dessen Enttarnung zur Vernehmung freigibt und der Ausschluß der Öffentlichkeit notwendig ist, um der Gefahr der Enttarnung des Zeugen zu begegnen (vgl. BGHSt. 32, 115 [125] [BGH Beschl. v. 17. 10. 1983 – GSSt 1/83; vgl. § 251 StPO erfolgreiche Rügen]). Über die Notwendigkeit des Ausschlusses der Öffentlichkeit in solchen Fällen entscheidet das Gericht nach pflichtgemäßem Ermessen. Hier ist nicht erkennbar, daß die Strafkammer bei der Ausübung ihres Ermessens alle Umstände bedacht hat, die für die Entscheidung von Bedeutung sind.

Bei den Bedingungen, unter denen der verdeckt als Polizeibeamter eingesetzte Zeuge vernommen worden ist – die einzuhalten das Landgericht vor der Vernehmung zugesichert hat – liegt die Möglichkeit, daß bei seiner öffentlichen Vernehmung die öffentliche Ordnung gefährdet werden könnte, so fern, daß sie näher hätte belegt werden müssen. Der Zeuge blieb anonym. Dem Vorbringen der Revision ist zwar zu entnehmen, daß er vom Vorsitzenden gebeten worden ist, seine Personalien anzugeben. Er hat sich jedoch – was bei der vor seiner Vernehmung vom Bundesminister des Inneren mitgeteilten Einschränkung, die Identität des Zeugen dürfe nicht preisgegeben werden, zu erwarten war – unter der Berufung auf die Anweisung seines Vorgesetzten geweigert, seine Personalien zu nennen. Der Zeuge war auch optisch abgeschirmt; es war zudem Vorsorge dafür getroffen, daß die Gefahr der Identifizierung von Stimme und Sprache (vgl. BGHSt. 31, 290 [293] [BGH Urt. v. 16. 3. 1983 – 2 StR 543/82; vgl. § 251 StPO erfolgreiche Rügen]) fernlag. Er wurde im Versammlungsraum des Polizeipräsidiums vernommen, so daß einem Versuch, ihn beim Weg zum Vernehmungsort und nach seiner Entlassung als Zeuge zu enttarnen, zu begegnen war. Eine Enttarnung durch die Art der zu erwartenden Fragestellung (vgl. BGHSt. 31, 148 [156] [BGH Urt. v. 5. 11. 1982 – 2 StR 250/82; vgl. § 251 StPO erfolgreiche Rügen]) war zwar von vornherein nicht völlig ausgeschlossen. Eine solche Gefahr ist jedoch nicht ohne weiteres ersichtlich und hätte, wenn sie gegeben war, vom Landgericht näher dargelegt werden müssen. Dies ist nicht geschehen.

b) Nicht der Entscheidung bedarf, ob die Öffentlichkeit hätte ausgeschlossen werden dürfen, wenn die Vernehmung des verdeckt arbeitenden Polizeibeamten mit Namensnennung und ohne ihn optisch und akustisch abzuschirmen, durchgeführt worden wäre (vgl. BGHSt. 32, 115).

12. Beschluß über Ausschluß der Öffentlichkeit muß angeben, warum er ergeht.

StPO §§ 247 S. 1, 338 Nr. 6; GVG §§ 172 Nr. 1, 174 I 3 – BGH Beschl. v. 30. 3. 1983 – 4 StR 122/83 LG Dortmund (= StV 1983, 268 = NStZ 1983, 324)

Die Revisionen rügen, daß der Ausschluß der Öffentlichkeit nicht ordnungsgemäß begründet worden ist.

Sachverhalt: Das Landgericht hatte während der Vernehmung des Zeugen E. die Angeklagten und die Öffentlichkeit aufgrund des folgenden Beschlusses ausgeschlossen:

„Gemäß § 247 S. 1 StPO wird angeordnet, daß die Angeklagten während der Vernehmung des Zeugen E. den Sitzungssaal verlassen, ebenso wird für die Vernehmung des Zeugen E. die Öffentlichkeit gemäß § 172 Nr. 1 GVG ausgeschlossen." – Das Rechtsmittel hatte Erfolg.

Gründe: Zu Recht beanstanden die Revisionen, daß der Ausschluß der Öffentlichkeit nicht ordnungsgemäß begründet worden ist, weil der Beschluß nicht den Anforderungen des § 174 I 3 GVG entspricht. Nach dieser Vorschrift ist in den Fällen der §§ 172, 173 GVG stets anzugeben, aus welchem Grunde die Öffentlichkeit ausgeschlossen wird. Allein der Hinweis auf die herangezogene Gesetzesstelle genügt jedenfalls in solchen Fällen nicht, in denen – wie hier bei § 172 Nr. 1 GVG – mehrere Gründe für den Ausschluß in Betracht kommen. Es reicht nach dem eindeutigen Wortlaut des § 174 I 3 GVG auch nicht aus, daß sich die Begründung für den Ausschluß aus dem Zusammenhang der Hauptverhandlung ergibt. Vielmehr ist erforderlich, daß der maßgebende Grund mit ausreichender Bestimmtheit in dem Beschluß selbst angegeben wird (BGHSt. 27, 117 [119] [BGH Urt. v. 9. 2. 1977 – 3 StR 382/76; vgl. § 338 Nr. 6 StPO erfolglose Rügen]; 30, 298 [301, 302] [BGH Urt. v. 9. 12. 1981 – 3 StR 368/81 [S]; vgl. § 338 Nr. 6 StPO erfolglose Rügen]; BGH, NStZ 1982, 169 [BGH Urt. v. 5. 1. 1982 – 5 StR 706/81; vgl. § 338 Nr. 6 StPO erfolgreiche Rügen]).

Der Umstand, daß in dem vorliegenden Beschluß gleichzeitig auch die Entfernung der Angeklagten aus dem Sitzungszimmer unter Bezugnahme auf § 247 S. 1 StPO angeordnet worden ist, vermag den Grund für den Ausschluß der Öffentlichkeit nicht unzweifelhaft klarzustellen. Dem Hinweis auf § 247 S. 1 StPO ist möglicherweise noch hinreichend eindeutig als Grund für die Entfernung der Angeklagten zu entnehmen, daß der Zeuge in deren Gegenwart nicht die Wahrheit sagen werde (vgl. BGHSt. 22, 18 [20] [BGH Urt. v. 6. 12. 1967 – 2 StR 616/67; vgl. §§ 247, 338 Nr. 5 StPO erfolglose Rügen]; BGH, NStZ 1983, 36 [BGH Beschl. v. 19. 10. 1982 – 5 StR 670/82; vgl. § 230 StPO erfolgreiche Rügen]). Eine Begründung für den Ausschluß der Öffentlichkeit liegt damit jedoch nicht vor. Insoweit hätte im vorliegenden Fall allenfalls eine Gefährdung der öffentlichen Ordnung durch Zuhörer in Betracht kommen können, wenn nämlich durch diese eine Erschwerung der Wahrheitsermittlung zu befürchten gewesen wäre oder wenn von ihnen eine Gefahr für Leib oder Leben des Zeugen bei wahrheitsgemäßer Aussage gedroht hätte (vgl. BGHSt. 16, 111 [113] [BGH Urt. v. 13. 7. 1961 – 1 StR 179/61; vgl. § 169 GVG erfolgreiche Rügen]; BGH, Urt. v. 20. 11. 1979 – 1 StR 622/79, bei Holtz,

MDR 1980, 273[1]). Ein derartiger Grund läßt sich der Bezugnahme auf § 247 S. 1 StPO jedoch nicht entnehmen.

Da demnach der Ausschluß der Öffentlichkeit während der Vernehmung des Zeugen E. nicht dem § 174 I 3 GVG entsprechend begründet war, ist der absolute Revisionsgrund des § 338 Nr. 6 StPO gegeben. Das führt zur Aufhebung des Urteils hinsichtlich beider Angeklagter. ...

13. Der bloße Umstand, daß sich ein Zuhörer handschriftliche Aufzeichnungen über Vorgänge der Hauptverhandlung macht, rechtfertigt grundsätzlich nicht, ihm das weitere Mitschreiben zu untersagen oder ihn gar des Saales zu verweisen. Über Maßnahmen gegenüber nicht an der Verhandlung beteiligten Personen kann der Vorsitzende allein befinden.

StPO § 338 Nr. 6; GVG § 177 – BGH Urt. v. 13. 5. 1982 – 3 StR 142/82 LG Düsseldorf (= NStZ 1982, 389)

Die Revision rügt, daß das Urteil aufgrund einer mündlichen Verhandlung ergangen ist, bei der die Vorschriften über die Öffentlichkeit des Verfahrens verletzt worden sind.

Sachverhalt: Am dritten Verhandlungstag stellte der Vorsitzende fest, daß sich im Zuhörerraum eine Dame mit übergroßer Sonnenbrille und einem das Gesicht nahezu ganz verdeckenden schwarzen Schlapphut befand, die in der Verhandlung geraume Zeit intensiv mitschrieb. Auf die Frage, warum und was sie mitschreibe, erwiderte sie, sie notiere das heutige Datum. Der Vorsitzende untersagte ihr das weitere Mitschreiben. Die Zuhörerin schrieb weiter. Auf die Frage, warum sie in dieser Verkleidung erschienen sei und sich nicht an die Anordnungen halte, antwortete sie, das gehöre zu ihrem Lebensstil. Daraufhin beschloß das Gericht, daß die Zuhörerin den Sitzungssaal verlassen solle, „weil sie den Anordnungen des Vorsitzenden keine Folge geleistet und sich ungebührlich verhalten hat". Die Zuhörerin entfernte sich. – Das Rechtsmittel hatte Erfolg.

Gründe: Durch die von der Zuhörerin befolgte Anordnung des Gerichts, den Sitzungssaal zu verlassen, ist die Öffentlichkeit in ungesetzlicher Weise beschränkt worden. Die Maßnahme läßt sich weder auf eine Bestimmung des Gerichtsverfassungsgesetzes noch auf einen sonstigen, im Gesetz nicht ausdrücklich aufgeführten Grund (vgl. BGHSt. 17, 201 [203] [BGH Urt. v. 10. 4. 1962 – 1 StR 22/62; vgl. § 338 Nr. 6 StPO erfolgreiche Rügen]) stützen.

Der beanstandete Beschluß des Gerichts bringt die Rechtsgrundlage für die Entscheidung nicht zum Ausdruck ... Wie der Beschlußbegründung zu entnehmen ist, reichte ihm (dem Vorsitzenden) die in den „schnippischen" Antworten der Zuhörerin liegende Ungebühr für eine Anordnung durch den Vorsitzenden nach § 176 GVG nicht aus. Vielmehr hat er einen Gerichtsbeschluß herbeigeführt, welcher nicht nur auf das ungebührliche Verhalten, sondern zunächst ausdrücklich auf das Nichtbefolgen der Anordnungen des Vorsitzenden gestützt ist.

---

1 „Das Landgericht hatte die im Sitzungssaal anwesenden Angehörigen des Angeklagten für die Dauer der Vernehmung der geschädigten Zeugin ausgeschlossen; da es ‚in freier, nicht angreifbarer Würdigung auf Grund einer Reihe von Tatsachen festgestellt (hatte), daß der Zeugin bei wahrheitsgemäßer Aussage in öffentlicher Verhandlung Gefahr für Leib und Leben drohte', bestätigte der BGH den Ausschlußgrund des § 172 Nr. 1 GVG. Da die Öffentlichkeit der Verhandlung zu den grundlegenden Einrichtungen des Rechtsstaats gehört, kann eine unzulässige Beschränkung der Öffentlichkeit nicht darin liegen, daß nur ein Teil der Zuhörer aus dem Sitzungssaal entfernt wurde."

Allerdings hätte der Vorsitzende auch – da es sich nicht um einen Ausschluß der Öffentlichkeit nach § 172 GVG handelt (vgl. BGH, bei Holtz, MDR 1980, 273[1]) – die danach letztlich noch in Betracht kommende Entscheidung gemäß § 177 GVG allein erlassen können, weil die betroffene Person nicht am Verfahren beteiligt war. Daß er die Maßnahme nicht selbst ergriffen hat, beruht ersichtlich auf einem Verkennen der durch das Gesetz zur Ergänzung des 1. Gesetzes zur Reform des Strafverfahrensrechts vom 20. 12. 1974 (BGBl. I, 3686) erfolgten Neufassung des § 177 GVG, wonach nunmehr über Maßnahmen gegenüber einem Zuhörer der Vorsitzende allein befindet (§ 177 S. 2 GVG). Ob nach der Gesetzesänderung eine Entscheidung durch das Gericht, der das Gesetz ausweislich der für das Entfernen von Verfahrensbeteiligten getroffenen Regelung grundsätzlich den Vorzug gibt, auch gegenüber einer bei der Verhandlung nicht beteiligten Person noch zulässig ist, kann dahinstehen (vgl. einerseits OLG Karlsruhe, NJW 1977, 309, 311, andererseits OLG Koblenz, MDR 1978, 693). Denn jedenfalls ist eine Maßnahme nach § 177 S. 1 GVG der Sache nach nicht begründet.

Zwar hat die Zuhörerin einer Anordnung des Vorsitzenden keine Folge geleistet. Die Anordnung war aber bei der gegebenen Sachlage nicht zulässig, weil sie nicht der Aufrechterhaltung der Ordnung in der Sitzung diente. Indem die Zuhörerin – anscheinend geräuschlos – „intensiv mitschrieb", störte sie die Verhandlung nicht. Der bloße Umstand, daß sich ein Zuhörer handschriftliche Aufzeichnungen über Vorgänge der Hauptverhandlung macht – sei es als Gehilfe des Verteidigers (vgl. BGHSt. 18, 179 [BGH Urt. v. 15. 1. 1963 – 5 StR 528/62; vgl. § 338 Nr. 6 StPO erfolgreiche Rügen]), als Reporter (vgl. BVerfGE 50, 234 [242: selbst bei diffamierender Berichterstattung]), als Referendar, Student oder Schüler, als Prozeßbeobachter für den Arbeitgeber des Angeklagten oder für den Geschädigten, sei es, um aus privaten Gründen eine Gedächtnisstütze zu haben – rechtfertigt grundsätzlich nicht, ihm das weitere Mitschreiben zu untersagen oder ihn gar des Saales zu verweisen. Das gilt auch, wenn das ständige Schreiben den Richter „nervös macht" (vgl. BGH, bei Herlan, GA 1963, 102[2]). Das Mitschreiben durch einen Unbeteiligten ist allerdings anders zu beurteilen, wenn etwa die durch konkrete Tatsachen begründete Gefahr besteht, daß Aussagen oder sonstige Verhandlungsvorgänge wartenden Zeugen unzulässigerweise mitgeteilt werden sollen (vgl. BGH, bei Dallinger, MDR 1973, 730; BGH, Urt. v. 17. 10. 1973 – 3 StR 248/71; RiStBV Nr. 128 II) oder wenn sich ein Tatbeteiligter, gegen den noch gesondert ermittelt wird, unterrichten will (vgl. BGHSt. 3, 386 [BGH Urt. v. 20. 1. 1953 – 1 StR 626/52; vgl. § 338 Nr. 6 StPO erfolglose Rügen]). Auf solche Besonderheiten hat sich das Gericht nicht berufen; sie sind auch nicht erkennbar.

Da die Zuhörerin als eine bei der Verhandlung nicht beteiligte Person unzulässig aus dem Sitzungssaal gewiesen worden ist, sind die Vorschriften über die Öffentlichkeit des Verfahrens verletzt (vgl. BGHSt. 17, 201 [205]; 18, 179 [181]). Gemäß § 338 Nr. 6 StPO ist das angefochtene Urteil als auf dieser Gesetzesverletzung beruhend anzusehen. ...

---

1 „Das Landgericht hatte die im Sitzungssaal anwesenden Angehörigen des Angeklagten für die Dauer der Vernehmung der geschädigten Zeugin ausgeschlossen; da es ‚in freier, nicht angreifbarer Würdigung auf Grund einer Reihe von Tatsachen festgestellt (hatte), daß der Zeugin bei wahrheitsgemäßer Aussage in öffentlicher Verhandlung Gefahr für Leib und Leben drohte', bestätigte der BGH den Ausschlußgrund des § 172 Nr. 1 GVG. Da die Öffentlichkeit der Verhandlung zu den grundlegenden Einrichtungen des Rechtsstaats gehört, kann eine unzulässige Beschränkung der Öffentlichkeit nicht darin liegen, daß nur ein Teil der Zuhörer aus dem Sitzungssaal entfernt wurde." (BGH Urt. v. 7. 11. 1979 – 2 StR 398/79).

2 „Das ‚ständige Mitschreiben' eines Angeklagten während der Hauptverhandlung darf nicht deshalb verboten werden, weil sich der Vorsitzende hierdurch ‚gestört' fühlt und es ihn ‚nervös' macht! Störungen solcher Art hat ein Strafrichter hinzunehmen. In einem solchen Verbot liegt eine unzulässige Beschränkung der Verteidigung des Angeklagten." (BGH v. 8. 5.1962 – 5 StR 354/61).

14. Berechtigte Zeugnisverweigerung keine Gefährdung der öffentlichen Ordnung.

StPO § 338 Nr. 6; GVG § 172 Nr. 1 – BGH Urt. v. 19. 8. 1981 – 3 StR 226/81 LG Mannheim (= BGHSt. 30, 193 = StV 1981, 594 = NStZ 1982, 181)

Die Revision rügt eine Verletzung des Grundsatzes der Öffentlichkeit, weil diese bei der Vernehmung einer Zeugin nur deshalb ausgeschlossen war, weil die Zeugin ansonsten aus Scheu vor Presseberichterstattungen von ihrem Zeugnisverweigerungsrecht als Verlobte Gebrauch gemacht hätte.

Sachverhalt: In der Sitzung vom 26. 1. 1981 erklärte die Zeugin U., die geschiedene Ehefrau des Angeklagten, sie wolle nicht aussagen, weil die Presse schon negativ berichtet habe und sie erneut eine falsche Berichterstattung befürchte. Sie müsse weiter mit den Kindern in S. leben. Eine entsprechende Frage des Gerichts beantwortete sie mit dem Hinweis, daß sie Angaben machen werde, wenn die Öffentlichkeit ausgeschlossen werde. Daraufhin schloß das Gericht die Öffentlichkeit gemäß § 172 Nr. 1 GVG wegen Gefährdung der öffentlichen Ordnung mit der Begründung aus, die Aussage der Zeugin sei voraussichtlich wesentlich. Da die Zeugin nur bereit sei, in nichtöffentlicher Sitzung auszusagen, sei der Ausschluß der Öffentlichkeit zur Wahrheitsfindung geboten. Die Zeugin wurde sodann in nichtöffentlicher Sitzung vernommen. – Das Rechtsmittel hatte Erfolg.

Gründe: Der die Öffentlichkeit ausschließende Beschluß des Landgerichts ist nicht durch § 172 Nr. 1 GVG gedeckt. Das Landgericht hat den Rechtsbegriff der Gefährdung der öffentlichen Ordnung verkannt.

a) Die Gefährdung der öffentlichen Ordnung setzt voraus, daß aus der Öffentlichkeit der Verhandlung sich eine Wahrscheinlichkeit dafür ergibt, daß die öffentliche Ruhe, Sicherheit oder Ordnung gestört wird, mag sich diese Störung in der Verhandlung selbst oder außerhalb auswirken.

Eine solche Gefährdung der öffentlichen Ordnung ist noch nicht gegeben, wenn ein Zeuge erklärt, er wolle nur dann aussagen, wenn die Öffentlichkeit ausgeschlossen werde, weil die Presse sonst falsch berichten würde. Der Ausschluß der Öffentlichkeit während der Vernehmung eines Zeugen wegen Gefährdung der öffentlichen Ordnung dient, wie der Bundesgerichtshof in BGHSt. 3, 344, 345 (BGH Urt. v. 16. 12. 1952 – 1 StR 528/52; vgl. § 338 Nr. 6 StPO erfolglose Rügen) ausgeführt hat, nicht zuletzt dazu, es dem Zeugen zu ermöglichen, seine Zeugnispflicht tunlichst unbeeinflußt und ungefährdet zu erfüllen. Der Ausschluß ist so zulässig, wenn dem Zeugen bei wahrheitsgemäßer Aussage in öffentlicher Verhandlung Gefahr für Leib oder Leben durch andere Personen droht (BGHSt. 3, 344, 345; 16, 111, 113 [BGH Urt. v. 13. 7. 1961 – 1 StR 179/61; vgl. § 169 GVG StPO erfolgreiche Rügen]; BGH bei Holtz MDR 1980, 273[1]) oder auch, wenn zu fürchten ist, daß der Zeuge bei zu erwartenden Mißfallenskundgebungen aus der Zuhörerschaft einen Selbstmordversuch begehen wird (BGH GA 1978, 13), nicht aber schon, wenn ohne eine vergleichbare Gefahr mit einer Erschwerung der Wahrheitsermittlung zu rechnen ist. Die Weigerung eines Zeugen, vor Gericht ohne den Ausschluß der Öffentlichkeit Angaben zu machen, kann zwar auch zu einer Erschwerung der Wahrheitsfindung führen; darin allein liegt aber noch keine Gefährdung der öffentlichen Ordnung. Sie gestattet deshalb den Ausschluß der Öffentlichkeit ebensowenig wie die bloße Erwartung, daß ein Verfahrensbetei-

---

1 „Das Landgericht hatte die im Sitzungssaal anwesenden Angehörigen des Angeklagten für die Dauer der Vernehmung der geschädigten Zeugin ausgeschlossen; da es ‚in freier, nicht angreifbarer Würdigung aufgrund einer Reihe von Tatsachen festgestellt (hatte), daß der Zeugin bei wahrheitsgemäßer Aussage in öffentlicher Verhandlung Gefahr für Leib und Leben drohte' bestätigte der BGH den Ausschlußgrund des § 172 Nr. 1 GVG. Da die Öffentlichkeit der Verhandlung zu den grundlegenden Einrichtungen des Rechtsstaats gehört, kann eine unzulässige Beschränkung der Öffentlichkeit nicht darin liegen, daß nur ein Teil der Zuhörer aus dem Sitzungssaal entfernt wurde" (BGH Urt. v. 20. 11. 1979 – 1 StR 622/79).

ligter in nichtöffentlicher Sitzung geneigter sein wird, wahrheitsgemäße Angaben zu machen (BGHSt. 9, 280 [BGH Urt. v. 23. 5. 1956 – 6 StR 14/56; vgl. § 169 GVG StPO erfolgreiche Rügen]), oder wie die Möglichkeit, daß die Berichterstattung über ein Verfahren die Wahrheitsfindung erschweren werde (BGH bei Dallinger MDR 1973, 730).

Deshalb rechtfertigt der Grund dafür, daß die Zeugin U. nicht in öffentlicher Sitzung aussagen wollte, nämlich die von ihr befürchtete falsche Berichterstattung der Presse, den Ausschluß der Öffentlichkeit nicht (vgl. auch BVerfGE 50, 234, 243). Die Zeugin mag die begründete Besorgnis gehabt haben, daß die zu erwartende Berichterstattung für sie und ihre Kinder zu Unannehmlichkeiten führen werde. Solche Folgen von Zeugenvernehmungen, die sich aus der Erfüllung der gesetzlichen Zeugnispflicht ergeben können, muß ein Zeuge aber hinnehmen (BGHSt. 3, 344, 345). Schwere von Dritten drohende oder auf Dritte zurückzuführende Nachteile, die den Ausschluß der Öffentlichkeit wegen Gefährdung der öffentlichen Ordnung gerechtfertigt hätten, sind weder von der Zeugin behauptet noch vom Landgericht festgestellt worden. Zwar hat der Bundesgerichtshof in einem Urteil vom 8. 7. 1969 – 1 StR 116/69 – die Scheu, in Gegenwart von Zuhörern Angaben machen zu müssen, bei einem kindlichen Zeugen ausreichen lassen, um die Öffentlichkeit wegen Gefährdung der öffentlichen Ordnung auszuschließen. Bei Personen über 16 Jahren reicht ein solcher Grund aber nicht aus. Der Gesetzgeber hat diesen Ausschließungsgrund durch das am 1. 1. 1975 in Kraft getretene Einführungsgesetz zum Strafgesetzbuch (BGBl. I 1974, 469) speziell geregelt, und zwar in § 172 Nr. 4 GVG, der schädlichen Auswirkungen einer öffentlichen Vernehmung auf jugendliche Zeugen unter 16 Jahren vorbeugen will. Der Tatsache, daß die Erörterung von Umständen aus dem persönlichen Lebensbereich in der Öffentlichkeit schutzwürdige Belange eines Zeugen verletzen kann, trägt das Gesetz in § 172 Nr. 2 GVG Rechnung. Darauf, ob die Voraussetzungen dieser Vorschrift vorliegen und ob der Ausschluß der Öffentlichkeit deshalb aus anderen als vom Landgericht angenommenen Gründen gerechtfertigt gewesen wäre, kommt es indes nicht an. Denn im Hinblick auf § 174 Abs. 1 Satz 3 GVG, aus dem sich das Verbot der Berücksichtigung von Umständen ergibt, die außerhalb der Begründung des Ausschließungsbeschlusses liegen (BGHSt. 27, 117 f. [BGH Urt. v. 9. 12. 1977 – 3 StR 382/76; vgl. § 338 Nr. 6 StPO erfolglose Rügen]), kann der Senat nicht von sich aus darüber befinden, ob der Ausschluß auf eine andere als die vom Landgericht herangezogene Vorschrift gestützt werden kann.

b) Die Tatsache, daß der Zeugin U. ein Zeugnisverweigerungsrecht nach § 52 Abs. 1 Nr. 2 StPO zustand, von dem sie bei Öffentlichkeit der Verhandlung Gebrauch gemacht hätte, führt nicht zu einer anderen Entscheidung. Die berechtigte Forderung der Allgemeinheit nach wahrheitsgemäßer Aufklärung von Straftaten muß zurücktreten, wenn schutzwürdige Interessen entgegenstehen, denen durch Einräumung von Zeugnisverweigerungsrechten Rechnung getragen ist (vgl. BGHSt. 22, 35, 37 [BGH Urt. v. 5. 1. 1968 – 4 StR 425/67; vgl. § 251 StPO erfolglose Rügen]). Daß Zeugnisverweigerungsrechte im Einzelfall nicht aus den Gründen, die gesetzgeberisches Motiv für ihre Gewährung gewesen sind (vgl. BGHSt. 12, 235, 239 [BGH Beschl. v. 8. 12. 1958 – GSSt 3/58; vgl. § 81c StPO erfolgreiche Rügen]), ausgeübt werden, hat der Gesetzgeber in Kauf genommen. Deshalb ist es bedeutungslos, ob der zur Aussageverweigerung berechtigte Zeuge die Konfliktslage empfindet und ob er sich durch sie zur Weigerung veranlaßt sieht (BGH a.a.O.). Die Zeugin U. konnte daher ihre Entscheidung, in dem gegen ihren geschiedenen Ehemann geführten Strafverfahren nicht aussagen zu wollen, ausgesprochen oder unausgesprochen auch auf ihre Scheu vor einer öffentlichen Aussage stützen. Die darauf zurückzuführende Erschwerung der Wahrheitsfindung ist Folge der Regelung des § 52 StPO und kann nicht dadurch beseitigt werden, daß der Zeugin gestattet wird, in nichtöffentlicher Sitzung auszusagen. Wäre es anders, so läge es weitgehend in der Hand von Zeugen, die ihre Aussagen verweigern können, ob während ihrer Vernehmung die Öffentlichkeit oder Teile von ihr ausgeschlossen werden. Dies widerspräche dem Grundsatz, daß die Hauptverhandlung vor dem erkennenden Gericht grundsätzlich öffentlich zu sein hat (§ 169 GVG).

15. Wird ein bereits entlassener Zeuge, der unter Ausschluß der Öffentlichkeit ausgesagt hatte, erneut vernommen, bedarf der erneute Ausschluß der Öffentlichkeit während seiner Vernehmung eines neuerlichen Gerichtsbeschlusses.

StPO § 338 Nr. 6 – BGH Beschl. v. 26. 11. 1980 – 2 StR 597/80 (= GA 1981, 320)

Die Revision rügt, das Gericht habe die Öffentlichkeit sei während der Vernehmung einer Zeugin ausgeschlossen, ohne daß dafür eine gesetzliche Grundlage vorhanden gewesen sei.

Sachverhalt: Am 31. 1. hatte die Strafkammer beschlossen, während der Vernehmung einer Zeugin die Öffentlichkeit auszuschließen, wie es bei dieser Vernehmung am 7. 2., die mit der Entlassung der Zeugin endete, auch geschah. Am 14. 2. wurde sie „erneut gehört"; nach dem Protokoll wurde dabei entsprechend dem früheren Beschluß die Öffentlichkeit ausgeschlossen. Die Zeugin war am 7. 2. 1980 bereits entlassen worden. Nach ihrer Vernehmung waren am 11. 2. 1980 zwei Sachverständige vernommen worden, und die Staatsanwaltschaft hatte „im Falle G." Nachtragsklage erhoben und darin Frau G. erneut als Zeugin benannt. Im Termin vom 14. 2. 1980 waren vier weitere Zeugen vernommen worden, ehe die wieder anwesende Zeugin G. „erneut gehört" wurde. Der Vorsitzende hielt es dabei für erforderlich die Zeugin wieder gemäß § 55 StPO zu belehren. – Das Rechtsmittel hatte Erfolg.

Gründe: Dieses Verfahren war fehlerhaft. Die Zeugin hätte am 14. 2. 1980 nur dann erneut unter Ausschluß der Öffentlichkeit vernommen werden dürfen, wenn vorher ein den Anforderungen des § 174 Abs. 1 GVG genügender Gerichtsbeschluß gefaßt und verkündet worden wäre. Der Hinweis des Vorsitzenden auf den Beschluß vom 31. 1. 1980 war nicht ausreichend. ...

Aus allem ergibt sich, daß es sich bei der „erneuten Anhörung" der Zeugin am 14. 2. 1980 nicht etwa lediglich um eine ergänzende Befragung handelte, die unmittelbar nach der Entlassung der Zeugin erfolgt wäre und für die der begründete Beschluß des Gerichts vom 31. 1. 1980 über den Ausschluß der Öffentlichkeit noch Gültigkeit haben konnte (vgl. BGH, Urteil vom 3. 10. 1978 – 1 StR 285/78 [vgl. § 247 StPO erfolglose Rügen]), sondern um eine erneute Vernehmung, bei der der Hinweis des Vorsitzenden auf einen vor zwei Wochen gefaßten Beschluß des Gerichts nicht ausreiche, um die Öffentlichkeit rechtswirksam auszuschließen (vgl. BGH, Urt. v. 20. 7. 1976 – 1 StR 335/76; Beschlüsse v. 23. 11. 1977 – 3 StR 417/77 und 1. 10. 1980 – 4 StR 547/80).

16. Begründungszwang für Ausschluß der Öffentlichkeit entfällt nicht deshalb, weil sich für die Beteiligten aus dem Gang der Hauptverhandlung entnehmen läßt, auf welche Vorschrift das Gericht den Ausschluß stützen will.

StPO § 338 Nr. 6 – BGH Urt. v. 8. 10. 1980 – 3 StR 273/80 LG Düsseldorf (= StV 1981, 3)

Die Revision rügt, daß die Strafkammer einen Teil der Hauptverhandlung in nichtöffentlicher Sitzung im Bezirkskrankenhaus der Justizvollzugsanstalt D. durchgeführt hat.

Sachverhalt: Diesem Verhandlungsteil, bei dem mehrere Zeugen einem dort inhaftierten anderen Zeugen gegenübergestellt wurden, war ein Kammerbeschluß vorausgegangen, der ausweislich des Protokolls keine Begründung für den in ihm angeordneten Ausschluß der Öffentlichkeit enthält. – Das Rechtsmittel hatte Erfolg.

Gründe: Das verstieß gegen § 174 Abs. 1 Satz 3 GVG, der zwingend vorschreibt, daß bei der Verkündung des Beschlusses in den Fällen der §§ 172, 173 GVG anzugeben ist, aus welchem Grund die Öffentlichkeit ausgeschlossen worden ist. Im Hinblick auf die Bedeutung des Grundsatzes der Öffentlichkeit des Verfahrens hat die Rechtsprechung stets daran festgehalten, daß der Begründungszwang nicht deshalb entfällt, weil sich für die Beteiligten aus dem Gang der Hauptverhandlung entnehmen läßt, auf welche Vorschrift das Gericht den Ausschluß der Öffentlichkeit stützen will. Es ist deshalb unbeachtlich, daß dem Beschluß der Strafkammer eine Erklärung des Vorsitzenden vorausging, wonach sowohl der Leiter der Justizvollzugsanstalt als auch der ärztliche Leiter des Bezirkskrankenhauses einer öffentlichen Sitzung entgegengetreten waren. Im Hinblick auf die absolute Beweiskraft des Protokolls kommt es auch auf die dienstliche Erklärung des Vorsitzenden nicht an, er habe den Beschluß mündlich begründet. Die Umstände sprechen zwar für die Annahme eines Falles von § 172 Abs. 1 Nr. 1 GVG. Das macht aber die – leicht zu bewerkstelligende – Protokollierung des vollständigen Ausschließungsbeschlusses nicht entbehrlich. Damit ist der absolute Revisionsgrund des § 338 Nr. 6 StPO gegeben (BGHSt. 27, 117 [BGH Urt. v. 9. 12. 1977 – 3 StR 382/76; vgl. § 338 Nr. 6 StPO erfolglose Rügen] und 187 [BGH Urt. v. 17. 5. 1977 – 4 StR 102/77; vgl. § 338 Nr. 6 StPO erfolgreiche Rügen]).

Der Verfahrensfehler führt zur Aufhebung des Urteils in den Fällen, zu denen die in nichtöffentlicher Sitzung vernommenen Zeugen R. (Fall 4, versuchte räuberische Erpressung) sowie L. und D. (Fall 5, gefährliche Körperverletzung) gehört worden sind. Dagegen wird der Fall 6 (fahrlässige Körperverletzung) von dem Fehler nicht berührt. Insoweit handelt es sich um einen abtrennbaren Teil der angefochtenen Entscheidung, auf den sich der Gesetzesverstoß nicht auswirken konnte. Wenn es in § 338 StPO heißt, das Urteil sei bei Vorliegen eines der dort angeführten Verfahrensfehler stets als auf einer Verletzung des Gesetzes beruhend anzusehen, so bedeutet dies nicht, daß das Urteil dann stets in vollem Umfang aufzuheben sei. Vielmehr soll lediglich zum Ausdruck gebracht werden, daß, wenn und soweit einer dieser Revisionsgründe vorliegt, kein Raum mehr bleibt für die Frage, ob das Urteil im Umfang des Revisionsgrundes auf der Verletzung beruhe (RGSt 44, 16, I9; 53, 199, 202; 69, 253, 256; BGH GA 1975, 283). Diese Rechtsprechung hat der 4. Strafsenat des Bundesgerichtshofes in seinem Urteil vom 17. 5. 1977 – 4 StR 102/77 (NJW 1977, 1643, 1644[1], insoweit in BGHSt. 27, 187 nicht abgedruckt) nicht aufgegeben. In jenem Fall konnte die Auswirkung des Verfahrensfehlers auf das gesamte Urteil ersichtlich nicht sicher ausgeschlossen werden.

17. Wenn ein Strafgericht ein justizfremdes Gebäude zur Verhandlung benutzt, muß der Vorsitzende besonders darauf achten, daß die Öffentlichkeit gewahrt wird.

StPO § 338 Nr. 6 – BGH Urt. v. 1. 10. 1980 – 2 StR 220/80 LG Limburg (= StV 1981, 3)

Die Revisionen rügen, daß die Vorschriften über die Öffentlichkeit des Verfahrens verletzt worden sind, weil der Zugang zu einem außerhalb des Gerichtsgebäudes gelegenen Verhandlungsort verschlossen war.

---

1 „Der Verfahrensfehler wirkt sich im vorliegenden Fall auch auf die Verurteilung aus, soweit es sich um die Vorgänge zum Nachteil des im Zeitpunkt der Vernehmung 14jährigen Kindes U. handelt. Zwar genügt – für sich betrachtet – im Fall des § 172 Nr. 4 GVG auch die bloße Anführung der gesetzlichen Bestimmung, da diese nur einen Schluß zuläßt, nämlich den, daß die Öffentlichkeit im Hinblick auf die Jugend des vernommenen Zeugen ausgeschlossen worden ist, eine getrennte Beurteilung ist hier jedoch entgegen der Auffassung der Bundesanwaltschaft nicht möglich. Das Urteil beruht auf dem gesamten Inbegriff der Verhandlung (§ 261 StPO). Ist das Urteil aufgrund einer mündlichen Verhandlung ergangen, bei der die Vorschriften über die Öffentlichkeit des Verfahrens verletzt worden sind, so ist das gesamte Urteil als auf einer Verletzung des Gesetzes beruhend anzusehen (§ 338 Nr. 6 StPO). Eine Begrenzung der Aufhebungswirkung ergibt sich hier nur aus der Beschränkung der Revision auf das Strafmaß. Der gesamte Strafausspruch ist daher aufzuheben.
Gegen die seit Jahren gefestigte Rechtsprechung des BGH, die auch im Schrifttum vertreten wird, können wesentliche praktische Gesichtspunkte nicht geltend gemacht werden; es bedeutet für die Gerichte keine besondere Erschwernis, den geringen Anforderungen des § 174 I 3 GVG gerecht zu werden."

Sachverhalt: Die Hauptverhandlung fand in einem Saal des Landratsamts W. statt. Am zweiten Verhandlungstag, einem Freitag, setzte die Strafkammer nach der Mittagspause um 14.15 Uhr die bereits am Vormittag begonnene Erörterung der persönlichen Verhältnisse der einzelnen Angeklagten fort. Als Rechtsanwalt B., Verteidiger eines der Mitangeklagten, sich zum Landratsamt begab, um an der Sitzung teilzunehmen, war ihm ein Zutritt zunächst nicht möglich, da freitags wegen des früheren Dienstschlusses die beiden Eingangstüren des Gebäudes bereits gegen 14.00 Uhr abgeschlossen werden. Erst als zufällig zwei Polizeibeamte hinzukamen, die im Besitz eines Schlüssels für die Türen waren und ihn hereinließen, konnte er in den Sitzungssaal gelangen.

Der Vorsitzende der Strafkammer hat in seiner dienstlichen Äußerung erklärt, ihm sei unbekannt gewesen, daß das Landratsamt freitags schon so früh geschlossen werde; die Justizbehörden würden bis 16.30 Uhr arbeiten; da der Hausverwalter gewußt habe, daß die Strafkammer noch verhandle, sei er, der Vorsitzende, davon ausgegangen, daß der Sitzungssaal zugänglich bleiben werde. – Das Rechtsmittel hatte Erfolg.

Gründe: ... Wie der Bundesgerichtshof bereits wiederholt entschieden hat, wird der Grundsatz der Öffentlichkeit nicht nur dann verletzt, wenn die Beschränkung dem Gericht oder dem Vorsitzenden bekannt ist, sondern auch dann, wenn diese sie bei Anwendung der gebotenen Sorgfalt und Umsicht hätten bemerken und beseitigen können. Insbesondere vom Vorsitzenden muß verlangt werden, daß er der Wahrung der Öffentlichkeit auch während der Verhandlung die gebührende Aufmerksamkeit widmet, die der Bedeutung des Öffentlichkeitsgrundsatzes entspricht (u.a. BGHSt. 22, 297, 300 f. [BGH Urt. v. 18. 12. 1968 – 3 StR 297/68; vgl. § 338 Nr. 6 StPO erfolglose Rügen]). Zwar dürfen die Anforderungen, die in dieser Hinsicht an das Gericht und den Vorsitzenden zu stellen sind, nicht überspannt werden. Es kann nicht unberücksichtigt bleiben, daß ihnen, vor allem dem Vorsitzenden, in der mündlichen Verhandlung eines Strafprozesses mannigfache Aufgaben übertragen sind, die in hohem Maße ihrer besonderen Aufmerksamkeit bedürfen. Im vorliegenden Fall hat der Vorsitzende jedoch die Beschränkung der Öffentlichkeit als Verfahrensfehler zu vertreten. Wenn ein Strafgericht ein justizfremdes Gebäude zur Verhandlung benutzt, muß der Vorsitzende besonders darauf achten, daß die Öffentlichkeit gewahrt wird. Erst recht gilt dies bei der Verhandlung an einem Freitagnachmittag in dem Amtsgebäude einer Kommunalbehörde. Die Dienstzeit solcher Behörden endet freitags meist früher als an anderen Wochentagen. Der Vorsitzende durfte deshalb aus dem Zeitpunkt des Dienstschlusses bei den Justizbehörden nicht folgern, daß die Türen des Landratsamts ebenso lang offen bleiben würden. Ferner vermag ihn unter diesen Umständen nicht seine Überlegung zu entlasten, der Hausverwalter werde von sich aus die für die Zugangsmöglichkeit erforderlichen Maßnahmen ergreifen. Vielmehr oblag es dem Vorsitzenden, sich über das Ende der Dienstzeit zu erkundigen und dann die zur Wahrung der Öffentlichkeit gebotenen Vorkehrungen zu treffen.

Demgemäß ist der absolute Revisionsgrund des § 338 Nr. 6 StPO gegeben. Dieser hat hier jedoch nicht die Aufhebung des gesamten Urteils (soweit es die beiden Beschwerdeführer betrifft) zur Folge, sondern bewirkt nur die Aufhebung der gegen sie ergangenen Strafaussprüche. Allein diese sind von dem Verfahrensfehler betroffen. Da es sich bei ihnen um abtrennbare Urteilsteile handelt, sind die Schuldsprüche aufrechtzuerhalten (BGH, Beschluß vom 10. 12. 1975 – 2 StR 177/75).

18. Gericht muß bei Zulaßkontrollen auf die Öffentlichkeit warten.

§ 338 Nr. 6; GVG § 169; StPO – BGH Beschl. v. 7. 3. 1979 – 3 StR 39/79 (S) LG Bamberg (= BGHSt. 28, 341 = NJW 1979, 2622)

Die Revision rügt, daß 20 Personen, die der Hauptverhandlung als Zuhörer hätten beiwohnen wollen und rechtzeitig vor der Hauptverhandlung erschienen gewesen seien, erst mit bis zu einstündiger Verspätung der Zutritt zur Hauptverhandlung gewährt worden sei. Eine vier Tage vor Beginn der Hauptverhandlung getroffene Anordnung des Vorsitzenden, nach der Zuhörer nur dann zugelassen werden sollten, wenn sie sich durch einen amtlichen Lichtbildausweis auswiesen und sich einer Durchsuchung auf Waffen, gefährliche Werkzeuge und Wurfgegenstände unterzögen, sei diesen Zuhörern bis zum Betreten des Gerichtsgebäudes unbekannt gewesen. Der zeitraubende Vollzug dieser Anordnung habe zu dem verspäteten Einlaß der Zuhörer geführt. Ein frühzeitig nach Beginn der Hauptverhandlung gestellter Antrag, die Sitzung zu unterbrechen, bis alle wartenden Zuhörer den Sitzungssaal betreten hätten, sei vom Vorsitzenden, dem, wie dem ganzen erkennenden Gericht, während der Hauptverhandlung im Zusammenhang mit diesem Antrag der Sachverhalt bekanntgeworden sei, zu Unrecht abgelehnt worden. Die Hauptverhandlung sei daraufhin fortgeführt worden.

Sachverhalt: Nach Aufruf der Sache und Feststellung der erschienenen Verfahrensbeteiligten wurde die Angeklagte zur Person vernommen, der Staatsanwalt verlas den Anklagesatz, der Vorsitzende stellte den Erlaß des Eröffnungsbeschlusses fest und gab einen Hinweis nach § 265 StPO. Die Angeklagte erklärte sich nach Belehrung nicht bereit, zur Sache auszusagen, das Verfahren wurde auf Antrag des Staatsanwalts gemäß § 154a StPO auf die Verfolgung eines Vergehens nach § 89 StGB beschränkt. Nunmehr setzte der Verteidiger das Gericht davon in Kenntnis, daß noch 20 Personen an der Eingangstür darauf warteten, in den Sitzungssaal eingelassen zu werden, und daß sie noch nicht eingelassen worden seien, weil sie sich einer körperlichen Durchsuchung zu unterziehen hätten. Daß diese wartenden Personen oder zumindest ein Teil von ihnen bereits zu dem Zeitpunkt auf Einlaß warteten, zu dem die Hauptverhandlung erwartungsgemäß begann, ist dem Zusammenhang des Protokolls mit ausreichender Sicherheit zu entnehmen; es wird von der Staatsanwaltschaft auch nicht in Frage gestellt. Aus der Sitzungsniederschrift ergibt sich weiter, daß der Vorsitzende, nachdem der Sachverhalt dem Gericht unterbreitet worden war und der Verteidiger einen Antrag gestellt hatte, die Kontrollanordnung aufzuheben, hilfsweise die Sitzung solange zu unterbrechen, bis sämtliche wartenden Zuhörer den Sitzungssaal betreten hätten, die Auffassung vertrat, die Öffentlichkeit der Hauptverhandlung werde durch die Zuhörerkontrolle nicht beeinträchtigt, und daß er, einer in der Hauptverhandlung förmlich getroffenen Verfügung entsprechend, die Verhandlung fortführte. – Das Rechtsmittel hatte Erfolg.

Gründe: Damit steht fest, daß der Grundsatz der Öffentlichkeit der Hauptverhandlung (§ 169 GVG) verletzt worden ist. Dieser Grundsatz verlangt, daß jedermann ohne Ansehung seiner Zugehörigkeit zu bestimmten Gruppen der Bevölkerung und ohne Ansehung bestimmter persönlicher Eigenschaften die Möglichkeit hat, an den Verhandlungen der Gerichte als Zuhörer teilzunehmen. Eine der im Gesetz ausdrücklich vorgesehenen Ausnahmen (vgl. §§ 171a, 172, 175 Abs. 1 GVG) lag nicht vor. Auch eine tatsächliche Unmöglichkeit, jedermann den Zutritt zu gewähren, wie sie sich aus beschränkten Raumverhältnissen ergibt, oder tatsächliche Hindernisse anderer Art, die das Gericht trotz aufmerksamer Beachtung der Vorschriften über die Öffentlichkeit des Verfahrens nicht bemerken konnte und nicht bemerkt hat (vgl. BGHSt. 21, 72 [BGH Urt. v. 10. 6. 1966 – 4 StR 72/66; vgl. § 338 Nr. 6 StPO erfolglose Rügen]; 22, 297 [BGH Urt. v. 18. 12. 1968 – 3 StR 297/68; vgl. § 338 Nr. 6 StPO erfolglose Rügen]), waren hier nicht gegeben. Die mit der zulässigen Kontrollordnung (vgl. BGHSt. 27, 13 [BGH Urt. v. 6. 10. 1976 – 3 StR 291/76; vgl. §§ 254, 338 Nr. 6 StPO erfolglose Rügen]) zwangsläufig verbundene zeitliche Verzögerung des Eintritts der Personen, die, wie dem Gericht bekannt geworden war, noch Zutritt begehrten, ist kein tatsächliches Hindernis in diesem Sinne. Sie stand einer – lediglich etwas späteren – Verhandlung in Anwesenheit dieser Personen nicht entgegen. Durch die Kontrollanordnung ist der tatsächliche zeitweilige Ausschluß derjenigen, die rechtzeitig erschienen waren und sich der Kontrolle unterzogen, nicht gedeckt. Denn die hohe Bedeutung des Öffentlichkeitsgrundsatzes für den Strafprozeß, die darin zum Ausdruck kommt, daß dessen Verletzung einen absoluten Revisionsgrund darstellt, gebietet es, die Folgen der den Zugang der Allgemeinheit zum Sitzungssaal erschwerenden Maßnahmen auf das Unvermeidliche zu beschränken. Auch wäre der vorübergehende Ausschluß der rechtzeitig erschienenen Personen geeignet, nicht nur deren Vertrauen, sondern auch das der Allgemeinheit in die Objektivität der Rechtspflege zu gefährden, die zu sichern der Grundsatz der öffentlichen Verhandlung mithelfen soll (vgl. BGHSt. 21, 72, 74; 22, 297, 301). Die zuständigen Organe der Justiz würden sich zu ihrem eigenen Verhalten ersichtlich in Widerspruch setzen, wenn sie einen bestimmten Termin für den Beginn einer öffentlichen Verhandlung anberaumen, durch eigene Anordnungen aber bewirken würden, daß Teile der Öffentlichkeit dieser Verhandlung nicht beiwohnen können, obwohl sie zur Befolgung der Anordnungen bereit sind.

Das danach bestehende Gebot für das Gericht, die Öffentlichkeit in einer die eigenen Kontrollmaßnahmen berücksichtigenden Art und Weise zu gewähren, schließt nicht etwa die Verpflichtung ein, immer dann, wenn eine Person während der laufenden Hauptverhandlung Einlaß begehrt, für die Dauer ihrer Kontrolle mit der Verhandlung einzuhalten. Das wäre mit einem ordentlichen Gang der Hauptverhandlung nicht vereinbar. Tritt – ohne Einfluß von Kontrollmaßnahmen – eine Verzögerung des Zutritts allein dadurch ein, daß eine Vielzahl von Personen erst unmittelbar vor oder zu dem Zeitpunkt Einlaß begehrt, in dem die Hauptverhandlung planmäßig beginnen soll, dann mag es zwar zweckmäßig sein, deren Einlaß vor Beginn der Hauptverhandlung abzuwarten, um die mit dem ständigen Eintritt von Personen verbundenen äußeren Störungen zu vermeiden. Rechtliche Hindernisse stehen dem planmäßigen Verhandlungsbeginn aber nicht entgegen. Eine auf solchen Umständen beruhende Verzögerung des Zutritts ist nicht auf eine Maßnahme des Gerichts zurückzuführen; sie ist überdies allgemein vorhersehbar und muß in Kauf genommen werden. Wenn das Gericht mit dem Verhandlungsbeginn darauf keine Rücksicht nimmt, dann wird dadurch das Vertrauen in die Objektivität der Rechtspflege nicht gefährdet.

Vorliegend war der Vorsitzende, der trotz seiner Kontrollanordnung den Eintritt der zum Terminzeitpunkt erschienenen Personen in den Sitzungssaal nicht abgewartet hatte, verpflichtet, dem Unterbrechungsantrag des Verteidigers stattzugeben, nachdem er von diesem auf die Situation aufmerksam gemacht worden war. Nach Herstellung der Öffentlichkeit hätte er sodann mit der Hauptverhandlung neu beginnen müssen. Dafür, daß das Publikum einen zügigen Zutritt etwa selbst verzögert hätte – was zu einer anderen Entscheidung führen könnte – liegen keine Anhaltspunkte vor.

Diese Gesetzesauslegung führt nicht zu unpraktikablen Ergebnissen. Das Gericht darf bei einer durch eigene Maßnahmen bedingten Verzögerung des Eintritts der Zuhörer mit der Hauptverhandlung beginnen, sobald alle termingerecht Erschienenen, die mit rechtzeitigem Einlaß rechnen konnten, den Sitzungssaal betreten haben. Der Eintritt von Personen, die später erschienen sind, braucht nicht abgewartet zu werden. Denn die Erwartung eines an der Hauptverhandlung Interessierten, nur denjenigen Teil der Verhandlung zu versäumen, der nach seiner Annahme in dem Zeitraum zwischen dessen vorgesehenem Beginn und seinem, des Zuhörers, Eintreffen vor dem Sitzungssaal abläuft, wird durch die Vorschriften über die Öffentlichkeit der Hauptverhandlung nicht geschützt. Daß eine geordnete Verhandlung auch bei Beachtung der hier aufgestellten Grundsätze möglich ist, zeigt im übrigen der Umstand, daß andere Gerichte, wie dem Senat bekannt ist, so verfahren sind.

19. Begründungserfordernis für Ausschluß der Öffentlichkeit.

StPO § 338 Nr. 6; GVG §§ 172 Nr. 2, 174 I S. 3 – BGH Urt. v. 17. 5. 1977 – 4 StR 102/77 LG Detmold (= BGHSt. 27, 187 = NJW 1977, 1643)

Die Revision rügt, daß die Jugendschutzkammer die „Öffentlichkeit für die Dauer der Vernehmung der Zeuginnen Ingrid und Ulrike W. gemäß § 172 Ziff. 2 GVG und im Fall Ulrike W. gemäß § 172 Ziff. 2 und 4 GVG ausgeschlossen" hat.

Der Sachverhalt ergibt sich aus dem Revisionsvorbringen. – Das Rechtsmittel hatte Erfolg.

Gründe: Diese Beschlußfassung genügt nicht den Anforderungen des § 174 Abs. 1 Satz 3 GVG, wonach in den Fällen der §§ 172, 173 GVG die Angabe des Ausschließungsgrundes zwingend vorgeschrieben ist. Nach der Rechtsprechung des Bundesgerichtshofs muß der für die Ausschließung der Öffentlichkeit maßgebende Grund mit ausreichender Bestimmtheit im Beschluß mitgeteilt werden. Es genügt nicht, daß sich der Ausschließungsgrund aus dem Sachzusammenhang oder aus früheren Beschlüssen oder Anträgen ergibt (BGHSt. 1, 334, 335 [BGH Urt. v. 25. 9. 1951 – 1 StR 464/51; vgl. § 338 Nr. 6 StPO erfolgreiche Rügen]; 2, 56, 58 [BGH Urt. v. 21. 12. 1951 – 2 StR 480/51; vgl. § 338 Nr. 6 StPO erfolgreiche Rügen]; BGH GA 1975, 283). In jüngster Zeit hat der 3. Strafsenat des Bundesgerichtshofs in BGHSt. 27, 117 (BGH Urt. v. 9. 2. 1977 – 3 StR 382/76; vgl. § 338 Nr. 6 StPO erfolglose Rügen) diese Auffassung unter eingehender Darlegung der Rechtsprechung erneut betont und gefordert, daß die Angaben in dem die Öffentlichkeit ausschließenden Beschluß den Grund hierfür eindeutig erkennen lassen müssen; mit Rücksicht auf die Bedeutung des Öffentlichkeitsgrundsatzes für ein rechtsstaatliches Verfahren hat der Senat eine ausdehnende Auslegung des § 174 Abs. 1 Satz 3 GVG abgelehnt, die in der Einbeziehung von Umständen außerhalb des die Öffentlichkeit ausschließenden Beschlusses liegen würde.

Diesem Erfordernis wird der bloße Hinweis auf § 172 Nr. 2 GVG nicht gerecht, weil er nicht erkennbar macht, von welcher der in dieser Vorschrift nebeneinander aufgeführten Ausschließungsmöglichkeiten Gebrauch gemacht werden soll (vgl. auch BGH bei Dallinger MDR 1976, 634[1]; BGH, Beschl. v. 12. 10. 1976 – 1 StR 496/76). Zwar mögen bei der Vernehmung sexuell mißbrauchter Kinder die anderen Ausschließungsgründe des § 172 Nr. 2 GVG – Schutz eines wichtigen Geschäfts-, Betriebs-, Erfindungs- oder Steuergeheimnisses – in der Regel von vornherein ausscheiden. Jedoch reicht der stillschweigende Hinweis auf den verhandelten Gegenstand selbst dann nicht aus, wenn, wie hier, der Ausschließungsgrund für die Beteiligten und die Zuhörerschaft offen zutage lag (BGHSt. 2, 56, 57/58; BGH, Urt. v. 27. 4. 1976 – 5 StR 122/76). Denn auch dann ist die Begründung nicht aus sich selbst heraus verständlich (vgl. BGH VRS 37, 62). Enthält die herangezogene Vorschrift mehrere Alternativen wie im Falle des § 172 Nr. 2 GVG, so muß die der Entscheidung zugrundegelegte im Beschluß selbst in unmißverständlicher Form, etwa durch Mitteilung der Worte des Gesetzes, offengelegt werden (BGHSt. 27, 177 [BGH Beschl. v. 4. 5. 1977 – 2 StR 9/77; vgl. § 358 StPO erfolglose Rügen]). Unter Zugrundelegung dieser Gesichtspunkte hat der 5. Strafsenat (Urt. v. 27. 4. 1976 – 5 StR 122/76) die Begründung „Die Öffentlichkeit wird gemäß § 172 Nr. 2 GVG im Rahmen der Erörterung der persönlichen Verhältnisse des Angeklagten ausgeschlossen" als den Anforderungen der §§ 172, 174 GVG – noch – gerecht werdend angesehen. Für den vorliegenden Fall trifft das nicht mehr zu.

Der Ausschließungsbeschluß und die in ihm angeführten Gründe gehören zu den Förmlichkeiten im Sinne des § 274 StPO. Sie sind daher in die Sitzungsniederschrift aufzunehmen; nur das Protokoll erbringt den Beweis dafür, daß die Vorschrift des § 174 Abs. 1 Satz 3 GVG beachtet ist (BGHSt. 2, 56, 58).

---

1 „Ein Ausschluß der Öffentlichkeit mit dem bloßen Hinweis auf § 172 Nr. 2 GVG genügt der Anforderung des § 174 Abs. 1 S. 3 nicht, weil er nicht erkennen läßt, *welche* der in Nr. 2 genannten *Alternativen* das Gericht gemeint hat. An der deshalb notwendigen Aufhebung konnte auch der Umstand nichts ändern, daß der Tatrichter den Angeklagten freigesprochen hatte von dem Vorwurf, sich an *dem* Zeugen vergangen zu haben, bei dessen Vernehmung die Öffentlichkeit ausgeschlossen war. Bei dem der Anklage zugrunde liegenden Tatvorwurf lasse sich nicht ausschließen, daß das auf diesem Teil der Hauptverhandlung beruhende Beweisergebnis bei der gesamten Urteilsfindung berücksichtigt worden sei, also auch soweit der Tatrichter den Angeklagten verurteilt habe" (BGH Urt. v. 11. 9. 1975 – 4 StR 417/75).

20. Ein Zuhörer, der durch Lärm die Hauptverhandlung stört, darf zwangsweise nur auf Grund eines Beschlusses des Gerichts aus dem Sitzungssaal entfernt werden[1].

StPO § 338 Nr. 6; GVG §§ 176, 177 – BGH Urt. v. 13. 4. 1972 – 4 StR 71/72 Schwurgericht Zweibrücken (= BGHSt. 24, 329 = NJW 1972, 1144 = JZ 1972, 59 = MDR 1973, 159)

Die Revision rügt, einen Verstoß gegen den Grundsatz der Öffentlichkeit des Verfahrens, weil der Vorsitzende einzelne Zuschauer ohne Gerichtsbeschluß zwangsweise aus den Saal hat entfernen lassen.

Sachverhalt: In der Sitzung vom 29. 6. 1971 entstand unter einem Teil der Zuhörer ein Tumult, als sich sämtliche Farbigen erhoben und schrieen und lärmten. Der Schwurgerichtsvorsitzende – den der Landgerichtspräsident ermächtigt hatte, in seinem Namen an den Sitzungstagen des Schwurgerichts Personen, die die Ordnung und Sicherheit im Dienstgebäude des Landgerichts Zweibrücken stören sollten, aus dem Dienstgebäude zu verweisen und ihnen das Wiederbetreten zu verbieten – erteilte daraufhin allen Farbigen ein Hausverbot für die Dauer der Hauptverhandlung. Er ordnete an, daß sie aus dem Gerichtssaal entfernt und ihre Personalien festgestellt würden. Nachdem das – offenbar zwangsweise – geschehen und die inzwischen unterbrochene Hauptverhandlung fortgesetzt worden war, beantragte der Verteidiger, über diese Maßnahme des Vorsitzenden einen Gerichtsbeschluß herbeizuführen. Das Gericht wies den „Antrag der Verteidigung auf gerichtliche Entscheidung über die Verweisung von Zuhörern aus dem Sitzungssaal" als unzulässig zurück, „da es sich um eine sitzungspolizeiliche Maßnahme des Vorsitzenden und nicht um Sachleitung" gehandelt habe. Dabei meinte es mit „Verweisung" ersichtlich auch die zwangsweise Entfernung. – Das Rechtsmittel hatte Erfolg.

Gründe: Die Revision sieht mit Recht in dieser Entfernung der Zuhörer eine Verletzung des Grundsatzes der Öffentlichkeit des Verfahrens (§ 169 GVG, § 338 Nr. 6 StPO). Gegen diesen Grundsatz wird nicht nur dann verstoßen, wenn alle Zuhörer von der Verhandlung vor dem erkennenden Gericht ausgeschlossen werden. Es genügt, daß einzelne Personen in einer nicht dem Gesetz entsprechenden Weise aus dem Verhandlungsraum entfernt werden (vgl. BGHSt. 3, 386, 388 [BGH Urt. v. 20. 1. 1953 – 1 StR 626/52; vgl. § 338 Nr. 6 StPO erfolglose Rügen]; 18, 179, 180 [BGH Urt. v. 15. 1. 1963 – 5 StR 528/62; vgl. § 338 Nr. 6 StPO erfolgreiche Rügen]).

Der Schwurgerichtsvorsitzende war, wie sich auch aus seiner dienstlichen Äußerung vom 13. 1. 1972 ergibt, der Meinung, den störenden Zuhörern auf Grund der Ermächtigung des Landgerichtspräsidenten ein Hausverbot erteilen und sie zwangsweise aus dem Sitzungssaal entfernen lassen zu dürfen, ohne gemäß § 177 GVG einen Beschluß herbeiführen zu müssen. Damit hat er den Umfang des Hausrechts des Landgerichtspräsidenten verkannt.

Ob der Landgerichtspräsident das ihm als Hausherrn zustehende Recht, Personen, die den Dienstbetrieb nachhaltig stören, aus dem Gerichtsgebäude zu weisen und/oder ihnen ein Hausverbot zu erteilen, auf den Schwurgerichtsvorsitzenden allgemein übertragen konnte, braucht hier nicht erörtert zu werden. Durch eine solche Ermächtigung erlangt der Vorsitzende jedenfalls nicht das Recht, im Sitzungssaal bereits anwesende Zuhörer, die die Verhandlung stören, in einer anderen als der im 14. Titel des Gerichtsverfassungsgesetzes (Öffentlichkeit und Sitzungspolizei, §§ 169 ff. GVG) geregelten Weise entfernen zu lassen. Denn das Hausrecht des Landgerichtspräsidenten findet, solange das Gericht tagt, seine Grenze an der Sitzungspolizei. Innerhalb des Sitzungssaales geht die dem erkennenden Gericht – seinem Vorsitzenden oder dem Gericht selbst – vorbehaltene Sit-

---

1 Seit Änderung des § 177 GVG durch Gesetz vom 20. 12. 1974 (BGBl. I, 3686) entscheidet über Maßnahmen gegenüber nicht an der Verhandlung beteiligten Personen grundsätzlich der Vorsitzende allein (s. auch BGH Urt. v. 13. 5. 1982 – 3 StR 142/82; vgl. § 338 Nr. 6 StPO erfolgreiche Rügen).

zungspolizei, die Ausfluß der unabhängigen richterlichen Gewalt ist (BGHSt. 17, 201, 204 [BGH Urt. v. 10. 4. 1962 – 1 StR 22/62; vgl. § 338 Nr. 6 StPO erfolgreiche Rügen]), dem Hausrecht der Justizverwaltung vor.

Auch kraft seiner sitzungspolizeilichen Befugnisse durfte der Vorsitzende, wovon offenbar das Schwurgericht ausging, nicht die störenden farbigen Zuhörer zwangsweise entfernen lassen. Nach § 176 GVG obliegt zwar dem Vorsitzenden die Aufrechterhaltung der Ordnung in der Sitzung. Jedoch ist nach § 177 GVG ein Beschluß des Gerichts erforderlich, wenn bei der Verhandlung nichtbeteiligte Personen, also Zuhörer, „die den zur Aufrechterhaltung der Ordnung erlassenen Befehlen nicht gehorchen", aus dem Sitzungszimmer entfernt werden sollen.

In der Rechtsprechung ist das Verhältnis beider Bestimmungen zueinander bisher nicht eindeutig klargestellt. Das Reichsgericht hat in zwei älteren Entscheidungen ausgeführt, der Vorsitzende dürfe zur Aufrechterhaltung der Ordnung nach § 176 GVG störende Zuschauer aus dem Gerichtssaal entfernen, notfalls sogar den Saal räumen lassen, ohne daß dadurch die Öffentlichkeit der Verhandlung unzulässig beeinträchtigt würde (Rspr RGSt 4, 151, 152). Den Entscheidungen RGSt 30, 104 und GA 47, 290, in denen es sich ebenfalls um die Entfernung störender Zuschauer handelte, lagen Gerichtsbeschlüsse zugrunde. Dagegen wird in RGSt 64, 385, 387 ausdrücklich betont, daß Zwangsmaßnahmen gegen Verfahrensbeteiligte und Zuhörer allein durch einen Beschluß des Gerichts getroffen werden könnten. Der Bundesgerichtshof hat in den Entscheidungen BGHSt. 17, 201, 204; 18, 179, 180 die Meinung vertreten, daß in krassen Fällen von Störung der Sitzungsordnung (z.B. durch drohende Zurufe oder durch Ausschreitungen) der Vorsitzende kraft eigener Sitzungspolizeigewalt ohne Gerichtsbeschluß einzelne Personen aus dem Verhandlungsraum weisen dürfe.

Dieser Meinung, auf der die beiden Entscheidungen im übrigen nicht beruhen, wird jedenfalls dahin gefolgt werden können, daß in Fällen von tiefgreifenden Störungen der Verhandlung durch lärmende, nicht selbst gewalttätig werdende Zuhörer dem Vorsitzenden als äußerstes Machtmittel das Recht zusteht, solchen Zuhörern zu befehlen, den Sitzungssaal zu verlassen. Aus einem solchen Recht folgt aber nicht das Recht zu ihrer zwangsweisen Entfernung. Zwar ist dem Vorsitzenden im Rahmen des § 176 GVG ein Ermessensspielraum gewährt, um durch ihm geeignet erscheinende Anordnungen den reibungslosen Verhandlungsablauf wahren zu können (BGHSt. 17, 201, 203/4). Das Ermessen findet jedoch da seine Grenze, wo § 177 GVG Maßnahmen des Gerichts vorschreibt. Dazu gehört die zwangsweise Entfernung von Zuhörern aus dem Gerichtssaal, die allein das Gericht beschließen darf.

Diese Beschränkung der Sitzungspolizeigewalt des Vorsitzenden ist eine vom Gesetzgeber bewußt getroffene Regelung (vgl. Begr. zu § 143 des Entwurfs, abgedr. bei Hahn, Materialien zum GVG 2. Aufl. S. 175: „mit Rücksicht auf die stete Anwesenheit der Mitglieder des Gerichts" bestehe kein Bedürfnis, die Befugnisse des Vorsitzenden zu erweitern). In Fällen der hier festgestellten groben Störung des Verhandlungsablaufs wird auch regelmäßig auf einfachem Wege (vgl. BGHSt. 24, 170, 171 [BGH Urt. v. 14. 7. 1971 – 3 StR 73/71; vgl. § 260 StPO erfolgreiche Rügen]) ein Gerichtsbeschluß herbeigeführt werden können.

21. Gericht darf Stenograph der Verteidigung nicht des Saales verweisen.

StPO § 338 Nr. 6; GVG §§ 169, 176, 177 – BGH Urt. v. 15. 1. 1963 – 5 StR 528/62 LG Hamburg (= BGHSt. 18, 179 = JR 1963, 307

Die Revision rügt, daß der Vorsitzende der Strafkammer am 7. Tage der Hauptverhandlung eine Angestellte des Verteidigers, die auf dessen Weisung Aufzeichnungen in Kurzschrift über die Vorgänge der Hauptverhandlung machte, aus dem Verhandlungssaal gewiesen hat.

Der Sachverhalt ergibt sich aus er Revisionsbegründung. – Das Rechtsmittel hatte Erfolg.

Gründe: Der Grundsatz der Öffentlichkeit der Verhandlung besagt, daß die Verhandlung vor dem erkennenden Gericht in der möglichen Gegenwart eines unbeteiligten Personenkreises vor sich gehen muß. Gegen ihn wird nicht nur verstoßen, wenn diese Möglichkeit schlechthin ausgeschlossen wird. Er kann auch dadurch verletzt werden, daß einzelnen Personen der Zutritt zur Verhandlung verwehrt wird oder sie aus dem Verhandlungsraum entfernt werden (BGHSt. 3, 386 [BGH Urt. v. 20. 1. 1953 – 1 StR 626/52; vgl. § 338 Nr. 6 StPO erfolglose Rügen]). Das ist hier geschehen.

§ 177 GVG bestimmt zwar, daß Parteien, Beschuldigte, Zeugen, Sachverständige oder bei der Verhandlung nicht beteiligte Personen auf Beschluß des Gerichts aus dem Sitzungssaal entfernt werden können, wenn sie den zur Aufrechterhaltung der Ordnung erlassenen Befehlen nicht gehorchen. So war es hier aber nicht. Die dienstliche Äußerung des Vorsitzenden der Strafkammer ergibt, daß weder ein Gerichtsbeschluß ergangen ist, noch die Angestellte des Verteidigers einem zur Aufrechterhaltung der Ordnung erlassenen Befehl nicht gehorcht hat.

Nun darf allerdings der Vorsitzende unter besonderen Umständen auch ohne Gerichtsbeschluß kraft eigener Sitzungspolizeigewalt (§ 176 GVG) einzelne Personen aus dem Verhandlungsraum weisen. Das setzt aber voraus, daß es sich um eine Maßnahme handelt, die nach § 176 GVG zur Aufrechterhaltung der Ordnung in der Sitzung erfolgt und sich im Rahmen des dem Vorsitzenden zustehenden Ermessens hält. Besteht dagegen für seine Maßnahme kein gesetzlicher Grund oder überschreitet der Vorsitzende sonst die Grenzen seines Ermessens, dann werden die Vorschriften über die Öffentlichkeit verletzt (BGHSt. 17, 201 [BGH Urt. v. 10. 4. 1962 – 1 StR 22/62; vgl. § 338 Nr. 6 StPO erfolgreiche Rügen]). Das war hier der Fall.

Es kann schon zweifelhaft sein, ob die Entfernung der Angestellten des Verteidigers aus dem Verhandlungssaal überhaupt eine Maßnahme war, die zur Aufrechterhaltung der Ordnung in der Sitzung getroffen wurde. Der Vorsitzende hat nach seiner dienstlichen Äußerung die Angestellte des Verteidigers nur deshalb aus dem Sitzungssaal gewiesen, weil sie auf Weisung des Verteidigers auch Aufzeichnungen über Äußerungen des Vorsitzenden machte und dieser befürchtete, der Verteidiger werde die Aufzeichnungen zur Rechtfertigung von Revisionsrügen in einem Zeitpunkt verwenden, in dem die Mitglieder des Gerichts kaum noch würden feststellen können, ob die Aufzeichnungen wahr seien. Jedenfalls hat der Vorsitzende bei dieser Maßnahme die Grenzen seines Ermessens überschritten.

Der Verteidiger ist grundsätzlich befugt, sich Aufzeichnungen in Kurzschrift über Vorgänge der Hauptverhandlung zu fertigen. Dabei kann es keinen Unterschied machen, ob er die Aufzeichnungen selbst herstellt oder sie durch eine andere Person herstellen läßt. Zu den Vorgängen, über die er sich Aufzeichnungen machen darf, gehören nicht nur Erklärungen des Angeklagten sowie Aussagen von Zeugen und Sachverständigen, sondern alle Vorgänge der Hauptverhandlung, also auch Äußerungen des Vorsitzenden. Der bloße Umstand, daß im vorliegenden Fall die Angestellte des Verteidigers auf dessen Weisung Aufzeichnungen in Kurzschrift über Äußerungen des Vorsitzenden machte, berechtigte den Vorsitzenden daher nicht, die Angestellte aus dem Verhandlungssaal zu weisen.

An dieser rechtlichen Beurteilung ändert die oben mitgeteilte Befürchtung des Vorsitzenden nichts. Der sich aus ihr ergebenden Gefahr konnte der Vorsitzende dadurch wirksam begegnen, daß er diejenigen seiner Äußerungen, bei denen er jene Befürchtung hatte, sofort in die Sitzungsniederschrift aufnehmen ließ.

Die Entfernung der Angestellten des Verteidigers aus dem Verhandlungssaal war daher verfahrensrechtlich nicht zulässig. Sie verletzte den Grundsatz der Öffentlichkeit.

Dem steht auch nichts entgegen, daß die Angestellte des Verteidigers als dessen Schreibgehilfin zugegen war. Das machte sie nicht zur Beteiligten. Sie gehörte vielmehr trotz dieser Tätigkeit zum Kreise der unbeteiligten Personen, deren Entfernung aus dem Verhandlungssaal, wenn sie verfahrensrechtlich unzulässig ist, den Grundsatz der Öffentlichkeit verletzt.

Das Urteil muß hiernach aufgehoben werden, weil der Verstoß gegen den Grundsatz der Öffentlichkeit ein unbedingter Revisionsgrund ist (§ 338 Nr. 6 StPO).

22. Verletzung des Öffentlichkeitsgrundsatzes wegen Ausschlusses eines Zuhörers.

StPO § 338 Nr. 6; GVG § 176 – BGH Urt. v. 10. 4. 1962 – 1 StR 22/62 Schwurgericht Waldshut (= BGHSt. 17, 201 = NJW 1962, 1260)

Die Revision rügt, eine sitzungspolizeiliche Maßnahme des Vorsitzenden, durch die er einen Zeugen des Saales verwies, habe den Grundsatz der Öffentlichkeit des Verfahrens verletzt. Durch die Hinausweisung eines Zeugen, die sachlich nicht gerechtfertigt gewesen sei, habe der Vorsitzende die Grenzen des ihm durch § 176 GVG gewährten pflichtmäßigen Ermessens überschritten.

Sachverhalt: Den Vorsitz im Schwurgericht hatte der damalige Landgerichtspräsident. Am zweiten Verhandlungstag wurde Frau Mathilde D. als Zeugin vernommen, die im Lauf ihrer Vernehmung recht erregt wurde und auch in Tränen ausbrach. Während ihrer Vernehmung wurde die Sitzung für kurze Zeit unterbrochen. Ob das geschah, weil das Gericht Rücksicht auf die Zeugin nehmen wollte oder weil der im Sitzungssaal anwesende Sachverständige dringend am Fernsprecher verlangt wurde, konnte der Senat nicht sicher ermitteln. Jedenfalls bemühte sich, als das Gericht vorübergehend den Verhandlungsraum verlassen hatte, der als Zuhörer anwesende Kriminalkommissar Sch. um Frau D., die immer noch weinte. Als das Gericht wieder erschien, legte Sch. einen für den Vorsitzenden bestimmten Zettel auf den Richtertisch. Darin stand, Frau D. sei im Augenblick unwohl. Darauf beruhe vielleicht ihr nervliches Versagen.

Der Vorsitzende, der dieses Verhalten des Kriminalkommissars als Einmischung in seine Verhandlungsleitung empfand, erklärte, er verbitte sich diese Einmischung. Zugleich sagte er nach seiner eigenen Erklärung zu Sch., es wäre ihm, dem Vorsitzenden, angenehm, wenn er gehe; nach der Darstellung des Staatsanwalts forderte der Vorsitzende Sch. auf, den Sitzungssaal zu verlassen. Kommissar Sch. packte seine Akten zusammen und verließ den Verhandlungsraum. Im unmittelbaren Anschluß daran erklärte der Vorsitzende, er möchte hier keine Polizeibeamten sehen, die hier nichts zu suchen hätten. – Aus der schon erwähnten späteren dienstlichen Erklärung des Vorsitzenden geht hervor, daß er sich bei jener Maßnahme gegen den Zuhörer von dem Gedanken leiten ließ, in Ausübung seiner Sitzungspolizeigewalt zu handeln. – Das Rechtsmittel hatte Erfolg.

Gründe: Sitzungspolizeiliche Maßnahmen des Vorsitzenden als solche können mit der Revision nicht angegriffen werden (vgl. BGH NJW 1957, 271 Nr. 21), wohl aber dann, wenn sie die Verteidigung des Angeklagten unzulässig beschränken, die wahrheitsgemäße Ermittlung des Sachverhalts gefährden oder die Grundsätze über die Öffentlichkeit verletzen (§ 169 GVG). Die Revision macht geltend, das Vorgehen des Vorsitzenden habe die Öffentlichkeit des Verfahrens unzulässig beschränkt. Sie hat recht.

Der Senat hat zwar in BGHSt. 3, 386, 388 (BGH Urt. v. 20. 1. 1953 – 1 StR 626/52; vgl. § 338 Nr. 6 StPO erfolglose Rügen) dahin entschieden, daß in den §§ 170 bis 174, 175 und 177 GVG die Gründe, aus denen einzelnen Personen in der Hauptverhandlung die Anwesenheit untersagt werden dürfe, nicht vollständig aufgeführt seien. Vielmehr sei eine unzulässige Beschränkung der Öffentlichkeit auch dann zu verneinen, wenn ein Zuhörer zum Verlassen des Sitzungssaals veranlaßt werde, weil seine Zeugenvernehmung in Betracht komme (§ 58 Abs. 1 StPO) oder weil gegen ihn wegen derselben Vorgänge, die in der betreffenden Sitzung verhandelt werden, ein Ermittlungsverfahren schwebe.

Um solche verfahrensrechtlichen Besonderheiten hat es sich jedoch hier nicht gehandelt, auch nicht um Verfahrenslagen, wie sie der Bundesgerichtshof in seinen Urteilen v. 17. 4. 1952 – 4 StR 210/51 (Dallinger MDR 1952, 410[1]) und 26. 6. 1959 – 4 StR 66/59 (S. 6) zu entscheiden hatte.

Es geht auch nicht um die Anwendbarkeit und Tragweite des § 175 Abs. 1 GVG. Nach seiner eigenen glaubhaften dienstlichen Erklärung war der Vorsitzende zwar verärgert darüber, daß der Kriminalkommissar, wie schon am Vortage, wieder in sehr leichter Sommerkleidung erschien, auf der Bank der Sachverständigen Platz nahm und in Akten blätterte. Er hat jedoch darin keinen Anlaß zu einem Einschreiten gesehen.

Er wies vielmehr den Kommissar wegen des schon geschilderten Vorfalls mit dem Zettel hinaus. Er traf diese Maßnahme auf Grund seiner Sitzungspolizeigewalt, wie er sie auffaßte. Ob sich der Vorsitzende innerhalb dieser Grenzen hielt, ist hier zu entscheiden. Nach § 176 GVG obliegt die Aufrechterhaltung der Ordnung in der Sitzung dem Vorsitzenden. Dabei ist ihm bezüglich der Art und Weise, wie er diese Ordnung, insbesondere den reibungslosen Verhandlungsablauf wahrt, ein Ermessensspielraum gewährt. Das liegt in der Natur der Sache, geht auch daraus hervor, daß das Gesetz hier (im Gegensatz zu den §§ 175 Abs. 1, 177 und 178 GVG) keine Beispiele nennt. Mit dieser Auffassung stimmt überein, daß nach anerkannter Rechtsmeinung die Sitzungspolizei ein Ausfluß der unabhängigen richterlichen Gewalt ist. Als Ordnungsmaßnahmen im Sinne des § 176 GVG mögen in erster Linie Weisungen, Rügen und die Androhung von Zwangsmaßregeln in Betracht kommen. Es lassen sich aber auch krasse Fälle denken, in denen der Vorsitzende einen Zuhörer, der die Sitzungsordnung (z.B. durch drohende Zurufe oder durch Ausschreitungen) tiefgreifend stört, von sich aus auf Grund seiner Sitzungspolizeigewalt (§ 176 GVG) hinausweisen darf. Es würde in solchem Fall dem Ansehen der Verhandlungsleitung und einem geordneten Rechtsgang schwer abträglich sein, wenn der Vorsitzende auch bei ganz groben Ordnungsverstößen erst den schwerfälligen Apparat einer Beschlußfassung durch das gesamte Gericht in Gang setzen müßte. Durch die Hinausweisung eines solchen Störers wird die Öffentlichkeit (§ 169 GVG) nicht beeinträchtigt, zumal wenn sich die Maßnahme nur auf einen oder einige wenige Störer bezieht und die Öffentlichkeit im übrigen nicht beschränkt oder beeinträchtigt wird. Die ungehinderte weitere Anwesenheit solcher Friedensstörer hat der Gesetzgeber bei Schaffung der Öffentlichkeitsgarantie nicht vor Augen gehabt.

Indes müssen solche Hinausweisungen bestimmter Zuhörer durch den Vorsitzenden auf ungewöhnliche Lagen beschränkt bleiben, zumal da § 182 GVG für sitzungspolizeiliche Maßnahmen gegen Unbeteiligte keine Protokollierung vorschreibt. Schwerwiegendere und einschneidendere Maßregeln im Rahmen des Vierzehnten Titels („Öffentlichkeit und Sitzungspolizei") sind nun einmal beim Kollegialgericht in die Hand des Gerichts und nicht in die des Vorsitzenden allein gelegt.

Im hier zu beurteilenden Fall jedenfalls hat der Vorsitzende durch die Hinausweisung des Kommissars die Grenzen des ihm durch § 176 GVG gewährten pflichtmäßigen Ermessens

---

1 „Eine ungestörte Durchführung der Verhandlung ist, wie das Urteil v. 17. 4. 1952 – 4 StR 210/51 ausspricht, ebenso wichtig wie die Kontrolle des Verfahrensgangs durch die Allgemeinheit. Führt der Verkehr im Zuhörerraum zu Störungen der Verhandlung, so ist der nach § 176 GVG für die Aufrechterhaltung der Ordnung verantwortliche Vorsitzende verpflichtet, Maßnahmen zu ergreifen, die sowohl eine störungsfreie Verhandlung als auch ihre Kontrolle durch die Öffentlichkeit ermöglichen. Ein zur Vermeidung weiterer Störungen erlassenes Verbot, den Zuhörerraum während eines eng begrenzten Verfahrensabschnitts zu betreten oder zu verlassen, hält sich im Rahmen der dem Vorsitzenden zustehenden Maßnahmen zur Aufrechterhaltung der Sitzungsordnung und ist keine unzulässige Beschränkung der Öffentlichkeit (§ 338 Nr. 6 StPO), zumal wenn beliebige Vertreter der Allgemeinheit anwesend bleiben. Ob die Tür zum Zuhörerraum auch während einer Beratungspause verschlossen war, ist unerheblich, weil die Beratung keinen Bestandteil der öffentlichen Verhandlung bildet (§ 193 GVG)."

überschritten. Durch die ersichtlich gut gemeinte, unauffällig übermittelte – wenn auch nicht sehr diplomatische – Botschaft des Zuhörers an den in den Saal zurückkehrenden Vorsitzenden wurden weder Würde und Ansehen des Gerichts noch der ordnungsmäßige Gang der Verhandlung beeinträchtigt. Vor allem – und das ist entscheidend – richtete sich die Maßnahme des Vorsitzenden, wie seine abschließende, erregte Äußerung über die Polizeibeamten im allgemeinen erkennen läßt, nicht so sehr gegen die Person des Kommissars als Zuhörer, sondern hatte den Sinn, allen Angehörigen der Kriminalpolizei den Zutritt zur Verhandlung zu verwehren (Art. 3 Abs. 1 GG). Die Reaktion des Vorsitzenden im Verlauf einer schwierigen, spannunggeladenen Hauptverhandlung mag menschlich noch so sehr verständlich sein. Jedenfalls hielt er sich mit seiner vom Unmut beeinflußten Maßnahme nicht mehr innerhalb der ihm durch § 176 GVG verliehenen Befugnisse.

Somit verletzte die Maßregel des Vorsitzenden, durch die ein Zuhörer, der der Verhandlung weiter beiwohnen wollte, aus dem Verhandlungssaal gewiesen wurde, die Vorschriften über die Öffentlichkeit (§ 169 GVG). Daß andere Zuhörer im Saal blieben, ist angesichts der grundlegenden Bedeutung der Öffentlichkeit (BGHSt. 2, 56, 57 [BGH Urt. v. 21. 12. 1951 – 2 StR 480/51; vgl. § 338 Nr. 6 StPO erfolgreiche Rügen]) in Fällen der vorliegenden Art unerheblich. Das Urteil gegen den Angeklagten ist daher nach der zwingenden Vorschrift des § 338 Nr. 6 StPO als auf einer Verletzung des Gesetzes beruhend anzusehen und demnach mit den Feststellungen aufzuheben.

23. Ausschluß der Öffentlichkeit nur für den Verfahrensabschnitt zulässig, der in dem Ausschließungsbeschluß genannt ist.

StPO § 338 Nr. 6; GVG § 174 Abs. 1 – BGH Urt. v. 24. 2. 1955 – 3 StR 543/54 Schwurgericht Duisburg (= BGHSt. 7, 218 = NJW 1955, 759)

Die Revision rügt, daß nach einem Beschluß über den Ausschluß der Öffentlichkeit für die Dauer der Vernehmung des Angeklagten entgegen dem klaren Inhalt dieses Beschlusses die Öffentlichkeit erst wieder nach Beendigung der Beweisaufnahme hergestellt worden ist.

Sachverhalt: Nach der Vernehmung des Angeklagten zur Person und der Verlesung des Eröffnungsbeschlusses beschloß und verkündete das Gericht den Ausschluß der Öffentlichkeit „für die Dauer der Vernehmung des Angeklagten zur Sache wegen Gefährdung der Sittlichkeit". In nichtöffentlicher Verhandlung wurde der Angeklagte sodann zur Sache gehört; danach wurden drei geladene Zeugen, von deren Vernehmung das Gericht nach dem Ergebnis der Einlassung des Angeklagten zur Sache absah, entlassen und der ärztliche Sachverständige über die Verantwortlichkeit des Angeklagten gehört. Bevor das geschah, gestattete das Gericht dem Justizoberinspektor M. die Anwesenheit. Nach dem dann folgenden Beschluß über die Nichtvereidigung des Sachverständigen wurde noch Beweis erhoben durch Besichtigung des Tatwerkzeugs, die Beweisaufnahme sodann geschlossen und nunmehr die Öffentlichkeit wieder hergestellt. – Das Rechtsmittel hatte Erfolg.

Gründe: Daß die Öffentlichkeit nicht im weitest zulässigen Umfang (§§ 172 ff. GVG), sondern nur für die Vernehmung des Angeklagten zur Sache ausgeschlossen werden sollte, beweist der in der Niederschrift unzweideutig festgestellte Wortlaut des verkündeten Beschlusses. Beweise für einen etwaigen abweichenden Willen des Gerichts sind nur gemäß § 274 StPO zugelassen und kommen hier nicht in Betracht. Eine Berichtigung der Sitzungsniederschrift wegen Verkündungsirrtums wäre selbst dann ausgeschlossen, wenn sie eine sachliche Grundlage hätte, weil sie der bereits erhobenen Verfahrensrüge den Boden entzöge (BGHSt. 2, 125 [BGH Urt. v. 19. 12. 1951 – 3 StR 575/51; vgl. § 274 StPO erfolgreiche Rügen]). Sie wäre nur bis zum Eingang der Rüge bei Gericht zulässig gewesen (BGH JZ 1952, 281). Die teilweise abweichenden dienstlichen Äußerungen des Vorsitzenden und des Vertreters der Staatsanwaltschaft sind daher unverwertbar. Hiernach steht für das Revisionsgericht fest, daß die Öffentlichkeit nur für den durch die Vorschrift des § 243 Abs. 3 StPO gekennzeichneten Teil der Hauptverhandlung ausgeschlossen worden ist und daß der Ausschluß ohne Rechtsgrund (§ 174 Abs. 1 GVG) noch während der Beweisaufnahme angedauert hat. Dies ist nach der zwingenden Vorschrift des § 338 Nr. 6 StPO ein unbedingter Revisionsgrund (vgl. BGHSt. 1, 334 [BGH Urt. v. 25. 9. 1951 – 1 StR 464/51; vgl. § 338 Nr. 6 StPO erfolgreiche Rügen]; 4, 279 [BGH Urt. v. 22. 5. 1953 – 2 StR 539/52; vgl. § 338 Nr. 6 StPO erfolgreiche Rügen]).

Das Reichsgericht hat zwar sinngemäß ausgesprochen: Werde die Öffentlichkeit nur für bestimmte Verfahrensvorgänge ausgeschlossen, so erfasse der Ausschluß ohne weiteres auch solche andern Vorgänge, die diesem Verfahrensteil sachlich zugehören oder sich unmittelbar aus ihm entwickeln (RGSt 70, 110). Ob dem uneingeschränkt beizutreten ist, kann hier offenbleiben; die abschließende Vernehmung des Sachverständigen und die Besichtigung des Tatwerkzeugs als Akt der Beweisaufnahme gehören, wie der gesetzliche Aufbau der Hauptverhandlung ohne weiteres ergibt (§§ 243 Abs. 3, 244 Abs. 1 StPO), nicht mehr zur Vernehmung des Angeklagten zur Sache. Anders könnte es vielleicht liegen, wenn der Vorsitzende jene Vorgänge aus triftigen Gründen, soweit zulässig (BGHSt. 3, 384 [BGH Urt. v. 9. 1. 1953 – 1 StR 620/52; vgl. § 247 StPO erfolglose Rügen]), ausnahmsweise in die Sachvernehmung des Angeklagten eingefügt hätte. Dafür besteht hier nach der Sach- und Verfahrenslage jedoch kein Anhalt; nach der Sitzungsniederschrift bildeten sie bereits die Beweisaufnahme; die Sachvernehmung des Angeklagten war vorher beendet worden. Deshalb ist auch aus der Vorschrift des § 257 StPO nichts Abweichendes herzuleiten. Sie gewährleistet, daß sich der Angeklagte während der Beweisaufnahme zu dem jeweiligen Beweisergebnis erklären kann. Gewiß bildet sie sachlich einen Teil seiner Einlassung zur Sache und führt mitunter zu Erklärungen, die das Ergebnis der vorangegangenen förmlichen Vernehmung zur Sache ergänzen oder ändern; sie gehört jedoch einem späteren Verfahrensabschnitt an.

Daß dem Justizoberinspektor M. vor der Vernehmung des Sachverständigen die Anwesenheit gestattet wurde, kann diese Rechtsfolge nicht ändern. Ein Beschluß, der die Öffentlichkeit ausschließt, muß gemäß § 174 Abs. 1 Satz 2 GVG öffentlich verkündet werden und den weiteren Voraussetzungen dieser Vorschrift genügen. Daran fehlt es; abgesehen davon besagt die Sitzungsniederschrift nicht, daß überhaupt ein Gerichtsbeschluß hierüber ergangen ist. Die Vorschrift des § 174 Abs. 1 GVG bestimmt ein unverzichtbares Mindestmaß an Verfahrenssicherheiten und fordert unter allen Umständen Beachtung (BGHSt. 1, 334; 2, 56 [BGH Urt. v. 21. 12. 1951 – 2 StR 480/51; vgl. § 338 Nr. 6 StPO erfolgreiche Rügen]). Daß in einer solchen Erlaubnis erkennbar die Absicht des Gerichts hervortritt, weiterhin nichtöffentlich zu verhandeln, reicht zur Beachtung der zwingenden Formvorschrift des § 174 Abs. 1 GVG nicht aus.

Die Bestimmungen über die Öffentlichkeit der Hauptverhandlung schreiben keine leere Form vor. Sie gewährleisten, daß sich die Erkenntnistätigkeit der Strafgerichte, soweit nicht zwingende Gründe entgegenstehen, öffentlich und nicht hinter verschlossenen Türen abspielt, ohne vermeidbaren Mißdeutungen ausgesetzt zu sein, – weiterhin, daß die Öffentlichkeit, wenn ein gesetzlicher Grund dafür vorliegt, nur unter Beachtung der gesetzlichen Formen ausgeschlossen werden darf. Die in ihnen gezogenen Grenzen sind daher streng zu beachten, weil die Verfahrenssicherheit der Öffentlichkeit sonst, wie den Entscheidungen RGSt 69, 175, 178 und 70, 109, 112 entnommen werden kann, in die Gefahr gerät, sich in eine nicht weiter abgrenzbare bloße Förmlichkeit aufzulösen.

24. Die Öffentlichkeit braucht auch genügend Platz (vgl. RGSt 47, 322; 52, 137).

StPO § 338 Nr. 6 – BGH Urt. v. 10. 11. 1953 – 5 StR 445/53 LG Verden/Aller (= BGHSt. 5, 75 = NJW 1954, 281)

Die Revision rügt, da die räumlichen Verhältnisse anläßlich einer Zeugenvernehmung in einem kleinen Einzelzimmer in einem Krankenhaus nicht einmal allen Prozeßbeteiligten die Möglichkeit eröffnet hätten, an der Verhandlung in dem Einzelzimmer teilzunehmen, sei der Zutritt für Unbeteiligte unmöglich gewesen.

Sachverhalt: Die Strafkammer verhandelte am 9. 4. 1953 im Rathaus in D. Am Schluß des ersten Verhandlungstages wurde beschlossen, am nächsten Morgen die Räumlichkeiten im Staatlichen Gesundheitsamt in Anwesenheit aller Prozeßbeteiligten zu besichtigen. Dies geschah am 10. 4. 1953. Nachdem im Gesundheitsamt der dort anwesende Gesundheitspfleger K. als Zeuge vernommen worden war, begaben sich nach dem Hauptverhandlungsprotokoll die Beteiligten „in das Kreiskrankenhaus D. ... Im Krankenhaus wurde ein Augenschein eingenommen.

Sodann begaben sich der Angeklagte L. mit seinem Verteidiger, die Rechtsanwälte Dr. B. und M. mit den beiden Sachverständigen sowie das Gericht, der Staatsanwalt und der Urkundsbeamte der Geschäftsstelle in ein Einzelzimmer zur Vernehmung der Krankenschwestern L. S. und F. T. Wegen der räumlichen Verhältnisse wurde im allseitigen Einverständnis auf die Teilnahme weiterer Beteiligter in diesem Raum verzichtet. Die Möglichkeit der Teilnahme war jedem der Beteiligten gegeben."

In dem Einzelzimmer wurden die beiden Krankenschwestern als Zeuginnen eidlich vernommen und der schon vorher im Gesundheitsamt gehörte Zeuge K. vereidigt. Danach wurde die Hauptverhandlung in Anwesenheit aller Beteiligten im Rathaussaal in D. fortgesetzt. – Das Rechtsmittel hatte Erfolg.

Gründe: Die Hauptverhandlung ist nur dann öffentlich, wenn beliebige Zuhörer, sei es auch nur in sehr begrenzter Zahl, die Möglichkeit des Zutritts haben. Begehrt niemand Einlaß, so müßte doch einem solchen Wunsche, würde er erkennbar, entsprochen werden können. Das war hier nicht möglich. Dieser Teil der Hauptverhandlung war daher nicht öffentlich. Das kann dem Gericht auch nicht entgangen sein.

Die Öffentlichkeit der Verhandlung ist allerdings dann nicht gesetzwidrig beschränkt, wenn das Gericht einen Augenschein wegen der Enge der zu besichtigenden Örtlichkeit nur ohne Behinderung durch Zuschauer ordnungsgemäß durchführen kann. In einem solchen Falle kann der Vorsitzende, um nach § 176 GVG die Ordnung in der Sitzung während der Ortsbesichtigung aufrechtzuerhalten, Unbeteiligte fernhalten.

So lag es hier jedoch nicht. Das Landgericht besichtigte das Einzelzimmer nicht, sondern vernahm darin zwei Krankenschwestern als Zeuginnen und vereidigte einen vorher gehörten Zeugen. Es war nicht notwendig, diesen Teil der Hauptverhandlung in dem engen Zimmer durchzuführen. Am Tage zuvor war dem Gericht nach der dienstlichen Äußerung des Vorsitzenden und des Sitzungsvertreters der Staatsanwaltschaft mitgeteilt worden, eine der beiden Krankenschwestern sei wegeunfähig krank. Aus diesem Grunde wurde in Aussicht genommen, am nächsten Tage beide Zeuginnen im Krankenhaus zu vernehmen, „weil die Schwestern bei der Besichtigung der Räumlichkeiten dieser Anstalt doch notwendig waren" (dienstliche Äußerung des Vorsitzenden). Bei der Vernehmung war jedoch, wie der Sitzungsvertreter der Staatsanwaltschaft erklärt hat, keine der beiden Zeuginnen mehr bettlägerig krank. Hiernach bestand jedenfalls kein zwingender Grund, auch die andere Zeugin in dem Einzelzimmer zu vernehmen und den Zeugen K. dort zu vereidigen. Der damit verbundene Wegfall der Öffentlichkeit der Verhandlung war insbesondere nicht – wie in dem erwähnten Falle der Augenscheinseinnahme – durch sitzungspolizeiliche Erwägungen gerechtfertigt.

25. Urteilsverkündung ohne Öffentlichkeit ist absoluter Revisionsgrund.

StPO § 338 Nr. 6; GVG §§ 169, 173 – BGH Urt. v. 22. 5. 1953 – 2 StR 539/52 LG Bonn (= BGHSt. 4, 279 = NJW 1953, 1442 = JZ 1953, 674)

Die Revision rügt, daß die Öffentlichkeit bei der Verkündung des Urteils ausgeschlossen gewesen sei.

Sachverhalt: Nach der Sitzungsniederschrift hat der Vorsitzende nach Verlesung des Eröffnungsbeschlusses und nach Anhörung der Prozeßbeteiligten den Beschluß verkündet: „Die Öffentlichkeit wird wegen Gefährdung der Sittlichkeit ausgeschlossen". Das Protokoll ergibt auch, daß der Beschluß durchgeführt worden ist. Es enthält aber nicht die Angabe, daß die Öffentlichkeit bei der Verkündung des Urteils wieder hergestellt war. – Das Rechtsmittel hatte Erfolg.

Gründe: Der Vorsitzende hat das Urteil in nicht öffentlicher Sitzung verkündet, §§ 272 Nr. 5, 273, 274 StPO. Das ist aus zwei Gründen verfahrensrechtlich fehlerhaft. Die Verkündung des Urteilssatzes in nicht öffentlicher Sitzung ist nach § 173 Abs. 1 GVG schlechthin unzulässig. Für die Verkündung der Urteilsgründe kann zwar nach § 173 Abs. 2 GVG die Öffentlichkeit ausgeschlossen werden, jedoch nur durch einen „besonderen" Beschluß des Gerichts, für den erst nach der Beweisaufnahme Raum ist (RGSt 60, 279; 69, 175). Ein solcher Beschluß ist nicht ergangen. Diese Mängel führen zur Aufhebung des Urteils.

Nach § 338 Nr. 6 StPO beruht das Urteil stets auf einer Verletzung des Gesetzes, wenn es auf Grund einer mündlichen Verhandlung ergangen ist, bei der die Vorschriften über die Öffentlichkeit des Verfahrens verletzt sind. Diese Bestimmung steht der Revision dann zur Seite, wenn zur „mündlichen Verhandlung" auch die Verkündung des Urteils gehört; denn erst hierbei hat der Vorderrichter den Vorschriften über die Öffentlichkeit des Verfahrens (§ 173 Abs. 1 und Abs. 2 GVG) zuwidergehandelt.

Die Strafprozeßordnung verwendet sonst den Begriff „mündliche Verhandlung" nicht. Sie kennt nur die „Hauptverhandlung", die mit dem Aufruf der Zeugen und Sachverständigen beginnt (§ 243 Abs. 1 StPO) und mit der Verkündung des Urteils schließt (§ 260 Abs. 1 S. 1 StPO). So spricht auch § 338 Nr. 5 StPO nicht von der „mündlichen Verhandlung", sondern von der „Hauptverhandlung", die in Abwesenheit einer Person stattgefunden hat, deren Anwesenheit das Gesetz vorschreibt. Daraus ist jedoch nicht zu folgern, daß § 338 Nr. 6 StPO unter der „mündlichen Verhandlung" nur den Teil der Hauptverhandlung versteht, der der Urteilsverkündung vorausgegangen ist. Es ist vielmehr mit der „mündlichen Verhandlung" die „Hauptverhandlung" gemeint. Das ergibt sich aus folgendem:

1. Der § 338 Nr. 6 StPO stimmt wörtlich überein mit dem § 551 Nr. 6 ZPO. Das Preußische Justizministerium hat die Entwürfe zu beiden Gesetzen gleichzeitig bearbeitet und danach dem Bundesrat vorgelegt. Die Motive des Entwurfs zur Strafprozeßordnung (Motive z. d. Entwurf einer Dt. StPO, Berlin 1872, R. v. Decker S. 6) und die Vorbemerkung, die dem Abdruck des Entwurfs in Goltd Arch Bd. 21 S. 5 ff. vorangestellt ist, bringen deutlich zum Ausdruck, daß beide Entwürfe zueinander „im engsten und untrennbaren Zusammenhange" stehen. Auch der Reichstag hat beide Gesetze unmittelbar hintereinander verabschiedet. Daraus ist zu schließen, daß in § 338 Nr. 6 StPO der Wortlaut des § 551 Nr. 6 ZPO übernommen worden ist. Die Motive zu dieser Bestimmung enthalten aber ausdrücklich die Bemerkung: „Unter Nr. 6 fällt auch der Fall, daß die Vorschriften über die Öffentlichkeit bei der Verkündung der bereits gefällten Entscheidung (§§ 267, 279 Abs. 1) verletzt werden ..." (Entwurf einer deutschen Zivilprozeßordnung, Berlin 1872, R. v. Decker S. 417, 418).

2. Grundlage beider Verfahrensordnungen ist eine gemeinsame Gerichtsverfassung (Motive z. d. Entwurf einer StPO a.a.O.). Die Strafprozeßordnung und das Gerichtsverfassungsgesetz stehen deshalb auch zueinander in nahem, sachlichem Zusammenhang. Nach

§ 169 GVG ist nun die Verhandlung vor dem erkennenden Gericht einschließlich der Verkündung der Urteile und Beschlüsse öffentlich. Diese Bestimmung macht also keinen Unterschied zwischen der Verkündung der Entscheidungen und dem ihr vorausgehenden Verfahrensabschnitt, bezieht vielmehr die Verkündung in den Begriff der Verhandlung ausdrücklich ein. Bei der engen Beziehung, die zwischen der Verfahrensordnung und der Gerichtsverfassung besteht, auf die sie sich gründet, ist anzunehmen, daß der Begriff der Verhandlung in § 338 Nr. 6 StPO kein anderer sein kann als in § 169 GVG.

3. Die §§ 171a, 172 GVG gestatten es, die Öffentlichkeit für die Verhandlung oder für einen Teil davon unter bestimmten Voraussetzungen auszuschließen. Dies gilt jedoch nicht für die Verkündung des Urteilssatzes, § 173 Abs. 1 GVG. Sie muß immer öffentlich geschehen. Diese Regelung ist nicht zufällig, wie die geschichtliche Entwicklung zeigt. Der Entwurf des Gerichtsverfassungsgesetzes bot in den §§ 139 ff. die Möglichkeit, die Öffentlichkeit für einen Teil der Verhandlung auszuschließen, ohne die Verkündung des Urteils auszunehmen. Er fand keine Billigung. § 174 GVG (RGBl 1877, 41 ff.) bestimmte vielmehr, daß das Urteil einschließlich der Gründe in jedem Falle öffentlich zu verkünden sei. Das Gesetz vom 5. April 1888 (RGBl. 1888, 133) ließ dann zwar den Ausschluß der Öffentlichkeit auch für die Verkündung der Urteilsgründe zu, hielt aber daran fest, daß der Urteilssatz stets öffentlich verkündet werden müsse. Daraus folgt, daß das Gerichtsverfassungsgesetz die Öffentlichkeit bei der Verkündung des Entscheidungssatzes das Urteils als ein besonders wesentliches, zwingendes Merkmal des Strafverfahrens ansieht. Ist aber die Verletzung der Vorschriften über die Öffentlichkeit schon in einem Verfahrensabschnitt, in dem die Öffentlichkeit an sich ausgeschlossen werden darf, ein unbedingter Revisionsgrund nach § 338 Nr. 6 StPO, so muß dies erst recht für die Verkündung des Urteils gelten, die niemals in nicht öffentlicher Sitzung geschehen darf. Andernfalls würde die Verkündung des Urteilssatzes, die das Gerichtsverfassungsgesetz als besonders bedeutsamen Vorgang in § 173 von der allgemeinen Regelung der §§ 171a, 172 ausnimmt, weniger Schutz genießen als der vorangehende Teil der Verhandlung, dessen einwandfreien Ablauf § 338 Nr. 6 StPO sichern will. Außerdem würde die Strafprozeßordnung einem nach dem Gerichtsverfassungsgesetz besonders wichtigen Vorgang nur eine geringere Bedeutung beimessen. Das ist nach der Ansicht des Senats ausgeschlossen, weil beide Gesetze als eine einheitliche Verfassungs- und Verfahrensordnung der Strafrechtspflege aufzufassen sind.

4. Es ist nicht zweifelhaft, daß Verstöße gegen § 173 Abs. 1 und Abs. 2 GVG, wenn man sie nicht als unbedingte Revisionsgründe nach § 338 Nr. 6 StPO ansieht, jedenfalls dann zur Aufhebung des Urteils führen müßten, wenn es auf ihnen beruht, § 337 StPO. Dieser Nachweis ist aber ohne Verletzung des Beratungsgeheimnisses nicht zu führen. Infolgedessen würden Verfahrensrügen, die eine Verletzung des § 173 GVG geltend machen, niemals durchdringen. Die Gerichte des ersten Rechtszuges könnten also durch das Revisionsgericht niemals genötigt werden, die Bestimmung des § 173 Abs. 1 GVG zu beachten. Das kann nicht der Sinn des Gesetzes sein.

Der Senat ist deshalb der Auffassung, daß nach der Entstehungsgeschichte des § 338 Nr. 6 StPO und seinem Zusammenhang mit den Vorschriften des Gerichtsverfassungsgesetzes über die Öffentlichkeit des Verfahrens unter der „mündlichen Verhandlung" die Hauptverhandlung zu verstehen ist. In einem Verstoß gegen § 173 GVG liegt also ein unbedingter Revisionsgrund. Das ist auch zunächst die ständige Rechtsprechung des Reichsgerichts gewesen (RGSt 57, 26; 60, 279). Erst vom Jahre 1935 ab ist es hiervon abgewichen (RGSt 69, 175; 71, 377). Es hat nunmehr als „mündliche Verhandlung" nur die „Verhandlung zwischen dem Gericht und den Beteiligten" angesehen, zu der die Urteilsverkündung nicht gehöre. Der Wortlaut des § 338 Nr. 6 StPO spricht entgegen der neuen Meinung des Reichsgerichts nicht für diese Auslegung; denn auf ihn hat es sich in RGSt 35, 103, 106 gerade für die entgegengesetzte Ansicht berufen. Entscheidend scheint deshalb für das Reichsgericht das Bestreben gewesen zu sein, „förmliche Bindungen zu beseitigen" und

„demgemäß die unbedingten Revisionsgründe in ihrem Anwendungsgebiete zu verengern" (RGSt 71, 383). Das aber hält der Senat für sachlich nicht gerechtfertigt. Gerade auf dem Gebiete des Strafverfahrens ist es ein rechtsstaatliches Anliegen, daß die Gerichte das Recht innerhalb der gesetzlichen Schranken zu finden suchen. Das gilt in besonderem Maße für die Öffentlichkeit der Verhandlung. Sie ist eine alte demokratische Forderung, die in das Bewußtsein des Volkes als eine Selbstverständlichkeit eingegangen ist und gegen jede Abschwächung geschützt werden muß (BGHSt. 1, 334 [BGH Urt. v. 25. 9. 1951 – 1 StR 464/51; vgl. § 338 Nr. 6 StPO erfolgreiche Rügen]; 2, 56 [BGH Urt. v. 21. 12. 1951 – 2 StR 480/51; vgl. § 338 Nr. 6 StPO erfolgreiche Rügen]). Die strenge Beachtung der Bestimmungen, die die Öffentlichkeit des Verfahrens gewährleisten sollen, dient deshalb unmittelbar der staatlichen Rechtspflege und fördert das Vertrauen des Volkes zu der Rechtsprechung seiner Gerichte.

26. Begründung bei Ausschluß der Öffentlichkeit zwingend erforderlich.

StPO § 338 Nr. 6; GVG § 174 I S. 3 – BGH Urt. v. 21. 12. 1951 – 2 StR 480/51 LG Bad Kreuznach (= BGHSt. 2, 56 = NJW 1952, 153)

Die Revision rügt, daß ein die Öffentlich ausschließender Gerichtsbeschluß nicht begründet worden ist.

Sachverhalt: Nach der Sitzungsniederschrift ist folgender Beschluß verkündet worden:

„Die Öffentlichkeit wird während der Vernehmung des Zeugen M. ausgeschlossen."

Es heißt dann: „Der Beschluß wurde ausgeführt." – Das Rechtsmittel hatte Erfolg.

Gründe: Nach § 172 GVG darf das Gericht die Öffentlichkeit nur ausschließen, wenn „eine Gefährdung der öffentlichen Ordnung, ... eine Gefährdung der Sittlichkeit oder ..." zu besorgen ist. Der § 174 Abs. 1 GVG bestimmt, daß bei der Verkündung „anzugeben" ist, „aus welchem Grunde die Öffentlichkeit ausgeschlossen worden ist". Nach der maßgebenden Sitzungsniederschrift ist das nicht geschehen. Das rügt die Revision mit Recht. Hiernach ist in Übereinstimmung mit der Entscheidung des 1. Strafsenats vom 25. 9. 1951 (BGHSt. 1, 334 [BGH Urt. v. 25. 9. 1951 – 1 StR 464/51; vgl. § 338 Nr. 6 StPO erfolgreiche Rügen]) der zwingende Revisionsgrund des § 338 Nr. 6 StPO gegeben, der ohne weitere Nachprüfung zur Aufhebung des Urteils führen muß. Diese Folgerung ist nicht etwa formalistisch, sie beruht vielmehr auf grundlegenden Rechtsgedanken, die in den §§ 169 ff. GVG verkörpert sind. Die Öffentlichkeit der Verhandlungen ist eine alte demokratische Forderung. Schon in § 178 der Verfassung des Deutschen Reiches vom 28. 3. 1849 war bestimmt, daß „das Gerichtsverfahren öffentlich und mündlich sein soll". Die Verfassungsurkunde des Preußischen Staates vom 31. 1. 1850 übernahm diesen Grundsatz in Art. 93, indem sie bestimmte, daß „die Verhandlungen vor den erkennenden Gerichten in Civil- und Strafsachen öffentlich sein sollen". Die §§ 169 ff. des GVG halten diesen Grundsatz aufrecht. Er ist inzwischen in das Bewußtsein des Volkes als eine Selbstverständlichkeit eingegangen. Das darf jedoch nicht dazu führen, daß die Gerichte ihn durch eine lässige Handhabung rechtlich abschwächen. Die Bestimmungen über die Öffentlichkeit haben die Aufgabe, die Öffentlichkeit der Verhandlung als wesentliche Bedingung des öffentlichen Vertrauens zur Rechtsprechung der Gerichte zu sichern. Die Allgemeinheit soll jederzeit die Möglichkeit haben, einem Gerichtsverfahren beizuwohnen und zu beobachten, ob das Recht gewahrt wird. Diese Allgemeinheit darf nur unter bestimmten im Gesetz genau vorgesehenen Voraussetzungen ausgeschlossen werden; wenn es geschieht, soll sie durch den Beschluß des Gerichtes erfahren, aus welchem Grunde ihr die Beobachtungsmöglichkeit entzogen wird. Das ist übrigens auch deshalb von Bedeutung, weil die Ausschließung je nach dem Grunde verschiedene Folgen hat; vgl. § 174 Abs. 2 GVG und § 184b StGB.

Da der § 174 Abs. 1 Satz 3 ausdrücklich die „Angabe" der Gründe vorschreibt, so genügt es auch nicht etwa, daß sich der Ausschließungsgrund aus den Umständen, namentlich aus dem Gegenstande des Verfahrens ergibt. Es mag zwar Fälle geben, in denen der Grund leicht erkennbar ist; denkbar sind aber auch Grenzfälle, in denen es unklar oder zweifelhaft bleibt, was zur Ausschließung der Öffentlichkeit geführt hat. Das Gesetz macht bewußt keine Ausnahme und darf daher nicht in dem Sinne ausgelegt werden, daß die „Angabe" von Gründen im Einzelfalle durch den stillschweigenden Hinweis auf den verhandelten Gegenstand ersetzt werden könnte. Sowohl der Ausschließungsbeschluß wie die Angabe des Grundes – beides zugleich „Förmlichkeiten" i.S. des § 274 StPO – gehören zu den grundsätzlichen Bestimmungen über die Öffentlichkeit: Die Gründe sind deshalb in die Sitzungsniederschrift aufzunehmen, und nur sie erbringt den Beweis dafür, daß die Vorschrift des § 174 Abs. 1 Satz 3 gewahrt ist (§ 274 Satz 1 StPO). Die Verletzung des § 174 Abs. 1 Satz 3 fällt mithin unter § 338 Nr. 6 StPO. Der Bundesgerichtshof schließt sich damit der Rechtsprechung an, die das Reichsgericht bis zuletzt sowohl für das Strafverfahren wie für das bürgerlichrechtliche Verfahren befolgt hat; vgl. für das Strafverfahren RGSt 70, 112).

27. Beschluß über Ausschluß der Öffentlichkeit muß den Grund nennen.

StPO § 338 Nr. 6, GVG § 174 I S. 3 – BGH Urt. v. 25. 9. 1951 – 1 StR 464/51 Schwurgericht Nürnberg-Fürth (= BGHSt. 1, 334 = NJW 1952, 153)

Die Revision rügt, daß zwei von der Kammer verkündete Beschlüsse über die Ausschließung der Öffentlichkeit keine Begründung enthalten.

Sachverhalt: Die Öffentlichkeit wurde in der Hauptverhandlung viermal ausgeschlossen, zunächst für einen Teil der Vernehmung des Angeklagten Sch. „wegen Gefährdung der guten Sitten". Insoweit ist keine Verfahrensrüge erhoben. Der zweite Ausschließungsbeschluß ist während der Vernehmung der Angeklagten K. nach der Sitzungsniederschrift dahin verkündet worden: „Die Öffentlichkeit wird für die weitere Vernehmung der Angeklagten ausgeschlossen ...". Der Ausschließungsgrund ist nicht angegeben. Der dritte, am nächsten Sitzungstage verkündete Beschluß lautete: „Es wird die Öffentlichkeit für die weitere Vernehmung der Angeklagten ausgeschlossen ...". Der vierte Beschluß erging dann auf Ausschließung wegen Gefährdung der Sittlichkeit. – Das Rechtsmittel hatte Erfolg.

Gründe: Nach § 174 Abs. 1 Satz 3 GVG ist bei der öffentlichen Verkündung des Beschlusses anzugeben, aus welchem Grunde die Öffentlichkeit ausgeschlossen wird. Diesem Erfordernis entsprechen die beiden Beschlüsse nicht, weil sie keinen Ausschließungsgrund angeben. Es reicht nicht aus, daß der nicht mitgeteilte Ausschließungsgrund aus dem Sachzusammenhang hervorgeht, etwa daraus, daß ein ausreichend begründeter anderer Ausschließungsbeschluß oder ein begründeter Antrag vorausgegangen ist, oder daß etwa wie hier die Sachlage dafür spricht, daß das Gericht die Gefährdung der Sittlichkeit habe verhüten wollen.

Nach § 174 GVG „ist" der Ausschließungsgrund „bei der Verkündung" des Beschlusses „anzugeben". Das läßt sich sprachlich nicht dahin verstehen, daß er sich auch aus dem – selbst offensichtlichen – Sachzusammenhang ergeben dürfe, denn die Grundangabe ist nicht dasselbe wie ein stillschweigendes Verweisen auf eine vom Gericht für unmißverständlich erachtete Sachlage. Entsprechend hat das Reichsgericht dahin entschieden, angesichts des zwingenden § 174 Abs. 1 GVG könne es nicht darauf ankommen, ob sich der Grund der Öffentlichkeitsbeschränkung im einzelnen Falle aus der Art der verhandelten Sache erkennen lasse (RGSt 25, 249). Jedes Absehen von der zwingenden Grundangabe im Beschluß selbst würde die Vorschrift in nicht weiter abgrenzbarer Weise aushöhlen. Auch der Gesetzeszweck steht der ausdehnenden Auslegung entgegen. Die Öffentlichkeit der

Hauptverhandlung gehört zu den Grundlagen des Strafverfahrens. Der Gesetzgeber legt der Einhaltung der darüber erlassenen Vorschriften entscheidendes Gewicht bei; sonst würde er in ihrer Verletzung keinen unbedingten Revisionsgrund (§ 338 Nr. 6 StPO) sehen. Das zwingt dazu, gegen jede ausdehnende Auslegung Zurückhaltung zu üben. Die Grundangabe im Beschluß soll den Prozeßbeteiligten und der Öffentlichkeit nach dem Willen des Gesetzes wenigstens einen allgemeinen Anhalt für den Ausschließungsgrund bieten, mit dem sie sich zwar ohne nähere Begründung zu begnügen hat, aus dem aber immerhin hervorgeht, daß das Gericht einen gesetzlichen Ausschließungsgrund nach gehöriger Prüfung für gegeben hält (RGSt 70, 112). Dabei kann es hier dahinstehen, ob sich die Begründung in erster Linie an die Prozeßbeteiligten, an eine allgemein zu verstehende „Öffentlichkeit", an die gerade anwesenden Zuhörer oder an alle gemeinsam richtet. Die Sitzungsniederschrift ergibt nämlich hier, daß der erste Ausschließungsbeschluß zwar mit einer Begründung (Gefährdung der „guten Sitten") verkündet worden ist, daß dies aber während der Vernehmung des Angeklagten Sch. geschah, während der die Angeklagte K. aus dem Sitzungssaal entfernt war. Der zweite Beschluß wurde in Abwesenheit des aus dem Sitzungssaal entfernten Angeklagten Sch. verkündet, so daß nicht einmal die Angeklagten sich durch Schlüsse aus dem Gesamtverlauf eine sichere Vorstellung von den Ausschließungsgründen hätten bilden können. Die Grundangabe zwingt das Gericht außerdem, sich die eng gefaßten gesetzlichen Ausschließungsgründe bei der Beschlußfassung vor Augen zu führen, und ermöglicht es den Prozeßbeteiligten, die Rechtmäßigkeit des Beschlusses auf sicherer Grundlage zu prüfen, was bei der stillschweigenden Verweisung auf den Sachverhalt nicht möglich wäre. Endlich sind auch die Rechtsfolgen der verschiedenen Ausschließungsgründe des § 172 GVG nach § 174 Abs. 2 GVG verschieden. Alles das spricht dafür, daß jeder Ausschließungsbeschluß nach § 172 GVG aus sich selbst heraus verständlich sein muß. Wesentliche praktische Verfahrensgründe stehen dem nicht entgegen. Das Gesetz fordert damit vom Gericht auch nichts schwer Erfüllbares oder die Hauptverhandlung besonders Erschwerendes. Der unbedingte Revisionsgrund des § 338 Nr. 6 StPO nötigt somit zur Aufhebung und Zurückverweisung.

Erfolglose Rügen

1. Fehlen der Begründung unschädlich, wenn Grund für Ausschluß der Öffentlichkeit offensichtlich.

StPO § 338 Nr. 6 – BGH Urt. v. 9. 6. 1999 – 1 StR 325/98 LG Augsburg (= BGHSt. 45, 117 = StV 2000, 244 = NStZ 1999, 474)

Die Revision rügt, es liege ein absoluter Revisionsgrund vor, weil der Beschluß, mit dem die Strafkammer die Öffentlichkeit ausgeschlossen hat, nicht begründet worden sei.

Sachverhalt: Nach den Urteilsfeststellungen legte der Angeklagte die Geschädigte – die sich vom Angeklagten nach längerer Beziehung trennen wollte – in seiner Wohnung unter Anwendung überlegener Körperkraft auf sein Bett, entkleidete sie und fesselte ihre Hände und Füße an die Bettpfosten. Um sie zu demütigen, nahm er gegen ihren Willen nicht nur sexuelle Handlungen an ihr vor, sondern fertigte davon Fotografien und filmte sie mit einer Videokamera.

Wie sich aus den Urteilsgründen ergibt, hat der Angeklagte in seiner Einlassung die von ihm an der Geschädigten vorgenommenen sexuellen Handlungen im wesentlichen eingeräumt. Er gab an, er habe die Geschädigte gefesselt und, obwohl er wußte, daß sie „ungern obszöne Fotos oder Videoaufnahmen von sich machen ließ", eine Videokamera, ein Stativ einen Scheinwerfer und einen Fotoapparat herbeigeholt und Fotografien von der nackten Geschädigten angefertigt, insbesondere von ihrem Geschlechtsteil. Der Angeklagte hat weiter zugegeben, er habe sexuelle Handlungen vor laufender Videokamera durchgeführt.

Die Geschädigte hat sowohl die sexuellen Handlungen als auch das Anfertigen der Fotografien und des Videofilms bestätigt.

Das Sitzungsprotokoll weist aus, daß während der Einlassung des Angeklagten die von ihm gefertigten Fotografien in Augenschein genommen wurden und er sich hierzu erklärt hat, daß sodann die Geschädigte als Zeugin vernommen und danach entlassen wurde. Sie blieb als Nebenklägerin im Gerichtssaal anwesend. Danach wurden die Lichtbilder des Tathergangs von sämtlichen Prozeßbeteiligten nochmals in Augenschein genommen, und es wurde ein ärztliches Attest über die Geschädigte verlesen. Der Angeklagte konnte sich jeweils dazu erklären. Zum weiteren Verlauf der Hauptverhandlung vermerkt das Protokoll:

„Nach geheimer Beratung des Gerichts verkündete der Vorsitzende folgenden Beschluß

1. Der sichergestellte Film ist in Augenschein zu nehmen,

2. Während der Inaugenscheinnahme des Films ist die Öffentlichkeit auszuschließen.

Der Beschluß wurde ausgeführt." – Das Rechtsmittel war erfolglos.

Gründe: Die Rüge ist nach diesem Ablauf unbegründet. Der absolute Revisionsgrund des § 338 Nr. 6 StPO liegt nicht vor. Der sich aus dem Protokoll ergebende Verstoß gegen die Begründungspflicht nach § 174 Abs. 1 Satz 3 GVG führt nicht zur Aufhebung des Urteils.

a) Die durch § 174 Abs. 1 Satz 3 GVG vorgeschriebene ausdrückliche Angabe des Grundes für den Ausschluß der Öffentlichkeit dient neben der Selbstkontrolle des Gerichts der Unterrichtung der Öffentlichkeit (BGHSt. 1, 334, 336 [BGH Urt. v. 25. 9. 1951 – 1 StR 464/51; vgl. § 338 Nr. 6 StPO erfolgreiche Rügen]; 30, 298, 303 [BGH Urt. v. 9. 12. 1981 – 3 StR 368/81 [S]; vgl. § 338 Nr. 6 StPO erfolglose Rügen]; BGH StV 1982, 106, 108 [BGH Urt. v. 10. 5. 1995 – 3 StR 145/95 = BGHSt. 30, 298; vgl. § 338 Nr. 6 StPO erfolglose Rügen]) und der späteren Nachprüfbarkeit der Entscheidung durch das Revisionsgericht (BGH StV 1996, 135 [BGH Urt. v. 10. 5.1995 – 3 StR 145/95; vgl. § 338 Nr. 6 StPO erfolglose Rügen]). Allerdings bedarf es keiner ausdrücklichen Aufklärung der Zuhörer im Gerichtssaal über Inhalt und Bedeutung derjenigen Vorgänge in der Hauptverhandlung, die unter Ausschluß der Öffentlichkeit verhandelt werden sollen (BGHSt. 27, 117, 120 [BGH Urt. v. 9. 12. 1977 – 3 StR 382/76; vgl. § 338 Nr. 6 StPO erfolglose Rügen]; 30, 298, 304; vgl. auch BGHSt. 1, 334, 336).

Ergibt sich aus den Urteilsgründen und dem Sitzungsprotokoll der Verfahrensablauf bis zur Entscheidung über den Ausschluß und zeigt dies auf, daß es für die Zuhörer im Gerichtssaal ohne weiteres erkennbar war, auf welche Prozeßhandlungen sich die Ausschließung beziehen sollte und welche Bedeutung diesen Prozeßhandlungen zukam, und kann auch das Revisionsgericht später aus dem gleichen Grunde sicher ausschließen, daß nach der konkreten Sachlage aus rechtlichen Gründen eine andere Entscheidung des Tatgerichts in Betracht kam, ändert dies zwar nichts daran, daß ein Verstoß gegen die gesetzlich vorgeschriebene Begründungspflicht vorliegt. Angesichts des Zwecks der Begründungspflicht nach § 174 Abs. 1 Satz 3 GVG ist der Verstoß, der zudem nur das Verfahren über den Ausschluß der Öffentlichkeit betraf und nicht zu deren unzulässiger Beschränkung geführt hat, nicht so schwer, daß deshalb der absolute Revisionsgrund des § 338 Nr. 6 StPO zu bejahen wäre (vgl. zu § 338 Nr. 5 StPO; BGHSt. 15, 194, 196 [BGH Urt. v. 28. 9. 1960 – 2 StR 429/60; vgl. § 338 Nr. 5 StPO erfolgreiche Rügen]; 22, 18, 20 [BGH Urt. v. 6. 12. 1967 – 2 StR 616/67; vgl. §§ 247, 338 Nr. 5 StPO erfolglose Rügen]; BGH NStZ 1987, 84 [BGH Urt. v. 6. 8. 1986 – 3 StR 243/86; vgl. § 247 StPO erfolglose Rügen]; 1993, 500 [BGH Urt. v. 20. 4. 1993 – 5 StR 568/92; vgl. § 33 StPO erfolglose Rügen]).

b) Die Rechtsprechung aller Strafsenate des Bundesgerichtshofs ging bisher allerdings davon aus, daß selbst dann, wenn für Verfahrensbeteiligte und Zuhörer der Ausschließungsgrund auf der Hand lag, auf dessen genaue Bezeichnung im Gerichtsbeschluß nicht verzichtet werden darf (BGHSt. 1, 334, 335; 2, 56 f. [BGH Urt. v. 21. 12. 1951 – 2 StR 480/51;

vgl. § 338 Nr. 6 StPO erfolgreiche Rügen]; 3, 344, 345 [BGH Urt. v. 16. 12. 1952 – 1 StR 528/52; vgl. § 338 Nr. 6 StPO erfolglose Rügen]; 27, 117, 118; 27, 187, 188 [BGH Urt. v. 17. 5. 1977 – 4 StR 102/77; vgl. § 338 Nr. 6 StPO erfolgreiche Rügen]; 30, 298, 301; 38, 248 [BGH Urt. v. 19. 3. 1992 – 4 StR 73/92; vgl. § 338 Nr. 6 StPO erfolglose Rügen]; 41, 145, 146 [BGH Urt. v. 10. 5. 1995 – 3 StR 145/95; vgl. § 338 Nr. 6 StPO erfolglose Rügen]; BGH NJW 1977, 1643 [BGH Urt. v. 17. 5. 1977 – 4 StR 102/77 = BGHSt. 27, 187; vgl. § 338 Nr. 6 StPO erfolgreiche Rügen]; StV 1981, 3 [BGH Urt. v. 8. 10. 1980 – 3 StR 273/80; vgl. § 338 Nr. 6 StPO erfolgreiche Rügen]; 1984, 146 [BGH Beschl. v. 9. 12. 1983 – 2 StR 739/83; vgl. § 174 GVG erfolgreiche Rügen]; NStZ 1983, 324 [= BGH Beschl. v. 30. 3. 1983 – 4 StR 122/83; vgl. § 338 Nr. 6 StPO erfolgreiche Rügen]; BGHR GVG § 174 Abs. 1 Satz 3 Begründung 1–6 [BGH Beschl. v. 6. 1. 1987 – 5 StR 573/86; vgl. § 174 GVG erfolgreiche Rügen] [BGH Beschl. v. 17. 2. 1987 – 5 StR 14/87; vgl. 174 GVG erfolgreiche Rügen] [BGH Beschl. v. 27. 11. 1987 – 2 StR 591/87; vgl. § 174 GVG erfolgreiche Rügen] – 6; BGH, Urt. v. 11. 9. 1975 – 4 StR 417/75; Beschl. v. 18. 2. 1976 – 3 StR 13/76; Urt. v. 10. 3. 1976 – 3 StR 15/76). Auch der erkennende Senat ist bereits der genannten Rechtsprechung gefolgt (vgl. BGH GA 1975, 283). Sie wurde bisher nur vom 5. Strafsenat in seinem Urteil vom 30. 8. 1994 – 5 StR 403/94 (vgl. § 338 Nr. 6 StPO erfolgreiche Rügen) – (NStZ 1994, 591) in Frage gestellt.

c) Der Senat möchte an dieser strikten Auffassung nicht festhalten und hat im Hinblick auf diese bisherige Rechtsprechung mit Beschluß vom 20. 10. 1998 seine Absicht mitgeteilt, die Revision zu verwerfen (BGH NStZ 1999, 92). Er hat bei den anderen Strafsenaten angefragt, ob an der entgegenstehenden Rechtsprechung festgehalten wird (§ 132 Abs. 1 Satz 3 GVG).

aa) Der 2. Strafsenat hat aufgrund des Beschlusses vom 11. 12. 1998 – 2 ARs 473/98 – mitgeteilt, er sei mit einem vergleichbaren Fall nicht befaßt gewesen. Der vorliegende Fall gebe ihm auch keinen Anlaß, die Grundsätze seiner Rechtsprechung zu § 174 Abs. 1 Satz 3 GVG zu überprüfen. Hieran hat er auch auf ergänzende Anfrage des Senats am 26. Mai 1999 festgehalten.

bb) Der 3. Strafsenat hat durch Beschluß vom 12. 11. 1998 – 3 ARs 13/98 – „unter Aufgabe entgegenstehender Rechtsprechung" ausgeführt, ein absoluter Revisionsgrund gemäß § 338 Nr. 6 StPO liege jedenfalls dann nicht vor, wenn der Grund für die Ausschließung der Öffentlichkeit zwar in dem Gerichtsbeschluß nicht ausdrücklich genannt sei, er sich aber aus den mit dem Ausschluß der Öffentlichkeit unmittelbar zusammenhängenden Verfahrensvorgängen – etwa dem protokollierten Antrag eines Prozeßbeteiligten – ergebe, so daß er für alle Verfahrensbeteiligten sowie die Zuhörer auf der Hand liege und deshalb ein Verfahrensfehler sicher ausgeschlossen werden könne. Dies schränke nicht die Pflicht des Tatgerichts ein, bei der Verkündung des Beschlusses in den Fällen der §§ 171b, 172 und 173 GVG anzugeben, aus welchem Grund die Öffentlichkeit ausgeschlossen worden sei. Es bedeute vielmehr nur, daß nicht jede formale Verletzung der Begründungspflicht einen absoluten Revisionsgrund darstelle.

cc) Der 4. Strafsenat hat durch Beschluß vom 17. 12. 1998 – 4 ARs 9/98 – mitgeteilt, er halte an seiner bisherigen Rechtsprechung fest, daß das Fehlen der Begründung in dem Beschluß über die Ausschließung der Öffentlichkeit auch dann ein Verstoß gegen § 174 Abs. 1 Satz 3 GVG sei, wenn der Ausschließungsgrund für die Beteiligten und die Zuhörerschaft offen zutage liege (BGHSt. 27, 187, 188; BGHR GVG § 174 Abs. 1 Satz 3 Begründung 5). Er stimme jedoch angesichts der Besonderheiten der Sach- und Verfahrenslage in dem der Anfrage zugrundeliegenden Fall der vom erkennenden Senat beabsichtigten Entscheidung zu.

dd) Der 5. Strafsenat hat durch Beschluß vom 9. 12. 1998 – 5 ARs 60/98 – auf seine in NStZ 1994, 591 abgedruckte Entscheidung verwiesen, nach der das Fehlen einer ausdrücklichen Begründung unschädlich sei, wenn im Beschluß auf einen in öffentlicher Hauptverhandlung hinreichend begründeten Antrag auf Ausschließung der Öffentlichkeit Bezug genommen werde. Der Senat gibt auch etwa entgegenstehend Rechtsprechung für die Fälle auf, in denen der Ausschlußgrund ohne freibeweisliche Rekonstruktion des Inhalts der Hauptverhandlung offen zu Tage tritt. ...

e) Nach den auf die Anfrage vom 20. 10. 1998 ergangenen Äußerungen der anderen Senate sieht der Senat sich nicht gehindert, unter den besonderen Umständen des Falles einen die Revision begründenden Verfahrensfehler zu verneinen.

Der Senat kann ohne Rekonstruktion der Hauptverhandlung aus der in den Urteilsgründen wiedergegebenen Einlassung und dem Sitzungsprotokoll entnehmen, daß es sich bei dem „sichergestellten Film" um den vom Angeklagten hergestellten Tatfilm handelte. Nach der Einlassung des Angeklagten und den Angaben der Geschädigten lag auch für die in Gerichtssaal anwesenden Zuhörer der Grund für den späteren Ausschluß der Öffentlichkeit offen. Es ging bei dem vom Angeklagten hergestellten Videofilm um die Darstellung der unter besonders erniedrigenden Umständen erfolgten Vergewaltigung, der in der Hauptverhandlung hätte vorgeführt wer sollen. Der Beschluß selbst läßt daher auch ohne weitere Begründung eindeutig erkennen, daß die Öffentlichkeit während der Dauer der vorgesehenen Vorführung des Videofilms ausgeschlossen werden sollte. Als Rechtsgrundlage konnten dafür nur der Schutz der Privatsphäre des Opfers (§ 171b GVG, ein Widerspruch nach Abs. 1 Satz 2 der Vorschrift erfolgte nicht) oder die Gefährdung der Sittlichkeit (§ 172 Nr. 1 GVG) oder beide Gründe zusammen in Betracht kommen. Die Voraussetzungen beider Vorschriften liegen ohne weiteres vor.

In einem solchen Ausnahmefall, bei dem die Richtigkeit der Entscheidung über den Ausschluß der Öffentlichkeit nicht in Frage steht, sondern es um die Verletzung einer Verfahrensvorschrift auf dem Weg zu der Entscheidung über den Ausschluß geht, vermag die fehlende ausdrückliche Angabe des Ausschlußgrundes weder unter dem Aspekt unzureichender Aufklärung der Zuhörer im Gerichtssaal noch unter der unzureichender Überprüfbarkeit die Revision zu begründen.

2. Rüge, die Öffentlichkeit sei über den im Ausschließungsbeschluß festgelegten Umfang hinausgehend ausgeschlossen gewesen, muß vortragen, was konkret in dieser Zeit erörtert worden ist und warum es nicht vom Ausschließungsgrund umfaßt war.

StPO § 338 Nr. 6; GVG § 171b III – BGH Beschl. v. 13. 3. 1998 – 3 StR 67/98 LG Aurich (= StV 1998, 364)

Die Revision rügt, die Öffentlichkeit sei über den im Ausschließungsbeschluß festgelegten Umfang hinausgehend ausgeschlossen gewesen.

Der Sachverhalt ergibt sich aus dem Revisionsvorbringen. – Das Rechtsmittel war erfolglos.

Gründe: Nach § 171b Abs. 3 GVG ist zwar die Frage, ob die Voraussetzungen für den Ausschluß der Öffentlichkeit vorgelegen haben, der revisionsgerichtlichen Prüfung entzogen; der Beschwerdeführer kann aber als unzulässige Beschränkung der Öffentlichkeit rügen, die Öffentlichkeit sei über den im Ausschließungsbeschluß festgelegten Umfang hinausgehend ausgeschlossen gewesen (vgl. BGHR StPO § 338 Nr. 6 Ausschluß 4).

Die Rüge ist indes unzulässig, weil die Revision nicht bestimmt behauptet, die Aussage des Beschwerdeführers habe keinen Zusammenhang mit der Erörterung des persönlichen Lebensbereichs der Mitangeklagten, für deren Dauer die Öffentlichkeit ausgeschlossen war, gehabt. Der Hinweis darauf, daß das Hauptverhandlungsprotokoll einen solchen Zusammenhang nicht belege, ist unzureichend, weil der Inhalt der Äußerung des Angeklagten auch dann nicht Gegenstand der besonderen Beweiskraft nach § 274 StPO ist, wenn die Öffentlichkeit, begrenzt auf einen bestimmten Verhandlungsteil, ausgeschlossen wird (vgl. BGHR StPO § 274 Beweiskraft 19).

3. Ausschluß der Öffentlichkeit bei Verfahren gegen Heranwachsende (Fortentwicklung von BGHSt. 22, 21).

StPO § 338 Nr. 6; JGG §§ 48 I, 109 I S. 4 – BGH Urt. v. 25. 2. 1998 – 3 StR 362/97 LG Wuppertal (=BGHSt. 44, 43 = NJW 1998, 2066 = StV 1998, 322 = NStZ 1998, 315)

Die Revision rügt, das Verfahren gegen den Angeklagten habe zu Unrecht in nichtöffentlicher Sitzung stattgefunden, nachdem die Taten, die er als Jugendlicher begangen haben soll, eingestellt und nur noch wegen der Taten verhandelt worden ist, die er als Heranwachsender begangen hat. Die Revision meint, die Verhandlung hätte nach der Einstellung des Verfahrens wegen der dem Angeklagten als Jugendlichem zur Last gelegten Taten öffentlich weitergeführt werden müssen, weil ein Beschluß nach § 109 Abs. 1 Satz 4 JGG (Ausschluß der Öffentlichkeit im Interesse des Heranwachsenden) nicht ergangen war.

Sachverhalt: Dem Angeklagten war in der Anklage vorgeworfen worden, zwischen April und Juni 1993 teilweise als Jugendlicher mit Verantwortungsreife, teilweise als Heranwachsender in sechs Fällen gewerbsmäßig mit Betäubungsmitteln Handel getrieben zu haben. Am zweiten Tag der gemäß § 48 JGG nicht öffentlichen Hauptverhandlung erhob die Staatsanwaltschaft Nachtragsanklage mit dem Vorwurf, der Angeklagte habe zwischen Juni und August 1993 als Heranwachsender in 20 Fällen Beihilfe zum unerlaubten Handeltreiben mit Betäubungsmitteln geleistet. Diese Nachtragsanklage wurde in das Verfahren einbezogen, sodann wurde das Verfahren wegen der Vorwürfe aus der ersten Anklageschrift nach § 154 Abs. 2 StPO vorläufig eingestellt und nur noch über die Vorwürfe aus der Nachtragsanklage verhandelt. Anschließend erging in nicht öffentlicher Verhandlung das Urteil. – Das Rechtsmittel war erfolglos.

Gründe: Im Verfahren gegen einen zur Tatzeit Jugendlichen ist, sofern es sich ausschließlich gegen diesen richtet, die Verhandlung einschließlich der Verkündung der Entscheidungen nicht öffentlich (§ 48 Abs. 1 und 3 JGG). Diese Regelung greift nach der Rechtsprechung des Bundesgerichtshofs (BGHSt. 22, 21, 25 [BGH Urt. v. 13. 12. 1967 – 2 StR 548/67; vgl. § 338 Nr. 6 StPO erfolglose Rügen]; BGHR JGG § 48 I Nichtöffentlichkeit 1) auch dann Platz, wenn dem Angeklagten neben Taten in dieser Altersstufe auch Taten als Heranwachsendem zur Last liegen. Zur Begründung hat der Bundesgerichtshof ausgeführt, daß die Tendenz des Jugendgerichtsgesetzes dahin geht, im Verfahren vor den Jugendgerichten die Gedanken der Erziehung und des Schutzes der Jugend dem Prinzip der Öffentlichkeit der Hauptverhandlung überzuordnen (BGHSt. 22, 21, 25). Dem jungen Angeklagten soll die bei öffentlicher Verhandlung und Verurteilung drohende Bloßstellung mit den daraus erwachsenden Nachteilen für seine persönliche, soziale und berufliche Entwicklung erspart bleiben (vgl. BGHSt. 42, 294, 296 [BGH Urt. v. 6. 11. 1996 – 2 StR 391/96; vgl. § 338 Nr. 6 StPO erfolglose Rügen]). Dieser Tendenz folgend sind auch die Vorschriften, die im Verfahren gegen zur Tatzeit Heranwachsende (§ 109 Abs. 1 Satz 4 JGG) oder im gemeinsamen Verfahren gegen zur Tatzeit Jugendliche und Heranwachsende bzw. Erwachsene (§ 48 Abs. 3 Satz 2 JGG) bei grundsätzlich öffentlicher Verhandlung einen Ausschluß der Öffentlichkeit im Interesse des Angeklagten ermöglichen, weit auszulegen.

Dieser Schutzgedanke verliert nicht seine Bedeutung, wenn das Verfahren, soweit es sich auf die Taten in der Altersstufe des Jugendlichen bezieht, in der Hauptverhandlung nach § 154 Abs. 2 StPO vorläufig eingestellt wird. Das Gericht kann, sofern der Verlauf der weiteren Verhandlung über diejenigen Tatvorwürfe aus der Altersstufe des Heranwachsenden dazu Anlaß gibt, diese Einstellung noch während der Hauptverhandlung rückgängig machen und das Verfahren wiederaufnehmen (§ 154 Abs. 4 StPO). Insoweit ist die Situation anders als bei der Abtrennung eines ursprünglich gegen Jugendliche und Erwachsene geführten Verfahrens. Dort scheidet der Jugendliche aus dem Prozeßrechtsverhältnis aus, während es hier um eine Beschränkung des Verfahrensstoffes unter Aufrechterhaltung desselben Prozeßrechtsverhältnisses geht.

Zudem behalten die nach § 154 Abs. 2 StPO ausgeschiedenen Tatvorwürfe ihre Bedeutung auch dann bei, wenn nur noch über Taten eines zur Tatzeit heranwachsenden Angeklagten zu entscheiden ist: Sie können sowohl bei der Entscheidung, ob Jugendstrafrecht anzuwenden ist (§ 105 Abs. 1 JGG), als auch bei der Beurteilung der erzieherischen Wirkung einer Rechtsfolge berücksichtigt werden. Voraussetzung ist allerdings, daß das Gericht sie prozeßordnungsgemäß festgestellt und den Angeklagten zuvor auf diese Möglichkeit hingewiesen hat.

Hinzu kommt, daß der Grundsatz der Öffentlichkeit der Verhandlung auch in Verfahren, die allein die Taten eines Heranwachsenden betreffen, nur eine dem Interesse des Heranwachsenden nachrangige Bedeutung hat (§ 109 Abs. 1 Satz 4 JGG).

4. Urteilsverkündung im Verfahren gegen Heranwachsende unter Ausschluß der Öffentlichkeit zulässig.

StPO § 338 Nr. 6; JGG § 109 I S. 4; GVG § 173 I – BGH Urt. v. 6. 11. 1996 – 2 StR 391/96 LG Kassel (= BGHSt. 42, 294 = NJW 1997, 471 = StV 1998, 323 = NStZ 1998, 53)

Der Beschwerdeführer, als Heranwachsender im Jugendstrafverfahren verurteilt, rügt Verletzung der Vorschriften über die Öffentlichkeit der Verhandlung bei der Urteilsverkündung unter Ausschluß der Öffentlichkeit, weil das Urteil in jedem Fall öffentlich zu verkünden sei.

Sachverhalt: Die Jugendkammer hatte am ersten Verhandlungstag den Beschluß gefaßt, die Öffentlichkeit „im Interesse des Angeklagten gem. § 109 JGG" auszuschließen. Dies geschah. Auch die Urteilsverkündung fand unter Ausschluß der Öffentlichkeit statt. – Das Rechtsmittel war erfolglos.

Gründe: Die nichtöffentliche Verkündung des Urteils entsprach dem Verfahrensrecht. § 173 Abs. 1 GVG war hier unanwendbar, weil § 109 Abs. 1 Satz 4 JGG für das Jugendstrafverfahren etwas anderes bestimmt (§ 2 JGG): Nach dieser Bestimmung, von der das Gericht rechtsfehlerfrei Gebrauch gemacht hat, kann die Öffentlichkeit ausgeschlossen werden, wenn dies im Interesse des Heranwachsenden geboten ist.

Die Ausschließung der Öffentlichkeit nach dieser Vorschrift gilt für die gesamte Verhandlung und umfaßt daher, soweit das Gericht nichts anderes bestimmt, auch die Verkündung des Urteils.

Dies ergibt sich bereits aus Wortlaut und Regelungszusammenhang des Gesetzes. Der Ausschluß der Öffentlichkeit bezieht sich regelmäßig auf die Verhandlung. Zur Verhandlung gehört nach dem gesetzlichen Sprachgebrauch aber auch die Urteilsverkündung. Soweit in § 48 Abs. 1 JGG dem Wort „Verhandlung" der Zusatz „einschließlich der Verkündung der Entscheidungen" angefügt ist, wird damit nur die ohnehin bestehende Rechtslage klargestellt (Begründung zum Reg.Entw. des JGG 1952, BT-Drucks. I/3264 S. 46 zu § 32). Wo für die Urteilsverkündung etwas anderes gelten soll als für die Verhandlung im übrigen, regelt das Gesetz dies ausdrücklich. Eine solche Regelung, wie sie in § 173 Abs. 1 GVG für das allgemeine Strafverfahren getroffen ist, enthält das Jugendgerichtsgesetz nicht. Bereits das spricht dafür, daß ein auf § 109 Abs. 1 Satz 4 JGG gestützter Ausschluß der Öffentlichkeit sich auch auf die Urteilsverkündung erstreckt. Bestätigt wird dies auch durch Wortlaut und Aufbau des schon erwähnten § 48 JGG: Absatz 1 bestimmt, daß „die Verhandlung vor dem erkennenden Gericht einschließlich der Verkündung der Entscheidungen" nicht öffentlich ist; nach Absatz 3 Satz 1 ist „die Verhandlung" hingegen öffentlich, sofern im selben Verfahren (neben Jugendlichen) auch Heranwachsende oder Erwachsene angeklagt sind; nach Absatz 3 Satz 2 kann in diesem Fall „die Öffentlichkeit" ausgeschlossen werden, wenn das im Interesse der Erziehung jugendlicher Angeklagter geboten ist. Dem Gesamtzusammenhang dieser Regelung ist zu entnehmen, daß sich der Ausschluß dabei auf die Verhandlung in ihrem durch Absatz 1 beschriebenen Umfang bezieht und damit auch die Urteilsverkündung umfaßt. Für die auf § 109 Abs. 1 Satz 4 JGG gestützte Ausschlußentscheidung kann aber nichts anderes gelten. Daß die Ausschlußvoraussetzungen in den beiden Vorschriften unterschiedlich formuliert worden sind („im Interesse der Erziehung jugendlicher Angeklagter" – „im Interesse des Heranwachsenden"), ist für die Reichweite des Ausschlusses ohne Belang.

Entscheidend für das Ergebnis sprechen schließlich Sinn und Zweck der Bestimmungen, die für das Verfahren gegen Jugendliche und Heranwachsende Ausnahmen vom Prinzip der Öffentlichkeit vorsehen. Grundgedanke dieser Bestimmungen ist es vor allem, dem jungen Angeklagten die bei öffentlicher Verhandlung und Verurteilung drohende Bloßstellung mit den daraus erwachsenden Nachteilen für seine persönliche, soziale und berufliche Entwicklung zu ersparen. Diesem Zweck liefe auch die öffentliche Verkündung des Urteils zuwider. Das Gesetz entzieht sie deshalb im Verfahren gegen Jugendliche ausdrücklich der Öffentlichkeit (§ 48 Abs. 1 JGG). Da die Vorschriften über den gerichtlichen Ausschluß der Öffentlichkeit (§ 48 Abs. 3 Satz 2, § 109 Abs. 1 Satz 4 JGG) aber den nämlichen Schutzzweck verfolgen, muß eine hierauf gestützte Ausschlußentscheidung jeweils dieselbe Wirkung entfalten können; sie umfaßt daher, sofern nichts anderes bestimmt worden ist, auch die Urteilsverkündung.

5. Das Ablehnungsverfahren ist nicht Teil der vom Öffentlichkeitsprinzip bestimmten Hauptverhandlung.

StPO § 338 Nr. 6 – BGH Beschl. v. 17. 4. 1996 – 3 StR 34/96 LG Oldenburg (= NStZ 1996, 398)

Die Revision rügt, daß die Öffentlichkeit im Verfahren um das Ablehnungsgesuch gegen Richter der Strafkammer ausgeschlossen war.

Der Sachverhalt ergibt sich aus dem Revisionsvorbringen. – Das Rechtsmittel war erfolglos.

Gründe: Die Nachprüfung des angefochtenen Urteils aufgrund der Revisionsrechtfertigungen hat keinen zur Urteilsaufhebung nötigen Rechtsfehler zum Nachteil der Angeklagten ergeben.

a) Die Rügen der Verletzung des Öffentlichkeitsgrundsatzes (§ 338 Nr. 6 StPO) dringen auch insoweit nicht durch, als es um das nach (teilweisem) Ausschluß der Öffentlichkeit nach § 172 Nr. 1a GVG gestellte Ablehnungsgesuch gegen die Richter der erkennenden Strafkammer geht. Das Ablehnungsverfahren ist materiell gesehen nicht Teil der vom Öffentlichkeitsprinzip bestimmten Hauptverhandlung, sondern ein selbständiges, eigenen Regeln unterliegendes Verfahren, das der Sache nach zum Gerichtsverfassungsrecht gehört und für das Öffentlichkeit gesetzlich nicht vorgeschrieben ist. Dies hat der Senat im Anschluß an die Rechtsprechung des RG (RGSt 58,286 [288]) für den Fall der Bekanntgabe des ein Ablehnungsgesuch zurückweisenden Gerichtsbeschlusses bereits entschieden (BGH, NJW 1981, 61 [BGH Urt. v. 23. 4. 1980 – 3 StR 434/79 [S] = BGHSt. 29, 258; vgl. § 338 Nr. 6 StPO erfolglose Rügen] bei: Pfeiffer, NStZ 1982, 188[1] – insoweit in BGHSt. 29, 258 nicht abgedruckt). Teil des Ablehnungsverfahrens, für das der Öffentlichkeitsgrundsatz nicht gilt, sind darüber hinaus die in den Stellungnahmen der übrigen Verfahrensbeteiligten bestehende Verhandlung über das Ablehnungsgesuch sowie die Einholung und Bekanntgabe dienstlicher Äußerungen. Dazu gehört aber auch die Anbringung des Ablehnungsgesuchs selbst, wie die das Ablehnungsverfahren betreffende Vorschrift des § 26 StPO mit ihren Regelungen über die Formalien des Ablehnungsgesuchs und seiner An-

---

[1] „Das Ablehnungsverfahren ist nicht ein Teil der Hauptverhandlung, für die das Gesetz Öffentlichkeit vorschreibt." (BGH Urt. v. 23. 4. 1980 – 3 StR 434/79).

bringung zeigt. Anderes folgt nicht daraus, daß es der Gesetzgeber in § 26 I 2 StPO (i.d.F. von Art. 4 des Verbrechensbekämpfungsgesetzes vom 28. 10. 1994, BGBl. I, 3186) für notwendig erachtet hat, das Ablehnungsgesuch von der in der Hauptverhandlung geltenden, durch das Verbrechensbekämpfungsgesetz neu eingeführten Bestimmung des § 257a StPO ausdrücklich auszunehmen. Diese Neuregelung in § 26 I 2 StPO hat lediglich klarstellende Bedeutung. Mit ihr soll für den Fall eines gelegentlich einer Hauptverhandlung gestellten Ablehnungsgesuchs zum Ausdruck gebracht werden, daß die in § 257a StPO vorgesehene Anordnung schriftlicher Antragstellung nach Meinung des Gesetzgebers der Durchsetzung des Gebots unverzüglicher Geltendmachung des Ablehnungsgrunds (§ 25 II Nr. 2 StPO) zuwiderlaufen könnte und deshalb dafür nicht gelten soll (BT-Dr 12/6853, S. 32, 34). Die nach den Vorschriften über die richterliche Ablehnung gegebene Möglichkeit der Anbringung des Ablehnungsgesuchs in der Hauptverhandlung rechtfertigt nicht die Annahme, daß das Ablehnungsgesuch damit notwendig allen zwingenden Regeln über die Hauptverhandlung unterliegt. Daß die Richterablehnung in der Hauptverhandlung geschieht, hat vielmehr für die Hauptverhandlung nur eine zufällige, unwesentliche (akzidentielle) Bedeutung. Die materielle Abschichtung des Ablehnungsgesuchs von der Hauptverhandlung und seine Zugehörigkeit zum eigenständigen, vom Öffentlichkeitsprinzip befreiten Ablehnungsverfahren finden nicht zuletzt darin ihren Ausdruck, daß das Ablehnungsgesuch zur Wahrung des Unverzüglichkeitsgebots in § 25 II Nr. 2 StPO bei längeren Hauptverhandlungsunterbrechungen außerhalb der Hauptverhandlung und damit unabhängig von ihr gestellt werden muß (vgl. BGH, NStZ 1982, 291 [292] [BGH Urt. v. 3. 2. 1982 – 2 StR 374/81; vgl. Art. 6 MRK erfolglose Rügen]; 1993, 141 [BGH Urt. v. 22. 10. 1992 – 1 StR 575/92; vgl. § 25 StPO erfolglose Rügen]).

6. Rechtlicher Hinweis gem. § 265 StPO muß in öffentlicher Sitzung erteilt werden.

StPO § 338 Nr. 6 – BGH Beschl. v. 25. 7. 1995 – 1 StR 342/95 LG München I (= NStZ 1996, 49 = StV 1996, 133)

Die Revision rügt, daß ein rechtlicher Hinweis des Gerichts gem. § 265 StPO während des Ausschlusses der Öffentlichkeit erteilt worden ist.

Sachverhalt: Während der Vernehmung des Tatopfers war die Öffentlichkeit gemäß § 171b I GVG ausgeschlossen. Noch vor der Wiederherstellung der Öffentlichkeit gab der Vorsitzende gemäß § 265 StPO den Hinweis, daß anstelle einer Verurteilung wegen Vergewaltigung in Tateinheit mit gefährlicher Körperverletzung (§§ 177, 223a, 52 StGB) – dieser Vorwurf lag Anklage und Eröffnungsbeschluß zugrunde – auch eine Verurteilung wegen sexueller Nötigung in Tateinheit mit gefährlicher Körperverletzung (§§ 178, 223a, 52 StGB) in Betracht komme. – Das Rechtsmittel war erfolglos.

Gründe: Die von der Revision erhobene Verfahrensrüge, das Urteil sei aufgrund einer Hauptverhandlung ergangen, bei der die Vorschriften über die Öffentlichkeit des Verfahrens verletzt worden seien (§ 338 Nr. 6 StPO), greift nicht durch. Der von der Revision geltend gemachte Verstoß liegt zwar vor, ein Einfluß des Verfahrensfehlers auf das Urteil ist aber denkgesetzlich ausgeschlossen.

Dieser Hinweis durfte nicht während des Ausschlusses der Öffentlichkeit gegeben werden. Zwar umfaßt nach der Rechtsprechung des BGH die Anordnung des Ausschlusses der Öffentlichkeit für die Dauer der Vernehmung eines Zeugen alle Vorgänge, die mit der Vernehmung in Verbindung stehen oder sich aus ihr entwickeln und daher zu diesem Verfahrensabschnitt gehören (BGH bei Dallinger MDR 1975, 198; NStZ 1994, 354 [= BGH Urt. v. 21. 1. 1994 – 5 StR 508/93; vgl. § 338 Nr. 6 StPO erfolglose Rügen]), jedoch gehört die Erteilung eines rechtlichen Hinweises nicht mehr zu dem Verfahrensabschnitt der Vernehmung eines Zeugen (BGHR GVG § 171b I Dauer 7).

Dieser Verstoß gegen die Regeln über die Öffentlichkeit der Hauptverhandlung führt hier aber nicht zur Aufhebung des Urteils:

„Nach der Rechtsprechung des BGH führt ein Verstoß gegen die Regeln der Öffentlichkeit der Hauptverhandlung nicht notwendig zur Aufhebung des gesamten Urteils. Bezieht sich der Vorgang, während dessen die Öffentlichkeit zu Unrecht ausgeschlossen war, nur auf einen abtrennbaren Teil des Urteils, so ist auch nur dieser Teil des Urteils aufzuheben (BGH GA 1975, 283, 284) für den Fall eines absoluten Revisionsgrundes gem. § 338 Nr. 5 StPO ebenso BGH NStZ 1983, 375 [BGH Urt. v. 30. 3. 1983 – 2 StR 173/82; vgl. § 140 StPO erfolgreiche Rügen]; StV 1984, 185, 186 [BGH Urt. v. 22. 2. 1984 – 3 StR 530/83 = BGHSt. 32, 270; vgl. § 338 Nr. 5 StPO erfolgreiche Rügen]).

Daraus folgt, daß es den Bestand des angefochtenen Urteils insgesamt nicht berührt, wenn ein Einfluß des Verfahrensfehlers auf das gesamte Urteil denkgesetzlich ausgeschlossen ist (BGHR StPO § 338 Beruhen 1; BGHSt. 33, 99, 100 [BGH Urt. v. 19. 12. 1984 – 2 StR 438/84; vgl. § 338 Nr. 6 StPO erfolglose Rügen]).

So verhält es sich hier, da die Strafkammer im weiteren Verlauf der Hauptverhandlung die Strafverfolgung gemäß § 154a I Nr. 1, II StPO auf den Vorwurf der gefährlichen Körperverletzung beschränkt hat und dementsprechend der Angeklagte auch nicht wegen eines Sexualdelikts verurteilt wurde. Der Verfahrensverstoß kann also nicht bis zum Urteil fortgewirkt haben (vgl. BGHSt. a.a.O.).

Die Revision ist der Auffassung, eine Auswirkung des Hinweises sei jedenfalls auf den Strafausspruch nicht auszuschließen, da die Strafkammer strafschärfend berücksichtigt habe, daß der Angeklagte die Geschädigte erniedrigt und gedemütigt habe. Dies könne sich nur darauf beziehen, daß die gefährliche Körperverletzung im Zusammenhang mit einem Sexualdelikt stehe. Selbst wenn dies zuträfe, könnte jedenfalls die während des Ausschlusses der Öffentlichkeit allein vorgenommene Erörterung der genauen rechtlichen Bewertung dieses Geschehens keine Bedeutung für die Festsetzung des Strafmaßes gewonnen haben.

Im übrigen hat die Strafkammer aber nur strafschärfend berücksichtigt, daß der Angeklagte die Geschädigte „nicht nur verletzt, sondern auch, sie gleichsam durch die Wohnung prügelnd, erniedrigte und demütigte". Die danach strafschärfend berücksichtigten Umstände der Tat („prügeln durch die Wohnung") stehen in keinem Zusammenhang mit einem möglichen Sexualdelikt.

7. Gesetzeswortlaut für Begründung des Ausschlusses der Öffentlichkeit ausreichend. Der Beschluß über die Ausschließung gilt bis zur Beendigung der Vernehmung.

StPO § 338 Nr. 6; GVG §§ 172 Nr. 1a, 174 I S. 3 – BGH Urt. v. 10. 5. 1995 – 3 StR 145/95 LG Oldenburg (= BGHSt. 41, 145 = NJW 1995, 3195 = StV 1996, 135 = NStZ 1996, 50)

Die Revision rügt einen Verstoß gegen die Vorschriften über die Öffentlichkeit des Verfahrens, weil ein Beschluß über den Ausschluß der Öffentlichkeit bei einer Zeugenvernehmung nicht zwischen den Alternativen der Gefährdung eines Zeugen oder der Gefährdung einer anderen Person unterschieden hat.

Sachverhalt: Nach einer in öffentlicher Hauptverhandlung abgegebenen informatorischen Erklärung der Zeugin B., in der sie den Grad der Gefährdung ihrer Person eingehend dargelegt hat, und einer Erörterung der Verfahrensbeteiligten über diesen Sachverhalt und die Frage des Ausschlusses der Öffentlichkeit hat das Landgericht beschlossen: „Die Öffentlichkeit wird für die Dauer der Vernehmung der Zeugin B. gemäß § 172 Abs. (gemeint: Nr.) 1a GVG ausgeschlossen". Die Vernehmung wurde mehrmals unterbrochen, nach Abschluß der Vernehmung wurde die Zeugin entlassen. – Das Rechtsmittel war erfolglos.

Gründe:

1.

a) Die Begründung des Ausschließungsbeschlusses wird den Anforderungen des § 174 Abs. 1 Satz 3 GVG gerecht. Nach dieser Vorschrift ist bei der Verkündung des die Öffentlichkeit ausschließenden Beschlusses unter anderem im Fall des § 172 GVG anzugeben, aus welchem Grund die Öffentlichkeit ausgeschlossen worden ist. Die Begründung des Beschlusses dient vor allem der Nachprüfungsmöglichkeit; sie muß den maßgebenden Grund eindeutig erkennen lassen. Eine genauere Aufklärung der Zuhörer über den Grund des Ausschlusses ist nicht erforderlich (vgl. BGHSt. 27, 117 [BGH Urt. v. 9. 12. 1977 – 3 StR 382/76; vgl. § 338 Nr. 6 StPO erfolglose Rügen], 120; 30, 298, 303 [BGH Urt. v. 9. 12. 1981 – 3 StR 368/81 [S]; vgl. § 338 Nr. 6 StPO erfolglose Rügen]); es genügt auch die Angabe des Ausschlußgrundes mit den Worten des Gesetzes, wenn dieser damit eindeutig gekennzeichnet ist.

In der Rechtsprechung des Bundesgerichtshofs wird der bloße Hinweis auf eine Gesetzesbestimmung dann nicht als ausreichend angesehen, wenn diese mehrere Alternativen enthält und sich aus dem Beschluß selbst nicht zweifelsfrei ergibt, auf welche Alternative Bezug genommen werden soll (BGHSt. 27, 187 [BGH Urt. v. 17. 5. 1977 – 4 StR 102/77; vgl. § 338 Nr. 6 StPO erfolgreiche Rügen]; 30, 298, 301; BGHR GVG § 174 I 3 Begründung 1 [BGH Beschl. v. 6. 1. 1987 – 5 StR 573/86; vgl. § 174 GVG erfolgreiche Rügen], 2 [BGH Beschl. v. 17. 2. 1987 – 5 StR 14/87; vgl. § 174 GVG erfolgreiche Rügen]). Dem Begründungsgebot des § 174 Abs. 1 Satz 3 GVG wird dagegen dann Genüge getan, wenn der Beschluß auf eine Gesetzesbestimmung verweist, die nur einen einzigen Ausschließungsgrund enthält (vgl. BGHSt. 27, 117, 119 zu § 172 Nr. 4 GVG – Vernehmung einer Person unter 16 Jahren) oder die in Bezug genommene Alternative zweifelsfrei erkennen läßt (BGHSt. 30, 298, 299 zu § 172 Nr. 1 GVG – Gefährdung der Staatssicherheit; BGH NStZ 1986, 179 [BGH Urt. v. 9. 7. 1985 – 1 StR 216/85; vgl. § 338 Nr. 6 StPO erfolglose Rügen], Gefährdung der Sittlichkeit; BGHSt. 3, 344, 345 [BGH Urt. v. 25. 9. 1951 – 1 StR 464/51; vgl. § 338 Nr. 6 StPO erfolglose Rügen]; BGHSt. 30, 193, 194 [BGH Urt. v. 19. 8. 1981 – 3 StR 226/81; vgl. § 338 Nr. 6 StPO erfolgreiche Rügen] zu § 172 Nr. 1 GVG – Gefährdung der öffentlichen Ordnung; BGHSt. 30, 212, 213 [BGH Urt. v. 18. 9. 1981 – 2 StR 370/81; vgl. § 338 Nr. 6 StPO erfolglose Rügen] zu § 172 Nr. 2 GVG – schutzwürdige Interessen).

b) Bei § 172 Nr. 1a GVG handelt es sich um eine Gesetzesbestimmung, die nur einen einzigen Ausschließungsgrund enthält. Gemäß dieser Vorschrift kann die Öffentlichkeit ausgeschlossen werden, wenn „eine Gefährdung des Lebens, des Leibes oder der Freiheit eines Zeugen oder einer anderen Person zu besorgen ist". Nach ihrer Entstehungsgeschichte, ihrem Inhalt, der Gesetzessystematik und ihrem Sinn und Zweck enthält diese Gesetzesbestimmung den einheitlichen Ausschließungsgrund der Personengefährdung. Entgegen der Auffassung des Generalbundesanwalts und des Revisionsführers liegt eine – echte – Alternative im Sinne der oben dargelegten Rechtsprechung zwischen der Gefährdung eines Zeugen oder der Gefährdung einer anderen Person nicht vor.

§ 172 Nr. 1a ist durch das Gesetz zur Bekämpfung des illegalen Rauschgifthandels und anderer Erscheinungsformen der Organisierten Kriminalität (OrgKG) in das Gerichtsverfassungsgesetz eingefügt worden. Zunächst war beabsichtigt, in § 172 Nr. 1 GVG nach den Worten „der öffentlichen Ordnung" die Worte „insbesondere des Lebens, des Leibes oder der Freiheit eines Zeugen oder einer anderen Person" anzufügen (BRDrucks. 12/989 S. 16). Nach ihrer Begründung sollte diese Ergänzung im wesentlichen klarstellende Bedeutung haben, weil die Gefahr für Leib oder Leben eines Zeugen von der Rechtsprechung in der Regel als Gefährdung der öffentlichen Ordnung angesehen werde (BRDrucks. 12/989 S. 48). Auf Grund der Beschlußempfehlung des Rechtsausschusses des Deutschen Bundestages (BT-Drucks. 12/2720 S. 32, 41) wurde dann dieser Ausschlußgrund als Nr. 1a in § 172 GVG eingefügt. Daraus folgt für § 174 Abs. 1 Satz 3 GVG, daß in dem die Öffentlichkeit ausschließenden Beschluß als Ausschließungsgrund die Angabe des § 172 Nr. 1a GVG ausreichend ist. Denn der Hinweis auf die Gefährdung der öffentlichen Ordnung – einschließlich der Personengefährdung – genügte bislang den an die Mitteilung des Ausschlußgrundes zu stellenden Anforderungen (vgl. BGHSt. 3, 344; 30, 193). Da vom Gesetzgeber aus dem Begriff der öffentlichen Ordnung ein Teilbereich herausgenommen und als selbständiger Ausschließungsgrund ausgestaltet wurde, können an Bezugnahmen auf diesen Teilbereich keine höheren Anforderungen gestellt werden als an Bezugnahmen auf den Oberbegriff.

Diese aus der Entstehung der Norm abgeleitete verfahrensrechtliche Folgerung entspricht auch dem Sinn und Zweck der Neuregelung:

Der Schutz gefährdeter Zeugen wurde im Zusammenhang mit der Bekämpfung der organisierten Kriminalität als eine wichtige Aufgabe angesehen. Die Entstehungsgeschichte macht deutlich, daß der Gesetzgeber in Verfolgung dieser Zielsetzung die Sicherheit gefährdeter Auskunftspersonen durch neue Regelungen zum Schutz von Zeugen besser als bisher gewährleisten wollte. Dem sollte im Rahmen der Vernehmung von Zeugen in der Hauptverhandlung wegen der Bedeutung des Zeugenschutzes durch die inhaltliche Ausgliederung der Gefährdung von Zeugen und anderen Personen aus dem weit gefaßten Gefährdungstatbestand der öffentlichen Ordnung in besonderer Weise Rechnung getragen werden. Ein umfassender Schutz läßt sich aber nur dadurch erzielen, daß naheliegenden oder zusammenhängenden – wobei die Grenzen fließend sind – Gefährdungen eines Zeugen oder einer anderen Person, sei es eines Verfahrensbeteiligten oder eines Dritten, verfahrensrechtlich gemeinsam begegnet wird und solche Gefährdungen nicht formal nach einzelnen Personen aufgespalten werden, damit nicht als Folge einer solchen Aufgliederung der Schutzzweck dieser Vorschrift leerläuft. Unabhängig von gegen die organisierte Kriminalität gerichteten Verfahren gibt es auch in der sonstigen gerichtlichen Praxis Fälle, in denen durch die Aussage einer gefährdeten Auskunftsperson in öffentlicher Verhandlung die Sicherheit einer weiteren Person in Mitleidenschaft gezogen werden oder die Gefährdung nicht auf den zu vernehmenden Zeugen beschränkt, sondern sich auf Familienangehörige oder andere nahestehende Personen erstrecken kann.

Das Erfordernis eines einheitlichen Tatbestandes der Personengefährdung ergibt sich auch daraus, daß aus Schutzgründen in dem Ausschließungsbeschluß keine Hinweise aufzunehmen sind, die die Gefahr besorgen lassen, daß gerade Umstände offenbart werden müßten, die der öffentlichen Erörterung entzogen sein sollen (vgl. BGHSt. 30, 212, 213). Durch eine Verpflichtung des Gerichts, im Rahmen des § 172 Nr. 1a GVG deutlich zu machen, ob es den Zeugen oder eine andere Person für gefährdet hält, könnte sich – unabhängig von der Möglichkeit, nach § 173 Abs. 2 GVG zu verfahren – eine solche Gefahr verwirklichen.

Schließlich hat der Gesetzgeber die Neuregelung in Kenntnis und unter ausdrücklicher Bezugnahme auf die Rechtsprechung zur Gefährdung der öffentlichen Ordnung beschlossen. Auch das bedeutet, daß die Neufassung der Vorschrift nicht eine zusätzliche Komplizierung der Rechtsprechung nach sich ziehen sollte.

2.

Unbegründet ist auch die in diesem Zusammenhang erhobene Verfahrensrüge, zwei weitere die Öffentlichkeit während der Vernehmung der Zeugin B. ausschließende Beschlüsse verletzten ebenfalls § 174 Abs. 1 Satz 3 GVG. Wird die Öffentlichkeit – wie hier – für die Dauer einer Zeugenvernehmung ausgeschlossen, gilt der Beschluß über die Ausschließung bis zur Beendigung der Vernehmung. Er deckt deshalb auch den Ausschluß der Öffentlichkeit nach mehrmaliger Unterbrechung der Vernehmung (BGH NStZ 1992, 447 [BGH Urt. v. 15. 4. 1992 – 2 StR 574/91; vgl. 174 GVG erfolglose Rügen]). Da die Vernehmung der Zeugin B. noch nicht abgeschlossen und die Zeugin auch nicht entlassen worden war, war auch kein neuer Ausschließungsbeschluß erforderlich.

8. Zeitweilig verschlossene Tür zum Zuhörerraum nur dann Revisionsgrund, wenn der Umstand dem Vorsitzenden zuzurechnen ist.

StPO § 338 Nr. 6 – BGH, Beschl. v. 28. 11. 1994 – 5 StR 611/94 LG Hamburg (NStZ 1995, 143)

Die Revision rügt, einen unzulässigen teilweisen Ausschluß der Öffentlichkeit, weil die Tür des Zuhörerraums zeitweilig verschlossen war.

Sachverhalt: Nach dem Vortrag des Beschwerdeführers hat der Vorsitzende sofort, nachdem er erfahren hatte, daß die Tür zum Zuschauerraum verschlossen war, die Öffnung der Türe angeordnet. – Das Rechtsmittel war erfolglos.

Gründe: Daß der bis dahin erfolgte faktische Ausschluß der Öffentlichkeit dem Vorsitzenden „zuzurechnen" sei, wird nicht behauptet. Bei dieser Sachlage liegt eine Verletzung der Vorschriften über die Öffentlichkeit der Hauptverhandlung i.S. des § 338 Nr. 6 StPO nicht vor (BGHSt. 21, 72 [BGH Urt. v. 10. 6. 1966 – 4 StR 72/66; vgl. § 338 Nr. 6 StPO erfolglose Rügen]; 22, 297 [BGH Urt. v. 18. 12. 1968 – 3 StR 297/68; vgl. § 338 Nr. 6 StPO erfolglose Rügen]; BGH NStZ 1991, 122[1]; Urt. v. 21. 9. 1993 – 5 StR 400/93), so daß es entgegen der Auffassung der Revision der Wiederholung von Teilen der Verhandlung zur Heilung eines Verfahrensfehlers aus Rechtsgründen nicht bedurfte.

9. Hausrecht geht vor Öffentlichkeit.

StPO § 338 Nr. 6; GVG § 169 S. 1; GG Art. 13 – BGH Urt. v. 14. 6. 1994 – 1 StR 40/94 LG Rottweil (= BGHSt. 40, 191 = NJW 1994, 2733 = StV 1994, 470 = NStZ 1994, 489)

Die Revision rügt, bei der Einnahme eines Augenscheins auf einem Betriebsgelände in der Hauptverhandlung habe das Landgericht gegen den Grundsatz der Öffentlichkeit (§ 169 Satz 1 GVG) verstoßen, weil mehreren Pressevertretern der Zutritt zum Betriebsgelände verwehrt wurde. Die Revision meint, der Besitzer des Anwesens, in dem ein richterlicher Augenschein eingenommen werden soll, sei gemäß §§ 86, 94, 95, 244 StPO verpflichtet, nicht nur dem Gericht, sondern auch den übrigen Prozeßbeteiligten Zutritt zu gewähren.

Sachverhalt: Der Vorsitzende der Strafkammer ordnete in der Sitzung vom 15. 4. 1993 an, daß die Hauptverhandlung um 11.15 Uhr zur Einnahme eines Augenscheins in den Betriebsräumen der Angeklagten fortgesetzt werde. Diese Ortsbesichtigung, die anschließend durchgeführt wurde und deren Ergebnis in den Urteilsgründen seinen Niederschlag fand, sollte dem Gericht nähere Erkenntnisse über die Gegebenheiten eines Galvanikbetriebs im allgemeinen und die Art der Abwasserentsorgung beim Unternehmen der Angeklagten im besonderen vermitteln. Der Verteidiger des Angeklagten Rolf B., eines der beiden Geschäftsführer der GmbH, erklärte dazu, „der Besitzer gestatte der Öffentlichkeit nicht den Zutritt zu der Firma". Der Staatsanwalt trat „dem Antrag auf Ausschluß der Öffentlichkeit" entgegen. Der Vorsitzende der Strafkammer gab daraufhin bekannt, „daß das Hausrecht dem Öffentlichkeitsrecht vorgeht" und daß die Verhandlung um 14.15 Uhr im Gerichtssaal fortgeführt werde. Ein Zettel mit entsprechenden Hinweisen wurde an der Tür zum Sitzungssaal angebracht. Der Augenschein fand dann während der regulären Arbeitszeit des Unternehmens statt. Wie die Revisionen darlegen, waren mehrere Pressever-

---

[1] „Der Beschluß, mit dem die Strafkammer die Öffentlichkeit für die Dauer der Vernehmung des Zeugen B. ausschloß, beschränkte sich auf die Angabe, dies geschehe ‚gemäß § 172 Nr. 1 GVG'. Damit war der Grund des Ausschlusses (§ 174 I 3 GVG) nicht hinreichend angegeben. § 172 GVG nennt drei ganz verschiedene Ausschließungsalternativen, die im konkreten Fall maßgebliche muß sich aus dem Beschluß mit ausreichender Bestimmtheit ergeben" (BGH Beschl. v. 24. 4. 1990 – 1 StR 211/90).

treter erschienen, denen der Zutritt zum Betriebsgelände verwehrt wurde. – Das Rechtsmittel war erfolglos.

Gründe: Bei dieser Sachlage kann der Strafkammer, wie auch der Generalbundesanwalt meint, nicht vorgeworfen werden, sie habe den Grundsatz der Öffentlichkeit des Verfahrens verletzt.

Dieser Grundsatz, der auch in Art. 6 Abs. 1 Satz 1 MRK niedergelegt ist, hat in einem demokratischen Staat hohen Rang (vgl. BGHSt. 2, 56, 57 [BGH Urt. v. 21. 12. 1951 – 2 StR 480/51; vgl. § 338 Nr. 6 StPO erfolgreiche Rügen]). Doch kennt er, wie verschiedene Vorschriften zeigen (etwa § 172 GVG sowie § 48 JGG), Ausnahmen, die dem Schutz anderer Rechtsgüter dienen. Art. 6 Abs. 1 Satz 2 MRK läßt solche Einschränkungen der Öffentlichkeit des Verfahrens ebenfalls zu.

a) Wie anerkannt ist, gibt es – über die gesetzlich geregelten Fälle hinaus – Situationen, in denen die Öffentlichkeit des Verfahrens tatsächliche Schranken findet, die hinzunehmen sind (vgl. BGHSt. 21, 72, 73 [BGH Urt. v. 10. 6. 1966 – 4 StR 72/66; vgl. § 338 Nr. 6 StPO erfolglose Rügen]; 24, 72, 73 f. [BGH Urt. v. 22. 1. 1971 – 3 StR 3/70; vgl. § 338 Nr. 6 StPO erfolglose Rügen]; 27, 13, 14 f. [BGH Urt. v. 6. 10. 1976 – 3 StR 291/76; vgl. § 338 Nr. 6 StPO erfolglose Rügen]; OLG Hamm VRS 64, 451, 452 f). Insoweit bedarf es keines Gerichtsbeschlusses zum Ausschluß der Öffentlichkeit; vielmehr entscheidet gemäß § 176 GVG der Vorsitzende (vgl. BGHSt. 5, 75, 83 [BGH Urt. v. 10. 11. 1953 – 5 StR 445/53; vgl. § 338 Nr. 6 StPO erfolgreiche Rügen]; 24, 72, 73).

b) Gleiches gilt aber auch, wenn rechtliche Gegebenheiten bestehen, die das Gericht daran hindern, die Öffentlichkeit des Verfahrens zu wahren (vgl. OLG Köln NJW 1976, 637). So verhält es sich in einem Fall der vorliegenden Art, in dem der Inhaber des Hausrechts den Zutritt zu seinem Anwesen zwar den Verfahrensbeteiligten gestattet, für Zuhörer oder Zuschauer hingegen verweigert hat.

aa) Gemäß § 169 Satz 1 GVG hat ein Gericht auch dann, wenn es außerhalb der Gerichtsstelle verhandelt, dafür zu sorgen, daß tunlichst jedermann Zutritt hat. Das erwies sich jedoch im vorliegenden Fall nicht als möglich, weil der Geschäftsführer der Gesellschaft, deren Betriebsräume zu besichtigen waren, definitiv der Öffentlichkeit den Zutritt versagt hatte.

bb) Dabei handelt es sich um ein Hindernis, das die Strafkammer nicht zu überwinden vermochte: Wie das Bundesverfassungsgericht entschieden hat, erstreckt sich der Schutz der Wohnung i.S.v. Art. 13 Abs. 1 GG auch auf Arbeits-, Betriebs- und Geschäftsräume (BVerfGE 32, 54, 68 bis 72). Dieses Grundrecht steht auch – wie beim Unternehmen der Angeklagten – einer GmbH zu (BVerfGE 76, 83, 88). Eingriffe in die Privatsphäre, die hier berührt ist, bedürfen nach Art. 13 Abs. 2 und 3 GG einer gesetzlichen Grundlage (vgl. auch BVerfGE 75, 318, 328). An einer entsprechenden Norm fehlt es: ... Entgegen der Meinung der Revisionen gibt es auch keine strafprozessuale Vorschrift, die in einem Fall der vorliegenden Art das Gericht ermächtigt, die Zulassung von Publikum zu erzwingen.

Aus § 169 Satz 1 GVG ergibt sich nicht, es gehöre „zu den Bürgerpflichten", beliebigen Personen den Zutritt zu dem zu besichtigenden Anwesen zu ermöglichen. Diese Vorschrift über die Öffentlichkeit regelt die Gestaltung des Verfahrens, wie sie grundsätzlich angebracht ist, bietet aber keine Handhabe für einen Eingriff in das Grundrecht aus Art. 13 Abs. 1 GG.

Weiter meinen die Revisionen, der Besitzer des Anwesens, in dem ein richterlicher Augenschein eingenommen werden soll, sei gemäß §§ 86, 94, 95, 244 StPO verpflichtet, nicht nur dem Gericht, sondern auch den übrigen Prozeßbeteiligten Zutritt zu gewähren. Es kann unerörtert bleiben, ob dies zutrifft; denn im vorliegenden Fall ist allen Verfahrensbeteiligten der Zutritt zu dem Betriebsgelände gestattet worden. Jedenfalls ziehen die Revisionen aus den angeführten Vorschriften zu Unrecht den Schluß, das Publikum dürfe überall dorthin folgen, wo das Gericht verhandelt. Einen so weitreichenden Eingriff in die Rechtsposition, über die der Inhaber des Hausrechts – sei es ein Unbeteiligter, sei es, wie hier, ein Angeklagter – verfügt, sieht die strafprozessuale Regelung nicht vor.

Bei der Würdigung all dieser Vorschriften ist zu bedenken, daß das Tätigwerden des Gerichts und die Beteiligung der Öffentlichkeit verschiedene Funktionen haben. Eine richterliche Beweisaufnahme dient unmittelbar der Wahrheitsfindung. Das Gericht, das im Rahmen der Hauptverhandlung eine Ortsbesichtigung durchführt, kommt damit der ihm nach § 244 Abs. 2 StPO obliegenden Aufklärungspflicht nach. Die Öffentlichkeit des Verfahrens hat hingegen eine Kontrollfunktion. Daneben dient sie dem Informationsinteresse der Allgemeinheit. An der Wahrheitsfindung selbst sind Zuhörer oder Zuschauer im Rahmen des gerichtlichen Verfahrens nicht beteiligt. Aus den dem Gericht zustehenden Befugnissen zur Beweiserhebung läßt sich demgemäß kein Recht des Gerichts herleiten, auch die Anwesenheit der Öffentlichkeit anzuordnen und durchzusetzen.

Nach Auffassung der Revisionen bestehen insoweit, als das Gesetz gemäß § 171b Abs. 1 Satz 1 und § 172 GVG einen Ausschluß der Öffentlichkeit zuläßt, hinreichende Möglichkeiten, auf die Interessen des Hausrechtsinhabers Rücksicht zu nehmen. Doch lassen diese Vorschriften keinen Eingriff in das Grundrecht aus Art. 13 Abs. 1 GG zu.

Diese Entscheidung steht in Einklang mit der Tendenz der neueren Gesetzgebung, das Prinzip der Öffentlichkeit zurücktreten zu lassen hinter dem Anspruch des Betroffenen auf Achtung seiner Privatsphäre (so – zum sog. Opferschutzgesetz – BT-Drucks. 10/5305 S. 22). In diesem Sinne bestimmt auch § 171b Abs. 2 GVG, daß die Öffentlichkeit ausgeschlossen werden muß, wenn – bei Vorliegen der gesetzlichen Voraussetzungen – dieser Ausschluß beantragt wird von der Person, deren Lebensbereich betroffen ist. Weiter ist darauf hinzuweisen, daß das bei der Ortsbesichtigung gewonnene Beweisergebnis, soweit es bedeutsam ist, in der Regel bei der nachfolgenden Verhandlung im Gerichtssaal öffentlich erörtert wird.

Abschließend bemerkt der Senat: Kann – wie hier – die Öffentlichkeit des Verfahrens nicht in vollem Umfang gewahrt werden, so bedeutet das nicht, insoweit habe die Erforschung der Wahrheit etwa zu unterbleiben. In einem solchen Fall ist vielmehr, wie aus der Aufgabe des Strafverfahrens folgt, der Wahrheitsfindung Vorrang einzuräumen gegenüber dem Bemühen um öffentliche Verhandlung.

10. Ausschluß der Öffentlichkeit für die Dauer der Vernehmung kindlicher Zeugen umfaßt alle Verfahrensvorgänge, die mit der Vernehmung in enger Verbindung stehen oder sich aus ihnen entwickeln. Dies gilt auch für die Beschlußfassung nach § 247 StPO.

StPO §§ 338 Nr. 6, 247; GVG § 172 Nr. 4 – BGH Urt. v. 25. 1. 1994 – 5 StR 508/93 LG Stade (= StV 1994, 471 = NStZ 1994, 354)

Die Revision rügt, daß das Gericht den Beschluß über den vorübergehenden Ausschluß des Angeklagten gem. § 247 StPO für die Dauer der Vernehmung eines kindlichen Zeugen nicht in öffentlicher Sitzung, sondern während des Ausschlusses der Öffentlichkeit verkündet hat.

Der Sachverhalt ergibt sich aus dem Revisionsvorbringen. – Das Rechtsmittel war erfolglos.

Gründe: Der absolute Revisionsgrund nach § 338 Nr. 6 StPO liegt nicht vor.

Der Ausschluß der Öffentlichkeit für die Dauer der Vernehmung kindlicher Zeugen nach § 172 Nr. 4 GVG umfaßte alle Verfahrensvorgänge, die mit den Vernehmungen in enger Verbindung standen oder sich aus ihnen entwickelten und daher zu diesem Verfahrensabschnitt gehörten (st. Rspr.; vgl. BGHR GVG § 171b I Augenschein 1 [BGH Urt. v. 17. 12.

1987 – 4 StR 614/87; vgl. § 338 Nr. 6 StPO erfolglose Rügen]). Dies gilt insbesondere auch für die Beschlußfassung nach § 247 StPO (Senatsurt. v. 10. 7. 1984 – 5 StR 246/84, bei Pfeifer/Miebach NStZ 1985, 206[1]) wie für die vorangegangenen Erörterungen hierüber und die jeweilige Unterrichtung des Angeklagten nach Vernehmung der beiden Zeugen vor deren Entlassung gemäß § 247 S. 4 StPO. Gerade bei Vernehmung eines kindlichen Zeugen oder des Opfers einer Sexualstraftat kommen häufig sowohl ein Ausschluß der Öffentlichkeit als auch eine vorübergehende Ausschließung des Angeklagten in Betracht. Durch die Grundsätze der Rechtsprechung, die auch im umgekehrten Fall der Beschlußfassung über den Ausschluß der Öffentlichkeit während der Abwesenheit des nach § 247 StPO ausgeschlossenen Angeklagten keinen absoluten Revisionsgrund nach § 338 Nr. 5 StPO annimmt (Urt. v. 29. 9. 1993 – 2 StR 336/93), ist eine vorübergehende Wiederherstellung der Öffentlichkeit bzw. eine vorübergehende Wiederzulassung des Angeklagten für den Fall, daß nicht schon vor der Zeugenvernehmung eine gleichzeitige Beschlußfassung über beide Ausschlußmöglichkeiten stattgefunden hat, nicht unerläßlich. Diese praktikable Verfahrensweise ist angesichts des engen Zusammenhangs beider Ausschlußgründe regelmäßig sachgerecht und auch im Blick auf die Bedeutung der durch die betroffenen absoluten Revisionsgründe geschützten Rechtspositionen unbedenklich.

11. Die Ausschließungsgründe Gefährdung der Sittlichkeit und Verletzung schutzwürdiger Interessen stehen mit unterschiedlicher Schutzfunktion selbständig nebeneinander.

StPO § 338 Nr. 6; GVG §§ 171b, 172 Nr. 1 – BGH Urt. v. 19. 3. 1992 – 4 StR 73/92 LG Paderborn (= BGHSt. 38, 248 = NJW 1992, 2241 = StV 1992, 456 = NStZ 1992, 393 = JZ 1993, 270)

Die Revision rügt, daß der Ausschluß der Öffentlichkeit anstatt gem. § 171b wegen der Erörterung schutzwürdiger Interessen des Zeugen, wegen Gefährdung der Sittlichkeit ausgeschlossen worden ist.

Sachverhalt: Die Jugendkammer hat durch Beschluß während der Zeugenvernehmung des Geschädigten die Öffentlichkeit wegen Gefährdung der Sittlichkeit gemäß § 172 Nr. 1 GVG ausgeschlossen. – Das Rechtsmittel war erfolglos.

Gründe: Ein absoluter Revisionsgrund nach § 338 Nr. 6 StPO liegt nicht vor.

Allerdings kommt bei der Zeugenvernehmung eines durch eine Straftat gegen die sexuelle Selbstbestimmung Verletzten ein Ausschluß der Öffentlichkeit vornehmlich gemäß § 171b GVG in Betracht. Durch diese durch das Opferschutzgesetz vom 18. 12. 1986 (BGBl. I 2496) geschaffene Regelung ist der Schutz von Persönlichkeitsrechten im Vergleich zu gegenläufigen Belangen des Öffentlichkeitsgrundsatzes beträchtlich verstärkt worden. Insoweit unterliegt der Ausschluß der Öffentlichkeit maßgeblich auch der Disposition des Betroffenen (vgl. § 171b Abs. 2 GVG); so ist gegen seinen Widerspruch ein Ausschluß der Öffentlichkeit aus diesem Grunde nicht gestattet (§ 171b Abs. 1 Satz 2 GVG). Im vorliegenden Fall hätte ein Ausschluß der Öffentlichkeit während der Zeugenvernehmung des Geschädigten zum Schutz seiner Intimsphäre auf der Grundlage des § 171b GVG nahegelegen. Hierauf hat sich die Jugendkammer indes nicht gestützt. Sie hat nicht – wie regelmäßig erforderlich ist und wie es auch hier nahegelegen hätte – eine Entschließung des zur Zeit der Vernehmung 17jährigen Zeugen herbeigeführt, ob er selbst ei-

---

[1] „Für die Beschlußfassung nach § 247 S. 1 StPO brauchte die Öffentlichkeit nicht wiederhergestellt zu werden. Denn der Gerichtsbeschluß nach § 172 Nr. 4 GVG schloß alle Vorgänge ein, die mit der Vernehmung der 13jährigen Zeugin K. in enger Verbindung standen oder sich unmittelbar aus ihr entwickelten und daher zu dem Verfahrensabschnitt gehörten, für den die Öffentlichkeit ausgeschlossen worden war."

nen Ausschluß der Öffentlichkeit zur Wahrung seiner Intimsphäre wünsche, ihn gegebenenfalls gar beantrage oder aber ihm widerspreche.

Indes ist der von der Jugendkammer herangezogene Ausschließungsgrund der Besorgnis einer Gefährdung der Sittlichkeit gemäß § 172 Nr. 1 GVG, auch wenn – wie in solchen Fällen häufig – zugleich ein Ausschluß der Öffentlichkeit zum Schutz der Intimsphäre nach § 171b GVG in Betracht kommt, nicht etwa schlechthin ausgeschlossen. Die Ausschließungsgründe stehen – nicht anders als dies vor Inkrafttreten des Opferschutzgesetzes für das Verhältnis des § 172 Nr. 1 GVG zu § 172 Nr. 2 a.F. GVG galt – mit unterschiedlicher Schutzfunktion selbständig nebeneinander (vgl. BT-Drucks. 10/5305 S. 23/ 24; 10/6124 S. 17). So gestattet § 172 Nr. 1 GVG den Ausschluß der Öffentlichkeit wegen im Einzelfall gegenüber der Wahrung des Öffentlichkeitsgrundsatzes überwiegender gegenläufiger Interessen der Allgemeinheit. Seine Anwendung kann sowohl in Fällen in Betracht kommen, in denen ein Ausschluß der Öffentlichkeit auch nach § 171b GVG möglich wäre, als auch in solchen, in denen jene Norm – etwa wegen eines Widerspruchs des Betroffenen (§ 171b Abs. 1 Satz 2 GVG) – keine Anwendung finden könnte.

Die Liberalisierung der Anschauungen zur öffentlichen Darstellung sexualbezogener Vorgänge ist auf die Auslegung des Merkmals „Gefährdung der Sittlichkeit" in § 172 Nr. 1 GVG nicht ohne Einfluß geblieben und hat zu einer Einschränkung des Anwendungsbereichs dieses Ausschlußgrundes geführt. Desungeachtet steht dem Tatrichter bei der Wertung, ob die öffentliche Erörterung sexualbezogener Vorgänge nach allgemeiner Anschauung anstößig wäre, ein Beurteilungsspielraum zu (BGH NStZ 1986, 179 [BGH Urt. v. 9. 7. 1985 – 1 StR 216/85; vgl. § 338 Nr. 6 StPO erfolglose Rügen]). Maßgeblich hierfür kann – entgegen dem Ansatz der Revision – nicht etwa der spätere Gegenstand der Verurteilung sein; es ist vielmehr auf den bei Ausschluß der Öffentlichkeit zu erwartenden Inhalt des in Frage stehenden Verhandlungsabschnittes abzustellen. Gegenstand der Zeugenvernehmung des Geschädigten waren hier insbesondere die Vornahme massiver homosexueller Handlungen des erwachsenen Angeklagten an dem zur Tatzeit 13jährigen Zeugen, die Frage nach dabei etwa vorgenommener Gewalt sowie anderweitige homosexuelle Kontakte des Zeugen zur damaligen Zeit.

Bei dieser Sachlage ist der Ausschluß der Öffentlichkeit wegen Gefährdung der Sittlichkeit durch den Tatrichter ungeachtet einer nur in seltenen Fällen zulässigen Anwendung dieses Ausschließungsgrundes vom Revisionsgericht hinzunehmen und kann rechtlich nicht beanstandet werden (vgl. auch Nr. 132 Satz 1 RiStBV), zumal ausweislich des Sitzungsprotokolls die Öffentlichkeit erst „nach Erörterung" ausgeschlossen worden ist.

Die Heranziehung des § 172 Nr. 1 GVG anstelle des § 171b GVG ist auch nicht etwa deshalb rechtlich bedenklich, weil die Öffentlichkeit nicht bereits während der Vernehmung des Angeklagten zum Anklagevorwurf ausgeschlossen worden war. Angesichts dessen, daß der Angeklagte den Tatvorwurf stets bestritten hatte, war eine Erörterung sexualbezogener Einzelheiten im Rahmen seiner Einlassung nicht zu erwarten. Eine Anwendung des § 172 Nr. 1 GVG durch den Tatrichter erst bei der Zeugenvernehmung des Geschädigten war daher nicht sachwidrig, sondern lag in seinem pflichtgemäßen Ermessen.

12. Ausschluß der Öffentlichkeit kann unbegrenzt für die gesamte Beweisaufnahme angeordnet werden, wenn abzusehen ist, daß in ihr durchgängig Umstände aus dem persönlichen Lebensbereich von Verfahrensbeteiligten oder Zeugen erörtert werden.

§ 338 Nr. 6; GVG §§ 171b, 174 I StPO – BGH Urt. v. 23. 2. 1989 – 4 StR 29/89 LG Landau (= StV 1990, 9)

Die Revision rügt, daß das Gericht die Dauer des Ausschlusses der Öffentlichkeit nicht ausdrücklich bestimmt habe; außerdem habe es in zwei Fällen in nicht öffentlicher Sitzung die Entscheidungen über den Ausschluß der Öffentlichkeit auf Verfahrensteile ausgedehnt, für welche die Öffentlichkeit nicht ausgeschlossen gewesen sei.

Sachverhalt: Das Landgericht hat die Öffentlichkeit an zwei Sitzungstagen zum Schutze der Privatsphäre des Angeklagten und der Nebenklägerin gemäß § 171b Abs. 1 S. 1 GVG ausgeschlossen. Diesen Entscheidungen lagen jeweils Anträge der Personen, deren Lebensbereich betroffen war, zugrunde. Das Gericht hat die Dauer des Ausschlusses der Öffentlichkeit nicht ausdrücklich bestimmt. Außerdem hat es in zwei Fällen in nicht öffentlicher Sitzung die Entscheidungen über den Ausschluß der Öffentlichkeit auf Verfahrensteile ausgedehnt, für welche die Öffentlichkeit nicht ausgeschlossen gewesen war. – Das Rechtsmittel war erfolglos.

Gründe:

a) Die von der Verteidigung beanstandeten Beschlüsse des Landgerichts v. 19. 9. und 30. 9. 1988 sind nach ihrem Wortlaut und Inhalt nicht auf bestimmte Verfahrensvorgänge eingegrenzt. Mit ihnen ist die Öffentlichkeit vielmehr für die nachfolgenden Teile der Beweisaufnahme ausgeschlossen worden. Dies verletzt hier den Grundsatz der Öffentlichkeit des Verfahrens nicht. Im Regelfall wird es zwar notwendig sein, den Verfahrensabschnitt, für den die Öffentlichkeit ausgeschlossen werden soll, von vornherein genau zu bezeichnen. In einem Fall wie dem vorliegenden, in dem abzusehen ist, daß in der gesamten Beweisaufnahme Umstände aus dem persönlichen Lebensbereich von Verfahrensbeteiligten oder Zeugen erörtert werden, ist es indes noch vertretbar, den Ausschluß der Öffentlichkeit nicht nur für einen bestimmten Teil der Beweisaufnahme vorzusehen, ihn vielmehr unbegrenzt für die Beweisaufnahme anzuordnen.

b) Bei einer solchen Verfahrensweise kann zwar leicht übersehen werden, daß in der Beweisaufnahme Verfahrensvorgänge erörtert werden, für die der Ausschluß der Öffentlichkeit nicht vorgesehen ist. Die Revision hat aber einen solchen Fehler nicht dargelegt.

aa) Am 19. 9.1988 hat das Landgericht die Öffentlichkeit zweimal vor der Vernehmung von Zeugen ausgeschlossen. In beiden Fällen sind zwei Zeugen vernommen worden. Nach dem Abschluß der Vernehmung jeweils des ersten Zeugen hat das Landgericht, wie in der Niederschrift über die Hauptverhandlung zu entnehmen ist, festgestellt, daß die Verfahrensbeteiligten keine Bedenken gegen die Fortführung der Hauptverhandlung in nicht öffentlicher Sitzung erheben. Mit diesen Protokollvermerken hat das Landgericht nicht den Umfang seiner Anordnungen über den Ausschluß der Öffentlichkeit erweitert, wie die Verteidigung meint. Sie halten vielmehr die – zutreffende – Auffassung sämtlicher Verfahrensbeteiligter über die Auslegung der in öffentlicher Sitzung verkündeten Beschlüsse fest, die, wie dargelegt, den Ausschluß der Öffentlichkeit auf die ihnen folgenden Teile der Beweisaufnahme, also auch auf die Vernehmung des jeweils zweiten Zeugen, erstreckten.

bb) Es läßt auch keinen Rechtsfehler erkennen, daß der Angeklagte am 19. 9. 1988 in nicht öffentlicher Hauptverhandlung während der Vernehmung einer Zeugin – wie diese – auf Fragen des Gerichts zur Sache ausgesagt hat, wie die Niederschrift über die Hauptverhandlung ausweist. Es ist, da ein anderer Sachverhalt nicht bewiesen ist, davon auszugehen, daß die Angaben des Angeklagten in unmittelbarem Zusammenhang mit der Zeugenaussage standen. Solche Vorgänge gehören aber zu dem Verfahrensabschnitt, für den die Hauptverhandlung ausgeschlossen worden ist (BGHR GVG § 171b Abs. 1 Augenschein 1 [BGH Urt. v. 17. 12. 1987 – 4 StR 614/87; vgl. § 338 Nr. 6 StPO erfolglose Rügen]). Deshalb durfte das Landgericht auch in nicht öffentlicher Sitzung v. 30. 9. 1988 die Anordnung treffen, den Angeklagten während der Vernehmung einer Zeugin – die geäußert hatte, sie habe Angst vor ihm – aus dem Sitzungszimmer zu entfernen. Ob ein am 30. 9. 1988 in nicht öffentlicher Sitzung gestellter Beweisantrag der Verteidigung, über den – wie das Protokoll ausweist – „im allgemeinen Einverständnis ... weiter unter Ausschluß der Öffentlichkeit verhandelt" worden ist, ebenfalls im Zusammenhang mit dem Verfahrensabschnitt stand, für den die Öffentlichkeit ausgeschlossen worden ist, läßt sich der Revision nicht entnehmen, weil sie den Inhalt des Beweisantrages nicht mitteilt. Die Revision erfüllt deshalb insoweit nicht die Voraussetzungen des § 344 Abs. 2 S. 2 StPO.

13. Beschluß über den Ausschluß der Öffentlichkeit während einer Zeugenaussage deckt auch die Einnahme eines Augenscheins ab, die sich aus der Vernehmung dieses Zeugen unmittelbar ergibt.

StPO § 338 Nr. 6 – BGH Urt. v. 17. 12. 1987 – 4 StR 614/87 LG Bochum (= NStZ 1988, 190 = BGHR GVG § 171b Abs. 1 Augenschein 1)

Die Revision rügt, das Gericht habe gegen den Öffentlichkeitsgrundsatz verstoßen, weil während des Ausschlusses der Öffentlichkeit auch eine Augenscheinseinnahme durchgeführt worden sei.

Sachverhalt: Die Strafkammer hat die Öffentlichkeit in der Hauptverhandlung am 22. 7. 1987 gemäß § 171b II GVG „für die Dauer der Vernehmung der Zeugin W. ausgeschlossen, weil während ihrer gesamten Vernehmung Umstände aus ihrem persönlichen Lebensbereich zur Sprache kommen werden, deren öffentliche Erörterung die schutzwürdigen Interessen der Zeugin verletzen würden".

Die ergänzende Vernehmung der Zeugin am 24. 7. 1987 hat das Landgericht, wie im Protokoll über die Hauptverhandlung vermerkt ist, „in Ausführung des Beschlusses vom 22. 7. 1987 über den Ausschluß der Öffentlichkeit während der Vernehmung der Zeugin W." in nicht öffentlicher Sitzung durchgeführt. Die Bezugnahme auf den Beschluß vom 22. 7. 1987 ist rechtlich nicht zu beanstanden, weil kein Zweifel daran bestehen kann, daß der Tatrichter die Öffentlichkeit am 24. 7. 1987 aus den fortbestehenden Gründen des Beschlusses vom 22. 7. 1987 ausgeschlossen hat (BGHSt. 30, 298, 300 [BGH Urt. v. 9. 12. 1981 – 3 StR 368/81; vgl. § 338 Nr. 6 StPO erfolglose Rügen]). – Das Rechtsmittel war erfolglos.

Gründe: Den Öffentlichkeitsgrundsatz hat die Strafkammer nicht verletzt:

Daß das Landgericht, wie das Protokoll ausweist, während der ergänzenden Vernehmung der Zeugin ärztliche Atteste über eine Kur und Fotokopien von Versicherungsnachweisen und sonstigen Unterlagen über ihre Beschäftigung in Augenschein genommen hat, läßt Rechtsfehler nicht erkennen. Dabei handelte es sich um Verfahrensvorgänge, die sich aus der Vernehmung der Zeugin unmittelbar ergaben; den Urteilsgründen ist zu entnehmen, daß das Landgericht die genannten, von der Zeugin vorgelegten, Unterlagen zur Widerlegung der Behauptung, sie sei der Prostitution nachgegangen, für erheblich gehalten hat. Solche in unmittelbarem Zusammenhang mit der Zeugenaussage stehenden Vorgänge gehören aber zu dem Verfahrensabschnitt, für den die Öffentlichkeit ausgeschlossen worden ist. Dies gilt auch dann, wenn der im Zusammenhang mit der Zeugenaussage stehende Verfahrensvorgang eine Augenscheinseinnahme notwendig macht. Der zu § 247 StPO ergangene Beschluß des 2. Strafsenats des BGH v. 10. 6. 1987 – 2 StR 242/871 [vgl. § 247 StPO erfolgreiche Rügen]) steht dem nicht entgegen. Die genannte Entscheidung spricht aus, daß § 247 StPO eine Augenscheinseinnahme in Abwesenheit des Angeklagten nicht gestattet, weil die Vorschrift die Entfernung des Angeklagten aus dem Sitzungssaal nur „während einer Vernehmung" zuläßt. Eine entsprechende Begrenzung ist in Fällen des Ausschlusses der Öffentlichkeit nicht vorgesehen. ...

14. Die Beschlußbegründung bei Ausschluß der Öffentlichkeit wegen Gefährdung der Sittlichkeit braucht grundsätzlich nicht außer dem Gesetzeswortlaut noch die tatsächlichen Umstände darzulegen, aus denen sich der Ausschließungsgrund ergibt.

StPO § 338 Nr. 6; GVG §§ 172 Nr. 1, 174 I 3 – BGH Urt. v. 9. 7. 1985 – 1 StR 216/85 LG München I (= NJW 1986, 200 = NStZ 1986, 179)

Die Revision rügt, der Beschluß, der die Öffentlichkeit ausgeschlossen habe, entbehre der notwendigen Bestimmtheit und der ausreichenden Begründung. Der Rechtsbegriff der „Gefährdung der Sittlichkeit" sei verkannt. Der Ausschluß der Öffentlichkeit sei über den durch den Beschluß gedeckten Verfahrensteil hinaus ausgedehnt, jedenfalls ohne rechtfertigenden Anlaß länger als notwendig aufrechterhalten worden.

Sachverhalt: Am ersten Verhandlungstag (14. 12. 1984) machte der Angeklagte Angaben zur Sache. Der Verteidiger deutete nach einer Sitzungsunterbrechung an, der Angeklagte wolle den ihm angelasteten Schuldvorwurf zumindest teilweise einräumen. Er bat um Ausschluß der Öffentlichkeit, da hierbei Dinge zur Sprache kommen könnten, die den Intimbereich des Angeklagten berühren. Nach geheimer Beratung des Gerichts verkündete der Vorsitzende den Beschluß, daß für die weitere Dauer der Hauptverhandlung die Öffentlichkeit wegen Gefährdung der öffentlichen Sittlichkeit ausgeschlossen (§ 172 Nr. 1 GVG) wird. Der Beschluß wurde ausgeführt und die Beweisaufnahme eröffnet. Das Landgericht vernahm die Zeugen Dr. G. und D. sowie die Sachverständige Dr. E. Der Verteidiger beantragte die Einholung eines psychiatrischen Gutachtens zum Beweis für die Tatsache, „daß das Steuerungsvermögen des Angeklagten bei Begehung der eingestandenen Straftaten auf Grund einer sexualpathologischen Triebstörung im Sinne einer schweren anderen seelischen Abartigkeit zumindest erheblich vermindert war". Das Landgericht beauftragte den Sachverständigen Dr. Dr. D., die Schuldfähigkeit des Angeklagten zu untersuchen, und unterbrach die Hauptverhandlung bis zum 21. 12. 1984. Am 21. 12. 1984 (zweiter Verhandlungstag) wurde die Hauptverhandlung in nichtöffentlicher Sitzung fortgesetzt. Nach geheimer Beratung des Gerichts verkündete der Vorsitzende folgenden Beschluß: „Die Öffentlichkeit ist wieder herzustellen." Der Beschluß wurde ausgeführt, anschließend die Zeugin S. vernommen und die Hauptverhandlung bis zum 2. 1. 1985 unterbrochen. Am 2. 1. 1985 (dritter Verhandlungstag) wurde die Hauptverhandlung in öffentlicher Sitzung fortgesetzt. Der Sachverständige Dr. Dr. D. erstattete sein Gutachten. Die Beweisaufnahme wurde geschlossen. Nach den Schlußvorträgen folgten Beratung und Urteilsverkündung. – Das Rechtsmittel war erfolglos.

Gründe: ...

II. ...

1. An der inhaltlichen Bestimmtheit des Beschlusses, mit dem am ersten Verhandlungstag der Ausschluß der Öffentlichkeit angeordnet worden ist, bestehen keine Zweifel. Auch der Ausschließungsgrund ist unmißverständlich angegeben. Zur Erfüllung der Voraussetzungen des § 174 I 3 GVG genügt nach feststehender Rechtsprechung, daß der gesetzliche Wortlaut des für die Ausschließung der Öffentlichkeit herangezogenen Grundes mitgeteilt wird (BGH, GA 1975, 283); enthält die herangezogene Vorschrift nur einen einzigen Ausschließungsgrund, so genügt sogar die Angabe der Gesetzesstelle (BGHSt. 27, 117 [119] [BGH Urt. v. 9. 12. 1977 – 3 StR 382/76; vgl. § 338 Nr. 6 StPO erfolglose Rügen]). Die Beschlußbegründung braucht grundsätzlich nicht außerdem noch die tatsächlichen Umstände darzulegen, aus denen sich der gesetzliche Ausschließungsgrund ergibt. Eine derart weitreichende Begründungspflicht kann schon deshalb nicht anerkannt werden, weil sie die Gefahr heraufbeschwören würde, daß gerade jene Umstände offenbart werden müßten, die der öffentlichen Erörterung entzogen sein sollen (BGHSt. 30, 212 [213] [BGH Urt. v. 18. 9. 1981 – 2 StR 370/81; vgl. § 338 Nr. 6 StPO erfolglose Rügen]).

2. Der bezeichnete Ausschließungsgrund ist vom Landgericht nicht verkannt worden. Er hat im Zeitpunkt der gerichtlichen Beschlußfassung tatsächlich vorgelegen. § 172 Nr. 1 GVG gestattet den Ausschluß der Öffentlichkeit, wenn eine „Gefährdung der Sittlichkeit" zu besorgen ist. Bei der Wertung, ob die öffentliche Erörterung geschlechtlicher Vorgänge oder sittlicher Verfehlungen geeignet ist, das Scham- und Sittlichkeitsgefühl Unbeteiligter erheblich zu verletzen, insbesondere Jugendliche sittlich zu gefährden (Nr. 132 RiStBV), steht dem Tatrichter ein Beurteilungsspielraum zu. Eine solche Gefährdung kann ohne Ermessensfehler jedenfalls dann angenommen werden, wenn in der Hauptverhandlung – wie hier – Einzelheiten des sexuellen Mißbrauchs eines Kindes durch einen möglicherweise triebgestörten Täter zu erörtern sind. Auf die Tendenzen zur Einschränkung dieses Ausschließungsgrundes braucht unter diesen Umständen nicht eingegangen zu werden.

3. Auf der Grundlage des § 172 GVG kann die Öffentlichkeit „für die Verhandlung oder für einen Teil davon" ausgeschlossen werden. Die Dauer der Ausschließung bestimmt der Tatrichter nach pflichtgemäßem Ermessen (RGSt 66, 113; BGH, GA 1978, 13; BGH, Urt. v. 16. 6. 1978 – 4 StR 269/78). Ein Rechtsfehler könnte dann vorliegen, wenn der Zeitraum des Ausschlusses von vornherein zu weit bemessen wird, oder wenn die Öffentlichkeit nach Wegfall des zunächst gegebenen Ausschließungsgrundes nicht wieder hergestellt wird. Beides war hier nicht der Fall:

a) Daß das Landgericht die Öffentlichkeit „für die weitere Dauer der Hauptverhandlung", also im weitest zulässigen Umfang ausgeschlossen hat, kann nicht als rechtsfehlerhaft beanstandet werden. Wegen des engbegrenzten Verfahrensgegenstandes war – jedenfalls aus der Sicht des Tatrichters im Zeitpunkt des Ausschließungsbeschlusses – zu erwarten, daß sämtliche Prozeßvorgänge mit dem Grund der Ausschließung in Beziehung stehen. Die Beschränkung der Ausschließung auf eine Vielzahl engerer Verfahrensabschnitte hätte den Ablauf der Hauptverhandlung in unzumutbarer Weise erschwert und Zusammengehöriges auseinandergerissen (vgl. OLG Düsseldorf MDR 1981, 427). Der Ausschließungsbeschluß deckte somit alle von der Verhandlung umfaßten Prozeßvorgänge, gleich ob sie – für sich betrachtet – die in Rede stehende Besorgnis rechtfertigen konnten oder nicht (RGSt 43, 367 [369]; RG, JW 1928, 1940).

b) Für die Behauptung, das Landgericht hätte die Öffentlichkeit der Verhandlung wegen Wegfalls des Ausschließungsgrundes zu einem früheren Zeitpunkt wiederherstellen müssen, die Ausschließung der Öffentlichkeit also von diesem Zeitpunkt an rechtsfehlerhaft fortdauern lassen, findet sich im Verfahrensgang kein Anhalt. Die Wiederherstellung der Öffentlichkeit kann auf zwei Gründen beruhen: Der Tatrichter hat entweder den Ausschließungsgrund des § 172 Nr. 1 GVG nicht mehr als gegeben angesehen, oder er hat – bei Fortbestehen des Ausschließungsgrundes – von dem ihm eingeräumten Ermessen anderweitigen Gebrauch gemacht. Beide in Betracht kommenden Möglichkeiten können auf Umständen beruhen, die erst unmittelbar vor der Beschlußfassung eingetreten oder erkennbar geworden sind (z.B. durch Äußerungen Beteiligter oder durch den Eingang des schriftlichen Gutachtens von Dr. Dr. D.). Weil solche Umstände von der Revision nicht ausgeschlossen werden können und weil sie überdies nicht protokollpflichtig sind, entziehen sie sich der weiteren Nachprüfung durch den Senat.

15. Kein Verstoß gegen Öffentlichkeitsgrundsatz bei Bedeutungslosigkeit der Gesetzesverletzung.

StPO § 338 Nr. 6; GVG § 169 – BGH Urt. v. 19. 12. 1984 – 2 StR 438/84 LG Köln (= BGHSt. 33, 99 = NJW 1985, 1848 = StV 1985, 402)

Die Revision rügt, das Urteil müsse aufgehoben werden, weil der Zeuge Dr. W. während des Ausschlusses der Öffentlichkeit vernommen, die Wiederholung dieser Vernehmung ebenfalls in nichtöffentlicher Sitzung angeordnet und schließlich immer noch ohne Öffentlichkeit auf die Vernehmung des Zeugen ganz verzichtet worden sei.

Sachverhalt: Im Hauptverhandlungsprotokoll ist vermerkt:

„Es wurde festgestellt, daß die Vernehmung des Zeugen Dr. W. in nicht öffentlicher Sitzung erfolgt ist. Die Vernehmung des Zeugen Dr. W. soll wiederholt werden.

Nunmehr erklären der Vertreter der Staatsanwaltschaft und der Verteidiger, daß auf eine Vernehmung des Zeugen Dr. W. verzichtet wird." – Das Rechtsmittel war erfolglos.

Gründe: Ein absoluter Verfahrensmangel ist nur dann gegeben, wenn er bis zum Urteil bestanden oder fortgewirkt hat. Er liegt z.B. dann nicht vor, wenn der Fehler durch eine formgerechte Wiederholung des Prozeßvorgangs geheilt worden ist. Gleiches gilt in dem hier zu entscheidenden Fall. Da sowohl das Gericht als auch die Prozeßbeteiligten die erneute Vernehmung des Zeugen Dr. W. wegen der Bedeutungslosigkeit seiner Aussage für überflüssig erachteten, hatte das zur Folge, daß sich die in Bezug auf diesen Zeugen bis dahin vorgenommenen Verfahrenshandlungen nicht mehr auf das weitere Verfahren auswirkten. Die Äußerung des Vorsitzenden, daß die Vernehmung des Zeugen wiederholt werden solle, gab lediglich die selbstverständliche Folgerung aus der Erkenntnis des Verfahrensmangels wieder. Durch sie wurden die Verzichtserklärungen ausgelöst. Angesichts dieser Besonderheiten verneint der Senat einen Verstoß gegen den Öffentlichkeitsgrundsatz.

16. Der Grundsatz der Öffentlichkeit besagt nicht, daß jedermann und unter allen Umständen zu jeder Zeit Zutritt zu einer Verhandlung haben muß.
StPO § 338 Nr. 6; GVG § 169 – BGH Urt. v. 28. 6. 1984 – 4 StR 243/84 LG Münster (= NStZ 1984, 470)

Die Revision rügt, die Öffentlichkeit sei von der Verhandlung ausgeschlossen gewesen, weil ein Ortstermin in einem anderen als dem ursprünglich vorgesehenen Hotel stattgefunden habe.

Sachverhalt: Im Laufe der Hauptverhandlung erging die Anordnung, daß diese in Ibbenbüren in dem dortigen Hotel Leu fortgesetzt werde. Anlaß hierfür war, daß der Zeuge G bekundet hatte, den Angeklagten am Abend des 21. 5. 1982 in einem Hotel in Ibbenbüren abgesetzt zu haben, an dessen Namen er sich nicht mehr erinnern könne. Andererseits hatte der Zeuge H ausgesagt, daß er den Angeklagten an einem Samstag in einem Hotel abgeholt habe, den Namen dieses Hotels aber nicht kenne, wohl aber den Weg dahin wiederfinden werde. In der Annahme, es handle sich um das Hotel Leu, wurde die Fortsetzung der Hauptverhandlung in diesem Hotel vorgesehen. Ein entsprechender Hinweis wurde an der Gerichtstafel vor dem Sitzungssaal des Gerichtsgebäudes in Münster angebracht. Als in Ibbenbüren der Zeuge H nicht das Hotel Leu sondern das einige hundert Meter entfernt gelegene Hotel Lei ansteuerte, versammelten sich die Verfahrensbeteiligten zunächst vor dem Hotel Leu. Dort traf der Vorsitzende die Anordnung, daß die Hauptverhandlung nicht im Hotel Leu sondern im Hotel Lei fortgesetzt werde. Die entsprechende Abänderung des Aushangs im Gerichtsgebäude in Münster wurde telefonisch veranlaßt und tatsächlich auch durchgeführt. An der Türe des Konferenzraums im Hotel Lei wurde ein Zettel angebracht mit folgendem Inhalt:

„Fortsetzung der Hauptverhandlung in der Strafsache gegen D, II. Große StrK des LG Münster – 2 KLs 19/83". – Das Rechtsmittel war erfolglos.

Gründe: ... Der Grundsatz der Öffentlichkeit besagt nicht, daß jedermann und unter allen Umständen zu jeder Zeit Zutritt zu einer Verhandlung haben muß. Der Zutritt muß nur nach Maßgabe der räumlichen Möglichkeiten und örtlichen Verhältnisse gewährt werden

(BGHSt. 21, 72 [73] [BGH Urt. v. 10. 6. 1966 – 4 StR 72/66; vgl. § 338 Nr. 6 StPO erfolglose Rügen]; 27, 13 [14] [BGH Urt. v. 6. 10. 1976 – 3 StR 291/76; vgl. § 338 Nr. 6 StPO erfolglose Rügen]). Dies gilt besonders bei einer Fortsetzung der Hauptverhandlung außerhalb des Gerichtsgebäudes, bei der erst an Ort und Stelle entschieden werden kann, wo die nächsten Verhandlungsabschnitte stattfinden sollen und können. Durch die Verkündung des Fortsetzungstermins in der öffentlichen Sitzung in Münster und durch den Aushang vor dem Sitzungssaal konnten sich interessierte Zuhörer unterrichten, wo und wann die Hauptverhandlung weitergeführt werde. Die Änderung des Verhandlungsortes, die in Ibbenbüren angeordnet wurde, konnten Zuhörer, soweit sie anwesend waren, zur Kenntnis nehmen. Soweit Zuhörer erst zu diesem Zeitpunkt im Gerichtsgebäude in Münster erschienen sind, wurden sie durch den geänderten Aushang auf den neuen Verhandlungsort aufmerksam gemacht. Zuhörer, die in Unkenntnis dieser Änderung erst nach Verlegung der Hauptverhandlung in das Hotel Lei am Hotel Leu eintrafen, konnten unschwer den neuen Verhandlungsort erfragen, zumal das Personal des Hotels Leu unterrichtet war, und die Hotels nur wenige hundert Meter auseinanderliegen. Unter diesen Umständen bedurfte es eines zusätzlichen Aushangs am Eingang der beiden Hotels nicht. Die geschilderten Maßnahmen stellten in ausreichendem Maße sicher, daß beliebige Zuhörer Ort und Zeit der Weiterverhandlung ohne besondere Schwierigkeiten in Erfahrung bringen konnten (vgl. BGH, NStZ 1981, 311 [BGH Beschl. v. 14. 5. 1981 – 1 StR 160/81; vgl. § 246 StPO erfolgreiche Rügen]; GA 1982, 126; BGH, Urt. v. 14. 1. 1976 – 2 StR 426/75]. ...

17. Grundsatz der Öffentlichkeit der Verhandlung gebietet nicht, daß jedermann weiß, wann und wo ein erkennendes Gericht tagt. Es genügt die Möglichkeit, sich ohne besondere Schwierigkeiten davon Kenntnis zu verschaffen.

StPO § 338 Nr. 6 – BGH Urt. v. 22. 6. 1982 – 1 StR 249/81 LG Stuttgart (= NStZ 1982, 476)

Die Revision rügt, die Strafkammer habe nacheinander in verschiedenen Gerichtsgebäuden getagt, ohne daß dies jeweils im Hauptgebäude des Landgerichts Stuttgart bekanntgegeben worden sei.

Sachverhalt: Die Strafkammern des Landgerichts Stuttgart sind in verschiedenen Gerichtsgebäuden untergebracht und halten ihre Sitzungen ebenfalls regelmäßig in verschiedenen Gerichtsgebäuden ab. – Das Rechtsmittel war erfolglos.

Gründe: ...

4. Hierdurch wird nicht in Frage gestellt, daß das Gericht mit allen seinen Spruchkörpern organisatorisch eine Einheit bildet und daß die Kammern an der für sie geschäftsplanmäßig vorgesehenen und der Allgemeinheit zugänglichen Gerichtsstelle tagen. Diese Gegebenheiten können deshalb schon aus tatsächlichen Gründen nicht mit den Fällen verglichen werden, in denen die Hauptverhandlung teilweise außerhalb des Gerichtsgebäudes stattgefunden hat (dazu BGH, NStZ 1981, 311 [BGH Beschl. v. 14. 5. 1981 – 1 StR 160/81; vgl. § 246 StPO erfolgreiche Rügen]). Die Revision stellt selbst nicht in Abrede, daß der interessierte Bürger am Ort der Verhandlung jeweils ausreichend über die Tagesordnung unterrichtet worden ist. Im übrigen gebietet der Grundsatz der Öffentlichkeit der Verhandlung nicht, daß jedermann weiß, wann und wo ein erkennendes Gericht eine Hauptverhandlung abhält. Es genügt vielmehr, daß jedermann die Möglichkeit hat, sich ohne besondere Schwierigkeiten davon Kenntnis zu verschaffen, und daß der Zutritt im Rahmen der tatsächlichen Gegebenheiten eröffnet ist (BGH, Urt. v. 10. 6. 1975 – 1 StR 184/75; Beschl. v. 26. 6. 1980 – 4 StR 129/80). Beides war der Fall. Aus der Gegenerklärung der Staatsanwaltschaft ergibt sich, daß die Pforte des Hauptgebäudes stets mit Wachtmeistern besetzt war, die über die Tagungen der Strafkammer Auskunft geben konnten.

18. Bezugnahme auf früheren Ausschließungsgrund reicht als Begründung.
StPO § 338 Nr. 6; GVG § 174 I S. 3 – BGH Urt. v. 9. 12. 1981 – 3 StR 368/81 (S) OLG Celle
(= BGHSt. 30, 298 = NJW 1982, 948 = NStZ 1982, 254)

Die Revision rügt, das Gericht habe sich in mehreren Beschlüssen, mit denen es in der Hauptverhandlung die Öffentlichkeit ausgeschlossen hat, der in § 174 Abs. 1 Satz 3 GVG geforderten Angabe des Grundes der Ausschließung gesetzwidrig enthalten.

Sachverhalt: Nachdem in der Sitzung vom 30. 9. 1980 schon einmal die Öffentlichkeit während der Vernehmung des Angeklagten für die Dauer seiner weiteren Vernehmung wegen Gefährdung der Staatssicherheit ausgeschlossen worden war, erging in der Sitzung vom 8. 10. 1980 wiederum ein Gerichtsbeschluß, mit dem „für die Vernehmung des Angeklagten L. zu den Einzelheiten seiner Tätigkeit für das Niedersächsische Landesamt für Verfassungsschutz in der Zeit bis August 1977" die Öffentlichkeit ausgeschlossen wurde. Dieser Beschluß wurde folgendermaßen begründet:

„Der Ausschluß der Öffentlichkeit ergibt sich aus der Gefährdung der Staatssicherheit. Die Einzelheiten der Beziehungen eines V-Mannes zu der ihn führenden Dienststelle – insbesondere die Beantwortung der vom Senat hierzu beabsichtigten Fragen – müssen im Interesse einer ungestörten Fortsetzung der Tätigkeit dieser Dienststellen geheimgehalten werden.

Davon abgesehen ergibt sich die Notwendigkeit zum Ausschluß der Öffentlichkeit aus der Gefährdung der öffentlichen Ordnung, nämlich aus der Gefährdung von Leib und Leben des Angeklagten L. Die Bundesanwaltschaft hat konkrete Bestrebungen in dieser Richtung dargelegt. Die Kenntnis der maßgeblichen Kreise von Einzelheiten steigert die Gefahr.

Im weiteren Verlauf der Hauptverhandlung wurde in der Zeit vom 9. 10. 1980 bis zum 2. 2. 1981 an verschiedenen Sitzungstagen mit einer Mehrzahl von Gerichtsbeschlüssen jeweils die Öffentlichkeit zeitweise für bestimmte Verfahrensabschnitte unter Bezugnahme auf die Gründe des Beschlusses vom 8. 10. 1980 ausgeschlossen aus den Gründen des Senatsbeschlusses vom 8. 10. 1980, Anlage Nr. 9 zum Hauptverhandlungs-Protokoll oder: „Wegen der Gründe des Senatsbeschlusses vom 8. 10. 1980, Anlage 9 zum Hauptverhandlungs-Protokoll". Dies geschah fünfmal für die Vernehmung des Angeklagten, viermal für die Vernehmung des Zeugen Dr. F., zweimal, auf Antrag der Verteidigung, für das Anbringen eines Beweisantrags durch die Verteidigung, in einem Fall zusätzlich für die anschließende Befragung des Angeklagten und schließlich einmal für das auszugsweise Vorspielen der von der Abteilung IV des Niedersächsischen Ministeriums des Innern über die Vernehmung des Angeklagten mit dessen Zustimmung aufgenommenen Tonbänder. Der letzte Beschluß erging in der Form einer Erweiterung des am selben Sitzungstag zuvor ergangenen Beschlusses, mit dem, unter Bezugnahme auf die Gründe des Beschlusses vom 8. 10. 1980, die Öffentlichkeit für die Vernehmung des Zeugen Dr. F. ausgeschlossen worden war. Eine Reihe der bezeichneten Beschlüsse enthielt, über die Bezugnahme auf die Gründe des Beschlusses vom 8. 10. 1980 hinaus, jeweils einen den Vernehmungsgegenstand präzisierenden Zusatz, mit dem klargestellt wird, daß die Beweisaufnahme, beziehungsweise der zu verlesende Beweisantrag, sich jeweils auf die Einzelheiten der Beziehungen des Angeklagten zu der Abteilung IV des Niedersächsischen Ministeriums des Innern oder auf die Einzelheiten seiner Tätigkeit für diese Abteilung beziehen sollte. – Das Rechtsmittel war erfolglos.

Gründe: Mit der Bezugnahme auf die Gründe des Beschlusses vom 8. 10. 1980 sind die jeweiligen Gründe für die späteren Ausschließungen der Öffentlichkeit im Sinne des § 174 Abs. 1 Satz 3 GVG ausreichend angegeben. Liest man den jeweiligen späteren Beschluß über den Ausschluß der Öffentlichkeit zusammen mit der darin in bezug genommenen Begründung des zunächst ergangenen Beschlusses vom 8. 10. 1980, so kann ein Zweifel daran nicht bestehen, daß der Tatrichter wegen Gefährdung der Staatssicherheit sowie der öffentlichen Ordnung (und zwar wegen des gleichen diese Gefährdungen begründenden Sachverhalts) die Öffentlichkeit ausschließen wollte. Auch „materiell" gesehen lagen diese Ausschließungsgründe jeweils ersichtlich vor. Das genügt.

Die Rechtsprechung des Bundesgerichtshofs zu § 174 Abs. 1 Satz 3 GVG geht im wesentlichen dahin, daß der für die Ausschließung der Öffentlichkeit maßgebende Grund sich aus dem Beschluß mit ausreichender Bestimmtheit ergeben muß, daß weder ein stillschweigender Hinweis noch die Möglichkeit genügt, den Grund aus dem Sachzusammenhang, aus früheren Beschlüssen oder Anträgen zu ermitteln (vgl. u.a. BGHSt. 1, 334 [BGH Urt. v. 25. 9. 1951 – 1 StR 464/51; vgl. § 338 Nr. 6 StPO erfolgreiche Rügen]; 2, 56 [BGH Urt. v. 21. 12. 1951 – 2 StR 480/51; vgl. § 338 Nr. 6 StPO erfolgreiche Rügen]; 27, 117 [BGH Urt. v. 9. 12. 1977 – 3 StR 382/76; vgl. § 338 Nr. 6 StPO erfolglose Rügen]; 27, 187 [BGH Urt. v. 17. 5. 1977 – 4 StR 102/77; vgl. § 338 Nr. 6 StPO erfolgreiche Rügen]; BGH GA 1975, 283; BGH bei Holtz MDR 1976, 988). Es heißt weiter, die Entscheidung müsse „aus sich heraus verständlich" sein und „wenigstens einen allgemeinen Anhalt für den Ausschließungsgrund" bieten (BGHSt. 1, 334; BGH VRS 37, 62; BGH, Urt. v. 8. 11. 1977 – 1 StR 509/77; vgl. auch Urt. v. 27. 4. 1976 – 5 StR 122/ 76). Einzelne Entscheidungen des Bundesgerichtshofs, in denen gesagt war, mindestens der gesetzliche Wortlaut des für die Ausschließung der Öffentlichkeit herangezogenen Grundes müsse mitgeteilt werden (vgl. BGH GA 1975, 283), lassen erkennen, daß es dabei allein um eine eindeutige Begründung des Beschlusses ging (BGHSt. 27, 117, 118/119; BGH, Urt. v. 8. 11. 1977 – 1 StR 509/77). Der Bundesgerichtshof läßt daher auch einen bloßen Hinweis auf die maßgebliche Gesetzesvorschrift dann genügen, wenn sich aus ihm der Grund für die Ausschließung der Öffentlichkeit zweifelsfrei ergibt (BGHSt. 27, 117).

Ausgangspunkt für diese Rechtsprechung, die auf die Notwendigkeit der Angabe des Ausschließungsgrundes in dem Beschluß abhebt und es nicht einmal genügen läßt, daß – ohne eine solche Angabe – der maßgebliche Grund offen zutage liegt (vgl. BGHSt. 27, 187, 188; BGH Beschl. v. 23. 11. 1977 – 3 StR 417/77), ist der Wortlaut des § 174 Abs. 1 Satz 3 GVG, der die Angabe dieses Grundes bei der Verkündung des die Öffentlichkeit ausschließenden Beschlusses zwingend verlangt (BGHSt. 1, 334; BGH GA 1975, 283). Die Gesetzesanweisung, wonach der Grund für die Ausschließung in dem Beschluß angegeben werden muß, ist aber nach dem Sinn und Zweck der Vorschrift dahin zu verstehen, daß es genügt, wenn der Beschluß einen ausdrücklichen Hinweis enthält, der diesen Grund unzweifelhaft klarstellt. Das ist auch dann der Fall, wenn er zur Begründung ausdrücklich auf die in einem vorangegangenen Beschluß angegebenen Gründe Bezug nimmt. Eine solche ausdrückliche Bezugnahme läßt sich, im Gegensatz zu einem stillschweigenden Verweisen auf eine vom Gericht für unmißverständlich erachtete Sachlage, sprachlich mit dem gesetzlichen Erfordernis, den Ausschließungsgrund „anzugeben", vereinbaren (vgl. BGHSt. 1, 334, 335). Sie läßt über den Grund der Ausschließung auch keine Unklarheit bestehen. Aus der Bezugnahme auf die Gründe eines vorangegangenen Beschlusses geht nicht minder deutlich als aus jenem selbst hervor, daß das Gericht das Vorliegen eines gesetzlichen Ausschließungsgrundes gehörig geprüft hat. Auch zwingt die einer solchen Bezugnahme notwendig vorangehende sorgfältige Prüfung ihrer Begründetheit das Gericht nicht minder, sich die Ausschließungsgründe bei der Beschlußfassung vor Augen zu führen (vgl. BGHSt. a.a.O. S. 336).

Allerdings erfüllt ein solcher Beschluß nicht die in manchen Entscheidungen des Bundesgerichtshofs hervorgehobene Voraussetzung, daß ein Ausschließungsbeschluß „aus sich heraus verständlich" sein müsse (vgl. BGHSt. 1, 334, 336; BGH VRS 37, 62; BGH, Urteile v. 27. 4. 1976 – 5 StR 122/76 – und v. 8. 11. 1977 – 1 StR 509/ 77). Diese Forderung wurde aufgestellt in Fällen, in denen die Beschlüsse einen Grund für die Ausschließung überhaupt nicht angaben (BGHSt. 1, 334; BGH VRS 37, 62; vgl. auch BGHSt. 2, 56) oder in denen wegen der pauschalen Verweisung auf eine Gesetzesvorschrift, die mehrere Ausschließungsgründe enthält, der maßgebliche Grund für die Ausschließung im dunkeln blieb (BGH Urt. v. 8. 11. 1977 – 1 StR 509/77). Für das zwingende Erfordernis einer allein aus dem Inhalt des die Öffentlichkeit ausschließenden Beschlusses heraus sich ergebenden Verständlichkeit des Ausschließungsgrundes könnte allenfalls die Erwägung sprechen, es sei erforderlich, daß die Prozeßbeteiligten oder die gerade anwesenden Zuhörer bei seiner Verkündung selbst diesen Grund zu hören bekommen, sei es auch nur mittels eines unmißverständlichen und keine Zweifel offenlassenden Hinweises auf eine Gesetzesvorschrift (vgl. BGHSt. 27, 117, 119). Ein solch zwingendes Erfordernis ist dem § 174 Abs. 1 Satz 3 GVG aber nicht zu entnehmen.

Ergibt die Bezugnahme auf die Begründung eines vorangegangenen Beschlusses, mit dem die für die Ausschließung maßgeblichen Gründe verkündet worden sind, Klarheit darüber, daß die gleichen Gründe auch den neuerlichen Beschluß tragen, so ermöglicht auch ein solcher Beschluß den Prozeßbeteiligten, seine Rechtmäßigkeit auf sicherer Grundlage zu prüfen (vgl. BGHSt. 1, 334, 336). Den Prozeßbeteiligten erschließt sich aus der Bezugnahme der Grund für die Ausschließung der Öffentlichkeit. Sollte einer der Beteiligten ihn sich bei der Verkündung des die frühere Begründung in bezug nehmenden Beschlusses nicht vergegenwärtigen können, so ist ihm eine klärende Rückfrage ebenso zuzumuten wie dann, wenn er eine unmittelbar verkündete Begründung, aus welchen Gründen immer, nicht verstanden hat.

Ob „sich die Begründung in erster Linie an die Prozeßbeteiligten, an eine allgemein zu verstehende „Öffentlichkeit", an die gerade anwesenden Zuhörer oder an alle gemeinsam richtet", hat der Bundesgerichtshof in BGHSt. 1, 334, 336 offengelassen. In BGHSt. 2, 56, 57 hat er – in einem Fall, in dem ein Grund für den Ausschluß der Öffentlichkeit überhaupt nicht angegeben worden war – ausgesprochen, die Allgemeinheit solle „durch den Beschluß des Gerichts erfahren", aus welchem Grunde ihr die Möglichkeit der Beobachtung, ob das Recht gewahrt wird, entzogen wird. Der Satz ist dahin zu verstehen, daß dieser Grund der Öffentlichkeit nicht vorenthalten werden darf. Dabei kommt es nicht darauf an, daß jeder Zuhörer, namentlich auch derjenige, der den Gang der Hauptverhandlung nicht von Anfang an verfolgt hat, den Hinweis versteht. Der Forderung, daß die im Gerichtssaal bei der Verkündung des Beschlusses zufällig anwesenden Vertreter der Öffentlichkeit vom Gericht stets ausdrücklich über die genaue Bedeutung der Vorgänge in der Hauptverhandlung aufgeklärt werden müßten, ist der Senat bereits in BGHSt. 27, 117, 119/120 in Zusammenhang mit der Frage entgegengetreten, ob der unmißverständliche Hinweis auf eine Gesetzesstelle genügt. So muß es auch in dem hier zur Erörterung stehenden Zusammenhang genügen, wenn der Grund für den Öffentlichkeitsausschluß in öffentlicher Verhandlung angegeben wird. Das ist auch bei einer unmißverständlichen Bezugnahme auf die Gründe eines früher in derselben Hauptverhandlung öffentlich verkündeten Beschlusses der Fall. Für die Wahrung des Öffentlichkeitsgrundsatzes entscheidend ist, daß – soweit nicht die Öffentlichkeit ausgeschlossen ist – die gesamte Hauptverhandlung in aller Öffentlichkeit stattfindet, für die Einhaltung der in § 174 Abs. 1 Satz 3 GVG enthaltenen Gesetzesanweisung also, daß der Grund für den Öffentlichkeitsausschluß in öffentlicher Verhandlung unmißverständlich angegeben wird. Mehr ist auch dem Zusammenhang der Sätze 2 und 3 des § 174 Abs. 1 GVG nicht zu entnehmen.

Soweit es in früheren Entscheidungen heißt, die Möglichkeit, den Grund aus früheren Beschlüssen zu ermitteln, genüge nicht, war dabei an vorangegangene Beschlüsse gedacht, auf die der zu überprüfende Beschluß nicht Bezug genommen hatte (vgl. BGHSt. 1, 334; BGH GA 1975, 283; BGH, Beschl. v. 23. 11. 1977 – 3 StR 417/77; ähnlich BGH, Beschl. v. 1. 10. 1980 – 4 StR 547/80). Lediglich der 1. Strafsenat hat in den Urteilen v. 20. 7. 1976 – 1 StR 335/76 (bei Holtz MDR 1976, 988) und vom 3. 10. 1978 – 1 StR 285/78 (vgl. § 247 StPO erfolglose Rügen) (JR 1979, 434, 435) eine Bezugnahme auf die Gründe eines vorangegangenen Beschlusses nicht genügen lassen. Auf Anfrage hat er erklärt, er schließe sich der Auffassung an, daß es für die in § 174 Abs. 1 Satz 3 GVG geforderte Angabe des Ausschließungsgrundes genügt, wenn auf die Gründe eines in der Verhandlung der Sache vorausgegangenen Beschlusses ausdrücklich Bezug genommen wird und damit der Grund für die – erneute – Ausschließung der Öffentlichkeit unzweifelhaft erkennbar ist. Soweit früheren Entscheidungen des 1. Strafsenats eine andere Ansicht zugrunde liegen sollte, werde daran nicht festgehalten.

Die Gerichtsbeschlüsse, die dem Beschluß vom 8. 10. 1980 nachfolgten und zur Begründung für den Ausschluß der Öffentlichkeit auf ihn Bezug nahmen, lassen hier keinen Zweifel daran, daß für das Gericht auch dabei jeweils die Gefährdung der Staatssicherheit sowie der öffentlichen Ordnung (§ 172 Nr. 1 GVG) der Grund für die bezeichnete Anordnung war. Mit der Verfahrensrüge kann die Revision des Angeklagten nach allem nicht durchdringen.

19. Begründungserfordernis für Ausschließungsbeschluß gem. § 172 Nr. 2 GVG.

StPO § 338 Nr. 6; GVG § 172 Nr. 2 – BGH Urt. v. 18. 9. 1981 – 2 StR 370/81 LG Mainz (= BGHSt. 30, 212 = NJW 1982, 59 = StV 1981, 595 = NStZ 1982, 169)

Die Revision erblickt eine Verletzung des Grundsatzes der Öffentlichkeit (§ 338 Nr. 6 StPO, § 172 GVG) darin, daß diese für die Dauer der Vernehmung der Zeugen Monika B. und Günter B. ohne ausreichende Begründung ausgeschlossen worden ist und darüber hinaus der bezeichnete Ausschlußgrund nicht vorgelegen habe.

Sachverhalt: Die Begründung des die Zeugin Monika B. betreffenden Beschlusses führt an, daß „Umstände zur Sprache kommen, durch deren öffentliche Erörterung überwiegende schutzwürdige Interessen dieser Zeugin verletzt würden"; der entsprechende Beschluß für die Vernehmung des Zeugen Günter B. hebt darauf ab, daß „Umstände aus dem persönlichen Lebensbereich eines der Prozeßbeteiligten zu erörtern sind, die für die Rechtsfolgeentscheidung von Bedeutung sein können und durch deren öffentliche Erörterung überwiegende schutzwürdige Interessen des Zeugen oder eines anderen Prozeßbeteiligten verletzt würden". – Das Rechtsmittel war erfolglos.

Gründe: Die Beschlüsse, mit denen der Ausschluß der Öffentlichkeit angeordnet worden war, enthalten eine zureichende Angabe des dafür maßgeblichen Grundes (§ 174 Abs. 1 Satz 3 GVG). Die gegenteilige Auffassung der Revision trifft nicht zu. Die Kammer hat den Ausschluß in beiden Fällen auf § 172 Nr. 2 GVG gestützt. Damit hat die Kammer den gesetzlichen Grund für den Ausschluß der Öffentlichkeit (1. Alternative des § 172 Nr. 2 GVG) unzweideutig bezeichnet. Diese Bezeichnung genügt (BGHSt. 27, 117 [BGH Urt. v. 9. 12. 1977 – 3 StR 382/76; vgl. § 338 Nr. 6 StPO erfolglose Rügen]; 27, 187 [BGH Urt. v. 17. 5. 1977 – 4 StR 102/77; vgl. § 338 Nr. 6 StPO erfolgreiche Rügen]). Die Beschlußbegründung braucht grundsätzlich nicht außerdem noch die tatsächlichen Umstände mitzuteilen, aus denen sich der gesetzliche Ausschlußgrund ergibt; eine derart weit reichende Begründungspflicht kann schon deshalb nicht anerkannt werden, weil sie die Gefahr heraufbeschwören würde, daß gerade jene Umstände offenbart werden müßten, die der öffentlichen Erörterung entzogen sein sollen.

Auch die weitere Rüge, der bezeichnete Ausschlußgrund habe nicht vorgelegen, bleibt ohne Erfolg. § 172 Nr. 2 GVG gestattet den Ausschluß der Öffentlichkeit für „Umstände aus dem persönlichen Lebensbereich eines Prozeßbeteiligten oder Zeugen, durch deren öffentliche Erörterung überwiegende schutzwürdige Interessen verletzt würden". Die Kammer hat diesen Begriff nicht verkannt. Zu den „Umständen aus dem persönlichen Lebensbereich" gehören auch Tatsachen aus dem Familienleben eines Beteiligten. Freilich kann dies nicht für alle Tatsachen gelten, die in irgendeiner Beziehung zum Familienleben stehen; damit würde die Geltung des übergeordneten Öffentlichkeitsgrundsatzes allzusehr eingeschränkt (vgl. BGHSt. 23, 82, 83 [BGH Urt. v. 2. 7. 1969 – 4 StR 226/69; vgl. § 338 Nr. 6 StPO erfolglose Rügen]). Den Ausschluß der Öffentlichkeit rechtfertigen aber jedenfalls solche Tatsachen aus dem Familienbereich, die lediglich die wechselseitigen persönlichen Bindungen, Beziehungen und Verhältnisse innerhalb der Familie betreffen, darum unbeteiligten Dritten nicht ohne weiteres zugänglich sind und Schutz vor dem Einblick Außenstehender verdienen. Daß derartige Tatsachen bei der Vernehmung der Zeugen Monika B. und Günter B. zur Sprache kommen würden, stand zu erwarten. Dies folgt zwar nicht schon daraus, daß es sich bei den Zeugen um die Mutter und den Stiefvater des Angeklagten handelt; hinreichende Anhaltspunkte dafür lieferte aber das Ergebnis der Befragung beider Auskunftspersonen durch den Sachverständigen Prof. Dr. G., wie es in dessen schriftlichem Gutachten mitgeteilt worden ist. Darüber hinaus hatte der Verteidiger des Angeklagten seinen Antrag auf Ausschluß der Öffentlichkeit für die Dauer der Vernehmung des Zeugen Günter B. ausdrücklich mit dem Hinweis darauf begründet, daß die hierbei zur Sprache kommenden Umstände „in die Intimsphäre der Familie B. hineingehen". Bei dieser Sachlage kann kein Ermessensfehler darin erblickt werden, daß die Kammer – den Anträgen der Verteidigung folgend – die Öffentlichkeit für die Dauer der Vernehmung beider Zeugen zur Sache ausschloß.

Ob die nichtöffentliche Vernehmung der Zeugen tatsächlich „Umstände aus dem persönlichen Lebensbereich" im Sinne des § 172 Nr. 2 GVG zur Sprache gebracht hat, ist unerheblich. Für die Rechtmäßigkeit des Ausschlusses der Öffentlichkeit kommt es allein darauf an, daß im Zeitpunkt der gerichtlichen Beschlußfassung mit der Erörterung solcher Umstände zu rechnen ist. Trifft das zu, bestätigt sich diese Erwartung dann aber nicht, so wird das vom Gericht beobachtete Verfahren dadurch nicht fehlerhaft; demgemäß besteht keine Pflicht, die Vernehmung in öffentlicher Verhandlung zu wiederholen.

20. Hinweistafel im Gerichtsgebäude auf Verhandlung an anderer Stelle ist nicht in jedem denkbaren Fall unverzichtbare Voraussetzung für die Öffentlichkeit der weiteren Verhandlung.

StPO § 338 Nr. 6; GVG § 169 – BGH Urt. v. 22. 1. 1981 – 4 StR 97/80 LG Arnsberg (= NStZ 1981, 311)

Die Revision rügt, die Sitzung der Strafkammer habe für kurze Zeit in der Privatwohnung des Angeklagten stattgefunden, ohne daß dort oder an Gerichtsstelle ein Hinweis darauf für die Öffentlichkeit angebracht worden sei.

Sachverhalt: Das Gericht hatte sich zur Klärung der Frage der Verhandlungsfähigkeit des Angeklagten für wenige Minuten in die Privatwohnung des Angeklagten begeben. Der entsprechende Beschluß wurde gegen 19 Uhr in öffentlicher Sitzung im Gerichtssaal verkündet; ein besonderer Hinweis durch Aushang erfolgte jedoch nicht. Gegen 20 Uhr wurde die Sitzung im Gerichtssaal fortgesetzt. – Das Rechtsmittel war erfolglos.

Gründe: ...

b) Die Strafkammer hat gegen den Öffentlichkeitsgrundsatz auch nicht dadurch verstoßen, daß sie, von der Verkündung in öffentlicher Sitzung abgesehen, weder im Gerichtsgebäude in Hechingen noch am Wohnhaus des Beschwerdeführers auf die Fortsetzung der Verhandlung in dessen Wohnung am Abend des 2. 10. 1978 hingewiesen hat.

Öffentlich ist eine Verhandlung allerdings nur, wenn „jeder beliebige Zuhörer", also auch unbeteiligte Personen an ihr teilnehmen können, sofern sie es wünschen (BGH, Urt. v. 2. 4. 1970 – 4 StR 549/69, bei Dallinger, MDR 1979, 560). Wird eine Hauptverhandlung an einem anderen Ort als dem Sitzungssaal fortgesetzt, muß deshalb sichergestellt sein, daß solche Personen Ort und Zeit der Weiterverhandlung mindestens ohne besondere Schwierigkeiten erfahren können (BGH, Urt. v. 13. 11. 1973 – 1 StR 405/73). In der Regel wird es sich dazu als notwendig erweisen, daß außer der Verkündung in der öffentlichen Sitzung durch eine Hinweistafel am Gerichtssaal auf Ort und Zeit der Weiterverhandlung hingewiesen wird, damit auch solche beliebigen Zuhörer davon erfahren können, die erst nach der Verkündung im Gerichtsgebäude erscheinen (vgl. u.a. BGH, Urt. v. 21. 6. 1978 – 2 StR 165/78). Das bedeutet jedoch nicht, daß eine solche Hinweistafel im Gerichtsgebäude in jedem denkbaren Fall unverzichtbare Voraussetzung für die Öffentlichkeit der weiteren Verhandlung wäre (so wohl BayObLG, NJW 1980, 2321). Entscheidend sind stets die besonderen Umstände des Einzelfalls (vgl. BGH, Urt. v. 10. 6. 1975 – 1 StR 184/75). Im vorliegenden Fall konnte es auf einen weiteren Hinweis im Gerichtsgebäude schlechterdings nicht ankommen. Nach der Sitzungsniederschrift vom 2. 10. 1978 und der dienstlichen Erklärung des Strafkammervorsitzenden vom 14. 11. 1979 ist im Sitzungssaal die Fortführung der Verhandlung in der Wohnung des Beschwerdeführers etwa gegen 19 Uhr beschlossen worden. Zur Überzeugung des Senats waren an der Verhandlung interessierte Zuhörer zu dieser Abendstunde wenn nicht anwesend, dann nicht mehr vorhanden. Auch die Revision behauptet nichts anderes. Es sollte und es ist entgegen dem Vorbringen der Revision ausschließlich über die Verhandlungs- und Reisefähigkeit des Beschwerdeführers verhandelt werden, also über Tatsachen, die im Wege des Freibeweises hätten geklärt werden können. Der Aufenthalt im Schlafzimmer des Angeklagten hat nur fünf bis sechs Minuten gedauert. Bereits gegen 20 Uhr wurde die Sitzung im Gerichtssaal in Hechingen fortgesetzt. Schon deswegen ist es unerheblich, daß an der Haustür kein Hinweis auf die Fortsetzung der Verhandlung in der Wohnung des Beschwerdeführers angebracht war und ob während der kurzen Verhandlung die Haustür verschlossen oder die Schlafzimmertür geschlossen gewesen ist. Bei dieser Sachlage liegt eine Verletzung des Grundsatzes der Öffentlichkeit der Verhandlung nicht vor.

21. Wiederherstellung der Öffentlichkeit nach zeitweiligem Ausschluß (Weiterführung von BGHSt. 28, 341).

StPO § 338 Nr. 6; GVG § 169 – BGH Urt. v. 23. 4. 1980 – 3 StR 434/79 (S) Kammergericht Berlin (= BGHSt. 29, 258 = NJW 1981, 61 = NStZ 1982, 188)

Die Revision rügt, zum Zeitpunkt der Fortsetzung der Hauptverhandlung seien zwar einige der Zuhörer bereits eingelassen gewesen, andere aber hätten sich noch in und vor den polizeilichen Kontrollen befunden. Sie ist der Auffassung, die Hauptverhandlung hätte erst fortgesetzt werden dürfen, sobald alle interessierten Zuhörer nach Passieren der Kontrolle in den Sitzungssaal eingetreten waren.

Sachverhalt: Nachdem in der Hauptverhandlung vom 15. 6. 1978 das Verhalten von Zuhörern dem Vorsitzenden Anlaß zu der Anordnung gegeben hatte, den Zuhörerraum zu räumen, und diese Anordnung unter schweren Tumulten ausgeführt worden war, wurde die Sitzung auf Antrag des Rechtsanwalts W. von 12.41 Uhr bis 13.10 Uhr unterbrochen. Bei Fortsetzung der Hauptverhandlung wies der Vorsitzende die erneut eingelassenen Zuhörer darauf hin, daß Störungen der Hauptverhandlung zu unterlassen seien. Nach einem Hinweis des Vorsitzenden an die den Wachtmeisterdienst versehenden Beamten, bei einer Räumung des Saals Besonnenheit gegenüber den Zuhörern zu zeigen, lehnte der Vorsitzende einen Antrag des Angeklagten B., die Sitzung zu unterbrechen, bis die Öffentlichkeit wieder hergestellt sei, mit der Begründung ab, daß die Öffentlichkeit hergestellt sei. Die Hauptverhandlung nahm darauf ihren Fortgang. – Das Rechtsmittel war erfolglos.

Gründe:

1. ...

c) Soweit mit der Revision eine Verletzung der Vorschriften über die Öffentlichkeit der Hauptverhandlung am 15. 6. 1978 gerügt wird, genügt der Vortrag nicht den Anforderungen des § 344 Abs. 2 Satz 2 StPO.

aa) ...

bb) Mit Beschluß vom 7. 3. 1979 (3 StR 39/79 = BGHSt. 28, 341; vgl. § 338 Nr. 6 StPO erfolgreiche Rügen) hat der Senat entschieden, daß dann, wenn das Gericht durch die Anordnung von Maßnahmen zur vorherigen Kontrolle von Zuhörern an einer Hauptverhandlung eine durch den Vollzug dieser Anordnung bedingte zeitliche Verzögerung des Zutritts zum Verhandlungssaal selbst bewirkt hat, es mit der Verhandlung erst beginnen darf, wenn den rechtzeitig zum Termin erschienenen Personen der Zutritt ermöglicht worden ist. Diese Entscheidung bezieht sich auf die Lage bei Beginn der Hauptverhandlung. Sie ist nicht unterschiedslos zu übertragen auf den vorliegenden Fall, in dem die laufende Hauptverhandlung unterbrochen und nach einer Verhandlungspause fortgesetzt worden ist. Zu einer Unterbrechung der Hauptverhandlung kann es vielerlei Anlässe geben. Ein rechtliches Gebot, nach jeder Unterbrechung mit der Fortsetzung der Hauptverhandlung abzuwarten, bis alle Zuhörer die Kontrolle passiert haben, könnte zu einer außerordentlichen Schwerfälligkeit des Verfahrensablaufs führen.

Die Öffentlichkeit der Hauptverhandlung ist ein Verfahrensgrundsatz von großer Bedeutung. Von ihm macht das Gesetz aber Ausnahmen für Fälle, in denen andere Gesichtspunkte von Gewicht allgemein eine nichtöffentliche Verhandlung (§ 48 Abs. 1 JGG) oder einen Ausschluß der Öffentlichkeit für die ganze Hauptverhandlung oder für einen Teil von ihr (siehe §§ 171a, 172, 173 Abs. 2 GVG) erfordern. Darüber hinaus läßt es Einschränkungen der Öffentlichkeit zu (vgl. § 175 Abs. 1, §§ 176, 177, 178 Abs. 1 Satz 1, § 183 Satz 2 GVG, § 58 Abs. 1, § 243 Abs. 2 Satz 1 StPO). Der Bundesgerichtshof hat schon wiederholt zum Ausdruck gebracht, daß eine ungestörte Verhandlung ebenso wesentlich ist wie ihre Kontrolle durch die Allgemeinheit (vgl. BGHSt. 27, 13, 15). Damit rechtfertigt sich überhaupt die Zulässigkeit von Kontrollmaßnahmen und der Zurückweisung von Personen, die den danach gestellten sachbezogenen Anforderungen an den Eintritt in den Verhandlungssaal nicht entsprechen (BGH a.a.O.). Entsprechendes Gewicht kommt dem ungestörten Ablauf der Hauptverhandlung in dem Sinne zu, daß die an einem Verhandlungstag zur Verfügung stehende Zeit auch zur Verhandlung genutzt werden kann. Gerade in den Verfahren, in denen die Anordnung von Kontrollmaßnahmen notwendig wird, ist erfahrungsgemäß häufiger mit der Notwendigkeit zu rechnen, die Hauptverhandlung vorübergehend zu unterbrechen oder zur Aufrechterhaltung der Ordnung den Sitzungssaal teilweise oder ganz zu räumen, als in anderen Verfahren (vgl. die Neufassung des § 177 GVG durch das Gesetz zur Änderung des Ersten Gesetzes zur Reform des Strafverfahrensrechts vom 20. 12. 1974 – BGBl. I 3686). Auch handelt es sich hierbei vielfach um Hauptverhandlungen von längerer Dauer. Eine Forderung, danach jeweils mit der Fortsetzung der Hauptverhandlung abzuwarten, bis der Verhandlungssaal gegebenenfalls wieder mit Zuhörern gefüllt ist, könnte zu unverhältnismäßigen Verzögerungen der Hauptverhandlung führen. Namentlich mit Rücksicht auf solche Fälle, aber ohne Beschränkung auf sie, ist der Grundsatz der Öffentlichkeit daher dann nicht als verletzt anzusehen, wenn der Zutritt zum Verhandlungssaal nach einer Unterbrechung der Hauptverhandlung beliebigen Zuhörern offensteht, die zulässig angeordneten Kontrollmaßnahmen aber dazu führen, daß bei Fortsetzung der Hauptverhandlung noch nicht alle Interessenten Einlaß gefunden haben. Dasselbe gilt für die Fortsetzung der Hauptverhandlung nach einer erforderlich gewordenen Entfernung von Zuhörern bis hin zur Räumung des Sitzungssaals sowie nach vorübergehendem Ausschluß der Öffentlichkeit. Verlangt werden muß allerdings, daß von einer bestehenden zumutbaren Möglichkeit, ohne Beeinträchtigung des Verhandlungsablaufs den Interessenten frühzeitig den Zutritt in den Verhandlungssaal zu gewähren, Gebrauch gemacht wird.

Das bedeutet: War die Hauptverhandlung im Laufe eines Verhandlungstages zeitweise unterbrochen, so ist der Öffentlichkeitsgrundsatz durch die verzögerliche Wirkung von Kontrollmaßnahmen nicht verletzt, wenn das Publikum die Möglichkeit hatte, im Verhandlungssaal zu bleiben oder, bei rechtzeitigem Erscheinen, auch unter Berücksichtigung des für die Kontrolle nach den gegebenen räumlichen Verhältnissen normalerweise erforderlichen Zeitaufwands, vor der Fortsetzung der Hauptverhandlung Einlaß zu finden. Dabei kommt es darauf an, daß der Zutritt zum Verhandlungssaal dem Publikum allgemein rechtzeitig eröffnet wird; die Möglichkeit etwa, daß einzelne Personen wegen nicht ausreichend zügigen Arbeitens der Kontrollorgane oder wegen verzögerlichen Verhaltens von Eingangsuchenden zu Beginn der Fortsetzungsverhandlung noch keinen Eintritt gefunden haben, verletzt das Vertrauen in die Objektivität der Rechtspflege nicht (vgl. BGHSt. 28, 341, 344/345). Das individuelle Interesse einzelner Personen, jeden Teil der Hauptverhandlung mitzuerleben, wird durch die Vorschriften über die Öffentlichkeit nicht geschützt. Stehen sachliche Gründe von Gewicht einem Offenhalten des Sitzungssaals während einer Verhandlungspause entgegen, so darf mit der Verhandlung fortgefahren werden, wenn ein – obgleich durch die Kontrollmaßnahmen verzögerter – Zutritt zum Verhandlungssaal überhaupt eröffnet ist. So kann es etwa liegen, wenn nach den Umständen mit Sachbeschädigungen oder mit sonstigen Störungen der Ordnung im Sitzungssaal während einer Verhandlungspause zu rechnen wäre oder wenn der anders nicht leicht zu gewährleistende Schutz der in dem Saal lagernden Akten dessen Räumung während der Pause erfordert. Maßgebend dafür, ob solche Umstände vorliegen, ist die von Willkür freie Beurteilung durch den Vorsitzenden.

Die nach Unterbrechungen der Hauptverhandlung während eines Verhandlungstages maßgebenden Grundsätze gelten, jedenfalls dann, wenn bereits vorher Kontrollmaßnahmen durchgeführt worden waren, auch für die Fortsetzung einer mehrtägigen oder längeren Hauptverhandlung an einem neuen Verhandlungstag. Die von der Lage bei Beginn der Hauptverhandlung abweichende Beurteilung findet ihre Rechtfertigung schon darin, daß, namentlich bei länger dauernden Hauptverhandlungen, eine andere Handhabung, je nach Sachlage, zu einer empfindlichen Störung des Ablaufs der Hauptverhandlung insgesamt führen kann. Hinzu kommt, daß das interessierte Publikum sich, anders als zu Beginn der Hauptverhandlung, auf die Kontrolle einrichten konnte. Daß einzelne Interessenten von diesen Maßnahmen keine Kenntnis hatten, ändert nichts. Denn in dieser Verfahrenslage, in der das Publikum durch vorangegangene Kontrollen auf das Erfordernis frühzeitigen Eintreffens vor Beginn der Fortsetzungsverhandlung hingewiesen war, ist der Umstand, daß einzelne Personen in ihrer Erwartung, die Verhandlung vom Zeitpunkt ihrer vorgesehenen Fortsetzung an mitzuerleben, enttäuscht werden, nicht geeignet, das Vertrauen der Allgemeinheit in die Objektivität der Rechtspflege zu gefährden.

War die Öffentlichkeit durch einen Beschluß des Gerichts oder durch eine Maßnahme des Vorsitzenden ausgeschlossen oder beschränkt, so darf nach Aufhebung der Maßnahme weiterverhandelt werden, sobald der Zugang dem Publikum wieder eröffnet ist, auch wenn sich der Saal infolge der Kontrollmaßnahmen erst nach und nach wieder füllt.

cc) Für die Beurteilung der Rüge der Beschwerdeführer, die Öffentlichkeit der Hauptverhandlung sei am 15. 6. 1978 verletzt worden, folgt hieraus: Aus dem Vorbringen der Beschwerdeführer ergibt sich, daß bei Fortsetzung der Hauptverhandlung bereits einige Zuhörer eingetreten waren. Dem Publikum war also der Zutritt vorher wieder eröffnet worden. Dagegen tragen die Revisionen nicht vor, wann der Sitzungssaal wieder eröffnet worden ist und ob die bei Fortsetzung der Hauptverhandlung noch nicht eingetretenen Personen so frühzeitig erschienen waren, daß sie normalerweise rechtzeitig Eingang gefunden hätten. Damit entsprechen die Rügen nicht den Anforderungen des § 344 Abs. 2 Satz 2 StPO. Im übrigen spricht der Umstand, daß der Saal auf Anordnung des Vorsitzenden hatte geräumt werden müssen und daß es bei der Räumung zu Tumulten gekommen war, dafür, daß gewichtige Umstände im Sinne der obigen Ausführungen einer Öffnung des Saals während der 29 Minuten dauernden Unterbrechung entgegengestanden.

22. Zulässige Maßnahmen des Gerichts oder des Gerichtspräsidenten, die der Aufrechterhaltung der Sicherheit im Gerichtsgebäude dienen, stellen keinen beachtlichen Druck auf potentielle Zuhörer dar, der den Grundsatz der Öffentlichkeit verletzt.

StPO § 338 Nr. 6 – BGH Beschl. v. 11. 7. 1979 – 3 StR 165/79 (S) LG Oldenburg (= NJW 1980, 249)

Die Revision rügt, bei der Hauptverhandlung vor dem Landgericht Oldenburg seien die Zuhörer bei ihrer Ankunft, während ihres Aufenthaltes vor Gericht, vor dem Gerichtssaal oder anderweitig im Gerichtsgebäude von Beamten der Kriminalpolizei fotografiert worden.

Der Sachverhalt ergibt sich aus dem Revisionsvorbringen. – Das Rechtsmittel war erfolglos.

Gründe: Auch mit ihrem Vortrag, die Öffentlichkeit der Hauptverhandlung sei dadurch verletzt worden, daß „die Zuhörer des Verfahrens bei ihrer Ankunft, während ihres Aufenthalts vor dem Gericht, vor dem Gerichtssaal oder anderweitig im Gerichtsgebäude sowie bei ihrem Fortgang" von Beamten der Kriminalpolizei fotografiert worden seien und daß auch ein Video-Recorder sowie Richtmikrophone eingesetzt worden seien, kann die Revision nicht durchdringen. Zwar kann die Öffentlichkeit der Hauptverhandlung nicht nur dann beeinträchtigt sein, wenn nicht gewährleistet ist, daß beliebige Zuhörer die physische Möglichkeit des Zutritts haben, sondern ausnahmsweise auch dann, wenn diese tatsächliche Möglichkeit zwar besteht, wenn aber etwa von seiten staatlicher Organe den Besuchern an einer Hauptverhandlung Nachteile angedroht werden oder wenn von Maßnahmen staatlicher Organe im unmittelbaren Bereich des Zugangs zum Verhandlungssaal ein starker psychischer Druck dadurch ausgeht, daß diese in dem unbefangenen Interessenten den Eindruck einer realen Gefahr entstehen lassen, der Besuch der Hauptverhandlung könne für ihn konkrete Nachteile von seiten staatlicher Organe nach sich ziehen. Ein in diesem Sinne beachtlicher Druck geht nicht von zulässigen Maßnahmen des Gerichts oder des Gerichtspräsidenten aus, die der Aufrechterhaltung der Sicherheit im Gerichtsgebäude dienen (vgl. BGHSt. 27, 13 [BGH Urt. v. 6. 10. 1976 – 3 StR 291/76; vgl. §§ 254, 338 Nr. 6 StPO erfolglose Rügen]). Er kann aber nicht bei jeder polizeilichen Maßnahme, für die es verschiedenartige Anlässe geben kann, von vornherein ausgeschlossen werden. Insoweit kann es durchaus Sache des Gerichtspräsidenten als Inhaber des Hausrechts, des Vorsitzenden oder des Gerichts als für die Wahrung der Öffentlichkeit Verantwortlichen sein, eigene Maßnahmen der Polizei im Gerichtsgebäude abzustellen, weil durch sie die Öffentlichkeit der Hauptverhandlung in Frage gestellt wird. Ergibt die eigenverantwortliche Prüfung der bezeichneten Justizorgane die Notwendigkeit von Maßnahmen zur Aufrechterhaltung der Ordnung im Gerichtsgebäude oder in der Sitzung, so haben sie solche Maßnahmen selbst anzuordnen und zu deren Vornahme, falls erforderlich, die Amtshilfe der Polizei in Anspruch zu nehmen. Liegen dem Gerichtsvorsitzenden Hinweise auf tatsächliche Umstände vor, die einen Anlaß zur Prüfung geben, ob die Öffentlichkeit der Hauptverhandlung durch nicht von ihm angeordnete Polizeimaßnahmen beeinträchtigt ist, dann hat er diese Prüfung vorzunehmen, da er und das Gericht für die Wahrung der Öffentlichkeit verantwortlich sind. Gegebenenfalls hat er auf Abhilfe hinzuwirken oder notfalls die Durch- oder die Fortführung der Hauptverhandlung abzulehnen. Um Zweifel an der Wahrung der Öffentlichkeit zu vermeiden, wird er dabei einen strengen Maßstab anlegen. Diese Erwägungen können aber der Revision nicht zum Erfolg verhelfen. Weder hat sie ausdrücklich auch nur vorgetragen, daß von den von ihr behaupteten Maßnahmen der Polizei eine gewichtige Zwangswirkung auf potentielle Besucher ausgegangen sei, noch ergibt sich dies aus den vorgetragenen Tatsachen. Die bloße, nicht näher begründete und unter Beweis gestellte Behauptung, „einige oder auch eine Vielzahl von Besuchern" hätten auf eine Teilnahme an der Hauptverhandlung verzichtet, ist schon nicht hinreichend bestimmt. Sie genügt um so weniger, als keineswegs jede möglicherweise als psychologische Hemmschwelle wirkende Maßnahme einer Verwehrung des Zutritts zur Hauptverhandlung gleichkommt. Bei dieser Sachlage kann offenbleiben, ob in Fällen bloß psychischen Zwanges zur Begründung einer Verletzung des Öffentlichkeitsgrundsatzes durch die Revision der Nachweis gehört, daß sich tatsächlich irgendein Interessent an der Hauptverhandlung von deren Besuch hat abhalten lassen.

23. Gesetzestext für Begründung des Ausschlusses der Öffentlichkeit ausreichend.
StPO § 338 Nr. 6 – BGH Urt. v. 9. 2. 1977 – 3 StR 382/76 LG Mannheim (= BGHSt. 27, 117 = NJW 1977, 964)

Die Revision rügt einen Verstoß gegen § 174 Abs. 1 Satz 3 GVG, wonach bei der Verkündung des die Öffentlichkeit in den Fällen der §§ 172, 173 GVG ausschließenden Beschlusses anzugeben ist, aus welchem Grund dies geschehen ist. Sie verweist auf eine Reihe von Entscheidungen des Bundesgerichtshofs, in denen die Forderung aufgestellt ist, mindestens den gesetzlichen Wortlaut des herangezogenen Ausschließungsgrundes mitzuteilen.

Sachverhalt: Bei der Vernehmung des 14jährigen Zeugen D. regte der Vorsitzende an, die Öffentlichkeit für die weitere Dauer der Vernehmung „gemäß § 172 Abs. 4 GVG" auszuschließen. Nachdem den Beteiligten Gelegenheit zur Stellungnahme gegeben worden war, erging ein der Anregung entsprechender Gerichtsbeschluß, der auch ausgeführt wurde. – Das Rechtsmittel war erfolglos.

Gründe: Mit dieser Rüge kann die Revision indes nicht durchdringen. Sie versteht einen bei einer anderen Fallgestaltung mehrfach verwendeten Satz der Rechtsprechung unberechtigt als zwingend und will ihn überdies auf den hier gegebenen anders gelagerten Fall übertragen. Dazu besteht jedoch kein Anlaß.

In den Fällen, in denen der Bundesgerichtshof einen Revisionsgrund nach § 338 Nr. 6 StPO in Verbindung mit § 174 Abs. 1 Satz 3 GVG als gegeben angesehen hat, lag es fast durchweg so, daß sich der Grund der Ausschließung der Öffentlichkeit für jeden Beteiligten aus dem Sachzusammenhang oder aus früheren Beschlüssen oder Anträgen deutlich ergab. Der Bundesgerichtshof hat das – in Fortführung der Rechtsprechung des Reichsgerichts (vgl. BGHSt. 1, 334 [BGH Urt. v. 25. 9. 1951 – 1 StR 464/51; vgl. § 338 Nr. 6 StPO erfolgreiche Rügen]) – angesichts des ausdrücklichen gesetzlichen Begründungszwangs stets für unbeachtlich gehalten. In der Abwehr einer ausdehnenden Auslegung des § 174 Abs. 1 Satz 3 GVG, die in der Einbeziehung von Umständen außerhalb des die Öffentlichkeit ausschließenden Beschlusses gelegen hätte, ist die eigentliche Bedeutung der Revisionsentscheidungen zu sehen, die sich mit der genannten Vorschrift befassen. Allerdings finden sich in den Entscheidungsgründen, in denen von dem erforderlichen Mindestinhalt des Ausschließungsbeschlusses die Rede ist, gelegentlich Wendungen, die – für sich gesehen – eine bloße Angabe der gesetzlichen Vorschrift, auf der die Ausschließung beruht, als unter keinen Umständen ausreichend erscheinen lassen könnten. Hier übersieht die Revision jedoch, daß es stets um Fälle ging, in denen der Tatrichter entweder eine Begründung überhaupt nicht gegeben oder auf eine Vorschrift Bezug genommen hatte, die mehrere Alternativen enthielt, so daß der herangezogene Ausschließungsgrund trotz des Hinweises eben doch nicht zweifelsfrei angegeben war (BGH GA 75, 283; BGH, Beschl. v. 18. 2. 1976 – 3 StR 13/76; Urt. v. 20. 7. 1976 – 1 StR 335/76).

Wenn in diesen Fällen von der Mitteilung des gesetzlichen Wortlauts des Ausschließungsgrundes als von einem Mindesterfordernis die Rede ist, so hat das nur die Bedeutung einer Abgrenzung gegenüber dem fehlerhaften Unterlassen einer eindeutigen Begründung des

Beschlusses, wie sie das Gesetz fordert. Damit erklärt sich auch, daß sich andere Entscheidungen damit begnügt haben, auf das Bestehen mehrerer Alternativen in der herangezogenen Vorschrift (BGH Beschl. v. 27. 1. 1976 – 5 StR 5/76) oder auf das Erfordernis „ausreichender Bestimmtheit" (BGH, Beschl. v. 7. 9. 1976 – 1 StR 514/76) hinzuweisen. In der Entscheidung vom 27. 4. 1976 – 5 StR 122/76 – wird dementsprechend gesagt, daß die Angabe des genauen Wortlauts des Gesetzes nicht verlangt werden könne, und der Beschluß v. 12. 10. 1976 – 1 StR 496/76 – schließlich läßt es ausdrücklich offen, ob – über das Erfordernis ausreichender Bestimmtheit hinaus – der gesetzliche Wortlaut mitgeteilt werden müsse.

Die angeführte Rechtsprechung zeigt, daß es den von der Revision behaupteten Rechtssatz in Wahrheit nicht gibt. Dem Begründungsgebot des § 174 Abs. 1 Satz 3 GVG wird vielmehr immer dann Genüge getan, wenn die Angaben in dem die Öffentlichkeit ausschließenden Beschluß den Grund hierfür eindeutig erkennen lassen. Enthält die herangezogene Vorschrift mehrere Alternativen (§ 172 Nr. 1, 2 GVG), so muß die der Entscheidung zugrunde gelegte in unmißverständlicher Form – etwa durch Mitteilung der Worte des Gesetzes – offengelegt werden. Im vorliegenden Fall hingegen genügt die Angabe der Gesetzesstelle, da sie nur einen Schluß zuläßt, nämlich den, daß die Öffentlichkeit im Hinblick auf die Jugend des vernommenen Zeugen ausgeschlossen worden ist. Daß die Gesetzesstelle versehentlich mit § 172 Abs. (statt Nr.) 4 GVG bezeichnet wurde, konnte ein Mißverständnis nicht begründen und ist daher unbeachtlich.

Dem gefundenen Ergebnis kann nicht mit der von der Revision angestellten Erwägung entgegengetreten werden, in der geschehenen Weise habe der Tatrichter jedenfalls die Öffentlichkeit nicht über die Gründe ihres Ausschlusses unterrichtet, da die Zuhörer den Inhalt des zitierten Gesetzes nicht kannten.

Diese Erwägung läuft auf die Vorstellung hinaus, die im Gerichtssaal anwesenden zufälligen Vertreter der Öffentlichkeit müßten vom Gericht stets ausdrücklich über die genaue Bedeutung der Vorgänge in der Hauptverhandlung aufgeklärt werden. Das würde den Vorsitzenden indes überfordern. Zwar dient die Öffentlichkeit der Verhandlung auch der Unterrichtung der Allgemeinheit über die Gründe von Zwischenentscheidungen. Es muß jedoch genügen, wenn dies in einer Weise geschieht, die erkennen läßt, daß das Gericht die Voraussetzungen seiner Entscheidung gehörig geprüft hat (vgl. BGHSt. 1, 334, 336). Eine weitergehende Forderung würde die Hauptverhandlung unangemessen belasten. Das wird ganz deutlich, wenn man sich vor Augen führt, daß auch andere Beschlüsse, etwa die Ablehnung von Beweisanträgen, den Zuhörern vielfach ebenfalls nicht ohne weiteres verständlich sind und ihre Erläuterung oft einen ganz erheblichen Aufwand erfordern würde.

24. Ausweispflicht keine Verletzung des Öffentlichkeitsgrundsatzes.

StPO § 338 Nr. 6; GVG § 169 – BGH Urt. v. 6. 10. 1976 – 3 StR 291/76 LG Düsseldorf (= BGHSt. 27, 13 = NJW 1977, 157)

Die Revision rügt einen Verstoß gegen den Grundsatz der Öffentlichkeit der Hauptverhandlung, weil an ihr nur Personen teilnehmen durften, die sich durch einen Personalausweis oder Reisepaß ausweisen konnten.

Sachverhalt: Am ersten Tag der Hauptverhandlung gegen den Angeklagten traten für das Justizgebäude, in dem sie stattfand, im Hinblick auf eine gleichzeitig verhandelte Schwurgerichtssache und auf eine Geiselnahme im Landgerichtsgebäude in F. verschärfte Sicherungsmaßnahmen in Kraft. Der Präsident des Landgerichts hielt sie nach seiner dienstlichen Äußerung „im Interesse der Sicherheit aller im Justizgebäude sich aufhaltenden Personen für „unbedingt erforderlich". Besuchern des Gebäudes wurde nur dann Zutritt gewährt, wenn sie einen Personalausweis oder einen Reisepaß vorlegten. Ihre Personalien wurden in einer Liste festgehalten. Sie erhielten einen Tagesausweis, den sie beim Verlassen des Hauses zurückgeben mußten. – Das Rechtsmittel war erfolglos.

Gründe: Zu Unrecht sieht die Revision hierin einen Verstoß gegen den Grundsatz der Öffentlichkeit des Verfahrens. Dieser Grundsatz verlangt, daß jedermann ohne Ansehung seiner Zugehörigkeit zu bestimmten Gruppen der Bevölkerung und ohne Ansehung bestimmter persönlicher Eigenschaften die Möglichkeit hat, an den Verhandlungen der Gerichte als Zuhörer teilzunehmen. Er gilt aber nicht uneingeschränkt. Grenzen ergeben sich nicht nur aus den tatsächlichen Gegebenheiten wie der beschränkten Zahl der zur Verfügung stehenden Plätze in den Gerichtssälen, sondern auch aus der Notwendigkeit, anderen für die Rechtspflege bedeutsamen Grundsätzen Rechnung zu tragen. Dem entsprechen die gesetzlichen Bestimmungen, die für bestimmte Verfahrensarten anordnen, daß die Verhandlung nicht öffentlich ist (§§ 170, 171 Abs. 2 GVG; § 48 Abs. 1 JGG), und die unter bestimmten Voraussetzungen den Ausschluß der Öffentlichkeit (§ 171 Abs. 1, §§ 171a, 172 GVG, § 48 Abs. 3 Satz 2 JGG) oder einzelner Personen (§ 175 Abs. 1, § 177 GVG) zulassen. Außer durch diese ausdrücklichen Regelungen kann der Grundsatz der Öffentlichkeit aber auch durch gesetzlich nicht erfaßte unabweisbare Bedürfnisse der Rechtspflege modifiziert werden. Dazu gehört die Notwendigkeit, durch geeignete vorbeugende Maßnahmen für eine sichere und ungestörte Durchführung der Verhandlung zu sorgen.

Die Revision irrt, wenn sie dem Öffentlichkeitsgrundsatz gegenüber dem Sicherheitsbedürfnis einen von vornherein höheren Rang beimessen will. Wie der Bundesgerichtshof schon wiederholt ausgesprochen hat, ist eine ungestörte Verhandlung vielmehr ebenso wesentlich wie die Kontrolle des Verfahrensgangs durch die Allgemeinheit (BGH, Urt. v. 17. 4. 1952 – 4 StR 210/51 [vgl. § 338 Nr. 6 StPO erfolglose Rügen] – bei Dallinger MDR 1952, 410[1]; BGHSt. 24, 72, 74 [BGH Urt. v. 22. 1. 1971 – 3 StR 3/70; vgl. § 338 Nr. 6 StPO erfolglose Rügen]). Daraus folgt, daß Maßnahmen, die den Zugang zu einer Gerichtsverhandlung nur unwesentlich erschweren und dabei eine Auswahl der Zuhörerschaft nach bestimmten persönlichen Merkmalen vermeiden, nicht ungesetzlich sind, wenn für sie ein die Sicherheit im Gerichtsgebäude berührender verständlicher Anlaß besteht. Worin solche Maßnahmen im Einzelfall bestehen müssen, damit das angestrebte Ziel erreicht wird, muß dem pflichtgemäßen Ermessen des die Sitzungspolizei ausübenden Vorsitzenden oder, wenn wie hier die Sicherheit des ganzen Gerichtsgebäudes gefährdet erscheint, des das Hausrecht aus übenden Gerichtspräsidenten überlassen bleiben. Eine Beschränkung auf das Allernotwendigste, wie die Revision meint, kann bei geringfügigen Erschwerungen nicht gefordert werden, weil diese den Grundsatz der Öffentlichkeit in Wahrheit unberührt lassen.

Der mit einer solchen Beschränkung verbundene Aufwand und die mit ihr notwendig verbundene geringere Aussicht, die Sicherheit im Gerichtsgebäude zu gewährleisten, würden der gleichrangigen Bedeutung der kollidierenden Prinzipien – Öffentlichkeit und ungestörte Durchführung der Verhandlung – nicht gerecht werden.

---

1 „Eine ungestörte Durchführung der Verhandlung ist, wie das Urt. v. 17. 4. 1952 – 4 StR 210/51 ausspricht, ebenso wesentlich wie die Kontrolle des Verfahrensgangs durch die Allgemeinheit. Führt der Verkehr im Zuhörerraum zu Störungen der Verhandlung, so ist der nach § 176 GVG für die Aufrechterhaltung der Ordnung verantwortliche Vorsitzende verpflichtet, Maßnahmen zu ergreifen, die sowohl eine störungsfreie Verhandlung als auch ihre Kontrolle durch die Öffentlichkeit ermöglichen. Ein zur Vermeidung weiterer Störungen erlassenes Verbot, den Zuhörerraum während eines eng begrenzten Verfahrensabschnitts zu betreten oder zu verlassen, hält sich im Rahmen der dem Vorsitzenden zustehenden Maßnahmen zur Aufrechterhaltung der Sitzungsordnung und ist keine unzulässige Beschränkung der Öffentlichkeit (§ 338 Nr. 6 StPO), zumal wenn beliebige Vertreter der Allgemeinheit anwesend bleiben. Ob die Tür zum Zuhörerraum auch während einer Beratungspause verschlossen war, ist unerheblich, weil die Beratung keinen Bestandteil der öffentlichen Verhandlung bildet."

Beurteilt man die von der Revision beanstandeten Sicherheitsmaßnahmen nach diesen Grundsätzen, so ergibt sich, daß gegen sie keine Bedenken bestehen. Da jeder Person, die sich ausweisen konnte, unterschiedslos der Zutritt gestattet worden ist, liegt eine ungesetzliche Beschränkung der Öffentlichkeit auf bestimmte Gruppen von Interessierten nicht vor. Schon das Reichsgericht hat anerkannt, daß die Zurückweisung von Personen, die sich nicht ausweisen können, mit dem Öffentlichkeitsgrundsatz vereinbar ist, wenn die Sicherheit in Gerichtsgebäuden nicht ohne weiteres gewährleistet ist und mit der Störung bestimmter Verhandlungen gerechnet werden muß (RGSt 54, 225). In der erstgenannten Entscheidung lag es entgegen dem Vortrag der Revision keineswegs so, daß jedermann der Zutritt gestattet war, sofern er sich nur als unverdächtig erwies. Das Reichsgericht hat es umgekehrt als unbedenklich angesehen, daß auch diejenigen, die im Besitz eines Ausweises waren, zurückgewiesen wurden, wenn sie verdächtig erschienen. Eines näheren Eingehens hierauf bedarf es nicht, denn so wurde es hier nicht gehandhabt.

Soweit das Reichsgericht die Forderung, sich vor Betreten des Justizgebäudes auszuweisen, als für die Wahrung des Öffentlichkeitsgrundsatzes unschädlich angesehen hat, findet es auch im Schrifttum weithin Zustimmung. Was die Revision dagegen vorbringt, rechtfertigt keine andere Entscheidung.

Zwar trifft es zu, daß niemand verpflichtet ist, seinen Personalausweis stets bei sich zu führen. Das bedeutet indes nicht, daß niemandem Nachteile daraus erwachsen dürfen, daß er sich nicht ausweisen kann. Mit Recht weist Schmitt auf die Regelung in § 127 Abs. 1 StPO hin, wonach jedermann einen auf frischer Tat Betroffenen oder Verfolgten vorläufig festnehmen darf, wenn dessen Persönlichkeit nicht sofort festgestellt werden kann. Entgegen der Meinung der Revision wird hier nicht nur auf die Tat des Betroffenen abgestellt, sondern gleichrangig auch auf den Umstand, daß seine Identität ungeklärt ist, einen Umstand, der sich ausräumen ließe, wenn er seinen Ausweis bei sich führen würde. Daß es hier einen rechtlichen Nachteil zur Folge hat, wenn jemand seinen Ausweis – was er darf – nicht mitführt, steht deshalb außer Frage. Um so mehr muß es möglich sein, eine Person, die sich nicht ausweisen kann, an der Ausübung von Rechten, die ihm grundsätzlich zustehen, zu hindern, hier an dem Betreten des Justizgebäudes und damit an der Teilnahme an einer Gerichtsverhandlung als Zuhörer.

Die Zulässigkeit der beanstandeten Maßnahme ist auch nicht davon abhängig, daß sie vorher öffentlich bekannt gemacht wird. Abgesehen davon, daß es Fälle gibt, in denen Ausweiskontrollen unverzüglich angeordnet werden müssen, so daß eine vorherige Ankündigung gar nicht möglich ist, muß es jedermann zugemutet werden, Nachteile ohne weiteres in Kauf zu nehmen, wenn er seinen Ausweis nicht mit sich führt. Denn es ist allgemein bekannt, daß es sich aus vielerlei Gründen empfiehlt, den Ausweis, zu dessen Besitz man ohnehin verpflichtet ist (§ 1 des Gesetzes über den Personalausweis vom 19. 12. 1950 – BGBl. I 807), auch bei sich zu tragen. Die Notwendigkeit, sich mit seiner Hilfe ausweisen zu müssen, kann daher niemanden so überraschen, daß sie völlig unvorhersehbar wäre. Ein Irrtum über die vorliegend gestellten Bedingungen des Zutritts zur Hauptverhandlung gegen den Angeklagten kann somit an der Rechtmäßigkeit dieser Bedingungen nichts ändern.

25. Abwehr von Störungen kein Verstoß gegen den Öffentlichkeitsgrundsatz.

StPO § 338 Nr. 6 – BGH Urt. v. 22. 1. 1971 – 3 StR 3/70 OLG Köln (= BGHSt. 24, 72 = NJW 1971, 715)

Die Revision rügt, die Vorschriften über die Öffentlichkeit des Verfahrens seien bei der Urteilsverkündung verletzt worden, wie der Gerichtsvorsitzende vor Bekanntgabe der Urteilsgründe die Aufforderung an die Zuhörer im Saale, insbesondere an die dort anwesenden Pressevertreter, richtete, den Sitzungssaal entweder vor Beginn der mündlichen Urteilsbegründung zu verlassen oder bis zu deren Ende im Saal zu verbleiben. Zugleich habe er geäußert, die Tür zum Sitzungssaal solle während dieser Zeit möglichst geschlossen bleiben.

Sachverhalt: Ob diese Äußerung in die Form einer Bitte, eines Wunsches oder einer Anordnung gekleidet war, bleibt unklar. Es konnte auch nicht eindeutig geklärt werden, ob einzelne Personen während der Bekanntgabe der Urteilsgründe den Saal betraten oder verließen oder ob der Sitzungswachtmeister sie daran hinderte. – Das Rechtsmittel war erfolglos.

Gründe: Aber selbst wenn man mit der Revision davon ausgeht, daß der Gerichtsvorsitzende förmlich angeordnet hat, die Tür solle während der Bekanntgabe der Urteilsgründe möglichst geschlossen bleiben, und daß der Sitzungswachtmeister in Ausführung dieser Anordnung einzelne Personen am Betreten oder Verlassen des Saales gehindert hat, so ist darin keine gesetzwidrige Einschränkung der Öffentlichkeit des Verfahrens zu erblicken. Die Maßnahme diente vielmehr der Aufrechterhaltung der Ordnung und war gemäß § 176 GVG zulässig. Bei dem Sitzungssaal, in dem die Verhandlung vor dem Oberlandesgericht stattfand, handelt es sich, wie der Verteidiger Rechtsanwalt Sch. in der Revisionsverhandlung anschaulich dargelegt hat, um einen verhältnismäßig kleinen Raum mit nur einem einzigen Ein- und Ausgang für die Zuhörer, der so gelegen ist, daß jeder, der den Saal betritt oder verläßt, fast unmittelbar vor dem Richtertisch hergehen muß.

Bei diesen beengten räumlichen Verhältnissen bedeutete es aber eine erhebliche Störung, wenn sich während der Bekanntgabe der Urteilsgründe ständig Personen vor dem Richtertisch hin und her bewegten. Die geringfügige Beschränkung der Möglichkeit, den Gerichtssaal sozusagen in jedem Augenblick betreten oder verlassen zu können, steht unter diesen Umständen in einem angemessenen Verhältnis zu dem damit verfolgten Zweck, Störungen eines wichtigen, im übrigen eng begrenzten Abschnittes der Hauptverhandlung zu verhindern und so für den Vorsitzenden ein unbeeinträchtigtes Bekanntgeben und für alle übrigen Anwesenden, insbesondere für die Prozeßbeteiligten, ein ebenso unbeeinträchtigtes Anhören und Verstehen der Urteilsgründe zu gewährleisten. Da eine ungestörte Durchführung der Verhandlung ebenso wesentlich ist wie die Kontrolle des Verfahrensgangs durch die Allgemeinheit, ist eine solche Maßnahme nicht als gesetzwidrige Beschränkung der Öffentlichkeit des Verfahrens zu beanstanden, zumal wenn – wie hier – beliebige Vertreter der Allgemeinheit im Gerichtssaal anwesend bleiben (vgl. BGH Urt. v. 17. 4. 1952 – 4 StR 210/51, mitgeteilt bei Dallinger, MDR 1952, 410[1]).

26. Öffentlichkeit in Jugendstrafsachen kein Revisionsgrund.

StPO § 338 Nr. 6; JGG § 48 Abs. 1 – BGH Urt. v. 21. 11. 1969 – 3 StR 249/68 LG Wuppertal (= BGHSt. 23, 176 = NJW 1970, 523)

Die Revision rügt, daß die Hauptverhandlung vor der Jugendkammer zum Teil öffentlich durchgeführt worden ist. Sie sieht darin einen Verstoß gegen die Vorschrift des § 48 Abs. 1 JGG und hält den unbedingten Revisionsgrund des § 338 Nr. 6 StPO für gegeben.

---

1 „Eine ungestörte Durchführung der Verhandlung ist, wie das Urt. v. 17. 4. 1952 – 4 StR 210/51 ausspricht, ebenso wesentlich wie die Kontrolle des Verfahrensgangs durch die Allgemeinheit. Führt der Verkehr im Zuhörerraum zu Störungen der Verhandlung, so ist der nach § 176 GVG für die Aufrechterhaltung der Ordnung verantwortliche Vorsitzende verpflichtet, Maßnahmen zu ergreifen, die sowohl eine störungsfreie Verhandlung als auch ihre Kontrolle durch die Öffentlichkeit ermöglichen. Ein zur Vermeidung weiterer Störungen erlassenes Verbot, den Zuhörerraum während eines eng begrenzten Verfahrensabschnitts zu betreten oder zu verlassen, hält sich im Rahmen der dem Vorsitzenden zustehenden Maßnahmen zur Aufrechterhaltung der Sitzungsordnung und ist keine unzulässige Beschränkung der Öffentlichkeit (§ 338 Nr. 6 StPO), zumal wenn beliebige Vertreter der Allgemeinheit anwesend bleiben. Ob die Tür zum Zuhörerraum auch während einer Beratungspause verschlossen war, ist unerheblich, weil die Beratung keinen Bestandteil der öffentlichen Verhandlung bildet."

Sachverhalt: Bei der ersten Tat war der Angeklagte fünfzehn Jahre und vier Monate alt; die übrigen Taten beging er im Alter zwischen achtzehn und zwanzig Jahren.

Die Jugendkammer hat nur teilweise unter Ausschluß der Öffentlichkeit verhandelt, die strafrechtliche Verantwortlichkeit des Angeklagten in vollem Umfange bejaht und für alle Straftaten allgemeines Strafrecht angewendet. – Das Rechtsmittel war erfolglos.

Gründe:

A. ...

I. ...

Zwar hätte die Verhandlung vor der Jugendkammer, wie die Revision mit Recht geltend macht, in ihrem ganzen Umfang einschließlich der Urteilsverkündung unter Ausschluß der Öffentlichkeit durchgeführt werden müssen; denn § 48 Abs. 1 JGG, der die nichtöffentliche Verhandlung vorsieht, greift immer dann Platz, wenn der Angeklagte überhaupt als jugendlicher belangt wird, mag er auch einen Teil der ihm zur Last gelegten Taten als Heranwachsender begangen haben. Das hat der Bundesgerichtshof in seiner Entscheidung BGHSt. 22, 21, 24 ff. (BGH Urt. v. 13. 12. 1967 – 2 StR 548/67; vgl. § 338 Nr. 6 StPO erfolglose Rügen) des näheren dargelegt, und dem schließt sich der Senat an.

Ein Verfahrensverstoß nach § 338 Nr. 6 StPO scheidet aber aus, weil nur die unzulässige Beschränkung der Öffentlichkeit unter diese Vorschrift fällt (BGHSt. 10, 202, 206, 207 [BGH Urt. v. 8. 2. 1957 – 1 StR 375/56; vgl. § 169 GVG erfolglose Rügen]; BGH GA 1953, 83, 84; In § 338 StPO sind besonders schwere Verfahrensverstöße aufgezählt, die zwangsläufig zur Aufhebung des Urteils führen. Es kann nach der geschichtlichen Entwicklung kein Zweifel daran bestehen, daß der Gesetzgeber in § 338 Nr. 6 StPO nur das als grundlegende Einrichtung des Rechtsstaates angesehene Öffentlichkeitsprinzip schützen wollte. Schon dieser eindeutige Gesetzeszweck spricht dagegen, auch den umgekehrten Fall, daß zu Unrecht öffentlich verhandelt wurde, als unbedingten Revisionsgrund im Sinne dieser Vorschrift anzuerkennen. Nun ist allerdings eine Rechtsfortbildung auch entgegen dem klaren Sinn und Zweck einer gesetzlichen Vorschrift nicht unter allen Umständen ausgeschlossen. Ihr sind jedoch schon im Hinblick auf Art. 20 Abs. 3 GG enge Grenzen gezogen. Hier vermag der Senat keine durchgreifenden Gründe dafür zu erkennen, daß die Rechtsentwicklung eine erweiternde Auslegung des § 338 Nr. 6 StPO entgegen den mit dessen Einführung verfolgten Absichten des Gesetzgebers erfordert. § 48 Abs. 1 JGG dient dem Schutze des Jugendlichen, der aus erzieherischen Gründen nicht als Mittelpunkt des allgemeinen Interesses in eine öffentliche Hauptversammlung hineingestellt werden soll. Ob dieses rechtliche Interesse von größerer Werthaftigkeit und Bedeutung ist als das Öffentlichkeitsprinzip des § 169 Satz 1 GVG, erscheint zweifelhaft. Der Gesetzgeber ist offenbar von einer anderen Rangfolge dieser Werte ausgegangen, wenn er in § 48 Abs. 3 JGG grundsätzlich öffentliche Verhandlung für den Fall angeordnet hat, daß in dem Verfahren vor dem Jugendgericht neben einem Jugendlichen im Wege der Verbindung der Verfahren noch ein Heranwachsender oder ein Erwachsener angeklagt ist. Dem Schutze und der Erziehung der Jugend dienen zudem alle Vorschriften des Jugendstrafverfahrensrechts, ohne daß ihre Verletzung deshalb ohne weiteres zur Aufhebung des angefochtenen Urteils führen müßte (vgl. hierzu auch BGH GA 1953, 83, 84). Schließlich kommt es für die Anwendung des § 48, Abs. 1 JGG allein darauf an, wie alt der Angeklagte zur Zeit der Begehung der ihm zur Last gelegten Tat war, und nicht, in welcher Altersstufe er sich zur Zeit der Hauptverhandlung befindet. Im vorliegenden Fall war der Angeklagte bei der Hauptverhandlung bereits 21 Jahre alt. Dieser Gesichtspunkt spricht ebenfalls dagegen, einen Verstoß gegen § 48 Abs. 1 JGG als absoluten Revisionsgrund im Sinne des § 338 StPO anzusehen.

Auch das oben erwähnte Urteil BGHSt. 22, 21, auf das die Revision verweist, ergibt nichts anderes. Dort war der Bundesgerichtshof der Auffassung, daß § 48 Abs. 1 JGG nicht verletzt sei. Er hatte deshalb keinen Grund, sich mit den revisionsrechtlichen Folgen eines Verstoßes gegen diese Vorschrift auseinanderzusetzen. Infolgedessen läßt sich auch nichts für die Ansicht der Revision aus dem von ihr angeführten Satz jenes Urteils (a.a.O. S. 25, 26) entnehmen: „Eine bedeutsame verfahrensrechtliche Entscheidung, von der Bestand oder Nichtbestand der ganzen Hauptverhandlung und ihres Ergebnisses abhängt, darf nicht von solchen Ungewißheiten beeinflußt sein". Diese Erwägung bezieht sich, wie die ihr vorangehenden Erörterungen deutlich erkennen lassen, allein auf den Fall, daß der Tatrichter zu Beginn der Hauptverhandlung das Schwergewicht bei den nach Jugendstrafrecht zu beurteilenden Straftaten sieht und in entsprechender Anwendung des § 32 JGG die Öffentlichkeit ausschließt. Stellte sich nun nach dem Ergebnis der Hauptverhandlung heraus, daß der Schwerpunkt in Wirklichkeit bei den anderen Straftaten läge, so wäre, falls § 32 JGG zur Anwendung käme, die Öffentlichkeit zu Unrecht ausgeschlossen worden. Es läge dann der unbedingte Revisionsgrund des § 338 Nr. 6 StPO vor. Darüber, wie es im umgekehrten Falle wäre, ist damit nichts gesagt und sollte ersichtlich auch nichts gesagt werden.

II.

Die Revision meint ferner, daß dieser Verfahrensfehler, wenn er nicht als unbedingter Revisionsgrund im Sinne des § 338 Nr. 6 StPO anzusehen wäre, jedenfalls hier eine unter den Voraussetzungen des § 337 StPO beachtliche Gesetzesverletzung sei. Jedoch kann sie auch damit nicht durchdringen, da das angegriffene Urteil nicht auf der Verletzung des § 48 Abs. 1 JGG beruht. Es kann ausgeschlossen werden, daß die Jugendkammer ohne diese Gesetzesverletzung in ihrem Urteil zu einem anderen Ergebnis gekommen wäre.

Die Hauptverhandlung hat in wesentlichen Teilen, vor allem während der Einvernahme des Angeklagten über Planung und Ausführung seiner Taten, der Vernehmung des einzigen unmittelbaren Tatzeugen F. sowie der Anhörung der Hauptsachverständigen (mit Ausnahme einiger ergänzender Darlegungen), unter Ausschluß der Öffentlichkeit stattgefunden. Der Angeklagte war schon im Ermittlungsverfahren voll geständig. Von seiner damaligen Schilderung wich seine Darstellung in der Hauptverhandlung nur in Einzelheiten der Tatausführung zum Teil ab. Daß der Angeklagte in der Hauptverhandlung bisweilen versuchte, „vor einem umfassenden Geständnis" auszuweichen und „seine Taten in einem günstigeren und blasseren Licht erscheinen zu lassen", zeigt entgegen der Auffassung der Revision allenfalls, daß ihn die teilweise Zulassung der Öffentlichkeit in seinem Verteidigungswillen nicht gehemmt hat. Auch spricht gegen einen nachteiligen Einfluß der Öffentlichkeit auf den Angeklagten, daß der Sachverständige Professor Dr. Sch. auf Grund seines Eindrucks in der Hauptverhandlung die hervorragenden Gedächtnisleistungen des Angeklagten, dessen Fähigkeiten, sich umzustellen und in neue Situation einzufügen, ferner dessen seltenes Durchstehvermögen hervorgehoben hat.

Ebensowenig vermag der Hinweis der Revision, der Angeklagte habe sich zu bestimmten Erklärungen erst bereitgefunden, nachdem auf seine Anregung hin die Öffentlichkeit ausgeschlossen worden war, einen dem Angeklagten nachteiligen Zusammenhang zwischen dem angefochtenen Urteil und dem Verstoß gegen § 48 Abs. 1 JGG darzutun. Der Angeklagte hätte diese Erklärungen genauso abgegeben, wenn die Öffentlichkeit von vornherein ausgeschlossen worden wäre. Daß er aber eine ihm günstige Erklärung unterlassen habe, weil die Hauptverhandlung teilweise öffentlich war, behauptet auch die Revision nicht. Die grauenhaften Einzelheiten der Taten schilderte der Angeklagte in nichtöffentlicher Verhandlung. Es kann deshalb nicht darauf ankommen, ob die Erörterung dieser Umstände „inmitten breitester Kreise der Bevölkerung" ihm peinlich gewesen sein mag.

Das Vorbringen der Revision, der Angeklagte sei möglicherweise durch die Beifallskundgebungen der Zuhörer während der Urteilsverkündung gehindert worden, weitere Beweisanträge zu stellen, kann schon deshalb keinen Erfolg haben, weil die Revision nicht angibt, welche Anträge der voll geständige Angeklagte noch hätte stellen können und wollen.

Zu Unrecht beruft sich die Revision in diesem Zusammenhang auf die Entscheidung des Bundesgerichtshof BGHSt. 22, 83 (BGH Urt. v. 8. 2. 1957 – 1 StR 375/56; vgl. § 169 GVG erfolgreiche Rügen) (Fernseh-, Rundfunkaufnahmen bei der Urteilsverkündung als Revisionsgrund). Dort wurde die Öffentlichkeit in einer Art und Weise erweitert, die nach dem Gesetz in allen Strafverfahren schlechthin verboten ist. Für die Frage, ob Verfahrensbeteiligte möglicherweise in der Wahrnehmung ihrer Rechte behindert wurden, begründet es einen wesentlichen Unterschied, ob sie durch Rundfunk oder Fernsehen in ihrem gesprochenen Wort oder sogar in ihrem ganzen Gebaren unmittelbar einem anonymen Publikum, einer praktisch unbegrenzbaren Masse von Menschen an den verschiedensten Orten, dargeboten werden oder ob nur eine im Vergleich dazu kleine, durch die Größe des Gerichtssaales begrenzte Anzahl von Zuhörern – wie dies für das Strafverfahren die Regel ist – die Erklärungen und das Verhalten der Verfahrensbeteiligten mitverfolgt (vgl. hierzu auch BGHSt. 16, 111 [BGH Urt. v. 13. 7. 1961 – 1 StR 179/61; vgl. § 338 Nr. 6 StPO erfolglose Rügen]).

27. Kein Anspruch auf Ausschluß der Öffentlichkeit (Anschluß an BGH NJW 1952, 153 [BGH Urt. v. 25. 9. 1951 – 1 StR 464/51; vgl. § 338 Nr. 6 StPO erfolgreiche Rügen]).

StPO 338 Nr. 6 – BGH Urt. v. 2. 7. 1969 – 4 StR 226/69 Schwurgericht Bochum (= BGHSt. 23, 82 = NJW 1969, 2107 = JZ 1970, 34)

Die Revision rügt, die Vorschriften über die Öffentlichkeit des Verfahrens seien verletzt, weil das Schwurgericht während der Vernehmung eines Sachverständigen über die strafrechtliche Verantwortlichkeit des Angeklagten die Öffentlichkeit nicht ausgeschlossen hat.

Der Sachverhalt ergibt sich aus dem Revisionsvorbringen. – Das Rechtsmittel war erfolglos.

Gründe: ...

1. Ein Anspruch des Angeklagten auf Ausschluß der Öffentlichkeit zum Schutze seines Persönlichkeitsbereichs kann nicht aus den Art. 1 und 2 GG hergeleitet werden. Zwar ist auch im Strafverfahrensrecht, insbesondere im Bereich der §§ 81 ff. StPO, im Interesse des Persönlichkeitsschutzes der Verhältnismäßigkeitsgrundsatz zu beachten (BVerfG NJW 1963, 1597 = BVerfGE 16, 194 [BVerfG Beschl. v. 10. 6. 1963 – 1 BvR 790/58; vgl. § 81a StPO erfolgreiche Rügen]). Aus ihm ergeben sich jedoch keine über die vom Gesetz vorgesehenen hinausgehenden Einschränkungen des Öffentlichkeitsgrundsatzes. Erlaubt das Gesetz zum Zwecke der Ermittlung und Verfolgung strafbarer Handlungen Eingriffe in den Persönlichkeitsbereich, so erlaubt es damit auch die Verwertung der Ergebnisse in öffentlicher Verhandlung. Durch einen bloß teilweisen Ausschluß der Öffentlichkeit, etwa während der Vernehmung eines Sachverständigen über den Geisteszustand und Wesenseigenarten des Angeklagten, könnte zudem nicht verhindert werden, daß über die Ergebnisse in einem anderen, öffentlichen Verfahrensabschnitt gesprochen wird. Ein umfassender Schutz der Persönlichkeitssphäre wäre daher praktisch nur dadurch zu erreichen, daß in Strafsachen weithin nicht öffentlich verhandelt wird. Eine so weitgehende Durchbrechung des übergeordneten Grundsatzes der Öffentlichkeit der Verhandlung würde aber dem eindeutigen Willen des Gesetzes widersprechen.

2. Der von der Revision unter Hinweis auf den Aufsatz von Herbst in NJW 1969, 546 vorgetragenen Auffassung, das Landgericht hätte die Öffentlichkeit während der Vernehmung des Sachverständigen nach Art. 6 der Konvention zum Schutze der Menschenrechte und Grundfreiheiten ausschließen müssen, kann nicht zugestimmt werden. Art. 6 MRK stellt ebenso wie das deutsche Verfahrensrecht den Grundsatz auf, daß Gerichtsverhandlungen öffentlich sein müssen. Er läßt aber in bestimmten Fällen den Ausschluß der Öffentlichkeit zu, so u.a., wenn der Schutz des Privatlebens der Prozeßparteien es verlangt.

In keinem Falle jedoch schreibt Art. 6 MRK den Ausschluß der Öffentlichkeit zwingend vor. Ein Anspruch auf Ausschluß der Öffentlichkeit ist dem Angeklagten daher auch durch Art. 6 MRK nicht eingeräumt worden.

3. Der Senat neigt übrigens, ohne daß er diese Frage hier abschließend zu entscheiden braucht, zu der Ansicht, daß die Menschenrechtskonvention die gesetzlichen Ausschlußgründe des deutschen Rechts (§§ 171a, 172 GVG) nicht erweitert hat. Die Konvention ist ein zwischenstaatlicher Vertrag, der die Vertragsteile nur soweit bindet, als sie sich binden wollten. Durch die Konvention wollten die Vertragsstaaten einen gewissen von ihnen allen anerkannten Mindestbestand an Freiheitsrechten völkerrechtlich verankern (vgl. Art. 60 MRK). Zugleich sollte der Rahmen für staatliche Eingriffe in diese Freiheitsrechte festgelegt werden. Zu den gewährleisteten Freiheitsrechten gehört das Recht auf eine öffentliche Anhörung vor Gericht (Art. 6 Satz 1 MRK). Dieses Recht darf durch die innerstaatliche Gesetzgebung nur im Rahmen der Ausnahmen des Art. 6 Abs. 1 Satz 2 MRK eingeschränkt werden. Dem entspricht das deutsche Verfahrensrecht. Art. 6 Abs. 1 Satz 2 MRK wollte im Gegensatz zu den in Art. 6 Abs. 3 aufgeführten prozessualen Mindestrechten eines jeden Angeklagten die Vertragsstaaten nicht in dem Sinne binden, daß sie in allen genannten Fällen die Möglichkeit des Ausschlusses der Öffentlichkeit vorsehen müßten. Er wollte ihnen nur einen Spielraum einräumen, innerhalb dessen sie in ihrer Gesetzgebung von dem Grundsatz der Öffentlichkeit der Gerichtsverhandlungen abweichen dürfen. Daher sind durch das Zustimmungsgesetz vom 7. 8. 1952 (BGBl. II 685, 953) die Vorschriften des deutschen Rechts über den Ausschluß der Öffentlichkeit nicht geändert, insbesondere sind keine erweiterten Ausschlußmöglichkeiten geschaffen worden. Offenbar war dies auch die Ansicht der deutschen gesetzgebenden Körperschaften. Zu einer anderen Auffassung nötigt auch nicht die Tatsache, daß Österreich auf Grund des Art. 64 MRK einen Vorbehalt zugunsten des in der österreichischen Verfassung festgelegten Öffentlichkeitsgrundsatzes gegen Art. 6 MRK erklärt hat. Dieser Vorbehalt kann auf einer für das deutsche Recht nicht maßgebenden österreichischen Auffassung beruhen, daß Art. 6 MRK die Ausschlußgründe für alle Vertragsstaaten bindend festlege. Er kann jedoch ebensogut nur als Verwahrung gegen eine solche Auslegung gemeint sein. Die Tatsache, daß die Bundesrepublik Deutschland trotz gründlicher Prüfung keinen solchen Vorbehalt gemacht hat, läßt darauf schließen, daß ihre gesetzgebenden Organe eine Auslegung des Art. 6 Abs. 1 Satz 2 MRK im Sinne einer die Vertrags-Staaten bindenden Regelung nicht für zutreffend gehalten haben, sie also auch nicht durch das Zustimmungsgesetz als für Deutschland verbindlich anerkennen wollten.

4. Entscheidend ist, daß das Unterbleiben des Ausschlusses der Öffentlichkeit in keinem Falle mit der Revision gerügt werden kann. Der unbedingte Revisionsgrund des § 338 Nr. 6 StPO soll die unverbrüchliche Beachtung des Öffentlichkeitsgrundsatzes verbürgen. Er dient dem Interesse der Allgemeinheit an einem öffentlichen Gerichtsverfahren, nicht dem Schutze des Angeklagten gegen Bloßstellung oder sonstige Beeinträchtigung seiner Persönlichkeit durch eine öffentliche Gerichtsverhandlung. Er liegt daher nach allgemeiner Meinung nur vor, wenn die Öffentlichkeit der Verhandlung ungesetzlich beschränkt worden ist oder wenn die für den Ausschluß der Öffentlichkeit vorgeschriebenen Förmlichkeiten nicht beachtet worden sind, nicht dagegen, wenn öffentlich verhandelt worden ist, obwohl nach dem Gesetz die Öffentlichkeit hätte ausgeschlossen werden können oder wenn der Ausschluß nicht ordnungsgemäß durchgeführt worden ist (BGH NJW 1952, 153). Die Rechtsprechung hat es bisher mit gutem Grund abgelehnt, in solchen Fällen § 338 Nr. 6 StPO anzuwenden; denn die Beeinträchtigung der Interessen, zu deren Schutz das Gesetz in bestimmten Fällen den Ausschluß der Öffentlichkeit zuläßt, kann durch eine Wiederholung der Verhandlung unter Ausschluß der Öffentlichkeit nicht mehr beseitigt werden. Aus diesem Grunde kann ein mit der Revision durchsetzbarer Anspruch des Angeklagten auf Ausschluß der Öffentlichkeit nicht anerkannt werden.

28. Irrtümlicher Ausschluß der Öffentlichkeit kein Revisionsgrund (im Anschluß an BGHSt. 21, 72).

StPO § 338 Nr. 6; GVG § 169 – BGH Urt. v. 18. 12. 1968 – 3 StR 297/68 LG Wuppertal (= BGHSt. 22, 297 = NJW 1969, 756)

Die Revision rügt, daß ein Justizwachtmeister am 17. 3. 1967 gegen 13.15 Uhr einem Referendar, der an der öffentlichen Sitzung als Zuhörer teilnehmen wollte, auf dessen Befragen den Zutritt zum Sitzungssaal mit der Begründung verwehrt habe, es handele sich um eine „Jugendsache" und die Öffentlichkeit sei daher ausgeschlossen.

Sachverhalt: Am 17. 3. 1967 verhandelte die Jugendkammer in öffentlicher Sitzung (der Angeklagte H. war zur Tatzeit Heranwachsender, der Angeklagte K. Erwachsener). Es war zu keinem Zeitpunkt das Schild „Öffentlichkeit ausgeschlossen" an der Tür des Sitzungssaals angebracht. Der Justizhauptwachtmeister R., der an diesem Tage den Sitzungsdienst wahrnahm, hinderte weder den Referendar Sch. noch eine andere Person am Betreten des Saales. Der Referendar Sch. erkundigte sich vielmehr bei einem anderen Wachtmeister, der zufällig auf dem Flur vor der Tür des Sitzungssaales stand, ob hier die Strafsache gegen H. verhandelt werde. Dieser Wachtmeister, der mit dem Sitzungsdienst nichts zu tun hatte, erteilte ihm die falsche Auskunft, es handele sich um eine nichtöffentliche Jugendstrafsache, und verwehrte ihm den Zutritt zum Sitzungssaal, ohne daß das Gericht dies bemerkte. – Das Rechtsmittel war erfolglos.

Gründe: Zwar widerstreitet es dem Grundsatz der Öffentlichkeit, bestimmte Personen oder Personengruppen ohne gesetzlichen Grund oder willkürlich von der Teilnahme an der Verhandlung auszuschließen (BGHSt. 17, 201 [BGH Urt. v. 10. 4. 1962 – 1 StR 22/62; vgl. § 338 Nr. 6 StPO erfolgreiche Rügen]; 18, 179, 180 [BGH Urt. v. 15. 1. 1963 – 5 StR 528/62; vgl. § 338 Nr. 6 StPO erfolgreiche Rügen]). Jedermann soll Zutritt zu den Gerichtssälen haben, in denen die Gerichte Recht sprechen. ...

Der 4. Strafsenat des Bundesgerichtshofes hat in BGHSt. 21, 72 (BGH Urt. v. 10. 6. 1966 – 4 StR 72/66; vgl. § 338 Nr. 6 StPO erfolglose Rügen) mit ausführlicher Begründung eine Verletzung des § 338 Nr. 6 StPO in dem Falle verneint, daß ein Hindernis tatsächlicher Art (ins Schloß gefallene Außentür), welches das Gericht trotz aufmerksamer Beachtung der Vorschriften über die Öffentlichkeit des Verfahrens nicht bemerkte und auch nicht bemerken konnte, die Öffentlichkeit beeinträchtigte. In dieser Entscheidung wird nicht nur – wie das Reichsgericht es getan hat – darauf abgestellt, ob dem Gericht oder dem Vorsitzenden die Beschränkung der Öffentlichkeit bekannt war, sondern außerdem geprüft, ob das Gericht sie bei Anwendung der gebotenen Sorgfalt und Umsicht hätte bemerken und beseitigen können.

Der erkennende Senat schließt sich dieser Rechtsauffassung an. Nach den gleichen Maßstäben ist aber auch der Fall zu beurteilen, daß ein Gerichtsbeamter eigenmächtig, aus Irrtum oder Versehen einzelnen Personen den an sich möglichen freien Zugang zu einer öffentlichen Gerichtsverhandlung verwehrt.

Zwar gehört die Öffentlichkeit der Verhandlung zu den grundlegenden Einrichtungen des Rechtsstaates. Wie aber der Bundesgerichtshof in BGHSt. 21, 72 anhand von Beispielen des näheren dargelegt hat, stehen der „reinen" Durchführung dieses Prinzips mancherlei Umstände entgegen, die außerhalb des Einflußbereichs und der Einwirkungsmöglichkeiten des Gerichts liegen, aber im Interesse eines gesicherten, störungsfreien Ablaufs der Hauptverhandlung und einer sachgemäßen Aufklärung notwendigerweise in Kauf genommen werden müssen. Dazu ist in einem weiteren Sinne auch das Verhalten der im Gerichtsgebäude beschäftigten und mit der Überwachung der Gerichtsräume beauftragten Gerichtswachtmeister zu rechnen, wenn sie aus Unkenntnis oder infolge von Mißverständnissen in einem Einzelfalle einen Mißgriff begehen. Ein solches gelegentliches Fehlverhalten eines untergeordneten Hilfsorgans kann nicht ohne weiteres dem Gericht als Verfahrensfehler angelastet werden. Es kann auch nicht anerkannt werden, daß durch eine derartige, dem Gericht nicht erkennbar gewordene Zurückweisung einer einzelnen Person das Vertrauen der Allgemeinheit in die Objektivität der Rechtspflege erschüttert wird.

Allerdings muß verlangt werden, daß das Gericht und insbesondere der Vorsitzende der Wahrung der Öffentlichkeit auch während der Verhandlung die gebührende Aufmerksamkeit widmen, die der Bedeutung des Öffentlichkeitsgrundsatzes entspricht. Es obliegt dem Vorsitzenden insoweit eine Aufsichtspflicht gegenüber den Gerichtsbeamten, die nicht nur zu Beginn, sondern auch während der gesamten Dauer der Verhandlung ausgeübt werden muß. Gerade auf dem Gebiete des Strafverfahrens ist es ein besonders ernstes rechtsstaatliches Anliegen, daß die Gerichte das Recht innerhalb der gesetzlichen Schranken zu finden suchen (BGHSt. 4, 283 [BGH Urt. v. 22. 5. 1953 – 2 StR 539/52 = BGHSt. 4, 279; vgl. § 338 Nr. 6 StPO erfolgreiche Rügen]). Die Anforderungen, die in dieser Hinsicht an die Aufmerksamkeit des Gerichts und des Vorsitzenden zu stellen sind, dürfen aber auch nicht überspannt werden. Es muß berücksichtigt werden, daß dem Gericht und insbesondere dem Vorsitzenden gerade in der mündlichen Verhandlung eines Strafprozesses mannigfache Aufgaben übertragen sind, die in hohem Maße ihrer besonderen Aufmerksamkeit bedürfen. Es hieße z.B. den Vorsitzenden überfordern, wollte man von ihm verlangen, daß er sich – wie die Revision offenbar meint – auch fortgesetzt über die Vorgänge auf dem Flur vor dem Gerichtssaal vergewissere.

Beurteilt man nach diesen Maßstäben den hier festgestellten Sachverhalt, so kann dem Gericht und dem Vorsitzenden kein Vorwurf daraus gemacht werden, daß sie das Vorgehen des Gerichtswachtmeisters gegen den Referendar Sch. nicht bemerkt und nicht verhindert haben. Den Sitzungsdienst nahm ein erfahrener Justizhauptwachtmeister wahr, der dem Gerichtsvorsitzenden seit vielen Jahren als zuverlässige Kraft bekannt war und der sich keines Mißgriffes schuldig gemacht hatte. Das Gericht und der Vorsitzende konnten und brauchten nach Lage des Falles nicht damit zu rechnen, daß ein anderer Gerichtswachtmeister, der sich zufällig auf dem Flur aufhielt, einer einzelnen Person den Zutritt zum Gerichtssaal verwehren würde. Während dieses Vorfalles befanden sich nach dem Vorbringen der Revision und der dienstlichen Äußerung des Referendars Sch. andere Personen als Zuhörer im Saal, die ihn kurz zuvor offenbar unbehelligt betreten hatten. Es brauchte sich daher dem Gericht auch nicht der Verdacht aufzudrängen, daß die Öffentlichkeit der Verhandlung beeinträchtigt sei. Deshalb liegt hier eine gesetzwidrige Verletzung des Grundsatzes der Öffentlichkeit der Verhandlung nicht vor.

Nach Auffassung des Senats wäre der Fall auch nicht anders zu beurteilen, wenn der Wachtmeister, der die unrichtige Auskunft gegeben hat, den mit dem Sitzungsdienst beauftragten Justizwachtmeister R. für kurze Zeit vertreten hätte.

29. Verhandlung gegen Heranwachsende automatisch ohne Öffentlichkeit.

StPO § 338 Nr.6, JGG 109 I S. 2 – BGH Urt. v. 13. 12. 1967 – 2 StR 548/67 LG Darmstadt (= BGHSt. 22, 21 = NJW 1968, 457)

Die Revision rügt, daß gegen den Angeklagten als Heranwachsenden ohne besonderen Gerichtsbeschluß unter Ausschluß der Öffentlichkeit verhandelt worden sei. – Das Rechtsmittel war erfolglos.

Gründe: Näher zu erörtern ist nur die gleichfalls erfolglose, auf § 338 Nr. 6 StPO gestützte Verfahrensbeschwerde, die damit begründet ist, das Erfordernis eines solchen Beschlusses leitet der Beschwerdeführer offenbar aus § 109 Abs. 1 Satz 2 JGG ab, wo für Heranwachsende bestimmt ist, daß die Öffentlichkeit ausgeschlossen werden kann, wenn dies im Interesse der Erziehung des Angeklagten geboten ist.

Damit verkennt er möglicherweise schon, daß über die Anwendung dieser Vorschrift nicht entscheidet, in welcher Altersstufe sich der Angeklagte zur Zeit der Hauptverhandlung befindet. Vielmehr kommt es für die Frage, ob der Angeklagte als Jugendlicher oder als Heranwachsender im Sinne des JGG zu betrachten ist, nach § 1 Abs. 2 JGG allein darauf an, wie alt der Angeklagte zur Zeit der ihm zur Last gelegten Tat war. Das gilt für das Verfahrensrecht ebenso wie für das sachliche Jugendstrafrecht (BGHSt. 6, 354 [BGH Urt. v. 12. 10. 1954 – 5 StR 335/54; vgl. § 38 JGG erfolgreiche Rügen]).

Es mag aber auch sein, daß der Beschwerdeführer mit seiner Rüge dem Umstand Bedeutung beimessen will, daß der Angeklagte die Straftaten, deretwegen er jetzt verurteilt wurde, teils vor und teils nach der Vollendung des 18. Lebensjahres begangen hat und deshalb zugleich als Jugendlicher und Heranwachsender vor Gericht stand. Dieser Fall wird vom Gesetz nicht ausdrücklich hervorgehoben und eingeordnet. Jedoch kann nach Sinn und Zweck der einschlägigen Regelung kein Zweifel bestehen, daß § 109 Abs. 1 Satz 2 JGG nur dann Anwendung finden kann, wenn die den Gegenstand des Verfahrens bildenden Taten vom Angeklagten ausschließlich in der Altersstufe des Heranwachsenden begangen wurden, während die Vorschrift des in seinem ersten Absatz ganz allgemein die nichtöffentliche Verhandlung vorschreibenden § 48 JGG immer Platz greift, wenn der Angeklagte überhaupt als Jugendlicher belangt ist, mag er auch einen Teil der ihm zur Last liegenden Taten als Heranwachsender begangen haben. Denn die schon in der äußeren Fassung zum Ausdruck kommende Tendenz des Gesetzes geht ersichtlich dahin, im Verfahren vor den Jugendgerichten die Gedanken der Erziehung und des Schutzes der Jugend dem Prinzip der Öffentlichkeit der Hauptverhandlung überzuordnen.

Eine entsprechende Anwendung des für das sachliche Strafrecht geltenden § 32 JGG, wonach es darauf anzukommen hätte, ob das Schwergewicht der Straftaten in der einen oder anderen Altersstufe lag, ist schon deshalb nicht in Betracht zu ziehen, weil eine ganz andere Ausgangslage gegeben ist: Die Entscheidung, welches sachliche Strafrecht zur Anwendung kommt, ist auf der Grundlage einer abgeschlossenen Hauptverhandlung zu gewinnen, während die Frage des Ausschlusses der Öffentlichkeit schon mit dem Beginn der Hauptverhandlung beantwortet werden muß, also zu einem Zeitpunkt, in dem die Frage des Schwerpunkts der Taten noch ganz offen ist. Eine bedeutsame verfahrensrechtliche Entscheidung, von der Bestand und Nichtbestand der ganzen Hauptverhandlung und ihres Ergebnisses abhängt, darf nicht von solchen Ungewißheiten beeinflußt sein. Im übrigen wird auf die Entscheidung in BGHSt. 8, 349 (BGH Urt. v. 15. 12. 1955 – 4 StR 342/55; vgl. § 338 Nr. 4 StPO erfolgreiche Rügen) verwiesen, die zur Frage der sachlichen Zuständigkeit im gleichen Sinne entschieden hat.

Da schließlich alle Mitangeklagten des Beschwerdeführers als Jugendliche vor Gericht standen, schied auch die Anwendung des § 48 Abs. 3 JGG aus, der den Ausschluß der Öffentlichkeit im jugendgerichtlichen Verfahren durch einen besonderen Beschluß gebietet, wenn zugleich Heranwachsende oder Erwachsene angeklagt sind. Überdies könnte insofern der Angeklagte als Jugendlicher nicht beschwert sein (BGHSt. 10, 119 [BGH Urt. v. 23. 1. 1957 – 2 StR 600/56; vgl. § 338 Nr. 6 StPO erfolglose Rügen]).

30. Kein Revisionsgrund bei unbeabsichtigtem Ausschluß der Öffentlichkeit.

StPO § 338 Nr. 6; GVG § 169 – BGH Urt. v. 10. 6. 1966 – 4 StR 72/66 LG Trier (= BGHSt. 21, 72 = NJW 1966, 1570)

Die Revision rügt, daß vor Beginn oder während des Schlußvortrags des Verteidigers die Außentür am Haupteingang zu dem Gebäude der Amtsverwaltung K., in dem die Hauptverhandlung am 9. 9. 1965 in der Zeit zwischen 15.00 und 21.25 Uhr unter ständiger Anwesenheit von Zuhörern stattfand, versehentlich ins Schloß gefallen war; dadurch wurden Personen, die als weitere Zuhörer diesem Teil der Hauptverhandlung noch beiwohnen wollten, gehindert, den Sitzungssaal durch den Haupteingang zu erreichen. – Das Rechtsmittel war erfolglos.

Gründe: Gemäß § 169 GVG ist zwar grundsätzlich die Verhandlung vor dem erkennenden Gericht, die in Strafsachen als Hauptverhandlung bezeichnet wird, in vollem Umfang öffentlich durchzuführen. Die Öffentlichkeit der Hauptverhandlung gehört zu den grundlegenden Einrichtungen des Rechtsstaats. Die Bestimmungen darüber sollen gewährleisten, daß sich, falls nicht ein Verhandeln in nichtöffentlicher Sitzung durch Gesetz zwingend vorgeschrieben ist oder ein gesetzlich vorgesehener Grund vorliegt, der den Ausschluß der Öffentlichkeit für die Hauptverhandlung oder einen Teil davon gebietet oder zumindest zuläßt, die Rechtsprechung „in aller Öffentlichkeit" und nicht hinter verschlossenen Türen abspielt (BGHSt. 9, 280, 281 [BGH Urt. v. 23. 5. 1956 – 6 StR 14/56; vgl. § 169 GVG erfolgreiche Rügen]). Das bedeutet aber nicht, daß, auch wenn keine der gesetzlichen Ausnahmen gegeben ist, jedermann immer und unter allen Umständen Zutritt zu einer Hauptverhandlung haben müsse, und daß tatsächliche Hindernisse, die sich dem entgegenstellen, stets eine Verletzung des Prinzips der Öffentlichkeit bildeten. Die Beachtung dieses Grundsatzes findet vielmehr ihre Grenze in der tatsächlichen Unmöglichkeit, ihm zu entsprechen (BGHSt. 5, 75, 83 [BGH Urt. v. 10. 11. 1953 – 5 StR 445/53; vgl. § 338 Nr. 6 StPO erfolgreiche Rügen]). So kann in der Regel von einer gesetzwidrigen Beschränkung der Öffentlichkeit keine Rede sein, wenn die Türen des Sitzungssaales wegen Überfüllung geschlossen werden. Das gilt auch, wenn das Gericht einen Augenschein wegen der Enge der zu besichtigenden Örtlichkeit nur ohne Behinderung durch Zuschauer ordnungsgemäß durchführen kann oder wenn die Einhaltung bestimmter, z.B. gesundheits- oder gewerbepolizeilicher Sicherungsvorschriften der Anwesenheit nicht prozeßbeteiligter Personen bei der Augenscheinseinnahme entgegensteht.

Diese Beispiele zeigen, daß Umstände, die außerhalb des Einflußbereichs oder der Einwirkungsmöglichkeit des Gerichts liegen, aber im Interesse eines gesicherten störungsfreien Ablaufs der Hauptverhandlung und einer sachgerechten Aufklärung notwendigerweise in Kauf genommen werden müssen, die strikte Anwendung des Grundsatzes der Öffentlichkeit der Verhandlung beeinträchtigen können, ohne daß ihr Vorliegen das Öffentlichkeitsprinzip in gesetzwidriger Weise verletzt.

Solchen Umständen sind aber tatsächliche Hindernisse anderer Art zumindest dann gleichzustellen, wenn das Gericht sie trotz aufmerksamer Beachtung der Vorschriften über die Öffentlichkeit des Verfahrens nicht bemerken konnte; denn ebensowenig wie in den angeführten Beispielen wird durch eine solche, dem Gericht nicht erkennbare Beschränkung der Öffentlichkeit das Vertrauen der Allgemeinheit oder des einzelnen in die Objektivität der Rechtspflege gefährdet, die zu sichern der Grundsatz der öffentlichen Verhandlung mithelfen soll.

Hier hat die Strafkammer weder bemerkt noch bemerken können, daß die Außentür der Amtsverwaltung ins Schloß gefallen war. Während der gesamten Dauer der Hauptverhandlung bis zum Schlußvortrag des Verteidigers hatte jedermann den Sitzungssaal ungehindert erreichen können. Dort waren auch bis zum Schluß der Verhandlung Zuhörer anwesend. Damit sprachen alle dem Gericht erkennbaren Umstände für einen jedermann gewährten, ungehinderten Zugang zum Sitzungssaal. Die Strafkammer konnte und brauchte also mit dem Eintritt eines tatsächlichen Hindernisses, wie es das versehentliche Ins-Schloß-Fallen der Außentür des Sitzungsgebäudes bildet, nicht zu rechnen. Deshalb kann auch hier von einer gesetzwidrigen Verletzung des Grundsatzes der Öffentlichkeit der Verhandlung keine Rede sein.

31. Ausschluß der Öffentlichkeit kein Revisionsgrund im Verfahren gegen Jugendliche.
StPO §§ 33, 338 Nr. 6; JGG § 48 III; GVG § 174 I – BGH Urt. v. 23. 1. 1957 – 2 StR 600/56 LG Wiesbaden (= BGHSt. 10, 119 = NJW 1957, 599)

Die Revision der Jugendlichen Angeklagten rügt, daß ihnen der absolute Revisionsgrund des § 338 Nr. 6 StPO zur Seite stehe, weil die Hauptverhandlung gegen sie und einen Erwachsenen zu Unrecht unter Ausschluß der Öffentlichkeit stattgefunden habe, ohne daß geprüft worden sei, ob dies für die Erziehung der jugendlichen Angeklagten erforderlich war (§ 48 Abs. 3 Satz 2 JGG), und ohne daß die Verfahrensbeteiligten vor Verkündung des Beschlusses über die Ausschließung der Öffentlichkeit angehört worden seien. – Das Rechtsmittel war erfolglos.

Gründe: Auf diesen Verfahrensverstoß können sich aber die beiden jugendlichen Beschwerdeführer nicht berufen. Durch ihn ist nur B. beschwert. Gegen Jugendliche wird grundsätzlich nicht öffentlich verhandelt (§ 48 Abs. 1 JGG). Nur bei Mitbeteiligung eines Erwachsenen findet in dessen Interesse eine öffentliche Verhandlung statt; aber auch in diesem Falle kann zugunsten der Jugendlichen die Öffentlichkeit ausgeschlossen werden, wenn dies im Interesse der Erziehung der jugendlichen Angeklagten geboten ist. Nur der Erwachsene, nicht aber der Jugendliche kann also durch eine verfahrensrechtlich zu beanstandende Ausschließung der Öffentlichkeit beschwert werden. Auf die Verletzung von Verfahrensvorschriften können sich aber nur die Verfahrensbeteiligten berufen, denen gegenüber vorschriftswidrig verfahren worden ist (RGSt 62, 260).

32. Aufforderung zum Verlassen des Sitzungssaales kein Ausschluß.
StPO § 338 Nr. 6 – BGH Urt. v. 20. 1. 1953 – 1 StR 626/52 LG Augsburg (= BGHSt. 3, 386 = NJW 1953, 712)

Die Revision rügt, der Grundsatz der Öffentlichkeit sei verletzt, weil der Vorsitzende einen Zeugen, gegen den in gleicher Sache ermittelt worden ist, aufgefordert habe, den Sitzungssaal zu verlassen, ohne daß dieser Aufforderung ein Gerichtsbeschluß zugrunde gelegen habe.

Sachverhalt: Am zweiten Verhandlungstage der mehrtägigen Hauptverhandlung machte der Staatsanwalt den Vorsitzenden darauf aufmerksam, daß ein Angestellter der Firma B. der Hauptverhandlung als Zuhörer beiwohnte, gegen den damals ein Ermittlungsverfahren schwebte, weil er vom Beschwerdeführer oder einigen der früheren Mitangeklagten gestohlenes Altmetall abgenommen haben sollte. Der Beschwerdeführer und seine Mitangeklagten hatten sich zum Teil wegen Diebstahls dieses Altmetalls, zum Teil wegen Hehlerei am Diebesgut zu verantworten. Der Vorsitzende forderte den als Zuhörer anwesenden Angestellten auf, den Sitzungssaal zu verlassen, weil es nicht angehe, daß er der Verhandlung zuhöre, obwohl gegen ihn ein mit diesem Verfahren zusammenhängendes Verfahren schwebe. Der Zuhörer kam der Aufforderung ohne Widerrede nach. – Das Rechtsmittel war erfolglos.

Gründe: Der Grundsatz der Öffentlichkeit besagt, daß die Verhandlung vor dem erkennenden Gericht in der möglichen Gegenwart eines unbeteiligten Personenkreises vor sich geht. Sie bildet eine wesentliche Bedingung des öffentlichen Vertrauens zur Rechtsprechung der Gerichte und soll verhindern, daß die gesamte Tätigkeit des Gerichts hinter verschlossenen Türen in ein Dunkel gehüllt und dadurch Mißdeutungen und Argwohn ausgesetzt wird (RGSt 70, 109, 112). Auch wenn nur einzelnen Personen der Zutritt zur Verhandlung verwehrt wird oder sie aus dem Verhandlungszimmer entfernt werden, kann darin eine unzulässige Beschränkung der Öffentlichkeit liegen. Gründe, aus denen die Öffentlichkeit beschränkt werden darf, sind in den §§ 170 bis 174, 175 und 177 GVG enthalten. Aus ihnen ergibt sich auch, unter welchen näheren Voraussetzungen in den dort genannten Fällen die Öffentlichkeit ausgeschlossen oder eingeschränkt werden darf und welches Verfahren dabei zu beobachten ist.

Die von der Revision beanstandete Aufforderung des Vorsitzenden an den Angestellten der Firma B. zum Verlassen des Sitzungssaales findet in diesen Vorschriften keine Stütze. Sie zählen aber die Gründe, aus denen einzelnen Personen die Anwesenheit bei der Hauptverhandlung versagt werden darf, nicht erschöpfend auf. Der gegenteiligen Rechtsauffassung der Entscheidung RGSt 64, 385 kann deshalb nicht gefolgt werden. So sind insbesondere nach § 58 Abs. 1 StPO die Zeugen einzeln und in Abwesenheit der später abzuhörenden Zeugen zu vernehmen. Daraus ergibt sich, daß den Zeugen bis zu ihrer Vernehmung die Anwesenheit im Verhandlungssaal verwehrt werden soll. Der Grund dafür ist offensichtlich: Der Zeuge soll, ohne zu wissen, was der Angeklagte angegeben hat und was andere Zeugen vor ihm bekundet haben, unbefangen aussagen. Die darin liegende höhere Gewähr für die Ermittlung der Wahrheit war dem Gesetz also wichtiger als die uneingeschränkte Durchführung des Grundsatzes der Öffentlichkeit. Mit Rücksicht auf § 58 Abs. 1 StPO muß es auch für zulässig erachtet werden, daß der Vorsitzende einen Zuhörer zum Verlassen des Sitzungssaales auffordert, sobald einer der Prozeßbeteiligten dem Gericht ankündigt, daß er die Absicht habe, sich im Laufe der Verhandlung auf ihn als Zeugen zu berufen, sobald also mit der Möglichkeit zu rechnen ist, daß der Zuhörer als Zeuge in Betracht kommt. Der mit der Aufforderung des Vorsitzenden verfolgte Zweck, die Beachtung der Vorschrift des § 58 Abs. 1 StPO zu sichern, verbietet, in ihr eine unzulässige Beschränkung der Öffentlichkeit zu sehen.

Aus ähnlichem Grunde ist auch die Aufforderung des Vorsitzenden an den als Zuhörer anwesenden Angestellten der Firma B. zum Verlassen des Sitzungssaals nicht zu beanstanden. Der Vorsitzende ließ sich zwar, wie seine dienstliche Erklärung ergibt, bei seiner Aufforderung nicht von dem Gedanken leiten, daß der Zuhörer als Zeuge in diesem Verfahren in Betracht kommen könne und die Entfernung des Zuhörers daher zur Wahrung der Vorschrift des § 58 Abs. 1 StPO geboten oder mindestens zweckmäßig sei.

Gegen den Zuhörer schwebte aber wegen derselben Vorgänge, die den Gegenstand dieses Verfahrens bildeten, ein Ermittlungsverfahren wegen des Verdachts der Hehlerei. Ihm wurde darin zur Last gelegt, als Angestellter einer Firma, die sich mit dem Ankauf unedler Metalle befaßte, Sachen angenommen zu haben, die die Angeklagten entweder im Wege des Diebstahls oder der Hehlerei an sich gebracht hatten. Dieses gegen den Angestellten gerichtete Ermittlungsverfahren war – wie jedes andere Ermittlungsverfahren – nicht öffentlich. Nur die Hauptverhandlung steht unter dem Grundsatz der Öffentlichkeit. Daß im Ermittlungsverfahren der Grundsatz der Öffentlichkeit nicht gilt und nicht einmal die Parteiöffentlichkeit vorgesehen ist, hat seinen Grund in den Zwecken des Ermittlungsverfahrens. In dem gegen ihn gerichteten Ermittlungsverfahren hatte der zum Verlassen des Sitzungssaales aufgeforderte Zuhörer also nicht das Recht, der Vernehmung eines Zeugen oder Mitbeschuldigten zuzuhören. Hätte er es trotzdem versucht und hätte ihn der vernehmende Richter zum Verlassen des Vernehmungszimmers aufgefordert, so wäre das eine gesetzlich zulässige und zur Wahrung der gesetzlich vorgesehenen Nichtöffentlichkeit des Ermittlungsverfahrens gebotene Maßnahme gewesen. Diesen selben Sinn hatte die Aufforderung des Vorsitzenden in der Hauptverhandlung. Für den zum Verlassen des Sitzungssaals aufgeforderten Zuhörer bedeutete die Hauptverhandlung nichts anderes als ein Stück des gegen ihn gerichteten Ermittlungsverfahrens, weil in ihr dieselben Tatsachen und Umstände zur Sprache kamen, aus denen gegen ihn der Vorwurf der Hehlerei hergeleitet wurde. Das kam auch, ohne daß der Zuhörer dem widersprach, nach dem Vortrag der Revision in den Worten des Vorsitzenden klar zum Ausdruck; denn er erklärte, daß gegen den Zuhörer selbst ein mit dem vorliegenden Verfahren zusammenhängendes Verfahren schwebe und es deshalb nicht angängig sei, daß er zuhöre. Auch verfahrensrechtlich bestanden keine Bedenken dagegen, die Ergebnisse der Hauptverhandlung in dieser Sache in dem Ermittlungsverfahren gegen den Zuhörer zu verwerten.

Die Frage, ob die Aufforderung des Vorsitzenden verfahrensrechtlich zulässig war oder eine unzulässige Beschränkung der Öffentlichkeit bedeutete, hängt also davon ab, ob der Vorsitzende bei dem Widerstreit der Grundsätze, die für die Hauptverhandlung und für das Ermittlungsverfahren gelten, die Wahrung der für das Ermittlungsverfahren geltenden Grundsätze für wichtiger halten und ihnen deshalb den Vorzug geben durfte. Der Senat hat diese Frage bejaht. Die Entfernung des einen Zuhörers aus dem Sitzungssaal brachte die Verfahrensgrundsätze voll zur Wirkung, die für das gegen ihn schwebende Ermittlungsverfahren gelten, während der für die Hauptverhandlung in diesem Verfahren geltende Grundsatz der Öffentlichkeit nur unwesentlich durch die Entfernung eines Zuhörers beeinträchtigt wurde. Jede beliebige andere Person behielt, soweit es räumlich möglich war, weiterhin die Möglichkeit, der Hauptverhandlung als Zuhörer beizuwohnen. Der Zweck, den die Vorschrift über die Öffentlichkeit der Verhandlung vor dem erkennenden Gericht verfolgt – der Allgemeinheit eine Kontrolle der Vorgänge bei der Hauptverhandlung zu gestatten –, blieb gewahrt. Daß der Grundsatz über die Öffentlichkeit der Hauptverhandlung mit anderen das Strafverfahren beherrschenden Grundsätzen in einen vernünftigen Einklang gebracht werden soll und sich erforderlichenfalls zu diesem Zwecke Einschränkungen gefallen lassen muß, zeigen nicht nur die im 14. Titel des Gerichtsverfassungsgesetzes enthaltenen Vorschriften über die Möglichkeit eines Ausschlusses oder einer Einschränkung der Öffentlichkeit (§§ 170 bis 174, 175, 177), sondern auch die §§ 58 Abs. 1, 243 Abs. 4, 247 StPO, § 32 Abs. 1 RJGG. Der das Ermittlungsverfahren gegen einen Beschuldigten beherrschende Grundsatz der Nichtöffentlichkeit rechtfertigte demnach hier die Entfernung des einen Zuhörers aus dem Sitzungssaal und führte, weil die Maßnahme nur die Wahrung eines anderen Verfahrensgrundsatzes bezweckte, zu keiner unzulässigen Beschränkung der Öffentlichkeit.

Für die Richtigkeit dieses Ergebnisses spricht auch folgende Überlegung. Hätte der Zuhörer sich nicht darauf beschränkt, der Hauptverhandlung zuzuhören, sondern noch versucht, bei dieser Gelegenheit mit Zeugen in Verbindung zu treten, so hätte dieser Mißbrauch gegebener Möglichkeiten unter Umständen seine Verhaftung nach § 112 Abs. 1 Nr. 2 StPO rechtfertigen können, wobei allerdings ein anderer Richter als der Vorsitzende die Verhaftung hätte beschließen müssen. Auch die Verhaftung hätte zur Folge gehabt, daß er der Hauptverhandlung nicht hätte als Zuhörer beiwohnen können. Es bedarf keiner näheren Ausführung, daß in einer solchen durch § 112 StPO gerechtfertigten Maßnahme, auch wenn sie den davon Betroffenen verhindert, der Hauptverhandlung in einer anderen Sache beizuwohnen, keine unzulässige Beschränkung der Öffentlichkeit liegt. Weil die Verhaftung die im Gesetz vorgesehene Antwort auf eine mißbräuchliche Ausnutzung tatsächlicher Gegebenheiten wäre, verbietet es sich, sie unter einem anderen Gesichtspunkt als unzulässig anzusehen. Derselbe Gesichtspunkt verdient auch in dem hier zu entscheidenden Falle Beachtung. Der Zuhörer, den der Vorsitzende zum Verlassen des Sitzungssaales aufforderte, handelte ebenfalls unter mißbräuchlicher Ausnutzung tatsächlich vorhandener Gegebenheiten. Denn er umging, gewollt oder ungewollt, damit, daß er die einem Unbeteiligten gegebene Möglichkeit des Zuhörens für sich in Anspruch nahm, obwohl er kein Unbeteiligter war, den Grundsatz der Nichtöffentlichkeit, der für das gegen ihn geführte Ermittlungsverfahren galt. Die Aufforderung zum Verlassen des Sitzungssaales, die diesem Mißbrauch begegnen wollte und das in einer Weise tat, die am geringfügigsten in die Rechte und die Freiheit des Zuhörers eingriff, ist darum zulässig und darf nicht aus einem anderen Gesichtspunkt als unzulässig angesehen werden.

Der Vorsitzende durfte die Aufforderung auf Grund der ihm zustehenden Befugnis zur Sach- und Verhandlungsleitung selbst aussprechen. Da der Sinn und Zweck seiner Maßnahme nicht darin lag, einen Unbeteiligten auszuschließen, fehlt es an einem inneren Rechtfertigungsgrunde, den § 172 GVG oder den § 177 GVG in einem Falle der vorliegenden Art unmittelbar oder entsprechend anzuwenden. Da die Maßnahme des Vorsitzenden von keiner Seite beanstandet worden ist, bedurfte es also entgegen der Ansicht der Revision keines Gerichtsbeschlusses.

Die von der Revision geltend gemachte Verletzung des § 338 Nr. 6 StPO liegt nach alledem nicht vor. Auch das RG hat in mehreren nicht veröffentlichten Entscheidungen entgegen RGSt 64, 385 dahin entschieden, daß die Vorschriften über die Öffentlichkeit des Verfahrens die Entfernung einzelner Personen aus dem Sitzungssaal nicht ausschließen (Urteil vom 9. 11. 1931 – 3 D 462/31 – und v. 13. 3. 1941 – 2 D 408/40).

33. Erschwerung der Wahrheitsfindung ist Störung der Öffentlichen Ordnung.

StPO § 338 Nr. 6, GVG § 172 – BGH Urt. v. 16. 12. 1952 – 1 StR 528/52 Schwurgericht Stuttgart (= BGHSt. 3, 344)

Die Rüge ist der Entscheidung nicht zu entnehmen.

Sachverhalt: Der Vertreter der Staatsanwaltschaft beantragte, die Öffentlichkeit während der Vernehmung des Belastungszeugen S. wegen Gefährdung der öffentlichen Sicherheit und deshalb auszuschließen, weil S. sonst wegen befürchteter Mißhandlung durch Freunde des Angeklagten „in seiner Aussage befangen sein werde". S. erklärte hierzu auf Befragen, „aus Furcht vor Repressalien nicht aussagen zu wollen. Seit gestern könne er keine Aussage mehr machen. Ihm sei gesagt worden, sein Leben sei sonst in Gefahr. Er wolle sich nicht sein Leben lang fürchten müssen." Das Schwurgericht hat daraufhin durch verkündeten Beschluß die Öffentlichkeit für die Dauer der Vernehmung dieses Zeugen wegen Gefährdung der öffentlichen Ordnung ausgeschlossen. – Das Rechtsmittel war erfolglos.

Gründe: Der Beschluß beruht auf der Erwägung, bei wahrheitsgemäßer Aussage des Zeugen in öffentlicher Verhandlung könne ihm von Personen, die mit dem Angeklagten befreundet und im Zuhörerraum anwesend sind, oder auf Veranlassung oder durch Vermittlung solcher Personen Gefahr erwachsen. Die Furcht hiervor könne ihn hindern, die Wahrheit zu sagen. Diese Erwägungen des Schwurgerichts gehen auch aus der Urteilsbegründung hervor, die sich mit dem Verhalten S.s vor und in der Hauptverhandlung, mit seiner Glaubwürdigkeit und den an diese Verfahrensvorgänge geknüpften gerichtlichen Erwägungen näher befaßt.

Der Beschluß auf Ausschließung der Öffentlichkeit ist nicht zu beanstanden. Hat ein Zeuge, wie das Schwurgericht hier zulässigerweise annimmt, bei wahrer Aussage in öffentlicher Verhandlung Nachteile für Leib oder Leben vom Angeklagten oder dessen Anhang zu befürchten, so liegt darin ohne weiteres eine Erschwerung der Wahrheitsermittlung und zugleich eine Störung der öffentlichen Ordnung, deren Belange denjenigen der Allgemeinheit an der Öffentlichkeit der Hauptverhandlung dann vorgehen. Bloße Unannehmlichkeiten, die sich aus der Erfüllung der gesetzlichen Zeugnispflicht unvermeidbar ergeben können, muß ein Zeuge im allgemeinen hinnehmen. Sein Interesse tritt insoweit hinter demjenigen an der Verfahrensöffentlichkeit zurück. Hat er dagegen bei der Erfüllung der Zeugnispflicht mit ernsthaften körperlichen Nachteilen zu rechnen, so ist die Befürchtung begründet, er werde deshalb nicht die Wahrheit sagen und die Rechtsfindung dadurch erschweren oder gefährden. Darin liegt ohne weiteres eine Gefährdung der öffentlichen Ordnung, die nicht zuletzt auch dazu dient, es dem Zeugen zu ermöglichen, seine Zeugnispflicht tunlichst unbeeinflußt und auch ungefährdet zu erfüllen. Die Gefahr für den Zeugen braucht nicht unmittelbar von Personen auszugehen, die der Hauptverhandlung als Beteiligte oder Zuhörer beiwohnen. Es genügt, wenn solche Personen andern die Kenntnis des Verfahrensvorgangs vermitteln können und wenn von diesen eine Gefährdung des Zeugen ausgehen kann. Der in der Vorschrift des § 247 StPO enthaltene Rechtsgedanke zeigt, daß unter Umständen auch ein Angeklagter zu diesen Personen gehören kann. Die Öffentlichkeit der Hauptverhandlung ist hiernach mit Recht zeitweise beseitigt worden.

34. Zur Vermeidung von Störungen der Sitzung darf der Vorsitzende für einen eng begrenzten Zeitraum anordnen, daß der Zuhörerraum weder betreten noch verlassen wird.

StPO § 338 Nr. 6 – BGH Urt. v. 17. 4. 1952 – 4 StR 210/51 Schwurgericht Dortmund

Die Revision rügt, die Öffentlichkeit sei unzulässigerweise ausgeschlossen gewesen, weil er Vorsitzende während der Vernehmung eines Zeugen angeordnet habe, die Tür zum Zuhörerraum verschlossen zu halten.

Sachverhalt: Während der Vernehmung des Zeugen S. wurde auf Anordnung des Vorsitzenden der einzige Zugang zu dem Teilweise besetzten Zuhörerraum geschlossen, weil die Verhandlung durch fortwährendes Hinausgehen der Zuhörer gestört wurde; nachdem der Zeuge S. vernommen worden war und der Verteidiger einen Beweisantrag gestellt hatte, wurde die Tür zum Zuhörerraum wieder geöffnet. – Das Rechtsmittel war erfolglos.

Gründe: Durch diesen Vorgang sind die Vorschriften über die Öffentlichkeit des Verfahrens nicht verletzt worden. Eine ungestörte Durchführung der Verhandlung ist ebenso wesentlich wie die Kontrolle des Verfahrensgangs durch die Allgemeinheit. Führt daher der Verkehr im Zuhörerraum zu Störungen der Verhandlung, so ist der gemäß § 176 GVG für die Aufrechterhaltung der Ordnung verantwortliche Vorsitzende verpflichtet, Maßnahmen zu ergreifen, die sowohl eine störungsfreie Verhandlung als auch ihre Kontrolle durch die Öffentlichkeit ermöglichen. Das zur Vermeidung weiterer Störungen erlassene Verbot, den Zuhörerraum während eines eng begrenzten Verfahrensabschnitts zu betreten oder zu verlassen, hielt sich in Rahmen der dem Vorsitzenden zustehenden Maßnahmen zur Aufrechterhaltung der Sitzungsordnung und war keine unzulässige Beschränkung der Öffentlichkeit, zumal beliebige Vertreter der Allgemeinheit anwesend blieben. Ob die Tür zum Zuhörerraum auch während einer Beratungspause verschlossen war, ist unerheblich, weil die Beratung keinen Bestandteil der öffentlichen Verhandlung bildet (§ 193 GVG –; vgl. BGHSt. 3, 122).

§ 338 Nr. 7 StPO
Fehlen oder Verspätung der Entscheidungsgründe

Erfolgreiche Rügen

1. Auch Fristüberschreitung von nur 1 Stunde und 47 Minuten führt zur Urteilsaufhebung (BGH Beschl. v. 7. 1. 1998 – 5 StR 528/97).

2. Nach 10tägiger Hauptverhandlung beträgt die Urteilsabsetzungsfrist 7 Wochen (BGH Urt. v. 12. 8. 1997 – 1 StR 449/97).

3. Irrtum über die Dauer der Hauptverhandlung rechtfertigt nicht eine Überschreitung der Frist zur Absetzung des Urteils (BGH Beschl. v. 5. 3. 1997 – 3 StR 18/97).

4. Bei Fristüberschreitung wegen Erkrankung eines Richters muß das Urteil nach dessen Genesung unverzüglich zu den Akten gebracht werden (BGH Beschl. v. 21. 6. 1995 – 3 StR 215/95).

5. Die Verhinderung kann nur von einem Mitglied des Spruchkörpers vermerkt werden (BGH Beschl. v. 12. 5. 1993 – 2 StR 191/93).

6. Eine Richterin auf Probe ist nicht deshalb an der Unterschriftsleistung verhindert, weil sie nach ihrem Ausscheiden beim Landgericht bei der Staatsanwaltschaft verwendet wird (BGH Beschl. v. 19. 8. 1992 – 5 StR 386/92).

7. Arbeitsbelastung des Gerichts rechtfertigt keine Fristüberschreitung (BGH Urt. v. 12. 12. 1991 – 4 StR 436/91).

8. Aus dem Verhinderungsvermerk müssen seine Gründe hervorgehen (BGH Beschl. v. 23. 1. 1991 – 3 StR 415/90).

9. Bei Ausfall des Berichterstatters muß das Urteil notfalls durch den Vorsitzenden oder den zweiten beisitzenden Richter abgefaßt und fertiggestellt werden (BGH Beschl. v. 9. 8. 1988 – 5 StR 295/88).

10. Frist für Urteilsabsetzung beträgt bei 11 Verhandlungstagen nur neun Wochen (BGH Beschl. v. 12. 4. 1988 – 5 StR 94/88).

11. Die irrtümliche Annahme, das Urteil sei rechtskräftig, ist kein unabwendbarer Umstand i.S.d. § 275 I S. 4 StPO, der die Fristüberschreitung rechtfertigen könnte (BGH Beschl. v. 26. 1. 1988 – 5 StR 1/88).

12. Auch die Staatsanwaltschaft kann rügen, das Urteil sei nicht rechtzeitig zu den Akten gebracht worden (BGH Urt. v. 27. 11. 1984 – 1 StR 701/84).

13. Fehlt eine der erforderlichen richterlichen Unterschriften, kann der Mangel nicht dadurch geheilt werden, daß der dritte Richter der Fassung der Urteilsgründe nachträglich zustimmt und die fehlende Unterschrift nach Fristablauf nachholt (BGH Beschl. v. 17. 4. 1984 – 5 StR 227/84).

14. Vorsitzender darf ein durch den Berichterstatter ergänzungsbedürftiges Urteil nicht – unter Verzicht auf eine möglicherweise notwendig werdende Beratung der Fassung vorab – unterschreiben (BGH Beschl. v. 9. 3. 1984 – 2 StR 860/83).

15. Bei Fristüberschreitung wegen Erkrankung des Richters ist das Urteil nach dessen Genesung mit aller möglichen Beschleunigung fertig zustellen (BGH Beschl. v. 7. 9. 1982 – 1 StR 249/82).

16. Ist voraussehbar, daß ein gesundheitlich angeschlagener Berichterstatter das Urteil nicht in der vorgeschriebenen Frist fertigstellen kann, muß der Vorsitzende einen anderen Richter damit beauftragen (BGH Urt. v. 4. 11. 1981 – 2 StR 318/81).

17. Verlust der Urteilsurschrift kann eine Überschreitung der Frist nur rechtfertigen, wenn feststeht, daß das Urteil vor deren Ablauf verlorengegangen ist (BGH Urt. v. 18. 12. 1979 – 5 StR 697/79).

18. Verhinderungsgründe bei Nichtangabe vom Revisionsgericht überprüfbar (BGH Urt. v. 14. 11. 1978 – 1 StR 448/78).

19. Verspäteter Urteilseingang bei fehlender Unterschrift aller Richter (BGH Beschl. v. 10. 1. 1978 – 2 StR 654/77).

20. Verspätete Urteilsbegründung wegen Jahresurlaub des Berichterstatters (BGH Urt. v. 2. 12. 1975 – 1 StR 701/75).

Erfolglose Rügen

1. Betriebsausflug der Richter ist Verhinderung (BGH Urt. v. 18. 1. 1983 – 1 StR 757/82).

2. Ein Richter ist durch Versetzung an ein anderes Gericht nach der Urteilsverkündung rechtlich nicht daran gehindert, das Urteil zu unterschreiben (BGH Urt. v. 22. 6. 1981 – 1 StR 249/81).

3. Revision muß Tag der Urteilsverkündung und der Abgabe zu den Akten angeben (BGH Urt. v. 6. 2. 1980 – 2 StR 729/79).

4. Ein Richter ist kein Bürobote (BGH Urt. v. 5. 7. 1979 – 4 StR 272/79).

5. Abweichende Meinung berührt Wirksamkeit richterlicher Unterschrift nicht (BGH Urt. v. 25. 2. 1975 – 1 StR 558/74).

Erfolgreiche Rügen

1. Auch Fristüberschreitung von nur 1 Stunde und 47 Minuten führt zur Urteilsaufhebung.

StPO § 338 Nr. 7 – BGH Beschl. v. 7. 1. 1998 – 5 StR 528/97 LG Hamburg (= StV 1998, 477)

Die Revision rügt, daß das Urteil mit den Entscheidungsgründen nicht fristgerecht zu den Akten gebracht worden ist.

Sachverhalt: Das Urteil, dessen Verkündung am 20. 6. 1996 abgeschlossen war, mußte nach 118 Verhandlungstagen spätestens nach 29 Wochen zu den Akten gebracht sein, d.h. gem. § 43 Abs. 1 StPO bis zum Ablauf des 9. 1. 1997. Tatsächlich ist das Urteil mit den Entscheidungsgründen – ausweislich eines Vermerks des Strafkammervorsitzenden – erst am 10. 1. 1997 um 1.47 Uhr zu den Akten gebracht worden. – Das Rechtsmittel hatte Erfolg.

Gründe: Die Fristüberschreitung ausnahmsweise wegen ihres geringen Ausmaßes vom Anwendungsbereich des absoluten Revisionsgrundes auszunehmen, kommt nicht in Betracht. Nach § 275 Abs. 1 S. 1 StPO ist das schriftliche Urteil „unverzüglich" zu den Akten zu bringen, da nur so dem Gebot zügiger Verfahrensförderung genügt und insbesondere der Gefahr begegnet wird, daß die Gründe das Ergebnis der Beratung nicht zuverlässig wiedergeben. Eine Ausschöpfung der in § 275 Abs. 1 S. 2 StPO vorgesehenen gestaffelten (vgl. dazu BGHR StPO § 275 Abs. 1 S. 1 Höchstfrist 1) Fristen ist zwar revisionsrechtlich nicht zu beanstanden (vgl. BGHSt. 29, 43, 46 [BGH Urt. v. 5. 7. 1979 – 4 StR 272/79; vgl. § 338 Nr. 7 StPO erfolglose Rügen]). Zwingende Konsequenz einer derart strikten Regelung ist indes, daß jede noch so geringe Fristüberschreitung, wenn kein Ausnahmegrund nach § 275 Abs. 1 S. 4 StPO vorliegt, den absoluten Revisionsgrund des § 338 Nr. 7 StPO erfüllen muß.

Die Voraussetzungen des Ausnahmetatbestandes des § 275 Abs. 1 S. 4 StPO sind nicht gegeben. Aus der dienstlichen Äußerung des Strafkammervorsitzenden v. 3. 8. 1997 ergibt sich, daß die Fristüberschreitung nicht auf einem nicht vorausehbaren unabwendbaren Umstand im Einzelfall beruhte, sondern auf einem Organisationsmangel, der von den für die rechtzeitige Fertigstellung der schriftlichen Urteilsgründe verantwortlichen Berufsrichtern zu vertreten ist.

2. Nach 10tägiger Hauptverhandlung beträgt die Urteilsabsetzungsfrist 7 Wochen.

StPO § 338 Nr. 7 – BGH Urt. v. 12. 8. 1997 – 1 StR 449/97 LG Heilbronn (= NStZ 1998, 99)

Die Revisionen der Staatsanwaltschaft und der Angeklagten rügen, daß das Urteil mit den Entscheidungsgründen nicht rechtzeitig zu den Akten gebracht worden ist.

Sachverhalt: Das Landgericht hat nach 10tägiger Hauptverhandlung am 10. 12. 1996, dem 10. Verhandlungstag, das angefochtene Urteil verkündet. Zur Akte gelangt ist das Urteil am 11. 2. 1997. – Das Rechtsmittel hatte Erfolg.

Gründe: Die Darstellung der Verfahrensrügen in einem von beiden Verteidigern unterschriebenen Schriftsatz ist nicht nur rechtlich unbedenklich, sondern durchaus sachgerecht, soweit – wie hier – sich aus dem Schriftsatz zweifelsfrei ergibt, daß jeder Verteidiger für seinen Mandanten den Inhalt verantwortet.

Das Landgericht hat nach 10tägiger Hauptverhandlung am 10. 12. 1996, dem 10. Verhandlungstag, das angefochtene Urteil verkündet. Gemäß § 275 I 2 StPO betrug daher die Frist, binnen derer die Urteilsurkunde zu den Akten zu bringen war, 7 Wochen (vgl. BGHSt. 35, 259, 260 [BGH Beschl. v. 12. 4. 1988 – 5 StR 94/88; vgl. § 338 Nr. 7 StPO erfolgreiche Rügen]); sie endete demnach am 28. 1. 1997. Zur Akte gelangt ist jedoch die Urteilsurkunde erst am 11. 2. 1997. Ein nicht voraussehbarer unabänderlicher Umstand i.S. des § 275 I 4 StPO ist nicht ersichtlich. Eine falsche Berechnung der Urteilsabsetzungsfrist kann deren Überschreitung nicht rechtfertigen (vgl. BGH NStZ-RR 1997, 204 [BGH Beschl. v. 5. 3. 1997 – 3 StR 18/97; vgl. § 338 Nr. 7 StPO erfolgreiche Rügen]).

Der unbedingte Revisionsgrund des § 338 Nr. 7 StPO führt zur Aufhebung des angefochtenen Urteils.

3. Irrtum über die Dauer der Hauptverhandlung rechtfertigt nicht eine Überschreitung der Frist zur Absetzung des Urteils.

StPO § 338 Nr. 7 – BGH Beschl. v. 5. 3. 1997 – 3 StR 18/97 LG Osnabrück (= StV 1997, 402)

Die Revision rügt, das Landgericht habe die Frist des § 275 I S. 2 StPO versäumt, ohne daß ein dies rechtfertigender Umstand vorgelegen habe.

Sachverhalt: Die Hauptverhandlung wurde am 8. 5. 1996, dem 29. Verhandlungstag mit der Verkündung des Urteils abgeschlossen. Die Frist, binnen derer das schriftliche Urteil zu den Akten zu bringen war, betrug nach Maßgabe des § 275 Abs. 1 S. 2 StPO 11 Wochen (vgl. BGHSt. 35, 359 [BGH Beschl. v. 12. 4. 1988 – 5 StR 94/88; vgl. § 338 Nr. 7 StPO erfolgreiche Rügen]) und endete demzufolge am 24. 7. 1996. Zur Akte gelangt ist die Urteilsurkunde am 8. 8. 1996; dies geht aus dem Eingangsvermerk der Geschäftsstelle und den dienstlichen Äußerungen der berufsrichterlichen Mitglieder der Strafkammer hervor. Ein nicht voraussehbarer unabänderlicher Umstand i.S.d. § 275 Abs. 1 S. 4 StPO ist nicht ersichtlich. – Das Rechtsmittel hatte Erfolg.

Gründe: Der GBA hat in seiner Antragsschrift ausgeführt:

„Die Revision dringt mit einer Verfahrensrüge durch. Die verspätete Absetzung des Urteils beruht maßgeblich auf einem Irrtum über die Dauer der Hauptverhandlung; dies kann eine Überschreitung der Frist nicht rechtfertigen (vgl. BGH bei Pfeiffer/Miebach NStZ 1985, 207 [BGH Urt. v. 27. 11. 1984 – 1 StR 701/84; vgl. § 338 Nr. 7 StPO erfolgreiche Rügen]). Ob dem Antritt eines geplanten Urlaubs in diesem Zusammenhang Bedeutung zukommen kann (ablehnend hierzu OLG Koblenz, DRiZ 1989, 229), bedarf hier keiner Erörterung. Den vorliegenden dienstlichen Äußerungen ist jedenfalls nicht zu entnehmen, daß die urlaubsbedingten Hemmnisse nicht durch geeignete organisatorische Maßnahmen innerhalb des Spruchkörpers ausgeglichen werden konnten". ...

Dem tritt der Senat bei.

4. Bei Fristüberschreitung wegen Erkrankung eines Richters muß das Urteil nach dessen Genesung unverzüglich zu den Akten gebracht werden.

StPO § 275 I – BGH Beschl. v. 21. 6. 1995 – 3 StR 215/95 (= NStZ 1996, 22)

Die Revision rügt, das Urteil mit den Entscheidungsgründen sei nicht rechtzeitig zu den Akten gelangt.

Sachverhalt: Nach dreitägiger Hauptverhandlung wurde das Urteil am 21. 12. 1994 verkündet. Am 17. 1. 1995 erkrankte die Berichterstatterin. Sie nahm am 30. 1. 1995 ihren Dienst wieder auf. Das Urteil gelangte am 13. 2. 1995 zu den Akten. – Das Rechtsmittel hatte Erfolg.

Gründe: Die Rüge verspäteter Urteilsbegründung (§ 338 Nr. 7, § 275 I 2 und 4 StPO) greift durch. Nach dreitägiger Hauptverhandlung wurde das Urteil am 21. 12. 1994 verkündet, so daß es gemäß § 275 I 2 StPO spätestens am 25. 1. 1995 zu den Akten zu bringen war. ...

Die Erkrankung der Berichterstatterin rechtfertigte unter den gegebenen Umständen eine Fristüberschreitung gemäß § 275 I 4 StPO. Jedoch hätte das Urteil vor dem 13. 2. 1995 zu den Akten gelangen müssen.

Im Hinblick darauf, daß die regelmäßige Frist am 25. 1. 1995 nach Dienstantritt der Berichterstatterin bereits verstrichen war, war das Urteil nunmehr mit größtmöglicher Beschleunigung fertigzustellen (vgl. BGH NStZ 1982, 519 [BGH Beschl. v. 7. 9. 1982 – 1 StR 249/82; vgl. § 338 Nr. 7 StPO erfolgreiche Rügen]). Dies ist nicht geschehen.

Aus dem Vermerk des Vorsitzenden der Strafkammer vom 19. 1. 1995 ergibt sich, daß die Belastung der Berichterstatterin durch die Berichterstattung und Teilnahme an einer mehrtägigen Hauptverhandlung in einem anderen Strafverfahren nicht erst nach ihrer Genesung eintrat, sondern bereits vor ihrer Erkrankung bestand und Hauptverhandlungstermine in dieser – wegen der Erkrankung der Berichterstatterin ausgesetzten und ab dem 31. 1. 1995 neu terminierten – Strafsache ursprünglich auch für die Zeit zwischen dem 17. 1. 1995 (Tag der Erkrankung) und dem 25. 1. 1995 (Tag des Fristablaufs nach § 275 I 2 StPO) vorgesehen waren. Nach ihrer eigenen Zeiteinteilung hätten der Berichterstatterin, wäre sie nicht erkrankt, sonach trotz der Belastung mit Hauptverhandlungsterminen in der anderen Strafsache bis zum 25. 1. 1995 nur noch 9 Kalendertage (7 Arbeitstage) zur Verfügung gestanden. Die Kammer ging ersichtlich davon aus, in dieser Zeit das Urteil fertigstellen zu können. Die Belastung mit Hauptverhandlungsterminen nach dem 30. 1. 1995 stellte daher keinen unvorhersehbaren Umstand i.S. des § 275 I 4 StPO dar. Vielmehr ist das Urteil nach Dienstantritt der Berichterstatterin trotz vergleichbarer Belastung mit Hauptverhandlungsterminen unter Überschreitung der ursprünglich – vor der Erkrankung – verbleibenden Frist von 9 Kalender- bzw. 7 Arbeitstagen, nämlich erst nach 15 Kalender- bzw. 11 Arbeitstagen zu den Akten gelangt.

5. Die Verhinderung kann nur von einem Mitglied des Spruchkörpers vermerkt werden.

StPO §§ 275, 338 Nr. 7 – BGH Beschl. v. 12. 5. 1993 – 2 StR 191/93 LG Frankfurt a.M. (= StV 1993, 459 = NStZ 1993, 448)

Die Revision rügt, das vollständige Urteil sei nicht rechtzeitig zu den Akten gebracht worden, weil einer der Richter an der Unterschriftsleistung verhindert gewesen sei und der Verhinderungsvermerk nicht von einem Mitglied des Spruchkörpers, sondern von einem an der Hauptverhandlung nicht mitwirkenden Richter angebracht worden ist.

Sachverhalt: An der Hauptverhandlung gegen den Angeklagten vor der 2. Großen Strafkammer des Landgerichts Frankfurt/M. nahmen als berufsrichterliche Mitglieder der Vorsitzende Richter am Landgericht Dr. G., der Richter am Landgericht Sch. und die Richterin U. teil. Das innerhalb der Frist des § 275 I 2 StPO zu den Akten gegebene Urteil trägt die Unterschriften der Richter Dr. G. und U. und den Vermerk: „Richter am Landgericht Sch. befindet sich z.Zt. in Urlaub und ist deshalb daran gehindert, zu unterschreiben". Dieser Vermerk ist von Richter am Landgericht M. unterschrieben worden, dem stellvertretenden Vorsitzenden der 2. Strafkammer. – Das Rechtsmittel hatte Erfolg.

Gründe: Damit ist das Urteil nicht vollständig zu den Akten gebracht worden. Nach § 275 II 1 und 3 StPO ist das Urteil von den Berufsrichtern, die bei der Entscheidung mitgewirkt haben, zu unterzeichnen. Das Urteil ist aber von dem Richter Sch., der an der Hauptverhandlung teilgenommen hat, nicht unterschrieben worden, und es liegt für diesen Richter auch kein wirksamer Verhinderungsvermerk gemäß § 275 II 2 StPO vor. Denn nach dieser Vorschrift ist der Vermerk vom Vorsitzenden, bei dessen Verhinderung von dem ältesten Beisitzer anzubringen; ein richterliches Mitglied des Spruchkörpers, das an der Hauptverhandlung nicht mitgewirkt hat, ist zur Feststellung der Verhinderung nicht berufen.

Da die Frist des § 275 I StPO verstrichen ist, kann der aufgezeigte Mangel nicht mehr behoben werden, so daß das angefochtene Urteil aufzuheben ist.

6. Eine Richterin auf Probe ist nicht deshalb an der Unterschriftsleistung verhindert, weil sie nach ihrem Ausscheiden beim Landgericht bei der Staatsanwaltschaft verwendet wird.

StPO §§ 275, 338 Nr. 7 – BGH Beschl. v. 19. 8. 1992 – 5 StR 386/92 LG Stade (= StV 1992, 557)

Die Revision rügt, das Urteil sei nicht rechtzeitig zu den Akten gelangt, weil es nicht alle erforderlichen Unterschriften enthielt.

Sachverhalt: Der Vorsitzende hat festgestellt, daß die Richterin auf Probe, die an der Entscheidung mitgewirkt hat, verhindert sei, ihre Unterschrift beizufügen, weil sie „beim Gericht ausgeschieden" sei. Tatsächlich wurde die Richterin nach ihrem Ausscheiden beim Landgericht bei der Staatsanwaltschaft verwendet. – Das Rechtsmittel hatte Erfolg.

Gründe: Damit hat sie ihren Status als Richterin auf Probe nicht verloren (§§ 12, 13, 19a Abs. 3 DRiG). Sie konnte deshalb Urteile, an denen sie mitgewirkt hatte, noch unterschreiben und somit auch an der der Unterschriftsleistung vorausgehenden Fassungsberatung (vgl. dazu BGHSt. 26, 92, 93 [BGH Urt. v. 25. 2. 1975 – 1 StR 558/74; vgl. § 338 Nr. 7 StPO erfolglose Rügen]) mitwirken.

Eine tatsächliche Verhinderung der Richterin ist nicht festgestellt. Der Vorsitzende ging nämlich – wie seine dienstliche Äußerung klarstellt – davon aus, die Richterin sei aus rechtlichen Gründen verhindert i.S.d. § 275 Abs. 2 S. 2 StPO.

Damit ist das Urteil nicht innerhalb der Frist des § 275 Abs. 1 StPO zu den Akten gelangt (vgl. BGHR StPO § 275 II S. 1 Unterschrift 2 [BGH Beschl. v. 21. 9. 1988 – 2 StR 437/88; vgl. § 275 StPO erfolgreiche Rügen]; StPO § 275 II S. 2 Verhinderung 2 [BGH Beschl. v. 23. 1. 1991 – 3 StR 415/90; vgl. § 338 Nr. 7 StPO erfolgreiche Rügen]).

7. Arbeitsbelastung des Gerichts rechtfertigt keine Fristüberschreitung.

StPO §§ 275, 338 Nr. 7 – BGH Urt. v. 12. 12. 1991 – 4 StR 436/91 LG Frankenthal (= StV 1992, 98 = NStZ 1992, 398)

Die Revision rügt, das Urteil sei nicht rechtzeitig zu den Akten gelangt.

Sachverhalt: Das am 14. 3. 1991 nach 3tägiger Hauptverhandlung verkündete Urteil hätte nach § 275 I 2 StPO spätestens am 18. 4. 1991 zu den Akten gelangt sein müssen. Tatsächlich ist dies jedoch erst am 19. 4. 1991 geschehen. Wie die berufsrichterlichen Mitglieder der Strafkammer in ihrer dienstlichen Stellungnahme erklärt haben, wurde das Urteil zwar rechtzeitig abgesetzt, jedoch versehentlich erst am 19. 4. 1991 unterschrieben; das Versehen finde seinen Grund in einem umfangreichen anderen Verfahren („Arztprozeß"), in dem an diesem Tage die Hauptverhandlung stattgefunden habe. – Das Rechtsmittel hatte Erfolg.

Gründe: Diese Begründung rechtfertigte die Fristüberschreitung nicht.

Nach ständiger Rechtsprechung des BGH kam § 275 I StPO a.F. mit seiner einwöchigen Frist zur Absetzung des schriftlichen Urteils lediglich der Charakter einer Ordnungsvorschrift zu (BGHSt. 21, 4[1]). Da die Bestimmung somit nicht geeignet war, erhebliche Fristüberschreitungen zu unterbinden, sah sich der Gesetzgeber gezwungen, § 275 I StPO im Ersten Gesetz zur Reform des Strafverfahrensrechts neu zu fassen und die Fristüberschreitung in § 338 Nr. 7 StPO als absoluten Revisionsgrund auszugestalten.

---

1 „Daß das Urteil erst nach Ablauf der Frist des § 275 I StPO zu den Akten gebracht wird, begründet für sich allein die Revision auch dann nicht, wenn die Frist erheblich überschritten ist (Bestätigung der bisherigen Rechtsprechung)." Beschl. v. 4. 1. 1966 1 StR 299/65.

Trotz der erheblich ausgeweiteten gestaffelten Fristen hat die Neufassung an der Zielsetzung der Bestimmung nichts geändert. Die Höchstfristen sind keine Regelfristen. Sie dürfen nur ausgeschöpft werden, wenn zwingende Gründe dies erfordern.

Die Fristen des § 275 I 2 StPO dienen daher weniger der Konkretisierung des Merkmals der Unverzüglichkeit als vielmehr der Gewährleistung der Rechtssicherheit: Sie stellen klar, zu welchem Zeitpunkt das Urteil grundsätzlich nicht mehr als „unverzüglich" zu den Akten gebracht gelten kann und entheben damit das Revisionsgericht zugleich der Verpflichtung, diesen Begriff auslegen und anhand der Umstände des Einzelfalles überprüfen zu müssen.

Für die revisionsgerichtliche Beurteilung sind deshalb sowohl die konkrete Einhaltung des Beschleunigungsgebots als auch die Auswirkungen der Fristüberschreitung auf die Beurkundungsqualität der schriftlichen Urteilsgründe im Einzelfall ohne Belang. Entscheidend ist allein die Frist des § 275 I 2 StPO. Daß der Berichterstatter das Urteil rechtzeitig vor Ablauf der Frist abgesetzt hat und die mitwirkenden Richter die Urteilsfassung vor ihrer Unterschrift gebilligt haben mögen, rechtfertigt die Fristüberschreitung somit nicht (vgl. BGHSt. 26, 247, 248 [BGH Urt. v. 2. 12. 1975 – 1 StR 701/75; vgl. § 338 Nr. 7 StPO erfolgreiche Rügen]; 28, 194, 195 [BGH Urt. v. 14. 11. 1978 – 1 StR 448/78; vgl. § 338 Nr. 7 StPO erfolgreiche Rügen]; 31, 212, 213 [BGH Urt. v. 18. 1. 1983 – 1 StR 757/82; vgl. § 338 Nr. 7 StPO erfolglose Rügen]; OLG Hamm VRS 50, 121; OLG Karlsruhe Justiz 1976, 442). Zwar hat es der BGH für ausreichend erachtet, wenn das Urteil innerhalb der Frist durch Ablage auf den Weg zur Geschäftsstelle gegeben worden ist (BGHSt. 29, 43, 45, 46 [BGH Urt. v. 5. 7. 1979 – 4 StR 272/79; vgl. § 338 Nr. 7 StPO erfolglose Rügen]; BGH wistra 1985, 72; BGHR StPO § 275 I Akten 1[1]). Diese allein aus Gründen der zeitlich ungebundenen richterlichen Tätigkeit gebotene Lockerung der formalen Bedeutung des Zu-den-Akten-Bringens darf jedoch schon deshalb keine Ausweitung erfahren, weil es ohne die Unterschrift der berufsrichterlichen Mitglieder an einem vom Revisionsgericht nachvollziehbaren Formalakt fehlt (vgl. dazu auch BGHSt. 29, 43, 47).

Die zeitliche Beanspruchung der Strafkammer durch ein umfangreiches anderes Verfahren rechtfertigt die Fristüberschreitung nicht. Denn der rein formale Charakter der Fristen steht auch einer extensiven Auslegung der Ausnahmen des § 275 I 4 StPO entgegen, die ausdrücklich auf nicht voraussehbare unabwendbare Umstände des Einzelfalls beschränkt sind (vgl. BGH NStZ 1986, 564 [BGH Urt. v. 2. 7. 1986 – 2 StR 285/86; vgl. § 275 StPO erfolglose Rügen]). Zwar will § 275 I 4 StPO überstrenge Anforderungen vermeiden (BGHSt. 26, 247, 249). Eine unvorhergesehene dienstliche Belastung des Richters mit einer eilbedürftigen Aufgabe kann deshalb im Einzelfall berechtigten Anlaß geben, das Urteil nach Fristablauf zu den Akten zu geben. Regelmäßige Verhandlungstermine liegen jedoch auch dann außerhalb der zugelassenen Ausnahmen, wenn sie die Arbeitskraft der Richter infolge des Umfangs oder der Schwierigkeit des Verfahrens in besonderer Weise binden (vgl. BGH NJW 1988, 1094; OLG Koblenz MDR 1976, 950; BayObLG VRS 64, 130, 132).

Daß die Berufsrichter in einem zuvor nicht erwarteten Maße derart in Anspruch genommen waren, daß ihnen die Beifügung der Unterschriften am 18. 4. 1991 nicht mehr mög-

---

1 „Der absolute Revisionsgrund des § 338 Nr. 7 StPO liegt nicht vor, weil das angefochtene Urteil rechtzeitig zu den Akten gebracht worden ist. Dazu genügt es, wenn das von den richterlichen Unterschriften gedeckte handschriftliche Original des Urteils innerhalb der Frist des § 275 I StPO der Geschäftsstelle zugeleitet wird, und zwar ohne Rücksicht darauf, ob es dort in die Sachakten eingelegt wird oder nicht. Die für die Zustellung erforderliche Reinschrift kann auch später erstellt werden (vgl. Nr. 141 Abs. 2 Satz 3 RiStBV). Darauf, daß das bei den Akten befindliche, nach Fristablauf erstellte Exemplar des Urteils prozeßordnungswidrig den irreführenden Eindruck erweckt, als handele es sich hierbei um das fristgerecht zur Geschäftsstelle gelangte Original des Urteils, beruht weder das Revisionsverfahren noch der Inhalt des angefochtenen Urteils." (BGH, Beschl. v. 4. 10. 1989 – 3 StR 155/89).

lich oder zuzumuten war, ergeben die dienstlichen Stellungnahmen der Richter nicht. Sie weisen unmißverständlich aus, daß die Vorbereitung einer anderen Hauptverhandlung nicht Grund der Verhinderung, sondern lediglich die Ursache eines Versehens gewesen ist. Irrtümer und Versehen rechtfertigen die Fristüberschreitung jedoch nicht (BGHR StPO § 275 I 4 Umstand 1 [BGH Beschl. v. 26. 1. 1988 – 5 StR 1/88; vgl. § 338 Nr. 7 StPO erfolgreiche Rügen] und 4 [BGH Beschl. v. 20. 6. 1984 – 2 StR 250/84]). Die Sache muß deshalb neu verhandelt werden. ...

8. Aus dem Verhinderungsvermerk müssen seine Gründe hervorgehen.
§§ 275, 338 Nr. 7 – BGH Beschl. v. 23. 1. 1991 – 3 StR 415/90 LG Wuppertal (= StV 1991, 247 = NStZ 1991, 297)

Die Revision rügt, daß die gesetzliche Frist von 5 Wochen, in der das vollständige Urteil zu den Akten gebracht werden muß, nicht eingehalten worden sei. Das schriftliche Urteil sei zwar am 7. 3. 1990, dem letzten Tag dieser Frist, bei der Geschäftsstelle eingegangen. Es sei jedoch nicht vollständig, weil es nur von zwei Berufsrichtern, der Vorsitzenden und einem der Beisitzer, unterzeichnet worden sei, ohne daß ein Verhinderungsgrund für den dritten Richter vorgelegen habe.

Sachverhalt: Die Unterschrift des weiteren beisitzenden Richters hat die Vorsitzende durch den Vermerk ersetzt: „S. für K., der wegen Unerreichbarkeit auch außerhalb des Dienstgebäudes an der Unterschriftsleistung verhindert ist." – Das Rechtsmittel hatte Erfolg.

Gründe: Damit ist die Verhinderung des dritten Richters jedoch nicht dargetan. Die „Unerreichbarkeit" am letzten Tag der Urteilsabsetzungsfrist stellt als solche noch keinen Verhinderungsgrund i.S. des § 275 II 2 StPO dar (vgl. BGHSt. 31, 212, 214 [BGH Urt. v. 18. 1. 1983 – 1 StR 757/82; vgl. § 338 Nr. 7 StPO erfolglose Rügen]; 28, 194, 195 [BGH Urt. v. 14. 11. 1978 – 1 StR 448/78; vgl. § 338 Nr. 7 StPO erfolgreiche Rügen]). Vielmehr kommt es auf die dazu führenden Gründe entscheidend an. Sie müssen daher im sog. Verhinderungsvermerk genannt werden, auch wenn dies in allgemein gehaltener Bezeichnung (Urlaub, Krankheit usw.) geschehen kann (BGHSt. 31, 212, 214). Eine solche Angabe, aus der sich der Verhinderungsgrund schlüssig ergibt, fehlt hier. Dies hat zur Folge, daß im Revisionsverfahren auf die entsprechende Verfahrensrüge hin die Nachprüfung, ob der betreffende Richter verhindert war, auch in tatsächlicher Hinsicht eröffnet ist (vgl. BGHSt. 31, 212, 214; 28, 194, 195). Der sonst geltende Grundsatz, daß die Feststellung des Vorsitzenden über den Verhinderungsgrund in den tatsächlichen Voraussetzungen nicht nachprüfbar ist (vgl. BGH NJW 1961, 782), erfährt insoweit eine Ausnahme (BGHSt. 31, 212, 214; 28, 194, 195). Nach dem Ergebnis der Überprüfung in vorliegender Sache ist davon auszugehen, daß in der Person des dritten Richters ein Verhinderungsgrund i.S. des § 275 II 2 StPO nicht bestand. Die Vorsitzende hat sich entgegen der Bitte des GBA geweigert, den Grund für die „Unerreichbarkeit" von Richter am LG K. zu nennen, und hat sich dazu auf die Unüberprüfbarkeit des Verhinderungsvermerks in tatsächlicher Hinsicht berufen. Auch Richter am LG K. selbst sieht „keine Veranlassung zu einer dienstlichen Äußerung". Da die Weigerung, sich zur Frage der Unerreichbarkeit des dritten Richters näher zu äußern, bei Zugrundelegung der Rechtsprechung des BGH offensichtlich nicht gerechtfertigt ist, deutet der Senat das Verhalten der beteiligten Richter in Übereinstimmung mit dem GBA dahin, daß ein Verhinderungsgrund i.S. des § 275 II 2 StPO nicht gegeben war. War absehbar, daß der Urteilsentwurf erst am letzten Tag der Frist fertiggestellt würde, hätte die Vorsitzende die beteiligten Richter rechtzeitig darauf hinweisen können, daß sie sich zur Unterzeichnung, einem unaufschiebbaren Dienstgeschäft, bereithalten müssen (BGHSt. 28, 194, 195).

Der demnach vorliegende Verstoß gegen § 275 I 2 StPO zwingt als absoluter Revisionsgrund nach § 338 Nr. 7 StPO zur Aufhebung des angefochtenen Urteils, ohne daß auf die weiteren verfahrensrechtlichen und materiellrechtlichen Beanstandungen des Beschwerdeführers eingegangen zu werden braucht. ...

9. Bei Ausfall des Berichterstatters muß das Urteil notfalls durch den Vorsitzenden oder den zweiten beisitzenden Richter abgefaßt und fertiggestellt werden.

StPO § 338 Nr. 7 – BGH Beschl. v. 9. 8. 1988 – 5 StR 295/88 (= BGHR StPO § 338 Nr. 7 Fristüberschreitung 1)

Die Revision rügt, daß das Landgericht den ihm nach § 275 I Satz 2 StPO zustehenden Zeitraum zur Absetzung des Urteils nicht eingehalten hat.

Sachverhalt: Das Landgericht hat an drei Tagen verhandelt und das Urteil nach seiner Verkündung am 23. 11. 1987 erst am 17. 3. 1988 zu den Akten gebracht. – Das Rechtsmittel hatte Erfolg.

Gründe: Das Urteil hätte spätestens am 28. 12. 1987 zu den Akten gebracht werden müssen. An der Einhaltung dieser Frist ist das Landgericht nicht durch einen unvorhersehbaren und unabwendbaren Umstand im Sinne des § 275 Abs. 1 Satz 4 StPO gehindert worden. Ein solcher Umstand ist, worauf die Revision zutreffend hinweist, nicht darin zu sehen, daß der Berichterstatter vom 24. bis zum 27. 11. 1987 sowie erneut vom 2. 12. 1987 bis zum 29. 2. 1988 dienstunfähig war. In Fällen dieser Art besteht für den Vorsitzenden besonderer Anlaß dafür zu sorgen, daß die rechtzeitige Abfassung der Urteilsgründe gesichert ist (BGH NStZ 1982, 80 [BGH Urt. v. 4. 11. 1981 – 2 StR 318/81; vgl. § 338 Nr. 7 StPO erfolgreiche Rügen]). Dabei ist zu beachten, daß nicht nur der Berichterstatter, sondern alle berufsrichterlichen Mitglieder des Spruchkörpers für eine Einhaltung der Frist nach § 275 Abs. 1 StPO verantwortlich sind. Das Urteil muß deshalb notfalls durch den Vorsitzenden oder den zweiten beisitzenden Richter abgefaßt und fertiggestellt werden. Eine Ausnahme besteht nur dann, wenn nach den Geschäftsverhältnissen des Spruchkörpers und der Belastung seiner Mitglieder diesen das nicht möglich und zumutbar ist (BGHSt. 26, 247, 249 [BGH Urt. v. 2. 12. 1975 – 1 StR 701/75; vgl. § 338 Nr. 7 StPO erfolgreiche Rügen]). Anhaltspunkte dafür liegen hier nicht vor. Wie der Generalbundesanwalt in seiner Antragsschrift mit Recht hervorhebt, wird das Fehlen solcher Umstände durch das Schweigen auf den Revisionsvortrag bestätigt.

Dieser unbedingte Revisionsgrund führt zur Aufhebung des angefochtenen Urteils. Auf den weiteren, ebenfalls unwidersprochen gebliebenen Vortrag der Revision, wonach der Berichterstatter trotz seiner Dienstunfähigkeit insbesondere im Dezember 1987 an mehreren Tagen an einer anderen Sitzung als Richter teilgenommen habe, kommt es unter diesen Umständen nicht mehr an.

10. Frist für Urteilsabsetzung beträgt bei 11 Verhandlungstagen nur neun Wochen.

StPO §§ 275, 338 Nr. 7 – BGH Beschl. v. 12. 4. 1988 – 5 StR 94/88 LG Hamburg (= BGHSt. 35, 259 = NJW 1988, 3215 = StV 1988, 240 = NStZ 1988, 512)

Die Revision rügt, das Landgericht habe den ihm nach § 275 I Satz 2 StPO zustehenden Zeitraum zur Absetzung des Urteils nicht eingehalten, weil es das Urteil nach 13 Verhandlungstagen nicht nach spätestens 9 Wochen zu den Akten gebracht hat.

Sachverhalt: Das Landgericht hat in der vorliegenden Sache an dreizehn Tagen verhandelt und das Urteil nach seiner Verkündung am 26. 6. 1987 erst am 11. 9. 1987 zu den Akten gebracht. – Das Rechtsmittel hatte Erfolg.

Gründe: Die Regelung des § 275 Abs. 1 StPO bildet die Grundlage für den unbedingten Revisionsgrund des § 338 Nr. 7 StPO, der einer verspäteten Urteilsabsetzung entgegenwirken will. Sie verlängert die Urteilsabsetzungsfrist mit jedem vom Gesetz genannten Verlängerungsabschnitt nur um zwei Wochen. Jede andere Auslegung stände nicht in Einklang mit der Systematik des Gesetzes, würde zu einer kaum verständlichen Verzögerung der Urteilsabsetzung bei einem Verlängerungsabschnitt führen und wäre mit den von § 275 Abs. 1 StPO verfolgten Zielen nicht zu vereinbaren. Der Wortlaut des § 275 Abs. 1 Satz 2 StPO ist deshalb dahin zu verstehen, daß sich die Grundfrist von fünf Wochen nach einer Hauptverhandlung, die länger als drei Tage gedauert hat, um zwei Wochen und, wenn die Hauptverhandlung länger als zehn Tage gedauert hat, für den folgenden und jeden weiteren begonnenen Abschnitt von zehn Hauptverhandlungstagen um weitere zwei Wochen verlängert. Das entspricht auch der Entstehungsgeschichte der Vorschrift (vgl. Bericht des Rechtsausschusses des Bundestages, BT-Drucks. 7/2600 S. 7).

Der unbedingte Revisionsgrund des § 338 Nr. 7 StPO führt zur Aufhebung des angefochtenen Urteils.

11. Die irrtümliche Annahme, das Urteil sei rechtskräftig, ist kein unabwendbarer Umstand i.S.d. § 275 I S. 4 StPO, der die Fristüberschreitung rechtfertigen könnte.

StPO § 338 Nr. 7 – BGH Beschl. v. 26. 1. 1988 – 5 StR 1/88 LG Hamburg (= StV 1988, 193)

Die Revision rügt, das Urteil mit den Entscheidungsgründen sei nicht rechtzeitig zu den Akten gebracht worden.

Sachverhalt: Das Urteil ist nach nicht länger als 3 Tage dauernder Hauptverhandlung am 29. 6. 1987 verkündet worden. Das Urteil ist am 10. 8. 1987 auf der Geschäftsstelle eingegangen. – Das Rechtsmittel hatte Erfolg.

Gründe: Die Urteilsgründe hätten am 3. 8. 1987 zu den Akten gebracht werden müssen. ...

Ein unabwendbarer Umstand i.S.d. § 275 Abs. 1 S. 4 StPO, der die Fristüberschreitung rechtfertigen könnte, liegt nicht vor. Die irrtümliche Annahme, das Urteil sei rechtskräftig, reicht dafür nicht aus, weil die Frist für die Niederschrift der Urteilsgründe auch für rechtskräftige Urteile gilt.

Das Urteil ist daher nach § 338 Nr. 7 StPO aufzuheben.

12. Auch die Staatsanwaltschaft kann rügen, das Urteil sei nicht rechtzeitig zu den Akten gebracht worden.

StPO § 338 Nr. 7 – BGH Urt. v. 27. 11. 1984 – 1 StR 701/84 LG Stuttgart (= NStZ 1985, 184)

Die Revision der Staatsanwaltschaft rügt, das Urteil sei nicht rechtzeitig zu den Akten gebracht worden.

Der Sachverhalt ergibt sich aus den Revisionsgründen. – Das Rechtsmittel hatte Erfolg.

Gründe: Das Urteil wurde nach 19tägiger Hauptverhandlung am 10. 4. 1984 verkündet, so daß es innerhalb von 9 Wochen, spätestens am 12. 6. 1984 zu den Akten hätte gebracht werden müssen. Tatsächlich gelangte es jedoch erst am 20. 7. 1984 zu den Akten. Damit liegt der absolute Revisionsgrund des § 338 Nr. 7 StPO vor; entgegen der Meinung des Angeklagten kann sich auch die Staatsanwaltschaft auf diesen Revisionsgrund berufen zur Wahrung des objektiven Interesses daran, daß das Urteil den Inhalt der Beratung zutreffend und vollständig wiedergibt. ...

13. Fehlt eine der erforderlichen richterlichen Unterschriften, kann der Mangel nicht dadurch geheilt werden, daß der dritte Richter der Fassung der Urteilsgründe nachträglich zustimmt und die fehlende Unterschrift nach Fristablauf nachholt.

StPO § 338 Nr. 7 – BGH Beschl. v. 17. 4. 1984 – 5 StR 227/84 LG Itzehoe (= StV 1984, 275)

Die Revision rügt, daß das Urteil nicht innerhalb der sich aus § 275 I S. 2 StPO ergebenden Frist zu den Akten gebracht worden ist.

Sachverhalt: Die Hauptverhandlung hat vier Tage gedauert. Die Urteilsabsetzungsfrist lief am 12. 9. 1983 ab. An diesem Tage ist das Urteil mit den Unterschriften von zwei mitwirkenden Richtern und der Unterschrift eines weiteren Richters, der nicht an der Entscheidung mitgewirkt hatte, zur Geschäftsstelle gelangt. Der dritte mitwirkende Richter hat erst am 22. 12. 1983 unterschrieben. – Das Rechtsmittel hatte Erfolg.

Gründe: Innerhalb der genannten Frist ist damit nicht das vollständige Urteil zu den Akten gebracht worden, wie in § 275 Abs. 1 S. 1 und 2 StPO zwingend vorgeschrieben ist. Vollständig ist das Urteil erst, wenn alle Berufsrichter es unterschrieben und damit bezeugt haben, daß die schriftlichen Urteilsgründe (nach der Überzeugung der Mehrheit) mit dem Ergebnis der Beratung übereinstimmen, oder wenn das Urteil von mindestens einem Richter unterzeichnet und im übrigen ein Verhinderungsvermerk nach § 275 Abs. 2 S. 2 StPO angebracht worden ist (BGHSt. 26, 247, 248 [BGH Urt. v. 2. 12. 1975 – 1 StR 701/75; vgl. § 338 Nr. 7 StPO erfolgreiche Rügen]; BGH Urt. v. 21. 3. 1979 – 2 StR 453/78 – bei Holtz in MDR 1979, 638 [vgl. § 275 StPO erfolglose Rügen]). Der Mangel konnte auch nicht dadurch geheilt werden, daß der dritte Richter der Fassung der Urteilsgründe nachträglich zustimmte und die fehlende Unterschrift nach Fristablauf nachholte. Die einmal eingetretene Fristversäumung läßt sich nicht rückwirkend ungeschehen machen (BGHSt. 27, 334, 335 [BGH Beschl. v. 10. 1. 1978 – 2 StR 654/77; vgl. § 338 Nr. 7 StPO erfolgreiche Rügen]; 28, 194, 195/196 [BGH Urt. v. 14. 11. 1978 – 1 StR 448/78; vgl. § 338 Nr. 7 StPO erfolgreiche Rügen]).

Es liegt der unbedingte Revisionsgrund des § 338 Nr. 7 StPO vor.

14. Vorsitzender darf ein durch den Berichterstatter ergänzungsbedürftiges Urteil nicht – unter Verzicht auf eine möglicherweise notwendig werdende Beratung der Fassung vorab – unterschreiben.

StPO § 338 Nr. 7 – BGH Beschl. v. 9. 3. 1984 – 2 StR 860/83 LG Frankfurt (=StV 1984, 274 = NStZ 1984, 378)

Die Revision rügt, das Urteil sei nicht rechtzeitig zu den Akten gelangt.

Sachverhalt: Das Urteil war bis 2. 8. 1983 vollständig zu den Akten zu bringen. Der Vorsitzende unterschrieb das Urteil am 7. 7. 1983 – nachdem er selbst Änderungen angebracht hatte. Die Urteilsgründe hielt er zum Ergebnis der Beweisaufnahme noch für ergänzungsbedürftig. Aus diesem Grunde ordnete er die Rücksendung des Urteils an die Berichterstatterin zum Zwecke der Ergänzung an. Diese ergänzte die Wiedergabe der Einlassung des Angeklagten und die Mitteilung des Ergebnisses der Beweisaufnahme zu dieser Einlassung. Das so ergänzte Urteil hat der Vorsitzende nicht mehr erneut unterschrieben. – Das Rechtsmittel hatte Erfolg.

Gründe: Nach § 275 I 1 und 2 StPO war das Urteil bis 2. 8. 1983 vollständig zu den Akten zu bringen. Vollständig ist das Urteil erst, wenn es – sofern keine Verhinderung eines Richters festgestellt ist – die Berufsrichter unterschrieben haben (BGHSt. 26, 247 [248] [BGH Urt. v. 2. 12. 1975 – 1 StR 701/75; vgl. § 338 Nr. 7 StPO erfolgreiche Rügen]). Die Unterschriften der Richter unter einem Urteil müssen stets einen Text decken, der dem Beratungsergebnis entsprechend verfaßt und dem Unterschreibenden zur Gänze bekannt ist (BGHSt. 27, 334 [335] [BGH Beschl. v. 10. 1. 1978 – 2 StR 654/77; vgl. § 338 Nr. 7 StPO erfolgreiche Rügen]). Aus diesem Grunde geht es nicht an, daß ein Richter einem ihm noch nicht bekannten Text – unter Verzicht auf eine möglicherweise notwendig werdende Beratung der Fassung der schriftlichen Urteilsgründe – seine Unterschrift zur Verfügung stellt (BGH, a.a.O.). So aber ist der Vorsitzende hier verfahren, als er am 7. 7. 1983 – nachdem er selbst Änderungen angebracht hatte – das Urteil unterschrieb, obwohl er zum Ergebnis der Beweisaufnahme die Urteilsgründe noch für ergänzungsbedürftig hielt und aus diesem Grunde die Rücksendung an die Berichterstatterin zum Zwecke der Ergänzung anordnete. Daran ändert nichts, daß er die notwendigen Ergänzungen mit der Berichterstatterin fernmündlich besprochen hatte.

Danach kann die am 7. 7. 1983 geleistete Unterschrift des Vorsitzenden einen nicht unwesentlichen Teil der Urteilsgründe, soweit diese die Wiedergabe der Einlassung des Angeklagten und die Mitteilung des Ergebnisses der Beweisaufnahme zu dieser Einlassung betreffen, noch nicht erfaßt haben. Nicht unwesentlich ist dieser Teil des Urteils deshalb, weil das Verteidigungsvorbringen des Angeklagten in seinem Kerngehalt – nicht er, sondern die Zeugen G. und W. seien Täter des Überfalls gewesen – berührt ist. ...

15. Bei Fristüberschreitung wegen Erkrankung des Richters ist das Urteil nach dessen Genesung mit aller möglichen Beschleunigung fertigzustellen.

StPO § 338 Nr. 7 – BGH Beschl. v. 7. 9. 1982 – 1 StR 249/82 LG München II (= StV 1982, 55 = NStZ 1982, 519)

Die Revision rügt, das Urteil sei nicht rechtzeitig zu den Akten gelangt.

Sachverhalt: Nach eintägiger Hauptverhandlung wurde das Urteil am 13. 10. 1981 verkündet. Am 4. 11. 1981 erkrankte die Berichterstatterin an akuter Blinddarmentzündung, wurde am 5. 11. 1981 operiert und nahm am 30. 11. 1981 ihren Dienst wieder auf. Das Urteil gelangte am 17. 12. 1981 zu den Akten. – Das Rechtsmittel hatte Erfolg.

Gründe: Nach eintägiger Hauptverhandlung wurde das Urteil am 13. 10. 1981 verkündet, so daß es bei regelmäßigem Verlauf spätestens am 17. 11. 1981 zu den Akten zu bringen war.

Es kann dahinstehen, ob § 275 I StPO schon verletzt war, als die Berichterstatterin den Dienst wieder aufnahm. Der Senat hat auch nicht zu entscheiden, wann das Urteil – falls die Rückkehr der Berichterstatterin abgewartet werden durfte – spätestens zu den Akten gelangen mußte; denn jedenfalls hatte dies vor dem 17. 12. 1981 zu geschehen.

Im Hinblick darauf, daß die regelmäßige Frist am 30. 11. 1981 schon verstrichen war, hätte es gegolten, das Urteil nunmehr mit aller möglichen Beschleunigung fertigzustellen. Das geschah nicht; anders ist nicht zu erklären, warum sich die Abfassung bis 17. 12. 1981 hinzog. Schon die eigene Zeiteinteilung der Kammer zeigt die Verzögerung: Wäre die Berichterstatterin am 4. 11. 1981 nicht erkrankt, so hätten – je einschließlich – bis zum 17. 11. 1981 noch 10 Arbeitstage (14 Kalendertage) zur Verfügung gestanden. Die Kammer ging ersichtlich davon aus, in dieser Zeit sei das Urteil fertigzustellen. Um so mehr muß der Umstand, daß die Berichterstatterin am 30. 11. 1981 den Dienst aufnahm, das Urteil aber erst am 17. 12. 1981 zu den Akten gelangte, als ungerechtfertigte Säumnis gewertet werden; denn hier verstrichen 14 Arbeitstage (18 Kalendertage).

Im Hinblick auf die Umstände des Verfahrens – die Angeklagten waren weitgehend geständig, es wurden 5 Zeugen vernommen – ist der lange Zeitablauf auch nicht verständlich. Notfalls mußten unter den besonderen Gegebenheiten des Falles, um rasche Absetzung des Urteils zu ermöglichen, andere Dienstgeschäfte zurücktreten, etwa die Teilnahme der Berichterstatterin an einer ganztägigen Hauptverhandlung am 1. 12. 1981. ...

16. Ist voraussehbar, daß ein gesundheitlich angeschlagener Berichterstatter das Urteil nicht in der vorgeschriebenen Frist fertigstellen kann, muß der Vorsitzende einen anderen Richter damit beauftragen.

StPO § 338 Nr. 7 – BGH Urt. v. 4. 11. 1981 – 2 StR 318/81 LG Aachen (= NStZ 1982, 80)

Die Revisionen der Staatsanwaltschaft und der Angeklagten rügen, daß das Urteil nicht rechtzeitig zu den Akten gebracht worden ist.

Sachverhalt: Das Urteil wurde nach 4tägiger Hauptverhandlung am 22. 4. 1980 verkündet. Es ist am 7. 7. 1980 bei der Geschäftsstelle eingegangen. Der Berichterstatter war vom 9. 1. bis 30. 3. 1980 dienstunfähig krank. Gemäß seiner dienstlichen Äußerung (vom 11. 5. 1981) hatte er auch dann die Krankheit noch nicht überwunden und fühlte sich nicht in der Lage, „die Gründe eines nicht ganz leichten Urteils zu formulieren und niederzuschreiben". Am 9. 6. 1980 meldete er sich erneut als dienstunfähig erkrankt. In dem von ihm übersandten ärztlichen Attest war eine voraussichtliche Arbeitsunfähigkeitsdauer von drei Monaten angegeben. Die Akten gelangten am 23. 6. 1980 ohne Urteil zum Landgericht zurück. Der Berichterstatter teilte mit, daß es ihm infolge seiner Krankheit trotz mehrfacher Versuche nicht gelungen sei, das Urteil fertigzustellen. Daraufhin wurde es von dem anderen Beisitzer binnen weniger Tage abgefaßt. – Das Rechtsmittel hatte Erfolg.

Gründe: ... Die Siebenwochenfrist durfte nicht überschritten werden; denn das Gericht wurde an ihrer Einhaltung nicht durch einen „nicht voraussehbaren unabwendbaren Umstand" gehindert.

Angesichts der langen – krankheitsbedingten – Dienstunfähigkeit des Berichterstatters, die bis wenige Wochen vor Beginn der Hauptverhandlung andauerte, bestand für den Schwurgerichts-Vorsitzenden besonderer Anlaß, darauf zu achten, daß die rechtzeitige Abfassung der Urteilsgründe gesichert war. Spätestens zu dem Zeitpunkt, der dafür ausreichte, das Urteil noch vor Ablauf der Frist durch den anderen Beisitzer abzufassen, hätte er sich mit dem Berichterstatter in Verbindung setzen und klären müssen, wie weit dieser mit dem Schreiben der Urteilsgründe gekommen war, und ob er das Urteil rechtzeitig werde fertigstellen können. Es hätte sich dann ergeben, daß damit nicht mehr gerechnet werden konnte. Unter diesen Umständen liegt aber kein Ausnahmefall i.S. des § 275 I 4 StPO vor. Da somit der absolute Revisionsgrund des § 338 Nr. 7 StPO gegeben ist, muß das Urteil aufgehoben werden. ...

17. Verlust der Urteilsurschrift kann eine Überschreitung der Frist nur rechtfertigen, wenn feststeht, daß das Urteil vor deren Ablauf verlorengegangen ist.

StPO §§ 275, 338 Nr. 7 – BGH Urt. v. 18. 12. 1979 – 5 StR 697/79 LG Hamburg (= NJW 1980, 1007)

Die Revision rügt, daß das Urteil nicht innerhalb der dafür vorgesehenen Frist zu den Akten gelangt ist.

Sachverhalt: Das Urteil war nach eintägiger Hauptverhandlung am 6. 3. 1979 verkündet worden. Das vollständige Urteil mit den Unterschriften aller Berufsrichter war nach den dienstlichen Äußerungen des Vorsitzenden und der Geschäftsstellenbeamtin am 9. 4. 1979 auf der Geschäftsstelle eingegangen. Es ist jedoch abhanden gekommen. Die Richter haben darauf eine neue Urteilsniederschrift gefertigt und am 12. 7. 1979 zu den Akten gebracht.

Nach der dienstlichen Erklärung des Vorsitzenden ist die neue Urteilsniederschrift unter Verwendung der noch vorhandenen Diktatplatten und der ebenfalls noch vorhandenen schriftlichen Änderungsvorschläge des Vorsitzenden hergestellt worden, „ohne daß dadurch die Garantie gegeben ist, daß die Neufassung eine wortwörtliche Übereinstimmung mit der ursprünglichen Fassung darstellt". – Das Rechtsmittel hatte Erfolg.

Gründe: Da hiernach zweifelhaft erscheint, ob die neuen Urteilsgründe in allen Punkten der Urschrift inhaltlich entsprechen, ist die verlorengegangene Urteilsurkunde nicht wiederhergestellt worden. Die neue Urteilsniederschrift kann sie nicht ersetzen. Sie ist erst nach Ablauf der in § 275 II StPO bestimmten Frist zu den Akten gelangt. Die Fristüberschreitung wird auch nicht durch § 275 I 4 StPO gerechtfertigt. Dabei kann dahinstehen, ob der Verlust der Urteilsurschrift ein nicht voraussehbarer unabwendbarer Umstand im Sinne dieser Vorschrift ist. Er könnte eine Überschreitung der Frist nur rechtfertigen, wenn das Urteil vor deren Ablauf verlorengegangen wäre. Das ist nicht erwiesen. Die Geschäftsstellenbeamtin hat es erst am 30. 5. 1979 vermißt.

18. Verhinderungsgründe bei Nichtangabe vom Revisionsgericht überprüfbar.

StPO §§ 275. 338 Nr. 7 – BGH Urt. v. 14. 11. 1978 – 1 StR 448/78 LG Ravensburg (= BGHSt. 28, 194 = NJW 1979, 663 = MDR 1979, 320)

Die Revision rügt, daß das vollständige Urteil nicht in der gesetzlich vorgeschriebenen Frist von fünf Wochen zu den Akten gebracht worden ist. Das Urteil sei zwar an sich am 2. 5. 1978, dem letzten Tage dieser Frist, bei der Geschäftsstelle eingegangen; es sei jedoch nicht vollständig.

Sachverhalt: Das Urteil ist nur von zwei Richtern unterschrieben. Die Unterschrift des dritten Richters hat der Vorsitzende durch den Vermerk ersetzt: „zugleich für den an der Unterschriftsleistung verhinderten Richter am Landgericht K.", ohne jedoch anzugeben, aus welchem Grund dieser Richter verhindert war zu unterschreiben. – Das Rechtsmittel hatte Erfolg.

Gründe: Das Fehlen der in § 275 Abs. 2 Satz 2 StPO vorgeschriebenen Angabe des Verhinderungsgrundes hat nun zwar nicht zur Folge, daß der Ersetzungsvermerk des Vorsitzenden als nicht geschrieben anzusehen wäre. Jedoch ist dadurch dem Revisionsgericht die Nachprüfung, ob der betreffende Richter verhindert war, auch in tatsächlicher Hinsicht eröffnet. Der Grundsatz, daß die Feststellung des Vorsitzenden über den Verhinderungsgrund insoweit nicht nachprüfbar ist (vgl. BGH NJW 1961, 782), trifft hier nicht zu.

Aus den dem Senat vorliegenden dienstlichen Äußerungen der beteiligten Richter ergibt sich, daß der Richter K. in Wirklichkeit nicht im Sinne des § 275 Abs. 2 StPO verhindert war, das Urteil zu unterschreiben.

Der Umstand, daß ein Richter am Nachmittag des letzten Tages der Frist aus irgendwelchen ihm selbst nicht mehr erinnerlichen Gründen nicht erreichbar ist, kann die Annahme einer Verhinderung nicht rechtfertigen. Dem Vorsitzenden wäre es auch bei starker eigener Belastung unschwer möglich gewesen, für das Zustandekommen der vollständigen Urteilsurkunde rechtzeitig Sorge zu tragen. Sollte es schon nicht zu vermeiden gewesen sein, daß der maschinengeschriebene Urteilsentwurf erst am letzten Tag der Frist fertiggestellt wurde, so hätte der Vorsitzende die beteiligten Richter rechtzeitig darauf hinweisen können, daß sie sich zum Unterschreiben, einem unaufschiebbaren Dienstgeschäft, bereithalten müssen. Ein nicht voraussehbarer unabwendbarer Umstand, der der Einhaltung der Frist entgegenstand, ergibt sich aus den dienstlichen Äußerungen des Vorsitzenden und des beteiligten Richters nicht.

Innerhalb der Fünfwochenfrist ist damit nicht das vollständige Urteil zu den Akten gebracht worden, wie in § 275 Abs. 1 Satz 1 und 2 StPO zwingend vorgeschrieben ist. Das Urteil ist nicht vollständig, weil es nur von zwei Berufsrichtern unterschrieben worden ist, ohne daß ein Verhinderungsgrund für den dritten vorgelegen hat (vgl. BGHSt. 26, 247, 248 [BGH Urt. v. 2. 12. 1975 – 1 StR 701/75; vgl. § 338 Nr. 7 StPO erfolgreiche Rügen]).

Der Mangel konnte auch nicht dadurch geheilt werden, daß der dritte Richter der Fassung der Urteilsgründe nachträglich zustimmte. Die einmal eingetretene Fristversäumung kann nicht rückwirkend ungeschehen gemacht werden (BGHSt. 27, 334, 335 [BGH Beschl. v. 10. 1. 1978 – 2 StR 654/77; vgl. § 338 Nr. 7 StPO erfolgreiche Rügen]; BGH, Beschl. v. 30. 8. 1978 – 3 StR 132/78 –). Daher kann auch eine fehlende Unterschrift nicht nach Fristablauf nachgeholt werden.

19. Verspäteter Urteilseingang bei fehlender Unterschrift aller Richter.
StPO §§ 275, 338 Nr. 7 – BGH Beschl. v. 10. 1. 1978 – 2 StR 654/77 LG Köln (= BGHSt. 27, 334 = NJW 1978, 1169 = MDR 1978, 416)

Die Revision rügt, daß die Urteilsgründe nicht innerhalb des sich aus § 275 I Satz 2 und 4 StPO ergebenden Zeitraums zu den Akten gebracht worden sind.

Sachverhalt: Als das Urteil mit Gründen am 1. 3. 1977 zu den Akten gebracht wurde, trug es zwar die Unterschrift der drei Richter, die bei der Entscheidung mitgewirkt hatten. Jedoch bezog sich die Unterschrift des Berichterstatters allein auf den von ihm vorgelegten Urteilsentwurf und nicht auf die anschließend vom Vorsitzenden vorgenommenen umfangreichen Änderungen und Ergänzungen der Urteilsgründe. In dieser abgeänderten Form, die nicht in bloßen Äußerlichkeiten wie der Tilgung von Schreibversehen oder der Ergänzung von Hinweisen auf Entscheidungen und Schrifttum von der ursprünglichen Fassung abwich, sondern den sachlichen Inhalt der Begründung betraf, war das Urteil nur vom Vorsitzenden und dem anderen beisitzenden Richter unterzeichnet. – Das Rechtsmittel hatte Erfolg.

Gründe: Die Entscheidungsgründe waren nicht in der von § 275 StPO vorgeschriebenen Form rechtzeitig zu den Akten gebracht.

Vorsitzender und Berichterstatter mußten in ihren dienstlichen Äußerungen bestätigen, daß es sich so verhalten hat und daß die Zustimmung des Berichterstatters zu den vorgenommenen Änderungen und Ergänzungen nicht eingeholt war. Dieser hat vielmehr erst im Zuge des Revisionsverfahrens davon erfahren, daß seiner im voraus gegebenen Unterschrift ein veränderter Text vorangestellt worden war. Seine nachträglich erklärte Zustimmung kann nichts daran ändern, daß die Urteilsurkunde bei Ablauf der in § 275 Abs. 1 Satz 2 StPO vorgeschriebenen Frist von fünf Wochen, wie sie sich für die zweitägige Hauptverhandlung ergab, sich nicht in der erforderlichen Vollständigkeit bei den Akten befand.

Der Hinweis des Vorsitzenden, daß eine Rücksprache mit dem Berichterstatter „aus zeitlichen Gründen angesichts der räumlichen Trennung und der Tätigkeit des der Jugendkammer nur vorübergehend angehörenden Berichterstatters in einem anderen Gebäude" unterblieben sei, und die ergänzenden Darlegungen des Berichterstatters über die wechselseitige Inanspruchnahme durch andere Sitzungen können zu keiner anderen Beurteilung führen. Der Richter hat stets auch außerhalb von Dienststunden tätig zu werden, wenn sein Amt es von ihm fordert. Selbst wenn jedoch, was hiernach nicht anerkannt werden kann, eine Verhinderung des Berichterstatters zur Beifügung seiner Unterschrift unter den veränderten Text im Sinne des § 275 Abs. 2 Satz 2 StPO zu bejahen gewesen wäre, hätte nicht in dieser Form verfahren werden dürfen, sondern der Vorsitzende die Verhinderung des Richters unter dem Urteil förmlich vermerken müssen. Nach alledem muß die Revision mit dem absoluten Revisionsgrund des § 338 Nr. 7 StPO durchgreifen.

Der Senat weist zur Klarstellung darauf hin, daß die Unterschriften der Richter unter einem Urteil stets einen Text decken müssen, der dem Beratungsergebnis entsprechend verfaßt und dem Unterschreibenden zur Gänze bekannt ist. Aus diesem Grunde könnte es auch nicht in Betracht kommen, daß ein beisitzender Richter den Vorsitzenden von vornherein zu einseitigen Änderungen ermächtigt und unter Verzicht auf deren Beratung durch das Richterkollegium seine Unterschrift vorweg zur Verfügung stellt.

20. Verspätete Urteilsbegründung wegen Jahresurlaub des Berichterstatters.

StPO §§ 275, 338 Nr. 7 – BGH Urt. v. 2. 12. 1975 – 1 StR 701/75 LG Ravensburg (= BGHSt. 26, 247 = NJW 1976, 431 = MDR 1976, 329 = JR 1976, 432).

Die Revision rügt, daß das Urteil erst nach Ablauf der 5-Wochen-Frist zu den Akten gelangt ist.

Sachverhalt: Die Hauptverhandlung dauerte drei Tage. Das Urteil wurde am 14. 5. 1975 verkündet. Die in § 275 Abs. 1 Satz 2 StPO festgesetzte Frist lief am 18. 6. 1975 ab. Bis zum Fristablauf war das schriftliche Urteil nicht bei der Geschäftsstelle eingegangen. Zu ihr gelangte es erst am 24. 6. 1975. Aus einem Vermerk des Berichterstatters vom 23. 6. 1975 ergibt sich: Er diktierte die Urteilsgründe zwischen dem Tag der Urteilsverkündung und dem 22. 5. 1975 auf Platte. Am 26. 5. 1975 trat er seinen Jahresurlaub an. Am 23. 6. 1975 war er wieder im Dienst. Er fand die Akten und das geschriebene Urteil auf seinem Schreibtisch vor. Das Urteil war noch von keinem der Berufsrichter unterschrieben. Der Berichterstatter unterschrieb für sich und „zugleich für den in Urlaub befindlichen und an der Unterschrift verhinderten" Vorsitzenden. Am 23. oder 24. 6. 1975 unterschrieb auch der zweite beisitzende Richter.

Vermerken des Urkundsbeamten der Geschäftsstelle (vom 25. 6. 1975) und der Schreibkraft (vom 23. 6. 1975) ist zu entnehmen, daß das Urteil nach dem auf Platte festgehaltenen Diktat des Berichterstatters kurz nach dem 4. 6. 1975 geschrieben worden ist. – Das Rechtsmittel hatte Erfolg.

Gründe: Das genügte zur Fristwahrung nicht. Das vollständige Urteil ist innerhalb der Frist zu den Akten zu bringen (§ 275 Abs. 1 Satz 1 und 2 StPO). Vollständig ist das Urteil erst, wenn es die Berufsrichter unterschrieben (OLG Hamm JMBlNRW 1975, 267) und damit bezeugt haben, daß die schriftlichen Urteilsgründe (nach der Überzeugung der Mehrheit) mit dem Ergebnis der Beratung übereinstimmen (BGHSt. 12, 374, 376 [BGH Urt. v. 3. 2. 1959 – 1 StR 644/58; vgl. § 267 StPO erfolglose Rügen]; 26, 92, 93 [BGH Urt. v. 25. 2. 1975 – 1 StR 558/74; vgl. § 338 Nr. 7 StPO erfolglose Rügen]) oder wenn das Urteil von mindestens einem Richter unterzeichnet und im übrigen ein Verhinderungsvermerk nach § 275 Abs. 2 Satz 2 StPO angebracht worden ist. Ob eine fehlende Unterschrift nach Fristablauf nachgeholt werden kann, bedarf hier keiner Erörterung.

Die Regelung des § 275 Abs. 1 StPO berücksichtigt die Lage im Einzelfall. Sie trägt nicht nur in Satz 2 durch gestaffelte Höchstfristen der Verhandlungsdauer Rechnung (die in der Regel den besonderen Umfang oder die besondere Schwierigkeit einer Sache widerspiegelt), sondern ermöglicht auch durch die Vorschrift des Satzes 4 die angemessene Fristüberschreitung aufgrund eines nicht voraussehbaren unabwendbaren Umstands. Diese Vorschrift gestattet es, bei Ausfall des Berichterstatters im Kollegialgericht danach zu fragen, ob die Urteilsgründe nach Lage der Sache, den Geschäftsverhältnissen des Spruchkörpers und der Belastung seiner Mitglieder durch den Vorsitzenden oder den zweiten beisitzenden Richter abgefaßt und fertiggestellt werden konnten.

Nach diesem Maßstab, der überstrenge Anforderungen vermeidet, erscheint es nicht als Folge eines „nicht voraussehbaren unabwendbaren Umstands", daß die Frist des § 275 Abs. 1 Satz 2 StPO durch die Strafkammer nicht eingehalten worden ist. Der Berichterstatter hatte die Urteilsgründe vor Urlaubsantritt auf Platte diktiert. Dem Vorsitzenden oder (wenn auch er verhindert war) dem zweiten beisitzenden Richter wäre es unschwer möglich gewesen, für das Zustandekommen der Urteilsurkunde Sorge zu tragen. Der Entwurf des Berichterstatters ist offensichtlich ohne wesentliche Änderungen gebilligt worden. Das hätte auch innerhalb der Frist des § 275 Abs. 1 Satz 2 StPO geschehen können. Der wesentliche Arbeitsaufwand war durch den Berichterstatter erbracht. Was noch zu tun war, konnte der Vorsitzende (oder der zweite beisitzende Richter) auch bei starker Belastung erledigen. Nur wenn sich die Notwendigkeit einer nochmaligen Beratung und Abstimmung ergeben hätte, wäre das Warten auf die Rückkehr des Berichterstatters unumgänglich und die Fristüberschreitung gerechtfertigt gewesen.

Verspätete Urteilsbegründung ist nunmehr absoluter Revisionsgrund (§ 338 Nr. 7 StPO). Infolgedessen muß das angefochtene Urteil aufgehoben und die Sache zu neuer Verhandlung und Entscheidung zurückverwiesen werden.

Erfolglose Rügen

1. Betriebsausflug der Richter ist Verhinderung (im Anschluß an BGHSt. 28, 194).

StPO §§ 275, 338 Nr. 7 – BGH Urt. v. 18. 1. 1983 – 1 StR 757/82 LG Heilbronn (= BGHSt. 31, 212 = NJW 1983, 1745)

Die Revision rügt, die Entscheidungsgründe seien nicht in vollständiger Form zu den Akten gelangt. Das Urteil sei nicht von allen mitwirkenden Berufsrichtern, sondern am 25. 6. 1982 – dem letzten Tag der von § 275 I StPO vorgeschriebenen Frist – lediglich vom Berichterstatter unterschrieben worden. Dieser habe zwar vermerkt, daß die übrigen Richter „aus dienstlichen Gründen" gehindert seien, ihre Unterschrift beizufügen. Derartige Gründe seien aber nicht näher erläutert worden und hätten in Wahrheit auch nicht vorgelegen. Die am 25. 6. 1982 ortsabwesenden Richter hätten an einem Betriebsausflug des Landgerichts teilgenommen. Dieser Umstand begründe gegenüber der Pflicht zur Unterschrift keine dienstliche Verhinderung, zumal er voraussehbar gewesen sei und man ihm hätte Rechnung tragen können. Die Richter hätten das Urteil vor dem Ausflug unterzeichnen oder auf die Teilnahme am Betriebsausflug verzichten müssen.

Der Sachverhalt ergibt sich aus dem Revisionsvorbringen. – Das Rechtsmittel war erfolglos.

Gründe:

1. Nach § 275 Abs. 2 Satz 1 (i.V.m. Satz 3) StPO muß das Urteil von allen Berufsrichtern, die bei der Entscheidung mitgewirkt haben, unterschrieben werden; erst dann ist es vollständig (BGHSt. 26, 247, 248 [BGH Urt. v. 2. 12. 1975 – 1 StR 701/75; vgl. § 338 Nr. 7 StPO erfolgreiche Rügen]). Dieser Grundsatz findet sich auch in anderen Verfahrensordnungen (vgl. § 315 Abs. 1 ZPO; § 117 Abs. 1 VwGO; § 105 Abs. 1 FGO; § 30 Abs. 1 BVerfGG). Mit der Unterschrift bezeugen die Richter, daß die Urteilsgründe das Ergebnis der Beratung vollständig und wahrheitsgetreu wiedergeben (BGHSt. 26, 92 [BGH Urt. v. 25. 2. 1975 – 1 StR 558/74; vgl. § 338 Nr. 7 StPO erfolglose Rügen]).

Diese Regelung gilt nach § 275 Abs. 2 Satz 2 StPO nicht ausnahmslos. Ist ein Richter verhindert, seine Unterschrift beizufügen, so wird dies unter Angabe des Verhinderungsgrundes von dem Vorsitzenden (bei dessen Verhinderung von dem dienstältesten beisitzenden Richter) unter dem Urteil vermerkt. Das Urteil ist nicht „für" den Verhinderten zu unterschreiben, sondern lediglich die Tatsache der Verhinderung zu bezeugen und deren Grund anzugeben. Auch die Unterschrift nur eines Richters bietet im Fall der Verhinderung der übrigen die hinreichende Gewähr dafür, daß das schriftlich niedergelegte Urteil dem Ergebnis der Beratung entspricht.

Die Angabe des Verhinderungsgrundes wird somit – anders als zum Beispiel im Falle des § 271 Abs. 2 StPO – vom Gesetz ausdrücklich vorgeschrieben. Sie kann allgemein gehalten werden. Hinsichtlich der Gründe der Verhinderung enthält das Gesetz keine Beschränkung. Der angegebene Umstand muß jedoch generell geeignet sein, den Richter von der Unterschrift abzuhalten; dann wird die Frage, ob er im Einzelfall tatsächlich vorgelegen und zur Verhinderung geführt hat, im Rechtsmittelzug in der Regel nicht mehr geprüft (BGH LM ZPO Nr. 5 zu § 315; BGH LM ZPO Nr. 9 zu § 315). Anders ist es, wenn der Beschwerdeführer geltend macht, daß der Verhinderungsvermerk auf willkürlichen, sachfremden Erwägungen beruht, und die die Willkür begründenden Umstände substantiiert und schlüssig darlegt. Dann hat das Revisionsgericht im Wege des Freibeweises zu klären, ob der betreffende Richter tatsächlich verhindert war, also ein Grund für die Ersetzung seiner Unterschrift wirklich vorgelegen hat. Entsprechendes gilt, wenn der Ersetzungsvermerk die Verhinderung nicht schlüssig ergibt oder gänzlich fehlt (BGHSt. 28, 194 [BGH Urt. v. 14. 11. 1978 – 1 StR 448/78; vgl. § 338 Nr. 7 StPO erfolgreiche Rügen]; BGH LM ZPO Nr. 8 zu § 315; BGH LM ZPO Nr. 9 zu § 315; BayObLG GA 1981, 475).

2. Aus diesen Grundsätzen ergibt sich für den vorliegenden Fall:
Auch andere Dienstgeschäfte können die Verhinderung begründen (BGHSt. 21, 174 [BGH Urt. v. 4. 10. 1966 – 1 StR 282/66; vgl. § 338 Nr. 1 StPO erfolglose Rügen]; BGH NJW 1974, 870 [BGH Urt. v. 29. 1. 1974 – 1 StR 533/73; vgl. § 21e GVG erfolglose Rügen]; BGH DRiZ 1980, 147, 148). Weil dies generell der Fall sein kann, brauchen sie im Verhinderungsvermerk nicht näher dargelegt zu werden. Es ist Sache des pflichtgemäßen Ermessens, Dauer, Gewicht und Dringlichkeit der konkurrierenden Amtsgeschäfte gegeneinander abzuwägen. Ein Fall der Willkür wird von der Revision nicht behauptet und liegt auch nicht vor. Es ist eine vertretbare, keinesfalls willkürliche Auffassung, die Teilnahme am Ausflug der Behörde als Wahrnehmung eines Dienstgeschäfts anzusehen (vgl. OVG Lüneburg ZBR 1957, 200; HessVGH ZBR 1959, 121; BayVGH ZBR 1960, 328; HessVGH HessVGRspr. 1973, 29). Weshalb die Unterzeichnung des schon am Vortage des Ausflugs vorliegenden Urteilsentwurfs nach Meinung der berufsrichterlichen Mitglieder der Strafkammer nicht in Frage kam, ergeben ihre dienstlichen Äußerungen. Ihre Ansicht, daß eine die Änderungen, Umstellungen und sonstigen Korrekturen berücksichtigende Reinschrift gefertigt und unterzeichnet werden solle, kann nicht als rechtsfehlerhaft beanstandet werden.

2. Ein Richter ist durch Versetzung an ein anderes Gericht nach der Urteilsverkündung rechtlich nicht daran gehindert, das Urteil zu unterschreiben.
StPO § 338 Nr. 7 – BGH Urt. v. 22. 6. 1982 – 1 StR 249/81 LG Stuttgart (= NStZ 1982, 476)

Die Revision rügt, der beisitzende Richter F. hätte das angefochtene Urteil wegen seines Ausscheidens aus der Kammer nicht mehr unterschreiben dürfen, das Urteil sei deshalb innerhalb des von § 275 I StPO zugelassenen Zeitraums nicht vollständig zu den Akten gelangt.
Der Sachverhalt ergibt sich aus dem Revisionsvorbringen. – Das Rechtsmittel war erfolglos.

Gründe: ... Zwar trifft zu, daß das Urteil innerhalb der Frist des § 275 1 2 StPO von allen Berufsrichtern unterschrieben sein muß und daß eine fehlende Unterschrift nach Ablauf dieser Frist nicht mehr nachgeholt werden kann (BGHSt. 28, 194 [196] [BGH Urt. v. 14. 11. 1978 – 1 StR 448/78; vgl. § 338 Nr. 7 StPO erfolgreiche Rügen]; BGH, bei Holtz, MDR 1978, 988). Im vorliegenden Fall war die Urteilsurkunde jedoch vollständig. Richter am LG F. war durch die nach der Urteilsverkündung erfolgende Versetzung an das OLG rechtlich nicht gehindert, seine Unterschrift beizufügen. Mit der Beurkundung des Beratungsergebnisses schloß er lediglich eine Amtshandlung ab, die er vor dem Ausscheiden aus dem alten Amt dort schon begonnen und zum wesentlichen Teil verwirklicht hatte (vgl. BayObLGSt 1967, 51 = NJW 1967, 1578; a.A. OLG Stuttgart, OLGZ 1976, 241 = Rpfleger 1976, 257. Zu § 315 ZPO vgl. BGH, VersR 1981, 552).

3. Revision muß Tag der Urteilsverkündung und der Abgabe zu den Akten angeben (im Anschluß an BGHSt. 29, 43).

StPO §§ 275, 338 Nr. 7, 344 II – BGH Urt. v. 6. 2. 1980 – 2 StR 729/79 LG Marburg Lahn (= BGHSt. 29, 203 = NJW 1980, 1292 = JR 1980, 520)

Die Revision rügt, „daß die Frist von fünf Wochen zur Absetzung des Urteils nicht eingehalten" sei.

Der Sachverhalt ergibt sich aus dem Revisionsvorbringen. – Das Rechtsmittel war erfolglos.

Gründe: Dieses Vorbringen entspricht nicht den Anforderungen des § 344 Abs. 2 Satz 2 StPO.

Danach muß der Beschwerdeführer, der eine Verletzung des Verfahrensrechts geltend machen will, „die den Mangel enthaltenden Tatsachen angeben". Dies hat so vollständig und genau zu geschehen, daß das Revisionsgericht auf Grund der Rechtfertigungsschrift prüfen kann, ob ein Verfahrensfehler vorliegt wenn die behaupteten Tatsachen bewiesen werden (BGHSt. 3, 213, 214 [BGH Urt. v. 14. 10. 1952 – 2 StR 306/52; vgl. § 244 StPO erfolgreiche Rügen]). Bei einer Rüge nach § 338 Nr. 7 StPO ist diese Voraussetzung nur erfüllt, wenn die Revision die Tatsachen darlegt, die eine Berechnung der sich aus § 275 Abs. 1 StPO ergebenden Frist ermöglichen. Hierzu gehört zwar bei nur eintägiger Verhandlung nicht die Mitteilung, daß die Hauptverhandlung nicht mehr als einen Tag angedauert habe; denn das ist der Regelfall (vgl. BGHSt. 29, 43 [BGH Urt. v. 5. 7. 1979 – 4 StR 272/79; vgl. § 338 Nr. 7 StPO erfolglose Rügen]). Wohl aber muß die Revision angeben, an welchem Tag das Urteil verkündet und an welchem Tag es mit den Gründen zu den Akten gebracht wurde. Erst dann ist das Revisionsgericht in die Lage versetzt zu prüfen, ob die Rüge Erfolg hat, wenn das Revisionsvorbringen bewiesen wird.

Diesem Erfordernis wird das Vorbringen des Beschwerdeführers nicht gerecht. Es erschöpft sich in der bloßen Angabe der einschlägigen gesetzlichen Bestimmungen und der Schlußfolgerung, daß die Fünfwochenfrist nicht eingehalten sei; die Tatsachen, die diese Schlußfolgerung rechtfertigen könnten, gibt die Revision indessen nicht wieder (vgl. BGHSt. 22, 169, 170 [BGH Urt. v. 29. 5. 1968 – 3 StR 72/68; vgl. § 338 Nr. 1 StPO erfolglose Rügen]). Der Senat hat unter diesen Umständen keine Möglichkeit, allein auf Grund der Revisionsrechtfertigung zu prüfen, ob – die Richtigkeit des Revisionsvorbringens unterstellt – der absolute Revisionsgrund des § 338 Nr. 7 StPO vorliegt.

Offen bleiben kann in diesem Zusammenhang, ob es für die Angabe des Tages der Urteilsverkündung genügt in der Revisionsbegründungsschrift auf das „angefochtene" Urteil zu verweisen, wenn dessen genaues Verkündungsdatum bereits in der Revisionseinlegungsschrift mitgeteilt wurde. Im vorliegenden Fall fehlt es jedenfalls auch an der Angabe des Tages, an dem das Urteil mit Gründen zu den Akten gebracht wurde, und damit zumindest an einer wesentlichen Berechnungsgrundlage, ohne die – unter Beachtung unter anderem auch des § 43 Abs. 2 StPO – die erforderliche Prüfung nicht vorgenommen werden kann.

4. Ein Richter ist kein Bürobote.

StPO §§ 275, 338 Nr. 7 – BGH Urt. v. 5. 7. 1979 – 4 StR 272/79 LG Dortmund (= BGHSt. 29, 43 = NJW 1980, 298)

Die Revision rügt, das Urteil sei entgegen § 275 StPO nicht rechtzeitig zu den Akten gebracht worden. Das angefochtene Urteil sei in der Hauptverhandlung vom 18. 12. 1978 verkündet worden. Gemäß § 275 I Satz 2 StPO hätte es binnen einer Frist von fünf Wochen zu den Akten gebracht werden müssen. Diese Frist sei am 22. 1. 1979 abgelaufen. Das Urteil sei jedoch erst am 23. 1. 1979 mit drei Unterschriften versehen bei der Geschäftsstelle eingegangen.

Der Sachverhalt ergibt sich aus dem Revisionsvorbringen. – Das Rechtsmittel war erfolglos.

Gründe:

a) Die in § 275 Abs. 1 Satz 2 StPO vorgeschriebene Frist, innerhalb derer das von allen Berufsrichtern unterschriebene Urteil mit den Gründen zu den Akten zu bringen ist und nach deren Ablauf es nicht mehr geändert werden darf (BGHSt. 26, 247, 248 [BGH Urt. v. 2. 12. 1975 – 1 StR 701/75; vgl. § 338 Nr. 7 StPO erfolgreiche Rügen]), ist hier gewahrt. Diese Frist lief, da das angefochtene Urteil am 18. 12. 1978 verkündet wurde, am 22. 1. 1979 ab. An diesem Tage ist das Urteil zu den Akten gebracht worden.

Nach der dienstlichen Äußerung des beisitzenden Richters Z. wurde der von dem Vorsitzenden und dem anderen Beisitzer bereits unterschriebene Urteilsentwurf am 19. 1. 1979, einem Freitag, mit den Akten in sein Fach in der Geschäftsstelle gelegt. Am folgenden Montag, dem letzten Tag der Frist, wurde er ihm zugetragen. An diesem Tag mußte der Richter an einer ganztägigen Sitzung einer anderen Strafkammer teilnehmen, die um 16.30 Uhr beendet war. Die zugetragenen Akten konnte er erst nach Sitzungsende bearbeiten. Er unterschrieb das Urteil noch am 22. 1. 1979. Da jedoch die Geschäftsstelle im Zeitpunkt der Unterschrift nicht mehr besetzt war, legte er die Akten mit dem Urteil in seinem Dienstzimmer zum Abtragen bereit. Am Morgen des 23. 1. 1979 wurden sie dort abgeholt und an demselben Tag zur Geschäftsstelle gebracht.

aa) Damit ist die in § 275 Abs. 1 Satz 2 StPO vorgeschriebene Frist gewahrt. § 275 Abs. 1 Satz 2 1. Halbs. StPO bestimmt, daß das vollständige Urteil spätestens fünf Wochen nach der Verkündung zu den Akten zu bringen ist. Diese Vorschrift dient der Verfahrensbeschleunigung und sichert zugleich die Übereinstimmung der schriftlichen Urteilsgründe mit dem Beratungsergebnis. Ein längeres Hinausschieben der Urteilsabfassung könnte die Zuverlässigkeit der Erinnerung des Urteilsverfassers und der mitunterzeichnenden Richter beeinträchtigen und damit zu einer schriftlichen Urteilsbegründung führen, die möglicherweise nicht mehr durch die beratenen Entscheidungsgründe gedeckt ist.

bb) Diesem Zweck des Gesetzes ist jedenfalls Genüge getan, wenn das Urteil innerhalb der vorgeschriebenen Frist von allen Richtern unterschrieben und auf den Weg zur Geschäftsstelle gebracht ist. Zur Fristwahrung bedarf es nicht auch noch des Eingangs auf der Geschäftsstelle. Das verlangt das Gesetz schon seinem Wortlaut nach nicht. Vielmehr muß das „zu den Akten bringen" nach § 275 Abs. 1 Satz 2 StPO spätestens fünf Wochen nach der Urteilsverkündung „geschehen", nicht aber schon „geschehen sein". Das Gesetz stellt damit auf den Vorgang ab, nicht auf sein Ergebnis. Es muß daher genügen, wenn der Vorgang eingeleitet, d.h. das vollständige Urteil auf den Weg zur Geschäftsstelle gebracht ist. Das ist jedenfalls dann der Fall, wenn das Urteil mit den Akten im Dienstzimmer des Richters an der dafür vorgesehenen Stelle zum Abtrag bereit liegt. Die Beförderung der Akten zur Geschäftsstelle liegt nicht mehr im Aufgabenbereich des Richters, sondern in den Händen der nach der Behördenorganisation zuständigen Bediensteten (Wachtmeisterei, Geschäftsstelle).

b) Aus § 275 Abs. 1 Satz 5 StPO läßt sich nichts anderes herleiten. Nach dieser Vorschrift hat die Geschäftsstelle den „Zeitpunkt des Eingangs und einer Änderung der Gründe" des Urteils zu vermerken. Schon dem Wortlaut dieser Bestimmung läßt sich nicht mit hinreichender Eindeutigkeit entnehmen, daß der Vermerk den Zeitpunkt feststellen soll, in dem das Urteil im Sinne von § 275 Abs. 1 Satz 1 und 2 StPO „zu den Akten gebracht" ist. Sollte auch bei der Einführung des § 275 Abs. 1 Satz 5 StPO der Gedanke eine Rolle gespielt haben, den Zeitpunkt festzuhalten, von dem ab eine Änderung der Urteilsgründe nicht mehr möglich ist, so würde doch die Forderung, daß der Vermerk der Geschäftsstelle vor Ablauf der in § 275 Abs. 1 Satz 2 StPO vorgeschriebenen Fristen erfolgen müsse, in die richterliche Unabhängigkeit in unzulässiger Weise eingreifen. Die Abfassung der Urteile bis hin zu ihrem „zu den Akten bringen" gehört zum Kernbereich der durch die richterliche Unabhängigkeit geschützten recht sprechenden Tätigkeit. Deshalb muß es dem Richter möglich sein, die in § 275 Abs. 1 Satz 2 StPO vorgesehenen Fristen bis zur letzten

Minute auszuschöpfen. Außerdem erfordert die richterliche Unabhängigkeit, daß die rechtsprechende Tätigkeit von jeder Einflußnahme durch nichtrichterliche Organe frei bleibt. Einen solchen Eingriff würde es darstellen, wenn der Richter bei der Wahrung der in § 275 Abs. 1 Satz 2 StPO vorgeschriebenen Fristen von den für die Beförderung und Verwaltung der Akten zuständigen Justizbediensteten abhängig wäre.

Eine solche Auslegung des Gesetzes wäre auch nicht mit den zwingenden Erfordernissen der Praxis zu vereinbaren. Sie würde die in § 275 Abs. 1 Satz 2 StPO vorgesehenen Fristen in unangemessener Weise verkürzen. Da die Besetzung sowohl der Geschäftsstelle als auch der Wachtmeisterei in den Gerichtsgebäuden mit dem Ablauf der regelmäßigen Behördendienststunden üblicherweise endet, würde sie dem Richter die Möglichkeit nehmen, auch noch nach diesem Zeitpunkt bis zum Ende des letzten Tages der Frist das Urteil durchzusehen und zu unterschreiben. Hierzu ist der nicht an Dienststunden gebundene Richter jedoch nicht selten durch Sitzungsdienst, Eilentscheidungen oder andere dienstliche Gründe veranlaßt.

c) Es muß daher jedenfalls genügen, wenn der Richter selbst das Urteil bis zum Ablauf des letzten Tages der Frist unterschrieben, in die Akten gelegt und mit diesen durch entsprechende Ablage in seinem Dienstzimmer auf den Weg zur Geschäftsstelle gebracht hat. Daß der Richter das Urteil selbst zu der – regelmäßig nicht mehr besetzten – Geschäftsstelle trägt und dort niederlegt, ist nicht erforderlich. Für die Sicherung der Einhaltung der in § 275 Abs. 1 Satz 2 StPO vorgeschriebenen Fristen wäre dadurch nichts gewonnen. ...

e) Ein Vermerk des Richters, daß er das Urteil an einem bestimmten Tage in die Akten eingelegt habe, ist für die Praxis zur aktenmäßigen Klarstellung des für § 275 Abs. 1 Satz 2 StPO maßgeblichen Zeitpunktes empfehlenswert. Er kann jedoch, da im Gesetz nicht vorgesehen, für den Beweis der Fristwahrung nicht gefordert werden. Vielmehr genügt dazu auch eine nachträgliche dienstliche Äußerung des Richters.

Sie hat keine geringere Beweiskraft als ein solcher Vermerk.

5. Abweichende Meinung berührt Wirksamkeit richterlicher Unterschrift nicht.

StPO §§ 275, 338 Nr. 7 – BGH Urt. v. 25. 2. 1975 – 1 StR 558/74 Schwurgericht Passau (= BGHSt. 26, 92 = NJW 1975, 1177 = VRS 48 (1975), 362)

Das Revisionsvorbringen ist nicht bekannt.

Sachverhalt: Richter A. hat das Urteil unterzeichnet. Auf die Unterschrift der beiden anderen Richter folgt der Satz „Der Richter am Landgericht A. stellt seiner Unterschrift einen Vermerk voran, in dem er bezweifelt, daß das Abstimmungsverfahren im Schwurgericht in jedem Fall dem Gesetz entsprochen habe und daß die schriftlichen Urteilsgründe mit dem Beratungsergebnis übereinstimmten." – Das Rechtsmittel war erfolglos.

Gründe: Dieser „Vermerk" beeinträchtigt die Wirksamkeit seiner Unterschrift nicht.

Die schriftlichen Urteilsgründe müssen „die Ergebnisse der Hauptverhandlung so, wie sie bei der für die Verkündung des Urteils grundlegenden Beratung gesehen und gewürdigt wurden, vollständig und wahrheitsgetreu wiedergeben" (BGHSt. 12, 374, 376 [BGH Urt. v. 3. 2. 1959 – 1 StR 644/58; vgl. § 267 StPO erfolglose Rügen]). Dies sollen die Unterschriften der mitwirkenden Berufsrichter bezeugen. Die schriftliche Fassung des Urteils kann Gegenstand von Meinungsverschiedenheiten sein. Dann müssen die auftauchenden Fragen von den – allein zur Unterschrift berufenen (§ 275 Abs. 2 Satz 1 und 3 StPO) – Berufsrichtern in einer Beratung geklärt und durch Abstimmung mehrheitlich entschieden werden (RGSt 58; 44, 120, 121). Der etwa hierbei überstimmte Richter bleibt zur weiteren Mitwirkung verpflichtet, er darf insbesondere seine Unterschrift nicht verweigern. „Er bezeugt dann durch sie, daß die Urteilsgründe nach der Überzeugung der Mehrheit mit den

Ergebnissen der Beratung übereinstimmen" (RG JW 1930, 559). Das hat Richter A. im Ergebnis getan: Er hat am Schluß seines Vermerks betont, „daß die vorliegende Fassung der schriftlichen Urteilsgründe vom Kollegium der Berufsrichter am 5. 8. 1974 formell ordnungsgemäß beschlossen worden ist." Seine Unterschrift deckt also den vom Gesetz geforderten Erklärungsinhalt.

Die weiteren Erklärungen A.s in seinem Vermerk und in dem in Bezug genommenen Abänderungsantrag gehören als einseitige Äußerungen nicht in das Urteil. Sie bringen nur die abweichende Meinung des überstimmten Richters zum Ausdruck, die infolge der Mehrheitsentscheidung nicht zum Inhalt des Urteils werden konnte.

Da hiernach eine wirksame Unterschrift des dritten Berufsrichters vorliegt, kommt es nicht darauf an, ob der Vorsitzende richtig vorging, als er in entsprechender Anwendung des § 275 Abs. 2 Satz 2 StPO die Unterschrift A.s – der unterschreiben konnte, aber ohne die eigene Kommentierung nicht unterschreiben wollte – durch einen Verhinderungsvermerk ersetzte (BGH, Urteil v. 7. 1. 1964 – 5 StR 549/63 –).

§ 338 Nr. 8 StPO
Unzulässige Beschränkung der Verteidigung

Erfolgreiche Rügen

1. Der Anspruch auf faires Verfahren verlangt, daß dem Beschuldigten, wenn nicht wichtige Gründe entgegenstehen, ein Verteidiger seines Vertrauens bestellt werden muß (BGH Beschl. v. 24. 6. 1998 – 5 StR 120/98).

2. Anspruch auf Vertrauensanwalt als Pflichtverteidiger (BGH Urt. v. 17. 7. 1997 – 1 StR 781/96).

3. Unzulässige Ablehnung eines Aussetzungsantrags wegen Nichteinhaltung der Ladungsfrist (BGH Beschl. v. 7. 12. 1994 – 5 StR 519/94).

4. Fehlerhafte Ablehnung eines Aussetzungsantrags nach Hinweis auf mögliche Verurteilung wegen Mordes bei Anklage wegen Totschlags (BGH Beschl. v. 1. 3. 1993 – 5 StR 698/92).

5. Fehlerhafte Ablehnung eines Antrags des Pflichtverteidigers auf Aussetzung des Hauptverhandlung wegen Verhinderung (BGH Beschl. v. 6. 11. 1991 – 4 StR 515/91).

6. Behinderung der Verteidigung wegen Nichtzulassung einer für eine Zeugin unangenehmen Frage (BGH Beschl. v. 17. 4. 1990 – 2 StR 149/90).

7. Lehnt das Gericht einen wegen Ausbleibens des Wahlverteidigers gestellten Aussetzungsantrag ab, muß es nachvollziehbar begründen, daß es von seinem in § 265 IV StPO eingeräumten Ermessen fehlerfreien Gebrauch gemacht hat (BGH Beschl. v. 11. 9. 1986 – 1 StR 472/86).

8. Ablehnung eines Aussetzungsantrags wegen mangelnder Akteneinsicht trotz rechtzeitiger Beantragung vor der Hauptverhandlung beschränkt die Verteidigung unzulässig (BGH Beschl. v. 16. 10. 1984 – 5 StR 643/84).

9. Es sind Fälle denkbar, in denen es sich empfiehlt, dem Verteidiger vor der neuen Hauptverhandlung Einsicht in alle tatbezogenen Spurenakten zu gewähren (BGH Beschl. v. 25. 1. 1983 – 5 StR 782/82).

10. Ablehnung eines Beweisantrags bedarf inhaltlicher Begründung (BGH Beschl. v. 7. 12. 1979 – 3 StR 299/79 [S]).

11. Verheimlichen der Personalien eines Zeugen (BGH Urt. v. 14. 4. 1970 – 5 StR 627/69).

12. Wird der Verteidiger als Zeuge benannt, schließt dies seine weitere Tätigkeit als Verteidiger nicht aus (BVerfG Beschl. v. 11. 6. 1963 – 1 BvR 156/63).

13. Entpflichtung des Pflichtverteidigers zur Unzeit rechtsfehlerhaft (BGH Urt. v. 9. 12. 1952 – 1 StR 518/52).

14. Siehe auch §§ 68a, 145, 218, 265 StPO.

Erfolglose Rügen

1. Der Gerichtsbeschluß, mit dem eine Frage zurückgewiesen wird, ist zu begründen (BGH Beschl. v. 17. 11. 2000 – 3 StR 389/00).

2. Rüge der Beschränkung der Verteidigung wegen Nichtzulassens weiterer Fragen an einen Zeugen setzt Herbeiführung eines Gerichtsbeschlusses gem. § 238 StPO voraus (BGH Beschl. v. 18. 1. 1996 – 4 StR 711/95).

3. Ablehnung mißbräuchlicher Beweisanträge keine Behinderung (BGH Urt. v. 7. 11. 1991 – 4 StR 252/91).

4. Aufnahme von Zeugenaussagen auf Tonband steht im Ermessen des Gerichts (BGH Urt. v. 13. 10. 1981 – 1 StR 561/81).

5. Unterlassene Beiziehung von Spurenakten trotz Antrags nicht revisibel (BGH Urt. v. 26. 5. 1981 – 1 StR 48/81).

6. Dauer der Unterbrechung der Hauptverhandlung bei Verteidigerwechsel liegt im Ermessen des Gerichts (BGH Urt. v. 30. 10. 1959 – 1 StR 418/59).

7. Schlußvortrag trotz Protest gegen Rundfunkaufnahmen nur bedingt revisibel (BGH Urt. v. 8. 2. 1957 – 1 StR 375/56).

8. Verbot schriftlicher Aufzeichnungen nur nach Beanstandung in der Hauptverhandlung revisibel (BGH Urt. v. 25. 9. 1951 – 1 StR 390/51).

9. Siehe auch § 231 StPO.

Erfolgreiche Rügen

1. Der Anspruch auf faires Verfahren verlangt, daß dem Beschuldigten, wenn nicht wichtige Gründe entgegenstehen, ein Verteidiger seines Vertrauens bestellt werden muß.

StPO §§ 265 IV, 338 Nr. 8 – BGH Beschl. v. 24. 6. 1998 – 5 StR 120/98 LG Potsdam (= NStZ 1998, 530)

Die Revision rügt, das Landgericht habe den Aussetzungsantrag des Angeklagten zu Unrecht abgelehnt.

Sachverhalt: Der Angeklagte hatte am 3. 9. 1996 beantragt, Rechtsanwalt U. zum Verteidiger zu bestellen. Gleichwohl bestellte der Vorsitzende, ohne den Angeklagten anzuhören, Rechtsanwalt L. zum Verteidiger. Sodann zeigte Rechtsanwalt U. unter Vollmachtvorlage an, daß er den Angeklagten vertrete, jener indes nicht über die finanziellen Mittel verfüge, um einen Wahlverteidiger vergüten zu können; er beantrage deshalb die Beiordnung zum Verteidiger und lege für diesen Fall das Wahlmandat nieder. Mit 2 weiteren Schreiben gab der Angeklagte nochmals seinem Wunsch Ausdruck, Rechtsanwalt U. zum Verteidiger zu bestellen. Entsprechende Anträge stellte Rechtsanwalt U. zuletzt mit Schreiben vom 6. 2. 1997, nachdem er am 5. 2. 1997 zu der auf den 13. 2. 1997 terminierten Hauptverhandlung geladen worden war.

Am 13. 2. 1997 hat der Vorsitzende Rechtsanwalt L. mit Rücksicht darauf entpflichtet, daß sich Rechtsanwalt U. als Wahlverteidiger gemeldet habe. Am 14. 2. 1997 ist Rechtsanwalt U. zu dem auf den 18. 2. 1997 verlegten Hauptverhandlungstermin geladen worden, wovon er – weil er sich, wie dem Vorsitzenden angekündigt hatte, bis Freitag, den

14. 2. 1997 im Urlaub befand – erst am Montag, den 17. 2. 1997 Kenntnis genommen hat. Mit Telefax vom selben Tage hat Rechtsanwalt U. das Wahlmandat niedergelegt und namens und in Vollmacht des Angeklagten erneut beantragt, als dessen Verteidiger bestellt zu werden. Er hat geltend gemacht, daß er sich zu einer ordnungsgemäßen Verteidigung des Angeklagten am 18. 2. 1997 außerstande sehe, da eine genügende Vorbereitung wegen bisher fehlender Beiordnung nicht erfolgt sei, er ferner nicht in Besitz einer Anklageschrift sei (diese war ihm nicht mitgeteilt worden: die entsprechende Mitteilungsverfügung ist gestrichen und daher nicht ausgeführt worden); ergänzend hat er darauf hingewiesen, daß er keine Kenntnis von dem vorbereitenden psychiatrischen Sachverständigengutachten habe, welches zur Akte gelangt sei, nachdem er Akteneinsicht genommen habe. Daraufhin hat der Vorsitzende, wiederum ohne Anhörung des Angeklagten, Rechtsanwalt Sch. zum Verteidiger bestellt.

Zu Beginn der Hauptverhandlung hat der Angeklagte beantragt, Rechtsanwalt Sch. zu entpflichten. Das Landgericht hat den Antrag abgelehnt (was die Revision nicht rügt). Sodann hat der Angeklagte die Aussetzung der Hauptverhandlung mit der Begründung beantragt, er könne sich nicht ordnungsgemäß verteidigen, weil er kein erschöpfendes persönliches Gespräch mit Rechtsanwalt Sch. habe führen können. Der Verteidiger hat erklärt, daß er sich „grundsätzlich in der Lage fühle, in diesem Verfahren als Pflichtverteidiger aufzutreten" und daß er „nur noch etwas Zeit (benötige), um das psychiatrische Gutachten mit dem Angeklagten zu erörtern". Daraufhin hat das Landgericht den Antrag des Angeklagten mit der Begründung abgelehnt, daß der Verteidiger nach eigener Erklärung genügend Zeit erhalten habe, um sich anhand der Akten auf das Verfahren vorzubereiten; dem Angeklagten werde „im übrigen zur Vorbereitung auf das psychiatrische Gutachten Gelegenheit gegeben, nach der heutigen Hauptverhandlung und 1 1/2 Stunden vor der morgigen Hauptverhandlung mit seinem Verteidiger Rücksprache zu nehmen." Sodann ist der Angeklagte zur Person und zur Sache vernommen worden. Einer schriftlichen Erklärung von Rechtsanwalt Sch. ist zu entnehmen, daß er unmittelbar vor Beginn der Hauptverhandlung erstmals mit dem Angeklagten hat sprechen können und mit ihm „im Anschluß an den 1. Verhandlungstag ... bis 23.30 Uhr ... das Verfahren sowie das Gutachten besprach". – Das Rechtsmittel hatte Erfolg.

Gründe: In der Ablehnung des Aussetzungsantrages liegt ein Fehlgebrauch des dem Gericht durch § 256 IV StPO eingeräumten Ermessens (vgl. BGH NJW 1958, 1736). Hierdurch ist der Angeklagte in seiner Verteidigung unzulässig beschränkt worden (§ 338 Nr. 8 StPO).

a) Schon die Entscheidungen über Auswahl und Bestellung des Verteidigers stoßen auf Bedenken. Der Anspruch auf ein faires Verfahren, dem § 142 I 3 StPO Rechnung trägt, verlangt, daß dem Beschuldigten, wenn nicht wichtige Gründe entgegenstehen, ein Verteidiger seines Vertrauens bestellt werden muß, weil das Vertrauensverhältnis zwischen Angeklagtem und Verteidiger eine wesentliche Voraussetzung für eine sachdienliche Verteidigung ist (vgl. BVerfGE 9, 36, 38; 39, 238, 243; 68, 237, 256). Als solcher Verteidiger des Vertrauens war Rechtsanwalt U. benannt worden. Ein sachlicher Grund, der dessen Beiordnung widersprochen haben könnte, ist nicht ersichtlich. Ein solcher ist nicht etwa daraus herzuleiten, daß Rechtsanwalt U. am 17. 2. 1998 erklärt hatte, er sei am 18. 2. 1997 zur Verteidigung außerstande. Rechtsanwalt U hat dabei die Niederlegung des Wahlmandats mit der Erneuerung des Beiordnungsantrages verbunden und geltend gemacht, die bisher fehlende Beiordnung sei der Grund dafür, daß er sich bisher nicht genügend habe vorbereiten können. Dies ist um so weniger zu beanstanden, als dem Verteidiger wichtige Unterlagen (Anklageschrift und psychiatrisches Gutachten) nicht vorlagen. Die Bestellung eines anderen Verteidigers, der zur Verteidigung bereit war, und die Ablehnung der Bestellung von Rechtsanwalt U. rechtfertigten sich auch nicht aus dem Umstand, daß die in § 121 StPO bestimmte Frist am 23. 2. 1997 ablief, worauf der Vorsitzende in seinem Beschluß vom 18. 2. 1997 abgestellt hat, mit dem er den Antrag auf Bestellung des Rechtsanwalts U. zum Verteidiger zurückgewiesen hatte. Dem Anspruch auf beschleunigte Aburteilung des sich in U-Haft befindenden Angeklagten durfte in Anbetracht des unmittelbar bevorstehenden Fristablaufs kein entscheidendes Gewicht beigemessen werden.

b) Bei dieser Sachlage legte die mit dem Eintritt des neuen Verteidigers verbundene Änderung der Verfahrenslage (BGH NJW 1958, 1736; 1965, 2164) unter dem Gesichtspunkt des Rechts des Angeklagten auf eine wirksame Verteidigung (Art. 6 II Ic MRK) und unter dem Gesichtspunkt der richterlichen Fürsorgepflicht (BGH a.a.O.) eine Aussetzung nahe: Allerdings hatte der bestellte Verteidiger erklärt, zur Verteidigung bereit zu sein. Eine solche Erklärung ist grundsätzlich ausreichend, weil der Verteidiger die Verteidigung und die Art und Weise, wie er sich auf sie vorbereitet und sie führt, selbst zu verantworten hat. Hier ergeben aber die dem Gericht bekannten Umstände, daß der Verteidiger nicht die Möglichkeit hatte, sich ausreichend auf die Hauptverhandlung vorzubereiten (vgl. BGH a.a.O.; NJW 1973, 1985, 1986 [BGH Urt. v. 17. 7. 1973 – 1 StR 61/73; vgl. § 265 StPO erfolglose Rügen], 1986; NStZ 1983, 281 [BGH Urt. v. 26. 1. 1983 – 3 StR 431/82; vgl. § 145 StPO erfolgreiche Rügen]). Dies folgt ohne weiteres aus dessen Erklärung, noch etwas Zeit zu benötigen, um das vorbereitende psychiatrische Sachverständigengutachten mit dem Angeklagten zu erörtern. Diese Erklärung erwies die Richtigkeit der Behauptung des Angeklagten, bis dahin keine Gelegenheit zu angemessener Verteidigerkonsultation gehabt zu haben. Daß auch tatsächlich noch Beratungsbedarf bestand, wovon ersichtlich auch das Gericht ausging, ergibt sich daraus, daß nach dem 1. Verhandlungstag eine Besprechung zwischen Angeklagtem und Verteidiger bis in die Nacht hinein stattfand. Bei dieser Sachlage konnte es auf die bloße Erklärung des Verteidigers, sich „grundsätzlich in der Lage (zu fühlen), in diesem Verfahren als Pflichtverteidiger aufzutreten", nicht ankommen (vgl. BGH NJW 1965, 2164, 2165).

Dies hat das Landgericht verkannt. Es hat den Angeklagten zur Sache vernommen, obgleich er seinen Verteidiger zuvor nicht in ausreichendem Maße befragen konnte. Darüber hinaus hatte der Verteidiger bis dahin keine Gelegenheit, das vorbereitende psychiatrische Sachverständigengutachten, das in diesem Schwurgericht-Verfahren von besonderer Bedeutung ist, mit dem Angeklagten zu erörtern.

2. Anspruch auf Vertrauensanwalt als Pflichtverteidiger.

StPO §§ 142 I; 338 Nr. 8 – BGH Urt. v. 17. 7. 1997 – 1 StR 781/96 LG Nürnberg-Fürth (= BGHSt. 43, 153 = NJW 1997, 3385 = StV 1997, 564 = NStZ 1998, 49)

Die Revision rügt das Landgericht habe es ermessensfehlerhaft abgelehnt, der Angeklagten im vorliegenden Verfahren Rechtsanwalt E. aus München als Verteidiger beizuordnen.

Sachverhalt: Die Angeklagte wurde am 4. 11. 1993 in Untersuchungshaft genommen, die zunächst elf Monate lang in der Justizvollzugsanstalt Aichach vollzogen wurde. Bereits Ende November 1993 erteilte sie dem Münchner Rechtsanwalt E. das Mandat, sie im anstehenden Strafverfahren zu verteidigen. In der Folgezeit kam es zu zahlreichen Mandantengesprächen, zu denen der Verteidiger die damalige Beschuldigte, die die Tatvorwürfe bestritt, in der Haftanstalt aufsuchte. Der Verteidiger fertigte von den umfangreichen Ermittlungsakten nach und nach über 6000 Blatt Fotokopien an.

Mit Schriftsatz vom 5. 10. 1994 – Anklage war zu diesem Zeitpunkt noch nicht erhoben – beantragte Rechtsanwalt E. seine Beiordnung als Verteidiger und kündigte für diesen Fall die Niederlegung des Wahlmandats an. Der Vorsitzende des für die Hauptverhandlung zuständigen Schwurgerichts in Nürnberg und im nachfolgenden Beschwerdeverfahren auch das Oberlandesgericht Nürnberg wiesen diesen Antrag zurück, weil nach § 142 Abs. 1 StPO der Verteidiger möglichst aus der Zahl der im Landgerichtsbezirk zugelassenen Rechtsanwälte auszuwählen sei. Gegen den Willen der Angeklagten ordnete der Vorsitzende des Schwurgerichts ihr einen am Gerichtsort ansässigen Verteidiger bei. Zu Beginn der Hauptverhandlung beantragte die Angeklagte erfolglos dessen Entpflichtung und erhob dabei schwere Vorwürfe gegen ihn, die der Rechtsanwalt allerdings in Abrede stellte. Ihren Antrag, der mit dem neuerlichen Antrag auf Beiordnung des Rechtsanwalts E. aus München verbunden war, wies das Schwurgericht durch Beschluß zurück. Zur Hauptverhandlung ist Rechtsanwalt E., dessen Wahlmandat fortdauerte, nicht erschienen; anwesend war nur der bestellte ortsansässige Verteidiger. – Das Rechtsmittel hatte Erfolg.

Gründe: Die Rüge ist zulässig. Ihre Statthaftigkeit wird nicht dadurch in Frage gestellt, daß der Antrag auf Beiordnung zunächst schon im Ermittlungsverfahren abgelehnt worden ist, vielmehr unterliegt die Entscheidung des Vorsitzenden als Vorentscheidung im Sinne von § 336 StPO unmittelbar der Kontrolle des Revisionsgerichts (dazu BGHR StPO § 142 Abs. 1 Auswahl 3). Hier tritt hinzu, daß der Antrag in der Hauptverhandlung erneut gestellt und letztmalig durch Beschluß des Schwurgerichts zurückgewiesen worden war.

§ 142 Abs. 1 StPO gibt dem Beschuldigten keinen Rechtsanspruch auf die Bestellung einer bestimmten (von ihm ausgewählten) Person als Verteidiger (BGHR StPO § 142 Abs. 1 Auswahl 1[1]). Im öffentlichen Interesse soll die Vorschrift gewährleisten, daß ein Beschuldigter in den vom Gesetz genannten Fällen rechtskundigen Beistand erhält und dabei auch ein ordnungsgemäßer Verfahrensablauf gesichert ist (vgl. z.B. OLG Düsseldorf StV 1984, 372). Die Auswahl des Verteidigers liegt dabei grundsätzlich im Ermessen des Vorsitzenden. Allerdings ist dessen Ermessen durch die mit dem Strafverfahrensänderungsgesetz 1987 Gesetz gewordene Neufassung des § 142 Abs. 1 StPO unter Beachtung zuvor vom Bundesverfassungsgericht aufgestellter Grundsätze (BVerfGE 9, 36, 38; 39, 238, 239) dahin eingeschränkt worden, daß bei der Auswahl des Verteidigers auch dem Interesse des Beschuldigten, von einem Anwalt seines Vertrauens verteidigt zu werden, ausreichend Rechnung getragen werden muß (OLG Karlsruhe NJW 1978, 1064); grundsätzlich soll der Beschuldigte mit der Beiordnung des Verteidigers seines Vertrauens demjenigen gleichgestellt werden, der sich auf eigene Kosten einen Verteidiger gewählt hat (BVerfGE 9, 36, 38). Deshalb soll der Beschuldigte nach § 142 Abs. 1 Satz 2 StPO Gelegenheit erhalten, einen Anwalt zu benennen; diesen muß der Vorsitzende dann beiordnen, wenn nicht gewichtige Gründe entgegenstehen (§ 142 Abs. 1 Satz 3 StPO). Einen wichtigen Grund, die Bestellung des gewünschten Rechtsanwalts abzulehnen, nennt § 142 Abs. 1 Satz 1 StPO: Der zu bestellende Verteidiger soll möglichst aus der Zahl der bei einem Gericht des betreffenden Gerichtsbezirks zugelassenen Anwälte gewählt werden. Die Gerichtsnähe des Verteidigers ist in der Regel eine wesentliche Voraussetzung für eine sachdienliche Verteidigung, und zwar sowohl für den Beschuldigten als auch für den Verfahrensablauf, zugleich dient sie der Vermeidung höherer Kosten. Ein auswärtiger Verteidiger soll daher nur ausnahmsweise bestellt werden. Weiter reicht die einschränkende Wirkung des § 142 Abs. 1 Satz 1 StPO allerdings nicht; die Vorschrift enthebt den Vorsitzenden insbesondere nicht der gebotenen Interessenabwägung, sondern gibt in deren Rahmen lediglich ein gesetzlich normiertes Regelbeispiel für einen wichtigen Grund im Sinne von § 142 Abs. 1 Satz 3 StPO.

Danach hat der Beschuldigte aus § 142 Abs. 1 StPO nur einen Rechtsanspruch auf eine ermessensfehlerfreie Entscheidung. Das Revisionsgericht kann – anders als das Beschwerde-

---

1 „Der Angeklagte hatte keinen Anspruch darauf, daß ihm ein bestimmter Pflichtverteidiger beigeordnet wurde. Das Revisionsgericht kann in der Regel nicht prüfen, ob ein vor der Hauptverhandlung bestellter Pflichtverteidiger außerstande war, die Verteidigung sachgerecht zu führen. Rechtsanwalt E hat bei Beginn der Hauptverhandlung nicht etwa geltend gemacht, er könne die Pflichtverteidigung nicht übernehmen. Auch hat eine von ihm abgegebene dienstliche Äußerung ergeben, daß er bereit und in der Lage war, den Angeklagten weiter zu verteidigen. Daß er als Verteidiger keinen Schlußvortrag gehalten hat, obwohl er die Möglichkeit dazu hatte, vermag die Revision nicht zu begründen." (BGH, Beschl. v. 3. 9. 1986 – 3 StR 355/86).

gericht, welches sein Ermessen an die Stelle desjenigen des Vorsitzenden der Vorinstanz setzen kann – die Beiordnungsentscheidung nur auf Ermessensfehler hin überprüfen und hat sie im übrigen hinzunehmen. Ermessensfehlerhaft ist die Auswahlentscheidung dann, wenn sie von falschen oder sachwidrigen Voraussetzungen ausgeht, in Wahrheit nicht bestehende Bindungen annimmt („Ermessensunterschreitung") oder wenn das Ermessen infolge des Überwiegens besonderer Umstände ausnahmsweise „auf Null reduziert" ist.

Gemessen an diesen Maßstäben war die Versagung der Beiordnung des Rechtsanwalts E. rechtsfehlerhaft, weil sich das richterliche Auswahlermessen hier ausnahmsweise auf dessen Person beschränkte (also „auf Null reduziert" war). Schon das Gewicht der gegen die Angeklagte im Ermittlungsverfahren erhobenen, von ihr bestrittenen Tatvorwürfe (sie hatte sich damals noch wegen eines weiteren, später nach § 154 StPO ausgeschiedenen Mordkomplotts zu verantworten) rückt bei der gebotenen Abwägung aller Umstände das von § 142 Abs. 1 Satz 1 StPO geschützte Kosteninteresse weiter in den Hintergrund, als dies bei weniger gravierenden Tatvorwürfen der Fall wäre (vgl. OLG Düsseldorf StV 1985, 450).

Von besonderem Gewicht ist, daß die Untersuchungshaft der die Tat bestreitenden Angeklagten zunächst elf Monate lang weit vom späteren Gerichtsort entfernt und erst danach am Gerichtsort vollzogen wurde. Daß es hier sachlich gerechtfertigt war, schon im Ermittlungsverfahren einen Verteidiger zu Rate zu ziehen, bedarf keiner weiteren Darlegung. Es ist nicht zu beanstanden, daß die Angeklagte zunächst einen Rechtsanwalt beauftragte, der seinen Kanzleisitz nahe der Haftanstalt hatte. Hätte die Angeklagte einen am Gerichtsort ansässigen Verteidiger bemüht, so wären in diesem Stadium des Verfahrens hohe Reisekosten für Besuche in der Haftanstalt angefallen. Soll die Beiordnung eines Verteidigers grundsätzlich gleichen Rechtsschutz gewähren wie die Wahlverteidigung (BVerfG a.a.O.), so konnte dieses Ziel nur durch die Beiordnung des Rechtsanwalts E. erreicht werden; kein mit ausreichenden Mitteln ausgestatteter Beschuldigter wäre gezwungen gewesen, trotz schwerster Tatvorwürfe beim Übergang vom Ermittlungs- zum Hauptverfahren den bisherigen Verteidiger zu wechseln (vgl. für das Auseinanderfallen von Haftort und Gerichtsort auch OLG München StV 1984, 67; LG Oldenburg StV 1984, 506; OLG Nürnberg StV 1987, 191; OLG Düsseldorf StV 1987, 240, 241; OLG Hamm StV 1990, 395; für ein Auseinanderfallen von Wohnort des Angeklagten und Gerichtsort OLG Schleswig StV 1987, 478, 479; OLG München StV 1993, 180; OLG Koblenz StV 1995, 118).

Die Vertretung durch Rechtsanwalt E. im Ermittlungsverfahren hatte hier zu einem schutzwürdigen besonderen Vertrauensverhältnis geführt, dem die Beiordnungsentscheidung Rechnung tragen mußte (vgl. dazu OLG München StV 1984, 67; OLG Frankfurt StV 1985, 315; StV 1985, 449; OLG Nürnberg StV 1987, 191, 192; OLG Karlsruhe NJW 1978, 1064), zumal der Rechtsanwalt die Angeklagte im Februar 1995 in einem weiteren Verfahren wegen Betrugstaten, die die Angeklagte im Zusammenhang mit ihren Beziehungen zu dem hier u.a. wegen mehrfachen Mordes verurteilten Mitangeklagten R. begangen hatte, als bestellter Verteidiger vor dem Amtsgericht Fürth vertreten hatte (zu diesem Gesichtspunkt vgl. OLG Zweibrücken StV 1981, 288; OLG Saarbrücken StV 1983, 362; OLG Düsseldorf StV 1987, 240).

Ob diese Umstände jeder für sich schon ausgereicht hätten, das von § 142 Abs. 1 StPO eröffnete Auswahlermessen einzuschränken, kann dahinstehen. Jedenfalls folgt die Ermessensreduzierung aus einer Gesamtschau. Die zu erwartenden Mehrkosten der Anreise des Verteidigers zum Gerichtsort standen nicht außer Verhältnis zur Bedeutung der Sache und waren angesichts des Nachteils, den die den Tatvorwurf bestreitende Angeklagte andererseits durch den Verlust ihres bisherigen Verteidigers hinzunehmen hatte, in Kauf zu nehmen. Das Landgericht hätte allenfalls erwägen können, den ungestörten Gang der Hauptverhandlung durch die Beiordnung eines weiteren ortsansässigen Verteidigers zusätzlich zu sichern.

Der Verfahrensfehler führt zur Aufhebung des Urteils, soweit es die Angeklagte K. betrifft, weil die Verteidigung in einem für die Entscheidung wesentlichen Punkt unzulässig beschränkt worden ist (§ 338 Nr. 8 StPO) und das Gericht mit der Ablehnung der beantragten Beiordnung sowohl seine Fürsorgepflicht gegenüber der bestreitenden Angeklagten als auch den Grundsatz des fairen Verfahrens verletzt hat. Um einen wesentlichen Punkt i.S. des § 338 Nr. 8 StPO handelt es sich auch dann, wenn es – ungeachtet der Mitwirkung eines anderen Verteidigers (vgl. auch BGHSt. 36, 259, 262 [BGH Urt. v. 9. 10. 1989 – 2 StR 352/89; vgl. § 218 StPO erfolgreiche Rügen]) – um den Verteidiger des Vertrauens geht.

3. Unzulässige Ablehnung eines Aussetzungsantrags wegen Nichteinhaltung der Ladungsfrist.

StPO §§ 217 II, 338 Nr. 8 – BGH Beschl. v. 7. 12. 1994 – 5 StR 519/94 LG Mannheim (= StV 1995, 57 = NStZ 1995, 298)

Die Revision rügt, daß die Verteidigung durch fehlerhafte Ablehnung eines Aussetzungsantrages wegen Nichteinhaltung der Ladungsfrist unzulässig beschränkt worden sei.

Sachverhalt: Mit Schriftsatz vom 25. 2. 1994, am selben Tag beim Landgericht eingegangen, meldete sich Rechtsanwalt K als Wahlverteidiger 13 Tage vor der am 10. 3. 1994 beginnenden Hauptverhandlung. Seine Ladung zur Hauptverhandlung wurde am 10. 3. 1994 unmittelbar vor Verhandlungsbeginn bewirkt. Durch am 9. 3. 1994 bei Gericht eingegangenen Schriftsatz beantragte Rechtsanwalt K., die Hauptverhandlung auszusetzen. Diesen Antrag hat die Strafkammer durch Beschluß vom 11. 3. 1994 zurückgewiesen. – Das Rechtsmittel hatte Erfolg.

Gründe:

1. Durch diesen Beschluß hat das Landgericht die Verteidigung des Angeklagten in unzulässiger Weise beschränkt (§ 338 Nr. 8 StPO). Dem Antrag auf Aussetzung der Hauptverhandlung hätte stattgegeben werden müssen. Der Verteidiger hatte das Recht, die Aussetzung zu verlangen (§§ 218 S. 2, 217 II StPO); denn er war nicht – wie gesetzlich vorgeschrieben (§ 218 S. 1 StPO) – fristgerecht zur Hauptverhandlung geladen worden, obwohl er seine Wahl zum Verteidiger dem Gericht so rechtzeitig angezeigt hatte, daß er unter Einhaltung der Ladungsfrist hätte geladen werden können.

2. Eine andere Beurteilung ergibt sich auch nicht aus folgenden Gesichtspunkten:

a) Außer durch Rechtsanwalt K. wurde der Angeklagte durch Rechtsanwalt v. T verteidigt, der rechtzeitig geladen worden war. Indes muß, wenn der Angeklagte mehrere Verteidiger hat, jeder von ihnen geladen werden, wenn – wie hier – die in § 218 S. 1 StPO genannten Voraussetzungen vorliegen (BGHSt. 36, 259, 260 [BGH Urt. v. 9. 10. 1989 – 2 StR 352/89; vgl. § 218 StPO erfolgreiche Rügen]). Der Sonderfall, daß die mehreren Verteidiger gemeinsam einer Sozietät angehören (auch dazu BGH a.a.O.), liegt nicht vor.

b) Allerdings hatte Rechtsanwalt K. spätestens ab dem 25. 2. 1994 die Möglichkeit, von dem Hauptverhandlungstermin Kenntnis zu nehmen; denn an diesem Tag hatte sein Sozius Rechtsanwalt Ke. die – auch die Terminierung der Hauptverhandlung enthaltenden – Verfahrensakten ausgehändigt erhalten, die daraufhin in der Rechtsanwaltskanzlei kopiert wurden. Jedoch hat Rechtsanwalt K. nach dem substantiierten, unwiderlegten Vortrag der Revision erst am 7. 3. 1994 bei einem Gespräch mit dem aus einem einwöchigen Urlaub zurückgekehrten Rechtsanwalt Ke. von dem Hauptverhandlungstermin Kenntnis erhalten. Nach der Rechtsprechung des BGH kann das Fehlen einer förmlichen Ladung dann unschädlich sein, wenn der Verteidiger auf andere Weise rechtzeitig – also mindestens 1 Woche vorher – vom Hauptverhandlungstermin zuverlässig Kenntnis erlangt hat. Die bloße Möglichkeit der Kenntnisnahme genügt jedoch nicht (BGHSt. 36, 259, 261). Der Senat verkennt nicht, daß die Strafkammer angesichts der Aushändigung der Akten an einen Rechtsanwalt aus der Sozietät des Rechtsanwaltes K. gute Gründe für ihre dem Beschluß vom 11. 3. 1994 zugrundegelegte Annahme hatte, Rechtsanwalt K. habe umgehend nach der Aktenüberlassung Kenntnis vom Hauptverhandlungstermin genommen, falls er diese Kenntnis nicht schon zuvor gehabt habe. Indes kommt es auf diese Einschätzung durch das Landgericht nicht an, da ihre Richtigkeit nicht bewiesen ist. ...

3. Diese unzulässige Beschränkung der Verteidigung betrifft einen für die Entscheidung wesentlichen Punkt i.S. des § 338 Nr. 8 StPO. Angesichts des Prozeßstoffes und der nur fünftägigen Dauer der Hauptverhandlung kann der Verteidiger auch nicht darauf verwiesen werden, er hätte sich während des Laufs der Hauptverhandlung ebenso umfassend in die Akten einarbeiten können, wie dies bei rechtzeitiger Ladung der Fall gewesen wäre.

4. Fehlerhafte Ablehnung eines Aussetzungsantrags nach Hinweis auf mögliche Verurteilung wegen Mordes bei Anklage wegen Totschlags.

StPO §§ 265, 338 Nr. 8 – BGH Beschl. v. 1. 3. 1993 – 5 StR 698/92 BezirksGer. Potsdam (= StV 1993, 288 = NStZ 1993, 400)

Die Revision rügt, das Gericht habe zu Unrecht einen Aussetzungsantrag der Verteidigung abgelehnt, der nach einem Hinweis auf die Möglichkeit der Verurteilung wegen Mordes bei Anklage wegen Totschlags gestellt worden ist.

Sachverhalt: Mit der unverändert zur Hauptverhandlung zugelassenen Anklage war dem Angeklagten Totschlag zum Nachteil seiner Ehefrau zur Last gelegt worden. Am Mittag des zweiten und letzten Verhandlungstages wurde er gemäß § 265 I StPO auf die Möglichkeit der Verurteilung wegen Mordes in der Form der grausamen Tötung hingewiesen. Nach etwa einstündiger Mittagspause und 2 1/4-stündiger Fortsetzung der Verhandlung beantragte der Verteidiger vor Schluß der Beweisaufnahme die Aussetzung der Hauptverhandlung, damit er Gelegenheit erhalte, sich auf den veränderten rechtlichen Gesichtspunkt genügend vorzubereiten; hierfür sei eine Vorbereitungszeit von jedenfalls mehr als 2 Stunden erforderlich. Der Strafsenat wies den Aussetzungsantrag durch Beschluß zurück: Die Voraussetzungen des § 265 III StPO lägen nicht vor, da keine neuen Umstände hervorgetreten seien. In der bloßen Mitteilung einer möglichen Änderung der rechtlichen Bewertung liege auch keine Veränderung der Sachlage i.S. des § 265 IV StPO. Zudem sei der Aussetzungsantrag trotz längerer Mittagspause erst mehr als 3 1/4 Stunden nach Hinweiserteilung gestellt worden.

Nach erneuter Unterbrechung um 2 Stunden wurde die Hauptverhandlung mit den Schlußvorträgen fortgesetzt und noch am selben Tag – bei einer Verhandlungsdauer bis nach 21 Uhr – abgeschlossen. – Das Rechtmittel hatte Erfolg.

Gründe: Diese Verfahrensweise beanstandet die Revision mit Recht als unzulässige Beschränkung der Verteidigung. Selbst wenn der rechtliche Hinweis nicht auf in der Hauptverhandlung neu hervorgetretenen Umständen (§ 265 III StPO) beruhte, sondern auf einer abweichenden Bewertung aus den Akten ersichtlicher und bei Anklageerhebung und Eröffnungsentscheidung bekannter Tatsachen, so begründete er jedenfalls angesichts der nunmehr namentlich auch für die Verteidigung gebotenen besonderen Beachtung der Begleitumstände der Tötungshandlung und der dabei gegebenen psychischen Befindlichkeit des Angeklagten eine veränderte Sachlage (§ 265 IV StPO). Bei dem Gewicht der Veränderung, welche für den Angeklagten die weit konkretere Möglichkeit einer Bestrafung mit – später dann tatsächlich auch verhängter – lebenslanger Freiheitsstrafe mit sich brachte, und bei der Schwierigkeit des veränderten rechtlichen Gesichtspunktes, der für einen Strafverteidiger nicht alltäglich ist und auf den er sich auch nach Kenntnis von Anklage und Eröffnungsbeschluß hier nicht ohnehin besonders hätte vorbereiten müssen, war zumindest eine längere Unterbrechung unerläßlich, die dem Verteidiger eine hinreichend gründliche Vorbereitung auf die rechtliche Beurteilung des Mordmerkmals der Grausamkeit nebst allen dabei zu bedenkenden tatsächlichen Verknüpfungen ermöglichte. Jedenfalls ohne ausdrückliches Einverständnis des Verteidigers war hierfür eine Unterbrechung von nur 2 Stunden unzureichend. Mit der Fortsetzung der Hauptverhandlung noch in den Abendstunden desselben Sitzungstages hat das Gericht der ihm gegenüber dem Angeklagten obliegenden Fürsorgepflicht nicht genügt. Daß der Verteidiger den Aussetzungsantrag nicht sofort nach Erteilung des rechtlichen Hinweises, sondern erst zu einem etwas späteren Zeitpunkt gestellt hat, als der Mangel bislang unzureichender Vorbereitung für ihn unverändert fortbestand, vermag an der verfahrensrechtlichen Beurteilung nichts zu ändern. ...

5. Fehlerhafte Ablehnung eines Antrags des Pflichtverteidigers auf Aussetzung des Hauptverhandlung wegen Verhinderung.

StPO §§ 141, 338 Nr. 8; MRK Art. 6 IIIc – BGH Beschl. v. 6. 11. 1991 – 4 StR 515/91 LG Essen (= NJW 1992, 849 = StV 1992, 53 = NStZ 1992, 247)

Die Revision rügt eine unzulässige Behinderung der Verteidigung, weil sich das Gericht geweigert habe, einem berechtigten Aussetzungsantrag der Pflichtverteidigerin wegen Verhinderung nachzukommen und statt dessen dem Angeklagten einen anderen Pflichtverteidiger beigeordnet hat.

Sachverhalt: Der Angeklagte hatte zu Beginn des Ermittlungsverfahrens Rechtsanwältin O. als Verteidigerin gewählt. Nach Anklageerhebung zum erweiterten Schöffengericht wurde Rechtsanwältin O. dem Angeklagten als Pflichtverteidigerin beigeordnet. Sie nahm sodann die Verteidigung in der Hauptverhandlung vor dem Schöffengericht und nach Verweisung der Sache an das Landgericht gemäß § 270 StPO im 1. Hauptverhandlungstermin vor der Strafkammer. Die zunächst nur auf den 15. 4. 1991 anberaumte Hauptverhandlung wurde an diesem Tage nach Vernehmung mehrerer Zeugen unterbrochen; die Fortsetzung wurde auf den 23. 4. 1991, 10 Uhr, anberaumt. Am folgenden Tag (16. 4.) teilte Rechtsanwältin O. mit, daß sie an dem Fortsetzungstermin wegen der Verteidigung in einer anderen umfangreichen, auf den 23. 4. 1991, 9 Uhr, terminierten Sache verhindert sei. Hierbei verwies sie darauf, daß sie bei der „Diskussion am Ende der gestrigen Sitzung" erklärt habe, sie wisse nicht, sondern müsse noch nachprüfen, ob sie an dem Fortsetzungstermin verteidigen könne. Weiter heißt es in ihrem Schriftsatz: „Ich sehe keine andere Möglichkeit als diejenige, sich über einen anderen Fortsetzungstermin zu verständigen. Ihre Anregung, mich ggfls. vertreten zu lassen, vermag ich nicht aufzunehmen. Es ist weder für den Angeklagten noch für einen anderen Verteidiger zumutbar, in dieser Sache ... einen Fortsetzungstermin ... wahrzunehmen angesichts des Stadiums der Beweisaufnahme, in dem sich dieses Verfahren befindet".

Der Vorsitzende vermerkte daraufhin noch am 16. 4. 1991 in den Akten, daß eine Fortsetzung der Verhandlung an einem anderen Tag als dem 23. 4. 1991 nicht möglich sei, weil am 17., 22., 24. und 26. 4. in anderen Sachen verhandelt werde und am 25. 4. einer der Schöffen verhindert sei. Zum 18. und 19. 4. heißt es in dem Vermerk, diese Termine seien „zu kurzfristig für die Ladung der 5 Zeugen, davon 3 in verschiedenen Haftanstalten". Mit Beschluß vom selben Tage bestellte der Vorsitzende dem Angeklagten sodann Rechtsanwalt F als zusätzlichen Pflichtverteidiger, „weil Frau Rechtsanwältin O. zum Fortsetzungstermin am 23. 4. 1991 verhindert ist". In diesem Fortsetzungstermin erklärte der Angeklagte" er lehne die Beiordnung von Rechtsanwalt F als Pflichtverteidiger ab, er möchte weiterhin von Rechtsanwältin O. verteidigt werden; weil sie heute verhindert sei, lehne er eine weitere Verhandlung ab. Die Strafkammer wies den Antrag des Angeklagten durch Beschluß zurück und führte die Hauptverhandlung in Anwesenheit von Rechtsanwalt F. nach 4 weiteren Verhandlungstagen zu Ende, ohne daß die von den weiteren Fortsetzungsterminen jeweils unterrichtete Rechtsanwältin O. die Verteidigung wieder wahrnahm. – Das Rechtsmittel hatte Erfolg.

Gründe: Diese Verfahrensweise verletzte den Angeklagten in seinem Recht auf wirksame Verteidigung (Art. 6 IIIc MRK) und verstieß gegen den Grundsatz des fairen Verfahrens. Der verfassungsmäßig verbürgte Anspruch auf ein rechtsstaatlich faires Verfahren als Ausfluß des Rechtsstaatsprinzips (vgl. BVerfGE 26, 66, 71) umfaßt das Recht des Beschuldigten, sich im Strafverfahren von einem Rechtsanwalt seines Vertrauens verteidigen zu lassen. In Fällen der Pflichtverteidigung erfährt dieses Recht nur insoweit eine Einschränkung, als der Beschuldigte keinen unbedingten Anspruch auf Bestellung des von ihm gewünschten Rechtsanwalts zum Pflichtverteidiger hat. Im übrigen bleibt jedoch der Anspruch des Beschuldigten auf Verteidigung durch einen Verteidiger seines Vertrauens unberührt.

In diesem Recht ist der Angeklagte durch die Fortsetzung der Hauptverhandlung am 23. 4. 1991 in Abwesenheit von Rechtsanwältin O. verletzt worden. Zwar hatten der Angeklagte und seine Verteidigerin auf eine Verlegung des Termins grundsätzlich keinen Anspruch, und der Vorsitzende durfte nach pflichtgemäßem Ermessen unter Berücksichtigung der Interessen der Beteiligten, des Gebots der Verfahrensbeschleunigung und der Terminsplanung des Gerichts den Fortsetzungstermin festlegen. Dabei bestand für die Strafkammer auch kein Zwang, die bereits begonnene Hauptverhandlung wegen der Verhinderung von Rechtsanwältin O. auszusetzen und von neuem zu beginnen, wie sich auch der Regelung in den §§ 145, 228 II StPO entnehmen läßt (vgl. BGHSt. 13, 337, 340 [BGH Urt. v. 30. 10. 1959 – 1 StR 418/59; vgl. § 338 Nr. 8 StPO erfolglose Rügen]). Der allgemeine Grundsatz wirksamer Verteidigung (Art. 6 IIIc MRK) und die prozessuale Fürsorgepflicht geboten es jedoch, daß sich das Gericht ernsthaft bemühte, innerhalb der durch § 229 StPO gezogenen zeitlichen Grenzen die begonnene Hauptverhandlung mit demselben Verteidiger fortzusetzen. Danach mußte es versuchen, mit Rechtsanwältin O., nachdem sie ihre Verhinderung rechtzeitig angezeigt und darauf hingewiesen hatte, daß eine Vertretung durch einen anderen Verteidiger für den Angeklagten unzumutbar sei, einen Alternativtermin jedenfalls innerhalb der 10-Tages-Frist des § 229 I StPO abzustimmen (vgl. BGH NStZ 1987, 34 [BGH Beschl. v. 11. 9. 1986 – 1 StR 472/86; vgl. § 338 Nr. 8 StPO erfolgreiche Rügen]). Dazu bestand hier um so mehr Anlaß, weil Rechtsanwältin O. seit Beginn des Verfahrens in die Sache eingearbeitet war und offenkundig das besondere Vertrauen des Angeklagten genoß.

Die Strafkammer war nicht durch andere Termine gehindert, innerhalb der 10-Tages-Frist an einem anderen Tag als dem 23. 4. 1991 die Verhandlung fortzusetzen. Zu Recht macht die Revision geltend, daß die Terminslage der Strafkammer einer Fortsetzung der Hauptverhandlung jedenfalls am 18. und 19. 4. 1991 nicht entgegenstand. Die gegenteilige Annahme des Vorsitzenden, diese Termine seien „zu kurzfristig für die Ladung der 5 Zeugen, davon 3 in verschiedenen Haftanstalten" verkennt, daß die nicht auf freiem Fuß befindlichen Zeugen – jedenfalls einzelne von ihnen – erforderlichenfalls nach sofortiger telefonischer Aufforderung zum Termin rechtzeitig vorgeführt werden konnten (§ 36 II 2 StVollzG). Daß die Strafkammer aus sonstigen Gründen gehindert war, die Verhandlung an diesen Tagen fortzusetzen, kann dem Vermerk des Vorsitzenden nicht entnommen werden.

Unter diesen Umständen vermochten es weder Gründe prozessualer Fürsorge des Gerichts noch der Zweck, den anberaumten Fortsetzungstermin einzuhalten, zu rechtfertigen, dem Angeklagten Rechtsanwalt F. als weiteren Pflichtverteidiger beizuordnen (vgl. zu den Bedenken gegen die Bestellung mehrerer Pflichtverteidiger im übrigen OLG Frankfurt NJW 1972, 1964, 1965; 1980, 1703, 1704) und, obwohl der Angeklagte sich durch ihn – wie seine Erklärungen erweisen – nicht ausreichend verteidigt fühlte, die Beiordnung aufrechtzuerhalten und die Hauptverhandlung ohne die Verteidigerin seines Vertrauens fortzusetzen.

6. Behinderung der Verteidigung wegen Nichtzulassung einer für eine Zeugin unangenehmen Frage.

StPO §§ 241 II, 238 II, 244 II, 338 Nr. 8 – BGH Beschl. v. 17. 4. 1990 – 2 StR 149/90 LG Frankfurt (= StV 1990, 337 = NStZ 1990, 400 = BGHR StPO § 241 Abs. 2 Zurückweisung 4)

Die Revision rügt eine unzulässige Behinderung der Verteidigung, weil das Gericht eine an eine Belastungszeugin gestellte Frage nach intimen Vorgängen, die deren Glaubwürdigkeit betraf, nicht zugelassen habe.

Sachverhalt: In dem Hauptverhandlungstermin vom 20. 9. 1989 hat der Verteidiger des Angeklagten an die Zeugin S. folgende Frage gestellt:

„Haben Sie während Ihres Aufenthalts im Hotel Z. intime Beziehungen freiwillig zu anderen Männern als Ihrem Ehemann gehabt?"

Diese Frage wurde von dem Landgericht durch Beschluß vom selben Tage mit folgender Begründung als unzulässig zurückgewiesen:

„Die Frage ist unzulässig, weil sie für die Entscheidung ohne Bedeutung ist und die Beantwortung den schutzwürdigen intimen Bereich der Zeugin berührt. Für die Frage der Glaubwürdigkeit der Zeugin spielt es keine Rolle, ob sie in dem erfragten Zeitraum mit anderen Männern freiwillig intime Beziehungen hatte, und für eine etwaige Beurteilung des Schuldumfangs ist allein von Bedeutung, ob in dem Hotel über derartige Beziehungen der Zeugin geredet wurde, nicht ob auch tatsächlich die Beziehungen existieren."

Dieser Gerichtsbeschluß wurde aufgrund einer entsprechenden Gegenvorstellung des Verteidigers des Angeklagten in dem Hauptverhandlungstermin vom 29. 9. 1989 bestätigt. – Das Rechtsmittel hatte Erfolg.

Gründe: Mit der Zurückweisung dieser Frage durch Beschluß des Gerichts wurde die Verteidigung in einem für die Entscheidung wesentlichen Punkt unzulässig beschränkt (§ 338 Nr. 8 StPO). Dem Vorsitzenden und dem Gericht stehen zwar gemäß §§ 241 II und 238 I 1 StPO das Recht zu, Fragen zurückzuweisen; jedoch geht die Pflicht zur Erforschung der Wahrheit dem Interesse des Zeugen an der Erhaltung seines Ansehens vor, wenn das Gericht seiner Pflicht, die Wahrheit zu ermitteln, nicht uneingeschränkt nachkommen kann, ohne Fragen an den Zeugen zu richten, deren Beantwortung ihm oder einem Angehörigen zur Unehre gereichen können (BGHSt. 21, 334, 360 [BGH Urt. v. 10. 11. 1967 – 4 StR 512/66; vgl. § 338 Nr. 3 StPO erfolglose Rügen]). Die von dem Verteidiger des Angeklagten gestellte Frage war unerläßlich i.S. von § 68a I StPO. Die Schilderung des Angeklagten wie auch der Zeugin stimmten – mit geringen Abweichungen – in dem unmittelbar der Tat vorhergehenden Verhalten wie auch in dem Nachtatverhalten im wesentlichen überein. Die entscheidende Abweichung der beiden Schilderungen der Zeugin und des Angeklagten lag lediglich darin, daß der Angeklagte behauptete, in seinem Zimmer habe die Zeugin freiwillig den Geschlechtsverkehr mit ihm ausgeführt, während die Zeugin einen unfreiwilligen Geschlechtsverkehr schilderte. Objektive Tatspuren, wie zerrissene Kleidung, Verletzungen oder Spermaspuren waren nicht vorhanden. Dem Angeklagten war also daran gelegen, die Freiwilligkeit des von ihm behaupteten Geschlechtsverkehrs dem Gericht darzulegen. Zu diesem Zwecke hätte es eine Indizwirkung entfaltet, wenn festgestellt worden wäre, daß die Zeugin auch mit anderen Bediensteten oder Bewohnern des Hotels im fraglichen Zeitraum auf freiwilliger Basis den Geschlechtsverkehr ausgeführt hätte. Denn auch diese Personen hätten – ähnlich wie der Angeklagte – in einer vergleichbaren sozialen Beziehung zu der Zeugin gestanden, aus der sich dann die intime Beziehung entwickelte. ...

7. Lehnt das Gericht einen wegen Ausbleibens des Wahlverteidigers gestellten Aussetzungsantrag ab, muß es nachvollziehbar begründen, daß es von seinem in § 265 IV StPO eingeräumten Ermessen fehlerfreien Gebrauch gemacht hat.

StPO §§ 143, 265 IV, 338 Nr. 8 – BGH Beschl. v. 11. 9. 1986 – 1 StR 472/86 LG Tübingen (= NStZ 1987, 34)

Die Revision rügt, das Gericht habe einen mit der Abwesenheit des Wahlverteidigers begründeten Aussetzungsantrag zu Unrecht abgelehnt.

Sachverhalt: Die Jugendkammer hat in der Hauptverhandlung den Antrag des Angeklagten, die Hauptverhandlung auszusetzen, da sein Wahlverteidiger nicht anwesend sei, mit der Begründung abgelehnt, seine Verteidigung sei ausreichend gewährleistet. – Das Rechtsmittel hatte Erfolg.

Gründe: Diese formelhafte Wendung erlaubt dem Revisionsgericht die Nachprüfung nicht, ob das Landgericht hier das ihm in § 265 IV StPO eingeräumte Ermessen fehlerfrei ausgeübt hat. Die Jugendkammer hatte den neuen Hauptverhandlungstermin lediglich mit dem im ersten Rechtszug bestellten Pflichtverteidiger, nicht aber mit dem seit dem ersten Revisionsverfahren tätigen Wahlverteidiger abgestimmt. Obwohl der Wahlverteidiger rechtzeitig mitgeteilt hatte, daß er an der Teilnahme an dem vom Gericht mit dem Pflichtverteidiger vereinbarten Termin verhindert sei, aber an dem von der Jugendkammer dem Pflichtverteidiger genannten Alternativtermin teilnehmen könne, hielt das Landgericht an dem mit dem Pflichtverteidiger vereinbarten Hauptverhandlungstermin fest. In diesem erschien nur der Pflichtverteidiger, nicht aber der Wahlverteidiger. Der Angeklagte verweigerte Angaben zur Person und zur Sache, solange sein Wahlverteidiger nicht anwesend sei. Jedenfalls unter solchen Umständen durfte sich die Jugendkammer nicht mit dem bloßen Hinweis begnügen, der Angeklagte sei – durch den Pflichtverteidiger – ausreichend verteidigt. Vielmehr hätte es einer Auseinandersetzung damit bedurft, daß der Angeklagte gemäß Art. 6 IIIc EMRK das Recht auf Verteidigung durch den gewählten Verteidiger hat, eine Pflichtverteidigerbestellung – wenn nicht besondere Gründe vorliegen – gemäß § 143 StPO zurückzunehmen ist, sobald ein Wahlverteidiger tätig wird, daß sich der Angeklagte wie seine Verweigerung der Angaben zur Person und zur Sache erweist, offenbar durch den im ersten Rechtszug bestellten Pflichtverteidiger nicht ausreichend verteidigt fühlte, und inwiefern gleichwohl die prozessuale Fürsorgepflicht der Jugendkammer die sofortige Durchführung der Hauptverhandlung gestattete. Auf diesem Verfahrensfehler kann das Urteil beruhen.

8. Ablehnung eines Aussetzungsantrags wegen mangelnder Akteneinsicht trotz rechtzeitiger Beantragung vor der Hauptverhandlung beschränkt die Verteidigung unzulässig.

StPO §§ 338 Nr. 8, 147 – BGH Beschl. v. 16. 10. 1984 – 5 StR 643/84 LG Celle (= NStZ 1985, 87)

Die Revision rügt, die Verteidigung sei in einem wesentlichen Punkt in unzulässiger Weise beschränkt worden, weil das Gericht dem Wahlverteidiger vor Beginn der Hauptverhandlung keine Akteneinsicht gewährt und einen damit begründeten Aussetzungsantrag durch Beschluß deshalb zu Unrecht abgelehnt habe.

Sachverhalt: Der Wahlverteidiger des Angeklagten hatte mit einem Schreiben vom 16. 5. 1984 gebeten, ihm die Akten für einen Tag nach Kassel zu übersenden. Das einen Tag später beim Gericht eingegangene Schreiben wurde dem Vorsitzenden erst am 28. 5. 1984 vorgelegt. Der Verteidiger beantragte zu Beginn der Hauptverhandlung am 30. 5. 1984 mit der Begründung, er habe keine Akteneinsicht gehabt, das Verfahren gegen den Angeklagten auszusetzen. Dieser Antrag wurde durch Gerichtsbeschluß mit der Begründung abgelehnt, daß der Antragsteller keinen Anspruch auf eine Aussetzung habe und daß sein

Schreiben dem Vorsitzenden „nicht vorgelegt" worden sei; selbst bei unverzüglicher Vorlage „wäre eine Übersendung der Akten im Hinblick auf die notwendigen Vorbereitungen des Gerichts nicht mehr möglich gewesen". – Das Rechtsmittel hatte Erfolg.

Gründe: Mit diesem Verfahren ist die Verteidigung des Angeklagten in unzulässiger Weise beschränkt worden. Die Hauptverhandlung hätte jedenfalls unterbrochen werden müssen, um dem Verteidiger die Akteneinsicht (§ 147 StPO) zu ermöglichen. Bei dem nicht überdurchschnittlichen Umfang und Schwierigkeitsgrad der Sache, in der keine U-Haft vollzogen wurde, hätte eine Zeitspanne ausgereicht, die das Verfahren nicht unangemessen verzögerte. Der Verteidiger hatte sich rechtzeitig um Akteneinsicht bemüht. Der Zeitpunkt, zu dem er um die Übersendung der Akten gebeten hatte, war nicht verspätet; das folgt auch daraus, daß die Akten noch am 28. 5. 1984 einem Uelzener Rechtsanwalt, der die Übernahme der Verteidigung des Beschwerdeführers erwog, in seine Geschäftsräume überlassen worden sind. Falls der Vorsitzende die Übersendung der Akten nach Kassel wegen der größeren Entfernung aus zeitlichen Gründen für untunlich hielt, hätte er das dem Verteidiger mitteilen müssen, damit dieser Gelegenheit erhielt, sich in der verbleibenden Zeit auf andere Weise Aktenkenntnis zu verschaffen. Dadurch, daß der Antrag des Verteidigers dem Vorsitzenden zu spät vorgelegt worden ist, wurden die Rechte dieses Verteidigers nicht eingeschränkt. Der Umstand, daß schon ein Pflichtverteidiger beigeordnet war, führt ebenfalls zu keiner Einschränkung dieser Rechte (vgl. BGH, Urt. v. 12. 1. 1978 – 4 StR 594/77).

9. Es sind Fälle denkbar, in denen es sich empfiehlt, dem Verteidiger vor der neuen Hauptverhandlung Einsicht in alle tatbezogenen Spurenakten zu gewähren.
StPO §§ 147 I, 338 Nr. 8 – BGH Beschl. v. 25. 1. 1983 – 5 StR 782/82 LG Lüneburg (= NStZ 1983, 228)

Das Revisionsvorbringen ist nicht bekannt.

Sachverhalt: Das Schwurgericht stellt an Hand objektiver Beweisanzeichen fest, daß der Angeklagte das spätere Opfer in seinem Pkw mitgenommen hat. Es fährt dann fort, es sei „nichts dafür hervorgetreten, daß der Angeklagte etwa M. zwar am Tatabend mitgenommen, dann aber unversehrt irgendwo wieder abgesetzt hätte". – Das Rechtsmittel hatte Erfolg.

Gründe: Die Beweiswürdigung leidet an folgendem Mangel: ...
Nach dem Zusammenhang der Urteilsgründe handelt es sich hier nicht um ein bloßes Vergreifen im Ausdruck. Es ist zu besorgen, das Schwurgericht habe sich nicht streng daran gehalten, daß es nicht Sache des Angeklagten ist, seine Unschuld darzutun. Jedenfalls hätte das Schwurgericht darlegen müssen, weshalb es der Angeklagte für „unverfänglich" halten könnte, die Fahrt mit einem Mädchen einzuräumen, das später vergewaltigt und ermordet aufgefunden wurde.
Es wird sich empfehlen, ungeachtet der Ausführungen in BGHSt. 30, 131 (BGH Urt. v. 26. 5. 1981 – 1 StR 48/81; vgl. § 338 Nr. 8 StPO erfolglose Rügen) dem Verteidiger vor der neuen Hauptverhandlung Einsicht in alle tatbezogenen Spurenakten zu gewähren.

10. Ablehnung eines Beweisantrages bedarf inhaltlicher Begründung.
StPO § 338 Nr. 8 – BGH Beschl. v. 7. 12. 1979 – 3 StR 299/79 (S) LG Frankfurt am Main (=BGHSt. 29, 149 = NJW 1980, 1533 = NStZ 1981, 96)

Die Revision rügt, daß das Gericht Beweisanträge ohne inhaltliche Prüfung als rechtsmißbräuchlich abgelehnt hat.

§ 338 Nr. 8 StPO Nr. 10 — Erfolgreiche Rügen

Sachverhalt: Der Verteidiger stellte in der Hauptverhandlung vom 21. 7. 1978 zwei Beweisanträge. Der erste betraf das dem Angeklagten zur Last gelegte Vergehen gegen das Waffen- und das Kriegswaffenkontrollgesetz. Mit ihm wurde durch einen von der Verteidigung benannten Gutachter (unter anderem) unter Beweis gestellt, daß der als Maschinenpistole bezeichnete Gegenstand nicht die waffentechnischen Merkmale einer solchen Waffe habe. Der zweite Beweisantrag bezog sich auf den dem Angeklagten zur Last gelegten Raubüberfall vom 8. 12. 1975 in D. Durch zwei von der Verteidigung benannte Zeugen wurde unter Beweis gestellt, daß die Belastungszeugin H., die den Angeklagten in der Hauptverhandlung als „Thekenspringer" identifiziert hatte, während des Ermittlungsverfahrens an einer Hausdurchsuchung teilgenommen und bei dieser Gelegenheit erfahren habe, daß der Angeklagte der Tat verdächtig sei.

Das Landgericht hat beide Beweisanträge mit folgender Begründung abgelehnt:

„Die Anträge waren abzulehnen, da sie sich als mißbräuchliche Ausnutzung prozessualer Rechte darstellen. Sie sind damit unzulässig. Seit nunmehr 14 Verhandlungstagen werden schubweise immer neue Anträge gestellt, die zu einer Verzögerung des Verfahrens führen. Obwohl die Hauptverhandlung zwischen dem 24. und 25. Verhandlungstag gemäß § 229 II StPO für die Dauer von 26 Tagen unterbrochen war und der Vorsitzende wiederholt gebeten hat, noch ausstehende Beweisanträge im Interesse der Prozeßbeschleunigung gesammelt zu stellen, sind an den letzten 10 Verhandlungstagen und auch heute immer wieder neue Anträge gestellt worden, die den Abschluß der Beweisaufnahme fortwährend hinauszögern. Mit diesem Vorgehen werden ständig neue Beratungspausen und Unterbrechungen erzwungen, die dazu geführt haben, daß die Kammer seit dem 23. Verhandlungstag jeweils nur kurz zur Entgegennahme der Anträge in öffentlicher Sitzung zusammentreten konnte, um sodann bis zum nächsten Verhandlungstag zu unterbrechen, ohne daß das Verfahren in sachlicher Hinsicht entscheidend hätte gefördert werden können. Dadurch und durch die unmittelbare (erneute) Ladung bereits vernommener Zeugen gemäß §§ 245, 220 StPO wird dem Vorsitzenden die Verhandlungsleitung aus der Hand genommen, der Gang und die Dauer des Verfahrens nach Belieben bestimmt und die Kammer zum Forum sachfremden Agierens gemacht. Das zeigt die heute abgegebene Erklärung des Angeklagten D. mit besonderer Deutlichkeit. In diesem Zusammenhang ist zu berücksichtigen, daß von den mehr als 70 schubweise oder einzeln gestellten Beweisanträgen nur 8 Anträgen stattzugeben war, die Alibis der Angeklagten betrafen, die längst hätten vorgebracht werden können. In dieser Art prozessualen Vorgehens liegt eine mißbräuchliche Inanspruchnahme staatlicher Organe mit dem Ziel, ein entscheidungsreifes Verfahren auf unabsehbare Zeit zu verschleppen. Die neuerlichen Beweisanträge waren daher ohne inhaltliche Prüfung als rechtsmißbräuchlich zurückzuweisen."

In der Hauptverhandlung vom 24. 7. 1979 stellte der Verteidiger erneut Beweisanträge. Einer dieser Anträge betraf den dem Angeklagten zur Last gelegten Raubüberfall vom 16. 12. 1975 in O. Durch zwei von der Verteidigung benannte Polizeibeamte wurde (u. a.) unter Beweis gestellt, daß bei einer Gegenüberstellung mit 35 Zeugen nur drei den Angeklagten als Täter identifiziert und daß sich die Identifizierungsangaben nicht in signifikanter Weise von der statistisch zu erwartenden Wahrscheinlichkeit unterschieden hätten. Im übrigen beantragte die Verteidigung die nochmalige Ladung von zwei Zeuginnen und die Beiziehung von Akten zur weiteren Aufklärung dieses Raubüberfalles und wiederholte ihren Antrag auf Ladung eines Sachverständigen zum Vergehen gegen das Waffen- und Kriegswaffenkontrollgesetz. Das Landgericht wies die Beweisanträge aus den Gründen des Beschlusses vom 21. 7. 1978 zurück. – Das Rechtsmittel hatte Erfolg.

Gründe: Das Verfahren des Landgerichts hat die Verteidigung in einem wesentlichen Punkt unzulässig beschränkt (§ 338 Nr. 8 StPO).

a) Beweisanträge dürfen nur aus den Gründen des § 244 Abs. 3 und 4 StPO zurückgewiesen werden. Nach § 244 Abs. 3 Satz 1 StPO verfällt ein Beweisantrag der Ablehnung, wenn die Erhebung des Beweises unzulässig ist. Ein solcher Fall liegt hier nicht vor. Auch die Strafkammer ist ersichtlich davon nicht ausgegangen. Sie leitet die Unzulässigkeit der Beweisaufnahme vielmehr daraus ab, daß die Beweisanträge sich als „mißbräuchliche Ausnutzung prozessualer Rechte" darstellten.

b) Ein solcher Fall wäre gegeben, wenn die Anträge zum Zwecke der Prozeßverschleppung gestellt worden wären (§ 244 Abs. 3 Satz 2 StPO). An den Ablehnungsgrund der Prozeßverschleppung stellt die Rechtsprechung allerdings strenge Anforderungen. Er liegt danach nur vor, wenn der Antragsteller ausschließlich eine Verzögerung des Verfahrensabschlusses auf unbestimmte Zeit bezweckt. Es muß deshalb nachgewiesen sein, daß er sich der Unmöglichkeit bewußt ist, durch die beantragte Beweiserhebung eine für ihn günstige Wendung des Verfahrens herbeizuführen.

Der Tatrichter muß darüber hinaus selbst überzeugt sein, daß von der beantragten Beweiserhebung keinerlei Ergebnis zugunsten des Angeklagten zu erwarten ist. Die dafür maßgeblichen Gründe muß er in dem ablehnenden Beschluß darlegen (BGHSt. 21, 121, 123 [BGH Urt. v. 3. 8. 1966 – 2 StR 242/66 = BGHSt. 21, 118; vgl. § 244 III S. 2 Var. 6 StPO erfolgreiche Rügen]; BGH, Urteile v. 22. 8. 1978 – 1 StR 385/78, v. 7. 11. 1978 – 1 StR 470/78 – und v. 14. 11. 1978 – 1 StR 282/78]. Dies hat das Landgericht nicht getan. Es hat die Beweisanträge vielmehr „ohne inhaltliche Prüfung als rechtsmißbräuchlich" zurückgewiesen. Die Zurückweisung von Beweisanträgen „ohne inhaltliche Prüfung" ist der Strafprozeßordnung indes fremd.

Das Gericht ist nicht befugt, die Prüfung von Anträgen der Verteidigung schlechthin und von vornherein zu verweigern und im Ergebnis damit – was einer im Gesetz nicht vorgesehenen Prozeßstrafe gleichkäme – auch erfolgversprechende Beweisanträge abzulehnen (vgl. BGH, Beschl. v. 6. 2. 1979 – 5 StR 713/78).

11. Verheimlichen der Personalien eines Zeugen.

StPO §§ 68, 338 Nr. 8 – BGH Urt. v. 14. 4. 1970 – 5 StR 627/69 LG Stade (= BGHSt. 23, 244 = NJW 1970, 1197)

Die Revision rügt, die Verteidigung sei in einem für die Entscheidung wesentlichen Punkt unzulässig beschränkt worden, weil die Personalien eines Zeugen vor ihr geheim gehalten worden sind.

Sachverhalt: Die Strafkammer vernahm in der Hauptverhandlung einen Zeugen, den das Landeskriminalpolizeiamt in Wiesbaden in dieser Sache als „Gewährsmann" eingesetzt hatte. Dieser Zeuge war infolge seiner regelmäßigen Tätigkeit für die Kriminalpolizei in hohem Maße gefährdet, hatte insbesondere schon Morddrohungen erhalten. Darum beschloß die Strafkammer auf seine Bitte, ihn nicht zur Person zu vernehmen, sondern ihn nur „den fünf Richtern unter Ausschluß der anderen Verfahrensbeteiligten seinen Reisepaß vorzeigen" zu lassen. Das geschah. – Das Rechtsmittel hatte Erfolg.

Gründe: Die Personalien eines Zeugen sind unter Umständen geeignet, die Beurteilung seiner Glaubwürdigkeit zu beeinflussen. Dem trägt die Strafprozeßordnung durch ausdrückliche Vorschriften Rechnung. Nach ihrem § 68 Satz 1 beginnt die Vernehmung eines Zeugen damit, daß er „über Vornamen und Zunamen, Alter, Stand oder Gewerbe und Wohnort befragt wird". Das mag zwar nur eine Ordnungsvorschrift sein (RGSt 40, 157, 158), die hauptsächlich bezweckt, Personenverwechslungen zu vermeiden. Nach § 222 Abs. 1 StPO haben aber Gericht und Staatsanwaltschaft, „wenn sie außer den in der Anklageschrift benannten oder auf Antrag des Angeklagten geladenen Zeugen oder Sachverständigen noch andere Personen laden, dem Angeklagten diese Personen rechtzeitig namhaft zu machen und ihren Wohn- oder Aufenthaltsort anzugeben". Die gleiche Mitteilung hat der Angeklagte dem Gericht und der Staatsanwaltschaft zu machen, wenn er Zeugen oder Sachverständige unmittelbar lädt oder zur Hauptverhandlung stellen will (§ 222 Abs. 2 StPO). Diese Bestimmungen sollen rechtzeitige Erkundigungen über die Zeugen oder Sachverständigen ermöglichen (vgl. § 246 Abs. 2 StPO). Das Gesetz sieht es also als selbstverständlich an, daß jeder Zeuge unter seinem richtigen und nicht unter einem Decknamen in das Verfahren eingeführt und in der Hauptverhandlung vernommen wird. Die Strafkammer hätte daher die Persönlichkeit des Zeugen nicht vor den Angeklagten und den Verteidigern geheimhalten dürfen.

Das Recht, diesen Verstoß zu rügen, ist nicht dadurch verlorengegangen, daß die Verteidiger nicht selbst den Zeugen nach seinen Personalien fragten. Ihr Recht dazu (§ 240 Abs. 2 StPO) hatte ihnen das Landgericht durch seinen Beschluß im voraus verweigert. Im übrigen haben die Verteidiger dem Verfahren der Strafkammer erkennbar widersprochen. Als sie nach der Vernehmung des Zeugen zu der Frage gehört wurden, ob er zu vereidigen sei, erklärten sie, da sie seinen Namen nicht wüßten, könnten sie nicht beurteilen, ob seiner Vereidigung irgendwelche Gründe entgegenstanden.

12. Wird der Verteidiger als Zeuge benannt, schließt dies seine weitere Tätigkeit als Verteidiger nicht aus.

StPO § 338 Nr. 8 – BVerfG Beschl. v. 11. 6. 1963 – 1 BvR 156/63 (= BVerfGE 16, 214)

Der Beschwerdeführer rügt, daß er durch Beschluß des Oberlandesgerichts von der weiteren Tätigkeit als Verteidiger in einem Verfahren ausgeschlossen worden ist, in dem ihn die Staatsanwaltschaft als Belastungszeugen benannt hat.

Sachverhalt: Der Beschwerdeführer ist neben einem Pflichtverteidiger Wahlverteidiger in einem Strafverfahren wegen Beteiligung an der Tötung Geisteskranker. Das Hauptverfahren ist durch Beschluß des Landgerichts vom 24. 1. 1963 vor dem Schwurgericht eröffnet worden. Der Generalstaatsanwalt hat bereits am 12. 10. 1962 beim Landgericht beantragt, den Beschwerdeführer von der Verteidigung auszuschließen, da er von der Staatsanwaltschaft in der Anklageschrift als Zeuge dafür benannt sei, daß er als Vormundschaftsrichter in Brandenburg (Havel) schon im Jahre 1941 von der planmäßigen Tötung Geisteskranker erfahren, dagegen Einwände erhoben und jede richterliche Handlung in solchen Fällen abgelehnt habe. Seine Aussage sei zur Klärung der Rechtswidrigkeit der dem Angeklagten zur Last gelegten Massenmorde und der Schuldfrage wesentlich. Über seine bereits dem Untersuchungsrichter gemachten Angaben hinaus werde er weitere wesentliche Fragen als Zeuge beantworten müssen und über die von ihm in seinem eigenen Spruchkammerverfahren zur Frage der Unrechtmäßigkeit der Tötung Geisteskranker abgegebenen Erklärungen auszusagen haben. Das gleichzeitige Auftreten als Zeuge und Verteidiger würde also den Beschwerdeführer in eine Konfliktsituation bringen, die eine ordnungsgemäße Verteidigung nicht gewährleistet erscheinen lasse. Außerdem würde er an wesentlichen Teilen der Hauptverhandlung nicht teilnehmen können.

Das Landgericht hat durch Beschluß vom 22. 1. 1963 den Antrag des Generalstaatsanwalts abgelehnt. Ein als Zeuge benannter Rechtsanwalt sei nicht schlechthin von der Verteidigung ausgeschlossen. Vielmehr sei unter Berücksichtigung aller Umstände des Einzelfalles zu prüfen, ob die ordnungsgemäße Verteidigung in Frage gestellt sei. Dies könne aber im gegenwärtigen Verfahrensabschnitt noch nicht festgestellt werden. Die Bestimmungen der §§ 58 Abs. 1, 243 Abs. 4 StPO, wonach der Zeuge grundsätzlich bis zum Beginn seiner Vernehmung der Hauptverhandlung nicht beiwohnen dürfe, seien nur Ordnungsvorschriften, um den Tatzeugen vor der Beeinflussung durch die Verlesung des Eröffnungsbeschlusses, die Angaben des Angeklagten und die Aussagen anderer Zeugen zu bewahren. Es müsse dem Schwurgericht überlassen bleiben, ob und inwieweit es die Anwesenheit des Beschwerdeführers in der Hauptverhandlung trotz seiner Zeugenvernehmung für angemessen halte. Schließlich sei der Beschwerdeführer nicht Tatzeuge, sondern solle nur über sein eigenes früheres Verhalten aussagen. Er werde kaum in die Lage kommen, zu der Glaubwürdigkeit seiner eigenen Aussage Stellung zu nehmen. Der Beschwerdeführer werde also in der Ausübung seiner Verteidigerfunktion durch seine Stellung als Zeuge nicht so ernsthaft beeinträchtigt, daß seine Ausschließung von der Verteidigung geboten sei.

Auf Beschwerde des Generalstaatsanwalts schloß das Oberlandesgericht durch Beschluß vom 15. 3. 1963 den Beschwerdeführer als Verteidiger aus. Zwar sei die prozessuale Stellung des Verteidigers mit der eines Zeugen nicht schlechthin unvereinbar. Im Einzelfall könne jedoch die Verteidigertätigkeit mit der Zeugenpflicht in Konflikt geraten, so daß die Zeugenpflicht wegen der Unersetzbarkeit des Zeugen vorgehe. Der Ausschluß des Zeugen vom Amte des Verteidigers sei in der Strafprozeßordnung nicht geregelt; das Gesetz räume weder der Verteidigerpflicht noch der Zeugenpflicht einen Vorrang ein. Der Beschwerdeführer sei aber von der Anklage als Belastungszeuge benannt. Im Falle belastender Aussagen bestehe eine Konfliktsituation, aus der sich die Unvereinbarkeit der Zeugenpflicht mit der Verteidigerstellung ergeben könne. Deshalb müsse die Gefahr belastender Aussagen für den Ausschluß von der Verteidigung genügen. – Die Verfassungsbeschwerde hatte Erfolg.

Gründe: Der Anwalt ist Organ der Rechtspflege. Seine Mitwirkung als Verteidiger im Strafprozeß besteht darin, daß er – schon um der Chancengleichheit willen – die Interessen und Rechte des Angeklagten wahrnimmt. Zur Wahrheitsfindung des Gerichts trägt er vor allem dadurch bei, daß er alle Umstände zur Geltung bringt, die den Angeklagten zu entlasten geeignet sind. In der Erfüllung dieser Aufgabe übt der Anwalt einen wesentlichen Teil seines Berufs aus. Wird er durch das Gericht von der Verteidigung ausgeschlossen, dann wird ihm nicht nur die Eigenschaft als Organ der Rechtspflege für dieses Verfahren genommen; er wird auch in der Ausübung seines Berufs beeinträchtigt. Deshalb ist bei dem prozessualen Akt der Ausschließung zugleich das Recht auf freie Ausübung des Anwaltsberufs im Spiel.

Seine Aufgabe als Verteidiger kann der Anwalt ordnungsgemäß nur dann erfüllen, wenn er vom Gericht unabhängig ist und außerdem einen gewissen Abstand zu der Tat des Angeklagten hat. Deshalb hat die Rechtsprechung schon früh Grundsätze darüber entwickelt, wann der Anwalt infolge seiner Nähe zur Straftat in eine Konfliktsituation gerät, die die Erfüllung seiner Verteidigerpflichten so sehr erschwert, daß die Verteidigung unzulässig wird. Dies kann u.a. dann der Fall sein, wenn seine Vernehmung als Zeuge in Frage steht. Einmal soll er als Zeuge während der Verlesung des Eröffnungsbeschlusses sowie bei der Vernehmung des Angeklagten und anderer Zeugen nicht im Gerichtssaal anwesend sein; es ist also möglich, daß er an wesentlichen Prozeßabschnitten nicht teilnehmen kann. Zum anderen kann er in die Lage kommen, seine eigene Zeugenaussage würdigen zu müssen. Hieraus kann sich eine Konfliktsituation ergeben, die den Anwalt zwingt, die Übernahme oder die Fortführung der Verteidigung abzulehnen. Tut er dies nicht, so handelt er standeswidrig. Da ein rechtzeitiges Eingreifen des Ehrengerichts bei der gegenwärtigen Rechtslage nicht gewährleistet ist, muß das Prozeßgericht die Möglichkeit haben, den Verteidiger auszuschließen. Doch hat es dabei in Betracht zu ziehen, daß der Beschuldigte Anspruch darauf hat, von einem Anwalt seines Vertrauens verteidigt zu werden, und daß die Standespflicht vom Anwalt fordert, ein Mandat nicht ohne triftigen Grund abzulehnen. Die Ausschließung des Verteidigers ersetzt hier die dem Anwalt selbst nach Auffassung des Gerichts durch seine Berufspflicht gebotene Niederlegung aus eigenem Entschluß. Sie enthält deshalb eine verbindliche Feststellung der im konkreten Falle gegebenen Berufspflicht und ist als solche ein erheblicher Eingriff in die Berufstätigkeit des Anwalts. Das Gericht muß die Wertentscheidung des Art. 12 Abs. 1 GG bei Anwendung dieser Maßnahme beachten und darf diese nur ergreifen, wenn sie durch die Umstände zwingend geboten ist.

Das Reichsgericht hat bereits in seiner Entscheidung vom 17. 4. 1893 (RGSt 24, 104) zu der Vereinbarkeit der Funktionen des Zeugen und des Verteidigers Stellung genommen und sie dort grundsätzlich verneint. In jenem Verfahren war der Verteidiger als letzter Zeuge vernommen worden und hatte der Beweisaufnahme im übrigen nicht beigewohnt. Eine ordnungsgemäße Verteidigung durch ihn schien daher nicht möglich. Aber schon in dieser Entscheidung betonte das Reichsgericht, daß die Frage der Vereinbarkeit beider Funktionen von der Lage des konkreten Falles abhänge. So könne die Aussage Nebenpunkte betreffen, die sich abgesondert erledigen ließen; der Gang der Hauptverhandlung könne so geordnet werden, daß der Verteidiger, der zugleich Zeuge sei, an allen wesentlichen Abschnitten der Hauptverhandlung teilnehmen könne. In einer Reihe weiterer Entscheidungen hat das Reichsgericht stets im Einzelfall geprüft, ob sich die Funktionen der Verteidigung und der Zeugenschaft miteinander vereinen lassen, und dies mehrfach bejaht (vgl. RGSt 54, 175; 55, 219). Der Bundesgerichtshof hat diese Rechtsprechung fortgesetzt, wobei er noch stärker betont, daß beide Funktionen an sich nicht unvereinbar seien, sondern nur im Einzelfall sich eine solche Unvereinbarkeit ergeben könne (BGH in NJW 1953, 1600). Ein Gewohnheitsrechtssatz, daß ein im gleichen Verfahren als Zeuge benötigter Rechtsanwalt von der Verteidigung schlechthin ausgeschlossen sei, läßt sich dieser Rechtsprechung keinesfalls entnehmen. Vielmehr haben die Gerichte unter Billigung der Rechtslehre die Ausschließung stets von den Umständen des konkreten Verfahrens abhängig gemacht, aus denen sich eine Unverträglichkeit beider Funktionen ergeben konnte.

In dem angegriffenen Beschluß geht das Oberlandesgericht davon aus, daß der Beschwerdeführer von der Staatsanwaltschaft als Belastungszeuge benannt sei; im Falle belastender Aussagen bestehe eine Konfliktsituation, aus der sich die Unvereinbarkeit der Zeugenpflicht mit der Verteidigerpflicht ergeben könne; die Gefahr belastender Aussagen müsse daher für die Ausschließung des Anwalts von der Verteidigung genügen. Wollte das Oberlandesgericht damit über die vom Reichsgericht entwickelten Grundsätze hinaus einen neuen allgemeinen Rechtssatz aufstellen, so wäre dies im Hinblick auf Art. 12 Abs. 1 GG bedenklich, der die Berufsregelung durch Gesetz erfordert. Die oben wiedergegebenen Sätze sind jedoch offenbar so aufzufassen, daß das Oberlandesgericht nur diese überkommenen Grundsätze auf den vorliegenden Fall anwenden wollte. Dann hätte es aber im Hinblick auf die Wertentscheidung des Art. 12 Abs. 1 GG die Bedeutung der vom Beschwerdeführer erwarteten Aussage für das Strafverfahren gegen den schweren Eingriff in die Berufsausübung abwägen müssen. Das Oberlandesgericht nimmt zutreffend an, daß das Gesetz einen Vorrang der Zeugenpflicht vor dem Recht des Rechtsanwalts, als Verteidiger aufzutreten, nicht normiert. Ein solcher Vorrang könnte sich im Einzelfall daraus ergeben, daß der Anwalt vielleicht als einziger oder einer von wenigen Tatzeugen in Frage kommt, so daß auf ihn nicht verzichtet werden kann. Dem Angeklagten ist dann zuzumuten, einen anderen Anwalt als Verteidiger zu wählen, dem Anwalt, für diesen Fall auf die Ausübung seines Berufs zu verzichten. Dabei mag sich eine Konfliktsituation eher bei einer belastenden als einer entlastenden Aussage ergeben, weil die belastende Zeugenaussage im allgemeinen der Aufgabe des Verteidigers widerspricht. Doch kann die bloße Möglichkeit, als Belastungszeuge in Frage zu kommen, für sich den Ausschluß von der Verteidigung noch nicht rechtfertigen. Das Oberlandesgericht hätte vielmehr prüfen müssen, ob die Benennung des Beschwerdeführers als Belastungszeuge mit einiger Sicherheit einen so erheblichen Konflikt mit seiner Verteidigerstellung erwarten lasse, daß seine Ausschließung zur Sicherung einer geordneten Verteidigung zwingend geboten erschien.

Der Beschwerdeführer ist nicht als Tatzeuge benannt, sondern soll nur über sein eigenes früheres Verhalten und seine Beurteilung der Rechtswidrigkeit der Tötung Geisteskranker vernommen werden. Ob das Schwurgericht seine Aussage für wesentlich halten, ob es überhaupt seine Vernehmung beschließen, oder ob es nicht andere Beweismittel für diese Beweisfragen vorziehen wird, ist zur Zeit nicht zu übersehen. Im Falle der Vernehmung des Beschwerdeführers erscheint eine Gestaltung des Verfahrens möglich, die es zuläßt, daß er an allen wesentlichen Abschnitten der Hauptverhandlung teilnimmt. Auch wäre zu erwägen, welchen Einfluß die Tatsache hat, daß das zuständige Gericht die Verteidigung des Angeklagten durch zwei Verteidiger für erforderlich hält und deshalb nach der Entziehung der Verteidigungsbefugnis des Beschwerdeführers dem Angeklagten einen zweiten Pflichtverteidiger beigeordnet hat. Es ist denkbar, daß eine entsprechende Aufteilung der Aufgaben der Verteidigung eine Konfliktsituation des als Zeuge vernommenen Anwalts so mildert, daß seine Ausschließung nicht notwendig erscheint.

Dieser gebotenen Abwägung der Umstände des konkreten Falles hat sich das Oberlandesgericht mit der Feststellung entzogen, daß die Gefahr belastender Aussagen für die Ausschließung des Beschwerdeführers genügen müsse. Es hat damit den Beschwerdeführer in seinem Grundrecht aus Art. 12 Abs. 1 GG verletzt. Der angegriffene Beschluß war daher aufzuheben und das Verfahren an das Landgericht zurückzuverweisen. Der Antrag auf Erlaß einer einstweiligen Anordnung ist damit erledigt.

13. Entpflichtung des Pflichtverteidigers zur Unzeit rechtsfehlerhaft.

StPO §§ 143, 338 Nr. 8 – BGH Urt. v. 9. 12. 1952 – 1 StR 518/52 LG Aschaffenburg (= BGHSt. 3, 327)

Die Revision rügt, daß der Pflichtverteidiger mitten in der Befragung einer wichtigen Zeugin ohne Begründung von seinem Amt entbunden worden ist.

Sachverhalt: Nach § 140 Abs. 1 Nr. 2 StPO war die Verteidigung notwendig. Demgemäß hatte der Vorsitzende der Strafkammer dem Angeklagten drei Monate vor derjenigen Hauptverhandlung, in der das angefochtene Urteil erging, für diesen nach der Sach- und Beweislage überdies nicht ganz einfachen Straffall den Gerichtsreferendar K. zum Pflichtverteidiger bestellt. Am Tage vor der Hauptverhandlung hatte der Angeklagte den Rechtsanwalt St. zum Verteidiger gewählt und dieser hatte die Wahl angenommen. Nach § 143 StPO wäre die Bestellung des Pflichtverteidigers daraufhin zurückzunehmen gewesen. Dies konnte noch vor oder aber in der Hauptverhandlung geschehen, jedoch nur durch ausdrückliche Erklärung des Vorsitzenden. Aus hier unerheblichen Gründen hat der Vorsitzende die Bestellung des Pflichtverteidigers zunächst nicht zurückgenommen. Die Sitzungsniederschrift ergibt vielmehr, daß der Angeklagte in der Hauptverhandlung zunächst vom Wahlverteidiger und vom Pflichtverteidiger gemeinsam verteidigt worden ist. Erst nach der Zeugenbelehrung, der Verhandlung über den Ausschluß der Öffentlichkeit und der Vernehmung des Angeklagten zur Person und zur Sache – sämtlich wesentlichen Verfahrenshandlungen – ist gemäß der Niederschrift nach dem Eintritt in die Beweisaufnahme, und zwar „während der Vernehmung" der Hauptbelastungszeugin Helene T., dem Pflichtverteidiger „bei Antragstellung bzw. Fragestellung" eröffnet worden, seine Tätigkeit als Pflichtverteidiger sei erledigt, nachdem der Angeklagte sich einen Wahlverteidiger bestellt habe, und er ist von seiner Bestellung entbunden worden. – Das Rechtsmittel hatte Erfolg.

Gründe: Dieses Verfahren konnte unter den hier festgestellten Umständen die Verteidigung des Angeklagten unzulässig beschränken.

Grundsätzlich darf der Vorsitzende die nach § 143 StPO zulässige und gebotene Rücknahme der Verteidigerbestellung auch noch während der Hauptverhandlung nachholen, wenn sie übersehen worden oder zunächst absichtlich unterblieben ist. Es muß und darf dann dem Wahlverteidiger und dem Angeklagten überlassen bleiben, auf Aussetzung der Hauptverhandlung hinzuwirken, falls dem Wahlverteidiger nicht genügend Zeit verblieben ist, die Verteidigung ordnungsgemäß vorzubereiten. Die Sitzungsniederschrift ergibt (§ 274 StPO), daß dies hier nicht geschehen ist. Der Wahlverteidiger hat den Angeklagten vielmehr bis zum Schluß der Hauptverhandlung weiter verteidigt. Keiner näheren Erörterung bedarf es auch, ob nicht schon der Umstand, daß das Gericht den Pflichtverteidiger von seinem Amt zunächst nicht entband, sondern ihn in der Hauptverhandlung neben dem Wahlverteidiger auftreten ließ, diesen veranlassen konnte, einen rechtzeitigen Aussetzungsantrag zu unterlassen, den er, wenn er die Verteidigung als neu gewählter Verteidiger von vornherein allein hätte führen müssen, sonst vielleicht gestellt hätte. Denn auch die spätere Entbindung des Pflichtverteidigers hinderte den Wahlverteidiger nicht, aus triftigen Gründen die Verteidigung niederzulegen oder etwa den Angeklagten zu veranlassen, den entlassenen Pflichtverteidiger alsbald zum zweiten Wahlverteidiger zu bestellen (§ 138 StPO).

Aber der Vorsitzende darf den § 143 StPO nicht zur Unzeit derart anwenden, daß die Gefahr oder auch nur der Anschein unzulässiger Beschränkung der Verteidigung entsteht. Die Rücknahme der Bestellung gemäß § 143 ist dann und solange unzulässig, wie der Pflichtverteidiger eine gesetzlich zulässige Verfahrenshandlung vornimmt. Dazu gehört nach § 240 StPO auch die Zeugenbefragung. Wendet der Vorsitzende den § 143 derart an, daß er den Pflichtverteidiger bei der Vornahme einer solchen Prozeßhandlung unterbricht und es ihm unmöglich macht, sie ordnungsgemäß zu beenden, so widerstrebt das dem Zweck des § 143, überschreitet ihn und führt überdies zu Mißdeutungen, von denen die Rechtspflege freigehalten werden muß, zumal wenn kein zwingender Grund ersichtlich ist, warum die Entpflichtung gerade in einem so ungeeigneten Zeitpunkt geschieht. Die Anwendung des § 143 muß dann zurückstehen, bis sie ohne Beeinträchtigung der Verteidigung geschehen kann. Im allgemeinen wird das nach der Beendigung dieser Prozeßhandlung der Fall sein. Feste Regeln lassen sich dafür aber nicht aufstellen. Der Vorsitzende wird die Maßnahme zweckmäßig mit den Beteiligten erörtern und ihnen Gelegenheit geben, der veränderten Verfahrenslage gerecht zu werden.

Diesen Grundsätzen ist hier nicht genügt. Nach der Niederschrift hat der Vorsitzende den Pflichtverteidiger „bei Antragstellung bzw. Fragestellung" während der Vernehmung der Belastungszeugin Helena T. unterbrochen und entpflichtet. Dieser nahm also gerade eine wesentliche Prozeßhandlung vor. Die Sitzungsniederschrift läßt keinen andern Sinn zu. Es läßt sich nicht ausschließen, daß das Urteil auf diesem Verstoß beruht. Der Pflichtverteidiger hatte Gelegenheit genommen, den beweismäßig nicht einfachen Anklagestoff eingehend durchzuarbeiten und die Verteidigung mit dem auswärtigen Angeklagten zu besprechen, was für den neu gewählten Verteidiger nicht in diesem Maße zutreffen konnte. Wegen dieses Verstoßes war das Urteil im Umfang der Anfechtung aufzuheben.

Erfolglose Rügen

1. Der Gerichtsbeschluß, mit dem eine Frage zurückgewiesen wird, ist zu begründen.
StPO § 338 Nr. 8 – BGH Beschl. v. 17. 11. 2000 – 3 StR 389/00 LG Düsseldorf (= StV 2001, 262 = NStZ-RR 2001, 138)

Die Revision rügt, daß der Strafkammervorsitzende in der Hauptverhandlung eine Frage des Verteidigers an den einzigen Belastungszeugen, dessen Glaubwürdigkeit und deren Überprüfung im Mittelpunkt der gesamten Beweisaufnahme stand, nicht zugelassen und das Landgericht die Zurückweisung der Frage durch Beschluß bestätigt hat, ohne diesen Beschluß zu begründen.

Der Sachverhalt ergibt sich aus dem Revisionsvorbringen. – Das Rechtsmittel war erfolglos.

Gründe:

1. ... Die Revision beanstandet allerdings zu Recht, daß der Strafkammervorsitzende in der Hauptverhandlung vom 14. 3. 2000 eine Frage des Verteidigers an den einzigen Bela-

stungszeugen G, dessen Glaubwürdigkeit und deren Überprüfung im Mittelpunkt der gesamten Beweisaufnahme stand, nicht zugelassen und das Landgericht die Zurückweisung der Frage durch Beschluß bestätigt hat, ohne diesen Beschluß zu begründen. Zwar können gem. § 241 II StPO ungeeignete oder nicht zur Sache gehörende Fragen eines Verteidigers vom Vorsitzenden zurückgewiesen werden, auch hat das Gericht nach § 242 StPO bei Zweifeln über die Zulässigkeit einer Frage zu entscheiden. Der Gerichtsbeschluß, mit dem eine Frage zurückgewiesen wird, ist jedoch zu begründen. Das Gericht muß insbesondere darlegen, ob es eine Frage als ungeeignet oder nicht zur Sache gehörig ansieht und worauf sich seine Bewertung stützt, da die Gründe für eine solche Wertung, je nach Sachlage von ganz verschiedener Art sein können. Die Beteiligten gewinnen erst durch die Mitteilung der für das Gericht maßgebenden Gründe die erforderliche Klarheit und werden gegebenenfalls in die Lage versetzt, ihr Ziel, etwa wie hier die Überprüfung der Glaubwürdigkeit eines Belastungszeugen, durch eine neue – zulässige – Frage weiter zu verfolgen. Auch das Revisionsgericht wird erst durch eine Begründung, die sich nicht in der bloßen Wiedergabe des Gesetzeswortlauts erschöpfen darf, in die Lage versetzt zu beurteilen, ob der Tatrichter die Rechtsbegriffe der Ungeeignetheit und der nicht zur Sache gehörenden Frage rechtsirrtumsfrei angewendet hat (vgl. BGHSt. 2, 284 [286 ff.] [BGH Urt. v. 22. 4. 1952 – 1 StR 96/52; vgl. § 241 StPO erfolgreiche Rügen]; BGHSt. 13, 252 [255] [BGH Urt. v. 29. 9. 1959 – 1 StR 375/59; vgl. § 241 StPO erfolgreiche Rügen]). Ausweislich des Protokolls hat weder der Strafkammervorsitzende seine Beanstandung der Frage noch das Gericht seinen die Zurückweisung bestätigenden Beschluß begründet. Damit liegt ein Verstoß gegen §§ 241 II, 242 StPO vor.

Gleichwohl kann der Senat ausschließen, daß die Verteidigung des Angeklagten hier in einem für die Verurteilung wesentlichen Punkt unzulässig beschränkt worden ist. Die Befragung des Zeugen C. hat sich über insgesamt sieben Verhandlungstage erstreckt. Der Verteidiger hat dabei von seinem Fragerecht ausführlich Gebrauch machen können und auch Gebrauch gemacht, insbesondere hat er die Befragung des Zeugen nach der Zurückweisung der Frage fortsetzen können, auch noch an dem nächstfolgenden Verhandlungstag. Bei einer derart langwierigen Befragung eines Zeugen, die sich im Wesentlichen mit seiner Glaubwürdigkeit und seinem denkbaren Motiv für eine Falschbelastung des Angeklagten befasste, hat der Senat keine Zweifel, daß der Angeklagte und sein Verteidiger ausreichend Gelegenheit hatten, für die Überprüfung der Glaubwürdigkeit geeignete und der Wahrheitsfindung dienende Fragen an den Zeugen zu stellen. Das schließt die Annahme einer Beeinträchtigung der Verteidigung in einem für die Entscheidung wesentlichen Punkt i.S. des § 338 Nr. 8 StPO hier aus (vgl. zur Beschränkung der Verteidigung durch die Nichtzulassung weiterer Fragen BGH, NStZ 1982,158 [159] [BGH Beschl. v. 8. 10. 1981 – StR 449/450/81; vgl. § 241 StPO erfolglose Rügen]).

2. Rüge der Beschränkung der Verteidigung wegen Nichtzulassens weiterer Fragen an einen Zeugen setzt Herbeiführung eines Gerichtsbeschlusses gem. § 238 StPO voraus.

StPO § 338 Nr. 8 – BGH Beschl. v. 18. 1. 1996 – 4 StR 711/95 LG Stralsund (= StV 1996, 248)

Die Revision rügt, das Gericht habe die Verteidigung dadurch unzulässig beschränkt, daß es weitere Fragen an die Hauptbelastungszeugin durch deren Entlassung gegen den Widerspruch des Verteidigers unterbunden habe.

Der Sachverhalt ergibt sich aus dem Revisionsvorbringen. – Das Rechtsmittel war erfolglos.

Gründe: ... Die auf die Verletzung des § 240 StPO gestützte Rüge, das Gericht habe die Verteidigung dadurch unzulässig beschränkt, daß es weitere Fragen an die Hauptbelastungszeugin durch deren Entlassung gegen den Widerspruch des Verteidigers unterbunden habe, ist mangels Herbeiführung eines Gerichtsbeschlusses gemäß § 238 Abs. 2 StPO unzulässig (vgl. BGH StV 1985, 355 [BGH Urt. v. 14. 2. 1985 – 4 StR 731/84; vgl. § 238 StPO erfolglose Rügen]). Der Gerichtsbeschluß, mit dem ein Antrag der Verteidigung auf Einholung eines weiteren Sachverständigengutachtens über die Verhandlungsfähigkeit der Zeugin abgelehnt worden ist, vermag die Anrufung des Gerichts gegen die Entlassungsanordnung des Vorsitzenden nicht zu ersetzen.

3. Ablehnung mißbräuchlicher Beweisanträge keine Behinderung.

StPO §§ 244 III, 338 Nr. 8; MRK Art. 6 – BGH Urt. v. 7. 11. 1991 – 4 StR 252/91 LG Dortmund (= BGHSt. 38, 111 = NJW 1992, 1245 = NStZ 1992, 140 = JR 1993, 169)

Die Revision rügt einen Beschluß der Strafkammer unter dem rechtlichen Gesichtspunkt der unzulässigen Beschränkung der Verteidigung. Durch die Untersagung der weiteren Beweisantragstellung durch den Angeklagten selbst sei gegen diesen eine unzulässige Prozeßstrafe verhängt worden, was gegen Art. 6 MRK und gegen § 244 Abs. 3 StPO verstoße.

Sachverhalt: Der Angeklagte hatte in der am 7. 10. 1988 begonnenen Hauptverhandlung bis zum September 1989 ca. 300 Beweisanträge gestellt, die er aber nach Ablegung eines Geständnisses wieder zurückgenommen hatte. Nach Widerruf des Geständnisses am 20. 10. 1989 (78. Verhandlungstag) bis zum 18. 5. 1990 (107. Verhandlungstag) war die Strafkammer „nahezu ausschließlich mit der Entgegennahme und Bescheidung von Beweisanträgen des Angeklagten P. beschäftigt". Dieser hatte zudem am 20. 10. 1989 angekündigt, 200 vorbereitete Beweisanträge stellen zu wollen. Schließlich hatte der Angeklagte R. Anfang Januar 1990 ca. 8500 schriftliche Beweisanträge eingereicht; der Angeklagte P. hatte erklärt, daß er sich diesen – ihm unbekannten – Anträgen „schon jetzt" anschließe. Die Strafkammer hat 106 Beweisanträge geprüft und abgelehnt. Nach einer ins einzelne gehenden Bewertung dieser Anträge im Beschluß vom 18. 5. 1990 kam sie zu folgendem Ergebnis: „Eine Gesamtbetrachtung der Antragsinhalte, der Art der Antragstellung und deren Abfolge läßt erkennen, daß der Angeklagte insgesamt mit seinen Anträgen keine Sachaufklärung erstrebt, auch wenn dies bei jeweils isolierter Betrachtungsweise der einzelnen Anträge in den weit überwiegenden Fällen nicht jeweils aus den Anträgen als solchen heraus erkennbar war". Die Strafkammer schloß daraus, es bestehe „kein Zweifel daran, daß der Angeklagte P. sein Antragsrecht gröblich mißbraucht hat mit dem Ziel, das Verfahren zur Verhinderung eines ihm nicht genehmen Abschlusses durch Urteil zu verzögern, das Gericht zu ermüden und letztlich zu einer bindenden Zusage für eine von ihm als akzeptabel angesehene Strafe zu bewegen" und daß er „auch in Zukunft zur Erreichung seiner Ziele sein Antragsrecht in der dargelegten Form weiter mißbrauchen wird; zahllose weitere Beweisanträge sind angekündigt". – Das Rechtsmittel war erfolglos.

Gründe: Die gegen diesen Beschluß der Strafkammer gerichtete Verfahrensbeschwerde dringt nicht durch. Zwar sieht die Strafprozeßordnung weder den Ausschluß des Angeklagten von dem Beweisantragsrecht noch einen allgemeinen Mißbrauchstatbestand vor, sondern hat nur Sonderfälle wie den Mißbrauch des Fragerechts nach § 239 Abs. 1 in § 241 Abs. 1 und den Mißbrauch des Verteidigerrechts in § 138a Abs. 1 Nr. 2 geregelt. Der Gedanke der Verhinderung eines Rechtsmißbrauchs liegt allerdings auch den Vorschriften der § 26a Abs. 1 Nr. 3, § 29 Abs. 2, § 137 Abs. 1 Satz 2, § 244 Abs. 3 Satz 2 („Prozeßverschleppung"), § 245 Abs. 2 Satz 3 und § 266 Abs. 3 Satz 1 StPO zugrunde. Darüber hinaus gibt es Fälle des Mißbrauchs prozessualer Befugnisse im Strafverfahren, gegen die der Gesetzgeber keine ausdrückliche Bestimmung getroffen hat. Insoweit gilt, daß im Strafverfahren – wie in jedem Prozeß – der Gebrauch prozessualer Rechte zum Erreichen rechtlich mißbilligter Ziele untersagt ist; auch hier besteht ein allgemeines Mißbrauchsverbot (KG JR 1971, 338).

Ein Mißbrauch prozessualer Rechte ist dann anzunehmen, wenn ein Verfahrensbeteiligter die ihm durch die Strafprozeßordnung eingeräumten Möglichkeiten zur Wahrung seiner verfahrensrechtlichen Belange dazu benutzt, um gezielt verfahrensfremde oder verfahrenswidrige Zwecke zu verfolgen. So ist es rechtsmißbräuchlich, wenn ein Antrag nur zum Schein der Sachaufklärung wegen gestellt wird, mit ihm in Wahrheit aber verfahrensfremde Zwecke verfolgt werden (BGH StV 1991, 99, 100 [BGH Urt. v. 22. 8. 1990 – 3 StR 406/89; vgl. § 244 III S. 1 StPO erfolglose Rügen]).

Das war hier der Fall, wie sich aus dem dargestellten prozessualen Verhalten des Angeklagten P. ergab: Wenn ein Gericht zu einem sachlich insgesamt überschaubaren Sachverhalt (Vorwurf des betrügerischen Verhaltens bei Erteilung von Aufträgen an Handwerker bezüglich zweier Bauprojekte) bereits über ein Jahr lang an 77 Tagen verhandelt hat und sodann mehr als ein halbes Jahr lang an etwa 30 weiteren Verhandlungstagen nur mit der Entgegennahme und – fast ausschließlichen – Ablehnung von Beweisanträgen befaßt worden ist, ihm gleichwohl aber noch hunderte oder gar tausende von Beweisanträgen angekündigt werden, liegt der Mißbrauch des prozessualen Beweisantragsrechts auf der Hand. Dabei kann hier außer Betracht bleiben, daß der Angeklagte sich zudem noch weigerte, seine Beweisanträge, die er schriftlich vorformuliert hatte, zu verlesen und als Anlage zum Protokoll zu überreichen, sondern auf ihrer Protokollierung durch eigenes Diktat ins Protokoll bestand.

Einem rechtsmißbräuchlichen Verhalten, das die rechtsstaatlich geforderte effektive Förderung eines Strafverfahrens seitens aller Verfahrensbeteiligten ernsthaft und nachhaltig in Frage stellt, kann allein auf der Grundlage des allgemeinen Mißbrauchsverbots ohne spezielle Eingriffsnorm in der Strafprozeßordnung jedenfalls dann durch Einschränkungen begegnet werden, wenn diese ihrerseits nicht das Recht des betroffenen Angeklagten, sich umfassend verteidigen zu können, in Frage stellen. Hier konnte der Mißbrauch dadurch verhindert werden, daß dem Angeklagten untersagt wurde, unmittelbar Beweisanträge zu stellen. Zwar hat der Bundesgerichtshof schon früher mit Recht darauf hingewiesen, daß das Gericht nicht befugt ist, der Verteidigung schlechthin und von vornherein die Stellung von prozessual zulässigen Anträgen zu verbieten (BGH JR 1980, 218; BGH JZ 1980, 150, 151). Das hat das Landgericht aber auch nicht getan; denn es hat lediglich verlangt, daß der Angeklagte seine Anträge über die Verteidiger stellen solle, um eine rechtliche Kontrolle darüber stattfinden zu lassen, ob es sich um sachdienliche Anträge handelte. Damit wurde der Verteidigung keine unzumutbare Aufgabe gestellt oder gar das Wesen der Verteidigung verkannt. Der Auftrag der Verteidigung liegt nicht ausschließlich im Interesse des Beschuldigten, sondern auch in einer am Rechtsstaatsgedanken ausgerichteten Strafrechtspflege (BGHSt. 29, 99, 106[1]). Der Verteidiger, von dem das Gesetz besondere Sach-

---

1 „Der Konflikt der zwischen einem danach prozessual zulässigen Verteidigerhandeln wie der Aushändigung von Abschriften aus den Akten und dem strafrechtlichen Unterstützungsverbot der §§ 129 und 129a StGB möglich ist, muß dahin gelöst werden, daß solches Handeln kein rechtswidriges Unterstützen einer kriminellen oder terroristischen Vereinigung sein kann, es sei denn, es dient unter dem Anschein zulässiger Verteidigung in Wirklichkeit dem Ziel, einer solchen Vereinigung zu helfen. Das Bestreben, das organisierte Verbrechen mit den Mitteln des Strafrechts schon im Vorfeld seiner Ausführung zu bekämpfen, hat – mit den genannten Einschränkungen – gegenüber dem rechtsstaatlichen Gebot zurückzutreten, auch in diesem Bereich eine ungehinderte und damit wirksame Strafverteidigung zu ermöglichen. Die Erfüllung dieses Gebots wäre ernsthaft gefährdet, wenn der Verteidiger im Zusammenhang mit Verfahren nach den §§ 129 und 129a StGB der Gefahr ausgesetzt würde, wegen einer üblichen und zulässigen Verteidigertätigkeit strafrechtlich selbst verfolgt zu werden. Das darf nicht sein, soll nicht der Rechtsstaatsgedanke erhebliche Einbuße erleiden. Im Ergebnis führt die hier vertretene Auffassung dazu, daß ein der Verteidigung dienendes Handeln, das zur Unterstützung einer kriminellen oder terroristischen Vereinigung führen kann, unter der dargelegten Voraussetzungen nicht geeignet ist, im Rahmen einer erlaubten Verteidigertätigkeit die Strafbarkeit des Verteidigers nach den genannten Vorschriften zu begründen." (BGH Urt. v. 3. 10. 1979 – 3 StR 264/79 [S]).

kunde verlangt (§§ 138, 139, 142 Abs. 2 StPO, § 392 AO), ist der Beistand, nicht der Vertreter des Beschuldigten, an dessen Weisungen er nicht gebunden ist (BGHSt. 12, 367, 369 [BGH Beschl. v. 30. 1. 1959 – 1 StR 510/58; vgl. § 233 StPO erfolglose Rügen]; 13, 337, 343 [BGH Urt. v. 30. 10. 1959 – 1 StR 418/59; vgl. § 338 Nr. 8 StPO erfolglose Rügen]). Die Strafprozeßordnung geht deshalb folgerichtig davon aus, daß es in gewissen Fällen sachdienlich sein kann, Rechte des Beschuldigten nur über den Verteidiger ausüben zu lassen. So wird beispielsweise lediglich dem Verteidiger, nicht dem Beschuldigten selbst, das Akteneinsichtsrecht gewährt (§ 147 StPO); ein Kreuzverhör (§ 239 StPO) darf nur vom Verteidiger (und von dem Staatsanwalt), nicht vom Angeklagten durchgeführt werden; der Angeklagte darf seinen Mitangeklagten nicht unmittelbar befragen (§ 240 Abs. 2 Satz 2 StPO); Revisionsanträge und ihre Begründung können nur in einer von dem Verteidiger (oder – praktisch wenig bedeutsam – von einem Rechtsanwalt oder zu Protokoll der Geschäftsstelle) unterzeichneten Schrift abgegeben werden (§ 345 Abs. 2 StPO); schließlich darf ein Rechtsanwalt als Beschuldigter nicht sein eigener Verteidiger sein (BVerfGE 53, 207). Aus alledem folgt, daß ein Verteidiger den Angeklagten in der Hauptverhandlung keineswegs nach Belieben „schalten und walten lassen" darf, sondern daß ihn eine Pflicht trifft, mit dafür Sorge zu tragen, daß das Verfahren sachdienlich und in prozessual geordneten Bahnen durchgeführt wird. Daß er dabei inhaltlich einseitig die Interessen des Angeklagten zu beachten hat, steht mit der Notwendigkeit der Mitwirkung an einer ordnungsgemäß zu fördernden Hauptverhandlung, in der auch der Abschluß des Verfahrens in einer angemessenen Zeit nicht in Frage gestellt werden darf, nicht in Widerspruch.

Ein milderes Mittel als die Anordnung, der Angeklagte dürfe Beweisanträge in Zukunft nur noch nach Prüfung durch seine Verteidiger und über diese stellen, stand dem Gericht zur Mißbrauchsabwehr hier nicht zur Verfügung: Die Strafprozeßordnung sieht allerdings für die Ablehnung von sachfremden Beweisanträgen grundsätzlich den Ablehnungsgrund der Prozeßverschleppung nach § 244 Abs. 3 Satz 2 StPO vor. Eine Ablehnung aus diesem Grund verlangt aber, daß sich das Gericht sachlich mit dem Beweisantrag auseinandersetzt und das voraussichtliche Beweisergebnis vorweg würdigt (BGHSt. 21, 118 [BGH Urt. v. 3. 8. 1966 – 2 StR 242/66; vgl. § 244 III S. 2 Var. 6 StPO erfolgreiche Rügen]). Dem Mißbrauch, der allein durch die exzessive Stellung von Beweisanträgen getrieben wird, die jeweils das Erfordernis ihrer Bescheidung nach sich zieht, kann daher mit diesem Rechtsinstitut nicht begegnet werden. Dies konnte hier nur mit dem Entzug der unmittelbaren Antragstellung durch den Angeklagten selbst erreicht werden. Damit wurde der Angeklagte in seinem berechtigten Verteidigungsinteresse nicht unzumutbar behindert; es wurde dadurch vielmehr lediglich sein prozeßrechtlich unzulässiges Verhalten in prozeßrechtlich ordnungsgemäße Bahnen gelenkt.

4. Aufnahme von Zeugenaussagen auf Tonband steht im Ermessen des Gerichts.

StPO § 338 Nr. 8 – BGH Urt. v. 13. 10. 1981 – 1 StR 561/81 LG Ulm (= NStZ 1982, 42)

Die Revision rügt eine unzulässige Beschränkung der Verteidigung, weil das Gericht es abgelehnt hat, die Aussage einer Zeugin auf Antrag der Verteidigung hin auf Tonband aufzunehmen.

Der Sachverhalt ergibt sich aus dem Revisionsvorbringen. – Das Rechtsmittel war erfolglos.

Gründe: Die Revision sieht eine Verletzung des § 338 Nr. 8 StPO zu Unrecht darin, daß das Gericht durch Beschluß den Antrag der Verteidigung abgelehnt hat, die Bekundungen der Zeugin S. auf Tonband aufzunehmen. Es steht im pflichtgemäßen Ermessen des Tatrichters, Tonbandaufnahmen zuzulassen oder nicht. Einen Ermessensfehler des Gerichts hat die Revision nicht erkennbar gemacht. Insbesondere war die jetzt behauptete Beeinträchtigung der „motorischen Schreibfähigkeit" des Verteidigers nicht Gegenstand des Antrags, wie er sich aus dem Protokoll ergibt.

5. Unterlassene Beiziehung von Spurenakten trotz Antrags nicht revisibel.
StPO §§ 147 I, 199 II S. 2, 338 Nr. 8 – BGH Urt. v. 26. 5. 1981 – 1 StR 48/81 LG München II (= BGHSt. 30, 131 = NJW 1981, 2267 = StV 1981, 500 = NStZ 1981, 361)

Die Revision rügt, das Gericht habe der Verteidigung die „Spurenakten" vorenthalten. Dadurch sei sie in einem für die Entscheidung ausschlaggebenden Punkt unzulässig beschränkt worden. Die Verteidigung habe Einsicht in die Spurenakten begehrt, weil sie davon ausgegangen sei, daß diese Akten eine Vielzahl von auch für das Verfahren gegen den Angeklagten wesentlichen Erkenntnissen enthielten. Die Verteidigung habe ein „unbedingtes Recht" auf Einsicht in die Spurenakten. Zu Unrecht gehe die Strafkammer von einem formalen Aktenbegriff aus. Die Frage stelle sich, wer die Gewähr dafür gebe, daß die Staatsanwaltschaft die „Vorsortierung der Akten sachgerecht" vornehme. Nach dem Grundprinzip eines ausgewogenen, fairen Verfahrens sei eine Gegenkontrolle durch die Verteidigung unerläßlich. Nur ein materieller Aktenbegriff sei brauchbar. Zum Inbegriff der Akten nach §§ 147, 199 Abs. 2 Satz 2 StPO gehörten ausnahmslos alle Aktenstücke, die im Rahmen der polizeilichen und staatsanwaltschaftlichen Ermittlungen wegen einer Tat im Sinne von § 155 Abs. 1, § 264 Abs. 1 StPO anfielen. Der materielle Aktenbegriff, von dem ausgegangen werden müsse, erweise sich im übrigen als unmittelbare Konsequenz des grundrechtlich verbürgten Anspruchs auf rechtliches Gehör. Der Betroffene müsse in die Lage versetzt werden, die ihm entgegengehaltenen Behauptungen und Tatsachen in eigener Kompetenz zu überprüfen und sachlich-inhaltlicher Kritik zu unterziehen. Infolgedessen müsse er auch den Gesamtbestand der Akten daraufhin überprüfen können, ob und inwieweit Aktenstücke für die Beweisführung wesentlich oder unwesentlich sind. Schon die Auswahl von Beweismitteln sei ein beweisrelevanter Umstand, eine Tatsache, die der Kontrolle durch den Angeklagten nach den Maßstäben des Artikels 103 Abs. 1 GG unterliege. Aus dem Persönlichkeitsrecht der „durch die Spurenakten betroffenen Staatsbürger" ergäben sich keine Einschränkungen. Formale Argumente wie die Berufung auf § 147 Abs. 1 StPO seien abwegig. Es sei auch fehlerhaft, die Anträge der Verteidigung als bloße Beweisermittlungsanträge abzutun. Der Begriff des Beweisermittlungsantrags liefere wiederum nur ein formales Kriterium. Eben deshalb, weil die Verteidigung den Akteninhalt nicht umfassend kenne, sei sie nicht in der Lage, konkretisierte Beweisanträge zu stellen. Die Einsicht in Spurenakten könne „verknüpfende Indizien" erbringen. Es bestehe die Möglichkeit, daß sich solchen Akten etwas entnehmen lasse, das, wenn nicht in Form von Anträgen, wenigstens argumentativ verwertbar sei. Es könne im Einzelfall durchaus legitim sein, daß die Verteidigung aufzeige, gegen andere bestünden „Indizien und Verdachtsmomente gleichen Gewichts wie gegen den im konkreten Verfahren Betroffenen".

Sachverhalt: Am ersten Verhandlungstag hat die Verteidigung den kurz vor Beginn der Hauptverhandlung gestellten und vom Vorsitzenden der Strafkammer abgelehnten Antrag wiederholt, „sämtliche Spurenakten in Sachen Oetker-Entführung beizuziehen", hilfsweise „die Akten der Verfahren beizuziehen, in denen es zu eingehenderen Fahndungsmaßnahmen, wie z.B. Telefonüberwachung, kam", in jedem Falle „die Spurenakten gegen... (es folgen 14 Namen) beizuziehen."

Am 28. Tage der Hauptverhandlung ist von der Verteidigung der Antrag gestellt worden, „alle Ermittlungsvorgänge im Zusammenhang mit der Entführung des Richard Oetker aus der Zeit ab Prozeßbeginn zu Beweiszwecken beizuziehen".

Die Strafkammer hat die Beiziehungsanträge abgelehnt. Sie hat zum Antrag, der am ersten Verhandlungstag gestellt worden ist, ausgeführt:

Die gesamten dem Gericht vorliegenden Prozeßakten seien der Verteidigung mehrmals vollständig zur Verfügung gestellt worden. Bei den Spurenakten der Ermittlungsbehörden handele es sich nicht um Bestandteile der Ermittlungsakten. Was dazu gehöre, ergebe sich aus § 199 Abs. 2 Satz 2 StPO. Die Staatsanwaltschaft sei verpflichtet, „alles ent- und belastende Material, das für das Verfahren vernünftigerweise von Bedeutung sein kann", dem Gericht zuzuleiten. Dafür, daß dies nicht geschehen sei, fehle jeder Anhaltspunkt. Die neben den Spuren- und Sachakten, die den Angeklagten betreffen, vorgelegten Hauptaktenbände enthielten erkennbar die wesentlichen Ermittlungsergebnisse der polizeilichen Sonderkommissionen, soweit sie für das Verfahren gegen den Angeklagten Bedeutung haben könnten. Das gesamte Aktenmaterial vermittle dem Gericht den Eindruck, daß die Staatsanwaltschaft ihrer Verpflichtung nach bestem Wissen nachgekommen sei. Der von der Verteidigung geäußerte Verdacht der (unbewußten) Manipulation und der Betriebsblindheit finde in ihrem Vortrag keine Stütze.

Da die Spurenakten nicht zu den Prozeßakten gehörten, sei der Antrag der Verteidigung als Beweisermittlungsantrag anzusehen. Die begehrte Aktenbeiziehung sei als Vorstufe für weitere Beweishandlungen gedacht. Ihr Ziel und ihr Gegenstand seien unzureichend bestimmt. Es sei nicht zu ersehen, inwieweit Ermittlungsergebnisse in Spurenakten, die andere Personen beträfen, den Angeklagten entlasten könnten. Dahingehende Behauptungen der Verteidigung entbehren ausreichender Konkretisierung.

Auf Grund seiner Aufklärungspflicht sehe sich das Gericht nicht veranlaßt, weiteres Aktenmaterial beizuziehen. Die Heranziehung sämtlicher Spurenakten wäre „eine überschießende Aufklärung ohne realen Bezug auf das Verfahren gegen den Angeklagten". Sie hätte die Offenlegung aller im Zusammenhang mit der Oetker-Entführung einmal in Verdacht geratenen Personen und einen durch nichts gerechtfertigten Eingriff in ihr Persönlichkeitsrecht zur Folge.

Für die Antragsvarianten gelte nichts anderes. Die Verteidigung habe kein Recht auf Einsicht in weitere (vom Gericht nicht ohnehin beigezogene) Spurenakten.

Zum Antrag, „alle Ermittlungsvorgänge im Zusammenhang mit der Entführung des Richard Oetker aus der Zeit ab Prozeßbeginn zu Beweiszwecken beizuziehen", hat die Strafkammer wie folgt Stellung genommen:

Der Antrag unterscheide sich im Kern nicht von dem, mit dem die Beiziehung sämtlicher Spurenakten beantragt worden sei. Wiederum handele es sich um einen Beweisermittlungsantrag, für den gelte, was zum ersten Beziehungsantrag ausgeführt worden sei. Es liege auf der Hand, daß in einem derart auf öffentliches Interesse stoßenden Kriminalfall wie der Entführung Oetkers auch nach Prozeßbeginn weitere Hinweise eingingen. Anhaltspunkte, auf Grund welcher sich die Beiziehung weiterer Ermittlungsvorgänge aufdrängen würde, seien jedoch nicht zu ersehen. – Das Rechtsmittel war erfolglos.

Gründe: ...

4. Die Verteidigung ist nicht in einem für die Entscheidung wesentlichen Punkt durch einen Beschluß des Gerichts unzulässig beschränkt worden.

a) Die Rüge, die auf die Vorschrift des § 338 Nr. 8 StPO gestützt wird, kann nur zum Erfolg führen, wenn die Möglichkeit eines kausalen Zusammenhangs zwischen dem (behaupteten) Verfahrensverstoß und dem Urteil besteht, also die Sachentscheidung möglicherweise auf der Verteidigungsbeschränkung beruht. Das folgt aus den Worten „in einem für die Entscheidung wesentlichen Punkt" (RGSt 44, 338, 345; BGH, Urt. v. 5. 6. 1951 – 1 StR 129/51 [vgl. § 251 StPO erfolgreiche Rügen]). Zwar braucht sich die Revisionsbegründung mit der Frage des Zusammenhangs nicht zu befassen. Sie muß aber Tatsachen vortragen, auf Grund welcher die Möglichkeit des Beruhens geprüft werden kann. Andernfalls vermittelt die Revisionsbegründung nicht den zur Entscheidung über die Rüge erforderlichen Sachverhalt (§ 344 Abs. 2 Satz 2 StPO). Der Vortrag des Angeklagten zeigt nichts auf, was dafür sprechen könnte, daß die nur selektive Beiziehung von Spurenakten für die Sachentscheidung konkret-kausale Bedeutung erlangt hat. Das gilt auch für die „indiziellen Beispiele", auf die er sich beruft:

aa) Erst kurz vor Beginn der Hauptverhandlung sei die Niederschrift über die Aussage einer Zeugin vorgelegt worden, die acht Tage vor der am 14. 12. 1976 begangenen Entführung das nach Überzeugung der Strafkammer am 4. 12. 1976 vom Angeklagten erworbene „Aussetzungsfahrzeug" (einen Pkw vom Typ „Opel-Commodore") sah und bekundete, daß es mit vier Männern besetzt und daß der Angeklagte jedenfalls nicht mit einem der Rücksitz-Insassen identisch war.

Die Verteidigung hat gefolgert: Auf Grund der Tatsache daß der „Opel Commodore" am 6. 12. 1976 mit vier Männern besetzt war, stehe die Beteiligung von mindestens vier männlichen Personen an der „Entführung im weitesten Sinne" fest. Dieser Umstand spreche entscheidend für den Angeklagten, da ihm, dessen Persönlichkeit bis in die früheste Kindheit erforscht wurde, kein Mittäter zugeordnet werden könne.

bb) Aus einem vorgelegten „Spurenvorgang" habe sich ergeben, daß ein Belastungszeuge, der den Angeklagten als Käufer des Aussetzungsfahrzeugs identifizierte, von dem Lichtbild eines in den Kreis der Verdächtigen geratenen Mannes gesagt habe, es sei – im Gegensatz zu dem nach seinen Angaben gefertigten Phantombild – „als Ermittlungsbasis geeignet".

Die Verteidigung hat gefolgert: Auf Grund dieses Spurenvorgangs stehe fest, daß der Fahrzeugkäufer dem Typus des Abgebildeten entsprechen müsse.

cc) Aus den nach der Vernehmung einer Zeugin beigezogenen Spurenakten habe sich entnehmen lassen, daß die Zeugin, die in der Hauptverhandlung angab, sie habe den Angeklagten am Steuer eines „Opel Commodore" gesehen, eine bloße Wichtigtuerin war, welche die Stimme des Oetker-Erpressers einer ganz unverdächtigen Person zugeordnet hatte. Ohne den Zusammenhang aufhellende Fragen der Verteidigung wäre es nicht zur Beiziehung und Auswertung der Spurenakten gekommen.

Diese „indiziellen Beispiele" deuten in keinem Punkte die Möglichkeit konkret-kausaler Zusammenhänge zwischen behauptetem Verfahrensverstoß und Sachentscheidung an. Es steht vielmehr außer Frage, daß die Niederschrift über die Aussage einer Zeugin, die am 4. 12. 1976 den „Opel Commodore" sah, und der Spurenvorgang mit den Bekundungen eines Belastungszeugen zu einem Lichtbild nichts enthalten, was dem Beweisergebnis, zu welchem die Strafkammer gelangt ist, entgegenstünde. Was den unter cc) wiedergegebenen prozessualen Sachverhalt anbelangt, so ist er lediglich Beleg für das, was sich für Gericht, Staatsanwaltschaft und Verteidigung von selbst verstehen mußte, nämlich Belastungszeugen zu befragen, ob sie schon außerhalb des Verfahrens gegen den Angeklagten Angaben gemacht hatten und wie schon gemachte Angaben lauteten. Die Strafkammer hat auch, wie sie in einem ihrer Ablehnungsbeschlüsse ausführt, „sämtliche sog. Identifizierungszeugen gefragt, ob sie bereits früher einmal eine andere Person als den Angeklagten im Zusammenhang mit der Entführung von Richard Oetker identifiziert haben". Diese Befragung diente auch und genügte dem Verteidigungsinteresse. Deckte sie einen möglichen Sachzusammenhang auch nur in bezug auf Hilfstatsachen des Beweises auf, führte sie, wie es der Fall der „wichtigtuerischen Zeugin" zeigt, zur Beiziehung bestimmter Spurenakten. Wenn das nicht geschehen wäre, hätte die Verteidigung einen in der Beweisthematik konkretisierten Antrag stellen können. Die Folgerungen, die sie gezogen hat (vgl. aa und bb), finden in den Tatsachen keine Grundlage und sind lediglich von indizieller Bedeutung dafür, daß die wahllose Beiziehung sämtlicher Spurenakten das Verfahren weder zugunsten noch zuungunsten des Angeklagten gefördert, jedoch die Schwierigkeiten seiner Bewältigung noch um ein Vielfaches gesteigert und seinen Abschluß in der Tatsacheninstanz weit hinausgeschoben hätte.

b) Ohne Preisgabe seiner mit der herrschenden Ansicht übereinstimmenden Auffassung zur Frage des konkret-kausalen Zusammenhangs zwischen (behaupteter) Verteidigungsbeschränkung und Sachentscheidung (vgl. a) erörtert der Senat die weitere Voraussetzung einer erfolgreichen, auf den in § 338 Nr. 8 StPO umschriebenen Revisionsgrund gestützten Rüge. Erforderlich ist eine unzulässige Beschränkung der Verteidigung. Davon kann nur die Rede sein, wenn die Zurückweisung einer Prozeßhandlung der Verteidigung nicht durch eine Verfahrensvorschrift gedeckt ist, sondern einer Norm des Prozeßrechts zuwiderläuft (BGHSt. 21, 334, 360 [BGH Urt. v. 10. 11. 1967 – 4 StR 512/66; vgl. §§ 68a, 338 Nr. 3 StPO erfolglose Rügen]; OLG Stuttgart JR 1979, 170, 171; vgl. auch BGHSt. 23, 244, 245 [BGH Urt. v. 14. 4. 1970 – 5 StR 627/69; vgl. § 338 Nr. 8 StPO erfolgreiche Rügen]; 29, 149, 151/152 [BGH Beschl. v. 7. 12. 1979 – 3 StR 299/79 [S]]; vgl. §§ 68a, 338 Nr. 3 StPO erfolglose Rügen]; BGH, Beschl. v. 7. 4. 1978 – 5 StR 151/78 – bei Holtz MDR 1978, 806). Auch an dieser Voraussetzung fehlt es. Die Strafkammer hat weder gegen die Vorschrift des § 147 StPO verstoßen, noch hat sie den Grundsatz des rechtlichen Gehörs verletzt. Die formgerechte (§ 344 Abs. 2 Satz 2 StPO) Behauptung einer Verletzung der Aufklärungspflicht ist dem Vortrag der Revision schon deshalb nicht zu entnehmen, weil sie nicht sagt, welche bestimmten Tatsachen (Fragen) das Gericht mit Hilfe nicht beigezogener Spurenakten hätte aufklären sollen (vgl. BGHSt. 27, 250, 252 [BGH Urt. v. 13. 9. 1977 – 1 StR 451/77; vgl. § 38 JGG erfolglose Rügen]).

aa) In einer Prozeßlage, wie sie bei Stellung der Anträge der Verteidigung bestand, erfaßt der Aktenbegriff der Vorschrift des § 147 Abs. 1 StPO die mit der Anklageschrift vorgelegten Akten, die in Fortführung der Ermittlungsakten nach Anklageerhebung entstandenen Aktenteile und die vom Gericht herangezogenen oder von der Staatsanwaltschaft nachgereichten Beiakten. Für diesen Bestand gerichtlicher Verfahrensakten kann eine Beschränkung des Einsichtsrechts der Verteidigung grundsätzlich nicht in Frage kommen (RGSt. 72, 268, 272; RiStBV Nr. 111 Abs. 5). Das und nichts anderes besagt § 147 Abs. 1 StPO. Die Bestimmung gibt keinen Anspruch auf Bildung eines größeren Aktenbestands. Ein sog. materieller Aktenbegriff ist ihr fremd.

Die Akten eines Strafverfahrens entstehen vom ersten Zugriff der Polizei an (vgl. § 163 Abs. 1 und 2 StPO), wenn und soweit sie den nämlichen Prozeßgegenstand betreffen. Seine Identität wird aber nicht nur durch die Identität der Tat (des Lebensvorgangs oder historischen Ereignisses), sondern auch durch die Identität des oder der Beschuldigten bestimmt. Er erfährt seine endgültige Konkretisierung durch die öffentliche Klage (§§ 151, 155 Abs. 1 StPO). So wie es von Gesetzes wegen „Sache des Klägers ist, für jeden Prozeß den Prozeßgegenstand zu bestimmen, indem er ihn in der Klage namhaft macht", so ist es seine damit im Zusammenhang stehende Aufgabe, die Frage zu prüfen und eigenverantwortlich zu entscheiden, welche Akten er neben denjenigen, die auf Grund des Verfahrens und seines Prozeßgegenstands entstanden sind, als Beiakten vorzulegen hat. Den Maßstab liefert weder das Verfolgungs- noch das Verteidigungsinteresse, sondern der Grundsatz der Objektivität (§ 160 Abs. 2 StPO): Nicht für das Verfahren und seinen Prozeßgegenstand geschaffene Akten sind als Beiakten beizufügen, wenn ihr Inhalt von schuld- oder rechtsfolgenrelevanter Bedeutung sein kann.

Für „Spurenakten" kann es keinen anderen Maßstab geben. Weil sie nicht auf Grund des Verfahrens gegen den Angeschuldigten und des durch Tat und Täter bestimmten Prozeßgegenstands entstanden sind, handelt es sich um verfahrensfremde Akten, auch wenn sie „tatbezogene" (Peters, Strafprozeß 3. Aufl. S. 219) „Ermittlungen zur Überprüfung eines Gegenstands, eines Sachverhalts oder einer Person enthalten". Allein aus dieser Tatbezogenheit folgt nicht, daß in ihnen erhebliches „Material zur anhängigen Strafsache" aktenkundig geworden ist. Die Tatbezogenheit liegt in den Ermittlungsintentionen. Sie gestatten keine Rückschlüsse auf das jeweilige Ermittlungsergebnis. Deshalb darf und muß die Schuldspruch- oder Rechtsfolgenrelevanz von Spurenvorgängen von der die Akten dem Gericht vorlegenden Anklagebehörde (§ 199 Abs. 2 Satz 2 StPO) geprüft werden, und nur wenn sie tatsächlich Anhaltspunkte zur Aufklärung der „anhängigen Strafsache" bieten, besteht Anlaß, Spurenakten als Beiakten beizufügen.

Die vom Grundsatz der Objektivität bestimmte Prüfung durch die Anklagebehörde ist aus zwei weiteren Gründen unerläßlich:

Zum einen kann die Einsicht in verfahrensfremde (Spuren-)Akten öffentliche oder private Interessen berühren, deren Unterordnung unter das Informationsinteresse der Verteidigung nur gerechtfertigt erscheint, wenn ein Sachzusammenhang im Sinne der möglichen schulderheblichen oder rechtsfolgenrelevanten Bedeutung des Akteninhalts besteht. Zum anderen muß die Aufklärungspflicht des Gerichts überschaubar und erfüllbar sein. Ihre Grundlage bilden der Verfahrensablauf und die dem Gericht vorliegenden Akten (BGH MDR 1978, 66; BGH, Urt. v. 12. 2. 1981 – 4 StR 714/80 – bei Holtz MDR 1981, 455[1]). Die Bemühungen um Aufhellung der Oetker-Entführung haben Tausende von Spurenakten erbracht. Es hieße die Grundlage der Aufklärungspflicht ohne sachliche Anhaltspunkte ins Uferlose ausdehnen und die Durchführbarkeit des Verfahrens gefährden, wenn man die Ansicht billigen würde, daß diese Spurenakten ohne weiteres als „Bestandteile der Haupt- und damit der Gerichtsakten" anzusehen und infolgedessen mit den Hauptakten vorzulegen sind.

Von einem – der Pflichtenseite und der Bindung an das Gebot der Objektivität entbehrenden – „Recht" der Verteidigung auf „Gegenkontrolle" kann nach der gesetzlichen Regelung keine Rede sein. Die mittelbare, eventuell zur Ergänzung der vorgelegten Akten führende Kontrolle ergibt sich aus der Aufklärungspflicht des Gerichts (§ 244 Abs. 2 StPO) und den Möglichkeiten der Verteidigung, durch Beweisanregungen, Beweisermittlungsanträge und Beweisanträge (§ 244 Abs. 3 bis 5 StPO) den Umfang dieser Pflicht und die Voraussetzungen ihrer Erfüllung mitzubestimmen. Daß der Beweisantrag dem Bestimmtheitserfordernis genügen, also das Beweismittel und die Beweistatsache bestimmt bezeichnen (individualisieren) muß (RGSt 64, 432; BGHSt. 1, 29, 31 [BGH Urt. v. 23. 1. 1951 – 1 StR 37/50; vgl. § 244 III S. 2 Var. 6 StPO erfolglose Rügen]; 6, 128, 129 [BGH Urt.

---

1 „Der Angeklagte hatte 1972 in einem Strafverfahren gegen den X diesen als Abnehmer der von ihm, dem Angeklagten, gestohlenen Sachen bezeichnet, diese Aussage aber 1974 in dem gegen ihn wegen Diebstahls der Sachen gerichteten Verfahren und 1979 in dem von X betriebenen Wiederaufnahmeverfahren als falsch bezeichnet. Das Landgericht verurteilte ihn wegen falscher uneidlicher Aussage, wobei es die Aussage von 1979 als falsch und die von 1972 auf Grund verschiedener Umstände als richtig ansah. Die Aufklärungsrüge des Angeklagten das Landgericht hätte den X als Zeugen vernehmen müssen, hatte Erfolg, der BGH führte aus:
Nach § 244 II StPO hat das Gericht die Beweisaufnahme von Amts wegen auf alle Tatsachen und Beweismittel zu erstrecken, die für die Entscheidung von Bedeutung sind. Diese Pflicht zu umfassender Sachverhaltsaufklärung reicht so weit, wie die Umstände, die ihm bekannt sind oder aufgrund der Akten oder des Verfahrensablaufs bekannt sein müssen, zum Gebrauch eines bestimmten weiteren Beweismittels drängen oder ihn nahelegen. Das Gericht darf auch dann, wenn es aufgrund der durchgeführten Beweisaufnahme bereits eine Überzeugung von dem zu beurteilenden Sachverhalt gewonnen hat, solche weiteren Beweismittel nicht ungenutzt lassen. Es muß sie vielmehr ausschöpfen, wenn auch nur die entfernte Möglichkeit einer Änderung der durch die vollzogene Beweisaufnahme begründeten Vorstellung von dem Sachverhalt in Betracht kommt. Diese Aufklärungspflicht hat das Landgericht verletzt. X ist der einzige Tatzeuge, der den wahren Sachverhalt kennt. Er kann somit sichere Bekundungen darüber machen, welche der genannten, einander widersprechenden Zeugenaussagen des Angeklagten falsch war. Es ist daher jedenfalls nicht auszuschließen, daß seine Vernehmung zu einer anderen Beurteilung dieser Frage geführt hätte. Das Landgericht durfte deshalb seine Überzeugungsbildung nicht allein auf die dargelegten, nach seiner Ansicht für eine Falschaussage des Angeklagten im Jahre 1979 sprechenden Umstände gründen. Es mußte sich vielmehr zur Vernehmung dieses Zeugen gedrängt sehen. Daran ändert nichts, daß Angeklagter und Staatsanwaltschaft auf die Vernehmung des X verzichtet haben, denn der Verzicht beseitigt nicht die Pflicht des Gerichts, die Beweisaufnahme von Amts wegen auf alle Beweismittel zu erstrecken, die für die Entscheidung von Bedeutung sind. (BGH Urt. v. 12. 2. 1981 – 4 StR 714/80).

v. 7. 5. 1954 – 2 StR 27/54; vgl. § 244 III–VI StPO erfolglose Rügen]; 19, 24, 25 [BGH Urt. v. 11. 6. 1963 – 1 StR 501/62; vgl. § 244 II StPO erfolgreiche Rügen]) und daß der Erfolg von Beweisermittlungsanträgen (Beweisanregungen) vom Grad ihrer Konkretisierung abhängt (vgl. BGHSt. 17, 245, 247/248 [vgl. § 252 StPO erfolgreiche Rügen]; BGH NJW 1968, 1293) knüpft zwar die Einflußmöglichkeiten der Verteidigung an sachliche Voraussetzungen. Aber nur abstrakt-gedanklichen Erwägungen kann nicht die Eignung zugesprochen werden, die Aufklärungspflicht des Gerichts auszulösen. Das gilt auch in bezug auf Spurenakten (vgl. cc).

bb) Der Anspruch des Angeklagten auf rechtliches Gehör (Art. 103 Abs. 1 GG) ist nicht beeinträchtigt worden, wenn das Tatgericht nur auf der Grundlage des in der Hauptverhandlung ausgebreiteten Tatsachenstoffs entschieden hat (§ 261 StPO) und dem Angeklagten Gelegenheit gegeben worden ist, zu diesem Tatsachenstoff sich zu äußern (vgl. BVerfGE 18, 399, 405/406; 34, 1, 7; 36, 92, 97). Die Revision stellt nicht in Abrede, daß der Angeklagte und seine Verteidiger diese Gelegenheit hatten. Sie meint aber, die Verteidigung hätte in die Lage versetzt werden müssen der Frage nachzugehen, ob sich Beweis- und Argumentationsstoff aus Quellen (den „Spurenakten") gewinnen lasse, die das Gericht nicht gekannt hat und die deshalb für die Bildung der richterlichen Überzeugung und die Sachentscheidung keine Rolle gespielt haben. Diese Ansicht findet im Grundsatz des rechtlichen Gehörs, dessen nähere Ausgestaltung den einzelnen Verfahrensordnungen überlassen ist (BVerfGE 9, 89, 95/96), keine Stütze. Unbestreitbar ist zwar, daß eine sachgerechte Verteidigung nur möglich ist, wenn der Angeklagte Gelegenheit erhält, alle maßgeblichen Tatsachen und Beweisergebnisse kennenzulernen. Aber unter dem Gesichtspunkt des rechtlichen Gehörs ist maßgeblich eben nur das, was für das Urteil (oder das Verfahren) Bedeutung erlangt. Was darüber hinaus für die Sachentscheidung Bedeutung erlangen könnte, ist zunächst nur für die Aufklärungspflicht von Interesse. Gegenstand des rechtlichen Gehörs kann es erst als Tatsachenstoff werden, auf den sich die Hauptverhandlung oder die Entscheidung erstrecken.

cc) Der Angeklagte meint, es sei rechtsfehlerhaft, daß die Strafkammer die Anträge auf Beiziehung von Spurenakten als Beweisermittlungsanträge „abgetan" habe. Der Begriff des Beweisermittlungsantrags liefere nur ein formales Kriterium.

Der Senat teilt diese Auffassung nicht. Da – wie unter aa) dargelegt worden ist – der Angeklagte die Beiziehung der Spurenakten nicht auf Grund der Befugnis seiner Verteidiger zur Akteneinsicht (§ 147 Abs. 1 StPO) verlangen konnte, stellte sich die Frage nach der Einordnung seiner Anträge unter dem Blickpunkt des mit der begehrten Einsichtnahme verfolgten Zwecks. Es steht fest, daß die Verteidigung, wie der erste Ablehnungsbeschluß der Strafkammer und die Revisionsbegründung ausführen, Anhaltspunkte für „weitere Beweishandlungen" oder Argumente für entlastende Behauptungen (insbesondere für Hinweise auf „verknüpfende Indizien") gewinnen wollte. Mit Hilfe von Spurenakten sollten also Beweismittel individualisiert oder zugunsten des Angeklagten sprechende Tatsachen und Beweisgründe gefunden werden. Das sind die „klassischen" Intentionen des Beweisermittlungsantrags, der vorliegt, wenn „die Beweistatsachen oder das Beweismittel erst gesucht werden" (BGHSt. 1, 29, 31; 6, 128, 129; BGH, Urt. v. 29. 4. 1976 – 4 StR 117/76 – bei Holtz MDR 1976, 815; BGH, Urt. v. 30. 7. 1980 – 2 StR 343/80 – bei Holtz MDR 1980, 987).

Ein solcher in der Beweisthematik, in der Angabe des Beweismittels oder in beiden Teilen unbestimmter und damit lückenhafter Antrag kann nicht mit dem Beweisantrag auf eine Stufe gestellt werden. Er wirft aber für das Gericht die Frage auf, ob die Aufklärungspflicht die beantragte Prozeßhandlung (hier: die Beiziehung und Auswertung aller oder gewisser Spurenakten) gebietet (BGHSt. 6, 128, 129; 17, 245, 247/248; BGH NJW 1951, 368 Nr. 24 und 1968, 1293 Nr. 15). Bei der Beantwortung dieser Frage ist das berechtigte Verteidigungsinteresse zu berücksichtigen. Aber auch für den lebenserfahrenen, gewissenhaften

Richter werden weder die Wahrheitsermittlungspflicht noch das berechtigte Verteidigungsinteresse die Annahme begründen, es bestehe die – wenn auch nur entfernte – Möglichkeit einer Änderung der durch die bereits vollzogene Beweisaufnahme bewirkten Vorstellung von dem zu beurteilenden Sachverhalt (vgl. BGHSt. 23, 176, 188 [BGH Urt. v. 21. 11. 1969 – 3 StR 249/68; vgl. § 244 IV StPO erfolgreiche Rügen, § 338 Nr. 6 StPO erfolglose Rügen]; BGH, Urt. v. 12. 2. 1981 – 4 StR 714/80 – bei Holtz MDR 1981, 455), wenn ein Beweisermittlungsantrag eines Minimums an Konkretisierung ermangelt.

So lag es hier. Der Antrag auf Beiziehung sämtlicher Spurenakten entbehrte jeder Konkretisierung in der Beweisthematik und verlangte vom Gericht die (sich als Konsequenz der Beiziehung ergebende) Überprüfung eines Aktenberges trotz Fehlens jeglicher Anhaltspunkte für das Vorhandensein relevanter Erkenntnisquellen. Die Antragsvarianten entbehrten jedenfalls jeder Konkretisierung in bezug auf Beweistatsachen oder Beweisgründe. Es kann dahingestellt bleiben, ob in ihnen bestimmte Beweismittel bezeichnet worden sind (vgl. dazu BGHSt. 6, 128, 129). Es ist infolgedessen nicht zu beanstanden, daß sich die Strafkammer auf den Standpunkt gestellt hat, die von der Verteidigung beantragte Beiziehung von Spurenakten sei auf Grund der Aufklärungspflicht nicht geboten. Der Angeklagte befaßt sich nicht mit dieser Folgerung und sagt auch in der Revisionsbegründung nicht, welche konkreten Tatsachen (Fragen) die Strafkammer mit Hilfe von Spurenakten hätte aufklären können und müssen (vgl. b erster Absatz). Der Senat ist der Meinung, daß er dazu nach 53 Tagen Hauptverhandlung in der Lage gewesen wäre, wenn in ihr das Verteidigungsinteresse nur unzulänglich Berücksichtigung gefunden hätte.

6. Dauer der Unterbrechung der Hauptverhandlung bei Verteidigerwechsel liegt im Ermessen des Gerichts.

StPO §§ 145 III, 338 Nr. 8 – BGH Urt. v. 30. 10. 1959 – 1 StR 418/59 LG Coburg (= BGHSt. 13, 337 = NJW 1960, 253)

Die Revision rügt eine unzulässige Beschränkung der Rechte des Pflichtverteidigers. Sie meint, nicht das Gericht, sondern der Verteidiger habe pflichtgemäß zu prüfen und darüber zu entscheiden, ob eine genügende Vorbereitung der Verteidigung die Aussetzung des Verfahrens erfordere.

Sachverhalt: Dem Angeklagten war nach § 140 Abs. 1 Nr. 3 StPO der Rechtsanwalt M. als Pflichtverteidiger bestellt worden. Im Verlaufe der Hauptverhandlung beantragte der Angeklagte, ihm als neuen Verteidiger den Rechtsanwalt L. beizuordnen, da er jegliches Vertrauen zu seinem bisherigen Verteidiger verloren habe. Gleichzeitig stellte Rechtsanwalt M. den Antrag, ihn von der Verteidigung zu entbinden. Beide Anträge lehnte das Landgericht ab. Nachdem dann der Angeklagte den Rechtsanwalt M. in einem Schreiben der Verantwortungslosigkeit bezichtigt hatte, erschien dieser am 8. 1. 1959, dem siebenten Tage der Hauptverhandlung, nicht mehr und teilte dem Gericht mit, daß er sich weigere, die Verteidigung weiterzuführen. Daraufhin bestellte der Vorsitzende den im Gerichtssaal anwesenden Rechtsanwalt L. gemäß § 145 Abs. 1 StPO zum neuen Pflichtverteidiger. Dieser erklärte sich zur Übernahme der Verteidigung bereit. Die Verhandlung (Beweisaufnahme) wurde unter seiner Mitwirkung an diesem Tage und nach einer Unterbrechung am 12. 1. 1959 fortgesetzt. In dieser Sitzung stellte Rechtsanwalt L. den Antrag, das Verfahren auszusetzen, da ihm Gelegenheit gegeben werden müsse, persönlich an der ganzen Beweisaufnahme teilzunehmen und sich genügend in die Akten einzuarbeiten. Der Angeklagte schloß sich diesem Antrage an. Das Gericht unterbrach daraufhin die Verhandlung bis zum 22. 1. 1959. Hier wurde zunächst noch ein Zeuge vernommen, dann erging folgender Gerichtsbeschluß: „Auf den Antrag des Angeklagten und seines Verteidigers, das Verfahren gemäß § 145 Abs. 3 StPO auszusetzen, wird das Verfahren bis Montag, den 2. 2. 1959 vorm. 9 Uhr unterbrochen".

In der sehr ausführlichen Begründung stützt das Gericht die Entscheidung auf folgende Erwägungen:

a) Rechtsanwalt L. habe seit dem 8. 1. die Akten einsehen können. Darüber hinaus verblieben ihm bis zum 2. 2. 1959 weitere zehn Tage zur Akteneinsicht.

b) Er habe bereits wiederholt Gelegenheit genommen, mit dem Angeklagten zu sprechen. Er habe weiterhin die Möglichkeit, bis zum 2. 2. 1959 dies zu tun. Der Angeklagte, der intelligent sei, sich Aufzeichnungen gemacht habe und über ein ausgezeichnetes Gedächtnis verfüge, sei in der Lage, seinen Verteidiger über das Ergebnis der bisherigen Hauptverhandlung ausreichend zu unterrichten.

c) Der Verteidiger habe die Möglichkeit, sich mit dem früheren Verteidiger M. zu besprechen. Wie dieser dem Gericht mitgeteilt habe, habe er bereits alle schriftlichen Unterlagen dem neuen Verteidiger ausgehändigt. Rechtsanwalt M. habe sich ferner bereit erklärt, ihn umfassend zu informieren.

d) Der Angeklagte habe ferner seinem früheren Verteidiger ohne jeden Grund das Vertrauen entzogen und ihm unberechtigte Vorwürfe gemacht, so daß dieser sich geweigert habe, die Verteidigung weiterzuführen. Der Angeklagte sei demnach allein schuld, daß ein neuer Verteidiger habe bestellt werden müssen, und habe diese Lage bewußt herbeigeführt. Das Gericht sei überzeugt, daß er dabei planmäßig vorgehe, um eine neue Hauptverhandlung zu erzwingen, wobei er glaube, dann einige Mitglieder der Strafkammer ablehnen zu können. – Das Rechtsmittel war erfolglos.

Gründe: Unter Berücksichtigung dieser Umstände ist die Strafkammer nach ihrem pflichtgemäßen Ermessen zu der Auffassung gekommen, daß eine Unterbrechung der Hauptverhandlung genüge, um die Rechte des Angeklagten zu wahren.

Erklärt der neu bestellte Verteidiger, daß ihm die zur Vorbereitung der Verteidigung erforderliche Zeit nicht verbleiben würde, so ist gemäß § 145 Abs. 3 StPO die Verhandlung zu unterbrechen oder auszusetzen.

Im vorliegenden Falle könnte zweifelhaft sein, ob der in der Sitzung vom 12. 1. 1959 gestellte Antrag des Verteidigers noch als Erklärung nach § 145 Abs. 3 StPO mit der sich daraus ergebenden gesetzlichen Folge zu betrachten ist. Rechtsanwalt L. erklärte sich am 8. 1. 1959, soweit aus der Sitzungsniederschrift zu ersehen ist, ohne entsprechenden Vorbehalt zur Übernahme der Verteidigung bereit. Er hat die Verteidigung auch in den Sitzungen am 8. und 12. 1. 1959 geführt. § 145 Abs. 3 StPO hat aber ersichtlich den Fall im Auge, daß der Verteidiger bei der Übernahme der Verteidigung die Erklärung abgibt. Es ist nicht der Sinn dieser Vorschrift, daß der Verteidiger zu einem beliebigen späteren Zeitpunkt die Unterbrechung oder Aussetzung des Verfahrens erzwingen kann. Dies mag jedoch dahinstehen. Auch wenn man mit der Strafkammer in dem Antrag eine zulässige Erklärung nach § 145 Abs. 3 StPO sieht, ist der angegriffene Beschluß rechtlich nicht zu beanstanden.

Für die Strafkammer bestand nämlich nach § 145 Abs. 3 StPO nur das gesetzliche Gebot, das Verfahren mindestens zu unterbrechen. Ob die Unterbrechung oder die Aussetzung des Verfahrens anzuordnen war, hatte sie nach ihrem pflichtgemäßen Ermessen unter Berücksichtigung aller Umstände des Falles zu entscheiden.

Mit der bisherigen Rechtsprechung (vgl. RGSt 33, 330, 333) und der im Schrifttum vorherrschenden Rechtsauffassung ist der Senat der Ansicht, daß das Gericht nach dem geltenden Strafverfahrensrecht die Hauptverhandlung grundsätzlich mit dem neubestellten Verteidiger fortsetzen kann, ohne von neuem beginnen zu müssen.

Allerdings meint Eb. Schmidt (Lehrkommentar zur Strafprozeßordnung, Teil II Anm. 11 zu § 145), die bisherige Verhandlung müsse wiederholt werden; denn nur der könne „verteidigen", der das Ganze der Hauptverhandlung miterlebt habe. Wie solle er sonst in der Lage sein, die für die Beweisaufnahme erforderlichen Entschlüsse zu fassen und einen umfassenden, erschöpfenden Schlußvortrag zu halten! Diese Auffassung enthält zwar einen beachtlichen Gesichtspunkt, sie geht jedoch in ihrer Verallgemeinerung zu weit. Es wird immer von den Umständen des einzelnen Falles abhängen, ob die Anwesenheit desselben Verteidigers bei allen Teilen der Hauptverhandlung für eine sachgemäße Durchführung der Verteidigung unbedingt notwendig ist. Auch im Gesetz findet jene Rechtsmeinung keine Stütze. Aus den §§ 140, 141, 218 und 338 Nr. 5 StPO läßt sie sich nicht ableiten. Im Falle der notwendigen Verteidigung (§ 140 StPO) ist zwar die ununterbrochene Anwesenheit eines Verteidigers in der Hauptverhandlung erforderlich (RG JW 1930, 3858 Nr. 8). Deshalb muß die Hauptverhandlung (wenigstens in ihren wesentlichen Teilen) von neuem beginnen, wenn sich beim Fehlen eines Verteidigers erst in ihrem Verlaufe herausstellt, daß die Verteidigung notwendig ist (BGHSt. 9, 243 [BGH Urt. v. 29. 6. 1956 – 2 StR 252/56; vgl. § 338 Nr. 5 StPO erfolgreiche Rügen]). Gemäß § 227 StPO können jedoch mehrere Beamte der Staatsanwaltschaft und mehrere Verteidiger in der Hauptverhandlung mitwirken und ihre Verrichtungen unter sich teilen. Dies bedeutet nach der bisherigen Rechtsprechung und der herrschenden Lehre, denen sich der Senat anschließt, daß sowohl die Beamten der Staatsanwaltschaft als auch die Verteidiger sich im Laufe der Hauptverhandlung ablösen und nacheinander tätig werden können (RGSt 71, 353). Für den Fall der notwendigen Verteidigung trifft das Gesetz keine Sonderregelung. Zutreffend weist Börker darauf hin, daß es nahegelegen hätte, dies in § 227 StPO zum Ausdruck zu bringen oder den notwendigen Verteidiger in § 226 StPO neben den Richtern ausdrücklich zu erwähnen, wenn der Gesetzgeber die ununterbrochene Anwesenheit desselben Verteidigers in der Hauptverhandlung als erforderlich angesehen hätte. Auch § 145 StPO, insbesondere die Fassung des Absatzes 3, spricht dagegen. In § 145 Abs. 2 StPO ist nur von „aussetzen" die Rede; denn bei jenem Sachverhalt muß immer die bis dahin durchgeführte Verhandlung wiederholt werden. Demgegenüber bedeutet „unterbrechen" in § 145 Abs. 3 StPO (wie auch sonst), daß die Hauptverhandlung innerhalb der Frist des § 229 StPO fortgesetzt werden darf, ohne von neuem beginnen zu müssen. Nur bei dieser Auslegung hat es einen Sinn, daß das Gesetz hier im Gegensatz zu § 145 Abs. 2 StPO von „unterbrechen oder aussetzen" spricht. Daß der Gesetzgeber in § 145 Abs. 3 StPO bewußt zwischen „unterbrechen" und „aussetzen" unterschieden hat, ergibt sich auch aus der Entstehungsgeschichte dieser Vorschrift. In der ersten Lesung der Reichstagskommission wurde darauf hingewiesen, daß eine Unterbrechung der Verhandlung im einzelnen Falle angezeigt sein könne, ohne daß es einer Aussetzung bedürfe. Daraufhin wurde der Antrag, aus dem § 145 Abs. 3 StPO entstanden ist, entsprechend ergänzt.

Die Revision meint aber, es liege nicht im Ermessen des Gerichts, ob zu unterbrechen oder auszusetzen sei. Das Gericht müsse vielmehr einem Antrag des Verteidigers auf Aussetzung des Verfahrens stattgeben; denn nur er könne ermessen, was zur weiteren Vorbereitung der Verteidigung erforderlich sei.

Diese Auffassung findet in § 145 Abs. 3 StPO ebenfalls keine Stütze. Der Wortlaut dieser Vorschrift ergibt nichts für eine solche Auslegung. Dies zeigt deutlich ein Vergleich mit § 429d Abs. 2 Satz 2 StPO. Dort – beim Übergang vom Sicherungsverfahren zum ordentlichen Strafverfahren – bestimmt das Gesetz ausdrücklich, daß die Hauptverhandlung auf den Antrag des Angeklagten (oder des Verteidigers) auszusetzen ist, wenn er behauptet, auf die Verteidigung nicht genügend vorbereitet zu sein (vgl. hierzu BGHSt. 13, 121[1]).

---

1 „Nach § 429d II Satz 2 StPO ist die Hauptverhandlung auszusetzen, wenn der Angeklagte dies mit der Behauptung beantragt, auf die Verteidigung nicht genügend vorbereitet zu sein. Das gilt auch für einen entsprechenden Antrag des Verteidigers. Das Gericht kann einen solchen Antrag nicht mit der Begründung zurückweisen, daß der Angeklagte und sein Verteidiger mit Rücksicht auf eine bereits beschlossene Unterbrechung der Hauptverhandlung ausreichende Gelegenheit zur Vorbereitung der Verteidigung hätten. Es muß dem Antrage stattgeben." (BGH Urt. v. 5. 5. 1959 – 5 StR 61/59).

Die unterschiedliche Behandlung der beiden Fälle durch den Gesetzgeber ist auch innerlich begründet. Dort entsteht durch den Übergang zum ordentlichen Verfahren für den Angeklagten eine gänzlich neue Rechts- und Sachlage, die unter Umständen eine Änderung der Art der Verteidigung von Grund auf erfordert. Es ist daher sinnvoll, dort dem Angeklagten einen Anspruch auf Aussetzung und damit auf Neubeginn der Verhandlung zu geben. Hier hat sich dagegen die Rechtslage für den Angeklagten nicht geändert. Dem entspricht die in § 265 Abs. 3 und 4 StPO getroffene Regelung, daß bei veränderter Rechts- und Sachlage ein Anspruch auf Aussetzung gewährt wird, bei nur veränderter Sachlage dagegen das Gericht eine Ermessensentscheidung zu treffen hat.

Aus alledem ergibt sich, daß im Falle des § 145 Abs. 3 StPO das Gericht nach seinem pflichtgemäßen Ermessen darüber zu entscheiden hat, ob die Verhandlung zu unterbrechen oder auszusetzen ist.

Es war daher zu prüfen, ob die Strafkammer ihr Ermessen rechtsfehlerfrei ausgeübt hat. Ein Rechtsfehler würde vorliegen, wenn sie den Belangen der notwendigen Verteidigung nicht in ausreichendem Maße Rechnung getragen hatte.

Gemäß § 140 StPO genügt es nicht, daß der Verteidiger bestellt wird. Die Vorschrift verlangt seine „Mitwirkung". Die besondere Aufgabe des Verteidigers im Strafprozeß ist es, dem Schutze des Beschuldigten zu dienen und dadurch zur Findung eines gerechten Urteils beizutragen. Er hat diese Aufgabe unter eigener Verantwortung und unabhängig vom Angeklagten zu erfüllen. Dieser Aufgabe kann er aber nur gerecht werden, wenn er den Sachverhalt ausreichend kennt, wenn er genügend darüber unterrichtet ist, wie sich der Angeklagte zur Anklage verhält, und wenn er ein klares Bild von den Möglichkeiten gewonnen hat, die für eine sachgemäße Verteidigung bestehen. Nur ein Verteidiger, der den Stoff ausreichend beherrscht, kann die Verteidigung mit der Sicherheit führen, die das Gesetz verlangt. Eine Unterbrechung der Verhandlung wird daher nur ausreichen, wenn der durch § 229 StPO begrenzte Zeitraum bis zu ihrer Fortsetzung für die Vorbereitung der Verteidigung genügt und außerdem der Verteidiger sich über den Verlauf und die wesentlichen Ergebnisse der bis dahin durchgeführten Verhandlung zuverlässig unterrichten kann. Bei sachlich und rechtlich sehr schwierigen und umfangreichen Verfahren kann die Aussetzung der Verhandlung geboten sein. Dies gilt insbesondere dann, wenn der Verteidigerwechsel erst in einem Zeitpunkt stattfindet, in dem wesentliche Teile der Hauptverhandlung bereits durchgeführt sind. Es wird jedoch immer auf die besonderen Umstände des einzelnen Falles ankommen.

Diese Gesichtspunkte hat die Strafkammer genügend berücksichtigt. Die Zeit, die dem Verteidiger zu seiner Vorbereitung zur Verfügung stand, betrug insgesamt drei Wochen. Sie war demnach nicht unangemessen kurz, zumal wenn man bedenkt, daß die Ladungsfrist gemäß §§ 217, 218 StPO nur eine Woche beträgt. Es liegt auch keine wesentliche Beschränkung der Verteidigung darin, daß der zweite Verteidiger nicht bei der ganzen Hauptverhandlung zugegen war. Er hatte hinreichende Möglichkeiten, sich über die Einzelheiten der bis dahin durchgeführten Verhandlung zu unterrichten. Vor allem war der erste Verteidiger bereit, ihn darüber umfassend aufzuklären. Die Sache war auch nicht so schwierig und umfangreich, daß eine solche Unterrichtung schon deswegen als unzulänglich angesehen werden müßte. Es trifft zwar zu, daß – worauf die Revision besonders hinweist – wichtige Belastungszeugen vor dem Eintritt des neuen Verteidigers vernommen worden waren. Hierzu ist jedoch zu bemerken, daß dem Angeklagten zu dieser Zeit ein Verteidiger zur Seite stand, der noch sein Vertrauen genoß und der sämtliche Rechte eines Verteidigers ausüben konnte und auch ausgeübt hat. Zwar ist es denkbar, daß ein anderer Verteidiger diese Rechte in anderer Weise genutzt hätte und insbesondere durch eine andere Ausübung des Fragerechts das Ergebnis der Hauptverhandlung beeinflußt hätte. Gewichtige Gründe sprechen auch dafür, daß bei einem Verteidigerwechsel innerhalb der Hauptverhandlung der neue Verteidiger wegen seiner selbständigen und eigenverantwortlichen Stellung das Ergebnis der Tätigkeit seines Vorgängers nicht schlechthin und ausnahmslos hinzunehmen hat. Wenn er – etwa auf Grund der Unterrichtung durch den Angeklagten oder seinen Vorgänger – die Auffassung gewinnt, er hätte vielleicht durch ergänzende Fragen an schon vernommene Zeugen das Beweisergebnis zugunsten des Angeklagten beeinflussen können, wird ihm das Recht, solche Fragen zu stellen, nicht beschnitten werden dürfen. Seinem besonders begründeten Antrage auf nochmalige Vernehmung eines Zeugen in seiner Gegenwart wird das Gericht deshalb in der Regel entsprechen müssen. Diese Frage braucht jedoch nicht abschließend entschieden zu werden. Denn der neue Verteidiger hat ausweislich der Sitzungsniederschrift keinen solchen Antrag gestellt. Es ist schließlich auch nicht zu beanstanden, daß die Strafkammer die alleinige Schuld des Angeklagten an dem Verteidigerwechsel mitberücksichtigt hat. Zwar könnte es bedenklich sein, aus einem solchen Grunde die selbständigen Rechte des neuen Verteidigers weniger ernst zu nehmen. Der Umstand durfte vom Landgericht aber bei der unabhängig davon vorzunehmenden Prüfung berücksichtigt werden, ob Rechte des Angeklagten leiden könnten, wenn das Verfahren nicht ausgesetzt, sondern nur unterbrochen würde.

Der Beschluß verletzt nach alledem weder Rechte des Angeklagten noch des Verteidigers.

7. Schlußvortrag trotz Protest gegen Rundfunkaufnahmen nur bedingt revisibel.

StPO §§ 338 Nr.8, 344 II S. 2 – BGH Urt. v. 8. 2. 1957 – 1 StR 375/56 Schwurgericht Weiden (= BGHSt. 10, 202 = NJW 1957, 811 = JZ 1957, 515 = MDR 1957, 433)

Die Revision rügt, daß dem Rundfunk gestattet worden ist, den Schlußvortrag des Verteidigers gegen dessen Willen auf Tonband aufzunehmen. Sie sieht hierin eine Verletzung des § 169 GVG, des § 338 Nr. 8 StPO und der Art. 1, 2 GG.

Sachverhalt: In der ersten Hauptverhandlung, die gegen den Beschwerdeführer vor dem Schwurgericht stattfand, hatte sich der Verteidiger des Angeklagten, Rechtsanwalt Dr. S. aus M., geweigert, seinen Schlußvortrag zu halten, solange sich im Sitzungssaal Aufnahmegeräte des Rundfunks befänden. Das Schwurgericht hatte darauf durch Beschluß die Verhandlung vertagt, weil ein Fall der notwendigen Verteidigung vorliege und sich ein bestellter Verteidiger bei dem Umfang des Verfahrens keineswegs innerhalb von zehn Tagen (§ 229 StPO) vorbereiten könne; durch einen weiteren Beschluß hatte es dem Verteidiger die durch die Aussetzung entstandenen Kosten auferlegt. Auf die Beschwerde des Verteidigers hat das Bayerische Oberste Landesgericht in dem Beschluß BReg 3 St 175/55 vom 18. 1. 1956 (BayObLGSt n.F. 6, 21 = NJW 1956, 390 Nr. 19) die Kostenentscheidung aufgehoben, jedoch die Weigerung des Verteidigers, den Schlußvortrag zu halten, für unbegründet erklärt.

In der neuen Hauptverhandlung hat der Verteidiger wiederum beantragt, dem Rundfunk zu untersagen, die Schlußausführungen der Verteidigung auf Tonband aufzunehmen und zu verbreiten. Das Schwurgericht verwarf den Antrag als unzulässig, weil der Vorsitzende „im Rahmen seiner Sitzungspolizei" dem Rundfunk gestattet habe, die Schlußvorträge des Oberstaatsanwalts und des Verteidigers auf Tonband aufzunehmen, und eine Anrufung des Gerichts hiergegen nicht möglich sei; in dem Beschluß ist noch beigefügt, daß der Antrag auch unbegründet wäre. Der Verteidiger hielt darauf seinen Schlußvortrag. – Das Rechtsmittel war erfolglos.

Gründe: Mit der Frage, inwieweit in der Zulassung von Tonbandaufnahmen gegen den Willen eines Beteiligten in der Hauptverhandlung ein Verfahrensverstoß erblickt werden kann, hat sich der erkennende Senat bereits in dem Urteil 1 StR 321/56 v. 22. 1. 1957 befaßt. Er hat dahin entschieden, daß eine solche Maßnahme nicht, wie in jenem Falle von einem der Angeklagten geltend gemacht war, gegen § 58 StPO verstößt, im übrigen aber darauf hingewiesen, daß in der Zulassung von Tonbandaufnahmen gegen den Widerspruch eines Beteiligten eine Verletzung der Aufklärungspflicht oder eine Beschränkung der Verteidigung des Angeklagten liegen kann. Andere einschlägige Entscheidungen des Bundesgerichtshofs sind bis jetzt nicht ergangen.

Die Meinungen zu dieser Frage sind geteilt. Für eine unbeschränkte Zulässigkeit der Tonbandaufnahme haben sich Gerland (ZStrW 55, 677, 704) und Kohlhaas (DRiZ 1956, 2 ff.) ausgesprochen. Das Bayerische Oberste Landesgericht vertritt in dem erwähnten Beschluß die Ansicht, die Frage der Zulässigkeit dürfe nicht allgemein bejaht oder verneint, sondern müsse von Fall zu Fall entschieden werden, wobei „zwei öffentliche Interessengebiete" zu berücksichtigen seien, „nämlich einerseits das gerade im demokratischen Staatswesen besonders bedeutsame Interesse an weitgehender Unterrichtung der Öffentlichkeit über strafgerichtliche Vorgänge, andererseits das nicht minder wichtige Interesse an ungehinderter gerichtlicher Wahrheitserforschung und, im Zusammenhang damit stehend, an der Möglichkeit ungehemmter Verteidigung des Angeklagten"; bei Abwägung dieser Interessen im Einzelfall sei „der gerichtlichen Wahrheitsfindung der Vorrang vor dem Informationsbedürfnis der Öffentlichkeit einzuräumen" (ähnlich auch die Richtlinien für das Strafverfahren Nr. 110 Abs. 3). Schäfer schließt sich in Löwe-Rosenberg, StPO 20. Aufl. Anm. 2c Abs. 4 zu § 176 GVG dem Bayerischen Obersten Landesgericht an. Erhebliche Zweifel an der Zulässigkeit äußert Henkel (Strafverfahrensrecht 1953, 370 Anm. 5), allerdings ohne nähere Begründung. Dagegen halten Eb. Schmidt (Lehrkommentar zur Strafprozeßordnung Teil I, Nr. 345b bis d; Gedächtnisschrift für Walter Jellinek 1955, 625, 643; JZ 1956, 206, 209 ff.) und Sarstedt (JR 1956, 121 ff.) Tonbandaufnahmen ohne Einverständnis des betroffenen Verfahrensbeteiligten grundsätzlich für unzulässig, ebenso von Hippel (Der Deutsche Strafprozeß 1941, 329 Anm. 3) im Anschluß an Schorn (LZ 1932, Sp 1408, 1411 ff.).

Der Senat tritt der Ansicht von Eb. Schmidt und Sarstedt bei, daß jeder Verfahrensbeteiligte in der Hauptverhandlung, vor allem auch der Verteidiger bei seinem Schlußvortrag es grundsätzlich ablehnen darf, zwecks Tonbandaufnahme vor einem Gerät des Rundfunks zu sprechen. Dies ist, wie Sarstedt a.a.O. S. 125 entgegen der Meinung des Bayerischen Obersten Landesgerichts mit Recht hervorhebt, ein Ausfluß des durch Art. 1 Abs. 1, Art. 2 Abs. 1 GG gewährleisteten allgemeinen Persönlichkeitsrechtes (vgl. hierzu BGHZ 13, 334). Inhalt dieses Rechts ist auch die ausschließliche Befugnis, darüber zu bestimmen, ob, wann und wo sprachliche Äußerungen auf einem Tonbandgerät aufgenommen werden dürfen.

Aus dem Grundsatz der Öffentlichkeit der Verhandlung (§§ 169 ff. GVG) läßt sich nichts anderes herleiten. Danach hat das Gericht die Pflicht, die Hauptverhandlung in einem Raume stattfinden zu lassen, in dem jedermann – mit Ausnahme der in § 175 Abs. 1 GVG bezeichneten Personen und vorbehaltlich der in den §§ 171a, 172 GVG, §§ 48, 109 JGG vorgesehenen Möglichkeiten der Beschränkung der Öffentlichkeit – der Hauptverhandlung während ihrer ganzen Dauer beiwohnen darf. In dieser Gewährleistung der „unmittelbaren" Öffentlichkeit erschöpfen sich die für die Allgemeinheit sich ergebenden Rechte und die für das Gericht bestehenden Pflichten. Tonbandaufnahmen fallen nicht hierunter. Der von dem Bayerischen Obersten Landesgericht in dem Beschluß vom 18. 1. 1956 demgegenüber vertretenen Meinung, die Zulässigkeit solcher Aufnahmen auch gegen den Willen des betroffenen Verfahrensbeteiligten rechtfertige sich aus dem Grundsatz der sog. „mittelbaren Öffentlichkeit", kann nicht beigepflichtet werden. Mit Recht führt Eb. Schmidt (JZ a.a.O. S. 210) aus, die gesetzliche Regelung des Gerichtsverfassungsgesetzes verstehe die „Öffentlichkeit" nur im Sinne dessen, was man als „unmittelbare Öffentlichkeit" zu bezeichnen pflege; die „mittelbare" Öffentlichkeit sei eine „Reflexwirkung", die sicherlich mit gewollt sei, aber außerhalb dessen liege, was aus dem Gesichtspunkt der „Öffentlichkeit" der Vorsitzende bzw. das Gericht durch Verfügung oder Beschlüsse zu regeln habe. Im übrigen weisen Eb. Schmidt und Sarstedt gegenüber den Ausführungen des Bayerischen Obersten Landesgerichts auch zutreffend darauf hin, daß der Gesetzgeber mit der Aufstellung des Öffentlichkeitsgrundsatzes zwar die aus der unmittelbaren Öffentlichkeit sich ergebenden nachteiligen Wirkungen auf die Unbefangenheit der Verfahrensbeteiligten, nicht jedoch die durch eine Tonbandaufnahme des Rundfunks drohende Gefahr gesteigerter Befangenheit in Kauf genommen habe, weil er mit dieser Gefahr gar nicht habe rechnen können.

Die Zulässigkeit von Rundfunkaufnahmen gegen den Willen eines Beteiligten läßt sich nicht etwa aus Art 5 Abs. 1 GG rechtfertigen. Diese Vorschrift enthält eine Forderung an den Gesetzgeber, das Recht des einzelnen auf Freiheit seiner Unterrichtung aus allgemein zugänglichen Nachrichtenquellen nicht durch einen „Index" verbotener Schriften, durch Abhörverbote von Rundfunksendungen oder ähnliche Maßnahmen zu beschränken. Irgendwelche Rechte von Presse und Funk oder entsprechende Pflichten staatlicher Behörden auf Auskunftserteilung oder gar auf eine bestimmte Art derselben werden durch diese Vorschrift nicht begründet.

Der Vorsitzende des Gerichts hat nach alledem, wenn ein Verfahrensbeteiligter fordert, die Tonbandaufnahme seiner Bekundungen durch den Rundfunk zu untersagen, nicht erst eine „Interessenabwägung" im Sinne der Ausführungen des Bayerischen Obersten Landesgerichts vorzunehmen. Er muß vielmehr dem Verlangen ohne weiteres und, ohne daß der Beteiligte die Gründe seiner Ablehnung, vor dem Aufnahmegerät zu sprechen, darzulegen braucht, stattgeben.

Lehnt der Vorsitzende, wie hier geschehen, den Antrag des Verteidigers auf Untersagung der Tonbandaufnahme ab, so kann hierin freilich nicht, wie der Beschwerdeführer meint, eine Verletzung des § 169 GVG (i.V.m. § 338 Nr. 6 StPO) erblickt werden; ein solcher Verfahrensverstoß scheidet schon deshalb aus, weil nur die unzulässige Beschränkung der Öffentlichkeit unter die Bestimmung des § 338 Nr. 6 StPO fällt, hier aber höchstens von einer Erweiterung der Öffentlichkeit gesprochen werden kann. Ebensowenig ist für die Rüge aus § 338 Nr. 8 StPO Raum; denn die Erlaubnis einer Tonbandaufnahme ist eine sitzungspolizeiliche Maßnahme des Vorsitzenden im Sinne des § 176 GVG, die als solche, wie das Schwurgericht in dem erwähnten Beschluß zutreffend angenommen hat, einer Entscheidung des Gerichts nach § 238 Abs. 2 StPO nicht zugänglich ist und auch nicht mit der Revision angefochten werden kann. Indes bedeutet die Ablehnung des Antrags einen Verstoß gegen die aus § 137 – im Falle der notwendigen Verteidigung auch aus § 140 i.V.m. § 258 StPO sich ergebende Pflicht des Gerichts, dem Verteidiger Gelegenheit zu seinen Schlußausführungen zu geben. Bleibt dieser auf seiner Weigerung bestehen und entbehrt so der Angeklagte, soweit nicht das Gericht nach § 145 Abs. 1, 3 StPO verfährt, des Beistandes eines Verteidigers, so wird das trotzdem ergehende Urteil regelmäßig auf dem Verfahrensverstoß beruhen (§ 337 StPO). In solchen Fällen wäre es ein unzumutbares Verlangen gegenüber dem Beschwerdeführer, daß er in der Revisionsbegründung darlegt, inwiefern das Urteil dadurch, daß der Verteidiger nicht den beabsichtigten Schlußvortrag gehalten hat, zum Nachteil des Angeklagten beeinflußt worden sein kann.

Anders verhält es sich, wenn der Verteidiger unter dem Zwange des ablehnenden Beschlusses des Vorsitzenden den Schlußvortrag vor dem Aufnahmegerät tatsächlich hält. Hier hat das Revisionsgericht von Fall zu Fall des näheren zu prüfen, ob das Urteil auf dem Verfahrensverstoß beruht. Nach § 344 Abs. 2 Satz 2 StPO muß der Angeklagte in der Revisionsbegründung dartun, in welcher Hinsicht der Verteidiger bei dem Schlußvortrag infolge des Umstandes, daß er vor dem Aufnahmegerät sprechen mußte, an einer erschöpfenden und sachgemäßen Verteidigung des Angeklagten gehindert worden ist. Das ist im vorliegenden Falle zwar behauptet worden. Jedoch ergibt sich aus den – von dem Verteidiger in der Hauptverhandlung vor dem Revisionsgericht wiederholten – Ausführungen der Revisionsbegründungsschrift, daß das Urteil nicht auf der Ablehnung des Antrags, dem Rundfunk die Tonbandaufnahme des Schlußvortrages des Verteidigers zu untersagen, beruhen kann. (Wird ausgeführt).

8. Verbot schriftlicher Aufzeichnungen nur nach Beanstandung in der Hauptverhandlung revisibel.

StPO §§ 338 Nr. 8, 243 II u. III – BGH Urt. v. 25. 9. 1951 – 1 StR 390/51 LG Landau (= BGHSt. 1, 322 = JZ 1952, 43)

Die Revision rügt, der Angeklagte habe sich in der Hauptverhandlung keine Aufzeichnungen über Zeugenaussagen machen dürfen. Wäre ihm das erlaubt worden, hätte er unter Umständen auf Grund solcher Aufzeichnungen weitere Beweisanträge stellen können.

Der Sachverhalt ergibt sich aus dem Revisionsvorbringen. – Das Rechtsmittel war erfolglos.

Gründe: Die Strafprozeßordnung enthält keine ausdrücklichen Vorschriften darüber, ob und in welchem Umfange dem Angeklagten das Recht zusteht, sich in der Hauptverhandlung Aufzeichnungen zu machen. Nach den §§ 243 Abs. 3, 136 Abs. 2 StPO soll ihm jedoch Gelegenheit gegeben werden, die gegen ihn vorliegenden Verdachtsgründe zu beseitigen und die zu seinen Gunsten sprechenden Tatsachen geltend zu machen. Das kann ihm durch Aufzeichnungen erleichtert werden, die er sich im Laufe der Hauptverhandlung über Bekundungen von Zeugen und Sachverständigen, über Angaben von Mitangeklagten und über den Inhalt verlesener Urkunden macht. Vor allem dann, wenn es sich um die Klärung verwickelter Sachverhalte handelt, können solche Aufzeichnungen, die die wichtigsten Ergebnisse der Verhandlung kurz in Stichworten festhalten, ein wichtiges, möglicherweise sogar unerläßliches Hilfsmittel einer sachgemäßen Verteidigung sein. Wird dem Angeklagten in solchen Fällen die Anfertigung von Aufzeichnungen verboten, so kann darin eine Beeinträchtigung seiner Rechte und somit ein Verfahrensverstoß liegen. Es gehört jedoch auch zu den Befugnissen des Vorsitzenden, eine mißbräuchliche Ausübung der dem Angeklagten zustehenden Rechte zu verhindern. Das ist in Fällen, in denen die Strafprozeßordnung den Beteiligten, darunter dem Angeklagten, bestimmte Rechte gewährt, ausdrücklich gesagt (vgl § 241 StPO) und darum auch dann zu bejahen, wenn die Wahrnehmung von Rechten in Frage steht, über die in der Strafprozeßordnung keine ausdrücklichen Vorschriften enthalten sind. Auch das dem Angeklagten grundsätzlich zuzubilligende Recht, sich Aufzeichnungen zu machen, kann mißbraucht werden. Ein unsachgemäßer Gebrauch des Rechts würde ihn in der Verteidigung behindern, weil er dazu führen kann, seine Aufmerksamkeit von den Vorgängen in der Hauptverhandlung abzulenken. Ob Aufzeichnungen der Verteidigung dienlich sind oder sie im Gegenteil gefährden, wird der Angeklagte selbst nicht immer zuverlässig beurteilen können. Es entspricht der Stellung und den Aufgaben des Vorsitzenden, darauf hinzuwirken, daß der Angeklagte bei der Anfertigung von Aufzeichnungen das rechte Maß einhält. Es hängt also ganz von den näheren Umständen ab, ob Aufzeichnungen und darauf bezügliche Anordnungen des Vorsitzenden der vollständigen Aufklärung des Sachverhalts und der Verteidigung dienlich sind oder sie gefährden. Legt der Vorsitzende dem Angeklagten, um zu erreichen, daß er dem Gang der Hauptverhandlung aufmerksam folgt, nahe, von seinem Recht einen sparsamen Gebrauch zu machen, oder untersagt er sie ihm in Fällen, in denen die Anfertigung von Aufzeichnungen den Angeklagten nur ablenkt, ohne ihm die Verteidigung zu erleichtern, so liegt darin keine Beschränkung der Verteidigung, sondern im Gegenteil eine Maßnahme, die dem Angeklagten eine sachgemäße Verteidigung sichert.

Im vorliegenden Falle fehlt es an jedem Anzeichen dafür, daß die auf der Befugnis zur Sachleitung beruhende Aufforderung des Vorsitzenden an den Angeklagten, Aufzeichnungen zu unterlassen, in irgendeiner Beziehung dessen Verteidigung beschränkt hat. Der Sachverhalt, der in der Hauptverhandlung aufzuklären war, betraf einfache, übersichtliche Vorgänge, an denen der Angeklagte selbst unmittelbar beteiligt gewesen war und die ihm deshalb als eigenes Erlebnis deutlich gegenwärtig sein mußten. Der Angeklagte betätigt sich als Dolmetscher und der Vorsitzende durfte ihn darum als erfahren und geübt darin ansehen, mündliche Äußerungen ohne das Hilfsmittel schriftlicher Aufzeichnungen zu verarbeiten und im Gedächtnis zu behalten. Unter diesen Umständen konnte es nur der Verteidigung des Angeklagten dienen und entsprach daher seinem wohlverstandenen Interesse, wenn er seine ungeteilte Aufmerksamkeit dem Gange der Hauptverhandlung widmete, ohne durch die Anfertigung von Aufzeichnungen abgelenkt zu werden.

Abgesehen davon kann die Rüge auch deshalb keinen Erfolg haben, weil der Angeklagte und seine Verteidigerin die ersichtlich im Interesse des Angeklagten getroffene Anordnung unbeanstandet hingenommen haben. Wenn sie Grund zu der Annahme zu haben glaubten, daß die Anordnung des Vorsitzenden die Rechte der Verteidigung beeinträchtige und darum unzulässig sei, stand es ihnen frei, gemäß § 238 Abs. 2 StPO die Entscheidung des Gerichts herbeizuführen. Das ist, wie sich aus der Sitzungsniederschrift ergibt, nicht geschehen. Auch die Revision behauptet das nicht. Haben aber der Angeklagte und sein Verteidiger von dieser Möglichkeit keinen Gebrauch gemacht und damit zu erkennen gegeben, daß sie sich durch die Anordnung des Vorsitzenden nicht für beschwert hielten, dann kann, wie in der Rechtsprechung anerkannt ist, die Revision regelmäßig nicht darauf gestützt werden, die Anordnung sei doch sachlich unrichtig gewesen.

§ 339 StPO

Die Verletzung von Rechtsnormen, die lediglich zugunsten des Angeklagten gegeben sind, kann von der Staatsanwaltschaft nicht zu dem Zweck geltend gemacht werden, um eine Aufhebung des Urteils zum Nachteil des Angeklagten herbeizuführen.

§ 340 StPO

(aufgehoben)

§ 341 StPO

(1) Die Revision muß bei dem Gericht, dessen Urteil angefochten wird, binnen einer Woche nach Verkündung des Urteils zu Protokoll der Geschäftsstelle oder schriftlich eingelegt werden.

(2) Hat die Verkündung des Urteils nicht in Anwesenheit des Angeklagten stattgefunden, so beginnt für diesen die Frist mit der Zustellung.

Erfolgreiche Rügen

1. Die Urteilsverkündung findet in Abwesenheit statt, wenn sich der Angeklagte vor deren Ende entfernt oder wenn er entfernt wird (BGH Beschl. v. 10. 5. 2000 – 1 StR 617/99).

Erfolglose Rügen

1. Schuldhafte Fristversäumung, wenn inhaftierter Angeklagter am letzten Tag der Revisionseinlegungsfrist das Rechtsmittelschreiben der JVA zur Weiterleitung übergibt, da nicht zu erwarten ist, daß es noch an diesem Tag bei Gericht eingeht (BGH Beschl. v. 15. 7. 1992 – 2 StR 305/92).

2. Urteilsübergabe durch konsularischen Vertreter ersetzt Zustellung (BGH Beschl. v. 15. 5. 1975 – 4 StR 51/75).

Erfolgreiche Rügen

1. Die Urteilsverkündung findet in Abwesenheit statt, wenn sich der Angeklagte vor deren Ende entfernt oder wenn er entfernt wird.

StPO § 341 – BGH Beschl. v. 10. 5. 2000 – 1 StR 617/99 – LG Baden-Baden (= NStZ 2000, 498)

Die Revision rügt die Verletzung materiellen Rechts.

Sachverhalt: Das Landgericht hat den Angeklagten zu einer Gesamtfreiheitsstrafe verurteilt. Die hiergegen gerichtete Revision des Angeklagten hat der Senat mit Beschluß vom 12. 1. 2000 als unzulässig verworfen, weil sie nicht fristgerecht begründet worden sei. Dieser Beschluß war im Verfahren zur Nachholung des rechtlichen Gehörs (§ 33a StPO) aufzuheben. – Das Rechtsmittel hatte Erfolg.

Gründe: Die Revision des Angeklagten ist zulässig; sie ist insbesondere fristgerecht begründet worden.

a) Die vom Angeklagten selbst am 1. 10. 1999 zu Protokoll der Geschäftsstelle des Amtsgerichts Karlsruhe – als für den Haftort des Angeklagten zuständig – erklärte Revisionsbegründung war rechtzeitig (§§ 341 II, 345 I, 299 II StPO), denn die Frist zur Einlegung des Rechtsmittels wurde nicht schon mit der Verkündung des angefochtenen Urteils in der Hauptverhandlung, sondern erst mit der Zustellung des schriftlichen Urteils am 26. 8. 1999 in Gang gesetzt. Die Revisionsbegründungsfrist begann deshalb erst am 2. 9. 1999 zu laufen; sie endete am 4. 10. 1999, einem Montag.

Der Senat ist indessen bei der Verwerfung der Revision als unzulässig in seinem Beschluß vom 12. 1. 2000 von einer nicht fristgerechten Begründung des Rechtsmittels ausgegangen. Das beruhte auf einer Berechnung der Begründungsfrist, die sich darauf stützte, daß der Angeklagte bei der Verkündung des angefochtenen Urteils anwesend war (vgl. zum Fristbeginn § 341 StPO). Tatsächlich war – wie die nochmalige Durchsicht des Protokolls der tatrichterlichen Hauptverhandlung ergeben hat – der Angeklagte zwar bei Verlesung der Urteilsformel zugegen. Im weiteren Verlauf der mündlichen Mitteilung der wesentlichen Urteilsgründe war er indessen aus dem Sitzungssaal entfernt worden, weil er diese gestört hatte.

Der Senat folgt der Rechtsansicht, daß ein Angeklagter, der sich vor dem Ende der Urteilsverkündung aus dem Saal entfernt oder der entfernt wird, als bei der Verkündung nicht anwesend zu gelten hat. Infolgedessen beginnt die Revisionseinlegungsfrist erst mit der Zustellung des Urteils zu laufen (§ 341 II StPO). Zwar wird in der Literatur zum Teil mit beachtlichen Erwägungen die Auffassung vertreten, die Anwesenheit des Angeklagten bei der Verkündung der Urteilsformel genüge im Blick auf den Zweck der Vorschrift über das Ingangsetzen der Rechtsmitteleinlegungsfrist; denn der Angeklagte erhalte so Kenntnis davon, weswegen er zu welcher Strafe verurteilt werde. Wenn er sich vorzeitig entferne oder seinen Ausschluß herbeiführe, dürfe er nicht deswegen hinsichtlich des Fristablaufs im Ergebnis günstiger gestellt werden. Dem steht jedoch der Wortlaut der einschlägigen strafprozeßrechtlichen Bestimmungen entgegen: Nach § 341 II StPO kommt es für den Beginn der Frist zur Einlegung der Revision darauf an, ob die Verkündung des Urteils in Anwesenheit des Angeklagten stattgefunden hat. Der Begriff der Verkündung des Urteils ist in der Vorschrift des § 268 II StPO definiert. Danach zählt zur Verkündung neben dem Verlesen der Urteilsformel die Eröffnung der Urteilsgründe. Entsprechend dieser Systematik ist in der Rechtsprechung anerkannt, daß die Verkündung eine Einheit bildet; sie vermittelt den Verfahrensbeteiligten und der Öffentlichkeit die Kenntnis, wie das Gericht entschieden und aus welchen Gründen es so erkannt hat; erst mit der abschließenden Mitteilung der Urteilsgründe ist die Verkündung beendet (vgl. BGHSt. 5, 5, 9 [BGH Urt. v.

16. 6. 1953 – 1 StR 508/52; vgl. § 268 StPO erfolglose Rügen]; 15, 263, 265 [BGH Urt. v. 2. 12. 1960 – 4 StR 433/60; vgl. § 338 Nr. 5 StPO erfolglose Rügen]; s. auch OLG Stuttgart NStZ 1986, 520; KG JR 1992, 304; BayObLG MDR 1993, 892 f.).

b) Das angefochtene Urteil ist danach unter Aufhebung des Verwerfungsbeschlusses vom 12. 1. 2000 im Wege der Nachholung des rechtlichen Gehörs auf Grund der Revisionsrechtfertigung gem. § 33a StPO zu überprüfen. Diese Vorschrift gewährleistet den verfassungsrechtlichen Anspruch auf rechtliches Gehör (Art. 103 I GG) und verbürgt damit auch das Recht des Angeklagten und die Pflicht des Gerichts, das Sachvorbringen – auf der Grundlage der jeweiligen Verfahrensordnung – zur Kenntnis zu nehmen und in Erwägung zu ziehen (vgl. nur BVerfGE 11, 218, 220; 59, 330, 333).

Erfolglose Rügen

1. Schuldhafte Fristversäumung, wenn inhaftierter Angeklagter am letzten Tag der Revisionseinlegungsfrist das Rechtsmittelschreiben der JVA zur Weiterleitung übergibt, da nicht zu erwarten ist, daß es noch an diesem Tag bei Gericht eingeht.

StPO § 341 – BGH Beschl. v. 15. 7. 1992 – 2 StR 305/92 LG Köln (= NStZ 1992, 555)

Der inhaftierte Antragsteller begehrt Wiedereinsetzung wegen der Versäumung der Revisionseinlegungsfrist mit der Begründung, er habe die Rechtsmittelschrift am letzten Tag der Frist und damit rechtzeitig den die Beamten der JVA übergeben.

Sachverhalt: Der Angeklagte war ausführlich über Form und Frist der Rechtsmitteleinlegung belehrt worden. Er hat die Rechtsmittelschrift erst am letzten Tag der Revisionseinlegungsfrist, nämlich am 27. 2. 1992, an die Beamten in die JVA Köln weitergegeben, wie der Begleitumschlag für abgehende Briefe ausweist. Die Revision ist erst nach Ablauf der Einlegungsfrist beim Landgericht eingegangen.

Die Revision des Angeklagten ist vom Landgericht wegen Versäumung der Frist zu deren Einlegung als unzulässig verworfen worden. – Das Rechtsmittel war erfolglos.

Gründe: Die Versäumung der Frist beruht auch auf einem Verschulden des Angeklagten.

Wenn der Angeklagte am letzten Tag der Revisionseinlegungsfrist das Schreiben, mit dem er Revision einlegt, der JVA zur Weiterleitung übergibt, handelt er schuldhaft, da nicht zu erwarten ist, daß der abgehende Brief noch an diesem Tag bei dem Landgericht Köln eingeht. Darüberhinaus hat der Angeklagte den Begleitumschlag an das Amtsgericht Köln adressiert, obwohl ihm aus der vorhergegangenen Briefkontrolle bekannt sein mußte, daß diese durch den Vorsitzenden des erkennenden Gerichts, nämlich der Schwurgerichts-Kammer des Landgerichts Köln, wahrgenommen wird. Eine Wiedereinsetzung, wie sie der Angeklagte mit seinem Schreiben vom 5. 3. 1992 begehrt, kommt deshalb nicht in Betracht (vgl. dazu auch BGHR StPO § 44 S. 1 Verhinderung 4[1]). ...

---

1 „Der Wiedereinsetzungsantrag ist unbegründet.
Der Angeklagte befand sich zum Zeitpunkt der Revisionseinlegung in Untersuchungshaft in der Justizvollzugsanstalt Köln. Sein an das Landgericht Aachen adressiertes Schreiben vom 2. 4. 1987 hat er erst am 6. 4. 1987 an die Justizvollzugsanstalt zur Weiterbeförderung übergeben. Da der Antragsteller die gewöhnliche Postlaufzeit von 1 Tag zwischen Abgabe an die Justizvollzugsanstalt und Eingang bei Gericht in Rechnung stellen muß, handelt er schuldhaft, wenn er am letzten Tag der Frist das Schreiben, mit dem Revision eingelegt wird, der Justizvollzugsanstalt zur Weiterleitung übergibt." (BGH Beschl. v. 18. 12. 1987 – 2 StR 614/87).

2. Urteilsübergabe durch konsularischen Vertreter ersetzt Zustellung.

StPO §§ 35 II, 341 II – BGH Beschl. v. 15. 5. 1975 – 4 StR 51/75 LG Detmold (= BGHSt. 26, 140)

Die Revision rügt, daß das Landgericht das am 7. 11. 1974 gegen ein Urteil vom 13. 9. 1967 eingelegte Rechtsmittel als unzulässig verworfen hat. Sie ist der Auffassung, das Urteil sei bis zum Eingang der Rechtsmittelschrift bei Gericht noch nicht zugestellt gewesen. Eine im Jahre 1971 erfolgte Aushändigung des Urteils in der deutschen Botschaft in London habe keine wirksame Zustellung bewirkt und damit auch keine Rechtsmittelfrist in Lauf gesetzt.

Sachverhalt: Das Landgericht hat den Angeklagten, unter Freisprechung im übrigen, wegen gemeinschaftlichen versuchten besonders schweren Betrugs (§§ 263, 47, 43 StGB a.F.) zu einer Gefängnisstrafe verurteilt. Das Urteil ist am 13. 9. 1966 in Abwesenheit des Angeklagten verkündet worden, da dieser nach einer kurzen Unterbrechung der Hauptverhandlung nicht mehr zu ihrer Fortsetzung erschienen war. Eine durch einen Staatsanwalt der zuständigen Staatsanwaltschaft D. beglaubigte Abschrift des Urteils ist dem Angeklagten am 16. 6. 1971 in der Deutschen Botschaft in London ausgehändigt worden, nachdem die um die Zustellung im Wege der Rechtshilfe ersuchte zuständige britische Behörde das Ersuchen abgelehnt hatte und V. hierauf von der Deutschen Botschaft ersucht worden war, dort vorzusprechen. Die erst am 7. 11. 1974 eingelegte und begründete Revision des Angeklagten macht geltend, das Urteil sei nicht wirksam zugestellt worden, die Revision sei deshalb nicht verspätet; das angefochtene Urteil müsse aufgehoben werden, da die Strafverfolgung inzwischen verjährt sei. – Das Rechtsmittel war erfolglos.

Gründe: Das Rechtsmittel ist unzulässig, da es nicht fristgerecht eingelegt worden ist. Die Frist zur Einlegung der Revision begann, da das Urteil nicht in Anwesenheit des Angeklagten verkündet worden ist, mit der Zustellung (§ 341 Abs. 2, § 35 Abs. 2 StPO). Diese ist am 16. 6. 1971 rechtswirksam erfolgt.

a) Entgegen dem Wortlaut der die Zustellung bestätigenden Erklärung der Deutschen Botschaft vom 21. 6. 1971 ist dem Angeklagten zwar keine Ausfertigung, sondern eine beglaubigte Abschrift des Urteils übergeben worden. Dies reicht jedoch aus (BGH, Beschl. v. 7. 9. 1972 – 4 StR 311/71 – bei Dallinger MDR 1973, 19; RGSt 9, 274).

b) Es ist auch nicht zu beanstanden, daß die Abschrift des Urteils durch einen Staatsanwalt und nicht durch einen Beamten der Geschäftsstelle der Staatsanwaltschaft beglaubigt worden ist. Gemäß § 36 Abs. 1 StPO in der bis zum 31. 12. 1974 geltenden Fassung hatte die Staatsanwaltschaft das für die Zustellung einer Entscheidung Erforderliche zu veranlassen, wobei für das Verfahren bei der Zustellung nach § 37 Abs. 1 StPO die Vorschriften der Zivilprozeßordnung entsprechend gelten. In § 210 ZPO heißt es zwar, daß der Urkundsbeamte der Geschäftsstelle zur Beglaubigung der zu übergebenden Abschrift berechtigt ist. Damit ist aber der Urkundsbeamte der Geschäftsstelle des Gerichts (§ 153 GVG) gemeint. Indessen ist allgemein anerkannt, daß auch ein Beamter der Geschäftsstelle der Staatsanwaltschaft die Beglaubigung vornehmen darf. Im Hinblick auf den Zweck der Beglaubigung kann es nicht zweifelhaft sein, daß auch ein Staatsanwalt, der die Zustellung einer Entscheidung anordnen muß, eine Abschrift beglaubigen kann. Daß die Abschrift hier von einem Staatsanwalt beglaubigt worden ist, erklärt sich daraus, daß zunächst versucht worden ist, das Urteil im Wege zwischenstaatlicher Rechtshilfe zuzustellen und Nr. 10 Abs. 2 der Richtlinien für den Rechtshilfeverkehr mit dem Ausland in Strafsachen vorschreibt, daß Schriftstücke nur von einem Richter oder einem Beamten des höheren Dienstes beglaubigt werden dürfen.

c) Die im Ausland zu bewirkende Zustellung ist von der Staatsanwaltschaft D. als der zuständigen Behörde veranlaßt und von der deutschen Auslandsvertretung in nicht zu beanstandender Form ausgeführt worden. Der Rechtshilfeverkehr einer innerdeutschen Behörde mit einer diplomatischen oder konsularischen Vertretung im Ausland ist kein Rechtshilfeverkehr mit dem Ausland, sondern innerstaatlicher Rechts- und Amtshilfeverkehr, der nach innerdeutschen Bestimmungen stattfindet. Gemäß § 19 des Konsulargesetzes in der im Jahre 1971 geltenden Fassung können Konsuln innerhalb ihres Amtsbezirks an die dort sich aufhaltenden Personen auf Ersuchen einer deutschen Behörde Zustellungen jeder Art bewirken. Diese Befugnis steht dem deutschen Konsul auch in Großbritannien zu. (Art. 19 Buchst. a Abs. VI des Konsularvertrages zwischen der Bundesrepublik Deutschland und dem Vereinigten Königreich von Großbritannien und Nordirland vom 30. 7. 1956, in Kraft getreten auf Grund des Gesetzes vom 27. 5. 1957, BGBl. II 284;). Die Erfüllung konsularischer Aufgaben kann dabei auch einem Botschafts- oder Konsulatsangehörigen übertragen werden (§ 37a Konsulargesetz a.F.), wie es hier geschehen ist.

d) Der Konsul oder der zuständige Konsulatsangehörige soll bei der Leistung der Rechtshilfe zwar die deutsche Strafprozeßordnung beachten, sofern ihre Anwendung möglich ist und nicht im Widerspruch zu den Vorschriften des Aufenthaltsstaates steht. Die Übereinstimmung der bei der Rechtshilfehandlung angewandten Förmlichkeiten mit dem deutschen Verfahrensrecht ist aber nicht Voraussetzung für die Rechtsgültigkeit der Amtshandlung (BGHSt. 2, 303, 304 [BGH Urt. v. 22. 4. 1952 – 1 StR 622/51; vgl. § 338 Nr. 5 StPO erfolglose Rügen]). Es bleibt deshalb auch dem Konsul überlassen, in welcher Form er die Zustellung bewirkt. Dies kann u.a. dadurch geschehen, daß das Schriftstück dem Empfänger am Amtssitz des Konsuls übergeben wird.

e) Entgegen der Auffassung der Revision ist die Zustellung auch ausreichend nachgewiesen. Nach § 19 Satz 2 des Konsulargesetzes (a.F.) genügt das schriftliche Zeugnis des Konsuls über die erfolgte Zustellung. Es genügt demnach, wenn sich aus dem Zeugnis über die bewirkte Zustellung ergibt, auf wessen Ersuchen, in welcher Strafsache und wann welches Schriftstück zugestellt worden ist. Dem entspricht das Schreiben der Deutschen Botschaft vom 21. 6. 1971 an die Staatsanwaltschaft D. Es nennt das Amtshilfeersuchen vom 23. 4. 1971, das Aktenzeichen 4 AR 12/71, durch das hinreichend deutlich die vorliegende Strafsache bezeichnet ist, und den Tag der Zustellung. Es ist unschädlich, daß das Datum des Urteils nicht genannt, in dem vom Angeklagten unterschriebenen Empfangsbekenntnis vielmehr versehentlich das Datum der Beglaubigung angegeben ist; denn aus dem Zustellungsersuchen geht klar hervor, daß das jetzt angefochtene Urteil zugestellt werden sollte. Unschädlich ist es auch, daß das Zeugnis entgegen § 15 Konsulargesetz a.F. nicht mit dem Stempel des Konsuls versehen ist. § 15, welcher bestimmt, daß Erklärungen, die mit der Unterschrift und dem Stempel eines Konsuls versehen sind, die Beweiskraft öffentlicher Urkunden haben, hat nur deklaratorische Bedeutung. Die Wirksamkeit des Zustellungszeugnisses und seine Beweiskraft wird durch das Fehlen des Stempels nicht beeinträchtigt. Darauf, ob etwaige Mängel des Zeugnisses vom 21. 6. 1971 durch das Schreiben der Botschaft vom 6. 12. 1974 geheilt worden sind, kommt es daher nicht an.

§ 342 StPO

(1) Der Beginn der Frist zur Einlegung der Revision wird dadurch nicht ausgeschlossen, daß gegen ein auf Ausbleiben des Angeklagten ergangenes Urteil eine Wiedereinsetzung in den vorigen Stand nachgesucht werden kann.

(2) Stellt der Angeklagte einen Antrag auf Wiedereinsetzung in den vorigen Stand, so wird die Revision dadurch gewahrt, daß sie sofort für den Fall der Verwerfung jenes Antrags rechtzeitig eingelegt und begründet wird. Die weitere Verfügung in bezug auf die Revision bleibt dann bis zur Erledigung des Antrags auf Wiedereinsetzung in den vorigen Stand ausgesetzt.

(3) Die Einlegung der Revision ohne Verbindung mit dem Antrag auf Wiedereinsetzung in den vorigen Stand gilt als Verzicht auf die letztere.

§ 343 StPO

(1) Durch rechtzeitige Einlegung der Revision wird die Rechtskraft des Urteils, soweit es angefochten ist, gehemmt.

(2) Dem Beschwerdeführer, dem das Urteil mit den Gründen noch nicht zugestellt war, ist es nach Einlegung der Revision zuzustellen.

§ 344 StPO

(1) Der Beschwerdeführer hat die Erklärung abzugeben, inwieweit er das Urteil anfechte und dessen Aufhebung beantrage (Revisionsanträge), und die Anträge zu begründen.

(2) Aus der Begründung muß hervorgehen, ob das Urteil wegen Verletzung einer Rechtsnorm über das Verfahren oder wegen Verletzung einer anderen Rechtsnorm angefochten wird. Ersterenfalls müssen die den Mangel enthaltenden Tatsachen angegeben werden.

Erfolgreiche Rügen

1. Ein Rechtsmittel kann in der Regel wirksam auf die Bemessung der Tagessatzhöhe einer Geldstrafe beschränkt werden (BGH Beschl. v. 30. 11. 1976 – 1 StR 319/76).

2. Die Revision kann wirksam auf die Anordnung der Sicherungsverwahrung beschränkt werden (BGH Urt. v. 27. 1. 1955 – 4 StR 594/54).

Erfolglose Rügen

1. Die zulässige Rüge der vorschriftswidrigen Abwesenheit des Angeklagten während einer ergänzenden Befragung eines Zeugen und der Verhandlung über seine Entlassung setzt voraus, daß der Inhalt dieser Befragung mitgeteilt wird (BGH Urt. v. 8. 2. 2000 – 5 StR 543/99).

2. Wenn Unmutsäußerungen eines abgelehnten Richters als Befangenheitsgrund behauptet werden, müssen für die Zulässigkeit der Rüge hierzu alle Einzelheiten konkret dargelegt werden (BGH Beschl. v. 14. 1. 2000 – 3 StR 106/99).

3. Zur Rüge unrichtiger Wiedergabe einer verlesenen Zeugenaussage gehört deren wörtliche Angabe in der Revisionsbegründung (BGH Urt. v. 13. 10. 1999 – 3 StR 256/99).

4. Die den Mangel enthaltenden Tatsachen müssen angegeben werden (BGH Urt. v. 8. 12. 1993 – 3 StR 446/93).

5. Revisionsbeschränkung auf Ausspruch über Schuldschwere zulässig (BGH Urt. v. 22. 4. 1993 – 4 StR 153/93).

6. Die Revisionsbegründung muß Ausführungen dazu enthalten, daß die Voraussetzungen für einen Fortfall der Beschlagnahmefreiheit nach § 97 II S. 3 StPO nicht vorliegen (BGH Urt. v. 28. 11. 1990 – 3 StR 170/90).

7. Wegen bloßer Nichterörterung der Frage der Anordnung oder Erbringung von Leistungen bei einer weggefallenen Strafaussetzung zur Bewährung kann das tatrichterliche Urteil allein auf Grund der Sachrüge nicht beanstandet werden (BGH Beschl. v. 17. 3. 1988 – 1 StR 361/87).

8. Grundrechtsverletzungen im Strafverfahren sind rügefähig, müssen aber bestimmt behauptet werden (BGH Urt. v. 24. 3. 1964 – 3 StR 60/63).

9. Revisionsbegründung muß Tatsachen enthalten, keine Vermutungen (BGH Urt. v. 1. 2. 1955 – 5 StR 678/54).

10. Aufklärungsrüge nur dann ordnungsgemäß erhoben, wenn sie die durch das Gericht nicht genutzten Beweismittel genau darlegt (BGH Urt. v. 29. 2. 1952 – 2 StR 112/50).

Erfolgreiche Rügen

1. Ein Rechtsmittel kann in der Regel wirksam auf die Bemessung der Tagessatzhöhe einer Geldstrafe beschränkt werden.

StPO § 344 I – BGH Beschl. v. 30. 11. 1976 – 1 StR 319/76 BayObLG (= BGHSt. 27, 70 = NJW 1977, 442)

Die Revision der Staatsanwaltschaft ist auf die Bemessung der Tagessatzhöhe beschränkt.

Sachverhalt: Das Berufungsgericht hat die Beschränkung für zulässig angesehen. Auch das zur Entscheidung über das Rechtsmittel der Revision zuständige Bayerische Oberste Landesgericht möchte, wie schon bisher (vgl. BayObLGSt 1975, 73, 76), davon ausgehen, daß nach §§ 318, 344 Abs. 1 StPO ein Rechtsmittel wirksam auf die Bemessung der Tagessatzhöhe beschränkt werden kann, also nicht notwendig den Ausspruch über die Zahl der Tagessätze mit umfassen muß. Es sieht sich hieran durch das Urteil des Hanseatischen Oberlandesgerichts in Hamburg vom 24. 10. 1975 (MDR 1976, 156) gehindert. In diesem Urteil wird die Auffassung vertreten, es sei nicht auszuschließen, daß sich Feststellungen zur Festsetzung der Anzahl der Tagessätze im Einzelfall auf die Bemessung der Höhe des einzelnen Tagessatzes auswirken. Infolgedessen „und da es geboten sein kann, die Auswirkung von Zahl und Höhe der Tagessätze nicht völlig getrennt zu betrachten, lassen sich bei einer Geldstrafe die Anfechtung und auch die Aufhebung jedenfalls in der Regel nicht auf einen der beiden Strafzumessungsvorgänge beschränken; sie erfassen vielmehr beide Teilakte der Strafzumessung". – Das Rechtsmittel hatte Erfolg.

Gründe: Der Senat beantwortet die Rechtsfrage in Übereinstimmung mit dem vorlegenden Gericht.

1. Die Beschränkung eines Rechtsmittels auf „bestimmte Beschwerdepunkte" (§ 318 StPO) ist zulässig und wirksam, wenn sie sich auf einen Teil der in der Urteilsformel enthaltenen Entscheidung bezieht, der, losgelöst vom übrigen Urteilsinhalt, selbständig geprüft und beurteilt werden kann (BGHSt. 10, 100, 101 [BGH Urt. v. 29. 2. 1956 – 2 StR 25/56; vgl. § 338 Nr. 4 StPO erfolgreiche Rügen]; 19, 46, 48[1]; 21, 256, 258 [BGH Beschl. v. 26. 5. 1967 – 2 StR 129/67; vgl. § 331 StPO erfolglose Rügen]; 24, 185, 187/188 [BGH Beschl. v. 22. 7. 1971 – 4 StR 184/71; vgl. § 264 StPO erfolglose Rügen]).

Ob die Voraussetzungen einer wirksamen Rechtsmittelbeschränkung gegeben sind, hat das Rechtsmittelgericht von Amts wegen zu prüfen. Seine Auffassung, die ihre endgültige Fixierung erst aus der Sicht des Ergebnisses der Beratung über die vom Rechtsmittelgericht zu treffende Entscheidung erfahren kann (OLG Celle MDR 1971, 322, 323), ist maßgebend für die Frage nach Teilbarkeit oder Unteilbarkeit des Urteilsgegenstands und damit für die Frage der Wirksamkeit der Rechtsmittelbeschränkung im Einzelfall (BGHSt. 21, 256, 258; 24, 185, 189; BGH NJW 1963, 1414 Nr. 19).

2. Die Bemessung der Höhe eines Tagessatzes ist ein bestimmter Beschwerdepunkt, der in aller Regel losgelöst vom übrigen Urteilsinhalt selbständig geprüft werden kann.

---

1 „In Rechtsprechung und Rechtslehre besteht Einigkeit darüber, daß ein Rechtsmittel nur auf solche Beschwerdepunkte beschränkt werden kann, die losgelöst von dem nicht angegriffenen Teil der Entscheidung nach dem inneren Zusammenhang rechtlich und tatsächlich selbständig beurteilt werden können, ohne eine Prüfung des übrigen Urteilsinhalts notwendig zu machen (BGHSt. 5, 252; RGSt 58, 238, 239; 65, 296). Wann hiernach eine Beschränkung des Rechtsmittels zulässig ist, kann nur nach der besonderen Lage des Einzelfalles entschieden werden (RGSt 65, 296; OGHSt 1, 74)." (BGH v. 24. 7. 1963 – 4 StR 168/63).

a) Die gesetzliche Regelung (§ 40 StGB) spaltet die Strafzumessung bei Geldstrafen in zwei Vorgänge auf: Zunächst ist die Zahl der Tagessätze nach den allgemeinen Strafzumessungsgründen (§ 46 StGB) zu bemessen. Die finanzielle Belastbarkeit des Täters bleibt außer Betracht. Im Rahmen des ersten Zumessungsaktes kommt es entscheidend auf die Schwere des verschuldeten Unrechts an. Das Gericht kann hier die hypothetische Überlegung anstellen, wie viele Tage Freiheitsstrafe die abzuurteilende Tat dieses Täters „wert" wäre.

In der zweiten Zumessungsphase wird (gemäß § 40 Abs. 2 Satz 1 StGB) die Höhe eines Tagessatzes unter Berücksichtigung der persönlichen und wirtschaftlichen Verhältnisse des Täters bestimmt (BGH NJW 1976, 634 Nr. 16; BGH MDR 1976, 678; BayObLGSt 1975, 73, 76; OLG Koblenz NJW 1976, 1275 Nr. 24). Aufgabe des zweiten Aktes ist es, die Reaktion auf Unrechts- und Schuldgehalt der Tat unter dem Gesichtspunkt der finanziellen Belastungsfähigkeit des Täters in ihrer für ihn materiell fühlbaren Auswirkung so zu konkretisieren, daß der Wohlhabende wie der Arme unter sonst gleichen Umständen einen gleich schwer treffenden wirtschaftlichen Verlust erleidet" (BayObLGSt a.a.O.). Die Höhe des Tagessatzes ist das „rechnerische Hilfsmittel" (OLG Celle MDR 1976, 156) zur Verwirklichung dieses Ziels.

b) Die beiden Akte der Geldstrafenbemessung stehen also im Dienste unterschiedlicher Zwecke und beruhen auf unterschiedlichen, auseinanderzuhaltenden Gründen. Für die abstrakte Betrachtung heben sich der Vorgang der Bewertung der Tat in der Zahl der Tagessätze und der Vorgang der Berücksichtigung der finanziellen Leistungsfähigkeit des Täters deutlich voneinander ab. Das Ergebnis eines jeden Zumessungsaktes findet im Urteilsspruch als „bestimmter Beschwerdepunkt" seinen Ausdruck. Die den Intentionen des Gesetzes entsprechende Begründung läßt jeden der Beschwerdepunkte als selbständig überprüfbaren Teil des Urteilsgegenstands erscheinen.

3. Aus der abstrakten Betrachtung ergeben sich Regel und Ausnahme: Ein Rechtsmittel kann grundsätzlich wirksam auf die Bemessung der Tagessatzhöhe einer Geldstrafe beschränkt werden. Überschneiden sich im Einzelfall die Zumessungsakte, ist das Rechtsmittelgericht nicht gehindert, die Beschränkung als unbeachtlich anzusehen und die Prüfung auf die Zahl der Tagessätze zu erstrecken (vgl. III. 1). Die Frage, ob eine solche Überschneidung stets als rechtsfehlerhaft zu beurteilen wäre, bedarf hier keiner Erörterung (vgl. dazu BGH MDR 1976, 678, 679; OLG Koblenz a.a.O.).

2. Die Revision kann wirksam auf die Anordnung der Sicherungsverwahrung beschränkt werden.

StPO § 344 I – BGH Urt. v. 27. 1. 1955 – 4 StR 594/54 LG Bielefeld (= BGHSt. 7, 101)

Die Revision rügt allein, daß das Gericht Sicherungsverwahrung angeordnet hat. Sie ist der Auffassung, es käme allenfalls eine Unterbringung in einer Trinkerheilanstalt in Betracht.

Sachverhalt: Das Landgericht hat den 1909 geborenen Angeklagten, der etwa 15 Jahre seines Lebens in Strafanstalten verbracht hat, erneut als gefährlichen Gewohnheitsverbrecher wegen eines schweren Diebstahls im Rückfall zu 3 Jahren Zuchthaus verurteilt sowie die Sicherungsverwahrung angeordnet. – Das Rechtsmittel hatte Erfolg.

Gründe: Die Beschränkung des Rechtsmittels auf die Nachprüfung der Sicherungsverwahrung (§ 42e StGB) ist im gegebenen Fall wirksam.

Jedenfalls rechtfertigt die möglicherweise vorgenommene Strafschärfung aus § 20a StGB es hier nicht, die Zulässigkeit der Beschränkung des Rechtsmittels auf die Sicherheitsverwahrung zu bezweifeln. Diese Maßregel setzt allerdings voraus, daß der Angeklagte als gefährlicher Gewohnheitsverbrecher verurteilt ist. Sie hängt aber mit der Straffrage innerlich nicht immer untrennbar zusammen. Sicherungsverwahrung ist nach § 42e StGB neben der Strafe und nur dann anzuordnen, wenn die öffentliche Sicherheit es erfordert. Auch wird eine solche Anordnung grundsätzlich erst vollzogen, wenn die Freiheitsstrafe verbüßt ist (§ 456b Satz 1 StPO). Die Selbständigkeit von Maßregeln der Sicherung und Besserung kommt ferner in §§ 42f-h StGB und in § 13 Abs. 1 Satz 1 StFrG 1954 zum Ausdruck. – Wie der hier zu entscheidende Fall zeigt, kann es vorkommen, daß es dem Angeklagten aus eigener Erkenntnis oder nach Beratung durch seinen Verteidiger aussichtslos erscheint, die Verurteilung im übrigen anzugreifen, er vielmehr die Freiheitsstrafe sofort antreten möchte. Unter solchen besonderen Umständen muß es ihm unbenommen bleiben, nur die Anordnung der Sicherungsverwahrung mit einem darauf beschränkten Rechtsmittel anzufechten, das Urteil aber im übrigen rechtskräftig werden zu lassen (§ 344 Abs. 1, § 352 Abs. 1, §§ 449, 450 Abs. 1 StPO). Dies ergibt sich auch daraus, daß das Rechtsmittelgericht im Fall einer Anfechtung des ganzen Strafausspruchs nicht genötigt werden kann, diesen insgesamt aufzuheben, obwohl nur die Anordnung aus § 42e StGB auf einem Rechtsfehler beruht (vgl. BGH 3 StR 282/54 v. 1. 7. 1954).

Jedenfalls besteht in dem hier zu entscheidenden Fall kein untrennbarer Zusammenhang zwischen Strafe und Sicherungsverwahrung. Die Zuchthausstrafe ist ersichtlich ohne Rücksicht auf die gleichzeitig angeordnete Sicherungsmaßregel bemessen, die Beschränkung des Rechtsmittels auf diese somit zulässig und vom Revisionsgericht zu beachten (§ 352 Abs. 1 StPO). Der erkennende Senat hat schon mehrfach so entschieden wie hier. Da nur die Besonderheit des Einzelfalles entscheidet, ist es nicht geboten, wegen der in nicht völlig gleich gestalteten Fällen abweichenden Rechtsprechung anderer Senate des Bundesgerichtshofs (z.B. 2 StR 291/51 v. 9. 8. 1951; 5 StR 401/53 v. 1. 10. 1953) nach § 136 Abs. 1 GVG den Großen Senat für Strafsachen anzurufen.

Erfolglose Rügen

1. Die zulässige Rüge der vorschriftswidrigen Abwesenheit des Angeklagten während einer ergänzenden Befragung eines Zeugen und der Verhandlung über seine Entlassung setzt voraus, daß der Inhalt dieser Befragung mitgeteilt wird.

StPO § 344 II – BGH Urt. v. 8. 2. 2000 – 5 StR 543/99 LG Braunschweig (= StV 2000, 240 = NStZ 2000, 328)

Die Revision rügt

a) die unzulängliche Begründung eines Beschlusses der Strafkammer, durch den die Entfernung des Angeklagten aus dem Sitzungssaal während der Vernehmung der beiden geschädigten kindlichen Zeugen angeordnet worden ist;

b) der Vermerk über die Entschuldigung einer Zeugin hätte nicht während der nach § 247 StPO angeordneten Abwesenheit des Angeklagten verlesen werden dürfen und

c) die Verhandlung über die Entlassung des kindlichen Zeugen S. M. sei zu Unrecht in Abwesenheit des Angeklagten erfolgt.

Sachverhalt: Dem Beschluß, durch den die Entfernung des Angeklagten angeordnet worden, war das Zitat einer Vorschrift (§ 247 „I" 2 StPO) beigefügt. Der Vater eines der kindlichen Zeugen hatte darum gebeten, den Angeklagten während der Vernehmung seines Sohnes abtreten zu lassen.

Die beanstandete Verlesung der Entschuldigung einer Zeugin war ausschließlich eine Freibeweiserhebung zur Erreichbarkeit weiterer Beweismittel.

Nachdem S. M. vernommen worden war, ist ihm zwar gestattet worden, den Sitzungssaal zu verlassen, bevor der Angeklagte wieder vorgeführt worden ist. Der Zeuge ist entlassen worden. Der Angeklagte ist zunächst nach § 247 S. 4 StPO über den wesentlichen Inhalt der Aussage des kindlichen Zeugen unterrichtet worden. Danach ist zunächst die Mutter des anderen kindlichen Zeugen Mo. in Anwesenheit des Angeklagten vernommen und entlassen worden. Anschließend ist der Angeklagte in Ausführung des Beschlusses nach § 247 S. 2 StPO wieder aus dem Sitzungssaal entfernt worden. Darauf ist zunächst S. M. ergänzend befragt worden – worüber, ergibt sich nicht aus dem Protokoll. Anschließend ist er nach erneuter Anordnung seiner Nichtvereidigung (§ 60 Nr. 1 StPO) nunmehr sofort „im Einverständnis sämtlicher Beteiligter" entlassen worden. Dann ist in fortdauernder Abwesenheit des Angeklagten Mo. vernommen worden. Dieser Zeuge ist erst entlassen worden, nachdem der wieder anwesende Angeklagte über seine Aussage und die ergänzenden Angaben des Zeugen S. M. unterrichtet worden war. – Das Rechtsmittel war erfolglos.

Gründe:

I.

1. Soweit er die unzulängliche Begründung des Beschlusses der Strafkammer beanstandet, durch den seine Entfernung aus dem Sitzungssaal während der Vernehmung der beiden geschädigten kindlichen Zeugen angeordnet worden ist, genügt das Revisionsvorbringen nicht den Anforderungen des § 344 II 2 StPO. Der Beschwerdeführer hat den beanstandeten Beschluß nicht vollständig vorgetragen. Dieser beschränkte sich nicht – wie gerügt – auf die Anordnung der Entfernung, dieser Anordnung war vielmehr das Zitat einer Vorschrift (§ 247 S. 2 StPO) beigefügt. Ob diese denkbar knappste Form der Begründung hier ausgereicht hätte – was bei zweifelsfrei gegebener Anwendbarkeit der Norm nicht undenkbar ist (vgl. BGHR StPO § 247 S. 2 – Begründungserfordernis 2 [BGH Urt. v. 6. 8. 1986 – 3 StR 243/86; vgl. § 247 StPO erfolglose Rügen]) – vermag der Senat wegen des unvollständigen Revisionsvortrags nicht zu prüfen.

Im übrigen hat der Beschwerdeführer ferner unterlassen vorzutragen, daß der Vater eines der kindlichen Zeugen darum gebeten hatte, den Angeklagten während der Vernehmung seines Sohnes abtreten zu lassen. Auch dieser Umstand wäre im Rahmen der Rüge nach § 344 II 2 StPO mitzuteilen gewesen; denn die nähere Begründung eines Beschlusses nach § 247 StPO könnte sich durch den Zusammenhang mit einer darauf gerichteten Erklärung, nicht anders als nach entsprechender Antragstellung (vgl. – zu § 338 Nr. 6 StPO, § 174 GVG – BGH, Urt v. 9. 6. 1999 – 1 StR 325/98 zur Veröff. in BGHSt. bestimmt [= BGHSt. 45, 117] [vgl. § 338 Nr. 6 StPO erfolglose Rügen]), im Einzelfall erübrigen. Auch ob dies hier in Betracht gekommen wäre, hat der Senat in der Sache nicht zu überprüfen.

2. Die Rüge, der Vermerk über die Entschuldigung einer Zeugin hätte nicht während der nach § 247 StPO angeordneten Abwesenheit des Angeklagten verlesen werden dürfen, ist jedenfalls unbegründet. Die beanstandete Verlesung war ersichtlich ausschließlich eine Freibeweiserhebung zur Erreichbarkeit weiterer Beweismittel, damit kein wesentlicher teil der Hauptverhandlung, der ohne Vorliegen eines Ausnahmegrundes unbedingt die Anwesenheit des Angeklagten erfordert hätte (vgl. BGHR StPO § 247 – Abwesenheit 17).

3. Auch die Beanstandung, die Verhandlung über die Entlassung des kindlichen Zeugen S. M. sei zu Unrecht in Abwesenheit des Angeklagten erfolgt, greift nicht durch. Diese Rüge scheitert ebenfalls an § 344 II 2 StPO.

a) Nachdem S. M. vernommen worden war, ist ihm zwar gestattet worden, den Sitzungssaal zu verlassen, bevor der Angeklagte wieder vorgeführt worden ist. Der Zeuge ist aber nicht etwa entlassen worden, sondern der Angeklagte ist zunächst nach § 247 S. 4 StPO über den wesentlichen Inhalt der Aussage des kindlichen Zeugen unterrichtet worden. Danach ist – was die Revision nicht mitteilt – zunächst die Mutter des anderen kindlichen Zeugen Mo. in Anwesenheit des Angeklagten vernommen und entlassen worden. Anschließend ist der Angeklagte in Ausführung des Beschlusses nach § 247 S. 2 StPO wieder aus dem Sitzungssaal entfernt worden. Darauf ist zunächst S. M. ergänzend befragt worden – worüber, ergibt sich weder aus dem Protokoll, noch wird es von der Revision mitgeteilt –; anschließend ist er nach erneuter Anordnung seiner Nichtvereidigung (§ 60 Nr. 1 StPO) nunmehr sofort „im Einverständnis sämtlicher Beteiligter" entlassen worden. Dann ist in fortdauernder Abwesenheit des Angeklagten Mo. vernommen worden. Dieser Zeuge ist erst entlassen worden, nachdem der wieder anwesende Angeklagte über seine Aussage und die ergänzenden Angaben des Zeugen S. M. unterrichtet worden war.

Dieser Prozeßablauf erweist hinlänglich, daß der Strafkammer klar war, daß sie zur erforderlichen Wahrung des Fragerechts des Angeklagten grundsätzlich gehindert war, einen in Abwesenheit des Angeklagten vorgenommenen Zeugen zu entlassen, bevor der Angeklagte zuvor über den wesentlichen Inhalt der in seiner Abwesenheit erfolgten Aussage unterrichtet war. Beide Kinder sind nicht etwa unmittelbar nach ihrer jeweiligen Zeugenaussage entlassen worden. Nach dem Verhandlungsablauf liegt nahe, daß Gegenstand der für die Rüge allein maßgeblichen ergänzenden Befragung von S. nur ein eng begrenzter, nach der vorangegangenen umfassenden Vernehmung einzig offen gebliebener Vorgang – etwa ein vom Angeklagten gemutmaßtes verspätetes Heimkommen der Kinder gewesen ist. Dabei liegt nicht fern, daß sich die Prozeßbeteiligten unter Einschluß des Angeklagten nach dessen erster Information gem. § 247 S. 4 StPO und nach Verständigung über jene ergänzende Befragung einig waren, daß der Zeuge hiernach sofort entlassen werden könnte. Hierauf deutet das gerichtliche Vorgehen im übrigen hin, mit dem auf die ausreichende Wahrung der Informations- und Verteidigungsbedürfnisse des Angeklagten bei Anwendung des § 247 StPO Bedacht genommen worden ist, zudem der Vermerk über das Einverständnis „sämtlicher" Beteiligter mit der Entlassung, der ein vorab erklärtes Einverständnis des bei Entlassung noch vorübergehend abwesenden Angeklagten nicht ausschließt, schließlich auch der Umstand, daß der Angeklagte nach seiner abschließenden Unterrichtung gem. § 247 S. 4 StPO nicht etwa eine weitere ergänzende Befragung eines der kindlichen Zeugen verlangt hat.

Bei einer solchen besonders gelagerten Fallgestaltung hätte die Revision hier den Gegenstand der ergänzenden Befragung des kindlichen Zeugen S. M. mitteilen müssen. Allein hierdurch wäre bei der hier gegebenen Sachlage zu belegen – oder aber eben naheliegend zu widerlegen – gewesen, ob der nach jener Befragung sofort erfolgten Entlassung eine Verhandlung vorausgegangen ist, die – i.S. der herkömmlichen Rechtsprechung des BGH, auf die sich der Beschwerdeführer beruft (vgl. nur BGHR StPO § 338 Nr. 5 – Angekl. 23) – ein wesentlicher, von der Anordnung nach § 247 StPO nicht erfaßter Teil der Hauptverhandlung war, der nicht in Abwesenheit des Angeklagten hätte erfolgen dürfen (vgl. entsprechend zur Vortragspflicht nach § 344 II 2 StPO bei etwas anderer, aber hinsichtlich der Wesentlichkeit der Entlassungsverhandlung ähnlich gelagerter Fallgestaltung BGHR StPO § 247 – Abwesenheit 18).

b) Im übrigen hält der Senat – einem früheren Lösungsvorschlag des 3. Strafsenats folgend (vgl. die soeben zitierte Entscheidung; vgl. hingegen andererseits die späteren Entscheidungen desselben Senats BGHR StPO § 247 – Abwesenheit 19 sowie Beschl. v. 3. 11. 1999 – 3 StR 333/99 [vgl. § 247 StPO erfolgreiche Rügen]) – die Verhandlung über die Entlassung eines Zeugen generell für keinen wesentlichen Teil der Hauptverhandlung; die Abwesenheit des Angeklagten dabei ist daher regelmäßig nicht geeignet, den absoluten Revisionsgrund des § 338 Nr. 5 StPO zu begründen. Zur weiteren Ausschöpfung eines Beweismittels in Erfüllung der gerichtlichen Wahrheitsermittlungspflicht, insbesondere zur Ermöglichung einer etwa relevanten Konfrontation mit noch ausstehenden, zu erwartenden späteren Beweiserhebungen in der Hauptverhandlung und ergänzender Befragung durch die Prozeßbeteiligten, kann es angezeigt sein, nicht sofort nach Vernehmung eines Zeugen oder Sachverständigen dessen Entlassung (§ 248 StPO) anzuordnen. Damit bleiben eventuelle Zwangsmöglichkeiten gegen einen sich ohne Entlassung entfernenden Zeugen oder Sachverständigen eröffnet. Jener prozessuale Vorgang der Entlassung – einschließlich der Verhandlung mit den Prozeßbeteiligten hierüber – hat somit eher organisatorischen

Charakter; wie die freibeweisliche Vorbereitung einer Beweiserhebung dient er hingegen nicht unmittelbar der Urteilsfindung. Wie jene (vgl. dazu oben 2) sollte er daher nicht als wesentlicher Teil der Hauptverhandlung verstanden werden, für den die durch § 338 Nr. 5 StPO garantierten unbedingten Anwesenheitspflichten gelten. Als wesentlich sind in diesem Zusammenhang vielmehr generell nur die der Urteilsfindung unmittelbar dienenden Verhandlungsteile, insbesondere Beweiserhebungen, anzusehen.

Solche Auslegung des Verfahrensrechts beschränkt nicht etwa das Fragerecht eines bei der Verhandlung über die Entlassung etwa abwesenden Angeklagten. Ihm ist vielmehr regelmäßig uneingeschränkt das Recht zuzubilligen, die erneute Vorladung eines ohne seine Anhörung entlassenen Zeugen oder Sachverständigen zum Zweck weiterer zulässiger Befragung zu verlangen. Mit der Revision kann er eine etwaige Versagung dieser Möglichkeit – über den relativen Revisionsgrund der Verletzung seines Fragerechts – beanstanden. Allein diese Auslegung des Verfahrensrechts erscheint dem Senat angemessen als Lösung von Fällen der vorliegenden Art im Revisionsverfahren, die regelmäßig im Spannungsfeld zwischen gebotener Wahrung aktiver Mitwirkungsbefugnisse des Angeklagten einerseits sowie Zeugen- und Opferschutz im Strafverfahren andererseits stehen.

Bei einer entsprechenden zulässig erhobenen Verfahrensrüge würde der Senat demgemäß eine Anfrage nach § 132 III GVG beschließen. Hier mangele es an hinreichender Darlegung einer das Anwesenheitsrecht tangierenden Verletzung berechtigter Anhörungs- und Beteiligungsrechte des Angeklagten, die nach der bislang verbindlichen Rechtsprechung anderer Strafsenate von § 338 Nr. 5 StPO erfaßt würde. Eine Anfrage kann daher wegen fehlender Entscheidungserheblichkeit nicht erfolgen. ...

2. Wenn Unmutsäußerungen eines abgelehnten Richters als Befangenheitsgrund behauptet werden, müssen für die Zulässigkeit der Rüge hierzu alle Einzelheiten konkret dargelegt werden.

StPO § 344 II – BGH Beschl. v. 14. 1. 2000 – 3 StR 106/99 LG Hannover (=NStZ 2000, 325)

Die Revision rügt, das Gericht habe einen Befangenheitsantrag gegen den Vorsitzenden zu Unrecht zurückgewiesen.

Der Sachverhalt ergibt sich teilweise aus den Urteilsgründen. – Das Rechtsmittel war erfolglos.

Gründe: Bedenken hinsichtlich der Zulässigkeit der Rüge des § 338 Nr. 3 i.V. mit § 24 StPO bestehen vor allem deshalb, weil die Revision die Vorgeschichte der mit dem Ablehnungsgesuch beanstandeten Äußerung des Strafkammervorsitzenden und den Gesamtzusammenhang, in dem diese gefallen ist, nur unzureichend mitteilt. Es fehlt schon an einer geschlossenen Schilderung des Ablaufs des am 28. 7. 1998 durchgeführten Hauptverhandlungstages und des Inhalts der Beweisaufnahme an diesem Tag bis zu dem Zeitpunkt, in dem die beanstandete Äußerung gefallen ist. Zwar ist dem Revisionsvorbringen zu entnehmen, daß bis dahin der Zeuge H., ein Beamter der Kriminalpolizei B., und der Zeuge V., ein Beamter der Kriminalpolizei Ha., vernommen worden waren. Daß die Vernehmung des Zeugen H. länger – nämlich 2 Stunden – aufgrund der Fragen der Verteidigung andauerte als offensichtlich für den Vorsitzenden vorhersehbar gewesen war, kann noch der mitgeteilten dienstlichen Äußerung des Vorsitzenden entnommen werden, ferner daß diese Befragung zum ersten Teil der beanstandeten Äußerung des Vorsitzenden führte, der nämlich sein Erstaunen über die Dauer der Vernehmung zu erkennen gab und in bezug auf den Zeugen H darauf hinwies, er habe dem Zeugen keine Bedeutung beigemessen, sondern überlegt, ob er ihn überhaupt laden solle. Ob und gegebenenfalls wie die Verteidiger hierauf geantwortet oder eine sonstige Erklärung abgegeben haben, teilt die Revision ebenso wenig mit, wie die von der Revision behaupteten Widersprüche, in die sich der Zeuge H.

bei seiner Vernehmung verwickelt haben soll. Auch die Widersprüche, die sich aus der anschließenden – ersichtlich ebenfalls sich länger hinziehenden – Vernehmung des Zeugen V. zu Angaben des Zeugen H. ergeben haben sollen, werden bis auf einen, den Zeitpunkt des ersten Zusammentreffens des Zeugen H. mit dem Angeklagten betreffend, nicht genannt oder dargelegt. Dessen hätte es bedurft, zumal der Vorsitzende nach dem Vortrag der Revision auf diese Widersprüche hingewiesen worden war und weil im Anschluß daran die beanstandeten Äußerungen gefallen sein sollen, nämlich dahingehend, daß das alles nur Theater der Verteidigung sei, die den Angeklagten nicht aussagen ließe und statt dessen die Zeugen in Widerspruch verwickle, der Angeklagte doch aussagen möge, sein Schweigen sei anderen gegenüber unfair, er solle doch gefälligst von Anfang an aussagen. Da Unmutsäußerungen eines abgelehnten Richters nicht isoliert betrachtet werden dürfen, sondern in dem Gesamtzusammenhang gesehen werden müssen, in dem sie gefallen sind, läge es nahe, für die Zulässigkeit einer auf § 338 Nr. 3 i.V.m. § 24 StPO gestützten Rüge i.S. des § 344 II 1 StPO zu verlangen, daß von der Revision hierzu alle Einzelheiten konkret dargelegt werden. Dies kann jedoch dahinstehen, da nach dem Sachverhalt, soweit er mitgeteilt wird und er sich aus der dienstlichen Äußerung des abgelehnten Vorsitzenden ergibt, die Zurückweisung des Ablehnungsgesuchs als unbegründet im Ergebnis nicht zu beanstanden ist. Wie der dienstlichen Äußerung des Vorsitzenden zu entnehmen ist, war er überrascht über die lang andauernde Befragung des genannten Zeugen, der für ihn in keinem erkennbar notwendigen Zusammenhang mit der Sachaufklärung stand. Wie er weiter dargelegt hat, verstand er die Fragen nicht, deren Hintergrund ihm unbekannt war, so daß er es deshalb als unfair empfunden hat, die Zeugen für die übrigen Prozeßbeteiligten zu nicht verständlichen Dingen zu befragen, ohne daß der Angeklagte, der sich im übrigen zu einem späteren Zeitpunkt ausführlich zur Sache eingelassen hat, selbst aussagte, so daß eventuelle Widersprüche nicht erkennbar waren und nicht geklärt werden konnten. Hiernach bezog sich die Äußerung des Vorsitzenden nicht auf das Recht des Angeklagten, keine Aussage oder erst später Angaben zu machen, sondern auf die Befragungspraxis der Verteidiger bei der Vernehmung von Zeugen, die nach dem allen Prozeßbeteiligten bekannten Akteninhalt und dem bis dahin vorliegenden Ergebnis der Beweisaufnahme nur von untergeordneter Bedeutung erschienen. Durch diese Vernehmungsmethoden wurde dem Strafkammervorsitzenden, wie bereits der GBA zutreffend dargelegt hat, eine sachgerechte Leitung der Verhandlung und eine Prüfung, ob evtl. einzelne Fragen i.S. des § 241 II StPO ungeeignet waren oder nicht zur Sache gehörten, weitgehend unmöglich gemacht. Hierauf hinzuweisen und dies deutlich zu machen, war ersichtlich der Zweck der, wie der Vorsitzende angibt „nicht erregt, sondern im ruhigen Ton erfolgten" – Äußerung.

Aus diesem Verhalten des Vorsitzenden können unter den gegebenen Umständen keine hinreichende Anhaltspunkte für die Besorgnis der Befangenheit abgeleitet werden (vgl. BGH Urt. v. 1. 7. 1970 – 1 StR 362/70 S. 24 f.; BGHR StPO § 24 II Vorsitzender 4). Aufgrund des für alle Beteiligten erkennbaren Zusammenhangs mit der für die übrigen Prozeßbeteiligten unverständlichen Art und Weise der Befragung von Zeugen durch die Verteidiger, konnte ein verständiger Angeklagter die Äußerung des Kammervorsitzenden nicht in dem von der Revision behaupteten Sinne mißverstehen, nämlich daß das Recht des Angeklagten, nicht zur Sache auszusagen bzw. den Zeitpunkt der Einlassung selbst zu bestimmen, oder das Fragerecht der Verteidigung durch den Vorsitzenden beeinträchtigt oder in Frage gestellt werden sollte. Daß der Vorsitzende den Angeklagten bedrängen wollte, Angaben zur Sache zu machen (vgl. dazu BGH NJW 1959, 55; 1982, 1712 [BGH Beschl. v. 24. 3. 1982 – 2 StR 105/82 = BGHSt. 31, 15; vgl. § 338 Nr. 3 StPO erfolgreiche Rügen]; Pfeiffer/Miebach NStZ 1985, 205 [BGH Beschl. v. 4. 10. 1984 – 4 StR 429/84; vgl. § 338 Nr. 3 StPO erfolgreiche Rügen]) oder den Eindruck erwecken konnte, er ziehe eine schnelle Prozeßerledigung einer sachgemäßen Aufklärung der Sache vor (vgl. BGHR StPO § 24 II Vorsitzender 1 [BGH Urt. v. 9. 3. 1988 – 3 StR 567/87; vgl. § 338 Nr. 3 StPO erfolgreiche Rügen]), ist dem vorgetragenen Sachverhalt nicht zu entnehmen. ...

3. Zur Rüge unrichtiger Wiedergabe einer verlesenen Zeugenaussage gehört deren wörtliche Angabe in der Revisionsbegründung.

StPO 344 II – BGH Urt. v. 13. 10. 1999 – 3 StR 256/99 LG Kleve (= NStZ 2000, 215)

Die Revision rügt, die Kammer habe eine gem. § 251 StPO verlesene Zeugenaussage im Urteil nicht mit deren tatsächlichen Inhalt wiedergegeben.

Sachverhalt: Das Landgericht hatte den Angeklagten wegen unerlaubter Einfuhr von Betäubungsmitteln in nicht geringer Menge zu einer Gesamtfreiheitsstrafe von 4 Jahren verurteilt und den Verfall von 20 000 DM angeordnet. Auf die Revision des Angeklagten hat der Senat das Urteil im Ausspruch über den Verfall mit den zugehörigen Feststellungen aufgehoben, die Sache im Umfang der Aufhebung zu neuer Verhandlung und Entscheidung zurückverwiesen und die weitergehende Revision verworfen. Das LG hat in dem angefochtenen Urteil nunmehr den Verfall von 11 500 DM angeordnet.

Der Beschwerdeführer hatte zunächst ausdrücklich nur die Sachrüge erhoben und sich mit näherer Begründung gegen die Beweiswürdigung des Landgerichts gewandt. Er vertritt vielmehr nunmehr die Auffassung, die ursprünglich erhobene Sachrüge sei in die Verfahrensrüge der Verletzung des § 261 StPO umzudeuten, und beanstandet, die Kammer habe eine gem. § 251 StPO verlesene Zeugenaussage im Urteil nicht mit deren tatsächlichen Inhalt wiedergegeben. – Das Rechtsmittel war erfolglos.

Gründe: Eine zulässige Verfahrensrüge ist nicht erhoben.

Die fristgerecht eingereichte Revisionsbegründungsschrift vom 1. 3. 1999 kann nicht in dem Sinne ausgelegt werden, daß neben der Sachrüge auch eine zulässige Verfahrensrüge erhoben ist.

Es bestehen bereits Bedenken, ob die Revisionsbegründung vom 1. 3. 1999, in der ausdrücklich nur die Sachrüge erhoben ist, entsprechend ihrem Sinn und Zweck (BGHSt. 19, 273, 275 [BGH Urt. v. 24. 3. 1964 – 3 StR 60/63; vgl. § 344 StPO erfolglose Rügen]) dahingehend ausgelegt werden kann, daß mit ihr (auch) die Verletzung des § 261 StPO gerügt werden soll. Diese Rechtsfrage kann aber offenbleiben, weil eine Verfahrensrüge, sollte sie erhoben worden sein, nicht den Formerfordernissen des § 344 II 2 StPO entsprechen würde und deshalb unzulässig wäre. Die verlesene Aussage des Zeugen R, die den Verfahrensmangel ergeben soll, ist nämlich weder ihrem Wortlaut noch ihrem wesentlichen Inhalt nach in der Rechtfertigungsschrift wiedergegeben, obwohl dies für die Zulässigkeit der Rüge erforderlich ist (BGHR StPO § 344 II 2 Beweiswürdigung 3). In ihr ist nur ein Satz der in der Hauptverhandlung verlesenen umfangreichen Aussage des Zeugen mitgeteilt. Es fehlen vor allem die wichtigen Angaben des Zeugen zur Abwicklung der Betäubungsmittelgeschäfte im allgemeinen. Somit kann das Revisionsgericht nicht allein aufgrund der Revisionsbegründungsschrift überprüfen, ob § 261 StPO verletzt wurde (BGHSt. 21, 334, 340 [BGH Urt. v. 10. 11. 1967 – 4 StR 512/66; vgl. §§ 68a, 338 Nr. 3 StPO erfolglose Rügen]; 29, 203 f. [BGH Urt. v. 6. 2. 1980 – 2 StR 729/79; vgl. § 338 Nr. 7 StPO erfolglose Rügen]; BGHR StPO § 344 II 2 Beweiswürdigung 3).

4. Die den Mangel enthaltenden Tatsachen müssen angegeben werden.

StPO § 344 – BGH Urt. v. 8. 12. 1993 – 3 StR 446/93 LG Kleve (= BGHSt. 40, 3 = NJW 1994, 1294 = StV 1994, 169 = NStZ 1994, 247)

Der Nebenkläger rügt eine Verletzung des § 244 III StPO und trägt folgende Verfahrenstatsachen vor: Vor dem Hintergrund, daß – nach dem Revisionsvorbringen – der Nebenkläger und dessen Ehefrau ausgesagt hatten, 10 000 DM seien an den Zeugen M. G., den Verwandten der Angeklagten, gezahlt worden, und daraufhin von der Verteidigung dieser für das Gegenteil als Zeuge benannt worden war, beantragte der Nebenkläger

„A. Y., Bruckdorf/Celle,
C. B., Bruckdorf/Celle,
S. Y., genauer Wohnort derzeit nicht bekannt, in der Nähe von Mellendorf/Niedersachsen (vgl. Bl. 27 d. Akten) als Zeugen zu vernehmen zum Beweis dafür, daß die Familie G. ... mindestens 10 000 DM von I. D. verlangt hat, sonst würde jemand aus der Familie D. umgebracht, und in der Person des M. G. auch erhalten hat."

Nachdem der Zeuge M. G. bekundet hatte, daß Geld nicht gezahlt worden sei, wiederholte der Nebenkläger den Antrag inhaltlich dahin abgewandelt, 10 000 DM seien verlangt worden, „damit der Familie D. in Zukunft nichts passiere, in dem Sinn, daß niemand tätlich angegriffen oder gar getötet würde. Der Betrag von 10 000 DM sei auch an M. G. gezahlt worden." Die Beweismittel wurden nicht näher bezeichnet; lediglich bezüglich S. Y. wurde die Einschränkung „genauer Wohnort derzeit nicht bekannt, in der Nähe von" weggelassen.

Das Landgericht hat der „Anregung ..., den Aufenthalt der Zeugen ... A. Y., B. und S. Y. ... zu ermitteln und die Zeugen zu laden", mit Beschluß vom 17. 12. 1992 nicht entsprochen und ausgeführt: „Ihre Vernehmung von Amts wegen erscheint nicht geboten".

Sachverhalt: Das Landgericht hat festgestellt, daß zwischen den aus Ostanatolien stammenden kurdischen Familien G. und D. Spannungen bestanden, die – nach einer früheren Schlägerei – am 15. 3. 1991 dazu führten, daß der Angeklagte Fe. G. vom Nebenkläger mit einer Eisenstange auf den Kopf geschlagen und so verletzt wurde, daß er anschließend eine Woche im Krankenhaus und dann mehrere Monate vom Hausarzt behandelt werden mußte. Entsprechend den kurdischen Ehrvorstellungen versuchte dieser Angeklagte durch Einschaltung eines älteren Verwandten, des Zeugen M. G., die Angelegenheit durch eine in solchen Fällen übliche Geldzahlung von Seiten der Familie D. an die Familie G. zu bereinigen. Dies scheiterte. Anklage gegen den Nebenkläger wurde mangels öffentlichen Interesses nicht erhoben. Auch die Beauftragung eines Rechtsanwalts durch die Familie G. führte nicht zur Aussöhnung.

Der Angeklagte Fe. G. entschloß sich nun, gemeinsam mit seinem jüngeren Bruder Fa., der auch an dem Vorfall vom 15. 3. 1991 beteiligt gewesen war, den Nebenkläger erheblich zu verletzen. Sie schlugen am 3. 10. 1991 – jetzt mit Tötungsvorsatz – mit zwei hölzernen Axtstielen mindestens zweimal gegen den Kopf und einmal gegen den Bereich des linken Armes und des linken Brustkorbes des Nebenklägers, der schwer verletzt bewußtlos zu Boden ging.

Das Landgericht hat die Angeklagten Fe. und Fa. G. wegen versuchten Totschlags zum Nachteil des Nebenklägers I. D. verurteilt. – Das Rechtsmittel war erfolglos.

Gründe: Die Rüge ist schon unzulässig, weil sie den Formerfordernissen nicht entspricht. Nach § 344 Abs. 2 Satz 2 StPO müssen bei Verfahrensrügen die den Mangel enthaltenden Tatsachen angegeben werden. Das hat so vollständig und so genau zu geschehen, daß das Revisionsgericht aufgrund der Rechtfertigungsschrift prüfen kann, ob ein Verfahrensfehler vorliegt, wenn die behaupteten Tatsachen erwiesen wären (BGHSt. 3, 213, 214 [BGH Urt. v. 14. 10. 1952 – 2 StR 306/52; vgl. § 244 VI StPO erfolgreiche Rügen]). Dabei genügt es nicht, Fundstellen in den Akten in Bezug zu nehmen, auch wenn es – wie hier durch die Bezugnahme auf Blatt 27 der Akten – im Wortlaut eines Antrags geschieht. Vielmehr müssen solche Stellen, wenn sie für die Beurteilung der Rüge von Bedeutung sein können (hier: Hinweise zur Individualisierung des oder der Zeugen und/oder zur Konkretisierung der Beweisbehauptung), in ihrem Wortlaut oder ihrem wesentlichen Inhalt nach in der Rechtfertigungsschrift wiedergegeben werden.

5. Revisionsbeschränkung auf Ausspruch über Schuldschwere zulässig.

StPO § 344 I – BGH Urt. v. 22. 4. 1993 – 4 StR 153/93 LG Arnsberg (= BGHSt. 39, 208 = NJW 1993, 1999 = StV 1993, 344 = NStZ 1993, 448)

Die Revision der Staatsanwaltschaft ist auf die Verneinung der Frage der besonderen Schwere der Schuld beschränkt.

Sachverhalt: Das Schwurgericht hat den Angeklagten wegen Mordes verurteilt und die besondere Schwere der Schuld i.S.d. § 57a StGB in den Urteilsgründen verneint hat. – Das Rechtsmittel war erfolglos.

Gründe:

1. Das Rechtsmittel ist zulässig.

a) Das BVerfG hat in seiner Entscheidung vom 3. 6. 1992 gefordert, die für die Bewertung der Schuld gemäß § 57a Abs. 1 S. 1 Nr. 2 StGB erheblichen Tatsachen im Erkenntnisverfahren festzustellen und die Schuld unter dem für die Aussetzungsentscheidung des § 57a StGB maßgebenden Gesichtspunkt ihrer besonderen Schwere zu gewichten (BVerfGE 86, 288, 310 f. = StV 1992, 471). Dabei hat es ausdrücklich darauf hingewiesen, daß die für das spätere Vollstreckungsverfahren notwendige und bindende tatrichterliche Gewichtung der Schuld ungeachtet ihrer mangelnden Auswirkungen auf den Schuld- und Strafausspruch der revisionsrechtlichen Kontrolle unterliegt (BVerfGE 86, 288, 323 f.). Das BVerfG ist allerdings auf die Einzelheiten der dem herkömmlichen Verfahrensverständnis zuwiderlaufenden Umsetzung in das geltende Prozeßrecht nicht näher eingegangen.

Daher obliegt es den Fachgerichten, in Auslegung des geltenden Verfahrensrechts, die prozessualen Voraussetzungen für die Umsetzung der verfassungsgerichtlichen Rechtsgestaltung zu schaffen. Dabei haben sie sich – wie das BVerfG bei seiner verfassungskonformen Auslegung – bei weitest möglicher Schonung des geltenden Rechts im übrigen tunlichst im Rahmen der vom Gesetzgeber gewählten Grundstruktur des Verfahrens zu halten (BVerfGE 86, 288, 318, 321; 70, 297, 308 f.; 57, 250, 276). Davon ausgehend wendet der Senat für die Überprüfung des Schuldschwereausspruchs, bei dem es sich der Sache nach um die Entscheidung einer vollstreckungsrechtlichen Vorfrage handelt, die Grundsätze des geltenden Revisionsrechts entsprechend an.

b) Die Staatsanwaltschaft ist dadurch, daß das Schwurgericht die besondere Schwere der Schuld i.S.d. § 57a StGB in den Urteilsgründen verneint hat, beschwert. Die Beschwer ist nicht dadurch ausgeschlossen, daß dies aus prozessualen Gesichtspunkten nur in den Urteilsgründen geschehen ist; denn die Verneinung der besonderen Schuldschwere bedarf – im Gegensatz zu ihrer Bejahung – keiner Aufnahme in den Urteilstenor, weil das Fehlen im Tenor einer Nichtentscheidung oder Verneinung gleichkommt (vgl. BGH NJW 1993, 1084 [BGH Urt. v. 21. 1. 1993 – 4 StR 560/92 = BGHSt. 39, 121; vgl. § 260 StPO erfolgreiche Rügen]).

2. Auch die Beschränkung der Revision auf die Frage der besonderen Schuldschwere ist zulässig. Eine Beschränkung des Rechtsmittels ist nach st. Rspr. zulässig, wenn die Beschwerdepunkte nach dem inneren Zusammenhang des Urteils losgelöst von seinem nicht angegriffenen Teil rechtlich und tatsächlich selbständig beurteilt werden können, ohne eine Prüfung des Urteils im übrigen erforderlich zu machen. Voraussetzung ist allerdings, daß das angefochtene Urteil eine dementsprechende Prüfung ermöglich. Das gilt bei einer Beschränkung auf den Rechtsfolgenausspruch oder auf einen Teil des Rechtsfolgenausspruchs und muß auch bei entsprechender Anwendung dieser Grundsätze auf die vollstreckungsrechtliche Vorfrage Geltung beanspruchen. Die Staatsanwaltschaft kann daher ihr Rechtsmittel auf die Frage des Vorliegens besonderer Schuldschwere i.S.d. § 57a Abs. 1 S. 1 Nr. 2 StGB beschränken; denn die Verurteilung wegen Mordes zu lebenslanger

Freiheitsstrafe wird – wie auch im vorliegenden Fall – in aller Regel von der Frage, ob eine besondere Schuldschwere in dem genannten Sinne vorliegt, nicht berührt.

3. Die entsprechende Anwendung des Revisionsrechts bedeutet noch nicht notwendig, daß die Feststellung der Schuldschwere in vollem Umfang zusammen mit dem Urteil der revisionsrechtlichen Kontrolle unterliegt. Das BVerfG hat die zugrunde liegenden Verfahrensbestimmungen lediglich einer verfassungskonformen Auslegung unterzogen und weder sie noch die durch die Revisibilität der Schuldschwere zwangsläufig berührten Regeln des Verfahrensrechts beanstandet (vgl. BGH Beschl. v. 20. 10. 1992 – 4 StR 451/92 – NStZ 1993, 143). Die Folge einer solchen verfassungskonformen Auslegung der §§ 454, 462a StPO, 74 Abs. 1 S. 1, Abs. 2 S. 1 Nr. 4 GVG ist die Aufrechterhaltung der gesetzlichen Zuständigkeiten. Da diese Auslegung lediglich das Ziel verfolgt, die vom Gesetzgeber bestimmte und fortgeltende vollstreckungsrechtliche Prüfung der Strafaussetzungsvoraussetzungen hinsichtlich eines Teilaspekts verbindlich vorwegzunehmen, könnte die revisionsgerichtliche Überprüfung des Schuldschwereausspruchs auf eine Kontrolle der Gewichtung der insoweit erheblichen Umstände auf der Grundlage der ihrerseits nicht revisiblen tatrichterlichen Feststellungen beschränkt sein. Damit würde verhindert, daß die Verlagerung der Zuständigkeit vom Vollstreckungsgericht auf den Tatrichter letztlich in eine fachgerichtliche Korrektur des sonstigen Verfahrensrechts umschlägt; das könnte der Fall sein, wenn die Kompetenzverschiebung in Abweichung vom herkömmlichen Revisionsverfahren zur Aufhebung eines im übrigen beanstandungsfreien Urteils führen müßte.

Der vorliegende Fall nötigt indes nicht zur abschließenden Entscheidung der aufgeworfenen Fragen. Die Beschwerdeführerin rügt nämlich nur eine fehlerhafte Anwendung des Rechts auf den festgestellten Sachverhalt.

4. Daß das Schwurgericht hier das Vorliegen der besonderen Schuldschwere i.S.d. § 57a Abs. 1 S. 1 Nr. 2 StGB verneint hat, ist aus Rechtsgründen nicht zu beanstanden. [Wird ausgeführt ...]

6. Die Revisionsbegründung muß Ausführungen dazu enthalten, daß die Voraussetzungen für einen Fortfall der Beschlagnahmefreiheit nach § 97 II S. 3 StPO nicht vorliegen.

StPO § 344 II – BGH Urt. v. 28. 11. 1990 – 3 StR 170/90 LG Stade (= BGHSt. 37, 245 = NJW 1991, 1764 = StV 1991, 146 = NStZ 1991, 196)

Die Revision rügt, daß die in der Revisionsbegründung im einzelnen bezeichneten, bei dem Steuerberater beschlagnahmten Unterlagen vom Landgericht nicht zum Schuldnachweis hätten herangezogen werden dürfen, weil sie nach § 97 Abs. 1 i.V.m. § 53 Abs. 1 Nr. 3 StPO beschlagnahmefrei gewesen seien.

Der Sachverhalt ergibt sich aus der Revisionsbegründung. – Das Rechtsmittel war erfolglos.

Gründe: Der Beschwerdeführer meint, daß die in der Revisionsbegründung im einzelnen bezeichneten, bei dem Steuerberater beschlagnahmten Unterlagen vom Landgericht nicht zum Schuldnachweis hätten herangezogen werden dürfen. Ob diese Auffassung zutrifft, braucht der Senat nicht zu entscheiden. Denn die Rüge ist unzulässig, weil sie nicht in dem nach § 344 Abs. 2 Satz 2 StPO erforderlichen Umfang ausgeführt worden ist.

Auch wenn man mit der Revision davon ausgeht, daß sich das Zeugnisverweigerungsrecht des Steuerberaters grundsätzlich auf die bei ihm beschlagnahmten Unterlagen erstreckt hat und daher deren Beschlagnahmefreiheit nach § 97 Abs. 1 StPO in Betracht kommt, reicht der Revisionsvortrag nicht aus, um auf seiner Grundlage über die Voraussetzungen der Beschlagnahmefreiheit nach § 97 StPO befinden zu können. Denn nach § 97 Abs. 2 Satz 3 StPO gelten die Beschränkungen der Beschlagnahme nicht, wenn es sich um Gegenstände handelt, die durch eine Straftat hervorgebracht oder zur Begehung einer Straftat gebraucht oder bestimmt sind oder die aus einer Straftat herrühren. Ist diese Möglichkeit ernsthaft in Betracht zu ziehen und beanstandet der Revisionsführer trotzdem die Beschlagnahme als Verstoß gegen § 97 StPO, so sind nach § 344 Abs. 2 Satz 2 StPO Ausführungen dazu erforderlich, daß die Voraussetzungen für einen Fortfall der Beschlagnahmefreiheit wegen Deliktsbezogenheit nach § 97 Abs. 2 Satz 3 StPO nicht vorliegen. Die Rechnungen, die Gegenstand der Aburteilung wegen Urkundenfälschung sind, sind solche durch eine Straftat hervorgebrachten, also beschlagnahmefähigen „Deliktsgegenstände". Es handelt sich um die vom Angeklagten gefälschten drei Rechnungen vom 2. 8. 1978 und die gefälschte Rechnung vom 11. 7. 1978, die die Revision ausdrücklich zu den beschlagnahmefreien Unterlagen zählt.

Aus den Feststellungen des angefochtenen Urteils ergibt sich weiter, daß der Angeklagte die Rechnungen der Firma L. vom 30. 8., 24. 10., 21. 11. und 4. 12. 1978 über Scheinlieferungen zum Zwecke der Täuschung über Betriebsausgaben in die Buchhaltung eingestellt hat. Auch diese Rechnungen zählt die Revisionsbegründung zu den beschlagnahmefreien Unterlagen. Auf sie erstreckte sich ein Beschlagnahmeverbot nach § 97 Abs. 1 und 2 StPO ebenfalls nicht, weil sie zur strafbaren Täuschung der Finanzbehörde (§ 370 AO) bestimmt waren. Außerdem waren sie Gegenstände von Steuerordnungswidrigkeiten und auch deswegen nach § 410 AO, § 46 OWiG, § 97 Abs. 2 Satz 3 StPO beschlagnahmefähig; denn ihre wahrheitswidrige Ausstellung durch die Firma L. und die unrichtige Verbuchung durch den Angeklagten erfüllten den Tatbestand der Steuergefährdung nach § 379 AO.

Da sich unter den von der Revision genannten Unterlagen solche befinden, auf die der Ausnahmetatbestand des § 97 Abs. 2 Satz 3 StPO über den Fortfall der Beschlagnahmefreiheit zutrifft, hätte die Revision durch einen entsprechenden Sachvortrag darlegen müssen, daß jedenfalls bestimmte im Urteil verwertete Unterlagen die Voraussetzungen für einen Fortfall der Beschlagnahmefreiheit nicht erfüllen.

7. Wegen bloßer Nichterörterung der Frage der Anordnung oder Erbringung von Leistungen bei einer weggefallenen Strafaussetzung zur Bewährung kann das tatrichterliche Urteil allein auf Grund der Sachrüge nicht beanstandet werden.

StPO § 344 II – BGH Beschl. v. 17. 3. 1988 – 1 StR 361/87 BayObLG (= BGHSt. 35, 238 = NJW 1988, 3161 = StV 1988, 468 = NStZ 1989, 35 = JZ 1989, 347 = MDR 1989, 85)

Die Revision rügt, daß das angefochtene Urteil keine Feststellungen dazu enthält, ob dem Angeklagten im Zusammenhang mit der früher gewährten Strafaussetzung Bewährungsauflagen erteilt worden waren und ob, gegebenenfalls in welchem Umfange, der Angeklagte Leistungen auf solche Auflagen erbracht hatte.

Sachverhalt: Das Amtsgericht Kempten hat den Angeklagten wegen vorsätzlicher Körperverletzung zu einer Freiheitsstrafe von vier Monaten verurteilt. Die hiergegen gerichtete Berufung hat das Landgericht Kempten durch Urteil vom 23. 9. 1986 mit der Maßgabe verworfen, daß der Angeklagte unter Einbeziehung der Freiheitsstrafe von sieben Monaten aus dem Urteil des Amtsgerichts Memmingen vom 21. 9. 1984 in Verbindung mit dem Urteil des Landgerichts Memmingen vom 27. 11. 1984, deren Vollstreckung zur Bewährung ausgesetzt war, zur Gesamtfreiheitsstrafe von neun Monaten verurteilt wird. Die Vollstreckung dieser Gesamtfreiheitsstrafe hat das Landgericht Kempten nicht zur Bewährung ausgesetzt; Feststellungen dazu, ob dem Angeklagten im Zusammenhang mit der früher gewährten Strafaussetzung Bewährungsauflagen erteilt worden waren und ob, gegebenenfalls in welchem Umfange, der Angeklagte Leistungen auf solche Auflagen erbracht hatte, enthält das Urteil nicht.

Das Bayerische Oberste Landesgericht will die gegen das Berufungsurteil gerichtete, auf die Sachbeschwerde gestützte Revision des Angeklagten verwerfen, soweit sie sich gegen den Einzelstrafausspruch von vier Monaten Freiheitsstrafe wegen vorsätzlicher Körperverletzung, gegen den Ausspruch der Gesamtfreiheitsstrafe von neun Monaten und gegen die Versagung der Strafaussetzung zur Bewährung richtet. Es sieht aber einen auf die allein erhobene Sachrüge zu beachtenden sachlichrechtlichen Darlegungsmangel (BayObLGSt 1984, 79) darin, daß das angefochtene Urteil keine Feststellungen dazu enthält, ob dem Angeklagten im Zusammenhang mit der in der einbezogenen Verurteilung gewährten Strafaussetzung die Erbringung von Leistungen auferlegt worden ist und ob der Angeklagte solche Leistungen erbracht hat, die gemäß § 56f Abs. 3 Satz 2 i.V.m. § 58 Abs. 2 Satz 2 StGB auf die im Berufungsurteil nachträglich gebildete Gesamtfreiheitsstrafe von neun Monaten anzurechnen wären. Das Bayerische Oberste Landesgericht will die Sache zur Nachholung einer Entscheidung über die Anrechnung etwaiger Bewährungsleistungen an die Vorinstanz zurückverweisen. An seiner Auffassung, dies sei bereits aufgrund der allein erhobenen Sachbeschwerde geboten, will es auch für den Fall festhalten, daß der Bundesgerichtshof in seiner Entscheidung vom 10. 10. 1985 (BGHSt. 33, 326) von einer anderen – nach Auffassung des vorlegenden Gerichts jene Entscheidung nicht tragenden – Rechtsansicht ausgegangen sein sollte. An der beabsichtigten Sachentscheidung, durch welche die Gesamtstrafe nicht aufgehoben werden soll, sieht es sich durch das genannte Urteil des 4. Strafsenats des Bundesgerichtshofs gehindert, durch das ein (nachträglicher) Gesamtstrafenausspruch aufgehoben und in dem die Rechtsansicht vertreten wurde, der Ausgleich für erbrachte Leistungen auf Bewährungsauflagen gemäß § 58 Abs. 2, § 56f Abs. 3 StGB sei in der Regel im Wege des Härteausgleichs bereits bei der Festsetzung der Gesamtstrafe vorzunehmen. Das Bayerische Oberste Landesgericht hat daher die Sache dem Bundesgerichtshof vorgelegt, ohne allerdings die Vorlegungsfrage ausdrücklich zu formulieren. Sie lautet sinngemäß:

Ist im Falle der nachträglichen Bildung einer Gesamtfreiheitsstrafe, deren Vollstreckung nicht zur Bewährung ausgesetzt wird, der Ausgleich für die Nichterstattung im Rahmen früher gewährter Strafaussetzung erbrachter Leistungen (§ 58 Abs. 2 StGB i.V.m. § 56f Abs. 3 Satz 2 StGB) bereits bei der Festsetzung der Gesamtstrafe oder erst durch eine die Strafvollstreckung verkürzende Anrechnung auf die Gesamtstrafe zu bewirken? – Das Rechtsmittel war erfolglos.

Gründe: Die Voraussetzungen für die Vorlegung sind nicht gegeben (§ 121 Abs. 2 GVG). Der Senat gibt die Sache an das Bayerische Oberste Landesgericht zurück, weil er dessen Auffassung zu einer revisionsrechtlichen Vorfrage für unvertretbar hält (vgl. BGHSt. 22, 94, 100 [BGH Beschl. v. 21. 2. 1968 – 2 StR 360/67; vgl. § 338 Nr. 1 StPO erfolglose Rügen]; BGH NJW 1979, 936).

Die dem Bundesgerichtshof zur Entscheidung vorgelegte Rechtsfrage könnte in dem vom vorlegenden Gericht zu entscheidenden Revisionsverfahren nur dann entscheidungserheblich sein, wenn der angebliche Rechtsfehler auf die allein erhobene Sachrüge vom Revisionsgericht überhaupt berücksichtigt werden dürfte. Diese Voraussetzung trifft jedoch in Fällen der vorliegenden Art, in denen sich aus dem schriftlichen Berufungsurteil lediglich ergibt, daß die Vollstreckung einer in die nachträglich gebildete Gesamtstrafe einbezogenen Freiheitsstrafe zur Bewährung ausgesetzt war, nicht zu.

Das hat der Bundesgerichtshof bereits entschieden: Der 4. Strafsenat hat in dem Urteil vom 10. 10. 1985 (4 StR 454/85) – insoweit in BGHSt. 33, 326 nicht veröffentlicht – die Auffassung vertreten, daß die Frage, ob erbrachte Bewährungsleistungen bei der nachträglichen Gesamtstrafenbildung nicht berücksichtigt worden seien, nicht aufgrund der Sachrüge, sondern nur auf eine Verfahrensrüge hin überprüft werden dürfe. Der Beschwerdeführer jenes Verfahrens hatte nur die Sachrüge erhoben, jedoch mit näheren Ausführungen beanstandet, das Berufungsgericht habe keine Feststellungen darüber getroffen, daß dem Angeklagten Bewährungsauflagen erteilt worden waren und er diese Auflagen zumindest teilweise erfüllt habe, was bei der Gesamtstrafe zu seinen Gunsten hätte berücksichtigt werden müssen. Diese Darlegungen hat der 4. Strafsenat als Aufklärungsrüge (§ 244 Abs. 2 StPO) gewertet und als solche für zulässig (§ 344 Abs. 2 Satz 2 StPO) und – auf entsprechende Nachprüfung anhand des beigezogenen Bewährungsheftes – für begründet erachtet. Entgegen der Auffassung des vorlegenden Gerichts war diese Rechtsansicht für die Entscheidung tragend, wie der 4. Strafsenat auf Anfrage bestätigt hat. Der 1. Strafsenat teilt die Rechtsauffassung des 4. Strafsenats, daß nur eine Verfahrensrüge, nicht aber die Sachbeschwerde zur Nachprüfung führen kann, ob der Tatrichter § 58 Abs. 2 Satz 2, § 56f Abs. 3 Satz 1 StGB verletzt hat, wenn das Urteil hierzu keine tatsächlichen Ausführungen enthält.

Für die sachlich-rechtliche Nachprüfung steht dem Revisionsgericht allein die Urteilsurkunde zur Verfügung. Alle anderen Erkenntnisquellen sind dem Revisionsgericht verschlossen. Enthalten die Urteilsgründe – wie hier – keine Angaben darüber, ob bei einer zur Bewährung ausgesetzten, in eine Gesamtfreiheitsstrafe einbezogenen Strafe Bewährungsauflagen erteilt und ob diese – ganz oder teilweise – vom Verurteilten erfüllt worden sind, so darf das Revisionsgericht die fehlenden Angaben nicht aus den Akten ergänzen. Davon geht auch das vorlegende Gericht aus. Es findet den zur Überprüfbarkeit der in Rede stehenden Entscheidung führenden Mangel in einer Lücke der tatrichterlichen Feststellungen, indem es verlangt, daß der Tatrichter in jedem Urteil, durch das eine zur Bewährung ausgesetzte Strafe in eine Gesamtstrafe einbezogen wird, zur Frage etwaiger Bewährungsauflagen und ihrer Erfüllung Stellung nimmt, sofern er die Vollstreckung der Gesamtstrafe nicht ebenfalls zur Bewährung aussetzt. Darin kann der Senat ihm nicht folgen.

Es besteht kein Erfahrungssatz, daß bei der Aussetzung einer Freiheitsstrafe zur Bewährung dem Verurteilten stets eine Auflage erteilt und ihm hierbei stets Leistungen nach § 56b Abs. 2 Nr. 2 StGB abverlangt werden. Zwar geschieht dies häufig; nicht selten wird aber auch von einer Auflage ganz abgesehen oder eine solche nach § 56b Abs. 2 Nr. 1 StGB erteilt. In allen diesen Fällen erübrigt sich eine Entscheidung nach § 58 Abs. 2 Satz 2, § 56f Abs. 3 StGB; gleiches gilt, wenn eine Geldauflage erteilt, vom Angeklagten aber nicht erfüllt wurde. Der Tatrichter hat zwar jeweils zu prüfen, ob die genannten Bestimmungen eingreifen, doch sind die Fälle, in denen sie das nicht tun, so häufig, daß er das (negative) Ergebnis seiner Prüfung nicht in jedem Fall im Urteil erwähnen muß.

Wollte sich das Revisionsgericht nicht durch einen – bei der Sachrüge verbotenen – Blick in die Akten Gewißheit darüber verschaffen, ob hier tatsächlich vom Verurteilten Leistungen in Erfüllung einer Bewährungsauflage erbracht worden sind, so würde es die Zurückverweisung der Sache an die Vorinstanz „auf Verdacht" aussprechen; die neue Hauptverhandlung würde dann nicht selten ergeben, daß in der Tat keine Auflagen erteilt oder keine anrechnungsfähigen Leistungen erbracht worden sind, das angefochtene Urteil also richtig war und die Zurückverweisung ins Leere ging. Derartiges kann sich zwar auch sonst ergeben, wenn das Revisionsgericht fehlende Feststellungen oder Erwägungen beanstandet. Das muß hingenommen werden, wenn es sich um nach Sachlage unverzichtbare Darlegungen handelt, die das tatrichterliche Urteil lückenhaft erscheinen lassen, wenn sie fehlen. Angesichts der naheliegenden Fallgestaltungen, in denen eine Anrechnungsentscheidung nicht in Betracht kommt, vermag der Senat im vorliegenden Fall eine als sachlich-rechtlichen Mangel zu bewertende Lücke nicht zu erkennen.

Wegen bloßer Nichterörterung der Frage der Anordnung oder Erbringung von Leistungen bei einer weggefallenen Strafaussetzung zur Bewährung kann das tatrichterliche Urteil somit allein auf Grund der Sachrüge nicht beanstandet werden.

Hat der Bundesgerichtshof eine revisionsrechtliche Vorfrage bereits entschieden, so ist eine Vorlage zu einer sachlich-rechtlichen Rechtsfrage, die sich zu der Vorfrage in Widerspruch setzt, unzulässig. Allerdings wäre auch insoweit eine selbständige Vorlage gemäß § 121 Abs. 2 GVG möglich. Diesen Weg hat das Bayerische Oberste Landesgericht jedoch nicht gewählt. Es bedarf keiner Entscheidung darüber, ob gemäß § 121 Abs. 2 GVG eine doppelte Vorlage in dem Sinne zulässig wäre – und der Vorlagebeschluß entsprechend dahin ausgelegt werden könnte –, daß der Bundesgerichtshof zunächst über die revisionsrechtliche Vorfrage als Vorlagefrage und sodann – falls er insoweit die Rechtsauffassung des vorlegenden Gerichts teilt – über die sachlich-rechtliche Vorlagefrage entscheidet. Denn der Senat hält hier an der Rechtsprechung des Bundesgerichtshofes zu der Vorfrage fest.

8. Grundrechtsverletzungen im Strafverfahren sind rügefähig, müssen aber bestimmt behauptet werden.

StPO § 344 II – BGH Urt. v. 24. 3. 1964 – 3 StR 60/63 LG Dortmund (= BGHSt. 19, 273 = NJW 1964, 1234)

Der Verteidiger rügt die Verletzung des „materiellen Rechts". Zur Begründung hat sie u.a. vorgetragen: „Es war auch zu prüfen, ob überhaupt die Berechtigung vorlag, den betreffenden Brief festzuhalten und zu öffnen. Falls aber eine Befugnis dazu nicht vorlag, durften aus dieser unzulässigen Handlung keine strafrechtlichen Folgerungen gegen den Verurteilten hergeleitet werden".

Sachverhalt: Der in W. wohnhafte Angeklagte, ein geschulter ehemaliger KPD-und FDJ-Funktionär, versandte im Mai 1962 ein Stück der vom „Büro des Präsidiums des Nationalrates der Nationalen Front des demokratischen Deutschlands" herausgegebenen Hetzschrift „Die geschichtliche Aufgabe der Deutschen Demokratischen Republik und die Zukunft Deutschlands" durch die Post als Drucksache an einen gewissen E. in G. Dieses „Nationale Dokument", wie die Sowjetzonenmachthaber die Hetzschrift nannten, wurde im Frühjahr 1962 im Zuge eines breit angelegten Werbefeldzuges der KPD/SED in der Bundesrepublik verbreitet. Die Postsendung, die der Angeklagte mit dem Absendervermerk „Rob. Riehe W. holt. Grünstr. 12" versehen hatte, wurde vom Zollamt G. angehalten und von der Beförderung ausgeschlossen.

Das Landgericht hat den Angeklagten wegen einer Zuwiderhandlung gegen das Urteil des Bundesverfassungsgerichts vom 17. 8. 1956 über die Auflösung der KPD (§§ 42, 47 BVerfGG) in Tateinheit mit Urkundenfälschung in verfassungsfeindlicher Absicht (§§ 267, 94 StGB) zu sieben Monaten Gefängnis verurteilt und die Vollstreckung dieser Strafe zur Bewährung ausgesetzt. – Das Rechtsmittel war erfolglos.

Gründe: Die Zulässigkeit der Rüge hängt davon ab, ob der Beschwerdeführer damit das Urteil wegen Verletzung einer Rechtsnorm über das Verfahren oder wegen Verletzung einer anderen Rechtsnorm angreift; denn Verfahrensbeschwerden müssen anders als Sachrügen durch Angabe der Tatsachen, die den Mangel enthalten, begründet werden (§ 344 Abs. 2 Satz 2 StPO). Dabei ist es unwesentlich, wie der Beschwerdeführer die Rüge bezeichnet hat; entscheidend ist vielmehr ihre wirkliche rechtliche Bedeutung, wie sie dem Sinn und Zweck des Vorbringens zu entnehmen ist.

1. Ob einer Rechtsnorm verfahrens- oder sachlichrechtlicher Charakter zukommt, hängt nicht von ihrer Stellung innerhalb der Gesetze ab. Es kommt insbesondere nicht darauf an, ob sie in der Strafprozeßordnung, im Strafgesetzbuch oder in einem anderen Gesetz steht.

2. Dementsprechend kann ein Strafurteil durch die Verletzung von Grundrechtsnormen in zweifacher Weise betroffen werden:

Die Rechtsanwendung im Urteil selbst verstößt gegen ein Grundrecht; dann liegt ein sachlich-rechtlicher Fehler des Urteils vor, der regelmäßig zur Aufhebung führt. Ein Grundrecht kann aber auch durch das der Entscheidung vorangegangene Verfahren verletzt worden sein; sei es, daß eine vorgenommene Prozeßhandlung unzulässig war oder eine gebotene Prozeßhandlung unterlassen wurde. Dann ist das Urteil aufzuheben, wenn es auf diesem Verstoß beruhen kann. So enthält z.B. ein Verstoß gegen Art. 101 Abs. 1 Satz 2 GG (niemand darf seinem gesetzlichen Richter entzogen werden) immer die Verletzung einer Rechtsnorm über das Verfahren im Sinne des § 344 Abs. 2 StPO, auch dann, wenn es die Vorschrift des § 16 GVG nicht gäbe. Art. 3 GG (Gleichheitssatz) kann durch das Verfahren oder aber die Entscheidung selbst verletzt worden sein. Es muß deshalb in jedem Einzelfalle geprüft werden, ob die gerügte Verletzung eines Grundrechts ein sachlich-rechtlicher Fehler der Entscheidung selbst oder ein Verfahrensmangel im Sinne des § 344 Abs. 2 StPO sein würde.

3. Prüft man das Vorbringen des Beschwerdeführers nach diesen Gesichtspunkten, so ergibt sich, daß der behauptete Rechtsverstoß nur verfahrensrechtlichen Charakter haben kann.

Die Postsendung ist von der Zollbehörde angehalten und von der Beförderung ausgeschlossen worden. Ihr Inhalt, das sogenannte „Nationale Dokument", wurde ausweislich der Niederschrift in der Hauptverhandlung verlesen und im Urteil vom Landgericht zur Überführung des Angeklagten verwertet. Nur diese Einführung der in der Postsendung enthaltenen Schrift in das Verfahren und ihre Verwertung im Urteil können Gegenstand der erörterten Rüge sein. Sie betrifft demnach den „Weg, auf dem der Richter zur Urteilsfindung gelangt ist", und damit das Verfahren.

4. Nach § 344 Abs. 2 StPO müssen Verfahrensrügen in bestimmter Form erhoben und durch Angabe der den vorgeblichen Mangel enthaltenden Tatsachen begründet werden (BGHSt. 2, 68 [BGH Beschl. v. 12. 12. 1951 – 3 StR 691/51; vgl. § 335 StPO erfolgreiche Rügen]; 3, 213 [BGH Urt. v. 14. 10. 1952 – 2 StR 306/52; vgl. § 244 StPO erfolgreiche Rügen]; 7, 162 [BGH Urt. v. 1. 2. 1955 – 5 StR 678/54; vgl. § 344 StPO erfolglose Rügen]; 12, 243, 244[1]; 17, 337, 339 [BGH Urt. v. 3. 7. 1962 – 3 StR 22/61; vgl. § 251 StPO erfolglose Rügen]). Die Äußerung einer Vermutung, die Erklärung, ein Verstoß sei möglicherweise geschehen oder wahrscheinlich oder die Äußerung von Zweifeln an der Ordnungsmäßigkeit des Verfahrens genügen nicht. Es ist auch nicht ausreichend, wenn nur um Nachprüfung gebeten wird, ob ein Verstoß vorgekommen ist (BGHSt. 12, 33 [BGH Urt. v. 5. 8. 1958 – 5 StR 160/58; vgl. § 338 Nr. 1 StPO erfolgreiche Rügen]). Allerdings ist die Bezeichnung der verletzten Verfahrensvorschriften nicht erforderlich. Auch ist ein Irrtum über die Bezeichnung unschädlich, solange der Verfahrensverstoß hinreichend gekennzeichnet und mit Tatsachen belegt ist (BGH LM § 344 Abs. 2 StPO Nr. 8).

Diese Grundsätze gelten auch dann, wenn das Urteil wegen Verletzung einer Grundrechtsnorm über das Verfahren angegriffen wird.

Dabei ist davon auszugehen, daß eine Vorschrift, die, wie § 344 Abs. 2 StPO, die Rüge bestimmter Rechtsverstöße auch dann, wenn es sich um Grundrechtsverletzungen handelt, aus wohlerwogenen und sachgemäßen Gründen an gewisse Formvorschriften bindet, selbst keinen Eingriff in das Grundrecht enthält. Es handelt sich vielmehr nur um eine gesetzliche Regelung, die der Verletzte auch dann zu beachten hat, wenn er sich in einem Strafverfahren zur Begründung eines von ihm gerügten Verfahrensverstoßes auf die Verletzung eines Grundrechts berufen will. Eine solche Vorschrift entwertet das Grundrecht selbst keineswegs. Sie zieht nur eine im Interesse der Rechtssicherheit gebotene Grenze für die Geltendmachung von Grundrechtsverletzungen (vgl. BGH Urt. v. 23. 7. 1953 – 2 StR 784/52 – abgedruckt bei Dallinger MDR 1953, 724).

Daß dagegen keine grundsätzlichen verfassungsrechtlichen Bedenken zu erheben sind, zeigen auch die Vorschriften des Gesetzes über das Bundesverfassungsgericht. Der Gesetz-

---

[1] „Sie führen also nicht die Tatsachen an, die ergeben sollen, daß M. nicht der gesetzliche Richter gewesen ist, § 344 II Satz 2 StPO. Sie sind deshalb insoweit unzulässig." (BGH Urt. v. 9. 12. 1958 – 1 StR 551/58).

geber hat im Verfahren der Verfassungsbeschwerde ebenfalls bestimmte Formen und eine Frist für die Geltendmachung von Grundrechtsverletzungen vorgeschrieben (vgl. §§ 90 ff. BVerfGG). Nach der ständigen Rechtsprechung des Bundesverfassungsgerichts müssen diese förmlichen Vorschriften genau beachtet werden, andernfalls die Verfassungsbeschwerde von vornherein als unzulässig verworfen wird. Gegen die Versäumung der Monatsfrist für die Erhebung der Verfassungsbeschwerde (§ 93 Abs. 1 BVerfGG) z.B. ist nach dieser Rechtsprechung nicht einmal die Wiederaufnahme in den vorigen Stand gegeben (BVerfGE 4, 309, 313).

Grundsätzliche Zulassungsvoraussetzung für eine Verfassungsbeschwerde ist ferner nach § 90 Abs. 2 Satz 1 BVerfGG die Erschöpfung des Rechtsweges. Das Gesetz geht also davon aus, daß die Grundrechtsverletzung – von dem Ausnahmefall des § 90 Abs. 2 Satz 2 BVerfGG abgesehen – zunächst in dem jeweils gegebenen gewöhnlichen Rechtsweg geltend gemacht werden muß, und zwar unter Beobachtung der für diesen Rechtsweg vorgeschriebenen Förmlichkeiten. Macht der Beschwerdeführer von einem zulässigen Rechtsmittel keinen Gebrauch oder wird sein Rechtsmittel aus förmlichen Gründen zurückgewiesen, so ist der Rechtsweg nicht erschöpft (BVerfGE 1, 13).

Im übrigen ergibt ein Vergleich des § 92 BVerfGG und des § 344 StPO sowie der zu diesen Vorschriften ergangenen Rechtsprechung, daß die bei der Geltendmachung von Grundrechtsverletzungen im Verfassungsbeschwerdeverfahren zu beobachtenden Förmlichkeiten und die förmlichen Voraussetzungen einer Verfahrensrüge nach § 344 Abs. 2 StPO nicht sehr voneinander abweichen. Es kann jedenfalls keine Rede davon sein, daß § 344 StPO die Geltendmachung von Grundrechtsverletzungen, soweit sie als Verfahrensfehler zu beurteilen sind, unverhältnismäßig erschwere. Die Anforderungen, die § 344 Abs. 2 Satz 2 StPO an Verfahrensrügen stellt, sind auch sachlich geboten, um das Gericht vor mutwilligen und offensichtlich unbegründeten Rügen zu schützen.

5. Etwas anderes könnte nur gelten, wenn die Verletzung des Brief- und Postgeheimnisses als ein Verfahrenshindernis von Amts wegen zu berücksichtigen wäre, weil dem ganzen sich daran anschließenden Verfahren ein unheilbarer Mangel anhaften würde. Diese Bedeutung kommt dem Brief- und Postgeheimnis jedoch nicht zu. So wie es durch besonderes Gesetz eingeschränkt werden kann (Art. 10 Satz 2 GG), so kann auch auf seinen Schutz durch den Begünstigten im Einzelfall wirksam verzichtet werden. Dem entspricht allein die Rügebedürftigkeit seiner Verletzung als Verfahrensverstoß.

6. Die oben wiedergegebene Rüge des Beschwerdeführers entspricht auch bei wohlwollender Auslegung nicht den Mindestanforderungen, die nach § 344 Abs. 2 StPO an Verfahrensrügen zu stellen sind.

Es ist zwar unschädlich, daß der Beschwerdeführer den gerügten Rechtsverstoß irrtümlich als Verletzung „materiellen Rechts" gekennzeichnet hat. Es könnte auch darüber hinweggesehen werden, daß die Rechtsverletzung nicht in bestimmter Weise behauptet worden ist. Bei einer den Angeklagten günstigen Auslegung der Revisionsbegründungsschrift läßt sich immerhin der Wille seines Verteidigers erkennen, die Behandlung der Postsendung als unrechtmäßig zu beanstanden. Es fehlt aber an einer genügenden Angabe der Tatsachen, die den behaupteten Mangel begründen sollen. Wesentlich wäre als tatsächliche Grundlage der Rüge insbesondere die Angabe gewesen, daß die Drucksache in W. aufgegeben worden ist, also eine Inlandssendung darstellte (die nach den §§ 2 und 3 des Gesetzes zur Überwachung strafrechtlicher und anderer Verbringungsverbote vom 24. 5. 1961 – BGBl. I S. 607 – nicht durch die Zollbehörde hätte angehalten werden dürfen). Ferner hätte behauptet werden müssen, daß und wie der Inhalt der Sendung als Beweismittel gegen den Angeklagten in der Hauptverhandlung verwandt worden ist. Beide Umstände hätten um so mehr mitgeteilt werden müssen, als sie aus dem angefochtenen Urteil nicht eindeutig hervorgehen. Daher kann sich der Angeklagte zur Darlegung der Einhaltung der Voraussetzungen einer wirksamen Rüge auch nicht auf die Entscheidung des Bundesgerichtshofs vom 18. 11. 1955 – 5 StR 420/55 – (abgedruckt bei Dallinger in MDR 1956, 272[1]) berufen, wonach sich u.U. die Behauptung solcher Tatsachen erübrigt, die dem Revisionsgericht ohnehin infolge der auf Grund der Sachrüge nötigen Überprüfung des Urteils bekannt werden. Daß der Beschwerdeführer auf die Richtung der Verletzung allgemein hinweist, reicht nicht aus.

7. Eine abschließende Nachprüfung der vom Beschwerdeführer aufgeworfenen Frage ist daher dem Revisionsgericht verwehrt, weil er es unterlassen hat, eine den Anforderungen des § 344 Abs. 2 StPO gerecht werdende Rüge zu erheben.

9. Revisionsbegründung muß Tatsachen enthalten, keine Vermutungen.

StPO § 344 II – BGH Urt. v. 1. 2. 1955 – 5 StR 678/54 LG Berlin (= BGHSt. 7, 162 = NJW 1955, 641)

Die Revision rügt, die Zeugin P., die eine wesentliche Belastungszeugin sei und das Strafverfahren veranlaßt habe, scheine in der Hauptverhandlung nicht vereidigt worden zu sein. Entgegen § 64 StPO seien jedoch in der Niederschrift keine Gründe für die Nichtvereidigung angegeben; das Landgericht scheine „inhalts des Protokolls der Hauptverhandlung gar keinen Entschluß über die Vereidigung dieser Zeugin gefaßt zu haben, da sonst ein Beschluß über die Nichtvereidigung dieser Zeugin hätte gefaßt und protokolliert werden müssen".

Der Sachverhalt ergibt sich aus der Revisionsbegründung. – Das Rechtsmittel war erfolglos.

Gründe: Zu einer Verfahrensrüge gehört die bestimmte Behauptung, der geltend gemachte Fehler sei geschehen. Daran fehlt es hier. Der Hinweis auf einen Anschein oder auf eine bloße Möglichkeit genügt nicht (RGSt 53, 50 [51]; RG HRR 1940 Nr. 343; BGH v. 2. 3. 1951 – 3 StR 7/51 – bei Dallinger MDR 1951, 276[2]; BGH NJW 1953, 836 [BGH Urt. v. 5. 3. 1953 – 5 StR 676/52; vgl. § 237 StPO erfolglose Rügen]).

Es besteht kein Grund, von dieser Rechtsprechung abzuweichen, die schon in Urteilen des Preußischen Obertribunals vom 12. 2. 1857 und 18. 11. 1859 zum Ausdruck gekommen ist, jetzt also seit fast 100 Jahren herrscht. Das Revisionsgericht soll durch § 344 Abs. 2 Satz 2 StPO vor der Gefahr geschützt werden, mit mutwilligen Revisionen überschüttet zu werden; es hat nicht die Aufgabe, „über die Möglichkeit oder Wahrscheinlichkeit, sondern über die tatsächliche Begehung eines Prozeßverstoßes zu entscheiden" (RGSt 48, 288 [289]).

Mit Bestimmtheit bringt der Beschwerdeführer nur vor, in der Niederschrift über die Hauptverhandlung sei nicht beurkundet, ob das Gericht von der Vereidigung der Zeugin P. abgesehen habe und aus welchen Gründen dies geschehen sei. Das Urteil beruht aber nur auf den Vorgängen in der Hauptverhandlung, nicht auf der Niederschrift. Die Rechtsprechung hat daher sogenannten Protokollrügen stets die Beachtung versagt (vgl. z.B. RGSt 42, 168 [170, 171]; RG JW 1932, 2437).

---

1 „Die Revision rügt, der Tatrichter habe mit Unrecht den Hilfsbeweisantrag auf Besichtigung des Tatortes abgelehnt. In der Revisionsrechtfertigung sind die Gründe des Urteils, die sich mit diesem Antrag befassen, nicht wiedergegeben. Das Urt. v. 18. 11. 1955 – 5 StR 420/55 spricht aus, einer solchen ausdrücklichen Erwähnung habe es auch nicht bedurft, weil die Entscheidungsgründe dem Revisionsgericht ohnehin durch die sachlichrechtliche Nachprüfung bekannt werden."

2 „§ 344 II Satz 2 fordert die Angabe der den Verfahrensmangel enthaltenden Tatsachen. d.h. bestimmter Tatsachen. Die Geltendmachung der bloßen Möglichkeit oder selbst Wahrscheinlichkeit einer Tatsache (z.B. Nichtbelehrung über das Recht, die Bestellung eines Verteidigers zu beantragen) kann nicht genügen. Für die Nachprüfung des Revisionsgerichts, ob das Verfahren fehlerhaft war oder nicht, ist eine eindeutige tatsächliche Grundlage erforderlich."

Auch hieran ist festzuhalten. Nicht das Schweigen der Niederschrift über einen wesentlichen Vorgang, sondern dessen Unterbleiben in der Hauptverhandlung ist der Verfahrensfehler, auf den die Revision gestützt werden kann. Spricht die Revisionsbegründung nur von der Niederschrift und läßt sie stillschweigend die Möglichkeit offen, daß der Vorgang nur versehentlich nicht beurkundet worden ist, so behauptet sie nicht mit der erforderlichen Bestimmtheit sein Unterbleiben in der Hauptverhandlung und damit den Verstoß, auf den es ankommt.

Diese Rechtsprechung ist nicht etwa formalistisch. Sie will im Gegenteil einem Mißbrauch rein formaler Möglichkeiten entgegenwirken. Diese ergeben sich zuweilen aus der ausschließlichen Beweiskraft der Hauptverhandlungsniederschrift nach § 274 StPO. Wie das Reichsgericht mit Recht ausgesprochen hat, ist die Sitzungsniederschrift aber „nicht dazu bestimmt, den Prozeßbeteiligten das Heraussuchen von Verfahrensverstößen zu ermöglichen" (RG HRR 1940 Nr. 343). Allerdings kann das Revisionsgericht keinen Beschwerdeführer daran hindern, einen Verfahrensfehler, der durch die Niederschrift bewiesen wird, ohne Rücksicht auf die wirklichen Hergänge zu behaupten. Ob ein Rechtsanwalt, wenn er dies wider besseres Wissen tut, standeswidrig handelt, ist hier nicht zu entscheiden. Jedenfalls muß er vor seinem Gewissen und nach außen hin die Verantwortung für die Geltendmachung eines jeden Verfahrensmangels übernehmen, indem er ihn ernstlich behauptet und nicht etwa nur darauf hinweist, daß er sich aus der Niederschrift ergebe. Zu dieser klaren eigenen Stellungnahme zwingt ihn die Rechtsprechung, die die bloße Protokollrüge nicht anerkennt. Sie würde sonst den Mißbrauch der förmlichen Beweiskraft der Sitzungsniederschrift über Gebühr erleichtern.

Ein Verteidiger, der erst nach der Hauptverhandlung hinzugezogen wird, die Sitzungsniederschrift liest und dabei den Beweis eines Verfahrensfehlers entdeckt, braucht nicht schon deshalb Bedenken zu tragen, den Verstoß mit Bestimmtheit zu behaupten, weil er selbst an der Hauptverhandlung nicht teilgenommen hat. Ob er sich zuvor bei dem Angeklagten oder etwaigen anderen Verteidigern erkundigt, muß seinem pflichtgemäßen Ermessen auf Grund der Lage des einzelnen Falles überlassen bleiben. Jedenfalls muß er den Verfahrensmangel, will er die Revision auf ihn gründen, mit der erforderlichen Bestimmtheit vortragen. Davon kann auch ihm gegenüber mit Rücksicht auf die dargelegten allgemeinen Grundsätze nicht abgesehen werden. Die besondere Lage, in der er sich befindet, wird zwar in der Regel zu berücksichtigen sein, wenn der Wortlaut seiner Erklärung in der Revisionsrechtfertigung mehrdeutig ist und daher sinngemäß ausgelegt werden muß. Für eine solche Auslegung ist jedoch im vorliegenden Falle kein Raum, weil die eindeutige Ausdrucksweise der Revisionsbegründung jeden Zweifel an ihrem Sinn ausschließt.

10. Aufklärungsrüge nur dann ordnungsgemäß erhoben, wenn sie die durch das Gericht nicht genutzten Mittel genau darlegt.

StPO §§ 244 II, 344 II – BGH Urt. v. 29. 2. 1952 – 2 StR 112/50 Schwurgericht Lübeck (= BGHSt. 2, 168)

Die Revision rügt, das Schwurgericht habe über die Glaubwürdigkeit des Zeugen F. und der übrigen Zeugen „Beweiserhebungen" vornehmen müssen, weil F. in der Hauptverhandlung, für das Schwurgericht erkennbar, einen Meineid oder Falscheid geleistet habe und die Aussagen der anderen Zeugen zum großen Teil erschüttert gewesen seien.

Der Sachverhalt ergibt sich aus der Revisionsbegründung. – Das Rechtsmittel war erfolglos.

Gründe: Diese Begründung entspricht nicht der zwingenden Bestimmung des § 344 Abs. 2 Satz 2 StPO. Nach dieser Vorschrift müssen bei einer Verfahrensrüge die den Mangel enthaltenden Tatsachen angegeben werden, und zwar so vollständig, daß klar erkennbar wird, gegen welche Handlung oder Unterlassung des Gerichts der Vorwurf der Rechtsverletzung erhoben wird. Die Rüge der Verletzung der Amtsaufklärungspflicht ist daher nicht ordnungsmäßig erhoben, wenn sie nur die Tatsache bezeichnet, die nach Auffassung des Beschwerdeführers nicht genügend erforscht ist. Vielmehr ist weiter anzugeben, auf welchem Wege das Gericht die erstrebte weitere Aufklärung hätte versuchen, insbesondere welche anderen Beweismittel es zur weiteren Erforschung der Wahrheit hätte benützen müssen. In dieser Richtung hat die Revision nichts vorgetragen. Sie greift daher nur die dem Tatrichter vorbehaltene – widerspruchsfreie – Würdigung der erhobenen Beweise unzulässig an (§ 337 StPO).

§ 345 StPO

(1) Die Revisionsanträge und ihre Begründung sind spätestens binnen eines Monats nach Ablauf der Frist zur Einlegung des Rechtsmittels bei dem Gericht, dessen Urteil angefochten wird, anzubringen. War zu dieser Zeit das Urteil noch nicht zugestellt, so beginnt die Frist mit der Zustellung.

(2) Seitens des Angeklagten kann dies nur in einer von dem Verteidiger oder einem Rechtsanwalt unterzeichneten Schrift oder zu Protokoll der Geschäftsstelle geschehen.

Erfolgreiche Rügen

1. Die Darstellung der Verfahrensrügen in einem gemeinsamen unterschriebenen Schriftsatz ist unbedenklich und sachgerecht, wenn sich aus dem Schriftsatz zweifelsfrei ergibt, daß jeder Verteidiger für seinen Mandanten den Inhalt verantwortet (BGH Urt. v. 12. 8. 1997 – 1 StR 449/97).

2. Unterbevollmächtigter Verteidiger kann Verantwortung für Rechtsmittelschrift übernehmen (BVerfG 2. Kammer des Zweiten Senats Beschl. v. 7. 12. 1995 – 2 BvR 1955/95).

3. Das Urteil darf nicht zugestellt werden, bevor sich der Urkundsbeamte nicht zu Protokolländerungen des Vorsitzenden erklärt hat (BGH Beschl. v. 3. 1. 1991 – 3 StR 377/90).

4. Weist das Empfangsbekenntnis ein unzutreffendes Datum aus, so beginnt die Rechtsmittelfrist mit dem Zeitpunkt, in dem der Anwalt das Schriftstück tatsächlich erhalten hat (BGH Beschl. v. 12. 9. 1990 – 2 StR 359/90).

5. Revisionsbegründungsfrist beginnt mit der Zustellung des Wiedereinsetzungsbeschlusses (BGH Beschl. v. 8. 1. 1982 – 2 StR 751/80).

6. Revisionsbegründungsfrist wird durch Zustellung einer Urteilsausfertigung, deren Inhalt wegen Wiederholungen ganzer und halber Sätze und Absätze unklar ist, nicht in Lauf gesetzt (BGH Beschl. v. 5. 2. 1981 – 4 StR 13/81).

7. Verteidiger muß selbst die Verantwortung für die Revisionsbegründung übernehmen (BGH Urt. v. 22. 1. 1974 – 1 StR 586/73).

8. Revisionsurteil vor Zustellung des angefochtenen Urteils verfassungswidrig (BVerfG Beschl. v. 28. 7. 1964 – 2 BvR 201/64).

9. Will der Urkundsbeamte der Geschäftsstelle nicht die Verantwortung für die nach den Angaben des Angeklagten gefertigte Revisionsbegründung übernehmen, dann muß er dies dem Angeklagten mitteilen (BVerfG Urteil v. 28. 1. 1960 – 1 BvR 145, 746/58).

10. Der Unterschrift unter die Revisionsbegründung muß ein Mindestmaß an Ähnlichkeit mit Buchstabenschrift erhalten geblieben sein, daß ein Dritter, der den Namen des Unterzeichnenden kennt, diesen Namen aus dem Schriftbild noch herauslesen kann, der Unterzeichnende also erkennbar bleibt (BGH Urt. v. 7. 1. 1959 – 2 StR 550/58).

11. Die Stellung der Revisionsanträge und ihre Begründung durch Telegramm genügen der Vorschrift des § 345 II StPO (BGH Beschl v. 11. 10. 1955 – 6 StR 289/54).

12. Die strengere Vorschrift des § 345 II StPO, die eine unterzeichnete Schrift verlangt, gilt nur für die Revisionsrechtfertigung des Angeklagten und nicht für die Staatsanwaltschaft (BGH Urt v. 18. 10. 1951 – 3 StR 513/51).

Erfolglose Rügen

1. Auch die Zustellung eines unvollständigen Urteils ist wirksam und setzt die Revisionsbegründungsfrist in Lauf (BGH Urt. v. 11. 11. 1998 – 5 StR 325/98).

2. Revision unzulässig, wenn sich der Urkundsbeamte an der Anfertigung der Revisionsbegründung nicht gestaltend beteiligt und nicht die Verantwortung für ihren Inhalt übernimmt (BGH Beschl. v. 21. 6. 1996 – 3 StR 88/96).

3. Das Recht des Revisionsführers, die Revision zu Protokoll der Geschäftsstelle zu erklären, kann nur innerhalb der normalen Dienststunden bestehen (BGH Beschl. v. 6. 3. 1996 – 2 StR 683/95).

4. Ein nachträglich vom Pflichtverteidiger ausgestelltes Empfangsbekenntnis wirkt auf den Zeitpunkt des Empfangs des Urteils zurück (BGH Beschl. v. 15. 11. 1995 – 3 StR 353/95).

5. Der Pflichtverteidiger kann seine Befugnisse nicht wirksam durch Untervollmacht übertragen (BGH Beschl. v. 17. 5. 1995 – 3 StR 45/95).

6. Die Erklärung, daß der Rechtsmittelführer von der ursprünglich eingelegten Berufung zur (Sprung-)Revision übergehe, und die Revisionsbegründung müssen bei dem Amtsgericht angebracht werden, das die angegriffene Entscheidung erlassen hat (BGH Beschl. v. 25. 1. 1995 – 2 StR 456/94).

7. Wirksame Urteilszustellung trotz Fehlens der Namen der mitwirkenden Schöffen in Urteilsschrift und Urteilsausfertigung (BGH Beschl. v. 13. 8. 1993 – 2 StR 323/93).

8. Nebenkläger kann Revisionsanträge und ihre Begründung nicht zu Protokoll der Geschäftsstelle erklären, sondern nur mittels einer von einem Rechtsanwalt unterzeichneten Schrift einreichen (BGH Beschl. v. 14. 2. 1992 – 3 StR 433/91).

9. Die vom Angeklagten eingelegte Revision ist unzulässig, wenn aus der Begründung offensichtlich ist, daß der Rechtsanwalt hieran nicht gestaltend mitgewirkt hat (BGH Beschl. v. 5. 3. 1987 – 4 StR 26/87).

10. Der Rechtsanwalt muß an der Revisionsbegründung gestaltend mitwirken und nicht nur erklären, für ihren gesamten Inhalt die Verantwortung zu übernehmen (BGH Urt. v. 2. 8. 1984 – 4 StR 120/83).

11. Revisionsbegründung durch Rechtsbeistand auch dann unzulässig, wenn dieser Mitglied der Rechtsanwaltskammer ist (BGH Beschl. v. 28. 3. 1984 – 3 StR 95/84).

12. Befugnisse aus der Bestellung zum Pflichtverteidiger können nicht durch Erteilung einer Untervollmacht übertragen werden (BGH Beschl. v. 9. 2. 1982 – 1 StR 815/81).

13. Der bestellte Verteidiger kann seine Befugnisse nicht, auch nicht zur Revisionsbegründung, durch Untervollmacht auf einen anderen übertragen (BGH Beschl. v. 11. 6. 1981 – 1 StR 303/81).

14. Revisionsbegründung unzulässig, wenn Verteidiger zu erkennen gibt, daß er die Verantwortung für die Rechtfertigungsschrift nicht übernehmen will (BGH Beschl. v. 12. 7. 1973 – 3 StR 152/73).

15. Siehe auch § 44 StPO.

Erfolgreiche Rügen

1. Die Darstellung der Verfahrensrügen in einem gemeinsamen unterschriebenen Schriftsatz ist unbedenklich und sachgerecht, wenn sich aus dem Schriftsatz zweifelsfrei ergibt, daß jeder Verteidiger für seinen Mandanten den Inhalt verantwortet.

StPO § 345 – BGH Urt. v. 12. 8. 1997 – 1 StR 449/97 LG Heilbronn (= NStZ 1998, 99)

Die Revision rügt, das Urteil sei nicht in der gesetzlich vorgeschriebenen Frist zu den Akten gebracht worden.

Sachverhalt: Das Landgericht hat nach 10tägiger Hauptverhandlung am 10. 12. 1996, dem 10. Verhandlungstag, das angefochtene Urteil verkündet. Die Urteilsurkunde ist am 11. 2. 1997 zur Akte gelangt. – Das Rechtsmittel hatte Erfolg.

Gründe: Die Darstellung der Verfahrensrügen in einem von beiden Verteidigern unterschriebenen Schriftsatz ist nicht nur rechtlich unbedenklich, sondern durchaus sachgerecht, soweit – wie hier – sich aus dem Schriftsatz zweifelsfrei ergibt, daß jeder Verteidiger für seinen Mandanten den Inhalt verantwortet.

Das Landgericht hat nach 10tägiger Hauptverhandlung am 10. 12. 1996, dem 10. Verhandlungstag, das angefochtene Urteil verkündet. Gemäß § 275 I 2 StPO betrug daher die Frist, binnen derer die Urteilsurkunde zu den Akten zu bringen war, 7 Wochen (vgl. BGHSt. 35, 259, 260 [BGH Beschl. v. 12. 4. 1988 – 5 StR 94/88; vgl. § 338 Nr. 7 StPO erfolgreiche Rügen]); sie endete demnach am 28. 1. 1997. Zur Akte gelangt ist jedoch die Urteilsurkunde erst am 11. 2. 1997. Ein nicht voraussehbarer unabänderlicher Umstand i.S. des § 275 I 4 StPO ist nicht ersichtlich. Eine falsche Berechnung der Urteilsabsetzungsfrist kann deren Überschreitung nicht rechtfertigen (vgl. BGH NStZ-RR 1997, 204 [BGH Beschl. v. 5. 3. 1997 – 3 StR 18/97; vgl. § 338 Nr. 7 StPO erfolgreiche Rügen]).

Der unbedingte Revisionsgrund des § 338 Nr. 7 StPO führt zur Aufhebung des angefochtenen Urteils.

2. Unterbevollmächtigter Verteidiger kann Verantwortung für Rechtsmittelschrift übernehmen.

StPO § 345 – BVerfG (2. Kammer des Zweiten Senats) Beschl. v. 7. 12. 1995 – 2 BvR 1955/95 (= NJW 1996, 713)

Der Beschwerdeführer rügt die Verwerfung einer Rechtsbeschwerde als unzulässig, die vom Gericht damit begründet worden war, der Unterzeichnende Rechtsanwalt habe als Unterbevollmächtigter nicht die Verantwortung für deren Inhalt übernehmen wollen.

Sachverhalt: Der Beschwerdeführer wurde durch Urteil des Amtsgerichts vom 26. 1. 1995 wegen einer Verkehrsordnungswidrigkeit mit Geldbuße und Fahrverbot belegt. Dagegen erhob er durch seinen Verteidiger Rechtsanwalt N. Rechtsbeschwerde. Die Begründung der Rechtsbeschwerde vom 31. 3. 1995 wurde von dessen in einem freien Mitarbeiterverhältnis stehenden ständigen Vertreter Rechtsanwalt M. unterzeichnet. Auf Nachfrage des Kammergerichts legte Rechtsanwalt N. dar, er sei am 31. 3. 1995, dem Tag der Versendung des Schriftsatzes, ortsabwesend gewesen. Rechtsanwalt M. habe den Schriftsatz im Rahmen einer Untervollmacht unterschrieben. Das Kammergericht verwarf die Rechtsbeschwerde als unzulässig. Die Beschwerdebegründung genüge nicht dem Erfordernis der §§ 79 III OWiG, 345 II StPO, wonach ein Verteidiger oder Rechtsanwalt durch seine Unterschrift die volle Verantwortung für den Inhalt des Schriftsatzes übernehmen müsse. Es sei hier nicht auszuschließen, daß Rechtsanwalt M. Rechtsanwalt N. lediglich in der Leistung der Unterschrift vertreten habe, was nicht ausreiche, da es nicht die Übernahme der Verantwortung für den Inhalt des Schriftsatzes bedeute. Für die bloße Vertretung in der

Unterschrift spreche, daß Rechtsanwalt N. am 31. 3. 1995 ortsabwesend gewesen sei und die Rechtsbeschwerdebegründung noch an diesem Tag abgesandt werden sollte. Rechtsanwalt N. habe den Schriftsatz unter Verwendung seines Briefkopfes und seines Diktatzeichens „Nö" gefertigt. Er sei auch derjenige gewesen, der alle anderen Schriftsätze in der Sache unterschrieben habe. Nur er habe den Betroffenen bei der kommissarischen Vernehmung begleitet, während Rechtsanwalt M. in der Sache nicht aufgetreten sei. – Das Rechtsmittel hatte Erfolg.

Gründe: ...

III.

1. Die Rechtsbeschwerdegerichte haben im Rahmen der ihnen zukommenden Aufgabe, die Vorschriften über die Begründung der Rechtsbeschwerde (§ 345 II StPO i.V. mit § 79 III OWiG) auszulegen und anzuwenden, den verfassungsrechtlichen Anspruch auf Gewährung wirkungsvollen Rechtsschutzes (Art. 2 I GG in Verbindung mit dem Rechtsstaatsprinzip) zu beachten. Dieser verbietet es, den Parteien den Zugang zu den ihnen in den Verfahrensordnungen eingeräumten Instanzen in unzumutbarer, aus Sachgründen nicht mehr zu rechtfertigender Weise zu erschweren (st. Rspr., vgl. z.B. BVerfGE 69, 381 [385] = NJW 1986, 244; BVerfGE 88, 118 [123 ff.] = NJW 1993, 1635).

2. Die Entscheidung des Kammergerichts verfehlt diesen Maßstab. Gem. § 345 II StPO i.V. mit § 79 III OWiG kann die Rechtsbeschwerde in Ordnungswidrigkeitensachen nur zu Protokoll der Geschäftsstelle oder in einem von dem Verteidiger oder einem Rechtsanwalt unterzeichneten Schriftsatz begründet werden. Die Rechtsprechung hat § 345 II StPO von jeher dahin ausgelegt, daß sich die Mitwirkung dieser Personen nicht in bloßer Beurkundung erschöpfen darf. Gerade der Verteidiger muß sich vielmehr an der Beschwerdebegründung gestaltend beteiligen und die Verantwortung dafür übernehmen. Damit sollen die Rechtsmittelgerichte vor einer Überlastung durch unsachgemäßes Vorbringen Rechtsunkundiger bewahrt werden; zugleich soll damit vermieden werden, daß Rechtsmittel rechtsunkundiger Angeklagter schon von vornherein an Formfehlern oder sonstigen Mängeln scheitern (vgl. BGHSt. 25, 272 [273 f.] [BGH Urt. v. 22. 1. 1974 – 1 StR 586/73; vgl. § 345 StPO erfolgreiche Rügen]). Diese Zulässigkeitsanforderungen begegnen angesichts der mit ihnen verfolgten wichtigen rechtsstaatlichen Anliegen keinen verfassungsrechtlichen Bedenken (vgl. BVerfGE 64, 135 [152 ff.] = NJW 1983, 2762).

Vorliegend ist die Rechtsmittelschrift von einem Rechtsanwalt, Herrn M., unterschrieben. Diesem war von Rechtsanwalt N. Untervollmacht erteilt, wozu er durch die Vollmacht des Beschwerdeführers ermächtigt war. Rechtsanwalt M. war somit auch Verteidiger des Beschwerdeführers. Die Beanstandung des Kammergerichts, es bestünden Zweifel daran, daß Rechtsanwalt M. die Verantwortung für die Rechtsbeschwerde übernommen habe, beruht auf Anforderungen an die Erfüllung des gesetzlichen Formerfordernisses, die sich durch die oben bezeichneten Zwecke des § 345 II StPO – auch im Anwendungsbereich des § 79 III OWiG – nicht mehr rechtfertigen lassen, den Zugang zum Rechtsmittelgericht ganz wesentlich erschweren und für die Rechtsuchenden, wie der vorliegende Fall zeigt, zu schwer erträglichen, jedenfalls aber unangemessenen Ergebnissen führen können. Soweit das Kammergericht seine Zweifel daraus herleitet, daß Rechtsanwalt M. vor Unterzeichnung der Rechtsmittelbegründung nicht als Verteidiger des Beschwerdeführers tätig war, läßt es außer acht, daß das Gesetz die Begründung der Rechtsbeschwerde gerade nicht dem Rechtsanwalt vorbehält, der zuvor in dem Verfahren Verteidigeraufgaben wahrgenommen hat. Ist somit davon auszugehen, daß Rechtsanwalt M. die Fertigung der Rechtsbeschwerdeschrift in eigener Verantwortung für deren Inhalt übernehmen konnte, so rechtfertigen sich Zweifel an dieser Verantwortung auch dann nicht, wenn Rechtsanwalt N. die Rechtsbeschwerdebegründung diktiert haben sollte. Das Erfordernis, den Schriftsatz zu verantworten, ist nicht gleichbedeutend mit dem Erfordernis, den Schriftsatz selbst zu verfassen. Auch wenn in einer Kanzlei ein Rechtsanwalt, der der eigentliche

Sachbearbeiter ist, eine Rechtsmittelbegründung entwirft und dann ein anderer – bevollmächtigter – Rechtsanwalt diesen Schriftsatz im eigenen Namen unterschreibt, ist regelmäßig davon auszugehen, daß letzterer sich den Inhalt des Schreibens zu eigen gemacht hat und dafür aufgrund eigener Prüfung die Verantwortung übernimmt. Den oben bezeichneten Zwecken des § 345 II StPO ist damit Genüge getan.

Anderes kann nur gelten, wenn der Unterzeichner sich im Schriftsatz oder auch an anderer Stelle von dessen Inhalt distanziert oder sich sonst aus dem Inhalt der Schrift ergibt, daß der Anwalt die Verantwortung dafür nicht übernehmen kann oder will. Solches hat das KG im vorliegenden Fall nicht festgestellt. Die von ihm gleichwohl gestellten Anforderungen beeinträchtigen den Zugang zum Rechtsbeschwerdegericht in unzumutbarer Weise.

3. Das Urteil darf nicht zugestellt werden, bevor sich der Urkundsbeamte nicht zu Protokolländerungen des Vorsitzenden erklärt hat.

StPO §§ 345 , 273 IV – BGH Beschl. v. 3. 1. 1991 – 3 StR 377/90 LG Düsseldorf (= BGHSt. 37, 287 = NJW 1991, 1902 = NStZ 1991, 296)

Das Revisionsvorbringen ist nicht bekannt.

Der Sachverhalt ergibt sich aus der Revisionsbegründung. – Das Rechtsmittel hatte Erfolg.

Gründe: Der Senat teilt nicht die Auffassung des Generalbundesanwalts, daß die Revisionsbegründungsfrist des § 345 Abs. 1 Satz 2 StPO durch die bisherigen Urteilszustellungen in Lauf gesetzt worden sei. Denn diese sind unwirksam.

Nach § 273 Abs. 4 StPO darf das Urteil nicht zugestellt werden, bevor das Protokoll fertiggestellt ist. Ein Verstoß gegen diese Vorschrift macht die Zustellung wirkungslos (BGHSt. 27, 80, 81). Das Hauptverhandlungsprotokoll ist bisher nicht fertiggestellt, weil sich der Urkundsbeamte der Geschäftsstelle zu den vom Vorsitzenden bei der Unterzeichnung des Protokolls am 27. 6. 1990 vorgenommenen sachlichen Ergänzungen entgegen dessen Bitte vom gleichen Tage weder zustimmend noch ablehnend geäußert hat. Einer solchen Erklärung bedurfte es (vgl. (BayObLG StV 1985, 360). Der Senat hat in der Entscheidung NStZ 1984, 89 (BGH Beschl. v. 7. 10. 1983 – 3 StR 358/83; vgl. § 273 StPO erfolglose Rügen) ausgesprochen, daß es an einer Fertigstellung des Protokolls nicht schon deswegen fehlt, weil eine Niederschrift unrichtig oder lückenhaft ist oder sonstige formelle Mängel aufweist. Dies gilt aber nur, wenn das fehlerhafte Protokoll von den Unterschriften des Vorsitzenden und des Urkundsbeamten der Geschäftsstelle gedeckt ist und beide Urkundspersonen es als abgeschlossen ansehen. Durch die Regelung des § 273 Abs. 4 StPO soll sichergestellt werden, daß die Anfechtungsberechtigten, insbesondere der Verteidiger, die Frist zur Begründung des Rechtsmittels, die regelmäßig mit der Urteilszustellung beginnt, durch Einsicht in das Sitzungsprotokoll sachgerecht nutzen können (BGHSt. 23, 115, 118 [BGH Beschl. v. 15. 9. 1969 – AnwSt (B) 2/69; vgl. § 271 StPO erfolglose Rügen]). Solange für den Verfahrensgang nicht völlig unbedeutende Protokollteile von der Unterschrift nur einer der Urkundspersonen gedeckt sind und der andere sich hierzu noch nicht geäußert hat, liegt eine abgeschlossene Grundlage für Verfahrensrügen nicht vor. Entgegen der Auffassung des Generalbundesanwalts kann die vorherige Urteilszustellung nicht deshalb als wirksam angesehen werden, weil es genüge, bei Verfahrensrügen, die auf die nur von einer Unterschrift getragenen Protokollergänzungen gestützt werden, die Beweiskraft des Protokolls einzuschränken. Es ist unerheblich, ob der Anfechtungsberechtigte solche Rügen bereits geltend gemacht hat oder geltend machen will; denn § 273 Abs. 4 StPO will gewährleisten, daß über die Erhebung von Verfahrensrügen erst nach endgültiger Fertigstellung des Protokolls entschieden zu werden braucht.

Anders ist die Rechtslage bei der Berichtigung bloßer Schreibfehler durch den Vorsitzenden, der Vornahme sprachlicher Änderungen und dgl. (vgl. OLG Köln NStE § 273 StPO

Nr. 3). Darum geht es hier nicht. Die von einer Erklärung des Urkundsbeamten noch nicht abgedeckten Ergänzungen des Protokollinhalts beziehen sich auf den Verfahrensablauf. Das Urteil muß daher nach Fertigstellung des Protokolls erneut zugestellt werden.

4. Weist das Empfangsbekenntnis ein unzutreffendes Datum aus, so beginnt die Rechtsmittelfrist mit dem Zeitpunkt, in dem der Anwalt das Schriftstück tatsächlich erhalten hat.

StPO § 345 – BGH Beschl. v. 12. 9. 1990 – 2 StR 359/90 LG Koblenz (= NJW 1991, 709 = NStZ 1991, 49)

Der Antragsteller beantragt Wiedereinsetzung in den vorigen Stand wegen der Versäumung der Revisionsbegründungsfrist mit der Begründung, er habe das Empfangsbekenntnis irrtümlich mit einem Datum versehen, das vor der Zustellung des Urteils liegt.

Sachverhalt: Der Verteidiger des Angeklagten hatte gegen das Urteil formgerecht und fristgemäß Revision eingelegt. Am 14. 3. 1990 verfügte der Strafkammer-Vorsitzende, daß ihm eine Urteilsausfertigung mit Empfangsbekenntnis zuzustellen sei. Am 16. 3. 1990 wurden die Schriftstücke abgesandt. Als der Verteidiger sie erhielt, versah er das Empfangsbekenntnis mit dem Datum des 13. 3. 1990, unterzeichnete es und sandte es am 21. 3. 1990 zurück.

Mit Schriftsatz vom 17. 4. 1990, der am 19. 4. 1990 bei Gericht einging, stellte er unter Bezugnahme auf die Revisionseinlegung den Antrag, das Urteil aufzuheben und ihm die bereits angeforderte Protokollabschrift zu übersenden; weitere Ausführungen enthielt dieser Schriftsatz nicht.

Durch Beschluß vom 27. 4. 1990 verwarf das Landgericht die Revision als unzulässig, da die Begründungsfrist versäumt worden sei. Diese Frist habe am 13. 3. 1990 begonnen und sei demzufolge am 17. 4. 1990 (Dienstag nach Ostern) abgelaufen.

Mit Schriftsatz vom 14. 5. 1990, eingegangen am 17. 5. 1990, hat der Verteidiger für den Angeklagten Wiedereinsetzung in den vorigen Stand gegen die Versäumung der Revisionsbegründungsfrist beantragt; zugleich hat er die Revision mit der Rüge der Verletzung sachlichen Rechtes begründet. Er hat darin anwaltlich versichert, das Urteil erst am 19. 3. 1990 erhalten zu haben; soweit das Empfangsbekenntnis als Eingangsdatum den 13. 3. 1990 bezeichne, sei dies ein offensichtlicher Schreibfehler. Die ihm übersandte Urteilsausfertigung habe im übrigen in seiner Kanzlei den Eingangsstempel vom 19. 3. 1990 erhalten. – Das Rechtsmittel hatte Erfolg.

Gründe: ...

2.

a) Der Angeklagte hat die Revisionsbegründungsfrist versäumt.

aa) Die Frist wurde dadurch in Lauf gesetzt, daß der Verteidiger des Angeklagten das Empfangsbekenntnis unterschrieb und damit den Erhalt der Urteilsausfertigung bescheinigte (§§ 345, 37 I 1 StPO i.V. mit § 212 ZPO).

Die darin liegende Zustellung war wirksam. Dem steht nicht entgegen, daß im Empfangsbekenntnis – wie der Vergleich der aktenkundigen Daten ergibt – der Zeitpunkt des Erhalts unrichtig vermerkt war. Freilich muß nach § 212a ZPO das Empfangsbekenntnis mit Datum versehen sein. Dies ist ein zwingendes gesetzliches Formerfordernis, ohne das die Urkunde keinen Zustellungsnachweis erbringen kann. Deshalb liegt keine wirksame Zustellung vor, wenn im Empfangsbekenntnis die vorgeschriebene Angabe des Datums fehlt (für den Zivilprozeß BGHZ 35, 236, 238). Anders verhält es sich jedoch bei der Angabe eines unrichtigen Datums. Sie verstößt nicht gegen die gesetzliche Formvorschrift und läßt daher die Wirksamkeit der Zustellung unberührt (BayObLG, NJW 1967, 1976; OLG Karlsruhe, MDR 1984, 71; für den Zivilprozeß BGHZ 35, 236; BGH, NJW 1974, 1469;

1987, 325). Dabei kann dahingestellt bleiben, ob es folgerichtig erscheint, wenn für die Angabe eines unzutreffenden Datums in einer Postzustellungsurkunde die gegenteilige Ansicht vertreten wird (OLG Hamm, OLGSt [neu] § 37 StPO Nr. 2); denn darüber ist hier nicht zu entscheiden.

Weist das Empfangsbekenntnis ein unzutreffendes Datum aus, so beginnt die Rechtsmittelfrist mit dem Zeitpunkt, in dem der Anwalt das Schriftstück tatsächlich erhalten hat. Es stellt sich freilich die Frage, wie dieser Zeitpunkt bestimmt werden soll. Dabei ist davon auszugehen, daß der Rechtsanwalt, der das Empfangsbekenntnis unterzeichnet hat, durch nachträgliche Erklärung die Datumsangabe berichtigen kann. Das mit einer solchen Erklärung berichtigte Datum ist jedenfalls dann für den Fristbeginn maßgebend, wenn die Richtigkeit des nunmehr angegebenen, berichtigten Datums zur Überzeugung des mit der Prüfung befaßten Gerichtes bewiesen ist.

So liegt der Fall hier. Der Verteidiger hat in der Begründung des Wiedereinsetzungsantrages anwaltlich versichert, das Urteil nicht am 13., sondern am 19. 3. 1990 erhalten zu haben; dem entspreche der auf der übersandten Urteilsfertigung angebrachte Eingangsstempel seiner Kanzlei. Daß dies zutrifft, hält der Senat für bewiesen ...

bb) Innerhalb der mit dem 19. 4. 1990 endenden Monatsfrist ist eine formgerechte Revisionsbegründung nicht eingegangen. ... (wird ausgeführt).

5. Revisionsbegründungsfrist beginnt mit der Zustellung des Wiedereinsetzungsbeschlusses.

StPO § 345 – BGH Beschl. v. 8. 1. 1982 – 2 StR 751/80.OLG Frankfurt/Main (= BGHSt. 30, 335 = NJW 1982, 1110 = StV 1982, 213)

Sachverhalt: Das Amtsgericht hat mit Beschluß gemäß § 72 OWiG vom 22. 10. 1979 – zugestellt am 9. 1. 1980 – gegen den Betroffenen wegen einer Ordnungswidrigkeit eine Geldbuße verhängt. Hiergegen hat der Verteidiger am 17. 1. 1980 Rechtsbeschwerde eingelegt und gleichzeitig um Verlängerung der Frist zur Begründung des Rechtsmittels gebeten. Er hat die Rechtsbeschwerde dann am 20. 3. 1980 begründet.

Mit Beschluß vom 12. 2. 1980 hat das Amtsgericht die Rechtsbeschwerde wegen Nichteinhaltung der Frist zur Einlegung des Rechtsmittels als unzulässig verworfen. Nachdem dieser Beschluß dem Betroffenen am 10. 4. 1980 zugestellt worden war, hat der Verteidiger hiergegen am 12. 4. 1980 „Beschwerde" eingelegt und zugleich Wiedereinsetzung in den vorigen Stand gegen die Versäumung der Frist zur Einlegung der Rechtsbeschwerde beantragt. Das Oberlandesgericht Frankfurt/Main hat dem Betroffenen Wiedereinsetzung in den vorigen Stand gegen die Versäumung der Frist zur Einlegung der Rechtsbeschwerde gewährt, beabsichtigt aber, die Rechtsbeschwerde nunmehr wegen nicht rechtzeitiger Begründung gemäß § 79 Abs. 3 OWiG, § 349 Abs. 1 StPO als unzulässig zu verwerfen.

Es ist der Ansicht, die Frist zur Begründung der Rechtsbeschwerde sei abgelaufen. Sie habe unmittelbar nach Ablauf der Einlegungsfrist und unabhängig davon zu laufen begonnen, ob das Rechtsmittel rechtzeitig oder verspätet eingelegt wurde. Die Zustellung des Beschlusses über die Wiedereinsetzung gegen die Versäumung der Frist zur Einlegung der Rechtsbeschwerde setze die Begründungsfrist nicht erneut in Lauf. Das Oberlandesgericht sieht sich an der beabsichtigten Entscheidung jedoch durch die Beschlüsse des Bayerischen Obersten Landesgerichts vom 4. 11. 1971 (BayObLGSt 1971, 189 ff.) und des Oberlandesgerichts Koblenz vom 13. 6. 1967 (MDR 1967, 857) gehindert, in denen die Auffassung vertreten wird, bei verspäteter Revisionseinlegung und beantragter Wiedereinsetzung gegen die Versäumung der Einlegungsfrist beginne die Revisionsbegründungsfrist auch dann erst mit der Zustellung des die Wiedereinsetzung gewährenden Beschlusses, wenn das gegen einen Abwesenden ergangene Urteil nach § 341 Abs. 2 StPO zugestellt worden war. Es hat die Sache deshalb dem Bundesgerichtshof zur Entscheidung der Frage vorgelegt, ob durch die Zustellung des Beschlusses nach § 72 OWiG des Amtsgerichts die Frist zur Begründung der Rechtsbeschwerde auch dann in Lauf gesetzt wird, wenn die Rechtsbeschwerde verspätet eingelegt ist und auf den zusätzlichen Antrag Wiedereinsetzung in den vorigen Stand gegen die Versäumung der Einlegungsfrist gewährt wird. – Das Rechtsmittel hatte Erfolg.

Gründe: Die Vorlegungsvoraussetzungen des § 121 Abs. 2 GVG sind jedenfalls im Hinblick auf die Entscheidung des Oberlandesgerichts Koblenz gegeben.

Dabei spielt es keine Rolle, daß das Oberlandesgericht Frankfurt/Main in einer Rechtsbeschwerdesache gegen einen Beschluß gemäß § 72 OWiG entscheiden will, während die Entscheidung des Oberlandesgerichts Koblenz die Revision gegen ein in Abwesenheit des Angeklagten verkündetes Urteil betrifft. In beiden Fällen beginnt die Rechtsmittelfrist mit der Zustellung der Entscheidung. Die Vorschriften für die Revisionsbegründung und die Wiedereinsetzung gelten auch für das Rechtsbeschwerdeverfahren (§§ 46, 79 Abs. 3 und 4 OWiG). Das Oberlandesgericht Frankfurt/Main kann die Rechtsbeschwerde deshalb nicht als unzulässig verwerfen, ohne von der Rechtsauffassung des Oberlandesgerichts Koblenz abzuweichen.

In der Sache teilt der Senat in Übereinstimmung mit dem Generalbundesanwalt und der in Rechtsprechung und Schrifttum herrschenden Meinung die Auffassung des Oberlandesgerichts Koblenz. Sie entspricht der ständigen Rechtspraxis der Strafsenate des Bundesgerichtshofs, die sich im Anschluß an die Entscheidung in RGSt 76, 280 ff. entwickelt hat. Danach ist die Zustellung eines Urteils, die vor Einlegung einer zulässigen Revision und vor der Wiedereinsetzung in den vorigen Stand gegen die Versäumung der Frist zur Einlegung der Revision bewirkt wurde, nicht geeignet, die Frist zur Begründung der Revision in Lauf zu setzen. In solchen Fällen beginnt die Revisionsbegründungsfrist vielmehr erst mit der Zustellung des die Wiedereinsetzung bewilligenden Beschlusses.

Es besteht kein Anlaß, diese Rechtsprechung aufzugeben oder in den Fällen von ihr abzuweichen, in denen sich das zu begründende Rechtsmittel gegen eine in Abwesenheit des Beschwerdeführers erlassene Entscheidung richtet.

Die Durchführung des Rechtsmittels der Revision (Rechtsbeschwerde) vollzieht sich in zwei Schritten. Zunächst muß der Beschwerdeführer binnen einer Woche erklären, daß er die Entscheidung anficht. Hat er das getan und will er das Rechtsmittel durchführen, dann muß er es innerhalb der in § 345 Abs. 1 StPO bestimmten Monatsfrist, die frühestens nach Ablauf der Einlegungsfrist beginnt, begründen. Hat er die Entscheidung dagegen nicht rechtzeitig angefochten, dann wird sie rechtskräftig. Eine Obliegenheit, ein Rechtsmittel gegen eine rechtskräftige Entscheidung zu begründen, enthält § 345 Abs. 1 StPO jedoch nicht. Mit der Bewilligung der Wiedereinsetzung in den vorigen Stand gegen die Versäumung der Frist zur Einlegung des Rechtsmittels wird zwar die Rechtskraft der angefochtenen Entscheidung mit rückwirkender Kraft beseitigt. Dieser Rückwirkung sind aber dort Grenzen gesetzt, wo es nicht nur um die Aufhebung und Rückverlagerung rechtlicher Auswirkungen geht. Ebensowenig wie ein vergangenes tatsächliches Ereignis rückwirkend ungeschehen gemacht werden kann (vgl. BGHSt. 18, 34 ff.[1]), kann eine Obliegenheit für die Vergangenheit begründet werden.

Auch eine Verpflichtung zur vorsorglichen Begründung des Rechtsmittels ist abzulehnen. Sie würde dem Rechtsmittelführer oft eine umfangreiche und schwierige Tätigkeit abver-

---

1 „Wird eine Revision nach § 346 StPO als unzulässig verworfen, das Verfahren jedoch durch Wiedereinsetzung in den früheren Stand zurückversetzt, so behält die nach dem Verwerfungsbeschluß vorgenommene Strafvollstreckung ihr Wesen als Strafverbüßung. Sie wandelt sich infolge der Wiedereinsetzung in den vorigen Stand nicht nachträglich in Untersuchungshaft um. Eine Strafverbüßung kann nicht mehr rückgängig gemacht werden." (BGH Urt. v. 7. 9. 1962 – 4 StR 264/62).

langen, die sich möglicherweise später – bei Versagung der Wiedereinsetzung in den vorigen Stand wegen Versäumung der Einlegungsfrist – als überflüssig erweisen würde (vgl. BVerwG NJW 1971, 294, 295). Die Auferlegung einer solchen Verpflichtung bedürfte auch einer besonderen gesetzlichen Grundlage, die für diesen Fall nicht vorgesehen ist. Sie läßt sich – entgegen der Ansicht des vorlegenden Oberlandesgerichts – nicht aus § 342 StPO ableiten, der einen Sonderfall regelt und nur dann Bedeutung erlangt, wenn keine Wiedereinsetzung gewährt wird, und der insoweit lediglich bestimmt, daß die Chance einer das angefochtene Urteil beseitigenden Wiedereinsetzung für den Lauf der Frist zur Einlegung (und Begründung) der Revision ohne Bedeutung ist.

Die Verneinung einer Verpflichtung zur vorsorglichen Begründung des Rechtsmittels mag in bestimmten Fällen zwar dazu führen, daß einem Angeklagten (Betroffenen) mehr Zeit zur Begründung seines Rechtsmittels zur Verfügung steht als das Gesetz regelmäßig vorsieht. Das mag in diesen Fällen auch zu einer Verzögerung des Verfahrens führen. In anderen Fällen dagegen hätte die Bejahung der Pflicht zur vorsorglichen Rechtsmittelbegründung aber eine noch erheblichere Verzögerung des Verfahrens zur Folge. Denn wenn ein Angeklagter (Betroffener) die Frist zur Einlegung eines Rechtsmittels schuldlos versäumt, so wird ihm häufig auch die Nichteinhaltung der Begründungsfrist nicht vorzuwerfen sein, so daß ihm auch insoweit – gegebenenfalls sogar erst nach Verwerfung des Rechtsmittels als unzulässig – Wiedereinsetzung in den vorigen Stand gewährt werden müßte. Ob dies bei Urteilen, die in Abwesenheit eines Angeklagten (Betroffenen) verkündet und ihm dann zugestellt werden, und bei Beschlüssen gemäß § 72 OWiG, die ebenfalls zugestellt werden müßten, seltener der Fall wäre als bei Urteilen, die in Anwesenheit verkündet wurden, kann dahinstehen. Eine unterschiedliche, auf den Einzelfall abgestellte Regelung der Frage, wann nach Versäumung der Frist zur Einlegung eines Rechtsmittels die Rechtsmittelbegründungsfrist zu laufen beginnt, ist nämlich abzulehnen. Sie widerspräche dem Gebot der Klarheit und Eindeutigkeit von Fristenregelungen. Fristen müssen sofort, eindeutig und klar erkennbar sein (vgl. BVerfGE 4, 31, 37).

6. Revisionsbegründungsfrist wird durch Zustellung einer Urteilsausfertigung, deren Inhalt wegen Wiederholungen ganzer und halber Sätze und Absätze unklar ist, nicht in Lauf gesetzt.

StPO § 345 – BGH Beschl. v. 5. 2. 1981 – 4 StR 13/81 LG Bochum (= StV 1981, 170)

Der Antragsteller begehrt Wiedereinsetzung in den vorigen Stand wegen der Versäumung der Revisionsbegründungsfrist mit der Begründung, die Urteilsausfertigung lasse wegen Wiederholungen ganzer Sätze und Absätze nicht klar erkennen, welche Einschübe oder Weglassungen wohin gehören und vorzunehmen sind.

Sachverhalt: Dem Verteidiger des Angeklagten wurde eine Ausfertigung des Urteils zugestellt. Diese Ausfertigung war jedoch durch die teilweise Wiederholung ganzer und halber Sätze und Absätze auf Seite 9 und 10 des Schriftstücks unverständlich. – Das Rechtsmittel hatte Erfolg.

Gründe: Der Generalbundesanwalt hat in seiner Stellungnahme zu dem Antrag des Beschwerdeführers ausgeführt:

„Das Wiedereinsetzungsgesuch des Beschwerdeführers vom 6. 11. 1980 ist in einen Antrag auf Entscheidung des Revisionsgerichts gemäß § 346 Abs. 2 StPO umzudeuten. Dieser Antrag ist zulässig, insbesondere innerhalb der in § 346 Abs. 2 StPO bestimmten Wochenfrist beim Landgericht eingegangen. Der Rechtsbehelf ist auch begründet, denn es fehlt an einer ordnungsgemäßen Urteilszustellung mit der Folge, daß die Revisionsbegründungsfrist noch nicht in Lauf gesetzt worden ist. Zwar ist dem Verteidiger des Angeklagten ausweislich des Empfangsbekenntnisses vom 25. 8. 1980 eine Ausfertigung des Urteils zugestellt worden. Diese Ausfertigung war jedoch durch die teilweise Wiederholung ganzer und halber Sätze und Absätze auf Seite 9 und 10 des Schriftstücks unverständlich. Die Auffassung des Strafkammervorsitzenden, schon bei flüchtiger Lektüre der Ausfertigung sei zu erkennen, daß der Mangel lediglich in überflüssigen Wiederholungen bestünde, mag für einen mit der Fassung der Urschrift vertrauten Leser noch vertretbar sein, kann aber nicht für einen unbefangenen Leser gelten. Insbesondere hat der Zustellungsempfänger bzw. sein Verteidiger – wie sich aus der Begründung des Wiedereinsetzungsgesuchs vom 6. 11. 1980 ergibt – nicht erkannt, ‚welche Einschübe oder Weglassungen wohin gehören und vorzunehmen sind'. Von einem unwesentlichen Fehler kann bei dieser Sachlage jedenfalls nicht ausgegangen werden. Der Zustellungsempfänger konnte vor allem wegen des unverständlichen Beginns und des ebenso unverständlichen Abschlusses auf Seite 10 des Schriftstückes nicht hinreichend sicher erkennen, welchen Inhalt die Urschrift hatte (vgl. BGH in NJW 1978, 60). Die Zustellung des fehlerhaften Schriftstücks war daher unwirksam (vgl. BGH, Lindenmaier-Möhring, Nr. 8 zu § 317 ZPO; BGH in NJW 1967, 465). Da die Revisionsbegründungsfrist mithin noch nicht in Lauf gesetzt worden ist, kann der nach § 346 Abs. 2 StPO ergangene Beschluß der Strafkammer keinen Bestand haben."

Dem tritt der Senat bei. Der genannte Beschluß muß deshalb aufgehoben werden.

Dem Beschwerdeführer ist gemäß § 343 Abs. 2 StPO eine Ausfertigung des Urteils zuzustellen.

7. Verteidiger muß selbst die Verantwortung für die Revisionsbegründung übernehmen.

StPO § 345 – BGH Urt. v. 22. 1. 1974 – 1 StR 586/73 LG Baden-Baden (= BGHSt. 25, 272 = NJW 1974, 655 = JR 1974, 478)

Der Pflichtverteidiger des Angeklagten stellt in der Revisionsbegründung den Antrag, das angefochtene Urteil mit den Feststellungen aufzuheben. Dann erklärt er, daß das Urteil der Strafkammer „sowohl mit der Verfahrensrüge als auch mit der Sachrüge angegriffen" werde. In den beiden nächsten Absätzen legt er dar, daß der Angeklagte selbst eine Revisionsbegründungsschrift verfaßt habe und darauf bestehe, daß der Verteidiger den Inhalt dieser Schrift vorbringe. Deshalb werde in der Anlage zunächst die Begründungsschrift des Verurteilten übergeben „und dazu in Wahrnehmung der Verteidigerverpflichtung aus § 345 Abs. 2 StPO wie folgt vorgetragen". In den sich anschließenden Ausführungen zur Verfahrensbeschwerde werden zwei Verfahrensrügen geltend gemacht. Die eine beginnt mit den Worten: „Der Verurteilte sieht zunächst einen Verfahrensfehler darin", die andere mit der Wendung: „Nach Auffassung des Angeklagten." Der Anfang der Sachbeschwerde lautet: „Weiter wird die allgemeine Sachrüge erhoben; der Verurteilte ist der Auffassung, daß durch das Urteil materielles Recht verletzt worden ist. Im einzelnen soll hierzu vorgetragen werden." Es folgen Beanstandungen der Verurteilung wegen eines Vergehens des Widerstands gegen die Staatsgewalt und der Strafzumessung, die jeweils mit den Worten eingeleitet werden: „Der Verurteilte ist der Auffassung." In den sich anschließenden Darlegungen ist wiederholt nochmals ausdrücklich gesagt, der Verurteilte sei der oder jener Ansicht.

Der Sachverhalt ergibt sich aus dem Revisionsvorbringen. – Das Rechtsmittel hatte Erfolg.

Gründe: ...

I.

Die Verfahrensbeschwerde ist unzulässig. ...

2. Die Bestimmung des § 345 Abs. 2 StPO schreibt vor, daß die Revision des Angeklagten zu Protokoll der Geschäftsstelle oder in einer von dem Verteidiger oder einem Rechtsanwalt unterzeichneten Schrift zu begründen ist. Das ist ein auch zugunsten des Revisions-

führers wirkendes Verlangen. Es soll gewährleistet werden, daß die Revisionsbegründung gesetzmäßig und sachgerecht ist (BGH Beschl. v. 26. 3. 1969 – 3 StR 47/69 –, wiedergegeben bei Dallinger MDR 1970, 15). Deshalb darf sich die Mitwirkung des Verteidigers nicht in bloßer Beurkundung erschöpfen. Er muß sich an der Revisionsbegründung gestaltend beteiligen und die Verantwortung dafür übernehmen. Es ist unvereinbar mit Sinn und Zweck der gesetzlichen Regelung, daß er sich einerseits den Inhalt von dem nicht rechtskundigen Angeklagten vorschreiben läßt, andererseits zum Ausdruck bringt, er wolle das Vorgetragene nicht verantworten (BVerfGE 10, 274, 282 [BVerfG Urt. v. 28. 1. 1960 – 1 BvR 145/746/58; vgl. § 345 StPO erfolgreiche Rügen]; BGH a.a.O.; BGH NJW 1973, 1514 [BGH Beschl. v. 12. 7. 1973 – 3 StR 153/73; vgl. § 345 StPO erfolglose Rügen]; BGH, Urteil vom 20. 5. 1954 – 3 StR 167/54 –; RGSt 73, 23; OLG Hamburg JR 1955, 233).

Die Begründung der Verfahrensbeschwerde entspricht nicht den aus der gesetzlichen Regelung folgenden Erfordernissen.

Der Pflichtverteidiger des Angeklagten hat deutlich gemacht, daß er für die Verfahrensrügen die Verantwortung nicht übernimmt. Nach ständiger und einheitlicher Rechtsprechung ist deshalb die Verfahrensbeschwerde formungültig und unzulässig (vgl. RG JW 1933, 936 Nr. 35; BGH, Urteile v. 20. 5. 1954 – 3 StR 167/54 – und v. 19. 11. 1963 – 1 StR 441/63 –; OLG Hamburg a.a.O.; OLG Hamm NJW 1961, 842). Die Ausführungen des Verteidigers dazu sind nicht nur unvereinbar mit der Bestimmung des § 345 Abs. 2 StPO, sondern auch mit der Vorschrift des § 344 Abs. 2 StPO. Sie verlangt, daß Tatsachenbehauptungen, aus denen die Verletzung einer Verfahrensnorm gefolgert wird, mit Bestimmtheit vorgebracht werden. An einem solchen Vortrag fehlt es, wenn der Verteidiger lediglich Ansichten des Angeklagten, für die er die Verantwortung nicht übernimmt, vorbringt (so zutreffend OLG Hamm a.a.O.).

II.

Der Senat hält jedoch – entgegen der Ansicht des Generalbundesanwalts – die Sachbeschwerde für zulässig.

1. Er stützt seine Auffassung nicht auf die Übernahme und Fortentwicklung der im Urteil vom 19. 11. 1963 (1 StR 441/63) im Anschluß an RG JW 1931, 1760 vertretenen Ansicht, nach welcher die Wirksamkeit einer allgemeinen Sachbeschwerde nicht dadurch in Frage gestellt wird, daß der Urkundsbeamte für sie die Verantwortung nicht übernommen hat. Ob diese Ansicht, gegen die Alsberg in einer Anmerkung zu RG JW 1931, 1760 (JW a.a.O.) Einwände von Gewicht vorgebracht hat, aufrechtzuerhalten ist, kann dahingestellt bleiben. Was für den Urkundsbeamten gelten mag, der nach Nr. 149 Abs. 4 Satz 2, Abs. 7 Satz 5 RiStBV Zusätze oder Andeutungen, die zur Folge haben könnten, daß die Revision als unzulässig verworfen wird, in das Protokoll nicht aufnehmen darf, gilt nicht ohne weiteres auch für den zur Rechtsanwaltschaft zugelassenen Verteidiger. Die von ihm, einem unabhängigen Organ der Rechtspflege (vgl. §§ 1, 3 Abs. 1 BRAO), unterzeichnete Revisionsrechtfertigung muß, wenn sie formgültig sein soll, den sich aus §§ 344 Abs. 2, 345 Abs. 2 StPO ergebenden Erfordernissen in jedem Falle genügen. Wenn und soweit er zum Ausdruck bringt, daß er für die von ihm unterzeichnete Revisionsbegründung die Verantwortung nicht übernehmen will, ist sie insgesamt oder in dem Teil der Darlegungen, auf den seine Distanzierung sich erstreckt, formungültig. Wird (allein oder neben der Verfahrensbeschwerde) die allgemeine, wenn auch durch einzelne Ausführungen ergänzte Sachrüge erhoben, erfaßt die Distanzierung vom Vorgetragenen auch sie, wenn die Auslegung der Revisionsbegründung als einer Willenserklärung (vgl. RGSt 40, 99; 67, 197, 198) ergibt, daß der Verteidiger nicht einmal diese Rüge verantworten will (so im Ergebnis auch BGH, Urteil vom 20. 5. 1954 – 3 StR 167/54 –). Denn auch für die allgemeine (unausgeführte oder ergänzte) Sachbeschwerde ergibt sich aus dem Gesetz ein formales Erfordernis, dessen Nichtbeachtung sie unzulässig macht: Sie muß nach § 344 Abs. 2 Satz 1, § 345 Abs. 2 StPO wenigstens die formgültige Behauptung fehlerhafter Anwendung des materiellen

Rechts auf den festgestellten Sachverhalt enthalten, wenn sie für das Revisionsgericht Anlaß sein soll, das angefochtene Urteil auf Verletzungen des Strafgesetzes (und der Grundrechtsnormen) zu überprüfen (vgl. RGSt 40, 99; 50, 253; 67, 197, 198). Distanziert derjenige, der als Verteidiger (mit der Sachrüge und durch sie) diese Behauptung aufzustellen hat, sich in irgendeiner Form von ihr, so ist sie in formal gültiger Weise in seiner Erklärung nicht zu finden. Auch die allgemeine Sachrüge ist dann nicht wirksam erhoben (so im Ergebnis auch BGH, Beschlüsse v. 25. 10. 1972 – 3 StR 185/72; v. 17. 1. 1973 – 3 StR 10/73; v. 17. 4. 1973 – 1 StR 576/72; v. 2. 5. 1973 – 3 StR 106/73; v. 29. 8. 1973 – 3 StR 204/73; v. 19. 9. 1973 – 3 StR 235/73).

2. Die Ablehnung der Verantwortung (auch) für die allgemeine Sachrüge wird eine Ausnahme sein. Es kann nicht ohne weiteres davon ausgegangen werden, daß ein Verteidiger einerseits zwar die Begründung der Revision übernimmt und dafür eine Vergütung beansprucht, andererseits aber verhindert, daß das Revisionsgericht wenigstens die Anwendung des materiellen Rechts auf die Feststellungen überprüfen kann. Ein solches Verhalten kann standeswidrig sein (vgl. §§ 43, 113 Abs. 1 BRAO), nicht aber die formgültige Rüge der Verletzung des sachlichen Rechts, die der Verteidiger in aller Regel auch dann vorbringen darf, wenn der die Revision für aussichtslos hält (RGSt 73, 23, 24).

3. Die Revisionsbegründung enthält eine durch einzelne Darlegungen ergänzte allgemeine Sachrüge. Die Distanzierung des Verteidigers von den ergänzenden Ausführungen ist eindeutig (vgl. I. 1.). Das allein bringt aber die Sachbeschwerde als unausgeführte Rüge der Verletzung des materiellen Rechts nicht zu Fall. Eine Distanzierung auch von ihr könnte in dem Halbsatz: „Der Verurteilte ist der Auffassung, daß durch das Urteil materielles Recht verletzt worden ist", gefunden werden. Dieser Halbsatz läßt sich aber auch so verstehen, daß der Verteidiger ihn im Anschluß an seine Sachbeschwerde gebracht hat, um damit zu den formungültigen Darlegungen überzuleiten, die lediglich in Ergänzung der allgemeinen Sachrüge die Auffassung des Angeklagten zu einer der Straftaten und zur Strafzumessung wiedergeben. Bei solcher Auslegung behalten die Worte: „Weiter wird die allgemeine Sachrüge erhoben", ihre selbständige, vom Verteidiger verantwortete Bedeutung. Der Senat ist der Meinung, daß diese Auslegung zutrifft. Der Verteidiger des Angeklagten hat seine „Verpflichtung aus § 345 Abs. 2 StPO" betont. Der Senat geht davon aus, daß der Verteidiger sich bewußt war, daß er seine Verpflichtung nur dann erfüllt, wenn er dem Revisionsgericht wenigstens die Nachprüfung der Anwendung des materiellen Rechts ermöglicht. Dafür, daß der Verteidiger diese Nachprüfung erreichen wollte, spricht auch der Eingang der Revisionsbegründung. Dort ist ohne Bezugnahme auf die Auffassung des Angeklagten gesagt, das Urteil werde „sowohl mit der Verfahrensrüge als auch mit der Sachbeschwerde angegriffen".

8. Revisionsurteil vor Zustellung des angefochtenen Urteils verfassungswidrig.

StPO § 345 – BVerfG Beschl. v. 28. 7. 1964 – 2 BvR 201/64 – (= BVerfGE 18, 155)

Der Beschwerdeführer rügt Verletzung des Art. 103 Abs. 1 GG. Er trägt vor: Da ihm das landgerichtliche Urteil versehentlich nicht zugestellt worden sei, sei nach § 345 StPO die Revisionsbegründungsfrist nicht in Lauf gesetzt worden, und er habe infolgedessen keine Gelegenheit gehabt, die Revision in formeller und materieller Hinsicht ausführlich zu begründen. Der Beschluß des Oberlandesgerichts Hamm vom 10. 2. 1964, mit dem die Revision als unbegründet verworfen worden ist, verletze somit seinen Anspruch auf rechtliches Gehör.

Sachverhalt: Der Beschwerdeführer ist durch Urteil des Schöffengerichts Iserlohn vom 6. 11. 1962 wegen gefährlicher Körperverletzung zu sechs Monaten Gefängnis verurteilt worden. Die 3. große Ferien-Strafkammer des Landgerichts Hagen hat mit Urteil vom

23. 7. 1963 die Berufung des Beschwerdeführers verworfen. Dagegen hat er am 1. 8. 1963 Revision eingelegt. Die Revisionsschrift enthält den Antrag, das Berufungsurteil aufzuheben und den Angeklagten freizusprechen, sowie den Satz „Es wird Verletzung des materiellen Rechts gerügt" und die Bitte, „die Gerichtsakten zusammen mit der Zustellung des Urteils an das hiesige Amtsgericht für eine Woche zu übersenden". Die Revision wurde zunächst vom Landgericht, weil verspätet, nach § 346 StPO als unzulässig verworfen. Vor Zustellung dieses Beschlusses am 21. 8. 1963 hat der Anwalt des Angeklagten mit Schriftsatz vom 16. 8. 1963 noch einmal um Zustellung des Urteils gebeten und eine Revisionsbegründung angekündigt. Am 28. 8. 1963 hat der Anwalt des Angeklagten Antrag nach § 346 Abs. 2 StPO gestellt, gleichzeitig Wiedereinsetzung in den vorigen Stand gegen die Versäumung der Revisionsfrist erbeten und (neuerlich) Revision samt Revisionsantrag eingelegt. Das Oberlandesgericht Hamm hat mit Beschluß vom 3. 1. 1964 Wiedereinsetzung in den vorigen Stand gewährt. Der 1. Strafsenat des Oberlandesgerichts Hamm hat dann durch Beschluß vom 10. 2. 1964 die Revision als unbegründet verworfen. Der Verwerfungsbeschluß ist dem Beschwerdeführer zu Händen seines Verteidigers am 5. 3. 1964 zugestellt worden. Zu diesem Zeitpunkt war – infolge eines Versehens – dem Beschwerdeführer oder seinem Verteidiger das mündlich verkündete Urteil in schriftlicher Fassung samt Begründung noch nicht zugestellt worden. – Die Verfassungsbeschwerde hatte Erfolg.

Gründe: Das Vorbringen des Beschwerdeführers wird durch den Inhalt der beigezogenen Akten bestätigt. Der Beschluß des Oberlandesgerichts Hamm ist ergangen, ehe das Urteil des Landgerichts Hagen dem Beschwerdeführer oder seinem Verteidiger zugestellt worden war. Die Frist für die Revisionsbegründung war demnach gemäß § 345 StPO nicht in Lauf gesetzt worden. Der Beschwerdeführer hatte die Einreichung einer besonderen Revisionsbegründungsschrift nach Prüfung der Prozeßakten und der schriftlichen Urteilsbegründung angekündigt. Dazu hatte er, da ihm eine Ausfertigung des Urteils samt Begründung nicht zuging, keine Gelegenheit. Selbst wenn man davon ausgeht, daß das Oberlandesgericht das angefochtene Urteil auf die allgemein gehaltene materiell-rechtliche Revisionsrüge in der Revisionsschrift hin sorgfältig überprüft hat, kann nicht ausgeschlossen werden, daß die Entscheidung anders ausgefallen wäre, wenn der Beschwerdeführer Gelegenheit zur eingehenden Revisionsbegründung an Hand der Prozeßakten und der schriftlichen Urteilsbegründung gehabt hätte. Deshalb beruht der Beschluß auf einer Verletzung des durch Art. 103 Abs. 1 GG gewährleisteten Anspruchs auf rechtliches Gehör (BVerfGE 7, 109 [111] [BVerfG Beschl. v. 1. 10. 1957 – 1 BvR 92/57; vgl. § 308 StPO erfolgreiche Rügen]; 11, 29 [30]; 14, 54 [56]; 15, 43 [46]). Er mußte deshalb aufgehoben werden.

9. **Will der Urkundsbeamte der Geschäftsstelle nicht die Verantwortung für die nach den Angaben des Angeklagten gefertigte Revisionsbegründung übernehmen, dann muß er dies dem Angeklagten mitteilen.**

StPO § 345 – BVerfG Urt. v. 28. 1. 1960 – 1 BvR 145, 746/58 (= BVerfGE 10, 274)

Der Beschwerdeführer rügt, daß ihm vor der Verwerfung seiner zu Protokoll der Geschäftsstelle eingelegten Revision nicht mitgeteilt worden ist, daß der Urkundsbeamte der Geschäftsstelle auf Nachfrage des Oberlandesgerichts erklärt hat, er übernehme nicht die Verantwortung der von ihm nach den Angaben des Angeklagten gefertigten Revisionsbegründungsschrift. Das Revisionsurteil greift der Beschwerdeführer mit der Begründung an, der Strafsenat habe der von ihm im guten Glauben an ihre Zulässigkeit abgegebenen Revisionsbegründung die Rechtswirksamkeit „hinter seinem Rücken" entzogen, indem er die ihm unbekannt gebliebene dienstliche Äußerung des Justizinspektors V. ... seiner Entscheidung zugrunde gelegt habe; auch von dem unter der Unterschrift des Beschwerdeführers am Ende des Protokolls vom 4. 6. 1957 angefügten Vermerk des Urkundsbeamten

(„M. ... bestand auf Aufnahme der umfangreichen Revisionsbegründung") habe er erstmals durch die Gründe des Revisionsurteils Kenntnis erhalten. In der Verwertung dieses Vermerks und vor allem der dienstlichen Äußerung des Urkundsbeamten sieht der Beschwerdeführer eine Verletzung des Art. 103 Abs. 1 GG und einen Verstoß gegen das Willkürverbot des Art. 3 Abs. 1 GG.

Sachverhalt: Der Beschwerdeführer wurde vom Schöffengericht Kassel zu 4 Monaten Gefängnis verurteilt; seine Berufung mit Urteil des Landgerichts Kassel verworfen, auf die Berufung der Staatsanwaltschaft die Strafe auf 6 Monate Gefängnis erhöht. Der Beschwerdeführer legte Revision ein; da er in anderer Sache in Strafhaft war und keinen Verteidiger hatte, begründete er sie zu Protokoll des Urkundsbeamten der Geschäftsstelle des Amtsgerichts Butzbach, Justizinspektor V. ... Am Schlusse des vom 4. 6. 1957 datierten Protokolls befindet sich unter der Unterschrift des Beschwerdeführers folgender Vermerk des Urkundsbeamten:

„Da das Protokoll umfangreich war, wurde es am 6. 6. 1957 erledigt. M. bestand auf Aufnahme der umfangreichen Revisionsbegründung."

Anläßlich der Vorlage der Akten an das Revisionsgericht ersuchte der Oberstaatsanwalt den Urkundsbeamten um Äußerung über den genauen Zeitpunkt der Protokollanfertigung. Dieser erklärte am 19. 6. 1957:

... M. wurde mir am Dienstag, dem 4. 6. 1957 vorgeführt. Er hatte seine Revisionsbegründung auf 30 Bogen aufgesetzt. Die Prüfung und Aufnahme erforderte so viel Zeit, daß das Protokoll nicht bis zum Mittag, an dem die Gefangenen wieder zum Essen in die Strafanstalt gebracht werden mußten, beendet war, und am nächsten und übernächsten Vormittag erst fertiggestellt wurde. M. wurde darauf aufmerksam gemacht, daß seine umfangreiche Revisionsbegründung nicht an einem Vormittag erledigt werden könnte. Die hier zur Verfügung stehende Schreibkraft ist auch nicht voll ausreichend.

Deswegen wurde die protokollarische Aufnahme erst am 6. 6. 1957 beendet und abgesandt."

Der Vorsitzende des 1. Strafsenats des Oberlandesgerichts Frankfurt/Main veranlaßte eine weitere dienstliche Äußerung des Urkundsbeamten mit folgender Verfügung:

„Justizinspektor V. hat die Revisionsbegründung des Angeklagten M. entgegengenommen (Bl. 207 ff. d.A.). Das Protokoll trägt das Datum des 4. 6. 1957. Unter dem 21 Seiten langen Protokoll findet sich folgender Vermerk: ‚Da das Protokoll umfangreich war, wurde es am 6. 6. 1957 erledigt. M. bestand auf Aufnahme der umfangreichen Revisionsbegründung' (Bl. 214 R d.A.). In einem weiteren Vermerk vom 19. 6. 1957 (Bl. 215 d.A.) heißt es, M. habe seine Revisionsbegründung auf 30 Bogen aufgesetzt gehabt; die Prüfung und Aufnahme habe so viel Zeit erfordert, daß das Protokoll erst am nächsten und übernächsten Vormittag habe fertiggestellt werden können.

Aus diesen Vermerken ergibt sich nicht, ob Justizinspektor V. die Verantwortung für den Inhalt der Revisionsbegründung habe übernehmen wollen. Er mag sich im einzelnen dazu äußern, wie es zu der Aufnahme des Protokolls gekommen ist. Hat Justizinspektor V. die in der Revisionsschrift enthaltenen Gesetzesbestimmungen im einzelnen nachgeprüft und mit dem Angeklagten besprochen? Hat er die zahlreichen, in der Revisionsbegründung angeführten Entscheidungen nachgelesen und nachgeprüft, inwieweit diese Entscheidungen die Revision zu tragen geeignet sind? Die Revisionsbegründung enthält ferner an mehreren Stellen Hinweise auf Krafft-Ebing, und S. 9, Hinweise auf Metzger-Mikore.y. Hat Justizinspektor V. diese Abhandlungen nachgelesen und hat er sich wenigstens Klarheit darüber verschafft, wie der Angeklagte M. in den Besitz der vorerwähnten Abhandlungen gelangt ist, bzw. woher seine Kenntnisse stammen.

Justizinspektor V. soll ferner angeben, ob er die volle Verantwortung für den Inhalt der Revisionsbegründung übernehmen wollte."

Der Urkundsbeamte gab hierzu am 9. 11. 1957 folgende Äußerung ab:

„Durch den Vermerk, daß M. auf Aufnahme der umfangreichen Revisionsbegründung bestand, wollte ich zum Ausdruck bringen, daß ich nicht die Verantwortung für den Inhalt der Revisionsbegründung übernehmen wollte. M. hatte sich die Begründung auf über 30 Bogen aufgesetzt. Die Prüfung und Aufnahme erstreckte sich in der Hauptsache darauf, den aggressiven Ton von M. zu mildern und noch weitschweifigere Ausführungen zu streichen. Ich habe nicht feststellen können, woher M. die wissenschaftlichen Abhandlungen und Entscheidungen hatte, die er sich notiert hatte. Diese Unterlagen standen mir zur Nachprüfung nicht zur Verfügung."

Von dieser dienstlichen Äußerung ist dem Angeklagten keine Kenntnis gegeben worden.

Am 3. 1. 1958 verwarf der 1. Strafsenat des Oberlandesgerichts Frankfurt/Main die Revision in Abwesenheit des Beschwerdeführers, der sich damals noch in Strafhaft befand. In den Gründen des Urteils ist u.a. ausgeführt:

Nach § 345 Abs. 2 StPO kann von dem Angeklagten eine wirksame Revision nur in einer von dem Verteidiger oder einem Rechtsanwalt unterzeichneten Schrift oder zu Protokoll der Geschäftsstelle eingelegt werden. Dieser Formvorschrift ist im vorliegenden Fall nicht Genüge getan. Die von dem Angeklagten zu Protokoll gegebene Erklärung erfüllt nicht die Voraussetzung des § 345 Abs. 2 StPO, weil der Urkundsbeamte die Verantwortung für die Niederschrift nicht übernommen hat.

Zweck der Formvorschrift ist dem Angeklagten die Möglichkeit zu geben, seine Anträge und deren Begründung in möglichst geeigneter Weise anzubringen und dem Revisionsrichter die Prüfung grundloser oder unverständlicher Anträge möglichst zu ersparen. Es besteht somit ein gesetzlicher Zwang zur Herbeiführung eines gesetz- und sachgemäßen Inhalts der Revisionsanträge (RG 64, 65). Der Angeklagte war offensichtlich nicht gewillt, sich diesem Zwang zu fügen. Er wollte vielmehr im Gegenteil die Aufnahme seiner weitschweifigen und neben der Sache liegenden Ausführungen, die die Revision nicht zu rechtfertigen geeignet sind, erzwingen. Das ist unzulässig. Der Urkundsbeamte braucht und darf sich nicht zum Werkzeug des Angeklagten machen lassen. Der Angeklagte muß es dem Beamten überlassen, das zur Revision Geeignete aus den Erklärungen des Angeklagten zu entnehmen und in eigener Verantwortung im Protokoll niederzulegen. Ist der Angeklagte zu dieser Form der Beurkundung nicht bereit und besteht er auf Aufnahme seines eigenen Vorbringens, so muß er in Kauf nehmen, daß der Urkundsbeamte die Verantwortung für den Inhalt des Protokolls nicht übernimmt und damit die Revision unzulässig wird.

Da der Urkundsbeamte die Verantwortung für die Revisionsbegründung im ganzen abgelehnt hat, ist es auch nicht möglich, das Urteil auf die allgemein erhobene Rüge, das materielle Recht sei verletzt, nachzuprüfen.

Aus der dem Protokoll hinzugefügten Bemerkung und der dienstlichen Äußerung des Urkundsbeamten ergibt sich allerdings nicht mit Sicherheit, ob der Urkundsbeamte den Angeklagten ausdrücklich auf die Folgen seines Verhaltens hingewiesen hat. Hierauf kann es aber nicht ankommen. Die Wirksamkeit der protokollarischen Erklärung hängt ohne Rücksicht hierauf allein davon ab, ob der Urkundsbeamte die Verantwortung für sie tragen will. Da nach der ausdrücklichen Erklärung des Justizinspektors V. diese Verantwortung von ihm nicht übernommen wurde, ist die Revision unzulässig. ...

Wenn dem Angeklagten ein Hinweis über die Folgen seiner selbst entworfenen und vom Urkundsbeamten nicht gebilligten Revisionsbegründung nicht gegeben wurde, so kann er, wenn die sonstigen Voraussetzungen vorliegen, binnen einer Woche seit Zugang dieses Urteils Wiedereinsetzung in den vorigen Stand beantragen unter gleichzeitiger Abgabe einer der Form und Inhalt nach ordnungsmäßigen Revisionsbegründung.

Gegen dieses Urteil und das vorangegangene Berufungsurteil richtet sich die Verfassungsbeschwerde 1 BvR 145/58.

Entsprechend der ihm erteilten Belehrung beantragte der Beschwerdeführer beim Oberlandesgericht Wiedereinsetzung in den vorigen Stand; er berief sich auf das Zeugnis zweier Justizangestellten zum Beweis dafür, daß der Urkundsbeamte ihn über die Zulässigkeit der protokollierten Revisionsbegründung nicht belehrt habe. Zu Protokoll eines anderen Urkundsbeamten der Geschäftsstelle des Amtsgerichts Butzbach begründete er die Revision gegen das Urteil des Landgerichts vom 9. 5. 1957 erneut. Der Generalstaatsanwalt führte eine weitere dienstliche Äußerung des Justizinspektors V. ... darüber herbei, ob und wie er dem Angeklagten zu erkennen gegeben habe, daß er die volle Verantwortung für den Inhalt der Revisionsbegründung nicht habe übernehmen wollen. Justizinspektor V. ... äußerte sich am 27. 6. 1958 wie folgt:

„M. hat seine umfangreiche Revisionsbegründung, in der er sich als krankhaften Querulanten hinstellte, hier an 3 Vormittagen zu Protokoll gegeben (s. Äußerung Bl. 215). Er hat sie hier in meinem Beisein dem Angestellten Sch. in die Maschine angesagt. Während dieser Zeit war ich fast immer zugegen und höchstens einige Male für kurze Zeit im Nebenzimmer.

Ich habe die auf dreißig Bogen aufgesetzte Revisionsbegründung am ersten Vormittag geprüft und dabei verschiedene Stellen gestrichen (s. Äußerung Bl. 229). Dabei habe ich M. gegenüber auch zum Ausdruck gebracht, daß ich seine Erklärungen insgesamt nicht billigte. Der Angestellte Sch. war dabei noch nicht anwesend. Welcher Wachtmeister am ersten Tag zugegen war, weiß ich nicht mehr. Das Protokoll wurde dann am 3. Vormittag in meiner Gegenwart vorgelesen und unterschrieben. Ob ich an diesem Tag nochmals darauf hingewiesen habe, daß ich die Verantwortung nicht übernehmen könne, weiß ich nicht mehr. Darüber, daß ich die Revisionsbegründung der Form und dem Inhalt nach nicht verantworten wollte, konnte bei M. kein Zweifel bestehen."

Dem Angeklagten wurde von dieser dienstlichen Äußerung wiederum keine Kenntnis gegeben. Die von ihm benannten Zeugen wurden nicht vernommen. – Mit Beschluß vom 24. 7. 1958 verwarf der 1. Ferienstrafsenat des Oberlandesgerichts Frankfurt/Main den Antrag auf Wiedereinsetzung in den vorigen Stand als unbegründet, „weil nach der dienstlichen Äußerung des Rechtspflegers V. ... vom 27. 6. 1958 dem Antragsteller bekannt war, daß der Urkundsbeamte nicht die Verantwortung für den Inhalt der am 4. 6. 1957 zu Protokoll der Geschäftsstelle erklärten Revisionsbegründung übernahm". – Die Verfassungsbeschwerde hatte Erfolg.

Gründe: ...
B.
I.
1. Soweit die Verfassungsbeschwerde 1 BvR 145/58 sich gegen das Revisionsurteil vom 3. 1. 1958 richtet, ist sie nicht etwa deshalb unzulässig, weil der Beschwerdeführer nach diesem Urteil die Möglichkeit hatte, Wiedereinsetzung in den vorigen Stand gegen die Versäumung der Revisionsbegründungsfrist zu beantragen. Zwar wird es im Hinblick auf die Subsidiarität der Verfassungsbeschwerde in der Regel geboten sein, von einem Beschwerdeführer, der durch Wiedereinsetzung in den vorigen Stand eine sachliche Prüfung seiner Beschwerde erreichen kann, zu verlangen, daß er diesen Weg beschreitet, ehe er Verfassungsbeschwerde einlegt. Im vorliegenden Fall hat aber das Oberlandesgericht den Wiedereinsetzungsantrag bereits verworfen.

2.
a) Der Strafsenat hat die von seinem Vorsitzenden eingeholte dienstliche Äußerung des Urkundsbeamten im Wege des Freibeweises verwertet und seiner Entscheidung zugrunde gelegt, ohne daß der Angeklagte Gelegenheit gehabt hätte, dazu Stellung zu nehmen. Darin liegt eine Verletzung des Grundsatzes des rechtlichen Gehörs (BVerfGE 7, 275 [278] [BVerfG Beschl. v. 13. 2. 1958 – 1 BvR 56/57; vgl. § 347 StPO erfolgreiche Rügen]; 9, 261

[267] [BVerfG Beschl. v. 14. 4. 1959 – 1 BvR 109/58; vgl. § 308 StPO erfolgreiche Rügen]].
Allerdings wurde – anders als in den diesen Entscheidungen zugrunde liegenden Fällen – über die Revision des Beschwerdeführers nicht durch Beschluß, sondern durch Urteil entschieden. In der Hauptverhandlung war der Beschwerdeführer jedoch trotz Terminsnachricht nicht zugegen und konnte es auch nicht sein, denn er saß in Strafhaft, hatte daher keinen Anspruch auf Anwesenheit (§ 350 Abs. 2 Satz 2 StPO); er war auch nicht vertreten, denn er hatte keinen Wahlverteidiger, und sein Antrag, ihm einen Pflichtverteidiger beizuordnen, war vom Landgericht abgelehnt worden. Unter diesen Umständen stellt die bloße Möglichkeit, daß der Beschwerdeführer in der Hauptverhandlung vor dem Revisionsgericht sich vertreten ließ, keine ausreichende Gewährung des rechtlichen Gehörs dar. Vielmehr hätte das Revisionsgericht ihm von der dienstlichen Äußerung des Urkundsbeamten, von der er nichts wissen konnte, Kenntnis geben müssen, ehe es sie zu seinem Nachteil verwertete. Entsprechendes würde von der Verwertung der dem Protokoll vom 4. 6. 1957 angefügten Bemerkung des Urkundsbeamten gelten, sofern sie in Abwesenheit des Beschwerdeführers und ohne sein Wissen angebracht wurde, wie er behauptet.

b) Das angefochtene Urteil beruht auch auf der Verletzung des Art. 103 Abs. 1 GG.

Im Gegensatz zur Revision selbst muß die Rechtfertigung der Revision (Revisionsbegründung) des Angeklagten von dem Verteidiger oder einem Rechtsanwalt eingelegt oder zu Protokoll der Geschäftsstelle erklärt werden. Die Rechtsprechung hat diese Vorschrift von jeher dahin ausgelegt, daß die Beteiligung des Urkundsbeamten der Geschäftsstelle nicht nur in einer formellen Beurkundung des von dem Angeklagten Vorgebrachten bestehen darf, sondern daß der Beamte an der Anfertigung der Revisionsbegründung sich gestaltend beteiligen und die Verantwortung für ihren Inhalt übernehmen muß, andernfalls ist die Form der Revisionsbegründung nicht beachtet und die Revision deswegen unzulässig. Diese Auslegung, die freilich an die Sorgfalt und Rechtskenntnisse des Urkundsbeamten erhebliche Anforderungen stellt, kann verfassungsrechtlich nicht beanstandet werden, insbesondere verletzt sie das Recht des Angeklagten auf Gehör (Art. 103 Abs. 1 GG) nicht. Allerdings geht die Prüfungsbefugnis des Urkundsbeamten nicht so weit, daß wesentliche Teile des von dem Angeklagten beabsichtigten Vortrags überhaupt nicht aufgenommen werden, sonst entschiede über die Zulässigkeit eines Revisionsangriffs nicht das Revisionsgericht, sondern der Urkundsbeamte eines unteren Gerichts. Dieser ist also an den Wortlaut und die Form des zur Begründung der Revision Vorgebrachten nicht gebunden, wohl aber an dessen sachlichen Kern; er hat den Angeklagten über die richtige Art der Revisionsbegründung zu belehren und auf formgemäße Abfassung hinzuwirken. Bleibt dies erfolglos, so kann der Urkundsbeamte nichts anderes tun, als die Verantwortung abzulehnen.

Wäre diese Ablehnung wirksam, ohne daß sie nach außen in Erscheinung zu treten brauchte, so hätte eine Anhörung des Beschwerdeführers zu der dienstlichen Äußerung schwerlich das Ergebnis der Revision beeinflussen können. Die Rechtsprechung hält zwar eine ausdrückliche Erklärung des Urkundsbeamten, er lehne die Verantwortung ab, nicht für notwendig, fordert aber, daß die Ablehnung wenigstens aus seinem Verhalten geschlossen werden kann. Davon ging erkennbar auch das Oberlandesgericht aus, indem es auf das frühere Verhalten des Urkundsbeamten abstellte und hierüber Beweis erhob. Kam es aber darauf an, so mußte dem Beschwerdeführer Gelegenheit gegeben werden, zu der dienstlichen Äußerung Stellung zu nehmen. Es ist nicht ausgeschlossen, daß eine solche Stellungnahme zu der dem Beschwerdeführer unbekannten Äußerung des Justizinspektors V. ... den Strafsenat zu einer anderen Würdigung der Zulässigkeit der Revisionsbegründung veranlaßt hätte.

Das Revisionsurteil beruht somit auf der Verletzung des rechtlichen Gehörs; es muß daher aufgehoben werden (§ 95 Abs. 2 BVerfGG).

Da das Revisionsurteil aufgehoben wird, muß über die Revision neu entschieden werden; vorher ist für eine Verfassungsbeschwerde gegen das Berufungsurteil kein Raum.

II.
Die Aufhebung des Revisionsurteils entzieht dem Wiedereinsetzungsverfahren vor dem Oberlandesgericht die Grundlage. Daher muß auch der Beschluß vom 24. Juli 1958 mit aufgehoben werden, die hiergegen gerichtete Verfassungsbeschwerde 1 BvR 746/5 8 ist gegenstandslos. Allerdings wäre auch sie begründet gewesen, denn auch hier hat das Oberlandesgericht im Wege des Freibeweises eine vom Generalstaatsanwalt erhobene dienstliche Äußerung des Urkundsbeamten seiner Entscheidung zugrunde gelegt, ohne vorher dem Beschwerdeführer Gelegenheit zur Stellungnahme zu geben. Der Beschluß vom 24. 7. 1958 beruhte auf dieser Verletzung des rechtlichen Gehörs; daß der Beschwerdeführer zu der Frage, ob ihm die Ablehnung der Verantwortung seitens des Justizinspektors V. ... bekannt oder auch nur erkennbar war, Sachdienliches hätte vorbringen können, liegt auf der Hand. Zudem ist es wenig wahrscheinlich, daß der Beschwerdeführer auf der Aufnahme seiner Revisionsbegründung bestanden hätte, wenn er gewußt hätte oder darüber belehrt worden wäre, daß sein Rechtsmittel hierdurch unzulässig werde. Schon im Hinblick hierauf hätte das Oberlandesgericht nicht unterlassen dürfen, ihn zum Ergebnis seiner Ermittlungen zu hören.

10. Der Unterschrift unter die Revisionsbegründung muß ein Mindestmaß an Ähnlichkeit mit Buchstabenschrift erhalten geblieben sein, daß ein Dritter, der den Namen des Unterzeichnenden kennt, diesen Namen aus dem Schriftbild noch herauslesen kann, der Unterzeichnende also erkennbar bleibt.

StPO § 345 – BGH Urt. v. 7. 1. 1959 – 2 StR 550/58 LG Bremen (= BGHSt. 12, 317)

Die Revision rügt die Verletzung materiellen Rechts.

Sachverhalt: Die Schriftsätze, mit denen der Verteidiger die Revision eingelegt sowie die Revisionsanträge angebracht und das Rechtsmittel begründet hat, sind von ihm mit einem Schriftgebilde unterzeichnet worden, das weder einzelne Buchstaben klar erkennen läßt noch als Ganzes lesbar ist und aus mehreren zusammenhängenden, teils waagerecht, teils senkrecht verlaufenden Bögen und Linien verschiedener Größe besteht. Der Vergleich mit anderen in den Akten befindlichen Schriftstücken zeigt, daß der Verteidiger auch sonst mit diesem Schriftzug zu unterzeichnen pflegt.

Der Generalbundesanwalt vertritt die Auffassung, daß die Unterschrift zwar nicht lesbar sein müsse, daß jedoch gebräuchliche Schriftzeichen erforderlich seien. Er hält diese Voraussetzungen hier nicht für gegeben und beantragt daher, die Revision als unzulässig zu verwerfen. – Das Rechtsmittel war zulässig.

Gründe: Aus solcher Art zu unterschreiben erheben sich für die Einlegung der Revision keine Bedenken. Für sie verlangt § 341 Abs. 1 StPO nur, daß sie schriftlich zu geschehen hat. Die Schriftform ist bereits dann gewahrt, wenn aus dem Schriftstück in irgendeiner, jeden Zweifel ausschließenden Weise, ersichtlich ist, von wem es herrührt (BGHSt. 2, 77, 78). Das steht hier außer Frage. Eine Unterschrift gehört nicht zum Begriff der Schriftform. Anders verhält es sich mit der Revisionsbegründung. Für sie genügt Schriftform nicht. Vielmehr ist, sofern sie nicht zu Protokoll der Geschäftsstelle erklärt wird, eine von dem Verteidiger „unterzeichnete" Begründungsschrift erforderlich (§ 345 Abs. 2 StPO). Hierzu verlangte das Reichsgericht in ständiger Rechtsprechung, daß der Verteidiger oder ein Rechtsanwalt die Revisionsbegründung eigenhändig durch entsprechende Schriftzeichen mit seinem vollen bürgerlichen Namen unterschreibt (RGSt 37, 81; 69, 137). Es hat aber nicht näher ausgeführt, wie die Schrift beschaffen, insbesondere ob sie lesbar sein muß; allerdings hat es einmal eine „Unterschrift", deren Zeichen seiner Ansicht nach schlechthin keine Schriftzeichen waren und keinen Namen erkennen ließen, nicht anerkannt (RG JW 1929, 52 Nr. 20). ...

Das Gesetz enthält keine Bestimmungen über die Ausführung der Unterschrift. Es ist auch nichts daraus herzuleiten, daß es in einzelnen Vorschriften, so in den §§ 188 Abs. 1, 271 Abs. 1, 275 Abs. 2 StPO eine Unterschrift verlangt, an anderen Stellen, so in den §§ 172 Abs. 3, 345 Abs. 2, 366 Abs. 2, 390 Abs. 2 StPO, dagegen eine Unterzeichnung. Die Auslegung ergibt sich aber aus dem Sprachgebrauch und dem Gesetzeszweck; sie führt zu bestimmten Mindestanforderungen, die an eine Unterzeichnung zu stellen sind.

Es kann sicher nicht genügen, daß der Unterzeichnende das von ihm Geschriebene als Unterschrift gelten lassen will. Die Beurteilung darf nicht von seiner Absicht abhängig sein, da sonst auch auf Laune oder Gewohnheit beruhende willkürliche Zeichen als Unterschrift anerkannt werden müßten. Das wäre mit der Sicherheit im Rechtsverkehr nicht vereinbar.

Entscheidend ist vielmehr das äußere, sich dem Beschauer darbietende Schriftbild. Der Sprachgebrauch verbindet mit dem Begriff der Unterzeichnung ein Gebilde aus Buchstaben einer üblichen Schrift. Seine Lesbarkeit ist allerdings nicht zu verlangen. Eine solche Anforderung wäre überspannt und würde den tatsächlichen Verhältnissen und der Übung nicht gerecht, an die der Gesetzgeber bei seiner Formvorschrift anknüpft. Sie wird auch, soweit ersichtlich, nirgends mehr gestellt. Zudem wäre sie kein sicheres Unterscheidungsmerkmal, da das Urteil über die Lesbarkeit je nach der Person des Beurteilenden unterschiedlich ausfiele.

Da das Schriftbild nicht lesbar sein muß, schaden Undeutlichkeiten und sogar Verstümmelungen nicht. Die Mängel dürfen jedoch nicht so weit gehen, daß der „Schriftzug" nicht mehr als solcher angesprochen werden kann, weil seine Entstehung aus der ursprünglichen Schrift in Buchstaben nicht einmal andeutungsweise zu erkennen ist. Es muß ein Mindestmaß an Ähnlichkeit mit dieser Schrift in dem Sinne erhalten geblieben sein, daß ein Dritter, der den Namen des Unterzeichnenden kennt, diesen Namen aus dem Schriftbild noch herauslesen kann, der Unterzeichnende also erkennbar bleibt. Damit ist zugleich ein individueller Schriftzug gefordert, der charakteristische Merkmale aufweist, so daß eine Unterscheidungsmöglichkeit gegenüber anderen Unterschriften gewährleistet und eine Nachahmung, wenn auch nicht vollständig ausgeschlossen, so doch wesentlich erschwert ist. Nur so wird auch der Zweck der Formvorschrift erreicht: es soll mit weitgehender Sicherheit feststehen, wer die Verantwortung für die Revisionsrechtfertigung trägt (vgl. auch OLG Düsseldorf in NJW 1956, 923). Nach allem fehlt es an einer Unterzeichnung der Revisionsrechtfertigung, wenn das ursprüngliche Schriftbild aus Buchstaben in willkürliche Striche und Linien aufgelöst ist und der „Schriftzug" charakteristischer Merkmale entbehrt.

Die hier zu beurteilende Unterschrift ist ein Grenzfall. Die Zweifel, die der Generalbundesanwalt gegen die Zulässigkeit der Revision vorgetragen hat, sind nicht unbegründet. Die Unterschrift läßt aber, wenn auch sehr undeutlich, doch noch Schriftzeichen erkennen. Der Schriftzug ist auch charakteristisch; der unterzeichnende Verteidiger hat, wie aus den Akten ersichtlich, weitere Schriftstücke stets in derselben Weise unterschrieben. Die Unterzeichnung ermöglicht die Feststellung des Erklärenden. Der Senat erachtet deshalb die Unterschrift für genügend und damit die Revision für zulässig, obgleich nach seiner Ansicht eine so nachlässige Unterzeichnung der Bedeutung einer Revisionsbegründung nicht entspricht.

11. Die Stellung der Revisionsanträge und ihre Begründung durch Telegramm genügen der Vorschrift des § 345 II StPO.

StPO § 345 – BGH Beschl v. 11. 10. 1955 – 6 StR 289/54 LG München I (= BGHSt. 8, 174 = NJW 1955, 1846 = JZ 1956, 32)

Der Antragsteller beantragt die Entscheidung des Revisionsgerichts gegen einen Beschluß des erkennenden Gerichts, durch den die Revision als unzulässig verworfen worden ist, weil sie nicht persönlich unterzeichnet, sondern per Telegramm eingelegt worden war.

Sachverhalt: Durch Urteil des Landgerichts München I vom 8. 4. 1954 ist der Angeklagte wegen Vergehens nach § 92 StGB verurteilt worden. Nachdem sein Verteidiger, Rechtsanwalt Dr. B. aus N. hiergegen form- und fristgerecht Revision eingelegt hatte, ist diesem das Urteil am 29. 7. 1954 zugestellt worden.

Am 12. 8. 1954, dem letzten Tage der Revisionsbegründungsfrist, lief bei dem Landgericht ein Telegramm folgenden Inhalts ein:

„In Sachen S. .../G. ... wegen eines Vergehens nach Paragraph 92 Strafgesetzbuch, Aktenzeichen 1 KMs 8/54 legen wir Revision mit dem Antrage auf Aufhebung des Urteils des Landgerichts München vom 8. 4. 1954 ein. Gerügt wird die Verletzung materiellen Rechts – Rechtsanwalt Dr. B.".

Das Landgericht hat die Revision gemäß § 346 Abs. 1 StPO als unzulässig verworfen. Es sieht den Revisionsantrag und seine Begründung als nicht in rechter Form und Frist gestellt an, weil das Telegramm nach Mitteilung des Fernmeldeamtes Nürnberg fernmündlich aufgegeben und somit eine Urschrift des Telegramms nicht vorhanden sei.

Hiergegen hat der Verteidiger auf die Entscheidung des Revisionsgerichts angetragen, mit der Bitte, den Beschluß des Landgerichts aufzuheben. – Das Rechtsmittel hatte Erfolg.

Gründe: Diesem in zulässiger Weise gestellten Antrage ist stattzugeben.

Die Frage, ob die Stellung der Revisionsanträge und ihre Begründung durch Telegramm der Vorschrift des § 345 Abs. 2 StPO entsprechen, ist in der Rechtsprechung verschieden beantwortet worden. So hat das Reichsgericht sie zunächst verneint, weil keine mit der Unterschrift des Verteidigers versehene Schrift an das Gericht gelange (RGSt 1, 262). Diese Auffassung hat es später aufgegeben. In RGSt 10, 166 hat es die Benutzung eines Telegramms als dem Gesetze genügend bezeichnet, nachdem es zuvor die Einlegung der Revision auf telegraphischem Wege für zulässig erachtet hatte (RGSt 9, 38). Dabei hat es an eine Entscheidung der Vereinigten Strafsenate des Reichsgerichts vom 6. März 1883 (RGSt 8, 92 [97]) angeknüpft, in der zur Frage der Begehung einer Urkundenfälschung durch Telegramm ausgeführt ist, das im Text und in der Unterschrift mit der Aufgabedepesche übereinstimmende, am Ankunftsort ausgefertigte Telegramm müsse als eine Urkunde angesehen werden, die von dem Aufgeber selbst unter Benutzung des Telegraphen, also unter Benutzung von Naturkräften geschrieben und unterschrieben sei. Seitdem wird, soweit ersichtlich ist, in der Rechtsprechung nicht nur die Einlegung eines Rechtsmittels, sondern auch die Anbringung der Revisionsrechtfertigung durch Telegramm als wirksam erachtet. Allerdings hat das Bayerische Oberste Landesgericht in einem Urteil vom 19. 10. 1920 (BayObLGSt 20, 350) einschränkend hervorgehoben, das Begründungstelegramm müsse auch tatsächlich mit der Unterschrift des Verteidigers bei der Post aufgegeben worden sein. Diese Auffassung, auf die sich der angefochtene Beschluß ersichtlich stützt, wird unter Hinweis auf jene Entscheidung auch im Schrifttum weitgehend vertreten. Ihr kann jedoch nicht gefolgt werden.

Für die Frage der Wirksamkeit einer durch Telegramm eingelegten oder begründeten Revision ist, wie heute in Übereinstimmung mit der vom Reichsgericht ausgebildeten Rechtsprechung nahezu allgemein angenommen wird, die maßgebliche Urkunde nicht das Aufgabetelegramm, sondern allein das bei dem Gericht eingehende Ankunftstelegramm. Deshalb kann die Wirksamkeit der Revisionsrechtfertigung nicht davon abhängig sein, in welcher Weise, sei es durch Ausfüllung eines Telegrammformulars, sei es durch fernmündliche Durchsage an das Fernmeldeamt, der Verteidiger das Telegramm aufgegeben hat. Insbesondere kann auch dem Umstande keine entscheidende Bedeutung beigemessen werden, ob er das Aufgabetelegramm selbst geschrieben oder zumindest selbst unterzeichnet hat. Zwar kann nach § 345 Abs. 2 StPO der Angeklagte die Revisionsanträge und ihre Begründung außer zu Protokoll der Geschäftsstelle nur in einer von dem Verteidiger oder einem Rechtsanwalt unterzeichneten Schrift anbringen. Damit ist jedoch nicht vorgeschrieben, daß die Unterschrift von dem Verteidiger oder dem Rechtsanwalt eigenhändig vollzogen werden muß, wie dies gemäß § 2247 BGB für die Errichtung eines privatrechtlichen Testaments die notwendige Voraussetzung ist. Der Verteidiger kann sich vielmehr dazu, was in der Rechtsprechung auch für das Strafprozeßverfahren seit langem anerkannt ist (vgl. RGSt 66, 209 [212]), einer anderen Person bedienen. Darf er sich aber in der Unterzeichnung mit seinem Namen durch einen anderen vertreten lassen, so können keine Bedenken daraus hergeleitet werden, daß er den Wortlaut des Telegramms unter Benutzung des Fernsprechers diktiert und damit die das Telegramm aufnehmende Person ermächtigt, den Text zu schreiben und mit seinem Namen zu unterzeichnen. Von Bedeutung ist also nur, daß das Telegramm in seinem Inhalt den Erfordernissen des § 345 StPO entspricht, d.h. die Revisionsanträge und ihre Begründung enthält sowie die Unterschrift des Verteidigers oder eines Rechtsanwalts trägt und damit erkennen läßt, daß es von dem Verteidiger herrührt und er mit seiner Unterschrift die Verantwortung für den Inhalt übernimmt. Diesen Anforderungen entspricht im vorliegenden Falle die dem Landgericht innerhalb der Revisionsbegründungsfrist zugegangene Telegrammurkunde.

Keiner Beantwortung bedarf hier die in der Rechtsprechung und im Schrifttum noch streitige Frage, ob die Rechtsmittelfrist auch gewahrt ist, wenn der Inhalt des Telegramms dem Gericht durch die Postanstalt innerhalb der Frist fernmündlich zugesprochen wird, die Telegrammurkunde aber erst nach deren Ablauf bei Gericht eingeht.

12. Die strengere Vorschrift des § 345 II StPO, die eine unterzeichnete Schrift verlangt, gilt nur für die Revisionsrechtfertigung des Angeklagten und nicht für die Staatsanwaltschaft.

StPO § 345 – BGH Urt v. 18. 10. 1951 – 3 StR 513/51 LG Frankfurt/Main (= BGHSt. 2, 77)

Die Revision der Oberfinanzdirektion als Nebenklägerin rügt die Verletzung sachlichen Rechts.

Sachverhalt: Die Schriftstücke, mit denen die Nebenklägerin Revision eingelegt sowie die Revisionsanträge angebracht und das Rechtsmittel gerechtfertigt hat, sind dem Gericht nicht urschriftlich eingereicht worden. Sie sind nicht von dem zuständigen Beamten der Devisenüberwachungsstelle persönlich unterzeichnet, sondern enthalten nur den Vermerk „gez. Dr. H.", der unter Beifügung des Dienstsiegels von einem zuständigen Angestellten der Dienststelle beglaubigt ist. – Das Rechtsmittel hatte Erfolg.

Gründe: Die Schriftstücke genügen in dieser Form den Vorschriften der §§ 341 Abs. 1 und 345 Abs. 1 StPO, wonach die Einlegung der Revision sowie die Anbringung der Revisionsanträge und ihre Begründung schriftlich zu geschehen haben. Die strengere Vorschrift des § 345 Abs. 2 StPO, die eine unterzeichnete Schrift verlangt, gilt nur für die Revisionsrechtfertigung des Angeklagten. Das Reichsgericht hatte zwar in RGSt 57, 280 im Anschluß an RGSt 34, 137 entschieden, daß es zur Einlegung der Revision durch die Staatsanwaltschaft nicht genüge, wenn die Erklärung dem Gericht in beglaubigter Abschrift zugehe. Diese Entscheidung ist jedoch durch die spätere Rechtsprechung des Reichsgerichts überholt worden (vgl. RGSt 62, 53; 63, 246; 67, 387). Dort wird mit Recht betont, zum Begriff der Schriftlichkeit gehöre keine Unterzeichnung, es genüge vielmehr, wenn aus dem

Schriftstück in einer jeden Zweifel ausschließenden Weise ersichtlich sei, von wem das Schriftstück herrühre. Daß sich aber der Urheber der Erklärung nur durch deren Unterzeichnung mit seinem Namen als solcher zu erkennen gebe, läßt sich aus dem Wesen der Schriftlichkeit nicht herleiten. Da nicht nur ein Faksimileabdruck des Namenszuges (RGSt a.a.O.), sondern sogar das mit Maschine geschriebene Diktatzeichen des Rechtsanwalts genügt (RGSt 67, 385), so ist kein Grund ersichtlich, einer beglaubigten Abschrift, die im kontrollierten Geschäftsbereich der das Rechtsmittel einlegenden Behörde gefertigt wird, die Anerkennung im Sinne der §§ 341 Abs. 1 und 345 Abs. 1 StPO zu versagen. Nur wenn sich nach Art und Fassung des Schriftstückes oder aus sonstigen Gründen Zweifel an der Urheberschaft des zur Einlegung des Rechtsmittels zuständigen Beamten ergeben, ist eine andere Beurteilung möglich.

Die Revision der Nebenklägerin ist demgemäß zulässig.

Erfolglose Rügen

1. Auch die Zustellung eines unvollständigen Urteils ist wirksam und setzt die Revisionsbegründungsfrist in Lauf.

StPO § 345 – BGH Urt. v. 11. 11. 1998 – 5 StR 325/98 LG Bochum (NJW 1999, 800)

Die Revision rügt, das Urteil sei nicht wirksam zugestellt worden, weil darin ein Teil des Schuldspruchs weggelassen worden ist.

Sachverhalt: Das schriftliche Urteil gibt die Urteilsformel, wie sie sich aus dem Protokoll ergibt, insoweit unvollständig wieder, als darin ein Teil des Schuldspruchs – Steuerhinterziehung in fünf Fällen – weggelassen worden ist. – Das Rechtsmittel war erfolglos.

Gründe: Das schriftliche Urteil gibt die Urteilsformel, wie sie sich – im Einklang mit den Urteilsgründen – verbindlich (BGHSt. 34, 11 [12] [BGH Beschl. v. 2. 2. 1986 – 1 StR 643/85; vgl. § 268 StPO erfolglose Rügen]) aus dem Protokoll ergibt, insoweit unvollständig wieder, als darin ein Teil des Schuldspruchs – Steuerhinterziehung in fünf Fällen –versehentlich weggelassen worden ist. Insoweit stellt der Senat den Schuldspruch klar.

Die vom Landgericht vorgenommene Zustellung des derart unvollständigen Urteils war gleichwohl wirksam; sie hat mithin die Revisionsbegründungsfrist in Lauf gesetzt (§ 345 I 2 StPO); denn die maßgebliche Information über den Inhalt der Urteilsformel ergibt sich aus ihrer protokollierten Verkündung (§§ 268 II 1, 273 I, 274 StPO). Hätte im Einzelfall – anders als hier – ein Revisionsführer durch Zustellung eines Urteils mit unvollständiger Urteilsformel ein für die Revisionsbegründung maßgebliches Informationsdefizit erlitten, wäre dem durch Wiedereinsetzung in den vorigen Stand Rechnung zu tragen.

2. Revision unzulässig, wenn sich der Urkundsbeamte an der Anfertigung der Revisionsbegründung nicht gestaltend beteiligt und nicht die Verantwortung für ihren Inhalt übernimmt.

StPO § 345 – BGH Beschl. v. 21. 6. 1996 – 3 StR 88/96 LG Wuppertal (= NStZ-RR 1997, 8)

Der Antragsteller hat für den Fall, daß die von ihm zu Protokoll der Geschäftsstelle erhobenen Revisionsrügen nicht als formgerecht begründet erachtet werden, Wiedereinsetzung in den vorigen Stand zur Nachholung beantragt.

Sachverhalt: Der in Strafhaft befindliche Angeklagte hat, nachdem für ihn bereits 3 Verteidiger das Rechtsmittel der Revision eingelegt und mit formellen und materiellen Rügen frist- und formgerecht begründet hatten, am 26. 10. 1995 mit schriftlichem Antrag den zuständigen Rechtspfleger des AG Krefeld zur weiteren Revisionsbegründung angefordert.

Der Rechtspfleger, den die Anforderung erst am frühen Nachmittag des 27. 10. 1995 (Freitag) erreicht hatte, suchte den Angeklagten sogleich auf. Er mußte von der auf der Information einer seiner Verteidiger beruhenden Angabe des Angeklagten ausgehen, daß die Revisionsbegründungsfrist mit diesem Tage ablaufe. Dem Rechtspfleger, dem weder die Sachakten, noch eine Ausfertigung des angefochtenen Urteils, die der Angeklagte seinem Verteidiger zugesandt hatte, zur Verfügung standen, hat der Angeklagte einen mindestens 65 eng beschriebene Seiten umfassenden Protokollentwurf vorgelegt. Der Rechtspfleger hat in seiner dienstlichen Erklärung vom 21. 12. 1995 dazu ausgeführt, daß er diesen Entwurf lediglich auf völlig neben der Sache liegendes Vorbringen oder beleidigende Inhalte hin überprüft habe, daß er jedoch der „üblichen Prüfungs- und Belehrungspflicht" aus tatsächlichen Gründen nur eingeschränkt nachkommen konnte. Jede andere Form der Protokollierung wäre wegen der Kürze der noch zur Verfügung stehenden Zeit bis zum Fristablauf unmöglich gewesen. Darüber hinaus wären Änderungsvorschläge in der Wortwahl von vornherein aussichtslos gewesen, da der Angeklagte durch sein juristisches Halbwissen und seine damit verbundene Unbelehrbarkeit hinreichend bekannt gewesen sei. Da der Angeklagte auf der Aufnahme der Revisionsbegründung in der von ihm gewählten Formulierung bestanden habe, habe er das Protokoll „eigenverantwortlich" übernommen. – Das Rechtsmittel war erfolglos.

Gründe:

I.
Die vom Angeklagten in der Form eines Protokolls persönlich gefertigte und vom Rechtspfleger – abgesehen von unwesentlichen Änderungen – unterzeichnete Revisionsbegründung entspricht nicht den Erfordernissen einer ordnungsgemäßen Protokollierung gem. § 345 II StPO und ist damit unzulässig erhoben. Die Rechtsprechung hat die Vorschrift des § 345 II StPO seit jeher dahin ausgelegt, daß sich die Beteiligung des Urkundsbeamten nicht nur in einer formellen Beurkundung des von dem Angeklagten Vorgebrachten erschöpfen darf, sondern daß der Urkundsbeamte an der Anfertigung der Revisionsbegründung sich gestaltend beteiligen und die Verantwortung für ihren Inhalt übernehmen muß, damit die Formvorschriften für die Revisionsbegründung beachtet werden und die Revision nicht unzulässig wird. Hierzu hat er den Angeklagten über die richtige Art der Revisionsbegründung zu belehren und auf eine formgerechte Abfassung hinzuwirken. Dadurch sollen einerseits die Interessen des Angeklagten auf eine formgerechte und zulässige Revisionsbegründung gewahrt werden und andererseits dem Revisionsgericht die Prüfung grundloser und unverständlicher Anträge erspart werden (vgl. RGSt 64, 63 [65]; BVerfG, NJW 1960, 427 [428]). Danach wird eine Revisionsbegründung regelmäßig als unzulässig erachtet, wenn sich der Urkundsbeamte den Inhalt des Protokolls vom Angeklagten diktieren läßt, wenn er sich darauf beschränkt, einen vom Angeklagten überreichten Schriftsatz abzuschreiben oder wenn er einen Schriftsatz des Angeklagten lediglich mit den üblichen Eingangs- und Schlußformeln eines Protokolls umkleidet.

Nach diesen Maßstäben liegt eine zulässige Revisionsbegründung nach § 345 II StPO nicht vor. Auch unter Zugrundelegung der ergänzenden Angaben des Angeklagten hat der Rechtspfleger bei 61 von 63 protokollierten Revisionsrügen den vom Angeklagten fertiggeschriebenen Text unverändert übernommen, bei einer Revisionsrüge lediglich 2 Sätze abgeändert und bei einer weiteren Revisionsrüge von 2 vorbereiteten Alternativen eine – „ohne Beleidigung" – ausgewählt. Unter den hier gegebenen besonderen Umständen eines umfangreichen Urteils von 100 Seiten, eines Protokolls über eine Hauptverhandlung von 20 Tagen und einer außerordentlichen Vielzahl von ursprünglich 72 ausführlich begründeten Revisionsrügen konnte die vom Rechtspfleger ohne Vorbereitung und ohne Kenntnis von Urteil, Sachakten und Protokoll in der kurzen Zeit vorgenommene „Prüfung" dem Zweck des § 345 II StPO nicht gerecht werden. Ob insbesondere die Verfahrensrügen der Form des § 344 II 2 StPO entsprechen und die den Mangel enthaltenden Tatsachen vollständig angegeben sind, war auf diese Weise nicht überprüfbar. Unter diesen Umständen fehlt es der „eigenverantwortlichen Übernahme", die der Rechtspfleger in seiner nachträglichen Erklärung vom 21. 12. 1995 zum Ausdruck gebracht hat, an einer ausreichenden Grundlage.

II.

Das Wiedereinsetzungsgesuch zur Nachholung einer formgerechten Begründung hat keinen Erfolg. Der Angeklagte hat keine Frist versäumt, sondern lediglich – nach 3 durch Verteidiger form- und fristgerecht abgebebenen Revisionsbegründungen – weitere Verfahrensrügen innerhalb der Frist nicht formgerecht angebracht. Das berechtigt grundsätzlich nicht dazu, Wiedereinsetzung zu verlangen (St. Rspr.; BGHR StGB § 44 Verfahrensrüge 4 [BGH Beschl. v. 12. 4. 1989 – 4 StR 71/89; vgl. 44 StPO erfolglose Rügen], 5 [BGH Beschl. v. 16. 2. 1990 – 4 StR 663/89; vgl. 44 StPO erfolglose Rügen], 7).

Der BGH hat von diesem Grundsatz Ausnahmen zugelassen, wenn etwa Akteneinsicht nicht rechtzeitig gewährt oder der Rechtspfleger bei der Protokollierung der Revisionsbegründung den Mangel verschuldet hat (BGHR StPO § 44 Verfahrensrüge 6). Ein solcher Ausnahmefall liegt hier nicht vor, da den Rechtspfleger an der Mangelhaftigkeit der Protokollierung kein Verschulden trifft. (Wird ausgeführt.)

3. Das Recht des Revisionsführers, die Revision zu Protokoll der Geschäftsstelle zu erklären, kann nur innerhalb der normalen Dienststunden bestehen.

StPO § 345 – BGH Beschl. v. 6. 3. 1996 – 2 StR 683/95 LG Trier (= NStZ 1996, 353)

Der Antragsteller beantragt Wiedereinsetzung in den vorigen Stand zur Nachholung der Begründung einzelner Verfahrensrügen mit der Begründung, der Rechtspfleger habe sich nicht genug Zeit dafür genommen.

Sachverhalt: Neben der auf die allgemeine Sachrüge gestützte Revisionsbegründung seines Pflichtverteidigers hat der Angeklagte in einer am 7., 8., 9., 10., 15., 16., 17., 21., 22., 23., 24. und 28. 8. 1995 vom Rechtspfleger des Landgerichts protokollierten umfangreichen Erklärung die Revision mit der Sachrüge und zahlreichen Verfahrensrügen selbst begründet.

Der Angeklagte hat am letzten Tag der Frist im Anhang zum Rechtspflegerprotokoll vom 28. 8. 1995 Wiedereinsetzung in den vorigen Stand gegen die Versäumung der Revisionsbegründungsfrist beantragt und dazu im wesentlichen ausgeführt, ihm sei nicht ausreichend Gelegenheit gegeben worden, seine Revisionsbegründung vollständig zu Protokoll zu erklären. – Das Rechtsmittel war erfolglos.

Gründe: Daß Verfahrensrügen, die innerhalb der Frist nicht erhoben worden sind, grundsätzlich nicht nachgeholt werden können, liegt in der Natur der Fristvorschrift. Nach ständiger Rechtsprechung des BGH kann das Institut der Wiedereinsetzung in den vorigen Stand gegen die Versäumung der Revisionsbegründungsfrist nicht dazu dienen, die Form- und Fristgebundenheit der Revisionsbegründung zu unterlaufen (BGHR StPO § 44 Verfahrensrüge 1, 3 [BGH Beschl. v. 1. 11. 1988 – 5 StR 488/88; vgl. 44 StPO erfolglose Rügen], 4 [BGH Beschl. v. 12. 4. 1989 – 4 StR 71/89; vgl. 44 StPO erfolglose Rügen], 6). Eine besondere Verfahrenslage, bei der von diesem Grundsatz abgesehen werden kann, ist nicht schon darin zu sehen, daß der Rechtspfleger am letzten Tag der Frist um 16.34 Uhr sich geweigert hat, weitere 100 Seiten umfassende Ausführungen des Angeklagten zu überarbeiten und zu Protokoll zu nehmen. Das Recht des Revisionsführers, die Revision zu Protokoll der Geschäftsstelle zu erklären, kann nur innerhalb der normalen Dienststunden bestehen. Ein amtliches Verschulden, das den Angeklagten gehindert hat, seine Rügen innerhalb der Revisionsbegründungsfrist vollständig anzubringen, ist aber auch nicht deshalb gegeben, weil der Rechtspfleger nicht von Beginn der Frist an und nicht während seiner gesamten Arbeitszeit dem Angeklagten zur Verfügung gestanden hat. Die den Form-

und Fristvorschriften zugrundeliegende Abwägung zwischen dem Interesse der Allgemeinheit an der Gewährleistung einer funktionstüchtigen Rechtspflege und den Interessen des Revisionsführers, umfassend vorzutragen, kann auch hier nicht außer Betracht bleiben. Sie muß den begrenzten personellen Möglichkeiten der Justiz Rechnung tragen. Bei Berücksichtigung des Umfangs der Sache, die zwei überschaubare Sachverhaltskomplexe umfaßte und 25 Verhandlungstage in Anspruch nahm, war die dem Angeklagten gewährte Möglichkeit, an 12 Tagen jeweils zirka 2 1/2 Stunden eine Revisionsbegründung von mehr als 700 Seiten zu Protokoll zu erklären, ausreichend. Die Protokollaufnahme ist auch innerhalb angemessener Frist begonnen worden. Nach Zustellung des Urteils am 26. 7. 1995 ist der Angeklagte am 2. und 3. 8. vom Rechtspfleger aufgesucht worden, um die Revisionsbegründung zu besprechen.

Für weitere Ausführungen zur Sachrüge ist eine Wiedereinsetzung schon deshalb nicht erforderlich, weil der Senat auf die ordnungsgemäß erhobene Sachrüge hin verpflichtet ist, das Urteil unter jedem Gesichtspunkt auf eine Verletzung des materiellen Rechts zu prüfen (BGH Beschl. v. 9. 8. 1995 – 1 StR 59/95). Im übrigen läßt sich dem Vorbringen des Angeklagten insgesamt entnehmen, daß es ihm wesentlich um eine andere – im Revisionsverfahren nicht mögliche – Würdigung des Beweisergebnisses geht. ...

4. Ein nachträglich vom Pflichtverteidiger ausgestelltes Empfangsbekenntnis wirkt auf den Zeitpunkt des Empfangs des Urteils zurück.

StPO § 345 I – BGH Beschl. v. 15. 11. 1995 – 3 StR 353/95 LG Mönchengladbach (= NStZ 1996, 149)

Der Antragsteller beantragt Wiedereinsetzung in den vorigen Stand mit der Begründung, er habe seinem bisherigen Verteidiger das Mandat aufgekündigt und Rechtsanwalt Kr. mit der Begründung der Revision beauftragt. Infolge einer mißverständlichen Erklärung seiner Mutter, die er als Botin eingesetzt habe, gegenüber seinem Wahlverteidiger sei dieser Auftrag nicht erledigt worden.

Sachverhalt: Das Landgericht hat den Angeklagten am 2. 2. 1995 wegen Totschlags zu einer Jugendstrafe verurteilt. Auf die Einlegung eines „Rechtsmittels" am 3. 2. 1995 durch den Pflichtverteidiger K. wurde das Urteil diesem zugestellt. Das Empfangsbekenntnis wurde am 16. 3. 1995 durch den Sozius des Pflichtverteidigers vollzogen. Unter dem 19. 7. 1995 hat der Pflichtverteidiger selbst ein Empfangsbekenntnis zu den Akten gereicht, ausweislich dessen er das Urteil am 16. 3. 1995 erhalten hat.

Mit Schreiben vom 22. 5. 1995 zeigte Rechtsanwalt Kr. an, daß er „nunmehr den Angeklagten vertrete" und fügte eine auf den 11. 4. 1995 datierte Vollmacht bei. Zugleich beantragte er für den Angeklagten die Wiedereinsetzung in den vorigen Stand gegen die Frist zur Begründung der Revision und erhob die Sachrüge. Zur Begründung seines Wiedereinsetzungsantrags trug der Angeklagte vor, er habe seinem bisherigen Verteidiger das Mandat aufgekündigt und Rechtsanwalt Kr. mit der Begründung der Revision beauftragt. Infolge einer mißverständlichen Erklärung seiner Mutter, die er als Botin eingesetzt habe, gegenüber seinem Wahlverteidiger sei dieser Auftrag nicht erledigt worden. Die Richtigkeit „dieses Sachverhalts" versicherte der Wahlverteidiger an Eides statt. Der Antrag wurde als unzulässig verworfen. – Das Rechtsmittel war erfolglos.

Gründe: Der GBA hat in seiner dem Wahlverteidiger zur Kenntnis gebrachten Antragsschrift ausgeführt:

„a) Der Antrag auf Wiedereinsetzung in den vorigen Stand gegen die Versäumung der Frist zur Begründung der Revision ist unzulässig.

Er ist zwar statthaft, weil der Angeklagte die vorbezeichnete Frist versäumt hat. Denn das nachträglich vom Pflichtverteidiger ausgestellte Empfangsbekenntnis wirkt auf den Zeitpunkt des Empfangs des Urteils vom 16. 3. 1995 zurück. Daß es erst nach Eingang der Revisionsbegründung und nach Ablauf der Frist des § 345 I StPO ausgestellt worden ist, steht seiner Wirksamkeit nicht entgegen (vgl. BGH MDR 1961, 759).

Die Unzulässigkeit des Antrags folgt jedoch daraus, daß der Beschwerdeführer nicht mitteilt, wann der Grund weggefallen ist, der ihn an der rechtzeitigen Begründung der Revision gehindert hat. Diese Angabe ist Voraussetzung für die Zulässigkeit des Antrags; nach Ablauf der Wochenfrist des § 45 I 1 StPO kann sie nicht mehr nachgeholt werden. Darüber hinaus läßt der Antrag einen schlüssigen Vortrag der Tatsachen vermissen, die ein Verschulden des Angeklagten an der Versäumung der Frist ausschließen könnten. Der Angeklagte trägt nicht vor, wann er den Wahlverteidiger mit der Begründung der Revision beauftragt hat, ob und auf welche Weise dieser Auftrag ihm gegenüber angenommen worden ist und welche Vorkehrungen getroffen wurden, um eine rechtzeitige Begründung der Revision sicherzustellen. Im Blick auf den Umstand, daß der Wahlverteidiger über 1 Monat zuwartete, die Revisionsbegründungsfrist mithin ersichtlich bewußt verstreichen ließ, versteht es sich nicht von selbst, daß ein bindender Auftrag zustande gekommen ist. Ergänzend ist darauf hinzuweisen, daß die Versicherung des Anwalts als Mittel der Glaubhaftmachung nur insoweit ausreicht, als sie sich auf Gegenstände erstreckt, zu denen der Anwalt aus eigenem Wissen bekunden kann. Gespräche zwischen dem Angeklagten und seiner Mutter gehören hierzu nicht.

5. Der Pflichtverteidiger kann seine Befugnisse nicht wirksam durch Untervollmacht übertragen.

StPO § 345 – BGH Beschl. v. 17. 5. 1995 – 3 StR 45/95 (= NStZ 1996, 21)

Das Revisionsvorbringen ist nicht bekannt.

Sachverhalt: Die Revisionsbegründung wurde nicht vom Pflichtverteidiger, sondern für diesen von seinem Sozius unterschrieben. – Das Rechtsmittel war erfolglos.

Gründe: ...

2. Die Revision ist unzulässig, weil der zu ihrer Begründung innerhalb der Frist des § 345 Abs. 1 StPO eingereichte Schriftsatz nicht von dem Pflichtverteidiger Rechtsanwalt F., sondern für diesen von seinem Sozius Rechtsanwalt Ka. unterschrieben worden ist. Der Pflichtverteidiger kann seine Befugnisse nicht wirksam durch Untervollmacht übertragen (Senatsbeschl. v. 23. 3. 1993 – 3 StR 106/93; BGH StV 1982, 213 [BGH Beschl. v. 9. 2. 1982 – 1 StR 815/81; vgl. § 345 StPO erfolglose Rügen]). Eine andere Beurteilung der Rechtslage ergibt sich nicht daraus, daß die ursprünglich vom Angeklagten erteilte Vollmacht sich auch auf Rechtsanwalt Ka. erstreckt hatte. Selbst ein Fortbestehen dieser Vollmacht unterstellt, wäre eine solche ohne Bedeutung, weil Rechtsanwalt Ka. von dieser gerade keinen Gebrauch machen wollte, sondern ausdrücklich in Vertretung des Pflichtverteidigers gehandelt hat (BGH StV 1981, 393 [BGH Beschl. v. 11. 6. 1981 – 1 StR 303/81; vgl. § 345 StPO erfolglose Rügen]).

6. Die Erklärung, daß der Rechtsmittelführer von der ursprünglich eingelegten Berufung zur (Sprung-)Revision übergehe, und die Revisionsbegründung müssen bei dem Amtsgericht angebracht werden, das die angegriffene Entscheidung erlassen hat.

StPO § 345 I – BGH Beschl. v. 25. 1. 1995 – 2 StR 456/94 OLG Köln (= BGHSt. 40, 395 = NJW 1995, 2367)

Die Sprung-Revision wurde innerhalb der Revisionsbegründungsfrist mit Schriftsatz an das Landgericht eingelegt und begründet, nachdem der Rechtsmittelführer zunächst Berufung gegen ein amtsgerichtliches Urteil eingelegt hatte.

Sachverhalt: Das Amtsgericht hat den Angeklagten durch Urteil vom 18. 1. 1994 zu einer Geldstrafe verurteilt. Hiergegen hat der Verteidiger des Angeklagten mit einem am 19. 1. 1994 bei Gericht eingegangenen Schriftsatz Berufung eingelegt und diese zugleich begründet. Daraufhin hat das Amtsgericht die Akten über die Staatsanwaltschaft dem Landgericht vorgelegt, wo sie am 24. 2. 1994 eingegangen sind. Nach der am 9. 2. 1994 erfolgten Zustellung des Urteils hat der Verteidiger mit einem an das „Landgericht – 6. Strafkammer –" gerichteten und am 9. 3. 1994 dort eingegangenen Schriftsatz erklärt, das Rechtsmittel als Revision durchführen zu wollen. Zugleich hat er die Verletzung formellen und materiellen Rechts gerügt. Das Landgericht hat die Akten über die Staatsanwaltschaft dem Oberlandesgericht vorgelegt, ohne daß sie zuvor noch einmal zum Amtsgericht gelangt wären.

Das Oberlandesgericht hält sich zur Entscheidung nicht für berufen. Es ist der Auffassung, das Rechtsmittel des Angeklagten müsse, entsprechend seiner ursprünglichen Bezeichnung, als Berufung durchgeführt werden, da der Übergang von der gegen das amtsgerichtliche Urteil rechtzeitig eingelegten Berufung zur Revision nicht wirksam erklärt worden sei. Zwar sei auch nach Berufungseinlegung – innerhalb der Revisionsbegründungsfrist – der Übergang zur Revision zulässig, die Ausübung des Wahlrechts sei jedoch gegenüber dem Amtsgericht zu erklären. Ebenso wie das Rechtsmittel selbst bei dem Gericht eingelegt werden müsse, dessen Urteil angefochten wird, sei auch die Bezeichnung dieses Rechtsmittels als Berufung oder Revision dem Ausgangsgericht gegenüber vorzunehmen. Das Oberlandesgericht möchte die Sache daher in entsprechender Anwendung von § 348 StPO an das Landgericht abgeben.

An der beabsichtigten Sachbehandlung sieht sich das Oberlandesgericht durch den Beschluß des Pfälzischen Oberlandesgerichts Zweibrücken vom 7. 1. 1994 (NStZ 1994, 203) gehindert. Dieses vertritt die Auffassung, daß der Übergang von der Berufung zur Revision „jedenfalls auch" beim Landgericht wirksam erklärt werden könne, wenn das Verfahren dort nach Übersendung der Akten gemäß § 321 StPO anhängig sei.

Das Oberlandesgericht Köln hat die Sache deshalb gemäß § 121 Abs. 2 GVG dem Bundesgerichtshof zur Entscheidung folgender Rechtsfrage vorgelegt (NStZ 1994, 557): „Kann der Rechtsmittelführer die Erklärung, daß er von der ursprünglich eingelegten Berufung gegen ein amtsgerichtliches Urteil zur (Sprung-)Revision übergehe, ebenso wie die Revisionsbegründung fristwahrend nur beim Amtsgericht anbringen oder dürfen Übergangserklärung und Revisionsbegründung wirksam auch beim Landgericht eingereicht werden, wenn das Verfahren dort gemäß § 321 StPO bereits anhängig ist?" – Das Rechtsmittel war erfolglos.

Gründe: ...

II.

Die Voraussetzungen für eine Vorlegung nach § 121 Abs. 2 GVG sind gegeben. [Wird ausgeführt ...].

III.

In der Sache selbst tritt der Senat der Rechtsauffassung des vorlegenden Oberlandesgerichts, die auch von der Literatur überwiegend geteilt wird.

Gemäß § 341 Abs. 1 StPO hat die Revisionseinlegung bei dem Gericht zu erfolgen, dessen Urteil angefochten wird; bei diesem Gericht ist auch die Revisionsbegründung anzubringen (§ 345 Abs. 1 StPO). Abweichungen sind nur in wenigen Ausnahmefällen zugelassen, so bei Verbindung der Rechtsmittelerklärung mit einem Wiedereinsetzungsgesuch (§ 45 Abs. 1 Satz 2 StPO), bei Urteilen auswärtiger Zweigstellen oder auswärtiger Strafkammern sowie für nicht auf freiem Fuß befindliche Angeklagte (§ 299 StPO).

Einen weiteren Ausnahmefall für den von der Rechtsprechung gebilligten Übergang von der Berufung zur Revision zuzulassen, besteht keine verfahrensrechtliche Grundlage.

1. Wenn ein Urteil sowohl mit der Berufung als auch mit der (Sprung-)Revision angefochten werden kann (§ 335 StPO), ist der Übergang vom Rechtsmittel der Berufung zum Rechtsmittel der Revision grundsätzlich auch dann noch zulässig, wenn der Rechtsmittelführer sein Rechtsmittel bereits ausdrücklich als Berufung bezeichnet hat, vorausgesetzt, die für den Übergang erforderliche Erklärung erfolgt innerhalb der Revisionsbegründungsfrist des § 345 Abs. 1 StPO (BGHSt. 5, 338 f. [BGH Beschl. v. 20. 11. 1953 – 1 StR 279/53; vgl. § 335 StPO erfolgreiche Rügen]; 13, 388 [BGH Beschl. v. 15. 1. 1960 – 1 StR 627/59; vgl. § 312 StPO erfolgreiche Rügen]; 17, 44 [BGH Urt. v. 22. 1. 1962 – 5 StR 442/61; vgl. § 312 StPO erfolgreiche Rügen]; 33, 183, 187 [BGH Beschl. v. 19. 4. 1985 – 2 StR 317/84; vgl. § 316 StPO erfolglose Rügen]). Die Erklärung des Übergangs ist eine Rechtsmitteleinlegung und wie diese zu behandeln (vgl. u.a. BayObLG MDR 1983, 1045, 1046). Sie ist ebenso wie die Revisionsbegründung grundsätzlich bei dem Gericht anzubringen, das das angegriffene Urteil erlassen hat.

2. In Fällen, in denen das Rechtsmittel als Berufung bezeichnet worden war, kann dies dazu führen, daß die Akten dem Berufungsgericht vorgelegt werden, bevor der Beschwerdeführer sein Wahlrecht verloren hat. Das Berufungsgericht ist dann zwar mit der Sache befaßt, damit ist aber keine die Zuständigkeit verändernde Sachlage eingetreten. Solange der Übergang zur Revision noch zulässig ist, handelt es sich allenfalls um eine bedingte und damit vorläufige Zuständigkeit des Berufungsgerichts, da das Rechtsmittel als unter dem Vorbehalt der endgültigen Bestimmung eingelegt anzusehen ist (BGHSt. 17, 44, 48; 25, 321, 324 [BGH Beschl. v. 19. 3. 1974 – 5 StR 12/74; vgl. § 55 JGG erfolgreiche Rügen]). Das Berufungsgericht kann, solange seine Zuständigkeit nicht festliegt, noch keine endgültigen Maßnahmen treffen. Terminsbestimmung, Zeugenladungen oder Ersuchen um kommissarische Vernehmung haben nur vorläufigen Charakter und stehen unter dem Vorbehalt des Widerrufs (weitergehend: OLG Frankfurt am Main NStZ 1991, 506).

3. Wenn ein Urteil eines Amtsgerichts angefochten wird, soll vielmehr nach der gesetzlichen Konzeption (§§ 319, 320, 346, 347 StPO) zunächst dieses Gericht die Ordnungsmäßigkeit der Rechtsmittel prüfen, sie gegebenenfalls als unzulässig verwerfen, andernfalls die Akten an das zuständige Gericht weiterleiten. Dabei hat es auch die Möglichkeit unterschiedlicher Rechtsmittel der Verfahrensbeteiligten (Angeklagter, Staatsanwaltschaft und Nebenkläger) zu beachten. Für den Angeklagten bleibt die Möglichkeit gegeben, zu Protokoll der Geschäftsstelle des Amtsgerichts (§ 345 Abs. 2 StPO) oder beim Amtsgericht des Verwahrungsortes (§ 299 StPO) Rechtsmittelerklärungen abzugeben, die, wenn sie sich nicht mit denen seines Verteidigers decken, Vorrang haben.

4. Schon daraus folgt, daß die dem Gesetzeswortlaut entsprechende Zuständigkeit des Amtsgerichts nicht preisgegeben werden könnte. Für die Annahme einer daneben bestehenden Empfangszuständigkeit des Landgerichts aber ist dann kein Raum.

Sie wäre für die Verfahrensbeteiligten kein Gewinn, da der Zeitpunkt des Eingangs der Akten beim Berufungsgericht oft von Zufällen abhängt. Die wenigen Fälle, in denen ein Verfahrensbeteiligter sichere Kenntnis davon hat, daß die Akten dem Berufungsgericht vorliegen, rechtfertigen ein Beiseiteschieben des Gesetzeswortlauts nicht, da anderen Verfahrensbeteiligten diese Kenntnis fehlen kann.

Vielmehr kommt dem Gesichtspunkt der Rechtssicherheit ausschlaggebende Bedeutung zu. Dieser Grundsatz wirkt sich im Bereich des Verfahrensrechts unter anderem auch im Postulat der Rechtsmittelklarheit aus. Dem Rechtsuchenden muß in klarer Abgrenzung der Weg zur Überprüfung gerichtlicher Entscheidungen gewiesen werden (vgl. BVerfGE 49, 148 f., 164; 4, 31, 37). Formvorschriften sind formale Ordnungsvorschriften, die der Rechtssicherheit dienen und deshalb eindeutig und klar verständlich sein müssen (für Fristvorschriften: BVerfGE 4, 31, 37; BGHSt. 36, 241, 242 [BGH Beschl. v. 30. 8. 1989 – 3 StR 195/89; vgl. § 43 StPO erfolgreiche Rügen]). Das muß insbesondere gelten, wenn dem Rechtsmittelführer kein Nachteil entstehen kann. Die Beachtung des Gesetzeswortlauts führt hier lediglich dazu, daß sein Rechtsmittel als Berufung behandelt wird (vgl. BGHSt. 33, 183, 189).

5. Der Senat beantwortet daher die Vorlegungsfrage wie aus der Entscheidungsformel ersichtlich. Die Entscheidung entspricht dem Antrag des Generalbundesanwalts.

7. Wirksame Urteilszustellung trotz Fehlens der Namen der mitwirkenden Schöffen in Urteilsschrift und Urteilsausfertigung.

StPO § 345 – BGH Beschl. v. 13. 8. 1993 – 2 StR 323/93 LG Wiesbaden (= NStZ 1994, 47)

Revisionsvorbringen und Sachverhalt sind nicht bekannt. – Das Rechtsmittel war erfolglos.

Gründe: Der Senat schließt sich auch hinsichtlich der Frage, ob das Urteil wirksam zugestellt wurde, der Ansicht des GBA an.

Zwar sind in der Urteilsschrift und in den Urteilsausfertigungen die Namen der mitwirkenden Schöffen entgegen der Vorschrift des § 275 III StPO nicht angegeben, jedoch werden die Rechte des Angeklagten, der mit seinem Verteidiger in der Hauptverhandlung und bei der Verkündung des Urteils zugegen war, dadurch nicht berührt (BGHR StPO § 345 I Fristbeginn 2 [BGH Urt. v. 12. 5. 1989 – 3 StR 24/89; vgl. § 275 StPO erfolglose Rügen]). Ob das Gericht ordnungsgemäß besetzt war und ob die Hauptverhandlung in ununterbrochener Gegenwart der zur Urteilsfindung berufenen Personen erfolgte (§ 226 StPO), wird ohnehin nicht durch das Urteilsrubrum, sondern durch das Hauptverhandlungsprotokoll bewiesen.

Soweit der Senat in früheren Entscheidungen zur Frage der Wirksamkeit der Zustellung eine andere Meinung vertreten hat (vgl. Beschl. v. 18. 7. 1985 – 2 StR 210/85; v. 25. 10. 1978 – 2 StR 342/78) hält er hieran nicht mehr fest.

8. Nebenkläger kann Revisionsanträge und ihre Begründung nicht zu Protokoll der Geschäftsstelle erklären, sondern nur mittels einer von einem Rechtsanwalt unterzeichneten Schrift einreichen.

StPO §§ 345, 401 – BGH Beschl. v. 14. 2. 1992 – 3 StR 433/91 LG Lübeck (= NJW 1992, 1398)

Die Revision der Nebenklägerin wurde zu Protokoll der Geschäftsstelle erklärt.

Sachverhalt: Das Landgericht hat die Angeklagte wegen Totschlags verurteilt. Die Mutter des Getöteten hat sich mit Schreiben vom 16. 6. 1991 unter anderem gegen die unterlassene Verurteilung wegen Mordes gewandt. Der Senat hat hierin die Einlegung einer Revision und Anschlußerklärung der bisher nicht am Verfahren beteiligten Mutter gesehen und sie mit Beschluß vom 30. 10. 1991 als Nebenklägerin zugelassen. Die Geschäftsstelle des Senats hat sie mit Verfügung vom 15. 11. 1991 darauf hingewiesen, daß die Anbringung der Revisionsanträge und ihre Begründung nur mittels einer von einem Rechtsanwalt unterzeichneten Schrift erfolgen könne, und ihr empfohlen, zur eventuellen Beiordnung eines Anwalts die Geschäftsstelle des Landgerichts Lübeck aufzusuchen. Nachdem sie dort jedoch ausdrücklich darauf bestanden hatte, die Revisionsanträge und ihre Begründung selbst zu Protokoll zu erklären, nahm diese der zuständige Rechtspfleger auf. – Das Rechtsmittel war erfolglos.

Gründe: Das Rechtsmittel der Nebenklägerin ist unzulässig, denn die Anbringung der Revisionsanträge und ihre Begründung konnte nach der entsprechend anzuwendenden Vorschrift des § 390 II StPO nur mittels einer von einem Rechtsanwalt unterzeichneten Schrift erfolgen. Die Erklärung zu Protokoll der Geschäftsstelle war dagegen nicht ausreichend, da § 345 II StPO nur für den Angeklagten und nicht für den Nebenkläger gilt.

Für die Rechtslage bis zum Inkrafttreten des Ersten Gesetzes zur Verbesserung der Stellung des Verletzten im Strafverfahren (Opferschutzgesetz) vom 18. 12. 1986 (BGBl. I, 2496) war anerkannt, daß durch die allgemeine Verweisungsvorschrift des § 397 I StPO in der damaligen Fassung bei einem Nebenkläger für die Revisionsanträge und ihre Begründung die für den Privatkläger geltende Formvorschrift des § 390 III StPO, nicht aber die den Angeklagten betreffende Regelung des § 345 II StPO anwendbar ist. Bei der Neufassung des § 397 I StPO durch das Opferschutzgesetz ist die allgemeine Verweisung auf die für den Privatkläger geltenden Vorschriften entfallen, ohne daß eine gesonderte Formvorschrift für die Revisionsanträge und deren Begründung durch den Nebenkläger geschaffen worden wäre. Dies ist offensichtlich ein Versehen des Gesetzgebers, da es ausgeschlossen erscheint, daß der Nebenkläger ermächtigt werden sollte, eine Revision selbst zu begründen; hierfür ergeben die Gesetzesmaterialien auch keinen Hinweis (vgl. BT-Dr. 10/5305). Diese Gesetzeslücke kann sachgerecht nur durch entsprechende Anwendung des § 390 II StPO unter Fortführung des bisherigen Rechtszustandes schlossen werden.

9. Die vom Angeklagten eingelegte Revision ist unzulässig, wenn aus der Begründung offensichtlich ist, daß der Rechtsanwalt hieran nicht gestaltend mitgewirkt hat.

StPO § 345 – BGH Beschl. v. 5. 3. 1987 – 4 StR 26/87 LG Saarbrücken (= NStZ 1987, 336)

Das Revisionsvorbringen ist nicht bekannt.

Sachverhalt: Die 107 Seiten umfassende Revisionsbegründung beginnt auf einem Briefbogen des Pflichtverteidigers und ist von diesem unterzeichnet. Die Revisionsbeschwerden selbst stammen vom Angeklagten; er hat allein entschieden, welche Rügen erhoben und wie sie dargestellt werden sollten. Das ergibt sich zunächst aus Inhalt und Aufbau der Schrift. Sie erschöpft sich – abgesehen von der Bemängelung, daß offensichtlich abseitige Befangenheitsgesuche zu Unrecht verworfen worden seien – hauptsächlich in dem stereotypen Vorbringen, die Urteilsfeststellungen seien unvereinbar mit der Behandlung der 44 in der Hauptverhandlung gestellten Beweisanträge. – Das Rechtsmittel war erfolglos.

Gründe: Die Revisionsbegründung genügt nicht der Vorschrift des § 345 II StPO. Nach dieser Bestimmung kann die durch § 344 StPO vorgeschriebene Begründung der Revision seitens des Angeklagten nur in einer vom Verteidiger oder von einem Rechtsanwalt unterzeichneten Schrift oder zu Protokoll der Geschäftsstelle geschehen. Unterzeichnet wie hier ein Rechtsanwalt die Schrift, so muß er für ihren Inhalt die volle Verantwortung übernehmen. Kann er dies nicht oder verbleiben daran Zweifel, so ist das Rechtsmittel unzulässig. Dadurch soll gewährleistet werden, daß die Revisionsanträge und ihre Begründung in möglichst geeigneter Form wiedergegeben werden und ihr Inhalt gesetzmäßig und sachgerecht ist. Die Regelung dient damit nicht nur den Interessen des Angeklagten sondern auch dem Zweck, daß dem Revisionsgericht die Prüfung ganz grundloser und unverständlicher Anträge erspart bleibt. Um die Verantwortung für die Revisionsbegründung übernehmen zu können, muß der Rechtsanwalt deshalb gestaltend an ihr mitwirken (BGHSt. 25, 272 [273 f.] [BGH Urt. v. 22. 1. 1974 – 1 StR 586/73; vgl. § 345 StPO erfolgreiche Rügen]; BGH, NStZ 1984, 563 [BGH Urt. v. 2. 8. 1984 – 4 StR 120/83; vgl. § 345 StPO erfolglose Rügen]). Das hat der Pflichtverteidiger des Angeklagten hier nicht getan.

Die 107 Seiten umfassende Revisionsbegründung beginnt zwar auf einem Briefbogen des Pflichtverteidigers und ist von diesem unterzeichnet; ferner mag eine allgemeine Bemerkung zum Ziel der Verfahrensrügen (S. 101 der Begr.) von ihm herrühren. Die Revisionsbeschwerden selbst stammen jedoch vom Angeklagten; er hat nach der Überzeugung des Senats allein entschieden, welche Rügen erhoben und wie sie dargestellt werden sollten. Das ergibt sich zunächst aus Inhalt und Aufbau der Schrift. Sie erschöpft sich – abgesehen von der Bemängelung, daß offensichtlich abseitige Befangenheitsgesuche zu Unrecht verworfen worden seien – hauptsächlich in dem stereotypen Vorbringen, die Urteilsfeststellungen seien unvereinbar mit der Behandlung der 44 in der Hauptverhandlung gestellten Beweisanträge.

Aus alledem folgt, daß der Angeklagte, der die Ausübung des Beweisantragsrechts in der Hauptverhandlung im wesentlichen selbst bestimmt hatte, auch den Inhalt der Revisionsbegründung nicht der filternden Prüfung des Verteidigers unterworfen hat. Dieser hat sich vielmehr auch insoweit den Wünschen des Angeklagten vollständig gebeugt. Diese Überzeugung des Senats wird bestätigt durch die Äußerung, die der Verteidiger auf entsprechende Anfrage des Senats abgegeben hat. Während der Angeklagte bestreitet, die Revisionsbegründung ausgearbeitet zu haben, räumt der Verteidiger ein, sie sei „unter technischer und auch sachlicher Mitwirkung des Angeklagten abgefaßt" worden.

Hiernach ist auch nicht erkennbar, daß der Verteidiger wenigstens die allgemeine Sachrüge in eigener Verantwortung erhoben hat (vgl. BGHSt. 25, 272 [276]). Das Rechtsmittel ist deshalb als unzulässig zu verwerfen. ...

10. Der Rechtsanwalt muß an der Revisionsbegründung gestaltend mitwirken und nicht nur erklären, für ihren gesamten Inhalt die Verantwortung zu übernehmen.

StPO § 345 – BGH Urt. v. 2. 8. 1984 – 4 StR 120/83 LG Kaiserslautern (= StV 1985, 273 = NStZ 1984, 563)

Rechtsanwalt R. hat in seinem am 17. 1. 1983, dem letzten Tag der Revisionsbegründungsfrist, bei Gericht angebrachten, aus 3 Seiten bestehenden Schriftsatz vom gleichen Tage den Antrag auf Aufhebung des Urteils gestellt, „soweit kein Freispruch und keine Einstellung erfolgt" sei und sinngemäß die Erklärung abgegeben, daß er die Verurteilung des Angeklagten" „sowohl formal-rechtlich als auch materiellrechtlich in vollem Umfang" anfechte. Zugleich mit diesem Schriftsatz hat er eine 9 Ordner mit insgesamt 2938 Blättern umfassende, im wesentlichen Verfahrensrügen enthaltende Revisionsbegründung eingereicht, die der Angeklagte offensichtlich selbst verfaßt und geschrieben hat. Nach einer aus 15 Zeilen bestehenden Übersicht („Kurzfassung") hat er in seinem Schriftsatz noch folgendes wörtlich erklärt:

„Die Revisionsbegründung umfaßt 9 Leitz-Ordner. Wir versichern, alle Revisionsgründe bearbeitet zu haben. Wir haben unsere Unterschrift auf die letzte Seite des 9. Leitz-Ordners gesetzt. Allein aus dem Umstand, daß die Revisionsbegründung übersichtlich geordnet sein muß, haben wir davon abgesehen, in einem die Revisionsbegründung einzureichen."

Der Sachverhalt ergibt sich aus dem Revisionsvorbringen. – Das Rechtsmittel war erfolglos.

Gründe: Mit Recht hält der GBA diese Art der Revisionsbegründung für bedenklich und mit der Formvorschrift des § 345 II StPO kaum vereinbar.

Diese Bestimmung schreibt vor, daß die Revision des Angeklagten zu Protokoll der Geschäftsstelle oder in einer von dem Verteidiger oder einem Rechtsanwalt unterzeichneten Schrift zu begründen ist. Sie soll gewährleisten, daß die Revisionsanträge und deren Begründung in möglichst geeigneter Form wiedergegeben werden und der Inhalt gesetzmäßig und sachgerecht ist. Die Vorschrift dient damit nicht nur den Interessen des Angeklagten (vgl. BGH, bei Dallinger, MDR 1970, 15; BGHSt. 25, 272 [273] [BGH Urt. v. 22. 1. 1974 – 1 StR 586/73; vgl. § 345 StPO erfolgreiche Rügen]). Durch sie soll außerdem erreicht werden, daß dem Revisionsgericht die Prüfung ganz grundloser oder unverständlicher Anträge erspart bleibt (BGH, Urt. v. 28. 3. 1984 – 3 StR 95/84 [BGHSt. 32, 326; vgl. § 345 StPO erfolglose Rügen], zur Veröff. in BGHSt. bestimmt; OLG Karlsruhe, NJW 1974, 915). Der Rechtsanwalt muß deshalb an der Revisionsbegründung gestaltend mitwirken und für ihren gesamten Inhalt die Verantwortung übernehmen (BGHSt. 25, 272 [273, 274]; OLG

Köln, NJW 1975, 890; vgl. auch BVerfGE 10, 274 [282, 283] [BVerfG Urt. v. 28. 1. 1960 – 1 BvR 145/746/58; vgl. § 345 StPO erfolgreiche Rügen] zum Urkundsbeamten der Geschäftsstelle).

Der Senat hat erhebliche Zweifel, ob das hier geübte Verfahren diesen Anforderungen genügt. Rechtsanwalt R. mag zwar gewollt haben, die Verantwortung für die vom Angeklagten verfaßten Revisionsrügen zu übernehmen. Da er jedoch an der Fassung dieses umfangreichen Werkes nicht mitgewirkt hat, kann dem Zweck der Vorschrift, dem Revisionsrichter die Prüfung abwegiger, unzulässiger und unverständlicher Rügen zu ersparen, hier kaum Rechnung getragen worden sein. Das zeigt sich denn auch darin, daß, wie noch ausgeführt wird, eine Vielzahl der vom Angeklagten selbst verfaßten Rügen an formalen Mängeln scheitert.

Der Senat konnte auf eine abschließende Entscheidung verzichten, weil allen der in den 9 Ordnern vorgetragenen Rügen auch aus anderen Gründen der Erfolg versagt bleiben muß. ...

11. Revisionsbegründung durch Rechtsbeistand auch dann unzulässig, wenn dieser Mitglied der Rechtsanwaltskammer ist.

StPO § 345 – BGH Beschl. v. 28. 3. 1984 – 3 StR 95/84 LG Mönchengladbach (= BGHSt. 32, 326 = NJW 1984, 2480)

Die Revisionsanträge und deren Begründung wurde von einem Rechtsbeistand, der Mitglied der Anwaltskammer war, eingereicht. – Das Rechtsmittel war erfolglos.

Gründe:

1. Nach § 345 Abs. 2 StPO kann der Angeklagte die Revision nur in einer von dem Verteidiger oder einem Rechtsanwalt unterzeichneten Schrift begründen, wenn er es nicht zu Protokoll der Geschäftsstelle tut. Rechtsbeistand D. allein ist nicht „Verteidiger" im Sinne dieser Vorschrift, weil es sich um einen Fall notwendiger Verteidigung (§ 140 Abs. 1 Nr. 1 StPO) handelt. Der Angeklagte hat ihm zwar Strafprozeßvollmacht erteilt. Auch ist Rechtsbeistand D. schon in der Hauptverhandlung vor dem Jugendschöffengericht – ersichtlich mit dessen zumindest stillschweigender Genehmigung (vgl. OLG Düsseldorf OLGSt Nr. 1 zu § 138 StPO) – als Verteidiger aufgetreten. Nachdem das Jugendschöffengericht die Sache durch Beschluß gemäß § 270 StPO zuständigkeitshalber an die Jugendkammer verwiesen hat, gilt diese Genehmigung aber nur noch in dem durch § 138 Abs. 2 StPO begrenzten Rahmen. Danach ist Rechtsbeistand D., weil ein Fall notwendiger Verteidigung nach § 140 Abs. 1 Nr. 1 StPO vorliegt, lediglich in Gemeinschaft mit einem bei einem deutschen Gericht zugelassenen Rechtsanwalt oder einem Rechtslehrer einer deutschen Hochschule als Wahlverteidiger zugelassen. Demgemäß mußte er die Verteidigung in der Hauptverhandlung vor der Jugendkammer auch gemeinsam mit dem vom Landgericht bestellten Pflichtverteidiger Rechtsanwalt Dr. W. führen. Ebenso konnte er allein die Revisionsbegründung nicht wirksam unterzeichnen; ihre Wirksamkeit hätte vielmehr die Mitunterzeichnung durch einen Rechtsanwalt – etwa durch den Pflichtverteidiger – oder einen Rechtslehrer als Verteidiger vorausgesetzt (KG NJW 1974, 916 f.; JR 1983, 83).

2. Dieser Rechtsansicht steht weder der Gesetzeszweck des § 345 Abs. 2 StPO noch der Umstand entgegen, daß Rechtsbeistand D. in seiner Eigenschaft als Rechtsbeistand Mitglied der für ihn zuständigen Rechtsanwaltskammer ist.

a) § 345 Abs. 2 StPO dient dazu, daß die Revisionsanträge des Angeklagten und deren Begründung in seinem Interesse in möglichst geeigneter Form niedergelegt werden; auch soll dem Revisionsrichter die Prüfung grundloser oder unverständlicher Anträge erspart bleiben. Die Vorschrift ist also mit im Interesse des Angeklagten geschaffen, um seinen Revisionsanträgen und ihrer Begründung einen gesetzmäßigen und sachgerechten Inhalt zu geben (BGH bei Dallinger MDR 1970, 15; BGHSt. 25, 272, 273 [BGH Urt. v. 22. 1. 1974 – 1 StR 586/73; vgl. § 345 StPO erfolgreiche Rügen]). Sie erfüllt diesen Schutzzweck in besonderem Maße, wenn man annimmt, ihren Anforderungen sei in Fällen wie dem vorliegenden nicht Genüge getan. Indem das Gesetz für Fälle notwendiger Verteidigung die Hinzuziehung eines Rechtsanwalts oder Rechtslehrers als Verteidiger in der Tatsacheninstanz vorschreibt, bringt es deutlich zum Ausdruck, daß es ihre Mitwirkung zum Schutze des Angeklagten für erforderlich erachtet (vgl. OLG Bremen VRS 65, 36 f.). Darauf kann auch im Revisionsrechtszug nicht verzichtet werden, soweit es um die schriftliche Revisionsrechtfertigung geht. Ebenso wie deren Unterzeichnung durch einen Verteidiger oder Rechtsanwalt nicht ausreicht, wenn er die Verantwortung für den Inhalt der Schrift erkennbar nicht übernimmt (vgl. BGH a.a.O.), genügt die Unterzeichnung durch nur einen Mitverteidiger nicht, wenn er nach dem Gesetz allein nicht imstande ist, die Verantwortung für eine sachgerechte Verteidigung zu tragen.

b) Durch die Mitgliedschaft in der Rechtsanwaltskammer ist die Stellung Rechtsbeistand D. s zwar der eines Rechtsanwalts angenähert worden (vgl. § 157 Abs. 1 und 2 ZPO). Er unterliegt insbesondere der Aufsicht des Vorstands der Rechtsanwaltskammer und der Ehrengerichtsbarkeit für Rechtsanwälte. Er steht einem Rechtsanwalt aber nicht in jeder Hinsicht gleich (vgl. BGHZ 83, 350, 354 ff.). § 209 Satz 2 BRAO in der Fassung des Fünften Gesetzes zur Änderung der Bundesgebührenordnung für Rechtsanwälte vom 18. 8. 1980 (BGBl. I 1503) bestimmt unter anderem, daß für die Stellung des Rechtsbeistands nach der Aufnahme in die Rechtsanwaltskammer sinngemäß der Dritte Teil der Bundesrechtsanwaltsordnung über die Rechte und Pflichten des Rechtsanwalts (§§ 43 ff. BRAO) gilt. Darin sieht § 49 Abs. 1 BRAO vor, daß der Rechtsanwalt eine Verteidigung übernehmen muß, wenn er nach den Vorschriften der Strafprozeßordnung oder des Gesetzes über Ordnungswidrigkeiten zum Verteidiger bestellt ist. Hier ist nicht zu entscheiden, ob ein in die Rechtsanwaltskammer aufgenommener Rechtsbeistand im Strafverfahren zum Pflichtverteidiger bestellt werden kann (vgl. § 142 Abs. 1 und 2 StPO), eine sinngemäße Anwendung des § 49 Abs. 1 BRAO auf ihn insoweit also überhaupt in Betracht kommt. Aus dieser Vorschrift ergibt sich jedenfalls nicht, daß ein solcher Rechtsbeistand die Verteidigung allein führen dürfte, wenn er – wie hier – im Falle einer notwendigen Verteidigung mit Genehmigung des Gerichts in zulässiger Weise als Verteidiger gewählt worden ist. Die Strafprozeßordnung enthält zu seinen Gunsten keine Ausnahme von dem Gebot der gemeinschaftlichen Verteidigung, das sie in § 138 Abs. 2 StPO ausspricht.

12. Befugnisse aus der Bestellung zum Pflichtverteidiger können nicht durch Erteilung einer Untervollmacht übertragen werden.

StPO § 345 – BGH Beschl. v. 9. 2. 1982 – 1 StR 815/81 LG Nürnberg-Fürth (= StV 1982, 213)

Die Revision rügt die Verletzung sachlichen Rechts.

Sachverhalt: Die Revisionsschrift wurde von einen Rechtsanwalt unterzeichnet, der weder durch die Angeklagte bevollmächtigt noch zum Pflichtverteidiger bestellt war. Er stützt sich lediglich auf eine Untervollmacht des Pflichtverteidigers. Dieser war nicht im Besitze einer Vollmacht der Angeklagten, da er das Mandat zuvor niedergelegt hat und später nicht erneut bevollmächtigt worden ist. – Das Rechtsmittel war erfolglos.

Gründe: Der Generalbundesanwalt hat seinen Antrag, die Revision der Angeklagten als unzulässig zu verwerfen, wie folgt begründet:

„Die Revision ist nicht rechtswirksam eingelegt, weil Rechtsanwalt K., der die Revisionsschrift unterzeichnet hat, weder durch die Angeklagte bevollmächtigt noch zum Pflichtverteidiger bestellt war. Er stützt sich lediglich auf eine Untervollmacht von Rechtsanwalt V. Aber auch dieser war nicht im Besitze einer Vollmacht der Angeklagten, da er das Mandat am 23. 7. 1981 niedergelegt hat und später nicht erneut bevollmächtigt worden ist. Seine Befugnisse aus der Bestellung zum Pflichtverteidiger konnte er nicht durch Erteilung einer Untervollmacht übertragen (BGH, Beschluß v. 11. 6. 1981 – 1 StR 303/81 [vgl. § 345 StPO erfolglose Rügen])."

Der Verwerfungsantrag ist den Rechtsanwälten V. und K. zur Kenntnis- und Stellungnahme zugeleitet worden. Sie haben innerhalb der ihnen eingeräumten Frist keine Erklärung abgegeben. Der unwidersprochen gebliebene, zutreffend erscheinende Tatsachenvortrag des Generalbundesanwalts muß deshalb der Entscheidung des Senats zugrunde gelegt werden. Sie hat auf Verwerfung der Revision als unzulässig zu lauten (§ 349 Abs. 1 StPO).

13. Der bestellte Verteidiger kann seine Befugnisse nicht, auch nicht zur Revisionsbegründung, durch Untervollmacht auf einen anderen übertragen.

StPO § 345 – BGH Beschl. v. 11. 6. 1981 – 1 StR 303/81 LG München I (StV 1981, 393)

Das Revisionsvorbringen ist nicht bekannt.

Sachverhalt: Die Revisionsbegründung ist nicht vom Pflichtverteidiger selbst, sondern in seinem Auftrag und in seiner Vertretung von einem anderen Rechtsanwalt, der den Angeklagten ursprünglich verteidigt hat, unterzeichnet worden. – Das Rechtsmittel war erfolglos.

Gründe: Die Verfahrensrügen sind nicht wirksam erhoben. Der bestellte Verteidiger kann seine Befugnisse jedoch nicht durch Untervollmacht auf einen anderen übertragen. Es kommt nicht darauf an, ob die Rechtsanwalt D. vom Angeklagten ursprünglich erteilte Vollmacht durch ausdrückliche Niederlegung oder stillschweigende Entziehung des Mandats erloschen ist oder ob sie fortbestand, weil er von dieser jedenfalls keinen Gebrauch machen wollte und ausdrücklich in Vertretung des Pflichtverteidigers gehandelt hat. Die mit Schriftsatz vom 24. 3. 1981 behaupteten Verfahrensverstöße sind erst nach Ablauf der Revisionsbegründungsfrist und damit verspätet geltend gemacht. Weil die Revision durch den Schriftsatz vom 10. 12. 1980 fristgerecht begründet worden ist, kommt eine Wiedereinsetzung in den vorigen Stand zum Zwecke der Nachholung von Verfahrensrügen nicht in Betracht. Eine besondere Verfahrenslage, die eine Durchbrechung dieses Grundsatzes rechtfertigen könnte, ist nicht gegeben (vgl. BGH NStZ 1981, 110).

14. Revisionsbegründung unzulässig, wenn Verteidiger zu erkennen gibt, daß er die Verantwortung für die Rechtfertigungsschrift nicht übernehmen will.

StPO § 345 – BGH Beschl v. 12. 7. 1973 – 3 StR 153/73 (= NJW 1973, 1514)

Die Revision wurde von einem Rechtsanwalt „im ausdrücklichen Auftrag und auf ausdrücklichen Wunsch des Angeklagten" begründet.

Der Sachverhalt ergibt sich aus dem Revisionsvorbringen. – Das Rechtsmittel war erfolglos.

Gründe: Aus § 345 Abs. 2 StPO ergibt sich, daß der Verteidiger, soll die Rechtfertigungsschrift Beachtung finden, die volle Verantwortung für sie übernehmen muß. Gibt er durch einen Vorbehalt oder eine Einschränkung zu erkennen, daß er diese Verantwortung nicht tragen will, so ist die in der genannten Bestimmung vorgeschriebene Form nicht gewahrt (vgl. OLG Hamburg, JR 55, 233).

So liegt es hier. Der Verteidiger hat die Revision „im ausdrücklichen Auftrag und auf ausdrücklichen Wunsch des Angeklagten" begründet. Darüber hinaus setzt er sich auch dadurch betont von dem Revisionsvorbringen ab, daß er stets nur von dem Angeklagten spricht, der die geltend gemachten Beanstandungen erhebe. In dieser Form ist das Rechtsmittel unzulässig (§ 349 Abs. 1 StPO).

§ 346 StPO

(1) Ist die Revision verspätet eingelegt oder sind die Revisionsanträge nicht rechtzeitig oder nicht in der in § 345 Abs. 2 vorgeschriebenen Form angebracht worden, so hat das Gericht, dessen Urteil angefochten wird, das Rechtsmittel durch Beschluß als unzulässig zu verwerfen.

(2) Der Beschwerdeführer kann binnen einer Woche nach Zustellung des Beschlusses auf die Entscheidung des Revisionsgerichts antragen. In diesem Falle sind die Akten an das Revisionsgericht einzusenden; die Vollstreckung des Urteils wird jedoch hierdurch nicht gehemmt. Die Vorschrift des § 35a gilt entsprechend.

Erfolgreiche Rügen

1. Verjährung nach Urteilserlaß trotz fehlerhafter Revisionsbegründung von Amts wegen zu berücksichtigen (BGH Beschl. v. 17. 7. 1968 – 3 StR 117/68).

2. Vom Tatrichter übersehenes Verfahrenshindernis auch bei nicht ordnungsgemäß begründeter Revision von Amts wegen zu berücksichtigen (BGH Beschl. v. 9. 11. 1960 – 4 StR 407/60).

Erfolglose Rügen

1. Der Antrag auf Entscheidung des Revisionsgerichts nach § 346 II 2 StPO kann nach dem entsprechend anwendbaren § 306 I StPO nur bei dem Tatrichter gestellt werden (BGH Beschl. v. 16. 3. 1990 – 3 StR 324/89).

2. Antrag auf gerichtliche Entscheidung gegen Verwerfungsbeschluß ist bei dem Gericht anzubringen, das die angefochtene Entscheidung erlassen hat (BGH Beschl. v. 21. 12. 1976 – 1 StR 236/76).

3. Vom Tatrichter übersehenes Verfahrenshindernis bei nicht ordnungsgemäß begründeter Revision nicht von Amts wegen zu berücksichtigen (BGH Beschl. v. 16. 6. 1961 – 1 StR 95/61).

Erfolgreiche Rügen

1. Verjährung nach Urteilserlaß trotz fehlerhafter Revisionsbegründung von Amts wegen zu berücksichtigen.

StPO § 346 – BGH Beschl. v. 17. 7. 1968 – 3 StR 117/68 OLG Düsseldorf (= BGHSt. 22, 213 = NJW 1968, 2253 = JZ 1969, 347)

Die Beschwerde richtet sich dagegen, daß eine Revision gegen ein amtsgerichtliches Urteil zu Unrecht als unzulässig verworfen worden ist.

Sachverhalt: Das Amtsgericht hat den Angeklagten wegen zweier Übertretungen der Gewerbeordnung verurteilt. Hiergegen hat der Angeklagte fristgerecht Revision eingelegt, sie aber nicht begründet (§ 345 Abs. 1 StPO); die Begründungsfrist lief am 28. 4. 1967 ab. In der Zeit zwischen dem 26. 5. 1967 und Anfang September 1967 ist eine richterliche Handlung in dieser Sache gegen den Angeklagten nicht mehr vorgenommen worden (vgl. §§ 68 Abs. 1, 67 Abs. 3 StGB). Durch Beschluß vom 19. 10. 1967 hat das Amtsgericht die Revision des Angeklagten wegen unterlassener Begründung gemäß § 346 Abs. 1 StPO als unzulässig verworfen. Dagegen hat der Angeklagte auf Entscheidung des Revisionsgerichts angetragen (§ 346 Abs. 2 StPO).

Das Oberlandesgericht Düsseldorf möchte den Antrag verwerfen. Es ist der Auffassung, daß das Revisionsgericht zu einer Nachprüfung in der Sache selbst, auch auf etwaige Verfahrenshindernisse, nicht vordringen könne. Unter Berufung auf den Beschluß des Bundesgerichtshofs vom 16. 6. 1961 – 1 StR 95/61 (BGHSt. 16, 115 [vgl. § 346 StPO erfolglose Rügen]) betrachtet es als unabdingbare Voraussetzung für eine sachliche Prüfung nicht nur die rechtzeitige Einlegung, sondern ebenso die rechtzeitige und formrichtige Begründung des Rechtsmittels. Für eine Einstellung des Verfahrens wegen Verjährung der Strafverfolgung sei im übrigen, so führt das Oberlandesgericht weiter aus, auch deshalb kein Raum, weil das Urteil des Amtsgerichts bereits mit Ablauf der nicht genutzten Revisionsbegründungsfrist rechtskräftig geworden sei.

An der beabsichtigten Entscheidung sieht sich das vorlegende Oberlandesgericht durch einen Beschluß des Oberlandesgerichts Hamburg (NJW 1963, 265) gehindert. Das Oberlandesgericht Hamburg vertritt die Meinung, die in BGHSt. 16, 115 ff. ausgesprochene Rechtsansicht gelte nur für den dort entschiedenen Fall des bereits vor Urteilsfällung eingetretenen und vom Tatrichter nicht beachteten Verfahrenshindernisses. Trete Verjährung erst nach Erlaß des Urteils ein, so sei das Verfahren auch beim Fehlen einer rechtzeitigen oder formrichtigen Revisionsbegründung einzustellen. – Das Rechtsmittel hatte Erfolg.

Gründe: In der Sache selbst tritt der Senat der Ansicht des Oberlandesgerichts Hamburg bei.

a) Wie das Revisionsgericht auf eine formgerecht und rechtzeitig eingelegte, aber nicht oder nicht ordnungsgemäß begründete Revision zu entscheiden hat, wenn es ein Prozeßhindernis feststellt, ist streitig (zur Rechtsprechung des Reichsgerichts siehe die Darstellung in BayObLGSt 1953, 82 ff.). Das Bayerische Oberste Landesgericht hat darauf abgestellt, ob das Verfahrenshindernis vor oder nach Erlaß des tatrichterlichen Urteils eingetreten war, und im ersten Falle die Revision als unzulässig verworfen (BayObLGSt, a.a.O.), im zweiten Falle das Verfahren wegen des Hindernisses eingestellt (BayObLGSt 1953, 97). Der 4. Strafsenat des Bundesgerichtshofs hatte zunächst die Auffassung vertreten, in beiden Fallgruppen sei auf Einstellung zu erkennen (BGHSt. 15, 203 [BGH Beschl. v. 9. 11. 1960 – 4 StR 407/60; vgl. § 346 StPO erfolgreiche Rügen]). Der 1. Strafsenat ist von dieser Ansicht mit Zustimmung des 4. Strafsenats für den von ihm entschiedenen Fall abgegangen, in dem das Verfahrenshindernis schon vor Erlaß des angefochtenen Urteils eingetreten, vom Tatrichter jedoch übersehen worden war (BGHSt. 16, 115).

b) An der Rechtsauffassung in BGHSt. 16, 115 ist für die dort gegebene Sachlage festzuhalten. Dort ist die Nichtbeachtung eines Verfahrenshindernisses in ein Urteil eingegangen. In diesem Falle ist es die Revision selbst, die in unmittelbarem Zugriff auf dem Wege über die Aufdeckung des Rechtsmangels das Urteil beseitigt. Diesen Zugriff, die Nachprüfung der Entscheidung auf Fehler, macht das Gesetz von dem Vorhandensein bestimmter förmlicher Voraussetzungen abhängig. Sind sie nicht erfüllt, so bleibt das Urteil der Prüfung verschlossen. Der Tatrichter kann es schon wegen der Bindung an seinen einmal gefällten Spruch nicht ändern. Aber auch das Revisionsgericht hat solange keine weitergehenden Befugnisse, als ihm nicht die Einhaltung der Zulässigkeitsvorschriften durch den Beschwerdeführer den Zugang zum Urteil eröffnet. Jene absolute Bedeutung, die zur Folge hätte, daß sie stets durchschlügen, wenn nur das Verfahren noch anhängig ist, vermag der Senat den Verfahrenshindernissen nicht zuzuerkennen. Sie teilen damit das Schicksal anderer Rechtsfehler, die in einem sachlichrechtlichen Verstoß oder in der Verletzung zwingender Verfahrensvorschriften bestehen und die mangels Zulässigkeit der Revision oder, weil der Fehler nicht ordnungsgemäß gerügt ist, ebenfalls nicht berücksichtigt werden können.

c) Anders liegt es indes bei nachträglichem Eintritt des Hindernisses. Hier handelt es sich nicht um die Nachprüfung eines (fehlerhaften) Urteils und seine Richtigstellung, sondern um die Beachtung eines erst nach Urteilserlaß eingetretenen Ereignisses, das eine neue Verfahrenslage geschaffen hat. Der Generalbundesanwalt, der ebenfalls von der Rechtsansicht des 1. Strafsenats ausgeht, meint allerdings, es seien keine überzeugenden Gründe für die rechtliche Notwendigkeit zu erkennen, innerhalb der Verfahrenshindernisse in der Weise zu unterscheiden, daß das Revisionsgericht auf eine unzulässige Revision zwar ein vom Tatrichter übersehenes Verfahrenshindernis außer Betracht lassen und ein verurteilendes Erkenntnis bestätigen müsse, daß es aber wegen eines erst nach dem Erlaß eines tatrichterlichen Urteils eingetretenen Verfahrenshindernisses das Verfahren einstellen und damit dem auf Grund der damaligen Verfahrenslage zu Recht ergangenen Urteil seine rechtlichen Wirkungen abzuerkennen habe. Dem kann jedoch nicht beigetreten werden. Seiner rechtlichen Wirkungen wird das angefochtene Urteil freilich auch durch die Einstellung des Verfahrens beraubt. Das beseitigt aber nicht den grundsätzlichen Unterschied, der darin liegt, daß die Berücksichtigung des später eingetretenen Hindernisses nicht die – unzulässige – Nachprüfung in der Sache erfordert, vor die der Gesetzgeber die Hürden der §§ 341 Abs. 1, 344, 345 StPO gesetzt hat. Diesen Unterschied einzuebnen, sind auch allgemeine Gerechtigkeitserwägungen nicht geeignet.

Demnach besteht hier, solange das Urteil noch nicht rechtskräftig ist, keine gesetzliche Schranke, die der Berücksichtigung der veränderten Verfahrenslage im Wege stünde, welche durch den nachträglichen Eintritt des Prozeßhindernisses entstanden ist. Ihr hat der Tatrichter durch Einstellung des Verfahrens Rechnung zu tragen, solange es noch bei ihm anhängig ist; in gleicher Weise verfährt das Revisionsgericht, das sich vor dieselbe Lage gestellt sieht. Beide Male handelt es sich, obschon der Beschluß im Rechtsmittelverfahren ergeht, ebenso um eine Erstentscheidung, wie sie der Tatrichter hätte erlassen müssen, wenn sich das Verfahrenshindernis im vorhergehenden Rechtszug eingestellt hätte (vgl. BayObLSt, a.a.O.). Die Bedeutung der eingelegten Revision erschöpft sich in Fällen wie dem vorliegenden darin, daß sie das Verfahren in der Schwebe und damit für die Einwirkung des Hindernisses offen hält.

d) Für die Berücksichtigung des Umstands, daß während der Frist des § 67 Abs. 3 StGB eine richterliche Handlung gegen den Angeklagten nicht vorgenommen worden ist, wäre allerdings kein Raum mehr, wenn das Urteil des Amtsgerichts, wie das Oberlandesgericht Düsseldorf annimmt, bereits mit Ablauf der (nicht genutzten) Revisionsbegründungsfrist in Rechtskraft erwachsen sein würde. Das ist jedoch nicht der Fall. Die – soweit ersichtlich – vereinzelt gebliebene Entscheidung des Kammergerichts in HRR 1928 Nr. 580, der sich das vorlegende Oberlandesgericht anschließt, beruft sich maßgeblich auf §§ 346 Abs. 2 Satz 2 zweiter Halbsatz, 449 StPO. Aus dem Zusammenhalt dieser Bestimmungen will das Kammergericht zunächst entnehmen, daß die Rechtskraft jedenfalls nicht erst mit der Entscheidung des Revisionsgerichts nach § 346 Abs. 2 Satz 1 StPO eintrete. Da aber der Verwerfungsbeschluß nach § 346 Abs. 1 StPO die Rechtskraft nicht herbeiführen könne, solange er, noch mit dem Rechtsbehelf des § 346 Abs. 2 StPO angreifbar, selbst noch nicht rechtskräftig sei, müsse weiter, nämlich auf den Zeitpunkt des Ablaufs der Begründungsfrist, zurückgegriffen werden. Indessen lassen die §§ 346 Abs. 2 Satz 2, 449 StPO auch den Schluß zu, daß durch die erstgenannte Vorschrift eine Ausnahme von dem Grundsatz des § 449 StPO verfügt und eine vorläufige Vollstreckbarkeit geschaffen werden sollte. Der Umstand, daß das Gesetz die Zulässigkeit der Vollstreckung vor der Entscheidung des Revisionsgerichts eines besonderen Ausspruchs bedürftig hielt, legt die letztere Annahme näher. Gegen die Meinung des Kammergerichts und des vorlegenden Oberlandesgerichts spricht ferner, daß die Ansicht, schon der Ablauf der Begründungsfrist führe die Rechtskraft herbei, eine unklare Verfahrenslage vor allem in den Fällen schüfe, in denen die Revision ihres sachlichen Inhalts wegen unzulässig ist. So geht denn in jüngerer Zeit der Streit auch nur noch darum, ob die Rechtskraft mit dem Beschluß nach § 346 Abs. 1 StPO oder erst mit der Entscheidung des Revisionsgerichts (§ 346 Abs. 2 StPO) eintritt. Diese Frage braucht hier nicht untersucht zu werden, weil schon der die

Revision verwerfende Beschluß des Amtsgerichts – der nicht mehr hätte ergehen dürfen – nach Ablauf der Dreimonatsfrist des § 67 Abs. 3 StGB erlassen worden ist. Für die Entscheidung des vorliegenden Falles genügt die Feststellung, daß ein mit der Revision angefochtenes Urteil jedenfalls mit dem Ablauf der Revisionsbegründungsfrist noch nicht rechtskräftig wird (so auch die weit überwiegende Meinung in Schrifttum und Rechtsprechung, RGSt 53, 235; OLG Hamburg NJW 1963, 265).

2. Vom Tatrichter übersehenes Verfahrenshindernis auch bei nicht ordnungsgemäß begründeter Revision von Amts wegen zu berücksichtigen[1].
StPO § 346 – BGH Beschl. v. 9. 11. 1960 – 4 StR 407/60 OLG Hamm (= BGHSt. 15, 203 = NJW 1961, 228 = JZ 1961, 390 = MDR 1961, 250)
Revision von Amts wegen.

Sachverhalt: Das Amtsgericht hat den Angeklagten wegen einer Übertretung zu einer Haftstrafe verurteilt. Die Berufung des Angeklagten ist vom Landgericht verworfen worden. Gegen das Berufungsurteil hat der Angeklagte rechtzeitig Revision eingelegt. Das Landgericht hat sie durch Beschluß nach § 346 Abs. 1 StPO als unzulässig verworfen, weil der Angeklagte die Revisionsanträge und ihre Begründung nicht in der im § 345 StPO bestimmten Frist und Form angebracht hat. Gegen diesen Beschluß hat der Angeklagte fristgerecht auf die Entscheidung des Revisionsgerichts angetragen (§ 346 Abs. 2 Satz 1 StPO).

Das Oberlandesgericht in Hamm, das über diesen Antrag zu entscheiden hat, hat festgestellt, daß schon bei Erlaß des amtsgerichtlichen Urteils die Strafverfolgung verjährt war. Daher ist die Frage zu entscheiden, ob das Revisionsgericht, wenn der Tatrichter ein Verfahrenshindernis – hier die Verjährung der Strafverfolgung – übersehen und den Angeklagten verurteilt hat, auf eine rechtzeitig eingelegte, aber nicht ordnungsgemäß begründete Revision das Verfahren von sich aus wegen des Verfahrenshindernisses einzustellen hat oder ob die Revision wegen Nichteinhaltung der für die Revision vorgeschriebenen Frist und Form als unzulässig zu verwerfen ist.

Das Oberlandesgericht in Hamm möchte diese Frage in dem letztgenannten Sinn entscheiden. Es sieht sich hieran gehindert durch den Beschluß des Oberlandesgerichts in Neustadt vom 2. 2. 1955 (GA 1955, 185), der auf der entgegengesetzten Auffassung beruht. Daher hat es die Sache gemäß § 121 Abs. 2 GVG dem Bundesgerichtshof vorgelegt. – Das Rechtsmittel hatte Erfolg.

Gründe: In der Sache teilt der Senat im Gegensatz zu dem Generalbundesanwalt die Rechtsmeinung des Oberlandesgerichts in Neustadt.

1.

a) Das Reichsgericht hat in der Entscheidung RGSt 53, 235, 237 ausgesprochen, daß die Frage, ob in einer Strafsache die Untersuchung durch eine Straffreiheitsverordnung niedergeschlagen sei, vom Revisionsgericht auch dann geprüft werden müsse, wenn gegen das Urteil des Tatrichters nur rechtzeitig Revision eingelegt worden sei, auch wenn die Revisionsanträge nicht oder erst verspätet angebracht worden seien. Allgemein hat es dagegen in der Entscheidung RGSt 63, 15, 17 die Ansicht geäußert, das Revisionsgericht könne sich nur dann mit der Frage der Zulässigkeit des gerichtlichen Strafverfahrens befassen, wenn es sich um eine zulässige Revision handele.

Das Bayerische Oberste Landesgericht hat sich in seinem Beschluß vom 5. 5. 1953 (BayObLGSt 1953, 82 = NJW 1953, 1402 = JZ 1954, 580) auf den Standpunkt gestellt, den

---

[1] Die Rechtsprechung ist überholt. Vgl. BGH Beschl. v. 16. 6. 1961 – 1 StR 95/61 = BGHSt. 16, 115; vgl. § 346 StPO erfolglose Rügen und Beschl. v. 17. 7. 1968 – 3 StR 117/68 = BGHSt. 22, 213; vgl. § 346 erfolgreiche Rügen.

das Oberlandesgericht in Hamm vertritt. Früher war es in der Entscheidung BayObLGSt 24, 93 der Auffassung, es komme nur darauf an, ob die Revision rechtzeitig und formgerecht eingelegt sei; das Revisionsgericht müsse in diesem Falle beim Vorhandensein eines Verfahrenshindernisses das Verfahren auch dann einstellen, wenn die Revision unzulässig erscheine. Allerdings war bei der damals entschiedenen Sache das Verfahrenshindernis der Verjährung erst nach der Verkündung des tatrichterlichen Urteils entstanden. Für diesen Fall hat das Bayerische Oberste Landesgericht in seinem Beschluß vom 13. 5. 1953 (BayObLGSt 1953, 97 = NJW 1953, 1403 = JZ 1954, 581) im Ergebnis an der Entscheidung des BayObLGSt 24, 93 festgehalten. Wie das Oberlandesgericht in Neustadt hat früher das Kammergericht entschieden (DJZ 1926, 458). Der Entscheidung des Oberlandesgerichts in Oldenburg NdsRpfl 1953, 207 läßt sich für die zu lösende Rechtsfrage nichts entnehmen. Dort handelte es sich um eine Sache, in der die Revision mit der allgemeinen Sachrüge ordnungsgemäß begründet war. ...

2.

a) Der Senat verkennt nicht, daß die beiden Entscheidungen des Bayerischen Obersten Landesgerichts vom 5. und vom 13. 5. 1953 auf verschiedenartigen Gedankengängen beruhen, die an sich durchaus miteinander zu vereinbaren sind. Gleichwohl muß die Verschiedenartigkeit der Ergebnisse befremden. Einem unbefangenen Betrachter kann es kaum einleuchten, daß das Revisionsgericht – in beiden Fällen eine wirksam eingelegte, aber nicht ordnungsgemäß begründete und somit unzulässige Revision vorausgesetzt – das Verfahren zwar wegen eines erst nachträglich eingetretenen Hindernisses soll einstellen, dürfen und müssen, daß es aber dazu nicht in der Lage sei, wenn das Verfahren von Anfang an einem solchen Mangel leidet. Ein solches Ergebnis würde dem Gebot der Gerechtigkeit widerstreiten.

b) Grundsätzlich muß in jeder Lage des Verfahrens von Amtswegen geprüft werden, ob die Verfahrensvoraussetzungen gegeben sind und Verfahrenshindernisse fehlen. Mangelt es an einer Prozeßvoraussetzung oder liegt ein Verfahrenshindernis vor, so ist das Verfahren, je nach den Umständen endgültig oder vorläufig, einzustellen. Zu dieser Prüfung und gegebenenfalls zur Einstellung des Verfahrens ist auch das Revisionsgericht verpflichtet (BGHSt. 8, 269 [BGH Urt. v. 11. 11. 1955 – 1 StR 409/55; vgl. § 260 StPO erfolgreiche Rügen]; 11, 393 [BGH Urt. v. 26. 6. 1958 – 4 StR 145/58; vgl. § 206a StPO erfolgreiche Rügen]).

In ständiger Rechtsprechung haben das Reichsgericht und der Bundesgerichtshof auch anerkannt, daß selbst dann, wenn das Urteil des Tatrichters nur teilweise angefochten worden ist – z.B. nur im Strafausspruch oder hinsichtlich der Kostenentscheidung oder wegen einer von mehreren in Tatmehrheit stehenden Straftaten, für die der Tatrichter eine Gesamtfreiheitsstrafe festgesetzt hat – und daher teilweise bereits in Rechtskraft erwachsen ist, das Verfahren ohne Rücksicht auf die Teilrechtskraft soweit einzustellen ist, als das Fehlen der Verfahrensvoraussetzung oder das Vorhandensein des Verfahrenshindernisses sich auswirkt (BGHSt. 6, 304 [BGH Urt. v. 24. 9. 1954 – 2 StR 589/53; vgl. § 260 StPO erfolgreiche Rügen]; 8, 269; 11, 393; 13, 128 [BGH Beschl. v. 13. 5. 1959 – 4 StR 122/59; vgl. § 206a StPO erfolgreiche Rügen]). All diese Entscheidungen tragen der grundlegenden Bedeutung der Verfahrenshindernisse weitestgehend Rechnung. Einige von diesen Hindernissen haben sogar Verfassungsrang (vgl. Art. 46 Abs. 2, Art. 103 Abs. 3 GG).

Die Gerichte haben das Recht zu wahren. Es wäre daher eigenartig, wenn ein Gericht, das bei der Prüfung der Zulässigkeit einer rechtzeitig und wirksam eingelegten Revision erkennt, daß der Tatrichter ein Verfahrenshindernis übersehen hat, dem schwerwiegenden Rechtsmangel nicht sollte abhelfen können. Den Aufgaben und der Stellung eines Revisionsgerichts würde es nicht entsprechen, wenn es in einem solchen Falle das mit einem so grundlegenden Mangel behaftete Urteil durch eigene Entscheidung nach § 346 Abs. 2 StPO rechtskräftig werden lassen oder als rechtskräftig bestätigen müßte und den offensichtlich zu Unrecht Verurteilten auf den Weg der Gnade verweisen würde.

Ein solches Ergebnis müßte nur dann hingenommen werden, wenn es die Prozeßgesetze zwingend vorschreiben würden. Das ist aber nicht der Fall.

3.

Die Strafprozeßordnung enthält nur wenige Vorschriften, die sich mit den Verfahrensvoraussetzungen und den Verfahrenshindernissen ausdrücklich befassen. So ist z.B. ihr § 206a erst nachträglich – erstmals durch Verordnung vom 13. 8. 1942 (RGBl I, S. 12) – eingefügt worden. Das erklärt sich daraus, daß die Lehre von den Verfahrensvoraussetzungen und den Verfahrenshindernissen im wesentlichen von der Rechtslehre und ihr folgend von der Rechtsprechung erst nach dem Inkrafttreten der Strafprozeßordnung entwickelt worden ist.

Auch die Vorschriften der Strafprozeßordnung, die sich mit der Revision befassen, tragen der Lehre von den Verfahrensvoraussetzungen und den Verfahrenshindernissen keine Rechnung. So bestimmt § 352 Abs. 1 StPO, daß der Prüfung des Revisionsgerichts nur die gestellten Revisionsanträge unterliegen. Trotz dieses unzweideutigen Wortlauts haben sich die oben in Nr. 2b angeführten Entscheidungen in Übereinstimmung mit der einhelligen Auffassung des Schrifttums auf den Standpunkt gestellt, daß das Fehlen von Verfahrensvoraussetzungen und das Vorhandensein von Verfahrenshindernissen von Amts wegen zu beachten ist und daß daraus, unabhängig von Anträgen und Rügen des Beschwerdeführers, die gebotene Folgerung zu ziehen ist.

Im Zusammenhang mit § 352 Abs. 1 StPO ist die Bestimmung über den Inhalt der Revisionsrechtfertigung (§ 344 StPO) zu verstehen. Durch beide Vorschriften soll erreicht werden, daß das Revisionsgericht nicht genötigt ist, auf jede form- und fristgerecht eingelegte Revision hin das Urteil des Tatrichters auf sachliche Mängel und das gesamte Verfahren auf etwaige Fehler zu untersuchen. Der Beschwerdeführer soll vielmehr dem Revisionsgericht erklären, ob er das ergangene Urteil für sachlich falsch hält oder ob er Verfahrensfehler, und zwar bestimmt bezeichnete Verfahrensverstöße (§ 344 Abs. 2 Satz 2 StPO), geltend machen will. Soweit er sich durch das Urteil als solches oder durch den Verlauf des Verfahrens nicht beschwert fühlt und das Revisionsgericht nicht auf die seiner Meinung nach vorhandenen Fehler hinweist, ist das Revisionsgericht nicht zu einer Nachprüfung verpflichtet und berechtigt. Gerade diese Einschränkung des Prüfungsumfanges trifft aber, wie oben schon mehrfach hervorgehoben, für Verfahrensvoraussetzungen und Verfahrenshindernisse nicht zu. Ihr Vorhandensein oder ihr Fehlen ist vielmehr von Amts wegen zu beachten und braucht deshalb vom Beschwerdeführer nicht geltend gemacht zu werden.

§ 344 StPO ist nicht um seiner selbst willen geschaffen worden; er findet seine Rechtfertigung darin, daß er die Pflicht und das Recht des Revisionsgerichts zur Nachprüfung umgrenzen soll. Erkennt man aber – wie es die Rechtsprechung und die Rechtslehre tun – an, daß das Revisionsgericht das Vorhandensein der Verfahrensvoraussetzungen und das Fehlen von Verfahrenshindernissen in jeder Lage des Verfahrens von Amts wegen zu beachten hat, daß also insoweit eine Rüge des Beschwerdeführers nicht erforderlich ist, so ergibt sich daraus der Schluß, daß diese Prüfung von dem mit der Prüfung der Zulässigkeit einer Revision befaßten Gericht auch dann vorzunehmen ist, wenn der Beschwerdeführer das Urteil des Tatrichters mit der Revision nur rechtzeitig und wirksam angefochten, sein Rechtsmittel aber nicht oder nicht ordnungsgemäß begründet hat.

4.

Die Einstellung des Verfahrens wegen eines von Anfang an vorliegenden Verfahrenshindernisses ist somit auch dann geboten, wenn der Beschwerdeführer nur durch rechtzeitige und wirksame Einlegung der Revision den Eintritt der Rechtskraft des Urteils verhindert hat (§ 343 Abs. 1 StPO). Damit wird der schon vom Oberlandesgericht in Neustadt a.a.O. S. 189 zutreffenderweise unter Hinweis auf die Entscheidung des Reichsgerichts RGSt 68, 120, 124 hervorgehobene Grundsatz bestätigt, daß das Revisionsgericht nicht auf die

Nachprüfung solcher Rechtsverstöße des Tatrichters beschränkt ist, die er hatte vermeiden können, sondern dafür zu sorgen hat, daß das angegriffene Urteil dem zur Zeit seiner Entscheidung geltenden Recht entspricht.

Erfolglose Rügen

1. Der Antrag auf Entscheidung des Revisionsgerichts nach § 346 II StPO kann nach dem entsprechend anwendbaren § 306 I StPO nur bei dem Tatrichter gestellt werden.

StPO § 346 – BGH Beschl. v. 16. 3. 1990 – 3 StR 324/89 (= BGHR StPO § 346 Abs. 2 Antrag 1)

Der Antragsteller hat, nach dem das Landgericht seine Revision wegen Versäumung der Revisionsbegründungsfrist als unzulässig verworfen hat, beim BGH Antrag auf Entscheidung des Revisionsgerichts gestellt.

Sachverhalt: Das Landgericht hat den Beschwerdeführer zu einer Gesamtfreiheitsstrafe verurteilt. Nachdem er gegen dieses Urteil verspätet Revision eingelegt hatte, hat ihm der Senat durch Beschluß vom 8. 9. 1989 wegen Versäumung der Revisionseinlegungsfrist Wiedereinsetzung in den vorigen Stand gewährt. Dieser Beschluß ist dem Beschwerdeführer formlos mitgeteilt und seiner Verteidigerin am 16. 9. 1989 zugestellt worden. Daraufhin wurde auf Anordnung des Vorsitzenden der Strafkammer das angefochtene Urteil der Verteidigerin am 29. 9. 1989 zugestellt und dem Beschwerdeführer formlos übersandt. Die einmonatige Revisionsbegründungsfrist lief daher am Montag, dem 30. 10. 1989 ab (§ 345 Abs. 1 StPO). Das Landgericht hat die Revision durch Beschluß vom 31. 10. 1989 gemäß § 346 Abs. 1 StPO als unzulässig verworfen, weil die Revisionsanträge nicht fristgerecht angebracht worden sind. Dieser Beschluß ist dem Beschwerdeführer formlos übersandt und der Verteidigerin am 6. 11. 1989 zugestellt worden. Gegen ihn richtet sich der beim Bundesgerichtshof angebrachte Antrag vom 13. 11. 1989 auf Entscheidung des Revisionsgerichts gemäß § 346 Abs. 2 StPO. – Das Rechtsmittel war erfolglos.

Gründe: Dieser Antrag ist zulässig. Allerdings ist er bei dem Landgericht erst am 16. 11. 1989, also verspätet d.h. nach Ablauf der Wochenfrist des § 346 Abs. 2 StPO, eingegangen. Dorthin hatte ihn der Bundesgerichtshof weitergeleitet. Denn der Bundesgerichtshof war für die Anbringung nicht zuständig. Der Antrag auf Entscheidung des Revisionsgerichts nach § 346 Abs. 2 StPO kann nach dem entsprechend anwendbaren § 306 Abs. 1 StPO nur bei dem Tatrichter gestellt werden (BGH, Beschluß vom 7. 11. 1972 – 5 StR 578/72; a.A. KG JR 1978, 84; OLG Düsseldorf OLGSt S. 3; vgl. auch BGH NJW 1977, 964 [BGH Beschl. v. 21. 12. 1976 – 1 StR 236/76; vgl. § 346 StPO erfolglose Rügen]). Dies gilt jedenfalls dann, wenn das Verfahren – wie hier – noch nicht beim Bundesgerichtshof anhängig ist. Die vom Oberlandesgericht Düsseldorf a.a.O. vertretene abweichende Auffassung beruht auf einer entsprechenden Anwendung des § 306 Abs. 1 Satz 2 und des § 311 Abs. 2 Satz 2 StPO a.F. Diese Bestimmungen ließen die Einlegung der Beschwerde auch beim Beschwerdegericht zu. Sie können jetzt aber schon deswegen nicht mehr entsprechend angewendet werden, weil sie durch Art. 4 Nr. 1 des Gesetzes zur Änderung des OWiG, des StVG und anderer Gesetze vom 7. 7. 1986 (BGBl. I S. 977) aufgehoben worden sind. Nach dem Willen des Gesetzgebers sollten hierdurch alle strafprozessualen Rechtsmittel hinsichtlich ihrer Einlegung bei dem iudex a quo (Ausgangsgericht) systematisch gleichgestellt werden (Bericht des Rechtsausschusses des Deutschen Bundestages in BT-Drucks. 10/5083 S.23). Die Belehrung in dem Beschluß des Landgerichts vom 31. 10. 1989, wonach das Gesuch nach § 346 Abs. 2 StPO innerhalb der Wochenfrist „hier oder beim Bundesgerichtshof in Karlsruhe" eingehen müsse, traf daher nicht zu. Wegen der unrichtigen Belehrung trifft den Beschwerdeführer kein Verschulden an der Einreichung des Gesuchs beim Bundesgerichtshof und der dadurch bedingten Versäumung der beim Landgericht wahrzunehmenden Wochenfrist. Ihm ist daher auch § 45 Abs. 2 Satz 3 StPO von Amts wegen Wiedereinsetzung in den vorigen Stand zu gewähren.

Der Antrag auf Entscheidung des Revisionsgerichts nach § 346 Abs. 2 StPO ist jedoch unbegründet. Denn der Beschwerdeführer hat die Revision nicht fristgerecht begründet, so daß sie das Landgericht mit Recht als unzulässig verworfen hat. Die nachträglich beim Bundesgerichtshof eingereichte Revisionsbegründung vom 19. 1. 1990 ist unzulässig, weil die Frist zur Begründung der Revision bereits am 30. 10. 1989 abgelaufen war.

Der Antrag der Verteidigerin des Beschwerdeführers vom 13. 11. 1989, ihm gegen die Versäumung der Revisionsbegründungsfrist Wiedereinsetzung in den vorigen Stand zu gewähren, ist unzulässig. Denn innerhalb der am 13. 11. 1989 abgelaufenen Wochenfrist des § 45 Abs. 1 StPO ist kein Sachverhalt vorgetragen worden, aus dem sich ergibt, daß den Beschwerdeführer an der Versäumung der Revisionsbegründungsfrist kein Verschulden trifft (vgl. BGH, Beschluß vom 24. 8. 1977 – 3 StR 220/77). Anlaß für einen solchen Vortrag bestand hier um so mehr, als der Senat in dem dem Beschwerdeführer selbst mitgeteilten Beschluß vom 8. 9. 1989 ausdrücklich auf die Notwendigkeit der Revisionsbegründung innerhalb eines Monats hingewiesen hat. Auch ist die im Wiedereinsetzungsantrag angekündigte Begründung zunächst ausgeblieben und erst – 2 Monate später – nach Antragstellung durch den Generalbundesanwalt nachgeholt worden. In der verspäteten Begründung vom 19. 1. 1990 wird im übrigen nicht glaubhaft gemacht, daß den Beschwerdeführer neben dem Verschulden seiner Verteidigerin kein eigenes Mitverschulden trifft.

2. Antrag auf gerichtliche Entscheidung gegen Verwerfungsbeschluß ist bei dem Gericht anzubringen, das die angefochtene Entscheidung erlassen hat.

StPO § 346 – BGH Beschl. v. 21. 12. 1976 – 1 StR 236/76 BayObLG (= NJW 1977, 964)

Der Antragsteller hat in einem Bußgeldverfahren gegen einen Beschluß des Amtsgerichts, mit dem die Rechtsbeschwerde wegen Versäumung der Begründungsfrist als unzulässig verworfen worden ist, den Antrag auf gerichtliche Entscheidung beim Revisionsgericht eingereicht.

Sachverhalt: Das Amtsgericht hat durch Beschluß vom 21. 7. 1975 gegen den Betroffenen wegen einer fahrlässigen Verkehrsordnungswidrigkeit eine Geldbuße von 100 DM festgesetzt. Gegen diesen am 30. 7. 1975 zugestellten Beschluß hat der Betroffene am 6. 8. 1975 „Einspruch" eingelegt. Das Amtsgericht hat den Einspruch als Rechtsbeschwerde angesehen; es hat das Rechtsmittel durch Beschluß vom 16. 9. 1975 als unzulässig verworfen, „weil der Betroffene trotz entsprechender Belehrung die erforderlichen Anträge nicht in einer von dem Verteidiger oder einem anderen Rechtsanwalt unterzeichneten Schrift oder zu Protokoll der Geschäftsstelle angebracht" habe. Gegen diesen am 19. 9. 1975 zugestellten Beschluß hat der Betroffene durch einen an das BayObLG gerichteten und dort am 26. 9. 1975 eingegangenen Schriftsatz eines Rechtsanwalts auf die Entscheidung des Rechtsbeschwerdegerichts angetragen. Der Schriftsatz ist an das Amtsgericht weitergeleitet worden und dort am 1. 10. 1975 eingegangen.

Der 1. Senat für Bußgeldsachen des BayObLG möchte den Antrag als fristgerecht ansehen, da zur Wahrung der Frist des § 346 II StPO i.V. mit § 79 III OWiG die Einreichung des Antrags beim Revisionsgericht (Rechtsbeschwerdegericht) genüge. Er sieht sich daran jedoch durch den Beschluß des 3. Strafsenats des OLG Düsseldorf vom 6. 10. 1972 – 3 Ws (OWi) 157/72 – gehindert. Nach dieser Entscheidung stellt der Antrag nach § 346 II StPO keine besonders ausgestattete Form der Beschwerde dar, sondern einen Teil des Rechtsmittelverfahrens; deshalb sei er bei dem Gericht anzubringen, dessen Entscheidung angefochten werde.

Das BayObLG hat gemäß § 121 II GVG die Sache dem BGH zur Entscheidung vorgelegt. – Das Rechtsmittel war erfolglos.

Gründe: § 121 II GVG ist für die Rechtsbeschwerde i.S. des OWiG entsprechend anwendbar (§ 79 III OWiG; BGHSt. 23, 365 [366][1] = NJW 1971, 106). Die Vorschrift kommt auch zum Zuge, wenn ein OLG bei einem Beschluß nach § 346 II StPO von der Entscheidung eines anderen Revisionsgerichts abweichen will, da das OLG in einem solchen Fall nicht als Beschwerdegericht nach § 121 I Nr. 2 GVG, sondern als Revisionsgericht nach § 121 I Nr. 1a oder b GVG entscheidet (BGHSt. 11, 152 [154, 155] [BGH Beschl. v. 21. 1. 1958 – 1 StR 236/57; vgl. § 233 StPO erfolglose Rügen]).

Die Voraussetzungen der Vorlage sind jedoch nicht gegeben. Denn der 5. Strafsenat des BGH hat durch den – nicht veröffentlichten – Beschluß vom 7. 11. 1972 – 5 StR 578/72 einen Antrag auf Entscheidung des Revisionsgerichts nach § 346 II StPO als unzulässig verworfen mit der Begründung, er habe fristwahrend nur bei dem Gericht, dessen Entscheidung angefochten wurde, gestellt werden können. In diesem Beschluß teilt der BGH also die Rechtsansicht des OLG Düsseldorf. Damit erledigt sich die Vorlagepflicht des BayObLG. Der Zweck des § 121 II GVG, die Einheitlichkeit der höchstrichterlichen Rechtsprechung in Strafsachen zu sichern, ist erreicht, wenn eine zwischen den Oberlandesgerichten streitige Rechtsfrage durch den BGH entschieden ist; für eine wiederholte Entscheidung derselben Rechtsfrage ist im Bereich des § 121 II GVG kein Raum (BGH, LM § 121 GVG Nr. 11; BGHSt. 13, 149[2] = NJW 1954, 1450). Eine solche Entscheidung ist auch nicht deshalb erforderlich, weil das BayObLG einen anderen Standpunkt einnimmt als der BGH; denn von dessen Beschluß vom 7. 11. 1972 wollte das vorlegende Gericht nicht abweichen, weil es ihn noch nicht kannte.

3. Vom Tatrichter übersehenes Verfahrenshindernis bei nicht ordnungsgemäß begründeter Revision nicht von Amts wegen zu berücksichtigen (Abweichung von BGHSt. 15, 203 [BGH Beschl. v. 9. 11. 1960 – 4 StR 407/60; vgl. § 346 StPO erfolgreiche Rügen]).

StPO § 346 – BGH Beschl. v. 16. 6. 1961 – 1 StR 95/61 BayObLG (= BGHSt. 16, 115 = NJW 1961, 1684 = MDR 1961, 952)

Revision von Amts wegen.

Sachverhalt: Durch Urteil des Amtsgerichts vom 6. 10. 1960 wurde die Angeklagte zu einer Geldstrafe verurteilt, weil sie es in der Zeit von September 1959 bis Mai 1960 versäumt hatte, ihre schulpflichtige Tochter zum Schulbesuch anzuhalten.

Gegen dieses Urteil hat die Angeklagte rechtzeitig und formgerecht Revision eingelegt, jedoch die Frist zur Rechtfertigung der Revision versäumt (§§ 345 f. StPO). Das Amtsgericht hat daraufhin die Revision durch Beschluß als unzulässig verworfen (§ 346 Abs. 1 StPO).

Gegen die Verwerfung der Revision als unzulässig hat die Angeklagte fristgerecht auf Entscheidung des Revisionsgerichts angetragen (§ 346 Abs. 2 StPO).

---

1 „Die Vorlegungsvoraussetzungen des § 121 II GVG sind gegeben. Die Vorschrift gilt unmittelbar zwar nur für Entscheidungen der Oberlandesgerichte in Strafsachen. § 79 III OWiG ergibt aber, daß sie für die Rechtsbeschwerde dieses Gesetzes entsprechend gilt. § 79 III OWiG nennt allerdings den Antrag auf Zulassung der Rechtsbeschwerde nicht ausdrücklich. Das schließt jedoch eine entsprechende Anwendung des § 121 II GVG auf Entscheidungen im Zulassungsverfahren zumindest insoweit nicht aus, als es bei ihnen darum geht, daß der Antrag auf Zulassung der Rechtsbeschwerde möglicherweise verworfen werden muß. Eine solche Entscheidung betrifft mittelbar die Rechtsbeschwerde. Dies folgt aus § 80 II Satz 2 und III Satz 4 OWiG, die bestimmen, daß der Antrag als vorsorglich eingelegte Rechtsbeschwerde und diese, wenn der Antrag verworfen wird, als zurückgenommen gilt." (BGH Beschl. v. 27. 10. 1970 – 5 StR 347/70).
2 (Leitsatz) „Hat der Bundesgerichtshof eine Rechtsfrage entschieden und will anschließend ein Oberlandesgericht ebenso entscheiden, so ist es hieran nicht dadurch gehindert, daß ein anderes Oberlandesgericht nachträglich vom Bundesgerichtshof abgewichen ist, ohne ihm die Sache vorzulegen (im Anschluß an BGHZ 15,151)." (BGH Beschl. v. 13. 5. 1959 – 4 StR 115/59).

Das Bayerische Oberste Landesgericht möchte diesen Antrag verwerfen. Es sieht sich jedoch daran durch die Entscheidung des 4. Strafsenats des Bundesgerichtshofs vom 9. 11. 1960 – 4 StR 407/60 – (BGHSt. 15, 203) gehindert. Nach dieser Entscheidung müßte das Verfahren auf die Revision eingestellt werden, weil das Amtsgericht übersehen hat, daß die Straftat verjährt war; denn die erste zur Unterbrechung der Strafverfolgungsverjährung geeignete richterliche Handlung bestand in dem Eröffnungsbeschluß des Amtsgerichts, der am 6. 9. 1960, also mehr als drei Monate nach der letzten im Mai 1960 begangenen Zuwiderhandlung, erging (§ 67 Abs. 3 StGB). Das Bayerische Oberste Landesgericht hat deshalb die Sache dem Bundesgerichtshof gemäß § 121 Abs. 2 GVG vorgelegt. – Das Rechtsmittel war erfolglos.

Gründe: In der Sache selbst tritt der Senat dem Bayerischen Obersten Landesgericht bei.

Der 4. Strafsenat des Bundesgerichtshofs hat seine auf Billigkeitserwägungen beruhende Entscheidung in der Annahme getroffen, daß keine zwingenden verfahrensrechtlichen Grundsätze im Wege stünden, auch im Falle einer nicht rechtzeitig begründeten Revision ein vom Instanzgericht übersehenes Verfahrenshindernis zu berücksichtigen und das Verfahren einzustellen. Dieser Annahme kann der Senat nicht zustimmen. Kein Gericht kann seinen eigenen einmal gefällten Urteilsspruch ändern, wenn es ihn nachträglich als fehlerhaft erkennt. Nur ein zulässiges und wirksam angebrachtes Rechtsmittel verleiht dem übergeordneten Gericht die Befugnis, ein angefochtenes Urteil zu überprüfen und erforderlichenfalls in seinen Bestand einzugreifen. Diese verfahrensrechtlichen Grundsätze gelten für alle Verfahrensarten. Sie werden nicht dadurch berührt, daß der Gesetzgeber die Zulässigkeit der Revision in Strafsachen und damit die Befugnis des Rechtsmittelgerichts zur Nachprüfung des angefochtenen Urteils nicht nur von der Einlegung des Rechtsmittels, sondern außerdem von einer binnen bestimmter Frist und in besonderer Form anzubringenden Begründung abhängig macht. Sie werden auch nicht dadurch außer Geltung gesetzt oder eingeschränkt, daß er in den §§ 319 und 346 StPO die Befugnis zur Verwerfung unzulässiger Rechtsmittel teilweise den Instanzgerichten übertrug, um die Rechtsmittelgerichte zu entlasten. Im Gegenteil wird die Unverbrüchlichkeit dieser Grundsätze durch beide Regelungen noch bestärkt und bestätigt. Zusätzliche gesetzliche Erschwerungen eines Rechtsmittels können ihrer Zweckbestimmung nach nicht die entgegengesetzte Wirkung haben, Eingriffe in den Bestand des angefochtenen Urteils zu erleichtern, nämlich auch in den Fällen möglich zu machen, in denen die Sache nicht durch ein zulässiges Rechtsmittel zur sachlichen Nachprüfung dem Rechtsmittelgericht unterbreitet worden ist.

Die den Instanzgerichten verliehene, auf bestimmt bezeichnete Fälle beschränkte Befugnis, unzulässige Rechtsmittel zu verwerfen, zeigt einmal an, daß sich die Befassung dieser Gerichte mit ihren eigenen Urteilen auf die bloße Prüfung der Zulässigkeit des Rechtsmittels beschränkt und in dieser begrenzten Abwehrfunktion erschöpft. Sie bestätigt zum anderen, daß der Gesetzgeber die Zulässigkeit des Rechtsmittels als eine immer für sich im voraus zu klärende Voraussetzung dafür ansieht, daß das Rechtsmittelgericht das angefochtene Urteil überprüfen und es ändern oder aufheben darf, falls es Rechtsfehler feststellen muß, auf denen das Urteil beruht oder beruhen kann. Dabei kommt es in diesem Zusammenhang nicht auf die Art des Rechtsfehlers an. Zwar bestehen Unterschiede insofern, als das Revisionsgericht einen sachlichen Rechtsfehler schon auf die rechtzeitige allgemeine Sachrüge hin berücksichtigen darf und muß, einen Verfahrensfehler jedoch nur unter der Voraussetzung, daß er in der Revisionsbegründung rechtzeitig, formgerecht und zutreffend gerügt worden ist, während es das Fehlen einer Verfahrensvoraussetzung oder das Vorliegen eines Verfahrenshindernisses ohne jede ausdrückliche oder allgemeine Rüge von Amts wegen beachten muß. In jedem Falle ist aber die Berücksichtigung eines Rechtsfehlers daran geknüpft, daß das Rechtsmittelgericht überhaupt in zulässiger Weise mit der Sache selbst befaßt wird. Das kann bei der Revision nur durch die rechtzeitige Einlegung und durch die in rechter Form und Frist erklärte Begründung des Rechtsmittels geschehen. Nicht nur die verspätet ausgesprochene Einlegung, sondern auch die nicht in rechter Form oder Frist erklärte Begründung macht die Revision als solche unzulässig (§ 346 Abs. 1 StPO). Mit der rechtzeitigen Einlegung der Revision allein ist die Sache noch nicht dem Revisionsgericht in der Weise unterbreitet, daß es in der Lage wäre, irgendeinen Rechtsfehler zu berücksichtigen und zum Anlaß zu einem Eingriff in den Bestand des Urteils zu nehmen. Erst die außerdem in rechter Form und Frist erklärte Begründung gibt ihm die Befugnis dazu.

Im übrigen vermag der Senat auch unter dem Gesichtspunkt der Gerechtigkeit der Entscheidung nicht einzusehen, weshalb es wohl erträglich sein soll, die unzulässige Revision gegen ein Urteil, das schwere sachliche Rechtsfehler enthält, zu verwerfen, es jedoch ein unabwendbares Gebot der Gerechtigkeit sei, daß die unzulässige Revision bei einem übersehen Verfahrenshindernis zur Aufhebung des Urteils und zur Einstellung des Verfahrens führen müsse. Die Bedeutung der Verfahrensvoraussetzungen soll nicht geschmälert werden, es muß aber bestritten werden, daß Fehler der Beurteilung, die in diesem Bereich vorkommen, grundsätzlich schwerer wiegen als Fehler bei der Anwendung des sachlichen Rechts.

Da schon diese Erwägungen entscheidend für das vom Bayerischen Obersten Landesgericht erstrebte Ergebnis sprechen, braucht nicht untersucht zu werden, ob nicht weitere Gründe für die hier vertretene Rechtsmeinung aus der Erwägung geschlossen werden können, daß das nur durch ein unzulässiges Rechtsmittel angefochtene Urteil bereits in Rechtskraft erwachsen ist. Ebensowenig kommt es noch auf die Überlegungen an, die das Bayerische Oberste Landesgericht in seinem Vorlegungsbeschluß den Billigkeitserwägungen des 4. Strafsenats des Bundesgerichtshofs entgegengesetzt hat.

Der 4. Strafsenat hat auf Anfrage mitgeteilt, daß er an seiner in der Entscheidung BGHSt. 15, 203 niedergelegten Auffassung nicht festhalte. Von den übrigen Strafsenaten des Bundesgerichtshofs ist, wie diese auf Anfrage mitgeteilt haben ebenso wie von dem erkennenden Senat in Übereinstimmung mit der früheren Rechtsprechung niemals anders verfahren worden.

§ 347 StPO

(1) Ist die Revision rechtzeitig eingelegt und sind die Revisionsanträge rechtzeitig und in der vorgeschriebenen Form angebracht, so ist die Revisionsschrift dem Gegner des Beschwerdeführers zuzustellen. Diesem steht frei, binnen einer Woche eine schriftliche Gegenerklärung einzureichen. Der Angeklagte kann letztere auch zu Protokoll der Geschäftsstelle abgeben.

(2) Nach Eingang der Gegenerklärung oder nach Ablauf der Frist sendet die Staatsanwaltschaft die Akten an das Revisionsgericht.

Erfolgreiche Rügen

1. Art. 103 I 1 GG verlangt, daß dem Angeklagten, der Revision eingelegt hat, eine Gegenerklärung der Staatsanwaltschaft vor der Entscheidung über die Revision zur Kenntnis gebracht wird, wenn sie für die Beurteilung von Verfahrensrügen erhebliche neue Tatsachen oder Beweisergebnisse enthält (BVerfG Beschl. v. 13. 2. 1958 – 1 BvR 56/57).

Erfolgreiche Rügen

1. Art. 103 I GG verlangt, daß dem Angeklagten, der Revision eingelegt hat, eine Gegenerklärung der Staatsanwaltschaft vor der Entscheidung über die Revision zur Kenntnis gebracht wird, wenn sie für die Beurteilung von Verfahrensrügen erhebliche neue Tatsachen oder Beweisergebnisse enthält.

StPO § 347 – BVerfG Beschl. v. 13. 2. 1958 – 1 BvR 56/57 (= BVerfGE 7, 275)

Der Beschwerdeführer rügt Verletzung von Art. 103 Abs. 1 GG durch einen Beschluß des Bundesgerichtshofs, mit dem seine Revision als offensichtlich unbegründet verworfen worden ist. Er ist der Ansicht, die mit der Revisionsgegenerklärung der Staatsanwaltschaft zu den Akten gereichten entscheidungserheblichen dienstlichen Äußerungen der Richter des Ursprungsverfahrens hätten ihm vor der Entscheidung des Strafsenats bekanntgemacht werden müssen, um ihm Gelegenheit zur Stellungnahme zu geben.

Sachverhalt: Der Beschwerdeführer war durch Urteil des Landgerichts Mosbach vom 24. 10. 1956 wegen versuchter Notzucht und Nötigung verurteilt worden. Mit der Revision rügte er u.a., § 258 StPO sei dadurch verletzt worden, daß während des Plädoyers seines Verteidigers der Vorsitzende sich längere Zeit mit einem Beisitzer unterhalten habe, wofür er sich auf das Zeugnis des Verteidigers und eines Referendars berief. Der Oberstaatsanwalt, der selbst die Staatsanwaltschaft in der Sitzung vertreten hatte, trug in der Revisionsgegenerklärung vor, diese Unterhaltung habe allerhöchstens 1/2 Minute gedauert; zum Beweis hierfür gab er in der Gegenerklärung von ihm eingeholte dienstliche Äußerungen der beiden beteiligten Richter wieder, in denen diese von einer kurzen Verständigung sprechen, die sie nicht daran gehindert habe, den Ausführungen des Verteidigers volle Aufmerksamkeit zuzuwenden. Der Bundesgerichtshof verwarf die Revision durch Beschluß als offensichtlich unbegründet, fügte aber eine kurze Begründung bei. Der Beschluß lautet:

„Die Revision des Angeklagten gegen das Urteil des Landgerichts Mosbach vom 24. 10. 1956 wird nach § 349 Abs. 2 StPO als offensichtlich unbegründet verworfen. Der Beschwerdeführer hat die Kosten des Rechtsmittels zu tragen.

1. Die Hilfserwägung UA S. 4 (letzter Satz) gefährdet das Urteil nicht; es wird von der im übrigen zutreffenden Begründung getragen.

2. Die Verfahrensrüge greift nicht durch; es hat sich nach den dienstlichen Äußerungen der beteiligten Richter nur um eine kurze Verständigung gehandelt, durch die die Richter in ihrer Aufmerksamkeit nicht beeinträchtigt wurden."

Die Gegenerklärung der Staatsanwaltschaft war dem Beschwerdeführer nicht mitgeteilt worden, von den darin wiedergegebenen dienstlichen Äußerungen hatte er keine Kenntnis. – Die Verfassungsbeschwerde hatte Erfolg.

Gründe:

1. Nach § 347 StPO steht es im Falle der Einlegung einer Revision dem Gegner des Revisionsführers frei, binnen einer Woche nach Zustellung der Revisionsbegründung eine schriftliche Gegenerklärung einzureichen. Ziff. 144 der von den Landesjustizverwaltungen einheitlich erlassenen Richtlinien für das Strafverfahren vom 1. 8. 1953 macht es dem Staatsanwalt zur Pflicht, eine Gegenerklärung abzugeben, wenn das Urteil wegen eines Verfahrensmangels angefochten wird, damit die Prüfung der Revisionsbeschwerde erleichtert wird und zeitraubende Rückfragen und Erörterungen vermieden werden. Die Gegenerklärung soll nach den Richtlinien die Tatsachen, auf die sich die Verfahrensrüge erstreckt, erschöpfend darstellen; die in Betracht kommenden Aktenstehlen sind abschriftlich wiederzugeben. In der Regel enthält die Gegenerklärung der Staatsanwaltschaft nur eine Zusammenstellung der für die Beurteilung der Verfahrensrüge erheblichen Akten- und Proto-

kollstellen; die Richtlinien bezeichnen es aber als zweckmäßig, sofern die Verfahrensrüge sich auf einen Vorgang bezieht, der aus der Niederschrift über die Hauptverhandlung nicht ersichtlich und auch von dem die Sitzung wahrnehmenden Staatsanwalt nicht wahrgenommen worden ist, über den Vorgang eine Äußerung des Gerichts herbeizuführen. – Eine Zustellung der Gegenerklärung an den Revisionsführer ist nicht üblich und wird allgemein nicht für erforderlich gehalten.

2. Wie der Senat bereits wiederholt ausgesprochen hat, verlangt das Grundrecht auf rechtliches Gehör vor Gericht (Art. 103 Abs. 1 GG), daß einer gerichtlichen Entscheidung nur solche Tatsachen und Beweisergebnisse zugrunde gelegt werden, zu denen Stellung zu nehmen den Beteiligten Gelegenheit gegeben war (BVerfGE 5, 22 [24]; 6, 12 [14]; Beschluß v. 23. 1. 1958 – 1 BvR 271/57 –). Die Strenge, mit der das Bundesverfassungsgericht den Grundsatz des rechtlichen Gehörs vor Gericht immer wieder betont, beruht nicht nur darauf, daß die Anhörung der Beteiligten für eine allseitige Aufklärung des Sachverhalts in der Regel unumgänglich ist und daß es daher im Interesse einer richtigen Entscheidung ihnen möglich gemacht werden muß, von anderer Seite gegebene Darstellungen zu ergänzen oder zu berichtigen; neben dem Interesse an der Aufklärung der Tatsachen fordert dies die Würde der Person der Rechtsgenossen. Für das Revisionsverfahren in Strafsachen kann davon keine Ausnahme gelten. Daher muß dem Angeklagten zu einer Revisionsgegenerklärung der Staatsanwaltschaft Gehör gewährt werden, wenn sie neue Tatsachen oder Beweisergebnisse enthält, die für die Entscheidung über die Revision erheblich sein können.

Allerdings ist das Revisionsgericht in der Sache selbst auf eine Nachprüfung der Rechtsfragen beschränkt; neue Tatsachen können in der Revisionsinstanz grundsätzlich nicht berücksichtigt werden. Anders aber bei der Beurteilung von Verfahrensrügen:

Hier ermittelt das Revisionsgericht erforderlichenfalls den Sachverhalt im Wege des sogenannten „Freibeweises", bei dem es an die strengen Regeln der Strafprozeßordnung über die Beweisaufnahme nicht gebunden ist.

Im vorliegenden Fall hat der Strafsenat im Wege des Freibeweises die ihm übermittelten dienstlichen Äußerungen der beiden Richter der Strafkammer verwertet und das Beweisergebnis seiner Entscheidung zugrunde gelegt, ohne daß der Angeklagte Gelegenheit hatte, dazu Stellung zu nehmen. Hätte in der Revisionsinstanz eine Hauptverhandlung stattgefunden, so hätten in dieser die dem Angeklagten unbekannt gebliebenen dienstlichen Äußerungen zur Sprache kommen müssen; damit hätte der Angeklagte Gelegenheit gehabt, sie zur Kenntnis zu nehmen und sich zu ihnen zu äußern. Diese Möglichkeit entfällt bei einer Verwerfung nach § 349 StPO, bei der über die Revision ohne Hauptverhandlung entschieden wird. Der Generalbundesanwalt hat die Ansicht vertreten, der Angeklagte könne, wenn die Revisionsgegenerklärung ihm nicht vor der Entscheidung über die Revision zur Stellungnahme mitgeteilt werde, sich dadurch Kenntnis von den darin wiedergegebenen dienstlichen Äußerungen verschaffen, daß er die Akten einsieht. Diese Möglichkeit ist aber nicht ausreichend; denn weder der Angeklagte noch der Verteidiger erfahren überhaupt, ob eine Gegenerklärung abgegeben worden ist und gegebenenfalls ob darin dem Revisionsgericht etwa neues Tatsachenmaterial zur Beurteilung von Verfahrensrügen unterbreitet wird. Allerdings könnte Ziff. 144 der oben erwähnten Richtlinien für das Strafverfahren, obwohl sie keine Rechtsnormen sind, sondern vornehmlich innerdienstliche Anweisungen der Landesjustizverwaltungen an die Strafverfolgungsbehörden enthalten, dem Verteidiger, der Verfahrensrügen erhoben hat, Anlaß geben, mit der Abgabe einer Gegenerklärung seitens der Staatsanwaltschaft zu rechnen. Aber wie erwähnt trägt diese Gegenerklärung meist nur formalen Charakter, ihre Kenntnis ist daher für die Verteidigung in der Regel ohne besondere Bedeutung. Infolgedessen kann dem Verteidiger nicht zugemutet werden, auf die bloße Möglichkeit hin, daß die Staatsanwaltschaft dienstliche Äußerungen zu der Revisionsrüge einholt und mit ihrer Gegenerklärung vorlegt, in jeder Sache vorsorglich darum zu bitten, daß ihm nach Abgabe der Gegenerklärung Akteneinsicht gewährt wird. Zudem hat der Angeklagte, der keinen Verteidiger hat, überhaupt kein Recht auf Akteneinsicht; ihm gegenüber versagt die Verweisung auf diese Möglichkeit.

Es ist daher Sache des Revisionsgerichts, derartige Ermittlungen der Staatsanwaltschaft, falls es sie für erheblich hält, dem Angeklagten rechtzeitig vor einer Entscheidung über die Revision zur Kenntnis zu bringen oder sich zu vergewissern, daß dies geschehen ist. Wenn im Schrifttum und in der Praxis der Gerichte eine Mitteilung der Revisionsgegenerklärung an den Angeklagten allgemein für entbehrlich gehalten wird ohne Rücksicht darauf, ob sie solche Ermittlungen enthält, so verkennt diese Auffassung die Bedeutung des in Art. 103 Abs. 1 GG gewährleisteten Grundrechts.

Hiergegen läßt sich nicht einwenden, das Revisionsgericht habe die gerügten Verfahrensverstöße von Amts wegen zu prüfen. Das Bundesverfassungsgericht hat bereits in anderem Zusammenhang (BVerfGE 7, 53) ausgesprochen, daß das rechtliche Gehör auch bei gerichtlichen Verfahren mit Offizialmaxime gewährt werden muß. Daher hätten im vorliegenden Falle die dienstlichen Äußerungen dem Angeklagten oder seinem Verteidiger mitgeteilt werden müssen, zumal die Revision eine dem Ermittlungsergebnis widersprechende Gegendarstellung nicht nur gegeben, sondern sogar unter Beweis gestellt hatte. Die Unterlassung verletzt den Grundsatz des rechtlichen Gehörs.

3. Der angefochtene Beschluß *beruht* auch auf dieser Verletzung. Nach seinem Wortlaut muß angenommen werden, daß der Strafsenat seiner Entscheidung über die Verfahrensrüge die dienstlichen Äußerungen der beiden Richter zugrunde gelegt hat, mit anderen Worten, daß die Verwertung dieser Äußerungen ursächlich für den Verwerfungsbeschluß war. Für die Annahme, es handele sich bei dem Hinweis auf diese Äußerungen nur um eine lediglich unterstützend angefügte beiläufige Bemerkung, bietet der Wortlaut des Beschlusses keinen Anhalt; im Gegenteil fehlt jeder Hinweis darauf, daß der Strafsenat unabhängig von den fraglichen Äußerungen zu der vorliegenden Entscheidung gelangt ist. Der Vergleich mit Ziff. 1 der Begründung, in der die Rüge der Verletzung materiellen Rechts erörtert ist, bestätigt, daß unter Ziff. 2 der maßgebende Grund für die Verwerfung der Verfahrensrüge mitgeteilt werden sollte.

Ohne Belang ist es, ob der Bundesgerichtshof nicht aus anderen Erwägungen hätte dazu kommen können, die Verfahrensrüge zurückzuweisen. Der Generalbundesanwalt hat allerdings betont daß die Verfahrensrüge auf alle Fälle unbegründet gewesen sei, daß es daher auf die Äußerungen der beteiligten Richter gar nicht angekommen wäre. Für eine derartige hypothetische Beurteilung bietet das Verfahren der Verfassungsbeschwerde aber keinen Raum; es ist nicht Sache des Bundesverfassungsgerichts, Fragen des Strafverfahrensrechts zu entscheiden, sofern sie nicht den Bereich des Verfassungsrechts berühren. Daher darf es auch nicht dem Gericht, dessen Entscheidung mit der Verfassungsbeschwerde angegriffen wird, vorgreifen und selbst darüber urteilen, wie über die Rüge der Verletzung des § 258 Abs. 1 StPO zu entscheiden gewesen wäre. Die Stellung des Bundesverfassungsgerichts unterscheidet sich insoweit von der eines Revisionsgerichts, das nach näherer Maßgabe der Vorschriften der Verfahrensordnungen auch beim Vorliegen einer Gesetzesverletzung die Revision zurückweisen muß, wenn die angegriffene Entscheidung sich aus anderen Gründen als richtig erweist. Es mag sein, daß im vorliegenden Fall die Revisionsrüge auch ohne Heranziehung der Äußerungen der beteiligten Richter zu verwerfen gewesen wäre. Die Möglichkeit, daß die Verfahrensrüge zu einer Aufhebung des angefochtenen Urteils geführt hätte, kann aber nicht mit Sicherheit verneint werden, ohne Fragen des Strafverfahrensrechts zu entscheiden, zu deren Beurteilung das Bundesverfassungsgericht nicht berufen ist.

§ 348 StPO

(1) Findet das Gericht, an das die Akten gesandt sind, daß die Verhandlung und Entscheidung über das Rechtsmittel zur Zuständigkeit eines anderen Gerichts gehört, so hat es durch Beschluß seine Unzuständigkeit auszusprechen.

(2) Dieser Beschluß, in dem das zuständige Revisionsgericht zu bezeichnen ist, unterliegt keiner Anfechtung und ist für das in ihm bezeichnete Gericht bindend.

(3) Die Abgabe der Akten erfolgt durch die Staatsanwaltschaft.

§ 349 StPO

(1) Erachtet das Revisionsgericht die Vorschriften über die Einlegung der Revision oder die über die Anbringung der Revisionsanträge nicht für beobachtet, so kann es das Rechtsmittel durch Beschluß als unzulässig verwerfen.

(2) Das Revisionsgericht kann auf einen Antrag der Staatsanwaltschaft, der zu begründen ist, auch dann durch Beschluß entscheiden, wenn es die Revision einstimmig für offensichtlich unbegründet erachtet.

(3) Die Staatsanwaltschaft teilt den Antrag nach Absatz 2 mit den Gründen dem Beschwerdeführer mit. Der Beschwerdeführer kann binnen zwei Wochen eine schriftliche Gegenerklärung beim Revisionsgericht einreichen.

(4) Erachtet das Revisionsgericht die zugunsten des Angeklagten eingelegte Revision einstimmig für begründet, so kann es das angefochtene Urteil durch Beschluß aufheben.

(5) Wendet das Revisionsgericht Absatz 1, 2 oder 4 nicht an, so entscheidet es über das Rechtsmittel durch Urteil.

Erfolglose Rügen

1. Die zweiwöchige Frist zur Gegenerklärung nach § 349 III S. 2 StPO gilt nur für die Verwerfung einer Revision als unbegründet gemäß § 349 II StPO, nicht dagegen für die Verwerfung als unzulässig gemäß § 349 I StPO (BGH Beschl. v. 22. 9. 1995 – 4 StR 278/95).

Erfolglose Rügen

1. Die zweiwöchige Frist zur Gegenerklärung nach § 349 III S. 2 StPO gilt nur für die Verwerfung einer Revision als unbegründet gemäß § 349 II StPO, nicht dagegen für die Verwerfung als unzulässig gemäß § 349 I StPO.

StPO § 349 III – BGH Beschl. v. 22. 9. 1995 – 4 StR 278/95 LG Saarbrücken (= BGHR StPO § 349 Nr. 1)

Die Revision rügt, der BGH habe vor der Verwerfung der Revision als unzulässig nicht die zwei-Wochen-Frist zur Gegenerklärung auf den Antrag der Staatsanwaltschaft abgewartet.

Sachverhalt: Das Landgericht verurteilte den Angeklagten am 26. 5. 1994 zu einer Gesamtfreiheitsstrafe und ordnete seine Unterbringung in einem psychiatrischen Krankenhaus an. Gegen dieses Urteil legte der Angeklagte mit Schreiben vom 27. 5. 1994, eingegangen beim Landgericht am 1. 6. 1994, Revision ein. Unter dem 18. 5. 1995 beantragte der Generalbundesanwalt, die Revision zu verwerfen, da sie wegen Rechtsmittelverzichts (§ 302 Abs. 1 Satz 1 StPO) unzulässig sei. Mit Beschluß vom 8. 6. 1995 verwarf der Senat das Rechtsmittel gemäß § 349 Abs. 1 StPO als unzulässig. In den Gründen ist ausgeführt, daß sowohl der Angeklagte als auch sein Verteidiger nach Verkündung des angefochtenen Urteils wirksam auf Rechtsmittel verzichtet hatten.

Am 13. 6. 1995 verfaßte der Verurteilte eine „Gegenerklärung zum Antrag des Generalbundesanwalts vom 18. 5. 1995", die am 14. 6. 1995 einging. Mit Schreiben vom 30. 6. 1995 – ergänzt durch Schreiben vom 20. 9. 1995 – beantragt er nunmehr, ihm gemäß § 33a StPO nachträglich rechtliches Gehör zu gewähren und den die Revision verwerfenden Senatsbeschluß aufzuheben. Zur Begründung führt er aus, den Antrag des Generalbundesanwalts habe er erst am 2. 6. 1995 erhalten und innerhalb der Frist des § 349 Abs. 3 StPO erwidert; in der Sache trägt er im wesentlichen vor, er sei aufgrund von Fehlinformationen durch Verteidiger und Gericht zu dem Rechtsmittelverzicht bewegt worden. – Das Rechtsmittel war erfolglos.

Gründe: Die Voraussetzungen für die Nachholung des rechtlichen Gehörs nach § 33a StPO liegen nicht vor. Der Senat hat bei seiner Entscheidung über die Revision keine Tatsachen oder Beweisergebnisse verwertet, zu denen der damalige Angeklagte nicht gehört worden ist. Dem Senat lagen bei seiner Entscheidung mit der Revisionseinlegung des Verurteilten vom 27. 5. 1994 und seiner selbstverfaßten „Revisionsbegründung" vom 18. 7. 1994 ausführliche Stellungnahmen des Angeklagten vor. Insbesondere in dem erstgenannten Schreiben führt er – wie auch in seinen späteren Schreiben – bereits aus, er sei hinsichtlich der verhängten Maßregel falsch beraten worden. Der Antrag des Generalbundesanwalts vom 18. 5. 1995 enthält keine für den Angeklagten neuen Tatsachen oder Beweisergebnisse: Bei den Ausführungen zum Rechtsmittelverzicht handelt es sich um Rechtsausführungen; die zugrundeliegenden Tatsachen – vor allem, daß er in der Hauptverhandlung auf Rechtsmittel verzichtet hatte – waren dem Angeklagten bereits bei Revisionseinlegung bekannt. Es wurde auch kein Beweis erhoben über die Zulässigkeit der Revision.

Der Senat brauchte daher mit seiner Entscheidung nicht länger zu warten; die zweiwöchige Frist zur Gegenerklärung nach § 349 Abs. 3 Satz 2 StPO gilt nur für die Verwerfung einer Revision als unbegründet gemäß § 349 Abs. 2 StPO, nicht dagegen für die Verwerfung als unzulässig gemäß § 349 Abs. 1 StPO.

§ 350 StPO

(1) Dem Angeklagten und dem Verteidiger sind Ort und Zeit der Hauptverhandlung mitzuteilen. Ist die Mitteilung an den Angeklagten nicht ausführbar, so genügt die Benachrichtigung des Verteidigers.

(2) Der Angeklagte kann in der Hauptverhandlung erscheinen oder sich durch einen mit schriftlicher Vollmacht versehenen Verteidiger vertreten lassen. Der Angeklagte, der nicht auf freiem Fuße ist, hat keinen Anspruch auf Anwesenheit.

(3) Hat der Angeklagte, der nicht auf freiem Fuße ist, keinen Verteidiger gewählt, so wird ihm, falls er zu der Hauptverhandlung nicht vorgeführt wird, auf seinen Antrag vom Vorsitzenden ein Verteidiger für die Hauptverhandlung bestellt. Der Antrag ist binnen einer Woche zu stellen, nachdem dem Angeklagten der Termin für die Hauptverhandlung unter Hinweis auf sein Recht, die Bestellung eines Verteidigers zu beantragen, mitgeteilt worden ist.

§ 351 StPO

(1) Die Hauptverhandlung beginnt mit dem Vortrag eines Berichterstatters.

(2) Hierauf werden die Staatsanwaltschaft sowie der Angeklagte und sein Verteidiger mit ihren Ausführungen und Anträgen, und zwar der Beschwerdeführer zuerst, gehört. Dem Angeklagten gebührt das letzte Wort.

§ 352 StPO

(1) Der Prüfung des Revisionsgerichts unterliegen nur die gestellten Revisionsanträge und, soweit die Revision auf Mängel des Verfahrens gestützt wird, nur die Tatsachen, die bei Anbringung der Revisionsanträge bezeichnet worden sind.

(2) Eine weitere Begründung der Revisionsanträge als die in § 344 Abs. 2 vorgeschriebene ist nicht erforderlich und, wenn sie unrichtig ist, unschädlich.

§ 353 StPO

(1) Soweit die Revision für begründet erachtet wird, ist das angefochtene Urteil aufzuheben.

(2) Gleichzeitig sind die dem Urteil zugrunde liegenden Feststellungen aufzuheben, sofern sie durch die Gesetzesverletzung betroffen werden, wegen deren das Urteil aufgehoben wird.

Erfolglose Rügen

1. Bindung des Gerichts an Feststellungen zu verjährten Straftaten trotz teilweiser Verfahrenseinstellung durch Revisionsgericht (BGH Beschl. v. 25. 10. 1995 – 2 StR 433/95).

2. In Rechtskraft erwachsene Feststellungen zum Tatgeschehen binden den Richter, der erneut über die Strafzumessung zu entscheiden hat (BGH Urt. v. 14. 1. 1982 – 4 StR 642/81).

Erfolglose Rügen

1. Bindung des Gerichts an Feststellungen zu verjährten Straftaten trotz teilweiser Verfahrenseinstellung durch Revisionsgericht.

StPO §§ 353 II, 260 III – BGH Beschl. v. 25. 10. 1995 – 2 StR 433/95 LG Mainz (= BGHSt. 41, 305 = NJW 1996, 1293 = StV 1996, 251 = NStZ 1996, 197)

Die Revision rügt die Verletzung sachlichen Rechts. Sie macht geltend, die Kammer hätte die verjährten Betrugstaten nur dann strafschärfend berücksichtigen dürfen, wenn sie hierzu eigene Feststellungen getroffen hätte. Durch die Teileinstellung des Verfahrens durch das Revisionsgericht sei das Ersturteil mit den Feststellungen insoweit gegenstandslos geworden.

Sachverhalt: Das Landgericht hatte den Angeklagten mit Urteil vom 22. 9. 1992 wegen (fortgesetzten) Betrugs zu einer Freiheitsstrafe verurteilt. Nach den Feststellungen ließ der Angeklagte, ein Kassenarzt und Facharzt für Nuklearmedizin, im Tatzeitraum von Oktober 1980 bis Juli 1985 mit Gesamtvorsatz handelnd in die im abgelaufenen Quartal jeweils angefallenen Behandlungsausweise seiner Patienten überhöhte Kosten eintragen.

Auf die Revision des Angeklagten hat der Senat das Verfahren mit Urteil vom 20. 7. 1994 – 2 StR 645/92 – teilweise nach § 260 Abs. 3 StPO eingestellt, soweit der Angeklagte wegen vor dem 4. 8. 1983 beendeter Betrugstaten verurteilt wurde. Zwar habe das Landgericht die objektiven und subjektiven Voraussetzungen des Betrugs – auch hinsichtlich jeder einzelnen Einreichung von Behandlungsausweisen – rechtsfehlerfrei festgestellt. Nach dem Beschluß des Großen Senats für Strafsachen (BGHSt. 40, 138) sei jedoch die Annahme eines Fortsetzungszusammenhangs für die Fälle des Betrugs ausgeschlossen. Die vierteljährlichen Einreichungen der Behandlungsausweise mit überhöhten Kosten seien damit als rechtlich selbständige Betrugstaten zu beurteilen. Die Taten von 1980 bis einschließlich der Anfang April 1983 erfolgten Einreichung der Behandlungsausweise aus dem I. Quartal 1983 seien deshalb verjährt. Darüber hinaus hat der Senat das Urteil des Landgerichts im Strafausspruch mit den zugehörigen Feststellungen aufgehoben. Die weitergehende Revision des Angeklagten wurde verworfen. Für die neue Hauptverhandlung wurde in den Gründen des Urteils abschließend darauf hingewiesen, daß verjährte Betrugstaten, soweit sie wiederum festgestellt werden, entsprechend ihrer Bedeutung strafschärfend verwertet werden können.

Das Landgericht hat den Angeklagten nunmehr wegen Betrugs zu der Freiheitsstrafe von zwei Jahren mit Strafaussetzung zur Bewährung verurteilt. Grundlage des Strafausspruchs war der in Rechtskraft erwachsene Schuldspruch, der noch neun nicht verjährte Einzelfälle (Abrechnungen des II. Quartals 1983 bis einschließlich des II. Quartals 1985) betraf, auf die ein Gesamtschaden von 485 000 DM entfiel. Ferner ging das Landgericht davon aus, daß aufgrund des Urteils des Bundesgerichtshofs auch die Feststellungen im Ersturteil des Landgerichts Mainz vom 22. 9. 1992 zu den verjährten Einzelfällen, hinsichtlich derer das Verfahren eingestellt wurde, in Rechtskraft erwachsen und somit für die neue Entscheidung bindend seien. Bei der Strafzumessung wurden dem Angeklagten die verjährten Einzelfälle angelastet. – Das Rechtsmittel war erfolglos.

Gründe: Das Landgericht ist zu Recht der Ansicht, daß die im ersten landgerichtlichen Urteil getroffenen Feststellungen zu den verjährten Betrugstaten, derentwegen der Senat das Verfahren eingestellt hat, bestehen geblieben und für das weitere Verfahren bindend sind. Die verjährten Taten konnten deshalb bei der Strafzumessung berücksichtigt werden, obwohl sie das Landgericht nicht erneut festgestellt hat. An seinem abweichenden Hinweis in dem Urteil vom 20. 7. 1994 hält der Senat nicht fest.

1. Die Feststellungen zum Tatgeschehen wurden mit der Teileinstellung des Verfahrens auch in bezug auf die verjährten Taten nicht aufgehoben. Aufgehoben wurde nach dem eindeutigen Urteilstenor nur der Strafausspruch mit den zugehörigen Feststellungen. Hierzu gehören nicht die Feststellungen zum verjährten Teil des Tatgeschehens. Deren Aufhebung ergibt sich auch nicht aus dem allgemein gehaltenen Hinweis des Senats in den Urteilsgründen, daß verjährte Betrugstaten strafschärfend verwertet werden dürfen, soweit sie wiederum festgestellt werden.

2. Die Verfahrensweise des Senats entspricht § 353 Abs. 2 StPO und der ständigen Rechtsprechung des Bundesgerichtshofs bei der Einstellung von Verfahren. Ob die in einem eingestellten Verfahrensteil getroffenen Feststellungen bestehen bleiben können, richtet sich nach der Art des Verfahrenshindernisses. In den Fällen der Verjährung sieht der Bundesgerichtshof regelmäßig davon ab, über die Verfahrenseinstellung hinaus das angefochtene Urteil und die darin getroffenen Feststellungen aufzuheben (vgl. u.a. Beschl. v. 18. 10. 1994 – 4 StR 517/94; Beschl. v. 15. 7. 1994 – 3 StR 207/94; Beschl. v. 4. 5. 1993 – 5 StR 206/93; Beschl. v. 8. 7. 1986 – 5 StR 305/86). In BGHSt. 22, 213, 217 (BGH Beschl. v. 17. 7. 1968 – 3 StR 117/68; vgl. § 346 StPO erfolgreiche Rügen) wird zwar ausgeführt, die Einstellung des Verfahrens wegen Verjährung nehme dem Urteil seine rechtlichen Wirkun-

gen. Dies betrifft aber allein den Schuld- und Rechtsfolgenausspruch und besagt nicht, daß das angefochtene Urteil oder die Feststellungen als aufgehoben anzusehen. Auch aus § 353 Abs. 2 StPO läßt sich dies nicht herleiten. Nach dieser Vorschrift werden Urteilsfeststellungen nur insoweit aufgehoben, als sie von der Gesetzesverletzung betroffen sind. Der Grundgedanke dieser Regelung trifft auf die Verfolgungsverjährung nicht zu. Gemäß § 78 Abs. 1 StGB hat die Verjährung lediglich die Wirkung, daß die Ahndung der Straftat ausgeschlossen ist. Sie bildet ein Hindernis für die Einleitung oder Fortsetzung des Verfahrens, beseitigt aber nicht die frühere Tat und macht die hierzu getroffenen Feststellungen auch nicht rechtsfehlerhaft.

Dementsprechend wurden auch im Falle des möglichen Eingreifens eines Straffreiheitsgesetzes die tatsächlichen Feststellungen aufrechterhalten, weil der Aufhebungsgrund diese Feststellungen nicht berührte (vgl. BGHSt. 4, 287, 290[1]). Etwas anderes kann dagegen bei sonstigen Verfahrenshindernissen gelten: Fehlt eine Prozeßvoraussetzung, wird das angefochtene Urteil regelmäßig insgesamt – einschließlich der Feststellungen – aufgehoben (vgl. u.a. bei Fehlen der Anklage: Beschl. v. 27. 5. 1992 – 2 StR 94/92; Beschl. v. 14. 5. 1991 – 2 StR 158/91; bei Fehlen des Eröffnungsbeschlusses: Beschl. v. 13. 2. 1991 – 2 StR 30/91; bei Fehlen der deutschen Gerichtsbarkeit: BGHR StGB § 7 Abs. 2 Nr. 2 Auslieferung 1), weil in diesen Fällen das Gericht von vornherein gehindert ist, bindende Feststellungen zu treffen (BGHR StGB § 7 Abs. 2 Nr. 2 Auslieferung 1).

Da das Landgericht nach dem Ergebnis der revisionsrechtlichen Prüfung die objektiven und subjektiven Voraussetzungen des Betrugs für jeden Einzelfall rechtsfehlerfrei festgestellt hatte, bestand kein Anlaß, die Feststellungen zu den verjährten Taten aufzuheben.

3. Diese Feststellungen sind auch nicht gegenstandslos oder sonst unwirksam geworden. Stellt das Revisionsgericht das Verfahren wegen Verfolgungsverjährung teilweise ein, verlieren lediglich der Schuld- und Rechtsfolgenausspruch des angefochtenen Urteils ihre rechtliche Wirkung, soweit sie von der Teileinstellung betroffen sind. Hieraus folgt aber nicht, daß vom Tatgericht bereits rechtsfehlerfrei getroffene Feststellungen keinen Bestand haben. Denn auch die Einstellungsentscheidung benötigt eine Sachverhaltsgrundlage. Erst auf dieser Grundlage läßt sich die Verjährungsfrage beurteilen. In nicht wenigen Fällen sind deshalb eine umfassende Beweisaufnahme und detaillierte Feststellungen zum Tatgeschehen erforderlich, bevor die Verjährungsfrage beurteilt werden kann. Dies gilt u.a. bei Kapitalverbrechen, bei denen der Verjährungseintritt davon abhängen kann, ob die Tat als Totschlag zu werten ist, der verjähren kann, oder als Mord, der nicht verjährt. Die Feststellungen werden in derartigen Fällen daher weder gegenstandslos noch müssen sie aufgehoben werden, da anderenfalls der Einstellungsentscheidung zugleich die erforderliche tatsächliche Grundlage entzogen würde. Zudem sind die Feststellungen für das weitere Verfahren von Bedeutung, weil verjährte Straftaten entsprechend ihrer Bedeutung strafschärfend berücksichtigt werden können. Im übrigen wäre es nicht sachgerecht, wenn – wie im vorliegenden Fall – bei einer Serie gleichartiger Taten, die der Tatrichter insgesamt rechtsfehlerfrei festgestellt hat, nur hinsichtlich der Taten, die dem rechtskräftigen Schuldspruch zugrunde liegen, eine Bindungswirkung bestünde, hinsichtlich der verjährten Taten, die nur noch für die Strafzumessung von Bedeutung sind, hingegen nicht. Es widerspräche dem Grundsatz der Prozeßökonomie, eine erneute Beweisaufnahme durchzuführen, obwohl die erforderlichen Feststellungen in demselben Verfahren bereits rechtsfehlerfrei getroffen wurden.

---

1 „Der Aufhebungsgrund betrifft nicht die tatsächlichen Feststellungen des angefochtenen Urteils, da im übrigen weder ein Verfahrensverstoß noch eine fehlerhafte Anwendung des Gesetzes auf den Sachverhalt gegeben ist. Die Gesetzesverletzung, die zur Aufhebung des Urteils führt, liegt außerhalb des Bereiches der Feststellungen. Diese sind daher gemäß § 353 II StPO aufrecht zu erhalten und bleiben für das weitere Verfahren bindend bestehen; ihre Änderung in der neuen Hauptverhandlung ist ausgeschlossen." (BGH Urt. v. 25. 6. 1953 – 3 StR 608/51).

4. Die Feststellungen zu den verjährten Taten waren für die nach der Zurückverweisung zuständig gewordene Strafkammer somit bindend. Von einer erneuten Beweisaufnahme zu den verjährten Taten hat das Landgericht deshalb zu Recht abgesehen. Die Bindungswirkung von im Strengbeweisverfahren getroffenen Feststellungen zu verjährten Taten greift nur dann nicht ein, wenn diese auf einer erkennbar unvollständigen Beweisaufnahme beruhen oder wenn sich die Feststellungen bei der revisionsrechtlichen Prüfung sonst als rechtsfehlerhaft erweisen und deshalb aufgehoben werden. Diese Voraussetzungen lagen hier jedoch nicht vor.

5. Soweit der Senat in seinen Urteilen vom 20. 7. und 29. 6. 1994 – 2 StR 645 und 650/95 – in Hinweisen an den neuen Tatrichter in Übereinstimmung mit einem Hinweis des 5. Strafsenats in seinem Beschluß vom 4. 5. 1993 – 5 StR 206/93 – davon ausging, verjährte Taten dürften nur dann strafschärfend berücksichtigt werden, „sofern sie wiederum festgestellt werden", hält der Senat hieran nicht fest. Da es sich lediglich um Hinweise handelt, besteht insoweit weder eine Selbstbindung des Senats durch sein erstes Revisionsurteil, noch ist er durch den Hinweis des 5. Strafsenats an der getroffenen Entscheidung gehindert.

2. In Rechtskraft erwachsene Feststellungen zum Tatgeschehen binden den Richter, der erneut über die Strafzumessung zu entscheiden hat.

StPO §§ 318, 353 II, 354 II – BGH Urt. v. 14. 1. 1982 – 4 StR 642/81 LG Saarbrücken (= BGHSt. 30, 340 = NJW 1982, 1295)

Die Revision rügt, das Gericht habe Beweisanträge auf Vernehmung des früheren Mitangeklagten R., dessen Verurteilung als Mittäter des Angeklagten rechtskräftig ist, zu Unrecht zurückgewiesen.

Sachverhalt: Der Angeklagte war am 10. 12. 1979 wegen schwerer räuberischer Erpressung in zwei Fällen zu einer Gesamtfreiheitsstrafe verurteilt worden. Auf seine Revision hat der erkennende Senat dieses Urteil im Strafausspruch mit den Feststellungen aufgehoben, die Sache insoweit zurückverwiesen, die weiter gehende Revision dagegen verworfen (Urt. vom 9. 10. 1980 – 4 StR 464/80).

Das Landgericht hat nunmehr wiederum auf eine Gesamtfreiheitsstrafe von acht Jahren erkannt.

Der Angeklagte hat in der Hauptverhandlung Beweisanträge auf Vernehmung des früheren Mitangeklagten R., dessen Verurteilung als Mittäter des Angeklagten rechtskräftig ist, gestellt. Dieser sollte bekunden:

a) er habe den Angeklagten auf die Durchführung eines Raubüberfalles angesprochen, was vom Angeklagten zunächst abgelehnt worden sei,

b) er habe den Angeklagten letztlich zu einem Raubüberfall überredet;

c) der Plan sei wieder fallengelassen worden; erst nachdem die Brüder M. ihn und den Angeklagten angestiftet hätten, die Firma W. zu überfallen, dem Angeklagten eine Pistole übergeben und die Örtlichkeit erläutert hätten, hätten sich er und der Angeklagte zur Tat entschlossen. Ohne die Anstiftung wäre die Tat unterblieben. Die Beute sollte durch vier geteilt werden.

Zu den hier angesprochenen Beweisthemen enthält das Urteil vom 10. 12. 1979 folgende Feststellungen:

„Der Angeklagte C. beschloß im März 1979, sich durch einen Überfall auf ein Geschäft Geld zu verschaffen", das er zur Bezahlung von Darlehensschulden benötigte. Während er etwa 14 Tage lang in der Gegend von St. W. nach einem geeigneten Objekt suchte, traf er in N. den Angeklagten R. Dieser hatte erhebliche Schulden und benötigte ebenfalls Geld.

„Die Angeklagten beschlossen, den von C. geplanten Überfall gemeinsam auszuführen. Anfang April 1979 fiel ihnen das Geschäft W. in St. W.-U. auf. Sie rechneten damit, daß dieses einen großen Umsatz erzielen müsse, weil sich die Firma in zwei Häusern befand, die mit großen Firmenschildern versehen waren. Sie beschlossen deshalb, dieses Geschäft zu überfallen". Eine Tatbeteiligung der Gebrüder M. wird im Urteil nicht erwähnt.

Das Landgericht hat die Beweisanträge als unzulässig (§ 244 Abs. 3 Satz 1 StPO) abgelehnt, da der Beweiserhebung die Teilrechtskraft des Urteils vom 10. 12. 1979 entgegenstehe. Mit der Beweiserhebung würden rechtskräftig gewordene Feststellungen zum Hergang der Tat in Frage gestellt. – Das Rechtsmittel war erfolglos.

Gründe: Die Ablehnung der Beweisanträge ist revisionsrechtlich nicht zu beanstanden.

1. Hebt das Revisionsgericht ein Urteil in Anwendung des § 353 Abs. 2 StPO nur im Strafausspruch mit den (dazugehörigen) Feststellungen auf, so bezieht sich diese Aufhebung nur auf solche Umstände tatrichterlicher Sachverhaltsdarstellung, die ausschließlich die Straffrage betreffen (BGH, Urt. v. 14. 10. 1981 – 3 StR 322/81; BGHSt. 24, 274, 275 [BGH Beschl. v. 17. 12. 1971 – 2 StR 522/71; vgl. § 267 StPO erfolgreiche Rügen]). Hinsichtlich des nicht beanstandeten Schuldspruchs tritt Teilrechtskraft ein. Tatrichterliche Feststellungen, die ausschließlich die Schuldfrage betreffen, und solche, die als doppelrelevante Umstände zugleich für Schuld- und Straffrage von Bedeutung sind, bleiben aufrechterhalten (BGHSt. 24, 274f.; vgl. auch BGHSt. 29, 359, 366 ff.[1]).

An die aufrechterhaltenen Feststellungen ist der Tatrichter im weiteren Verfahren gebunden. Er darf diese zwar noch ergänzen, die ergänzenden Feststellungen dürfen den bindend gewordenen jedoch nicht widersprechen (BGHSt. 7, 283, 287 [BGH Urt. v. 31. 3. 1955 – 4 StR 68/55; vgl. § 264 StPO erfolgreiche Rügen]; 10, 71[2]; 24, 274 f.; 28, 119, 121 [BGH Urt. v. 30. 8. 1978 – 2 StR 323/78; vgl. Art. 103 GG erfolgreiche Rügen]; 29, 359, 366). Die den Schuldspruch tragenden Feststellungen sind nämlich die „unantastbare Grundlage für das weitere Verfahren und wesentlicher Teil des abschließenden Urteils" (BGHSt. 10, 71, 73; 29, 359, 366). Dies folgt aus dem Grundsatz der Einheitlichkeit (inneren Einheit) und damit notwendigen Widerspruchsfreiheit der Entscheidung, der unabhängig davon Gültigkeit beansprucht, ob ein Urteil über die Schuld- und Straffrage gleichzeitig entscheidet, oder ob nach rechtskräftigem Schuldspruch die Strafe aufgrund einer zum Strafausspruch erfolgreichen Revision neu festgesetzt wird (BGHSt. 7, 283, 287). Beweiserhebungen, die darauf abzielen, aufrechterhaltene und damit bindende Feststellungen in Zweifel zu ziehen, sind unzulässig. Beweisergebnisse, die im Widerspruch zu bindenden Feststellungen stehen, haben außer Betracht zu bleiben (BGH NStZ 1981, 448[3]).

---

1 „Das Postulat der inneren Einheit (Widerspruchsfreiheit) der Sachentscheidung führt zur Bindung des nur in der Straffrage erkennenden Gerichts an die in den ‚Denkfolge' (BGHSt. 19, 46, 48) vorausgehenden Feststellungen, die dem Schuldspruch zugrunde liegen, auch soweit sie sogenannte doppelrelevante Tatsachen zum Gegenstand haben, Tatsachen also, die zugleich für den Strafausspruch von Bedeutung sind. Denn nur im Falle solcher Bindung können der Schuldspruch, dessen Nachprüfung nicht begehrt wird, und die ihn tragenden Feststellungen ‚die unantastbare Grundlage für das weitere Verfahren und wesentlicher Teil des abschließenden Urteils bleiben' (BGHSt. 10,71, 73) ..." (BGH Beschl. v. 21. 10. 1980 – 1 StR 262/80).
2 „Das Berufungsgericht, das über eine auf das Strafmaß beschränkte Berufung zu entscheiden hat, darf bei der Feststellung der Strafzumessungstatsachen nicht von den Feststellungen abweichen, die dem Schuldspruch des Erstrichters zugrunde liegen. Hat dieser zum Beispiel festgestellt, daß der Täter mit unbedingtem Vorsatz gehandelt hat, so darf es bei der Strafzumessung nicht von nur bedingtem Vorsatz ausgehen." (BGH Beschl. v. 19. 12. 1956 – 4 StR 524/56).
3 „Hatte das Revisionsgericht eine Verurteilung (hier: wegen Untreue) lediglich im Strafausspruch aufgehoben, so ist eine Beweisaufnahme über Behauptungen, die die den Schuldspruch tragenden und damit bindenden Feststellungen in Zweifel ziehen könnten, unzulässig". (BGH Urt. v. 24. 3. 1981 – 1 StR 688/80).

2. Nicht erfaßt von der Aufhebung werden zunächst einmal alle jene Umstände der Sachverhaltsdarstellung, in denen die gesetzlichen Merkmale der dem Angeklagten zur Last gelegten Straftaten gefunden wurden (BGH LM Nr. 30 zu § 23 StGB). Hätte dabei von mehreren Tatsachen bereits ein Teil ausgereicht, um ein Tatbestandsmerkmal zu erfüllen, so gehören gleichwohl alle zum Schuldspruch. An dessen Bindungswirkung nimmt also nicht etwa nur das Mindestmaß an Tatsachen teil, ohne daß der Schuldspruch überhaupt keinen Bestand mehr hätte (BGH, Urt. vom 5. 7. 1960 – 5 StR 146/60). Vielmehr unterliegen auch solche Abweichungen, durch die nur der Schuldumfang betroffen, die rechtliche Beurteilung aber nicht in Frage gestellt wird, dem Widerspruchsverbot (BGHSt. 28, 119, 121).

a) Beweiserhebungen, die darauf abzielen, bei einem rechtskräftigen Schuldspruch wegen einer fortgesetzten Tat die Anzahl der Einzelakte in Frage zu stellen, sind ebenso unzulässig wie solche, die die festgestellte Vorsatzart (BGHSt. 10, 71, 73 f.), den Grad des Fahrlässigkeitsvorwurfes (BGH, Beschl. v. 17. 11. 1978 – 2 StR 632/78) oder das Maß der Pflichtwidrigkeit oder die festgestellte Schadenshöhe in Zweifel ziehen (BGH NStZ 1981, 448). Ebenfalls teil an der Bindungswirkung haben die vom Erstgericht getroffenen Feststellungen über den Zeitpunkt des Tatentschlusses (BGH Urt. v. 14. 11. 1978 – 1 StR 439/78), das tatauslösende Moment (BGH Beschl. v. 15. 4. 1977 – 2 StR 97/77; Urt. v. 6. 5. 1981 – 2 StR 105/81), die Beweggründe für die Tatbegehung (BGH, Beschl. v. 23. 2. 1979 – 2 StR 728/78; Urt. v. 6. 5. 1981 – 2 StR 105/81).

b) Über die genannten Tatumstände hinaus, die die gesetzlichen Merkmale der dem Angeklagten zur Last gelegten Tat ausfüllen oder auszufüllen geeignet sind, entfalten zum einen auch die Bestandteile der Sachverhaltsschilderung innerprozessuale Bindungswirkung, aus denen der Tatrichter im Rahmen der Beweiswürdigung seine Überzeugung von der Schuld des Angeklagten abgeleitet hat (BGH, Urt. vom 5. 10. 1966 – 2 StR 254/66). Zum anderen nehmen aber auch jene Teile der Sachverhaltsdarstellung als den Schuldspruch tragend an der Bindungswirkung teil, die das Tatgeschehen im Sinne eines geschichtlichen Vorgangs näher beschreiben (BGHSt. 24, 274 f.; 28, 119, 121), zum Beispiel die Umstände schildern, die der Tatausführung das entscheidende Gepräge gegeben haben. Der geschichtliche Vorgang, der dem Schuldspruch zugrunde liegt bildet ein geschlossenes Ganzes, aus dem nicht Einzelteile herausgegriffen und zum Gegenstand neuer, abweichender Feststellungen gemacht werden dürfen (BGH, Beschl. v. 17. 11. 1978 – 2 StR 632/78).

3. In Anwendung dieser Grundsätze durfte das Landgericht keine Beweiserhebungen zulassen, die geeignet waren, die Feststellungen des ersten tatgerichtlichen Urteils vom 10. 12. 1979 über den Tatablauf als solchen, die Tatbeteiligung einzelner Personen und die Entstehung des Tatentschlusses in Zweifel zu ziehen. Mit Recht hat das Landgericht die darauf abzielenden Beweisanträge des Angeklagten daher als unzulässig behandelt.

a) Dies gilt zunächst für den Antrag, der entgegen den auf dem Geständnis des Angeklagten beruhenden Feststellungen des Urteils vom 10. 12. 1979 eine Mitwirkung der Gebrüder M. am Tatgeschehen unter Beweis stellt.

Die Sachdarstellung des ersten Tatrichters zur Frage der Beteiligung Dritter an einem Tatgeschehen als geschichtlicher Vorgang entfaltet bei Teilrechtskraft des Schuldspruchs für das weitere Verfahren Bindungswirkung. Ob ein Straftatbestand in Allein- oder Mittäterschaft, aus eigenem Antrieb oder auf Anstiftung durch Dritte, unter Beteiligung einer oder mehrerer Personen begangen wurde und um welche Personen es sich dabei im einzelnen handelte, ist zwar für die Erfüllung der gesetzlichen Merkmale der angewendeten Rechtsnorm und für die Formel des Schuldspruchs in der Regel ohne Bedeutung. Die beteiligten Personen geben jedoch ebenso wie Ort und Zeit des Handlungsablaufes dem geschichtlichen Vorgang, in den das tatbestandsmäßige Verhalten des Angeklagten eingebettet ist, das entscheidende Gepräge. Erst die den Schuldspruch näher beschreibenden Feststellungen über die einzelnen, auch außertatbestandlichen, Tatmodalitäten, die Handlungsabläufe und die Identität der Handelnden machen das Tatgeschehen als geschichtlichen Vorgang einmalig und unverwechselbar. In diesem Sinne sind sie daher tragende Grundlage des Schuldspruchs. Es gilt insoweit nichts anderes als beispielsweise für die Darstellung der Tatmodalitäten der in § 243 Abs. 1 Satz 2 Nr. 1, 2 und 4 StGB normierten Strafschärfungsgründe, für die anerkannt ist, daß sie in der Regel den Schuldspruch tragen, da sie das tatbestandsmäßige Handeln (mit) in Gang setzen und seine konkrete Ausgestaltung (mit) bestimmen (vgl. BGHSt. 29, 359, 369).

b) Entsprechendes gilt für die Anträge des Angeklagten, die die Entstehung seines Tatentschlusses betreffen. Nach den Feststellungen des Urteils vom 10. 12. 1979 geht die konkrete Tatausführung vom 5. 4. 1979 auf einen „im März 1979" vom Angeklagten aus eigenem Antrieb und ohne Mitwirkung dritter Personen gefaßten Tatentschluß zurück. Dieser Tatentschluß war zu diesem frühen Zeitpunkt zwar noch nicht auf ein bestimmtes Objekt ausgerichtet, er war nach den Feststellungen jedoch vorbehaltlos gefaßt, wurde stufenweise konkretisiert und – ohne daß ein zwischenzeitliches Abgehen von ihm mitgeteilt wird – in die Tatausführung umgesetzt. Da diese somit unmittelbar auf den im März 1979 – wenn auch zunächst nur allgemein – gefaßten Entschluß zurückzuführen ist, bildet die Schilderung der Entwicklung dieses Tatentschlusses ebenfalls die tragende Grundlage des teilrechtskräftigen Schuldspruchs.

Die Art und Weise, wie ein Tatentschluß entstanden ist und wie er sich bis zur Umsetzung des Gedankens in eine Handlung entwickelt hat, ist zwar auch für die Straffrage von Bedeutung. Die insoweit festgestellten Umstände sind aber – jedenfalls vorliegend – nicht ausschließlich für die Strafzumessung bedeutsam. Sie sind vielmehr als doppelrelevante Umstände sowohl für Straf- als auch Schuldfrage erheblich und entfalten somit bei Teilaufhebung des Urteils nur im Strafausspruch für das weitere Verfahren bindende Wirkung. Es gilt hier nichts anderes als etwa für die Feststellung des Motives (vgl. BGH Beschlüsse v. 15. 4. 1977 – 2 StR 97/77 – und v. 23. 2. 1979 – 2 StR 728/78) oder des tatauslösenden Umstandes bei einem Tötungsdelikt (vgl. BGH, Urt. vom 6. 5. 1981 – 2 StR 105/81) oder der Ziele und Beweggründe des Täters eines Vermögensdeliktes (vgl. BGH NStZ 1981, 448).

4. Die Revision kann sich zur Begründung ihrer gegenteiligen Auffassung nicht mit Erfolg auf die Entscheidung BGHSt. 22, 90 berufen. Auch die Verletzung des Gebots materieller Gerechtigkeit beanstandet sie zu Unrecht.

a) In seiner Entscheidung BGHSt. 22, 90[1] hatte sich der Bundesgerichtshof als Revisionsgericht nicht an die tatrichterliche Feststellung des Tatzeitpunktes gebunden gesehen. Der dieser Entscheidung zugrunde liegende Fall weist jedoch zwei Besonderheiten auf, die ihn vom vorliegenden maßgeblich unterscheiden. Zum einen war noch keine Teilrechtskraft des Schuldspruchs eingetreten, so daß sich die Frage der innerprozessualen Bindungswirkung nach vorangegangener Teilaufhebung gar nicht stellte, zum anderen war die Ermittlung des Tatzeitpunktes für die Frage der Rechtzeitigkeit eines Strafantrages und damit für das Vorliegen einer Prozeßvoraussetzung von Bedeutung. Die tatsächlichen Voraussetzungen für das Vorliegen von Prozeßvoraussetzungen sind vom Revisionsgericht jedoch stets selbständig zu prüfen (vgl. BGHSt. 22, 90, 91).

b) Entgegen der Auffassung der Revision gibt der vorliegende Fall dem Senat auch keine Veranlassung, sich mit den im Schrifttum vertretenen Rechtsmeinungen auseinanderzu-

---

[1] (Leitsatz) „Eine Feststellung, die der Tatrichter über den Zeitpunkt der Tat getroffen hat, bindet das Revisionsgericht bei seiner Entscheidung über die Rechtzeitigkeit des Strafantrags dann nicht, wenn der Tatzeitpunkt in der für die Prozeßvoraussetzung wesentlichen datumsmäßigen Bestimmtheit für den Schuldspruch keine Bedeutung hat." (BGH Urt. v. 21. 2. 1968 – 2 StR 719/67).

setzen, die eine Durchbrechung von Teilrechtskraft und innerprozessualer Bindung um der materiellen Gerechtigkeit willen zulassen wollen. Eine solche Erörterung wäre allenfalls dann erforderlich, wenn die abgelehnten Beweisanträge die Feststellung der Schuldunfähigkeit oder der fehlenden Täterschaft des Angeklagten bezwecken sollten. Vorliegend ging es der Verteidigung jedoch allein darum, darzutun, daß neben dem Angeklagten und dem verurteilten R. noch weitere Personen an der Tat beteiligt waren, denen ein höheres Maß an Schuld zuzumessen sei, die aber gleichwohl zu geringeren Strafen verurteilt worden seien. Diese Erwägungen rechtfertigen es jedoch keinesfalls, ausnahmsweise die Durchbrechung der Teilrechtskraft zuzulassen.

§ 354 StPO

(1) Erfolgt die Aufhebung des Urteils nur wegen Gesetzesverletzung bei Anwendung des Gesetzes auf die dem Urteil zugrunde liegenden Feststellungen, so hat das Revisionsgericht in der Sache selbst zu entscheiden, sofern ohne weitere tatsächliche Erörterungen nur auf Freisprechung oder auf Einstellung oder auf eine absolut bestimmte Strafe zu erkennen ist oder das Revisionsgericht in Übereinstimmung mit dem Antrag der Staatsanwaltschaft die gesetzlich niedrigste Strafe oder das Absehen von Strafe für angemessen erachtet.

(2) In anderen Fällen ist die Sache an eine andere Abteilung oder Kammer des Gerichtes, dessen Urteil aufgehoben wird, oder an ein zu demselben Land gehörendes anderes Gericht gleicher Ordnung zurückzuverweisen. In Verfahren, in denen ein Oberlandesgericht im ersten Rechtszug entschieden hat, ist die Sache an einen anderen Senat dieses Gerichts zurückzuverweisen.

(3) Die Zurückverweisung kann an ein Gericht niederer Ordnung erfolgen, wenn die noch in Frage kommende strafbare Handlung zu dessen Zuständigkeit gehört.

Erfolglose Rügen

1. § 354 II StPO a.F. ist mit Art. 101 I S. 2 GG vereinbar (BVerfG Beschl. v. 25. 10. 1966 – 2 BvR 291, 656/64).

2. Bei Hauptverhandlung und Verurteilung trotz verspäteten Einspruchs gegen eine gerichtliche Strafverfügung muß das Rechtsmittelgericht das Urteil aufheben und den Einspruch als unzulässig verwerfen (BGH Beschl. v. 19. 11. 1959 – 2 StR 357/59).

Erfolglose Rügen

1. § 354 II StPO a.F. ist mit Art. 101 I S. 2 GG vereinbar.

StPO § 354 – BVerfG Beschl. v. 25. 10. 1966 – 2 BvR 291, 656/64 (= BVerfGE 20, 336)

Die Beschwerdeführer rügen, § 354 StPO sei verfassungswidrig.

1. Mit der Verfassungsbeschwerde wendet sich der Beschwerdeführer zu 1) gegen das Urteil des Oberlandesgerichts Düsseldorf vom 26. 3. 1964, das in seiner Abwesenheit verkündet und ihm am 2. 5. 1964 zugestellt worden war.

Der Beschwerdeführer zu 2), der eine Ausfertigung des in seiner Abwesenheit verkündeten Urteils des Bundesgerichtshofs vom 19. 8. 1964 in vollständiger Form angefordert und am

3. 10. 1964 erhalten hatte, legte mit dem am 31. 10. 1964 eingegangenen Schriftsatz Verfassungsbeschwerde gegen dieses Urteil ein.

2. Die Beschwerdeführer sind der Ansicht, § 354 II Satz 2 StPO a.F. sei mit Art. 101 Abs. 1 Satz 2 GG nicht vereinbar und deshalb nichtig.

Sie führen aus Art. 101 I Satz 2 GG fordere, daß der gesetzliche Richter sich im Einzelfall möglichst eindeutig aus einer allgemeinen Norm ergebe. § 354 II StPO a.F. trage dem nicht Rechnung, da er vermeidbare Unbestimmtheiten enthalte. Zwei andere Lösungsmöglichkeiten seien durchaus praktikabel: Der Gesetzgeber könne die Zurückverweisung in der Art regeln, daß stets an das örtlich nächste Gericht gleicher Ordnung zurückzuverweisen sei. Am besten würde dem Art. 101 I Satz 2 GG aber dann Genüge getan, wenn in den im voraus aufgestellten Geschäftsverteilungsplänen der Landgerichte für den Fall, daß an eine andere Kammer desselben Gerichts zurückverwiesen werde, von vornherein geregelt würde, welche Kammer dann zuständig sei. Für den Fall der Zurückverweisung an ein anderes Gericht könne eine entsprechende Regelung in einem überörtlichen Geschäftsverteilungsplan der Oberlandesgerichte oder Landesjustizverwaltungen getroffen werden. Bei einer solchen Regelung werde sowohl dem Interesse der Rechtssicherheit als auch dem der materiellen Gerechtigkeit Rechnung getragen und die Gefahr der Manipulierung erheblich herabgesetzt.

3. Die Beschwerdeführer machen außerdem geltend, die Verweisung an ein anderes benachbartes Gericht gleicher Ordnung beruhe auf willkürlichen sachfremden Erwägungen.

Hierzu tragen sie vor:

Der Beschwerdeführer zu 1): Das Oberlandesgericht bezwecke mit der Verweisung, die Zubilligung einer Bewährungsfrist auszuschließen. Auch in anderen Fällen habe das Oberlandesgericht Düsseldorf, um die ihm nicht genehme Rechtsprechung des Landgerichts Mönchengladbach zu brechen, dessen Urteile aufgehoben und die Sache an das Landgericht Düsseldorf zurückverwiesen, das die Linie des Oberlandesgerichts genauestens einzuhalten pflege.

Der Beschwerdeführer zu 2): Der Bundesgerichtshof habe das Landgericht Bamberg nur gewählt, weil es in Staatsschutzsachen einen harten Standpunkt vertrete.

4. Der Beschwerdeführer zu 1) rügt ferner, daß er durch die Verweisung in seinem Anspruch auf Gleichbehandlung verletzt werde. Das Landgericht Mönchengladbach habe einem Angeklagten in einem gleichliegenden Fall am 25. 11. 1963 Strafaussetzung zur Bewährung bewilligt, ohne daß gegen dieses Urteil ein Rechtsmittel eingelegt worden sei. Er, der Beschwerdeführer, werde bei einer Verweisung an das Landgericht Düsseldorf vor dem Richterkollegium eines anderen Gerichts stehen als der Angeklagte in dem erwähnten gleichliegenden Fall.

Sachverhalt:

1. Der Beschwerdeführer zu 1) nahm als Kraftfahrer mit einem Blutalkoholgehalt von mindestens 1,67 Promille am Straßenverkehr teil, geriet dabei an einen am Straßenrand stehenden Mast und beschädigte ihn. Das Amtsgericht Mönchengladbach verurteilte ihn wegen Übertretung nach §§ 2, 71 StVZO in Verbindung mit § 21 StVG zu 2 Wochen Haft und setzte die Vollstreckung der Strafe zur Bewährung aus. Auf die Revision der Staatsanwaltschaft hob das Oberlandesgericht Düsseldorf das Urteil auf und verwies die Sache zur neuen Verhandlung und Entscheidung an das Amtsgericht zurück, u.a. mit der Begründung, die Voraussetzungen der Strafaussetzung seien nicht hinreichend geprüft.

Durch Urteil des Amtsgerichts Mönchengladbach vom 21. 8. 1963 wurde der Beschwerdeführer darauf zu 2 Wochen Haft ohne Strafaussetzung verurteilt. Hiergegen legte er Berufung ein und beschränkte sie auf die Frage der Strafaussetzung zur Bewährung. Das Landgericht Mönchengladbach gab der Berufung durch Urteil vom 25. 11. 1963 statt und setzte die Vollstreckung der Strafe mit der Begründung zur Bewährung aus, der Beschwerdeführer sei ein besonders gewissenhafter und zuverlässiger Kraftfahrer und habe seit 1925 als Fahrer von Kraftfahrzeugen etwa 1,4 Millionen Kilometer unfallfrei zurückgelegt. Die Öffentlichkeit sei infolge des Zeitablaufs an einer Strafvollstreckung nicht mehr interessiert, zumal in Zeitungen zu lesen sei, daß ein „gerissener Betrüger" für eine erheblich höhere Freiheitsstrafe Bewährungsfrist erhalten habe.

Auf die erneute Revision der Staatsanwaltschaft hob das Oberlandesgericht Düsseldorf durch Urteil vom 26. 3. 1964 das Berufungsurteil auf. In den Gründen führte es aus: Die Darlegungen des Landgerichts beruhten zum Teil auf sachfremden Erwägungen und ließen nicht erkennen, daß die Strafkammer alle nach § 23 Abs. 3 Nr. 1 StGB maßgebenden Umstände berücksichtigt habe. Bei einer auf Trunkenheit beruhenden Verkehrsstraftat stehe das öffentliche Interesse in der Regel einer Strafaussetzung entgegen. Sie könne nur verantwortet werden, wenn gewichtige Gründe so sehr zugunsten des Angeklagten sprächen, daß sich unter Berücksichtigung aller maßgeblichen Gesichtspunkte das öffentliche Interesse gerechterweise verneinen lasse.

Gemäß § 354 Abs. 2 Satz 2 StPO in der damals maßgeblichen Fassung des Gesetzes zur Wiederherstellung der Rechtseinheit vom 12. 9. 1950 (BGBl. I S. 629) verwies das Oberlandesgericht Düsseldorf die Sache nicht an das Landgericht Mönchengladbach, sondern an das Landgericht Düsseldorf zurück.

2. Der Beschwerdeführer zu 2) wurde im Jahre 1962 angeklagt, für die verbotene KPD als Rädelsführer dadurch tätig geworden zu sein, daß er eine verfassungsfeindliche Zeitschrift – die „Tribüne" – herausgegeben habe, eine Broschüre „Das neue Programm der KPdSU" zur kommunistischen Schulung und Agitation habe drucken und verbreiten lassen, und daß er sich wiederholt um ein Bundestags- und Landtagsmandat beworben habe.

Das Landgericht Nürnberg-Fürth lehnte die Eröffnung des Hauptverfahrens ab. Auf Beschwerde der Staatsanwaltschaft eröffnete das Oberlandesgericht Nürnberg das Hauptverfahren wegen tateinheitlicher Vergehen gegen die §§ 42, 47 BVerfGG, §§ 90a, 93 StGB vor dem Landgericht. Durch Urteil vom 26. 11. 1963 sprach das Landgericht den Beschwerdeführer frei.

Auf die Revision der Staatsanwaltschaft hob der Bundesgerichtshof am 19. 8. 1964 dieses Urteil auf, weil das Landgericht Nürnberg-Fürth in seiner Entscheidung die einschlägige ständige Rechtsprechung des Bundesgerichtshofs nicht genügend beachtet hatte. Er verwies die Sache gemäß § 354 Abs. 2 Satz 2 StPO in der damals geltenden Fassung zur weiteren Verhandlung und Entscheidung statt an das Landgericht Nürnberg-Fürth an das Landgericht Bamberg zurück. – Die Verfassungsbeschwerden waren erfolglos.

Gründe: § 354 Abs. 2 Satz 2 StPO a.F. ist mit Art. 101 Abs. 1 Satz 2 GG vereinbar.

I.

1. § 354 Abs. 2 Satz 2 StPO a.F. stellt es – ähnlich wie die seit dem 1. 4. 1965 geltende weitergehende Bestimmung des Strafprozeßänderungsgesetzes – in das Ermessen des Revisionsgerichts, eine Sache, in der es nicht selbst entscheidet, an den iudex a quo oder an einen iudex tertius zurückzuverweisen. Daß es sich um ein „Wahlrecht" des Revisionsgerichts, um eine „Ermessenssache" handelt, ist in der Literatur anerkannt und kommt in der Rechtsprechung darin zum Ausdruck, daß die Zuständigkeitsbestimmung in den Entscheidungen der Revisionsgerichte in der Regel nicht begründet wird.

Vorschriften, die ein höheres Gericht zur konstitutiven Bestimmung der Zuständigkeit eines unteren Gerichts ermächtigen, finden sich auch an anderen Stellen der Strafprozeßordnung (§§ 13a, 15, 210 Abs. 3) und in anderen Verfahrensordnungen. So sieht § 565 Abs. 1 ZPO vor, daß das Revisionsgericht die Sache an einen anderen Senat des Berufungsgerichts zurückverweisen kann, und Entsprechendes gilt infolge der ergänzenden Bezugnahme auf die Zivilprozeßordnung im Verfahren vor den Verwaltungs-, Arbeits-, Sozial-

und Finanzgerichten. Das Gesetz über das Bundesverfassungsgericht bestimmt in § 95 Abs. 2, daß bei Aufhebung einer Gerichtsentscheidung die Sache an *ein* zuständiges Gericht zurückzuverweisen ist, und eröffnet damit ebenfalls die Möglichkeit der Zurückverweisung an ein anderes Gericht gleicher Ordnung. In der Rechtsprechung sind verfassungsrechtliche Bedenken weder gegen § 354 Abs. 2 StPO alter und neuer Fassung noch gegen die vergleichbaren Vorschriften erhoben worden. Das Bundesverfassungsgericht hat verschiedentlich den § 95 Abs. 2 BVerfGG in der Weise angewandt, daß es die Sache zur erneuten Entscheidung an ein anderes Gericht zurückverwies (vgl. BVerfGE 4, 412 [424] [BVerfG Urt. v. 20. 3. 1956 – 1 BvR 479/55; vgl. § 338 Nr. 1 StPO erfolgreiche Rügen]; 12, 113 [132]; 15, 43 [46]; 15, 214 [219]).

2. Art. 101 Abs. 1 Satz 2 GG soll der Gefahr vorbeugen, daß die rechtsprechenden Organe durch Manipulierung sachfremden Einflüssen ausgesetzt werden, gleichgültig, von welcher Seite die Manipulierung ausgeht (BVerfGE 17, 294 [299] [BVerfG Beschl. v. 24. 3. 1964 – 2 BvR 42, 83, 89/63; vgl. § 338 Nr. 1 StPO erfolgreiche Rügen]). Aus diesem Zweck des Art. 101 Abs. 1 Satz 2 GG ergibt sich die Forderung, daß der zuständige Richter im Einzelfall möglichst eindeutig durch eine allgemeine Norm bestimmt ist. Daraus folgt indessen nicht, daß der Gesetzgeber den gesetzlichen Richter stets endgültig bestimmen muß (vgl. BVerfGE 19, 52 [59 f.] mit weiteren Nachweisen). Schon das Bestehen verschiedener Gerichtszweige und die föderative Struktur der Bundesrepublik führen notwendigerweise zu Schwierigkeiten bei der Zuständigkeitsabgrenzung, die der Grundgesetzgeber in Kauf genommen hat (BVerfGE 6, 45 [51]). Vor allem aber darf nicht außer acht gelassen werden, daß sich bei der gesetzlichen Regelung gerichtlicher Zuständigkeiten die Spannung zwischen Rechtssicherheit und materieller Gerechtigkeit auswirkt. Hieraus hat das Bundesverfassungsgericht den Schluß gezogen, daß eine „bewegliche" Zuständigkeitsregelung zulässig ist, soweit sie unter justizgemäßen Gesichtspunkten generalisiere und sachfremden Einflüssen auf das Verfahren vorbeuge (BVerfGE 9, 223 [226 f.] [BVerfG Urt. v. 19. 3. 1959 – 1 BvR 295/58; vgl. § 24 GVG erfolglose Rügen]). Aus diesem Gesichtspunkt heraus kann auch die konstitutive Bestimmung eines für das weitere Verfahren zuständigen Spruchkörpers durch das übergeordnete Gericht gerechtfertigt sein.

3. Die Rechtssicherheit erfordert, daß die Zuständigkeit nach Gerichtszweigen, nach dem örtlichen und sachlichen Gerichtsstand und nach dem Instanzenzug im Rechtsmittelweg normativ soweit wie möglich vorbestimmt wird. Hier einen unkontrollierbaren Spielraum lassen, würde die Gefahr in sich schließen, daß außergerichtliche Instanzen durch Bestimmung der gerichtlichen Zuständigkeit auf den Einzelfall einwirken. Dieser Gesichtspunkt ist aber nicht mehr maßgebend, wenn es sich um den Fortgang eines Verfahrens nach der Entscheidung des Revisionsgerichts handelt. Was Art. 101 Abs. 1 Satz 2 GG allen nichtgerichtlichen Instanzen, der Legislative wie der Exekutive einschließlich der Justizverwaltung, verbietet, nämlich auf die Entscheidung eines bestimmten Gerichtsverfahrens Einfluß zu nehmen, ist dem Revisionsgericht gerade aufgetragen. Das Revisionsgericht ist der Tatsacheninstanz übergeordnet und gemäß dieser seiner Stellung in der Gerichtshierarchie dazu berufen, die Entscheidungen der „unteren" Gerichte auf Rechtsfehler zu überprüfen und dem Tatrichter bindende Rechtsanweisungen zu geben mit dem Ziel, die nach menschlichem Ermessen gerechteste Endentscheidung herbeizuführen. Zur Erreichung dieses Zieles kann es bei Aufhebung eines Urteils und Zurückverweisung aus den mannigfachsten Gründen geboten sein, mit der Sache im weiteren Verlauf nicht mehr das Gericht, dessen Entscheidung aufgehoben worden ist, sondern ein anderes Gericht gleicher Ordnung zu befassen.

Schon bei der Beratung der ursprünglichen Fassung der Strafprozeßordnung wurde die Einführung einer dem § 354 Abs. 2 entsprechenden Bestimmung damit begründet, „daß die Richter nicht immer imstande oder geneigt seien, sich auf den ihnen vom obersten Gerichtshof angewiesenen Standpunkt zu versetzen". Abgesehen von dem möglichen Anschein einer Voreingenommenheit des Vordergerichts können auch andere Umstände –

etwa eine bestimmte Einstellung der Bevölkerung des Gerichtsortes und ein dadurch bedingter Druck der Öffentlichkeit – es im Interesse einer unbefangenen Rechtsfindung geraten erscheinen lassen, die erneute Verhandlung und Entscheidung nicht dem bisherigen Gericht zu überlassen.

Die Berücksichtigung derartiger Gesichtspunkte gehört zur Rechtsfindung, die dem Revisionsgericht obliegt. Es entspricht deshalb seiner Steuerungsaufgabe, wenn ihm das Gesetz die Befugnis einräumt, unter mehreren Gerichten dasjenige auszuwählen, das die größte Gewähr für eine sorgfältige Beachtung der obergerichtlichen Rechtsauffassung bietet. Die Entscheidung darüber, an welches Gericht die Sache zurückverwiesen wird, ist nicht nur formell ein Bestandteil des Revisionsurteils; vielmehr gehört sie auch der Sache nach insofern zum Inhalt dieses Urteils, als sie ein Mittel ist, die Rechtsauffassung des Revisionsgerichts durchzusetzen. Daß § 354 Abs. 2 StPO a.F. dem Revisionsgericht die Wahl läßt zwischen allen „benachbarten" Gerichten, hält sich im Rahmen der rechtsprechenden Funktion des Revisionsgerichts. Die Bedenken gegen eine Zurückverweisung an das erstentscheidende Gericht können u.U. – z.B. im Fall besonderer „örtlicher Verflechtung" – auch gegen eines der anderen Gerichte des Bezirks oder Landes bestehen. Eine normative Festlegung des anderen Gerichts wäre daher mit dem Sinn der Regelung nicht vereinbar. Das Revisionsgericht muß im Interesse und zur Herbeiführung einer gerechten Entscheidung einen größeren Spielraum haben.

Hieraus ergibt sich, daß es angesichts des Wesens der Revision im deutschen Recht als sachgerecht anzuerkennen ist, wenn der Gesetzgeber dem Revisionsgericht in § 354 Abs. 2 StPO a.F. die Befugnis der Zuständigkeitsbestimmung für das weitere Verfahren einräumt und ihm die Wahl zwischen mehreren Gerichten zugesteht.

II.

Ein Verstoß gegen Art. 101 Abs. 1 Satz 2 GG wäre allerdings dann anzunehmen, wenn die Gerichte, deren Urteile die beiden Beschwerdeführer angreifen, bei der Anwendung des § 354 Abs. 2 Satz 2 StPO a.F. willkürlich verfahren wären (vgl. BVerfGE 9, 223 [230]). Es sind jedoch keinerlei Anhaltspunkte dafür ersichtlich, daß die Zurückverweisung an das Landgericht Düsseldorf im Falle des Beschwerdeführers zu 1) und die an das Landgericht Bamberg im Falle des Beschwerdeführers zu 2) auf sachfremden Erwägungen der Revisionsgerichte beruhen würden. Beide Revisionsgerichte hatten aufgrund des bisherigen Prozeßverlaufs offensichtlich die Befürchtung, es falle dem Vordergericht schwer, sich die rechtliche Beurteilung, die zur Aufhebung des tatrichterlichen Urteils führte, voll zu eigen zu machen. Wenn die Revisionsgerichte die Sache deshalb an ein Gericht verwiesen haben, von dem sie annahmen, daß es der revisionsrichterlichen Rechtsauffassung folgen werde, so haben sie damit nicht etwa willkürlich, sondern nur im Sinne ihrer Aufgabe gehandelt.

Aus diesen Gründen kann entgegen der Meinung des Beschwerdeführers zu 1) auch keine Rede davon sein, daß die vom Oberlandesgericht Düsseldorf ausgesprochene Zurückverweisung gegen Art. 3 Abs. 1 GG verstoße.

---

2. Bei Hauptverhandlung und Verurteilung trotz verspäteten Einspruchs gegen eine gerichtliche Strafverfügung muß das Rechtsmittelgericht das Urteil aufheben und den Einspruch als unzulässig verwerfen.

StPO § 354 – BGH Beschl. v. 19. 11. 1959 – 2 StR 357/59 OLG Düsseldorf (= BGHSt. 13, 306)

Revision von Amts wegen.

Sachverhalt: Gegen den Angeklagten ist durch gerichtliche Strafverfügung des Amtsgerichts in Düsseldorf vom 18. 12. 1958 wegen Übertretung der §§ 1, 8, 49 StVO eine Geldstrafe von 20 DM und im Falle ihrer Uneinbringlichkeit für je 10 DM ein Tag Haft festgesetzt worden. Die Strafverfügung wurde ihm am 27. 12. 1958 zugestellt. Gegen sie erhob er mit Schreiben vom 5. 1. 1959, das an demselben Tage bei dem Amtsgericht einging, Einspruch. In der daraufhin von dem Jugendgericht angeordneten und am 18. 3. 1959 vor diesem durchgeführten Hauptverhandlung wurde die Rechtzeitigkeit des Einspruchs festgestellt und der Angeklagte wegen Übertretung der §§ 1, 8 und 9 StVO zu der gleichen Strafe verurteilt, wie sie in der Strafverfügung ausgesprochen worden war.

Gegen das Urteil hat der Angeklagte Revision eingelegt, über die das Oberlandesgericht in Düsseldorf zu entscheiden hat. Es hat festgestellt, daß der Einspruch entgegen der Annahme des Jugendgerichts verspätet eingelegt worden ist, weil die Einspruchsfrist, die nach § 413 i.V. in. § 409 Abs. 1 StPO eine Woche beträgt, mit dem 3. 1. 1959 abgelaufen war.

Das Oberlandesgericht möchte deshalb das Urteil des Jugendgerichts aufheben, den Einspruch als unzulässig verwerfen und dem Angeklagten die Kosten der Revision auferlegen. Hieran sieht es sich durch das Urteil des Oberlandesgerichts in Hamm vom 4. 12. 1953 – (1) 2a Ss 906/53 – (JMBl NRW 1954, 60) gehindert, in dem dieses bei gleichem Verfahrensverlauf – verspäteter Einspruch gegen einen Strafbefehl, verurteilendes Erkenntnis des Amtsgerichts und hiergegen Revision des Angeklagten – unter Verwerfung des Einspruchs das weitere Verfahren eingestellt, die Kosten des Einspruchs nach § 465 Abs. 1 StPO dem Angeklagten aufgebürdet und mit den später erwachsenen Kosten des Verfahrens unter entsprechender Anwendung des § 467 StPO die Staatskasse belastet hat.

Das Oberlandesgericht in Düsseldorf hat daher die Sache gemäß § 121 Abs. 2 GVG dem Bundesgerichtshof zur Entscheidung folgender Fragen vorgelegt.

1. Hat das Rechtsmittelgericht, wenn trotz verspäteten Einspruchs gegen eine gerichtliche Strafverfügung eine Hauptverhandlung stattgefunden hat und der Angeklagte verurteilt worden ist, das Urteil aufzuheben und den Einspruch als unzulässig zu verwerfen, oder ist das weitere Verfahren unter Verwerfung des Einspruchs nach § 260 StPO einzustellen?

2. Ist § 473 Abs. 1 Satz 1 und Satz 3 StPO anwendbar, wenn das Gericht des ersten Rechtszuges die Verspätung des Einspruchs gegen eine gerichtliche Strafverfügung übersehen und den Angeklagten verurteilt hat und das Rechtsmittelgericht durch seine Entscheidung die Rechtskraft der Strafverfügung feststellt, oder sind in einem solchen Falle § 465 Abs. 1 und § 467 StPO entsprechend anzuwenden? – Das Rechtsmittel war erfolglos.

Gründe: ...

II.

Die Voraussetzungen der Vorlegung sind nach § 121 Abs. 2 GVG i.V.m. § 121 Abs. 1 Nr. 1a GVG, §§ 313, 334 StPO gegeben.

III.

Der Senat tritt zu beiden Fragen in Übereinstimmung mit der Stellungnahme des Generalbundesanwalts der Auffassung des vorlegenden Oberlandesgerichts bei.

1. Gemäß § 260 Abs. 3 StPO ist ein Verfahren einzustellen, wenn ein Verfahrenshindernis besteht. Ein solches hat auch, ohne daß es geltend gemacht ist, das Revisionsgericht zu beachten und – in der Regel – die Einstellung des Verfahrens auszusprechen. Hiervon wird das Verfahren in seiner Gesamtheit betroffen, d.h. es ist erledigt, so daß darin bereits ergangene tatrichterliche Urteile nicht der Aufhebung bedürfen, weil sie keine rechtliche Wirksamkeit erlangt haben.

Anders ist es jedoch in dem – hier zu entscheidenden – Falle, in dem die gerichtliche Strafverfügung mit Ablauf der Einspruchsfrist in Rechtskraft erwachsen ist, also eine rechtskräftige Entscheidung vorliegt, die eine das gesamte Verfahren abschließende Einstellung verbietet. Die Möglichkeit, die Einstellung auf gewisse Abschnitte des Verfahrens zu beschränken ist, wie das Oberlandesgericht in Düsseldorf in dem Vorlegungsbeschluß mit

Recht hervorhebt, weder in § 260 Abs. 3 StPO noch sonst im Gesetz vorgesehen. Deshalb ist es dem Revisionsgericht verwehrt, den nach Eintritt der Rechtskraft der gerichtlichen Strafverfügung – oder des Strafbefehls – weitergeführten Teil des Verfahrens gesondert einzustellen, wie es das Oberlandesgericht in Hamm in dem oben angeführten Urteil getan hat. Die Auswirkungen des infolge der Rechtskraftwirkung unzulässigen „weiteren Verfahrens" müssen auf einem anderen, gesetzlich vorgesehenen Wege beseitigt werden. Dieser ist – auch darauf hat das vorlegende Oberlandesgericht zutreffend hingewiesen – gegeben, indem das Revisionsgericht die prozeßrechtlich unzulässige Weiterführung des Verfahrens durch das Amtsgericht – hier Jugendgericht – feststellt, dessen Urteil aufhebt und in entsprechender Anwendung des § 354 Abs. 1 StPO den verspäteten Einspruch gemäß § 413 StPO i.V.m. § 409 StPO als unzulässig verwirft. Einer solchen Erledigung des „weiteren Verfahrens" stehen keine Bedenken entgegen.

Das amtsgerichtliche Urteil, das dem Revisionsgericht infolge der Einlegung der Revision zur Prüfung unterbreitet wird, ist nach der vom Tatrichter festzustellenden und von ihm, wenn auch fehlerhaft, festgestellten Rechtzeitigkeit des Einspruchs erlassen. Es ist daher, auch wenn die Feststellung unrichtig ist, ein Urteil und ist nicht etwa als ein „Nichturteil" anzusehen und zu behandeln, wie das Oberlandesgericht Dresden in einem gleichliegenden Falle angenommen hatte (JW 1929, 2773), eine Meinung, die das Bayerische Oberste Landesgericht bereits mit Recht als unzutreffend abgelehnt hat (BayerObLGSt 1953, 35). Über die Revision gegen ein solches Urteil kann und darf somit das Revisionsgericht entscheiden. Die Sachlage ist ähnlich derjenigen, wie sie gegeben ist, wenn eine Revision nach Ablauf der Einlegungsfrist oder nach einem wirksamen Rechtsmittelverzicht eingelegt worden ist. Auch hier ist wegen der Rechtskraft des tatrichterlichen Urteils eine auf ein Sachurteil gerichtete Behandlung der Sache durch das Revisionsgericht nicht möglich. Trotzdem hat es nicht die Einstellung des „weiteren Verfahrens" auszusprechen, sondern über das Rechtsmittel zu befinden. Mag diese Entscheidung auch insofern einer gewissen Beschränkung unterliegen, als nur auf Verwerfung der Revision zu erkennen ist, so hat sie doch den nach Eintritt der Rechtskraft liegenden Teil des Verfahrens zum Gegenstand und bringt ihn zur Erledigung. Eine solche Art der Erledigung ist aber ebenso geboten, wenn nicht erst das tatrichterliche Urteil die das Verfahren an sich abschließende rechtskräftige Entscheidung bildet, sondern diese schon vor dessen Erlaß liegt. Jedenfalls ist kein Grund ersichtlich, der es verbietet, ein Verfahren, das nach Eintritt der Rechtskraft infolge deren Verkennung weitergeführt worden ist, in ähnlicher Weise zum Abschluß zu bringen, indem die sachlichen Entscheidungen, die nach diesem Zeitpunkt ergangen sind, durch Aufhebung beseitigt werden.

Ist sonach das Revisionsgericht berechtigt und verpflichtet, auf die Revision hin das amtsgerichtliche Urteil aufzuheben, so kann es auch den Einspruch gegen die gerichtliche Strafverfügung verwerfen. Das ist die einzige in der Sache selbst mögliche Entscheidung, so daß sie in entsprechender Anwendung des § 354 Abs. 1 StPO vom Revisionsgericht getroffen werden darf.

Ob und inwieweit dabei das Verbot der Schlechterstellung (§ 358 Abs. 2 Satz 1 StPO) beachtet werden muß, wenn in dem tatrichterlichen Urteil auf eine niedrigere als die in der gerichtlichen Strafverfügung – oder in dem Strafbefehl – festgesetzte Strafe erkannt ist, braucht bei der Sachlage, wie sie hier gegeben ist, nicht entschieden zu werden.

2. Die Frage, auf welche Vorschrift die Entscheidung über die Kosten der Revision zu stützen ist, beantwortet sich zwanglos aus dem Gesetz. Nach § 473 Abs. 1 Satz 1 StPO treffen die Kosten eines erfolglos eingelegten Rechtsmittels den, der es eingelegt hat. Da die Revision des Angeklagten zwar zur Aufhebung des amtsgerichtlichen Urteils führt, zugleich aber die Verwerfung des Einspruchs gegen die gerichtliche Strafverfügung nach sich zieht, bleibt sie im Ergebnis ohne Erfolg. Der Angeklagte muß also die Kosten seines Rechtsmittels tragen.

Die von dem Oberlandesgericht in Hamm vertretene Ansicht, hinsichtlich der nach Eintritt der Rechtskraft des Strafbefehls – oder der gerichtlichen Strafverfügung – erwachsenen Kosten sei in Ermangelung einer besonderen Bestimmung § 467 StPO entsprechend anzuwenden, beruht ersichtlich auf der abweichenden Auffassung in der Sache selbst. Die Einstellung eines Teiles des Verfahrens, wie sie das Oberlandesgericht in Hamm ausgesprochen hat, mußte zwangsläufig zu dieser Kostenentscheidung führen. Daher würde sich insofern eine Erörterung erübrigen, wenn nicht in einem gleichliegenden Falle das Oberlandesgericht in Schleswig, das zwar im Gegensatz zu dem Oberlandesgericht in Hamm das amtsgerichtliche Urteil aufgehoben und den verspäteten Einspruch gegen den Strafbefehl als unzulässig verworfen hat, trotzdem – wohl in Anlehnung an die bereits erwähnte Entscheidung des Oberlandesgerichts in Dresden – in entsprechender Anwendung des § 467 StPO die Staatskasse mit dem Teil der Verfahrenskosten belastet hätte, der nach Eintritt der Rechtskraft des Strafbefehls entstanden war (SchlHA 1954, 235). Abgesehen davon, daß die Entscheidung des Oberlandesgerichts in Dresden hier schon deshalb nicht herangezogen werden kann, weil dort die tatrichterlichen Urteile zu Unrecht als „Nichturteile" gewürdigt und behandelt werden, trifft die Meinung des Oberlandesgerichts in Schleswig, der Angeklagte sei so zu behandeln, als ob er aus dem Verfahren ohne Strafe freigekommen sei, nicht zu. Dadurch, daß der Strafbefehl – oder die gerichtliche Strafverfügung – infolge der Versäumung der Einspruchsfrist rechtskräftig geworden ist, hat das Verfahren in Wahrheit zur Verurteilung des Angeklagten geführt. Ein verurteilter Angeklagter hat aber stets die Kosten des Verfahrens und auch diejenigen eines letztlich erfolglos gebliebenen Rechtsmittels zu tragen.

Die Tatsache, daß es noch nach Rechtskraft der gerichtlichen Strafverfügung – oder des Strafbefehls – durch ein Versehen des Tatrichters zu einem Urteil und damit zu einem Revisionsverfahren kommt, rechtfertigt keine andere Beurteilung. Dem verurteilten Angeklagten fallen auch sonst diejenigen Mehrkosten zur Last, die durch eine unzutreffende Beurteilung eines Instanzgerichts entstanden sind (RG Recht 1918 Nr. 458; OLG Stuttgart in JW 1928, 2294). Die Pflicht zur Kostentragung ist die gesetzliche Folge der Verurteilung wie auch der Erfolglosigkeit des Rechtsmittels.

Die weitere Frage, ob § 473 Abs. 1 Satz 3 StPO anzuwenden ist, wenn in dem auf die Revision aufgehobenen Urteil eine höhere Strafe ausgesprochen oder eine schwerere Strafart angewendet worden ist, als sie in der gerichtlichen Strafverfügung – oder in dem Strafbefehl – angedroht war, bedarf keiner Beantwortung, da der Sachverhalt hierzu keine Veranlassung gibt.

§ 354a StPO

Das Revisionsgericht hat auch dann nach § 354 zu verfahren, wenn es das Urteil aufhebt, weil zur Zeit der Entscheidung des Revisionsgerichts ein anderes Gesetz gilt als zur Zeit des Erlasses der angefochtenen Entscheidung.

Erfolgreiche Rügen

1. Die Rechtskraft des Schuldspruchs schränkt jedenfalls die Neubestimmung der Strafe in keiner Hinsicht ein (BGH Urt. v. 1. 12. 1964 – 3 StR 35/64).

Erfolglose Rügen

1. Eine Gesetzesänderung gem. § 2 StGB ist nur auf Sachrüge zu beachten (BGH Urt. v. 26. 2. 1975 – 2 StR 681/74).

2. Die Aufhebung eines Urteils gemäß § 354a StPO ist nicht auf den Mitangeklagten anzuwenden, der keine Revision eingelegt hat (BGH Urt. v. 27. 10. 1964 – 1 StR 358/64).

Erfolgreiche Rügen

1. Die Rechtskraft des Schuldspruchs schränkt jedenfalls die Neubestimmung der Strafe in keiner Hinsicht ein.

StPO § 354a – BGH Urt. v. 1. 12. 1964 – 3 StR 35/64 LG Lüneburg (= BGHSt. 20, 116 = NJW 1965, 453)

Die Revision rügt die Verletzung sachlichen Rechts. Der Verteidiger hat in der Revisionsrechtfertigungsschrift ausgeführt, er rechne damit, daß demnächst das Vereinsgesetz in Kraft trete, „durch welches einige der Vorschriften geändert werden sollen, auf denen die Verurteilung des Angeklagten beruht". Der Bundesgerichtshof werde trotz der Rechtskraft des Schuldspruchs eine etwaige Gesetzesänderung im Rahmen des § 2 II Satz 2 StGB zu Gunsten des Angeklagten zu berücksichtigen haben.

Sachverhalt: Der Angeklagte, ein überzeugter Kommunist, war seit Spätherbst 1956 fast fünf Jahre lang in der „Niedersächsischen Gemeinschaft zur Wahrung demokratischer Rechte" (NG) tätig. Er war in dieser Vereinigung zunächst Mitglied, später Vorsitzender der Revisionskommission, Mitglied der Mandatsprüfungskommission, der Kommission für Rechtsfragen, eines Arbeitsausschusses und schließlich hauptamtlicher und festbesoldeter Mitarbeiter.

Das Landgericht hat ihn wegen Rädelsführerschaft in einer verfassungsfeindlichen Vereinigung (§ 90a Abs. 1 StGB) in Tateinheit mit Geheimbündelei in verfassungsfeindlicher Absicht (§§ 128, 94 StGB) und mit Zuwiderhandlung gegen das KPD-Verbotsurteil (§§ 42, 47 BVerfGG) zu einer Gefängnisstrafe verurteilt.

Auf die Revision des Angeklagten hob der Bundesgerichtshof die Entscheidung des Landgerichts im Strafausspruch mit den dazu gehörigen Feststellungen auf und verwies die Sache zu neuer Verhandlung und Entscheidung über die Strafe an das Landgericht zurück. Die weitergehende Revision wurde verworfen. Das Urteil des Landgerichts war damit im Schuldspruch rechtskräftig.

Nun hat das Landgericht den Angeklagten wiederum zu einer Gefängnisstrafe verurteilt. – Das Rechtsmittel hatte Erfolg.

Gründe: Dieser Rechtsauffassung ist, soweit Gesetzesänderungen durch das Vereinsgesetz vom 5. 8. 1964 (BGBl. I 593, in Kraft getreten am 13. 9. 1964) hier in Betracht kommen, im Ergebnis beizutreten.

1. Unter „Aburteilung" im Sinne des § 2 Abs. 2 Satz 2 StGB ist auch die Entscheidung des Revisionsgerichts zu verstehen. Dies ergibt sich aus § 354a StPO (vgl. BGHSt. 5, 207, 208[1]; NJW 1953, 1800 Nr. 23; NJW 1954, 39 Nr. 16; die Urteile des erkennenden Senats vom 9. 10. 1964 – 3 StR 32/64, 3 StR 34/64 und 3 StR 38/64; ferner das Urteil des 1. Strafsenats vom 27. 10. 1964 – 1 StR 358/64 [vgl. § 354a StPO erfolglose Rügen]. Diese Urteile

---

[1] „Als ‚Aburteilung' im Sinne des § 2 II StGB ist auch noch die Entscheidung des Revisionsgerichts anzusehen; dies ist aus der Beibehaltung des § 354a StPO zu folgern." (BGH Urt. v. 17. 11. 1953 – 1 StR 362/53).

behandeln allerdings nicht den Fall, daß das Revisionsgericht ein teilweise rechtskräftig gewordenes tatrichterliches Urteil nur noch im Strafausspruch nachzuprüfen hat.

Es braucht hier aber nicht entschieden zu werden, ob in einem solchen Falle die Wirkung der Teilrechtskraft grundsätzlich zurückzutreten habe und daher jede Gesetzesänderung, die sich im Einzelfalle als Milderung auswirkt, noch in vollem Umfange zu berücksichtigen ist. Zwar sprechen gewichtige Gründe dafür, daß die Bestandsgewähr bei Änderung der Rechtslage für das teilrechtskräftige Urteil geringer sei als für das vollrechtskräftige, der Rechtsgedanke des § 354 a StPO daher in jeder Lage des Verfahrens anwendbar sei. Es muß aber auch bedacht werden, daß selbst Gründe der Gerechtigkeit nicht unter allen Umständen Anliegen der Rechtskraft und der Rechtssicherheit aufwiegen. Die Rechtssicherheit ist – ebenso wie die Gerechtigkeit – wesentlicher Bestandteil des Rechtsstaatsgrundsatzes und verkörpert einen Eigenwert, der nur aus zwingenden Gründen aufgegeben werden sollte. Indessen braucht diese Frage hier nicht weiter vertieft zu werden.

Der Senat kann sich vielmehr für die Entscheidung des vorliegenden Falles auf folgende Erwägungen beschränken: Die Rechtskraft des Schuldspruchs schränkt jedenfalls die Neubestimmung der Strafe in keiner Hinsicht ein. Wenn daher durch eine nachträgliche Gesetzesänderung der Tatbestand der angewendeten Vorschrift nicht verändert, sondern nur die Strafdrohung gemildert worden ist, so hat das Revisionsgericht dies nach § 2 Abs. 2 Satz 2 StGB zu berücksichtigen. Das ergibt sich unmittelbar aus dem Rechtsgedanken des § 354a StPO. Die Rechtskraft des Schuldspruchs wird davon nicht berührt. Das Bayerische Oberste Landesgericht hat in seinem Urteil vom 19. 1. 1961 (Bay ObLGSt 1961, 23) mit ausführlicher Begründung diese Rechtsauffassung auch für den Fall vertreten, daß die Strafbarkeit durch die Gesetzesänderung ganz entfällt. Dem ist in Übereinstimmung mit der herrschenden Auffassung beizutreten. Mit Recht meint Hardwig, es wäre geradezu widersinnig, einem Angeklagten jede beliebige Milderung, aber nicht die äußerste Milderung, nämlich die Aufhebung der Strafbarkeit, zugute kommen zu lassen, nur weil ein rechtskräftiger Schuldspruch vorliegt. Dabei mag dahinstehen, ob dies einen echten Einbruch in die Rechtskraft des Schuldspruchs bedeutet oder ob die Frage der Rechtskraft überhaupt nur scheinbar berührt wird, weil der Schuldspruch ohnehin gegenstandslos geworden ist, nachdem die Strafandrohung im Gesetz schlechthin entfallen ist. Es fehlt nach der Gesetzesänderung jedenfalls ein gültiger Strafrahmen, dem eine Strafe entnommen werden könnte. Deshalb ist die Verhängung einer Strafe unzulässig.

2. Für den vorliegenden Fall ergibt sich aus diesen Erwägungen folgendes:

Durch das Vereinsgesetz ist der alte § 90a StGB (Rädelsführerschaft in einer verfassungsfeindlichen Vereinigung) aufgehoben worden. Die Vorschrift ist ersatzlos weggefallen, soweit sie Vereinigungen betraf, die noch nicht unanfechtbar verboten waren und gegen die auch kein vollziehbares Verbot vorlag. Die NG war jedenfalls zu dem Zeitraum, auf den sich dieses Strafverfahren bezieht, nicht endgültig verboten. Dem Angeklagten ist in dem für den Schuldspruch maßgebenden Urteil des Landgerichts auch nicht zur Last gelegt worden, er sei für die NG tätig gewesen, solange gegen sie im Jahre 1958 vorübergehend ein vollziehbares Verbot vorlag. Es war daher gemäß den §§ 2 Abs. 2 Satz 2 StGB, 354a StPO bei der Überprüfung des Strafausspruchs zu berücksichtigen, daß § 90 a.F. StGB weggefallen ist.

Das Vereinsgesetz hat ferner den bisherigen § 42 BVerfGG (in Verbindung mit § 47 BVerfGG) durch den neuen § 90a StGB ersetzt. In diesem wird das bisherige, sehr weitgefaßte Merkmal „Zuwiderhandlung" aus rechtsstaatlichen Gründen unter Verwertung der zu diesem Begriff ergangenen Rechtsprechung durch einzelne genauer bezeichnete Begehungsformen umschrieben. Der Tatbestand als solcher ist aber in seinen gesetzlichen Merkmalen weder wesentlich erweitert noch eingeschränkt worden. Das gilt auch, soweit der Versuch in den Fällen des § 90a Abs. 1 n.F. StGB ausdrücklich für strafbar erklärt worden, in den Fällen des Absatzes 2 aber straflos ist (vgl. z.B. BGHSt. 7, 104 und BGH 3 StR 12/64 vom 15. 7. 1964). Der Tatbestand ist – in seinem Kern – unverändert geblieben. Die

Strafdrohung hingegen ist grundsätzlich gemildert worden. Die Absätze 1 und 2 sehen im Vergleich zu § 42 BVerfGG geringere Mindeststrafen vor. Nur in „besonders schweren Fällen" (Absatz 3) sind das alte und das neue Strafmaß gleich. Ob ein „besonders schwerer Fall" vorliegt, ist aber eine Frage des Strafmaßes (RG JW 1934, 2067 Nr. 28). Daraus ergibt sich, daß auch in der gegenwärtigen Lage des Verfahrens zu prüfen ist, ob der außer Kraft gesetzte § 42 BVerfGG oder der neue § 90a StGB für den hier gegebenen Einzelfall der Zuwiderhandlung gegen das KPD-Verbot nach seinen besonderen Umständen die mildere Beurteilung im Strafmaß zuläßt. Ist das neue Gesetz das mildere, so muß dies nach § 354a StPO beachtet werden. (Es folgen Ausführungen, wonach § 90a n.F. StGB im vorliegenden Falle als das mildere Gesetz anzusehen ist.)

3. Im übrigen sind die vom Landgericht angewendeten Strafvorschriften durch das Vereinsgesetz nicht geändert worden.

Danach war gemäß den §§ 2 Abs. 2 Satz 2 StGB, 354a StPO zu berücksichtigen, daß der frühere § 90a StGB weggefallen und hinsichtlich der Zuwiderhandlung gegen das KPD-Verbot nicht mehr § 42 BVerfGG, sondern der neue § 90a StGB anzuwenden ist.

Dies könnte beim Strafausspruch an sich geschehen, ohne daß der Wortlaut des bisherigen Schuldspruchs geändert würde. Dem Schuldspruch kommt jedoch, von einigen hier nicht einschlägigen Sonderfällen abgesehen, nach dem geltenden Straf- und Strafprozeßrecht grundsätzlich keine selbständige rechtliche Bedeutung zu. Es empfiehlt sich deshalb, den Wortlaut des Schuldspruchs so zu ändern, daß darin klar zum Ausdruck kommt, auf welche Gesetze sich der Strafausspruch jetzt gründet. Das hat der Senat in entsprechender Anwendung des § 354 StPO (in Verbindung mit § 354a StPO) selbst getan, wobei die Verurteilung aus § 90a a.F. StGB als nunmehr gegenstandslos ganz zu streichen war.

Die Änderung der gesetzlichen Vorschriften ist in der Revisionsverhandlung eingehend erörtert worden (§ 265 StPO, Art. 103 Abs. 1 GG). Eine andere Verteidigung kommt insoweit nicht in Betracht.

Erfolglose Rügen

1. Eine Gesetzesänderung gem. § 2 StGB ist nur auf Sachrüge zu beachten.

StPO § 354a – BGH Urt. v. 26. 2. 1975 – 2 StR 681/74 LG Saarbrücken (= BGHSt. 26, 94 = NJW 1975, 1038 = JZ 1975, 331 = MDR 1975, 501)

Gründe: Die Verletzung sachlichen Rechts ist mit der Revision nicht gerügt worden. Der Senat sieht sich deshalb außerstande, das Urteil im Anschluß an die Neufassung des § 250 StGB aufgrund des Einführungsgesetzes zum Strafgesetzbuch vom 2. 3. 1974 in den Fällen zu ändern, in denen das Landgericht die Verurteilung wegen schweren Raubes oder schwerer räuberischer Erpressung auf § 250 Abs. 1 Nr. 3 StGB a.F. (Straßenraub) gestützt hat. Die Rechtslage ist insoweit nicht anders, als wenn der Angeklagte von der Einlegung eines Rechtsmittels überhaupt abgesehen hätte. Erst die Erhebung der Sachrüge eröffnet die Möglichkeit sachlicher Nachprüfung. Die Vorschrift des § 354a StPO ändert hieran nichts. Ihr Sinn erschöpft sich darin, daß der Revisionsrichter in dem allgemein vorgegebenen Rahmen auch nach dem tatrichterlichen Urteil in Kraft getretene Änderungen des sachlichen Rechts zu beachten hat. Ist die Sachrüge nicht erhoben, so ist ihm die Möglichkeit einer sachlichen Nachprüfung und Entscheidung aufgrund einer Änderung des Strafgesetzes ebenso verwehrt wie die Nachprüfung der richtigen Anwendung einer schon im Zeitpunkt der Entscheidung des Tatsachengerichts geltenden Vorschrift.

2. Die Aufhebung eines Urteils gemäß § 354a StPO ist nicht auf den Mitangeklagten anzuwenden, der keine Revision eingelegt hat.

StPO §§ 354a, 357 – BGH Urt. v. 27. 10. 1964 – 1 StR 358/64 LG Stuttgart (= BGHSt. 20, 77)

Revision von Amts wegen.

Sachverhalt: Nachdem die Strafkammer den Beschwerdeführer der Beihilfe zu einem Verbrechen seines mitverurteilten Sohnes gemäß § 8 SprengstoffG schuldig befunden hatte, ist diese Strafvorschrift durch das 7. Strafrechtsänderungsgesetz vom 1. 6. 1964 (Art. 2 Ziff. 1) – BGBl. I 337 – aufgehoben worden. Ein Straftatbestand gleichen Inhalts besteht nicht mehr. Möglicherweise fällt das Verhalten des Angeklagten aber unter ein anderes, gültiges Strafgesetz, sei es unter den durch Art. 1 (Ziff. 1) 7. StrafrÄndG neu eingefügten § 311a StGB, sei es unter den tatbestandlich fortgeltenden § 9 Abs. 1 SprengstoffG. Näher braucht der Senat dem nicht nachzugehen; denn in jedem Falle wäre der Angeklagte nach der neuen Rechtslage nicht eines Sprengstoffverbrechens, sondern eines Sprengstoffvergehens schuldig. Der § 311a StGB droht nur Gefängnis an, § 9 SprengstoffG i.d.F. des 7. StrafrÄndG wahlweise auch Geldstrafe (§ 1 Abs. 2 StGB). Als ein Sprengstoffvergehen ist die Tat jedoch verjährt. – Das Rechtsmittel war erfolglos.

Gründe:

1. Diese dem Beschwerdeführer kraft der zwischenzeitlichen Gesetzesänderung günstigere Rechtslage hat auch das Revisionsgericht zu berücksichtigen. Es ist dazu durch § 354 a StPO in Verbindung mit § 2 Abs. 2 Satz 2 StGB nicht bloß ermächtigt, sondern von Rechts wegen verpflichtet. In diesem Sinne haben ständig der erkennende Senat (BGHSt. 5, 207, 208[1]; 6, 186, 192 und BGHSt. 6, 258[2]; LM Nr. 4 zu § 2 Abs. 2 StGB), der 2. Strafsenat (NJW 1954, 39 Nr. 16; NJW 1955, 1406 Nr. 22; LM Nr. 9 zu § 2 Abs. 2 StGB), der jetzige 3. (früher 6.) Strafsenat (zuletzt in den Urteilen vom 9. 10. 1964 – 3 StR 92/64 – 3 StR 34/64 und 3 StR 38/64 –) und der 5. Strafsenat (NJW 1953, 1800 Nr. 23; Urt. v. 18. 8. 1964 – 5 StR 289/64) entschieden. Der 4. Strafsenat hat inzwischen, so in den Urteilen BGHSt. 16, 89, 93 und BGHSt. 18, 12, 18, den früheren Standpunkt verlassen und schließt sich jetzt, wie er auf Anfrage mitgeteilt hat, der hier vertretenen Rechtsansicht an. Der frühere 3. Strafsenat ist aufgelöst. Seine Entscheidung bindet nicht mehr. Sie ist durch die Entwicklung der Rechtsprechung überholt.

Demgemäß ist das Verfahren gegen den Angeklagten wegen des Vorwurfs einer strafbaren Handlung gegen das Sprengstoffgesetz einzustellen.

2. Das Urteil betrifft, soweit es in diesem Punkte aufgehoben wird, auch den als Haupttäter aus § 8 SprengstoffG zur Einzelstrafe von einem Jahr Zuchthaus verurteilten Sohn des Beschwerdeführers, der keine Revision eingelegt hat. Allein die Aufhebung des Urteils kann nicht auf ihn erstreckt werden; denn sie erfolgt nicht, wie das § 357 StPO voraussetzt, wegen einer Gesetzesverletzung bei Anwendung des Strafgesetzes, sondern wegen einer erst nach dem Erlaß des tatrichterlichen Urteils eingetretenen Gesetzesänderung. Freilich ist die Frage, ob die Aufhebung eines Urteils dann, wenn sie auf § 354a StPO be-

---

1 „Nach § 116 JGG gelten diese Bestimmungen auch für Verfehlungen, die begangen worden sind, bevor das neue Recht in Kraft getreten ist. Auch das Revisionsgericht hat dies jedenfalls insoweit zu beachten, als die Vorschriften des neuen Gesetzes milder sind. Das folgt aus § 2 Abs. 2 StGB in Verbindung mit § 354a StPO. Als ‚Aburteilung' im Sinne des § 2 Abs. 2 StGB ist auch noch die Entscheidung des Revisionsgerichts anzusehen; dies ist aus der Beibehaltung des § 354a StPO zu folgern." (BGH Urt. v. 17. 11. 1953 – 1 StR 362/53).

2 „Der Strafausspruch muß wegen des am 1. 10. 1953 in Kraft getretenen neuen Jugendgerichtsgesetzes aufgehoben werden. Dieses Gesetz gilt auch für Taten, die vor seiner Geltung begangen worden sind (§ 116 Abs. 1); es ist noch im Revisionsrechtszug zu beachten (§ 354a StPO; BGHSt. 5, 208)." (BGH Urt. v. 13. 7. 1954 – 1 StR 465/53).

ruht, gemäß § 357 StPO auf mitbetroffene, aber nicht beschwerdeführende Mitangeklagte zu erstrecken sei, in der Rechtsprechung des Bundesgerichtshofs nicht einheitlich beurteilt worden. Der 1. und der 2. Strafsenat haben die Erstreckung – mit der schon angeführten Begründung – für unzulässig erachtet (NJW 1952, 274 Nr. 22; JR 1954, 274; Urteil v. 4. 12. 1953 – 2 StR 457/53 –). Dagegen hat der frühere 3. Strafsenat ständig die Auffassung vertreten, daß § 357 StPO aus Gründen der Gerechtigkeit auf den Fall des § 354a StPO entsprechend anzuwenden sei (GA 1955, 247 und zahlreiche unveröffentlichte Entscheidungen). Die anderen Strafsenate hatten die Frage bislang nicht zu entscheiden. Der erkennende Senat behält seinen bisherigen Standpunkt bei.

Gründe der Gerechtigkeit wiegen nicht unter allen Umständen Anliegen der Rechtskraft und der Rechtssicherheit auf. Vielmehr gibt ihnen das Gesetz gegen diese nur in engen Grenzen nach, eben denen des § 357 StPO und sonst bei Wiederaufnahme des Verfahrens. An diese gesetzliche Regelung ist der Richter gebunden; er muß sich davor hüten, durch einen Eingriff in die Rechtskraft Unsicherheit in den durch das Urteil geschaffenen Rechtszustand zu tragen, nur weil er ihn als ungerecht empfindet. Weit eher fiele ins Gewicht, ob ihn der (nichtbeschwerdeführende) Angeklagte ungerecht findet. Diesen aber fragt das Gesetz nicht. Es ordnet die Erstreckung der Urteilsaufhebung über seinen Kopf hinweg an. Dabei kann ihm die Maßnahme – selbst bei strenger Begrenzung auf den Wortlaut des Gesetzes – durchaus unerwünscht kommen, sei es nur kostenhalber, sei es wegen anderer, mit einer Wiederholung der Hauptverhandlung nicht selten verbundener Belastungen. Mitunter, wenn die neue Hauptverhandlung zu keinem anderen Ergebnis führt als dem bisherigen, erweist sich die Erstreckung als für ihn nutzlos. Sie kann ihm sogar nachteilig sein, wenn sie darauf beruht, daß das Revisionsgericht das Verfahren mangels einer Prozeßvoraussetzung oder wegen eines Verfahrenshindernisses einstellt (BGHSt. 10, 137, 141 [BGH Urt. v. 26. 2. 1957 – 5 StR 411/56; vgl. § 200 StPO erfolgreiche Rügen]): Wird der Mangel geheilt, so ist der Tatrichter in dem neuen Verfahren nicht nach Art des § 358 StPO gebunden. Solche Folgen können auch eintreten, wenn das vom Tatrichter angewendete Strafgesetz nachträglich geändert worden ist. In diesem Falle den § 357 StPO entsprechend anzuwenden, bestehen hiernach keine zwingenden Gründe der Gerechtigkeit. Wenn eine Vorschrift zu so zwiespältigen Ergebnissen führt, in der Anwendung zudem auch zufallsbedingt ist (weil diese nämlich von der Verbindung der Strafsachen abhängt, bei Trennung aber nicht in Betracht kommt), so ist es nicht Sache des Richters, sondern vielmehr der Gesetzgebung, den Anwendungsbereich der Vorschrift zu bestimmen. Da diese weder bei Einfügung noch bei Wiedereinfügen des § 354a in die Strafprozeßordnung (Gesetz. v. 28. 6. 1935 – RGBl. I 844 –, Art. 8 Ziff. 1; VereinhGes. v. 12. 9. 1950 – BGBl. I 455, 496 –, Art. 3 Nr. 149) noch auch bei Neufassung des § 2 StGB (3. StrafrÄndG vom 4. 8. 1953 – BGBl. I 735 –, Art. 2 Ziff. 1) den § 357 StPO geändert hat, muß das der Richter als eine Entscheidung der gesetzgebenden Gewalt hinnehmen.

Das auszusprechen, ist der Senat durch die anderslautenden Urteile des früheren 3. Strafsenats nicht gehindert; denn dieser Senat ist, wie schon erwähnt, seit längerem aufgelöst. Entscheidungen anderer Senate stehen nicht entgegen.

§ 355 StPO

Wird ein Urteil aufgehoben, weil das Gericht des vorangehenden Rechtszuges sich mit Unrecht für zuständig erachtet hat, so verweist das Revisionsgericht gleichzeitig die Sache an das zuständige Gericht.

§ 356 StPO

Die Verkündung des Urteils erfolgt nach Maßgabe des § 268.

§ 357 StPO

Erfolgt zugunsten eines Angeklagten die Aufhebung des Urteils wegen Gesetzesverletzung bei Anwendung des Strafgesetzes und erstreckt sich das Urteil, soweit es aufgehoben wird, noch auf andere Angeklagte, die nicht Revision eingelegt haben, so ist zu erkennen, als ob sie gleichfalls Revision eingelegt hätten.

Erfolgreiche Rügen

1. § 357 StPO findet auch auf Ordnungswidrigkeiten Anwendung (BGH Beschl. v. 16. 9. 1971 – 1 StR 284/71).
2. Bei Verkehrsunfall durch Zusammenstoß erstreckt sich das Urteil auf beide Beteiligte (BGH Beschl. v. 23. 1. 1959 – 4 StR 428/58).
3. Urteilsaufhebung zugunsten des Mittäters (BGH Urt. v. 8. 10. 1957 – 1 StR 318/57).

Erfolglose Rügen

1. Keine Erweiterung der Urteilsaufhebung auf Nichtrevidenten bei nachträglicher Nichtigkeitserklärung durch Bundesverfassungsgericht (BGH Beschl. v. 26. 1. 1995 – 1 StR 798/94).

Erfolgreiche Rügen

1. § 357 StPO findet auch auf Ordnungswidrigkeiten Anwendung.
StPO §§ 206a, 357 – BGH Beschl. v. 16. 9. 1971 – 1 StR 284/71 BayObLG (= BGHSt. 24, 208 = NJW 1971, 2272)
Revision von Amts wegen.

Sachverhalt: Das Amtsgericht hat durch Urteil vom 26. 10. 1970 gegen die Betroffenen M. und G. wegen der – bei dem Zusammenstoß ihrer Kraftfahrzeuge begangenen – Verkehrsordnungswidrigkeiten nach §§ 1, 13 Abs. 2 StVO Geldbußen verhängt. Antrag auf Zulassung der Rechtsbeschwerde gegen dieses Urteil gemäß § 79 Abs. 1 Satz 2, § 80 OWiG hat nur der Betroffene G. gestellt.

Die Verfolgung hinsichtlich beider Betroffener war bereits vor dem Erlaß des angefochtenen Urteils verjährt. Das Amtsgericht hat dies übersehen. Das Bayerische Oberste Landesgericht, das über den Zulassungsantrag zu entscheiden hat, beabsichtigt, das Verfahren gemäß § 46 Abs. 1 OWiG, § 206a StPO durch Beschluß einzustellen (BGHSt. 23, 365[1]) und die Einstellung nach § 357 StPO auch auf den Mitbetroffenen M. zu erstrecken, der kein

---

[1] „Das Rechtsbeschwerdegericht, das mit einem form- und fristgerecht gestellten und ordnungsgemäß begründeten Antrag auf Zulassung der Rechtsbeschwerde befaßt ist, kann das Bußgeldverfahren auch ohne förmliche Zulassung des Antrags einstellen, wenn die Verfolgung schon vor dem Urteil des Tatrichters verjährt war." (BGH Beschl. v. 27. 10. 1970 – 5 StR 347/70).

Rechtsmittel eingelegt hat. Es sieht sich daran aber durch den Beschluß des Bundesgerichtshofs vom 27. 10. 1955 – 3 StR 316/55 – (NJW 1955, 1934 Nr. 24) gehindert. Nach dieser Entscheidung ist eine Revisionserstreckung auf andere Mitangeklagte nicht zulässig, wenn das Verfahren vor Anberaumung einer Hauptverhandlung vom Revisionsgericht durch Beschluß eingestellt wird. Diese Auffassung wird im wesentlichen damit begründet, daß § 357 StPO wegen der weitreichenden prozessualen Folgen eng auszulegen sei und daß das Strafverfahrensrecht auch sonst keine allgemeine Vorschrift kenne, die einem Beschluß des Revisionsgerichts eine die Rechtskraft durchbrechende Wirkung beilege.

Nach Auffassung des vorlegenden Gerichts hingegen kann die Erstreckungswirkung des § 357 StPO nicht davon abhängig gemacht werden, ob das Revisionsgericht durch Einstellungsurteil oder Beschluß entscheidet. In Übereinstimmung mit der nahezu einhelligen Meinung in Schrifttum und Rechtsprechung (OLG Celle JZ 1959, 180; BayObLGSt 1949–1951, 528; vgl. auch OLG Celle NJW 1969, 1977) beruft sich das Bayerische Oberste Landesgericht hierfür auf den Vorrang der materiellen Gerechtigkeit, der eine Gleichbehandlung des Nichtrevidenten Gebiete und dessen Verweisung auf den Gnadenweg als unbillig erscheinen lasse. Im übrigen entspreche es, so meint das vorlegende Gericht, auch nicht den Erfordernissen der Prozeßwirtschaftlichkeit, wenn das Revisionsgericht, um der Bestimmung des § 357 StPO Geltung zu verschaffen, im Wege einer Hauptverhandlung durch Urteil entscheiden müsse. – Das Rechtsmittel hatte Erfolg.

Gründe: Der Senat bejaht diese Frage und schließt sich im Ergebnis der vom Bayerischen Obersten Landesgericht vertretenen Rechtsauffassung an. Er ist – anders als das vorlegende Gericht – durch die abweichende Entscheidung des früheren 3. Senats nicht gebunden (BGHSt. 11, 15, 17; 20, 77, 79, 81 [BGH Urt. v. 27. 10. 1964 – 1 StR 358/64; vgl. § 354a StPO erfolglose Rügen]).

1. Der Vorschrift des § 357 StPO liegt der Gedanke zugrunde, daß unter bestimmten Voraussetzungen eine Durchbrechung der Rechtskraft aus Gründen der materiellen Gerechtigkeit geboten erscheint, um – das Rechtsgefühl verletzende – Ungleichheiten bei der Aburteilung mehrerer Personen zu vermeiden (BGHSt. 12, 335, 341 [BGH Beschl. v. 23. 1. 1959 – 4 StR 428/58; vgl. § 357 StPO erfolgreiche Rügen]; BGH LM StPO § 357 Nr. 10). Von diesem Ausgangspunkt her grenzt § 357 StPO die materielle Reichweite einer Revisionserstreckung ab. Diese sachlichen Erfordernisse sind im vorliegenden Fall erfüllt. Insbesondere ist es anerkannten Rechts, daß § 357 StPO auch Anwendung findet, wenn die Aufhebung des Urteils wegen eines Verfahrenshindernisses wieder Verjährung erfolgt (BGHSt. 12, 335, 340; BGH NJW 1955, 1934; BGH, Urteile v. 4. 3. 1960 – 4 StR 14/60 – und v. 23. 8. 1961 – 2 StR 332/61).

2. Hiervon ist die – im Vorlegungsbeschluß aufgeworfene – Rechtsfrage zu trennen, ob die Erstreckungswirkung eine bestimmte Form der revisionsrichterlichen Entscheidung – ein Einstellungsurteil – voraussetzt. Die Vorschrift des § 357 StPO sagt hierzu unmittelbar nichts aus. Wohl aber ergibt der mit § 357 StPO verfolgte gesetzgeberische Zweck in Verbindung mit dem Zusammenhang der einschlägigen Verfahrensvorschriften, daß bei seiner Anwendung kein Unterschied zwischen Einstellungsurteilen und Einstellungsbeschlüssen gemacht werden kann.

Die bereits gesicherte Annahme, daß über den bloßen Wortlaut des § 357 StPO („Aufhebung des Urteils") hinaus auch eine das Verfahren einstellende Entscheidung (jedenfalls in der Form eines Revisionsurteils) zu einer Revisionserstreckung auf einen anderen Mitangeklagten führen kann, wird im wesentlichen damit begründet, daß durch die Einstellung des Verfahrens das angefochtene Urteil – wie bei der Aufhebung – in entsprechendem Umfang gegenstandslos wird (BGH NJW 1955, 1934). Dieselbe prozessuale Wirkung tritt aber ein, wenn das Revisions- oder Rechtsbeschwerdegericht das Verfahren außerhalb der Hauptverhandlung nach § 206a StPO einstellt. Schon aus diesem Grunde rechtfertigt es sich nicht, die beiden möglichen Formen der Einstellungsentscheidung unterschiedlich zu behandeln.

Hinzu kommt aber ein weiteres: Liegen die in § 357 StPO bezeichneten materiellen Voraussetzungen vor, so ist die Revisionserstreckung nach Gesetzeswortlaut und Gesetzeszweck zwingend. Betrifft ein Verfahrenshindernis wie die Verjährung noch andere Mitangeklagte (Mitbetroffene), so muß das Revisionsgericht auch ihnen gegenüber das Verfahren einstellen. Wäre diese Verpflichtung nun davon abhängig, ob die Einstellung des Verfahrens durch Urteil ausgesprochen würde oder nicht, so bliebe es aus der Sicht des Mitbetroffenen dem Zufall der Verfahrensgestaltung überlassen, ob seine Belastung mit den Folgen der Verurteilung entfiele oder nicht. Ein solches Ergebnis stände aber in einem unträglichen Gegensatz zu dem Gesetzeszweck der Erstreckungsvorschrift.

Der Wortlaut des § 357 StPO setzt nicht voraus, daß die Entscheidung des Revisionsgerichts in Form eines Urteils ergeht. Wie das Revisionsgericht zu verfahren hat, ob es durch Urteil nach vorangegangener Hauptverhandlung oder durch Beschluß zu entscheiden hat, bestimmt sich daher nach den allgemeinen Vorschriften, an die § 357 StPO anknüpft. Hierzu gehört auch die Bestimmung des § 206a StPO. Durch sie hat der Gesetzgeber aus Gründen der Verfahrensvereinfachung die Möglichkeit eröffnet, ein Strafverfahren ohne Hauptverhandlung durch Einstellungsbeschluß endgültig zum Abschluß zu bringen, wenn sich ein absolutes Verfahrenshindernis herausstellt. Diese Vorschrift gilt – trotz ihrer Einstellung im Abschnitt „Entscheidung über die Eröffnung des Hauptverfahrens" – in jedem Verfahrensstadium, also auch im Revisionsverfahren. Der außerhalb der Hauptverhandlung ergehende Einstellungsbeschluß nach § 206a StPO ist somit vom Gesetzgeber ganz allgemein als zulässiger Ersatz für das Einstellungsurteil (§ 260 Abs. 3 StPO) vorgesehen worden, um eine überflüssige Hauptverhandlung zu vermeiden.

§ 357 StPO enthält daher insoweit – entgegen der in Schrifttum und Rechtsprechung anklingenden Auffassung, der wohl auch das vorlegende Gericht zuneigt – keine Gesetzeslücke, die aus Billigkeitserwägungen durch eine ausdehnende Auslegung oder Analogie zugunsten des Nichtrevidenten geschlossen werden müßte. Denn diese Vorschrift bestimmt, wie bereits ausgeführt, lediglich die materielle Reichweite der Revisionserstreckung, nicht aber die Form der – eine Erstreckungswirkung entfaltenden – revisionsrechtlichen Entscheidung. Diese ergibt sich hier vielmehr allein aus den Vorschriften der §§ 353, 356, 260 Abs. 3 und des § 206a StPO. Eine Abänderung oder Neuformulierung des § 357 StPO durch den Gesetzgeber war somit – entgegen der von dem damaligen 3. Strafsenat des Bundesgerichtshofs vertretenen Auffassung – im Zusammenhang mit der Einfügung des § 206a StPO nicht veranlaßt.

Dies wird auch aus der Vorschrift des § 349 Abs. 4 und 5 StPO deutlich, die zur Vereinfachung des Revisionsverfahrens durch das Strafprozeßänderungsgesetz vom 19. 12. 1964 (BGBl. I 1067, 1078) eingefügt worden ist. Diese Bestimmung ermöglicht bei offensichtlicher Begründetheit der Revision eine Urteilsaufhebung durch Beschluß. Sie gehört daher mit den §§ 353, 356 StPO zu den Vorschriften über die Form der revisionsrechtlichen Entscheidung und ist somit den Bezugsvorschriften des § 357 StPO zuzurechnen. Liegen die sachlichen Voraussetzungen einer Revisionserstreckung nach § 357 StPO vor, so greift daher die Erstreckungswirkung unabhängig davon ein, ob das Revisionsgericht nach § 349 Abs. 4 StPO (Aufhebung durch Beschluß) oder Abs. 5 (Aufhebung durch Urteil) verfährt (vgl. OLG Celle MDR 1969, 503). Für § 206a StPO kann sowohl im Revisionsverfahren als auch im Verfahren über die Zulassung einer Rechtsbeschwerde nach dem OWiG nichts anderes gelten.

Das Rechtsbeschwerdegericht ist nach allem berechtigt und verpflichtet, in Richtung des Mitbetroffenen M. so zu erkennen, als ob auch er den Rechtsbeschwerdeweg beschritten hätte. Es kann und muß das Verfahren also wegen des auf den Mitbetroffenen gleichermaßen zutreffenden Verfahrenshindernisses der Verjährung insgesamt durch Beschluß einstellen.

Erfolgreiche Rügen	Nr. 2 § 357 StPO

2. Bei Verkehrsunfall durch Zusammenstoß erstreckt sich das Urteil auf beide Beteiligte.
StPO § 357 – BGH Beschl. v. 23. 1. 1959 – 4 StR 428/58 OLG Hamm (= BGHSt. 12, 335 = NJW 1959, 894)

Revision von Amts wegen.

Rechtssatz:

1. Beantragt die Staatsanwaltschaft im Ermittlungsverfahren offensichtlich nur zum Zwecke der Unterbrechung der Verjährung bei einem Amtsgericht, die Akten zur Vernehmung eines in einem anderen Gerichtsbezirk wohnenden Zeugen an die für diesen zuständige Polizeibehörde weiterzuleiten, so ist dieses Ersuchen nicht auf eine richterliche Handlung gerichtet. Die erbetene Maßnahme des Amtsgerichts ist daher nicht eine zur Unterbrechung der Verjährung geeignete Handlung.

2. Sind zwei Kraftfahrer verurteilt, und zwar der eine gemäß §§ 1, 13, 49 StVO, weil er die Vorfahrt, und der andere gemäß §§ 1, 3 Abs. 1, 49 StVO, weil er ein Verkehrszeichen nicht beachtet hat, und beziehen sich diese Übertretungen auf denselben Verkehrsvorgang, so ist die Voraussetzung der Nämlichkeit der Tat im Sinne des § 357 StPO gegeben.

Sachverhalt: Durch Urteil des Amtsgerichts in Soest vom 29. 5. 1958 ist der Angeklagte K. wegen Übertretung der §§ 1, 13, 49 StVO zu einer Geldstrafe verurteilt worden, weil er, als er am 25. 11. 1957 in Soest mit seinem Kraftwagen fuhr, sich einer Vorfahrtsverletzung schuldig gemacht hat. Er verursachte hierbei einen Zusammenstoß mit dem Kraftwagen des früheren Mitangeklagten W. und beschädigte diesen dabei. W. ist durch dasselbe Urteil wegen Übertretung der §§ 1, 3 Abs. 1, 49 StVO ebenfalls zu einer Geldstrafe verurteilt worden. Er hat kein Rechtsmittel eingelegt, während K. das Urteil mit der Revision beim Oberlandesgericht in Hamm angefochten hat.

Mit dem Rechtsmittel macht er u.a. geltend, die Strafverfolgung sei verjährt gewesen.

Hierzu ist folgendes festgestellt worden:

Am 18. 2. 1958 übersandte die Staatsanwaltschaft in Arnsberg im Ermittlungsverfahren die Akten dem Amtsgericht in Soest mit dem Antrage „zur Unterbrechung der Verjährung die Akten an die Polizeibehörde in Ludwigshafen zur Vernehmung des Zeugen D. weiterzuleiten". Mit Verfügung vom 22. 2. 1958 ordnete das Amtsgericht die Übersendung der Akten an die Polizeibehörde in Ludwigshafen, dem Wohnsitz D.'s, „zur Vernehmung des obigen Zeugen und unmittelbarer Rückgabe der Akten an die Staatsanwaltschaft Arnsberg" an.

Da ausschließlich Übertretungen in Betracht kommen, verjährt die Strafverfolgung gemäß § 67 Abs. 3 StGB in drei Monaten. Die Verjährung wäre mithin am 24. 2. 1958 eingetreten. Die einzige bis dahin von einem Richter vorgenommene Handlung war die Verfügung vom 22. 2. 1958.

Das Oberlandesgericht in Hamm ist der Auffassung, daß diese Verfügung die Verjährung nicht unterbrochen habe. Es beabsichtigt deshalb die Einstellung des Verfahrens, sieht sich hieran aber durch das Urteil des Oberlandesgericht in Celle vom 24. 7. 1957 (NJW 1958, 394 Nr. 22 = GA 1958, 114) gehindert. Das Oberlandesgericht in Hamm beabsichtigt weiter, die Einstellung des Verfahrens gemäß § 357 StPO auf den rechtskräftig verurteilten früheren Mitangeklagten W. zu erstrecken. Dem steht nach seiner Auffassung der Beschluß des Bayerischen Obersten Landesgerichts vom 5. 5. 1953 (BayObLGSt 1953, 85, 86 Nr. 43) entgegen.

Das Oberlandesgericht hat daher die Sache zur Entscheidung der beiden genannten Fragen dem Bundesgerichtshof vorgelegt. – Das Rechtsmittel hatte Erfolg.

Gründe:

1. Zur Verjährung

Das Oberlandesgericht in Celle hat in dem genannten Urteil ausgesprochen, daß ein auf Ersuchen der Staatsanwaltschaft verfügter Auftrag des Amtsrichters an die Polizei, einen bestimmten Zeugen zu vernehmen, die Verjährung unterbricht. Da das vorlegende Oberlandesgericht von dieser Entscheidung abweichen will, ist die Vorlegung gemäß § 121 Abs. 2 GVG zulässig.

Wie der Bundesgerichtshof bereits ausgesprochen hat, ist die in § 68 StGB vorgesehene Unterbrechung der Verjährung eine Ausnahme von der in § 67 enthaltenen Regel, wonach die Verfolgung nach bestimmter Zeit ausgeschlossen sein soll. Die Vorschrift des § 68 StGB ist daher „eng auszulegen und loyal zu handhaben" (BGHSt. 11, 335, 337[1]). Die Rechtseinrichtung der Verjährung soll dem Rechtsfrieden dienen und einer etwaigen Untätigkeit der Behörden in jedem Abschnitt des Verfahrens entgegentreten (BGHSt. 11, 393, 396 [BGH Urt. v. 26. 6. 1958 – 4 StR 145/58; vgl. § 206a StPO erfolgreiche Rügen]). Dieses Ziel würde vereitelt werden, wenn eine die Verjährung unterbrechende Wirkung Scheinmaßnahmen, willkürlichen und völlig überflüssigen Akten (RGSt 62, 426; 21, 308) ohne Förderungszweck (vgl. auch BayObLG Beschluß v. 12. 10. 1951, NJW 1952, 516 Nr. 28) zuerkannt würde, die nur der Umgehung der Verjährungsvorschriften und damit dem Ziele dienen sollen, die Möglichkeit der Strafverfolgung auf unbestimmte Zeit offenzuhalten.

Diese Voraussetzungen sind hier gegeben. (Wird ausgeführt ...)

Der Senat beantwortet daher die ihm vorgelegte Frage, wie aus dem Rechtssatz zu 1.) ersichtlich ist.

2. Zur Frage der Erstreckung der Aufhebung gemäß § 357 StPO

Das Amtsgericht hat im einzelnen folgenden Sachverhalt festgestellt: Der Angeklagte W. befuhr am Abend des 25. 11. 1957 mit einem Lastzug die W.-Straße in S. in Richtung B.-Tor, um sodann in Richtung We. weiterzufahren. Vor der Einmündung in die kreuzende B.-Straße war ein Wartezeichen nach Bild 30 der Anlage zur StVO am rechten Straßenrand angebracht. Es fehlte jedoch für den auf der B.-Straße von links nach rechts, d.h. aus Stadtmitte in Richtung Bahnhof, fließenden Verkehr ein bevorrechtigendes Kennzeichen. Der Angeklagte beobachtete an der Kreuzung wohl den Verkehr, der von rechts kam, unterließ es aber, mit der gebotenen Sorgfalt auch nach links zu sichern. Die Sicht in Richtung Stadtmitte war durch die dort stehenden Gebäude schlecht, so daß nur ein langsames Vortasten möglich war, um rechtzeitig dem von links kommenden Verkehr gegenüber die Wartepflicht zu beachten. Er war mit dem Wagen gerade in die Kreuzungsfläche gefahren, als er den von links in etwa gleicher Geschwindigkeit mit einem VW-Kombi aus Stadtmitte herannahenden Angeklagten K. bemerkte. K. glaubte, weil die meisten in die B.-Straße einmündenden Straßenzüge durch Vorfahrtzeichen nach Bild 52 der Anlage zur StVO abgesichert waren, auch in diesem Falle die Vorfahrt zu haben. Anstatt auf den Verkehr aus der W.Straße, dem gegenüber er nach § 13 StVO wartepflichtig war, zu achten und seine Fahrweise darauf einzustellen, bremste er in der Annahme, W. werde ihm die Vorfahrt lassen, erst im letzten Augenblick. Es kam zu einem Zusammenstoß.

---

[1] „Nach § 68 StGB wird die Verjährung der Strafverfolgung durch jede Handlung des Richters unterbrochen, die wegen der begangenen Tat gegen den Täter gerichtet ist. Eine solche richterliche Handlung liegt dann vor (vgl. u.a. BGHSt. 9, 198, 203), wenn sie bestimmt und geeignet ist, die Erledigung der Strafsache zu fördern und damit der Verfolgung der zur Untersuchung stehenden Straftat dient. Dabei ist zu bedenken, daß die in § 68 StGB vorgesehene Unterbrechung der Verjährung eine Ausnahme von der in § 67 StGB enthaltenen Regel darstellt, wonach die Verfolgung nach bestimmter Zeit ausgeschlossen sein soll, so daß § 68 StGB eng auszulegen und loyal zu handhaben ist." (BGH Beschl. v. 22. 5. 1958 – 1 StR 533/57).

Das Bayerische Oberste Landesgericht hat im Beschluß vom 5. 5. 1953 (BayObLGSt 1953, 85, 86 Nr. 43) entschieden, daß, wenn zwei Verkehrsteilnehmer zusammenstoßen, sie hinsichtlich ihrer eigenen Beeinträchtigung nicht an einer Straftat beteiligt sind. Da das vorlegende Oberlandesgericht hiervon abweichen will, sind die Voraussetzungen der Vorlegung nach § 121 GVG gegeben.

Der Erstreckung der Aufhebung auf den Mitangeklagten W. würde es nicht entgegenstehen, daß die Aufhebung des Urteils hier nicht auf Grund eines sachlich-rechtlichen Mangels erfolgen würde. Es ist anerkannt, daß § 357 StPO auch dann anzuwenden ist, wenn das Urteil wegen Fehlens einer von Amts wegen zu beachtenden Verfahrensvoraussetzung oder des Vorliegens von Verfahrenshindernissen erfolgt (RGSt 68, 18 ff.).

Es ist weiterhin feststehender Grundsatz der Rechtsprechung, daß die Aufhebung eines Urteils wegen Gesetzesverletzung auf andere Angeklagte, die keine Revision eingelegt haben, nur zu erstrecken ist, wenn sie wegen der „nämlichen Tat" verurteilt worden sind (RGSt 71, 251 f.; 72, 24 f.; BGH NJW 1955, 1566 Nr. 19). Der Meinung, daß von diesem Erfordernis abzusehen sei, wie sie z.B. Eb. Schmidt vertritt (Lehrkommentar zu StPO Anm. III zu § 357 StPO), vermag der Senat nicht beizutreten.

Für die Frage, wann diese Voraussetzung gegeben ist, kommt es entscheidend auf den Zweck der genannten Vorschrift an. Der Grundgedanke des § 357 StPO hat die Durchsetzung der „wirklichen Gerechtigkeit" zum Ziel und will das Rechtsgefühl verletzende Ungleichheiten bei der Aburteilung einer Mehrheit von Personen vermieden wissen (RGSt 71, 252 f.; OGHSt 2, 50, 60 f.; BGH LM § 357 Nr. 10). Von dieser Grundlage aus kann die Auslegung des Begriffes „Nämlichkeit der Tat" keine rein formale sein, vielmehr muß sie in einer Weise vorgenommen werden, daß dem angeführten Grundgedanken Rechnung getragen wird. Daher hat der Bundesgerichtshof (1 StR 648/54, Urt. v. 3. 2. 1955 = NJW 1955, 1566 Nr. 19) ausgesprochen, daß unter der nämlichen Tat dasselbe tatsächliche Ereignis zu verstehen sei, an dem beide in strafbarer Weise beteiligt gewesen seien. In diesem Sinn sei die Tat die nämliche, wenn das Geschehnis der natürlichen Betrachtung als ein Vorgang erscheine, bei dem sich die Beteiligung des einen Angeklagten mit der des anderen zu einem einheitlichen tatsächlichen Ganzen verflechte. Es beeinträchtige dieses Erfordernis nicht, wenn die Beteiligung der Angeklagten daran rechtlich gesondert und verschieden betrachtet werden könnte. Es sei jedoch nicht erfüllt, wenn die Beteiligung des einen von der des anderen gelöst werden könne, ohne daß ihr Sinnzusammenhang oder der des Gesamtgeschehens wesentlich gestört werde. Nur diese Auslegung wird dem oben angegebenen Zweck gerecht. Hiernach wäre die Nämlichkeit der Tat auch dann zu bejahen, wenn zwei Kraftfahrer durch fahrlässige Handlungen beider mit ihren Wagen zusammenstoßen und an den Vorgang des Zusammenstoßes selbst rechtliche Folgerungen geknüpft werden.

Auch dann erscheint das Geschehnis für die natürliche Betrachtung als ein Vorgang. Würde man in einem Falle dieser Art die Anwendbarkeit des § 357 StPO ablehnen, so würden sich Ungleichheiten ergeben, die das Rechtsgefühl verletzten und das Ziel der Durchsetzung der Gerechtigkeit hindern.

Somit ist die Auffassung des Bayerischen Obersten Landesgerichts abzulehnen, nach welcher für die Nämlichkeit der Tat ein Zusammenhang nach § 3 StPO zu fordern und daher § 357 StPO nicht anzuwenden ist, wenn der Erfolg nicht das Ergebnis gleichgerichteter, sondern entgegengesetzt wirkender Kräfte ist (BayObLGSt 1953, 85 Nr. 43). Dieser Gesichtspunkt kann da, wo es sich um das Streben nach einem gerechten Ergebnis handelt, nicht ausschlaggebend sein. Allerdings ist in der Rechtsprechung in diesem Zusammenhang wiederholt auf § 3 StPO Bezug genommen worden, in RGSt 72, 24 f. in dem Sinn, daß ein Zusammenhang gemäß § 3 StPO „erforderlich" sei, während RGSt 71, 251 f. nur davon spricht, daß ein solcher Zusammenhang „genüge". Der Bundesgerichtshof erklärt jedoch in NJW 1955, 1566 Nr. 19 zutreffend, daß § 3 StPO nur einen „Anhalt" für die Auslegung des § 357 StPO biete, mithin also nicht ausschließlich den Begriff der Nämlichkeit der Tat umreißt. Die Vorschrift des § 3 StPO kann nicht die entscheidende Grundlage für die Beurteilung der hier zu beantwortenden Frage sein. Denn der Zweck, den § 3 StPO verfolgt, nämlich unter bestimmten Voraussetzungen, eine einheitliche Zuständigkeit für mehrere Täter zu begründen, ist ein wesentlich anderer als derjenige, der dem § 357 StPO zugrunde liegt. Daher ist es nicht angängig, den Begriff der Beteiligung im Sinne der Zuständigkeitsvorschriften auf die Frage der Erstreckung der Aufhebung des Urteils zu übertragen. Vielmehr muß das Erfordernis der Nämlichkeit der Tat aus dem eigenen Sinn des § 357 StPO selbst bestimmt werden. Nur insofern kann dem Bayerischen Obersten Landesgericht beigetreten werden, als es einen Zusammenhang nach § 237 StPO, der das Gericht ermächtigt, im Falle eines Zusammenhangs zwischen mehreren Strafsachen ihre Verbindung zum Zwecke gleichzeitiger Verhandlung anzuordnen, nicht genügen läßt. Denn auch dieser Begriff ist an anderen Gesichtspunkten ausgerichtet als die Vorschrift des § 357 StPO. Er regelt die Voraussetzungen, unter denen eine gemeinschaftliche Verhandlung mehrerer Strafsachen aus Zweckmäßigkeitsgründen zulässig ist.

Hiernach würde die Nämlichkeit der Tat auch dann zu bejahen sein, wenn der Erfolg nicht das Ergebnis gleichgerichteter, sondern entgegengesetzt wirkender Kräfte war.

Nach diesen Grundsätzen ist die Nämlichkeit der Tat auch im vorliegenden Falle gegeben. Allerdings betreffen die Übertretungen der Angeklagten nach ihren gesetzlichen Tatbeständen nicht den Zusammenstoß selbst. Jedoch bezog sich die Verurteilung der Angeklagten auf denselben Verkehrsvorgang. Jeder übertrat eine Vorschrift, die die Gefährdung des anderen verhindern sollte. Beide Angeklagten haben dabei durch ihr Verhalten die Gefahr ein und desselben Zusammenstoßes herbeigeführt, der dann auch tatsächlich eingetreten ist. Zwischen den Übertretungen der Angeklagten, die jeweils die Anwesenheit des anderen mit seinem Fahrzeug voraussetzen und nur dadurch ihre rechtliche Bedeutung erlangen, besteht ein inneres, gegenseitiges Beziehungsverhältnis. Das Verhalten des einen kann von dem des anderen nicht gelöst werden, ohne daß der Sinnzusammenhang des Gesamtgeschehens wesentlich gestört würde. Die Verstöße der Angeklagten können daher im Hinblick auf die von ihnen geschaffene nämliche Gefahrenlage nicht getrennt voneinander betrachtet werden.

Mithin besteht jene Einheit, wie sie § 357 StPO voraussetzt. Die zu § 60 Nr. 3 StPO entwickelten Grundsätze können sinngemäß für die Auslegung des § 357 StPO einen Anhalt geben (vgl. BGHSt. 10, 65 [BGH Urt. v. 8. 1. 1957 – 5 StR 378/56; vgl. § 60 StPO erfolgreiche Rügen]).

Der Senat beantwortet daher die zweite ihm vorgelegte Frage, wie aus dem Rechtssatz zu 2 ersichtlich ist.

3. Urteilsaufhebung zugunsten des Mittäters.

StPO § 357 – BGH Urt. v. 8. 10. 1957 – 1 StR 318/57 LG Koblenz (= BGHSt. 11, 18)

Rüge und Sachverhalt sind nicht mitgeteilt. – Das Rechtsmittel hatte Erfolg.

Gründe: Der Mitangeklagte V. hat keine Revision eingelegt. Trotzdem wird auch das Urteil gegen ihn aufgehoben, soweit es die Urkundenfälschung betrifft (§ 357 StPO). Denn insoweit ist er als Mittäter verurteilt worden. Bei dieser Entscheidung könnte es nicht verbleiben, wenn der Angeklagte P. nur als sein Gehilfe anzusehen wäre. Eine einseitige Mittäterschaft ist begrifflich unmöglich (RGSt 23, 196; vgl. RGSt 44, 321).

Allerdings ist V. in jedem Falle Täter, auch bei Wegfall des Angeklagten P. als Tatgenossen, gegebenenfalls also allein. Weiter sind die Allein- und die Mittäterschaft an sich nur verschiedene Arten der Tatausführung, im Unrechtsgehalt aber einander gleichwertig; deshalb läßt die Rechtsprechung ihre wahldeutige Feststellung zu (RGSt 37, 215; BGHSt.

9, 390, 392 f.[1]). Dennoch beschwert es einen Angeklagten, wenn er als Mittäter anstatt als Alleintäter verurteilt wird. Das gilt nicht bloß in den Fällen, in denen das Gesetz die gemeinschaftliche Ausführung der Tat mit geschärfter Strafe bedroht (z.B. §§ 119, 123 Abs. 2; 223a, 292 Abs. 2 StGB); hier liegt die Beschwer offen zutage. Auch sonst ist es möglich, daß die unberechtigte Annahme der Mittäterschaft den Angeklagten benachteiligt. Die gemeinschaftliche Ausführung einer strafbaren Handlung kann auch in anderen als in den gesetzlich eigens bestimmten Fällen bei der Strafzumessung erschwerend wirken, wie etwa bei Gewalttaten. Sie ist aber überhaupt für den Schuldvorwurf selbst von Bedeutung. Der Vorsatz des Alleintäters ist anders geartet als der eines Mittäters, der die Tat gerade nicht allein, sondern gemeinschaftlich mit einem anderen und in Übereinstimmung mit dessen Tatentschluß vollbringen will (BGHSt. 6, 248, 249[2]). Die Annahme des Reichsgerichts (GA 56, 77), daß der Mittätervorsatz den Entschluß mitumfasse, die Tat allein auszuführen, betrifft einen Sonderfall. In aller Regel sind Alleintäterschaft und Mittäterschaft, wenn schon von gleicher Wesensart und daher wahldeutig feststellbar, so doch nicht nur von anderer Erscheinungsform, sondern auch dem Gehalt nach nicht völlig und in allem gleichbedeutend. Mindestens im Schuldumfang können Unterschiede bestehen. Denn während dem Alleintäter nur das eigene strafbare Verhalten zugerechnet wird, muß sich der Mittäter auch die strafbare Handlung seines Tatgenossen als die seine anrechnen lassen.

Dieser Rechtslage entspricht die verfahrensrechtliche Regelung nach § 265 Abs. 1 StPO. Danach ist der Angeklagte, wenn er allein als Täter angeklagt ist, aber als Mittäter verurteilt werden soll, hierauf hinzuweisen (RGSt 63, 430; BGH NJW 1952, 1385 Nr. 20 [BGH Urt. v. 4. 9. 1952 – 5 StR 525/52; vgl. § 265 StPO erfolgreiche Rügen]). Das gilt ebenso im umgekehrten Falle (RGSt 22, 367). Freilich knüpft jene Vorschrift an eine bloß formale Voraussetzung an, die des Anklagevorwurfs im Eröffnungsbeschluß, wie das Reichsgericht in der Entscheidung RGSt 36, 18, 20 zu treffend bemerkt hat. Aber sie ist nicht rein prozeßrechtlich „ohne Rücksicht auf das materiellrechtliche Verhältnis zu dem im Eröffnungsbeschuß angeführten Strafgesetz" zu verstehen, wie in jener Entscheidung ausgeführt ist, sondern hat gerade ihren sachlichen Grund in der Änderung des Schuldvorwurfs, die den Angeklagten unter Umständen nötigt, seine Verteidigung anders zu führen (BGHSt. 2, 371, 373 [BGH Urt. v. 27. 5. 1952 – 1 StR 160/52; vgl. § 265 StPO erfolgreiche Rügen]). Ist daher ein Angeklagter anstatt wegen Beihilfe als Mittäter verurteilt worden, so ergreift dieser Rechtsfehler die Verurteilung des anderen als Mittäter verurteilten Tatgenossen regelmäßig auch dann, wenn dieser allein als Täter in Betracht kommt. Demgemäß erstreckt sich die Aufhebung des Urteils auf ihn.

---

1 „An dem Erfordernis der rechtsethischen und psychologischen Gleichwertigkeit ist festzuhalten. Gegenüber dem das Schuldstrafrecht beherrschenden Grundsatz, daß man einen Täter grundsätzlich nur dann verurteilen darf, wenn man ihm eine bestimmte, schuldhaft begangene Straftat nachweisen kann, ist die gewisse typische Beweisschwierigkeiten beachtende Wahlfeststellung in der Tat nur dann zu rechtfertigen und nur dann zu ertragen, wenn sie sich auf Straftaten bezieht, die, was das sittlich-rechtliche Werturteil über sie und die innere Beziehung des Täters auf sie angeht, wesentlich gleichwertig sind." (BGH Beschl. v. 15. 10. 1956 – GSSt 2/56).

2 „Mittäterschaft kann nicht schon durch das Einverständnis mit der Tat eines anderen und die Betätigung eines solchen Einverständnisses begründet werden. Erforderlich ist vielmehr, daß jeder Beteiligte seine eigene Tätigkeit durch die Handlung des anderen vervollständigen und auch diese sich zurechnen lassen will, daß somit alle in bewußtem und gewolltem Zusammenwirken handeln (RGSt 58, 279; 71, 24 f.)." (BGH Urt. v. 8. 7. 1954 – 4 StR 350/54).

Erfolglose Rügen

1. Keine Erweiterung der Urteilsaufhebung auf Nichtrevidenten bei nachträglicher Nichtigkeitserklärung durch Bundesverfassungsgericht.

StPO §§ 354a, 357 – BGH Beschl. v. 26. 1. 1995 – 1 StR 798/94 LG Stuttgart (= BGHSt. 41, 6 = NJW 1995, 2424)

Revision von Amts wegen.

Gründe: Nach dem Beschluß des Bundesverfassungsgerichts vom 16. 3. 1994 – 2 BvL 3/90 u.a. – (StV 1994, 594) setzt die Anordnung der Maßregel nach § 64 StGB von Verfassungs wegen die hinreichend konkrete Aussicht eines Behandlungserfolges voraus; es genügt entgegen der für teilnichtig erklärten Vorschrift des § 64 StGB insoweit nicht mehr, daß die Behandlung im Maßregelvollzug nur nicht von vornherein aussichtslos erscheint (vgl. auch BGH, Beschl. vom 26. 10. 1994 – 3 StR 453/94).

Da die gebotenen Feststellungen zur konkreten Erfolgsaussicht einer Unterbringungsanordnung weder ausdrücklich getroffen noch dem Gesamtzusammenhang der Urteilsgründe zu entnehmen sind, kann die Unterbringungsanordnung keinen Bestand haben.

Der Senat hat erwogen, entsprechend § 357 StPO die Urteilsaufhebung auf den (früheren) Mitangeklagten – der keine Revision eingelegt hat – zu erstrecken, soweit dessen Unterbringung in einer Entziehungsanstalt gemäß § 64 StGB angeordnet worden ist. Auch hinsichtlich dieses Angeklagten, der bereits eine stationäre Therapie abgebrochen hat, beschränkt sich die Strafkammer auf die – den Anforderungen von § 64 Abs. 2 a.F. StGB genügende – Feststellung, die Unterbringung sei nicht von vornherein aussichtslos, ohne jedoch Feststellungen zu einer konkreten Erfolgsaussicht zu treffen.

Von einer Erstreckung der Urteilsaufhebung war jedoch abzusehen.

Nach der Rechtsprechung des Bundesgerichtshofs ist eine Erstreckung der Urteilsaufhebung auf einen Nichtrevidenten nicht möglich, wenn das Urteil zum Zeitpunkt seines Erlasses rechtsfehlerfrei war und die Urteilsaufhebung hinsichtlich des Revisionsführers auf einer gemäß § 354a StPO vom Revisionsgericht zu beachtenden zwischenzeitlich eingetretenen Gesetzesänderung beruht.

Die dieser Rechtsprechung zugrundeliegenden Erwägungen gelten auch hier.

Die (hier: teilweise) Nichtigkeitserklärung einer Norm durch das Bundesverfassungsgericht hat gemäß § 31 Abs. 2 (hier: i.V.m. § 13 Nr. 8a) BVerfGG Gesetzeskraft.

Es sind keine Gründe ersichtlich, die es rechtfertigen könnten, eine Änderung der Gesetzeslage, die auf einer Entscheidung des Bundesverfassungsgerichts beruht, in diesem Zusammenhang anders zu bewerten als eine Gesetzesänderung durch den Gesetzgeber.

§ 358 StPO

(1) Das Gericht, an das die Sache zur anderweiten Verhandlung und Entscheidung verwiesen ist, hat die rechtliche Beurteilung, die der Aufhebung des Urteils zugrunde gelegt ist, auch seiner Entscheidung zugrunde zu legen.

(2) Das angefochtene Urteil darf in Art und Höhe der Rechtsfolgen der Tat nicht zum Nachteil des Angeklagten geändert werden, wenn lediglich der Angeklagte, zu seinen Gunsten die Staatsanwaltschaft oder sein gesetzlicher Vertreter Revision eingelegt hat. Diese Vorschrift steht der Anordnung der Unterbringung in einem psychiatrischen Krankenhaus oder einer Entziehungsanstalt nicht entgegen.

Erfolgreiche Rügen

1. Unzulässige Beweisaufnahme über die aufrechtzuerhaltenden Feststellungen (BGH Beschl. v. 17. 11. 1998 – 4 StR 528/98).

2. Die Bindung an Feststellungen, die ausschließlich oder auch den Schuldspruch berühren, besteht auch dann, wenn das Erstgericht einen bestimmten Vorfall in Wahrheit nicht aufgeklärt hatte oder nicht voll aufklären hatte können und deshalb allein wegen des Grundsatzes „in dubio pro reo" von bestimmten – dem Angeklagten günstigen – Tatsachen ausgegangen war (BGH Beschl. v. 21. 10. 1987 – 2 StR 245/87).

3. Verschlechterungsverbot verbietet nicht nur bei der Bildung der Gesamtstrafe, sondern auch bei der Festsetzung der Einzelstrafen die frühere Strafe zu überschreiten (BGH Beschl. v. 29. 7. 1982 – 4 StR 385/82).

4. Verhängung von Freiheits- statt Jugendstrafe in gleicher Höhe verstößt gegen Verschlechterungsverbot und ist von Amts wegen zu berücksichtigen (BGH Urt. v. 7. 5. 1980 – 2 StR 10/80).

5. Die Ersetzung einer Unterbringung in einer Heil- oder Pflegeanstalt durch eine Sicherungsverwahrung im zweiten Urteil verstößt gegen § 358 II StPO (BGH Urt. v. 25. 10. 1972 – 2 StR 422/72).

6. Neue Gesamtstrafe darf weder frühere Gesamtstrafe übersteigen noch Summe aus früherer Einheitsstrafe und den bestehen gebliebenen Einzelstrafen erreichen (BGH Urt. v. 14. 10. 1959 – 2 StR 291/59).

7. Verbot der Schlechterstellung gilt auch dann, wenn eine zuungunsten des Angeklagten eingelegte Revision nur zu dessen Gunsten entschieden werden kann (BGH Urt. v. 3. 3. 1959 – 5 StR 4/59).

8. Bei Aufhebung einer Gesamtstrafe darf die verbleibende Einzelstrafe nicht höher als die aufgehobene Gesamtstrafe abzüglich der verbüßten Strafe sein (BGH Urt. v. 28. 10. 1958 – 5 StR 419/58).

9. Verbot der Schlechterstellung bei Überleitung des Sicherungsverfahrens ins Strafverfahren (BGH Urt. v. 29. 4. 1958 – 1 StR 68/58).

10. Verbot der Schlechterstellung gilt auch für Strafnebenfolgen (BGH. Urt. v. 30. 4. 1953 – 4 StR 90/53).

Erfolglose Rügen

1. Das Verbot der Schlechterstellung steht einer Zurückverweisung an den Tatrichter zur Feststellung der besonderen Schuldschwere entgegen (BGH Beschl. v. 31. 3. 1993 – 3 StR 92/93).

2. Wenn die gesetzliche Mindeststrafe den fehlerhaften Strafausspruch übersteigt, ist dieser beizubehalten (BGH Beschl. v. 4. 5. 1977 – 2 StR 9/77).

3. Verbot der Schlechterstellung gilt nicht im Verhältnis gefährliche Körperverletzung/versuchter Mord bei Rechtsmittel des Nebenklägers (BGH Urt. v. 1. 10. 1958 – 2 StR 251/58).

4. Strafmaßbeibehaltung nach Wegfall einer von mehreren Taten in der Berufung stellt keine reformatio in peius dar (BGH Urt. v. 7. 1. 1955 – 5 StR 638/54).

Erfolgreiche Rügen

1. Unzulässige Beweisaufnahme über die aufrechtzuerhaltenden Feststellungen.

StPO § 358 – BGH Beschl. v. 17. 11. 1998 – 4 StR 528/98 LG Dortmund (= StV 1999, 417 = NStZ 1999, 259)

Die Revision rügt, das Gericht habe zu Lasten der Angeklagten Feststellungen getroffen, die ihm wegen der innerprozessualen Bindungswirkung an die Feststellungen des ersten in dieser Sache ergangenen Urteils versagt waren.

Sachverhalt: Das Landgericht hatte die Angeklagte „wegen Totschlags in Tateinheit mit Mißhandlung von Schutzbefohlenen in 2 Fällen, tateinheitlich begangen mit der Verletzung der Fürsorgepflicht in 2 Fällen", zu einer Freiheitsstrafe von 8 Jahren und 6 Monaten verurteilt. Auf die Revision der Angeklagten hob der Senat jenes Urteil durch Beschluß vom 16. 10. 1997 im Strafausspruch mit den Feststellungen auf und verwies die Sache zu neuer Verhandlung und Entscheidung an das Landgericht zurück. In der neuen Hauptverhandlung hat das Landgericht gegen die Angeklagte wiederum auf eine Freiheitsstrafe von 8 Jahren und 6 Monaten erkannt. – Das Rechtsmittel hatte Erfolg.

Gründe:

1. Der Strafausspruch kann nicht bestehen bleiben, weil das Landgericht die innerprozessuale Bindung an die Feststellungen des ersten in dieser Sache ergangenen Urteils, die auch den rechtskräftigen Schuldspruch betreffen (vgl. BGHSt. 30, 340, 342 [BGH Urt. v. 14. 1. 1982 – 4 StR 642/81; vgl. § 353 StPO erfolglose Rügen]), nicht hinreichend beachtet hat.

a) Obwohl das Landgericht zutreffend von der Bindung an die Feststellungen zu dem rechtskräftigen Schuldspruch ausgegangen ist, hat es eine umfassende Beweisaufnahme auch über die aufrechtzuerhaltenden Feststellungen durchgeführt (vgl. zur Unzulässigkeit solcher Beweiserhebungen BGHSt. 30, 340, 342; BGHR StPO § 353 II Teilrechtskraft 9, 11). Soweit das Landgericht angenommen hat, es habe (nur) „hinsichtlich solcher Umstände tatrichterlicher Sachverhaltsdarstellungen, die ausschließlich die Straffrage betreffen, abweichende oder ergänzende Feststellungen getroffen", hat es den Umfang der Bindung an die Feststellungen des ersten Urteils verkannt. Innerprozessuale Bindungswirkung entfalten nämlich nicht nur die Feststellungen zu den Tatbestandsmerkmalen, sondern auch jene Teile der Sachverhaltsdarstellung, die das Tatgeschehen im Sinne eines geschichtlichen Vorgangs näher beschreiben (vgl. im einzelnen BGHSt. 30, 340, 343, 344). Deshalb hätten insbesondere die denen des ersten Urteils widersprechenden Feststellungen zur Versorgung der Kinder und dem Hilfsangebot des Jugendamtes wenige Tage vor der Einlieferung der Kinder in das Krankenhaus dem Strafausspruch nicht zugrundegelegt werden dürfen. Dies gilt auch, soweit das Landgericht „in Abweichung zu den Feststellungen des Urteils des Schwurgerichts" davon ausgegangen ist, daß die Angeklagte ihren verstorbenen Sohn Daniel bereits zu Beginn des Jahres 1996 „bewußt knapp hielt". Der Bindung an die Feststellungen des damaligen Tatrichters zu den Ursachen der Ernährungsmängel steht nicht entgegen, daß sie in Anwendung des Grundsatzes „in dubio pro reo" getroffen worden sind (BGH NStZ 1988, 88 [BGH Beschl. v. 21. 10. 1987 – 2 StR 245/87; vgl. § 358 StPO erfolgreiche Rügen]).

b) Unter dem Gesichtspunkt der innerprozessualen Bindung begegnet es ferner durchgreifenden rechtlichen Bedenken, daß das Landgericht „unter besonderer Berücksichtigung des zugleich aktiven Tätigwerdens der Angeklagten das Unterlassen im Verhältnis zu einer entsprechenden Begehungstat nicht als weniger schwer" beurteilt hat, weil die Angeklagte die Kinder „während der gesamten Tatzeit" in ihrem Kinderzimmer eingeschlossen und insbesondere dem dreijährigen Daniel die Möglichkeit genommen habe, „sich in irgendeiner Weise selbst zu versorgen"; sie habe „damit nicht nur das gebotene Verhalten unterlassen, sondern gezielt eine Abwendung des Erfolges vereitelt", und zudem „bewußt zur Hilfe bereite Personen belogen ... und so ein Einschreiten auch ohne die konkrete Bitte um Hilfe verhindert". Diese Erwägungen, die auf die Annahme einer mit direktem Vorsatz begangenen Begehungstat hinauslaufen, stehen in Widerspruch zu den bindenden Feststellungen des ersten Urteils, weil der damalige Tatrichter Totschlag durch Unterlassen und lediglich bedingten Vorsatz angenommen hat, mithin aus dem Verhalten der Angeklagten nicht – wie nunmehr das Landgericht – geschlossen hat, daß sie auf diese Weise eine Abwendung des Erfolges vereiteln wollte.

c) Auch soweit das Landgericht im Rahmen der Strafzumessung davon ausgegangen ist, „daß der Angeklagten das hier gebotene Verhalten aus inneren oder äußeren Gründen (nicht) so erschwert war, daß sie ihren Pflichten nur bei größerer Willensanstrengung genügen konnte", entfernt es sich von den bindenden Feststellungen des früheren Urteils. Danach war die „psychisch instabile" Angeklagte „schon von ihrer Persönlichkeit her nicht in der Lage ... die durch Daniel erfahrene Ablehnung zu ertragen und ihm die gleiche Zuwendung zu geben, wie den anderen Kindern", vielmehr war ihr dies aus emotionalen Gründen „unmöglich". Hiermit läßt sich aber auch die Annahme des Landgerichts nicht vereinbaren, der Angeklagten sei es „weder aufgrund der Persönlichkeitsstörung allgemein noch infolge der auf der Persönlichkeitsstörung basierenden schweren Beziehungsstörung im Verhältnis zu ihrem Sohn Daniel besonders erschwert (gewesen), sich hilfesuchend unter anderem an das Jugendamt zu wenden". Das Landgericht hat insoweit im übrigen nicht beachtet, daß die Angeklagte nach den Feststellungen des ersten Urteils „in die fixe Idee verrannt (war), eine Mutter, die ihre Kinder abgibt, ist eine schlechte Mutter", und sie das Jugendamt, auch nachdem sie „den katastrophalen Zustand" ihrer Kinder erkannt hatte, deshalb nicht um Hilfe bat, „weil ihr ... klar war, daß man ihr dann die Kinder sofort wegnehmen würde". Wegen der Bindungswirkung dieser Feststellungen mußte das ihnen widersprechende Ergebnis der neuen Beweisaufnahme, daß der Angeklagten vom Jugendamt ein für sie akzeptables Hilfsangebot gemacht wurde, außer Betracht bleiben (vgl. BGHSt. 30, 340, 342, 343).

d) Soweit das Landgericht wiederum eine nochmalige Strafrahmenmilderung nach §§ 13 II, 49 I StGB abgelehnt hat, ergeben sich damit rechtliche Bedenken gegen die Bemessung der Strafe auch deshalb, weil es seiner Entscheidung entgegen § 358 I StPO die rechtliche Beurteilung der Sache durch den Senat nicht zugrunde gelegt hat. Der Senat hat die Erwägung des damaligen Tatrichters, das von der Angeklagten begangene Unrecht liege gerade in ihrem Unterlassen, beanstandet, weil damit entgegen der gesetzlichen Wertung des § 13 II StGB das strafbegründende Unterlassen zugleich als Grund für die Versagung genommen worden ist, und das erste Urteil im Strafausspruch aufgehoben, weil das Landgericht die gebotene Gesamtwürdigung insbesondere der unterlassungsbezogenen Umstände (vgl. BGHR StGB § 13 II Strafrahmenverschiebung 1; weitergehend nunmehr BGH Urt. v. 29. 7. 1998 – 1 StR 311/97) nicht vorgenommen hatte. Der Senat hatte dazu ausgeführt, zwar komme eine Milderung nach § 13 II StGB in Fällen wie dem vorliegenden nur ausnahmsweise in Betracht; hier habe das Landgericht „aber Umstände festgestellt, die den Schluß rechtfertigen, daß der Angeklagten die ordnungsgemäße Pflege und Versorgung – vor allem ihres Sohnes Daniel – namentlich aus inneren Gründen so erschwert war, daß sie ihren Pflichten nur bei größerer Willensanstrengung in vollem Umfang hätte genügen können." Dem ist das Landgericht mit der Erwägung entgegengetreten, die für die Angeklagte sprechenden Umstände rechtfertigten diesen Schluß nicht. Insoweit komme „es nicht darauf an, daß die Angeklagte von Beginn an damit überfordert war, die Kinder in allen Belangen zu versorgen und ihre Entwicklung zu fördern." Abzustellen sei „hier vielmehr ihre Pflicht, den Kindern das Nötigste zukommen zu lassen, sie nicht hungern und dursten bzw. verdursten zu lassen." Indem das Landgericht angenommen hat, dies sei der Angeklagten nicht nur „gleichwohl möglich gewesen" – „vielmehr" habe sie „gezielt eine

Abwendung des Erfolges vereitelt" – hat es mit seiner in Widerspruch zu den rechtskräftigen Feststellungen des ersten Tatrichters stehenden Gewichtung des Schuldgehalts der Tat in der Sache ein Beruhen des Strafausspruchs auf dem vom Senat beanstandeten Begründungsmangel (§ 337 I StPO) verneint. Das entspricht aber nicht der rechtlichen Beurteilung, wie sie das Landgericht seiner Entscheidung zugrundezulegen hatte (vgl. BGHR StGB § 46 II Wertungsfehler 27; BGH Beschl. v. 3. 11. 1998 – 4 StR 523/98).

2. Die Bindung an Feststellungen, die ausschließlich oder auch den Schuldspruch berühren, besteht auch dann, wenn das Erstgericht einen bestimmten Vorfall in Wahrheit nicht aufgeklärt hatte oder nicht voll aufklären hatte können und deshalb allein wegen des Grundsatzes „in dubio pro reo" von bestimmten – dem Angeklagten günstigen – Tatsachen ausgegangen war.

StPO § 358 – BGH Beschl. v. 21. 10. 1987 – 2 StR 245/87 (= NStZ 1988, 88)

Die Revision rügt die Verletzung sachlichen Rechts.

Sachverhalt: Das Landgericht hatte den Angeklagten wegen Totschlags zu einer Freiheitsstrafe von 9 Jahren verurteilt. Auf die Revision des Angeklagten hat der Senat das Urteil im Strafausspruch mit den zugehörigen Feststellungen aufgehoben und die Sache in diesem Umfang zur neuen Verhandlung und Entscheidung an eine andere Schwurgerichtskammer des Landgerichts zurückverwiesen. Diese hat den Angeklagten wiederum zu einer Freiheitsstrafe von 9 Jahren verurteilt.

Die zur Tat führende Ausgangssituation war nach dem früheren Urteil dadurch gekennzeichnet, daß im Angeklagten nach vollziehbar und verständlich das Gefühl der ungerechten Behandlung entstanden und in ihm gegen die Firma ein Haß herangewachsen waren, weil von dieser mit vielen Mitteln versucht worden war, ihn kalt zu stellen, und ihm das Leben schwer gemacht worden war, um ihn schließlich los zu werden. Nach den Feststellungen des ersten Urteils galt dies uneingeschränkt auch für die unmittelbar zur Tat führenden Vorgänge. Der damalige Tatrichter hat es als wahrscheinlich bezeichnet, daß der Angeklagte die Verlängerung der Dauer der Arbeitsunfähigkeit der Firma rechtzeitig gemeldet hatte. Eine Einschränkung, daß dem späteren Tatopfer das nicht bekannt geworden war und daß der Angeklagte das im Augenblick der Tat wußte, enthielten die Feststellungen nicht. Demgemäß war nach dem früheren Urteil davon auszugehen, daß die der Tat vorangegangenen Vorgänge – insbesondere die Abmahnschreiben – jedenfalls aus der Sicht des Angeklagten in gleicher Weise einzuordnen und zu bewerten waren wie frühere Schikanen. – Das Rechtsmittel hatte Erfolg.

Gründe: Aus den Gründen: Der GBA hat in seiner Antragsschrift ausgeführt:

„Dem Rechtsmittel kann der Erfolg nicht versagt werden, weil der nunmehrige Tatrichter eine für die Urteilsfindung erhebliche Tatsache neu festgestellt hat, welche in Widerspruch zu einer Feststellung des früheren Urteils steht, die nicht nur den Strafausspruch, sondern auch den Schuldspruch betraf und deshalb bindend war.

Wird ein Urteil nur im Strafausspruch mit den Feststellungen hierzu aufgehoben, so bleiben die Feststellungen bestehen, die ausschließlich oder – als sogenannte doppelrelevante Feststellungen – auch den rechtskräftig gewordenen Schuldspruch betreffen. An sie ist der Tatrichter im weiteren Verfahren gebunden. Seine neuen Feststellungen dürfen damit nicht in Widerspruch stehen (BGHSt. 24, 274 [BGH Beschl. v. 17. 12. 1971 – 2 StR 522/71; vgl. § 267 StPO erfolgreiche Rügen]; BGH, Urt. v. 12. 1. 1977 – 2 StR 478/76; und Beschl. v. 15. 4. 1977 – 2 StR 97/77).

Zu den sog. doppelrelevanten Tatsachen, die nicht nur den Strafausspruch, sondern auch den Schuldspruch betreffen, gehören insbesondere auch die vom Erstgericht getroffenen tatrichterlichen Feststellungen, durch die das tatauslösende Moment (BGH, Beschl. v.

15. 4. 1977 – 2 StR 97/77), die Beweggründe (BGH, Beschl. v. 23. 2. 1979 – 2 StR 727/78; Urt. v. 6. 5. 1981 – 2 StR 105/81) oder die Einzelheiten des Tatgeschehens im Sinne eines geschichtlichen Vorgangs beschrieben werden (vgl. insgesamt zu dieser Frage insbesondere BGHSt. 30, 340, 343, 344 [BGH Urt. v. 14. 1. 1982 – 4 StR 642/81; vgl. § 353 StPO erfolglose Rügen]). Die Bindung an Feststellungen, die ausschließlich oder auch den Schuldspruch berühren, besteht auch dann, wenn das Erstgericht einen bestimmten Vorfall in Wahrheit nicht aufgeklärt hatte oder nicht voll aufklären hatte können und deshalb allein wegen des Grundsatzes „in dubio pro reo" von bestimmten – dem Angeklagten günstigen – Tatsachen ausgegangen war (vgl. z.B. BGH, Urt. v. 12. 1. 1977 – 2 StR 478/76; und Beschl. v. 15. 4. 1977 – 2 StR 97/77).

Deshalb darf der Tatrichter auch dann, wenn ein Vorgang erstmals in der erneuten Hauptverhandlung voll geklärt werden konnte, aufgrund der dabei erlangten Erkenntnisse keine neuen Tatsachenfeststellungen treffen, wenn diese in Widerspruch zu bindenden Feststellungen stehen. Legt nur der Angeklagte gegen das neue Urteil Revision ein, dann sind solche Widersprüche schon auf die Sachrüge zu berücksichtigen, wenn sich die neu getroffene (abweichende) Feststellung zu seinem Nachteil ausgewirkt hat oder haben kann.

Diese Grundsätze sind im angefochtenen Urteil nicht gewahrt. ...

Unter diesen Umständen mußte es zu einer entscheidenden Veränderung der für die Beurteilung und Bewertung der Motivlage maßgebenden tatsächlichen Ausgangssituation führen, wenn der neue Tatrichter nunmehr nach nochmaliger Beweisaufnahme zu dieser Frage feststellte, dem Angeklagten sei zumindest seit dem 26. 11. 1984 klar gewesen, daß jedenfalls das spätere Tatopfer nicht von der rechtzeitigen Krankweitermeldung unterrichtet worden war. Demgemäß durfte nach den oben wiedergegebenen Grundsätzen eine solche – zum Nachteil des Angeklagten sich auswirkende – Feststellung neu nicht mehr getroffen werden.

Da das Landgericht der unter Verstoß gegen die Bindungswirkung festgestellten Tatsache für die Frage, ob ein minder schwerer Fall nach § 213 StGB anzunehmen ist, eine sehr gewichtige Bedeutung beigemessen hat, muß der Strafausspruch, über den allein noch zu befinden war, wiederum aufgehoben werden."

Der Senat schließt sich dem an.

3. Verschlechterungsverbot verbietet nicht nur bei der Bildung der Gesamtstrafe, sondern auch bei der Festsetzung der Einzelstrafen die frühere Strafe zu überschreiten.
StPO § 358 – BGH Beschl. v. 29. 7. 1982 – 4 StR 385/82 LG Münster (= StV 1982, 510)
Die Revision rügt die Verletzung sachlichen Rechts.

Sachverhalt: Das Landgericht hat den Angeklagten wegen unerlaubten Handeltreibens mit BtM zu einem Jahr und sechs Monaten Freiheitsstrafe verurteilt. Die erste Revision des Angeklagten führte zur Aufhebung des Urteils. Im erneuten Urteil wurde der Angeklagte wegen unerlaubter Einfuhr von BtM in drei und unerlaubten Handeltreibens mit BtM in zwei Fällen zu einem Jahr und sechs Monaten Gesamtfreiheitsstrafe verurteilt. – Das Rechtsmittel hatte Erfolg.

Gründe: Das Landgericht hat sich zwar bei der Bildung der Gesamtstrafe an das Verbot der Schlechterstellung nach § 358 Abs. 2 StPO gehalten. Bei der Festsetzung der Einzelstrafen hat es jedoch gegen dieses Verbot verstoßen. Es hat nämlich für die unter Zfr. III Nr. 4 der Urteilsgründe festgestellte Tat („Fahrten zu Gunsten B.") auf eine Einzelstrafe von zwei Jahren, also auf eine Strafe erkannt, die über der früheren Strafe liegt. Das Verschlechterungsverbot gebietet aber dem neuen Tatrichter, wenn er das Tatgeschehen nicht, wie der frühere Richter, als einheitliche Tat sondern als Mehrheit von Straftaten beurteilt, nicht nur bei der Bildung der Gesamtstrafe, sondern auch bei der Festsetzung der Einzelstrafen die frühere Strafe nicht zu überschreiten (vgl. BGHSt. 14, 5, 7/8 [BGH Urt. v. 14. 10. 1959 – 2 StR 291/59; vgl. § 358 StPO erfolgreiche Rügen]). Dies hat das Landgericht verkannt. Der genannte Einzelstrafausspruch muß deshalb aufgehoben werden.

Da nicht auszuschließen ist, daß sich das Landgericht bei der Bemessung der übrigen Einzelstrafen ebenfalls von seinem fehlerhaften Verständnis der Schlechterstellung hat leiten lassen, müssen auch diese aufgehoben werden. Mit der Aufhebung der Einzelstrafaussprüche entfällt zugleich der Ausspruch über die Gesamtstrafe.

4. Verhängung von Freiheits- statt Jugendstrafe in gleicher Höhe verstößt gegen Verschlechterungsverbot und ist von Amts wegen zu berücksichtigen.
StPO § 358 II – BGH Urt. v. 7. 5. 1980 – 2 StR 10/80 LG Gießen (= BGHSt. 29, 269 = NJW 1980, 1967)

Die Revision rügt, daß die Jugendkammer den Angeklagten nach Aufhebung einer Jugendstrafe durch das Revisionsgericht nunmehr nach Erwachsenenstrafrecht zu Freiheitsstrafe verurteilt hat.

Sachverhalt: Das Landgericht hatte den Angeklagten als Heranwachsenden zu einer Jugendstrafe von zwei Jahren und sechs Monaten verurteilt. Auf seine Revision hatte der Bundesgerichtshof das Urteil im Strafausspruch aufgehoben und insoweit die Sache zu neuer Verhandlung und Entscheidung zurückverwiesen.

Nunmehr hat die Jugendkammer unter Anwendung des allgemeinen Strafrechts gegen den Angeklagten auf eine Freiheitsstrafe von zwei Jahren und sechs Monaten erkannt. – Das Rechtsmittel hatte Erfolg.

Gründe: Mit der Verhängung einer Freiheitsstrafe anstelle und in Höhe der im ersten Urteil ausgesprochenen Jugendstrafe hat die Jugendkammer gegen das Verbot der Schlechterstellung (§ 358 Abs. 2 StPO) verstoßen. Mit der Revision wird das zwar nicht gerügt. Das Revisionsgericht hat jedoch diese Rechtsverletzung von Amts wegen zu beachten (BGH LM StPO § 358 Nr. 21; BGHSt. 14, 5, 7 [BGH Urt. v. 14. 10. 1959 – 2 StR 291/59; vgl. § 358 StPO erfolgreiche Rügen]).

1. Bei dem Verbot der reformatio in peius handelt es sich um eine dem Angeklagten durch den Gesetzgeber gewährte Rechtswohltat (BGHSt. 9, 324, 332[1]). Der Angeklagte soll bei seiner Entscheidung darüber, ob er von einem ihm zustehenden Rechtsmittel Gebrauch machen will, nicht durch die Besorgnis beeinträchtigt werden, es könne ihm durch die Einlegung des Rechtsmittels ein Nachteil in Gestalt härterer Bestrafung entstehen (BGHSt. 27, 176, 178 [BGH Beschl. v. 4. 5. 1977 – 2 StR 9/77; vgl. § 358 StPO erfolglose Rügen]).

Gegen das Verschlechterungsverbot wird dann nicht verstoßen, wenn die Gesamtschau der verhängten Ahndungsmaßnahmen keine Veränderung zum Nachteil des Betroffenen erkennen läßt (BGHSt. 24, 11, 14[2]).

2. Unter Berücksichtigung dieser Gesichtspunkte liegt in der Verhängung einer Freiheitsstrafe anstelle einer gleich hohen Jugendstrafe eine unzulässige Änderung des Rechtsfolgenausspruchs zu Lasten des Angeklagten, die den mit dem Verschlechterungsverbot verfolgten Zweck beeinträchtigt.

---

1 „[Das Verbot der reformatio in peius] ist auf jeden Fall eher eine dem Angeklagten durch den Gesetzgeber gewährte Rechtswohltat als ein dem Wesen des Rechtsstaats verhafteter Grundsatz und steht damit dem Grundsatz ne bis in idem an Wert und Rang entschieden nach." (BGH Urt. v. 18. 7. 1956 – 6 StR 28/56).

2 „Gegen das Verschlechterungsverbot wird dann nicht verstoßen, wenn die Gesamtschau der verhängten Ahndungsmaßnahmen keine Veränderung zum Nachteil des Betroffenen erkennen läßt." (BGH Beschl. v. 11. 11. 1970 – 4 StR 66/70).

3. § 331 Abs. 1 und § 358 Abs. 2 StPO verbieten es allerdings nicht schlechthin, den Angeklagten anstelle einer ursprünglich verhängten Jugendstrafe nun mit einer Freiheitsstrafe zu belegen.

a) Hält das Gericht eine Freiheitsstrafe für schuldangemessen, die niedriger ist als die zunächst verhängte Jugendstrafe und die so bemessen werden kann, daß jedenfalls generell die Möglichkeit besteht, den Angeklagten zumindest nach der gleichen Zeit bedingt aus der Haft zu entlassen, nach der dies bei der ursprünglich verhängten Jugendstrafe möglich gewesen wäre, so kann auf diese Freiheitsstrafe erkannt werden. Eine derartige Strafe würde sich auch bei einem Gesamtvergleich des früheren mit dem neuen Rechtsfolgenausspruch nicht als Verschlechterung darstellen. Soweit die Verurteilung zu einer Freiheitsstrafe besondere nachteilige Rechtsfolgen nach sich zieht, die die Verurteilung zur Jugendstrafe nicht hatte, muß das Gericht – sofern dies gesetzlich möglich ist – allerdings aussprechen, daß diese Rechtsfolgen nicht eintreten (vgl. § 106 Abs. 2 Satz 2 JGG).

b) Unter Berücksichtigung der genannten Gesichtspunkte hätte im vorliegenden Falle lediglich Freiheitsstrafe bis zur Höhe von einem Jahr und drei Monaten anstelle der Jugendstrafe verhängt werden können.

5. Die Ersetzung einer Unterbringung in einer Heil- oder Pflegeanstalt durch eine Sicherungsverwahrung im zweiten Urteil verstößt gegen § 358 II StPO.

StPO § 358 II – BGH Urt. v. 25. 10. 1972 – 2 StR 422/72 LG Marburg/Lahn (= BGHSt. 25, 38 = NJW 1973, 107)

Die Revision rügt, daß gegen den Angeklagten nach Zurückverweisung anstatt der ursprünglich angeordneten Unterbringung in einer Heil- oder Pflegeanstalt Sicherungsverwahrung angeordnet worden ist.

Sachverhalt: Das Landgericht hatte den Angeklagten durch Urteil vom 21. 5. 1970 wegen schweren Raubes, Betruges in zwei Fällen, Diebstahls in sechs Fällen und gefährlicher Körperverletzung in zwei Fällen zu einer Gesamtfreiheitsstrafe von fünf Jahren verurteilt und seine Unterbringung in einer Heil- oder Pflegeanstalt angeordnet. In den Gründen des Urteils ist ausgeführt, die Strafkammer habe auch die Anordnung der Sicherungsverwahrung, deren Voraussetzungen vorlägen, erwogen, sich jedoch im Anschluß an das überzeugende Gutachten eines Sachverständigen für die angeordnete Maßregel entschieden, weil es nicht aussichtslos sei, den Angeklagten in einer Heil- oder Pflegeanstalt durch längeres, intensives Training unter fachkundiger Leitung in ein sozial eingegliedertes Leben zu führen. Auf die Revision des Angeklagten war dieses Urteil durch Beschluß des Senats vom 21. 10. 1970 im Ausspruch über einen Teil der Einzelstrafen und über die Gesamtstrafe aufgehoben worden. Damit war auch über die Maßregel neu zu entscheiden. Nunmehr hat das Landgericht den Angeklagten wiederum zu einer Gesamtfreiheitsstrafe von fünf Jahren verurteilt, jedoch statt der Unterbringung in einer Heil- oder Pflegeanstalt die Sicherungsverwahrung angeordnet. Es hält die formellen Voraussetzungen beider Maßregeln für gegeben und gelangt nach Anhörung zweier Sachverständiger zu der Ansicht, eine Behandlung des in seiner Steuerungsfähigkeit erheblich beeinträchtigten Angeklagten könne, wenn überhaupt, „nur mit Mitteln des Strafvollzugs, wie sie zur Zeit etwa in der psychiatrischen Abteilung der Justizvollzugsanstalt K. gegeben sind", zu einem Erfolg führen. – Das Rechtsmittel hatte Erfolg.

Gründe: Die Nachprüfung des Urteils aufgrund der Revisionsrechtfertigung hat zum Ausspruch über die Strafe keinen Rechtsfehler zum Nachteil des Angeklagten ergeben. Jedoch kann die Anordnung der Sicherungsverwahrung keinen Bestand haben, da sie gegen das Verbot der Schlechterstellung (§ 358 Abs. 2 StPO) verstößt.

Die Strafkammer sieht in der Anordnung der Sicherungsverwahrung gegenüber der im ersten Urteil des Landgerichts angeordneten Unterbringung in einer Heil- oder Pflegeanstalt deshalb keine Schlechterstellung, weil das „Zusammenleben mit gemeingefährlichen Geisteskranken für den zwar unterbegabten, aber doch nicht geisteskranken Angeklagten ein wesentlich schwereres Übel" darstelle. Aus diesem Grunde sieht sie sich durch § 358 Abs. 2 Satz 1 StPO nicht an ihrer Entscheidung gehindert.

Dieser Auffassung vermag der Senat nicht zu folgen. Sie steht, was auch die Strafkammer nicht verkennt, in Widerspruch zu dem eindeutigen Wortlaut des § 358 Abs. 2 Satz 2 StPO, wonach nur die Anordnung der Unterbringung in einer Heil- oder Pflegeanstalt, einer Trinkerheilanstalt oder einer Entziehungsanstalt von dem Verschlechterungsverbot nicht erfaßt wird. Der Gesetzgeber hat mit dieser Regelung unmißverständlich zum Ausdruck gebracht, daß er neben anderen dort nicht genannten Maßregeln auch die Sicherungsverwahrung für ein Reaktionsmittel des Strafrechts hält, auf das in dem neuen Urteil nicht erkannt werden darf, wenn das erste Urteil lediglich zugunsten des Angeklagten angefochten worden war. Diese Entscheidung des Gesetzgebers ist nach dem Wortlaut der Vorschrift nicht auf die Fälle beschränkt, in denen der Tatrichter im ersten Urteil überhaupt keine Maßregel angeordnet hatte. Vielmehr beansprucht sie Geltung auch dann, wenn eine im ersten Urteil angeordnete Maßregel im zweiten Urteil durch die Maßregel der Sicherungsverwahrung ersetzt, die eine also gegen die andere ausgetauscht wird. Dem Verschlechterungsverbot liegt der Gedanke zugrunde, daß der Angeklagte bei seiner Entscheidung darüber, ob er von einem ihm zustehenden Rechtsmittel Gebrauch machen soll, nicht durch die Besorgnis beeinträchtigt werden darf, es könne ihm durch die Einlegung des Rechtsmittels ein Nachteil entstehen (BGHSt. 7, 86 [BGH Urt. v. 7. 1. 1955 – 5 StR 638/54; vgl. § 358 StPO erfolglose Rügen]). Dieser Gedanke verbietet es, die zweite Fallgruppe von der Wirkung des § 358 Abs. 2 Satz 2 StPO auszunehmen.

Der 4. Strafsenat des Bundesgerichtshofs hat allerdings in der von der Strafkammer herangezogenen Entscheidung vom 11. 2. 1954 (BGHSt. 5, 312[1]) eine Ausnahme von den dargelegten Grundsätzen zugelassen. Er hat die nachträgliche Anordnung der Sicherungsverwahrung dann für möglich erachtet, wenn der Angeklagte sie mit seiner Revision ausdrücklich erstrebt und der Tatrichter sich bei der Wahl zwischen den formell zulässigen Maßregeln der Unterbringung in einer Heil- oder Pflegeanstalt und der Sicherungsverwahrung mit unzutreffender Begründung für die erste entschieden hat. Es mag dahingestellt bleiben, ob dieser Entscheidung in einem gleichgelagerten Fall, wie er vorliegend nicht gegeben ist, im Ergebnis gefolgt werden könnte. In der Regel jedenfalls muß ein Austausch der hier in Betracht kommenden Maßregeln, der den Wortlaut des § 358 Abs. 2 StPO zugunsten einer auf den Begriff des Nachteils im Sinne dieser Vorschrift abhebenden Auslegung außer acht lassen würde, an der Unmöglichkeit scheitern, die Vor- und Nachteile der ihrer Art und ihrem Zweck nach stark von einander abweichenden Reaktionsmittel mit einem objektiv gesicherten Ergebnis gegeneinander abzuwägen. Eine solche Abwä-

---

1 „Das Landgericht wird daher erneut zu prüfen haben, ob die Sicherungsverwahrung in der neuen Hauptverhandlung statt oder neben der Unterbringung in einer Heil- oder Pflegeanstalt anzuordnen sei. Das Verbot der Schlechterstellung des § 358 II StPO nimmt der Strafkammer nicht die Freiheit der Entscheidung. Wollte man den Abs. 2 wörtlich auslegen, so würde das hier zu dem Ergebnis führen, daß ein vom Angeklagten als Beschwer empfundener und zutreffend gerügter Rechtsfehler nicht beseitigt werden könnte; denn der Wortlaut seines Satzes 2 verbietet, die Entscheidung über die Sicherungsverwahrung nachzuholen. Der Zweck der Vorschrift, die dem Angeklagten eine Rechtswohltat gewähren will, würde damit genau in ihr Gegenteil verkehrt. Dieser Widersinn kann nicht Rechtens sein. Der Senat ist daher der Auffassung, daß das Verbot der Schlechterstellung nicht die Fälle ergreifen kann, in denen sich der Tatrichter bei der Auswahl unter den rechtlich möglichen Maßregeln des § 42a StGB von fehlerhaften Erwägungen hat leiten lassen und sich deshalb für eine Maßregel entschieden hat, die der Angeklagte aus einem sachlichen Grunde als eine Beschwer empfindet." (BGH Urt. v. 11. 2. 1954 – 4 StR 755/53).

gung dürfte ebensowenig wie bei den Strafen (vgl. BGHSt. 2, 96[1]) auf eine konkret-individuelle Betrachtungsweise abstellen, bei der es auch auf die Empfindlichkeit des Angeklagten für die eine oder die andere Reaktion auf sein mit Strafe bedrohtes Verhalten ankäme. Denn diese Betrachtungsweise ist schon deshalb ungeeignet, die Frage nach der härteren der beiden Maßregeln zu beantworten, weil sich die für ihre Beurteilung maßgebenden Umstände im Laufe des Vollzuges, ja schon vor seinem Beginn während einer oft längeren Strafverbüßung entscheidend ändern können. Die danach allein in Betracht kommende generell-objektive Betrachtungsweise aber kann wiederum nicht zu einem eindeutigen Ergebnis führen, weil die beiden Maßregeln je nach Lage des Einzelfalles und der Entwicklung des Verurteilten während des Vollzuges von einmal größerer, einmal geringerer Schwere für den Betroffenen sind (vgl. dazu den ohne Ergebnis gebliebenen Versuch des Reichsgerichts in RGSt. 69, 76 durch Abwägung der Vor- und Nachteile der Sicherungsverwahrung und der nach früherem Recht zulässigen Entmannung die schwerere der beiden Maßregeln zu bestimmen).

Die Auffassung des Senats entspricht auch der Wertung der Maßregeln durch den heutigen Gesetzgeber, wie sie in § 67a StGB i.d.F. des am 1. 10. 1973 in Kraft tretenden Zweiten Gesetzes zur Reform des Strafrechts vom 4. 7. 1969 (BGBl. I 717) zum Ausdruck kommt. Nach dieser Vorschrift wird es zwar künftig möglich sein, einen zu Sicherungsverwahrung verurteilten Täter durch Entscheidung des Vollstreckungsgerichts in eine psychiatrische Krankenanstalt, eine Entziehungsanstalt oder eine sozialtherapeutische Anstalt zu überweisen, wenn die Resozialisierung dadurch besser gefördert wird. Den umgekehrten Weg dagegen hat der Gesetzgeber nicht zugelassen.

6. Neue Gesamtstrafe darf weder frühere Gesamtstrafe übersteigen noch Summe aus früherer Einheitsstrafe und den bestehen gebliebenen Einzelstrafen erreichen.
StPO §§ 331, 358 II – BGH Urt. v. 14. 10. 1959 – 2 StR 291/59 LG Kassel (= BGHSt. 14, 5)
Die Revision rügt die Verletzung sachlichen Rechts.

Sachverhalt: Das Landgericht hatte den Angeklagten durch Urteil vom 4. 3. 1958 wegen Rückfallbetruges in Tateinheit mit Urkundenfälschung in drei Fällen, wegen Unterschlagung teilweise in Tateinheit mit Urkundenfälschung und wegen verbotener Berufsausübung zu einer Gesamtstrafe von zwei Jahren und sechs Monaten Zuchthaus und zu drei Geldstrafen von je 20 DM verurteilt, außerdem ein Berufsverbot auf die Dauer von drei Jahren ausgesprochen und die bürgerlichen Ehrenrechte auf die Dauer von drei Jahren aberkannt. Die Einzelstrafen hatten betragen:

a) im Falle M. (Rückfallbetrug in Tateinheit mit Urkundenfälschung): 1 Jahr Zuchthaus und 20 DM Geldstrafe

b) im Falle Kr./Juno-Lux-Gerät (Rückfallbetrug in Tateinheit mit Urkundenfälschung): 1 Jahr Zuchthaus und 20 DM Geldstrafe

c) im Falle Ho./Leihhaus (Rückfallbetrug in Tateinheit mit Urkundenfälschung): 1 Jahr Zuchthaus und 20 DM Geldstrafe

---

1 „Mit dem Verbot der Verhängung einer ‚härteren' Strafe sei ausgesprochen, daß die neu zu erkennende Strafe ‚der Art und dem Maße nach' nicht härter sein dürfe als die früher erkannte. Die Frage, welche von zwei Strafen die härtere sei, könne nicht nach dem Empfinden des Angeklagten oder der Anschauung des gewöhnlichen Lebens oder dem Ermessen des Richters, sondern nur nach dem gesetzlichen Maßstab entschieden werden, den das Strafgesetzbuch für das Verhältnis der Strafen zueinander gebe. Demgemäß sei die [länger andauernde] Gefängnisstrafe der Art nach milder als die Zuchthausstrafe. In welchem Maße sie milder sei, könne allein nach dem durch § 21 StGB allgemein und grundsätzlich aufgestellten Wertverhältnis bestimmt werden." (BGH v. 8. 1. 1952 – 1 StR 755/51).

d) im Falle Kr./Dö. (Unterschlagung in Tateinheit mit Urkundenfälschung): 1 Jahr und 8 Monate Gefängnis

e) wegen verbotener Berufsausübung: 1 Jahr Gefängnis

Auf die Revision des Angeklagten wurde das Urteil vom Bundesgerichtshof aufgehoben und die Sache zur neuen Verhandlung und Entscheidung an das Landgericht zurückverwiesen.

Die Strafkammer hat den Angeklagten jetzt im Falle M. freigesprochen, im Falle Ho. dagegen statt eines Verbrechens des Rückfallbetruges in Tateinheit mit Urkundenfälschung ein Verbrechen des Rückfallbetruges und ein weiteres Verbrechen des Rückfallbetruges in Tateinheit mit Urkundenfälschung zum Nachteil des Leihhauses, dem der Angeklagte das von Ho. erschwindelte Radiogerät verpfändet hatte, angenommen. Sie ist weiter zu dem Ergebnis gekommen, daß auch im Falle Kr./Dö. nicht eine Einheitstat, sondern zwei selbständige Vergehen der Unterschlagung und der Urkundenfälschung vorliegen. Die Verurteilung wegen Rückfallbetruges in Tateinheit mit Urkundenfälschung zum Nachteil der Firma Kr./Juno-Lux-Gerät und wegen verbotener Berufsausübung ist unverändert geblieben. Die Gesamtstrafe lautet auf zwei Jahre und drei Monate Zuchthaus, während hinsichtlich der Untersagung der Berufsausübung und der Aberkennung der bürgerlichen Ehrenrechte wie im ersten Urteil erkannt ist. Als Einzelstrafen hat die Strafkammer jetzt festgesetzt:

a) im Falle M.: keine Strafe (Freispruch)

b) im Falle Kr./Juno-Lux-Gerät (Rückfallbetrug in Tateinheit mit Urkundenfälschung): 1 Jahr Zuchthaus 20 DM Geldstrafe

c) im Falle Ho./Leihhaus (Rückfallbetrug in zwei Fällen, davon in einem Falle in Tateinheit mit Urkundenfälschung): 1 Jahr Zuchthaus, 20 DM Geldstrafe und nochmals 1 Jahr Zuchthaus, 20 DM Geldstrafe

d) im Falle Kr./Dö. (Unterschlagung und Urkundenfälschung): 1 Jahr 2 Monate Gefängnis und außerdem 6 Monate Gefängnis

e) wegen verbotener Berufsausübung: 1 Jahr Gefängnis. – Das Rechtsmittel hatte Erfolg.

Gründe: Die sachliche Nachprüfung des Urteils läßt im Schuldspruch keinen Rechtsfehler erkennen. Dagegen ist der Strafausspruch zu beanstanden, da das Landgericht § 358 Abs. 2 StPO nicht beachtet hat. Die Revision hat dies zwar nicht gerügt; das Revisionsgericht muß jedoch von Amts wegen prüfen, ob das Verbot der Schlechterstellung verletzt ist (BGH 5 StR 463/56, Urt. v. 18. 12. 1956, LM StPO § 358 Nr. 21).

Nach ständiger Rechtsprechung richtet sich das Verbot allerdings nicht gegen eine dem Ergebnis der neuen Hauptverhandlung entsprechende ungünstigere Beurteilung der Schuldfrage (RGSt 59, 291; 62, 216; 67, 236). Die Strafkammer mußte daher dem Schuldspruch ihre geänderte Rechtsauffassung über die Konkurrenzfrage zugrunde legen. Bei der Festsetzung der Einzelstrafen und der neuen Gesamtstrafe war von folgender Rechtslage auszugehen:

Im Anschluß an den Beschluß der Vereinigten Strafsenate vom 18. 4. 1894 (RGSt 25, 297) hatte das Reichsgericht ausgesprochen, das Verbot der Schlechterstellung in den §§ 331 und 358 Abs. 2 StPO werde nur gewahrt, wenn das neue Urteil weder die Einzelstrafen noch die Gesamtstrafe höher bemesse; zugleich wurde aber für den Sonderfall, daß im neuen Urteil statt einer Einheitstat mehrere selbständige Straftaten angenommen werden, weiter einschränkend verlangt, daß die Summe der jetzt für die selbständigen Straftaten zu verhängenden Einzelstrafen die frühere Einheitsstrafe nicht überschreiten dürfe (vgl. RGSt 26, 167). An dem grundsätzlichen Teil dieser Entscheidung hat das Reichsgericht stets festgehalten, dagegen den Sonderfall später anders beurteilt und es für zulässig erklärt, daß jede der neuen Einzelstrafen die frühere Einheitsstrafe erreiche, ihre Summe also gegebenenfalls das Mehrfache dieser Einheitsstrafe betrage. Da allerdings auch die Gesamtstrafe nicht höher sein darf als die frühere Einheitsstrafe, führen die §§ 331 und 358 Abs. 2 StPO unter Umständen dazu, daß die verwirkte schwerste Strafe entgegen § 74 Abs. 1 StGB nicht erhöht wird (vgl. die zusammenfassende Darstellung in RGSt 67, 236).

Der Bundesgerichtshof ist dieser Rechtsprechung gefolgt (vgl. BGHSt. 1, 252[1]). Insbesondere haben der 1. Strafsenat im Urteil vom 13. 10. 1953 – 1 StR 710/52 – und der erkennende Senat im Urteil vom 17. 12. 1958 – 2 StR 533/58 – für den erwähnten Sonderfall bereits ausgesprochen, daß es dem zweiten Richter nicht verwehrt sei, mit der Summe der Einzelstrafen über die frühere Einheitsstrafe hinauszugehen, weil sich sonst bei Bildung der Gesamtstrafe nach den Grundsätzen des § 74 StGB zwangsläufig eine Strafmilderung ergeben müßte; die §§ 331 und 358 Abs. 2 StPO wollten in dessen nur eine Strafschärfung verhindern, dagegen keine Strafmilderung herbeiführen.

Der hier zu entscheidende Fall weist eine weitere Besonderheit auf. Seine Eigenart besteht darin, daß der Gesamtstrafe des ersten Urteils Einzelstrafen für mehrere Einheitstaten und für weitere selbständige Straftaten zugrunde lagen, während im zweiten Urteil einerseits zwei der Einheitstaten jeweils in mehrere selbständige Taten zerlegt sind, andererseits der Schuldspruch wegen einer Einheitstat und damit auch die dafür ausgesprochene Strafe ganz weggefallen ist. Die Frage, wie in einem solchen Fall zu verfahren sei, war zwischen den Strafsenaten des Reichsgerichts streitig, aber nicht ausgetragen worden. Der Bundesgerichtshof hat zu ihr noch nicht Stellung genommen.

Nach ständiger und allgemein anerkannter Rechtsprechung darf trotz Wegfalls einer oder mehrerer Einzelstrafen im neuen Urteil auf dieselbe Gesamtstrafe solange erkannt werden, als der Vorschrift des § 74 Abs. 3 StGB Genüge geschieht; unter dem Gesichtspunkt des Verbots der Schlechterstellung ist der Tatrichter nicht gezwungen, den Wegfall von Einzelstrafen stets durch Herabsetzung der Gesamtstrafe zu berücksichtigen (vgl. BGHSt. 7, 86 [BGH Urt. v. 7. 1. 1955 – 5 StR 638/54; vgl. § 358 StPO erfolglose Rügen] mit Nachweisen aus der Rechtsprechung des Reichsgerichts). Dies könnte zu der Annahme verleiten, auch in Fällen der vorliegenden Art komme dem Wegfall von Einzelstrafen solange keine Bedeutung bei Bildung der Gesamtstrafe zu, als unter Berücksichtigung aller neuen Einzelstrafen die Grenze des § 74 Abs. 3 StGB eingehalten werde. Indessen muß beim Zusammentreffen eines solchen Wegfalls von Einzelstrafen mit der Auflösung von Einheitstaten in mehrere selbständige Taten eine andere Beurteilung Platz greifen. Das erkennt man sofort, wenn man unterstellt, daß die Strafkammer im zweiten Urteil nicht nur im Falle M. sondern auch in den Fällen Kr./Juno-Lux-Gerät und Kr./Dö. zu einem Freispruch gekommen wäre. An sich ließe dann § 74 Abs. 3 StGB eine Gesamtstrafe von zwei Jahren und sechs Monaten Zuchthaus aus den Einzelstrafen von einem Jahr Zuchthaus (Ho.), einem Jahr (Leihhaus) und einem Jahr Gefängnis = acht Monate Zuchthaus (verbotene Berufsausübung) zu. Fiele aber auch noch diese Strafe wegen verbotener Berufsausübung weg, dann könnte nach den früheren Ausführungen auf eine Gesamtstrafe von höchstens 1 Jahr Zuchthaus erkannt werden. Das würde eine Herabsetzung der höchstzulässigen Gesamtstrafe von Jahren Zuchthaus auf 1 Jahr Zuchthaus bedeuten, obwohl nur eine Strafe von 8 Monaten Zuchthaus weggefallen ist. Ein solches Ergebnis kann nicht Rechtens sein. Die bisher in der Rechtsprechung entwickelten Grundsätze bedürfen daher einer Ergänzung.

Die Lösung bietet sich unmittelbar aus dem unterstellten Beispiel selbst an: Da die Gesamtstrafe, wenn sie nur aus den Einzelstrafen zu bilden ist, die an die Stelle der bisherigen Einheitsstrafe getreten sind, nicht höher sein darf als diese Einheitsstrafe, so muß folgerichtig, wenn die weiteren Einzelstrafen im zweiten Urteil teilweise wegfallen, eine zu-

---
1 (Leitsatz) „Die Vorschrift des § 358 II StPO ist verletzt, wenn ein Urteil, das mehrere selbständige strafbare Handlungen aburteilt (§ 74 StGB), auf die Revision des Angeklagten aufgehoben ist und das nunmehr ergehende neue Urteil zwar keine höhere Gesamtstrafe als die früher erkannte ausspricht, jedoch die Einzelstrafe höher bemißt als das aufgehobene Urteil." (BGH Urt. v. 21. 5. 1951 – 3 StR 224/51).

sätzliche Grenze insoweit anerkannt werden, als die neue Gesamtstrafe die Summe aus dieser Einheitsstrafe und den verbleibenden Einzelstrafen nicht erreichen darf. Das ist die Grenze, deren Einhaltung eine Schlechterstellung verhindert; denn die hiernach zulässige Gesamtstrafe kann nicht höher sein als die Gesamtstrafe, die im ersten Urteil ohne Berücksichtigung der später weggefallenen Einzelstrafen hätte verhängt werden dürfen. Es wird damit vermieden, daß der Angeklagte im Ergebnis durch die Zerlegung der Einheitsstrafe deshalb schlechter gestellt wird, weil in einem von mehreren Fällen zu Unrecht auf Strafe erkannt worden war. Entsprechend ist zu verfahren, wenn die Einzelstrafe nicht wegfällt, aber herabgesetzt wird. Die genannte Grenze verliert allerdings ihre Bedeutung, wenn die frühere Gesamtstrafe niedriger war, weil auch diese im neuen Urteil nicht überschritten werden darf.

Die von der Strafkammer ausgesprochene Gesamtstrafe von zwei Jahren und drei Monaten Zuchthaus hält sich zwar an sich in den aufgezeigten Schranken. Ihre Erwägungen lassen aber nicht erkennen, daß sie bei Bemessung der Gesamtstrafe hiervon auch ausgegangen ist. Dieser Zweifel wird noch dadurch verstärkt, daß bei Verhängung der zusätzlichen Geldstrafen das Verbot der Schlechterstellung jedenfalls nicht beachtet worden ist. Für den Fall Ho. (Leihaus) war im ersten Urteil eine Zuchthausstrafe von einem Jahr und eine zusätzliche Geldstrafe von 20 DM als Einzelstrafe ausgesprochen worden. Nunmehr hat die Strafkammer für dasselbe strafbare Verhalten zwei solcher Einzelstrafen verhängt. Daß dies hinsichtlich der Freiheitsstrafe zulässig war, beruht allein auf dem System der Gesamtstrafenbildung; es gestattet die erforderliche Korrektur. Bei Geldstrafen ist sie nicht möglich; denn hier gilt der Grundsatz der Häufung (§ 78 StGB). Infolgedessen wird der Angeklagte schlechter gestellt, wenn im zweiten Urteil für dasselbe strafbare Verhalten statt bisher 20 DM zweimal 20 DM (zusammen 40 DM) verhängt werden. Die Geldstrafe von 20 DM muß entweder auf die beiden selbständigen Taten aufgeteilt oder bei einer der beiden Taten muß trotz § 264 Abs. 1 StGB von der Verhängung einer Geldstrafe abgesehen werden.

7. Verbot der Schlechterstellung gilt auch dann, wenn eine zuungunsten des Angeklagten eingelegte Revision nur zu dessen Gunsten entschieden werden kann.

StPO § 358 II – BGH Urt. v. 3. 3. 1959 – 5 StR 4/59 LG Hamburg (= BGHSt. 13, 41 = NJW 1959, 950)

Die Revision rügt, die Strafkammer habe bei der Bemessung einer Einzelstrafe gegen das Verbot der Schlechterstellung verstoßen.

Sachverhalt: Die Revision der Staatsanwaltschaft gegen das erste Urteil der Strafkammer war nicht zugunsten des Angeklagten eingelegt worden. Der Senat hat aber das erste Urteil der Strafkammer, soweit es die Einzelstrafe für einen versuchten einfachen Diebstahl betraf, gemäß § 301 StPO zugunsten des Angeklagten mit der Begründung aufgehoben, daß das Urteil nicht erkennen lasse, ob die Strafkammer die Strafmilderungsmöglichkeit des § 44 Abs. 3 StPO beachtet habe. – Das Rechtsmittel hatte Erfolg.

Gründe: Die Voraussetzungen des Verbots der Schlechterstellung sind im vorliegenden Fall erfüllt. Das Verbot der Schlechterstellung gilt auch, wenn und soweit das frühere Urteil auf eine Revision der Staatsanwaltschaft, die zuungunsten des Angeklagten eingelegt worden war, gemäß § 301 StPO zugunsten des Angeklagten aufgehoben worden ist (vgl. hierzu RGSt 45, 62). Dieser Rechtsansicht widerspricht zwar der Wortlaut des § 358 Abs. 2 Satz 1 StPO. Er stellt es nicht auf die Wirkung ab, die die Revision der Staatsanwaltschaft gehabt hat, sondern auf das Ziel, das die Staatsanwaltschaft mit ihr verfolgte. Eine solche Auslegung würde aber bedeuten, daß die Vorschrift des § 301 StPO, die bei einer zuungunsten des Angeklagten eingelegten Revision der Staatsanwaltschaft eine Aufhebung des Urteils zugunsten des Angeklagten ermöglicht, zum Nachteil des Angeklagten wirken könnte. Das kann nicht der Sinn des Gesetzes sein.

Das Verbot der Schlechterstellung gilt in Fällen, in denen eine Gesamtstrafe verhängt worden ist, auch für die Einzelstrafen.

8. Bei Aufhebung einer Gesamtstrafe darf die verbleibende Einzelstrafe nicht höher als die aufgehobene Gesamtstrafe abzüglich der verbüßten Strafe sein.

StPO § 358 II – BGH Urt. v. 28. 10. 1958 – 5 StR 419/58 Schwurgericht Hannover (= BGHSt. 12, 94)

Die Revision rügt, daß die nach Aufhebung einer Gesamtstrafe und Verbüßung einer Einzelstrafe nunmehr verhängten Einzelstrafe der zuvor verhängten Gesamtstrafe entspricht.

Sachverhalt: In seinem ersten (aufgehobenen) Urteil hatte das Schwurgericht den Angeklagten zu einer Gesamtstrafe von zehn Jahren und zwei Monaten Zuchthaus verurteilt und dabei eine rechtskräftige Gefängnisstrafe von sieben Monaten einbezogen. Diese Gefängnisstrafe hat der Angeklagte inzwischen verbüßt. Die jetzt verhängte Strafe von zehn Jahren Zuchthaus entspricht der früheren Einzelstrafe für dieselbe Tat. – Das Rechtsmittel hatte Erfolg.

Gründe: Eine – von Amts wegen zu berücksichtigende – Verletzung des § 358 Abs. 2 StPO ergibt sich aus folgendem:

Mit Recht hat das Schwurgericht den § 79 StGB nicht angewendet. Denn eine Gesamtstrafe nach § 79 StGB darf nur dann gebildet werden, wenn die frühere Strafe noch nicht verbüßt, verjährt oder erlassen ist. Handelt es sich um mehrere tatrichterliche Urteile in derselben Strafsache, so ist im allgemeinen das letzte Urteil dafür entscheidend, ob eine frühere Strafe zur Zeit der „Verurteilung" verbüßt war (BGHSt. 2, 230, 232[1]). Die von der Rechtsprechung zugelassene Ausnahme (BGHSt. 4, 366[2]; BGH NJW 1953, 389 Nr. 14) liegt nicht vor.

Da aber das Schwurgericht dem Angeklagten die Vergünstigung nach § 79 StGB aus diesem Grunde nicht mehr zubilligen durfte, so mußte es diese Härte bei der Bemessung der letzten Strafe ausgleichen. Das fordern auch Zweck und Wortlaut des § 358 Abs. 2 StPO (vgl. BayObLG NJW 1958, 1406 Nr. 20). Der Tatrichter hätte daher nur eine solche Zuchthausstrafe verhängen dürfen, die zusammen mit der bereits verbüßten Gefängnisstrafe von sieben Monaten die im ersten Urteil des Schwurgerichts gebildete Gesamtstrafe von zehn Jahren und zwei Monaten Zuchthaus nicht übersteigt.

9. Verbot der Schlechterstellung bei Überleitung des Sicherungsverfahrens ins Strafverfahren.

StPO §§ 358 II, 429a ff. – BGH Urt. v. 29. 4. 1958 – 1 StR 68/58 LG Traunstein (= BGHSt. 11, 319 = NJW 1958, 1050)

Die Revision der Staatsanwaltschaft rügt, daß das Gericht trotz Vorliegens der Voraussetzungen von der Anordnung der Unterbringung des Angeklagten in einer Heil- oder Pflege-

---

1 „Die Rechtsprechung sieht bei der Auslegung des § 79 StGB als maßgebende „frühere Verurteilung" ebenfalls die Verkündung des letzten tatrichterlichen Urteils an (RGSt 60, 382)." (BGH Urt. v. 14. 3. 1952 – 2 StR 685/51).

2 „Denn unter Verurteilung im Sinne des § 79, also der letzten tatrichterlichen Entscheidung (BGHSt. 2, 230), ist nur eine solche zu verstehen, die entweder zur Schuld- und Straffrage oder wenigstens zur Straffrage ergeht und insoweit eine oder mehrere Einzelstrafen festsetzt. Darum aber handelt es sich im vorliegenden Falle nicht. Bei ihm ist lediglich die Bildung einer Gesamtstrafe aus zwei fehlerfrei bemessenen Einzelstrafen unterblieben. Ihre Nachholung allein ist nicht eine Verurteilung im Sinne des § 79. Sie darf und muß daher nachgeholt werden, auch wenn im Zeitpunkt der Nachholung die rechtskräftig erkannte Strafe schon verbüßt ist." (BGH Urt. v. 30. 10. 1953 – 2 StR 329/53).

anstalt mit der Begründung Abstand genommen hat, diese Maßregel dürfe gegen vermindert Schuldfähige nach § 42b Abs. 2 StGB nur neben einer Strafe angeordnet werden, eine Strafe komme aber wegen des Verbots der Schlechterstellung nicht in Betracht.

Sachverhalt: Das Landgericht hatte durch Urteil vom 10. 7. 1956 im Sicherungsverfahren die Unterbringung des jetzigen Angeklagten in einer Heil- oder Pflegeanstalt angeordnet; nach den Urteilsfeststellungen hatte er im Zustande der Zurechnungsunfähigkeit (§ 51 Abs. 1 StGB) den äußeren Tatbestand eines vollendeten und eines versuchten Verbrechens nach §§ 176 Abs. 1 Nr. 3, 175a Nr. 3, 73, 74 StGB verwirklicht.

Auf die Revision des Angeklagten hob der erkennende Senat das Urteil auf, weil nicht ausreichend dargetan war, daß die öffentliche Sicherheit die Maßnahme der Unterbringung nach § 42b StGB erforderte.

Nunmehr hat das Landgericht nach Überleitung des Sicherungsverfahrens in das Strafverfahren (§ 429d StPO) für erwiesen erachtet, daß der Angeklagte infolge seines Leidens – der Debilität gleichzusetzender Schwachsinn geringeren Grades mit unbekannter Ursache – zur Zeit der ihm vorgeworfenen Verfehlungen nur erheblich vermindert zurechnungsfähig (§ 51 Abs. 2 StGB) gewesen ist, und ihn zweier sachlich zusammentreffender Verbrechen der versuchten schweren Unzucht zwischen Männern je in Tateinheit mit versuchter Unzucht mit einem Kinde (§§ 176 Abs. 1 Nr. 3, 175a Nr. 3, 43, 73, 74 StGB) schuldig erkannt. An dem Ausspruch einer Strafe gegen den Angeklagten hat sich die Strafkammer jedoch auf Grund des Verbots der Schlechterstellung (§ 358 Abs. 2 Satz 1 StPO) gehindert gesehen. Andererseits hat sie aber auch von der Anordnung der Unterbringung des Angeklagten in einer Heil- oder Pflegeanstalt Abstand genommen mit der Begründung, daß diese Maßregel gegen vermindert Schuldfähige nach § 42b Abs. 2 StGB nur neben einer Strafe angeordnet werden dürfe und überdies auch die tatsächlichen Voraussetzungen für die Unterbringung des Angeklagten nicht gegeben erschienen. – Das Rechtsmittel hatte Erfolg.

Gründe:

1. Unbegründet ist allerdings die Rüge, das in § 358 Abs. 2 Satz 1 StPO verankerte Verbot der Schlechterstellung habe entgegen der Annahme des Landgerichts keinen Hinderungsgrund für die Bestrafung des Angeklagten gebildet. Die Beschwerdeführerin stützt sich hierbei auf die von dem 4. Strafsenat des Bundesgerichtshofs in der Entscheidung 4 StR 217/52 vom 10. 7. 1952 vertretene, von Schwarz übernommene Ansicht, daß, wenn ein im Sicherungsverfahren auf Unterbringung des Beschuldigten lautendes Urteil im Rechtsmittelwege mangels ausreichenden Nachweises der Voraussetzungen des § 51 Abs. 1 StGB aufgehoben wird, das Verbot des § 358 Abs. 2 StPO einer Bestrafung des Beschuldigten nach der Überleitung des Sicherungsverfahrens in das Strafverfahren nicht entgegenstehe, weil ein Schuldspruch gegen den Beschuldigten nicht ergangen sei und nicht habe ergehen können.

Der Senat vermag dem nicht zu folgen. Wäre gegen den Angeklagten bei Annahme seiner nur verminderten Zurechnungsfähigkeit Anklage im Strafverfahren erhoben und er wegen nachträglich festgestellter voller Zurechnungsunfähigkeit freigesprochen und seine Unterbringung nach § 42b Abs. 1 StGB angeordnet worden, so ist es unbestritten (vgl. u.a. BGHSt. 5, 267[1]), daß das Verbot der Schlechterstellung der Verhängung einer Strafe gegen

---

[1] „Wegen des Verbotes seiner Schlechterstellung kann das von ihm allein eingelegte, nur die Unterbringungsanordnung angreifende Rechtsmittel hinsichtlich des Schuldspruchs zu keiner Änderung führen (§ 358 II StPO). Würde das angefochtene Urteil in vollem Umfang aufgehoben, so müßte das von der Strafkammer gegen den Angeklagten neu zu erlassende Urteil wiederum auf Freisprechung lauten, selbst wenn sich seine volle strafrechtliche Verantwortlichkeit herausstellen sollte. Die Vorschriften der §§ 42b StGB, 344 I StPO zwingen nicht zur Herbeiführung einer so überflüssigen Entscheidung. Sie sind vielmehr in dem Sinne anzuwenden, daß auch im

ihn hindernd im Wege gestanden hätte, falls sich in der neuen Hauptverhandlung seine verminderte Zurechnungsfähigkeit ergeben hätte. Das versteht sich von selbst, wenn man die selbständige Anfechtung der Anordnung nach § 42b StGB für möglich hält (so BGHSt. 5, 267). Es trifft aber auch zu, wenn man die Meinung vertritt, die Anfechtung der Unterbringung erstrecke sich auf das Urteil in seinem gesamten Umfange (so u.a. BGH 1 StR 44/50 v. 2. 3. 1951 – NJW 1951, 450 Nr. 23). Dafür, daß für das Sicherungsverfahren und das sich ihm nach § 429d StPO anschließende Strafverfahren etwas anderes gelten soll, sind keine durchgreifenden Gründe ersichtlich. Insbesondere kann hierfür nicht der rein äußerliche Umstand von entscheidender Bedeutung sein, daß im Sicherungsverfahren weder für eine Freisprechung noch für einen Schuldspruch Raum ist; denn jedenfalls muß der Tatrichter wie bei einem Strafverfahren, so auch im Sicherungsverfahren vorweg prüfen, ob der Beschuldigte die ihm zur Last gelegte, mit Strafe bedrohte Handlung überhaupt begangen hat oder ob ihm etwa ein Rechtfertigungsgrund oder ein anderer Schuldausschließungsgrund als der der Zurechnungsunfähigkeit zur Seite steht (vgl. u.a. HRR 1938, 40 zu § 193 StGB). Im übrigen gelten nach der ausdrücklichen Bestimmung des § 429b Abs. 1 StPO für das Sicherungsverfahren – soweit nichts anderes bestimmt ist – sinngemäß die Vorschriften über das Strafverfahren. Schon hieraus ist zu folgern, daß die Sperrwirkung des § 358 Abs. 2 Satz 1 StPO auch in dem Sicherungsverfahren und dem Strafverfahren, in das ein solches Verfahren nach Aufhebung eines auf Unterbringung nach § 42b Abs. 1 StGB lautenden Urteils übergeleitet worden ist, hinsichtlich der etwaigen Bestrafung des nunmehr für vermindert zurechnungsfähig befundenen Angeklagten Geltung haben muß.

Zu dieser Folgerung nötigt aber auch noch ein weiterer Gesichtspunkt. § 358 Abs. 2 Satz 1 StPO (ebenso § 331 StPO) bestimmt eine zugunsten des Angeklagten wirksame beschränkte Rechtskraft, die von den für die Rechtskraft überhaupt maßgebenden Grundsätzen beherrscht wird. Nach der ständigen Rechtsprechung des Reichsgerichts, der sich auch das Schrifttum nahezu einhellig angeschlossen hat und von der abzugehen der Senat keinen Anlaß sieht, bewirkt die Rechtskraft nicht nur eines im Strafverfahren ergangenen, freisprechenden Urteils, sondern auch eines im Sicherungsverfahren erlassenen, den Unterbringungsantrag ablehnenden oder auf Anordnung der Unterbringung nach § 42b Abs. 1 StGB lautenden Urteils, daß die Strafklage – im Falle der Ablehnung des Antrages auch der Sicherungsanspruch – verbraucht ist. Dementsprechend verbietet § 358 Abs. 2 Satz 1 StPO in einem Falle der vorliegenden Art, daß gegen den Angeklagten neben der Anordnung der Unterbringung nach § 42b StGB auch noch eine Strafe verhängt wird.

Da die von dem 4. Strafsenat in der Entscheidung 4 StR 217/52 vom 10. 7. 1952 vertretene Rechtsansicht nicht als Grund für die Aufhebung des Urteils, sondern nur als – nicht bindender – Hinweis für den Tatrichter gedient hat, erübrigt sich eine Anrufung des Großen Senats für Strafsachen nach § 136 Abs. 1 GVG.

2. Jedoch greift das Rechtsmittel durch, soweit es sich dagegen wendet, daß das Landgericht nicht die Unterbringung des Angeklagten nach § 42b Abs. 2 StGB angeordnet hat.

Daß, wie das Landgericht annimmt, die Unterbringung eines vermindert Zurechnungsfähigen nach § 42b Abs. 2 StGB – im Gegensatz zu § 13 des Straffreiheitsgesetzes 1954 – nur angeordnet werden darf, wenn der Betroffene auch in Strafe genommen wird, entspricht der Rechtsprechung des Reichsgerichts und der damit nahezu einhellig übereinstimmenden Meinung des Schrifttums. Der Bundesgerichtshof hat, soweit ersichtlich, zu der Frage noch nicht Stellung genommen. Der Senat selbst hält an der Meinung des

---

Falle des § 51 I StGB eine gesonderte Anfechtung des Ausspruchs über die Sicherungsmaßregel möglich ist. Das solcherweise beschränkte Rechtsmittel gestattet allerdings die Nachprüfung auch der Zurechnungsunfähigkeit als Voraussetzung der Unterbringungsanordnung." (BGH Urt. v. 10. 12. 1953 – 3 StR 620/53).

Reichsgerichts zwar für den Regelfall fest, daß gegen den Angeklagten eine Strafe verhängt werden kann. Er glaubt jedoch eine Ausnahme zumindest für den Fall anerkennen zu müssen, in dem, wie hier, nur die Sperrwirkung des § 358 Abs. 2 Satz 1 StPO es dem Richter verbietet, gegen den Betroffenen eine Strafe auszusprechen. Der das Verbot der Schlechterstellung beherrschende Grundgedanke ist, daß der Angeklagte bei seiner Entschließung darüber, ob er von einem ihm zustehenden Rechtsmittel Gebrauch machen will, nicht durch die Besorgnis beeinträchtigt werden soll, es könne ihm durch die Einlegung des Rechtsmittels ein Nachteil in Gestalt härterer Bestrafung entstehen (vgl. u.a. BGHSt. 7, 86 [BGH Urt. v. 7. 1. 1955 – 5 StR 638/54; vgl. § 358 StPO erfolglose Rügen]). Das Verbot soll dem Angeklagten aber, soweit es reicht, nicht einen ungerechtfertigten Vorteil verschaffen. Einen solchen Vorteil würde es im Ergebnis – ungeachtet dessen, daß die Unterbringung in einer Heil- oder Pflegeanstalt auch der ärztlichen Behandlung, also dem Interesse des Betroffenen dienen soll – bedeuten, wenn gegen den Angeklagten in einem Falle der vorliegenden Art nicht nur entsprechend dem Verbot der Schlechterstellung keine Strafe ausgesprochen, sondern wegen dieser Unmöglichkeit auch nicht die Unterbringung nach § 42b Abs. 2 StGB angeordnet werden dürfte. Maßgebend kann in einem solchen Falle nur sein, daß der Angeklagte eine Strafe verwirkt hat und daß die Strafgewalt des Gerichts nur aus dem rein verfahrensrechtlichen Grund des § 358 Abs. 2 Satz 1 StPO entfällt. Im übrigen können im Hinblick auf § 456b Satz 2 StPO auch gegen den Vollzug der ohne gleichzeitige Bestrafung ausgesprochenen Unterbringung in einer Heil- oder Pflegeanstalt keine Bedenken bestehen.

10. Verbot der Schlechterstellung gilt auch für Strafnebenfolgen.
StPO § 358 II – BGH Urt. v. 30. 4. 1953 – 4 StR 90/53 LG Bielefeld (=BGHSt. 4, 157)
Die Revision rügt, daß gegen den Angeklagten nach Zurückverweisung zusätzlich eine Aberkennung der Eidesfähigkeit ausgesprochen worden ist.

Sachverhalt: Durch Urteil vom 11. 10. 1951 war der Angeklagte wegen fahrlässigen Falscheides zu 5 Monaten Gefängnis verurteilt worden. Auf seine Revision war dieses Urteil vom erkennenden Senat mit den Feststellungen aufgehoben und die Sache zu neuer Verhandlung und Entscheidung an das Landgericht zurückverwiesen worden. Nunmehr hat die Strafkammer den Angeklagten wegen Meineids zur gleichen Strafe verurteilt und außerdem für dauernd unfähig erklärt, als Zeuge oder Sachverständiger eidlich vernommen zu werden. – Das Rechtsmittel hatte Erfolg.

Gründe: Die von Rechtsirrtum nicht beeinflußten tatrichterlichen Feststellungen binden das Revisionsgericht und tragen den Schuldspruch aus § 154 StGB, dem auch die Vorschrift des § 358 StPO nicht entgegen steht.

§ 358 Abs. 2 StPO ist indessen dadurch verletzt worden, daß die Strafkammer dem Angeklagten die Eidesfähigkeit aberkannt hat. Dieser Ausspruch ist zwar keine Strafe im eigentlichen Sinne, sondern eine Maßregel der Sicherung (RGSt 60, 286). Daß indessen der in § 358 Abs. 2 Satz 1 StPO verwendete Ausdruck der Strafe in einem weiteren, auch Maßregeln der Sicherung umfassenden Sinne zu verstehen ist, ergibt sich aus § 358 Abs. 2 Satz 2 StPO, wonach grundsätzlich auch eine in einer Sicherungsmaßnahme bestehende nachteilige Abänderung des Urteils verboten ist, zu den hier aufgeführten Ausnahmen gehört der Ausspruch der Eidesunfähigkeit nicht. Aber auch schon vor der Einfügung des § 358 Abs. 2 Satz 2 StPO hatte das Reichsgericht dahin erkannt, daß die nachträgliche Aberkennung der Eidesfähigkeit gegen § 358 Abs. 2 StPO verstößt (1 D 764/32 vom 8. 7. 1932 – vgl. RGSt 67, 218). Dieser Auffassung tritt der Senat bei. Wenngleich die Vereidigung als Zeuge oder Sachverständiger kein Recht, sondern eine – oft schwere – Pflicht des Staatsbürgers ist, so wirkt doch schon die lebenslange Gefahr der Bloßstellung durch Offenbarung der Eidesunfähigkeit im Falle einer richterlichen Vernehmung, erst recht eine solche Bloßstellung selbst wie eine Ehrenstrafe. Der Zweck des § 358 Abs. 2 StPO aber geht dahin, jede nicht ausdrücklich zugelassene Schlechterstellung des Beschwerdeführers auszuschließen.

Erfolglose Rügen

1. Das Verbot der Schlechterstellung steht einer Zurückverweisung an den Tatrichter zur Feststellung der besonderen Schuldschwere entgegen.

StPO § 358; StGB § 57a II Nr. 2 – BGH Beschl. v. 31. 3. 1993 – 3 StR 92/93 LG Mönchengladbach (= NStZ 1993, 449)

Das Revisionsvorbringen ist nicht bekannt.

Sachverhalt: Der Angeklagte ist wegen Mordes zu lebenslanger Freiheitsstrafe verurteilt worden. – Das Rechtsmittel war erfolglos.

Gründe: Dem Antrag des GBA festzustellen, daß die Schuld des Angeklagtren i.S. des § 57a II Nr. 2 StGB nicht besonders schwer wiegt, vermag der Senat nicht zu folgen. Das Landgericht hat, obwohl es nach dem Beschluß des BVerfG vom 3. 6. 1992 (BVerfGE 86, 288 = NJW 1992, 2947) dazu verpflichtet gewesen wäre, nicht entschieden, ob die Mordschuld des Angeklagten besonders schwer wiegt. Auch in den Urteilsgründen finden sich hierzu keine Ausführungen. Die dem Tatgericht obliegende Entscheidung kann vom Senat nicht nachgeholt werden. Eine Zurückverweisung an den Tatrichter zur Nachholung der Entscheidung kommt ebenfalls nicht in Betracht, da der Feststellung einer besonderen Schuldschwere das Verbot der Schlechterstellung (§ 358 II StPO) entgegenstünde. Unabhängig von der materiellen Lage könnte ein neuer Tatrichter deshalb nur feststellen, daß die Schuld des Angeklagten nicht besonders schwer wiegt. Dazu bedarf es nicht der Zurückverweisung der Sache; da ein Ausspruch über die besondere Schuldschwere nicht getroffen worden ist (vgl. BGH StV 1993, 130 [BGH Urt. v. 21. 1. 1993 – 4 StR 560/92 = BGHSt. 39, 121; vgl. § 260 StPO erfolgreiche Rügen]), ist im Vollstreckungsverfahren davon auszugehen, daß keine besonders schwere Schuld gegeben ist. Der Angeklagte ist daher durch die – fehlerhaft – unterbliebene Entscheidung nicht beschwert.

2. Wenn die gesetzliche Mindeststrafe den fehlerhaften Strafausspruch übersteigt, ist dieser beizubehalten.

StPO § 358 II – BGH Beschl. v. 4. 5. 1977 – 2 StR 9/77 OLG Saarbrücken (= BGHSt. 27, 176 = NJW 1977, 1544)

Revision von Amts wegen.

Sachverhalt: Der Tatrichter hat gegen die Angeklagte u.a. zwei Einzelgeldstrafen von je vier Tagessätzen verhängt, die Höhe des Tagessatzes auf DM 17,– festgesetzt und aus jenen Einzelstrafen sowie zwei weiteren eine Gesamtgeldstrafe gebildet.

Das mit der Revision der Angeklagten befaßte Oberlandesgericht in Saarbrücken vertritt die Ansicht, der Rechtsfolgenausspruch sei nicht unwirksam, obwohl der Tatrichter unbeachtet gelassen habe, daß nach § 40 Abs. 1 Satz 2 StGB die gesetzliche Mindestzahl fünf Tagessätze betrage. Den beiden Einzelstrafen wäre die Eigenschaft von Geldstrafen im Sinne des strafrechtlichen Sanktionenkatalogs nur dann abzusprechen, wenn sie nicht vollstreckbar wären. Davon könne bei ihnen ebensowenig die Rede sein wie bei einer entgegen § 18 Abs. 1 Satz 1 JGG verhängten Jugendstrafe unter sechs Monaten. Da das Verbot der Schlechterstellung die Heraufsetzung der Tagessatzzahl auf die gesetzliche Mindestzahl nicht zulasse, sei der an sich fehlerhafte Strafausspruch zu bestätigen. An einer solchen Entscheidung sieht sich das Oberlandesgericht jedoch durch den Beschluß des

Oberlandesgerichts in Köln vom 24. 3. 1976 – Ss 263/75 – (veröffentlicht in MDR 1976, 597) gehindert. Dieses ist der Meinung, eine Geldstrafe von weniger als fünf Tagessätzen sei schlechthin unzulässig, und verweist dazu auf die in RGSt 18, 125 ff. sowie BGHSt. 4, 331 f.[1]; BGH NJW 1960, 639 f. veröffentlichten Entscheidungen. Nach seiner Auffassung darf in einem derartigen Fall nur auf die nach der Wertigkeitsskala des Strafgesetzbuchs nächstmildere Sanktion, das Absehen von Strafe unter Aufrechterhaltung des Schuldspruchs (§ 60 StGB), zurückgegriffen werden.

Das Oberlandesgericht in Saarbrücken hat die Sache gemäß § 121 Abs. 2 GVG dem Bundesgerichtshof zur Entscheidung der Rechtsfrage vorgelegt:

„Kann das Revisionsgericht einen Strafausspruch, der eine Geldstrafe von weniger als fünf Tagessätzen enthält, unter Anwendung des Verbots der Schlechterstellung (§ 358 Abs. 2 Satz 1 StPO) bestätigen, oder ist wegen Verstoßes des Tatrichters gegen § 40 Abs. 1 Satz 2 StGB in entsprechender Anwendung von § 60 StGB auf Absehen von Strafe zu erkennen?" – Das Rechtsmittel war erfolglos.

Gründe: In der Sache tritt der Senat im Ergebnis dem Oberlandesgericht in Saarbrücken bei.

Die Vorlegungsfrage gibt keinen Anlaß, auf die Ausführungen der beiden Oberlandesgerichte über die Folgen des Unterschreitens der gesetzlichen Mindestzahl von Tagessätzen im allgemeinen einzugehen. Die Entscheidung hängt hier ausschließlich von dem Rangverhältnis zwischen der in § 40 Abs. 1 Satz 2 StGB getroffenen materiellrechtlichen Regelung und dem verfahrensrechtlichen Grundsatz des Verbots der Schlechterstellung ab. Wenn dieser jener Bestimmung vorgeht, kommt es nicht darauf an, ob eine Geldstrafe von weniger als fünf Tagessätzen in jedem Fall nicht mehr als ein geeignetes Mindeststrafübel angesehen werden kann.

Die Bedeutung des in den §§ 331, 358 Abs. 2 StPO verankerten Verschlechterungsverbots läßt eine Durchbrechung dieses Grundsatzes zwecks Wahrung jener Mindestmaßregelung nicht zu. Bei dem Verbot der reformatio in peius handelt es sich um eine dem Angeklagten durch den Gesetzgeber gewährte Rechtswohltat (BGHSt. 9, 324, 332[2]). Der Angeklagte soll bei seiner Entscheidung darüber, ob er von einem ihm zustehenden Rechtsmittel Gebrauch machen will, nicht durch die Besorgnis beeinträchtigt werden, es könne ihm durch die Einlegung des Rechtsmittels ein Nachteil in Gestalt härterer Bestrafung entstehen (BGHSt. 7, 86 f. [BGH Urt. v. 7. 1. 1955 – 5 StR 638/54; vgl. § 358 StPO erfolglose Rügen]; 11, 319, 323 [BGH Urt. v. 29. 4. 1958 – 1 StR 68/58; vgl. § 358 StPO erfolgreiche Rügen]; BGH NJW 1973, 107 f. [BGH Urt. v. 25. 10. 1972 – 2 StR 422/72 = BGHSt. 25, 38; vgl. § 358 StPO erfolgreiche Rügen]).

Der Senat sieht keinen Grund, in den Fällen der Nichtbeachtung der gesetzlich vorgeschriebenen Tagesmindestzahl einen anderen Standpunkt einzunehmen. Das wäre um so weniger gerechtfertigt, als der Gesetzgeber durch die Festlegung der Mindestzahl auf fünf lediglich erreichen wollte, daß die niedrigste Geldstrafe fünf mal zwei DM (Mindesthöhe eines Tagessatzes) gleich DM 10,– beträgt. Ursprünglich hatte der Sonderausschuß für die Strafrechtsreform des Deutschen Bundestages als unterste Grenze der Geldstrafe einen Tagessatz (bei einer Mindesthöhe von DM 2,–) beschlossen. Im Laufe der späteren Beratungen

---

1 „Die geringste zulässige Strafe, die das Strafgesetzbuch kennt, ist eine DM, § 27 II Nr. 2 StGB. In keinem Falle, mag er auch noch so milde zu beurteilen sein, darf der Richter nach dem Strafgesetzbuch einen niedrigeren Betrag als eine DM als Strafe verhängen. Der Gesetzgeber hat also eine Summe, die hinter diesem Betrag zurückbleibt, überhaupt nicht als ein gegenüber den im Strafgesetzbuch aufgeführten Straftaten geeignetes Strafübel anerkannt (RGSt 18, 125)." (BGH Urt. v. 29. 9. 1953 – 2 StR 229/53).

2 „[Das Verbot der reformatio in peius] ist auf jeden Fall eher eine dem Angeklagten durch den Gesetzgeber gewährte Rechtswohltat als ein dem Wesen des Rechtsstaats verhafteter Grundsatz und steht damit dem Grundsatz ne bis in idem an Wert und Rang entschieden nach." (BGH Urt. v. 18. 7. 1956 – 6 StR 28/56).

setzte sich bei ihm die Überzeugung durch, daß eine solche Geldstrafe selbst gegenüber einem Täter mit allergeringstem Einkommen keine ausreichende Strafsanktion darstelle und die Grenze bei DM 10,- zu ziehen sei. Deshalb entschied er sich für eine Erhöhung der Tagesmindestzahl auf fünf unter Beibehaltung der Tagessatzmindesthöhe von DM 2,-.

3. Verbot der Schlechterstellung gilt nicht im Verhältnis gefährliche Körperverletzung/ versuchter Mord bei Rechtsmittel des Nebenklägers.

StPO §§ 358 II, 395 I, 401 I – BGH Urt. v. 1. 10. 1958 – 2 StR 251/58 Schwurgericht Wuppertal (= BGHSt. 13, 143 = NJW 1959, 1740)

Die Revision rügt, daß der Angeklagte auf die Berufung der Nebenklägerin hin anstatt wegen gefährlicher Körperverletzung, wegen versuchten Mordes verurteilt worden ist. Sie ist der Auffassung, das Recht, sich dem Verfahren als Nebenklägerin anzuschließen, habe hier der Verletzten gemäß § 395 I StPO in Verbindung mit § 374 I Nr. 3 StPO allein unter dem rechtlichen Gesichtspunkt eines Vergehens der gefährlichen Körperverletzung nach § 223a StGB zugestanden. Sie habe daher ihre Berufung in zulässiger Weise nur darauf stützen können, daß diese Vorschrift verletzt worden sei.

Sachverhalt: Das Schöffengericht hatte den Angeklagten wegen gefährlicher Körperverletzung nach § 223a StGB, begangen an seiner geschiedenen Ehefrau, zu einer Gefängnisstrafe von einem Jahr und sechs Monaten verurteilt. Gegen dieses Urteil hatten sowohl der Angeklagte als auch die nachträglich als Nebenklägerin zugelassene Verletzte unbeschränkt Berufung eingelegt. Die Strafkammer kam zu dem Ergebnis, daß das Vorgehen des Angeklagten gegenüber seiner geschiedenen Ehefrau die Tatbestandsmerkmale des versuchten Mordes erfülle, hob deshalb das Urteil auf Grund beider Berufungen auf und verwies die Sache an das nach § 80 GVG zur Entscheidung berufene Schwurgericht. Die hiergegen gerichtete Revision des Angeklagten wurde vom Oberlandesgericht als unbegründet verworfen.

Nunmehr hat das Schwurgericht den Angeklagten wegen versuchten Mordes zu sieben Jahren Zuchthaus verurteilt und ihm die bürgerlichen Ehrenrechte auf die Dauer von zehn Jahren aberkannt. – Das Rechtsmittel war erfolglos.

Gründe: Zwar trifft die Auffassung des Beschwerdeführers zu, daß die Berufung der Nebenklägerin gegen das Urteil des Schöffengerichts insofern unzulässig war, als mit ihr die Verurteilung des Angeklagten wegen versuchten Mordes erstrebt wurde; denn das Recht, sich dem Verfahren als Nebenklägerin anzuschließen, stand hier der Verletzten gemäß § 395 Abs. 1 StPO in Verbindung mit § 374 Abs. 1 Nr. 3 StPO allein unter dem rechtlichen Gesichtspunkt eines Vergehens der gefährlichen Körperverletzung nach § 223a StGB zu. Sie konnte daher ihre Berufung in zulässiger Weise nur darauf stützen, daß diese Vorschrift verletzt worden sei. Das hat aber auch das Schwurgericht nicht verkannt. Es ist jedoch der Auffassung, daß es auf Grund der Berufung der Nebenklägerin, soweit sie sich gegen die unvollkommene Anwendung des der Nebenklage zugänglichen Vergehens der gefährlichen Körperverletzung richtete, berechtigt und verpflichtet war, das Vorgehen des Angeklagten unter allen in Betracht kommenden rechtlichen Gesichtspunkten, also auch unter dem Gesichtspunkt des zu dem Vergehen der gefährlichen Körperverletzung in Gesetzeskonkurrenz stehenden Verbrechens des versuchten Mordes zu prüfen und bei dessen Vorliegen die Strafe dem hierfür vorgesehenen Strafrahmen zu entnehmen. Dem ist zuzustimmen.

Wie schon das Reichsgericht in der auch vom Schwurgericht angeführten Entscheidung RGSt 65, 60, 62 näher dargelegt hat, eröffnet sich allerdings für den Nebenkläger keine Möglichkeit der Beschwerde wegen unrichtiger Gesetzesanwendung, wenn in dem von ihm angefochtenen Urteil das Gesetz, das die Nebenklage trägt, angewendet ist und sich dabei kein Anhalt für die Behauptung unzulänglicher Anwendung ergibt. In einem solchen Falle ist für die Zulassung eines Rechtsmittels des Nebenklägers zuungunsten des Angeklagten kein Raum; denn der Nebenkläger ist nicht beschwert, wenn und soweit durch die Anwendung des von der Nebenklage erfaßten Gesetzes dieser Genüge geschehen ist. Hier ist jedoch der Sachverhalt anders. Zwar hat das Schöffengericht den Angeklagten wegen gefährlicher Körperverletzung nach § 223a StGB und damit aus dem der Nebenklage zugänglichen Gesetz verurteilt. Gleichwohl war die Anwendung dieser Vorschrift nicht erschöpfend im vorstehend bezeichneten Sinne.

Demzufolge ergab sich auf Grund der Berufung der Nebenklägerin für das Schwurgericht, wie es zutreffend angenommen hat, die Pflicht, die der Urteilsfindung unterworfene Handlung unter allen in Betracht kommenden rechtlichen Gesichtspunkten nachzuprüfen und alle für verletzt erachteten Gesetze anzuwenden, gleichviel, ob sie zur Nebenklage berechtigten oder nicht. Diese Pflicht zur Anwendung aller in Frage kommenden Gesetze beschränkte sich auch nicht auf den Schuldspruch, sondern bezog sich ebenso auf die Straffestsetzung, wie im Anschluß an die vom Reichsgericht in der – schon angezogenen – Entscheidung RGSt 65, 60, 63 vertretenen Auffassung in Rechtsprechung und Wissenschaft allgemein angenommen wird. Das Schwurgericht war also, nachdem es die Tat des Angeklagten rechtsirrtumsfrei als versuchten Mord gewürdigt hatte, gehalten, die Strafe dem hierfür vorgesehenen Strafrahmen zu entnehmen.

4. Strafmaßbeibehaltung nach Wegfall einer von mehreren Taten in der Berufung stellt keine reformatio in peius dar.

StPO § 358 II – BGH Urt. v. 7. 1. 1955 – 5 StR 638/54 LG Verden (Aller) (= BGHSt. 7, 86 = NJW 1955, 600)

Die Revision rügt, daß die Strafkammer trotz Wegfalls einer von mehreren Verurteilung dieselbe Gesamtstrafe wie in dem aufgehobenen Urteil verhängt hat.

Sachverhalt: Die Strafkammer hatte den Angeklagten durch Urteil vom 9. 12. 1953 als gefährlichen Gewohnheitsverbrecher wegen Rückfallbetruges in 17 Fällen, davon in zwei Fällen in Tateinheit mit Urkundenfälschung, und wegen Unterschlagung in einem Falle unter Anrechnung der Untersuchungshaft zu einer Gesamtstrafe von acht Jahren Zuchthaus und zu mehreren Geldstrafen verurteilt. Die Summe der 18 Einzelstrafen betrug 25 Jahre Zuchthaus. In den Gründen des Urteils ist ausgeführt, daß die verhängte Gesamtstrafe nach der Überzeugung der Strafkammer an der unteren Grenze der Angemessenheit liege.

Auf die Revision des Angeklagten hatte der Senat durch Urteil vom 6. 7. 1954 unter Verwerfung der Revision im übrigen das Urteil der Strafkammer mit den Feststellungen hinsichtlich der Verurteilung wegen Betruges im Falle V. sowie hinsichtlich der Gesamtstrafe aufgehoben und die Sache im Umfang der Aufhebung zur neuen Verhandlung und Entscheidung an die Strafkammer zurückverwiesen.

Das Landgericht hat daraufhin durch Beschluß vom 17. 8. 1954 das Verfahren, soweit es den Fall V. betrifft, gemäß § 154 StPO eingestellt, weil die in diesem Fall zu erwartende Strafe neben den anderen rechtskräftig verhängten Strafen nicht ins Gewicht falle. Die Einzelstrafe, die das Urteil vom 9. 12. 1953 für den Fall V. verhängt hatte, betrug 1 Jahr 6 Monate Zuchthaus.

Die Strafkammer hat alsdann durch das nunmehr angefochtene Urteil vom 24. 9. 1954 erneut eine Gesamtstrafe von 8 Jahren Zuchthaus verhängt. – Das Rechtsmittel war erfolglos.

Gründe: Nach ständiger Rechtsprechung des Bundesgerichtshofs und des Reichsgerichts hindert das in § 358 Abs. 2 StPO enthaltene Verbot der Schlechterstellung den Tatrichter nicht, bei seiner neuen Entscheidung dieselbe Gesamtstrafe wie im früheren Urteil auch dann zu verhängen, wenn in dem neuen Urteil eine von mehreren Straftaten wegfällt (vgl. BGH NJW 1953, 1360; RGSt 53, 164). Von dieser Rechtsansicht abzuweichen, sieht der Senat keinen Anlaß. Sie entspricht allein sowohl dem Wortlaut wie auch dem Sinn des Gesetzes. Die Vorschrift des § 358 Abs. 2 StPO verbietet ihrem Wortlaute nach nur, daß das angefochtene Urteil in Art und Höhe der Strafe zum Nachteil des Angeklagten geändert wird. Von einer dem Angeklagten nachteiligen Änderung des Urteils in Art oder Höhe der Strafe kann aber nicht die Rede sein, wenn dieselbe Gesamtstrafe verhängt wird. Der die Vorschrift beherrschende Grundgedanke ist, daß der Angeklagte bei seiner Entscheidung darüber, ob er von dem ihm zustehenden Rechtsmittel Gebrauch machen will, nicht durch die Besorgnis beeinträchtigt werden soll, es könne ihm durch die Einlegung des Rechtsmittels ein Nachteil in Gestalt härterer Bestrafung entstehen. Daß er damit rechnen muß, er werde trotz Wegfalls einer Straftat, also trotz eines Teilerfolges des Rechtsmittels, dieselbe Gesamtstrafe erhalten, begründet keine solche seine Entschließungsfreiheit beeinträchtigende Besorgnis.

Was die Revision vorbringt, wird im übrigen der Stellung und der Aufgabe nicht gerecht, die dem Tatrichter bei der neuen Entscheidung über die Gesamtstrafe zukommen. Dadurch, daß das Revisionsgericht das frühere Urteil im Gesamtstrafausspruch mit den Feststellungen aufgehoben hat, ist dieser Teil des früheren Urteils beseitigt. Hieraus folgt, daß Stellung und Aufgabe des Tatrichters bei der neuen Entscheidung über die Gesamtstrafe grundsätzlich nicht anders beurteilt werden können als bei der ersten tatrichterlichen Bestrafung. Der Tatrichter hat grundsätzlich über Art und Höhe der Gesamtstrafe so zu entscheiden, als ob das frühere tatrichterliche Urteil und das Urteil des Revisionsgerichts, soweit sie die Geldstrafe betreffen, überhaupt nicht in der Welt wären.

Der Tatrichter hat aber über Art und Höhe der Strafe im Rahmen der ihm durch das Gesetz gezogenen Grenzen nach seinem pflichtgemäßen Ermessen zu entscheiden. Das gilt – abgesehen von Ausnahmen, die nachfolgend erörtert werden – für die neue Entscheidung über die Gesamtstrafe ebenso wie für die erste tatrichterliche Entscheidung über sie.

Der Tatrichter ist allerdings in Fällen, in denen, wie hier, das frühere Urteil nur hinsichtlich einer von mehreren Straftaten und hinsichtlich der Gesamtstrafe aufgehoben ist, bei der neuen Entscheidung einmal dadurch gebunden, daß das frühere Urteil hinsichtlich der für die übrigen Straftaten verhängten Einzelstrafen rechtskräftig ist. Er ist daher gemäß § 74 StGB gehalten, die neue Gesamtstrafe so zu bemessen, daß sie in einer Erhöhung der schwersten dieser Einzelstrafen besteht. Eine geringere Strafe darf er nicht verhängen. Außerdem ist er dadurch gebunden, daß § 358 Abs. 2 StPO ihm verbietet, die Gesamtstrafe der Art oder Höhe nach zum Nachteil des Angeklagten zu ändern. Er ist aber – und das verkennt die Revision – nicht an die Auffassung über die Angemessenheit der Gesamtstrafe gebunden, die dem aufgehobenen Urteil zugrunde lag. Eine solche Bindung kann weder aus § 358 Abs. 2 StPO noch aus irgendeiner anderen gesetzlichen Bestimmung entnommen werden. Sie anzuordnen hatte der Gesetzgeber insbesondere auch deshalb keinen Anlaß, weil der Tatrichter, der neu über die Gesamtstrafe zu entscheiden hat, mit dem früheren Tatrichter keineswegs personengleich zu sein braucht, und weil, wie unten dargelegt werden wird, die – pflichtgemäßem Ermessen entsprechenden – Auffassungen über das, was angemessen ist, bei verschiedenen Tatrichtern innerhalb eines gewissen Spielraums durchaus verschieden sein dürfen. Auch im vorliegenden Fall bestand eine solche Personengleichheit nur bei dem Vorsitzenden der Strafkammer. Als beisitzende Richter und Schöffen haben in der neuen Hauptverhandlung andere Personen mitgewirkt als in der früheren.

Der Tatrichter hat demnach bei der neuen Entscheidung über Art und Höhe der Gesamtstrafe innerhalb des erwähnten Rahmens nach seinem pflichtgemäßen Ermessen zu entscheiden. Ist er der Überzeugung, daß die frühere Gesamtstrafe unangemessen hoch erscheine, so kann er sehr wohl eine Gesamtstrafe verhängen, die niedriger ist als die um die weggefallene Einzelstrafe ganz oder verhältnismäßig gekürzte frühere Gesamtstrafe. Ebenso kann er in Ausübung pflichtgemäßen Ermessens trotz Wegfalls einer von mehreren Straftaten und der für sie verhängten Einzelstrafe auf dieselbe Gesamtstrafe wie die frühere erkennen, wenn er der Überzeugung ist, daß diese unangemessen niedrig war.

Die Revision verkennt auch, daß es – absolut bestimmte Strafe ausgenommen – keine fest bestimmbare Strafe gibt. Es besteht ein Spielraum, der nach unten durch die schon angemessene Strafe und nach oben durch die noch angemessene Strafe begrenzt wird. Welche innerhalb dieses Spielraums liegende Strafe verhängt wird, kann und hat allein der Tatrichter zu entscheiden. Eine Gesamtstrafe von 8 Jahren Zuchthaus, die die Strafkammer bei der ersten Entscheidung für 18 Straftaten mit Einzelstrafen von insgesamt 25 Jahren als an der unteren Grenze der Angemessenheit liegend angesehen hat, kann für 17 Straftaten mit Einzelstrafen von insgesamt 23 1/2 Jahren bei der hier im übrigen gegebenen Sachlage sehr wohl als noch angemessen erachtet werden. Daß die Strafkammer dies bei ihrer neuen Entscheidung getan und demgemäß dieselbe Gesamtstrafe verhängt hat, kann daher auch nicht als Ermessensmißbrauch bezeichnet werden.

Der Auffassung, daß mit Rücksicht auf das Billigkeitsempfinden des Angeklagten in Fällen der vorliegenden Art die frühere Gesamtstrafe mindestens um eine Strafeinheit (1 Monat Zuchthaus, 1 Tag Gefängnis) herabgesetzt werden müßte, ist entgegenzuhalten, daß auch dies das sogenannte Billigkeitsempfinden des Angeklagten nicht befriedigen wird. Der Angeklagte wird – in der irrigen Annahme, daß der Tatrichter bei der neuen Entscheidung über die Gesamtstrafe an die Auffassung des früheren Tatrichters über die Strafangemessenheit gebunden sei, und daß es eine fest bestimmbare Strafe gebe – als billig nur empfinden, daß eine Gesamtstrafe verhängt wird die ganz oder zumindest verhältnismäßig um die weggefallene Einzelstrafe verkürzt ist. Damit würde aber die dem Tatrichter bei der neuen Entscheidung obliegende Aufgabe zu einer bloßen Rechenaufgabe werden. Das ist mit dem Wesen der Strafzumessung als einer allein dem Tatrichter zustehenden Ermessensentscheidung nicht vereinbar.

§ 359 StPO

Die Wiederaufnahme eines durch rechtskräftiges Urteil abgeschlossenen Verfahrens zugunsten des Verurteilten ist zulässig,

1. wenn eine in der Hauptverhandlung zu seinen Ungunsten als echt vorgebrachte Urkunde unecht oder verfälscht war;

2. wenn der Zeuge oder Sachverständige sich bei einem zuungunsten des Verurteilten abgelegten Zeugnis oder abgegebenen Gutachten einer vorsätzlichen oder fahrlässigen Verletzung der Eidespflicht oder einer vorsätzlichen falschen uneidlichen Aussage schuldig gemacht hat;

3. wenn bei dem Urteil ein Richter oder Schöffe mitgewirkt hat, der sich in Beziehung auf die Sache einer strafbaren Verletzung seiner Amtspflichten schuldig gemacht hat, sofern die Verletzung nicht vom Verurteilten selbst veranlaßt ist;

4. wenn ein zivilgerichtliches Urteil, auf welches das Strafurteil gegründet ist, durch ein anderes rechtskräftig gewordenes Urteil aufgehoben ist;

5. wenn neue Tatsachen oder Beweismittel beigebracht sind, die allein oder in Verbindung mit den früher erhobenen Beweisen die Freisprechung des Angeklagten oder in Anwendung eines milderen Strafgesetzes eine geringere Bestrafung oder eine wesentlich andere Entscheidung über eine Maßregel der Besserung und Sicherung zu begründen geeignet sind;

6. wenn der Europäische Gerichtshof für Menschenrechte eine Verletzung der Europäischen Konvention zum Schutze der Menschenrechte und Grundfreiheiten oder ihrer Protokolle festgestellt hat und das Urteil auf dieser Verletzung beruht.

Erfolglose Rügen

1. Die tatsächlichen Feststellungen zum Schuldspruch können bei Wiederaufnahme aufrechterhalten werden, wenn eine dem Urteil zugrunde liegende Norm gem. § 79 I BVerfGG für verfassungswidrig erklärt worden ist (BGH Urt. v. 9. 5. 1963 – 3 StR 19/63).

Erfolglose Rügen

1. Die tatsächlichen Feststellungen zum Schuldspruch können bei Wiederaufnahme aufrechterhalten werden, wenn eine dem Urteil zugrunde liegende Norm gem. § 79 I BVerfGG für verfassungswidrig erklärt worden ist.

StPO §§ 359 ff.; BVerfGG § 79 Abs. 1 – BGH Urt. v. 9. 5. 1963 – 3 StR 19/63 LG Dortmund (= BGHSt. 18, 339)

Die Revision rügt, daß das Landgericht – entsprechend dem Beschwerdebeschluß des Oberlandesgerichts – von den tatsächlichen Feststellungen des Urteils vom 27. 2. 1957 zum Schuldspruch ausgegangen sei, anstatt das Verfahren noch einmal ganz aufzurollen.

Sachverhalt: Durch Urteil des Landgerichts vom 27. 2. 1957 wurde der Angeklagte zweier tateinheitlich begangener Vergehen gegen § 90a StGB schuldig gesprochen. Die Verurteilung beruhte auf einer Betätigung des Angeklagten während des Jahres 1953 als Rädelsführer einmal in der KPD und zum anderen in der „Nationalen Front des demokratischen Deutschland" (NF). Die Revision des Angeklagten gegen dieses Urteil wurde vom Bundesgerichtshof durch Beschluß als offensichtlich unbegründet verworfen.

Nachdem das Bundesverfassungsgericht durch Urteil vom 21. 3. 1961 § 90a Abs. 3 StGB für nichtig und § 90a Abs. 1 StGB insoweit für nichtig erklärt hatte, als er das Gründen und Fördern politischer Parteien mit Strafe bedroht, beantragte der Angeklagte mit dem Ziel der Freisprechung die Wiederaufnahme des Verfahrens in vollem Umfang. Das Landgericht entsprach dem Wiederaufnahmeantrag nur insoweit, als „der Verurteilte wegen Tätigkeit als Rädelsführer für die KPD vor deren Verbot nach § 90a StGB bestraft worden ist". Auf Beschwerde des Angeklagten erließ das Oberlandesgericht folgende Entscheidung:

„Der angefochtene Beschluß wird aufgehoben.

Der Antrag des Verurteilten auf Wiederaufnahme des Verfahrens wird für zulässig und begründet erklärt; die Wiederaufnahme des Verfahrens und die Erneuerung der Hauptverhandlung werden mit der Maßgabe angeordnet, daß die im Urteil vom 27. 2. 1957 zum Schuldspruch getroffenen tatsächlichen Feststellungen aufrechterhalten bleiben."

Auf Grund der tatsächlichen Feststellungen des Urteils vom 27. 2. 1957 hat das Landgericht nunmehr unter Aufhebung dieses Urteils die Tätigkeit des Angeklagten in der KPD selbst für „strafrechtlich irrelevant" erklärt und ihn auf Grund seiner Tätigkeit in der „Nationalen Front" wegen eines Vergehens gegen § 90a StGB verurteilt. – Das Rechtsmittel war erfolglos.

Gründe:

I.

Der die Wiederaufnahme anordnende Beschluß, der nach § 372 StPO selbständig anfechtbar und damit der Rechtskraft fähig ist, bildet die Rechtsgrundlage der Hauptverhandlung des Wiederaufnahmeverfahrens. Deshalb ist das erkennende Gericht an ihn gebunden und darf die erneute Verhandlung und Entscheidung nicht weiter erstrecken, als der Beschluß es gestattet (BGHSt. 14, 85, 87 f.[1]; vgl. auch RGSt 35, 351; BayObLG 1952, 78; BGH 1 StR 675/54 v. 15. 4. 1955). Diese Bindung dürfte jedoch nicht so weit gehen, daß dem erkennenden Gericht jegliche Nachprüfung eines rechtskräftigen Wiederaufnahmebeschlusses untersagt wäre; vielmehr sind förmliche und sachliche Mängel denkbar, die das erkennende Gericht zur Nachprüfung berechtigen und – da es sich um eine Prozeßvoraussetzung handelt – auch verpflichten. Es bedarf jedoch keiner näheren Erörterung und Entscheidung dieser Frage; denn alle Bedenken, die hier gegen den Wiederaufnahmebeschluß erhoben werden könnten, erweisen sich als unbegründet.

1. Nach § 79 Abs. 1 BVerfGG, der nach § 95 Abs. 3 Satz 3 BVerfGG auch hier anzuwenden ist, „ist die Wiederaufnahme des Verfahrens nach den Vorschriften der StPO zulässig". Nach § 367 StPO entscheidet über die Zulassung des Antrags auf Wiederaufnahme (und über das Begründetsein dieses Antrags – § 370 StPO) „das Gericht, dessen Urteil mit dem Antrag angefochten wird. Wird ein im Revisionsverfahren erlassenes Urteil aus anderen Gründen als auf Grund des § 359 Nr. 3 oder des § 362 Nr. 3 angefochten, so entscheidet das Gericht, gegen dessen Urteil die Revision eingelegt war".

Im vorliegenden Falle hatte das Revisionsgericht (gemäß § 349 Abs. 2 StPO) entschieden. Mit dem Antrag auf Wiederaufnahme ist jedoch keiner der Gründe der §§ 359 Nr. 3, 362 Nr. 3 StPO geltendgemacht. Nach dem Wortlaut des § 367 StPO war also das Landgericht (und, als Beschwerdegericht das Oberlandesgericht) zur Entscheidung über Zulassung und Begründetsein des Wiederaufnahmeantrags zuständig.

Daran ändert sich auch nichts durch die Besonderheiten des Wiederaufnahmeverfahrens nach § 79 Abs. 1 BVerfGG, das „unabhängig von den sonstigen Voraussetzungen dieses Verfahrens" gewährt wird (BGHSt. 18, 268[2]). Zwar unterscheidet sich der Wiederaufnahmegrund des § 79 Abs. 1 BVerfGG von den Wiederaufnahmegründen der §§ 359, 362 StPO dadurch, daß diese sämtlich an die tatsächlichen Feststellungen des angegriffenen Urteils oder – in den obengenannten Ausnahmefällen der §§ 367, 359 Nr. 3, 362 Nr. 3 – an den Bestand des Revisionsurteils im ganzen rühren, während im Falle des § 79 Abs. 1 BVerfGG die sachlichrechtliche Grundlage des Urteils erschüttert ist, die tatsächlichen Feststellungen aber von dem Wiederaufnahmegrund nicht betroffen werden. Es kann dahingestellt bleiben, ob diese sicherlich grundlegende Abweichung zu einer Abwandlung der Zuständigkeitsvorschrift des § 367 StPO in dem Sinne führen kann, daß das Revisionsgericht für die Entscheidungen nach den §§ 367, 370 StPO jedenfalls auch dann zuständig ist, wenn in (gegebenenfalls entsprechender) Anwendung des § 371 StPO durch Beschluß ohne neue Hauptverhandlung entschieden werden kann (vgl. OLG Hamm NJW 1962, 2265 Nr. 18). Denn ein solcher Fall liegt hier nicht vor; der Angeklagte war wegen zweier in Tateinheit begangener Vergehen nach § 90a StGB verurteilt, von denen nur eines durch den Wiederaufnahmegrund unmittelbar betroffen ist, so daß für das möglicherweise verbleibende andere Vergehen die Strafe durch den Tatrichter neu festgesetzt wer-

---

1 „In dem Beschlusse des Landgerichts vom 18. 11. 1958 ist die Wiederaufnahme des Verfahrens allein im Falle B. angeordnet, in den anderen Fällen hingegen abgelehnt worden. Diese Beschränkung war für die Strafkammer bindend; denn nur der die Wiederaufnahme anordnende Beschluß, der nach § 372 StPO selbständig anfechtbar und damit der Rechtskraft fähig ist, bildet die Rechtsgrundlage der Hauptverhandlung des Wiederaufnahmeverfahrens. Deshalb ist das erkennende Gericht an ihn gebunden und darf die erneute Verhandlung und Entscheidung nicht weiter erstrecken, als der Beschluß es gestattet." (BGH Urt. v. 27. 1. 1960 – 2 StR 604/59).

2 „Das offenbart sich darin, daß gegen ein rechtskräftiges, auf einer gemäß § 78 BVerfGG für nichtig erklärten Norm beruhendes Strafurteil sogar die Wiederaufnahme nach den Vorschriften der Strafprozeßordnung – unabhängig von den sonstigen Voraussetzungen dieses Verfahrens und ersichtlich ebenso für den Angeklagten wie für die Staatsanwaltschaft – zugelassen ist (§ 79 I BVerfGG) ..." (BGH Beschl. v. 20. 2. 1963 – 4 StR 497/62).

den muß. Wollte man in einem solchen Falle die Entscheidungen nach den §§ 367, 370 StPO dem Revisionsgericht übertragen, so müßte, da eine Abgabe der Hauptverhandlung an den Tatrichter im Gesetz nicht vorgesehen ist, auch die nach § 373 Abs. 1 StPO erforderliche erneute Hauptverhandlung vor dem Revisionsgericht stattfinden, das zwangsläufig an den Tatrichter, mit erneuter Revisionsmöglichkeit für die Prozeßbeteiligten, zurückverweisen müßte. Das bedeutete eine ebenso unnötige wie unfruchtbare Belastung für das Revisionsgericht und außerdem die Abschneidung der in § 372 StPO vorgesehenen Beschwerdemöglichkeit für die Prozeßbeteiligten. Daher ist auch im Wiederaufnahmeverfahren gemäß § 79 Abs. 1 BVerfGG, jedenfalls in den Fällen, in denen es einer erneuten Hauptverhandlung bedarf, nicht der Revisions-, sondern der Tatrichter für die Entscheidungen nach den §§ 367, 370 StPO zuständig (OLG Düsseldorf NJW 1962, 2265 Nr. 17).

2. In Übereinstimmung mit dem Generalbundesanwalt verneint der Senat die in Rechtsprechung und Schrifttum streitige Frage, ob auch § 363 StPO bei einer Wiederaufnahme nach § 79 Abs. 1 BVerfGG anzuwenden sei.

Der Generalbundesanwalt hat in einer anderen Sache, in der es sich ebenfalls um Wiederaufnahme auf Grund der Entscheidung des Bundesverfassungsgerichts zu § 90a StGB handelt, folgendes ausgeführt:

Sinn und Zweck des § 79 erfordern die Möglichkeit der Wiederaufnahme ohne Rücksicht auf die Sperrvorschrift des § 363; auch der Wortlaut des Gesetzes steht einer solchen Auffassung nicht entgegen.

3. § 79 BVerfGG normiert einen Wiederaufnahmegrund besonderer Art, der keine Verwandtschaft hat mit den im Katalog des § 359 StPO aufgeführten Voraussetzungen. Dort handelt es sich hauptsächlich um den Wegfall von Beweisgrundlagen; auch § 359 Nr. 4 (Wegfall eines Zivilurteils), der mit § 79 Abs. 1 BVerfGG noch am ehesten vergleichbar ist, basiert wie die anderen Wiederaufnahmegründe darauf, daß das angewendete, dem Schuldspruch zugrunde liegende Strafgesetz gültig war und ist. § 79 hat es mit einer weit einschneidenderen Änderung der Urteilsgrundlage zu tun, nämlich mit der ex tunc wirkenden Nichtigkeit des Strafgesetzes. Wenn das in der StPO geregelte Wiederaufnahmerecht den Ausgleich zu schaffen hat zwischen Rechtssicherheit und Gerechtigkeit und sich hierbei „im Zweifel für die Rechtskraft", d.h. für die Unangreifbarkeit des Urteils entscheidet, so muß bei der Verurteilung auf Grund eines später für nichtig erklärten Gesetzes die Wiederherstellung der materiellen Gerechtigkeit im Vordergrund stehen. § 363 StPO, der im Bereich der sonstigen Wiederaufnahmegründe die Durchbrechung der Rechtskraft im Interesse einer bloßen Änderung des Strafmaßes verhindern soll, kann hier keine Geltung beanspruchen. Es gilt hier, einen „Fehler" des Gesetzgebers wiedergutzumachen; das erfordert ausnahmslos die vollständige Tilgung der nichtigen Vorschrift aus dem Strafurteil, um die Autorität des Rechts und der Rechtspflege zu erhalten.

4. Auch aus § 79 BVerfGG selbst ist zu entnehmen, daß der Gesetzgeber hier die Besonderheit des Strafurteils gewürdigt wissen wollte. Im Gegensatz zu den – im Interesse der Rechtssicherheit (BVerfGE 7, 194, 195) – einschränkenden Bestimmungen des § 79 Abs. 2 gibt § 79 Abs. 1 beim stärksten staatlichen Eingriff, dem der Strafgewalt, der Gerechtigkeit uneingeschränkt Raum. Wenn schon im zivilen Bereich bei Bestehenbleiben des Urteils eine Vollstreckungsabwehrklage möglich ist (§ 79 Abs. 2 Satz 3 BVerfGG), so darf in dem vom Gesetz privilegierten Strafprozeß der Verurteilte nicht schlechter gestellt werden. Dazu aber würde die Anwendung des § 363 StPO in Fällen wie dem vorliegenden führen: § 79 Abs. 1 BVerfGG verweist zwar auf die Wiederaufnahmevorschriften der Strafprozeßordnung. Geiger (BVerfGG § 79 Anm. 2) entnimmt daraus, daß damit alle Bestimmungen (§§ 359–373a StPO) gemeint seien, einschließlich also des § 363; er geht ersichtlich davon aus, daß § 79 Abs. 1 BVerfGG nur den Katalog des § 359 StPO um eine weitere Ziffer vermehrt. Anders Lechner (BVerfGG § 79 Anm. zu Abs. 1), der nur eine Verweisung auf die §§ 360, 361, 365, 366 und 373a StPO gelten lassen will.

Diese zweite Meinung verdient den Vorzug. Es muß bei den Vorschriften über die Wiederaufnahme unterschieden werden zwischen solchen, die die sachlichen Voraussetzungen der Wiederaufnahme normieren (§§ 359, 362, 363, 364 StPO), und den übrigen Vorschriften, die nur das Verfahren der Wiederaufnahme regeln. Nur diese letzteren Bestimmungen wird man für die Wiederaufnahme nach 79 Abs. 1 BVerfGG gelten lassen können. Denn ersichtlich ist der gegenüber dem System der Strafprozeßordnung neue und andersartige Wiederaufnahmegrund der Nichtigkeit des Strafgesetzes in § 79 Abs. 1 BVerfGG selbständig und abschließend normiert.

§ 363 StPO kann hiernach im Bereich des § 79 Abs. 1 BVerfGG nicht zum Zuge kommen. Dieser, vom Generalbundesanwalt auch in der vorliegenden Sache vertretenen Meinung schließt sich der Senat in Ergebnis und Begründung an.

5. Die vom Oberlandesgericht in seinem Beschwerdebeschluß angeordnete, vom Landgericht im angefochtenen Urteil zugrundegelegte und von der Revision nunmehr gerügte Aufrechterhaltung der tatsächlichen Feststellungen des Urteils vom 27. 2. 1957 ist zulässig. Zwar fehlt im 4. Buch der Strafprozeßordnung, das die Wiederaufnahme eines rechtskräftig abgeschlossenen Verfahrens behandelt, eine dem § 353 Abs. 2 StPO entsprechende Vorschrift, wonach das Revisionsgericht die dem angefochtenen Urteil zugrundeliegenden Feststellungen nur insoweit aufzuheben hat, als sie durch die Gesetzesverletzung betroffen werden, wegen deren das Urteil aufgehoben wird. Das Fehlen einer solchen Vorschrift im Wiederaufnahmerecht erklärt sich aber daraus, daß die Wiederaufnahmegründe der §§ 359, 362 StPO, wenn sie zutreffen, eine Aufrechterhaltung der tatsächlichen Feststellungen ausschließen. Bei § 79 Abs. 1 BVerfGG handelt es sich dagegen – wie bereits dargelegt – um einen Wiederaufnahmegrund ganz anderer Art: Er beseitigt die Rechtsgrundlage des Urteils, berührt aber die tatsächlichen Feststellungen in aller Regel und auch im hier vorliegenden Falle nicht. Wenn schon die Revision gegen ein nicht rechtskräftiges Urteil damit beschieden werden kann, daß die von der Gesetzesverletzung nicht berührten Feststellungen aufrechterhalten bleiben, so muß diese Möglichkeit in Wiederaufnahmeverfahren nach § 79 Abs. 1 BVerfGG gegen rechtskräftige Entscheidungen, wenn die tatsächlichen Feststellungen durch die Nichtigerklärung des Gesetzes nicht berührt werden, erst recht gegeben sein. Wie sehr die Strafprozeßordnung auf möglichst einfache Gestaltung des Wiederaufnahmeverfahrens abzielt, zeigt die schon erwähnte Vorschrift des § 371 StPO, die sogar eine Freisprechung durch Beschluß ohne erneute Hauptverhandlung vorsieht. Gewiß wirkt sich diese Vorschrift stets zugunsten des Verurteilten aus, während die Aufrechterhaltung der tatsächlichen Feststellungen häufig (so auch im vorliegenden Falle) zu seinen Ungunsten ausschlagen kann. Allein es ist nicht gerechtfertigt, dem Verurteilten wegen der Nichtigerklärung einer dem Urteil zugrunde liegenden Strafvorschrift die Möglichkeit zu geben, auch solche Feststellungen anzugreifen, die durch den Wiederaufnahmegrund überhaupt nicht berührt werden, und ihm so zu einer Ausweitung der Wiederaufnahme zu verhelfen, die in § 79 Abs. 1 BVerfGG keine Grundlage hat.

Der Bundesgerichtshof hat in seiner Entscheidung BGHSt. 11, 361 ausgesprochen: „Die Wiederaufnahme des Verfahrens ist auf den Strafausspruch wegen Diebstahls im Rückfall zu beschränken, wenn der Wiederaufnahmegrund nur darin besteht, daß die Verurteilungen, die den Rückfall begründeten, inzwischen weggefallen sind". In der Begründung (a.a.O. S. 364) wird darauf hingewiesen, dem Sinn der Wiederaufnahme des Verfahrens entspreche es nicht, die Wiederaufnahme gegen den Schuldspruch auch dann durchzuführen, „wenn er von dem Wiederaufnahmegrund nicht in Frage gestellt wird". Dieser die Entscheidung tragende Gesichtspunkt kehrt bei § 79 Abs. 1 BVerfGG in der Abwandlung wieder, daß hier in aller Regel die tatsächlichen Feststellungen „von dem Wiederaufnahmegrund nicht in Frage gestellt" werden. Die Folge ist, daß die tatsächlichen Feststellungen in solchem Falle aufrechterhalten werden können(vgl. BVerfG NJW 1963, 756 Nr. 2,

757 Nr. 3; BGHSt. 14, 30, 34[1], letzteres zur Aufrechterhaltung der tatsächlichen Feststellungen zum äußeren Tatbestand bei § 51 Abs. 2 StGB im Revisionsverfahren).

Gegen die förmliche und sachliche Rechtswirksamkeit des Beschwerdebeschlusses des Oberlandesgerichts, insbesondere gegen die dort angeordnete Aufrechterhaltung der tatsächlichen Feststellungen, bestehen somit keine Bedenken.

§ 360 StPO

(1) Durch den Antrag auf Wiederaufnahme des Verfahrens wird die Vollstreckung des Urteils nicht gehemmt.

(2) Das Gericht kann jedoch einen Aufschub sowie eine Unterbrechung der Vollstreckung anordnen.

§ 361 StPO

(1) Der Antrag auf Wiederaufnahme des Verfahrens wird weder durch die erfolgte Strafvollstreckung noch durch den Tod des Verurteilten ausgeschlossen.

(2) Im Falle des Todes sind der Ehegatte, der Lebenspartner, die Verwandten auf- und absteigender Linie sowie die Geschwister des Verstorbenen zu dem Antrag befugt.

§ 362 StPO

Die Wiederaufnahme eines durch rechtskräftiges Urteil abgeschlossenen Verfahrens zuungunsten des Angeklagten ist zulässig,

1. wenn eine in der Hauptverhandlung zu seinen Gunsten als echt vorgebrachte Urkunde unecht oder verfälscht war;

2. wenn der Zeuge oder Sachverständige sich bei einem zugunsten des Angeklagten abgelegten Zeugnis oder abgegebenen Gutachten einer vorsätzlichen oder fahrlässigen Verletzung der Eidespflicht oder einer vorsätzlichen falschen uneidlichen Aussage schuldig gemacht hat;

3. wenn bei dem Urteil ein Richter oder Schöffe mitgewirkt hat, der sich in Beziehung auf die Sache einer strafbaren Verletzung seiner Amtspflichten schuldig gemacht hat;

4. wenn von dem Freigesprochenen vor Gericht oder außergerichtlich ein glaubwürdiges Geständnis der Straftat abgelegt wird.

§ 363 StPO

(1) Eine Wiederaufnahme des Verfahrens zu dem Zweck, eine andere Strafbemessung auf Grund desselben Strafgesetzes herbeizuführen, ist nicht zulässig.

(2) Eine Wiederaufnahme des Verfahrens zu dem Zweck, eine Milderung der Strafe wegen verminderter Schuldfähigkeit (§ 21 des Strafgesetzbuches) herbeizuführen, ist gleichfalls ausgeschlossen.

---

1 „Zugleich sind die dem Urteil zugrunde liegenden Feststellungen aufzuheben, sofern sie durch den erörterten Rechtsfehler betroffen werden (§ 353 II StPO). Das trifft hier nur auf die innere Tatseite zu." (BGH Urt. v. 27. 11. 1959 – 4 StR 394/59).

§ 364 StPO

Ein Antrag auf Wiederaufnahme des Verfahrens, der auf die Behauptung einer Straftat gegründet werden soll, ist nur dann zulässig, wenn wegen dieser Tat eine rechtskräftige Verurteilung ergangen ist oder wenn die Einleitung oder Durchführung eines Strafverfahrens aus anderen Gründen als wegen Mangels an Beweis nicht erfolgen kann. Dies gilt nicht im Falle des § 359 Nr. 5.

§ 364a StPO

Das für die Entscheidungen im Wiederaufnahmeverfahren zuständige Gericht bestellt dem Verurteilten, der keinen Verteidiger hat, auf Antrag einen Verteidiger für das Wiederaufnahmeverfahren, wenn wegen der Schwierigkeit der Sach- oder Rechtslage die Mitwirkung eines Verteidigers geboten erscheint.

§ 364b StPO

(1) Das für die Entscheidungen im Wiederaufnahmeverfahren zuständige Gericht bestellt dem Verurteilten, der keinen Verteidiger hat, auf Antrag einen Verteidiger schon für die Vorbereitung eines Wiederaufnahmeverfahrens, wenn

1. hinreichende tatsächliche Anhaltspunkte dafür vorliegen, daß bestimmte Nachforschungen zu Tatsachen oder Beweismitteln führen, welche die Zulässigkeit eines Antrags auf Wiederaufnahme des Verfahrens begründen können,

2. wegen der Schwierigkeit der Sach- oder Rechtslage die Mitwirkung eines Verteidigers geboten erscheint und

3. der Verurteilte außerstande ist, ohne Beeinträchtigung des für ihn und seine Familie notwendigen Unterhalts auf eigene Kosten einen Verteidiger zu beauftragen.

Ist dem Verurteilten bereits ein Verteidiger bestellt, so stellt das Gericht auf Antrag durch Beschluß fest, daß die Voraussetzungen der Nummern 1 bis 3 des Satzes 1 vorliegen.

(2) Für das Verfahren zur Feststellung der Voraussetzungen des Absatzes 1 Satz 1 Nr. 3 gelten § 117 Abs. 2 bis 4 und § 118 Abs. 2 Satz 1, 2 und 4 der Zivilprozeßordnung entsprechend.

§ 365 StPO

Die allgemeinen Vorschriften über Rechtsmittel gelten auch für den Antrag auf Wiederaufnahme des Verfahrens.

§ 366 StPO

(1) In dem Antrag müssen der gesetzliche Grund der Wiederaufnahme des Verfahrens sowie die Beweismittel angegeben werden.

(2) Von dem Angeklagten und den in § 361 Abs. 2 bezeichneten Personen kann der Antrag nur mittels einer von dem Verteidiger oder einem Rechtsanwalt unterzeichneten Schrift oder zu Protokoll der Geschäftsstelle angebracht werden.

§ 367 StPO

(1) Die Zuständigkeit des Gerichts für die Entscheidungen im Wiederaufnahmeverfahren und über den Antrag zur Vorbereitung eines Wiederaufnahmeverfahrens richtet sich nach den besonderen Vorschriften des Gerichtsverfassungsgesetzes. Der Verurteilte kann Anträge nach den §§ 364a und 364b oder einen Antrag auf Zulassung der Wiederaufnahme des Verfahrens auch bei dem Gericht einreichen, dessen Urteil angefochten wird; dieses leitet den Antrag dem zuständigen Gericht zu.

(2) Die Entscheidungen über Anträge nach den §§ 364a und 364b und den Antrag auf Zulassung der Wiederaufnahme des Verfahrens ergehen ohne mündliche Verhandlung.

§ 368 StPO

(1) Ist der Antrag nicht in der vorgeschriebenen Form angebracht oder ist darin kein gesetzlicher Grund der Wiederaufnahme geltend gemacht oder kein geeignetes Beweismittel angeführt, so ist der Antrag als unzulässig zu verwerfen.

(2) Andernfalls ist er dem Gegner des Antragstellers unter Bestimmung einer Frist zur Erklärung zuzustellen.

§ 369 StPO

(1) Wird der Antrag für zulässig befunden, so beauftragt das Gericht mit der Aufnahme der angetretenen Beweise, soweit dies erforderlich ist, einen Richter.

(2) Dem Ermessen des Gerichts bleibt es überlassen, ob die Zeugen und Sachverständigen eidlich vernommen werden sollen.

(3) Bei der Vernehmung eines Zeugen oder Sachverständigen und bei der Einnahme eines richterlichen Augenscheins ist der Staatsanwaltschaft, dem Angeklagten und dem Verteidiger die Anwesenheit zu gestatten. § 168c Abs. 3, § 224 Abs. 1 und § 225 gelten entsprechend. Befindet sich der Angeklagte nicht auf freiem Fuß, so hat er keinen Anspruch auf Anwesenheit, wenn der Termin nicht an der Gerichtsstelle des Ortes abgehalten wird, wo er sich in Haft befindet, und seine Mitwirkung der mit der Beweiserhebung bezweckten Klärung nicht dienlich ist.

(4) Nach Schluß der Beweisaufnahme sind die Staatsanwaltschaft und der Angeklagte unter Bestimmung einer Frist zu weiterer Erklärung aufzufordern.

§ 370 StPO

(1) Der Antrag auf Wiederaufnahme des Verfahrens wird ohne mündliche Verhandlung als unbegründet verworfen, wenn die darin aufgestellten Behauptungen keine genügende Bestätigung gefunden haben oder wenn in den Fällen des § 359 Nr. 1 und 2 oder des § 362 Nr. 1 und 2 nach Lage der Sache die Annahme ausgeschlossen ist, daß die in diesen Vorschriften bezeichnete Handlung auf die Entscheidung Einfluß gehabt hat.

(2) Andernfalls ordnet das Gericht die Wiederaufnahme des Verfahrens und die Erneuerung der Hauptverhandlung an.

§ 371 StPO

(1) Ist der Verurteilte bereits verstorben, so hat ohne Erneuerung der Hauptverhandlung das Gericht nach Aufnahme des etwa noch erforderlichen Beweises entweder auf Freisprechung zu erkennen oder den Antrag auf Wiederaufnahme abzulehnen.

(2) Auch in anderen Fällen kann das Gericht, bei öffentlichen Klagen jedoch nur mit Zustimmung der Staatsanwaltschaft, den Verurteilten sofort freisprechen, wenn dazu genügende Beweise bereits vorliegen.

(3) Mit der Freisprechung ist die Aufhebung des früheren Urteils zu verbinden. War lediglich auf eine Maßregel der Besserung und Sicherung erkannt, so tritt an die Stelle der Freisprechung die Aufhebung des früheren Urteils.

(4) Die Aufhebung ist auf Verlangen des Antragstellers durch den Bundesanzeiger bekanntzumachen und kann nach dem Ermessen des Gerichts auch durch andere Blätter veröffentlicht werden.

§ 372 StPO

Alle Entscheidungen, die aus Anlaß eines Antrags auf Wiederaufnahme des Verfahrens von dem Gericht im ersten Rechtszug erlassen werden, können mit sofortiger Beschwerde angefochten werden. Der Beschluß, durch den das Gericht die Wiederaufnahme des Verfahrens und die Erneuerung der Hauptverhandlung anordnet, kann von der Staatsanwaltschaft nicht angefochten werden.

§ 373 StPO

(1) In der erneuten Hauptverhandlung ist entweder das frühere Urteil aufrechtzuerhalten oder unter seiner Aufhebung anderweit in der Sache zu erkennen.

(2) Das frühere Urteil darf in Art und Höhe der Rechtsfolgen der Tat nicht zum Nachteil des Verurteilten geändert werden, wenn lediglich der Verurteilte, zu seinen Gunsten die Staatsanwaltschaft oder sein gesetzlicher Vertreter die Wiederaufnahme des Verfahrens beantragt hat. Diese Vorschrift steht der Anordnung der Unterbringung in einem psychiatrischen Krankenhaus oder einer Entziehungsanstalt nicht entgegen.

§ 373a StPO

(1) Die Wiederaufnahme eines durch rechtskräftigen Strafbefehl abgeschlossenen Verfahrens zuungunsten des Verurteilten ist auch zulässig, wenn neue Tatsachen oder Beweismittel beigebracht sind, die allein oder in Verbindung mit den früheren Beweisen geeignet sind, die Verurteilung wegen eines Verbrechens zu begründen.

(2) Im übrigen gelten für die Wiederaufnahme eines durch rechtskräftigen Strafbefehl abgeschlossenen Verfahrens die §§ 359 bis 373 entsprechend.

§ 374 StPO

(1) Im Wege der Privatklage können vom Verletzten verfolgt werden, ohne daß es einer vorgängigen Anrufung der Staatsanwaltschaft bedarf,

1. ein Hausfriedensbruch (§ 123 des Strafgesetzbuches),
2. eine Beleidigung (§§ 185 bis 189 des Strafgesetzbuches), wenn sie nicht gegen eine der in § 194 Abs. 4 des Strafgesetzbuches genannten politischen Körperschaften gerichtet ist,
3. eine Verletzung des Briefgeheimnisses (§ 202 des Strafgesetzbuches),
4. eine Körperverletzung (§§ 223 und 229 des Strafgesetzbuches),
5. eine Bedrohung (§ 241 des Strafgesetzbuches),
5a. eine Bestechlichkeit oder Bestechung im geschäftlichen Verkehr (§ 299 des Strafgesetzbuches),
6. eine Sachbeschädigung (§ 303 des Strafgesetzbuches),
7. eine Straftat nach den §§ 4, 6c, 15, 17, 18 und 20 des Gesetzes gegen den unlauteren Wettbewerb,
8. eine Straftat nach § 142 Abs. 1 des Patentgesetzes, § 25 Abs. 1 des Gebrauchsmustergesetzes, § 10 Abs. 1 des Halbleiterschutzgesetzes, § 39 Abs. 1 des Sortenschutzgesetzes, § 143 Abs. 1, § 143a Abs. 1 und 144 Abs. 1 und 2 des Markengesetzes, § 14 Abs. 1 des Geschmacksmustergesetzes, den §§ 106 bis 108 sowie § 108b Abs. 1 und 2 des Urheberrechtsgesetzes und § 33 des Gesetzes betreffend das Urheberrecht an Werken der bildenden Künste und der Photographie.

(2) Die Privatklage kann auch erheben, wer neben dem Verletzten oder an seiner Stelle berechtigt ist, Strafantrag zu stellen. Die in § 77 Abs. 2 des Strafgesetzbuches genannten Personen können die Privatklage auch dann erheben, wenn der vor ihnen Berechtigte den Strafantrag gestellt hat.

(3) Hat der Verletzte einen gesetzlichen Vertreter, so wird die Befugnis zur Erhebung der Privatklage durch diesen und, wenn Körperschaften, Gesellschaften und andere Personenvereine, die als solche in bürgerlichen Rechtsstreitigkeiten klagen können, die Verletzten sind, durch dieselben Personen wahrgenommen, durch die sie in bürgerlichen Rechtsstreitigkeiten vertreten werden.

§ 375 StPO

(1) Sind wegen derselben Straftat mehrere Personen zur Privatklage berechtigt, so ist bei Ausübung dieses Rechts ein jeder von dem anderen unabhängig.

(2) Hat jedoch einer der Berechtigten die Privatklage erhoben, so steht den übrigen nur der Beitritt zu dem eingeleiteten Verfahren, und zwar in der Lage zu, in der es sich zur Zeit der Beitrittserklärung befindet.

(3) Jede in der Sache selbst ergangene Entscheidung äußert zugunsten des Beschuldigten ihre Wirkung auch gegenüber solchen Berechtigten, welche die Privatklage nicht erhoben haben.

§ 376 StPO

Die öffentliche Klage wird wegen der in § 374 bezeichneten Straftaten von der Staatsanwaltschaft nur dann erhoben, wenn dies im öffentlichen Interesse liegt.

§ 377 StPO

(1) Im Privatklageverfahren ist der Staatsanwalt zu einer Mitwirkung nicht verpflichtet. Das Gericht legt ihm die Akten vor, wenn es die Übernahme der Verfolgung durch ihn für geboten hält.

(2) Auch kann die Staatsanwaltschaft in jeder Lage der Sache bis zum Eintritt der Rechtskraft des Urteils durch eine ausdrückliche Erklärung die Verfolgung übernehmen. In der Einlegung eines Rechtsmittels ist die Übernahme der Verfolgung enthalten.

§ 378 StPO

Der Privatkläger kann im Beistand eines Rechtsanwalts erscheinen oder sich durch einen mit schriftlicher Vollmacht versehenen Rechtsanwalt vertreten lassen. Im letzteren Falle können die Zustellungen an den Privatkläger mit rechtlicher Wirkung an den Anwalt erfolgen.

§ 379 StPO

(1) Der Privatkläger hat für die dem Beschuldigten voraussichtlich erwachsenden Kosten unter denselben Voraussetzungen Sicherheit zu leisten, unter denen in bürgerlichen Rechtsstreitigkeiten der Kläger auf Verlangen des Beklagten Sicherheit wegen der Prozeßkosten zu leisten hat.

(2) Die Sicherheitsleistung ist durch Hinterlegung in barem Geld oder in Wertpapieren zu bewirken.

(3) Für die Höhe der Sicherheit und die Frist zu ihrer Leistung sowie für die Prozeßkostenhilfe gelten dieselben Vorschriften wie in bürgerlichen Rechtsstreitigkeiten.

§ 379a StPO

(1) Zur Zahlung des Gebührenvorschusses nach § 67 Abs. 1 des Gerichtskostengesetzes soll, sofern nicht dem Privatkläger die Prozeßkostenhilfe bewilligt ist oder Gebührenfreiheit zusteht, vom Gericht eine Frist bestimmt werden; hierbei soll auf die nach Absatz 3 eintretenden Folgen hingewiesen werden.

(2) Vor Zahlung des Vorschusses soll keine gerichtliche Handlung vorgenommen werden, es sei denn, daß glaubhaft gemacht wird, daß die Verzögerung dem Privatkläger einen nicht oder nur schwer zu ersetzenden Nachteil bringen würde.

(3) Nach fruchtlosem Ablauf der nach Absatz 1 gestellten Frist wird die Privatklage zurückgewiesen. Der Beschluß kann mit sofortiger Beschwerde angefochten werden. Er ist von dem Gericht, das ihn erlassen hat, von Amts wegen aufzuheben, wenn sich herausstellt, daß die Zahlung innerhalb der gesetzten Frist eingegangen ist.

§ 380 StPO

(1) Wegen Hausfriedensbruchs, Beleidigung, Verletzung des Briefgeheimnisses, Körperverletzung (§§ 223 und 229 des Strafgesetzbuches), Bedrohung und Sachbeschädigung ist

die Erhebung der Klage erst zulässig, nachdem von einer durch die Landesjustizverwaltung zu bezeichnenden Vergleichsbehörde die Sühne erfolglos versucht worden ist. Der Kläger hat die Bescheinigung hierüber mit der Klage einzureichen.

(2) Die Landesjustizverwaltung kann bestimmen, daß die Vergleichsbehörde ihre Tätigkeit von der Einzahlung eines angemessenen Kostenvorschusses abhängig machen darf.

(3) Die Vorschriften der Absätze 1 und 2 gelten nicht, wenn der amtliche Vorgesetzte nach § 194 Abs. 3 oder § 230 Abs. 2 des Strafgesetzbuches befugt ist, Strafantrag zu stellen.

(4) Wohnen die Parteien nicht in demselben Gemeindebezirk, so kann nach näherer Anordnung der Landesjustizverwaltung von einem Sühneversuch abgesehen werden.

§ 381 StPO

Die Erhebung der Klage geschieht zu Protokoll der Geschäftsstelle oder durch Einreichung einer Anklageschrift. Die Klage muß den in § 200 Abs. 1 bezeichneten Erfordernissen entsprechen. Mit der Anklageschrift sind zwei Abschriften einzureichen.

§ 382 StPO

Ist die Klage vorschriftsmäßig erhoben, so teilt das Gericht sie dem Beschuldigten unter Bestimmung einer Frist zur Erklärung mit.

§ 383 StPO

(1) Nach Eingang der Erklärung des Beschuldigten oder Ablauf der Frist entscheidet das Gericht darüber, ob das Hauptverfahren zu eröffnen oder die Klage zurückzuweisen ist, nach Maßgabe der Vorschriften, die bei einer von der Staatsanwaltschaft unmittelbar erhobenen Anklage anzuwenden sind. In dem Beschluß, durch den das Hauptverfahren eröffnet wird, bezeichnet das Gericht den Angeklagten und die Tat gemäß § 200 Abs. 1 Satz 1.

(2) Ist die Schuld des Täters gering, so kann das Gericht das Verfahren einstellen. Die Einstellung ist auch noch in der Hauptverhandlung zulässig. Der Beschluß kann mit sofortiger Beschwerde angefochten werden.

§ 384 StPO

(1) Das weitere Verfahren richtet sich nach den Vorschriften, die für das Verfahren auf erhobene öffentliche Klage gegeben sind. Jedoch dürfen Maßregeln der Besserung und Sicherung nicht angeordnet werden.

(2) § 243 ist mit der Maßgabe anzuwenden, daß der Vorsitzende den Beschluß über die Eröffnung des Hauptverfahrens verliest.

(3) Das Gericht bestimmt unbeschadet des § 244 Abs. 2 den Umfang der Beweisaufnahme.

(4) Die Vorschrift des § 265 Abs. 3 über das Recht, die Aussetzung der Hauptverhandlung zu verlangen, ist nicht anzuwenden.

(5) Vor dem Schwurgericht kann eine Privatklagesache nicht gleichzeitig mit einer auf öffentliche Klage anhängig gemachten Sache verhandelt werden.

§ 385 StPO

(1) Soweit in dem Verfahren auf erhobene öffentliche Klage die Staatsanwaltschaft zuzuziehen und zu hören ist, wird in dem Verfahren auf erhobene Privatklage der Privatkläger zugezogen und gehört. Alle Entscheidungen, die dort der Staatsanwaltschaft bekanntgemacht werden, sind hier dem Privatkläger bekanntzugeben.

(2) Zwischen der Zustellung der Ladung des Privatklägers zur Hauptverhandlung und dem Tag der letzteren muß eine Frist von mindestens einer Woche liegen.

(3) Das Recht der Akteneinsicht kann der Privatkläger nur durch einen Anwalt ausüben. § 147 Abs. 4 und 7 sowie § 477 Abs. 5 gelten entsprechend.

(4) In den Fällen der §§ 154a und 430 ist deren Absatz 3 Satz 2 nicht anzuwenden.

(5) Im Revisionsverfahren ist ein Antrag des Privatklägers nach § 349 Abs. 2 nicht erforderlich. § 349 Abs. 3 ist nicht anzuwenden.

Erfolgreiche Rügen

1. Privatkläger muß vor Beschluß über Wiedereinsetzung gehört werden (BVerfG Beschl. v. 13. 2. 1962 – 2 BvR 173/60).

Erfolgreiche Rügen

1. Privatkläger muß vor Beschluß über Wiedereinsetzung gehört werden.

StPO § 385 – BVerfG Beschl. v. 13. 2. 1962 – 2 BvR 173/60 (= BVerfGE 14, 8).

Der Beschwerdeführer rügt, daß ihm als Privatkläger in einem Privatklageverfahren der Antrag auf Wiedereinsetzung in den vorigen Stand des Privatbeklagten nicht mitgeteilt worden ist, bevor das Gericht dem Antrag stattgegeben hat. Die Wiedereinsetzung hätte nicht gewährt werden dürfen. Wäre ihm der Wiedereinsetzungsantrag zur Kenntnis gebracht worden, so hätte er vortragen können, daß W. durch seinen Bevollmächtigten in einem anderen Prozeß den Termin zur Berufungshauptverhandlung erfahren habe. W. habe auch die Mitteilung über die Niederlegung eines Schriftstückes bei der Post erhalten und alsdann entweder die Ladung abholen lassen können oder im anderen Falle die Unkenntnis des Termins selbst verschuldet.

Der Beschwerdeführer beantragt, den angefochtenen Beschluß aufzuheben und die Sache zurückzuverweisen, ferner die ihm im Verfahren über die Verfassungsbeschwerde entstandenen notwendigen Auslagen der Staatskasse, hilfsweise dem Angeklagten W. aufzuerlegen.

Sachverhalt: Das Amtsgericht München verurteilte den Schäfer Johann W. auf Grund einer vom Beschwerdeführer erhobenen Privatklage wegen übler Nachrede zu Geldstrafen von zweimal 200 DM, ersatzweise zu zweimal 20 Tagen Gefängnis. Die von W. gegen das Urteil eingelegte Berufung verwarf das Landgericht München I gemäß § 329 Abs. 1 StPO, weil der Angeklagte in der Hauptverhandlung vom 6. 10. 1959 weder erschienen noch durch einen Bevollmächtigten vertreten war. W. beantragte durch seine Bevollmächtigten wegen der Versäumung der Berufungshauptverhandlung Wiedereinsetzung in den vorigen

Stand mit der Begründung, er habe die Ladung zur Hauptverhandlung nicht erhalten, da er sich seit dem 20. 6. 1959 in Strafhaft befinde.

Der Wiedereinsetzungsantrag wurde weder dem Beschwerdeführer noch seinen Bevollmächtigten mitgeteilt.

Mit Beschluß vom 21. 10. 1959 – den Bevollmächtigten des Beschwerdeführers zugestellt am 24. 10. 1959 – gewährte das Landgericht die Wiedereinsetzung. Es führt aus, der Verurteilte sei am 7. 9. 1959 durch Niederlegung des Schriftstückes bei der Post geladen worden. Da er sich seit dem 20. 6. 1959 ununterbrochen in Strafhaft befinde, habe er ohne sein Verschulden vom Termin zur Berufungshauptverhandlung keine Kenntnis erhalten und auch nicht zum Termin erscheinen können. – Das Rechtsmittel hatte Erfolg.

Gründe: Das Landgericht hat weder den Beschwerdeführer noch seine Bevollmächtigten von dem Wiedereinsetzungsantrag in Kenntnis gesetzt. Demgegenüber schreibt § 385 Abs. 1 Satz 1 in Verbindung mit § 33 StPO die Anhörung des Privatklägers vor einer Entscheidung des Gerichts außerhalb der Hauptverhandlung ausdrücklich vor. In der Verletzung dieser Vorschrift, die den Anspruch auf rechtliches Gehör sichert, liegt zugleich ein Verstoß gegen Art. 103 Abs. 1 GG.

Der Beschwerdeführer hat gegen die Gewährung der Wiedereinsetzung Gründe vorgetragen, die es als nicht ausgeschlossen erscheinen lassen, daß seine Anhörung zu einer anderen Entscheidung geführt hätte. Der angefochtene Beschluß beruht somit möglicherweise auf dem Verstoß gegen Art. 103 Abs. 1 GG. Er ist deshalb unter Zurückverweisung der Sache an das Landgericht München 1 aufzuheben (§ 95 Abs. 2 BVerfGG).

§ 386 StPO

(1) Der Vorsitzende des Gerichts bestimmt, welche Personen als Zeugen oder Sachverständige zur Hauptverhandlung geladen werden sollen.

(2) Dem Privatkläger wie dem Angeklagten steht das Recht der unmittelbaren Ladung zu.

§ 387 StPO

(1) In der Hauptverhandlung kann auch der Angeklagte im Beistand eines Rechtsanwalts erscheinen oder sich auf Grund einer schriftlichen Vollmacht durch einen solchen vertreten lassen.

(2) Die Vorschrift des § 139 gilt für den Anwalt des Klägers und für den des Angeklagten.

(3) Das Gericht ist befugt, das persönliche Erscheinen des Klägers sowie des Angeklagten anzuordnen, auch den Angeklagten vorführen zu lassen.

§ 388 StPO

(1) Hat der Verletzte die Privatklage erhoben, so kann der Beschuldigte bis zur Beendigung des letzten Wortes (§ 258 Abs. 2 Halbsatz 2) im ersten Rechtszug mittels einer Widerklage die Bestrafung des Klägers beantragen, wenn er von diesem gleichfalls durch eine Straftat verletzt worden ist, die im Wege der Privatklage verfolgt werden kann und mit der den Gegenstand der Klage bildenden Straftat in Zusammenhang steht.

(2) Ist der Kläger nicht der Verletzte (§ 374 Abs. 2), so kann der Beschuldigte die Widerklage gegen den Verletzten erheben. In diesem Falle bedarf es der Zustellung der Wider-

klage an den Verletzten und dessen Ladung zur Hauptverhandlung, sofern die Widerklage nicht in der Hauptverhandlung in Anwesenheit des Verletzten erhoben wird.

(3) Über Klage und Widerklage ist gleichzeitig zu erkennen.

(4) Die Zurücknahme der Klage ist auf das Verfahren über die Widerklage ohne Einfluß.

§ 389 StPO

(1) Findet das Gericht nach verhandelter Sache, daß die für festgestellt zu erachtenden Tatsachen eine Straftat darstellen, auf die das in diesem Abschnitt vorgeschriebene Verfahren nicht anzuwenden ist, so hat es durch Urteil, das diese Tatsachen hervorheben muß, die Einstellung des Verfahrens auszusprechen.

(2) Die Verhandlungen sind in diesem Falle der Staatsanwaltschaft mitzuteilen.

§ 390 StPO

(1) Dem Privatkläger stehen die Rechtsmittel zu, die in dem Verfahren auf erhobene öffentliche Klage der Staatsanwaltschaft zustehen. Dasselbe gilt von dem Antrag auf Wiederaufnahme des Verfahrens in den Fällen des § 362. Die Vorschrift des § 301 ist auf das Rechtsmittel des Privatklägers anzuwenden.

(2) Revisionsanträge und Anträge auf Wiederaufnahme des durch ein rechtskräftiges Urteil abgeschlossenen Verfahrens kann der Privatkläger nur mittels einer von einem Rechtsanwalt unterzeichneten Schrift anbringen.

(3) Die in den §§ 320, 321 und 347 angeordnete Vorlage und Einsendung der Akten erfolgt wie im Verfahren auf erhobene öffentliche Klage an und durch die Staatsanwaltschaft. Die Zustellung der Berufungs- und Revisionsschriften an den Gegner des Beschwerdeführers wird durch die Geschäftsstelle bewirkt.

(4) Die Vorschrift des § 379a über die Zahlung des Gebührenvorschusses und die Folgen nicht rechtzeitiger Zahlung gilt entsprechend.

(5) Die Vorschrift des § 383 Abs. 2 Satz 1 und 2 über die Einstellung wegen Geringfügigkeit gilt auch im Berufungsverfahren. Der Beschluß ist nicht anfechtbar.

§ 391 StPO

(1) Die Privatklage kann in jeder Lage des Verfahrens zurückgenommen werden. Nach Beginn der Vernehmung des Angeklagten zur Sache in der Hauptverhandlung des ersten Rechtszuges bedarf die Zurücknahme der Zustimmung des Angeklagten.

(2) Als Zurücknahme gilt es im Verfahren des ersten Rechtszuges und, soweit der Angeklagte die Berufung eingelegt hat, im Verfahren des zweiten Rechtszuges, wenn der Privatkläger in der Hauptverhandlung weder erscheint noch durch einen Rechtsanwalt vertreten wird oder in der Hauptverhandlung oder einem anderen Termin ausbleibt, obwohl das Gericht sein persönliches Erscheinen angeordnet hatte, oder eine Frist nicht einhält, die ihm unter Androhung der Einstellung des Verfahrens gesetzt war.

(3) Soweit der Privatkläger die Berufung eingelegt hat, ist sie im Falle der vorbezeichneten Versäumnisse unbeschadet der Vorschrift des § 301 sofort zu verwerfen.

(4) Der Privatkläger kann binnen einer Woche nach der Versäumung die Wiedereinsetzung in den vorigen Stand unter den in den §§ 44 und 45 bezeichneten Voraussetzungen beanspruchen.

§ 392 StPO

Die zurückgenommene Privatklage kann nicht von neuem erhoben werden.

§ 393 StPO

(1) Der Tod des Privatklägers hat die Einstellung des Verfahrens zur Folge.
(2) Die Privatklage kann jedoch nach dem Tode des Klägers von den nach § 374 Abs. 2 zur Erhebung der Privatklage Berechtigten fortgesetzt werden.
(3) Die Fortsetzung ist von dem Berechtigten bei Verlust des Rechts binnen zwei Monaten, vom Tode des Privatklägers an gerechnet, bei Gericht zu erklären.

§ 394 StPO

Die Zurücknahme der Privatklage und der Tod des Privatklägers sowie die Fortsetzung der Privatklage sind dem Beschuldigten bekanntzumachen.

§ 395 StPO

(1) Der erhobenen öffentlichen Klage kann sich als Nebenkläger anschließen, wer
1. durch eine rechtswidrige Tat
a) nach den §§ 174 bis174c, 176 bis 180, 180b, 181 und 182 des Strafgesetzbuches,
b) nach den §§ 185 bis 189 des Strafgesetzbuches,
c) nach den §§ 221, 223 bis 226 und 340 des Strafgesetzbuches,
d) nach den §§ 234 bis 235 und 239 Abs. 3 und 4 und den §§ 239a und 239b des Strafgesetzbuches,
2. durch eine versuchte rechtswidrige Tat nach den §§ 211 und 212 des Strafgesetzbuches verletzt ist oder
3. durch einen Antrag auf gerichtliche Entscheidung (§ 172) die Erhebung der öffentlichen Klage herbeigeführt hat.
(2) Die gleiche Befugnis steht zu
1. den Eltern, Kindern, Geschwistern und dem Ehegatten oder Lebenspartenr eines durch eine rechtswidrige Tat Getöteten,
2. im Falle des § 90 des Strafgesetzbuches dem Bundespräsidenten und im Falle des § 90b des Strafgesetzbuches der betroffenen Person sowie
3. demjenigen, der nach Maßgabe des § 374 in den in § 374 Abs. 1 Nr. 7 und 8 genannten Fällen als Privatkläger aufzutreten berechtigt ist, und dem durch eine rechtswidrige Tat nach § 142 Abs. 2 des Patentgesetzes, § 25 Abs. 2 des Gebrauchsmustergesetzes, § 10 Abs. 2 des Halbleiterschutzgesetzes, § 39 Abs. 2 des Sortenschutzgesetzes, § 143 Abs. 2

des Markengesetzes, § 14 Abs. 2 des Geschmacksmustergesetzes und den §§ 108a und 108b Abs. 3 des Urheberrechtsgesetzes Verletzten.

(3) Wer durch eine rechtswidrige Tat nach § 229 des Strafgesetzbuches verletzt ist, kann sich der erhobenen öffentlichen Klage als Nebenkläger anschließen, wenn dies aus besonderen Gründen, namentlich wegen der schweren Folgen der Tat, zur Wahrnehmung seiner Interessen geboten erscheint.

(4) Der Anschluß ist in jeder Lage des Verfahrens zulässig. Er kann nach ergangenem Urteil auch zur Einlegung von Rechtsmitteln geschehen.

Erfolgreiche Rügen

1. Im verbundenen Verfahren gegen Jugendliche und Erwachsene ist Nebenklage gegen den Erwachsenen zulässig (BGH Beschl. v. 18. 10. 1995 – 2 StR 470/95).

2. Anschluß als Nebenkläger bedarf keines vorherigen Strafantrags (BGH Beschl. v. 7. 4. 1992 – 1 StR 117/92).

3. Nebenklagebefugnis ist gegeben, wenn nach dem Inhalt der Anklageschrift auch die Verurteilung wegen des Privatklagedelikts der gefährlichen Körperverletzung möglich erscheint, auch wenn dies nicht ausdrücklich angeklagt ist (BGH Urt. v. 21. 7. 1981 – 1 StR 219/81).

Erfolglose Rügen

1. Die Nebenklage ist auch im Sicherungsverfahren zulässig (Aufgabe der bisherigen Rechtsprechung) (BGH Beschl. v. 18. 12. 2001 – 1 StR 268/01).

2. Die Nebenklage im Sicherungsverfahren ist unzulässig (BGH Beschl. v. 15. 12. 1998 – 1 StR 644/98).

3. Bei Tod des Opfers einer Körperverletzung geht Nebenklagebefugnis nicht auf Angehörige über (BGH Beschl. v. 13. 5. 1998 – 3 StR 148/98).

Erfolgreiche Rügen

1. Im verbundenen Verfahren gegen Jugendliche und Erwachsene ist Nebenklage gegen den Erwachsenen zulässig.

StPO § 395; JGG §§ 80 III, 103 I – BGH Beschl. v. 18. 10. 1995 – 2 StR 470/95 LG Köln (= BGHSt. 41, 288 = NJW 1996, 1007 = StV 1996, 83 = NStZ 1996, 149)

In einem verbundenen Verfahren gegen Jugendliche und Erwachsene legte der Bruder des getöteten Tatopfers gegen das freisprechende Urteil gegen den Erwachsenen Revision ein.

Sachverhalt: Die Staatsanwaltschaft hat am 30. 12. 1994 wegen Totschlags Anklage zur Jugendkammer gegen die zur Tatzeit erwachsenen Angeklagten O. und A. G. und den zur Tatzeit jugendlichen Angeklagten R. G. erhoben. Der Bruder des Getöteten – nachfolgend als Nebenkläger bezeichnet – hat mit Anwaltsschreiben vom 29. 3. 1995 seine „Zulassung als Nebenkläger" beantragt. Diesen Antrag hat das Landgericht durch Beschluß vom 4. 4. 1995 zurückgewiesen. Über die Beschwerde des Nebenklägers gegen diese Entscheidung ist bisher nicht entschieden worden.

Das Landgericht hat durch Urteil vom 28. 4. 1995 die Angeklagten O. und R. G. wegen versuchten Totschlags verurteilt, den Angeklagten A. G. hat es freigesprochen.

Mit am 4. 5. 1995 eingegangenem Schreiben hat der Verfahrensbevollmächtigte des Nebenklägers gegen das Urteil des Landgerichts vom 28. 4. 1995 Revision eingelegt. Der Generalbundesanwalt beantragt, die Revision des Nebenklägers als unzulässig zu verwerfen, weil eine Anschlußbefugnis nicht bestehe. – Das Rechtsmittel ist zulässig.

Gründe: Nach Einlegung der Revision durch den Nebenkläger hat der Senat über dessen Anschlußberechtigung zu entscheiden. Denn diese ist Verfahrensvoraussetzung für das Rechtsmittelverfahren, die nur das dafür zuständige Gericht prüfen kann. Dabei ist der Senat nicht an bisherige Entscheidungen über die Anschlußbefugnis gebunden (BGH bei Dallinger MDR 1970, 732; BGH, Beschl. v. 15. 9. 1995 – 3 StR 328/95; OLG Düsseldorf JMBl NRW 1980, 237; OLG Köln NStZ 1994, 298; s. auch BGHSt. 29, 217 [BGH Urt. v. 13. 2. 1980 – 3 StR 57/80 [S]; vgl. § 270 StPO erfolgreiche Rügen]). Daraus folgt zugleich, daß der nach Verkündung des Urteils erklärte Rechtsmittelverzicht der Staatsanwaltschaft das Begehren der Nebenklage nicht erledigt hat. Zwar ist ein Beitritt als Nebenkläger zum Verfahren grundsätzlich nicht möglich, wenn der Staatsanwaltschaft ein Rechtsmittel nicht mehr offensteht (§ 399 Abs. 2 StPO; RGSt 71, 173). Hier hat der Nebenkläger seinen Anschluß aber bereits während des landgerichtlichen Verfahrens erklärt. Diese Erklärung verschaffte dem Nebenkläger seine verfahrensrechtliche Stellung. War die Anschlußerklärung berechtigt, dann war der Nebenkläger am weiteren Verfahren ungeachtet des Beschlusses des Landgerichts vom 4. 4. 1995, welcher die „Zulassung" ablehnte, beteiligt. Zwar wird einer solchen verneinenden Entscheidung verschiedentlich konstitutive Wirkung beigelegt. Diese Auffassung trifft indessen nicht zu. Dem Nebenkläger ist eine Mitwirkung lediglich tatsächlich verschlossen, wenn das Gericht seine Anschlußbefugnis verneint und ihn nicht als Verfahrensbeteiligten betrachtet. Dagegen vermag das Gericht nicht die Rechtslage zu ändern und die rechtliche Existenz der Anschlußerklärung zu beseitigen. Denn seine Entscheidung kann sich als unrichtig erweisen, und es wäre nicht begründbar, daß der die Anschlußerklärung zurückweisende Beschluß im Rechtsmittelverfahren von Amts wegen zu überprüfen und auch ohne entsprechenden Antrag ggf. durch eine eigene Entscheidung des Rechtsmittelgerichts zu ersetzen ist (OLG Saarbrücken JBl Saar 1961, 16). Ebensowenig einsichtig wäre, daß das Rechtsmittelgericht an frühere Entscheidungen über die „Zulassung" nicht gebunden ist. Zudem wäre § 399 Abs. 1 StPO zu weit gefaßt, weil die Vorschrift anordnet, daß alle Entscheidungen, welche nach der Anschlußerklärung ergehen, dem Nebenkläger mitzuteilen sind, damit er prüfen kann, ob er Rechtsmittel einlegt. Damit aber war auch der Rechtsmittelverzicht der Staatsanwaltschaft nicht geeignet, der Anschlußerklärung ihre Wirkung mit der Folge zu nehmen, daß der Nebenkläger bereits begründete Beteiligungs- und Anfechtungsrechte verlor, ohne sich dagegen wehren zu können. Der Senat hat daher über die Nebenklagebefugnis sachlich zu befinden.

Der Anschluß des Nebenklägers als Bruder des Getöteten (§ 395 Abs. 2 Nr. 1 StPO) gegen die erwachsenen Angeklagten O. und A. G. ist berechtigt. Damit entscheidet der Senat die in Schrifttum und Rechtsprechung umstrittene Frage, ob im verbundenen Verfahren (§ 103 JGG) gegen Jugendliche und Erwachsene eine Nebenklage gegen letztere zulässig ist (so u.a. OLG Düsseldorf NJW 1994, 299) oder nicht (so u.a. OLG Köln NStZ 1994, 298), im erstgenannten Sinne.

Eine Einschränkung des Rechts auf Beitritt eines Nebenklägers in den Fällen, in denen sich im verbundenen Verfahren vor der Jugendkammer auch ein Jugendlicher zu verantworten hat, ist dem Wortlaut des Gesetzes nicht zu entnehmen. § 80 Abs. 3 JGG steht der Beteiligung eines Nebenklägers gegen einen erwachsenen Angeklagten im verbundenen Verfahren nicht entgegen. Die Verneinung der Anschlußbefugnis als Nebenkläger in diesem Falle wäre daher ein Eingriff in das Recht eines nach § 395 StPO Anschlußberechtigten ohne gesetzliche Grundlage (OLG Düsseldorf a.a.O.).

Auch eine Abwägung der Belange des Opferschutzes einerseits und des das Jugendgerichtsgesetz beherrschenden Erziehungsgedankens andererseits kann nicht dazu führen, die Nebenklageberechtigung gegen die erwachsenen Beteiligten entfallen zu lassen. Dabei hat der Senat zunächst bedacht, daß der Gesetzgeber sich in der Frage der Öffentlichkeit des verbundenen Verfahrens gegen die uneingeschränkte Geltung der Grundsätze des Jugendgerichtsgesetzes ausgesprochen hat: Während § 48 Abs. 1 JGG für das Verfahren gegen Jugendliche festlegt, daß die Verhandlung vor dem erkennenden Gericht einschließlich der Entscheidungsverkündung nicht öffentlich ist, ist gemäß § 48 Abs. 3 Satz 1 JGG die Verhandlung grundsätzlich öffentlich, wenn im Verfahren auch Heranwachsende oder Erwachsene angeklagt sind, und die Öffentlichkeit kann nur unter den Voraussetzungen des Satzes 2 ausgeschlossen werden. Ferner ist zu bedenken:

Wollte man die Nebenklagebefugnis von der jeweiligen Verfahrensgestaltung (Verfahren nur gegen einen Erwachsenen oder im verbundenen Verfahren auch gegen einen Jugendlichen) abhängig machen, würde dies dazu führen, daß sie je nach Verfahrensgang vorliegt oder nicht: Wird gegen den Erwachsenen Anklage vor dem für allgemeine Strafsachen zuständigen Gericht erhoben, ist die Anschlußbefugnis gegeben. Sie entfiele, wenn es zu einer Verfahrensverbindung mit einem Verfahren gegen einen Jugendlichen käme (§ 103 Abs. 1 JGG), im Falle einer späteren Verfahrenstrennung (§ 103 Abs. 3 JGG) würde sie hingegen wieder aufleben. Eine solche Abhängigkeit der Nebenklageberechtigung von der Verfahrensgestaltung wäre vor allem deshalb unbefriedigend, weil der Nebenklageberechtigte jedenfalls in den Fällen, in welchen schon die Staatsanwaltschaft die Verfahrensverbindung bewirkt, auf den Verfahrensgang kaum Einfluß nehmen kann.

Die Verfahrensverbindung ist im übrigen an die strengen Voraussetzungen des § 103 Abs. 1 JGG gebunden. Kommt Nebenklage in Betracht, so ist dies bei der Entscheidung hierüber zu beachten. Es dürfte daher eher die Ausnahme sein, daß sich Jugendliche und Erwachsene in einem verbundenen Verfahren gemeinsam zu verantworten haben. Wenn es doch dazu kommt, wird es Aufgabe des Vorsitzenden sein, durch entsprechende Verhandlungsführung bei der Beteiligung des Nebenklägers die Interessen des Jugendlichen zu wahren. Einer im Einzelfall sich gleichwohl ergebenden Beeinträchtigung der erzieherischen Belange könnte äußerstenfalls durch eine Verfahrenstrennung gemäß § 103 Abs. 3 JGG entgegengewirkt werden. Schließlich darf auch nicht unbeachtet bleiben, daß ein jugendlicher Tatbeteiligter immer dann der Mitwirkung eines Nebenklägers ausgesetzt ist, wenn es nicht zur Verfahrensverbindung kommt und er als Zeuge im Verfahren gegen den erwachsenen Beteiligten vernommen wird.

2. Anschluß als Nebenkläger bedarf keines vorherigen Strafantrags.

StPO § 395 – BGH Beschl. v. 7. 4. 1992 – 1 StR 117/92 (= NStZ 1992, 452)

Die Geschädigte, die selbst keinen Strafantrag gestellt hatte, beantragte ihre Zulassung als Nebenklägerin im Revisionsverfahren.

Sachverhalt: Das Landgericht München I hat den Angeklagten durch Urteil vom 1. 10. 1991 wegen räuberischen Angriffs auf einen Kraftfahrer in Tateinheit mit Raub und vorsätzlicher Körperverletzung zu einer Freiheitsstrafe von 3 Jahren verurteilt. Hiergegen hat der Angeklagte Revision eingelegt, über die der Senat noch nicht entschieden hat. Frau Christa S, zu deren Nachteil die der Verurteilung zugrunde liegende Tat am 3. 5. 1991 begangen worden ist, hat keinen Strafantrag gestellt. Die Staatsanwaltschaft hat in der Anklageschrift das besondere öffentliche Interesse an der Verfolgung der Körperverletzung bejaht. Während des Revisionsverfahrens hat der Bevollmächtigte der Geschädigten durch Schriftsatz vom 14. 11. 1991 den Antrag gestellt, Frau Christa S. als Nebenklägerin zuzulassen. – Das Rechtsmittel ist zulässig.

Gründe: Nach der früher herrschenden Ansicht konnte sich als Nebenkläger dem Verfahren nur anschließen, wer selbst rechtzeitig einen wirksamen Strafantrag gestellt hatte. Dies galt auch dann, wenn die Staatsanwaltschaft das besondere öffentliche Interesse gemäß § 232 I 1 StGB bejaht hatte. Diese Ansicht, die sich im wesentlichen auf die Verweisung in § 395 StPO a.F. auf § 374 StPO stützte, läßt sich im Hinblick darauf nicht mehr aufrecht erhalten, daß durch das Erste Gesetz zur Verbesserung der Stellung des Verletzten im Strafverfahren (Opferschutzgesetz) vom 18. 12. 1986 (BGBl. I, 2496) dem Nebenkläger die Anschlußbefugnis unabhängig von der Privatklagebefugnis eingeräumt und für ihn eine eigenständige Rechtsposition geschaffen worden ist. Hierzu hat der gemäß § 396 III StPO angehörte GBA näher dargelegt:

„Mit dem Opferschutzgesetz hat der Gesetzgeber die formellen Beteiligungsbefugnisse des Verletzten am Strafverfahren neu gestaltet (BT-Dr 10/5305, S. 8) und in § 395 I StPO diejenigen Fälle zusammengefaßt, in denen ein Verletzter (ohne zusätzliche Voraussetzungen) zum Anschluß als Nebenkläger berechtigt ist (BT-Dr 10/5305, S. 12).

Die Motive der Neuregelung bestätigen den ohnehin eindeutigen Wortlaut der gesetzlichen Regelung und geben entgegen Pelchen (NStZ 1988, 521) einen hinreichenden Anhalt dafür, daß der Gesetzgeber das von der bisherigen ständigen Rechtsprechung bejahte Strafantragserfordernis beseitigen wollte. Hätte er den Strafantrag des Geschädigten als eine zusätzliche anschlußbegründende Voraussetzung ansehen wollen, hätte er das ohne Schwierigkeiten durch einen entsprechenden Zusatz in der gesetzlichen Regelung zum Ausdruck bringen können (KG NStZ 1991, 148).

Von weiteren Voraussetzungen, insbesondere einem rechtzeitigen Strafantrag des Verletzten, soll dessen Anschlußberechtigung nach dem Willen des Gesetzgebers daher nicht abhängen. Der Hinweis auf die verschiedenen Funktionen von Strafantrag und Bejahung des öffentlichen Interesses rechtfertigt die im Widerspruch zur Zielsetzung des Opferschutzgesetzes und zum Wortlaut des § 395 III StPO stehende Notwendigkeit eines Strafantrages nicht, da das Interesse des Verletzten an der Strafverfolgung in dem besonderen Interesse hieran aufgeht und die Bejahung des besonderen öffentlichen Interesses den Strafantrag ersetzt (vgl. OLG Nürnberg NJW 1991, 712).

Kann die zum Anschluß berechtigende Gesetzesverletzung auch ohne den Strafantrag des Verletzten verfolgt werden, nämlich wenn der Dienstvorgesetzte ihn gestellt (§§ 194 III, 252 I 1 StGB) oder wenn die Staatsanwaltschaft das besondere öffentliche Interesse an der Strafverfolgung bejaht (§ 232 I StGB) hat, ist der Anschluß daher auch ohne Strafantrag zulässig (vgl. OLG Nürnberg NJW 1991, 712; KG a.a.O.; LG Tübingen NStZ 1988, 520)".

3. Nebenklagebefugnis ist gegeben, wenn nach dem Inhalt der Anklageschrift auch die Verurteilung wegen des Privatklagedelikts der gefährlichen Körperverletzung möglich erscheint, auch wenn dies nicht ausdrücklich angeklagt ist.

StPO § 395 – BGH Urt. v. 21. 7. 1981 – 1 StR 219/81 LG Weiden i.d. Oberpfalz (= StV 1981, 535)

Die Revision der Nebenklägerin rügt, daß sie zu Unrecht nicht als Nebenklägerin zugelassen worden ist und daß die Angeklagten nicht wegen des Nebenklagedelikts der gefährlichen Körperverletzung verurteilt worden sind.

Sachverhalt: Die Jugendkammer hat die Angeklagten von der Anklage der gemeinschaftlichen Entführung gegen den Willen der Entführten, begangen in Tateinheit mit gemeinschaftlicher Vergewaltigung, freigesprochen. Der Freispruch von der Anklage der gemeinschaftlichen Vergewaltigung erfolgte aus tatsächlichen Erwägungen. An einer Verurteilung wegen Entführung gegen den Willen der Entführten sah sich die Jugendkammer gehindert, weil ein wirksamer Strafantrag innerhalb der gesetzlichen Frist nicht gestellt worden sei. – Das Rechtsmittel hatte Erfolg.

Gründe: ...
II.
Das angefochtene Urteil muß auf eine Verfahrensrüge hin aufgehoben werden.

1. Die Revision der Nebenklägerin ist zulässig.

Der Nebenkläger kann ein Rechtsmittel nur einlegen, wenn seine Anschlußbefugnis gegeben und wenn er in seiner Eigenschaft als Nebenkläger beschwert ist. Beides ist hier der Fall. Der Senat hat die Anschlußbefugnis der P. Z. für das Revisionsverfahren bereits im Beschluß vom 5. 5. 1981 bejaht. Sie ist gegeben, weil nach dem Inhalt der Anklageschrift auch die Verurteilung der Angeklagten wegen des Privatklagedelikts der gefährlichen Körperverletzung rechtlich möglich erscheint (§ 223a StGB, §§ 395 Abs. 1, 374 Abs. 1 Nr. 4 StPO). Eines Strafantrages bedarf es dazu nicht. Daß die Anklage nicht ausdrücklich den Tatbestand des § 223a StGB zum Gegenstand hat, ist ohne Belang (BGH, Urt. v. 13. 2. 1980 – 3 StR 5/80).

Die Nebenklägerin ist durch die Freisprüche auch insoweit beschwert, als die Angeklagten nicht wegen des Nebenklagedelikts der gefährlichen Körperverletzung verurteilt worden sind und das angefochtene Urteil auf diesen Gesichtspunkt nicht eingeht.

2. Die Beanstandung der Revision, das Landgericht habe P. Z. trotz form- und fristgerechter Anschlußerklärung zu Unrecht, nicht als Nebenklägerin zugelassen, greift durch. ...

b) P. Z. hätte, wie oben zu II 1 ausgeführt ist, als Nebenklägerin zugelassen werden müssen, weil eine Verurteilung der Angeklagten wegen gefährlicher Körperverletzung in Betracht kam.

c) Auf der rechtsirrigen Ablehnung des Zulassungsantrages können die angefochtenen Freisprüche auch beruhen. Es ist nicht auszuschließen, daß die Nebenklägerin als Verfahrensbeteiligte durch Hinweis auf den Tatbestand der gefährlichen Körperverletzung, durch Behauptung tatbestandserheblicher Umstände sowie durch Stellung von Anträgen und Einführung von zusätzlichen Beweismitteln auf eine Verurteilung der Angeklagten hingewirkt hätte (vgl. BGH NJW 1966, 1669).

III.

Soweit die Revision sich gegen die Freisprüche vom Anklagevorwurf der gemeinschaftlichen Vergewaltigung wendet, ist sie unzulässig, weil eine solche Beanstandung der Nebenklägerin nicht zusteht. Durch ihr Rechtsmittel kann sie lediglich die Freisprüche vom Vorwurf der Verwirklichung von Nebenklagedelikten angreifen (BGH, Urteil v. 3. 7. 1958 – 5 StR 186/58; Urteil v. 26. 4. 1979 – 4 StR 150/79). Der Tatbestand der Vergewaltigung gehört nicht dazu. Das schließt jedoch nicht aus, daß hier auch die Freisprüche von der Anklage der gemeinschaftlichen Vergewaltigung wegen der möglichen tateinheitlichen Begehung von Vergewaltigung und gefährlicher Körperverletzung aufgehoben werden müssen. Die Anklage geht von Tateinheit zwischen dem Nebenklagedelikt und dem Tatbestand der Vergewaltigung aus. Für die neue Verhandlung wird insoweit auf BGHSt. 13, 143, 146 (BGH Urt. v. 1. 10. 1958 – 2 StR 251/58; vgl. § 358 StPO erfolglose Rügen) hingewiesen.

Erfolglose Rügen

1. Die Nebenklage ist auch im Sicherungsverfahren zulässig (Aufgabe der bisherigen Rechtsprechung).

StPO § 395 – BGH Beschl. v. 18. 12. 2001 – 1 StR 268/01 LG Rottweil (= NJW 2002, 692)

Die Revision rügt, daß der Geschädigte als Nebenkläger und als dessen Vertreter ein Rechtsanwalt an der Hauptverhandlung teilgenommen haben.

Sachverhalt: Der Beschuldigte hat in wahnbedingt schuldunfähigem Zustand versucht, den Geschädigten mit einem Messer zu töten. Das Landgericht hat deshalb im Sicherungsverfahren (§§ 413 ff. StPO) seine Unterbringung in einem psychiatrischen Krankenhaus angeordnet (§ 63 StGB). Die Revision des Beschuldigten ist mit Schriftsatz des Verteidigers Rechtsanwalt K. vom 4. 12. 2000 form- und fristgerecht auf die allgemeine Sachrüge gestützt. Mit Schriftsatz vom 21. 2. 2001 hat sich Rechtsanwalt S. als weiterer Verteidiger gemeldet und Wiedereinsetzung in den vorigen Stand zur Nachholung einer von Rechtsanwalt K nicht angebrachten Verfahrensrüge beantragt. Diese ist darauf gestützt, daß der Geschädigte als Nebenkläger und als dessen Vertreter ein Rechtsanwalt an der Hauptverhandlung teilgenommen haben.

Während das Landgericht durch Beschluß vom 12. 9. 2000 einen entsprechenden Antrag zurückgewiesen hatte, hatte das OLG Stuttgart auf die Beschwerde des Geschädigten diesen Beschluß aufgehoben und den Geschädigten als Nebenkläger zugelassen (Justiz 2001, 33). – Das Rechtsmittel war erfolglos.

Gründe: ...

3.

Die Revision ist mit der Sachrüge rechtzeitig und ordnungsgemäß begründet worden. Der Beschuldigte hat daher keine Frist versäumt. Für eine Wiedereinsetzung in den vorigen Stand zur Nachholung einer zuvor nicht angebrachten Verfahrensrüge ist regelmäßig kein Raum; eine Fallgestaltung, bei der ausnahmsweise etwas anderes gelten könnte, liegt nicht vor.

4.

Die auf Grund der Sachrüge gebotene Überprüfung des Urteils hat keinen Rechtsfehler zum Nachteil des Besch. ergeben (§ 349 II StPO).

II.

Vor der Kostenentscheidung hatte der Senat von Amts wegen die Berechtigung zum Anschluß der Nebenklage zu überprüfen; an den Beschluß, durch der Geschädigte als Nebenkläger zugelassen wurde (vgl. o. Sachverhalt), ist der Senat dabei nicht gebunden (BGH, Beschl. v. 31. 7. 1985 – 2 StR 352/85; BayObLGSt 71, 56 [58]). Wäre der Geschädigte zu Unrecht als Nebenkläger zugelassen worden, könnten dem Beschuldigten die notwendigen Auslagen des Nebenklägers nicht auferlegt werden (BayObLGSt 71, 56 [58]). Der Senat hat dem Beschuldigten die durch sein erfolgloses Rechtsmittel dem Nebenkläger entstandenen notwendigen Auslagen auferlegt (§ 473 I 2 StPO), da Nebenklage auch im Sicherungsverfahren zulässig ist (§ 414 I StPO, hier i.V. mit § 395 1 Nr. 2 StPO).

1.

a) Der BGH geht bisher von der Unzulässigkeit der Nebenklage im Sicherungsverfahren aus, da die Nebenklage „ihrem Wesen nach" auf die Bestrafung des Täters abziele (NJW 1974, 2244). An dieser Rechtsprechung hat sich auch durch das Opferschutzgesetz vom 18. 12. 1986 (BGBl. I, 2496) im Ergebnis nichts geändert (vgl. nur NStZ 1999, 312 [BGH Beschl. v. 15. 12. 1998 – 1 StR 644/98; vgl. § 395 StPO erfolglose Rügen]). Begründet ist dies damit, daß der Gesetzgeber in Kenntnis der langjährigen Rechtsprechung die Zulässigkeit der Nebenklage im Sicherungsverfahren weder im Opferschutzgesetz noch bei einer nachfolgenden Änderung von §§ 395 ff. StPO festgeschrieben habe.

b) Allerdings hat der BGH bereits in NJW 1974, 2244, schon „einige Bedenken" gegen das gefundene Ergebnis geäußert. Auch in der Folgezeit ist in einigen – vor und nach dem In-Kraft-Treten des Opferschutzgesetzes ergangenen – Entscheidungen die Frage nach der Zulässigkeit der Nebenklage im Sicherungsverfahren ausdrücklich offen gelassen worden, wobei „beachtliche Gründe" für eine Änderung der bisherigen Rechtsprechung anerkannt wurden (NStZ 1996, 244; vgl. auch BGH, Beschl. v. 3. 5. 1983 – 4 StR 107/83, und v. 24. 9. 1997 – 2 StR 452/97). Darüber hinaus war in einem Strafverfahren, in dem der Angeklagte wegen Schuldunfähigkeit freigesprochen worden war, die Revision des Nebenklägers für zulässig erklärt worden, die sich ausdrücklich nicht gegen den Freispruch wendete und allein die Unterbringung des Angeklagten gem. § 63 StGB erstrebte (NStZ 1995, 609).

2.

Der Senat hat gem. § 132 III GVG einen Anfragebeschluß an die anderen Strafsenate des BGH gerichtet, in dem er die bisherige Rechtsprechung des BGH ebenso im Einzelnen dargelegt hat, wie die Rechtsprechung der Oberlandesgerichte und Landgerichte und den gegenwärtigen Meinungsstand in der Literatur, wo jeweils überwiegend die Zulässigkeit der Nebenklage im Sicherungsverfahren bejaht wird (BGH, NJW 2001, 3489). Hierauf nimmt der Senat Bezug. Das Anfrageverfahren hat ergeben, daß kein Strafsenat des BGH an der bisherigen Rechtsprechung festhält. Der Senat kann daher wie beabsichtigt entscheiden, ohne daß die Sache dem Großen Senat für Strafsachen vorgelegt werden müßte (BGHSt. 43, 66 [76] = NJW 1997, 2460).

3.

Die Bejahung der Zulässigkeit der Nebenklage auch im Sicherungsverfahren folgt aus den Grundgedanken des Opferschutzgesetzes vom 18. 12. 1986 (BGBl. I, 2496).

a) Generelles Ziel dieses Gesetzes ist es, den Opfern bestimmter schwerer Straftaten eine „gesicherte Beteiligungsbefugnis" und eine „Verbesserung des Schutzes vor Beeinträchtigungen durch das Verfahren selbst" zu verschaffen (BT-Dr 10/5305, S. 1). Dementsprechend werde auch das Recht der Nebenklage weitgehend umgestaltet, wobei „Maßstab" hierfür war, die „spezifischen, vorrangig auf Schutz vor Verantwortungszuweisungen durch den Beschuldigten gerichteten Bedürfnisse des Verletzten" zu berücksichtigen (BT-Dr 10/5305, S. 9, 11).

Gemäß § 414 I StPO gelten für das Sicherungsverfahren die Vorschriften für das Strafverfahren sinngemäß, soweit nichts anderes bestimmt ist. In diesem Zusammenhang ist die mit dem Opferschutzgesetz verbundene strukturelle Änderung des Nebenklageverfahrens zu berücksichtigen. War gem. § 395 StPO a. F. für die Zulassung der Nebenklage erforderlich, daß die Verurteilung wegen eines Privatklagedelikts zu erwarten war, so reicht nunmehr für die Zulassung der Nebenklage eine Anklage wegen einer der in § 395 StPO n. F. aufgezählten rechtswidrigen Taten aus; darauf, ob diese Tat auch schuldhaft begangen wurde, kommt es dabei nicht an (vgl. § 111 Nr. 5 StGB). Zugleich stellt § 414 III StPO die Erhebung einer Anklage dem Antrag im Sicherungsverfahren ausdrücklich gleich. Mit diesen Änderungen hat das Gesetz die frühere Vorstellung von der im Nebenklageverfahren „doppelt besetzten Anklagerolle" aufgegeben. Der Gesichtspunkt, daß die Nebenklage ihrem Wesen nach auf die Bestrafung des Täters abziele (BGH, NJW 1974, 2244), kann daher nicht mehr maßgeblich sein.

b) Der Zulassung der Nebenklage im Sicherungsverfahren steht auch nicht der Gesichtspunkt entgegen, daß das Interesse des Verletzten bei Schuldzuweisungen durch einen Schuldunfähigen relativiert sei und im Übrigen in diesem Verfahren der künftige Schutz der Allgemeinheit und weniger die Belange des Verletzten im Vordergrund stünden (so OLG München, MDR 1994, 402).

Dies wird am vorliegenden Fall exemplarisch verdeutlicht:

Der Beschuldigte hat sich dahin eingelassen, daß ihm von „Teufeln, denen er zu gehorchen habe", befohlen worden sei, zum Tatort zu gehen, wo er dann „überfallen" worden sei. Die Angabe über den Befehl der Teufel belegt offensichtlich die Krankheit des Beschuldigten. Wenn dies die Strafkammer auch bei der Würdigung der übrigen Beweisergebnisse mitberücksichtigen konnte, hatte sie dennoch darüber Beweis zu erheben und sodann festzustellen, ob der Beschuldigte tatsächlich in Notwehr gehandelt hat. Rechtfertigungsgründe (oder auch Entschuldigungsgründe) hinsichtlich der Anlaßtaten sind im Sicherungsverfahren nicht weniger sorgfältig oder genau zu prüfen als im Strafverfahren. Hätte hier der Beschuldigte in Notwehr gehandelt, wäre für eine Maßregel gem. § 63 StGB trotz seiner offensichtlichen Erkrankung kein Raum gewesen. Es ist unter diesen Umständen kein Grund erkennbar, warum dem Geschädigten die Mitwirkung am Verfahren und die Abwehr von Schuldzuweisungen durch den Beschuldigten versagt sein soll. Wie auch der Generalbundesanwalt unter Hinweis auf die Rechtsprechung mehrerer Oberlandesgerichte (zuletzt OLG Hamburg, NJW 2001, 238 = JR 2001, 213 [214]) zutreffend ausgeführt hat, hat der Verletzte vielmehr an der Überführung des Täters und am Ausgang des Sicherungsverfahrens ein berechtigtes Interesse, weil ihm nur die Anordnung einer Maßregel wirksamen Schutz vor erneuten gleichartigen Angriffen durch den Täter bietet. In dieser Hinsicht konkretisiert sich der Zweck des Sicherungsverfahrens (Sicherung der Allgemeinheit) in der Sicherung der konkret beteiligten Person (in diesem Sinne auch die Entscheidung BGH, NStZ 1995, 609, vgl. oben II 1b). Unter diesen Umständen ist jedenfalls nicht erkennbar, warum dem Geschädigten die Mitwirkung am Verfahren allein deshalb verwehrt sein soll, weil die Schuldunfähigkeit frühzeitig und nicht erst im Laufe des Hauptverfahrens erkannt wurde.

c) Die Auffassung, daß eine Zulassung der Nebenklage im Sicherungsverfahren gleichwohl nicht in Betracht komme, weil der Gesetzgeber in Kenntnis der Rechtsprechung des BGH diese Möglichkeit nicht ausdrücklich in das Gesetz aufgenommen habe (BGH, NStZ 1999, 312, vgl. oben II 1a), hält der Senat nicht aufrecht. Allerdings ist die Kenntnis des Gesetzgebers von der bisherigen Rechtsprechung ein gewichtiger Gesichtspunkt bei der Auslegung neuer Gesetze, den der Senat auch schon in anderem Zusammenhang zur Auslegung des Opferschutzgesetzes herangezogen hat (BGHSt. 38, 93 [95] = NJW 1992, 1182 = NStZ 1992, 286). Hinsichtlich der Unzulässigkeit der Nebenklage im Sicherungsverfahren liegt die Besonderheit jedoch darin, daß der BGH hiergegen selbst „einige Bedenken" geäußert, „beachtliche Gründe" für eine Änderung der Rechtsprechung anerkannt und die genannte Frage auch sonst wiederholt offen gelassen hat (vgl. oben II 1b).

Schließlich kann in diesem Zusammenhang auch nicht außer Betracht bleiben, daß in Art. 1 Nr. 9 eines Gesetzentwurfs des Bundesrats vom 29. 9. 2000 – Entwurf eines Gesetzes zur Änderung der Strafprozeßordnung (Gesetz zur Stärkung der Verletztenrechte), BR-Dr 552/00 – der auf eine Gesetzesinitiative der Freien und Hansestadt Hamburg vom 3. 9. 1999 zurückgeht (BR-Dr 507/99), die Zulassung der Nebenklage im Sicherungsverfahren ausdrücklich vorgesehen ist. In der Begründung dieses Entwurfs heißt es, diese Regelung diene der „Klarstellung" und solle getroffen werden, um „der Intention des Opferschutzgesetzes vollständig gerecht zu werden" (BR-Dr 552/00, S. 12, 13).

d) Nach alledem war unter Aufgabe der bisherigen Rechtsprechung, entsprechend auch dem Antrag des Generalbundesanwalts, auf Zulässigkeit der Nebenklage im Sicherungsverfahren zu erkennen.

2. Die Nebenklage im Sicherungsverfahren ist unzulässig (*die Rechtsprechung hat sich geändert! Die Nebenklage im Sicherungsverfahren ist jetzt zulässig*, vgl. BGH Beschl. v. 18. 12. 2001 – 1 StR 268/01, vgl. § 395 StPO erfolglose Rügen).

StPO § 395 – BGH Beschl. v. 15. 12. 1998 – 1 StR 644/98 LG München I (= NStZ 1999, 312)

Die Revision der Nebenkläger richtet sich gegen die im Sicherungsverfahren ergangene Entscheidung des Landgerichts. – Das Rechtsmittel war erfolglos.

Gründe: Im Sicherungsverfahren ist nach der Rechtsprechung des BGH Nebenklage unzulässig (vgl. BGH NJW 1974, 2244 unter Hinweis auf frühere Rspr.; BGH bei Kusch NStZ 1992, 30[1]; Beschl. v. 5. 7. 1994 – 5 StR 350/94; und v. 23. 8. 1995 – 2 StR 369/95; BGHR

---

1 „Der Bf. hat die Kosten seines Rechtsmittels zu tragen, (nicht jedoch die der Verletzten durch das Rechtsmittel entstandenen notwendigen Auslagen, da Nebenklage im Sicherungsverfahren nicht zulässig ist ...)." (BGH Beschl. v. 30. 4. 1991 – 2 StR 150/91).

StPO § 395 Anschlußbefugnis 1). In der Entscheidung vom 18. 10. 1995 (NStZ 1996, 244[1]) läßt der 2. Strafsenat die Frage offen, nachdem der GBA dort beachtliche Argumente für die Zulassung der Nebenklage vorgetragen hatte, daß nämlich die Stellung des Opfers durch das sog. Opferschutzgesetz vom 18. 12. 1986 (BGBl. I, 2496) gestärkt worden und das Opfer eines Schuldunfähigen im Sicherungsverfahren in gleichem Maße des Schutzes bedürftig sei wie im Strafverfahren.

Der Gesetzgeber hat jedoch bei den mehrfachen Änderungen der §§ 395 ff. StPO (zuletzt im Zeugenschutzgesetz v. 30. 4. 1998, BGBl. I, 820) trotz der langjährig ablehnenden Rechtsprechung des BGH die Zulassung der Nebenklage im Sicherungsverfahren nicht festgeschrieben. Danach sieht der Senat keinen Anlaß zur Änderung seiner Rechtsprechung.

3. Bei Tod des Opfers einer Körperverletzung geht Nebenklagebefugnis nicht auf Angehörige über (Aufgabe von BGHSt. 33, 114[2]).

StPO § 395; StGB § 77 II – BGH Beschl. v. 13. 5. 1998 – 3 StR 148/98 LG Oldenburg (= BGHSt. 44, 97 = StV 1998, 584 = NStZ 1998, 476)

Die Revision der Nebenklägerin rügt die Verletzung sachlichen und formellen Rechts.

Sachverhalt: Das Landgericht hat die als Körperverletzung mit Todesfolge angeklagte Tat des Angeklagten als mit natürlichem Vorsatz begangene gefährliche Körperverletzung gewertet und den Angeklagten – auch hinsichtlich eines Delikts gemäß § 323a StGB – wegen nicht ausschließbarer Schuldunfähigkeit freigesprochen sowie seine Unterbringung in einer Entziehungsanstalt angeordnet. – Das Rechtsmittel war erfolglos.

Gründe: Das Rechtsmittel ist unzulässig, weil weder der Verfahrensrüge noch der nur allgemein erhobenen Sachrüge entnommen werden kann, welches Ziel die Nebenklägerin mit ihrer Urteilsanfechtung verfolgt.

Nach § 400 Abs. 1 StPO kann ein Nebenkläger das Urteil nicht mit dem Ziel anfechten, daß eine andere Rechtsfolge der Tat verhängt wird oder daß der Angeklagte wegen einer Gesetzesverletzung verurteilt wird, die nicht zum Anschluß als Nebenkläger berechtigt. Zwar ist der Angeklagte wegen nicht ausschließbarer Schuldunfähigkeit freigesprochen worden, auch beantragt die Nebenklägerin, das Urteil insgesamt aufzuheben und die Sache an eine andere Strafkammer des Landgerichts zur neuen Verhandlung und Entscheidung zurückzuverweisen. Es ist jedoch nicht auszuschließen, daß die Nebenklägerin unzulässigerweise mit ihrer Revision eine andere Rechtsfolge, nämlich die Anordnung einer Unterbringung des Angeklagten nach § 63 StGB statt einer solchen nach § 64 StGB, oder eines Schuldspruchs wegen einer Gesetzesverletzung erstrebt, die sie – wie etwa die Körperverletzung an ihrem verstorbenen Vater – nicht zum Anschluß als Nebenklägerin berechtigen würde. Denn auch dann, wenn sich die Beschwerdeführerin dagegen wenden sollte, daß der Angeklagte nicht wegen gefährlicher Körperverletzung oder im Hinblick auf eine mit natürlichem Vorsatz begangene Körperverletzung wegen Vollrauschs gemäß § 323a StGB verurteilt worden ist, würde ein solches Anfechtungsziel angesichts der beschränkten Anschlußmöglichkeiten der Angehörigen nach § 395 Abs. 2 Nr. 1 StPO die Unzulässigkeit der Revision nach sich ziehen.

---

1 „Ob diese Gründe Anlaß bieten, die bisherige Rechtsprechung aufzugeben, braucht nicht entschieden zu werden, weil die von der Nebenklägerin eingelegte Revision, ihre Zulässigkeit unterstellt, i.S. des § 349 II StPO unbegründet ist ..." (BGH Urt. v. 18. 10. 1995 – 2 StR 260/95).

2 (Leitsatz) „Die Nebenklagebefugnis hinsichtlich einer vorsätzlichen Körperverletzung kann beim Tode des Verletzten auf die in § 77 Abs. 2 StGB bezeichneten nahen Angehörigen des Verletzten übergehen." (BGH Urt. v. 9. 1. 1985 – 3 StR 502/84)

Zwar hat der Senat in seiner Entscheidung BGHSt. 33, 114 ausgesprochen, daß die Nebenklagebefugnis hinsichtlich einer ohne Tötungsvorsatz zugefügten vorsätzlichen Körperverletzung beim späteren Tod des Verletzten auf die in § 77 Abs. 2 StGB bezeichneten nahen Angehörigen des Verletzten übergehen kann. Diese Entscheidung ist jedoch durch das Opferschutzgesetz vom 18. 12. 1986 überholt. Das Recht der Nebenklage ist durch das Opferschutzgesetz in den §§ 395 ff. StPO umfassend neu geregelt worden. Der Gesetzgeber hat insbesondere den Kreis der nebenklageberechtigten Verletzten neu gefaßt und die Befugnisse des Nebenklägers selbständig bestimmt und dabei bewußt auf die in § 395 StPO a.F. durch Verweisung auf § 374 StPO enthaltene Anbindung an die Privatklageberechtigung verzichtet. Nach der Abkopplung der Nebenklagebefugnis vom Recht der Privatklage ist deshalb ein Übergang der Privatklagebefugnis und der Strafantragsberechtigung gemäß § 374 Abs. 2 StPO, § 77 Abs. 2 StGB auf die Angehörigen eines Verletzten für die Nebenklagebefugnis der Angehörigen ohne Belang. Die Nebenklagebefugnis der Angehörigen eines durch eine rechtswidrige Tat Getöteten richtet sich allein nach § 395 Abs. 2 Nr. 1 StPO und sieht – anders als § 395 Abs. 1 StPO für den Verletzten selbst – deren Anschlußbefugnis lediglich in den Fällen der Straftaten gegen das Leben und der durch den Tötungserfolg qualifizierten Straftaten vor. Daß die Nebenklägerin einen solchen Schuldspruch erreichen will, ist dem Revisionsvorbringen nicht zu entnehmen.

§ 396 StPO

(1) Die Anschlußerklärung ist bei dem Gericht schriftlich einzureichen. Eine vor Erhebung der öffentlichen Klage bei der Staatsanwaltschaft oder dem Gericht eingegangene Anschlußerklärung wird mit der Erhebung der öffentlichen Klage wirksam. Im Verfahren bei Strafbefehlen wird der Anschluß wirksam, wenn Termin zur Hauptverhandlung anberaumt (§ 408 Abs. 3 Satz 2, § 411 Abs. 1) oder der Antrag auf Erlaß eines Strafbefehls abgelehnt worden ist.

(2) Das Gericht entscheidet über die Berechtigung zum Anschluß als Nebenkläger nach Anhörung der Staatsanwaltschaft. In den Fällen des § 395 Abs. 3 entscheidet es nach Anhörung auch des Angeschuldigten darüber, ob der Anschluß aus den dort genannten Gründen geboten ist; diese Entscheidung ist unanfechtbar.

(3) Erwägt das Gericht, das Verfahren nach § 153 Abs. 2, § 153a Abs. 2, § 153b Abs. 2 oder § 154 Abs. 2 einzustellen, so entscheidet es zunächst über die Berechtigung zum Anschluß.

§ 397 StPO

(1) Der Nebenkläger ist nach erfolgtem Anschluß, auch wenn er als Zeuge vernommen werden soll, zur Anwesenheit in der Hauptverhandlung berechtigt. Im übrigen gelten die §§ 378 und 385 Abs. 1 bis 3 entsprechend. Die Befugnis zur Ablehnung eines Richters (§§ 24, 31) oder Sachverständigen (§ 74), das Fragerecht (§ 240 Abs. 2), das Recht zur Beanstandung von Anordnungen des Vorsitzenden (§ 238 Abs. 2) und von Fragen (§ 242), das Beweisantragsrecht (§ 244 Abs. 3 bis 6) sowie das Recht zur Abgabe von Erklärungen (§§ 257, 258) steht auch dem Nebenkläger zu.

(2) Wird die Verfolgung nach § 154a beschränkt, so berührt dies nicht das Recht, sich der erhobenen öffentlichen Klage als Nebenkläger anzuschließen. Wird der Nebenkläger zum Verfahren zugelassen, so entfällt eine Beschränkung nach § 154 a Abs. 1 oder 2, soweit sie die Nebenklage betrifft.

Erfolglose Rügen

1. Dem Nebenkläger steht das Recht zur Erwiderung gem. § 258 II StPO zu (BGH Urt. v. 11. 7. 2001 – 3 StR 179/01).

Erfolglose Rügen

1. Dem Nebenkläger steht das Recht zur Erwiderung gem. § 258 II 2 StPO zu.

StPO § 397 – BGH Urt. v. 11. 7. 2001 – 3 StR 179/01 LG Duisburg (= NJW 2001, 3137 = NStZ 2001, 610)

Die Revision der Nebenklägerin rügt, das Gericht habe der Nebenklagevertreterin zu Unrecht nicht gestattet, auf die Ausführungen des Verteidigers des Angeklagten gem. § 258 Abs. 2 StPO zu erwidern.

Sachverhalt: Das Landgericht hat den Angeklagten wegen Totschlags zu einer Freiheitsstrafe verurteilt. Nach den im Wesentlichen auf den Angaben des geständigen Angeklagten beruhenden Feststellungen tötete er seine Ehefrau mit über 20 Messerstichen. Er hatte seit geraumer Zeit den tatsächlich unberechtigten Verdacht, seine Ehefrau betrüge ihn. Zu der aggressiven Durchbruchshandlung kam es, als seine Ehefrau innerhalb eines Streits gereizt und (ohne tatsächlichen Hintergrund) von „ihrem Geliebten" gesprochen hatte.

Nach Schluss der Beweisaufnahme beantragte der Sitzungsvertreter der Staatsanwaltschaft, den Angeklagten wegen Totschlags unter Zugrundelegung des § 21 StGB zu einer Freiheitsstrafe von sechs Jahren und sechs Monaten zu verurteilen. Der Vertreter des Nebenklägers E beantragte, den Angeklagten wegen Mordes – Mordmerkmal der grausamen Begehungsweise – unter Zugrundelegung des § 21 StGB zu einer Freiheitsstrafe nicht unter zehn Jahren zu verurteilen. Die Vertreterin der Beschwerdeführerin beantragte sodann die Verurteilung wegen Mordes zu lebenslanger Freiheitsstrafe. Danach beantragte der Verteidiger die Verurteilung wegen Körperverletzung mit Todesfolge zu einer schuldangemessenen Strafe. Sodann bat die Vertreterin der Beschwerdeführerin um das Wort zu einer Gegenerklärung auf die Ausführungen des Verteidigers. Dies versagte ihr das Landgericht mit der Begründung, die Nebenkläger hätten kein Erwiderungsrecht nach § 258 II StPO. Schließlich hatte der Angeklagte das letzte Wort. – Das Rechtsmittel war erfolglos.

Gründe: Diese Verfahrensweise des Landgerichts war rechtsfehlerhaft. Auch dem Nebenkläger steht nach einhelliger Ansicht gem. § 397 I 3 i.V. mit § 258 II Halbs. 2 StPO das Recht auf Erwiderung zu (BGHSt. 28, 272 [284] [BGH Urt. v. 23. 1. 1979 – 5 StR 748/78; vgl. § 61 StPO erfolgreiche Rügen]; BGH bei Holtz, MDR 1978, 21). Die Verweigerung dieses Rechts begründet aber nicht stets und ausnahmslos die Revision, sondern nur dann, wenn und soweit das Urteil auf dem Fehler beruht (§ 337 I StPO). Angesichts der Fallbesonderheiten kann der Senat ausschließen, daß der Angeklagte, hätte die Vertreterin der Nebenklägerin auf den Verteidiger erwidern können, nicht nur wegen Totschlags, sondern wegen Mordes verurteilt worden wäre.

Der BGH hat bislang – soweit ersichtlich – die Frage, unter welchen Voraussetzungen ein Beruhen des Urteils auf einem solchen Verfahrensverstoß ausgeschlossen werden kann, noch nicht entschieden. Hingegen gibt es eine umfangreiche Judikatur zum Beruhen des Urteils auf der Nichtgewährung des letzten Wortes des Angeklagten. Hier kann nach ständiger Rechtsprechung des BGH das Beruhen des Urteils nur in besonderen Ausnahmefällen ausgeschlossen werden (vgl. BGHSt. 22, 278 [BGH Urt. v. 15. 11. 1968 – 4 StR 190/68; vgl. § 258 StPO erfolglose Rügen]; BGH, BGHR StPO § 258 Abs. 3 Wiedereintritt 4 [BGH Beschl. v. 20. 6. 1988 – 3 StR 182/88; vgl. § 258 StPO erfolgreiche Rügen] und 7 [BGH Urt.

v. 8. 11. 1989 – 3 StR 249/89; vgl. § 258 StPO erfolglose Rügen]; BGH, NStZ 1999, 473 [BGH Beschl. v. 13. 4. 1999 – 4 StR 117/99; vgl. § 258 StPO erfolgreiche Rügen]]. Diese für das letzte Wort des Angeklagten entwickelten besonders strengen Maßstäbe gelten für die Versagung der Erwiderung des Nebenklägers nicht, weil dem Recht des Nebenklägers auf Erwiderung nicht dasselbe Gewicht zukommt wie dem des Angeklagten auf das letzte Wort. Bei Letzterem handelt es sich um das vom Verfahrensablauf im Einzelnen, insbesondere von einer vorhergegangenen Einlassung zur Sache unabhängige Recht eines jeden Angeklagten in der Hauptverhandlung vor der Urteilsberatung als letzter auf die Überzeugungsbildung des Gerichts einzuwirken, das durch eine besondere Hinweispflicht des Gerichts in § 258 III StPO zusätzlich abgesichert ist; Ersteres ist ein im Einzelfall geltend zu machender Anspruch, auf einen anderen Schlussvortrag zu reagieren. Der Erwiderung sind stets Ausführungen des Nebenklägers im Rahmen von dessen Schlussantrag vorausgegangen.

Hinzu kommt, daß die Nebenkläger das Urteil nicht mit dem Ziel einer anderen Rechtsfolge angreifen können (§ 400 I StPO), so daß sich die Frage des Beruhens auf den Schuldspruch beschränkt. Der Senat schließt aus, daß sich die Nichtbeachtung des § 258 II Halbs. 2 StPO hier insoweit auf das Urteil ausgewirkt haben kann. Dem Angeklagten war schon mit der Anklage lediglich Totschlag zur Last gelegt worden. Die Vertreterin der Beschwerdeführerin hatte – wie ihr Antrag belegt – nach dem Schlussvortrag der Staatsanwaltschaft und dem des Vertreters eines weiteren Nebenklägers dargelegt, warum der Angeklagte aus ihrer Sicht wegen Mordes zu einer lebenslangen Freiheitsstrafe zu verurteilen sei. Es liegt nichts dafür auf der Hand, daß sie dabei, nachdem die Staatsanwaltschaft nur eine zeitige Freiheitsstrafe wegen Totschlags beantragt hatte, ein Argument, das aus ihrer Sicht für ihre Rechtsauffassung hätte sprechen können, zurückgehalten hätte. Vielmehr sollte sich die erbetene Erwiderung gegen „die Ausführungen des Verteidigers" richten, der einen noch milderen Antrag gestellt, nämlich auf Verurteilung zu einer schuldangemessenen Strafe wegen Körperverletzung mit Todesfolge angetragen hatte. Der Verhinderung dieses im Vergleich zu dem Antrag der Staatsanwaltschaft noch milderen Schuldspruchs sollte die Erwiderung dienen. Ein solcher Schuldspruch ist auch nicht erfolgt; vielmehr ist der Angeklagte wegen Totschlags verurteilt worden. Es ist für den Senat daher feststellbar, daß das Urteil auch bei Beachtung des Rechts auf Erwiderung nicht anders gelautet hätte. Im Übrigen hat auch die Vertreterin der Beschwerdeführerin nichts dazu vorgetragen, was sie in der begehrten Erwiderung an für den erstrebten Schuldspruch wegen Mordes Entscheidendem hätte vorbringen wollen.

§ 397a StPO

(1) Auf Antrag des Nebenklägers ist diesem ein Rechtsanwalt als Beistand zu bestellen, wenn die Berechtigung zum Anschluß als Nebenkläger auf § 395 Abs. 1 Nr. 1 Buchstabe a oder Nr. 2 beruht und die zum Anschluß berechtigende Tat ein Verbrechen ist. Hat der Nebenkläger bei Antragstellung das sechzehnte Lebensjahr noch nicht vollendet, so ist ihm ein Rechtsanwalt als Beistand auch dann zu bestellen, wenn die Tat im Sinne des Satzes 1 ein Vergehen ist oder er durch eine rechtswidrige Tat nach § 225 des Strafgesetzbuches verletzt ist. Der Antrag kann schon vor der Erklärung des Anschlusses gestellt werden. Für die Bestellung des Rechtsanwalts gilt § 142 Abs. 1 entsprechend.

(2) Liegen die Voraussetzungen für eine Bestellung nach Absatz 1 nicht vor, so ist dem Nebenkläger für die Hinzuziehung eines Rechtsanwalts auf Antrag Prozeßkostenhilfe nach denselben Vorschriften wie in bürgerlichen Rechtsstreitigkeiten zu bewilligen, wenn die Sach- oder Rechtslage schwierig ist, der Verletzte seine Interessen selbst nicht ausreichend wahrnehmen kann oder ihm dies nicht zuzumuten ist. Absatz 1 Satz 3 und 4

§§ 398–400 StPO

gilt entsprechend. § 114 zweiter Halbsatz und § 121 Abs. 1 bis 3 der Zivilprozeßordnung sind nicht anzuwenden.

(3) Über die Bestellung des Rechtsanwalts und die Bewilligung der Prozeßkostenhilfe entscheidet das mit der Sache befaßte Gericht. In den Fällen des Absatzes 2 ist die Entscheidung unanfechtbar.

§ 398 StPO

(1) Der Fortgang des Verfahrens wird durch den Anschluß nicht aufgehalten.

(2) Die bereits anberaumte Hauptverhandlung sowie andere Termine finden an den bestimmten Tagen statt, auch wenn der Nebenkläger wegen Kürze der Zeit nicht mehr geladen oder benachrichtigt werden konnte.

§ 399 StPO

(1) Entscheidungen, die schon vor dem Anschluß ergangen und der Staatsanwaltschaft bekanntgemacht waren, bedürfen außer in den Fällen des § 401 Abs. 1 Satz 2 keiner Bekanntmachung an den Nebenkläger.

(2) Die Anfechtung solcher Entscheidungen steht auch dem Nebenkläger nicht mehr zu, wenn für die Staatsanwaltschaft die Frist zur Anfechtung abgelaufen ist.

§ 400 StPO

(1) Der Nebenkläger kann das Urteil nicht mit dem Ziel anfechten, daß eine andere Rechtsfolge der Tat verhängt wird oder daß der Angeklagte wegen einer Gesetzesverletzung verurteilt wird, die nicht zum Anschluß des Nebenklägers berechtigt.

(2) Dem Nebenkläger steht die sofortige Beschwerde gegen den Beschluß zu, durch den die Eröffnung des Hauptverfahrens abgelehnt oder das Verfahren nach den §§ 206a und 206b eingestellt wird, soweit er die Tat betrifft, auf Grund deren der Nebenkläger zum Anschluß befugt ist. Im übrigen ist der Beschluß, durch den das Verfahren eingestellt wird, für den Nebenkläger unanfechtbar.

Erfolgreiche Rügen

1. Die Revision des Nebenklägers kann wirksam auf die Frage der Unterbringung des Angeklagten in einem psychiatrischen Krankenhaus beschränkt werden (BGH Urt. v. 7. 6. 1995 – 2 StR 206/95).

2. Der Revision des Nebenklägers ist auch dann zulässig, wenn das Nebenklagevergehen in Gesetzeseinheit mit einem Offizialdelikt zusammentrifft (BGH Urt. v. 4. 11. 1969 – 1 StR 359/69).

Erfolglose Rügen

1. Bei Verurteilung wegen Mordes kann die Nebenklage nicht Revision mit dem Ziel einlegen, neben Mord wegen Heimtücke sei auch das Mordmerkmal sonstige niedrige Beweggründe gegeben (BGH Beschl. v. 3. 7. 1997 – 4 StR 266/97).

2. Auch bei Tateinheit zwischen Offizial- und Nebenklagedelikt ist die Revision des Nebenklägers nur hinsichtlich der Nichtverurteilung wegen des Nebenklagedelikts zulässig (BGH Urt. v. 12. 3. 1997 – 3 StR 627/96).

3. Unberechtigte Nichtzulassung der Nebenklage nur dann Revisionsgrund, wenn nicht auszuschließen ist, daß für den Schuldspruch wesentliche Tatsachen hätten vorgebracht und/oder Beweismittel benannt werden können (BGH Urt. v. 30. 7. 1996 – 5 StR 199/96).

4. Der Nebenkläger hat bei Verfahrenseinstellung, die er nicht anfechten kann, auch keinen Anspruch auf rechtliches Gehör (BVerfG 2. Kammer des Zweiten Senats, Beschl. v. 28. 6. 1994 – 2 BvR 1235/94).

5. Bei Verurteilung wegen Mordes ist die Revision der Nebenklage unzulässig (BGH Beschl. v. 28. 5. 1990 – 4 StR 221/90).

6. Bei Freispruch wegen des Nebenklagedelikts und Verurteilung wegen einer anderen Straftat muß die Revision der Nebenklage einen bestimmten Antrag stellen, damit erkennbar ist, ob sie sich – zulässigerweise – gegen den Freispruch oder – unzulässigerweise – gegen die Verurteilung wenden will (BGH Beschl. v. 31. 8. 1988 – 4 StR 401/88).

7. Revision des Nebenklägers unzulässig, wenn die allgemein erhobene Sachbeschwerde nicht erkennen läßt, ob lediglich der Strafausspruch angefochten wird oder ob das Ziel der Revision die Umstellung des Schuldspruchs ist (BGH Beschl. v. 10. 2. 1988 – 3 StR 556/87).

8. Strafmaßrevision des Nebenklägers seit Inkrafttreten des Opferschutzgesetzes vom 18. Dezember 1986 unzulässig (BGH Beschl. v. 7. 10. 1987 – 3 StR 427/87).

Erfolgreiche Rügen

1. Die Revision des Nebenklägers kann wirksam auf die Frage der Unterbringung des Angeklagten in einem psychiatrischen Krankenhaus beschränkt werden.

StPO § 400 – BGH Urt. v. 7. 6. 1995 – 2 StR 206/95 LG Frankfurt a.M. (= NStZ 1995, 609)

Die Revisionen der Staatsanwaltschaft und der Nebenklägerin sind auf die unterbliebene Anordnung der Unterbringung des Angeklagten in einem psychiatrischen Krankenhaus beschränkt.

Sachverhalt: Nach den Feststellungen hat der Angeklagte die Nebenklägerin, seine Ehefrau, im September und Oktober 1993 mehrfach körperlich mißhandelt und sie dabei in 3 Fällen gegen ihren Willen zum Geschlechtsverkehr gezwungen. Das Landgericht hat in 3 Fällen gefährliche Körperverletzung in Tateinheit mit Nötigung, in einem weiteren Fall Freiheitsberaubung in Tateinheit mit gefährlicher Körperverletzung und Bedrohung als gegeben angesehen. Es hat den Angeklagten jedoch freigesprochen, weil er infolge eines Eifersuchtswahnes, der dem paranoiden Formenkreis zuzuordnen sei, ohne Schuld gehandelt habe. Seine Unterbringung in einem psychiatrischen Krankenhaus hat die Strafkammer abgelehnt. Zwar seien auch in Zukunft vom Angeklagten „gleiche oder noch nachdrücklichere Taten" zu erwarten, wie sie Gegenstand des Verfahrens waren. Er sei aber nicht für die Allgemeinheit gefährlich, da sich „seine Aggressionen ausschließlich gegen seine Ehefrau richten würden". – Das Rechtsmittel hatte Erfolg.

Gründe:

1. Die Revision der Nebenklägerin ist zulässig.

Auch wenn nur noch die Unterbringung des Angeklagten nach § 63 StGB erstrebt wird, bleibt das Verfahren ein Strafverfahren und wird nicht zu einem Sicherungsverfahren gemäß § 413 StPO, so daß insoweit keine Bedenken gegen die Zulässigkeit des Rechtsmittels bestehen.

Auch § 400 I StPO steht der Zulässigkeit nicht entgegen. Danach kann der Nebenkläger ein Urteil nicht mit dem Ziel anfechten, daß eine andere Rechtsfolge der Tat verhängt wird. Obwohl die Nebenklägerin im vorliegenden Fall den Freispruch nicht angreift und sich nur gegen die Ablehnung einer Unterbringung des Angeklagten in einem psychiatrischen Krankenhaus, also eine Rechtsfolge, wendet, ist ihre Rechtsmittelbefugnis gegeben. Ziel des Rechtsmittel ist nämlich nicht eine andere Rechtsfolge (so der Fall BGHR StPO § 397a I Prozeßkostenhilfe 6), sondern die trotz des Freispruchs wegen Schuldunfähigkeit mögliche, aber ausdrücklich abgelehnte, Anordnung der Unterbringung gemäß § 63 StGB, die auch dem Schutz der Nebenklägerin dienen soll. Wortlaut sowie Sinn und Zweck der Regelung des § 400 I StPO stehen deshalb der Zulässigkeit des Rechtsmittels nicht entgegen. Die Nebenklägerin kann zur sachgerechten Wahrnehmung ihrer Interessen nicht gehalten sein, zusätzlich auch das freisprechende Erkenntnis anzugreifen, obwohl sie dieses nicht für rechtsfehlerhaft erachtet.

2. Zulässig ist auch die Beschränkung der Rechtsmittel auf die Nichtanordnung der Maßregel der Unterbringung in einem psychiatrischen Krankenhaus (BGHSt. 5, 267[1]; 15, 279, 285; BGH NJW 1963, 1414; GA 1968, 148).

3. Beide Rechtsmittel sind auch begründet. [Wird ausgeführt ...]

2. Der Revision des Nebenklägers ist auch dann zulässig, wenn das Nebenklagevergehen in Gesetzeseinheit mit einem Offizialdelikt zusammentrifft.

StPO § 400 – BGH Urt. v. 4. 11. 1969 – 1 StR 359/69 LG Ravensburg (= NJW 1970, 205)

Die Revision des Nebenklägers beginnt mit den Worten: „Es wird Verletzung materiellen Rechts gerügt. Zur Ergänzung, nicht zur Erläuterung dieser Rüge wird vorgebracht: Das Urteil des Landgerichts Ravensburg beruht hinsichtlich der Straftaten des Angeklagten zum Nachteil des Nebenklägers L. auf einer Verletzung der §§ 43, 212, 211 und 224 StGB, da diese Rechtsnormen nicht angewendet worden sind (§ 337 II StPO)."

In den folgenden Ausführungen wendet sich der Beschwerdeführer dagegen, daß das Landgericht „neben (bzw. statt) versuchten schweren Diebstahls und gefährlicher Körperverletzung zum Nachteil des Nebenklägers L. nicht auch auf versuchten Totschlag bzw. versuchten Mord und schwere Körperverletzung erkannt hat". In diesem Umfang beantragt der Nebenkläger die Aufhebung des Urteils.

Sachverhalt: Das Landgericht hat den Angeklagten wegen schweren Diebstahls in zwei Fällen sowie wegen versuchten schweren Diebstahls und gefährlicher Körperverletzung zu einer Gesamtgefängnisstrafe verurteilt. Nach den Feststellungen wurde der Angeklagte bei dem Diebstahlsversuch in den Geschäftsräumen des Nebenklägers von diesem betroffen; bei dem folgenden Handgemenge wurde der Nebenkläger durch Schläge des Angeklagten erheblich verletzt. – Das Rechtsmittel hatte Erfolg.

Gründe:

I.

Die Revision ist zulässig.

---

1 „Wegen des Verbotes seiner Schlechterstellung kann das [vom Angeklagten] allein eingelegte, nur die Unterbringungsanordnung angreifende Rechtsmittel hinsichtlich des Schuldspruchs zu keiner Änderung führen (§ 358 II StPO). Würde das angefochtene Urteil in vollem Umfang aufgehoben, so müßte das von der Strafkammer gegen den Angeklagten neu zu erlassende Urteil wiederum auf Freisprechung lauten, selbst wenn sich seine volle strafrechtliche Verantwortlichkeit herausstellen sollte. Die Vorschriften der §§ 42b StGB, 344 I StPO zwingen nicht zur Herbeiführung einer so überflüssigen Entscheidung. Sie sind vielmehr in dem Sinne anzuwenden, daß auch im Falle des § 51 I StGB eine gesonderte Anfechtung des Ausspruchs über die Sicherungsmaßregel möglich ist." (BGH Urt. v. 10. 12. 1953 – 3 StR 620/53).

1. Der Beschwerdeführer kann zwar – entgegen seiner Meinung – die Befugnis zur Anfechtung des Urteils nicht aus § 395 Abs. 2 Nr. 1 StPO herleiten, weil nach dem unzweideutigen Wortlaut dieser Ausnahmevorschrift nur bestimmte Angehörige eines Getöteten (vgl. BGH NJW 1967, 454 Nr. 16), nicht aber das Opfer eines versuchten Tötungsverbrechens nebenklageberechtigt sind.

2. Dagegen ergibt sich die Zulässigkeit der Nebenklage und der Revision aus §§ 395 Abs. 1, 374 StPO. Auf Grund dieser – mit dem Grundgesetz vereinbaren (vgl. BVerfG NJW 1969, 1423 Nr. 1) – Vorschriften war der Beschwerdeführer zugelassen worden, nachdem er sich wegen Körperverletzung und Hausfriedensbruchs dem Verfahren angeschlossen hatte. Seine Rechtsmittelbefugnis ist dadurch nicht auf diese Straftaten beschränkt (vgl. § 401 StPO). Sie findet ihre Grenze allerdings darin, daß der Nebenkläger das weitere Verfahren lediglich im Rahmen der sog. Nebenklagedelikte betreiben darf; nur auf die Nichtanwendung oder fehlerhafte Anwendung einer der in § 374 StPO angeführten Strafvorschriften darf er sein Rechtsmittel stützen.

Diesen Erfordernissen genügt im vorliegenden besonderen Fall die Revision des Nebenklägers. Er erhebt die allgemeine Sachrüge. Die Prüfung des festgestellten Sachverhalts ergibt, wie noch auszuführen ist, daß das Landgericht nicht erörtert hat, ob eine Bedrohung im Sinne des § 241 StGB, d.h. eines der Privatklagevergehen vorlag.

a) Die Zulässigkeit der Revision wird – entgegen der Auffassung des Bundesanwalts – nicht dadurch in Frage gestellt, daß der Beschwerdeführer in den oben wiedergegebenen weiteren Ausführungen nur die Nichtanwendung von Vorschriften rügt, die sog. Offizialdelikte (§§ 211, 212, 43, 224 StGB) betreffen. Solche Beanstandungen stehen zwar mangels Beschwer dem Nebenkläger nicht zu. Sie werden aber im vorliegenden Fall nach dem ausdrücklichen Wortlaut der Revision nicht zur Erläuterung der Sachbeschwerde vorgebracht, sondern zur Ergänzung, d.h. neben dieser erhoben. Die – auch sonst gebräuchliche – Formulierung bringt hier zum Ausdruck, daß eine Beschränkung der allgemeinen Sachrüge auf bestimmte Beschwerdepunkte nicht stattfinden soll. Deshalb führt die Sachbeschwerde zur Nachprüfung des Urteils unter dem Gesichtspunkt der Nebenklagedelikte. Die mangels Beschwer unzulässige spezielle Rüge nimmt der ausdrücklich daneben erhobenen allgemeinen Sachrüge nicht ihre Wirksamkeit (vgl. auch BGH, Urteil v. 3. 7. 1958 – 5 StR 186/58 S. 4, 5). Insoweit unterscheidet sich der vorliegende Fall von denjenigen, in denen der BGH die Unzulässigkeit der Revision des Nebenklägers angenommen hat (vgl. z.B. BGH, GoltdA 1962, 116).

b) Daß § 241 StGB im Höchstfall eine Gefängnisstrafe von 6 Monaten vorsieht, beseitigt nicht die Beschwer des Nebenklägers. Denn die Annahme einer mit der gefährlichen Körperverletzung in Tateinheit stehenden Bedrohung ändert den Schuldspruch und kann sich auf den Strafausspruch auswirken.

c) Schließlich steht der Zulässigkeit des Rechtsmittels auch nicht der Umstand entgegen, daß – wie die rechtliche Nachprüfung ergibt – das Nebenklagevergehen des § 241 StGB in Gesetzeseinheit mit dem Offizialdelikt der versuchten Nötigung zusammentrifft, wobei § 240 StGB vorgeht (BGH JR 1953, 192 = LM Nr. 1 zu § 401 StPO; BGH, Urt. v. 15. 4. 1959 – 2 StR 51/59).

II.

Verfahrensrüge (wird ausgeführt).

III.

Sachbeschwerde.

1. Wie bereits ausgeführt, ist die Rüge einer Verletzung der §§ 211, 212, 43, 224 StGB unzulässig. Dagegen deckt die auf allgemeine Sachrüge gebotene Prüfung einen Rechtsfehler auf, der sich auf ein Nebenklagedelikt bezieht. Nach den Feststellungen rief der Angeklagte, während er einen Hieb gegen den Nebenkläger führte: „Du stirbst, du stirbst." Das

Landgericht hat übersehen – worauf der Beschwerdeführer in einem späteren Schriftsatz hingewiesen hat –" daß hierin möglicherweise eine Bedrohung mit dem Verbrechen des Totschlags (§ 241 StGB) lag. Hierzu war es nicht erforderlich, daß der Täter die Verwirklichung der Drohung beabsichtigte. Andererseits ist nach dem bisher festgestellten Sachverhalt nicht auszuschließen, daß der Nebenkläger nach dem Willen des Angeklagten die Drohung ernst nehmen sollte; um eine bloße Verwünschung dürfte es sich nach Sachlage nicht gehandelt haben. Eine abschließende Würdigung ist dem Revisionsgericht auf Grund der bisherigen Feststellungen nicht möglich. Das Landgericht wird den Sachverhalt neu feststellen und unter diesem Gesichtspunkt würdigen müssen.

2. Hierbei hat es weiterhin in Betracht zu ziehen, daß der Angeklagte mit der Bedrohung und den Schlägen offenbar den Nebenkläger zum Schweigen bringen und zur Aushändigung der Schlüssel bewegen wollte. Hierin läge eine versuchte Nötigung, hinter der die Bedrohung (als Mittel der Nötigung) wegen Gesetzeseinheit zurückträte (RGSt. 54, 288, 289). Das Vergehen gegen §§ 240, 43 StGB wiederum stände in Tateinheit mit der gefährlichen Körperverletzung.

3. Der Schuldspruch wegen dieses Vergehens kann hiernach nicht bestehenbleiben. Der Tatrichter erhält damit Gelegenheit zu prüfen, ob der festgestellte Verlust von vier Vorderzähnen als dauernde erhebliche Entstellung im Sinne des § 224 StGB anzusehen ist (vgl. dazu BGHSt. 17, 161 f.[1] = NJW 62, 1067; BGH, GoltdA 1968, 120). Gegenüber einem solchen Verbrechen würde das Vergehen gegen § 223a StGB wegen Gesetzeseinheit zurücktreten (BGH NJW 1967, 297 Nr. 5).

Erfolglose Rügen

1. Bei Verurteilung wegen Mordes kann die Nebenklage nicht Revision mit dem Ziel einlegen, neben Mord wegen Heimtücke sei auch das Mordmerkmal sonstige niedrige Beweggründe gegeben.

StPO § 400 I – BGH Beschl. v. 3. 7. 1997 – 4 StR 266/97 (= NStZ-RR 1997, 371)

Die Revision des Nebenklägers rügt die Verletzung formellen und materiellen Rechts. Sie beantragt, die Angeklagten „unter Aufhebung des Urteils ... zu einer lebenslangen Freiheitsstrafe (zu verurteilen)".

Sachverhalt: Das Landgericht hat die Angeklagten wegen (Heimtücke-)Mordes an dem Vater des Nebenklägers zu Freiheitsstrafen von jeweils zwölf Jahren verurteilt. – Das Rechtsmittel war erfolglos.

Gründe: Nach § 400 I StPO kann der Nebenkläger ein Urteil nicht mit dem Ziel anfechten, daß eine andere Rechtsfolge der Tat verhängt wird. Das erstrebt der Beschwerdeführer jedoch – wie sein Antrag zeigt – mit seiner Revision. Eine Änderung des Schuldspruchs will er nicht erreichen, denn die Angeklagten wurden wegen des hier zur Nebenklage berechtigenden Mordvorwurfs (§ 395 II Nr. 1 StPO) verurteilt. Die vom Nebenkläger angestrebte Bejahung auch des Mordmerkmals „sonst niedriger Beweggründe" ließe die rechtliche Einordnung der Tat (als Mord) unberührt (vgl. BGHSt. 41, 57 [60][2] = NJW 1995, 2365); die Annahme eines weiteren Mordmerkmals würde sich vielmehr allenfalls auf den

---

[1] (Leitsatz) „Durch den Verlust der vier oberen und der vier unteren Schneidezähne ist ein Mensch immer in erheblicher Weise dauernd entstellt. Daran ändert es nichts, daß der Verlust dieser Zähne künstlich ersetzt werden kann." (BGH Urt. v. 2. 3. 1962 – 4 StR 536/61).

[2] „Das Schwurgericht hat – obwohl es zugunsten des Angeklagten davon ausgegangen ist, daß er nicht aus Habgier gehandelt habe – den Angeklagten dennoch wegen Mordes verurteilt. Das Hinzutreten des weiteren Mordmerkmales ‚Habgier' würde diese rechtliche Einordnung der Tat im Ergebnis unberührt lassen." (BGH Urt. v. 2. 3. 1995 – 1 StR 595/94).

Rechtsfolgenausspruch auswirken können. Mit seinem Rechtsmittel verfolgt der Nebenkläger somit ein nicht zulässiges Anfechtungsziel (vgl. BGHSt. 41, 140 [144][1] = NJW 1995, 2301; BGHR StPO § 400 I Zulässigkeit 4 [BGH Beschl. v. 28. 5. 1990 – 4 StR 221/90; vgl. § 400 StPO erfolglose Rügen]; BGH, Beschl. v. 26. 2. 1992 – 5 StR 26/92).

Die Verfahrensrüge entspricht zudem nicht den Anforderungen des § 344 II 2 StPO und ist daher auch aus diesem Grunde unzulässig.

2. Auch bei Tateinheit zwischen Offizial- und Nebenklagedelikt ist die Revision des Nebenklägers nur hinsichtlich der Nichtverurteilung wegen des Nebenklagedelikts zulässig.

StPO § 400 – BGH Urt. v. 12. 3. 1997 – 3 StR 627/96 LG Kiel (= BGHSt. 43, 15 = NJW 1997, 2123 = NStZ 1997, 402)

Die Revision der Nebenklage rügt, daß das Gericht nicht auch geprüft hat, ob sich der Angeklagte nicht auch wegen der Beteiligung an einer Schlägerei (§ 227 StGB) strafbar gemacht haben könnte.

Sachverhalt: Das Landgericht hat den Angeklagten vom Vorwurf des versuchten Totschlags zum Nachteil der Nebenkläger freigesprochen, weil es die Schüsse des Angeklagten als durch Notwehr gerechtfertigt angesehen hat. – Das Rechtsmittel war erfolglos.

Gründe:

1. Die Revision der Staatsanwaltschaft führt bereits deshalb zur Aufhebung des Freispruchs, weil das Landgericht nicht geprüft hat, ob sich der Angeklagte wegen der Beteiligung an einer Schlägerei (§ 227 StGB) strafbar gemacht haben könnte. Mit dem Tod des K. ist die objektive Bedingung der Strafbarkeit eingetreten. Dabei ist es unerheblich, daß nach den bisherigen Feststellungen die Tötung durch Notwehr gerechtfertigt war (BGHSt. 33, 100, 103[2]; 39, 305, 307 [BGH Urt. v. 24. 8. 1993 – 1 StR 380/93; vgl. § 250 StPO erfolglose Rügen]; wird weiter ausgeführt).

2. Der Rechtsfehler, daß das Landgericht eine Beteiligung des Angeklagten an einer Schlägerei nicht geprüft hat, verhilft den Revisionen der Nebenkläger nicht zum Erfolg. § 227 StGB ist kein zur Nebenklage berechtigendes Delikt. Nach § 400 Abs. 1, 2. Halbsatz StPO hätten die Nebenkläger das Urteil nicht zulässig mit dem Ziel einer Verurteilung des Angeklagten wegen dieser Gesetzesverletzung anfechten können. Ziel der Neuregelung durch das Opferschutzgesetz war es, die als unnötig weitgehend empfundene Rechtsmittelbefugnis des Nebenklägers einzuschränken (vgl. Begründung zum Regierungsentwurf BT-Drucks. 10/5305 S. 15). Eine zulässige Revision des Nebenklägers erstreckt sich deshalb auch dann nur auf die richtige Anwendung der Vorschriften über das Nebenklagede-

---

1 „Das Landgericht hat den Angeklagten hier wegen Angestelltenbestechung in Tateinheit mit unbefugter Verwertung eines Geschäftsgeheimnisses i.S.v. § 17 II Nr. 2 UWG verurteilt. Zwar hat es nur in dem von den Mitarbeitern der US-Dienststellen offenbarten Schätzpreis ein Geschäftsgeheimnis gesehen und die Verwertung der ebenfalls preisgegebenen Angebote der Mitbewerber als straflos erachtet; dies kann jedoch durch die Revision der Nebenklägerin wegen der Beschränkung des § 400 Abs. 1, 1. Alternative StPO nicht beanstandet werden. Die Revision richtet sich insoweit allein gegen den Schuldumfang mit dem Ziel, auch in diesem Fall eine höhere Einzelstrafe zu erreichen." (BGH Urt. v. 10. 5. 1995 – 1 StR 764/94).

2 „Dieser gemeinschaftliche Angriff der Angeklagten auf W. hat durch den Tod des Frank J. auch eine der für die Anwendung des § 227 StGB erforderlichen schweren Folgen gehabt. Diese Folge braucht als objektive Bedingung der Strafbarkeit (BGHSt. 16, 130, 132) nicht vom Vorsatz oder der Fahrlässigkeit eines der Beteiligten umfaßt zu sein (vgl. Lackner, StGB 15. Aufl. § 227 Anm. 3). Sie braucht nicht einmal durch eine strafbare Handlung herbeigeführt worden zu sein, sondern kann auch auf einer durch Notwehr gerechtfertigten Handlung beruhen." (BGH Urt. v. 20. 12. 1984 – 4 StR 679/34).

likt, wenn dieses mit einem nicht zur Nebenklage berechtigenden Delikt in Tateinheit steht oder – bei Nichtverurteilung wegen des Nebenklagedelikts – stehen würde. Dies gilt auch für den Fall, daß dem Revisionsgericht diese Prüfung durch eine zulässige Revision der Staatsanwaltschaft eröffnet ist.

3. Unberechtigte Nichtzulassung der Nebenklage nur dann Revisionsgrund, wenn nicht auszuschließen ist, daß für den Schuldspruch wesentliche Tatsachen hätten vorgebracht und/oder Beweismittel benannt werden können.

StPO § 400 – BGH Urt. v. 30. 7. 1996 – 5 StR 199/96 LG Berlin (= NStZ 1997, 97)

Die Revision des Nebenklägers rügt die Nichtzulassung als Nebenkläger in der Tatsacheninstanz und nur allgemein die Verletzung sachlichen Rechts.

Sachverhalt: Das LG hat den Angeklagten u.a. wegen Totschlags an dem Bruder des Nebenklägers verurteilt. – Das Rechtsmittel war erfolglos.

Gründe:

I. Es bestehen bereits Bedenken gegen die Zulässigkeit der Revision.

Nebenkläger können ein Urteil nach ausdrücklicher gesetzlicher Regelung (§ 400 I StPO) nicht mit dem Ziel anfechten, daß eine andere Rechtsfolge verhängt wird (vgl. zuletzt BGH Beschl. v. 21. 5. 1996 – 4 StR 213/96). Deshalb bedarf es bei Revisionen der Nebenkläger in der Regel eines Revisionsantrages, der deutlich macht, daß die Beschwerdeführer ein zulässiges Ziel verfolgen (vgl. Senatsbeschl. v. 13. 12. 1994 – 5 StR 613/94).

Im vorliegenden Fall ist der Angeklagte wegen der Tat, aus der sich die Befugnis zum Anschluß ergibt, verurteilt worden. Der Nebenkläger rügt nur allgemein die Verletzung sachlichen Rechts (vgl. hierzu u.a. BGH Beschl. v. 8. 5. 1996 – 2 StR 143/96). Der Sachrüge ist nicht zu entnehmen, daß das Ziel seiner Revision die Verschärfung des Schuldspruchs von Totschlag auf Mord ist. Dies kann ebenfalls nicht aus dem formal weiterreichenden Antrag hergeleitet werden (BGHR StPO § 400 I Zulässigkeit 6). Auch der – formgerecht erhobenen – Verfahrensrüge ist ein solches Ziel des Rechtsmittels nicht eindeutig zu entnehmen. Beanstandet wird mit der Rüge die Nichtzulassung als Nebenkläger in der Tatsacheninstanz. Soweit im Rahmen dieser Verfahrensrüge vorgetragen wird, daß „sich von vornherein auch eine rechtliche Bewertung als Mord, an dem sich keines Angriffs versehenden, zum Zeitpunkt der Schußabgabe vom Angeklagten abgewendet stehenden Z. nicht ausschließen läßt", wird damit nur begründet, weshalb das angefochtene Urteil auf dem Verfahrensverstoß beruhen soll. Ob damit auch das Ziel der Anfechtung – Verurteilung wegen Mordes – angegeben wird, ist fraglich.

Der Senat kann diese Frage jedoch offenlassen, da die Revision jedenfalls unbegründet ist.

II.

1. Die Rüge, der Tatrichter habe unter Verstoß gegen § 395 II Nr. 1 StPO den Revisionsführer nicht als Nebenkläger zugelassen, greift nicht durch.

a) Allerdings hat das Landgericht durch Beschluß vom 30. 8. 1995 unter Berufung auf § 80 III JGG die Anschlußerklärung des Nebenklägers zu Unrecht (BGH StV 1996, 83 = zum Abdruck in BGHSt. 41, 288 [BGH Beschl. v. 18. 10. 1995 – 2 StR 470/95; vgl. § 395 StPO erfolgreiche Rügen] bestimmt) mit der Begründung zurückgewiesen, daß das Verfahren sich auch gegen einen mitangeklagten Jugendlichen richtete. Daraufhin nahmen der – als Zeuge gehörte – Nebenkläger nicht in der Eigenschaft als Nebenkläger und sein Prozeßbevollmächtigter überhaupt nicht an der Hauptverhandlung teil.

b) Auf diesem Rechtsfehler beruht das Urteil jedoch nicht.

Die unberechtigte Nichtzulassung ist für den Nebenkläger nur dann ein durchgreifender Revisionsgrund, wenn nicht auszuschließen ist, daß er Tatsachen hätte vorbringen und/

oder Beweismittel benennen können, die für den Schuldspruch (vgl. § 400 StPO) wesentliche Bedeutung haben können.

Die gesetzwidrige Nichtzulassung eines Nebenklägers ist – wie die gesetzwidrige Zulassung nach ständiger Rechtsprechung (vgl. BGH StV 1981, 535 [BGH Urt. v. 21. 7. 1981 – 1 StR 219/81; vgl. § 395 StPO erfolgreiche Rügen]; RGSt 66, 346, 348, 349; 59, 100, 104; 16, 253, 254; OLG Karlsruhe VRS 50, 119, 120; OLG Frankfurt NJW 1966, 1669) ein relativer Revisionsgrund, der dann nicht durchgreift, wenn das Urteil nicht auf der Verletzung des Gesetzes beruht (§ 337 I StPO).

Durch das am 1. 4. 1987 in Kraft getretene Opferschutzgesetz vom 18. 12. 1986 (BGBl. I, 2496) hat sich hieran nichts geändert. Der Nebenkläger gehört weiterhin nicht zu den Personen, deren Anwesenheit in der Hauptverhandlung das Gesetz vorschreibt; § 338 Nr. 5 StPO ist daher nicht anwendbar (vgl. schon RGSt 28, 220, 225; 59, 100, 104).

Im vorliegenden konkreten Einzelfall schließt der Senat aus, daß der Nebenkläger als Verfahrensbeteiligter durch Behauptung tatbestandserheblicher Umstände sowie durch Stellung von Anträgen oder Einführung von zusätzlichen Beweismitteln auf eine Verschärfung des Schuldspruchs, die hier wegen der Beschränkung der Rechtsmittelbefugnis des Nebenklägers allein in Betracht kommt, hätte hinwirken können. Denn es war insoweit (entsprechend der Anklage) eine Verurteilung wegen Totschlags erfolgt und die Annahme der Voraussetzungen von Mord schied bei der gegebenen Sachlage offensichtlich aus: Es handelte sich um eine im voraus nicht geplante Tötungshandlung im Rahmen einer offen geführten Auseinandersetzung mit einer Vielzahl von Beteiligten.

Der Revisionsführer, der im übrigen in der Hauptverhandlung als Zeuge vernommen worden ist, zeigt hierzu auch keine konkreten Anhaltspunkte oder Beweismittel auf. Die Frage, ob eine Verschärfung des Rechtsfolgenausspruchs möglich gewesen wäre, stellt sich nicht, da § 400 I StPO die früher weitergehende Rechtsmittelbefugnis des Nebenklägers beschränkt hat.

4. Der Nebenkläger hat bei Verfahrenseinstellung, die er nicht anfechten kann, auch keinen Anspruch auf rechtliches Gehör.

StPO § 400 II – BVerfG (2. Kammer des Zweiten Senats), Beschl. v. 28. 6. 1994 – 2 BvR 1235/94 (= NJW 1995, 317)

Der Beschwerdeführer rügt, daß in einem Strafverfahren wegen Körperverletzung, in dem er als Verletzter als Nebenkläger zugelassen war, eine Einstellung des Verfahrens gem. § 153 Abs. 2 StPO stattgefunden hat, ohne daß ihm zuvor rechtliches Gehör gewährt worden ist. Zwar sei der Beschluß über die Verfahrenseinstellung für den Nebenkläger gem. § 400 II 2 StPO nicht anfechtbar und nicht von seiner Zustimmung abhängig. Gleichwohl sei ihm vor einer solchen Entscheidung rechtliches Gehör zu gewähren. Dies sei im vorliegenden Fall unterblieben. Hätte er rechtliches Gehör erhalten, so hätte er vorgetragen, daß der Einstellungsbeschluß materiell rechtswidrig ergangen sei.

Sachverhalt: Der Beschwerdeführer, ein Polizeibeamter, war in dieser Funktion bei einer Hausbesetzung eingesetzt. Im Zusammenhang damit wurde er von mehreren Personen tätlich angegriffen. Er erlitt durch Fußtritte Verletzungen im Genitalbereich, die nach entsprechender ärztlicher Behandlung jedoch binnen zwei Monaten vollständig abklangen. In der Folgezeit stellte sich bei ihm jedoch eine schwere reaktive Depression ein, da es nicht zu einer vom Beschwerdeführer seit längerer Zeit gewünschten Schwangerschaft seiner Ehefrau kam, was er subjektiv auf das Unfallereignis zurückführte. Ärztlicherseits konnte demgegenüber eine volle Zeugungsfähigkeit bescheinigt werden. Der der Tat verdächtige Angeklagte wurde in erster Instanz freigesprochen. Das Landgericht stellte auf die Berufung der Staatsanwaltschaft das Verfahren gem. § 153 II StPO mit Zustimmung des Angeklagten, seines Verteidigers und der Staatsanwaltschaft – ohne Auslagenerstattung – ein.

In beiden Instanzen wurde der verletzte Beschwerdeführer als Nebenkläger zugelassen. – Das Rechtsmittel war erfolglos.

Gründe: ...

IV.
Die Voraussetzungen für die Annahme der Verfassungsbeschwerde liegen nicht vor.

1. Der Verfassungsbeschwerde kommt grundsätzliche Bedeutung nicht zu (§ 93a II lit. a BVerfGG). Diese ist nur gegeben, wenn die Verfassungsbeschwerde eine verfassungsrechtliche Frage aufwirft, die sich nicht ohne weiteres aus dem Grundgesetz beantworten läßt und noch nicht durch die verfassungsgerichtliche Rechtsprechung geklärt ist (vgl. BVerfG, NJW 1994, 993). Die hier mit der Verfassungsbeschwerde gestellte Frage nach der Verletzung rechtlichen Gehörs ist geklärt (vgl. BVerfGE 1, 418 [429] = NJW 1953, 177; BVerfGE 81, 123 [126] = NJW 1990, 1104; BVerfGE 83, 24 [35] = NJW 1991, 1283; BVerfGE 84, 188 [190] = NJW 1991, 2823; st. Rspr.; s. zur Anhörungspflicht des Nebenklägers vor Einstellung eines Strafverfahrens nach § 153 II StPO auch BVerfGE 14, 320 [323] = NJW 1962, 2248).

2. Die Annahme der Verfassungsbeschwerde ist auch nicht zur Durchsetzung des als verletzt bezeichneten Verfassungsrechts angezeigt (§ 93a II lit. b BVerfGG). Das ist der Fall, wenn die geltend gemachte Verletzung von Grundrechten oder grundrechtsgleichen Rechten besonderes Gewicht hat oder den Beschwerdeführer in existentieller Weise betrifft. Besonders gewichtig ist eine Grundrechtsverletzung, die auf eine generelle Vernachlässigung von Grundrechten hindeutet oder wenn sie auf einem geradezu leichtfertigen Umgang mit grundrechtlich geschützten Positionen beruht. Eine existentielle Betroffenheit des Beschwerdeführers kann sich vor allem aus dem Gegenstand der angegriffenen Entscheidung oder seiner aus ihr folgenden Belastung ergeben (vgl. BVerfG, NJW 1994, 993).

Diese Voraussetzungen sind vorliegend nicht erfüllt. Für eine besonders gewichtige Grundrechtsverletzung findet sich weder ein Anhaltspunkt noch ist ein solcher vorgebracht worden. Die geltend gemachte Verletzung berührt den Beschwerdeführer auch nicht in existentieller Weise. Die gerichtliche Entscheidung über die Verfahrenseinstellung nach § 153 II StPO ist für den Nebenkläger unanfechtbar und bedarf seiner Zustimmung nicht (vgl. §§ 400 II 2, 153 II StPO). Dies entspricht allgemeiner Meinung und gilt selbst dann, wenn sie verfahrensrechtlich fehlerhaft zustandegekommen ist (LG Mönchengladbach, StV 1987, 335). Der Gesetzgeber hat sich insoweit für eine Beschränkung der grundsätzlich selbständigen Rechtsmittelbefugnis des Nebenklägers entschieden, die sich nicht auf den Rechtsfolgenausspruch oder die Ermessenseinstellung erstreckt, da ein legitimes rechtliches Bedürfnis dafür nicht erkannt worden ist, wenn sich sowohl der Angeklagte als auch die Staatsanwaltschaft mit der gerichtlichen Entscheidung zufriedengeben (vgl. BT-Dr 10/5305, S. 15). Diese gesetzgeberische Entscheidung über die Stellung der Nebenklage im Strafverfahren bewegt sich im verfassungsrechtlich unangreifbaren Rahmen. Denn das Grundgesetz kennt keinen grundrechtlichen Anspruch auf Strafverfolgung eines Dritten durch den Staat (vgl. BVerfGE 51, 176 [187] = NJW 1979, 1649). Der Gegenstand der angegriffenen Entscheidung läßt mithin eine existentielle Betroffenheit des Beschwerdeführers nicht erkennen. Aus ihr ergeben sich auch keine belastenden Folgen, die den Beschwerdeführer unzumutbar beschweren. An einer Geltendmachung zivilgerichtlicher Schadensersatz- und Schmerzensgeldansprüche ist er – unabhängig von dem Ausgang der Strafsache – nicht gehindert. Die von dem Beschwerdeführer behauptete Rechtsgutsverletzung kann auch im Zivilprozeß im Rahmen richterlicher Sachaufklärung einer hinreichend sicheren Feststellung zugeführt werden. Deshalb wird seine Rechtsposition nicht wesentlich beeinträchtigt. Eine Durchsetzung von Schadensersatzansprüchen im Adhäsionsverfahren des Strafprozesses (§§ 403 ff. StPO) war dem Beschwerdeführer ohnehin nicht möglich, nachdem das Ergebnis der Hauptverhandlung nicht zu einer strafgerichtlichen Verurteilung geführt hat (vgl. §§ 405, 406 I StPO).

5. Bei Verurteilung wegen Mordes ist die Revision der Nebenklage unzulässig.

StPO § 400 I – BGH Beschl. v. 28. 5. 1990 – 4 StR 221/90 (= BGHR StPO § 400 Abs. 1 Zulässigkeit 4)

Die Revision des Nebenklägers rügt die Verletzung förmlichen und sachlichen Rechts und beantragt, das Urteil insgesamt aufzuheben.

Sachverhalt: Das Landgericht hat die Angeklagte wegen Mordes an einem Bruder des Nebenklägers zu einer Freiheitsstrafe von vier Jahren verurteilt. – Das Rechtsmittel war erfolglos.

Gründe: Das Rechtsmittel ist unzulässig. Nach § 400 Abs. 1 StPO kann der Nebenkläger ein Urteil nicht mit dem Ziel anfechten, daß eine andere Rechtsfolge der Tat verhängt wird. Das erstrebt der Nebenkläger jedoch im Ergebnis mit seiner Revision. Eine Änderung des Schuldspruchs kann er nicht erreichen, da die Angeklagte wegen des hier zur Nebenklage berechtigenden Mordvorwurfs verurteilt und ein weiteres nebenklagefähiges Delikt nicht ersichtlich ist. Eine bloße Änderung des Schuldumfangs würde nicht zu einem anderen Schuldspruch führen (OLG Karlsruhe NStZ 1988, 427).

6. Bei Freispruch wegen des Nebenklagedelikts und Verurteilung wegen einer anderen Straftat muß die Revision der Nebenklage einen bestimmten Antrag stellen, damit erkennbar ist, ob sie sich – zulässigerweise – gegen den Freispruch oder – unzulässigerweise – gegen die Verurteilung wenden will.

StPO § 400 – BGH Beschl. v. 31. 8. 1988 – 4 StR 401/88 LG Essen (= NStZ 1988, 566)

Die Revision der Nebenklägerin rügt „die Verletzung formellen und materiellen Rechts". Einen bestimmten Revisionsantrag hat sie nicht gestellt, eine weitere Begründung der Revision ist nicht erfolgt.

Sachverhalt: Das Landgericht hat den Angeklagten vom Vorwurf des versuchten Mordes freigesprochen, ihn jedoch wegen Betrugs zu einer Freiheitsstrafe verurteilt. – Das Rechtsmittel war erfolglos.

Gründe: Die Revision ist unzulässig, denn die Beschwerdeführerin hat entgegen § 344 I StPO nicht angegeben, inwieweit sie das Urteil anfechte und dessen Aufhebung beantrage. Eines ausdrücklichen Revisionsantrages bedarf es zwar dann nicht, wenn sich der Umfang der Anfechtung aus der Begründung der Revision zweifelsfrei erkennen läßt (vgl. BGH, Beschl. v. 27. 5. 1982 – 2 StR 160/82[1], bei Pfeiffer/Miebach, NStZ 1983, 359 Nr. 43; RGSt 56, 225). Das ist hier aber nicht der Fall.

Wie der BGH bereits entschieden hat, ist die Revision eines Nebenklägers, in der nur allgemein die Sachbeschwerde erhoben und ein bestimmter Antrag nicht gestellt wird, unzulässig, wenn der Angeklagte wegen des zum Anschluß als Nebenkläger berechtigenden Delikts verurteilt worden ist (BGHZ, JZ 1988, 367). Es kann dahingestellt bleiben, ob dies auch gilt, wenn der Angeklagte von dem Vorwurf, ein solches Delikt begangen zu haben, freigesprochen worden ist. Hier ist der Angeklagte nämlich nicht nur vom Vorwurf des versuchten Mordes (des „Nebenklagedelikts") freigesprochen, sondern zugleich wegen Betrugs verurteilt worden. In einem solchen Fall bedarf es eines bestimmten Antrags, weil sonst nicht erkennbar ist, ob die Nebenklägerin sich mit ihrer Revision – zulässigerweise – gegen den Freispruch oder ob sie sich – unzulässigerweise – gegen die Verurteilung wegen Betrugs (eines nicht zum Anschluß als Nebenklägerin berechtigten Delikts) und die Höhe der insoweit verhängten Rechtsfolgen wenden will (vgl. § 400 I StPO).

---

1 „Durch die uneingeschränkte Geltendmachung der allg. Sachrüge gibt der Bf. eindeutig zu erkennen, daß das Urteil in vollem Umfang überprüft werden soll."

Da die Beschwerdeführerin keinen bestimmten Antrag gestellt hat und sich ein zulässiges Ziel der Urteilsanfechtung auch aus der Revisionsbegründung nicht eindeutig ergibt, muß das Rechtsmittel als unzulässig verworfen werden.

7. Revision des Nebenklägers unzulässig, wenn die allgemein erhobene Sachbeschwerde nicht erkennen läßt, ob lediglich der Strafausspruch angefochten wird oder ob das Ziel der Revision die Umstellung des Schuldspruchs ist.

StPO § 400 – BGH Beschl. v. 10. 2. 1988 – 3 StR 556/87 (= NStZ 1989, 221)

Die Revision der Nebenklage rügt allgemein die Verletzung sachlichen Rechts.

Sachverhalt: Das Landgericht hat den Angeklagten wegen versuchten Totschlags an dem Nebenkläger zu einer Freiheitsstrafe von 2 Jahren und 6 Monaten verurteilt. – Das Rechtsmittel war erfolglos.

Gründe: „Die Revision ist unzulässig (§ 349 I StPO). Nach § 344 I StPO hat der Beschwerdeführer die Erklärung abzugeben, inwieweit er das Urteil anfechte und dessen Aufhebung beantrage. Daran fehlt es. Zwar hat die Rechtsprechung bei Revisionen des Angeklagten in der Erhebung der allgemeinen Sachrüge i.d.R. die Erklärung des unbeschränkten Anfechtungswillens gesehen (z.B. BGH, StV 1981, 393 [BGH Beschl. v. 11. 6. 1981 – 1 StR 303/81; vgl. § 345 StPO erfolglose Rügen]; Urt. v. 3. 9. 1968 – 1 StR 205/68; und v. 15. 7. 1976 – 4 StR 197/76; Beschl. v. 7. 12. 1977 – 3 StR 286/77; und v. 27. 5. 1982 – 2 StR 160/82). Eines ausdrücklichen Revisionsantrags bedarf es auch bei Revisionen der Staatsanwaltschaft und des Nebenklägers i.d.R. dann nicht, wenn sich der Umfang der Anfechtung aus der Begründung der Revision ersehen läßt (vgl. RGSt 56, 225). Dies ist aufgrund der vom Nebenkläger allgemein erhobenen Sachbeschwerde hier nicht der Fall.

Der Angeklagte ist wegen eines den Nebenkläger zum Anschluß berechtigenden Delikts, nämlich eines versuchten Totschlags an ihm, verurteilt worden. Vor dem Inkrafttreten des 1. Gesetzes zur Verbesserung der Stellung des Verletzten im Strafverfahren (Opferschutzg) vom 18. 12. 1986 (BGBl. I, 2496) konnte der Nebenkläger in Fällen dieser Art Revision einlegen, um eine höhere Bestrafung zu erreichen (BGHSt. 33, 114, 118[1]). Mit dem durch das Opferschutzgesetz neu eingefügten § 400 StPO sollte die weitgespannte selbständige Rechtsmittelbefugnis des Nebenklägers als eines bloßen Zusatzbeteiligten im Offizialverfahren eingeschränkt werden (BT-Dr 10/5305, S. 15). Der Nebenkläger kann daher nach dieser Vorschrift das Urteil nicht mit dem Ziel anfechten, daß eine andere Rechtsfolge der Tat verhängt wird oder daß der Angeklagte wegen einer Gesetzesverletzung verurteilt wird, die nicht zum Anschluß des Nebenklägers berechtigt. Die allgemein erhobene Sachbeschwerde läßt nicht erkennen, ob der Nebenkläger – was unzulässig wäre – lediglich den Strafausspruch wegen versuchten Totschlags zum Nachteil des Angeklagten anfleht oder ob das Ziel seiner Revision die Umstellung des Schuldspruchs auf versuchten Mord ist."

---

1 „Insoweit macht die Nebenklägerin in zulässiger Weise eine Beschwer dadurch geltend, daß sie beanstandet, das Landgericht habe bei der Strafzumessung den Strafrahmen nach den §§ 21, 49 StGB gemildert und außerdem die vor dem tödlichen Stich beigebrachten Verletzungen nicht strafschärfend berücksichtigt. Der die Zulässigkeit verneinenden Auffassung des Generalbundesanwalts vermag sich der Senat nicht anzuschließen. Der Nebenkläger ist nämlich durch jeden sich zum Vorteil des Angeklagten auswirkenden Rechtsfehler bei der Behandlung des den Anschluß rechtfertigenden Nebenklagedelikts beschwert. Er kann daher – ebenso wie die Staatsanwaltschaft und der Privatkläger – auch den Strafausspruch mit dem Ziel einer höheren Bestrafung als rechtsfehlerhaft angreifen." (BGH Urt. v. 9. 1. 1985 – 3 StR 502/84)

8. Strafmaßrevision des Nebenklägers seit Inkrafttreten des Opferschutzgesetzes vom 18. Dezember 1986 unzulässig.

StPO § 400 I – BGH Beschl. v. 7. 10. 1987 – 3 StR 427/87 (= BGHR StPO § 400 Abs. 1 Zulässigkeit 1)

Die Revision der Nebenklage rügt das ihrer Meinung nach zu geringe Strafmaß.

Sachverhalt: Das Landgericht hat den Angeklagten wegen Totschlags zu einer Freiheitsstrafe von einem Jahr und zehn Monaten, deren Vollstreckung es zur Bewährung ausgesetzt hat, verurteilt. – Das Rechtsmittel war erfolglos.

Gründe: Die hiergegen gerichtete Revision der Nebenkläger ist unzulässig. Nach § 400 Abs. 1 StPO, der durch das am 1. 4. 1987 in Kraft getretene Opferschutzgesetz vom 18. 12. 1986 (BGBl. I S. 2496) eingefügt worden ist, kann der Nebenkläger ein Urteil nicht mit dem Ziel anfechten, daß eine andere Rechtsfolge der Tat verhängt wird. Der Angeklagte ist wegen der Tat, aus der sich die Befugnis zum Anschluß ergibt, verurteilt worden. Die Revision macht nicht geltend, daß eine Rechtsnorm, deren Verletzung zum Anschluß berechtigen würde, nicht oder nicht richtig angewandt worden sei, sie richtet sich allein gegen die erkannte Strafe (zur Einschränkung der Rechtsmittelbefugnis des Nebenklägers; vgl. BT-Drucks. 10/5305 S. 14/15).

§ 401 StPO

(1) Der Rechtsmittel kann sich der Nebenkläger unabhängig von der Staatsanwaltschaft bedienen. Geschieht der Anschluß nach ergangenem Urteil zur Einlegung eines Rechtsmittels, so ist dem Nebenkläger das angefochtene Urteil sofort zuzustellen. Die Frist zur Begründung des Rechtsmittels beginnt mit Ablauf der für die Staatsanwaltschaft laufenden Frist zur Einlegung des Rechtsmittels oder, wenn das Urteil dem Nebenkläger noch nicht zugestellt war, mit der Zustellung des Urteils an ihn auch dann, wenn eine Entscheidung über die Berechtigung des Nebenklägers zum Anschluß noch nicht ergangen ist.

(2) War der Nebenkläger in der Hauptverhandlung anwesend oder durch einen Anwalt vertreten, so beginnt für ihn die Frist zur Einlegung des Rechtsmittels auch dann mit der Verkündung des Urteils, wenn er bei dieser nicht mehr zugegen oder vertreten war; er kann die Wiedereinsetzung in den vorigen Stand gegen die Versäumung der Frist nicht wegen fehlender Rechtsmittelbelehrung beanspruchen. Ist der Nebenkläger in der Hauptverhandlung überhaupt nicht anwesend oder vertreten gewesen, so beginnt die Frist mit der Zustellung der Urteilsformel an ihn.

(3) Hat allein der Nebenkläger Berufung eingelegt, so ist diese, wenn bei Beginn einer Hauptverhandlung weder der Nebenkläger noch für ihn ein Rechtsanwalt erschienen ist, unbeschadet der Vorschrift des § 301 sofort zu verwerfen. Der Nebenkläger kann binnen einer Woche nach der Versäumung unter den Voraussetzungen der §§ 44 und 45 die Wiedereinsetzung in den vorigen Stand beanspruchen.

(4) Wird auf ein nur von dem Nebenkläger eingelegtes Rechtsmittel die angefochtene Entscheidung aufgehoben, so liegt der Betrieb der Sache wiederum der Staatsanwaltschaft ob.

Erfolglose Rügen

1. Revision des Nebenklägers zugunsten des Angeklagten unzulässig (BGH Beschl. v. 12. 7. 1990 – 4 StR 247/90).

Erfolglose Rügen

1. Revision des Nebenklägers zugunsten des Angeklagten unzulässig.

StPO § 401 – BGH Beschl. v. 12. 7. 1990 – 4 StR 247/90 LG Zweibrücken (= BGHSt. 37, 136 = NJW 1990, 2479 = NStZ 1990, 502)
Die Nebenklägerin hat zugunsten des Angeklagten Revision eingelegt.

Sachverhalt: Das Landgericht hat den Angeklagten wegen Vergewaltigung in Tateinheit mit sexueller Nötigung und mit vorsätzlicher Körperverletzung zur Freiheitsstrafe von drei Jahren und sechs Monaten verurteilt. Die Nebenklägerin hat gegen dieses Urteil ausdrücklich „zugunsten des Angeklagten" Revision eingelegt. Sie beantragt, das Urteil des Landgerichts aufzuheben, weil der Angeklagte zu Unrecht verurteilt worden sei. – Das Rechtsmittel war erfolglos.

Gründe: Die Revision ist unzulässig. Grundsätzlich setzt jedes Rechtsmittel eine Beschwer des Rechtsmittelführers voraus. Ein Nebenkläger ist aber nicht beschwert, wenn der Angeklagte wegen des Nebenklagedelikts verurteilt worden ist (vgl. BGHSt. 29, 216, 218 [BGH Urt. v. 13. 2. 1980 – 3 StR 57/80; vgl. § 270 StPO erfolgreiche Rügen]; 33, 114, 115, 117[1]). Zwar kann die Staatsanwaltschaft gemäß § 296 Abs. 2 StPO ein Rechtsmittel auch zugunsten des Angeklagten einlegen; diese Vorschrift ist auf den Nebenkläger aber nicht entsprechend anwendbar: Der Nebenkläger kann sich allerdings nach § 401 Abs. 1 Satz 1 StPO der Rechtsmittel unabhängig von der Staatsanwaltschaft bedienen. Das besagt jedoch nicht, daß er auch im gleichen Umfang wie die Staatsanwaltschaft Rechtsmittel einlegen kann. Das ergibt sich nunmehr bereits aus § 400 StPO, der die Rechtsmittelbefugnis des Nebenklägers einschränkt. Hätte der Gesetzgeber, der durch das Gesetz vom 18. 12. 1986 (BGBl. I 2496) die Rechtsstellung des Nebenklägers umfassend neu geregelt hat, dem Nebenkläger auch die Befugnis geben wollen, zugunsten des Angeklagten ein Rechtsmittel einzulegen, hätte er, nachdem er andererseits die Rechtsmittelbefugnis des Nebenklägers in § 400 StPO beschränkt hat, § 296 Abs. 2 StPO für entsprechend anwendbar erklären müssen. Aus dem Schweigen des Gesetzes ist daher der Schluß zu ziehen, daß außer dem Angeklagten selbst andere Rechtsmittelführer als die Staatsanwaltschaft kein Rechtsmittel zugunsten des Angeklagten einlegen können.

So entspricht es der einhelligen Ansicht im Schrifttum, daß § 296 Abs. 2 StPO auf den Nebenkläger nicht anwendbar ist. Ruß bemerkt zutreffend, daß Neben- und Privatkläger zwar die Partei-, nicht aber die Amtsstellung des Staatsanwalts haben und keine Rechtspflegeorgane sind. Eine Rechtsmittelbefugnis zugunsten des Angeklagten kann ihnen daher nicht zukommen. Zwar hat das Reichsgericht (RGSt 22, 400, 402, bestätigt in RGSt 62, 212, 213) die Ansicht vertreten, ein Nebenkläger könne auch zugunsten des Angeklagten ein Rechtsmittel einlegen. Die Entscheidungen betrafen jedoch jeweils die behördliche Nebenklage (des Provinzsteuerdirektors bzw. des Finanzamts). Nachdem das geltende Recht eine solche behördliche Nebenklage nicht mehr kennt (das Finanzamt hat nach § 407 Abs. 1 Satz 4 AO nur noch ein Anhörungsrecht), ist diese Rechtsprechung, die entscheidend darauf abstellte, daß diese Behörden unter gewissen Voraussetzungen das Recht hatten, „selbst die Anklage zu erheben und somit die Rolle der Strafverfolgungsbehörde zu übernehmen" (RGSt 22, 400, 403), überholt. So hat auch das Oberlandesgericht Hamburg bereits mit Beschluß vom 13. 1. 1958 (JZ 1958, 251) entschieden, daß der private Nebenkläger kein Rechtsmittel zugunsten des Angeklagten einlegen könne. Daß ein zulässig

---

1 „Voraussetzung für die Zulässigkeit des Angriffs gegen den Schuldspruch ist, daß er die Beschwerdeführerin in ihrer Funktion als Nebenklägerin beschwert, weil sie ihn gerade im Hinblick auf die Behandlung eines nebenklagefähigen Delikts für rechtsfehlerhaft hält." (BGH Urt. v. 9. 1. 1985 – 3 StR 502/84).

eingelegtes Rechtsmittel des Nebenklägers nach § 301 StPO auch zugunsten des Angeklagten wirken kann (vgl. § 390 Abs. 1 Satz 3; § 401 Abs. 3 Satz 1), ändert daran nichts.

§ 402 StPO

Die Anschlußerklärung verliert durch Widerruf sowie durch den Tod des Nebenklägers ihre Wirkung.

§ 403 StPO

(1) Der Verletzte oder sein Erbe kann gegen den Beschuldigten einen aus der Straftat erwachsenen vermögensrechtlichen Anspruch, der zur Zuständigkeit der ordentlichen Gerichte gehört und noch nicht anderweit gerichtlich anhängig gemacht ist, im Strafverfahren geltend machen, im Verfahren vor dem Amtsgericht ohne Rücksicht auf den Wert des Streitgegenstandes.

(2) Der Verletzte oder sein Erbe soll von dem Strafverfahren möglichst frühzeitig Kenntnis erhalten; dabei soll er auf die Möglichkeit, seinen Anspruch auch im Strafverfahren geltend zu machen, hingewiesen werden.

Erfolgreiche Rügen

1. Im Adhäsionsverfahren ist eine Geltendmachung von Vermögensansprüchen, zu deren Entscheidung das Arbeitsgericht ausschließlich berufen ist, nicht möglich (BGH Urt v. 23. 5. 1952 – 2 StR 20/52).

Erfolglose Rügen

1. Das Gericht muß bei der Bemessung des Schmerzensgeldes die wirtschaftlichen Verhältnisse des Schädigers und des Verletzten nicht in jedem Fall ausdrücklich in seine Erwägungen einbeziehen (BGH Urt. v. 7. 2. 1995 – 1 StR 668/94).

Erfolgreiche Rügen

1. Im Adhäsionsverfahren ist eine Geltendmachung von Vermögensansprüchen, zu deren Entscheidung das Arbeitsgericht ausschließlich berufen ist, nicht möglich.

StPO § 403 – BGH Urt v. 23. 5. 1952 – 2 StR 20/52 LG Frankenthal (= BGHSt. 3, 210).

Die Revision rügt u.a., daß der Angeklagte zur Zahlung von Schadensersatz an seinen früheren Arbeitgeber verurteilt worden ist.

Sachverhalt: Der Angeklagte Th. war Spielleiter bei der Spielbankgesellschaft F. u. Co. in Bad N., die Angeklagten D., A. und He. waren Croupiers, die Angeklagten Ha. und K. waren Spieler. Die ersten vier Angeklagten arbeiteten zusammen zum Nachteil der Spielbank und verschafften den Angeklagten Ha. und K. unberechtigte Gewinne. Die Strafkammer hat die Angeklagten wegen Bandendiebstahls in Tateinheit mit fortgesetzter Untreue (z.T. mit Beihilfe zu ihr) verurteilt. Außerdem hat sie auf Antrag der geschädigten Spielbankgesellschaft Th., A., He., Ha. und K. zur Zahlung verschiedener Geldbeträge an diese verurteilt. – Das Rechtsmittel hatte Erfolg.

Gründe: ... Nach § 406 a Abs. 2 StPO kann der Angeklagte die bürgerlich-rechtliche Entscheidung auch ohne den strafrechtlichen Teil mit den im Strafverfahren zulässigen Rechtsmitteln anfechten. Greift er den bürgerlich-rechtlichen Teil nicht an, so unterliegt dieser daher nach §§ 327, 352 StPO nicht der Prüfung durch das Berufungs- oder Revisionsgericht. Das gegen den strafrechtlichen Teil eingelegte Rechtsmittel beeinflußt den bürgerlich-rechtlichen Ausspruch nach § 406a Abs. 3 StPO nur, wenn es dazu führt, daß unter Aufhebung der Verurteilung der Angeklagte einer Straftat nicht schuldig gesprochen und auch keine Maßnahme der Sicherung und Besserung gegen ihn angeordnet wird. In diesem Falle ist die bürgerlich-rechtliche Entscheidung ebenfalls aufzuheben, auch wenn sie nicht angefochten war. Daraus ergibt sich, daß sie im übrigen nicht betroffen wird, wenn das zum strafrechtlichen Teil eingelegte Rechtsmittel nur eine Änderung des Schuld- und Strafausspruches oder die Aufhebung des Urteils und die Zurückverweisung der Sache zur neuen Verhandlung und Entscheidung zur Folge hat.

Da die Angeklagten A., H., H. und K. keine Revision eingelegt haben, muß der bürgerlich-rechtliche Teil des Urteils gegen sie demnach bestehen bleiben, auch bei Aufhebung des strafrechtlichen Teils. Th. hat gegen den bürgerlich-rechtlichen Ausspruch Revision eingelegt, jedoch nur, soweit er zu einer Zahlung von mehr als 2700 DM verurteilt worden ist. Gegen die darin liegende Beschränkung des Rechtsmittels bestehen keine rechtlichen Bedenken. Einer Nachprüfung unterliegt daher dieser Teil des Urteils nur in dem angegriffenen Umfang.

Th. war bei der Antragstellerin als Spielleiter beschäftigt. Er hatte mit ihr offenbar einen Dienstvertrag abgeschlossen (§ 611 BGB). Die Verletzung der aus diesem Vertragsverhältnis sich ergebenden Dienstleistungen machte ihn schadenersatzpflichtig. Außerdem konnte die Gesellschaft Schadenersatz nach §§ 823, 826 BGB verlangen. Weitere Einzelheiten über das Vertragsverhältnis läßt das Urteil jedoch nicht ersehen. Infolgedessen kann nicht beurteilt werden, ob der Angeklagte als Arbeitnehmer im Sinne des § 5 des Gesetzes vom 6. 11. 1947 des Landes Rheinland-Pfalz (GVBl. 48, S. 105) anzusehen ist. Wäre dies der Fall, könnte die Antragstellerin ihre vermögensrechtlichen Ansprüche im Anschlußverfahren nicht verfolgen.

Für Streitigkeiten zwischen Arbeitgeber und Arbeitnehmer aus dem Arbeitsverhältnis und aus unerlaubten Handlungen, soweit sie mit dem Arbeitsverhältnis in Zusammenhang stehen, ist ausschließlich das Arbeitsgericht zuständig (Art. II Abs. 2 KRG Nr. 21 vom 30. 3. 1946, § 2 Abs. 2, 5 des Gesetzes vom 6. 11. 1947 des Landes Rheinland-Pfalz GVBl. 48, S. 105). Im Anschlußverfahren können nach § 403 StPO aber nur vermögensrechtliche Ansprüche geltend gemacht werden, die zur Zuständigkeit der ordentlichen Gerichte gehören. Die Verfolgung von Vermögensansprüchen, zu deren Entscheidung das Arbeitsgericht ausschließlich berufen ist, ist somit in diesem Verfahren unzulässig, da das Arbeitsgericht nicht als Gericht der ordentlichen streitigen Gerichtsbarkeit nach §§ 12 ff. GVG bestellt ist.

Die Strafkammer wird daher den Sachverhalt in dieser Richtung aufklären müssen. Kommt sie zu einer Annahme der Zuständigkeit des Arbeitsgerichts, so sieht sie nach § 405 Satz 1 StPO von einer Entscheidung über den Antrag ab, soweit er die bereits festgestellte Zahlungsverpflichtung von 2700 DM übersteigt, falls sie dies nicht schon nach § 405 Satz 2 StPO für angebracht hält. Die Wirksamkeit des nicht angegriffenen Teiles des Urteils wird dadurch nicht berührt.

Erfolglose Rügen

1. Das Gericht muß bei der Bemessung des Schmerzensgeldes die wirtschaftlichen Verhältnisse des Schädigers und des Verletzten nicht in jedem Fall ausdrücklich in seine Erwägungen einbeziehen.

StPO § 403 – BGH Urt. v. 7. 2. 1995 – 1 StR 668/94 LG Baden-Baden (= HRSt StPO § 403 Nr. 1)

Die Revision rügt die Verletzung materiellen Rechts.

Sachverhalt: Der Angeklagte hatte den Geschädigten bei einem Glühweinfest ohne jeden vernünftigen Grund hinterrücks überfallen und ihm, als er ihn wegen dessen Gegenwehr nicht wie geplant verprügeln konnte, ein Butterflymesser mit großer Wucht in die linke Körperseite gestoßen. Der Stich drang 4 bis 5 cm tief ein, verletzte das Rippenfell und verschiedene Blutgefäße und führte zu massiver Blutansammlung im Rippenfellspalt. Es bestand akute Lebensgefahr, die durch sofortige ärztliche Behandlung gebannt wurde. Zweieinhalb Wochen stationäre Krankenhausbehandlung und etwa zweimonatige Arbeitsunfähigkeit waren die Folgen. Der Heilungsverlauf war insgesamt komplikationslos, doch litt der Geschädigte noch zur Zeit der Hauptverhandlung (etwa ein halbes Jahr nach der Tat) unter Beschwerden beim Atmen, weshalb er sich atem- und bewegungstherapeutischen Rehabilitationsmaßnahmen unterzog.

Das Landgericht hat den Angeklagten wegen versuchten Totschlags zu vier Jahren Freiheitsstrafe und zur Zahlung von 12 000 DM Schmerzensgeld nebst Zinsen verurteilt. – Das Rechtsmittel war erfolglos.

Gründe: Der Erörterung bedarf nur die Zuerkennung des Schmerzensgeldes. Der Generalbundesanwalt bemängelt insoweit, daß das Landgericht bei dessen Bemessung die wirtschaftlichen Verhältnisse des Schädigers und des Verletzten sowie die Genugtuungsfunktion des Schmerzensgeldes nicht ausdrücklich in seine Erwägungen einbezogen habe. Der Senat sieht keinen Rechtsfehler.

Richtig ist, daß die wirtschaftlichen Verhältnisse des Schädigers und des Verletzten die Zumessung des Schmerzensgeldes beeinflussen können; das ist seit der Entscheidung des Großen Senats für Zivilsachen BGHZ 18, 149 ständige Rechtsprechung. Es bedeutet jedoch nicht, daß in jedem Fall diese Verhältnisse und ihr Einfluß auf die Bemessung ausdrücklich erörtert werden müßten. „Durchaus im Vordergrund" stehen „Höhe und Maß der Lebensbeeinträchtigung", bei ihnen „liegt das Schwergewicht" (BGH a.a.O. S. 149, 157).

Wesentlich ist auch der Grad des Verschuldens. Er kann sich nicht nur unmittelbar auf die Höhe des Schmerzensgeldes auswirken, sondern kann auch bei Beurteilung der Frage eine Rolle spielen, ob unter dem Gesichtspunkt der Billigkeit (um den Schädiger nicht „in schwere und nachhaltige Not zu bringen"; BGHZ 18, 149, 159) die wirtschaftlichen Verhältnisse des Schädigers zu berücksichtigen sind. „Besonders verwerfliches Verhalten des Schädigers, wie rücksichtsloser Leichtsinn oder gar Vorsatz, können den Gedanken weitgehend zurückdrängen, ihn vor wirtschaftlicher Not zu bewahren" (BGH a.a.O.).

Gemessen an diesen noch heute geltenden Grundsätzen ist das angefochtene Urteil nicht zu beanstanden. ...

Bei diesem Sachverhalt hätten – bevor ein Schmerzensgeld von 12 000 DM festgesetzt wurde – die wirtschaftlichen Verhältnisse des Täters und des Geschädigten nur dann ausdrücklich in die Erörterungen zur Bemessung des Schmerzensgeldes einbezogen werden müssen, wenn sie ganz ungewöhnlich gewesen wären. Hierfür bietet das Urteil jedoch keinen Anhalt. Zur Zeit der Tat war der Angeklagte zwar arbeitslos, erhielt aber Arbeitslosengeld von 1080 DM monatlich und hatte eine Arbeitsstelle in Aussicht. Er lebte überwiegend in der Wohnung seiner jetzigen Verlobten im gemeinsamen Haushalt. Seine eigene Wohnung, die monatlich 634 DM Miete kostete, hatte er beibehalten. Zwar hat er Schulden von etwa 43 000 DM, doch rühren diese hauptsächlich aus der Anschaffung einer Wohnungseinrichtung her.

Die wirtschaftlichen Verhältnisse des Geschädigten sind im Urteil nicht geschildert, doch gibt es keine Anhaltspunkte, sie würden nach unten oder oben irgendwelche Besonderheiten aufweisen.

Insgesamt drängten die Feststellungen nicht dazu, den Einfluß der wirtschaftlichen Verhältnisse des Angeklagten und des Verletzten auf die Bemessung des Schmerzensgeldes eigens zu erörtern; nur in solchem Fall kann das Unterlassen derartiger Erörterung einen Rechtsfehler darstellen (vgl. BGHR StPO § 403 Anspruch 3 und 4; BGH, Beschl. v. 22. 11. 1994 – 4 StR 619/94).

Das Landgericht hat auch die „Genugtuungsfunktion" des Schmerzensgeldanspruchs berücksichtigt. Sie kann nach Lage des Falles dazu führen, „eine strafrechtliche Ahndung der Tat zu berücksichtigen" (BGHR StPO § 403 Anspruch 3); sie verlangt aber nicht, in Fällen wie dem hier zu beurteilenden jeweils ausdrücklich eine Beziehung zwischen Strafe und Schmerzensgeld herzustellen. Die Genugtuungsfunktion des Schmerzensgeldes hat hauptsächlich damit zu tun, daß der entstandene Schaden häufig gar nicht (oder nicht in vollem Umfang) ausgeglichen werden kann; das soll nicht zum Wegfall (oder zur Minderung) des Anspruchs führen (BGHZ 18, 149, 157). Die Genugtuungsfunktion bringt dann „eine gewisse durch den Schadensfall hervorgerufene persönliche Beziehung zwischen Schädiger und Geschädigtem zum Ausdruck" (BGH a.a.O.). Der staatliche Strafanspruch und seine Verwirklichung hängen damit nur mittelbar zusammen.

Insgesamt ist die Entscheidung des Landgerichts nicht zu beanstanden.

§ 404 StPO

(1) Der Antrag, durch den der Anspruch geltend gemacht wird, kann schriftlich oder mündlich zur Niederschrift des Urkundsbeamten, in der Hauptverhandlung auch mündlich bis zum Beginn der Schlußvorträge gestellt werden. Er muß den Gegenstand und Grund des Anspruchs bestimmt bezeichnen und soll die Beweismittel enthalten. Ist der Antrag außerhalb der Hauptverhandlung gestellt, so wird er dem Beschuldigten zugestellt.

(2) Die Antragstellung hat dieselben Wirkungen wie die Erhebung der Klage im bürgerlichen Rechtsstreit.

(3) Ist der Antrag vor Beginn der Hauptverhandlung gestellt, so wird der Antragsteller von Ort und Zeit der Hauptverhandlung benachrichtigt. Der Antragsteller, sein gesetzlicher Vertreter und der Ehegatte oder Lebenspartner des Antragsberechtigten können an der Hauptverhandlung teilnehmen.

(4) Der Antrag kann bis zur Verkündung des Urteils zurückgenommen werden.

(5) Dem Antragsteller und dem Angeschuldigten ist auf Antrag Prozeßkostenhilfe nach denselben Vorschriften wie in bürgerlichen Rechtsstreitigkeiten zu bewilligen, sobald die Klage erhoben ist. § 121 Abs. 2 Satz 1 der Zivilprozeßordnung gilt mit der Maßgabe, daß dem Angeschuldigten, der einen Verteidiger hat, dieser beigeordnet werden soll; dem Antragsteller, der sich im Hauptverfahren des Beistandes eines Rechtsanwalts bedient, soll dieser beigeordnet werden. Zuständig für die Entscheidung ist das mit der Sache befaßte Gericht; die Entscheidung ist nicht anfechtbar.

Erfolgreiche Rügen

1. Rechtliches Gehör muß in der Hauptverhandlung gewährt werden (BGH Beschl. v. 13. 12. 1990 – 4 StR 519/90).

2. Antrag auf Zahlung von Schmerzensgeld muß im Adhäsionsverfahren vor dem Schlußantrag der Staatsanwaltschaft gestellt und nicht nur schriftsätzlich angekündigt worden sein (BGH Beschl. v. 9. 8. 1988 – 4 StR 342/88).

Erfolgreiche Rügen

1. Rechtliches Gehör zum Entschädigungsanspruch muß in der Hauptverhandlung gewährt werden.

StPO §§ 273 I, 404 – BGH Beschl. v. 13. 12. 1990 – 4 StR 519/90 LG Landau (= BGHSt. 37, 260 = NJW 1991, 1243 = StV 1991, 198)

Die Revision rügt, daß der Angeklagte zu einer Entschädigung verurteilt worden ist, ohne daß in der Hauptverhandlung mit ihm darüber gesprochen worden ist.

Sachverhalt: Im Verfahren nach §§ 403 ff. StPO erfolgte Verurteilung zur Zahlung eines Schmerzensgeldes. Der Antrag ist rechtzeitig gestellt worden; die Antragstellung erfolgte schriftlich vor der Hauptverhandlung mit Schriftsatz des Nebenklagevertreters, der dem Angeklagten mitgeteilt worden ist. Über diesen Antrag ist mit dem Angeklagten in der Hauptverhandlung nicht gesprochen worden. – Das Rechtsmittel hatte Erfolg.

Gründe: Der Antragsteller, der den Antrag vor der Hauptverhandlung gestellt hat, ist nach der im Gesetz getroffenen Regelung nicht verpflichtet, an der Hauptverhandlung teilzunehmen (§ 404 Abs. 3 StPO); die schriftliche Antragstellung reicht daher anders als nach § 128 Abs. 1 ZPO aus, so daß eine Wiederholung des Antrags in der Hauptverhandlung nicht notwendig ist. Daraus kann aber nicht der Schluß gezogen werden, daß eine Erörterung des Antrags mit dem Angeklagten in der Hauptverhandlung nicht erforderlich sei. Nach der Antragstellung richtet sich das weitere Verfahren ausschließlich nach den Vorschriften der Strafprozeßordnung. Für die Hauptverhandlung in Strafsachen gilt aber der Grundsatz der Mündlichkeit des Verfahrens, der besagt, daß nur der mündlich vorgetragene und erörterte Prozeßstoff dem Urteil zugrunde gelegt werden darf. Im übrigen gebietet schon der Grundsatz des rechtlichen Gehörs, daß das Gericht dem Angeklagten insoweit Gelegenheit gibt, sich zu dem gegen ihn erhobenen Anspruch zu äußern, d.h. daß es ihn zu dem Antrag vernimmt. Das Gericht muß sicherstellen, daß der Angeklagte, der sich in erster Linie gegen den ihm gegenüber in der Anklage erhobenen Vorwurf verteidigen wird und einem außerhalb der Hauptverhandlung gestellten Entschädigungsantrag des Verletzten möglicherweise nur geringe Bedeutung beimessen mag, nicht durch eine zusätzlich erfolgende zivilrechtliche Verurteilung überrascht wird. Zumindest dieses muß vermieden werden, wenn schon eine gleichzeitige straf- und zivilrechtliche Verhandlung vom Gesetzgeber trotz der forensischen Verschiedenheit dieser Verfahrensarten, die nach den Erfahrungen des Senats häufig zu Fehlern im zivilrechtlichen Teil des Urteils führt, zugelassen wird.

Aus dem Protokoll der Hauptverhandlung ergibt sich nicht, daß der Angeklagte zum Antrag auf Zuerkennung eines Schmerzensgeldes vernommen worden ist. Die protokollierte Vernehmung zur Sache enthält nur die Anhörung zur Anklage (§ 243 Abs. 4 Satz 2 i.V.m. § 136 StPO), nicht aber zum Antrag gemäß § 404 StPO. Durch das Schweigen des Protokolls hierzu ist bewiesen (§ 274 StPO), daß eine solche Erörterung nicht stattgefunden hat. Ebenso wie die Einlassung des Angeklagten nach § 243 Abs. 4 Satz 2 StPO zu der gegen ihn erhobenen Anklage eine wesentliche Förmlichkeit ist, die gemäß § 273 Abs. 1

StPO der Aufnahme in das Hauptverhandlungsprotokoll bedarf (OLG Köln NStZ 1989, 44), muß auch im Protokoll wiedergegeben werden, ob der Angeklagte Gelegenheit hatte, sich zu dem Antrag nach § 404 StPO zu äußern.

Die Entscheidung BGHSt. 36, 354 (BGH Beschl. v. 6. 2. 1990 – 2 StR 29/89; vgl. § 273 StPO erfolglose Rügen) steht der hier vertretenen Ansicht nicht entgegen. Der 2. Strafsenat hat dort allerdings die Erörterung gerichtskundiger Tatsachen in der Hauptverhandlung nicht zu den wesentlichen Förmlichkeiten gerechnet, deren Beobachtung das Protokoll ersichtlich machen müsse. Zwar ging es auch dort um die Frage, wie der Nachweis zu führen ist, daß dem Angeklagten das rechtliche Gehör gewährt wurde. Dabei handelte es sich aber um einen Teil der Beweisaufnahme. Wenn der 2. Strafsenat „wegen der bedenklichen Konsequenz der Vorschrift des § 274 StPO" (a.a.O. S. 358) dort auch eine Protokollierungspflicht verneint hat, so berührt dies die Frage der Protokollierungspflicht bezüglich der Anhörung des Angeklagten zu dem geltend gemachten Entschädigungsanspruch nicht, da die Beweisaufnahme erst nach Vernehmung des Angeklagten erfolgt (§ 244 Abs. 1 StPO), diese demnach kein Teil der Beweisaufnahme ist.

Da hier dem Hauptverhandlungsprotokoll nicht zu entnehmen ist, daß der Angeklagte Gelegenheit hatte, zum Antrag auf Zuerkennung eines Schmerzensgeldes Stellung zu nehmen, und der Beschwerdeführer insofern eine ordnungsgemäße Verfahrensrüge erhoben hat, kann die Verurteilung zur Zahlung eines Schmerzensgeldes keinen Bestand haben. Im übrigen ergibt sich auch aus dem Protokoll, daß der Vertreter des Nebenklägers nur am ersten Hauptverhandlungstag und dort nur so lange anwesend war, wie über einen Besetzungseinwand der Verteidigung verhandelt wurde. Auf die Frage, ob der Anspruch im übrigen hinreichend substantiiert worden ist und ob das Landgericht alle für die Höhe eines zuzubilligenden Schmerzensgeldes maßgeblichen Gesichtspunkte bedacht hat (vgl. dazu BGH, Beschl. v. 26. 10. 1990 – 2 StR 471/90), kommt es damit nicht mehr an. Durch die Aufhebung des zuerkannten Entschädigungsanspruchs sind der Ausspruch über die vorläufige Vollstreckbarkeit sowie die Verurteilung zur Tragung der Kosten des Adhäsionsverfahrens gegenstandslos. Eine Zurückverweisung der Sache zur neuen Verhandlung allein über den Entschädigungsanspruch scheidet aus (BGHR StPO § 404 Abs. 1 Antragstellung 1).

2. Antrag auf Zahlung von Schmerzensgeld muß im Adhäsionsverfahren vor dem Schlußantrag der Staatsanwaltschaft gestellt und nicht nur schriftsätzlich angekündigt worden sein.

StPO § 404 I – BGH Beschl. v. 9. 8. 1988 – 4 StR 342/88 (= BGHR StPO § 404 Abs. 1 Antragstellung 1)

Die Revision rügt, der Angeklagte sei im Adhäsionsverfahren zu Schmerzensgeld verurteilt worden, obwohl ein entsprechender Antrag erst nach dem Schlußvortrag der Staatsanwaltschaft und damit verspätet gestellt worden sei.

Sachverhalt: Das Landgericht hat den Angeklagten wegen Vergewaltigung in Tateinheit mit sexueller Nötigung unter Einbeziehung einer anderen Strafe zu einer Gesamtfreiheitsstrafe verurteilt. Darüberhinaus hat es den Angeklagten verurteilt, der Nebenklägerin ein Schmerzensgeld von 10 000 DM zu zahlen.

Der Vertreter der Nebenklägerin hat schriftsätzlich angekündigt, daß er beauftragt sei, gegen den „Täter zivilrechtliche Ansprüche durchzusetzen", daß „wegen des Schadens ein Adhäsionsverfahren eingeleitet wird" und daß er im „Adhäsionsverfahren Schadensersatzansprüche erheben" wolle. Er hat sodann um „Prozeßkostenhilfe für die Nebenklägerin" nachgesucht und „Prozeßkostenhilfe für die Durchführung eines Adhäsionsverfahrens mit dem Antrag beantragt, den Angeklagten zur Zahlung eines Schmerzensgeldes von 10 000 DM nebst 4% Zinsen seit Anbringung des Gesuchs zu verurteilen".

Die in dem Antrag auf Prozeßkostenhilfe enthaltene Ankündigung, im Adhäsionsverfahren einen Anspruch auf Schmerzensgeld geltend zu machen, ist vom Vertreter der Nebenklägerin erst später realisiert worden. Er hat den Antrag nach Beendigung des Schlußvortrags des Staatsanwalts gestellt. – Das Rechtsmittel hatte Erfolg.

Gründe: Diese Entscheidung hätte das Landgericht nicht treffen dürfen. Sie ist im Adhäsionsverfahren nach §§ 403 ff. StPO ergangen. Dieses Verfahren setzt einen Antrag des Verletzten voraus, ihm im Strafverfahren den aus der Straftat erwachsenen vermögensrechtlichen Schaden zu erstatten. Die Verletzte hat zwar hier einen solchen Antrag gestellt. Die Antragstellung war aber nicht rechtzeitig, was der Senat auf die Revision des Angeklagten von Amts wegen zu beachten hat (vgl. BGH, Beschl. v. 3. 6. 1988 – 2 StR 244/88).

Der Antrag kann gemäß § 404 Abs. 1 Satz 1 StPO schriftlich oder mündlich zur Niederschrift des Urkundsbeamten, in der Hauptverhandlung auch mündlich bis zum Beginn der Schlußvorträge gestellt werden. An diesen Voraussetzungen fehlt es hier. ...

Ein förmlicher Antrag auf Zahlung von Schmerzensgeld liegt in diesen Erklärungen nicht. Sie enthalten vielmehr lediglich die Ankündigung, einen solchen Anspruch geltend zu machen. Daß dies auch für die letztgenannte schriftsätzliche Äußerung gilt, ist nicht nur ihrem Wortlaut, sondern auch der Art und Weise zu entnehmen, wie sie in das Verfahren eingeführt worden ist. Sie ist zu Beginn der Hauptverhandlung überreicht worden, wie das Protokoll ergibt. Dort ist vermerkt:

„Rechtsanwalt Dr. T. überreichte einen Antrag auf Prozeßkostenhilfe, der verlesen wurde". Das Gericht hat anschließend über den Antrag auf Prozeßkostenhilfe entschieden. Die in dem Antrag auf Prozeßkostenhilfe enthaltene Ankündigung, im Adhäsionsverfahren einen Anspruch auf Schmerzensgeld geltend zu machen, ist vom Vertreter der Nebenklägerin erst später realisiert worden. Er hat den Antrag nach Beendigung des Schlußvortrags des Staatsanwalts gestellt. Dies war verspätet, da der Antrag bis zum Beginn der Schlußvorträge hätte gestellt werden müssen, also noch vor dem Schlußvortrag des Staatsanwalts, der Gelegenheit haben muß, auch zu Schadensersatzansprüchen Stellung zu nehmen.

Der Ausspruch über die Entschädigung der Verletzten unterliegt deshalb der Aufhebung. Keiner Entscheidung bedarf die Frage, ob der Antrag auf Zahlung von Schmerzensgeld, wäre er rechtzeitig gestellt, den Anforderungen des § 404 Abs. 1 Satz 2 StPO entspricht. Eine Zurückverweisung der Sache zur neuen Verhandlung allein über den Entschädigungsanspruch kommt nicht in Betracht (BGH, Beschluß v. 3. 6. 1988 – 2 StR 244/88).

§ 405 StPO

Das Gericht sieht von einer Entscheidung über den Antrag im Urteil ab, wenn der Angeklagte einer Straftat nicht schuldig gesprochen und auch nicht eine Maßregel der Besserung und Sicherung gegen ihn angeordnet wird oder soweit der Antrag unbegründet erscheint. Es sieht von der Entscheidung auch dann ab, wenn sich der Antrag zur Erledigung im Strafverfahren nicht eignet, insbesondere wenn seine Prüfung das Verfahren verzögern würde oder wenn der Antrag unzulässig ist; dies kann in jeder Lage des Verfahrens auch durch Beschluß geschehen.

§ 406 StPO

(1) Soweit der Antrag nach dem Ergebnis der Hauptverhandlung begründet ist, gibt ihm das Gericht im Urteil statt. Die Entscheidung kann sich auf den Grund oder einen Teil des geltend gemachten Anspruchs beschränken; § 318 der Zivilprozeßordnung gilt entsprechend.

(2) Das Gericht kann die Entscheidung für vorläufig vollstreckbar erklären. Es kann die vorläufige Vollstreckung von einer Sicherheitsleistung abhängig machen; es kann auch dem Angeklagten gestatten, sie durch Sicherheitsleistung abzuwenden. Diese Anordnungen können durch unanfechtbaren Beschluß auch nachträglich getroffen, geändert oder aufgehoben werden.

(3) Die Entscheidung über den Antrag steht einem im bürgerlichen Rechtsstreit ergangenen Urteil gleich. Soweit der Anspruch nicht zuerkannt ist, kann er anderweit geltend gemacht werden. Ist über den Grund des Anspruchs rechtskräftig entschieden, so findet die Verhandlung über den Betrag nach § 304 Abs. 2 der Zivilprozeßordnung vor dem zuständigen Zivilgericht statt.

(4) Der Antragsteller erhält eine Abschrift des Urteils mit Gründen oder einen Auszug daraus.

Erfolgreiche Rügen

1. Im Adhäsionsverfahren ist der Erlaß eines Anerkenntnisurteils unzulässig (BGH Beschl. v. 18. 12. 1990 – 4 StR 532/90).

Erfolgreiche Rügen

1. Im Adhäsionsverfahren ist der Erlaß eines Anerkenntnisurteils unzulässig.

StPO § 406 – BGH Beschl. v. 18. 12. 1990 – 4 StR 532/90 LG Saarbrücken (= StV1991, 198)

Die Revision rügt die Verletzung sachlichen Rechts.

Sachverhalt: Das Landgericht hat den Angeklagten u.a. wegen Vergewaltigung zu einer Gesamtfreiheitsstrafe verurteilt, Sicherungsverwahrung gegen den Angeklagten angeordnet und ihn im Adhäsionsverfahren durch „Anerkenntnisurteil" zur Zahlung von 15 000 DM Schmerzensgeld an eine Nebenklägerin – Opfer der Vergewaltigung in Tateinheit mit gefährlicher Körperverletzung – verurteilt. – Das Rechtsmittel hatte Erfolg.

Gründe: ...

3. Die im Adhäsionsverfahren ergangene, als „Anerkenntnisurteil" bezeichnete, nur durch Zitat des § 307 ZPO begründete Entscheidung hat keinen Bestand. Eine Entscheidung über einen zulässigen Antrag des Verletzten auf Entschädigung nach §§ 403 Abs. 1, 404 Abs. 1 StPO ist allein als Folgeentscheidung zur Verurteilung des Angeklagten wegen einer Straftat vorgesehen (§§ 405 S. 1, 406 Abs. 1 S. 1 StPO), beruht demnach auf einem nach den Grundsätzen der StPO durchgeführten Verfahren. Daher findet die Vorschrift über das Anerkenntnis nach § 307 ZPO als typischer Ausfluß der zivilprozessualen Dispositionsmaxime im Adhäsionsverfahren keine Anwendung (OLG Neustadt NJW 1952, 718).

Damit wird zugleich vermieden, daß sich ein Angeklagter – zumal nach einem Geständnis – um keine Zweifel an seiner Einsicht, Reue und seinem Wiedergutmachungswillen aufkommen zu lassen, gedrängt sieht, einen im Adhäsionsverfahren verfolgten Anspruch – auch wenn ihm die Höhe der Forderung zweifelhaft erscheint – unbedingt anzuerkennen. Ob hieraus sogar Bedenken gegen die Möglichkeit eines Vergleichs im Adhäsionsverfahren erwachsen können, bedarf hier keiner Entscheidung; jedenfalls wird der Richter auch nur den Anschein eines unsachlichen Drucks auf den Angeklagten zum Abschluß eines Vergleichs zu vermeiden haben.

Vorliegend wird über den im Adhäsionsverfahren geltend gemachten Schmerzensgeldanspruch, wenn das Gericht nicht von einer Entscheidung absieht (§ 405 S. 2 StPO) oder sich nicht dabei auf den Grund des Anspruchs beschränkt (§ 406 Abs. 1 Satz 2 StPO), unter Beachtung der Grundsätze von BGHZ 18, 149, gegebenenfalls auch unter Berücksichtigung des Vorliegens der Voraussetzungen des § 21 StGB, zu entscheiden sein.

§ 406a StPO

(1) Dem Antragsteller steht, auch soweit das Gericht von einer Entscheidung absieht, ein Rechtsmittel nicht zu.

(2) Soweit das Gericht dem Antrag stattgibt, kann der Angeklagte die Entscheidung auch ohne den strafrechtlichen Teil des Urteils mit dem sonst zulässigen Rechtsmittel anfechten. In diesem Falle kann über das Rechtsmittel durch Beschluß in nichtöffentlicher Sitzung entschieden werden.

(3) Wird auf ein Rechtsmittel unter Aufhebung der Verurteilung der Angeklagte einer Straftat nicht schuldig gesprochen und auch nicht eine Maßregel der Besserung und Sicherung gegen ihn angeordnet, so ist zugleich die dem Antrag stattgebende Entscheidung aufzuheben, auch wenn das Urteil insoweit nicht angefochten ist.

Erfolglose Rügen

1. Revisionseinlegung im Adhäsionsverfahren muß erkennen lassen, ob Verletzung sachlichen oder formellen Rechts gerügt wird (BGH Beschl. v. 25. 1. 2000 – 4 StR 569/99).

Erfolglose Rügen

1. Revisionseinlegung im Adhäsionsverfahren muß erkennen lassen, ob Verletzung sachlichen oder formellen Rechts gerügt wird.

StPO §§ 406a III, 344 – BGH Beschl. v. 25. 1. 2000 – 4 StR 569/99 – LG Kaiserslautern (NStZ 2000, 388)

Der Angeklagte Sch hat „gegen das Adhäsionsverfahren" Revision eingelegt. Für den Angeklagten B hat sein Verteidiger Revision „gegen die Entscheidung des Gerichts im Adhäsionsverfahren" eingelegt. Weitere Erklärungen sind nicht erfolgt.

Sachverhalt: Das Landgericht hat den Angeklagten wegen Betruges u.a. zu Freiheitsstrafen verurteilt. Es hat ferner Adhäsionsverfahren die Angeklagten zur Zahlung von Geldbeträgen an geschädigte Anleger verpflichtet, und zwar den Angeklagten Sch. zur Zahlung von insgesamt 229 190 DM, und den Angeklagten B. zur Zahlung von 80 960 DM. – Die Rechtsmittel waren erfolglos.

Gründe: Die Rechtsmittel sind unzulässig, weil sie nicht innerhalb der von § 345 I StPO bezeichneten Frist begründet worden sind. Der GBA hat hierzu in seiner Antragsschrift ausgeführt:

„Nach § 406a III StPO kann der Angeklagte mit dem Rechtsmittel der Revision allein gegen die Entscheidung im Anhangsverfahren vorgehen; auch insoweit gelten die Formvorschriften über die Einlegung der Revision. Diesen Anforderungen genügen die eingelegten Revisionen nicht, da sie nicht innerhalb der mit Zustellung der Urteile am 27. 7. 1999 (Sch) bzw. 24. 7. 1999 (B) beginnenden Monatsfrist von den Angeklagten selbst zu Protokoll der Geschäftsstelle oder durch eine von ihren Verteidigern oder anderen Rechtsanwälten unterzeichnete Schrift begründet wurden. Zwar ist das Fehlen ausdrücklicher Revisionsanträge (§ 344 I StPO) vorliegend unschädlich, da sich dem Inhalt der Revisionsschriften eindeutig entnehmen läßt (vgl. BGHR StPO § 344 I Antrag 4; Senatsbeschl. v. 7. 1. 1999 – 4 StR 652/98), daß sie das Ziel verfolgen, daß die stattgebende Adhäsionsentscheidung aufgehoben und von einer Entscheidung über die geltend gemachten Ansprüche abgesehen wird. Die Revisionsschriften lassen jedoch entgegen § 344 III StPO nicht erkennen, ob das Urteil wegen einer Verletzung einer Rechtsnorm über das Verfahren oder wegen der Verletzung sachlichen Rechts angefochten ist. Die bloße Erklärung, daß „gegen das Adhäsionsverfahren Revision" bzw. „gegen die Entscheidung im Adhäsionsverfahren Revision" eingelegt wird, genügt diesen Anforderungen nicht. Zwar muß im Gegensatz zu der Verfahrensrüge die Sachrüge nicht weiter begründet werden. Sie muß aber zweifelsfrei erhoben werden; die Revisionseinlegung allein, ebenso die Beschränkung auf bestimmte Beschwerdepunkte – hier auf das Adhäsionsverfahren – (vgl. BGH NStZ 1981, 298[1]) kann nicht als Erhebung der Sachrüge angesehen werden (vgl. Senatsbeschl. v. 12. 7. 1979 – 4 StR 373/97 – bzw. v. 29. 10. 1980 – 4 StR 560/80; BGH NJW 1991, 710; NStZ 1991, 597[2]; NStZ-RR 1998, 18[3])".

Dem schließt sich der Senat an.

§ 406b StPO

Die Vollstreckung richtet sich nach den Vorschriften, die für die Vollstreckung von Urteilen in bürgerlichen Rechtsstreitigkeiten gelten. Für das Verfahren nach den §§ 731, 767, 768, 887 bis 890 der Zivilprozeßordnung ist das Gericht der bürgerlichen Rechtspflege zuständig, in dessen Bezirk das Strafgericht des ersten Rechtszuges seinen Sitz hat. Einwendungen, die den Anspruch selbst betreffen, sind nur insoweit zulässig, als die Gründe, auf denen sie beruhen, nach Schluß der Hauptverhandlung des ersten Rechtszuges und, wenn das Berufungsgericht entschieden hat, nach Schluß der Hauptverhandlung im Berufungsrechtszug entstanden sind.

---

1 „Der in der Revisionseinlegungsschrift enthaltene Antrag ‚das Urteil aufzuheben und zur erneuten Hauptverhandlung an eine andere Kammer des Landgerichts D. zurückzuverweisen', stellt nur Umfang und Ziel der Revisionseinlegung klar. Als Revisionsbegründung kann er nicht angesehen werden, da er entgegen § 344 II 1 StPO nicht erkennen läßt, ob das Urteil wegen Verletzung einer Rechtsnorm über das Verfahren oder wegen Verletzung einer anderen Rechtsnorm aufgehoben wird. Ein solche Rechtsmittel ist unzulässig. (BGH Beschl. v. 12. 7. 1979 – 4 StR 373/79).

2 „Entgegen § 344 II 1 StPO läßt aber weder die Revisionseinlegungsschrift noch der Schriftsatz vom 7. 6. 1991 erkennen, ob das Urteil wegen Verletzung einer Rechtsnorm über das Verfahren oder wegen Verletzung einer materiellen Rechtsnorm angegriffen wird. Die bloße Erklärung der Revisionseinlegung und der Aufhebungsantrag, mit dem der tatsächliche Umfang und das Ziel der Revision klargelegt werden, genügt diesen Anforderungen nicht ..." (BGH Beschl. v. 21. 8. 1991 – 3 StR 296/91).

3 „Das Revisionsvorbringen muß eindeutig ergeben, daß die Nachprüfung des Urteils in sachlichrechtlicher Hinsicht begehrt wird. Nicht unbedingt erforderlich ist, daß die Rüge als Sachrüge bezeichnet wird. Es genügt, wenn sich das Begehren auf Nachprüfung des Urteils in sachlicher Hinsicht aus dem Zusammenhang des Vorbringens ergibt." (BGH Beschl. v. 20. 8. 1997 – 2 StR 386/97).

§ 406c StPO

(1) Den Antrag auf Wiederaufnahme des Verfahrens kann der Angeklagte darauf beschränken, eine wesentlich andere Entscheidung über den Anspruch herbeizuführen. Das Gericht entscheidet dann ohne Erneuerung der Hauptverhandlung durch Beschluß.

(2) Richtet sich der Antrag auf Wiederaufnahme des Verfahrens nur gegen den strafrechtlichen Teil des Urteils, so gilt § 406 a Abs. 3 entsprechend.

§ 406d StPO

(1) Dem Verletzten ist auf Antrag der Ausgang des gerichtlichen Verfahrens mitzuteilen, soweit es ihn betrifft.

(2) Mitteilungen können unterbleiben, sofern sie nicht unter einer Anschrift möglich sind, die der Verletzte angegeben hat. Hat der Verletzte einen Rechtsanwalt als Beistand gewählt, ist ihm ein solcher beigeordnet worden oder wird er durch einen solchen vertreten, so gilt § 145a entsprechend.

(3) (aufgehoben)

§ 406e StPO

(1) Für den Verletzten kann ein Rechtsanwalt die Akten, die dem Gericht vorliegen oder diesem im Falle der Erhebung der öffentlichen Klage vorzulegen wären, einsehen sowie amtlich verwahrte Beweisstücke besichtigen, soweit er hierfür ein berechtigtes Interesse darlegt. In den in § 395 genannten Fällen bedarf es der Darlegung eines berechtigten Interesses nicht.

(2) Die Einsicht in die Akten ist zu versagen, soweit überwiegende schutzwürdige Interessen des Beschuldigten oder anderer Personen entgegenstehen. Sie kann versagt werden, soweit der Untersuchungszweck gefährdet erscheint oder durch sie das Verfahren erheblich verzögert würde.

(3) Auf Antrag können dem Rechtsanwalt, soweit nicht wichtige Gründe entgegenstehen, die Akten mit Ausnahme der Beweisstücke in seine Geschäftsräume oder seine Wohnung mitgegeben werden. Die Entscheidung ist nicht anfechtbar.

(4) Über die Gewährung der Akteneinsicht entscheidet im vorbereitenden Verfahren und nach rechtskräftigem Abschluß des Verfahrens die Staatsanwaltschaft, im übrigen der Vorsitzende des mit der Sache befaßten Gerichts. Gegen die Entscheidung der Staatsanwaltschaft nach Satz 1 kann gerichtliche Entscheidung nach Maßgabe des § 161a Abs. 3 Satz 2 bis 4 beantragt werden. Die Entscheidung des Vorsitzenden ist unanfechtbar. Diese Entscheidungen werden nicht mit Gründen versehen, soweit durch deren Offenlegung der Untersuchungszweck gefährdet werden könnte.

(5) Unter den Voraussetzungen des Absatzes 1 können dem Verletzten Auskünfte und Abschriften aus den Akten erteilt werden; die Absätze 2 und 4 sowie § 478 Abs. 1 Satz 3 und 4 gelten entsprechend.

(6) § 477 Abs. 5 gilt entsprechend.

§ 406f StPO

(1) Der Verletzte kann sich im Strafverfahren des Beistands eines Rechtsanwalts bedienen oder sich durch einen solchen vertreten lassen.

(2) Bei der Vernehmung des Verletzten durch das Gericht oder die Staatsanwaltschaft ist dem Rechtsanwalt die Anwesenheit gestattet. Er kann für den Verletzten dessen Recht zur Beanstandung von Fragen (§ 238 Abs. 2, § 242) ausüben und den Antrag auf Ausschluß der Öffentlichkeit nach § 171b des Gerichtsverfassungsgesetzes stellen, nicht jedoch, wenn der Verletzte widerspricht.

(3) Wird der Verletzte als Zeuge vernommen, so kann, wenn er dies beantragt, einer Person seines Vertrauens die Anwesenheit gestattet werden. Die Entscheidung trifft derjenige, der die Vernehmung leitet; sie ist nicht anfechtbar.

§ 406g StPO

(1) Wer nach § 395 zum Anschluß als Nebenkläger befugt ist, kann sich auch vor Erhebung der öffentlichen Klage des Beistands eines Rechtsanwalts bedienen oder sich durch einen solchen vertreten lassen, auch wenn ein Anschluß als Nebenkläger nicht erklärt wird.

(2) Der Rechtsanwalt ist über die in § 406f Abs. 2 bezeichneten Befugnisse hinaus zur Anwesenheit in der Hauptverhandlung berechtigt, auch soweit diese nicht öffentlich ist. Ihm ist bei richterlichen Vernehmungen und bei der Einnahme eines richterlichen Augenscheins die Anwesenheit zu gestatten, wenn dadurch nicht der Untersuchungszweck gefährdet wird; die Entscheidung ist unanfechtbar. Für die Benachrichtigung gelten § 168c Abs. 5 und § 224 Abs. 1 entsprechend.

(3) § 397a gilt entsprechend für

1. die Bestellung eines Rechtsanwalts und

2. die Bewilligung von Prozeßkostenhilfe für die Hinzuziehung eines Rechtsanwalts.

Im vorbereitenden Verfahren entscheidet das Gericht, das für die Eröffnung des Hauptverfahrens zuständig wäre.

(4) Auf Antrag dessen, der zum Anschluß als Nebenkläger berechtigt ist, kann in den Fällen des § 397a Abs. 2 einstweilen ein Rechtsanwalt als Beistand bestellt werden, wenn

1. dies aus besonderen Gründen geboten ist,

2. die Mitwirkung eines Beistands eilbedürftig ist und

3. die Bewilligung von Prozeßkostenhilfe möglich erscheint, eine rechtzeitige Entscheidung hierüber aber nicht zu erwarten ist.

Für die Bestellung gelten § 142 Abs. 1 und § 162 entsprechend. Die Bestellung endet, wenn nicht innerhalb einer vom Richter zu bestimmenden Frist ein Antrag auf Bewilligung von Prozeßkostenhilfe gestellt oder wenn die Bewilligung von Prozeßkostenhilfe abgelehnt wird.

Erfolglose Rügen

1. Unterbliebene Benachrichtigung des Nebenklägervertreters vom Hauptverhandlungstermin führt nicht zwangsläufig zur Aufhebung des Urteils (BGH Beschl. v. 31. 7. 1996 – 5 StR 251/96).

Erfolglose Rügen

1. Unterbliebene Benachrichtigung des Nebenklägervertreters vom Hauptverhandlungstermin führt nicht zwangsläufig zur Aufhebung des Urteils.

StPO § 406g II 3 – BGH Beschl. v. 31. 7. 1996 – 5 StR 251/96 LG Hamburg (= NStZ 1997, 49)

Die Revision des Nebenklägers rügt, daß der Nebenklägervertreter vom Hauptverhandlungstermin nicht benachrichtigt worden ist.

Sachverhalt: Der Angeklagte ist wegen Totschlags verurteilt worden. – Das Rechtsmittel war erfolglos.

Gründe: Es kann offenbleiben, ob im vorliegenden Fall eine Benachrichtigung vom Termin der Hauptverhandlung nach § 406g II 3 StPO geboten war. Dies erscheint zweifelhaft. Das Interesse des späteren Nebenklägers an einer Beteiligung im weiteren Verlauf des Strafverfahrens ist seinem Verhalten im Vorverfahren nicht klar zu entnehmen. Insbesondere hat er insoweit keine Anträge (vgl. hierzu die Empfehlung des Rechtsausschusses zum Opferschutzgesetz, BT-Dr 10/6124) oder vergleichbar deutliche Willensbekundungen abgegeben. Der Vertreter des späteren Nebenklägers hatte sich im Ermittlungsverfahren lediglich mit der Bitte um Akteneinsicht an die Strafverfolgungsbehörde gewandt und ausdrücklich erklärt „zunächst nur beratend tätig" zu sein.

Die Revision kann jedenfalls keinen Erfolg haben, weil der Vertreter des Nebenklägers ungeachtet des Unterbleibens einer Benachrichtigung vom Termin am letzten Abschnitt der Hauptverhandlung teilgenommen hat. Er machte, nachdem Staatsanwaltschaft und Verteidiger ihre zuvor gestellten Anträge wiederholt hatten, seine abschließenden Ausführungen und beantragte laut Revisionsbegründung weder die Hauptverhandlung auszusetzen noch Teile der Hauptverhandlung, die ohne ihn stattgefunden hatten und seiner Anwesenheit auch nicht bedurften, zu wiederholen. Damit hat er schlüssig auf die Ausübung solcher etwa bestehender Rechte verzichtet.

Für die Frage, ob der Schuldspruch hier auf der unterbliebenen Benachrichtigung hinsichtlich der Hauptverhandlung beruhen könnte, verweist der Senat auf die Ausführungen des GBA in seiner Antragsschrift vom 20. 5. 1996 sowie auf sein Urteil vom 30. 7. 1996 – (5 StR 199/96 [vgl. § 400 StPO erfolglose Rügen]).

§ 406h StPO

Der Verletzte soll auf seine Befugnisse nach den §§ 406d, 406e, 406f und 406g sowie auf seine Befugnis, sich der erhobenen öffentlichen Klage als Nebenkläger anzuschließen (§ 395) und die Bestellung oder Hinzuziehung eines Rechtsanwalts als Beistand zu beantragen (§ 397a), hingewiesen werden.

§ 407 StPO

(1) Im Verfahren vor dem Strafrichter und im Verfahren, das zur Zuständigkeit des Schöffengerichts gehört, können bei Vergehen auf schriftlichen Antrag der Staatsanwaltschaft die Rechtsfolgen der Tat durch schriftlichen Strafbefehl ohne Hauptverhandlung festgesetzt werden. Die Staatsanwaltschaft stellt diesen Antrag, wenn sie nach dem Ergebnis der Ermittlungen eine Hauptverhandlung nicht für erforderlich erachtet. Der Antrag ist auf bestimmte Rechtsfolgen zu richten. Durch ihn wird die öffentliche Klage erhoben.

(2) Durch Strafbefehl dürfen nur die folgenden Rechtsfolgen der Tat, allein oder nebeneinander, festgesetzt werden:

1. Geldstrafe, Verwarnung mit Strafvorbehalt, Fahrverbot, Verfall, Einziehung, Vernichtung, Unbrauchbarmachung, Bekanntgabe der Verurteilung und Geldbuße gegen eine juristische Person oder Personenvereinigung,

2. Entziehung der Fahrerlaubnis, bei der die Sperre nicht mehr als zwei Jahre beträgt sowie

3. Absehen von Strafe.

Hat der Angeschuldigte einen Verteidiger, so kann auch Freiheitsstrafe bis zu einem Jahr festgesetzt werden, wenn deren Vollstreckung zur Bewährung ausgesetzt wird.

(3) Der vorherigen Anhörung des Angeschuldigten durch das Gericht (§ 33 Abs. 3) bedarf es nicht.

§ 408 StPO

(1) Hält der Vorsitzende des Schöffengerichts die Zuständigkeit des Strafrichters für begründet, so gibt er die Sache durch Vermittlung der Staatsanwaltschaft an diesen ab; der Beschluß ist für den Strafrichter bindend, der Staatsanwaltschaft steht sofortige Beschwerde zu. Hält der Strafrichter die Zuständigkeit des Schöffengerichts für begründet, so legt er die Akten durch Vermittlung der Staatsanwaltschaft dessen Vorsitzenden zur Entscheidung vor.

(2) Erachtet der Richter den Angeschuldigten nicht für hinreichend verdächtig, so lehnt er den Erlaß eines Strafbefehls ab. Die Entscheidung steht dem Beschluß gleich, durch den die Eröffnung des Hauptverfahrens abgelehnt worden ist (§§ 204, 210 Abs. 2, § 211).

(3) Der Richter hat dem Antrag der Staatsanwaltschaft zu entsprechen, wenn dem Erlaß des Strafbefehls keine Bedenken entgegenstehen. Er beraumt Hauptverhandlung an, wenn er Bedenken hat, ohne eine solche zu entscheiden, oder wenn er von der rechtlichen Beurteilung im Strafbefehlsantrag abweichen oder eine andere als die beantragte Rechtsfolge festsetzen will und die Staatsanwaltschaft bei ihrem Antrag beharrt. Mit der Ladung ist dem Angeklagten eine Abschrift des Strafbefehlsantrags ohne die beantragte Rechtsfolge mitzuteilen.

§ 408a StPO

(1) Ist das Hauptverfahren bereits eröffnet, so kann im Verfahren vor dem Strafrichter und dem Schöffengericht die Staatsanwaltschaft einen Strafbefehlsantrag stellen, wenn die Voraussetzungen des § 407 Abs. 1 Satz 1 und 2 vorliegen und wenn der Durchführung einer Hauptverhandlung das Ausbleiben oder die Abwesenheit des Angeklagten oder ein anderer wichtiger Grund entgegensteht. § 407 Abs. 1 Satz 4, § 408 finden keine Anwendung.

(2) Der Richter hat dem Antrag zu entsprechen, wenn die Voraussetzungen des § 408 Abs. 3 Satz 1 vorliegen. Andernfalls lehnt er den Antrag durch unanfechtbaren Beschluß ab und setzt das Hauptverfahren fort.

§ 408b StPO

Erwägt der Richter, dem Antrag der Staatsanwaltschaft auf Erlaß eines Strafbefehls mit der in § 407 Abs. 2 Satz 2 genannten Rechtsfolge zu entsprechen, so bestellt er dem Angeschuldigten, der noch keinen Verteidiger hat, einen Verteidiger. § 141 Abs. 3 findet entsprechende Anwendung.

§ 409 StPO

(1) Der Strafbefehl enthält
1. die Angaben zur Person des Angeklagten und etwaiger Nebenbeteiligter,
2. den Namen des Verteidigers,
3. die Bezeichnung der Tat, die dem Angeklagten zur Last gelegt wird, Zeit und Ort ihrer Begehung und die Bezeichnung der gesetzlichen Merkmale der Straftat,
4. die angewendeten Vorschriften nach Paragraph, Absatz, Nummer, Buchstabe und mit der Bezeichnung des Gesetzes,
5. die Beweismittel,
6. die Festsetzung der Rechtsfolgen,
7. die Belehrung über die Möglichkeit des Einspruchs und die dafür vorgeschriebene Frist und Form sowie den Hinweis, daß der Strafbefehl rechtskräftig und vollstreckbar wird, soweit gegen ihn kein Einspruch nach § 410 eingelegt wird.

Wird gegen den Angeklagten eine Freiheitsstrafe verhängt, wird er mit Strafvorbehalt verwarnt oder wird gegen ihn ein Fahrverbot angeordnet, so ist er zugleich nach § 268a Abs. 3 oder § 268c Satz 1 zu belehren. § 267 Abs. 6 Satz 2 gilt entsprechend.

(2) Der Strafbefehl wird auch dem gesetzlichen Vertreter des Angeklagten mitgeteilt.

§ 410 StPO

(1) Der Angeklagte kann gegen den Strafbefehl innerhalb von zwei Wochen nach Zustellung bei dem Gericht, das den Strafbefehl erlassen hat, schriftlich oder zu Protokoll der Geschäftsstelle Einspruch einlegen. Die §§ 297 bis 300 und § 302 Abs. 1 Satz 1, Abs. 2 gelten entsprechend.

(2) Der Einspruch kann auf bestimmte Beschwerdepunkte beschränkt werden.

(3) Soweit gegen einen Strafbefehl nicht rechtzeitig Einspruch erhoben worden ist, steht er einem rechtskräftigen Urteil gleich.

Erfolgreiche Rügen

1. Strafklageverbrauch hinsichtlich Einfuhr von Btm nach vorangegangenem rechtskräftigem Strafbefehl wegen Einfuhr einer Waffe bei demselben Grenzübertritt im selben Auto (BGH Urt. v. 23. 8. 1988 – 1 StR 136/88).

2. Einspruch gegen Strafbefehl vor Zustellung unabhängig von einer Kenntnis des Beschuldigten zulässig, wenn der Strafbefehl bereits erlassen war (BGH Beschl. v. 16. 5. 1973 – 2 StR 497/72).

3. Strafbefehl wegen fahrlässiger Körperverletzung hindert nicht erneute Verfolgung wegen zur Zeit seines Erlasses unbekannter fahrlässiger Tötung (BGH Urt. v. 10. 6. 1952 – 1 StR 827/51).

Erfolglose Rügen

1. Die Rechtskraft eines Strafbefehls bleibt auch nach Einführung des § 153a StPO beschränkt (BGH Urt. v. 11. 7. 1978 – 1 StR 232/78).
2. Strafbarkeit erhöhende Tatfolgen nach Erlaß des Strafbefehls werden von dessen Rechtskraft nicht umfaßt (BGH Urt. v. 20. 11. 1962 – 1 StR 442/62).
3. Neue Bestrafung zulässig, wenn sich strafbares Verhalten in der Hauptverhandlung unter einem nicht schon im Strafbefehl gewürdigten straferhöhenden Gesichtspunkt darstellt (BGH Urt. v. 10. 1. 1956 – StE 11/55).
4. Rechtskraftwirkung eines wegen einer fortgesetzten Handlung erlassenen Strafbefehls steht auch der neuerlichen Verurteilung wegen derjenigen Einzelfälle entgegen, die dem Strafbefehlsrichter unbekannt gewesen sind (BGH Urt. v. 5. 5. 1954 – 1 StR 25/54).
5. Eingeschränkte Rechtskraft des Strafbefehls (BVerfG Urt. des Ersten Senats v. 18. 12. 1953 – 1 BvR 230/51).

Erfolgreiche Rügen

1. **Strafklageverbrauch hinsichtlich Einfuhr von Btm nach vorangegangenem rechtskräftigem Strafbefehl wegen Einfuhr einer Waffe bei demselben Grenzübertritt im selben Auto.**
StPO § 410 III – BGH Urt. v. 23. 8. 1988 – 1 StR 136/88 LG Karlsruhe (= StV 1989, 49)
Die Revision rügt, der Aburteilung der Tat habe das Verfahrenshindernis des Strafklageverbrauchs wegen einer rechtskräftigen Verurteilung durch einen Strafbefehl entgegengestanden.

Sachverhalt: Das Landgericht hat den Angeklagten wegen unerlaubten Handeltreibens mit Btm in Tateinheit mit unerlaubter Einfuhr von Btm in nicht geringer Menge unter Einbeziehung einer Geldstrafe aus dem Strafbefehl des Amtsgerichts Berlin-Tiergarten vom 2. 2. 1987 zu der Gesamtfreiheitsstrafe von 8 J. verurteilt.

Der Angeklagte hatte Anfang 1986, ohne es zu wissen, in seinem Pkw 1,5 kg Heroin von der Türkei durch die Bundesrepublik und die DDR nach Berlin geschafft. Das Btm war von einem anderen Türken, T., in dem Pkw versteckt worden. In Berlin von T. mit dem Rauschgift konfrontiert, erklärte sich der Angeklagte schließlich bereit, das Heroin zu verkaufen und 100 000 DM an T. zu zahlen. Weil der Angeklagte mit dem Verkauf Schwierigkeiten hatte und nur einen Teil der vereinbarten Summe zahlte, wurde er bei einem erneuten Aufenthalt in der Türkei von T. ultimativ zur Zahlung aufgefordert. Daraufhin besorgte sich der Angeklagte zu seinem Schutz eine Pistole Beretta 7,65 mm mit Magazin und sechs Patronen. In der Folgezeit – noch immer in der Türkei – einigte sich der Angeklagte mit T., ein weiteres kg Heroin zu übernehmen und für dieses und das früher nach Berlin gebrachte Rauschgift insgesamt noch 100 000 DM an T. zu bezahlen. Der Angeklagte erhielt das Heroin (1,2 kg) und versteckte es unterwegs, noch vor der bulgarischen Grenze, in seinem Pkw. Auch die erwähnte Pistole samt Munition hatte er bei sich. Er hatte „ursprünglich nicht vorgehabt, diese Waffe mit nach Deutschland zu bringen, traute sich aber, nachdem das Heroin schon versteckt war, nicht mehr, die Waffe herauszunehmen. Er fuhr nun unmittelbar darauf mir dem Heroin und der Waffe, die rein zufällig noch in seinem Besitz war, nach Berlin. Dort baute er das Heroin aus dem Versteck wieder aus und versteckte es ebenso wie die Pistole und die Munition im Keller seines Anwesens". Die Fahrt hatte wiederum durch die Bundesrepublik und die DDR geführt.

In der Folgezeit betrieb der Angeklagte den Verkauf des Rauschgifts in Süddeutschland. Dabei wurde er am 4. 11. 1986 festgenommen.

Am 2. 2. 1987 erließ das AG Berlin-Tiergarten gegen den Angeklagten einen Strafbefehl mit der Beschuldigung, „am 6. 11. 1986 entgegen den Alliierten Verboten eine Schußwaffe und Munition besessen und nicht abgeliefert zu haben, indem Sie in Ihrer Wohnung ... in Berlin 6a eine Pistole Typ Beretta, Kal. 7,65 mm, Nr. 32271 sowie ein Magazin mit sechs Patronen Kal. 7,65 mm aufbewahrten".

Es handelte sich um die Waffe, die der Angeklagte zusammen mit dem Heroin bei seiner zweiten Schmuggelfahrt aus der Türkei mitgebracht hatte. Der Strafbefehl wurde am 17. 2. 1987 rechtskräftig.

Das Landgericht hat aus der im Strafbefehl erkannten Strafe von 180 Tagessätzen und wegen des Btm-Verbrechens verhängten Freiheitsstrafe gemäß § 55 StGB eine Gesamtfreiheitsstrafe gebildet. Das anhängige Verfahren – wie von der Verteidigung beantragt – im Hinblick auf diesen Strafbefehl wegen Strafklageverbrauchs einzustellen, hat das Landgericht abgelehnt, weil sich die Waffe „nur zufällig, ohne jeden äußeren oder inneren Zusammenhang damit im Pkw des Angeklagten beim Transport der 1,2 kg Heroin von der Türkei nach Berlin befunden hat und auch sonst zu keiner Zeit der Anbahnung oder Durchführung von Heroingeschäften dienen sollte". – Das Rechtsmittel hatte Erfolg.

Gründe: Die Einfuhr des Heroins zum Zwecke des Verkaufs und die dann folgenden Vertriebsbemühungen sind eine prozessuale Tat. Eine Tat i.S.v. § 264 StPO sind – andererseits – die Einfuhr der Waffe und deren Besitz (vgl. BGH NStZ 1984, 171[1]). Daß in Berlin besondere, vom Waffengesetz abweichende waffenrechtliche Bestimmungen gelten, ändert hieran nichts. Weniger die genaue Ausgestaltung des verletzten sachlich-rechtlichen Straftatbestands ist für die prozessuale Tatidentität entscheidend als vielmehr die Einheit des Lebenssachverhalts. Unerheblich ist hierbei, daß im Strafbefehl nur der Besitz der Waffe erwähnt wird. Ihre Einfuhr und die fortwährende Ausübung der tatsächlichen Gewalt bildeten zunächst im Bundesgebiet einen einheitlichen Lebensvorgang. Er wurde nicht dadurch beendet, daß die Waffe durch die DDR nach Berlin geschafft wurde und der Strafbefehl nur den Vorwurf des unerlaubten Besitzes nennt, zumal auch nach Berliner Recht die Einfuhr von Waffen – jedenfalls in das Gebiet von Berlin – strafbar ist [Art. 1 und II des Gesetzes Nr. 43 der Alliierten Kontrollbehörde – Kontrollrat – vom 20. 12. 1946 (Verordnungsblatt für Groß-Berlin 1947 S. 2) i.V.m. der BK/O (74) 7 vom 9. 7. 1974 (GVBl. für Berlin S. 1646)].

Ob die Strafklage verbraucht ist, hängt also davon ab, in welchem Verhältnis das dem Waffenrecht unterfallende Verhalten des Angeklagten zu dem vom Betäubungsmittelstrafrecht erfaßten Verhalten steht. Nach Auffassung des Senats bilden die Einfuhr der Waffe und die Einfuhr des Rauschgifts, beides beim selben Grenzübertritt im selben Pkw verborgen, eine verfahrensrechtliche Tat (vgl. BGH NStZ 1982, 512[2]). Hieran ändert nichts, daß der Angeklagte die Waffe nicht für Zwecke des Betäubungsmittelhandels ein-

---

1 „Gleichwohl erstreckte sich die Urteilsfindung unter dem Aspekt ‚derselben Tat' im verfahrensrechtlichen Sinn (§ 264 StPO; vgl. Art. 103 III 3 GG) nicht nur auf die unerlaubte Ausübung der tatsächlichen Gewalt über die in jenem Urteil aufgeführten Waffen, sondern auch auf sonstige Verstöße gegen das Waffengesetz [wie die unerlaubte Einfuhr] hinsichtlich aller Waffen, die der Angekl. im Zeitpunkt der Urteilsverkündung besaß oder die er zwar vor diesem Zeitpunkt, aber zugleich mit solchen Waffen in Besitz gehabt hatte [...]. Ein einheitlicher Lebensvorgang [...] war schon insofern gegeben, als die verschiedenen Verletzungen des Waffengesetzes – wie aufgezeigt – im Sinne des sachlichen Rechts tateinheitlich zusammentrafen." (BGH Urt. v. 13. 12. 1983 – 1 StR 599/83).

2 „Das ändert aber nichts daran, daß er durch eine und dieselbe Handlung sowohl den Revolver geführt als auch das Haschisch eingeführt hat, indem er beide Gegenstände, im selben Pkw versteckt, auf derselben Fahrt von den Niederlanden in die Bundesrepublik gebracht hat ..." (BGH Beschl. v. 7. 9. 1982 – 3 StR 295/82).

setzen wollte. Er schmuggelte sie – genau wie das Heroin – bewußt über die Grenze; das genügt. Die heimliche Einfuhr verschiedener Gegenstände im selben Fahrzeug beim selben Grenzübertritt wird in der Regel eine verfahrensrechtliche Tat bilden, ohne daß es auf die den einzelnen Gegenständen für später zugedachte Bestimmung ankommt.

Treffen aber Waffen- und Betäubungsmitteldelikt (jedenfalls) bei der Einfuhr zusammen, so bilden sie insgesamt eine Tat. Sie ist durch den Strafbefehl vom 2. 2. 1987 abgerügt. Neue Anklage und neue Verurteilung sind nicht zulässig; das Verfahren muß eingestellt werden. Die Einstellung umfaßt auch das Verhalten des Angeklagten nach der ersten (unbewußten) Einfuhr von Heroin; das Landgericht nimmt insoweit rechtsfehlerfrei Fortsetzungszusammenhang zwischen jenem Tun des Angeklagten und seinem späteren Verhalten an, insbesondere deshalb, weil der zweite Handel dem Abschluß des noch nicht zu Ende geführten ersten Geschäfts dienen sollte.

Die im Ergebnis unbefriedigende Einstellung des Verfahrens hätte unschwer vermieden werden können. Die Durchsuchung vom 6. 11. 1986 in Berlin, bei der die Waffe gefunden wurde, erfolgte aufgrund der Festnahme des Angeklagten in E. am 4. 11. 1986 und sollte dem Auffinden von Beweismitteln zum Vorwurf des Btm-Verbrechens dienen. Schon beträchtliche Zeit vor Erlaß des Strafbefehls waren der Staatsanwaltschaft Berlin die Rauschgiftgeschäfte des Angeklagten, der Staatsanwaltschaft Karlsruhe der Waffenbesitz des Angeklagten bekannt. Insbesondere kannten beide Staatsanwaltschaften die vom Angeklagten geschilderte gemeinsame Einfuhr von Waffe und Heroin.

Das unterscheidet diesen Fall auch – ungeachtet aller sonstigen, bedeutsamen Besonderheiten – wesentlich von der Situation, die den Entscheidungen BGHSt. 29, 288 (BGH Urt. v. 11. 6. 1980 – 3 StR 9/80; vgl. § 264 StPO erfolglose Rügen) und BVerfGE 56, 22 [= StV 1981, 323] (vgl. auch OLG Hamm MDR 1986, 253) zugrunde lag, welche der GBA für seine Auffassung, die Strafklage sei nicht verbraucht, in Anspruch nimmt. Dort waren die Taten, um deren spätere Aburteilungen es ging, zur Zeit der ersten Entscheidung noch nicht bekannt (BVerfG a.a.O., S. 37 „... gelungen war, sich der Verfolgung zu entziehen").

2. Einspruch gegen Strafbefehl vor Zustellung unabhängig von einer Kenntnis des Beschuldigten zulässig, wenn der Strafbefehl bereits erlassen war.

StPO § 410 – BGH Beschl. v. 16. 5. 1973 – 2 StR 497/72 OLG Saarbrücken (= BGHSt. 25, 187 = NJW 1974, 66)

Revision von Amts wegen.

Sachverhalt: Das Amtsgericht hat unter dem Datum vom 15. 9. 1969 gegen den Angeklagten einen Strafbefehl wegen fahrlässiger Körperverletzung erlassen und darin eine Geldstrafe festgesetzt. Am 20. 9. 1969 ging beim Amtsgericht ein Schriftsatz der Verteidiger des Angeklagten ein, der auszugsweise wie folgt lautet:

„Für den Fall, daß ein Strafbefehl bereits ergangen ist oder noch ergeht, legen wir schon jetzt Einspruch ein und beantragen ... Wir vermuten, daß der von der Staatsanwaltschaft beabsichtigte Strafbefehl zwischenzeitlich erlassen ... wurde."

Unter dem Strafbefehl befindet sich folgender Vermerk der Geschäftsstelle vom 26. 9. 1969: „Akten lagen auf Frist heute vorgefunden". Der Strafbefehl ist dem Angeklagten am 9. 10. 1969 zugestellt worden. Mit Schriftsatz vom 20. 10. 1969, beim Amtsgericht am 22. 10. 1969 – damit verspätet – eingegangen, haben seine Verteidiger nochmals Einspruch eingelegt. Das Amtsgericht hat auf Grund der Hauptverhandlung den Angeklagten erneut zu einer Geldstrafe verurteilt. Die Berufung des Angeklagten ist vom Landgericht verworfen worden. Der Angeklagte hat gegen das Urteil Revision zum Oberlandesgericht in Saarbrücken eingelegt. Das Oberlandesgericht hat geprüft, ob gegen den Strafbefehl mit dem Schriftsatz vom 19. 9. 1971 wirksam Einspruch eingelegt worden ist. Es möchte dies bejahen, sieht sich daran jedoch durch das Urteil des Bayerischen Obersten Landesgerichts vom 17. 5. 1971 (NJW 1961, 1637 = GA 1961, 347) gehindert. In diesem Urteil hat das Bayerische Oberste Landesgericht ausgesprochen, daß die schriftliche Erklärung, gegen einen etwa bereits ergangenen Strafbefehl werde vorsorglich Einspruch eingelegt, auch dann kein wirksamer Einspruch sei, wenn bei Eingang der Erklärung ein Strafbefehl bereits erlassen war. Das Oberlandesgericht in Hamm (VRS 37, 61) hat im Fall der sofortigen Beschwerde gegen einen Gerichtsbeschluß ebenso entschieden. Das Oberlandesgericht in Saarbrücken hat die Sache dem Bundesgerichtshof zur Entscheidung folgender Frage vorgelegt:

Ist ein Einspruch wirksam, den der Angeklagte in Unkenntnis darüber, ob ein Strafbefehl bereits erlassen ist, ausdrücklich für den Fall einlegt, daß der Strafbefehl bereits erlassen ist oder noch erlassen wird, wenn bei Eingang der Einspruchsschrift der Strafbefehl bereits erlassen war? – Das Rechtsmittel hatte Erfolg.

Gründe: ...

III.

In der Sache tritt der Senat – übereinstimmend mit der Stellungnahme des Generalbundesanwalts – der Rechtsauffassung des Oberlandesgerichts in Saarbrücken bei.

a) Der Beschuldigte kann gegen einen Strafbefehl schon vor der Zustellung Einspruch einlegen (einhellige Ansicht, z.B. RGSt 64, 426, 428). Ersichtlich wendet sich das Bayerische Oberste Landesgericht hiergegen nicht.

Zutreffend ist ferner die Meinung dieses Gerichts, daß gegen eine Entscheidung, die noch gar nicht erlassen ist, kein Rechtsmittel oder Rechtsbehelf eingelegt werden kann. Auf die in seinem Urteil angeführten Nachweise wird Bezug genommen, ferner auf BGH Urteil vom 19. 6. 1953 – 2 StR 145/53[1]).

b) Das Bayerische Oberste Landesgericht stellt für die Wirksamkeit des Einspruchs gegen einen noch nicht zugestellten Strafbefehl darauf ab, ob der Beschuldigte weiß, daß ein Strafbefehl bereits erlassen ist. Hiergegen erheben sich durchgreifende Bedenken. Wenn das Strafbefehlsdatum (z.B. mangels Kenntnis) im Einspruch nicht genannt wird, ist dieser damit noch nicht wegen Unbestimmtheit nichtig; denn da in einem bestimmten Verfahren ein Strafbefehl nur einmal ergehen kann, sind Verwechslungen oder sonstige Unsicherheiten darüber, welche Entscheidung gemeint ist, von vornherein ausgeschlossen.

Die Rechtssicherheit verlangt, daß die Wirksamkeit von fristgebundenen Prozeßhandlungen nach einfachen Merkmalen geprüft werden kann (z.B. Datum einer Entscheidung oder einer Zustellung oder eines Einganges bei Gericht). Die Einführung subjektiver Momente (z.B. Kenntnis einer Entscheidung) in diesem Zusammenhang wäre dem Prozeßrecht wesensfremd. Sie könnte auch leicht zu sachwidrigen Ergebnissen führen. Würde der Beschuldigte etwa gegen einen Strafbefehl vor dessen Zustellung ohne erkennbare Vorbehalte Einspruch einlegen, könnte er eine Hauptverhandlung sicherlich auch dann erreichen, wenn er bei der Einspruchseinlegung noch gar nicht gewußt hat, daß ein Strafbefehl bereits erlassen war. Die Durchführung eines Hauptverfahrens kann aber nicht davon abhängen, ob der Beschuldigte seine Unkenntnis zum Ausdruck bringt oder nicht und ob das Gericht dessen Unkenntnis vielleicht auf andere Weise erkennt. Deshalb kann es auf die Kenntnis des Beschuldigten vom Erlaß des Strafbefehls unter keinem Gesichtspunkt ankommen.

---

1 „... Ein Rechtsmittel kann aber nur nach Erlaß der angefochtenen Entscheidung eingelegt werden. Unzulässig ist ein Rechtsmittel, das schon vor Erlaß der Entscheidung eingelegt ist. Zur Verkündung des Urteils gehört im Strafverfahren die Verlesung der Urteilsformel und die Mitteilung der Urteilsgründe (§ 268 StPO). Erst nach Mitteilung auch er Gründe ist die Urteilsverkündung beendet."

3. Strafbefehl wegen fahrlässiger Körperverletzung hindert nicht erneute Verfolgung wegen zur Zeit seines Erlasses unbekannter fahrlässiger Tötung.

StPO §§ 373a, 410; GG Art 103 Abs. 3 – BGH Urt. v. 10. 6. 1952 – 1 StR 827/51 LG Waldshut (= BGHSt. 3, 13)

Die Revision der Staatsanwaltschaft rügt, daß das Gericht ein Verfahren wegen fahrlässiger Tötung mit der Begründung eingestellt hat, die Rechtskraft eines gegen den Angeklagten wegen derselben Tat ergangenen Strafbefehls wegen fahrlässiger Körperverletzung stehe eine nochmaligen Verfolgung der Tat entgegen.

Sachverhalt: Durch Strafbefehl des Amtsgerichts in S. vom 4. 12. 1950 wurde gegen den Angeklagten eine Geldstrafe von 50 DM, ersatzweise 10 Tage Gefängnis, und eine Gefängnisstrafe von 4 Wochen festgesetzt. In ihm wurde er beschuldigt, in der Nacht zum 23. 7. 1950 auf der Landstraße zwischen B. und R. den ihm zu Fuß entgegenkommenden Kaufmann Richard Ra. mit dem unbeleuchteten Fahrrad angefahren und ihn dadurch durch Fahrlässigkeit körperlich verletzt zu haben (§ 230 StGB) sowie sich nach dem Verkehrsunfall der Feststellung seiner Person vorsätzlich durch die Flucht entzogen zu haben (§ 139a StGB). Wegen der fahrlässigen Körperverletzung wurde die Geldstrafe, wegen der Unfallflucht die Gefängnisstrafe festgesetzt. Der Strafbefehl wurde rechtskräftig. Die Gefängnisstrafe wurde durch die Untersuchungshaft für verbüßt erklärt. Die Geldstrafe bezahlte der Angeklagte am 10. 1. 1951.

Bei dem Antrag auf Erlaß des Strafbefehls war die Staatsanwaltschaft davon ausgegangen, daß der vom Angeklagten angefahrene Kaufmann Ra. kurz danach von dem schwachsinnigen Landwirt Johann H. überfallen und mit einer Holzbohle niedergeschlagen worden sei und dadurch den Tod erlitten habe. H. hatte zu der Zeit, als der Strafbefehl gegen den Angeklagten erging, die Tat gestanden, befand sich in Untersuchungshaft und wurde auf seinen Geisteszustand in einer Heil- und Pflegeanstalt beobachtet. Das Geständnis H.s erwies sich später als unrichtig. Er wurde durch Beschluß vom 15. 5. 1951 außer Verfolgung gesetzt. In dem weiteren Verfahren gegen H. hatte sich der dringende Verdacht ergeben, daß der Angeklagte den Kaufmann Ra. nicht nur angefahren und verletzt habe, sondern daß Ra. an den durch das Anfahren erlittenen Verletzungen gestorben sei. Gegen den Angeklagten wurde daher Anklage wegen fahrlässiger Tötung erhoben und auch das Hauptverfahren deswegen gegen ihn eröffnet. Das Verfahren wegen fahrlässiger Tötung ist eingestellt worden. Das Landgericht hat sich dazu veranlaßt gesehen, weil der Angeklagte wegen dieser Tat schon durch den rechtskräftigen Strafbefehl bestraft worden sei. – Das Rechtsmittel hatte Erfolg.

Gründe: Die Rechtsprechung hat stets angenommen, dem rechtskräftigen Strafbefehl komme für den Verbrauch der Strafklage nicht die volle Wirkung eines rechtskräftigen Urteils zu. Vielmehr sei eine neue Verurteilung im ordentlichen Verfahren wegen der vom Strafbefehl erfaßten Tat dann zulässig, wenn sich diese Tat auf Grund der Hauptverhandlung als die Verletzung eines Strafgesetzes herausstellt, das nicht schon im Strafbefehlsverfahren angewendet worden ist und das eine erhöhte Strafbarkeit begründet (RGSt 4, 243; 52, 241; 65, 291). In diesem Sinne haben auch schon der 3. Strafsenat des Bundesgerichtshofs im Urteil vom 21. 6. 1951 – 3 StR 325/51 – und der 2. Ferienstrafsenat im Urteil vom 2. 8. 1951 – 3 StR 463/51 – entschieden, wenn diese Entscheidungen auch den in der Rechtsprechung bisher ausnahmslos vertretenen Grundsatz nicht ausdrücklich im Hinblick auf zwischenzeitliche Gesetzesänderungen erörtern. An dieser Rechtsauffassung ist festzuhalten. Die vom Landgericht dagegen geäußerten Bedenken greifen nicht durch.

Der von der Rechtsprechung schon immer anerkannte und jetzt in Art 103 Abs. 3 GG, aber auch in zahlreichen Landesverfassungen (z.B. Hessen Art. 22 Abs. 3, Rheinland-Pfalz Art. 6 Abs. 3) ausgesprochene Grundsatz, daß niemand wegen derselben Tat auf Grund der allgemeinen Strafgesetze mehrmals bestraft werden darf, beruht auf folgendem Gedanken: Die Belange der Allgemeinheit fordern grundsätzlich, daß jede begangene strafbare Handlung entsprechend ihrem wahren Unrechts- und Schuldgehalt bestraft wird. Die folgerichtige Durchführung dieses Grundgedankens müßte dazu führen, daß eine neue Bestrafung möglich wäre, wenn sich herausstellte, daß die frühere Bestrafung dem wahren Unrechts- und Schuldgehalt der Tat nicht entspricht. Dies würde aber den der Rechtssicherheit und dem Schutze der persönlichen Freiheit dienenden gesetzlich festgelegten Wirkungen der Rechtskraft gerichtlicher Entscheidungen widerstreiten. Diesen Widerstreit hat das Gesetz in der Weise gelöst, daß es dem Gedanken der Rechtssicherheit und des Schutzes der persönlichen Freiheit sowie dem Gebot der Billigkeit, einen Angeklagten wegen derselben Tat nicht mehrmals einem Strafverfahren zu unterwerfen, den Vorrang einräumt. Die dann allerdings mögliche unerwünschte Folge ist, daß die gerechte Ahndung einer Straftat nicht erreicht wird, weil dem Gericht bei der ersten Aburteilung der wahre Sachhalt verborgen blieb und der Angeklagte deshalb zu milde bestraft wurde. Dies ist vernünftigerweise nur unter der Voraussetzung erträglich, daß der Richter im ersten Verfahren wenigstens die Möglichkeit hatte, die ihm zur Aburteilung unterbreitete Tat in ihrer wirklichen Gestaltung frei zu ermitteln und so das öffentliche Interesse an einer gerechten Entscheidung uneingeschränkt zu wahren. Diese Möglichkeit, die Tat nach allen Richtungen zu würdigen, besteht aber nur im ordentlichen Strafverfahren, dessen Kernstück die Hauptverhandlung ist, nicht dagegen im Verfahren bei amtsrichterlichen Strafbefehlen, wo der Richter nicht in der Lage ist, die angeschuldigte Tat über die Grenzen der Anklage hinaus zu würdigen.

Der Grundsatz, daß niemand wegen derselben Tat auf Grund der allgemeinen Strafgesetze mehrmals bestraft werden darf, war also mit der Einschränkung, die sich aus den vorstehend erörterten inneren Gründen ergibt, schon immer geltendes Recht. Er ergab sich aus den Vorschriften über die Rechtskraft gerichtlicher Entscheidungen, deren Wirkungen nach der Art dieser Entscheidungen und der Grundlage, auf der sie ergingen, abgestuft waren. Es fehlt an jedem Anhalt dafür, daß durch die Aufnahme dieses Grundsatzes in Art. 103 Abs. 3 GG an ihm inhaltlich etwas geändert und die durch Gesetz und Rechtsprechung gezogene Grenze zwischen den Grundsätzen der Gerechtigkeit und der Billigkeit anders als bisher bestimmt werden sollte. Der bisher schon geltende Rechtszustand wurde dadurch nur in den Rang eines Verfassungsgrundsatzes erhoben und dadurch mit besonderen Sicherungen umgeben.

Entgegen der Ansicht des Landgerichts kann auch aus dem neu eingeführten § 373a StPO nichts Gegenteiliges gefolgert werden. Die Einfügung dieser Vorschrift durch das Gesetz vom 12. 9. 1950, das damit in diesem Punkte den durch die Verordnung vom 29. 5. 1943 geschaffenen Rechtszustand wiederherstellte, entschied durch den Gesetzgeber die alte Streitfrage, ob die Vorschriften über die Wiederaufnahme des Verfahrens auf amtsrichterliche Strafbefehle anzuwenden sind. Da die Rechtsprechung einhellig der Meinung war, daß die Rechtskraft des Strafbefehls der Möglichkeit nicht entgegenstehe, dieselbe Tat nochmals unter einem rechtlichen Gesichtspunkt zu verfolgen, der im Strafbefehl nicht berücksichtigt ist und eine erhöhte Strafbarkeit begründet, ging der Streit nur dahin, ob die Wiederaufnahme des Verfahrens zugunsten des Verurteilten auch bei vorangegangenem Strafbefehl möglich ist. Es fehlt an jedem Anzeichen dafür, daß der Gesetzgeber mit der Entscheidung dieser Streitfrage, ohne dies ausdrücklich auszusprechen, zugleich die Einschränkung der Rechtskraftwirkung beseitigen wollte, zu der die Rechtsprechung aus überzeugenden inneren Gründen bei Strafbefehlen im Vergleich zu den auf Grund einer Hauptverhandlung ergangenen Urteilen gelangt war. Weder die amtliche Begründung zum Vereinheitlichungsgesetz vom 12. 9. 1950 noch die Verhandlungen im Bundestag bieten einen Anhalt dafür, daß der Gesetzgeber mit der Einfügung des § 373a StPO, ohne daß sich diese Folge aus seinem Wortlaut ergab, die Rechtskraftwirkung von amtsrichterlichen Strafbefehlen in der hier erörterten Beziehung abweichend von der ständigen Rechtsprechung der deutschen Gerichte bestimmen wollte.

Dem Landgericht kann schließlich auch darin nicht zugestimmt werden, daß unzureichende Ermittlungen, die zu einem der wahren Sachlage nicht gerecht werdenden Strafbefehl führen, auch im ordentlichen Verfahren oft den Strafrichter irreführen, so daß dann ein Urteil ergehe, das der wahren Sachlage nicht entspreche. Damit verkennt das Landgericht die Bedeutung der die Mündlichkeit und Unmittelbarkeit sowie das Gehör des Angeklagten verbürgenden Hauptverhandlung. Die Erkenntnismöglichkeiten, die sich dem Strafrichter in der Hauptverhandlung bieten, sind in einem auch noch so gewissenhaft geführten Ermittlungsverfahren und bei noch so gründlicher Durcharbeitung der schriftlich vorliegenden Ermittlungsvorgänge durch den Richter auch nicht annähernd gegeben.

Nach alledem ist an dem bisher von der Rechtsprechung vertretenen Grundsatz festzuhalten. Der gegen den Angeklagten wegen fahrlässiger Körperverletzung ergangene Strafbefehl hinderte somit nicht, daß er in diesem Verfahren wegen fahrlässiger Tötung zur Verantwortung gezogen wurde. Soweit das Verfahren vom Landgericht eingestellt worden ist, muß das Urteil deshalb mit den Feststellungen aufgehoben werden. Sollte die neue Verhandlung zur Verurteilung des Angeklagten wegen fahrlässiger Tötung führen und das Gericht auf eine Freiheitsstrafe erkennen, so ist, wie der Bundesgerichtshof im Urteil vom 2. 8. 1951 – 3 StR 463/51 – entschieden hat, nicht etwa die Ersatzfreiheitsstrafe auf die neue Strafe anzurechnen, sondern die Rückzahlung der Geldstrafe anzuordnen.

Erfolglose Rügen

1. Die Rechtskraft eines Strafbefehls bleibt auch nach Einführung des § 153a StPO beschränkt (im Anschluß an BGHSt. 3, 13 [BGH Urt. v. 10. 6. 1952 – 1 StR 827/51; vgl. § 410 StPO erfolgreiche Rügen]; 18, 141 [BGH Urt. v. 20. 11. 1962 – 1 StR 442/62; vgl. § 410 StPO erfolglose Rügen]).

StPO § 410 – BGH Urt. v. 11. 7. 1978 – 1 StR 232/78 LG Kempten (= BGHSt. 28, 69)

Die Revision rügt, der Angeklagte hätte deshalb nicht verurteilt werden dürfen, weil die Strafklage durch einen rechtskräftigen Strafbefehl verbraucht gewesen sei. Dies gelte um so mehr, wonach nunmehr § 153a StPO eine Einstellung des Verfahrens vorsehe, die ja auch auf Grund der Ergebnisse des Ermittlungsverfahrens ausgesprochen werden könne, und die Tat nicht mehr als Vergehen verfolgt werden dürfe, obwohl der Beschuldigte überhaupt nicht bestraft worden sei. – Das Rechtsmittel war erfolglos.

Gründe: Die Strafklage ist nicht durch den rechtskräftigen Strafbefehl des Amtsgerichts verbraucht.

1. Nach ständiger Rechtsprechung (BGHSt. 3, 13; 9, 10 [BGH Urt. v. 10. 1. 1956 – StE 11/55; vgl. § 410 StPO erfolglose Rügen]; 18, 141, gebilligt durch BVerfGE 3, 248 [BVerfG Urt. v. 18. 12. 1953 – 1 BvR 230/51; vgl. § 410 StPO erfolglose Rügen]) ist die in § 410 StPO festgelegte Rechtskraftwirkung eines Strafbefehls als beschränkt anzusehen. Der rechtskräftige Strafbefehl hindert nicht, dieselbe Tat nochmals unter einem rechtlichen Gesichtspunkt zu verfolgen, der bisher nicht berücksichtigt ist und der eine erhöhte Strafbarkeit begründet. Diese Rechtsfolge beruht auf dem Umstand, daß das Strafbefehlsverfahren, das der Vereinfachung und Beschleunigung in minder wichtigen Strafsachen dienen soll, ein summarisches Verfahren darstellt, das nicht in gleichem Maße wie eine Hauptverhandlung die Erforschung des Sachverhalts und damit eine zutreffende rechtliche Einordnung des Tatgeschehens gewährleistet (BGHSt. 18, 141, 142).

2. Entgegen der Annahme der Revision bietet § 153a StPO n.F. keine Veranlassung, von dieser Rechtsprechung abzuweichen.

a) Der Beschwerdeführer kann sich allerdings zur Stützung seiner Ansicht auf Ausführungen im Schrifttum berufen, die der Erörterung bedürfen. Schäfer (Löwe/Rosenberg, StPO

23. Aufl. § 410 Rdn. 29) meint, nach der Einstellung durch Gerichtsbeschluß gemäß § 153a StPO, die ja auch auf Grund der Ergebnisse des Ermittlungsverfahrens ausgesprochen werden könne, dürfe die Tat nicht mehr als Vergehen verfolgt werden, obwohl der Beschuldigte überhaupt nicht bestraft worden sei, sondern lediglich Sanktionen auf sich genommen habe. Dann gehe es aber nicht an, dem auf Strafe lautenden und einem rechtskräftigen Urteil gleichstehenden rechtskräftigen Strafbefehl eine geringere Verzehrwirkung beizumessen. Kleinknecht (StPO 33. Aufl. § 410 Rdn. 7) folgert aus dem „Gesamtgefüge der Rechtsordnung", die strafklagenverbrauchende Wirkung des Strafbefehls könne keinesfalls geringer sein als die der endgültigen Einstellung nach § 153a StPO, die nur mit Sanktionen verbunden werde.

b) Dem vermag der Senat jedoch in Übereinstimmung mit BayObLGSt 1976, 84 nicht zu folgen. Die dargelegten Ansichten übertragen Rechtsgrundsätze aus dem Bereich eines Rechtsinstituts in den eines anderen, ohne die wesentlichen Unterschiede in Ausgestaltung und Zielsetzung beider Verfahren hinreichend zu berücksichtigen. § 410 StPO ist nicht geändert, obwohl die dazu ergangene höchstrichterliche Rechtsprechung bei der Neuregelung des § 153a StPO im Jahre 1974 bekannt war. Auch in der Folgezeit hat der Gesetzgeber keine Veranlassung genommen, die Rechtskraftwirkung des Strafbefehls der Regelung in § 153a StPO anzugleichen. Es ist deshalb davon auszugehen, daß er die Rechtsprechung zu § 410 StPO nach wie vor billigt.

§ 153a StPO verfolgt das Ziel, in einem „Beendigungsverfahren mit Selbstunterwerfung" den einsichtigen und sanktionswilligen Täter eines Delikts der Kleinkriminalität, dessen Schuld gering ist, nach Erfüllung von Auflagen mit Strafe und deren Makel zu verschonen. Der Gesetzgeber will damit der Gefahr, daß ein geringfügig Gestrauchelter durch die Bestrafung und den Makel des Vorbestraftseins tiefer in die Kriminalität gerät, entgegenwirken. Angesichts der geringen Schuld tritt der staatliche Strafanspruch nach Erfüllung der Sanktionen vollständig zurück, die negativen Auswirkungen einer Vorstrafe werden vermieden. Um dieses kriminalpolitischen Zwecks willen bewahrt der Gesetzgeber den Kleinkriminellen, der sich in freier Willensbestimmung mit den verhängten Sanktionen einverstanden erklärt, sie erfüllt und dadurch Unrechtseinsicht beweist, vor einer Wiederaufnahme des Verfahrens, soweit dies rechtspolitisch vertretbar erscheint. Der Beschleunigungs- und Vereinfachungseffekt sind in diesem Zusammenhang untergeordnete Ziele.

Anders liegen die Dinge beim Strafbefehlsverfahren. Dort geht es nicht um das dargestellte kriminalpolitische Anliegen, sondern schlicht um das Bestreben, geeignete Strafsachen von geringerer Bedeutung in einem summarischen Verfahren schnell zu erledigen und damit eine Hauptverhandlung zu ersparen. Auf die Einwilligung des Beschuldigten kommt es bei Erlaß des Strafbefehls ebensowenig an wie auf seine geringe Schuld. Beschleunigung und Vereinfachung sind vordringliche Ziele.

Diese Unterschiede gebieten eine differenzierte Betrachtung auch hinsichtlich der Rechtskraftwirkung. Wenn die Rechtsgemeinschaft ein behutsames Vorgehen gegenüber dem geringfügig Gestrauchelten für angebracht hält und dabei auf dessen positive Mitwirkung abstellt, erscheint es sinnvoll, die Tat auch später nicht mehr als Vergehen zu verfolgen. Dieser Gesichtspunkt trifft aber für den Täter einer durch Strafbefehl verfolgten Straftat nicht zu. Danach ist es geboten, die Beschränkung der Rechtskraft beim Strafbefehl im Rahmen der bisher entwickelten Rechtsgrundsätze beizubehalten.

3. Aus § 84 OWiG ergibt sich nichts Gegenteiliges. Dort ist u.a. bestimmt, daß die gerichtliche Sachentscheidung in einer Ordnungswidrigkeitssache einer Verfolgung der Tat als Straftat auch dann entgegensteht, wenn das Gericht über sie als Ordnungswidrigkeit entschieden hat. Dem rechtskräftigen Urteil steht insoweit der rechtskräftige Beschluß des Strafrichters nach § 72 OWiG gleich, der nach Einspruch des Betroffenen ohne Hauptverhandlung ergeht. Schäfer (a.a.O. § 410 Rdn. 25) folgert daraus Einwirkungen auf die Rechtskraftwirkung des Strafbefehls, weil das summarische Strafbefehlsverfahren dem ge-

richtlichen Ordnungswidrigkeitsverfahren mit seinen geringeren Garantien für die Wahrheitsfindung weitgehend vergleichbar sei.

Dabei ist jedoch die Sonderstellung des Ordnungswidrigkeitsverfahrens nicht gebührend in Betracht gezogen. Sie steht einer so weitgehenden Übertragung der Rechtsgrundsätze aus einem Verfahren in das andere entgegen. Besonderen Ausdruck finden die Eigenständigkeit u.a. in der Ausgestaltung des Wiederaufnahmeverfahrens zuungunsten des Betroffenen, die in § 85 Abs. 3 OWiG gegenüber § 362 StPO wesentlich erleichtert ist. Es genügt bereits, wenn neue Tatsachen oder Beweismittel beigebracht sind, die geeignet sind, die Verurteilung des Betroffenen wegen eines Verbrechens zu begründen. Unter diesen Umständen ist eine verstärkte Rechtskraftwirkung der gerichtlichen Ordnungswidrigkeitsentscheidung erträglich; sie kann durch eine erleichterte Wiederaufnahme wieder beseitigt werden. Das Beispiel zeigt jedoch, daß die Übernahme einer gleichartigen Rechtskraftwirkung in den Bereich des Strafbefehlsverfahrens nicht möglich ist.

2. Strafbarkeit erhöhende Tatfolge nach Erlaß des Strafbefehls werden von dessen Rechtskraft nicht umfaßt.

StPO § 410; GG Art. 103 Abs. 3 – BGH Urt. v. 20. 11. 1962 – 1 StR 442/62 LG Karlsruhe (= BGHSt. 18, 141)

Die Revision rügt, daß der rechtskräftige Strafbefehl vom 4. 5. 1959 der erneuten Verurteilung entgegenstehe; die Strafklage sei verbraucht.

Sachverhalt: Der Angeklagte hatte am 13. 2. 1959 seinen Bruder Johann O. bei einer tätlichen Auseinandersetzung durch mehrere Messerstiche verletzt. Wegen gefährlicher Körperverletzung wurde durch Strafbefehl des Amtsgerichts B. vom 4. 5. 1959 gegen ihn eine Gefängnisstrafe von drei Monaten verhängt, die zur Bewährung ausgesetzt wurde. Der Strafbefehl wurde rechtskräftig. Am 25. 9. 1959 starb Johann O.

Nach den Feststellungen des angefochtenen Urteils ist der Tod durch die ihm vom Angeklagten zugefügten Verletzungen verursacht worden. Das Schwurgericht hat deshalb den Angeklagten wegen Körperverletzung mit Todesfolge zu neun Monaten Gefängnis verurteilt, die es zur Bewährung ausgesetzt hat. Gleichzeitig ist im Urteil ausgesprochen, daß der Strafbefehl in Wegfall komme. – Das Rechtsmittel war erfolglos.

Gründe: Nach der Rechtsprechung des Reichsgerichts (vgl. insbesondere RGSt 4, 243; 9, 321, 323; 14, 158, 15, 112; zuletzt noch 76, 250, 251), die vom Bundesgerichtshof übernommen (BGHSt. 3, 13 [BGH Urt. v. 10. 6. 1952 – 1 StR 827/51; vgl. § 410 StPO erfolgreiche Rügen]; 6, 122 [BGH Urt. v. 5. 5. 1954 – 1 StR 25/54; vgl. § 410 StPO erfolglose Rügen]; 9, 10 [BGH Urt. v. 10. 1. 1956 – StE 11/55; vgl. § 410 StPO erfolglose Rügen]) und vom Bundesverfassungsgericht in BVerfGE 3, 248 (BVerfG Urt. v. 18. 12. 1953 – 1 BvR 230/51; vgl. § 410 StPO erfolglose Rügen) gebilligt wurde, ist die Rechtskraftwirkung des Strafbefehls beschränkt. Der rechtskräftige Strafbefehl hindert nicht, dieselbe Tat nochmals unter einem rechtlichen Gesichtspunkt zu verfolgen, der im Strafbefehl nicht berücksichtigt ist und eine erhöhte Strafbarkeit begründet. Gegen diesen Rechtsgrundsatz kämpft die Revision nicht allgemein an. Sie meint aber, daß er im vorliegenden Fall nicht Platz greifen könne, weil der qualifizierende Erfolg der Tat erst nachträglich eingetreten sei, im Strafbefehl also gar nicht habe berücksichtigt werden können. Die Nichtberücksichtigung beruhe also nicht auf den Mängeln des dem Strafbefehl zugrunde liegenden summarischen Verfahrens. Damit kann die Revision nicht durchdringen.

Der Grundsatz von der beschränkten Rechtskraft des Strafbefehls beruht auf der Überlegung, daß das Strafbefehlsverfahren, das der Vereinfachung und Beschleunigung in minder wichtigen Strafsachen dienen soll, ein summarisches Verfahren ist, das nicht im gleichen Maße wie eine Hauptverhandlung die volle Erforschung des Sachverhalts und damit auch die Berücksichtigung aller für die rechtliche Beurteilung der Tat wesentlichen Gesichtspunkte gewährleistet. Der Richter ist, will er den Strafbefehl überhaupt erlassen, an die rechtliche Beurteilung im Strafbefehlsantrag gebunden. Zur Umgestaltung der Strafklage, wie sie dem Richter in der Hauptverhandlung zusteht und obliegt (§ 264 StPO), ist er weder befugt noch in der Lage. Daran ändert nichts, daß der Richter den Erlaß des Strafbefehls ablehnen kann. Erläßt er ihn, so ist jedenfalls die darin liegende Entscheidung nicht auf Grund einer so allseitigen tatsächlichen und rechtlichen Prüfung ergangen, wie sie in der Hauptverhandlung möglich ist. Dieser Umstand rechtfertigt und erfordert es, die Rechtskraft des Strafbefehls gegenüber der des Urteils einzuschränken und es zuzulassen, daß der Täter nochmals unter einem anderen rechtlichen Gesichtspunkt verfolgt wird, der eine erhöhte Strafbarkeit begründet. Damit wird nicht der Grundsatz der Rechtssicherheit verletzt, auf dem das Institut der Rechtskraft beruht, er wird nur gegenüber dem Grundsatz der materiellen Gerechtigkeit, der im übrigen das Strafverfahren beherrsche, auf seine richtigen Grenzen zurückgeführt.

Daß die Beschränkung der Rechtskraft des Strafbefehls von solchen Erwägungen abgeleitet ist, bedeutet nicht, daß in jedem Fall, in dem ein weiteres Verfahren eingeleitet wird, geprüft werden müßte, ob die unrichtige Rechtsanwendung nun auch wirklich im Einzelfall auf der Unvollkommenheit des Strafverfahrens beruht. Was geschehen sein würde, wenn das Gericht keinen Strafbefehl erlassen, sondern eine Hauptverhandlung anberaumt hätte und es auf ihrer Grundlage zu einem Urteil gekommen wäre, ist im einzelnen Falle möglicherweise nicht mit Sicherheit zu sagen. Die Rechtskraftwirkung eines Strafbefehls würde sich nicht mehr nach einem leicht und sicher zu handhabenden Grundsatz bestimmen; sie würde von Umständen abhängig gemacht werden, die kaum sicher beurteilt, sondern bestenfalls als wahrscheinlich oder möglich angesehen werden können. Auf eine solche Nachprüfung ist auch das Reichsgericht in seinen Entscheidungen aus gutem Grund nicht eingegangen. So hat es den aus allgemeinen Erwägungen abgeleiteten Grundsatz auch in Fällen angewendet, in denen der Strafbefehlsrichter die Möglichkeit hatte, die Anwendbarkeit der strengeren Strafbestimmung zu erkennen (vgl. insbesondere RGSt 52, 241, 243). Umgekehrt kann aber auch einem erneuten Strafverfahren nicht mit dem Einwand begegnet werden, daß der Strafbefehlsrichter im gegebenen Fall einen rechtlichen, die Strafbarkeit erhöhenden Gesichtspunkt nicht habe berücksichtigen können, weil der Tatumstand, der ihn begründete, noch gar nicht vorhanden gewesen sei und weil er daher auch in einem Urteil auf Grund einer Hauptverhandlung, die im Zeitpunkt des Erlasses des Strafbefehls stattgefunden hätte, nicht hätte berücksichtigt werden können. Denn auf die besondere Lage des Einzelfalles kommt es auch hier nicht an. Das Reichsgericht hat in einem solchen Fall die nochmalige Verfolgung des Täters mit Rücksicht auf die beschränkte Rechtskraftwirkung des Strafbefehls für zulässig erachtet, ohne die Besonderheit gegenüber anderen Fällen auch nur zu erörtern. Auch das Bundesverfassungsgericht hat in seiner oben erwähnten Entscheidung den Grundsatz von der beschränkten Rechtskraft des Strafbefehls ohne Einschränkung gebilligt.

Die Erwägungen, die zu diesem Grundsatz in der Rechtsprechung geführt haben, treffen überdies allgemein auch für Fälle wie den vorliegenden zu, in denen der die erhöhte Strafbarkeit bedingende Erfolg der Tat erst nach Erlaß oder Zustellung des Strafbefehls eingetreten ist. Der Strafbefehl dient ja auch der Beschleunigung des Verfahrens. Auf den Tag des Erlasses des Strafbefehls kann es daher nicht entscheidend ankommen; denn eine Hauptverhandlung würde regelmäßig später stattfinden. Möglicherweise würde es wegen des Zustandes des – als Zeugen zu hörenden – Verletzten auch zur Vertagung kommen, so daß es doch erst nach Eintritt der erschwerenden Tatfolge zum Urteil käme.

Bemerkenswert ist noch die vom Gesetzgeber im Falle des Bußgeldbescheids in § 65 OWiG getroffene Regelung. Auch hier wird die Rechtskraftwirkung beschränkt. Ist der Bußgeldbescheid unanfechtbar geworden und stellt sich die Tat auf Grund einer Tatsache oder eines Beweismittels, die der Staatsanwaltschaft nach Ablauf einer bestimmten Frist bekannt werden, als eine Straftat dar, so steht die Rechtskraft des Bußgeldbescheids der Strafverfolgung nicht entgegen. Hierbei besteht kein Unterschied zwischen Tatsachen, die nur unbekannt geblieben waren, und solchen, die erst nachträglich eingetreten sind.

Der Senat hält es aus diesen allgemeinen Überlegungen nicht für angängig und erforderlich, auf die näheren Umstände des vorliegenden Falles einzugehen, in dem allerdings gerade zur Zeit des Erlasses des Strafbefehls eine erhebliche Verschlechterung im Befinden des Verletzten eingetreten war, der freilich vorübergehend wieder eine Besserung folgte. Es erübrigt sich daher, zu der Ansicht des Oberlandesgerichts Karlsruhe in seinem, im vorliegenden Verfahren ergangenen Beschluß vom 22. 12. 1960 Stellung zu nehmen, daß hier das Hauptverfahren begründete Aussicht auf volle Aufklärung des Sachverhalts geboten hätte.

Bei der gegebenen Sachlage bedarf es auch keines Eingehens auf die vom früheren 6. Strafsenat in BGHSt. 9, 10, 12 bejahte Frage, ob der Verbrauch der Strafklage auch deshalb nicht eintreten kann, weil der Amtsrichter zur Aburteilung der Tat aus dem die Strafbarkeit erhöhenden rechtlichen Gesichtspunkt nicht zuständig war.

Entgegen der Meinung der Revision – und im Einklang mit der Auffassung des Oberlandesgerichts Stuttgart in JZ 1960, 608, gegen OLG Koblenz in JZ 1960, 607 – steht also die Rechtskraft des Strafbefehls der Verurteilung des Angeklagten wegen Körperverletzung mit Todesfolge nicht entgegen, wenn die Todesfolge erst nach Erlaß des Strafbefehls eingetreten ist. Daß dieses Ergebnis allein befriedigt, wird in der Rechtslehre zum Teil auch von jenen anerkannt, die der Rechtsprechung über die beschränkte Rechtskraft des Strafbefehls nicht zustimmen. Diese suchen zu demselben Ergebnis zu gelangen, indem sie die Rechtskraft – auch von Strafurteilen – allgemein einengen. Hierzu Stellung zu nehmen, hat der Senat von seinem Standpunkt aus in vorliegender Sache keine Veranlassung. Er braucht sich daher auch nicht zu der Frage zu äußern, ob diese Lösung im Hinblick auf Art. 103 Abs. 3 GG nicht deshalb bedenklich wäre, weil der darin aufgestellte Rechtssatz nach den Ausführungen des Bundesverfassungsgerichts in BVerfGE 3, 248 in der Ausprägung und Beschränkung zum Rang eines Verfassungsrechtssatzes erhoben worden ist, in der er beim Inkrafttreten des Grundgesetzes von Gesetz und Rechtsprechung anerkannt war.

3. Neue Bestrafung zulässig, wenn sich strafbares Verhalten in der Hauptverhandlung unter einem nicht schon im Strafbefehl gewürdigten straferhöhenden Gesichtspunkt darstellt.

StPO § 410; GG Art. 103 Abs. 3 – BGH Urt. v. 10. 1. 1956 – StE 11/55 (= BGHSt. 9, 10 = NJW 1956, 600)

Die Revision rügt, eine Verurteilung wegen Beziehungen zu einem fremden Nachrichtendienst nach § 100e StGB. Der Angeklagte habe sich in Erfüllung seines Auftrages unter falschen Angaben in das Lager S. aufnehmen lassen; wegen dieses Verhaltens sei er durch Strafbefehl nach § 263 StGB verurteilt worden; damit sei auch das Vergehen nach § 100e StGB rechtskräftig erledigt.

Der Sachverhalt ergibt sich aus der Revisionsbegründung. – Das Rechtsmittel war erfolglos.

Gründe: Nach Art. 103 Abs. 3 GG darf niemand wegen derselben Tat mehrmals verurteilt werden. Unter „derselben Tat" in diesem Sinne ist, ebenso wie in § 264 StPO, derselbe geschichtliche Vorgang zu verstehen.

Der Betrug und die verräterischen Beziehungen sind allerdings nach den Grundsätzen des § 74 StGB zu beurteilen. Die Täuschung der Lagerleitung lag zwar im Rahmen des dem Angeklagten von dem sowjetischen Nachrichtendienst erteilten Auftrages. Der Umstand, daß die eine von mehreren Taten das Mittel für die Begehung der anderen ist, genügt aber für die Annahme der Tateinheit nach § 73 StGB nicht, wie der Senat bereits in dem Urteil StE 24/54 vom 29. 3. 1955 dargelegt hat. Notwendig wäre vielmehr, daß sich die Ausführungshandlungen wenigstens zum Teil deckten. Das ist hier nicht der Fall, denn der Betrug fällt in seiner Ausführung auch nicht teilweise mit Handlungen zusammen, durch die der Angeklagte den Tatbestand des § 100e Abs. 1 StGB verwirklicht hat.

Trotz der somit in Betracht kommenden Tatmehrheit handelt es sich aber doch um denselben geschichtlichen Vorgang. Das betrügerische Verhalten des Angeklagten in dem Lager stand mit seinen Beziehungen zu dem fremden Nachrichtendienst in einem so engen Zusammenhang, daß es keiner getrennten verfahrensrechtlichen Beurteilung zugänglich ist. Das Strafbefehlsverfahren erfaßte somit an sich auch die verräterischen Beziehungen nach § 100e Abs. 1 StGB.

Trotzdem ist dadurch die Strafklage nicht verbraucht.

1. Es ist anerkannten Rechts, daß ein Strafbefehl nicht die gleichen Rechtskraftwirkungen hat, wie ein Urteil. Eine neue Bestrafung im ordentlichen Verfahren ist vielmehr zulässig, wenn sich das strafbare Verhalten auf Grund der Hauptverhandlung unter einem nicht schon im Strafbefehl gewürdigten anderen rechtlichen Gesichtspunkt darstellt, der eine erhöhte Strafbarkeit begründet (vgl. BGHSt. 3, 13 [BGH Urt. v. 10. 6. 1952 – 1 StR 827/51; vgl. § 410 StPO erfolgreiche Rügen]; BVerfG NJW 1954, 69 Nr. 2 und die in diesen Entscheidungen angeführten Rechtsprechungsnachweise). Diese Voraussetzungen sind hier gegeben.

Bisher hat sich die Rechtsprechung, soweit ersichtlich, nicht im einzelnen mit der Frage befaßt, was unter einer „erhöhten Strafbarkeit" zu verstehen ist. Die ergangenen Entscheidungen betrafen in der Regel Fälle, in denen Tateinheit nach § 73 StGB gegeben war und Unterschiede bereits in dem gesetzlich vorgesehenen Strafrahmen bestanden. Es bedarf hier keiner Entscheidung, ob eine „erhöhte Strafbarkeit" in dem angeführten Sinne bei Tateinheit außerdem auch dann in Betracht kommt, wenn die Strafrahmen zwar die gleichen bleiben, aber eine härtere Strafe angemessen wäre, weil sich infolge der geänderten rechtlichen Beurteilung und des Hinzutretens neuer Tatsachen ein höherer Schuldgehalt ergibt. Denn die „Strafbarkeit" ist stets „erhöht", wenn innerhalb desselben geschichtlichen Vorgangs zu dem im Strafbefehl abgeurteilten Vergehen eine weitere selbständige Handlung hinzutritt. In einem solchen Falle *muß* nämlich, soweit die zunächst verhängte Strafe noch nicht verbüßt ist, gemäß §§ 74, 79 StGB auf eine Gesamtstrafe erkannt werden, die höher als die im Strafbefehl ausgesprochene ist. Auch im vorliegenden Falle würde die den Angeklagten wegen beider Vergehen treffende Strafe die im Strafbefehl für den Betrug festgesetzte Gefängnisstrafe stets überschritten haben.

2. Zu demselben Ergebnis gelangt man auf Grund einer anderen Erwägung.

Die Beurteilung des Vorganges unter dem rechtlichen Gesichtspunkt des § 100e StGB lag außerhalb der Zuständigkeit des Amtsrichters. Für die Untersuchung und Entscheidung in Verfahren, die verräterische Beziehungen nach § 100e StGB zum Gegenstand haben, ist nach § 134 Abs. 1 GVG allein der Bundesgerichtshof zuständig. Der Amtsrichter war also bei Erlaß des Strafbefehls rechtlich gehindert, die Handlungsweise des Angeklagten unter den Voraussetzungen des § 100e Abs. 1 StGB mit zu beurteilen. Das Reichsgericht hat sich mehrfach mit Fällen befaßt, in denen sich auf Grund einer erneuten Verhandlung die Tat, d.h. das geschichtliche Geschehen, unter einem nicht bereits gewürdigten anderweiten rechtlichen Gesichtspunkt als eine solche darstellt, die außerhalb der Zuständigkeit der zuerst entscheidenden Behörde liegt. Dabei hat es in ständiger Rechtsprechung anerkannt, daß hier ebenso wie den polizeilichen Strafverfügungen und den in Verwaltungsstrafsachen ergangenen Entscheidungen auch den amtsrichterlichen Strafbefehlen, selbst wenn sie unanfechtbar geworden sind, nicht die die Strafklage verbrauchende Wirkung eines gerichtlichen Strafurteils beizulegen ist (vgl RGSt 39, 370 [375]; 34, 165 [167] und die dort angeführten Rechtsprechungsnachweise). Dieser Rechtsauffassung tritt der Senat aus den Gründen bei, die für die Ansicht des Reichsgerichts bestimmend waren. Allerdings hat dieses hierauf in späteren Entscheidungen nicht mehr besonders hingewiesen. Daraus kann jedoch nicht geschlossen werden, daß es an seiner Meinung nicht festgehalten hat. Jedenfalls hat es sie niemals ausdrücklich aufgegeben, sondern nur dahin weiterentwikkelt, daß – unabhängig von der Frage der Zuständigkeit – einem Strafbefehl die volle Wirkung eines rechtskräftigen Urteils nicht zukommt, wenn der im Strafbefehl nicht gewürdigte rechtliche Gesichtspunkt eine erhöhte Strafbarkeit begründet.

Sonach kann hier wegen der fehlenden Zuständigkeit des Amtsrichters, den Vorgang unter dem rechtlichen Gesichtspunkt des § 100e Abs. 1 StGB zu würdigen, dem wegen Betruges erlassenen Strafbefehl ebenfalls keine die Strafklage im anhängigen Verfahren verbrauchende Wirkung zukommen.

4. Rechtskraftwirkung eines wegen einer fortgesetzten Handlung erlassenen Strafbefehls steht auch der neuerlichen Verurteilung wegen derjenigen Einzelfälle entgegen, die dem Strafbefehlsrichter unbekannt gewesen sind.

StPO § 410 – BGH Urt. v. 5. 5. 1954 – 1 StR 25/54 LG Darmstadt (= BGHSt. 6, 122)

Die Revision der Staatsanwaltschaft rügt, daß die Rechtskraftwirkung eines wegen einer fortgesetzten Handlung erlassenen Strafbefehls der neuerlichen Verurteilung wegen derjenigen Einzelfälle nicht entgegenstehe, die dem Strafbefehlsrichter unbekannt gewesen sind.

Sachverhalt: Der Angeklagte ist vom November 1950 bis Oktober 1951 als Anzeigenwerber für ein Inseratenblatt tätig gewesen. Er hat durch Vorspiegelungen in 376 Einzelhandlungen Kreditsuchende bewogen, Anzeigenaufträge zu erteilen und zu bezahlen. Dadurch hat er die getäuschten Personen in ihrem Vermögen geschädigt. Durch rechtskräftigen Strafbefehl vom 5. 5. 1951, dem Angeklagten zugestellt am 11. 5. 1951, ist er auf Grund von 7 Einzelfällen wegen fortgesetzten Betruges an Stelle einer verwirkten Gefängnisstrafe von einem Monat mit 200 DM Geldstrafe bestraft worden. Dem gegenwärtigen Verfahren liegen die restlichen 369 Fälle zu Grunde, derentwegen Anklage erhoben und das Hauptverfahren eröffnet worden ist.

Das Landgericht hat das Verhalten des Angeklagten, der während der ganzen Zeit seiner Vertretertätigkeit für das Inseratenunternehmen darauf ausging, in gleichbleibender Weise betrügerisch Kreditsuchende zur Auftragerteilung zu veranlassen, als fortgesetzte Handlung beurteilt. Verurteilt wurde der Angeklagte wegen der 143 Einzelhandlungen, die er nach Zustellung des Strafbefehls, also nach dem 11. 5. 1951, begangen hat. Bei den 226 Einzeltaten bis zum 11. 5. 1951 hat das Landgericht die Strafklage als verbraucht angesehen, da diese Fälle mit den vom Strafbefehl betroffenen 7 Fällen eine einzige fortgesetzte Handlung bilden. – Das Rechtsmittel war erfolglos.

Gründe: Ein Strafbefehl, gegen den nicht rechtzeitig Einspruch eingelegt wird, erlangt die Wirkung eines rechtskräftigen Urteils (§ 410 StPO). In ständiger Rechtsprechung hat das Reichsgericht allerdings die sachliche Rechtskraft des Strafbefehls gegenüber der eines Urteils eingeschränkt und zugelassen, dieselbe Tat nochmals unter einem rechtlichen Gesichtspunkt zu verfolgen, der in dem Strafbefehl nicht gewürdigt ist und eine erhöhte Strafbarkeit begründet (u.a. RGSt. 56, 263; 65, 292; 76, 251). Diese Rechtsprechung hat der Bundesgerichtshof aufrechterhalten (BGHSt. 3, 13 [BGH Urt. v. 10. 6. 1952 – 1 StR 827/51; vgl. § 410 StPO erfolgreiche Rügen]), ihr hat sich auch das Bundesverfassungsgericht angeschlossen (NJW 1954, 69). Diese Einschränkung des zur Wahrung der Rechtssicherheit stets anerkannten und jetzt in Art. 103 Abs. 3 GrundG verankerten Grundsatzes, daß niemand zweimal wegen derselben Tat verfolgt werden darf, beruht auf der Erwägung, daß im Strafbefehlsverfahren die ordnungsmäßige Würdigung der Tat nach allen rechtlichen

Gesichtspunkten nicht gewährleistet sei wie im ordentlichen Verfahren und daß deshalb die Gerechtigkeit eine nochmalige Aburteilung unter neu hervorgetretenen rechtlichen Gesichtspunkten erfordern könne.

Nur unter einem neuen rechtlichen Gesichtspunkt ist aber bisher die abermalige Verfolgung des bereits für eine Tat durch Strafbefehl bestraften Täters zugelassen worden. Eine Lockerung der Rechtskraft in tatsächlicher Richtung ist unzulässig. Daran muß festgehalten werden. Die Revision wendet sich nicht gegen die rechtliche Beurteilung des Verhaltens des Angeklagten als fortgesetzter Handlung, und zwar weder hinsichtlich der sieben abgeurteilten noch hinsichtlich aller übrigen Fälle. Sie meint nur, die Gerechtigkeit erfordere die Neuaburteilung der bisher nicht mit Strafe belegten Einzelhandlungen, die dem Strafrichter noch unbekannt gewesen seien. Aber auch wenn die ersten sieben Einzelhandlungen nicht im Strafbefehlsverfahren, sondern nach einer Hauptverhandlung abgeurteilt worden wären, wäre es durchaus möglich gewesen, daß weitere Einzelhandlungen des Angeklagten dem Gericht unbekannt geblieben wären. Dennoch würden nach ständiger Rechtsprechung bei Annahme einer fortgesetzten Handlung alle bis zur Verkündung des Urteils begangenen Einzeltaten einer neuen Aburteilung entzogen geblieben sein (RGSt 51, 253; 66, 45). Das beruht auf dem Wesen der richtig verstandenen fortgesetzten Handlung als einer einzigen Tat. Die Rechtssicherheit überwiegt gegenüber dem Strafverfolgungsanspruch des Staates. Sie und das Ansehen der Rechtspflege verbieten den Verzicht auf die „Rechtskraftwirkungen in ihrer unabdingbaren Starrheit" (Eb. Schmidt, Lehrkommentar zur StPO Teil I Nr. 266). Nur soweit der Täter noch nach Verkündung des ihn bestrafenden Urteils oder nach Zustellung des Strafbefehls neue Einzelhandlungen vorgenommen hat, ist seine Verfolgung zulässig (RGSt 66, 48). Bedenken hiergegen ist mit der Erwägung zu begegnen, daß ein Urteil naturgemäß nur für bereits begangene, nicht für zukünftige Taten über den Strafanspruch des Staates entscheiden kann.

Jeder weiteren Lockerung der Rechtskraftwirkung ist nunmehr schon durch Art. 103 Abs. 3 GrundG eine Schranke gesetzt. Wie die Entscheidungen des Bundesgerichtshofs (BGHSt. 3, 13) und des Bundesverfassungsgerichts (NJW 1954, 69) an Hand der Entstehungsgeschichte dieser Vorschrift ausführen, sollte der Rechtssatz „ne bis in idem" durch die Aufnahme in das Grundgesetz nicht anders als in den bisher durch die Rechtsprechung gezogenen Grenzen bestimmt werden. Die von der Rechtsprechung entwickelte Beschränkung der Rechtskraft des Strafbefehls ist vom Verfassungsgesetzgeber gewollt und muß „als eine dem Art. 103 Abs. 3 GrundG immanente Schranke angesehen werden" (BVerfG a.a.O.). Da bis zur Geltung des Grundgesetzes aber die Rechtsprechung nur in der rechtlichen Beurteilung, nicht aber bezüglich des sachlichen Umfanges die Rechtskraft des Strafbefehls eingeschränkt hatte, ist jede weitere Abänderung des nunmehr im Grundgesetz verankerten Rechtssatzes dem Gesetzgeber und auch diesem nur unter Beachtung der Voraussetzungen des Art. 79 Abs. 1 und 2 GrundG vorbehalten.

Hiernach kann die Revision zum Schuldspruch keinen Erfolg haben. Die Entscheidung entspricht dem Antrage des Oberbundesanwalts.

5. Eingeschränkte Rechtskraft des Strafbefehls.

StPO § 410 – BVerfG Urt. v. 18. 12. 1953 – 1 BvR 230/51 – (= BVerfGE 3, 248)

Der Beschwerdeführer rügt die Verletzung des Grundsatzes „ne bis in idem" durch ein Urteil des Oberlandesgerichts Frankfurt a.M., mit dem eine Verurteilung wegen einer Tat bestätigt worden ist, die zuvor bereits Gegenstand eines gegen den Beschwerdeführer ergangenen rechtskräftigen Strafbefehls war.

Sachverhalt: Der Beschwerdeführer hat in der Silvesternacht 1949 zwei Feuerwerkskörper (Kanonenschläge) vor der Tür des Schlafzimmers der Eheleute G. explodieren lassen, um deren Silvesterfeier zu stören. Auf Grund dieses Sachverhalts ist gegen ihn durch Strafbefehl des Amtsgerichts Kassel wegen ruhestörenden Lärms und groben Unfugs sowie unbefugten Abbrennens von Feuerwerkskörpern eine Geldstrafe von 10,– DM rechtskräftig verhängt worden. Am 29. 3. 1951 ist der Beschwerdeführer durch Urteil des Amtsgerichts Kassel wegen fahrlässiger Körperverletzung zu einer Geldstrafe von 150 DM hilfsweise 15 Tagen Gefängnis, und zu einer Buße von 200 DM mit der Begründung verurteilt worden, Frau G. habe durch die Explosion der Kanonenschläge in der Silvesternacht 1949 einen Nervenschock erlitten. Das Oberlandesgericht Frankfurt a.M. hat die von dem Beschwerdeführer gegen dieses Urteil eingelegte Revision am 5. 9. 1951 im Schuldspruch verworfen, im übrigen das Urteil aufgehoben. Soweit Aufhebung erfolgt ist, hat das Oberlandesgericht die Sache zur neuen Verhandlung und Entscheidung, auch über die Kosten der Revision, an das Amtsgericht Kassel zurückverwiesen. Zur Begründung hat das Revisionsgericht ausgeführt, daß eine Verurteilung durch einen Strafbefehl eine nochmalige Strafverfolgung wegen derselben Tat im ordentlichen Verfahren nicht ausschließe, sofern – wie hier – die Tat aus einem anderen rechtlichen Gesichtspunkt gewürdigt werde, der eine erhöhte Strafbarkeit begründe. – Die Verfassungsbeschwerde war erfolglos.

Gründe:
1. Art. 103 Abs. 3 GG will seinem Wortlaut nach eine mehrmalige Bestrafung wegen derselben Tat verhindern. Der Beschwerdeführer ist bis jetzt wegen derselben Tat nur einmal bestraft. Das Strafverfahren, das gegen ihn anhängig ist, ist noch nicht rechtskräftig abgeschlossen. Dem steht nicht entgegen, daß das Amtsgericht gemäß § 358 StPO die rechtliche Beurteilung, die das Revisionsgericht der Aufhebung des Urteils zugrunde gelegt hat, auch seiner Entscheidung zugrunde zu legen hat. Die Bindung des Amtsgerichts hieran kann entfallen, wenn das Ergebnis von neuen zulässigen Feststellungen der Vorinstanz die Anwendung eines anderen Strafgesetzes rechtfertigt (RGSt 31, 436 [437]). Auch kann eine inzwischen eingetretene Gesetzesänderung oder eine Amnestie zur Einstellung des Verfahrens führen. Das Urteil des Oberlandesgerichts braucht deshalb nicht rechts-notwendig eine Bestrafung des Beschwerdeführers auszulösen.

2. Der Beschwerdeführer hält nicht nur eine mehrmalige Bestrafung, sondern schon ein wiederholtes Verfahren wegen derselben Tat für unvereinbar mit Art. 103 Abs. 3 GG. Darüber sagt die Bestimmung ihrem Wortlaut nach nichts. Es bedarf daher einer Prüfung des rechtlichen Gehalts des Rechtssatzes, der gemeinhin mit der Wendung „ne bis in idem" oder „Verbrauch der Strafklage" bezeichnet wird.

Dieser Rechtssatz hat vor 1946 nicht ausdrücklich im Gesetz seinen Niederschlag gefunden. Trotzdem galt von jeher als grundlegender Satz des Strafrechts, daß die Schuld durch die Strafe getilgt wird. Dieser Rechtssatz wurde von der Strafprozeßordnung als selbstverständlich vorausgesetzt (vgl. Motive zum Entwurf einer Strafprozeßordnung usw., Deutscher Reichstag, 2. Legislatur-Periode, Drucks. II. Session 1874, Anlage c zu Nr. 5 [A], S. 155, 224) und von der Rechtsprechung für die im ordentlichen Verfahren auf Grund mündlicher Verhandlung ergangenen Urteile als geltendes Recht einhellig anerkannt (vgl. 35, 367 [370]; 56, 161 [166]). Dabei hat das Reichsgericht in ständiger Rechtsprechung angenommen, daß der Rechtssatz „ne bis in idem" ein mehrmaliges Verfahren wegen derselben Tat verhindern solle (vgl. RGSt 70, 26 [30]; 72, 99 [102]).

Bei einer Bestrafung im Strafbefehlsverfahren hat die Rechtsprechung den Grundsatz „ne bis in idem" einschränkend ausgelegt. Sie hat dem rechtskräftigen Strafbefehl für den „Verbrauch der Strafklage" nicht die volle Wirkung eines rechtskräftigen Urteils zuerkannt. Insbesondere hat das Reichsgericht in ständiger Rechtsprechung eine Verurteilung im ordentlichen Verfahren wegen einer bereits von einem Strafbefehl erfaßten Tat dann für zulässig gehalten, wenn die Bestrafung unter einem nicht schon im Strafbefehl gewürdigten rechtlichen Gesichtspunkt erfolgt, der eine erhöhte Strafbarkeit begründet (vgl. RGSt. 54, 283 [285]; 65, 291 [292]; 76, 250 [251]).

3. Die Entstehungsgeschichte des Art. 103 Abs. 3 GG bietet keine Anhaltspunkte dafür, daß der Rechtssatz „ne bis in idem" durch die Aufnahme in das Grundgesetz inhaltlich geändert und die durch die Rechtsprechung gezogenen Grenzen anders als bisher bestimmt werden sollten. Vielmehr sollte nur dem überlieferten Rechtssatz wegen seines grundrechtsähnlichen Charakters in dem Grundgesetz Ausdruck verliehen werden. Damit hat dieser Grundsatz den Rang eines Verfassungsrechtssatzes erlangt, dessen Abänderung an die erschwerten Voraussetzungen des Art. 79 Abs. 1 und 2 GG geknüpft ist. Der in Art. 103 Abs. 3 GG niedergelegte Rechtssatz nimmt daher auf den bei Inkrafttreten des Grundgesetzes geltenden Stand des Prozeßrechts und seiner Auslegung durch die herrschende Rechtsprechung Bezug. Da diese Rechtsprechung den Grundsatz „ne bis in idem" auf das Verhältnis des Strafbefehlsverfahrens zum ordentlichen Strafverfahren bisher nur beschränkt angewandt hatte, muß diese Auslegung des Grundsatzes als vom Verfassungsgesetzgeber gewollt und daher als eine dem Art. 103 Abs. 3 GG immanente Schranke angesehen werden. Daraus folgt vor allem, daß es zur Zulassung dieser Einschränkung keines formellen Gesetzes bedurfte, dem der Mangel eines ausdrücklichen Gesetzesvorbehalts in Art. 103 Abs. 3 GG entgegenstünde.

4. Die Auslegung, die dieser Grundsatz bisher erfahren hat, ist auch mit der verfassungsmäßigen Ordnung des Grundgesetzes vereinbar. Namentlich verletzt sie nicht die das Grundgesetz beherrschenden rechtsstaatlichen Prinzipien der Rechtssicherheit und der Gerechtigkeit.

Das Strafbefehlsverfahren ist, wie auch andere summarische Verfahren, mit dem Gedanken des Rechtsstaats nicht schon an sich unvereinbar. Es ist für die rasche Erledigung einer Vielzahl tatsächlich und rechtlich einfach gelagerter Fälle bestimmt und im Rahmen des deutschen Strafprozeßsystems praktisch nicht zu entbehren. Als summarisches Verfahren bleibt das Strafbefehlsverfahren seiner Natur nach mit Unzulänglichkeiten behaftet. So können unzureichende Ermittlungen zu einem der wahren Sachlage nicht gerecht werdenden Strafbefehl führen. Denn in diesem Verfahren trifft der Richter grundsätzlich keine eigenen Tatsachen- und Schuldfeststellungen. Eine gewisse Garantie für die Einhaltung rechtsstaatlicher Grundsätze auch im Strafbefehlsverfahren bieten allerdings die §§ 408 Abs. 2 und 411 StPO. Die erstgenannte Vorschrift befriedigt das öffentliche Interesse an einer gerechten Ahndung der Straftat. Sie gibt dem Amtsrichter die Möglichkeit, bei Bedenken gegen den Strafbefehlsantrag in einer Hauptverhandlung zu entscheiden. § 411 StPO verbürgt das rechtliche Gehör des Angeklagten durch die Zulassung des Einspruches mit anschließender Hauptverhandlung. Im normalen Ablauf des Strafbefehlsverfahrens fehlt aber die Möglichkeit, die dem Richter zur Aburteilung unterbreitete Tat in ihrem wahren Unrechts- und Schuldgehalt gemäß §§ 264, 265 StPO frei zu ermitteln und so das öffentliche Interesse an einer gerechten Entscheidung uneingeschränkt zu wahren. Deshalb muß bei der Entscheidung der Frage, welche Wirkungen dem rechtskräftigen Strafbefehl zukommen, der vor allem zugunsten des Beschuldigten wirkende Grundsatz der Rechtssicherheit zurückstehen vor dem allgemeinen öffentlichen Interesse an einer gerechten Bestrafung des Täters.

Aus diesem Grunde kann auch die Rechtskraft eines Strafbefehls nicht weiter reichen als sein Inhalt. Rechtskräftig kann also nur die Feststellung werden, die im Strafbefehl getroffen wird. Insoweit trifft auch der Strafbefehl eine endgültige Entscheidung. Der Strafbefehl besagt daher lediglich, daß durch den im Strafbefehlsantrag behaupteten und vom Richter mangels eigener Feststellungen als wahr unterstellten Tatbestand das angegebene Strafgesetz verletzt und daher die festgesetzte Strafe gerechtfertigt ist. Gerade dieser Umstand macht es zu einem Gebot der Gerechtigkeit, daß alle vom Strafbefehl nicht getroffenen Seiten der konkreten Tat ungeschmälert der Prüfung im ordentlichen Verfahren zugänglich bleiben. Ein rechtskräftiger Strafbefehl hindert daher nicht, daß die vom Strafbefehl zum Teil erfaßte Tat später noch einmal zum Gegenstand eines ordentlichen Strafverfahrens gemacht wird, wenn die Bestrafung unter einem nicht schon im Strafbefehl gewürdigten rechtlichen Gesichtspunkt erfolgt, der eine erhöhte Strafbarkeit begründet.

Daher kann der Strafbefehl nicht einem im ordentlichen Strafverfahren ergangenen Urteil gleichgestellt werden. § 410 StPO, der dem Strafbefehl, gegen den nicht rechtzeitig Einspruch erhoben worden ist, die Wirkung eines rechtskräftigen Urteils beilegt, muß in diesem Sinne einschränkend ausgelegt werden. Auch aus der Entstehungsgeschichte dieser Bestimmung ergibt sich, daß hier unter Rechtskraft formelle Rechtskraft, im wesentlichen Vollstreckbarkeit verstanden wird. Selbst die Strafprozeßordnung geht nicht davon aus, daß ein Strafbefehl in vollem Umfange einem Urteil gleichgestellt ist. Sonst wäre die Einfügung des § 373 a StPO, der die Wiederaufnahme eines Strafbefehlsverfahrens ermöglicht, unnötig gewesen; weil §§ 359 ff. StPO bereits die Wiederaufnahme eines durch rechtskräftiges Urteil abgeschlossenen Verfahrens zulassen (vgl. auch BGHSt. 3, 13 [16 f.] [BGH Urt. v. 10. 6. 1952 – 1 StR 827/51; vgl. § 410 StPO erfolgreiche Rügen]).

5. Angesichts dieser einschränkenden Bedeutung, die dem in Art. 103 Abs. 3 GG enthaltenen Rechtssatz „ne bis in idem" bei einer Verurteilung im Strafbefehlsverfahren zukommt, bedarf die Frage, ob dieser Rechtssatz generell ein zweites Strafverfahren verhindern will, keiner Entscheidung. Jedenfalls liegt in dem gegen den Beschwerdeführer anhängigen Verfahren noch kein zweites, nach Art. 103 Abs. 3 GG unzulässiges Strafverfahren.

Aus diesen Gründen wird der Beschwerdeführer dadurch, daß er möglicherweise nach der Bestrafung durch einen Strafbefehl wegen derselben Tat nochmals in einem ordentlichen Verfahren, jedoch unter einem anderen rechtlichen Gesichtspunkt verurteilt werden sollte, der eine erhöhte Strafbarkeit begründet, in seinem Recht aus Art. 103 Abs. 3 GG nicht verletzt. Vorausgesetzt wird dabei, daß mit der neuen Verurteilung die im Strafbefehl ausgesprochene Strafe grundsätzlich hinfällig ist (vgl. BGH in NJW 1951, 894), und die etwa bereits erfolgte Vollstreckung der im Strafbefehl verhängten Strafe rückgängig gemacht wird. Es ist hier nicht zu entscheiden, ob eine Anrechnung der im Strafbefehlsverfahren verhängten Geldstrafe in der Form erfolgen kann, daß sie bei der Straffindung in dem ordentlichen Strafverfahren lediglich berücksichtigt wird, wie es offenbar das angefochtene Urteil meint, oder ob nicht die im Strafbefehl ausgesprochene Strafe als nicht existent betrachtet und deshalb formell aufgehoben werden muß.

Die Verfassungsbeschwerde ist daher als unbegründet zurückzuweisen.

§ 411 StPO

(1) Ist der Einspruch verspätet eingelegt oder sonst unzulässig, so wird er ohne Hauptverhandlung durch Beschluß verworfen; gegen den Beschluß ist sofortige Beschwerde zulässig. Andernfalls wird Termin zur Hauptverhandlung anberaumt.

(2) Der Angeklagte kann sich in der Hauptverhandlung durch einen mit schriftlicher Vollmacht versehenen Verteidiger vertreten lassen. § 420 ist anzuwenden.

(3) Die Klage und der Einspruch können bis zur Verkündung des Urteils im ersten Rechtszug zurückgenommen werden. § 303 gilt entsprechend. Ist der Strafbefehl im Verfahren nach § 408 a erlassen worden, so kann die Klage nicht zurückgenommen werden.

(4) Bei der Urteilsfällung ist das Gericht an den im Strafbefehl enthaltenen Ausspruch nicht gebunden, soweit Einspruch eingelegt ist.

Erfolglose Rügen

1. Keine Einspruchsrücknahme gegen Bußgeldbescheid nach Übergang in das Strafverfahren (BGH Beschl. v. 8. 7. 1980 – 5 StR 686/79).

Erfolglose Rügen

1. Keine Einspruchsrücknahme gegen Bußgeldbescheid nach Übergang in das Strafverfahren.

StPO § 411; OWiG §§ 71, 81 – BGH Beschl. v. 8. 7. 1980 – 5 StR 686/79 OLG Celle (= BGHSt. 29, 305)

Die Revision rügt, das Amtsgericht hätte das Verfahren nach Rücknahme des Einspruchs gegen einen Bußgeldbescheid nicht fortsetzen und den Angeklagten nicht verurteilen dürfen, weil der Bußgeldbescheid nach der Rücknahme des Einspruchs rechtskräftig geworden sei.

Sachverhalt: Die Verwaltungsbehörde hatte gegen den Angeklagten wegen Nichtbeachtens der Vorfahrt gegenüber einem Radfahrer eine Geldbuße von 145 DM festgesetzt. Hiergegen legte der Angeklagte frist- und formgerecht Einspruch ein. Die Staatsanwaltschaft beantragte darauf beim Amtsgericht Peine, vom Bußgeldverfahren in das Strafverfahren überzugehen, und bejahte das besondere öffentliche Interesse an der Verfolgung der Tat als fahrlässige Körperverletzung. Das Amtsgericht wies den Angeklagten mit der Ladung zur Hauptverhandlung darauf hin, daß das Verfahren nunmehr unter dem rechtlichen Gesichtspunkt einer fahrlässigen Körperverletzung geführt werde. Darauf nahm der Angeklagte den Einspruch vor der Hauptverhandlung zurück. Das Amtsgericht führte das Verfahren zunächst nicht weiter. Auf Beschwerde der Staatsanwaltschaft stellte das Landgericht H. mit Beschluß vom 16. 3. 1979 fest, daß das Strafverfahren durch die Rücknahme des Einspruchs nicht erledigt und somit fortzuführen sei. Das Amtsgericht setzte nunmehr einen neuen Termin zur Hauptverhandlung an. Es verurteilte den Angeklagten am 4. 5. 1979 wegen fahrlässiger Körperverletzung zu einer Geldstrafe von sechs Tagessätzen zu je 30 DM.

Das Oberlandesgericht Celle hält diese Rüge für begründet und möchte deshalb der Revision stattgeben. Es sieht sich daran jedoch durch das Urteil des Bayerischen Obersten Landesgerichts vom 23. 1. 1975 (BayObLGSt 1975, 4 = MDR 1975, 515 JR 1976, 209) gehindert. Das Bayerische Oberste Landesgericht vertritt dort die Ansicht, daß die Rücknahme des Einspruchs gegen einen Bußgeldbescheid nach dem Übergang in das Strafverfahren nicht mehr zulässig sei und daher die Verurteilung des Angeklagten wegen einer Straftat in demselben Verfahren nicht hindern könne.

Das Oberlandesgericht Celle hat deshalb die Sache dem Bundesgerichtshof zur Entscheidung über folgende Frage vorgelegt:

Kann der Einspruch gegen einen Bußgeldbescheid noch wirksam zurückgenommen werden, nachdem das Bußgeldverfahren durch Hinweis auf die Veränderung des rechtlichen Gesichtspunktes gemäß § 81 Abs. 2 OWiG in ein Strafverfahren übergeleitet worden ist?

Die Voraussetzungen des § 121 Abs. 2 GVG für die Vorlage sind gegeben. Das Oberlandesgericht Celle würde sich mit der beabsichtigten Entscheidung sowohl zu dem genannten Urteil als auch zu dem Beschluß des Bayerischen Obersten Landesgerichts vom 5. 10. 1977 (BayObLGSt 1977, 161 = VRS 54, 294) in Widerspruch setzen, der die angeführte Ansicht bestätigt hat. Daß das Oberlandesgericht Celle über eine Sprungrevision nach § 335 StPO zu entscheiden hat, die in § 121 Abs. 2 GVG nicht besonders erwähnt ist, berührt die Vorlagepflicht nicht (BGHSt. 2, 63, 64, 65 [BGH Beschl. v. 12. 12. 1951 – 3 StR 691/51; vgl. § 335 StPO erfolgreiche Rügen]). – Das Rechtsmittel war erfolglos.

Gründe: Der Senat schließt sich der Auffassung des Bayerischen Obersten Landesgerichts an.

Nach § 71 OWiG richtet sich das Verfahren nach zulässigem Einspruch, soweit das Gesetz über Ordnungswidrigkeiten nichts anderes bestimmt, nach den Vorschriften der

Strafprozeßordnung, die nach zulässigem Einspruch gegen einen Strafbefehl gelten, also u.a. auch den §§ 411, 412 StPO. Diese Verweisung gilt aber nur für das Bußgeldverfahren. Es endet mit dem Übergang in das Strafverfahren, der durch den Hinweis des Gerichts auf die Veränderung des rechtlichen Gesichtspunktes bewirkt wird (§ 81 OWiG). Mit diesem Hinweis erhält der Betroffene die Stellung eines Angeklagten (§ 81 Abs. 2 Satz 2 OWiG). Dabei ersetzt der Bußgeldbescheid mit der darin enthaltenen Beschuldigung, welche die Staatsanwaltschaft durch Vorlage der Akten an den Richter beim Amtsgericht (§ 69 Abs. 1 Satz 1 OWiG) aufrechterhalten hat, und mit der in dem Hinweis bekanntgegebenen abweichenden rechtlichen Würdigung den hier fehlenden Eröffnungsbeschluß.

Die Stellung des Angeklagten in diesem Verfahren ist nicht zu vergleichen mit der eines Angeklagten, der gegen einen Strafbefehl Einspruch eingelegt hat. Der Strafbefehl ergeht auf Antrag der Staatsanwaltschaft zwar in einem „summarischen Verfahren" (BVerfGE 3, 248, 253 [BVerfG Urt. v. 18. 12. 1953 – 1 BvR 230/51; vgl. § 410 StPO erfolglose Rügen]), jedoch auf Grund einer umfassenden tatsächlichen und rechtlichen Prüfung durch das Gericht (§§ 407, 408 StPO). Er enthält einen strafrechtlichen Schuldspruch und setzt eine strafrechtliche Rechtsfolge gegen den Beschuldigten fest. Erhebt dieser nicht rechtzeitig Einspruch oder nimmt er den Einspruch zurück, so erlangt der Strafbefehl die Wirkung eines rechtskräftigen Strafurteils (§ 410 StPO). Der Angeklagte kann durch die Rücknahme des Einspruchs, die nach § 411 Abs. 3, § 303 StPO bis zur Verkündung des Urteils, nach Beginn der Hauptverhandlung allerdings nur mit Zustimmung der Staatsanwaltschaft zulässig ist, ein ihn schlechter stellendes Urteil (§ 411 Abs. 4 StPO) vermeiden, sich der strafrechtlichen Ahndung der Tat aber nicht entziehen. Er wird mit der Rücknahme des Einspruchs zum Verurteilten. Dagegen wird der Bußgeldbescheid ohne gerichtliche Prüfung von der Verwaltungsbehörde erlassen. Er beurteilt die Tat nur unter dem Gesichtspunkt einer Ordnungswidrigkeit und setzt lediglich Geldbuße und gegebenenfalls die im Ordnungswidrigkeitenrecht vorgesehenen Nebenfolgen fest. Der Bußgeldbescheid ist kein Straferkenntnis. Seine Rechtskraft schließt nur die erneute Verfolgung der Tat als Ordnungswidrigkeit aus, steht aber ihrer Verfolgung als Straftat nicht entgegen (§ 84 OWiG).

Wenn das Gericht das Bußgeldverfahren nach zulässigem Einspruch in das Strafverfahren überleitet (§ 81 OWiG), gibt es damit zu erkennen, daß es sich nicht mit der vom Betroffenen angestrebten Überprüfung des Bußgeldbescheides nach Ordnungswidrigkeitenrecht begnügen, sondern die Tat umfassend auch unter strafrechtlichen Gesichtspunkten würdigen wird. Der Betroffene kann die Überleitung nicht anfechten. Er wird mit dem Hinweis auf die Veränderung des rechtlichen Gesichtspunktes zum Angeklagten und muß als solcher sich dem Verfahren stellen. Seine prozessuale Lage ähnelt der eines Angeklagten, gegen den die Staatsanwaltschaft einen Strafbefehl beantragt, der Richter jedoch Hauptverhandlung anberaumt hat (§ 408 Abs. 2 StPO). Die Vorschriften der Strafprozeßordnung über das Verfahren nach zulässigem Einspruch gegen einen Strafbefehl passen auf dieses Verfahren nicht. Das ist für § 412 StPO offensichtlich, gilt aber auch für § 411 StPO. Die Strafprozeßordnung läßt es auch sonst nicht zu, daß ein Angeklagter durch einseitige Erklärung aus dem Verfahren ausscheidet, bevor ein Urteil oder ein ihm gleichstehendes gerichtliches Erkenntnis gegen ihn ergangen ist.

Diese Auffassung entspricht auch dem mit den §§ 81 ff. OWiG angestrebten Ziel, die Tat unter den Gesichtspunkten einer Straftat und einer Ordnungswidrigkeit in ein und demselben Verfahren zu beurteilen; sie dient zugleich einer zügigen Erledigung der Sache. Würde der Angeklagte den Einspruch gegen den Bußgeldbescheid auch nach dem Hinweis auf die Veränderung des rechtlichen Gesichtspunktes nach § 81 OWiG zurücknehmen können, müßte die Staatsanwaltschaft ein neues Verfahren gegen ihn einleiten, dem die Rechtskraft des Bußgeldbescheides nicht entgegenstände (§ 84 OWiG). Der damit verbundene Mehraufwand an Zeit und Mühe würde nicht durch schutzwürdige Belange des Angeklagten gerechtfertigt. Sein Interesse an einer wirksamen Verteidigung ist beim Übergang in das Strafverfahren vor der Hauptverhandlung schon durch die Vorschrift über die

Ladungsfrist (§ 217 StPO) und bei einer Überleitung in der Hauptverhandlung schon durch die Vorschriften über die Anwesenheitspflicht (§ 230 StPO) und über sein Recht, die Unterbrechung der Hauptverhandlung zu verlangen (§ 81 Abs. 2 Satz 3 und 4 OWiG), ausreichend gewahrt.

Deshalb kann der Betroffene nach dem Hinweis, daß die im Bußgeldbescheid bezeichnete Tat als Straftat gewürdigt werden könne, seinen Einspruch gegen diesen Bußgeldbescheid nicht mehr zurücknehmen.

§ 412 StPO

Ist bei Beginn einer Hauptverhandlung der Angeklagte weder erschienen noch durch einen Verteidiger vertreten und ist das Ausbleiben nicht genügend entschuldigt, so ist § 329 Abs. 1, 3 und 4 entsprechend anzuwenden. Hat der gesetzliche Vertreter Einspruch eingelegt, so ist auch § 330 entsprechend anzuwenden.

§ 413 StPO

Führt die Staatsanwaltschaft das Strafverfahren wegen Schuldunfähigkeit oder Verhandlungsunfähigkeit des Täters nicht durch, so kann sie den Antrag stellen, Maßregeln der Besserung und Sicherung selbständig anzuordnen, wenn dies gesetzlich zulässig ist und die Anordnung nach dem Ergebnis der Ermittlungen zu erwarten ist (Sicherungsverfahren).

§ 414 StPO

(1) Für das Sicherungsverfahren gelten sinngemäß die Vorschriften über das Strafverfahren, soweit nichts anderes bestimmt ist.

(2) Der Antrag steht der öffentlichen Klage gleich. An die Stelle der Anklageschrift tritt eine Antragsschrift, die den Erfordernissen der Anklageschrift entsprechen muß. In der Antragsschrift ist die Maßregel der Besserung und Sicherung zu bezeichnen, deren Anordnung die Staatsanwaltschaft beantragt. Wird im Urteil eine Maßregel der Besserung und Sicherung nicht angeordnet, so ist auf Ablehnung des Antrages zu erkennen.

(3) Im Vorverfahren soll einem Sachverständigen Gelegenheit zur Vorbereitung des in der Hauptverhandlung zu erstattenden Gutachtens gegeben werden.

Erfolgreiche Rügen

1. Im Strafverfahren kann die Staatsanwaltschaft den Antrag auf Durchführung des Sicherungsverfahrens noch im Beschwerdeverfahren nach Ablehnung der Eröffnung des Hauptverfahrens stellen (BGH Urt. v. 6. 6. 2001 – 2 StR 136/01).

Erfolgreiche Rügen

1. Im Strafverfahren kann die Staatsanwaltschaft den Antrag auf Durchführung des Sicherungsverfahrens noch im Beschwerdeverfahren nach Ablehnung der Eröffnung des Hauptverfahrens stellen.

StPO § 414 II – BGH Urt. v. 6. 6. 2001 – 2 StR 136/01 – LG Konstanz (= NJW 2001, 3560)

Die Revision der Staatsanwaltschaft rügt, daß das Gericht die Unterbringung des Beschuldigten in einem psychiatrischen Krankenhaus abgelehnt hat.

Sachverhalt: Dem Verfahren liegen zwei ursprünglich an das AG St. Goar gerichtete Anklagen vom 12. 8. und 9. 11. 1999 zu Grunde. In dem einen Strafverfahren hat die Staatsanwaltschaft Koblenz am 23. 12. 1999 die einstweilige Unterbringung des Beschuldigten nach § 126a StPO beantragt und im Hinblick auf die zu erwartende Maßregelanordnung die Vorlage der Akten an das Landgericht gem. § 209 II StPO oder § 225a StPO angeregt. Durch Beschluß vom 7. 2. 2000 hat das Landgericht Koblenz nach Verbindung der beiden Verfahren das Sicherungsverfahren bezüglich der Tat II 4 eröffnet und im Übrigen die Eröffnung des Hauptverfahrens abgelehnt. Gegen die teilweise Nichteröffnung des Sicherungsverfahrens hat die Staatsanwaltschaft Koblenz fristgerecht sofortige Beschwerde eingelegt und in der Beschwerdebegründung ausdrücklich die Eröffnung des Sicherungsverfahrens beantragt. Das OLG Koblenz hat mit Beschluß vom 15. 3. 2000 auf die sofortige Beschwerde der Staatsanwaltschaft das Sicherungsverfahren auch hinsichtlich der weiteren Taten eröffnet.

Das Landgericht hat die Unterbringung des Beschuldigten in einem psychiatrischen Krankenhaus abgelehnt. – Das Rechtsmittel hatte Erfolg.

Gründe: ... Die Verfahrensvoraussetzung einer zulässigen Antragsschrift und eines demgemäß wirksamen Eröffnungsbeschlusses ist gegeben. Im Einzelnen: ...

Die Antragsschrift nach § 414 II StPO ist Prozeßvoraussetzung für das Sicherungsverfahren und wird durch eine Anklageschrift nicht ersetzt. Auf eine die Durchführung des Strafverfahrens bezweckende Anklageschrift kann das Hauptverfahren im Sicherungsverfahren nicht eröffnet werden, weil der Eröffnungsrichter damit in unzulässiger Weise in das hinsichtlich der Durchführung des selbstständigen Sicherungsverfahrens bestehende Ermessen der Staatsanwaltschaft eingreifen würde (RGSt 72, 143). Am Fehlen des erforderlichen Antrags nach § 414 II StPO vermag auch die nachträgliche Zustimmung der Staatsanwaltschaft zur Eröffnung des Sicherungsverfahrens nichts zu ändern.

Der Antrag auf Durchführung des Sicherungsverfahrens kann jedoch von der Staatsanwaltschaft als Hilfsantrag mit einer Anklageschrift verbunden (RGSt 72, 143) oder im weiteren Verlauf des Zwischenverfahrens gestellt werden. Auch in diesem Fall ist das Einleitungsermessen der Staatsanwaltschaft gewahrt. Im Übrigen ist die Staatsanwaltschaft bis zu einer Eröffnungsentscheidung des Gerichts ohnehin befugt, die Anklageschrift zurückzunehmen und eine Antragsschrift nach § 414 II StPO neu einzureichen. Die Stellung eines Sicherungsverfahrensantrags ist darüber hinaus auch noch im Beschwerdeverfahren nach Ablehnung der Eröffnung des Hauptverfahrens möglich. Die Entscheidungsfreiheit der Staatsanwaltschaft wird nicht eingeschränkt, und die Verteidigungsinteressen des Beschuldigten sind durch dessen Beteiligung im Beschwerdeverfahren gewahrt. Dass eine Anklage über den Wortlaut des § 156 StPO hinaus auch nach einem die Eröffnung des Hauptverfahrens ablehnenden Beschluß von der Staatsanwaltschaft nicht mehr zurückgenommen werden kann (OLG Frankfurt a.M., JR 1986, 470), steht dem nicht entgegen. Denn diese Beschränkung der Rücknahmemöglichkeit dient dazu, dem Angeschuldigten die Sperrwirkungen des § 211 StPO zu erhalten. Die Vorschrift des § 211 StPO steht aber bei einer Ablehnung der Eröffnung des Strafverfahrens wegen Schuldunfähigkeit der anschließenden Durchführung eines Sicherungsverfahrens gerade nicht entgegen.

Entgegen der Auffassung des Landgerichts kann der Antrag der Staatsanwaltschaft vom 23. 12. 1999 nicht als Hilfsantrag auf Durchführung des Sicherungsverfahrens ausgelegt werden. Die einstweilige Unterbringung in § 126a StPO ist ebenso wie die Unterbringung nach § 63 StGB ohne weiteres im Strafverfahren möglich. In der Antragsbegründung wird ausgeführt, daß auf Grund der vorliegenden gutachterlichen Äußerungen von einer zumindest verminderten Schuldfähigkeit des Beschuldigten auszugehen und das Vorliegen der Maßregelvoraussetzungen durch eine ausführliche Begutachtung im Verlauf des weiteren Strafverfahrens zu klären sei.

Der Antrag auf Durchführung des Sicherungsverfahrens ist jedoch bezüglich der vom Landgericht nicht eröffneten Taten II 1–3 und 5–8 von der Staatsanwaltschaft in dem sofortigen Beschwerdeverfahren – nach dem oben Ausgeführten wirksam – gestellt worden. Hinsichtlich dieser Taten liegen somit die Verfahrensvoraussetzungen einer Antragsschrift nach § 414 II StPO und eines Eröffnungsbeschlusses vor. Da die Taten II 3 und II 4 (Nr. 3 und 4 der Anklageschrift vom 12. 8. 1999) einen einheitlichen geschichtlichen Lebensvorgang und damit eine prozessuale Tat i.S. von § 264 StPO darstellen und eine Verfahrensbeschränkung nach § 154a StPO nicht gewollt war – auf Grund der Verfahrenskonstellation stellte sich diese Frage im Beschwerdeverfahren weder für die Staatsanwaltschaft noch für das OLG –" erfasst die Eröffnungsentscheidung des OLG Koblenz vom 15. 3. 2000 auch die Tat II 4. Der Eröffnungsbeschluß des Landgerichts vom 7. 2. 2000 steht dem nicht entgegen, da die Eröffnung des Sicherungsverfahrens durch das Landgericht wegen des Fehlens eines dahingehenden Antrags der Staatsanwaltschaft unwirksam war.

§ 415 StPO

(1) Ist im Sicherungsverfahren das Erscheinen des Beschuldigten vor Gericht wegen seines Zustandes unmöglich oder aus Gründen der öffentlichen Sicherheit oder Ordnung unangebracht, so kann das Gericht die Hauptverhandlung durchführen, ohne daß der Beschuldigte zugegen ist.

(2) In diesem Falle ist der Beschuldigte vor der Hauptverhandlung durch einen beauftragten Richter unter Zuziehung eines Sachverständigen zu vernehmen. Von dem Vernehmungstermin sind die Staatsanwaltschaft, der Beschuldigte, der Verteidiger und der gesetzliche Vertreter zu benachrichtigen. Der Anwesenheit des Staatsanwalts, des Verteidigers und des gesetzlichen Vertreters bei der Vernehmung bedarf es nicht.

(3) Fordert es die Rücksicht auf den Zustand des Beschuldigten oder ist eine ordnungsgemäße Durchführung der Hauptverhandlung sonst nicht möglich, so kann das Gericht im Sicherungsverfahren nach der Vernehmung des Beschuldigten zur Sache die Hauptverhandlung durchführen, auch wenn der Beschuldigte nicht oder nur zeitweise zugegen ist.

(4) Soweit eine Hauptverhandlung ohne den Beschuldigten stattfindet, können seine früheren Erklärungen, die in einem richterlichen Protokoll enthalten sind, verlesen werden. Das Protokoll über die Vorvernehmung nach Absatz 2 Satz 1 ist zu verlesen.

(5) In der Hauptverhandlung ist ein Sachverständiger über den Zustand des Beschuldigten zu vernehmen. Hat der Sachverständige den Beschuldigten nicht schon früher untersucht, so soll ihm dazu vor der Hauptverhandlung Gelegenheit gegeben werden.

§ 416 StPO

(1) Ergibt sich im Sicherungsverfahren nach Eröffnung des Hauptverfahrens die Schuldfähigkeit des Beschuldigten und ist das Gericht für das Strafverfahren nicht zuständig, so spricht es durch Beschluß seine Unzuständigkeit aus und verweist die Sache an das zuständige Gericht. § 270 Abs. 2 und 3 gilt entsprechend.

(2) Ergibt sich im Sicherungsverfahren nach Eröffnung des Hauptverfahrens die Schuldfähigkeit des Beschuldigten und ist das Gericht auch für das Strafverfahren zuständig, so ist der Beschuldigte auf die veränderte Rechtslage hinzuweisen und ihm Gelegenheit zur Verteidigung zu geben. Behauptet er, auf die Verteidigung nicht genügend vorbereitet zu sein, so ist auf seinen Antrag die Hauptverhandlung auszusetzen. Ist auf Grund des § 415 in Abwesenheit des Beschuldigten verhandelt worden, so sind diejenigen Teile der Hauptverhandlung zu wiederholen, bei denen der Beschuldigte nicht zugegen war.

(3) Die Absätze 1 und 2 gelten entsprechend, wenn sich im Sicherungsverfahren nach Eröffnung des Hauptverfahrens ergibt, daß der Beschuldigte verhandlungsfähig ist und das Sicherungsverfahren wegen seiner Verhandlungsunfähigkeit durchgeführt wird.

Erfolgreiche Rügen

1. Es ist unzulässig, ein Strafverfahren gegen einen dauernd verhandlungsunfähigen Angeklagten in ein Sicherungsverfahren überzuleiten (BGH Urt. v. 23. 3. 2001 – 2 StR 498/00).

Erfolgreiche Rügen

1. Es ist unzulässig, ein Strafverfahren gegen einen dauernd verhandlungsunfähigen Angeklagten in ein Sicherungsverfahren überzuleiten.

StPO § 416 – BGH Urt. v. 23. 3. 2001 – 2 StR 498/00 LG Köln (= BGHSt. 46, 345 = NJW 2001, 3277)

Die Revision rügt, daß die Strafkammer das Strafverfahren ohne gesetzliche Grundlage in ein Sicherungsverfahren nach §§ 413 ff. StPO übergeleitet und in diesem Verfahren die Unterbringung der Beschuldigten in einem psychiatrischen Krankenhaus angeordnet hat.

Sachverhalt: Die Staatsanwaltschaft hatte der Beschuldigten im Strafverfahren vorgeworfen, vier Straftaten im Zustand erheblich verminderter Schuldfähigkeit begangen zu haben, nämlich Sachbeschädigung, versuchte schwere Brandstiftung in zwei Fällen sowie versuchte gefährliche Körperverletzung. Am ersten Tag der Hauptverhandlung ergab sich auf Grund einer Sachverständigenbegutachtung die (dauernde) Verhandlungsunfähigkeit der Beschuldigten. Die Strafkammer leitete das Strafverfahren in ein Sicherungsverfahren nach §§ 413 ff. StPO über und ordnete in diesem Verfahren die Unterbringung der Beschuldigten in einem psychiatrischen Krankenhaus an. – Das Rechtsmittel hatte Erfolg.

Gründe: Die Überleitung in ein Sicherungsverfahren war rechtlich nicht zulässig.
1. Der Fortführung des Strafverfahrens stand, wie dem Sachzusammenhang des Beschlusses der Strafkammer vom 4. 9. 2000 entnommen werden kann, die durch die Sachverständige diagnostizierte dauernde Verhandlungsunfähigkeit der Beschuldigten, ein Verfahrenshindernis, das regelmäßig (vgl. aber § 231a StPO) zur Einstellung des Verfahrens (§§ 206a, 260 III StPO) führt, entgegen. ...
2. Gegen einen dauernd Verhandlungsunfähigen ist nur ein Sicherungsverfahren nach §§ 413 ff. StPO mit dem Ziel der selbstständigen Anordnung der in § 71 StGB genannten

Maßregeln der Besserung und Sicherung möglich. Der Übergang vom Strafverfahren in ein solches Verfahren ist aber entgegen der Ansicht des Landgerichts nicht zulässig. Dafür fehlt es an einer Rechtsgrundlage und Folgeregelungen für das Verfahren.

a) Die Zulässigkeit der Überleitung des Strafverfahrens in ein Sicherungsverfahren ist in § 416 StPO nicht geregelt (vgl. BGHR StPO § 396 Anschlußbefugnis 1). Diese Vorschrift betrifft nur den Wechsel vom Sicherungsverfahren in ein Strafverfahren, wenn sich nach Eröffnung des Hauptverfahrens die Schuldfähigkeit des Beschuldigten ergibt. Für den Übergang vom Strafverfahren in ein Sicherungsverfahren besteht grundsätzlich auch kein prozessuales Bedürfnis. Wenn in der Hauptverhandlung die Schuldunfähigkeit des Angeklagten im Zeitpunkt der Tat festgestellt wird oder nicht auszuschließen ist, ist dieser freizusprechen und gegebenenfalls über eine Maßregel zu entscheiden. Nur in Fällen, in denen sich während der Hauptverhandlung die dauernde Verhandlungsunfähigkeit des Angeklagten ergibt, wäre die Fortführung des Strafverfahrens wegen eines Prozeßhindernisses nicht mehr möglich. Ob der Gesetzgeber bei der Erweiterung des Sicherungsverfahren durch das Einführungsgesetz zum Strafgesetzbuch vom 2. 3. 1974 (EGStGB 1974, BGBl. I, 469) auf Fälle der Verhandlungsunfähigkeit als weitere selbstständige Gruppe, bei der Maßregeln ohne gleichzeitige Verurteilung zu Strafe angeordnet werden können, die Möglichkeit einer sich nach Eröffnung der Hauptverhandlung ergebenden Verhandlungsunfähigkeit übersehen oder absichtlich nicht geregelt hat, ergibt sich aus den Gesetzesmaterialien nicht.

b) Die Überleitungsvorschrift des § 416 StPO aus prozeßökonomischen Gründen für den Fall einer sich in der Hauptverhandlung ergebenden dauernden Verhandlungsunfähigkeit des Täters entsprechend anzuwenden, ist nach Ansicht des Senats nicht möglich (so auch KG, OLGSt StPO § 416 Nr. 1).

aa) Das Sicherungsverfahren ist eine Art objektives Verfahren (BGHSt. 22, 185 [186] [BGH Urt. v. 25. 6. 1968 – 5 StR 191/68; vgl. § 4 StPO erfolgreiche Rügen]), das dazu dient, die Allgemeinheit vor gefährlichen, aber schuldunfähigen oder verhandlungsunfähigen Straftätern zu schützen (BGHSt. 22, 1 [2 ff.]¹ = NJW 1968, 412). Es unterscheidet sich von seiner Ausgestaltung her wesentlich vom Strafverfahren. § 416 StPO läßt zwar einen Übergang von Sicherungsverfahren in ein Strafverfahren zu, weil in diesem Fall wesentliche Rechte des Angeklagten gewahrt sind und bleiben. Im umgekehrten Fall ist dies jedoch nicht in gleicher Weise sichergestellt. Das Sicherungsverfahren ist ein Fall der notwendigen Verteidigung (§ 140 I Nr. 7 StPO). Das Legalitätsprinzip gilt nicht. Ein Übergang in das Sicherungsverfahren kann den gesetzlichen Richter berühren, wenn hierfür nach der Geschäftsverteilung ein anderer Spruchkörper zuständig ist. Bei einem Sicherungsverfahren soll ein Sachverständiger bereits im Vorverfahren eingeschaltet werden, seine Vernehmung in der Hauptverhandlung ist zwingend (§ 415 V StPO). Eine Nebenklage ist nicht zulässig (BGHR StPO § 395 Anschlußbefugnis 4).

bb) Die Zulassung des Übergangs in ein Sicherungsverfahren bei dauernder Verhandlungsunfähigkeit führt auch kaum zu einer Verfahrenserleichterung. Findet das Strafverfahren vor dem Amtsgericht statt, ergibt sich häufig erst durch den Übergang in das Sicherungsverfahren die Notwendigkeit einer Verteidigerbestellung. Einer sachgerechten Verteidi-

---

1 „Das Sicherungsverfahren nach den §§ 429a bis 429d StPO ist eine verfahrensrechtliche Ergänzung der sachlichrechtlichen Bestimmung des § 42b StGB. Diese durch das Gesetz gegen gefährliche Gewohnheitsverbrecher und über Maßregeln der Sicherung und Besserung vom 24. 11. 1933 (RGBl. I 995) in das Strafgesetzbuch eingefügte Vorschrift will die Allgemeinheit vor strafbedrohten Handlungen gefährlicher Zurechnungsunfähiger (§ 51 Abs. 1 StGB) und vermindert Zurechnungsfähiger (§ 51 Abs. 2 StGB) schützen. Sie weist deshalb dem Strafrichter die Aufgabe zu, die Unterbringung solcher Personen in einer Heil- oder Pflegeanstalt zum Schutz der öffentlichen Sicherheit anzuordnen, wenn sie eine mit Strafe bedrohte Handlung begangen haben." (BGH Urt. v. 26. 9. 1967 – 1 StR 378/67).

gung können die bisherigen Geschehnisse in der Hauptverhandlung entgegenstehen, häufig müßten Verfahrensteile wiederholt werden. Im Übrigen müßte bei einer beim Amtsgericht beginnenden Hauptverhandlung in den Fällen des § 74 I GVG entsprechend § 270 StPO die Sache an das Landgericht verwiesen werden. Die Verhandlungsunfähigkeit kann auch Auswirkungen auf die Geschäftsfähigkeit im Sinne des bürgerlichen Rechts haben (vgl. BGH, NStZ 1983, 280 [281]). Der Wahlverteidiger bedarf zur Wirksamkeit seiner Vollmacht möglicherweise auch der Bevollmächtigung durch den Betreuer des Beschuldigten (vgl. BGHR StPO § 414 Sicherungsverfahren 1), der erforderlichenfalls erst noch bestellt werden muß.

Bei einem Übergang während eines laufenden Strafverfahrens in das Sicherungsverfahren müßte die Entscheidung der Staatsanwaltschaft über die Einleitung eines solchen Verfahrens unter zeitlichem Druck erfolgen. Es können sich erhebliche Verzögerungen ergeben, wenn für die Ermessensentscheidung noch Nachforschungen über das Sicherungsbedürfnis erfolgen müßten.

In manchen Fällen wird sich das Erfordernis der Zuziehung eines Sachverständigen unter Umständen erst während der laufenden Hauptverhandlung ergeben, weil eine Auseinandersetzung mit den Voraussetzungen einer Schuldunfähigkeit oder einer erheblich verminderten Schuldfähigkeit zunächst nicht in Betracht kam (vgl. § 246a StPO). Die – vorausgehende zeitweise – Beteiligung eines Nebenklägers und die Ausübung ihm zustehender Rechte (z.B. Frage- und Beweisantragsrecht) führt möglicherweise zu prozessualen Nachteilen für den Beschuldigten.

3. Es kann deshalb offen bleiben, ob die Durchführung eines Sicherungsverfahren hier auch schon daran scheitert, daß der nach § 413 StPO notwendige Antrag der Staatsanwaltschaft (vgl. RGSt 72, 143 ff.) fehlt. Die Vertreterin der Staatsanwaltschaft hat nämlich zunächst nur erklärt, sie sei einverstanden mit der Fortführung des Strafverfahrens mit dem Ziel der Unterbringung in einem psychiatrischen Krankenhaus. Einer Überleitung des Strafverfahrens in ein Sicherungsverfahren stimmte sie nicht zu, weil dies im Gesetz nicht vorgesehen sei. Unter Bezugnahme auf eine Kommentarmeinung hat sie dann erklärt, sie sei mit der Fortführung des Verfahrens auch für den Fall der Verhandlungsunfähigkeit der Beschuldigten mit dem Ziel der Unterbringung der Beschuldigten in einem psychiatrischen Krankenhaus einverstanden. Einen ausdrücklichen Antrag auf Überleitung in das Sicherungsverfahren oder einen Antrag auf dessen Durchführung hat sie nicht gestellt.

4. Auf die Revision der Beschuldigten ist deshalb das Urteil des Landgerichts mit den Feststellungen aufzuheben, weil der Übergang in ein Sicherungsverfahren unzulässig war; das Verfahren ist wegen dauernder Verhandlungsunfähigkeit der Beschuldigten einzustellen. Die Kostenentscheidung beruht auf § 467 I StPO. Der Senat hielt es nicht für angemessen, gem. § 467 III Nr. 2 StPO davon abzusehen, die Auslagen der Beschuldigten der Staatskasse aufzuerlegen.

§ 417 StPO

Im Verfahren vor dem Strafrichter und dem Schöffengericht stellt die Staatsanwaltschaft schriftlich oder mündlich den Antrag auf Entscheidung im beschleunigten Verfahren, wenn die Sache auf Grund des einfachen Sachverhalts oder der klaren Beweislage zur sofortigen Verhandlung geeignet ist.

§ 418 StPO

(1) Stellt die Staatsanwaltschaft den Antrag, so wird die Hauptverhandlung sofort oder in kurzer Frist durchgeführt, ohne daß es einer Entscheidung über die Eröffnung des Hauptverfahrens bedarf.

(2) Der Beschuldigte wird nur dann geladen, wenn er sich nicht freiwillig zur Hauptverhandlung stellt oder nicht dem Gericht vorgeführt wird. Mit der Ladung wird ihm mitgeteilt, was ihm zur Last gelegt wird. Die Ladungsfrist beträgt vierundzwanzig Stunden.

(3) Der Einreichung einer Anklageschrift bedarf es nicht. Wird eine solche nicht eingereicht, so wird die Anklage bei Beginn der Hauptverhandlung mündlich erhoben und ihr wesentlicher Inhalt in das Sitzungsprotokoll aufgenommen.

(4) Ist eine Freiheitsstrafe von mindestens sechs Monaten zu erwarten, so wird dem Beschuldigten, der noch keinen Verteidiger hat, für das beschleunigte Verfahren vor dem Amtsgericht ein Verteidiger bestellt.

§ 419 StPO

(1) Der Strafrichter oder das Schöffengericht hat dem Antrag zu entsprechen, wenn sich die Sache zur Verhandlung in diesem Verfahren eignet. Eine höhere Freiheitsstrafe als Freiheitsstrafe von einem Jahr oder eine Maßregel der Besserung und Sicherung darf in diesem Verfahren nicht verhängt werden. Die Entziehung der Fahrerlaubnis ist zulässig.

(2) Die Entscheidung im beschleunigten Verfahren kann auch in der Hauptverhandlung bis zur Verkündung des Urteils abgelehnt werden. Der Beschluß ist nicht anfechtbar.

(3) Wird die Entscheidung im beschleunigten Verfahren abgelehnt, so beschließt das Gericht die Eröffnung des Hauptverfahrens, wenn der Angeschuldigte einer Straftat hinreichend verdächtig erscheint (§ 203); wird nicht eröffnet und die Entscheidung im beschleunigten Verfahren abgelehnt, so kann von der Einreichung einer neuen Anklageschrift abgesehen werden.

§ 420 StPO

(1) Die Vernehmung eines Zeugen, Sachverständigen oder Mitbeschuldigten darf durch Verlesung von Niederschriften über eine frühere Vernehmung sowie von Urkunden, die eine von ihnen stammende schriftliche Äußerung enthalten, ersetzt werden.

(2) Erklärungen von Behörden und sonstigen Stellen über ihre dienstlichen Wahrnehmungen, Untersuchungen und Erkenntnisse sowie über diejenigen ihrer Angehörigen dürfen auch dann verlesen werden, wenn die Voraussetzungen des § 256 nicht vorliegen.

(3) Das Verfahren nach den Absätzen 1 und 2 bedarf der Zustimmung des Angeklagten, des Verteidigers und der Staatsanwaltschaft, soweit sie in der Hauptverhandlung anwesend sind.

(4) Im Verfahren vor dem Strafrichter bestimmt dieser unbeschadet des § 244 Abs. 2 den Umfang der Beweisaufnahme.

§§ 421–429 StPO

aufgehoben

§ 430 StPO

(1) Fällt die Einziehung neben der zu erwartenden Strafe oder Maßregel der Besserung und Sicherung nicht ins Gewicht oder würde das Verfahren, soweit es die Einziehung betrifft, einen unangemessenen Aufwand erfordern oder die Herbeiführung der Entscheidung über die anderen Rechtsfolgen der Tat unangemessen erschweren, so kann das Gericht mit Zustimmung der Staatsanwaltschaft in jeder Lage des Verfahrens die Verfolgung der Tat auf die anderen Rechtsfolgen beschränken.

(2) Im vorbereitenden Verfahren kann die Staatsanwaltschaft die Beschränkung vornehmen. Die Beschränkung ist aktenkundig zu machen.

(3) Das Gericht kann die Beschränkung in jeder Lage des Verfahrens wieder aufheben. Einem darauf gerichteten Antrag der Staatsanwaltschaft ist zu entsprechen. Wird die Beschränkung wieder aufgehoben, so gilt § 265 entsprechend.

§ 431 StPO

(1) Ist im Strafverfahren über die Einziehung eines Gegenstandes zu entscheiden und erscheint glaubhaft, daß

1. der Gegenstand einem anderen als dem Angeschuldigten gehört oder zusteht oder

2. ein anderer an dem Gegenstand ein sonstiges Recht hat, dessen Erlöschen im Falle der Einziehung angeordnet werden könnte (§ 74e Abs. 2 Satz 2 und 3 des Strafgesetzbuches),

so ordnet das Gericht an, daß der andere an dem Verfahren beteiligt wird, soweit es die Einziehung betrifft (Einziehungsbeteiligter). Das Gericht kann von der Anordnung absehen, wenn infolge bestimmter Tatsachen anzunehmen ist, daß die Beteiligung nicht ausführbar ist. Das Gericht kann von der Anordnung auch dann absehen, wenn eine Partei, Vereinigung oder Einrichtung außerhalb des räumlichen Geltungsbereichs dieses Gesetzes zu beteiligen wäre, die Bestrebungen gegen den Bestand oder die Sicherheit der Bundesrepublik Deutschland oder gegen einen der in § 92 Abs. 2 des Strafgesetzbuches bezeichneten Verfassungsgrundsätze verfolgt, und wenn den Umständen nach anzunehmen ist, daß diese Partei, Vereinigung oder Einrichtung oder einer ihrer Mittelmänner den Gegenstand zur Förderung ihrer Bestrebungen zur Verfügung gestellt hat; in diesem Falle genügt es, vor der Entscheidung über die Einziehung des Gegenstandes den Besitzer der Sache oder den zur Verfügung über das Recht Befugten zu hören, wenn dies ausführbar ist.

(2) Das Gericht kann anordnen, daß sich die Beteiligung nicht auf die Frage der Schuld des Angeschuldigten erstreckt, wenn

1. die Einziehung im Falle des Absatzes 1 Nr. 1 nur unter der Voraussetzung in Betracht kommt, daß der Gegenstand dem Angeschuldigten gehört oder zusteht, oder

2. der Gegenstand nach den Umständen, welche die Einziehung begründen können, dem Einziehungsbeteiligten auch auf Grund von Rechtsvorschriften außerhalb des Strafrechts ohne Entschädigung dauernd entzogen werden könnte.

(3) Ist über die Einziehung des Wertersatzes gegen eine juristische Person oder eine Personenvereinigung zu entscheiden (§ 75 in Verbindung mit § 74c des Strafgesetzbuches), so ordnet das Gericht deren Beteiligung an.

(4) Die Verfahrensbeteiligung kann bis zum Ausspruch der Einziehung und, wenn eine zulässige Berufung eingelegt ist, bis zur Beendigung der Schlußvorträge im Berufungsverfahren angeordnet werden.

(5) Der Beschluß, durch den die Verfahrensbeteiligung angeordnet wird, kann nicht angefochten werden. Wird die Verfahrensbeteiligung abgelehnt oder eine Anordnung nach Absatz 2 getroffen, so ist sofortige Beschwerde zulässig.

(6) Erklärt jemand bei Gericht oder bei der Staatsanwaltschaft schriftlich oder zu Protokoll oder bei einer anderen Behörde schriftlich, daß er gegen die Einziehung des Gegenstandes keine Einwendungen vorbringen wolle, so wird seine Verfahrensbeteiligung nicht angeordnet oder die Anordnung wieder aufgehoben.

(7) Durch die Verfahrensbeteiligung wird der Fortgang des Verfahrens nicht aufgehalten.

Erfolglose Rügen

1. Rechtsmittel eines Nebenbeteiligten setzt Beteiligungsanordnung voraus (BGH Beschl. v. 4. 1. 1995 – 3 StR 493/94).

Erfolglose Rügen

1. Rechtsmittel eines Nebenbeteiligten setzt Beteiligungsanordnung voraus.

StPO §§ 431 I 1, 433 I 1, 437 – BGH Beschl. v. 4. 1. 1995 – 3 StR 493/94 LG Itzehoe (= NStZ 1995, 248)

Die Revision rügt, das Gericht habe das Fahrzeug des Beschwerdeführers eingezogen, ohne daß er als Einziehungsbeteiligter Gelegenheit hatte, am Hauptverfahren teilzunehmen.

Der Sachverhalt ergibt sich aus dem Revisionsvorbringen. – Das Rechtsmittel war erfolglos.

Gründe: Ein Rechtsmittel ist nur statthaft, wenn das Gesetz es zur Verfügung stellt.

Die Befugnis eines Einziehungs- oder Verfallsbeteiligten, aus eigenem Recht ein Rechtsmittel gegen eine ihn beschwerende Rechtsfolgenanordnung eines Urteils einzulegen, setzt voraus, daß er die Stellung als Nebenbeteiligter, die gemäß § 433 I 1 StPO die Anfechtungsberechtigung mit umfaßt, bereits vor dem die Nebenfolge anordnenden Urteil durch eine förmliche Beteiligungsanordnung nach § 431 I 1 StPO erlangt hat. An einer solchen Beteiligungsanordnung fehlt es aber vorliegend, – so daß die Revision mangels Anfechtungsberechtigung nicht statthaft ist, und eine Wiedereinsetzung in den vorigen Stand gegen die Versäumung der Revisionseinlegungsfrist, unbeschadet der sonstigen Zulässigkeitsvoraussetzungen gemäß § 45 StPO, schon deshalb nicht in Betracht kommt.

§ 432 StPO

(1) Ergeben sich im vorbereitenden Verfahren Anhaltspunkte dafür, daß jemand als Einziehungsbeteiligter in Betracht kommt, so ist er zu hören, wenn dies ausführbar erscheint. § 431 Abs. 1 Satz 3 gilt entsprechend.

(2) Erklärt derjenige, der als Einziehungsbeteiligter in Betracht kommt, daß er gegen die Einziehung Einwendungen vorbringen wolle, und erscheint glaubhaft, daß er ein Recht an dem Gegenstand hat, so gelten, falls er vernommen wird, die Vorschriften über die Vernehmung des Beschuldigten insoweit entsprechend, als seine Verfahrensbeteiligung in Betracht kommt.

§ 433 StPO

(1) Von der Eröffnung des Hauptverfahrens an hat der Einziehungsbeteiligte, soweit dieses Gesetz nichts anderes bestimmt, die Befugnisse, die einem Angeklagten zustehen. Im beschleunigten Verfahren gilt dies vom Beginn der Hauptverhandlung, im Strafbefehlsverfahren vom Erlaß des Strafbefehls an.

(2) Das Gericht kann zur Aufklärung des Sachverhalts das persönliche Erscheinen des Einziehungsbeteiligten anordnen. Bleibt der Einziehungsbeteiligte, dessen persönliches Erscheinen angeordnet ist, ohne genügende Entschuldigung aus, so kann das Gericht seine Vorführung anordnen, wenn er unter Hinweis auf diese Möglichkeit durch Zustellung geladen worden ist.

§ 434 StPO

(1) Der Einziehungsbeteiligte kann sich in jeder Lage des Verfahrens auf Grund einer schriftlichen Vollmacht durch einen Rechtsanwalt oder eine andere Person, die als Verteidiger gewählt werden kann, vertreten lassen. Die für die Verteidigung geltenden Vorschriften der §§ 137 bis 139, 145a bis 149 und 218 sind entsprechend anzuwenden.

(2) Das Gericht kann dem Einziehungsbeteiligten einen Rechtsanwalt oder eine andere Person, die als Verteidiger bestellt werden darf, beiordnen, wenn die Sach- oder Rechtslage schwierig ist oder wenn der Einziehungsbeteiligte seine Rechte nicht selbst wahrnehmen kann.

§ 435 StPO

(1) Dem Einziehungsbeteiligten wird der Termin zur Hauptverhandlung durch Zustellung bekanntgemacht; § 40 gilt entsprechend.

(2) Mit der Terminsnachricht wird ihm, soweit er an dem Verfahren beteiligt ist, die Anklageschrift und in den Fällen des § 207 Abs. 2 der Eröffnungsbeschluß mitgeteilt.

(3) Zugleich wird der Einziehungsbeteiligte darauf hingewiesen, daß

1. auch ohne ihn verhandelt werden kann und
2. über die Einziehung auch ihm gegenüber entschieden wird.

§ 436 StPO

(1) Bleibt der Einziehungsbeteiligte in der Hauptverhandlung trotz ordnungsgemäßer Terminsnachricht aus, so kann ohne ihn verhandelt werden. § 235 ist nicht anzuwenden.

(2) Auf Beweisanträge des Einziehungsbeteiligten zur Frage der Schuld des Angeklagten ist § 244 Abs. 3 Satz 2, Abs. 4 bis 6 nicht anzuwenden.

(3) Ordnet das Gericht die Einziehung auf Grund von Umständen an, die einer Entschädigung des Einziehungsbeteiligten entgegenstehen, so spricht es zugleich aus, daß dem Einziehungsbeteiligten eine Entschädigung nicht zusteht. Dies gilt nicht, wenn das Gericht eine Entschädigung des Einziehungsbeteiligten für geboten hält, weil es eine unbillige Härte wäre, sie zu versagen; in diesem Falle entscheidet es zugleich über die Höhe der Entschädigung (§ 74f Abs. 3 des Strafgesetzbuches). Das Gericht weist den Einziehungsbetei-

ligten zuvor auf die Möglichkeit einer solchen Entscheidung hin und gibt ihm Gelegenheit, sich zu äußern.

(4) War der Einziehungsbeteiligte bei der Verkündung des Urteils nicht zugegen und auch nicht vertreten, so ist ihm das Urteil zuzustellen. Das Gericht kann anordnen, daß Teile des Urteils, welche die Einziehung nicht betreffen, ausgeschieden werden.

§ 437 StPO

(1) Im Rechtsmittelverfahren erstreckt sich die Prüfung, ob die Einziehung dem Einziehungsbeteiligten gegenüber gerechtfertigt ist, auf den Schuldspruch des angefochtenen Urteils nur, wenn der Einziehungsbeteiligte insoweit Einwendungen vorbringt und im vorausgegangenen Verfahren ohne sein Verschulden zum Schuldspruch nicht gehört worden ist. Erstreckt sich hiernach die Prüfung auch auf den Schuldspruch, so legt das Gericht die zur Schuld getroffenen Feststellungen zugrunde, soweit nicht das Vorbringen des Einziehungsbeteiligten eine erneute Prüfung erfordert.

(2) Im Berufungsverfahren gilt Absatz 1 nicht, wenn zugleich auf ein Rechtsmittel eines anderen Beteiligten über den Schuldspruch zu entscheiden ist.

(3) Im Revisionsverfahren sind die Einwendungen gegen den Schuldspruch innerhalb der Begründungsfrist vorzubringen.

(4) Wird nur die Entscheidung über die Höhe der Entschädigung angefochten, so kann über das Rechtsmittel durch Beschluß entschieden werden, wenn die Beteiligten nicht widersprechen. Das Gericht weist sie zuvor auf die Möglichkeit eines solchen Verfahrens und des Widerspruchs hin und gibt ihnen Gelegenheit, sich zu äußern.

§ 438 StPO

(1) Wird die Einziehung durch Strafbefehl angeordnet, so wird der Strafbefehl auch dem Einziehungsbeteiligten zugestellt. § 435 Abs. 3 Nr. 2 gilt entsprechend.

(2) Ist nur über den Einspruch des Einziehungsbeteiligten zu entscheiden, so gelten § 439 Abs. 3 Satz 1 und §441 Abs. 2 und 3 entsprechend.

§ 439 StPO

(1) Ist die Einziehung eines Gegenstandes rechtskräftig angeordnet worden und macht jemand glaubhaft, daß er

1. zur Zeit der Rechtskraft der Entscheidung ein Recht an dem Gegenstand gehabt hat, das infolge der Entscheidung beeinträchtigt ist oder nicht mehr besteht, und

2. ohne sein Verschulden weder im Verfahren des ersten Rechtszuges noch im Berufungsverfahren die Rechte des Einziehungsbeteiligten hat wahrnehmen können,

so kann er in einem Nachverfahren geltend machen, daß die Einziehung ihm gegenüber nicht gerechtfertigt sei. § 360 gilt entsprechend.

(2) Das Nachverfahren ist binnen eines Monats nach Ablauf des Tages zu beantragen, an dem der Antragsteller von der rechtskräftigen Entscheidung Kenntnis erlangt hat. Der Antrag ist unzulässig, wenn seit Eintritt der Rechtskraft zwei Jahre verstrichen sind und die Vollstreckung beendet ist.

(3) Das Gericht prüft den Schuldspruch nicht nach, wenn nach den Umständen, welche die Einziehung begründet haben, im Strafverfahren eine Anordnung nach § 431 Abs. 2 zulässig gewesen wäre. Im übrigen gilt § 437 Abs. 1 entsprechend.

(4) Wird das vom Antragsteller behauptete Recht nicht erwiesen, so ist der Antrag unbegründet.

(5) Vor der Entscheidung kann das Gericht mit Zustimmung der Staatsanwaltschaft die Anordnung der Einziehung aufheben, wenn das Nachverfahren einen unangemessenen Aufwand erfordern würde.

(6) Eine Wiederaufnahme des Verfahrens nach § 359 Nr. 5 zu dem Zweck, die Einwendungen nach Absatz 1 geltend zu machen, ist ausgeschlossen.

§ 440 StPO

(1) Die Staatsanwaltschaft und der Privatkläger können den Antrag stellen, die Einziehung selbständig anzuordnen, wenn dies gesetzlich zulässig und die Anordnung nach dem Ergebnis der Ermittlungen zu erwarten ist.

(2) In dem Antrag ist der Gegenstand zu bezeichnen. Ferner ist anzugeben, welche Tatsachen die Zulässigkeit der selbständigen Einziehung begründen. Im übrigen gilt § 200 entsprechend.

(3) Die §§ 431 bis 436 und 439 gelten entsprechend.

§ 441 StPO

(1) Die Entscheidung über die Einziehung im Nachverfahren (§ 439) trifft das Gericht des ersten Rechtszuges, die Entscheidung über die selbständige Einziehung (§ 440) das Gericht, das im Falle der Strafverfolgung einer bestimmten Person zuständig wäre. Für die Entscheidung über die selbständige Einziehung ist örtlich zuständig auch das Gericht, in dessen Bezirk der Gegenstand sichergestellt worden ist.

(2) Das Gericht entscheidet durch Beschluß, gegen den sofortige Beschwerde zulässig ist.

(3) Über einen zulässigen Antrag wird jedoch auf Grund mündlicher Verhandlung durch Urteil entschieden, wenn die Staatsanwaltschaft oder sonst ein Beteiligter es beantragt oder das Gericht es anordnet; die Vorschriften über die Hauptverhandlung gelten entsprechend. Wer gegen das Urteil eine zulässige Berufung eingelegt hat, kann gegen das Berufungsurteil nicht mehr Revision einlegen.

(4) Ist durch Urteil entschieden, so gilt § 437 Abs. 4 entsprechend.

§ 442 StPO

(1) Verfall, Vernichtung, Unbrauchbarmachung und Beseitigung eines gesetzwidrigen Zustandes stehen im Sinne der §§ 430 bis 441 der Einziehung gleich.

(2) Richtet sich der Verfall nach § 73 Abs. 3 oder § 73a des Strafgesetzbuches gegen einen anderen als den Angeschuldigten, so ordnet das Gericht an, daß der andere an dem Verfahren beteiligt wird. Er kann seine Einwendungen gegen die Anordnung des Verfalls im Nachverfahren geltend machen, wenn er ohne sein Verschulden weder im Verfahren des ersten Rechtszuges noch im Berufungsverfahren imstande war, die Rechte des Verfahrensbeteiligten wahrzunehmen. Wird unter diesen Voraussetzungen ein Nachverfahren bean-

tragt, so sollen bis zu dessen Abschluß Vollstreckungsmaßnahmen gegen den Antragsteller unterbleiben.

§ 443 StPO

(1) Das im Geltungsbereich dieses Gesetzes befindliche Vermögen oder einzelne Vermögensgegenstände eines Beschuldigten, gegen den wegen einer Straftat nach

1. den §§ 81 bis 83 Abs. 1, den §§ 94 oder 96 Abs. 1, den §§ 97a oder 100, den §§ 129 oder 129a, auch in Verbindung mit § 129b Abs. 1 des Strafgesetzbuches,

2. einer in § 330 Absatz 1 Satz 1 des Strafgesetzbuches in Bezug genommenen Vorschrift unter der Voraussetzung, daß der Beschuldigte verdächtig ist, vorsätzlich Leib oder Leben eines anderen oder fremde Sachen von bedeutendem Wert gefährdet zu haben, oder unter einer der in § 330 Absatz 1 Satz 2 Nr. 1 bis 3 des Strafgesetzbuches genannten Voraussetzungen oder nach § 330 Abs. 2, § 330a Abs 1, 2 des Strafgesetzbuches,

3. §§ 51, 52 Abs. 1 Nr. 1, 2 Buchstabe c und d, Abs. 5, 6 des Waffengesetzes, § 34 Abs. 1 bis 6 des Außenwirtschaftsgesetzes oder nach § 19 Abs. 1 bis 3, § 20 Abs. 1 oder 2, jeweils auch in Verbindung mit § 21, oder § 22a Abs. 1 bis 3 des Gesetzes über die Kontrolle von Kriegswaffen oder

4. einer in § 29 Abs. 3 Satz 2 Nr. 1 des Betäubungsmittelgesetzes in Bezug genommenen Vorschrift unter den dort genannten Voraussetzungen oder einer Straftat nach den §§ 29a, 30 Abs. 1 Nr. 1, 2, 4, § 30a oder § 30b des Betäubungsmittelgesetzes die öffentliche Klage erhoben oder Haftbefehl erlassen worden ist, können mit Beschlag belegt werden. Die Beschlagnahme umfaßt auch das Vermögen, das dem Beschuldigten später zufällt. Die Beschlagnahme ist spätestens nach Beendigung der Hauptverhandlung des ersten Rechtszuges aufzuheben.

(2) Die Beschlagnahme wird durch den Richter angeordnet. Bei Gefahr im Verzug kann die Staatsanwaltschaft die Beschlagnahme vorläufig anordnen; die vorläufige Anordnung tritt außer Kraft, wenn sie nicht binnen drei Tagen vom Richter bestätigt wird.

(3) Die Vorschriften der §§ 291 bis 293 gelten entsprechend.

§ 444 StPO

(1) Ist im Strafverfahren über die Festsetzung einer Geldbuße gegen eine juristische Person oder eine Personenvereinigung zu entscheiden (§ 30 des Gesetzes über Ordnungswidrigkeiten), so ordnet das Gericht deren Beteiligung an dem Verfahren an, soweit es die Tat betrifft. § 431 Abs. 4, 5 gilt entsprechend.

(2) Die juristische Person oder die Personenvereinigung wird zur Hauptverhandlung geladen; bleibt ihr Vertreter ohne genügende Entschuldigung aus, so kann ohne sie verhandelt werden. Für ihre Verfahrensbeteiligung gelten im übrigen die §§ 432 bis 434, 435 Abs. 2 und 3 Nr. 1, § 436 Abs. 2 und 4, § 437 Abs. 1 bis 3, § 438 Abs. 1 und, soweit nur über ihren Einspruch zu entscheiden ist, § 441 Abs. 2 und 3 sinngemäß.

(3) Für das selbständige Verfahren gelten die §§ 440 und 441 Abs. 1 bis 3 sinngemäß. Örtlich zuständig ist auch das Gericht, in dessen Bezirk die juristische Person oder die Personenvereinigung ihren Sitz oder eine Zweigniederlassung hat.

§§ 445–448 StPO

aufgehoben

§ 449 StPO

Strafurteile sind nicht vollstreckbar, bevor sie rechtskräftig geworden sind.

§ 450 StPO

(1) Auf die zu vollstreckende Freiheitsstrafe ist unverkürzt die Untersuchungshaft anzurechnen, die der Angeklagte erlitten hat, seit er auf Einlegung eines Rechtsmittels verzichtet oder das eingelegte Rechtsmittel zurückgenommen hat oder seitdem die Einlegungsfrist abgelaufen ist, ohne daß er eine Erklärung abgegeben hat.

(2) Hat nach dem Urteil eine Verwahrung, Sicherstellung oder Beschlagnahme des Führerscheins auf Grund des § 111a Abs. 5 Satz 2 fortgedauert, so ist diese Zeit unverkürzt auf das Fahrverbot (§ 44 des Strafgesetzbuches) anzurechnen.

§ 450a StPO

(1) Auf die zu vollstreckende Freiheitsstrafe ist auch die im Ausland erlittene Freiheitsentziehung anzurechnen, die der Verurteilte in einem Auslieferungsverfahren zum Zwecke der Strafvollstreckung erlitten hat. Dies gilt auch dann, wenn der Verurteilte zugleich zum Zwecke der Strafverfolgung ausgeliefert worden ist.

(2) Bei Auslieferung zum Zwecke der Vollstreckung mehrerer Strafen ist die im Ausland erlittene Freiheitsentziehung auf die höchste Strafe, bei Strafen gleicher Höhe auf die Strafe anzurechnen, die nach der Einlieferung des Verurteilten zuerst vollstreckt wird.

(3) Das Gericht kann auf Antrag der Staatsanwaltschaft anordnen, daß die Anrechnung ganz oder zum Teil unterbleibt, wenn sie im Hinblick auf das Verhalten des Verurteilten nach dem Erlaß des Urteils, in dem die dem Urteil zugrunde liegenden tatsächlichen Feststellungen letztmalig geprüft werden konnten, nicht gerechtfertigt ist. Trifft das Gericht eine solche Anordnung, so wird die im Ausland erlittene Freiheitsentziehung, soweit ihre Dauer die Strafe nicht überschreitet, auch in einem anderen Verfahren auf die Strafe nicht angerechnet.

§ 451 StPO

(1) Die Strafvollstreckung erfolgt durch die Staatsanwaltschaft als Vollstreckungsbehörde auf Grund einer von dem Urkundsbeamten der Geschäftsstelle zu erteilenden, mit der Bescheinigung der Vollstreckbarkeit versehenen, beglaubigten Abschrift der Urteilsformel.

(2) Den Amtsanwälten steht die Strafvollstreckung nur insoweit zu, als die Landesjustizverwaltung sie ihnen übertragen hat.

(3) Die Staatsanwaltschaft, die Vollstreckungsbehörde ist, nimmt auch gegenüber der Strafvollstreckungskammer bei einem anderen Landgericht die staatsanwaltschaftlichen Aufgaben wahr. Sie kann ihre Aufgaben der für dieses Gericht zuständigen Staatsanwalt-

schaft übertragen, wenn dies im Interesse des Verurteilten geboten erscheint und die Staatsanwaltschaft am Ort der Strafvollstreckungskammer zustimmt.

§ 452 StPO

In Sachen, in denen im ersten Rechtszug in Ausübung von Gerichtsbarkeit des Bundes entschieden worden ist, steht das Begnadigungsrecht dem Bund zu. In allen anderen Sachen steht es den Ländern zu.

§ 453 StPO

(1) Die nachträglichen Entscheidungen, die sich auf eine Strafaussetzung zur Bewährung oder eine Verwarnung mit Strafvorbehalt beziehen (§§ 56a bis 56g, 58, 59a, 59b des Strafgesetzbuches), trifft das Gericht ohne mündliche Verhandlung durch Beschluß. Die Staatsanwaltschaft und der Angeklagte sind zu hören. Hat das Gericht über einen Widerruf der Strafaussetzung wegen Verstoßes gegen Auflagen oder Weisungen zu entscheiden, so soll es dem Verurteilten Gelegenheit zur mündlichen Anhörung geben. Ist ein Bewährungshelfer bestellt, so unterrichtet ihn das Gericht, wenn eine Entscheidung über den Widerruf der Strafaussetzung oder den Straferlaß in Betracht kommt; über Erkenntnisse, die dem Gericht aus anderen Strafverfahren bekannt geworden sind, soll es ihn unterrichten, wenn der Zweck der Bewährungsaufsicht dies angezeigt erscheinen läßt.

(2) Gegen die Entscheidungen nach Absatz 1 ist Beschwerde zulässig. Sie kann nur darauf gestützt werden, daß eine getroffene Anordnung gesetzwidrig ist oder daß die Bewährungszeit nachträglich verlängert worden ist. Der Widerruf der Aussetzung, der Erlaß der Strafe, der Widerruf des Erlasses, die Verurteilung zu der vorbehaltenen Strafe und die Feststellung, daß es bei der Verwarnung sein Bewenden hat (§§ 56f, 56g, 59b des Strafgesetzbuches), können mit sofortiger Beschwerde angefochten werden.

§ 453a StPO

(1) Ist der Angeklagte nicht nach § 268a Abs. 3 belehrt worden, so wird die Belehrung durch das für die Entscheidungen nach § 453 zuständige Gericht erteilt. Der Vorsitzende kann mit der Belehrung einen beauftragten oder ersuchten Richter betrauen.

(2) Die Belehrung soll außer in Fällen von geringer Bedeutung mündlich erteilt werden.

(3) Der Angeklagte soll auch über die nachträglichen Entscheidungen belehrt werden. Absatz 1 gilt entsprechend.

§ 453b StPO

(1) Das Gericht überwacht während der Bewährungszeit die Lebensführung des Verurteilten, namentlich die Erfüllung von Auflagen und Weisungen sowie von Anerbieten und Zusagen.

(2) Die Überwachung obliegt dem für die Entscheidungen nach § 453 zuständigen Gericht.

§ 453c StPO

(1) Sind hinreichende Gründe für die Annahme vorhanden, daß die Aussetzung widerrufen wird, so kann das Gericht bis zur Rechtskraft des Widerrufsbeschlusses, um sich der Person des Verurteilten zu versichern, vorläufige Maßnahmen treffen, notfalls, unter den Voraussetzungen des § 112 Abs. 2 Nr. 1 oder 2, oder, wenn bestimmte Tatsachen die Gefahr begründen, daß der Verurteilte erhebliche Straftaten begehen werde, einen Haftbefehl erlassen.

(2) Die auf Grund eines Haftbefehls nach Absatz 1 erlittene Haft wird auf die zu vollstreckende Freiheitsstrafe angerechnet. § 33 Abs. 4 Satz 1 sowie die §§ 114 bis 115 a und § 119 gelten entsprechend.

§ 454 StPO

(1) Die Entscheidung, ob die Vollstreckung des Restes einer Freiheitsstrafe zur Bewährung ausgesetzt werden soll (§§ 57 bis 58 des Strafgesetzbuches) sowie die Entscheidung, daß vor Ablauf einer bestimmten Frist ein solcher Antrag des Verurteilten unzulässig ist, trifft das Gericht ohne mündliche Verhandlung durch Beschluß. Die Staatsanwaltschaft, der Verurteilte und die Vollzugsanstalt sind zu hören. Der Verurteilte ist mündlich zu hören. Von der mündlichen Anhörung des Verurteilten kann abgesehen werden, wenn

1. die Staatsanwaltschaft und die Vollzugsanstalt die Aussetzung einer zeitigen Freiheitsstrafe befürworten und das Gericht die Aussetzung beabsichtigt,

2. der Verurteilte die Aussetzung beantragt hat, zur Zeit der Antragstellung

a) bei zeitiger Freiheitsstrafe noch nicht die Hälfte oder weniger als zwei Monate,

b) bei lebenslanger Freiheitsstrafe weniger als dreizehn Jahre der Strafe verbüßt hat und das Gericht den Antrag wegen verfrühter Antragstellung ablehnt oder

3. der Antrag des Verurteilten unzulässig ist (§ 57 Abs. 6, § 57a Abs. 4 des Strafgesetzbuches). Das Gericht entscheidet zugleich, ob eine Anrechnung nach § 43 Abs. 10 Nr. 3 des Strafvollzugsgesetzes ausgeschlossen wird.

(2) Das Gericht holt das Gutachten eines Sachverständigen über den Verurteilten ein, wenn es erwägt, die Vollstreckung des Restes

1. der lebenslangen Freiheitsstrafe auszusetzen oder

2. einer zeitigen Freiheitsstrafe von mehr als zwei Jahren wegen einer Straftat der in § 66 Abs. 3 Satz 1 des Strafgesetzbuches bezeichneten Art auszusetzen und nicht auszuschließen ist, daß Gründe der öffentlichen Sicherheit einer vorzeitigen Entlassung des Verurteilten entgegenstehen.

Das Gutachten hat sich namentlich zu der Frage zu äußern, ob bei dem Verurteilten keine Gefahr mehr besteht, daß dessen durch die Tat zutage getretene Gefährlichkeit fortbesteht. Der Sachverständige ist mündlich zu hören, wobei der Staatsanwaltschaft, dem Verurteilten, seinem Verteidiger und der Vollzugsanstalt Gelegenheit zur Mitwirkung zu geben ist. Das Gericht kann von der mündlichen Anhörung des Sachverständigen absehen, wenn der Verurteilte, sein Verteidiger und die Staatsanwaltschaft darauf verzichten.

(3) Gegen die Entscheidungen nach Absatz 1 ist sofortige Beschwerde zulässig. Die Beschwerde der Staatsanwaltschaft gegen den Beschluß, der die Aussetzung des Strafrestes anordnet, hat aufschiebende Wirkung.

(4) Im übrigen gelten die Vorschriften der §§ 453, 453a Abs. 1 und 3 sowie der §§ 453b, 453c und 268a Abs. 3 entsprechend. Die Belehrung über die Aussetzung des Strafrestes wird mündlich erteilt; die Belehrung kann auch der Vollzugsanstalt übertragen werden. Die Belehrung soll unmittelbar vor der Entlassung erteilt werden.

§ 454a StPO

(1) Beschließt das Gericht die Aussetzung der Vollstreckung des Restes einer Freiheitsstrafe mindestens drei Monate vor dem Zeitpunkt der Entlassung, so verlängert sich die Bewährungszeit um die Zeit von der Rechtskraft der Aussetzungsentscheidung bis zur Entlassung.

(2) Das Gericht kann die Aussetzung der Vollstreckung des Restes einer Freiheitsstrafe bis zur Entlassung des Verurteilten wieder aufheben, wenn die Aussetzung aufgrund neu eingetretener oder bekanntgewordener Tatsachen unter Berücksichtigung des Sicherheitsinteresses der Allgemeinheit nicht mehr verantwortet werden kann; § 454 Abs. 1 Satz 1 und 2 sowie Abs. 3 Satz 1 gilt entsprechend. § 57 Abs. 3 Satz 1 in Verbindung mit § 56f des Strafgesetzbuches bleibt unberührt.

§ 454b StPO

(1) Freiheitsstrafen und Ersatzfreiheitsstrafen sollen unmittelbar nacheinander vollstreckt werden.

(2) Sind mehrere Freiheitsstrafen oder Freiheitsstrafen und Ersatzfreiheitsstrafen nacheinander zu vollstrecken, so unterbricht die Vollstreckungsbehörde die Vollstreckung der zunächst zu vollstreckenden Freiheitsstrafe, wenn

1. unter den Voraussetzungen des § 57 Abs. 2 Nr. 1 des Strafgesetzbuches die Hälfte, mindestens jedoch sechs Monate,

2. im übrigen bei zeitiger Freiheitsstrafe zwei Drittel, mindestens jedoch zwei Monate, oder

3. bei lebenslanger Freiheitsstrafe fünfzehn Jahre der Strafe verbüßt sind.

Dies gilt nicht für Strafreste, die auf Grund Widerrufs ihrer Aussetzung vollstreckt werden.

(3) Hat die Vollstreckungsbehörde die Vollstreckung nach Absatz 2 unterbrochen, so trifft das Gericht die Entscheidungen nach den §§ 57 und 57a des Strafgesetzbuches erst, wenn über die Aussetzung der Vollstreckung der Reste aller Strafen gleichzeitig entschieden werden kann.

§ 455 StPO

(1) Die Vollstreckung einer Freiheitsstrafe ist aufzuschieben, wenn der Verurteilte in Geisteskrankheit verfällt.

(2) Dasselbe gilt bei anderen Krankheiten, wenn von der Vollstreckung eine nahe Lebensgefahr für den Verurteilten zu besorgen ist.

(3) Die Strafvollstreckung kann auch dann aufgeschoben werden, wenn sich der Verurteilte in einem körperlichen Zustand befindet, bei dem eine sofortige Vollstreckung mit der Einrichtung der Strafanstalt unverträglich ist.

(4) Die Vollstreckungsbehörde kann die Vollstreckung einer Freiheitsstrafe unterbrechen, wenn

1. der Verurteilte in Geisteskrankheit verfällt,
2. wegen einer Krankheit von der Vollstreckung eine nahe Lebensgefahr für den Verurteilten zu besorgen ist oder
3. der Verurteilte sonst schwer erkrankt und die Krankheit in einer Vollzugsanstalt oder einem Anstaltskrankenhaus nicht erkannt oder behandelt werden kann

und zu erwarten ist, daß die Krankheit voraussichtlich für eine erhebliche Zeit fortbestehen wird. Die Vollstreckung darf nicht unterbrochen werden, wenn überwiegende Gründe, namentlich der öffentlichen Sicherheit, entgegenstehen.

§ 455a StPO

(1) Die Vollstreckungsbehörde kann die Vollstreckung einer Freiheitsstrafe oder einer freiheitsentziehenden Maßregel der Besserung und Sicherung aufschieben oder ohne Einwilligung des Gefangenen unterbrechen, wenn dies aus Gründen der Vollzugsorganisation erforderlich ist und überwiegende Gründe der öffentlichen Sicherheit nicht entgegenstehen.

(2) Kann die Entscheidung der Vollstreckungsbehörde nicht rechtzeitig eingeholt werden, so kann der Anstaltsleiter die Vollstreckung unter den Voraussetzungen des Absatzes 1 ohne Einwilligung des Gefangenen vorläufig unterbrechen.

§ 456 StPO

(1) Auf Antrag des Verurteilten kann die Vollstreckung aufgeschoben werden, sofern durch die sofortige Vollstreckung dem Verurteilten oder seiner Familie erhebliche, außerhalb des Strafzwecks liegende Nachteile erwachsen.

(2) Der Strafaufschub darf den Zeitraum von vier Monaten nicht übersteigen.

(3) Die Bewilligung kann an eine Sicherheitsleistung oder andere Bedingungen geknüpft werden.

§ 456a StPO

(1) Die Vollstreckungsbehörde kann von der Vollstreckung einer Freiheitsstrafe, einer Ersatzfreiheitsstrafe oder einer Maßregel der Besserung und Sicherung absehen, wenn der Verurteilte wegen einer anderen Tat einer ausländischen Regierung ausgeliefert, an einen internationalen Strafgerichtshof überstellt oder wenn er aus dem Geltungsbereich dieses Bundesgesetzes ausgewiesen wird.

(2) Kehrt der Ausgelieferte, der Überstellte oder der Ausgewiesene zurück, so kann die Vollstreckung nachgeholt werden. Für die Nachholung einer Maßregel der Besserung und Sicherung gilt § 67c Abs. 2 des Strafgesetzbuches entsprechend. Die Vollstreckungsbehörde kann zugleich mit dem Absehen von der Vollstreckung die Nachholung für den Fall anordnen, daß der Ausgelieferte, der Überstellte oder Ausgewiesene zurückkehrt, und hierzu einen Haftbefehl oder einen Unterbringungsbefehl erlassen sowie die erforderlichen Fahndungsmaßnahmen, insbesondere die Ausschreibung zur Festnahme, veranlassen; § 131 Abs. 4 sowie § 131a Abs. 3 gelten entsprechend. Der Verurteilte ist zu belehren.

§ 456b StPO

aufgehoben

§ 456c StPO

(1) Das Gericht kann bei Erlaß des Urteils auf Antrag oder mit Einwilligung des Verurteilten das Wirksamwerden des Berufsverbots durch Beschluß aufschieben, wenn das sofortige Wirksamwerden des Verbots für den Verurteilten oder seine Angehörigen eine erhebliche, außerhalb seines Zweckes liegende, durch späteres Wirksamwerden vermeidbare Härte bedeuten würde. Hat der Verurteilte einen gesetzlichen Vertreter, so ist dessen Einwilligung erforderlich. § 462 Abs. 3 gilt entsprechend.

(2) Die Vollstreckungsbehörde kann unter denselben Voraussetzungen das Berufsverbot aussetzen.

(3) Der Aufschub und die Aussetzung können an die Leistung einer Sicherheit oder an andere Bedingungen geknüpft werden. Aufschub und Aussetzung dürfen den Zeitraum von sechs Monaten nicht übersteigen.

(4) Die Zeit des Aufschubs und der Aussetzung wird auf die für das Berufsverbot festgesetzte Frist nicht angerechnet.

§ 457 StPO

(1) § 161 gilt sinngemäß für die in diesem Abschnitt bezeichneten Zwecke.

(2) Die Vollstreckungsbehörde ist befugt, zur Vollstreckung einer Freiheitsstrafe einen Vorführungs- oder Haftbefehl zu erlassen, wenn der Verurteilte auf die an ihn ergangene Ladung zum Antritt der Strafe sich nicht gestellt hat oder der Flucht verdächtig ist. Sie kann einen Vorführungs- oder Haftbefehl auch erlassen, wenn ein Strafgefangener entweicht oder sich sonst dem Vollzug entzieht.

(3) Im übrigen hat in den Fällen des Absatzes 2 die Vollstreckungsbehörde die gleichen Befugnisse wie die Strafverfolgungsbehörde, soweit die Maßnahmen bestimmt und geeignet sind, den Verurteilten festzunehmen. Bei der Prüfung der Verhältnismäßigkeit ist auf die Dauer der noch zu vollstreckenden Freiheitsstrafe besonders Bedacht zu nehmen. Die notwendig werdenden gerichtlichen Entscheidungen trifft das Gericht des ersten Rechtszuges.

§ 458 StPO

(1) Wenn über die Auslegung eines Strafurteils oder über die Berechnung der erkannten Strafe Zweifel entstehen oder wenn Einwendungen gegen die Zulässigkeit der Strafvollstreckung erhoben werden, so ist die Entscheidung des Gerichts herbeizuführen.

(2) Das Gericht entscheidet ferner, wenn in den Fällen des § 454b Abs. 1 und 2 sowie der §§ 455, 456 und 456c Abs. 2 Einwendungen gegen die Entscheidung der Vollstreckungsbehörde erhoben werden oder wenn die Vollstreckungsbehörde anordnet, daß an einem Ausgelieferten oder Ausgewiesenen die Vollstreckung einer Strafe oder einer Maßregel der Besserung und Sicherung nachgeholt werden soll, und Einwendungen gegen diese Anordnung erhoben werden.

(3) Der Fortgang der Vollstreckung wird hierdurch nicht gehemmt; das Gericht kann jedoch einen Aufschub oder eine Unterbrechung der Vollstreckung anordnen. In den Fällen des § 456c Abs. 2 kann das Gericht eine einstweilige Anordnung treffen.

§ 459 StPO

Für die Vollstreckung der Geldstrafe gelten die Vorschriften der Justizbeitreibungsordnung, soweit dieses Gesetz nichts anderes bestimmt.

§ 459a StPO

(1) Nach Rechtskraft des Urteils entscheidet über die Bewilligung von Zahlungserleichterungen bei Geldstrafen (§ 42 des Strafgesetzbuches) die Vollstreckungsbehörde. Sie kann Zahlungserleichterungen auch gewähren, wenn ohne die Bewilligung die Wiedergutmachung des durch die Straftat verursachten Schadens durch den Verurteilten erheblich gefährdet wäre; dabei kann dem Verurteilten der Nachweis der Wiedergutmachung auferlegt werden.

(2) Die Vollstreckungsbehörde kann eine Entscheidung über Zahlungserleichterungen nach Absatz 1 oder nach § 42 des Strafgesetzbuches nachträglich ändern oder aufheben. Dabei darf sie von einer vorausgegangenen Entscheidung zum Nachteil des Verurteilten nur auf Grund neuer Tatsachen oder Beweismittel abweichen.

(3) Entfällt die Vergünstigung nach § 42 Satz 2 des Strafgesetzbuches, die Geldstrafe in bestimmten Teilbeträgen zu zahlen, so wird dies in den Akten vermerkt. Die Vollstreckungsbehörde kann erneut eine Zahlungserleichterung bewilligen.

(4) Die Entscheidung über Zahlungserleichterungen erstreckt sich auch auf die Kosten des Verfahrens. Sie kann auch allein hinsichtlich der Kosten getroffen werden.

§ 459b StPO

Teilbeträge werden, wenn der Verurteilte bei der Zahlung keine Bestimmung trifft, zunächst auf die Geldstrafe, dann auf die etwa angeordneten Nebenfolgen, die zu einer Geldzahlung verpflichten, und zuletzt auf die Kosten des Verfahrens angerechnet.

§ 459c StPO

(1) Die Geldstrafe oder der Teilbetrag der Geldstrafe wird vor Ablauf von zwei Wochen nach Eintritt der Fälligkeit nur beigetrieben, wenn auf Grund bestimmter Tatsachen erkennbar ist, daß sich der Verurteilte der Zahlung entziehen will.

(2) Die Vollstreckung kann unterbleiben, wenn zu erwarten ist, daß sie in absehbarer Zeit zu keinem Erfolg führen wird.

(3) In den Nachlaß des Verurteilten darf die Geldstrafe nicht vollstreckt werden.

§ 459d StPO

(1) Das Gericht kann anordnen, daß die Vollstreckung der Geldstrafe ganz oder zum Teil unterbleibt, wenn
1. in demselben Verfahren Freiheitsstrafe vollstreckt oder zur Bewährung ausgesetzt worden ist oder
2. in einem anderen Verfahren Freiheitsstrafe verhängt ist und die Voraussetzungen des § 55 des Strafgesetzbuches nicht vorliegen und die Vollstreckung der Geldstrafe die Wiedereingliederung des Verurteilten
erschweren kann.
(2) Das Gericht kann eine Entscheidung nach Absatz 1 auch hinsichtlich der Kosten des Verfahrens treffen.

§ 459e StPO

(1) Die Ersatzfreiheitsstrafe wird auf Anordnung der Vollstreckungsbehörde vollstreckt.
(2) Die Anordnung setzt voraus, daß die Geldstrafe nicht eingebracht werden kann oder die Vollstreckung nach § 459 c Abs. 2 unterbleibt.
(3) Wegen eines Teilbetrages, der keinem vollen Tage Freiheitsstrafe entspricht, darf die Vollstreckung der Ersatzfreiheitsstrafe nicht angeordnet werden.
(4) Die Ersatzfreiheitsstrafe wird nicht vollstreckt, soweit die Geldstrafe entrichtet oder beigetrieben wird oder die Vollstreckung nach § 459d unterbleibt. Absatz 3 gilt entsprechend. § 459f. Das Gericht ordnet an, daß die Vollstreckung der Ersatzfreiheitsstrafe unterbleibt, wenn die Vollstreckung für den Verurteilten eine unbillige Härte wäre.

§ 459f StPO

Das Gericht ordnet an, daß die Vollstreckung der Ersatzfreiheitsstrafe unterbleibt, wenn die Vollstreckung für den Verurteilten eine unbillige Härte wäre.

§ 459g StPO

(1) Ist der Verfall, die Einziehung oder die Unbrauchbarmachung einer Sache angeordnet worden, so wird die Anordnung dadurch vollstreckt, daß die Sache dem Verurteilten oder dem Verfalls- oder Einziehungsbeteiligten weggenommen wird. Für die Vollstreckung gelten die Vorschriften der Justizbeitreibungsordnung.
(2) Für die Vollstreckung von Nebenfolgen, die zu einer Geldzahlung verpflichten, gelten die §§ 459, 459a, 459c Abs. 1 und 2 und § 459d entsprechend.

§ 459h StPO

Über Einwendungen gegen die Entscheidungen der Vollstreckungsbehörde nach den §§ 459a, 459c, 459e und 459g entscheidet das Gericht.

§ 459i StPO

(1) Für die Vollstreckung der Vermögensstrafe (§ 43a des Strafgesetzbuches) gelten die §§ 459, 459a, 459b, 459c, 459e, 459f und 459h sinngemäß.

(2) In den Fällen der §§ 111o, 111p ist die Maßnahme erst nach Beendigung der Vollstreckung aufzuheben.

§ 460 StPO

Ist jemand durch verschiedene rechtskräftige Urteile zu Strafen verurteilt worden und sind dabei die Vorschriften über die Zuerkennung einer Gesamtstrafe (§ 55 des Strafgesetzbuches) außer Betracht geblieben, so sind die erkannten Strafen durch eine nachträgliche gerichtliche Entscheidung auf eine Gesamtstrafe zurückzuführen. Werden mehrere Vermögensstrafen auf eine Gesamtvermögensstrafe zurückgeführt, so darf diese die Höhe der verwirkten höchsten Strafe auch dann nicht unterschreiten, wenn deren Höhe den Wert des Vermögens des Verurteilten zum Zeitpunkt der nachträglichen gerichtlichen Entscheidung übersteigt.

§ 461 StPO

(1) Ist der Verurteilte nach Beginn der Strafvollstreckung wegen Krankheit in eine von der Strafanstalt getrennte Krankenanstalt gebracht worden, so ist die Dauer des Aufenthalts in der Krankenanstalt in die Strafzeit einzurechnen, wenn nicht der Verurteilte mit der Absicht, die Strafvollstreckung zu unterbrechen, die Krankheit herbeigeführt hat.

(2) Die Staatsanwaltschaft hat im letzteren Falle eine Entscheidung des Gerichts herbeizuführen.

§ 462 StPO

(1) Die nach § 450a Abs. 3 Satz 1 und den §§ 458 bis 461 notwendig werdenden gerichtlichen Entscheidungen trifft das Gericht ohne mündliche Verhandlung durch Beschluß. Dies gilt auch für die Wiederverleihung verlorener Fähigkeiten und Rechte (§ 45 b des Strafgesetzbuches), die Aufhebung des Vorbehalts der Einziehung und die nachträgliche Anordnung der Einziehung eines Gegenstandes (§ 74b Abs. 2 Satz 3 des Strafgesetzbuches), die nachträgliche Anordnung von Verfall oder Einziehung des Wertersatzes (§ 76 des Strafgesetzbuches) sowie für die Verlängerung der Verjährungsfrist (§ 79b des Strafgesetzbuches).

(2) Vor der Entscheidung sind die Staatsanwaltschaft und der Verurteilte zu hören. Das Gericht kann von der Anhörung des Verurteilten in den Fällen einer Entscheidung nach § 79b des Strafgesetzbuches absehen, wenn infolge bestimmter Tatsachen anzunehmen ist, daß die Anhörung nicht ausführbar ist.

(3) Der Beschluß ist mit sofortiger Beschwerde anfechtbar. Die sofortige Beschwerde der Staatsanwaltschaft gegen den Beschluß, der die Unterbrechung der Vollstreckung anordnet, hat aufschiebende Wirkung.

§ 462a StPO

(1) Wird gegen den Verurteilten eine Freiheitsstrafe vollstreckt, so ist für die nach den §§ 453, 454, 454a und 462 zu treffenden Entscheidungen die Strafvollstreckungskammer zuständig, in deren Bezirk die Strafanstalt liegt, in die der Verurteilte zu dem Zeitpunkt,

in dem das Gericht mit der Sache befaßt wird, aufgenommen ist. Diese Strafvollstreckungskammer bleibt auch zuständig für Entscheidungen, die zu treffen sind, nachdem die Vollstreckung einer Freiheitsstrafe unterbrochen oder die Vollstreckung des Restes der Freiheitsstrafe zur Bewährung ausgesetzt wurde. Die Strafvollstreckungskammer kann einzelne Entscheidungen nach § 462 in Verbindung mit § 458 Abs. 1 an das Gericht des ersten Rechtszuges abgeben; die Abgabe ist bindend.

(2) In anderen als den in Absatz 1 bezeichneten Fällen ist das Gericht des ersten Rechtszuges zuständig. Das Gericht kann die nach § 453 zu treffenden Entscheidungen ganz oder zum Teil an das Amtsgericht abgeben, in dessen Bezirk der Verurteilte seinen Wohnsitz oder in Ermangelung eines Wohnsitzes seinen gewöhnlichen Aufenthaltsort hat; die Abgabe ist bindend.

(3) In den Fällen des § 460 entscheidet das Gericht des ersten Rechtszuges. Waren die verschiedenen Urteile von verschiedenen Gerichten erlassen, so steht die Entscheidung dem Gericht zu, das auf die schwerste Strafart oder bei Strafen gleicher Art auf die höchste Strafe erkannt hat, und falls hiernach mehrere Gerichte zuständig sein würden, dem Gericht, dessen Urteil zuletzt ergangen ist. War das hiernach maßgebende Urteil von einem Gericht eines höheren Rechtszuges erlassen, so setzt das Gericht des ersten Rechtszuges die Gesamtstrafe fest; war eines der Urteile von einem Oberlandesgericht im ersten Rechtszuge erlassen, so setzt das Oberlandesgericht die Gesamtstrafe fest. Wäre ein Amtsgericht zur Bildung der Gesamtstrafe zuständig und reicht seine Strafgewalt nicht aus, so entscheidet die Strafkammer des ihm übergeordneten Landgerichts.

(4) Haben verschiedene Gerichte den Verurteilten in anderen als den in § 460 bezeichneten Fällen rechtskräftig zu Strafe verurteilt oder unter Strafvorbehalt verwarnt, so ist nur eines von ihnen für die nach den §§ 453, 454, 454a und 462 zu treffenden Entscheidungen zuständig. Absatz 3 Satz 2 und 3 gilt entsprechend. In den Fällen des Absatzes 1 entscheidet die Strafvollstreckungskammer; Absatz 1 Satz 3 bleibt unberührt.

(5) An Stelle der Strafvollstreckungskammer entscheidet das Gericht des ersten Rechtszuges, wenn das Urteil von einem Oberlandesgericht im ersten Rechtszuge erlassen ist. Das Oberlandesgericht kann die nach den Absätzen 1 und 3 zu treffenden Entscheidungen ganz oder zum Teil an die Strafvollstreckungskammer abgeben. Die Abgabe ist bindend; sie kann jedoch vom Oberlandesgericht widerrufen werden.

(6) Gericht des ersten Rechtszuges ist in den Fällen des § 354 Abs. 2 und des § 355 das Gericht, an das die Sache zurückverwiesen worden ist, und in den Fällen, in denen im Wiederaufnahmeverfahren eine Entscheidung nach § 373 ergangen ist, das Gericht, das diese Entscheidung getroffen hat.

§ 463 StPO

(1) Die Vorschriften über die Strafvollstreckung gelten für die Vollstreckung von Maßregeln der Besserung und Sicherung sinngemäß, soweit nichts anderes bestimmt ist.

(2) § 453 gilt auch für die nach den §§ 68a bis 68d des Strafgesetzbuches zu treffenden Entscheidungen.

(3) § 454 Abs. 1, 3 und 4 gilt auch für die nach § 67c Abs. 1, § 67d Abs. 2 und 3, § 67e Abs. 3, den §§ 68e, 68f Abs. 2 und § 72 Abs. 3 des Strafgesetzbuches zu treffenden Entscheidungen. In den Fällen des § 68e des Strafgesetzbuches bedarf es einer mündlichen Anhörung des Verurteilten nicht. § 454 Abs. 2 findet unabhängig von den dort genannten Straftaten in den Fällen des § 67d Abs. 2 und 3, des § 67c Abs. 1 und § 72 Abs. 3 des Strafgesetzbuches entsprechende Anwendung. Zur Vorbereitung der Entscheidung nach § 67d Abs. 3 des Strafgesetzbuches sowie der nachfolgenden Entscheidungen nach § 67d

Abs. 2 des Strafgesetzbuches hat das Gericht das Gutachten eines Sachverständigen namentlich zu der Frage einzuholen, ob von dem Verurteilten aufgrund seines Hanges weiterhin erhebliche rechtswidrige Taten zu erwarten sind. Dem Verurteilten, der keinen Verteidiger hat, bestellt das Gericht für das Verfahren nach Satz 4 einen Verteidiger.

(4) § 455 Abs. 1 ist nicht anzuwenden, wenn die Unterbringung in einem psychiatrischen Krankenhaus angeordnet ist. Ist die Unterbringung in einer Entziehungsanstalt oder in der Sicherungsverwahrung angeordnet worden und verfällt der Verurteilte in Geisteskrankheit, so kann die Vollstreckung der Maßregel aufgeschoben werden. § 456 ist nicht anzuwenden, wenn die Unterbringung des Verurteilten in der Sicherungsverwahrung angeordnet ist.

(5) § 462 gilt auch für die nach § 67 Abs. 3 und Abs. 5 Satz 2, den §§ 67a und 67c Abs. 2, § 67d Abs. 5, den §§ 67g und 69a Abs. 7 sowie den §§ 70a und 70b des Strafgesetzbuches zu treffenden Entscheidungen.

(6) Für die Anwendung des § 462a Abs. 1 steht die Führungsaufsicht in den Fällen des § 67c Abs. 1, des § 67d Abs. 2, 4 und des § 68f des Strafgesetzbuches der Aussetzung eines Strafrestes gleich.

§ 463a StPO

(1) Die Aufsichtsstellen (§ 68a des Strafgesetzbuches) können zur Überwachung des Verhaltens des Verurteilten und der Erfüllung von Weisungen von allen öffentlichen Behörden Auskunft verlangen und Ermittlungen jeder Art, mit Ausschluß eidlicher Vernehmungen, entweder selbst vornehmen oder durch andere Behörden im Rahmen ihrer Zuständigkeit vornehmen lassen.

(2) Die Aufsichtsstelle kann für die Dauer der Führungsaufsicht oder für eine kürzere Zeit anordnen, daß der Verurteilte zur Beobachtung anläßlich von polizeilichen Kontrollen, die die Feststellung der Personalien zulassen, ausgeschrieben wird. § 163e Abs. 2 gilt entsprechend. Die Anordnung trifft der Leiter der Führungsaufsichtsstelle. Die Erforderlichkeit der Fortdauer der Maßnahme ist mindestens jährlich zu überprüfen.

(3) Örtlich zuständig ist die Aufsichtsstelle, in deren Bezirk der Verurteilte seinen Wohnsitz hat. Hat der Verurteilte keinen Wohnsitz im Geltungsbereich dieses Gesetzes, so ist die Aufsichtsstelle örtlich zuständig, in deren Bezirk er seinen gewöhnlichen Aufenthaltsort hat und, wenn ein solcher nicht bekannt ist, seinen letzten Wohnsitz oder gewöhnlichen Aufenthaltsort hatte.

§ 463b StPO

(1) Ist ein Führerschein nach § 44 Abs. 2 Satz 2 und 3 des Strafgesetzbuches amtlich zu verwahren und wird er nicht freiwillig herausgegeben, so ist er zu beschlagnahmen.

(2) Ausländische Führerscheine können zur Eintragung eines Vermerks über das Fahrverbot oder über die Entziehung der Fahrerlaubnis und die Sperre (§ 44 Abs. 2 Satz 4, § 69b Abs. 2 des Strafgesetzbuches) beschlagnahmt werden.

(3) Der Verurteilte hat, wenn der Führerschein bei ihm nicht vorgefunden wird, auf Antrag der Vollstreckungsbehörde bei dem Amtsgericht eine eidesstattliche Versicherung über den Verbleib abzugeben.

§ 883 Abs. 2 bis 4, die §§ 899, 900 Abs. 1 und 4 sowie die §§ 901, 902, 904 bis 910 und 913 der Zivilprozeßordnung gelten entsprechend.

§ 463c StPO

(1) Ist die öffentliche Bekanntmachung der Verurteilung angeordnet worden, so wird die Entscheidung dem Berechtigten zugestellt.

(2) Die Anordnung nach Absatz 1 wird nur vollzogen, wenn der Antragsteller oder ein an seiner Stelle Antragsberechtigter es innerhalb eines Monats nach Zustellung der rechtskräftigen Entscheidung verlangt.

(3) Kommt der Verleger oder der verantwortliche Redakteur einer periodischen Druckschrift seiner Verpflichtung nicht nach, eine solche Bekanntmachung in das Druckwerk aufzunehmen, so hält ihn das Gericht auf Antrag der Vollstreckungsbehörde durch Festsetzung eines Zwangsgeldes bis zu fünfundzwanzigtausend Euro oder von Zwangshaft bis zu sechs Wochen dazu an. Zwangsgeld kann wiederholt festgesetzt werden.

§ 462 gilt entsprechend.

(4) Für die Bekanntmachung im Rundfunk gilt Absatz 3 entsprechend, wenn der für die Programmgestaltung Verantwortliche seiner Verpflichtung nicht nachkommt.

§ 463d StPO

Zur Vorbereitung der nach den §§ 453 bis 461 zu treffenden Entscheidungen kann sich das Gericht oder die Vollstreckungsbehörde der Gerichtshilfe bedienen; dies kommt insbesondere vor einer Entscheidung über den Widerruf der Strafaussetzung oder der Aussetzung des Strafrestes in Betracht, sofern nicht ein Bewährungshelfer bestellt ist.

§ 464 StPO

(1) Jedes Urteil, jeder Strafbefehl und jede eine Untersuchung einstellende Entscheidung muß darüber Bestimmung treffen, von wem die Kosten des Verfahrens zu tragen sind.

(2) Die Entscheidung darüber, wer die notwendigen Auslagen trägt, trifft das Gericht in dem Urteil oder in dem Beschluß, der das Verfahren abschließt.

(3) Gegen die Entscheidung über die Kosten und die notwendigen Auslagen ist die sofortige Beschwerde zulässig; sie ist unzulässig, wenn eine Anfechtung der in Absatz 1 genannten Hauptentscheidung durch den Beschwerdeführer nicht statthaft ist. Das Beschwerdegericht ist an die tatsächlichen Feststellungen, auf denen die Entscheidung beruht, gebunden. Wird gegen das Urteil, soweit es die Entscheidung über die Kosten und die notwendigen Auslagen betrifft, sofortige Beschwerde und im übrigen Berufung oder Revision eingelegt, so ist das Berufungs- oder Revisionsgericht, solange es mit der Berufung oder Revision befaßt ist, auch für die Entscheidung über die sofortige Beschwerde zuständig.

§ 464a StPO

(1) Kosten des Verfahrens sind die Gebühren und Auslagen der Staatskasse. Zu den Kosten gehören auch die durch die Vorbereitung der öffentlichen Klage entstandenen sowie die Kosten der Vollstreckung einer Rechtsfolge der Tat. Zu den Kosten eines Antrags auf Wiederaufnahme des durch ein rechtskräftiges Urteil abgeschlossenen Verfahrens gehören auch die zur Vorbereitung eines Wiederaufnahmeverfahrens (§§ 364a und 364b) entstandenen Kosten, soweit sie durch einen Antrag des Verurteilten verursacht sind.

(2) Zu den notwendigen Auslagen eines Beteiligten gehören auch

1. die Entschädigung für eine notwendige Zeitversäumnis nach den Vorschriften, die für die Entschädigung von Zeugen gelten, und

2. die Gebühren und Auslagen eines Rechtsanwalts, soweit sie nach § 91 Abs. 2 der Zivilprozeßordnung zu erstatten sind.

§ 464b StPO

Die Höhe der Kosten und Auslagen, die ein Beteiligter einem anderen Beteiligten zu erstatten hat, wird auf Antrag eines Beteiligten durch das Gericht des ersten Rechtszuges festgesetzt. Auf Antrag ist auszusprechen, daß die festgesetzten Kosten und Auslagen von der Anbringung des Festsetzungsantrags an die Höhe des Zinssatzes zu verzinsen sind. Auf das Verfahren und auf die Vollstreckung der Entscheidung sind die Vorschriften der Zivilprozeßordnung entsprechend anzuwenden.

§ 464c StPO

Ist für einen Angeschuldigten, der der deutschen Sprache nicht mächtig, hör- oder sprachbehindert ist, ein Dolmetscher oder Übersetzer herangezogen worden, so werden die dadurch entstandenen Auslagen dem Angeschuldigten auferlegt, soweit er diese durch schuldhafte Säumnis oder in sonstiger Weise schuldhaft unnötig verursacht hat; dies ist außer im Falle des § 467 Abs. 2 ausdrücklich auszusprechen.

§ 464d StPO

Die Auslagen der Staatskasse und die notwendigen Auslagen der Beteiligten können nach Bruchteilen verteilt werden.

§ 465 StPO

(1) Die Kosten des Verfahrens hat der Angeklagte insoweit zu tragen, als sie durch das Verfahren wegen einer Tat entstanden sind, wegen derer er verurteilt oder eine Maßregel der Besserung und Sicherung gegen ihn angeordnet wird. Eine Verurteilung im Sinne dieser Vorschrift liegt auch dann vor, wenn der Angeklagte mit Strafvorbehalt verwarnt wird oder das Gericht von Strafe absieht.

(2) Sind durch Untersuchungen zur Aufklärung bestimmter belastender oder entlastender Umstände besondere Auslagen entstanden und sind diese Untersuchungen zugunsten des Angeklagten ausgegangen, so hat das Gericht die entstandenen Auslagen teilweise oder auch ganz der Staatskasse aufzuerlegen, wenn es unbillig wäre, den Angeklagten damit zu belasten. Dies gilt namentlich dann, wenn der Angeklagte wegen einzelner abtrennbarer Teile einer Tat oder wegen einzelner von mehreren Gesetzesverletzungen nicht verurteilt wird. Die Sätze 1 und 2 gelten entsprechend für die notwendigen Auslagen des Angeklagten.

(3) Stirbt ein Verurteilter vor eingetretener Rechtskraft des Urteils, so haftet sein Nachlaß nicht für die Kosten.

§ 466 StPO

Mitangeklagte, gegen die in bezug auf dieselbe Tat auf Strafe erkannt oder eine Maßregel der Besserung und Sicherung angeordnet wird, haften für die Auslagen als Gesamtschuldner. Dies gilt nicht für die durch die Tätigkeit eines bestellten Verteidigers oder eines Dolmetschers und die durch die Vollstreckung, die einstweilige Unterbringung oder die Untersuchungshaft entstandenen Kosten sowie für Auslagen, die durch Untersuchungshandlungen, die ausschließlich gegen einen Mitangeklagten gerichtet waren, entstanden sind.

§ 467 StPO

(1) Soweit der Angeschuldigte freigesprochen, die Eröffnung des Hauptverfahrens gegen ihn abgelehnt oder das Verfahren gegen ihn eingestellt wird, fallen die Auslagen der Staatskasse und die notwendigen Auslagen des Angeschuldigten der Staatskasse zur Last.

(2) Die Kosten des Verfahrens, die der Angeschuldigte durch eine schuldhafte Säumnis verursacht hat, werden ihm auferlegt. Die ihm insoweit entstandenen Auslagen werden der Staatskasse nicht auferlegt.

(3) Die notwendigen Auslagen des Angeschuldigten werden der Staatskasse nicht auferlegt, wenn der Angeschuldigte die Erhebung der öffentlichen Klage dadurch veranlaßt hat, daß er in einer Selbstanzeige vorgetäuscht hat, die ihm zur Last gelegte Tat begangen zu haben. Das Gericht kann davon absehen, die notwendigen Auslagen des Angeschuldigten der Staatskasse aufzuerlegen, wenn er

1. die Erhebung der öffentlichen Klage dadurch veranlaßt hat, daß er sich selbst in wesentlichen Punkten wahrheitswidrig oder im Widerspruch zu seinen späteren Erklärungen belastet oder wesentliche entlastende Umstände verschwiegen hat, obwohl er sich zur Beschuldigung geäußert hat, oder

2. wegen einer Straftat nur deshalb nicht verurteilt wird, weil ein Verfahrenshindernis besteht.

(4) Stellt das Gericht das Verfahren nach einer Vorschrift ein, die dies nach seinem Ermessen zuläßt, so kann es davon absehen, die notwendigen Auslagen des Angeschuldigten der Staatskasse aufzuerlegen.

(5) Die notwendigen Auslagen des Angeschuldigten werden der Staatskasse nicht auferlegt, wenn das Verfahren nach vorangegangener vorläufiger Einstellung (§ 153a) endgültig eingestellt wird.

Erfolgreiche Rügen

1. Bei Freispruch und Einziehung trägt die Staatskasse die Kosten (BGH Urt. v. 25. 7. 1960 – 3 StR 25/60).

Erfolgreiche Rügen

1. Bei Freispruch und Einziehung trägt die Staatskasse die Kosten.

StPO § 467 – BGH Urt. v. 25. 7. 1960 – 3 StR 25/60 LG Bamberg (= BGHSt. 14, 391)

Die Revision rügt ausdrücklich nur, daß das Gericht dem Angeklagten die Kosten des Verfahrens auferlegt hat, obwohl er freigesprochen worden ist.

Sachverhalt: Der Eröffnungsbeschluß legt dem Angeklagten eine fortgesetzte tateinheitliche Straftat nach den §§ 42, 47 BVerfGG, §§ 128, 129, 94 StGB zur Last.

Das Landgericht hat den Angeklagten mangels Nachweis es der inneren Tatseite freigesprochen, eine Anzahl im Urteil näher bezeichneter Druckschriften gemäß den §§ 86, 98 StGB eingezogen und dem Angeklagten die Kosten des Verfahrens auferlegt.

Das Landgericht stützt die Überbürdung der Kosten auf § 465 StPO, in dem es offenbar davon ausgeht, daß der Einziehungsausspruch im Sinne der angeführten Vorschrift einer Verurteilung" gleichstehe. – Das Rechtsmittel hatte Erfolg.

Gründe: Die Revision ist zulässig, da eine unselbständige Kostenentscheidung, die Bestandteil des die Strafsache abschließenden Urteils ist, mit den gegen das Urteil zulässigen Rechtsmittel angefochten werden kann (BGH NJW 1957, 550). Das Rechtsmittel kann auch, wie geschehen, auf den Kostenausspruch beschränkt werden (RGSt 46, 363). Das hat zur Folge, daß die Anordnung der Einziehung wegen Eintritts der Rechtskraft nicht der Nachprüfung durch den Senat unterliegt (BGHSt. 10, 101 [BGH Urt. v. 29. 2. 1956 – 2 StR 25/56; vgl. § 338 Nr. 4 StPO erfolgreiche Rügen]).

Soweit ersichtlich hat der Bundesgerichtshof zu der Frage, wie über die Kosten zu entscheiden ist, wenn unter Freispruch des Angeklagten eine Einziehung angeordnet wird, bisher nicht ausdrücklich bzw. abschließend Stellung genommen. Lediglich das Urteil des erkennenden Senats vom 3. 11. 1954 – 6 StR 192/54 – (NJW 1955, 71), das sich mit einer anderen strafprozessualen Frage befaßt, hat in einer Nebenbemerkung die Kostenfrage gestreift.

Dort wird ausgeführt: „Voraussetzung (der Einziehung im subjektiven Strafverfahren) ist aber, daß der Angeklagte mindestens den äußeren Tatbestand der strafbaren Handlung verwirklicht hat, die zur Einziehung Anlaß gibt. Sonst fehlt es an jedem rechtfertigenden Grund dafür, die Sicherungsmaßnahme im Verfahren gerade gegen diesen Angeklagten anzuordnen und ihm die dadurch entstehenden Kosten aufzubürden."

Diese kostenrechtliche Nebenbemerkung hält einer vertieften Nachprüfung nicht stand. Auszugehen ist für die Kostenentscheidung von den §§ 465, 467 StPO, die erkennbar die Frage abschließend regeln wollen, unter welchen Voraussetzungen der Angeklagte Verfahrenskosten zu tragen hat. Sofern diese Vorschriften keine Anwendung finden können, müssen die Kosten der Staatskasse auferlegt werden (RGSt 12, 200). Nach dem § 465 StPO hat der Angeklagte die Kosten des Verfahrens insoweit zu tragen, als sie durch das Verfahren wegen einer Tat entstanden sind, wegen deren er verurteilt oder eine Maßregel der Sicherung und Besserung gegen ihn angeordnet wird. Eine Verurteilung i.S. des § 465 StPO liegt aber nur vor, wenn das Urteil eine Schuldfeststellung trifft und deswegen irgendwelche Unrechtsfolgen festsetzt. Dies ist hier nicht geschehen. Die vom Landgericht trotz Freispruchs des Angeklagten angeordnete Einziehung gemäß den §§ 86 Abs. 1, 98 Abs. 2 StGB ist nach feststehender Rechtsprechung keine Nebenstrafe, sondern eine polizeiliche Sicherungsmaßnahme (BGHSt. 6, 62[1]; 8, 63; 13, 38 ff.[2]). Sie stellt sich auch nicht als „eine Maßregel der Sicherung und Besserung" i.S. des § 465 StPO dar, weil die Vorschrift darunter erkennbar nur die in § 42a StGB abschließend aufgezählten Maßregeln versteht. Der

---

[1] (Leitsatz) „Einziehung und Unbrauchbarmachung im Sinne der §§ 86, 98 Abs. 2 StGB sind Sicherungsmaßnahmen. Muß das Strafverfahren wegen Verjährung der Strafverfolgung eingestellt werden, so erstreckt sich diese Einstellung nicht auf den Ausspruch über die Einziehung oder Unbrauchbarmachung. Über sie ist selbständig zu erkennen, und zwar im Strafverfahren; der Übergang in das selbständige Verfahren nach den §§ 430 ff. StPO ist unzulässig." (BGH Urt. v. 31. 3. 1954 – 6 StR 5/54).

[2] „Die bezeichnete Schrift war nach den §§ 98, 86 StGB einzuziehen. Die Einziehung nach § 86 StGB ist eine Sicherungsmaßnahme (BGHSt. 6,62) und daher zulässig, obwohl Verfasser und Drucker der Schrift aus Rechtsgründen gegenwärtig nicht strafrechtlich verfolgt werden können." (BGH Urt. v. 28. 2. 1959 – 1 StE 1/59).

Wortlaut des § 465 StPO gibt also für eine Kostenlast des freigesprochenen Angeklagten bei Anordnung der Einziehung keine Grundlage.

Die Vorschrift läßt sich auf diesen Fall auch nicht entsprechend anwenden. Unrechtsfolgen auf Grund schuldhaften tatbestandsmäßigen Verhaltens und Einziehung nach den §§ 86 Abs. 1, 98 Abs. 2 StGB, die nur objektiv tatbestandliches Verhalten voraussetzt, lassen sich nämlich auch für eine über den Wortlaut hinausgehende zweckgetreue Auslegung des § 465 StPO nicht auf eine Linie bringen. Sie könnten nur dann einander gleichgestellt werden, wenn der Grundgedanke des § 465 StPO wäre, daß der Angeklagte die Kosten des Verfahrens immer dann zu tragen habe, wenn er durch objektiv rechtswidriges Verhalten das Verfahren veranlaßt hat. Dies ist jedoch nicht der Fall. Das sog. Veranlassungsprinzip kann, wie schon zutreffend in RGSt 12, 200 ausgeführt ist, nicht als Grundgedanke der strafprozessualen Kostenregelung anerkannt werden. Eine entsprechende Anwendung des § 465 StPO bei Einziehung im subjektiven Verfahren trotz Freispruchs des Angeklagten wird ferner durch den § 467 StPO ausgeschlossen, der vorschreibt, daß einem freigesprochenen Angeklagten nur solche Kosten aufzuerlegen sind, die er durch ein schuldhaftes Versäumnis verursacht hat. Dies zeigt deutlich, daß es sich in § 465 StPO um eine abschließende Regelung handelt, die eine entsprechende Anwendung nicht zuläßt. Schließlich sprechen auch keine zwingenden sachlichen Gründe für eine Kostenbelastung des freigesprochenen Angeklagten im Falle eines Einziehungsausspruchs. Erfolgt nämlich die Einziehung im selbständigen objektiven Verfahren gemäß den §§ 430 ff. StPO, so trägt nach feststehender Rechtsprechung die Staatskasse die Kosten (BGHSt. 5, 100[1]; 13, 41[2]). Ob aber die Einziehung im Strafverfahren oder im selbständigen Verfahren ausgesprochen wird, hängt mehr oder weniger von Zufälligkeiten ab. Es ist daher kein Grund dafür ersichtlich, dem freigesprochenen Angeklagten bei Einziehung im Strafverfahren die Kosten des Verfahrens aufzubürden.

Nach allem mußte die Kostenentscheidung des angefochtenen Urteils aufgehoben werden. Gemäß dem § 354 StPO hatte der Senat die Kostenentscheidung selbst dahin zu treffen, daß die Staatskasse die Kosten des Verfahrens zu tragen hat. In entsprechender Anwendung des § 467 Abs. 2 Satz 2 StPO waren die notwendigen Auslagen des Angeklagten, die durch seine erfolgreiche Revision entstanden sind, der Staatskasse aufzuerlegen.

§ 467a StPO

(1) **Nimmt die Staatsanwaltschaft die öffentliche Klage zurück und stellt sie das Verfahren ein, so hat das Gericht, bei dem die öffentliche Klage erhoben war, auf Antrag der Staatsanwaltschaft oder des Angeschuldigten die diesem erwachsenen notwendigen Auslagen der Staatskasse aufzuerlegen.**

§ 467 Abs. 2 bis 5 gilt sinngemäß.

(2) **Die einem Nebenbeteiligten (§ 431 Abs. 1 Satz 1, §§ 442, 444 Abs. 1 Satz 1) erwachsenen notwendigen Auslagen kann das Gericht in den Fällen des Absatzes 1 Satz 1 auf Antrag der Staatsanwaltschaft oder des Nebenbeteiligten der Staatskasse oder einem anderen Beteiligten auferlegen.**

(3) **Die Entscheidung nach den Absätzen 1 und 2 ist unanfechtbar.**

---

1 „Die Kosten des Rechtsmittels trägt die Staatskasse (§ 473 Abs. 1 Satz 1 StPO). Dasselbe gilt für die Kosten des Verfahrens des ersten Rechtszuges. Diese wären der Staatskasse übrigens auch dann aufzuerlegen, wenn es bei der Anordnung der Mehrerlösabführung bliebe; denn die Antragsgegner sind im selbständigen Verfahren auf Abführung des Mehrerlöses nicht „Angeklagte" im Sinne des § 465 StPO (vgl. RGSt 74, 326, 334 für die Einziehungsbeteiligten)." (BGH Urt. v. 12. 11. 1953 – 4 StR 150/53).

2 „Die Kosten des Verfahrens hat die Bundeskasse zu tragen (§ 474 StPO); denn die Beteiligten sind nicht Angeklagte im Sinne des § 465 StPO." (BGH Urt. v. 28. 2. 1959 – 1 St E 1/59).

§ 468 StPO

Bei wechselseitigen Beleidigungen oder Körperverletzungen wird die Verurteilung eines oder beider Teile in die Kosten dadurch nicht ausgeschlossen, daß einer oder beide für straffrei erklärt werden.

§ 469 StPO

(1) Ist ein, wenn auch nur außergerichtliches Verfahren durch eine vorsätzlich oder leichtfertig erstattete unwahre Anzeige veranlaßt worden, so hat das Gericht dem Anzeigenden, nachdem er gehört worden ist, die Kosten des Verfahrens und die dem Beschuldigten erwachsenen notwendigen Auslagen aufzuerlegen. Die einem Nebenbeteiligten (§ 431 Abs. 1 Satz 1, §§ 442, 444 Abs. 1 Satz 1) erwachsenen notwendigen Auslagen kann das Gericht dem Anzeigenden auferlegen.

(2) War noch kein Gericht mit der Sache befaßt, so ergeht die Entscheidung auf Antrag der Staatsanwaltschaft durch das Gericht, das für die Eröffnung des Hauptverfahrens zuständig gewesen wäre.

(3) Die Entscheidung nach den Absätzen 1 und 2 ist unanfechtbar.

§ 470 StPO

Wird das Verfahren wegen Zurücknahme des Antrags, durch den es bedingt war, eingestellt, so hat der Antragsteller die Kosten sowie die dem Beschuldigten und einem Nebenbeteiligten (§ 431 Abs. 1 Satz 1, §§ 442, 444 Abs. 1 Satz 1) erwachsenen notwendigen Auslagen zu tragen. Sie können dem Angeklagten oder einem Nebenbeteiligten auferlegt werden, soweit er sich zur Übernahme bereit erklärt, der Staatskasse, soweit es unbillig wäre, die Beteiligten damit zu belasten.

§ 471 StPO

(1) In einem Verfahren auf erhobene Privatklage hat der Verurteilte auch die dem Privatkläger erwachsenen notwendigen Auslagen zu erstatten.

(2) Wird die Klage gegen den Beschuldigten zurückgewiesen oder wird dieser freigesprochen oder wird das Verfahren eingestellt, so fallen dem Privatkläger die Kosten des Verfahrens sowie die dem Beschuldigten erwachsenen notwendigen Auslagen zur Last.

(3) Das Gericht kann die Kosten des Verfahrens und die notwendigen Auslagen der Beteiligten angemessen verteilen oder nach pflichtgemäßem Ermessen einem der Beteiligten auferlegen, wenn

1. es den Anträgen des Privatklägers nur zum Teil entsprochen hat;

2. es das Verfahren nach § 383 Abs. 2 (§ 390 Abs. 5) wegen Geringfügigkeit eingestellt hat;

3. Widerklage erhoben worden ist.

(4) Mehrere Privatkläger haften als Gesamtschuldner. Das gleiche gilt hinsichtlich der Haftung mehrerer Beschuldigter für die dem Privatkläger erwachsenen notwendigen Auslagen.

§ 472 StPO

(1) Die dem Nebenkläger erwachsenen notwendigen Auslagen sind dem Angeklagten aufzuerlegen, wenn er wegen einer Tat verurteilt wird, die den Nebenkläger betrifft. Hiervon kann ganz oder teilweise abgesehen werden, soweit es unbillig wäre, den Angeklagten damit zu belasten.

(2) Stellt das Gericht das Verfahren nach einer Vorschrift, die dies nach seinem Ermessen zuläßt, ein, so kann es die in Absatz 1 genannten notwendigen Auslagen ganz oder teilweise dem Angeschuldigten auferlegen, soweit dies aus besonderen Gründen der Billigkeit entspricht. Stellt das Gericht das Verfahren nach vorangegangener vorläufiger Einstellung (§ 153a) endgültig ein, gilt Absatz 1 entsprechend.

(3) Die Absätze 1 und 2 gelten entsprechend für die notwendigen Auslagen, die einem zum Anschluß als Nebenkläger Berechtigten in Wahrnehmung seiner Befugnisse nach § 406 g erwachsen sind. Gleiches gilt für die notwendigen Auslagen eines Privatklägers, wenn die Staatsanwaltschaft nach § 377 Abs. 2 die Verfolgung übernommen hat.

(4) § 471 Abs. 4 Satz 2 gilt entsprechend.

§ 472a StPO

(1) Soweit dem Antrag auf Zuerkennung eines aus der Straftat erwachsenen Anspruchs stattgegeben wird, hat der Angeklagte auch die dadurch entstandenen besonderen Kosten und die notwendigen Auslagen des Verletzten zu tragen.

(2) Sieht das Gericht von der Entscheidung über den Antrag ab, wird ein Teil des Anspruchs dem Verletzten nicht zuerkannt oder nimmt der Verletzte den Antrag zurück, so entscheidet das Gericht nach pflichtgemäßem Ermessen, wer die insoweit entstandenen gerichtlichen Auslagen und die insoweit den Beteiligten erwachsenen notwendigen Auslagen trägt. Die gerichtlichen Auslagen können der Staatskasse auferlegt werden, soweit es unbillig wäre, die Beteiligten damit zu belasten.

§ 472b StPO

(1) Wird der Verfall, die Einziehung, der Vorbehalt der Einziehung, die Vernichtung, Unbrauchbarmachung oder Beseitigung eines gesetzwidrigen Zustandes angeordnet, so können dem Nebenbeteiligten die durch seine Beteiligung erwachsenen besonderen Kosten auferlegt werden. Die dem Nebenbeteiligten erwachsenen notwendigen Auslagen können, soweit es der Billigkeit entspricht, dem Angeklagten, im selbständigen Verfahren auch einem anderen Nebenbeteiligten auferlegt werden.

(2) Wird eine Geldbuße gegen eine juristische Person oder eine Personenvereinigung festgesetzt, so hat diese die Kosten des Verfahrens entsprechend den §§ 465, 466 zu tragen.

(3) Wird von der Anordnung einer der in Absatz 1 Satz 1 bezeichneten Nebenfolgen oder der Festsetzung einer Geldbuße gegen eine juristische Person oder Personenvereinigung abgesehen, so können die dem Nebenbeteiligten erwachsenen notwendigen Auslagen der Staatskasse oder einem anderen Beteiligten auferlegt werden.

§ 473 StPO

(1) Die Kosten eines zurückgenommenen oder erfolglos eingelegten Rechtsmittels treffen den, der es eingelegt hat. Hat der Beschuldigte das Rechtsmittel erfolglos eingelegt oder zurückgenommen, so sind ihm die dadurch dem Nebenkläger oder dem zum Anschluß als Nebenkläger Berechtigten in Wahrnehmung seiner Befugnisse nach § 406g erwachsenen notwendigen Auslagen aufzuerlegen. Hat im Falle des Satzes 1 allein der Nebenkläger ein Rechtsmittel eingelegt oder durchgeführt, so sind ihm die dadurch erwachsenen notwendigen Auslagen des Beschuldigten aufzuerlegen.

(2) Hat im Falle des Absatzes 1 die Staatsanwaltschaft das Rechtsmittel zuungunsten des Beschuldigten oder eines Nebenbeteiligten (§ 431 Abs. 1 Satz 1, §§ 442, 444 Abs. 1 Satz 1) eingelegt, so sind die ihm erwachsenen notwendigen Auslagen der Staatskasse aufzuerlegen. Dasselbe gilt, wenn das von der Staatsanwaltschaft zugunsten des Beschuldigten oder eines Nebenbeteiligten eingelegte Rechtsmittel Erfolg hat.

(3) Hat der Beschuldigte oder ein anderer Beteiligter das Rechtsmittel auf bestimmte Beschwerdepunkte beschränkt und hat ein solches Rechtsmittel Erfolg, so sind die notwendigen Auslagen des Beteiligten der Staatskasse aufzuerlegen.

(4) Hat das Rechtsmittel teilweise Erfolg, so hat das Gericht die Gebühr zu ermäßigen und die entstandenen Auslagen teilweise oder auch ganz der Staatskasse aufzuerlegen, soweit es unbillig wäre, die Beteiligten damit zu belasten. Dies gilt entsprechend für die notwendigen Auslagen der Beteiligten.

(5) Ein Rechtsmittel gilt als erfolglos, soweit eine Anordnung nach § 69 Abs. 1 oder § 69b Abs. 1 des Strafgesetzbuches nur deshalb nicht aufrechterhalten wird, weil ihre Voraussetzungen wegen der Dauer einer vorläufigen Entziehung der Fahrerlaubnis (§ 111a Abs. 1) oder einer Verwahrung, Sicherstellung oder Beschlagnahme des Führerscheins (§ 69a Abs. 6 des Strafgesetzbuches) nicht mehr vorliegen.

(6) Die Absätze 1 bis 4 gelten entsprechend für die Kosten und die notwendigen Auslagen, die durch einen Antrag

1. auf Wiederaufnahme des durch ein rechtskräftiges Urteil abgeschlossenen Verfahrens oder

2. auf ein Nachverfahren (§ 439) verursacht worden sind.

(7) Die Kosten der Wiedereinsetzung in den vorigen Stand fallen dem Antragsteller zur Last, soweit sie nicht durch einen unbegründeten Widerspruch des Gegners entstanden sind.

Erfolglose Rügen

1. Auslagen für Hauptverhandlung nach Zurückverweisung trägt der verurteilte Angeklagte (BGH Urt. v. 29. 1. 1963 – 1 StR 516/62).

Erfolglose Rügen

1. Auslagen für Hauptverhandlung nach Zurückverweisung trägt der verurteilte Angeklagte.

StPO §§ 465, 467 II, 473 I S. 2 – BGH Urt. v. 29. 1. 1963 – 1 StR 516/62 LG München II (= BGHSt. 18, 231)

Die Revision des Angeklagten rügt, daß ihm das Landgericht die Erstattung seiner notwendigen Auslagen für die Hauptverhandlung nach Zurückverweisung der Sache durch das Revisionsgericht versagt habe, obwohl das auf eine Nebenfolge beschränkte Rechtsmittel der Staatsanwaltschaft erfolglos war.

Sachverhalt: Das Landgericht verurteilte den im Sinne des § 51 Abs. 2 StGB vermindert zurechnungsfähigen Angeklagten wegen fortgesetzten Betruges in Tateinheit mit Urkundenfälschung zu einer Freiheitsstrafe. Seine Unterbringung in einer Heil- oder Pflegeanstalt lehnte es ab, weil es die alsbaldige Entmündigung des Angeklagten für ausreichend hielt. Auf die Revision der Staatsanwaltschaft, die allein die Ablehnung der Unterbringung rügte, hob der Senat das Urteil in diesem Umfange auf und verwies die Sache insoweit zu neuer Verhandlung und Entscheidung, auch über die Kosten des Rechtsmittels, an das Landgericht zurück (Urteil des Senats vom 10. 1. 1961 – BGHSt. 15, 279). Durch Urteil vom 28. 9. 1962 hat das Landgericht die Unterbringung des Angeklagten erneut abgelehnt und ausgesprochen, daß die Kosten der Revision der Staatsanwaltschaft der Staatskasse zur Last fallen. Es ist nunmehr, im wesentlichen unter Berücksichtigung des Verhaltens des Angeklagten seit der ersten Hauptverhandlung, überzeugt, daß zwar die Möglichkeit, nicht aber die bestimmte Wahrscheinlichkeit erheblicher künftiger Straftaten des Angeklagten bestehe.

Der einschlägige Abschnitt des angefochtenen Urteils lautet:

Die Revision der Staatsanwaltschaft gegen das Urteil vom 5. 7. 1960 hatte somit im Endergebnis keinen Erfolg und es verbleibt bei dem Urteilsausspruch vom 5. 7. 1960.

Die Kosten des Revisionsverfahrens und der sich daran anschließenden erneuten Hauptverhandlung fallen daher, der Staatskasse zur Last (§ 473 Abs. I StPO).

Da nach wie vor der Verdacht besteht, daß der Angeklagte rückfällig wird im Sinne des § 42b StGB, war für eine Erstattung der dem Angeklagten entstandenen notwendigen Auslagen durch die Staatskasse nach § 467 Abs. 2 Satz 2 StPO kein Raum. Es bestand auch keine Veranlassung, der Staatskasse gemäß § 467 Abs. 2 Satz 1 StPO die notwendigen Auslagen des Angeklagten aufzuerlegen, da der Sachverhalt keine Anhaltspunkte oder Besonderheiten aufweist, die einen Erstattungsanspruch nahelegen würden. – Das Rechtsmittel war erfolglos.

Gründe: Das Landgericht verkennt damit, daß kostenrechtlich streng zwischen dem Verfahren im Revisionsrechtszuge und dem Verfahren vor dem Tatsachengericht zu unterscheiden ist und daß das Verfahren des ersten Rechtszuges, auch soweit es im Anschluß an die zurückverweisende Entscheidung des Revisionsgerichts stattfindet, mit dem vorausgehenden Verfahrensabschnitt bis zum ersten Urteil des Tatsachengerichts kostenrechtlich eine Einheit bildet (vgl. RGSt 30, 128; 53, 303). Die Erwägungen des Landgerichts knüpfen ferner zu Unrecht an die Vorschrift des § 467 Abs. 2 StPO an. Diese Vorschrift kommt für den ersten Rechtszug nur dann zur Anwendung, wenn der Angeklagte nicht verurteilt worden ist. Ihre entsprechende Anwendung für den Revisionsrechtszug könnte nur in den Fällen in Betracht kommen, in denen eine Teilrevision des Angeklagten Erfolg hatte (BGHSt. 16, 168[1]). Denn für den hier gegebenen Fall der erfolglosen Teilrevision der Staatsanwaltschaft ist in § 473 Abs. 1 Satz 2 StPO eine ausdrückliche Regelung getroffen, nämlich dem Gericht die Möglichkeit gegeben, die dem Beschuldigten erwachsenen notwendigen Auslagen nach seinem Ermessen der Staatskasse aufzuerlegen.

Gerade deshalb ist es nun im Ergebnis nicht falsch, daß das Landgericht seine Entscheidung auf § 467 Abs. 2 Satz 1 StPO gestützt hat, denn auch diese Vorschrift stellt die Ent-

---
1 (Leitsatz) „Greift ein Angeklagter mit seinem Rechtsmittel nur solche abtrennbaren Teile der Entscheidung an, die unzulässige Rechtsfolgen aussprechen, und hat er damit vollen Erfolg, so sind die ihm hierbei erwachsenen notwendigen Auslagen der Staatskasse aufzuerlegen. § 467 II Satz 2 Halbs. 2 StPO i.V.m. § 2 Uhaft-EntschG ist jedoch entsprechend anzuwenden." (BGH Beschl. v. 7. 7. 1961 – 4 StR 167/61).

scheidung in das richterliche Ermessen. Ein Unterschied besteht allerdings insofern, als das Ermessen im Falle des § 473 Abs. 1 Satz 2 StPO in erster Linie auf das Rechtsmittel und nicht auf das Verfahren im ganzen bezogen ist. Indessen ist den im übrigen unmaßgeblichen Darlegungen des Landgerichts zu § 467 Abs. 2 Satz 2 StPO zu entnehmen, daß das Landgericht bei der Ausübung seines Ermessens vordringlich den Gegenstand des Rechtsmittelverfahrens im Auge hatte. Die Erwägungen, die es im einzelnen bei der Ausübung seines Ermessens leiteten, brauchte es im Urteil nicht mitzuteilen.

Soweit andererseits die erneute Hauptverhandlung vor dem Landgericht in Betracht kommt, hatte die Strafkammer überhaupt keine rechtliche Handhabe, die notwendigen Auslagen der Verteidigung der Staatskasse aufzuerlegen. Denn auch für diesen Verfahrensabschnitt, der, wie bereits gesagt, kostenrechtlich mit dem der Revision vorausgehenden Verfahren vor dem Landgericht als Einheit zu sehen ist, hatte die Kostenentscheidung nach der Vorschrift des § 465 StPO zu ergehen, weil der Angeklagte zu Strafe verurteilt worden ist (vgl. BGHSt. 13, 306, 311[1]). Schon die Rechtsprechung des Reichsgerichts hatte ausdrücklich anerkannt, daß der zu Strafe verurteilte Angeklagte, auch wenn die Staatsanwaltschaft – im Ergebnis ohne Erfolg – daneben die Anordnung einer Maßregel der Sicherung oder Besserung beantragt hatte und durch die Verhandlung darüber besondere Auslagen entstanden waren, alle Kosten des Verfahrens tragen muß, auch soweit sie nur durch die Verhandlung über die Notwendigkeit der Anordnung einer Maßregel der Sicherung oder Besserung entstanden sind, daß also auch in einem solchen Falle die Kosten nicht zwischen dem Angeklagten und der Staatskasse aufgeteilt werden können. Das geltende Kostenrecht läßt keine andere Entscheidung zu. Auch wenn in einem solchen Fall über die Anordnung einer Maßregel der Sicherung oder Besserung endgültig und rechtskräftig erst entschieden wird, nachdem die vom Tatrichter ursprünglich getroffene Entscheidung auf die Revision eines Beteiligten hin aufgehoben war, kann nach Ansicht des Senats nichts anderes gelten. In diesem Falle gehören die durch die neuerliche Verhandlung vor dem Tatrichter entstehenden Auslagen gleichfalls noch zu den erstinstanzlichen Kosten des Verfahrens und nicht zu den Kosten eines Rechtsmittels, über die nach § 473 StPO die Gerichte vielfach nach ihrem Ermessen und damit nach einem freieren Maßstab befinden dürfen. Deshalb mußte es bei der im ersten Urteil des Landgerichts vom 5. 7. 1960 enthaltenen Kostenentscheidung von vornherein, ganz unabhängig von dem Ausgang der auf die Frage der Unterbringung beschränkten Revision der Staatsanwaltschaft, sein Bewenden haben.

Das angefochtene Urteil enthält nach alledem im Ergebnis nur einen Rechtsfehler zugunsten des Angeklagten, weil es nach der aus den Urteilsgründen gebotenen Auslegung seines Entscheidungssatzes die gerichtlichen Kosten der erneuten Hauptverhandlung fälschlich als Kosten der Revision angesehen und deshalb zusammen mit den Kosten der staatsanwaltschaftlichen Revision der Staatskasse auferlegt hat. Diese unrichtige Entscheidung kann zwar den sich aus der Kostenentscheidung im Urteil vom 5. 7. 1960 ergebenden Gebührenanspruch der Staatskasse gegen den Angeklagten nicht beeinträchtigen. Sie nimmt jedoch der Staatskasse die Möglichkeit, vom Angeklagten Ersatz für Auslagen der Staatskasse zu beanspruchen, die durch die erneute Hauptverhandlung entstanden sind und von

---

1 „Dadurch, daß der Strafbefehl – oder die gerichtliche Strafverfügung – infolge der Versäumung der Einspruchsfrist rechtskräftig geworden ist, hat das Verfahren in Wahrheit zur Verurteilung des Angeklagten geführt. Ein verurteilter Angeklagter hat aber stets die Kosten des Verfahrens und auch diejenigen eines letztlich erfolglos gebliebenen Rechtsmittels zu tragen. Die Tatsache, daß es noch nach Rechtskraft der gerichtlichen Strafverfügung – oder des Strafbefehls – durch ein Versehen des Tatrichters zu einem Urteil und damit zu einem Revisionsverfahren kommt, rechtfertigt keine andere Beurteilung. Dem verurteilten Angeklagten fallen auch sonst diejenigen Mehrkosten zur Last, die durch eine unzutreffende Beurteilung eines Instanzgerichts entstanden sind (RG Recht 1918 Nr. 458; OLG Stuttgart in JW 1928, 2294). Die Pflicht zur Kostentragung ist die gesetzliche Folge der Verurteilung wie auch der Erfolglosigkeit des Rechtsmittels." (BGH Beschl. v. 19. 11. 1959 – 2 StR 357/59).

den früher entstandenen Auslagen getrennt werden können. An diesem Ergebnis vermag der Senat nichts zu ändern, weil die Staatsanwaltschaft insoweit keine Revision eingelegt und der Angeklagte seine Revision in zulässiger Weise auf die ihn allein beschwerende Entscheidung über die Erstattung seiner Auslagen beschränkt hat.

§ 474 StPO

(1) Gerichte, Staatsanwaltschaften und andere Justizbehörden erhalten Akteneinsicht, wenn dies für Zwecke der Rechtspflege erforderlich ist.

(2) Im Übrigen sind Auskünfte aus Akten an öffentliche Stellen zulässig, soweit

1. die Auskünfte zur Feststellung, Durchsetzung oder zur Abwehr von Rechtsansprüchen im Zusammenhang mit der Straftat erforderlich sind,

2. diesen Stellen in sonstigen Fällen auf Grund einer besonderen Vorschrift von Amts wegen personenbezogene Informationen aus Strafverfahren übermittelt werden dürfen oder soweit nach einer Übermittlung von Amts wegen die Übermittlung weiterer personenbezogener Informationen zur Aufgabenerfüllung erforderlich ist oder

3. die Auskünfte zur Vorbereitung von Maßnahmen erforderlich sind, nach deren Erlaß auf Grund einer besonderen Vorschrift von Amts wegen personenbezogene Informationen aus Strafverfahren an diese Stellen übermittelt werden dürfen.

Die Erteilung von Auskünften an die Nachrichtendienste richtet sich nach § 18 des Bundesverfassungsschutzgesetzes, § 10 des MAD-Gesetzes und § 8 des BND-Gesetzes sowie den entsprechenden landesrechtlichen Vorschriften.

(3) Unter den Voraussetzungen des Absatzes 2 kann Akteneinsicht gewährt werden, wenn die Erteilung von Auskünften einen unverhältnismäßigen Aufwand erfordern würde oder die Akteneinsicht begehrende Stelle unter Angabe von Gründen erklärt, daß die Erteilung einer Auskunft zur Erfüllung ihrer Aufgabe nicht ausreichen würde.

(4) Unter den Voraussetzungen der Absätze 1 oder 3 können amtlich verwahrte Beweisstücke besichtigt werden.

(5) Akten können in den Fällen der Absätze 1 und 3 zur Einsichtnahme übersandt werden.

(6) Landesrechtliche Regelungen, die parlamentarischen Ausschüssen ein Recht auf Akteneinsicht einräumen, bleiben unberührt.

§ 475 StPO

(1) Für eine Privatperson und für sonstige Stellen kann, unbeschadet der Vorschrift des § 406e, ein Rechtsanwalt Auskünfte aus Akten erhalten, die dem Gericht vorliegen oder diesem im Falle der Erhebung der öffentlichen Klage vorzulegen wären, soweit er hierfür ein berechtigtes Interesse darlegt. Auskünfte sind zu versagen, wenn der hiervon Betroffene ein schutzwürdiges Interesse an der Versagung hat.

(2) Unter den Voraussetzungen des Absatzes 1 kann Akteneinsicht gewährt werden, wenn die Erteilung von Auskünften einen unverhältnismäßigen Aufwand erfordern oder nach Darlegung dessen, der Akteneinsicht begehrt, zur Wahrnehmung des berechtigen Interesses nicht ausreichen würde.

(3) Unter den Voraussetzungen des Absatzes 2 können amtlich verwahrte Beweisstücke besichtigt werden. Auf Antrag können dem Rechtsanwalt, soweit Akteneinsicht gewährt

wird und nicht wichtige Gründe entgegenstehen, die Akten mit Ausnahme der Beweisstücke in seine Geschäftsräume oder seine Wohnung mitgegeben werden. Die Entscheidung ist nicht anfechtbar.

(4) Unter den Voraussetzungen des Absatzes 1 können auch Privatpersonen und sonstigen Stellen Auskünfte aus den Akten erteilt werden.

§ 476 StPO

(1) Die Übermittlung personenbezogener Informationen in Akten an Hochschulen, andere Einrichtungen, die wissenschaftliche Forschung betreiben, und öffentliche Stellen ist zulässig, soweit

1. dies für die Durchführung bestimmter wissenschaftlicher Forschungsarbeiten erforderlich ist,

2. eine Nutzung anonymisierter Informationen zu diesem Zweck nicht möglich oder die Anonymisierung mit einem unverhältnismäßigen Aufwand verbunden ist und

3. das öffentliche Interesse an der Forschungsarbeit das schutzwürdige Interesse des Betroffenen an dem Ausschluß der Übermittlung erheblich überwiegt.

Bei der Abwägung nach Satz 1 Nr. 3 ist im Rahmen des öffentlichen Interesses das wissenschaftliche Interesse an dem Forschungsvorhaben besonders zu berücksichtigen.

(2) Die Übermittlung der Informationen erfolgt durch Erteilung von Auskünften, wenn hierdurch der Zweck der Forschungsarbeit erreicht werden kann und die Erteilung keinen unverhältnismäßigen Aufwand erfordert. Andernfalls kann auch Akteneinsicht gewährt werden. Die Akten können zur Einsichtnahme übersandt werden.

(3) Personenbezogene Informationen werden nur an solche Personen übermittelt, die Amtsträger oder für den öffentlichen Dienst besonders Verpflichtete sind oder die zur Geheimhaltung verpflichtet worden sind. § 1 Abs. 2, 3 und 4 Nr. 2 des Verpflichtungsgesetzes findet auf die Verpflichtung zur Geheimhaltung entsprechende Anwendung.

(4) Die personenbezogenen Informationen dürfen nur für die Forschungsarbeit verwendet werden, für die sie übermittelt worden sind. Die Verwendung für andere Forschungsarbeiten oder die Weitergabe richtet sich nach den Absätzen 1 bis 3 und bedarf der Zustimmung der Stelle, die die Übermittlung der Informationen angeordnet hat.

(5) Die Informationen sind gegen unbefugte Kenntnisnahme durch Dritte zu schützen. Die wissenschaftliche Forschung betreibende Stelle hat dafür zu sorgen, daß die Verwendung der personenbezogenen Informationen räumlich und organisatorisch getrennt von der Erfüllung solcher Verwaltungsaufgaben oder Geschäftszwecke erfolgt, für die diese Informationen gleichfalls von Bedeutung sein können.

(6) Sobald der Forschungszweck es erlaubt, sind die personenbezogenen Informationen zu anonymisieren. Solange dies noch nicht möglich ist, sind die Merkmale gesondert aufzubewahren, mit denen Einzelangaben über persönliche oder sachliche Verhältnisse einer bestimmten oder bestimmbaren Person zugeordnet werden können. Sie dürfen mit den Einzelangaben nur zusammengeführt werden, soweit der Forschungszweck dies erfordert.

(7) Wer nach den Absätzen 1 bis 3 personenbezogene Informationen erhalten hat, darf diese nur veröffentlichen, wenn dies für die Darstellung von Forschungsergebnissen über Ereignisse der Zeitgeschichte unerlässlich ist. Die Veröffentlichung bedarf der Zustimmung der Stelle, die die Informationen übermittelt hat.

(8) Ist der Empfänger eine nichtöffentliche Stelle, finden die Vorschriften des Dritten Abschnitts des Bundesdatenschutzgesetzes auch Anwendung, wenn die Informationen nicht in oder aus Dateien verarbeitet werden.

§ 477 StPO

(1) Auskünfte können auch durch Überlassung von Abschriften aus den Akten erteilt werden.

(2) Auskünfte aus Akten und Akteneinsicht sind zu versagen, wenn der Übermittlung Zwecke des Strafverfahrens oder besondere bundesgesetzliche oder entsprechende landesgesetzliche Verwendungsregelungen entgegenstehen. Informationen, die erkennbar durch eine Maßnahme nach den §§ 98a, 100a, 100c Abs. 1 Nr. 2 und 3, §§ 110a und 163f ermittelt worden sind, dürfen nur für Zwecke eines Strafverfahrens, zur Abwehr von erheblichen Gefahren und für die Zwecke, für die eine Übermittlung nach § 18 des Bundesverfassungsschutzgesetzes zulässig ist, übermittelt werden. Eine Verwendung nach § 476 ist zulässig, wenn Gegenstand der Forschung eine der in Satz 2 genannten Vorschriften ist. § 481 bleibt unberührt.

(3) In Verfahren, in denen
1. der Angeklagte freigesprochen, die Eröffnung des Hauptverfahrens abgelehnt oder das Verfahren eingestellt wurde oder
2. die Verurteilung nicht in ein Führungszeugnis für Behörden aufgenommen wird und seit der Rechtskraft der Entscheidung mehr als zwei Jahre verstrichen sind,

dürfen Auskünfte aus den Akten und Akteneinsicht an nichtöffentliche Stellen nur gewährt werden, wenn ein rechtliches Interesse an der Kenntnis der Information glaubhaft gemacht ist und der frühere Beschuldigte kein schutzwürdiges Interesse an der Versagung hat.

(4) Die Verantwortung für die Zulässigkeit der Übermittlung trägt der Empfänger, soweit dieser eine öffentliche Stelle oder ein Rechtsanwalt ist. Die übermittelnde Stelle prüft in diesem Falle nur, ob das Übermittlungsersuchen im Rahmen der Aufgaben des Empfängers liegt, es sei denn, daß besonderer Anlaß zu einer weitergehenden Prüfung der Zulässigkeit der Übermittlung besteht.

(5) Die nach den §§ 474, 475 erlangten personenbezogenen Informationen dürfen nur zu dem Zweck verwendet werden, für den die Auskunft oder Akteneinsicht gewährt wurde. Eine Verwendung für andere Zwecke ist zulässig, wenn dafür Auskunft oder Akteneinsicht gewährt werden dürfte und im Falle des § 475 die Stelle, die Auskunft oder Akteneinsicht gewährt hat, zustimmt. Wird eine Auskunft ohne Einschaltung eines Rechtsanwalts erteilt, so ist auf die Zweckbindung hinzuweisen.

§ 478 StPO

(1) Über die Erteilung von Auskünften und die Akteneinsicht entscheidet im vorbereitenden Verfahren und nach rechtskräftigem Abschluß des Verfahrens die Staatsanwaltschaft, im Übrigen der Vorsitzende des mit der Sache befassten Gerichts. Die Staatsanwaltschaft ist auch nach Erhebung der öffentlichen Klage befugt, Auskünfte zu erteilen. Die Staatsanwaltschaft kann die Behörden des Polizeidienstes, die die Ermittlungen geführt haben oder führen, ermächtigen, in den Fällen des § 475 Akteneinsicht und Auskünfte zu erteilen. Gegen deren Entscheidung kann die Entscheidung der Staatsanwaltschaft eingeholt werden. Die Übermittlung personenbezogener Informationen zwischen Behörden des Polizeidienstes oder eine entsprechende Akteneinsicht ist ohne Entscheidung nach Satz 1 zulässig.

(2) Aus beigezogenen Akten, die nicht Aktenbestandteil sind, dürfen Auskünfte nur erteilt werden, wenn der Antragsteller die Zustimmung der Stelle nachweist, um deren Akten es sich handelt; Gleiches gilt für die Akteneinsicht.

(3) In den Fällen des § 475 kann gegen die Entscheidung der Staatsanwaltschaft nach Absatz 1 gerichtliche Entscheidung nach Maßgabe des § 161a Abs. 3 Satz 2 bis 4 beantragt werden. Die Entscheidung des Vorsitzenden ist unanfechtbar. Diese Entscheidungen werden nicht mit Gründen versehen, soweit durch deren Offenlegung der Untersuchungszweck gefährdet werden könnte.

§ 479 StPO

(1) Von Amts wegen dürfen personenbezogene Informationen aus Strafverfahren, Strafverfolgungsbehörden und Strafgerichten für Zwecke der Strafverfolgung sowie den zuständigen Behörden und Gerichten für Zwecke der Verfolgung von Ordnungswidrigkeiten übermittelt werden, soweit diese Informationen aus der Sicht der übermittelnden Stelle hierfür erforderlich sind.

(2) Die Übermittlung personenbezogener Informationen von Amts wegen aus einem Strafverfahren ist auch zulässig, wenn die Kenntnis der Informationen aus der Sicht der ermittelnden Stelle erforderlich ist für

1. die Vollstreckung von Strafen oder von Maßnahmen im Sinne des § 11 Abs. 1 Nr. 8 des Strafgesetzbuches oder die Vollstreckung oder Durchführung von Erziehungsmaßregeln oder Zuchtmitteln im Sinne des Jugendgerichtsgesetzes,

2. den Vollzug von freiheitsentziehenden Maßnahmen,

3. Entscheidungen in Strafsachen, insbesondere über die Strafaussetzung zur Bewährung oder deren Widerruf, in Bußgeld- oder Gnadensachen.

(3) § 477 Abs. 1, 2 und 5 sowie § 478 Abs. 1 und 2 gelten entsprechend; die Verantwortung für die Zulässigkeit der Übermittlung trägt die übermittelnde Stelle.

§ 480 StPO

Besondere gesetzliche Bestimmungen, die die Übermittlung personenbezogener Informationen aus Strafverfahren anordnen oder erlauben, bleiben unberührt.

§ 481 StPO

(1) Die Polizeibehörden dürfen nach Maßgabe der Polizeigesetze personenbezogene Informationen aus Strafverfahren verwenden. Zu den dort genannten Zwecken dürfen Strafverfolgungsbehörden an Polizeibehörden personenbezogene Informationen aus Strafverfahren übermitteln. Die Sätze 1 und 2 gelten nicht in den Fällen, in denen die Polizei ausschließlich zum Schutz privater Rechte tätig wird.

(2) Die Verwendung ist unzulässig, soweit besondere bundesgesetzliche oder entsprechende landesgesetzliche Verwendungsregelungen entgegenstehen.

§ 482 StPO

(1) Die Staatsanwaltschaft teilt der Polizeibehörde, die mit der Angelegenheit befasst war, ihr Aktenzeichen mit.

(2) Sie unterrichtet die Polizeibehörde in den Fällen des Absatzes 1 über den Ausgang des Verfahrens durch Mitteilung der Entscheidungsformel, der entscheidenden Stelle sowie

des Datums und der Art der Entscheidung. Die Übersendung eines Abdrucks der Mitteilung zum Bundeszentralregister ist zulässig, im Falle des Erforderns auch des Urteils oder einer mit Gründen versehenen Einstellungsentscheidung.

(3) In Verfahren gegen Unbekannt sowie bei Verkehrsstrafsachen, soweit sie nicht unter die §§ 142, 315 bis 315c des Strafgesetzbuches fallen, wird der Ausgang des Verfahrens nach Absatz 2 von Amts wegen nicht mitgeteilt.

(4) Wird ein Urteil übersandt, das angefochten worden ist, so ist anzugeben, wer Rechtsmittel eingelegt hat.

§ 483 StPO

(1) Gerichte, Strafverfolgungsbehörden einschließlich Vollstreckungsbehörden, Bewährungshelfer, Aufsichtsstellen bei Führungsaufsicht und die Gerichtshilfe dürfen personenbezogene Daten in Dateien speichern, verändern und nutzen, soweit dies für Zwecke des Strafverfahrens erforderlich ist.

(2) Die Daten dürfen auch für andere Strafverfahren, die internationale Rechtshilfe in Strafsachen und Gnadensachen genutzt werden.

(3) Erfolgt in einer Datei der Polizei die Speicherung zusammen mit Daten, deren Speicherung sich nach den Polizeigesetzen richtet, so ist für die Verarbeitung und Nutzung personenbezogener Daten und die Rechte der Betroffenen das für die speichernde Stelle geltende Recht maßgeblich.

§ 484 StPO

(1) Strafverfolgungsbehörden dürfen für Zwecke künftiger Strafverfahren

1. die Personendaten des Beschuldigten und, soweit erforderlich, andere zur Identifizierung geeignete Merkmale,

2. die zuständige Stelle und das Aktenzeichen,

3. die Tatzeiten,

4. die Tatvorwürfe durch Angabe der gesetzlichen Vorschriften und die nähere Bezeichnung der Straftaten,

5. die Einleitung des Verfahrens sowie die Verfahrenserledigungen bei der Staatsanwaltschaft und bei Gericht nebst Angabe der gesetzlichen Vorschriften in Dateien speichern, verändern und nutzen.

(2) Weitere personenbezogene Daten von Beschuldigten und Tatbeteiligten dürfen sie in Dateien nur speichern, verändern und nutzen, soweit dies erforderlich ist, weil wegen der Art oder Ausführung der Tat, der Persönlichkeit des Beschuldigten oder Tatbeteiligten oder sonstiger Erkenntnisse Grund zu der Annahme besteht, daß weitere Strafverfahren gegen den Beschuldigten zu führen sind. Wird der Beschuldigte rechtskräftig freigesprochen, die Eröffnung des Hauptverfahrens gegen ihn unanfechtbar abgelehnt oder das Verfahren nicht nur vorläufig eingestellt, so ist die Speicherung, Veränderung und Nutzung nach Satz 1 unzulässig, wenn sich aus den Gründen der Entscheidung ergibt, daß der Betroffene die Tat nicht oder nicht rechtswidrig begangen hat.

(3) Das Bundesministerium der Justiz und die Landesregierungen bestimmen für ihren jeweiligen Geschäftsbereich durch Rechtsverordnung das Nähere über die Art der Daten, die nach Absatz 2 für Zwecke künftiger Strafverfahren gespeichert werden dürfen. Dies

gilt nicht für Daten in Dateien, die nur vorübergehend vorgehalten und innerhalb von drei Monaten nach ihrer Erstellung gelöscht werden. Die Landesregierungen können die Ermächtigung durch Rechtsverordnung auf die zuständigen Landesministerien übertragen.

(4) Die Verwendung personenbezogener Daten, die für Zwecke künftiger Strafverfahren in Dateien der Polizei gespeichert sind oder werden, richtet sich, ausgenommen die Verwendung für Zwecke eines Strafverfahrens, nach den Polizeigesetzen.

§ 485 StPO

Gerichte, Strafverfolgungsbehörden einschließlich Vollstreckungsbehörden, Bewährungshelfer, Aufsichtsstellen bei Führungsaufsicht und die Gerichtshilfe dürfen personenbezogene Daten in Dateien speichern, verändern und nutzen, soweit dies für Zwecke der Vorgangsverwaltung erforderlich ist. Eine Nutzung für die in § 483 bezeichneten Zwecke ist zulässig. Eine Nutzung für die in § 484 bezeichneten Zwecke ist zulässig, soweit die Speicherung auch nach dieser Vorschrift zulässig wäre.

§ 483 Abs. 3 ist entsprechend anwendbar.

§ 486 StPO

(1) Die personenbezogenen Daten können für die in den §§ 483 bis 485 genannten Stellen in gemeinsamen Dateien gespeichert werden.

(2) Bei länderübergreifenden gemeinsamen Dateien gilt für Schadenersatzansprüche eines Betroffenen § 8 des Bundesdatenschutzgesetzes entsprechend.

§ 487 StPO

(1) Die nach den §§ 483 bis 485 gespeicherten Daten dürfen den zuständigen Stellen übermittelt werden, soweit dies für die in diesen Vorschriften genannten Zwecke, für Zwecke eines Gnadenverfahrens oder der internationalen Rechtshilfe in Strafsachen erforderlich ist. § 477 Abs. 2 und § 485 Satz 3 gelten entsprechend.

(2) Außerdem kann Auskunft aus einer Datei erteilt werden, soweit nach den Vorschriften dieses Gesetzes Akteneinsicht oder Auskunft aus den Akten gewährt werden könnte. Entsprechendes gilt für Mitteilungen nach den §§ 479, 480 und 481 Abs. 1 Satz 2.

(3) Die Verantwortung für die Zulässigkeit der Übermittlung trägt die übermittelnde Stelle. Erfolgt die Übermittlung auf Ersuchen des Empfängers, trägt dieser die Verantwortung. In diesem Falle prüft die übermittelnde Stelle nur, ob das Übermittlungsersuchen im Rahmen der Aufgaben des Empfängers liegt, es sei denn, daß besonderer Anlaß zu einer weitergehenden Prüfung der Zulässigkeit der Übermittlung besteht.

(4) Die nach den §§ 483 bis 485 gespeicherten Daten dürfen auch für wissenschaftliche Zwecke übermittelt werden. § 476 gilt entsprechend.

(5) Besondere gesetzliche Bestimmungen, die die Übermittlung von Daten aus einem Strafverfahren anordnen oder erlauben, bleiben unberührt.

(6) Die Daten dürfen nur zu dem Zweck verwendet werden, für den sie übermittelt worden sind. Eine Verwendung für andere Zwecke ist zulässig, soweit die Daten auch dafür hätten übermittelt werden dürfen.

§ 488 StPO

(1) Die Einrichtung eines automatisierten Verfahrens, das die Übermittlung personenbezogener Daten durch Abruf ermöglicht, ist für Übermittlungen nach § 487 Abs. 1 zwischen den in § 483 Abs. 1 genannten Stellen zulässig, soweit diese Form der Datenübermittlung unter Berücksichtigung der schutzwürdigen Interessen der Betroffenen wegen der Vielzahl der Übermittlungen oder wegen ihrer besonderen Eilbedürftigkeit angemessen ist.

(2) Für die Festlegung zur Einrichtung eines automatisierten Abrufverfahrens gilt § 10 Abs. 2 des Bundesdatenschutzgesetzes entsprechend. Diese bedarf der Zustimmung der für die speichernde und die abrufende Stelle jeweils zuständigen Bundes- und Landesministerien. Die speichernde Stelle übersendet die Festlegungen der Stelle, die für die Kontrolle der Einhaltung der Vorschriften über den Datenschutz bei öffentlichen Stellen zuständig ist.

(3) Die Verantwortung für die Zulässigkeit des einzelnen Abrufs trägt der Empfänger. Die speichernde Stelle prüft die Zulässigkeit der Abrufe nur, wenn dazu Anlaß besteht. Die speichernde Stelle hat zu gewährleisten, daß die Übermittlung personenbezogener Daten zumindest durch geeignete Stichprobenverfahren festgestellt und überprüft werden kann. Sie soll bei jedem zehnten Abruf zumindest den Zeitpunkt, die abgerufenen Daten, die Kennung der abrufenden Stelle und das Aktenzeichen des Empfängers protokollieren. Die Protokolldaten dürfen nur für die Kontrolle der Zulässigkeit der Abrufe verwendet werden und sind nach zwölf Monaten zu löschen.

§ 489 StPO

(1) Personenbezogene Daten in Dateien sind zu berichtigen, wenn sie unrichtig sind.

(2) Sie sind zu löschen, wenn ihre Speicherung unzulässig ist oder sich aus Anlaß einer Einzelfallbearbeitung ergibt, daß die Kenntnis der Daten für die in den §§ 483, 484, 485 jeweils bezeichneten Zwecke nicht mehr erforderlich ist.

Es sind ferner zu löschen

1. nach § 483 gespeicherte Daten mit der Erledigung des Verfahrens, soweit ihre Speicherung nicht nach den §§ 484, 485 zulässig ist,

2. nach § 484 gespeicherte Daten, soweit die Prüfung nach Absatz 4 ergibt, daß die Kenntnis der Daten für den in § 484 bezeichneten Zweck nicht mehr erforderlich ist und ihre Speicherung nicht nach § 485 zulässig ist,

3. nach § 485 gespeicherte Daten, sobald ihre Speicherung zur Vorgangsverwaltung nicht mehr erforderlich ist.

(3) Als Erledigung des Verfahrens gilt die Erledigung bei der Staatsanwaltschaft oder, sofern die öffentliche Klage erhoben wurde, bei Gericht. Ist eine Strafe oder eine sonstige Sanktion angeordnet worden, ist der Abschluß der Vollstreckung oder der Erlaß maßgeblich. Wird das Verfahren eingestellt und hindert die Einstellung die Wiederaufnahme der Verfolgung nicht, so ist das Verfahren mit Eintritt der Verjährung als erledigt anzusehen.

(4) Die speichernde Stelle prüft nach festgesetzten Fristen, ob nach § 484 gespeicherte Daten zu löschen sind. Die Frist beträgt

1. bei Beschuldigten, die zur Zeit der Tat das achtzehnte Lebensjahr vollendet hatten, zehn Jahre,

2. bei Jugendlichen fünf Jahre,

§ 490 StPO

3. in den Fällen des rechtskräftigen Freispruchs, der unanfechtbaren Ablehnung der Eröffnung des Hauptverfahrens und der nicht nur vorläufigen Verfahrenseinstellung drei Jahre,

4. bei nach § 484 Abs. 1 gespeicherten Personen, die zur Tatzeit nicht strafmündig waren, zwei Jahre.

(5) Die speichernde Stelle kann in der Errichtungsanordnung nach § 490 kürzere Prüffristen festlegen.

(6) Werden die Daten einer Person für ein weiteres Verfahren in der Datei gespeichert, so unterbleibt die Löschung, bis für alle Eintragungen die Löschungsvoraussetzungen vorliegen.

Absatz 2 Satz 1 bleibt unberührt.

(7) An die Stelle einer Löschung tritt eine Sperrung, soweit

1. Grund zu der Annahme besteht, daß schutzwürdige Interessen einer betroffenen Person beeinträchtigt würden,

2. die Daten für laufende Forschungsarbeiten benötigt werden oder

3. eine Löschung wegen der besonderen Art der Speicherung nicht oder nur mit unverhältnismäßigem Aufwand möglich ist.

Personenbezogene Daten sind ferner zu sperren, soweit sie nur zu Zwecken der Datensicherung oder der Datenschutzkontrolle gespeichert sind. Gesperrte Daten dürfen nur für den Zweck verwendet werden, für den die Löschung unterblieben ist. Sie dürfen auch verwendet werden, soweit dies zur Behebung einer bestehenden Beweisnot unerlässlich ist.

(8) Stellt die speichernde Stelle fest, daß unrichtige, zu löschende oder zu sperrende personenbezogene Daten übermittelt worden sind, so ist dem Empfänger die Berichtigung, Löschung oder Sperrung mitzuteilen, wenn dies zur Wahrung schutzwürdiger Interessen des Betroffenen erforderlich ist.

(9) Anstelle der Löschung der Daten sind die Datenträger an ein Staatsarchiv abzugeben, soweit besondere archivrechtliche Regelungen dies vorsehen.

§ 490 StPO

Die speichernde Stelle legt für jede automatisierte Datei in einer Errichtungsanordnung mindestens fest:

1. die Bezeichnung der Datei,

2. die Rechtsgrundlage und den Zweck der Datei,

3. den Personenkreis, über den Daten in der Datei verarbeitet werden,

4. die Art der zu verarbeitenden Daten,

5. die Anlieferung oder Eingabe der zu verarbeitenden Daten,

6. die Voraussetzungen, unter denen in der Datei verarbeitete Daten an welche Empfänger und in welchem Verfahren übermittelt werden,

7. Prüffristen und Speicherungsdauer.

Dies gilt nicht für Dateien, die nur vorübergehend vorgehalten und innerhalb von drei Monaten nach ihrer Erstellung gelöscht werden.

§ 491 StPO

(1) Dem Betroffenen ist, soweit die Erteilung oder Versagung von Auskünften in diesem Gesetz nicht besonders geregelt ist, entsprechend § 19 des Bundesdatenschutzgesetzes Auskunft zu erteilen.

(2) Eine Auskunft an Nichtverfahrensbeteiligte unterbleibt auch, wenn hierdurch der Untersuchungszweck gefährdet werden könnte oder überwiegende schutzwürdige Interessen Dritter entgegenstehen. Liegen diese Voraussetzungen vor, bedarf die Ablehnung der Auskunftserteilung keiner Begründung. § 19 Abs. 5 Satz 2 und Abs. 6 des Bundesdatenschutzgesetzes gilt entsprechend.

(3) Ist der Betroffene bei einer gemeinsamen Datei nicht in der Lage, die speichernde Stelle festzustellen, so kann er sich an jede beteiligte speicherungsberechtigte Stelle wenden. Über die Erteilung einer Auskunft entscheidet diese im Einvernehmen mit der Stelle, die die Daten eingegeben hat.

§ 492 StPO

(1) Bei dem Bundeszentralregister wird ein zentrales staatsanwaltschaftliches Verfahrensregister geführt.

(2) In das Register sind

1. die Personendaten des Beschuldigten und, soweit erforderlich, andere zur Identifizierung geeignete Merkmale,

2. die zuständige Stelle und das Aktenzeichen,

3. die Tatzeiten,

4. die Tatvorwürfe durch Angabe der gesetzlichen Vorschriften und die nähere Bezeichnung der Straftaten,

5. die Einleitung des Verfahrens sowie die Verfahrenserledigungen bei der Staatsanwaltschaft und bei Gericht nebst Angabe der gesetzlichen Vorschriften einzutragen. Die Daten dürfen nur für Strafverfahren gespeichert und verändert werden.

(3) Die Staatsanwaltschaften teilen die einzutragenden Daten der Registerbehörde zu dem in Absatz 2 Satz 2 genannten Zweck mit. Auskünfte aus dem Verfahrensregister dürfen nur Strafverfolgungsbehörden für Zwecke eines Strafverfahrens erteilt werden. § 5 Abs. 5 Satz 1 Nr. 2 des Waffengesetzes bleibt unberührt; die Auskunft über die Eintragung wird insoweit im Einvernehmen mit der Staatsanwaltschaft, die die personenbezogenen Daten zur Eintragung in das Verfahrensregister mitgeteilt hat, erteilt, wenn hiervon eine Gefährdung des Untersuchungszwecks nicht zu besorgen ist.

(4) Die in Absatz 2 Satz 1 Nr. 1 und 2 genannten Daten dürfen nach Maßgabe des § 18 Abs. 3 des Bundesverfassungsschutzgesetzes, auch in Verbindung mit § 10 Abs. 2 des Gesetzes über den Militärischen Abschirmdienst und § 8 Abs. 3 des Gesetzes über den Bundesnachrichtendienst, auf Ersuchen auch an die Verfassungsschutzbehörden des Bundes und der Länder, das Amt für den Militärischen Abschirmdienst und den Bundesnachrichtendienst übermittelt werden. § 18 Abs. 5 Satz 2 des Bundesverfassungsschutzgesetzes gilt entsprechend.

(5) Die Verantwortung für die Zulässigkeit der Übermittlung trägt der Empfänger. Die Registerbehörde prüft die Zulässigkeit der Übermittlung nur, wenn besonderer Anlaß hierzu besteht.

(6) Die Daten dürfen unbeschadet des Absatzes 3 Satz 3 und des Absatzes 4 nur in Strafverfahren verwendet werden.

§ 493 StPO

(1) Die Einrichtung eines automatisierten Verfahrens, das die Übermittlung personenbezogener Daten durch Abruf ermöglicht, ist für Übermittlungen nach § 492 Abs. 3 Satz 2 an Staatsanwaltschaften zulässig, soweit diese Form der Datenübermittlung unter Berücksichtigung der schutzwürdigen Interessen der Betroffenen wegen der Vielzahl der Übermittlungen oder wegen ihrer besonderen Eilbedürftigkeit angemessen ist und wenn gewährleistet ist, daß die Daten gegen den unbefugten Zugriff Dritter bei der Übermittlung wirksam geschützt werden.

(2) Für die Festlegungen zur Einrichtung eines automatisierten Abrufverfahrens findet § 10 Abs. 2 des Bundesdatenschutzgesetzes Anwendung. Die Registerbehörde übersendet die Festlegungen dem Bundesbeauftragten für den Datenschutz.

(3) Die Verantwortung für die Zulässigkeit des einzelnen automatisierten Abrufs trägt der Empfänger. Die Registerbehörde prüft die Zulässigkeit der Abrufe nur, wenn dazu Anlaß besteht. Sie hat bei jedem zehnten Abruf zumindest den Zeitpunkt, die abgerufenen Daten, die Kennung der abrufenden Stelle und das Aktenzeichen des Empfängers zu protokollieren. Die Protokolldaten dürfen nur für die Kontrolle der Zulässigkeit der Abrufe verwendet werden und sind nach sechs Monaten zu löschen.

(4) § 492 Abs. 6 findet Anwendung.

§ 494 StPO

(1) Die Daten sind zu berichtigen, wenn sie unrichtig sind. Die zuständige Stelle teilt der Registerbehörde die Unrichtigkeit unverzüglich mit; sie trägt die Verantwortung für die Richtigkeit und die Aktualität der Daten.

(2) Die Daten sind zu löschen

1. wenn ihre Speicherung unzulässig ist oder

2. sobald sich aus dem Bundeszentralregister ergibt, daß in dem Strafverfahren, aus dem die Daten übermittelt worden sind, eine nach § 20 des Bundeszentralregistergesetzes mitteilungspflichtige gerichtliche Entscheidung oder Verfügung der Strafverfolgungsbehörde ergangen ist.

Wird der Beschuldigte rechtskräftig freigesprochen, die Eröffnung des Hauptverfahrens gegen ihn unanfechtbar abgelehnt oder das Verfahren nicht nur vorläufig eingestellt, so sind die Daten zwei Jahre nach der Erledigung des Verfahrens zu löschen, es sei denn, vor Eintritt der Löschungsfrist wird ein weiteres Verfahren zur Eintragung in das Verfahrensregister mitgeteilt. In diesem Fall bleiben die Daten gespeichert, bis für alle Eintragungen die Löschungsvoraussetzungen vorliegen.

Die Staatsanwaltschaft teilt der Registerbehörde unverzüglich den Eintritt der Löschungsvoraussetzungen oder den Beginn der Löschungsfrist nach Satz 2 mit.

(3) § 489 Abs. 7 und 8 gilt entsprechend.

(4) Das Bundesministerium der Justiz bestimmt mit Zustimmung des Bundesrates in einer Errichtungsanordnung die näheren Einzelheiten, insbesondere

1. die Art der zu verarbeitenden Daten,

2. die Anlieferung der zu verarbeitenden Daten,

3. die Voraussetzungen, unter denen in der Datei verarbeitete Daten an welche Empfänger und in welchem Verfahren übermittelt werden,

4. die Einrichtung eines automatisieren Abrufverfahrens,

5. die nach § 9 des Bundesdatenschutzgesetzes erforderlichen technischen und organisatorischen Maßnahmen.

§ 495 StPO

(1) Über die Erteilung einer Auskunft aus dem Verfahrensregister nach § 19 des Bundesdatenschutzgesetzes entscheidet die Registerbehörde im Einvernehmen mit der Staatsanwaltschaft, die die personenbezogenen Daten zur Eintragung in das Verfahrensregister mitgeteilt hat.

(2) § 491 Abs. 2 gilt entsprechend.

Abgabenordnung

§ 30 AO

(§ 22 RAO)

(1) Amtsträger haben das Steuergeheimnis zu wahren.

(2) Ein Amtsträger verletzt das Steuergeheimnis, wenn er

1. Verhältnisse eines anderen, die ihm

a) in einem Verwaltungsverfahren, einem Rechnungsprüfungsverfahren oder einem gerichtlichen Verfahren in Steuersachen,

b) in einem Strafverfahren wegen einer Steuerstraftat oder einem Bußgeldverfahren wegen einer Steuerordnungswidrigkeit,

c) aus anderem Anlaß durch Mitteilung einer Finanzbehörde oder durch die gesetzlich vorgeschriebene Vorlage eines Steuerbescheids oder einer Bescheinigung über die bei der Besteuerung getroffenen Feststellungen bekanntgeworden sind, oder

2. ein fremdes Betriebs- oder Geschäftsgeheimnis, das ihm in einem der in Nummer 1 genannten Verfahren bekanntgeworden ist,

unbefugt offenbart oder verwertet oder

3. nach Nummer 1 oder Nummer 2 geschützte Daten im automatisierten Verfahren unbefugt abruft, wenn sie für eines der in Nummer 1 genannten Verfahren in einer Datei gespeichert sind.

(3) Den Amtsträgern stehen gleich

1. die für den öffentlichen Dienst besonders Verpflichteten (§ 11 Abs. 1 Nr. 4 des Strafgesetzbuchs),

1a. die in § 193 Abs. 2 des Gerichtsverfassungsgesetzes genannten Personen,

2. amtlich zugezogene Sachverständige,

3. die Träger von Ämtern der Kirchen und anderen Religionsgemeinschaften, die Körperschaften des öffentlichen Rechts sind.

(4) Die Offenbarung der nach Absatz 2 erlangten Kenntnisse ist zulässig, soweit

1. sie der Durchführung eines Verfahrens im Sinne des Absatzes 2 Nr. 1 Buchstaben a und b dient,

2. sie durch Gesetz ausdrücklich zugelassen ist,

3. der Betroffene zustimmt,

4. sie der Durchführung eines Strafverfahrens wegen einer Tat dient, die keine Steuerstraftat ist, und die Kenntnisse

a) in einem Verfahrens wegen einer Steuerstraftat oder Steuerordnungswidrigkeit erlangt worden sind; dies gilt jedoch nicht für solche Tatsachen, die der Steuerpflichtige in Unkenntnis der Einleitung des Strafverfahrens oder des Bußgeldverfahrens offenbart hat oder die bereits vor Einleitung des Strafverfahrens oder des Bußgeldverfahrens im Besteuerungsverfahren bekanntgeworden sind, oder

b) ohne Bestehen einer steuerlichen Verpflichtung oder unter Verzicht auf ein Auskunftsverweigerungsrecht erlangt worden sind,

5. für sie ein zwingendes öffentliches Interesse besteht; ein zwingendes öffentliches Interesse ist namentlich gegeben, wenn

a) Verbrechen und vorsätzliche schwere Vergehen gegen Leib und Leben oder gegen den Staat und seine Einrichtungen verfolgt werden oder verfolgt werden sollen,

b) Wirtschaftsstraftaten verfolgt werden oder verfolgt werden sollen, die nach ihrer Begehungsweise oder wegen des Umfangs des durch sie verursachten Schadens geeignet sind, die wirtschaftliche Ordnung erheblich zu stören oder das Vertrauen der Allgemeinheit auf die Redlichkeit des geschäftlichen Verkehrs oder auf die ordnungsgemäße Arbeit der Behörden und der öffentlichen Einrichtungen erheblich zu erschüttern, oder

c) die Offenbarung erforderlich ist zur Richtigstellung in der Öffentlichkeit verbreiteter unwahrer Tatsachen, die geeignet sind, das Vertrauen in die Verwaltung erheblich zu erschüttern; die Entscheidung trifft die zuständige oberste Finanzbehörde im Einvernehmen mit dem Bundesministerium der Finanzen; vor der Richtigstellung soll der Steuerpflichtige gehört werden.

(5) Vorsätzlich falsche Angaben des Betroffenen dürfen den Strafverfolgungsbehörden gegenüber offenbart werden.

(6) Der automatisierte Abruf von Daten, die für eines der in Absatz 2 Nr. 1 genannten Verfahren in einer Datei gespeichert sind, ist nur zulässig, soweit er der Durchführung eines Verfahrens im Sinne des Absatzes 2 Nr. 1 Buchstaben a und b oder der zulässigen Weitergabe von Daten dient. Zur Wahrung des Steuergeheimnisses kann das Bundesministerium der Finanzen durch Rechtsverordnung mit Zustimmung des Bundesrates bestimmen, welche technischen und organisatorischen Maßnahmen gegen den unbefugten Abruf von Daten zu treffen sind. Insbesondere kann es nähere Regelungen treffen über die Art der Daten, deren Abruf zulässig ist, sowie über den Kreis der Amtsträger, die zum Abruf solcher Daten berechtigt sind. Die Rechtsverordnungen bedürfen nicht der Zustimmung des Bundesrates, sowie sie Einfuhr- und Ausfuhrabgaben und Verbrauchsteuern, mit Ausnahme der Biersteuer, betreffen.

Erfolgreiche Rügen

1. Der in einem Steuerstrafverfahren gestellte Antrag auf Einholung einer bestimmten Auskunft des Finanzamts darf nicht mit der Begründung als unzulässig abgelehnt werden, die gewünschten Auskünfte dürften nach den gesetzlichen Bestimmungen nicht erteilt werden. Das Gericht muß die Auskunftsberechtigung nach § 30 IV AO erwägen (BFH Beschl. v. 25. 4. 1967 – VII 151/67).

Erfolglose Rügen

1. Der Berichterstatter kann in Fällen, in denen durch die Übersendung von Steuerakten das Steuergeheimnis aus § 30 AO verletzt wird und er hierdurch eine unzulässige Information erhält, an einer Verwertung dieser unzulässigen Information gehindert sein (vgl. BFH-Beschl. v. 25. 7. 1994 – X B 333/93). (BFH, Nichtzulassungsbeschwerde v. 8. 12. 2000 – VIII B 71/00).

2. Der in einem Steuerstrafverfahren gestellte Antrag auf Einholung einer bestimmten Auskunft des Finanzamts darf nicht mit der Begründung als unzulässig abgelehnt werden, die gewünschten Auskünfte dürften nach den gesetzlichen Bestimmungen nicht erteilt werden. Das Gericht muß eine Auskunftsberechtigung nach § 30 IV AO erwägen (BGH v. 24. 4. 1991 – 5 StR 79/91).

3. Erhebt der Angeklagte keine Einwendungen gegen die Vernehmung eines Finanzbeamten über die steuerlichen Verhältnisse des Angeklagten, kann dies konkludent als Zustimmung zur Offenbarung i.S.v. § 30 IV Nr. 3 AO gewertet werden (BGH v. 5. 6. 1989 – StBSt (R) 13/88).

4. Eine Auskunft durch die Finanzbehörde darf auch für ein allgemeines Strafverfahren nicht unter Verletzung des Steuergeheimnisses (§ 22 RAO) erteilt werden. Nach Art. 20 III GG haben

sich Finanzbehörden und Gerichte an die steuergesetzliche Sonderregelung des § 22 RAO zu halten; von einer „Begünstigung" im Sinne des § 251 StGB durch Erfüllung der durch § 22 RAO auferlegten Verpflichtung zur Wahrung des Steuergeheimnisses kann keine Rede sein (BFH v. 30. 3. 1965 – VII 333/64).

Erfolgreiche Rügen

1. Der in einem Steuerstrafverfahren gestellte Antrag auf Einholung einer bestimmten Auskunft des Finanzamts darf nicht mit der Begründung als unzulässig abgelehnt werden, die gewünschten Auskünfte dürften nach den gesetzlichen Bestimmungen nicht erteilt werden. Das Gericht muß die Auskunftsberechtigung nach § 30 IV AO erwägen.

RAO § 22, StPO § 54 – BFH Beschl. v. 25. 4. 1967 – VII 151/67 (= NJW 1967, 2228 = BB 1967, 1927)

Entscheidung nach billigem Ermessen. – Da der Rechtsstreit nach übereinstimmender Erklärung der Parteien infolge des durch den Tod des Klägers veranlaßten Einstellungsbeschlusses des Oberlandesgerichts (OLG) vom 16. 9. 1966 in der Hauptsache erledigt ist, ist nach § 138 der Finanzgerichtsordnung (FGO) nur noch nach billigem Ermessen über die Kosten des Verfahrens zu entscheiden, wobei der bisherige Sach- und Streitstand zu berücksichtigen ist.

Der Sachverhalt ergibt sich aus der Begründung. – Das Rechtsmittel hatte Erfolg.

Gründe: Die Bestimmung, daß das Steuergeheimnis unverletzlich ist und nur in besonderen Fällen preisgegeben werden darf, dient dem Schutz des Steuerpflichtigen (Stpfl.). Sie dient auch der Allgemeinheit, aber nur in dem Sinne, daß sie es dem Stpfl. erleichtert, seine Verhältnisse der Steuerbehörde bekanntzugeben, weil er weiß, daß sie von den Behörden grundsätzlich nicht geoffenbart werden dürfen. Auf diese Weise dient das Steuergeheimnis mittelbar auch dem öffentlichen Wohle, weil es das Steueraufkommen fördert. Nur aus diesem Grunde ist der Behörde ein selbständiges Strafantragsrecht (§ 412 Abs. 3 AO) eingeräumt. Der Schutz des Steuergeheimnisses im öffentlichen Interesse kann also nicht weiterreichen als der Schutz des Steuergeheimnisses im Interesse des Stpfl. Es gibt kein Steuergeheimnis gegen den Willen des Stpfl. Daraus ergibt sich aber, daß bei Einwilligung des Stpfl. keine unbefugte Preisgabe des Steuergeheimnisses vorliegen kann. Der Einwand des Bundesministers der Finanzen, unter Verhältnissen des Stpfl. im Sinne des § 22 Abs. 2 Nr. 1 AO sei auch der Name eines Denunzianten zu verstehen, weil dieser zufolge der Anzeige u.U. steuerliche Pflichten zu erfüllen habe und damit selbst Stpfl. würde, kann nicht gefolgt werden. Der Begriff des Stpfl. ist in § 97 Abs. 1 AO geregelt. Stpfl. ist danach, wer nach den Steuergesetzen eine Steuer als Steuerschuldner zu entrichten hat. Die Vorschriften für die Stpfl. gelten nach § 97 Abs. 2 AO sinngemäß für die, die nach den Steuergesetzen neben den Stpfl. oder an deren Stelle persönlich für die Steuer haften. Die weitergehende Definierung des Begriffs Stpfl. in der Verordnung zur Durchführung der §§ 402 und 413 AO vom 17. August 1940 (Reichsministerialblatt S. 209, RStBl. S. 772) kann hier schon deswegen nicht in Betracht kommen, da nach dieser Verordnung Auskunftspersonen (§§ 175 ff. AO) nicht unter den Begriff des Stpfl. fallen, soweit es sich um Pflichten handelt, die ihnen in ihrer Eigenschaft als Auskunftsperson obliegen.

Ob der Name des Denunzianten unter den Begriff „Steuersache" im Sinne des § 22 Abs. 2 Nr. 2 AO fällt, kann dahingestellt bleiben, da der Kläger die Preisgabe des Namens selbst fordert, insoweit also nach dem Obengesagten keine unbefugte Offenbarung vorliegt. Da im Streitfall sonach das Hindernis des § 22 AO wegfällt, braucht nicht mehr geprüft zu werden, ob ein zwingendes öffentliches Interesse die Preisgabe des Namens gebietet und ob ein solches vorliegt.

Erfolglose Rügen

1. Der Berichterstatter kann in Fällen, in denen durch die Übersendung von Steuerakten das Steuergeheimnis aus § 30 AO verletzt wird und er hierdurch eine unzulässige Information erhält, an einer Verwertung dieser unzulässigen Information gehindert sein (vgl. BFH-Beschl. v. 25. 7. 1994 – X B 333/93[1]). (BFH, Nichtzulassungsbeschwerde v. 8. 12. 2000 – VIII B 71/00).

AO § 30 – BFH, Nichtzulassungsbeschwerde v. 8. 12. 2000 – VIII B 71/00, FG Düsseldorf

---

[1] BFH v. 25. Juli 1994 – X B 333/93, FG Hannover (= NJW 1995, 352 = BB 1994, 1775 f.)
1. (...)
2. Befinden sich in den Steuerakten vertrauliche Mitteilungen von Hinweisgebern (Anzeigenerstattern usw.), so ist das FA grundsätzlich befugt, diese Aktenteile auszuheften und nicht vorzulegen.
3. Hat der Berichterstatter des FG versehentlich von einer solchen vertraulichen Mitteilung Kenntnis erhalten, darf er seine Kenntnis nicht verwerten und nicht in die Urteilsbildung einfließen lassen.

Tatbestand

Vor dem Finanzgericht (FG) waren mehrere Verfahren der Kläger, Antragsteller und Beschwerdeführer (Kläger) anhängig (Einkommensteuer 1986 bis 1988 der Kläger, Gewerbesteuermeßbetrag 1987 und Umsatzsteuer 1986 und 1987 des Klägers, Gewerbesteuermeßbetrag 1988 und Umsatzsteuer 1987 und 1988 der Klägerin). Mit Urteilen v. 22. Juli 1993 bestätigte das FG im wesentlichen die Hinzuschätzungen des Beklagten, Antragsgegners und Beschwerdegegners (Finanzamt – FA –) zu den Gewinnen und Umsätzen 1986 bis 1988 (unvollständig erfaßte Kreditkartenumsätze im Restaurant der Kläger); die Kläger haben die Nichtzulassung der Revision mit Beschwerden angegriffen (Az. X B 328/93 bis X B 332/93).

Im Laufe der finanzgerichtlichen Verfahren hatte das FA dem Berichterstatter des FG die vollständige Arbeitsakte des Betriebsprüfers überlassen. Der Berichterstatter nahm von einer auf Seiten 1 bis 6 der Arbeitsakte befindlichen vertraulichen Mitteilung eines namentlich genannten Hinweisgebers Kenntnis. Er gab die Akte nach Durchführung eines Erörterungstermins (am 1. Juli 1993) an das FA zurück. Das FA entheftete die o.a. Seiten und überließ dem Prozeßbevollmächtigten der Kläger nur die „bereinigte" Betriebsprüfungsarbeitsakte zur Einsichtnahme. Es berief sich gegenüber der Aufforderung des Berichterstatters vom 9. 7. 1993, den fehlenden Aktenteil dem FG zugänglich zu machen, auf § 30 der Abgabenordnung (AO 1977). Die Kläger beantragten während der mündlichen Verhandlung am 22. 7. 1993, das FG möge feststellen, das FA habe nicht glaubhaft gemacht, daß die gesetzlichen Voraussetzungen für die Weigerung der Vorlage der vertraulichen Mitteilung vorlägen. Das FG befaßte sich vorweg mit dem Antrag und wies ihn zurück.

Die Entscheidung des FG ist in Entscheidungen der Finanzgerichte (EFG) 1994, 218 veröffentlicht.

Die Kläger machen mit der Beschwerde geltend: Ihr Anspruch auf rechtliches Gehör sei verletzt worden. Der Inhalt der vertraulichen Mitteilung sei dem Berichterstatter bekanntgeworden und in dessen Urteilsbildung eingeflossen. Der Berichterstatter sei befangen gewesen. Auch sei nicht auszuschließen, daß der Inhalt der Mitteilung in die Urteilsbildung der anderen Richter eingeflossen sei. Zu bezweifeln sei, daß die Mitteilung für die Urteilsfindung unerheblich sei.

Gründe

1. Die Beschwerde ist gemäß § 86 Abs. 3 Satz 3 der Finanzgerichtsordnung (FGO) zulässig. Nach dem Beschluß des Bundesfinanzhofs (BFH) v. 7. März 1973 – II B 64/72 (BFHE 109, 12, BStBl. II 1973, 504) greift die Vorschrift nur ein, wenn das FG die Vorlage der fehlenden Akten angeordnet hat. Diese Voraussetzung ist gegeben. Der Berichterstatter hatte am 9. Juli 1993 die Herausgabe angeordnet. Auf die Weigerung des FA bestand, unabhängig von dem Antrag der Kläger, Anlaß, eine Entscheidung nach § 86 Abs. 1, Abs. 3 Satz 1 FGO zu treffen.

Es besteht ein Rechtsschutzinteresse an der Durchführung des Beschwerdeverfahrens, ungeachtet dessen, daß die finanzgerichtlichen Verfahren, für die die Vorlage der vollständigen Betriebsprüfungsarbeitsakte erstrebt wird, zur Hauptsache abgeschlossen sind. Die Kläger rügen in den Beschwerdeverfahren wegen Nichtzulassung der Revisionen die Verletzung rechtlichen Gehörs und begründen dies vor allem mit der Weigerung, ihnen die vertrauliche Mitteilung bekanntzugeben.

2. Die Beschwerde ist aber unbegründet. Das FA braucht den entheftenen Teil der Betriebsprüfungsarbeitsakte nicht vorzulegen.

Erfolglose Rügen   Nr. 1 § 30 AO

Die Beschwerde rügt die Verletzung des Steuergeheimnisses durch die Einbeziehung von Informationen in das Verfahren der Kläger. Die Informationen seien dem Finanzgericht im Zusammenhang mit einem anderen Besteuerungsverfahren offenbart worden. Das Gericht sei an der rechtlichen Würdigung gehindert gewesen.
Der Sachverhalt ergibt sich aus der Revisionsbegründung. – Das Rechtsmittel war erfolglos.

Gründe: Ein Verfahrensmangel ergibt sich auch nicht aus dem Vortrag der Kläger, daß mit der Einbeziehung des im Namen der X-GmbH (GmbH) vom Prozeßbevollmächtigten gefertigten Schreibens vom 19. 10. 1992 in das Verfahren der Kläger das Steuergeheimnis gemäß § 86 I FGO i.V.m. § 30 AO 1977 verletzt worden sei und daher das FG an einer Verwertung des Schreibens bei der rechtlichen Beurteilung der Aufwendungen des Klägers für die Aufstockung seiner stillen Beteiligung an der GmbH gehindert gewesen sei. Zwar kann ein Berichterstatter in Fällen, in denen durch die Übersendung von Steuerakten das Steuergeheimnis verletzt wird und er hierdurch eine unzulässige Information erhält, an einer Verwertung dieser unzulässigen Information gehindert sein (vgl. hierzu BFH-Beschluß vom 25. 7. 1994 – X B 333/93, BFHE 174, 491, BStBl. II 1994, 802, unter 3. der Gründe). Im Streitfall sind aber Umstände, aus denen sich eine Verletzung des Steuergeheimnisses durch eine Einbeziehung des Schreibens vom 19. 10. 1992 ergeben könnte, nicht schlüssig vorgetragen worden. Es ist zum einen nicht ersichtlich, daß die in dem Schreiben genannten Verhältnisse – ausweislich der Beschwerdebegründung waren dies die Aktivierung des

---

a) (...)
b) Das FG hat es indessen für glaubhaft ansehen können, daß das FA die Herausgabe des entehefteten Teils der Betriebsprüfungsarbeitsakte im Hinblick auf die durch das Steuergeheimnis geschützten Verhältnisse Dritter verweigern darf (§ 86 Abs. 1, Abs. 3 Satz 1 FGO). Der in der vertraulichen Mitteilung namentlich genannte Hinweisgeber ist ein Dritter i.S. des § 86 Abs. 1 FGO. Auch Hinweisgeber (Anzeigenerstatter usw.) unterliegen mit ihren der Finanzverwaltung bekanntgewordenen Verhältnissen dem Schutz des Steuergeheimnisses gemäß § 30 Abs. 2 Nr. 1 AO 1977. Sie können grundsätzlich insbesondere verlangen, daß ihr Name geheimgehalten wird. Ausnahmsweise kann der Schutz des allgemeinen Persönlichkeitsrechts des von der Anzeige Betroffenen eine Offenbarung gebieten (BFH-Urteile v. 7. Mai 1985 – VII R 25/82, BFHE 143, 503, 506, BStBl. II 1985, 571; v. 8. Februar 1994 – VII R 88/92, BB 1994, 1413). Ist die Mitteilung indessen wie hier von steuerlicher Relevanz (Anlaß für Steuernachforderungen), kommt eine Offenbarung nicht in Betracht.
3. Unerheblich ist, daß dem Berichterstatter die vertrauliche Mitteilung versehentlich bekanntgeworden ist. Dieser Umstand kann nicht zum Anlaß genommen werden, die Mitteilung auch den übrigen Mitgliedern des FG-Senats und den Klägern (Steuerpflichtigen) bekannt zu machen. Die objektiv eingetretene Verletzung des Steuergeheimnisses ist vielmehr so gering wie möglich zu halten.
Der Berichterstatter wurde infolge der Kenntnisnahme der vertraulichen Mitteilung zusätzlicher Amtsträger des Steuergeheimnisses, das er nicht offenbaren durfte und darf. Er geriet zweifellos in ein Spannungsverhältnis zwischen seinem Wissen und dessen Verwertbarkeit. Ein Richter muß indessen ein solches Spannungsverhältnis bewältigen. Er darf sein Urteil nur auf Tatsachen und Beweisergebnisse stützen, zu denen die Beteiligten sich äußern konnten (§ 96 Abs. 2 FGO). Tatsachen, die ihm außerhalb dieses Verfahrensablaufs bekannt werden – sei es aus privatem Anlaß oder wie im Streitfall infolge unzulässiger Information –, sind nicht verwertbar und dürfen auch nicht mittelbar in die Urteilsbildung einfließen. Die Fähigkeit, zwischen verwertbaren und nicht verwertbaren Tatsachen zu unterscheiden, gehört zum geistigen Rüstzeug eines Richters.
Auf die zusätzlichen Erwägungen des FG, daß der Inhalt der vertraulichen Mitteilung nach Ansicht des FA und nach der Erinnerung des Berichterstatters in keinem Zusammenhang mit dem Streitstoff steht, kommt es nicht an.
4. Das aufgezeigte Spannungsverhältnis läßt, für sich genommen, den Berichterstatter nicht voreingenommen und befangen werden. Das Befangenheitsgesuch des Klägers gegen den Berichterstatter ist von dem FG gesondert behandelt worden. Die Beschwerde gegen den ablehnenden Beschluß des FG hat der Senat aus formellen Gründen (verspätete Anbringung des Gesuchs) zurückgewiesen (Beschluß vom heutigen Tage X B 22/94).

laufenden Geschäftsbetriebs sowie die Verkaufsbemühungen hinsichtlich der GmbH-Filialen – dem FG oder der Klägerseite im Zeitpunkt der Einführung des Schreibens durch den Beklagten und Beschwerdegegner (Finanzamt – FA –) in die mündliche Verhandlung noch unbekannt waren und damit durch das FA offenbart wurden (§ 30 Abs. 2 AO 1977). Zum anderen ergeben sich aus der Beschwerdebegründung keine Umstände, die erkennen ließen, daß eine etwaige Offenbarung der in dem Schreiben genannten Verhältnisse der GmbH, die die Aufstockung der stillen Beteiligung des Klägers betreffen, nicht der Durchführung eines gerichtlichen Verfahrens in Steuersachen gedient hätte und damit nicht nach § 30 Abs. 4 Nr. 1 i.V.m. Abs. 2 Nr. 1 Buchst. a AO 1977 gerechtfertigt gewesen wäre.

2. Der in einem Steuerstrafverfahren gestellte Antrag auf Einholung einer bestimmten Auskunft des Finanzamts darf nicht mit der Begründung als unzulässig abgelehnt werden, die gewünschten Auskünfte dürften nach den gesetzlichen Bestimmungen nicht erteilt werden. Das Gericht muß eine Auskunftsberechtigung nach § 30 IV AO erwägen.

AO 1977 § 30 IV; StPO § 244 II – BGH v. 24. 4. 1991 – 5 StR 79/91, LG Oldenburg (= HFR 1992, 142)

Die Revision rügt, das Gericht habe Information mit dem Verweis auf gesetzliche Bestimmungen nicht eingeholt, obwohl diese die Glaubwürdigkeit einer Zeugin in Frage hätten stellen können.

Sachverhalt: Den am 11. 9. 1990 gestellten Antrag der Verteidigung, Auskünfte der AOK und des Finanzamtes zum Beweise dafür einzuholen, daß die Belastungszeugin S. C. „jetzt" bei ihrem Bruder „bestenfalls 1200 DM brutto und nicht 1221,00 DM netto" verdient – wodurch die Glaubwürdigkeit der Zeugin in Frage gestellt werden sollte –, hat das Landgericht als unzulässig abgelehnt, „weil die gewünschten Auskünfte nach den gesetzlichen Bestimmungen (§ 73 SGB X, § 30 AO) nicht erteilt werden dürfen". – Das Rechtsmittel war erfolglos.

Gründe: Dieser Ablehnungsgrund ist zumindest hinsichtlich des Finanzamts bedenklich, weil die Strafkammer dabei dessen Auskunftsberechtigung nach § 30 Abs. 4 AO nicht erwogen hat. Auf dieser Ablehnung kann das Urteil aber nicht beruhen, weil das Landgericht in der Hauptverhandlung am 17. 9. 1990 – ersichtlich auf den ebenfalls am 11. 9. 1990 gestellten Antrag, die Gehaltskonten beizuziehen (Bd. V Bl. 6, IV Bl. 258/259) – den Bruder der Zeugin vernommen hat. Dieser hat eine Lohn- und Gehaltsabrechnung für August 1990 und zwei Kontoblätter für die Monate November 1989 bis August 1990 (Bd. V Bl. 12, 15, 16, 17) vorgelegt, die für den Monat August 1990 Nettoauszahlungen von 1227,52 DM für die Zeugin belegen. Daß die begehrten Auskünfte der AOK und des Finanzamts, wenn sie erteilt worden wären, ein anderes Ergebnis erbracht hätten, ist auszuschließen; die genannten Behörden hätten nichts anderes erklären können, als ihnen der Bruder der Zeugin als Arbeitgeber mitgeteilt hatte.

3. Erhebt der Angeklagte keine Einwendungen gegen die Vernehmung eines Finanzbeamten über die steuerlichen Verhältnisse des Angeklagten, kann dies konkludent als Zustimmung zur Offenbarung i.S.v. § 30 IV Nr. 3 AO gewertet werden.

AO § 30 IV Nr 3 u. 5 – BGH v. 5. 6. 1991 – StbSt (R) 13/88, KG Berlin

Die Revision rügt, das Kammergericht habe den Finanzbeamten Sch. unter Verletzung des Steuergeheimnisses über die steuerlichen Verhältnisse des Beschwerdeführers vernommen.

Der Sachverhalt ergibt sich aus der Revisionsbegründung. – Das Rechtsmittel war erfolglos.

Gründe: Die formelle Rüge entspricht nicht § 130 Abs. 3 Satz 1 StBerG i.V.m. § 344 Abs. 2 Satz 2 StPO und ist daher unzulässig.

Unerheblich ist allerdings, daß die Revision nicht mitteilt, was der Zeuge Sch., dessen Vernehmung sie beanstandet, bekundet hat. Denn der Aussageinhalt ergibt sich aus dem angefochtenen Urteil, von dessen Ausführungen der Senat schon aufgrund der allgemeinen Sachrüge Kenntnis nehmen muß. Danach (Urteil S. 3) hat der Finanzbeamte Schüler über die steuerlichen Verfehlungen des Steuerberaters nach Rechtskraft des Urteils des Schöffengerichts Tiergarten vom 5. 5. 1986 berichtet.

Das Revisionsvorbringen reicht nicht aus, um beurteilen zu können, ob die Aussage unter Verstoß gegen das Steuergeheimnis zustande gekommen ist. Nach § 130 Abs. 3 Satz 1 StBerG i.V.m. § 344 Abs. 2 Satz 2 StPO müssen die den Verfahrensfehler enthaltenden Tatsachen angegeben werden. Dies muß so vollständig geschehen, daß das Revisionsgericht allein aufgrund der Revisionsrechtfertigung prüfen kann, ob ein Verfahrensfehler vorliegt, wenn das tatsächliche Vorbringen der Revision zutrifft. Da eine Verletzung des Steuergeheimnisses nach § 30 Abs. 4 Nr. 3 AO nicht vorliegt, wenn der Betroffene der Offenbarung seiner steuerlichen Verhältnisse zugestimmt hat, hätte der Beschwerdeführer darlegen müssen, ob ihm und seinem Verteidiger vor der Vernehmung des Zeugen Sch. Gelegenheit zur Stellungnahme gegeben worden ist und ob er und sein Verteidiger der Vernehmung zugestimmt oder ihr widersprochen haben. Nach dem von der Revision nicht mitgeteilten Hauptverhandlungsprotokoll hat das Kammergericht „nach Anhörung und Beratung beschlossen und verkündet: Der Zeuge Sch. soll darüber vernommen werden, wie sich der Steuerberater in seinen eigenen steuerlichen Angelegenheiten seit Januar 1987 verhalten hat" (Bl. 180 d.A.). Demnach sind der Steuerberater und sein Verteidiger zuvor zu dem Beweisthema und dem Beweismittel angehört worden. Daß sie der Beweiserhebung widersprochen hätten, ergibt sich weder aus dem Hauptverhandlungsprotokoll noch aus dem Revisionsvortrag. Ein bestimmtes Prozeßverhalten – etwa keine Einwendungen gegen die Vernehmung – kann konkludent als Zustimmung zu der beabsichtigten Vernehmung und damit als Zustimmung zur Offenbarung im Sinne des § 30 Abs. 4 Nr. 3 AO gewertet werden. Eine den Anforderungen des § 344 Abs. 2 Satz 2 StPO entsprechende Verfahrensrüge der Verletzung des Steuergeheimnisses hätte daher auch die für eine etwaige Zustimmung oder deren Versagung bedeutsamen Tatsachen mitteilen müssen. Das ist nicht geschehen.

Die Rüge wäre im übrigen auch unbegründet. Jedenfalls bestand an der Offenbarung der steuerlichen Verhältnisse des Beschwerdeführers ein zwingendes öffentliches Interesse im Sinne des § 30 Abs. 4 Nr. 5 AO, soweit die Kenntnis seines Verhaltens in eigenen Steuerangelegenheiten erforderlich war, um über die wegen Berufspflichtverletzungen naheliegende Maßnahme der Ausschließung aus dem Beruf entscheiden zu können. Denn die Ausschließung aus dem Beruf kommt nur in Betracht, wenn der Schutz wichtiger Gemeinschaftsgüter sie gebietet, sie insbesondere zum Schutze der Mandanten und der übrigen Beteiligten notwendig ist (vgl. BVerfGE 66, 337, 360; BGHSt. 32, 305, 306 ff.). Der Senat hat keine Bedenken, die auf § 30 Abs. 4 Nr. 5 AO gestützten Erwägungen, die der Bundesfinanzhof (BStBl. II 1987, 545 ff.) zur Zulässigkeit finanzamtlicher Auskünfte im gewerberechtlichen Untersagungsverfahren gemacht hat, auf einen Fall der hier vorliegenden Art sinngemäß zu übertragen.

4. Eine Auskunft durch die Finanzbehörde darf für ein allgemeines Strafverfahren nicht unter Verletzung des Steuergeheimnisses (§ 22 RAO) erteilt werden. Nach Art. 20 III GG haben sich Finanzbehörden und Gerichte an die steuergesetzliche Sonderregelung des § 22 RAO zu halten; von einer „Begünstigung" im Sinne des § 251 StGB durch Erfüllung der durch § 22 RAO auferlegten Verpflichtung zur Wahrung des Steuergeheimnisses kann keine Rede sein.

AO §§ 22, 412; GG Art. 1 Abs. 1, 20 III; StGB § 251 – BFH v. 30. 3. 1965 – VII 333/64 (= HFR 1965 Nr. 312 S. 381)

Der Beschwerdeführer verlangt Auskunft vom Finanzamt über die Ordnungsmäßigkeit der von ihm geführten Bücher.

Sachverhalt: Der Bf. hatte mit Schreiben vom 30. 5. 1963 das FA um Auskunft darüber gebeten, ob die seinerzeit von ihm für X. geführten Bücher ordnungsmäßig geführt (beweiskräftig) seien. Mit der Begründung, daß der Bf. X. steuerrechtlich nicht mehr vertrete und daß eine Einverständniserklärung des Stpfl. X. nicht vorliege, hat das FA das Begehren des Bf. abgelehnt. Durch Schreiben vom 21. 6. 1963 beantragte der Bf. erneut eine solche Auskunft; sie wurde mit Schreiben vom 14. 8. 1963 wiederum mit dem Hinweis auf das Steuergeheimnis (§ 22 AG) abgelehnt. Die vom Bf. eingelegte Beschwerde wies die OFD durch Beschwerdeentscheidung vom 10. 10. 1963 als unbegründet zurück. – Das FG hat die dagegen eingelegte Berufung als unbegründet zurückgewiesen.

Der Bf. hat gegen die Vorentscheidung Rb. eingelegt. Er macht u.a. geltend: er erbitte die Auskunft für einen „Betrugskomplex", dem er seit längerer Zeit unterliege und in dem er feindselig behandelt werde; er solle um sein in den Betrieb von X. hineingestecktes erhebliches Vermögen gebracht werden. Er erbitte die Auskunft ferner für ein gegen ihn anhängiges Beleidigungsverfahren. Allein das FA könne über die Ordnungsmäßigkeit (Beweiskraft) der von ihm seinerzeit für X. geführten Bücher Auskunft geben. Eine Verweigerung der Auskunft komme einer Begünstigung des gegen ihn angezettelten Betrugsverfahrens gleich; dadurch werde Art. 1 Abs. 1 GG verletzt. – Das Rechtsmittel war erfolglos.

Gründe: Die Rb führt nicht zum Erfolg. Die Vorinstanzen haben mit Recht ausgeführt, daß eine Auskunftserteilung im Streitfall nur unter Verletzung des Steuergeheimnisses möglich wäre. § 22 Abs. 2 Nr. 1 AO bestimmt: „Einer Verletzung des Steuergeheimnisses macht sich schuldig: 1. wer Verhältnisse eines Steuerpflichtigen, die ihm als Amtsträger oder amtlich zugezogenem Sachverständigen im Besteuerungsverfahren, im Steuerstrafverfahren oder auf Grund einer Mitteilung einer Steuerbehörde in einem anderen Verfahren bekannt geworden sind, unbefugt offenbart." Im Streitfall handelt es sich – entgegen der Meinung des Bf. – um „Verhältnisse" von X., da es um die Frage der Auskunft über die Ordnungsmäßigkeit seiner Buchführung geht; hierbei ist es rechtlich unerheblich, daß diese Bücher seinerzeit von dem Bf. geführt worden sind, ferner, unter welcher Steuernummer der Bf. die Auskunft begehrt hat. Die bezeichneten Verhältnisse von X. sind, den „Amtsträgern" der Finanzverwaltung (Veranlagungsbeamten; Betriebsprüfern; § 22 Abs. 3 Satz 1 AO) im „Besteuerungsverfahren" (Steuerveranlagung; Betriebsprüfung) bekanntgeworden. Die Auskunfterteilung (Mitteilung oder, wie § 22 AG es ausdrückt: „Offenbarung") über die Frage der Ordnungsmäßigkeit oder Nichtordnungsmäßigkeit der Buchführung von X. an den Bf. wäre auch „unbefugt" i.S. des § 22 Abs. 2 Nr. 1 AO. Im Streitfall rechtfertigt sich nicht eine Mitteilung aus der Natur der Sache; insbesondere läge keine Mitteilung für steuerrechtliche Zwecke vor. Es bestehen auch keine besonderen Rechtsvorschriften, die eine Befugnis für die Mitteilung gäben. Weiter liegt auch kein zwingendes öffentliches Interesse für eine solche Mitteilung vor, d.h., es besteht nicht im Fall des Unterbleibens der Mitteilung die Gefahr, daß schwere Nachteile für das allgemeine Wohl des Bundes, eines Landes oder einer anderen öffentlich-rechtlichen Körperschaft eintreten. Das gilt, wie das FG zutreffend ausgeführt hat, für Mitteilungen für das Konkursverfahren über das Vermögen des X., in dem der Bf. Forderungen geltend macht; dem Bf. muß es überlassen bleiben, mit den in diesem Verfahren zulässigen rechtlichen Mitteln seine Rechte zu wahren. Das FG hat aber auch richtig ausgeführt, daß sich, daran auch nichts dadurch ändert, daß – wie sich der Bf. ausdrückt – ein „Betrugskomplex" vorliegen soll. Auch für ein strafrechtliches Betrugsverfahren oder für ein gegen, den Bf. schwebendes Beleidigungsverfahren kann die vom Bf. gewünschte Mitteilung (Auskunft) durch die Finanzbehörde nicht gegeben werden. Auch hier würde es an dem, dargelegten zwingenden öffentlichen Interesse fehlen; der Stpfl. X. muß sich auch in diesen Fällen auf die Wahrung des – im privaten wie im öffentlichen Interesse geschaffenen – Steuergeheimnisses (§ 22 AO) verlassen können. Von einer „Begünstigung" (§ 257 StGB) eines etwaigen an dem Bf. begangenen Betruges durch Auskunftverweigerung seitens der Finanzbehörden kann entgegen der Auffassung des Bf. keine Rede sein; die Finanzbehörden halten sich durch die Auskunftverweigerung lediglich an die steuergesetzliche Sonderregelung des § 22 AO (vgl. auch Art. 20 Abs. 3 GG). Eine Verletzung des Art. 1 Abs. 1 GG liegt nicht vor.

§ 386 AO
(§ 421 RAO)

(1) Bei dem Verdacht einer Steuerstraftat ermittelt die Finanzbehörde den Sachverhalt. Finanzbehörde im Sinne dieses Abschnitts sind das Hauptzollamt, das Finanzamt, das Bundesamt für Finanzen und die Familienkasse.

(2) Die Finanzbehörde führt das Ermittlungsverfahren in den Grenzen des § 399 Abs. 1 und der §§ 400, 401 selbständig durch, wenn die Tat
1. ausschließlich eine Steuerstraftat darstellt oder
2. zugleich andere Strafgesetze verletzt und deren Verletzung Kirchensteuern oder andere öffentlich-rechtliche Abgaben betrifft, die an Besteuerungsgrundlagen, Steuermeßbeträge oder Steuerbeträge anknüpfen.

(3) Absatz 2 gilt nicht, sobald gegen einen Beschuldigten wegen der Tat ein Haftbefehl oder ein Unterbringungsbefehl erlassen ist.

(4) Die Finanzbehörde kann die Strafsache jederzeit an die Staatsanwaltschaft abgeben. Die Staatsanwaltschaft kann die Strafsache jederzeit an sich ziehen. In beiden Fällen kann die Staatsanwaltschaft im Einvernehmen mit der Finanzbehörde die Strafsache wieder an die Finanzbehörde abgeben.

Erfolgreiche Rügen

1. Zu einer die Strafverfolgungsverjährung unterbrechenden Handlung gemäß § 78c I S. 1 Nr. 1 StGB sind in Steuersachen auch die Finanzbehörden befugt. Sie bleiben auch dann noch zuständig, wenn es sich nicht ausschließlich um eine Steuerstraftat, sondern auch eine tateinheitlich begangene allgemeine Straftat handelt (OLG Braunschweig v. 24. 11. 1997 – Ss [S] 70/97).

2. In einer Steuerstrafsache darf die Strafsachenstelle des Finanzamtes nur dann nach § 386 IV AO an die Staatsanwaltschaft abgeben, wenn besondere Gründe vorliegen, die es angezeigt scheinen lassen, daß das Ermittlungsverfahren unter der Verantwortung der Staatsanwaltschaft fortgeführt wird (OLG Celle v. 8. 8. 1977 – 3 Ss 172/77).

Erfolgreiche Rügen

1. Zu einer die Strafverfolgungsverjährung unterbrechenden Handlung gemäß § 78c I S. 1 Nr. 1 StGB sind in Steuersachen auch die Finanzbehörden befugt. Sie bleiben auch dann noch zuständig, wenn es sich nicht ausschließlich um eine Steuerstraftat, sondern auch um eine tateinheitlich begangene allgemeine Straftat handelt.

AO §§ 369, 386, 402 I; StPO § 264, StGB 78c I S. 1 Nr. 1 – OLG Braunschweig Urt. v. 24. 11. 1997 – Ss (S) 70/97 (= NStZ-RR 1998, 212 ff.)

Die Revision der Staatsanwaltschaft rügt die Einstellung des Verfahrens aufgrund Eintritts der Verjährung trotz einer wirksamen Unterbrechungshandlung der Finanzbehörde.

Der Sachverhalt ergibt sich aus der Revisionsbegründung. – Das Rechtsmittel hatte Erfolg.

Gründe: Hinsichtlich aller vorgeworfenen Taten der Urkundenfälschung ist die Verjährung jedoch durch die Bekanntgabe gegenüber dem Angeklagten vom 10. 11. 1992, daß gegen ihn auch insoweit ermittelt werde, gemäß § 78c Abs. 1 S. 1 Nr. 1 StGB unterbrochen worden. Zu dieser Unterbrechungshandlung sind nicht nur der Richter und die Staatsanwaltschaft befugt, sondern auch die Polizei als Hilfsbeamte der Staatsanwaltschaft sowie in Steuerstrafsachen die Finanzbehörden (§ 402 Abs. 1 AO) und die Steuer- und Zollfahndungsämter (§ 404 S. 1 AO). Letzteres gilt jedenfalls im Rahmen ihrer allgemeinen Zuständigkeit, die auch für die vorliegenden Taten der Urkundenfälschung zu bejahen ist.

Gemäß § 386 Abs. 1 S. 1 AO hat die Finanzbehörde „den Sachverhalt" „bei dem Verdacht einer Steuerstraftat" zu ermitteln. Hieraus ergibt sich eine allgemeine Ermittlungsbefugnis hinsichtlich „des Sachverhalts", wenn der Verdacht einer Steuerstraftat besteht. Dies stellt eine unselbständige Ermittlungsbefugnis neben der Staatsanwaltschaft als Ermittlungsführerin in dem Sinne dar, wie sie auch den Behörden des Polizeidienstes eingeräumt ist. Demgegenüber wird durch § 386 Abs. 2 AO diese unselbständige Ermittlungskompetenz für bestimmte Fälle (z.B. wenn die Tat ausschließlich eine Steuerstraftat darstellt) in der Weise erweitert, daß die Finanzbehörde das Ermittlungsverfahren selbständig führt. Aus dieser Erweiterung der Kompetenz für bestimmte Fälle ergibt sich aber nicht, daß die allgemeine Ermittlungszuständigkeit der Finanzbehörden beschnitten werden soll, wenn nicht ausschließlich eine Steuerstraftat zu ermitteln ist. Durch dieses Regelungsverhältnis zwischen diesen beiden Absätzen des § 386 AO wird nicht die Ermittlungsbefugnis der Finanzbehörden als solche eingeschränkt, sondern lediglich die Frage geklärt, ob die Staatsanwaltschaft oder die Finanzbehörde das Verfahren (selbständig) durchzuführen hat. Damit bleibt die Finanzbehörde (im Rahmen des § 386 Abs. 1 AO) für Ermittlungstätigkeiten auch dann noch zuständig, wenn die Tat nicht ausschließlich eine Steuerstraftat (§ 369 AO) darstellt (BGHSt. 36, 283, 285).

Der Bundesgerichtshof hat dies für den Fall entschieden, daß zu dem Steuervergehen tateinheitlich eine allgemeine Straftat hinzutritt und damit jedenfalls für den Fall des tateinheitlichen Zusammentreffens den diesbezüglichen Meinungsstreit entschieden (vgl. zu diesem Meinungsstreit die Zitate bei BGHSt. 36, 283, 284). Dasselbe muß aber auch dann gelten, wenn sich im Rahmen der Ermittlungen wegen Verdachts einer Steuerstraftat (§ 386 Abs. 1 S. 1 AO) auch – von Anfang an oder erst im Laufe des Verfahrens – der Verdacht einer weiteren allgemeinen Straftat ergibt, die mit der Steuerstraftat nicht in Tateinheit steht. Dies ist jedenfalls dann anzunehmen, wenn es sich wie im vorliegenden Fall um dieselbe Tat i.S.d. § 264 StPO handelt. Dies ergibt sich zum einen daraus, daß die Finanzbehörde „den Sachverhalt" zu ermitteln hat und zum anderen aus dem Stufenverhältnis zwischen Abs. 1 und Abs. 2 des § 386 AO, wobei die Einschränkungen des Abs. 2, wonach es sich u.a. ausschließlich um eine Steuerstraftat handeln muß, für Abs. 1 nicht gelten. Inwieweit die Ermittlungszuständigkeit nach Abs. 1 S. 1 der Vorschrift auf Sachverhalte beschränkt bleiben muß, die nicht über den Tatbegriff im prozessualen Sinn des § 264 StPO hinausgehen, braucht vorliegend nicht entschieden zu werden.

Für die genannte Auslegung der Ermittlungszuständigkeit der Finanzbehörden sprechen auch gewichtige praktische Erwägungen, wie sie der Bundesgerichtshof bereits in der genannten Entscheidung, bei der das Steuervergehen mit einer allgemeinen Straftat in Tateinheit zusammentraf, angesprochen hat (BGH, a.a.O., S. 285). Häufig ist nämlich der Verdacht, daß der Beschuldigte auch eine allgemeine Straftat begangen hat, bei Beginn der Ermittlungen wegen der Steuerstraftat noch nicht zu erkennen und ergibt sich erst im Laufe der Ermittlungen. Wenn in diesen Fällen eine Ermittlungskompetenz der Finanzbehörden bzw. der Zoll- und Steuerfahndungsämter zu verneinen wäre, müßte die Staatsanwaltschaft in Steuerstrafsachen ihre Ermittlungsersuchen grundsätzlich an die Kriminalpolizei richten; die hierfür fachlich vorgebildeten Finanzbehörden, insbesondere die Zoll- und Steuerfahndung, schieden aus der Ermittlungstätigkeit weitgehend aus. Hinzu kommt die Gefahr, daß bei einer engeren Auslegung des Zuständigkeitsbereichs nach § 386 Abs. 1 S. 1 AO nur ein gegenüber dem prozessualen Tatbegriff eingeschränkter Sachverhalt von den Finanzbehörden ermittelt werden könnte und in der Folge nur Teilbereiche eines einheitlichen Lebensvorganges abgeurteilt werden und die anderen Teilbereiche wegen Strafklageverbrauchs nicht mehr verfolgt werden könnten.

In diesem Sinne sind die Erstellung der 14 genannten Rechnungen und die in den jeweiligen Jahren begangenen Steuerverkürzungen als einheitlicher Lebensvorgang anzusehen, der bei einer getrennten Aburteilung in verschiedenen erstinstanzlichen Verfahren unnatürlich aufgespalten werden würde. Denn nach dem Ermittlungsvermerk des Finanzamts für Fahndung und Strafsachen Braunschweig vom 8. 1. 1997 (Bd. II Bl. 135), der auf der Einlassung des Angeklagten fußt, dienten diese Rechnungen nicht nur zur Täuschung der Kunden der Schornsteinfegerkollegen des Angeklagten, sondern auch zur Verschleierung der Schwarzeinnahmen des Angeklagten gegenüber dem Finanzamt. Indem der Angeklagte nämlich die genannten Rechnungen nicht auf seinen eigenen Firmenvordrucken, sondern auf denjenigen der Firmen „A." und „B." erstellte, wären dadurch die Finanzbehörden bei Kontrollabgleichen dieser vom Angeklagten erstellten Rechnungen nicht auf ihn, sondern eben auf die Firmen „A." und „B." gekommen, so daß seine damit zusammenhängenden eigenen Steuerhinterziehungen nicht hätten aufgedeckt werden können.

Auch der Hinweis der Verteidigung, die Erstellung der falschen Urkunden (Rechnungen) und die Abgabe der Steuererklärung für das jeweilige Jahr könnten bis zu eineinhalb oder zwei Jahre auseinanderliegen, führt nicht zu einer anderen Beurteilung. Denn die monatlich abzugebenden Umsatzsteuervoranmeldungen, in denen die Erlöse aus dem Verkauf von Schornsteinaufsätzen an seine Schornsteinfegerkollegen nicht enthalten waren, waren zeitnah zu den verschwiegenen Umsätzen zu erklären, wobei auch die Umsatzsteuererklärungen jener Jahre Gegenstand des Strafverfahrens sowie der amtsgerichtlichen Verurteilung waren.

Soweit das Amtsgericht zu dem Verhältnis zwischen den Steuerhinterziehungen und den Urkundenfälschungen in seinem Urteil keine ausreichenden Feststellungen getroffen hat, ist es dem Senat nicht verwehrt, zur Klärung des Verfahrenshindernisses der Verjährung im Freibeweisverfahren auch auf die Akten zurückzugreifen. Insbesondere steht diese aus den Akten gewonnene Erkenntnis nicht im Gegensatz zu den amtsgerichtlichen Feststellungen, wonach die 14 Rechnungen nicht in die Buchführung des Angeklagten eingeflossen sind und im Zusammenhang mit den Steuerhinterziehungen dem Finanzamt nicht vorgelegt worden sind.

Aufgrund der dargestellten Ausführungen sieht der Senat keinen Anlaß, auf den Hilfsantrag des Angeklagten hin die Sache gemäß § 121 Abs. 2 GVG dem Bundesgerichtshof vorzulegen. Die von der Verteidigung hierfür herangezogene Entscheidung des Oberlandesgerichts Frankfurt (wistra 1987, 32) liegt zeitlich vor der oben zitierten Entscheidung des

Bundesgerichtshofs und ist damit überholt. Der Bundesgerichtshof hat in der genannten Entscheidung (auf S. 284) ausdrücklich ausgeführt, daß er die Ansicht des Oberlandesgerichts Frankfurt nicht teile.

Soweit der Angeklagte sich gegen die Revision der Staatsanwaltschaft mit der Geltendmachung eines Verwertungsverbots nach § 393 Abs. 2 S. 1 AO des Inhalts wehrt, daß das Amtsgericht die 14 genannten Rechnungen als Beweismittel für eine evtl. Bestrafung wegen Urkundenfälschung nicht hätte verwenden dürfen, ist dieses Vorbringen unzulässig. Der Angeklagte hat weder Revision eingelegt noch diese Revision mit einer für die Geltendmachung dieses Verwertungsverbots erforderlichen Verfahrensrüge gemäß § 344 Abs. 2 S. 2 StPO (BayObLG, wistra 1996, 353) begründet. Es ist noch nicht einmal vorgetragen worden, daß der Angeklagte als Steuerpflichtiger vor Einleitung des Steuerstrafverfahrens der Finanzbehörde diese Rechnungen zur Verfügung gestellt bzw. den zugrundeliegenden Sachverhalt offenbart hätte, was Voraussetzung von § 393 Abs. 2 S. 1 AO ist.

Da die Revision im genannten Umfang begründet ist, ist das angefochtene Urteil gemäß § 353 Abs. 1 StPO aufzuheben und die Sache gemäß § 354 Abs. 2 S. 1 StPO an eine andere Abteilung des Amtsgerichts Braunschweig zurückzuverweisen.

2. In einer Steuerstrafsache darf die Strafsachenstelle des Finanzamtes nur dann nach § 386 IV AO an die Staatsanwaltschaft abgeben, wenn besondere Gründe vorliegen, die es angezeigt scheinen lassen, daß das Ermittlungsverfahren unter der Verantwortung der Staatsanwaltschaft fortgeführt wird.

AO 1977 §§ 385, 386 IV – OLG Celle v. 8. 8. 1977 – 3 Ss 172/77 (= NdsRpfl 1977, 252–253)

Die Revision rügt die Einstellung des Verfahrens aufgrund Eintritts der Verjährung trotz einer wirksamen Unterbrechungshandlung der Finanzbehörde.

Der Sachverhalt ergibt sich aus der Revisionsbegründung. – Das Rechtsmittel hatte Erfolg.

Gründe: Der Angeklagte war nicht nur verärgert darüber, durch die Abgabe der Sache gemäß § 421 Abs. 4 AbgO a.F. an die Staatsanwaltschaft seine Verteidigungsbefugnis nach § 427 Abs. 1 AbgO a.F. verloren zu haben, seine Empörung hat sich ersichtlich vor allem daran entzündet, daß der Leiter der Strafsachenstelle auf seine Rüge der unvollständigen Gewährung von Akteneinsicht mit der Abgabe erwidert hatte (UA S 6), womit er, jedenfalls aus der Sicht des Angeklagten einem sachfremden Gesichtspunkt Raum gegeben hatte. Denn eine Steuerstrafsache darf nur dann nach § 421 Abs. 4 AbgO a.F. (= § 386 Abs. 4 AO 77) an die Staatsanwaltschaft abgegeben werden, wenn besondere Gründe es angezeigt erscheinen lassen, daß das Ermittlungsverfahren unter der Verantwortung der Staatsanwaltschaft fortgeführt wird.

Wäre die Strafkammer dem danach naheliegenden eigentlichen Beweggrund für die unbeherrschten Ausfälle des Angeklagten nachgegangen, nämlich seiner – auf der Grundlage seiner Darstellung berechtigten – Mißbilligung der Verfahrensleitung durch den Leiter der Gemeinsamen Strafsachenstelle des Finanzamts H., so ist nicht auszuschließen, daß sie zu einer milderen Geldstrafe als zu 40 Tagessätzen gelangt wäre. Das angefochtene Urteil durfte deshalb insoweit nicht bestehenbleiben.

§ 393 AO
(§ 428 RAO)

(1) Die Rechte und Pflichten der Steuerpflichtigen und der Finanzbehörde im Besteuerungsverfahren und im Strafverfahren richten sich nach den für das jeweilige Verfahren geltenden Vorschriften. Im Besteuerungsverfahren sind jedoch Zwangsmittel (§ 328) gegen den Steuerpflichtigen unzulässig, wenn er dadurch gezwungen würde, sich selbst wegen einer von ihm begangenen Steuerstraftat oder Steuerordnungswidrigkeit zu belasten. Dies gilt stets, soweit gegen ihn wegen einer solchen Tat das Strafverfahren eingeleitet worden ist. Der Steuerpflichtige ist hierüber zu belehren, soweit dazu Anlaß besteht.

(2) Soweit der Staatsanwaltschaft oder dem Gericht in einem Strafverfahren aus den Steuerakten Tatsachen oder Beweismittel bekannt werden, die der Steuerpflichtige der Finanzbehörde vor Einleitung des Strafverfahrens oder in Unkenntnis der Einleitung des Strafverfahrens in Erfüllung steuerrechtlicher Pflichten offenbart hat, dürfen diese Kenntnisse gegen ihn nicht für die Verfolgung einer Tat verwendet werden, die keine Steuerstraftat ist. Dies gilt nicht für Straftaten, an deren Verfolgung ein zwingendes öffentliches Interesse (§ 30 Abs. 4 Nr. 5) besteht.

Erfolgreiche Rügen

1. Ein allgemeines gesetzliches Verwertungsverbot für Tatsachen, die unter Verletzung von Verfahrensvorschriften ermittelt wurden, besteht im Besteuerungsverfahren nicht. Es gibt daher auch kein allgemeines steuerrechtliches Verwertungsverbot aufgrund einer „Verletzung der steuerrechtlichen Pflichten bei der Informationsgewinnung" (BFH v. 23. 1. 2002 – XI R 10, 11/01).

2. Ist wegen der Abgabe unrichtiger Umsatzsteuervoranmeldungen ein Strafverfahren anhängig, entfällt während der Dauer des Strafverfahrens die Strafbarkeit hinsichtlich der Nichtabgabe der Umsatzsteuerjahreserklärung (BGH Urt. v. 26. 4. 2001 – 5 StR 587/00).

3. Es ist möglich und zulässig, daß Ermittlungsmaßnahmen des Außenprüfers eine Doppelfunktion haben: die Ermittlung des steuerlichen und die des strafrechtlichen Sachverhalts. Der Außenprüfer hat jedoch, die Vorschrift des § 9 BpO (St) sowie nach Einleitung des Steuerstrafverfahrens zu beachten, daß der Finanzbehörde die im Besteuerungsverfahren eingeräumten Zwangsmittel nicht mehr zustehen (BFH v. 4. 11. 1987 – II R 102/85).

4. Zum Verbot der Verwertung von Tatsachen im Steuerstrafverfahren, die aus den Steuerakten bekannt werden. Zur Anwendung der Ausnahmeregelung des § 393 II S. 2 AO (OLG Stuttgart v. 16. 4. 1986 – 2 Ss 772/86).

Erfolglose Rügen

1. Die Verwertung von Tatsachen und Urkunden, die im Rahmen eines steuerstrafrechtlichen Ermittlungsverfahrens bekannt geworden oder sichergestellt worden sind, führen nicht zu einem Verwertungsverbot nach § 393 II AO, soweit ein schweres Dienstvergehen eines Richters ein zwingendes öffentliches Interesse begründet (BGH Urt. v. 10. 8. 2001 – RiSt (R) 1/00).

2. Mit Einschreiten der Steuerfahndung (jedenfalls mit der Einleitung eines Strafverfahrens nach § 393 I AO) entfällt die Verpflichtung zur Abgabe einer Steuererklärung. Die Tatsache, daß der Beschuldigte nach Einschreiten der Steuerfahndung keine Steuererklärungen mehr abgegeben hat, kann dann eine Verurteilung wegen vollendeter Steuerhinterziehung nicht mehr stützen (BGH Beschl. v. 28. 10. 1998 – 5 StR 500/98).

3. Bekannt geworden aus den Steuerakten sind nicht nur solche Tatsachen, die die Staatsanwaltschaft diesen Akten unmittelbar entnommen hat, sondern auch solche, die von Dritten aus diesen Akten den Strafverfolgungsorganen mitgeteilt worden sind, da entscheidend für die Anwendung von § 393 II AO ist, ob die Quelle der Tatsachen oder Beweismittel die Steuerakten sind, und nicht, auf welchem Wege diese Tatsachen den Strafverfolgungsorganen bekanntgeworden sind (OLG Hamm v. 22. 5. 1991 – 3 Ss 1400/90).

4. Hat die Steuerfahndung aufgrund eines Beschlusses des zuständigen Amtsgerichts die Geschäftsräume eines Steuerpflichtigen durchsucht und bestimmte Unterlagen beschlagnahmt, so besteht hinsichtlich der aus diesen Maßnahmen gewonnenen Erkenntnisse ein Verwertungsverbot für das FA nur in den Fällen, in denen die Rechtswidrigkeit des Durchsuchungsbeschlusses und Beschlagnahmebeschlusses von einem ordentlichen Gericht festgestellt wird (vgl. BFH-Beschluß vom 11. 7. 1979 – I B 10/79). Von den Steuergerichten kann ein solcher Ausspruch nicht erlangt werden (BFH v. 5. 4. 1984 – IV R 255/83).

Erfolgreiche Rügen

1. Ein allgemeines gesetzliches Verwertungsverbot für Tatsachen, die unter Verletzung von Verfahrensvorschriften ermittelt wurden, besteht im Besteuerungsverfahren nicht. Es gibt daher auch kein allgemeines steuerrechtliches Verwertungsverbot aufgrund einer „Verletzung der steuerrechtlichen Pflichten bei der Informationsgewinnung".

AO 1977 §§ 85, 393 I S. 1 und 4 – BFH vom 23. 1. 2002 – XI R 10, 11/01 (= NJW 2002, 2198 = BB 2002, 1033 = PStR 2002, 120 f.)

Die Revision rügt die Verletzung des § 393 AO sowie einen Verfahrensmangel aufgrund unterlassener Beweiserhebung durch die Annahme eines bestehenden Verwertungsverbotes.

Der Sachverhalt ergibt sich aus der Revisionsbegründung. – Das Rechtsmittel hatte Erfolg.

Gründe: Zieht das FA einen Steuerpflichtigen zur Mitwirkung bei der Ermittlung des Sachverhalts heran (§§ 88, 90, 200 Abs. 1 AO 1977), ohne diesen zuvor nach § 393 Abs. 1 Satz 4 AO 1977 belehrt zu haben, unterliegen die infolge der Mitwirkung des Steuerpflichtigen festgestellten Tatsachen grundsätzlich keinem steuerrechtlichen Verwertungsverbot. Es kann offen bleiben, ob im Streitfall bei Beginn der Außenprüfung Anlaß zu einer Belehrung nach § 393 Abs. 1 Satz 4 AO 1977 bestanden hat und wie bei verbotenen Vernehmungsmethoden (§ 136a StPO) zu entscheiden wäre.

1. Nach § 393 Abs. 1 AO 1977 richten sich die Rechte und Pflichten der Steuerpflichtigen und der Finanzbehörde im Besteuerungsverfahren und im Strafverfahren nach den für das jeweilige Verfahren geltenden Vorschriften. Im Besteuerungsverfahren sind jedoch Zwangsmittel (§ 328 AO 1977) gegen den Steuerpflichtigen unzulässig, wenn er dadurch gezwungen wäre, sich selbst wegen einer von ihm begangenen Steuerstraftat oder Steuerordnungswidrigkeit zu belasten. Dies gilt stets, soweit gegen ihn wegen einer solchen Tat das Strafverfahren eingeleitet worden ist. Der Steuerpflichtige ist hierüber zu belehren, soweit dazu Anlaß besteht. Ein Verwertungsverbot für den Fall, daß die Belehrung unterbleibt, ordnet das Gesetz nicht an. Insoweit unterscheidet sich § 393 Abs. 1 AO 1977 von vergleichbaren Vorschriften wie z.B. § 393 Abs. 2 AO 1977, § 136a StPO oder § 97 Abs. 1 Satz 3 der Insolvenzordnung. Für die ausdrückliche gesetzliche Anordnung eines Verwertungsverbotes hätte jedoch zur Zeit des In-Kraft-Tretens der AO 1977 besonderer Anlaß bestanden, da der Bundesgerichtshof (BGH) damals selbst bei einer Verletzung der Belehrungspflicht nach § 136 Abs. 1 Satz 2 StPO ein strafverfahrensrechtliches Verwertungsverbot verneint hat, obgleich der Strafprozeß vom Grundsatz, daß sich niemand selbst einer Straftat bezichtigen muß, geprägt ist („nemo tenetur se ipsum accusare"; vgl. BGH-Ur-

teil vom 31. Mai 1968 – 4 StR 19/68, BGHSt. 22, 170, 172 f.; Beschlüsse des Bundesverfassungsgerichts – BVerfG – vom 13. 1. 1981 – 1 BvR 116/77, BVerfGE 56, 37; v. 21. 4. 1988 – 2 BvR 330/88, Steuerrechtsprechung in Karteiform – StRK –, Abgabenordnung, § 371, Rechtsspruch 20; Bericht des Finanzausschusses, BTDrucks 7/4292, S. 46).

2. Ein Verwertungsverbot im Besteuerungsverfahren bei einer Verletzung des § 393 Abs. 1 Satz 4 AO 1977 ergibt sich auch nicht aus allgemeinen verfassungsrechtlichen, insbesondere rechtsstaatlichen Grundsätzen. Vor allem folgt aus der Änderung der Rechtsprechung des BGH, die nunmehr ein strafprozessuales Verwertungsverbot bei unterlassener Belehrung bejaht (BGH-Beschl. v. 27. 2. 1992 – 5 StR 190/91 NJW 1992, 1463), kein steuerrechtliches Verwertungsverbot.

a) Nach § 393 Abs. 1 Satz 1 AO 1977 sind im Besteuerungs- und im Strafverfahren die für das jeweilige Verfahren geltenden Vorschriften anzuwenden. Besteuerungs- und Steuerstrafverfahren stehen damit grundsätzlich unabhängig und gleichrangig nebeneinander (vgl. z.B. Beschluß des Bundesfinanzhofs – BFH – vom 28. April 1997 – X B 123, 124/95, BFH/NV 1997, 641; BFH-Urt. v. 19. 8. 1998 – XI R 37/97, BFHE 186, 506, BStBl. II 1999, 7). Die Frage nach einem Verwertungsverbot ist folglich im Steuerstrafverfahren nach strafprozessualen und im Besteuerungsverfahren nach abgabenrechtlichen Vorschriften, ggf. unter Einbeziehung vorrangiger Verfassungsgrundsätze zu beantworten (vgl. zu Art. 10 Abs. 1 GG z.B. BFH-Beschluß vom 26. 2. 2001 – VII B 265/00, BFHE 194, 40, BStBl. II 2001, 464).

b) Ein allgemeines gesetzliches Verwertungsverbot für Tatsachen, die unter Verletzung von Verfahrensvorschriften ermittelt wurden, besteht im Besteuerungsverfahren nicht (vgl. BFH-Urteile vom 25. November 1997 – VIII R 4/94, BFHE 184, 255, BStBl. II 1998, 461; v. 31. 10. 1990 – II R 180/87, BFHE 163, 103, BStBl. II 1991, 204; v. 27. 7. 1983 – I R 210/79, BFHE 139, 221, BStBl. II 1984, 285; vgl. auch BFH-Beschluß v. 29. 6. 1999 – VII B 303/98, BFH/NV 1999, 1585). Es gibt daher auch kein allgemeines steuerrechtliches Verwertungsverbot aufgrund einer „Verletzung der steuerrechtlichen Pflichten bei der Informationsgewinnung". Der Gesetzgeber wollte vielmehr die Entwicklung steuerrechtlicher Verwertungsverbote der Rechtsprechung überlassen (vgl. BTDrucks 7/4292, S. 25), die diese Frage jedoch nur anhand des jeweiligen Verfahrensverstoßes beantworten kann. Dabei kommt dem Schutzzweck der verletzten Norm besondere Bedeutung zu.

c) Aus dem Zweck des § 393 Abs. 1 AO 1977 läßt sich ein steuerrechtliches Verwertungsverbot für den Fall der unterlassenen Belehrung nicht ableiten.

§ 393 AO 1977 ist in erster Linie eine Vorschrift des Straf-, nicht des Besteuerungsverfahrens. Dies ergibt sich aus der systematischen Stellung der Norm im 8. Teil der Abgabenordnung, welcher allgemeine Vorschriften des Straf-, und des Ordnungswidrigkeitsverfahrens enthält (vgl. amtliche Überschriften vor § 385 AO 1977). Nur das Zwangsmittelverbot in § 393 Abs. 1 Satz 2 AO 1977 ist eine das Besteuerungsverfahren betreffende Regelung. Auch diese dient jedoch ausschließlich dem strafprozessualen Grundsatz, daß ein Beschuldigter sich nicht selbst einer Straftat zu bezichtigen braucht.

Im Besteuerungsverfahren bleibt hingegen der (möglicherweise) einer Straftat Verdächtigte sogar nach Einleitung eines Steuerstrafverfahrens rechtlich zur (wahrheitsgemäßen) Mitwirkung verpflichtet (allg. Meinung; vgl. z.B. BTDrucks 7/4292, S. 46). Die steuerrechtliche Mitwirkungspflicht kann allerdings nach § 393 Abs. 1 Satz 2 AO 1977 nicht mit Zwangsmitteln durchgesetzt werden. Besteht danach im Grundsatz im Besteuerungsverfahren die Verpflichtung des einer Straftat Verdächtigten fort, bei der Aufklärung des Sachverhalts mitzuwirken, kann aus der Erfüllung dieser Verpflichtung kein steuerrechtliches Verwertungsverbot resultieren. Der der Entscheidung des BFH in BFHE 163, 103, BStBl. II 1991, 204 zugrunde liegende Fall unterscheidet sich vom Streitfall dadurch, daß dort im Besteuerungsverfahren ein Auskunftsverweigerungsrecht bestand.

d) Ein anderes Ergebnis würde zudem den verfassungsrechtlichen Grundsatz der steuerlichen Belastungsgleichheit verletzen (vgl. z.B. BVerfG in BVerfGE 56, 37; BVerfG-Urt. v. 10. 11. 1999 – 2 BvR 1820/92, BStBl. II 2000, 158). Art. 3 Abs. 1 GG verlangt für das Steuerrecht, daß die Steuerpflichtigen durch ein Steuergesetz rechtlich und tatsächlich gleich belastet werden. Zu diesem Zweck werden von Verfassungs wegen erhöhte Anforderungen an die Steuerehrlichkeit der Steuerpflichtigen gestellt (BVerfG-Urt. v. 27. 6. 1991 – 2 BvR 1493/89, BStBl. II 1991, 654). Diesen Grundsätzen würde es widersprechen, Auskünfte eines Steuerehrlichen uneingeschränkt der Besteuerung zugrunde zu legen, Auskünfte eines einer Steuerstraftat oder Ordnungswidrigkeit verdächtigten, aber nach § 393 Abs. 1 Satz 4 AO 1977 nicht belehrten Steuerpflichtigen steuerlich unberücksichtigt zu lassen.

Diese Überlegungen haben bereits seinerzeit in die Gesetzesberatung des Finanzausschusses des Deutschen Bundestages zu § 393 AO 1977 Eingang gefunden. Die jetzige Fassung der Vorschrift sollte verdeutlichen, daß die verfahrensmäßige Stellung des Steuerpflichtigen im Besteuerungsverfahren auch nach Einleitung eines Steuerstrafverfahrens, das dieselbe Abgabenangelegenheit betrifft, im Grundsatz aufrechterhalten bleiben soll, um zu verhindern, daß die unredlichen Steuerpflichtigen gegenüber den ehrlichen Steuerpflichtigen besser gestellt würden (vgl. Bericht des Finanzausschusses, BTDrucks 7/4292, S. 46).

3. Der Senat kann offen lassen, wie zu entscheiden wäre, wenn der Betriebsprüfer § 136a StPO verletzt hätte, und ob die Grundsätze des § 136a StPO entsprechend anwendbar sind. Anhaltspunkte hierfür liegen im Streitfall nicht vor.

4. Die Frage, ob das Unterlassen einer Belehrung nach § 393 Abs. 1 Satz 4 AO 1977 im Strafverfahren zu einem Verwertungsverbot führt, ist gemäß § 393 Abs. 1 Satz 1 AO 1977 für das Besteuerungsverfahren und damit auch für die Anwendung des § 169 Abs. 2 AO 1977 unerheblich. Besteuerungs- und Strafverfahren richten sich nach unterschiedlichen Verfahrensnormen (vgl. z.B. Beschl. des Großen Senats des BFH vom 5. 3. 1979 GrS 5/77, BFHE 127, 140, BStBl. II 1979, 570; BFH-Urt. v. 12. 3. 1992 – IV R 29/91, BFHE 168, 405, BStBl. II 1993, 36). Daher führt allein ein Verstoß gegen eine strafprozessuale Verfahrensnorm nicht zu einem Verwertungsverbot im Besteuerungsverfahren.

5. Im zweiten Rechtsgang wird das FG nunmehr in tatsächlicher Hinsicht feststellen müssen, ob im Hinblick auf die Anwendung des § 169 Abs. 2 Satz 2 AO 1977 die subjektiven Tatbestandsmerkmale einer Steuerhinterziehung vorliegen (vgl. z.B. BFH-Urteil vom 16. 1. 1973 – VIII R 52/69, BFHE 108, 286, BStBl. II 1973, 273; BFH-Beschluß vom 17. 2. 1999 – IV B 66/98, BFH/NV 1999, 1188).

2. Ist wegen der Abgabe unrichtiger Umsatzsteuervoranmeldungen ein Strafverfahren anhängig, entfällt während der Dauer des Strafverfahrens die Strafbarkeit hinsichtlich der Nichtabgabe der Umsatzsteuerjahreserklärung.

AO §§ 370 I, 393 I S. 2 und 3 – BGH Urt. v. 26. 4. 2001 – 5 StR 587/00 LG Bochum (= NStZ 2001, 432)

Die Revision rügt, der Angeklagte sei zu Unrecht wegen Steuerhinterziehung aufgrund der Nichtabgabe einer Umsatzsteuerjahreserklärung verurteilt worden, denn die Pflicht zur Abgabe einer solchen Erklärung sei mit Einleitung des Steuerstrafverfahrens entfallen

Sachverhalt: Der Angeklagte hatte im Jahr 1997 von Januar bis Oktober jeweils inhaltlich unrichtige monatliche Umsatzsteuervoranmeldungen abgegeben, insoweit ist er vom Landgericht auch verurteilt worden. Bereits mit seiner Verhaftung im Dezember 1997 wurde ihm eröffnet, daß ein Steuerstrafverfahren gegen ihn am 9. 12. 1997 eingeleitet worden war. Die unrichtigen Umsatzsteuervoranmeldungen des Jahres 1997 waren sodann Gegenstand des Haftbefehles vom 5. 3. 1998, wobei dieser zusätzlich noch die Umsatzsteuervoranmeldung für November 1997 umfaßte. – Das Rechtsmittel hatte Erfolg.

Gründe: ... Die Verurteilung des Angeklagten wegen Steuerhinterziehung durch die Nichtabgabe der Umsatzsteuerjahreserklärung für 1997 kann aus Rechtsgründen keinen Bestand haben; insoweit war der Angeklagte freizusprechen.

Angesichts dieser Situation war der Angeklagte – unter dem steuerstrafrechtlichen Aspekt – nicht mehr verpflichtet, eine Umsatzsteuerjahreserklärung für 1997 abzugeben. Einer Verurteilung steht hier das in § 393 Abs. 1 Sätze 2 und 3 AO normierte Zwangsmittelverbot („nemo tenetur se ipsum accusare") entgegen (vgl. BGH wistra 1993, 66, 68). Danach sind im Besteuerungsverfahren Zwangsmittel im Sinne des § 328 AO gegen den Steuerpflichtigen unzulässig, wenn er dadurch gezwungen würde, sich selbst wegen einer von ihm begangenen Steuerstraftat oder Steuerordnungswidrigkeit zu belasten, insbesondere wenn insoweit bereits ein Strafverfahren eingeleitet worden ist.

a) Allerdings kennt die Rechtsordnung kein ausnahmsloses Gebot, daß niemand zu Auskünften gezwungen werden darf, durch die er eine von ihm begangene strafbare Handlung offenbaren muß (BVerfGE 56, 37, 42). Ausnahmen können insbesondere dann gegeben sein, wenn – außerhalb eines Strafverfahrens – das Interesse eines gesetzlich Auskunftspflichtigen mit dem berechtigten Informationsbedürfnis anderer, z.B. von Behörden, kollidiert (vgl. BVerfGE a.a.O. S. 45). Die gleichmäßige Besteuerung nach der Leistungsfähigkeit und die Steuergerechtigkeit sind ebenso Abwägungskriterien wie die Notwendigkeit eines gesicherten Steueraufkommens für den Staat, damit er seinen vielfältigen Aufgaben gerecht werden kann. Es ist daher sachlich gerechtfertigt, daß die Steuerpflichtigen zur wahrheitsgemäßen Auskunft verpflichtet sind ohne Rücksicht darauf, ob hierdurch Straftaten oder Ordnungswidrigkeiten aufgedeckt werden (BVerfG – Kammer – wistra 1988, 302).

b) Bei divergierenden verfahrensrechtlichen Grundsätzen ist indes auch im Besteuerungsverfahren auf die strafprozessualen Rechte der Betroffenen Bedacht zu nehmen. Andernfalls wäre das berechtigte Verteidigungsverhalten eines Beschuldigten im Strafverfahren tangiert. Im Falle der Einleitung eines Steuerstrafverfahrens soll daher dem Betroffenen erspart bleiben, mit Zwangsmitteln zur Abgabe von Erklärungen im Besteuerungsverfahren gezwungen zu werden, mit denen er von ihm begangene Steuerstraftaten offenbaren müßte. Dem wird von Gesetzes wegen durch § 393 Abs. 1 Sätze 2 und 3 AO Rechnung getragen. Auf eine solche Offenbarung früherer eigener Steuerstraftaten liefe es aber hinaus, wenn der Betroffene durch die gemäß § 370 Abs. 1 Nr. 2 AO strafbewehrte Pflicht zur Abgabe einer Steuererklärung gezwungen wäre, mit der er – bei wahrheitsgemäßer Darstellung – vorangegangene Hinterziehungen aufdecken müßte.

c) In der nach § 18 Abs. 3 UStG abzugebenden Umsatzsteuerjahreserklärung hat der Unternehmer die zu entrichtenden Steuern bzw. den Überschuß selbst zu berechnen. Seine Erklärungspflicht erstreckt sich dabei auf dieselbe Steuerart hinsichtlich eines Gesamtzeitraums, für den er nach § 18 Abs. 1 und 2 UStG bereits Umsatzsteuervoranmeldungen abzugeben hatte. Bei der Pflicht zur Abgabe einer Jahreserklärung handelt es sich um eine gegenüber der Pflicht zur Abgabe von Voranmeldungen eigenständige Erklärungspflicht, deren Nichterfüllung einen selbständigen Unrechtsgehalt besitzt (vgl. BGHR AO § 370 Abs. 1 – Konkurrenzen 13). Da die von beiden Erklärungspflichten umfaßten Zeiträume bei gleicher Steuerart teilidentisch sind und dasselbe Steueraufkommen betreffen, gerät der Steuerpflichtige, der keine oder unrichtige bzw. unvollständige Umsatzsteuervoranmeldungen abgegeben hat, hinsichtlich der Jahreserklärung in eine unauflösbare Konfliktlage, wenn ihm im Hinblick auf die Umsatzsteuervoranmeldungen die Einleitung eines Steuerstrafverfahrens bekanntgegeben worden ist. In einem solchen Fall kann der Steuerpflichtige nämlich nicht mehr – wie ansonsten möglich (vgl. BGHR AO § 371 Abs. 1 – Unvollständigkeit 2) – durch die Abgabe einer wahrheitsgemäßen Umsatzsteuerjahreserklärung Straffreiheit für die bezüglich der Umsatzsteuervoranmeldungen begangenen Steuerhinterziehungen erlangen (vgl. § 371 Abs. 2 Nr. 1 lit. b AO). Er kann im Rahmen der Umsatzsteuerjahreserklärung entweder durch eine Korrektur mit den richtigen Umsätzen sich selbst belasten oder den Steuerschaden durch die Abgabe einer unrichtigen Jahreserklärung vertiefen. Diese Konfliktlage will § 393 Abs. 1 AO vermeiden. Dies kann im Falle der Einleitung eines Steuerstrafverfahrens im Hinblick auf Umsatzsteuervoranmeldungen nur bedeuten, daß die Strafbewehrung der Verletzung der Pflicht zur Abgabe einer Umsatzsteuerjahreserklärung bis zum 31. Mai des Folgejahres (§ 149 Abs. 2 AO) jedenfalls solange suspendiert ist, wie das Steuerstrafverfahren andauert und soweit sich die Erklärungszeiträume der Steuererklärungen decken.

d) Dem steht die Rechtsprechung des Bundesfinanzhofs nicht entgegen, wonach eine Einschränkung der Mitwirkungspflichten des Steuerpflichtigen oder der Feststellungslast nach Einleitung eines Steuerstrafverfahrens und Schätzung nach § 162 Abs. 2 Satz 1 AO auf eine mit dem Gleichheitsgrundsatz unvereinbare Privilegierung des in ein Strafverfahren verwickelten Steuerpflichtigen hinausliefe und deshalb nicht in Betracht komme (BFH/NV 1997, 641; vgl. auch Schleswig-Holsteinisches FG, EFG 2001, 252; FG Düsseldorf, 12. 5. 1999 – 9 V 2019/99 –; FG München EFG 1996, 570). Der Senat kann offen lassen, ob dem in dieser Allgemeinheit zu folgen ist. Eine Abweichung liegt jedenfalls nicht vor. Zu differenzieren ist nämlich in zweifacher Hinsicht:

(1) Das Zwangsmittelverbot beeinflußt nicht die bloße Mitwirkungspflicht des Steuerpflichtigen und die sich daran anschließenden steuerrechtlichen Folgerungen (z.B. Schätzung im Besteuerungsverfahren nach § 162 AO). Es berührt lediglich die strafrechtliche Sanktionierung dieser Pflicht (vgl. BGH wistra 1999, 385 f.). Da die Androhung von Kriminalstrafe im übrigen häufig in ihren Auswirkungen die in § 393 Abs. 1 Satz 2 AO in Verbindung mit § 328 AO bezeichneten Zwangsmittel übertreffen wird, fordert eine an dem Sinn und Zweck dieser Bestimmung orientierte Auslegung, den Steuerpflichtigen auch im Falle einer notwendigen Selbstbelastung von einer strafbewehrten Pflicht zur Selbstbezichtigung freizustellen (vgl. Hans-OLG wistra 1996, 239). Insoweit konkretisiert die Regelung des § 393 Abs. 1 Sätze 2 und 3 AO für das Steuerstrafverfahren nur den allgemeinen Grundsatz, daß eine unzumutbare Handlung nicht erzwungen werden darf, weil die Zumutbarkeit normgemäßen Verhaltens bei jedem Unterlassungsdelikt vorliegen muß (vgl. BGH NStZ 1984, 164).

(2) Zum anderen findet das Zwangsmittelverbot dort seine Grenze, wo es nicht mehr um ein bereits begangenes steuerliches Fehlverhalten des Betroffenen geht, hinsichtlich dessen ein Steuerstrafverfahren bereits eingeleitet ist. Selbst wenn die Abgabe der Steuererklärungen für nachfolgende Besteuerungszeiträume mittelbare Auswirkungen auf das laufende Steuerstrafverfahren haben sollte, könnte das nicht ihre Unterlassung rechtfertigen, weil andernfalls neues Unrecht geschaffen würde, zu dem das Recht auf Selbstschutz nicht berechtigt (vgl. BGHSt. 3, 18, 19; BGH wistra 1993, 66, 68), und gleichzeitig ein Verstoß gegen den steuerlichen Gleichbehandlungsgrundsatz ermöglicht würde. Diese Einschränkung greift jedoch für das Verhältnis von Umsatzsteuervoranmeldungen zur Umsatzsteuerjahreserklärung wegen der Gleichheit der betroffenen Steuerart und der Teilidentität des von der jeweiligen Erklärungspflicht erfaßten Steueranmeldungszeitraums sowie des betroffenen Steueraufkommens nicht ein. Der Senat braucht daher nicht zu entscheiden, ob steuerliche Erklärungspflichten, die lediglich mittelbar zu einer Selbstbelastung des Steuerpflichtigen in einem Steuerstrafverfahren führen, ein strafrechtliches Verwertungsverbot auslösen können, wie es etwa das Bundesverfassungsgericht (BVerfGE 56, 37, 41 ff.) im Fall von Angaben des Gemeinschuldners im Konkursverfahren ausgesprochen hat.

3. Es ist möglich und zulässig, daß Ermittlungsmaßnahmen des Außenprüfers eine Doppelfunktion haben: die Ermittlung des steuerlichen und die des strafrechtlichen Sachverhalts. Der Außenprüfer hat jedoch die Vorschrift des § 9 BpO (St) sowie nach Einleitung des Steuerstrafverfahrens zu beachten, daß der Finanzbehörde die im Besteuerungsverfahren eingeräumten Zwangsmittel nicht mehr zustehen.

AO 1977 § 393 I S. 1 und 2; BpO St §§ 4 I, II, 9 – BFH v. 4. 11. 1987 – II R 102/85; FG Nürnberg (= BFHE 151, 324 = WPg 1988, 209)

Die Revision rügt, das Finanzgericht habe nicht berücksichtigt, daß die Geltendmachung hinterzogener Steuern voraussetze, daß der materiell-rechtliche Steuertatbestand erfüllt sei und eine Steuerstraftat vorliege. Welche der beiden Voraussetzungen zunächst ermittelt werde, liege im pflichtgemäßen Ermessen des FA. Es sei auch nicht richtig, daß nur die Steuerfahndung beide Tatbestände gleichzeitig erforschen dürfe. Das Nebeneinander von Besteuerungs- und Strafverfahren grenze das Vorgehen des FA nicht auf eine bestimmte Dienststelle ein.

Sachverhalt: Der Kläger war bis zum 31. 12. 1979 Inhaber eines Schuh-Einzelhandelsgeschäftes. Durch Verfügung vom 9. 2. 1982 ordnete das Finanzamt (FA) bei ihm eine Außenprüfung für die Jahre 1977 bis 1979 an, betreffend u.a. Vermögensteuer für die Zeit vom 1. 1. 1978 bis 1. 1. 1980. Der Prüfer stellte erhebliche ungeklärte Bargeldbewegungen fest, die aus Goldverkäufen stammen sollten und unterbrach die Prüfung am 24. 2. 1982. Unter dem 7. 5. 1982 beantragte der Kläger entsprechend seinen Angaben über die vorhandenen Goldvorräte (im Wert zwischen 104 692 DM und 274 659 DM), die Vermögensteuerveranlagungen ab 1. 1. 1974 zu berichtigen. Dies führte am 28. 7. 1982 zur Einleitung eines Steuerstrafverfahrens gegen den Kläger wegen fortgesetzt vorsätzlicher Verkürzung der Vermögensteuer 1971 bis 1980. Am selben Tage ordnete das FA die Ausdehnung des Prüfungszeitraums hinsichtlich der Vermögensteuer auf die Zeit vom 1. 1. 1971 bis 1. 1. 1977 an, „weil mit nicht unerheblichen Steuernachforderungen zu rechnen sei".

Die Beschwerde hiergegen blieb ohne Erfolg.

Das Finanzgericht hat die Prüfungsanordnung betreffend Vermögensteuer 1. 1. 1971 bis 1. 1. 1977 aufgehoben. Die Entscheidung ist veröffentlicht in Entscheidungen der Finanzgerichte (EFG) 1985, 323 ff. – Das Rechtsmittel hatte Erfolg.

Gründe: ... Mit welchen Mitteln oder auf welche Weise das FA seiner Ermittlungspflicht bei Verdacht einer Steuerstraftat nachkommt, ist, weil das Gesetz entsprechende Vorschriften nicht enthält, keine Frage der rechtlichen Zulässigkeit, sondern der Zweckmäßigkeit und Praktikabilität. Eine sich insoweit gegenseitig ausschließende Zuständigkeit von Außenprüfung und Steuerfahndung besteht nicht. Vielmehr hat der Außenprüfer neben seiner primären Aufgabe, die tatsächlichen und rechtlichen Verhältnisse des Steuerpflichtigen zu prüfen, die für die Steuerpflicht und die Bemessung der Steuer maßgebend sind (vgl. § 199 Abs. 1 AO 1977), auch die Pflicht, bei dem Verdacht einer Steuerstraftat die Strafverfolgung aufzunehmen und ein Verfahren einzuleiten (vgl. §§ 386 Abs. 1 und 2, 385 Abs. 1 AO 1977 i.V.m. § 152 StPO). Da zum Tatbestand der Steuerhinterziehung (§ 370 AO 1977) u.a. die unterbliebene oder zu niedrige Festsetzung von Steuern gehört, ist Gegenstand auch der strafrechtlichen Ermittlungen die Feststellung der tatsächlichen Höhe des Steueranspruchs. Dies festzustellen gehört aber gemäß § 199 Abs. 1 AO 1977 zum Aufgabenbereich des Außenprüfers. Dies gilt auch bezüglich des subjektiven Tatbestandes einer begangenen Steuerstraftat. Es ist deshalb durchaus möglich und zulässig, daß Ermittlungsmaßnahmen des Außenprüfers eine Doppelfunktion haben: die Ermittlung des steuerlichen und die des strafrechtlichen Sachverhalts (vgl. hierzu: Ziemer/Haarmann/Lohse/Beermann, Rechtsschutz in Steuersachen, Stand Mai 1987 Tz. 13280 ff.). Der Außenprüfer hat jedoch die Vorschrift des § 9 BpO(St) sowie nach Einleitung des Steuerstrafverfahrens zu beachten, daß der Finanzbehörde die im Besteuerungsverfahren eingeräumten Zwangsmittel (§§ 328 ff. i.V.m. §§ 390 ff. AO 1977) nicht mehr zustehen (§ 393 Abs. 1 Satz 2 AO 1977). Darüber hinaus werden durch die Einleitung des Strafverfahrens die Befugnisse des FA nicht berührt (vgl. § 393 Abs. 1 Satz 1 AO 1977). Etwas anderes ergibt sich auch nicht aus § 208 Abs. 1 AO 1977. Denn durch § 208 Abs. 3 AO 1977 wird ausdrücklich klargestellt, daß die Aufgaben und Befugnisse der Finanzbehörden unberührt bleiben (d.h. nicht verdrängt werden) von den in § 208 Abs. 1 AO 1977 normierten Aufgaben der Steuerfahndung.

Nach alledem steht es dem FA frei, das nach seiner Auffassung zweckmäßigste Mittel für die Feststellung der Besteuerungsgrundlagen, aus denen sich auch eine Steuerstraftat ergeben kann, auszuwählen. So kann es zweckmäßig und sinnvoll sein, auch bei Vorliegen eines Verdachtes einer Steuerstraftat eine Außenprüfung durchzuführen, wenn z.B. zu erwarten ist, daß der Steuerpflichtige den steuerlich erheblichen Sachverhalt offenlegt, ohne von seinem Recht auf Verweigerung der Mitwirkung Gebrauch zu machen, so daß Zwangsmittel nicht nötig sind. Ob die in solchen Fällen mit der Steuerfahndung betrauten Dienststellen wegen der diesen Stellen nach § 404 AO 1977 zustehenden erweiterten Befugnisse und Ermittlungsmöglichkeiten einzuschalten sind, wird sich in der Regel erst im Laufe der Außenprüfung ergeben. Es ist weder sinnvoll, schon die Aufnahme der Ermittlungstätigkeit der Außenprüfung mit diesen Fragen zu erschweren noch besteht Anlaß, die Verwaltung in diesen Fällen ausschließlich und von vornherein auf die Steuerfahndung zu verweisen (vgl. wie hier das bereits genannte Urteil in BFHE 145, 3, BStBl. II 1986, 433).

Entgegen der Auffassung des Finanzgerichts bedurfte es schließlich auch keiner Einschränkung der streitigen Prüfungsanordnung dahingehend, daß die Außenprüfung beschränkt werde auf hinterzogene oder leichtfertig verkürzte Steuerbeträge. Denn die Frage, ob Verjährung eingetreten ist oder ob andere Hindernisse der Geltendmachung der Steueransprüche entgegenstehen, ergibt sich vielfach erst dann zuverlässig, wenn der Sachverhalt durch die Außenprüfung geklärt ist. Es ist auch insoweit nicht sinnvoll, schon die Ermittlungstätigkeit der Betriebsprüfung mit Erwägungen zu erschweren, welche die VERWERTUNG der erst zu findenden Ermittlungsergebnisse betreffen (wie hier das bereits genannte Urteil in BFHE 145, 3, BStBl. II 1986, 433).

4. Zum Verbot der Verwertung von Tatsachen im Strafverfahren, die aus den Steuerakten bekannt werden, und zur Anwendung der Ausnahmeregelung des § 393 II S. 2 AO.

AO §§ 30 IV Nr. 5, 393 II – OLG Stuttgart v. 16. 4. 1986 – 2 Ss 772/86 (= wistra 1986, 191 f.)

Die Revision rügt die Verwertung von Tatsachen im Strafverfahren, die aus einer Mitteilung des Finanzamtes an das Registergericht stammten.

Sachverhalt: Das Amtsgericht hat den Angeklagten wegen falscher Angaben im Sinne des § 82 Abs. 1 Nr. 1 GmbHG zu Geldstrafe verurteilt. Seine im Urteil getroffene Feststellung, der Angeklagte habe als Geschäftsführer im Zusammenwirken mit dem Mitbeschuldigten L. zum Zwecke der Eintragung der A-GmbH und der B.-GmbH falsche Angaben über die Leistung der Einlagen gemacht, beruht auf der Verlesung einer Mitteilung des Finanzamts an das Registergericht des Amtsgerichts, wonach laut den eingereichten und genehmigten Bilanzen von 1981, 1982 und 1983 die Mindesteinlagen nicht einbezahlt wurden. – Das Rechtsmittel hatte Erfolg.

Gründe: Die in der Mitteilung des Finanzamts an das Registergericht enthaltenen, aus den Steuerakten stammenden Tatsachen waren in diesem Strafverfahren gegen den Angeklagten nicht verwertbar. Sie wurden der Finanzbehörde vor Einleitung des Strafverfahrens in Erfüllung steuerrechtlicher Pflichten offenbart, als der Angeklagte gemeinsam mit dem Mitbeschuldigten L., beide zugleich Geschäftsführer und Gesellschafter der Gesellschaften mit beschränkter Haftung, Bilanzen der A.-GmbH bzw. der B.-GmbH dem Finanzamt vorlegte. Die in der Mitteilung des Finanzamts niedergelegten Erkenntnisse stammen demzufolge aus Unterlagen, die in Erfüllung steuerrechtlicher Pflichten gemäß § 200 AO der Finanzbehörde vorgelegt worden sind. Sie sind hier unverwertbar.

Der Gesetzgeber hat das Verhältnis des Strafverfahrens zum Besteuerungsverfahren in § 393 AO geregelt und als Gegenstück zu den weitgehenden Offenbarungspflichten des Steuerrechts und dem durch § 30 AO gewährleisteten Schutz des Steuergeheimnisses in Absatz 2 dieser Bestimmung für bestimmte, aus den Steuerakten stammende Tatsachen und Beweismittel ein ausdrückliches Verwertungsverbot festgelegt. Entscheidend für die Anwendung der Vorschrift ist dabei, ob Quelle der Tatsachen oder Beweismittel die Steuerakten sind; nicht dagegen, auf welchem Wege die Tatsachen oder Beweismittel der Staatsanwaltschaft oder dem Gericht bekannt geworden sind. Eine Auslegung des Gesetzes dahin, nur durch unmittelbare Einsichtnahme in die Steuerakte selbst bekanntgewordene Tatsachen oder Beweismittel dürften von Gericht oder Staatsanwaltschaft nicht verwertet werden, würde die Vorschrift ihres Schutzcharakters weitgehend entkleiden und entspricht nicht Sinn und Zweck des Gesetzes.

Die Anwendung der Ausnahmeregelung des § 393 Abs. 2 Satz 2 AO kommt nicht in Betracht. Nach dieser Bestimmung soll das Verwertungsverbot des § 393 Abs. 2 Satz 1 AO nicht für Straftaten gelten, an deren Verfolgung ein zwingendes öffentliches Interesse besteht. § 393 Abs. 2 Satz 2 AO nimmt hierbei Bezug auf die Vorschrift des § 30 Abs. 4 Nr. 5 AO, die Amtsträgern die Offenbarung bestimmter, grundsätzlich dem Steuergeheimnis unterliegender Kenntnisse u.a. dann gestattet, wenn für die Offenbarung ein zwingendes öffentliches Interesse besteht. Nach der beispielhaften Aufzählung in § 30 Abs. 4 Nr. 5 AO soll ein zwingendes, die Offenbarung rechtfertigendes öffentliches Interesse u.a. dann vorliegen, wenn Wirtschaftsstraftaten verfolgt werden oder verfolgt werden sollen, die nach ihrer Begehungsweise oder wegen des Umfangs des durch sie verursachten Schadens geeignet sind, die wirtschaftliche Ordnung erheblich zu stören oder das Vertrauen der Allgemeinheit auf die Redlichkeit des geschäftlichen Verkehrs oder auf die ordnungsgemäße Arbeit der Behörden und der öffentlichen Einrichtungen erheblich zu erschüttern (§ 30 Abs. 4 Nr. 5b AO). Die Vorschrift des § 30 Abs. 4 Nr. 5b AO wurde als eine Ausformung der bisherigen Verwaltungspraxis in die Abgabenordnung übernommen und sollte in erster Linie die Schwierigkeiten ausräumen, die sich aus der Wahrung des Steuergeheimnisses speziell bei der Verfolgung gravierender Wirtschaftsstraftaten ergeben. Straftaten nach dem GmbHG sind Wirtschaftsstraftaten, wie sich schon aus der Aufnahme dieser Straftaten durch den Gesetzgeber in den Katalog der Wirtschaftsstrafsachen ergibt (§ 74c Nr. 1 GVG). Besonderes Gewicht kommt Verstößen gegen § 82 Abs. 1 Nr. 1 GmbHG allein wegen der Aufnahme dieser Straftat in den Katalog aber noch nicht zu. Die vorliegende Strafsache wurde vor dem Einzelrichter beim Amtsgericht verhandelt. Das Amtsgericht hat, insbesondere weil die Gesellschaften nicht werbend tätig geworden waren, gegen den Angeklagten lediglich eine Geldstrafe von 20 Tagessätzen verhängt.

Die allgemeine Bedeutung der Strafbestimmung des § 82 GmbHG ist allerdings groß. Wegen der besonderen Risiken, die sich im Wirtschaftsleben aus der auf das Gesellschaftsvermögen beschränkten Haftung ergeben, kommt der Zuverlässigkeit der abgegebenen Versicherungen und der damit in Beziehung stehenden Verläßlichkeit der Handelsregistereintragung besonderes Gewicht und öffentliches Interesse zu. § 82 GmbHG schützt die Vermögensinteressen der Gesellschaftsgläubiger ebenso wie das Vertrauen der Allgemeinheit in die Richtigkeit des Handelsregisters. Straftaten nach § 82 GmbHG werden häufig nur aufzudecken sein, wenn die Strafverfolgungsbehörden auf Erkenntnisse der Finanzbehörde zurückgreifen können. Der Schaden wird durch zum Zwecke der Eintragung der Gesellschaft gemachte Angaben über die Leistung der Einlagen im Einzelfall allerdings selten ein hohes Ausmaß erreichen. Wäre den Finanzbehörden in all diesen Fällen eine Offenbarung ihrer Erkenntnisse untersagt, bestünde die Gefahr, daß es in einer Vielzahl von Fällen zur – trotz falscher Angaben rechtswirksamen – Eintragung von Gesellschaften mit beschränkter Haftung ins Handelsregister käme, denen die vom Gesetz vorgeschriebenen wirtschaftlichen Grundlagen fehlen. Dies könnte zu einer erheblichen Störung der wirtschaftlichen Ordnung führen. Selbst wenn die Amtsträger – Finanzamt und Registergericht – gemäß § 30 Abs. 4 Nr. 5b AO deshalb zur Offenbarung ihrer Erkenntnisse befugt waren, blieben diese hier indessen doch unverwertbar. Denn eine solche, über den Einzelfall hinausreichende, generalisierende Betrachtungsweise scheidet aus, soweit es um die Verwertung unmittelbar vom Steuerpflichtigen stammender Erkenntnisse im Strafverfahren gegen ihn geht. Die Abwägung der Erfordernisse einer wirksamen Rechtspflege und des öffentlichen Interesses an einer möglichst vollständigen Wahrheitsermittlung im Strafprozeß gegenüber allgemein anerkannten, in rechtsstaatlichen Grundsätzen wurzelnden und verfassungsrechtlich gewährleisteten Rechten des Einzelnen zwingt hier zu einer engen Auslegung des in § 393 Abs. 2 Satz 2 AO verwandten unbestimmten Rechtsbegriffes „zwingendes öffentliches Interesse", falls sie nicht der Rechtsgültigkeit dieser Ausnahmeregelung überhaupt entgegensteht:

Gemäß §§ 90, 200 AO ist der Steuerpflichtige – bzw. das für diesen handelnde Organ – zur Mitwirkung bei der Feststellung der für die Besteuerung maßgeblichen Sachverhalte verpflichtet. Er hat die für die Besteuerung erheblichen Tatsachen vollständig und wahrheitsgemäß zu offenbaren und Aufzeichnungen, Bücher, Geschäftspapiere und andere Urkunden zur Einsicht und Prüfung vorzulegen, selbst wenn er sich dadurch einer Straftat bezichtigen muß. Ein derartiger Zwang zur Selbstbezichtigung ist dem Strafverfahren sonst aber völlig fremd. Sich nicht selbst belasten zu müssen, ist ein seit langem anerkannter Grundsatz des Strafprozesses und selbstverständlicher Ausdruck einer rechtsstaatlichen Grundhaltung, die auf dem Leitgedanken der Achtung vor der Menschenwürde und dem durch Art. 2 Abs. 1 GG geschützten Persönlichkeitsrecht beruht (vgl. BVerfGE 56,37 = wistra 1982,25). „Unzumutbar und mit der Würde des Menschen unvereinbar wäre ein Zwang, durch eigene Aussagen die Voraussetzungen für eine strafgerichtliche Verurteilung liefern zu müssen. Insoweit gewährt Art. 2 Abs. 1 GG als Abwehrrecht gegen staatliche Eingriffe einen Schutz, der alter und bewährter Rechtstradition entspricht" (BVerfG a.a.O.). Ausnahmen vom Verwertungsverbot im Strafverfahren, wie sie § 393 Abs. 2 Satz 2 AO vorsieht, durchbrechen diesen anerkannten Grundsatz des Strafprozesses und greifen in verfassungsmäßig gewährleistete Rechte des Einzelnen ein. Sie kommen, wenn überhaupt, deshalb allenfalls in Fällen schwerer Kriminalität in Betracht, wenn unabweisbare Bedürfnisse einer wirksamen Verbrechensbekämpfung vorliegen.

Ein derartiges zwingendes öffentliches Interesse ist im vorliegenden Fall nicht gegeben. Sonstige, verwertbare Beweise gegen den Angeklagten liegen nicht vor. Sie sind, wie sicher erscheint, auch nicht mehr zu erwarten, nachdem die Ermittlungsmöglichkeiten ausgeschöpft sind. Der Angeklagte war deshalb auf Kosten der Staatskasse freizusprechen.

Erfolglose Rügen

1. Die Verwertung von Tatsachen und Urkunden, die im Rahmen eines steuerstrafrechtlichen Ermittlungsverfahrens bekannt geworden oder sichergestellt worden sind, führen nicht zu einem Verwertungsverbot nach § 393 II AO, soweit ein schweres Dienstvergehen eines Richters ein zwingendes öffentliches Interesse begründet.

AO §§ 30 IV Nr. 5 Buchst. c, 393 II, DRiG §§ 80 I S. 3, III; GG Art. 2 II – BGH Urt. v. 10. 8. 2001 – RiSt (R) 1/00 Dienstgerichtshof Koblenz (= NJW 2002, 834 ff.)

Die Revision rügt der Dienstgerichtshof habe unter Verletzung von Art. 20 Abs. 3 GG, § 393 Abs. 2 Satz 1 AO Tatsachen und Urkunden verwertet, die im Rahmen eines steuerstrafrechtlichen Ermittlungsverfahrens bekannt geworden oder sichergestellt worden seien.

Der Sachverhalt ergibt sich aus der Revisionsbegründung. – Das Rechtsmittel war erfolglos.

Gründe: Es besteht kein Verwertungsverbot für die in dem Disziplinarverfahren zu Grunde gelegten Tatsachen und Beweismittel (1). Der Dienstgerichtshof hat zum Vorwurf der leichtfertigen Überschuldung seine Aufklärungspflicht nicht verletzt. Er ist insoweit im Ergebnis zu Recht von einer schuldhaften Pflichtverletzung ausgegangen (2). Ohne Rechtsverstoß hat er in der Ausübung von Nebentätigkeiten ohne die erforderliche Genehmigung (3), der Erstattung eines Rechtsgutachtens (4) und in der unzulässigen Verwendung der Richteramtsbezeichnung Pflichtverletzungen gesehen; der Revisionskläger ist insoweit lediglich in einem Nebenpunkt von dem Vorwurf einer Pflichtverletzung freizustellen (5). Auch die Festsetzung der Disziplinarmaßnahme ist ohne Verstoß gegen revisibles Recht erfolgt (6).

1. Der Dienstgerichtshof konnte die Tatsachen, die der Revisionskläger im Besteuerungsverfahren offenbart hat, verwerten. Ebenso besteht kein Verwertungsverbot für die im Ermittlungsverfahren wegen einer Steuerstraftat erhobenen Beweismittel; ein Verwertungsverbot kann insbesondere nicht daraus hergeleitet werden, daß nach der Einstellung des steuerstrafrechtlichen Ermittlungsverfahrens im Dezember 1996 erst am 12. 8. 1997 die Unterlagen vom Richterdienstgericht beschlagnahmt worden sind. Es kann deshalb dahingestellt bleiben, ob die Anforderungen an die Darlegung der Verfahrensrüge gewahrt sind.

a) Ein Verwertungsverbot ergibt sich nicht aus § 393 Abs. 2 AO. Nach dieser Vorschrift dürfen Tatsachen oder Beweismittel, die der Steuerpflichtige der Finanzbehörde vor Einleitung des Strafverfahrens oder in Unkenntnis der Einleitung des Strafverfahrens in Erfüllung steuerlicher Pflichten offenbart hat und die der Staatsanwaltschaft oder dem Gericht in einem Strafverfahren aus den Steuerakten bekannt werden, nicht für die Verfolgung einer Tat verwendet werden, die keine Steuerstraftat ist; das Verwertungsverbot gilt nicht für Straftaten, an deren Verfolgung ein zwingendes öffentliches Interesse (§ 30 Abs. 4 Nr. 5 AO) besteht. § 393 Abs. 2 AO, der nach dem Wortlaut nur für Straftaten gilt, ist auf die Verfolgung eines Dienstvergehens entsprechend anwendbar. Es besteht insoweit eine Regelungslücke, die im Wege der Analogie zu schließen ist. § 393 Abs. 2 AO bezweckt, die Konfliktsituation für den Betroffenen zu vermeiden, die sich daraus ergibt, daß dieser auf Grund der Auskunftspflicht im Besteuerungsverfahren gezwungen sein kann, sich selbst einer Straftat zu bezichtigen, obwohl er im Strafverfahren ein Aussageverweigerungsrecht hat. Eine derartige Konfliktsituation und damit ein gleicher Regelungsbedarf besteht mit Blick auf die Verfolgung von Dienstvergehen im Disziplinarrecht. Ebenso wie im Strafverfahren besteht im Disziplinarverfahren ein Recht zur Aussageverweigerung für den Betroffenen; durch die Auskunftspflicht im Besteuerungsverfahren kann er verpflichtet sein, Tatsachen mitzuteilen, die ihn eines Dienstvergehens mit unter Umständen weitreichenden beruflichen Konsequenzen überführen können. Die Ergänzung der Auskunftspflicht durch ein Verwertungsverbot für die Verfolgung von Dienstvergehen ist zudem zum Schutz des Grundrechts des Betroffenen aus Art. 2 Abs. 1 GG geboten (vgl. BVerfGE 56, 37 [50] [BVerfG Beschl. v. 13. 1. 1981 – 1 BvR 116/77; vgl. § 136 StPO erfolgreiche Rügen] zur Auskunftspflicht des Gemeinschuldners im Konkurs).

Vor der Einleitung des steuerstrafrechtlichen Vorermittlungsverfahrens hatte der Revisionskläger dem Finanzamt im Besteuerungsverfahren mitgeteilt, daß er im Kalenderjahr 1993 Provisionseinnahmen in Höhe von 280 000 DM und im Kalenderjahr 1994 in Höhe von 480 000 DM hatte. Einer näheren Bestimmung der weiteren Tatsachen und Beweismittel zum „Dollar-Yen-Trading", die er vor Einleitung des Vorermittlungsverfahrens dem Finanzamt offenbart hatte, bedarf es nicht. Denn das Verwertungsverbot kommt nicht zur Anwendung. Es gilt, wie dargelegt, in entsprechender Anwendung des § 393 Abs. 2 Satz 2 AO nicht für Dienstvergehen, an deren Verfolgungen ein zwingendes öffentliches Interesse im Sinne des § 30 Abs. 4 Nr. 5 AO besteht. Ein zwingendes öffentliches

Interesse liegt vor, wenn im Fall des Unterbleibens der Verwertung die Gefahr besteht, daß schwere Nachteile für das allgemeine Wohl eintreten (BFHE 149, 387 [393]). Die in den Buchstaben a bis c des § 30 Abs. 4 Nr. 5 AO genannten Beispielsfälle, die unmittelbar nicht einschlägig sind, geben Anhaltspunkte dafür, unter welchen Voraussetzungen schwere Nachteile für das allgemeine Wohl zu erwarten sind. Über die genannten Beispielsfälle hinaus darf nur in Ausnahmefällen von ähnlicher Gewichtung ein zwingendes öffentliches Interesse an der Durchbrechung des Steuergeheimnisses bejaht werden (BFHE 149, 387 [393]).

Ein solcher Ausnahmefall ist hier gegeben. Einen Anhaltspunkt für eine Verwertungsbefugnis bietet der Buchstabe b des § 30 Abs. 4 Nr. 5 AO, der, wenn auch verknüpft mit zusätzlichen Voraussetzungen, die Gefahr der Erschütterung des Vertrauens der Allgemeinheit in die ordnungsgemäße Arbeit der Behörden als Grund für eine entsprechende Befugnis nennt. § 30 Abs. 4 Nr. 5 Buchst. b AO sieht eine Offenbarungsbefugnis bei Wirtschaftsstraftaten vor, die nach ihrer Begehungsweise oder wegen des Umfangs des durch sie verursachten Schadens geeignet sind, die Wirtschaft erheblich zu stören oder das Vertrauen der Allgemeinheit auf die ordnungsgemäße Arbeit der Behörden erheblich zu erschüttern (vgl. auch § 30 Abs. 4 Nr. 5 Buchst. c AO). Ein zumindest ähnliches Gewicht wie die Beeinträchtigung des Vertrauens in die Arbeit der Behörden hat die Gefahr einer erheblichen Erschütterung des Vertrauens der Allgemeinheit in die Integrität der Justiz und der Richterschaft. Diese Gefahr ist (aber nur) bei schwerwiegenden Dienstvergehen gegeben, die die Entfernung des Richters aus dem Dienst oder dessen Zurückstufung erwarten lassen, weil das Vertrauen in die Amtsführung des Richters zerstört oder jedenfalls erheblich beeinträchtigt ist (vgl. auch OVG Nordrhein-Westfalen, Beschluß vom 4. Mai 2000 – 12d A 4145/99.0). Diese Voraussetzung ist erfüllt. Zum Zeitpunkt der Übermittlung der Akten an das Justizministerium bestand der Verdacht, daß der Revisionskläger sich leichtfertig in hohem Maß verschuldet und sich auf Spekulationsgeschäfte mit ungewöhnlich hohen Provisionseinnahmen eingelassen hatte, die die Gefahr von (finanziellen) Abhängigkeiten des Richters begründen konnten. Als Disziplinarmaßnahme war bereits im Zeitpunkt der Übermittlung die Entfernung aus dem Dienst oder eine Zurückstufung bzw. die Versetzung in ein anderes Amt mit gleichem Endgrundgehalt zu erwarten. Dies wird dadurch bestätigt, daß sowohl die erste als auch die zweite Instanz im wesentlichen auf der Grundlage der übermittelten Unterlagen auf die Höchstmaßnahme erkannt haben.

Für das Vorliegen eines zwingenden öffentlichen Interesses kann als Parallele, wenn auch im Gewicht hinter der vorliegenden Fallgestaltung zurückbleibend, auf Entscheidungen des Bundesfinanzhofs (BFHE 149, 387 [393 ff.]) und des Bundesverwaltungsgerichts (DVBl. 1982, 694 [697]) zur Offenbarungsbefugnis im Fall der steuerlichen Unzuverlässigkeit von Gewerbetreibenden verwiesen werden. Beide Gerichte haben die Mitteilung erheblicher Steuerschulden durch das Finanzamt an die Gewerbebehörden im Rahmen eines Gewerbeuntersagungsverfahrens durch zwingende öffentliche Gründe im Sinne des § 30 Abs. 4 Nr. 5 AO als gerechtfertigt angesehen, wenn sich aus den Steuerschulden die Unzuverlässigkeit des Gewerbetreibenden im Sinne des § 35 Abs. 1 GewO ergibt (vgl. auch BVerfGE 67, 100 [142] zur verfassungskonformen Auslegung des § 30 Abs. 4 Nr. 5 Buchst. c AO im Fall des Aktenvorlageverlangens eines Untersuchungsausschusses des Bundestages). Der Generalbundesanwalt hat zu Recht auch auf § 10 des Steuerberatungsgesetzes in der Fassung vom 4. 11. 1975 (BGBl. I S. 2736) als Beispiel dafür hingewiesen, welche Bedeutung der Gesetzgeber Verletzungen der Berufspflicht zumißt. Nach § 10 StBerG teilen die Finanzbehörden die ihnen bekanntgewordenen Tatsachen, die den Verdacht begründen, daß ein Steuerberater eine Berufspflicht verletzt hat, der zuständigen Stelle mit, soweit ihre Kenntnisse aus der Sicht der übermittelnden Stelle für die Verwirklichung der Rechtsfolgen erforderlich sind; § 30 AO steht, wie es ausdrücklich im Gesetz heißt, dem nicht entgegen (vgl. auch § 125c Abs. 6 BRRG, der mit Wirkung vom 1. 6. 1998 in Kraft getreten ist).

Entgegen der zum Teil in der Literatur vertretenen Auffassung verstößt § 393 Abs. 2 Satz 2 AO nicht gegen Art. 1 Abs. 1 oder Art. 2 Abs. 1 GG. Zwar ist die Auferlegung einer Auskunftspflicht, durch die der Steuerpflichtige in die Konfliktsituation geraten kann, sich selbst eines Dienstvergehens zu bezichtigen, als Eingriff in die Handlungsfreiheit sowie als Beeinträchtigung des Persönlichkeitsrechts nach Art. 2 Abs. 1 GG zu beurteilen (BVerfGE 56, 37 [49 f.]; BVerfG, NJW 1999, 779) und berührt zugleich die Würde des Menschen, wenn der Betroffene zur Erfüllung der Auskunftspflicht Zwangsmitteln ausgesetzt wird (nicht eindeutig BVerfGE 56, 37 [41 f.], das allgemein von einem „Zwang" zur Selbstbezichtigung spricht). Letzteres ist hier jedoch nicht der Fall gewesen; die Beschlagnahme der Unterlagen im Steuerstrafverfahren ist kein Zwang zur Erfüllung der Auskunftspflicht. Das Bundesverfassungsgericht hat eine Auskunftspflicht – in dem entschiedenen Fall: des Gemeinschuldners im Konkursverfahren – nur unter der Voraussetzung mit Art. 2 Abs. 1 GG als vereinbar angesehen, wenn die Auskunftspflicht durch ein strafrechtliches Verwertungsverbot ergänzt wird (BVerfGE 56, 50). Ob das strafrechtliche Verwertungsverbot Einschränkungen unterliegt oder der verfassungsrechtlich gebotenen Absicherung der Auskunftspflicht nur dann Rechnung trägt, wenn es unbegrenzt gilt, bedurfte in dem genannten Beschluß des Bundesverfassungsgerichts keiner Entscheidung (vgl. aber BVerfGE 56, 37 [51] zur Aufgabe des Gesetzgebers, das Verwertungsverbot näher auszugestalten und durch Offenbarungsverbote abzusichern). Diese Frage ist im ersteren Sinn zu beantworten. Die Durchbrechung des Verwertungsverbots, die nicht isoliert, sondern nur im Zusammenhang mit der Auskunftspflicht zu würdigen ist, ist auf die Fälle beschränkt, in denen die Verwertung zur Erfüllung eines zwingenden öffentlichen Interesses unerläßlich ist. Dies ist nur dann der Fall, wenn bei dem Unterbleiben der Verwertung der Tatsachen und Beweismittel die Gefahr besteht, daß schwere Nachteile für das allgemeine Wohl eintreten (BFHE 149, 387 [393]). Unter diesen engen Voraussetzungen ist auch der Verhältnismäßigkeitsgrundsatz gewahrt.

b) Ein Verwertungsverbot wäre entgegen der Auffassung der Revision auch nicht anzunehmen, wenn die beschlagnahmten Unterlagen nach der Einstellung des strafrechtlichen Ermittlungsverfahrens im Dezember 1996 an den Revisionskläger herauszugeben gewesen wären. Abgesehen davon, daß ein Verstoß gegen eine zwischenzeitliche Herausgabepflicht kein Verwertungsverbot begründet, sind die Beweisunterlagen durch Beschluß des Dienstgerichts vom 12. 8. 1997 – DG 3/97 –, mit dem das förmliche Dienstordnungsverfahren gegen den Revisionskläger eingeleitet worden ist, (erneut) beschlagnahmt worden; die hiergegen eingelegte Beschwerde des Revisionsklägers blieb ohne Erfolg.

2. Mit Einschreiten der Steuerfahndung (jedenfalls mit der Einleitung eines Strafverfahrens nach § 393 I AO) entfällt die Verpflichtung zur Abgabe einer Steuererklärung. Die Tatsache, daß der Beschuldigte nach Einschreiten der Steuerfahndung keine Steuererklärungen mehr abgegeben hat, kann dann eine Verurteilung wegen vollendeter Steuerhinterziehung nicht mehr stützen.

AO §§ 370 I Nr. 2, 393 I – BGH Beschl. v. 28. 10. 1998 – 5 StR 500/98, LG Dortmund (= NStZ-RR 1999, 218 = wistra 1999, 385)

Die Revision rügt, formelles Recht sei insofern verletzt, als das LG den Angeklagten zu einer Steuerhinterziehung in 7 Fällen verurteilte, obwohl die Feststellungen zum Schuldspruch wegen der in den Jahren 1991 und 1992 durch Nichtabgabe der Einkommensteuererklärung bewirkten Steuerverkürzung nicht erkennen lassen, daß die Tat bereits vollendet war. Das Landgericht hat den Angeklagten wegen Steuerhinterziehung in sieben Fällen zu einer Gesamtfreiheitsstrafe von einem Jahr verurteilt und deren Vollstreckung zur Bewährung ausgesetzt.

Der Sachverhalt ergibt sich aus dem Revisionsvorbringen. – Das Rechtsmittel war erfolglos.

Gründe: Bei Veranlagungssteuern ist eine Tat im Sinne von § 370 Abs. 1 Nr. 2 AO nach der Rechtsprechung erst dann vollendet, wenn das zuständige Finanzamt die Veranlagungsarbeiten für den betreffenden Zeitraum im wesentlichen abgeschlossen hat (vgl. BGHSt. 30, 122 m.w.N.). Entscheidend ist dabei der Zeitpunkt, zu dem bei ordnungsgemäßer Abgabe der Steuererklärung auch der unterlassende Täter spätestens veranlagt worden wäre.

Ob bis zum Zeitpunkt, in dem das Steuerstrafverfahren gegen den Angeklagten eingeleitet wurde, im Veranlagungsbezirk die Arbeiten entsprechend weit fortgeschritten waren, ist den Feststellungen nicht zu entnehmen; auch hat das Landgericht in diesem Zusammenhang nicht bedacht, daß mit Einschreiten der Steuerfahndung „ab 1993" (UA S. 5) – jedenfalls aber mit der Einleitung des Strafverfahrens nach § 393 Abs. 1 AO – die aus steuerrechtlichen Gründen weiterhin bestehende Verpflichtung zur Abgabe der Einkommensteuererklärungen 1991 und 1992 entfiel.

Der Senat schließt aus, daß insoweit noch sichere Feststellungen getroffen werden können. Er hat den Schuldspruch deshalb selbst nach § 354 StPO dahin geändert, daß der Angeklagte in den bezeichneten Fällen nur einer versuchten Steuerhinterziehung schuldig ist (§ 370 Abs. 1 Nr. 2 AO, §§ 22, 23 StGB). Allerdings führt dies nicht zur Aufhebung der dafür verhängten Einzelstrafen, weil eine noch günstigere Beurteilung der Taten auch bei einem gemilderten Strafrahmen des § 370 Abs. 1 AO hier ausgeschlossen werden kann.

3. **Bekannt geworden aus den Steuerakten sind nicht nur solche Tatsachen, die die Staatsanwaltschaft diesen Akten unmittelbar entnommen hat, sondern auch solche, die von Dritten aus diesen Akten den Strafverfolgungsorganen mitgeteilt worden sind, da entscheidend für die Anwendung von § 393 II AO ist, ob die Quelle der Tatsachen oder Beweismittel die Steuerakten sind, und nicht, auf welchem Wege diese Tatsachen den Strafverfolgungsorganen bekanntgeworden sind.**

AO § 393 II S. 1, StGB § 266 – OLG Hamm v. 22. 5. 1991 – 3 Ss 1400/90, LG Essen (nicht veröffentlicht)

Die Revision der Staatsanwaltschaft rügt, daß die Strafkammer infolge unrichtiger Annahme eines Verwertungsverbotes nach § 393 Abs. 2 Satz 1 AO die Erhebung weiterer Beweise unterlassen habe. Ein entsprechendes Verwertungsverbot besteht nach Auffassung der Staatsanwaltschaft nicht, weil ihr die den Tatvorwurf begründeten Tatsachen nicht aus den Steuerakten selbst, sondern durch die Strafanzeige der Gesellschafter zur Kenntnis gebracht worden seien. Diese wiederum hätten von den fraglichen Umständen durch den an sie gerichteten Steuerbescheid erfahren, dessen Inhalt nicht Bestandteil der Steuerakten im Sinne von § 393 Abs. 2 AO sei. Ohne Verletzung des Steuergeheimnisses habe es den Mitgesellschaftern als Adressaten des Steuerbescheides freigestanden, die aus dem Bescheid gewonnenen Kenntnisse der Staatsanwaltschaft zur Verfügung zu stellen. Im übrigen macht die Staatsanwaltschaft im Rahmen der Sachrüge insbesondere geltend, daß die Feststellungen des angefochtenen Urteils lückenhaft seien und eine abschließende Prüfung des § 393 Abs. 2 Satz 1 AO nicht zuließen. Es hätte in dem angefochtenen Urteil dargetan werden müssen, aus welchen Gründen die Betriebsprüfung durchgeführt worden sei, da § 393 Abs. 2 AO im Falle einer Selbstanzeige nicht anwendbar wäre.

Die Generalstaatsanwaltschaft, die der Revision beigetreten ist, hat ergänzend ausgeführt, daß lediglich die Gesellschaft selbst, gegen die der Steuerbescheid ergangen sei, und nicht der Angeklagte Steuerpflichtiger im Sinne von § 393 Abs. 2 AO gewesen sei. Schon deshalb könnten die aus dem Steuerverfahren gewonnenen Erkenntnisse gegen den Angeklagten verwertet werden.

Sachverhalt: Der Angeklagte wurde durch Urteil des Amtsgerichts Bottrop vom 20. 10. 1987 wegen Untreue zu einer Freiheitsstrafe verurteilt. Nach den Feststellungen des Amtsgerichts war der Angeklagte geschäftsführender Gesellschafter und später Liquidator

Erfolglose Rügen   Nr. 3 § 393 AO

der Firma B. J. M. GmbH & Co. KG und deren Komplementär GmbH. In Ansehung häufiger und von der R. AG zu regulierender Bergschäden an den Betriebsanlagen dieses Unternehmens schlug die R. AG vor, das Unternehmen gegen Zahlung einer einmaligen Entschädigung aufzugeben. Das Unternehmen wurde daraufhin durch Gesellschafterbeschluß vom 17. 12. 1980 aufgelöst. Der Angeklagte verhandelte in der Folgezeit als Liquidator mit der R. AG über die Entschädigung für die Betriebsaufgabe. Dies führte zu der im Dezember 1980 mündlich getroffenen Vereinbarung, daß die R AG 1,8 Mio. DM an die Gesellschaft zahlt. Auf Drängen des Angeklagten wurden über diese Entschädigungssumme am 27. 3. 1981 zwei gesonderte schriftliche Verträge abgeschlossen, in denen die Entschädigungssumme in zwei Beträge, einmal 1,4 Mio. DM und zum anderen 400 000,– DM, aufgeteilt wurde. In beiden Verträgen war als Vertragspartner der R. AG die B. J. M. GmbH & Co. KG, vertreten durch den Angeklagten, aufgeführt. In der Folgezeit wurde der Betrag von 1,4 Mio. DM an die Gesellschafter ausgekehrt. Der Betrag von 400 000,– DM wurde entsprechend einer Absprache der R. AG mit dem Angeklagten auf dessen Privatkonto überwiesen. Gegenüber den Mitgesellschaftern erklärte der Angeklagte, daß der Abfindungsbetrag insgesamt nur 1,4 Mio. DM betragen habe. Die Existenz des zweiten Vertrages über 400 000,– DM verheimlichte der Angeklagte demgegenüber seinen Mitgesellschaftern. Diese, die zum damaligen Zeitpunkt keinen der beiden Verträge zu Gesicht bekommen hatten, erfuhren von dem zweiten Vertrag über 400 000,– DM erstmals etwas, nachdem der Angeklagte diesen Vertrag im Rahmen einer Betriebsprüfung dem Finanzamt offengelegt hatte.

Auf die Berufung des Angeklagten hat die Strafkammer das amtsgerichtliche Urteil aufgehoben und den Angeklagten freigesprochen. Dabei hat die Strafkammer bzgl. der Kenntniserlangung der Mitgesellschafter von der weiteren Zahlung von 400 000,– DM ergänzend festgestellt, daß der Angeklagte dem Prüfer des Finanzamts anläßlich der Betriebsprüfung beide mit der R. AG geschlossenen Verträge vorgelegt und diesem für etwaige Nachfragen stets zur Verfügung gestanden hat. Die Mitgesellschafter haben erst durch den ihnen durch das Finanzamt – später – zugestellten Steuerbescheid vom 26. 1. 1982 von der insgesamt 1,8 Mio. DM betragenden Abfindung erfahren. Sie wandten sich wegen der ihnen vorenthaltenen 400 000,– DM an einen Rechtsanwalt, der der Staatsanwaltschaft den Sachverhalt zur Kenntnis brachte und darum bat, die Ermittlungen aufzunehmen.

Aufgrund dieser Feststellungen hat die Strafkammer die Voraussetzungen für ein Verwertungsverbot nach § 393 Abs. 2 Satz 1 AO für gegeben erachtet, weil die Staatsanwaltschaft ausschließlich aufgrund der aus den Steuerakten stammenden Tatsachen von dem möglichen strafrechtlich relevanten Fehlverhalten des Angeklagten, der diese Umstände in Erfüllung steuerlicher Offenbarungspflichten freiwillig dem Finanzamt preisgegeben habe, Kenntnis erlangt und daraufhin erst ihre Ermittlungen aufgenommen habe. Sie hat sich deshalb außerstande gesehen, Feststellungen zu dem Tatvorwurf selbst zu treffen. – Das Rechtsmittel war erfolglos.

Gründe: Die Strafkammer hat sich zu Recht aufgrund des in § 393 Abs. 2 Satz 1 AO enthaltenen Verwertungsverbotes daran gehindert gesehen, Feststellungen zum Vorwurf der Untreue zu treffen. Die Voraussetzungen dieser Vorschrift liegen nach den von der Strafkammer hierzu getroffenen Feststellungen vor. Die Staatsanwaltschaft gründet ihren Tatvorwurf auf Tatsachen, die ihr aus den die Firma B. J. M. GmbH & Co. KG betreffenden Steuerakten bekanntgeworden sind. Dabei ist ohne rechtliche Bedeutung, daß diese Kenntnisnahme nicht unmittelbar – etwa durch Einsichtnahme der Staatsanwaltschaft in die Steuerakten – sondern nur mittelbar über die Mitgesellschafter des Angeklagten erfolgt ist, die selbst erst durch den die Gesellschaft betreffenden Steuerbescheid vom 26. 1. 1982 von der Vereinbarung und Zahlung der zusätzlichen Entschädigungssumme an den Angeklagten erfahren und ihre Kenntnis im Rahmen einer Strafanzeige an die Staatsanwaltschaft weitergeleitet haben. Nach – soweit ersichtlich – einhelliger Auffassung in

Rechtsprechung (OLG Stuttgart wistra 1986, 191, 192) und Literatur sind nicht nur solche Tatsachen „aus den Steuerakten" bekanntgeworden, die die Staatsanwaltschaft diesen Akten unmittelbar entnommen hat, sondern auch solche, die von Dritten aus diesen Akten den Strafverfolgungsorganen mitgeteilt worden sind, da entscheidend für die Anwendung von § 393 Abs. 2 AO ist, ob die Quelle der Tatsachen oder Beweismittel die Steuerakten sind, und nicht, auf welchem Wege diese Tatsachen den Strafverfolgungsorganen bekanntgeworden sind. Dieser Auffassung, die ihre Bestätigung schon im Wortlaut von § 393 Abs. 2 Satz 1 AO findet, ist auch unter Berücksichtigung des Schutzzweckes dieser Vorschrift zuzustimmen. Hierdurch soll einerseits in Verbindung mit den Grundsätzen des Steuergeheimnisses die Bereitschaft des Steuerpflichtigen zur Steuerehrlichkeit erhöht werden, indem der mögliche Konflikt zwischen Steuergeheimnis und dem bei der Strafverfolgung grundsätzlich sonst zu beachtenden Legalitätsprinzip zugunsten des Steuergeheimnisses gelöst wird. Zum anderen wird durch § 393 AO aber vor allem auch dem im Strafrecht geltenden, verfassungsrechtlich gebotenen Verbot eines Zwanges zur Selbstbelastung Rechnung getragen. So soll sichergestellt werden, daß sich die – auch zwangsweise durchzusetzende – Verpflichtung des Steuerpflichtigen, im Besteuerungsverfahren bei der Ermittlung des steuerrelevanten Sachverhalts mitzuwirken (§§ 90, 328 ff. AO), im Hinblick auf die strafrechtliche Verfolgbarkeit nicht nachteilig auswirkt. Dieser durch § 393 Abs. 2 Satz 1 AO gewährleistete Schutz ist nur dann umfassend zu erreichen, wenn auch die nur mittelbare Kenntnisnahme der Strafverfolgungsbehörden von aus den Steuerakten stammenden Tatsachen und Beweismitteln zu einem entsprechenden Verwertungsverbot führt.

Soweit die Generalstaatsanwaltschaft zur Begründung ihrer gegenteiligen Auffassung auf die Kommentierung von Koch, AO, 3. Aufl., Rdnr. 23 zu § 30 bzw. Rdnr. 22 zu § 393 verweist, geht dies fehl. In den genannten Zitatstellen wird lediglich klargestellt, daß – was nach dem Wortlaut von § 393 Abs. 2 AO nicht zweifelhaft sein kann – nicht auf einer steuerlichen Verpflichtung beruhende Angaben des Steuerpflichtigen oder freiwillige Angaben von Dritten gegenüber den Finanzbehörden das Verwertungsverbot nicht auslösen können. Ebensowenig kann darauf abgestellt werden, daß die aus den Steuerakten stammenden Tatsachen den Mitgesellschaftern des Angeklagten ohne Verstoß gegen das Steuergeheimnis durch den Steuerbescheid bekanntgemacht und von diesen in zulässiger Weise der Staatsanwaltschaft offenbart worden sind. Dieser Umstand läßt den vorerwähnten weiteren Zweck des § 393 Abs. 2 Satz 1 AO, den Steuerpflichtigen vor den strafrechtlichen Folgen einer außerhalb des Strafverfahrens gebotenen Selbstbezichtigung zu schützen, unberührt. Im übrigen besteht das Verwertungsverbot des § 393 Abs. 2 Satz 1 AO schon nach seinem Wortlaut unabhängig davon, ob der Kenntnisnahme ein Rechtsverstoß vorausgegangen ist oder nicht.

Auch die weiteren Voraussetzungen für ein Verwertungsverbot nach § 393 Abs. 2 Satz 1 AO liegen vor. Die die zusätzliche Zahlungsvereinbarung von 400 000,– DM betreffenden Umstände sind der Finanzbehörde vom Angeklagten als Steuerpflichtigem im Rahmen der Betriebsprüfung in Erfüllung steuerrechtlicher Pflichten offenbart worden, wobei nach den von der Strafkammer getroffenen Feststellungen eine diesbezügliche, das Verwertungsverbot möglicherweise berührende, Selbstanzeige des Angeklagten auszuschließen ist. Steuerschuldner war zwar allein die B. J. M. GmbH & Co. KG. Dies ändert aber nichts daran, daß auch der Angeklagte unabhängig davon, daß er als Gesellschafter der Firma auch steuerliche selbst betroffen war, als Geschäftsführer bzw. Liquidator als Steuerpflichtiger im Sinne von § 393 Abs. 2 AO gehandelt hat. Nach § 33 AO ist Steuerpflichtiger, wer – für eine Gesellschaft – u.a. eine Steuererklärung abzugeben bzw. andere durch Steuergesetze auferlegte Verpflichtungen zu erfüllen hat, wie dies bei einem Geschäftsführer oder Liquidator der Fall ist (§ 34 AO) und wie dies der Angeklagte auch im vorliegenden Fall für die Gesellschaft getan hat.

Soweit die Generalstaatsanwaltschaft im übrigen die Auffassung vertritt, daß das Verwertungsverbot des § 393 Abs. 2 Satz 1 AO keine Fernwirkung entfalte und daß deshalb andere Tatsachen oder Beweismittel unter Benutzung der aus den Steuerakten gewonnenen Erkenntnisse ermittelt und verwertet werden dürften, kann dies zu keiner anderen Entscheidung führen. Die – sehr strittige – Frage einer Fernwirkung des Verwertungsverbots nach § 393 Abs. 2 Satz 1 AO stellt sich im vorliegenden Fall bereits deshalb nicht, weil schon die den möglichen Schuldvorwurf allein begründenden Tatsachen (Vereinbarung und Zahlung von zusätzlichen 400 000,– DM) selbst aus den Steuerakten zur Kenntnis der Staatsanwaltschaft gelangt sind. – Nach allem war die Revision der Staatsanwaltschaft mit der Kostenfolge nach § 473 StPO zu verwerfen.

4. Hat die Steuerfahndung aufgrund eines Beschlusses des zuständigen Amtsgerichts die Geschäftsräume eines Steuerpflichtigen durchsucht und bestimmte Unterlagen beschlagnahmt, so besteht hinsichtlich der aus diesen Maßnahmen gewonnenen Erkenntnisse ein Verwertungsverbot für das FA nur in den Fällen, in denen die Rechtswidrigkeit des Durchsuchungsbeschlusses und Beschlagnahmebeschlusses von einem ordentlichen Gericht festgestellt wird (vgl. BFH-Beschluß v. 11. 7. 1979 – I B 10/79)[1]. Von den Steuergerichten kann ein solcher Ausspruch nicht erlangt werden.

AO §§ 393 I S. 1, 404, StPO §§ 98, 100, 102 – BFH v. 5. 4. 1984 – IV R 255/83 (nicht veröffentlicht)

---

1 1. Dem FA kann die Auswertung von Akten, die aufgrund einer angeblich rechtswidrigen Anordnung eines Amtsgerichts sichergestellt wurden, nicht – im Wege einstweiliger Anordnung – vorläufig untersagt werden. Ein mögliches Verwertungsverbot kann der Steuerpflichtige in einem Rechtsbehelfsverfahren gegen die nach Auswertung der sichergestellten Akten ergehenden Steuerbescheide geltend machen.
2. Ein Verwertungsverbot für das FA besteht jedenfalls dann, wenn die Rechtswidrigkeit der Ermittlungsmaßnahmen des FA statt von einem Gericht der Finanzgerichtsbarkeit von einem solchen der ordentlichen Gerichtsbarkeit rechtskräftig festgestellt wurde.
Tatbestand:
Die Steuerfahndungsstelle des Antragsgegners und Beschwerdegegners (Finanzamt – FA –) hatte am 11. 12. 1978 bei den Antragstellern und Beschwerdeführern (Antragsteller) aufgrund einer Anordnung des Amtsgerichts S. vom gleichen Tage eine Durchsuchung nach § 102 StPO vorgenommen und verschiedene Akten sichergestellt. Mit Schreiben vom 3. 1. 1979 legte die Antragstellerin gegen den Durchsuchungsbeschluß und Beschlagnahmebeschluß des Amtsgerichts bei diesem Beschwerde ein mit dem Antrag, festzustellen, daß der Durchsuchungsbeschluß verfassungswidrig und damit rechtswidrig sei, den Beschlagnahmebeschluß aufzuheben und die Ermittlungsbehörde anzuweisen, die beschlagnahmten Unterlagen sofort an die Beschuldigten zurückzugeben.
Gleichzeitig beantragten beide Antragsteller beim Finanzgericht – im Wege einstweiliger Anordnung –, der Steuerfahndungsstelle des FA die Auswertung der am 11. 12. 1978 sichergestellten Akten sowie die Durchführung der Betriebsprüfung (überhaupt) zu untersagen, bis über die Beschwerde und die verfassungsrechtliche Rüge gegen den Durchsuchungsbeschluß (des Amtsgerichts) entschieden worden sei.
Das FG hat den Antrag als unzulässig zurückgewiesen. Es hat das Rechtsschutzinteresse für eine Anordnung im anhängigen FG-Verfahren verneint.
Mit der Beschwerde verfolgen die Antragsteller ihr Begehren hinsichtlich der Durchführung der Betriebsprüfung sowie der Verwertung der sichergestellten Akten weiter. Sie sind der Auffassung, dem FA könnten bei uneingeschränkter Durchführung der Betriebsprüfung Tatsachen bekannt werden, deren Kenntnis auf einem möglicherweise rechtswidrigen Durchsuchungsbeschluß und Beschlagnahmebeschluß beruhe. Wenn dem FA nicht bereits jetzt die Feststellung (und Verwertung) derartiger Tatsachen verwehrt werde, sei es zwecklos, die Feststellung der Rechtswidrigkeit des Beschlusses des Amtsgerichts S. weiterzubetreiben.
Die Antragsteller beantragen (sinngemäß), die angefochtene Entscheidung des FG aufzuheben und die im Hinblick auf die Auswertung der am 11. 12. 1978 sichergestellten Akten sowie die Durchführung der Betriebsprüfung begehrte einstweilige Anordnung zu erlassen.
Das FA beantragt, die Beschwerde zurückzuweisen.
Entscheidungsgründe:
Die Beschwerde der Antragsteller, der das FG nicht abgeholfen hat, ist unbegründet.

Die Revision rügt, daß die steuerliche Ermittlungstätigkeit der Steuerfahndungsstelle des FA in den Geschäftsräumen der Klägerin rechtswidrig und die Auswertung der daraus gewonnenen Erkenntnisse im Besteuerungsverfahren unzulässig seien.

Sachverhalt: Zwischen den Beteiligten ist streitig, ob der Beklagte und Revisionsbeklagte (das Finanzamt – FA –) gegenüber der Klägerin und Revisionsklägerin (Klägerin), einer KG, Maßnahmen im Wege der Steuerfahndungsprüfung treffen durfte. ...

Im Jahre 1980 ordnete das FA eine Außenprüfung bei der Klägerin an. In der Folge schaltete sich die Steuerfahndungsstelle des FA in die Ermittlungen ein. Sie leitete im August 1980 das Steuerstrafverfahren gegen zwei Gesellschafter ein und erwirkte am 27. 8. 1980 beim örtlich zuständigen Amtsgericht einen Durchsuchungs- und Beschlagnahmebeschluß gegenüber der Klägerin. Aufgrund dieses Beschlusses durchsuchte die Steuerfahn-

---

Das FG hat im Ergebnis den Antrag auf Erlaß einer einstweiligen Anordnung zu Recht zurückgewiesen.
Der Antrag auf Erlaß einer einstweiligen Anordnung ist zurückzuweisen, weil es an einem Anordnungsgrund (§ 114 Abs. 1 der Finanzgerichtsordnung) fehlt. Dieser bestünde in der Gefährdung des Anordnungsanspruchs durch Veränderung des bestehenden Zustandes (§ 114 Abs. 1 Satz 1 FGO) oder in der Notwendigkeit der Abwendung wesentlicher Nachteile oder der Verhinderung drohender Gewalt durch die vorläufige Regelung eines Zustandes (§ 114 Abs. 1 Satz 2 FGO;). Das FG hat, wenn auch in anderem rechtlichen Zusammenhang, zutreffend ausgeführt, daß die Antragsteller im Streitfall die Möglichkeit hätten, später gegen die nach Auswertung der sichergestellten Akten ergehenden Steuerbescheide ein Rechtsbehelfsverfahren einzuleiten, in dem sie ein Verwertungsverbot für bestimmte Tatsachen geltend machen könnten. Selbst wenn die Antragsteller ein Recht auf Aufrechterhaltung des bestehenden Zustandes (§ 114 Abs. 1 Satz 1 FGO) oder einen Anspruch auf Neuregelung eines vorläufigen Zustandes (§ 114 Abs. 1 Satz 2 FGO) hätten, würden diese Anordnungsansprüche durch die Auswertung der sichergestellten Unterlagen durch das FA in einem Betriebsprüfungsbericht und eventuellen Berichtigungsbescheiden weder vereitelt noch wesentlich erschwert. Durch eine derartige Auswertung würden den Antragstellern auch nicht wesentliche Nachteile zugefügt.
Der Einwand der Antragsteller, eine Auswertung der sichergestellten Unterlagen würde es zwecklos erscheinen lassen, die Feststellung der Rechtswidrigkeit des Durchsuchungsbeschlusses und Beschlagnahmebeschlusses weiterzubetreiben, geht fehl. Die Antragsteller gehen davon aus, dieser Beschluß (des Amtsgerichts S.) sei unter Verletzung des § 105 StPO sowie der Art. 2 und 13 GG zustande gekommen, so daß mit seiner Hilfe erlangte Kenntnisse vom FA nicht verwertet werden dürften. Der Senat vermag nicht zu erkennen, aus welchen Gründen diese behaupteten Rechtsfehler und das möglicherweise daraus folgende Verwertungsverbot – nach ihrer rechtskräftigen Feststellung durch ein Gericht der ordentlichen Gerichtsbarkeit – in einem Anfechtungsverfahren gegen später ergehende berichtigte Steuerbescheide nicht berücksichtigt werden könnten. Die Rechtsprechung hat sich bei der Prüfung der Rechtmäßigkeit von angefochtenen Steuerbescheiden wiederholt mit der Frage von Verwertungsverboten gerade auch im Zusammenhange mit rechtswidrig erlangten Betriebsprüfungsergebnissen befaßt. So hat insbesondere der Bundesfinanzhof (BFH) mit Urteil vom 7. 6. 1973 – V R 64/72 (BFHE 109, 500, BStBl. II 1973, 716) entschieden, daß das FA bei einer Berichtigungsveranlagung nach § 222 Abs. 1 Nr. 1 der Reichsabgabenordnung (RAO) keine neuen Tatsachen verwerten darf, die es bei einer Betriebsprüfung festgestellt hat, deren Anordnung (später) rechtskräftig für rechtswidrig erklärt worden war (vgl. auch das Urteil vom 9. 5. 1978 – VII R 96/75, BFHE 125, 144, BStBl. II 1978, 501). Gleiches gilt, wenn sich die Rechtswidrigkeit nur auf ganz bestimmte Handlungen im Verlauf einer Betriebsprüfung oder – wie im Streitfall – Steuerfahndungsprüfung beschränkt. Dabei macht es keinen Unterschied, ob die Rechtswidrigkeit von einem Gericht der Finanzgerichtsbarkeit oder einem solchen der ordentlichen Gerichtsbarkeit festgestellt worden ist. Eine Verwertung der auf rechtswidrige Weise erlangten Kenntnisse würde in jedem Fall den (einmal) gewährten gerichtlichen Rechtsschutz unterlaufen (vgl. das BFH-Urteil V R 64/72).
Dieser Rechtsansicht widersprechen auch nicht die Ausführungen in dem Beschluß des Senats vom 2. 7. 1969 – I B 10/69 (BFHE 96, 300, BStBl. II 1969, 636). In dem dort entschiedenen Fall hatte die Steuerpflichtige Einwendungen gegen die Rechtmäßigkeit der Betriebsprüfungsmaßnahmen erst im Verfahren über die Rechtmäßigkeit des Berichtigungsbescheides vorgebracht. Die Rechtswidrigkeit der Maßnahmen war nicht (zuvor) in einem gegen sie gerichteten Verfahren festgestellt worden. (BFH vom 11. 7. 1979 – I B 10/79 = NJW 1979, 2584).

dung die Geschäftsräume der Klägerin und stellte verschiedene Unterlagen sicher. Die Beschwerde gegen den Beschluß wurde verworfen; nach Meinung des Landgerichts war die Steuerfahndungsstelle des FA zur Einleitung des Ermittlungsverfahrens örtlich zuständig. – Das Rechtsmittel war erfolglos.

Gründe: Nach dem Klageantrag soll festgestellt werden, daß die steuerlichen Ermittlungsmaßnahmen der Steuerfahndung in den Geschäftsräumen der Klägerin rechtswidrig waren und daß deshalb ein Verwertungsverbot bestehe. Die Betätigung der Steuerfahndung bestand darin, daß sie die Geschäftsräume der Klägerin aufgrund eines Beschlusses des zuständigen Amtsgerichts durchsuchte und bestimmte Unterlagen sicherstellte. Gegenüber diesen Maßnahmen ist der Finanzrechtsweg aufgrund der allein in Betracht kommenden Bestimmung des § 33 Abs. 1 Nr. 1 FGO nicht gegeben.

Danach besteht der Zugang zu den Steuergerichten in öffentlich-rechtlichen Streitigkeiten über Abgabenangelegenheiten. Abgabenangelegenheiten sind die mit der Verwaltung der Abgaben und mit der Anwendung der abgabenrechtlichen Vorschriften durch die Finanzbehörden zusammenhängenden Angelegenheiten; das Straf- und Bußgeldverfahren gehört nicht dazu (§ 33 Abs. 2 Sätze 1 und 2 FGO). Im Streitfall ist die Steuerfahndung mit den bezeichneten Maßnahmen gegenüber der Klägerin im Rahmen eines Steuerstrafverfahrens tätig geworden.

Nach § 208 Abs. 1 Nrn. 1 und 2 AO 1977 besteht die Aufgabe der Steuerfahndung u.a. in der Erforschung der Steuerstraftaten und der Ermittlung ihrer Besteuerungsgrundlagen. Sie kann sich dazu sowohl der den Finanzbehörden eingeräumten Ermittlungsbefugnisse (§§ 85 ff. AO 1977) als auch der besonderen Befugnisse bedienen, die ihr bzw. ihren Beamten als Hilfsbeamten der Staatsanwaltschaft im Steuerstrafverfahren eingeräumt sind (§ 404 AO 1977). Für die Rechte und Pflichten des Steuerpflichtigen ist ausschlaggebend, in welchem Verfahren die Steuerfahndung tätig geworden ist (§ 393 Abs. 1 Satz 1 AO 1977). Vorliegend hat die Steuerfahndung eine richterliche Anordnung auf eine Durchsuchung der Geschäftsräume der Klägerin (§§ 102 f. StPO) und auf Beschlagnahme der dabei aufgefundenen Beweisgegenstände (§§ 98, 100 StPO) erwirkt. Daraus ergibt sich, daß sie im Steuerstrafverfahren tätig geworden ist; denn im Steuerermittlungsverfahren sind solche Maßnahmen nicht vorgesehen (ebenso BFH-Urteil vom 23. 12. 1980 – VII R 92/79, BFHE 132, 390, BStBl. II 1981, 349). Die Klägerin ist deshalb auf das in der StPO vorgesehene Rechtsmittel gegen die richterliche Anordnung verwiesen, das sie ausgeschöpft hat. Auch das von der Klägerin erstrebte Verwertungsverbot würde nur bestehen, wenn die Rechtswidrigkeit des Durchsuchungs- und Beschlagnahmebeschlusses von einem ordentlichen Gericht festgestellt würde (vgl. BFH-Beschluß vom 11. 7. 1979 – I B 10/79, BFHE 128, 170, BStBl. II 1979, 704). Von den Steuergerichten kann ein solcher Ausspruch nicht erlangt werden.

§ 397 AO
(§ 432 RAO)

(1) Das Strafverfahren ist eingeleitet, sobald die Finanzbehörde, die Polizei, die Staatsanwaltschaft, einer ihrer Hilfsbeamten oder der Strafrichter eine Maßnahme trifft, die erkennbar darauf abzielt, gegen jemanden wegen einer Steuerstraftat strafrechtlich vorzugehen.

(2) Die Maßnahme ist unter Angabe des Zeitpunkts unverzüglich in den Akten zu vermerken.

(3) Die Einleitung des Strafverfahrens ist dem Beschuldigten spätestens mitzuteilen, wenn er dazu aufgefordert wird, Tatsachen darzulegen oder Unterlagen vorzulegen, die im Zusammenhang mit der Straftat stehen, derer er verdächtig ist.

Erfolgreiche Rügen

1. Keine Unterbrechung der Verjährung bei Einleitung des Steuerstrafverfahrens auf Grundlage eines hektographierten Schreibens, das lediglich einen allgemeinen formelhaften Text und keinen Hinweis auf eine tatsächliche Grundlage enthält (OLG Hamburg v. 24. 3. 1987 – 2 Ss 134/86).

Erfolgreiche Rügen

1. Keine Unterbrechung der Verjährung bei Einleitung des Steuerstrafverfahrens auf Grundlage eines hektographierten Schreibens, das lediglich einen allgemeinen formelhaften Text und keinen Hinweis auf eine tatsächliche Grundlage enthält.

AO § 397; StGB § 78 III Nr. 4 – OLG Hamburg v. 24. 3. 1987 – 2 Ss 134/86 (= wistra 1987, 189)

Die Revision rügt, die vom Amtsgericht festgestellte Einkommensteuerhinterziehung sei bereits verjährt, da ein an den Angeklagten gerichtetes Schreiben der Bußgeld- und Strafsachenstelle des Finanzamtes keine die Verjährung unterbrechende Wirkung gehabt habe.

Der Sachverhalt ergibt sich aus der Revisionsbegründung. – Das Rechtsmittel hatte Erfolg.

Gründe: Das an den Angeklagten gerichtete Schreiben der Bußgeld- und Strafsachenstelle des Finanzamtes vom 22. 12. 1981 mit der Bekanntgabe, daß gegen ihn das Ermittlungsverfahren eingeleitet sei, war zur Verjährungsunterbrechung nicht geeignet. Ein solchen Schreiben muß nämlich, wenn es die Unterbrechungswirkung hervorrufen soll, den Beschuldigten „ins Bild" setzen, so daß dieser ersehen kann, daß und weshalb gegen ihn ein Ermittlungsverfahren eingeleitet worden ist (BGHSt. 30, 215). Das Schreiben vom 22. 12. 1981 erfüllt diese Voraussetzungen nicht, weil es nur einen allgemeinen formelhaften Text ohne tatsächliche Spezifizierung und ohne Hinweis auf eine tatsächliche Grundlage enthält. Um dem Beschuldigten deutlich zu machen, daß gegen ihn wegen eines bestimmten Tatkomplexes ermittelt wird, hätte zumindest der betreffende Tatzeitraum angeführt werden müssen. Außerdem hätte es hier nahegelegen, ihn zur näheren Kennzeichnung des Tatvorwurfes auf die nicht verbuchten Einnahmen aus Altgoldverkäufen hinzuweisen.

Andere zur Unterbrechung der Verjährung geeignete Handlungen sind bis zum 4. 7. 1984, dem Tag, an dem die Anordnung erging, den Angeklagten zur verantwortlichen Vernehmung zu laden (§ 78c Abs. 1 Nr. 1 StGB), nicht vorgenommen worden. Diese Anordnung ist aber erst nach Ablauf der Verjährung (28. 6. 1984) unterzeichnet worden, so daß hier hinsichtlich der dem Angeklagten für die Jahre 1976 und 1977 zur Last gelegten Einkommensteuerhinterziehungen Verjährung eingetreten ist.

§ 404 AO

(§ 439 RAO)

Die Zollfahndungsämter und die mit der Steuerfahndung betrauten Dienststellen der Landesfinanzbehörden sowie ihre Beamten haben im Strafverfahren wegen Steuerstraftaten dieselben Rechte und Pflichten wie die Behörden und Beamten des Polizeidienstes nach den Vorschriften der Strafprozeßordnung. Die in Satz 1 bezeichneten Stellen haben die Befugnisse nach § 399 Abs. 2 Satz 2 sowie die Befugnis zur Durchsicht der Papiere des von der Durchsuchung Betroffenen (§ 110 Abs. 1 der Strafprozeßordnung); ihre Beamten sind Hilfsbeamte der Staatsanwaltschaft.

Erfolglose Rügen

1. Führt die Staatsanwaltschaft die Ermittlungen, so kann sie das Zollfahndungsamt auch dann um die Vornahme von Ermittlungen ersuchen, wenn die verfolgte Steuerstraftat mit einer allgemeinen Straftat tateinheitlich zusammentrifft (BGH Urt. v. 24. 10. 1989 – 5 StR 238-239/89).

Erfolglose Rügen

1. Führt die Staatsanwaltschaft die Ermittlungen, so kann sie das Zollfahndungsamt auch dann um die Vornahme von Ermittlungen ersuchen, wenn die verfolgte Steuerstraftat mit einer allgemeinen Straftat tateinheitlich zusammentrifft.

AO 1977 §§ 369 I Nr. 1, 386 I S. 2, 404 I, II Halbs. 2 – BGH Urt. v. 24. 10. 1989 – 5 StR 238-239/89, LG Hamburg (= BGHSt. 36, 283 = NStZ 1990, 38)

Die Revision rügt, das Gericht habe zu Unrecht Verjährung verneint, denn die Ermittlungshandlungen des Zollfahndungsamts hätten diese hinsichtlich der Straftaten nach allgemeinem Strafrecht nicht unterbrochen.

Sachverhalt: Ab Beginn des Ermittlungsverfahrens gingen die beteiligten Strafverfolgungsbehörden davon aus, daß die aufzuklärenden Taten als Hinterziehungen von Mineralölsteuer und zugleich als Diebstähle strafbar sein würden. Dementsprechend wurde das Verfahren von Anfang an auch unter dem Gesichtspunkt des „Verdachts der Mineralölsteuerhinterziehung durch Diebstahl von unversteuertem Gasöl in einem Steuerlager" geführt. Am 4. 7. 1983 ersuchte die Staatsanwaltschaft bei dem Landgericht Hamburg das Zollfahndungsamt Ha. weitere Ermittlungen vorzunehmen, in deren Rahmen das Zollfahndungsamt die Beschwerdeführer vernahm. – Das Rechtsmittel war erfolglos.

Gründe:

I.

Strafverfolgungsverjährung ist hinsichtlich keiner der abgeurteilten Taten der Beschwerdeführer eingetreten.

Die Verjährung ist jeweils rechtzeitig unterbrochen worden. So hat insbesondere die erste Vernehmung des Beschuldigten C. zur ersten Tat (Komplex Firma E.) durch das Zollfahndungsamt Ha. vom 12. 10. 1983 die Verjährung nach § 78c Abs. 1 Nr. 1 StGB unterbrochen. Entsprechend ist die Verjährung der Tat des Angeklagten H. (Komplex Firma HK.) dadurch unterbrochen worden, daß das Zollfahndungsamt Ha. diesen Beschuldigten am 24. 8. 1983 vernommen hat. Diese Unterbrechungshandlungen waren auch hinsichtlich der Diebstahlstaten wirksam.

Die Vornahme dieser Ermittlungen gehörte zur Aufgabe des Zollfahndungsamtes, dessen Beamte Hilfsbeamte der Staatsanwaltschaft sind (§ 208 Abs. 1 Satz 1, § 369 Abs. 1 Nr. 1, § 404 Satz 2, 2. Halbs. AO). Diese Kompetenz entfiel nicht deshalb, weil die zu erforschenden Steuerstraftaten zugleich die tatbestandlichen Voraussetzungen des Diebstahls (bzw. der Beihilfe zum Diebstahl) erfüllten. Zwar wird vielfach die Ansicht vertreten, daß jede Ermittlungskompetenz der Zollfahndungsämter (und entsprechend der Finanzbehörden im Sinne des § 386 Abs. 1 Satz 2 AO) entfalle, wenn ein Steuervergehen mit einer allgemeinen Straftat tateinheitlich zusammentrifft (OLG Frankfurt wistra 1987, 32). Diese Ansicht teilt der Senat nicht.

Die Zollfahndungsämter und ihre Beamten haben im Strafverfahren wegen Steuerstraftaten dieselben Rechte und Pflichten wie die Behörden und Beamten des Polizeidienstes nach den Vorschriften der Strafprozeßordnung (§ 404 Satz 1 AO). Führt die Staatsanwaltschaft die Ermittlungen, so kann sie das Zollfahndungsamt zu dem in § 160 StPO bezeichneten Zweck um die Vornahme von Ermittlungen ersuchen (§ 161 StPO). Das Zollfahndungsamt hat dem Ersuchen zu genügen und in dem dadurch vorgegebenen Rahmen die Steuerstraftaten in ihrem ganzen tatsächlichen Umfang zu erforschen. Das gilt auch dann, wenn die verfolgte Tat zugleich andere Strafgesetze verletzt.

Eine Beschränkung der Ermittlungsbefugnis auf Fälle, in denen nur eine Steuerstraftat vorliegt, ist der Abgabenordnung nicht zu entnehmen. § 386 AO regelt nicht die Ermittlungsbefugnisse der Zoll- und Steuerfahndung, sondern die Frage, ob die Staatsanwaltschaft oder die Finanzbehörde das Verfahren durchzuführen hat. Auch aus der Änderung des § 422 a.F. RAbgO durch das Gesetz zur Änderung strafrechtlicher Vorschriften der Reichsabgabenordnung und anderer Gesetze (AOStrafÄndG) vom 10. 8. 1967 (BGBl. I, 877) ergibt sich eine solche Kompetenzbeschneidung nicht. Diese Vorschrift betraf ebenfalls nur die Frage, wann das Finanzamt das Verfahren durchzuführen hatte; sie mußte geändert werden, weil das Bundesverfassungsgericht das Verwaltungsstrafverfahren für unvereinbar mit dem Grundgesetz und § 421 Abs. 2 RAbgO, auf den die genannte Vorschrift verwies, für nichtig erklärt hatte (BVerfGE 22, 49 ff.).

Schließlich sprechen gewichtige praktische Erwägungen gegen die genannte restriktive Ansicht. Die Fälle, in denen eine Steuerstraftat zugleich die tatbestandlichen Voraussetzungen eines allgemeinen Strafgesetzes erfüllt, sind zahlreich. Häufig ist der Verdacht, daß der Beschuldigte auch eine allgemeine Straftat begangen hat, bei Beginn der Ermittlungen wegen der Steuerstraftat noch nicht zu erkennen; er ergibt sich vielmehr erst im Laufe der Ermittlungen. Wenn in diesen Fällen eine Ermittlungskompetenz der Zoll- und Steuerfahndungsämter zu verneinen wäre, müßte die Staatsanwaltschaft in Steuerstrafsachen ihre Ermittlungsersuchen grundsätzlich an die Kriminalpolizei richten; die hierfür fachlich vorgebildete Zoll- und Steuerfahndung schiede aus der Ermittlungstätigkeit weitgehend aus. ...

Bundesrechtsanwaltsordnung

§ 101 BRAO

(1) Der Anwaltsgerichtshof wird mit einem Präsidenten, der erforderlichen Anzahl von weiteren Vorsitzenden sowie mit Rechtsanwälten und Berufsrichtern als weiteren Mitgliedern besetzt. Der Präsident und die weiteren Vorsitzenden müssen die Befähigung zum Richteramt haben.

(2) Bei dem Anwaltsgerichtshof können nach Bedarf mehrere Senate gebildet werden. Die nähere Anordnung trifft die Landesjustizverwaltung. Der Vorstand der Rechtsanwaltskammer ist vorher zu hören.

(3) Zum Präsidenten des Anwaltsgerichtshofes und zu Vorsitzenden der Senate sind anwaltliche Mitglieder des Anwaltsgerichtshofes zu bestellen. § 93 Abs. 2 gilt sinngemäß.

Erfolgreiche Rügen

1. Unvorschriftsmäßige Besetzung eines Senats bei dem Ehrengerichtshof für Rechtsanwälte mit zehn Rechtsanwälten einschließlich des Vorsitzenden (BGH Urt. v. 14. 2. 1966 – AnwSt [R] 7/65).

Erfolglose Rügen

1. Besetzung des Ehrengerichtshofs mit neben dem Vorsitzenden vier anwaltlichen und vier berufsrichterlichen Mitgliedern, also insgesamt neun Richtern zulässig (BGH Urt. v. 13. 11. 1978 – AnwSt [R] 17/77).

Erfolgreiche Rügen

1. Unvorschriftsmäßige Besetzung eines Senats bei dem Ehrengerichtshof für Rechtsanwälte mit zehn Rechtsanwälten einschließlich des Vorsitzenden.
BRAO § 101 – BGH Urt. v. 14. 2. 1966 – AnwSt (R) 7/65 (EGH für RA'e) (= NJW 1966, 1084)
Die Revision rügt, Ehrengerichtshof sei nicht ordnungsmäßig besetzt gewesen. Bei ihm bestehe nur ein einziger Senat. Diesem gehörten außer dem Vorsitzenden neun anwaltliche und fünf richterliche Beisitzer an. Der Vorsitzende bestimme nach seinem Ermessen, welche Mitglieder an den einzelnen Sitzungen teilzunehmen hätten. Durch diese Regelung sei die Beschuldigte ihrem gesetzlichen Richter entzogen worden.

Sachverhalt: Daß dieses Vorbringen in tatsächlicher Hinsicht zutrifft, ist durch die dienstliche Erklärung des Vorsitzenden des Senats des Ehrengerichtshofs in Verbindung mit den darin erwähnten Schriftstücken bewiesen. – Das Rechtsmittel hatte Erfolg.

Gründe:

a) Wie das BVerfG mehrfach entschieden hat (BVerfGE 17, 294 [BVerfG Beschl. v. 24. 3. 1964 – 2 BvR 42, 83, 89/63; vgl. § 338 Nr. 1 StPO erfolgreiche Rügen]; BVerfGE 18, 65 [BVerfG Beschl. v. 2. 6. 1964 – 2 BvR 489/62; vgl. § 338 Nr. 1 StPO erfolgreiche Rügen]; BVerfGE 18, 344 [BVerfG Beschl. v. 3. 2. 1965 – 2 BvR 166/64; vgl. § 338 Nr. 1 StPO erfolglose Rügen]), ist gesetzlicher Richter im Sinne des Art. 101 Abs. 1 Satz 2 GG nicht nur das Gericht als organisatorische Einheit oder das erkennende Gericht als Spruchkörper, vor dem verhandelt und von dem die einzelne Sache entschieden wird, sondern auch der zur Entscheidung im Einzelfall berufene Richter. Deswegen müssen die Regelungen, die der Bestimmung des gesetzlichen Richters dienen, so eindeutig wie möglich bestimmen, welche Richter zur Entscheidung des Einzelfalles berufen sind. Mit Rücksicht auf verschiedenartige Umstände ist es jedoch zulässig, daß das Präsidium den einzelnen Spruchkörpern (Kammern oder Senaten) mehr Mitglieder als in der gesetzlich vorgeschriebenen Richterzahl zuteilt; das ergibt sich daraus, daß von vornherein dem stetigen Wechsel in der Geschäftslast und in der Leistungsfähigkeit der einzelnen Richter, der immer wieder vorkommenden Verhinderung einzelner Richter durch Urlaub, Krankheit, Ausscheiden aus dem Amt u. dergl. und ähnlichen Umständen Rechnung getragen werden muß. In diesem Sinn ist die Überbesetzung verfassungsrechtlich zulässig, soweit sie unvermeidbar ist, um eine geordnete Rechtsprechung zu gewährleisten. Ob hiernach die Übersetzung unvermeidbar ist, hat grundsätzlich das Gerichtspräsidium in eigener Zuständigkeit zu entscheiden (BVerfGE 18, 344, 350).

Bei den Ehrengerichtshöfen kann das Präsidium allerdings erst tätig werden, wenn mehrere Senate bestehen und deshalb eine Geschäftsverteilung stattzufinden hat (§ 105 Abs. 1 BRAO, § 63 GVG). Die Zahl der zu bildenden Senate bestimmt die Landesjustizverwaltung (§ 101 Abs. 2 BRAO), die auch die Richter beruft, und zwar sowohl die Berufsrichter als auch die dem Gericht angehörenden Rechtsanwälte (§ 102, § 103 Abs. 1 BRAO). Sie muß sich hierbei jedoch von den gleichen Richtlinien leiten lassen. Eine Überbesetzung ist jedenfalls dann verfassungswidrig, wenn die Zahl der Mitglieder eines Spruchkörpers es gestattet, daß sie in zwei personell voneinander verschiedenen Sitzgruppen Recht sprechen, oder wenn der Vorsitzende drei Spruchkörper mit je verschiedenen Beisitzern bilden kann (BVerfGE 18, 344, 349/350).

Bei einem hiernach in zulässiger Weise überbesetzten Spruchkörper war es bis zum 1. 4. 1965 – dem Tage des Inkrafttretens der Neufassung des § 69 Abs. 2 GVG (Art. 11 Nr. 3, Art. 18 Abs. 1 StPÄG, BGBl. I 1067) – Sache des pflichtgemäßen Ermessens des Vorsitzenden, darüber zu befinden, welche Mitglieder an den einzelnen Sitzungen teilzunehmen hatten (BVerfGE 18, 344, 351/352).

b) Die vorstehend erwähnten Entscheidungen des BVerfG die inzwischen auch der BGH seiner eigenen Rechtsprechung zugrunde gelegt hat (NJW 65, 1715 Nrn. 8 und 9), befassen sich unmittelbar nur damit, wie die bei den Kollegialgerichten zur Mitwirkung berufenen Berufsrichter zu bestimmen sind.

Die Berufung der bei den LG mitwirkenden Laienbesitzer (Schöffen und Geschworenen) ist in den §§ 32 bis 57, 77, 84 bis 90 GVG im einzelnen geregelt. Durch diese Vorschriften ist gewährleistet, daß bezüglich der Mitwirkung der Schöffen und Geschworenen von vornherein jede Ungewißheit und jede Willkür ausgeschlossen und dem Grundsatz des gesetzlichen Richters Rechnung getragen wird.

Die Ehrengerichtshöfe für Rechtsanwälte sind außer mit Berufsrichtern mit Rechtsanwälten besetzt; der Vorsitzende des Senats muß ein Rechtsanwalt sein; bei den Verhandlungen und Entscheidungen müssen außer dem Vorsitzenden je zwei Rechtsanwälte und zwei Berufsrichter mitwirken (§§ 101, 104 BRAO). Die anwaltlichen Mitglieder des Ehrengerichtshofs haben zwar als solche während der Dauer ihres Amtes alle Rechte und Pflichten eines Berufsrichters (§ 95 Abs. 1 Satz 1, § 103 Abs. 2 Satz 1 BRAO), sind aber eben nicht Berufsrichter, sondern im Hauptberuf Rechtsanwälte.

Wegen dieser Besonderheiten, vor allem der Tatsache, daß die anwaltlichen Mitglieder des Ehrengerichtshofes nicht mit voller Arbeitskraft für die Mitarbeit im Ehrengerichtshof zur Verfügung stehen, können die Grundsätze, die das BVerfG hinsichtlich der Grenzen der Zulässigkeit einer Überbesetzung der Spruchkörper aufgestellt hat, nur mit gewissen Abwandlungen angewandt werden.

aa) Unverändert muß der Grundsatz gelten, daß eine Überbesetzung rechtlich zwar zulässig ist, aber nur soweit sie unvermeidbar ist, um eine geordnete Rechtsprechung zu gewährleisten. Darüber hat, sobald bei einem Ehrengerichtshof mehrere Senate errichtet sind, nach pflichtgemäßem Ermessen das Präsidium des Ehrengerichtshofes zu entscheiden (§ 105 Abs. 1 BRAO, §§ 63, 64 Abs. 1 GVG); hinsichtlich der Bereitstellung von Richtern in der notwendigen Zahl ist die Zuständigkeit der Landesjustizverwaltung gegeben (§ 102, § 103 Abs. 1 BRAO). Gerichtlich ist nur nachprüfbar, ob das Präsidium und die Justizverwaltung „den Begriff der Unvermeidbarkeit verkannt" haben oder ob sie „eindeutig sachfremd entschieden" haben (BVerfGE 18, 344, 350).

bb) Der Satz, daß ein Spruchkörper nur mit Richtern in einer solchen Zahl besetzt sein dürfe, daß es ihm nicht möglich sei, in zwei personell voneinander verschiedenen Sitzgruppen Recht zu sprechen, ist nicht gesetzlich festgelegt. Er ist vielmehr aus dem Grundsatz hergeleitet, daß die Überbesetzung nicht über das Maß dessen hinausgehen darf, das als zur Gewährleistung einer geordneten Rechtsprechung noch unvermeidbar angesehen werden kann. Es ist zu beachten, daß es bei den Strafkammern der Landgerichte und den Senaten der Oberlandesgerichte, mit denen bisher das BVerfG befaßt war, erst die Besetzung mit insgesamt sechs Berufsrichtern (dem Vorsitzenden und fünf Beisitzern, von denen einer zugleich auch Vertreter des Vorsitzenden ist) dem Spruchkörper möglich macht, in zwei personell voneinander verschiedenen Sitzgruppen Recht zu sprechen. Andererseits hat das BVerfG die Besetzung einer landgerichtlichen Kammer mit „allenfalls zwei" Beisitzern über die gesetzlich vorgeschriebene Mindestzahl hinaus, also mit vier Beisitzern neben dem Vorsitzenden, noch als zulässig angesehen, weil sie zur Gewährleistung einer geordneten Rechtsprechung erforderlich sein könne (BVerfGE 18, 344, 350). Dasselbe gilt auch für einen Senat des OLG (vgl. BVerfGE 19, 145 = DRiZ 65, 377).

Bei den Senaten der Ehrengerichtshöfe stehen, anders als bei den nur mit Berufsrichtern besetzten Kollegialgerichten, nicht sämtliche Beisitzer einander rechtlich gleich. Vielmehr schreibt § 104 BRAO vor, daß bei jeder Entscheidung des Ehrengerichtshofes sowohl zwei Berufsrichter als auch zwei Rechtsanwälte als Beisitzer mitzuwirken haben. Aus vier Berufsrichtern, die dem Senat angehören, können zwar zwei voneinander personell verschiedene Beisitzergruppen gebildet werden. Die Zugehörigkeit von vier Berufsrichtern macht es aber, für sich allein betrachtet, dem Senat noch nicht möglich, in zwei personell völlig verschiedenen Sitzgruppen zu entscheiden. Diese Möglichkeit hat ein Senat des Ehrengerichtshofes vielmehr erst dann, wenn er mit mindestens vier Berufsrichtern und mit mindestens sechs Rechtsanwälten, darunter dem Vorsitzenden und dem stellvertretenden Vorsitzenden des Senats, besetzt ist.

§ 104 BRAO macht aber einen klaren Unterschied zwischen den dem Senat angehörenden Berufsrichtern und Rechtsanwälten. Er schreibt vor, wieviel Berufsrichter und wieviel Rechtsanwälte bei jeder Entscheidung des Senats mitzuwirken haben. Deswegen kann nach der Auffassung des erkennenden Senats bei der Beurteilung der Frage, in welchem Maße die Besetzung des Senats des Ehrengerichtshofes noch als zulässig angesehen werden kann, nicht unterschiedslos auf die Gesamtzahl aller Mitglieder des Senats abgestellt werden. Vielmehr muß die Frage, welches Maß der Besetzung noch hingenommen werden kann, für die Gruppen der Rechtsanwälte und der Berufsrichter getrennt voneinander geprüft und entschieden werden. Damit kommt auch zum Ausdruck, daß eine zu hohe Zahl von Berufsrichtern nicht etwa durch eine geringe Zahl von Rechtsanwälten ausgeglichen werden kann und umgekehrt.

cc) Aus den vorstehend (im vorletzten Absatz) angeführten Gründen ist es zweifelhaft, ob nur die Besetzung eines Senats des Ehrengerichtshofes mit höchstens drei Berufsrichtern noch hingenommen werden kann oder ob die Besetzung mit vier Berufsrichtern mit den Vorschriften des Grundgesetzes noch im Einklang steht. Diese Frage braucht hier nicht entschieden zu werden. Denn jedenfalls ist es verfassungswidrig, daß dem Senat mehr als vier Berufsrichter angehören, wie es zur Zeit des Erlasses des angefochtenen Urteils bei dem Ehrengerichtshof der Fall war.

Wenn es noch zulässig erscheint, daß einer Kammer eines Landgerichts „allenfalls zwei", aber nicht mehr Mitglieder über die gesetzlich vorgeschriebene Richterzahl hinaus zugeteilt werden, so sind keine Umstände erkennbar, die es rechtfertigen könnten, hinsichtlich der berufsrichterlichen Beisitzer eines Senats des EGH einen darüber hinausgehenden Standpunkt einzunehmen. Auch ihm dürfen daher nicht fünf oder mehr Berufsrichter als Beisitzer angehören, zumal – anders als bei den Kammern des LG – keiner von ihnen durch die Wahrnehmung der Aufgaben des stellvertretenden Vorsitzenden in Anspruch genommen und dadurch den Aufgaben eines Beisitzers entzogen werden kann.

dd) Im Interesse einer geordneten Rechtsprechung kann es möglicherweise gerechtfertigt und geboten sein, einem Senat des Ehrengerichtshofes mehr als vier Rechtsanwälte als Beisitzer zuzuteilen. Während die Berufsrichter sich ausschließlich ihrem Richterberuf widmen können und das Präsidium bei der Zuteilung der einzelnen Richter zu jeweils einem oder mehreren Senaten überblicken kann, wieviel ihrer Arbeitskraft sie der Arbeit im einzelnen Senat zur Verfügung stellen können, ist dies bei den Rechtsanwälten gänzlich anders. Sie üben im Hauptberuf die Anwaltstätigkeit aus. Das wechselnde Maß und die Dringlichkeit der Inanspruchnahme durch ihre eigene Praxis läßt sich von vornherein kaum überblicken. Dazu kommt, daß die anwaltlichen Beisitzer des Ehrengerichtshofes nicht alle oder auch nur zum überwiegenden Teil am Sitz des Ehrengerichtshofes ansässig sein werden, sondern zum Teil bei dem räumlich ausgedehnten (in Niedersachsen das ganze Land umfassenden) Bezirk des Ehrengerichtshofes bei weit entfernten Gerichten zugelassen und ansässig sein können. Diese und ähnliche Umstände werden nicht selten zur Folge haben, daß gleichzeitig mehrere anwaltliche Mitglieder des Ehrengerichtshofs an der Teilnahme an einer in Aussicht genommenen Sitzung in einer möglicherweise eilbedürftigen Sache verhindert sind. Die Befürchtung, daß die sachgerechte Erledigung der Geschäfte des Ehrengerichtshofs in Frage gestellt wäre, wenn dem Senat nur fünf Rechtsanwälte als Mitglieder (einschließlich des Vorsitzenden) angehören würden, läßt sich daher nicht von der Hand weisen. Bei dieser regelmäßig gegebenen Sachlage kann grundsätzlich nichts dagegen eingewendet werden, daß, um eine geordnete Rechtsprechung des Ehrengerichtshofs zu gewährleisten, dem Senat mehr als nur vier Rechtsanwälte als Beisitzer zugeteilt werden.

Es besteht kein Anlaß, allgemein zu erörtern, welche Höchstzahl von anwaltlichen Beisitzern eines Senats des Ehrengerichtshofs noch zulässig erscheint. Daß diese Zahl nicht beliebig gesteigert werden kann, liegt auf der Hand. Die Zuteilung von neun anwaltlichen Beisitzern – des viereinhalbfachen der gesetzlich vorgeschriebenen Zahl – erscheint dem erkennenden Senat jedenfalls unzulässig.

Die Notwendigkeit, einen Senat des Ehrengerichtshofs in erheblichem Maß überzubesetzen, wird übrigens durch geeignete Maßnahmen der Justizverwaltung und des Präsidiums des Ehrengerichtshofs vermindert werden können. Die Fälle der Verhinderung einzelner Mitglieder werden sich nämlich besonders häufen, wenn ein Senat stark belastet ist und deswegen schon bei der Bestimmung der einzelnen Termine und der Zuziehung der anwaltlichen Beisitzer zu diesem oft Schwierigkeiten auftreten. In einem solchen Fall empfiehlt es sich, bei dem Ehrengerichtshof mehrere Senate zu errichten und die Geschäfte unter ihnen entsprechend zu verteilen. Besteht in einem Lande nur ein einziger Ehrengerichtshof, so ist die Errichtung mindestens zweier Senate nunmehr schon infolge der Vorschrift des § 354 Abs. 2 StPO i.d.F. des StPÄG v. 19. 12. 1964 geboten, die gemäß § 116 und § 146 Abs. 3 BRAO auch für das ehrengerichtliche Verfahren gilt. Das Ermessen der Landesjustizverwaltung, die Zahl der zu bildenden Senate zu bestimmen, ist hierdurch eingeschränkt worden.

c) Nach alledem hat die Besetzung des Ehrengerichtshofs in der Hauptverhandlung v. 22. 1. 1964 die Vorschriften des Art. 101 Abs. 1 Satz 2 GG und des § 16 Satz 2 GVG in doppelter Weise verletzt, weil dem Senat fünf Berufsrichter und neun Rechtsanwälte als

Beisitzer angehört haben. Gemäß § 338 Nr. 1 StPO in Verbindung mit § 116, § 146 Abs. 3 BRAO muß daher das angefochtene Urteil aufgehoben werden.

Erfolglose Rügen

1. Besetzung des Ehrengerichtshofs mit neben dem Vorsitzenden vier anwaltlichen und vier berufsrichterlichen Mitgliedern, also insgesamt neun Richtern zulässig.

BRAO § 101 – BGH Urt. v. 13. 11. 1978 – AnwSt (R) 17/77 Bayerischer EGH für Rechtsanwälte München (= BGHSt. 28, 183 = NJW 1979, 2256)

Die Revisionen rügen, der 2. Senat des Bayerischen Ehrengerichtshofs für Rechtsanwälte sei in unzulässiger Weise übersetzt gewesen, weil ihm dem nach der Geschäftsverteilung für das Jahr 1977 neben dem Vorsitzenden vier anwaltliche und vier berufsrichterliche Mitglieder, also insgesamt neun Richter zugeteilt waren.

Der Sachverhalt ergibt sich aus dem Revisionsvorbringen. – Das Rechtsmittel war erfolglos.

Gründe: Der hier erkennende 2. Senat des Bayerischen Ehrengerichtshofs für Rechtsanwälte, dem nach der Geschäftsverteilung für das Jahr 1977 neben dem Vorsitzenden vier anwaltliche und vier berufsrichterliche Mitglieder, also insgesamt neun Richter zugeteilt waren, war deshalb nicht in unzulässiger Weise übersetzt (Art. 101 Abs. 1 Satz 2 GG). Zu Unrecht berufen sich die Beschwerdeführer auf die Rechtsprechung des Bundesverfassungsgerichts. Dieses Gericht hat allerdings entschieden, daß eine Überbesetzung, die in vermeidbarer Weise die Möglichkeit zum willkürlichen Manipulieren biete, verfassungswidrig sei, ohne daß es im Einzelfall darauf ankomme, ob Willkür vorliege; das sei jedenfalls dann der Fall, wenn die Zahl der Mitglieder eines Spruchkörpers es gestatte, daß sie in zwei personell voneinander verschiedenen Sitzungen Recht sprechen oder wenn der Vorsitzende drei Spruchkörper mit je verschiedenen Beisitzern bilden könne (BVerfGE 18, 344, 349, 350 [BVerfG Beschl. v. 3. 2. 1965 – 2 BvR 166/64; vgl. § 338 Nr. 1 StPO erfolglose Rügen]; auch BVerfGE 17, 294, 301 [BVerfG Beschl. v. 24. 3. 1964 – 2 BvR 42, 83, 89/63; vgl. § 338 Nr. 1 StPO Nr. 1 StPO erfolgreiche Rügen]; 18, 65, 70 [BVerfG Beschl. v. 2. 6. 1964 – 2 BvR 498/62; vgl. § 338 Nr. 1 StPO erfolgreiche Rügen]; DRiZ 1965, 377, 378). Diese Voraussetzungen, auf die auch der Bundesgerichtshof in seinen Entscheidungen abgestellt hat (vgl. NJW 1965, 1715 Nr. 8[1] und Nr. 9[2]; 1966, 1458 Nr. 6; Urteile vom 22. 10.

---

1 „Wenn einem Zivilsenat eines Oberlandesgerichts außer dem Vorsitzenden fünf Mitglieder angehören, so ist das Gericht auch dann nicht vorschriftsmäßig besetzt, wenn ein Mitglied des Senats erkrankt und dienstunfähig ist". (BGH Urt. v. 25. 6. 1965 – V ZR 154/64).

2 „Nach der Rechtsprechung des Bundesverfassungsgerichts, die der Senat seiner Entscheidung zugrunde legt, ist ein Gericht nicht mehr in einer mit Art. 101 Abs. 1 GG zu vereinbarenden Weise besetzt, wenn die Zahl seiner ordentlichen Mitglieder gestattet, daß es in zwei personell voneinander verschiedenen Sitzgruppen Recht spricht. Das war hier bei einer Besetzung des Senats mit insgesamt sechs Mitgliedern der Fall. An diesem Ergebnis ändert es nach der angeführten Rechtsprechung nichts, daß im vorliegenden Fall, wie in aller Regel, für ein willkürliches Manipulieren bei der Auswahl der erkennenden Richter keinerlei Anhaltspunkt gegeben ist, sondern die entscheidenden Richter vom Vorsitzenden aus sachgerechten Gründen bestimmt worden sind. Der Verfassungsbestimmung ist nämlich bereits dann nicht genügt, wenn eine unnötige Unbestimmtheit darüber besteht, welche Mitglieder im Einzelfall zur Entscheidung berufen sind. An diesem Ergebnis kann es auch nichts ändern, daß im Augenblick der Entscheidung zwei der fünf Beisitzer beurlaubt waren, wie sich aus der Äußerung des Senatsvorsitzenden ergibt; durch die regelmäßig kurzfristige Beurlaubung von Beisitzern wird die vom BVerfG mißbilligte Unbestimmtheit jedenfalls dann nicht ausgeräumt, wenn sie schon vorher zur Zeit der Bestimmung des Berichterstatters bestanden hatte, weil sie sich für das ganze Verfahren auswirkt. Die Möglichkeit, daß der Senat in zwei personell voneinander verschiedenen Sitzgruppen Recht

1957 – 5 StR 168/57 – und vom 3. 5. 1977 – 5 StR 200/77), sind indessen hier nicht gegeben. Mit ihrer Auffassung, alle Richter seien gleichwertig, es dürfte deshalb kein Unterschied zwischen den anwaltlichen und berufsrichterlichen Mitgliedern des Senats gemacht werden, setzen sich die Beschwerdeführer in Widerspruch zu den §§ 101, 104 BRAO.

Danach sind die Ehrengerichtshöfe für Rechtsanwälte außer mit Berufsrichtern mit Rechtsanwälten besetzt; der Vorsitzende des Senats muß ein Rechtsanwalt sein; bei den Verhandlungen und Entscheidungen müssen außer dem Vorsitzenden je zwei Rechtsanwälte und zwei Berufsrichter mitwirken. Wie der Senat in seinem Urteil vom 14. 2. 1966 (EGE IX 88 = NJW 1966, 1084 Nr. 18) bereits hervorgehoben hat, macht § 104 BRAO also einen klaren Unterschied zwischen den dem Senat eines Ehrengerichtshofs angehörenden Berufsrichtern und den ihm angehörenden Rechtsanwälten, mögen diese auch während der Dauer ihres Amtes alle Rechte und Pflichten eines Berufsrichters haben (§ 95 Abs. 1 Satz 1, § 103 Abs. 2 Satz 1 BRAO). Dort heißt es: „Deswegen kann ... bei der Beurteilung der Frage, in welchem Maße die Besetzung des Senats noch als zulässig angesehen werden kann, nicht unterschiedslos auf die Gesamtzahl aller Mitglieder des Senats abgestellt werden. Vielmehr muß die Frage, welches Maß der Überbesetzung noch hingenommen werden kann, für die Gruppen der Rechtsanwälte und der Berufsrichter getrennt voneinander geprüft und entschieden werden." An dieser Rechtsauffassung ist festzuhalten.

Hier betrug die Zahl der dem Senat insgesamt angehörenden Richter nur neun. Der Vorsitzende mußte daher bei jeder Spruchgruppe mitwirken. Die Zahl der Mitglieder des Senats gestattete es also nicht, in zwei personell voneinander verschiedenen Gruppen Recht zu sprechen. Das wäre nur bei der Zuteilung von mindestens sechs Rechtsanwälten möglich gewesen.

Ob eine Übersetzung unvermeidbar, d.h. erforderlich ist, um eine geordnete Rechtsprechung zu gewährleisten, hat im übrigen das Präsidium des Ehrengerichtshofs zu entscheiden (§ 105 Abs. 1 BRAO; § 21e Abs. 1 GVG), und, soweit es um die Bestellung von Richtern in der notwendigen Zahl geht, die Landesjustizverwaltung (§§ 102, 103 Abs. 1 BRAO). Das Revisionsgericht kann nur nachprüfen, ob das Präsidium und die Justizverwaltung „den Begriff der Unvermeidbarkeit verkannt" oder ob sie „eindeutig sachfremd entschieden" haben (BVerfGE 18, 344, 350). Zu Befürchtungen in dieser Richtung besteht nach Lage der Sache kein Anlaß; auch die Beschwerdeführer tragen insoweit nichts vor.

§ 113 BRAO

(1) Gegen einen Rechtsanwalt, der schuldhaft gegen Pflichten verstößt, die in diesem Gesetz oder in der Berufsordnung bestimmt sind, wird eine anwaltsgerichtliche Maßnahme verhängt.

(2) Ein außerhalb des Berufs liegendes Verhalten eines Rechtsanwalts, das eine rechtswidrige Tat oder eine mit Geldbuße bedrohte Handlung darstellt, ist eine anwaltsgerichtlich zu ahndende Pflichtverletzung, wenn es nach den Umständen des Einzelfalls in besonderem Maße geeignet ist, Achtung und Vertrauen der Rechtsuchenden in einer für die Ausübung der Anwaltstätigkeit bedeutsamen Weise zu beeinträchtigen.

(3) Eine anwaltsgerichtliche Maßnahme kann nicht verhängt werden, wenn der Rechtsanwalt zur Zeit der Tat der Anwaltsgerichtsbarkeit nicht unterstand.

---

spricht, wird nicht dadurch ausgeschlossen, daß im Zeitpunkt der Entscheidung beurlaubte Richter der einen Sitzgruppe von denen der anderen vertreten werden," (BGH Urt. v. 12. 7. 1965 – III ZR 241/64).

Erfolgreiche Rügen

1. Im ehrengerichtlichen Verfahren darf der Sachverhalt, auch wenn er sich aus mehreren Anschuldigungspunkten zusammensetzt, nur einheitlich beurteilt werden. Einen Teilfreispruch kennt das ehrengerichtliche Verfahren deshalb nicht (BGH Urt. v. 14. 12. 1981 – AnwSt [R] 20/81).

2. Im ehrengerichtlichen Verfahren darf ein Sachverhalt, der sich aus mehreren Anschuldigungspunkten zusammensetzt, nur einheitlich beurteilt und die Frage schuldhafter Pflichtverletzung nur einheitlich entschieden werden (BGH Urt. v. 25. 9. 1961 – AnwSt [R] 4/61).

Erfolglose Rügen

1. Gegenstand des Hauptverfahrens können nur solche Vorfälle werden, die mit den im Eröffnungsbeschluß in Verbindung mit der Anschuldigungsschrift angegebenen Vorfällen eine Tat im Sinne des § 264 StPO sein würden (BGH Urt. v. 25. 1. 1971 – AnwSt [R] 7/70).

Erfolgreiche Rügen

1. Im ehrengerichtlichen Verfahren darf der Sachverhalt, auch wenn er sich aus mehreren Anschuldigungspunkten zusammensetzt, nur einheitlich beurteilt werden. Einen Teilfreispruch kennt das ehrengerichtliche Verfahren deshalb nicht.

BRAO § 113 – BGH Urt. v. 14. 12. 1981 – AnwSt (R) 20/81 EGH für Rechtsanwälte Berlin (= BGHSt. 30, 312)

Die Revision der Staatsanwaltschaft rügt die Verletzung sachlichen Rechts.

Sachverhalt: Das Ehrengericht für den Bezirk der Rechtsanwaltskammer Berlin hat gegen den Rechtsanwalt wegen schuldhaften Verstoßes gegen die Pflichten eines Rechtsanwalts einen Verweis verhängt. Der Ehrengerichtshof hat diese Entscheidung auf die Berufung des Rechtsanwalts aufgehoben und ihn freigesprochen. – Das Rechtsmittel hatte Erfolg.

Gründe: Das angefochtene Urteil ist aufzuheben, soweit der Vorfall vom 20. 3. 1978 und der Rechtsfolgenausspruch betroffen sind. Der Rechtsfolgenausspruch – Freispruch – kann auch nicht teilweise hinsichtlich der Anschuldigungspunkte bestehen bleiben, die der Ehrengerichtshof rechtsfehlerfrei als nicht standeswidrig beurteilt hat. Im ehrengerichtlichen Verfahren gegen einen Rechtsanwalt darf der Sachverhalt, auch wenn er sich aus mehreren Anschuldigungspunkten zusammensetzt, nur einheitlich beurteilt werden (ständige Rechtsprechung, zuletzt BGHSt. 29, 124, 129 [BGH Urt. v. 29. 10. 1963 – 1 StR 387/63; vgl. § 207 StPO erfolglose Rügen]). Einen Teilfreispruch kennt das ehrengerichtliche Verfahren deshalb nicht (BGHSt. 16, 237 [BGH Urt. v. 25. 9. 1961 – AnwSt [R] 4/61; vgl. § 113 BRAO erfolgreiche Rügen]).

Das bedeutet aber nicht, daß der Senat das Urteil des Ehrengerichtshofs insgesamt aufheben müßte, also auch hinsichtlich solcher Anschuldigungspunkte, die der Ehrengerichtshof rechtsfehlerfrei als nicht für eine Verurteilung ausreichend beurteilt hat. Zwar kennen das Disziplinarrecht und das ehrengerichtliche Verfahren grundsätzlich keine Unterteilung in selbständige Handlungen, und zwar auch dann nicht, wenn die dem Betroffenen zur Last gelegten Anschuldigungspunkte – wie hier – für sich selbst geprüft und beurteilt werden können und mehrere „Taten" im Sinne des § 264 StPO betreffen. Der Grundsatz wird jedoch nicht konsequent durchgeführt. So ist Gegenstand der Urteilsfindung nur der Sachverhalt, der einem Rechtsanwalt im Eröffnungsbeschluß in Verbindung mit der Anschuldigungsschrift vorgeworfen wird (BGHSt. 24, 81 [BGH Urt. v. 25. 1. 1971 – AnwSt [R] 7/70; vgl. § 113 BRAO erfolglose Rügen]). Die Rechtskraft eines im ehrengerichtlichen Verfahren ergangenen Urteils hindert grundsätzlich nicht, den Täter wegen einer vor dem Urteil begangenen Pflichtverletzung in einem neuen Verfahren zu verfolgen und abzuurteilen (BGHSt. 19, 90, 93 [BGH Urt. v. 22. 7. 1963 – NotSt (Brfg) 2/62; vgl. § 243 StPO erfolgreiche Rügen]). In Fortentwicklung dieser Rechtsprechung ist es angezeigt, im vorliegenden Fall von der Aufhebung und Zurückverweisung solche Vorgänge auszunehmen, die keine Standesverfehlung darstellen. Zu diesem Ergebnis führt schon die Erwägung, daß ein Rechtsanwalt andernfalls in einer neuen Hauptverhandlung nochmals mit Vorwürfen konfrontiert würde, die nach rechtsfehlerfreier Würdigung des zuständigen Richters eine Verurteilung nicht tragen können. Dem Erfordernis einer einheitlichen Entscheidung hat der neu entscheidende Tatrichter Rechnung zu tragen. Er hat bei seiner Entscheidung zu berücksichtigen, daß von mehreren Anschuldigungspunkten bereits einige rechtskräftig als eine Verurteilung nicht tragend beurteilt worden sind.

2. Im ehrengerichtlichen Verfahren darf ein Sachverhalt, der sich aus mehreren Anschuldigungspunkten zusammensetzt, nur einheitlich beurteilt und die Frage schuldhafter Pflichtverletzung nur einheitlich entschieden werden.

BRAO § 113 – BGH Urt. v. 25. 9. 1961 – AnwSt (R) 4/61 EGH beim OLG Hamburg (= BGHSt. 16, 237)

Die Revision der Staatsanwaltschaft rügt, daß der Ehrengerichtshof nur geprüft hat, ob sich der Beschuldigte der Begünstigung schuldig gemacht hat. Er hätte vielmehr auch nachprüfen müssen, ob der Beschuldigte nicht auch durch das im Eröffnungsbeschluß angeführte Verhalten nach § 113 Abs. 1 BRAO eine ehrengerichtliche Bestrafung verwirkt hat. Der Ehrengerichtshof hätte diese Umstände nach der tatsächlichen Seite selbständig feststellen und nach ihrer rechtlichen Bedeutung würdigen müssen.

Sachverhalt: Mit Beschluß vom 28. 6. 1958 eröffnete das Ehrengericht auf Grund der Anklageschrift vom 12. 5. 1958 das Hauptverfahren gegen den Beschuldigten. In dieser Sache lag dem Beschuldigten eine Begünstigung zur Last, wegen der er im Strafverfahren rechtskräftig zu einer Gefängnisstrafe verurteilt worden war.

Gemäß einer weiteren Anklageschrift vom 1. 12. 1958 eröffnete das Ehrengericht am 12. 1. 1959 das Hauptverfahren gegen den Beschuldigten, weil er in zwei Gastwirtschaften zweifelhaften Rufes laufend seine Berufstätigkeit ausgeübt und damit zugleich unzulässig um Praxis geworben habe.

Mit Beschluß vom 28. 4. 1959 verband das Ehrengericht diese beiden Sachen zur gemeinsamen Verhandlung. In der Urteilsformel heißt es, der Beschuldigte werde „unter Freisprechung im übrigen" zur Strafe der Ausschließung aus der Rechtsanwaltschaft verurteilt, weil er seinen Mandanten B. begünstigt habe.

Auf die Berufung des Beschuldigten änderte der Ehrengerichtshof entgegen dem Antrag der Staatsanwaltschaft, die die Verwerfung der Berufung und damit die Aufrechterhaltung des Ausschlusses aus der Rechtsanwaltschaft beantragt hatte, das Urteil des Ehrengerichts dahin ab, daß der Beschuldigte zu einem Verweis und zu einer Geldbuße verurteilt werde. – Das Rechtsmittel hatte Erfolg.

Gründe: ... Der Ehrengerichtshof hat in seinem Urteil ausgeführt, das Urteil des Ehrengerichts habe „durch die Formulierung des Tenors eindeutig den Angeklagten freisprechen wollen, soweit sein durch den Eröffnungsbeschluß vom 12. 1. 1959 vorgeworfenes Verhalten zur Beurteilung stand". Da das Urteil des Ehrengerichts nur von dem Beschuldigten angefochten worden sei, sehe sich der Ehrengerichtshof zu einer Überprüfung der Entscheidung insoweit außerstande, als sie zugunsten des Beschuldigten ergangen sei.

Die Bedenken, die die Staatsanwaltschaft gegen diese Auffassung aus § 264 StPO – in Verb. mit § 143 Abs. 4 BRAO – herleitet, schlagen durch.

1. Im Strafverfahren führt die Berufung grundsätzlich dazu, daß die Beschuldigungen, die in der Anklageschrift und im Eröffnungsbeschluß gegen den Beschuldigten erhoben worden sind, vom Berufungsgericht nach der tatsächlichen und der rechtlichen Seite vollständig und unabhängig von der Entscheidung des Erstrichters neu zu prüfen sind. Ist das Verfahren über mehrere Eröffnungsbeschlüsse vom Erstrichter in zulässiger Weise verbunden worden, so ist der gesamte Verfahrensstoff wie vom Erstrichter grundsätzlich auch vom Berufungsgericht zu behandeln und zu entscheiden. § 264 StPO, wonach Gegenstand der Urteilsfindung die in der Anklage – und im Eröffnungsbeschluß – bezeichnete Tat ist, gilt grundsätzlich auch für das Berufungsgericht.

2. Die hiernach bestehende Prüfungspflicht des Berufungsgerichts ist jedoch dann eingeschränkt, wenn und soweit die Berufung in zulässiger Weise beschränkbar und vom Berufungsführer tatsächlich beschränkt worden ist (vgl. § 318 StPO).

Das Reichsgericht und der Bundesgerichtshof haben in ständiger Rechtsprechung anerkannt, daß ein Rechtsmittel in zulässiger Weise auf einen Teil der angefochtenen Entscheidung beschränkt werden kann, soweit – was nur nach der besonderen Lage des einzelnen Falles beurteilt werden kann – der angefochtene Teil der Entscheidung losgelöst von dem nicht angegriffenen Teil einer selbständigen Prüfung und Beurteilung zugänglich ist, ohne ein erneutes Eingehen auf diesen nicht angegriffenen Teil notwendig zu machen.

Wird ein Rechtsmittel in der hiernach zulässigen Weise beschränkt, so tritt für die nicht angegriffenen Teile des angefochtenen Urteils Rechtskraft ein. Die Teilrechtskraft schränkt für das Berufungsgericht den Grundsatz des § 264 StPO ein; sie verbietet es, den nicht angefochtenen Teil des Ersturteils zu überprüfen (vgl. RGSt 62, 13; 65, 296, 297).

Der teilweisen Anfechtung steht es gleich, wenn ein das Ersturteil anfechtender Beschwerdeführer nur von einem Teil dieses Ersturteils beschwert ist. Betrifft die Beschwer einen Teil des allein von dem Beschwerdeführer angefochtenen Urteils, der losgelöst von dem übrigen Teil selbständig geprüft und beurteilt werden kann, ohne ein erneutes Eingehen auf diesen übrigen Teil notwendig zu machen, so ist dieser übrige Teil in Rechtskraft erwachsen.

3. Es bestehen keine rechtlichen Bedenken dagegen, die unter Nr. 2 erwähnten Gesichtspunkte auch auf das Verfahren anzuwenden, das die ehrengerichtliche Bestrafung eines Rechtsanwalts zum Gegenstand hat (§§ 113 bis 147 BRAO). Dabei muß aber streng an dem rechtlichen Ausgangspunkt festgehalten werden, daß eine Teilanfechtung nur insoweit wirksam sein kann, als sich die Anfechtung gegen einen solchen Teil des angefochtenen Urteils richtet, der für sich allein einer abgesonderten rechtlichen Betrachtung und Entscheidung zugänglich ist.

Hat sich ein Rechtsanwalt mehrerer äußerlich unabhängig voneinander erscheinender Verstöße gegen seine Standespflichten schuldig gemacht, so stehen diese Verstöße in einem anderen rechtlichen Verhältnis zueinander als die in Tatmehrheit befindlichen mehreren Straftaten eines Täters nach allgemeinem Strafrecht. Im Strafrecht ist jede Straftat die Erfüllung eines bestimmten, gesetzlich festgelegten Straftatbestandes. Mehrere Straftaten ein und desselben Täters werden – von Sonderformen wie der der fortgesetzten Handlung abgesehen – nur insoweit zu einer Einheit zusammengefaßt, als sie durch ein und dieselbe Handlung begangen sind (§ 73 StGB). Im Gegensatz dazu haben zwar die Bundesrechtsanwaltsordnung und andere Gesetze dem Rechtsanwalt eine Vielzahl verschiedenartiger Pflichten auferlegt, vor allem die, seinen Beruf gewissenhaft auszuüben und sich innerhalb und außerhalb des Berufes der Achtung und des Vertrauens würdig zu erweisen, welche die Stellung des Rechtsanwalts erfordert (§ 43 BRAO). Als einzige Strafnorm der ehrengerichtlichen Bestrafung ist aber nur die allgemeine Vorschrift des § 113 Abs. 1 BRAO vorhanden, wonach der Rechtsanwalt, der seine Pflichten schuldhaft verletzt, ehrengerichtlich bestraft wird. Es handelt sich dabei um eine „typische Disziplinarvorschrift", die sich „in gleicher oder ähnlicher Form in anderen Disziplinar- und Standesgesetzen findet" (vgl. Friedländer, RAnwO 3. Aufl. § 28 Anm. 1).

Bei der Anwendung der entsprechenden für Beamte geltenden Disziplinarvorschriften haben bereits der Reichsdisziplinarhof und der Reichsdienststrafhof entschieden, daß im Dienststrafverfahren lediglich zur Entscheidung steht, ob der Beamte schuldhaft die ihm obliegenden Pflichten verletzt hat, so daß ein Sachverhalt, der sich aus mehreren Anschuldigungspunkten zusammensetzt, nur einheitlich beurteilt und die Frage, ob der Beamte sich eines Dienstvergehens schuldig gemacht hat, nur einheitlich entschieden werden darf. Der Reichsdienststrafhof hat es demgemäß für unzulässig erachtet, den Beamten von einzelnen der in ein und demselben Verfahren erhobenen Anschuldigungspunkte freizusprechen, ihn aber zugleich wegen anderer Beschuldigungen zu bestrafen (a.a.O.). Dem Teilfreispruch kommt keine rechtliche Bedeutung zu. Eine Berufung des Angeklagten, die sich nur gegen den verurteilenden Teil des Ersturteils wendet, zwingt dazu, das Urteil im ganzen zu überprüfen.

Dieser Auffassung, von der auch schon der Ehrengerichtshof für deutsche Rechtsanwälte ausgegangen ist (vgl. EGH 19, 52, 53), ist neuerdings der Bayerische Dienststrafhof gefolgt (vgl. Entscheidungen des Bundesdisziplinarhofs Bd. 4 Anhang S. 208, 209). Ebenso haben sich ihr die nach 1945 errichteten Ehrengerichtshöfe für Rechtsanwälte angeschlossen (vgl. EGH I, 129; I, 134; I, 150; II, 200, 203; III, 6). An ihr ist festzuhalten.

4. Hiernach war es fehlerhaft, daß der Ehrengerichtshof nur geprüft hat, ob sich der Beschuldigte der Begünstigung schuldig gemacht hat. Er hätte vielmehr auch nachprüfen müssen, ob der Beschuldigte nicht auch durch das im Eröffnungsbeschluß vom 12. 1. 1959 angeführte Verhalten nach § 113 Abs. 1 BRAO eine ehrengerichtliche Bestrafung verwirkt hat. Der Ehrengerichtshof hätte diese Umstände nach der tatsächlichen Seite selbständig feststellen und nach ihrer rechtlichen Bedeutung würdigen müssen.

Wegen dieses Mangels muß auf die Verfahrensrüge das Urteil des Ehrengerichtshofs aufgehoben werden.

Das Verbot der Schlechterstellung (§ 331 StPO) greift hier nicht ein. Es verwehrt nur, die vom Erstrichter ausgesprochene Strafe in ihrer Art und ihrer Höhe zum Nachteil des Beschuldigten zu ändern.

Erfolglose Rügen

1. Gegenstand des Hauptverfahrens können nur solche Vorfälle werden, die mit den im Eröffnungsbeschluß in Verbindung mit der Anschuldigungsschrift angegebenen Vorfällen eine Tat im Sinne des § 264 StPO sein würden.

BRAO § 113 – BGH Urt. v. 25. 1. 1971 – AnwSt (R) 7/70 EGH beim OLG Düsseldorf (= BGHSt. 24, 81)

Mit der Revision begehrt der Beschwerdeführer erfolglos einen Freispruch, soweit ihm Parteiverrat, Nötigung, Geheimnisverrat und das Nichtvermeiden des Anscheins einer Vertretung widerstreitender Interessen vorgeworfen sei, ferner Einstellung des Verfahrens, soweit in einem Schreiben vom 30. 4. 1965 eine Verletzung von Standespflichten enthalten sei.

Sachverhalt: Das Ehrengericht hat durch Urteil vom 27. 3. 1968 gegen Rechtsanwalt X. eine Warnung ausgesprochen. Die Berufung des Rechtsanwalts ist durch Urteil des Ehrengerichtshofs vom 2. 6. 1969 verworfen worden. Der erkennende Senat hat die Revision gegen dieses Urteil durch Beschluß vom 4. 5. 1970 zugelassen.

Das Verfahren gegen den Beschwerdeführer ist auf seinen Antrag gemäß § 121 Abs. 3 BRAO eingeleitet worden. Das Ehrengericht hat gegen ihn durch Beschluß vom 6. 7. 1966 die Voruntersuchung eröffnet wegen folgender Beschuldigungen:

„1. Rechtsanwalt X. habe widerstreitende Interessen vertreten, indem er als Beauftragter der Aktionärsgruppe H. diese vertrat, sodann ein Mandat gemäß Beschluß des Vorstandes und Aufsichtsrats der AG vom 6. 11. 1964 übernahm und in der gleichen Sache sich sodann wieder nach Übernahme des Mandates durch Rechtsanwalt S. gegen den Vorstand wandte und ein gerichtliches Verfahren gegen diesen einleitete.

2. Rechtsanwalt X. habe den Rechtsanwalt S. beim Vorstand, Aufsichtsrat und einigen Aktionären verächtlich gemacht, seine Leistungen ohne Auftrag kritisiert, Tatsachen verbreitet und behauptet, die geeignet sind, Rechtsanwalt S. bei einem größeren Personenkreis zu diffamieren.

3. Rechtsanwalt X. habe ohne Auftrag eine Schadensersatzklage von DM 750 000,– angedroht, falls Rechtsanwalt S. Herrn He. nicht beeinflusse, den Kaufpreis des He.-Unternehmens um diese Summe zu senken. ...

4. Rechtsanwalt X. habe seine Verschwiegenheitspflicht verletzt, indem er anderen Beteiligten – nicht nur den Mitgliedern von Vorstand und Aufsichtsrat – seine Wahrnehmungen und Bekundungen aus dem Auftrag des Vorstandes vom 6. 11. 1964 mitteilte."

Nachdem der Untersuchungsrichter die Voruntersuchung am 13. 10. 1967 geschlossen hatte, reichte der Generalstaatsanwalt beim Ehrengericht eine Anschuldigungsschrift vom 17. 11. 1967 ein, in der die Vorgänge, die in dem Beschluß vom 6. 7. 1966 unter den Nrn. 1 und 2 angegeben sind, – wenigstens zum Teil – dem Rechtsanwalt X. als standeswidriges Verhalten vorgeworfen wurden. Der Generalstaatsanwalt hielt ein standeswidriges Verhalten im Falle 4 des Beschlusses vom 6. 7. 1966 nicht für nachweisbar; im übrigen erachtete er eine Beschränkung auf die Fälle 1 und 2 nach „§ 154a StPO" für angebracht. Das Hauptverfahren wurde auf diese Anschuldigungsschrift vom 15. 2. 1968 eröffnet. Durch Urteil vom 27. 3. 1968 erkannte das Ehrengericht auf eine Warnung, wobei es in beiden Punkten ein standeswidriges Verhalten des Rechtsanwalts annahm.

Dessen Berufung wurde durch Urteil des Ehrengerichtshofs vom 2. 6. 1969 mit der Maßgabe verworfen, „daß gegen ihn wegen der in seinem Schreiben vom 30. 4. 1965 enthaltenen Verletzungen seiner Standespflichten eine Warnung verhängt wird". Ihm sind die Kosten des Berufungsrechtszuges auferlegt worden. In dem Schreiben vom 30. 4. an Rechtsanwalt S. finden sich folgende Sätze:

1. „Es wäre sicher nützlich, wenn Sie die an der entsprechenden Kommentarstelle angeführten Reichsgerichtsentscheidungen einmal ausgiebig studieren würden."

2. „Im Allgemeinen werden diese Grundsätze dem Juristen im 1. Semester bei den Grundzügen des Vertragsrechtes wie auch sogar den Studenten der Volks- und Betriebswirtschaft nahegebracht."

Abschriften dieses Briefes hatte der Beschwerdeführer an die Mitglieder des Aufsichtsrats und des Vorstandes der AG gesandt.

In dem angefochtenen Urteil führt der Ehrengerichtshof aus, eine Entscheidung zu den Vorwürfen des Parteiverrats, der Nötigung und des Geheimnisverrats (Nr. 1, 3 und 4 des Beschlusses vom 6. 7. 1966) sei nicht möglich, weil diese Vorwürfe nicht Gegenstand des Eröffnungsbeschlusses vom 15. 2. 1968 seien. Anschließend wird jedoch dargelegt, daß der Vorwurf, zumindest den Anschein einer Vertretung widerstreitender Interessen nicht vermieden zu haben, nicht gerechtfertigt sei. Damit ist zugleich ein Parteiverrat verneint, der entgegen der Ansicht des Ehrengerichtshofs Gegenstand des Eröffnungsbeschlusses vom 15. 2. 1968 war. Einen teilweisen Freispruch hält der Ehrengerichtshof für unzulässig, weil nur das standesrechtliche Verhalten als einheitliches Ganzes in dem durch Anschuldigungsschrift und Eröffnungsbeschluß gesteckten Rahmen Gegenstand des Ehrengerichtsverfahrens sei. – Das Rechtsmittel war erfolglos.

Gründe: ...

IV.

Ein Freispruch in dem Fall, in dem dem Beschwerdeführer vorgeworfen wurde, durch Androhung einer Schadensersatzklage von 750 000,– DM versucht zu haben, Rechtsanwalt S. zu einem bestimmten Verhalten zu veranlassen (Nr. 3 des Beschlusses vom 6. 7. 1966), ferner in dem Fall, in dem der Beschwerdeführer seine Verschwiegenheitspflicht verletzt haben soll (Nr. 4 des Beschlusses vom 6. 7. 1966), kommt nicht in Betracht, da diese Fälle nicht Gegenstand des Hauptverfahrens sind.

1. Zwar ist durch den Beschluß vom 6. 7. 1966 die Voruntersuchung auch wegen dieser selbständigen Vorgänge eingeleitet und diese sind damit beim Ehrengericht anhängig geworden. Dies bedeutet jedoch noch nicht, daß sie damit schon Gegenstand des Hauptverfahrens wurden. Was Gegenstand des Hauptverfahrens ist, kann nur dem Eröffnungsbeschluß in Verbindung mit der Anschuldigungsschrift entnommen werden. Durch diesen wird ebenso wie im Strafverfahren festgelegt, welches Tatgeschehen Gegenstand des Verfahrens und der Urteilsfindung ist (vgl. § 264 StPO).

2. Durch den Eröffnungsbeschluß vom 15. 2. 1968 wurde die Anschuldigungsschrift vom 17. 11. 1967 ohne Einschränkungen oder Ergänzungen zugelassen und das Hauptverfahren in diesem Umfang eröffnet. In der Anschuldigungsschrift wird dem Beschwerdeführer aber nur das Verhalten vorgeworfen, das in den Akten als Parteiverrat oder Nichtvermeiden des Anscheins widerstreitender Interessen (Nr. 1 des Beschlusses vom 6. 7. 1966) und als Verächtlichmachung des Rechtsanwalts S. (Fall Nr. 2 des genannten Beschlusses) gekennzeichnet ist. Damit ist nur ein Teil der dem Beschwerdeführer in der Voruntersuchung vorgeworfenen Vorfälle Gegenstand des Hauptverfahrens geworden.

Die Voruntersuchung ist hinsichtlich der Fälle, die unter Nr. 3 und Nr. 4 des Beschlusses vom 6. 7. 1966 erfaßt sind, noch nicht nach den gesetzlichen Vorschriften abgeschlossen. Eine Voruntersuchung wird durch Beschluß des Ehrengerichts gemäß § 123 BRAO eröffnet. Nach ihrem Schluß hat die Staatsanwaltschaft gemäß § 129 BRAO eine Anschuldigungsschrift bei dem Ehrengericht einzureichen oder zu beantragen, den Rechtsanwalt außer Verfolgung zu setzen oder das Verfahren vorläufig einzustellen. Reicht die Staatsanwaltschaft eine Anschuldigungsschrift ein, richtet sich das weitere Verfahren nach den §§ 130 ff. BRAO. Geschieht dies nicht oder nur hinsichtlich eines Teiles der dem Rechtsanwalt in der Voruntersuchung vorgeworfenen Vorgänge, hat die Staatsanwaltschaft, soweit keine Anschuldigungsschrift erhoben wird, einen der in § 129 vorgesehenen Anträge auf Außerverfolgungsetzung oder vorläufige Einstellung des Verfahrens zu stellen.

Was bei einem Gericht in der Voruntersuchung oder im Hauptverfahren anhängig ist, kann, sofern das Verfahren sich nicht von selbst, etwa durch Tod oder Ausscheiden des Betroffenen aus der Rechtsanwaltschaft, erledigt, nur durch gerichtliche Entscheidung abgeschlossen werden. Die Staatsanwaltschaft darf solche Maßnahmen, wie es hier durch den Vermerk des Generalstaatsanwalts in Düsseldorf vom 17. 11. 1967 geschehen ist, nicht mehr treffen. Für diese ist vielmehr das Ehrengericht zuständig (§ 116 Satz 2 BRAO in Verbindung mit § 198 StPO). Dieses hat über die Außerverfolgungsetzung oder eine vorläufige Einstellung zu beschließen.

3. Etwas anderes gilt nicht etwa deshalb, weil im ehrengerichtlichen Verfahren gegen einen Rechtsanwalt ein Sachverhalt, der sich aus mehreren Anschuldigungspunkten zusammensetzt, nur einheitlich beurteilt und die Frage, ob der Rechtsanwalt seine Pflichten schuldhaft verletzt hat, nur einheitlich entschieden werden kann (vgl. BGHSt. 16, 237 [BGH Urt. v. 25. 9. 1961 – AnwSt [R] 4/61]. Mehrere pflichtwidrige Handlungen werden nämlich zu einer einheitlich zu beurteilenden Pflichtverletzung erst durch die Anschuldigungsschrift und den Beschluß über die Eröffnung des Hauptverfahrens oder durch etwaige gerichtliche Beschlüsse, mehrere beim Gericht anhängige Verfahren miteinander zu verbinden, zu einer einheitlichen Pflichtverletzung zusammengefaßt. Zu dieser Zusam-

menfassung reicht eine Voruntersuchung nicht aus. Sie dient nur der Klärung der Frage, ob eine Anschuldigungsschrift eingereicht und das Hauptverfahren eröffnet werden soll. Das Hauptverfahren soll nicht mit unwesentlichen Vorgängen oder voraussichtlich nicht nachweisbaren Vorwürfen belastet werden. Gerade aus diesem Grunde ist jetzt nach Einführung des § 154a StPO der Staatsanwaltschaft im Vorverfahren und später, wenn die Sache bei dem Gericht anhängig gemacht wurde, diesem die Möglichkeit gegeben, auch Teile einer Tat oder einzelne von mehreren Gesetzesverletzungen, die durch ein und dieselbe Handlung begangen wurden, also in Tateinheit zueinander stehen, aus dem Verfahren auszuscheiden.

4. Deshalb konnte die Staatsanwaltschaft bei der Anschuldigungsschrift und das Ehrengericht die verschiedenen Vorgänge voneinander trennen und unabhängig voneinander beurteilen. Weil der Generalstaatsanwalt nur die Vorgänge unter 1 und 2 des Beschlusses vom 6. 7. 1966 zum Gegenstand der Anschuldigungsschrift gemacht hat, könnten die unter 3 und 4 des Beschlusses vom 6. 7. 1966 genannten Vorfälle nur dann Gegenstand des Hauptverfahrens geworden sein, wenn sie mit den im Eröffnungsbeschluß vom 15. 2. 1968 in Verbindung mit der Anschuldigungsschrift vom 17. 11. 1967 angegebenen Vorfällen eine Tat im Sinne des § 264 StPO sein würden (vgl. dazu BGHSt. 21, 256; 23, 141; 23, 270). Das ist jedoch nicht der Fall. Die Vorgänge zu 3 und 4 des Beschlusses vom 6. 7. 1966 sind nicht tatidentisch mit dem Verhalten des Beschwerdeführers, das ihm in der Anschuldigungsschrift vorgeworfen wird. Deshalb sind sie auch nicht Gegenstand des Hauptverfahrens geworden, vielmehr ist insoweit das Voruntersuchungsverfahren noch durch einen Beschluß des Ehrengerichts abzuschließen, das auch insoweit über die Kosten des Verfahrens und die notwendigen Auslagen des Beschwerdeführers zu entscheiden hat. Dem erkennenden Senat ist eine Entscheidung über nicht zum Hauptverfahren gehörende Vorgänge verwehrt.

V.

1. Durch sein Schreiben vom 30. 4. 1965 hat der Beschwerdeführer den Rechtsanwalt S. verächtlich und sich dadurch einer Standespflichtverletzung schuldig gemacht. Daß dieses innerhalb seines Berufs geschehen und daher § 113 Abs. 2 BRAO in der Fassung des Gesetzes zur Änderung der Bundesrechtsanwaltsordnung und der Patentanwaltsordnung vom 13. 1. 1969 (BGBl. I 25) nicht anwendbar ist, bedarf keiner besonderen Erörterung. Für die Anwendbarkeit des § 199 StGB sind dem Urteil keine Anhaltspunkte zu entnehmen.

2. Eine Einstellung des Verfahrens nach § 153 Abs. 3 StPO in Verbindung mit § 116 BRAO, die der Senat in Betracht gezogen hat, scheidet schon deswegen aus, weil der Generalbundesanwalt auf Befragen in der Hauptverhandlung erklärt hat, daß er zur Einstellung des Verfahrens seine Zustimmung nicht gebe.

3. Da der Beschwerdeführer seine Pflichten durch das Schreiben vom 30. 4. 1965 schuldhaft verletzt hat, war eine ehrengerichtliche Maßnahme zu verhängen (§ 113 Abs. 1 BRAO). Das Ehrengericht und der Ehrengerichtshof haben die nach § 114 BRAO mildeste Maßnahme ausgesprochen. Deshalb bedurfte es nicht der von der Revision vermißten „ausführlichen Begründung der hier verhängten Maßnahme".

VI.

Wie bereits dargelegt, wurde dem Beschwerdeführer im Eröffnungsbeschluß in Verbindung mit der Anschuldigungsschrift entgegen der Ansicht des Ehrengerichtshofs auch Parteiverrat vorgeworfen. In der Anschuldigungsschrift wird ihm unter a) seine Tätigkeit für die AG von November 1964 bis Juni 1965 und das Vorgehen gegen die AG im Auftrag der Familie H. seit Mai 1964 bis August 1965 als Parteiverrat vorgeworfen. Das geht deutlich aus Bl. 11 der Anschuldigungsschrift hervor, in der es heißt „Der Beschuldigte hat daher in derselben Rechtssache widerstreitende Interessen vertreten, zumindest aber den Anschein der Vertretung gegensätzlicher Interessen erweckt." Weil der Ehrengerichtshof jedoch den Vorwurf, zum mindesten den Anschein einer Vertretung widerstreitender Interessen nicht vermieden zu haben, verneint, entfällt auch der weitergehende Vorwurf des Parteiverrates.

Trotzdem durfte der Ehrengerichtshof den Beschwerdeführer nicht, wie dieser meint, insoweit freisprechen. Dieser Anschuldigungspunkt war zusammen mit dem Vorwurf, der Beschwerdeführer habe Rechtsanwalt S. verächtlich gemacht, in einem Verfahren erhoben worden und über beide konnte nur einheitlich entschieden werden (BGHSt. 16, 237). Da der Beschwerdeführer im Falle S. verurteilt worden ist, kam ein teilweiser Freispruch nicht in Betracht.

VII.

Mit Recht wendet der Beschwerdeführer sich jedoch gegen die Kostenentscheidung des angefochtenen Urteils. Der Ehrengerichtshof hat die Entscheidung des Ehrengerichts, nach welcher der Beschwerdeführer die Kosten des Verfahrens zu tragen hat, aufrechterhalten und dem Beschwerdeführer die Kosten des Berufungsverfahrens auferlegt.

Nach § 197 Abs. 1 BRAO sind dem Rechtsanwalt, der in dem ehrengerichtlichen Verfahren verurteilt wird, zugleich die in dem Verfahren entstandenen Kosten ganz oder teilweise aufzuerlegen. Sinn und Zweck dieser Vorschrift, ebenso wie die der kostenrechtlichen Bestimmungen der §§ 464 ff. der Strafprozeßordnung ist, daß derjenige, gegen den sich ein ehrengerichtliches Verfahren oder ein Strafverfahren richtet, Kosten und Auslagen in der Regel nur zu tragen hat, wenn und soweit er verurteilt wird. Ist der Rechtsanwalt nur wegen eines Teiles der ihm im Hauptverfahren gemachten Vorwürfe für überführt angesehen, hinsichtlich des anderen Teiles aber nicht, dürfen ihm nicht die durch die Verfolgung in diesem anderen Teil entstandenen Kosten auferlegt werden. Daß dem verurteilten Rechtsanwalt die entstandenen Kosten auch nur teilweise auferlegt werden können, besagt schon der Wortlaut des § 197 Abs. 1 BRAO. Im übrigen sind im ehrengerichtlichen Verfahren, da die §§ 195 bis 199 BRAO nicht eine erschöpfende Regelung darstellen, gemäß § 116 BRAO die entsprechenden Vorschriften der Strafprozeßordnung sinngemäß anzuwenden (BGHSt. 21, 211). Nach § 465 Abs. 2 StPO in der Fassung, welche diese Bestimmung durch das Einführungsgesetz zum Ordnungswidrigkeitengesetz vom 24. 5. 1968 (BGBl. I 503) erhalten hat, braucht der Angeklagte im Strafverfahren nicht die besonderen Auslagen des Gerichts zu tragen, die durch Untersuchungen zur Aufklärung bestimmter belastender oder entlastender Umstände in der Voruntersuchung und im Hauptverfahren entstanden sind, wenn diese Untersuchung zugunsten des Angeklagten ausgegangen ist und wenn es unbillig wäre, den Angeklagten damit zu belasten. Danach ist es für die Kostenentscheidung ohne Bedeutung, daß über den Vorwurf einer aus mehreren Anschuldigungspunkten zusammengesetzten Standespflichtverletzung nur einheitlich entschieden werden darf.

Da dieser Grundsatz sowohl für abtrennbare Teile einer Tat wie auch für eine von mehreren vorgeworfenen Gesetzesverletzungen gilt, durften dem Beschwerdeführer nicht die im Fall des ihm vorgeworfenen Parteiverrats besonders entstandenen Gerichtskosten auferlegt werden. Diese sowie die notwendig in diesem Falle entstandenen ausscheidbaren Auslagen des Beschwerdeführers hat vielmehr die Rechtsanwaltskammer zu tragen (§ 198 BRAO). Soweit durch die Voruntersuchung in den Fällen Nr. 3 und Nr. 4 des Beschlusses vom 6. 7. 1966 ausscheidbare Kosten oder notwendige Auslagen entstanden sein sollten, obliegt die Entscheidung darüber, wer diese zu tragen hat, dem Ehrengericht (vgl. IV Nr. 4).

§ 118 BRAO

(1) Ist gegen einen Rechtsanwalt, der einer Verletzung seiner Pflichten beschuldigt wird, wegen desselben Verhaltens die öffentliche Klage im strafgerichtlichen Verfahren erhoben, so kann gegen ihn ein anwaltsgerichtliches Verfahren zwar eingeleitet, es muß aber bis zur Beendigung des strafgerichtlichen Verfahrens ausgesetzt werden. Ebenso muß ein bereits eingeleitetes anwaltsgerichtliches Verfahren ausgesetzt werden, wenn während seines Laufes die öffentliche Klage im strafgerichtlichen Verfahren erhoben wird. Das anwaltsgerichtliche Verfahren ist fortzusetzen, wenn die Sachaufklärung so gesichert erscheint, daß sich widersprechende Entscheidungen nicht zu erwarten sind, oder wenn im strafgerichtlichen Verfahren aus Gründen nicht verhandelt werden kann, die in der Person des Rechtsanwalts liegen.

(2) Wird der Rechtsanwalt im gerichtlichen Verfahren wegen einer Straftat oder einer Ordnungswidrigkeit freigesprochen, so kann wegen der Tatsachen, die Gegenstand der gerichtlichen Entscheidung waren, ein anwaltsgerichtliches Verfahren nur dann eingeleitet oder fortgesetzt werden, wenn diese Tatsachen, ohne den Tatbestand einer Strafvorschrift oder einer Bußgeldvorschrift zu erfüllen, eine Verletzung der Pflichten des Rechtsanwalts enthalten.

(3) Für die Entscheidung im anwaltsgerichtlichen Verfahren sind die tatsächlichen Feststellungen des Urteils im Strafverfahren oder Bußgeldverfahren bindend, auf denen die Entscheidung des Gerichts beruht. In dem anwaltsgerichtlichen Verfahren kann ein Gericht jedoch die nochmalige Prüfung solcher Feststellungen beschließen, deren Richtigkeit seine Mitglieder mit Stimmenmehrheit bezweifeln; dies ist in den Gründen der anwaltsgerichtlichen Entscheidung zum Ausdruck zu bringen.

(4) Wird ein anwaltsgerichtliches Verfahren nach Absatz 1 Satz 3 fortgesetzt, ist die Wiederaufnahme des rechtskräftig abgeschlossenen anwaltsgerichtlichen Verfahrens auch zulässig, wenn die tatsächlichen Feststellungen, auf denen die Verurteilung oder der Freispruch im anwaltsgerichtlichen Verfahren beruht, den Feststellungen im strafgerichtlichen Verfahren widersprechen. Den Antrag auf Wiederaufnahme des Verfahrens kann die Staatsanwaltschaft oder der Rechtsanwalt binnen eines Monats nach Rechtskraft des Urteils im strafgerichtlichen Verfahren stellen.

Erfolgreiche Rügen

1. Feststellungen im Strafbefehl für anwaltsgerichtliches Verfahren nicht bindend (BGH Urt. v. 12. 4. 1999 AnwSt [R] 11/98).

2. Solange seine Bindung an das Strafurteil besteht, ist dem Ehrengericht eine Beweisaufnahme über seine tragenden Feststellungen verschlossen; darauf abzielende Beweisanträge sind unzulässig (BGH Urt. v. 4. 3. 1985 – AnwSt [R] 22/84).

Erfolglose Rügen

1. Verweisung auf Feststellungen eines Strafurteils durch Ehrengericht zulässig, wenn es gemäß § 118 III Satz 1 BRAO an dieses gebunden ist (BGH Urt. v. 5. 11. 1984 – AnwSt [R] 11/84).

2. Das Ehrengericht soll nach sachlichen Gesichtspunkten selbst darüber befinden, ob ihm die Sachaufklärung – auch ohne rechtskräftige Entscheidung im Strafverfahren – durch seine Verhandlung so gesichert erscheint, daß eine entgegenstehende Entscheidung im Strafverfahren nicht zu befürchten ist (BGH Urt. v. 13. 11. 1978 – AnwSt [R] 14/78).

Erfolgreiche Rügen

1. Feststellungen im Strafbefehl für Anwaltsgerichtliches Verfahren nicht bindend.

BRAO § 118 III; StPO § 410 III – BGH Urt. v. 12. 4. 1999 AnwSt (R) 11/98 Anwaltsgerichtshof München (= BGHSt. 45, 46 = NJW 1999, 2288 = NStZ 1999, 410)

Die Revision rügt, daß sich der Anwaltsgerichtshof bei seiner Beweisführung an die Feststellungen gebunden gesehen hat, auf denen ein gegen den Rechtsanwalt ergangener rechtskräftiger Strafbefehl beruhte, der den gleichen Tatvorwurf wie das anwaltsgerichtliche Verfahren betraf.

Sachverhalt: Das Anwaltsgericht hat gegen den Rechtsanwalt wegen schuldhafter Verletzung anwaltlicher Pflichten (§ 43 Satz 2, § 113 Abs. 1 und 2 BRAO) einen Verweis und eine Geldbuße verhängt. Der Anwaltsgerichtshof hat die Berufung des Rechtsanwalts verworfen. – Die – vom Anwaltsgerichtshof zugelassene – Revision des Rechtsanwalts hat Erfolg.

Dem Rechtsanwalt wird als schuldhafte Verletzung außerberuflicher anwaltlicher Pflichten angelastet, am Abend des 6. 8. 1996 das Fahrzeug eines Nachbarn, mit dem er in Streit liegt, vorsätzlich beschädigt und anschließend Polizeibeamten, die wegen dieses Vergehens gegen ihn ermitteln wollten, Widerstand geleistet und sie beleidigt zu haben. Wegen dieses Verhaltens ist gegen den Rechtsanwalt ein Strafbefehl ergangen, in dem wegen Sachbeschädigung und wegen Beleidigung in zwei Fällen, in einem davon in Tateinheit mit Widerstand gegen Vollstreckungsbeamte, auf eine Gesamtgeldstrafe erkannt worden ist. Da der Rechtsanwalt keinen Einspruch erhoben hat, ist der Strafbefehl rechtskräftig.

Vor dem Anwaltsgerichtshof hat der Rechtsanwalt die Sachbeschädigung und den Umfang seiner Widerstandshandlungen bestritten. Der Anwaltsgerichtshof hat demgegenüber die den Schuldspruch tragenden Feststellungen aus dem nach § 410 Abs. 3 StPO einem rechtskräftigen Urteil gleichstehenden Strafbefehl nach § 118 Abs. 3 Satz 1 BRAO für bindend erachtet. Anlaß für deren nochmalige Prüfung gemäß § 118 Abs. 3 Satz 2 BRAO hat der Anwaltsgerichtshof nicht gesehen. Folglich hat er auch entlastende Beweisanträge des Rechtsanwalts abgelehnt. – Das Rechtsmittel hatte Erfolg.

Gründe: Diese Beweisführung wird von der Revision mit Recht beanstandet. Die Bindungswirkung, die § 118 Abs. 3 BRAO dem rechtskräftigen Urteil im Strafverfahren (oder Bußgeldverfahren) für das anwaltsgerichtliche Verfahren zuerkennt, kommt dem rechtskräftigen Strafbefehl nicht zu.

1. Der Wortlaut der Norm, deren Regelung sich ausdrücklich nur auf „Urteile" bezieht, spricht gegen die Annahme einer solchen weitergehenden Bindungswirkung. Allerdings „steht" der Strafbefehl nach § 410 Abs. 3 StPO „einem rechtskräftigen Urteil gleich". Dieser 1987 neu gefaßten Vorschrift zur Rechtskraftwirkung des Strafbefehls in der Strafprozeßordnung läßt sich eine Regelung zur Bindungswirkung eines rechtskräftigen Strafbefehls in einem anwaltsgerichtlichen Verfahren, das den gleichen Vorwurf wie das Strafverfahren zum Gegenstand hat, nicht entnehmen.

2. Zudem sprechen Sinn und Zweck der Regelung über die Bindungswirkung – entgegen der mit der Revision angegriffenen Annahme des Anwaltsgerichtshofs im vorliegenden Verfahren – gleichfalls dagegen, einem Strafbefehl nach § 410 Abs. 3 StPO die gleiche formale Bindungswirkung zuzubilligen, wie sie nach § 118 Abs. 3 BRAO für ein Strafurteil besteht.

a) Mit der Bindungswirkung sollen einander widersprechende Tatsachenfeststellungen verschiedener Gerichte in ähnlich ausgestalteten Verfahren, weil dies der Rechtssicherheit widerstreiten würde, möglichst vermieden werden. Dabei wird dem auf eine Wahrheitsermittlung von Amts wegen optimal ausgerichteten Strafverfahren die Prärogative zugebilligt, was auch durch einen grundsätzlich vorgesehenen zeitlichen Vorlauf (§ 118 Abs. 1 BRAO; vgl. auch § 17 BDO) abgesichert ist.

Im Gegensatz zu dem notwendig nach mündlicher Hauptverhandlung auf der Grundlage richterlicher Überzeugung getroffenen Strafurteil ergeht der Strafbefehl nach vergleichsweise summarischer Prüfung, regelmäßig nur nach Aktenlage auf der Grundlage der Annahme hinreichenden Tatverdachts bei nicht entgegenstehenden weiteren richterlichen Bedenken. Die Annahme einer Bindungswirkung durch eine auf dieser deutlich schmaleren Basis ergangene richterliche Entscheidung für ein Urteil im anwaltsgerichtlichen (oder sonstigen disziplinarrechtlichen) Verfahren, welches seinerseits sichere gerichtliche Überzeugung als Grundlage einer Verurteilung verlangt, ist nicht gleichermaßen naheliegend, auch wenn Belange der Rechtssicherheit generell durch divergierende Entscheidungen im Straf- und im Disziplinarverfahren berührt werden.

Der Umstand, daß sich derjenige, der gegen einen Strafbefehl keinen Einspruch erhoben hat, der Aburteilung in diesem Verfahren gleichsam unterworfen hat, kann das Defizit der Erkenntnisgrundlage des Strafbefehlsverfahrens im Vergleich zum strafgerichtlichen Urteilsverfahren nicht vollständig ausgleichen.

b) Der Unterschied zwischen den Erkenntnisgrundlagen ist prinzipieller Art. Zwar geht auch die Aktenlage, auf welcher der Strafbefehlserlaß beruht, auf ein rechtsstaatlich geordnetes, auf Wahrheitsermittlung zielendes Verfahren zurück. Andererseits kann ein Strafurteil trotz Hauptverhandlung im Einzelfall nur eine sehr pauschal gewonnene Grundlage haben. Durch solche Erwägungen läßt sich der beachtliche Unterschied zwischen Strafurteil und Strafbefehl aber nur relativieren, nicht indes grundlegend beseitigen.

Es kommt hinzu, daß sich das Unterlassen eines rechtzeitigen Einspruchs gegen den Strafbefehl nicht stets, kaum regelmäßig, als auch nur weitgehendes Eingeständnis des Tatvorwurfs im Sinne einer „Unterwerfung" unter das Strafbefehlserkenntnis verstehen läßt, sondern daß es auf vielfältige andere Motive oder sonstige Begleitumstände zurückgehen kann. Dies hätte bei Annahme einer Bindungswirkung nach § 118 Abs. 3 Satz 1 BRAO zur Folge, daß in Fällen dieser Art häufiger als sonst eine nochmalige Prüfung von Schuldfeststellungen nach § 118 Abs. 3 Satz 2 BRAO veranlaßt sein dürfte.

Auf der anderen Seite bleibt der Umstand, daß gegen den Rechtsanwalt ein Strafbefehl ergangen ist, gegen den er keinen Einspruch erhoben hat, auch ohne die formale Bindungswirkung des § 118 Abs. 3 BRAO selbstverständlich nicht etwa bedeutungslos. Dies wird vielmehr im anwaltsgerichtlichen Verfahren regelmäßig ein gewichtiges Indiz für seine Schuld im Sinne des Strafbefehlsvorwurfs sein. Vor diesem Hintergrund wird, auch wenn der Rechtsanwalt den mit dem Gegenstand des Strafbefehls identischen Vorwurf im anwaltsgerichtlichen Verfahren nicht einräumt, die anwaltsgerichtliche Aufklärungspflicht eine besonders ausführliche und kritische Beweiserhebung, insbesondere die Einholung möglichen Entlastungsbeweises von Amts wegen, regelmäßig nicht gebieten; vielmehr wird weitgehend eine erleichterte Form der Beweisführung angezeigt sein (vgl. nur § 138 Abs. 1 BRAO). Der hauptsächliche praktische Unterschied wird darin liegen, daß auf Entlastung abzielende Beweisanträge nicht mit Rücksicht auf die Regelung in § 118 Abs. 3 BRAO als unzulässig abgelehnt werden dürfen (vgl. BGHSt. 23, 362[1]; 33, 155, 156 [BGH Urt. v. 4. 3. 1985 – AnwSt (R) 22/84; vgl. § 118 BRAO erfolgreiche Rügen]).

c) Damit stehen auch unabweisbare Bedürfnisse der gerichtlichen Praxis der Annahme mangelnder Bindungswirkung des Strafbefehls nicht entgegen. Ernstliche Anhaltspunkte

---

[1] „Im berufsgerichtlichen Verfahren ist ein Beweisantrag nach § 244 Abs. 3 bis 5 StPO oder nach § 245 StPO, der die Überprüfung der tatsächlichen die Verurteilung begründenden Feststellungen des strafgerichtlichen Urteils bezweckt, nur dann zulässig, wenn die Mitglieder des Berufsgerichts übereinstimmend die Richtigkeit der Feststellungen bezweifeln und deren nochmalige Prüfung beschließen." (BGH Urt. v. 23. 10. 1970 – Stb StR 1/70)

dafür, daß die Anwaltsgerichte mit den beschriebenen Anforderungen der Beweiserhebung über anwaltliches Fehlverhalten, das bereits Gegenstand eines Strafbefehlsverfahrens gewesen ist, überfordert sein könnten, liegen nicht vor. Es ist auch nicht zu befürchten, daß die Staatsanwaltschaften als Folge der Nichtannahme einer Bindungswirkung des Strafbefehls für Disziplinarverfahren in einer wesentlichen Zahl von Einzelfällen bei gleichermaßen straf- wie disziplinarrechtlich relevanten Sachverhalten auf die Durchführung sonst angezeigter Strafbefehlsverfahren mit geringerem justiziellem Aufwand verzichten würden.

3. Die Auffassung des Senats, im anwaltsgerichtlichen Verfahren eine Bindung an die tragenden Feststellungen eines zum identischen Vorwurf ergangenen rechtskräftigen Strafbefehls zu verneinen, steht im Einklang mit der Rechtsprechung des Bundesverwaltungsgerichts zu der entsprechenden Frage im Disziplinarverfahren (BVerwGE 83, 373; 93, 255), so daß es einer Vorlage der die Struktur von Disziplinarverfahren allgemein betreffenden Rechtsfrage zur Entscheidung an den Gemeinsamen Senat der obersten Bundesgerichte nicht bedarf.

Der Rechtsanwalt hat den Schuldumfang im anwaltsgerichtlichen Verfahren nicht umfassend eingestanden. Zwar läge eine gleich hohe Sanktionierung auch allein für die von ihm eingeräumten Vorwürfe nicht fern, sie versteht sich indes nicht von selbst. Bei dieser Sachlage läßt sich ein Beruhen des angefochtenen Urteils auf der unzutreffenden Annahme der Bindungswirkung des Strafbefehls nicht verneinen.

2. Solange seine Bindung an das Strafurteil besteht, ist dem Ehrengericht eine Beweisaufnahme über seine tragenden Feststellungen verschlossen; darauf abzielende Beweisanträge sind unzulässig.

BRAO § 118 III – BGH Urt. v. 4. 3. 1985 – AnwSt (R) 22/84 Bayerischer EGH für Rechtsanwälte (= BGHSt. 33, 155)

Die Revision rügt, der Ehrengerichtshof habe nicht allein auf Grund der Feststellungen des Strafurteils entscheiden dürfen.

Sachverhalt: Das Ehrengericht hat den Rechtsanwalt aus der Rechtsanwaltschaft ausgeschlossen. Seine Berufung hat der Ehrengerichtshof verworfen.

Der Rechtsanwalt ist strafgerichtlich wegen Steuerhinterziehung, wegen unterlassener Konkursanmeldung in vier tateinheitlich begangenen Fällen sowie wegen Bankrotts in vier tateinheitlich begangenen Fällen zu einer Gesamtfreiheitsstrafe von einem Jahr sechs Monaten mit Strafaussetzung zur Bewährung verurteilt worden. Die abgeurteilten Taten sind Gegenstand auch des vorliegenden Verfahrens. Der Rechtsanwalt hat die Feststellungen des Strafurteils als unrichtig bezeichnet. Deshalb hat der Ehrengerichtshof „zur Vorbereitung einer Entscheidung nach § 118 Abs. 3 Satz 2 BRAO" Niederschriften über Vernehmungen des Rechtsanwalts und seines Mittäters aus dem Strafverfahren verlesen. Ferner hat er zu demselben Zweck „gemäß § 143 Abs. 4 BRAO i.V.m. § 138 Abs. 1 BRAO" die Aussagen von vier Zeugen verlesen, die das Ehrengericht zu dem vor dem Strafrichter abgelegten Geständnis des Rechtsanwalts gehört hatte. Auf Grund der erhobenen Beweise hat der Ehrengerichtshof keinen Anlaß gesehen, die Feststellungen des Strafurteils anzuzweifeln; er hat sie deshalb seinem Urteil als bindend zugrunde gelegt. – Das Rechtsmittel hatte Erfolg.

Gründe:

a) Das Verhältnis des ehrengerichtlichen Verfahrens zum Strafverfahren ist in Anlehnung an das Disziplinarrecht für Beamte geregelt. Danach gebührt dem Strafverfahren im allgemeinen der Vorrang. Die darin getroffenen, das Urteil tragenden Feststellungen binden grundsätzlich das Ehrengericht, um einander widersprechende richterliche Entscheidungen über denselben Sachverhalt zu vermeiden (Regierungsentwurf der BRAO, BTDrucks. III/120 S. 99). Nur wenn seine Mitglieder mit Stimmenmehrheit die Richtigkeit tragender Feststellungen bezweifeln, kann das Ehrengericht gemäß § 118 Abs. 3 Satz 2 BRAO deren Nachprüfung beschließen. Eine derartige Lösung der Bindung kommt aber nur in Ausnahmefällen, beim Vorliegen erheblicher Zweifel in Betracht; das Ehrengericht hat nicht von Gesetzes wegen die Aufgabe, strafgerichtliche Feststellungen nachzuprüfen (vgl. BVerwG ZBR 1983, 208). Die Bindung ist vielmehr die Regel, das Festhalten an ihr bedarf keiner Begründung im Urteil (BDHE 3, 107, 109).

Solange seine Bindung besteht, ist dem Ehrengericht eine Beweisaufnahme über die tragenden Feststellungen des Strafurteils verschlossen; darauf abzielende Beweisanträge sind unzulässig. Das ist für das ehrengerichtliche und vergleichbare andere berufsgerichtliche Verfahren ebenso wie für das Disziplinarrecht anerkannt (BGHSt. 23, 362, 363[1]; Senatsurteile vom 11. 11. 1963 – AnwSt (R) 5/63 = EGE VIII 45, 47 – und v. 20. 12. 1982 – AnwSt (R) 16/82; BDHE 7, 19). Es gilt auch, wenn die Feststellungen nur mittelbar angegriffen werden. Die Umstände, unter denen das Geständnis des Rechtsanwalts im Strafverfahren zustande gekommen ist, waren daher ebenso wie etwaige weitere Beweisanzeichen, aus denen der Strafrichter die Schuld des Rechtsanwalts hergeleitet hatte, nochmaliger Prüfung zunächst entzogen. Nur die Beseitigung von Unklarheiten oder Widersprüchen im Strafurteil oder die Ermittlung zusätzlicher, ihm nicht zugrunde liegender Tatsachen durfte Gegenstand einer Beweisaufnahme und damit eines zulässigen Beweisantrags sein (BGHSt. 23, 362, 365).

b) Überhaupt keine Beweisaufnahme sieht das Gesetz darüber vor, ob Zweifel an der Richtigkeit der strafgerichtlichen Feststellungen angebracht sind und welches Gewicht ihnen zukommt. Das Ehrengericht hat diese Frage allein anhand des Strafurteils zu prüfen. Es muß unter Berücksichtigung der ihm vorgetragenen Bedenken – allenfalls unter Heranziehung des Akteninhalts zwecks Aufhellung von Unklarheiten – entscheiden, ob die Feststellungen des Strafrichters aus sich heraus Anlaß zu Zweifeln geben. Entgegen der Annahme der Revision besteht insoweit weder eine gerichtliche Aufklärungspflicht noch eine ihr entsprechende Handhabe, Ermittlungen im Freibeweisverfahren anzustellen. Das Gesetz läßt nur folgende Alternative zu: Entweder haben die Mitglieder des Gerichts mehrheitlich Zweifel an der Richtigkeit der Feststellungen des Strafrichters, dann beschließen sie deren Nachprüfung; oder sie haben derartige Zweifel nicht, dann sind sie gemäß § 118 Abs. 3 Satz 1 BRAO gebunden.

Das Verfahren des Ehrengerichtshofs ist demgegenüber kein gangbarer Mittelweg; es ist vielmehr in sich widersprüchlich. Denn einerseits können die Mitglieder des Ehrengerichtshofs von der Richtigkeit der Feststellungen des Strafurteils nicht überzeugt gewesen sein; sonst wären die durchgeführten Ermittlungen unterblieben. Zweifel daran bestanden aber nach den Urteilsausführungen auch nicht, sonst wäre sogleich die Nachprüfung beschlossen worden. Das ist nicht miteinander vereinbar. Die fehlende Überzeugung von der Richtigkeit der strafgerichtlichen Feststellungen ist Zweifel; eine rechtlich faßbare Grenzlinie, von der an eine Unsicherheit der Mitglieder des Ehrengerichtshofs in Zweifel umschlägt, läßt sich nicht ziehen. Der Ehrengerichtshof hat im Ergebnis deshalb unstatthafte Beweiserhebungen in das Stadium vor der Beschlußfassung nach § 118 Abs. 3 Satz 2 BRAO verlagert und sich so den Folgerungen verschlossen, die er auf Grund der vorhandenen Zweifel ziehen mußte. Ein solches Vorgehen steht nicht im Einklang mit dem Gesetz. Es läßt sich auch nicht aus praktischen Bedürfnissen rechtfertigen. Wie der Senat

---

1 „Im berufsgerichtlichen Verfahren ist ein Beweisantrag nach § 244 Abs. 3 bis 5 StPO oder nach § 245 StPO, der die Überprüfung der tatsächlichen die Verurteilung begründenden Feststellungen des strafgerichtlichen Urteils bezweckt, nur dann zulässig, wenn die Mitglieder des Berufsgerichts übereinstimmend die Richtigkeit der Feststellungen bezweifeln und deren nochmalige Prüfung beschließen." (BGH Urt. v. 23. 10. 1970 – Stb StR 1/70).

durch Urteil vom heutigen Tage in der Sache AnwSt (R) 19/84 entschieden hat, muß die Lösung von der Bindung gemäß § 118 Abs. 3 Satz 2 BRAO nicht die Wiederholung der Beweisaufnahme des Strafgerichts bedeuten. Der Gesetzeswortlaut ergibt, daß Zweifel an der Richtigkeit einzelner Feststellungen nicht zur Nachprüfung des Strafurteils insgesamt nötigen; die erneute Beweisaufnahme kann sich vielmehr auf bestimmte Fragen beschränken. Dem Gesetz ist auch kein Hinweis dafür zu entnehmen, daß die Nachprüfung stets in sich geschlossene Beurteilungseinheiten umfassen müsse. Der Senat vermag daher der Auffassung Iseles (Kommentar zur BRAO S. 1567) nicht zu folgen, wonach zwar einzelne abtrennbare Teile einer Standesverfehlung isolierter Nachprüfung zugänglich seien, nicht hingegen innerhalb desselben Vorgangs etwa die äußere oder die innere Tatseite. Jene Auffassung würde den Tatrichter zu einer Beweisaufnahme nötigen, die er nicht für erforderlich hält. Sie widerspräche dem Zweck des § 118 Abs. 3 BRAO, der wiederholte Beweisaufnahmen über denselben Gegenstand tunlichst zu vermeiden sucht. Deshalb hat der Tatrichter den Umfang neuer Ermittlungen zunächst nach seinem pflichtgemäßen Ermessen zu bestimmen. Eine Frage des Einzelfalls ist es alsdann, ob Zweifel an der Richtigkeit einer Feststellung wegen der logischen oder beweismäßigen Verknüpfung des Tatsachenstoffs zur Nachprüfung auch anderer Feststellungen zwingen.

c) Hier hat der Ehrengerichtshof bezweifelt, ob die Umstände, unter denen das Geständnis des Rechtsanwalts vor dem Strafrichter zustande gekommen ist, den Schluß auf dessen inhaltliche Richtigkeit rechtfertigen. Daß die Ermittlungen des Ehrengerichtshofs nur der „Vorbereitung einer Entscheidung nach § 118 Abs. 3 Satz 2 BRAO" dienen sollten, vermag daran, wie dargelegt, nichts zu ändern. Damit war der Tatrichter gehalten, sich von der Bindungswirkung des Strafurteils jedenfalls soweit zu lösen, wie seine Zweifel reichten. In diesem Umfang mußte er Feststellungen auf Grund einer eigenen, förmlichen Beweisaufnahme treffen.

Erfolglose Rügen

1. Verweisung auf Feststellungen eines Strafurteils durch Ehrengericht zulässig, wenn es gemäß § 118 Abs. 3 Satz 1 BRAO an dieses gebunden ist.

BRAO § 118 III – BGH Urt. v. 5. 11. 1984 – AnwSt (R) 11/84 EGH für Rechtsanwälte München (= BGHSt. 33, 59 = NJW 1985, 1089)

Die Revision rügt, das Urteil des Ehrengerichtshofs enthalte unzulässige Bezugnahmen auf bestimmt bezeichnete Abschnitte eines Strafurteils.

Der Sachverhalt ergibt sich aus dem Revisionsvorbringen. – Das Rechtsmittel war erfolglos.

Gründe: Der Rechtsanwalt hat in der Berufungsverhandlung mit Zustimmung der Staatsanwaltschaft die Erklärung abgegeben, daß er das Rechtsmittel der Berufung auf den Ausspruch über die ehrengerichtliche Maßnahme beschränke. Darin liegt eine Teilrücknahme des zunächst unbeschränkt eingelegten Rechtsmittels, die gemäß § 116 Satz 2 BRAO in Verbindung mit den §§ 302, 303 StPO in gleicher Weise und in gleichem Umfang zulässig ist wie eine von vornherein erklärte Beschränkung des Rechtsmittels. § 318 StPO (i.V.m. § 116 Satz 2 BRAO) läßt grundsätzlich eine Beschränkung des Rechtsmittels auf den Rechtsfolgenausspruch zu. Eine solche wäre dann nicht zulässig, wenn zwischen den Erörterungen zur Schuld und zur Rechtsfolgerfrage eine so enge Verbindung bestünde, daß eine getrennte Überprüfung des angefochtenen Urteils nicht möglich wäre, ohne daß der nicht angefochtene Teil mitberührt würde. Entsprechendes würde gelten, wenn die Feststellungen zum Schuldspruch so mangelhaft wären, daß sie keine ausreichende Grundlage für die Entscheidung des Berufsgerichts sein könnten. Der Ehrengerichtshof war nicht dieser Auffassung. Er hat dargelegt, er sei, soweit der Schuldspruch in Frage stehe, an die tatsächlichen Feststellungen des Ehrengerichts zum äußeren und inneren Sachverhalt gebunden. Dies ist nicht zu beanstanden.

1. Der Ehrengerichtshof stützt sich bei seiner Beurteilung allerdings nicht ausschließlich auf die Darlegungen des Ehrengerichts. Er verweist vielmehr wegen des Sachverhalts im einzelnen auf bestimmt bezeichnete Abschnitte des Urteils des Landgerichts K. vom 30. 7. 1982. Dies wäre dann nicht zulässig, wenn er damit Feststellungen zur Grundlage seines Rechtsfolgenausspruchs gemacht hätte, die das Ehrengericht gar nicht getroffen hat. Das ist indessen nicht der Fall, weil das Ehrengericht ebenfalls auf das genannte Strafurteil und dessen Feststellungen verwiesen hat.

2. Gegen diese Inbezugnahme sind hier Einwendungen nicht zu erheben.

a) Schriftliche Urteilsgründe müssen allerdings aus sich heraus verständlich sein (BGH StV 1981, 396[1]). § 267 Abs. 1 Satz 1 StPO (i.V.m. § 116 Satz 2 BRAO) verlangt deshalb eine in sich geschlossene Darstellung der vom erkennenden Gericht zur Urteilsgrundlage gemachten Feststellungen. Deshalb ist die Bezugnahme auf andere Schriftstücke und Erkenntnisquellen, auch auf andere Urteile, grundsätzlich unzulässig.

b) Davon gibt es aber Ausnahmen. So ist dem Berufungsgericht die Verweisung auf das erstinstanzliche Urteil nicht grundsätzlich verschlossen. Es darf auf die Gründe des erstinstanzlichen Urteils verweisen, die, weil sie in Rechtskraft erwachsen sind, im Berufungsverfahren bindend sind. Entsprechendes gilt für den Fall, daß ein tatrichterliches Urteil vom Revisionsgericht nur im Rechtsfolgenausspruch aufgehoben worden ist. Dem neuen Tatrichter ist es dann gestattet, die in Rechtskraft erwachsenen Feststellungen, die dem Rechtsfolgenausspruch zugrunde zu legen sind, in Bezug zu nehmen (BGHSt. 24, 274, 275 [BGH Beschl. v. 17. 12. 1971 – 2 StR 522/71; vgl. § 267 StPO erfolgreiche Rügen]).

c) Ein dem vergleichbarer Fall liegt hier vor. Für die Entscheidung im ehrengerichtlichen Verfahren sind die Feststellungen des Urteils im Strafverfahren oder Bußgeldverfahren bindend, auf denen die Entscheidung beruht (§ 118 Abs. 3 Satz 1 BRAO). Eine Ausnahme von diesem Grundsatz gilt nur für den Fall, daß das Ehrengericht die nochmalige Prüfung solcher Feststellungen gemäß § 118 Abs. 3 Satz 2 BRAO beschließt. Einen solchen Beschluß hat das Ehrengericht hier aber nicht gefaßt; es hat vielmehr ausdrücklich ausgeführt, es habe zu einer Nachprüfung der strafgerichtlichen Feststellungen keinen Anlaß. Dann sind die Tatsachen, die Grundlage des Schuldspruchs für das Strafgericht waren – nämlich solche, in denen dieses die Merkmale des von ihm angewandten Straftatbestandes gefunden hat, das Tatgeschehen im Sinne eines geschichtlichen Vorganges und die Tatsachen, aus denen dafür Beweis abgeleitet worden ist (vgl. BGHSt. 24, 274, 275; 28, 178, 179 [BGH Urt. v. 13. 11. 1978 – AnwSt [R] 14/78; vgl. § 118 BRAO erfolglose Rügen]) –, auch Grundlage des Schuldspruchs des Ehrengerichts. Diesem kann deshalb die Verweisung auf solche im ehrengerichtlichen Verfahren bindenden Feststellungen nicht verwehrt werden. Das wird nicht immer zweckmäßig sein. Es ist jedoch rechtlich dann nicht zu beanstanden, wenn der Umfang der in Bezug genommenen Feststellungen eindeutig und zweifelsfrei erkennbar ist. Das ist hier der Fall.

---

1 „Die schriftlichen Urteilsgründe müssen aus sich heraus verständlich sein. Auch bei dem Ausspruch über die Einziehung ist eine Bezugnahme auf die Anklageschrift unzulässig." (BGH Beschl. v. 28. 4. 1981 – 5 StR 161/81).

2. **Das Ehrengericht soll nach sachlichen Gesichtspunkten selbst darüber befinden, ob ihm die Sachaufklärung – auch ohne rechtskräftige Entscheidung im Strafverfahren – durch seine Verhandlung so gesichert erscheint, daß eine entgegenstehende Entscheidung im Strafverfahren nicht zu befürchten ist.**

BRAO § 118 – BGH Urt. v. 13. 11. 1978 – AnwSt (R) 14/78 Ehrengerichtshof für Rechtsanwälte bei dem Hanseatischen OLG in Hamburg (= BGHSt. 28, 178)

Die Revision rügt, das Ehrengericht habe entschieden, obwohl die Erhebung der öffentlichen Klage der Durchführung des ehrengerichtlichen Verfahrens entgegenstanden habe.

Sachverhalt: Das Ehrengericht hat den Rechtsanwalt wegen Standesvergehen gegen §§ 43, 56, 113, 114 BRAO aus der Rechtsanwaltschaft ausgeschlossen. Die Berufung des Rechtsanwalts hat der Ehrengerichtshof verworfen.

Wegen eines Teils desselben Sachverhalts, der hier der Verurteilung des Rechtsanwalts zugrunde liegt, ist auch die öffentliche Klage im strafgerichtlichen Verfahren erhoben worden:

a) Fall I 1. der Urteilsgründe (B.) durch Anklage vom 30. 1. 1976.

b) Fall III 2 der Urteilsgründe (N. und St., E., P.) durch Anklage vom 8. 6. 1976.

Das Ehrengericht hat nach Zulassung der Anschuldigungsschrift vom 24. 6. 1976 am 12. 10. 1976 das ehrengerichtliche Verfahren fortgesetzt, weil „die Aufklärung des Sachverhalts im ehrengerichtlichen Verfahren gesichert erschien, soweit es für die Frage der dem Rechtsanwalt vorgeworfenen standesrechtlichen Verfehlungen erforderlich war – § 118 Abs. 1 Satz 3 BRAO". Auch der Ehrengerichtshof hat in seinem Urteil die Auffassung vertreten, „daß trotz der Erhebung der öffentlichen Klage ... die Sachaufklärung gesichert gewesen ist, abgesehen davon, daß durch die Durchführung der Beweisaufnahme im Verfahren nach § 150 BRAO eine Sachaufklärung erfolgen konnte". – Das Rechtsmittel war erfolglos.

Gründe: ... Der Bundesgerichtshof teilt die Auffassung, daß die Erhebung der öffentlichen Klage in den genannten Fällen hier der Durchführung des ehrengerichtlichen Verfahrens nicht entgegensteht.

1. Allerdings spricht § 118 Abs. 1 Satz 1 und 2 BRAO einen unbedingten Vorrang des strafgerichtlichen vor dem ehrengerichtlichen Verfahren aus, sofern es sich um „dasselbe Verhalten" handelt. Daran besteht hier kein Zweifel. Maßgebend ist das zur Aburteilung in beiden Verfahren bestehende Lebensverhältnis, das einheitliche geschichtliche tatsächliche Ereignis (BGHSt. 23, 141, 144 ff. zu § 264 StPO), ohne Rücksicht auf die rechtliche Wertung der Verhaltensweise und auf die in den beiden Verfahren zu ziehenden oder gezogenen rechtlichen Folgerungen. Handelt es sich um „dasselbe Verhalten", so muß das ehrengerichtliche Verfahren ausgesetzt werden, bis das strafgerichtliche Verfahren auf irgendeine Weise zum Abschluß gekommen ist. Darüber besteht seit je weder Streit noch Zweifel; die betreffenden Vorschriften in den in Betracht kommen Gesetzen unterscheiden sich insoweit jedenfalls nicht im Inhalt.

2. Bis zum Gesetz zur Änderung der Bundesrechtsanwaltsordnung und der Patentanwaltsordnung vom 13. 1. 1969 (BGBl. I, 25) gab es davon nur folgende Ausnahmen:

a) Nach § 118 Abs. 1 Satz 3 BRAO kann das ehrengerichtliche Verfahren fortgesetzt werden, „wenn im strafgerichtlichen Verfahren aus Gründen nicht verhandelt werden kann, die in der Person des Beschuldigten liegen". Darunter sind allgemein die Fälle der Abwesenheit des Betroffenen oder seiner Verhandlungsunfähigkeit verstanden worden, also Fälle, in denen das Strafverfahren in der Regel nach § 205 StPO vorläufig eingestellt wird; derselbe Hinderungsgrund wird dann auch der Fortsetzung des ehrengerichtlichen Verfahrens entgegenstehen.

b) Die Beendigung des Strafverfahrens auch ohne Sachentscheidung. Solche Fälle liegen nach dem Inhalt der beigezogenen Strafakten hier nicht vor. Die Durchführung dieser Verfahren ist vielmehr durch das taktische Verhalten des Rechtsanwalts und dadurch verzögert worden, daß Beweismittel (vorübergehend) nicht zur Verfügung standen.

3. Durch das bereits genannte Änderungsgesetz vom 13. 1. 1969 ist u.a. § 118 Abs. 1 Satz 3 BRAO zur heutigen Fassung dahin erweitert worden, daß das ehrengerichtliche Verfahren (auch) „fortgesetzt werden" kann, „wenn die Sachaufklärung gesichert ist". In der amtlichen Begründung zum Entwurf des Änderungsgesetzes (BR-Drucks. Nr. 111/68 – Art. I Nr. 26) heißt es wörtlich dazu: „Nach dem Vorbild des § 17 Abs. 3 Satz 1 BDO soll nunmehr die Fortsetzung des ehrengerichtlichen Verfahrens auch dann zugelassen werden, wenn die Sachaufklärung gesichert ist. Dies ist der Fall, wenn der Rechtsanwalt ein glaubhaftes Geständnis abgelegt hat oder wenn bereits ein Strafurteil vorliegt, das nur noch wegen des Strafmaßes oder wegen Mitangeklagter des beschuldigten Rechtsanwalts angefochten ist. Liegen diese Voraussetzungen vor, so ist kaum zu befürchten, daß die gleichzeitige Durchführung des ehrengerichtlichen Verfahrens und des Strafverfahrens zu Schwierigkeiten führt". Mit diesem letzten Satz wird der Grund für den in dieser Vorschrift für den Regelfall angeordneten Vorrang des strafgerichtlichen Verfahrens deutlich: Es soll die gleichzeitige Durchführung mehrerer Verfahren, die denselben Sachverhalt betreffen, und damit die Gefahr einander widersprechender Entscheidungen vermieden werden.

Die Gefahr widersprechender Entscheidungen würde sich mit letzter Sicherheit nur in den wenigen Ausnahmefällen ausschließen lassen, in denen ein rechtskräftiger Schuldspruch vorliegt. Nicht einmal bei einem Geständnis des Betroffenen im Strafverfahren, das falsch sein oder widerrufen werden kann, ließe sich theoretisch eine solche Gefahr vermeiden. Eine Beschränkung auf diese wenigen Ausnahmefälle hat der Gesetzgeber aber nicht im Auge gehabt. Mit der Erweiterung des § 118 Abs. 1 Satz 3 BRAO hat er vielmehr einem praktischen Bedürfnis abhelfen wollen. Die neue Bestimmung ist deshalb dahin auszulegen, daß der Tatrichter des ehrengerichtlichen Verfahrens nach sachlichen Gesichtspunkten selbst darüber befinden soll, ob ihm die Sachaufklärung – auch ohne eine rechtskräftige Entscheidung im Strafverfahren – durch seine Verhandlung so gesichert erscheint, daß bei vernünftiger Überlegung eine entgegenstehende Entscheidung im später abgeschlossenen Strafverfahren nicht zu befürchten ist.

Zu demselben Ergebnis führt auch der Vergleich mit der Entwicklung im Disziplinarrecht. Zum Entwurf eines Gesetzes zur Änderung der Reichs-Disziplinarordnung (BT-Drucks. 1/2516), der erstmals eine dem heutigen § 118 Abs. 1 Satz 3 BRAO entsprechende Bestimmung vorsah, wird im schriftlichen Bericht des Ausschusses für Beamtenrecht 1/ Nr. 3594 vom 1. 9. 1953 zu Nr. 10a § 13 (I) (später § 13 BDO a.F.) darauf hingewiesen, daß vom grundsätzlich vorgeschriebenen Aussetzungszwang abgesehen und das Disziplinarverfahren vor Beendigung des Strafverfahrens dann durchgeführt werden kann, „wenn der Sachverhalt schon vor dem Abschluß des Strafverfahrens einwandfrei geklärt ist". Als Grund dafür wurde insbesondere angeführt, daß ein Disziplinarverfahren manchmal mehrere Jahre verzögert wurde, obwohl z.B. der Beamte geständig war oder „die noch zu klärenden strafrechtlichen Fragen für die Sachaufklärung der disziplinarrechtlichen Verfehlungen ohne jede Bedeutung wären". Im Anschluß daran wurde im Schrifttum zunächst die Auffassung vertreten, daß sich die Frage, ob die Sachaufklärung gesichert sei, erst nach eingehender Prüfung der besonderen Lage des Einzelfalles entscheiden lasse und eine Fortsetzung des ehrengerichtlichen Verfahrens nur infrage komme, wenn der Betroffene ein glaubwürdiges Geständnis abgelegt habe, wenn Gegenstand der Strafverfolgung ein einfach gelagerter Sachverhalt sei, so daß eine größere Beweisaufnahme unwahrscheinlich sei, oder wenn die Straftat im Dienst oder in engem Zusammenhang damit begangen worden sei, so daß die Behörde alle Tatumstände genau kenne und ihr auch die Beweismittel zur Verfügung stünden. In den neueren Auflagen des Kommentars von Behnke (2. Aufl. Rdn. 14 zu § 17 BDO – 3. Aufl. § 13 Anm. 7) wird sogar die Auffassung vertreten, § 17

Abs. 1 BDO sei trotz seiner eindeutigen Fassung nur eine Soll-Vorschrift, ein wesentlicher Verfahrensmangel sei demzufolge nur dann anzunehmen, wenn der Verstoß gegen das Aussetzungsgebot zu einer ernstlichen Behinderung der Verteidigung geführt habe.

Ob diese Auffassung zutrifft, bedarf nach Ansicht des Senats hier keiner Entscheidung. Jedenfalls dann, wenn der Tatrichter in vernünftiger Beurteilung der Sachlage und nach sachgemäßer Prüfung mit Recht zu der Auffassung gelangt ist, daß die Fortsetzung des ehrengerichtlichen Verfahrens die Verteidigung des Rechtsanwalts nicht beeinträchtige und aller Voraussicht nach auch nicht zu einer Entscheidung führe, die zu einer später ergehenden Entscheidung im Strafverfahren in Widerspruch stehen würde, verstößt die weitere Durchführung des ehrengerichtlichen Verfahrens nicht gegen das Aussetzungsgebot des § 118 Abs. 1 BRAO.

4. Diese Voraussetzungen sind hier gegeben:

a) Für die ehrengerichtliche Entscheidung ist es nicht erforderlich, daß ein Sachverhalt festgestellt wird, der die strafgerichtliche Verurteilung wegen Untreue und Offenlegung von Steuergeheimnissen u.a. rechtfertigen würde. Es genügt, wie der Ehrengerichtshof dargelegt hat, daß das festgestellte Verhalten des Rechtsanwalts standesunwürdig ist.

b) Weil der Ehrengerichtshof über die in Frage stehenden Straftatbestände nicht entschieden hat, ist eine widersprechende Entscheidung im Strafverfahren nicht zu befürchten.

c) Für den Untreuefall kommt noch hinzu, daß nach der schriftlichen Erklärung des Verteidigers vom 18. 7. 1977 der Rechtsanwalt den objektiven Tatbestand der verzögerten Weitergabe von Mandantengeldern (in drei Fällen) nicht bestritten hat.

d) Es besteht kein Anhaltspunkt dafür, daß der Rechtsanwalt im ehrengerichtlichen Verfahren in seiner Verteidigung beschränkt worden wäre, weil die rechtskräftige Entscheidung im Strafverfahren nicht abgewartet worden ist. Es ist auch nicht ersichtlich, daß der Ehrengerichtshof nicht alle Aufklärungsmöglichkeiten erschöpft hätte. Insoweit bringt die Revision auch nichts vor.

§ 134 BRAO

Die Hauptverhandlung kann gegen einen Rechtsanwalt, der nicht erschienen ist, durchgeführt werden, wenn er ordnungsgemäß geladen und in der Ladung darauf hingewiesen ist, daß in seiner Abwesenheit verhandelt werden kann. Eine öffentliche Ladung ist nicht zulässig.

Erfolglose Rügen

1. Verhinderung der Teilnahme muß unverzüglich unter Angabe nachprüfbarer Tatsachen belegt werden (BGH Urt. v. 8. 5. 1978 AnwSt [R] 3/78).

Erfolglose Rügen

1. Verhinderung der Teilnahme muß unverzüglich unter Angabe nachprüfbarer Tatsachen belegt werden.

BRAO § 134 – BGH Urt. v. 8. 5. 1978 AnwSt (R) 3/78 EGH für Rechtsanwälte in Hamburg (= BGHSt. 28, 35 = NJW 1978, 2403)

Die Revision rügt, daß der Ehrengerichtshof in Abwesenheit des Rechtsanwalts verhandelt hat, der dem Gericht zuvor schriftsätzlich mitteilte, daß er verhandlungsunfähig sei und diesen Umstand durch ein privatärztliches Attest belegt hat.

Erfolglose Rügen Nr. 1 § 134 BRAO

Sachverhalt: Das Ehrengericht hat durch Urteil vom 6. 8. 1975 gegen den Rechtsanwalt wegen mehrerer Standespflichtverletzungen auf einen Verweis und eine Geldbuße von fünfhundert DM erkannt. Seine Berufung wurde vom Ehrengerichtshof durch Urteil vom 25. 2. 1976 verworfen. Der erkennende Senat hat durch Beschluß vom 25. 4. 1977 die Revision gegen dieses Urteil zugelassen.

Die Hauptverhandlung vor dem Ehrengerichtshof fand am 25. 2. 1976 ab 14.00 Uhr in Abwesenheit des Rechtsanwalts statt. Auch ein Verteidiger war nicht erschienen. Mit einem am Terminstag um 11.30 Uhr bei der Geschäftsstelle eingegangenen Schriftsatz vom selben Tage teilte der Beschwerdeführer unter Beifügung eines privatärztlichen Attestes mit, daß es ihm krankheitsbedingt nicht möglich sei, den Termin wahrzunehmen. Da er sich in der Sache unbedingt selbst verteidigen möchte, bitte er, einen neuen Termin anzuberaumen. Das ärztliche Attest der Fachärztin für Hautleiden Dr. B. vom selben Tage bescheinigte, daß er verhandlungsunfähig erkrankt sei. Angaben über die Art und Schwere der Erkrankung enthält das Attest nicht. Auf fernmündliche Rücksprache wurde der Geschäftsstelle des Ehrengerichtshofs vom Büro des Rechtsanwalts mitgeteilt, daß dieser krank und nicht zu sprechen sei. Nach Kenntnisnahme dieser Tatsachen verhandelte der Ehrengerichtshof auf Antrag der Staatsanwaltschaft in Abwesenheit des Rechtsanwalts. – Das Rechtsmittel war erfolglos.

Gründe:
I.
1. Gemäß § 134 Satz 1 BRAO kann die Hauptverhandlung gegen einen Rechtsanwalt, der zum Termin nicht erschienen ist, durchgeführt werden, wenn er ordnungsgemäß geladen und in der Ladung darauf hingewiesen wurde, daß in seiner Abwesenheit verhandelt werden kann. Im Gegensatz zum Angeklagten im Strafverfahren (§ 230 Abs. 1 StPO) ist der Rechtsanwalt im ehrengerichtlichen Verfahren nicht zur Anwesenheit verpflichtet und kann deshalb auch durch Zwangsmittel nicht zum Erscheinen in der Hauptverhandlung gezwungen werden (§ 117 BRAO). Der Rechtsanwalt ist in seiner Entscheidung, ob er im Hauptverhandlungstermin erscheinen will, völlig frei. Diese in Abweichung von den allgemeinen Regeln des Strafverfahrens eröffnete Freiheit bedingt es zugleich andererseits und war für den Gesetzgeber der maßgebende Grund, eine Hauptverhandlung auch in Abwesenheit des Rechtsanwalts zuzulassen (vgl. amtliche Begründung zum Regierungsentwurf einer Bundesrechtsanwaltsordnung vom 8. 1. 1958 zu § 138 des Entwurfs = § 134 BRAO, BT-Drucks. 111/120, S. 103). Um das rechtliche Gehör des Rechtsanwalts umfassend zu gewährleisten und diesen in der Verteidigung nicht zu beeinträchtigen, läßt § 134 BRAO eine Verhandlung in seiner Abwesenheit nur zu, wenn er ordnungsgemäß geladen und in der Ladung darauf hingewiesen ist, daß in seiner Abwesenheit verhandelt werden kann.

a) Bereits die dargestellte Zwecksetzung der Vorschrift ergibt zwingend, daß das Fehlen einer Verpflichtung des Rechtsanwalts zur Anwesenheit sein Recht, an der Hauptverhandlung teilzunehmen, nicht berührt. Dies gebietet schon die verfassungskonforme Auslegung der Vorschrift im Lichte des verfassungsmäßig verankerten Grundsatzes auf rechtliches Gehör (Art. 103 Abs. 1 GG). Zwar vermag Art. 103 Abs. 1 GG kein Recht auf eine mündliche Verhandlung zu begründen, es ist vielmehr Sache des Gesetzgebers, inwieweit er in einem bestimmten Verfahren einen Anspruch auf mündliche Verhandlung eröffnet (BVerfGE 5, 9, 11; 6, 19, 20; 15, 249, 256). Ist aber eine mündliche Verhandlung gesetzlich vorgeschrieben und wird diese auch durchgeführt, so verlangt das verfassungsrechtliche Prinzip des rechtlichen Gehörs grundsätzlich, dem Betroffenen ein Anwesenheitsrecht einzuräumen, um diesem die Möglichkeit zu eröffnen, zum Ergebnis der mündlichen Verhandlung Stellung zu nehmen.

b) Der Gesetzgeber hat bei den Gesetzgebungsarbeiten zu § 134 BRAO = § 148 des Entwurfs ein Anwesenheitsrecht des Rechtsanwalts in der Hauptverhandlung des ehrengerichtlichen Verfahrens als selbstverständlich vorausgesetzt. In der amtlichen Begründung zum Regierungsentwurf einer Bundesrechtsanwaltsordnung (BT-Drucks. 111/120 S. 103) ist nämlich ausgeführt:

„Aus der Regelung, daß die Hauptverhandlung in Abwesenheit des Beschuldigten zulässig ist, darf andererseits nicht hergeleitet werden, daß die Hauptverhandlung ohne Rücksicht darauf anberaumt und durchgeführt werden kann, ob der Beschuldigte in der Lage ist, zu ihr zu erscheinen. Das Recht des Beschuldigten, an der Hauptverhandlung teilzunehmen, darf nicht beeinträchtigt werden."

c) Die dem entgegengesetzte frühere Rechtsprechung des Ehrengerichtshofs für deutsche Rechtsanwälte zu der – § 134 BRAO weitgehend entsprechenden – Vorschrift des § 83 RAO in der Fassung vom 1. 7. 1878 vermag den Maßstäben unter der Geltung des Grundgesetzes nicht mehr zu entsprechen. Der Ehrengerichtshof für deutsche Rechtsanwälte erachtete seinerzeit die Durchführung der Hauptverhandlung zu dem angesetzten Termin auch dann für zulässig, wenn der Rechtsanwalt sein Ausbleiben zum Beispiel wegen Erkrankung genügend entschuldigt hatte.

d) Für die mündliche Verhandlung in Disziplinarverfahren gegen Beamte hatte das Reichsbeamtengesetz vom 31. 3. 1873 in § 102 Satz 1 RBG eine vergleichbare Bestimmung dahin gehend getroffen, daß die mündliche Verhandlung auch dann stattfindet, wenn der Angeschuldigte nicht erschienen ist. Anders als in der Rechtsprechung zur Rechtsanwaltsordnung wurde dem Angeschuldigten im Disziplinarverfahren seitens des Reichsdisziplinarhofs schon früh aufgrund dieser Bestimmung das Recht zuerkannt, der Verhandlung beizuwohnen und seine Verteidigung selbst zu führen. Wurde die Hauptverhandlung ungeachtet eines vom Angeschuldigten gestellten, durch Erkrankung glaubhaft begründeten Vertagungsantrags durchgeführt, so unterlag das Verfahren wegen unzulässiger Beschränkung des Angeschuldigten in seiner Verteidigung auf die Revision der Aufhebung.

e) Für das Disziplinarverfahren hatte die Bundesdisziplinarordnung bereits in § 59 ihrer ursprünglichen Fassung vom 28. 11. 1952 (BGBl. I, 761) und nunmehr in der Fassung vom 20. 7. 1967 (BGBl. I, 725) eine ausdrückliche gesetzliche Regelung der Folgen des Nichterscheinens und der Verhinderung des Beamten in der Hauptverhandlung getroffen. Auch hier findet die Hauptverhandlung grundsätzlich statt, wenn der Beamte nicht erschienen ist (§ 72 Abs. 1 Satz 1 BDO). Ist der Beamte allerdings vorübergehend verhandlungsunfähig, kann das Verfahren bis zur Dauer von vier Wochen ausgesetzt werden; ist er aus zwingenden Gründen am Erscheinen verhindert und hat er dies rechtzeitig mitgeteilt, ist ein neuer Termin zur Hauptverhandlung anzusetzen (§ 72 Abs. 2 BDO). Als zwingender Grund für eine Vertagung im Sinne dieser Vorschrift ist u.E. das Vorliegen einer ernstlichen Erkrankung anerkannt, die durch privatärztliches oder gegebenenfalls durch amtsärztliches Zeugnis zu belegen ist. Eine rechtzeitige Mitteilung setzt nach der Rechtsprechung des Bundesdisziplinarhofs voraus, daß der Beamte sein Nichterscheinen unverzüglich nach Eintritt des Verhinderungsgrundes, jedenfalls aber so rechtzeitig mitteilt, daß das Gericht in der Lage ist, die etwa erforderlichen Ermittlungen über das Vorliegen zwingender Gründe anzustellen und dem Beamten erforderlichenfalls aufzugeben, diese nachzuweisen (BDH NDBZ 1960, 245).

f) Auch im Bußgeldverfahren nach dem Gesetz über Ordnungswidrigkeiten ist der Betroffene nicht verpflichtet, zur Hauptverhandlung zu erscheinen (§ 73 Abs. 1 OWiG). Nach nahezu einhelliger Rechtsprechung der Oberlandesgerichte und ganz herrschender Meinung in der Kommentarliteratur bleibt das Anwesenheitsrecht des Betroffenen gleichwohl unberührt. Das bedeutet für das Ordnungswidrigkeitenverfahren, daß einem Antrag des Betroffenen auf Vertagung des Termins zur Hauptverhandlung grundsätzlich dann entsprochen werden muß, wenn der Betroffene sein Recht auf persönliche Teilnahme an der Hauptverhandlung wahrnehmen will, daran aber durch zwingende Gründe gehindert ist.

Diese Grundsätze gelten auch für das ehrengerichtliche Verfahren gegen Rechtsanwälte; denn Ausgangspunkt für die Regelung des § 134 BRAO ist, daß der Rechtsanwalt zum Erscheinen im Termin nicht gezwungen werden kann. § 73 OWiG wird demgegenüber zu Recht als Kompromißformel verstanden, die sowohl dem das Bußgeldverfahren bestimmenden Beschleunigungsinteresse als auch dem Anhörungsinteresse des Betroffenen Rechnung tragen soll. Hinzu kommt, daß das ehrengerichtliche Verfahren die persönliche Rechtsstellung des Rechtsanwalts regelmäßig bei weitem unmittelbarer und einschneidender betrifft als ein Bußgeldverfahren den davon Betroffenen.

2. Die Auslegung des § 134 BRAO nach Sinn und Zweck der Vorschrift, anhand ihrer Entstehungsgeschichte und unter vergleichender Heranziehung entsprechender gesetzlicher Regelungen ergibt, daß der Rechtsanwalt unbeschadet seiner fehlenden Verpflichtung zum Erscheinen grundsätzlich ein Recht zur Anwesenheit in der Hauptverhandlung im ehrengerichtlichen Verfahren hat. Das persönliche Anwesenheitsrecht besteht auch in Ansehung der Möglichkeit, sich durch einen Verteidiger vertreten zu lassen. Das bedeutet, daß einem Vertagungsantrag grundsätzlich dann entsprochen werden muß, wenn der Rechtsanwalt den Termin selbst wahrnehmen will, hieran jedoch durch zwingende Gründe verhindert ist.

3. Das Recht auf persönliche Teilnahme an der Hauptverhandlung ist jedoch nur eine der Möglichkeiten, mit denen der Rechtsanwalt sich rechtliches Gehör verschaffen und seine Interessen wahrnehmen kann. Will er sich im Verfahren äußern, kann er auch eine schriftliche Erklärung zur Sache abgeben, die in der mündlichen Verhandlung zu beachten ist. Er kann sich auch eines Verteidigers bedienen. Welche dieser verschiedenen Möglichkeiten er ausnutzen will, unterliegt seiner eigenen Entscheidung. Schon deshalb ist, wenn das Gericht die Hauptverhandlung gemäß § 134 BRAO in Abwesenheit des Rechtsanwalts durchführt, in der Regel nur dann ein Verfahrensfehler gegeben, wenn nachgewiesen ist, daß der Rechtsanwalt sich für die Teilnahme an der Hauptverhandlung entschieden hat und tatsächlich an der Teilnahme verhindert war. Diese Umstände muß er dem Gericht unverzüglich nach Eintritt des Hinderungsgrundes unter Angabe von Einzelheiten so substantiiert mitteilen, daß das Gericht in der Lage ist, den angegebenen Hinderungsgrund nachzuprüfen und dazu etwa erforderliche Ermittlungen anzustellen oder dem Rechtsanwalt ergänzende Nachweise aufzugeben. Keineswegs genügt eine einfache, nicht durch Einzeltatsachen belegte pauschale Behauptung einer Verhinderung. Würde man dies ausreichen lassen, könnte der Rechtsanwalt jederzeit nach seinem Belieben die Durchführung der Hauptverhandlung verhindern und das Verfahren verschleppen, dies um so mehr, als eine Verhaftung oder Vorführung des Rechtsanwalts im ehrengerichtlichen Verfahren nicht zulässig ist. Eine solche Verschleppungsmöglichkeit wäre nicht damit zu vereinbaren, daß ehrengerichtliche Verfahren, die im allgemeinen schon wegen ihrer Art und der mehreren Rechtszüge verhältnismäßig lange dauern, im Interesse der Reinhaltung des Anwaltsstandes möglichst schnell durchgeführt werden müssen. Deshalb ist das Gericht, falls der Rechtsanwalt in der Hauptverhandlung nicht erscheint und die Voraussetzungen des § 134 BRAO vorliegen, in der Regel zur Vertagung der Hauptverhandlung nur verpflichtet, wenn in nachprüfbarer Weise ein Hindernis für die Teilnahme geltend gemacht wird. Im Falle einer Erkrankung gehört dazu die nähere Angabe des körperlichen Zustandes (z.B. bettlägerig, Höhe des Fiebers usw.). Ob ein ärztliches Attest zum Nachweis des Hindernisses ausreicht, hängt von dessen Inhalt, der Art der Krankheit und etwaigen sonstigen Umständen ab. Damit das Gericht in der Lage ist, den Hinderungsgrund nachzuprüfen, kann es zur richtigen Angabe der Verhinderung erforderlich sein, daß der Rechtsanwalt den behandelnden Arzt von der Schweigepflicht entbindet. Kommt der Rechtsanwalt dieser Darlegungspflicht nicht nach, hat er es sich selbst zuzuschreiben, daß in seiner Abwesenheit verhandelt wird. Er kann sich dann nicht mehr auf sein Teilnahmerecht berufen. Ob die Nachprüfung des Vorbringens im Freibeweis einen Hinderungsgrund für das Erscheinen des Rechtsanwalts in der Hauptverhandlung ergibt, unterliegt ebenso wie die

Entscheidung über die Verhandlungsfähigkeit eines Angeklagten im Strafverfahren in erster Linie der Würdigung des Tatrichters. Ein vom Revisionsgericht zu beachtender, vom Tatrichter nicht verschuldeter Verfahrensfehler liegt allerdings dann vor, wenn der Hinderungsgrund unmittelbar vor der Hauptverhandlung, etwa durch einen Verkehrsunfall, eingetreten ist und der Rechtsanwalt nicht in der Lage war, den Ehrengerichtshof rechtzeitig zu benachrichtigen. In einem solchen Falle trifft ihn kein Verschulden daran, daß trotz Teilnahmeabsicht und Vorliegens eines Hinderungsgrundes in seiner Abwesenheit verhandelt worden ist; ihm fehlte vielmehr die Möglichkeit, tatsächlich und rechtlich so, wie beabsichtigt, zur Sache Stellung zu nehmen. Diese Möglichkeit muß ihm noch nachträglich, je nach Lage des Verfahrens, eröffnet werden.

II.

Die Anwendung dieser Grundsätze auf den vorliegenden Fall ergibt, daß die Verfahrensrüge unbegründet ist.

Der Revisionsführer hat einen Hinderungsgrund für seine Teilnahme an der Hauptverhandlung vor dem Ehrengerichtshof schon nicht hinreichend dargelegt. Keineswegs ist, wie es für eine Aufhebung des angefochtenen Urteils durch das Revisionsgericht erforderlich ist, nachgewiesen, daß der Ehrengerichtshof einen Verfahrensfehler begangen hat.

Der Rechtsanwalt hat am Verhandlungstage um 11.30 Uhr schriftsätzlich mitgeteilt, daß es ihm krankheitsbedingt nicht möglich sei, den Termin wahrzunehmen, und hat gebeten, einen neuen Termin anzuberaumen, da er sich unbedingt selbst verteidigen möchte. Das beigefügte Attest einer Fachärztin für Hautleiden besagte lediglich, daß der Rechtsanwalt verhandlungsunfähig sei, ohne daß irgendwelche weitere Angaben über Art und Dauer der Krankheit gemacht wurden. Letztere waren hier um so mehr erforderlich, weil nach der eigenen, allerdings erst nach der Hauptverhandlung vorgetragenen Erklärung des Rechtsanwalts nicht ein Hautleiden, sondern eine Grippeerkrankung die Verhandlungsunfähigkeit ergeben sollte. Abgesehen von diesem ganz allgemein gehaltenen, im einzelnen nicht nachprüfbaren Attest fehlte dem Gericht jede Unterlage für die Feststellung einer Verhandlungsunfähigkeit des Rechtsanwalts. Auch die vom Gericht eingeholte Auskunft des Büros des Rechtsanwalts besagte nur, daß dieser krank und nicht zu sprechen sei. Nach der eigenen Erklärung des Revisionsführers konnte das Büro nicht mitteilen, woran er erkrankt sei.

Was er nunmehr weiter zur Begründung seiner Verhandlungsunfähigkeit vorträgt, hatte er dem Ehrengerichtshof nicht vorgetragen, obwohl ihm dies möglich war. So hatte er nicht geltend gemacht, daß er am 23. 2. 1976 an fieberhafter Grippe erkrankt sei, am 24. 2. 1976 tagsüber 39° Fieber und am 25. 2. 1976, dem Verhandlungstage, 39,5° Fieber gehabt habe. Außerdem ist das Vorbringen in der Revisionsbegründung widersprüchlich. Einerseits trägt der Revisionsführer vor, er habe sich vorsorglich das Attest geben lassen und sei selbst zum Gericht gefahren, um das Attest abzugeben. War die Krankheit wirklich schwerer Art, hätte es nahegelegen, ein die Art der Krankheit kennzeichnendes Attest durch das Büro oder einen anderen zum Gericht bringen zu lassen. Statt dessen fuhr er selbst zum Gericht, wozu er also nach eigenem Vortrag noch in der Lage war. Andererseits hat er morgens um 11.45 Uhr einen kurzen Termin in einer Ehesache wahrgenommen, ist also ersichtlich deswegen zum Gericht gefahren.

Hinzu kommt, daß der Ehrengerichtshof aufgrund des bisherigen Verhaltens des Rechtsanwalts durchaus Zweifel daran haben konnte, ob dieser in der Hauptverhandlung sich sachlich verteidigen wollte. Auf die Anschuldigungsschrift hatte er sich zunächst sachlich überhaupt nicht geäußert, vielmehr nach Eröffnung des Hauptverfahrens und Terminsanberaumung um Vertagung gebeten, da er eine bereits länger geplante Urlaubsreise antreten werde und sich anschließend einer Operation unterziehen müsse. Dabei machte er ebenfalls keine näheren Angaben über Ziel und Art der Urlaubsreise sowie den Grund und die Art der Operation. Erst mit einem am 5. 8. 1975, am Tage vor dem Hauptverhandlungstermin, beim Ehrengericht eingegangenen Schriftsatz äußerte er sich zur Sache. Er hat weder gegen das Urteil des Ehrengerichts vom 6. 8. 1975 im Berufungsverfahren noch gegen das Urteil des Ehrengerichtshofs vom 25. 2. 1976 sachlichrechtliche Einwendungen erhoben. Das spricht dafür, daß er das Verfahren verschleppen will und sachlich gegen die ihm in den Urteilen gemachten Vorwürfe nichts Wesentliches vortragen kann.

Bei dieser Verfahrens- und Sachlage ist, abgesehen davon, daß der Revisionsführer seiner Pflicht, das angebliche Hindernis für seine Teilnahme im einzelnen darzulegen, nicht nachgekommen ist, auch keineswegs ein Verfahrensfehler des Ehrengerichtshofs nachgewiesen. Die Revision ist daher mit der Kostenfolge aus § 197 Abs. 2 BRAO zu verwerfen.

Bundeszentralregistergesetz

§ 46 BZRG

(1) Die Tilgungsfrist beträgt

1. fünf Jahre bei Verurteilungen

a) zu Geldstrafe von nicht mehr als neunzig Tagessätzen, wenn keine Freiheitsstrafe, kein Strafarrest und keine Jugendstrafe im Register eingetragen ist,

b) zu Freiheitsstrafe oder Strafarrest von nicht mehr als drei Monaten, wenn im Register keine weitere Strafe eingetragen ist,

c) zu Jugendstrafe von nicht mehr als einem Jahr,

d) zu Jugendstrafe von nicht mehr als zwei Jahren, wenn die Vollstreckung der Strafe oder eines Strafrestes gerichtlich oder im Gnadenwege zur Bewährung ausgesetzt worden ist,

e) zu Jugendstrafe von mehr als zwei Jahren, wenn ein Strafrest nach Ablauf der Bewährungszeit gerichtlich oder im Gnadenwege erlassen worden ist,

f) zu Jugendstrafe, wenn der Strafmakel gerichtlich oder im Gnadenwege als beseitigt erklärt worden ist,

g) durch welche eine Maßnahme (§ 11 Abs. 1 Nr. 8 des Strafgesetzbuchs) mit Ausnahme der Sperre für die Erteilung einer Fahrerlaubnis für immer und des Berufsverbots für immer, eine Nebenstrafe oder eine Nebenfolge allein oder in Verbindung miteinander oder in Verbindung mit Erziehungsmaßregeln oder Zuchtmitteln angeordnet worden ist,

2. zehn Jahre bei Verurteilungen zu

a) Geldstrafe und Freiheitsstrafe oder Strafarrest von nicht mehr als drei Monaten, wenn die Voraussetzungen der Nummer 1 Buchstaben a und b nicht vorliegen,

b) Freiheitsstrafe oder Strafarrest von mehr als drei Monaten, aber nicht mehr als einem Jahr, wenn die Vollstreckung der Strafe oder eines Strafrestes gerichtlich oder im Gnadenwege zur Bewährung ausgesetzt worden und im Register nicht außerdem Freiheitsstrafe, Strafarrest oder Jugendstrafe eingetragen ist,

c) Jugendstrafe von mehr als einem Jahr, außer in den Fällen der Nummer 1 Buchstaben d bis f,

3. zwanzig Jahre bei Verurteilungen wegen einer Straftat nach den §§ 174 bis 180 oder 182 des Strafgesetzbuches zu einer Freiheitsstrafe oder Jugendstrafe von mehr als einem Jahr,

4. fünfzehn Jahre in allen übrigen Fällen.

(2) Die Aussetzung der Strafe oder eines Strafrestes zur Bewährung oder die Beseitigung des Strafmakels bleiben bei der Berechnung der Frist unberücksichtigt, wenn diese Entscheidungen widerrufen worden sind.

(3) In den Fällen des Absatzes 1 Nr. 1 Buchstabe e, Nr. 2 Buchstabe c, Nr. 3, Nr. 4 verlängert sich die Frist um die Dauer der Freiheitsstrafe, der für den Fall der Uneinbringlichkeit der Vermögensstrafe bestimmten Ersatzfreiheitsstrafe, des Strafarrestes oder der Jugendstrafe.

Erfolglose Rügen

1. Nach § 46 III BZRG bemißt sich die Verlängerung der Frist des Absatzes 1 nach der Dauer der verhängten Freiheits- und Jugendstrafe, nicht nach der Dauer der Verbüßung (BGH Beschl. v. 27. 4. 1999 – 4 StR 125/99).

Erfolglose Rügen

1. Nach § 46 III BZRG bemißt sich die Verlängerung der Frist des Absatzes 1 nach der Dauer der verhängten Freiheits- und Jugendstrafe, nicht nach der Dauer der Verbüßung.

BZRG § 46 – BGH Beschl. v. 27. 4. 1999 – 4 StR 125/99 LG Saarbrücken (= NStZ 1999, 466)

Die Revision rügt, daß eine Vorverurteilung strafschärfend berücksichtigt worden ist, obwohl sie wegen eingetretener Tilgungsreife nicht hätte verwertet werden dürfen.

Sachverhalt: Der Angeklagte ist wegen Vergewaltigung verurteilt worden. – Das Rechtsmittel war erfolglos.

Gründe: Ohne Rechtsfehler hat das Landgericht auch die einschlägige Vorverurteilung vom 7. 5. 1991 zur Jugendstrafe von 4 Jahren strafschärfend herangezogen. Einer Verwertung stand § 51 I BZRG nicht entgegen; Tilgungsreife war entgegen der Auffassung der Revision nicht eingetreten. Nach § 46 III BZRG bemißt sich die Verlängerung der Frist des Absatzes 1 nach der Dauer der verhängten Freiheits- und Jugendstrafe (OLG Köln NStZ-RR 1998, 88). Gegen die Auffassung der Revision, maßgeblich sei die Dauer der verbüßten Freiheitsstrafe, sprechen sowohl der klare Wortlaut der Vorschrift als auch der Wille des Gesetzgebers. Nach der Einzelbegründung der betreffenden Fristenvorschriften im Regierungsentwurf zum BZRG vom 18. 3. 1971 (BGBl. I, 243) sollte sich die Frist „um die Dauer der verhängten Freiheitsstrafe" verlängern (BR-Dr 676/69, S. 21). Der von der Revision herausgestellte Gesichtspunkt, die Tilgungsfrist solle sich nur um die Frist verlängern, in der sich der Verurteilte aufgrund Strafvollzugs nicht in Freiheit bewähren könne, ist danach nicht Inhalt der gesetzlichen Regelung. Die Tilgungsfristen dienen auch weniger der Resozialisierung des Verurteilten als vorrangig dem Interesse an der Zuverlässigkeit des Registers. Dem entspricht die Verlängerung der Tilgungsfrist um die Dauer der verhängten Strafe, zumal diese, nicht aber die Dauer ihrer Vollstreckung, die Schwere der abgeurteilten Tat kennzeichnet.

Im übrigen ist – was die Revision übersieht – an die Stelle der nach Maßgabe von § 46 I Nr. 1e, III BZRG (5 plus 4 =) 9 Jahre betragenden Tilgungsfrist vor ihrem Ablauf nach der Neufassung von § 46 I Nr. 3 BZRG durch Art. 7 Nr. 4a des Gesetzes zur Bekämpfung von Sexualdelikten und anderen gefährlichen Straftaten vom 26. 1. 1998 (BGBl. I, 160, 163) eine Tilgungsfrist von 20 Jahren getreten ist, die sich nach III um die Dauer der Jugendstrafe verlängert und deshalb insgesamt 24 Jahre beträgt. Diese am 1. 7. 1998, mithin vor dem Urteil des Landgerichts in Kraft getretene Änderung betrifft „Verurteilungen wegen einer Straftat nach den §§ 174 bis 180 oder 182 des Strafgesetzbuches".

Sie erfaßt nach der Übergangsvorschrift des neu eingefügten § 71 BZRG auch die bereits im Register eingetragenen einschlägigen Verurteilungen zu Freiheits- und Jugendstrafe (vgl. dazu BT-Dr 13/9062, 5, 7, 15).

§ 49 BZRG

(1) Der Generalbundesanwalt kann auf Antrag oder von Amts wegen anordnen, daß Eintragungen entgegen den §§ 45, 46 zu tilgen sind, falls die Vollstreckung erledigt ist und das öffentliche Interesse der Anordnung nicht entgegensteht. Wohnt der Betroffene im Geltungsbereich dieses Gesetzes, so soll der Generalbundesanwalt das erkennende Gericht und die sonst zuständige Behörde hören. Betrifft die Eintragung eine Verurteilung, durch welche eine freiheitsentziehende Maßregel der Besserung und Sicherung angeordnet worden ist, so soll er auch einen in der Psychiatrie erfahrenen medizinischen Sachverständigen hören.

(2) Hat der Verurteilte infolge der Verurteilung durch ein Gericht im Geltungsbereich dieses Gesetzes die Fähigkeit, öffentliche Ämter zu bekleiden und Rechte aus öffentlichen Wahlen zu erlangen, oder das Recht, in öffentlichen Angelegenheiten zu wählen oder zu stimmen, verloren, so darf eine Anordnung nach Absatz 1 nicht ergehen, solange er diese Fähigkeit oder dieses Recht nicht wiedererlangt hat.

(3) Gegen die Ablehnung einer Anordnung nach Absatz 1 steht dem Antragsteller innerhalb zwei Wochen nach Bekanntgabe der Entscheidung die Beschwerde zu. Hilft der Generalbundesanwalt der Beschwerde nicht ab, so entscheidet das Bundesministerium der Justiz.

Erfolgreiche Rügen

1. Das Verwertungsverbot gemäß § 49 I BZRG greift auch dann ein, wenn die Tilgungsfrist zwar zum Zeitpunkt der neuen Tat noch nicht verstrichen, vor Ende der Hauptverhandlung in der Tatsacheninstanz aber bereits abgelaufen ist (BGH Beschl. v. 29. 4. 1982 – 4 StR 174/82).

2. Verwertungsverbot für Verwarnungen mit Strafvorbehalt nach Entfernung aus dem Register (BGH Urt. v. 6. 3. 1979 – 1 StR 747/78).

3. Verwertung getilgter Verurteilungen nur im Umfang der Zustimmung des Angeklagten zulässig (BGH Urt. v. 26. 1. 1977 – 2 StR 650/76).

4. Verwertungsverbot auf die Sachrüge hin von Amts wegen zu prüfen (BGH Urt. v. 10. 1. 1973 – 2 StR 451/72).

5. Getilgte oder tilgungsreife Eintragungen im Zentralregister dürfen nicht strafschärfend verwertet werden (BGH Urt. v. 19. 7. 1972 – 3 StR 66/72).

Erfolglose Rügen

1. Das Verwertungsverbot gilt nicht für die Warnung, die der Täter durch ein Verfahren erhalten hat, das mit einer Einstellung endete (BGH Urt. v. 6. 12. 1972 – 2 StR 499/72).

Erfolgreiche Rügen

1. Das Verwertungsverbot gemäß § 49 I BZRG greift auch dann ein, wenn die Tilgungsfrist zwar zum Zeitpunkt der neuen Tat noch nicht verstrichen, vor Ende der Hauptverhandlung in der Tatsacheninstanz aber bereits abgelaufen ist.

BZRG § 49 I – BGH Beschl. v. 29. 4. 1982 – 4 StR 174/82 LG Stuttgart (= NStZ 1983, 30)

Die Revision rügt die Verletzung sachlichen Rechts, insbesondere, daß das Landgericht eine Vorstrafe, die zum Zeitpunkt des Urteil tilgungsreif war, dennoch verwertet hat.

Der Sachverhalt ergibt sich aus dem Revisionsvorbringen. – Das Rechtsmittel hatte Erfolg.

Gründe: ...

1. Nach § 49 I BZRG dürfen für die Schuld- und Straffrage – sofern wie vorliegend die Ausnahmetatbestände der §§ 49 II und 50 BZRG nicht in Betracht kommen – Tat und Verurteilung einem Angeklagten im Rechtsverkehr nicht mehr vorgehalten und nicht zu seinem Nachteil verwertet werden, wenn die Eintragung über die Verurteilung im Register getilgt oder tilgungsreif ist. Die Tilgungsfrist beträgt bei Verurteilungen zu Geldstrafe von nicht mehr als 90 Tagessätzen 5 Jahre, sofern keine Freiheitsstrafe, kein Strafarrest und keine Jugendstrafe im Register eingetragen ist (§ 44 I Nr. 1a BZRG).

Anders als bei der Rückfallverjährung (vgl. § 48 IV 1 StGB) ist bei der Berechnung der Tilgungsfrist nicht auf die Tatzeitpunkte abzustellen. Vielmehr beginnt die Tilgungsfrist mit dem Tag des ersten Urteils (§§ 45 I, 34 S. 1, 51 Nr. 4 BZRG). Dementsprechend greift das Verwertungsverbot gemäß § 49 I BZRG auch dann ein, wenn die Tilgungsfrist zwar zum Zeitpunkt der neuen Tat noch nicht verstrichen, wohl aber vor Ende der Hauptverhandlung in der Tatsacheninstanz bereits abgelaufen ist (vgl. BGH, Beschl. v. 15. 2. 1979 – 1 StR 742/78).

2. Die Gründe des angefochtenen Urteils lassen nicht erkennen, ob das Landgericht die vorgenannten Grundsätze beachtet hat. ...

2. Verwertungsverbot für Verwarnung mit Strafvorbehalt nach Entfernung aus Register.
BZRG § 49 I – BGH Urt. v. 6. 3. 1979 – 1 StR 747/78 LG Augsburg (= BGHSt. 28, 338 = NJW 1979, 1720)

Die Revision rügt, das Gericht habe bei der Strafzumessung zu Nachteil des Angeklagten eine Verwarnung mit Strafvorbehalt verwertet, obwohl diese bereits aus dem Strafregister entfernt worden sei.

Sachverhalt: Die Strafkammer hat die Angeklagte wegen Körperverletzung mit Todesfolge zur Freiheitsstrafe von fünf Jahren verurteilt.

Die Strafkammer führt strafschärfend an, daß die Angeklagte durch den Strafbefehl vom 29. 11. 1975 vorgewarnt worden sei. Wegen einer früheren Mißhandlung des Kindes am 25. 9. 1975 hatte das Amtsgericht L. gemäß § 59 StGB eine Verwarnung mit Strafvorbehalt ausgesprochen; diese Entscheidung wurde am 4. 2. 1976 rechtskräftig. Nach Ablauf der an diesem Tag beginnenden zweijährigen Bewährungszeit erledigte sich der Strafvorbehalt; die Eintragung im Bundeszentralregister wurde entfernt. Gleichwohl hält das Landgericht die Verwarnung für verwertbar, weil die „Entfernung" aus dem Register gemäß § 14 Abs. 2 Satz 2 BZRG nicht einer „Tilgung" gleich zu achten sei und deshalb nicht zu einem Verwertungsverbot (§ 49 Abs. 1 BZRG) führe. – Das Rechtsmittel hatte Erfolg.

Gründe: Dieser Auffassung kann der Senat nicht folgen.

1. Für die Meinung des Landgerichts läßt sich anführen, daß das Gesetz die Worte Tilgung und Entfernung nebeneinander mit unterschiedlicher Bedeutung gebraucht. Aus § 43 Abs. 2 Satz 1 BZRG kann man entnehmen, daß mit Entfernung die technische Durchführung einer Tilgung gemeint ist. An sich zutreffend ist auch der Hinweis auf § 22 BZRG: Hier ist von Entfernung eines Eintrags die Rede, ohne daß damit die materiell-rechtlichen Wirkungen der §§ 49 ff. BZRG verbunden sind. Schließlich ist zu beachten, daß § 49 BZRG die nach § 46 Abs. 2 StGB gebotene Erörterung des Vorlebens des Täters einschränkt und deshalb als Ausnahmevorschrift eng auszulegen ist (BGHSt. 25, 64, 65 [BGH Urt. v. 6. 12. 1972 – 2 StR 499/72; vgl. § 49 BZRG erfolglose Rügen]).

2. Diese Erwägungen stützen jedoch die Rechtsauffassung der Strafkammer nicht. Der Sprachgebrauch des Gesetzes allein gibt dazu nichts her. Wenn beispielsweise bei der Aussetzung der Verhängung einer Jugendstrafe (§§ 27 ff. JGG) der Schuldspruch getilgt wird (§ 30 Abs. 2 JGG), so wird die Eintragung „entfernt" (§ 15 Abs. 2 Nr. 1 BZRG; nach dem früheren Rechtszustand – § 96 Abs. 1 Satz 2 JGG – hieß es „wird getilgt"). Ersichtlich soll mit der Tilgung des Schuldspruchs keine geringere Wirkung erzielt werden als mit dem Zeitablauf gemäß § 43 Abs. 1 BZRG (vgl. BGHSt. 24, 378, 379 [BGH Urt. v. 19. 7. 1972 – 3 StR 66/72; vgl. § 49 BZRG erfolgreiche Rügen]). § 22 BZRG ist eine Bestimmung für Sonderfälle (Entfernung des Eintrags wegen mutmaßlichen Todes oder hohen Alters), aus der sich kein Hinweis für die hierzu entscheidende Frage gewinnen läßt.

Auch der Charakter des § 49 BZRG als einer Ausnahmevorschrift hindert nicht die sinngemäße Auslegung des § 14 Abs. 2 Satz 2 BZRG. Wie bei der rechtsähnlichen Tilgung des

Schuldspruchs im Jugendstrafrecht soll sich der gemäß § 59 StGB verwarnte Täter als unbestraft bezeichnen können, wenn es bei der Verwarnung „sein Bewenden hat" (§ 59b Abs. 2 StGB). Es erscheint nicht sinnvoll, die Eintragung zu entfernen mit der Wirkung, daß das Gericht in einem neuen Verfahren keine Strafnachricht mehr erhält, und es andererseits dem Zufall zu überlassen, ob der neue Tatrichter von der früheren Straftat auf andere Weise erfährt und dadurch die Möglichkeit erhält, sie zum Nachteil des Betroffenen zu verwerten. Es entspricht deshalb dem Sinn des § 14 Abs. 2 Satz 2 BZRG, daß die Entfernung der Eintragung die Rechtsfolgen der §§ 49 ff. BZRG herbeiführt.

3. Dieser Auffassung steht nicht entgegen, daß ein eingestelltes Ermittlungsverfahren – ein Verfahren also, das nicht zu einer gerichtlichen Ahndung geführt hat – strafschärfend verwertet werden darf; diese vom Bundesgerichtshof vertretene Auffassung (BGHSt. 25, 64 ebenso BVerfGE 36, 174 = NJW 1974, 179) stützt sich auf den Wortlaut des § 49 Abs. 1 BZRG, der eine Verurteilung und ihre Eintragung im Register voraussetzt, sowie auf die Erwägung, daß erst die entsühnende Wirkung einer Verurteilung das Verwertungsverbot rechtfertigt. Als Verurteilung im Sinne des § 49 BZRG ist auch die Verwarnung mit Strafvorbehalt anzusehen (§ 4 Nr. 3 BZRG). Ist eine Verurteilung ergangen, so darf – bei Anwendbarkeit des § 49 BZRG – auch die Warnfunktion des Urteils nicht mehr zu Ungunsten des Täters berücksichtigt werden, wie die angeführte Entscheidung des Bundesgerichtshofs hervorhebt (a.a.O. S. 65).

4. An dem hiernach gegebenen Verwertungsverbot ändert nichts, daß im vorliegenden Fall die frühere Straftat zu vormundschaftlichen Maßnahmen (vorläufiger Entzug des Rechts auf Aufenthaltsbestimmung für das Kind) geführt hat. Der dahin gehende Beschluß des Amtsgerichts L. bleibt nach ausdrücklicher Vorschrift des § 49 Abs. 2 BZRG unberührt. Er durfte in der Hauptverhandlung erörtert und bei der Entscheidung berücksichtigt werden. Dasselbe gilt jedoch nicht für die Verwarnung mit Strafvorbehalt.

3. Verwertung getilgter Verurteilungen nur im Umfang der Zustimmung des Angeklagten zulässig.

BZRG § 49 – BGH Urt. v. 26. 1. 1977 – 2 StR 650/76 Schwurgericht Frankfurt/Main (= BGHSt. 27, 108 = NJW 1977, 816)

Die Revision rügt, daß das Gericht Feststellungen aus einem früheren Urteil nach Tilgung der Verurteilung verwertet hat, dessen Verlesung der Angeklagte widersprochen hat.

Sachverhalt: Das Schwurgericht hat den Angeklagten für schuldig befunden, in den Nachtstunden zu Beginn des 11. 3. 1973 seine Wohnungsnachbarin G. S. vorsätzlich getötet zu haben. Es hat ihn deshalb wegen Totschlags zu einer Freiheitsstrafe verurteilt.

An zwei Stellen der Beweiswürdigung bezieht sich das Schwurgericht zum Nachteil des Angeklagten auf eine Mordtat, die der Angeklagte im Jahre 1946 begangen hat und derentwegen er von der Jugendkammer des Landgerichts in M. am 27. 11. 1951 zu zehn Jahren Jugendstrafe verurteilt wurde. Es berücksichtigt zu seinem Nachteil, daß der Angeklagte auch damals dem Opfer die Pulsader mit seinem Taschenmesser durchschnitt und daß er bei seiner Verteidigung gegenüber dem Mordvorwurf ein ähnliches Verhalten wie im jetzigen Falle gezeigt habe. Dabei stützt das Schwurgericht sich ersichtlich auf die Feststellungen des früheren Urteils, das in der Hauptverhandlung gegen den Widerspruch des Verteidigers zum Zwecke des Urkundenbeweises verlesen wurde. Die vom Landgericht M. ausgesprochene Vorstrafe war im Zeitpunkt der Verhandlung und Entscheidung des Schwurgerichts im Strafregister getilgt. – Das Rechtsmittel hatte Erfolg.

Gründe: Die Rüge scheitert nicht daran, daß im Augenblick der Entscheidung noch die ursprüngliche Fassung des § 49 BZRG galt, bei der der Bundesgerichtshof (BGHSt. 25, 25 und BGH, Urt. v. 8. 11. 1972 – 3 StR 85/72) eine indizielle Verwertung von Vorstrafe und

Vortat in einem Strafverfahren für solche Fälle zugelassen hatte, in denen Vortat und Verurteilung bei der Geltendmachung von Ansprüchen aus unerlaubter Handlung wegen der neuen Tat als Beweisanzeichen Bedeutung haben können. Denn die neue Fassung des § 49 BZRG aufgrund des Gesetzes zur Änderung des Bundeszentralregistergesetzes vom 25. 5. 1976 (BGBl. I 1278), die nur noch bei Geltendmachung von Ansprüchen aus der früheren Tat oder der früheren Verurteilung entstandene Rechte Dritter unberührt läßt, muß, da der Verstoß gegen das Verwertungsverbot auch als sachlich-rechtlicher Mangel zu werten ist (BGHSt. 25, 100 [BGH Urt. v. 10. 1. 1973 – 2 StR 451/72; vgl. § 49 BZRG erfolgreiche Rügen]), gemäß § 2 Abs. 3 StGB als das dem Täter günstigere Gesetz beachtet werden (§ 354a StPO).

Eine Besonderheit ergibt sich andererseits daraus, daß der Angeklagte sich selbst zu seiner Verteidigung gegenüber dem Vorwurf des Totschlags auf die frühere Tat und die frühere Verurteilung berufen hat. Nach seiner Einlassung in der Hauptverhandlung bestand nämlich der einzige Grund dafür, daß er die Leiche der Getöteten mit einem Messer zerteilt und die Teile weggeschafft hatte, darin, daß er befürchtete, um seiner Vortat willen in den Verdacht zu geraten, S. selbst getötet zu haben. Die frühere Verurteilung wegen Mordes samt der ihr zugrunde liegenden Tat wurde damit zum Angelpunkt seiner Verteidigung gegen den Tötungsvorwurf.

Es liegt auf der Hand, daß diese Einlassung dem Angeklagten durch § 49 BZRG nicht abgeschnitten werden konnte. Es stand selbstverständlich in seiner Macht, ob er nach Tilgung der früheren Verurteilung von der ihm durch das Gesetz eingeräumten Befugnis (§ 51 BZRG), sich als unbestraft zu bezeichnen und den der Verurteilung zugrunde liegenden Sachverhalt nicht zu offenbaren, Gebrauch machen wollte. Machte er unter Hintansetzung dieser Befugnis die Vortat zu einem wesentlichen Teil seiner Einlassung, so konnte der Tatrichter auf der anderen Seite nicht gehalten sein, diesem Vorbringen ohne Beweiserhebung zu folgen. Doch blieb es dem Schwurgericht dabei angesichts des in § 49 Abs. 1 BZRG ausgesprochenen Verbots bei der nunmehr gegebenen Gesetzeslage versagt, weiter zu gehen, als es zur Prüfung der Wahrheit der Behauptung des Angeklagten erforderlich war. Es hätte sich darauf beschränken müssen, Rubrum und Tenor des früheren Urteils zum Zweck des Urkundenbeweises zu verlesen. Nur in diesem Umfang konnte die Beweiserhebung durch die Einlassung des Angeklagten gedeckt sein und ein Zurücktreten des ihm durch § 49 Abs. 1 BZRG gewährten Schutzes vor Bemakelung durch die Vorstrafe und die zugehörige Vortat in Betracht kommen. Eine Verlesung der Urteilsgründe und damit die dem Angeklagten aus guten Gründen unerwünschte Wiedergabe aller Einzelheiten des damaligen Tatgeschehens (obendrein in öffentlicher Verhandlung) wäre allein dann als statthaft anzusehen, wenn der Angeklagte nicht nur allgemein die Vortat und die Vorverurteilung erwähnt, sondern sich zusätzlich auf bestimmte in den Urteilsgründen erörterte Umstände des früheren Geschehens berufen hätte. Da dies nicht der Fall war, verstieß schon die Verlesung des vollständigen früheren Urteils gegen die Vorschrift des § 49 Abs. 1 BZRG in der jetzt geltenden Fassung und durfte eine auf diesem Wege gewonnene Kenntnis von Einzelheiten des früheren Geschehens nicht der Überzeugungsbildung dienen.

Der Senat kann nicht ausschließen, daß der Schuldspruch des angefochtenen Urteils auf dem Mangel beruht; er sieht sich deshalb zur Aufhebung des Urteils genötigt.

4. Verwertungsverbot auf die Sachrüge hin von Amts wegen zu prüfen.

BZRG § 49 I – BGH Urt. v. 10. 1. 1973 – 2 StR 451/72 LG Bonn (= BGHSt. 25, 100 = MDR 1973, 424)

Die Revision rügt die Verletzung materiellen Rechts und ist auf den Ausspruch über die Entziehung der Fahrerlaubnis beschränkt.

Sachverhalt: Das Landgericht hat den Angeklagten wegen fortgesetzter Erregung geschlechtlichen Ärgernisses in Tateinheit mit Beleidigung zu einer Freiheitsstrafe verurteilt. Zugleich hat es ihm mit einer Sperrfrist von einem Jahr die Fahrerlaubnis entzogen und den Führerschein eingezogen.

Auf die Ungeeignetheit des Angeklagten zur Führung von Kraftfahrzeugen im Sinne des § 42 m Abs. 1 StGB schließt die Strafkammer „in erster Linie aus dem Hergang der Tat selbst". Darüber hinaus stützt sie ihre Entscheidung aber auch auf eine Würdigung der in der Tat zum Ausdruck kommenden Persönlichkeit des Angeklagten, indem sie auf eine am 14. 5. 1957 ausgesprochene Vorverurteilung zu einem Jahr und sechs Monaten Gefängnis wegen im wesentlichen gleichliegender Straftaten Bezug nimmt. – Das Rechtsmittel hatte Erfolg.

Gründe:

1. Zu der Prüfung der Frage, ob die Strafkammer durch die Verwertung der Vorstrafe gegen § 49 Abs. 1 BZRG verstoßen hat, ist der Senat auf Grund der von dem Angeklagten erhobenen Sachrüge – sie befaßt sich ausschließlich mit der Auslegung des § 42 m StGB – befugt. Denn die Beachtung der genannten Vorschrift wird – zumindest in erster Linie – vom sachlichen, nicht vom Verfahrensrecht gefordert.

Das Verwertungsverbot des § 49 Abs. 1 BZRG zielt nach seinem eindeutigen Wortlaut darauf ab, dem Verurteilten jeglichen Nachteil aus getilgten oder tilgungsreifen Strafen samt den ihnen zugrunde liegenden Taten zu ersparen, sofern nicht eine der Ausnahmeregelungen in § 49 Abs. 2, § 50 BZRG eingreift. Daß mit dieser Regelung, soweit sie auch die Verwertung in einem neuen Strafverfahren verbietet, entgegen der Absicht des Gesetzgebers die Resozialisierung des erneut gestrauchelten Verurteilten nicht gefördert werden kann, ändert nichts an ihrer Klarheit. Sie schneidet aus dem Bereich des tatsächlich Bestehenden einen Teil heraus, der bei der Beurteilung anderer Lebenssachverhalte jeder Würdigung – auch durch die Gerichte – verschlossen sein soll. Ein solches unmittelbares gesetzliches Verwertungsverbot, das noch weiter reicht als die Verbote in § 428 Abs. 2 AbgO und § 3 Abs. 2, § 7 Abs. 3 des Gesetzes zu Artikel 10 Grundgesetz vom 13. 8. 1968 (BGBl. I 949), mag zwar stets auch ein Beweisverfahrensverbot enthalten. Dies aber nur deshalb, weil sich auf einen Sachverhalt, dessen Verwertung für die Urteilsfindung ohnehin verboten ist, ein Beweisverfahren selbst dann nicht richten darf, wenn es im übrigen mit zulässigen Mitteln und in gehörigen Formen betrieben wird.

Im Kern betrifft das Verbot gleichwohl nicht das Verfahren. Es handelt sich nicht – zumindest nicht in erster Linie – um eine Norm, die bestimmt, „auf welchem Wege der Richter zur Urteilsfindung berufen" ist (vgl. BGHSt. 19, 273, 275 [BGH Urt. v. 24. 3. 1964 – 3 StR 60/63; vgl. § 344 StPO erfolglose Rügen]). Denn seine allgemeine Fassung schließt es auch für den Bereich des Strafprozesses aus, es als bloße Weisung an die Strafverfolgungsbehörden aufzufassen, sich – soweit kein Ausnahmetatbestand vorliegt – jeder Maßnahme zu enthalten, die auf die Einbeziehung getilgter oder tilgungsreifer Strafen in das Verfahren gerichtet ist; vielmehr beansprucht es danach Geltung ohne Rücksicht darauf, ob es solcher Maßnahmen verfahrensrechtlicher Natur überhaupt bedarf. Auch Vorstrafen, deren Vorhandensein nicht bewiesen werden muß, etwa weil die ihnen zugrunde liegenden Taten so großes Aufsehen erregt haben, daß sie auch nach ihrer Tilgung noch allgemein und damit auch gerichtsbekannt sind, dürfen nicht verwertet werden. In dieser Absolutheit des Gebotes, bestimmte Tatsachen unbeachtet – nicht nur unerforscht – zu lassen, zeigt sich die Zugehörigkeit des § 49 BZRG zum sachlichen Recht.

Soweit § 49 BZRG die Verwertung der getilgten oder tilgungsreifen Vorstrafen bei der Strafzumessung verbietet, hat der Bundesgerichtshof Verstöße hiergegen schon bisher auf die Sachrüge hin beanstandet (BGHSt. 24, 378 [BGH Urt. v. 19. 7. 1972 – 3 StR 66/72; vgl. § 49 BZRG erfolgreiche Rügen]; Beschl. v. 24. 7. 1972 – 3 StR 187/72 –; ständige Praxis aller Senate). Mit der vorliegenden Entscheidung ist nunmehr auch die in den Entscheidungen vom 18. 10. 1972 (BGHSt. 25, 24) und vom 8. 11. 1972 – 3 StR 85/72 – offengebliebene Frage, ob eine verbotene indizielle Verwertung getilgter oder tilgungsreifer Strafen als Sachmangel anzusehen ist, in bejahendem Sinne erledigt.

2. Die nach alledem gebotene Prüfung, ob die Strafkammer das Bundeszentralregistergesetz beachtet hat, führt zur Aufhebung der Fahrerlaubnisentziehung. Denn die Strafkammer hat zur Begründung dieser Maßnahme eine länger als zehn Jahre zurückliegende Strafe unter drei Jahren mit herangezogen, die nach § 60 Abs. 2 Nr. 3 BZRG nicht in das Zentralregister übernommen worden ist und daher nach §§ 61, 49 Abs. 1 BZRG nicht zum Nachteil des Angeklagten verwertet werden darf.

Die Anwendung des § 60 Abs. 2 Nr. 3 BZRG auf die im Urteil verwertete Vorstrafe scheitert nicht daran, daß der Angeklagte außerdem im Jahre 1959 zu zwei Gesamtstrafen von einem Jahr und von zehn Monaten verurteilt worden ist. Zwar überschreitet die Summe der innerhalb der zehnjährigen Frist des § 60 Abs. 2 Nr. 3 BZRG erkannten Strafen damit den Zeitraum von drei Jahren. Doch ist dies ohne Belang. Denn § 60 Abs. 2 Nr. 3 BZRG bezieht sich, ebenso wie die übrigen Nummern dieses Absatzes, auf die einzelne Verurteilung mit der Folge, daß jede Vorstrafe, bei der die jeweiligen Voraussetzungen erfüllt sind, erfaßt wird. Weitere Eintragungen im Strafregister sind – abgesehen von § 60 Abs. 2 Nr. 1 BZRG – außer Betracht zu lassen. Für sie ist jeweils gesondert zu prüfen, ob sie in das Zentralregister übernommen werden (BayObLG MDR 1972, 713).

Für diese Auslegung spricht bereits der Wortlaut der Bestimmung. Sie wird durch einen Blick auf die in der Wortwahl mit § 60 BZRG übereinstimmenden Regelungen in den §§ 32 und 44 BZRG bestätigt. Die erste dieser Vorschriften bestimmt die Fristen, nach deren Ablauf Verurteilungen nicht mehr in ein Führungszeugnis aufgenommen werden, sich die zweite die Straftilgungsfristen. Daß beide Bestimmungen die einzelne Vorstrafe je für sich meinen, wird in § 36 Abs. 1 und § 45 Abs. 3 Satz 1 BZRG deutlich, wonach bei mehreren Eintragungen die Fristen für jede von ihnen abgelaufen sein müssen, damit die Strafen im Führungszeugnis nicht mehr erscheinen oder getilgt werden. Es erscheint ausgeschlossen, daß § 60 BZRG trotz übereinstimmender Wortwahl eine abweichende Bedeutung haben sollte. Auch die Entstehungsgeschichte des Bundeszentralregistergesetzes gibt dafür keinerlei Anhalt.

Daß das Verwertungsverbot auch gilt, wenn die Voraussetzungen einer Maßregel der Sicherung und Besserung zu prüfen sind, unterliegt angesichts des uneingeschränkten Wortlauts des § 49 Abs. 1 BZRG und des Fehlens gegenteiliger Anhaltspunkte in der Entstehungsgeschichte der Vorschrift keinem Zweifel. Eine Ausnahme gilt nach § 50 Nr. 2 BZRG nur, wenn es um den Geisteszustand des Betroffenen geht, dessen Beurteilung zu einer Unterbringung nach § 42b StGB führen kann.

5. Getilgte oder tilgungsreife Eintragungen im Zentralregister dürfen nicht strafschärfend verwertet werden.

BZRG § 49 I – BGH Urt. v. 19. 7. 1972 – 3 StR 66/72 LG Duisburg (= BGHSt. 24, 378)

Die Revision rügt die Verletzung sachlichen Rechts.

Sachverhalt: Die Strafkammer hat strafschärfend den Umstand verwertet, „daß der Angeklagte bereits früher zweimal in ähnlicher Art und Weise in Erscheinung getreten ist". Sie bezieht sich damit auf ein Urteil des Jugendschöffengerichts Duisburg vom 3. 4. 1962, das den Angeklagten eines Vergehens gegen § 330a StGB für schuldig erklärt und die Entscheidung über die Verhängung von Jugendstrafe für zwei Jahre ausgesetzt hatte – der Schuldspruch ist wegen guter Führung des Angeklagten durch Beschluß vom 28. 4. 1964 getilgt worden – sowie auf eine Bestrafung des Angeklagten durch Urteil des Jugendschöffengerichts Duisburg vom 14. 10. 1966 gemäß § 176 Abs. 1 Nr. 3, § 74 StGB zu sechs Monaten Jugendstrafe. – Das Rechtsmittel hatte Erfolg.

Gründe: Die auf die Sachrüge vorgenommene Überprüfung hat zwar keinen Rechtsfehler des Urteils zur Zeit seines Erlasses erkennen lassen; sie führt aber wegen einer nach diesem Zeitpunkt eingetretenen Rechtsänderung zur Aufhebung im Strafausspruch.

Die Anordnung der Tilgung des Schuldspruches nach § 30 Abs. 2 JGG hatte nach dem inzwischen aufgehobenen § 96 Abs. 1 JGG die Tilgung des Vermerks im Strafregister zur Folge. Sie hat auch nach § 15 Abs. 2 Satz 2 Nr. 1 des am 1. 1. 1972 in Kraft getretenen Gesetzes über das Zentralregister und das Erziehungsregister (Bundeszentralregistergesetz – BZRG) vom 18. März 1971 (BGBl. I 243) die Wirkung, daß eine – etwa noch vorhandene – Eintragung des Schuldspruchs aus dem Register entfernt wird. § 45 Abs. 3 Satz 1 BZRG – nach bisherigem Recht § 2 Abs. 1 Satz 2 Straftilgungsgesetz – steht der Entfernung aus dem Register nicht entgegen. Die Eintragung der Verurteilung zu sechs Monaten Jugendstrafe ist nach § 60 Abs. 2 Nr. 2 BZRG nicht in das Zentralregister zu übernehmen.

Die strafschärfende Berücksichtigung des diesen Verurteilungen zugrunde liegenden Verhaltens des Angeklagten entsprach der bis zum 31. 12. 1971 geltenden Rechtslage. Nach ständiger Rechtsprechung schloß die Tilgung eines Eintrags in das Strafregister eine erschwerende Verwertung jener Tat bei der Strafzumessung nicht aus (vgl. RGSt 60, 285, 288; BGHSt. 6, 243, 245; 7, 58, 60; BGH Urt. v. 17. 5. 1960 – 5 StR 145/60 = GA 1961, 362 [L]).

Dagegen bestimmt nunmehr § 49 Abs. 1 BZRG – er gilt gemäß § 61 BZRG für beide Verurteilungen –, daß nach Tilgung oder Tilgungsreife einer Verurteilung „die Tat und die Verurteilung dem Betroffenen im Rechtsverkehr nicht mehr vorgehalten und nicht zu seinem Nachteil verwertet werden" dürfen. Diese Vorschrift bezweckt, den Verurteilten nach Tilgung der Vorstrafe oder dem Eintritt ihrer Tilgungsreife grundsätzlich von dem Makel der Vorstrafe zu befreien (vgl. Begründung des Regierungs-Entwurfs zu § 45, BR-Drucks. 676/69 S. 24; Schriftlicher Bericht des Sonderausschusses für die Strafrechtsreform, BT-Drucks. VI/1550 S. 21). Damit soll nach dem Willen des Gesetzgebers auch die Möglichkeit ausgeschlossen sein, in einem späteren Strafverfahren den Umstand, daß der Angeklagte die frühere Straftat begangen hat und daß er deswegen verurteilt worden ist, strafschärfend zu verwerten (so schon BayObLG MDR 1972, 443, 629. Das ergibt sich sowohl aus dem Wortlaut und dem Sinn des § 49 Abs. 1, wie aus den Vorschriften der §§ 49 Abs. 2 und 50 BZRG, in denen gewisse Ausnahmen von dem Verwertungsverbot vorgesehen sind, die hier aber nicht vorliegen. Auch der Umstand, daß mit der Aufhebung des Straftilgungsgesetzes (§ 71 Abs. 2 BZRG) dessen Regelung, wonach eine getilgte Verurteilung „nicht mehr als Bestrafung im Sinne solcher Vorschriften gilt, die für den Fall, daß der Täter bereits bestraft ist, eine schwerere Strafe oder andere Rechtsnachteile androhen" (§ 5 Abs. 2), fortgefallen ist, zeigt, daß § 49 Abs. 1 BZRG die in die gleiche Richtung weisende Rechtsfolgeregelung des § 5 Abs. 2 Straftilgungsgesetz ersetzen sollte, und zwar, wie sich aus seiner Fassung ergibt, mit weit darüber hinausgehender Wirkung. Dieser gesetzgeberische Wille tritt auch in der Entstehungsgeschichte der Vorschrift deutlich zutage. Beim ersten Durchgang des Gesetzentwurfs im Bundesrat wurde ein Antrag des Innenausschusses abgelehnt, dem § 45 Abs. 1 Satz 1 Regierungsentwurf – ihm entspricht der Gesetz gewordene § 49 Abs. 1 – einen zweiten Halbsatz anzufügen, nach dem die Vorschrift nicht gelten sollte „in einem erneuten Strafverfahren gegen den Verurteilten oder wenn erhebliche Belange der öffentlichen Sicherheit oder Ordnung eine Ausnahme rechtfertigen"; maßgebend für die Ablehnung war die Überlegung, daß von dem der Resozialisierung des Betroffenen dienenden Grundsatz des § 45 Abs. 1 Satz 1 RegE nur eng begrenzte Ausnahmen gemacht werden sollten (BR-Drucks. 676/1/69 S. 15; 347. Sitzung des Deutschen Bundesrates, Prot. S. 9).

Im Interesse der Resozialisierung des Verurteilten ist der Gesetzgeber nicht der Erwägung gefolgt, der Verurteilte könne nicht günstiger stehen als derjenige, bei dem bestimmte zurückliegende Vorkommnisse nicht zu einem Strafverfahren geführt hatten (BGHSt. 6, 243,

245 zu § 4 Abs. 4 Straftilgungsgesetz; vgl. auch BGHSt. 7, 58, 60 zu § 5 Abs. 2 Straftilgungsgesetz). Ob die mit § 49 Abs. 1 BZRG erreichte unterschiedliche Behandlung des wegen eines bestimmten Verhaltens nicht Bestraften (vgl. § 13 Abs. 2 StGB, wonach das „Vorleben des Täters" bei der Strafzumessung ins Gewicht fällt) und eines deswegen Verurteilten sich stets unter dem Gesichtspunkt der Resozialisierung rechtfertigt, kann allerdings fraglich sein. Eine – wenigstens zusätzliche – Rechtfertigung läßt sich, soweit es um den Ausschluß einer früheren Verurteilung und der ihr zugrunde liegenden Tat als Strafzumessungsgrund geht, in der entsühnenden Wirkung einer Bestrafung (oder Verurteilung) finden. Ob und inwieweit solchen, die gesetzliche Regelung tragenden Gesichtspunkten Auslegungsrichtlinien für die Reichweite des in § 49 Abs. 1 BZRG enthaltenen Verwertungsverbots zu entnehmen sind – etwa für die Frage, ob und inwieweit besondere Umstände der früheren Tat oder in mehr oder weniger losem Zusammenhang mit ihr stehende Tatsachen als Beweisanzeichen für die Beurteilung späterer Vorgänge herangezogen werden dürfen –, bedarf hier keiner Entscheidung.

§ 49 Abs. 1 BZRG ist, soweit danach bei getilgter oder tilgungsreifer Verurteilung die Tat und die Verurteilung in einem neuen Strafverfahren nicht mehr strafschärfend verwertet werden dürfen, eine Regelung des sachlichen Rechts, die als milderes Gesetz im Sinne des § 2 Abs. 2 Satz 2 StGB auch im Revisionsverfahren zu berücksichtigen ist (§ 354a StPO; vgl. BGHSt. 5, 207, 208; 20, 77, 78; 20, 116, 117 [BGH Urt. v. 1. 12. 1964 – 3 StR 35/64; vgl. § 354a StPO erfolgreiche Rügen]). Da das Verhalten des Angeklagten, das den beiden ersten Verurteilungen zugrunde lag, sich ersichtlich auf die Strafhöhe ausgewirkt hat, ist das Urteil daher im Strafausspruch aufzuheben.

Erfolglose Rügen

1. Das Verwertungsverbot gilt nicht für die Warnung, die der Täter durch ein Verfahren erhalten hat, das mit einer Einstellung endete.

BZRG § 49 – BGH Urt. v. 6. 12. 1972 – 2 StR 499/72 LG Köln (= BGHSt. 25, 64)

Die Revision rügt, das Gericht habe zu Unrecht strafschärfend gewertet, daß zwei Ermittlungsverfahren gegen den Angeklagten in einschlägigen Fällen, die nicht zur Verurteilung geführt haben, diesem nicht zur Warnung gedient und ihn von seiner Tat nicht abgehalten haben.

Der Sachverhalt ergibt sich aus dem Revisionsvorbringen. – Das Rechtsmittel war erfolglos.

Gründe: ... Bei der Strafzumessung hat das Gericht die Umstände, die für und gegen den Täter sprechen, gegeneinander abzuwägen (§ 13 Abs. 2 StGB). Im Einzelfall kann es den Täter belasten, daß er handelt, obwohl in vorhergehenden Ermittlungsverfahren, auch wenn sie nicht zur Bestrafung führten, darauf hingewiesen wurde, daß ein einschlägiges Tun verfolgt und bestraft werden kann. Begeht er die Tat trotz dieser Warnung, ist sein Handlungsunrecht schwerer als ohne sie. Deshalb darf dieser Umstand zum Nachteil des Angeklagten bei der Strafzumessung verwertet werden (vgl. BGH Urteile v. 1. 7. 1954 – 3 StR 282/54; v. 12. 7. 1951 – 4 StR 339/51).

Daran ist das Gericht auch nicht durch das Bundeszentralregistergesetz vom 18. März 1971 (BGBl. I 243) gehindert. Nach § 49 Abs. 1, § 61 dieses Gesetzes dürfen eine Tat und die Verurteilung nicht zum Nachteil des Betroffenen verwertet werden, wenn die Eintragung über die Verurteilung im Register getilgt worden oder tilgungsreif oder nach § 60 des Gesetzes nicht ins Register aufzunehmen ist. Von dem Verbot wird auch die Warnung erfaßt, die in dem zur früheren Verurteilung führenden Verfahren liegt. Sonst würde § 49 Abs. 1 BZRG für ein neues Strafverfahren aus den Angeln gehoben und immer umgangen werden können. Außerdem läge in einer Berücksichtigung des früheren Verfahrens und seiner Warnfunktion eine Verwertung der Folgen der Tat, die durch § 49 Abs. 1 BZRG gerade ausgeschlossen werden sollte.

Das Verwertungsverbot gilt jedoch nicht für die Warnung, die der Täter durch ein Verfahren erhalten hat, das mit einer Einstellung endete. Der Erstreckung des Verbots auf diesen Fall steht schon der Wortlaut des § 49 Abs. 1 BZRG entgegen, der eine Verurteilung und ihre Eintragung im Zentralregister voraussetzt.

Zudem bedeutet die Bestimmung eine Ausnahme von § 13 Abs. 2 StGB, der für die Strafzumessung ganz allgemein vorschreibt, daß die Umstände, die für und gegen den Täter sprechen, bei der Strafzumessung gegeneinander abzuwägen sind. Als ein solcher Umstand ist das Vorleben des Täters besonders hervorgehoben. Soweit das BZRG demgegenüber ausnahmsweise die Verwertung einer abgeurteilten Tat und der Verurteilung verbietet, mag sich das aus der entsühnenden Wirkung der Bestrafung oder Verurteilung rechtfertigen lassen (vgl. BGHSt. 24, 378, 381 [BGH Urt. v. 19. 7. 1972 – 3 StR 66/72; vgl. § 49 BZRG erfolgreiche Rügen]). Dieser Gesichtspunkt trifft aber auf frühere Strafverfahren, die durch Einstellung beendet wurden, ebensowenig zu wie auf früher begangene Taten, die nicht zu einem Strafverfahren geführt haben. Als Ausnahmevorschrift ist § 49 Abs. 1 BZRG eng auszulegen. Würde man das Verwertungsverbot auf alle Vorfälle, die zu einer Bestrafung hätten führen können, aber nicht geführt haben, ausdehnen, würde § 13 StGB zu einem erheblichen Teil ausgehöhlt werden.

Schließlich würde eine erweiternde Anwendung des § 49 BZRG auf frühere, durch Einstellung beendete Verfahren und auf bestimmte zurückliegende Vorkommnisse, die nicht Gegenstand eines Strafverfahrens geworden waren, zu noch größeren Ungereimtheiten führen, als sie Dreher in JZ 1972, 618 ff. dargelegt hat. Abgesehen davon, daß dann vielfach wesentliche Teile des Vorlebens des Täters nicht mehr verwertet werden dürften, würde dem Tatrichter damit eine völlig neue, nicht durchführbare Aufgabe auferlegt werden. Im Falle einer entsprechenden Anwendung des § 49 Abs. 1 BZRG müßte der Tatrichter nämlich prüfen, ob, falls der Angeklagte wegen der früheren Vorkommnisse verurteilt worden wäre, die Eintragung im Register tilgungsreif sein würde. Die Tilgungsreife hängt aber von der Höhe der Strafe ab (§ 44 BZRG). Die Tilgungsfrist beginnt mit dem Tage der Verurteilung (§ 34 i.V.m. § 45 BZRG). Der Richter wäre also gezwungen, eine fiktive Strafe für die seiner Zeit nicht erwiesenen oder nicht verfolgten Taten und, was ihm nicht möglich wäre, einen Tag, an dem der Angeklagte ihretwegen verurteilt worden wäre, zu ermitteln. Dafür, daß der Gesetzgeber das beabsichtigt haben könnte, bestehen keine Anhaltspunkte.

§ 51 BZRG

(1) **Ist die Eintragung über eine Verurteilung im Register getilgt worden oder ist sie zu tilgen, so dürfen die Tat und die Verurteilung dem Betroffenen im Rechtsverkehr nicht mehr vorgehalten und nicht zu seinem Nachteil verwertet werden.**

(2) **Aus der Tat oder der Verurteilung entstandene Rechte Dritter, gesetzliche Rechtsfolgen der Tat oder der Verurteilung und Entscheidungen von Gerichten oder Verwaltungsbehörden, die im Zusammenhang mit der Tat oder der Verurteilung ergangen sind, bleiben unberührt.**

Erfolgreiche Rügen

1. Bei nachträglicher Gesamtstrafenbildung ist für den Beginn der Tilgungsfrist der Zeitpunkt der ersten Entscheidung maßgeblich (BGH Beschl. v. 18. 1. 2000 – 1 StR 528/00).

2. Getilgte Vorstrafen dürfen weder bei der Strafzumessung noch bei der Beweiswürdigung verwertet werden (BGH Beschl. v. 28. 7. 1999 – 5 StR 325/99).

3. Verbot der Verwertung getilgter Vorverurteilungen auch bei Beweiswürdigung (BGH Beschl. v. 20. 3. 1990 – 4 StR 87/90).

Erfolgreiche Rügen

1. Bei nachträglicher Gesamtstrafenbildung ist für den Beginn der Tilgungsfrist der Zeitpunkt der ersten Entscheidung maßgeblich.

BZRG § 51 – BGH Beschl. v. 18. 1. 2000 – 1 StR 528/00 LG Tübingen (= NStZ-RR 2001, 203)

Die Revision rügt, das Gericht habe eine Vorstrafe strafschärfend berücksichtigt, obwohl diese tilgungsreif gewesen sei.

Sachverhalt: Der Angeklagte wurde am 22. 2. 1995 wegen vorsätzlicher Körperverletzung in Tateinheit mit Bedrohung und am 10. 4. 1995 wegen fahrlässiger Körperverletzung jeweils zu Geldstrafe verurteilt. Aus beiden Verurteilungen wurde am 11. 9. 1995 eine nachträgliche Gesamtstrafe von 65 Tagessätzen gebildet. Darüber hinaus ist der Angeklagte nicht vorbestraft. Die Strafkammer hat bei der Bemessung der Einzelstrafen außer im Fall der Vergewaltigung jeweils ausdrücklich strafschärfend berücksichtigt, daß der Angeklagte einschlägig vorbestraft ist. – Das Rechtsmittel hatte Erfolg.

Gründe: ...

3. ... Dies war gem. § 51 BZRG unzulässig, da Tilgungsreife eingetreten war. Auch wenn später eine nachträgliche Gesamtstrafe gebildet wird, ist gem. § 47 BZRG i.V. mit § 36 S. 2 Nr. 1 BZRG für den Beginn der Tilgungsfrist der Zeitpunkt der ersten Entscheidung maßgeblich. Es soll sich nicht zum Nachteil des Verurteilten auswirken, wenn die letztlich getroffene Entscheidung nicht schon bei der ersten möglichen Gelegenheit hierzu getroffen wurde. Dieser Zeitpunkt war hier der 22. 2. 1995. Damit war zum Urteilszeitpunkt gem. § 46 I Nr. 1 lit. a BZRG Tilgungsreife eingetreten.

4. Hinsichtlich der Vergewaltigung hat die Strafkammer allerdings strafmildernd berücksichtigt, daß der Angeklagte „zumindest nicht einschlägig vorbestraft ist". Wegen des engen inneren Zusammenhangs aller Taten hebt der Senat den Strafausspruch auch insoweit auf.

5. Der aufgezeigte Wertungsfehler berührt die zum Strafausspruch getroffenen Feststellungen nicht. Da sie auch sonst rechtsfehlerfrei getroffen sind, können sie bestehen bleiben (§ 349 II StPO). Ergänzende, zu den bisherigen Feststellungen nicht in Widerspruch stehende Feststellungen bleiben jedoch zulässig.

2. Getilgte Vorstrafen dürfen weder bei der Strafzumessung noch bei der Beweiswürdigung verwertet werden.

BZRG § 51 I – BGH Beschl. v. 28. 7. 1999 – 5 StR 325/99 LG Hamburg (= StV 1999, 639)

Die Revision rügt, daß das Landgericht dem Angeklagten bei der Beweiswürdigung und der Strafzumessung die Vorverurteilung durch den Strafbefehl des Amtsgerichts Hamburg v. 15. 11. 1993 (Geldstrafe von 90 Tagessätzen) angelastet hat.

Der Sachverhalt ergibt sich aus dem Revisionsvorbringen. – Das Rechtsmittel hatte Erfolg.

Gründe: Darin sieht der GBA zu Recht eine Verletzung des gesetzlichen Beweisverwertungsverbots des § 51 Abs. 1 BZRG und hat dazu ausgeführt:

„Die Tilgungsfrist beträgt bei Verurteilungen zu Geldstrafe von nicht mehr als 90 Tagessätzen 5 Jahre, sofern keine Freiheitsstrafe, kein Strafarrest und keine Jugendstrafe im Register eingetragen ist (§ 46 Abs. 1 Nr. 1 Buchst. a BZRG). Die Tilgungsfrist beginnt mit dem Tag des Urteils (§ 36 BZRG). Dementsprechend greift das Verwertungsverbot gem. § 51 BZRG auch dann ein, wenn die Tilgungsfrist zwar zum Zeitpunkt der neuen Tat noch nicht verstrichen, wohl aber vor Ende der Hauptverhandlung in der Tatsacheninstanz bereits abgelaufen ist (BGH NStZ 1983, 30 [BGH Beschl. v. 29. 4. 1982 – 4 StR 174/82; vgl. § 49 BZRG erfolgreiche Rügen])."

Anders als der GBA – der lediglich die Aufhebung des Strafausspruchs beantragt hat – kann der Senat jedoch nicht ausschließen, daß dieser Rechtsfehler neben dem Strafausspruch auch den Schuldspruch beeinflußt hat. Bezüglich des Schuldspruchs kann sich der Rechtsfehler insoweit ausgewirkt haben, als der Angeklagte wegen täterschaftlichen Handeltreibens verurteilt wurde. Auf der Grundlage der rechtsfehlerfrei getroffenen Feststellungen ist der Angeklagte jedenfalls der Beihilfe schuldig. Der Senat stellt den Schuldspruch in entsprechender Anwendung von § 354 Abs. 1 StPO von Täterschaft auf Beihilfe um, denn eine neue Hauptverhandlung läßt weitergehende als die aus dem Urteil ersichtlichen Feststellungen nicht erwarten.

3. Verbot der Verwertung getilgter Vorverurteilungen auch bei Beweiswürdigung.

BZRG § 51 I; StPO § 261 – BGH Beschl. v. 20. 3. 1990 – 4 StR 87/90 LG Siegen (= StV 1990, 340)

Die Revision rügt die Verletzung sachlichen Rechts.

Sachverhalt: Das Landgericht hat bei der Würdigung der Einlassung des Angeklagten ausgeführt, diesem seien „Gewaltdelikte nicht fremd". Laut früheren Erziehungsregistereintragungen, an deren Verwertung insoweit, also im Rahmen der Beweiswürdigung (anders bei der Strafzumessung), keine Bedenken bestünden, sei er „in den Jahren 1975 bis 1978 bereits mehrfach wegen Körperverletzung belangt worden". – Das Rechtsmittel hatte Erfolg.

Gründe: Damit hat das Landgericht, was auf die Sachrüge zu berücksichtigen ist, das gesetzliche Beweisverwertungsverbot des § 63 Abs. 4 BZRG i.V.m. § 51 Abs. 1 BZRG verletzt, das eine dem Angeklagten nachteilige Würdigung seiner Persönlichkeit – von den Fällen des § 52 BZRG, die hier nicht vorliegen, abgesehen, – verbietet (BGH NJW 1973, 523, 524; vgl. auch BGHSt. 25, 64, 65 [BGH Urt. v. 6. 12. 1972 – 2 StR 499/72; vgl. § 49 BZRG erfolglose Rügen]; 28, 338, 340 [BGH Urt. v. 6. 3. 1979 – 1 StR 747/78; vgl. § 49 BZRG erfolgreiche Rügen] und BGH, Beschl. v. 12. 1. 1990 – 3 StR 407/89). Getilgte Vorverurteilungen dürfen deshalb auch nicht als Beweisindiz gegen den Angeklagten verwertet werden.

Der Senat schließt aus, daß der Rechtsfehler den Schuldspruch beeinflußt hat. ...

Gerichtsverfassungsgesetz

§ 16 GVG

Ausnahmegerichte sind unstatthaft. Niemand darf seinem gesetzlichen Richter entzogen werden.

Erfolglose Rügen

1. Wird ohne Rücksicht auf mögliche Verhinderungen der Schöffen terminiert und führt das dazu, daß ein Hilfsschöffe eintreten muß, kann sich aus diesem Verfahren auch nicht der entfernteste Verdacht einer Manipulation ergeben (BGH Urt. v. 13. 5. 1980 – 1 StR 169/80).

Erfolglose Rügen

1. Wird ohne Rücksicht auf mögliche Verhinderungen der Schöffen terminiert und führt das dazu, daß ein Hilfsschöffe eintreten muß, kann sich aus diesem Verfahren auch nicht der entfernteste Verdacht einer Manipulation ergeben.

GVG § 16 – BGH Urt. v. 13. 5. 1980 – 1 StR 169/80 (= MDR 1980, 815)

Die Revision rügt, das erkennende Gericht sei in der Person einer Hilfsschöffin nicht ordnungsgemäß besetzt gewesen, der Vorsitzende wäre gehalten gewesen, den Fortsetzungstermin auf einen Tag zu legen, an dem die Hauptschöffin nicht verhindert gewesen wäre.

Sachverhalt: Der Vorsitzende hatte die Hauptverhandlung auf zwei Tage anberaumt und zur Sitzung eine Hilfsschöffin herangezogen, da die ausgeloste Schöffin am 2. Sitzungstage durch Tätigkeit als Schöffin in einer anderen Kammer (am 120. Verhandlungstag eines Verfahrens) verhindert gewesen wäre. – Das Rechtsmittel war erfolglos.

Gründe: Nach § 213 StPO beraumt der Vorsitzende den Termin zur Hauptverhandlung nach pflichtgemäßem Ermessen an; entsprechendes gilt für notwendige Fortsetzungstermine. Bei der Ausübung des Ermessens können die Gesamtbelastung der Strafkammer, das Beschleunigungsgebot, die Reihenfolge des Eintritts der Rechtshängigkeit, aber auch berechtigte Wünsche der Prozeßbeteiligten Berücksichtigung finden. Das bedeutet jedoch nicht, daß der Vorsitzende verpflichtet wäre, mit sämtlichen Prozeßbeteiligten vor der Terminierung Fühlung aufzunehmen, um etwaige Abhaltungsgründe zu ermitteln und zu berücksichtigen. Das gilt insbesondere dann, wenn es sich wie bei den Schöffen um Beteiligte handelt, deren möglicher Verhinderung das GVG durch die Bereitstellung von Hilfsschöffen Rechnung trägt. Durch die Vorschriften über das Recht des Angeklagten auf den gesetzlichen Richter sollen Manipulationen bei der Besetzung des im Einzelfall zuständigen Spruchkörpers verhindert werden. Unter diesem Gesichtspunkt könnte es durchaus bedenklich sein, wenn der Vorsitzende in Verhandlungen mit einem an dem zunächst vorgesehenen Termin verhinderten Schöffen eintritt, um dessen Mitwirkung doch noch zu ermöglichen. Wird dagegen ohne Rücksicht auf mögliche Verhinderungen der Schöffen terminiert und führt das dazu, daß ein Hilfsschöffe eintreten muß, kann sich aus diesem Verfahren auch nicht der entfernteste Verdacht einer Manipulation ergeben.

§ 20 GVG

(1) Die deutsche Gerichtsbarkeit erstreckt sich auch nicht auf Repräsentanten anderer Staaten und deren Begleitung, die sich auf amtliche Einladung der Bundesrepublik Deutschland im Geltungsbereich dieses Gesetzes aufhalten.

(2) Im übrigen erstreckt sich die deutsche Gerichtsbarkeit auch nicht auf andere als die in Absatz 1 und in den §§ 18 und 19 genannten Personen, soweit sie nach den allgemeinen Regeln des Völkerrechts, auf Grund völkerrechtlicher Vereinbarungen oder sonstiger Rechtsvorschriften von ihr befreit sind.

Erfolgreiche Rügen

1. Es gibt eine von der Staatenpraxis mit Rechtsüberzeugung getragene gewohnheitsrechtliche Regel, wonach es möglich ist, ad-hoc-Botschaftern durch Einzelabsprache mit dem Empfangsstaat Immunität zu verleihen (BGH Beschl. v. 27. 2. 1984 – 3 StR 396/83).

Erfolgreiche Rügen

1. Es gibt eine von der Staatenpraxis mit Rechtsüberzeugung getragene gewohnheitsrechtliche Regel, wonach es möglich ist, ad-hoc-Botschaftern durch Einzelabsprache mit dem Empfangsstaat Immunität zu verleihen.

GVG § 20 – BGH Beschl. v. 27. 2. 1984 – 3 StR 396/83 LG Düsseldorf (= BGHSt. 32, 275 = NJW 1984, 2049)

Die Revision rügt, der Angeklagte genieße nach § 20 GVG Befreiung von der deutschen Gerichtsbarkeit (Immunität).

Sachverhalt: Als der Angeklagte bei seiner Einreise in die Bundesrepublik Deutschland am 8. Januar 1983 wegen der in seinem Gepäck gefundenen Betäubungsmittel angehalten wurde, berief er sich gegenüber dem Zollhauptsekretär Sch., dem er seinen grünen Diplomatenpaß vorwies, auf seinen diplomatischen Status. Kurze Zeit später erklärte er dem Zollhauptsekretär C., er sei Sonderbotschafter des Iran und genieße in der Bundesrepublik Deutschland einen Sonderstatus. Da diese Behauptung zunächst weder vom Auswärtigen Amt bestätigt noch durch diplomatische Schritte des Iran gestützt wurde, kam es gleichwohl zur Einleitung eines Ermittlungsverfahrens und zur Erhebung der Anklage vom 28. Januar 1983. Erst mit einem an den Bundesminister des Auswärtigen Genscher gerichteten Schreiben des iranischen Außenministers Dr. Velayati vom 31. Januar 1983, das dem deutschen Botschafter in Teheran, Dr. P., am 1. Februar 1983 übergeben wurde, nahm die iranische Regierung sodann ausdrücklich den Status eines Sonderbotschafters für den Angeklagten in Anspruch. Die Note hat folgenden Wortlaut:

„... erlaube ich mir, Ihnen mitzuteilen, daß die Regierung der islamischen Republik Iran Herrn Dr. S. T. am 18. Dezember 1361 (8. Januar 1983) auf eine Sondermission nach Europa entsandt hat, damit Herr T. dort in der Eigenschaft als Botschafter für besondere Aufgaben in mehreren Ländern Verhandlungen mit hochrangigen Vertretern der Regierungen dieser Länder über wichtige politische Fragen führt.

Der vertrauliche Charakter dieser Verhandlungen wie auch die Tatsache, daß Herr Dr. T. hierzu als Sonderbotschafter entsandt werden sollte, hatten mich veranlaßt, von einer vorherigen Notifizierung seiner Mission bei den betreffenden Regierungen abzusehen.

Die Vorgänge bei seiner Ankunft in Düsseldorf machen diese Mitteilung an Sie jedoch nunmehr dringlich.

Es wird daher gebeten, Herrn Dr. T. in der Bundesrepublik Deutschland alle Vorrechte und Befreiungen zu gewähren, die einem Botschafter in besonderer Mission in diesen Fällen nach den einschlägigen Regeln des Völkerrechts gewährt werden.

Ich möchte Ihnen versichern, daß ich diese Bitte nicht geäußert hätte, wenn ich nicht überzeugt wäre, daß Dr. T. an keinerlei strafbaren Handlungen mitgewirkt hat, sondern vielmehr das Opfer von Personen geworden ist, deren Ziel eine Vereitelung seiner Mission war.

Es erscheint mir notwendig, in Anbetracht der besonderen Natur der Verhandlungen von Dr. T. den Inhalt dieser Mitteilung so vertraulich wie möglich zu behandeln, ohne jedoch den Zweck dieser Mitteilung zu gefährden."

Die Note wurde dem Justizminister des Landes Nordrhein-Westfalen mit Fernschreiben des Bundesministers der Justiz vom 3. Februar 1983 bekanntgegeben, in dem es weiter heißt:

„Das Auswärtige Amt ist der Ansicht, daß Herr Dr. T. im Hinblick auf seinen amtlichen Auftrag und seine Stellung als Sonderbotschafter zu dem Personenkreis zu rechnen ist, der nach § 20 GVG aufgrund allgemeinen Völkerrechts von der deutschen Gerichtsbarkeit befreit ist."

Eine Anfrage der Strafkammer beantwortete das Auswärtige Amt ferner am 11. Februar 1983 u.a. wie folgt:

„Eine vorherige Zustimmung zur Entsendung von Herrn T. als Sonderbotschafter im Sinne der Artikel 1, 31 Abs. 1 der Konvention über Sondermissionen ist nicht erteilt worden, weil die iranische Regierung darum nicht nachgesucht hat. Das Auswärtige Amt hat, nicht zuletzt, weil Herr Dr. T. in den letzten Jahren wiederholt von der iranischen Führung mit besonderen Aufträgen im Ausland betraut worden ist, die Erklärung des iranischen Außenministers akzeptiert, wonach die Regierung der islamischen Republik Iran Herrn Dr. T. am 8. Januar 1983 auf eine Sondermission nach Europa entsandt hat und darum bittet, ihm in der Bundesrepublik Deutschland alle Vorrechte und Befreiungen zu gewähren, die einem Botschafter in besonderer Mission in diesen Fällen nach den einschlägigen Regeln des Völkerrechts gewährt werden.

Das Auswärtige Amt hat dieses Schreiben den zuständigen Stellen zugeleitet und hat hinzugefügt, daß es der Ansicht ist, daß Herr T. im Hinblick auf seinen amtlichen Auftrag und seine Stellung als Sonderbotschafter zu dem Personenkreis zu rechnen ist, der nach § 20 GVG aufgrund allgemeinen Völkerrechts von der Deutschen Gerichtsbarkeit befreit ist.

Das Auswärtige Amt hat den Botschafter der islamischen Republik Iran am 3. Februar 1983 über die Weiterleitung des obengenannten Briefes mündlich unterrichtet."

Der iranischen Note war folgendes vorausgegangen:

Am 5. Januar 1983 hatte der Angeklagte in einer auf seinen Wunsch zustande gekommenen Unterredung in Teheran Botschafter Dr. P. erklärt, ihm sei eine Aufgabe übertragen worden, die Kontaktaufnahmen in verschiedenen europäischen Ländern erfordere. Er bat Dr. P., der früher deutscher Botschafter in Paris gewesen war, ihn bei der Herstellung von Kontakten zu französischen Stellen zu unterstützen. Dr. P. verabredete mit dem Angeklagten, sich zu diesem Zweck mit ihm in Bonn erneut zu treffen. Er nahm diese Vorgänge zum Anlaß, eine ohnehin vorgesehene Dienstreise nach Bonn vorzuverlegen. Am 14. Januar 1983 berichtete er dem Leiter der politischen Abteilung des Auswärtigen Amtes, Ministerialdirektor Dr. G., mündlich hiervon, der jedoch zunächst keinen Anlaß zu einem Tätigwerden sah. Erst als der iranische Botschafter in Bonn, der bereits am 17. Januar 1983 – an diesem Tage war der Angeklagte in Untersuchungshaft genommen worden – im Auftrag seines Außenministers im Auswärtigen Amt gegenüber Dr. G. die Besorgnis der iranischen Regierung über die Verhaftung zum Ausdruck gebracht hatte, am 21. Januar 1983 erneut in diesem Sinne vorstellig wurde, erhielt Dr. P. den Auftrag, der iranischen Regierung zu erläutern, daß es ihre Sache sei, den Status des Angeklagten zu bestätigen. Dr. P. flog am nächsten Tag nach Teheran zurück. Nach mehreren Rücksprachen Dr. P. s im iranischen Außenministerium kam es dann zu der inhaltlich mit dem Auswärtigen Amt abgestimmten Note vom 31. Januar 1983.

Nachdem der Angeklagte, der am 22. Februar 1983 nach – auf seine Immunität gestützter – Aufhebung des Haftbefehls durch das Oberlandesgericht Düsseldorf auf freien Fuß gesetzt worden war, am 24. Februar 1983 aufgrund eines neuen Haftbefehls des Landgerichts erneut in Haft genommen war, richtete der iranische Außenminister am 28. Februar 1983 ein weiteres Schreiben an Außenminister Genscher, in dem es heißt:

„Wie ich erfahren habe, ist mein Schreiben vom 31. Januar 1983 vom Gericht unkorrekt interpretiert worden. Ich möchte noch einmal klarstellen, daß Herr T. vom Hohen Verteidigungsrat der islamischen Republik Iran als Sonderbotschafter mit einem wichtigen Auftrage betraut war. Der Hohe Verteidigungsrat ist eines der höchsten Verfassungsorgane der islamischen Republik Iran.

Wie bereits mitgeteilt, war Herr Dr. T. beauftragt, zur Durchführung dieser wichtigen Mission politische Gespräche mit höchsten Autoritäten der westeuropäischen Länder zu führen. Der Gegenstand dieser Mission ist von höchster Geheimstufe und kann nur durch den Sonderbotschafter, Herrn Dr. T., dem jeweiligen Gesprächspartner mitgeteilt werden. Mit meinem Schreiben vom 31. Januar 1983 an Sie wollte ich diese Tatsache feststellen, damit Herr T. seine diplomatische Mission durchführen kann.

Die Bundesrepublik Deutschland gehört zu jenen westeuropäischen Ländern, mit deren politischen Persönlichkeiten, insbesondere mit Ihnen, Herr Kollege, Gespräche vorgesehen waren und noch vorgesehen sind. Durch die Ereignisse vom 8. Januar 1983 sind die Aussichten auf Durchführung dieser wichtigen Mission nach Ansicht des Höchsten Mitglieds des Hohen Verteidigungsrates geringer geworden.

Der Hohe Verteidigungsrat und ich sind der Ansicht, daß es im Sinne der beiderseitigen Interessen unserer Länder wäre, wenn die Durchführung dieser Mission nicht verzögert und ohne Zwischenfall ermöglicht wird.

Ihre mir durch Herrn Dr. P. und Herrn N. übermittelte Nachricht, daß die Bundesregierung mein Schreiben vom 31. Januar 1983 bestätigt habe, wurde im Hohen Verteidigungsrat mit Zufriedenheit und von mir mit Dankbarkeit zur Kenntnis genommen.

Ich kann jedoch die Tatsache nicht verheimlichen, daß die Vorfälle, die sich danach ereigneten, den Hohen Verteidigungsrat und die Regierung der islamischen Republik Iran mit Sorge erfüllen, denn es hat den Anschein, daß die Durchführung der erwähnten Mission, die im Interesse beider Länder ist, immer noch nicht gewährleistet ist.

Ich möchte Sie daher bitten, so schnell wie möglich alles Notwendige zu veranlassen, damit die Voraussetzungen zur Durchführung dieser Mission wieder geschaffen werden. Ich möchte Sie des weiteren bitten, die zuständigen Behörden unverzüglich darüber in Kenntnis zu setzen, damit sie mein Schreiben vom 31. Januar 1983 nicht – wie ich meine – unzulässigerweise interpretieren und wissen, wie dieses Schreiben nach Auffassung der Regierung der islamischen Republik Iran zu verstehen ist."

Der Angeklagte wurde am 7. März 1983 erneut auf freien Fuß gesetzt, nachdem das Oberlandesgericht ihm wiederum Immunitätsschutz zugebilligt hatte. Er hat das Land vor Urteilsverkündung verlassen.

Das Landgericht hat den Angeklagten wegen eines Verbrechens nach dem Betäubungsmittelgesetz zu Freiheitsstrafe verurteilt. – Das Rechtsmittel hatte Erfolg.

Gründe:

1. Die Strafkammer geht zutreffend davon aus, daß sie an die Rechtsauffassung des Auswärtigen Amtes, wonach dessen – noch zu erörternde – Erklärungen gegenüber dem Heimatstaat des Angeklagten, dem Iran, Immunität des Angeklagten begründet hätten, nicht gebunden ist. Ungeachtet der Kompetenz des Auswärtigen Amtes für die Gestaltung der

Beziehungen der Bundesrepublik Deutschland mit dem Ausland haben die Gerichte in eigener Zuständigkeit zu prüfen, ob im Einzelfall Immunität besteht, hier, ob der Angeklagte nach den allgemeinen Regeln des Völkerrechts von der deutschen Gerichtsbarkeit befreit ist (§ 20 GVG).

Das Landgericht verneint die Frage mit der Begründung, die Errichtung einer diplomatischen Sondermission des Angeklagten, aus der er und das Auswärtige Amt die Immunität ableiten, sei von den beteiligten Staaten lediglich fingiert worden mit dem Ziel, den Angeklagten der Strafverfolgung zu entziehen.

Der Senat vermag dem nicht zu folgen. Zwar trifft der Ausgangspunkt der Strafkammer zu, wonach es keine allgemeine Regel des Völkerrechts gibt, die es ermöglichte, einem Sonderbotschafter wirksam Immunität zuzusichern, die keine Funktion zu schützen hat und lediglich ad personam erteilt wird. Die Strafkammer hat jedoch ihrer im Freibeweisverfahren gewonnenen Überzeugung, eine Immunität verleihende Sondermission sei in Wahrheit nicht verabredet worden, nicht den gesamten zur Beurteilung stehenden Sachverhalt zugrundegelegt. Außerdem würdigt sie die von ihr berücksichtigten Tatsachen nicht ausreichend und stellt zu hohe Anforderungen an die Bestimmtheit einer Abrede über die Funktion von Sonderbotschaftern.

2. ...

3. Aus dem dargelegten Sachverhalt zieht der Senat – anders als das Landgericht – nicht den Schluß, daß die in der iranischen Note vom 31. Januar 1983 und deren Annahme durch das Auswärtige Amt liegende Abrede keinen Bezug auf eine Sondermission des Angeklagten hatte, sondern lediglich den Zweck verfolgte, ihn durch Begründung von Immunität ad personam vor Strafverfolgung zu schützen.

a) Dagegen, daß der Angeklagte, der auch in Düsseldorf einen Wohnsitz unterhält, allein aus privaten Gründen in die Bundesrepublik eingereist sein könnte, spricht schon die Unterredung, die er vor Antritt der Reise am 5. Januar 1983 in Teheran mit Botschafter Dr. P. hatte. Der genaue Inhalt dieses Gesprächs ist zwar nicht bekannt, da das Landgericht der Anregung der Verteidigung, den Botschafter zu den von ihr aufgestellten Beweisbehauptungen zu hören, nicht gefolgt ist. Immerhin steht aber aufgrund der vom Landgericht mitgeteilten Bekundungen des Zeugen Dr. G. fest, daß der Botschafter Anlaß sah zu einer vorzeitigen Reise nach Bonn, wo er sich mit dem Angeklagten zu einem Gespräch über Kontaktmöglichkeiten in Frankreich verabredet hatte. Daß ein Termin für dieses Treffen am 5. Januar 1983 noch nicht festgelegt werden konnte, weil die Dienstreise Dr. P. s damals noch nicht genehmigt war, steht der Verabredung nicht entgegen; sie hätte sich leicht konkretisieren lassen, wenn die Ereignisse durch den Vorfall bei der Einreise nicht einen anderen Verlauf genommen hätten. Im Zusammenhang mit der Beantwortung der Note vom 31. Januar 1983 griff das Auswärtige Amt denn auch auf den Bericht des Botschafters vom 14. Januar 1983 zurück. Das Landgericht gibt die Aussage des Zeugen Dr. G. hierzu zwar nicht wieder. Der Senat kann sie jedoch im Freibeweisverfahren der Darstellung des Oberstaatsanwalts F. von der Generalstaatsanwaltschaft Düsseldorf entnehmen, die dieser unter dienstlicher Versicherung ihrer Richtigkeit aufgrund von Aufzeichnungen, die er als Beobachter bei der Vernehmung des Zeugen durch das Landgericht gemacht hatte, in einem Verwerfungsantrag zur zweiten Haftbeschwerde des Angeklagten gegenüber dem Oberlandesgericht gegeben hat. Danach hat das Auswärtige Amt die Kenntnis von der Aufgabe des Angeklagten in der Bundesrepublik Deutschland aus der Auskunft des Botschafters Dr. P. bezogen. Den vorgesehenen Kontakt mit Dr. P. habe man als „mission en passant" verstanden. Die Frage, ob die Mission des Angeklagten im Ausland unterstützt werden sollte, habe sich allerdings nicht gestellt, weil die Mission durch die Inhaftierung des Angeklagten gestoppt war.

b) Diese Aussage läßt erkennen, daß dem Auswärtigen Amt durchaus eine tatsächliche Grundlage für seine Entscheidung zur Verfügung stand, als es sich dazu entschloß, die nachträgliche Mitteilung der iranischen Regierung zu akzeptieren, der Angeklagte sei am 8. Januar 1983 als Sonderbotschafter zur Durchführung von Aufgaben in mehreren europäischen Ländern eingereist, zu denen auch ohne ausdrückliche Benennung sowohl aus geographischen Gründen als auch deshalb, weil die Note an die deutsche Regierung gerichtet war, selbstverständlich auch die Bundesrepublik Deutschland zu rechnen war. Eine nähere Angabe über die gerade hier zu erfüllende Aufgabe fehlte zwar. Insoweit konnte sich das Auswärtige Amt aber an den mündlichen Bericht des Botschafters halten, der jedenfalls ein vorbereitendes Gespräch, das der Unterstützung von Aufgaben in Frankreich dienen sollte, avisiert hatte. Daß diese „mission en passant" das Motiv für die Anerkennung des Status des Angeklagten als Sonderbotschafter bildete, hat es allerdings nicht zum Ausdruck gebracht. Dieser Umstand nimmt der deutsch-iranischen Vereinbarung jedoch nicht den Charakter einer ernstgemeinten Abrede über die Begründung einer Sondermission.

c) Der Schluß auf mangelnde Ernstlichkeit der Begründung einer mit einer Funktion verbundenen Sondermission läßt sich demgegenüber nicht aus dem Umstand ziehen, daß in der Zeit zwischen dem Vorfall vom 8. Januar 1983 und der Note vom 31. Januar 1983 weder die deutsche noch die iranische Regierung einen mit Immunität verbundenen Status des Angeklagten gegenüber dem Gericht geltend gemacht haben, ferner auch nicht daraus, daß der Angeklagte in dieser Zeit – abgesehen von einem von dem Landgericht nicht näher aufgeklärten Gespräch mit dem Abteilungsleiter im Bundeskanzleramt Ministerialdirektor Dr. R. – keinen Kontakt zu deutschen Regierungsstellen gesucht hat. Das alles mag die Folge davon sein, daß die Mission durch den Vorfall auf dem Düsseldorfer Flughafen, der wie das ganze Verfahren eingehend in den Nachrichtenmedien erörtert wurde, belastet war. Auch erscheint es nicht ausgeschlossen, daß der Angeklagte nicht aufgeklärte Versuche unternommen hat, durch Kontakte zu seinen Heimatbehörden die Immunitätsfrage einer Lösung zuzuführen, ohne – im Hinblick auf die ihm zur Last gelegte Straftat – damit zunächst Erfolg zu haben. Schließlich liegt auch die Möglichkeit nicht fern, daß die iranische Seite zunächst deshalb keinen Anlaß zu diplomatischen Schritten sah, weil die Praxis des Auswärtigen Amtes in der Vergangenheit ihr dies als nicht erforderlich erscheinen ließ.

In diesem Zusammenhang ist es von Bedeutung, daß der Angeklagte sich bereits mehrfach in besonderer Mission in der Bundesrepublik Deutschland aufgehalten hatte. Eine Notifizierung hatte das Auswärtige Amt in diesen früheren Fällen nicht verlangt, sich vielmehr, wie der Zeuge Dr. G. bekundet hat, mit der entsprechenden bloßen Mitteilung des Angeklagten begnügt. Daß es dann schon aus dieser „Selbstauskunft" des Angeklagten den Schluß auf einen Status gemäß § 20 GVG gezogen hatte, ergibt seine – vom Landgericht nicht in seine Erwägungen einbezogene – Stellungnahme zu einem im Jahre 1982 gegen den Angeklagten geführten Ermittlungsverfahren der Staatsanwaltschaft K. wegen Verstoßes gegen das Kriegswaffenkontrollgesetz. Damals wurde erklärt, der Angeklagte führe gegenwärtig vertrauliche politische Gespräche und Verhandlungen mit der Bundesregierung. Seine Eigenschaft als Sondergesandter und sein Auftrag seien dem Auswärtigen Amt „zuletzt" mit Verbalnote der iranischen Botschaft vom 20. Juli 1982 „bestätigt" – also nicht etwa vorher notifiziert – worden. Er sei im Hinblick auf seine Stellung und seinen amtlichen Auftrag zu dem nach § 20 GVG von der deutschen Gerichtsbarkeit befreiten Personenkreis zu rechnen. Dieselbe Schlußfolgerung, daß nämlich die deutsche Praxis dahin ging, den Angeklagten ohne weiteres als Sonderbotschafter zu akzeptieren, ergibt sich im übrigen auch aus der Bekundung von Dr. G., in Anbetracht des schwebenden Verfahrens und des außerordentlich schwerwiegenden Tatvorwurfs habe sich das Auswärtige Amt – diesmal – nicht mit der „Selbstauskunft" des Angeklagten zufrieden gegeben und aus ihr keine rechtlichen oder politischen Folgerungen ableiten können und wollen, vielmehr auf eine Bestätigung des Status des Angeklagten durch die iranische Regierung in „authentischer Form" Wert gelegt. Unabhängig davon, wie diese Praxis des Auswärtigen Amtes rechtlich zu würdigen ist, legt sie jedenfalls die Möglichkeit nahe, daß die iranische Seite zunächst keinen Anlaß zu diplomatischen Schritten sah, zumal da das K.er Ermittlungsverfahren auf die Intervention des Auswärtigen Amtes hin eingestellt worden war.

d) Als Beweisgrund für die Annahme einer bloßen Verabredung ad personam ist auch nicht der Hinweis in der Note vom 31. Januar 1983 geeignet, der iranische Außenminister hätte die Bitte um Immunität für den Angeklagten als Botschafter in besonderer Mission nicht geäußert, wenn er nicht davon überzeugt wäre, daß dieser keine strafbare Handlung begangen habe, sondern Opfer von Gegnern seiner Mission geworden sei. Mit ihm erklärt die iranische Seite lediglich, warum sie sich entschlossen habe, die Notifizierung trotz des inzwischen eingeleiteten Strafverfahrens nachzuholen. Der Hinweis steht deshalb nicht in Widerspruch zu der weiteren Erklärung der iranischen Seite, der Angeklagte habe besondere Aufgaben zu erfüllen, für deren Durchführung Immunität in Anspruch genommen werde.

e) Schließlich beruft sich das Landgericht für seine Auffassung auch auf eine ihm gegenüber auf Anfrage geäußerte Stellungnahme des Auswärtigen Amtes vom 8. März 1983, in der es u.a. heißt:

„Wie jeder Sonderbotschafter wäre auch Dr. T. bei den zuständigen Bonner Stellen zur Durchführung der ihm zugewiesenen Aufgaben empfangen worden. Aufgrund der bekannten Vorgänge, die Gegenstand des Strafverfahrens sind, ist die Stellung des Sonderbotschafters derart belastet, daß nicht mehr beabsichtigt ist, ihn zu empfangen. Es ist vielmehr vorgesehen, Dr. T. im Falle einer Einstellung des Verfahrens wegen Immunität zur Persona non grata zu erklären und ihn aufzufordern, unverzüglich das Land zu verlassen."

Auch insoweit vermag sich der Senat der Schlußfolgerung des Landgerichts nicht anzuschließen. Die Verwendung der Wörter „nicht mehr beabsichtigt" läßt erkennen, daß die Stellungnahme den Meinungsstand im Auswärtigen Amt am 8. März 1983 zum Ausdruck bringt, der sich von einem früheren Meinungsstand unterscheidet, nach dem ein Empfang des Angeklagten noch beabsichtigt war. Zur Zeit der deutsch-iranischen Abrede – Akzeptierung der Note vom 31. Januar 1983 – hat diese Absicht nach dem Gesamtzusammenhang der Haltung des Auswärtigen Amtes ersichtlich noch bestanden. Weder ist der iranischen Seite schon damals die Unerwünschtheit des Angeklagten mitgeteilt worden noch wäre sonst die in der Stellungnahme vom 8. März 1983 ebenfalls zum Ausdruck gebrachte Rechtsauffassung sinnvoll zu erklären, bei Sonderbotschaftern könne Immunitätsschutz nicht ad personam, sondern nur zur Gewährleistung der Durchführung einer bestimmten Aufgabe wirksam gewährt werden.

4. Die somit von den beteiligten Regierungen ernstlich gewollte Verabredung einer mit Immunitätsschutz verbundenen Sondermission des Angeklagten war auch wirksam. Die Stellung von Sonderbotschaftern und die Begründung ihres Status sind Gegenstand einer von der Generalversammlung der UNO am 8. Dezember 1969 beschlossenen „Konvention über Spezialmissionen" (abgedruckt in Archiv des Völkerrechts 1973, 61 ff.), die noch nicht in Kraft getreten ist. Ob ihre Regelungen der Staatenpraxis bereits jetzt teilweise als Völkergewohnheitsrecht zugrunde liegen, ist in der Völkerrechtslehre streitig. Prof. Doehring, den das Landgericht als Gutachter gehört hat, hat darauf hingewiesen, daß Rechtsprechung hierzu nicht bekannt ist. Er ist der Auffassung, daß der Inhalt der Konvention bislang keine feststellbaren Vorwirkungen im Sinne der Entstehung von allgemeiner Rechtsüberzeugung getragenen Völkergewohnheitsrechts erzeugt habe (in diesem Sinne auch Wolf EuGRZ 1983, 401, 403); Lagoni (in Menzel/Ipsen, Völkerrecht 2. Aufl. 1979 S. 282), auf den sich Doehring beruft, sieht in der Konvention lediglich die Möglichkeit einer „Leitlinie für eine gewohnheitsrechtliche Anerkennung der Sondermission als völkerrechtliches Institut und einen diplomatischen Status ihrer Mitglieder". Auf der anderen Seite meinen Bockslaff/Koch in ihrem ausführlichen Aufsatz zum vorliegenden Fall (German Yearbook of International Law, Vol. 25, S. 539–584), aus zahlreichen Stellungnah-

men der Staaten und aus der Staatenpraxis ergebe sich, daß die Konvention jedenfalls in ihren die Erfordernisse für eine Sondermission regelnden Artikeln 1a, 2 und 3 bereits geltendes Völkergewohnheitsrecht widerspiegele (S. 551). Auch die von der Verteidigung herangezogenen Gutachter, die Professoren Bothe, Delbrück und Wolfrum, gehen davon aus, daß die Konvention zwar nicht in ihrer Gesamtheit, aber doch „in den grundsätzlichen oder Mindestanforderungen als Ausdruck des geltenden Gewohnheitsrechts angesehen werden" könne (so Delbrück; Wolfrum spricht – unter Bezugnahme auf ein Memorandum des UN-Sekretariats – von einem „Minimalkonsens").

Auf die nach alledem zweifelhafte Frage der gewohnheitsrechtlichen Geltung der Konvention kommt es indes nicht entscheidend an, so daß es der Anrufung des Bundesverfassungsgerichts nach Artikel 100 Abs. 2 GG nicht bedarf. Denn es steht fest, daß es jedenfalls – unabhängig von dem Konventionsentwurf – eine von der Staatenpraxis mit Rechtsüberzeugung getragene gewohnheitsrechtliche Regel gibt, wonach es möglich ist, von dem Entsendestaat mit einer besonderen politischen Aufgabe ausgestatteten ad-hoc-Botschaftern durch Einzelabsprache mit dem Empfangsstaat über diese Aufgabe und über ihren Status Immunität zu verleihen und sie auf diese Weise insoweit den – völkervertragsrechtlich geschützten – Mitgliedern der ständigen Missionen der Staaten gleichzustellen (vgl. z.B. Bockslaff/Koch a.a.O. S. 593 ff.; auch Wolf a.a.O. S. 403 und Doehring – S. 4 des Gutachtens vom 7. März 1983 – erkennen die Möglichkeit einer entsprechenden Vereinbarung der im Einzelfall beteiligten Staaten an). Zweifel hieran, wie sie Zuck (EuGRZ 1983, 162, 163) äußert, kann es angesichts der allgemeinkundigen Tatsache nicht geben, daß sich die ad-hoc-Diplomatie in den letzten Jahrzehnten zu einem unentbehrlichen Instrument der Bewältigung sowohl von langfristigen Aufgaben der Staatengemeinschaft als auch von Krisensituationen entwickelt hat. Gerade diese Entwicklung war der Anlaß dafür, daß sich Institutionen der UNO um eine einheitliche Regelung durch die genannte Konvention bemüht haben.

Der Senat geht ebenso wie alle Gutachter und Autoren, die sich zu dem vorliegenden Fall geäußert haben, und ebenso wie das Landgericht davon aus, daß es im Hinblick auf die im Diplomatenrecht heute herrschende Funktionstheorie, wonach das Institut der Immunität nicht den betroffenen Diplomaten als Person, sondern die von ihm durchzuführende Aufgabe und damit den Entsendestaat schützen soll, keine völkerrechtlich anerkannte und damit innerstaatlich zu respektierende Verabredung von Immunität ad personam gibt. Eine solche Verabredung hat es hier, wie dargelegt, auch nicht gegeben. Fraglich kann deshalb nur sein, ob zwischen den beteiligten Staaten eine hinreichend konkrete besondere Aufgabe, die der Angeklagte in der Bundesrepublik Deutschland zu erfüllen hatte, verabredet worden ist. Der Senat bejaht dies aus folgenden Gründen:

Die iranische Regierung hatte die Aufgaben des Angeklagten in ihrer Note vom 31. Januar 1983 zwar nur sehr unbestimmt umrissen und dies mit dem vertraulichen Charakter der angestrebten Verhandlungen erklärt. Ob das bloße, durch keinerlei konkrete Informationen motivierte Akzeptieren des in der Note liegenden Angebots zu einer Vereinbarung bereits genügt hätte, dem Angeklagten den Status eines Sonderbotschafters mit Immunitätsschutz zu verschaffen, kann dahinstehen. Denn hier war dem Auswärtigen Amt aus dem mündlichen Bericht des Botschafters Dr. P. bekannt, daß ein - von der Note unausgesprochen mitumfaßter - Teil der Aufgabe des Angeklagten darin bestand, in der Bundesrepublik Deutschland Unterstützung für beabsichtigte Kontakte mit französischen Stellen zu suchen. Diese als „mission en passant" verstandene Aufgabe ist konkret genug, um im Sinne der Errichtung einer Sondermission konsensfähig zu sein. Daß sie die tatsächliche Grundlage für die Akzeptierung der iranischen Note durch das Auswärtige Amt war, ergibt sich aus den Bekundungen des Zeugen Dr. G. Eines ausdrücklichen Hinweises auf dieses Motiv der Erklärung der deutschen Seite vom 3. Februar 1983 gegenüber dem iranischen Botschafter bedurfte es ebensowenig wie einer Forderung an den Iran, die am 31. Januar 1983 notifizierte Aufgabe des Angeklagten in diesem Sinne zu konkretisieren. Entscheidend ist das Zustandekommen einer Abrede auf der Grundlage einer von der deutschen Seite als Empfangsstaat akzeptierten konkreten Aufgabe. Formbedürftig in dem Sinne, daß diese Aufgabe wenigstens von einer der vertragschließenden Parteien schriftlich fixiert werden müßte, ist die Errichtung der Sondermission nicht. Sie kann auch stillschweigend vereinbart werden. Es genügt, daß die Verabredung – wie hier durch die Bekundungen des Zeugen Dr. G. bewiesen – getroffen worden ist.

Ob die Immunität der Sonderbotschafter ausdrücklicher Zusage bedarf, ist nicht entscheidungserheblich. Denn eine solche Zusage liegt in der der iranischen Seite mitgeteilten vorbehaltlosen Akzeptierung ihrer Note durch das Auswärtige Amt. In dieser Note wird um „alle Vorrechte und Befreiungen" gebeten, die einem Botschafter in besonderer Mission zustehen, also um Immunität.

Es ist in der Völkerrechtslehre, soweit ersichtlich, unbestritten, daß die Errichtung einer Sondermission auch nachträglich, also nach der Einreise des Botschafters, vorgenommen werden kann. Auch Prof. Doehring, der hier – in eigener Würdigung der Beweise – eine immunitätsbegründende Absprache nicht anerkennen will und dem das Landgericht gefolgt ist, hat in seinem Gutachten vom 17. Februar 1983 die Auffassung geäußert, es sei den beiden Staaten unbenommen, durch eine neuerliche Absprache eine Sondermission mit dem Angeklagten als ad-hoc-Diplomaten zu errichten.

Der Senat hat auch die Frage erwogen, ob der Begründung eines mit Immunität verbundenen Status des Angeklagten hier der Gedanke des Mißbrauchs entgegenstehen könnte. Die Frage ist zu verneinen, da die deutsch-iranische Absprache, wenn man die Vorgeschichte der Einreise des Angeklagten mit in Betracht zieht, nicht allein dem Ziel diente, den Angeklagten dem Strafverfahren zu entziehen. Daß die Absprache das Strafverfahren tatsächlich blockiert, kann die Annahme von Mißbrauch ebensowenig begründen wie der gegen den Angeklagten entstandene Verdacht, eine Straftat begangen zu haben. Denn es ist gerade ein wesentlicher Inhalt der Immunität, daß der durch sie Geschützte der Strafgerichtsbarkeit des Empfangsstaates nicht unterworfen ist, solange sie besteht, also bis zur Ausreise nach Erfüllung oder sonstiger Erledigung der diplomatischen Aufgabe.

Schließlich scheitert die Wirksamkeit der nachträglichen Errichtung der Sondermission des Angeklagten auch nicht daran, daß die Erfüllung der vorgesehenen Aufgabe nicht mehr möglich gewesen wäre. Wie oben dargelegt, war es nicht von vornherein die Absicht des Auswärtigen Amtes, den Angeklagten nicht zu empfangen. Darauf, daß Dr. P. im Augenblick der Abrede vom 31. Januar/3. Februar 1983 nicht mehr in Bonn war, kommt es deshalb nicht an. Der Angeklagte hätte auch auf andere Weise als durch ein Gespräch mit ihm versuchen können, beim Auswärtigen Amt Unterstützung zur Vorbereitung von Kontakten in Frankreich zu erlangen und so seine „mission en passant" zu erfüllen.

5. Da dem Verfahren nach alledem ein Verfahrenshindernis entgegensteht, war es einzustellen (§ 206a StPO).

§ 21e GVG

(1) Das Präsidium bestimmt die Besetzung der Spruchkörper, bestellt die Ermittlungsrichter, regelt die Vertretung und verteilt die Geschäfte. Es trifft diese Anordnungen vor dem Beginn des Geschäftsjahres für dessen Dauer. Der Präsident bestimmt, welche richterlichen Aufgaben er wahrnimmt. Jeder Richter kann mehreren Spruchkörpern angehören.

(2) Vor der Geschäftsverteilung ist den Richtern, die nicht Mitglied des Präsidiums sind, Gelegenheit zur Äußerung zu geben.

(3) Die Anordnungen nach Absatz 1 dürfen im Laufe des Geschäftsjahres nur geändert werden, wenn dies wegen Überlastung oder ungenügender Auslastung eines Richters oder

Spruchkörpers oder infolge Wechsels oder dauernder Verhinderung einzelner Richter nötig wird. Vor der Änderung ist den Vorsitzenden Richtern, deren Spruchkörper von der Änderung der Geschäftsverteilung berührt wird, Gelegenheit zu einer Äußerung zu geben.

(4) Das Präsidium kann anordnen, daß ein Richter oder Spruchkörper, der in einer Sache tätig geworden ist, für diese nach einer Änderung der Geschäftsverteilung zuständig bleibt.

(5) Soll ein Richter einem anderen Spruchkörper zugeteilt oder soll sein Zuständigkeitsbereich geändert werden, so ist ihm, außer in Eilfällen, vorher Gelegenheit zu einer Äußerung zu geben.

(6) Soll ein Richter für Aufgaben der Justizverwaltung ganz oder teilweise freigestellt werden, so ist das Präsidium vorher zu hören.

(7) Das Präsidium entscheidet mit Stimmenmehrheit. § 21i Abs. 2 gilt entsprechend.

(8) Das Präsidium kann beschließen, daß Richter des Gerichts bei den Beratungen und Abstimmungen des Präsidiums für die gesamte Dauer oder zeitweise zugegen sein können. § 171b gilt entsprechend.

(9) Der Geschäftsverteilungsplan des Gerichts ist in der von dem Präsidenten oder aufsichtführenden Richter bestimmten Geschäftsstelle des Gerichts zur Einsichtnahme aufzulegen; einer Veröffentlichung bedarf es nicht.

Erfolgreiche Rügen

1. Bei fehlerhaftem Geschäftsverteilungsplan darf der Vertreter nicht durch Einzelbestellung für die konkrete Hauptverhandlung geschaffen werden, sondern nur durch eine auf Dauer angelegte, den Anforderungen des § 21e GVG gerecht werdende Erweiterung der Vertreterreihe (BGH Beschl. v. 19. 8. 1987 – 2 StR 160/87).

Erfolglose Rügen

1. Eine im Geschäftsverteilungsplan für Strafkammern vorgesehene „Ringvertretung", mit je drei Richtern aus sechs großen und je einem Richter aus zwei kleinen Strafkammern, wird den Anforderungen an den Umfang der „Vertreterkette" gerecht (BGH Urt. v. 19. 12. 1990 – 2 StR 426/90).

2. Es ist zulässig, im laufenden Geschäftsjahr einen neuen Spruchkörper zu bilden, wenn eine andauernde Vermehrung der Geschäftslast anderer Spruchkörper diese nachträgliche Änderung der Geschäftsverteilung erfordert (BGH Urt. v. 25. 9. 1975 – 1 StR 199/75).

3. Präsidium kann bei internen Meinungsverschiedenheiten über die Anwendung des Geschäftsverteilungsplans eine Entscheidung treffen und damit die Zuständigkeit eines Spruchkörpers für eine bestimmte Sache festlegen, wenn dies im Geschäftsverteilungsplan vorbehalten worden ist (BGH Urt. v. 13. 5. 1975 – 1 StR 138/75).

4. Eine bestimmte Form der Feststellung einer nicht offenkundigen Verhinderung ist nicht vorgeschrieben. Es genügt, wenn die Feststellung vor Inangriffnahme der richterlichen Tätigkeit in einer für das Revisionsgericht nachprüfbaren Weise mit ausreichender Sicherheit getroffen worden ist (BGH Urt. v. 29. 1. 1974 – 1 StR 533/73).

Erfolgreiche Rügen

1. **Bei fehlerhaftem Geschäftsverteilungsplan darf der Vertreter nicht durch Einzelbestellung für die konkrete Hauptverhandlung geschaffen werden, sondern nur durch eine auf Dauer angelegte, den Anforderungen des § 21e GVG gerecht werdende Erweiterung der Vertreterreihe.**

GVG § 21e – BGH Beschl. v. 19. 8. 1987 – 2 StR 160/87 LG Darmstadt (= StV 1987, 517 = NStZ 1988, 36)

Die Revision rügt, das Gericht sei mit der Richterin S. als Beisitzerin nicht vorschriftsmäßig besetzt gewesen.

Sachverhalt: Ordentliche Mitglieder der zur Verhandlung der Sache berufenen 2. großen Strafkammer waren der Vorsitzende Richter St. sowie als Beisitzer die Richter am Landgericht Kr. und P. Geschäftsplanmäßige Vertreter waren die beisitzenden Richter der 14. großen Strafkammer F. und R., bei deren Verhinderung die beisitzenden Richter der 12. großen Strafkammer Dr. Q. und B.

Die Kammer verhandelte in der vorliegenden Sache am Montag, den 16. 6., und Donnerstag, den 19. 6. 1986. Da sich der Vorsitzende Richter St. in Urlaub befand, somit Richter am Landgericht Kr den Vorsitz zu führen hatte und nur noch ein ordentliches Mitglied, Richter am Landgericht P., als Beisitzer zur Verfügung stand, mußte die Aufgabe des 2. Beisitzers durch einen Vertreter wahrgenommen werden. Das Präsidium des Landgerichts faßte am 11. 6. 1986 folgenden Beschluß:

„II. Die 2. (große) Strafkammer benötigt für ihre Sitzung am 16. und 19. 6. 1986 einen weiteren Vertreter der Beisitzer. Vorsitzender Richter Dr. St. hat Urlaub. Die ordentlichen Vertreter sind durch Urlaub oder andere vorrangige Dienstgeschäfte an der Vertretung gehindert. Aus diesem Anlaß wird Richterin S. der 2. (großen) Strafkammer für ihre Sitzung am 16. und 19. 6. 1986 als weitere Vertreterin der Beisitzer zugeteilt." ... – Das Rechtsmittel hatte Erfolg.

Gründe: ... Richterin S. war nicht gesetzlicher Richter.

Die Strafkammer war nur mit der gesetzlichen Mindestzahl von 3 Mitgliedern (§ 76 I GVG) besetzt, so daß schon die Verhinderung eines Mitglieds den Vertretungsfall auslösen mußte; im Geschäftsverteilungsplan waren lediglich 4 Vertreter bestimmt. Daß eine solche Regelung bei Berücksichtigung der eigenen Dienstgeschäfte und der Möglichkeit eigener Verhinderung der Vertreter häufig, zumal in Haupturlaubszeiten, nicht ausreichen würde, lag auf der Hand und war schon vor Beginn des Geschäftsjahres abzusehen. Nach der dienstlichen Erklärung des Landgerichts-Präsidenten lagen auch hier keine außergewöhnlichen Umstände vor. Vielmehr ergab sich die Tatsache, daß die im Geschäftsverteilungsplan bestimmte Vertreterreihe erschöpft war und ein weiterer Vertreter gesucht werden mußte, aus vorhersehbaren Gründen der vorgenannten Art, mithin aus der Unzulänglichkeit des Geschäftsverteilungsplans.

Bei dieser Sachlage konnte Abhilfe nicht, wie vom Präsidium mit dem Beschluß vom 11. 6. 1986 beabsichtigt, durch Einzelbestellung einer Vertreterin für die konkrete Hauptverhandlung geschaffen werden, sondern nur durch eine auf Dauer angelegte, den Anforderungen des § 21e GVG gerecht werdende Erweiterung der Vertreterreihe.

Nach Absatz 1 der genannten Vorschrift hat das Präsidium vor Beginn des Geschäftsjahres für dessen Dauer die Besetzung der Spruchkörper zu bestimmen und die Vertretung zu regeln. Dabei muß generell und möglichst eindeutig festgelegt werden, welche Richter zur Entscheidung des Einzelfalles berufen sind und wer im Vertretungsfall an ihre Stelle tritt. Die Vorschrift soll verhindern, daß für bestimmte Einzelsachen bestimmte Richter ausgesucht werden (vgl. BGHSt. 10, 179, 180 [BGH Urt. v. 4. 4. 1957 – 4 StR 82/57; vgl. § 338

Nr. 1 StPO erfolgreiche Rügen]; 7, 23 [BGH Urt. v. 28. 9. 1954 – 5 StR 275/53; vgl. § 338 Nr. 1 StPO erfolgreiche Rügen]; 27, 209 [BGH Urt. v. 7. 6. 1977 – 5 StR 224/77; vgl. § 338 Nr. 1 StPO erfolglose Rügen]; 28, 290, 291 f. [BGH Urt. v. 1. 2. 1979 – 4 StR 657/78; vgl. § 338 Nr. 1 StPO erfolgreiche Rügen]; BVerwG, DÖV 1976, 747).

Diesen Grundsätzen wird ein Geschäftsverteilungsplan nur dann gerecht, wenn seine Vertreterregelung für voraussehbare vorübergehende Verhinderungen oder Überlastungen einzelner Richter ausreicht. Das folgt auch aus § 21e III GVG. Die Vorschrift trägt dem Umstand Rechnung, daß im Laufe des Geschäftsjahres tatsächliche Änderungen in der Besetzung oder hinsichtlich der Belastung der Spruchkörper eintreten können, die eine Änderung der Geschäftsverteilung gebieten. Sie nennt als Anlässe für eine Änderung nur solche tatsächliche Umstände, die sich auf eine gewisse Dauer auswirken. Sie hat den Regelungsgehalt des (zugleich mit ihrer Einführung aufgehobenen) § 67 a.F. GVG, der die Bestellung eines zeitweiligen Vertreters (durch den Präsidenten) auch für eine bestimmte Sitzung zuließ (BGHSt. 7, 205, 207 [BGH Urt. v. 8. 2. 1955 – 5 StR 561/54; vgl. § 338 Nr. 1 StPO erfolgreiche Rügen]; 10, 179, 181), nicht übernommen.

Allerdings sieht der 5. Strafsenat des BGH in der Vorschrift des § 21e III GVG, soweit sie die Vertreterbestellung betrifft, keine abschließende Regelung. Er hat vielmehr im Urteil BGHSt. 27, 209 die Bestellung eines „zeitweiligen Vertreters" durch das Präsidium für zulässig erachtet. Jener Entscheidung lag ein Sachverhalt zugrunde, bei dem die Regelung des Geschäftsverteilungsplans – Vertreter waren die Mitglieder von 4 anderen Kammern – grundsätzlich ausgereicht hatte und die für die Maßnahme anlaßgebende „Entwicklung" bei Aufstellung des Geschäftsverteilungsplans „weder voraus- noch absehbar" war. Die Entscheidungsgründe ergeben klar, daß der 5. Strafsenat die Bestellung zeitweiliger Vertreter auf vergleichbare Fälle beschränkt wissen will und bei voraussehbarer Häufung derartiger Maßnahmen Abhilfe durch sachgerechte Änderung des Geschäftsverteilungsplans verlangt (vgl. ebenso BGHSt. 26, 382, 383 [BGH Urt. v. 5. 8. 1976 – 5 StR 314/76; vgl. § 338 Nr. 1 StPO erfolgreiche Rügen]; BGH, Urt. v. 8. 7. 1986 – 5 StR 184/86, NStZ 1986, 469; und v. 6. 3. 1986 – 4 StR 587/85, StV 1986, 236 [vgl. § 21e GVG erfolgreiche Rügen]). Auch der erkennende Senat erachtet eine über die vorgenannten engen Grenzen hinausgehende Handhabung der Vorschrift als unzulässig.

Erfolglose Rügen

1. Eine im Geschäftsverteilungsplan für Strafkammern vorgesehene „Ringvertretung", mit je drei Richtern aus sechs großen und je einem Richter aus zwei kleinen Strafkammern, wird den Anforderungen an den Umfang der „Vertreterkette" gerecht.

GVG §§ 21e III, 76 – BGH Urt. v. 19. 12. 1990 – 2 StR 426/90 LG Aachen (= StV 1993, 398 = BGHR GVG § 21e Nr. 2)

Die Revision rügt, die erkennende Strafkammer sei mit einem Richter als beisitzendem Richter nicht ordnungsmäßig besetzt gewesen. Sie ist der Ansicht, die Richter der 3. und 4. großen Strafkammer hätten entgegen der Feststellung des Präsidenten des Landgerichts als Vertreter zur Verfügung gestanden, da die 3. Strafkammer als Strafvollstreckungskammer keine Hauptverhandlungen durchführe und die ordentlichen Sitzungstage der 4. Strafkammer nicht mit den für die Hauptverhandlung gegen ihn bestimmten Terminstagen kollidierten. Die Bestellung eines zeitweiligen Vertreters durch das Präsidium sei im übrigen deshalb nicht zulässig gewesen, weil das Versagen der Vertretungsregelung des Geschäftsverteilungsplans im vorliegenden Fall vorhersehbar gewesen sei.

Sachverhalt: Ordentliche Mitglieder der zur Verhandlung der Sache berufenen 2. großen Strafkammer waren der Vorsitzende Richter Sch. und als Beisitzer die Richter am Landgericht M. und D. Der Geschäftsverteilungsplan des Landgerichts für das Jahr 1990 sah als

Erfolglose Rügen   Nr. 1 § 21e GVG

Vertreter für den Fall der Verhinderung der Mitglieder dieser Kammer die Mitglieder aller weiteren Strafkammern vor, nämlich – und zwar in dieser Reihenfolge – die der 3., 4., 5., 6., 7. und 1. großen Strafkammer und die der 2. und 1. kleinen Strafkammer. Alle großen Strafkammern des Landgerichts waren jeweils mit drei Berufsrichtern unter Einschluß des Vorsitzenden besetzt, die kleinen Strafkammern mit jeweils einem Vorsitzenden. Mit Verfügung v. 23. 2. 1990 setzte der Vorsitzende der 2. großen Strafkammer Termin zur Hauptverhandlung gegen den Beschwerdeführer für den 2., 4. und 7. 5. 1990 an. Am 30. 4. 1990 stellte der Präsident des Landgerichts fest, daß der Vorsitzende Richter LG Sch. wegen Urlaubs vom 30. 4. bis 20. 5. 1990 an der Hauptverhandlung gegen den Beschwerdeführer nicht teilnehmen könne, daß er im Vorsitz geschäftsplanmäßig durch den Richter LG M. vertreten werde und daß dessen Vertretung als beisitzender Richter geschäftsplanmäßig nicht möglich sei. Es fänden nämlich in allen Strafkammern mit Ausnahme der 1. kleinen Strafkammer, deren Vorsitzender aber wegen Urlaubs an einer Vertretung gehindert sei, an zumindest einem der für die Verhandlung gegen den Beschwerdeführer vorgesehenen Terminstage ebenfalls Hauptverhandlungen statt. Das Präsidium des Landgerichts teilte daraufhin der 2. Strafkammer für das Verfahren gegen den Beschwerdeführer den der 8. Zivilkammer angehörenden Richter R. als weiteren Beisitzer zu. – Das Rechtsmittel war erfolglos.

Gründe: ... Die Vertretungsregelung im Geschäftsverteilungsplan des Landgerichts für das Jahr 1990 ist ausreichend. Deshalb durfte das Präsidium des Landgerichts, nachdem der Präsident des Landgerichts zutreffend festgestellt hatte, daß ein Vertreter für den Richter LG M. nach dem Geschäftsverteilungsplan nicht zur Verfügung stand, den Richter R. als zeitweiligen Vertreter bestimmen.

a) Bei der im Geschäftsverteilungsplan für die Strafkammern vorgesehenen „Ringvertretung", standen für die Vertretung eines Richters einer Strafkammer je drei Richter aus sechs großen und je ein Richter aus zwei kleinen Strafkammern, insgesamt also zwanzig Richter, zur Verfügung. Wie der Senat bereits entschieden hat (Urt. v. 30. 11. 1990 – 2 StR 237/90 [vgl. § 338 Nr. 1 StPO erfolglose Rügen]), wird diese Anzahl von Vertretern den vom BGH gestellten Anforderungen an den Umfang der „Vertreterkette" gerecht. Dabei hat der Senat nicht übersehen, daß alle Strafkammern nur mit der gesetzlichen Mindestzahl von Richtern (§ 76 Abs. 1 GVG) besetzt waren und daß bei einer Überschneidung von bereits bestimmten Hauptverhandlungsterminen der Präsident des Landgerichts der Mitwirkung eines Mitglieds der Vertreterkammer an den Hauptverhandlungen dieser Kammer stets den Vorrang gegenüber der Mitwirkung als Vertreter in einer anderen Strafkammer gegeben hat.

b) Bei Eintritt des Vertretungsfalles am 2. 5. 1990 waren in allen Vertretungskammern mit Ausnahme der 1. kleinen Strafkammer, deren Vorsitzender aber wegen Urlaubs an einer Vertretung verhindert war, bereits Termine angesetzt, die zumindest mit einem der von der 2. Strafkammer bestimmten Verhandlungstage für das Strafverfahren gegen den Beschwerdeführer kollidierten. In einem solchen Fall hat der Präsident des Landgerichts nach pflichtgemäßem Ermessen zu bestimmen, ob ein als Vertreter in Frage kommender Richter an einem Dienstgeschäft durch ein anderes verhindert ist, und an welchem (BGHSt. 18, 162 [BGH Urt. v. 4. 12. 1962 – 1 StR 425/62; vgl. § 338 Nr. 1 StPO erfolglose Rügen]). Er hat hier die Tätigkeit der Richter der Vertretungskammern in diesen Kammern den Vorzug gegeben und demgemäß die Verhinderung dieser Richter für die Tätigkeit als Vertreter in der 2. Strafkammer festgestellt. Diese Entscheidung bewegte sich im Rahmen seines pflichtgemäßen Ermessens und ist revisionsrechtlich nicht zu beanstanden.

Ohne Erfolg rügt der Beschwerdeführer im übrigen, die Richter der 3. und 4. großen Strafkammer seien an einer Vertretung nicht verhindert gewesen. Die Entscheidung des Präsidenten des Landgerichts kann das Revisionsgericht nicht daraufhin überprüfen, ob die tatsächlichen Voraussetzungen einer Verhinderung vorgelegen haben (BGH LM Nr. 4 zu § 67 GVG; BGHSt. 12, 33, 34 [BGH Urt. v. 5. 8. 1958 – 5 StR 160/58; vgl. § 338 Nr. 1 StPO erfolgreiche Rügen]). Es sei jedoch hingewiesen, daß auch Strafvollstreckungskammern Termine abhalten, etwa zu mündlichen Anhörungen gem. § 453 Abs. 1 S. 3 oder § 454 Abs. 1 S. 3 StPO, und daß die Festlegung ordentlicher Sitzungstage für eine Strafkammer nicht bewirkt, daß an anderen Tagen nicht verhandelt werden dürfte.

c) Nachdem damit feststand, daß die Vertretungsregelung der Geschäftsverteilung für das Jahr 1990 für den Fall der Vertretung des Richters LG M. im Strafverfahren gegen den Beschwerdeführer versagte, weil ausnahmsweise alle Richter der Vertreterkette verhindert waren, durfte das Präsidium des Landgerichts im Rahmen des § 21e Abs. 3 GVG einen zeitweiligen Vertreter für den Richter LG M. bestimmen (BGHSt. 27, 209 [BGH Urt. v. 7. 6. 1977 – 5 StR 224/77; vgl. § 338 Nr. 1 StPO erfolglose Rügen]; BGH, Urt. v. 18. 9. 1985 – 2 StR 378/85; vgl. auch BGH StV 1987, 514 [BGH Beschl. v. 19. 8. 1987 – 2 StR 160/87; vgl. § 222a StPO erfolgreiche Rügen]). Anhaltspunkte dafür, daß die Heranziehung des Richters R. auf sachfremden Gesichtspunkten und damit auf Willkür beruhte, sind nicht vorgebracht worden und nicht zu ersehen.

2. Es ist zulässig, im laufenden Geschäftsjahr einen neuen Spruchkörper zu bilden, wenn eine andauernde Vermehrung der Geschäftslast anderer Spruchkörper diese nachträgliche Änderung der Geschäftsverteilung erfordert.

GVG § 21e III – BGH Urt. v. 25. 9. 1975 – 1 StR 199/75 LG Nürnberg-Fürth (= NJW 1976, 60)

Die Revision rügt zunächst eine unvorschriftsmäßige Besetzung des erkennenden Gerichts. Sie trägt hierzu vor, die 12. Strafkammer des Landgerichts sei durch willkürliche Manipulationen sowie auf Grund sachfremder Überlegungen gebildet und gezielt mit der Behandlung des „Falles D" betraut worden. Entsprechendes gelte auch für die Beiordnung des Richters am Landgericht St zur 12. Strafkammer. Nach alledem sei der Angeklagte der für seinen Fall gesetzlich zuständigen 7. Strafkammer und deren Mitgliedern entzogen worden.

Sachverhalt: Wie sich im einzelnen aus den Akten über den Geschäftsverteilungsplan und aus den eingeholten dienstlichen Äußerungen der beteiligten Richter ergibt, ist die erkennende 12. Strafkammer – Wirtschaftsstrafkammer – auf Grund folgender Vorgänge mit dem vorliegenden Verfahren befaßt worden: Durch VO des Bayer. Staatsministeriums der Justiz v. 23. 12. 1971 waren Strafsachen nach § 74c I 1 Nr. 1–5 GVG, in denen die große Strafkammer eines Landgerichts zuständig ist (Wirtschaftsstrafsachen), für die Bezirke der Landgerichts Amberg, Ansbach, Nürnberg-Fürth, Regensburg und Weiden dem Landgericht Nürnberg-Fürth zugewiesen worden. Mit der Wahrnehmung dieser Geschäftsaufgaben wurde zunächst die 7. Strafkammer betraut. Da diese aber zugleich für allgemeine Verfahren zuständig bleiben sollte, war sie auf die Dauer mit den ihr zugewiesenen Wirtschaftsstrafsachen überfordert. Auf Anregung des Präsidenten des Landgerichts Nürnberg-Fürth hat das Bayer. Staatsministerium der Justiz hierauf am 16. 4. 1973 mit Wirkung v. 1. 5. 1973 die Zahl der Strafkammern bei dem Landgericht Nürnberg-Fürth gem. Art. 11 AGGVG v. 17. 11. 1956 (BayBS III S. 3) von 11 auf 12 erhöht und damit zugleich die Bildung einer neuen Wirtschaftsstrafkammer genehmigt. Durch Präsidialbeschluß v. 25. 4. 1973 wurden Aufgabenbereich und Besetzung dieser neuen Strafkammer festgelegt. Danach hatte die neugebildete 12. Strafkammer von den bisher zur Zuständigkeit der 7. Strafkammer gehörenden Wirtschaftsstrafsachen die mit den Anfangsbuchstaben F–Z bezeichneten zu übernehmen, während die übrigen (Buchst. A–E) bei der daneben noch mit einer umfangreichen allgemeinen Zuständigkeit versehenen 7. Strafkammer verblieben. Die Besetzung der 12. Strafkammer beschränkte sich zunächst auf drei richterliche

Mitglieder, unter denen sich auch der bis dahin mit zivilprozessualen Aufgaben befaßte stellvertretende Vorsitzende und spätere Berichterstatter St. als Beisitzer befand; später (Präsidialbeschluß v. 25. 7. 1973) trat ein vierter Richter hinzu. – Das Rechtsmittel war erfolglos.

Gründe: ... Der insoweit geltendgemachte Verstoß gegen § 338 Nr. 1 StPO i.V. mit § 16 GVG und Art. 101 GG liegt jedoch nicht vor; ebensowenig eine Verletzung der §§ 203, 207, 338 Nr. 4 StPO.

Diese zur Eröffnung des Hauptverfahrens vor der 12. Strafkammer am 24. 9. 1973 und demnach auch zur Mitwirkung des Richters St. führenden Vorgänge sind entgegen der Auffassung der Revision verfahrensrechtlich nicht zu beanstanden. Ein neuer Spruchkörper kann nach dem Grundsatz des § 21e III GVG (vgl. auch § 21g II Halbs. 2 GVG) im Laufe des Geschäftsjahrs gebildet werden, wenn eine andauernde Vermehrung der Geschäftslast Anlaß zu einer dahingehenden nachträglichen Änderung der Geschäftsverteilung gibt. Die sachlichen Voraussetzungen hierfür lagen vor. Es handelte sich, wie insbesondere aus der dienstlichen Erklärung des Landgerichtspräsidenten hervorgeht, nicht nur um das Auftreten vorübergehender Schwierigkeiten, denen man gegebenenfalls durch Hinzuziehung weiterer Richter oder durch die Bildung einer Hilfsstrafkammer hätte begegnen können, sondern um eine ungewöhnliche Mehrbelastung, von der zu erwarten war, daß sie sich auf das nächste Geschäftsjahr erstrecken werde; dabei spielt der Umstand, daß es im wesentlichen galt, der durch eine Strafsache außergewöhnlichen Ausmaßes bewirkten zusätzlichen Beanspruchung Rechnung zu tragen, keine entscheidende Rolle. Gerade im Bereich der Wirtschaftsstrafsachen ist allgemein mit Verfahren zu rechnen, die im Hinblick auf Schwierigkeit und Umfang über den Rahmen normaler Strafprozesse hinausgehen; es entspricht daher dem Sinn des Verfahrensrechts, auch den ordnungsmäßigen Ablauf solcher zeitraubender, mühevoller und für die Allgemeinheit besonders wichtiger Verfahren in geeigneter Weise, erforderlichenfalls also auch durch Schaffung eines neuen Spruchkörpers, rechtzeitig sicherzustellen.

Ebensowenig können Bedenken dagegen erhoben werden, daß bei der notwendigen Neuverteilung der Geschäfte die vorliegende Sache an die 12. Strafkammer gelangte. In der Wahl der für die Verteilung maßgebenden Abgrenzungskriterien war das Präsidium grundsätzlich frei; es konnte daher die anhängig gewordenen oder demnächst anfallenden Wirtschaftsstrafsachen auch dann nach Buchstaben aufteilen, wenn ein solches Abgrenzungsverfahren bisher nicht angewandt worden war. Erst recht war das Präsidium nicht an ein bestimmtes Aufteilungsverhältnis gebunden. Die Zuständigkeit der 12. Strafkammer kann daher nicht deswegen in Frage gestellt werden, weil bei der Neuverteilung der Wirtschaftsstrafsachen die 7. Strafkammer nur die Buchstaben A–E erhielt, während der 12. Strafkammer die Buchstaben F–Z zugeteilt wurden. Das Präsidium war keineswegs verpflichtet, die Wirtschaftsstrafsachen in schematischer Weise je zur Hälfte auf die beiden Kammern zu verteilen. Abgesehen davon, daß eine solche Handhabung niemals eine entsprechende tatsächliche Belastung hätte gewährleisten können, lag es auch im Ermessen des Präsidiums, eine generelle Regelung zu treffen, welche die neue 12. Strafkammer im Bereich der Wirtschaftsstrafsachen stärker belastete als die – dafür mehr mit anderen Aufgaben betraute – 7. Strafkammer, und die deshalb dann automatisch zur Abgabe der vorliegenden Sache an die 12. Strafkammer und zur Eröffnung des Hauptverfahrens vor dieser führte.

Die 12. Strafkammer konnte auch mit Richtern besetzt werden, die aus anderen Spruchkörpern abgezogen werden mußten. Ist ein besonderer Geschäftsanfall zu erwarten, wie er namentlich auch durch eine Wirtschaftsstrafsache besonderen Umfangs bewirkt werden kann, so ist es nicht nur vertretbar, sondern es kann auch durchaus sachgerecht und erforderlich sein, daß der in Aussicht stehenden Mehrbelastung durch eine Änderung der Geschäftsverteilung Rechnung getragen wird, die zugleich hinsichtlich der personellen Besetzung auf den Änderungszweck ausgerichtet ist. Dazu kann und muß gegebenenfalls gehören, einen neu errichteten Spruchkörper mit Richtern zu besetzen, die nach ihrer Persönlichkeit und fachlichen Eignung die Gewähr dafür bieten, daß die anfallende Mehrarbeit bewältigt wird. Das ist hier durch Heranziehung des Beisitzers und späteren Berichterstatters St. geschehen, eines Richters, der bereits als Staatsanwalt mit Wirtschaftsstrafsachen befaßt gewesen war; auch insoweit hat das Präsidium die ihm als Organ der richterlichen Selbstverwaltung eingeräumte Ermessensfreiheit ersichtlich nicht überschritten. Der von der Revision erhobene Vorwurf einer unzulässigen „ad-hoc-Besetzung" ist daher ungerechtfertigt. Von einem Verstoß gegen den Grundsatz des gesetzlichen Richters (Art. 101 I 2 GG; § 16 GVG) und gegen die Zuständigkeitsvorschriften kann keine Rede sein.

3. Präsidium kann bei internen Meinungsverschiedenheiten über die Anwendung des Geschäftsverteilungsplans eine Entscheidung treffen und damit die Zuständigkeit eines Spruchkörpers für eine bestimmte Sache festlegen, wenn dies im Geschäftsverteilungsplan vorbehalten worden ist.

GVG § 21e – BGH Urt. v. 13. 5. 1975 – 1 StR 138/75 LG München I (= NJW 1975, 1424)

Die Revisionen rügen, daß nach dem Geschäftsverteilungsplan an Stelle der 2. Strafkammer die 1. Strafkammer des Landgerichts für die Entscheidung zuständig gewesen sei.

Sachverhalt: Der Vorsitzende der 1. Strafkammer hatte die Übernahme des Verfahrens abgelehnt, weil er die Ansicht vertrat, daß es sich um die Aburteilung von Wirtschaftskriminalität handele, die nach der vorrangigen Sachgebietsverteilung des Geschäftsverteilungsplans in den Zuständigkeitsbereich der 2. Strafkammer falle. Der Vorsitzende der 2. Strafkammer war demgegenüber der Auffassung, daß der 1. Strafkammer nach der allgemeinen Buchstabenfolge der Vorzug gebühre. Hierauf teilte das Präsidium die Sache auf Grund eines im Geschäftsverteilungsplan für die Regelung von Auslegungsstreitigkeiten vorgesehenen Entscheidungsvorbehalts durch Beschluß der 2. Strafkammer zu. – Das Rechtsmittel war erfolglos.

Gründe: Dieses Ergebnis ist verfahrensrechtlich nicht zu beanstanden.

Auszugehen ist davon, daß es nach anerkannten Rechtsgrundsätzen zu der dem Präsidium in § 21e GVG übertragenen Aufgabe der Geschäftsverteilung notwendigerweise auch gehört, bei internen Meinungsverschiedenheiten über die Anwendung des aufgestellten Geschäftsverteilungsplans, insbesondere also auch bei negativen Kompetenzkonflikten, eine Entscheidung zu treffen und damit die Zuständigkeit eines Spruchkörpers für eine bestimmte Sache festzulegen. Eine solche Entscheidungsbefugnis ist jedenfalls dann gegeben, wenn sie, wie hier, im Geschäftsverteilungsplan vorbehalten worden ist; sie wird auch von der Revision an sich nicht in Zweifel gezogen. Das Präsidium hat nach pflichtmäßigem Ermessen zu entscheiden; eine Anfechtung des Präsidialbeschlusses ist im Gesetz nicht vorgesehen. Unter diesen Umständen könnte die Zuteilung des Verfahrens an die 2. Strafkammer von der Revision nur unter dem Gesichtspunkt des Ermessensmißbrauchs angegriffen werden. Die Revisionsbegründung legt jedoch eine mißbräuchliche Ausübung des den Mitgliedern des Präsidiums bei der Beschlußfassung zustehenden pflichtmäßigen Ermessens nicht dar. Insbesondere ist den Beschwerdeführern nicht zuzustimmen, wenn sie meinen, das Präsidium habe sich über eine klare Zuständigkeitsregelung des Geschäftsverteilungsplans hinweggesetzt; vielmehr liegt es auf der Hand, daß gerade die Abgrenzung von Wirtschaftskriminalität und allgemeinen Strafsachen bei der Geschäftsverteilung nicht in einer jeden Zweifel von vornherein ausschließenden Weise vorgenommen werden kann und deshalb im Einzelfall oft Schwierigkeiten bereitet. Damit kommt hier offensichtlich allein die Möglichkeit einer objektiven Abweichung von der Zuständigkeitsregelung des Geschäftsverteilungsplans in Betracht. Auf die bloße Tatsache einer solchen Abweichung kann die Revision jedoch weder nach Art. 101 I 2 GG noch unter dem Gesichtspunkt der vorschriftswidrigen Besetzung des Gerichts (§ 338 Nr. 1

StPO) oder der Unzuständigkeit der entscheidenden Richter (§ 338 Nr. 4 StPO) gestützt werden (BGH, GA 1971, 34[1]; BGH, Urt. v. 8. 1. 1974 – 1 StR 529/73). ...

4. Eine bestimmte Form der Feststellung einer nicht offenkundigen Verhinderung ist nicht vorgeschrieben. Es genügt, wenn die Feststellung vor Inangriffnahme der richterlichen Tätigkeit in einer für das Revisionsgericht nachprüfbaren Weise mit ausreichender Sicherheit getroffen worden ist.

GVG § 21e – BGH Urt. v. 29. 1. 1974 – 1 StR 533/73 LG Landshut (= NJW 1974, 870)

Die Revision rügt, das erkennende Gericht sei in der Person des als Vertreter zugezogenen Richters am LG Sch. unvorschriftsmäßig besetzt gewesen. Zur Heranziehung dieses Vertreters sei es gekommen, weil der Vorsitzende Richter Kr. sich im Hinblick auf dringende andere Aufgaben als verhindert bezeichnet habe. Ein Verhinderungsgrund habe jedoch nicht vorgelegen; zumindest fehle es an einer Entscheidung des Landgerichts-Präsidenten über das Vorliegen einer Verhinderung.

Sachverhalt: Wie sich aus den im wesentlichen übereinstimmenden dienstlichen Erklärungen aller ordentlichen Mitglieder des erkennenden Gerichts, des Richters am LG Sch. und des Landgerichts-Präsidenten ergibt, war der Vorsitzende Richter Kr. zur Zeit der Hauptverhandlung durch die Wahrnehmung von Untersuchungsaufgaben in einer eilbedürftigen, wichtigen und schwierigen Dienststrafsache in Anspruch genommen. Ob sich daraus seine Verhinderung ergab, in der vorliegenden Sache den Vorsitz zu führen, war nicht offenkundig. – Das Rechtsmittel war erfolglos.

Gründe: Es bedurfte daher einer von zuständiger Stelle zu treffenden Ermessensentscheidung darüber, welcher Aufgabe der Vorrang vor der anderen zukam (BGHSt. 21, 174, 175 [BGH Urt. v. 4. 10. 1966 – 1 StR 282/66; vgl. § 338 Nr. 1 StPO erfolglose Rügen]). Eine solche Entscheidung konnte hier schon deshalb nicht – gemäß § 21g GVG – von dem Vorsitzenden Richter Kr. selbst vorgenommen werden, weil die bei Annahme der Verhinderung notwendige Vertretung nach der geltenden Geschäftsordnung Auswirkungen auf fremde Spruchkörper haben mußte; vielmehr war die Entscheidungszuständigkeit des Landgerichts-Präsidenten gegeben (BGHSt. 18, 162 [BGH Urt. v. 4. 12. 1962 – 1 StR 425/62; vgl. § 338 Nr. 1 StPO erfolglose Rügen]; 21, 174, 176).

Daran hat sich auch durch die Neufassung des GVG durch das Gesetz v. 26. 5. 1972 (BGBl. I 1972, 841) nichts geändert. ... Nach wie vor beschränkt sich der gesetzgeberische Auftrag darauf, für die Dauer eines Geschäftsjahres die Zuständigkeit von Spruchkörpern oder Richtern sowie die Vertretung in Verhinderungsfällen generell festzulegen und allenfalls länger dauernden Veränderungen durch entsprechende Anordnungen vorausschauend Rechnung zu tragen (§§ 63, 64 Abs. 1 a.F. GVG; § 21e GVG). Die Feststellung vorübergehender Verhinderung fällt danach wie bisher in den Verantwortungsbereich des Gerichtspräsidenten (BGH, NJW 73, 1291 [BGH Urt. v. 27. 3. 1973 – 1 StR 55/73; vgl. § 338 Nr. 1 StPO erfolgreiche Rügen]).

Der Revision kann indessen nicht beigepflichtet werden, wenn sie die Auffassung vertritt, daß eine Entscheidung des Landgerichts-Präsidenten im Sinne einer Bestätigung der von dem ordentlichen Kammervorsitzenden geltend gemachten Hindernisgründe nicht ergangen sei. Eine bestimmte Form der Feststellung einer nicht offenkundigen Verhinderung ist nicht vorgeschrieben. Es mag zweckmäßig sein, eine dahingehende Ermessensent-

---

1 „Die Revision kann nicht darauf gestützt werden, daß in einer Jugendschutzsache die Hauptverhandlung nicht vor der als Jugendschutzkammer bestellten, sondern vor einer anderen (nach dem Buchstaben des Angeklagten zuständigen) Strafkammer stattgefunden hat, sofern diese ihre Zuständigkeit nur irrtümlich (nicht willkürlich) angenommen hat." (BGH v. 13. 5. 1969 – 1 StR 58/69).

scheidung aktenkundig zu machen (vgl. BGSt. 65, 299, 301; BGHSt. 21, 174, 179; BGH, NJW 68, 512, 513 Nr. 18); notwendig ist dies jedoch nicht unbedingt. Es genügt, wenn die Feststellung vor Inangriffnahme der richterlichen Tätigkeit in einer für das Revisionsgericht nachprüfbaren Weise mit ausreichender Sicherheit getroffen worden ist (BGHSt. 12, 33, 36 [BGH Urt. v. 5. 8. 1958 – 5 StR 160/58; vgl. § 338 Nr. 1 StPO erfolgreiche Rügen]; BGHSt. 21, 174, 179, a.a.O.). Das war hier eindeutig der Fall. Der Landgerichts-Präsident war, wie aus seiner dienstlichen Stellungnahme hervorgeht, über die anderweitige Belastung des Vorsitzenden Richters Kr. durch die Führung der Untersuchung in einer Dienststrafsache unterrichtet und erkannte aus Zeitgründen deren Vorrang an; er wußte insbesondere auf Grund einer Rücksprache, daß der Richter deshalb den Vorsitz in dem angesetzten Hauptverhandlungstermin seinem Vertreter überlassen werde, und hat dies mit Rücksicht auf einen in der Dienststrafsache drohenden Fristablauf „ausdrücklich gebilligt". Eine Entscheidung des Landgerichts-Präsidenten lag somit vor.

§ 21f GVG

(1) Den Vorsitz in den Spruchkörpern bei den Landgerichten, bei den Oberlandesgerichten sowie bei dem Bundesgerichtshof führen der Präsident und die Vorsitzenden Richter.

(2) Bei Verhinderung des Vorsitzenden führt den Vorsitz das vom Präsidium bestimmte Mitglied des Spruchkörpers. Ist auch dieser Vertreter verhindert, führt das dienstälteste, bei gleichem Dienstalter das lebensälteste Mitglied des Spruchkörpers den Vorsitz.

Erfolglose Rügen

1. Die Bewältigung eines ungewöhnlichen, zu einer einmaligen Mehrbelastung des Vorsitzenden führenden Verfahrens rechtfertigt die Annahme einer nur vorübergehenden Verhinderung auch dann, wenn sie einen längeren Zeitraum erfordert (BGH Urt. v. 28. 5. 1974 – 4 StR 37/74).

Erfolglose Rügen

1. Die Bewältigung eines ungewöhnlichen, zu einer einmaligen Mehrbelastung des Vorsitzenden führenden Verfahrens rechtfertigt die Annahme einer nur vorübergehenden Verhinderung auch dann, wenn sie einen längeren Zeitraum erfordert.

GVG § 21f; StPO § 338 Nr. 1 – BGH Urt. v. 28. 5. 1974 – 4 StR 37/74 LG Karlsruhe (= NJW 1974, 1572)

Die Revision rügt, die erkennende Strafkammer sei in der Person des stellvertretenden Vorsitzenden falsch besetzt gewesen, weil ein Vertretungsfall nicht vorgelegen habe. Die Revision zieht die Verhinderung des ordentlichen Vorsitzenden als solche nicht in Zweifel, ist aber der Auffassung, daß ein Vertretungsfall, wie ihn das Gesetz in § 21f Abs. 2 GVG (§ 66 Abs. 1 GVG a.F.) vorsieht, nicht vorgelegen habe, weil Dr. G. durch seine Bestimmung zum Vorsitzenden einer weiteren Strafkammer und durch seine Tätigkeit in dieser Kammer bereits seit 1972 nicht nur vorübergehend, sondern dauernd an der Wahrnehmung der Aufgaben des Vorsitzenden in der erkennenden Strafkammer verhindert gewesen sei und insbesondere einen richtunggebenden Einfluß auf deren Rechtsprechung nicht mehr ausgeübt habe.

Sachverhalt: Den Vorsitz in der Hauptverhandlung gegen den Angeklagten hat nicht der ordentliche Vorsitzende der erkennenden auswärtigen Strafkammer P. des Landgerichts K. (Strafkammer IX), Vorsitzender Richter Dr. G., sondern der stellvertretende Vorsitzende, Richter am Amtsgericht und Landgericht R., geführt. Dr. G., der nach der Geschäftsverteilung des Landgerichts für das Jahr 1973 zugleich den Vorsitz der in erster Linie für Staatsschutzsachen zuständigen Strafkammer IV innehatte, war am Tage der Hauptverhandlung, dem 3. 9. 1973, noch mit der Absetzung eines von dieser Strafkammer am 23. 7. 1973 verkündeten Urteils befaßt. – Das Rechtsmittel war erfolglos.

Gründe: Die vom Verteidiger auch schon zu Beginn der Hauptverhandlung vor der Strafkammer erhobene und von dieser für unbegründet erklärte Rüge geht fehl.
Sinn und Zweck des § 21f GVG liegen darin, daß den Vorsitz in einer Großen Strafkammer ein qualifizierter Richter innehaben soll, der den besonderen und vielfältigen Aufgaben, die der Vorsitz mit sich bringt, gerecht werden kann (vgl. BGHSt. 21, 131, 133 [BGH Urt. v. 9. 9. 1966 – 4 StR 226/66; vgl. § 338 Nr. 1 StPO erfolglose Rügen]; BGHSt. 25, 54 ff. [BGH Urt. v. 16. 11. 1972 – 1 StR 418/72; vgl. § 338 Nr. 1 StPO erfolgreiche Rügen]). Das bedeutet allerdings, daß eine Große Strafkammer nur dann i.S. des § 21f Abs. 1 GVG von dem zu ihrem Vorsitzenden bestellten Richter geführt wird, wenn dieser auch in der Lage ist, seine Aufgaben in ausreichender Weise wahrzunehmen. Das zwingt dazu, die Vorschrift des § 21f Abs. 2 GVG – die keinerlei bedeutsame sachliche Änderungen gegenüber der früheren Regelung in § 66 Abs. 1 GVG a.F. enthält (BGH, Urt. v. 29. 8. 1973 – 3 StR 47/73) – eng auszulegen und eine Vertretung des ordentlichen Vorsitzenden nur in den Fällen sog. vorübergehender Verhinderung zuzulassen (vgl. auch BGHSt. 8, 17, 18 [BGH Urt. v. 21. 6. 1955 – 5 StR 177/55; vgl. § 338 Nr. 1 StPO erfolglose Rügen]; BGHSt. 14, 11, 14 ff. [BGH Urt. v. 6. 11. 1959 – 4 StR 376/59; vgl. § 338 Nr. 1 StPO erfolglose Rügen]). Die Revision irrt indessen, wenn sie glaubt, eine (nur) vorübergehende Verhinderung sei hier schon deshalb auszuschließen, weil Dr. G. infolge seiner Tätigkeit auch in der Strafkammer IV jedenfalls für einen längeren Zeitraum praktisch keinen Einfluß mehr auf Geschäftsgang und Rechtsprechung der hier erkennenden Strafkammer IX habe nehmen können. Der Begriff der vorübergehenden Verhinderung läßt sich weder allein von ihrer Dauer her noch ausschließlich durch den Umfang der tatsächlichen Einflußnahme des (verhinderten) Vorsitzenden auf die Geschäfte seiner Kammer bestimmen. Sowohl der längere Zeit erkrankte (vgl. BGH, Urt. v. 13. 12. 1960 – 5 StR 488/60) als auch der den Vorsitz in einer umfangreichen Schwurgerichts-Sache führende Strafkammer-Vorsitzende (vgl. BGHSt. 21, 131) gelten beispielsweise in der Rechtsprechung, jedenfalls normalerweise (vgl. BGHSt. 25, 54 ff.), als (nur) vorübergehend verhindert. Dafür spricht schon die Erwägung, daß anderenfalls die Planstelle des Vorsitzenden – nur für die Dauer seiner Erkrankung oder seiner Tätigkeit in der Schwurgerichts-Sache – noch einmal mit einem Vorsitzenden Richter besetzt werden müßte, der nach Wegfall der Verhinderung ohne Vorsitz wäre. Bei der entscheidenden Frage, ob eine Verhinderung noch als vorübergehend oder als dauernd anzusehen ist, ist im Zweifelsfall vielmehr darauf abzustellen, inwieweit die Gefahr besteht, daß die Forderung nach dem gebotenen Einfluß des Vorsitzenden umgangen und durch willkürliche Handhabung der Geschäftsverteilung auf die Dauer der Verhinderung und damit auf den gesetzlichen Richter in der Person des Vorsitzenden Richters in einer nicht mehr erträglichen Weise Einfluß genommen wird. Gewiß ist eine solche Gefahr bei der Übertragung des Vorsitzes zugleich in mehreren Strafkammern eher gegeben als beispielsweise im Fall einer Erkrankung des Vorsitzenden (vgl. BGHSt. 2, 71, 73 [BGH Urt. v. 13. 12. 1951 – 3 StR 683/51; vgl. § 338 Nr. 1 StPO erfolgreiche Rügen]; BGHSt. 21, 131, 133). Von Willkür kann aber jedenfalls dann nicht die Rede sein, wenn eine – übermäßige – Inanspruchnahme des Vorsitzenden durch seine Tätigkeit in der anderen Strafkammer und die Notwendigkeit seiner ständigen Vertretung während eines nicht absehbaren längeren Zeitraumes in der erkennenden Strafkammer vor Beginn des Geschäftsjahres nicht vorauszusehen waren und somit ein solcher Vertretungsfall auch durch eine entsprechende Geschäftsverteilung nicht hätte vermieden werden können. Die nur von den Belangen der Rechtspflege bestimmte Bewältigung eines ungewöhnlichen, zu einer einmaligen Mehrbelastung des Vorsitzenden führenden Verfahrens rechtfertigt die Annahme

einer nur vorübergehenden Verhinderung deshalb auch dann, wenn sie einen längeren Zeitraum erfordert, dessen Dauer richterlicher Steuerung weitgehend entzogen ist und den begründeten früheren Erwartungen widerspricht. Dann ist auch der vom Gesetz sonst geforderte Einfluß des Vorsitzenden nicht Voraussetzung für die vorschriftsmäßige Besetzung der unter dem Vorsitz seines Vertreters erkennenden Strafkammer (vgl. BGH, Urt. v. 30. 4. 1974 – 1 StR 35/74; auch BGHZ – GZS – 37, 210, 214 ff. = NJW 62, 1570).

So liegt es hier, wie auch der 1. StS des BGH in der im wesentlichen gleichgelagerten Sache 1 StR 35/74 am 30. 4. 1974 entschieden hat. Die bereits angeführten dienstlichen Erklärungen des Landgerichtspräsidenten und des Vorsitzenden Richters Dr. G. ergeben folgenden Sachverhalt:

Die insbesondere gemäß § 74a GVG zuständige Strafkammer IV hatte in den vergangenen Jahren jeweils eine oder allenfalls zwei Sachen zu bearbeiten. Bei „normalem Verlauf" hätte auch das 1972 anhängig gewordene Verfahren gegen 10 Mitglieder des sogenannten Heidelberger Sozialistischen Patientenkollektivs „in längstens einem Monat erledigt werden können". Das Verhalten der Angeklagten, ihrer Verteidiger und von Gesinnungsgenossen machte jedoch einen geregelten Ablauf unmöglich. Es mußte, weil die Angeklagten, die auf freiem Fuß waren, nicht erschienen, zunächst gegen drei verhaftete Kollektivmitglieder v. 7. 11. bis 19. 12. 1972 verhandelt werden. Die Möglichkeit der Verhandlung gegen die übrigen Mitglieder hing von ihrer Festnahme ab. Das zwang zu einer schrittweisen Erledigung des Gesamtkomplexes unter wiederholter Verbindung und Trennung der sachlich zusammenhängenden Strafsache. Gegen drei weitere Angeklagte wurde vom 5. 5. bis zum 23. 7. 1973 verhandelt. Dieser Ablauf und der Wechsel richterlicher Beisitzer bedingten, daß Dr. G., der den Gesamtkomplex überschaute, auch die am 19. 12. 1972 und am 23. 7. 1973 verkündeten Urteile selbst absetzte. Diese Tätigkeit verhinderte seine Mitwirkung in der vorliegenden, am 3. 9. 1973 vor der erkennenden Strafkammer IX verhandelten Sache. Dr. G. hat im übrigen in der Zeit vom 1. 1. bis zum 15. 11. 1973 in 10 von insgesamt 23 Fällen selbst den Vorsitz in dieser Strafkammer geführt.

Bei dieser Sachlage sind Bedenken gegen die Führung des Vorsitzes nicht durch Dr. G., sondern durch seinen ständigen Vertreter sachlich nicht gerechtfertigt. Dr. G. war, bevor das Verfahren gegen die Mitglieder des Patientenkollektivs anhängig wurde, durchaus in der Lage, den Vorsitz sowohl in der Strafkammer IV als auch in der Strafkammer IX auszuüben. Selbst in Zukunft wird die Strafkammer IV als sogenannte Staatsschutzkammer nur zuweilen so belastet sein, daß sie einen Vorsitzenden Richter ganz oder überwiegend in Anspruch nimmt. Der Arbeitsanfall, den das Verfahren gegen die Mitglieder des Patientenkollektivs mit sich brachte, war Folge einer nicht einmal wegen des Umfangs der Sache, sondern nur wegen ihres anomalen Ablaufs außergewöhnlichen, bisher einmaligen Situation. Das war bei der Geschäftsverteilung für das Jahr 1973 nicht vorauszusehen. Vielmehr war eine schrittweise Bewältigung in absehbaren, wenn auch nicht näher konkretisierbaren Zeiträumen zu erwarten. Ein wesentlicher Teil des Gesamtkomplexes, das Verfahren gegen drei verhaftete Angeklagte, war bereits abgeschlossen oder stand vor dem Abschluß. Wann gegen weitere, (flüchtige) Angeklagte verhandelt werden konnte, war ungewiß. Zwar war vorauszusehen, daß das Verfahren gegen diese Angeklagten die Arbeitskraft des Vorsitzenden noch stark beanspruchen werde; jedoch konnte auch davon ausgegangen werden, daß es sich (wie bisher) um eine jeweils zeitlich übersehbare, von Teilerledigung zu Teilerledigung führende Inanspruchnahme handeln werde. Wie der tatsächliche Ablauf zeigt, ist Dr. G. denn auch jeweils nur für einen gewissen überschaubaren Zeitraum, also nur vorübergehend, durch seine Tätigkeit in der Strafkammer IV voll in Anspruch genommen worden. Es blieb ihm immer wieder die Möglichkeit, auch in der erkennenden Strafkammer den Vorsitz in Hauptverhandlungen zu führen. Daß er sich in der hier in Rede stehenden Zeit ausschließlich mit dem Absetzen der am 23. 7. 1973 verkündeten Urteile befaßt hat, war sachdienlich und durch eindeutige Anordnungen des Landgerichts-Präsidenten als Vertretungsfall gedeckt (vgl. auch BGHSt. 25, 163 [BGH Urt.

v. 27. 3. 1973 – 1 StR 55/73; vgl. § 338 Nr. 1 StPO erfolgreiche Rügen]; BGH, NJW 74, 870 [BGH Urt. v. 29. 1. 1974 – 1 StR 533/73; vgl. § 21e GVG erfolglose Rügen]).

§ 24 GVG

(1) In Strafsachen sind die Amtsgerichte zuständig, wenn nicht
1. die Zuständigkeit des Landgerichts nach § 74 Abs. 2 oder § 74a oder des Oberlandesgerichts nach § 120 begründet ist,
2. im Einzelfall eine höhere Strafe als vier Jahre Freiheitsstrafe oder die Unterbringung des Beschuldigten in einem psychiatrischen Krankenhaus, allein oder neben einer Strafe, oder in der Sicherungsverwahrung zu erwarten ist oder
3. die Staatsanwaltschaft wegen der besonderen Bedeutung des Falles Anklage beim Landgericht erhebt.

(2) Das Amtsgericht darf nicht auf eine höhere Strafe als vier Jahre Freiheitsstrafe und nicht auf die Unterbringung in einem psychiatrischen Krankenhaus, allein oder neben einer Strafe, oder in der Sicherungsverwahrung erkennen.

Erfolgreiche Rügen

1. Willkürliche Annahme der Zuständigkeit durch Landgericht, wenn Strafgewalt des Amtsrichters ausreicht und Sache ohne besondere Bedeutung ist (BGH Beschl. v. 27. 7. 1999 – 4 StR 336/99).

Erfolglose Rügen

1. Bei der Prüfung der Entscheidung über die Zuständigkeit ist auch vom Revisionsgericht die objektive Sachlage zum Zeitpunkt der Eröffnungsentscheidung zu Grunde zu legen (BGH Urt. v. 10. 5. 2001 – 1 StR 504/00).
2. § 24 I Nr. 3 GVG ist verfassungskonform (BVerfG Urt. v. 19. 3. 1959 – 1 BvR 295/58).

Erfolgreiche Rügen

1. Willkürliche Annahme der Zuständigkeit durch Landgericht, wenn Strafgewalt des Amtsrichters ausreicht und Sache ohne besondere Bedeutung ist.
GVG § 24; StPO §§ 209 II, 269; 338 Nr. 1 – BGH, Beschl. v. 27. 7. 1999 – 4 StR 336/99 LG Stendal (= StV 1999, 585 = NStZ 1999, 578)

Die Revision rügt, daß das Landgericht seine sachliche Zuständigkeit willkürlich angenommen und den Angeklagten damit seinem gesetzlichen Richter entzogen hat.

Sachverhalt: Nach den Feststellungen wurde im Jahre 1995 über das Vermögen des Angeklagten durch Beschluß des Amtsgerichts Stendal das Gesamtvollstreckungsverfahren eröffnet. Im Sommer 1998 stand die Räumung seines landwirtschaftlichen Anwesens unmittelbar bevor, was den Angeklagten zu zahlreichen schriftlichen Eingaben und Anrufen, u.a. im Justizministerium des Landes Sachsen-Anhalt, veranlaßte. Bei diesen Gelegenheiten beschwerte er sich wiederholt über den Richter am AG Stendal, der – nach seiner Auffassung grob rechtsfehlerhaft – die Eröffnung des Gesamtvollstreckungsverfahrens beschlossen hatte. Anläßlich eines solchen Telefonats äußerte der Angeklagte in seiner Erregung gegenüber einem Referatsleiter des Justizministeriums, daß „wenn in seiner Sache nicht bis Ende September alles zu seinen Gunsten geregelt sei, er sich nicht mehr für sein Verhalten verantwortlich fühle". Gleichzeitig drohte er für diesen Fall, den Richter am AG Stendal „einzusperren, wegzufangen, plattzumachen oder zu erschießen".

Aufgrund dieser telefonischen Äußerungen hatte die Staatsanwaltschaft Anklage zum Amtsgericht Gardelegen – Strafrichter – wegen des Verdachts einer in Tateinheit mit Bedrohung begangenen versuchten Nötigung erhoben. Der Strafrichter legte die Akten gem. § 209 II StPO über die Staatsanwaltschaft der Strafkammer beim Landgericht Stendal zur Übernahme vor, weil ihm angesichts der Bedeutung der Sache eine Verhandlung vor dem Landgericht angebracht erschien. Obwohl die Staatsanwaltschaft in ihrer Übersendungsverfügung ausdrücklich und zutreffend darauf hinwies, daß eine besondere Bedeutung nicht vorlag, ließ die Strafkammer des Landgerichts die Anklage ohne Begründung zur Hauptverhandlung vor sich zu.

Das Landgericht hat den Angeklagten wegen versuchter Nötigung zu einer Freiheitsstrafe von 6 Monaten verurteilt, deren Vollstreckung es zur Bewährung ausgesetzt hat. – Das Rechtsmittel hatte Erfolg.

Gründe: Dieses Verfahren war rechtsfehlerhaft.

§ 269 StPO steht bei willkürlicher Annahme der Zuständigkeit der Berücksichtigung dieses Verfahrensmangels nicht entgegen (BGHSt. 38, 212 [BGH Urt. v. 27. 2. 1992 – 4 StR 23/92; vgl. § 338 Nr. 4 StPO erfolgreiche Rügen]; 40, 120, 122 [BGH Beschl. v. 21. 4. 1994 – 4 StR 136/94; vgl. § 338 Nr. 4 StPO erfolgreiche Rügen]).

Daß die Strafgewalt des Strafrichters von bis zu 4 Jahren Freiheitsstrafe unter allen denkbaren Umständen ausreicht, bedarf keiner näheren Ausführungen. Ebenso ist eine besondere Bedeutung des Falles gem. § 24 I Nr. 3 GVG ersichtlich nicht gegeben; eine solche wurde auch von der StA nicht nur nicht behauptet, sondern ausdrücklich verneint. Für die Annahme des Landgerichts, es sei hier zuständig, fehlte somit jeder sachliche Grund. Das Landgericht entfernte sich damit so weit von den gesetzlichen Maßstäben, daß seine Entscheidung unter keinem Gesichtspunkt mehr vertretbar war; damit handelte es objektiv willkürlich und entzog dadurch den Angeklagten seinem gesetzlichen Richter.

Erfolglose Rügen

1. Bei der Prüfung der Entscheidung über die Zuständigkeit ist auch vom Revisionsgericht die objektive Sachlage zum Zeitpunkt der Eröffnungsentscheidung zu Grunde zu legen.

GVG § 24 I Nr. 3; StPO § 338 Nr. 4 – BGH Urt. v. 10. 5. 2001 – 1 StR 504/00 LG Coburg (= NJW 2001, 2984 = StV 2001, 441)

Die Revision rügt, das LG habe unter fehlerhafter Anwendung des § 24 I Nr. 3 GVG zu Unrecht die besondere Bedeutung des Falls angenommen und den Angeklagten damit seinem gesetzlichen Richter entzogen (§ 338 Nr. 4 StPO).

Sachverhalt: Der Angeklagte missbrauchte im Zeitraum von Herbst 1997 bis Dezember 1998 drei Kinder. In allen Fällen standen die Taten im Zusammenhang mit der Tätigkeit des Angeklagten als katholischer Pfarrer. Diesen Sachverhalt hatte die Staatsanwaltschaft vor dem Landgericht zur Anklage gebracht. Sie verwies auf die Höhe der erwarteten Strafe und maß dem Fall besondere Bedeutung i.S. von § 24 I Nr. 3 GVG zu. Dies begründete die Staatsanwaltschaft in der Anklageschrift mit folgenden Erwägungen: Die der Anklage zu Grunde liegenden Vorgänge haben durch das öffentliche Geschehen vom 28. 12. 1998 in der Kirche St. Marien in S. (dort beschuldigte der Vater eines Geschädigten den Angeklagten vor der versammelten Gemeinde während eines Gottesdiensts) und die nachfolgenden

Presseberichte und Leserbriefe andauernd starke öffentliche Beachtung gefunden. Hierbei wurden, wenngleich bislang ohne tatsächliche Anhaltspunkte, vom Angeschuldigten und seinem Umfeld öffentlich wiederholt Vorwürfe erhoben, in anderen staatlichen Behörden seien Amtspflichten verletzt worden, um aus persönlichen Motiven eine Verleumdungskampagne zu schüren. Auch wurde wiederholt öffentlich auf gleichartig erscheinende frühere Vorgänge um den Angeschuldigten in M. sowohl hinsichtlich der Vorwürfe wie der Verfahrensweisen Bezug genommen. Schließlich ist mit dem Angeschuldigten ein Pfarrer und Lehrer an öffentlichen Schulen im ländlichen Raum mit Vorwürfen betroffen, die gegebenenfalls auch zu erheblichem Ansehensverlust der Kirche und der Schule führen können.

Im Eröffnungsbeschluß bejahte das Landgericht seine Zuständigkeit mit folgender Begründung: Das Landgericht Coburg ist nach § 24 I Nr. 3 GVG wegen der besonderen Bedeutung des Falles zuständig, auch wenn die Straferwartung weniger als vier Jahre Freiheitsstrafe beträgt. Die besondere Bedeutung eines Falls i.S. von § 24 I Nr. 3 GVG ergibt sich aus den psychischen Auswirkungen der Straftat auf die kindlichen Opfer. Nachdem der Angeklagte die Taten bestreitet, wird den Kindern durch die Eröffnung des Hauptverfahrens vor dem Landgericht die Belastung einer weiteren Tatsacheninstanz im Rahmen eines Berufungsverfahrens erspart.

Das Landgericht hat den Angeklagten wegen sexuellen Mißbrauchs von Kindern zu der Gesamtfreiheitsstrafe verurteilt. – Das Rechtsmittel war erfolglos.

Gründe: ...

II.

Die Revision macht den absoluten Revisionsgrund des § 338 Nr. 4 StPO geltend und rügt, das Landgericht habe seine sachliche Zuständigkeit gem. § 24 I Nr. 3 GVG auf Grund sachfremder Erwägungen bejaht. Auf die in der Rechtsprechung des BGH noch nicht abschließend geklärte Frage, ob dies nur auf eine entsprechende Verfahrensrüge (BGHSt. 42, 205 [BGH Beschl. v. 30. 7. 1996 – 5 StR 288/95; vgl. § 338 Nr. 4 StPO erfolglose Rügen]; BGHSt. 43, 54 [BGH Urt. v. 22. 4. 1997 – 1 StR 701/96; vgl. § 338 Nr. 4 StPO erfolglose Rügen]) oder von Amts wegen (BGHSt. 38, 172 [176] [BGH Beschl. v. 12. 2. 1991 – 4 StR 506/91; vgl. § 338 Nr. 4 StPO erfolgreiche Rügen]; BGHSt. 40, 120 [BGH Beschl. v. 21. 4. 1994 – 4 StR 136/94; vgl. § 338 Nr. 4 StPO erfolgreiche Rügen]; BGHSt. 44, 34 [36] = NJW 1998, 2149 = NStZ 1998, 513 L[1]) zu berücksichtigen ist, kommt es hier nicht an. Die Verfahrensrüge ist zulässig erhoben. Sie ist aber im Ergebnis unbegründet.

1. Die Revision scheitert nicht schon daran, daß mit ihr grundsätzlich nicht geltend gemacht werden kann, ein höheres Gericht habe seine Zuständigkeit zu Unrecht an Stelle eines Gerichts niederer Ordnung angenommen (§§ 210 I, 336 S. 2, 269 StPO). Dieser Grundsatz erfährt vor dem Hintergrund des Art. 101 I 2 GG und der Rechtsprechung des BVerfG zum Willkürverbot dann eine Einschränkung, wenn die Rechtsanwendung unter keinem denkbaren Aspekt rechtlich vertretbar ist und sich daher der Schluss aufdrängt, daß die Entscheidung über die Zuständigkeit auf sachfremden Erwägungen beruht (BGHSt. 42, 205 [207]; BGHSt. 43, 53 [55 f.]; BGH, NJW 2001, 1359 [BGH Urt. v. 22. 12. 2000 – 3 StR 378/00; vgl. § 120 GVG erfolglose Rügen]).

2. Das Landgericht war sachlich zuständig. Die Entscheidung des Landgerichts zur besonderen Bedeutung der Sache ist im Ergebnis rechtsfehlerfrei getroffen.

a) Allerdings vermag allein das Ziel, einem Kind als Opfer einer Sexualstraftat eine weitere Vernehmung in der zweiten Tatsacheninstanz zu ersparen, die besondere Bedeutung ei-

---

1 „Jedenfalls eine objektiv willkürliche Annahme seiner Zuständigkeit durch das Landgericht, die der Senat auch ohne entsprechende Verfahrensrügen hätte von Amts wegen beachten müssen, liegt nicht vor." (BGH Urt. v. 12. 2. 1998 – 4 StR 428/97).

nes Falls i.S. von § 24 I Nr. 3 GVG nicht zu begründen. Von besonderer Bedeutung ist eine Sache, die sich aus tatsächlichen oder rechtlichen Gründen, etwa wegen des Ausmaßes der Rechtsverletzung, wegen der Auswirkungen der Straftat, wegen der Erhöhung des Unrechtsgehalts durch die hervorragende Stellung des Beschuldigten oder Verletzten aus der Masse der durchschnittlichen Strafsachen nach oben heraushebt (BGHR GVG § 24 Bedeutung 1) oder wenn die rasche Klärung einer grundsätzlichen, für eine Vielzahl gleichgelagerter Fälle bedeutsamen Rechtsfrage durch den BGH ermöglicht werden soll (BGHSt. 43, 53). Entscheidend ist immer die Bewertung des Einzelfalls.

Gerade bei Sexualstraftaten und Jugendschutzsachen wird sich häufig die besondere Bedeutung der Sache aus den schwer wiegenden Auswirkungen der Straftat auf das Opfer ergeben. Dabei können – trotz der sich insbesondere aus § 247 a StPO ergebenden prozessualen Möglichkeiten – in der gebotenen Gesamtbetrachtung des Einzelfalls auch weitere zu erwartende gravierende Folgen einer zweiten gerichtlichen Vernehmung des Tatopfers in einer Berufungshauptverhandlung von Bedeutung sein. Im vorliegenden Fall sind schwere psychische Auswirkungen der Straftaten auf die drei kindlichen Opfer, die den Fall aus der Masse der übrigen, denselben Tatbestand betreffenden Strafverfahren herausheben würden, weder substantiiert dargetan noch sonst ersichtlich.

Ob allein das Ziel, einem kindlichen Opfer eine weitere Vernehmung in der zweiten Tatsacheninstanz zu ersparen, die Anklage zum Landgericht unter dem Gesichtspunkt der besonderen Bedeutung der Sache (§ 24 I Nr. 3 GVG) rechtfertigt – eine Frage, die sich seit Ausweitung der Strafgewalt der Amtsgerichte auf vier Jahre durch das Gesetz zur Entlastung der Rechtspflege vom 11. 1. 1993 verstärkt stellt – ist in der Literatur umstritten. In der Rechtsprechung des BGH blieb die Frage bislang offen (Beschl. v. 3. 8. 1995 – 4 StR 420/95, u. 4 StR 416/95 [vgl. § 74 GVG erfolgreiche Rügen]). Demgegenüber stellen das OLG Zweibrücken (NStZ 1995, 357) und das OLG Koblenz (JBlRhPf 1995, 26) zur Begründung der besonderen Bedeutung des Falles und damit der Zuständigkeit des Landgerichts entscheidend darauf ab, daß damit eine weitere Vernehmung des Opfers in einer Berufungshauptverhandlung vermieden werden kann.

„Dies ist gut gemeint, mit der gesetzlichen Regelung aber kaum in Einklang zu bringen" (Kleinknecht/Meyer-Goßner, § 24 GVG Rdnr. 6). Diese Auffassung teilt der Senat. Die Gesetzesformulierung „besondere Bedeutung des Falles" läßt es nicht zu, ganze Deliktsgruppen, etwa alle Sexualstraftaten bestreitender Täter an Kindern, generell, ohne Beachtung der Bedeutung des Einzelfalls, dem Landgericht zu überantworten. Mit dem Gesetzeswortlaut ist dies nicht mehr vereinbar. Damit werden die vor allem am Wortsinn orientierten Grenzen möglicher Auslegung des unbestimmten Rechtsbegriffs „besondere Bedeutung des Falles" überschritten.

Vor dem Hintergrund der bisherigen unklaren Rechtslage und der uneinheitlichen Äußerungen in Literatur und Rechtsprechung hierzu liegt es indes eher fern, daß mit bisherigen Entscheidungen zur besonderen Bedeutung des Falls gem. § 24 I Nr. 3 GVG, die allein auf die Vermeidung einer weiteren Vernehmung von Geschädigten in der Berufungsinstanz abstellten, auch die bei der Anwendung des § 269 StPO verfassungsrechtlich gezogenen Grenzen überschritten wurden. Dies kann jedoch dahinstehen. Denn die besondere Bedeutung des Falls ergibt sich hier aus anderen Gesichtspunkten.

b) ...

c) Nach dem Sachstand, wie ihn die Staatsanwaltschaft in der Anklageschrift dargestellt hat, konnte dem Fall rechtsfehlerfrei besondere Bedeutung beigemessen werden. Die andauernd große Beachtung, die die angeklagten Vorfälle in der Öffentlichkeit gefunden haben (vgl. BGHSt. 44, 34 [36]), die hervorgehobene Stellung des Angeklagten als Pfarrer auf dem Lande und der Umstand, daß der Angeklagte zumindest eine der Taten im Zusammenhang mit der Erfüllung seiner öffentlichen Aufgabe als Lehrer beging (vgl. BGHR GVG § 24 Abs. 1 Bedeutung 3) waren geeignet, den Fall aus der Masse der Strafverfahren herauszuheben, die denselben Tatbestand betreffen. Ob die Strafkammer ihrer Entscheidung die von der Staatsanwaltschaft genannten Aspekte – stillschweigend – ebenfalls zu Grunde legte oder ob sie diese zur Begründung der besonderen Bedeutung des Falles nicht für geeignet erachtete und deshalb im Eröffnungsbeschluß nicht erwähnte, kann offen bleiben.

Denn bei der Prüfung der Entscheidung über die Zuständigkeit ist auch vom Revisionsgericht die objektive Sachlage zum Zeitpunkt der Eröffnungsentscheidung zu Grunde zu legen. Entgegen der Auffassung des Beschwerdeführers sind nicht nur die Gesichtspunkte maßgeblich, auf die sich das eröffnende Gericht ausdrücklich bezieht. Ausführungen zur besonderen Bedeutung des Falls im Eröffnungsbeschluß sind schon nicht in jedem Fall zwingend. Wurde die besondere Bedeutung der Sache von der Staatsanwaltschaft in der Anklageschrift oder in einem gesonderten Aktenvermerk – auch aus Sicht der Kammer – tragfähig begründet oder ist diese offensichtlich, dann bedarf es im Eröffnungsbeschluß keiner weiteren Darlegungen hierzu. Schon deshalb kann der Eröffnungsbeschluß allein keine tragfähige Grundlage zur Prüfung der Frage abgeben, ob das Landgericht die besondere Bedeutung des Falls und damit seine Zuständigkeit im Rahmen des dem Gericht insoweit eingeräumten Beurteilungsspielraums rechtsfehlerfrei angenommen hat. Die gegenteilige Auffassung zwänge dazu, Urteile allein wegen unzureichender Ausführungen zur besonderen Bedeutung der Sache im Eröffnungsbeschluß aufzuheben und die Verfahren – zunächst zur erneuten Entscheidung über die Zuständigkeit – an eine andere Kammer zurückzuverweisen, obwohl das Gericht, dessen Urteil angefochten wurde, nach objektiver Sachlage ersichtlich sachlich zuständig war. Dies entspräche weder dem Sinn der Regelungen über die Gewährleistung des gesetzlichen Richters noch dem Gedanken des Opferschutzes.

2. § 24 I Nr. 3 GVG ist verfassungskonform.

GVG § 24 – BVerfG Urt. v. 19. 3. 1959 – 1 BvR 295/58 (= BVerfGE 9, 223 = NJW 1959, 871)

Der Beschwerdeführer rügt, er sei in erster Instanz seinem gesetzlichen Richter entzogen worden, weil die Staatsanwaltschaft nach § 24 Abs. 1 Nr. 2, § 74 Abs. 1 Satz 2 GVG „wegen der besonderen Bedeutung des Falles" Anklage beim Landgericht erhoben habe. Diese Normen seien aber mit Art. 101 Abs. 1 Satz 2 GG unvereinbar, denn sie überließen die Bestimmung des zuständigen Gerichts einer politisch abhängigen, weisungsgebundenen Behörde. Der Gesetzgeber gebe ihr nicht einmal ein sachgerechtes Kriterium dafür, wo sie anklagen solle, sondern stelle auf die Besonderheiten des Einzelfalles ab, was mit dem Gleichheitssatz unvereinbar sei. Daher bestehe für solche Fälle keine Zuständigkeit des Landgerichts. In seinem Falle sei auch die „besondere Bedeutung" zu Unrecht bejaht worden, wie die relativ geringe Strafe erkennen lasse. So habe er im Ergebnis eine Tatsacheninstanz verloren.

Sachverhalt: Der Beschwerdeführer ist vom Landgericht Augsburg zu einer Geldstrafe verurteilt, seine Revision vom Bundesgerichtshof als offensichtlich unbegründet verworfen worden. – Die Verfassungsbeschwerde war erfolglos.

Gründe: Der Beschwerdeführer hat allerdings erst im Revisionsverfahren die Unvereinbarkeit von § 24 Abs. 1 Nr. 2, § 74 Abs. 1 Satz 2 GVG mit Art. 101 Abs. 1 Satz 2 GG gerügt, nicht schon im Verfahren vor dem Landgericht. Die Zulässigkeit der Verfassungsbeschwerde wird jedoch dadurch nicht in Frage gestellt, weil das Landgericht die Verfassungsmäßigkeit der seine Zuständigkeit begründenden Normen von Amts wegen prüfen mußte.

1. Weder im Gesetzgebungsverfahren noch in der Rechtsprechung sind bisher Bedenken gegen die Verfassungsmäßigkeit dieser Bestimmungen erhoben worden. Insbesondere ist

der Bundesgerichtshof in ständiger Praxis von ihrer Gültigkeit ausgegangen und hat sie auch ausdrücklich bejaht (BGHSt. 9, 367 [BGH Urt. v. 4. 10. 1956 – 4 StR 294/56; vgl. § 338 Nr. 4 StPO erfolglose Rügen]; BGH NJW 1958, 918): Die heutigen Lebensverhältnisse und die darauf abgestellten weiten Strafrahmen ließen eine starre Zuständigkeitsregelung nicht mehr zu; diese würde vielmehr schwere Nachteile für die Rechtspflege mit sich bringen. Das Grundgesetz habe eine bewegliche Zuständigkeitsregelung vorgefunden und stillschweigend gebilligt. Die Staatsanwaltschaft sei verpflichtet, sich nach der „besonderen Bedeutung" des Falles zu richten; der Angeklagte könne sich zur Anklageschrift äußern und dabei auch zur Zuständigkeitsfrage Stellung nehmen; die letzte Entscheidung liege beim unabhängigen Gericht.

Im Schrifttum wurde die bewegliche Zuständigkeitsregelung allerdings schon während der Weimarer Zeit kritisiert, ohne daß jedoch ihre Verfassungswidrigkeit behauptet worden wäre. Die Kritik richtete sich gegen den „maßgeblichen" Einfluß der Staatsanwaltschaft auf die Bestimmung des gesetzlichen Richters. Neuerdings wird die Auffassung vertreten, eine solche Regelung verstoße gegen Art. 101 Abs. 1 Satz 2 GG.

2. Das Bundesverfassungsgericht teilt diese Bedenken nicht.

Die Regelung der §§ 24 Abs. 1 Nr. 2, 74 Abs. 1 Satz 2 GVG ist freilich nicht schon deshalb verfassungsgemäß, weil die Zuständigkeit überhaupt durch ein Gesetz geregelt ist und durch das Wahlrecht der Staatsanwaltschaft keines der in Frage kommenden Gerichte zu einem „Ausnahmegericht" wird (Art. 101 Abs. 1 Satz 1 GG). Denn der Gesetzgeber ist auch durch Satz 2 des Art. 101 Abs. 1 GG gebunden. Er muß dafür sorgen, daß die Rechtspflege vor sachfremden Einflüssen auf die Bestimmung des Richters im Einzelfalle geschützt wird. Daher soll sich der „gesetzliche Richter" jeweils möglichst eindeutig aus einer allgemeinen Norm ergeben (BVerfGE 6, 45 [50 f.]). Daraus folgt indessen nicht, daß der Gesetzgeber ihn stets endgültig bestimmen muß. Für die personelle Besetzung der Gerichte und die Geschäftsverteilung ist dies gar nicht möglich.

Bei der gesetzlichen Regelung gerichtlicher Zuständigkeiten wirkt sich die Spannung zwischen Rechtssicherheit und materieller Gerechtigkeit aus: Verlangt jene die Voraussehbarkeit des „gesetzlichen Richters" durch eine allgemeine Regelung, so gebietet diese, in der Ordnung der Zuständigkeit und des Verfahrens der Eigenart des Rechtsgebiets und dem Einzelfall gerecht zu werden. Es entspricht nicht nur der Rechtstradition, sondern auch dem Gerechtigkeitsempfinden, bedeutendere Sachen, insbesondere solche, bei denen schwerere Strafen zu erwarten sind, schon in erster Instanz höheren Gerichten zuzuweisen. Dem konnte früher dadurch im wesentlichen Rechnung getragen werden, daß die Aburteilung der einzelnen Straftatbestände mit ihren relativ eng begrenzten Strafrahmen jeweils bestimmten Gerichten abstrakt zugewiesen wurde. Bei den weiten Strafrahmen des modernen Strafrechts bedarf es vielfach auch noch innerhalb der gesetzlichen Tatbestände einer Aufgliederung, damit nicht nur jeder Beschuldigte durch das hierzu am besten geeignete Gericht die der Tat angemessene verfahrensmäßige Behandlung erfährt und binnen angemessener Frist ein sachgerechtes Urteil erhält, sondern auch Einzelrichter und Schöffengerichte nicht überfordert werden. Daraus folgt, daß nicht jede bewegliche Zuständigkeitsregelung dem Grundgedanken des Art. 101 Abs. 1 Satz 2 GG widerspricht. Sie muß nur so geartet sein, daß sachfremden Einflüssen vorgebeugt wird.

3. Die Zuständigkeitsregelung in § 24 Abs. 1 Nr. 2, § 74 Abs. 1 Satz 2 GVG ist hinreichend geeignet, sachfremde Einflüsse auf die Bestimmung des erkennenden Gerichts auszuschließen.

Grundsätzlich hat das Amtsgericht zu entscheiden. Um die Zuständigkeit des Landgerichts zu begründen, bedarf es bei der Erhebung der Anklage eines Antrags der Staatsanwaltschaft, der nur in Fällen von „besonderer Bedeutung" gestellt werden darf. Hierfür bestimmt Nr. 92 Abs. 1 der Richtlinien für das Strafverfahren vom 1. August 1953, einer von den Justizverwaltungen der Länder einheitlich erlassenen Verwaltungsvorschrift:

„(1) Für Straftaten, für die eine ausschließliche Zuständigkeit höherer Gerichte nicht ausdrücklich begründet ist, ist grundsätzlich das Amtsgericht zuständig. Dem Ermessen der Staatsanwaltschaft, zwischen dem Amtsgericht und dem Landgericht zu wählen (§ 24 Abs. 1 Nrn. 2 und 3 GVG), sind enge Grenzen gezogen. Nur in Fällen von besonderer Bedeutung hat der Staatsanwalt die Wahl, ob er die Anklage beim Landgericht statt beim Schöffengericht erhebt (§ 24 Abs. 1 Nrn. 2 und 3 GVG). Ob die Voraussetzungen dieser Ausnahmevorschrift vorliegen, ist sorgfältig zu prüfen. Die besondere Bedeutung einer Sache kann sich z.B. aus dem Ausmaß der Rechtsverletzung, den Auswirkungen der Straftat auf die Wirtschaft oder dem Interesse der Öffentlichkeit an dem Einzelfall ergeben. Der Umfang der Strafsache allein rechtfertigt es nicht, die Anklage beim Landgericht zu erheben. Dem Bedürfnis, eine grundsätzliche Rechtsfrage höchstrichterlich entscheiden zu lassen, genügt § 121 Abs. 2 GVG."

Die Richtlinien verstehen also § 24 Abs. 1 Nr. 2 GVG dahin, daß die Staatsanwaltschaft innerhalb der engen Grenzen, die durch den Begriff der besonderen Bedeutung abgesteckt sind, zwischen Amtsgericht und Landgericht nach ihrem Ermessen wählen könne.

Bei der verfassungsrechtlichen Beurteilung eines solchen „Wahlrechts" darf nicht übersehen werden, daß die Staatsanwaltschaft nicht nur wie auch jede Verwaltungsbehörde an Gesetz und Recht gebunden ist (Art. 20 Abs. 3 GG); ihre spezifische Aufgabe in der Strafrechtspflege bedingt, daß sie, an das „Legalitätsprinzip" gebunden, von vornherein dem Gesetz gegenüber einen besonders eng begrenzten Ermessensspielraum hat. Ihrer Aufgabe entspricht ihre organische Eingliederung in die Justiz, von der sie ein wesentlicher Bestandteil gerade auch im Rechtsstaat ist. Staatsanwaltschaft und Gericht erfüllen gemeinsam die Aufgabe der „Justizgewährung" (Eberhard Schmidt). Sieht man die Stellung der Staatsanwaltschaft so, dann wird deutlich, welche weitgehenden Sicherungen dagegen bestehen, daß die Weisungsbefugnis der Vorgesetzten (§ 146 GVG) und das den Landesjustizverwaltungen zustehende „Recht der Aufsicht und Leitung" (§ 147 GVG) anderen als „justizgemäßen" Einflüssen auf die Entschließung der Staatsanwaltschaft über die Erhebung der Anklage vor dem Schöffengericht oder der Strafkammer Raum gewähren.

Darüber hinaus zwingt Art. 101 Abs. 1 Satz 2 GG, das Ermessen der Staatsanwaltschaft in diesem Falle weiter zu beschränken. Eine verfassungskonforme Auslegung des § 24 Abs. 1 Nr. 2 GVG gebietet, daß die Staatsanwaltschaft, wenn sie auf Grund ihrer Prüfung die besondere Bedeutung des Falles bejaht, Anklage beim Landgericht erheben muß und nicht beim Amtsgericht. Sie hat also in diesem Verfahrensstadium nicht ein Ermessen auszuüben, sondern den unbestimmten Rechtsbegriff der „besonderen Bedeutung" auszulegen und den konkreten Fall darunter zu subsumieren. Der Begriff „besondere Bedeutung" ist auch nicht so unbestimmt, daß er gegen das rechtsstaatliche Gebot der Normenklarheit verstieße oder gar unpraktikabel wäre. Er ist nicht unbestimmter als etwa die Begriffe „schwerer Fall" oder „mildernde Umstände" des materiellen Strafrechts. Es handelt sich somit hier ebensowenig um ein echtes „Wahlrecht" der Staatsanwaltschaft wie in ähnlichen Fällen, in denen sie durch die rechtliche Würdigung des Ermittlungsergebnisses und die Abwägung der voraussichtlich zu erwartenden Strafe Einfluß auf die sachliche Zuständigkeit gewinnt. Ihre Weisungsgebundenheit darf der sachgerechten Erfüllung ihrer Aufgabe nicht entgegenstehen; auch der Weisungsberechtigte darf sich nicht von rechts- oder sachwidrigen Erwägungen leiten lassen.

Hinzu kommt hier, daß die Entschließung der Staatsanwaltschaft, ausnahmsweise statt beim Amtsgericht bei der Strafkammer anzuklagen, der gerichtlichen Nachprüfung unterliegt. Die Möglichkeit dazu eröffnet § 209 Abs. 1 Satz 2 StPO, wonach die Strafkammer das Hauptverfahren auch beim Schöffengericht eröffnen kann; sie ist dazu verpflichtet, wenn nach ihrer Überzeugung kein Fall von „besonderer Bedeutung" vorliegt. Sie hat also die Entschließung der Staatsanwaltschaft tatsächlich und rechtlich in vollem Umfange nachzuprüfen. Um dies zu ermöglichen, hat die Staatsanwaltschaft bei der Erhebung der

Anklage die Umstände anzugeben, in denen sie die „besondere Bedeutung" des Falles erblickt, sofern diese nicht offensichtlich ist. So werden Bedenken, die sich aus der Weisungsgebundenheit der Staatsanwaltschaft ergeben könnten, hinfällig. Eine mißbräuchliche Handhabung – etwa durch unsachliche Erwägungen des Staatsanwalts im Einzelfall – kann immer noch im Rechtsmittelzuge oder auf eine Verfassungsbeschwerde hin korrigiert werden; die abstrakte Möglichkeit eines Mißbrauchs macht eine Norm noch nicht verfassungswidrig.

Allerdings kommt der sachlichen Zuständigkeit auch deshalb besondere Bedeutung zu, weil der Angeklagte, wenn er vor der Strafkammer angeklagt wird, nur eine Tatsacheninstanz hat. Indessen kann diese Folge nicht zur Verfassungswidrigkeit von § 24 Abs. 1 Nr. 2 und § 74 Abs. 1 Satz 2 GVG führen, denn das Grundgesetz gebietet keine mehrstufige Gerichtsbarkeit (BVerfGE 4, 74 [94 f.]; 4, 387 [411]; 6, 7 [12]), und gerade für die schwere Kriminalität besteht von jeher nur eine Tatsacheninstanz. Niemand geschieht dadurch ein Unrecht, daß er vor einem Gericht höherer Ordnung angeklagt wird. Daß damit eine Tatsacheninstanz wegfällt, verstößt auch nicht gegen den allgemeinen Gleichheitssatz. Heben sich gewisse Strafverfahren durch besondere Merkmale deutlich aus der großen Masse der Strafverfahren heraus, die den gleichen Tatbestand betreffen, darf der Gesetzgeber sie verfahrensrechtlich anders behandeln, sofern die Regelung unter „justizgemäßen" Gesichtspunkten generalisiert, das Ziel also ein gerechtes, der Straftat und der Persönlichkeit des Täters angemessenes Verfahren und Urteil durch ein dazu geeignetes Gericht ist.

§ 24 Abs. 1 Nr. 2, § 74 Abs. 1 Satz 2 GVG sind also verfassungsrechtlich nicht zu beanstanden, mag auch eine Regelung denkbar sein, die dem Grundgedanken des Art. 101 GG besser gerecht wird.

Ein Verstoß der Strafkammer gegen Art. 101 Abs. 1 Satz 2 GG bei der Anwendung dieser Normen wäre nur anzunehmen, wenn sie willkürlich verfahren wäre (BVerfGE 3, 359 [364]; 7, 327 [329]). Dafür ist weder etwas vorgetragen noch ersichtlich. Daß der Angeklagte schließlich nur zu einer Geldstrafe verurteilt wurde, ist kein Indiz für Willkür bei der Bejahung der landgerichtlichen Zuständigkeit. Es kann somit dahingestellt bleiben, ob diese erstmalig in der mündlichen Verhandlung vor dem Bundesverfassungsgericht erhobene Rüge rechtzeitig ist und ob der Beschwerdeführer insoweit den Rechtsweg erschöpft hat.

§ 36 GVG

(1) Die Gemeinde stellt in jedem vierten Jahr eine Vorschlagsliste für Schöffen auf. Für die Aufnahme in die Liste ist die Zustimmung von zwei Dritteln der gesetzlichen Zahl der Mitglieder der Gemeindevertretung erforderlich.

(2) Die Vorschlagsliste soll alle Gruppen der Bevölkerung nach Geschlecht, Alter, Beruf und sozialer Stellung angemessen berücksichtigen. Sie muß Geburtsnamen, Familiennamen, Vornamen, Tag und Ort der Geburt, Wohnanschrift und Beruf der vorgeschlagenen Personen enthalten.

(3) Die Vorschlagsliste ist in der Gemeinde eine Woche lang zu jedermanns Einsicht aufzulegen. Der Zeitpunkt der Auflegung ist vorher öffentlich bekanntzumachen.

(4) In die Vorschlagslisten des Bezirks des Amtsgerichts sind mindestens doppelt so viele Personen aufzunehmen, wie als erforderliche Zahl von Haupt- und Hilfsschöffen nach § 43 bestimmt sind. Die Verteilung auf die Gemeinden des Bezirks erfolgt durch den Präsidenten des Landgerichts (Präsidenten des Amtsgerichts) in Anlehnung an die Einwohnerzahl der Gemeinden.

Erfolglose Rügen

1. Schöffenwahl nur dann ungültig, wenn sie an einem besonders schwerwiegenden, bei verständiger Würdigung aller in Betracht kommenden Umstände offenkundigen Fehler leidet (BGH Beschl. v. 22. 2. 2000 – 4 StR 446/99).

2. Der Mangel des Schöffen-Auswahlverfahrens kann die ordnungsgemäße Besetzung des Gerichts grundsätzlich nicht in Frage stellen und die Revision nach § 338 Nr. 1 StPO nicht begründen (BGH Urt. v. 30. 7. 1991 – 5 StR 250/91).

3. Wahlmodus, daß aus einer Liste von 600 Hilfsschöffen zunächst 300 Männer in der Weise ausgezählt werden, daß von vorne beginnend jeder 4. noch nicht gewählte Mann gewählt ist, und dann 300 Frauen in der Weise, daß von vorne beginnend jede 3. noch nicht gewählte Frau gewählt war, und zwar wieder von vorne beginnend, wenn beim ersten Durchgang die Gesamtzahl noch nicht erreicht war, ist rechtens (BGH Urt. v. 26. 11. 1985 – 5 StR 360/85).

4. Das Fehlen einer Vorschlagsliste einer Gemeinde führt nicht zur Ungültigkeit der Schöffenwahl insgesamt (BGH Urt. v. 13. 8. 1985 – 1 StR 330/85).

5. Fehlerhafte Anzahl der Personen auf Vorschlagsliste für Schöffenwahl nicht revisibel (BGH Urt. v. 30. 4. 1968 – 1 StR 87/68).

6. Schöffenvorschlagsliste kann aus Vorschlägen verschiedener Gruppierungen bestehen (BGH Urt. v. 2. 12. 1958 – 1 StR 375/58).

Erfolglose Rügen

1. Schöffenwahl nur dann ungültig, wenn sie an einem besonders schwerwiegenden, bei verständiger Würdigung aller in Betracht kommenden Umstände offenkundigen Fehler leidet.

GVG § 36 – BGH Beschl. v. 22. 2. 2000 – 4 StR 446/99 LG Neubrandenburg (= StV 2001, 156)

Die Revision rügt, das Gerichts sei in der Person eines Schöffen nicht ordnungsgemäß besetzt gewesen, die Schöffenwahl sei insgesamt deshalb rechtswidrig verlaufen, weil die Schöffenliste nicht eine Woche, sondern nur vier Werktage zur Einsicht ausgelegt gewesen sei.

Sachverhalt: Die Vorschlagsliste hat im Rathaus der Stadt Neubrandenburg innerhalb der hierfür bestimmten Woche vom 13. bis zum 20. 5. 1996 am Montag, Dienstag, Mittwoch und Freitag aufgelegen. Donnerstag, der 16. 5. 1996, war ein gesetzlicher Feiertag (Christi-Himmelfahrtstag). Die Liste konnte an allen Werktagen, an denen das Rathaus in dieser Woche für den Publikumsverkehr geöffnet war, eingesehen werden. – Das Rechtsmittel war erfolglos.

Gründe: Die Rüge bleibt unbeschadet der Frage, ob sie den Anforderungen des § 344 Abs. 2 S. 2 StPO genügt, jedenfalls deshalb ohne Erfolg, weil nicht dargetan ist, daß die Wahl der Hilfsschöffen bei dem Landgericht Neubrandenburg an einem besonders schwerwiegenden, bei verständiger Würdigung aller in Betracht kommenden Umstände offenkundigen Fehler leidet und deshalb ungültig ist (vgl. BGHSt. 29, 283, 287 [BGH Urt. v. 10. 6. 1980 – 5 StR 464/79; vgl. § 338 Nr. 1 StPO erfolglose Rügen]; 33, 261, 268 [BGH Urt. v. 19. 6. 1985 – 2 StR 197/85; vgl. § 338 Nr. 1 StPO erfolglose Rügen]).

Soweit die Revision die Auflegung der Vorschlagsliste für die Schöffenwahl beim Amtsgericht Neubrandenburg beanstandet, kann dahinstehen, ob Verstöße gegen § 36 Abs. 3 GVG nur dann revisibel sind, wenn der Beschwerdeführer zugleich geltend machen kann, bei dem Schöffen, dessen Mitwirkung gerügt wird, liege einer der in §§ 32 bis 34 GVG genannten Gründe vor (vgl. BGHR GVG § 36 Abs. 3 Vorschlagsliste 1). Die Vorschlagsliste hat im Rathaus der Stadt Neubrandenburg innerhalb der hierfür bestimmten Woche v. 13. bis zum 20. 5. 1996 zwar nur am Montag, Dienstag, Mittwoch und Freitag aufgelegen. Donnerstag, der 16. 5. 1996, war aber ein gesetzlicher Feiertag (Christi-Himmelfahrtstag; § 2 Abs. 1 Nr. 5 Feiertagsgesetz Mecklenburg-Vorpommern, GVOBL. M-V 1992 S. 342), so daß die Liste an allen Werktagen, an denen das Rathaus in dieser Woche für den Publikumsverkehr geöffnet war, eingesehen werden konnte. Die Entscheidung des zuständigen Richters beim AG, die Auflegung der Vorschlagsliste nicht zu beanstanden (§ 39 S. 2 GVG), war daher jedenfalls nicht willkürlich (vgl. BGHR GVG § 36 Abs. 3 Vorschlagsliste 1; BayObLG StV 1998, 8). Im Hinblick auf den Zweck der Offenlegung der Vorschlagsliste nach § 36 Abs. 3 GVG kann es sich allerdings empfehlen, den Zeitpunkt für die Auflegung so zu bestimmen, daß die Liste an fünf Werktagen eingesehen werden kann.

Daß in die Vorschlagsliste für das AG Neubrandenburg nur Personen aus den Gemeinden Neubrandenburg, Burg Stargard und Friedland aufgenommen wurden, macht die Wahl der Hilfsschöffen aus dieser Liste ebenfalls nicht ungültig, da zu Hilfsschöffen ohnehin Personen zu wählen sind, die am Sitz des AG oder in dessen nächster Umgebung wohnen (§ 42 Abs. 1 Nr. 2 S. 2 GVG). Ob die beanstandeten Mängel der Vorschlagslisten für die AG Waren und Neubrandenburg die Gültigkeit der Wahl der Hauptschöffen berührt (vgl. BGHSt. 33, 290 [BGH Urt. v. 13. 8. 1985 – 1 StR 330/85; vgl. § 36 GVG erfolglose Rügen]), bedarf hier keiner Entscheidung. Der Senat bemerkt jedoch, daß es sich empfiehlt, möglichst alle Gemeinden des Bezirks des AG (vgl. § 36 Abs. 4 GVG) bei der Aufstellung der Vorschlagslisten zu beteiligen.

2. Der Mangel des Schöffen-Auswahlverfahrens kann die ordnungsgemäße Besetzung des Gerichts grundsätzlich nicht in Frage stellen und die Revision nach § 338 Nr. 1 StPO nicht begründen.

GVG § 36 – BGH Urt. v. 30. 7. 1991 – 5 StR 250/91 LG Berlin (= BGHSt. 38, 47 = NJW 1991, 3043 = StV 1991, 452 = NStZ 1992, 92 = MDR 1992, 66)

Die Revision rügt, die Strafkammer sei mit der Schöffin E. H. nicht ordnungsgemäß besetzt gewesen. Sie beanstandet das Verfahren, durch das die Schöffin in die Vorschlagsliste für Schöffen des Bezirks Wedding in Berlin aufgenommen worden ist. Die Revision meint, die bloße „Bestätigung" einer vom Landesamt für Elektronische Datenverarbeitung nach dem Zufallsprinzip erstellten Liste genüge nicht den Anforderungen des § 36 GVG für die Aufstellung der Vorschlagsliste für Schöffen.

Sachverhalt: Die Bezirksverordnetenversammlung des Bezirks Wedding in Berlin verfuhr bei der Aufstellung der Vorschlagsliste, aus der die Schöffin E. H. gewählt wurde, nach Ausführungsvorschriften des Senats von Berlin vom 1. 11. 1983 (Amtsblatt Berlin 1983, S. 1524) wie folgt: Das Landesamt für Elektronische Datenverarbeitung erstellte aus dem Einwohnerregister für den Bezirk Wedding nach dem Zufallsprinzip eine Liste mit 1228 Einwohnern, die – soweit dies aus den Datensätzen ersichtlich war – die Voraussetzungen für das Schöffenamt erfüllten, und leitete diese Liste an das Bezirksamt Wedding weiter.

Nach Anfragen bei den so Ermittelten strich das Bezirksamt unter Mitwirkung von Mitgliedern der Bezirksverordnetenversammlung zunächst die Personen, die nach §§ 32 bis 35 GVG nicht in die Vorschlagsliste aufgenommen werden dürfen oder aufgenommen werden sollen, und sodann nach dem Zufallsprinzip so viele weitere, bis die nach § 36 Abs. 4 S. 1 GVG erforderliche Zahl von 288 Personen erreicht war. Die so gewonnene Liste wurde dann von der Bezirksverordnetenversammlung insgesamt als Vorschlagsliste mit einer Mehrheit von zwei Dritteln der Zahl ihrer gesetzlichen Mitglieder beschlossen. – Das Rechtsmittel war erfolglos.

Gründe:

... bb) Fehlerhaft ist es jedenfalls, daß die Bezirksverordnetenversammlung eine nach dem Zufallsprinzip erstellte Liste ohne weiteres übernahm. Das Gesetz enthält keine umfassende Regelung, nach welchen Grundsätzen die gemeindliche Vorschlagsliste aufzustellen ist. Es bestimmt lediglich, wie viele Anwärter in die Liste aufzunehmen sind und welche Angaben zur Person der Benannten zu machen sind (§ 36 Abs. 4 S. 1, Abs. 2 S. 2 GVG). Alle Gruppen der Bevölkerung sollen angemessen berücksichtigt werden (§ 36 Abs. 2 Satz 1 GVG). „Für die Aufnahme" in die Liste bedarf es schließlich der Zustimmung von zwei Dritteln der gesetzlichen Zahl der Mitglieder der Gemeindevertretung (§ 36 Abs. 1 S. 2 GVG). Den Begriff „Wahl" verwendet das Gesetz, anders als in § 42 GVG, nicht.

In der Rspr. ist die Frage, nach welchen Gesichtspunkten die Gemeindevertretung die Vorschlagsliste aufzustellen hat, noch nicht abschließend geklärt. Der BGH hat lediglich entschieden, daß es zulässig ist, diese Liste auf Grund von Vorschlägen der in der Gemeindevertretung vertretenen Parteien zusammenzustellen. Werde die Liste in anderer Weise gebildet, „etwa dadurch, daß die Wahlkartei der Gemeinde herangezogen und aus ihr Namen herausgegriffen werden", so trete „an die Stelle des Willens der politischen Parteien entweder der blinde Zufall oder das Ermessen des oder der damit befaßten Beamten" (BGHSt. 12, 197, 201 [BGH Urt. v. 2. 12. 1958 – 1 StR 375/58; vgl. § 338 Nr. 1 StPO erfolgreiche Rügen]). Der Senat hält ein Verfahren, bei dem die zuständige Gemeindevertretung von einer eigenständigen Entscheidung absieht, für fehlerhaft. Es mag schon fraglich sein, ob bei einem solchen Verfahren wegen der geringen Zahl vorzuschlagender Personen die von § 36 Abs. 2 GVG verlangte angemessene Berücksichtigung aller Bevölkerungsgruppen ausreichend gewährleistet sein kann.

Die Aufstellung einer durch das Zufallsprinzip bestimmten Vorschlagsliste wird jedenfalls der Aufgabe der Gemeindevertretung bei der Mitwirkung der Schöffenbestellung nicht gerecht. Sinn und Zweck der gesetzlichen Regelung gebieten es, daß die Gemeindevertretung durch eine individuelle Vorauswahl die Gewähr für die Heranziehung erfahrener und urteilsfähiger Personen als Schöffinnen und Schöffen bietet (BGHSt. 12, 197, 200). Sonst wäre es nicht erforderlich gewesen, diese Aufgabe auf die Gemeindevertretung zu übertragen und für die Aufnahme in die Vorschlagsliste eine qualifizierte Mehrheit vorzuschreiben. Für diese Auslegung spricht auch die Entstehungsgeschichte des Gesetzes. Das Rechtsvereinheitlichungsgesetz vom 12. 9. 1950 (BGBl. I, 455) hat die Urliste aller schöffenfähigen Gemeindeeinwohner, aus deren Kreis der Schöffenwahlausschuß die Schöffen zu wählen hatte, durch die gemeindliche Vorschlagsliste ersetzt, weil so erreicht werden könne, „daß für das Schöffenamt besonders geeignete Bürger an der Rechtsprechung teilnehmen" (Begründung zu dem Entwurf des Rechtsvereinheitlichungsgesetzes 1950 S. 7).

Auf welche Weise die Gemeindevertretung für die Heranziehung geeigneter Schöffen Sorge trägt, läßt sich nicht allgemein bestimmen. Dies kann beispielsweise dadurch erfolgen, daß auf Vorschlagslisten der Fraktionen des Gemeinderats zurückgegriffen wird (wie im Fall BGHSt. 12, 197, 200) oder zusätzlich auch Vorschläge von anderen Vereinigungen, wie von Arbeitnehmer- und Arbeitgeberverbänden, Bürgervereinen und Organisationen aus der kirchlichen und sozialen Arbeit, Berücksichtigung finden; auch für Selbstbewerbungen ist Raum. So wird nach den Erkundigungen des Senats in den dem Landgerichtsbezirk Berlin vergleichbar großen Landgerichtsbezirken Hamburg und Stuttgart verfahren.

In ähnlicher Weise empfehlen auch die Bundesländer Bayern, Nordrhein-Westfalen und Rheinland-Pfalz die Aufstellung der Vorschlagslisten (vgl. die Gemeinsame Bekanntmachung der Bayerischen Staatsministerien der Justiz und des Inneren v. 14. 3. 1980 – Bayerisches Justizministerialblatt 1980, S. 63 –; Gem. RdErlaß des Justizministers, des Innenministers und des Ministers für Arbeit, Gesundheit und Soziales v. 11. 11. 1987 – JMBl.

Nordrhein-Westfalen S. 265 –; Verwaltungsvorschrift des Ministeriums der Justiz, des Ministeriums des Innern und für Sport und des Ministers für Soziales und Familie v. 20. 10. 1989 – JBl. Rheinland-Pfalz 5. 220). Der Gefahr, daß die Parteien bei einer solchen individuellen Vorauswahl der Schöffen durch politische Entscheidungsträger ihr Benennungsrecht mißbrauchen und einseitig auf die Zusammenstellung der Schöffenliste Einfluß nehmen, wird durch das Erfordernis einer Zweidrittelmehrheit in § 36 Abs. 1 S. 2 GVG hinreichend Rechnung getragen (BGHSt. 12, 197, 201).

cc) Der aufgezeigte Fehler verhilft der Revision aber nicht zum Erfolg. Der Mangel des Auswahlverfahrens kann die ordnungsgemäße Besetzung des Gerichts grundsätzlich nicht in Frage stellen und die Revision nach § 338 Nr. 1 StPO nicht begründen, denn er liegt außerhalb des Bereichs, auf den die Gerichte unmittelbar einwirken können (BGHSt. 22, 122, 124 [BGH Urt. v. 30. 4. 1968 – 1 StR 87/68; vgl. § 338 Nr. 1 StPO erfolglose Rügen]). Entgegen der Auffassung der Revision ist der vorliegende Fall nicht mit dem der Entscheidung BGHSt. 33, 290 (BGH Urt. v. 13. 8. 1985 – 1 StR 375/58; vgl. § 338 Nr. 1 StPO erfolglose Rügen) zugrundeliegenden Sachverhalt vergleichbar. Dort lag der Fehler bei der Zusammenstellung der Vorschlagslisten mehrerer Gemeinden durch den nach § 39 GVG mit der Vorbereitung der Schöffenwahl beauftragten Richter.

Verfassungsrechtliche Gesichtspunkte gebieten hier keine andere Betrachtung. Zwar gehört § 36 GVG zu den Vorschriften, die den gesetzlichen Richter bestimmen, so daß Willkür bei der Aufstellung der Schöffenvorschlagsliste auch die Schöffenwahl unwirksam machen und möglicherweise die Revision begründen könnte. Willkür liegt hier aber nicht vor. Die Bezirksverordnetenversammlung hat zwar die ihr vom Gesetz zugewiesene Aufgabe verkannt, sie war aber ersichtlich um eine möglichst objektive Zusammensetzung des in die Vorschlagsliste aufgenommenen Personenkreises bemüht. Deshalb war ihr Verfahren nicht so fehlerhaft, daß es als unverständlich, unhaltbar und auf sachfremden Erwägungen beruhend erschiene (vgl. BGHSt. 33, 290, 294).

Ob der nach § 39 GVG mit der Vorbereitung der Schöffenwahl beauftragte Richter in Zukunft in Kenntnis dieser Entscheidung Vorschlagslisten, die offensichtlich nach dem Zufallsprinzip zusammengestellt sind, zurückzuweisen und notfalls unter Zuhilfenahme der Aufsichtsbehörde auf eine gesetzmäßige Erstellung der Vorschlagslisten zu drängen hat, braucht hier nicht entschieden zu werden. Dies liegt aber nunmehr angesichts des verfassungskräftigen Grundsatzes, daß niemand seinem gesetzlichen Richter entzogen werden darf (Art. 101 Abs. 1 S. 2 GG), nahe.

3. Wahlmodus, daß aus einer Liste von 600 Hilfsschöffen zunächst 300 Männer in der Weise ausgezählt werden, daß von vorne beginnend jeder 4. noch nicht gewählte Mann gewählt ist, und dann 300 Frauen in der Weise, daß von vorne beginnend jede 3. noch nicht gewählte Frau gewählt war, und zwar wieder von vorne beginnend, wenn beim ersten Durchgang die Gesamtzahl noch nicht erreicht war, ist rechtens.

GVG § 36 II – BGH Urt. v. 26. 11. 1985 – 5 StR 360/85 LG Hamburg (= NStZ 1986, 83)

Die Revision rügt, das Gericht sei mit einem Hilfsschöffen nicht vorschriftsmäßig besetzt gewesen, dieser sei wegen eines fehlerhaften Wahlvorgangs nicht ausgewählt, sondern ausgelost worden.

Sachverhalt: Die Teilnahme des Hilfsschöffen K. ist dem Angeklagten weder vor noch zu Beginn der Hauptverhandlung mitgeteilt worden.

Nach § 36 GVG stellt „die Gemeinde" eine Vorschlagsliste für die Schöffen auf. Für die Aufnahme in die Liste ist die Zustimmung von zwei Dritteln der gesetzlichen Zahl der Mitglieder der Gemeindevertretung erforderlich. Die Vertrauenspersonen für den Schöffenwahlausschuß werden aus den Einwohnern des Amtsgerichts-Bezirks von der Vertretung des ihm entsprechenden unteren Verwaltungsbezirks mit einer Mehrheit von zwei

Dritteln der gesetzlichen Mitgliederzahl gewählt. Umfaßt der Amtsgerichts-Bezirk mehrere Verwaltungsbezirke oder Teile mehrerer Verwaltungsbezirke, so bestimmt die zuständige oberste Landesbehörde die Zahl der Vertrauenspersonen, die von den Vertretungen dieser Verwaltungsbezirke zu wählen sind (§ 40 III GVG).

Hamburg ist im Verhältnis zum Bund sowohl Land wie auch Gemeinde (BVerwG, Urt. v. 16. 11. 1984 – BVerwG 4 C 36.81). Schon in der Vorläufigen Verfassung der Hansestadt vom 15. 5. 1946 war in Art. 1 ausgesprochen: „Die Organe der Hansestadt Hamburg nehmen die Aufgaben des Landes, der Gemeinde und der Gemeindeverbände höherer Ordnung einheitlich wahr". Die Verfassung der Freien und Hansestadt Hamburg vom 6. 6. 1952 besagt nichts anderes, wenn sie in Art. 41 bestimmt: „In der Freien und Hansestadt Hamburg werden staatliche und gemeindliche Tätigkeit nicht getrennt".

Hamburg ist ähnlich wie Berlin in Bezirke eingeteilt. Das beruht auf Art. 4 II der Landesverfassung. Danach können durch Gesetz für Teilgebiete Verwaltungseinheiten gebildet werden, denen die selbständige Erledigung übertragener Aufgaben obliegt.

Nach § 3 Bezirksverwaltungsgesetz (BezVG) vom 22. 5. 1978 (HambGVBl. 178) ist für jeden Bezirk ein Bezirksamt eingerichtet. Die Bezirksämter führen selbständig diejenigen Aufgaben der Verwaltung durch, die nicht wegen ihrer übergeordneten Bedeutung oder ihrer Eigenart einer einheitlichen Durchführung bedürfen. Solche Aufgaben werden vom Senat selbst wahrgenommen oder auf die Fachbehörden übertragen. Die Abgrenzung erfolgt abschließend durch den Senat.

Aufgrund dieser Regelung, die mit dem Grundgesetz vereinbar ist, sind die Aufgaben aus § 36 und § 40 GVG den Bezirken zugewiesen worden (vgl. OLG Hamburg, StrVert 1985, 227 DRiZ 1985, 438). Jeder Bezirk hat gemäß §§ 8 ff. BezVG eine Bezirksversammlung, die aus allgemeinen, unmittelbaren, freien, gleichen und geheimen Wahlen hervorgegangen ist. Diese hat daher der Aufstellung der Vorschlagsliste für die Schöffenwahl zuzustimmen und die Vertrauenspersonen für den Schöffenwahlausschuß zu wählen.

Vor der Wahl der 600 Hilfsschöffen für das Landgericht stellte der Wahlausschuß fest, daß die Ausschußmitglieder die noch in der Liste enthaltenen Personen nicht persönlich kannten und daher niemand weitere persönliche Vorschläge machen konnte. Der Ausschuß beschloß darauf einstimmig, diese 600 Hilfsschöffen nach folgendem Wahlmodus zu bestimmen: Zunächst sollten 300 Männer in der Weise ausgezählt werden, daß von vorne beginnend jeder 4. noch nicht gewählte Mann gewählt war, und sodann 300 Frauen in der Weise, daß von vorne beginnend jede 3. noch nicht gewählte Frau gewählt war, und zwar wieder von vorne beginnend, wenn beim ersten Durchgang die Gesamtzahl noch nicht erreicht war. Bei der von den Protokollführern vorgenommenen Auszählung der 600 Namen waren die Ausschußmitglieder nicht mehr zugegen; der Vorsitzende beobachtete die Auszählung durch ein- oder zweimaligen Besuch.

Die Vorschlagslisten für die Schöffenwahl sind von den Bezirksversammlungen gebilligt worden. Diese haben auch die Vertrauenspersonen für die Schöffenwahlausschüsse gewählt. – Das Rechtsmittel war erfolglos.

Gründe: ... Dieses Verfahren entspricht entgegen der Ansicht der Revision noch den an eine Schöffenwahl (§ 42 I GVG) zu stellenden Anforderungen. Die Hilfsschöffen sind – anders als in dem in BGHSt. 33, 41 (BGH Urt. v. 21. 9. 1984 – 2 StR 327/84; vgl. § 338 Nr. 1 StPO *erfolgreiche Rügen*) entschiedenen Fall – nicht ausgelost, sondern gewählt worden. Als die Ausschußmitglieder die genannte Auszählung vereinbarten, lag ihnen die Vorschlagsliste vor; sie war ihnen auch aus der Wahl der Hauptschöffen hinlänglich bekannt. Die Ausschußmitglieder konnten deshalb erkennen, wer als 4. Mann oder 3. Frau Hilfsschöffe werden würde. Ob dieser Wahlmodus ausreiche, um alle Gruppen der Bevölkerung nicht nur nach Geschlecht, sondern auch nach Alter, Beruf und sozialer Stellung angemessen zu berücksichtigen, kann dahinstehen. § 42 II GVG ist nur eine Sollvorschrift, deren Verletzung keinen Einfluß auf die Gültigkeit der Wahl hat. Es ist auch unschädlich, daß die Ausschußmitglieder bei der Auszählung der so gewählten Schöffen nicht mehr zugegen waren. Die Revision behauptet nicht, daß die Protokollführer bei der Auszählung Fehler gemacht und andere Personen als die gewählten Schöffen in die Hilfsschöffenliste (§ 44 GVG) aufgenommen hätten. ...

4. Das Fehlen einer Vorschlagsliste einer Gemeinde führt nicht zur Ungültigkeit der Schöffenwahl insgesamt.

GVG § 36 – BGH Urt. v. 13. 8. 1985 – 1 StR 330/85 LG Aschaffenburg (= BGHSt. 33, 290 = NJW 1986, 1356 = StV 1985, 446)

Die Revision rügt, die mitwirkenden Schöffen seien nicht die gesetzlichen Richter gewesen (§ 338 Nr. 1 StPO), und stützt diese Rüge insbesondere darauf, daß dem Schöffenwahlausschuß beim Amtsgericht Aschaffenburg eine Vorschlagsliste der zum Amtsgerichtsbezirk gehörenden Gemeinde Mainaschaff nicht vorlag.

Sachverhalt: Tatsächlich hatte sich – wie das Protokoll über die Sitzung des Schöffenwahlausschusses am 25. 9. 1984 ausweist – während der Sitzung des Ausschusses herausgestellt, daß eine Vorschlagsliste der Gemeinde Mainaschaff fehlte. Bemühungen des Vorsitzenden, die Liste herbeizuschaffen, blieben ohne Erfolg; die Nachforschungen ergaben schließlich, daß die Gemeinde Mainaschaff eine Vorschlagsliste nicht erstellt hatte. Daraufhin wurden die Schöffen aus der – insoweit unvollständigen – Liste des Bezirks (§§ 77, 39 GVG) gewählt.

Wie die Erkundigungen des Senats ergaben, hätte die Vorschlagsliste der Gemeinde Mainaschaff gemäß § 36 Abs. 4 GVG 22 Personen, die Liste des gesamten Amtsgerichtsbezirks – einschließlich der Liste aus Mainaschaff – die Namen von 661 Personen enthalten müssen. Aus dieser Liste waren 26 Schöffen für die Strafkammern des Landgerichts Aschaffenburg auszuwählen. Die Gesamtzahl der Schöffen für das Landgericht betrug 38. – Das Rechtsmittel war erfolglos.

Gründe: Das Vorgehen des Schöffenwahlausschusses war fehlerhaft, denn die Liste des Bezirks umfaßt die Vorschlagslisten sämtlicher Gemeinden. Es kann auch nicht davon gesprochen werden, der Fehler habe außerhalb des vom Gericht zu verantwortenden Bereichs gelegen (BGHSt. 22, 122 [BGH Urt. v. 30. 4. 1968 – 1 StR 87/68; vgl. § 338 Nr. 1 StPO erfolglose Rügen]). Ist es auch richtig, daß der Richter beim Amtsgericht nicht zu überprüfen hat, ob die von den Gemeinden eingereichten Vorschlagslisten die in § 36 Abs. 4 GVG bestimmte Anzahl von Personen enthalten, so kann gleiches für die Frage, ob sämtliche Gemeinden Listen eingereicht haben, nicht gelten. Der Richter beim Amtsgericht hat vielmehr, wenn er zur Vorbereitung der Wahl die Vorschlagslisten der Gemeinden zur Liste des Bezirks zusammenstellt (§ 39 Satz 1 GVG), nachzuprüfen, ob sämtliche Gemeinden Vorschlagslisten eingereicht haben. Welche Gemeinden das sind, kann er auf Grund der gesetzlichen Vorschriften über die Organisation der Gerichte feststellen. Er hat dann, notfalls unter Zuhilfenahme der Aufsichtsbehörde, auf die Einreichung noch fehlender Listen hinzuwirken.

Dennoch war die Strafkammer nicht fehlerhaft besetzt. Die mitwirkenden Schöffen waren auf der Liste des Bezirks vorgeschlagen und durch den richtig besetzten Wahlausschuß in gesetzmäßiger Weise gewählt worden; ihrer Wahl als solcher haftete kein Fehler an. Insofern unterscheidet sich der vorliegende Fall wesentlich von den Fällen, in denen Personen gewählt wurden, die nicht zur Wahl bereitstanden (etwa, weil sie als Jugendschöffen aus der für Erwachsenenschöffen bestimmten Liste gewählt wurden, BGHSt. 26, 393 [BGH Urt. v. 7. 9. 1976 – 1 StR 511/76; vgl. § 338 Nr. 1 StPO erfolgreiche Rügen], oder weil sie den Listen anderer Amtsgerichte entnommen wurden, BGHSt. 29, 114) oder in denen der Schöffenwahlausschuß falsch gewählt oder besetzt war (BGHSt. 20, 37 [BGH Urt. v. 29. 9.

1964 – 1 StR 280/64; vgl. § 338 Nr. 1 StPO erfolgreiche Rügen]; BVerfGE 31, 181 [BVerfG Beschl. v. 9. 6. 1971 – 2 BvR 114, 127/71; vgl. § 338 Nr. 1 StPO erfolgreiche Rügen]; andererseits BVerfG NJW 1982, 2368; BGHSt. 26, 206 [BGH Urt. v. 14. 10. 1975 – 1 StR 108/75; vgl. § 338 Nr. 1 StPO erfolglose Rügen]) oder die Bestellung der Schöffen durch das Los erfolgte (BGHSt. 33, 41 [BGH Urt. v. 21. 9. 1984 – 2 StR 327/84; vgl. § 338 Nr. 1 StPO erfolgreiche Rügen]).

Die richtige Besetzung könnte im vorliegenden Fall also nur dann in Zweifel gezogen werden, wenn der Umstand, daß die Vorschlagsliste der Gemeinde Mainaschaff fehlte, die gesamte Wahlhandlung ungültig gemacht hätte. Das war nicht der Fall.

Bei der Entscheidung dieser Frage hatte der Senat zu berücksichtigen, daß die Rechtssicherheit nachhaltig gefährdet wäre, wenn jeder bei der Wahl der Schöffen vorkommende Fehler eine erfolgreiche Besetzungsrüge nach sich zöge (vgl. BVerfG NJW 1982, 2368). Schon der in der Hauptverhandlung geltend gemachte, auf einen solchen Fehler gestützte Besetzungseinwand (§ 222b StPO) wäre von erheblicher Tragweite, hätte die Entscheidung der einzelnen Strafkammer doch gleichzeitig Auswirkungen auf die Besetzung sämtlicher Strafkammern des Landgerichts, ohne daß gesichert wäre, daß andere Strafkammern derselben Meinung wären; erhebliche Rechtsunsicherheit wäre die Folge.

Der Senat hat weiter erwogen, daß nach dem Willen des Gesetzgebers Fehler, die bei der Besetzung des Gerichts vorkommen, nicht in jedem Fall zur Aufhebung des Urteils führen sollen. So kann ein Rechtsmittel gegen eine gerichtliche Entscheidung nicht darauf gestützt werden, bei der Wahl des Präsidiums sei ein Gesetz verletzt worden, das Präsidium deshalb nicht ordnungsgemäß zusammengesetzt und aus diesem Grunde die Geschäftsverteilung fehlerhaft gewesen (§ 21b Abs. 6 GVG; vgl. BGHSt. 26, 206, 208). Auch die Entscheidung des Gerichts, einen Schöffen von der Dienstleistung an bestimmten Sitzungstagen zu befreien, ist nicht anfechtbar und deshalb revisionsgerichtlich nicht überprüfbar (§ 54 Abs. 3 GVG, § 336 Satz 2 StPO), obwohl diese Entscheidung sich unmittelbar auf die Zusammensetzung des Gerichts in einem bestimmten Fall auswirken kann; anfechtbar bleibt freilich Willkür (vgl. BTDrucks. 8/976 S. 66).

Auch die in anderen Gerichtszweigen, insbesondere der Arbeitsgerichtsbarkeit, geltenden Regelungen konnten nicht völlig außer Betracht bleiben (§ 73 ArbGG), wenngleich die Verschiedenheit der Bestellungsverfahren einen unmittelbaren Vergleich verbietet.

Entscheidend kommt es schließlich auf den Sinn der Vorschriften über den gesetzlichen Richter an, wie er in der Rechtsprechung schon bisher umschrieben wurde. Sie sollen „der Gefahr vorbeugen, daß die Justiz durch eine Manipulierung der rechtsprechenden Organe sachfremden Einflüssen aus gesetzt wird, insbesondere daß im Einzelfall durch die Auswahl der zur Entscheidung berufenen Richter ad hoc das Ergebnis der Entscheidung beeinflußt wird" (BVerfGE 17, 294, 299 [BVerfG Beschl. v. 24. 3. 1964 – 2 BvR 42, 83, 89/63; vgl. § 338 Nr. 1 StPO erfolgreiche Rügen]; 24, 33, 54; BVerfG NJW 1982, 2368; BVerfG, Beschl. vom 3. 6. 1969 – 2 BvR 316/68; vgl. auch BGHSt. 33, 234, 236 [BGH Urt. v. 12. 6. 1985 – 3 StR 35/86; vgl. § 338 Nr. 1 StPO erfolglose Rügen]). Eine solche Möglichkeit scheidet im Hinblick auf die oben wiedergegebenen Zahlenverhältnisse sowie auf die der Wahl folgende Auslosung der Schöffen für die einzelnen Sitzungstage (§ 45 GVG) im vorliegenden Fall aus.

Freilich gehören auch die Vorschriften der §§ 36 und 39 GVG, gegen die hier verstoßen wurde, zu den Regeln, die den gesetzlichen Richter bestimmen. Ihre Funktion ist indes vornehmlich, sicherzustellen, daß die Schöffen einen Querschnitt der Bevölkerung darstellen (§ 36 Abs. 2 GVG). Insoweit erscheint es ausgeschlossen, daß das Fehlen der von der Gemeinde Mainaschaff zu erstellenden Vorschlagsliste – die nicht als solche weiterbestanden hätte, sondern in der Liste des Bezirks aufgegangen wäre – sich nachteilig ausgewirkt hat.

Steht damit fest, daß die der Wahl der Schöffen zugrundeliegenden Prinzipien nicht verletzt sind, so könnte die Wahl dennoch unwirksam sein, wenn die Entscheidung des Wahlausschusses, die Schöffen aus der restlichen Liste zu wählen, als willkürlich einzustufen wäre, d.h. als nicht nur fehlerhaft, sondern als nicht mehr verständlich, unhaltbar, auf sachfremden Erwägungen beruhend (BVerfGE 4, 1, 7; 29, 45, 49; 58, 1, 45; 59, 128, 160/161; st. Rspr.). So lag es hier jedoch nicht. Der Schöffenwahlausschuß war offensichtlich – nachdem seine Bemühungen fehlgeschlagen waren, die fehlende Vorschlagsliste beizuschaffen – der Meinung, der zahlenmäßig geringe Einfluß auf die Liste des Bezirks rechtfertige es, die Wahl wie vorgesehen durchzuführen und so den weiteren Fortgang der Schöffenbestellung nicht zu hemmen. Das war, wie schon erwähnt, fehlerhaft; sachfremd und damit willkürlich war es nicht. Zwar begann die neue Schöffenperiode erst etwa drei Monate später; doch bestand im Hinblick darauf, daß zunächst der Gemeinderat von Mainaschaff eine Vorschlagsliste hätte aufstellen und öffentlich auflegen müssen, die Gefahr, daß die Schöffen für die einzelnen Sitzungstage nicht zeitig genug zur Verfügung standen, um zu den Anfang Januar 1985 stattfindenden Sitzungen geladen werden zu können. Daß diese Gefahr unbedingt hätte in Kauf genommen werden müssen (vgl. BGHSt. 26, 393), kann hier nicht gesagt werden; jedenfalls stellt es kein willkürliches Vorgehen dar, daß der Wahlausschuß sich angesichts der in Frage stehenden Rechtsgüter zur fristgerechten Wahl entschloß.

5. Fehlerhafte Anzahl der Personen auf Vorschlagsliste für Schöffenwahl nicht revisibel.
GVG §§ 36 III, 39 – BGH Urt. v. 30. 4. 1968 – 1 StR 87/68 Schwurgericht Freiburg (= BGHSt. 22, 122 = NJW 1968, 1436)
Die Revision rügt, das Gericht sei nicht ordnungsmäßig besetzt. Sie beanstandet das Verfahren zur Auswahl der Geschworenen (§§ 36, 84 GVG) und behauptet, entgegen § 36 Abs. 3 GVG hätten 15 Gemeinden nicht die nach ihrer Einwohnerzahl vorgeschriebene Zahl von Personen auf die Vorschlagslisten gesetzt; es seien teils zu viel, teils zu wenig Personen aufgenommen worden. – Das Rechtsmittel war erfolglos.

Gründe: Die Verantwortung für das Auswahlverfahren hat das Gesetz zwischen Justiz und innerer Verwaltung aufgeteilt. Die Aufstellung der Vorschlagslisten ist den Gemeinden übertragen; die Einzelheiten regelt § 36 GVG. In den Zuständigkeits- und Prüfungsbereich der Justiz gelangt das Verfahren erst mit Einreichung der Vorschlagslisten (nebst den Einsprüchen) an den Amtsrichter (§ 38 GVG). Dieser hat gemäß § 39 Satz 1 GVG die Vorschlagslisten zusammenzustellen. Nach Satz 2 dieser Vorschrift obliegt ihm nur die Prüfung, ob der Bestimmung des § 36 Abs. 2 GVG (Auflegung der Vorschlagslisten) genügt ist; die Abstellung etwaiger in dieser Hinsicht bestehender Mängel hat er zu veranlassen. Im übrigen bereitet er den Beschluß über die Einsprüche vor, über die unter seinem Vorsitz der Ausschuß (§ 40 GVG) zu entscheiden hat. Die Entscheidung erstreckt sich nur auf den Ausschluß solcher Personen, die nicht Schöffen oder Geschworene sein dürfen oder sollen (§§ 31 Satz 2, 32 bis 34 GVG). Weitere Prüfungsbefugnisse hinsichtlich der Listen hat er nicht. Insoweit ist die innere Verwaltung zuständig. Die für die Geschäftsjahre 1967/1968 geltende AV des Justizministers von Baden-Württemberg vom 3. 1. 1966 (Die Justiz 1966, 26) bestimmt unter Ziff. 2, nicht der Amtsrichter habe die Gemeinden über die Termine für die Aufstellung und Einreichung der Vorschlagslisten zu unterrichten; dies werde durch die Innenverwaltung geschehen. Die AV teilt weiter mit, daß das Innenministerium gebeten worden sei, für die Einhaltung der in § 36 Abs. 3 GVG bestimmten Zahlen Sorge zu tragen.

Der von der Revision behauptete Fehler des Auswahlverfahrens liegt also außerhalb des Bereichs, auf den die Gerichte unmittelbar einwirken können. Ein solcher Mangel kann deshalb die vorschriftsmäßige Besetzung des Gerichts nicht in Frage stellen. Zu dieser

Rechtsansicht hat der Senat schon in seinem Urteil vom 29. 9. 1964 (1 StR 280/64, insoweit in BGHSt. 20, 37 nicht abgedruckt [BGH Urt. v. 29. 9. 1964 – 1 StR 280/64; vgl. § 338 Nr. 1 StPO erfolgreiche Rügen]) geneigt. Er konnte damals die Frage offen lassen, ob fehlerhaft zustande gekommene Vorschlagslisten die Revision nach § 338 Nr. 1 StPO begründen könnten. Jedoch hat er schon in jener Entscheidung Zweifel geäußert und bemerkt, daß Mängel solcher Art die ordnungsgemäße Besetzung der Richterbank nicht notwendig berühren, wie das Gesetz an anderer Stelle (§§ 65, 73 Abs. 2 ArbGG) ausdrücklich anerkenne.

6. Die Schöffenvorschlagsliste kann aus Vorschlägen verschiedener Gruppierungen bestehen.

StPO § 338 Nr. 1; GVG §§ 36, 40, 83 – BGH Urt. v. 2. 12. 1958 – 1 StR 375/58 Schwurgericht Mannheim (= BGHSt. 12, 197)

Die Revision rügt, daß die Bestellung der Geschworenen in mehrfacher Richtung gegen die Vorschriften des Gerichtsverfassungsgesetzes (§§ 84, 77, 31–57) verstoßen habe.

a) Sie beanstandet, daß die Stadt M. an Stelle der in den §§ 36 Abs. 1, 38 Abs. 1 GVG vorgeschriebenen einen Vorschlagsliste für Schöffen und Geschworene vier nach politischen Parteien getrennte Listen, nämlich eine Vorschlagsliste der SPD mit 714 Personen, eine Vorschlagsliste der CDU mit 543 Personen, eine Vorschlagsliste der FDP mit 40 Personen und eine Vorschlagsliste mit 4 freiwilligen Meldungen, aufgestellt und dem Amtsrichter zur Schöffen- und Geschworenenwahl übersandt habe. Diese Aufteilung der einheitlichen Vorschlagsliste nach politischen Gesichtspunkten könne den Wahlausschuß bei der am 16. 11. 1956 vorgenommenen Wahl der Geschworenen unsachlich beeinflußt und zur Folge gehabt haben, daß die Geschworenen nicht ausschließlich nach ihrer sachlichen Eignung ausgewählt wurde.

b) Die Revision bemängelt weiter, daß der Ausschuß, der die Geschworenen für die Geschäftsjahre 1957 und 1958 wählte, in zweifacher Hinsicht nicht vorschriftsmäßig besetzt gewesen sei. Das habe auch die vorschriftswidrige Besetzung des Schwurgerichts in der Hauptverhandlung vom 27. 3. 1958 zur Folge gehabt.

Die Revision wendet hiergegen ein, daß sich der Oberbürgermeister nur durch eine Person hätte vertreten lassen dürfen, die von der Landesregierung (oder mindestens vom Regierungspräsidium) namentlich zum Vertreter bestellt gewesen wäre. Der Oberbürgermeister habe nicht ermächtigt werden können, selbst und nach seinem Ermessen einen Vertreter zu bestimmen.

Sachverhalt: Der Oberbürgermeister der Stadt M. teilte dem Amtsgericht M. zur Vorbereitung der Schöffen- und Geschworenenwahl mit Schreiben vom 23. 10. 1956 mit, daß der Gemeinderat in der Sitzung vom 28. 9. 1956 „den angeschlossenen Vorschlagslisten" ohne Widerspruch zugestimmt habe. Bei den angefügten Listen handelte es sich um die von der Revision beanstandeten. Sie waren in sich durchnumeriert und sämtlich zusammengeheftet. Eine Liste mit 543 Namen bezeichnete sich als „Vorschlagsliste der Christlich-Demokratischen Union, M. ..."; eine weitere „Vorschlagsliste" mit 40 Namen trug die Aufschrift „Freie Demokratische Partei (Demokratische Volkspartei) Stadtverband M." und war im Namen dieser Partei unterzeichnet. Eine von dem Stadtamtmann R. beglaubigte „Aufstellung" des Oberbürgermeisters der Stadt M. Referat I Abt. R führte vier Personen auf, die „sich freiwillig zur Übernahme eines Amtes als Schöffe gemeldet haben". Eine Liste mit 714 Namen schließlich war mit dem handschriftlichen Vermerk „Vorschlagsliste der SPD" versehen; nach einem Bericht des Oberstaatsanwalts in M. vom 12. 9. 1958 ist dieser Vermerk vom „Amtsgericht" angebracht worden.

Durch Beschluß der Landesregierung von Baden-Württemberg vom 24. 9. 1956 wurden als Verwaltungsbeamte für die nach § 40 GVG zu bildenden Wahlausschüsse die Landräte der Landkreise und die Oberbürgermeister der Stadtkreise bestimmt, in denen sich der Sitz des jeweiligen Amtsgerichts befindet (Bekanntmachung des Innenministeriums Baden-Württemberg vom 2. 10. 1956 Nr. II B 953/30). Nach demselben Beschluß sind „die hiernach bestimmten Verwaltungsbeamten ermächtigt, für sich einen Vertreter zu bestellen". Im vorliegenden Falle wurde der an sich berufene Oberbürgermeister von M. in der mit der Wahl der Geschworenen befaßten Ausschußsitzung durch den städtischen Rechtsrat Dr. A. vertreten, der sich durch eine Sondervollmacht des Oberbürgermeisters auswies. – Das Rechtsmittel war erfolglos.

Gründe:

1. Der Vorsitzende des Ausschusses für die Wahl der Schöffen und Geschworenen, Amtsgerichtsdirektor A., sah in diesen Listen, wie er dienstlich erklärt hat, eine aus vier Teilen bestehende Gesamtliste, zu der die Vorschläge der genannten drei Parteien und die freiwilligen Meldungen zusammengefaßt worden waren. Nach seiner Ansicht war es zwar ein „Schönheitsfehler", daß bei dem von der Stadt M. eingeschlagenen Verfahren das Zustandekommen der Vorschlagsliste und der politische Standort der vorgeschlagenen Personen erkennbar waren; er hielt sich jedoch, wie er weiter erklärte, nicht für befugt, dem Gemeinderat vorzuschreiben, wie die Vorschlagsliste vorzubereiten und in der äußeren Form zu gestalten sei, solange die Vorschrift des § 36 GVG nicht verletzt wurde. Auch maß er der Zusammensetzung der Liste keine Bedeutung bei, weil nach seiner Meinung die Schöffen- und Geschworenenwahl nicht anders ausgefallen wäre, wenn eine einheitliche, „neutrale" Liste vorgelegt worden wäre.

Das Gesetz schreibt nicht vor, nach welchen Grundsätzen und in welcher äußeren Form die gemeindliche Vorschlagsliste für Schöffen und Geschworene aufzustellen ist. Es bestimmt nur, wie viele Anwärter – je nach der Größe der Gemeinde – in die Liste aufzunehmen und welche Angaben zur Person der Benannten zu machen sind (§ 36 Abs. 3, Abs. 1 Satz 3 GVG). Im übrigen ist ihm nur zu entnehmen, daß Personen nicht vorgeschlagen werden sollen, die nach den §§ 32–34 GVG zum Amt eines Schöffen oder Geschworenen nicht berufen werden dürfen oder sollen (vgl. § 37 GVG). Es ist danach aus Rechtsgründen nicht zu beanstanden, daß die Stadt M. die für das Schöffen- und Geschworenenamt in Betracht kommenden Personen auf der Grundlage der von den Fraktionen des Gemeinderats eingereichten Listen zusammengestellt und vorgeschlagen hat. Dabei kann auf sich beruhen, ob es dem Ansehen des Schöffen- und Geschworenenamtes nicht dienlicher wäre, wenn die gemeindliche Vorschlagsliste nach überparteilichen Gesichtspunkten aufgestellt würde. Rechtlich können dagegen, daß die im Gemeinderat vertretenen politischen Parteien ihnen genehme Personen für die Vorschlagsliste der Schöffen und Geschworenen benennen, keine Bedenken erhoben werden, weil die politischen Parteien in einer Demokratie auch in den Gemeinden zu den tragenden Kräften der öffentlichen Willensbildung gehören; dies um so weniger, als das Gerichtsverfassungsgesetz selbst im § 36 Abs. 1 Satz 2 die Beschlußfassung über die in die Vorschlagsliste aufzunehmenden Personen der Gemeindevertretung übertragen und damit die Möglichkeit politischer Einflüsse bewußt in Kauf genommen hat. Dem steht andererseits der nicht zu unterschätzende Vorteil gegenüber, daß die Mitwirkung der im Gemeinderat vertretenen politischen Parteien im allgemeinen eine größere Gewähr für die Heranziehung sachkundiger und im öffentlichen Leben erfahrener Personen bietet als ihr Ausschluß. Wird die Liste in anderer Weise zusammengestellt, etwa dadurch, daß die Wahlkartei der Gemeinde herangezogen und aus ihr Namen herausgegriffen werden, so tritt an die Stelle des Willens der politischen Parteien entweder der blinde Zufall oder das Ermessen des oder der damit befaßten Beamten. Einem Mißbrauch des Benennungsrechts durch die Parteien im Sinne einer einseitigen Einflußnahme auf die Zusammenstellung der Schöffen- oder Geschworenenliste beugt das Gerichtsverfassungsgesetz dadurch vor, daß es in den §§ 36 Abs. 1 Satz 2, 40 Abs. 3 und 42 sog. qualifizierte Mehrheiten für die Beschlüsse über die Aufnahme von Personen in die Vorschlagsliste, die Bestellung der Vertrauenspersonen und die Wahl der Schöffen und Geschworenen vorsieht. Dafür, daß die Gemeindevertretung der Stadt M. ihr Vorschlagsrecht im Sinne einer unlauteren politischen Beeinflussung der Schöffen- und Geschworenenwahl mißbraucht haben könnte, liegen keine Anhaltspunkte vor; auch die Revision hat dies nicht behauptet. Gegen einen solchen Verdacht spricht, daß neben den von den Gemeindefraktionen benannten Personen auch freiwillige Meldungen berücksichtigt worden sind, die offensichtlich in keinem Zusammenhang mit einer politischen Partei standen.

Was die äußere Form der von der Stadt M. dem Amtsgericht übersandten Vorschläge angeht, so ist der vorstehend wiedergegebenen Auffassung des Vorsitzenden des Wahlausschusses beizutreten. Mit der dem Beschluß des Gemeinderats entsprechenden gemeinsamen Vorlage der vier Einzellisten an den Amtsrichter entstand sachlich eine Gesamtliste, wenngleich die Vorschläge äußerlich nicht in einer Liste zusammengefaßt waren. Daß nur die Vorlage einer einheitlichen Liste gewollt war, kam außer in dem Begleitschreiben des Oberbürgermeisters darin zum Ausdruck, daß die Einzellisten zusammengeheftet waren. Der Umstand, daß die mehreren Listen – wahrscheinlich vom Amtsrichter – mit durchgehenden Blattzahlen versehen wurden, zeigt gleichfalls, daß die Beteiligten den einzelnen Listen keine selbständige Bedeutung mehr beimaßen, sondern sie in ihrer Gesamtheit als die Vorschlagsliste der Stadt M. im Sinne des § 36 GVG ansahen.

2. § 40 GVG sieht eine Vertretung des von der Landesregierung bestimmten Verwaltungsbeamten nicht ausdrücklich vor. Gleichwohl muß sie, wie auch die Revision im Grundsatz nicht anzweifelt, für zulässig erachtet werden. Sonst wäre der Wahlausschuß bei Verhinderung des Verwaltungsbeamten beschlußunfähig, was dem Zweck des Gesetzes und den Belangen der Rechtspflege zuwiderliefe. Der Revision ist weiter einzuräumen, daß für die Regelung der Vertretung die Landesregierung zuständig ist; das folgt daraus, daß der Vertreter im Ausschuß die gleiche Stellung einnimmt, die der vertretene Verwaltungsbeamte einnehmen würde. Diese Erkenntnis läßt aber noch keinen Schluß in der Richtung zu, wie die Landesregierung die Vertretung zu ordnen hat. Mangels besonderer Vorschriften ist davon auszugehen, daß dies – wie übrigens auch die Form der Bestimmung des Verwaltungsbeamten – ihrem Ermessen überlassen ist; die Regelung darf nur nicht gegen den Sinn und Zweck des Gesetzes verstoßen. Das ist hier entgegen der Meinung der Revision nicht schon deshalb der Fall, weil die Landesregierung von Baden-Württemberg die Verwaltungsbeamten ermächtigt hat, sich ihre Vertreter selbst zu bestellen. § 40 GVG verlangt seinem Sinn nach nicht, daß die Landesregierung den Verwaltungsbeamten oder seinen Vertreter persönlich und namentlich bestimmt; er will nur, daß an den Sitzungen des Wahlausschusses ein „Verwaltungsbeamter" teilnimmt, der seine Befugnis aus einer Anordnung der Landesregierung ableitet. Das trifft auch bei dem Vertreter zu, den der von der Landesregierung hierzu ermächtigte Landrat oder Oberbürgermeister für den Fall seiner Verhinderung bestellt. Es macht insoweit keinen sachlichen Unterschied, ob die Landesregierung eine ihr vorgeschlagene Person zum Vertreter bestimmt oder ob sie von vornherein ihr Einverständnis mit dem vom Verwaltungsbeamten ernannten Vertreter erklärt.

Zum gleichen Ergebnis führt folgende Überlegung: Mit der Bestellung des jeweiligen Landrats oder Oberbürgermeisters zum Verwaltungsbeamten im Sinne des § 40 GVG hat die Landesregierung offenbar bewußt davon abgesehen, diese Personen namentlich zu bestimmen; sie hat mit dieser Aufgabe vielmehr die jeweiligen Träger eines bestimmten Amtes betraut. Dieses Verfahren entspricht der Verwaltungspraxis, sichert die Stetigkeit der Mitwirkung des Verwaltungsbeamten im Wahlausschuß und gibt die Gewähr dafür, daß Personen berufen werden, die vermöge ihres Amtes zur Wahrnehmung der genannten Aufgabe besonders geeignet sind. Hieraus folgt aber, daß auch die Ernennung eines Vertreters für den Wahlausschuß keine auf die Person des Amtsträgers abgestellte Angelegenheit ist, sondern daß sich dieser nach den für seine Vertretung sonst geltenden Vorschriften vertreten lassen darf. In Bayern sieht dies § 16 der gemeinsamen Bekanntmachung der

Staatsministerien der Justiz und des Inneren über die Vorbereitung der Sitzungen der Schöffengerichte, Strafkammern und Schwurgerichte vom 30. 5. 1952 (GVBl. 1952, 169 = BS 111, 153) ausdrücklich vor; er bestimmt, daß an Stelle des Landrats in dessen Verhinderungsfall dessen Stellvertreter eintritt. Für die Vertretung des Verwaltungsbeamten kann insoweit nichts anderes gelten, als für die Vertretung des dem Wahlausschuß vorsitzenden Amtsrichters, die sich ebenfalls nach den im allgemeinen für seine Vertretung aufgestellten Grundsätzen richtet (vgl. § 22b Abs. 2 Satz 2 GVG). Daß Rechtsrat Dr. A. nach gemeinderechtlichen Vorschriften nicht zum Vertreter des Oberbürgermeisters in der Wahlausschußsitzung hätte bestimmt werden dürfen, behauptet die Revision selbst nicht.

Als Vertrauenspersonen (§ 40 Abs. 2, 3 GVG) waren vom Gemeinderat der Stadt M. in den Wahlausschuß u.a. der Kaufmann D. und der Ingenieur H. gewählt worden. In der Ausschußsitzung vom 16. 11. 1956, in der die Geschworenen für die Geschäftsjahre 1957 und 1958 gewählt wurden, nahm an Stelle des verhinderten Ingenieurs H. der Angestellte Sch. teil. Die Revision hat das mit dem Hinweis beanstandet, daß Sch. vom Gemeinderat nur als Vertreter des Kaufmanns D., nicht auch des Ingenieurs H. bestellt worden sei. Für H. sei ein Vertreter überhaupt nicht vorgesehen worden. Auch diese Rüge kann keinen Erfolg haben.

Die Auslegung, die Amtsgerichtsdirektor A. und der Oberbürgermeister von M. der Vertreterregelung geben, ist rechtlich vertretbar und hat sogar die Lebenswahrscheinlichkeit für sich. Daß Sch. an Stelle des Ingenieurs H. im Wahlausschuß mitwirken durfte, setzte allerdings voraus, daß eine Vertretung von Vertrauenspersonen überhaupt zulässig ist. Das Gesetz schweigt hierüber. Für die Unzulässigkeit könnte angeführt werden, daß der Wahlausschuß schon beschlußfähig ist, wenn nur fünf Vertrauenspersonen anwesend sind. Dieser Erwägung kann jedoch entgegengehalten werden, daß im – allerdings seltenen – Falle der Verhinderung von mehr als fünf Vertrauenspersonen der Ausschuß beschlußunfähig wäre. Entscheidend ist aber, daß kein sachlicher Grund ersichtlich ist, aus dem es dem Vertretungsorgan der unteren Verwaltungsbehörde untersagt sein sollte, für den Fall der Verhinderung eines oder mehrerer Vertrauenspersonen Ersatzleute zu bestellen. Obschon § 40 Abs. 4 GVG den Ausschuß auch dann beschlußfähig sein läßt, wenn außer dem Vorsitzenden und dem Verwaltungsbeamten mindestens fünf Vertrauenspersonen zugegen sind, so ist es doch wünschenswert, daß die Vertrauensleute möglichst vollzählig mitwirken. Das gilt besonders für den Fall, daß die als Vertrauensleute in Betracht kommenden Personen von politischen Parteien vorgeschlagen wurden. Die Unzulässigkeit einer Vertretung könnte hier dazu führen, daß die Vertrauensleute einer bestimmten Parteirichtung einen ihnen nicht zukommenden Einfluß auf die Wahl der Schöffen und Geschworenen ausüben. Die Richtigkeit der vorstehend vertretenen Ansicht wird durch die Tatsache bestätigt, daß der Gesetzgeber die früher und auch im Entwurf des Rechtsvereinheitlichungsgesetzes vom 12. 9. 1950 vorgesehene Zahl von sieben Vertrauensleuten auf zehn erhöht hat, um einerseits die Stellung der gewählten Personen gegenüber dem Amtsrichter und dem Verwaltungsbeamten zu stärken, andererseits aber einseitige parteipolitische Einflüsse auf die Auswahl der Schöffen und Geschworenen zurückzudrängen (vgl. Materialien zum Rechtsvereinheitlichungsgesetz, Verhandlungen des Ausschusses für Rechtswesen und Verfassungsrecht in der Sitzung vom 17. 5. 1950). Es liegt demnach im Sinne des § 40 GVG, daß möglichst viele Vertrauenspersonen an der Wahlhandlung teilnehmen; dieses Ziel wird nur dadurch sichergestellt, daß eine Vertretung verhinderter Vertrauenspersonen zugelassen wird.

§ 40 GVG

(1) Bei dem Amtsgericht tritt jedes vierte Jahr ein Ausschuß zusammen.

(2) Der Ausschuß besteht aus dem Richter beim Amtsgericht als Vorsitzenden und einem von der Landesregierung zu bestimmenden Verwaltungsbeamten sowie zehn Vertrauenspersonen als Beisitzern.

(3) Die Vertrauenspersonen werden aus den Einwohnern des Amtsgerichtsbezirks von der Vertretung des ihm entsprechenden unteren Verwaltungsbezirks mit einer Mehrheit von zwei Dritteln der gesetzlichen Mitgliederzahl gewählt. Umfaßt der Amtsgerichtsbezirk mehrere Verwaltungsbezirke oder Teile mehrerer Verwaltungsbezirke, so bestimmt die zuständige oberste Landesbehörde die Zahl der Vertrauenspersonen, die von den Vertretungen dieser Verwaltungsbezirke zu wählen sind.

(4) Der Ausschuß ist beschlußfähig, wenn wenigstens der Vorsitzende, der Verwaltungsbeamte und fünf Vertrauenspersonen anwesend sind.

Erfolglose Rügen

1. Rechtlich vertretbare Differenzen bei der Auslegung von Vorschriften über die Zusammensetzung des Schöffenwahlausschusses berühren die Wirksamkeit der Schöffenwahl grundsätzlich nicht (BGH Urt. v. 28. 11. 1990 – 3 StR 170/90).

2. Gemeinderatsmitglieder können gleichzeitig Mitglieder des Schöffenwahlausschusses für das zu ihrer Gemeinde gehörende Amtsgericht sein (BGH Urt. v. 11. 11. 1980 – 1 StR 506/80).

3. Fehler bei der Schöffenwahl, hier: nicht ordnungsgemäß besetzter Ausschuß gem. § 40 GVG (BGH Urt. v. 14. 10. 1975 – 1 StR 108/75).

4. Wahl der Vertrauensperson durch zu Dringlichkeitsentscheidungen ermächtigten Ausschuß kommunaler Körperschaft zulässig (BGH Urt. v. 6. 10. 1965 – 2 StR 560/64).

Erfolglose Rügen

1. Rechtlich vertretbare Differenzen bei der Auslegung von Vorschriften über die Zusammensetzung des Schöffenwahlausschusses berühren die Wirksamkeit der Schöffenwahl grundsätzlich nicht.

GVG § 40; StPO §§ 97, 338 Nr. 1, 344 II – BGH Urt. v. 28. 11. 1990 – 3 StR 170/90 LG Stade (= BGHSt. 37, 245 = NJW 1991, 1764 = StV 1991, 146 = NStZ 1991, 196)

Die Revision rügt, die Schöffen S. und H. seien von einem nicht vorschriftsmäßig besetzten Ausschuß gewählt worden und daher nicht gesetzliche Richter gewesen. Die Vertrauensleute des Wahlausschusses des Amtsgerichts T. seien zu Unrecht sieben vom Landkreis H. und drei von der Stadt B. gewählte Personen gewesen. Alle zehn Vertrauenspersonen hätten vom Landkreis H. gewählt werden müssen, weil der Landkreis unterer Verwaltungsbezirk im Sinne des § 40 Abs. 3 GVG auch für das Gebiet der Stadt B. sei.

Der Sachverhalt ergibt sich aus dem Revisionsvorbringen. – Das Rechtsmittel war erfolglos.

Gründe: Ob dem zu folgen ist, braucht der Senat nicht zu entscheiden. Die der Zusammensetzung des Schöffenwahlausschusses zugrundeliegende Auffassung, auch die Stadt B. sei unterer Verwaltungsbezirk im Sinne des § 40 Abs. 3 GVG, ist jedenfalls mit guten Gründen vertretbar. Selbst wenn sie unrichtig wäre, würde sie lediglich auf einem verständlichen Verfahrensirrtum beruhen.

Nach § 40 Abs. 2 GVG besteht der Schöffenwahlausschuß aus dem Richter beim Amtsgericht als Vorsitzenden, einem von der Landesregierung zu bestimmenden Verwaltungsbeamten sowie zehn Vertrauenspersonen als Beisitzern. Die Vertrauenspersonen werden nach § 40 Abs. 3 Satz 1 GVG aus den Einwohnern des Amtsgerichtsbezirks von der Vertretung des ihm entsprechenden unteren Verwaltungsbezirks gewählt. Umfaßt der Amtsgerichtsbezirk mehrere Verwaltungsbezirke oder Teile mehrerer Verwaltungsbezirke, so bestimmt nach § 40 Abs. 3 Satz 2 GVG die zuständige oberste Landesbehörde die Zahl der Vertrauenspersonen, die von den Vertretungen dieser Verwaltungsbezirke zu wählen sind. Nach der übereinstimmenden Auffassung des Niedersächsischen Ministers der Justiz und des Niedersächsischen Ministers des Inneren in Abschnitt III Abs. 3 Satz 1 des Gem. RdErl. vom 12. 1. 1988 (Nds. MBl. S. 80) sind unterer Verwaltungsbezirk im Sinne des § 40 Abs. 3 GVG „Landkreis, kreisfreie Stadt, große selbständige Stadt, selbständige Gemeinde". Diese Auffassung erscheint im Hinblick auf die Regelung der §§ 5, 12 nds. GO, §§ 2, 4 nds. LKO vertretbar. Der Niedersächsische Minister des Inneren konnte daher davon ausgehen, daß beim Amtsgericht T. ein Fall des § 40 Abs. 3 Satz 2 GVG vorliegt (Zusammentreffen des Landkreises H. und der selbständigen Stadt B. als untere Verwaltungsbezirke) und hat daher als zuständige oberste Landesbehörde im Sinne dieser Vorschrift durch Erlaß vom 12. 4. 1988 – 31. 1. – 11792/1 – bestimmt, daß für den Amtsgerichtsbezirk T. die Vertretung des Landkreises H. sieben und die der Stadt B. drei Vertrauenspersonen zu wählen hat. Anhaltspunkte dafür, daß dieser – die unteren Verwaltungsbezirke bindende, außerhalb des Einflußbereichs des Gerichts liegende – Erlaß auf sachfremder oder objektiv willkürlicher Auslegung beruht, trägt die Revision nicht vor. Sie legt lediglich das niedersächsische Kommunalverfassungsrecht im Hinblick auf die Anforderungen des § 40 Abs. 3 GVG anders aus als die zuständigen obersten Landesbehörden. Derartige rechtlich vertretbare Differenzen bei der Auslegung und Anwendung ineinandergreifender bundesrechtlicher und landesrechtlicher Vorschriften über die Zusammensetzung des Schöffenwahlausschusses berühren die Wirksamkeit der von ihm vorgenommenen Schöffenwahl grundsätzlich nicht, zumal sie keinen unmittelbaren Einfluß auf die Bestimmung der zur Entscheidung berufenen Schöffen haben können. Die Gründe, die in BGHSt. 26, 206 [BGH Urt. v. 14. 10. 1975 – 1 StR 108/75; vgl. § 338 Nr. 1 StPO erfolglose Rügen] dafür genannt werden, daß die gesetzwidrige Teilnahme zweier Verwaltungsbeamter an der Ausschußsitzung die vorschriftsmäßige Besetzung des Gerichts nicht berührt (u.a. entsprechende Anwendung des § 21 b Abs. 6 Satz 3 GVG), gelten auch in einem Fall der vorliegenden Art (vgl. auch BGHSt. 26, 393, 395 [BGH Urt. v. 7. 9. 1976 – 1 StR 511/76; vgl. § 338 Nr. 1 StPO erfolgreiche Rügen]; 33, 290, 293 f. [BGH Urt. v. 13. 8. 1985 – 1 StR 330/85; vgl. § 338 Nr. 1 StPO erfolglose Rügen]; 34, 121, 122 [BGH Urt. v. 24. 6. 1986 – 5 StR 114/86; vgl. § 338 Nr. 1 StPO erfolglose Rügen]; BGHR GVG § 40 Abs. 3 Vertrauenspersonen 1).

Die Entscheidung in BGHSt. 20, 37, 40 [BGH Urt. v. 29. 9. 1964 – 1 StR 280/64; vgl. § 338 Nr. 1 StPO erfolgreiche Rügen] steht der Auffassung des Senats nicht entgegen. Sie betrifft den als besonders schwerwiegend erachteten Verstoß gegen § 40 Abs. 3 GVG dadurch, daß sämtliche Vertrauenspersonen nicht vom Kreistag als der Vertretung der Einwohner des Landkreises, sondern vom Kreisrat, einem Verwaltungsorgan des Landkreises, gewählt worden sind (einschränkend schon BGHSt. 20, 309 [BGH Urt. v. 6. 10. 1965 – 2 StR 560/64; vgl. § 338 Nr. 1 StPO erfolglose Rügen]).

2. Gemeinderatsmitglieder können gleichzeitig Mitglieder des Schöffenwahlausschusses für das zu ihrer Gemeinde gehörende Amtsgericht sein.

GVG § 40 III – BGH Urt. v. 11. 11. 1980 – 1 StR 506/80 LG München

Die Revision rügt, an der Hauptverhandlung hätten zwei Schöffen teilgenommen, die nicht ordnungsgemäß gewählt worden waren, weil dem Schöffenwahlausschuß als Vertrauenspersonen der Stadt München angehörenden Beisitzer sämtlich Mitglieder des Rates dieser Stadt waren.

Der Sachverhalt ergibt sich aus dem Revisionsvorbringen. – Das Rechtsmittel war erfolglos.

Gründe: Die Verfahrensrüge, mit der der Beschwerdeführer die Wirksamkeit der Wahl der Schöffen M. und A., die an der Hauptverhandlung mitgewirkt haben, angreift, dringt nicht durch. Die insoweit erhobenen Beanstandungen sind im Ergebnis vom Landgericht zu Recht zurückgewiesen worden, so daß es keiner Erörterung bedarf, inwieweit Fehler bei der Wahl der Schöffen zu einer Verletzung des Grundsatzes des gesetzlichen Richters führen können (vgl. BGHSt. 26, 206 [208] [BGH Urt. v. 14. 10. 1975 – 1 StR 108/75]).

a) Entgegen der Auffassung des Beschwerdeführers ist die Wahl und Zusammensetzung des Schöffenwahlausschusses bei dem Amtsgericht München nicht deshalb zu beanstanden, weil die ihm als Vertrauenspersonen der Stadt München angehörenden Beisitzer sämtlich Mitglieder des Rates dieser Stadt waren. Nach § 40 III 1 GVG sind die Vertrauenspersonen aus den Einwohnern des Amtsgerichtsbezirks zu wählen; das ist hier geschehen. In keiner Bestimmung des Gerichtsverfassungsgesetzes lassen sich Anhaltspunkte für die von der Revision behauptete Konzeption des Gesetzgebers finden, daß Mitglieder der Vertretungskörperschaft, die die Vertrauenspersonen wählt, nicht selbst Vertrauenspersonen sein können. Insbesondere läßt sich dafür nichts aus der Entstehungsgeschichte des § 40 GVG ableiten. Diese Vorschrift ist wie andere Bestimmungen des Gerichtsverfassungsgesetzes, die die Besetzung der Gerichte regeln, geschaffen worden, um den Einfluß der Staatsverwaltung auf die Rechtsprechung einzudämmen (vgl. RGSt 67, 120 [121]). Besonders geeignet, dem staatlichen Einfluß auf die Besetzung der Gerichte wirksam zu begegnen, schien die Wahl der Schöffen durch einen Schöffenwahlausschuß, in dem die von der Vertretungskörperschaft zu bestimmenden Vertrauenspersonen regelmäßig über eine Mehrheit von über zwei Drittel der Stimmen verfügen. Angesichts dieser Bedeutung der Vertrauenspersonen für die Wahl der Schöffen hätte es nahegelegen, die Mitglieder der Vertretungskörperschaft von der Wahl in den Schöffenwahlausschuß auszuschließen, wenn der Gesetzgeber von seiner Konzeption her gegen ihre dortige Mitwirkung Einwände gehabt hätte. Da aber eine solche Regelung, für die auch keine sachlichen Gründe ersichtlich sind, fehlt, kann das Schweigen des Gesetzes auf keinen Fall dahin verstanden werden, daß nach seinem Willen die Vertrauenspersonen nicht der Vertretungskörperschaft, die sie wählt, angehören dürfen. Gegen diese Auffassung spricht auch der Umstand, daß die Mitglieder der Vertretungskörperschaft nicht gehindert sind, das Amt des Schöffen zu bekleiden. Wer aber sogar als Laienrichter bei der eigentlichen Rechtsprechung mitwirken könnte, dem kann es nicht verwehrt sein, bei der Vorbereitung dieser Aufgabe tätig zu sein.

Die Wahl der auf die Stadt München entfallenden Vertrauenspersonen ist auch nicht deshalb rechtsfehlerhaft, weil der Rat der Stadt als Vertrauenspersonen nur Mitglieder des Stadtrates entsprechend dem Verhältnis seinen Fraktionen gewählt hat. Auch diese Handhabung widerspricht nicht dem Gesetz, das es den Mitgliedern der Vertretungskörperschaft überläßt, wen sie von den Einwohnern ihres Bezirks in den Schöffenwahlausschuß senden wollen. Dafür, daß der Stadtrat andere als seine Mitglieder für nicht wählbar angesehen hätte, ergibt sich aus dem Protokoll über die Vollversammlung des Stadtrats vom 7. 7. 1976 nichts; eine solche Annahme rechtfertigt sich auch nicht daraus, daß die Vertrauenspersonen entsprechend dem Stärkeverhältnis der Stadtratsfraktionen gewählt wurden.

3. Fehler bei der Schöffenwahl, hier: nicht ordnungsgemäß besetzter Ausschuß gem. § 40 GVG.

GVG §§ 21b VI, 40; StPO § 338 Nr. 1 – BGH Urt. v. 14. 10. 1975 – 1 StR 108/75 Schwurgericht Karlsruhe (= BGHSt. 26, 206 = NJW 1976, 432)

Die Revision rügt, die Schöffen seien von einem nicht vorschriftsmäßig besetzten Ausschuß (§ 40 GVG) gewählt worden und deshalb nicht die gesetzlichen Richter gewesen, weil neben einem Vertreter des Oberbürgermeisters jeweils auch ein Vertreter des Landratsamtes als zweiter Verwaltungsbeamter an der Schöffenwahl teilgenommen habe.

Der Sachverhalt ergibt sich aus dem Revisionsvorbringen. – Das Rechtsmittel war erfolglos.

Gründe:

1.

a) Es trifft zu, daß – wie die Revision vorträgt – an den Sitzungen der Wahlausschüsse bei den Amtsgerichten Karlsruhe, Karlsruhe–Durlach und Pforzheim neben dem Vertreter des Oberbürgermeisters jeweils auch ein Vertreter des Landratsamtes als zweiter Verwaltungsbeamter teilgenommen hatte.

Dieses Verfahren entsprach nicht dem Gesetz. Nach § 40 Abs. 2 GVG gehört dem beim Amtsgericht zusammentretenden Ausschuß für die Schöffenwahl neben den übrigen Mitgliedern ein von der Landesregierung zu bestimmender Verwaltungsbeamter an; das gilt auch für Amtsgerichte, deren Gerichtsbezirk mehrere Verwaltungsbezirke (Stadtkreis und Landkreis) umfaßt. Nichts anderes besagt der Beschluß der Landesregierung Baden-Württemberg über die Bestimmung der Verwaltungsbeamten zur Auswahl der Schöffen, Jugendschöffen und Geschworenen vom 24. 9. 1956 (StAnz. Nr. 80), wonach als Verwaltungsbeamter für den Ausschuß bestimmt ist

„a) der Landrat des Landkreises, in dem sich der Sitz des jeweiligen Amtsgerichts befindet,

b) der Oberbürgermeister des Stadtkreises, in dem sich der Sitz des jeweiligen Amtsgerichts befindet"

oder die von diesen bestellten Vertreter.

Da sich der Sitz des Amtsgerichts jeweils nur im Stadtkreis oder im Landkreis befinden kann, ist jeweils nur der nach Buchst. a) oder b) dieses Beschlusses bestimmte Verwaltungsbeamte zur Teilnahme an der Ausschußsitzung berufen. Dies haben die jeweiligen Ausschußvorsitzenden offensichtlich verkannt; sie haben gemeint, den Beschluß der Landesregierung so auslegen zu müssen, daß ein Vertreter jedes von ihrem Gerichtsbezirk erfaßten Verwaltungsbezirks an der Ausschußsitzung zu beteiligen sei. Eine solche Auslegung widerspricht jedoch schon dem Wortlaut des Beschlusses der Landesregierung; sie verkennt zudem, daß auch die Landesregierung nicht wirksam einen Beschluß fassen könnte, der mit dem Gesetz (§ 40 Abs. 2 GVG) in Widerspruch stünde.

b) Das insoweit fehlerhafte Wahlverfahren hat jedoch nicht zur Folge, daß das Schwurgericht, in dem die von diesen Ausschüssen gewählten Schöffen mitwirkten, unvorschriftsmäßig besetzt gewesen wäre (§ 338 Nr. 1 StPO).

aa) Der vorliegende Fall weist gegenüber bisher entschiedenen vergleichbaren Fällen die Besonderheit auf, daß an der Sitzung des Schöffenwahlausschusses jeweils alle zwölf Personen teilgenommen haben, die das Gesetz als Mitglieder des Ausschusses vorsieht (ein Richter beim Amtsgericht, ein Verwaltungsbeamter, zehn Vertrauenspersonen als Beisitzer); an den Sitzungen nahm lediglich jeweils eine weitere, im Gesetz nicht vorgesehene Person teil, die zudem, da die Beschlüsse jeweils einstimmig ergingen, auf das Wahlergebnis – nach dem Inhalt der dienstlichen Äußerungen – keinen Einfluß genommen hat (vgl. BGHSt. 12, 227, 235).

Insofern ist die Rechtslage schon nicht zu vergleichen mit den Fällen, in denen die Rechtsprechung bisher einen Verstoß gegen den Grundsatz des gesetzlichen Richters angenommen hat, weil entweder ein Verwaltungsbezirk keine Vertrauenspersonen gewählt hatte (BVerfGE 31, 181 [BVerfG Beschl. v. 9. 6. 1971 – 2 BvR 114, 127/71; vgl. § 338 Nr. 1 StPO erfolgreiche Rügen]) oder eine Vertrauensperson von einem unzuständigen Gremium gewählt oder der Verwaltungsbeamte von einer unzuständigen Stelle bestimmt worden war (BGHSt. 20, 37, 39 [BGH Urt. v. 29. 9. 1964 – 1 StR 280/64; vgl. § 338 Nr. 1 StPO erfolgreiche Rügen]; vgl. auch BGH, Urt. v. 20. 12. 1960 – 1 StR 481/60 [vgl. § 264 StPO erfolglose Rügen] – und v. 13. 11. 1970 – 1 StR 412/70). Es läge vielmehr nahe, den vorliegenden Fall der Gruppe von Fehlern beim Wahlverfahren von Vertrauenspersonen oder Schöffen zuzurechnen, die schon nach bisheriger Rechtsprechung eine Verletzung des Grundsatzes des gesetzlichen Richters nicht ohne weiteres annehmen lassen (vgl. BGHSt. 12, 197, 202 [BGH Urt. v. 2. 12. 1958 – 1 StR 375/58; vgl. § 338 Nr. 1 StPO erfolglose Rügen]; BGH, Urt. v. 5. 4. 1973 – 2 StR 427/70).

Diese Frage kann jedoch offen bleiben, da ein Verstoß der hier vorliegenden Art schon aus einem anderen übergeordneten Gesichtspunkt nicht dazu führen kann, daß der gewählte Schöffe wegen eines Fehlers im Wahlverfahren nicht als gesetzlicher Richter anzusehen wäre.

bb) Nach § 21b Abs. 6 Satz 3 GVG idF des Gesetzes zur Änderung der Bezeichnung der Richter und ehrenamtlichen Richter und der Präsidialverfassung der Gerichte vom 26. 5. 1972 (BGBl. I 841) – in Kraft getreten am 1. 10. 1972 – kann ein Rechtsmittel gegen eine gerichtliche Entscheidung nicht darauf gestützt werden, das Präsidium des Gerichts sei nicht ordnungsgemäß zusammengesetzt gewesen, weil bei seiner Wahl ein Gesetz verletzt worden sei. Diese Vorschrift dient nach dem Willen des Gesetzgebers der Rechtssicherheit insofern, als die Wahl eines Präsidiums auch bei Gesetzesverstoß bis zu einer etwaigen erfolgreichen Wahlanfechtung gültig sein soll und zurückliegende gerichtliche Entscheidungen nicht deshalb aufgehoben werden sollen, weil das Präsidium nicht ordnungsgemäß zusammengesetzt war (Schriftl. Bericht, BT-Drucks. VI/2903). Entsprechendes gilt in den Verfahrensordnungen anderer Gerichtszweige (§ 4 VwGO; § 4 FGO; § 6a ArbGG; § 6 SGG; § 47 BDiszO; § 36e PatG).

§ 21b Abs. 6 Satz 3 GVG gilt zwar unmittelbar nur für Rechtsfehler, die bei der Zusammensetzung des Präsidiums begangen worden sind, ohne Rücksicht auf deren Gewicht; er enthält jedoch einen Grundsatz von allgemeiner Bedeutung, der auch im Rahmen des § 40 GVG Beachtung verdient. Zwar bestehen zwischen dem Präsidium und dem Schöffenwahlausschuß funktionelle Unterschiede: Während das Präsidium die Geschäfte auf die von anderer Stelle bereits ernannten und dem Gericht zugeteilten Berufsrichter verteilt, wählt der Wahlausschuß insgesamt die Personen aus, die als Schöffen bei einem bestimmten Gericht tätig sein sollen, während über deren Zuteilung zu einem bestimmten Spruchkörper und damit über ihre Mitwirkung in bestimmten Verfahren ein weiteres, der Wahl nachfolgendes Verfahren in Form der Auslosung bestimmt (§ 45 GVG), bei dem die Entscheidung dem Zufall überlassen ist. Diese Unterschiede machen deutlich, daß das Präsidium mit seinen Entscheidungen einen größeren Einfluß darauf hat, welche Richter mit bestimmten Strafsachen befaßt werden, als der Schöffenwahlausschuß, der eine vorbereitende Entscheidung – vergleichbar der Ernennung des Berufsrichters durch die Anstellungsbehörde – trifft und keinen unmittelbaren Einfluß auf die Zuteilung des einzelnen Schöffen zu einem bestimmten Spruchkörper ausübt. Das rechtfertigt es um so mehr, dem Gesichtspunkt der Rechtssicherheit bei der Beantwortung der Frage Vorrang zu verleihen, welche Wirkung eine fehlerhafte Besetzung des Wahlausschusses auf die Anfechtbarkeit einer Entscheidung hat. Es kann offen bleiben, ob dies für Fehler jeden Gewichts gilt. Jedenfalls dann, wenn der Fehler nicht so schwerwiegend ist, daß von einer Wahl im Rechtssinne überhaupt nicht mehr gesprochen werden kann, ist die Besetzung des Spruchkörpers, in dem ein von dem fehlerhaft zustande gekommenen Ausschuß gewählter

Schöffe mitwirkt, nicht als vorschriftswidrig anzusehen. Folgte man dieser Meinung nicht, so müßte jeder Vorsitzende eines Schöffengerichts, einer Strafkammer oder eines Schwurgerichts sämtliche zur Wahl der mitwirkenden Schöffen führenden Vorgänge rechtlich nachprüfen, wenn er nicht Gefahr laufen wollte, daß die Urteile seines Spruchkörpers wegen dessen nicht vorschriftsmäßiger Besetzung aufgehoben werden. Das wäre ein praktisch nicht erfüllbares Verlangen. Dabei wäre nicht einmal auszuschließen, daß verschiedene Vorsitzende bei der Überprüfung derselben Wahlvorgänge zu verschiedenen Ergebnissen kämen, was die Rechtssicherheit zusätzlich belasten müßte.

cc) Dieses Ergebnis steht in Einklang mit den Grundsätzen, die in der verfassungsgerichtlichen Rechtsprechung zu den an die Festlegung des gesetzlichen Richters zu stellenden Anforderungen entwickelt worden sind. Denn danach ist nicht jeder Verstoß gegen eine Vorschrift, die der Bestimmung des im Einzelfall zuständigen Richters dient, zugleich ein Verstoß gegen Art. 101 Abs. 1 Satz 2 GG (BVerfGE 19, 38, 42; 22, 254, 256, 258). Vielmehr richten sich die Vorschriften über den gesetzlichen Richter dagegen, daß die Auswahl des im Einzelfall zuständigen Richters aufgrund sachfremder Erwägungen manipuliert wird (BVerfGE 17, 294, 299; 24, 33, 54); das ist aber nicht der Fall, wenn ein Verfahrensverstoß im Bereich der Auswahl des Richters auf einem Verfahrensirrtum beruht, nicht aber von willkürlichen, sachfremden Erwägungen bestimmt wird (BVerfGE 3, 359, 364; 29, 45, 48; 31, 47, 53). Von solchen sachfremden Einflüssen kann aber im vorliegenden Fall bei der Art des Rechtsfehlers und der ihm zugrunde liegenden Erwägungen nicht die Rede sein.

2.
Auch soweit die Revision beanstandet, daß in der Wahlausschußsitzung beim Amtsgericht Karlsruhe-Durlach nicht der nach der Geschäftsverteilung für Strafsachen für Erwachsene zuständige Richter Sch., sondern an seiner Stelle der Richter am Amtsgericht Z. als Vorsitzender tätig geworden sei, kann sie keinen Erfolg haben. In der Wahlausschußsitzung wurden nicht nur Schöffen für das Schwurgericht, für die Strafkammern und Schöffengerichte, sondern auch die Jugendschöffen gewählt. Der als Vorsitzender amtierende Richter Z. war nach der Geschäftsverteilung Jugendrichter und hatte daher kraft Gesetzes im Schöffenwahlausschuß zumindest bei der Wahl der Jugendschöffen den Vorsitz (§ 35 Abs. 4 JGG). Nach § 117 Abs. 1 JGG erfolgt die Wahl der Jugendschöffen gleichzeitig mit der Wahl für die Schöffengerichte und Strafkammern. Ob sich daraus ableiten läßt, daß auch der Jugendrichter den Vorsitz bei der Wahl der übrigen Schöffen zu führen hat, braucht hier nicht abschließend entschieden zu werden. Denn jedenfalls ist die von dem fungierenden Vorsitzenden in der Sitzungsniederschrift vom 2. 10. 1972 vertretene Rechtsauffassung, daß er als Jugendrichter dem Ausschuß für den gesamten Wahlvorgang angehöre, vertretbar.

Die Rüge einer Verletzung des Art. 101 Abs. 1 Satz 2 GG und des § 338 Nr. 1 StPO greift daher nicht durch.

4. Wahl der Vertrauensperson für Schöffenwahlausschuß durch zu Dringlichkeitsentscheidungen ermächtigten Ausschuß kommunaler Körperschaft zulässig.

GVG §§ 40 III 1, 42 – BGH Urt. v. 6. 10. 1965 – 2 StR 560/64 LG Düsseldorf (= BGHSt. 20, 309 = NJW 1963, 359)

Die Revision rügt, die Strafkammer sei hinsichtlich des Schöffen D. nicht ordnungsmäßig besetzt gewesen, weil der Kaufmann L., der als Vertrauensperson für den Landkreis Düsseldorf-Mettmann an der Sitzung des Schöffenwahlausschusses am 9. 10. 1962 teilgenommen hatte, nicht vorschriftsmäßig nach § 40 Abs. 3 GVG gewählt worden sei.

Sachverhalt: Der Kaufmann L. ist als Vertrauensperson am 28. 6. 1962 durch den Kreisausschuß gewählt worden, der gemäß § 34 Abs. 3 Satz 1 der Landkreisordnung für Nordrhein-Westfalen vom 21. 7. 1953 (GVBl. S. 305) in allen nicht aufschiebbaren Angelegenheiten entscheidet, die der Beschlußfassung des Kreistages unterliegen. Hier war die Wahl der Vertrauensperson unaufschiebbar, weil der Amtsgerichtspräsident in Düsseldorf mit Schreiben vom 18. 4. 1962 dem Landkreis für die Bekanntgabe der Vertrauensperson eine Frist bis zum 31. 7. 1962 gesetzt hatte und der Kreistag in der Zeit zwischen dem Eingang des Schreibens und dem Ablauf der Frist nicht zusammentrat. Überdies hat der Kreistag die Wahl am 5. 11. 1962 ausdrücklich und einstimmig bestätigt. – Das Rechtsmittel war erfolglos.

Gründe: Hiernach können gegen die Wirksamkeit der Bestellung des Kaufmanns L. zur Vertrauensperson und damit gegen die Gültigkeit der Schöffenwahl Bedenken nicht erhoben werden.

Nach Ansicht der Revision hat der Kaufmann L. an der Sitzung des Wahlausschusses deshalb ohne gesetzliche Legitimation teilgenommen, weil seine Wahl zur Vertrauensperson tatsächlich erst nach dieser Sitzung stattgefunden habe. Die Revision beruft sich für diese Auffassung vor allem auf die Entscheidung des 1. Strafsenats des Bundesgerichtshofs in BGHSt. 20, 37 (BGH Urt. v. 29. 9. 1964 – 1 StR 280/64; vgl. § 338 Nr. 1 StPO erfolgreiche Rügen). In der Verhandlung vor dem Senat hat der Verteidiger zudem in Zweifel gezogen, ob die in § 34 Abs. 3 Satz 1 a.a.O. vorgesehene Regelung bei der Wahl der Vertrauensperson Anwendung finden könne, weil ihr die Bestimmung des § 40 Abs. 3 Satz 1 GVG entgegenstehe; denn mit der zur Wahl berufenen „Vertretung" sei hier die Vertretung gemeint, die den Voraussetzungen des Art. 28 Abs. 1 Satz 2 GG entspreche. Das treffe allein auf den Kreistag selbst zu, so daß nur er, nicht aber der Kreisausschuß die Wahl habe vornehmen dürfen; die spätere Genehmigung des Kreistages sei unbeachtlich, weil sie erst nach der Sitzung des Schöffenwahlausschusses vom 9. 10. 1962 erteilt worden sei.

Der erkennende Senat kann dieser Meinung nicht beipflichten. Allerdings hat der 1. Strafsenat in BGHSt. 20, 37 entschieden, daß im Lande Baden-Württemberg der Kreisrat (§ 26 der Landkreisordnung) die Vertrauensperson für den in § 40 GVG genannten Ausschuß nicht selbst wählen könne, daß diese Befugnis vielmehr ausschließlich dem Kreistag selbst zustehe; insofern könne auch der Kreistag der vom Kreisrat getroffenen Wahl nicht nachträglich mit rückwirkender Kraft zustimmen. Die Entscheidung beruht vornehmlich auf der Erwägung, daß nur der Kreisrat die Vertretung der Einwohner des Landkreises, der Kreisrat dagegen ein Verwaltungsorgan des Landkreises sei. Über Rechtsstellung und Aufgaben des Kreisrates sagt allerdings § 26 LKrO ausdrücklich, daß dieser „als Verwaltungsorgan" entscheide. Ob man schon hierin einen durchgreifenden Grund sehen kann, mag zweifelhaft sein, da § 13 LKrO auch den Kreistag als „Verwaltungsorgan" des Landkreises bezeichnet. Hinzu kommt aber, daß das Gesetz dem Kreisrat für Eilfälle eine völlig selbständige Entscheidungsbefugnis zuweist, obwohl die personelle Zusammensetzung des Kreisrats nicht auf die Mitglieder des Kreistages beschränkt ist. Nach § 26 Abs. 1 Satz 3 LKrO entscheidet der Kreisrat in dringenden Angelegenheiten „an Stelle" des Kreistags, ohne daß das Gesetz in irgendeiner Weise die Genehmigung seiner Beschlüsse durch den Kreistag vorsähe. Der Kreisrat setzt sich nicht nur aus Mitgliedern des Kreistags zusammen; zu ihm gehören auch von Amts wegen die Oberbürgermeister der großen Kreisstädte, die sogar im Verhinderungsfalle von ihrem allgemeinen Stellvertreter vertreten werden. Der Landrat gehört zwar sowohl dem Kreistag als auch dem Kreisrat als Vorsitzender an (§ 16 Abs. 1, § 27 Abs. 1 LKrO); er hat indessen nicht im Kreistag, wohl aber im Kreisrat Stimmrecht (§ 30 Abs. 2 Satz 2 LKrO). Zu den Mitgliedern des Kreisrats gehören also Personen, die nicht zu den als Vertreter der Einwohner des Landkreises Gewählten gezählt werden können.

Für die Kreisausschüsse im Lande Nordrhein-Westfalen gelten wesentlich andere Vorschriften, die den Senat zu der Auffassung führen, daß die von der Revision unterstellte Bindung an die Entscheidung des 1. Strafsenats im Sinne des § 136 GVG nicht gegeben ist. Dem Kreisausschuß dürfen ohne Ausnahme nur Mitglieder des Kreistags angehören;

den Vorsitz führt nicht der Oberkreisdirektor, sondern der vom Kreistag aus seiner Mitte gewählte Landrat oder dessen vom Kreisausschuß an seiner Stelle gewählte Stellvertreter. Der Oberkreisdirektor gehört dem Kreisausschuß auch nicht als Mitglied an (§ 24 Abs. 1, § 35 Abs. 2, 3 LKrO). Sämtliche Mitglieder des Kreisausschusses sind somit als Vertreter der Einwohner des Landkreises gewählte Personen. Die Beschlüsse des Kreisausschusses in unaufschiebbaren Angelegenheiten sind zwar nach wohl einhelliger Ansicht der Praxis und des Schrifttums kraft „Dringlichkeitsvollmacht" mit sofortiger und uneingeschränkter Rechtswirksamkeit ausgestattet; es ist aber ein Kontrollrecht des Kreistags vorgesehen, die Beschlüsse müssen dem Kreistag in der nächsten Sitzung zur Genehmigung vorgelegt werden (§ 34 Abs. 3 LKrO).

Angesichts dieser gesetzlichen Regelung besteht kein überzeugender Grund für die Auffassung, die Wahl des Kaufmanns L. zur Vertrauensperson entspreche nicht den Anforderungen des § 40 Abs. 3 GVG. Allerdings war die Wahl durch den Kreisausschuß zunächst keine ausreichende Legitimation. Dabei mag dahinstehen, ob der Wortlaut des § 40 Abs. 3 GVG die Auslegung gestatten würde, daß schon die kraft Dringlichkeitsvollmacht ergangene Entscheidung der gesetzlichen Anforderung genüge. Eine solche Auslegung verbietet sich deshalb, weil das Gesetz ausdrücklich die Zweidrittelmehrheit des Kreistags vorschreibt, die bei einer Entscheidung des Kreisausschusses nicht festgestellt werden kann. Darauf hat der 1. Strafsenat in BGHSt. 20, 37 mit Recht hingewiesen. Indessen folgt daraus nicht, daß § 40 Abs. 3 GVG gebiete, der nachträglichen mit der erforderlichen qualifizierten Mehrheit beschlossenen Genehmigung des Kreistages die Wirksamkeit abzusprechen. (Für Dringlichkeitsentscheidungen des Kreisrats in Baden-Württemberg mag das angesichts seiner personellen Zusammensetzung geboten sein.) Die Verteidigung hat zwar verfassungsrechtliche Bedenken gegen die Anerkennung einer nachträglichen Genehmigung angedeutet und die Auffassung vertreten, die Regelung des § 40 Abs. 3 GVG müsse, da sie der Sache nach an das Gebot des Art. 28 Abs. 1 Satz 2 GG anknüpfe, streng ausgelegt werden mit der Folge, daß ein Verfahren mit nachträglicher Genehmigung für die Wahl der Vertrauensperson überhaupt nicht zugelassen werden dürfe. Diese Bedenken sind aber nach Ansicht des Senats schon deshalb unbegründet, weil Art. 28 Abs. 1 Satz 2 GG den Gesetzgeber nicht gehindert hätte, die Wahl der Vertrauensperson einem anderen Organ des unteren Verwaltungsbezirkes zu übertragen. Der Gefahr des Mißbrauchs, die sich aus der nachträglichen, d.h. erst nach der Sitzung des Schöffenwahlausschusses erteilten Genehmigung allenfalls ergeben könnte, hat der Gesetzgeber in ausreichender Weise durch die vorgeschriebene Zweidrittelmehrheit vorgebeugt. Nach allem kommt der Senat zu dem Ergebnis, daß die Anerkennung der nachträglichen Genehmigung jedenfalls dann den Anforderungen des § 40 Abs. 3 GVG entspricht, wenn, wie in Nordrhein-Westfalen, dem zunächst entscheidenden Organ ausschließlich Mitglieder des Kreistags angehören, und wenn die Genehmigung mit der vorgeschriebenen qualifizierten Mehrheit vor dem Beginn der richterlichen Tätigkeit der gewählten Schöffen erteilt wird.

§ 42 GVG

(1) Aus der berichtigten Vorschlagsliste wählt der Ausschuß mit einer Mehrheit von zwei Dritteln der Stimmen für die nächsten vier Geschäftsjahre:

1. die erforderliche Zahl von Schöffen;

2. die erforderliche Zahl der Personen, die an die Stelle wegfallender Schöffen treten oder in den Fällen der §§ 46, 47 als Schöffen benötigt werden (Hilfsschöffen). Zu wählen sind Personen, die am Sitz des Amtsgerichts oder in dessen nächster Umgebung wohnen.

(2) Bei der Wahl soll darauf geachtet werden, daß alle Gruppen der Bevölkerung nach Geschlecht, Alter, Beruf und sozialer Stellung angemessen berücksichtigt werden.

Erfolglose Rügen

1. Eine Schöffenwahl ist nicht deshalb unwirksam, weil zugleich Personen gewählt wurden, die nicht auf der Vorschlagsliste standen und deshalb nicht hätten gewählt werden dürfen (BGH Urt. v. 13. 8. 1991 – 5 StR 263/91).

Erfolglose Rügen

1. Eine Schöffenwahl ist nicht deshalb unwirksam, weil zugleich Personen gewählt wurden, die nicht auf der Vorschlagsliste standen und deshalb nicht hätten gewählt werden dürfen.

GVG § 42 – BGH Urt. v. 13. 8. 1991 – 5 StR 263/91 LG Berlin (= StV 1991, 503 = BGHR GVG § 42 Nr. 1)

Die Revision rügt, die Strafkammer sei mit einem Schöffen (K.) nicht vorschriftsmäßig besetzt gewesen. Bei der Schöffenwahl durch den Schöffenwahlausschuß des Amtsgerichts Schöneberg v. 17. 8. 1988 hätten sich unter den 55 gewählten Hauptschöffen neun namentlich benannte Personen befunden, die nicht in der von der Bezirksverordnetenversammlung am 9. 3. 1988 aufgestellten Vorschlagsliste enthalten gewesen seien. Diese neun Personen hätten lediglich auf der ursprünglichen „EDV-Liste" gestanden, die zusammen mit der nach § 36 Abs. 1 GVG aufgestellten Vorschlagsliste anläßlich der Übersendung gemäß § 38 Abs. 1 GVG dem Richter beim Amtsgericht als dem Vorsitzenden des Schöffenwahlausschusses zugeleitet worden sei. Die Schöffenwahl sei deshalb insgesamt unwirksam gewesen.

Sachverhalt: Der Schöffe stand auf der Vorschlagsliste, die die Bezirksverordnetenversammlung des Bezirks Schöneberg von Berlin am 9. 3. 1988 aufgestellt hatte, und wurde aus dieser Liste am 17. 8. 1988 durch den Schöffenwahlausschuß des Amtsgerichts Schöneberg zum Hauptschöffen gewählt. – Das Rechtsmittel war erfolglos.

Gründe: ... Wenn es sich so zugetragen hat, dann sind die genannten neun Personen nicht wirksam zu Schöffen gewählt worden; denn der Schöffenwahlausschuß kann Schöffen nur „aus der ... Vorschlagsliste" wählen (§ 42 Abs. 1 GVG). Eine Wahl von Personen aus einer anderen Liste ist ungültig (BGHSt. 26, 393, 395 [BGH Urt. v. 7. 9. 1976 – 1 StR 511/76; vgl. § 338 Nr. 1 StPO erfolgreiche Rügen]; 29, 144, 148 [BGH Urt. v. 4. 12. 1979 – 5 StR 337/79; vgl. § 338 Nr. 1 StPO erfolgreiche Rügen]].

Daraus folgt jedoch nicht, daß die gesamte Schöffenwahl vom 17. 8. 1988 unwirksam wäre. Ungültig ist eine Schöffenwahl nur dann, wenn sie an einem besonders schwerwiegenden Fehler leidet und dies bei verständiger Würdigung aller in Betracht kommenden Umstände offenkundig ist (vgl. BVerfGE 31, 181, 183 [BVerfG Beschl. v. 9. 6. 1971 – 2 BvR 114, 127/71; BGHSt. 29, 283, 287 [BGH Urt. v. 10. 6. 1980 – 5 StR 464/79; vgl. § 338 Nr. 1 StPO erfolglose Rügen]; 33, 41 [BGH Urt. v. 21. 9. 1984 – 2 StR 372/84; vgl. § 338 Nr. 1 StPO erfolgreiche Rügen]; 33, 126, 127 [BGH Urt. v. 16. 1. 1985 – 2 StR 717/84; vgl. § 338 Nr. 1 StPO erfolglose Rügen]; 33, 261, 268 [BGH Urt. v. 19. 6. 1985 – 2 StR 197/85; vgl. § 206a StPO erfolglose Rügen]; 35, 190, 193 [BGH Urt. v. 19. 1. 1988 – 1 StR 577/87; vgl. § 338 Nr. 1 StPO erfolgreiche Rügen]). Dagegen ist die Wahl – trotz eines Verstoßes gegen das Gesetz – als wirksam angesehen worden, wenn der Schöffenwahlausschuß fehlerhaft besetzt war (BGHSt. 26, 206, 207 [BGH Urt. v. 14. 10. 1975 – 1 StR 108/75; vgl. § 338 Nr. 1 StPO erfolglose Rügen]; 29, 283, 287; BGH Urt. v. 19. 3. 1985 – 5 StR 210/84 S. 5; insofern überholt BGHSt. 20, 37, 40 [BGH Urt. v. 29. 9. 1964 – 1 StR 280/64; vgl. § 338 Nr. 1 StPO erfolgreiche Rügen]), wenn die Vorschlagsliste einer einzelnen Gemeinde fehlte (BGHSt. 33, 290, 292 [BGH Urt. v. 13. 8. 1985 – 1 StR 330/85; vgl. § 338 Nr. 1 StPO erfolglose Rügen]) oder wenn die Schöffen für die großen und kleinen Strafkammern getrennt gewählt wurden (BGH GA 1976, 141 [BGH Urt. v. 30. 7. 1975 – 3 StR 27/28/75; vgl. GVG § 77 erfolglose Rügen]).

Nach diesen Maßstäben bleibt die Wirksamkeit einer Schöffenwahl davon unbeeinflußt, daß im gleichen Wahltermin auch solche Personen gewählt werden, die nicht auf einer Vorschlagsliste i.S.d. § 42 Abs. 1 GVG stehen und deshalb nicht gewählt werden dürfen. Jede Einzelwahl eines Schöffen durch den Schöffenwahlausschuß ist eine für sich zu betrachtende Entscheidung (BGH, Urt. v. 29. 10. 1974 – 1 StR 475/74 S. 5 f.; BGHSt. 29, 144, 148, dort Ziff. 3). Danach ist hier die Schöffenwahl vom 17. 8. 1988, bei der die Schöffe K., der in der Vorschlagsliste genannt war, gewählt wurde, nicht deshalb unwirksam, weil zugleich neun Personen gewählt wurden, die nicht hätten gewählt werden dürfen.

§ 43 GVG

(1) Die für jedes Amtsgericht erforderliche Zahl von Haupt- und Hilfsschöffen wird durch den Präsidenten des Landgerichts (Präsidenten des Amtsgerichts) bestimmt.

(2) Die Zahl der Hauptschöffen ist so zu bemessen, daß voraussichtlich jeder zu nicht mehr als zwölf ordentlichen Sitzungstagen im Jahr herangezogen wird.

Erfolglose Rügen

1. Überschreitung der Zahl der zu wählenden Schöffen nur bei Ermessensmißbrauch mit Revision angreifbar (BGH Urt. v. 9. 10. 1973 – 1 StR 327/73).

Erfolglose Rügen

1. **Überschreitung der Zahl der zu wählenden Schöffen nur bei Ermessensmißbrauch mit Revision angreifbar.**

GVG § 43 II; StPO § 338 Nr. 1 – BGH Urt. v. 9. 10. 1973 – 1 StR 327/73 LG Nürnberg-Fürth (= NJW 1974, 155)

Die Revision rügt, der Landgerichts-Präsident habe zu Unrecht die Zahl der Jugendschöffen für die Geschäftsjahre 1971 und 1972 auf 20 bestimmt. Da jährlich nur 96 Sitzungstage der Jugendkammer in Betracht zu ziehen waren, hätte die Zahl der Jugendschöffen gemäß § 43 Abs. 2 GVG auf höchstens 16 bestimmt werden dürfen. Nur dann wäre die Heranziehung jedes Hauptschöffen zu jedenfalls 12 ordentlichen Sitzungstagen im Jahr – wie vom Gesetz gefordert – gewährleistet gewesen. Da bei ordnungsgemäßer Bemessung der Schöffenzahl eine andere Auswahl stattgefunden hätte, sei das erkennende Gericht nicht richtig besetzt gewesen.

Der Sachverhalt ergibt sich aus dem Revisionsvorbringen. – Das Rechtsmittel war erfolglos.

Gründe: Diesem Vortrag kann nicht gefolgt werden.

Die Vorschrift des § 43 Abs. 2 GVG dient dem Zweck, die Hauptschöffen durch häufigere Heranziehung zu Verhandlungen mit den gesetzlichen Bestimmungen vertraut zu machen, deren Kenntnis zur Erfüllung ihrer in § 30 GVG umschriebenen Aufgaben erforderlich ist. Der für die Bemessung der Schöffenzahl aufgestellte Maßstab ist jedoch nicht absolut. Vielmehr ist § 43 Abs. 2 GVG schon nach seiner Fassung darauf angelegt, der Justizverwaltung einen gewissen Ermessensspielraum zu gewähren; so läßt die Vorschrift ausdrücklich – wie die Wahl des Wortes „voraussichtlich" zeigt – die Möglichkeit offen, daß ein Schöffe auch zu weniger als 12 Sitzungstagen im Jahr herangezogen wird (vgl. BGH, Urt. v. 12. 1. 1956 – 3 StR 420/55). Davon geht auch die gesetzliche Regelung des § 35 Nr. 2 GVG aus, wonach Personen, die im letzten Geschäftsjahr ihre Schöffenpflicht an wenigstens zehn Sitzungstagen erfüllt haben, die erneute Berufung zum Amt eines Schöffen ablehnen können. Unter diesen Umständen könnte sich nur die Frage stellen, ob die von der Revision beanstandete Überschreitung der Zahl 16, welche hier bei Annahme von 96 Sitzungstagen rein rechnerisch die Heranziehung jedes einzelnen Schöffen zu zwölf ordentlichen Sitzungstagen im Jahr gewährleistet hätte, einen Ermessensmißbrauch darstellt. Ein solcher ist aber weder vom Beschwerdeführer behauptet noch sonst ersichtlich. Die Einplanung vier weiterer Schöffen änderte das als wünschenswert vorgesehene Verhältnis zwischen Anzahl der Schöffen und Mindestzahl von 12 Sitzungstagen nur geringfügig. Sie war andererseits gerade deswegen vertretbar, weil sie – auf zwei Jahre berechnet (vgl. §§ 36, 40, 42 GVG) – dem erfahrungsgemäß häufig vorkommenden Wegfall von Schöffen und einer hierdurch bewirkten Mehrbelastung der verbleibenden Schöffen vorzubeugen geeignet war. Nach alledem hält sich die getroffene Verwaltungsentscheidung im Rahmen einer sachgerechten und daher im Ergebnis mit der Revision nicht angreifbaren Ermessensausübung.

§ 45 GVG

(1) Die Tage der ordentlichen Sitzungen des Schöffengerichts werden für das ganze Jahr im voraus festgestellt.

(2) Die Reihenfolge, in der die Hauptschöffen an den einzelnen ordentlichen Sitzungen des Jahres teilnehmen, wird durch Auslosung in öffentlicher Sitzung des Amtsgerichts bestimmt. Sind bei einem Amtsgericht mehrere Schöffengerichte eingerichtet, so kann die Auslosung in einer Weise bewirkt werden, nach der jeder Hauptschöffe nur an den Sitzungen eines Schöffengerichts teilnimmt. Die Auslosung ist so vorzunehmen, daß jeder ausgeloste Hauptschöffe möglichst zu zwölf Sitzungstagen herangezogen wird. Satz 1 gilt entsprechend für die Reihenfolge, in der die Hilfsschöffen an die Stelle wegfallender Schöffen treten (Hilfsschöffenliste); Satz 2 ist auf sie nicht anzuwenden.

(3) Das Los zieht der Richter beim Amtsgericht.

(4) Die Schöffenlisten werden bei einem Urkundsbeamten der Geschäftsstelle (Schöffengeschäftsstelle) geführt. Er nimmt ein Protokoll über die Auslosung auf. Der Richter beim Amtsgericht benachrichtigt die Schöffen von der Auslosung. Zugleich sind die Hauptschöffen von den Sitzungstagen, an denen sie tätig werden müssen, unter Hinweis auf die gesetzlichen Folgen des Ausbleibens in Kenntnis zu setzen. Ein Schöffe, der erst im Laufe des Geschäftsjahres zu einem Sitzungstag herangezogen wird, ist sodann in gleicher Weise zu benachrichtigen.

Erfolgreiche Rügen

1. Die Reihenfolge, in der die Hilfsschöffen an die Stelle wegfallender Schöffen treten, ist auszulosen (BGH Beschl. v. 26. 8. 1986 – 5 StR 415/86).

2. Auslosung der Listenstelle der Hilfsschöffen hat durch Bekanntmachung der öffentlichen Sitzung durch Aushang zu erfolgen (BGH Beschl. v. 20. 9. 1983 – 5 StR 189/83).

Erfolglose Rügen

1. Die Hilfsschöffen sind nicht jährlich, sondern nur einmal für die gesamte Wahlperiode auszulosen (BGH Beschl. v. 7. 3. 1989 – 5 StR 576/88).

2. Für die Herstellung der Öffentlichkeit bei der Schöffenauswahl ist es ausreichend, wenn hierauf durch Aushang am Vorzimmer des Landgerichts-Präsidenten hingewiesen wird (BGH Urt. v. 11. 6. 1985 – 1 StR 828/84).

3. Auslosungsvorgang durch den falschen Richter nicht angreifbar (BGH Urt. v. 6. 12. 1973 – 4 StR 554/73).

Erfolgreiche Rügen

1. Die Reihenfolge, in der die Hilfsschöffen an die Stelle wegfallender Schöffen treten, ist auszulosen.

GVG § 45 II – BGH Beschl. v. 26. 8. 1986 – 5 StR 415/86 (= BGHR GVG § 45 Abs. 2 Satz 4 Reihenfolge 1)

Die Revision rügt, das Gericht sei in der Person eines (Hilfs-)Schöffen nicht richtig besetzt gewesen, weil eine Auslosung der Reihenfolge, in der die Hilfsschöffen an die Stelle wegfallender Schöffen treten nicht stattgefunden hat.

Sachverhalt: Der Schöffe ist vom Wahlausschuß des Amtsgerichts Hildesheim am 8. November 1984 zum Hilfsschöffen für die Strafkammern des Landgerichts gewählt worden. Er wurde anstelle des nach § 54 Abs. 1 in Verb. mit § 77 Abs. 1 und Abs. 3 Satz 3 GVG von der Dienstleistung entbundenen Hauptschöffen K. zur Sitzung herangezogen. Eine Auslosung der Reihenfolge, in der die Hilfsschöffen an die Stelle wegfallender Schöffen treten hatte nicht stattgefunden. – Das Rechtsmittel hatte Erfolg.

Gründe: Das Gericht war mit dem Schöffen Franz H. nicht vorschriftsmäßig besetzt.

Eine Auslosung der Reihenfolge, in der die Hilfsschöffen an die Stelle wegfallender Schöffen treten (§ 45 Abs. 2 Satz 4 in Verb. mit § 77 Abs. 1 GVG), hatte nicht stattgefunden. Sie ist seit der Neuregelung durch das Strafverfahrensänderungsgesetz 1979 vorgeschrieben. Der Schöffe H. war daher nicht der gesetzliche Richter (BGH StV 1984, 192 [BGH Beschl. v. 28. 2. 1984 – 5 StR 1000/83; vgl. § 49 GVG erfolgreiche Rügen]). Das nötigt nach § 338 Nr. 1 StPO zur Aufhebung des Urteils und zur Zurückverweisung der Sache.

2. Auslosung der Listenstelle der Hilfsschöffen hat durch Bekanntmachung der öffentlichen Sitzung durch Aushang zu erfolgen.

GVG § 45 II; StPO § 338 Nr. 1 – BGH Beschl. v. 20. 9. 1983 – 5 StR 189/83 LG Bremen (= NStZ 1984, 89)

Die Revision rügt, das Gericht sei in der Person einer Hilfsschöffin nicht richtig besetzt gewesen, weil die gesamte Auslosung der Listenstelle der Hilfsschöffen in einer Sitzung stattgefunden habe, die das Gebot der Öffentlichkeit verletzt habe.

Sachverhalt: Die Listenstelle der Hilfsschöffen ist durch den Präsidenten des Landgerichts in dessen Dienstzimmer ausgelost worden. Zwar wurde der Auslosungstermin zu Beginn der Sitzung auf dem vor dem Zimmer gelegenen Flur ausgerufen. Eine Bekanntmachung der öffentlichen Sitzung durch Aushang war jedoch zu keiner Zeit und an keiner Stelle erfolgt. Die Wachtmeister in der Pförtnerloge des Landgerichts-Gebäudes waren über diese Sitzung nicht in Kenntnis gesetzt. – Das Rechtsmittel hatte Erfolg.

Gründe: Das Gericht war mit der Hilfsschöffin P. nicht vorschriftsmäßig besetzt (§ 338 Nr. 1 Halbs. 1 StPO). Damit war das Gebot der Öffentlichkeit der Sitzung nach § 45 II 1 i.V. mit § 77 I GVG verletzt. Die Anforderungen an die Herstellung von Öffentlichkeit bei der Schöffenauslosung, bei der es um den gesetzlichen Richter geht, können nicht geringer sein als die Voraussetzungen der Öffentlichkeit nach §§ 169 ff. GVG. Der Grundsatz der Öffentlichkeit gebietet allerdings nicht, daß jedermann aus dem Publikum weiß, wann und wo eine öffentliche gerichtliche Sitzung stattfindet. Es reicht aus, daß jedermann die Möglichkeit hat, sich ohne besondere Schwierigkeiten davon Kenntnis zu verschaffen. Daran fehlte es hier. Denn die Sitzung war nicht mit einer schriftlichen Bekanntmachung angekündigt worden und auch nicht in der Pförtnerloge des Gebäudes zu erfragen; außerdem fand sie in einem sonst nicht für öffentliche Sitzungen genutzten Raum statt.

Daß es sich hierbei um einen schwerwiegenden Mangel handelte, der die Kontrollmöglichkeiten bei der Schöffenauslosung wesentlich beeinträchtigte, hat der Präsident des Landgerichts richtig erkannt und dementsprechend bereits vor geraumer Zeit eine neue Auslosung der Haupt- und Hilfsschöffen vorgenommen.

Erfolglose Rügen

1. Die Hilfsschöffen sind nicht jährlich, sondern nur einmal für die gesamte Wahlperiode auszulosen.

GVG §§ 45 II, 49 IV, 77; StPO § 338 Nr. 1 – BGH Beschl. v. 7. 3. 1989 – 5 StR 576/88 LG Berlin (= BGHSt. 36, 138 = JR 1989, 479)

Die Revision rügt, die Strafkammer sei mit dem Schöffen G. nicht vorschriftsmäßig besetzt gewesen, weil dieser Schöffe der Kammer anstelle der von der Dienstleistung am 3. 3. 1988 entbundenen Hauptschöffin S. aus der Liste der für das Geschäftsjahr 1988 ausgelosten Hilfsschöffen zugewiesen worden sei. Der an die Stelle der weggefallenen Hauptschöffin tretende Hilfsschöffe hätte aus der Liste der für das Geschäftsjahr 1987 ausgelosten Hilfsschöffen zugewiesen werden müssen, weil die Befreiung der Hauptschöffin der Schöffengeschäftsstelle noch in diesem Jahr mitgeteilt worden war.

Der Sachverhalt ergibt sich aus der Revisionsbegründung. – Das Rechtsmittel war erfolglos.

Gründe: Die Revision hat allerdings damit recht, daß diese Zuweisung fehlerhaft war. Die Hilfsschöffen sind – anders als die Hauptschöffen – nicht für jedes Geschäftsjahr, sondern nur einmal für die vierjährige Wahlperiode auszulosen. § 45 Abs. 2 Satz 4 GVG besagt nichts anderes. Die Verweisung auf Absatz 2 Satz 1 dieser Vorschrift bezieht sich nicht auf den darin enthaltenen Relativsatz, da die Hilfsschöffen nicht für die „einzelnen ordentlichen Sitzungen des Jahres" auszulosen sind, sondern nur „die Reihenfolge, in der die Hilfsschöffen an die Stelle wegfallender Schöffen treten", durch das Los zu bestimmen ist. Eine jährliche Auslosung der Hilfsschöffen hat keinen Sinn. Sie würde auch der Vorschrift des § 49 Abs. 4 GVG widersprechen.

Danach ist ein Hilfsschöffe, der einem Sitzungstag zugewiesen worden ist, erst wieder heranzuziehen, nachdem alle anderen Hilfsschöffen ebenfalls zugewiesen oder von der Dienstleistung entbunden oder nicht erreichbar gewesen sind. Dieses Umlaufprinzip gilt für die ganze Wahlperiode, nicht nur für ein Geschäftsjahr. Nur so ist es möglich, alle Hilfsschöffen gleichmäßig zur Dienstleistung heranzuziehen.

Der Hilfsschöffe, der an die Stelle der befreiten Hauptschöffin zu treten hatte, war daher der Liste zu entnehmen, die erstmals für die 1985 begonnene Wahlperiode ausgelost war. Die späteren Auslosungen waren ungültig. Da die Revision nicht mitteilt, welcher Hilfsschöffe danach an der Reihe war, kann sie nach § 352 Abs. 1 StPO keinen Erfolg haben (vgl. BGH GA 1983, 180[1]).

2. Für die Herstellung der Öffentlichkeit bei der Schöffenauswahl ist es ausreichend, wenn hierauf durch Aushang am Vorzimmer des Landgerichts-Präsidenten hingewiesen wird.

GVG § 45 II – BGH Urt. v. 11. 6. 1985 – 1 StR 828/84 LG Nürnberg-Fürth (= NStZ 1985, 514)

Die Revision rügt, daß den Anforderungen an die Herstellung von Öffentlichkeit bei der Schöffenauslosung nicht genüge getan worden sei.

Sachverhalt: Die Auslosung der Schöffen fand im Dienstzimmer des Landgerichts-Präsidenten statt. Zwar war die zum Gang führende Tür dieses Zimmers verschlossen; an ihr befand sich aber ein Hinweis, wonach der Zugang über das unmittelbar daneben liegende Vorzimmer vorgesehen war. Am Vorzimmer wiederum war ein besonderer Aushang angebracht, durch den auf die öffentliche Auslosung der Schöffen hingewiesen wurde. Sowohl diese Tür als auch die Tür zwischen Vor- und Präsidentenzimmer standen während des Auslosungsvorgangs offen. Damit war jedermann der Zugang zu der Auslosung, die auch in einem ausreichend großen Zimmer stattfand, ohne weiteres möglich. – Das Rechtsmittel war erfolglos.

Gründe: Die auf eine Verletzung der §§ 45 II, 77 I GVG gestützte Besetzungsrüge ist unbegründet. Den Anforderungen an die Herstellung von Öffentlichkeit bei der Schöffenauslosung ist genügt worden.

Die Revision meint, der Auslosungstermin hätte außerdem den Bediensteten an der Pforte des Gerichts mitgeteilt werden müssen; nur so sei gewährleistet, daß jedermann sich ausreichend über den Termin hätte informieren können. Damit stellt die Revision indes zu hohe Anforderungen an die Herstellung der Öffentlichkeit. Das Gesetz schreibt nicht ausdrücklich vor, in welcher Weise dafür Sorge getragen werden muß, daß jedermann die Möglichkeit erhält, an einer Sitzung teilzunehmen, für die Öffentlichkeit vorgeschrieben ist. Nach der Rechtsprechung sind derartige Termine vorher durch Aushang bekannt zu geben (BGH, NStZ 1984, 89 [BGH Beschl. v. 20. 9. 1983 – 5 StR 189/83, vgl. § 45 GVG erfolgreiche Rügen]). Das ist hier durch den Aushang am Vorzimmer des Landgerichts-Präsidenten geschehen. Eine Unterrichtung der Wachtmeister an der Pforte, wie sie für Gerichtsverhandlungen vielfach üblich ist, empfiehlt sich zwar, da sie den Zugang des Publikums erleichtert; vorgeschrieben ist sie jedoch nicht. Jeder Interessierte kann sich ohne weiteres bei den Geschäftsstellen über anstehende Termine unterrichten, hier durch Anfrage bei der Schöffengeschäftsstelle, die mindestens 3 Tage zuvor vom Termin unterrichtet war. ...

---

1 Da die Hilfsstrafkammer die Verhandlung an einem ordentlichen Sitzungstag der Kammer begann, zu deren Entlastung sie gebildet war, und die ordentliche Strafkammer an diesem Tag jedenfalls keine neue Verhandlung begann, handelte es sich nicht um eine außerordentliche Sitzung der Hilfsstrafkammer, die nach § 48 GVG a.F. eine besondere Auslosung der Schöffen erforderlich gemacht hätte. Es waren vielmehr die für die ordentliche Strafkammer vorgesehenen und ausgelosten Schöffen heranzuziehen oder, wenn diese – durch Inanspruchnahme für die ordentliche Strafkammer oder anderweit – verhindert waren, Hilfsschöffen einzuberufen (§§ 49, 77 Abs. 1 GVG a.F.). Trotzdem kann die Verfahrensbeschwerde, mit der die besondere Auslosung der Schöffen gerügt wird, keinen Erfolg haben. Da die Revision nicht mitteilt, welche Schöffen bei richtiger Gesetzesanwendung zur Mitwirkung berufen waren, kann das Revisionsgericht nicht prüfen, ob die Strafkammer infolge der Auslosung „nicht vorschriftsmäßig besetzt" war (§§ 338 Nr. 1, 352 Abs. 1 StPO).

3. Auslosungsvorgang durch den falschen Richter nicht angreifbar.

GVG § 45 III – BGH Urt. v. 6. 12. 1973 – 4 StR 554/73 LG Siegen (= BGHSt. 25, 257)

Die Revision rügt, die Auslosung der Schöffen Sch. und M. durch den vom Präsidenten des Landgerichts hiermit beauftragten Vorsitzenden Richter am Landgericht S. habe nicht dem § 45 Abs. 3 in Verbindung mit § 77 Abs. 3 GVG entsprochen, weil nicht der Landgerichtspräsident die Lose gezogen habe, die Strafkammer sei daher nicht ordnungsgemäß besetzt gewesen.

Der Sachverhalt ergibt sich aus dem Revisionsvorbringen. – Das Rechtsmittel war erfolglos.

Gründe: ...

a) Zunächst ist festzustellen, daß die Vertretungsregelung des § 21h GVG, der in verallgemeinerter Form, aber ohne sachliche Änderungen den bisherigen § 66 Abs. 2 GVG ersetzt hat, nur die Geschäfte betrifft, die dem Präsidenten in richterlicher Unabhängigkeit als sogenannte „justizförmige" (im Gegensatz zur „reinen") Verwaltungstätigkeit obliegen. Daß der Gesetzgeber mit § 21h GVG für die „reine" Verwaltungstätigkeit eine unterschiedliche Vertretungsregelung hat einführen wollen, je nachdem, ob diese Verwaltungstätigkeit im Gerichtsverfassungsgesetz oder außerhalb desselben ihre rechtliche Grundlage findet, ist auszuschließen. Vielmehr gilt insoweit einheitlich § 13 der Verordnung zur einheitlichen Regelung der Gerichtsverfassung vom 20. März 1935, soweit er in das Landesrecht übernommen worden ist.

b) Wenn in Bestimmungen des GVG von dem „Landgerichtspräsidenten" gesprochen wird, ist deshalb in jedem Einzelfall zu prüfen, ob es sich um die Regelung einer „justizförmigen" oder einer „reinen" Verwaltungstätigkeit handelt. So ist z.B. bisher unbestritten, daß die Bestimmung der für jedes Amtsgericht erforderlichen Zahl von Haupt- und Hilfsschöffen, die der Landgerichtspräsident nach § 43 Abs. 1 GVG vorzunehmen hat, ebenso eine „reine" Verwaltungstätigkeit ist wie die ausdrücklich der Landesjustizverwaltung auferlegte Verteilung der Zahl der erforderlichen Hauptschöffen auf die zum Bezirk des Landgerichts gehörenden Amtsgerichtsbezirke gemäß § 77 Abs. 2 Satz 1 GVG.

c) Auch die dem Landgerichtspräsidenten bzw. Amtsrichter übertragene Auslosung der Schöffen (§§ 77 Abs. 3 Satz 1, 45 Abs. 2 und 3 GVG) spielt sich noch im Vorfeld der Laienrichterbestimmung ab. Sie dient als bloßer formaler Akt dem alleinigen Zweck, daß nur der Zufall, nämlich das Los, darüber entscheidet, welche Laienrichter als gesetzliche Richter zur Aburteilung einer Straftat berufen sind. Das Ziehen der Lose ist somit eine „reine" Verwaltungstätigkeit (so schon BGHSt. 3, 68, 69[1]). Deshalb konnte sich hier der Landgerichtspräsident entsprechend seiner allgemeinen Vertretungsanordnung vom 24. August 1972 bei der Auslosung der Schöffen durch einen Richter, nämlich den Vorsitzenden Richter am Landgericht S., wirksam vertreten lassen, auch wenn er selbst nicht verhindert war.

d) Im übrigen könnte die Revision selbst dann, wenn man das Auslosen der Schöffen als eine „justizförmige" Verwaltungstätigkeit ansehen wollte, hier keinen Erfolg haben. Denn es handelt sich beim Ziehen der Lose um einen bloßen formalen Akt, bei dem der Zufall in gleicher Weise bestimmend blieb, als wenn ihn der Landgerichtspräsident selbst vorgenommen hätte.

---

1 „Wird die Anzeige eines Richters von einem Verhältnis, das seine Ablehnung rechtfertigen könnte, für begründet erklärt, so ist er „von der Ausübung des Richteramtes", d.h. von jeder Art richterlicher Tätigkeit ausgeschlossen. Hierunter fällt nicht die Auslosung der Schöffen, weil sie eine reine Maßnahme der Justizverwaltung ist." (BGH Urt. v. 28. 9. 1952 – 2 StR 67/52).

§ 47 GVG

Wenn die Geschäfte die Anberaumung außerordentlicher Sitzungen erforderlich machen oder wenn zu einzelnen Sitzungen die Zuziehung anderer als der zunächst berufenen Schöffen oder Ergänzungsschöffen erforderlich wird, so werden Schöffen aus der Hilfsschöffenliste herangezogen.

Erfolgreiche Rügen

1. Schöffen für Hilfsstrafkammern werden zugewiesen, nicht ausgelost (BGH Beschl. v. 9. 11. 1982 – 5 StR 471/82).

Erfolgreiche Rügen

1. Schöffen für Hilfsstrafkammern werden zugewiesen, nicht ausgelost.

GVG §§ 47, 49 I, 77 I – BGH Beschl. v. 9. 11. 1982 – 5 StR 471/82 LG Berlin (= BGHSt. 31, 157 = NJW 1983, 185)

Die Revision rügt, daß die Schöffen einer während eines Geschäftsjahres gebildeten Hilfsstrafkammer nicht gemäß §§ 47, 49 Abs. 1, § 77 Abs. 1 GVG aus der Hilfsschöffenliste nach deren Reihenfolge zugewiesen, sondern gem. § 46 GVG ausgelost worden sind.

Sachverhalt: Das Präsidium des Landgerichts hatte mit Beschluß vom 12. 1. 1981 zur Entlastung der Strafkammer 6 eine Hilfsstrafkammer 6a zunächst für die Zeit vom 15. 2. bis zum 14. 7. 1981 gebildet und mit Beschluß vom 29. 4. 1981 diesen Zeitraum bis zum 15. 9. 1981 verlängert. Der Hilfsstrafkammer 6a wurden die in der Zeit vom 17. 9. bis zum 25. 11. 1980 bei der Strafkammer 6 eingegangenen und noch nicht erledigten Strafsachen mit Ausnahme der Wirtschaftsstrafsachen zugewiesen. Vorsitzender und Mitglieder der Hilfsstrafkammer wurden bestimmt. Während die ordentlichen Sitzungstage der Strafkammer 6 auf Montag und Donnerstag festgestellt worden waren, wurden für die Hilfsstrafkammer 6a Dienstag und Freitag als Sitzungstage vorgesehen. Der Präsident des Landgerichts loste die Schöffen für die Sitzungstage der Hilfsstrafkammer 6a in Anlehnung an die §§ 46, 77 GVG aus der Hilfsschöffenliste aus. Die Hauptverhandlung gegen den Angeklagten begann am 21. 8. 1981. Für diesen Tag waren die Schöffen B. und J. ausgelost worden. Sie haben an der Verhandlung teilgenommen. – Das Rechtsmittel hatte Erfolg.

Gründe: Die Schöffen für die Hilfsstrafkammer durften nicht nach §§ 46, 77 GVG ausgelost werden. Sie hätten vielmehr gemäß §§ 47, 49 Abs. 1, § 77 Abs. 1 GVG aus der Hilfsschöffenliste nach deren Reihenfolge zugewiesen werden müssen.

Das Gesetz erwähnt die Hilfsstrafkammern nicht. Sie werden durch das Präsidium bei vorübergehender Überlastung eines ständigen Spruchkörpers für begrenzte Zeit errichtet und gehören wie die Ferienkammern (§ 201 GVG) nicht zu den in § 60 GVG genannten „institutionellen" Kammern des Landgerichts (BGHSt. 21, 260, 261 [BGH Urt. v. 14. 6. 1967 – 2 StR 230/67; vgl. § 338 Nr. 1 StPO erfolglose Rügen]). Ihre Bildung stellt nur eine andere zulässige Art einer Regelung für die Verhinderung der Mitglieder der ordentlichen Strafkammer dar, als in den §§ 21e, 21f GVG vorgesehen ist. Die Hilfsstrafkammer vertritt die ordentliche Strafkammer in solchen Geschäften, die diese infolge anderweitiger Inanspruchnahme durch ihr zufallende Aufgaben nicht selbst erledigen kann. Daher sind auch die für die Strafkammer ausgelosten Schöffen an den für sie bestimmten Tagen ohne weiteres zu den Sitzungen der Hilfsstrafkammer einzuberufen, wenn sie an ihnen nicht von der ständigen Kammer benötigt werden (BGHSt. 25, 174, 175 [BGH Urt. v. 10. 4. 1973 – 1 StR 523/72; vgl. § 338 Nr. 1 StPO erfolglose Rügen]; BGH, Beschl. v. 22. 5. 1979 – 5 StR 251/79].

Beginnt die Hilfsstrafkammer die Hauptverhandlung nicht an einem ordentlichen Sitzungstag der Kammer, zu deren Entlastung sie gebildet worden ist, erstreckt sich aber voraussichtlich deren Dauer auf einen der folgenden Sitzungstage jener Kammer, so sind die für diesen Tag ausgelosten Schöffen, wenn sie von der ständigen Strafkammer nicht benötigt werden, heranzuziehen. Denn in diesem Fall handelt es sich um eine vorverlegte, nicht um eine außerordentliche Sitzung (BGHSt. 16, 63, 66 [BGH Urt. v. 25. 4. 1961 – 1 StR 618/60; vgl. § 338 Nr. 1 StPO erfolgreiche Rügen]; BGH, Beschl. v. 7. 11. 1978 – 5 StR 640/78; BGH GA 1980, 68 [BGH Urt. v. 7. 3. 1979; vgl. § 48 GVG erfolgreiche Rügen]).

Wenn dagegen die ständige Strafkammer die ausgelosten Schöffen zur gleichen Zeit benötigt (Kollision) oder wenn, wie hier, die Hilfsstrafkammer ihre Verhandlung an einem Tag beginnt, der kein ordentlicher Sitzungstag der ständigen Strafkammer ist, und der Vorsitzende auch keinen solchen Tag in die Terminplanung einbezieht, weil er mit einer kurzen Dauer der Verhandlung rechnet oder weil, wie hier, die Sitzungen der ordentlichen Strafkammer und der Hilfsstrafkammer an jeweils verschiedenen Tagen stattfinden, liegt eine außerordentliche Sitzung vor (§ 47 GVG). Für sie sind die Schöffen aus der Hilfsschöffenliste nach deren Reihenfolge zuzuweisen (§ 47 Abs. 1, § 77 Abs. 1 GVG).

§ 46 GVG ist auf die Hilfsstrafkammer nicht anzuwenden. Nach dieser Bestimmung sind, wenn während des Geschäftsjahres ein zusätzlicher Spruchkörper gebildet wird, für dessen ordentliche Sitzungen die benötigten Hauptschöffen gemäß § 45 Abs. 1, 2 Satz 1, Abs. 3, 4 GVG aus der Hilfsschöffenliste auszulosen. Die ausgelosten Schöffen werden in der Hilfsschöffenliste gestrichen. Die Vorschrift paßt, wie schon die Verweisung auf § 45 Abs. 1 GVG zeigt, nur auf die Bildung neuer ständiger Spruchkörper. Für sie können „die Tage der ordentlichen Sitzungen ... für das ganze Jahr im voraus" festgestellt werden. Dagegen werden Hilfs- und Ferienkammern nur für eine begrenzte Zeit errichtet. Es wäre unzweckmäßig, für diese oft kurz bemessene Zeitspanne Schöffen auszulosen, die nun in der Hilfsschöffenliste zu streichen wären und für den gesamten Rest der vierjährigen Wahlperiode Hauptschöffen würden. Das würde bei mehrfacher Bildung solcher kurzlebigen Spruchkörper zu einer Aufblähung der Hauptschöffenliste weit über die erforderliche Zahl (§§ 43, 77 Abs. 1 GVG) hinaus und zu einer vorschnellen Verringerung bei der Zahl der Hilfsschöffen führen, die eine Ergänzungswahl erforderlich machen könnte (§ 52 Abs. 6, § 77 Abs. 1 GVG).

Demgegenüber sind bei einer Heranziehung der für die ordentliche Strafkammer ausgelosten Schöffen oder, wenn dies nicht möglich ist, einer Zuweisung von Hilfsschöffen nach den §§ 47, 49 Abs. 1, § 77 Abs. 1 GVG erhebliche praktische Schwierigkeiten nicht zu befürchten. Die Gefahr, daß ein Schöffe in beiden Kammern zu langdauernden Verhandlungen herangezogen wird, ist gering. Geschieht dies einmal doch, kann er für die später beginnende Verhandlung auf seinen Antrag von der Dienstleistung befreit werden, weil ihm diese in zwei nebeneinander laufenden Großverfahren nicht zugemutet werden kann (§ 54 Abs. 1 GVG). Wirkt er trotzdem in beiden Verfahren mit, müssen die Termine für die Fortsetzungsverhandlungen auf verschiedene Tage gelegt werden, um Überschneidungen zu vermeiden.

Die Hilfsstrafkammer war daher mit den Schöffen B. und J. nicht vorschriftsmäßig besetzt. Dieser Fehler nötigt nach § 338 Nr. 1 StPO dazu, das angefochtene Urteil aufzuheben, soweit es den Angeklagten beschwert, und die Sache in diesem Umfang zurückzuverweisen.

§ 48 GVG

(1) Ergänzungsschöffen (§ 192 Abs. 2, 3) werden aus der Hilfsschöffenliste zugewiesen.

(2) Im Fall der Verhinderung eines Hauptschöffen tritt der zunächst zugewiesene Ergänzungsschöffe auch dann an seine Stelle, wenn die Verhinderung vor Beginn der Sitzung bekannt wird.

Erfolgreiche Rügen

1. Wenn in der für die Hauptverhandlung vorgesehenen Zeit eine andere Sitzung überhaupt nicht anberaumt ist, die ordentlichen Sitzungstage also zur Verfügung stehen, liegt keine außerordentliche Sitzung vor, für die Hilfsschöffen benötigt werden (BGH Urt. v. 7. 3. 1979 – 3 StR 466/78).

Erfolglose Rügen

1. Im Falle des Ausscheidens eines Hauptschöffen und dessen Ersatz noch vor der Hauptverhandlung ist der weitere Ersatz aus der Hilfsschöffenliste heranzuziehen (BGH Beschl. v. 12. 1. 1990 – 3 StR 276/88).

Erfolgreiche Rügen

1. Wenn in der für die Hauptverhandlung vorgesehenen Zeit eine andere Sitzung überhaupt nicht anberaumt ist, die ordentlichen Sitzungstage also zur Verfügung stehen, liegt keine außerordentliche Sitzung vor, für die Hilfsschöffen benötigt werden.

GVG § 48 – BGH Urt. v. 7. 3. 1979 – 3 StR 466/78 (= GA 1980, 68)

Die Revision rügt, die an dem Verfahren beteiligten Schöffen O. und R. seien von dem Vorsitzenden der Strafkammer am 5. 10. 1977 durch Auslosung ermittelt worden. Das sei unzulässig gewesen, weil es sich hier nicht um eine außerordentliche Sitzung im Sinne des § 48 GVG gehandelt habe. Sie sei nicht „zusätzlich zu den laufenden Sitzungen erforderlich geworden", wie sich schon daraus ergebe, daß der Dienstag als ordentlicher Sitzungstag der Strafkammer jeweils mit in Anspruch genommen worden sei. Zuständig seien „die Schöffen für den nächsten ordentlichen Sitzungstag" gewesen.

Sachverhalt: Am 18. 8. 1977 bestimmte der Vorsitzende Termin zur Hauptverhandlung gegen den Angeklagten auf den 31. 10. 1977 und weitere neun Tage, darunter die ordentlichen Sitzungstage 08. und 15. 11. 1977. In der Terminsanberaumung sah er – zutreffend – eine Vorverlegung des nächsten ordentlichen Sitzungstages (8. 11. 1977; der 1. 11. 1977 war ein Feiertag), die er mit der weiteren Vorbereitung einer für die Zeit vom 13. bis zum 20. 12. 1977 vorgesehenen anderen Hauptverhandlung begründete. In einer Verfügung vom 5. 10. 1977 brachte er dann jedoch unter Bezugnahme auf das Urteil des Bundesgerichtshofs vom 13. 11. 1973 – 1 StR 480/73 – seine Meinung zum Ausdruck, es sei geboten, die Sitzung gegen den Angeklagten als außerordentliche abzuhalten. Sodann wurden gemäß § 48 GVG die Schöffen G. und R. ausgelost, die demgemäß in der Hauptverhandlung gegen den Angeklagten mitwirkten. – Das Rechtsmittel hatte Erfolg.

Gründe: ... Dieses Vorbringen wird – entgegen der Meinung des Generalbundesanwalts – den Anforderungen des § 344 Abs. 2 Satz 2 StPO an die Zulässigkeit einer Revisionsrüge gerecht. Ihre Nachprüfung hat die erhobene Beanstandung bestätigt.

Die Besetzung der Strafkammer mit diesen Schöffen beanstandet die Revision mit Recht. Von der Teilnahme der gemäß § 45 GVG vor Beginn des Geschäftsjahres für die einzelnen ordentlichen Sitzungstage ausgelosten Schöffen an der Hauptverhandlung darf – außer in den gesetzlichen Verhinderungsfällen – nur abgesehen werden, wenn es erforderlich wird, neben den ordentlichen Sitzungen eine außerordentliche Sitzung abzuhalten. Das ist nicht der Fall, wenn in der für die Hauptverhandlung vorgesehenen Zeit eine andere Sitzung überhaupt nicht anberaumt ist, die ordentlichen Sitzungstage also zur Verfügung stehen. Umstände, die es nahelegen, mit dem Beginn der Hauptverhandlung nicht bis zum nächsten ordentlichen Sitzungstag zu warten, rechtfertigen lediglich eine Vorverlegung dieses Sitzungstages, die an der Zusammensetzung des Gerichts nichts ändert, nicht aber die Anberaumung einer außerordentlichen Sitzung mit einem anders zusammengesetzten Spruchkörper. Sonst wäre es möglich, durch Vorverlegung des Sitzungsbeginns nicht genehme Schöffen von der Teilnahme an der Hauptverhandlung auszuschließen und so den Angeklagten seinem gesetzlichen Richter zu entziehen.

Die dargelegten Grundsätze sind in der Rechtsprechung des BGH seit langem anerkannt (BGHSt. 11, 54 [BGH Urt. v. 5. 11. 1957 – 1 StR 254/57; vgl. § 338 Nr. 1 StPO erfolgreiche Rügen]; 15, 107, 110 [BGH Urt. v. 10. 8. 1960 – 2 StR 307/60; vgl. § 338 Nr. 1 StPO erfolgreiche Rügen]; 16, 63, 65 [BGH Urt. v. 25. 4. 1961 – 1 StR 618/60; vgl. § 338 Nr. 1 StPO erfolgreiche Rügen]; Urt. v. 16. 10. 1973 – 1 StR 393/73; Beschlüsse v. 7. 11. 1978 – 5 StR 640/78, v. 29. 11. 1978 – 4 StR 570/78 und v. 31. 1. 1979 – 4 StR 653/78). Aus dem Urteil des 1. Strafsenats vom 13. 11. 1973 – 1 StR 480/73, auf das sich der Vorsitzende der Strafkammer für seine Rechtsmeinung berufen hat, ergibt sich nichts anderes. Zwar wird in ihm, wie auch in anderen Erkenntnissen, hervorgehoben, daß der Vorsitzende nach pflichtgemäßem Ermessen bestimmt, ob und wann eine außerordentliche Sitzung anzuberaumen ist. Eine Ermessensüberschreitung lag aber damals nur deshalb nicht vor, weil der ordentliche Sitzungstag für eine eilige Haftsache, deren Eingang erwartet wurde, offengehalten werden sollte.

Der nach alledem klar zutage liegende Besetzungsfehler kann nicht etwa deshalb hingenommen werden, weil der Vorsitzende offensichtlich nicht in der Absicht handelte, den Angeklagten seinem gesetzlichen Richter zu entziehen, sondern einem Rechtsirrtum erlegen ist. Denn der Fehler beruht auf einer angesichts der ständigen Rechtsprechung des Bundesgerichtshofs nicht mehr vertretbaren Auslegung des Verfahrensrechts.

Erfolglose Rügen

1. Im Falle des Ausscheidens eines Hauptschöffen und dessen Ersatz noch vor der Hauptverhandlung ist der weitere Ersatz aus der Hilfsschöffenliste heranzuziehen.

GVG § 48 – BGH Beschl. v. 12. 1. 1990 – 3 StR 276/88 (= BGHR GVG § 48 Verhinderung 1)

Die Revision rügt, das Gericht sei in der Person eines Hilfsschöffen falsch besetzt gewesen, weil das Gericht rechtsfehlerhaft nach dem Ausscheiden eines Hauptschöffen und dem Ausscheiden des an seiner Stelle getretenen Ergänzungsschöffen noch vor der Hauptverhandlung dessen Ersatzmann aus der Hilfsschöffenliste nachrücken ließ.

Der Sachverhalt ergibt sich aus dem Revisionsvorbringen. – Das Rechtsmittel war erfolglos.

Gründe: Den in § 48 Abs. 2 GVG nicht ausdrücklich geregelten Fall, daß für den nach Verhinderung eines Hauptschöffen an seine Stelle getretenen Ergänzungsschöffen ebenfalls noch vor Beginn der Sitzung der Verhinderungsfall bekannt wurde, hat das Landgericht in nicht zu beanstandender Weise – jedenfalls rechtlich vertretbar – dahin entschieden, daß es den neuen aus der Hilfsschöffenliste zugewiesenen Ergänzungsschöffen nachrücken ließ.

§ 49 GVG

(1) Wird die Heranziehung von Hilfsschöffen zu einzelnen Sitzungen erforderlich (§§ 47, 48 Abs. 1), so werden sie aus der Hilfsschöffenliste in deren Reihenfolge zugewiesen.

(2) Wird ein Hauptschöffe von der Schöffenliste gestrichen, so tritt der Hilfsschöffe, der nach der Reihenfolge der Hilfsschöffenliste an nächster Stelle steht, unter seiner Streichung in der Hilfsschöffenliste an die Stelle des gestrichenen Hauptschöffen. Die Schöffengeschäftsstelle benachrichtigt den neuen Hauptschöffen gemäß § 45 Abs. 4 Satz 3, 4.

(3) Maßgebend für die Reihenfolge ist der Eingang der Anordnung oder Feststellung, aus der sich die Notwendigkeit der Heranziehung ergibt, bei der Schöffengeschäftsstelle. Die Schöffengeschäftsstelle vermerkt Datum und Uhrzeit des Eingangs auf der Anordnung oder Feststellung. In der Reihenfolge des Eingangs weist sie die Hilfsschöffen nach Absatz 1 den verschiedenen Sitzungen zu oder überträgt sie nach Absatz 2 in die Hauptschöffenliste. Gehen mehrere Anordnungen oder Feststellungen gleichzeitig ein, so sind zunächst Übertragungen aus der Hilfsschöffenliste in die Hauptschöffenliste nach Absatz 2 in der alphabetischen Reihenfolge der Familiennamen der von der Schöffenliste gestrichenen Hauptschöffen vorzunehmen; im übrigen ist die alphabetische Reihenfolge der Familiennamen der an erster Stelle Angeklagten maßgebend.

(4) Ist ein Hilfsschöffe einem Sitzungstag zugewiesen, so ist er erst wieder heranzuziehen, nachdem alle anderen Hilfsschöffen ebenfalls zugewiesen oder von der Dienstleistung entbunden oder nicht erreichbar (§ 54) gewesen sind. Dies gilt auch, wenn er selbst nach seiner Zuweisung von der Dienstleistung entbunden worden oder nicht erreichbar gewesen ist.

Erfolgreiche Rügen

1. Die Reihenfolge, in der die Hilfsschöffen an die Stelle wegfallender Schöffen treten, ist auszulosen (BGH Beschl. v. 28. 2. 1984 – 5 StR 1000/83).

2. Fehlerhafte Heranziehung von Hilfsschöffen (BGH Urt. v. 23. 10. 1981 – 2 StR 263/81).

Erfolgreiche Rügen

1. Die Reihenfolge, in der die Hilfsschöffen an die Stelle wegfallender Schöffen treten, ist auszulosen.

GVG § 49 II; StPO § 338 Nr. 1 – BGH Beschl. v. 28. 2. 1984 – 5 StR 1000/83 LG Verden (= StV 1984, 192 = NStZ 1984, 274)

Die Revision rügt, das Gericht sei in der Person einer (Hilfs-)Schöffin nicht richtig besetzt gewesen sei, weil eine Auslosung der Reihenfolge, in der die Hilfsschöffen an die Stelle wegfallender Schöffen treten, nicht stattgefunden habe.

Sachverhalt: Die Schöffin, die am 7. 10. 1980 zur Hilfsschöffin gewählt worden war, ist gemäß § 49 II i.V. mit § 77 I GVG an die Stelle der Hauptschöffin F. getreten, die durch Beschluß der Strafkammer vom 30. 12. 1980 gemäß § 52 I i.V. mit § 77 I, III 2 GVG von der Schöffenliste gestrichen worden war. Eine Auslosung der Reihenfolge, in der die Hilfsschöffen an die Stelle wegfallender Schöffen treten hat nicht stattgefunden. – Das Rechtsmittel hatte Erfolg.

Gründe: Mit der Schöffin P. war das Gericht nicht vorschriftsmäßig besetzt (§ 338 Nr. 1 StPO). An die Stelle eines gestrichenen Hauptschöffen tritt nach § 49 II i.V. mit § 77 I

GVG der Hilfsschöffe, der nach der Reihenfolge der Hilfsschöffenliste an nächster Stelle steht. Die Reihenfolge der Hilfsschöffenliste wird durch Auslosung bestimmt (§ 45 II 4 i.V. mit § 77 I, III GVG). Diese durch das Strafverfahrensänderungsgesetz 1979 vom 5. 10. 1978 (BGBl. I, 1645) eingeführte Neuregelung war auf die am 1. 1. 1981 beginnende Amtsperiode der Schöffen anzuwenden (Art. 8 VIII des genannten Gesetzes). Eine Auslosung der Reihenfolge, in der die Hilfsschöffen an die Stelle wegfallender Schöffen treten (§ 45 II 4 i.V. mit § 77 I GVG), hat hier nicht stattgefunden. Unerheblich ist, daß die Strafkammer bei der Streichung der Schöffin F. irrig angenommen hat, die damalige Hilfsschöffin P. sei „unter Nr. 1 der Hilfsschöffenliste ausgelost"; bedeutungslos ist auch, daß sich die Strafkammer bei ihrem Beschluß vom 30. 12. 1980 nicht auf ihre im Gesetz bezeichnete Aufgabe, die Hauptschöffin von der Schöffenliste zu streichen, beschränkt, sondern „angeordnet" hat, die Hilfsschöffin P. sei in die Hauptschöffenliste „einzutragen".

Der Verstoß gegen die eindeutige und für die Besetzung des Gerichts maßgebliche Bestimmung des § 45 II 4 i.V. mit § 77 GVG führt zur Aufhebung des Urteils und zur Zurückverweisung der Sache.

2. Fehlerhafte Heranziehung von Hilfsschöffen.

GVG § 49 II S. 1; StPO 338 Nr. 1 – BGH Urt. v. 23. 10. 1981 – 2 StR 263/81 LG Frankfurt/Main (= BGHSt. 30, 244 = NJW 1982, 294)

Die Revision rügt, daß der verstorbene Hauptschöffe K. durch den Hilfsschöffen B. (Nr. 15 der Hilfsschöffenliste) ersetzt und nicht statt seiner der damals an bereitester Stelle stehende Hilfsschöffe Nr. 66 herangezogen wurde. Sie hat den Einwand in der Verhandlung vor dem Beginn der Vernehmung des Angeklagten geltend gemacht.

Sachverhalt: Für die am 3. 10. 1980 beginnende Hauptverhandlung waren Walter M. und Gerd K. als Hauptschöffen ausgelost. Nachdem festgestellt worden war, daß der Schöffe K. verstorben war, faßte die zuständige Strafkammer am 23. 7. 1980 den Beschluß, daß an seine Stelle der unter Nr. 15 der Hilfsschöffenliste stehende Schöffe B. zu treten habe. Am 6. 8. 1980 erließ die Kammer den weiteren Beschluß, daß der Schöffe B. wegen Wegzugs aus dem Landgerichtsbezirk aus der Liste der Hilfsschöffen zu streichen sei und an seine Stelle der Hilfsschöffe Nr. 16 (Sch.) trete. Dieser beantragte mit einem am 21. 8. 1980 bei der Geschäftsstelle eingegangenen Schreiben seine Befreiung vom Schöffendienst in der vorliegenden Sache. Dem Gesuch wurde stattgegeben und für den Schöffen Sch. der Hilfsschöffe Nr. 67 der Hilfsschöffenliste (J.) herangezogen. Edgar J. hat neben Walter M. an der Hauptverhandlung mitgewirkt. Auf die Besetzungsrüge der Verteidigung hat die Strafkammer folgenden Beschluß verkündet:

„Der Besetzungseinwand wird als unbegründet zurückgewiesen. Das Verfahren der 3. Kammer bei Beschlußfassung am 23. 7. 1980 war nicht rechtsfehlerhaft, da nach § 49 Abs. II GVG derjenige Hilfsschöffe, der an nächster und nicht an bereitester Stelle steht, Hauptschöffe wurde. Dies war der Hilfsschöffe B. Nach dessen Streichung aus der Schöffenliste wurde der dann an nächster Stelle stehende Hilfsschöffe Sch. zum Hauptschöffen erklärt. Nach dessen Verhinderung war der nach § 49 Abs. 1 GVG an bereitester Stelle stehende Hilfsschöffe J. zu berufen. § 49 Abs. 3 GVG, wonach generell und im Einzelfall der an bereitester Stelle stehende Schöffe nachrückt, gilt erst ab 1. 1. 1981." – Das Rechtsmittel hatte Erfolg.

Gründe: Das Verfahren des Landgerichts bei der Auswahl der Schöffen führte zu nicht vorschriftsmäßiger Besetzung der erkennenden Schwurgerichtskammer.

Wie die oben mitgeteilten Listennummern der aus der Liste gewählten Hilfsschöffen, weiter der den Besetzungseinwand zurückweisende Beschluß der Strafkammer und schließlich in Übereinstimmung damit auch die dienstliche Stellungnahme des Landgerichtspräsidenten beweisen, ist das Landgericht für die Zeit zwischen dem 1. 1. 1979 und dem 1. 1. 1981 und damit auch im vorliegenden Verfahren beim Ersatz eines endgültig wegfallenden Hauptschöffen anders vorgegangen als bei der Heranziehung eines Hilfsschöffen für einen nur im Einzelfall verhinderten Hauptschöffen. Im ersten Fall zog sie den an der Spitze der Hilfsschöffenliste stehenden Hilfsschöffen (vgl. B. Nr. 15), im zweiten den an bereitester Stelle stehenden Hilfsschöffen (vgl. J. Nr. 67) heran. Dieses Verfahren entsprach nicht dem Gesetz.

Im vorliegenden Fall waren die Hilfsschöffen für die endgültig wegfallenden Hauptschöffen nach den Vorschriften des Gerichtsverfassungsgesetzes i.d.F. des Strafverfahrensänderungsgesetzes 1979 (StVÄG 1979) vom 5. 10. 1978 (BGBl. I 1645) heranzuziehen. Nach § 49 Abs. 2 Satz 1 GVG dieser Fassung, der – anders als § 49 Abs. 2 Satz 2 und Abs. 3 GVG n.F. – bereits am 1. 1. 1979 in Kraft getreten ist (Art. 8 Abs. 8, Art. 11 Abs. 1 StVÄG 1979), tritt an die Stelle eines in der Hauptschöffenliste gestrichenen Schöffen der „nach der Reihenfolge der Hilfsschöffenliste an nächster Stelle stehende" Hilfsschöffe, das heißt nicht der an der Spitze der Liste stehende Schöffe (so für das frühere Recht BGHSt. 10, 252 [BGH Urt. v. 8. 5. 1957 – 2 StR 174/57; vgl. § 338 Nr. 1 StPO erfolgreiche Rügen]), sondern der an „bereitester" Stelle stehende, der nunmehr nach Heranziehung und damit „Verbrauch" seiner Vorgänger als nächster für die Heranziehung zur Verfügung steht. Bei der Heranziehung von Hilfsschöffen ist mithin nicht mehr danach zu unterscheiden, ob ein Hilfsschöffe endgültig an die Stelle eines aus der Hauptschöffenliste gestrichenen Hauptschöffen tritt oder ob wegen zeitweiliger Verhinderung eines Hauptschöffen seine Heranziehung nur für einzelne Sitzungen erforderlich ist. Die gleiche Behandlung beider Fälle in § 49 Abs. 3 GVG nF macht dies ebenso deutlich wie der Inhalt der Gesetzesmaterialien, denen zufolge „die unterschiedliche Behandlung der Reihenfolge der Schöffen beseitigt" werden sollte (vgl. BRDrucks. 420/77 S. 28/29), indem auch im Falle der Streichung eines Hauptschöffen von der Schöffenliste der Hilfsschöffe, der „nach der Hilfsschöffenliste als nächster für eine Heranziehung an der Reihe ist", an die Stelle des gestrichenen Hauptschöffen tritt (BTDrucks. 8/976 S. 10, 63).

Hieraus folgt, daß das Landgericht für den in der Hauptschöffenliste zu streichenden Schöffen K. und dann den Schöffen B. nicht die jeweils an der Spitze der Hilfsschöffenliste stehenden Hilfsschöffen hätte heranziehen dürfen, sondern die in der Reihenfolge der Hilfsschöffenliste an „nächster", das heißt bereitester Stelle stehenden Hilfsschöffen unter Übernahme in die Hauptschöffenliste hätte heranziehen müssen. Das Verfahren des Landgerichts führte zu nicht vorschriftsmäßiger Besetzung des Gerichts, da jeweils für die wegfallenden Hauptschöffen nicht berufene Hilfsschöffen herangezogen wurden und dann die weitere Besetzung von deren Möglichkeit, das Schöffenamt auszuüben, abhing. Daß der an der Hauptverhandlung und Entscheidung schließlich mitwirkende Hilfsschöffe J. auch bei richtiger Sachbehandlung zum Schöffendienst im vorliegenden Verfahren berufen gewesen wäre, der Verfahrensfehler also auf die vorschriftsmäßige Besetzung der Schwurgerichtskammer keinen Einfluß hatte, kann der Senat nicht mit der erforderlichen Sicherheit feststellen.

§ 52 GVG

(1) Ein Schöffe ist von der Schöffenliste zu streichen, wenn

1. seine Unfähigkeit zum Amt eines Schöffen eintritt oder bekannt wird, oder

2. Umstände eintreten oder bekannt werden, bei deren Vorhandensein eine Berufung zum Schöffenamt nicht erfolgen soll.

(2) Auf seinen Antrag ist ein Schöffe aus der Schöffenliste zu streichen, wenn er während eines Geschäftsjahres an mehr als vierundzwanzig Sitzungstagen an Sitzungen teilgenom-

men hat. Bei Hauptschöffen wird die Streichung nur für Sitzungen wirksam, die später als zwei Wochen nach dem Tag beginnen, an dem der Antrag bei der Schöffengeschäftsstelle eingeht. Ist einem Hilfsschöffen eine Mitteilung über seine Heranziehung zu einem bestimmten Sitzungstag bereits zugegangen, so wird seine Streichung erst nach Abschluß der an diesem Sitzungstag begonnenen Hauptverhandlung wirksam.

(3) Der Richter beim Amtsgericht entscheidet nach Anhörung der Staatsanwaltschaft und des beteiligten Schöffen.

(4) Die Entscheidung ist nicht anfechtbar.

(5) Wird ein Hilfsschöffe in die Hauptschöffenliste übertragen, so gehen die Dienstleistungen vor, zu denen er zuvor als Hilfsschöffe herangezogen war.

(6) Hat sich die ursprüngliche Zahl der Hilfsschöffen in der Hilfsschöffenliste auf die Hälfte verringert, so findet aus den vorhandenen Vorschlagslisten eine Ergänzungswahl durch den Ausschuß statt, der die Schöffenwahl vorgenommen hatte. Der Richter beim Amtsgericht kann von der Ergänzungswahl absehen, wenn sie in den letzten sechs Monaten des Zeitraums stattfinden müßte, für den die Schöffen gewählt sind. Für die Bestimmung der Reihenfolge der neuen Hilfsschöffen gilt § 45 entsprechend mit der Maßgabe, daß die Plätze im Anschluß an den im Zeitpunkt der Auslosung an letzter Stelle der Hilfsschöffenliste stehenden Schöffen ausgelost werden.

Erfolgreiche Rügen

1. Beschluß über Streichung von der Schöffenliste gilt unabhängig davon, ob der Schöffe zu diesem Zeitpunkt Haupt- oder Hilfsschöffe war (BGH Urt. v. 3. 11. 1981 – 5 StR 566/81).

Erfolglose Rügen

1. Umzug eines Schöffen innerhalb desselben Landgerichtsbezirks unschädlich (BGH Urt. v. 23. 6. 1981 – 5 StR 268/81).

Erfolgreiche Rügen

1. Beschluß über Streichung von der Schöffenliste gilt unabhängig davon, ob der Schöffe zu diesem Zeitpunkt Haupt- oder Hilfsschöffe war.
GVG § 52 I 1 – BGH Urt. v. 3. 11. 1981 – 5 StR 566/81 LG Berlin (= BGHSt. 30, 255 = NJW 1982, 293 = StV 1982, 6)

Die Revision rügt, daß eine der Schöffinnen nicht berufen war, an der Verhandlung gegen den Angeklagten mitzuwirken.

Sachverhalt: Für diesen Sitzungstag der 16. großen Strafkammer war der Hauptschöffe Günter M. ausgelost worden. Er wurde aufgrund Beschlusses der 1. Strafkammer vom 8. 12. 1980 von der Schöffenliste gestrichen. An seine Stelle trat die Hilfsschöffin Anna L. Sie wurde deshalb unter Streichung in der Hilfsschöffenliste in die Hauptschöffenliste übertragen. Frau Anna L. hatte bereits mit Antrag vom 26. 11. 1980 gebeten, sie aus gesundheitlichen Gründen vom Schöffendienst zu befreien. Nachdem sie ein ärztliches Attest nachgereicht hatte, beschloß die 1. Strafkammer am 15. 12. 1980: „Die Hilfsschöffin (Nr. 14/81) Anna L. wird auf ihren Antrag vom 26. 11. 1980 und aufgrund des beigefügten ärztlichen Attestes des behandelnden Arztes Dr. Arnulf K. vom 9. 12. 1980 für die Geschäftsjahre 1981–1984 gem. §§ 77, 52 Abs. 1 Nr. 2, 33 Nr. 4 GVG von der Schöffenliste mit Zustimmung der Staatsanwaltschaft gestrichen". Der Beschluß ging am 17. 12. 1980 um 12.00 Uhr bei der Schöffengeschäftsstelle ein. Zu diesem Zeitpunkt stand der Hilfsschöffe Siegfried L. nach der Reihenfolge der Hilfsschöffenliste an nächster Stelle. Die Geschäftsstelle sandte den Beschluß an die 1. Strafkammer mit dem Bemerken zurück, daß Anna L. inzwischen Hauptschöffin geworden sei. Darauf beschloß die 1. Strafkammer am 22. 12. 1980, daß „die am 8. 12. 1980 auf die Hauptschöffenliste (Nr. 523/81) übertragene ehemalige Hilfsschöffin (Nr. 14/81) Anna L. für die Geschäftsjahre 1981–1984 gem. §§ 77, 52 Abs. 1 Nr. 2, 33 Nr. 4 GVG von der Hauptschöffenliste gestrichen" werde, und fügte hinzu: „Der Beschluß der Kammer vom 15. 12. 1980 ist gegenstandslos". Dieser neue Beschluß ging am 29. 12. 1980 um 9.00 Uhr bei der Schöffengeschäftsstelle ein. Zu dieser Zeit stand die Hilfsschöffin Gudrun L. auf der Hilfsschöffenliste an nächstbereiter Stelle. Sie wurde von der Geschäftsstelle in die Hauptschöffenliste übertragen und nahm darauf an der Verhandlung gegen den Angeklagten teil. – Das Rechtsmittel hatte Erfolg.

Gründe: Das entsprach nicht dem Gesetz. Wie die Revision mit Recht bemerkt, war der Eingang des Beschlusses vom 15. 12. 1980 bei der Schöffengeschäftsstelle dafür maßgebend, welcher Hilfsschöffe an die Stelle der gestrichenen Hauptschöffin Anna L. trat (§ 49 Abs. 3 GVG). Zwar hatte die 1. Strafkammer darin Frau L. als Hilfsschöffin bezeichnet, weil ihr noch nicht bekannt war, daß diese inzwischen Hauptschöffin geworden war. Da Frau L. jedoch allgemein vom Schöffendienst befreit werden wollte, also auch für den Fall ihrer Übertragung in die Hauptschöffenliste, und für die Streichung von dieser Liste keine anderen Voraussetzungen gelten als für die Streichung von der Hilfsschöffenliste, kam es für die Entscheidung nicht darauf an, ob Frau L. im Zeitpunkt der Beschlußfassung Hilfs- oder Hauptschöffin war. Maßgeblich war allein, ob die von ihr angeführten Gründe sie zum Amt des Schöffen „nicht geeignet" machten (§ 33 Nr. 4 GVG). Die 1. Strafkammer hat deshalb auch im Beschluß vom 15. 12. 1980 – übereinstimmend mit dem Gesetzeswortlaut (§ 52 GVG) – die Streichung der Frau L. „von der Schöffenliste" angeordnet, ohne zwischen Hilfs- und Hauptschöffenliste zu unterscheiden. Daher erfaßt schon eine wortgemäße Auslegung auch den Fall, daß die Schöffin inzwischen in die Hauptschöffenliste übertragen worden war. Erst recht gilt diese für ein sinngemäßes Verständnis des Beschlusses. Ein solches ist auch bei Entscheidungen geboten, die wie hier Fragen der Gerichtsbesetzung betreffen.

Demnach ist der Hilfsschöffe Siegfried L. an die Stelle der gestrichenen Hauptschöffin Anna L. getreten. Dieser Wechsel trat mit dem Eingang des Beschlusses vom 15. 12. 1980 bei der Schöffengeschäftsstelle kraft Gesetzes ein und war nicht von der Übertragung des bisherigen Hilfsschöffen in die Hauptschöffenliste abhängig (RGSt 65, 319, 321). Er ist auch nicht dadurch rückgängig gemacht worden, daß die 1. Strafkammer in ihrem Beschluß vom 22. 12. 1980 den früheren Beschluß als gegenstandslos bezeichnete. Die Anordnung, daß ein Schöffe in der Schöffenliste zu streichen sei, wird mit ihrem Eingang bei der Schöffengeschäftsstelle unwiderruflich (BGHSt. 30, 149 [BGH Urt. v. 2. 6. 1981 – 5 StR 175/81; vgl. § 338 Nr. 1 StPO erfolgreiche Rügen]). Der Beschluß vom 22. 12. 1980 ist deshalb wirkungslos.

Erfolglose Rügen

1. Umzug eines Schöffen innerhalb desselben Landgerichtsbezirks unschädlich.

GVG § 52 I Nr. 2 – BGH Urt. v. 23. 6. 1981 – 5 StR 268/81 LG Berlin (= StV 1982, 60)

Die Revision rügt, das Gericht sei in der Person einer Schöffin nicht richtig besetzt gewesen. Diese hätte aus der Schöffenliste des Landgerichts gestrichen werden müssen, weil sie nach ihrer Wahl in einen anderen Amtsgerichtsbezirk umgezogen sei.

Sachverhalt: An der Hauptverhandlung wirkte die Hauptschöffin K. mit. Sie wohnte im Zeitpunkt ihrer Wahl im Bezirk des Amtsgerichts N., verzog jedoch vor Beginn der Hauptverhandlung in den Verwaltungsbezirk W. – Das Rechtsmittel war erfolglos.

Gründe: Die Rüge greift nicht durch. Die Schöffin K. hat lediglich ihren Wohnsitz innerhalb des Bezirks des Landgerichts B., das sämtliche Verwaltungsbezirke in B. umfaßt, gewechselt. Davon wird ihre Fähigkeit zum Schöffenamt am Landgericht B. nicht berührt. Es kann deshalb auf sich beruhen, unter welchen Voraussetzungen eine nach Meinung der Revision unterbliebene Entscheidung nach §§ 77, 52 Abs. I GVG die Revision zu begründen vermag (vgl. BGH Urteil vom 23. 12. 1960 – 4 StR 496/60 in GA 1961, 206).

§ 54 GVG

(1) Der Richter beim Amtsgericht kann einen Schöffen auf dessen Antrag wegen eingetretener Hinderungsgründe von der Dienstleistung an bestimmten Sitzungstagen entbinden. Ein Hinderungsgrund liegt vor, wenn der Schöffe an der Dienstleistung durch unabwendbare Umstände gehindert ist oder wenn ihm die Dienstleistung nicht zugemutet werden kann.

(2) Für die Heranziehung von Hilfsschöffen steht es der Verhinderung eines Schöffen gleich, wenn der Schöffe nicht erreichbar ist. Ein Schöffe, der sich zur Sitzung nicht einfindet und dessen Erscheinen ohne erhebliche Verzögerung ihres Beginns voraussichtlich nicht herbeigeführt werden kann, gilt als nicht erreichbar. Ein Hilfsschöffe ist auch dann als nicht erreichbar anzusehen, wenn seine Heranziehung eine Vertagung der Verhandlung oder eine erhebliche Verzögerung ihres Beginns notwendig machen würde. Die Entscheidung darüber, daß ein Schöffe nicht erreichbar ist, trifft der Richter beim Amtsgericht. § 56 bleibt unberührt.

(3) Die Entscheidung ist nicht anfechtbar. Der Antrag nach Absatz 1 und die Entscheidung sind aktenkundig zu machen.

Erfolgreiche Rügen

1. Unwiderruflichkeit der Schöffenbefreiung (BGH Urt. v. 2. 6. 1981 – 5 StR 175/81).

Erfolglose Rügen

1. Entbindung eines Schöffen regelmäßig der revisionsgerichtlichen Nachprüfung entzogen (BGH Urt. v. 20. 1. 1981 – 5 StR 562/80).

Erfolgreiche Rügen

1. Unwiderruflichkeit der Schöffenbefreiung.
GVG §§ 49, 54; StPO § 338 Nr. 1 – BGH Urt. v. 2. 6. 1981 – 5 StR 175/81 LG Berlin
(= BGHSt. 30, 149 = NJW 1981, 2073 = StV 1981, 396 = NStZ 1981, 399 = JR 1982, 255)
Die Revision rügt, daß an der Hauptverhandlung ein Schöffe mitgewirkt hat, der zuvor von seiner Dienstverpflichtung entbunden worden war.

Sachverhalt: An der am 5. 9. 1980 begonnenen Hauptverhandlung hat der Schöffe K. mitgewirkt. Er war für diese Sitzung als Hauptschöffe ausgelost worden. Der Vorsitzende der Strafkammer hat ihn auf seinen Antrag mit Verfügung vom 25. 7. 1980 wegen urlaubsbedingter Ortsabwesenheit am Tage des Sitzungsbeginns von der Dienstleistung entbunden. Darauf wurde der Hilfsschöffe Kr. zu dieser Sitzung herangezogen. Mit Schreiben vom 25. 8. 1980 teilte der Schöffe K. mit, daß sein für Anfang September 1980 geplanter Urlaub nicht stattfinde und daß er als Schöffe an der Sitzung vom 5. 9. 1980 teilnehmen könne. Nunmehr ließ der Vorsitzende der Strafkammer den Schöffen K. zur Verhandlung laden und den Hilfsschöffen Kr. abbestellen.

Der Verteidiger hat den Einwand, daß das Gericht in der Person des Schöffen K. vorschriftswidrig besetzt sei, in der Hauptverhandlung vor Beginn der Vernehmung des Angeklagten zur Sache geltend gemacht. Die Strafkammer hat den Einwand zurückgewiesen. – Das Rechtsmittel hatte Erfolg.

Gründe: Die Besetzungsrüge ist nach § 338 Nr. 1 Halbsatz 2 Buchstabe b StPO zulässig. Sie scheitert auch nicht an § 336 Satz 2 StPO. Nach § 54 Abs. 3 GVG ist die Entbindung eines Schöffen unanfechtbar, nicht aber deren Widerruf.

Der Vorsitzende der Strafkammer hätte die Entbindung des Schöffen K. nicht widerrufen dürfen. Anstelle dieses Hauptschöffen hätte der Hilfsschöffe Kr. an der Verhandlung mitwirken müssen.

Während Berufsrichter bei ihrer Verhinderung durch einen anderen Richter vertreten werden (§ 21e Abs. 1, § 21f Abs. 2 GVG), sieht das Gesetz für die Schöffen keine derartige Regelung vor. Die Hilfsschöffen sind nicht Vertreter der Hauptschöffen, sondern treten an die Stelle wegfallender Schöffen. Das war nach der früheren Gesetzesfassung eindeutig (§ 42 Nr. 2 GVG a.F.: „Personen, die in der vom Ausschuß festgesetzten Reihenfolge an die Stelle wegfallender Schöffen treten"). Nach § 42 Abs. 1 Nr. 2 Satz 1 GVG i.d.F. des StVÄG 1979 sind Hilfsschöffen „Personen, die an die Stelle wegfallender Schöffen treten oder in den Fällen der §§ 46, 47 (GVG) als Schöffen benötigt werden". Die Änderung beruht darauf, daß nunmehr die Schöffen für zusätzliche Spruchkörper aus der Hilfsschöffenliste ausgelost(§ 46 GVG) und die Schöffen für außerordentliche Sitzungen aus der Hilfsschöffenliste herangezogen werden (§ 47 GVG). Dabei hat der Gesetzgeber in § 47 GVG die Heranziehung von Schöffen für außerordentliche Sitzungen und die Zuziehung anderer als der zunächst berufenen Schöffen zu den einzelnen Sitzungen zusammengefaßt. Daß hiermit keine Änderung des „Wegfallprinzips" für die bestimmten Sitzungstagen zugewiesenen Schöffen beabsichtigt war, ergibt sich aus den § 45 Abs. 2 Satz 4, § 77 Abs. 3 Satz 1 GVG i.d.F. des StVÄG 1979. Danach ist die Hilfsschöffenliste auch weiterhin „die Reihenfolge, in der die Hilfsschöffen an die Stelle wegfallender Schöffen treten".

Ein Schöffe ist „wegfallend", wenn er in der Schöffenliste zu streichen (§ 52 GVG), für eine einzelne Sitzung von der Dienstleistung entbunden (§ 54 Abs. 1 GVG) oder nicht erreichbar (§ 54 Abs. 2 GVG) ist. Der Wegfall muß durch richterliche Entscheidung angeordnet oder festgestellt worden sein. Die Entscheidung ist der Schöffengeschäftsstelle mitzuteilen. Der Eingang der Anordnung oder Feststellung bei der Geschäftsstelle ist maßgebend für die Reihenfolge, in der die Hilfsschöffen zu den einzelnen Sitzungen heranzuziehen oder in die Hauptschöffenliste zu übertragen sind (§ 49 GVG). Die Entscheidung wird mit ihrem Eingang bei der Schöffengeschäftsstelle unwiderruflich. Das versteht sich für die Anordnung der Streichung in der Schöffenliste von selbst. Wenn ein Schöffe in der Liste zu streichen, sein Amt mithin erloschen ist, kann er nicht durch eine gegenteilige Entscheidung wieder in das Schöffenamt eingesetzt werden. Entsprechendes muß auch für die Entbindung eines Schöffen von einer einzelnen Sitzung und von der Feststellung seiner Unerreichbarkeit gelten. Der Schöffe fällt mit dem Eingang der Anordnung oder Feststellung bei der Schöffengeschäftsstelle für die betreffende Sitzung weg. Er ist insoweit nicht mehr der gesetzliche Richter. An seine Stelle tritt derjenige Hilfsschöffe, der an bereitester Stelle auf der Liste steht (§ 49 GVG). Dabei bleibt es auch, wenn die Verhinderung später entfällt.

Die gegenteilige Ansicht würde zu Unsicherheit und Verfahrensverzögerungen führen. Wenn der Richter, der einen Schöffen von der Dienstleistung an einem bestimmten Sitzungstag entbunden oder seine Unerreichbarkeit festgestellt hat, diese Entscheidung bis zum Beginn der Sitzung ändern könnte, müßte dem Recht zum Widerruf eine Pflicht hierzu entsprechen. Denn die Zusammensetzung des Spruchkörpers kann nicht im Ermessen des Vorsitzenden liegen. Dieser müßte deshalb auf Antrag eines Verfahrensbeteiligten oder auch von Amts wegen vor dem Beginn der Sitzung prüfen, ob der angenommene Hinderungsgrund fortbesteht, z.B. der Schöffe die angekündigte Urlaubsreise angetreten hat und noch nicht zurückgekehrt ist. Dies würde oft schwierig, ja nahezu unmöglich sein und den Gang des Verfahrens aufhalten. Ob die Sache anders zu beurteilen wäre, wenn der Vorsitzende bei der Entbindung des Schöffen willkürlich gehandelt, mithin Artikel 101 Abs. 1 Satz 2 GG verletzt hätte, braucht nicht entschieden zu werden. Ein solcher Fall liegt hier nicht vor.

Die Mitwirkung des Schöffen K. entsprach daher nicht dem Gesetz. Dieser Fehler führt nach § 338 Nr. 1 StPO zur Aufhebung des Urteils und zur Zurückverweisung der Sache an eine andere Kammer des Landgerichts.

Erfolglose Rügen

1. Entbindung eines Schöffen regelmäßig der revisionsgerichtlichen Nachprüfung entzogen.

GVG § 54 – BGH Urt. v. 20. 1. 1981 – 5 StR 562/80 (= GA 1981, 382)

Die Revision rügt, das erkennende Gericht sei in der Person zweier Hilfsschöffen nicht richtig besetzt gewesen, weil die Entbindung der ursprünglich zuständigen Schöffinnen rechtwidrig gewesen sei.

Sachverhalt: Die Schöffin M. ist auf Grund eines ärztlichen Attestes wegen Erkrankung von der Dienstleistung entbunden worden, die Schöffin U. deswegen, weil auf einen Hauptverhandlungstag unverlegbar ein Abschnitt ihres Diplomexamens angesetzt war. – Das Rechtsmittel war erfolglos.

Gründe: Die Besetzungsrügen der Beschwerdeführer greifen nicht durch. Entgegen dem Revisionsvorbringen hat die Befreiung der für den Tag des Verhandlungsbeginns ausgelosten Schöffinnen M. und U. der Vorsitzende angeordnet. Beide Entscheidungen sind gemäß § 54 Abs. 3 GVG, § 336 Satz 2 StPO der revisionsgerichtlichen Nachprüfung regelmäßig entzogen. Der Vorwurf willkürlicher Richterentziehung ist nicht bewiesen. Soweit der Beschwerdeführer B. behauptet, die herangezogenen Hilfsschöffen hätten nicht an bereitester Listenstelle gestanden, ist die Besetzungsrüge nicht in zulässiger Weise (§ 344 Abs. 2 Satz 2 StPO) erhoben, weil die für die Reihenfolge der Heranziehung maßgebenden Zeitpunkte und der damalige Stand der Hilfsschöffenliste nicht mitgeteilt sind.

§ 74 GVG

(1) Die Strafkammern sind als erkennende Gerichte des ersten Rechtszuges zuständig für alle Verbrechen, die nicht zur Zuständigkeit des Amtsgerichts oder des Oberlandesgerichts gehören. Sie sind auch zuständig für alle Straftaten, bei denen eine höhere Strafe als vier Jahre Freiheitsstrafe oder die Unterbringung in einem psychiatrischen Krankenhaus, allein oder neben einer Strafe, oder in der Sicherungsverwahrung zu erwarten ist oder bei denen die Staatsanwaltschaft wegen der besonderen Bedeutung des Falles Anklage beim Landgericht erhebt (§ 24 Abs. 1 Nr. 3).

(2) Für die Verbrechen

1. des sexuellen Mißbrauchs von Kindern mit Todesfolge (§ 176b des Strafgesetzbuches),

§ 74 GVG

2. der sexuellen Nötigung und Vergewaltigung mit Todesfolge (§ 178 des Strafgesetzbuches),

3. des sexuellen Mißbrauchs widerstandsunfähiger Personen mit Todesfolge (§ 179 Abs. 6 in Verbindung mit § 176b des Strafgesetzbuches),

4. des Mordes (§ 211 des Strafgesetzbuches),

5. des Totschlags (§ 212 des Strafgesetzbuches),

6. (aufgehoben)

7. der Aussetzung mit Todesfolge (§ 221 Abs. 3 des Strafgesetzbuches),

8. der Körperverletzung mit Todesfolge (§ 227 des Strafgesetzbuches),

9. der Entziehung Minderjähriger mit Todesfolge (§ 235 Abs. 5 des Strafgesetzbuches),

10. der Freiheitsberaubung mit Todesfolge (§ 239 Abs. 4 des Strafgesetzbuches),

11. des erpresserischen Menschenraubes mit Todesfolge (§ 239 a Abs. 2 des Strafgesetzbuches),

12. der Geiselnahme mit Todesfolge (§ 239b Abs. 2 in Verbindung mit § 239a Abs. 2 des Strafgesetzbuches),

13. des Raubes mit Todesfolge (§ 251 des Strafgesetzbuches),

14. des räuberischen Diebstahls mit Todesfolge (§ 252 in Verbindung mit § 251 des Strafgesetzbuches),

15. der räuberischen Erpressung mit Todesfolge (§ 255 in Verbindung mit § 251 des Strafgesetzbuches),

16. der Brandstiftung mit Todesfolge (§ 306c des Strafgesetzbuches),

17. des Herbeiführens einer Explosion durch Kernenergie (§ 307 Abs. 1 bis 3 des Strafgesetzbuches),

18. des Herbeiführens einer Sprengstoffexplosion mit Todesfolge (§ 308 Abs. 3 des Strafgesetzbuches),

19. des Mißbrauchs ionisierender Strahlen gegenüber einer unübersehbaren Zahl von Menschen (§ 309 Abs. 2 und 4 des Strafgesetzbuches),

20. der fehlerhaften Herstellung einer kerntechnischen Anlage mit Todesfolge (§ 312 Abs. 4 des Strafgesetzbuches),

21. des Herbeiführens einer Überschwemmung mit Todesfolge (§ 313 in Verbindung mit § 308 Abs. 3 des Strafgesetzbuches),

22. der gemeingefährlichen Vergiftung mit Todesfolge (§ 314 in Verbindung mit § 308 Abs. 3 des Strafgesetzbuches),

23. des räuberischen Angriffs auf Kraftfahrer mit Todesfolge (§ 316a Abs. 3 des Strafgesetzbuches),

24. des Angriffs auf den Luft- und Seeverkehr mit Todesfolge (§ 316c Abs. 3 des Strafgesetzbuches),

25. der Beschädigung wichtiger Anlagen mit Todesfolge (§ 318 Abs. 4 des Strafgesetzbuches),

26. einer vorsätzlichen Umweltstraftat mit Todesfolge (§ 330 Abs. 2 Nr. 2 des Strafgesetzbuches)

ist eine Strafkammer als Schwurgericht zuständig. § 120 bleibt unberührt.

(3) Die Strafkammern sind außerdem zuständig für die Verhandlung und Entscheidung über das Rechtsmittel der Berufung gegen die Urteile des Strafrichters und des Schöffengerichts.

Erfolgreiche Rügen

1. Sachliche Zuständigkeit des Gerichts ist im Revisionsverfahren vorab als Verfahrensvoraussetzung von Amts wegen zu prüfen (BGH Beschl. v. 3. 8. 1995 – 4 StR 416/95).

2. Mehreren großen Strafkammern darf das Präsidium des Landgerichts Aufgaben als Schwurgericht nur zuweisen, wenn eine Schwurgerichtskammer voraussichtlich nicht in der Lage sein wird, den Geschäftsanfall zu bewältigen (BGH Urt. v. 11. 4. 1978 – 1 StR 576/77).

3. Ist für die Aburteilung der Tat, deren der Angeklagte verdächtig ist, bei richtiger sachlich-rechtlicher Würdigung ein Gericht höherer Ordnung zuständig, dann hat allein dieses zu entscheiden (BGH Urt. v. 13. 12. 1960 – 5 StR 341/60).

Erfolgreiche Rügen

1. Sachliche Zuständigkeit des Gerichts ist im Revisionsverfahren vorab als Verfahrensvoraussetzung von Amts wegen zu prüfen.

GVG § 74 – BGH Beschl. v. 3. 8. 1995 – 4 StR 416/95 LG Münster (StV 1995, 620 = BGHR StPO § 269 Unzuständigkeit 4)

Die Revision rügt, nicht die erkennende große Strafkammer sei für das Verfahren gegen den Angeklagten sachlich zuständig gewesen, sondern das Amtsgericht.

Sachverhalt: Das Landgericht hat den Angeklagten wegen sexuellen Mißbrauchs eines Kindes zu acht Monaten Freiheitsstrafe verurteilt. – Das Rechtsmittel hatte Erfolg.

Gründe: Nach st. Rspr. des Senats (BGHSt. 38, 172, 176 [BGH Beschl. v. 12. 12. 1991 – 4 StR 506/91; vgl. § 338 Nr. 4 StPO erfolgreiche Rügen]; 38, 212 [BGH Urt. v. 27. 2. 1992 – 4 StR 23/92; vgl. § 338 Nr. 4 StPO erfolgreiche Rügen]; 40, 120 [BGH Beschl. v. 21. 4. 1994 – 4 StR 136/94; vgl. § 338 Nr. 4 StPO erfolgreiche Rügen]) ist im Revisionsverfahren vorab als Verfahrensvoraussetzung von Amts wegen zu prüfen, ob der Tatrichter seine sachliche Zuständigkeit (§ 6 StPO) zu Recht angenommen hat und somit der zur Entscheidung in der Sache berufene „gesetzliche Richter" (Art. 101 Abs. 1 S. 2 GG) gewesen ist.

Dies muß hier verneint werden. Nach der an die Jugendkammer des Landgerichts gerichteten Anklageschrift vom 29. 9. 1994 wird dem Angeklagten zur Last gelegt, am 29. 7. 1994 sexuelle Handlungen an einem Kind vorgenommen zu haben, indem er einem zehnjährigen Jungen in der Umkleidekabine des Freibades über der Badehose an den Penis gefaßt und ihn dabei umarmt habe; die Anklageschrift umfaßt eine Seite.

Für die Aburteilung dieses Anklagevorwurfs war das Landgericht nach §§ 74 Abs. 1, 74d GVG unter keinem rechtlichen Gesichtspunkt sachlich zuständig, auch wenn der Angeklagte drei Jahre zuvor wegen eines ähnlichen Delikts zu vier Monaten Freiheitsstrafe mit Strafaussetzung zur Bewährung verurteilt worden war. Daß für die Tat eine Freiheitsstrafe von mehr als vier Jahren (§ 24 Abs. 1 Nr. 2 GVG) nicht in Betracht zu ziehen war, bedarf keiner näheren Ausführungen (vgl. BGHSt. 40, 120). Eine „besondere Bedeutung" (§ 24 Abs. 1 Nr. 3 GVG) kam der Sache gleichfalls nicht zu; dies wurde auch von der StA nicht geltend gemacht. Es kann dahinstehen, ob sich die besondere Bedeutung eines Falles auch aus den psychischen Auswirkungen der Straftat auf ein kindliches Opfer ergeben kann, wie dies bei dem Vorwurf sexuellen Mißbrauchs eines Kindes über einen Zeitraum von acht Jahren in 42 Einzelfällen angenommen worden ist (OLG Zweibrücken NStZ 1995, 357). Bei einem derart begrenzten, wenig gravierenden Schuldvorwurf, wie er hier gegeben ist, bei dem die Erheblichkeitsschwelle (§ 184c Nr. 1 StGB) nur gerade überstiegen ist, muß eine solche Bewertung jedenfalls ausscheiden.

Die Entscheidung der Jugendkammer, ihre sachliche Zuständigkeit zu bejahen, entfernt sich somit so weit von den gesetzlich festgelegten Maßstäben, daß sie unter keinem Gesichtspunkt mehr vertretbar war. Damit handelte die Jugendkammer (objektiv) willkürlich und entzog dadurch den Angeklagten seinem gesetzlichen Richter (BGHSt. 40, 120).

2. Mehreren großen Strafkammern darf das Präsidium des Landgerichts Aufgaben als Schwurgericht nur zuweisen, wenn eine Schwurgerichtskammer voraussichtlich nicht in der Lage sein wird, den Geschäftsanfall zu bewältigen.
GVG § 74 II – BGH Urt. v. 11. 4. 1978 – 1 StR 576/77 LG Stuttgart (= NJW 1978, 1594)

Die Revision rügt, daß für die in der vorliegenden Sache als Schwurgericht tätig gewordene 1. Strafkammer des Landgerichts eine wirksame Zuständigkeitsregelung nicht vorgelegen hätte.

Sachverhalt: Beim Landgericht waren für das Geschäftsjahr 1977 25 große Strafkammern eingerichtet. Vier Strafkammern waren Schwurgerichtskammern und in derselben Besetzung auch mit der Erledigung allgemeiner Strafsachen betraut. Der 1. Schwurgerichtskammer waren die Strafsachen mit den Anfangsbuchstaben A bis M zugewiesen; damit war die Hälfte aller anfallenden Schwurgerichtssachen erfaßt. Die andere Hälfte war auf drei weitere Schwurgerichtskammern verteilt. Auf die 5. Schwurgerichtskammer entfielen lediglich die Anfangsbuchstaben R, V bis X. Die 8. Strafkammer, personell identisch mit der 3. Schwurgerichtskammer, und die 10. Strafkammer, personengleich mit der 5. Schwurgerichtskammer, waren außerdem Spezialkammern für Wirtschaftsstrafsachen, die erfahrungsgemäß einen besonderen Arbeitsaufwand erfordern. Die 4. und 5. Schwurgerichtskammern waren zusätzlich als Berufungskammern eingesetzt. – Das Rechtsmittel hatte Erfolg.

Gründe: ...
I.
1. ...
2.

a) Im Gegensatz zum früheren Rechtszustand (vgl. BGHSt. 21, 191) ist die gleichzeitige Einrichtung mehrerer Schwurgerichte bei demselben Landgericht nunmehr zulässig, im Hinblick auf § 354 III StPO sogar geboten, soweit es um die Bildung einer „Auffangschwurgerichtskammer" geht. Mehreren großen Strafkammern darf das Präsidium des Landgerichts Aufgaben als Schwurgericht aber nur zuweisen, wenn eine Schwurgerichtskammer voraussichtlich nicht in der Lage sein wird, den Geschäftsanfall zu bewältigen (BGH, NJW 1978, 1273 [BGH v. 9. 2. 1978 – 4 StR 636/77]). Das folgt bereits aus dem Wortlaut des § 74 GVG, der ausdrücklich anordnet, daß für die dort genannten Strafsachen eine Strafkammer als Schwurgericht zuständig ist. Außerdem ergibt es sich aus Sinn und Zweck dieser Vorschrift. Gesetzgeberisches Ziel bei der Neugestaltung des § 74 GVG durch das 1. Strafverfahrensreformgesetz war die Konzentration der Schwurgerichtssachen bei einer einzigen Strafkammer. Eine Aufteilung dieser Sachen auf mehrere Schwurgerichtskammern sollte nur unter der Voraussetzung statthaft sein, daß eine Strafkammer sie nicht erledigen kann. Der Grund dafür liegt in dem Bestreben, eine möglichst einheitliche Beurteilung der Fälle der Schwerstkriminalität dadurch zu erreichen, daß bei der Aburteilung von Schwurgerichtssachen besonders erfahrene, mit spezieller Sachkunde ausgestattete Richter tätig werden, die ihr Erfahrungswissen aus fortdauernder ausschließlicher richterlicher Tätigkeit in Schwurgerichtssachen schöpfen. Schon die Materialien zum 1. Strafverfahrensreformgesetz lassen den Konzentrationsgrundsatz erkennen (vgl. dazu BGH, NJW 1978, 1273); inzwischen ist er in der Rechtsprechung und im übrigen Schrifttum weitgehend anerkannt (BGH, NJW 1978, 1273). Mit diesem Grundsatz ist es unvereinbar, daß das Präsidium des Landgericht eine bestimmte Anzahl der Strafkammern zugleich als Schwurgerichtskammern einrichtet und ihnen sowohl Schwurgerichtssachen als auch allgemeine Strafsachen zuweist, ohne zu beachten, daß die Schwurgerichtskammern allein mit Schwurgerichtssachen voll ausgelastet sein müssen, und daß bei der Mehrzahl der Schwurgerichtskammern das Schwergewicht dann auch noch bei der Erledigung der allgemeinen Strafsachen liegt. Wegen der Unsicherheiten, die in der Beurteilung des Geschäftsanfalls für ein kommendes Jahr liegen, räumt das Gesetz dem Präsidium insoweit einen Ermessensspielraum ein. Es ist deshalb nicht zu beanstanden, wenn sich das Präsidium in der Erwartung des künftigen Geschäftsanfalls in vertretbarem Umfang irrt. Anders ist die Geschäftsverteilung jedoch zu beurteilen, wenn das Erfordernis der Konzentration von vornherein außer acht gelassen ist. ...

c) So liegen die Dinge hier. ...

Schon ein Vergleich der Verhandlungstage und der Erledigungszahlen bei den einzelnen Schwurgerichtskammern läßt erkennen, daß die der 3., 4. und 5. Schwurgerichtskammer zugeteilten Schwurgerichtssachen nach dem Grundsatz der Konzentration neben der 1. Schwurgerichtskammer von einer weiteren allein mit Schwurgerichtssachen befaßten Kammer hätten erledigt werden können. Bei der 1. Schwurgerichtskammer waren im Geschäftsjahr 1977 30 Schwurgerichtsverfahren anhängig. Sie erledigte davon an 83 Verhandlungstagen 19. Auf die 3. Schwurgerichtskammer entfielen in demselben Zeitraum 6 anhängige Schwurgerichtsverfahren, darunter die umfangreiche Sache P. Sie erledigte an 13 Sitzungstagen lediglich 2, die 4. Schwurgerichtskammer hatte 11 anhängige Schwurgerichtssachen zu bewältigen und brachte davon an 16 Sitzungstagen 6 zum Abschluß, während die 5. Schwurgerichtskammer von 5 anhängigen Schwurgerichtsverfahren an 5 Sitzungstagen 3 Sachen erledigte. Den 83 Sitzungstagen der 1. Schwurgerichtskammer standen insgesamt 34 Verhandlungstage aller anderen Schwurgerichtskammern in Schwurgerichtssachen gegenüber. Das Präsidium rechnete für das Geschäftsjahr 1977 mit dem Eingang von etwa 60 Schwurgerichtsfällen. Da die 1. Schwurgerichtskammer, die zusätzlich Beschwerdegericht ist und im geringen Umfang auch allgemeine Strafsachen erledigt, allein mit 30 Schwurgerichtseingängen belastet war, war die Konzentration der anderen Schwurgerichtssachen bei einer weiteren Schwurgerichtskammer jedenfalls dann möglich, wenn beide Kammern von anderen Zuweisungen freigestellt wurden. Das Präsidium des Landgerichts hat daraus teilweise selbst die Folgerung gezogen, indem es für das Geschäftsjahr 1978 nunmehr drei Schwurgerichtskammern eingerichtet hat.

Ein noch ungünstigeres Bild ergibt sich, wenn die Belastung der einzelnen Kammern mit anderen Strafsachen in Betracht gezogen wird. Die 1. Schwurgerichtskammer urteilte als Große Strafkammer an 16 Verhandlungstagen 3 allgemeine Strafsachen ab. Demgemäß lag dort das Schwergewicht bei den Schwurgerichtssachen. Anders aber war die Relation bei den übrigen Schwurgerichtskammern. Die 3. Schwurgerichtskammer erledigte als Große Strafkammer an 72 Sitzungstagen von 16 anhängigen Wirtschaftsstrafsachen 6, an weiteren 16 Verhandlungstagen von 6 allgemeinen Strafsachen 5 und an 12 Verhandlungstagen von 24 Berufungssachen 16. Auf 2 erledigte Schwurgerichtssachen entfielen danach 27 Erledigungen in anderen Sachen, auf 13 Sitzungstage in Schwurgerichtssachen 100 Verhandlungstage in anderen Sachen. Die 4. Schwurgerichtskammer weist 40 anhängige allgemeine Strafsachen aus. Der Erledigung von 6 Schwurgerichtssachen an 16 Verhandlungstagen steht die Aburteilung von 21 allgemeinen Strafsachen an 60 Sitzungstagen gegenüber. Die 5. Schwurgerichtskammer, die an 5 Sitzungstagen 3 Schwurgerichtssachen erledigte, brachte als Große Strafkammer in Wirtschaftsstrafsachen an 45 Sitzungstagen 7 Sachen und an 41 Verhandlungstagen 38 Berufungssachen zum Abschluß. Die Belastung der 3. Schwurgerichtskammer mit anderen Sachen ging sogar so weit, daß der Vorsitzende dieser Kammer in einem Aktenvermerk ... zum Ausdruck brachte, er habe die Verteidiger darauf hingewiesen, daß die 3. Schwurgerichtskammer zugleich Wirtschaftsstrafkammer sei und wegen ihrer starken Belastung mit großen Wirtschaftsstrafsachen nicht in der Lage sei, sich kurzfristig in die äußerst umfangreichen Akten P einzuarbeiten.

d) Damit ist der Grundsatz der Konzentration verletzt. Die vom Gesetzgeber erstrebte Zusammenfassung der Schwurgerichtssachen, die auch deren zügiger Erledigung dienen soll, war durch die Geschäftsverteilung nicht erreicht. Bei der 3. Schwurgerichtskammer hatten die Wirtschaftsstrafsachen nicht nur ein beträchtliches Übergewicht, sondern auch noch zeitlichen Vorrang. Auch bei der 4. und 5. Schwurgerichtskammer lag das Schwergewicht bei den anderen Strafsachen. Die Geschäftsverteilung des Landgerichts für das Geschäftsjahr 1977 entsprach deshalb insoweit nicht dem Gesetz.

II.

Infolge der mit dem Gesetz nicht zu vereinbarenden Geschäftsverteilung war das erkennende Schwurgericht nicht vorschriftsmäßig besetzt. Daß dieselbe Besetzung sich auch bei Einhaltung der Vorschrift des § 74 I GVG ergeben hätte, läßt sich weder für die Berufsrichter noch für die Schöffen mit hinreichender Sicherheit feststellen. Das angefochtene Urteil muß deshalb nach § 338 Nr. 1 StPO aufgehoben werden.

3. Ist für die Aburteilung der Tat, deren der Angeklagte verdächtig ist, bei richtiger sachlichrechtlicher Würdigung ein Gericht höherer Ordnung zuständig, dann hat allein dieses zu entscheiden.

GVG § 74 II (§ 80 a.F.), § 338 Nr. 4 – BGH Urt. v. 13. 12. 1960 – 5 StR 341/60 (= GA 1962, 149)

Die Revisionen der Staatsanwaltschaft und des Angeklagten rügen, die erkennende Strafkammer sei sachlich nicht zuständig gewesen, weil gegen den Angeklagten ein nicht allzu fern liegender Verdacht bestanden habe, ein vorsätzliches Tötungsdelikt begangen zu haben und deshalb das Schwurgericht zuständig gewesen sei.

Sachverhalt: Das Landgericht hat den angeklagten wegen fahrlässiger Tötung verurteilt. Aus den zweifelsfreien Feststellungen des Landgerichts ergibt sich bei zutreffender sachlichrechtlicher Würdigung der dringende Verdacht, daß der Angeklagte einen tödlichen Treffer mindestens für möglich hielt und billigend in Kauf nahm (§ 212 StGB). Auch die Strafkammer hat einen solchen Verdacht nicht etwa für fernliegend gehalten, vielmehr in ihre Erwägungen einbezogen. – Das Rechtsmittel hatte Erfolg.

Gründe: Die Sache gehörte nicht vor die Strafkammer, sondern nach § 80 GVG vor das Schwurgericht. Das war auch im Revisionsrechtszuge von Amts wegen zu beachten (vgl. BGHSt. 7, 26, 28 [BGH Urt. v. 2. 11. 1954 – 5 StR 492/54; vgl. § 338 Nr. 4 StPO erfolgreiche Rügen]). Aus den zweifelsfreien Feststellungen des Landgerichts ergibt sich bei zutreffender sachlichrechtlicher Würdigung der dringende Verdacht, daß der Angeklagte einen tödlichen Treffer mindestens für möglich hielt und billigend in Kauf nahm (§ 212 StGB). Auch die Strafkammer hat einen solchen Verdacht nicht etwa für fernliegend gehalten, vielmehr in ihre Erwägungen einbezogen. Darüber zu entscheiden, fiel aber nicht in die sachliche Zuständigkeit der Strafkammer. Ist für die Aburteilung der Tat, deren der Angeklagte verdächtig ist, bei richtiger sachlichrechtlicher Würdigung nach dem Gesetz ein Gericht höherer Ordnung zuständig, dann hat allein dieses Gericht über die Bejahung oder Verneinung des Tatbestandes zu entscheiden. Nur ihm steht die Sachentscheidungsbefugnis nach der positiven und negativen Seite zu, und nur es ist in einem solchen Falle der gesetzliche Richter. Es kann hier offenbleiben, ob der Entscheidung BGHSt. 1, 346, 347 (BGH Urt. v. 2. 10. 1951 – 1 StR 434/51; vgl. § 338 Nr. 4 StPO erfolglose Rügen und § 338 Nr. 5 StPO erfolgreiche Rügen) zuzustimmen ist; denn dort lag der Sachverhalt anders. Im vorliegenden Falle bestand der Verdacht, daß der Angeklagte eine nicht in die Zuständigkeit des erkennenden Gerichts fallende Straftat begangen habe, auch noch bei der Urteilsfällung fort. Deshalb hat der Senat das Urteil aufgehoben sind die Sache gemäß § 355 StPO an das Schwurgericht zurückverwiesen.

§ 74c GVG

(1) Für Straftaten

1. nach dem Patentgesetz, dem Gebrauchsmustergesetz, dem Halbleiterschutzgesetz, dem Sortenschutzgesetz, dem Markengesetz, dem Geschmacksmustergesetz, dem Urheberrechtsgesetz, dem Gesetz gegen den unlauteren Wettbewerb, dem Aktiengesetz, dem Gesetz über die Rechnungslegung von bestimmten Unternehmen und Konzernen, dem Gesetz betreffend die Gesellschaften mit beschränkter Haftung, dem Handelsgesetzbuch, dem Gesetz zur Ausführung der EWG-Verordnung über die Europäische wirtschaftliche Interessenvereinigung, dem Genossenschaftsgesetz und dem Umwandlungsgesetz,

2. nach den Gesetzen über das Bank-, Depot-, Börsen- und Kreditwesen sowie nach dem Versicherungsaufsichtsgesetz und dem Wertpapierhandelsgesetz,

3. nach dem Wirtschaftsstrafgesetz 1954, dem Außenwirtschaftsgesetz, den Devisenbewirtschaftungsgesetzen sowie dem Finanzmonopol-, Steuer- und Zollrecht, auch soweit dessen Strafvorschriften nach anderen Gesetzen anwendbar sind; dies gilt nicht, wenn dieselbe Handlung eine Straftat nach dem Betäubungsmittelgesetz darstellt, und nicht für Steuerstraftaten, welche die Kraftfahrzeugsteuer betreffen,

4. nach dem Weingesetz und dem Lebensmittelrecht,

5. des Subventionsbetruges, des Kapitalanlagebetruges, des Kreditbetruges, des Bankrotts, der Gläubigerbegünstigung und der Schuldnerbegünstigung,

5a. der wettbewerbsbeschränkenden Absprachen bei Ausschreibungen sowie der Bestechlichkeit und Bestechung im geschäftlichen Verkehr,

6. a) des Betruges, des Computerbetruges, der Untreue, des Wuchers, der Vorteilsgewährung, der Bestechung und des Vorenthaltens und Veruntreuens von Arbeitsentgelt,

b) nach dem Arbeitnehmerüberlassungsgesetz und dem Dritten Buch Sozialgesetzbuch,

soweit zur Beurteilung des Falles besondere Kenntnisse des Wirtschaftslebens erforderlich sind,

ist, soweit nach § 74 Abs. 1 als Gericht des ersten Rechtszuges und nach § 74 Abs. 3 für die Verhandlung und Entscheidung über das Rechtsmittel der Berufung gegen die Urteile des Schöffengerichts das Landgericht zuständig ist, eine Strafkammer als Wirtschaftsstrafkammer zuständig.

(2) In den Sachen, in denen die Wirtschaftsstrafkammer nach Absatz 1 zuständig ist, trifft sie auch die in § 73 Abs. 1 bezeichneten Entscheidungen.

(3) Die Landesregierungen werden ermächtigt, zur sachdienlichen Förderung oder schnelleren Erledigung der Verfahren durch Rechtsverordnung einem Landgericht für die Bezirke mehrerer Landgerichte ganz oder teilweise Strafsachen zuzuweisen, welche die in Absatz 1 bezeichneten Straftaten zum Gegenstand haben. Die Landesregierungen können die Ermächtigung durch Rechtsverordnung auf die Landesjustizverwaltungen übertragen.

(4) Im Rahmen des Absatzes 3 erstreckt sich der Bezirk des danach bestimmten Landgerichts auf die Bezirke der anderen Landgerichte.

Erfolglose Rügen

1. Einrichtung einer zweiten Wirtschaftsstrafkammer auch bei nicht 100%iger Auslastung der ersten zulässig (BGH Urt. v. 22. 4. 1983 – 3 StR 420/82).

Erfolglose Rügen

1. Einrichtung einer zweiten Wirtschaftsstrafkammer auch bei nicht 100%iger Auslastung der ersten zulässig.

GVG § 74c – BGH Urt. v. 22. 4. 1983 – 3 StR 420/82 LG Düsseldorf (= BGHSt. 31, 323 = NJW 1983, 2335)

Die Revision rügt einen Verstoß gegen den in § 74c GVG zum Ausdruck gekommenen Konzentrationsgrundsatz, weil beide Strafkammern gleichmäßig nur zu je 72% ihrer Leistungsfähigkeit mit Wirtschaftsstrafsachen und außerdem zu je 28% mit allgemeinen Strafsachen befaßt waren. Sie meint, statt dessen hätte die eine Wirtschaftsstrafkammer voll mit Wirtschaftsstrafsachen ausgelastet werden müssen und der anderen (neben allgemeinen Strafsachen) nur der danach verbleibende Überhang zugewiesen werden dürfen.

Der Sachverhalt ergibt sich aus dem Revisionsvorbringen. – Das Rechtsmittel war erfolglos.

Gründe: Die erkennende III. große Strafkammer (Wirtschaftsstrafkammer) des Landgerichts war nicht auf Grund einer fehlerhaften Geschäftsverteilung unvorschriftsmäßig besetzt (§ 338 Nr. 1 StPO). Die Angeklagten sind auch nicht durch eine solche Geschäftsverteilung ihrem gesetzlichen Richter entzogen worden (Art. 101 Abs. 1 Satz 2 GG). Sie bezweifeln selbst nicht, daß wegen des Geschäftsanfalls beim Landgericht zwei Wirtschaftsstrafkammern eingerichtet werden mußten. Es kann auf sich beruhen, ob die Rügen nicht schon daran scheitern müssen, daß es sich bei diesem Strafverfahren um eine Devisen-, Zoll- und Steuerstrafsache im Sinne des § 74c Abs. 1 Nr. 3 GVG handelt, für die die erkennende Strafkammer nach dem Geschäftsverteilungsplan ausschließlich zuständig war. Falls nämlich der Geschäftsanfall – so wie hier – die Einrichtung von zwei Wirtschaftsstrafkammern notwendig macht, darf das Präsidium die Wirtschaftsstrafsachen jedenfalls dann gleichmäßig auf beide Kammern verteilen, wenn der Schwerpunkt ihrer Zuständigkeit trotz gleichzeitiger Zuweisung allgemeiner Strafsachen eindeutig bei den Wirtschaftsstrafverfahren (§ 74c Abs. 1 GVG) bleibt. Damit wird ihrer Eigenschaft als Spezialspruchkörper ausreichend Rechnung getragen. So ist es nach den angegebenen Prozentzahlen im vorliegenden Fall. Diese Beurteilung widerspricht nicht den Grundsätzen der § 74 Abs. 2 GVG betreffenden Entscheidungen BGHSt. 27, 349 und 31, 327 (BGH Urt. v. 22. 4. 1983 – 3 StR 420/82; vgl. §§ 244 III S. 2 Var. 5, 338 Nr. 5 StPO, § 74c GVG erfolglose Rügen). Denn dort ging es um die hier nicht zweifelhafte Frage, wie viele Spezialkammern (dort: Schwurgerichtskammern) nach dem Geschäftsanfall hätten eingerichtet werden dürfen.

§ 76 GVG

(1) Die Strafkammern sind mit drei Richtern einschließlich des Vorsitzenden und zwei Schöffen (große Strafkammer), in Verfahren über Berufungen gegen ein Urteil des Strafrichters oder des Schöffengerichts mit dem Vorsitzenden und zwei Schöffen (kleine Strafkammer) besetzt. Bei Entscheidungen außerhalb der Hauptverhandlung wirken die Schöffen nicht mit.

(2) Bei der Eröffnung des Hauptverfahrens beschließt die große Strafkammer, daß sie in der Hauptverhandlung mit zwei Richtern einschließlich des Vorsitzenden und zwei Schöffen besetzt ist, wenn nicht die Strafkammer als Schwurgericht zuständig ist oder nach dem Umfang oder der Schwierigkeit der Sache die Mitwirkung eines dritten Richters notwendig erscheint. Ist eine Sache vom Revisionsgericht zurückverwiesen worden, kann die nunmehr zuständige Strafkammer erneut nach Satz 1 über ihre Besetzung beschließen.

(3) In Verfahren über Berufungen gegen ein Urteil des erweiterten Schöffengerichts (§ 29 Abs. 2) ist ein zweiter Richter hinzuzuziehen. Außerhalb der Hauptverhandlung entscheidet der Vorsitzende allein.

Erfolgreiche Rügen

1. Beschluß über die Gerichtsbesetzung auch dann erforderlich, wenn die Zuständigkeit des Landgerichts durch eine Verweisung der Sache nach §§ 225 a, 270 StPO begründet wird (BGH Beschl. v. 7. 6. 2000 – 5 StR 193/00).

Erfolgreiche Rügen

1. Beschluß über die Gerichtsbesetzung auch dann erforderlich, wenn die Zuständigkeit des Landgerichts durch eine Verweisung der Sache nach §§ 225a, 270 StPO begründet wird.

GVG § 76 II – BGH Beschl. v. 7. 6. 2000 – 5 StR 193/00 LG Bremen (= StV 2000, 155 = NStZ-RR 2001, 244)

Die Revision rügt, daß das Landgericht in der Besetzung mit nur zwei Berufsrichtern (und zwei Schöffen) entschieden hat, obwohl es einen entsprechenden Beschluß nach § 76 II GVG nicht gefaßt hatte.

Der Sachverhalt ergibt sich aus dem Revisionsvorbringen. – Das Rechtsmittel hatte Erfolg.

Gründe: Die Rüge ist zulässig, weil – wie die Revision vollständig mitgeteilt hat – die Große Strafkammer die Hauptverhandlung nicht nach § 222 a II StPO zur Prüfung der Besetzung unterbrochen hat (§ 338 Nr. 1 lit. c StPO).

Die Rüge ist auch begründet. Die Revision beanstandet zu Recht, daß das Landgericht in der Besetzung mit nur zwei Berufsrichtern (und zwei Schöffen) entschieden hat, obwohl es einen entsprechenden Beschluß nach § 76 II GVG nicht gefaßt hatte. Ein solcher Beschluß war nicht etwa deshalb entbehrlich, weil das Hauptverfahren zunächst vor dem Schöffengericht eröffnet worden war, das die Sache gem. § 270 II StPO an das Landgericht verwiesen hatte. Zwar sieht § 76 II GVG nach seinem Wortlaut die Möglichkeit für die Große Strafkammer, über ihre variable Besetzung zu beschließen, (nur) „bei der Eröffnung des Hauptverfahrens" vor. Nach Sinn und Zweck dieser durch das Gesetz zur Entlastung der Rechtspflege vom 11. 1. 1993 (BGBl. I, 50) eingeführten Regelung kann aber nichts anderes gelten, wenn die Zuständigkeit des Landgerichts durch eine Verweisung der Sache nach §§ 225a, 270 StPO begründet wird (BGHSt. 44, 361 [362] [BGH Urt. v. 11. 2. 1999 – 4 StR 657/98; vgl. § 338 Nr. 1 StPO erfolglose Rügen]).

Da es hier an einer Beschlußfassung der Großen Strafkammer gänzlich fehlt, kann offen bleiben, ob unter Geltung des Rechtspflegeentlastungsgesetzes die regelmäßige Besetzung der Großen Strafkammer die mit zwei Richtern (BGHSt. 44, 361 [362]) oder die mit drei Richtern (BGHSt. 44, 328 [331] [BGH Urt. v. 23. 12. 1998 – 3 StR 343/98; vgl. § 338 Nr. 1 StPO erfolglose Rügen]) ist, und ob anhand des Regel-/Ausnahmeverhältnisses einem Eröffnungsbeschluß (oder einem Übernahmebeschluß gem. § 225a III StPO), der sich zur Besetzung nicht ausdrücklich verhält, konkludent eine Entscheidung für die eine oder andere Besetzung entnommen werden kann (vgl. dazu auch BGHR GVG § 76 Abs. 2 Besetzungsbeschluß 1).

§ 77 GVG

(1) Für die Schöffen der Strafkammern gelten entsprechend die Vorschriften über die Schöffen des Schöffengerichts mit folgender Maßgabe:

(2) Der Präsident des Landgerichts verteilt die Zahl der erforderlichen Hauptschöffen für die Strafkammern auf die zum Bezirk des Landgerichts gehörenden Amtsgerichtsbezirke. Die Hilfsschöffen wählt der Ausschuß bei dem Amtsgericht, in dessen Bezirk das Landgericht seinen Sitz hat. Hat das Landgericht seinen Sitz außerhalb seines Bezirks, so bestimmt die Landesjustizverwaltung, welcher Ausschuß der zum Bezirk des Landgerichts gehörigen Amtsgerichte die Hilfsschöffen wählt. Ist Sitz des Landgerichts eine Stadt, die Bezirke von zwei oder mehr zum Bezirk des Landgerichts gehörenden Amtsgerichten oder Teile davon umfaßt, so gilt für die Wahl der Hilfsschöffen durch die bei diesen Amtsgerichten gebildeten Ausschüsse Satz 1 entsprechend; die Landesjustizverwaltung kann bestimmte Amtsgerichte davon ausnehmen. Die Namen der gewählten Hauptschöffen und der Hilfsschöffen werden von dem Richter beim Amtsgericht dem Präsidenten des Landgerichts mitgeteilt. Der Präsident des Landgerichts stellt die Namen der Hauptschöffen zur Schöffenliste des Landgerichts zusammen.

(3) An die Stelle des Richters beim Amtsgericht tritt für die Auslosung der Reihenfolge, in der die Hauptschöffen an den einzelnen ordentlichen Sitzungen teilnehmen, und der Reihenfolge, in der die Hilfsschöffen an die Stelle wegfallender Schöffen treten, der Präsident des Landgerichts; § 45 Abs. 4 Satz 3, 4 gilt entsprechend. Die Entscheidung darüber, ob ein Schöffe von der Schöffenliste zu streichen ist, sowie über die von einem Schöffen vorgebrachten Ablehnungsgründe trifft eine Strafkammer. Im übrigen tritt an die Stelle des Richters beim Amtsgericht der Vorsitzende der Strafkammer.

(4) Ein ehrenamtlicher Richter darf für dasselbe Geschäftsjahr nur entweder als Schöffe für das Schöffengericht oder als Schöffe für die Strafkammern bestimmt werden. Ist jemand für dasselbe Geschäftsjahr in einem Bezirk zu mehreren dieser Ämter oder in mehreren Bezirken zu diesen Ämtern bestimmt worden, so hat der Einberufene das Amt zu übernehmen, zu dem er zuerst einberufen wird.

Erfolglose Rügen

1. Die Schöffenplätze der Strafkammern müssen auch auf die zum Bezirk des Landgerichts gehörenden Amtsgerichte verteilt werden, in denen eine auswärtige Strafkammer tagt (BGH Urt. v. 24. 6. 1986 – 5 StR 114/86).

2. Getrennte Auswahl der Schöffen für große und kleine Strafkammern unzulässig (BGH Urt. v. 30. 7. 1975 – 3 StR 27/28/75).

Erfolglose Rügen

1. Die Schöffenplätze der Strafkammern müssen auch auf die zum Bezirk des Landgerichts gehörenden Amtsgerichte verteilt werden, in denen eine auswärtige Strafkammer tagt.

GVG § 77 II 1; StPO § 338 Nr. 1 – BGH Urt. v. 24. 6. 1986 – 5 StR 114/86 LG Bremen (= BGHSt. 34, 121 = NJW 1986, 2585)

Die Revision rügt, daß der Präsident des Landgerichts die Schöffenplätze bei den Bremer Strafkammern nicht auf den Bezirk des Amtsgerichts Bremerhaven mit verteilt hat, weil bei diesem Amtsgericht eine gemäß § 78 Abs. 1 GVG gebildete auswärtige Strafkammer besteht.

Der Sachverhalt ergibt sich aus dem Revisionsvorbringen. – Das Rechtsmittel war erfolglos.

Erfolglose Rügen   Nr. 1 § 77 GVG

Gründe:

a) Nach § 77 Abs. 2 Satz 1 GVG ist die Zahl der für die Strafkammern beim Landgericht (§ 60 GVG) erforderlichen Hauptschöffen auf die zum Bezirk des Landgerichts gehörenden Amtsgerichtsbezirke zu verteilen. Daß hierbei der örtliche Bereich der bei einem Amtsgericht bestehenden Strafkammer auszunehmen ist, ordnet das Gesetz nicht an. Aus § 78 Abs. 3 GVG folgt keine Einschränkung des § 77 Abs. 2 Satz 1 GVG. In jener Vorschrift wird lediglich ergänzend bestimmt, wie die Haupt- und Hilfsschöffen für die auswärtige Strafkammer gewählt und ausgelost werden müssen.

Eine Ausgrenzung des Bezirks der auswärtigen Kammer folgt auch nicht aus anderem Grund.

Allerdings ist, worauf der Generalbundesanwalt für seine gegenteilige Ansicht abhebt, diese Strafkammer im Verhältnis zu den anderen in bestimmten Beziehungen als selbständiger Gerichtskörper anzusehen. Das gilt indes nur, soweit die örtliche Zuständigkeit in Frage kommt (BGH bei Dallinger MDR 1958, 566; BGHSt. 18, 176, 177 [BGH Urt. v. 21. 12. 1962 – 4 StR 224/62; vgl. § 338 Nr. 1 StPO erfolgreiche Rügen]). Im übrigen ist die auswärtige Kammer Teil des Landgerichts (BGHSt. 18, 176, 177). Ihr Bezirk ist bei der Verteilung nach § 77 Abs. 2 Satz 1 GVG entgegen der Ansicht des Schwurgerichts auch nicht deshalb auszunehmen, weil sonst das mit ihrer Bildung verfolgte Ziel verfehlt würde und außerdem die Bevölkerung dieses Bezirks bei der Strafrechtsprechung überrepräsentiert wäre. Letzteres läßt sich durch eine den gegebenen Verhältnissen entsprechende Zuweisung der Schöffenplätze vermeiden. Dabei ist es dem pflichtgemäßen Ermessen des Landgerichtspräsidenten überlassen, wie er die Anzahl der Schöffen für jeden einzelnen Amtsgerichtsbezirk bestimmt. Er kann dabei die Anzahl der Gerichtseingesessenen zum Maßstab nehmen oder die Zahl der Schöffen nach den aus dem Amtsgerichtsbezirk erfahrungsgemäß zu erwartenden Strafverfahren bestimmen, er kann aber auch andere sachdienliche Gesichtspunkte heranziehen. Die Last einer großen Entfernung zum Landgerichtssitz bleibt dann immer noch einem Großteil der im Bezirk der auswärtigen Kammer wohnenden Hauptschöffen abgenommen.

Hiernach war die Schöffenzuweisung an die Strafkammern in der Stadt Bremen fehlerhaft.

b) Das begründet jedoch nicht die Revision.

In der Rechtsprechung des Bundesgerichtshofs ist anerkannt, daß nicht jeder Fehler bei der Schöffenheranziehung zu einer vorschriftswidrigen Besetzung des Gerichts im Sinne des § 338 Nr. 1 StPO führt (u.a. BGHSt. 25, 66, 71; 26, 206, 208 ff. [BGH Urt. v. 14. 10. 1975 – 1 StR 108/75; vgl. § 338 Nr. 1 StPO erfolglose Rügen]; 27, 105, 107 [BGH Urt. v. 26. 1. 1977 – 2 StR 613/76; vgl. § 338 Nr. 1 StPO erfolglose Rügen]; 29, 283, 287 f. [BGH Urt. v. 10. 6. 1980 – 5 StR 464/79; vgl. § 338 Nr. 1 StPO erfolglose Rügen]; 33, 290, 292 ff. [BGH Urt. v. 13. 8. 1985 – 1 StR 330/85; vgl. § 338 Nr. 1 StPO erfolglose Rügen]). Aus dem Fehler, der hier dem Landgerichtspräsidenten unterlaufen ist, läßt sich eine vorschriftswidrige Besetzung nicht herleiten, denn dieser Fehler wiegt nicht schwer (vgl. BGHSt. 29, 283, 287 f.).

Das Gesetz weicht von dem in § 77 Abs. 2 Satz 1 GVG aufgestellten Grundsatz einer flächendeckenden Repräsentation der Bevölkerung bei der Strafrechtsprechung der Gerichte, deren Jurisdiktion sie untersteht, mehrfach ab. So sind nach § 77 Abs. 2 Satz 2 GVG die Hilfsschöffen für die Strafkammern am Landgericht nur aus dem örtlichen Bereich des Amtsgerichts zu wählen, in dessen Bezirk das Landgericht seinen Sitz hat. Ferner sind die Schöffen der für den gesamten Bezirk eines Oberlandesgerichts zuständigen Staatsschutzkammer (§ 74a GVG) oder einer gemäß § 77 Abs. 3, § 74 d GVG für die Bezirke mehrerer Landgerichte zuständigen anderen Spezialkammer nach § 77 Abs. 2 Satz 1 GVG nur aus dem Bezirk des Landgerichts heranzuziehen, bei dem die Kammer besteht. Das genannte Prinzip ist daher entgegen der Ansicht von Wagner in JR 1981, 170, 171 nicht von elementarer Bedeutung. Überdies wäre es durch eine gesetzesentsprechende Schöffenzuweisung an die stadtbremischen Strafkammern nicht unbedingt gewahrt worden.

Nach der dienstlichen Äußerung des Landgerichtspräsidenten waren von diesen Kammern in der vorangegangenen Wahlperiode jährlich 595 bis 675 Verfahren zu bearbeiten. Hiervon kamen höchstens sechs Verfahren aus dem Bezirk des Amtsgerichts Bremerhaven. Eine wesentliche Änderung dieses Zahlenverhältnisses war nicht zu erwarten. Demnach hätten dem Amtsgerichtsbezirk Bremerhaven nur einige wenige der für die stadtbremischen Strafkammern erforderlichen 116 Schöffenplätze zugewiesen werden müssen. Daß die hierauf gewählten Schöffen gerade für die Strafkammern, deren sachliche Zuständigkeit Verfahren aus dem Bremerhavener Bezirk erfaßt, ausgelost worden wären, ist sehr unwahrscheinlich.

Nach alledem wiegt der gerügte Fehler bei der Schöffenplatzverteilung nicht schwer. Er hat daher nicht zu einer vorschriftswidrigen Besetzung des Schwurgerichts geführt.

Der Beschwerdeführer ist auch nicht im Sinne von Artikel 101 Abs. 1 Satz 2 GG seinem gesetzlichen Richter entzogen worden. Der Verfahrensfehler beruht nicht auf sachfremden Erwägungen, sondern auf dem verständlichen Rechtsirrtum, daß angesichts des verschwindend geringen Anteils von Verfahren aus dem Bremerhavener Bezirk an den für die stadt-bremischen Strafkammern anfallenden Sachen eine Zuweisung von Schöffen aus jenem Bezirk nicht geboten sei, weil sie der Zielsetzung des § 77 Abs. 2 Satz 1 GVG nicht Genüge tun könne.

2. Getrennte Auswahl der Schöffen für große und kleine Strafkammern unzulässig.
GVG § 77 – BGH Urt. v. 30. 7. 1975 – 3 StR 27/28/75 (= GA 1976, 141)

Die Revision rügt, das Gericht sei in der Person der Schöffen nicht richtig besetzt gewesen, weil diese entgegen dem Gesetz vom Wahlausschuß getrennt nach großen und kleinen Strafkammern ausgewählt worden seien.

Sachverhalt: Wahlausschüsse der Amtsgerichte (§ 40 GVG) des Landgerichtsbezirks H. haben der bereits vom Präsidenten vorgenommenen Unterscheidung entsprechend die Schöffen für das Landgericht getrennt nach solchen für die großen und die kleinen Strafkammern ausgewählt. – Das Rechtsmittel war erfolglos.

Gründe: ... Nicht nur die Reihenfolge der Heranziehung der Schöffen innerhalb der Kammer, sondern ebenso ihre Zuteilung zu den Kammern und dabei auch die – nicht selbständig vorzunehmende – Verteilung auf die großen und die kleinen Strafkammern geschieht durch das Los (vgl. BGH, Urt. v. 24. 6. 1975 – 1 StR 626/74).

Darin liegt indes kein Verstoß gegen Art. 101 Abs. 1 Satz 2 GG, § 16 Satz 2 GVG. Es entspricht der ständigen Rechtsprechung des Bundesverfassungsgerichts wie des Bundesgerichtshofs (BVerfGE 29, 45, 48; BGHSt. 11, 106, 110 [BGH Urt. v. 22. 11. 1957 – 4 StR 497/57; vgl. § 338 Nr. 1 StPO erfolglose Rügen]; aus der Rechtsprechung des erk. Senats vgl. Urt. v. 8. 11. 1972 – 3 StR 339/71 S. 8), daß durch einen bloßen Rechtsirrtum – error in procedendo – niemand seinem gesetzlichen Richter entzogen wird. Das ist vielmehr erst dann der Fall, wenn die Maßnahme, Unterlassung oder Entscheidung des Gerichts auf Willkür beruht (vgl. etwa BVerfGE 23, 288, 320). Davon kann jedoch hier nicht die Rede sein. Das Gesetz (§ 77 GVG) macht immerhin eine Unterscheidung auch bei den Schöffen des Landgerichts zwischen denjenigen der Strafkammern und den Schöffen beim Schwurgericht, und es ist nicht so, daß sich für eine getrennte Auswahl auch der Schöffen für die großen und die kleinen Strafkammern kein vernünftiger Sinn finden ließe. Die ihr zugrunde liegende Rechtsauffassung war vertretbar, und das die Bestimmung des Schöffen für die einzelne Verhandlung nach dem Willen des Gesetzes beherrschende Zufallselement erfuhr keine den Grundsatz in Frage stellende Einschränkung. Der in der angeführten Entscheidung vom 24. 6. 1975 – 1 StR 626/74 – behandelte Fall lag insofern wesentlich anders, als dort die Schöffen für jede einzelne Strafkammer gesondert ausgewählt worden waren.

Die Strafkammer war somit auch in der Person der Schöffen nicht ordnungswidrig besetzt (§ 338 Nr. 1 StPO).

§ 120 GVG

(1) In Strafsachen sind die Oberlandesgerichte, in deren Bezirk die Landesregierungen ihren Sitz haben, für das Gebiet des Landes zuständig für die Verhandlung und Entscheidung im ersten Rechtszug

1. bei Friedensverrat in den Fällen des § 80 des Strafgesetzbuches,

2. bei Hochverrat (§§ 81 bis 83 des Strafgesetzbuches),

3. bei Landesverrat und Gefährdung der äußeren Sicherheit (§§ 94 bis 100 a des Strafgesetzbuches) sowie bei Straftaten nach § 52 Abs. 2 des Patentgesetzes, nach § 9 Abs. 2 des Gebrauchsmustergesetzes in Verbindung mit § 52 Abs. 2 des Patentgesetzes oder nach § 4 Abs. 4 des Halbleiterschutzgesetzes in Verbindung mit § 9 Abs. 2 des Gebrauchsmustergesetzes und § 52 Abs. 2 des Patentgesetzes,

4. bei einem Angriff gegen Organe und Vertreter ausländischer Staaten (§ 102 des Strafgesetzbuches),

5. bei einer Straftat gegen Verfassungsorgane in den Fällen der §§ 105, 106 des Strafgesetzbuches,

6. bei einer Zuwiderhandlung gegen das Vereinigungsverbot des § 129a, auch in Verbindung mit § 129b Abs. 1, des Strafgesetzbuches,

7. bei Nichtanzeige von Straftaten nach § 138 des Strafgesetzbuches, wenn die Nichtanzeige eine Straftat betrifft, die zur Zuständigkeit der Oberlandesgerichte gehört und

8. bei Straftaten nach dem Völkerstrafgesetzbuch.

(2) Diese Oberlandesgerichte sind ferner für die Verhandlung und Entscheidung im ersten Rechtszug zuständig

1. bei den in § 74a Abs. 1 bezeichneten Straftaten, wenn der Generalbundesanwalt wegen der besonderen Bedeutung des Falles nach § 74a Abs. 2 die Verfolgung übernimmt,

2. bei Mord (§ 211 des Strafgesetzbuches), Totschlag (§ 212 des Strafgesetzbuches) und den in § 129a Abs. 1 Nr. 2 und 3 des Strafgesetzbuches bezeichneten Straftaten, wenn ein Zusammenhang mit der Tätigkeit einer nicht oder nicht nur im Inland bestehenden Vereinigung besteht, deren Zweck oder Tätigkeit die Begehung von Straftaten dieser Art zum Gegenstand hat, und der Generalbundesanwalt wegen der besonderen Bedeutung des Falles die Verfolgung übernimmt,

3. bei Mord (§ 211 des Strafgesetzbuches), Totschlag (§ 212 des Strafgesetzbuches), Geiselnahme (§ 239b des Strafgesetzbuches), schwerer und besonders schwerer Brandstiftung (§§ 306a und 306b des Strafgesetzbuches), Brandstiftung mit Todesfolge (§ 306c des Strafgesetzbuches), Herbeiführen einer Explosion durch Kernenergie in den Fällen des § 307 Abs. 1 und 3 Nr. 1 des Strafgesetzbuches, Mißbrauch ionisierender Strahlen in den Fällen des § 309 Abs. 2 und 4 des Strafgesetzbuches, Herbeiführen einer Überschwemmung in den Fällen des § 313 Abs. 2 in Verbindung mit § 308 Abs. 2 und 3 des Strafgesetzbuches, gemeingefährlicher Vergiftung in den Fällen des § 314 Abs. 2 in Verbindung mit § 308 Abs. 2 und 3 des Strafgesetzbuches und Angriff auf den Luft- und Seeverkehr in den Fällen

des § 316c Abs. 1 und 3 des Strafgesetzbuches, wenn die Tat nach den Umständen bestimmt und geeignet ist,

a) den Bestand oder die äußere oder innere Sicherheit der Bundesrepublik Deutschland zu beeinträchtigen,

b) Verfassungsgrundsätze zu beseitigen, außer Geltung zu setzen oder zu untergraben oder

c) die Sicherheit der in der Bundesrepublik Deutschland stationierten Truppen des Nordatlantik-Pakts oder seiner nichtdeutschen Vertragsstaaten zu beeinträchtigen, und der Generalbundesanwalt wegen der besonderen Bedeutung des Falles die Verfolgung übernimmt.

Sie verweisen bei der Eröffnung des Hauptverfahrens die Sache in den Fällen der Nummer 1 an das Landgericht, in den Fällen der Nummern 2 und 3 an das Land- oder Amtsgericht, wenn eine besondere Bedeutung des Falles nicht vorliegt.

(3) In den Sachen, in denen diese Oberlandesgerichte nach Absatz 1 oder 2 zuständig sind, treffen sie auch die in § 73 Abs. 1 bezeichneten Entscheidungen. Sie entscheiden ferner über die Beschwerde gegen Verfügungen der Ermittlungsrichter der Oberlandesgerichte (§ 169 Abs. 1 Satz 1 der Strafprozeßordnung) in den in § 304 Abs. 5 der Strafprozeßordnung bezeichneten Fällen.

(4) Diese Oberlandesgerichte entscheiden auch über die Beschwerde gegen Verfügungen und Entscheidungen des nach § 74 a zuständigen Gerichts.

(5) Für den Gerichtsstand gelten die allgemeinen Vorschriften. Die beteiligten Länder können durch Vereinbarung die den Oberlandesgerichten in den Absätzen 1 bis 4 zugewiesenen Aufgaben dem hiernach zuständigen Gericht eines Landes auch für das Gebiet eines anderen Landes übertragen.

(6) Soweit nach § 142a für die Verfolgung der Strafsachen die Zuständigkeit des Bundes begründet ist, üben diese Oberlandesgerichte Gerichtsbarkeit nach Artikel 96 Abs. 5 des Grundgesetzes aus.

Erfolglose Rügen

1. Im Revisionsverfahren prüft der BGH von Amts wegen, ob das OLG die Anklage des Generalbundesanwalts rechtsfehlerfrei zur Hauptverhandlung zugelassen hat (BGH Urt. v. 22. 12. 2000 – 3 StR 378/00).

Erfolglose Rügen

1. **Im Revisionsverfahren prüft der BGH von Amts wegen, ob das OLG die Anklage des Generalbundesanwalts rechtsfehlerfrei zur Hauptverhandlung zugelassen hat.**

GVG § 120 II 1 Nr. 3 lit. a – BGH Urt. v. 22. 12. 2000 – 3 StR 378/00 OLG Rostock (= BGHSt. 46, 238 = NJW 2001, 1359 = NStZ 2001, 265)

Die Revisionen rügen, daß das Oberlandesgericht seine Zuständigkeit nach § 120 II 1 Nr. 3 lit. a GVG zu Unrecht angenommen hat.

Sachverhalt: Die zur Tatzeit zwischen 16 und 20 Jahren alten Angeklagten gehörten der rechtsextremistisch orientierten Jugendszene von Eggesin an. Sie waren in zwei so genannten Clubs mit Namen „Nationaler Widerstand Eggesin" und „Arischer Widerstand Eggesin" organisiert. Unter deren Mitgliedern, die sich gegenseitig als Kumpels bezeichneten, wurde rechtsradikales Gedankengut gepflegt, das sich insbesondere in ausgeprägtem Ausländerhass und der Propagierung der Reinhaltung einer weißen nordischen Rasse durch gewaltsames Fernhalten und der Vertreibung von als minderwertig betrachteten Ausländern äußerte. Bei den Zusammenkünften, denen die Angeklagten regelmäßig beiwohnten, wurden – zum Teil gewaltverherrlichende Videofilme angesehen, Lieder rechtsgerichteter Musikgruppen mit menschen-, insbesondere ausländerverachtenden Texten gehört und Alkohol im Übermaß konsumiert. Die Mitglieder der Clubs demonstrierten ihre Zugehörigkeit überwiegend schon durch ihr Äußeres, wie kurzgeschorene Haare und das Tragen von Bomber-Jacken und Springerstiefeln. Am Abend des 21. 8. 1999 besuchten die Nebenkläger P. und V., zwei vietnamesische Staatsangehörige, das alljährlich in Eggesin stattfindende Volksfest. Sie hielten sich bis in die späte Nacht mit mehreren, auch deutschen Bekannten im Festzeit auf. Unter den Festbesuchern befand sich auch eine Gruppe von etwa 20 bis 30 kahlgeschorenen Jugendlichen und jungen Erwachsenen, darunter auch die Angeklagten. Diese störten sich an der Anwesenheit der Vietnamesen. Den Angeklagten S. ärgerte insbesondere, daß diese sich gemeinsam mit deutschen Frauen und Männern amüsierten und am Festausschank Bier kauften. Er beschloss, sie zu verprügeln. Gemeinsam mit dem Angeklagten C. warb er unter anderem den Angeklagten E. und die Nichtrevidenten K. und L. für eine Tatbeteiligung. Als der Nebenkläger P. am Morgen des 22. 8. 1999 etwa gegen 3 Uhr nach Hause gehen wollte, traf er am Zeltausgang auf den Angeklagten S. und mehrere von dessen Gesinnungsgenossen. S. ging auf P. zu und versetzte ihm mit voller Wucht einen beidhändigen Stoß gegen die Brust. P. stürzte nach hinten gegen die Zeltplane und fiel mit einem Schmerzensschrei zu Boden. Er flüchtete zurück ins Festzelt zu seinem Bekannten V., weil er befürchtete, allein nicht unversehrt nach Hause kommen zu können. Die Nebenkläger beschlossen daraufhin, mit ihrem Aufbruch abzuwarten, bis am Zeltausgang keine „Glatzen" mehr zu sehen seien. Die Angeklagten und ihre Gesinnungsgenossen beschlossen dagegen, die Vietnamesen beim Verlassen des Festgeländes zusammenzuschlagen. Gegen 4 Uhr verließen P. und V. das Festzelt. Die Angeklagten, die den Aufbruch bemerkt hatten, folgten ihnen zusammen mit den Nichtrevidenten K. und L. sowie zwei weiteren Tatbeteiligten. Außerhalb des Festgeländes begannen sie, die Nebenkläger mit Steinen zu bewerfen. Als P. und V. daraufhin aus Angst wegrannten, lief ihnen die siebenköpfige Gruppe mit den Angeklagten nach und holte sie bald ein. Der gesondert verfolgte E. stieß den Nebenkläger V., der Angeklagte C. den Nebenkläger P. zu Boden. Als letzterer sich wieder zu erheben versuchte, wurde er vom Angeklagten E. durch Fausthiebe zu Boden geschlagen. Die Angeklagten und die anderen Tatbeteiligten, die teilweise schwere Halbschuhe bzw. Springerstiefel trugen, umringten sodann die am Boden liegenden Nebenkläger und traten wahllos sowohl von der Seite wie auch von oben mit stampfenden Tritten auf ihre Opfer ein. Der Nichtrevident K. führte wuchtige Tritte gegen die Köpfe der Opfer und sprang mindestens einmal mit seinen mit Stahlkappen versehenen schweren Halbschuhen gezielt auf den Kopf des Nebenklägers V. Während der Ausübung dieser Tätlichkeiten brüllten die Angeklagten ausländerfeindliche Parolen und Beleidigungen wie „Ausländerschwein", „Ausländer verrecke" oder „verrecke, Du Sau". Ein Tatbeteiligter intonierte den Refrain eines volksverhetzenden Liedes. Die Angeklagten erkannten, daß die Nebenkläger auf Grund der Tritte zu Tode kommen könnten, nahmen dies jedoch billigend in Kauf. Beweggrund für ihr Verhalten war ihr tiefer Ausländerhass. Als die Angeklagten und die übrigen Tatbeteiligten mehrere Minuten auf die Nebenkläger eingetreten hatten, wurden sie von einer Zeugin entdeckt. Darauf ließen sie von ihren Opfern ab und rannten weg. Der Angeklagte E. und die Nichtrevidenten K. und L. kehrten jedoch nach kurzer Zeit nochmals zu den am Boden liegenden Nebenklägern zurück. Als sie hörten, daß V. röchelte und stöhnte, äußerte einer der Nichtrevidenten:

„Was, bist Du immer noch nicht tot?!", woraufhin jeder der drei Zurückgekehrten noch mindestens einmal auf die Opfer eintrat. Als sie von einer weiteren Zeugin überrascht wurden, rannten sie zurück zum Festzeit. Beide Nebenkläger wurden durch die Tätlichkeiten erheblich verletzt, insbesondere im Kopfbereich. Das Leben des Nebenklägers V.

konnte nur durch eine Notoperation gerettet werden. Beide Nebenkläger leiden noch heute unter den Folgen der Tat. Der Nebenkläger V. ist auf Grund der bleibenden Folgen zu 50% schwer behindert und nur noch eingeschränkt lese-, sprach- und lernfähig.

Das OLG hat die Angeklagten sowie die Nichtrevidenten K. und L. jeweils des „versuchten Mordes an zwei Menschen in Tateinheit mit gefährlicher Körperverletzung an zwei Menschen" und den Angeklagten S. darüber hinaus der vorsätzlichen Körperverletzung schuldig gesprochen. Es hat gegen die Angeklagten E. und C. auf Jugendstrafen von je vier Jahren sowie gegen den Angeklagten S. auf eine Einheitsjugendstrafe von vier Jahren und sechs Monaten erkannt. – Das Rechtsmittel war erfolglos.

Gründe:

1. Der Senat ist befugt und verpflichtet, die sachliche Zuständigkeit des OLG revisionsrechtlich zu prüfen. §§ 269 und 336 S. 2 StPO stehen dem nicht entgegen.

a) Die Eröffnung des Hauptverfahrens ist für den Angeklagten nicht anfechtbar (§ 210 I StPO). Dies gilt auch dann, wenn die Zuständigkeit eines Gerichts niederer Ordnung nach dem Ergebnis der der Anklageschrift zu Grunde liegenden staatsanwaltschaftlichen Ermittlungen bereits im Zeitpunkt der Zulassung der Anklage zu bejahen war (vgl. RGSt 16, 39 [41]; BGH bei Herlan, GA 1963, 100; GA 1980, 220; GA 1981, 321), so daß nach § 209 I StPO das Hauptverfahren vor diesem hätte eröffnet werden müssen. Dementsprechend bestimmt § 269 StPO aus Gründen der Verfahrensbeschleunigung und Prozeßwirtschaftlichkeit, daß im Hauptverfahren die fehlerhafte Annahme seiner Zuständigkeit durch ein Gericht höherer Ordnung grundsätzlich unbeachtlich ist. Dem liegt die Überlegung zu Grunde, daß die weiter gehende sachliche Zuständigkeit des Gerichts höherer Ordnung die weniger weit gehende des Gerichts niedrigerer Ordnung mitumfasse und die Verhandlung vor einem unzuständigen Gericht höherer Ordnung den Angeklagten nicht benachteilige (BGHSt. 43, 53 [55] [BGH Urt. v. 22. 4. 1997 – 1 StR 701/96; vgl. § 338 Nr. 4 StPO erfolglose Rügen]). Demgemäß führt die fehlerhafte Annahme eines Gerichts höherer Ordnung, es sei an Stelle des tatsächlich zuständigen Gerichts niederer Ordnung zur Entscheidung berufen, in der Regel nicht zu einer Urteilsaufhebung in der Revisionsinstanz (vgl. nur BGHSt. 21, 334 [358] [BGH Urt. v. 10. 11. 1967 – 4 StR 512/66; vgl. §§ 68a, 338 Nr. 3 StPO erfolglose Rügen]; BGHSt. 43, 53 [55]].

§ 269 StPO bedarf jedoch einschränkender Auslegung. Es handelt sich bei dieser Vorschrift um eine Ausnahmeregelung zu dem in § 6 StPO niedergelegten Grundsatz, daß das Gericht seine sachliche Zuständigkeit in jeder Lage des Verfahrens von Amts wegen zu prüfen hat. Sie darf daher nur so weit Anwendung finden, wie die Nichtbeachtung der sachlichen Zuständigkeit eines Gerichts niederer Ordnung durch den Zweck der Vorschrift, auf Verfahrensbeschleunigung und Prozeßwirtschaftlichkeit hinzuwirken, gerechtfertigt werden kann. Dies ist dann nicht mehr der Fall, wenn höherrangige Rechtsgrundsätze entgegenstehen. So findet nach ständiger Rechtsprechung des BGH § 269 StPO dann keine Anwendung, wenn das Gericht höherer Ordnung seine sachliche Zuständigkeit auf Grund sachfremder oder sonstiger offensichtlich unhaltbarer Erwägungen und damit willkürlich angenommen hat (s. etwa BGHSt. 38, 212 [BGH Urt. v. 27. 2. 1992 – 4 StR 23/92; vgl. § 338 Nr. 4 StPO erfolgreiche Rügen]; BGHSt. 40, 120 [122] [BGH Beschl. v. 21. 4. 1994 – 4 StR 136/94; vgl. § 338 Nr. 4 StPO erfolgreiche Rügen]; BGH, NJW 1993, 1607 [1608] [BGH Urt. v. 8. 12. 1992 – 1 StR 594/92; vgl. § 209 StPO erfolglose Rügen]). Denn hierdurch verstößt das Gericht höherer Ordnung nicht nur gegen die einfachgesetzlichen Verfahrensbestimmungen über die sachliche Zuständigkeit der Gerichte, vielmehr wird der Angeklagte seinem gesetzlichen Richter entzogen und damit in seinem Grundrecht aus Art. 101 I 2 GG verletzt (BVerfGE 9, 223 [230] = NJW 1959, 871). Diesen Verstoß gegen grundrechtliche Gewährleistungen hat nicht erst das BVerfG auf Grund einer Verfassungsbeschwerde zu beheben, vielmehr ist er bereits im Verfahren vor den Fachgerichten zu prüfen und zu korrigieren (BVerfGE 9, 223

[229 f.]; BGH, GA 1970, 25[1]; BGHSt. 43, 53 [56]). Demgegenüber hat § 269 StPO zurückzutreten.

Ein dem § 269 StPO vorgehender, höherstehender Rechtsgrundsatz wird stets bei Annahme der erstinstanzlichen Zuständigkeit eines OLG gem. § 120 I oder II GVG nach Anklageerhebung durch den Generalbundesanwalt berührt (vgl. auch § 142a II u. IV GVG). Denn damit wird nicht nur die erstinstanzliche sachliche Zuständigkeit eines der Strafgerichte des hierarchischen Gerichtsaufbaus bestimmt. Vielmehr wird auch eine Entscheidung über die Abgrenzung zwischen der Zuständigkeit der Bundes- und der Länderjustiz vorgenommen. Die verfassungsrechtlich gebotene Beachtung der grundgesetzlichen Kompetenzverteilung zwischen Bund und Ländern schließt es aber aus, daß das OLG nach Eröffnung des Hauptverfahrens an die fehlerhafte Bejahung seiner Zuständigkeit im Eröffnungsbeschluß gebunden ist. Im Einzelnen:

aa) Gemäß der Generalklausel der Kompetenzverteilung zwischen Bund und Ländern in Art. 30 GG ist die Ausübung staatlicher Befugnisse und die Erfüllung staatlicher Aufgaben, das heißt auch die Ausübung der rechtsprechenden Gewalt, Sache der Länder, soweit das Grundgesetz keine andere Regelung trifft oder zuläßt. Die rechtsprechende Gewalt wird durch das BVerfG, die im Grundgesetz vorgesehenen Bundesgerichte und die Gerichte der Länder ausgeübt (Art. 92 Halbs. 2 GG). Art. 95 I GG bestimmt, daß der Bund als oberster Gerichtshof für das Gebiet der ordentlichen Gerichtsbarkeit, zu der auch die Strafjustiz zählt (vgl. § 13 GVG), den BGH errichtet. Weitere ausdrückliche Regelungen über die Zuständigkeit des Bundes zur Ausübung von Strafgerichtsbarkeit enthält das Grundgesetz nicht. Jedoch setzt es von jeher unausgesprochen voraus, daß dem Bund auf dem Gebiet des Staatsschutzes eine solche Zuständigkeit zusteht. Dementsprechend übertrug es zunächst durch Art. 143 V 2 GG a.F. die Aburteilung bestimmter gegen den Bund gerichteter Staatsschutzdelikte nur vorübergehend auf das OLG, in dessen Bezirk die erste Bundesregierung ihren Sitz hatte. Die endgültige Abgrenzung der Zuständigkeit zwischen Bund- und Landesjustiz zur Verfolgung von Staatsschutzdelikten überließ es dem Bundesgesetzgeber (Art. 143 VI GG a.F.). Dieser nahm mit dem Gesetz zur Wiederherstellung der Rechtseinheit auf dem Gebiet der Gerichtsverfassung, der bürgerlichen Rechtspflege, des Strafverfahrens und des Kostenrechts vom 12. 9. 1950 (BGBl. I, 455) in den §§ 120, 134 GVG a.F. die ihm aufgetragene Abgrenzung vor und unterstellte zunächst nur die Delikte des Hochverrats (gegen den Bund, vgl. § 134 II GVG a.F.) und der Parlamentssprengung der Strafverfolgung durch den Bund und der erst- und letztinstanzlichen Aburteilung durch den BGH (§ 134 I GVG a.F.).

Nur vor diesem Hintergrund ist die mit dem 26. Gesetz zur Änderung des Grundgesetzes vom 26. 8. 1969 (BGBl. I, 1357) in Art. 96 V GG eingefügte Ermächtigung an den Gesetz-

---

1 „Nach § 269 StPO darf ein Gericht sich nicht für unzuständig erklären, weil die Sache vor ein Gericht niederer Ordnung gehöre. Darum hat der BGH den Revisionsgrund des § 338 Nr. 4 StPO bisher verneint, wenn geltend gemacht wurde, statt des Landgerichts hätte das Amtsgericht entscheiden müssen. Diese Regel wird aber durch Art. 101 Abs. 1 Satz 2 GG eingeschränkt, nach dem niemand seinem gesetzlichen Richter entzogen werden darf. Ob dieses Grundrecht dadurch verletzt worden ist, daß statt des Amtsgerichts das Landgericht geurteilt hat, ist nicht nur vom Bundesverfassungsgericht auf eine Verfassungsbeschwerde, sondern auch schon vorher im Rechtsmittelzuge zu prüfen (BVerfGE 9, 223, 230 NJW 1959, 871, 872). Das Revisionsgericht ist dazu allerdings nur in der Lage, wenn eine entsprechende Verfahrensbeschwerde ordnungsgemäß erhoben worden ist. Eine Verletzung des Grundrechts auf den gesetzlichen Richter nimmt das Bundesverfassungsgericht in ständiger Rechtsprechung nur an, wenn bei der Auswahl oder Besetzung des Gerichts „willkürlich verfahren" worden ist; ein Fehler, der auf einem bloßen Irrtum beruht, reicht nicht aus (BVerfGE a.a.O. m. Nachw.). Aus Art. 101 Abs. 1 Satz 2 GG ergibt sich also eine ungeschriebene Ausnahme des „verfassungskonform" auszulegenden § 269 StPO für die seltenen Fälle, in denen der Angeklagte sonst seinem gesetzlichen Richter willkürlich entzogen würde. Ist dies geschehen, so steht § 269 StPO einer Rüge aus § 338 Nr. 4 StPO in Verbindung mit Art. 101 Abs. 1 Satz 2 GG nicht entgegen (BGH Urt. v. 10. 1. 1969 – 5 StR 682/68)."

geber zu verstehen, durch ein Bundesgesetz vorzusehen, daß Gerichte der Länder für Strafverfahren auf Gebieten des Art. 26 I GG und des Staatsschutzes Gerichtsbarkeit des Bundes ausüben. Den Begriff des Staatsschutzes hat der Verfassungsgeber indessen auch in Art. 96 V GG nicht näher konkretisiert. Ebenso wenig hat er sich zu der Frage geäußert, wie die verfassungsrechtlich vorausgesetzte Bundeszuständigkeit für die Verfolgung von Staatsschutzdelikten von derjenigen der Länder abzugrenzen ist. Es ist daher davon auszugehen, daß auch insoweit dem Gesetzgeber weiterhin die nähere Regelung durch ein einfaches Bundesgesetz überlassen bleiben sollte. Allerdings verfügt dieser bei der einfachgesetzlichen Abgrenzung der Zuständigkeiten über keinen unbegrenzten Gestaltungsspielraum. Vielmehr hat er die verfassungsrechtliche Grundentscheidung im Auge zu behalten, daß die Strafverfolgung prinzipiell Sache der Länder ist, und zu bedenken, daß die Ermächtigung des Art. 96 V GG erkennbar auf die ungeschriebene verfassungsrechtliche Rechtsprechungskompetenz des Bundes im Bereich des Staatsschutzes bezogen ist, wie sie auf Grund der Umsetzung im früheren Gerichtsverfassungsrecht bis zum Gesetz vom 8. 9. 1969 vom BGH wahrgenommen wurde. Er darf daher nicht beliebig bestimmte Tatbestandsgruppen zu Staatsschutzdelikten erklären und deren Verfolgung der Bundesjustiz anvertrauen, sondern kann anknüpfend an den vom Grundgesetz vorgefundenen Kernbestand des Staatsschutzstrafrechts nur solche Straftaten der Strafverfolgung durch den Bund unterstellen, die das staatliche Gefüge in länderübergreifender Weise treffen und die Rechtsgüter des Gesamtstaates in derart starkem Maße beeinträchtigen, daß ihre Ahndung durch die Landesjustiz der Bedeutung des in der jeweiligen Tat liegenden Angriffs auf die bundesstaatliche Gesamtordnung nicht gerecht würde. Diese verfassungsrechtlichen Grundsätze sind bei der Auslegung der entsprechenden einfachgesetzlichen Zuständigkeitsregelungen zu beachten.

bb) Von der Ermächtigung des Art. 96 V GG hat der Gesetzgeber in § 120 GVG Gebrauch gemacht. Er hat dort die Zuständigkeit der Strafjustiz des Bundes auf den Gebieten des Art. 26 I GG und des Staatsschutzes im Einzelnen geregelt und deren erstinstanzliche Ausübung (vgl. § 120 VI GVG) insgesamt auf die Oberlandesgerichte, in deren Bezirk die Landesregierungen ihren Sitz haben, übertragen. Denn eine erstinstanzliche Zuständigkeit eines sonstigen Strafgerichts des Bundes ist nicht mehr vorgesehen. Der Gesetzgeber hat außerdem durch das Zusammenwirken der Regelungen der §§ 24, 74, 74a, 120 GVG die Strafverfolgungskompetenz von Bund und Ländern auf den genannten Gebieten neu gegeneinander abgegrenzt.

cc) Führen die Oberlandesgerichte nach Anklageerhebung durch den Generalbundesanwalt auf Grund der ihnen in § 120 I oder II GVG zugeschriebenen Zuständigkeiten Strafverfahren durch, werden sie im Wege der Organleihe für den Bund tätig und üben Bundesgerichtsbarkeit aus (§ 120 VI GVG). Nimmt ein OLG nach Anklageerhebung durch den Generalbundesanwalt seine Zuständigkeit an, obwohl eine solche nach § 120 I oder II GVG nicht eröffnet ist, liegt daher nicht nur ein Verstoß gegen einfachgesetzliche Zuständigkeitsnormen vor. Vielmehr greift es damit unmittelbar auch in die durch §§ 24, 74, 74a, 120 GVG näher konkretisierte grundgesetzliche Kompetenzverteilung zwischen Bundes- und Landesjustiz ein. Ein derartiger Eingriff entzieht dem Verfahren als Ganzes die Grundlage. Er begründet daher ein Verfahrenshindernis (BGHSt. 32, 345 [350] [BGH Urt. v. 23. 5. 1984 – 1 StR 148/84; vgl. § 260 StPO erfolgreiche Rügen]; BGHSt. 36, 294 [295] [BGH Urt. v. 31. 10. 1989 – 1 StR 501/89; vgl. § 260 StPO erfolgreiche Rügen]):

Die Verteilung der Kompetenzen zwischen Bund und Ländern im Grundgesetz ist zwingend. Weder Bund noch Länder können ihre Zuständigkeit jeweils auf den anderen übertragen (BVerfGE 26, 281 [296]; BVerfGE 32, 145 [156]; BVerfGE 63, 1 [39] = NVwZ 1983, 537). Jedem Bundesland kommt in derselben Weise wie dem Bund Staatscharakter zu. Die staatliche Hoheit der Bundesländer wird zwar durch das Grundgesetz gegenständlich beschränkt, nicht aber vom Bund abgeleitet und von diesem auch nicht übertragen, sondern anerkannt (BVerfGE 1, 14 [34] = NJW 1951, 877). Aus allem folgt, daß nach dem Willen des Verfassungsgebers Bund und Länder ihre jeweiligen Zuständigkeiten strikt zu respektieren haben und diese untereinander nicht austauschbar sind. Bejaht ein Gericht des Bundes in einer Sache, die der Gerichtsbarkeit eines Landes unterliegt, seine Zuständigkeit, fehlt seinem Verfahren daher die verfassungsrechtliche Legitimation, so daß es bei Beachtung der Prinzipien, die den Regelungen des Bund-Länder-Verhältnisses im Grundsatz zu Grunde liegen, vor dem unzuständigen Gericht nicht weitergeführt werden darf.

Dies ist von Amts wegen zu beachten. Denn die Prüfung der Zuständigkeit des OLG dient hier nicht vorrangig dem Schutz individueller Rechte des Angeklagten, namentlich seines grundrechtlichen Anspruchs auf den gesetzlichen Richter (Art. 101 I 2 GG), sondern der Wahrung der objektiven Kompetenzordnung des Grundgesetzes. Denn mit der Zuweisung einer Sache an die Bundesjustiz werden nicht nur eine Ermittlungsbehörde (§ 142a I 1 GVG) und ein Gericht des Bundes (§ 120 I, II, VI GVG) für die Strafverfolgung zuständig, vielmehr gehen auch die Strafvollstreckung (§ 451 I StPO, § 4c StVollstrO) und das Gnadenrecht (§ 452 S. 1 StPO, Art. 60 II GG) auf den Bund über. Es besteht daher in besonderem Maße die Notwendigkeit, die rechtlichen Maßstäbe, die die Staatsschutzsenate der Oberlandesgerichte bei der Abgrenzung von Bundes- und Landesjustiz anlegen, der Überprüfung durch den BGH zu unterstellen, um in dieser verfassungsrechtlich bedeutsamen Frage eine einheitliche Rechtsanwendung sicherzustellen. Danach kann es nicht der Disposition des Angeklagten überlassen werden, ob er die mangelnde Zuständigkeit des OLG rügen will, weil es der 1. Strafsenat (BGH, NJW 1993, 1607; BGHSt. 43, 53 [56 ff.] und der 5. Strafsenat des BGH (BGH, GA 1970, 25; BGHSt. 42, 205 [BGH Beschl. v. 30. 7. 1996 – 5 StR 288/95; vgl. § 338 Nr. 4 StPO erfolglose Rügen]) für Verstöße gegen Artikel 101 I 2 GG im Gegensatz zum 4. Strafsenat (BGHSt. 38, 172 [176] [BGH Beschl. v. 12. 12. 1991 – 4 StR 506/91; vgl. § 338 Nr. 4 StPO erfolgreiche Rügen]; BGHSt. 40, 120; BGH, NStZ 1992, 397 [BGH Beschl. v. 6. 2. 1992 – 4 StR 626/91; vgl. § 237 StPO erfolgreiche Rügen]; NJW 1998, 2149 [2150] [BGH Urt. v. 12. 2. 1998 – 4 StR 428/97; vgl. § 209 StPO erfolglose Rügen]) vertreten.

Demgegenüber muß § 269 StPO zurücktreten. Sein Zweck der Verfahrensbeschleunigung und Prozeßwirtschaftlichkeit kann es nicht rechtfertigen, einen Verstoß gegen die Kompetenz eines Bundeslandes zur Ausübung der rechtsprechenden Gewalt hinzunehmen. Auf diese Fallgestaltung passt auch nicht die zur Rechtfertigung des § 269 StPO herangezogene Überlegung, daß die weiter gehende sachliche Zuständigkeit des Gerichts höherer Ordnung die weniger weit gehende des Gerichts niedriger Ordnung mitumfasse. Denn in der Bundesjustiz, die das OLG in den Fällen des § 120 GVG ausübt, ist die Landesjustiz nicht inbegriffen. Die Zuständigkeit des OLG schließt daher die Zuständigkeit der ihm ansonsten als Landesgericht nachgeordneten Amts- und Landgerichte hier nicht ein. Insoweit ist es ein Gericht anderer und nicht höherer Ordnung.

b) § 336 S. 2 StPO steht trotz der Unanfechtbarkeit des Eröffnungsbeschlusses der Prüfung der sachlichen Zuständigkeit des OLG auch im Revisionsverfahren nicht entgegen. § 336 S. 2 StPO findet aus denselben Gründen keine Anwendung wie § 269 StPO. Dies ist für die Fälle, in denen ein Landgericht seine sachliche Zuständigkeit im Eröffnungsbeschluß willkürlich angenommen und damit den Angeklagten seinem gesetzlichen Richter entzogen hat, nicht in Zweifel gezogen worden (vgl. BGHSt. 38, 212; BGHSt. 40, 120). Auch für sonstige Fälle, in denen dem Angeklagten durch eine dem Urteil vorausgehende, unanfechtbare oder nur mit sofortiger Beschwerde angreifbare Entscheidung sein gesetzlicher Richter vorenthalten wird, geht die Wahrung des grundrechtlichen Anspruchs aus Art. 101 I 2 GG der Anwendung des § 336 S. 2 StPO vor (OLG Karlsruhe, NStZ 1981, 272). Für die Prüfung der verfassungsrechtlich zutreffenden Kompetenzabgrenzung zwischen der Bundes- und der Landesjustiz kann nichts anderes gelten.

c) Aus dem Gesagten ergeben sich folgende verfahrensrechtliche Auswirkungen:

aa) Auch nach Eröffnung des Hauptverfahrens hat das OLG die Sache an das zuständige Gericht der Landesjustiz zu verweisen, wenn es nachträglich zu der Erkenntnis gelangt, daß es bei Zulassung der Anklage des Generalbundesanwalts seine sachliche Zuständigkeit zu Unrecht bejaht hat. Zwar fehlt es an einer ausdrücklichen gesetzlichen Regelung, die eine derartige Verweisung vorsieht. Jedoch bestehen keine Bedenken, insoweit § 209 I StPO analog anzuwenden. Dem steht nicht entgegen, daß das auf der Grundlage des § 120 GVG tätig werdende OLG an sich Bundesjustiz ausübt und es sich daher bei dem AG oder LG, an das die Sache zu verweisen ist, im Verhältnis zum OLG nicht um ein Gericht niederer, sondern um ein solches anderer Ordnung handelt. Denn da die Bundeszuständigkeit fehlt und diese wegen der gebotenen Wahrung der verfassungsrechtlichen Strafverfolgungskompetenz des Landes in Abweichung von der sonst geltenden Rechtslage (§§ 210 I, 269, 336 S. 2 StPO) auch nicht durch den rechtswidrigen Eröffnungsbeschluß begründet wurde (s. oben), ist das OLG objektiv als unzuständiges Gericht des Bundeslands tätig. Als solches kann es die Sache indessen an das zuständige AG oder LG dieses Bundeslands verweisen.

Ohne Bedeutung ist auch, daß § 209 I StPO die Verweisung an ein Gericht niedrigerer Ordnung nur bis zur Eröffnung des Hauptverfahrens vorsieht. Diese Einschränkung ergänzt die Regelungen in §§ 210 I, 269, 336 S. 2 StPO. Finden diese Vorschriften jedoch – wie hier – keine Anwendung, steht einer entsprechenden Anwendung des § 209 I StPO im Hauptverfahren nichts entgegen.

bb) Hat das OLG bei Zulassung der Anklage des Generalbundesanwalts dagegen seine Zuständigkeit zutreffend angenommen und stellt sich auf Grund später im Hauptverfahren gewonnener neuer Erkenntnisse heraus, daß eines der die Zuständigkeit des Bundes begründenden gesetzlichen Merkmale des § 120 I oder II GVG nicht mehr bejaht werden kann, gilt der Grundsatz der perpetuatio fori. Mit dem rechtmäßigen Eröffnungsbeschluß hat das OLG die Zuständigkeit der Bundesjustiz für das weitere Verfahren bindend festgestellt. Die Fortsetzung des Verfahrens beinhaltet daher keinen Eingriff in die Justizhoheit der Länder. Es kann somit dem Rechtsgedanken des § 269 StPO wieder Rechnung getragen werden, daß es aus Gründen der Verfahrensbeschleunigung und Prozeßwirtschaftlichkeit bei der Zuständigkeit des Gerichts bleiben soll, das das Hauptverfahren vor sich eröffnet hat. Die Verweisung an ein anderes erstinstanzliches Gericht hat daher zu unterbleiben.

cc) Im Revisionsverfahren prüft der BGH von Amts wegen, ob das OLG die Anklage des Generalbundesanwalts rechtsfehlerfrei zur Hauptverhandlung zugelassen hat. Das bemißt sich danach, ob das OLG bei der Bejahung des hinreichenden Verdachts (§ 203 StPO) einer der Katalogtaten des § 120 I oder II GVG sowie des Vorliegens der weiteren gesetzlichen Merkmale, an die § 120 GVG je nach angeklagtem Delikt die Zuständigkeit der Bundesjustiz knüpft, die zutreffenden rechtlichen Maßstäbe angelegt hat. Abzustellen ist dabei allein auf den Sachstand im Zeitpunkt der Eröffnungsentscheidung (s. oben bb). Um dem Revisionsgericht diese Prüfung zu ermöglichen, haben Generalbundesanwalt bzw. OLG die für die Annahme ihrer Zuständigkeit geltend gemachten Gründe aktenkundig zu machen. Dies kann dadurch geschehen, daß der Generalbundesanwalt diese Gründe in der Anklageschrift im wesentlichen Ergebnis der Ermittlungen niederlegt und das OLG hierauf im Eröffnungsbeschluß – gegebenenfalls stillschweigend – Bezug nimmt, oder, soweit die Anklageschrift keine Ausführungen zu diesem Punkt enthält bzw. das OLG die besondere Bedeutung auf andere Umstände als der Generalbundesanwalt stützen will, die entsprechenden Überlegungen in den Eröffnungsbeschluß als rechtlicher Hinweis aufgenommen werden. Ergibt die Prüfung des Revisionsgerichts, daß das OLG bei Eröffnung des Hauptverfahrens unzutreffende rechtliche Maßstäbe angelegt hatte und die Voraussetzungen des § 120 GVG nicht vorlagen, so ist dessen Urteil aufzuheben und die Sache gem. § 355 StPO an das zuständige erstinstanzliche Gericht der Landesjustiz zu verweisen.

2. Das OLG hat im Eröffnungsbeschluß vom 7. 2. 2000 seine Zuständigkeit nach § 120 III Nr. 3 lit. a GVG rechtsfehlerfrei bejaht.

a) Die Angeklagten waren des ihnen vorgeworfenen Tötungsverbrechens hinreichend verdächtig. Die Tat unterfällt dem Katalog des § 120 III Nr. 3 GVG. Dass sie im Versuchsstadium steckenblieb, steht dem nicht entgegen. Die Vorschrift begründet die Zuständigkeit des OLG für die Tat im prozessualen Sinne des § 264 I StPO, innerhalb derer der Angeklagte einen der katalogmäßig aufgezählten Straftatbestände verwirklicht haben soll. Sie umfasst hier daher auch die dem Angeklagten S tatmehrheitlich neben dem versuchten Mord angelastete vorsätzliche Körperverletzung.

b) Die Tat war nach den Umständen bestimmt und geeignet, die innere Sicherheit der Bundesrepublik Deutschland zu beeinträchtigen.

aa) Bis zum In-Kraft-Treten des Gesetzes zur Bekämpfung des Terrorismus vom 19. 12. 1986 (BGBl. I, 2566) lag die Verfolgung und Aburteilung von Tötungsverbrechen und der weiteren in § 120 II 1 Nr. 3 GVG genannten Katalogtaten ausschließlich in der Kompetenz der Staatsanwaltschaften und Gerichte der Länder, es sei denn, sie wurden im Zusammenhang mit einem herkömmlichen Staatsschutzdelikt oder von einer kriminellen oder terroristischen Vereinigung begangen. Erst § 120 III Nr. 3 GVG schuf die Rechtsgrundlage dafür, daß der Generalbundesanwalt die Strafverfolgung derartiger staatsgefährdender Verbrechen unabhängig von einem solchen Zusammenhang mit einem Staatsschutzdelikt im engeren Sinne bei besonderer Bedeutung des Falls unter anderem dann übernimmt, wenn die konkrete Tat nach den Umständen bestimmt und geeignet ist, die innere Sicherheit der Bundesrepublik zu beeinträchtigen (vgl. § 142a II GVG), und damit die Sache in die Zuständigkeit der Bundesjustiz überleitet.

Der Rechtsbegriff der Beeinträchtigung der inneren Sicherheit der Bundesrepublik Deutschland ist für sich jedoch konturenlos und wenig aussagekräftig. Er bedarf daher in besonderer Weise der wertenden Ausfüllung durch die Rechtsprechung und der einengenden Konkretisierung unter Beachtung der verfassungsrechtlichen Grundentscheidung zur Abgrenzung der Zuständigkeit von Bund und Ländern (Art. 30 GG; s. oben 1a aa). Hierbei ist zu beachten, daß durchaus Katalogtaten i.S. des § 120 III Nr. 3 GVG denkbar sind, die wegen ihrer besonderen Abscheulichkeit, ihrer länderübergreifenden Begehungsweise oder ihres bundesweiten Aufsehens Auswirkungen auf die innere Sicherheit der Bundesrepublik haben können, wegen ihres ausschließlich allgemein kriminellen Charakters jedoch nach Sinn und Zweck des § 120 II 1 Nr. 3 GVG und der dieser Vorschrift zu Grunde liegenden Ermächtigung des Art. 96 V GG nicht als gegen den Gesamtstaat gerichtete Staatsschutzdelikte einzustufen sind und daher weiterhin in die ausschließliche Verfolgungskompetenz der Landesjustiz fallen. Die Auslegung des gesetzlichen Merkmals der Beeinträchtigung der inneren Sicherheit der Bundesrepublik darf sich daher nicht auf eine reine Wortlautinterpretation beschränken, sondern muß die verfassungsrechtlichen Grundlagen der Abgrenzung zwischen Bundes- und Landesjustiz für die Strafverfolgung (Art. 30, 96 V GG) im Auge behalten sowie den Regelungszweck des § 120 I und II GVG berücksichtigen, die Kompetenz des Bundes zur Verfolgung von Staatsschutzdelikten mit länderübergreifender Bedeutung näher zu konkretisieren.

Hieraus folgt, daß eine Beeinträchtigung der inneren Sicherheit der Bundesrepublik i.S. des § 120 III Nr. 3 lit. a GVG nur angenommen werden kann, wenn die Belange des Bundes in vergleichbar schwerer Weise berührt werden, wie dies bei den anderen in § 120 II 1 Nrn. 1–3 GVG der Ahndung durch die Bundesjustiz unterstellten Straftaten der Fall ist. Dies wird in der Regel aber nur dann zutreffen, wenn die konkrete Tat nach den jeweiligen Umständen das innere Gefüge des Gesamtstaats beeinträchtigen kann oder sich gegen dessen Verfassungsgrundsätze richtet. Auch wenn die Tat nach den konkreten Umständen nicht bestimmt und geeignet ist, i.S. des § 120 II lit. b GVG Verfassungsgrundsätze zu beseitigen, außer Geltung zu setzen oder zu untergraben, kommt ihrer gegen Verfassungsgrundsätze (§ 92 II StGB) gerichteten Intention für die Auslegung des § 120 II 1 lit. a GVG daher maßgebliche Bedeutung zu.

Eine Beeinträchtigung der inneren Sicherheit der Bundesrepublik liegt demgemäß nicht nur dann vor, wenn deren Fähigkeit, sich gegen Störungen von innen zur Wehr zu setzen, herabgesetzt (vgl. BGHSt. 28, 312 [316 f.]; BGH, NStZ 1988, 215; BVerwGE 62, 36 [38]), mithin die Funktionsfähigkeit des Staates (d.h. seiner Organe) und seiner Einrichtungen in Mitleidenschaft gezogen wird (BVerwGE 62, 36 [38]; Schnarr, MDR 1993, 589 [593]; s. auch § 4 I lit. a BVerfSchG). Sie kann vielmehr auch dann zu bejahen sein, wenn die Tat durch den ihr innewohnenden Verstoß gegen Verfassungsgrundsätze ihren im Vergleich zu ähnlichen Straftaten besonderen Charakter gewinnt. Zu den Verfassungsgrundsätzen zählt der Ausschluß jeder Gewalt- und Willkürherrschaft gegenüber Minderheiten (§ 92 II Nr. 6 StGB). Dieser Grundsatz wird unter anderem dann verletzt, wenn der Täter sein Opfer nur deshalb angreift, weil er es als Mitglied einer nationalen, rassischen, religiösen oder durch ihr Volkstum bestimmten Gruppe der Bevölkerung, mithin als deren Repräsentant treffen will (vgl. BGHSt. 21, 371 [372 f.] zu § 130 StGB). Das Grundgesetz schützt als höchste verfassungsrechtliche Werte die Unantastbarkeit der Würde jedes einzelnen Menschen und die Gleichheit aller vor dem Gesetz, unabhängig von der Zugehörigkeit zu einer bestimmten Bevölkerungsgruppe oder zu einer gesellschaftlichen Minderheit. Wird die konkrete Tatgerade durch eine Mißachtung dieser Werte charakterisiert, wohnt ihr eine über die Täter-Opfer-Beziehung hinausgehende Tendenz inne, die über die Verletzung der individuellen Rechtsgüter des Opfers hinaus das friedliche Zusammenleben der unterschiedlichen Bevölkerungsgruppen in Frage stellt, weil sie einem Teil der Bevölkerung das Recht abspricht, gleichberechtigt am gesellschaftlichen Leben teilzunehmen (vgl. BGHSt. 13, 32 [35 ff.]). Damit erschüttert sie das Vertrauen aller Bevölkerungsteile darauf, in der Bundesrepublik vor gewaltsamen Einwirkungen geschützt zu sein, weil nicht die Gewähr besteht, daß sich Handel und Wandel innerhalb der Staatsgrenzen im Einklang mit Gesetz und Verfassung vollziehen. Hierdurch beeinträchtigt sie die innere Sicherheit des Gesamtstaats (s. auch den Bericht des Innenausschusses zum Entwurf des VerfSchutzÄndG, BT-Dr. 6/3533, S. 3 f.).

bb) Die Taten der Angeklagten waren geeignet, die innere Sicherheit der Bundesrepublik durch Mißachtung ihrer Verfassungsgrundsätze zu beeinträchtigen. Die Angeklagten hatten die Tat auf Grund ihres tiefen Ausländerhasses begangen. Das Leben der Nebenkläger war in ihren Augen nichts wert. Die Nebenkläger wurden eher zufällig als Opfer ausgewählt. Es hätte auch jeden anderen Ausländer, der sich am Tatabend zufällig auf dem Volksfest aufhielt, treffen können. Die Taten sind in eine Reihe von seit Jahren zu beobachtenden und in ihrer Häufigkeit zunehmenden rechtsextremistischen, ausländerfeindlichen Straftaten eingebettet. Vor diesem Hintergrund, der als ein die Taten wesentlich kennzeichnender Umstand nicht außer Betracht gelassen werden darf, haben die den Angeklagten vorgeworfenen Taten dazu beigetragen, über den engeren örtlichen Bereich der Tatbegehung hinaus in der gesamten Bundesrepublik bei Ausländern ein allgemeines Klima der Angst vor willkürlichen, grundlosen tätlichen Angriffen und eine Unsicherheit darüber auszulösen, ob ihr Leben in diesem Staat noch sicher ist, das heißt, ob die Sicherheitsorgane in ausreichendem Maße fähig sind, die ausländischen Mitbürger zu schützen. Sie sind darüber hinaus geeignet, bei anderen Personen der gleichen Gesinnung einen Nachahmungseffekt auszulösen mit der Folge einer für die Sicherheitsorgane immer schwerer beherrschbaren Gefahr (BGHR GVG § 120 Abs. 2 Nr. 3a Sicherheit 1).

cc) Die Tat der Angeklagten war nach dem Umständen auch dazu bestimmt, die innere Sicherheit der Bundesrepublik zu beeinträchtigen. Dieses voluntative Element bedeutet, daß der Täter die möglichen Folgen seiner Tat – hier eine Beeinträchtigung der inneren Sicherheit – in seinen Willen aufgenommen und gewollt haben muß. Dabei reicht es aus, daß er die tatsächlichen Umstände, die die Eignung der Tat zur Beeinträchtigung des Schutzguts ergeben, kannte und in seinen Willen einbezog. Ein zielgerichtetes Handeln zur Beeinträchtigung der inneren Sicherheit im Sinne einer Absicht ist dagegen nicht erforderlich.

Zutreffend hat das OLG das Vorliegen dieses subjektiven Merkmals aus den objektiven Umständen der Tatbegehung und ihres Hintergrunds geschlossen. Die Angeklagten haben ihre Opfer allein auf Grund deren Ausländereigenschaft ausgewählt und angegriffen. Sie haben die Tat mit menschenverachtender, Ausländer als minderwertig betrachtender Gesinnung begangen. Die Tat wird gekennzeichnet durch die Einbindung der Angeklagten in ein rechtsextremistisches, fremdenfeindliches Umfeld, aus dem bundesweit schon vorher eine Reihe vergleichbarer Angriffe gegen Ausländer unternommen worden war, sowie die äußerste Brutalität der Angeklagten. Sie war daher geeignet, einerseits in der rechtsradikalen Szene zu weiteren Übergriffen auf Ausländer zu ermutigen, andererseits nicht nur die konkreten Opfer und die im näheren Bereich von Eggesin lebenden, sondern allgemein alle in der Bundesrepublik lebenden Ausländer in Angst um ihre zukünftige persönliche Sicherheit zu versetzen und tiefe Zweifel an der Möglichkeit einer ungefährdeten, friedlichen Lebensführung auf dem Boden der Bundesrepublik zu wecken. All dies haben die Angeklagten nicht verkannt.

c) Rechtlich nicht zu beanstanden ist letztlich auch die Ansicht des OLG, den Taten der Angeklagten komme besondere Bedeutung i.S. des § 120 II 1 Nr. 3 GVG zu, so daß der Generalbundesanwalt zur Übernahme der Verfolgung und Anklageerhebung gehalten war.

aa) Nach dem in § 120 II 1 Nr. 3 GVG deutlich zum Ausdruck gebrachten Willen des Gesetzgebers fällt die Strafverfolgung der dort aufgeführten staatsgefährdenden Delikte grundsätzlich auch dann in die Kompetenz der Bundesländer, wenn sich die Tat gegen die Bundesrepublik als Gesamtstaat richtet. Die Zuständigkeit des Bundes und damit die Evokationsbefugnis des Generalbundesanwalts wird erst dann begründet, wenn dem Fall darüber hinaus besondere Bedeutung zukommt. Es muß sich danach unter Beachtung des Ausmaßes der Verletzung der individuellen Rechtsgüter des durch die Tat konkret Geschädigten um ein staatsgefährdendes Delikt von erheblichem Gewicht handeln, das seine besondere Bedeutung dadurch gewinnt, daß es die dem § 120 III Nr. 3 GVG zu Grunde liegenden Schutzgüter des Gesamtstaats in einer derart spezifischen Weise angreift, daß ein Einschreiten des Generalbundesanwalts und eine Aburteilung durch ein Bundesgerichtsbarkeit ausübendes Gericht geboten ist. Dem entspricht im Übrigen komplementär die für die Staatsschutzdelikte des § 120 I GVG in § 142a II GVG vorgesehene Abgabe des Ermittlungsverfahrens vom Generalbundesanwalt an die Landesstaatsanwaltschaft bei weniger gewichtigen Delikten bzw. in Sachen von minderer Bedeutung, die andererseits unter anderem dann zu unterbleiben hat, wenn die Tat die Interessen des Bundes in besonderem Maße berührt (§ 142 a III Nr. 1 GVG). Die Beurteilung der Bedeutung des Falls erfordert eine Gesamtwürdigung der Umstände und Auswirkungen der Tat unter besonderer Berücksichtigung des Gewichts ihres Angriffs auf das jeweils betroffene Rechtsgut des Gesamtstaats. Bezogen auf den vorliegenden Fall bedeutet dies, daß zwar in erster Linie die konkreten Folgen der Tat für die innere Sicherheit der Bundesrepublik, insbesondere ihre Auswirkungen auf das Sicherheitsgefühl der hier lebenden Ausländer und ihre mögliche Signalwirkung auf potenzielle Nachahmungstäter in Betracht zu ziehen sind, daneben aber etwa auch die Beeinträchtigung des Erscheinungsbilds der Bundesrepublik in solchen Staaten Gewicht gewinnen kann, die ihr durch gemeinsame Wertvorstellungen verbunden sind. Denn die Tat berührt außenpolitische Belange, wenn sie zu dem Eindruck beiträgt, daß Ausländern ein sicherer Aufenthalt in der Bundesrepublik nicht mehr möglich ist. Dies kann zu Störungen der wirtschaftlichen, wissenschaftlichen und kulturellen Beziehungen zum Ausland führen, die nachteilige Wirkungen für die Bundesrepublik als Gesamtstaat nach sich ziehen.

bb) Bei der Beantwortung der Frage, ob dem Fall besondere Bedeutung im dargestellten Sinne zukommt, steht dem Generalbundesanwalt kein Beurteilungsspielraum zu, der gerichtlicher Überprüfung entzogen wäre. Ebenso wenig steht die Übernahme der Verfolgung in seinem Ermessen, wenn die besondere Bedeutung des Falls zu bejahen ist. Nur in dieser Auslegung hält § 120 III Nrn. 1–3 GVG verfassungsrechtlichen Anforderungen stand.

Bei der Übernahme der Strafverfolgung durch den Generalbundesanwalt wird das Verfahren der Justizhoheit des bis dahin die Ermittlungen führenden Bundeslandes entzogen. Deswegen mag es sich für den Generalbundesanwalt gegebenenfalls empfehlen, sich vor der Übernahmeentscheidung mit der bisher in der Sache ermittelnden Landesstaatsanwaltschaft über den zuständigen Generalstaatsanwalt ins Benehmen zu setzen (vgl. auch BGHSt. 45, 26, für den umgekehrten Fall, daß ein Landgericht beabsichtigt, ein zu ihm angeklagtes Verfahren wegen Vorliegens eines Staatsschutzdelikts nach § 120 I GVG an den Staatsschutzsenat des OLG zu verweisen). Erhebt der Generalbundesanwalt Anklage, bestimmt er damit auch das zur Aburteilung berufene Gericht. Ein derartiger Einfluss des Generalbundesanwalts auf die Person des gesetzlichen Richters kann vor Art. 101 I 2 GG nur Bestand haben, wenn das gesetzliche Zuständigkeitsmerkmal der besonderen Bedeutung des Falls als unbestimmter Rechtsbegriff verstanden wird. Diesen Rechtsbegriff hat der Generalbundesanwalt bei Prüfung der Übernahme des Verfahrens auszulegen und die Umstände des konkreten Falls darunter zu subsumieren. Ist danach die besondere Bedeutung zu bejahen, hat er die Sache an sich zu ziehen. Die Übernahme ist zwingend, unterliegt jedoch der Nachprüfung durch die Gerichte (vgl. BVerfGE 9, 223 [229], zu § 24 I Nr. 2 GVG a.F. = § 24 I Nr. 3 GVG n.F.). Demgemäß sieht § 120 II 2 GVG ausdrücklich vor, daß die Oberlandesgerichte, wenn sie im Gegensatz zum Generalbundesanwalt die besondere Bedeutung des Falls verneinen, die Sache bei Eröffnung des Hauptverfahrens an das zuständige AG oder LG verweisen und damit an die Landesjustiz zurückgeben.

Bejaht das OLG bei Zulassung der Anklage die besondere Bedeutung des Falls, unterliegt dies nach den unter 1 dargestellten Grundsätzen der rechtlichen Überprüfung durch das Revisionsgericht darauf, ob das OLG bei der Auslegung dieses Rechtsbegriffs die zutreffenden rechtlichen Maßstäbe angelegt hat.

cc) Nach den unter aa dargestellten Maßstäben hat das OLG bei Zulassung der Anklage die besondere Bedeutung des Falls rechtsfehlerfrei bejaht.

Zwar ist das Tötungsverbrechen der Angeklagten im Versuchsstadium steckengeblieben. Die mit äußerster Brutalität und aus menschenverachtender Motivation begangene Tat hat jedoch zu schwer wiegenden Verletzungen und bleibenden Folgen bei den Nebenklägern geführt. Der Nebenkläger V. schwebte in ernster Lebensgefahr und war nur durch eine Notoperation zu retten. Die Grenze zur Vollendung der Tat war somit unmittelbar erreicht. Nach den gesamten Umständen wiegt das Ausmaß der Verletzung der individuellen Rechtsgüter der Tatopfer durch die Angeklagten daher besonders schwer.

Die Tat der Angeklagten war durch deren rechtsradikale, ausländerfeindliche Einstellung motiviert und geschah vor dem Hintergrund ihrer Einbindung in jedenfalls örtlich gefestigte rechtsradikale Strukturen. Solche Strukturen haben in den letzten Jahren schon in einer Vielzahl von Fällen den Hintergrund für Straftaten gegen Ausländer gebildet. Diese fremdenfeindlichen Delikte haben in der gesamten Bevölkerung Aufsehen, aber auch Verunsicherung hervorgerufen, insbesondere aber unter den hier lebenden Ausländern zu einem allgemeinen Gefühl der Bedrohung geführt und ihr Vertrauen in den staatlichen Schutz vor fremdenfeindlichen Übergriffen erschüttert. Sie haben auch weites Interesse im Ausland gefunden und dem dortigen Ansehen der Bundesrepublik schweren Schaden zugefügt. Es liegt daher im zentralen Interesse der Bundesrepublik, die sich bundesweit zunehmend verfestigenden rechtsradikalen Strukturen und die aus ihnen heraus begangenen Straftaten in effektiver Weise aufzuklären, um weitere einschlägige Straftaten wirksam bekämpfen zu können. Da rechtsradikale Strukturen länderübergreifend anzutreffen sind und aus ihnen heraus begangene Straftaten im gesamten Bundesgebiet zugenommen haben, ist hierfür das Eingreifen des Generalbundesanwalts als zentrales Ermittlungsorgan in besonderer Weise geeignet. Die Tat der Angeklagten reiht sich in die bundesweite Serie fremdenfeindlicher Straftaten ein. Ihrem Angriff auf die innere Sicherheit der Bundesrepublik kommt daher die Bedeutung zu, die das Eingreifen der Strafverfolgungsorgane des Bundes rechtfertigt.

Dem steht auch nicht entgegen, daß es sich bei den Angeklagten um Jugendliche bzw. Heranwachsende handelt. Der Gesetzgeber hat in §§ 102 S. 1, 122 S. 1 JGG ausdrücklich bestimmt, daß die Zuständigkeit der Jugendgerichte hinter diejenige der Oberlandesgerichte zurücktritt. Der Umstand, daß es sich bei den Angeklagten um Jugendliche oder Heranwachsende handelt, kann daher allein bei der Beurteilung der Frage Berücksichtigung finden, ob dem Fall besondere Bedeutung i.S. des § 120 II 1 Nr. 3 GVG zukommt. Dass ihm das OLG insoweit keinen entscheidenden Einfluss zumaß, ist aus Rechtsgründen indessen nicht zu beanstanden.

§ 121 GVG

(1) Die Oberlandesgerichte sind in Strafsachen ferner zuständig für die Verhandlung und Entscheidung über die Rechtsmittel:

1. der Revision gegen

a) die mit der Berufung nicht anfechtbaren Urteile des Strafrichters;

b) die Berufungsurteile der kleinen und großen Strafkammern;

c) die Urteile des Landgerichts im ersten Rechtszug, wenn die Revision ausschließlich auf die Verletzung einer in den Landesgesetzen enthaltenen Rechtsnorm gestützt wird;

2. der Beschwerde gegen strafrichterliche Entscheidungen, soweit nicht die Zuständigkeit der Strafkammern oder des Bundesgerichtshofes begründet ist;

3. der Rechtsbeschwerde gegen Entscheidungen der Strafvollstreckungskammern nach den § 50 Abs. 5, §§ 116, 138 Abs. 3 des Strafvollzugsgesetzes.

(2) Will ein Oberlandesgericht bei seiner Entscheidung nach Abs. 1 Nr. 1a oder b von einer nach dem 1. April 1950 ergangenen, bei seiner Entscheidung nach Absatz 1 Nr. 3 von einer nach dem 1. Januar 1977 ergangenen Entscheidung eines anderen Oberlandesgerichts oder von einer Entscheidung des Bundesgerichtshofes abweichen, so hat es die Sache diesem vorzulegen.

(3) Ein Land, in dem mehrere Oberlandesgerichte errichtet sind, kann durch Rechtsverordnung der Landesregierung die Entscheidungen nach Abs. 1 Nr. 3 einem Oberlandesgericht für die Bezirke mehrerer Oberlandesgerichte oder dem Obersten Landesgericht zuweisen, sofern die Zuweisung für eine sachdienliche Förderung oder schnellere Erledigung der Verfahren zweckmäßig ist. Die Landesregierungen können die Ermächtigung durch Rechtsverordnung auf die Landesjustizverwaltungen übertragen.

Erfolgreiche Rügen

1. Verstoß gegen Vorlagepflicht verfassungswidrig (BVerfG Beschl. v. 29. 6. 1976 – 2 BvR 948/75).

2. Über ein und dieselbe Strafsache kann in jedem Rechtszuge nur ein und dasselbe Gericht entscheiden (BGH Urt. v. 13. 5. 1953 – 5 StR 640/52).

Erfolgreiche Rügen

1. Verstoß gegen Vorlagepflicht verfassungswidrig.

GVG § 121 – BVerfG Beschl. v. 29. 6. 1976 – 2 BvR 948/75 (= BVerfGE 42, 237)

Der Beschwerdeführer rügt Verletzung der Art. 1, 2, 3, 19 und 33 GG. Zur Begründung macht er geltend, das Oberlandesgericht habe seine Revision zu Unrecht verworfen. Die Strafzumessungsgründe des Berufungsurteils seien rechtsfehlerhaft, weil das Landgericht die 1965 ausgesprochene Verurteilung zu sieben Monaten Gefängnis strafschärfend berücksichtigt habe. Diese Vorstrafe unterliege dem Verwertungsverbot der §§ 49 Abs. 1, 61 BZRG. Gemäß § 60 Abs. 2 Nr. 2 BZRG sei sie nicht in das Zentralregister zu übernehmen, da sie weniger als neun Monate betrage und bei Inkrafttreten des Bundeszentralregistergesetzes länger als fünf Jahre zurückgelegen habe. Etwas anderes gelte nach § 60 Abs. 3 Nr. 1 BZRG zwar dann, wenn der Betroffene innerhalb der letzten zehn Jahre vor dem genannten Stichtag zu Freiheitsstrafe von mehr als neun Monaten verurteilt worden sei. Indessen treffe diese Voraussetzung nicht auf ihn zu. Daß die Zusammenrechnung der gegen ihn verhängten Freiheitsstrafen mehr als neun Monate ergebe, reiche – wie der Bundesgerichtshof entschieden habe – nicht aus.

Sachverhalt: Das Amtsgericht Köln verurteilte den Beschwerdeführer am 23. November 1973 wegen Betruges und versuchten Betruges, jeweils in Tateinheit mit Urkundenfälschung, zu einer Gesamtfreiheitsstrafe von sieben Monaten.

Die Berufung des Verurteilten hatte nur insoweit Erfolg, als er Strafaussetzung zur Bewährung erreichte. Im übrigen wurde sein Rechtsmittel durch Urteil des Landgerichts Köln vom 20. Mai 1975 verworfen. Ausweislich der Gründe dieser Entscheidung berücksichtigte das Landgericht strafschärfend, daß der Beschwerdeführer wegen gleichartiger Delikte am 30. März 1965 zu einer Gesamtgefängnisstrafe von sieben Monaten und am 21. April 1967 zu einer Gefängnisstrafe von vier Monaten verurteilt worden war.

Die Revision des Beschwerdeführers, mit der er die allgemeine Sachrüge erhob, blieb erfolglos. Das Oberlandesgericht Köln verwarf das Rechtsmittel durch einstimmig gefaßten Beschluß vom 24. Oktober 1975 als offensichtlich unbegründet (§ 349 Abs. 2 StPO). – Die Verfassungsbeschwerde hatte Erfolg.

Gründe: Der Beschluß des Oberlandesgerichts Köln vom 24. Oktober 1975 verletzt das Grundrecht des Beschwerdeführers aus Artikel 101 Absatz 1 Satz 2 des Grundgesetzes. Er wird insoweit aufgehoben, als die Verwerfung der Revision den Strafausspruch betrifft; in diesem Umfang wird die Sache an das Oberlandesgericht Köln zurückverwiesen.

1. Das Gesetz über das Zentralregister und das Erziehungsregister (Bundeszentralregistergesetz (BZRG) vom 18. März 1971 (BGBl. I S. 243) unterwirft Eintragungen über frühere Verurteilungen unter bestimmten Voraussetzungen einem Verwertungsverbot; das Verbot bedeutet, daß Tat und Verurteilung nicht zum Nachteil des Betroffenen verwertet werden dürfen (§ 49 Abs. 1 BZRG). Es erstreckt sich unter anderem auf alle Verurteilungen, die nicht in das Zentralregister zu übernehmen sind (§ 61 BZRG). Dazu gehören auch Verurteilungen zu Freiheitsstrafe von bis zu neun Monaten, wenn diese mehr als fünf Jahre vor dem Inkrafttreten des Bundeszentralregistergesetzes (§ 71 Abs. 1 BZRG: 1. Januar 1972) ausgesprochen worden ist (§ 60 Abs. 2 Nr. 2 BZRG). Ausnahmsweise sind aber auch solche Verurteilungen in das Zentralregister zu übernehmen, sofern der Betroffene innerhalb der letzten zehn Jahre vor Inkrafttreten des Bundeszentralregistergesetzes zu „Freiheitsstrafe von mehr als neun Monaten" verurteilt worden ist (§ 60 Abs. 3 Nr. 1 BZRG).

2. Bei der Auslegung dieser Bestimmung stellt sich die Frage, ob die „Freiheitsstrafe von mehr als neun Monaten" schon durch eine einzelne Verurteilung erreicht sein muß oder

ob mehrere Verurteilungen zu geringeren Strafen genügen, falls deren Summe neun Monate übersteigt.

Der Bundesgerichtshof hat durch Urteil vom 10. Januar 1973 – 2 StR 343/72 – entschieden, daß § 60 Abs. 3 Nr. 1 BZRG nicht eingreift, wenn sich eine Strafzeit von mehr als neun Monaten erst aus der Zusammenrechnung geringerer Freiheitsstrafen ergibt (BGHSt. 25, 97, NJW 1973, S. 528, MDR 1973, S. 424 LM Nr. 7 zum BZRG).

Art. 101 Abs. 1 Satz 2 GG ist verletzt, wenn ein Gericht die Verpflichtung zur Vorlage an ein anderes Gericht willkürlich außer acht läßt (BVerfGE 3, 359 [363]; 9, 213; 13, 132 [143]; 17, 99 [104]; 18, 441 [447]; 19, 38 [43]; 22, 254 [266]; 23, 288 [319]; 29, 166 [172 f.]; 29, 198 [207]; 31, 145 [169, 171 f.]). Diese Voraussetzungen sind hier erfüllt.

a) Das Oberlandesgericht war zur Vorlage an den Bundesgerichtshof verpflichtet.

Auf die mit der Revision erhobene Sachrüge hin hatte es das angefochtene Berufungsurteil sowohl im Schuldspruch als auch im Strafausspruch zu überprüfen. Den Strafausspruch durfte es nur bestätigen, falls sich die strafschärfende Berücksichtigung der aus dem Jahre 1965 stammenden Verurteilung als rechtsfehlerfrei erwies. Das setzte voraus, daß die Verurteilung nicht dem Verwertungsverbot der §§ 49 Abs. 1, 61 BZRG unterlag. Diese Voraussetzung hätte vorgelegen, wenn die Verurteilung in das Zentralregister zu übernehmen gewesen wäre. Nach § 60 Abs. 2 Nr. 2 BZRG werden jedoch Verurteilungen, die auf Freiheitsstrafe bis zu neun Monaten lauten und bei Inkrafttreten des Bundeszentralregistergesetzes länger als fünf Jahre zurücklagen, nicht in das Zentralregister übernommen. Die hier in Rede stehende Verurteilung wies diese Merkmale auf. Daher konnte allenfalls § 60 Abs. 3 Nr. 1 BZRG ihre Verwertung rechtfertigen. Danach gilt § 60 Abs. 2 BZRG nicht, falls der Betroffene innerhalb der letzten zehn Jahre vor Inkrafttreten des Bundeszentralregistergesetzes zu Freiheitsstrafe von mehr als neun Monaten verurteilt worden ist. Da die gegen den Beschwerdeführer innerhalb dieses Zeitraums verhängten Freiheitsstrafen jeweils unter neun Monaten lagen, war § 60 Abs. 3 Nr. 1 BZRG nur anzuwenden, wenn die Bestimmung dahin ausgelegt werden konnte, daß auch eine neun Monate übersteigende Summe geringerer Freiheitsstrafen genügt. Diese Auslegung, die allein die Verwerfung der Revision im Strafausspruch zu tragen vermochte, durfte das Oberlandesgericht seiner Beschlußfassung jedoch nicht zugrundelegen, da es damit von einer Entscheidung des Bundesgerichtshofs abwich und folglich verpflichtet war, diesem die Sache vorzulegen (§ 121 Abs. 2 GVG).

b) Die Außerachtlassung der Vorlagepflicht war im vorliegenden Fall objektiv unter keinem Gesichtspunkt vertretbar (vgl. BVerfGE 2, 266 [281]; 4, 144 [155]; Beschluß vom 24. 3. 1976 – 2 BvR 804/75); es gab keinen Grund, von der Vorlage Abstand zu nehmen. Die Voraussetzungen der Vorlagepflicht lagen zweifelsfrei vor. Das Oberlandesgericht hatte nur die Möglichkeit, entweder der Rechtsauffassung des Bundesgerichtshofs zu folgen und mithin das angefochtene Urteil im Strafausspruch aufzuheben oder aber – wenn es eine abweichende Rechtsauffassung zu vertreten gedachte – die Sache dem Bundesgerichtshof vorzulegen. Angesichts dieser klaren und unausweichlichen Alternative enthielt die Verwerfung der Revision eine unter keinem Gesichtspunkt vertretbare und damit willkürliche Verletzung der Vorlagepflicht, die den Beschwerdeführer seinem gesetzlichen Richter entzog.

Der angegriffene Beschluß war aufzuheben und die Sache an das Oberlandesgericht zurückzuverweisen. Aufhebung und Zurückverweisung mußten jedoch auf die Entscheidung über den Strafausspruch beschränkt werden, da die Bestätigung des Schuldspruchs von der festgestellten Grundrechtsverletzung unberührt bleibt.

2. Über ein und dieselbe Strafsache kann in jedem Rechtszuge nur ein und dasselbe Gericht entscheiden.
GVG § 121 Abs. 1 Nr. 1c – BGH Urt v. 13. 5. 1953 – 5 StR 640/52 LG Berlin (= BGHSt. 4, 207)

Die Revision der Staatsanwaltschaft rügt nur die Verletzung eines Landesgesetzes.

Der Sachverhalt ist der Entscheidung nicht zu entnehmen. – Das Rechtsmittel hatte Erfolg.

Gründe: Die Revision der Staatsanwaltschaft rügt nur Verletzung des § 10 des Berliner Straffreiheitsgesetzes vom 12. Januar 1950 (BStFG). Trotzdem ist im vorliegenden Fall nicht das Kammergericht, sondern der Bundesgerichtshof zur Entscheidung über die Revision zuständig, und zwar deshalb, weil auch der Angeklagte Revision eingelegt hat, die auf die Verletzung von Bundesrecht gestützt war. Über ein und dieselbe Strafsache kann in jedem Rechtszuge nur ein und dasselbe Gericht entscheiden (so schon RG GoltdArch 45, 29 für Revisionen mehrerer Angeklagter). Es würde zu starken Unzuträglichkeiten führen, wenn eine Sache gleichzeitig vor zwei verschiedenen Revisionsgerichten anhängig sein könnte. Das zeigt sich besonders deutlich gerade im vorliegenden Fall, in dem die Revision der Staatsanwaltschaft gegenstandslos sein würde, wenn die des Angeklagten Erfolg hätte. Um die gleichzeitige Anhängigkeit einer Sache vor zwei Gerichten zu verhindern, geht das Gesetz (§ 335 Abs. 3 Satz 1 StPO) so weit, erforderlichenfalls sogar eine Revision als Berufung zu behandeln und damit über den Wunsch des Beschwerdeführers hinaus einen weiteren Rechtszug zu eröffnen. Die Rechtsprechung hat diese Vorschrift auch über ihren Wortlaut hinaus immer dann angewendet, wenn eine Sache sonst gleichzeitig in zwei Rechtszüge geraten wäre (vgl. BayObLGSt 1949/51 S. 398; OLG Düsseldorf MDR 1952, 313). Dieser Grundgedanke muß auch hier gelten.

§ 169 GVG

Die Verhandlung vor dem erkennenden Gericht einschließlich der Verkündung der Urteile und Beschlüsse ist öffentlich. Ton- und Fernseh-Rundfunkaufnahmen sowie Ton- und Filmaufnahmen zum Zwecke der öffentlichen Vorführung oder Veröffentlichung ihres Inhalts sind unzulässig.

Erfolgreiche Rügen

1. Verständigung im Strafverfahren muß unter Mitwirkung aller Verfahrensbeteiligter in öffentlicher Hauptverhandlung stattfinden (BGH Urt. v. 28. 8. 1997 – 4 StR 240/97).

2. Fernseh-Rundfunkaufnahmen bei der Urteilsverkündung auch bei Einverständnis der Beteiligten Revisionsgrund (BGH Urt. v. 13. 2. 1968 – 5 StR 706/67).

3. Fernsehaufnahmen von Plädoyers unzulässig (BGH Urt. v. 13. 6. 1961 – 1 StR 179/61).

4. Befürchtung des Gerichts, der Angeklagte werde in öffentlicher Sitzung nicht die Wahrheit sagen, kein Grund für den Ausschluß der Öffentlichkeit (BGH Urt. v. 23. 5. 1956 – 6 StR 14/56).

Erfolglose Rügen

1. Handlungen, die außerhalb der Hauptverhandlung vorgenommen werden dürfen, können bereits im Rahmen der Hauptverhandlung während des Ausschlusses der Öffentlichkeit erledigt werden (BGH Beschl. v. 25. 10. 2001 – 1 StR 306/01).

2. Daß der Ausschluß eines Zuhörers allein aus sachwidrigen Erwägungen erfolgt und deshalb unzulässig ist, muß gem. § 238 II StPO von einem Beteiligten in der Verhandlung beanstandet und auf diese Weise eine Entscheidung des Gerichts herbeigeführt werden (BGH Beschl. v. 21. 2. 2001 – 3 StR 244/00).

3. Die Befugnis des Vorsitzenden, einen als Zeugen in Betracht kommenden Zuhörer des Saales zu verweisen, findet ihre Grenze erst dann, wenn der Ausschluß auf Grund sachwidriger Erwägungen angeordnet wurde (BGH Beschl. v. 7. 11. 2000 – 5 StR 150/00).

4. Einem Richter ist es nicht verwehrt, zwecks Förderung des Verfahrens mit den Verfahrensbeteiligten auch außerhalb der Hauptverhandlung Kontakt aufzunehmen (BGH Urt. v. 20. 2. 1996 – 5 StR 679/95).

5. Ton- u. Fernseh-Rundfunkaufnahmen in der Hauptverhandlung kein absoluter Revisionsgrund (BGH Urt. v. 17. 2. 1989 – 2 StR 402/88).

6. Folgt ein Zuhörer einer „Bitte" des Vorsitzenden, den Sitzungssaal zu verlassen, ist die Rüge einer Verletzung der Öffentlichkeit nur dann begründet, wenn die „Bitte" in Wahrheit eine Anordnung war oder der Zuhörer erkennbar bleiben möchte und nur der Autorität des Gerichts weicht (BGH Urt. v. 11. 5. 1988 – 3 StR 566/87).

7. Der Schutz des Vertrauens in Terminsankündigungen wird vom Öffentlichkeitsgrundsatz nicht umfaßt (BGH Urt. v. 15. 11. 1983 – 1 StR 553/83).

8. Fernsehaufnahmen in Verhandlungspause in Abwesenheit des Angeklagten zulässig (BGH Urt. v. 27. 10. 1969 – 2 StR 636/68).

9. Verteidiger muß Rundfunkaufnahmen bei Schlußvortrag nicht dulden (BGH Urt. v. 8. 2. 1957 – 1 StR 375/56).

Erfolgreiche Rügen

1. Verständigung im Strafverfahren muß unter Mitwirkung aller Verfahrensbeteiligter in öffentlicher Hauptverhandlung stattfinden.

GVG § 169 – BGH Urt. v. 28. 8. 1997 – 4 StR 240/97 LG Dortmund (= BGHSt. 43, 195 = NJW 1998, 86 = StV 1997, 583 = NStZ 1998, 31 = JR 1998, 245)

Die Revision rügt, daß „die Ausführungen der Kammer zur verfahrensbeendenden Abstimmung" rechtlicher Überprüfung nicht standhielten. Damit wird geltend gemacht, daß entgegen § 46 Abs. 1 Satz 1 StGB nicht die Schuld des Täters, sondern die Absprache Grundlage für die Zumessung der Strafe gewesen sei und sich dies zum Nachteil des Angeklagten ausgewirkt habe.

Sachverhalt: Die Strafkammer hat gegen den Angeklagten Einzelfreiheitsstrafen von acht und neun Jahren verhängt und daraus eine Gesamtfreiheitsstrafe von zwölf Jahren gebildet. Bei der Strafzumessung hat sie neben anderen Umständen das Geständnis des Angeklagten strafmildernd berücksichtigt. In den Urteilsgründen wird darüber hinaus bezüglich der beiden Angeklagten ausgeführt: „Sowohl die Einzelstrafen als auch die Gesamtstrafe sind dabei in dieser Höhe im übrigen in öffentlicher Verhandlung mit den Angeklagten, den Verteidigern und der Staatsanwaltschaft bei gleichzeitiger vorläufiger Einstellung weiterer Anklagepunkte im Sinne einer verfahrensbeendenden Absprache abgestimmt worden." – Das Rechtsmittel hatte Erfolg.

Gründe:

1. Allerdings ist die Strafzumessung nicht bereits deshalb fehlerhaft, weil Absprachen im deutschen Strafverfahren grundsätzlich nicht zulässig wären und infolgedessen eine Verständigung zwischen den Verfahrensbeteiligten in Bezug auf die zu erwartende Strafe nicht erfolgen dürfte.

a) Im Schrifttum wird allerdings die Zulässigkeit verfahrensbeendender Verständigungen im Strafverfahren vielfach für gänzlich unzulässig gehalten:

aa) Die Gegner von Absprachen verweisen darauf, daß das deutsche Strafprozeßrecht grundsätzlich vergleichsfeindlich ausgestaltet sei und ein „Aushandeln" von Schuld und Strafe im Sinne des amerikanischen „plea bargaining" nicht kenne. Die Strafprozeßordnung sehe eine Verständigung zwischen den Verfahrensbeteiligten bis auf wenige, ausdrücklich geregelte Ausnahmen nicht vor. Das Verfahrensergebnis unterliege nicht der Dispositionsfreiheit des Gerichts und der Prozeßbeteiligten; ebensowenig könne der Angeklagte durch ein Geständnis auf den Schutz durch Aufklärungspflicht und Unschuldsvermutung verzichten. Absprachen verstießen gegen grundsätzliche Prinzipien des deutschen Strafverfahrens und trügen die Gefahr eines Verstoßes gegen den Gleichbehandlungsgrundsatz in sich.

bb) Die Befürworter im Schrifttum sind hingegen der Ansicht, daß das deutsche Strafprozeßrecht eine Verständigung über Verfahrensergebnisse zwar nicht vorsehe, sie aber auch nicht verbiete. Insbesondere § 153a StPO zeige, daß eine Beratung der Verfahrensbeteiligten über den Verfahrensstand und eine Einigung über das Verfahrensergebnis nicht ausgeschlossen sei. Unter dem Aspekt des Beschleunigungsgrundsatzes seien Absprachen vielfach auch wünschenswert, um langwierige Beweisaufnahmen zu vermeiden und eine schnellere Bewältigung der Verfahrensflut zu ermöglichen. Zudem diene eine verfahrensvereinfachende Absprache, die ein Geständnis des Angeklagten enthalte, namentlich bei Gewaltdelikten, dem Opferschutz, da sie die Vernehmung des Opfers vor Gericht überflüssig machen könne.

Einigkeit besteht aber auch bei den Befürwortern darin, daß Absprachen nicht uneingeschränkt zulässig seien, sondern nur unter Beachtung strafprozessualer Grundsätze und der Rechtsstellung des Angeklagten getroffen werden dürften.

b) Die Rechtsprechung hat sich den teilweise im Schrifttum bestehenden grundsätzlichen Bedenken gegen die Zulässigkeit von Absprachen im Strafverfahren nicht angeschlossen:

aa) Das Bundesverfassungsgericht hat sich in seinem Kammerbeschluß vom 27. Januar 1987 (NJW 1987, 2662 = NStZ 1987, 419) zur Vereinbarkeit von Absprachen im Strafprozeß mit verfassungsrechtlichen Prinzipien geäußert und eine Verständigung über Ergebnisse eines Strafverfahrens nicht für grundsätzlich unzulässig gehalten. Grundrechtlicher Prüfungsmaßstab hierfür sei in erster Linie das Recht des Angeklagten auf ein faires rechtsstaatliches Verfahren; wesentliche Bestandteile des Grundsatzes der Rechtsstaatlichkeit seien die Idee der Gerechtigkeit, das Erfordernis einer funktionstüchtigen Strafrechtspflege sowie der Anspruch aller in Strafverfahren Beschuldigten auf Gleichbehandlung. Zentrales Anliegen des Strafprozesses sei die Ermittlung des wahren Sachverhalts, ohne die das materielle Schuldprinzip nicht verwirklicht werden könne. Eine Verständigung zwischen Gericht und Verfahrensbeteiligten über Stand und Aussichten der Verhandlung sei zulässig. Ausgeschlossen sei es aber, die Handhabung der richterlichen Aufklärungspflicht, die rechtliche Subsumtion und die Grundsätze der Strafbemessung zur freien Disposition der Verfahrensbeteiligten zu stellen. Dem Gericht und der Staatsanwaltschaft sei es untersagt, sich auf einen „Vergleich" im Gewande des Urteils, auf einen „Handel mit der Gerechtigkeit" einzulassen. Eine geständnisbedingte Strafmilderung dürfe den Boden schuldangemessenen Strafens nicht verlassen. Darüber hinaus müsse § 136a StPO beachtet werden; dies schließe jedoch eine Belehrung oder einen konkreten Hinweis auf die Beweislage oder die strafmildernde Wirkung eines Geständnisses nicht aus.

bb) Der Bundesgerichtshof hat sich mehrfach mit Absprachen im Strafprozeß und den Folgen, die sich aus fehlgeschlagenen Vereinbarungen ergeben, befaßt. In keiner dieser Entscheidungen hat er jedoch – in den die Entscheidung tragenden Erwägungen – ausgesprochen, daß eine Verständigung im Strafverfahren grundsätzlich nicht erlaubt wäre:

Erfolgreiche Rügen	Nr. 1 § 169 GVG

(1) Mit Urteil vom 7. Juni 1989 hat der 2. Strafsenat entschieden, daß dem Gericht aus dem Gebot des fairen Verfahrens die Pflicht erwachse, den Verteidiger auf die Möglichkeit einer höheren Bestrafung hinzuweisen, wenn es ihm vorher zugesichert habe, das Urteil werde im Strafmaß nicht über den Antrag des Staatsanwaltes hinausgehen. Dabei ließ der Senat dahinstehen, ob das Verhalten von Vorsitzendem und Verteidiger als Absprache (Begrenzung der Strafhöhe gegen Unterlassung verfahrensverzögernder Beweisanträge) zu werten sei und wie die Zulässigkeit einer solchen Absprache zu beurteilen wäre. Entscheidend sei vielmehr allein, ob die Verteidigung auf die Zusicherung des Vorsitzenden vertrauen durfte (BGHSt. 36, 210, 214 [BGH Urt. v. 7. 6. 1989 – 2 StR 66/89; vgl. § 265 StPO erfolgreiche Rügen]).

(2) Der 3. Strafsenat war in seiner Entscheidung vom 18. April 1990 mit einer Zusage der Staatsanwaltschaft befaßt, eine bestimmte Tat nicht zu verfolgen, wenn der Beschuldigte sein Rechtsmittel unter Hinnahme einer empfindlichen Strafe in einer anderen Sache zurücknehme; dies begründe zwar kein Verfahrenshindernis, stelle aber einen wesentlichen Strafmilderungsgrund dar, wenn die Tat unter Verstoß gegen den Grundsatz des fairen Verfahrens trotzdem angeklagt und abgeurteilt werde (BGHSt. 37, 10 [BGH Urt. v. 18. 4. 1990 – 3 StR 252/88; vgl. § 154 StPO erfolglose Rügen]). Zur grundsätzlichen Zulässigkeit von Absprachen brauchte sich der Bundesgerichtshof wiederum nicht zu äußern.

(3) In dem vom 3. Strafsenat am 4. Juli 1990 entschiedenen Fall ging es um die Ablehnung eines Richters durch einen Angeklagten nach außerhalb der Hauptverhandlung erfolgter Verständigung zwischen Gericht und Mitangeklagten über den weiteren Verfahrensgang. Der Senat führte aus, er brauche nicht zu prüfen, ob die Gespräche über eine zügige Erledigung der gegen die Mitangeklagten geführten Verfahren und die darauf gestützte Verurteilung dieser Angeklagten zu Bewährungsstrafen den rechtlichen Anforderungen entsprächen, die an eine solche Verständigung zu stellen seien. Im Rahmen ihrer rechtlichen Zulässigkeit werde eine solche Verständigung durch die Weigerung eines von mehreren Mitangeklagten, sich an ihr mit gleicher Zielrichtung zu beteiligen, nicht ausgeschlossen. Andererseits verpflichte das Vorliegen widerstreitender Interessen eines solchen Mitangeklagten das Gericht zu besonderer Rücksichtnahme auf dessen Verteidigungsinteresse. Dadurch könnten dem Rahmen einer Verständigung mit den anderen Angeklagten und der Verfahrensweise bei ihr engere rechtliche Grenzen gesetzt, insbesondere die rechtzeitige völlige Offenlegung in der Hauptverhandlung erforderlich sein (BGHSt. 37, 99, 103 [BGH Beschl. v. 4. 7. 1990 – 3 StR 121/89; vgl. § 338 Nr. 3 StPO erfolgreiche Rügen]).

(4) Mit Urteil vom 23. Januar 1991 befand der 3. Strafsenat über die Besorgnis der Staatsanwaltschaft, die beteiligten Berufsrichter seien befangen, wenn der Vorsitzende im Einvernehmen mit dem Berichterstatter vor der Hauptverhandlung ohne Anwesenheit anderer Verfahrensbeteiligter dem Verteidiger konkret, wenn auch nach außen hin unverbindlich, sage, welche Strafe bei einem Geständnis des Angeklagten in Betracht komme. Der Senat führte dabei allerdings u.a. aus: „Vertrauliche, also ohne Mitwirkung aller Prozeßbeteiligten, einschließlich des Angeklagten und der Schöffen, getroffene Absprachen über die Höhe der Strafe bei einem bestimmten Verhalten des Angeklagten widersprechen – ebenso wie alle Zusagen bezüglich der Strafbemessung – den geltenden Verfahrensvorschriften. Die vom Gericht in einem Urteil zu verkündende Strafe darf nicht ohne die vom Gesetz gewährten Garantien der Anwesenheit und Mitwirkung aller Verfahrensbeteiligten, der Unmittelbarkeit und Mündlichkeit der Hauptverhandlung sowie nicht unter Umgehung des Öffentlichkeitsgrundsatzes gefunden werden ... Welche Strafe angemessen ist, kann das Gericht grundsätzlich erst beurteilen, wenn die Hauptverhandlung ergeben hat, was von dem Vorwurf gegen den Angeklagten in welchem Umfang festgestellt ist, welche Umstände das begangene Unrecht kennzeichnen und welches Maß an Schuld anzunehmen ist" (BGHSt. 37, 298, 304 [BGH Urt. v. 23. 1. 1991 – 3 StR 365/90; vgl. § 338 Nr. 3 StPO erfolgreiche Rügen]). Zu entscheiden war aber nur über heimliche, nicht allen

Verfahrensbeteiligten bekannte Absprachen, über eine offene – das heißt in der Hauptverhandlung dargelegte – Verständigung hatte der 3. Strafsenat nicht zu befinden.

(5) Mit Urteil vom 30. 10. 1991 entschied der 2. Strafsenat ähnlich für einen Fall der Verständigung ohne Beteiligung der Staatsanwaltschaft, daß das Gericht zuvor allen Verfahrensbeteiligten Gelegenheit zur Äußerung geben müsse, wenn es einem Angeklagten für den Fall eines Geständnisses einen bestimmten Strafrahmen in Aussicht stellen wolle (BGHSt. 38, 102 [BGH Urt. v. 30. 10. 1991 – 2 StR 200/91; vgl. § 33 StPO erfolgreiche Rügen]).

(6) Der 5. Strafsenat äußerte sich in einem Urteil vom 20. 2. 1996 zum rechtlichen Gehör der Staatsanwaltschaft bei Gesprächen des Strafkammervorsitzenden mit dem Verteidiger über die Straferwartung im Falle eines Geständnisses des Angeklagten. Der Senat betonte in diesem Zusammenhang, daß es einem Richter nicht verwehrt sei, zwecks Förderung des Verfahrens mit den Verfahrensbeteiligten auch außerhalb der Hauptverhandlung Kontakt aufzunehmen. Selbst Absprachen, die bei den Beteiligten einen Vertrauenstatbestand schaffen, seien trotz der hiergegen geltend gemachten Bedenken nicht ohne weiteres prozeßordnungswidrig noch ein Verstoß gegen die Prinzipien eines fairen rechtsstaatlichen Verfahrens. Ein Versuch, die Strafzumessung in Vorgänge außerhalb der Hauptverhandlung zu verlagern und durch feste Vereinbarungen auch über das weitere Prozeßverhalten der Beteiligten abzusichern, wäre aber mit wesentlichen Grundsätzen des Strafverfahrens unvereinbar (BGHSt. 42, 46, 48 f. [BGH Urt. v. 20. 2. 1996 – 5 StR 679/95; vgl. § 169 GVG erfolglose Rügen]; ebenso BGH, Beschl. v. 25. 10. 1995 – 2 StR 529/95 = wistra 1996, 68).

(7) In seinem Urteil vom 17. Juli 1996 war der 5. Strafsenat mit einer wegen Dissenses der Beteiligten über den Umfang beabsichtigter Einstellungen nach § 154 StPO fehlgeschlagenen Verständigung befaßt. Der Senat äußerte in diesem Zusammenhang, das von den Verfahrensbeteiligten bei der angestrebten Verständigung gewählte Verfahren sei wegen seiner offensichtlichen Anfälligkeit für Mißverständnisse nicht unbedenklich, da die Gespräche nicht in der Hauptverhandlung erfolgten und ihr vorläufiges Ergebnis auch nicht in der Hauptverhandlung erörtert wurde, bevor die Angeklagten aufgrund der Absprache Geständnisse ablegten. Die Grundsätze des fairen Verfahrens seien jedoch nicht verletzt worden, zumal die Strafkammer die Geständnisse der Angeklagten in ihrer Beweiswürdigung nicht verwertet habe. Der Senat hob das Urteil jedoch im Strafausspruch auf, da die Strafkammer gleichwohl die Geständnisse zugunsten der Angeklagten hätte bedenken müssen (BGHSt. 42, 191, 193 f. [BGH Urt. v. 17. 7. 1996 – 5 StR 121/96; vgl. § 338 Nr. 3 StPO erfolglose Rügen]).

(8) Mit Beschluß vom 21. 1. 1997 hat der 1. Strafsenat entschieden, daß ein im Rahmen einer Absprache abgegebenes falsches oder mißverstandenes Geständnis den Rechtsmittelverzicht des Angeklagten nicht unwirksam mache (BGH NStZ-RR 1997, 173[1]). In seiner Entscheidung vom 13. 5. 1997 – 1 StR 12/97 (vgl. MRK Art. 6 erfolglose Rügen) – wies der 1. Strafsenat auf die wiederholt durch den Bundesgerichtshof geäußerten Bedenken gegen die Erörterung des Verfahrensergebnisses außerhalb der Hauptverhandlung hin; zur grundsätzlichen Zulässigkeit von Absprachen brauchte sich der Senat nicht zu äußern.

(9) Schließlich entschied der 2. Strafsenat mit Beschluß vom 20. 6. 1997 – 2 StR 275/97 –, daß die Unzulässigkeit einer Absprache über das Verfahrensergebnis nicht die Wirksamkeit eines absprachegemäß erklärten Rechtsmittelverzichts berühre. Zugrunde lag eine außerhalb der Hauptverhandlung getroffene Absprache, die eine Abkürzung des Verfah-

---

1 „Die Behauptung des Angeklagten, daß er ein falsches oder mißverständliches Geständnis abgelegt habe, zwingt gleichfalls nicht zur Annahme der Unwirksamkeit des Rechtsmittelverzichts. Der Angeklagte ist dadurch nicht rechtsschutzlos. Sein Geständniswiderruf stellt eine neue Beweistatsache dar, die er gem. § 359 Nr. 5 StPO im Wiederaufnahmeverfahren geltend machen kann." (BGH Beschl. v. 21. 1. 1997 – 1 StR 732/96).

rens durch eine „einverständliche Erledigung" in der Weise vorsah, daß eine Gesamtfreiheitsstrafe von nicht mehr als vier Jahren verhängt und unter dieser Voraussetzung auf Rechtsmittel verzichtet werde. Der Senat führt dabei aus, daß eine Verständigung außerhalb der Hauptverhandlung unzulässig sei, und weist im übrigen auf die Grundsätze hin, aus denen sich Bedenken gegen eine Absprache über das Verfahrensergebnis ergeben können. Darüber, inwieweit in öffentlicher Hauptverhandlung eine Verständigung zwischen den Verfahrensbeteiligten hinsichtlich der Strafzumessung bei Ablegung eines Geständnisses erfolgen dürfe, hatte der 2. Strafsenat jedoch nicht zu entscheiden.

c) Der Senat ist der Auffassung, daß die Strafprozeßordnung Verständigungen zwischen Gericht und Verfahrensbeteiligten, die sich mit der Frage der Strafbemessung bei Ablegung eines Geständnisses befassen, nicht generell untersagt.

aa) Richtig ist zwar, daß das deutsche Strafverfahrensrecht grundsätzlich vergleichsfeindlich ausgestaltet ist; es verbietet eine freie Verfügung des Gerichts und der Prozeßbeteiligten über den staatlichen Strafanspruch, die Einhaltung der Verfahrensgrundsätze, die rechtliche Subsumtion und die Grundsätze der Strafbemessung.

Andererseits zeigt gerade die Vorschrift des § 153a StPO, die eine Einstellung des Verfahrens gegen Auflagen mit Zustimmung des Angeklagten und der Staatsanwaltschaft ermöglicht, daß eine Verständigung zwischen den Verfahrensbeteiligten – auch über das Ergebnis und die Erledigung eines Strafverfahrens – dem deutschen Strafprozeß nicht völlig fremd ist. Daneben gibt es noch andere Vorschriften, die eine Einwilligung des Betroffenen in eine bestimmte Rechtsfolge vorsehen und deshalb in der Regel mit einer Prognose des Verfahrensausgangs, einem Gespräch über die Sach- und Rechtslage und einer Einigung der Verfahrensbeteiligten verbunden sind.

Aus der Strafprozeßordnung selbst kann daher nicht geschlossen werden, daß Absprachen über das Verfahrensergebnis gänzlich unzulässig seien. Vielmehr sind Absprachen, welche die Abgabe eines Geständnisses durch den Angeklagten gegen Zusage einer Strafmilderung durch das Gericht zum Inhalt haben, grundsätzlich möglich; sie verstoßen nicht von vornherein gegen verfassungs- und verfahrensrechtliche Prinzipien. Eine Verständigung ist jeweils in ihrer konkreten Ausgestaltung an den unverzichtbaren Prinzipien des Verfahrensrechts und des materiellen Strafrechts zu messen; sie muß sowohl hinsichtlich ihres Zustandekommens als auch bezüglich ihres Inhalts diesen Grundsätzen genügen.

bb) Ausgangspunkt für die Prüfung der Zulässigkeit einer Absprache ist das aus dem Rechtsstaatsprinzip (Art. 20 Abs. 3 GG) i.V.m. Art. 2 Abs. 1 GG abgeleitete allgemeine Recht des Angeklagten auf ein faires, rechtsstaatliches Verfahren mit den Ausprägungen, die dieses Prinzip in den Verfahrensgrundsätzen des Strafprozeßrechts gefunden hat. Dies schließt eine Absprache über den Schuldspruch von vornherein aus. Seine Grundlage darf immer nur der nach der Überzeugung des Gerichts tatsächlich gegebene Sachverhalt sein; dessen strafrechtliche Bewertung und Einordnung ist einer Vereinbarung nicht zugänglich. Eine Absprache darf auch nicht dazu führen, daß ein aufgrund der Vereinbarung abgelegtes Geständnis des Angeklagten ohne weiteres dem Schuldspruch zugrunde gelegt wird, ohne daß sich das Gericht von dessen Richtigkeit überzeugt. Das Gericht bleibt dem Gebot der Wahrheitsfindung verpflichtet. Das Geständnis muß daher auf seine Glaubwürdigkeit überprüft werden; sich hierzu aufdrängende Beweiserhebungen dürfen nicht unterbleiben.

Selbstverständlich ist, daß bei dem Bemühen der Beteiligten um das Zustandekommen einer Absprache die freie Willensentschließung des Angeklagten gewahrt bleiben muß und er insbesondere nicht durch Drohung mit einer höheren Strafe oder durch Versprechen eines gesetzlich nicht vorgesehenen Vorteils zu einem Geständnis gedrängt werden darf (etwa wenn die hierfür nicht zuständige Strafkammer für das Geständnis des Angeklagten „Freigang" verspricht; § 136a StPO ist daher bei den Verständigungsgesprächen genauso zu beachten wie der Grundsatz, daß niemand verpflichtet ist, sich selbst anzuklagen (nemo tenetur se ipsum accusare). Das Versprechen eines gesetzlich nicht vorgesehenen Vorteils liegt aber nicht bereits darin, daß das Gericht dem Angeklagten für den Fall eines Geständnisses eine Strafmilderung in Aussicht stellt (vgl. BGHSt. 1, 387 [BGH Urt. v. 30. 10. 1951 – 1 StR 363/51; vgl. § 136a StPO erfolglose Rügen]; 14, 189 [BGH Urt. v. 1. 4. 1960 – 4 StR 36/60; vgl. § 136a StPO erfolglose Rügen]; 20, 268 [BGH Urt. v. 14. 9. 1965 – 5 StR 307/65; vgl. § 136a StPO erfolgreiche Rügen]).

Umgekehrt ist es aber nicht zulässig, wenn sich das Gericht für das Inaussichtstellen einer milderen Strafe durch den Angeklagten versprechen läßt, daß dieser auf Rechtsmittel verzichten werde. Dies bedeutet zum einen eine unzulässige Verknüpfung der Rechtsmittelbefugnis mit der Höhe der Strafe, auf die jene keinen Einfluß haben darf. Zum anderen kann der Angeklagte frühestens nach Verkündung des Urteils auf Rechtsmittel verzichten; das Gericht darf daher von ihm keinesfalls verlangen, daß er sich bereits vor Abschluß der Hauptverhandlung und Kenntnis der Entscheidung dieser Kontrollmöglichkeit begibt.

cc) Eines der wesentlichen Bedenken gegen die Zulässigkeit von Absprachen resultiert daraus, daß diese vielfach außerhalb der Hauptverhandlung getroffen werden (BGHSt. 37, 99; 37, 298; 42, 46; 42, 191 und BGH, Beschl. v. 20. 6. 1997 – 2 StR 275/97 [vgl. § 302 StPO erfolglose Rügen]).

Diese Praxis verstößt gegen den Öffentlichkeitsgrundsatz, § 169 GVG: Danach ist die Verhandlung vor dem erkennenden Gericht (einschließlich der Verkündung der Urteile und Beschlüsse) öffentlich. „Die Öffentlichkeit des Strafverfahrens gehört zu den grundlegenden Einrichtungen des Rechtsstaats. Die Bestimmungen darüber sollen gewährleisten, daß sich die Rechtsprechung der Gerichte grundsätzlich ‚in aller Öffentlichkeit', nicht hinter verschlossenen Türen abspielt" (BGHSt. 9, 280, 281 [BGH Urt. v. 23. 5. 1956 – 6 StR 14/56; vgl. § 169 GVG erfolgreiche Rügen]). Das Prinzip der Öffentlichkeit will das Informationsinteresse der Allgemeinheit und die Kontrolle der Justiz gewährleisten und somit das Vertrauen in die Rechtsprechung der Gerichte fördern. Diese Kontrolle ist aber nur dann möglich, wenn die Allgemeinheit Einblick in die wesentlichen Verfahrensabläufe hat, die zum Urteil führen. Wird aber eine Absprache aus der öffentlichen Hauptverhandlung hinausverlagert und in dieser auch nicht offengelegt, so wird die Hauptverhandlung zur bloßen Fassade, die jeglichen Einblick der Öffentlichkeit in die dem Urteil zugrunde liegenden Umstände verschleiert.

Eine Verständigung zwischen dem Gericht und den anderen Verfahrensbeteiligten, welche die Einlassung des Angeklagten und die Höhe der Strafe zum Gegenstand hat, muß daher in öffentlicher Hauptverhandlung – nach Beratung des gesamten Spruchkörpers – erfolgen. Dies schließt nicht aus, daß es vor oder außerhalb der Verhandlung zu Vorgesprächen zwischen den Beteiligten kommt, um die Bereitschaft zu Gesprächen und die jeweiligen „Verhandlungspositionen" abzuklären; dann muß das Gericht aber den wesentlichen Inhalt und das Ergebnis dieser Gespräche in der Hauptverhandlung offenlegen.

Die Erörterung in öffentlicher Hauptverhandlung gewährleistet auch die Einhaltung eines weiteren, für die Zulässigkeit von Verständigungen unverzichtbaren Kriteriums, nämlich die Einbeziehung aller Verfahrensbeteiligter. Da derartige Gespräche für das weitere Verfahren und das Urteil von erheblicher Bedeutung sind, dürfen sie nur in Kenntnis und unter Mitwirkung aller am Verfahren Beteiligter und der zur Entscheidung berufenen Personen stattfinden. Nicht zulässig ist insbesondere eine Absprache ohne Beteiligung des Angeklagten selbst oder auch unter Ausschluß der Schöffen.

Wesentlich ist dabei, daß Absprachen über Verfahrensinhalt und -ergebnis nicht unter dem Deckmantel der Heimlichkeit und Unkontrollierbarkeit stattfinden; sie dürfen nicht gleichsam als eigenständiges, informelles Verfahren neben der eigentlichen Hauptverhandlung geführt werden, ohne in letztere Eingang zu finden. Absprachen müssen daher offengelegt werden, ihr Inhalt muß für alle Beteiligten und auch für das Rechtsmittelgericht überprüfbar sein. Das Ergebnis der Absprache ist – da es sich um einen wesentlichen Verfahrensvorgang handelt – im Protokoll über die Hauptverhandlung festzuhalten. Nur dadurch werden auch spätere Streitigkeiten über angeblich erfolgte Absprachen (vgl. BGH, Beschl. v. 13. 5. 1997 – 1 StR 12/97) vermieden.

dd) Das Gericht darf durch die Absprache nicht gegen § 260 Abs. 1, § 261 StPO verstoßen, indem es eine verbindliche Zusage zur Höhe der zu verhängenden Strafe macht; denn das Gericht hat aus dem Inbegriff der Verhandlung in der Urteilsberatung über die Strafe zu entscheiden. Diese richterliche Entscheidungsfindung darf nicht durch Festlegung auf eine konkrete Strafe vorweggenommen werden; eine Bindung des Gerichts an ein bestimmtes Verfahrensergebnis vor Abschluß der Hauptverhandlung ist ausgeschlossen. Eine derartige Selbstbindung enthält gleichzeitig eine Verletzung der materiellrechtlichen Prinzipien der Strafzumessung i.S.d. § 46 Abs. 1 Satz 1, Abs. 2 Satz 1 StGB, weil das Gericht dann in der Urteilsberatung nicht mehr frei ist, die Strafhöhe anhand der maßgeblichen Strafzumessungskriterien nach der Schuld des Täters zuzumessen.

Unbedenklich ist es dagegen, wenn das Gericht für den Fall der Ablegung eines glaubhaften Geständnisses im Wege der Verständigung eine Strafobergrenze, die es nicht überschreiten werde, angibt. Falls der Angeklagte ein Geständnis ablegt, schränkt er seine Verteidigungsmöglichkeiten nämlich auf einen schmalen Bereich ein. Er kann dann regelmäßig gegen seine Verurteilung nichts mehr vorbringen und nur noch die Höhe der zu verhängenden Strafe zu beeinflussen versuchen. Es ist daher nicht unbillig, wenn er vor Ablegung eines Geständnisses erfahren möchte, wie das Gericht dieses bei der Strafzumessung bewerten würde.

Wenn das Gericht dementsprechend erklärt, daß die Strafe im Falle der Ablegung eines Geständnisses eine bestimmte Grenze nicht überschreiten, der vom Gesetz allgemein vorgesehene – zumeist sehr weite – Strafrahmen somit in einer bestimmten Weise eingeschränkt werde, wird damit die Entscheidung des Gerichts noch nicht vorweggenommen. Die Festlegung der konkreten Strafe unter Abwägung aller Strafzumessungsgesichtspunkte bleibt der Urteilsberatung vorbehalten. Eine solche Zusage beseitigt auch nicht die nötige Unvoreingenommenheit und Objektivität des Gerichts; denn daß sich das Gericht während des Verfahrens – vorbehaltlich des weiteren Verfahrensganges und des Beratungsergebnisses eine Meinung über das mögliche Verfahrensergebnis bildet, ist der Strafprozeßordnung nicht fremd und liegt bereits dem Beschluß über die Eröffnung des Hauptverfahrens oder Haftentscheidungen zugrunde.

Es wird also nicht – was unzulässig, da den Grundsätzen der Strafprozeßordnung widersprechend, wäre – die Absprache an die Stelle eines Urteils gesetzt. Freilich wird, da das Gericht wegen des Geständnisses die in Betracht kommende Obergrenze bereits (unter Umständen erheblich) gegenüber derjenigen bei Leugnen der Tat herabsetzt, oftmals die später im Urteil verhängte Strafe diese Strafhöhe erreichen müssen. Dies macht die Verständigung aber nicht unzulässig (vgl. BGHSt. 42, 46, 50: „Das Vorgehen wird auch nicht im Nachhinein dadurch bedenklich, daß die schließlich gefundene Strafe der Prognose entspricht."); denn gleichwohl bleibt dem Gericht die Befugnis erhalten, nach dem Beratungsergebnis eine noch unter dieser Grenze liegende Strafe zu verhängen.

Befürchtet andererseits die an der Absprache beteiligte Staatsanwaltschaft, das Gericht werde sich bei der Strafzumessung im Urteil zu weit von der Obergrenze nach unten entfernen, oder hält sie eine unter der in Aussicht genommenen Obergrenze liegende Strafe für schlechthin unvertretbar (dazu näher unter ee), so mag sie dies in der Hauptverhandlung erklären. Bleibt das Gericht im Urteil in erheblichem Maße unter der bekanntgegebenen Obergrenze, so kann dies ein Anhaltspunkt dafür sein, daß die Strafe den Bereich der Schuldangemessenheit verlassen hat, so daß ein die Strafbemessung rügendes Rechtsmittel der Staatsanwaltschaft erfolgreich sein kann. Dies unterliegt – wie bei jedem Rechtsmittel – jedoch der Prüfung und Entscheidung des Rechtsmittelgerichts.

ee) Die so erfolgte Verständigung steht unter dem Vorbehalt, daß das später ergehende Urteil materiell-rechtlich zutreffend und unter Berücksichtigung aller Umstände vertretbar ist. Der Strafausspruch darf „den Boden schuldangemessenen Strafens" nicht verlassen. Das Gericht darf keinesfalls unter Hintanstellung dieser Kriterien zwecks Erlangung eines Geständnisses eine Strafhöhe bestimmen, die dem Unrechtsgehalt der Tat nicht gerecht wird. Es hat die Höhe der Strafe auch dann, wenn eine Verständigung stattfindet, die ein Geständnis des Angeklagten zum Gegenstand hat, nach den allgemeinen Grundsätzen der Strafzumessung festzulegen und hierbei sämtliche Umstände, die für und gegen den Angeklagten sprechen, abzuwägen. Dem Gericht ist es aber nicht verwehrt, dem Geständnis des Angeklagten strafmildernde Bedeutung auch dann zuzumessen, wenn der Angeklagte das Geständnis nicht offensichtlich in erster Linie aus Schuldeinsicht und Reue, sondern aus verfahrenstaktischen Gründen im Rahmen der Verständigung abgegeben hat.

Zwar wird ein Geständnis dann nicht wesentlich strafmildernd berücksichtigt werden, wenn es ersichtlich nicht aus einem echten Reue- und Schuldgefühl heraus abgelegt worden ist, sondern auf „erdrückenden Beweisen beruht" (BGH bei Detter NStZ 1990, 221). So liegt der Fall aber bei einem im Rahmen einer Verständigung abgelegten Geständnis in der Regel nicht. Zudem sind Schuldeinsicht und Reue subjektive Empfindungen des Angeklagten, die objektiv schwer meßbar sind und durchaus auch bei einem Geständnis aufgrund einer Absprache vorliegen können; auch in diesem Fall bekennt sich der Angeklagte zu seiner Tat und fördert das Prozeßziel des Rechtsfriedens. Es erscheint im übrigen fraglich, ob es überhaupt möglich ist, aus dem Prozeßverhalten des Angeklagten für ihn nachteilige sichere Schlüsse auf seine Einstellung zur Tat zu ziehen. Auch für die Strafzumessung gilt uneingeschränkt der Zweifelsgrundsatz, so daß jeweils von der für den Angeklagten günstigsten Möglichkeit auszugehen ist, die nach den gesamten Umständen in Betracht kommt (BGH, Beschl. v. 7. 12. 1995 – 4 StR 688/95). Außerdem kann ein Geständnis dem Angeklagten auch als Beitrag zur Sachaufklärung und Verfahrensabkürzung zugute gehalten werden.

Jedes Geständnis eines Angeklagten ist daher grundsätzlich geeignet, Bedeutung als strafmildernder Gesichtspunkt zu erlangen, auch wenn seine Gewichtigkeit unterschiedlich sein kann (s.a. BGH bei Detter NStZ 1997, 176). Das Gericht darf deshalb auch ein Geständnis, das der Angeklagte im Rahmen einer Absprache abgelegt hat, strafmildernd berücksichtigen; es darf nur nicht zur Erlangung eines Geständnisses eine Strafmilderung zusagen und gewähren, die zur Bedeutung des Strafmilderungsgrundes außer Verhältnis steht und zu einer nicht mehr schuldangemessenen Strafe führt. Dann ist auch eine Verletzung des Gleichbehandlungsgrundsatzes durch Verständigungen nicht zu befürchten.

ff) Ist auf diese Weise in öffentlicher Verhandlung unter Einbeziehung aller Beteiligter eine Verständigung zustande gekommen, so ist das Gericht daran gebunden. Das folgt aus den Grundsätzen des fairen Verfahrens, zu denen gehört, daß sich das Gericht nicht in Widerspruch zu eigenen, früheren Erklärungen, auf die ein Verfahrensbeteiligter vertraut hat, setzen darf; die Vertrauenslage, die das Gericht dadurch geschaffen hat, verbietet ihm, von seiner früheren Erklärung abzuweichen (BGHSt. 36, 210, 214). Ergeben sich nach der Absprache allerdings schwerwiegende neue Umstände, die dem Gericht bisher unbekannt waren und die Einfluß auf das Urteil haben können, so kann das Gericht von der getroffenen Absprache abweichen. Solche Umstände können zum Beispiel sein, daß sich die Tat aufgrund neuer Tatsachen oder Beweismittel statt wie bisher als Vergehen nunmehr als Verbrechen darstellt (vgl. die Regelung in § 373a Abs. 1 StPO) oder daß erhebliche Vorstrafen des Angeklagten nicht bekannt waren. In einem solchen Fall muß das Gericht aber dann wiederum in öffentlicher Hauptverhandlung unter Darlegung der Umstände auf diese Möglichkeit hinweisen (vgl. § 265 Abs. 1, 2 StPO).

2. Der Strafausspruch des angefochtenen Urteils kann hiernach nicht bestehen bleiben, weil die Urteilsgründe besorgen lassen, daß die Strafkammer bereits vor der Urteilsberatung eine konkrete Strafe und nicht nur die Einhaltung einer bestimmten Strafobergrenze zugesagt hat; dies ergibt sich daraus, daß danach sowohl die Einzelstrafen als auch die Gesamtstrafe „in dieser Höhe ... abgestimmt" wurden.

Das legt nahe, daß sich die Strafkammer rechtsfehlerhaft hinsichtlich der Strafe festgelegt hat. Daß die Strafkammer ausweislich der Urteilsgründe sowohl bei der Bemessung der Einzelfreiheitsstrafen als auch bei der Bildung der Gesamtfreiheitsstrafe alle maßgeblichen Strafzumessungsgesichtspunkte zu Gunsten und zu Lasten des Angeklagten berücksichtigt hat und die Höhe der Freiheitsstrafe sich im Rahmen schuldangemessenen Strafens hält, vermag den Fehler nicht zu beseitigen; denn mit der Zusage einer bestimmten Strafe, an die sich das Gericht bereits vor der Urteilsberatung bindet, fehlt es an einer selbständigen richterlichen Entscheidung zur Strafzumessung, wie sie § 46 Abs. 1 Satz 1, Abs. 2 Satz 1 StGB erfordert. Das ist, weil sich der Fehler aus den Urteilsgründen ergibt, schon auf die Sachrüge hin zu beachten.

Auf dem Rechtsfehler kann das Urteil im Strafausspruch auch beruhen. Es kann nicht sicher ausgeschlossen werden, daß das Gericht ohne die fehlerhafte Absprache eine niedrigere Freiheitsstrafe festgesetzt hätte, zumal die Strafkammer sich mit der Angabe einer konkreten Strafhöhe auch gegenüber der Staatsanwaltschaft verpflichtet hatte, diese zugesagte Strafe nicht zu unterschreiten; dies konnte sich zum Nachteil des Angeklagten auswirken, da damit ein Abweichen von dieser Strafhöhe nach unten in der Beratung nicht mehr möglich war.

2. Fernseh-Rundfunkaufnahmen bei der Urteilsverkündung auch bei Einverständnis der Beteiligten Revisionsgrund.

GVG § 169 Satz 2, StPO § 338 Nr. 6 – BGH Urt. v. 13. 2. 1968 – 5 StR 706/67 LG Berlin (= BGHSt. 22, 83 = NJW 1968, 804)

Die Revision rügt, daß der Vorsitzende der Strafkammer Fernseh-Rundfunkaufnahmen für die Verkündung des Urteilsspruchs genehmigt hatte, daß dies den Angeklagten und den Verteidigern bekannt war, bevor mit der Aufnahme begonnen wurde, und daß die Aufnahmen auch gemacht worden sind.

Der Sachverhalt ergibt sich aus dem Revisionsvorbringen. – Das Rechtsmittel hatte Erfolg.

Gründe: Beide Revisionen beanstanden zu Recht, daß § 169 Satz 2 GVG verletzt worden ist, der u.a. bestimmt, daß Fernseh-Rundfunkaufnahmen in der „Verhandlung vor dem erkennenden Gericht" unzulässig sind. Damit hat die Strafkammer gegen § 169 Satz 2 GVG verstoßen. Unter „Verhandlung vor dem erkennenden Gericht" ist im Strafverfahren die Hauptverhandlung zu verstehen, die nach § 260 Abs. 1 StPO erst mit der Verkündung des Urteils schließt.

Ob ein Verstoß gegen § 169 Satz 2 GVG einen zwingenden Revisionsgrund im Sinne des § 338 Nr. 6 StPO bildet, kann zweifelhaft sein. Der vorliegende Fall zwingt aber nicht dazu, diese Frage zu entscheiden; es kann sogar zweifelhaft sein, ob sie überhaupt jemals der Entscheidung bedürfen wird. Denn Fälle, in denen sich einwandfrei sagen läßt, daß das Urteil auf der Zulassung des Rundfunks oder des Fernsehens nicht beruhen könne, lassen sich kaum vorstellen. Insbesondere läßt sich die Möglichkeit des Beruhens nicht schon deshalb verneinen, weil Rundfunk oder Fernsehen erst während der Urteilsverkündung zugelassen worden sind. Die Prozeßparteien können auch noch während der Urteilsverkündung ums Wort bitten, um Anträge zu stellen. Allerdings ist der Vorsitzende nicht verpflichtet, das Wort jetzt noch zu erteilen. Aber wenn der Angeklagte, der Verteidiger oder auch der Staatsanwalt schon die Wortmeldung unterläßt, weil er sich durch das Arbeiten der Aufnahmegeräte gehemmt fühlt, oder wenn der Vorsitzende sich bei der Ermessensentscheidung, ob er einer solchen Wortmeldung stattgeben soll, bewußt oder unbewußt von der Rücksicht auf die Aufnahme beeinflussen läßt, dann läßt es sich schon wegen dieser Möglichkeit nicht ausschließen, daß das Urteil auf der Zulassung der Aufnahme beruht. Ferner kann schon die Erwartung, daß die Urteilsverkündung für den Rundfunk oder für das Fernsehen aufgenommen werde, den Gang der Verhandlung und die Beratung beeinflussen. Im allgemeinen wird sich das Bevorstehen der Aufnahme nicht bis zu dem Augenblick verheimlichen lassen, in dem die Urteilsverkündung wirklich beginnt. Selbst wenn die Aufnahmegeräte gänzlich unbemerkt aufgestellt werden könnten, selbst wenn es allein der Vorsitzende wäre, der von der beabsichtigten Aufnahme wüßte, ließe sich nicht ausschließen, daß ihn das bei der Verhandlungsleitung und während der Beratung ablenkte. Im vorliegenden Fall ist die Störung ganz offensichtlich. Da in dem Augenblick, in dem die Aufnahme begann, noch einmal in die Verhandlung eingetreten wurde, sah sich der Vorsitzende genötigt, seine Aufmerksamkeit zunächst nicht dem Verhandlungsgegenstand, sondern dem Abbrechen der Aufnahme zuzuwenden. Der Senat stellt es nicht darauf ab, ob tatsächlich ein – sei es auch noch so kleiner – Teil der Verhandlung, der nicht zur Urteilsverkündung gehörte, aufgenommen worden ist. Entscheidend ist, daß der Vorsitzende entgegen der ausdrücklichen und ganz eindeutigen Gesetzesvorschrift eine grobe Störung des ruhigen Verhandlungsverlaufs geduldet hat, die vom Gesetz so schwer genommen wird, daß es sie als „unzulässig" bezeichnet. Es ist nicht auszuschließen, daß die Beteiligten unter diesem Eindruck weniger überzeugend gewirkt haben, als es ihnen sonst möglich gewesen wäre. Ebensowenig ist auszuschließen, daß auch das Gericht in seiner Aufmerksamkeit durch diese Vorgänge beeinträchtigt gewesen ist.

Jeder der beteiligten Richter hat in seiner dienstlichen Äußerung ausdrücklich hervorgehoben, daß keiner der anwesenden Verteidiger den Aufnahmen widersprochen hat. Darauf kommt es nicht an.

Selbst wenn alle Verteidiger und alle Angeklagten ausdrücklich zugestimmt hätten, selbst wenn die Aufnahmen auf deren eigene Initiative vorgenommen worden wären, änderte das nichts an ihrer Unzulässigkeit und nichts daran, daß sie ihre Revisionen darauf stützen könnten. Was die Angeklagten selbst betrifft, so ist zu bemerken, daß § 169 Satz 2 GVG unter anderem dazu bestimmt ist, einen möglichen Anreiz zum Herostratentum zu beseitigen. Deshalb kann es auf das Einverständnis der Angeklagten nicht ankommen. Wenn der Verteidiger eine zwingende Vorschrift übersieht oder verkennt, die auch ein Kollegialgericht übersehen hat, so darf nicht der Angeklagte darunter leiden.

3. Fernsehaufnahmen von Plädoyers unzulässig.
StPO §§ 244 II, 338 Nr. 6; GVG § 169 – BGH Urt. v. 13. 6. 1961 – 1 StR 179/61 Schwurgericht Bamberg (= BGHSt. 16, 111 = NJW 1961, 1781)

Die Revision rügt, daß das Gericht in der Hauptverhandlung während der Schlußplädoyers von Staatsanwaltschaft und Verteidigung und dem letzten Wort des Angeklagten Fernsehaufnahmen zugelassen hat.

Sachverhalt: Der Vorsitzende des Schwurgerichts ließ die Aufnahme der Urteilsverkündung durch den Fernsehfunk zu. Dementsprechend waren zu der vorgesehenen Terminstunde Vorkehrungen getroffen und mit der Aufnahmetätigkeit wurde bereits begonnen, ehe das Gericht den Sitzungssaal betrat. Dabei war die Fernsehkamera auch auf den Angeklagten gerichtet. Wider Erwarten trat dann das Gericht nochmals in die Verhandlung ein, um auf eine mögliche Veränderung des rechtlichen Gesichtspunkts hinzuweisen. Während dieses Verhandlungsabschnitts, in dem die gestellten Anträge wiederholt wurden und der Angeklagte noch einmal das letzte Wort erhielt, dauerte die Aufnahmetätigkeit an. Der Verteidiger und der Angeklagte widersprachen in diesem Zusammenhange nicht ausdrücklich der Zulassung des Fernsehens. Indessen hatte der Verteidiger bereits vorher den Fernsehaufnahmen widersprochen und für den Fall, daß sie für die Urteilsverkündung zugelassen werden sollten, die Zusicherung erhalten, daß er für seine Person kein Objekt einer Aufnahme sein werde. – Das Rechtsmittel hatte Erfolg.

Gründe: In der Zulassung des Fernsehens während eines Abschnitts der Verhandlung, in dem der Angeklagte, sein Verteidiger und der Staatsanwalt die Möglichkeit hatten, Erklärungen zur Sache abzugeben, sieht die Revision mit Recht einen Verfahrensverstoß, der die Aufhebung des angefochtenen Urteils in seinem den Angeklagten beschwerenden Teil zur Folge haben muß.

Wie der Senat bereits in seiner Entscheidung BGHSt. 10, 202 (BGH Urt. v. 8. 2. 1957 – 1 StR 375/56; vgl. § 169 GVG erfolglose Rügen) dargelegt hat, läßt sich aus dem in § 169 GVG niedergelegten Grundsatz der Öffentlichkeit nicht die Folge ableiten, daß Rundfunk- und Fernsehaufnahmen im Gerichtssaal grundsätzlich erlaubt und, sofern sie nicht den äußeren Ablauf der Verhandlung empfindlich stören, vom Vorsitzenden zu gestatten seien, weil es sich insoweit nur darum handele, die vom Gesetz gewollte Öffentlichkeit der Verhandlung zu wahren. Der Staat hält vielmehr in Übereinstimmung mit der auch in der Rechtslehre überwiegend vertretenen Auffassung daran fest, daß § 169 GVG nur die sogenannte unmittelbare Öffentlichkeit meint, die sich darin erschöpft, daß interessierten Personen nach Maßgabe des vorhandenen und hierfür vorgesehenen Raumes die Anwesenheit im Gerichtssaal und die Aufnahme des dort vor sich gehenden Geschehens mit ihren natürlichen Sinnesorganen freisteht. Nur von diesem Maß der Teilnahme des Publikums mit der sich daraus ergebenden Wirkung im Sinne einer mittelbaren Öffentlichkeit der Verhandlung durch Presseberichte und dergl. ließ sich der Gesetzgeber bei der Schaffung des § 169 GVG leiten. Er stimmte die Bedürfnisse, die für die Teilnahme der Öffentlichkeit am gerichtlichen Verfahren vor allem im Interesse des allgemeinen Vertrauens zur Rechtspflege sprechen (RGSt 70, 109), mit den Bedenken ab, die sich daraus ergeben, daß die Aussagetüchtigkeit und Aussagebereitschaft der Personen, auf die das Gericht bei der Feststellung des seiner Entscheidung zugrundeliegenden tatsächlichen Geschehens angewiesen ist, nachteilig beeinflußt werden kann, wenn am Verfahren Unbeteiligte in der Hauptverhandlung zuhören. Wie ernst der Gesetzgeber diese störenden Einflüsse nimmt, ergibt sich u.a. aus dem von diesen Erwägungen mitbestimmten grundsätzlichen Ausschluß der Öffentlichkeit in Jugendsachen (§ 48 JGG) und der Möglichkeit ihres Ausschlusses wegen Gefährdung der öffentlichen Ordnung (§ 172 GVG), die auch dann Platz greift, wenn einer Beweisperson bei wahrheitsgemäßer Aussage in öffentlicher Verhandlung von anderen Gefahr für Leib und Leben droht (BGHSt. 3, 344 [BGH Urt. v. 16. 12. 1952 – 1 StR 528/52; vgl. § 338 Nr. 6 StPO erfolglose Rügen]). Angesichts dieser Entscheidung des Gesetzgebers muß eine Tatsachenverhandlung als fehlerhaft angesehen werden, in der die Personen, die – sei es als Zeugen, sei es als Angeklagte – durch ihre tatsächlichen Bekundungen zur Wahrheitsfindung des Gerichts beitragen sollen, über das gekennzeichnete, mit der Öffentlichkeit der Verhandlung notwendig verbundene Maß hinaus vom Gericht Einflüssen ausgesetzt werden, die geeignet sind, den Beweiswert ihrer Aussagen zu beeinträchtigen. Zwar übersteigt es die Wirkungsmöglichkeiten eines Gerichts, wenn man von ihm verlangen wollte, es müsse von den Auskunftspersonen jeden störenden Einfluß fernhalten. Wenn es dazu auch, so wünschenswert es auch wäre, nicht imstande ist, so darf es doch umgekehrt solche Einflüsse nicht dulden oder gar fördern, wenn es nicht gegen die Pflicht zur Aufklärung der Wahrheit verstoßen und dadurch die Verteidigung des Angeklagten in unzulässiger Weise beschränken will. Wird das Fernsehen in der Hauptverhandlung zugelassen, sehen sich Zeugen oder Angeklagte einer technischen Apparatur gegenüber, die ihre Worte in Ausdruck und Tonfall und am Ende zusätzlich noch ihr Gesicht, die sich in ihm ausdrückenden Spannungen und Gefühlsbewegungen festhält. Sie haben damit zu rechnen, daß eine solche Veranstaltung einer nach fremden Gutdünken zurechtgeschnittenen Schau dient, welche ihr Auftreten im Gerichtssaal einem anonymen Publikum von vielen Tausenden von Menschen darbietet. Sie werden unter diesen Umständen in aller Regel in eine Bewußtseinslage geraten, die auf ihr Verhalten wirken muß und sie je nachdem in ihren Äußerungen hemmen oder sie zu Äußerungen bestimmen kann, die der theatralischen Situation angepaßt sind und die sie so ohne eine solche Beeinflussung nicht abgegeben hätten. Die Realität des Gerichtssaals wird von Eindrücken überschwemmt und möglicherweise ausgelöscht, die ohne jede Beziehung zu der gerichtlichen Verhandlung und ihren Aufgaben sind, damit aber den Zwecken dieser Verhandlung, die Wahrheit zu finden und auf dieser Grundlage zu einem gerechten Urteil zu gelangen, widerstreiten. Zwar wurde im gegebenen Falle durch das Fernsehen nur ein verhältnismäßig schmaler Ausschnitt der Verhandlung erfaßt. Es handelte sich dabei jedoch um einen bedeutsamen Teil, nämlich um das letzte Wort des Angeklagten, bei dem unter dem Gesichtspunkt des verfassungsrechtlich geschützten rechtlichen Gehörs besonderer Anlaß besteht, es vor jeder Beeinträchtigung oder Verkümmerung zu bewahren. Es ist nicht mit Sicherheit auszuschließen, daß dar Angeklagte ohne die vom Gericht geduldeten verfahrenswidrigen Einflüsse noch Angaben gemacht hätte, die das Urteil sachlich zu seinen Gunsten beeinflussen konnten. Daß er der Fernsehaufnahme nicht ausdrücklich widersprach, begründet keinen Unterschied. Es könnte nur für die in diesem Zusammenhang nicht zu entscheidende Frage der Verletzung seines Persönlichkeitsrechts bedeutsam sein. Nicht einmal seine vorherige ausdrückliche Zustimmung könnte den Verfahrensmangel ausräumen, weil es sich bei der Wahrheitsermittlungspflicht des Gerichts im Strafverfahren um einen Grundsatz handelt, der, wie sich u.a. aus § 244 Abs. 2 StPO ergibt, unabhängig von einem etwa vorhandenen Verzichtswillen des Angeklagten von Amts wegen zu beachten ist.

4. Befürchtung des Gerichts, der Angeklagte werde in öffentlicher Sitzung nicht die Wahrheit sagen, kein Grund für den Ausschluß der Öffentlichkeit.
GVG §§ 169, 172 – BGH Urt. v. 23. 5. 1956 – 6 StR 14/56 LG Dortmund (= BGHSt. 9, 280)
Die Revision rügt, der erfolgte Ausschluß der Öffentlichkeit während der Vernehmung des angeklagten zur Sache und der Beweisaufnahme sei nicht gerechtfertigt gewesen

Sachverhalt: Zu Beginn der Vernehmung des Angeklagten zur Sache erging ein Gerichtsbeschluß, die Öffentlichkeit für die Dauer der weiteren Vernehmung des Angeklagten und der Beweisaufnahme wegen Gefährdung der öffentlichen Ordnung auszuschließen. Dieser wurde damit begründet, das „bisherige Verhalten des Angeklagten" lasse befürchten, daß der Angeklagte – entgegen seinen Erklärungen, er fühle sich nicht behindert – in öffentlicher Sitzung nicht die Wahrheit sagen werde. – Das Rechtsmittel hatte Erfolg.

Gründe: Der bei Beginn der Vernehmung des Angeklagten zur Sache ergangene Beschluß des Gerichts, die Öffentlichkeit für die Dauer der weiteren Vernehmung des Angeklagten und der Beweisaufnahme wegen Gefährdung der öffentlichen Ordnung auszuschließen, ist nicht hinreichend begründet. Die auf das „bisherige Verhalten des Angeklagten" begründete Befürchtung, daß er – entgegen seinen Erklärungen, er fühle sich nicht behindert – in öffentlicher Sitzung die Wahrheit nicht sagen werde, vermag in dieser Allgemeinheit den Ausschluß der Öffentlichkeit nicht zu rechtfertigen. Die Öffentlichkeit des Strafverfahrens gehört zu den grundlegenden Einrichtungen des Rechtsstaats. Die Bestimmungen darüber sollen gewährleisten, daß sich die Rechtsprechung der Gerichte grundsätzlich „in aller Öffentlichkeit", nicht hinter verschlossenen Türen abspielt (vgl. BGHSt. 7, 218, 221 [BGH Urt. v. 24. 2. 1955 – 3 StR 543/54; vgl. § 338 Nr. 6 StPO erfolgreiche Rügen]). Die Überzeugung der Allgemeinheit, daß dieser Grundsatz streng durchgeführt wird und Ausnahmen nur aus zwingenden Gründen in den vom Gesetz vorgesehenen Fällen gemacht werden, ist ein wesentlicher Bestandteil des Vertrauens in die Unabhängigkeit der Gerichte. Mit dieser überragenden Bedeutung der Öffentlichkeit des gerichtlichen Verfahrens für die Rechtspflege im ganzen ist es unvereinbar, in einem Strafverfahren die Öffentlichkeit mit der formelhaften Begründung auszuschließen, es sei „nach dem bisherigen Verhalten" des Angeklagten zu befürchten, daß er in öffentlicher Sitzung die Wahrheit nicht sagen werde und daß daher die Wahrheitsermittlung erheblich erschwert werde.

Oberstes Ziel des Strafverfahrens ist allerdings, davon geht der Beschluß des Landgerichts zutreffend aus, die Findung der Wahrheit. Der Senat hat auch schon im Urteil vom 23. 11. 1955 (6 StR 112/55) ausgeführt, daß grundsätzlich nur ein auf zutreffenden Feststellungen beruhendes Urteil geeignet ist, die öffentliche Ordnung zu wahren. Damit ist jedoch nicht gesagt, daß in allen Fällen, in denen die uneingeschränkte Durchführung des Grundsatzes der Öffentlichkeit der Hauptverhandlung die Wahrheitsfindung erschwert, die Öffentlichkeit eingeschränkt oder ausgeschlossen werden dürfte, um dem Gebot, die Wahrheit zu ergründen, in der besten möglichen Weise zu genügen. Der Grundsatz der Öffentlichkeit der Hauptverhandlung und die dem Gericht auferlegte Pflicht, alles zu tun, um die Wahrheit zu erforschen, werden in der Regel überhaupt nicht miteinander in Widerstreit geraten. Soweit die öffentliche Hauptverhandlung zu verhindern geeignet ist, daß sachfremde, das Licht der Öffentlichkeit scheuende Umstände auf das Gericht und damit auf das Urteil Einfluß gewinnen, steht der Grundsatz der Öffentlichkeit geradezu im Dienste der Wahrheitserforschung. Trotzdem muß zugegeben werden, daß die Öffentlichkeit der Hauptverhandlung nicht aus diesem Grunde eingeführt worden ist und daß dem Grundsatz im Gesamtgefüge der verfahrensrechtlichen Vorschriften ein eigener, von dem Grundsatz der Wahrheitsfindung unabhängiger Wert zukommt. Es handelt sich um einen aus den politischen Forderungen des 19. Jahrhunderts erwachsenen Grundsatz, der zu den kennzeichnenden Merkmalen der modernen Rechtsprechung überhaupt gehört, soweit die das Verfahren abschließende Entscheidung auf Grund einer mündlichen Verhandlung getroffen wird und die Öffentlichkeit an der Durchführung solcher Verfahren besonderen Anteil nimmt. Die politische Bedeutung, die der Befolgung des Grundsatzes der Öffentlichkeit zukommt, ist kaum in einem anderen Zweige der Rechtspflege so groß wie in der Strafrechtspflege. An ihr nimmt die Allgemeinheit den regsten Anteil. Sie bildet sich ihr Urteil über die Stellung der Justiz im öffentlichen Leben überwiegend nach dem Geist, in dem Strafrecht und Strafverfahrensrecht von den Gerichten gehandhabt werden. Das alles gilt für die Strafrechtspflege im allgemeinen, in ganz besonderem Maße aber für diejenigen Verfahren, die – wie auch das vorliegende Verfahren – Vorgänge aus dem politischen Lebensbereich des Volkes zum Gegenstand haben.

Diese vom Grundsatz der Wahrheitserforschung unabhängige Bedeutung des Grundsatzes der Öffentlichkeit muß beachtet werden, wenn beide Grundsätze einmal miteinander in Widerstreit geraten, beide sich nicht uneingeschränkt durchführen lassen und es gilt, sie in vernünftiger und verständiger Weise gegeneinander abzugrenzen. Daß beide Grundsätze sich nicht immer uneingeschränkt verwirklichen lassen, lehrt die tägliche Erfahrung. Nicht selten schließt die wahrheitsgemäße Bekundung eines Zeugen oder die wahrheitsgemäße Angabe eines Angeklagten das Eingeständnis von Schwächen oder Fehlern in der Person des Zeugen oder des Angeklagten oder bei nahen Angehörigen oder Freunden ein, die der Zeuge oder Angeklagte zwar im Interesse der Wahrheitsfindung wohl dem Gericht offenbaren würde, die er sich aber vielleicht scheut, in aller Öffentlichkeit einzugestehen, vielleicht, weil er eine Minderung seines Rufes befürchtet, vielleicht auch, weil er sie wirtschaftlichen oder beruflichen Schwierigkeiten ausgesetzt glaubt, wenn die Tatsache, die er wahrheitsgemäß bekunden müßte, allgemein bekannt würde. Es liegt auf der Hand, daß solche Hemmungen keine Berücksichtigung verdienen und nicht mit der Erwägung, daß hier die Wahrheitsfindung durch die öffentliche Verhandlung erschwert und also die öffentliche Ordnung gefährdet wird, zum Ausschluß der Öffentlichkeit führen dürfen. Es bestände sonst die Gefahr, daß der Grundsatz der Öffentlichkeit in einer dem Willen des Gesetzes offensichtlich widersprechenden Weise ausgehöhlt würde; denn zu der Annahme, daß ein Zeuge oder Angeklagter aus solchen Gründen mit der Wahrheit zurückhält, könnte ein Gericht immer kommen, wenn sich ein Zeuge zu einem bestimmten Vorgang nur zögernd äußert oder ein Angeklagter ein ihm zur Last gelegtes Verhalten in Abrede stellt. Selbst wenn die Möglichkeit besteht, daß ein Zeuge oder Angeklagter für den Fall einer wahrheitsgemäßen Aussage in rechtswidriger Weise Nachteile erleiden könnte, kann nicht ohne weiteres angenommen werden, daß dieser Gefahr nur durch den Ausschluß der Öffentlichkeit begegnet werden könnte. Es ist die Aufgabe der öffentlichen Gewalt, den zur Bekundung der Wahrheit verpflichteten Zeugen und den zur Angabe der Wahrheit bereiten Angeklagten vor rechtswidrigen Folgen, die wahrheitsgemäße Bekundungen haben könnten, zu schützen.

Erst wenn nach der Überzeugung des Gerichts ersichtlich wird, daß die öffentliche Gewalt den Zeugen, den Angeklagten oder ihre nahen Angehörigen möglicherweise nicht mehr wirksam vor ernsten und schwerwiegenden rechtswidrigen Angriffen, insbesondere vor solchen gegen Leben, Gesundheit oder Freiheit, schützen kann, daß die Besorgnis vor solchen Folgen den Zeugen oder Angeklagten bestimmt, mit der Wahrheit zurückzuhalten, kann das Gebot, die Wahrheit zu ergründen, auf Kosten des Grundsatzes der Öffentlichkeit den Vorrang beanspruchen (vgl. BGHSt. 3, 344). Solche Konfliktslagen können – wenn sie auch keineswegs auf Fälle dieser Art beschränkt sind – vor allem dann eintreten, wenn das Verfahren Anlaß bietet, Verbindungen oder Beziehungen von Personen oder Personenvereinigungen zu Einrichtungen totalitärer Staaten zu erörtern. Die Bundesrepublik ist zum Teil staatlichen Gebilden benachbart, die sich nicht in gleicher Weise wie sie dem Gedanken der Rechtsstaatlichkeit verpflichtet fühlen. Ihre Machthaber haben, wie die Erfahrung lehrt, schon wahrheitsgemäße Äußerungen zum Anlaß genommen, diejenigen, die solche Äußerungen getan haben, in einer rechtsstaatlichen Grundsätzen widersprechenden Weise zu verfolgen. Sie haben sich dabei nicht immer auf ihren räumlichen Herrschaftsbereich beschränkt. Auch auf dem Boden der Bundesrepublik Lebende sind vor solchen Nachstellungen nicht immer sicher. Glaubt ein Zeuge oder Angeklagter, er oder nahe Angehörige könnten aus solchen Gründen im Falle einer wahrheitsgemäßen Aussage solchen oder ähnlichen Verfolgungen ausgesetzt sein, denen die öffentliche Gewalt der Bundesrepublik nicht oder nicht wirksam genug begegnen kann, und gelangt das Gericht zu der Annahme, daß der Zeuge oder Angeklagte aus einem solchen Grunde mit der Wahrheit zurückhält, darf und muß das Gericht in der Öffentlichkeit der Verhandlung eine Gefährdung der öffentlichen Ordnung sehen, der es durch den Ausschluß der Öffentlichkeit begegnen darf. Wollte ein Gericht solche Drohungen hinnehmen, statt ihnen durch den Ausschluß der Öffentlichkeit zu begegnen und dadurch der Erforschung der Wahrheit zu dienen, würde es in der Tat dadurch die öffentliche Ordnung gefährden.

Aus diesen Überlegungen ergibt sich, daß die Umstände, die in solchen Fällen dem Gericht zur Ausschließung der Öffentlichkeit Veranlassung geben, soweit sie nicht aus dem Zusammenhang ohne weiteres ersichtlich sind, im einzelnen dargelegt werden müssen, damit deutlich wird, daß die gesetzlichen Voraussetzungen für den Ausschluß der Öffentlichkeit gegeben sind. Im vorliegenden Falle hat der Angeklagte ausdrücklich erklärt, daß er sich nicht durch die Öffentlichkeit behindert fühle. Es ist weder aus dem Beschluß des Landgerichts selbst noch sonst ersichtlich, welche Umstände die Befürchtung begründen konnten, daß er durch die Angst vor irgendeiner rechts- und daher ordnungswidrigen Einwirkung von außen wirksam daran gehindert sein könnte, sich in öffentlicher Sitzung frei zu der Anklage zu äußern. Die bloße Erwartung, daß ein Angeklagter in nichtöffentlicher Sitzung geneigter sein werde, ihn belastende Umstände zuzugeben, und daß somit der Ausschluß der Öffentlichkeit seine Überführung erleichtern werde, ist kein gesetzlich zugelassener und ausreichender Grund zu einer derartigen Maßnahme. Außerdem bedurfte der Ausschluß der Öffentlichkeit auch für die Beweisaufnahme einer überzeugenden besonderen Begründung, an der es in dem Beschluß vom 6. Oktober 1955 ganz fehlt.

Erfolglose Rügen

1. Handlungen, die außerhalb der Hauptverhandlung vorgenommen werden dürfen, können bereits im Rahmen der Hauptverhandlung während des Ausschlusses der Öffentlichkeit erledigt werden.

GVG § 169 – BGH Beschl. v. 25. 10. 2001 – 1 StR 306/01 LG Traunstein (= NStZ 2002, 106)

Die Revision rügt, ein wesentlicher Teil der Hauptverhandlung habe ohne gesetzliche Grundlage unter Ausschluß der Öffentlichkeit stattgefunden.

Sachverhalt: In der Hauptverhandlung hatte die Strafkammer beschlossen, nach § 171b GVG die Öffentlichkeit zum Schutz der Privatsphäre der Nebenklägerin während deren Vernehmung auszuschließen. Während des Öffentlichkeitsausschlusses wurde sodann nicht nur diese Zeugin vernommen; vielmehr erfolgt zudem ausweislich des Hauptverhandlungsprotokolls

– die Verfügung des Vorsitzenden, daß 4 Zeugen umgeladen werden,

– die Mitteilung des Vorsitzenden, wann diese Zeugen während der mehrtägigen Hauptverhandlung zur Vernehmung erscheinen werden und

– die Feststellung des Vorsitzenden, seit wann sich der Angeklagte in U-Haft befindet. – Das Rechtsmittel war erfolglos.

Gründe: Dies stellt keinen durchgreifenden Verstoß gegen § 169 S. 1 GVG dar.

Zwar darf der Ausschluß der Öffentlichkeit nur erfolgen, soweit er erforderlich ist; er ist mithin in der Regel auf bestimmte Verfahrensabschnitte (etwa die Vernehmung eines bestimmten Zeugen) zu beschränken. Die Erörterung nicht mit dem fraglichen Verfahrensabschnitt zusammenhängender Fragen ist dann während der Öffentlichkeitsausschlusses in der Regel unzulässig (BGH GA 1982, 275 und NStZ 1996, 49 [BGH Beschl. v. 25. 7. 1995 – 1 StR 342/95; vgl. § 338 Nr. 6 StPO erfolglose Rügen]). Hier war der Ausschluß zwar nicht ausdrücklich, aber eindeutig erkennbar auf die Vernehmung der Nebenklägerin begrenzt. Um mit dieser Vernehmung eng zusammenhängende Fragen (vgl. BGH NStZ 1994, 354 [BGH Urt. v. 25. 1. 1994 – 5 StR 508/93; vgl. § 338 Nr. 6 StPO erfolglose Rügen]) handelte es sich bei der fraglichen Verfügung sowie bei den Mitteilungen des Vorsitzenden nicht.

Allerdings erweist sich nicht jede von den Verfahrensbeteiligten während der Öffentlichkeitsausschlusses entfaltete Aktivität, die nicht vom Ausschließungsbeschluß umfasst wird, als Verletzung des § 169 S. 1 GVG. Nach dieser Vorschrift ist „die Verhandlung vor dem erkennenden Gericht einschließlich der Verkündung der Urteile und Beschlüsse" grundsätzlich öffentlich. Damit zusammenhängend greift der absolute Revisionsgrund des § 338 Nr. 6 StPO ein, wenn das Urteil auf Grund einer „mündlichen Verhandlung" ergangen ist, bei der die Vorschriften über die Öffentlichkeit des Verfahrens verletzt sind. Unter „mündlicher Verhandlung" ist die Hauptverhandlung zu verstehen (BGHSt. 4, 279, 283 [BGH Urt. v. 22. 5. 1953 – 2 StR 539/52; vgl. § 338 Nr. 6 StPO erfolgreiche Rügen]). Die Öffentlichkeit des Verfahrens soll u.a. die Kontrolle des Verfahrensganges und damit der staatlichen Rechtspflege dienen und das Vertrauen des Volkes zu der Rechtsprechung seiner Gerichte fördern (BGH a.a.O.). In diesem Zusammenhang ist allerdings zu beachten, daß etwa Verhandlungen über Ablehnungsanträge, Fragen der U-Haft und über den Ausschluß des Verteidigers nicht öffentlich erfolgen müssen. Die Kontrolle der Justiz durch die Öffentlichkeit und das Informationsinteresse des Publikums können in diesen Bereichen dann zurückstehen. Dann aber ist es folgerichtig, wenn die Vornahme solcher Handlungen, die außerhalb der Hauptverhandlung vorgenommen werden dürfen, bereits im Rahmen der Hauptverhandlung während des Ausschlusses der Öffentlichkeit erledigt werden können.

Dementsprechend hat der Senat bereits entschieden, daß etwa der Schutz des Vertrauens in Terminankündigungen nicht vom Öffentlichkeitsgrundsatz umfasst wird (BGH NStZ 1984, 134, 135 [BGH Urt. v. 15. 11. 1983 – 1 StR 553/83; vgl. § 338 Nr. 6 StPO erfolglose Rügen]) und es sich auch bei der während des Ausschlusses der Öffentlichkeit erfolgten Mitteilung des Vorsitzenden, daß bestimmte Vernehmungsprotokolle eingegangen seien, von denen er den Verteidigern Abschriften übergab, nicht um einen eigenständigen Verfahrensabschnitt handelt, für den die Öffentlichkeit wiederhergestellt werden muß (BGH NStZ 1999, 371 [BGH Beschl. v. 1. 12. 1998 – 4 StR 585/98; vgl. § 338 Nr. 6 StPO erfolgreiche Rügen]).

Der 3. Strafsenat (BGH NStZ 1996, 398 [BGH Beschl. v. 17. 4. 1996 – 3 StR 34/96; vgl. § 338 Nr. 6 StPO erfolglose Rügen]) hat hinsichtlich eines nach Ausschluß der Öffentlichkeit entgegengenommenen und erörterten Ablehnungsgesuchs vergleichbar entschieden: Das Ablehnungsverfahren sei materiell gesehen nicht Teil der vom Öffentlichkeitsprinzip bestimmten Hauptverhandlung, sondern ein selbstständiges, eigenen Regeln unterliegendes Verfahren, für das Öffentlichkeit gesetzlich nicht vorgeschrieben sei. Die nach den Vorschriften über die richterliche Ablehnung gegebene Möglichkeit der Anbringung des Ablehnungsgesuchs in der Hauptverhandlung rechtfertige nicht die Annahme, daß das Ablehnungsgesuch damit notwendig allein zwingenden Regeln über die Hauptverhandlung unterliege. Dass die Richterablehnung in der Hauptverhandlung geschieht, habe vielmehr für die Hauptverhandlung nur eine zufällige, unwesentliche (akzidentielle) Bedeutung. Die materielle Abschichtung des Ablehnungsgesuchs von der Hauptverhandlung und seine Zugehörigkeit zum eigenständigen, vom Öffentlichkeitsprinzip befreiten Ablehnungsverfahren finde nicht zuletzt darin ihren Ausdruck, daß das Ablehnungsgesuch zur Wahrung des Unverzüglichkeitsgebots in § 25 II Nr. 2 StPO bei längeren Hauptverhandlungsunterbrechungen außerhalb der Hauptverhandlung und damit unabhängig von ihr gestellt werden müsse.

Diesen Ausnahmen ist gemeinsam, daß die den Schuld- und Strafausspruch nicht unmittelbar betreffen, die Maßnahmen auch außerhalb der Hauptverhandlung hätten vorgenommen werden können und ihre Einführung in die Hauptverhandlung nicht vorgeschrieben ist. Dies trifft vorliegend auch auf die rein organisatorischen Maßnahmen des Vorsitzenden hinsichtlich der Umladung der Zeugen zu.

Anders verhält es sich bei der Feststellung des Kammervorsitzenden zur Dauer der U-Haft des Angeklagten. Die Dauer der U-Haft kann für die Strafzumessung von Bedeutung sein. Hier hat die Kammer im Urteil ausdrücklich – „wenn auch im geringen Umfang – berücksichtigt", daß sich der Angeklagte seit dem 13. 1. 2000 in U-Haft befindet und diese ihn auch psychisch belaste.

Der Verstoß gegen den Grundsatz der Öffentlichkeit ist jedoch jedenfalls dann ausgeräumt, wenn der Mangel durch Wiederholung der Prozeßhandlung geheilt worden ist oder sich diese Maßnahme – wie hier – aus besonderen Gründen als überflüssig erweist (BGHSt. 33, 99 [BGH Urt. v. 19. 12. 1984 – 2 StR 483/84; vgl. § 338 Nr. 6 StPO erfolglose Rügen]). Hinsichtlich der U-Haft wurde an einem späteren Hauptverhandlungstag in öffentlicher Verhandlung die Aufhebung des gegen den Angeklagten („vorgeführt aus der JVA Traunstein") vollzogenen Haftbefehls beantragt, erörtert und abgelehnt.

2. Daß der Ausschluß eines Zuhörers allein aus sachwidrigen Erwägungen erfolgt und deshalb unzulässig ist, muß gem. § 238 II StPO von einem Beteiligten in der Verhandlung beanstandet und auf diese Weise eine Entscheidung des Gerichts herbeigeführt werden.

GVG § 169 – BGH Beschl. v. 21. 2. 2001 – 3 StR 244/00 BayObLG (= StV 2002, 6)

Die Revision rügt, der Senatsvorsitzende habe dadurch gegen § 169 S. 1 GVG verstoßen, daß er drei im Zuhörerraum anwesende Personen an den Richtertisch gerufen und diese gebeten hatte, die Pässe abzugeben und sich sodann aus dem Sitzungssaal zu entfernen, da sie als Zeugen in Betracht kämen.

Sachverhalt: Grund für dieses Vorgehen war eine Äußerung der Zeugin L., die zu diesem Zeitpunkt vernommen werden sollte. Diese hatte schon vor ihrer Vernehmung zur Person angegeben, sie fühle sich durch die Anwesenheit von drei Personen im Zuhörerraum in ihrem Aussageverhalten eingeschränkt, sie habe Angst. Die drei Zuhörer, bei denen es sich um einen Bruder, eine Schwester und den Ehemann einer Nichte des Angeklagten handelte, verließen nach der Aufforderung des Vorsitzenden den Sitzungssaal. Die Zeugin L., eine frühere Nachbarin des Angeklagten, wurde in Abwesenheit dieser drei Personen vernommen. Sodann wurden sie wieder hereingerufen und als Zeugen belehrt. Der Bruder des Angeklagten sagte zur Sache aus, die Schwester berief sich auf ihr Zeugnisverweigerungsrecht, auf die Vernehmung des dritten Verwandten wurde sodann im allseitigen Einverständnis verzichtet. – Das Rechtsmittel war erfolglos.

Gründe: ... Die Auffassung der Revision, durch diese Verfahrensweise habe der Senatsvorsitzende ohne zureichenden Grund die Öffentlichkeit teilweise ausgeschlossen und damit den Grundsatz der Öffentlichkeit verletzt, trifft nicht zu. Dahinstehen kann, unter welchen Voraussetzungen eine Bitte oder Aufforderung des Vorsitzenden an einzelne oder mehrere Zuhörer, den Sitzungssaal vorübergehend zu verlassen, einen Verstoß gegen § 169 S. 1 GVG beinhaltet (vgl. BGHR StPO § 338 Nr. 6 Zuhörer 1 [BGH Urt. v. 11. 5. 1988 – 3 StR 566/87; vgl. § 169 GVG erfolglose Rügen] und 2). Unter den gegebenen Umständen ist die Rüge unzulässig, jedenfalls aber unbegründet.

a) Zwar findet das Vorgehen des Vorsitzenden in den §§ 170 ff. GVG, die die Voraussetzungen und die Verfahrensweise eines Ausschlusses der Öffentlichkeit regeln, für sich genommen keine Stütze; diese Vorschriften zählen aber die Gründe für einen zulässigen Öffentlichkeitsausschluß nicht erschöpfend auf (BGHSt. 3, 386, 388 [BGH Urt. v. 20. 1. 1953 – 1 StR 626/52; vgl. § 338 Nr. 6 StPO erfolglose Rügen]; BGH, Urt. v. 20. 8. 1982 – 2 StR 278/82, S. 13 f. [vgl. § 154 StPO erfolgreiche Rügen]).

Vorliegend folgt die Befugnis des Senatsvorsitzenden, die drei Zuhörer aufzufordern, bis zu ihrer Vernehmung den Verhandlungssaal zu verlassen, aus § 238 Abs. 1 StPO i.V.m. § 58 Abs. 1 StPO. Nach § 58 Abs. 1 StPO sind Zeugen einzeln und in Abwesenheit der später zu hörenden Zeugen zu vernehmen. Zweck dieser Vorschrift ist es, sicherzustellen, daß Zeugen unbeeinflußt aussagen, nämlich ohne zu wissen, was der Angeklagte oder andere Zeugen bekundet haben. Hieraus hat der BGH den Grundsatz abgeleitet, daß es mit Rücksicht auf die Bedeutung des § 58 Abs. 1 StPO zulässig ist, Personen zum Verlassen des Sitzungssaales aufzufordern, sobald mit der Möglichkeit zu rechnen ist, daß sie als Zeugen in Betracht kommen können, da das Gesetz der in der unbeeinflußten Aussage eines Zeugen liegenden höheren Gewähr für die Ermittlung der Wahrheit Vorrang vor der uneingeschränkten Durchführung des Grundsatzes der Öffentlichkeit eingeräumt hat (vgl. BGHSt. 3, 386, 388; BGH NStZ 2001, 163 [BGH Beschl. v. 7. 11. 2000 – 5 StR 150/00; vgl. § 169 GVG erfolglose Rügen]). Zwar macht die Revision geltend, der Vorsitzende habe die Zeugen nur pro forma belehrt und befragt, um ihre Stellung als Zeugen zu begründen und so die Vorschriften über den Ausschluß der Öffentlichkeit zu umgehen; denn nach der Stellungnahme des Sitzungsvertreters des GBA, der erklärt hatte, er sehe keine Möglichkeit zum Ausschluß der Öffentlichkeit, sei dem Gericht klar gewesen, daß auch ein nur teilweiser Öffentlichkeitsausschluß auf keine Vorschrift des GVG gestützt werden konnte. Mit diesen Einwendungen kann die Revision jedoch nicht gehört werden.

b) Die Frage, ob ein Zuhörer als Zeuge in Betracht kommt und ob er deswegen den Sitzungssaal bis zu seiner Vernehmung zu verlassen hat oder gegebenenfalls sofort vernommen werden kann, betrifft eine Entscheidung, die der Vorsitzende im Rahmen der ihm obliegenden Verhandlungsleitung zu treffen hat. Daß es sich um eine Maßnahme im Rahmen der Verhandlungsleitung des Vorsitzenden handelt, folgt auch aus § 243 Abs. 1 und 2

StPO. Nach § 238 Abs. 1 StPO steht dem Vorsitzenden bei der Frage, ob ein Zuhörer als Zeuge zu behandeln ist, ein Beurteilungsspielraum zu, der überschritten wird, wenn der Ausschluß eines Zuhörers auf sachwidrigen Erwägungen beruht (vgl. BGH NStZ 2001, 163). Daß der Ausschluß eines Zuhörers allein aus sachwidrigen Erwägungen erfolgt und deshalb unzulässig ist, muß gem. § 238 Abs. 2 StPO von einem Beteiligten in der Verhandlung beanstandet und auf diese Weise eine Entscheidung des Gerichts herbeigeführt werden. Daß der Beschwerdeführer eine solche, für die Zulässigkeit der Verfahrensrüge erforderliche Beanstandung erhoben hat, trägt die Revision nicht vor.

Im übrigen liegen auch keine Anhaltspunkte für sachwidrige Erwägungen des Vorsitzenden vor. Die von der Zeugin L. als Grund für ihre Angst bezeichneten Zuhörer sollten vom Gericht als Zeugen dazu vernommen werden, ob sie auf irgendeine Weise auf die Zeugin Einfluß genommen haben. Eine solche mögliche Einflußnahme lag nicht fern, da es sich bei den Zuhörern um nahe Verwandte des Angeklagten handelt und auch sonst Einflußnahmen, z.B. in Form von Bedrohungen anderer Zeugen, vom BayObLG festgestellt worden sind. Tatsächlich sind auch zwei der drei vorübergehend aus dem Verhandlungssaal gewiesenen Personen als Zeugen vernommen worden, wie bereits oben dargelegt worden ist. ...

3. Die Befugnis des Vorsitzenden, einen als Zeugen in Betracht kommenden Zuhörer des Saales zu verweisen, findet ihre Grenze erst dann, wenn der Ausschluß auf Grund sachwidriger Erwägungen angeordnet wurde.

GVG § 169 – BGH Beschl. v. 7. 11. 2000 – 5 StR 150/00 LG Hamburg (= StV 2002, 5 = NStZ 2001, 163)

Die Revisionen rügen, das Gericht habe den Grundsatz der Öffentlichkeit der Hauptverhandlung verletzt, in dem die Vorsitzende anordnete, drei von einem der Verteidiger als Zeugen benannte Zuschauer hätten sich aus dem Sitzungssaal zu entfernen, ohne daß hierfür ein rechtlicher Grund vorhanden gewesen sei.

Der Sachverhalt ergibt sich aus dem Revisionsvorbringen. – Das Rechtsmittel war erfolglos.

Gründe: Die Rügen sind jedenfalls unbegründet. Dies gilt auch für den Fall, daß die Strafkammer-Vorsitzende 3 Zuhörer – jeweils auf Anregung eines Verteidigers – nicht lediglich gebeten hat, den Sitzungssaal zu verlassen, sondern eine entsprechende Anordnung getroffen hat. Ein den Entscheidungen BGHR § 338 Nr. 6 Zuhörer 1 (BGH Urt. v. 11. 5. 1988 – 3 StR 566/87; vgl. § 169 GVG erfolglose Rügen) und 2 vergleichbarer Sachverhalt liegt nicht vor.

Die Befugnis der Strafkammer-Vorsitzenden, die als Zeugen benannten Zuhörer aus dem Saal zu weisen, folgte hier aus § 238 I i.V. mit § 58 I StPO. Nach § 58 I StPO sind Zeugen einzeln und in Abwesenheit der später zu hörenden Zeugen zu vernehmen. Einem Zeugen soll also bis zu seiner Vernehmung die Anwesenheit im Sitzungssaal verwehrt werden, damit er dann ohne Kenntnis dessen aussagen kann, was zuvor der Angeklagte (vgl. insoweit § 243 II, IV StPO) und andere Beweispersonen bekundet haben (BGHSt. 3, 386, 388 [BGH Urt. v. 20. 1. 1953 – 1 StR 626/52; vgl. § 338 Nr. 6 StPO erfolglose Rügen]). Mit § 58 I StPO soll mithin die Beeinflussung von Zeugen durch andere Aussagen, möglicherweise auch durch andere Geschehnisse in der Hauptverhandlung von vornherein unterbunden und so die Ermittlung des „wahren Sachverhalts" gefördert werden.

Für die Anwendung des § 58 StPO ist es unerheblich, ob der betroffene Zuhörer zu diesem Zeitpunkt bereits als Zeuge zur Hauptverhandlung geladen worden ist; ohne Bedeutung bleibt auch, ob er später tatsächlich gehört wird. Es genügt, daß der Zuhörer nach vorläufiger tatrichterlicher Auffassung als Zeuge in Betracht kommt (BGHSt. a.a.O. und BGH Urt. v. 20. 8. 1982 – 2 StR 278/82). Gerade bei umfangreicheren Hauptverhandlungen ist es oftmals angezeigt, vor Ladung von Zeugen zunächst die Einlassung des Angeklagten, eventuell auch die Bekundungen der ersten geladenen Zeugen abzuwarten. Erst auf Grundlage dessen kann vielfach der Fortgang der Beweisaufnahme, insbesondere die Ladung weiterer Zeugen sinnvoll geplant und verfahrensökonomisch gestaltet werden. Darüber hinaus können die übrigen Verfahrensbeteiligten im Laufe der Hauptverhandlung die Vernehmung weiterer, dem Gericht bislang unbekannter, aber im Zuschauerraum anwesender Beweispersonen anregen oder beantragen. In diesen Fällen gestatten Sinn und Zweck des § 58 I StPO, als Zeugen in Betracht kommende Zuhörer schon vor einer endgültigen Entscheidung über ihre Zeugenladung von Amts wegen oder auf Grund eines Beweisantrages oder einer Beweisanregung vorsorglich aus dem Saal zu weisen.

Dabei steht nach § 238 I StPO zunächst dem zuständigen Vorsitzenden bei der Frage, ob ein Zuhörer als Zeuge in Betracht kommt, ein Beurteilungsspielraum zu. Dieser findet allerdings seine Grenze – kann aber auch erst dann einen für die Revision relevanten Verstoß gegen § 169 S. 1 GVG begründen –" wenn der Ausschluß eines Zuhörers auf Grund sachwidriger Erwägungen angeordnet wurde. Das wäre etwa der Fall, wenn sich nachweisen ließe, daß der Vorsitzende unliebsame und kritische Zuhörer allein unter dem Vorwand aus der Hauptverhandlung entfernt hat, sie später möglicherweise noch als Zeugen hören zu wollen, solches aber zu diesem Zeitpunkt tatsächlich noch nicht einmal in Betracht gezogen hat.

Anhaltspunkte für solche oder andere sachwidrige Erwägungen sind hier in keiner Weise ersichtlich: Eine aus dem Saal gewiesene Zuhörerin kam als geschiedene Ehefrau eines Mitangeklagten zu dessen persönlichen Verhältnissen, möglicherweise aber auch zu seinen Geschäftspraktiken als Zeugin in Betracht, ein zweiter Zuhörer entsprechend als Verkäufer der Firma, in deren Namen die Betrugstaten begangen wurden. Eine dritte Zuhörerin wurde später tatsächlich auch als Zeugin zur Hauptverhandlung geladen; daß sie dann das Zeugnis berechtigt verweigert hat, ist ohne Bedeutung.

Eine großzügige Anwendung des § 58 I StPO lag vorliegend zudem umso näher, als die Angeklagten sich in diesem Stadium des Verfahrens noch nicht eingelassen hatten und die Strafkammer in Betracht ziehen mußte, die relevanten Tatsachen mit Hilfe anderer Beweismittel einzuführen. Bei einer anderen Vorgehensweise hätte die Strafkammer mögliche Aufklärungsdefizite durch die Beeinflussung der genannten Zuhörer in Kauf genommen; das könnte in Ausnahmefällen sogar mit einer Aufklärungsrüge (§ 244 II StPO) beanstandet werden.

Im übrigen liegt nahe, daß vor den hier erhobenen Revisionsrügen entsprechende Beanstandungen nach § 238 II StPO in der Hauptverhandlung unerlässlich gewesen wären.

4. Einem Richter ist es nicht verwehrt, zwecks Förderung des Verfahrens mit den Verfahrensbeteiligten auch außerhalb der Hauptverhandlung Kontakt aufzunehmen.

GVG § 169; StPO vor § 1 (faires Verfahren), §§ 33, 338 Nr. 6 – BGH Urt. v. 20. 2. 1996 – 5 StR 679/95 LG Hannover (= BGHSt. 42, 46 = NJW 1996, 1763 = StV 1996, 354 = NStZ 1996, 448)

Die Revision der Staatsanwaltschaft rügt, der Strafkammervorsitzende habe mit den Verteidigern der Angeklagten außerhalb der Hauptverhandlung eine „Absprache" zum Strafmaß getroffen; unter der Voraussetzung, daß die Angeklagten ein „kurzes" Geständnis abgäben, seien den Verteidigern vom Vorsitzenden die schließlich verhängten Strafen in Aussicht gestellt worden. Diese „Absprache" sei ohne Wissen oder Beteiligung der Beschwerdeführerin getroffen und dem Sitzungsstaatsanwalt ebenso wie eine danach erfolgte Zwischenberatung des Gerichts verschwiegen worden. Dieses Verfahren verstoße gegen §§ 33, 261 StPO und zugleich gegen § 169 GVG.

Der Sachverhalt ergibt sich aus dem Revisionsvorbringen. – Das Rechtsmittel war erfolglos.

Gründe: Zwar ist die von der Staatsanwaltschaft behauptete Verfahrensweise nicht in jeder Beziehung bedenkenfrei. Ein den Bestand des Urteils gefährdender Verfahrensverstoß ergibt sich daraus jedoch nicht. Dienstliche Äußerungen der beteiligten Berufsrichter über die inhaltliche Richtigkeit der Beanstandung der Staatsanwaltschaft brauchten deshalb nicht eingeholt zu werden.

Ein zum absoluten Revisionsgrund des § 338 Nr. 6 StPO führender Verstoß gegen § 169 GVG liegt schon deshalb nicht vor, weil die Beanstandungen der Beschwerdeführerin gerade keine Vorgänge der Hauptverhandlung (§§ 226 bis 275 StPO) zum Gegenstand haben.

Der von der Beschwerdeführerin als „Absprache" bezeichnete Vorgang kann mit der Revision nicht erfolgreich beanstandet werden.

Einem Richter ist es nicht verwehrt, zwecks Förderung des Verfahrens mit den Verfahrensbeteiligten auch außerhalb der Hauptverhandlung Kontakt aufzunehmen (BGH StV 1988, 417, 418 [BGH Urt. v. 11. 5. 1988 – 3 StR 566/87; vgl. § 338 Nr. 3 StPO erfolglose Rügen]). Gegen Rechtsgespräche ist generell nichts einzuwenden. Selbst Absprachen, die bei Beteiligten einen Vertrauenstatbestand schaffen, sind trotz der hiergegen geltend gemachten Bedenken nicht ohne weiteres prozeßordnungswidrig noch ein Verstoß gegen Prinzipien eines fairen, rechtsstaatlichen Verfahrens (vgl. BVerfG NJW 1987, 2662). Allerdings können informelle Kontakte mit Prozeßbeteiligten im Einzelfall zu verfahrensrechtlichen Problemen führen. Verständigungen, die gegen Grundsätze des fairen Verfahrens verstoßen, können unter anderem erfolgreiche Richterablehnungen nach sich ziehen (vgl. BGHSt. 37, 99 [BGH Beschl. v. 4. 7. 1990 – 3 StR 121/89; vgl. § 338 Nr. 3 StPO erfolgreiche Rügen]: Ablehnung durch einen Mitangeklagten; BGHSt. 37, 298 [BGH Urt. v. 23. 1. 1991 – 3 StR 365/90; vgl. § 338 Nr. 3 StPO erfolgreiche Rügen]: Ablehnung durch die Staatsanwaltschaft – jeweils wegen vermißter Unterrichtung der Prozeßbeteiligten über den Inhalt bestimmter Verständigungsgespräche; vgl. auch BGH StV 1984, 449 [BGH Urt. v. 5. 9. 1984 – 2 StR 347/84; vgl. § 338 Nr. 3 StPO erfolgreiche Rügen]; StV 1986, 369 [BGH Beschl. v. 14. 5. 1986 – 2 StR 854/84; vgl. § 338 Nr. 3 StPO erfolgreiche Rügen]; BGH, Urt. v. 23. 11. 1995 – 1 StR 296/95, insoweit in BGHSt. 41, 348 nicht abgedr.). Vor diesem Hintergrund hat der Bundesgerichtshof Anlaß gesehen, bestimmte Anforderungen an das Vorgehen bei „Verständigungen" oder „Zusagen" im Strafprozeß zu formulieren (BGHSt. 38, 102 [BGH Urt. v. 30. 10. 1991 – 2 StR 200/91; vgl. § 33 StPO erfolgreiche Rügen]: Erfordernis rechtlichen Gehörs für die Staatsanwaltschaft, wenn dem Angeklagten ein für sein Prozeßverhalten bedeutsames Zwischenberatungsergebnis mitgeteilt wird; vgl. auch BGHSt. 40, 287, 290 [BGH Urt. v. 21. 10. 1994 – 2 StR 328/94; vgl. § 244 StPO erfolglose Rügen] zur Unzulässigkeit einer „Absprache" bei sachwidriger Verknüpfung von „Leistung" und „Gegenleistung"). Ein Versuch, die Strafzumessung in Vorgänge außerhalb der Hauptverhandlung zu verlagern und durch feste Vereinbarungen auch schon das weitere Prozeßverhalten der Beteiligten abzusichern, wäre mit wesentlichen Grundsätzen des Strafverfahrens unvereinbar (vgl. BGH, Beschl. v. 25. 10. 1995 – 2 StR 529/95). Die Beschwerdeführerin macht keine Umstände geltend, aufgrund derer der Senat besorgen müßte, daß der Vorsitzende den Rahmen des gesetzlich Zulässigen hier bereits verlassen hätte.

Ein Rechtsgespräch mit Verfahrensbeteiligten außerhalb der Hauptverhandlung kann in vielfältiger Weise prozeßfördernd und vereinfachend wirken. In vielen Fällen wird es sogar wünschenswert sein. Ein Rechtsgespräch als solches kann grundsätzlich nicht die Besorgnis der Befangenheit begründen. Dies gilt auch und gerade dann, wenn die Erörterungen im konkreten Fall relevante Fragen der Strafzumessung zum Gegenstand haben. Der Senat teilt die im Zusammenhang mit § 24 StPO insoweit geäußerten grundsätzlichen Bedenken des 3. Strafsenats des Bundesgerichtshofs (BGHSt. 37, 298, 303 f.) nicht. Der vom 3. Strafsenat entschiedene Einzelfall wies indes Besonderheiten auf, welche die Fehlerhaftigkeit des Verfahrens in jenem Fall belegten. Die gebotene Form wahrende Rechtsgespräche und ein damit verbundenes Bemühen um Verfahrensförderung sind dagegen prinzipiell sachgerecht und Aufgabe des Gerichts. Dabei sind freilich die durch das Gebot der Fairneß gegenüber allen Prozeßbeteiligten gezogenen Grenzen einzuhalten; namentlich darf das Gericht nicht die Schwelle zum Anschein der Parteilichkeit überschreiten. Der Bereich zulässiger Erörterung möglicher Prozeßabläufe darf andererseits nicht über das vom Gesetz gebotene unabdingbare Maß hinaus eingeschränkt werden. Der Grundsatz des rechtlichen Gehörs gebietet es nicht allgemein, prozeßrelevante Gespräche des Gerichts mit einzelnen Verfahrensbeteiligten nur unter der Bedingung der Einbeziehung aller Betroffenen zuzulassen. Allerdings wird es sich, um den bösen Schein der Voreingenommenheit zu vermeiden, regelmäßig empfehlen, die übrigen Verfahrensbeteiligten über sie betreffende Gesprächsinhalte nicht im unklaren zu lassen. Der Vorschrift des § 33 StPO könnten aber lediglich „Absprachen" oder „Verständigungen" unterfallen, die einer „Entscheidung des Gerichts" gleichzustellen sind; Wissenserklärungen dagegen nicht.

Eine Absprache oder Verständigung zwischen dem Gericht und einem Verfahrensbeteiligten, die nach den Grundsätzen von BGHSt. 38, 102 eine Anhörung davon betroffener anderer Prozeßbeteiligter unerläßlich machen kann, liegt danach vor, wenn seitens des Gerichts durch die Mitteilung des Ergebnisses einer Zwischenberatung ein hervorgehobener besonderer Vertrauenstatbestand geschaffen wird (vgl. dazu auch BGHSt. 36, 210 [BGH Urt. v. 7. 6. 1989 – 2 StR 66/89; vgl. § 265 StPO erfolgreiche Rügen]: Hinweispflicht bei beabsichtigtem Abweichen von einer zugesagten Entscheidung). Im hier zu beurteilenden Fall ist dem Revisionsvorbringen eine solche, den Gesprächen des Vorsitzenden folgende „Zwischenberatung" des Gerichts und die Mitteilung von deren Ergebnis an die Verteidiger nicht zu entnehmen. Der Senat schließt daraus, daß ein solcher mitteilungsbedürftiger besonderer Vertrauenstatbestand nicht geschaffen worden ist. Vielmehr ist von der Revision nicht dargetan, daß es nicht bei bloßen Gesprächen des Strafkammervorsitzenden mit den Verteidigern geblieben ist. Solche Gespräche sind für sich genommen nicht zu beanstanden, wenngleich eine – durch nichts gehinderte – offene Erörterung derartiger Vorgespräche in der Hauptverhandlung den Idealen fairer Verfahrensgestaltung eher entspricht und – schon zur Gewährleistung möglichst umfassender Information aller Prozeßbeteiligter – stets vorzugswürdig sein wird.

Es muß einem Richter möglich sein, unterhalb einer – unmittelbare Rechtswirkungen zeitigenden – „Absprache" einem Angeklagten gegenüber Prognosen über die (gemilderte) Strafterwartung bei einem Geständnis abzugeben. Derartige auf der Kenntnis gängiger Strafpraxis beruhende Prognosen und Vorabüberlegungen sind dem Strafverfahren nicht fremd; sie sind bei der Beurteilung von sachlichen Zuständigkeiten oder bei Haftentscheidungen gang und gäbe. Eine Erklärung des Richters über die von ihm gehegte Straferwartung im Falle eines Geständnisses stellt danach eine Wissensäußerung dar, der nichts grundsätzlich Problematisches anhaftet. Daß hier vom Vorsitzenden mehr als eine Prognose ausgesprochen worden ist, hat die Staatsanwaltschaft nicht bestimmt behauptet. Die Staatsanwaltschaft kann zu einer solchen Prognose nicht formell rechtliches Gehör beanspruchen. Daran ändert sich auch dann nichts, wenn der Vorsitzende nach Abgabe einer entsprechenden Erklärung eine „Zwischenberatung" mit dem Gericht oder mit einzelnen Mitgliedern des Spruchkörpers herbeiführt, um die Validität seiner Prognose zu überprüfen. Das Vorgehen wird auch nicht im Nachhinein dadurch bedenklich, daß die schließlich gefundene Strafe der Prognose entspricht.

Der Senat verkennt die vielfältigen möglichen Probleme im Zusammenhang mit Absprachen im Strafverfahren nicht (vgl. insbesondere die von BVerfG – NJW 1987, 2662 genannten Grenzen). Er weist darauf hin, daß der vorliegende Fall vorwiegend die Frage des Umfangs des rechtlichen Gehörs betrifft. Er betrifft nicht Verfahrensgestaltungen, bei denen Verfahrensbeteiligte durch Absprachen, die außerhalb der Hauptverhandlung geführt wurden, gegeneinander ausgespielt oder konkret daran gehindert werden, bestimmte Rechte wahrzunehmen. Auch über Fragen im Zusammenhang mit der Enttäuschung von gesetztem Vertrauen hat der Senat hier nicht zu entscheiden.

5. Ton- u. Fernseh-Rundfunkaufnahmen in der Hauptverhandlung kein absoluter Revisionsgrund.

GVG § 169 S. 2; StPO § 337 I, § 338 Nr. 6 – BGH Urt. v. 17. 2. 1989 – 2 StR 402/88 LG Fulda (= BGHSt. 36, 119 = NJW 1989, 1741 = StV 1989, 289)

Die Revision rügt, daß das Gericht in der Hauptverhandlung Ton- und Filmaufnahmen zugelassen habe.

Sachverhalt: Das Landgericht hat, als es am 21. April 1987 mehrere Örtlichkeiten in Augenschein nahm, nicht verhindert, daß an vier dieser Örtlichkeiten Ton- und Fernseh-Rundfunkaufnahmen während der Hauptverhandlung gefertigt wurden. – Das Rechtsmittel war erfolglos.

Gründe: Der Verstoß gegen § 169 Satz 2 GVG ist jedoch nur ein relativer Revisionsgrund, und im vorliegenden Fall beruht das Urteil nicht auf dem Verfahrensfehler.

1. Die Frage, ob ein Verstoß gegen § 169 Satz 2 GVG einen absoluten oder nur einen relativen Revisionsgrund bildet, ist von der Rechtsprechung bisher nicht entschieden worden (vgl. BGHSt. 22, 83 [BGH Urt. v. 13. 2. 1968 – 5 StR 706/67; vgl. § 169 GVG erfolgreiche Rügen]; 23, 176, 181 f. [BGH Urt. v. 21. 11. 1969 – 3 StR 249/68; vgl. § 244 IV StPO erfolgreiche Rügen und § 254 § 338 Nr. 6 StPO erfolglose Rügen]); im Schrifttum ist sie umstritten.

Für die Auffassung, daß eine Verletzung des § 169 Satz 2 GVG lediglich ein relativer Revisionsgrund ist, sprechen insbesondere folgende Gesichtspunkte: Der Grundsatz der Öffentlichkeit des Verfahrens bedeutet, daß im Rahmen der tatsächlichen Gegebenheiten jedermann die Möglichkeit hat, an den Verhandlungen der Gerichte als Zuhörer und Zuschauer teilzunehmen (vgl. z.B. BGHSt. 27, 13, 14 [BGH Urt. v. 6. 10. 1976 – 3 StR 291/76; vgl. § 254 StPO erfolglose Rügen und § 338 Nr. 6 StPO erfolglose Rügen]). Mit dem Begriff „Öffentlichkeit" ist im Gerichtsverfassungsgesetz und dementsprechend in § 338 Nr. 6 StPO nur diese „unmittelbare Öffentlichkeit" gemeint. Er betrifft nicht die sogenannte „mittelbare" oder „erweiterte" Öffentlichkeit, die außerhalb des Gerichtssaals mit Hilfe der Berichterstattung den Gang der Verhandlung verfolgen kann. Er besagt auch nichts zu Fragen, die die Berichterstattung selbst betreffen. Diesen Inhalt hatte der Begriff auch zur Zeit der Einfügung des § 169 Satz 2 GVG im Jahre 1964 (vgl. BGHSt. 10, 202, 205 f. [BGH Urt. v. 8. 2. 1957 – 1 StR 375/56; vgl. § 169 GVG erfolglose Rügen]).

Überdies wird und wurde seit jeher § 338 Nr. 6 StPO in feststehender Rechtsprechung dahin verstanden, daß eine Verletzung der Vorschriften über die Öffentlichkeit und damit ein absoluter Revisionsgrund nur in der gesetzwidrigen Beschränkung der Öffentlichkeit zu sehen ist, nicht aber dann, wenn die Öffentlichkeit zugelassen wird, obwohl ihr Ausschluß gesetzlich erlaubt oder gar zwingend vorgeschrieben war (RGSt 3, 295; RGSt 77, 186; OGHSt 2, 337; BGH NJW 1952, 153; BGH GA 1953, 83; BGHSt. 23, 82 [BGH Urt. v. 2. 7. 1969 – 4 StR 226/69; vgl. § 338 Nr. 6 StPO erfolglose Rügen]; 23, 176, 178).

An dieser Rechtslage hat § 169 Satz 2 GVG nichts geändert. Die Vorschrift hat lediglich auf der Grundlage einer Regelung, die den Öffentlichkeitsbegriff als feststehend voraussetzt, ohne Eingriff in diese Regelung bestimmte Formen der Berichterstattung für die „mittelbare" Öffentlichkeit untersagt. Roxin (JZ 1968, 803, 805) und Peters (Der neue Strafprozeß S. 71) ist darin zuzustimmen, daß eine auf Grund neuerer Entwicklung geschaffene Vorschrift über die Regelung, in die sie eingefügt wurde, hinausgreifen, die Regelung erweitern kann. Eine solche Annahme läßt sich aber, wie beide Autoren nicht verkennen, nur dort rechtfertigen, wo eine dahingehende gesetzgeberische Intention erkennbar ist und wo Wertigkeit und Bedeutung des neuen Grundsatzes denen der vorhandenen Regelung entsprechen. An beiden Voraussetzungen fehlt es bei der Vorschrift des § 169 Satz 2 GVG.

Ihr Standort besagt nichts im Sinne der erwähnten Intention. Er ergab sich nahezu zwangsläufig, weil die neue Regelung für die in § 169 Satz 1 GVG genannte Verhandlung gilt. Auch dem Gang der Gesetzgebung läßt sich nichts für die Absicht entnehmen, der neuen Vorschrift eine dem Öffentlichkeitsgebot des Satzes 1 vergleichbare Bedeutung beizulegen. Der in BTDrucks. IV/178 wiedergegebene Gesetzentwurf hatte noch vorgesehen, Rundfunk-, Fernseh- und Filmaufnahmen lediglich für den Gang der Hauptverhandlung uneingeschränkt zu untersagen, für die Urteilsverkündung aber dem Vorsitzenden aus wichtigem Grund die Zulassung zu gestatten. In der Begründung des Entwurfs wird ausgeführt: „Rundfunk- und Filmaufnahmen im Gerichtssaal gehen über die in § 169 GVG gewährleistete Öffentlichkeit der Hauptverhandlung weit hinaus und gefährden nicht nur die Wahrheitsfindung im Strafverfahren, sondern beeinträchtigen auch die Verteidigung des Angeklagten. ... Den noch nicht verurteilten Angeklagten zerren sie in einer oft unerträglichen Weise in das Scheinwerferlicht einer weiteren Öffentlichkeit".

Damit hat der Entwurf unter ausdrücklicher Bezugnahme auf die Entscheidungen BGHSt. 10, 202 und BGH NJW 1961, 1781 (= BGHSt. 16, 111 [BGH Urt. v. 13. 6. 1961 – 1 StR 179/61; vgl. § 169GVG erfolgreiche Rügen]) Erwägungen übernommen, die sich bereits dort finden. Aus dieser Begründung des Entwurfs ergibt sich auch, daß sich der Gesetzgeber des oben dargestellten Inhalts des Öffentlichkeitsbegriffs bewußt war. Eine Aussage, daran etwas ändern zu wollen, fehlt.

Der Rechtsausschuß des Deutschen Bundestages (BT-Drucks. IV/1020 S. 34 und zu Drucks. IV/1020 S. 178) schlug die jetzt geltende Fassung vor. Er hielt es – unter Hinweis auf die Möglichkeit der Verletzung der Menschenwürde und die Gefahr für die Wahrheitsfindung – für „angebracht, daß das Gesetz selbst über die Zulassung einer durch den Rundfunk, das Fernsehen und öffentliche Filmvorführungen erweiterten Öffentlichkeit entscheidet und daß es sich in dieser Entscheidung gegen die Zulassung ausspricht" (vgl. dazu auch BGHSt. 23, 123, 124 f. [BGH Urt. v. 27. 10. 1969 – 2 StR 636/68; vgl. § 169 GVG erfolglose Rügen]). Ebenso wie im Rechtsausschuß war die vorgesehene Neuregelung auch noch in der zweiten Beratung des Deutschen Bundestages umstritten; eine Minderheit hielt die Vorschrift für nicht notwendig (Protokoll über die 69. Sitzung des 4. Deutschen Bundestages vom 27. März 1963, Sten. Ber. S. 3145 bis 3151). Das in § 169 Satz 2 GVG ausgesprochene Verbot ist auch von seiner Bedeutung her nicht mit dem Öffentlichkeitsgrundsatz des § 169 Satz 1 GVG vergleichbar. Er soll nach heutigem Verständnis verhindern, daß die „Tätigkeit des Gerichts hinter verschlossenen Türen in ein Dunkel gehüllt und dadurch Mißdeutungen und Argwohn ausgesetzt" ist (RGSt 70, 109, 112); er soll eine „unparteiische und gesetzmäßige Strafrechtspflege gewährleisten" (BGH GA 1953, 83, 84). Mit dieser „überragenden Bedeutung für die Rechtspflege im ganzen" (BGHSt. 9, 280, 281 [BGH Urt. v. 23. 5. 1956 – 6 StR 14/56; vgl. § 169GVG erfolgreiche Rügen]) ist das Öffentlichkeitsgebot eine „grundlegende Einrichtung des Rechtsstaats" (BGHSt. 23, 176, 178 f.), zu deren Schutz der Gesetzgeber für jeden Fall einer gesetzwidrigen Beschränkung die Handhabe für die Beseitigung des Urteils, unabhängig davon, ob es auf dem Verfahrensfehler beruht, gegeben hat. Eine solche Tragweite hat § 169 Satz 2 GVG nicht. Die Vorschrift untersagt zwei von mehreren Formen der Berichterstattung für die Öffentlichkeit außerhalb des Gerichtssaals, weil durch sie Wahrheitsfindung und Verteidigungsinteresse beeinträchtigt werden können. Der hohe Wert dieser „Rechtsgüter" steht außer Frage. Jedoch bezweckt auch eine Vielzahl anderer Vorschriften ihren Schutz – es sei lediglich auf § 136a StPO sowie auf die Vorschriften über die Beweisaufnahme hingewiesen –, in deren Verletzung das Gesetz trotzdem nur einen relativen Revisionsgrund sieht. Daß ein Verstoß gegen § 169 Satz 2 GVG weitergehende Gefahren begründet, ist nicht zu ersehen.

2. Im vorliegenden Fall ist das Beruhen des Urteils auf dem Gesetzesverstoß auszuschließen. Die am 21. April 1987 an vier Örtlichkeiten fehlerhaft durchgeführte Beweisaufnahme wurde in Anwesenheit derselben Sachverständigen am 31. August 1987 an drei dieser Örtlichkeiten rechtsfehlerfrei – wenn auch nicht zum Zwecke der Heilung – wiederholt. Dabei entsprachen die äußeren Bedingungen (Jahreszeit, Pflanzenaufwuchs) den Verhält-

nissen zur Tatzeit besser als beim ersten Augenscheinstermin. Die vierte Örtlichkeit und die dort am 21. April 1987 durchgeführte Beweisaufnahme haben für das Urteil keinerlei Bedeutung erlangt.

Es spricht alles dafür, daß die erneute Beweisaufnahme eine wesentlich bessere Sachaufklärung gebracht hat als die erste; auch fehlt jeder Anhaltspunkt für die Annahme, daß der am 21. April 1987 begangene Verfahrensfehler, wenn er an diesem Tag die Wahrheitsfindung oder die Verteidigung beeinträchtigt haben sollte, über den 31. August 1987 hinaus – und gar während der weiteren 17 Verhandlungstage bis zur Urteilsverkündung – fortgewirkt haben könnte. Auch die Revision hat dafür nichts vorgebracht. Nur denkbare Möglichkeiten, für die es keine Anhaltspunkte gibt, vermögen an diesem Ergebnis nichts zu ändern.

6. Folgt ein Zuhörer einer „Bitte" des Vorsitzenden, den Sitzungssaal zu verlassen, ist die Rüge einer Verletzung der Öffentlichkeit nur dann begründet, wenn die „Bitte" in Wahrheit eine Anordnung war oder der Zuhörer erkennbar bleiben möchte und nur der Autorität des Gerichts weicht.

GVG § 169 – BGH Urt. v. 11. 5. 1988 – 3 StR 566/87 (= BGHR StPO § 338 Nr. 6 Zuhörer 1 = NJW 1989, 465 = StV 1988, 417)

Die Revision rügt, die Vorsitzende habe die Zeuginnen, nachdem diese zur Sache vernommen und nach Entscheidung über ihre Vereidigung entlassen worden waren, „gebeten, den Sitzungssaal zu verlassen, da sie als Zeugen in einem weiteren Verfahren gegen den Angeklagten in Betracht kämen. Die Zeuginnen, die ansonsten als Zuhörerinnen der Verhandlung weiter beiwohnen wollten", hätten daraufhin den Sitzungssaal verlassen.

Der Sachverhalt ergibt sich aus dem Revisionsvorbringen. – Das Rechtsmittel war erfolglos.

Gründe: Damit ist eine Verletzung des Öffentlichkeitsgrundsatzes (§ 169 GVG, § 338 Nr. 6 StPO) nicht dargetan.

Zwar ist dieser Grundsatz nicht nur dann berührt, wenn die Öffentlichkeit insgesamt ohne gesetzlichen Grund ausgeschlossen wird, sondern auch dann, wenn eine einzelne Person in einer nicht dem Gesetz entsprechenden Weise aus dem Verhandlungsraum entfernt wird (BGHSt. 3, 386, 388 [BGH Urt. v. 20. 1. 1953 – 1 StR 626/52; vgl. § 338 Nr. 6 StPO erfolglose Rügen]; 18, 179, 180 [BGH Urt. v. 15. 1. 1963 – 5 StR 528/62; vgl. § 338 Nr. 6 StPO erfolgreiche Rügen]; 24, 329, 330 [BGH Urt. v. 13. 4. 1972 – 4 StR 71/72; vgl. § 338 Nr. 6 StPO erfolgreiche Rügen]).

Die Revision scheitert aber daran, daß ihr nicht zu entnehmen ist, die beiden Zuhörerinnen seien durch die Bitte der Vorsitzenden gegen ihren erkennbaren Willen aus dem Sitzungssaal entfernt worden.

Folgt ein Zuhörer einer vom Vorsitzenden mit sachbezogener Begründung geäußerten „Bitte", den Sitzungssaal zu verlassen, kann die Rüge einer Verletzung der Öffentlichkeit nur dann begründet sein, wenn die „Bitte" in Wahrheit den Charakter einer Anordnung hatte oder wenn der betroffene Zuhörer zu erkennen gibt, daß er es vorziehen würde, der Verhandlung weiter beizuwohnen und daß er nur der Autorität des Gerichts weicht, die Bitte also letztlich als Anordnung begreift, der er entgegen seinem Willen folgen muß. Folgt der Zuhörer einer ersichtlich aus verständigem Grunde ausgesprochenen und nicht als Anordnung zu verstehenden bloßen Bitte des Vorsitzenden freiwillig, so ist der Öffentlichkeitsgrundsatz – in seinem richtigen Verständnis als einer notwendigen Grundlage für das Vertrauen der Öffentlichkeit in die Objektivität der Rechtsprechung (vgl. BGHSt. 3, 386, 387/388; 21, 72, 73, 74 [BGH Urt. v. 10. 6. 1966 – 4 StR 72/66; vgl. § 338 Nr. 6 StPO erfolglose Rügen]; 22, 297, 301 [BGH Urt. v. 18. 12. 1968 – 3 StR 297/68; vgl. § 338 Nr. 6

StPO erfolglose Rügen]) – nicht berührt. Dies gilt auch dann, wenn der Zuhörer einer solchen bloßen Bitte mit innerem Widerstreben folgt, ohne es nach außen erkennbar zum Ausdruck zu bringen.

An der Bewertung unter dem Gesichtspunkt des Vertrauens in die Rechtsprechung ändert sich durch einen solchen, nach außen nicht in Erscheinung tretenden inneren Vorgang im Hinblick auf alle anderen die Allgemeinheit repräsentierenden Anwesenden nichts. Auch eine bei einzelnen Anwesenden etwa vorhandene bloße Vermutung, der von der Bitte betroffene Zuhörer folge ihr, auch wenn er dies nicht zu erkennen gibt, nur widerwillig, ändert nichts. Das Vertrauen in die Objektivität der Rechtsprechung wird dadurch nicht berührt. Selbst wenn man mit dem Öffentlichkeitsgrundsatz auch ein Vertrauen mit geschützt sehen will, das die Allgemeinheit darin setzt, daß das Gericht jedermann den Zutritt zur Verhandlung gewährt, bei dem ein gesetzlicher Grund, ihn von der Verhandlung fernzuhalten, nicht vorliegt, würde ein solches Vertrauen in die uneingeschränkte Einhaltung des Öffentlichkeitsprinzips dadurch nicht gestört werden. Dabei ist auch zu bedenken, daß eine Verständigung des Vorsitzenden mit einem Zuhörer über dessen freiwilliges Abtreten ein Mittel sein kann, einen allgemeinen Ausschluß der Öffentlichkeit zu vermeiden, auf diese Weise also ein Mehr an Öffentlichkeit zu schaffen als das Gesetz fordert.

Entsprechendes gilt für das Vertrauen des betroffenen Zuhörers selbst (vgl. BGHSt. 21, 72, 74), dem es freisteht, einer auf sachliche Erwägungen gestützten und nicht als Anordnung zu verstehenden Bitte des Vorsitzenden nicht zu entsprechen und dem es in einem ihm insoweit zweifelhaft erscheinenden Fall auch zuzumuten ist, sich durch Rückfrage zu vergewissern, ob der Vorsitzende etwa doch eine, lediglich in eine höfliche Form gekleidete Anordnung getroffen hat.

Die Revision beruft sich auf eine die Entscheidung nicht tragende Bemerkung in BGH MDR 1963, 150, wonach die Grundsätze über die Öffentlichkeit verletzt worden wären, wenn der Vorsitzende den Zuhörer aus dem Saal entfernt oder in sonstiger Weise, sei es auch in der Form einer „Bitte", die zeitweilige Ausschließung des Zuhörers gegen dessen Willen veranlaßt haben würde. Sollten diese Ausführungen dahin zu verstehen sein, daß die Vorschriften über die Öffentlichkeit der Hauptverhandlung auch dann verletzt seien, wenn der Vorsitzende einem Zuhörer mit sachbezogener Begründung den Wunsch näher bringt, auf der Grundlage völliger Freiwilligkeit von einer Anwesenheit im Verhandlungssaal Abstand zu nehmen, und der Zuhörer daraufhin ohne erkennbares Widerstreben dieser Anregung folgt, so könnte der Senat dem aus den bereits angeführten Gründen nicht zustimmen. Namentlich kann der Erfolg einer auf einen solchen Vorgang gestützten Revisionsrüge nicht davon abhängen, ob ein Zuhörer, der in der Verhandlung seinen entgegenstehenden Willen nicht zum Ausdruck gebracht hat, im Revisionsverfahren auf Befragen erklärt, er habe damals, auch wenn er dies nicht zum Ausdruck gebracht habe, im Verhandlungssaal zu bleiben gewünscht.

7. Der Schutz des Vertrauens in Terminsankündigungen wird vom Öffentlichkeitsgrundsatz nicht umfaßt.

GVG § 169 – BGH Urt. v. 15. 11. 1983 – 1 StR 553/83 LG Rottweil (= NStZ 1984, 134 = MDR 1984, 278)

Die Revision rügt, die Hauptverhandlung vom 21. 4. 1983 sei um 10.40 Uhr wegen vorübergehender Verhinderung der Sachverständigen zur Fortsetzung um 14.15 Uhr unterbrochen worden. Nachdem die Mitglieder des Gerichts sowie die beiden einzigen Zuhörer – zwei Pressevertreter – den Sitzungssaal verlassen gehabt hätten, sei der Berichterstatter zurückgekehrt und habe gefragt, ob die Beteiligten mit einer Fortsetzung der Beweisaufnahme in Abwesenheit der Sachverständigen einverstanden seien. Nachdem dieses Einverständnis erteilt worden sei, habe die Strafkammer von 10.47 Uhr bis 11.25 Uhr weitere

Beweise erhoben. Diesen Teil der Beweisaufnahme hätten die Zuhörer versäumt, da sie im Vertrauen auf die Ankündigung des Vorsitzenden erst zur Fortsetzung der Hauptverhandlung um 14.15 Uhr wieder erschienen seien.

Der **Sachverhalt** ergibt sich aus dem Revisionsvorbringen. – Das Rechtsmittel war erfolglos.

Gründe: ...

3. ... Zu Unrecht sieht die Revision in diesem Verfahren einen Verstoß gegen den Grundsatz der Öffentlichkeit. Der Schutz des Vertrauens in Terminsankündigungen wird vom Öffentlichkeitsgrundsatz nicht umfaßt. Ein so weitgehender Schutz des Öffentlichkeitsinteresses würde das Gericht praktisch an jede einmal bekanntgegebene Terminsplanung binden und damit eine flexible und zügige Durchführung der Hauptverhandlung behindern. Der BGH hat indes wiederholt ausgesprochen, daß der ungestörte und zügige Ablauf der Verhandlung ebenso wichtig ist wie die Kontrolle des Verfahrensgangs durch die Allgemeinheit (BGHSt. 24, 72 [74] [BGH Urt. v. 22. 1. 1971 – 3 StR 3/70; vgl. § 338 Nr. 6 StPO erfolglose Rügen]; 27, 13 [15] [BGH Urt. v. 6. 10. 1976 – 3 StR 291/76; vgl. § 338 Nr. 6 StPO erfolglose Rügen]; 29, 258 [259 f.] [BGH Urt. v. 23. 4. 1980 – 3 StR 434/80; vgl. § 338 Nr. 6 StPO erfolglose Rügen]; Beschl. v. 3. 5. 1983 – 5 StR 193/83, bei Holtz, MDR 1983, 795). Eine abweichende Beurteilung ist auch nicht etwa deshalb geboten, weil im vorliegenden Fall die beiden Zuhörer Journalisten waren. Pressevertreter genießen, was die Teilnahme an öffentlichen Gerichtsverhandlungen angeht, grundsätzlich keinen weitergehenden Schutz als jeder Bürger (BVerfG, NJW 1979, 1400, 1401)

8. Fernsehaufnahmen in Verhandlungspause in Abwesenheit des Angeklagten zulässig.

GVG § 169 Satz 2; StPO § 338 Nr. 6 – BGH Urt. v. 27. 10. 1969 – 2 StR 636/68 Schwurgericht Köln (= BGHSt. 23, 123 = NJW 1970, 63)

Die Revision rügt, das Gericht habe in unzulässiger Weise Tonband- und Fernsehaufnahmen von der Gerichtsverhandlung zugelassen.

Sachverhalt: Am Tage der Urteilsverkündung wurden mit Genehmigung des Vorsitzenden des Schwurgerichts im Verhandlungssaal Film- und Fernsehaufnahmen durch Presseberichterstatter und Fernsehanstalten gemacht. Dabei waren die Richter und Staatsanwälte sowie die Verteidiger und Zuhörer zugegen, während die Angeklagten, die als einzige ihr Einverständnis nicht gegeben hatten, außerhalb des Verhandlungssaales warten mußten. Alsdann zog sich das Gericht, ohne daß von einem der Beteiligten irgendwelche Erklärungen zur Sache abgegeben worden waren, zurück und betrat nach einer Pause, in der die Aufnahmegeräte entfernt wurden, den Verhandlungsraum wieder. Der Vorsitzende eröffnete in Gegenwart der inzwischen vorgeführten Angeklagten die Sitzung und verkündete das Urteil. – Das Rechtsmittel war erfolglos.

Gründe: Der Beschwerdeführer sieht in diesem Vorgang eine Verletzung des § 169 Satz 2 GVG. Seiner Auffassung kann jedoch nicht beigetreten werden.

Während § 169 Satz 1 GVG für die Verhandlung vor dem erkennenden Gericht, einschließlich der Verkündung der Urteile und Beschlüsse, die unmittelbare Öffentlichkeit, d.h. die Möglichkeit der räumlichen Anwesenheit beliebiger Zuhörer, fordert, schließt Satz 2 durch das Verbot, Ton- und Fernseh-Rundfunkaufnahmen sowie Ton- und Filmaufnahmen zum Zwecke der öffentlichen Vorführung oder Veröffentlichung ihres Inhalts zu machen, die mittelbare Öffentlichkeit insoweit aus. Schon aus dem engen Zusammenhang beider Sätze ergibt sich, daß dieses Verbot ebenso wie die Bestimmung über die unmittelbare Öffentlichkeit nur für den eigentlichen Gang der Hauptverhandlung, d.h. für die Zeit gilt, während der wirklich verhandelt wird und Urteile oder Beschlüsse verkündet werden.

Das folgt außerdem aus der Entstehungsgeschichte des Satzes 2. Diese Vorschrift ist dem ursprünglich nur aus dem ersten Satz bestehenden § 169 GVG durch Art. 11 Nr. 5 des Gesetzes zur Änderung der Strafprozeßordnung und des Gerichtsverfassungsgesetzes vom 19. Dezember 1964 (BGBl. I 1067, 1080) angefügt worden. Der Entwurf sah an ihrer Stelle folgenden zweiten und dritten Absatz vor (BT-Drucksache IV/178 S. 12):

(2) Während des Ganges der Hauptverhandlung sind Ton- und Fernseh-Rundfunkaufnahmen unzulässig. Für die Verkündung des Urteils kann der Vorsitzende aus wichtigen Gründen Ausnahmen zulassen. Die Entscheidung ist nicht anfechtbar.

(3) Für Filmaufnahmen gilt Abs. 2 entsprechend, wenn es sich nicht um Aufnahmen durch das Gericht handelt.

Wie der Begründung zu entnehmen ist, sollte durch die Worte „während des Ganges der Hauptverhandlung" klargestellt werden, daß sich das Verbot nicht auf die Zeit vor Beginn und nach Schluß der Hauptverhandlung sowie auf Verhandlungspausen beziehe (a.a.O. S. 45, 46). Dieser Geltungsbereich des Verbots wurde in den Beratungen des Rechtsausschusses, die schließlich auf Grund einer Formulierungshilfe des Bundesjustizministeriums zu der jetzigen Fassung führten, niemals angezweifelt. In keiner der Sitzungen, in denen sich der Ausschuß mit der Bestimmung befaßte, erstreckte sich die Aussprache hierauf (vgl. die Protokolle über die 18., 20., 36., 39. und 41. Sitzung sowie den schriftlichen Bericht vom 1. März 1963 – BT-Drucksache IV/1020 –). Ebensowenig wurde im Bundestag und Bundesrat darauf eingegangen. Der Bundesrat wollte es vielmehr zunächst bei dem Wortlaut des Abs. 2 Satz 1 des Entwurfes belassen und nur die Sätze 2 und 3 gestrichen haben (vgl. Anlage zur BR-Drucksache 9/62). Danach bedeutet der Wegfall der ursprünglich vorgesehenen Worte „während des Ganges der Hauptverhandlung" keine sachliche Änderung. Diese Worte erübrigten sich durch die unmittelbare Anknüpfung an die alte Vorschrift.

Nach allem ist nicht gegen das Verbot des § 169 Satz 2 GVG verstoßen worden; denn die Aufnahmen wurden nicht während der Hauptverhandlung, sondern während einer Verhandlungspause gemacht. Soweit Eberhard Schmidt in seiner Schrift „Justiz und Publizität" (vgl. insbesondere S. 38) die Auffassung vertritt, das in dieser Vorschrift enthaltene Verbot gelte uneingeschränkt für den gesamten Zeitraum vom ersten Aufruf der Sache bis zum letzten Wort der Eröffnung der Urteilsgründe, kann ihm aus den dargelegten Gründen nicht gefolgt werden. Beschämenden Vorkommnissen, wie er sie schildert, kann nur dadurch begegnet werden, daß der Gerichtspräsident auf Grund seines Hausrechts oder der Gerichtsvorsitzende auf Grund seiner sitzungspolizeilichen Befugnisse Ton- und Bildaufnahme überhaupt untersagt. Dies hätte sich möglicherweise auch hier empfohlen.

Ob unabhängig von § 169 Satz 2 GVG ein Revisionsgrund vorliegen kann, wenn während einer Sitzungspause Aufnahmen gegen den Willen des Angeklagten und in seiner Anwesenheit gemacht worden sind, hat der Senat nicht zu entscheiden. Hier waren die Beschwerdeführer bei den Aufnahmen nicht anwesend.

9. Verteidiger muß Rundfunkaufnahmen bei Schlußvortrag nicht dulden.
GVG § 169; StPO §§ 137, 140, 258, 344 II S. 2 – BGH Urt. v. 8. 2. 1957 – 1 StR 375/56 Schwurgericht Weiden (= BGHSt. 10, 202 = NJW 1957, 811 = JZ 1957, 515 = MDR 1957, 433)
Die Revision rügt, daß dem Rundfunk gestattet worden ist, den Schlußvortrag des Verteidigers gegen dessen Willen auf Tonband aufzunehmen. Sie sieht hierin eine Verletzung des § 169 GVG, des § 338 Nr. 8 StPO und der Art. 1, 2 GG.

Sachverhalt: In der ersten Hauptverhandlung, die gegen den Beschwerdeführer vor dem Schwurgericht stattfand, hatte sich der Verteidiger des Angeklagten, Rechtsanwalt Dr. S. aus M., geweigert, seinen Schlußvortrag zu halten, solange sich im Sitzungssaal Aufnahmegeräte des Rundfunks befänden. Das Schwurgericht hatte darauf durch Beschluß die

Verhandlung vertagt, weil ein Fall der notwendigen Verteidigung vorliege und sich ein bestellter Verteidiger bei dem Umfang des Verfahrens keineswegs innerhalb von zehn Tagen (§ 229 StPO) vorbereiten könne; durch einen weiteren Beschluß hatte es dem Verteidiger die durch die Aussetzung entstandenen Kosten auferlegt. Auf die Beschwerde des Verteidigers hat das Bayerische Oberste Landesgericht die Kostenentscheidung aufgehoben, jedoch die Weigerung des Verteidigers, den Schlußvortrag zu halten, für unbegründet erklärt.

In der neuen Hauptverhandlung hat der Verteidiger wiederum beantragt, dem Rundfunk zu untersagen, die Schlußausführungen der Verteidigung auf Tonband aufzunehmen und zu verbreiten. Das Schwurgericht verwarf den Antrag als unzulässig, weil der Vorsitzende „im Rahmen seiner Sitzungspolizei" dem Rundfunk gestattet habe, die Schlußvorträge des Oberstaatsanwalts und des Verteidigers ... auf Tonband aufzunehmen, und eine Anrufung des Gerichts hiergegen nicht möglich sei; in dem Beschluß ist noch beigefügt, daß der Antrag auch unbegründet wäre. Der Verteidiger hielt darauf seinen Schlußvortrag. – Das Rechtsmittel war erfolglos.

Gründe: Mit der Frage, inwieweit in der Zulassung von Tonbandaufnahmen gegen den Willen eines Beteiligten in der Hauptverhandlung ein Verfahrensverstoß erblickt werden kann, hat sich der erkennende Senat bereits in dem Urteil 1 StR 321/56 vom 22. 1. 1957 befaßt. Er hat dahin entschieden, daß eine solche Maßnahme nicht, wie in jenem Falle von einem der Angeklagten geltend gemacht war, gegen § 58 StPO verstößt, im übrigen aber darauf hingewiesen, daß in der Zulassung von Tonbandaufnahmen gegen den Widerspruch eines Beteiligten eine Verletzung der Aufklärungspflicht oder eine Beschränkung der Verteidigung des Angeklagten liegen kann. Andere einschlägige Entscheidungen des Bundesgerichtshofs sind bis jetzt nicht ergangen.

Die Meinungen zu dieser Frage sind geteilt. Für eine unbeschränkte Zulässigkeit der Tonbandaufnahme haben sich Gerland (ZStrW 55, 677, 704) und Kohlhaas (DRiZ 1956, 2 ff.) ausgesprochen. Das Bayerische Oberste Landesgericht vertritt die Ansicht, die Frage der Zulässigkeit dürfe nicht allgemein bejaht oder verneint, sondern müsse von Fall zu Fall entschieden werden, wobei „zwei öffentliche Interessengebiete" zu berücksichtigen seien, „nämlich einerseits das gerade im demokratischen Staatswesen besonders bedeutsame Interesse an weitgehender Unterrichtung der Öffentlichkeit über strafgerichtliche Vorgänge, andererseits das nicht minder wichtige Interesse an ungehinderter gerichtlicher Wahrheitserforschung und, im Zusammenhang damit stehend, an der Möglichkeit ungehemmter Verteidigung des Angeklagten"; bei Abwägung dieser Interessen im Einzelfall sei „der gerichtlichen Wahrheitsfindung der Vorrang vor dem Informationsbedürfnis der Öffentlichkeit einzuräumen" (ähnlich auch die Richtlinien für das Strafverfahren Nr. 110 Abs. 3). Schäfer schließt sich in Löwe-Rosenberg, StPO 20. Aufl. Anm. 2c Abs. 4 zu § 176 GVG dem Bayerischen Obersten Landesgericht an. Erhebliche Zweifel an der Zulässigkeit äußert Henkel (Strafverfahrensrecht 1953, 370 Anm. 5), allerdings ohne nähere Begründung. Dagegen halten Eb. Schmidt (Lehrkommentar zur Strafprozeßordnung Teil I, Nr. 345b bis d; Gedächtnisschrift für Walter Jellinek 1955, 625, 643; JZ 1956, 206, 209 ff.) und Sarstedt (JR 1956, 121 ff.) Tonbandaufnahmen ohne Einverständnis des betroffenen Verfahrensbeteiligten grundsätzlich für unzulässig.

Der Senat tritt der Ansicht von Eb. Schmidt und Sarstedt bei, daß jeder Verfahrensbeteiligte in der Hauptverhandlung, vor allem auch der Verteidiger bei seinem Schlußvortrag es grundsätzlich ablehnen darf, zwecks Tonbandaufnahme vor einem Gerät des Rundfunks zu sprechen. Dies ist, wie Sarstedt a.a.O. S. 125 entgegen der Meinung des Bayerischen Obersten Landesgerichts mit Recht hervorhebt, ein Ausfluß des durch Art. 1 Abs. 1, Art. 2 Abs. 1 GG gewährleisteten allgemeinen Persönlichkeitsrechtes (vgl. hierzu BGHZ 13, 334). Inhalt dieses Rechts ist auch die ausschließliche Befugnis, darüber zu bestimmen, ob, wann und wo sprachliche Äußerungen auf einem Tonbandgerät aufgenommen werden dürfen.

Aus dem Grundsatz der Öffentlichkeit der Verhandlung (§§ 169 ff. GVG) läßt sich nichts anderes herleiten. Danach hat das Gericht die Pflicht, die Hauptverhandlung in einem Raume stattfinden zu lassen, in dem jedermann – mit Ausnahme der in § 175 Abs. 1 GVG bezeichneten Personen und vorbehaltlich der in den §§ 171a, 172 GVG, §§ 48, 109 JGG vorgesehenen Möglichkeiten der Beschränkung der Öffentlichkeit – der Hauptverhandlung während ihrer ganzen Dauer beiwohnen darf. In dieser Gewährleistung der „unmittelbaren" Öffentlichkeit erschöpfen sich die für die Allgemeinheit sich ergebenden Rechte und die für das Gericht bestehenden Pflichten. Tonbandaufnahmen fallen nicht hierunter. Der von dem Bayerischen Obersten Landesgericht in dem Beschluß vom 18. Januar 1956 demgegenüber vertretenen Meinung, die Zulässigkeit solcher Aufnahmen auch gegen den Willen des betroffenen Verfahrensbeteiligten rechtfertige sich aus dem Grundsatz der sog. „mittelbaren Öffentlichkeit", kann nicht beigepflichtet werden. Mit Recht führt Eb. Schmidt (JZ a.a.O. S. 210) aus, die gesetzliche Regelung des Gerichtsverfassungsgesetzes verstehe die „Öffentlichkeit" nur im Sinne dessen, was man als „unmittelbare Öffentlichkeit" zu bezeichnen pflege; die „mittelbare" Öffentlichkeit sei eine „Reflexwirkung", die sicherlich mit gewollt sei, aber außerhalb dessen liege, was aus dem Gesichtspunkt der „Öffentlichkeit" der Vorsitzende bzw. das Gericht durch Verfügung oder Beschlüsse zu regeln habe (vgl. auch Sarstedt a.a.O. S. 121 bis 124). Im übrigen weisen Eb. Schmidt und Sarstedt gegenüber den Ausführungen des Bayerischen Obersten Landesgerichts auch zutreffend darauf hin, daß der Gesetzgeber mit der Aufstellung des Öffentlichkeitsgrundsatzes zwar die aus der unmittelbaren Öffentlichkeit sich ergebenden nachteiligen Wirkungen auf die Unbefangenheit der Verfahrensbeteiligten, nicht jedoch die durch eine Tonbandaufnahme des Rundfunks drohende Gefahr gesteigerter Befangenheit in Kauf genommen habe, weil er mit dieser Gefahr gar nicht habe rechnen können.

Die Zulässigkeit von Rundfunkaufnahmen gegen den Willen eines Beteiligten läßt sich nicht etwa aus Art. 5 Abs. 1 GG rechtfertigen. Diese Vorschrift enthält eine Forderung an den Gesetzgeber, das Recht des einzelnen auf Freiheit seiner Unterrichtung aus allgemein zugänglichen Nachrichtenquellen nicht durch einen „Index" verbotener Schriften, durch Abhörverbote von Rundfunksendungen oder ähnliche Maßnahmen zu beschränken. Irgendwelche Rechte von Presse und Funk oder entsprechende Pflichten staatlicher Behörden auf Auskunftserteilung oder gar auf eine bestimmte Art derselben werden durch diese Vorschrift nicht begründet.

Der Vorsitzende des Gerichts hat nach alledem, wenn ein Verfahrensbeteiligter fordert, die Tonbandaufnahme seiner Bekundungen durch den Rundfunk zu untersagen, nicht erst eine „Interessenabwägung" im Sinne der Ausführungen des Bayerischen Obersten Landesgerichts vorzunehmen. Er muß vielmehr dem Verlangen ohne weiteres und, ohne daß der Beteiligte die Gründe seiner Ablehnung, vor dem Aufnahmegerät zu sprechen, darzulegen braucht, stattgeben.

Lehnt der Vorsitzende, wie hier geschehen, den Antrag des Verteidigers auf Untersagung der Tonbandaufnahme ab, so kann hierin freilich nicht, wie der Beschwerdeführer meint, eine Verletzung des § 169 GVG (in Verb. mit § 338 Nr. 6 StPO) erblickt werden; ein solcher Verfahrensverstoß scheidet schon deshalb aus, weil nur die unzulässige Beschränkung der Öffentlichkeit unter die Bestimmung des § 338 Nr. 6 StPO fällt, hier aber höchstens von einer Erweiterung der Öffentlichkeit gesprochen werden kann. Ebensowenig ist für die Rüge aus § 338 Nr. 8 StPO Raum; denn die Erlaubnis einer Tonbandaufnahme ist eine sitzungspolizeiliche Maßnahme des Vorsitzenden im Sinne des § 176 GVG, die als solche, wie das Schwurgericht in dem erwähnten Beschluß zutreffend angenommen hat, einer Entscheidung des Gerichts nach § 238 Abs. 2 StPO nicht zugänglich ist und auch nicht mit der Revision angefochten werden kann. Indes bedeutet die Ablehnung des Antrags einen Verstoß gegen die aus § 137 – im Falle der notwendigen Verteidigung auch aus § 140 – in Verb. mit § 258 StPO sich ergebende Pflicht des Gerichts, dem Verteidiger Gelegenheit zu seinen Schlußausführungen zu geben (vgl. RGSt 42, 51). Bleibt dieser auf seiner Weigerung bestehen und entbehrt so der Angeklagte, soweit nicht das Gericht nach § 145 Abs. 1, 3 StPO verfährt, des Beistandes eines Verteidigers, so wird das trotzdem ergehende Urteil regelmäßig auf dem Verfahrensverstoß beruhen (§ 337 StPO; vgl. RGSt a.a.O.). In solchen Fällen wäre es ein unzumutbares Verlangen gegenüber dem Beschwerdeführer, daß er in der Revisionsbegründung darlegt, inwiefern das Urteil dadurch, daß der Verteidiger nicht den beabsichtigten Schlußvortrag gehalten hat, zum Nachteil des Angeklagten beeinflußt worden sein kann. Anders verhält es sich, wenn der Verteidiger unter dem Zwange des ablehnenden Beschlusses des Vorsitzenden den Schlußvortrag vor dem Aufnahmegerät tatsächlich hält. Hier hat das Revisionsgericht von Fall zu Fall des näheren zu prüfen, ob das Urteil auf dem Verfahrensverstoß beruht. Nach § 344 Abs. 2 Satz 2 StPO muß der Angeklagte in der Revisionsbegründung dartun, in welcher Hinsicht der Verteidiger bei dem Schlußvortrag infolge des Umstandes, daß er vor dem Aufnahmegerät sprechen mußte, an einer erschöpfenden und sachgemäßen Verteidigung des Angeklagten gehindert worden ist. Das ist im vorliegenden Falle zwar behauptet worden. Jedoch ergibt sich aus den – von dem Verteidiger in der Hauptverhandlung vor dem Revisionsgericht wiederholten – Ausführungen der Revisionsbegründungsschrift, daß das Urteil nicht auf der Ablehnung des Antrags, dem Rundfunk die Tonbandaufnahme des Schlußvortrages des Verteidigers zu untersagen, beruhen kann. (Wird ausgeführt).

§ 171a GVG

Die Öffentlichkeit kann für die Hauptverhandlung oder für einen Teil davon ausgeschlossen werden, wenn das Verfahren die Unterbringung des Beschuldigten in einem psychiatrischen Krankenhaus oder in einer Entziehungsanstalt, allein oder neben einer Strafe, zum Gegenstand hat.

Erfolglose Rügen

1. Die Rüge, in Unterbringungssachen sei ein Ausschluß der Öffentlichkeit zu Unrecht nicht erfolgt, muß mitteilen, zu welchen weitergehenden Erkenntnissen die Hauptverhandlung geführt hätte, wenn die Öffentlichkeit ausgeschlossen worden wäre (BGH Beschl. v. 23. 6. 1998 – 5 StR 261/98).

Erfolglose Rügen

1. Die Rüge, in Unterbringungssachen sei ein Ausschluß der Öffentlichkeit zu Unrecht nicht erfolgt, muß mitteilen, zu welchen weitergehenden Erkenntnissen die Hauptverhandlung geführt hätte, wenn die Öffentlichkeit ausgeschlossen worden wäre.

GVG § 171a – BGH Beschl. v. 23. 6. 1998 – 5 StR 261/98 LG Berlin (= StV 1999, 198 = NStZ 1998, 586)

Die Revision rügt, daß das Gericht die Öffentlichkeit zu Unrecht nicht ausgeschlossen hat. Der Sachverhalt ergibt sich aus dem Revisionsvorbringen. – Das Rechtsmittel war erfolglos.

Gründe: Die Rüge ist unzulässig.

Zwar kann ein Verstoß gegen § 171a GVG durch Ablehnung eines beantragten Ausschlusses der Öffentlichkeit einen – allerdings nicht nach § 338 Nr. 6 StPO absoluten (BGHSt. 23, 82, 85 [BGH Urt. v. 2. 7. 1969 – 4 StR 226/69; vgl. § 338 Nr. 6 StPO erfolglose Rügen]) – Revisionsgrund darstellen. Er käme bei einer Reduzierung des tatrichterlichen Ermessens auf Null in Betracht. Eine solche Ermessensreduzierung hätte hier – ungeachtet

| Erfolglose Rügen | Nr. 1 § 171b GVG |

eines anzuerkennenden sehr weiten tatrichterlichen Ermessens – bei dem ganz ungewöhnlichen Gegenstand einer tatrichterlichen Hauptverhandlung über den Vorwurf von Leichenschändungen eines an Nekrophilie leidenden Beschuldigten im Sicherungsverfahren mindestens teilweise nicht fern gelegen. Der Senat kann hierüber aber in der Sache nicht entscheiden.

Ein solcher Verstoß kann regelmäßig – so auch hier – nur über eine Aufklärungsrüge geltend gemacht werden. Den hierfür maßgeblichen Begründungsanforderungen gem. § 344 Abs. 2 S. 2 StPO genügt die Verfahrensrüge nicht. Hierfür wäre konkret darzulegen gewesen, zu welchen weitergehenden Erkenntnissen die Hauptverhandlung geführt hätte, wenn die Öffentlichkeit ausgeschlossen worden wäre, hier, welche zusätzlichen Angaben der aussagebereite Beschuldigte bei seiner Vernehmung zur Sache unter Ausschluß der Öffentlichkeit gemacht hätte. Nur dann könnte das Revisionsgericht nachprüfen, ob aufgrund dieser Angaben die Möglichkeit einer für den Angeklagten günstigeren Entscheidung bestanden hätte und der geltend gemachte Verstoß sich überhaupt auf das Urteil ausgewirkt haben kann (vgl. BGH bei Holtz MDR 1979, 109, 458).

§ 171b GVG

(1) Die Öffentlichkeit kann ausgeschlossen werden, soweit Umstände aus dem persönlichen Lebensbereich eines Prozeßbeteiligten, Zeugen oder durch eine rechtswidrige Tat (§ 11 Abs. 1 Nr. 5 des Strafgesetzbuches) Verletzten zur Sprache kommen, deren öffentliche Erörterung schutzwürdige Interessen verletzen würde, soweit nicht das Interesse an der öffentlichen Erörterung dieser Umstände überwiegt. Dies gilt nicht, soweit die Personen, deren Lebensbereiche betroffen sind, in der Hauptverhandlung dem Ausschluß der Öffentlichkeit widersprechen.

(2) Die Öffentlichkeit ist auszuschließen, wenn die Voraussetzungen des Absatzes 1 Satz 1 vorliegen und der Ausschluß von der Person, deren Lebensbereich betroffen ist, beantragt wird.

(3) Die Entscheidungen nach den Absätzen 1 und 2 sind unanfechtbar.

Erfolglose Rügen

1. Rechtliche Hinweis nach § 265 StPO, statt Täterschaft komme auch Beihilfe in Betracht, darf während des Ausschlusses der Öffentlichkeit nicht gegeben werden, denn er gehört nicht zum Verfahrensabschnitt der Zeugenvernehmung (BGH Beschl. v. 2. 2. 1999 – 1 StR 636/98).

2. Entscheidung über den Ausschluß der Öffentlichkeit auch nicht durch Umweg über Aufklärungsrüge anfechtbar (BGH Beschl. v. 10. 10. 1995 – 3 StR 467/95).

Erfolglose Rügen

1. Rechtliche Hinweis nach § 265 StPO, statt Täterschaft komme auch Beihilfe in Betracht, darf während des Ausschlusses der Öffentlichkeit nicht gegeben werden, denn er gehört nicht zum Verfahrensabschnitt der Zeugenvernehmung.

GVG § 171b – BGH Beschl. v. 2. 2. 1999 – 1 StR 636/98 LG Memmingen (= NStZ 1999, 371)

Die Revision rügt, daß wesentliche Teile der Hauptverhandlung während des Ausschlusses der Öffentlichkeit stattgefunden hätten, ohne daß diese Verfahrensweise durch das Gesetz gedeckt gewesen sei.

Sachverhalt: Während der Vernehmung der Zeugin H. war die Öffentlichkeit ausgeschlossen. In diesem Verfahrensabschnitt erfolgte ein Hinweis an den Angeklagten, statt Täterschaft komme in einem Fall der Anklage auch Beihilfe in Betracht. Das Gericht beschloß, das Verfahren zu einem Anklagepunkt gemäß § 154 II StPO einzustellen. Der Vorsitzende wies darauf hin, als Tattag komme hier statt des 15. 11. auch der 16. 11. in Betracht. Die Verteidigung stellte den Antrag, einen bestimmten Zeugen zu laden. Der Vorsitzende teilte mit, daß bestimmte Vernehmungsprotokolle eingegangen seien. – Das Rechtsmittel war erfolglos.

Gründe:

1. Der rechtliche Hinweis nach § 265 StPO am 4. Tag der Hauptverhandlung – statt Täterschaft komme im Fall 11 auch Beihilfe in Betracht – durfte während des Ausschlusses der Öffentlichkeit nicht gegeben werden, denn er gehört nicht zum Verfahrensabschnitt der Zeugenvernehmung (BGH MDR 1995, 1160; BGHR GVG § 171b Dauer 7). Den Bestand des Urteils berührt der Verfahrensfehler nicht. Ein Einfluß auf das Urteil kann denkgesetzlich ausgeschlossen werden (vgl. BGH MDR 1995, 1160). Der Angeklagte ist so verurteilt wie angeklagt. Der rechtliche Hinweis hatte in keiner Richtung Bedeutung. Er kann hinweggedacht werden, ohne daß sich am Urteil etwas ändert. Gleiches gilt für die Möglichkeiten der Verteidigung. Hinzu kommt, daß der Vorsitzende am 5. Tag der Hauptverhandlung, was die Revision nicht vorträgt, in öffentlicher Sitzung zusammenfassend nochmals gemäß § 265 StPO darauf hingewiesen hat, in welchen Fällen anstelle von Täterschaft möglicherweise Beihilfe in Betracht kommt; Fall 11 zählte nicht dazu.

2. Der Beschluß des Gerichts, das Verfahren zu einem Anklagepunkt gemäß § 154 II StPO einzustellen, gehört nach der Rechtsprechung nicht zu dem Verfahrensabschnitt der Vernehmung einer Zeugin (BGH MDR 1995, 1160). Danach durfte also Fall 10 der Anklage nicht während der Vernehmung der Zeugin H. zu einem Punkt in nicht öffentlicher Sitzung eingestellt werden. Auch dies führt nicht zur Aufhebung des Urteils. Der Verstoß gegen die Regeln der Öffentlichkeit bezieht sich nur auf diesen abtrennbaren Teil des Verfahrens (vgl. BGH NStZ 1983, 375 [BGH Urt. v. 30. 3. 1983 – 2 StR 173/82; vgl. § 140 StPO erfolgreiche Rügen]; StV 1984, 185 f. [BGH Urt. v. 22. 2. 1984 – 3 StR 530/83 = BGHSt. 32, 270; vgl. § 338 Nr. 5 StPO erfolgreiche Rügen]). Ein Einfluß der Einstellung des Verfahrens, die den Angeklagten nicht beschwert, in nicht öffentlicher Sitzung auf das später gesprochene Urteil zu anderen Anklagepunkten ist hier ausgeschlossen (vgl. BGH MDR 1995, 1160).

3. Der Hinweis des Vorsitzenden während der Zeugenvernehmung in nicht öffentlicher Sitzung zu Fall 11 (unrichtig die Revision: Im Anschluß an die Vernehmung), als Tattag komme hier statt des 15. 11. auch der 16. 11. in Betracht, begründet jedenfalls keinen Rechtsfehler, der den Bestand des Urteils gefährden könnte. Hinweise bei Veränderung tatsächlicher Umstände sind häufig bedingt durch den Inhalt der Aussage und entwickeln sich aus ihr. Wird solche Veränderung während einer Zeugenvernehmung als Möglichkeit erkannt, so kann durch vielfältige Handlungen oder Ausdrucksweisen verfahrensrechtlich einwandfrei dieser Umstand den Prozeßbeteiligten deutlich gemacht werden (vgl. BGHR StPO § 265 IV Hinweispflicht 6[1], 12 [BGH Urt. v. 22. 1. 1991 – 5 StR 498/90; vgl. § 265

---

1 Es trifft zwar zu, daß die von dem Landgericht festgestellten Teilakte der von ihm angenommenen Fortsetzungstat am 23. September sowie am 15. und 16. Oktober 1985 nicht in der Anklage angeführt werden. Das Landgericht hat den Angeklagten am letzten Verhandlungstag aber darauf hingewiesen, „daß als Tattage innerhalb des angeklagten Tatzeitraums jeder Tag, an dem Herr C. Frühdienst hatte, in Betracht kommt", und hat ihm Gelegenheit gegeben, seine Verteidigung darauf einzurichten. Daß sich aus dem Gang der Hauptverhandlung auch ergab, welche Tattage im einzelnen in Betracht kamen, weisen die Urteilsgründe aus. Danach hat der Zeuge U. die Münzgeldabflüsse an den Tagen überprüft, an denen der Angeklagte als Hauptkassierer im Frühdienst eingesetzt war. Zu diesen Tagen gehörten auch die vom Landgericht zusätzlich festge-

StPO erfolgreiche Rügen]; BGH NStZ 1981, 190, 191 [BGH Urt. v. 11. 11. 1980 – 1 StR 527/80; vgl. § 265 StPO erfolglose Rügen]; 1984, 422, 423 [BGH Beschl. v. 8. 3. 1984 – 2 StR 829/83; vgl. § 265 StPO erfolgreiche Rügen]; 1998, 27 [BGH Urt. v. 6. 6. 1997 – 1 StR 629/96; vgl. § 265 StPO erfolgreiche Rügen]). Dabei liegt alsbaldige Unterrichtung im Zusammenhang mit der Aussage im Interesse aller Verfahrensbeteiligten. Der Hinweis auf die mögliche Veränderung tatsächlicher Umstände kann daher zum Verfahrensabschnitt der Zeugenvernehmung gehören. So war es hier.

4. Der während der Vernehmung der Zeugin gestellte Antrag, einen bestimmten Zeugen zu laden, stand ersichtlich in Verbindung mit der Zeugenaussage und ergab sich aus ihr.

Bei der während des Ausschlusses der Öffentlichkeit erfolgten Mitteilung des Vorsitzenden, daß bestimmte Vernehmungsprotokolle eingegangen seien, von denen er den Verteidigern Abschriften übergab, handelte es sich nicht um einen eigenständigen Verfahrensabschnitt, für den die Öffentlichkeit wiederhergestellt werden mußte.

2. Entscheidung über den Ausschluß der Öffentlichkeit auch nicht durch Umweg über Aufklärungsrüge anfechtbar.

GVG § 171b – BGH Beschl. v. 10. 10. 1995 – 3 StR 467/95 LG Oldenburg (= NStZ 1996, 243)

Die Revision rügt, ein nach § 52 I StPO zur Verweigerung des Zeugnisses berechtigter Zeuge, der nicht Verletzter ist, hätte bei vollständigem Ausschluß der Öffentlichkeit von seinem Zeugnisverweigerungsrecht keinen Gebrauch gemacht und so weiter zur Sachaufklärung beigetragen.

Der **Sachverhalt** ergibt sich aus dem Revisionsvorbringen. – Das Rechtsmittel war erfolglos.

Gründe: ... Gemäß § 171b III GVG sind Entscheidungen nach den Absätzen 1 und 2 dieser Vorschrift unanfechtbar. Das gilt insbesondere auch in bezug auf solche Entscheidungen des Gerichts, mit denen der Ausschluß der Öffentlichkeit ganz abgelehnt oder in einem geringeren Umfang als beantragt beschlossen worden ist). Der nach dem Gesetzeswortlaut und dem Willen des Gesetzgebers (BT-Dr 10/5305, S. 24) eindeutigen Vorschrift des § 171b III GVG kann nicht mit der auf §§ 244 II, 245 StPO gestützten Behauptung der Boden entzogen werden, ein nach § 52 I StPO zur Verweigerung des Zeugnisses berechtigter Zeuge, der nicht Verletzter ist, hätte bei vollständigem Ausschluß der Öffentlichkeit von seinem Zeugnisverweigerungsrecht keinen Gebrauch gemacht und so weiter zur Sachaufklärung beigetragen.

§ 174 GVG

(1) Über die Ausschließung der Öffentlichkeit ist in nicht öffentlicher Sitzung zu verhandeln, wenn ein Beteiligter es beantragt oder das Gericht es für angemessen erachtet. Der Beschluß, der die Öffentlichkeit ausschließt, muß öffentlich verkündet werden; er kann in nicht öffentlicher Sitzung verkündet werden, wenn zu befürchten ist, daß seine öffent-

---

stellten Tattage. Hierüber hat der Zeuge ersichtlich in der Hauptverhandlung Bekundungen gemacht. Denn der Angeklagte hat in seiner Einlassung zu den „niedrigen Münzgeldabflüssen bei seinem Frühdienst" ausdrücklich Stellung genommen. Bei dieser Sachlage war für alle Verfahrensbeteiligten klar, um welche zusätzlichen Tatzeiten es ging. Andernfalls hätte der Angeklagte oder sein Verteidiger einen Antrag nach § 265 Abs. 4 StPO gestellt. Dem Angeklagten ist damit in ausreichendem Umfang rechtliches Gehör gewährt worden. (BGH, Urt. v. 21. 3. 1989 – 5 StR 502/88)

liche Verkündung eine erhebliche Störung der Ordnung in der Sitzung zur Folge haben würde. Bei der Verkündung ist in den Fällen der §§ 171b, 172 und 173 anzugeben, aus welchem Grund die Öffentlichkeit ausgeschlossen worden ist.

(2) Soweit die Öffentlichkeit wegen Gefährdung der Staatssicherheit ausgeschlossen wird, dürfen Presse, Rundfunk und Fernsehen keine Berichte über die Verhandlung und den Inhalt eines die Sache betreffenden amtlichen Schriftstücks veröffentlichen.

(3) Ist die Öffentlichkeit wegen Gefährdung der Staatssicherheit oder aus den in §§ 171b und 172 Nr. 2 und 3 bezeichneten Gründen ausgeschlossen, so kann das Gericht den anwesenden Personen die Geheimhaltung von Tatsachen, die durch die Verhandlung oder durch ein die Sache betreffendes amtliches Schriftstück zu ihrer Kenntnis gelangen, zur Pflicht machen. Der Beschluß ist in das Sitzungsprotokoll aufzunehmen. Er ist anfechtbar. Die Beschwerde hat keine aufschiebende Wirkung.

Erfolgreiche Rügen

1. Der Beschluß über die Ausschließung der Öffentlichkeit muß über den Gesetzestext hinaus eindeutig erkennen lassen, aus welchem Grund der Ausschluß erfolgt (BGH Beschl. v. 24. 8. 1995 – 4 StR 470/95).

2. Selbst wenn der Ausschließungsgrund für alle Beteiligten nahe- oder sogar offenliegt, darf auf seine Bekanntgabe in der die Ausschließung der Öffentlichkeit anordnenden Entscheidung nicht verzichtet werden (BGH Beschl. v. 27. 11. 1987 – 2 StR 591/87).

3. Das Gericht muß in dem Ausschließungsbeschluß angeben, aus welchem von mehreren möglichen Gründen die Öffentlichkeit ausgeschlossen wird (BGH Beschl. v. 17. 2. 1987 – 5 StR 14/87).

4. Bei Ausschluß der Öffentlichkeit reicht ein Hinweis auf die Gesetzesstelle, auf die der Ausschluß gestützt wird dann nicht aus, wenn die herangezogene Vorschrift – wie § 172 Nr. 2 GVG – mehrere Ausschließungsgründe enthält (BGH Beschl. v. 6. 1. 1987 – 5 StR 573/86).

5. Der Hinweis auf die Gesetzesstelle, auf die der Ausschluß gestützt wird, reicht jedenfalls dann nicht aus, wenn die herangezogene Vorschrift – wie § 172 Nr. 2 GVG – mehrere Alternativen aufweist (BGH Beschl. v. 28. 1. 1986 – 5 StR 840/85).

6. Bei Ausschluß der Öffentlichkeit gem. §§ 172, 173 StPO muß stets der Grund hierfür angegeben werden (BGH Beschl. v. 9. 12. 1983 – 2 StR 739/83).

7. Auch die Entscheidung über den – weiteren – Ausschluß der Öffentlichkeit muß in öffentlicher Sitzung verkündet werden (BGH Urt. v. 28. 5. 1980 – 3 StR 155/80).

Erfolglose Rügen

1. Ausschließungsverhandlung in nicht öffentlicher Sitzung auf Antrag eines Beteiligten bedarf keiner förmlichen Entscheidung (BGH Beschl. v. 6. 11. 1998 – 3 StR 511/97).

2. Ergibt das Protokoll, daß die Entlassung eines Zeugen sofort zurückgenommen wurde und die für den Ausschließungsbeschluß maßgebende Interessenlage fortbestand, so daß sich die zusätzliche Anhörung zusammen mit der vorausgegangenen als eine einheitliche Vernehmung darstellt, ist auch der weitere Öffentlichkeitsausschluß durch den zu Beginn gefaßten Beschluß gedeckt (BGH Urt. v. 15. 4. 1992 – 2 StR 574/91).

3. Ein Beschluß über den Ausschluß der Öffentlichkeit während einer Zeugenvernehmung gilt bis zu deren Beendigung und deckt deshalb auch den Ausschluß der Öffentlichkeit nach zweimaliger Unterbrechung der Vernehmung (BGH Urt. v. 21. 2. 1989 – 1 StR 786/88).

Erfolgreiche Rügen

1. Der Beschluß über die Ausschließung der Öffentlichkeit muß über den Gesetzestext hinaus eindeutig erkennen lassen, aus welchem Grund der Ausschluß erfolgt.

GVG § 174 I S. 3, StPO § 338 Nr. 6 – BGH Beschl. v. 24. 8. 1995 – 4 StR 470/95 LG Arnsberg (= StV 1996, 134)

Die Revision rügt, daß das Urteil aufgrund einer mündlichen Verhandlung ergangen ist, bei der die Vorschriften über die Öffentlichkeit des Verfahrens verletzt worden sind.

Sachverhalt: Das Landgericht hat in der Hauptverhandlung vom 7. 3. 1995 die 22jährige Susanne B., die Schwester der Geschädigten Silvia und Annegret B., als Zeugin vernommen. Vor ihrer Vernehmung zur Sache hatte die Strafkammer gem. § 247 S. 1 StPO angeordnet, „daß sich der Angeklagte während der Vernehmung ... aus dem Sitzungssaal entfernt". Nach Entfernung des Angeklagten regte sein Verteidiger an, während der Vernehmung der Zeugin Susanne B. die Öffentlichkeit auszuschließen. Die Vertreterin der Nebenklägerin Silvia B. und die Staatsanwaltschaft erklärten sich damit einverstanden. Nach Anhörung der Beteiligten erging folgender Beschluß: „Während der Vernehmung der Zeugin Susanne B. wird die Öffentlichkeit ausgeschlossen, § 172 Nr. 3 GVG". Die Zeugin wurde anschließend zur Sache vernommen. Nach der Vernehmung wurde die Öffentlichkeit wieder hergestellt. – Das Rechtsmittel hatte Erfolg.

Gründe: ...

2. Mit dieser Verfahrensweise hat die Strafkammer § 174 Abs. 1 S. 3 GVG verletzt. Nach dieser Vorschrift ist in den Fällen der §§ 171b, 172, 173 GVG bei Verkündung des die Öffentlichkeit ausschließenden Beschlusses anzugeben, aus welchem Grund die Öffentlichkeit ausgeschlossen worden ist. Die Begründung muß den maßgebenden Grund eindeutig erkennen lassen (vgl. BGHSt. 27; 117; 30, 298). Die Angabe des Ausschließungsgrundes mit dem Gesetzeswortlaut oder – wie hier – der Gesetzesvorschrift ist nur dann ausreichend, wenn damit der Grund der Ausschließung eindeutig gekennzeichnet ist. Dem Begründungsgebot des § 174 Abs. 1 S. 3 GVG wird somit zwar dann Genüge getan, wenn der Beschluß lediglich auf eine Gesetzesbestimmung verweist, die nur einen einzigen Ausschließungsgrund enthält (vgl. BGHSt. 27, 117, 119 [BGH Urt. v. 9. 2. 1977 – 3 StR 382/76; vgl. § 338 Nr. 6 StPO erfolglose Rügen] zu § 172 Nr. 4 GVG Vernehmung einer Person unter 16 Jahren) oder die in Bezug genommene Alternative zweifelsfrei erkennen läßt (BGHSt. 30, 298, 299 [BGH Urt. v. 9. 12. 1981 – 3 StR 368/81 [S]; vgl. § 338 Nr. 6 StPO erfolglose Rügen] zu § 172 Nr. 1 GVG Gefährdung der Staatssicherheit; BGH NStZ 1986, 179 [BGH Urt. v. 9. 7. 1985 – 1 StR 216/85; vgl. § 338 Nr. 6 StPO erfolglose Rügen]; BGHSt. 3, 344, 345 [BGH Urt. v. 16. 12. 1958 – 1 StR 528/52; vgl. § 338 Nr. 6 StPO erfolglose Rügen]; 30, 193, 194 [BGH Urt. v. 19. 8. 1981 – 3 StR 226/81; vgl. § 338 Nr. 6 StPO erfolgreiche Rügen] zu § 172 Nr. 1 GVG – Gefährdung der öffentlichen Ordnung; BGHSt. 30, 212, 213 [BGH Urt. v. 18. 9. 1981 – 2 StR 370/81; vgl. § 338 Nr. 6 StPO erfolglose Rügen] zu § 172 Nr. 2 GVG schutzwürdige Interessen; BGH MDR 1995, 942 zu § 172 Nr. 1a GVG Schutz gefährdeter Zeugen). So liegt es hier aber nicht:

Daß bei der Vernehmung der 22jährigen Zeugin Susanne B. ein privates Geheimnis erörtert werden würde, dessen unbefugte Offenbarung durch den Zeugen mit Strafe bedroht ist, ist nicht ersichtlich. Die Anwendung des § 172 Nr. 3 GVG kommt nur in Betracht, wenn das Offenbaren des Geheimnisses gegenüber der Öffentlichkeit außerhalb des Strafverfahrens dem Geheimhaltungsgebot des § 203 StGB widersprechen würde. § 203 StGB betrifft die unbefugte Offenbarung eines fremden Geheimnisses, namentlich eines zum persönlichen Lebensbereich gehörenden Geheimnisses oder eines Betriebs- oder Geschäftsgeheimnisses. Die Zeugin sollte hier jedoch als Schwester der Geschädigten über Vorgänge aus dem familiären Bereich vernommen werden. Daß sie dabei unbefugt ein Geheimnis i.S.d. § 203 StGB hätte offenbaren müssen, ist so fernliegend, daß die Ausschließung näherer Begründung bedurft hätte.

Auf andere Ausschlußgründe hat die Strafkammer den Ausschluß der Öffentlichkeit nicht gestützt, obwohl hier insbes. § 171b Abs. 1 GVG in Betracht gekommen wäre; einem Antrag von Susanne B., die Öffentlichkeit deswegen auszuschließen, hätte – falls nicht ein (hier wohl zu verneinendes) Interesse an der öffentlichen Erörterung bestanden hätte – gem. § 171b Abs. 2 GVG entsprochen werden müssen. Daneben hätte auch ein Ausschluß der Öffentlichkeit nach § 172 Nr. 1 GVG wegen Gefährdung der Sittlichkeit erwogen werden können (vgl. zum Verhältnis der beiden Vorschriften zueinander BGHSt. 38, 248 [BGH Urt. v. 19. 3. 1992 – 4 StR 73/92]).

3. Da der zwingende Revisionsgrund des § 338 Nr. 6 StPO gegeben ist, ist das Urteil aufzuheben. Einer Erörterung der weiteren Verfahrensrügen und der Sachrüge bedarf es daher nicht. Der Senat weist aber vorsorglich auf folgendes hin:

a) Es ist rechtlich nicht unbedenklich, wenn über den Ausschluß der Öffentlichkeit während des nach § 247 StPO erfolgten Ausschlusses des Angeklagten von der Hauptverhandlung verhandelt und entschieden wird. ...

2. Auch wenn der Ausschließungsgrund für alle Beteiligten nahe- oder sogar offen liegt, darf auf seine Bekanntgabe in der die Ausschließung der Öffentlichkeit anordnenden Entscheidung nicht verzichtet werden.

GVG § 174 I S. 3 – BGH Beschl. v. 27. 11. 1987 – 2 StR 591/87 (= BGHR GVG § 174 Abs. 1 Satz 3 Begründung 3)

Die Revision rügt, die Öffentlichkeit sei ausgeschlossen worden, ohne daß dafür ein gesetzlicher Grund vorhanden gewesen sei.

Sachverhalt: In der Hauptverhandlung vom 26. 6. 1987 hat die Strafkammer folgenden Beschluß verkündet:

„Für die Dauer der weiteren Vernehmung der Zeugin P. wird gemäß § 172 Abs. 2 GVG die Öffentlichkeit ausgeschlossen." – Das Rechtsmittel hatte Erfolg.

Gründe: Offensichtlich auf Grund eines Versehens hat die Kammer in ihrer Entscheidung einen weder in § 172 GVG a.F. noch in 172 GVG n.F. enthaltenen Absatz 2 dieser Vorschrift angeführt. Sie hatte, wie aus ihrem Hinweis auf die Vernehmung der Zeugin P. als des Tatopfers zu folgern ist, erkennbar die Nummer 2 des § 172 GVG a.F. im Auge. Dabei hat sie allerdings nicht beachtet, daß diese Vorschrift durch das Opferschutzgesetz vom 18. 12. 1986 (BGBl. I S. 2496) geändert worden ist, und daß sich, soweit der Schutz der Privatsphäre in Frage steht, seit 1. 4. 1987 die Voraussetzungen für den Ausschluß der Öffentlichkeit nach dem neu in das Gerichtsverfassungsgesetz eingefügten § 171b bestimmen.

Es kann offenbleiben, ob schon wegen der vorstehend dargelegten Mängel die von der Revision erhobene Rüge als begründet erachtet werden müßte. In jedem Fall liegt der absolute Revisionsgrund des § 338 Nr. 6 StPO hier deshalb vor, weil die Kammer es unterlassen hat, in ihrem Beschluß mitzuteilen, aus welchem der Gründe, die in dem von ihr angewendeten § 172 Nr. 2 GVG a.F. (nach neuem Recht §§ 172 Nr. 2 und 171b GVG) genannt sind, sie die Öffentlichkeit ausgeschlossen hat (§ 174 Abs. 1 Satz 3 GVG). Selbst wenn für Verfahrensbeteiligte und Zuhörer auf Grund des bisherigen Verlaufs der Hauptverhandlung der Ausschließungsgrund nahe- oder sogar offenlag, konnte auf seine Bekanntgabe in der die Ausschließung der Öffentlichkeit anordnenden Entscheidung nicht verzichtet werden (ständige Rechtsprechung; vgl. zu alledem BGHSt. 27, 187 [BGH Urt. v. 17. 5. 1977 – 4 StR 102/77; vgl. § 338 Nr. 6 StPO erfolgreiche Rügen]; 30, 298, 301 [BGH Urt. v. 9. 12. 1981 – 3 StR 368/81; vgl. § 338 Nr. 6 erfolglose Rügen]).

Ohne Bedeutung ist in diesem Zusammenhang, daß nach neuem Recht gemäß § 171b Abs. 3 GVG die Entscheidungen nach den Absätzen 1 und 2 der Vorschrift unanfechtbar sind. Der Prüfung durch das Rechtsmittelgericht entzogen sind dadurch nur die sachlichen Gründe, die den Tatrichter zum Ausschluß der Öffentlichkeit nach § 171b GVG veranlaßt haben, nicht aber das zur Ausschließung führende Verfahren (§ 174 GVG).

3. Das Gericht muß in dem Ausschließungsbeschluß angeben, aus welchem von mehreren möglichen Gründen die Öffentlichkeit ausgeschlossen wird.
GVG § 174 I S. 3 – BGH Beschl. v. 17. 2. 1987 – 5 StR 14/87 (= BGHR GVG § 174 Abs. 1 Satz 3)

Die Revision rügt, daß während der Vernehmung eines Zeugen die Öffentlichkeit mit einer Begründung ausgeschlossen worden ist, die nicht den gesetzlichen Anforderungen entsprach.

Sachverhalt: In dem in der Hauptverhandlung vom 13. 6. 1986 verkündeten Beschluß des erkennenden Gerichts hieß es, die Öffentlichkeit werde während der Vernehmung des Zeugen P. „nach § 172 Nr. 2 GVG ausgeschlossen, weil durch die öffentliche Erörterung überwiegend schutzwürdige Interessen des Zeugen und Nebenklägers verletzt würden". – Das Rechtsmittel hatte Erfolg.

Gründe: Die herangezogene Vorschrift des § 172 Nr. 2 GVG bezeichnet mehrere Gründe für den Ausschluß der Öffentlichkeit. Welchen dieser Gründe das Landgericht in seinem Beschluß gemeint hat, ergibt die Begründung nicht eindeutig; die dort aus dem Gesetz zitierte Abwägungsklausel bezieht sich auf sämtliche Ausschließungsgründe.

4. Bei Ausschluß der Öffentlichkeit reicht ein Hinweis auf die Gesetzesstelle, auf die der Ausschluß gestützt wird dann nicht aus, wenn die herangezogene Vorschrift – wie § 172 Nr. 2 GVG – mehrere Ausschließungsgründe enthält.
GVG § 174 – BGH Beschl. v. 6. 1. 1987 – 5 StR 573/86 (= BGHR GVG § 174 Abs. 1 Satz 3 Begründung 1)

Die Revision rügt, daß das Gericht in einem die Öffentlichkeit ausschließenden Beschluß den Grund der Ausschließung nicht ausdrücklich angegeben hat.

Sachverhalt: Die Jugendkammer verkündete in der Verhandlung folgenden Beschluß: „Die Öffentlichkeit wird für die Dauer der Vernehmung der drei Zeuginnen St., Sch. und R. gem. § 172 Nr. 2 JGG (soll wohl heißen GVG) ausgeschlossen". Dieser Beschluß wurde ausgeführt. – Das Rechtsmittel hatte Erfolg.

Gründe: Damit ist § 174 Abs. 1 Satz 3 GVG verletzt worden. Nach dieser Vorschrift ist bei der Verkündung des die Öffentlichkeit ausschließenden Beschlusses, die grundsätzlich öffentlich erfolgen muß (§ 174 Abs. 1 Satz 2 GVG), in den Fällen der §§ 172, 173 GVG „anzugeben", aus welchem Grund die Öffentlichkeit ausgeschlossen worden ist. Die Angabe soll nicht nur die Verfahrensbeteiligten, sondern auch anwesende Zuhörer darüber unterrichten, welchen gesetzlichen Ausschließungsgrund das Gericht angewendet hat. Der Hinweis auf die Gesetzesstelle, auf die der Ausschluß gestützt wird, reicht dazu jedenfalls dann nicht aus, wenn die herangezogene Vorschrift – wie § 172 Nr. 2 GVG – mehrere Ausschließungsgründe enthält. In diesem Fall ist mindestens der gesetzliche Wortlaut des für die Ausschließung der Öffentlichkeit herangezogenen Grundes mitzuteilen (BGHSt. 27, 187 [BGH Urt. v. 17. 5. 1977 – 4 StR 102/77; vgl. § 338 Nr. 6 StPO erfolgreiche Rügen]; BGH Urt. v. 5. 1. 1982 – 5 StR 706/81 [vgl. § 338 Nr. 6 StPO erfolglose Rügen], Beschl. v. 28. 1. 1986 – 5 StR 840/85 [BGH Beschl. v. 28. 1. 1986 – 5 StR 840/85; vgl. § 174 GVG erfolgreiche Rügen]).

5. Der Hinweis auf die Gesetzesstelle, auf die der Ausschluß gestützt wird, reicht jedenfalls dann nicht aus, wenn die herangezogene Vorschrift – wie § 172 Nr. 2 GVG – mehrere Alternativen aufweist.

GVG § 174 – BGH Beschl. v. 28. 1. 1986 – 5 StR 840/85 LG Hamburg (= StV 1986, 376)

Die Revision rügt, daß die Begründung des Beschlusses über den Ausschluß der Öffentlichkeit nicht den Anforderungen des § 174 Abs. 1 S. 3 GVG genügt, weil der Grund nicht angegeben worden ist.

Sachverhalt: Das Landgericht hat die Ehefrau des Angeklagten, die als Nebenklägerin zugelassen war, vernommen. Ihr Vertreter beantragte, für die Dauer ihrer Vernehmung die Öffentlichkeit auszuschließen. Nach Verhandlung dazu wurde der Antrag abgelehnt. In dem Beschluß heißt es sodann: „Sollten sich im Laufe der Vernehmung konkrete Anhaltspunkte dafür ergeben, daß gewichtige Fragen aus dem Intimbereich der Zeugin zu erörtern sind, soll dann über den Ausschluß der Öffentlichkeit erneut entschieden werden." Frau H. wurde sodann gemäß § 57 StPO belehrt, zur Person vernommen, gemäß § 52 StPO belehrt und zur Sache vernommen. Sodann erging der Beschluß: „Für die weitere Vernehmung der Zeugin H. wird die Öffentlichkeit gemäß § 172 Nr. 2 GVG ausgeschlossen." – Das Rechtsmittel hatte Erfolg.

Gründe: Zu Recht beanstandet die Revision, daß die Begründung dieses Beschlusses nicht den Anforderungen des § 174 Abs. 1 S. 3 GVG genügt. Nach dieser Vorschrift ist in den Fällen der §§ 172, 173 GVG anzugeben, aus welchem Grund die Öffentlichkeit ausgeschlossen wird. Der Hinweis auf die Gesetzesstelle, auf die der Ausschluß gestützt wird, reicht dazu jedenfalls dann nicht aus, wenn die herangezogene Vorschrift – wie § 172 Nr. 2 GVG – mehrere Alternativen aufweist. Der Begründungsmangel wird auch nicht dadurch geheilt, daß der Grund des Ausschlusses der Öffentlichkeit sich aus dem gestellten Antrag der Nebenklägerin, der Verhandlung dazu und aus dem Zusatz des Landgerichts zu dem den Ausschluß ablehnenden Beschluß ergibt. Hier fehlte schon eine Bezugnahme auf den vorangegangenen Beschluß, insbesondere dessen Zusatz (vgl. BGHSt. 30, 298 [BGH Urt. v. 9. 12. 1981 – 3 StR 368/81 [S]; vgl. § 338 Nr. 6 StPO erfolglose Rügen]; BGH NStZ 1982, 169 [BGH Urt. v. 5. 1. 1982 – 5 StR 706/81; vgl. § 338 Nr. 6 StPO erfolgreiche Rügen]; NStZ 1983, 324 [BGH Beschl. v. 30. 3. 1983 – 4 StR 122/83; vgl. § 338 Nr. 6 StPO erfolgreiche Rügen]; StV 1984, 146 [BGH Beschl. v. 9. 12. 1983 – 2 StR 739/83; vgl. § 174 GVG erfolgreiche Rügen]; Beschl. v. 19. 4. 1985 – 3 StR 94/85).

6. Bei Ausschluß der Öffentlichkeit gem. §§ 172, 173 StPO muß stets der Grund hierfür angegeben werden.

GVG § 174 – BGH Beschl. v. 9. 12. 1983 – 2 StR 739/83 LG Köln (= StV 1984, 146)

Die Revision rügt, daß die Begründung eines Beschlusses über den Ausschluß der Öffentlichkeit gem. § 172 Ziff. 1 GVG keine Begründung enthielt.

Sachverhalt: Das Landgericht hat für einen Teil der Vernehmung des Zeugen S. die Öffentlichkeit aufgrund folgenden Beschlusses ausgeschlossen: „Gemäß § 172 Ziff. 1 GVG soll die Öffentlichkeit ausgeschlossen werden." Der Beschluß wurde ausgeführt. – Das Rechtsmittel hatte Erfolg.

Gründe: GBA hat in seiner Antragsschrift ausgeführt:

„Die Revision dringt mit einer Verfahrensrüge durch. Der von ihr geltend gemachte absolute Revisionsgrund des § 338 Nr. 6 StPO liegt vor.

... Zu Recht beanstandet der Beschwerdeführer, daß die Begründung dieses Beschlusses nicht den Anforderungen des § 174 Abs. 1 S. 3 GVG genügt. Nach dieser Vorschrift ist in den Fällen der §§ 172, 173 GVG stets anzugeben, aus welchem Grunde die Öffentlichkeit ausgeschlossen wird. Der Hinweis auf die Gesetzesstelle, auf die der Ausschluß gestützt wird, ist dazu jedenfalls dann nicht ausreichend, wenn die herangezogene Vorschrift – wie § 172 Nr. 1 GVG – mehrere Alternativen aufweist (BGH Beschl. v. 30. 3. 1983 – 4 StR 122/83 [vgl. § 338 Nr. 6 StPO erfolgreiche Rügen], abgedruckt in NStZ 83, 324). Auch ist dem ausdrücklichen Begründungserfordernis allein dann Genüge getan, wenn die Begründung des Beschlusses aus sich selbst heraus oder doch zumindest durch eine ausdrückliche Bezugnahme auf einen vorangegangenen Beschluß (BGHSt. 30, 298 [BGH Urt. v. 9. 12. 1981 – 3 StR 368/61 [S]; vgl. § 338 Nr. 6 StPO erfolglose Rügen]) verständlich wird. Ein Begründungsmangel wird insbesondere nicht dadurch geheilt, daß sich der Grund für die Ausschließung aus der Natur der verhandelten Sache oder aus dem Zusammenhang mit dem gestellten Antrag und einer sich daran anschließenden Erörterung ergibt (BGH NStZ 1983, 324).

Der absolute Revisionsgrund des § 338 Nr. 6 StPO, der danach gegeben ist, nötigt hier zur umfassenden Aufhebung des angefochtenen Urteils, ohne daß es eines Eingebens auf die weiteren verfahrensrechtlichen Beanstandungen und auf die Sachrüge bedürfte."

Dem schließt sich der Senat an.

7. Auch die Entscheidung über den – weiteren – Ausschluß der Öffentlichkeit muß in öffentlicher Sitzung verkündet werden.

GVG § 174 – BGH Urt. v. 28. 5. 1980 – 3 StR 155/80 BayObLG (= NJW 1980, 2088)

Die Revision rügt, das Verfahren gegen den Angeklagten habe in wesentlichen Teilen unter Ausschluß der Öffentlichkeit stattgefunden, ohne daß hierfür ein gesetzlicher Grund vorhanden gewesen wäre.

Sachverhalt: Das BayObLG beschloß im Verfahren gegen den Angeklagten wegen geheimdienstlicher Tätigkeit, die Öffentlichkeit während der Vernehmung eines Sachverständigen wegen Gefährdung der Staatssicherheit auszuschließen (§ 172 Nr. 1 GVG). Der Beschluß wurde ausgeführt. Nachdem der Sachverständige sein Gutachten erstattet hatte, beschloß das Gericht auf Antrag der Staatsanwaltschaft: „Die Öffentlichkeit bleibt aus Gründen der Staatssicherheit bis auf weiteres ausgeschlossen." Der Vorsitzende verkündete diesen Beschluß, ohne zuvor die Öffentlichkeit der Hauptverhandlung wiederherzustellen. In nichtöffentlicher Sitzung wurden sodann noch zwei Zeugen vernommen und ein Schriftstück verlesen. Am nächsten Tag wurde die Hauptverhandlung in nichtöffentlicher Sitzung fortgesetzt. Auf einen Antrag des Verteidigers, die Öffentlichkeit wiederherzustellen, verkündete der Vorsitzende den Weiteren Beschluß des Gerichts: „Es verbleibt bei dem bisherigen Beschluß über den Ausschluß der Öffentlichkeit". Im weiteren Verlauf der Hauptverhandlung wurden an diesem Tage Schriftstücke verlesen und die Beweisaufnahme geschlossen, ehe die Öffentlichkeit nach der Mittagspause wiederhergestellt wurde. – Das Rechtsmittel hatte Erfolg.

Gründe:
I.
1. ...

2. Nach § 174 I GVG ist über die Ausschließung der Öffentlichkeit zwar in nichtöffentlicher Sitzung zu verhandeln, wenn ein Beteiligter es beantragt oder das Gericht es für angemessen hält (Satz 1). Der Beschluß, der die Öffentlichkeit ausschließt, muß aber öffentlich verkündet werden. Davon kann nur abgesehen werden, wenn zu befürchten ist, daß seine öffentliche Verkündung eine erhebliche Störung der Ordnung in der Sitzung zur Folge haben würde (Satz 2).

Gegen diese Vorschriften hat das BayObLG verstoßen, indem es ... in nichtöffentlicher Sitzung die Entscheidung über den weiteren Ausschluß der Öffentlichkeit verkündete. Dem war am selben Tage zwar schon eine andere Ausschlußentscheidung vorausgegangen. Sie wirkte nach ihrem Inhalt aber nur für die Dauer der – bei Verkündung des zweiten Beschlusses bereits beendigten – Vernehmung des Sachverständigen F.; damit war die Öffentlichkeit also lediglich für einen bestimmten Teil der Hauptverhandlung ausgeschlossen worden. Hält das Gericht in einem solchen Fall den weiteren Ausschluß für erforderlich, so gelten die dargelegten Grundsätze auch für den neuen Beschluß. Auch er muß demnach in öffentlicher Sitzung verkündet werden. Das ist in der Rechtsprechung anerkannt (KG, HRR 1932, 693; RGSt 70, 109 [111 f.]; BGH, bei Dallinger, MDR 1966, 728; 1972, 926; BGH, Urt. v. 6. 2. 1974 – 3 StR 4/73; Beschl. v. 1. 7. 1976 – 4 StR 305/76; Beschl. v. 12. 10. 1976 – 1 StR 496/76; Urt. v. 18. 4. 1980 – 2 StR 93/80). Daran ist festzuhalten.

§ 174 I 2 GVG legt ein Mindestmaß an Öffentlichkeit fest (RGSt 70, 109 [112]), von dem nach dem Gesetz nur abgewichen werden darf, wenn – wofür hier nichts ersichtlich ist – seine Beachtung eine erhebliche Störung der Sitzung zur Folge haben würde. In diesem Mindestmaß an Öffentlichkeit soll hervortreten, daß sich das Gericht seiner Verpflichtung, unter den Augen der Öffentlichkeit zu verhandeln, bewußt ist und daß es sie nicht willkürlich, sondern nur aus einem zulässigen Grund ausschließt. Wenn nicht einmal die Entscheidung über die Ausschließung der Öffentlichkeit öffentlich verkündet würde, bliebe für Außenstehende die gesamte Tätigkeit des Gerichts während einzelner oder aller Abschnitte der Hauptverhandlung hinter verschlossenen Türen im Dunkeln und deswegen Mißdeutungen und Argwohn ausgesetzt (RGSt 70, 109 [112]).

Diese Erwägungen gelten für alle Entscheidungen über die Ausschließung der Öffentlichkeit, also auch für eine Anordnung, durch die – so wie hier – ein zunächst begrenzter Ausschluß auf Teile der Hauptverhandlung ausgedehnt wird. Mißtrauen gegenüber den Gerichten wäre nämlich gerade auch dann zu besorgen, wenn Zuhörern nach einem als vorübergehend bezeichneten Ausschluß der weitere Zutritt zur Hauptverhandlung über den zunächst vorgesehenen Verhandlungsabschnitt hinaus verwehrt würde, ohne daß ihnen in öffentlicher Sitzung die Gründe hierfür bekanntgegeben würden.

II.
Der dargelegte Verfahrensverstoß bildet einen absoluten Revisionsgrund (§ 338 Nr. 6 StPO). Er führt zur Aufhebung des Urteils, ohne daß es hierfür auf weiteres ankommt. ...

Erfolglose Rügen

1. Ausschließungsverhandlung in nicht öffentlicher Sitzung auf Antrag eines Beteiligten bedarf keiner förmlichen Entscheidung.
GVG §§ 174 I, 171b I 1, II – BGH Beschl. v. 6. 11. 1998 – 3 StR 511/97 LG Aurich (= NStZ 1999, 372)

Die Revision rügt, daß die Verhandlung über den Antrag der Angeklagten am 24. 7. 1996, die Öffentlichkeit auszuschließen, nur auf Anordnung des Vorsitzenden, nicht aber auf Grund eines Gerichtsbeschlusses nichtöffentlich geführt worden sei.

Der Sachverhalt ergibt sich aus dem Revisionsvorbringen. – Das Rechtsmittel war erfolglos.

Gründe: Soweit die Revision rügt, daß die Verhandlung über den Ausschließungsantrag der Angeklagten am 24. 7. 1996 nur auf Anordnung des Vorsitzenden, nicht aber auf Grund eines Gerichtsbeschlusses nichtöffentlich geführt worden sei, liegt ein Rechtsfehler nicht vor. Da hier ein Beteiligter beantragt hatte, bereits über die Ausschließung nichtöffentlich zu verhandeln, war der Ausschluß gem. § 174 I 1 Alt. 1 GVG zwingend und bedurfte anders als bei einer im Ermessen des Gerichts liegenden nichtöffentlichen Ausschließungsverhandlung nach der 2. Alternative dieser Vorschrift keiner Entscheidung des Gerichts.

2. Ergibt das Protokoll, daß die Entlassung eines Zeugen sofort zurückgenommen wurde und die für den Ausschließungsbeschluß maßgebende Interessenlage fortbestand, so daß sich die zusätzliche Anhörung zusammen mit der vorausgegangenen als eine einheitliche Vernehmung darstellt, ist auch der weitere Öffentlichkeitsausschluß durch den zu Beginn gefaßten Beschluß gedeckt.

GVG § 174 I S. 2 – BGH Urt. v. 15. 4. 1992 – 2 StR 574/91 LG Limburg/Lahn (= NStZ 1992, 447)

Die Revision rügt, die Zeuginnen D. und He. H. seien in der Hauptverhandlung unter Ausschluß der Öffentlichkeit – D. H. zudem in Abwesenheit des Angeklagten – vernommen worden, ohne daß zuvor der Ausschluß der Öffentlichkeit und seine Entfernung aus dem Gerichtssaal in einer den Anforderungen der § 174 I 2 und 3 GVG, § 247 StPO genügenden Weise beschlossen worden seien. Sie ist der Auffassung, das Landgericht habe nach der Entlassung der beiden Zeuginnen vor ihrer nochmaligen Anhörung eine neue Entscheidung über den Ausschluß der Öffentlichkeit und – bezüglich D. H. – über die Entfernung des Angeklagten treffen müssen.

Der Sachverhalt ergibt sich aus dem Revisionsvorbringen.

Das Landgericht hat den Angeklagten wegen sexuellen Mißbrauchs einer Schutzbefohlenen in Tateinheit mit Nötigung zu einer Freiheitsstrafe von 2 Jahren verurteilt. – Das Rechtsmittel war erfolglos.

Gründe:

a) Wird die Öffentlichkeit – wie hier – für die Dauer einer Zeugenvernehmung ausgeschlossen, gilt der Beschluß über die Ausschließung bis zur Beendigung der Vernehmung. Er deckt deshalb auch den Ausschluß der Öffentlichkeit nach mehrmaliger Unterbrechung der Vernehmung (vgl. BGH StV 1990, 10 [BGH Urt. v. 21. 2. 1989 – 1 StR 786/88; vgl. § 174 GVG erfolglose Rügen]). Dasselbe gilt, wenn eine Vernehmung an mehreren Verhandlungen durchgeführt wird. Ist dagegen eine Vernehmung abgeschlossen und der Zeuge entlassen worden, so ist dann, wenn der Zeuge nochmals vernommen werden soll, für den Ausschluß der Öffentlichkeit grundsätzlich ein neuer Beschluß erforderlich (vgl. BGH Urt. v. 20. 7. 1976 – 1 StR 335/76, bei Holtz MDR 1976, 988[1]; Beschl. v. 23. 11. 1977 – 3 StR 417/77; GA 1981, 320 [BGH Beschl. v. 26. 11. 1980 – 2 StR 597/80; vgl. § 338 Nr. 6 StPO erfolgreiche Rügen]).

Für die Anwendung des zuletzt genannten Grundsatzes kann nicht in allen Fällen der Entlassungsvermerk entscheidend sein. Ist dem Protokoll zu entnehmen, daß die Entlassung des Zeugen sofort zurückgenommen wurde und die für den Ausschließungsbeschluß maßgebende Interessenlage fortbestand, so daß sich die zusätzliche Anhörung zusammen mit der vorausgegangenen als eine einheitliche Vernehmung darstellt, so ist auch der weitere Öffentlichkeitsausschluß durch den zu Beginn gefaßten Beschluß gedeckt. Unschädlich ist, wenn einzelnen Zuhörern, die erstmals bei der erneuten tatsächlichen Ausschließung der Öffentlichkeit oder danach zur Hauptverhandlung gekommen waren, der Ausschließungsgrund nicht offenbar wurde. In dieser Lage befindet sich jeder, der bei der Verkündung des Ausschließungsbeschlusses abwesend war; § 174 I 3 GVG gebietet nicht, auch später hinzugekommenen Personen den Ausschließungsgrund verständlich zu machen

---

1 „... In derselben Sache hatte der Tatrichter auch noch in der Weise gegen § 174 verstoßen, daß er die (am 4. 11. nach der Vernehmung entlassene) Zeugin laut Sitzungsprotokoll am 12. 11. „im Hinblick auf den Beschluß vom 4. 11. unter Ausschluß der Öffentlichkeit nochmals zur Sache – und nicht nur zu ergänzenden Fragen – vernahm, ohne einen neuen Beschluß zu fassen."

(vgl. BGHSt. 30, 298, 303 f. [BGH Urt. v. 9. 12. 1981 – 3 StR 368/81 [S]; vgl. § 338 Nr. 6 StPO erfolglose Rügen]).

Hier hatte das Verfahren ausschließlich den die Intimsphäre von D. und teilweise He. H. betreffenden Sachverhalt zum Gegenstand. Nach der Absicht des Gerichts und aller Beteiligten sollte die Öffentlichkeit während der Vernehmung beider Frauen ausgeschlossen sein. Die im Protokoll vermerkte Entlassung wurde durch die Ankündigung der nochmaligen Anhörung und den Wiederaufruf der noch anwesenden Zeuginnen umgehend korrigiert. Es verstand sich von selbst und wurde von den Beteiligten so verstanden, daß der Beschluß über die Ausschließung der Öffentlichkeit auch Grundlage für die folgende kurze Anhörung war. Damit bildete bei natürlicher Betrachtung die Vernehmung jeder der beiden Frauen insgesamt eine tatsächliche und rechtliche Einheit unter Einschluß der nochmaligen Anhörung. Eines neuen Beschlusses gemäß § 174 GVG bedurfte es nicht.

Aus der Senatsentscheidung StV 1984, 318 (BGH Beschl. v. 30. 3. 1984 – 2 StR 132/84; vgl. § 52 StPO erfolgreiche Rügen) ergibt sich nichts anderes. Sie betrifft die Frage, wann eine erneute Vernehmung eines gemäß § 52 StPO zur Verweigerung des Zeugnisses Berechtigten vorliegt, die gemäß Absatz 3 Satz 1 der Vorschrift zu erneuter Belehrung verpflichtet. Dort geht es um die Sicherstellung, daß der Zeuge sich auch bei der erneuten Vernehmung seines Weigerungsrechts bewußt ist. Im entschiedenen Fall hatte das Gericht die 17jährige Zeugin nach der Vernehmung entlassen und nach ihrem Weggang durch ihren Amtsvormund für einen auf 5 Tage später anberaumten Termin erneut geladen. Jener Sachverhalt ist mit dem vorliegenden nicht vergleichbar. Im übrigen hat der Senat auch in jenem Fall geprüft und damit als entscheidungserheblich betrachtet, ob aus anderen Umständen geschlossen werden könne, daß das Gericht trotz der Entlassung der Zeugin dem Zweck der Vorschrift gerecht geworden ist. ...

3. Ein Beschluß über den Ausschluß der Öffentlichkeit während einer Zeugenvernehmung gilt bis zu deren Beendigung und deckt deshalb auch den Ausschluß der Öffentlichkeit nach zweimaliger Unterbrechung der Vernehmung.

GVG § 174 – BGH Urt. v. 21. 2. 1989 – 1 StR 786/88 LG München II (= StV 1990, 10)

Die Revision der Staatsanwaltschaft rügt, das Landgericht habe zwei Zeugen unter Ausschluß der Öffentlichkeit vernommen, wobei die Ausschließung der Öffentlichkeit nicht durch einen den Anforderungen des § 174 Abs. 1 GVG entsprechenden Beschluß gedeckt gewesen sei.

Sachverhalt: Die Strafkammer hatte vor Vernehmung der Zeugin B. auf deren Antrag die Öffentlichkeit „für die Dauer der Vernehmung" dieser Zeugin ausgeschlossen, „weil hierbei voraussichtlich Umstände aus dem persönlichen Lebensbereich der Zeugin zur Sprache kommen werden, deren öffentliche Erörterung schutzwürdige Interessen verletzen könnte" (§ 171b Abs. 1, Abs. 2 GVG). Die Vernehmung wurde zweimal unterbrochen, ohne daß ein erneuter Beschluß gefaßt worden wäre, daß auch die Vernehmung nach der Unterbrechung unter Ausschluß der Öffentlichkeit erfolgen solle.

Weiter hat die Strafkammer wiederum unter Hinweis auf § 171b GVG für die Dauer der Vernehmung des Sachverständigen Dr. Pe. „zum fraglichen Vorfall vom 21. 1. 1988" die Öffentlichkeit ausgeschlossen und zur Begründung dieser Entscheidung auf den oben angeführten Beschluß Bezug genommen. – Das Rechtsmittel war erfolglos.

Gründe: ... Weder im Zusammenhang mit der Vernehmung der Zeugin B. noch bei der Vernehmung des Sachverständigen und Zeugen Dr. Pe. ist dem Landgericht ein revisibler Verstoß gegen die Vorschriften über die Öffentlichkeit des Verfahrens unterlaufen.

1. Die vom Landgericht getroffenen Entscheidungen sind nach § 171b Abs. 3 GVG insoweit unanfechtbar und deshalb der Revision entzogen (§ 336 S. 2 StPO), als es sich um die in § 171b Abs. 1 Satz 1 GVG aufgeführten Voraussetzungen für den Ausschluß der Öffentlichkeit handelt. Doch kann in einem solchen Fall die Revision nach wie vor darauf gestützt werden, die Ausschließung der Öffentlichkeit sei nicht durch einen den Anforderungen des § 174 Abs. 1 GVG entsprechenden Beschluß gedeckt (zur Angabe des Ausschlußgrundes vgl. BGH NStZ 1982, 169/170 [BGH Urt. v. 5. 1. 1982 – 5 StR 706/81; vgl. § 338 Nr. 6 StPO erfolgreiche Rügen]). In diese Richtung geht das Vorbringen der Revision.

2. Die Strafkammer hatte vor Vernehmung der Zeugin B. auf deren Antrag die Öffentlichkeit „für die Dauer der Vernehmung" dieser Zeugin ausgeschlossen, „weil hierbei voraussichtlich Umstände aus dem persönlichen Lebensbereich der Zeugin zur Sprache kommen werden, deren öffentliche Erörterung schutzwürdige Interessen verletzen könnte" (§ 171b Abs. 1, Abs. 2 GVG). Dieser Beschluß galt bis zur Beendigung der Vernehmung. Er deckte deshalb auch den Ausschluß der Öffentlichkeit nach zweimaliger Unterbrechung der Vernehmung.

3. Weiter hat die Strafkammer wiederum unter Hinweis auf § 171b GVG für die Dauer der Vernehmung des Sachverständigen Dr. Pe. „zum fraglichen Vorfall vom 21. 1. 1988" die Öffentlichkeit ausgeschlossen und zur Begründung dieser Entscheidung auf den oben angeführten Beschluß Bezug genommen. Damit hat sie den Ausschlußgrund in noch ausreichendem Maße angegeben (vgl. hierzu BGHSt. 30, 298 [BGH Urt. v. 9. 12. 1981 – 3 StR 368/81 [S]; vgl. § 338 Nr. 6 StPO erfolglose Rügen]); denn unter den hier gegebenen Umständen war nicht daran zu zweifeln, daß sie im Hinblick auf die weitere Erörterung der dem Angeklagten vorgeworfenen Tat die Öffentlichkeit zum Schutze der Privatsphäre der Zeugin B. ausschließen wollte.

Ob der vor Vernehmung des genannten Sachverständigen „als Zeuge" von der Strafkammer erlassene Ausschließungsbeschluß den Anforderungen des § 174 Abs. 1 S. 3 GVG genügt, kann dahinstehen. Diese Zeugenvernehmung war keine neue Vernehmung, sondern nur eine Fortsetzung der Vernehmung des Gutachters zu demselben Sachverhalt. Der weitere Ausschluß der Öffentlichkeit war daher schon durch den zu Beginn der Vernehmung gefaßten Beschluß gedeckt.

§ 176 GVG

Die Aufrechterhaltung der Ordnung in der Sitzung obliegt dem Vorsitzenden.

Erfolglose Rügen

1. Der bloße Umstand, daß sich ein Zuhörer als Prozeßbeobachter für den Geschädigten Notizen über Vorgänge in der Hauptverhandlung macht, rechtfertigt nicht, ihm das Mitschreiben zu untersagen oder gar ihn des Saales zu verweisen (BGH Urt. v. 17. 3. 1987 – 1 StR 15/87).

2. Anordnung der Durchsuchung von Verteidigern zulässig (BVerfG Beschl. gemäß § 93a Abs. 3 BVerfGG vom 7. 4. 1978 – 2 BvR 202/78).

Erfolglose Rügen

1. Der bloße Umstand, daß sich ein Zuhörer als Prozeßbeobachter für den Geschädigten Notizen über Vorgänge in der Hauptverhandlung macht, rechtfertigt nicht, ihm das Mitschreiben zu untersagen oder gar ihn des Saales zu verweisen.

GVG § 176 – BGH Urt. v. 17. 3. 1987 – 1 StR 15/87 (= NStE Nr. 2 zu § 176 GVG)

Die Revision rügt Verfügungen des Vorsitzenden und Beschlüsse der Strafkammer, mit denen Anträge des Angeklagten, das Mitschreiben zu verbieten oder wenigstens die Sicherstellung der Niederschriften anzuordnen, abgelehnt wurden.

Der Sachverhalt ergibt sich aus dem Revisionsvorbringen. – Das Rechtsmittel war erfolglos.

Gründe: ... Der bloße Umstand, daß ein Zuhörer als Prozeßbeobachter für den Geschädigten sich Notizen über Vorgänge in der Hauptverhandlung macht, rechtfertigt nicht, ihm das Mitschreiben zu untersagen oder gar ihn des Saales zu verweisen. Das Fertigen von Mitschriften ist allerdings anders zu beurteilen, wenn etwa die durch konkrete Tatsachen begründete Gefahr besteht, daß Aussagen oder sonstige Verhandlungsergebnisse noch zu vernehmenden Zeugen in allen Einzelheiten mitgeteilt werden sollen (vgl. BGH, NStZ 1982, 389 [BGH Urt. v. 13. 5. 1982 – 3 StR 142/82; vgl. § 338 Nr. 6 StPO erfolgreiche Rügen]; Urt. v. 28. 2. 1973 – 2 StR 645/72, bei Dallinger, MDR 1973, 730; und v. 17. 10. 1973 – 3 StR 248/71). Hier ist indessen für den Zeitpunkt der beanstandeten Entscheidungen nicht erwiesen, daß eine solche Gefahr des Mißbrauchs – für das Gericht erkennbar – bestand. Die Strafkammer hat zu diesem Punkt Rechtsanwalt Dr. Gr. uneidlich und Rechtsanwalt G. eidlich als Zeugen vernommen. Auf Grund ihrer Versicherungen hielt sie es für ausgeschlossen, die Mitschriften könnten dazu verwendet werden, Zeugen gegen den Angeklagten zu beeinflussen. Auf derartige Erklärungen zweier Rechtsanwälte durfte sich das Gericht auch unter Berücksichtigung der übrigen Umstände verlassen. Die bis 12. 12. 1984 getroffenen Entscheidungen wurden nicht nachträglich fehlerhaft durch Kenntnisse, die der Vorsitzende am 24. 5. 1985 erlangte, als Rechtsanwalt Dr. Gr. Erklärungen abgab, die auf die frühere Weiterleitung von Mitschriften an die Mandanten hindeuteten.

2. Anordnung der Durchsuchung von Verteidigern zulässig.

GVG § 176 – BVerfG Beschl. gemäß § 93a Abs. 3 BVerfGG vom 7. 4. 1978 – 2 BvR 202/78 – gegen die sitzungspolizeiliche Verfügung des Vorsitzenden Richters der 6. Strafkammer des Landgerichts Heidelberg v. 23. 2. 1978 (= BVerfGE 48, 118)

Die Beschwerdeführer wenden sich gegen die „Sitzungspolizeiliche Verfügung" vom 23. Februar 1978 in der Fassung der Verfügung vom 13. März 1978, die Durchsuchung der Verteidiger betreffend. Sie rügen eine Verletzung der Art. 1, 2, 3 Abs. 3, 12, 19 Abs. 4, 20 Abs. 3, 103 Abs. 1 und 104 Abs. 1 GG sowie des Art. 14 Abs. 1 des Internationalen Paktes vom 19. Dezember 1966 über bürgerliche und politische Rechte. Dazu tragen sie im wesentlichen vor:

Die angegriffene Verfügung entbehre der gesetzlichen Grundlage. Es gebe keine Gesetzesbestimmung, welche die Verteidiger verpflichte, eine – gegebenenfalls unbegrenzte – Entkleidung und körperliche Untersuchung nach dem Ermessen des Kontrollpersonals zu dulden.

Die Anordnung des Gerichtsvorsitzenden verletze die beschwerdeführenden Verteidiger nicht nur in ihrer Menschenwürde und ihrem Persönlichkeitsrecht, sie sei darüber hinaus auch geeignet, sie zu diskriminieren, indem sie ihnen im Gegensatz zu anderen prozeßbeteiligten Organen der Rechtspflege die Duldung der beanstandeten Maßnahmen auferlege.

Die angegriffene Verfügung komme in ihrer Wirkung einem ungesetzlichen Verteidigerausschluß gleich und greife damit in die Grundrechte der beschwerdeführenden Anwälte auf freie Berufsausübung ein. Die angeordneten Kontrollmaßnahmen seien unverhältnismäßig. Die bei der Personendurchsuchung verwendete Metallsonde spreche auf die in fast jeden Hosenbund eingearbeiteten Metallteile ebenso an wie auf die Metallrahmen der in den Durchsuchungsräumen stehenden Stühle, die Armbanduhren der durchsuchenden Beamten und jede andere im Raum befindliche betriebsbereite Sonde. Dies führe nahezu in jedem Fall zu einer eingehenden Durchsuchung. Zudem sei die Benutzung der vom Gericht zur Verfügung gestellten Plastikordner unzumutbar. Die Ordner enthielten keine die Entnahme einzelner Blätter ermöglichende Mechanik. Jedes Aufklappen eines Ordners befreie seinen gesamten Inhalt von jeglicher Bindung. Auch erspare das Umordnen der Verteidigungsunterlagen in die Plastikordner den Verteidigern nicht die polizeiliche „Akteneinsicht". Das Verbot, die üblichen Aktenkoffer zu benutzen, wirke sich dahin aus, daß die Verteidiger die dem Verfahrensumfang angemessenen Unterlagen nicht in die Hauptverhandlung mitbringen könnten.

Die Beschwerdeführerin zu 2) sei dadurch in ihrem Grundrecht aus Art. 2 Abs. 2 GG verletzt, daß die sie durchsuchenden Beamtinnen mit Chemical-Mace-Schußgeräten ausgerüstet gewesen seien. Dies habe sie als körperliche Bedrohung empfunden. Der Gerichtsvorsitzende habe dazu erklärt, er sei nicht befugt, auf die Ausrüstung der Polizei in den Durchsuchungszellen Einfluß zu nehmen.

Die angegriffene Verfügung verletze die Beschwerdeführerin zu 1) in ihren Ansprüchen auf ein faires Verfahren und auf rechtliches Gehör. Wenn die Verteidiger nicht alle im Rahmen der Verteidigung benötigten Unterlagen unkontrolliert in die Hauptverhandlung mitnehmen könnten, sei eine ordnungsgemäße Verteidigung unmöglich. Zudem führe die Anordnung des Gerichtsvorsitzenden in ihrer Wirkung zu einer unzulässigen Beschränkung der Öffentlichkeit, indem sie vom Besuch der Hauptverhandlung abschrecke und die Presse zum Boykott veranlasse.

Sachverhalt: ... Gegen die Beschwerdeführerin zu 1), die von den Strafverfolgungsorganen zum Kreis der terroristischen Gewalttäter gezählt wird, ist beim Landgericht Heidelberg ein Strafverfahren wegen Verdachts des Mordes und anderer Delikte anhängig. Ihr Wahlverteidiger ist der Beschwerdeführer zu 4); die Beschwerdeführer zu 2) und 3) waren zu ihren Pflichtverteidigern bestellt. Die Hauptverhandlung begann am 6. März 1978 im sog. Mehrzweckgebäude in Stuttgart-Stammheim.

Durch die „sitzungspolizeiliche Verfügung" vom 23. Februar 1978, geändert durch die Verfügung vom 13. März 1978, ordnete der Vorsitzende der zuständigen Strafkammer zur Aufrechterhaltung von Sicherheit und Ordnung in der Hauptverhandlung u.a. folgendes an:

Verteidiger und die von ihnen mitgeführten Sachen und Akten sind beim Betreten des Gerichtsgebäudes zu durchsuchen. U.a. können die Verteidiger durch Abtasten der Kleider und Durchsicht der Behältnisse, auch unter Zuhilfenahme eines Metalldetektors, auf Gegenstände im Sinne von Abschnitt II Nr. 2a (dabei handelt es sich um Gegenstände, die zur Störung der Hauptverhandlung geeignet sind, insbesondere um Waffen im technischen und nichttechnischen Sinne sowie um Wurfgegenstände) durchsucht werden. Auf Verlangen des Kontrollpersonals sind bei der Durchsuchung Mäntel, Jacken und Schuhe auszuziehen. Spricht der Metalldetektor an, so können die Verteidiger u.a. aufgefordert werden, die Kleidungsstücke, von denen die Reaktion des Suchgerätes ausgehen kann, soweit zu öffnen, daß eine Überprüfung mit dem Suchgerät möglich ist. Verbleibt nach der Durchsuchung der begründete Verdacht, daß verbotene Gegenstände mitgeführt werden, so ist die Entscheidung des Vorsitzenden einzuholen. Bei der Durchsuchung und Kontrolle von Akten ist darauf zu achten, daß sie nicht gelesen werden. Mitgeführte Akten und sonstige Gegenstände können in der Gepäckprüfanlage bzw. unter Zuhilfenahme der Metallsonden überprüft werden. Den Verteidigern ist es nicht gestattet, eigene Aktentaschen, Leitz-Ordner, Mappen oder sonstige Hefter, bei denen wegen ihrer Metallbestandteile die Metallsonde anspricht, mitzunehmen. Im Bedarfsfalle sind ihnen Austauschtaschen zur Verfügung zu stellen. Die mitgeführten Akten sind, sofern sie nicht in die bei der Geschäftsstelle anzufordernden blauen Plastikordner eingeheftet sind, in solche Ordner oder jeweils in gerichtseigene Leitz-Ordner umzuheften.

Weiter heißt es in der Verfügung:

Fühlt sich ein Verfahrensbeteiligter ... durch die in dieser Verfügung angeordneten Maßnahmen in seinen nach Strafprozeßordnung oder Gerichtsverfassungsgesetz ihm zustehenden Rechten beeinträchtigt, so ist die Entscheidung des Vorsitzenden einzuholen.

Die vom Beschwerdeführer zu 4) gegen diese Verfügung eingelegte Beschwerde hatte keinen Erfolg; das Oberlandesgericht Karlsruhe verwarf sie durch Beschluß vom 3. März 1978 als unstatthaft.

Nachdem die beschwerdeführenden Verteidiger der Hauptverhandlung vom 20. März 1978 aus Protest gegen die angegriffene Verfügung ferngeblieben waren, ordnete die Strafkammer durch Beschluß vom selben Tage die Aussetzung der Hauptverhandlung an und erlegte den Verteidigern die durch die Aussetzung verursachten Kosten auf. Zugleich hob der Kammervorsitzende die Bestellung der Beschwerdeführer zu 2) und 3) zu Pflichtverteidigern der Beschwerdeführerin zu 1) auf und ordnete an, daß es für die erneute Hauptverhandlung bei der angegriffenen Verfügung verbleibe. – Die Verfassungsbeschwerde war erfolglos.

Gründe:

I.

Die angegriffene Verfügung verletzt die Beschwerdeführer zu 2) bis 4) nicht in ihren Grundrechten der freien Berufsausübung (Art. 12 Abs. 1 GG).

1. Der durch die Verfügung bewirkte Eingriff in die Berufsausübung der beschwerdeführenden Verteidiger findet seine gesetzliche Grundlage in § 176 GVG. Danach obliegt dem Gerichtsvorsitzenden die Aufrechterhaltung der Ordnung in der Sitzung. Daß diese Vorschrift die Anordnung der Durchsuchung von Personen und der von ihnen mitgeführten Gegenstände – auch in Gestalt von Einlaßkontrollen in den dem Sitzungssaal vorgelagerten Räumlichkeiten – rechtfertigen kann und dem Vorsitzenden die sog. sitzungspolizeilichen Befugnisse auch gegenüber Verteidigern verleiht, ist anerkannt und begegnet keinen verfassungsrechtlichen Bedenken.

2. Die angegriffene Verfügung beruht auf der Befürchtung, in der Hauptverhandlung im Strafverfahren gegen die Beschwerdeführerin zu 1) könnten Gefahren für die „Aufrechterhaltung der Ordnung in der Sitzung" auch von den Verteidigern ausgehen. Das Bundesverfassungsgericht kann diese Annahme im Verfassungsbeschwerde-Verfahren lediglich daraufhin überprüfen, ob sie einen Verstoß gegen das Willkürverbot aufweist. Das ist nicht der Fall. Nachdem in jüngster Zeit in anderen Fällen der konkrete Verdacht entstanden ist, inhaftierten terroristischen Gewalttätern seien mit Hilfe ihrer Verteidiger Waffen und Sprengstoff zugeführt worden, erscheint es angesichts der von den Terroristen gezeigten Haltung nicht sachfremd, wenn der Gerichtsvorsitzende im Ausgangsverfahren die Gefahr sieht, daß die Angeklagten mit Hilfe ihnen überlassener Gegenstände in die Lage versetzt werden könnten, die Hauptverhandlung empfindlich zu stören, und deshalb – zugleich im wohlverstandenen Interesse der betroffenen Anwälte – zur Ausschaltung solcher und ähnlicher Gefahrenquellen auch die Beschwerdeführer zu 2) bis 4) in die allgemeinen Kontrollmaßnahmen einbezieht. Daß durch derartige Vorkehrungen auch Verteidiger getroffen werden, die keinen Anlaß zu der Annahme gegeben haben, sie würden die „Ordnung in der Sitzung" gefährden oder gar terroristische Gewalttäter unterstützen, muß im Interesse der Sicherheit in Kauf genommen werden (vgl. BVerfGEuGRZ 1977, 427 [430]).

3. Die aus der angegriffenen Verfügung folgenden Beschränkungen der anwaltlichen Berufsausübung beruhen auf vernünftigen Erwägungen zugunsten des Gemeinwohls (vgl. BVerfGE 7, 377 [405 f.]). Sie begegnen darüber hinaus auch unter dem Gesichtspunkt des Verhältnismäßigkeitsgrundsatzes keinen verfassungsrechtlichen Bedenken. Die angeordneten Eingriffe stehen nicht außer Verhältnis zu dem gegebenen Anlaß und belasten die betroffenen Verteidiger nicht unzumutbar.

a) Die Durchsuchung der Verteidiger und der von ihnen mitgeführten Gegenstände ist ersichtlich geeignet, der vom Gerichtsvorsitzenden willkürfrei angenommenen potentiellen Gefahr für die „Ordnung in der Sitzung" zu begegnen. Sie erscheint auf der Grundlage jener Annahme auch erforderlich. Ein anderes, weniger einschneidendes Mittel, das geeignet wäre, den mit der Durchsuchung angestrebten Erfolg ebenso wirksam sicherzustellen, ist nicht ersichtlich.

b) Die beanstandete Verfügung bewirkt – ihre sachgerechte Durchführung vorausgesetzt – keine mit dem Übermaßverbot unvereinbare Belastung der Verteidiger; die mit den Durchsuchungen verbundenen Beschränkungen der anwaltlichen Berufsausübung sind den Verteidigern – auch im Blick auf ihre Stellung als Organe der Rechtspflege – noch zumutbar. Allerdings darf dabei nicht unberücksichtigt bleiben, daß die Gefahren, denen solche Anordnungen entgegenwirken sollen, primär von den Angeklagten selbst ausgehen, während ihre Verteidiger in der Regel allenfalls mittelbar, nämlich im Hinblick auf ihren Kontakt mit den Angeklagten, Anlaß zu entsprechenden Befürchtungen bieten können. Daraus folgt, daß an derartige Anordnungen, soweit sie Beschränkungen der Verteidiger in ihrer Berufsausübung bewirken, unter den Gesichtspunkten des Übermaßverbotes und der Zumutbarkeit strenge Anforderungen zu stellen sind. Es genügt danach nicht, wenn eine solche Verfügung des Gerichtsvorsitzenden die Durchsuchung der Verteidiger nur generell anordnet, die Bestimmung des Umfangs der Zwangsmaßnahmen aber den für die Durchsuchung zuständigen Bediensteten überläßt. Vielmehr muß die Verfügung selbst nach ihrem Wortlaut und durch hinreichende Bestimmtheit in der Fassung sicherstellen, daß der Umfang der Durchsuchung im Einzelfall dem Maß der angenommenen Gefahr entspricht und die Überprüfung den betroffenen Verteidiger jeweils nur insoweit belastet, als dies unumgänglich erscheint.

aa) Diesen Anforderungen ist hier genügt. Die vom Gerichtsvorsitzenden angeordneten Kontrollmaßnahmen sind hinreichend präzise formuliert und in ihrer Intensität sachgerecht abgestuft. Die Durchsuchung der Person der Verteidiger beschränkt sich danach zunächst auf das Abtasten der Kleidung – gegebenenfalls nach Ausziehen von Mänteln, Jacken und Schuhen – wobei auch ein Metalldetektor zu Hilfe genommen werden kann. Darüber hinausgehende Durchsuchungsmaßnahmen dürfen die durchsuchenden Beamten von sich aus nur dann treffen, wenn das Suchgerät anspricht; auch in diesem Fall kann aber lediglich das Öffnen derjenigen Kleidungsstücke, von denen die Reaktion ausgeht, gefordert werden, um so eine notwendige weitere Überprüfung mit dem Suchgerät zu ermöglichen. Eine Kontrolle über das unabdingbar Erforderliche hinaus gibt es nicht. Damit sind die Durchsuchungsbefugnisse, die der Vorsitzende den Kontrollbeamten generell übertragen hat, abschließend umschrieben; der wiederholte Gebrauch der Wendung „u.a." ändert daran nichts. Über jede weitere Maßnahme – deren Anordnung vom Fortbestand eines „begründeten Verdachts" abhängt – hat allein der Vorsitzende zu befinden, dessen Entscheidung im übrigen auch jederzeit auf Verlangen eines Verfahrensbeteiligten, der sich durch die angeordneten Maßnahmen in seinen ihm nach der Strafprozeßordnung oder dem Gerichtsverfassungsgesetz zustehenden Rechten beeinträchtigt fühlt, einzuholen ist.

Nach alledem liegt es bei sachgerechter Durchführung der angegriffenen Verfügung in der Hand der Verteidiger, selbst dafür Sorge zu tragen, daß der „begründete Verdacht", sie führten „verbotene Gegenstände" mit sich, gar nicht erst entsteht, eine eingehendere Durchsuchung ihrer Person – nach entsprechender Entscheidung des Vorsitzenden – also unterbleiben kann. Um dies zu ermöglichen, bedarf es allerdings im Bereich der Durchführung der Verfügung geeigneter Vorkehrungen, die im Rahmen des Vertretbaren gewährleisten, daß die Metallsonde nicht oder jedenfalls nicht in gleicher Weise auch auf solche Gegenstände anspricht, die – wie Metallteile an Stühlen im Durchsuchungsraum, Armbanduhren der durchsuchenden Beamten und dergleichen – offensichtlich keinerlei Bezug zum Durchsuchungszweck aufweisen. Es ist Sache des Vorsitzenden, dies sicherzustellen.

bb) Übergriffe des Kontrollpersonals im Rahmen der Durchsuchung betreffen nur die Durchführung der hier angegriffenen Verfügung und haben deshalb bei deren verfassungsrechtlicher Überprüfung außer Betracht zu bleiben. Sie können gegebenenfalls auf dem dafür vorgesehenen Verfahrensweg einer gesonderten Kontrolle zugeführt werden.

Im übrigen fehlt es für die in den Verfassungsbeschwerden geäußerte Befürchtung der Beschwerdeführer zu 2) bis 4), es könnte ihnen eine vollständige Entkleidung und unbegrenzte körperliche Untersuchung zugemutet werden, an jeglichem Anhalt. Eine solche Befürchtung ist um so weniger begründet, wenn sich die Prozeßbeteiligten ihrer Pflichtenlage im Verfahren voll bewußt sind und wenn sie ihre Bereitschaft erkennen lassen, im Rahmen dieser Verpflichtung auch bei aller Schärfe der verfahrensrechtlich gebotenen sachlichen Auseinandersetzung um die verschiedenartigen Rechtspositionen das gemeinsame Ziel aller Rechtspflegeorgane nicht aus den Augen zu verlieren.

cc) Auch das einmalige Umheften der Verteidigungsunterlagen in die vom Gericht zur Verfügung gestellten Plastikordner, auf die das Metallsuchgerät nicht anspricht, und die Verwendung solcher Ordner belasten die Verteidiger nicht unzumutbar. Die Plastikordner mögen weniger handlich sein als die festen Ordner; untauglich sind sie nicht. Davon hat sich das Bundesverfassungsgericht durch Augenschein überzeugt.

II.

Zu Unrecht rügen die Beschwerdeführer, die angegriffene Verfügung verletze sie im Verhältnis zu anderen prozeßbeteiligten Organen der Rechtspflege in ihrem Anspruch auf Gleichbehandlung (Art. 3 Abs. 1 GG). Von prozeßbeteiligten Vertretern des Staates, die nicht nur zur Verfolgung und Wahrung des staatlichen Strafanspruchs im Rahmen rechtsstaatlicher Verfahrensregeln berufen, sondern zugleich kraft ihres Amtes zur Fürsorge für die Angeklagten verpflichtet sind, geht keine Gefahr für die Ordnung in strafgerichtlichen Hauptverhandlungen aus. Dies behaupten auch die Beschwerdeführer nicht. Die Vorstellung, die prozeßbeteiligten Richter oder Staatsanwälte müßten sich einer Durchsuchung unterziehen, ist abwegig.

§ 184 GVG

Die Gerichtssprache ist deutsch.

Erfolglose Rügen

1. Eine in fremder Sprache abgegebene Prozeßerklärung wird wirksam, wenn die deutsche Übersetzung dem Gericht vorliegt (BGH Beschl. v. 16. 5. 2000 – 4 StR 110/00).

2. Revision in fremder Sprache unwirksam (BGH Beschl. v. 14. 7. 1981 – 1 StR 815/80).

Erfolglose Rügen

1. Eine in fremder Sprache abgegebene Prozeßerklärung wird wirksam, wenn die deutsche Übersetzung dem Gericht vorliegt.

GVG § 184; StPO § 302 I – BGH Beschl. v. 16. 5. 2000 – 4 StR 110/00 LG Mannheim (= NStZ 2000, 553)

Die Revision rügt die Verletzung materiellen Rechts.

Sachverhalt: Gegen das Urteil hat der Angeklagte durch seinen Verteidiger Revision einlegen und diese mit der Rüge der Verletzung materiellen Rechts begründen lassen. Mit in englischer Sprache verfaßtem Schreiben vom 14. 11. 1999, eingegangen beim Landgericht am 16. 11. 1999, hat der Angeklagte das Rechtsmittel wirksam zurückgenommen. Die Rücknahmeerklärung wurde durch ein in englischer Sprache verfaßtes Schreiben vom 18. 11. 1999, das am 22. 11. 1999 und dessen am selben Tag richterlich angeordnete Übersetzung am 25. 11. 1999 beim Landgericht eingegangen ist, widerrufen. – Das Rechtsmittel war erfolglos.

Gründe: Der Senat stellte fest, daß die Revision des Angeklagten sich durch deren Rücknahme erledigt hat.

Dieses Schreiben (Revisionsrücknahme) wurde mit dem Eingang der am 16. 11. 1999 richterlich angeordneten deutschen Übersetzung beim Landgericht am 23. 11. 1999 für das Verfahren beachtlich (§ 184 GVG; vgl. BGHR StPO § 302 I Rücknahme 1; BGH Beschl. v. 27. 3. 1996 – 2 StR 480/95). Die Rücknahmeerklärung konnte durch deren in englischer Sprache verfaßten Widerruf vom 18. 11. 1999, der am 22. 11. 1999 und dessen am selben Tag richterlich angeordnete Übersetzung am 25. 11. 1999 beim Landgericht eingegangen ist, nicht rückgängig gemacht werden (vgl. BGHR StPO § 302 I Rücknahme 2 [BGH Beschl. v. 25. 9. 1990 – 4 StR 204/90]). Ein Rechtsmittel, über das der Senat zu entscheiden hätte, liegt daher nicht mehr vor. Es hätte in der Sache selbst auch keine Aussicht auf Erfolg gehabt.

Der Beschluß des Landgerichts vom 29. 11. 1999, in dem festgestellt wird, daß die Revision des Angeklagten durch Zurücknahme erledigt ist, und gegen den der Angeklagte fristgerecht Rechtsmittel eingelegt hat, muß allerdings aufgehoben werden, weil das Landgericht für diese Entscheidung nicht zuständig war (vgl. BGH bei Kusch NStZ 1997, 378; Beschl. v. 6. 11. 1991 – 5 StR 549/91).

2. Revision in fremder Sprache unwirksam.

GVG § 184; StPO §§ 35a, 44 S. 2, 341 – BGH Beschl. v. 14. 7. 1981 – 1 StR 815/80 LG Aschaffenburg (= BGHSt. 30, 182 = NJW 1982, 532 = StV 1981, 533 = NStZ 1981, 487)

Die Revisionsschrift wurde in türkischer Sprache bei Gericht eingereicht.

Der Sachverhalt ergibt sich aus den Revisionsgründen. – Das Rechtsmittel war erfolglos.

Gründe:

1. Die vom Angeklagten verfaßte Revisionsschrift ist unwirksam, weil sie in türkischer Sprache gehalten und die vom Landgericht veranlaßte Übersetzung erst nach Ablauf der Rechtsmittelfrist bei Gericht eingegangen ist. Diese Rechtsfolge ergibt sich aus § 184 GVG, wonach die Gerichtssprache deutsch ist. Die Bestimmung ist zwingender Natur, von Amts wegen zu beachten und dem Verfügungsrecht der Beteiligten nicht unterworfen. Sie gilt nicht nur für die gerichtlichen Verhandlungen und Entscheidungen, sondern auch für den gesamten Schriftverkehr mit dem Gericht. Hierfür sprechen Wortlaut und Zweck der Norm. Im Interesse der Vereinfachung und Beschleunigung des Verfahrens, der Rechtsklarheit und der Rechtssicherheit muß sichergestellt sein, daß die schriftliche Ein-

gabe für das deutsche Gericht und die übrigen Verfahrensbeteiligten schon im Zeitpunkt des Zugangs aus sich selbst heraus verständlich ist und nicht erst der zeitraubenden Erforschung ihres Inhalts durch Einschaltung verfahrensfremder Personen bedarf. Dieses Erfordernis wird in der Regel nur dadurch gewährleistet, daß das Schriftstück in deutscher Sprache abgefaßt oder zumindest mit einer deutschen Übersetzung versehen ist. Nach der derzeitigen Rechtslage ist der Strafrichter nicht verpflichtet, von Amts wegen eine Übersetzung der Eingabe zu veranlassen. Weil aus Gründen der Rechtssicherheit eine generelle Lösung anzustreben ist, kann die Wirksamkeit einer fremdsprachigen schriftlichen Erklärung nicht an den eher zufälligen Umstand geknüpft werden, um welche Sprache es sich handelt und ob und in welchem Umfang ein am Verfahren beteiligter Richter ihrer mächtig ist. § 185 Abs. 2 GVG, wonach die Zuziehung eines Dolmetschers dann unterbleiben kann, wenn die beteiligten Personen sämtlich der fremden Sprache mächtig sind, gilt ausdrücklich nur im Bereich der mündlichen Verhandlung.

Der Senat folgt aus den genannten Gründen der herkömmlichen strengen Auffassung. Die Gegenmeinung, die von der grundsätzlichen Beachtlichkeit fremdsprachiger Eingaben ausgeht, würde zu einer derart tiefgreifenden Änderung des Gesetzes führen, daß diese dem Gesetzgeber vorbehalten bleiben müßte. Die für bestimmte Verwaltungsverfahren erlassenen Bestimmungen über die Behandlung und die Wirksamkeit fremdsprachiger Eingaben (§ 23 VwVfG; § 19 SGB X; § 87 AO 1977) sind als Sonderregelungen und nicht als Ausfluß allgemeiner Rechtsprinzipien anzusehen. Ihre entsprechende Anwendung auf das Strafverfahren verbietet sich aus Gründen der Rechtsklarheit und der Rechtssicherheit: Müßte das Gericht dem Verfasser der Eingabe eine angemessene Frist setzen, innerhalb derer er eine Übersetzung vorzulegen hat, so würde im Zeitpunkt des Ablaufs der Rechtsmittelfrist nicht feststehen, ob die gerichtliche Entscheidung angefochten ist oder nicht; der Petent hätte es in der Hand, durch sein weiteres Verhalten (nämlich die Erfüllung, die Nichterfüllung oder nicht fristgerechte Erfüllung der gerichtlichen Auflage) nachträglich über den Zeitpunkt des Eintritts der Rechtskraft zu bestimmen. Diese Ungewißheit kann insbesondere dann unerträglich werden, wenn der Angeklagte selbst von ihr betroffen ist, weil die fremdsprachige Eingabe von seinem Verfahrensgegner (Privatkläger, Nebenkläger) herrührt.

Die vom Senat geteilte enge Auslegung des § 184 GVG begegnet keinen verfassungsrechtlichen Bedenken. Die Vorschrift ist keine Norm des Fremdenrechts; ihre Auswirkungen treffen auch deutsche Staatsangehörige, die im Ausland fremdsprachig aufgewachsen sind oder im Inland einer Sprachminderheit angehören. Richtig ist, daß deren Zahl seit Inkrafttreten des Gerichtsverfassungsgesetzes stark zurückgegangen ist und daß das Sprachproblem durch den Zuzug von Ausländern neue Dimensionen gewonnen hat. Gerade unter diesen Umständen kann § 184 GVG die Aufgaben erfüllen, die ihm der Gesetzgeber ursprünglich zugedacht hat. Auch der der deutschen Strafgerichtsbarkeit unterworfene Ausländer muß die gesetzlichen Fristen und sonstigen prozessualen Förmlichkeiten beachten, die ein geordnetes Verfahren und damit Rechtssicherheit und Rechtsstaatlichkeit erst ermöglichen. Denkbare Nachteile, die aus der Unkenntnis der deutschen Sprache entstehen, können dadurch ausgeglichen werden, daß dem Beschuldigten frühzeitig ein Verteidiger bestellt wird (§ 140 Abs. 2 StPO; Art. 6 Abs. 3 Buchst. c MRK), daß während des gesamten Verfahrens ein Dolmetscher zur Verfügung steht (§ 185 GVG; Art. 6 Abs. 3 Buchst. e MRK; EGMR NJW 1979, 1091, 1092), und daß im Fall der Fristversäumnis die Anforderungen an die Voraussetzungen der Wiedereinsetzung in den vorigen Stand nicht überspannt werden (BVerfGE 40, 95, 98; 42, 120, 123).

2. In Beachtung des letztgenannten Grundsatzes war dem Angeklagten gegen die Versäumung der Revisionsfrist Wiedereinsetzung in den vorigen Stand zu gewähren. Dies konnte auch ohne Antrag geschehen, weil in seiner formgerechten Revisionsbegründung zugleich die Nachholung der versäumten Einlegung des Rechtsmittels liegt (§ 45 Abs. 2 S. 3 StPO). Zugunsten des Angeklagten muß davon ausgegangen werden, daß ihn an der Fristversäumnis kein Verschulden trifft, weil er über die Notwendigkeit, die Revisionsschrift in

deutscher Sprache abzufassen, nicht belehrt worden ist. Zu einer ordnungsgemäßen Rechtsmittelbelehrung i.S. von § 35a StPO gehört auch der Hinweis, daß die schriftliche Rechtsmitteleinlegung in deutscher Sprache erfolgen muß. Das Unterbleiben dieser Belehrung begründet für den Angeklagten den Anspruch auf Wiedereinsetzung in den vorigen Stand (§ 44 Satz 2 StPO).

§ 185 GVG

(1) Wird unter Beteiligung von Personen verhandelt, die der deutschen Sprache nicht mächtig sind, so ist ein Dolmetscher zuzuziehen. Ein Nebenprotokoll in der fremden Sprache wird nicht geführt, jedoch sollen Aussagen und Erklärungen in fremder Sprache, wenn und soweit der Richter dies mit Rücksicht auf die Wichtigkeit der Sache für erforderlich erachtet, auch in der fremden Sprache in das Protokoll oder in eine Anlage niedergeschrieben werden. In den dazu geeigneten Fällen soll dem Protokoll eine durch den Dolmetscher zu beglaubigende Übersetzung beigefügt werden.

(2) Die Zuziehung eines Dolmetschers kann unterbleiben, wenn die beteiligten Personen sämtlich der fremden Sprache mächtig sind.

Erfolgreiche Rügen

1. Ist der Angeklagte der deutschen Sprache nur teilweise mächtig und nach § 185 GVG ein Dolmetscher bestellt, so gehört dieser nicht zu den Personen, deren Anwesenheit für die gesamte Dauer der Hauptverhandlung erforderlich ist (BGH Beschl. v. 22. 11. 2001 – 1 StR 471/01).

Erfolglose Rügen

1. Übersetzer muß weder Dolmetscher noch vereidigt sein (BGH Urt. v. 28. 11. 1950 – 2 StR 50/50).

Erfolgreiche Rügen

1. Ist der Angeklagte der deutschen Sprache nur teilweise mächtig und nach § 185 GVG ein Dolmetscher bestellt, so gehört dieser nicht zu den Personen, deren Anwesenheit für die gesamte Dauer der Hauptverhandlung erforderlich ist.

GVG § 185 – BGH Beschl. v. 22. 11. 2001 – 1 StR 471/01 LG Heilbronn (= StV 2002, 296 = NStZ 2002, 275)

Die Revision rügt, daß die Hauptverhandlung am ersten Verhandlungstage nicht in Anwesenheit eines die Heimatsprache des Angeklagten hinreichend beherrschenden Dolmetschers geführt worden sei und „das Pensum" dieses ersten Hauptverhandlungstages am folgenden Verhandlungstag – nunmehr in Anwesenheit eines anderen Dolmetschers – auch nicht wiederholt worden sei. Sie trägt vor, die Strafkammer habe sich auf eine entsprechende Rüge des Verteidigers hin zur Beratung zurückgezogen; nach Wiedereintritt in die Verhandlung habe der Vorsitzende erklärt, die Strafkammer sei „ebenfalls zu der Überzeugung gekommen ... daß die Ladung eines anderen Dolmetschers notwendig erscheine".

Der Sachverhalt ergibt sich aus dem Revisionsvorbringen. – Das Rechtsmittel hatte Erfolg.

Gründe: Letzteres wird durch das Hauptverhandlungsprotokoll und die Gegenerklärung der Staatsanwaltschaft bestätigt.

Ein Dolmetscher muß nach § 185 I GVG grundsätzlich während der ganzen Hauptverhandlung zugegen sein. Ist dies nicht der Fall, greift der absolute Revisionsgrund des § 338 Nr. 1 StPO (BGHSt. 3, 285 [BGH Urt. v. 11. 11. 1952 – 1 StR 484/52; vgl. § 338 Nr. 5 BRAGO erfolglose Rügen]). Anders liegt es, wenn sich der Angeklagte auch in der deutschen Sprache verständigen kann; dann ist auch die zeitweilige Abwesenheit des Dolmetschers unschädlich. Ist der Angeklagte der deutschen Sprache nur teilweise mächtig und nach § 185 GVG ein Dolmetscher bestellt, so bleibt es dem pflichtgemäßen Ermessen des Tatrichters überlassen, in welchem Umfang er unter Mitwirkung des Dolmetschers mit den Prozeßbeteiligten verhandeln will. In diesem Falle gehört der Dolmetscher nicht zu den Personen, deren Anwesenheit i.S. des § 338 Nr. 5 StPO für die gesamte Dauer der Hauptverhandlung erforderlich ist (BGHSt. 3, 285; BGHR StPO § 338 Nr. 5 Dolmetscher 2[1], 3[2]; BGH NStZ 1984, 328 [BGH v. 17. 1. 1984 – 5 StR 755/83; vgl. § 189 GVG erfolglose Rügen]).

Die Revision behauptet, der Angeklagte E. sei der deutschen Sprache nicht mächtig gewesen. Das Hauptverhandlungsprotokoll belegt, daß der zunächst tätige Dolmetscher am ersten Verhandlungstag – u.a. nach den Angaben des Angeklagten sowie des Mitangeklagten U. zur Person, nach Verlesung der Anklage und während der Einlassung des Mitangeklagten U. zur Sache – abgelöst wurde, nachdem der Verteidiger die „getätigten Übersetzungen" gerügt und die Bestellung eines Dolmetschers für die „nigerianisch-englische Sprache" beantragt hatte. Der Senat geht auf Grund der weiteren Umstände auch im Übrigen von dem Vortrag der Revision aus. Den Urteilsgründen zufolge hält sich der Angeklagte zwar seit dem Jahr 1990 in Deutschland auf, ist seit 1992 mit einer Frau deutschen Namens verheiratet, hat mit dieser 2 Kinder und arbeitet seit 1994 in einer deutschen Firma. Gleichwohl versteht sich hier nicht von selbst, daß er die deutsche Sprache teilweise hinreichend beherrscht. Immerhin war der Strafkammer die Beiziehung eines anderen Dolmetschers „notwendig" erschienen. Das legt nahe, daß es tatsächlich zu Verständigungsschwierigkeiten gekommen war. Dabei ist das Erfordernis einer korrekten Übertragung der Sacheinlassung des ebenfalls aus Nigeria stammenden Mitangeklagten U. für die Strafkammer im Auge zu behalten, die auch den Angeklagten als Mittäter U.'s betreffen konnte. Die Staatsanwaltschaft hat eine Gegenerklärung abgegeben (§ 347 I 2 StPO), die lediglich den von der Revision vorgetragenen Verlauf durch Wiedergabe eines Protokollauszuges bestätigt. Den weiteren Behauptungen der Revision ist sie indessen nicht entgegengetreten. Der Gegenerklärung ist auch keine dienstliche Äußerung des Vorsitzenden der Strafkammer, des beisitzenden Richters oder des Sitzungsvertreters der Staatsanwaltschaft zu entnehmen, aus der sich insoweit Gegenteiliges ergäbe (vgl. Nr. 162 II bis IV RiStBV). Der Senat hat deshalb keinen Grund an dem Revisionsvorbringen zu zweifeln, daß die Beteiligung eines Dolmetschers auch am ersten Sitzungstag erforderlich war, der zunächst tätige Dolmetscher wegen Besonderheiten der Heimatsprache der Angeklagten nicht geeignet und

---

1 „Dem Revisionsvorbringen ist zu entnehmen, daß die vom Landgericht vernommenen Zeuginnen, die mit deutschen Männern verheiratet sind, zumindest teilweise der deutschen und der (auf den Philippinen verbreiteten) englischen Sprache mächtig sind. In einem solchen Fall hat der Tatrichter nach seinem pflichtgemäßen Ermessen darüber zu befinden, in welchem Umfang er unter Zuziehung eines Dolmetschers verhandeln will und für welche Fremdsprache ein Dolmetscher zugezogen werden muß. Eine Überschreitung des tatrichterlichen Ermessens ist hier nicht ersichtlich." (BGH, Urt. v. 21. 2. 1989 – 1 StR 631/88).

2 „Der Dolmetscher war keine Person, deren Anwesenheit im Sinne des § 338 Nr. 5 StPO für die gesamte Dauer der Hauptverhandlung erforderlich ist. Denn der Angeklagte, der sich seit 1979 in der Bundesrepublik aufhält, spricht und versteht nach der Überzeugung des Tatrichters ausreichend Deutsch. Inwieweit und an welchen Tagen der Dolmetscher herangezogen werden sollte, oblag daher dem Ermessen des Tatrichters." (BGH, Beschl. v. 8. 8. 1990 – 3 StR 153/90).

die Verhandlung des ersten Sitzungstages auch später nicht mit dem dann zugezogenen Dolmetscher wiederholt worden ist. Die Verfahrensrüge greift mithin durch.

Erfolglose Rügen

1. Übersetzer muß weder Dolmetscher noch vereidigt sein.

GVG § 185 – BGH Urt. v. 28. 11. 1950 – 2 StR 50/50 Schwurgericht Oldenburg (= BGHSt. 1, 4)

Die Revision rügt, daß ein fremdsprachiges Schriftstück entgegen der Vorschrift der §§ 185, 189 GVG nicht durch einen vereidigten Dolmetscher übersetzt worden sei.

Sachverhalt: In der Hauptverhandlung überreichte der Vertreter der Staatsanwaltschaft eine in polnischer Sprache abgefaßte, mit russischen Ausdrücken durchsetzte schriftliche Bescheinigung, die den als Zeugen vernommenen Eheleuten K. gehörte, mit dem Antrage, sie zu verlesen. Die Bescheinigung trug die Unterschrift des Polen Jan P., der von 1942–1945 auf dem Hofe der Eheleute K. als landwirtschaftlicher Arbeiter tätig gewesen war. Die Verteidigung des Angeklagten hatte geltend gemacht, daß dieser polnische Arbeiter der dem Angeklagten zur Last gelegten Tat, der Ermordung der Tochter der Eheleute K. mindestens ebenso verdächtig sei wie der Angeklagte selbst. Auf Antrag der Staatsanwaltschaft vernahm das Schwurgericht einen Polizeiwachtmeister als Sachverständigen der polnischen Sprache über Wortlaut und Inhalt der Bescheinigung. Der Sachverständige blieb nach gerichtlichem Ermessen unbeeidet. – Das Rechtsmittel war erfolglos.

Gründe: Auch darin liegt kein Verfahrensfehler, daß sich das Schwurgericht die Kenntnis vom Inhalt des fremdsprachigen Schriftstücks durch Vernehmung eines Sachverständigen verschafft hat. Wie das Gericht in einem solchen Falle zu verfahren hat, darüber fehlen ausdrückliche verfahrensrechtliche Vorschriften. Im Schrifttum ist zwar die Auffassung vertreten worden, daß § 185 GVG auch auf den Fall der Ermittlung des Inhalts einer fremdsprachigen Urkunde anzuwenden, in diesem Fall also die Zuziehung eines Dolmetschers geboten sei. Diese Ansicht übersieht jedoch, daß § 185 GVG die Zuziehung eines Sprachkundigen als Dolmetscher nur für den Fall fordert, daß unter Beteiligung von Personen verhandelt wird, die der deutschen Sprache nicht mächtig sind. Die wesentliche Aufgabe des Dolmetschers besteht also darin, den Prozeßverkehr zwischen dem Gericht und anderen am Prozeß beteiligten Personen dadurch zu ermöglichen, daß er die zum Prozeß abgegebenen mündlichen oder schriftlichen Erklärungen durch Übertragung in eine andere Sprache der anderen Seite verständlich macht. Um die Erfüllung dieser Aufgabe geht es nicht, wenn es sich darum handelt, den Sinn einer außerhalb des Prozeßverkehrs abgegebenen fremdsprachigen Äußerung zu ermitteln. Geht dem Gericht die eigene Sachkunde ab, um den Sinn einer solchen fremdsprachigen Äußerung zu verstehen, und zieht es deshalb einen Sprachkundigen zu seiner Unterstützung hinzu, so wird dieser wie jeder andere, der dem Gericht die fehlende Sachkunde auf irgendeinem Gebiete vermittelt, als Sachverständiger tätig. Die Prozeßrolle, die ein Sprachkundiger in der Hauptverhandlung erfüllt, wird also nicht durch die Tatsache bestimmt, daß er Sprachkundiger ist, sondern nur durch die Aufgabe, die er im Prozeß zu erfüllen hat. Besteht sie darin, den Prozeßverkehr zwischen Gericht und anderen Prozeßbeteiligten zu vermitteln, ist er Dolmetscher, und die §§ 185 ff. GVG sind anzuwenden. Gibt er selbst Prozeßerklärungen ab, indem er dem Gericht die erforderliche Sachkunde zum Verständnis von Erklärungen vermittelt, die außerhalb des Prozesses gefallen sind, ist er Sachverständiger, und es sind die §§ 72 ff. StPO anzuwenden. Die Frage, ob und unter welchen Voraussetzungen ein Dolmetscher auch als Sachverständiger tätig werden darf oder umgekehrt, ist hier nicht zu entscheiden, da das Schwurgericht im vorliegenden Fall zutreffend den Inhalt der außerhalb des Prozesses ausgestellten fremdsprachigen Bescheinigung durch Zuziehung eines Sachverständigen ermittelt hat. Da das Schwurgericht den Polizeiwachtmeister, der die in polnischer Sprache abgefaßte Bescheinigung übersetzte, also mit Recht als Sachverständigen angesehen und behandelt hat, brauchte es ihn nicht nach § 189 GVG als Dolmetscher zu beeidigen. Es stand vielmehr nach § 79 Abs. 1 StPO in der Fassung der Allgemeinen Anweisung für Richter Nr. 2, wie sie für das erkennende Gericht zur Zeit der Hauptverhandlung galt, in seinem Ermessen, ob es ihn als Sachverständigen beeidigen sollte. Es ist deshalb entgegen der Auffassung der Revision kein Rechtsfehler, daß das Schwurgericht nach seinem Ermessen von der Vereidigung absah. Die für das Strafverfahren geltenden Grundsätze der Mündlichkeit und Unmittelbarkeit sind dadurch gewahrt, daß der Sachverständige in der Hauptverhandlung sein Gutachten über den Inhalt des fremdsprachigen Schriftstücks mündlich erstattete. Dadurch wurde für das fremdsprachige Schriftstück dem Erfordernis des § 249 StPO genügt, daß Urkunden in der Hauptverhandlung zu verlesen seien.

§ 186 GVG

(1) Die Verständigung mit einer hör- oder sprachbehinderten Person in der Verhandlung erfolgt nach ihrer Wahl mündlich, schriftlich oder mit Hilfe einer die Verständigung ermöglichenden Person, die vom Gericht hinzuziehen ist. Für die mündliche und schriftliche Verständigung hat das Gericht die geeigneten technischen Hilfsmittel bereit zu stellen. Die hör- oder sprachbehinderte Person ist auf ihr Wahlrecht hinzuweisen.

(2) Das Gericht kann eine schriftliche Verständigung verlangen oder die Hinzuziehung einer Person als Dolmetscher anordnen, wenn die hör- oder sprachbehinderte Person von ihrem Wahlrecht nach Absatz 1 keinen Gebrauch gemacht hat oder eine ausreichende Verständigung in der nach Absatz 1 gewählten Form nicht oder nur mit unverhältnismäßigem Aufwand möglich ist.

Erfolglose Rügen

1. Schwester kann Hilfsperson bei Aussage geistig retardierter Zeugin sein (BGH Urt. v. 24. 4. 1997 – 4 StR 23/97).

2. Andere Arten der Verständigung als schriftliche oder durch Dolmetscher bei Verfahren gegen stummen Angeklagten möglich (BGH Urt. v. 21. 12. 1959 – 2 StR 519/59).

Erfolglose Rügen

1. Schwester kann Hilfsperson bei Aussage geistig retardierter Zeugin sein.

GVG § 186; StPO § 69 – BGH Urt. v. 24. 4. 1997 – 4 StR 23/97 LG Bielefeld (= BGHSt. 43, 62 = NJW 1997, 2335 = StV 1997, 507 = NStZ 1997, 562)

Die Revision rügt, das Landgericht habe gegen Verfahrensvorschriften verstoßen, als es die Schwester der Zeugin T. P. dazu heranzog, bei der Vernehmung der schwer hörgeschädigten und geistig retardierten Zeugin mitzuwirken. Die „Hilfestellung" der N.P. sei unzulässig gewesen, denn die Strafprozeßordnung sehe eine „Gemeinschaftsaussage" zweier Personen nicht vor. Zumindest habe N. P. wie eine Dolmetscherin behandelt und vereidigt werden müssen. Denkbar sei auch, daß die „Hilfestellung" selbst als „Zeugenaussage, möglicherweise als Zeugnis vom Hörensagen" zu qualifizieren sei und es deshalb einer Zeugenbelehrung (§ 57 StPO), insbesondere aber einer Entscheidung über die Vereidigung (§ 59 StPO) der N. P. bedurft hätte. Dies alles habe das Landgericht rechtsfehlerhaft nicht berücksichtigt; ein Beruhen des Urteils auf dem Verfahrensfehler lasse sich nicht ausschließen.

Sachverhalt: Das Tatopfer T. P. ist schwer hörgeschädigt, geistig retardiert und nicht in der Lage, Fragen, insbesondere, wenn sie abstrakte Begriffe zum Gegenstand haben, zu erfassen und Sexualvorgänge zu benennen und zu beschreiben. Eine Verständigung konnte mangels entsprechender Deutschkenntnisse der Zeugin nur mit Hilfe einer Dolmetscherin durchgeführt werden. In der Hauptverhandlung war die Zeugin – bei Ausschluß der Öffentlichkeit – „damit einverstanden", daß zu ihrer „Unterstützung im Rahmen ihrer Zeugenvernehmung" ihre Schwester N. P. zugegen war. Dagegen erhoben die Prozeßbeteiligten kein Einwände. T. P. sagte dann „unter Mitwirkung der Dolmetscherin zur Sache aus". Im Sitzungsprotokoll ist hierzu weiter ausgeführt:

„Da eine Verständigung, insbesondere ein entsprechendes Antworten auf die Fragen des Vorsitzenden, nicht möglich war, wurde die im Zuhörerraum anwesende Schwester der Zeugin, Frau N. P., zu der Vernehmung hinzugebeten, um nun mit ihrer Hilfe eine Verständigung, insbesondere ein sinnvolles Antworten auf die gestellten Fragen zu ermöglichen. Seitens der Prozeßbeteiligten wurden keine Erklärungen abgegeben. Die Schwester der Zeugin, Frau N. P., kam hervor und nahm neben der Zeugin Platz. Die Zeugin T. P. sagte weiter zur Sache aus; die Schwester der Zeugin wirkte ‚hilfestellend' bei der Verständigung mit. Die Dolmetscherin ... war jedoch weiterhin als ‚eigentliche Übersetzerin' tätig. ..." – Das Rechtsmittel war erfolglos.

Gründe: Entgegen der Auffassung der Revision ist die Verfahrensweise der Strafkammer aus Rechtsgründen nicht zu beanstanden.

a) Allerdings vermag der Senat der Ansicht des Generalbundesanwalts, die Heranziehung der Schwester der Zeugin sei nach § 406f Abs. 3 StPO gerechtfertigt gewesen, nicht zu folgen: Es ging hier nicht um die „psychologische Betreuung" der Geschädigten auf deren Antrag, sondern um die von Amts wegen veranlaßte „Vermittlung" ihrer Aussage über die Dolmetscherin an das Gericht und die Verfahrensbeteiligten. Hierfür bietet § 406f Abs. 3 StPO keine Rechtsgrundlage.

b) Die Zuziehung von N. P. war notwendig, weil dem Gericht und den Prozeßbeteiligten – einschließlich der Dolmetscherin – eine Verständigung mit T. P. – wie die Revision selbst vorträgt – „nur über die Schwester N. P. möglich war".

c) Die Einschaltung der Schwester der Zeugin war auch rechtlich zulässig; denn es ist Aufgabe des Gerichts, einen Zeugen bei der wahrheitsgemäßen und vollständigen Wiedergabe seines Wissens in geeigneter Weise zu unterstützen (RGSt 35, 5, 7). Soweit in der Verhandlung eine unmittelbare mündliche Verständigung mit dem Zeugen nicht möglich ist, muß der Vorsitzende – bei Beanstandung seiner Anordnung das Gericht (§ 238 Abs. 2 StPO) – nach pflichtgemäßem Ermessen darüber befinden, welche Maßnahmen zur sachgemäßen Verständigung zu ergreifen sind. Dies geschieht bei einer tauben oder stummen Person regelmäßig durch Zuziehung eines Dolmetschers (vgl. § 186 GVG; RiStBV Nr. 21 Abs. 2). Die Verständigung kann in Fällen einer Behinderung wie hier aber auch durch Heranziehung einer dem oder der Behinderten vertrauten Person vorgenommen werden (vgl. BGH LM Nr. 1 zu § 186 GVG = JZ 1952, 730). Unter dem Gesichtspunkt der Sachaufklärungspflicht (§ 244 Abs. 2 StPO) muß sogar vom Gericht eine derartige Maßnahme ergriffen werden.

d) Welche Stellung eine solche aus Gründen der gerichtlichen Aufklärungspflicht beigezogene Person einnimmt, ist im Verfahrensrecht nicht geregelt (vgl. RGSt 33, 181, 182), wenn auch bereits bei den Beratungen zu § 152 (dem späteren § 188 und jetzigen § 186) GVG – neben der Heranziehung von Dolmetschern – die Statthaftigkeit der „Zuziehung zur Verständigung geeigneter Mittelspersonen" bejaht wurde). Eine solche Person hat im Zeitpunkt ihres Tätigwerdens (der „Hilfestellung") selbst keine Zeugenstellung inne, weil sie lediglich aus Gründen der Sachaufklärung bei der Vernehmung eines Zeugen mitwirkt (vgl. BGH NJW 1960, 2156). In ihrer Funktion, Fragen und Antworten zu vermitteln, ist ihre Stellung vielmehr der eines Dolmetschers ähnlich.

e) Allerdings haben Dolmetscher einen Eid dahin zu leisten, daß sie treu und gewissenhaft übertragen werden (§ 189 Abs. 1 Satz 1 GVG). Diese Regelung kann jedoch nicht ohne weiteres auf eine Person mit einer dolmetscherähnlichen Funktion angewendet werden. Zwar kann es geboten sein, diese Person entsprechend dem Dolmetschereid zu verpflichten, um eine Garantie für die Zuverlässigkeit der Übertragung oder Auskunft zu gewinnen; insbesondere wird eine Vereidigung dann erforderlich sein, wenn insoweit Bedenken bestehen. Im übrigen steht dem Tatrichter aber auch hier ein Ermessen zu, das vom Revisionsgericht nur darauf zu überprüfen ist, ob es fehlerhaft ausgeübt wurde.

f) Ein solcher Ermessensfehler ist im vorliegenden Fall nicht erkennbar und wird vom Beschwerdeführer auch nicht behauptet. Ebenso ist ein Aufklärungsmangel weder gerügt worden noch ist er ersichtlich. Alle Prozeßbeteiligten waren vielmehr mit der Vorgehensweise des Gerichts einverstanden und haben gegen die in der beschriebenen Weise durchgeführte Vernehmung der Zeugin T. P. keine Einwände erhoben. Auch die Beweislage drängte den Tatrichter nicht dazu, die Zuverlässigkeit der Schwester des Tatopfers und deren „Hilfestellung" bei der Sachaufklärung, die sich im wesentlichen darauf beschränkte, der Zeugin T. P. die an sie gerichteten Fragen zu erklären, mit einem Eid abzusichern oder N. P. – nach Abschluß der Vernehmung ihrer Schwester – selbst als Zeugin zu den Angaben der T. P. zu vernehmen; denn die Aussage der Geschädigten wurde sowohl durch die Bekundungen eines Tatzeugen als auch durch Tatspuren gestützt. Im übrigen hat das Landgericht die Schwierigkeiten bei der Vernehmung der Zeugin T. P. ausdrücklich bedacht und den eingeschränkten Beweiswert dieser Zeugenaussage umfassend und rechtsfehlerfrei gewürdigt.

2. Andere Arten der Verständigung als schriftliche oder durch Dolmetscher bei Verfahren gegen stummen Angeklagten möglich.

GVG § 186; GG Art. 103 Abs. 1 – BGH Urt. v. 21. 12. 1959 – 2 StR 519/59 Schwurgericht Duisburg (= BGHSt. 13, 366)

Die Revision rügt die Art der Verständigung des Gerichts mit dem stummen Angeklagten dahingehend, daß zu bejahende Fragen von ihm mit Kopfnicken, zu verneinende mit Kopfschütteln beantwortet worden sind. Diese Antworten wurden vom Vorsitzenden wiederholt und von den Beteiligten bestätigt.

Sachverhalt: Ausweislich des Protokolls über die Hauptverhandlung vom 16. Februar 1959 ist der Angeklagte am Kehlkopf operiert worden und war nicht mehr in der Lage, verständlich zu sprechen. Er konnte sich nur noch schriftlich oder durch „Kopfzeichen" verständigen. Zu bejahende Fragen wurden von ihm mit Kopfnicken, zu verneinende mit Kopfschütteln beantwortet. Diese Antworten wurden vom Vorsitzenden wiederholt und „von den Beteiligten bestätigt". Im übrigen antwortete der Angeklagte schriftlich. – Das Rechtsmittel war erfolglos.

Gründe: Nach den Feststellungen war der Angeklagte stumm im Sinne des § 186 GVG; denn ob die Fähigkeit zu sprechen für immer oder nur zeitweilig aufgehoben war, spielt hierbei keine Rolle. § 186 GVG schreibt für die Verhandlung mit tauben oder stummen Personen schriftliche Verständigung oder die Zuziehung eines Dolmetschers vor. Da der Angeklagte fähig war, zu hören, kam ein Verfahren nach dieser Vorschrift nur für seine Erklärungen in Betracht (RGSt 31, 313). Sie ist jedoch nicht dahin zu verstehen, daß der Angeklagte jede Erklärung schriftlich oder durch Vermittlung eines Dolmetschers abgeben müßte. In der Hauptverhandlung werden regelmäßig Fragen an den Angeklagten gestellt, die keine weitere Erklärung erfordern als ja oder nein. So kann der Angeklagte beispielsweise, wenn er an einen Zeugen nach dessen Vernehmung durch den Vorsitzenden keine Fragen stellen will, die Frage, ob er etwas zu erklären habe, nur mit „nein" beantworten. Auch Fragen zur Person und selbst zur Sache bedürfen unter Umständen nur einer Beantwortung mit „ja" oder mit „nein". Hier zu verlangen, daß der Angeklagte, wenn er sich im übrigen schriftlich verständigt, dieses „ja" oder „nein" ebenfalls schriftlich erklären müsse, obwohl eine Beantwortung durch Kopfnicken oder Kopfschütteln möglich ist, wäre ein leerer Formalismus. § 186 GVG bezweckt, die Verständigung mit tauben und stummen Personen sicherzustellen, will aber nicht jede andere Möglichkeit der Verständigung schlechthin ausschließen. Unzulässig wäre es nur, die gesamte Vernehmung der tauben oder stummen Person mit Fragen zu bestreiten, auf die nur mit „ja" oder „nein" zu antworten wäre, der zu vernehmenden Person also keine Gelegenheit zu geben, sich zum Gegenstand der Frage nach ihrem Belieben schriftlich im Zusammenhang zu äußern. Dies ist hier nicht der Fall gewesen. Die Revision behauptet selbst nicht, daß der Angeklagte sich auf bestimmte Fragen des Vorsitzenden nicht in dieser Weise hätte erklären können. Vielmehr hat er sich auf diejenigen Fragen, die er nicht mit einem bloßen „ja" oder „nein" beantworten wollte, schriftlich geäußert. Da er an sich diese Möglichkeit auch hinsichtlich der übrigen Fragen hatte, war sein Anspruch auf rechtliches Gehör (Art. 103 Abs. 1 GG) voll gewährleistet. Mißverständnisse waren ausgeschlossen, weil die durch Kopfzeichen gegebene Antwort vom Vorsitzenden zu Gehör des Angeklagten wiederholt und alsdann von den übrigen Beteiligten „bestätigt" wurde. Damit war gewährleistet, daß sie die Antwort des Angeklagten ebenso wie der Vorsitzende verstanden hatten.

Nach allem ist durch das eingeschlagene Verfahren die Vorschrift des § 186 GVG nicht verletzt worden.

§ 189 GVG

**(1) Der Dolmetscher hat einen Eid dahin zu leisten:
daß er treu und gewissenhaft übertragen werde.
Gibt der Dolmetscher an, daß er aus Glaubens- oder Gewissensgründen keinen Eid leisten wolle, so hat er eine Bekräftigung abzugeben. Diese Bekräftigung steht dem Eid gleich; hierauf ist der Dolmetscher hinzuweisen.
(2) Ist der Dolmetscher für Übertragungen der betreffenden Art im allgemeinen beeidigt, so genügt die Berufung auf den geleisteten Eid.**

Erfolgreiche Rügen

1. Fehlende Vereidigung des Dolmetschers führt zur Aufhebung des Urteils (BGH Beschl. v. 13. 5. 1997 – 4 StR 191/97).

2. Unterlassene Vereidigung des Dolmetschers führt zur Aufhebung des Urteils (BGH Beschl. v. 29. 6. 1987 – 3 StR 285/87).

3. Es stellt einen die Revision begründenden Verfahrensfehler dar, wenn der zugezogene Dolmetscher weder vereidigt worden ist noch sich auf einen allgemein geleisteten Eid berufen hat (BGH Beschl. v. 17. 9. 1982 – 5 StR 604/82).

Erfolglose Rügen

1. Urteil beruht dann nicht auf mangelnder Berufung auf den geleisteten Dolmetschereid, wenn Übersetzertätigkeit vom Angeklagten und einem weiteren Dolmetscher kontrolliert werden konnte und nicht beanstandet wurde (BGH Beschl. v. 28. 11. 1997 – 2 StR 257/97).

2. Fehlende Vereidigung eines Dolmetschers ist relativer Revisionsgrund (BGH Beschl. v. 2. 9. 1987 – 2 StR 420/87).

3. Urteil beruht nicht auf fehlerhafter Berufung auf Dolmetschereid, wenn Gericht und Dolmetscher von ordnungsgemäßer Vereidigung ausgegangen sind (BGH Urt. v. 17. 1. 1984 – 5 StR 755/83).

Erfolgreiche Rügen

1. Fehlende Vereidigung des Dolmetschers führt zur Aufhebung des Urteils.

GVG § 189 – BGH Beschl. v. 13. 5. 1997 – 4 StR 191/97 LG Essen (= StV 1997, 515)

Die Revision rügt, in der Hauptverhandlung habe eine Dolmetscherin die belastenden Angaben des Mitangeklagten übersetzt, die weder vereidigt worden ist noch sich auf eine allgemeine Beeidigung berufen hat.

Der Sachverhalt ergibt sich aus dem Revisionsvorbringen. – Das Rechtsmittel hatte Erfolg.

Gründe:

1. Die Rüge zu § 189 GVG ist in zulässiger Weise erhoben worden (§ 344 Abs. 2 S. 2 StPO).

Zu ihrer Begründung hat der Beschwerdeführer ausgeführt: „Ausweislich des Protokolls über diese fortgesetzte Hauptverhandlung vom 8. 11. 1996 ... wurde die Dolmetscherin zwar vom Gericht belehrt, sorgfältig und gewissenhaft zu übersetzen. Sie leistete jedoch keinen Dolmetschereid, der gem. § 189 GVG zwingend vorgeschrieben ist." Im weiteren wird noch dargelegt, daß die Dolmetscherin sich auch nicht auf einen „generell geleisteten Eid" bezogen hat.

Damit enthält die Revisionsbegründung die bestimmte tatsächliche Behauptung, daß eine Vereidigung der Dolmetscherin nicht stattgefunden und daß die Dolmetscherin sich auch nicht auf einen allgemein geleisteten Eid berufen hat. Zwar verweist die Begründung auch auf das Hauptverhandlungsprotokoll („Ausweislich des Protokolls ..."). Diese Verweisung rechtfertigt jedoch entgegen der Auffassung des GBA nicht die Annahme einer unzulässigen Protokollrüge. Denn sie bezieht sich ersichtlich nur auf die Frage der Belehrung, nicht aber auf die hier allein relevante Frage der Vereidigung der Dolmetscherin. Im übrigen kann – wie der Senat bereits entschieden hat – die Formulierung „ausweislich des Protokolls" auch nur als ein Hinweis auf das geeignete Beweismittel (§ 273 Abs. 1 S. 1 StPO) zu verstehen sein, ohne daß dadurch die Ernsthaftigkeit der Tatsachenbehauptung selbst in Frage gestellt wird (BGH StV 1982, 4, 5 [BGH Beschl. v. 17. 9. 1981 – 4 StR 496/81; vgl. § 268 StPO erfolgreiche Rügen]).

2. Die Verfahrensrüge ist auch begründet.

Nach § 189 GVG muß ein Dolmetscher, der vom Gericht zur Verhandlung gegen Angeklagte, die der deutschen Sprache nicht mächtig sind, beigezogen wird, den Dolmetschereid leisten (§ 189 Abs. 1 GVG) oder – wenn er für Übertragungen der betreffenden Art im allgemeinen beeidigt ist – sich auf den geleisteten Eid berufen (§ 189 Abs. 2 GVG). Hierbei handelt es sich um eine für die Hauptverhandlung vorgeschriebene Förmlichkeit, deren Beachtung nur durch das Protokoll bewiesen werden kann. Da die Niederschrift über die Hauptverhandlung vom 8. 11. 1996 keinen Hinweis auf die Vereidigung der zugezogenen Dolmetscherin enthält, wird deren Fehlen unwiderlegbar vermutet. Nach Sachlage kann auch nicht ausgeschlossen werden, daß das Urteil auf dem aufgezeigten Mangel beruht. Der Mitangeklagte. D. hat – wie der Sitzungsniederschrift entnommen werden kann – im Termin vom 08. 11. 1996 Angaben zur Sache gemacht. Da er der deutschen Sprache nicht mächtig ist, muß davon ausgegangen werden, daß diese Angaben von der Dolmetscherin aus dem Türkischen ins Deutsche übertragen worden sind. Das Landgericht hat die Verurteilung des Angeklagten maßgeblich auch auf die Angaben des Mitangeklagten D. gestützt.

Der Verfahrensfehler zwingt daher zur Aufhebung des Urteils.

2. Unterlassene Vereidigung des Dolmetschers führt zur Aufhebung des Urteils.

GVG § 189 – BGH Beschl. v. 29. 6. 1987 – 3 StR 285/87 (= BGHR GVG § 189 Beeidigung 1)

Die Revision rügt, daß der Dolmetscher den Dolmetschereid weder geleistet noch sich auf den geleisteten Eid berufen hat.

Sachverhalt: Das Verhandlungsprotokoll enthält keinerlei Hinweis auf die Vereidigung des Dolmetschers. – Das Rechtsmittel hatte Erfolg.

Gründe: Zu Recht beanstandet der Beschwerdeführer eine Verletzung des § 189 GVG. Nach dieser Vorschrift muß ein vom Gericht in der Hauptverhandlung zugezogener Dolmetscher, der zur Übertragung der Aussage eines Zeugen in die deutsche Sprache tätig geworden ist, den Dolmetschereid leisten (§ 189 Abs. 1 GVG) oder – wenn er für Übertragungen der betreffenden Art im allgemeinen beeidigt ist – sich auf den geleisteten Eid berufen (§ 189 Abs. 2 GVG). Hierbei handelt es sich um eine der für die Hauptverhandlung vorgeschriebenen Förmlichkeiten, deren Beachtung nur durch das Protokoll bewiesen werden kann. Da die Niederschrift keinerlei Hinweis auf die Vereidigung des Dolmetschers enthält, wird deren Fehlen gemäß § 274 StPO unwiderlegbar bewiesen (vgl. BGH NStZ 1982, 517 [BGH Beschl. v. 17. 9. 1982 – 5 StR 604/82; vgl. § 189 GVG erfolgreiche Rügen]; vgl. ferner BGHSt. 31, 39 [BGH Urt. v. 20. 4. 1982 – 1 StR 833/81; vgl. § 274 StPO erfolglose Rügen]). Wenn es sich bei dem Verstoß gegen § 189 GVG auch nicht um einen absoluten Revisionsgrund handelt, läßt sich doch nicht ausschließen, daß das Urteil auf dem aufgezeigten Mangel beruht. Die Dolmetscherin hat die Aussagen der Hauptbelastungszeugin von der dänischen in die deutsche Sprache übertragen. Das Landgericht hat sich bei der Verurteilung des Angeklagten im wesentlichen auf die Aussagen dieser Zeugin gestützt (vgl. BGH, Beschluß vom 17. 12. 1987 – 3 StR 581/86). Der Verfahrensfehler muß daher zur Aufhebung des Urteils führen.

3. Es stellt einen die Revision begründenden Verfahrensfehler dar, wenn der zugezogene Dolmetscher weder vereidigt worden ist noch sich auf einen allgemein geleisteten Eid berufen hat.

GVG § 189 – BGH Beschl. v. 17. 9. 1982 – 5 StR 604/82 LG Osnabrück (= NStZ 1982, 517)

Die Revision rügt, der zugezogene Dolmetscher habe sich weder auf einen allgemein geleisteten Eid berufen noch den Dolmetschereid geleistet.

Der Sachverhalt ergibt sich aus dem Revisionsvorbringen. – Das Rechtsmittel hatte Erfolg.

Gründe: ... Der GBA hat zutreffend ausgeführt:

„Die Behauptung der Revision, der zugezogene Dolmetscher habe sich weder auf einen allgemein geleisteten Eid berufen (§ 189 II GVG) noch den Dolmetschereid geleistet (§ 189 1 GVG), wird durch das Schweigen der Sitzungsniederschrift unwiderlegbar bewiesen (§ 274 StPO). Da diese Niederschrift mangels jeglichen Hinweises nicht als lückenhaft gelten kann (vgl. BGH, MDR 1982, 685), verbleibt es bei der förmlichen Beweiskraft des § 274 StPO, so daß es auf die dienstlichen Äußerungen hier nicht ankommt.

Dieser Mangel führt zwar nicht zum absoluten Revisionsgrund des § 338 Nr. 5 StPO; jedoch läßt sich nicht ausschließen, daß das Urteil auf diesem Mangel beruht (vgl. u.a. BGH, GA 1980, 184). Schon aus dem Sitzungsprotokoll geht hervor, daß der zugezogene Dolmetscher auch tätig geworden ist."

Erfolglose Rügen

1. Urteil beruht dann nicht auf mangelnder Berufung auf den geleisteten Dolmetschereid, wenn Übersetzertätigkeit vom Angeklagten und einem weiteren Dolmetscher kontrolliert werden konnte und nicht beanstandet wurde.

GVG § 189 II; StPO § 337 – BGH Beschl. v. 28. 11. 1997 – 2 StR 257/97 LG Frankfurt a.M. (= NStZ 1998, 204)

Die Revision rügt, daß sich die in der Hauptverhandlung mit der Übersetzung beauftragten Dolmetscherinnen nicht auf ihren geleisteten Eid berufen haben.

Der Sachverhalt ergibt sich aus dem Revisionsvorbringen. – Das Rechtsmittel war erfolglos.

Gründe: ... Obwohl es sich nach dem Gesetz nur um einen relativen Revisionsgrund handelt, wird davon ausgegangen, daß das Urteil in der Regel auf einer Verletzung des § 189 II GVG beruht; nur in Annahmefällen wird ein Beruhen ausgeschlossen.

Der Senat läßt offen, ob dieser Auffassung uneingeschränkt zu folgen ist. Dies ist insbesondere dann zweifelhaft, wenn keinerlei Anhaltspunkte dafür ersichtlich sind, daß ein Dolmetscher deswegen nicht treu und gewissenhaft übertragen hat, weil nicht nach außen dokumentiert ist, daß er sich seine allgemeine Beeidigung gerade im Einzelfall vergegenwärtigt hat. Es liegt nicht nahe, daß ein allgemein vereidigter Dolmetscher, der mitunter jahrelang beanstandungsfrei bei Gericht übersetzt hat und sich immer wieder auf seinen allgemein geleisteten Eid berufen hat, sich seiner Verpflichtung im Einzelfall, indem die Berufung versehentlich unterblieben ist, nicht bewußt war und deshalb unrichtig übersetzt hat. Vielmehr wird in Fällen, in denen keine Anzeichen dafür sprechen, daß der Dolmetscher sich seiner besonderen Verantwortung im konkreten Fall nicht bewußt war, ausgeschlossen werden können, daß das Urteil auf dem Verfahrensverstoß beruht.

Dies bedarf hier jedoch keiner abschließenden Entscheidung, weil der Senat aufgrund der besonderen Umstände ausschließt, daß der Verfahrensfehler durchgreift.

Jede der Dolmetscherinnen war schon deshalb zu treuer und gewissenhafter Übertragung veranlaßt, weil die Richtigkeit ihrer Übersetzung – jedenfalls bei dem hier durchgeführten Verfahren jeweils nicht nur von der anderen – für dieselbe Sprache allgemein vereidigten – Dolmetscherin, sondern auch vom Angeklagten C, der auch die deutsche Sprache beherrscht, leicht kontrollierbar war (vgl. dazu auch BGHR GVG § 189 Beeidigung 2). Beanstandungen der Übersetzungen wurden jeweils nicht erhoben. Es ist nicht ersichtlich und die Revision trägt insoweit auch keine Anhaltspunkte dafür vor, daß sich die Dolmetscherinnen ihrer besonderen Verantwortung nicht bewußt waren und deshalb nicht treu und gewissenhaft übersetzt haben.

Danach ist in Übereinstimmung mit dem GBA auszuschließen, daß das Urteil auf einer Verletzung des § 189 II GVG beruht.

2. Fehlende Vereidigung eines Dolmetschers ist relativer Revisionsgrund.

GVG § 189 II – BGH Beschl. v. 2. 9. 1987 – 2 StR 420/87 (= NStZ 1987, 568)

Die Revision rügt, der Dolmetscher sei weder vereidigt worden noch habe er sich auf seinen Eid berufen.

Sachverhalt: Das Sitzungsprotokoll enthält die Formulierung „allgemein vereidigt". – Das Rechtsmittel war erfolglos.

Gründe: Der GBA hat dazu in seiner Antragsschrift ausgeführt:

„Die Verfahrensrüge ist unbegründet. Allerdings muß sich der allgemein vereidigte Dolmetscher selbst und in jedem Verfahren neu auf seinen Eid berufen (§ 189 II GVG). Ein bloßer Protokollvermerk, der Dolmetscher sei allgemein vereidigt, genügt nach ständiger Rechtsprechung nicht. Die hier gewählte Formulierung ‚allgemein vereidigt' ist jedoch mehrdeutig. Sie läßt offen, ob sie auf eine Erklärung des Dolmetschers zurückgeht – was ausreichen würde –" oder nur auf ein Diktat des Vorsitzenden oder gar das Wissen des Protokollführers. Eine eindeutige Auslegung erlaubt der Wortlaut nicht, obwohl für eine eigene Berufung auf den allgemein geleisteten Eid die Tatsache spricht, daß der Dolmetscher auch Rechtsanwalt ist. Der Vorgang ist wegen seiner Mehrdeutigkeit grundsätzlich dem Freibeweis zugänglich (BGHSt. 31, 39 [BGH Urt. v. 20. 4. 1982 – 1 StR 833/81; vgl. § 274 StPO erfolglose Rügen]). Dieser braucht jedoch nicht erhoben zu werden, weil der mögliche Revisionsgrund nur ein relativer ist und das Urteil auf einer eventuellen Verletzung des § 189 GVG nicht beruhen kann.

An den Sprachkenntnissen und Übersetzerqualitäten des Dolmetschers bestehen keine Zweifel. Er ist sogar als Sachverständiger zur Beurteilung der Sprachfertigkeiten einer früheren Dolmetscherin gehört worden. Auszugehen ist auch von treuer und gewissenhafter Übersetzung, weil der Dolmetscher Rechtsanwalt ist, daher seine Pflichten genau kennt und ständig vor Augen hat. Darüber hinaus hat er bei seiner Vernehmung als Sachverständiger am 3. Verhandlungstag zur Person selbst erklärt, er sei vereidigter Dolmetscher. Aus dieser persönlichen Mitteilung ergibt sich, daß er sich seiner Bindung an den Eid bewußt gewesen ist. Diese Erklärung wirkt ohne weiteres für seine darauffolgende Dolmetschertätigkeit als Versicherung nach § 189 GVG, sie wirkt aber auch zurück. Insoweit kann, weil die Berufung auf den allgemein geleisteten Eid der Ablegung des Eides selbst absolut gleichsteht, nichts anderes gelten als für einen versehentlichen Nacheid, durch den ebenfalls die Versicherung richtiger Übertragung von Anfang an erfolgt (OLG Saarbrücken, NJW 1965, 66).

Dem schließt sich der Senat an. ...

3. Urteil beruht nicht auf fehlerhafter Berufung auf Dolmetschereid, wenn Gericht und Dolmetscher von ordnungsgemäßer Vereidigung ausgegangen sind.

GVG § 189 II – BGH Urt. v. 17. 1. 1984 – 5 StR 755/83 LG Berlin (= NStZ 1984, 328)

Die Revision rügt, die Dolmetscher Kr. und Ke. hätten sich auf den von ihnen allgemein geleisteten Eid berufen, obwohl sie nicht entsprechend Nr. 3 der Allgemeinen Verfügung des Senators für Justiz über die allg. Beeidigung von Dolmetschern vom 17. 3. 1967 (ABl. Berlin 567) von dem Landgerichts-Präsidenten oder seinem Vertreter, sondern von einem mit dieser Aufgabe betrauten Richter vereidigt worden sind.

Der Sachverhalt ergibt sich aus dem Revisionsvorbringen. – Das Rechtsmittel war erfolglos.

Gründe: Es kann dahinstehen, ob die AV des Senators für Justiz die Übertragung dieser Aufgabe auf einen anderen Richter ausschloß. Darauf könnte das angefochtene Urteil nicht beruhen. Der BGH und das EG haben bei Berufung eines Zeugen oder eines Sachverständigen auf einen früher nicht oder nicht ordnungsgemäß geleisteten Eid (H 67, 79 III StPO) das Beruhen stets ausgeschlossen, wenn der Tatrichter die Aussage irrtümlich als beeidigt angesehen und gewürdigt und der Zeuge oder Sachverständige seine Vernehmung als eidliche betrachtet hat (RGSt 64, 379 [380]; EG, JW 1929, 1047; 1930, 152; BGH, Urt. v. 27. 8. 1953 – 3 StR 147/53, bei Dallinger, MDR 1953, 722). Diese Rechtsprechung wird im Schrifttum im wesentlichen gebilligt. An ihr ist festzuhalten. Sie ist entsprechend auch auf den Dolmetscher anzuwenden, der sich nach § 189 II GVG auf einen allgemein geleisteten Eid beruft. Hier sind sowohl das Landgericht als auch die Dolmetscher ersichtlich davon ausgegangen, daß diese ordnungsgemäß vereidigt waren. ...

§ 192 GVG

(1) Bei Entscheidungen dürfen Richter nur in der gesetzlich bestimmten Anzahl mitwirken.

(2) Bei Verhandlungen von längerer Dauer kann der Vorsitzende die Zuziehung von Ergänzungsrichtern anordnen, die der Verhandlung beizuwohnen und im Falle der Verhinderung eines Richters für ihn einzutreten haben.

(3) Diese Vorschriften sind auch auf Schöffen anzuwenden.

Erfolgreiche Rügen

1. Ergänzungsrichter dürfen bei Beratung nicht anwesend sein (BGH Urt. v. 23. 4. 1963 – 5 StR 601/62).

Erfolglose Rügen

1. Ergänzungsrichter werden vom Präsidium bestellt (BGH Urt. v. 7. 4. 1976 – 2 StR 640/75).

Erfolgreiche Rügen

1. Ergänzungsrichter dürfen bei Beratung nicht anwesend sein.
GVG §§ 192, 193 – BGH Urt. v. 23. 4. 1963 – 5 StR 601/62 Schwurgericht Hannover (= BGHSt. 18, 331 = NJW 1963, 1463)
Die Revision rügt, daß ein Ergänzungsgeschworener an den Zwischenberatungen des Schwurgerichts teilgenommen hat.

Sachverhalt: Der Ergänzungsgeschworene B. hat bis zu den Schlußvorträgen an der Hauptverhandlung teilgenommen; er ist auch bei den Zwischenberatungen zugegen gewesen, hat aber nicht an den Beratungen und Abstimmungen teilgenommen, sondern lediglich zugehört. – Das Rechtsmittel hatte Erfolg.

Gründe: Auch dies war aber bereits unzulässig, wie das Reichsgericht (JW 1926, 1227 Nr. 14) entschieden hat; auch die Entscheidung RGSt 65, 40 geht hiervon aus. Der Bundesgerichtshof hat in der Entscheidung 1 StR 318/53 vom 30. 11. 1953 die Frage dahingestellt sein lassen. Der Senat schließt sich der Auffassung des Reichsgerichts an. § 192 Abs. 2 GVG bestimmt lediglich, daß die Ergänzungsrichter an der Verhandlung teilnehmen dürfen und müssen. Ihre Teilnahme an der Beratung und Abstimmung ist unzulässig. Würde man § 193 GVG nicht auf Ergänzungsrichter (Berufsrichter und Laienrichter) anwenden, so würde man es damit für rechtmäßig erklären, daß diese vom Gesetz nicht zur Mitwirkung bei der Entscheidung berufenen Personen die Entscheidung beeinflussen. § 193 GVG verbietet schon die bloße Anwesenheit derjenigen Personen, die nicht zur Entscheidung berufen sind. Die Anwesenheit des Ergänzungsgeschworenen B. während der Zwischenberatungen verletzte daher die Vorschrift des § 193 GVG.

Diese Verletzung führt allerdings nur dann zur Aufhebung des Urteils, wenn es auf ihr beruhen kann. Das ist Tatfrage des Einzelfalls. Im vorliegenden Fall vermag der Senat es nicht auszuschließen. Wie die Sitzungsniederschrift ergibt, bezogen sich die Zwischenberatungen u.a. auch darauf, ob gegen die Angeklagten während der Hauptverhandlung Haftbefehle zu erlassen seien. Eine solche Frage führt in der Regel zur Erörterung der gesamten Beweislage. Die den Angeklagten vorgeworfene Tat (Ermordung eines Juden, der nach Bergen-Belsen fahren wollte, im Juli 1947) war geeignet, bei allen, die davon erfuhren, insbesondere auch bei allen, die mit der Aburteilung dieser Tat zu tun hatten, größte Empörung hervorzurufen. Daß eine solche Tat unter Umständen ungesühnt bleiben würde, war besonders schwer erträglich. Gerade deshalb läßt es sich nicht ausschließen, daß die zur Entscheidung Berufenen sich schon durch die bloße Anwesenheit des Ergänzungsgeschworenen in ihrer Stellungnahme zur Beweisfrage beeinflussen ließen, und daß dann diese ihre Stellungnahme bei der Zwischenberatung auch für ihre spätere Entscheidung in der Sache selbst, die ohne Anwesenheit des Ergänzungsgeschworenen beraten wurde, fortgewirkt hat.

Erfolglose Rügen

1. Ergänzungsrichter werden vom Präsidium bestellt.

GVG §§ 21e, 192 – BGH Urt. v. 7. 4. 1976 – 2 StR 640/75 LG Köln (= BGHSt. 26, 324)

Die Revision rügt, daß die Ergänzungsrichterin der Strafkammer vom Präsidium des Landgerichts zugewiesen worden ist. Sie ist der Auffassung, wer Ergänzungsrichter wird, müsse im Geschäftsverteilungsplans geregelt werden.

Sachverhalt: Die Ergänzungsrichterin Dr. S. ist der Strafkammer vom Präsidium für das vorliegende Verfahren zugewiesen worden. – Das Rechtsmittel war erfolglos.

Gründe: Entgegen der Auffassung der Revision ist darin, daß zur Bestimmung der Person des Ergänzungsrichters nicht auf die Vertretungsregelung des Geschäftsverteilungsplans zurückgegriffen wurde, ein Gesetzesverstoß nicht zu erblicken.

Die Teilnahme eines Ergänzungsrichters am Verfahren ist kein Fall der im Geschäftsverteilungsplan nach § 21e Abs. 1 GVG geregelten Vertretung. Dies ergibt sich schon daraus, daß im Zeitpunkt der Anordnung der Zuziehung und des Beginns der Hauptverhandlung keiner der zur Entscheidung berufenen Richter verhindert und auch nicht abzusehen ist, ob der Ergänzungsrichter überhaupt in das Verfahren eintreten wird; gleichwohl nimmt er an der Hauptverhandlung teil. Der Vertreter eines verhinderten Richters dagegen ist von Beginn an zur Entscheidung mitberufen. Die Zuziehung des Ergänzungsrichters wird ferner vom Vorsitzenden nach seinem Ermessen angeordnet, der Vertretungsfall tritt unabhängig davon ein. Es handelt sich deshalb insgesamt um eine an den besonderen Bedürfnissen des konkreten Verfahrens orientierte und überdies widerrufliche Vorsorgemaßnahme für die die allgemeinen Regelungen des Geschäftsverteilungsplans über die Besetzung der Richterbank ihrem Charakter nach nicht passen. Die vom Beschwerdeführer geforderte Art der Auswahl des Ergänzungsrichters würde in der Praxis auch lediglich eine Verlagerung der vom Präsidium zu treffenden Entscheidung bewirken. Denn der Vertreterkammer, die den Ergänzungsrichter an die erkennende Kammer abgäbe, müßte in aller Regel Ersatz gestellt werden. Der Senat vermag nicht zu erkennen, daß damit etwas gewonnen wäre.

§ 193 GVG

(1) **Bei der Beratung und Abstimmung dürfen außer den zur Entscheidung berufenen Richtern nur die bei demselben Gericht zu ihrer juristischen Ausbildung beschäftigten Personen und die dort beschäftigten wissenschaftlichen Hilfskräfte zugegen sein, soweit der Vorsitzende deren Anwesenheit gestattet.**

(2) **Ausländische Berufsrichter, Staatsanwälte und Anwälte, die einem Gericht zur Ableistung eines Studienaufenthaltes zugewiesen worden sind, können bei demselben Gericht bei der Beratung und Abstimmung zugegen sein, soweit der Vorsitzende deren Anwesen-**

heit gestattet und sie gemäß den Absätzen 3 und 4 verpflichtet sind. Satz 1 gilt entsprechend für ausländische Juristen, die im Entsendestaat in einem Ausbildungsverhältnis stehen.

(3) Die in Absatz 2 genannten Personen sind auf ihren Antrag zur Geheimhaltung besonders zu verpflichten. § 1 Absatz 2 und 3 des Verpflichtungsgesetzes vom 2. März 1974 (BGBl. I S. 469, 547 – Artikel 42) gilt entsprechend. Personen, die nach Satz 1 besonders verpflichtet worden sind, stehen für die Anwendung der Vorschriften des Strafgesetzbuches über die Verletzung von Privatgeheimnissen (§ 203 Abs. 2 Satz 1 Nr. 2, Satz 2, Abs. 4 und 5, § 205), Verwertung fremder Geheimnisse (§§ 204, 205), Verletzung des Dienstgeheimnisses (§ 353 b Abs. 1 Satz 1 Nr. 2, Satz 2, Abs. 3 und 4) sowie Verletzung des Steuergeheimnisses (§ 355) den für den öffentlichen Dienst besonders Verpflichteten gleich.

(4) Die Verpflichtung wird vom Präsidenten oder vom aufsichtsführenden Richter des Gerichts vorgenommen. Er kann diese Befugnis auf den Vorsitzenden des Spruchkörpers oder auf den Richter übertragen, dem die in Absatz 2 genannten Personen zugewiesen sind. Einer erneuten Verpflichtung bedarf es während der Dauer des Studienaufenthaltes nicht. In den Fällen des § 355 des Strafgesetzbuches ist der Richter, der die Verpflichtung vorgenommen hat, neben dem Verletzten antragsberechtigt.

Erfolgreiche Rügen

1. Praktikanten dürfen nicht an der Urteilsberatung teilnehmen (BGH Urt. v. 30. 3. 1995 – 4 StR 33/95).

2. Ein Referendar, der verteidigt, darf nicht mit beraten (BGH Urt. v. 11. 12. 1962 – 5 StR 503/62).

Erfolgreiche Rügen

1. Praktikanten dürfen nicht an der Urteilsberatung teilnehmen.

GVG § 193 – BGH Urt. v. 30. 3. 1995 – 4 StR 33/95 LG Frankenthal (= BGHSt. 41, 119 = NJW 1995, 2645 = NStZ 1995, 462)

Die Revision rügt, daß an der Urteilsberatung eine Jurastudentin als Praktikantin teilgenommen hat, die nicht hätte zugelassen werden dürfen; das Landgericht habe damit gegen § 193 GVG verstoßen.

Sachverhalt: Der Studentin der Rechtswissenschaft R. war durch Verfügung des Landgerichtspräsidenten vom 29. Juni 1994 für die Zeit vom 8. August bis 2. September 1994 gemäß § 2 Abs. 3 JAG Rheinland/Pfalz ein Praktikumsplatz beim Landgericht zur Verfügung gestellt worden. Mit Genehmigung des Vorsitzenden war sie bei den Beratungen der Strafkammer in der Hauptverhandlung gegen den Angeklagten am 31. August 1994 zugegen. – Das Rechtsmittel hatte Erfolg.

Gründe:
1.
§ 193 Abs. 1 GVG bestimmt, daß bei der Beratung und Abstimmung außer den zur Entscheidung berufenen Richtern nur die bei demselben Gericht zu ihrer juristischen Ausbildung beschäftigten Personen und die dort beschäftigten wissenschaftlichen Hilfskräfte zugegen sein dürfen, soweit der Vorsitzende deren Anwesenheit gestattet.

Nach der herrschenden Meinung in der Literatur und nach der Rechtsprechung der Oberlandesgerichte gehören Studenten der zweistufigen Juristenausbildung im Gegensatz zu

Rechtsreferendaren nicht zu dem von der Vorschrift erfaßten Personenkreis, auch wenn sie bei dem Gericht ein vorgeschriebenes Praktikum ableisten (OLG Bremen NJW 1959,1045; OLG Karlsruhe NJW 1969, 628). Der Senat hält diese Auffassung für zutreffend.

2.

a) Die nach § 5a Abs. 3 Satz 2 DRiG vorgeschriebenen „praktischen Studienzeiten" sind keine der Tätigkeit von Referendaren vergleichbaren Ausbildungsverhältnisse. In den praktischen Studienzeiten soll der Student „Einblick in die Arbeit des Juristen" erhalten. „Ziel ist nicht der Erwerb rechtstechnischer Fähigkeiten; die Studienzeiten sollen vielmehr Anschauung und Information über die Rechtswirklichkeit, die sozialen Bedingungen und die Auswirkungen des Rechts sowie den Zusammenhang von materiellem Recht und Verfahrensrecht vermitteln" (BTDrucks. 10/1108 S. 8). Nach dem Willen des Gesetzgebers dient das Praktikum daher der Information des Studenten. § 193 Abs. 1 GVG erfaßt aber nach seinem Wortlaut ausdrücklich nur Personen, die bei dem Gericht zur Ausbildung beschäftigt sind, so daß sich aus dem Zusammenwirken der Vorschrift des § 193 Abs. 1 GVG mit § 5a Abs. 3 DRiG ergibt, daß Studenten bereits deshalb nicht zur Urteilsberatung zugelassen werden können.

b) Die teilweise vertretene weite Auslegung des § 193 GVG, die die Teilnahme von Studenten an der Beratung des Gerichts erlauben will, läßt sich auch mit dem Schutzzweck der Vorschrift nicht vereinbaren: Im Interesse sowohl des Angeklagten als auch der Rechtspflege sollen grundsätzlich in der vertraulichen Beratung nur die zur Entscheidung berufenen Richter im Sinne des § 192 GVG auf das Urteil Einfluß nehmen können. Zum anderen soll § 193 GVG das Beratungsgeheimnis (§§ 43, 45 Abs. 1 Satz 2 DRiG) und damit letztlich die Unabhängigkeit der Gerichte (Art. 97 Abs. 1 GG, § 1 GVG) wahren; die erkennenden Richter sollen in aller Offenheit gemeinsam über die Entscheidung diskutieren können, ohne daß Außenstehende von ihrem Verhalten Kenntnis erlangen oder es gar beeinflussen können (OLG Karlsruhe NJW 1969, 628). Diesem Anliegen steht die Zulassung von Studenten um so mehr entgegen, als diese zwar zu Beginn ihrer praktischen Studienzeit nach den Landesgesetzen über die juristische Ausbildung förmlich zur Verschwiegenheit verpflichtet werden, Verstöße hiergegen aber, da Studenten im Gegensatz zu Referendaren nicht im Beamtenverhältnis stehen, disziplinarrechtlich nicht geahndet werden können. Um ihren Schutzzweck zu wahren, ist die Vorschrift des § 193 GVG eng auszulegen. Neben den zur Entscheidung berufenen Richtern dürfen daher – mit Ausnahme der ausdrücklich in Absatz 2 genannten – nur solche Personen zur Beratung zugelassen werden, für deren sachgerechte Ausbildung die Teilnahme unerläßlich ist. Dies trifft für das bloße Informationsinteresse von Studenten nicht zu; diesen gegenüber ist das Bestreben, die Unabhängigkeit der Gerichte zu schützen, höher zu bewerten.

c) Auch die Entstehungsgeschichte der Vorschrift spricht für diese Auslegung (vgl. OLG Bremen NJW 1959, 1145, 1146). Daß Studenten an der Beratung nicht teilnehmen sollen, folgt ferner aus der Änderung des § 193 GVG durch Artikel 3 Nr. 2 des Gesetzes zur Änderung des Rechtspflegergesetzes und anderer Gesetze vom 24. Juni 1994 (BGBl. I 1374, 1375). Absatz 2 der Vorschrift erlaubt es nunmehr, ausländischen Berufsrichtern, Staatsanwälten und Anwälten sowie ausländischen Juristen, die im Entsendestaat in einem Ausbildungsverhältnis stehen, die Anwesenheit bei der Beratung und Abstimmung zu gestatten, wenn sie dem Gericht zur Ableistung eines Studienaufenthaltes zugewiesen worden sind. Die Rechtsstellung ausländischer Hospitanten ist zwar mit derjenigen der Studenten insofern vergleichbar, als auch hier die Information über die Tätigkeit der deutschen Justiz als Zweck ihres Aufenthalts im Vordergrund steht. Mit der Schaffung der Neuregelung hat der Gesetzgeber aber klargestellt, daß ausländische Juristen nicht bereits nach § 193 Abs. 1 GVG zur Beratung zugelassen werden können; gleiches muß dann aber für Studenten gelten. Aus der Gesetzesbegründung (BT-Drucks. 12/6243 S. 10) ergibt sich zudem, daß die Neuregelung begrenzt ist auf Juristen, die im Entsendestaat in einem Ausbildungsverhältnis stehen; ausländische Studenten fallen nicht unter diese Regelung. Hätte der Gesetzgeber die Zulassung von Studenten ermöglichen wollen, so wäre hierfür ebenfalls eine Ausnahmeregelung erforderlich gewesen.

3.

Der Senat vermag nicht mit Sicherheit auszuschließen, daß das Urteil auf dem Verstoß gegen § 193 GVG beruht (vgl. OLG Bremen a.a.O.; OLG Karlsruhe NJW 1969, 628, 629): Angesichts der großen Bedeutung, die § 193 GVG für die Freiheit und Unabhängigkeit richterlicher Urteilsfindung zukommt, ist bei Verstößen gegen diese Vorschrift ein besonders strenger Maßstab anzulegen, zumal Vorgänge im Beratungszimmer im allgemeinen nicht nachgeprüft werden können (vgl. BGHSt. 18, 165, 167 [BGH Urt. v. 11. 12. 1962 – 5 StR 503/62; vgl. § 193 GVG erfolgreiche Rügen]; 18, 331, 332 [BGH Urt. v. 23. 4. 1963 – 5 StR 601/62; vgl. § 192 GVG erfolgreiche Rügen]). Das Urteil muß daher in vollem Umfang aufgehoben werden.

2. Ein Referendar, der verteidigt, darf nicht mit beraten.

GVG § 193 – BGH Urt. v. 11. 12. 1962 – 5 StR 503/62 LG Berlin (= BGHSt. 18, 165)

Die Revision rügt, daß an der Urteilsberatung ein Gerichtsreferendar teilgenommen hat, der zuvor dem Angeklagten als Pflichtverteidiger beigeordnet worden war.

Sachverhalt: Der Angeklagten F. war der Rechtsanwalt W. beim Landgericht als Pflichtverteidiger beigeordnet worden. Am zweiten Verhandlungstage bat Rechtsanwalt W., „sich wegen eines anderen dringenden Auftrages für kurze Zeit" entfernen zu dürfen und „vorübergehend einen bei der Kammer tätigen Referendar an seiner Stelle beizuordnen". Daraufhin wurde der Referendar D., der der Strafkammer zur Ausbildung überwiesen war, der Angeklagten F. vorübergehend anstelle des Rechtsanwalts W. als Pflichtverteidiger beigeordnet. Rechtsanwalt W. entfernte sich sodann aus dem Sitzungssaal und erschien wieder nach etwa 20 Minuten. Die Beiordnung des Referendars D., der inzwischen sich als Verteidiger weder zum Wort gemeldet noch sonst in die Verhandlung eingegriffen hatte, wurde nunmehr wieder aufgehoben und Rechtsanwalt W., der von dem Referendar D. über den Fortgang der Verhandlung unterrichtet worden war, erneut der Angeklagten F. als Pflichtverteidiger beigeordnet. Der Referendar verfolgte dann die Verhandlung wieder als Zuhörer und nahm auch an „der oder den folgenden Beratungen" teil. – Das Rechtsmittel hatte Erfolg.

Gründe: Nach diesem Sachverhalt, wie er sich aus der Sitzungsniederschrift und den dienstlichen Äußerungen der Vorsitzenden und des Referendars D. ergibt, liegt ein Verstoß gegen § 193 GVG vor. Zwar dürfen nach § 193 GVG bei der Beratung und Abstimmung außer den zur Entscheidung berufenen Richtern die bei demselben Gericht zu ihrer juristischen Ausbildung beschäftigten Personen zugegen sein, soweit der Vorsitzende deren Anwesenheit gestattet. Das bedeutet jedoch nicht, daß die Vorsitzende allen zur Ausbildung bei der Strafkammer beschäftigten Referendaren unter allen Umständen gestatten durfte, an der Beratung teilzunehmen. Das ist verboten, wenn der Referendar über die Anwesenheit zur Ausbildung hinaus an der Hauptverhandlung beteiligt war und deshalb in die Beratung Erkenntnisse hineintragen kann, die er nicht auf Grund der Hauptverhandlung, sondern als Prozeßbeteiligter gewonnen hat. So hat das Reichsgericht in seiner RGSt 66, 252 abgedruckten Entscheidung als unzulässig bezeichnet, daß ein Referendar an der Beratung teilnimmt, der in der zu beratenden Sache als Zeuge vernommen worden ist. Das Reichsgericht hat es in diesem Zusammenhang für „ganz ausgeschlossen" erklärt, daß ein Referendar, der dem Angeklagten als Verteidiger beigeordnet worden ist, an der Beratung des Gerichts teilnimmt (a.a.O. S. 254; ebenso OGHSt 2, 62, 63). Diese Entscheidung hat das Reichsgericht in HRR 1937, 538 dahin ergänzt, daß ein zum Pflichtverteidiger bestellter Referendar auch dann an der Beratung nicht teilnehmen darf, wenn seine Bestellung vorher aufgehoben worden ist und er als Verteidiger in die Hauptverhandlung nicht eingegriffen hat. Dem ist beizutreten. Dadurch, daß der Referendar D. an der Beratung teilgenommen hat, ist daher § 193 GVG verletzt worden.

Auf diesem Verfahrensverstoß kann das Urteil beruhen. Daß der Referendar, wie es in seiner dienstlichen Äußerung heißt, „sonst mit der Sache nicht befaßt" war, „insbesondere nicht den Urteilsentwurf abgesetzt hat", besagt nichts. Entscheidend ist allein, daß nicht ausgeschlossen werden kann, daß der Referendar in irgendeiner Weise die Beratung beeinflußt hat, zumal angesichts der großen Bedeutung, die gerade dem § 193 GVG für die Freiheit und Unabhängigkeit richterlicher Urteilsfindung zukommt, bei Verstößen gegen ihn ein besonders strenger Maßstab anzulegen ist (RGSt 64, 167, 169; BGH bei Dallinger MDR 1955, 272) und Vorgänge im Beratungszimmer im allgemeinen nicht nachgeprüft werden können.

Grundgesetz

Artikel 13 GG

(1) Die Wohnung ist unverletzlich.

(2) Durchsuchungen dürfen nur durch den Richter, bei Gefahr im Verzuge auch durch die in den Gesetzen vorgesehenen anderen Organe angeordnet und nur in der dort vorgeschriebenen Form durchgeführt werden.

(3) Begründen bestimmte Tatsachen den Verdacht, daß jemand eine durch Gesetz einzeln bestimmte besonders schwere Straftat begangen hat, so dürfen zur Verfolgung der Tat auf Grund richterlicher Anordnung technische Mittel zur akustischen Überwachung von Wohnungen, in denen der Beschuldigte sich vermutlich aufhält, eingesetzt werden, wenn die Erforschung des Sachverhalts auf andere Weise unverhältnismäßig erschwert oder aussichtslos wäre. Die Maßnahme ist zu befristen. Die Anordnung erfolgt durch einen mit drei Richtern besetzten Spruchkörper. Bei Gefahr im Verzuge kann sie auch durch einen einzelnen Richter getroffen werden.

(4) Zur Abwehr dringender Gefahren für die öffentliche Sicherheit, insbesondere einer gemeinen Gefahr oder einer Lebensgefahr, dürfen technische Mittel zur Überwachung von Wohnungen nur auf Grund richterlicher Anordnung eingesetzt werden. Bei Gefahr im Verzuge kann die Maßnahme auch durch eine andere gesetzlich bestimmte Stelle angeordnet werden; eine richterliche Entscheidung ist unverzüglich nachzuholen.

(5) Sind technische Mittel ausschließlich zum Schutze der bei einem Einsatz in Wohnungen tätigen Personen vorgesehen, kann die Maßnahme durch eine gesetzlich bestimmte Stelle angeordnet werden. Eine anderweitige Verwertung der hierbei erlangten Erkenntnisse ist nur zum Zwecke der Strafverfolgung oder der Gefahrenabwehr und nur zulässig, wenn zuvor die Rechtmäßigkeit der Maßnahme richterlich festgestellt ist; bei Gefahr im Verzuge ist die richterliche Entscheidung unverzüglich nachzuholen.

(6) Die Bundesregierung unterrichtet den Bundestag jährlich über den nach Absatz 3 sowie über den im Zuständigkeitsbereich des Bundes nach Absatz 4 und, soweit richterlich überprüfungsbedürftig, nach Absatz 5 erfolgten Einsatz technischer Mittel. Ein vom Bundestag gewähltes Gremium übt auf der Grundlage dieses Berichts die parlamentarische Kontrolle aus. Die Länder gewährleisten eine gleichwertige parlamentarische Kontrolle.

(7) Eingriffe und Beschränkungen dürfen im übrigen nur zur Abwehr einer gemeinen Gefahr oder einer Lebensgefahr für einzelne Personen, auf Grund eines Gesetzes auch zur Verhütung dringender Gefahren für die öffentliche Sicherheit und Ordnung, insbesondere zur Behebung der Raumnot, zur Bekämpfung von Seuchengefahr oder zum Schutze gefährdeter Jugendlicher vorgenommen werden.

Erfolglose Rügen

1. Nicht allgemein zugängliches Vereinsbüro steht einer Wohnung gleich (BGH Beschl. v. 15. 1. 1997 – StB 27/96).

2. Langzeitobservation eines Hauseingangs rechtmäßig (BGH Urt. v. 14. 5. 1991 – 1 StR 699/90).

Erfolglose Rügen

1. Nicht allgemein zugängliches Vereinsbüro steht einer Wohnung gleich.

GG Art. 13; StPO § 100c I Nr. 2 – BGH Beschl. v. 15. 1. 1997 – StB 27/96 OLG Stuttgart
(= BGHSt. 42, 372 = NJW 1997, 1018 = StV 1997, 114 = NStZ 1997, 195)

Revision von Amts wegen.

Sachverhalt: Der Deutsch-Kurdische Freundschaftsverein verfügt in einem Gebäude in Stuttgart über Räumlichkeiten. Ausweislich der Feststellungen im polizeilichen Durchsuchungsbericht vom 9. 12. 1994 hatte der Verein im Erdgeschoß neben den Geschäftsräumen des Gebäudeeigentümers einen Verkaufsraum mit Lagerraum, einen Aufenthaltsraum, ein Musikzimmer, einen Spielraum, einen bestuhlbaren Raum sowie einen weiteren Lagerraum, die später zum Teil anders genutzt wurden. Im Obergeschoß stehen dem Verein ein etwa 120 qm großer Veranstaltungsraum und eine etwa 45 qm große Gaststätte zur Verfügung. Zwischen beiden liegen eine Küche (mit Durchreiche zum Gastraum), daneben ein zu allen anderen Räumen geschlossenes, fast 16 qm großes Büro mit Tür zum Flur und auf der anderen Flurseite Toilette und Lager.

Anläßlich einer in einem anderen Ermittlungsverfahren vom Amtsgericht angeordneten Durchsuchung der Vereinsräume wurde in dem Büroraum des Vereins am 23. 10. 1995 aufgrund des vom Generalbundesanwalt beantragten Beschlusses des Ermittlungsrichters des Bundesgerichtshofs vom 2. 10. 1995 eine versteckte Einrichtung zum Abhören und Aufzeichnen des nicht öffentlich gesprochenen Wortes angebracht, nachdem eine Telefonüberwachung wirkungslos gewesen war. Es bestand der Verdacht, daß sich ein nur mit Decknamen bekanntes Mitglied einer terroristischen Vereinigung innerhalb der PKK in den Vereinsräumlichkeiten aufhielt, um illegale Aktionen zu besprechen und zu planen. Entsprechend den Angaben des Generalbundesanwalts ging der Ermittlungsrichter des Bundesgerichtshofs davon aus, daß „die Räumlichkeiten weder nach ihrer Einrichtung noch nach ihrer Nutzung als Wohnung anzusehen" seien. Der Büroraum wurde ab 23. 10. 1995 – nach Verlängerung der Maßnahme – bis zum 22. 3. 1996 akustisch überwacht. Die Aufzeichnungen wurden zur Identifizierung der Angeschuldigten sowie zur Feststellung ihrer Position in der PKK und ihrer Tatbeiträge ausgewertet. Sie sind das entscheidende Beweismittel der Anklage. Diese legt den Angeschuldigten zur Last, sich ab September/Oktober 1995 als Mitglieder einer terroristischen Vereinigung in der PKK betätigt und versucht zu haben, zur schweren Brandstiftung anzustiften.

Das Oberlandesgericht hat die Eröffnung des Hauptverfahrens abgelehnt. Seiner Auffassung nach dürfen die durch die Abhörmaßnahme gewonnenen Tonbänder für Strafverfolgungsmaßnahmen gegen die Angeschuldigten nicht verwendet werden. Die Abhörmaßnahme wäre nach § 100c Abs. 1 Nr. 2 StPO nur „außerhalb von Wohnräumen" zulässig gewesen, nicht aber in dem Vereinsbüro. Unter den Begriff der Wohnung nach Art. 13 GG fielen auch Geschäfts- und Büroräume jedenfalls dann, wenn der abzuhörende Raum nach der Bestimmung des Berechtigten nicht allgemein zugänglich sei. Der Büroraum des Vereins sei nicht dem Publikumsverkehr gewidmet gewesen. Dagegen sprächen schon Lage, Größe und Ausstattung des Raumes. Der Büroraum sei nur von einem kleinen Personenkreis ständig benutzt worden und häufig abgeschlossen gewesen. Schließlich spreche auch die der Anordnung der Abhörmaßnahme zugrundeliegende Annahme, Mitglieder einer terroristischen Vereinigung überführen zu können, gegen eine allgemeine Zugänglichkeit des Raumes.

Mit der sofortigen Beschwerde beantragt der Generalbundesanwalt, die Anklage zur Hauptverhandlung zuzulassen und das Hauptverfahren vor dem Strafsenat des Oberlandesgerichts zu eröffnen. Der Raum sei keine Wohnung im Sinne von Art. 13 GG. Nach der Rechtsprechung des Bundesverfassungsgerichts sei das bei Geschäftsräumen nur der Fall, wenn sich dort die Berufsarbeit als wesentliches Stück der Persönlichkeitsentfaltung vollziehe. Das Bundesverfassungsgericht habe entscheidend auf die „räumliche Privatsphäre" abgestellt und darauf, daß der Raum als Rückzugsbereich der individuellen Lebensgestaltung ausgewiesen sei. Dem Vereinsbüro habe die notwendige räumliche Privatsphäre gefehlt. Das ergebe sich auch aus der durch die Ermittlungen belegten tatsächlichen Nutzung. Die Vereinsräume, aber auch der Büroraum seien allgemein zugänglich gewesen. Bereits aus den ausgewerteten Abhöraufzeichnungen ergebe sich, daß der Raum von Vereins- und Nichtvereinsmitgliedern, u.a. den Angeschuldigten, als Begegnungs- und Aufenthaltsraum genutzt worden sei. Der Raum sei tagsüber nicht abgeschlossen und auch nicht mit einem Hinweisschild als Büro gekennzeichnet gewesen. Im übrigen könne eine „kriminell bemakelte" Räumlichkeit, die benutzt werde, um kriminelles Handeln ungestört zu betreiben, schwerlich als „Wohnung" begriffen werden. Schließlich ziehe nicht jeder prozessuale Verstoß „automatisch" ein Verwertungsverbot nach sich.

Die Beschwerde hat keinen Erfolg. Mit Recht hat das Oberlandesgericht die zur Überführung der Angeschuldigten notwendigen Aufzeichnungen als unverwertbar angesehen. Daß die Angeschuldigten mit anderen Beweismitteln überführt werden könnten, macht auch der Generalbundesanwalt nicht geltend.

Gründe: Zutreffend nimmt das Oberlandesgericht an, daß der Einsatz technischer Mittel nach § 100c Abs. 1 Nr. 2 StPO nur außerhalb einer nach Art. 13 GG geschützten Wohnung zulässig ist. Ein entsprechender klarstellender Zusatz ist nur deshalb als überflüssig nicht in das Gesetz aufgenommen worden, weil sich dies aus dem Gesamtzusammenhang und der Entstehungsgeschichte der – durch das OrgKG in die Strafprozeßordnung eingefügten – Norm ergebe (BTDrucks. 12/2720 S. 46). Dem entspricht, daß in Art. 11 OrgKG Art. 13 GG in der Liste der durch das Gesetz eingeschränkten Grundrechte nicht erwähnt wird. Der Bundestag beschloß auf Empfehlung des Rechtsausschusses „wegen der schwierigen rechtlichen, insbesondere auch verfassungsrechtlichen Fragen" von einer Regelung des – in der politischen Diskussion „großer Lauschangriff" genannten – Einsatzes technischer Mittel in Wohnungen vorerst abzusehen (BTDrucks. 12/2720 S. 5).

Jedenfalls fällt der Büroraum des Deutsch-Kurdischen Freundschaftsvereins in dem Gebäude in Stuttgart in den Schutzbereich des Art. 13 GG. Zwar nennt diese Grundrechtsnorm ausdrücklich nur die „Wohnung". Nach der Rechtsprechung des Bundesverfassungsgerichts ist der Begriff „Wohnung" in Art. 13 GG aber nicht im engen Sinne der Umgangssprache zu verstehen. Vielmehr ist er weit auszulegen; er umfaßt auch Arbeits-, Betriebs- und Geschäftsräume (BVerfGE 32, 54). Die seit mehr als einem Jahrhundert unverändert gebliebene Auslegung des verfassungsrechtlichen Wohnungsschutzes erfaßt auch die Geschäftsräume von Vereinen.

Im Einklang hiermit versteht die Literatur als „Wohnung" im Sinne von Art. 13 GG jeden nicht allgemein zugänglichen Raum, der zur Stätte des Aufenthalts oder Wirkens von Menschen gemacht wird. Außer den zu Aufenthalts- oder Arbeitszwecken bestimmten Räumen einschließlich der Nebenräume sind „die nicht allgemein zugänglichen Geschäfts- und Büroräume, Personalaufenthalts- und ähnliche Räume" nach Art. 13 GG geschützt. Als Träger des Grundrechts kommen neben Ausländern in Deutschland auch Vereine in Betracht, da sie berechtigterweise Inhaber von Geschäftsräumen sein können (BVerfGE 42, 212, 219 [BVerfG Urt. v. 26. 5. 1976 – 2 BvR 294/76; vgl. § 102 StPO erfolgreiche Rügen]; 44, 353, 371). Daher kann auch in Vereinshäusern, Clubräumen, Spielsälen eine räumliche Privatsphäre bestehen, so daß sie dann als „Wohnung" im Sinne des Art. 13 GG anzusehen sind. Maßgeblich ist die nach außen erkennbare Zweckbestimmung des Nutzungsberechtigten. Selbst nicht allgemein zugängliche Geschäftsräume, die erfahrungsgemäß Treffpunkt Krimineller sind (Bordelle, Spielclubs, übelbeleumundete Hotels), werden als nach Art. 13 GG geschützt angesehen.

Der Senat kann offenlassen, ob der Schutz des Art. 13 GG für alle Räumlichkeiten des Deutsch-Kurdischen Freundschaftsvereins gilt, ob der Verein ausdrücklich oder stillschweigend einen Teil seiner Räumlichkeiten der Öffentlichkeit zugänglich gemacht hat, was jedenfalls bei Einladungen der Öffentlichkeit zu einer Veranstaltung bezüglich der Veranstaltungsräume der Fall wäre, oder nur Vereinsmitgliedern und deren Gästen vorbehalten hat. Der Senat braucht auch nicht über Fragen des Maßes der Zugänglichkeit, die der Inhaber allgemein hinnimmt, zu befinden, ob etwa eine Gaststätte wohl dem Betreten, nicht aber einer Durchsuchung zugänglich ist. Denn jedenfalls der Büroraum des Vereins war nicht ein allgemein zugänglicher Geschäftsraum.

Dieser Raum war nicht für die Öffentlichkeit bestimmt und wurde auch nicht stillschweigend so genutzt. Der mit zwei Schreibtischen, einem Aktenschrank, einem Telefon-Telefaxgerät und Sitzgelegenheiten eingerichtete Raum wurde nach der Bekundung des Zeugen K. vor dem Oberlandesgericht „nur von einem kleinen Personenkreis ständig genutzt". Daß sich dort, wie der Generalbundesanwalt vorträgt, „Vereins- wie auch Nichtvereinsmitglieder, darunter auch die Angeschuldigten", trafen, steht der nur eingeschränkten Nutzung des Raumes entsprechend der Gestattung des Grundrechtsträgers nicht entgegen. Ein Abgeschlossenhalten des Raumes oder seine Kennzeichnung mit einem Hinweisschild als Büro waren nicht erforderlich. Die fehlende Zugänglichkeit für jedermann ergab sich schon daraus, daß es sich um einen im Obergeschoß eines Hauses befindlichen umschlossenen Raum mit im allgemeinen geschlossener Tür handelt, zu dessen Betreten die Öffentlichkeit nicht eingeladen war. Bezogen auf das Vereinsleben war gerade das Büro als räumliche Privatsphäre ausgewiesen. Die vom Generalbundesanwalt aus den unverwertbaren Protokollen festgestellten Besucherfrequenzen belegen, unbeschadet der Unverwertbarkeit, ebenfalls keine allgemeine Zugänglichkeit. Ihnen ist im übrigen zu entnehmen, daß von Besuchern, die nicht zum Benutzerkreis des Raumes gehörten, auch angeklopft wurde. Dann wurde eine konkrete Gestattung zum Betreten des Raumes ausgesprochen, wenn etwa ein Vereinsmitglied ein Anliegen oder eine Frage hatte. Auf die denkbare allgemeine Zugänglichkeit des großen Veranstaltungsraumes oder der Gaststätte im Obergeschoß kommt es nicht an.

Entgegen der Auffassung des Generalbundesanwalts dürfen auch in eine „kriminell bemakelte" Räumlichkeit, solange eine gesetzliche Ermächtigungsgrundlage nicht geschaffen ist, Abhöreinrichtungen ohne Wissen des Betroffenen nicht angebracht werden. Gerade deshalb wird im Gesetzgebungsverfahren und im politischen Raum diskutiert, ob und unter welchen Voraussetzungen dieses Grundrecht zum Anbringen technischer Mittel einzuschränken ist.

Schließlich hat das Oberlandesgericht mit Recht die aus der Abhörmaßnahme gewonnenen Erkenntnisse für die Strafverfolgung der Angeschuldigten als unverwertbar angesehen. Die Unzulässigkeit der Abhörmaßnahme führt zu dem Verbot, die Erkenntnisse, die auf der Auswertung der erlangten Aufnahmen beruhen, als Beweismittel zu verwenden (vgl. BGHSt. 34, 39, 52 [BGH Urt. v. 9. 4. 1986 – 3 StR 551/85; vgl. §§ 81a, 100a StPO erfolgreiche Rügen; § 136a StPO erfolglose Rügen]). Zwar kommt die Annahme eines Verwertungsverbotes nur bei gewichtigen Rechtsverstößen in Betracht, weil im Hinblick auf das in der Verfassung niedergelegte Gebot einer effektiven Strafrechtspflege Verwertungsverbote, die stets einen Eingriff in die richterliche Wahrheitsfindung darstellen, auf Ausnahmefälle beschränkt bleiben müssen. Übergeordnete Gründe gebieten aber ein solches Verbot – jedenfalls bei der gegenwärtigen Rechtslage – für unzulässig erlangte Erkenntnisse aus einer gegen Art. 13 GG verstoßenden Abhörmaßnahme. Es fehlt nicht nur an einer Eingriffsnorm, die nach verbreiteter Meinung auch eine Grundgesetzänderung erfordern würde. Es handelt sich um schwerwiegende Eingriffe in den Schutzbereich von Art. 13 GG und das auch durch § 201 StGB geschützte Persönlichkeitsrecht am nichtöffentlich gesprochenen Wort (vgl. BGHSt. 34, 39, 52; ferner 36, 396[1]; 35, 32, 34 [BGH Urt. v.

---

[1] BGH Beschl. v. 4. 4. 1990 – 3 StB 5/90: „Die Überwachung eines in den Diensträumen eines Konsulats eingerichteten Telefonanschlusses nach dem G 10 ist jedenfalls dann rechtswidrig,

Erfolglose Rügen Nr. 2 **Artikel 13 GG**

1. 7. 1983 – 1 StR 138/83; vgl. § 100a StPO erfolglose Rügen]; 33, 347, 352 [BGH Urt. v. 5. 11. 1985 – 2 StR 279/85; vgl. § 100a StPO erfolgreiche Rügen]; 32, 68, 70 [BGH Urt. v. 24. 8. 1983 – 3 StR 136/83; vgl. § 251 StPO erfolglose Rügen]; 31, 304, 307 [BGH Urt. v. 17. 3. 1983 – 4 StR 640/82; vgl. § 100a StPO erfolgreiche Rügen]).

2. Langzeitobservation eines Hauseingangs rechtmäßig.

GG Art. 13; MRK Art. 8 – BGH Urt. v. 14. 5. 1991 – 1 StR 699/90 LG Nürnberg-Fürth (= NJW 1991, 2651 = StV 1991, 517 = NStZ 1992, 44)

Die Revision rügt, von der Polizei im Einvernehmen mit der Staatsanwaltschaft angefertigte Videoaufnahmen von der Wohnungstür des Angeklagten hätten nicht verwertet werden dürfen. Die planmäßige, langfristig angelegte Observation des Angeklagten unter Verwendung verborgener technischer Mittel habe in grundgesetzlich geschützte Rechte des Angeklagten eingegriffen (Art. 1, 2, 13 GG), ohne daß eine Eingriffsnorm dies gestattet hätte; ferner sei Art. 8 MRK verletzt.

Sachverhalt: Nachdem es in Nürnberg – in einem Fall auch an einem anderen Ort – zu verschiedenen Gebäudebränden gekommen war, mit deren Entstehung die Ermittlungsbehörden den Angeklagten in Zusammenhang brachten, baute die Polizei am 28. 7. 1987 nach Absprache mit der Staatsanwaltschaft in die der Wohnung des Angeklagten gegenüberliegende Wohnungstür eine Videokamera ein. Diese Kamera war vom 28. 7. bis 20. 11. 1987 und – nach defektbedingter Auswechslung – vom 9. 12. 1987 bis 19. 1. 1988 in Betrieb, und zwar vom 28. 7. bis 5. 8. 1987 jeweils in der Zeit von 20 Uhr bis 8 Uhr, ab 5. 8. 1987 jeweils in der Zeit von 16.30 Uhr bis 8 Uhr. Aufgezeichnet wurde jedes Betreten und Verlassen der Wohnung des Angeklagten durch die Eingangstür.

Zu den Akten gelangten die Bildaufzeichnungen zunächst nicht. Ihr Inhalt wurde teilweise dergestalt in die Akten aufgenommen, daß der Kriminalbeamte E. die Videobänder auswertete und das Ergebnis der Auswertung zweier Nächte einem anderen Kriminalbeamten schilderte, der hierüber eine Vernehmungsniederschrift fertigte. In der Anklageschrift war E. als Zeuge benannt. Die Tatsache der Videoüberwachung wurde nicht mitgeteilt.

Erst in der Hauptverhandlung wurde – auch dem Gericht – offenbar, daß die genannten Videoaufzeichnungen gefertigt worden waren. Sie wurden dann in der Hauptverhandlung in Augenschein genommen. Die Überzeugung des Gerichts von der Schuld des Angeklagten beruht auch darauf, daß die durch die Videoaufzeichnungen vermittelten Zeiten, zu denen der Angeklagte seine Wohnung verließ und betrat, in den drei davon betroffenen Fällen mit den Brandlegungszeiten in Zusammenhang zu bringen waren, und darüber hinaus auf einer Gesamtschau sämtlicher Brände. – Das Rechtsmittel war erfolglos.

Gründe: Zwar reicht die im angefochtenen Urteil für die Verwertbarkeit der Videoaufnahmen angeführte Begründung nicht aus. Das Landgericht hat dahinstehen lassen, ob ein Eingriff in die grundgesetzlich geschützte Sphäre des Angeklagten vorliege, weil jedenfalls der Grundsatz der Verhältnismäßigkeit im vorliegenden Fall einen solchen Eingriff gestattet habe. Jedoch bietet der Grundsatz der Verhältnismäßigkeit für sich keine Eingriffsgrundlage; diese erfordert eine gesetzliche Vorschrift.

Grundlage des polizeilichen Handelns im vorliegenden Fall war (jedenfalls auch) Art. 2 I des Bayerischen Polizeiaufgabengesetzes. Nach dieser Vorschrift hat die Polizei die Aufga-

---

wenn sich der zugrundeliegende Verdacht auf strafbare Handlungen bezieht, die mit der Wahrnehmung konsularischer Aufgaben zusammenhängen können. Erkenntnisse aus einer Telefonüberwachung, die unter Verletzung der völkerrechtlich anerkannten Grundsätze der Immunität der Konsularbeamten und der Unverletzlichkeit ihrer Diensträume erlangt sind, unterliegen einem strafprozessualen Verwertungsverbot."

be, die allgemein oder im Einzelfall bestehenden Gefahren für die öffentliche Sicherheit oder Ordnung abzuwehren. Dementsprechend war die Polizei bestrebt, den vielfachen Brandstifter – den sie in dem Angeklagten vermutete – zu entlarven und auf diese Weise weitere Brandlegungen zu verhindern. Damit einher ging die Verpflichtung aus § 163 StPO, (begangene) Straftaten zu erforschen, ohne jedoch die präventive Aufgabe der Polizei zu verdrängen.

Ob die generelle Vorschrift des Art. 2 I BayPAG heute noch geeignet wäre, eine Observation in der geschehen Weise zu rechtfertigen, kann dahinstehen. Manches spricht dafür, daß eine solche Observation einen Eingriff in die Privatsphäre dargestellt, der eine spezielle gesetzliche Eingriffsnorm voraussetzt (Art. 8 MRK), und daß als solche Norm weder Art. 2 BayPAG (noch §§ 160, 161, 163 StPO) ausreichen; denn das Gesetz muß sowohl die Voraussetzungen als auch Art und Umfang des Eingriffs klar und eindeutig formulieren, wobei freilich nicht verkannt werden darf, daß „gesetzlich vorgesehen" i.S. von Art. 8 MRK nicht nur das ist, was ein Gesetz im formellen Sinn regelt, sondern daß hier der gesamte Rechtszustand in dem betreffenden Staat einschließlich der (ins einzelne gehenden, insgesamt ein geschlossenes System bildenden) Rechtsprechung gemeint ist. Daß zur Privatsphäre auch das Betreten und Verlassen der eigenen Wohnung gehöre und ein behördlicher Eingriff jedenfalls in der monatelangen verdeckten Aufzeichnung dieser Vorgänge zu erblicken sei, hat viel für sich.

Das aus Art. 2 I i.V. mit Art. II GG sich ergebende allgemeine Persönlichkeitsrecht kann zum selben Ergebnis führen wie Art. 8 MRK. Ausfluß dieses Rechts kann auch die Freiheit persönlicher Lebensgestaltung ohne – noch dazu heimliche – langdauernde behördliche Überwachung sein.

Die Entscheidung des BVerfG zum sog. informationellen Selbstbestimmungsrecht (BVerfGE 65, 1) steht damit in Einklang. Grundlage und Voraussetzung jener Entscheidung waren zwar die „Bedingungen der modernen Datenverarbeitung" (a.a.O. S. 1, 42, 43). Sie spielen im vorliegenden Verfahren keine Rolle; eine Observation der vorliegend beschriebenen Art griffe auch dann in das allgemeine Recht der Persönlichkeit ein, wenn es die moderne Datenverarbeitung nicht gäbe. Doch beruhte die Einschränkung in der genannten Entscheidung des BVerfG auf der Besonderheit des zu entscheidenden Falles.

Im Schrifttum, aber auch von den gesetzgebenden Gremien und den mit dieser Materie befaßten Ministerien ist erkannt worden, daß nach heutiger Auffassung fraglich ist, ob die polizei-rechtliche allgemeine Aufgabenklausel oder §§ 160, 161, 163 StPO Eingriffe der hier vorliegenden Art abdecken. Deshalb haben das Saarland (Gesetz v. 8. 11. 1989, ABl. des Saarlandes 1750) und die Länder Nordrhein-Westfalen (Gesetz v. 24. 2. 1990, GVBl. 70), Hessen (Gesetz v. 26. 6. 1990, GVBl. 197) und Bayern (Gesetz v. 14. 9. 1990, GVBl. 397) neue polizeirechtliche Bestimmungen erlassen, die u.a. die planmäßig angelegte Beobachtung einer Person über einen längeren Zeitraum und den verdeckten Einsatz technischer Mittel zur Anfertigung von Bildaufzeichnungen regeln. Das Bundesministerium der Justiz hatte erstmals in dem Referentenentwurf eines Strafverfahrensänderungsgesetzes 1988 Vorschriften über die längerdauernde Observation eines Beschuldigten und die Herstellung von Bildaufzeichnungen ohne Wissen des Beschuldigten vorgesehen (§§ 163f, 163g StPO), doch ist es bis heute beim Entwurf geblieben.

Obwohl zu der hier interessierenden Zeit (Juli 1987 bis Januar 1988) noch nirgends eine solche spezielle gesetzliche Regelung bestand, besteht doch kein Anlaß, das Urteil aufzuheben. Die Erkenntnis, daß es hier möglicherweise besonderer gesetzlicher Regelung bedürfe, ist vergleichsweise neu; sie entstand wesentlich aufgrund des „Volkszählungsurteils" des BVerfG vom 15. 12. 1983 (BVerfGE 65, 1) und der sich anschließenden rechtswissenschaftlichen Diskussion und mußte sich erst durchsetzen. Bis dahin entsprach es allgemeiner Rechtsüberzeugung, daß Observationen, auch solche langfristiger Art, durch den allgemeinen Gefahrenverhütungs- und Ermittlungsauftrag von Polizei und Staatsanwaltschaft, im einzelnen näher bestimmt durch die umfangreiche verwaltungsrechtliche und strafprozessuale Rechtsprechung, gedeckt seien. In solchem Fall ist dem Gesetzgeber einerseits, den Behörden andererseits ein gewisser Übergangszeitraum einzuräumen (vgl. BVerwG NJW 1990, 2765; BayVerfGH, BayVBl. 1985, 652). Er war Ende 1987/Anfang 1988 noch nicht abgelaufen. Inzwischen sind die erforderlichen (hier: bayerischen) gesetzlichen Bestimmungen geschaffen worden; für die Zukunft ist die Rechtslage geklärt.

Unter diesen Umständen hängt die Zulässigkeit der hier in Frage stehenden Ermittlungsmaßnahmen auch nicht davon ab, daß sie so abliefen, wie es der inzwischen neu geschaffenen Gesetzeslage entsprochen hätte. Auch ohne diese Kongruenz sind sie hinzunehmen, zumal sich zum einen der Eingriff in das allgemeine Persönlichkeitsrecht in Grenzen hielt – es fand keine Observation rund um die Uhr statt; es wurde nur die Wohnungstür, nicht das Geschehen in der Wohnung selbst aufgezeichnet –" zumal zum anderen, wie das Landgericht zutreffend erörtert hat, der Grundsatz der Verhältnismäßigkeit gewahrt ist (vgl. hierzu auch BVerfGE 34, 239, 246). Die dem Angeklagten zur Last gelegten Brandstiftungen hatten nicht nur sehr großen Sachschaden zur Folge (im Fall 1 Gebäudeschaden 373 962 DM, im Fall 3 594 765,37 DM, im Fall 6 529 679 DM), sondern brachten auch zahlreiche Bewohner – die sich zum Teil, aus dem Schlaf gerissen, auf das schon brennende Dach retteten und erst in letzter Minute von der Feuerwehr gerettet wurden – in Leibes-, ja Lebensgefahr. Für die Täterschaft des – einschlägig vorbestraften – Angeklagten sprachen erhebliche Indizien.

Unter dem Gesichtspunkt des von der Verteidigung in den Vordergrund gestellten Art. 13 GG ist das nicht anders. Zunächst mag fraglich erscheinen, ob hier überhaupt die „Wohnung" des Angeklagten betroffen war; es handelte sich um das Treppenhaus eines Achtfamilienhauses. Aber auch wenn das zu bejahen wäre, griff jedenfalls Art. 13 II GG nicht ein; die hier getätigte Überwachung kam einer Durchsuchung nicht gleich. In bezug auf Art. 13 III GG aber gelten, was die dort geforderte gesetzliche Grundlage angeht, ähnliche Überlegungen wie schon erörtert; nach damaliger Auffassung reichten die polizeiliche Generalklausel und §§ 160, 161, 163 StPO aus. Zum „Betreten" des Treppenhauses (Art. 22 BayPAG) genügte die Erlaubnis der Wohnungsnachbarn.

Ist die geschehene Überwachung jedenfalls aus polizeirechtlichen Gründen hinzunehmen, so sind ihre Ergebnisse auch im Strafverfahren als Beweismittel verwertbar, obwohl in der Strafprozeßordnung bisher eine Vorschrift über diese besonderen Ermittlungsmaßnahmen fehlt. Bedenken könnten nur bestehen, wenn zur Zeit der Ermittlungen ein wirklicher Anlaß für präventivpolizeiliches Handeln nicht bestanden hätte – dieses also auch nicht rechtmäßig gewesen wäre –" weil (etwa) der polizeiliche Weg nur beschritten worden wäre, um nicht bestehende strafprozessuale Bestimmungen zu ersetzen. Davon kann jedoch, wie schon dargelegt, keine Rede sein. Dann läge aber kein Sinn darin, rechtmäßig erlangte polizeiliche Erkenntnisse dem Strafverfahren vorzuenthalten. Das widerspräche – solange kein spezielles Verwertungsverbot entgegensteht – der Pflicht zu umfassender Aufklärung.

Artikel 103 GG

(1) Vor Gericht hat jedermann Anspruch auf rechtliches Gehör.

(2) Eine Tat kann nur bestraft werden, wenn die Strafbarkeit gesetzlich bestimmt war, bevor die Tat begangen wurde.

(3) Niemand darf wegen derselben Tat aufgrund der allgemeinen Strafgesetze mehrmals bestraft werden.

Erfolgreiche Rügen

1. Strafklageverbrauch (BGH Beschl. v. 17. 7. 1991 – 5 StR 225/91).

2. Lohnsteuerhinterziehung und Vorenthaltung von Arbeitnehmeranteilen sind mehrere Taten im prozessualen Sinne (BGH Beschl. v. 24. 7. 1987 – 3 StR 36/87).

3. Strafklageverbrauch bei fortgesetzter Handlung (BGH Urt. v. 16. 1. 1985 – 2 StR 590/84).

4. Grundsatz ne bis in idem setzt ein abgeschlossenes Strafverfahren voraus und kann nicht eingreifen, wenn über eine Tat nicht abschließend entschieden ist (BGH Urt. v. 30. 8. 1978 – 2 StR 323/78).

5. Anspruch auf rechtliches Gehör verletzt, wenn Gericht bei Entscheidung Tatsachen und Beweisergebnisse zugrunde legt, zu denen sich die Beteiligten vorher nicht äußern konnten (BVerfG Beschl. v. 14. 5. 1969 – 2 BvR 613/67).

6. Verwertung polizeilicher Erhebungen durch Revisionsgericht ohne vorherige Mitteilung an den Revisionsführer unzulässig (BVerfG Beschl. v. 5. 10. 1965 – 2 BvR 84/65).

7. Kein rechtliches Gehör, wenn Religion Teilnahme an Gerichtsverhandlung an einem Feiertag dieser Religion verbietet und Angeklagter deshalb schweigt (BGH Urt. v. 5. 5. 1959 – 5 StR 92/59).

8. Das Verbot der Doppelbestrafung muß vom Revisionsgericht von Amts wegen berücksichtigt werden (BGH Urt. v. 13. 4. 1956 – 2 StR 93/56).

Erfolglose Rügen

1. Kein Strafklageverbrauch durch belgische „transactie" bei Verfahren gegen juristische Person mit Wirkung gegen Dritte, ohne daß diese eigene Leistungen erbringen müssen (BGH Urt. v. 2. 2. 1999 – 5 StR 596/96).

2. Wiederbeschaffung gestohlenen Rauschgifts ist im Verhältnis zum ursprünglichen Handeltreiben mit der Ware eine selbständige Tat (BGH Urt. v. 1. 10. 1997 – 2 StR 520/96).

3. Auch ein als selbständige prozessuale Tat zu wertendes Geschehen kann dem Strafklageverbrauch unterliegen, wenn es bereits Gegenstand eines früheren Strafverfahrens war. Ob dies der Fall ist, beurteilt sich danach, ob nach dem aus der zugelassenen Anklage erkennbaren Willen der Strafverfolgungsbehörde die verschiedenen Lebenssachverhalte jeweils Gegenstand der Anklage sein sollen (BGH Urt. v. 15. 5. 1997 – 1 StR 233/96).

4. Ruhen der Verjährung bei Todesschüssen an innerdeutscher Grenze (BGH Urt. v. 19. 4. 1994 – 5 StR 204/93).

5. Kein Verfahrenshindernis für Verfolgung von Todesschüssen von DDR-Grenzsoldaten an innerdeutscher Grenze (BGH Urt. v. 3. 11. 1992, – 5 StR 370/92).

6. Nur beschränkte Aussagegenehmigung für Beamten kann, muß aber nicht Verfahrenshindernis sein (BGH Urt. v. 9. 12. 1988 – 2 StR 279/88).

Erfolgreiche Rügen

1. Strafklageverbrauch.

GG Art. 103 III; AO 1977 § 370; StPO § 264 – BGH Beschl. v. 17. 7. 1991 – 5 StR 225/91 LG Stade (= BGHSt. 38, 37 = NJW 1991, 3227)

Die Revision rügt, einer Verurteilung wegen Steuerhinterziehung habe seit dem 13. September 1990 der Strafklageverbrauch durch ein freisprechendes Urteil des Amtsgerichts Hamburg entgegengestanden. Die im dortigen Verfahren verhandelte falsche Versicherung an Eides Statt stelle keine selbständige prozessuale Tat im Sinne des § 264 StPO dar. Sie stehe vielmehr in Tateinheit (§ 52 StGB) mit der versuchten Einkommensteuerhinterziehung für den Veranlagungszeitraum 1976, die Gegenstand der Anklage war und an der der Angeklagte als Mittäter mitgewirkt hat.

Sachverhalt: Nach den Feststellungen befand sich die Firma A. KG im Frühsommer 1976 in erheblichen wirtschaftlichen Schwierigkeiten. Um der Gesellschaft Liquidität zu verschaffen, bemühte sich die Firma unter maßgeblicher Mitwirkung des Angeklagten um atypisch stille Gesellschafter, denen für das abgelaufene Geschäftsjahr 1975 eine hohe Verlustzuweisung in Aussicht gestellt wurde, die sie als negative Einkünfte aus Gewerbebetrieb im Rahmen ihrer einkommensteuerlichen Veranlagung sollten geltend machen können. Allen Verantwortlichen in der KG war bewußt, daß das Betriebsfinanzamt die für die Verlustzuweisung erforderliche Mitunternehmerschaft gemäß § 15 EStG bei einem erst nach Ablauf des Geschäftsjahres erfolgten Beitritt der atypisch stillen Gesellschafter nicht anerkennen würde. Aus diesem Grunde wurden die Beitrittserklärungen von zunächst drei Gesellschaftern im Herbst 1976 auf Ende 1974 rückdatiert und eine entsprechende Erklärung zur einheitlichen und gesonderten Feststellung der Gewinne eingereicht. Die wirtschaftliche Lage der A. KG besserte sich durch diese Maßnahme nicht wesentlich; seit März 1977 wurde die Firma nur noch abgewickelt. In dieser Situation faßten die Beteiligten der Geschäftsführung – wiederum unter Mitwirkung des Angeklagten – im Sommer 1977 den Entschluß, zur Ausnutzung der Verluste von 8,8 Millionen DM das Beteiligungsmodell nochmals für 1976 aufzulegen. Zusammen mit dem Anlageberater Dr. R., der sich selbst auch an der KG als atypisch stiller Gesellschafter beteiligte, wurden bis Ende 1977 weitere 13 Interessenten gewonnen, deren Beitritt auf den 1. 1. 1976 rückdatiert wurde, um den wahren Sachverhalt gegenüber dem Finanzamt zu verschleiern. Die KG reichte die entsprechende Gewinnfeststellungserklärung zusammen mit der Bilanz für das Geschäftsjahr 1976 am 27. 1. 1978 beim Betriebsfinanzamt ein. Obwohl der Angeklagte in der Firma A. offiziell keine Funktion erfüllte, bestimmte er die Verhandlungen mit den beitretenden Gesellschaftern maßgeblich. Im Rahmen einer Betriebsprüfung, die ab April 1976 bis September 1978 durchgeführt wurde, war er für den Prüfer die entscheidende Auskunftsperson. Als während der laufenden Betriebsprüfung für das Jahr 1976 Zweifel an der Mitunternehmerschaft der 14 atypisch stillen Gesellschafter aufkamen, sorgte er dafür, daß dem Prüfer nachträglich erstellte Belege zum Beweis des Eintrittszeitpunkts 1. 1. 1976 vorgelegt wurden. Nach einer Durchsuchung u.a. bei den Zeugen Dr. R. und A., die zur Auffindung von Beweismaterial führte, legte die Zeugin A. am 30. 5. 1979 ein Geständnis ab und offenbarte den Zeitpunkt, zu dem die Beitrittserklärungen tatsächlich abgegeben worden waren. Das Betriebsfinanzamt erließ daraufhin am 4. 2. 1980 negative Feststellungsbescheide für 1976, mit denen den 14 atypisch stillen Gesellschaftern eine Verlustzuweisung versagt wurde.

Gegen diesen Bescheid legte u.a. der Zeuge Dr. R. Einspruch ein und begehrte – im Ergebnis ohne Erfolg – den Erlaß einer einstweiligen Anordnung beim Finanzgericht Hamburg.

Am 1. 11. 1983 legte Dr. R. im Rahmen des finanzgerichtlichen Verfahrens eine eidesstattliche Versicherung des Angeklagten vor, mit der er dem Antragsteller Dr. R. bestätigte, bereits im Jahre 1975 Verhandlungen mit der Firma A. KG wegen eines Beitritts geführt zu haben und 1976 beigetreten zu sein. Wegen dieses Vorgangs leitete die Staatsanwaltschaft Stade ein Verfahren wegen falscher Versicherung an Eides Statt gegen den Angeklagten ein, das sodann an die Staatsanwaltschaft Hamburg abgegeben wurde. Diese erhob am 1. 11. 1988 Anklage gemäß § 156 StGB vor dem Amtsgericht Hamburg. Am 13. 9. 1990 wurde der Angeklagte vom Amtsgericht Hamburg von diesem Vorwurf rechtskräftig freigesprochen.

Bereits am 25. 3. 1988 hatte das Landgericht Stade das Verfahren gegen den Angeklagten wegen Steuerhinterziehung in den Jahren 1975 und 1976 durch Urteil eingestellt. Am 1. 2. 1989 hob der Bundesgerichtshof dieses Urteil auf die Revision der Staatsanwaltschaft insoweit auf, als dem Angeklagten eine versuchte Einkommensteuerhinterziehung für den Veranlagungszeitraum 1976 vorgeworfen wurde (BGHSt. 36, 105). Ab 5. 9. 1990 verhandelte das Landgericht erneut gegen den Angeklagten; es verkündete am 16. 11. 1990 das hier angefochtene Urteil. – Das Rechtsmittel hatte Erfolg.

Gründe: ...

2. Einer Entscheidung in dieser Sache stand seit dem 13. 9. 1990 der Strafklageverbrauch durch das freisprechende Urteil des Amtsgerichts Hamburg entgegen. Die falsche Versicherung an Eides Statt stellt keine selbständige prozessuale Tat im Sinne des § 264 StPO dar. Sie steht vielmehr in Tateinheit (§ 52 StGB) mit der versuchten Einkommensteuerhinterziehung für den Veranlagungszeitraum 1976, die Gegenstand der Anklage war und an der der Angeklagte als Mittäter mitgewirkt hat.

a) Wie der Bundesgerichtshof bereits in dieser Sache in seinem Urteil vom 1. 2. 1989 (BGHSt. 36, 105, 116) ausgeführt hat, ist bei der Steuerhinterziehung eine Handlungseinheit anzunehmen, wenn der Täter einen noch nicht fehlgeschlagenen Versuch der Steuerhinterziehung durch falsche Angaben gegenüber der Finanzbehörde mit dem Ziel fortsetzt, eine und dieselbe Steuer zu verkürzen, und zwar selbst dann, wenn die späteren Täuschungshandlungen auf einem neuen Entschluß beruhen. Fehlgeschlagen ist der Versuch der Steuerhinterziehung aber nicht schon mit dem Erlaß eines dem Täter ungünstigen Steuerbescheides durch das Finanzamt. Vielmehr ist die Abgabe einer unzutreffenden Steuererklärung zum Zwecke der Steuerverkürzung und die Weiterverfolgung dieses Zieles durch wahrheitswidrige Angaben nach Abgabe der Erklärung mit dem sich anschließenden Rechtsmittelverfahren als eine Einheit zu sehen. Solange dieselbe Steuererklärung im Streit ist, der Täter noch nicht alle Rechtsbehelfe ausgenutzt hat und der Steuerbescheid noch nicht formell rechtskräftig geworden ist, bleibt der Schwebezustand aufrechterhalten mit der Folge, daß der Versuch erst mit Bestandskraft des ablehnenden Steuerbescheides fehlgeschlagen ist. Der Zusammenhang der Tat wird hergestellt durch den gleichbleibenden Streitgegenstand und die Identität der Beteiligten im Besteuerungs- und Rechtsbehelfsverfahren. Die Verfolgung desselben unrechtmäßigen Anspruchs mit den Mitteln der Täuschung während verschiedener Verfahrensabschnitte stellt auch nach der Auffassung des Lebens einen einheitlichen geschichtlichen Vorgang dar. Denn es bedarf bei natürlicher Betrachtung keines neuen Willensentschlusses in bezug auf den Gegenstand der Steuerhinterziehung. Vielmehr ändert der Täter durch die gesetzlich vorgesehenen Rechtsbehelfe der Abgabenordnung und der Finanzgerichtsordnung nur die eingesetzten Mittel zur Erreichung desselben Zieles. Der prozessualen Tatidentität stehen die bisweilen langen Zeiträume zwischen der Abgabe einer Steuererklärung, dem Erlaß des Steuerbescheides und seiner endgültigen Bestandskraft nicht entgegen. Denn die Steuerhinterziehung ist ein Erfolgsdelikt, das von vornherein auf die Verkürzung eines bestimmten Steueranspruchs gerichtet ist. Seiner Struktur nach ist der Tatbestand der Steuerhinterziehung trotz oftmals langer Tatzeiträume nicht der der Delikte des Waffengesetzes (vgl. BGHSt. 36, 151) oder anderer Dauerdelikte (vgl. BGHSt. 23, 141, 148 ff.) vergleichbar, bei denen ein zusätzlicher neuer Tatentschluß zu einer Zäsur führen kann, so daß sich die nachfolgende Dauerstraftat als prozessual selbständige Tat darstellt. Auf die dazu entwickelte Rechtsprechung braucht deshalb hier nicht eingegangen zu werden.

b) Demnach stellt sich das gesamte Tatgeschehen – von der Abgabe der unrichtigen Erklärung zur einheitlichen und gesonderten Gewinnfeststellung 1976 für die Firma A. KG am 27. 1. 1978 bis zum rechtskräftigen Abschluß der finanzgerichtlichen Verfahren, die von den atypisch stillen Gesellschaftern betrieben wurden – als eine prozessuale Tat im Sinne des § 264 StPO dar. Der Angeklagte war zwar weder unmittelbar Beteiligter des Besteuerungsverfahrens noch Bevollmächtigter der Firma A. KG und somit auch nicht Adressat des negativen Feststellungsbescheides vom 4. 2. 1980, um dessen Aussetzung es im Wege des einstweiligen Rechtsschutzes vor dem Finanzgericht Hamburg ging. (Mit-)

Täter einer Steuerhinterziehung im Sinne von § 370 Abs. 1 Nr. 1 AO kann aber auch derjenige sein, den selbst keine steuerlichen Pflichten treffen, der aber als Dritter zugunsten des Steuerpflichtigen handelt (BGH NStZ 1986, 463). Dies gilt auch, soweit der Angeklagte im Rahmen des Rechtsbehelfsverfahrens zugunsten von Dr. R. tätig wurde. Er setzte durch seine falsche Versicherung an Eides Statt die bereits dem Betriebsprüfer gegenüber begangenen Täuschungshandlungen fort, die darauf abzielten, den tatsächlichen Beitrittszeitpunkt der atypisch stillen Gesellschafter zu verschleiern und dadurch eine nicht gerechtfertigte Verlustzuweisung an die einzelnen Gesellschafter zu bewirken.

c) Die Fortsetzung der versuchten Steuerhinterziehung im finanzgerichtlichen Verfahren zur Erwirkung einstweiligen Rechtsschutzes und vorläufiger Anerkennung der Verluste steht mit der falschen Versicherung an Eides Statt sachlichrechtlich im Verhältnis der Tateinheit (§ 52 StGB); in der Abgabe der falschen Versicherung an Eides Statt liegt zugleich ein weiterer Akt der versuchten Steuerhinterziehung. Damit handelt es sich auch prozessual nur um eine Tat im Sinne des § 264 StPO (BGHSt. 8, 92, 94 f. [BGH Urt. v. 28. 6. 1955 – 5 StR 646/54; vgl. § 265 StPO erfolgreiche Rügen]; 13, 21, 23; 26, 284, 285 [BGH Urt. v. 19. 2. 1976 – 2 StR 585/73; vgl. § 264 StPO erfolglose Rügen]; BGH NStZ 1984, 135 [BGH Beschl. v. 9. 8. 1983 – 5 StR 319/83; vgl. § 264 StPO erfolgreiche Rügen]). An diesem Grundsatz hat auch die Entscheidung des 3. Strafsenats in BGHSt. 29, 288 (BGH Urt. v. 11. 6. 1980 – 3 StR 9/80; vgl. § 264 StPO erfolglose Rügen) im Hinblick auf den Strafklageverbrauch festgehalten (a.a.O. S. 293, 295); Ausnahmen davon hat sie nur wegen der besonderen Strukturen des Organisationsdeliktes gemäß § 129 StGB zugelassen. Darauf braucht der Senat hier nicht einzugehen, weil § 370 AO mit den Besonderheiten des Tatbestandes der Bildung krimineller Vereinigungen nicht vergleichbar und eine Notwendigkeit, die dort entwickelten Ausnahmen auf Fälle der hier zu entscheidenden Art auszudehnen, nicht erkennbar ist.

d) Der rechtskräftige Freispruch vom Vorwurf der falschen Versicherung an Eides Statt durch das Amtsgericht Hamburg vom 13. 9. 1990 verbrauchte die Strafklage für das gesamte Tatgeschehen der Steuerhinterziehung. Dies gilt nicht nur im Verhältnis zum atypisch stillen Gesellschafter Dr. R., an dessen versuchter Steuerhinterziehung der Angeklagte im finanzgerichtlichen Verfahren unmittelbar mitwirkte, sondern auch im Hinblick auf die übrigen am Gewinnermittlungsverfahren der Firma A. KG Beteiligten. Denn das Verfahren zur gesonderten Feststellung von Besteuerungsgrundlagen gemäß § 179 Abs. 2, § 180 Abs. 1 Nr. 2 AO ist ein einheitliches Verfahren, das bei Beteiligung mehrerer Personen an einer gemeinsamen Einkunftsquelle die gleichmäßige steuerliche Behandlung aller Beteiligten sicherstellen und eine einheitliche Entscheidung gewährleisten soll. Dementsprechend ist der Feststellungsbescheid als Grundlagenbescheid gemäß § 182 Abs. 1 AO bindend für die Einkommensteuerveranlagungen. Diese Einheitlichkeit gilt auch, soweit – wie hier – das Feststellungsverfahren mit dem Erlaß negativer Feststellungsbescheide gegenüber den Beteiligten endet.

3. Dem Strafklageverbrauch steht schließlich nicht entgegen, daß das vor dem Landgericht Stade verhandelte Verfahren wegen versuchter Steuerhinterziehung bereits seit langem rechtshängig war (Eröffnungsbeschluß vom 11. 9. 1986), bevor das Verfahren wegen falscher Versicherung an Eides Statt gegen den Angeklagten eingeleitet wurde. Zwar stand diesem zeitlich nachfolgenden Verfahren von Anfang an das Verfahrenshindernis der anderweitigen Rechtshängigkeit entgegen, so daß es hätte eingestellt werden müssen. Dies gilt um so mehr, als dem Landgericht Stade der weitaus umfassendere strafrechtliche Vorwurf zur Entscheidung unterbreitet war (vgl. BGH bei Pfeiffer/Miebach NStZ 1984, 212; BGH NJW 1953, 273). Nachdem diese rechtlichen Zusammenhänge aber weder von den damit befaßten Staatsanwaltschaften noch vom Amtsgericht erkannt worden waren und infolgedessen das Verfahrenshindernis der Rechtshängigkeit keine Beachtung gefunden hatte, führte das rechtskräftige freisprechende Urteil dessen ungeachtet zum Strafklageverbrauch. Insbesondere handelte es sich dabei nicht um ein nichtiges, hier nicht zu be-

achtendes Urteil. Denn ihm hafteten keine schwerwiegenden und offenkundigen Mängel an, die es gerechtfertigt erscheinen lassen könnten, von seiner gänzlichen Unwirksamkeit auszugehen (vgl. BGHSt. 29, 351, 352 [BGH Beschl. v. 16. 10. 1980 – StB 29, 30 u. 31/80; vgl. § 338 Nr. 2 StPO erfolglose Rügen]). Es handelte sich vielmehr um eine verfahrensrechtlich fehlerhafte, im übrigen aber nach rechtsstaatlichen Grundsätzen zustande gekommene Sachentscheidung, deren Rechtskraft als Verfahrenshindernis bei den zeitlich nachfolgenden Entscheidungen wegen derselben prozessualen Tat zu berücksichtigen ist. Das durch Art. 103 Abs. 3 GG verbürgte Recht, nicht wegen derselben Tat mehrfach in einem Strafverfahren verfolgt zu werden, geht insoweit den Verfahrensgrundsätzen bei gleichzeitiger Rechtshängigkeit derselben Sache vor. Das Verfahrenshindernis des Strafklageverbrauchs ist von Amts wegen auch noch in der Revisionsinstanz zur Vermeidung einer Doppelbestrafung zu berücksichtigen (vgl. RGSt 49, 170; BGHSt. 9, 190, 192 [BGH Urt. v. 13. 4. 1956 – 2 StR 93/56; vgl. Art. 103 GG erfolgreiche Rügen]).

2. Lohnsteuerhinterziehung und Vorenthaltung von Arbeitnehmeranteilen sind mehrere Taten im prozessualen Sinne.

GG Art. 103 III; StPO § 264; AO 1977 § 370; RVO §§ 529 a.F., 1428 a.F.; AFG § 225 a.F. – BGH Beschl. v. 24. 7. 1987 – 3 StR 36/87 OLG Düsseldorf (= BGHSt. 35, 14 = NJW 1988, 1800)

Die Revision der Staatsanwaltschaft rügt die Einstellung des Verfahrens wegen Strafklageverbrauchs mit der ihrer Ansicht nach fehlerhaften Begründung, durch die rechtskräftige Verurteilung wegen Nichtabführung von Arbeitnehmeranteilen zur Sozialversicherung in den Jahren 1980 und 1981 sei die Strafklage auch wegen der Lohnsteuerhinterziehung in denselben Zeiträumen verbraucht (Art. 103 III GG).

Sachverhalt: Das Schöffengericht Mönchengladbach hat im ersten Fall wegen fortgesetzter Steuerhinterziehung eine Freiheitsstrafe von neun Monaten gegen ihn verhängt sowie daraus und aus den Einzelstrafen der bezeichneten Vorverurteilungen eine neue Gesamtfreiheitsstrafe von einem Jahr und sieben Monaten gebildet, deren Vollstreckung es zur Bewährung ausgesetzt hat. Hinsichtlich des Vorwurfs der Lohnsteuerhinterziehung hat es das Verfahren wegen Annahme eines Verfahrenshindernisses eingestellt. Es ist der Auffassung, durch die rechtskräftige Verurteilung wegen Nichtabführung von Arbeitnehmeranteilen zur Sozialversicherung in den Jahren 1980 und 1981 sei die Strafklage auch wegen der Lohnsteuerhinterziehung in denselben Zeiträumen verbraucht (Art. 103 Abs. 3 GG).

Das Oberlandesgericht Düsseldorf beabsichtigt, das Rechtsmittel als unbegründet zu verwerfen. Es ist mit dem Schöffengericht der Meinung, daß hinsichtlich der Lohnsteuerhinterziehung Strafklageverbrauch eingetreten sei. An der von ihm beabsichtigten Entscheidung sieht es sich durch ein Urteil des Bayerischen Obersten Landesgerichts vom 26. 11. 1985 (NStZ 1986, 173) gehindert. Das Bayerische Oberste Landesgericht hat dort die Annahme prozessualer Tateinheit zwischen Steuerhinterziehung, insbesondere Lohnsteuerhinterziehung, und Beitragsvorenthaltung in einem Fall abgelehnt, in welchem dem Täter fortgesetzter Betrug in Tateinheit mit fortgesetzter Vorenthaltung von Arbeitnehmeranteilen zur Sozialversicherung und zur Bundesanstalt für Arbeit zur Last gelegt wurde, nachdem er zuvor rechtskräftig wegen fortgesetzter Steuerhinterziehung verurteilt worden war.

Das Oberlandesgericht Düsseldorf hat die Sache dem Bundesgerichtshof zur Entscheidung folgender Rechtsfrage vorgelegt:

„Liegt bei einem von vornherein auf illegale Beschäftigung von Arbeitnehmern abzielenden Betrieb eines Baugewerbes, das seine Löhne auf der Grundlage von Nettolohnabreden „schwarz", d.h. ohne die Anlegung ordnungsgemäßer Lohnkonten in der Buchführung, auszahlt und damit diese Auszahlung laufend verschleiert, verfahrensrechtlich Tatidentität von Lohnsteuerhinterziehung und Beitragsvorenthaltung vor, soweit hinsichtlich derselben Arbeitnehmer innerhalb derselben Zeiträume weder Lohnsteueranmeldungen vorgenommen noch Beiträge zur gesetzlichen Sozialversicherung an die berechtigte Kasse abgeführt werden?" – Das Rechtsmittel hatte Erfolg.

Gründe: ...

II.

1. ...

2. Das Oberlandesgericht Düsseldorf kann in dem von ihm beabsichtigten Sinn auch nicht entscheiden, ohne in einer Rechtsfrage (vgl. BGHSt. 27, 212, 214 f.; 31, 86, 89) von dem bezeichneten Urteil des Bayerischen Obersten Landesgerichts abzuweichen. Nicht die abstrakte Auslegung des verfahrensrechtlichen Tatbegriffs, sondern die Anwendung des § 264 StPO auf ein gleiches Tatgeschehen ist Gegenstand der Vorlegungsfrage (BGHSt. 23, 141, 144). Es geht darum, ob unter bestimmten tatsächlichen Voraussetzungen Lohnsteuerhinterziehung (§ 370 AO) einerseits und Vorenthalten von Arbeitnehmeranteilen zur Sozialversicherung und zur Bundesanstalt für Arbeit (§§ 529 a.F., 1428 a.F. RVO, § 225 a.F. AFG) andererseits, die sachlichrechtlich als selbständige Taten gewertet werden, nacheinander in verschiedenen Strafverfahren zum Gegenstand getrennter Anklagen gemacht und jeweils gesondert abgeurteilt werden dürfen. Mehrere sachlichrechtlich selbständige Handlungen bilden nach der Rechtsprechung, mit der das Bayerische Oberste Landesgericht und das Oberlandesgericht Düsseldorf übereinstimmen, nur dann eine Tat im prozessualen Sinne, wenn die einzelnen Handlungen nicht nur äußerlich ineinander übergehen, sondern nach den ihnen zugrundeliegenden Ereignissen bei natürlicher Betrachtung unter Berücksichtigung ihrer strafrechtlichen Bedeutung auch innerlich derart unmittelbar miteinander verknüpft sind, daß der Unrechts- und Schuldgehalt der einen Handlung nicht ohne die Umstände, die zu der anderen Handlung geführt haben, richtig gewürdigt werden kann und ihre getrennte Würdigung und Aburteilung in verschiedenen Verfahren als unnatürliche Aufspaltung eines einheitlichen Lebensvorgangs empfunden würde (vgl. BGHSt. 13, 21, 25 f.; 23, 141, 146 f.; 23, 270, 273 [BGH Beschl. v. 4. 6. 1970 – 4 StR 80/70; vgl. § 264 StPO erfolglose Rügen]; 24, 185, 186 [BGH Beschl. v. 22. 7. 1971 – 4 StR 184/71; vgl. § 264 StPO erfolglose Rügen]). Dabei kommt es zwar stets auf die Umstände des Einzelfalls an, so daß die Beurteilung weitgehend Tatfrage ist. Doch kann bei Sachverhalten, die in den rechtlich erheblichen tatsächlichen Umständen gleich liegen, die Frage nach der prozessualen Tateinheit rechtlich richtig nur im selben Sinne beantwortet werden. So ist es auch hier. Für die Frage, ob die Strafklage durch das jeweils erste Strafverfahren verbraucht ist, kommt es nicht darauf an, ob dessen Gegenstand die Lohnsteuerhinterziehung (so im Fall des Bayerischen Obersten Landesgerichts) oder die Beitragsvorenthaltung ist (so im Fall des Oberlandesgerichts Düsseldorf). In dieser Hinsicht ist es rechtlich weiter unerheblich, daß der Täter in dem vom Bayerischen Obersten Landesgericht beurteilten Sachverhalt der Lohnsteuerhinterziehung in Tateinheit mit Verkürzung anderer Steuern und der Beitragsvorenthaltung in Tateinheit mit Betrug schuldig gesprochen ist, während die beiden jeweils zuerst genannten Vergehen im Vorlegungsfall nicht in solcher Verbindung stehen.

III.

In der Sache schließt sich der Senat der Rechtsauffassung des Bayerischen Obersten Landesgerichts an.

1. Die Frage, ob die Nichtabführung von Lohnsteuer und von Arbeitnehmeranteilen zur Sozialversicherung bei Annahme sachlichrechtlicher Tatmehrheit prozessual verschiedene Taten sind, ist in der Rechtsprechung umstritten (vgl. BayObLG NStZ 1986, 173 und OLG Stuttgart MDR 1986, 693 einerseits; OLG Zweibrücken NJW 1975, 128 andererseits). Kennzeichnend für Sachverhalte der hier in Rede stehenden Art ist, daß der Täter die Ta-

ten aufgrund eines Gesamtplanes im Rahmen eines gewerblichen Unternehmens gleichzeitig und oft über längere Zeit, nicht selten jahrelang, unter Verstoß gegen Aufzeichnungs- und Buchführungspflichten in der Absicht begeht, die für das Unternehmen zu leistenden Abgaben, insbesondere Lohnsteuer und Sozialversicherungsbeiträge, auf Dauer nicht zu entrichten.

a) Das Bayerische Oberste Landesgericht hat bei seiner Annahme, daß die Steuerhinterziehung und die Beitragsvorenthaltung auch unter den bezeichneten tatsächlichen Voraussetzungen getrennt gewürdigt werden können, zutreffend hervorgehoben, daß weder ein Gesamtplan noch ein zeitliches Zusammentreffen für sich allein ausreichen, zwei sachlichrechtlich im Verhältnis der Tatmehrheit zueinander stehende Handlungen als einheitliche Tat im prozessualen Sinne erscheinen zu lassen (vgl. BGHSt. 13, 21, 26, 27; 23, 141, 145; BGH NJW 1981, 997; NStZ 1983, 87). Ihm ist auch darin zuzustimmen, daß Gleichzeitigkeit oder Identität von Vorbereitungshandlungen (wie zum Beispiel die Verschleierung der Lohnzahlungen) zur Annahme einer solchen Verknüpfung nicht genügen (vgl. BGH bei Holtz MDR 1985, 92).

b) Das Oberlandesgericht Düsseldorf meint demgegenüber zwar, es handele sich bei dem Tatgeschehen nicht nur um bloßes Handeln aufgrund eines Gesamtplans oder um bloß einheitliche Vorbereitungshandlungen, sondern um eine enge tatsächliche Verknüpfung des gesamten auf Steuerhinterziehung und Beitragsvorenthaltung gerichteten Tuns der Täter. Was es hierzu – im Rahmen einer Gesamtschau – zum „Erscheinungsbild von Subunternehmerbetrieben dieser Art" und zu den „Vorstellungen des Täters" in typisierender Betrachtung ausführt, enthält großenteils aber nur eine konkrete Umschreibung der abstrakten Gesichtspunkte, welche dem Bayerischen Obersten Landesgericht auf der Grundlage der Rechtsprechung des Bundesgerichtshofs „für sich allein" zur Begründung prozessualer Tateinheit nicht genügen. Das Oberlandesgericht weist auf den deliktischen Zweck solcher Unternehmen hin, auf die einheitliche Konzeption des Täters bei der Auszahlung der „schwarzen" Löhne, den gleichen betrieblichen und zeitlichen Rahmen bei den Verstößen gegen die Pflichten zur Einbehaltung und Abführung der Steuern und Sozialabgaben, deren Bedeutung als wirtschaftliche Grundlage des Unternehmens, die Verschleierung der Verfehlungen und deren Konsequenzen für die Durchsetzung der Steuer- und Beitragsforderungen sowie auf den von vornherein gefaßten, undifferenzierten Tatentschluß des Täters. Als zusätzliches Moment, das zu den vom Bayerischen Obersten Landesgericht angesprochenen abstrakten Gesichtspunkten hinzutritt, ist dieser Aufzählung ebenso wie der Formulierung der Vorlegungsfrage nur zu entnehmen, daß das Oberlandesgericht dem Zusammenhang der Straftaten mit einem Betrieb, der als Mittel zu deren Begehung eingesetzt wird, eine wesentliche Bedeutung für die Annahme prozessualer Tateinheit bemißt.

2. Der Senat vermag der Auffassung des Oberlandesgerichts Düsseldorf nicht zu folgen. Da der überkommene Begriff der prozessualen Tat wegen seiner Unschärfe nicht stets zu zweifelsfreien Ergebnissen bei der Anwendung führt (vgl. BGHSt. 13, 21, 25), ist es geboten, die Lösung im Einzelfall auf ihre Vereinbarkeit mit anderen verfahrensrechtlichen Gestaltungen, dem Gerechtigkeitsgedanken und dem Gedanken des Vertrauensschutzes zu überprüfen.

a) Die Auffassung des Oberlandesgerichts Düsseldorf würde dem Gewerbebetrieb im Ergebnis eine Klammerwirkung beilegen, welche über die prozessuale Einheitlichkeit eine Art neuer Sammelstraftat schafft. Sie würde damit in einen gewissen Gegensatz zu der Rechtsprechung treten, wonach bei gewerbsmäßiger Begehungsweise, die zum Tatbestand gehört oder einen straferhöhenden Umstand bildet, mehrere Delikte keine sogenannte Sammelstraftat, sondern sachlichrechtlich und damit in der Regel auch prozessual selbständige Taten sind, wenn nicht Fortsetzungszusammenhang besteht (vgl. BGHSt. 1, 41, 42 f.). Der Bundesgerichtshof hat überdies bereits ausgesprochen, daß planmäßige arbeitsteilige Begehung von Betrugstaten im Rahmen eines Geschäftsbetriebs allein noch nicht die Annahme einer Tat im Sinne des § 264 StPO begründet (BGHSt. 26, 284 [BGH Urt. v. 19. 2. 1976 – 2 StR 585/73; vgl. § 264 StPO erfolglose Rügen]).

b) Auch in den hier erörterten Fällen der Steuerhinterziehung und Beitragsvorenthaltung ist der Gewerbebetrieb kein geeignetes, gerechter Rechtsfindung dienendes Kriterium, von dessen Vorliegen die Annahme prozessualer Tateinheit zwischen den sachlichrechtlich selbständigen Taten abhängig gemacht werden kann. Es würde nicht nur zu einer unnatürlichen Ausweitung des prozessualen Handlungsbegriffs führen, der mittelbar schon auf dem Weg über die weitgehende Annahme sachlichrechtlicher Handlungseinheiten (insbesondere bei Dauerdelikten und fortgesetzten Taten) ausgedehnt wird. Es wurde darüber hinaus gerade in Fällen der vom Oberlandesgericht beschriebenen Art auf eine Begünstigung von Straftätern hinauslaufen, die durch Aufbau und Einsatz eines kriminellen Unternehmens bedeutende verbrecherische Energie entfalten (vgl. BGHSt. 1, 41, 42 f.; 26, 284, 287). Gründe der Prozeßwirtschaftlichkeit rechtfertigen eine andere Beurteilung nicht. Die Staatsanwaltschaft hat es in der Regel in der Hand, in einschlägigen Fällen die Steuerhinterziehung und die Beitragsvorenthaltung zum Gegenstand nur einer Anklage zu machen und dadurch eine doppelte Prozeßführung zu vermeiden. Auch kann sie die Strafverfolgung gemäß § 154 StPO beschränken, wenn sie dies für angebracht hält.

c) Es kann auf sich beruhen, worin sich der Gedanke des Vertrauensschutzes, der bei der Anwendung des Art. 103 Abs. 3 GG im Einzelfall die Hinnahme auch eines materiell „ungerechten" Ergebnisses gebieten mag, in dem hier erörterten Bereich von der Formel der Rechtsprechung zur Abgrenzung zwischen prozessualer Tateinheit und -mehrheit unterscheidet und ob er nach der Natur der Sache ein besseres Kriterium zur Prüfung des Strafklageverbrauchs ist. Die Berücksichtigung dieses Gedankens, bei dem die Rechtssicherheit für den Beschuldigten im Vordergrund steht, führt im vorliegenden Fall zu keinem anderen Ergebnis. Nach dem Sachverhalt, der dem Senat zur Entscheidung unterbreitet ist, sind insbesondere keine Anhaltspunkte dafür vorhanden, daß die Lohnsteuerhinterziehung schon im ersten Strafverfahren tatsächlich Gegenstand der Untersuchung war und der Angeklagte deshalb davon ausgehen durfte, er werde ihretwegen nicht nochmals verfolgt.

IV.
Die Vorlegungsfrage ist demnach wie aus dem Leitsatz ersichtlich zu beantworten.

3. Strafklageverbrauch bei fortgesetzter Handlung.

GG Art. 103 III; StPO § 264 – BGH Urt. v. 16. 1. 1985 – 2 StR 590/84 LG Aachen (= BGHSt. 33, 122 = StV 1985, 182)

Die Revision rügt, das Gericht habe nicht berücksichtigt, daß wegen einer Vorverurteilung wegen fortgesetzter Handlung Strafklageverbrauch eingetreten sei. Dies gelte auch dann, wenn eine fortgesetzte Handlung zu Unrecht angenommen worden ist.

Sachverhalt: Durch das Urteil des Amtsgerichts Aachen vom 6. 7. 1983 war der Angeklagte wegen Verstoßes gegen das Betäubungsmittelgesetz in drei Fällen zu einer Gesamtfreiheitsstrafe von sechs Monaten verurteilt worden. Gemäß den Feststellungen des Amtsgerichts hatte er zwischen dem 14. und dem 28. 12. 1982 bei drei Gelegenheiten Haschisch an die Zeugen J. B. und G. B. verkauft. Die Strafkammer ist in dem angefochtenen Urteil zu dem Ergebnis gelangt, daß es sich bei den Fällen II 1 bis 3 (des angefochtenen Urteils) um Teilakte einer fortgesetzten Tat handelt, zu der auch die drei dem Urteil des Amtsgerichts Aachen vom 6. 7. 1983 zugrunde liegenden Fälle gehören. – Das Rechtsmittel hatte Erfolg.

Gründe: Diese Ansicht ist zutreffend. Im Herbst 1982 hatte der Angeklagte beschlossen, seinen Haschischkonsum sowie teilweise seinen Lebensunterhalt durch Handel mit Haschisch zu finanzieren. Er bezog das Rauschgift stets bei einem Dealer namens E. in Maastricht, den er schon seit längerer Zeit kannte. Ihn suchte er in den Monaten November und Dezember 1982 alle zwei bis drei Wochen, ab Januar 1983 bis zum Erlaß jenes Urteils einmal monatlich auf. Das Haschisch verkaufte er entweder in seiner Wohnung oder „am Aachener Markt" an einen „relativ festen Kundenstamm". Der Annahme des Gesamtvorsatzes steht, wie das Landgericht zu Recht ausgeführt hat, nicht entgegen, daß er nicht schon beim Einkauf der Ware genau wußte, an welchen bestimmten Kunden er sie jeweils absetzen werde. Es genügt, daß ein eingespieltes Bezugs- und Verkaufssystem vorhanden ist, dessen sich der Täter bedient, ohne für jedes Einzelgeschäft einen neuen Tatentschluß fassen zu müssen (ständige Rechtsprechung, u.a. BGH StV 1981, 125; 1983, 19; BGH bei Holtz MDR 1983, 622). Eines solchen bediente sich der Angeklagte.

Das Landgericht war nicht gehindert zu prüfen, ob das Amtsgericht in dem (rechtskräftigen) Urteil vom 6. 7. 1983 zutreffend selbständige Handlungen angenommen hat, und dies zu verneinen. Hier gilt der gleiche Grundsatz wie in den Fällen, in denen der Richter des früheren Verfahrens rechtsirrig eine fortgesetzte Tat bejaht hat. Nach der ständigen Rechtsprechung ist das Gericht im neuen Verfahren bei dieser zweiten Fallgestaltung nicht an die im rechtskräftigen Urteil vertretene Meinung gebunden, sondern muß unabhängig von dieser Auffassung über das Vorliegen einer fortgesetzten Handlung darüber befinden, ob die Strafklage für die den Gegenstand seines Verfahrens bildenden Fälle verbraucht ist (BGHSt. 15, 268, 270).

Bei Fällen wie dem nunmehr zu entscheidenden ist der Senat in seinem Urteil v. 20. 2. 1953 – 2 StR 816/52 (bei Dallinger MDR 1953, 273) allerdings davon ausgegangen, daß der Richter des späteren Verfahrens die in dem rechtskräftigen Urteil niedergelegte rechtliche Würdigung zu respektieren habe und für die „neuen" Einzelfälle der fortgesetzten Handlung kein Strafklageverbrauch eingetreten sei. Dieselbe Ansicht hatte er schon vorher in der Sache 2 StR 333/51 (Urt. v. 21. 12. 1951) vertreten. Jeweils hatte er sich auf die Entscheidungen RGSt 54, 283, 285; 72, 257 ff. berufen. Ebenso hat der 4. Strafsenat des Bundesgerichtshofes wiederholt in Sachen entschieden, in denen durch den früheren Richter nur über eine Einzeltat rechtskräftig befunden worden war (u.a. BGH NJW 1963, 549; ferner Urt. v. 25. 1. 1963 – 4 StR 177/62). Das gleiche gilt für das Urteil des 1. Strafsenats vom 20. 6. 1972 – 1 StR 198/72.

Zu einem anderen Standpunkt neigt der 5. Strafsenat. In BGHSt. 15, 268, 272 begründet er seine Meinung wie folgt: Der Richter des neuen Verfahrens habe zu prüfen, ob der ihm vorliegende Fall und eine rechtskräftig abgeurteilte Einzeltat ein und dieselbe Handlung seien; treffe dies zu, so sei grundsätzlich die Strafklage verbraucht; das gleiche müsse für den entsprechenden Fall der fortgesetzten Handlung gelten; dies folge aus der Erwägung, daß ihre sämtlichen Einzelakte eine einheitliche Handlung seien; dem könne nicht mit Erfolg entgegengehalten werden, daß dies bei der fortgesetzten Straftat zu ungerechten Ergebnissen führe; solchen dürfe nicht dadurch begegnet werden, daß man den Verfassungsrechtssatz des Artikels 103 Abs. 3 GG unbeachtet lasse, der es verbiete, daß jemand wegen derselben Tat mehrmals bestraft werde.

Der erkennende Senat schließt sich dieser Ansicht – jedenfalls bei einem Sachverhalt wie dem hier gegebenen – an. Gegen sie läßt sich nicht begründet einwenden, der Rechtsbegriff der fortgesetzten Handlung verdanke seine Entstehung bloßen Zweckmäßigkeitserwägungen und müsse gegenüber der Rechtskraftwirkung zurücktreten (so OLG Köln NJW 1952, 437 f.). Diese Bewertung der fortgesetzten Handlung steht nicht in Einklang mit ihrer wirklichen rechtlichen Bedeutung. Die fortgesetzte Handlung ist im materiell-rechtlichen und prozessual-rechtlichen Sinne eine Tat. Zwischen ihr und mehreren tateinheitlich zusammentreffenden Delikten wird in der Regel auch sonst kein Unterschied gemacht. So ist z.B. ein Teilfreispruch bezüglich Einzelakten, abgesehen von dem Fall, daß sie als selbständige Handlungen angeklagt waren oder daß den Gegenstand der Anklage nur eine Tat bildete, nicht zulässig. Hat der Täter bei einigen der Einzelfälle einen Qualifikationstatbestand erfüllt, so wird er einheitlich wegen dieses schwereren Delikts verurteilt. Das ideelle Konkurrieren verschiedener Einzelakte mit nicht zu der Fortsetzungsreihe gehörenden Delikten begründet, sofern diese nicht schwerer wiegen, Tateinheit. Kommt es auf den Wert eines Gutes an, so ist der Gesamtwert maßgebend. Die Verfolgungsverjährung beginnt erst mit der Beendigung des letzten Teilaktes. Angesichts dieser Gleichwertigkeit von fortgesetzter Handlung und tateinheitlich zusammentreffenden Delikten läßt sich eine unterschiedliche Beurteilung nicht rechtfertigen. Sie erweckt den fatalen Eindruck, als solle der zweite Richter nur dann die Freiheit selbständiger Entscheidungen haben, wenn dadurch eine erneute Verfolgung begünstigt, nicht aber, wenn sie gehindert werden würde. Gleich den Fällen, in denen der Richter im rechtskräftig abgeschlossenen Verfahren irrig Fortsetzungszusammenhang bejaht hat, kann es auch in Fällen wie dem vorliegenden allein auf den wirklichen Umfang des Prozeßgegenstandes ankommen.

Abgesehen von diesen Gründen ergeben sich erhebliche Bedenken im Hinblick auf die Auswirkungen jener Rechtsprechung für den Angeklagten. Zieht man aus der Rechtskraftwirkung die Konsequenz, daß nicht nur kein Strafklageverbrauch eingetreten ist, sondern auch bei der Rechtsfolgenentscheidung im neuen Verfahren die rechtskräftig abgeurteilten Delikte als selbständige Taten zu gelten haben, dann kann dies dazu führen, daß die formalen Voraussetzungen des § 66 Abs. 2 StGB als gegeben zu erachten sind, obwohl in Wirklichkeit nur eine einzige Tat vorliegt. Hinzu kommt, daß der Angeklagte schon bei der Straffestsetzung benachteiligt ist, da statt einer Strafe für eine einzige (fortgesetzte) Handlung eine Gesamtstrafe aus mehreren Einzelstrafen gebildet werden muß. Sofern man den Standpunkt vertritt, daß für den Richter im neuen Verfahren lediglich die Möglichkeit der Annahme eines Strafklageverbrauchs ausgeschlossen ist, er aber im übrigen davon ausgehen darf, daß auch die schon rechtskräftig entschiedenen Fälle tatsächlich zu der fortgesetzten Handlung gehören, wäre selbst die unmittelbare Anwendung des § 55 StGB nicht einmal möglich. In Betracht käme allenfalls dessen analoge Anwendung. Die aufgezeigten Benachteiligungen des Angeklagten erscheinen um so bedenklicher, als sie – aus der Sicht des im zweiten Verfahren entscheidenden Richters – bedingt sind durch unzureichende Aufklärung oder falsche rechtliche Würdigung im früheren Verfahren.

Im Hinblick auf die dargelegte Bedenken sieht sich der Senat veranlaßt, die in seinen beiden erwähnten Urteilen vom 21. 12. 1951 und 20. 2. 1953 vertretene Ansicht aufzugeben. Wie zu entscheiden ist, wenn der Richter in dem früheren Verfahren nur eine einzige Tat angenommen hat, kann dahingestellt bleiben.

4. Grundsatz ne bis in idem setzt ein abgeschlossenes Strafverfahren voraus und kann nicht eingreifen, wenn über eine Tat nicht abschließend entschieden ist.

GG Art. 103 III; StPO §§ 264, 343 I – BGH Urt. v. 30. 8. 1978 – 2 StR 323/78 LG Frankfurt/Main (= BGHSt. 28, 119 = NJW 1979, 54)

Die Revision der Staatsanwaltschaft rügt die Einstellung des Verfahrens durch Urteil mit ihrer Ansicht nach fehlerhafter Begründung, angesichts des gegebenen tateinheitlichen Zusammentreffens von Raub und Mord und der in Rechtskraft erwachsenen Verurteilung wegen Raubes sei die Strafklage verbraucht.

Sachverhalt: Der Angeklagte T. und die rechtskräftig verurteilten früheren Mitangeklagten D. und S. baten am Abend des 24. 1. 1975 einen gewissen A., mit dem sie durch den Handel mit zollfreien Artikeln bekannt waren, sie gegen Bezahlung in eine andere Ortschaft zu fahren. Sie wollten A. gewaltsam sein Geld abnehmen. Als dieser an einer einsamen Stelle anhielt, legte T. seinen linken Arm von hinten ruckartig um den Hals des Opfers und hielt es so lange in diesem Hebegriff, bis die Mittäter es durchsucht und ausgeplündert hatten. A. war bewußtlos und röchelte. Er wurde anschließend unter Mitwirkung des Angeklagten weiter so lange mit Gürteln gedrosselt, bis er kein Lebenszeichen mehr von sich gab. Sein Tod trat als Folge eines durch Atemnot verursachten Herzversagens ein.

Entgegen der Anklage, die Mord in Tateinheit mit Raub als gegeben ansah, verurteilte das Schwurgericht den Angeklagten wegen schweren Raubes in Tateinheit mit räuberischem Angriff auf Kraftfahrer (Einzelstrafe acht Jahre) und wegen Mordes (Einzelstrafe elf Jahre) zu einer Gesamtfreiheitsstrafe von zwölf Jahren. Es ging dabei davon aus, daß die Angeklagten den Entschluß zur Tötung des A. mit dem Ziel einer Verdeckung der vorher begangenen Raubtat erst nach der Beraubung faßten und daß T. hierbei möglicherweise in seinem Hemmungsvermögen erheblich eingeschränkt war.

Auf die Revision des Angeklagten, die sich nur gegen seine Verurteilung wegen Mordes richtete, hob der Senat das angefochtene Urteil in diesem Umfang wegen eines sachlichen Widerspruchs in den Feststellungen zur inneren Tatseite auf und verwies die Sache zu neuer Verhandlung und Entscheidung an eine andere Schwurgerichtskammer zurück.

Diese ist nunmehr zu der Feststellung gelangt, daß der Entschluß, das Opfer zur Verdeckung des begangenen Raubes zu töten, schon gefaßt war, als der Angeklagte es im Würgegriff hielt, um seinen Komplicen die Wegnahme des Geldes zu ermöglichen. Sie sieht angesichts des damit gegebenen tateinheitlichen Zusammentreffens von Raub und Mord und der in Rechtskraft erwachsenen Verurteilung wegen Raubes die Strafklage als verbraucht an und hat deshalb das Verfahren eingestellt. – Das Rechtsmittel hatte Erfolg.

Gründe:

I.

Art. 103 Abs. 3 GG verbürgt den Grundsatz der Einmaligkeit der Strafverfolgung. Die Vorschrift will den Bürger davor schützen, daß er wegen einer bestimmten Tat, deretwegen er schon strafrechtlich zur Verantwortung gezogen worden ist, nochmals in einem neuen Strafverfahren verfolgt wird. Sie setzt also ein vollständig abgeschlossenes Strafverfahren voraus und kann nicht eingreifen, solange wie hier über eine erstmalig zum Gegenstand eines Strafverfahrens gemachte Tat in einem ersten Strafverfahren noch nicht abschließend sachlich entschieden ist, das Gericht also seiner Kognitionspflicht noch nicht umfassend genügt hat.

II.

Allerdings sieht der Senat sich auch gehindert, den Angeklagten auf der Grundlage der nunmehr vom Schwurgericht getroffenen Feststellungen wegen Mordes in Tateinheit mit Raub und räuberischem Angriff auf Kraftfahrer schuldig zu sprechen. Im Falle einer teilrechtskräftigen Verurteilung darf sich der neuerlich mit der Sache befaßte Tatrichter nicht zu Feststellungen in Widerspruch setzen, welche dem in Teilrechtskraft erwachsenen Urteilsspruch zugrunde lagen (BGHSt. 7, 283 [BGH Urt. v. 31. 3. 1955 – 4 StR 68/55; vgl. § 264 StPO erfolgreiche Rügen]; 10, 71 [BGH Beschl. v. 19. 12. 1956 – 4 StR 524/56; vgl. § 343 StPO erfolgreiche Rügen]; 24, 274 [BGH Beschl. v. 17. 12. 1971 – 2 StR 522/71; vgl. § 267 StPO erfolgreiche Rügen]). Das gilt auch für Abweichungen, durch die nur der Schuldumfang betroffen und die rechtliche Beurteilung nicht in Frage gestellt wird. Der Senat hält es nicht für angängig, für den hier gegebenen Fall der Teilrechtskraft im Rahmen einer einheitlichen Tat im Sinne des Verfahrensrechts (§ 264 StPO), in dem nach den Feststellungen des ersten Tatrichters eine Begrenzung des Rechtsmittels auf eine von zwei selbständigen Taten und Verurteilungen im Sinne des § 52 StGB statthaft war (BGHSt. 24, 185 [BGH Beschl. v. 22. 7. 1971 – 4 StR 184/71; vgl. § 264 StPO erfolglose Rügen]), etwas anderes gelten zu lassen. Das Schwurgericht war deshalb nach der Teilaufhebung des angefochtenen Urteils hinsichtlich des Mordes an die Feststellung des ersten Tatrichters, daß der zur Ermöglichung des Raubes ausgeführte Würgegriff des Angeklagten noch nicht von einem Tötungsvorsatz getragen war, und damit zugleich an die rechtliche Selbständigkeit der Verurteilung wegen Raubes in Tateinheit mit räuberischem Angriff auf Kraftfahrer gebunden. Es mußte sich auf Feststellungen zu der Frage beschränken, ob das anschließende Drosseln des Opfers mit Gürteln mitursächlich für den Todeseintritt und vom Tötungsvorsatz mit Verdeckungsabsicht bestimmt war. Es hätte nach entsprechenden Feststellungen auf eine neue Einzelstrafe und eine neue Gesamtstrafe erkennen müssen, welche die vom ersten Schwurgericht erkannten Strafen nicht übersteigen durften (§ 358 Abs. 2 StPO).

5. Anspruch auf rechtliches Gehör verletzt, wenn Gericht bei Entscheidung Tatsachen und Beweisergebnisse zugrunde legt, zu denen sich die Beteiligten vorher nicht äußern konnten.

GG Art. 103 – BVerfG Beschl. v. 14. 5. 1969 – 2 BvR 613/67 (= BVerfGE 26, 37)

Mit der am 17. 10. 1967 eingegangenen Verfassungsbeschwerde wendet sich der Beschwerdeführer gegen den Beschluß des Hanseatischen Oberlandesgerichts in Bremen vom 4. 10. 1967 und rügt eine Verletzung seines Anspruchs auf rechtliches Gehör. Er sei auf die Veränderung des rechtlichen Gesichtspunktes nicht hingewiesen worden und habe deshalb keine Gelegenheit gehabt, zu dem Vorwurf Stellung zu nehmen, gegen § 1 StVO verstoßen zu haben. Wäre ihm diese Gelegenheit gegeben worden, so würde er dargelegt haben, daß er niemanden gefährdet, behindert, geschädigt oder belästigt habe, und daß das amtsgerichtliche Urteil Feststellungen über eine konkrete Gefährdung anderer auch nicht enthalte.

Sachverhalt: Der Beschwerdeführer wurde vom Amtsgericht Bremen am 7. 6. 1967 wegen Benutzens eines Kraftfahrzeuges in nicht vorschriftsmäßigem Zustand zu einer Geldstrafe von 15 DM, ersatzweise zu einem Tag Haft, und zu den Kosten des Verfahrens verurteilt.

In den Gründen des Urteils ist folgendes festgestellt worden:

Am 1. 11. 1966 befuhr der Angeklagte morgens gegen 7.40 Uhr mit seinem Kraftfahrzeug Ford 17 M die Waller Heerstraße. Zu dieser Zeit herrschte reger Fahrzeugverkehr. Weil der Angeklagte in der Nacht vorher seinen Wagen ausnahmsweise nicht in der Garage abgestellt hatte, war die Heckscheibe mit einer undurchsichtigen Eisschicht bedeckt. Der Angeklagte hatte allerdings vor Antritt der Fahrt in der Mitte der Scheibe einen senkrechten Streifen von 35 cm Breite über die ganze Höhe der Scheibe vom Eis gereinigt, um die Straße nach rückwärts beobachten zu können.

Diesen Sachverhalt wertete das Amtsgericht als einen Verstoß gegen § 7 Abs. 1 Satz 2 StVO i.V.m. § 35b Abs. 2 Satz 1 StVZO. Vorschriftsmäßig im Sinne dieser Vorschriften sei ein Fahrzeug nur dann, wenn die nach der Bauart des Fahrzeuges erzielbare Übersicht nach hinten mit Hilfe des Innenspiegels annähernd erreicht sei. Bei der Strafzumessung berücksichtigte das Gericht u.a., „daß konkrete Folgen des Verhaltens des Angeklagten, etwa eine Behinderung oder Gefährdung anderer Verkehrsteilnehmer, nicht eingetreten" waren.

Gegen dieses Urteil legte der Beschwerdeführer Revision zum Hanseatischen Oberlandesgericht in Bremen ein. § 35b Abs. 2 Satz 1 StVZO verlange kein optimales, sondern nur ein ausreichendes Sichtfeld. Dieses sei in dem eisfreien Mittelstreifen vorhanden gewesen. Es seien noch Fahrzeuge zum Straßenverkehr zugelassen, deren Rückfenster eine geringere Sicht ermögliche als der von ihm freigelegte Teil seiner Heckscheibe.

Der Generalstaatsanwalt bei dem Hanseatischen Oberlandesgericht in Bremen beantragte, die Revision als offensichtlich unbegründet zu verwerfen.

Am 4. 10. 1967 beschloß der Strafsenat des Hanseatischen Oberlandesgericht in Bremen einstimmig:

Die Revision wird auf Kosten des Angeklagten als offensichtlich unbegründet verworfen (§§ 349 Abs. 2, 473 StPO), mit der Maßgabe, daß an die Stelle der Verurteilung aus § 7

Abs. 1 Satz 2 StVO, § 35b Abs. 2 StVZO diejenige aus § 1 StVO tritt. – Die Verfassungsbeschwerde hatte Erfolg.

Gründe: Der angefochtene Beschluß verletzt das Grundrecht des Beschwerdeführers aus Art. 103 Abs. 1 GG.

Der Anspruch auf rechtliches Gehör gewährleistet, daß einer gerichtlichen Entscheidung nur solche Tatsachen und Beweisergebnisse zugrunde gelegt werden dürfen, zu denen sich die Beteiligten vorher äußern konnten (BVerfGE 22, 267 [273]; 25, 40 [43]; st. Rspr.). Das ist bei der vom Oberlandesgericht vorgenommenen Schuldspruchberichtigung nicht beachtet worden. Eine Verurteilung nach § 1 StVO setzt voraus, daß der Beschwerdeführer einen anderen konkret gefährdet, geschädigt oder mehr als den Umständen nach unvermeidbar behindert oder belästigt hat. Das Amtsgericht hat in dem Urteil vom 7. 6. 1967 ausdrücklich festgestellt, „daß konkrete Folgen des Verhaltens des Angeklagten, etwa eine Behinderung oder Gefährdung anderer Verkehrsteilnehmer, nicht eingetreten sind". Wenn das Oberlandesgericht den Beschwerdeführer gleichwohl aus § 1 StVO verurteilt hat, so ist es von einem anderen als dem im angefochtenen Urteil festgestellten Sachverhalt ausgegangen. Hierzu hätte es den Beschwerdeführer hören müssen. Die Unterlassung verletzt Art. 103 Abs. 1 GG.

Die Entscheidung beruht auf diesem Verstoß. Es kann nicht ausgeschlossen werden, daß ein Hinweis des Beschwerdeführers auf die Feststellungen des Amtsrichters zu seiner Freisprechung geführt haben würde.

Die angefochtene Entscheidung war deshalb aufzuheben und die Sache an das Hanseatische Oberlandesgericht in Bremen zurückzuverweisen.

6. Verwertung polizeilicher Erhebungen durch Revisionsgericht ohne vorherige Miteilung an den Revisionsführer unzulässig.

BVerfG Beschluß v. 5. 10. 1965 – 2 BvR 84/65 (= BVerfGE 19, 142)

Der Beschwerdeführer rügt Verletzung des Art. 103 I GG, weil das Oberlandesgericht ihm keine Gelegenheit gegeben habe, an einem von der Polizei durchgeführten Fahrversuch teilzunehmen und zu dem Ergebnis Stellung zu nehmen. Der Fahrversuch habe keineswegs der Feststellung einer offenkundigen Tatsache gedient; vielmehr handele es sich um eine gesetzwidrig vorgenommene geheime Beweisaufnahme. Es sei nicht ausgeschlossen, daß die Polizei den Versuch an einer falschen Stelle vorgenommen habe.

Sachverhalt: Der Beschwerdeführer wurde durch Urteil des Amtsgerichts Münster/Westfalen wegen einer Verkehrsübertretung zu 20,– DM Geldstrafe und zur Tragung der Kosten verurteilt. Das Amtsgericht sah es dabei als erwiesen an, daß der Beschwerdeführer als Fahrer seinen Kraftwagen an einer Kreuzung 1 bis 1,5 m zurückrollen ließ und dabei gegen den hinter ihm stehenden Wagen stieß. Die Einlassung des Beschwerdeführers, er sei, als er noch gestanden habe, von dem nachfolgenden Kraftwagen angefahren worden, hielt das Gericht für widerlegt.

Mit der Revision rügte der Beschwerdeführer u.a., daß entgegen dem in der Hauptverhandlung gestellten Antrag seines Verteidigers eine Ortsbesichtigung nicht vorgenommen worden sei. Durch die Ortsbesichtigung habe unter Beweis gestellt werden sollen, daß sein Wagen nach der Beschaffenheit des Geländes überhaupt nicht habe zurückrollen können.

Der zum Berichterstatter bestellte Richter des Oberlandesgerichts Hamm veranlaßte daraufhin einen Fahrversuch an der Unfallstelle durch die Polizei, der am 29. 11. 1964 stattfand. Weder der Beschwerdeführer noch die Staatsanwaltschaft erhielten hiervon Mitteilung. Auch der Bericht der Polizei über das Ergebnis des Versuchs wurde weder dem Beschwerdeführer noch der Staatsanwaltschaft mitgeteilt.

Mit Beschluß vom 10. 12. 1964 verwarf das Oberlandesgericht Hamm, 2. Strafsenat, die Revision auf Kosten des Beschwerdeführers gemäß § 349 Abs. 2 StPO. Der Entscheidung ist ein Satz der Begründung beigefügt, in dem es u.a. heißt:

„Auf Ersuchen des Senats, das der Feststellung einer offenkundigen Tatsache diente, hat die Polizei in Münster auf Grund eines Fahrversuchs die im Sachverhalt des angefochtenen Urteils getroffenen Feststellungen über das Zurückrollen des Wagens des Angeklagten bestätigt."

Eine Ausfertigung des Beschlusses wurde dem Verteidiger des Beschwerdeführers unter dem 7. 1. 1965 übersandt. – Die Verfassungsbeschwerde hatte Erfolg.

Gründe: Der angegriffene Beschluß verletzt den Anspruch des Beschwerdeführers aus Art. 103 Abs. 1 GG. Nach dieser Vorschrift darf ein Gericht seine Entscheidung nur auf solche Tatsachen und Beweisergebnisse stützen, zu denen sich die von der Entscheidung benachteiligte Partei vorher äußern konnte. Gegen diese Verpflichtung hat das Oberlandesgericht verstoßen, indem es die polizeilichen Erhebungen an der Unfallstelle verwertet hat, ohne sie dem Beschwerdeführer vorher mitzuteilen. Ob das vom Oberlandesgericht geübte Verfahren mit der Strafprozeßordnung in Einklang steht, bedarf keiner Prüfung. Jedenfalls hätte es nicht entscheiden dürfen, ohne dem Beschwerdeführer das „Beweisergebnis" zur Kenntnis zu bringen.

Die Beschaffenheit des Geländes am Unfallort war keine offenkundige Tatsache. Die gegenteilige Ansicht des Oberlandesgerichts wird durch sein eigenes Verhalten widerlegt: es hat Erhebungen über die Geländegestaltung an der Unfallstelle für erforderlich gehalten.

Die angefochtene Entscheidung beruht auf dem Verstoß gegen Art. 103 Abs. 1 GG. Wäre dem Beschwerdeführer rechtliches Gehör gewährt worden, so hätte er auf etwaige Mängel bei dem Fahrversuch oder auf rechtliche Bedenken hinweisen können. Es kann nicht ausgeschlossen werden, daß das Oberlandesgericht dann zu einer anderen Entscheidung gekommen wäre.

7. Kein rechtliches Gehör, wenn Religion Teilnahme an Gerichtsverhandlung an einem Feiertag dieser Religion verbietet und Angeklagter deshalb schweigt.

GG Art. 103 I; StPO §§ 136, 243 – BGH Urt. v. 5. 5. 1959 – 5 StR 92/59 LG Berlin (= BGHSt. 13, 123)

Die Revision rügt, das Landgericht habe gegen Art. 4 II in Verbindung mit Art. 1 Abs. 1 und Art. 3 Abs. 3 GG verstoßen, indem es trotz der Erklärungen des Angeklagten, er sei aus religiösen Gründen nicht in der Lage auszusagen, darauf bestanden habe, an diesem Tage zu verhandeln; die Strafkammer hätte auch ohne ausdrücklichen Antrag des Angeklagten in der Hauptverhandlung vertagen müssen.

Sachverhalt: Die Hauptverhandlung fand am 29. 9. 1958, dem ersten (höchsten) Feiertage des Laubhüttenfestes, statt. Nachdem der Eröffnungsbeschluß verlesen worden war, erklärte der Angeklagte, daß er aus religiösen Gründen nicht aussagen wolle, da heute jüdischer Feiertag sei. Das Landgericht unterbrach daraufhin die Sitzung und wartete den Zeitpunkt ab, zu dem die ersten Zeugen geladen waren. Sodann wurde der Angeklagte befragt, ob er etwas auf die Beschuldigung erwidern wolle. Er erklärte erneut, „daß er jede Einlassung zur Sache ablehne, weil ... strenggläubiger jüdischer Auffassung nach an diesem Tage keine Gerichtsverhandlung stattfinden dürfe". Auf die Frage des Vorsitzenden, ob es eine jüdische Vorschrift gebe, die es dem Gläubigen verbiete, an diesem Tage vor Gericht als Angeklagter oder Zeuge auszusagen, erwiderte der Angeklagte: „Ich glaube, daß es eine derartige Vorschrift gibt; sie ist mir jedoch nicht bekannt." Daraufhin hat das Gericht die Verhandlung bis zum Erlaß des Urteils durchgeführt. – Das Rechtsmittel hatte Erfolg.

Gründe: Die Strafkammer hat das in Art. 103 Abs. 1 GG unter Verfassungsschutz gestellte Recht des Angeklagten auf rechtliches Gehör vor Gericht beeinträchtigt; hierauf und nicht auf das in Art. 4 GG gewährleistete Recht auf ungestörte Religionsausübung und sein Verhältnis zu den allgemeinen Staatsbürgerpflichten kommt es nach Auffassung des Senates entscheidend an.

Das rechtliche Gehör soll dem Betroffenen Gelegenheit geben, auf eine bevorstehende gerichtliche Entscheidung Einfluß zu nehmen, sich zu ihr in tatsächlicher und in rechtlicher Hinsicht zu äußern. Eine Verletzung des Rechtes auf rechtliches Gehör kann im Einzelfall die Revision begründen. Art. 103 Abs. 1 GG geht davon aus, daß die nähere Ausgestaltung des rechtlichen Gehörs den einzelnen Verfahrensordnungen überlassen ist (vgl. BVerfG NJW 1959, 427). Deshalb ist zunächst zu prüfen, ob das vom Landgericht eingeschlagene Verfahren den Vorschriften der Strafprozeßordnung entspricht. Das ist höchstens der äußeren Form nach geschehen.

In Betracht kommen für die Ausgestaltung des rechtlichen Gehörs im vorliegenden Falle die § 243 in Verbindung mit §§ 136, 257 und 258 StPO. Nach diesen Bestimmungen ist der Angeklagte jeweils zu befragen, ob er etwas auf die Beschuldigung vorbringen, ob er sich zur Beweisaufnahme äußern will; ihm ist das letzte Wort zu erteilen. Der Angeklagte ist jedoch nach § 136 StPO nicht verpflichtet, zu den gegen ihn erhobenen Vorwürfen Stellung zu nehmen, er braucht auch von den ihm in §§ 257 und 258 StPO gewährten Rechten keinen Gebrauch zu machen. Dennoch ist, wenn sich der Angeklagte freiwillig zum Schweigen entschließt, ihm das rechtliche Gehör nach Art. 103 Abs. 1 GG ausreichend gewährt worden. Ausweislich des Protokolls hat nun der Angeklagte in den vom Gesetz vorgesehenen Fällen die Möglichkeit erhalten, sich zu äußern.

Das reichte jedoch im vorliegenden Falle ausnahmsweise nicht aus, um dem Art. 103 Abs. 1 GG zu genügen. Der Angeklagte hatte nicht erklärt, daß er nicht aussagen wolle, sondern daß er aus religiösen Gründen nicht aussagen könne. In einem derartigen Falle mußte das Gericht ihm, weil es sich um achtenswerte Gründe handelte, an einem anderen Tage Gelegenheit zum rechtlichen Gehör geben, falls es nicht überzeugt war, die vorgebrachten Gründe lägen nicht vor oder seien nicht ernst gemeint. Dafür waren keine Anhaltspunkte vorhanden; die Strafkammer hat auch keinen Beschluß erlassen, in dem sie auch nur einer solchen Vermutung Ausdruck gegeben hätte. Wie sich aus einer vom Generalbundesanwalt eingeholten Auskunft der Jüdischen Gemeinde in Berlin ergibt, darf ein gläubiger orthodoxer Jude an Feiertagen nicht aussagen. Der Angeklagte hatte weiter durch seinen Verteidiger vier Tage vor dem Termin zur Hauptverhandlung eine Bescheinigung seiner Heimatgemeinde überreicht, daß er am 29. September 1958 nicht zum Termin vor dem Landgericht erscheinen könne, weil an diesem Tage Feiertag, und zwar der erste Tag des Laubhüttenfestes sei. In diesem Schreiben war außerdem bestätigt, daß der Angeklagte „religiöser Jude" sei.

Hieraus ergab sich in Verbindung mit dem Verhalten des Angeklagten in der Verhandlung, daß er aus ernstgemeinten, wichtigen und achtenswerten Beweggründen sich nicht auf die gegen ihn vorgebrachten Vorwürfe äußern wollte und auch nicht äußern konnte. Daraus, daß der Angeklagte erst vier Tage vor dem Termin zur Hauptverhandlung einen Vertagungsantrag gestellt hat, konnte nicht auf das Gegenteil geschlossen werden (wird ausgeführt).

Nach alledem war davon auszugehen, daß hier der Angeklagte sich aus anzuerkennenden Gründen nicht in der Lage gesehen hat, am Hauptverhandlungstage von seinem in den §§ 136, 243, 257 und 258 StPO näher ausgestalteten Recht aus Art. 103 Abs. 1 GG Gebrauch zu machen. Damit sind die genannten Vorschriften der Strafprozeßordnung jedenfalls ihrem Sinne nach verletzt, und es liegt gleichzeitig ein Verstoß gegen das Grundgesetz vor, der zur Aufhebung des Urteils führt.

8. Das Verbot der Doppelbestrafung muß vom Revisionsgericht von Amts wegen berücksichtigt werden.

GG Art. 103 III; StPO § 337 – BGH Urt. v. 13. 4. 1956 – 2 StR 93/56 LG Aachen (= BGHSt. 9, 190)

Die Revision rügt, das Gericht habe gegen das Verbot der Doppelbestrafung verstoßen, weil es drei Einzelstrafen jeweils in zwei Gesamtstrafen einbezogen hat.

Sachverhalt: Die Strafkammer hat den Angeklagten durch das Urteil vom 10. 3. 1955 für schuldig befunden, als rückfälliger Dieb zusammen mit zwei Mittätern in der Nacht zum 4. 5. 1954 einen Einbruchsdiebstahl zum Nachteil des Lebensmittelgeschäfts K. versucht und einen vollendeten Einbruchsdiebstahl in den Zigaretten- und Zeitungsstand W. begangen zu haben. Es hat Fortsetzungszusammenhang angenommen. Nach Auflösung der durch das Urteil der 2. Großen Strafkammer desselben Landgerichts vom 3. 12. 1954 gebildeten Gesamtstrafe hat es aus der jetzt verwirkten und den dort verhängten Einzelstrafen eine Gesamtstrafe von drei Jahren Zuchthaus gebildet.

In dem jetzt einbezogenen Urteil vom 3. 12. 1954 – 1 KLs 12/54 war die Gesamtstrafe von zwei Jahren und sechs Monaten Zuchthaus aus folgenden Einzelstrafen gebildet worden:

Ein Jahr und sechs Monate Zuchthaus wegen eines versuchten Raubüberfalls auf die Kassiererin des R.-Theaters am 24. 5. 1954,

zwei Jahre Zuchthaus wegen eines schweren Diebstahls im Rückfall zum Nachteil A.,

ein Jahr Gefängnis, umgewandelt in acht Monate Zuchthaus, wegen eines versuchten schweren Diebstahls im Rückfall zum Nachteil des Gastwirts B.

Gegen dieses Urteil hatte der Angeklagte kein Rechtsmittel eingelegt. Es wurde aber durch das Urteil des Senats vom 1. 7. 1955 auf die Revision des Angeklagten B. gemäß § 357 StPO auch zugunsten des jetzigen Beschwerdeführers im Strafausspruch im Falle A. und im Gesamtstrafausspruch aufgehoben.

Daraufhin erging am 28. 10. 1955 in der Sache 1 KLs 12/54 ein neues Urteil des Landgerichts, durch das der jetzige Beschwerdeführer wegen vollendeten schweren Diebstahls im Falle A. und wegen Raubes in einem – bisher abgetrennt gewesenen – Falle G. unter Einbeziehung der im Urteil vom 3. 12. 1954 bereits enthaltenen Verurteilungen in den Fällen R.-Theater und B. zu einer Gesamtstrafe von drei Jahren und sechs Monaten Zuchthaus verurteilt worden ist. Dieses Urteil ist rechtskräftig.

Zur Zeit der Verkündung des jetzt angefochtenen Urteils, am 10. 3. 1955, war das Urteil vom 3. 12. 1954 – 1 KLs 12/54 – gegen den jetzigen Beschwerdeführer rechtskräftig. – Das Rechtsmittel hatte Erfolg.

Gründe: Damals hat das Landgericht also den § 79 StGB nicht verletzt, indem es die Gesamtstrafe des Urteils vom 3. 12. 1954 auflöste und dessen Einzelstrafen bei der Bildung einer neuen Gesamtstrafe mitberücksichtigte. Unrichtig war es dagegen, daß das Urteil vom 28. 10. 1955 in die dort gebildete Gesamtstrafe diejenigen Einzelstrafen vom 3. 12. 1954 einbezog, die bereits zur Bildung der Gesamtstrafe in dem jetzt angefochtenen Urteil vom 10. 3. 1955 gedient hatten. Dieser Rechtsfehler kann aber nicht mehr unmittelbar beseitigt werden, weil das Urteil vom 28. 10. 1955 rechtskräftig geworden ist. Würde nunmehr auch das angefochtene Urteil rechtskräftig, so wären drei Einzelstrafen jeweils in den beiden Gesamtstrafen enthalten. Dieses Ergebnis stünde in Widerspruch zum Verbot der Doppelbestrafung (vgl. Art 103 Abs. 3 GG). Ihm zugunsten des Beschwerdeführers Geltung zu verschaffen, ist nur noch im gegenwärtigen Verfahren möglich. Daß das Verbot die Zulässigkeit des Verfahrens betrifft und deshalb in jeder Lage, auch vom Revisionsgericht, von Amts wegen berücksichtigt werden muß, ist allgemein anerkannt. Dabei kann es wegen der grundsätzlichen Bedeutung des Verbots nicht darauf ankommen, daß die angefochtene Entscheidung nicht auf einer Gesetzesverletzung im Sinne des § 337

StPO beruht und früher als die rechtskräftig gewordene Entscheidung erlassen ist (vgl. RGSt 49, 170). Aus demselben Grunde kann es auch nicht der nachträglichen Beschlußfassung nach § 460 StPO überlassen bleiben, die Einbeziehung derselben Einzelstrafen in zwei verschiedene Gesamtstrafen rückgängig zu machen. Vielmehr muß das angefochtene Urteil im Gesamtstrafausspruch aufgehoben werden.

Für die neue Verhandlung und Entscheidung wird darauf hingewiesen, daß sämtliche Einzelstrafen des Urteils vom 28. 10. 1955 nach den §§ 79, 74 StGB in die neu zu bildende Gesamtstrafe einzubeziehen sind.

Erfolglose Rügen

1. Kein Strafklageverbrauch durch belgische „transactie" bei Verfahren gegen juristische Person mit Wirkung gegen Dritte, ohne daß diese eigene Leistungen erbringen müssen.

GG Art. 103 III – BGH Urt. v. 2. 2. 1999 – 5 StR 596/96 LG Hamburg (= NStZ 1999, 250)

Die Revision der Staatsanwaltschaft rügt, das Gericht habe das Verfahren gegen die Angeklagten zu Unrecht mit der Begründung eingestellt, es bestünde wegen eines belgischen transactie-Verfahrens das Verfahrenshindernis des Verbots der Doppelbestrafung.

Sachverhalt: Die Staatsanwaltschaft wirft den beiden Angeklagten mit der zur Hauptverhandlung zugelassenen Anklage vor, in der Zeit von Oktober bis Dezember 1988 in Hamburg, Antwerpen, Brüssel und Monaco gemeinsam mit anderen Beteiligten durch 9 selbständige Handlungen belgische Eingangsabgaben i.H. von 2,9 Mio. DM verkürzt zu haben, indem sie als Angestellte der Hamburger Firma E.-K. (Firma E.) Breitbandstahl und Blechplatten aus Jugoslawien mit gefälschten Ursprungszeugnissen als türkische Erzeugnisse in Belgien abfertigen ließen, um die Erhebung von Antidumpingzoll in der Europäischen Gemeinschaft zu umgehen (§ 370 I Nr. 1 VI AO).

Wegen dieses Sachverhalts wurden in Belgien und Deutschland Ermittlungsverfahren gegen die Beteiligten geführt. Das von den belgischen Zollbehörden eingeleitete Ermittlungsverfahren wurde am 30. 12. 1991 durch eine „transactie" nach belgischem Recht abgeschlossen, durch die sich der Inhaber – und frühere Mitangeklagten – K. namens der Firma E. gegenüber dem Finanzministerium des Königreichs Belgien verpflichtete, die Antidumpingzölle, eine Zollstrafe und die Säumniszinsen i. H. von zusammen rund 68 Mio. belgischer Francs zu zahlen, um eine gerichtliche Verfolgung durch die Zollverwaltung für die von ihm vertretene Firma und namentlich genannte weitere Firmen abzuwenden. Zu diesen in der transactie ausdrücklich bezeichneten Firmen gehörte auch die Firma Sch., deren Geschäftsführer der Angeklagte S. war.

Das von der Staatsanwaltschaft Hamburg eingeleitete Ermittlungsverfahren führte am 5. 3. 1993 zur Anklageerhebung beim Landgericht Hamburg. Dieses lehnte mit Beschluß vom 14. 5. 1995 die Eröffnung des Hauptverfahrens ab, weil im Hinblick auf Art. 54 des Schengener Durchführungsübereinkommens (SDÜ) durch das belgische transactie-Verfahren die Strafklage verbraucht sei (vgl. wistra 1995, 358). Auf die sofortige Beschwerde der Staatsanwaltschaft hob das Hanseatische OLG den Nichteröffnungsbeschluß des Landgerichts auf; es eröffnete das Hauptverfahren vor der Großen Strafkammer und ließ die Anklage mit geringen Änderungen zu. Ein Strafverfolgungshindernis i.S. von Art. 54 SDÜ bestehe nicht, weil die transactie kein Urteil, sondern nur eine Verwaltungsentscheidung sei (vgl. wistra 1996, 193). Das Landgericht hat daraufhin das Verfahren durch Urteil vom 24. 6. 1996 eingestellt (vgl. wistra 1996, 359).

Wegen weiterer Einzelheiten zum Verfahrensgang wird auf den Beschluß des Senats vom 13. 5. 1997 (wistra 1997, 268 = NStZ 1998, 149) verwiesen. – Das Rechtsmittel war erfolglos.

Gründe:

I.

Im Rahmen des auf die Revision der Staatsanwaltschaft beim BGH anhängig gewordenen Verfahrens hat der Senat mit Beschluß vom 13. 5. 1997 dem Königreich Belgien folgende Rechtsfragen vorgelegt:

1. Kommt einer nach belgischem Recht zwischen dem Finanzminister des Königreichs Belgien und einem der Eingangsabgabenhinterziehung beschuldigten Verfahrensbeteiligten getroffenen Vereinbarung („transactie") im Strafverfahren in Belgien materielle Rechtskraft zu mit der Folge, daß nach dem Grundsatz ne bis in idem Strafklageverbrauch eintritt?
2. Können sich gegebenenfalls nach belgischem Recht auch an dieser Vereinbarung nicht unmittelbar beteiligte Personen – im konkreten Fall die beiden Angeklagten im anhängigen Verfahren – auf Strafklageverbrauch infolge der „transactie" berufen, wenn sie selbst oder die von ihnen vertretenen Firmen in der Vereinbarung ausdrücklich genannt werden oder wenn sie als Mitarbeiter der in der „transactie" genannten Firmen gehandelt haben?
3. Für den Fall, daß die 2 Vorlagefragen (zu 1. und 2.) nach belgischem Recht mit „ja" beantwortet werden, wird die Regierung des Königreichs Belgien um eine Stellungnahme gebeten, ob nach dortiger Rechtsauffassung die „transactie" eine rechtskräftige Aburteilung i.S. von Art. 54 des Übereinkommens zur Durchführung des Übereinkommens von Schengen vom 14. 6. 1985 zwischen den Regierungen der Staaten der BENELUX-Wirtschaftsunion, der BR Deutschland und der Französischen Republik betreffend den schrittweisen Abbau der Kontrollen an den gemeinsamen Grenzen vom 19. 6. 1990 einschließlich der Erklärungen zur Nacheile gem. Art. 41 IX des Übereinkommens (SDÜ) darstellt, mit der Folge, daß auch im Verhältnis zu den übrigen Vertragsstaaten Strafklageverbrauch durch die „transactie" eingetreten wäre (BGH wistra 1997, 268 = NStZ 1998, 149).

Das Justizministerium des Königreichs Belgien hat diese Anfrage wie folgt beantwortet:

Der verwaltungsrechtliche Vergleich (administrative transactie) gem. dem Allgemeinen Gesetz über Zoll und Verbrauchsteuern (Art. 263 und 264) erfolgt auf Vorschlag des Finanzministeriums, Amt für Zoll und Verbrauchsteuern. Der verwaltungsrechtliche Vergleich ist das Ergebnis eines Angebots zur gütlichen Beilegung seitens der Verwaltungsbehörde an die Person, die beschuldigt wird, eine Straftat begangen zu haben. Stimmt die Person dem zu, wird die Strafklage hinfällig.

Der verwaltungsrechtliche Vergleich kann hier als eine Übereinkunft beschrieben werden, mit der die Behörde von einer gerichtlichen Verfolgung des Beschuldigten absieht, der gegenüber der Behörde die Verpflichtung eingeht, bestimmte Handlungen vorzunehmen oder zu unterlassen. Die Folge aus diesem Vergleich zwischen der Behörde und dem Beschuldigten besteht darin, daß die Strafklage bei Erfüllung der in dem Vergleich niedergelegten Auflagen entfällt (Art. 228 Allg. Gesetz über Zoll und Verbrauchsteuern).

Dieser Verbrauch ist jedoch auf die Zolldelikte beschränkt und hat keine Gültigkeit bei den damit zusammenhängenden Straftaten des gemeinen Rechts. Schließt die Verwaltungsbehörde einen Vergleich bei Zolldelikten ab, hindert dies die Staatsanwaltschaft nicht, wegen Straftaten des gemeinen Rechts die Verfolgung zu betreiben (Art. 282 Allg. Gesetz über Zoll und Verbrauchsteuern).

Die regelrecht geschlossenen verwaltungsrechtlichen Vergleiche können die Grundlage für eine materielle Rechtskraft zwischen den Parteien bilden. Diese läßt die Strafklage hinfällig werden, so daß eine Verfolgung wegen der Handlungen, die dem Vergleich zugrunde liegen, nicht mehr möglich ist. Dies wird gewöhnlich durch den Zusatz „non bis in idem" gekennzeichnet.

In der belgischen Rechtsordnung gibt es derzeit kein generelles System zur Pönalisierung von Straftaten, die im Rahmen einer juristischen Person begangen werden. Als Grundsatz gilt das Motto „societas delinquere potest, sed non potest puniri". Dies führt dazu, daß von der juristischen Person zwar eine Straftat begangen, sie im Prinzip jedoch nicht strafrechtlich verurteilt werden kann, so daß die strafrechtliche Verantwortung wegen des Delikts den natürlichen Personen obliegt, die im Auftrag der juristischen Person Handlungen vorgenommen oder eben unterlassen haben. Der verwaltungsrechtliche Vergleich als außerstrafgerichtliches Institut gestattet es jedoch, die juristische Person selbst als Normadressatin anzugehen und ggf. von dem Grundsatz der Überantwortung der Handlungen zu Lasten der natürlichen Personen, die für die juristische Person Handlungen vornehmen oder unterlassen, Abstand zu nehmen. Der verwaltungsrechtliche Vergleich auf der Grundlage der Art. 263 und 264 Allg. Gesetz über Zoll und Verbrauchsteuern hindert jedoch nicht daran, daß juristische oder natürliche Personen, die bei dem Vergleich nicht als Partei oder protokollarisch ausgewiesene Mitbetroffene beteiligt sind, strafrechtlich zur Rechenschaft gezogen werden.

Gem. den Bestimmungen des vorliegenden Vergleichs hebt dieser die Strafklage des Amtes für Zoll und Verbrauchsteuern gegenüber dem Unterzeichneten K. und den in dem Vergleich aufgeführten Mitbetroffenen auf. Da es sich bei dem Vergleich um einen Vertrag handelt, unterliegt er den Bedingungen, die für die Gültigkeiten von Verträgen maßgeblich sind, wie Zustimmung der Parteien und Geschäftsfähigkeit. Der Arbeitgeber, der aufgrund seines Gewerbes oder Unternehmens in Verbindung zum Amt für Zoll und Verbrauchsteuern steht, ist im übrigen für die Handlungen seiner Bediensteten verantwortlich, sofern diese Handlungen mit dem von ihm ausgeübten Gewerbe zusammenhängen. Diese Haftung trägt strafrechtlichen Charakter und gilt für seine Bediensteten, Arbeiter oder sonstige von ihm entlohnte Personen (Art. 265 Allg. Gesetz über Zoll und Verbrauchsteuern).

II.
Wie der Senat bereits in seinem Anfragebeschluß vom 13. 5. 1997 (unter B I und II) dargelegt hat, kann sich ein Verfahrenshindernis des Verbots der doppelten Strafverfolgung nur aus dem Übereinkommen vom 19. 6. 1990 zur Durchführung des Übereinkommens von Schengen vom 14. 6. 1985 zwischen den Regierungen der Staaten der BENELUX-Wirtschaftsunion, der BR Deutschland und der Französischen Republik betreffend den schrittweisen Abbau der Kontrollen an den gemeinsamen Grenzen (Schengener Durchführungsübereinkommen – SDÜ) (BGBl. 1993 II, 1010 ff.) ergeben. An der dort aufgezeigten Rechtslage hat sich zwischenzeitlich nichts geändert.

1. Art. 54 SDÜ bestimmt, daß derjenige, der in einem der Vertragsstaaten des Schengener Übereinkommens „rechtskräftig abgeurteilt" worden ist, wegen derselben Tat in einem anderen Vertragsstaat nicht verfolgt werden darf. Trotz der nicht völlig einheitlichen Bedeutung der im Vertragstext in den 3 verschiedenen amtlichen Sprachen (französisch, niederländisch und deutsch) verwendeten Begriffe führt eine herkömmliche Auslegung zu dem Schluß, daß nach dem Willen der Vertragsparteien im Schengener Rechtsraum nur Urteilen – zumindest aber gerichtlichen Entscheidungen – eine strafklageverbrauchende Wirkung zukommen sollte, verfahrensabschließenden Entscheidungen einer Verwaltungsbehörde dagegen diese Wirkung nicht zugedacht war. Auch dies hat der Senat bereits ausführlich in seinem Anfragebeschluß (unter B II 3) dargelegt. Daß das Königreich Belgien in seiner Antwort auf die Anfrage des Senats zu 3. für das transactie-Verfahren selbst keinen allgemeinen Strafklageverbrauch nach Art. 54 SDÜ geltend macht, spricht ebenso für dieses Ergebnis, wie der Umstand, daß auch nach belgischem Recht – anders als in den Niederlanden – ausländischen transacties keine strafklageverbrauchende Wirkung im Verhältnis zur belgischen Strafbefugnis zuerkannt wird. Unter Bedacht auf den im Rechtshilferecht bekannten Gedanken der Gegenseitigkeit kann der hier beteiligte Vertragsstaat Belgien jedenfalls keine weiterreichende Anerkennung für sein transactie-Verfahren erwarten, als er selbst im Verhältnis zu anderen Vertragsstaaten anzuerkennen bereit ist.

2. Indessen kann der Senat die Frage, ob das transactie-Verfahren im Rahmen von Art. 54 SDÜ stets unbeachtlich ist, hier offenlassen. Denn selbst wenn man – im Hinblick auf eine fortschreitende Integration der Mitgliedstaaten der Europäischen Union und die sich daraus ergebende Notwendigkeit weitgehender Kooperationen auch im rechtlichen Bereich – in solchen Fällen einen Strafklageverbrauch nach Art. 54 SDÜ gelten lassen wollte, in denen ein einzelner zur Vermeidung eines gegen ihn sonst geführten Gerichtsverfahrens eine transactie mit der Strafverfolgungsbehörde abschließt und eine ihm angebotene Sanktion auf sich nimmt, die in ihrer Wirkung einer gerichtlichen Maßnahme gleichkommt, so fehlt diese mit der gerichtlichen Sanktion vergleichbare Wertigkeit völlig in einem Verfahren, in dem die transactie unmittelbar eine juristische Person betrifft und die Wirkung im Rahmen des verwaltungsrechtlichen Vergleichs auf Dritte erstreckt wird, ohne daß diese ihrerseits eigene Leistungen zu erbringen haben. Eine solche nach belgischem Recht zulässige Gestaltung zur Beendigung des Strafverfahrens, bei der erst im Wege der Auslegung des verwaltungsrechtlichen Vergleichs ermittelt werden kann, welche natürlichen und juristischen Personen davon erfaßt werden sollen, entfernt sich – ungeachtet ihrer innerstaatlichen Wirkung in Belgien – so weit von den im Schengener Durchführungsübereinkommen verwendeten Rechtsbegriffen – vonnis, definitivement jugée, rechtskräftige Aburteilung –" daß dadurch jedenfalls im Hinblick auf Dritte, die nicht unmittelbar am Verfahren beteiligt sind, kein Verfahrenshindernis i.S. der ne-bis-in-idem-Regel hergeleitet werden kann. Nur eine in diesem Sinne einengende Auslegung des Art. 54 SDÜ wird auch der notwendigen Klarheit im grenzüberschreitenden Rechtsverkehr gerecht.

3. Auf der Grundlage dieser Erwägungen ergibt sich für den vorliegenden Fall, daß hinsichtlich der Angeklagten He. und S. jedenfalls kein Strafklageverbrauch nach Art. 54 SDÜ durch transactie vom 30. 12. 1991 eingetreten ist. Zwar waren die beiden Angeklagten als Angestellte der Firma E. – der Angeklagte S. darüber hinaus als Geschäftsführer der Firma Sch. – an den Taten beteiligt, durch die die belgischen Eingangsabgaben verkürzt wurden. Sie waren indessen nicht am transactie-Verfahren beteiligt und werden nicht einmal in der Vertragsurkunde erwähnt. Auch wurden ihnen keinerlei Sanktionen auferlegt, diese treffen nach dem Vergleich ausschließlich die Firma E. Infolgedessen ist das landgerichtliche Urteil, mit dem die Verfahren gegen die beiden Angeklagten wegen Strafklageverbrauchs eingestellt worden sind, aufzuheben.

Der neue Tatrichter wird allerdings im Falle einer abschließenden Entscheidung die inzwischen sehr lange Verfahrensdauer zu bedenken haben, auch wenn diese nicht in rechtsstaatswidrigen Verfahrensverzögerungen, sondern in der Kompliziertheit der Rechtsmaterie und der sich daraus ergebenden langwierigen Verfahrensgänge begründet sein mag (vgl. dazu BGH, Beschl. v. 17. 8. 1998 – 5 StR 59/97; Urt. v. 22. 8. 1996 – 5 StR 680/94).

2. Wiederbeschaffung gestohlenen Rauschgiftes ist im Verhältnis zum ursprünglichen Handeltreiben mit der Ware eine selbstständige Tat.

GG Art. 103 III; StGB § 52; StPO § 264; BtMG § 29 – BGH Urt. v. 1. 10. 1997 – 2 StR 520/96 LG Köln (= BGHSt. 43, 252 = NJW 1998, 168 = StV 1998, 26 = NStZ 1998, 251)

Die Revision rügt, das Verfahren sei einzustellen, soweit es den Vorwurf des Handeltreibens mit Betäubungsmitteln betreffe, weil durch ein vorangegangenes Urteil des Landgerichts Köln insoweit Strafklageverbrauch eingetreten sei.

Sachverhalt: Das Landgericht hat den Angeklagten wegen unerlaubten bewaffneten Handeltreibens mit Betäubungsmitteln in nicht geringer Menge in Tateinheit mit gefährlicher Körperverletzung unter Einbeziehung der Einzelstrafen aus einem Urteil des Landgerichts Köln vom 3. 11. 1995 zu einer Gesamtfreiheitsstrafe verurteilt.

In dem früheren Verfahren des Landgerichts Köln war dem Angeklagten – neben anderen, nicht Betäubungsmittel betreffenden Delikten – zur Last gelegt worden, am 10. 2. 1995 in Köln Heroin an bisher unbekannte Straßendealer, in einem Fall 10 g zum Preis von 600 DM an P. verkauft und in seinem Pkw 16,78 g Heroin, die er bereits in vier sogenannten Heroinbomben zu jeweils 4–5 g abgepackt hatte, aufbewahrt zu haben. Das Landgericht Köln hat ihn insoweit wegen unerlaubten Besitzes von Betäubungsmitteln in nicht geringer Menge (außerdem wegen Verstoßes gegen das Ausländergesetz, Urkundenfälschung und Verstoßes gegen das Waffengesetz) zu einer Gesamtfreiheitsstrafe verurteilt. Die Verurteilung nach dem Betäubungsmittelgesetz stützte sich seinerzeit im wesentlichen auf folgende Feststellungen:

Am 8. 2. 1995 erhielt der Angeklagte von einem Türken Ab. eine Plastiktüte ausgehändigt, in der sich Gold befinden sollte, das Ab. als Pfand für Spielschulden in Höhe von 1500 DM hinterlegen wollte. Später vermutete der Angeklagte, daß sich in der Tüte möglicherweise Heroin befand. Er verschaffte sich am 9. 2. durch eine Befragung des P. insoweit Gewißheit. Als er P. am 10. 2. 1995 erneut auf der Straße traf, wurden beide verhaftet und die vier Beutel mit Heroin von der Polizei im Pkw gefunden.

Das Landgericht hat nunmehr festgestellt, daß dieses Rauschgift mit den etwa 20 g Heroingemisch identisch ist, das der Angeklagte als Probe von Ap. erhalten hatte.

Es hat den Sachverhalt, der dem Urteil des Landgerichts Köln vom 3. 11. 1995 zugrunde liegt, zwar als Teil der materiell-rechtlichen Tat (Bewertungseinheit) angesehen, die (auch) Gegenstand des vorliegenden Verfahrens sei, Strafklageverbrauch aber deshalb verneint, weil „die rechtskräftige Aburteilung nur eines Teilaktes einer vom (früheren) Richter nicht als solche angesehenen Bewertungseinheit die Strafklage hinsichtlich weiterer Teilakte dieser vom neuen Richter angenommenen Bewertungseinheit" nicht verbrauche. – Das Rechtsmittel war erfolglos.

Gründe:
I.

Dem Landgericht ist im Ergebnis insoweit zuzustimmen, als es angenommen hat, daß das Urteil des Landgerichts Köln vom 3. 11. 1995 einer Verurteilung des Angeklagten wegen Handeltreibens mit etwa 6,5 kg Heroin, die er sich durch das gewaltsame Vorgehen gegen S. beschaffte, nicht entgegensteht.

1. Durch das Verbot des Art. 103 Abs. 3 GG soll der Bürger davor geschützt werden, wegen einer Tat, deretwegen er schon zur Verantwortung gezogen worden ist, nochmals in einem neuen Verfahren verfolgt zu werden. Tat im Sinne dieses Grundsatzes ist der prozessuale Gegenstand der Urteilsfindung im Sinne von § 264 StPO. Er umfaßt nicht nur den von der zugelassenen Anklage umschriebenen Vorgang, sondern auch das gesamte Verhalten eines Angeklagten, soweit es mit dem durch die Anklage bezeichneten geschichtlichen Vorgang nach der Auffassung des Lebens eine Einheit darstellt, deren Aburteilung in getrennten Verfahren zu einer unnatürlichen Aufspaltung eines zusammengehörenden Geschehens führen würde (vgl. BGHSt. 13, 21, 26; 23, 141, 145; 23, 270, 273 [BGH Beschl. v. 4. 6. 1970 – 4 StR 80/70; vgl. § 264 StPO erfolglose Rügen]; 29, 288, 293 [BGH Urt. v. 11. 6. 1980 – 3 StR 9/80; vgl. § 264 StPO erfolglose Rügen]; 32, 215 f. [BGH Urt. v. 21. 12. 1983 – 2 StR 578/83; vgl. § 264 StPO erfolgreiche Rügen]; 35, 60, 61 f. [BGH Urt. v. 29. 9. 1987 – 4 StR 376/87; vgl. § 264 StPO erfolgreiche Rügen]). Da dieser Begriff der prozessualen Tat eine gewisse Unschärfe aufweist, ist es geboten, die Lösung im Einzelfall auf ihre Vereinbarkeit mit anderen verfahrensrechtlichen Gestaltungen, dem Gerechtigkeitsgedanken und dem Gedanken des Vertrauensschutzes, zu überprüfen (vgl. BGHSt. 35, 14, 19 [BGH Beschl. v. 24. 7. 1987 – 3 StR 36/87; vgl. Art. 103 GG erfolgreiche Rügen]).

In Anwendung dieser Grundsätze läßt sich der vom Landgericht festgestellte Sachverhalt unter Einschluß des Geschehens, das Gegenstand des Urteils des Landgerichts Köln vom

3. 11. 1995 ist, nicht als ein einheitlicher Lebensvorgang begreifen, dessen Aburteilung in getrennten Verfahren nicht zulässig wäre.

2. Fraglich ist allerdings, ob das Gesamtgeschehen von der Übernahme der 7 kg Heroin bis zur Verhaftung des Angeklagten dann als eine Tat im Sinne von § 264 StPO anzusehen wäre, wenn es sich materiell-rechtlich als eine Handlung im Sinne einer Bewertungseinheit des Handeltreibens mit Betäubungsmitteln darstellen würde. Sachverhalte, welche sachlich-rechtlich eine Handlung darstellen, wurden in der Rechtsprechung in der Regel zugleich als einheitliche Tat im prozessualen Sinne betrachtet (vgl. etwa BGHSt. 26, 284, 285 [BGH Urt. v. 19. 2. 1976 – 2 StR 585/73; vgl. § 264 StPO erfolglose Rügen]). Doch galt das nie ausnahmslos. So verbrauchte die Aburteilung eines Einzelaktes einer fortgesetzten Handlung nicht die Strafklage für den Rest dieser – einheitlichen – Handlung (st. Rspr., vgl. BGH MDR 1985, 423 f.). Der Freispruch vom Vorwurf einer fortgesetzten Tat erstreckte sich nur auf diejenigen Einzelakte, die Gegenstand der Urteilsfindung waren, nicht hingegen auf das fortgesetzte Gesamtgeschehen. Die Aburteilung eines Organisationsdelikts (§§ 129, 129a StGB) hindert nicht die spätere Ahndung schwerer Straftaten, die der Täter in Verfolgung der Ziele dieser Organisation begangen hat (BGHSt. 29, 288 f.). Die Aburteilung von Dauerdelikten wie dem verbotenen Waffenbesitz steht der Bestrafung von schweren Taten, welche mit dem verbotenen Gegenstand begangen werden, ebenfalls nicht entgegen (BGHSt. 36, 151 f.).

Diese einschränkende Rechtsprechung beruht auf der Erkenntnis, daß materiell-rechtliche Tateinheit und prozessuale Tatidentität nicht ohne weiteres gleichgesetzt werden können, weil sie verschiedene Funktionen erfüllen. Die sachlich-rechtlichen Regelungen des § 52 StGB dienen als Voraussetzung für ein funktionierendes Strafrahmensystem (BVerfGE 56, 22 ff.). Der prozessuale Tatbegriff ist das Instrument, durch den der Anklagevorwurf umrissen und damit der Lebensvorgang bestimmt wird, mit dem sich das Gericht zu befassen hat. Ob dieser Lebensvorgang Handlungen des Täters umfaßt, die in rechtlicher Wertung tateinheitlich begangen sind, kann erst am Ende der Hauptverhandlung im Urteil festgestellt werden; zur Ermittlung des Gegenstandes der Urteilsfindung ist dieser Maßstab weniger geeignet. Der prozessuale Tatbegriff ist wesentlich vorrechtlicher Art.

Daraus ergeben sich auch Folgerungen für Handlungsabläufe, welche lediglich durch das rechtliche Band einer Bewertungseinheit miteinander verknüpft sind. Der Begriff des Handeltreibens mit Betäubungsmitteln ist sehr weit. Er umfaßt von der Anbahnung des Geschäfts bis zur finanziellen Abwicklung nach Art und Bedeutung höchst unterschiedliche, zudem zeitlich und örtlich vielfach weit auseinanderfallende Betätigungen. Diese werden in rechtlicher Bewertung allein durch das subjektive Element des Handlungszwecks, nämlich der auf Güterumsatz gerichteten Zielsetzung, zusammengehalten. Sie lassen sich hingegen häufig nicht als einheitlicher Lebensvorgang begreifen, und die getrennte Aburteilung einzelner Betätigungen erweist sich nicht als unnatürliche Aufspaltung eines einheitlichen Geschehens.

3. Der Senat neigt zu der Auffassung, daß – wie für die fortgesetzte Handlung und für Organisations- und Dauerdelikte – Grenzen des prozessualen Tatbegriffs auch bei rechtlichen Bewertungseinheiten gelten. Hierin sieht er sich bestärkt durch die Erwägung, daß eine uferlose Ausdehnung der Kognitionspflicht des Tatrichters dessen Leistungsfähigkeit übersteigen müßte; dieser wäre gezwungen, um einem ungewollten Verbrauch der Strafklage vorzubeugen, das ganze Leben des Angeklagten lückenlos zu durchleuchten. Eine derartige Ausdehnung der Kognitionspflicht würde auch zu einer den Grundsätzen des Strafverfahrens widersprechenden Verlagerung der Ermittlungs- und Aufklärungstätigkeit von der Staatsanwaltschaft auf die Gerichte im Rahmen der Hauptverhandlung führen. Die auch dem Schutze des Angeklagten dienenden Vorschriften der §§ 200 ff. StPO würden insoweit praktisch außer Kraft gesetzt. Die Hürde des § 203 StPO, die eine Untersuchung des gegen den Angeklagten gerichteten Vorwurfs durch das Gericht im Rahmen ei-

nes Hauptverfahrens nur zuläßt, wenn ein vorbereitendes Ermittlungsverfahren durchgeführt wurde und nach dem Ergebnis dieses Verfahrens bereits hinreichender Tatverdacht besteht, würde ausgehöhlt. Die Staatsanwaltschaft könnte nach Anklage eines noch so nebensächlichen Teils eines umfangreichen Geschehens mit entsprechenden Beweisanträgen erreichen, daß ein sich über längere Zeit aus zahlreichen Einzelhandlungen bestehender schwerwiegender Vorwurf vom Gericht erstmals in der Hauptverhandlung ermittelt und anschließend sogleich abgeurteilt werden müßte.

Zudem hat das Bundesverfassungsgericht den Tatbegriff des Art. 103 Abs. 3 GG in seinem verfassungsrechtlichen Gehalt unabhängig vom Tatbegriff des materiellen Rechts bestimmt (vgl. BVerfGE 56, 22 (32 f.)). Weder der Grundsatz des Vertrauensschutzes noch der Gedanke der Rechtssicherheit in Verbindung mit Prinzipien der Rechtsdogmatik stehen einer Verfolgung des rechtlichen Gesamtgeschehens entgegen, wenn von einem aus mehreren Einzeltaten im natürlichen Sinne bestehenden Sachverhalt bisher nur ein Einzelereignis rechtskräftig abgeurteilt wurde. Dagegen widerspricht es im starken Maße dem Gerechtigkeitsgedanken, wenn eine derartige komplexe schwerwiegende Rechtsverletzung nur deswegen nicht mehr geahndet werden kann, weil es dem Täter zunächst gelungen war, seine Tat mit Ausnahme eines geringfügigen Teils verborgen zu halten. Zwar müssen als Folge des Art. 103 Abs. 3 GG auch kriminalpolitisch unbefriedigende und dem Gerechtigkeitsprinzip widersprechende Ereignisse in Kauf genommen werden, wenn zwingende rechtsdogmatische Grundsätze eine andere Entscheidung nicht zulassen. Derartige Grundsätze gebieten es indessen nicht, ein erst durch die Rechtsfigur der Bewertungseinheit zu einer materiell-rechtlichen Tat zusammengefaßtes komplexes mehraktiges Geschehen, das sich bei seiner natürlichen Betrachtung aus mehreren strafbaren Handlungen zusammensetzt, als eine Tat im Sinne von Art. 103 Abs. 3 GG zu bewerten.

II.

1. Der Senat muß die umstrittene Frage hier aber nicht entscheiden. Denn das strafbare Verhalten des Angeklagten ist nicht als eine einzige Tat (Bewertungseinheit) im materiell-rechtlichen Sinne zu bewerten. Die mit der Übernahme von 7 kg Heroin begonnene Tat war vielmehr, soweit sie noch auf den Verkauf der etwa 6,5 kg Heroin gerichtet war, nach dem Diebstahl des Rauschgifts durch S. beendet. Der Angeklagte besaß nach dem Diebstahl nur noch die 16,78 g Heroin, die als Probe vorgesehen waren.

Dadurch, daß er die etwa 6,5 kg Heroin dann erneut an sich brachte, beging er eine neue Tat im materiell-rechtlichen Sinne. Als der Angeklagte auf Veranlassung des Ap. die gestohlenen etwa 6,5 kg Heroin mit Gewalt zurückholte und sich wieder um deren Absatz bemühte, erfüllte er erneut den Tatbestand des unerlaubten bewaffneten Handeltreibens mit Betäubungsmitteln in nicht geringer Menge.

2. Für die Bewertung der gewaltsamen Wiederbeschaffung des verlorengegangenen Rauschgifts als neue Tat – auch des Handeltreibens mit Betäubungsmitteln (vgl. BGHSt. 30, 359 ff.; BGHR BtMG § 29 Abs. 1 Nr. 1 Handeltreiben 35) – spricht bereits, daß diese gewaltsame Handlung sich in ihrem Erscheinungsbild wesentlich von den Aktivitäten unterscheidet, die der Angeklagte vorher entfaltet hatte und die zwanglos unter den Begriff des Handeltreibens einzuordnen waren, während die räuberischen Handlungen, mit denen er sich wieder in den Besitz des Heroins setzte, nicht zum typischen Erscheinungsbild des Betäubungsmittelhandels zählen: Der Angeklagte zwang zunächst Y. unter Bedrohung mit einer Waffe, ihm bei der Suche nach den Dieben des Heroins zu helfen. Als er den Tatverdächtigen S. fand, schlug er ihm sogleich mit der Waffe gegen die Schläfe und brachte ihm eine stark blutende Kopfverletzung bei. Anschließend wurde S. vom Angeklagten und Y. zusammengeschlagen, bis er unter dem Eindruck der massiven Mißhandlungen das Heroin zurückgab.

Anders als bei dem Umtausch einer zum Zwecke des Weiterverkaufs erworbenen Rauschgiftmenge in eine andere, bei dem zumindest die Vereinbarung des Umtauschs als ein

Handlungsteil, der beide Mengen betrifft, das Geschehen zu einer Einheit verbindet (vgl. BGH StV 1982, 23 und StV 1986, 342), bildet der Verlust des Rauschgifts infolge einer strafbaren Handlung zudem eine derart starke Zäsur, daß damit die als Handeltreiben mit Betäubungsmitteln zu bewertende Tat hinsichtlich der verlorengegangenen Menge in der Regel beendet ist.

3. Welche Handlungen durch den Begriff der Bewertungseinheit zu einem einheitlichen Geschehen im materiell-rechtlichen Sinne zusammengefaßt werden können, ist eine Wertungsfrage. Der Maßstab der Bewertung muß sich auch am Schutzzweck der verletzten Norm und den tatsächlichen Gegebenheiten der Rechtsgutverletzung orientieren. Bei der Beurteilung von Handlungen, die als unerlaubtes Handeltreiben mit Betäubungsmitteln unter Strafe gestellt sind, ist zu berücksichtigen, daß ein Vorrat an Betäubungsmitteln teilbar ist und zu unterschiedlichen Zeiten und auf unterschiedliche Art und Weise in den Verkehr gelangen kann. Es ist deshalb bedenklich, alle auf den Absatz von Betäubungsmitteln gerichteten Bemühungen zusammen mit dem Erwerbsakt ohne Unterschied nur deswegen als eine Tat zu beurteilen, weil das Rauschgift zum Zwecke des Handeltreibens bereitgehalten wird.

Die Strafvorschriften des Betäubungsmittelgesetzes dienen dem Schutz der Volksgesundheit. Diese wird zwar bereits durch das Vorrätighalten von Betäubungsmitteln zum Zwecke des Verkaufs mittelbar gefährdet. Die Gefahr verstärkt sich aber ganz wesentlich durch jeden Akt, mit dem Rauschgift an andere Personen, sei es an einen Zwischenhändler oder den Endverbraucher weitergegeben wird (vgl. auch BGHSt. 43, 8).

Ein Täter, der sich dieselbe Menge Rauschgift mehrfach verschafft, um damit Handel zu treiben, gefährdet damit jedenfalls das Schutzgut der Volksgesundheit in verstärktem Maße. Sein Verhalten ist vergleichbar mit dem eines Täters, der dieselben gefälschten Geldscheine mehrfach in seinen Besitz und anschließend jeweils erneut in den Verkehr bringt. In diesen Fällen hat die Rechtsprechung mehrere selbständige Straftaten nach § 146 Abs. 1 StGB angenommen, weil das Handeln des Täters stets eine neue erhebliche und damit strafwürdige Gefährdung des Schutzgutes der Geldfälschungsdelikte enthalte.

4. Der frühere Besitz von 6,5 kg sowie der 16,78 g Heroin kann mithin das gewaltsame, auf einem späteren Entschluß beruhende Vorgehen des Angeklagten nicht in eine einzige materiell-rechtliche Tat einbinden (vgl. auch BGHSt. 36, 151 ff.).

Nach allem ist die mit der gewaltsamen Wiederbeschaffung der etwa 6,5 kg Heroin begonnene Tat des Angeklagten sowohl materiell- als auch verfahrensrechtlich nicht mit dem Geschehen identisch, das bereits vom Landgericht Köln am 3. November 1995 rechtskräftig abgeurteilt worden war. Strafklageverbrauch ist insoweit nicht eingetreten.

3. Auch ein als selbständige prozessuale Tat zu wertendes Geschehen kann dem Strafklageverbrauch unterliegen, wenn es bereits Gegenstand eines früheren Strafverfahrens war. Ob dies der Fall ist, beurteilt sich danach, ob nach dem aus der zugelassenen Anklage erkennbaren Willen der Strafverfolgungsbehörde die verschiedenen Lebenssachverhalte jeweils Gegenstand der Anklage sein sollen.

GG Art. 103 III; StGB § 11 I Nr. 2c, § 334 – BGH Urt. v. 15. 5. 1997 – 1 StR 233/96 LG München I (= BGHSt. 43, 96 = NJW 1997, 3034 = NStZ 1998, 29)

Die Revisionen rügen das Verfahrenshindernis des Strafklageverbrauchs. Sie weisen darauf hin, daß der (konkrete) Anklagesatz in einem früheren Verfahren die auf Weisung des Angeklagten K. getroffene Unrechtsvereinbarung des Angeklagten H. mit Kr. und O. als solche, die daraus folgenden Submissionsabsprachen und das Angebot der S. AG sowie die Schutzangebote der Mitbieter geschildert hatte. Auch sei dort beschrieben worden, daß infolge dieser Machenschaften der Auftrag an die Firma S. erteilt und danach das Schmiergeld an Kr. gezahlt worden sei.

Die Revisionen meinen, bereits durch die Schilderung des Lebenssachverhalts zum nunmehr rechtlich so gewerteten Submissionsbetrug im Anklagesatz sei dieser Gegenstand der unverändert zur Hauptverhandlung zugelassenen Anklage im früheren Verfahren geworden; nur die Bestechung des Ingenieurs St. sei in der dortigen Anklage unerwähnt geblieben.

In der Revisionsverhandlung hat die Verteidigung des Angeklagten H. ergänzend darauf hingewiesen, daß mit der früher abgeurteilten Bestechung des Ingenieurs St. ein Vergehen der unbefugten Verschaffung eines Geschäftsgeheimnisses nach § 17 II Nr. 1 UWG, mit dem nunmehr angeklagten Betrug ein Vergehen der unbefugten Verwertung dieses Geschäftsgeheimnisses gemäß § 17 II Nr. 2 UWG zusammengetroffen sei. Die beiden Tathandlungen nach § 17 II Nr. 1 und 2 UWG seien eine Tat im materiellrechtlichen Sinne und geeignet, Bestechung und Betrug zu einer Tat im prozessualen Sinne zu verbinden.

Sachverhalt: Die Angeklagten sind durch Urteil des Landgerichts München I vom 6. 3. 1992 wegen Bestechung verurteilt worden. Nach den Feststellungen jenes Urteils waren sie in fortgesetzter Handlung daran beteiligt gewesen, daß an K. Schmiergeld gezahlt wurde, welches dieser jeweils teilweise an den städtischen Angestellten O. weitergab. Dafür erhielten sie unter anderem Informationen über Mitbieter und Budget der öffentlichen Ausschreibung für die Ausstattung des Klärwerks München II mit Prozeßleittechnik. Dies ermöglichte die Submissionsabsprache. Ein Betrugsvorwurf wurde in Anklage, Eröffnungsbeschluß und Urteil jenes Verfahrens in rechtlicher Hinsicht nicht erwähnt. Das Landgericht München I stellte in seinem früheren Urteil allerdings fest, daß „die zu zahlenden 3% aus der Nettoauftragssumme nicht angebotserhöhend eingerechnet wurden". Nachträgliche Ermittlungen ergaben demgegenüber den Verdacht, daß auch an den freiberuflichen Ingenieur St. Schmiergeld gezahlt und dies entgegen den Urteilsfeststellungen im früheren Verfahren in das Angebot der Firma S. an die Stadt München für die technische Ausstattung des Klärwerks eingerechnet worden war. Darauf wurde die Anklage im vorliegenden Verfahren gestützt.

Staatsanwaltschaft und Landgericht sind der Auffassung, daß im früheren Verfahren nur die Bestechung O.s Verfahrensgegenstand gewesen sei, nicht die betrügerische Schädigung der Stadt München. Die Anklage im früheren Verfahren habe den Lebenssachverhalt des unter Täuschung über die Submissionsabsprache abgegebenen Angebots an die Stadt München nicht als Grundlage eines Betrugsvorwurfs geschildert, und die Beweisaufnahme im früheren Urteilsverfahren habe sich nicht darauf erstreckt. Die dortige Urteilsfeststellung, daß das Schmiergeld nicht angebotserhöhend einkalkuliert worden sei, habe sich – unüberprüft – aus der Einlassung der damaligen Angeklagten ergeben. – Das Rechtsmittel war erfolglos.

Gründe: Ein Verfahrenshindernis des Strafklageverbrauchs (Art. 103 Abs. 3 GG) liegt nicht vor.

a) Eine einheitliche Tat im prozessualen Sinne ist in dem früher als Bestechung von O. und dem nunmehr als Betrug zum Nachteil der Stadt München abgeurteilten Geschehen nicht zu erblicken. (Wird ausgeführt ...).

b) Auch ein als selbständige prozessuale Tat zu wertendes Geschehen kann aber, wie die Revisionen zu Recht hervorheben, dem Strafklageverbrauch unterliegen, wenn es bereits Gegenstand eines früheren Strafverfahrens war (BayObLG NJW 1991, 2360, 2361). Ob dies der Fall ist, beurteilt sich danach, ob nach dem aus der zugelassenen Anklage erkennbaren Willen der Strafverfolgungsbehörde die verschiedenen Lebenssachverhalte jeweils Gegenstand der Anklage sein sollen (BGH LM Nr. 19 zu § 264 StPO). Wichtiger Hinweis ist dabei die Aufnahme des tatsächlichen Geschehens in den – früheren – Anklagesatz. Damit kann die Staatsanwaltschaft den Willen zum Ausdruck bringen, dieses Geschehen verfolgen zu wollen. In besonderem Maße liegt dies nahe, wenn die vom Anklagesatz hervorgehobene Tat und das zusätzlich geschilderte Geschehen Wahl- oder Postpendenzfeststellungen zulassen. Dann ist auch ohne weitere Hervorhebung anzunehmen, daß die Staatsanwaltschaft, selbst wenn sich die Formulierung ihres strafrechtlichen Vorwurfes auf die Vortat konzentriert, zugleich das in tatsächlicher Hinsicht miterwähnte spätere Verhalten verfolgen will. Anders liegt es im Falle einer nur die Tathintergründe oder das Nachtatverhalten erläuternden Schilderung eines zusätzlichen anderen Geschehens; dies führt noch nicht notwendigerweise dazu, daß dieses zusätzlich geschilderte Geschehen auch Gegenstand der früheren Anklage geworden war (vgl. BGHSt. 13, 21, 26; BGH NStZ 1996, 563, 564 [BGH Beschl. v. 20. 12. 1995 – 5 StR 412/95; vgl. § 264 StPO erfolgreiche Rügen]).

Ob aus der Schilderung eines konkreten Geschehens im Anklagesatz der Verfolgungswille der Staatsanwaltschaft entnommen werden kann, ist in Fällen der vorliegenden Art nicht ohne Blick auf sämtliche vom Gesetz in § 200 Abs. 1 StPO vorgeschriebenen Bestandteile des Anklagesatzes und die nach § 200 Abs. 2 StPO vorgesehenen Ausführungen zum wesentlichen Ergebnis der Ermittlungen zu entscheiden.

Danach erfaßte die frühere Anklage den Vorwurf des Betrugs nicht. Im früheren Anklagesatz fehlen insoweit die nach § 200 Abs. 1 Satz 1 StPO erforderlichen Angaben zu den gesetzlichen Merkmalen der Straftat und zu der anzuwendenden Strafvorschrift. Auch wird im wesentlichen Ergebnis der Ermittlungen der Sachverhalt nicht unter dem Gesichtspunkt des Betrugs gewürdigt. Die in der Revisionsgegenerklärung der Staatsanwaltschaft mitgeteilte Verneinung der Frage der Verteidigung in der tatrichterlichen Hauptverhandlung danach, ob auch ein Submissionsbetrug verfolgt werden solle, bestätigt dieses Ergebnis.

Daß die Staatsanwaltschaft in jener ersten Anklage das Geschehen nicht unter dem rechtlichen Gesichtspunkt des Betrugs zur gerichtlichen Prüfung stellen wollte, ist vor folgendem Hindergrund verständlich:

Die Anklage im ersten Verfahren datiert vom 11. 12. 1991. Zu diesem Zeitpunkt war es, gestützt auf eine Entscheidung des Bundesgerichtshofs aus dem Jahre 1961 (BGHSt. 16, 367), allgemeine Meinung in der Rechtsprechung, daß ein Teilnehmer an einer Ausschreibung, der ein angemessenes Angebot abgibt, nicht schon dadurch einen Betrug oder Betrugsversuch begeht, daß er Mitbewerber veranlaßt, nicht ernst gemeinte, höhere Angebote einzureichen; erst durch die Entscheidung des Bundesgerichtshofs vom 8. 1. 1992 (BGHSt. 38, 186) trat insoweit ein Wandel ein. Auch wenn sich der Bundesgerichtshof in der Entscheidung BGHSt. 16, 367 nicht allgemeinverbindlich festgelegt hatte, diese Entscheidung für Staatsanwaltschaften nicht zum Schutze des Legalitätsprinzips bindend (vgl. BGHSt. 15, 155 ff.) war und die neuere Rechtsprechung auch nicht im Sinne von § 132 Abs. 2 GVG von der früheren abweicht, so hat sich doch die Strafverfolgungspraxis bis 1992 an der früheren Rechtsprechung des Bundesgerichtshofs orientiert.

4. Ruhen der Verjährung bei Todesschüssen an innerdeutscher Grenze (Fortführung von BGH Urt. v. 18. 1. 1994 – 1 StR 740/93).

GG Art. 103 II; StGB § 78b; StGB-DDR § 83 Nr. 2; Verjährungsgesetz vom 26. 3. 1993 – BGH Urt. v. 19. 4. 1994 – 5 StR 204/93 LG Berlin (= BGHSt. 40, 113 = NStZ 1994, 388)

Die Revision rügt, die in der ehemaligen DDR begangene Tat des Angeklagten sei verjährt.

Sachverhalt: Das Landgericht hat den Angeklagten wegen Totschlags verurteilt.

Er war in der Nacht vom 18. zum 19. 6. 1970 als Postenführer auf einem Wachturm in Berlin-Friedrichshain an der Berliner Mauer eingesetzt. Gegen 1.50 Uhr überwand ein 27-jähriger West-Berliner von Berlin-Kreuzberg aus die Mauer. Der unbewaffnete Mann lief in

200 Meter Entfernung von dem Angeklagten von der Mauer weg über einen Kontrollstreifen auf dahinter gelegene Grenzsperren zu. Der Angeklagte, der über das Erscheinen des seiner Unterweisung gemäß als „Grenzbrecher" eingeschätzten Mannes erschrocken und aufgeregt war, wollte – der ihm erteilten „Vergatterung" entsprechend – einen „endgültigen Grenzdurchbruch" unbedingt verhindern, den Mann zum Stehenbleiben veranlassen und ihn festnehmen. Aufgrund der Entfernung erschien ihm ein Anrufen des Mannes als zwecklos; er entschloß sich zum sofortigen Schußwaffengebrauch. Einen gezielten Schuß in die Beine hielt er nicht für möglich. Er gab in zwei Feuerstößen insgesamt sechs ungezielte Schüsse in Richtung des Mannes ab, den er unbedingt aufhalten wollte. Dabei hatte er sich bewußt damit abgefunden, den Mann möglicherweise tödlich zu verletzen. Ein Schuß traf das Opfer an der Hüfte. Der Mann erlitt einen Bauchdurchschuß mit der Folge massiver innerer Blutungen, an denen er verstarb.

Der Angeklagte, der für sein Handeln ausgezeichnet worden war, erfuhr vom Tode des Opfers erst anläßlich seiner Beschuldigtenvernehmung nach der deutschen Vereinigung. – Das Rechtsmittel war erfolglos.

Gründe: Der Senat hat zu prüfen, ob ein Verfahrenshindernis vorliegt. Die Prüfung ergibt, daß dies nicht der Fall ist.

Da die Tat gegen einen Deutschen mit Wohnsitz in Berlin-West begangen wurde, hat für sie entsprechend § 7 Abs. 1 StGB das Strafrecht der Bundesrepublik Deutschland bereits vor der Einigung Deutschlands am 3. 10. 1990 gegolten. Zu diesem Zeitpunkt war die zwanzigjährige Verjährungsfrist für Totschlag (§ 78 Abs. 3 Nr. 2, § 212 Abs. 1 StGB) abgelaufen. Am Beginn der Verfolgungsverjährung mit Tatbeendigung (§ 78a StGB) vermag es entgegen der Auffassung des Kammergerichts (NStZ 1992, 542), der das Landgericht folgt, nichts zu ändern, daß die Rechtsprechung die Regeln des internationalen Strafrechts auf in der DDR begangene Straftaten erst vom Abschluß des Grundlagenvertrages vom 21. 12. 1972 an entsprechend angewandt hat (vgl. BGHSt. 30, 1 ff.).

Gleichwohl ist Verfolgungsverjährung nicht eingetreten, weil die Tat nach dem (Tatort-)- Recht der DDR im Zeitpunkt des Beitritts zur Bundesrepublik nicht verjährt war.

a) Das ist nach Art. 315a Satz 1 EGStGB maßgeblich. Jene Spezialvorschrift verdrängt für die Frage der Verfolgungsverjährung nicht nur die Regelung, wonach auf DDR-Alttaten grundsätzlich das mildere Recht anzuwenden ist (BGHSt. 39, 353 [BGH Urt. v. 20. 10. 1993 – 5 StR 473/93; vgl. § 338 Nr. 1 StPO erfolglose Rügen]). Sie enthält zur Verjährungsfrage eine spezielle Regelung auch für Fälle wie den vorliegenden, in denen das Strafrecht der Bundesrepublik Deutschland schon vor der Einigung Deutschlands gegolten hat und in denen dieses materielle Strafrecht im übrigen gemäß Art. 315 Abs. 4 EGStGB allein anwendbar bleibt. Wie der 1. Strafsenat des Bundesgerichtshofs im Urteil vom 18. 1. 1994 (BGHSt. 40, 48) im einzelnen dargelegt hat, ergibt sich diese Auslegung aus den bei Abschluß des Einigungsvertrages verfolgten Zielen und steht mit Gesetzeswortlaut und -systematik in Einklang. Mit der durch Art. 2 des Gesetzes über das Ruhen der Verjährung bei SED-Unrechtstaten (VerjährungsG) vom 26. 3. 1993 (BGBl. I 392) eingefügten Regelung des Art. 315a Satz 2 EGStGB hat der Gesetzgeber diese schon zuvor bestehende Rechtslage nur ausdrücklich bestätigt.

b) Verfolgungsverjährung nach dem Recht der DDR ist auch dann nicht eingetreten, wenn die Tat des Angeklagten entsprechend der Beurteilung des Landgerichts nicht nach § 112 StGB-DDR als Mord mit einer Verjährungsfrist von 25 Jahren (§ 82 Abs. 1 Nr. 5 StGB-DDR), sondern als Totschlag nach § 113 Abs. 1 Nr. 3 StGB-DDR zu werten ist und die Verjährungsfrist infolgedessen nur 15 Jahre betrug (§ 82 Abs. 1 Nr. 4 StGB-DDR). Denn die Verjährung hat in der DDR geruht. Auch hierin ist dem Urteil des 1. Strafsenats zu folgen. Dabei hält der erkennende Senat die entsprechende Norm des Art. 1 VerjährungsG – wohl im Einklang mit dem 1. Strafsenat – ebenfalls für eine deklaratorische Festschreibung der ohnehin bestehenden Rechtslage.

Nach dem Willen der Staats- und Parteiführung der DDR wurde, wie allgemeinkundig ist und auch durch den vorliegenden Fall deutlich wird, ein Schußwaffengebrauch an der innerdeutschen Grenze durch Angehörige der Grenztruppen, mit dem eine „Grenzverletzung" verhindert werden sollte, generell nicht geahndet. Diese mit wesentlichen Grundsätzen einer freiheitlichen rechtsstaatlichen Ordnung unvereinbare Staatspraxis der DDR (dazu BGHSt. 39, 1, 8 ff. [BGH Urt. v. 3. 11. 1992 – 5 StR 370/92; vgl. nachfolgend]) hatte die Wirkung eines gesetzlichen Verfolgungshindernisses in diesem Bereich.

aa) Allerdings kann der Senat dabei nicht ohne weiteres diejenigen Grundsätze anwenden, die für die im nationalsozialistischen Unrechtsregime aufgrund eines als Gesetz geachteten „Führerwillens" unverfolgt gebliebenen Straftaten entwickelt worden sind (vgl. BGHSt. 18, 367; 23, 137, 139; BGH NJW 1962, 2308; Urteile v. 28. 2. 1952 – 5 StR 28/52 – und v. 9. 7. 1954 – 5 StR 218/54; vgl. auch BVerfGE 1, 418, 423).

Der Senat hat in seinem Urteil vom 3. 11. 1992 (BGHSt. 39, 1 ff.) ausgesprochen, daß bei der mit Rücksicht auf Art. 103 Abs. 2 GG zu prüfenden Frage, ob die Strafbarkeit vorsätzlicher Tötungshandlungen von Grenzsoldaten der DDR an der Berliner Mauer „gesetzlich bestimmt" war, der Richter nicht im Sinne reiner Faktizität an diejenige Interpretation des Rechts gebunden ist, die zur Tatzeit in der Staatspraxis Ausdruck gefunden hat. Konnte das Tatzeitrecht bei Beachtung der vom Wortsinn des Gesetzes gegebenen Grenzen im Lichte der Verfassung der DDR so ausgelegt werden, daß den völkerrechtlichen Bindungen der DDR im Hinblick auf Menschenrechte entsprochen wurde, so ist das Tatzeitrecht in dieser „menschenrechtsfreundlichen" Auslegung als das Recht zu verstehen, das die Strafbarkeit zur Zeit der Tat im Sinne des Art. 103 Abs. 2 GG „gesetzlich bestimmt" hat. Ein Rechtfertigungsgrund wurde für die hier in Rede stehenden Tötungshandlungen zwar in der Staatspraxis, wie sie sich in der Befehlslage ausdrückte, angenommen; er durfte aber dem richtig interpretierten Gesetz schon damals nicht entnommen werden. Anders als im nationalsozialistischen Führerstaat gab es in der DDR keine Doktrin, nach der der bloße Wille der Inhaber tatsächlicher Macht „Recht" zu schaffen vermochte (BGHSt. 39, 1, 23 ff.). Diesen Gesichtspunkt hat der Senat in seinem Urteil vom 13. 12. 1993 zur Rechtsbeugung durch DDR-Richter noch einmal bekräftigt (BGHSt. 40, 30).

Da der Schußwaffengebrauch an der innerdeutschen Grenze bei zutreffender Auslegung des DDR-Rechts durch dieses Recht nicht gerechtfertigt war, mußten nach dem strikten Legalitätsprinzip (§ 2 Abs. 1 StPO-DDR) rechtswidrige Schüsse an der Mauer verfolgt werden. Daß dies nicht geschah, beruht nicht auf einem „gesetzlichen Grunde" (§ 83 Nr. 2 StGB-DDR; entsprechend § 78b Abs. 1 Satz 1 StGB), sondern auf einer das geltende Recht mißachtenden Staatspraxis.

bb) Dieser auf den politischen Willen der Staatsführung zurückgehenden Praxis kommt indes ungeachtet ihres fehlenden Gesetzescharakters nicht lediglich die Bedeutung eines für die Verjährung irrelevanten bloßen tatsächlichen Verfolgungshindernisses zu. Da Tötungshandlungen durch Angehörige der Grenztruppen zur Verhinderung von „Grenzverletzungen" generell und ohne Rücksicht auf den Einzelfall – mithin nach den ein Gesetz im materiellen Sinne ausmachenden Kriterien – ungeahndet bleiben sollten, lag vielmehr ein quasigesetzliches Verfolgungshindernis vor. Sinn und Zweck der Ruhensnorm, die auch im Gebot der Verwirklichung materieller Gerechtigkeit wurzeln, gebieten, das quasigesetzliche Verfolgungshindernis wie ein gesetzliches zu behandeln, mithin die Ruhensnorm anzuwenden (vgl. BGH Urt. v. 14. 12. 1954 – 5 StR 353/54). Hierfür kommt es auf Ausmaß und Gewicht der Straftaten, die, rechtsstaatlichen Grundsätzen zuwiderlaufend, unverfolgt geblieben sind, nicht maßgeblich an. Die von der Staats- und Parteiführung der DDR gebilligten Rechtsbrüche können zwar mit dem unter der nationalsozialistischen Gewaltherrschaft verübten Unrecht nicht gleichgesetzt werden; dies widerstreitet gleichwohl hier nicht der Annahme eines Ruhens der Verjährung.

cc) Die daraus folgende, auf einer Gleichbehandlung von Staatspraxis und Gesetzeslage beruhende entsprechende Anwendung der Verjährungsvorschrift des § 83 Nr. 2 StGB-DDR auf Fälle vorsätzlicher Tötungshandlungen an der innerdeutschen Grenze steht nicht im Widerspruch zu der hinsichtlich der materiellen Rechtslage zwischen bloßer Staatspraxis und Gesetz differenzierenden Rechtsprechung des Senats.

Dies folgt aus der Wesensverschiedenheit von materiellem Recht und Verjährungsregelung. So gilt das in Art. 103 Abs. 2 GG enthaltene Gebot der Gesetzesbestimmtheit für den Straftatbestand und für die Strafandrohung. Es besagt dagegen nichts über die Dauer des Zeitraums, während dessen eine in verfassungsmäßiger Weise für strafbar erklärte Tat verfolgt und durch die Verhängung der angedrohten Strafe geahndet werden darf; es verhält sich nur über das „von wann an", nicht über das „wie lange" der Strafverfolgung (vgl. BVerfGE 25, 269, 285 f.). Der Senat braucht an dieser Stelle nicht zu entscheiden, ob die Verjährungsvorschriften allein dem Verfahrensrecht angehören oder ob die Verjährung als gemischtes Rechtsinstitut aufzufassen ist, das prozeßrechtliche und materiellrechtliche Züge trägt. Jedenfalls handelt es sich bei ihr nicht um einen allein dem sachlichen Recht zuzuordnenden Unrechts- oder Strafaufhebungsgrund. Deshalb ist, wenn dies durch Sinn und Zweck der jeweiligen Regelung gefordert ist, im Bereich des Verjährungsrechts ohne Verstoß gegen Art. 103 Abs. 2 GG eine entsprechende Anwendung auch zuungunsten des Angeklagten möglich, anders als bei der Anwendung von Straftatbeständen und Rechtfertigungsgründen (vgl. zudem zur Unbeachtlichkeit menschenrechtswidriger Rechtfertigungsgründe für Art. 103 Abs. 2 GG: BGHSt. 39, 1, 30).

5. Kein Verfahrenshindernis für Verfolgung von Todesschüssen von DDR-Grenzsoldaten an innerdeutscher Grenze.

GG Art. 103 II; StGB §§ 2, 7; Internationaler Pakt über bürgerliche und politische Rechte vom 19. 12. 1966; WStG § 5; Grenzgesetz-DDR – BGH Urt. v. 3. 11. 1992 – 5 StR 370/92 LG Berlin (= BGHSt. 39, 1 = StV 1993, 9 = NStZ 1993, 129)

Die Revision rügt, das Landgericht habe gegen ein „Bestrafungsverbot" verstoßen, das aus der „act of state doctrine" herzuleiten sei; der Angeklagte habe nämlich als Funktionsträger, im Auftrag und im Interesse eines anderen Staates, der DDR, gehandelt und dürfe deswegen nicht zur Verantwortung gezogen werden. Damit soll ersichtlich ein Verfahrenshindernis geltend gemacht werden.

Sachverhalt: Die Jugendkammer hat die Angeklagten W. (geboren am 11. 4. 1964) und H. (geboren am 16. 7. 1961) wegen Totschlags verurteilt, und zwar den Angeklagten W. zu einer Jugendstrafe von einem Jahr und sechs Monaten und den Angeklagten H. zu einer Freiheitsstrafe von einem Jahr und neun Monaten; sie hat die Vollstreckung beider Strafen zur Bewährung ausgesetzt.

Die Angeklagten waren als Angehörige der Grenztruppen der DDR – W. als Unteroffizier und Führer eines aus zwei Personen bestehenden Postens, H. als Soldat – an der Berliner Mauer eingesetzt. Dort haben sie am 1. 12. 1984 um 3.15 Uhr auf den 20 Jahre alten, aus der DDR stammenden S. geschossen, der sich anschickte, die Mauer vom Stadtbezirk Pankow aus in Richtung auf den Bezirk Wedding zu übersteigen. S. wurde, während er auf einer an die Mauer gelehnten Leiter hochstieg, von Geschossen aus den automatischen Infanteriegewehren der Angeklagten getroffen. Ein Geschoß aus der Waffe des Angeklagten W. drang in seinen Rücken ein, als er bereits eine Hand auf die Mauerkrone gelegt hatte; diese Verletzung führte zum Tode. S. wurde auch von einem Geschoß aus der Waffe des Angeklagten H. getroffen, und zwar am Knie; diese Verletzung war für den Tod ohne Bedeutung. [...] Bei den Schüssen, die S. getroffen haben, waren die Gewehre der beiden Angeklagten auf „Dauerfeuer" eingestellt. Der Angeklagte H. hat in den fünf Sekunden, während derer S. auf der Leiter nach oben stieg, insgesamt 25 Patronen verschossen; aus dem

Gewehr des Angeklagten W. wurden 27 Patronen verschossen. Der Angeklagte W., der zuvor durch Zuruf zum Stehenbleiben aufgefordert und Warnschüsse abgegeben hatte, schoß aus einer Entfernung von 150 m aus dem Postenturm auf S. Der Angeklagte H., der beim Auftauchen des Flüchtlings auf Anweisung des Angeklagten W. den Turm verlassen hatte, schoß, an die Mauer gelehnt, aus einer Entfernung von ca. 110 m. Beide Angeklagte wollten S., den sie nicht für einen Spion, Saboteur oder „Kriminellen" hielten, nicht töten. Sie erkannten aber die Möglichkeit eines tödlichen Treffers. „Auch um diesen Preis wollten sie aber gemäß dem Befehl, den sie für bindend hielten, das Gelingen der Flucht verhindern. Um die Ausführung des Befehls auf jeden Fall sicherzustellen, der zur Vereitelung der Flucht auch die bewußte Tötung des Flüchtenden einschloß, schossen sie – das als Vorstufe vorgeschriebene gezielte Einzelfeuer auslassend – in kurzen Feuerstößen Dauerfeuer. Sie wußten, daß dieses zwar die Trefferwahrscheinlichkeit, wenn auch nicht in dem anvisierten Bereich, erhöhte, damit aber auch das Risiko eines tödlichen Schusses". Die Angeklagten waren vor dem Antritt ihres Dienstes an der Grenze gefragt worden, ob sie bereit seien, gegen „Grenzbrecher" die Waffe einzusetzen; sie hatten die Frage ohne innere Vorbehalte bejaht. Die §§ 26, 27 des Grenzgesetzes vom 25. 3. 1982 (GBl DDR I 197) waren bei ihrer Ausbildung erörtert worden. Nach § 27 Abs. 2 Satz 1 dieses Gesetzes war die Anwendung der Schußwaffe „gerechtfertigt, um die unmittelbar bevorstehende Ausführung oder die Fortsetzung einer Straftat zu verhindern, die sich den Umständen nach als ein Verbrechen darstellt". Die Jugendkammer hat als wahr unterstellt, daß Verstöße gegen § 213 StGB-DDR („Ungesetzlicher Grenzübertritt") mit unmittelbarem Kontakt zur Berliner Mauer zur Tatzeit in den meisten Fällen nach § 213 Abs. 3 StGB-DDR als Verbrechen gewertet und mit mehr als zwei Jahren Freiheitsstrafe bestraft wurden; der Tatrichter hält es für möglich, daß bei der Schulung der Angeklagten die Vorschrift des § 213 StGB-DDR, deren Grundtatbestand ein Vergehen war, ohne Differenzierung nach der Tatschwere besprochen, also der Fluchtversuch an der Mauer generell als Verbrechen dargestellt worden ist. – Das Rechtsmittel war erfolglos.

Gründe:

A. ...

Zur Befehlslage heißt es in den Urteilsgründen: „Die auch für die Angeklagten maßgebliche, von ihnen so verstandene und akzeptierte Befehlslage ging dahin, auf jeden Fall und letztlich mit allen Mitteln zu verhindern, daß der Flüchtende ‚feindliches Territorium' (hier: Berlin-West) erreichte. Dementsprechend lautete eine der bei der ‚Vergatterung' auch gegenüber den Angeklagten verwendeten Formulierungen in ihrem Kernsatz: ‚Grenzdurchbrüche sind auf keinen Fall zuzulassen. Grenzverletzer sind zu stellen oder zu vernichten' ... Vor jedem Ausrücken zum Grenzdienst erfolgte die Vergatterung; durch sie wurde den Grenzposten noch einmal der konkrete Einsatz und in allgemeiner Form die gestellte Aufgabe bewußt gemacht". Die in der Schulung behandelte Befehlslage sah folgendes Handlungsschema vor, wobei jeweils zur nächsten Handlungsstufe überzugehen war, wenn die vorherige keinen Erfolg zeigte oder sich von vornherein als nicht erfolgversprechend darstellte: Anrufen des Flüchtenden – Versuch des Postens, den Flüchtenden zu Fuß zu erreichen – Warnschuß – gezieltes Einzelfeuer, falls erforderlich mehrmals, auf die Beine – „Weiterschießen, egal wie, notfalls auch erschießen, bis die Flucht verhindert ist". Als Faustregel galt: „Besser der Flüchtling ist tot, als daß die Flucht gelingt".

Die Jugendkammer nimmt an, daß die Angeklagten mit bedingtem Vorsatz einen gemeinschaftlichen Totschlag begangen haben. Sie wendet die §§ 212, 213 StGB als das gegenüber dem Strafrecht der DDR mildere Recht an (Art. 315 Abs. 1 EGStGB i.V.m. § 2 Abs. 3 StGB). Nach ihrer Ansicht war zwar das durch § 27 des Grenzgesetzes i.V.m. § 213 Abs. 3 StGB-DDR bestimmte Grenzregime an der Demarkationslinie mit den völkerrechtlichen Verpflichtungen der DDR und mit dem ordre public der Bundesrepublik Deutschland unvereinbar. Daraus folgt aber nach Auffassung der Jugendkammer nicht, daß zum Nachteil der

Angeklagten der im Recht der DDR vorgesehene Rechtfertigungsgrund außer Betracht bleiben kann. Die Jugendkammer beruft sich insoweit auf Artikel 103 Abs. 2 GG sowie auf den Gesichtspunkt der Rechtssicherheit; die Rechtssicherheit habe hier Vorrang, weil ein Extremfall, wie er etwa in BGHSt. 2, 234 zur Entscheidung stand, nicht vorgelegen habe.

Die Jugendkammer führt jedoch weiter aus: Auch wenn hiernach ein Rechtfertigungsgrund nach dem Recht der DDR in Betracht komme, so sei er gleichwohl wegen der besonderen Umstände der Tat auf die Schüsse der Angeklagten nicht anwendbar. Wie sich aus der Systematik der §§ 26, 27 des Grenzgesetzes ergebe, seien diese Vorschriften, ebenso wie die Bestimmungen des UZwG über den Schußwaffengebrauch, am Prinzip der Verhältnismäßigkeit orientiert; § 27 Abs. 1 Satz 1 bezeichne die Anwendung der Schußwaffe als „die äußerste Maßnahme der Gewaltanwendung". Eine den Gesichtspunkt der Verhältnismäßigkeit beachtende Auslegung des Rechtfertigungsgrundes ergebe hier, daß das von den Angeklagten abgegebene Dauerfeuer nicht durch § 27 des Grenzgesetzes gedeckt, sondern nur Einzelfeuer gestattet gewesen sei; dafür spreche auch die Regelung des § 27 Abs. 5 des Grenzgesetzes, nach der Menschenleben nach Möglichkeit zu schonen sei. Zwar hätten die Angeklagten auf die Beine gezielt. Ihnen sei aber bewußt gewesen, daß bei einem Dauerfeuer mit kurzen Feuerstößen die Waffe nach dem ersten Schuß „auswandere".

Das Verhalten der Angeklagten ist nach Ansicht des Landgerichts nicht durch dienstlichen Befehl (§ 5 WStG; § 258 StGB-DDR) entschuldigt gewesen. Befohlen sei in der Tatsituation Einzelfeuer auf die Beine gewesen; die Angeklagten seien in vorauseilendem Gehorsam über diesen Befehl hinausgegangen, um durch Dauerfeuer die Chance, den Flüchtling zu treffen und damit an der Überschreitung der Grenze zu hindern, zu erhöhen. „Daß die Angeklagten dabei geglaubt haben, dieses Vorgehen sei durch den Befehl, den Grenzverletzer in jedem Fall zu stellen, ihn als letztes Mittel sogar zu vernichten (= töten), gedeckt, vermag sie nicht zu entlasten, denn die Ausführung des Befehls, einen Flüchtling notfalls zu erschießen ..., verstieß offensichtlich gegen das Strafgesetz, nämlich das Tötungsverbot der §§ 112, 113 StGB-DDR". Das Mißverhältnis des wirtschaftlichen und politischen Interesses der DDR an der Verhinderung einer unkontrollierten Ausreise ihrer Bürger zu dem Rechtsgut des Lebens sei offensichtlich gewesen; Rechtsblindheit werde auch durch § 258 StGB-DDR nicht privilegiert. Deswegen sei ein Verbotsirrtum (§ 17 StGB) vermeidbar gewesen.

Die Jugendkammer hat bei der Strafbemessung, auch hinsichtlich des Angeklagten W., angenommen, daß die Voraussetzungen des § 213 StGB (minder schwerer Fall des Totschlages) vorlägen.

B.

Es besteht nicht.

I.

Die in Staaten des angelsächsischen Rechtskreises in unterschiedlicher Weise formulierte „act of state doctrine" ist keine allgemeine Regel des Völkerrechts im Sinne des Art. 25 GG. Sie betrifft vielmehr die Auslegung innerstaatlichen Rechts, nämlich die Frage, ob und in welchem Maße von der Wirksamkeit der Akte fremder Staaten auszugehen ist. Hier gibt es keine verbindliche Regel, daß die Wirksamkeit ausländischer Hoheitsakte bei der Anwendung innerstaatlichen Rechtes der gerichtlichen Nachprüfung entzogen sei. Im Einigungsvertrag ist nicht vereinbart worden, daß Akte, die der Staatstätigkeit der DDR zuzuordnen sind, der Nachprüfung durch Gerichte der Bundesrepublik Deutschland entzogen sein sollen. Das Gegenteil trifft zu: In den Artikeln 18 und 19 des Einigungsvertrags ist bestimmt, daß Entscheidungen der Gerichte und der Verwaltung der DDR zwar grundsätzlich wirksam bleiben, jedoch aufgehoben werden können, wenn sie mit rechtsstaatlichen Grundsätzen nicht zu vereinbaren sind (vgl. auch die Anlage I zum Einigungsvertrag Kapitel III Sachgebiet A Abschnitt III Nr. 14d)

II.

Möglicherweise meint die Revision mit ihrem Einwand, Gerichte der Bundesrepublik Deutschland dürften mit Rücksicht auf die Immunität fremder Staaten und ihrer Repräsentanten keine Gerichtsbarkeit ausüben; die Revision beruft sich auf eine zu Immunitätsfragen ergangene Entscheidung des VI. Zivilsenats des Bundesgerichtshofs (NJW 1979, 1101) sowie auf die Entscheidung BGHSt. 33, 97, mit der dem Staatsratsvorsitzenden der DDR im Jahre 1984 Immunität zuerkannt worden ist, wie sie einem Staatsoberhaupt zukommt. Die Angeklagten sind schon deswegen nicht als Repräsentanten eines fremden Staates zu behandeln, weil die Deutsche Demokratische Republik nicht mehr besteht.

C.

Die sachlichrechtliche Nachprüfung ergibt, daß die Revisionen der Angeklagten im Ergebnis unbegründet sind.

I.

Die Angeklagten und das Tatopfer hatten zur Tatzeit ihre Lebensgrundlage in der DDR; dort ist das Opfer von den Schüssen der Angeklagten getroffen worden und gestorben. Das Landgericht hat Artikel 315 Abs. 1 EGStGB (idF des Einigungsvertrags Anl. I Kap. III Sachgebiet C Abschn. II Nr. 1b) angewandt und ermittelt, ob das Recht der Bundesrepublik Deutschland oder das Recht der DDR milder im Sinne des § 2 Abs. 3 StGB sei. Dieser Ausgangspunkt entspricht der ständigen Rechtsprechung des Bundesgerichtshofs (vgl. BGHSt. 37, 320; 38, 1, 3; 38, 18; 38, 88; BGHR StGB § 2 Abs. 3 DDR-StGB 5).

Etwas anderes würde gelten, wenn die Tat schon vor dem 3. Oktober 1990 nach dem Recht der Bundesrepublik Deutschland zu beurteilen gewesen wäre (Art. 315 Abs. 4 EGStGB i.d.F. des Einigungsvertrags).

1. Der Senat hat die Frage geprüft, ob die in BGHSt. 32, 293 im Jahre 1984 entwickelten Grundsätze mit dem Ergebnis anzuwenden sind, daß schon vor der Vereinigung Deutschlands Taten der hier in Rede stehenden Art nach dem Strafrecht der Bundesrepublik Deutschland zu beurteilen waren. Er hat die Frage verneint.

Der 3. Strafsenat hatte in der Entscheidung BGHSt. 32, 293 im Anschluß an seine Entscheidung BGHSt. 30, 1 ausgeführt, das Strafrecht der Bundesrepublik Deutschland gelte für eine in der damaligen DDR unter Einheimischen durch politische Verdächtigung bewirkte Freiheitsberaubung, und zwar aus folgenden Gründen: Zwar schütze das Strafrecht der Bundesrepublik Deutschland spätestens seit dem Grundlagenvertrag vom 21. Dezember 1972 (BGBl. 1973 II 421) nicht mehr alle in der DDR lebenden Deutschen in dem Sinne, daß die gegen sie auf dem Gebiet der DDR begangenen Taten ohne weiteres nach § 7 Abs. 1 StGB, mithin nach dem Strafrecht der Bundesrepublik Deutschland zu beurteilen seien. Etwas anderes gelte aber jedenfalls für Taten, in denen die mit politischer Verdächtigung oder Verschleppung verbundene Gefahr rechtsstaatswidriger Verfolgung in eine Verletzung, insbesondere in eine Freiheitsberaubung übergehe; der in § 5 Nr. 6 StGB gewährte umfassende Schutz (BGHSt. 30, 1) könne nach dem Zweck dieser Vorschrift nicht auf die Ahndung des Gefährdungstatbestands beschränkt bleiben (BGHSt. 32, 293, 298).

Im vorliegenden Fall sind die Regeln des § 5 StGB nicht betroffen; eine Anknüpfung an die Vorschrift des § 5 Nr. 6 StGB ist, anders als in den Fällen BGHSt. 30, 1; 32, 293, nicht möglich. Den Schüssen an der Mauer war kein Gefährdungsdelikt vorausgegangen. S. ist zwar, ebenso wie die Opfer der in den §§ 234a, 241a StGB bezeichneten Straftaten, das Opfer eines Freiheitsrechte mißachtenden politischen Systems geworden. Dieser Gesichtspunkt ist für sich allein aber nicht bestimmt genug, um die gegen ihn begangene Tat im Hinblick auf das Rechtsanwendungsrecht (§§ 3 bis 7 StGB) hinreichend deutlich zu beschreiben und von anderen in der DDR begangenen Taten abzugrenzen, für die die Vorschrift des § 7 Abs. 1 StGB nicht galt.

Hinzu kommt folgende Überlegung: Der Gesetzgeber hat ersichtlich den Meinungsstand hinsichtlich der Anwendung der §§ 3 bis 7 StGB auf DDR-Fälle, insbesondere die Rechtsprechung des Bundesgerichtshofs (BGHSt. 30, 1; 32, 293), gekannt, als er mit der Neufassung des Artikels 315 EGStGB durch den Einigungsvertrag in das System des Rechtsanwendungsrechts eingriff. Würde die Rechtsprechung, die sich nur noch auf Taten bezieht, die vor dem Inkrafttreten des Einigungsvertrags begangen worden sind, im jetzigen Zeitpunkt wesentlich geändert, so erhielte die Neufassung des Art. 315 EGStGB einen Inhalt, mit dem der Gesetzgeber nicht gerechnet hat. Unter diesen Umständen ist der Anwendungsbereich des Artikels 315 Abs. 4 EGStGB nicht anders zu beurteilen, als es dem gesicherten Stand der bisherigen Rechtsprechung entspricht.

2. Aus den gleichen Gründen folgt der Senat nicht dem weitergehenden, in jüngster Zeit wieder aufgegriffenen Vorschlag, Deutsche, die ihren Lebensmittelpunkt in der DDR hatten, ausnahmslos als Deutsche im Sinne des § 7 Abs. 1 StGB aufzufassen. Daß dem Einigungsvertrag diese Auslegung nicht zugrunde gelegen hat, ergibt sich schon aus der Beobachtung, daß für die Vorschrift des Artikel 315 Abs. 1 EGStGB nur ein sehr geringer Anwendungsbereich (Taten ohne individuelle Opfer sowie Taten gegen Ausländer) übrig bliebe, wenn alle Taten, die sich gegen DDR-Bürger richteten, unter Artikel 315 Abs. 4 EGStGB fielen; wie die Gesamtheit der in den Artikeln 315 bis 315 c EGStGB i.d.F. des Einigungsvertrags enthaltenen Regelungen zeigt, ist der Gesetzgeber aber ersichtlich davon ausgegangen, daß der Anwendungsbereich des – allerdings an § 2 Abs. 3 StGB zu messenden – DDR-Rechts breit sein werde.

II.

Das Recht der ehemaligen DDR wäre im Sinne des § 2 Abs. 3 StGB (i.V.m. Art. 315 Abs. 1 EGStGB idF des Einigungsvertrags) im Vergleich mit dem Recht der Bundesrepublik Deutschland das mildere Recht, wenn der abgeurteilte tödliche Schußwaffengebrauch nach dem Recht der DDR (§ 27 Abs. 2 des Grenzgesetzes i.V.m. § 213 Abs. 3 StGB-DDR) gerechtfertigt gewesen wäre und dieser Rechtfertigungsgrund auch heute zugunsten der Angeklagten beachtet werden müßte. Die Nachprüfung ergibt, daß die Angeklagten zwar – nach der zur Tatzeit in der DDR praktizierten Auslegung – den in § 27 Abs. 2 des Grenzgesetzes bezeichneten Anforderungen entsprochen haben, daß sich daraus jedoch kein wirksamer Rechtfertigungsgrund ergibt.

1. Die Grenztruppen der DDR hatten nach § 18 Abs. 2 des Grenzgesetzes vom 25. 3. 1982 (GBl. DDR I 197) die „Unverletzlichkeit" der Grenze zu „gewährleisten"; als Verletzung galt u.a. das widerrechtliche Passieren der Grenze (§ 17 Satz 2 Buchst. b des Grenzgesetzes).

Nach § 27 Abs. 2 Satz 1 des Grenzgesetzes war die Anwendung der Schußwaffe „gerechtfertigt, um die unmittelbar bevorstehende Ausführung oder die Fortsetzung einer Straftat zu verhindern, die sich den Umständen nach als ein Verbrechen darstellt". In § 27 Abs. 5 Satz 1 des Gesetzes hieß es, das Leben von Personen sei bei der Anwendung der Schußwaffe „nach Möglichkeit zu schonen". Als Verbrechen wurden nach § 1 Abs. 3 Satz 2 StGB-DDR u.a. „gesellschaftsgefährliche" Straftaten gegen „Rechte und Interessen der Gesellschaft" verstanden, die eine „schwerwiegende Mißachtung der sozialistischen Gesetzlichkeit darstellen und ... für die innerhalb des vorgesehenen Strafrahmens im Einzelfall eine Freiheitsstrafe von über zwei Jahren ausgesprochen wird". Mit einer solchen Strafe, nämlich mit Freiheitsstrafe von einem Jahr bis zu acht Jahren, war der ungesetzliche Grenzübertritt in schweren Fällen bedroht (§ 213 Abs. 3 StGB-DDR i.d.F. des 3. StrÄndG vom 28. 6. 1979, GBl. DDR I 139). Ein schwerer Fall lag nach § 213 Abs. 3 Satz 2 Nr. 2 StGB-DDR „insbesondere" vor, wenn die Tat mit „gefährlichen Mitteln oder Methoden" durchgeführt wurde. Daß die Praxis der DDR zur Tatzeit die „Republikflucht" mit unmittelbarem Grenzkontakt in den meisten Fällen als Verbrechen wertete und mit Freiheitsstrafen von mehr als zwei Jahren ahndete, hat der Tatrichter unterstellt. Dem entspricht es, daß das Oberste Gericht der DDR und der Generalstaatsanwalt der DDR am 15. 1. 1988 in ihrem „Gemeinsamen Standpunkt zur Anwendung des § 213 StGB" ausgeführt haben, eine gefährliche Methode im Sinne des § 213 Abs. 3 Satz 2 Nr. 2 StGB sei u.a. das Benutzen von „Steighilfen zur Überwindung von Grenzsicherungsanlagen" (OG-Informationen 2/1988 S. 9, 14); bereits am 17. 10. 1980 war ein „Gemeinsamer Standpunkt" des Obersten Gerichtes und des Generalstaatsanwalts mit entsprechendem Inhalt formuliert worden (OG-Informationen – Sonderdruck 1980 S. 3).

Nach dem vom Ministerium der Justiz und der Akademie für Staats- und Rechtswissenschaft der DDR herausgegebenen Kommentar zum Strafgesetzbuch (Strafrecht der Deutschen Demokratischen Republik, 5. Aufl. 1987 – fortan als „DDR-Kommentar" zitiert –, § 213 Anm. 16) fiel das Verhalten des Tatopfers auch unter § 213 Abs. 3 Satz 2 Nr. 5 StGB-DDR: S. hatte bis zum Übersteigen der Hinterlandmauer gemeinschaftlich mit einem anderen gehandelt; dessen Rücktritt vom Versuch des unerlaubten Grenzübertritts bewirkte nicht, daß für S. die Voraussetzungen des § 213 Abs. 3 Satz 2 Nr. 5 StGB-DDR (Begehung der Tat „zusammen mit anderen") wegfielen.

2. Entgegen der Auffassung der Jugendkammer kommt eine Auslegung dieser Vorschriften in dem Sinne in Betracht, daß das Verhalten der Angeklagten von ihnen gedeckt war.

a) Der Wortsinn des § 27 des Grenzgesetzes läßt eine solche Auslegung zu: Der Grenzübertritt, der in Anwendung des § 213 Abs. 3 StGB-DDR als Verbrechen angesehen wurde, sollte, sofern er unmittelbar bevorstand, durch Anwendung der Schußwaffe „verhindert" werden (§ 27 Abs. 2 Satz 1 des Grenzgesetzes). Zwar bezeichnete das Gesetz die Anwendung der Schußwaffe als „äußerste Maßnahme" (§ 27 Abs. 1 Satz 1 des Grenzgesetzes); andere Mittel, den Grenzübertritt zu verhindern, standen den Angeklagten aber nicht zur Verfügung. Nach § 27 Abs. 5 des Grenzgesetzes war das Leben anderer „nach Möglichkeit", also nicht in jedem Falle zu schonen. Hiernach läßt der Wortlaut des Gesetzes die Auslegung zu, daß auch mit (jedenfalls bedingtem) Tötungsvorsatz geschossen werden durfte, wenn das Ziel, Grenzverletzungen zu verhindern, nicht auf andere Weise erreicht werden konnte.

Voraussetzung für diese Auslegung des § 27 des Grenzgesetzes ist allerdings, daß das Ziel, Grenzverletzungen zu verhindern, im Konfliktfalle Vorrang vor der Schonung menschlichen Lebens hatte. Wie die Abwägung zwischen dem Leben des Flüchtlings und der „Unverletzlichkeit der Staatsgrenze" auszufallen hatte, war aus dem Gesetz nicht abzulesen. Rechtsprechung von Gerichten der DDR ist zu dieser Frage nicht veröffentlicht worden. Äußerungen im Schrifttum der DDR zum Schußwaffengebrauch an der Grenze beschränken sich auf die Darlegung, daß die Bestimmungen über den Schußwaffengebrauch den westdeutschen Vorschriften entsprächen und im Einklang mit dem Völkerrecht dem Schutz der nationalen Sicherheit und öffentlichen Ordnung dienten; diese Äußerungen stammen aus der Zeit vor dem Inkrafttreten des Grenzgesetzes. Unter diesen Umständen sind die vom Tatrichter festgestellte Befehlslage und die – ebenfalls auf vorgegebenen Befehlen beruhenden – Begleitumstände des Tatgeschehens heranzuziehen, um zu ermitteln, wie die Vorschrift des § 27 des Grenzgesetzes zur Tatzeit von den für ihre Anwendung und Auslegung Verantwortlichen verstanden worden ist.

aa) Die Befehlslage schloß – so das angefochtene Urteil – „zur Vereitelung der Flucht auch die bewußte Tötung des Flüchtenden" ein, falls mildere Mittel zur Fluchtverhinderung nicht ausreichten. Daß der Flüchtende den Westteil von Berlin erreichte, war danach „auf jeden Fall und letztlich mit allen Mitteln zu verhindern." In der regelmäßig wiederkehrenden Vergatterung war nach den Feststellungen der „Kernsatz" enthalten: „Grenzdurchbrüche sind auf keinen Fall zuzulassen. Grenzverletzer sind zu stellen oder zu vernichten." Bei der Schulung der Grenzsoldaten galt als Faustregel: „Besser der Flüchtling ist tot, als daß die Flucht gelingt." Das Interesse, die Flucht zu verhindern, hatte hiernach Vorrang vor dem Leben des Flüchtlings. Eine gelungene Flucht war „das Schlimmste, was der Kompanie passieren konnte, da sie der ihr gestellten Aufgabe nicht gerecht geworden wäre." Die Erschießung eines Flüchtlings an der Mauer hatte dagegen „keine negativen Konsequenzen"; sie hat nie zu einem Verfahren gegen den Schützen geführt. Vielmehr wurde der Posten, der eine Flucht, wie auch immer, verhindert hatte, ausgezeichnet und belohnt. Der Tatrichter hat keinerlei Anhaltspunkte dafür gefunden, daß Gerichte, Staatsanwaltschaften oder andere staatliche Instanzen der DDR jemals beanstandet hätten, der durch die Befehlslage bezeichnete Schußwaffengebrauch überschreite die in § 27 des Grenzgesetzes gesteckten Grenzen.

bb) Daß der Schutz des Lebens von „Grenzverletzern" hinter andere Ziele, auch das Ziel der Geheimhaltung schwerer Verletzungen, zurücktrat, zeigen auch die folgenden Feststellungen des Tatrichters: Obwohl § 27 Abs. 5 des Grenzgesetzes vorschrieb, das Leben von Personen nach Möglichkeit zu schonen und unter Beachtung der notwendigen Sicherheitsmaßnahmen Erste Hilfe zu gewähren, hat keiner der nach den Schüssen der Angeklagten hinzugekommenen Angehörigen der Grenztruppen und anderer Einheiten S. geholfen, obwohl dieser mehrfach darum bat. Der Verletzte wurde zu einem Turm „geschleift" und dort an einer vom Westen nicht einsehbaren Stelle „abgelegt". S. ist nicht mit dem gewöhnlichen Krankenwagen der „Schnellen medizinischen Hilfe", sondern mit einem Sanitätswagen des Regiments, der zunächst 45 Minuten für die Anfahrt benötigt hatte, abtransportiert worden, und zwar nicht zum nächstgelegenen Krankenhaus, sondern zu dem entfernteren Krankenhaus der Volkspolizei, wo er mehr als zwei Stunden nach den Verletzungen eingeliefert wurde. In dem Sanitätswagen war kein Arzt, weil bei der Anforderung des Wagens nicht mitgeteilt werden durfte, daß jemand schwer verletzt worden war. Bei schneller ärztlicher Hilfeleistung hätte S. gerettet werden können. Die genannten Maßnahmen, die eine erhebliche Verzögerung bewirkten, entsprachen der Befehlslage, die vorrangig nicht an der Lebensrettung, sondern an dem Interesse orientiert war, daß der Vorfall auf beiden Seiten der Grenze unerkannt blieb; möglicherweise galt diese Geheimhaltung als „notwendige Sicherheitsmaßnahme" im Sinne des § 27 Abs. 5 Satz 2 des Grenzgesetzes. Dem Vorrang der Geheimhaltung vor der Lebensrettung entsprach es, daß die Sanitäter die Fahrt nicht ihrem Regimentsarzt melden durften, daß der Zugführer unterschreiben mußte, der Nachtdienst sei ohne besondere Vorkommnisse verlaufen, und daß der Name des Opfers im Eingangsbuch des Krankenhauses sowie auf dem Totenschein nicht genannt wurde; auch wurde der Vater des Opfers erst am 4. 12. 1984 vom Tod seines Sohnes unterrichtet.

Ein Hinweis auf die Bedeutung politischer Interessen ergibt sich auch daraus, daß der Befehl, an der Grenze zu schießen, anläßlich von Staatsbesuchen, Parteitagen und FDJ-Treffen auf Fälle der Notwehr, der Verwendung „schwerer Technik" und der Fahnenflucht beschränkt wurde. Gleichzeitig wurde die Postendichte verstärkt.

cc) Die genannten tatsächlichen Umstände ergeben in ihrer Gesamtheit, daß die Verhinderung des Grenzübertritts als überragendes Interesse aufgefaßt wurde, hinter das persönliche Rechtsgüter einschließlich des Lebens zurücktraten. Der Senat gelangt deswegen zu dem Ergebnis, daß nach der zur Tatzeit in der DDR geübten Staatspraxis die Anwendung von Dauerfeuer ohne vorgeschaltetes, auf die Beine gerichtetes Einzelfeuer nicht als rechtswidrig angesehen worden wäre. Denn die Angeklagten haben mit dem Dauerfeuer die Chance, die Flucht zu verhindern, freilich auch das Risiko eines tödlichen Treffers, erhöht und damit dem entsprochen, was ihnen im Einklang mit der herrschenden Auslegung des Grenzgesetzes als das wichtigste Ziel vermittelt wurde, nämlich die Verhinderung von Grenzübertritten. Sie hätten sich nach den genannten Beurteilungsmaßstäben allenfalls dann einer auf § 27 Abs. 5 Satz 1 des Grenzgesetzes gestützten Kritik ausgesetzt, wenn eine hohe Wahrscheinlichkeit dafür gesprochen hätte, daß das Einzelfeuer auf die Beine die Flucht zuverlässig verhindert hätte. Das liegt hier angesichts der zeitlichen Verhältnisse fern: S. befand sich, als die Angeklagten schossen, im zügigen Aufstieg auf der Leiter. Er hat fünf Sekunden bis zum Erreichen einer Höhe benötigt, aus der er an die Mauerkrone greifen konnte. Es muß angenommen werden, daß er zu diesem Zeitpunkt in der Lage war, innerhalb weniger Sekunden die Mauerkrone zu übersteigen und sich dadurch in Sicherheit zu bringen. Bei der Abgabe von Einzelfeuer betrug nach den Feststellungen der Mindestabstand zwischen zwei Schüssen 1,5 Sekunden; angesichts der Kürze der für die Fluchtverhinderung verbliebenen Zeit war hiernach die Chance, dieses Ziel zu erreichen, bei Dauerfeuer (mit einer Frequenz von 10 Schüssen je Sekunde) wesentlich höher. Im übrigen ist auch zu berücksichtigen, daß die Entfernung der Schützen von S. nicht unbeträchtlich war und daß sich die Ereignisse zur Nachtzeit zutrugen.

dd) Hiernach entsprach das Verhalten der Angeklagten der rechtfertigenden Vorschrift des § 27 Abs. 2 des Grenzgesetzes, so wie sie in der Staatspraxis angewandt wurde. Diese Staatspraxis ist durch den Vorrang der Fluchtverhinderung vor dem Lebensschutz gekennzeichnet; die zur Rechtskontrolle berufenen Gerichte und Behörden der DDR haben dieser Staatspraxis nicht widersprochen. Sofern man das darin zum Ausdruck gekommene Verständnis des § 27 Abs. 2 des Grenzgesetzes zugrunde legt, waren die mit bedingtem Vorsatz und Dauerfeuer abgegebenen Schüsse der Angeklagten gerechtfertigt.

In dieser Betrachtungsweise weicht der Senat vom Vorgehen der Jugendkammer ab. Diese hat das Grenzgesetz wegen des von ihm erweckten „Anscheins von Rechtsstaatlichkeit" nach rechtsstaatlichen Maßstäben, insbesondere im Lichte des Verhältnismäßigkeitsgrundsatzes ausgelegt; sie ist der Auffassung, daß staatliche Präventionszwecke niemals die vorsätzliche, auch nicht die bedingt vorsätzliche Tötung eines Menschen, der das Leben anderer nicht gefährdet, rechtfertigen, weil das Leben das höchste Rechtsgut sei. Nach Ansicht der Jugendkammer rechtfertigt § 27 Abs. 2 des Grenzgesetzes die (unbedingt oder bedingt) vorsätzliche Tötung auch dann nicht, wenn die in § 27 des Grenzgesetzes umschriebenen staatlichen Zwecke anders nicht zu erreichen wären. Diese Rechtsauffassung der Jugendkammer ist dem Grundgesetz und der Europäischen Menschenrechtskonvention verpflichtet. Sie wäre deshalb ein geeigneter Ausgangspunkt für die Auslegung des § 11 UZwG sowie des § 16 UZwGBw. Hier geht es indessen nicht um die Auslegung dieser Vorschriften, sondern im Hinblick auf § 2 Abs. 3 StGB um die Prüfung, ob als milderes Gesetz ein Rechtfertigungsgrund nach dem zur Tatzeit geltenden fremden Recht in Betracht kommt.

b) Von der Frage, ob das Verhalten der Angeklagten nach dem Recht der DDR, wie es in der Staatspraxis angewandt wurde, gerechtfertigt war, ist die andere Frage zu unterscheiden, ob ein so verstandener Rechtfertigungsgrund (§ 27 Abs. 2 des Grenzgesetzes) wegen Verletzung vorgeordneter, auch von der DDR zu beachtender allgemeiner Rechtsprinzipien und wegen eines extremen Verstoßes gegen das Verhältnismäßigkeitsprinzip bei der Rechtsfindung außer Betracht bleiben muß, und zwar auch dann, wenn die Prüfung des fremden Rechtfertigungsgrundes im Rahmen des § 2 Abs. 3 StGB stattfindet. Der Senat bejaht diese Frage.

Der in § 27 Abs. 2 des Grenzgesetzes genannte Rechtfertigungsgrund, wie ihn die damalige Staatspraxis, vermittelt durch die Befehlslage, handhabte, hat, sofern der Grenzübertritt auf andere Weise nicht verhindert werden konnte, das (bedingt oder unbedingt) vorsätzliche Töten von Personen gedeckt, die nichts weiter wollten, als unbewaffnet und ohne Gefährdung allgemein anerkannter Rechtsgüter die Grenze zu überschreiten. Die Durchsetzung des Verbots, die Grenze ohne besondere Erlaubnis zu überschreiten, hatte hiernach Vorrang vor dem Lebensrecht von Menschen. Unter diesen besonderen Umständen ist der Rechtfertigungsgrund, wie er sich in der Staatspraxis darstellte, bei der Rechtsanwendung nicht zu beachten.

aa) Allerdings müssen Fälle, in denen ein zur Tatzeit angenommener Rechtfertigungsgrund als unbeachtlich angesehen wird, auf extreme Ausnahmen beschränkt bleiben. Daß ein Rechtfertigungsgrund gegen den ordre public der Bundesrepublik Deutschland (vgl.

Art. 6 EGBGB) verstoßen hat, ist – entgegen Küpper/Wilms ZRP 1992, 91, 93 – für sich allein kein ausreichender Grund, ihm bei der Aburteilung einer unter dem früheren Recht begangenen Tat die Berücksichtigung zu versagen. Das Landgericht hat mit Recht auf die hohe Bedeutung der Rechtssicherheit hingewiesen. Sie spricht dafür, in den Fällen des § 2 Abs. 3 StGB bei der Ermittlung des milderen Rechtes grundsätzlich die Rechtfertigungsgründe des früheren Rechtes mit zu berücksichtigen.

bb) Ein zur Tatzeit angenommener Rechtfertigungsgrund kann vielmehr nur dann wegen Verstoßes gegen höherrangiges Recht unbeachtet bleiben, wenn in ihm ein offensichtlich grober Verstoß gegen Grundgedanken der Gerechtigkeit und Menschlichkeit zum Ausdruck kommt; der Verstoß muß so schwer wiegen, daß er die allen Völkern gemeinsamen, auf Wert und Würde des Menschen bezogenen Rechtsüberzeugungen verletzt (BGHSt. 2, 234, 239). Der Widerspruch des positiven Gesetzes zur Gerechtigkeit muß so unerträglich sein, daß das Gesetz als unrichtiges Recht der Gerechtigkeit zu weichen hat (Radbruch SJZ 1946, 105, 107). Mit diesen Formulierungen (vgl. auch BVerfGE 3, 225, 232; 6, 132, 198 f.) ist nach dem Ende der nationalsozialistischen Gewaltherrschaft versucht worden, schwerste Rechtsverletzungen zu kennzeichnen. Die Übertragung dieser Gesichtspunkte auf den vorliegenden Fall ist nicht einfach, weil die Tötung von Menschen an der innerdeutschen Grenze nicht mit dem nationalsozialistischen Massenmord gleichgesetzt werden kann. Gleichwohl bleibt die damals gewonnene Einsicht gültig, daß bei der Beurteilung von Taten, die in staatlichem Auftrag begangen worden sind, darauf zu achten ist, ob der Staat die äußerste Grenze überschritten hat, die ihm nach allgemeiner Überzeugung in jedem Land gesetzt ist.

cc) Heute sind konkretere Prüfungsmaßstäbe hinzugekommen: Die internationalen Menschenrechtspakte bieten Anhaltspunkte dafür, wann der Staat nach der Überzeugung der weltweiten Rechtsgemeinschaft Menschenrechte verletzt. Hierbei ist der Internationale Pakt über bürgerliche und politische Rechte vom 19. 12. 1966 (BGBl. 1973 II 1534 – IPbürgR) von besonderer Bedeutung. Die DDR ist ihm im Jahre 1974 beigetreten (GBl. DDR II 57); sie hat die Ratifizierungsurkunde am 8. 11. 1974 hinterlegt (GBl. a.a.O.). Der Internationale Pakt (im Sprachgebrauch der DDR „Konvention über zivile und politische Rechte" genannt) ist für beide deutsche Staaten am 23. 3. 1976 in Kraft getreten (BGBl. II 1068; GBl. DDR II 108). Allerdings hat die DDR es unterlassen, den Pakt gemäß Art. 51 der DDR-Verfassung zum Anlaß für innerstaatliche Gesetzesänderungen zu nehmen und bei dieser Gelegenheit nach der genannten Verfassungsvorschrift von der Volkskammer „bestätigen" zu lassen. An der völkerrechtlichen Bindung der DDR ändert dieser Sachverhalt nichts. Ein Staat kann sich „nicht durch eine Berufung auf seine innerstaatliche Rechtsordnung der Erfüllung von ihm eingegangener Verpflichtungen entziehen" (Völkerrecht, Lehrbuch Berlin-Ost 1981 I S. 59); er ist „kraft Völkerrechts verpflichtet, im Bereich seiner innerstaatlichen Gesetzgebung entsprechend diesen Verpflichtungen zu handeln und sie zu erfüllen" (a.a.O.). Ergeben sich bei der Bewertung des Rechts der DDR Widersprüche zwischen den von ihr völkerrechtlich anerkannten Menschenrechten und der tatsächlichen Anwendung der Grenz- und Waffengebrauchsvorschriften, so kann dieser Widerspruch auch bei der Beurteilung der Frage berücksichtigt werden, ob derjenige rechtswidrig handelt, der auf staatlichen Befehl Menschenrechte verletzt, die durch den völkerrechtlichen Vertrag geschützt sind. Deswegen kann die Frage offenbleiben, ob entgegen der in der DDR vertretenen Auffassung aus dem besonderen Inhalt des IPbürgR abzuleiten ist, daß schon die Ratifikation den Menschen in den Vertragsstaaten eine Rechtsposition gegenüber ihrem Staat verschafft hat.

(1) Art. 12 Abs. 2 IPbürgR lautet: „Jedermann steht es frei, jedes Land, einschließlich seines eigenen, zu verlassen" (Übersetzung im DDR-Gesetzblatt: „Es steht jedem frei, jedes Land, auch sein eigenes, zu verlassen"). Nach Art. 12 Abs. 3 IPbürgR darf dieses Recht nur durch Gesetz und nur zu bestimmten Zwecken, darunter zum Schutz der nationalen Sicherheit und der öffentlichen Ordnung, eingeschränkt werden.

Das Erfordernis, daß die Einschränkung durch Gesetz erfolgen muß, hat das Paßgesetz der DDR vom 28. 6. 1979 (GBl. DDR I 148) erfüllt. Darauf, daß die im Paßgesetz und in den zugehörigen Anordnungen enthaltenen Beschränkungen dem Schutz der öffentlichen Ordnung dienten, hat sich die DDR stets berufen. Doch ergibt sich aus dem verbindlichen englischen Wortlaut des Art. 12 Abs. 3 IPbürgR („The ... rights shall not be subject to any restrictions except ...") und der Entstehungsgeschichte sowie der internationalen Auslegung der Vorschrift, daß mit dem Gesichtspunkt der öffentlichen Ordnung (ordre public) nicht etwa ein umfassender Gesetzesvorbehalt gemeint war; vielmehr sollten die Einschränkungen auf Ausnahmefälle beschränkt bleiben und keinesfalls die Substanz der Freizügigkeit und des Ausreiserechts zerstören.

Die DDR ist in den Jahren 1977 und 1984 vom Menschenrechtsausschuß der Vereinten Nationen zu den Verhältnissen an der innerdeutschen Grenze gehört worden. Sie hat 1977 erklärt, die Einschränkung der Freizügigkeit entspreche dem IPbürgR (vgl. Bruns Deutschland-Archiv 1978, 848, 851; UNO-Dokument A 33/Suppl. 40 [1978] S. 26 ff., 29). In ihrem Bericht für die Vereinten Nationen von 1984 hat sich die DDR auf die große Zahl erlaubter Ausreisen berufen und betont, die Beschränkungen dienten dem Schutz der nationalen Sicherheit und öffentlichen Ordnung. In der mündlichen Befragung hat damals der Vertreter der DDR behauptet, das Grenzgesetz von 1982 sei mit dem IPbürgR, auch mit dessen Art. 6 (Recht auf Leben), vereinbar; Grenzsoldaten schössen nur im äußersten Notfall, wenn andere Mittel nicht ausreichten, um ein Verbrechen – erwähnt wurde der Fall der Gewalttat (violence) – zu verhindern. Es ist zwar nicht anzunehmen, daß der Inhalt des Art. 12 IPbürgR zu den „allgemein anerkannten, dem friedlichen Zusammenleben und der Zusammenarbeit der Völker dienenden Regeln des Völkerrechts" im Sinne des Art. 8 der DDR-Verfassung gezählt wurde; Art. 8 dieser Verfassung bezog sich ersichtlich auf einen engeren Ausschnitt aus dem Völkerrecht, der die Zusammenarbeit und Koexistenz verschiedener Staaten betraf. Die dem Art. 12 IPbürgR entsprechenden Regeln gehören aber zu den Werten, die das Verhältnis des Staates zu seinen Bürgern bestimmen und deswegen bei der Auslegung von Gesetzen berücksichtigt werden müssen.

(2) Das in Art. 12 IPbürgR bezeichnete Menschenrecht auf Ausreisefreiheit wurde durch das Grenzregime der DDR verletzt, weil den Bewohnern der DDR das Recht auf freie Ausreise nicht nur in Ausnahmefällen, sondern in aller Regel vorenthalten wurde.

Nach den Vorschriften des DDR-Rechts über die Ausgabe von Pässen als Voraussetzung für das legale Überschreiten der deutsch-deutschen Grenze (Paßgesetz und Paß- und Visaanordnung vom 28. 6. 1979, GBl. DDR I 148, 151, ergänzt durch die Anordnung vom 15. 2. 1982, GBl. DDR I 187) gab es, jedenfalls bis zum 1. 1. 1989 (Inkrafttreten der VO vom 30. 11. 1988, GBl. DDR I 271), für nicht politisch privilegierte Bürger unterhalb des Rentenalters, abgesehen von einzelnen dringenden Familienangelegenheiten, keine Möglichkeit der legalen Ausreise; Entscheidungen über Anträge auf Ausreise bedurften bis zum 1. 1. 1989 nach § 17 der Anordnung vom 28. 6. 1979 (GBl. DDR I 151) keiner Begründung und konnten bis zu diesem Zeitpunkt (§ 23 der VO vom 30. 11. 1988) nicht mit der Beschwerde angefochten werden.

Diese Regelung verstieß gegen die Einschränkungskriterien des Art. 12 Abs. 3 IPbürgR, gegen den Grundsatz, daß Einschränkungen die Ausnahme bleiben sollten, und gegen das allenthalben aufgestellte Prinzip, daß die Versagung der Ausreise mit Rechtsbehelfen anfechtbar sein müsse. Der Senat übersieht nicht, daß auch andere Länder die Ausreise ihrer eigenen Bürger beschränken, daß die Ausreisefreiheit bei der Schaffung des Grundgesetzes nicht zu einem selbständigen Grundrecht gemacht worden ist und daß dies damals auch mit der Besorgnis begründet wurde, die arbeitsfähigen Jahrgänge würden in unerwünschtem Maße auswandern (Jahrbuch des Öffentlichen Rechtes der Gegenwart Neue Folge Bd. 1 (1951), 44. Ihm ist auch bewußt, daß es in den Vereinten Nationen Meinungsunterschiede zwischen Entwicklungsländern, die das Abwandern der Intelligenz verhüten wollen, und den westeuropäischen Mitgliedsstaaten gibt, die auf eine möglichst unbeschränkte Ausreisefreiheit dringen, und daß zur Tatzeit in den unter sowjetischem Einfluß stehenden Staaten durchweg Ausreisebeschränkungen bestanden.

Das Grenzregime der DDR empfing jedoch seine besondere Härte dadurch, daß Deutsche aus der DDR ein besonderes Motiv für den Wunsch, die Grenze nach West-Berlin und Westdeutschland zu überqueren, hatten: Sie gehörten mit den Menschen auf der anderen Seite der Grenze zu einer Nation und waren mit ihnen durch vielfältige verwandtschaftliche und sonstige persönliche Beziehungen verbunden.

(3) Insbesondere kann die durch die restriktiven Paß- und Ausreisevorschriften begründete Lage unter dem Gesichtspunkt der Menschenrechte nicht ohne Beachtung der tatsächlichen Verhältnisse an der Grenze gewürdigt werden, die durch „Mauer, Stacheldraht, Todesstreifen und Schießbefehl" (BVerfGE 36, 1, 35) gekennzeichnet waren und damit gegen Art. 6 IPbürgR verstießen. Nach dieser Vorschrift hat „jeder Mensch ein angeborenes Recht auf Leben"; „niemand darf willkürlich seines Lebens beraubt werden" (Art. 6 Abs. 1 Satz 1 und 3). Auch wenn die Auslegung des Merkmals „willkürlich" insgesamt bisher nicht sehr ergiebig gewesen ist (vgl. Nowak a.a.O. Art. 6 Rdn. 12 ff.; Nowak EuGRZ 1983, 11, 12; Polakiewicz EuGRZ 1992, 177, 182; Ramcharan, Netherlands Internat. Law Review 30 (1983), 297, 316 ff.; Boyle in: Ramcharan [Hrsg.], The Right to Life in International Law S. 221 ff.), so zeichnet sich doch, auch in der Rechtsprechung anderer Staaten (vgl. insbesondere US Supreme Court 471 US 1 in der Sache Tennessee v. Garner, 1985), die Tendenz ab, den mit der Möglichkeit tödlicher Wirkung verbundenen Schußwaffengebrauch von Staatsorganen unter starker Betonung des Verhältnismäßigkeitsgrundsatzes auf Fälle einzugrenzen, in denen eine Gefährdung von Leib und Leben anderer zu befürchten ist. In der „Allgemeinen Bemerkung" des Menschenrechtsausschusses der Vereinten Nationen zum Recht auf Leben aus dem Jahre 1982 (General Comment 6/16 – A/37/40 S. 93 ff. –, abgedruckt bei Nowak, UNO-Pakt über bürgerliche und politische Rechte S. 879 sowie bei Graefrath, Menschenrechte und internationale Kooperation S. 263) heißt es, der Schutz des Lebens vor willkürlicher Tötung sei von überragender Bedeutung; das Gesetz müsse die Umstände, unter denen staatliche Organe jemanden seines Lebens berauben dürfen, „strikt kontrollieren und begrenzen" (a.a.O. Abschnitt 3).

Die Grenze zur Willkür ist nach der Auffassung des Senats insbesondere überschritten, wenn der Schußwaffengebrauch an der Grenze dem Zweck dient, Dritte vom unerlaubten Grenzübertritt abzuschrecken. Daß die „Befehlslage", die die vorsätzliche Tötung von „Grenzverletzern" einschloß, auch dieses Ziel hatte, liegt auf der Hand.

Im vorliegenden Fall ergibt sich bei gleichzeitiger Verletzung der Artikel 6 und 12 IPbürgR eine Menschenrechtsverletzung ferner daraus, daß das Grenzregime in seiner beispiellosen Perfektion und dem durch § 27 des Grenzgesetzes i.V.m. § 213 Abs. 3 StGB-DDR bestimmten, in der Praxis rücksichtslos angewandten Schußwaffengebrauch Menschen betraf, denen aufgrund einer die Ausreise regelmäßig und ohne Begründung versagenden Verwaltungspraxis verwehrt wurde, aus der DDR in den westlichen Teil Deutschlands und insbesondere Berlins zu reisen.

(4) Der Senat nimmt, was das Recht auf Leben angeht, die von der Revision des Angeklagten W. gemachten kritischen Hinweise auf die Auslegung des § 11 UZwG sowie der §§ 15, 16 UZwGBw ernst. Er findet es befremdlich, daß im Schrifttum bei der Auslegung des § 16 UZwGBw ein bedingter Tötungsvorsatz als von der Vorschrift gedeckt bezeichnet worden ist, und pflichtet Frowein (in: Kritik und Vertrauen, FS für Peter Schneider S. 112 ff.) darin bei, daß in der Bundesrepublik Deutschland der Schußwaffengebrauch gegen Menschen angesichts seiner unkontrollierbaren Gefährlichkeit (vgl. dazu BGHSt. 35, 379, 386) auch im Grenzgebiet (§ 11 UZwG) auf die Verteidigung von Menschen beschränkt werden sollte (a.a.O. S. 117), also auf Fälle, in denen von demjenigen, auf den geschossen wird, eine Gefährdung von Leib oder Leben anderer zu befürchten ist. Der Umstand, daß die der-

zeitige Auslegung der Schußwaffenvorschriften des geltenden Rechts im Lichte des Verhältnismäßigkeitsprinzips nicht in jeder Weise befriedigend ist (vgl. auch BGHSt. 26, 99), rechtfertigt indessen kein Verständnis für den Schußwaffengebrauch durch die Grenztruppen der DDR; dieser war durch eine Konstellation gekennzeichnet, die in der Bundesrepublik Deutschland angesichts ihrer offenen Grenzen keine Parallele hat.

dd) Die Verletzung der in den Artikeln 6 und 12 des Internationalen Pakts garantierten Menschenrechte in ihrem spezifischen, durch die Verhältnisse an der innerdeutschen Grenze gekennzeichneten Zusammenhang macht es dem Senat unmöglich, bei der Rechtsanwendung die Vorschriften des § 27 des Grenzgesetzes sowie des § 213 Abs. 3 StGB-DDR in dem Umfang, wie sie in der Staatspraxis der DDR verstanden worden sind, als Rechtfertigungsgrund zugrunde zu legen. Die Verhältnisse an der Grenze waren auch unter Berücksichtigung der wirtschaftlichen und sozialen Nachteile, die für den betroffenen Staat mit einer starken Abwanderung arbeitsfähiger Menschen verbunden sein können, Ausdruck einer Einstellung, die das Lebensrecht der Menschen niedriger einschätzt als das Interesse, sie am Verlassen des Staates zu hindern. Der im DDR-Recht vorgesehene, in § 27 des Grenzgesetzes bezeichnete Rechtfertigungsgrund hat deswegen von Anfang an in der Auslegung, die durch die tatsächlichen Verhältnisse an der Grenze gekennzeichnet war, keine Wirksamkeit gehabt. Er hat bei der Suche nach dem milderen Recht (§ 2 Abs. 3 StGB i.V.m. Art. 315 Abs. 1 EGStGB) außer Betracht zu bleiben, weil bereits die DDR bei Zugrundelegung der von ihr anerkannten Prinzipien den Rechtfertigungsgrund hätte einschränkend auslegen müssen.

3. Der Senat hatte sodann der Frage nachzugehen, ob § 27 des Grenzgesetzes mit Auslegungsmethoden, die dem Recht der DDR eigentümlich waren, so hätte ausgelegt werden können, daß die genannten Menschenrechtsverletzungen vermieden wurden; ein so eingegrenzter Rechtfertigungsgrund wäre mit Rücksicht auf Art. 103 Abs. 2 GG zu beachten. Die Prüfung ergibt, daß eine solche Auslegung möglich gewesen wäre, daß der so bestimmte Rechtfertigungsgrund jedoch das Verhalten der Angeklagten (Dauerfeuer mit bedingtem Tötungsvorsatz) nicht gedeckt hätte.

a) Der Senat legt bei dieser Auslegung nicht die Wertordnung des Grundgesetzes oder der Menschenrechtskonvention zugrunde; er beschränkt sich darauf, die Vorgaben zu berücksichtigen, die im Recht der DDR für eine menschenrechtsfreundliche Gesetzesauslegung angelegt waren. Ausgangspunkt ist Art. 89 Abs. 2 der Verfassung der DDR; danach durften Rechtsvorschriften der Verfassung nicht widersprechen. Nach Art. 30 der Verfassung waren Persönlichkeit und Freiheit eines jeden Bürgers der DDR unantastbar und Einschränkungen nur dann zulässig, wenn sie im Zusammenhang mit strafbaren Handlungen oder einer Heilbehandlung gesetzlich begründet waren; Rechte durften „nur insoweit eingeschränkt werden, als dies gesetzlich zulässig und unumgänglich ist" (Art. 30 Abs. 2). Das Recht auf Leben und körperliche Unversehrtheit war in der Verfassung der DDR nicht ausdrücklich genannt; auch ist dieses Recht in dem Sinne, wie es Gegenstand westlicher Verfassungen ist, in der Literatur der DDR nicht ausdrücklich behandelt worden. Schon im Blick auf Art. 6 IPbürgR kann es aber keinem Zweifel unterliegen, daß die Verfassungsvorschrift des Art. 30 Abs. 1 VerfDDR, indem sie die Persönlichkeit für unantastbar erklärte, den Schutz des Lebens einschloß; demnach ist Art. 30 Abs. 2 VerfDDR zu entnehmen, daß Eingriffe in das Leben gesetzlich begründet sein mußten.

Mit der Abschaffung der Todesstrafe durch das 4. StrÄndG vom 18. 12. 1987 (GBl. DDR I 301) wollte die DDR ersichtlich dem Menschenrecht auf Leben Rechnung tragen. Die Vorschrift des Art. 30 Abs. 2 Satz 2 der Verfassung der DDR brachte einen Gesichtspunkt zum Ausdruck, der im Verfassungsrecht der Bundesrepublik Deutschland als Grundsatz der Verhältnismäßigkeit bezeichnet wird.

Anders als im nationalsozialistischen Führerstaat gab es in der DDR keine Doktrin, nach der der bloße Wille der Inhaber tatsächlicher Macht Recht zu schaffen vermochte. Gesetze waren verbindlich (vgl. Art. 49 Abs. 1 der Verfassung); sie konnten allein von der Volkskammer erlassen werden (Art. 48 Abs. 2 der Verfassung). Zur „Durchführung der sozialistischen Gesetzlichkeit" war die Rechtspflege berufen, die die Freiheit, das friedliche Leben, die Rechte und die Würde der Menschen zu schützen hatte (Art. 90 Abs. 1 der Verfassung). Die Richter sollten nach Art. 96 Abs. 1 der Verfassung in ihrer Rechtsprechung unabhängig sein. Hiernach beanspruchten die Gesetze eine Geltung, die nicht durch Weisungen oder die tatsächliche Staatspraxis bestimmt war. Wer heute den Inhalt der Gesetze der DDR unter Berücksichtigung der DDR-Verfassung und der Bindung der DDR an die internationalen Menschenrechtspakte zu ermitteln sucht, unterschiebt demnach nicht dem Recht der DDR Inhalte, die mit dem eigenen Anspruch dieses Rechtes unvereinbar wären. Der Erste Stellvertreter des Vorsitzenden des Ministerrates der DDR hat am 25. 3. 1982 in der Volkskammer bei der Einbringung des Grenzgesetzes u.a. ausgeführt, die Regelung über den Schußwaffengebrauch (§ 27) enthalte „nicht mehr und nicht weniger, als auch andere Staaten für ihre Schutzorgane festgelegt haben"; die Anwendung der Schußwaffe sei „die äußerste Maßnahme" gegen Personen, die „Verbrechen gegen die Rechtsordnung der DDR begangen haben oder sich der Verantwortung für die begangene Rechtsverletzung zu entziehen suchen" (Volkskammer 8. Wahlper. 4. Tagung, S. 88 f. der Sten. Niederschrift).

b) Eine an den Artikeln 6, 12 IPbürgR orientierte Auslegung des § 27 des Grenzgesetzes kann sich auf den genannten, in Art. 30 Abs. 2 Satz 2 der DDR-Verfassung enthaltenen Verhältnismäßigkeitsgrundsatz stützen; dieser Grundsatz hat in anderem Zusammenhang auch in § 26 Abs. 2 Satz 2, 3 des Grenzgesetzes sowie in seiner Formulierung, daß die Anwendung der Schußwaffe „die äußerste Maßnahme der Gewaltanwendung gegenüber Personen" sei (§ 27 Abs. 1 Satz 1 des Grenzgesetzes), Ausdruck gefunden. Es liegt deshalb nahe anzunehmen, daß der Verhältnismäßigkeitsgrundsatz, so wie er in der DDR galt, verletzt wurde, wenn derjenige als Täter eines Verbrechens nach § 213 Abs. 3 Satz 2 Nr. 2 StGB-DDR verstanden wurde, der die Mauer mit einer Leiter überstieg. Verhält es sich so, dann war der Gebrauch der Schußwaffe nach § 27 Abs. 2 des Grenzgesetzes unzulässig, weil sich die Flucht nicht als ein Verbrechen nach § 213 Abs. 3 Satz 2 Nr. 2 StGB-DDR darstellte. Aber selbst wenn die vom Obersten Gericht und vom Generalstaatsanwalt vorgegebene Auslegung, im übrigen auch die Anwendbarkeit des § 213 Abs. 3 Satz 2 Nr. 5 StGB-DDR zugrunde gelegt wird, so gestattete doch der Wortlaut des § 27 Abs. 2 des Grenzgesetzes eine Auslegung, die dem auch im Recht der DDR (eingeschränkt) vorhandenen Verhältnismäßigkeitsgrundsatz Rechnung trug. § 27 Abs. 2 Satz 1 des Grenzgesetzes ist dann so zu verstehen: Der Grenzsoldat durfte zwar in den dort bezeichneten Fällen die Schußwaffe zur Verhinderung der Flucht einsetzen; der Rechtfertigungsgrund fand aber eine Grenze, wenn auf einen nach den Umständen unbewaffneten und auch sonst nicht für Leib oder Leben anderer gefährlichen Flüchtling mit dem – bedingten oder unbedingten – Vorsatz, ihn zu töten, geschossen wurde. Hiernach war die bedingt vorsätzliche Tötung, wie sie unter den gegebenen Umständen in der Anwendung von Dauerfeuer zum Ausdruck kam, von dem in menschenrechtsfreundlicher Weise ausgelegten § 27 Abs. 2 des Grenzgesetzes nicht gedeckt; das würde auch dann gelten, wenn der Sachverhalt unter § 27 Abs. 2 Satz 2 des Grenzgesetzes (Ergreifung von Personen, die eines Verbrechens nach § 213 Abs. 3 StGB-DDR dringend verdächtig sind) subsumiert würde. In diesen Fällen hat der Schutz des Lebens Vorrang; dies kann auch auf den Rechtsgedanken des § 27 Abs. 5 Satz 1 des Grenzgesetzes – bei menschenrechtsfreundlicher Auslegung – gestützt werden.

c) Bei dieser Auslegung ist das Verhalten der Angeklagten nicht von dem Rechtfertigungsgrund des § 27 Abs. 2 des Grenzgesetzes gedeckt gewesen; sie haben danach auch nach dem Recht der DDR einen rechtswidrigen Totschlag begangen.

4. Nach Art. 103 Abs. 2 GG kann eine Tat nur bestraft werden, wenn die Strafbarkeit zur Tatzeit gesetzlich bestimmt war (Rückwirkungsverbot). Diese Verfassungsbestimmung verbietet die Bestrafung der Beschwerdeführer nicht.

a) Unter den vorstehend (zu 2, 3) dargelegten Umständen gibt es Gründe für die Auffassung, daß Art. 103 Abs. 2 GG die Bestrafung der Angeklagten von vornherein nicht hindert, weil die Tat nach dem richtig ausgelegten Recht der DDR zur Tatzeit strafbar war. Ob die Angeklagten dies erkannt haben, ist eine Frage, die lediglich Entschuldigungsgründe betrifft.

b) Der Senat hat jedoch nicht übersehen, daß im Hinblick auf Art. 103 Abs. 2 GG die Frage aufgeworfen werden kann, welches Verständnis vom Recht der Tatzeit zugrunde zu legen ist. Wird an das Tatzeitrecht ein Beurteilungsmaßstab angelegt, der die Handlung, obwohl sie vom Staat befohlen worden war, als rechtswidrig erscheinen läßt (vorstehend zu 2, 3), so ergibt sich, daß das Rückwirkungsverbot der Bestrafung nicht entgegensteht. Wird dagegen bei der Würdigung der Rechtslage, die zur Tatzeit bestanden hat, hauptsächlich auf die tatsächlichen Machtverhältnisse im Staat abgestellt, so kann die Anwendung des Art. 103 Abs. 2 GG zu einem anderen Ergebnis führen. Das gilt vor allem, wenn dem Angeklagten von einer staatlichen Stelle befohlen worden ist, ein allgemein anerkanntes Recht, zumal das Recht auf Leben, zu verletzen. Hier kann sich die Frage stellen, ob und unter welchen Umständen aus einem solchen Befehl zugunsten des Angeklagten die Annahme hergeleitet werden muß, die Strafbarkeit sei zur Tatzeit nicht gesetzlich bestimmt gewesen.

aa) Die Frage, welche Bedeutung Art. 103 Abs. 2 GG für die Beurteilung von Handlungen hat, die unter einem früheren Regime im staatlichen Auftrag vorgenommen worden sind und Menschenrechte wie das Recht auf Leben verletzen, ist noch nicht vollständig geklärt. Die in diesem Zusammenhang genannten Entscheidungen des Bundesverfassungsgerichts (BVerfGE 3, 225 ff.; 6, 195 ff.) betreffen nicht das Strafrecht; auch die Frage, ob eine laufende strafrechtliche Verjährungsfrist verlängert werden kann (BVerfGE 25, 269 ff.), ist nicht einschlägig. Das Problem des Rückwirkungsverbots bei Rechtfertigungsgründen ist in der deutschen Rechtsprechung vom Obersten Gerichtshof für die Britische Zone aufgeworfen worden (OGHSt 2, 231 ff.).

Die in der Rechtsprechung des Internationalen Militärtribunals von Nürnberg sowie insbesondere in der Entscheidung im sogenannten Juristenprozeß (III. US-Militärgerichtshof, Urteil vom 4. 12. 1947 S. 29 ff. des offiziellen Textes) unter wesentlichem Einfluß angelsächsischer Rechtsüberzeugungen entwickelten Gesichtspunkte sind von der späteren deutschen Rechtsprechung nicht übernommen worden. Das Verbot der Verurteilung von Taten, die zur Zeit ihrer Begehung nicht strafbar waren, findet sich auch in Art. 15 des Internationalen Pakts sowie in Art. 7 MRK. Doch ist beiden Vorschriften ein zweiter Absatz angefügt, in dem es heißt, das grundsätzliche Rückwirkungsverbot schließe nicht die Verurteilung von Personen aus, deren Tat zur Zeit ihrer Begehung nach den von der Völkergemeinschaft anerkannten allgemeinen Rechtsgrundsätzen strafbar war. Die Bundesrepublik Deutschland hat jedoch gegenüber Art. 7 Abs. 2 MRK den Vorbehalt (Art. 64 MRK) gemacht, daß die Vorschrift nur in den Grenzen des Art. 103 Abs. 2 GG angewandt werden würde (BGBl. 1954 II 14). Gegen Art. 15 Abs. 2 des Internationalen Pakts hat die Bundesrepublik Deutschland keinen Vorbehalt erklärt; das ändert nichts daran, daß auch insoweit Art. 103 Abs. 2 GG als Verfassungsrecht vorgeht.

Rechtfertigungsgründe sind nicht generell von dem Schutzbereich des Art. 103 Abs. 2 GG ausgeschlossen. Das gilt auch für das in Art. 103 Abs. 2 GG enthaltene Rückwirkungsverbot. Der Senat folgt nicht dem Vorschlag, das Rückwirkungsverbot generell nur auf die Tatbestandsstufe und nicht auf die Rechtswidrigkeitsstufe zu beziehen. Nicht immer spiegelt das Verhältnis von Tatbestand und Rechtfertigungsgrund einen Sachverhalt wider, bei dem die Rechtsgutverletzung auch in den gerechtfertigten Fällen ein soziales Unwerturteil erlaubt; die Entscheidung des Gesetzgebers, den Tatbestand einzuschränken oder aber bei uneingeschränktem Tatbestand einen Rechtfertigungsgrund vorzusehen, ist unter Umständen nur technischer Natur. War eine tatbestandsmäßige Handlung zur Tatzeit nicht rechtswidrig, so kann sie demnach grundsätzlich nicht bestraft werden, wenn der Rechtfertigungsgrund nachträglich beseitigt worden ist. Bleibt nämlich ein früher vorgesehener Rechtfertigungsgrund außer Betracht, so wird das frühere Recht zum Nachteil des Angeklagten verändert. Insoweit ist mithin auch im Rahmen der Prüfung nach § 2 Abs. 3 StGB grundsätzlich das Rückwirkungsverbot zu beachten.

Aus dieser Erwägung ist in der neuesten Diskussion im Hinblick auf Fälle der vorliegenden Art die Folgerung abgeleitet worden, daß ein zur Tatzeit praktizierter Rechtfertigungsgrund, mag er auch übergeordneten Normen widersprechen, nicht zum Nachteil des Angeklagten außer Betracht bleiben darf, weil dann unter Verstoß gegen Art. 103 Abs. 2 GG eine Strafbarkeit begründet würde, die zur Tatzeit nicht bestanden hat.

bb) Der Senat folgt dieser Auffassung im Ergebnis nicht.

(1) Dabei sind allerdings nicht die Vorschriften der DDR über die Bestrafung von Verbrechen gegen den Frieden, die Menschlichkeit und von Kriegsverbrechen (insbesondere Art. 91 Satz 1 der Verfassung der DDR) oder die Bestimmung des § 95 StGB-DDR heranzuziehen. Die letztgenannte Bestimmung schließt zwar anscheinend ohne Einschränkung die Berufung auf grund- und menschenrechtswidrige Gesetze aus. Wie ihre Stellung im Gesetz zeigt, betrifft die Vorschrift aber nur die in den §§ 85 bis 94 StGB-DDR bezeichneten Verbrechen; eine Nachprüfung von Gesetzen am Maßstab der Grund- und Menschenrechte sollte sie nicht generell begründen. Dem entspricht es, daß § 95 StGB-DDR nach der damaligen offiziellen Auslegung (DDR-Kommentar § 95 Anm. 1) den Inhalt von Art. 8 des Statuts des Internationalen Militärtribunals von Nürnberg übernehmen sollte.

(2) Der Senat ist aus folgendem Grunde der Ansicht, daß Art. 103 Abs. 2 GG hier nicht der Annahme entgegensteht, die Tat sei rechtswidrig: Entscheidend ist, wie dargestellt, ob die Strafbarkeit „gesetzlich bestimmt war", bevor die Tat begangen wurde. Bei der Prüfung, ob es sich so verhalten hat, ist der Richter nicht im Sinne reiner Faktizität an diejenige Interpretation gebunden, die zur Tatzeit in der Staatspraxis Ausdruck gefunden hat. Konnte das Tatzeitrecht bei Beachtung der vom Wortsinn des Gesetzes gegebenen Grenzen im Lichte der Verfassung der DDR so ausgelegt werden, daß den völkerrechtlichen Bindungen der DDR im Hinblick auf Menschenrechte entsprochen wurde, so ist das Tatzeitrecht in dieser menschenrechtsfreundlichen Auslegung als das Recht zu verstehen, das die Strafbarkeit zur Zeit der Tat im Sinne des Art. 103 Abs. 2 GG „gesetzlich bestimmt" hat. Ein Rechtfertigungsgrund, der das Verhalten der Angeklagten gerechtfertigt hätte, wurde zwar in der Staatspraxis, wie sie in der Befehlslage ausdrückte, angenommen; er durfte aber dem richtig interpretierten Gesetz schon damals nicht entnommen werden. Das Rückwirkungsverbot soll den Angeklagten vor Willkür schützen und die Strafgewalt auf den Vollzug der allgemeinen Gesetze beschränken; es schützt das Vertrauen, das der Angeklagte zur Tatzeit in den Fortbestand des damals geltenden Rechts gesetzt hat. Diese verfassungsrechtlichen Schutzrichtungen werden hier nicht verfehlt:

Die Erwartung, das Recht werde, wie in der Staatspraxis zur Tatzeit, auch in Zukunft so angewandt werden, daß ein menschenrechtswidriger Rechtfertigungsgrund anerkannt wird, ist nicht schutzwürdig. Es ist keine Willkür, wenn der Angeklagte, was die Rechtswidrigkeit seines Tuns angeht, so beurteilt wird, wie er bei richtiger Auslegung des DDR-Rechts schon zur Tatzeit hätte behandelt werden müssen. Nichts anderes könnte im übrigen im Ergebnis gelten, wenn ein gesetzlicher Rechtfertigungsgrund, der gleich gewichtigen Einwendungen ausgesetzt ist, überhaupt keiner Auslegung zugänglich wäre, die sich an den Menschenrechten orientiert.

c) Steht hiernach den Angeklagten kein Rechtfertigungsgrund zur Seite, so haben sie rechtswidrig den Tatbestand des § 212 StGB erfüllt. Deswegen trifft im Ergebnis die Auffassung der Jugendkammer zu, daß das Recht der Bundesrepublik Deutschland anwendbar ist, weil es im Sinne des § 2 Abs. 3 StGB milder ist als die entsprechenden Tatbestände (§§ 112, 113) des Strafgesetzbuchs der DDR; dies ergibt sich daraus, daß in § 213 StGB für minder schwere Fälle ein niedrigerer Strafrahmen vorgesehen ist.

III.

1. Auf dieser Grundlage ergibt die sachlichrechtliche Nachprüfung, daß die Jugendkammer das Verhalten der Angeklagten zutreffend als gemeinschaftlichen Totschlag (§§ 212, 25 Abs. 2 StGB) gewertet hat. (wird ausgeführt ...)

6. Nur beschränkte Aussagegenehmigung für Beamten kann, muß aber nicht Verfahrenshindernis sein.

GG Art. 1 I, Art. 2 I, Art. 103 I; RhPflLBG § 70 – BGH Urt. v. 9. 12. 1988 – 2 StR 279/88 LG Mainz (= BGHSt. 36, 44)

Die Revision rügt, daß eine dem Angeklagten verweigerte beamtenrechtliche Aussagegenehmigung ein Prozeßhindernis darstelle. Durch die Ablehnung des Antrags, das Verfahren auszusetzen oder einzustellen, sei der „Subjekt-Status" des Beschwerdeführers, sein Anspruch, sich aktiv und autonom zu verteidigen, verletzt worden. Das Verfahren des Landgerichts gleiche einem Strafprozeß, der gegen einen Angeklagten geführt werde, der ohne Verschulden verhandlungsunfähig sei. Durch die Ablehnung des Antrags, das Verfahren auszusetzen oder einzustellen, habe die Kammer die Rechte des Angeklagten auf faires Verfahren und rechtliches Gehör verletzt und die Verteidigung in einem für die Entscheidung wesentlichen Punkt beschränkt. Das „mutwillig geschaffene Erkenntnisdefizit" führe dazu, daß für die Schuldfeststellung wesentliche Tatumstände nicht offenbart werden könnten. Dies werde „durch eine noch so noble Berücksichtigung des Zweifel-Satzes bei der Strafzumessung nicht aufgewogen".

Sachverhalt: Der Angeklagte ist Kriminalhauptmeister. Seit 1984 war er dem Fahndungskommissariat des Polizeipräsidiums Mainz und zugleich dem für die Bearbeitung von Betäubungsmittelstrafsachen zuständigen Kommissariat zugeteilt. Zu seinen Aufgaben gehörte es, den V-Mann K., den früheren Mitangeklagten, zu führen.

Der Polizeipräsident in Mainz erteilte dem Angeklagten am 9. 4. 1987 gemäß § 54 StPO in Verbindung mit § 70 des Landesbeamtengesetzes Rheinland-Pfalz (LBG) die schriftliche Genehmigung, in der am 15. 4. 1987 beginnenden Hauptverhandlung auszusagen. In der Genehmigung heißt es: „Sie umfaßt auch Angaben über die Führung des V-Mannes K. durch KHM W., soweit sie Gegenstand des Strafverfahrens ist, sowie die diesbezügliche Dienstaufsicht über KHM W. Die Aussagegenehmigung erstreckt sich nicht auf sonstige Angaben über operative Maßnahmen im Bereich verdeckter Ermittlungen und Namhaftmachung von V-Personen. Damit sind Aussagen über die V-Mann-Richtlinien sowie den Umgang mit anderen V-Personen unzulässig".

Am 15. 4. 1987 beantragte der Angeklagte beim Verwaltungsgericht, das Land Rheinland-Pfalz im Wege der einstweiligen Anordnung zur Erteilung einer unbeschränkten Aussagegenehmigung zu verpflichten. Das Verwaltungsgericht lehnte den Antrag mit Beschluß vom selben Tage ab, die dagegen eingelegte Beschwerde vom 22. 4. 1987 wurde vom Oberverwaltungsgericht am 14. 5. 1987 zurückgewiesen.

In den Gründen dieser Entscheidung findet sich der Hinweis, daß „der Antragsgegner sich bereit erklärt hat, eine Aussagegenehmigung auch zu bestimmten weiteren Einzelheiten zu erteilen, wenn sich dies im Verlauf des Strafverfahrens für eine sachgerechte Verteidigung des Antragstellers als notwendig erweisen sollte."

Im Hinblick auf das von ihm in Gang gesetzte Verfahren vor dem Verwaltungsgericht hatte der Angeklagte am 15. 4. 1987 beantragt, das Strafverfahren bis zur rechtskräftigen Entscheidung „in dem seit heute morgen anhängigen Verwaltungsrechtsstreit" auszusetzen. Das Landgericht lehnte die Aussetzung mit Beschluß vom 22. 4. 1987 ab. Für den hilfsweise gestellten Antrag auf Einstellung des Verfahrens durch Urteil wegen eines Verfahrenshindernisses sah es kein Entscheidungsbedürfnis. Die Gegenvorstellung der Verteidigung vom gleichen Tag war erfolglos.

Der Angeklagte machte keine Angaben zur Sache. Er ließ dem Gericht durch seinen Verteidiger mitteilen, er sei bereit, sich umfassend zur Sache einzulassen, sehe sich aber durch die Beschränkung der Aussagegenehmigung daran gehindert, „seinen Entschluß zur Aussage zu verwirklichen". – Das Rechtsmittel war erfolglos.

Gründe:

a) Die Einschränkung der einem Angeklagten erteilten Aussagegenehmigung auf Grund beamtenrechtlicher Vorschriften kann das Recht auf umfassende Verteidigung mehr oder weniger beeinträchtigen. Wie der Grundsatz, daß niemand gezwungen werden darf, durch eigene Aussagen die Voraussetzungen für seine strafrechtliche Verurteilung zu liefern, hat dieses Recht Verfassungsrang (vgl. BVerfGE 56, 37, 49 [BVerfG Beschl. v. 13. 1. 1981 – 1 BvR 116/77; vgl. § 136 StPO erfolgreiche Rügen]). Es gehört zu den elementaren Attributen menschlicher Würde und zu den fundamentalen Prinzipien des Rechtsstaats. Eine Beschränkung der Aussagegenehmigung, die das Recht auf Verteidigung in seinem Kern tangiert, in seinem Wesensgehalt antastet, kann als Verstoß gegen die Grundnorm des Art. 1 Abs. 1 GG von Verfassungs wegen nicht hingenommen werden. Sie träfe einen obersten, in seiner Substanz nicht zur Disposition stehenden Wert (vgl. BVerfGE 34, 238, 245 [BVerfG Beschl. v. 31. 1. 1973 – 2 BvR 454/71; vgl. §§ 94, 81b StPO erfolgreiche Rügen]; 56, 37, 49; 75, 369, 380). Daraus folgt, daß entweder auf eine solche Beschränkung verzichtet werden muß oder daß ein Strafverfahren nicht durchgeführt werden darf, wenn staatliche Geheimhaltungsinteressen von großem Gewicht nicht anders als durch Beschneidung wesentlicher Verteidigungsmöglichkeiten gewahrt werden können. Die auf Grund dieser Alternative vom Tatgericht geforderte prospektive Betrachtung wird sich vor allem an dem bestehenden oder fehlenden argumentativen Zusammenhang zwischen der von der Aussagebeschränkung betroffenen Thematik und dem historischen Geschehen, das Gegenstand der Kognition ist, orientieren müssen.

b) Dort, wo das Recht auf Verteidigung nur in seinem Randbereich betroffen wird, darf es eingeschränkt werden, wenn seine uneingeschränkte Ausübung die Wahrnehmung sehr gewichtiger, verfassungsmäßig legitimierter Aufgaben, die zu ihrer Erfüllung der Geheimhaltung bedürfen, unmöglich machen oder wesentlich erschweren könnte. Gefordert wird eine sorgfältige Abwägung der im Widerstreit stehenden verfassungsrechtlichen Rechtsgüter unter Berücksichtigung des gesamten konkreten Sachverhalts (BVerwGE 66, 39, 44). Die Pflicht zur Abwägung trifft auch und in erster Linie die Behörde, deren Erklärung oder Entscheidung zu einer Einschränkung des Rechts des Angeklagten auf umfassende Verteidigung führt. Sie hat nicht nur die von ihr wahrzunehmenden Aufgaben, die zu ihrer Erfüllung der Geheimhaltung bedürfen, zu berücksichtigen, sondern muß auch dem hohen Rang des Verteidigungsinteresses Rechnung tragen (vgl. BVerfGE 57, 250, 283 f.). Sie ist gehalten, die Gründe für die Versagung einer unbeschränkten Aussagegenehmigung für den Angeklagten ungeachtet ihres Geheimhaltungsinteresses jedenfalls so weit darzulegen und glaubhaft zu machen, „daß das Gericht in die Lage versetzt wird, Schlüsse darauf zu ziehen, ob die gesetzlichen Voraussetzungen vorliegen oder nicht" (BVerwG a.a.O., siehe auch BVerfGE 57, 250, 288; BGHSt. 32, 115, 125 [BGH Beschl. v. 17. 10. 1983 – GSSt 1/83; vgl. § 251 StPO erfolgreiche Rügen]). Hat die Behörde ihre Entscheidung nicht oder nicht verständlich begründet oder ist die Begründung fehlerhaft, weil sie auf einer unrichtigen tatsächlichen Grundlage oder auf falscher Rechtsanwendung beruht, muß das Strafgericht von der Behörde eine Überprüfung verlangen (BGHSt. 32, 115, 125 f.; BGHSt. 33, 178 [BGH Urt. v. 16. 4. 1985 – 5 StR 718/84; vgl. §§ 261, 96 StPO erfolglose Rügen]).

Eine weitere Erörterung dieser Gesichtspunkte erübrigt sich. Es kann dahingestellt bleiben, ob der Polizeipräsident in Mainz bei der – teilweisen – Versagung der Genehmigung zur Aussage, die gemäß § 70 Abs. 4 S. 1 LBG nur zulässig ist, wenn die dienstlichen Rücksichten dies unabweisbar erfordern, den aufgezeigten Begründungserfordernissen gerecht geworden ist und ob das Landgericht sich mit den Erklärungen des Polizeipräsidenten begnügen durfte. Denn der Angeklagte ist durch die Beschränkung der Aussagegenehmigung jedenfalls in seiner den Schuldspruch betreffenden Verteidigung nicht behindert worden. Der Senat kann auf der Grundlage der nachfolgend aufgeführten Indizien ausschließen, daß der Angeklagte durch die Beschränkung der Aussagegenehmigung gehindert war, Entlastendes zur Schuldfrage vorzubringen.

Im Ermittlungsverfahren hatte der Angeklagte Angaben zur Sache gemacht und die ihm angelasteten Taten weitgehend eingestanden, ohne dabei zum Ausdruck zu bringen, daß er sich auf Grund seiner Verpflichtung zur Amtsverschwiegenheit außerstande sehe, den Verdacht strafbaren Verhaltens wirksam zu entkräften. Aus dieser Einlassung des Angeklagten, dem Gegenstand der Anklage und dem Ergebnis der Ermittlungen ergab sich bei Beginn der Hauptverhandlung, daß zwischen dem Anklagevorwurf und den Sachverhalten und Umständen, die der Schweigepflicht unterlagen, kein Zusammenhang bestand, soweit es um die Schuldfrage ging. Dieses Bild hat sich auch im Laufe des Verfahrens nicht verändert.

Der Angeklagte wollte sich in der Hauptverhandlung zur Sache nur einlassen, wenn ihm eine unbeschränkte Aussagegenehmigung erteilt würde. Dem Revisionsvorbringen läßt sich nicht konkret entnehmen, daß er von dem in der Beschwerdeentscheidung des Oberverwaltungsgerichts unterbreiteten Angebot seines Dienstvorgesetzten, „eine Aussagegenehmigung auch zu bestimmten weiteren Einzelheiten zu erteilen, wenn sich dies im Verlauf des Strafverfahrens für eine sachgerechte Verteidigung als notwendig erweisen sollte", zwar Gebrauch machen wollte, aber daran gehindert war. Er hat nicht gefordert, das Landgericht möge sich um eine Erweiterung der Aussagegenehmigung bemühen, damit er sich zu einzelnen für die Verteidigung relevanten Punkten äußern oder Beweisanträge stellen könne. Nur ein solches Begehren wäre aber geeignet gewesen, seinen Verteidigungsinteressen zu dienen. Denn die Erteilung einer völlig unbeschränkten Aussagegenehmigung durch die Verwaltungsbehörde konnte er nach Lage des Falles nicht erwarten. Durch das vom Angeklagten betriebene verwaltungsgerichtliche Verfahren war sein Anliegen, eine Erweiterung seiner Aussagegenehmigung zu erwirken, in zwei gerichtlichen Instanzen, wenn auch nur im Rahmen der Gewährung vorläufigen Rechtsschutzes, geprüft und verworfen worden. Daß der Polizeipräsident bei unveränderter Sachlage dem Wegfall aller Beschränkungen nicht zustimmen würde, lag auf der Hand.

Das Prozeßverhalten des Angeklagten rechtfertigt die Folgerung, daß die der Geheimhaltung unterliegenden Sachverhalte und Umstände nichts betrafen, was geeignet gewesen wäre, seiner Verteidigung gegen den Schuldvorwurf zu dienen. Nichts anderes ist den – weitgehend mit den Bekundungen des Angeklagten im Ermittlungsverfahren übereinstimmenden – Feststellungen des Tatgerichts zur äußeren und inneren Tatseite und zu den Intentionen des Angeklagten zu entnehmen. Nach alldem kann ausgeschlossen werden, daß der Angeklagte in seiner Verteidigung gegen den Schuldvorwurf durch Beschränkung der ihm erteilten Aussagegenehmigung behindert wurde.

Gesetz zur Beschränkung des Brief-, Post- und Fernmeldegeheimnisses (Gesetz zu Artikel 10 Grundgesetz) (G 10)

§ 7 G 10 a.F.

(1) Die aus der Anordnung sich ergebenden Maßnahmen nach § 1 Abs. 1 sind unter Verantwortung der antragsberechtigten Stelle und unter Aufsicht eines Bediensteten vorzunehmen, der die Befähigung zum Richteramt hat.

(2) Liegen die Voraussetzungen der Anordnung nicht mehr vor oder sind die sich aus der Anordnung ergebenden Maßnahmen nicht mehr erforderlich, so sind sie unverzüglich zu beenden. Die Beendigung ist der Stelle, die die Anordnung getroffen hat, und der Deutschen Bundespost oder dem anderen Betreiber von Fernmeldeanlagen, die für den öffentlichen Verkehr bestimmt sind, mitzuteilen. Die Mitteilung an die Deutsche Bundespost oder an andere Betreiber von Fernmeldeanlagen entfällt, wenn die Anordnung ohne deren Mitwirkung ausgeführt wurde.

(3) Die durch Maßnahmen nach § 2 erlangten Kenntnisse und Unterlagen dürfen nicht zur Erforschung und Verfolgung anderer als der in § 2 oder § 3 Abs. 3 genannten Straftaten benutzt werden.

(4) Sind die durch Maßnahmen nach den §§ 2 und 3 erlangten personenbezogenen Daten über einen an dem überwachten Verkehr Beteiligten zu den in Absatz 3 genannten Zwecken nicht mehr erforderlich und können sie im Rahmen einer gerichtlichen Nachprüfung der Rechtmäßigkeit der Beschränkungsmaßnahme nicht mehr von Bedeutung sein, so sind die auf diese Daten bezogenen Unterlagen unter Aufsicht eines der in Absatz 1 genannten Bediensteten zu vernichten. Über die Vernichtung ist eine Niederschrift anzufertigen. Ob die Voraussetzungen für eine Vernichtung vorliegen, ist nach jeweils sechs Monaten zu prüfen. Daten, die nur zum Zweck der gerichtlichen Nachprüfung der Beschränkungsmaßnahmen gespeichert werden, sind zu sperren. Sie dürfen nur für diesen Zweck verwendet werden.

Erfolglose Rügen

1. Die Benutzung mittelbar erlangter Beweismittel ist nur zur Erforschung und Verfolgung von Katalogtaten gestattet (BGH Urt. v. 18. 4. 1980 – 2 StR 731/79).

Erfolglose Rügen

1. Die Benutzung mittelbar erlangter Beweismittel ist nur zur Erforschung und Verfolgung von Katalogtaten gestattet.

G 10 § 7 III; GG Art. 10 – BGH Urt. v. 18. 4. 1980 – 2 StR 731/79 LG Bonn (= BGHSt. 29, 244)

Die Revision der Staatsanwaltschaft rügt, daß die Strafkammer ihren Antrag, mehrere bei der Durchsuchung der Wohnung von Frau S. sichergestellte Schriftstücke zu Beweiszwecken zu verlesen, zu Unrecht mit der Begründung abgelehnt hat, die Erhebung des Beweises sei wegen des in § 7 III G 10 (Gesetz zur Beschränkung des Brief-, Post- und Fernmeldegeheimnisses vom 13. 8. 1968 – BGBl. I 949) aufgestellten Beweisverwertungsverbots unzulässig.

Sachverhalt: Das Nachrichtenmagazin „Der Spiegel" berichtete im Jahre 1977 über einen „Lauschangriff" von Angehörigen des Bundesamtes für Verfassungsschutz (nachfolgend: BfV) gegen den Atomphysiker T. Die Veröffentlichungen stützten sich auf Unterlagen aus Akten des Amtes. Der Verdacht, dem Nachrichtenmagazin die Unterlagen zugespielt zu haben, fiel auf den Journalisten F., einen ehemaligen Mitarbeiter des Amtes. Auf Antrag des BfV ordnete der Bundesminister des Innern gegen ihn wegen des Verdachts verfassungsfeindlicher Sabotage (§ 88 StGB) und geheimdienstlicher Agententätigkeit (§ 99 StGB) die Überwachung des Fernsprechverkehrs an, die in der Zeit vom 18. 3. bis 18. 9. 1977 durchgeführt wurde. Aus den abgehörten Telefongesprächen ergaben sich Hinweise darauf, daß F. ihn belastende Unterlagen bei seiner Schwester S. versteckt hatte. Bei der auf richterliche Anordnung bei S. durchgeführten Hausdurchsuchung wurde ein Koffer mit Urkunden aus Akten des BfV gefunden. Zuvor bereits hatte der Ermittlungsrichter des Bundesgerichtshofs gegen F. unter dem dringenden Verdacht der verfassungsfeindlichen Sabotage Haftbefehl erlassen. Auf dessen Beschwerde hat der 3. Strafsenat des Bundesgerichtshofs den Haftbefehl dahin abgeändert, daß die Untersuchungshaft nur noch wegen des Verdachts eines Vergehens nach § 353c Abs. 1 StGB angeordnet wurde (BGHSt. 27, 307). Der Senat führte dazu aus, daß der Verdacht einer verfassungsfeindlichen Sabotagetätigkeit von Anfang an unbegründet gewesen sei.

Die Staatsanwaltschaft legt dem Angeklagten zur Last, sich in fünfzehn Fällen einer Verletzung des Dienstgeheimnisses nach § 353b StGB und dabei in einem Fall zugleich des Verwahrungsbruchs nach § 133 StGB schuldig gemacht zu haben. Er soll während seiner Tätigkeit für das BfV in der Zeit von Februar 1973 bis zum 29. November 1977 Urkunden aus Akten dieser Behörde, die dem Verschlußsachenschutz unterlagen, dem Journalisten F. verschafft und dadurch wichtige öffentliche Interessen gefährdet haben.

Das Landgericht hat den Angeklagten freigesprochen, weil es sich von seiner Täterschaft nicht überzeugen konnte. – Das Rechtsmittel war erfolglos.

Gründe:

1. Die auf Antrag des BfV ergangene Anordnung des Bundesministers des Innern, daß die über den Telefonapparat des Journalisten F. geführten Gespräche abzuhören seien, war auf § 1 Abs. 1, § 2 Abs. 1 Nr. 1 G 10 gestützt. Danach sind die Verfassungsschutzbehörden zur Abwehr von drohenden Gefahren für die freiheitliche demokratische Grundordnung oder den Bestand oder die Sicherheit des Bundes berechtigt, den Fernmeldeverkehr abzuhören, wenn tatsächliche Anhaltspunkte unter anderem für den Verdacht bestehen, daß jemand Straftaten der Gefährdung des demokratischen Rechtsstaats (§§ 84 bis 86, 87 bis 89 StGB, § 20 Abs. 1 Nr. 1 bis 4 des Vereinsgesetzes) plant, begeht oder begangen hat. Die Strafkammer hat die Anordnung der Telefonüberwachung für unzulässig erachtet und ausgeführt, in Übereinstimmung mit der Entscheidung des 3. Strafsenats des Bundesgerichtshofs sei davon auszugehen, daß der dem Haftbefehl gegen F. zugrundeliegende Verdacht der verfassungsfeindlichen Sabotage im Sinne des § 88 StGB aus Rechtsgründen zu keiner Zeit berechtigt gewesen sei. Demgegenüber hatte die vom Deutschen Bundestag gemäß § 9 G 10 eingesetzte Kommission die Zulässigkeit und Notwendigkeit der angeordneten Überwachung des Fernmeldeverkehrs ausdrücklich festgestellt. Ob eine derartige Feststellung für die Strafgerichte bindend ist oder ob die Gerichte in der Beurteilung der Frage der Rechtmäßigkeit der angeordneten Beschränkungsmaßnahmen frei sind, braucht der Senat nicht zu entscheiden. Die Frage nach Inhalt und Tragweite des in § 7 Abs. 3 G 10 niedergelegten Beweisverwertungsverbots stellt sich auch dann, wenn die gesetzlichen Voraussetzungen für eine Überwachung des Telefonanschlusses als ursprünglich erfüllt anzusehen sind.

Nach der Vorschrift dürfen die durch die Maßnahmen erlangten Kenntnisse und Unterlagen nicht zur Erforschung und Verfolgung anderer als der in § 2 genannten Handlungen benutzt werden, es sei denn, daß sich aus ihnen tatsächliche Anhaltspunkte dafür ergeben, daß jemand eine andere in § 138 StGB genannte Straftat zu begehen vorhat, begeht oder begangen hat. Die Verwertbarkeit der unter Verletzung des Brief-, Post- und Fernmeldegeheimnisses gewonnenen Beweise ist beschränkt auf die Aufklärung und Verfolgung von katalogartig bezeichneten Delikten (Katalogtaten). Die Vergehen, die dem Angeklagten zur Last liegen, gehören nicht dazu. Daher dürfen die unmittelbar auf Grund der Abhörmaßnahmen erlangten Beweismittel, namentlich die Aufnahmen auf Tonträger und die auch im vorliegenden Fall über den Inhalt der abgehörten Gespräche angefertigten schriftlichen Aufzeichnungen in dem Strafverfahren gegen den Angeklagten nicht benutzt werden. Daß nicht der Fernmeldeverkehr des Angeklagten selbst überwacht, also nicht in sein Grundrecht auf Schutz des Fernmeldegeheimnisses eingegriffen worden war, rechtfertigt entgegen der vom Oberlandesgericht Köln in seinem Beschluß vom 15. 12. 1978 – 3 Ws 234/78 – vertretenen Ansicht keine andere Beurteilung. Der Bundesgerichtshof hat zu § 100a StPO bereits entschieden, daß die bei einer nach dieser Vorschrift durchgeführten Telefonüberwachung gewonnenen Erkenntnisse gegen eine dritte Person nur verwertet werden dürfen, wenn sie zum Nachweis einer in der Vorschrift aufgezählten Straftat (Katalogtat) oder einer damit in Zusammenhang stehenden Straftat benutzt werden sollen (BGHSt. 26, 298 [BGH Urt. v. 15. 3. 1976 – AnwSt [R] 4/75; vgl. § 100a StPO erfolglose Rügen]). Bei einer auf § 1 Abs. 1, § 2 G 10 gestützten Überwachung des Fernmeldeverkehrs kann nichts anderes gelten. Damit ist freilich noch nicht die Frage beantwortet, ob sich das Beweisverwertungsverbot auch auf solche Beweismittel erstreckt, die gegenüber den unmittelbar durch die Abhörmaßnahmen erlangten Beweisen Selbständigkeit besitzen, auf die der Zugriff aber erst durch die unmittelbar gewonnenen Erkenntnisse ermöglicht wurde. Der Senat bejaht die Frage.

Im Schrifttum gehen die Meinungen darüber, ob einem Beweisverwertungsverbot Fernwirkung zuerkannt werden kann und wo die Grenzen hierfür abzustecken sind, weit auseinander. Dabei stand bisher das in § 136a Abs. 3 Satz 2 StPO ausgesprochene Verbot, solche Aussagen eines Beschuldigten zu verwerten, die unter Mißachtung der Freiheit seiner Willensentschließung und -betätigung zustande gekommen sind, im Mittelpunkt des Meinungsstreits. Die Befürworter einer Fernwirkung berufen sich insbesondere auf den Grundsatz der Rechtsstaatlichkeit und rechtsethische Prinzipien. Die Gegner führen kriminal- und rechtspolitische Gründe ins Feld. Außerdem befürchten sie, daß der Nachweis einer Ursächlichkeit der unmittelbar gewonnenen Erkenntnisse für die mittelbar gefundenen selbständigen Beweismittel in vielen Fällen nur mit Schwierigkeiten oder gar nicht zu führen ist. Eine Mittelmeinung will eine Fernwirkung jedenfalls dann anerkennen, wenn zum Nachteil des Beschuldigten in grober Weise gegen Recht und Gesetz verstoßen wurde, insbesondere wichtige Verfassungsgrundsätze mißachtet wurden, oder wenn die Aufklärung und Verfolgung von nur leichten Straftaten in Frage steht. Der Bundesgerichtshof hat zu der Frage einer Fernwirkung von im Gesetz ausdrücklich ausgesprochenen Beweisverwertungsverboten bisher noch nicht Stellung genommen. Wohl hat der erkennende Senat in seiner Entscheidung BGHSt. 27, 355 (BGH Urt. v. 22. 2. 1978 – 2 StR 334/77; vgl. § 100a StPO erfolgreiche Rügen) ausgesprochen, daß Spuren, die aus einem bei einer Überwachung gemäß § 100a StPO aufgenommenen Tonband erkennbar sind, zur Grundlage von Ermittlungen auch wegen anderer als der in § 100a StPO bezeichneten Taten gemacht werden dürfen. Das Oberlandesgericht Stuttgart (NJW 1973, 1941) und das Hanseatische Oberlandesgericht Hamburg (MDR 1976, 601) haben sich gegen eine Fernwirkung gewandt, wobei es das erstgenannte Gericht jedoch ausdrücklich offengelassen hat, ob es diesen Standpunkt auch bei einem Verstoß gegen Verfahrensvorschriften mit verfassungsrechtlicher Relevanz aufrechterhalten würde.

Eine allgemeingültige Regel, wann ein Beweisverwertungsverbot über das unmittelbar gewonnene Beweisergebnis hinausreicht und wo seine Grenzen zu ziehen sind, läßt sich nicht aufstellen. Die Grenzen richten sich jeweils nach der Sachlage und der Art des Verbots (BGHSt. 27, 355, 357). Nach Artikel 10 GG sind das Briefgeheimnis sowie das Post-

§ 7 G 10 a.F. Nr. 1 Erfolglose Rügen

und Fernmeldegeheimnis unverletzlich. Beschränkungen dürfen nur auf Grund eines Gesetzes angeordnet werden. Das ist durch das G 10 geschehen. Die gegenseitige Beziehung zwischen diesem Gesetz und den in Artikel 10 Abs. 1 GG verankerten Grundrechten ist indessen nicht als einseitige Beschränkung der Geltungskraft der Grundrechte aufzufassen; vielmehr besteht eine Wechselwirkung in dem Sinne, daß das allgemeine Gesetz dem Wortlaut nach zwar den Grundrechten Schranken setzt, seinerseits aber aus der Erkenntnis der wertsetzenden Bedeutung dieser Grundrechte im freiheitlich demokratischen Staat ausgelegt und so in seiner die Grundrechte begrenzenden Wirkung selbst wieder eingeschränkt werden muß (vgl. BVerfGE 7, 198, 209; BGHSt. 19, 325, 329 [BGH Urt. v. 21. 2. 1964 – 4 StR 519/63; vgl. § 249 StPO erfolgreiche Rügen]). Nach diesen Grundsätzen sind auch Inhalt und Tragweite des in § 7 Abs. 3 G 10 aufgestellten Beweisverwertungsverbots zu bestimmen. Das Grundgesetz weist dem Schutz des Brief-, Post- und Fernmeldegeheimnisses hohen Rang zu. Es garantiert die freie Entfaltung der Persönlichkeit durch einen privaten, vor den Augen der Öffentlichkeit verborgenen Austausch und die interne Weitergabe von Nachrichten, Gedanken und Meinungen und wahrt so die Würde des denkenden und freiheitlich handelnden Menschen. In diese Grundrechte darf nur unter strenger Wahrung des aus dem Wesen der Grundrechte im allgemeinen und aus dem Rechtsstaatsprinzip im besonderen abzuleitenden Grundsatzes der Verhältnismäßigkeit eingegriffen werden (BVerfGE 30, 1, 20; 34, 238, 248 [BVerfG Beschl. v. 31. 1. 1973 – 2 BvR 454/71; vgl. §§ 81b, 94 StPO erfolgreiche Rügen]). Grundrechte dürfen demzufolge nur soweit eingeschränkt werden, als es zum Schutz öffentlicher Interessen unerläßlich ist (BVerfGE 19, 342, 348). Die öffentlichen Interessen, die mit dem G 10 verfolgt werden, gehen einmal dahin, den Bestand des Staates und seine verfassungsmäßige Ordnung zu schützen, und sind ferner darauf gerichtet, die Erforschung und Verfolgung besonders gefährlicher Straftaten zu erleichtern. Der Bestand der Bundesrepublik Deutschland und ihre freiheitliche Verfassungsordnung sind überragende Rechtsgüter, zu deren wirksamem Schutz Grundrechte, soweit unbedingt erforderlich, eingeschränkt werden dürfen (BVerfGE 30, 1, 18). Das Bundesverfassungsgericht hat wiederholt aber auch die unabweisbaren Bedürfnisse einer wirksamen Strafverfolgung und Verbrechensbekämpfung (BVerfGE 19, 342, 347; 20, 45, 49; 20, 144, 147), das öffentliche Interesse an einer möglichst vollständigen Wahrheitsermittlung im Strafprozeß – zur Überführung von Straftätern ebenso wie zur Entlastung Unschuldiger – betont (BVerfGE 32, 373, 381 [BVerfG Beschl. v. 8. 3. 1972 – 2 BvR 28/71; vgl. § 97 StPO erfolgreiche Rügen]), die wirksame Aufklärung gerade schwerer Straftaten als einen wesentlichen Auftrag eines rechtsstaatlichen Gemeinwesens gewürdigt (BVerfGE 29, 183, 194) und auf die Aufrechterhaltung einer funktionstüchtigen Rechtspflege, ohne die der Gerechtigkeit nicht zum Durchbruch verholfen werden könne, abgehoben (BVerfGE 33, 367, 382; 34, 238, 248 ff.). Bei der Auslegung des § 7 Abs. 3 G 10 sind hiernach der Wertgehalt der eingeschränkten Grundrechte und das Erfordernis eines wirksamen Schutzes vor staatsfeindlichen und sonst besonders gefährlichen Straftätern gegeneinander abzuwägen.

Aus der Entstehungsgeschichte des Gesetzes läßt sich kein Aufschluß darüber gewinnen, mit welcher Reichweite das Beweisverwertungsverbot des § 7 Abs. 3 G 10 nach dem Willen des Gesetzgebers ausgestattet sein sollte (vgl. Amtliche Begründung, BTDrucks. V/1880 S. 6 ff., 10). Außer Zweifel steht jedoch sein Bestreben, die in Artikel 10 Abs. 1 GG verbrieften Grundrechte im Rahmen des Verhältnismäßigkeitsgrundsatzes nur insoweit einzuschränken, als es ihm zur Abwehr von Staats- und Verfassungsfeinden sowie zur Bekämpfung der Schwerkriminalität unerläßlich schien. Die Grenzen, die der Gesetzgeber als das Ergebnis seiner Güterabwägung gezogen hat, muß der Strafrichter achten. Er darf den grundgesetzlich verbürgten Schutz des Fernmeldegeheimnisses bei der Auslegung des § 7 Abs. 3 G 10 nicht weiter einschränken, als es zur Erreichung des gesetzgeberischen Zwecks unbedingt notwendig ist. Hiernach aber sind Kenntnisse und Unterlagen, die durch Abhörmaßnahmen erlangt werden, nicht nur solche, die unmittelbar bei Überwachung des Fernmeldeverkehrs gewonnen werden, sondern auch diejenigen, zu denen die überwachten Gespräche erst den Weg weisen, die also auf Grund weiterer, außerhalb der Telefonüberwachung durchgeführter Ermittlungen gefunden werden. Erforschung einer Straftat, von welcher der Gesetzgeber in diesem Zusammenhang spricht, bedeutet in aller Regel das Suchen nach weiteren Beweisen. Eine derartige Suche wird auch dann notwendig, wenn die durch die Abhörmaßnahmen erlangten Erkenntnisse vorerst nur bestimmte Anhaltspunkte für die Planung oder Begehung einer der in § 138 StGB genannten Straftaten ergeben haben, die zu einer vollständigen Aufklärung des Sachverhalts nicht ausreichen. Wenn eine solche weitergehende Ermittlungstätigkeit aber lediglich zur Aufklärung und Verfolgung von Katalogtaten für zulässig erklärt wird, so muß das in gleicher Weise für die Verwertung der hierbei erlangten Beweise gelten. Im Lichte der Verfassung macht es keinen wesentlichen Unterschied, ob derjenige, der von einer Telefonüberwachung betroffen und dadurch in seinem Grundrecht aus Artikel 10 Abs. 1 GG beeinträchtigt ist, auf Grund der unmittelbar oder nur der mittelbar erlangten Beweismittel strafrechtlicher Verfolgung ausgesetzt wird.

Die Benutzung mittelbar erlangter Beweismittel ist nur zur Erforschung und Verfolgung von Katalogtaten gestattet. Die von den Gegnern einer Fernwirkung von Beweisverboten vorgebrachten Bedenken greifen hier nicht durch. Dem berechtigten kriminal- und rechtspolitischen Erfordernis einer wirksamen Verfolgung und Bekämpfung von Straftaten der schweren und gemeingefährlichen Kriminalität hat der Gesetzgeber selbst dadurch Rechnung getragen, daß er die durch die Beschränkungsmaßnahmen nach §§ 1 ff. G 10 erlangten Beweise nicht nur als zur Verfolgung der in § 2 genannten Handlungen, sondern auch als zur Verfolgung der in § 138 StGB aufgeführten besonders gefährlichen Straftaten benutzbar erklärt hat. Die Feststellung eines ursächlichen Zusammenhangs zwischen der Überwachung des Fernmeldeverkehrs und der Erlangung der weiteren, selbständigen Beweismittel über den Inhalt der abgehörten Gespräche hinaus bereitet im vorliegenden Fall keine Schwierigkeiten.

Ob die vorstehenden Grundsätze auch bei einer nach § 100a StPO angeordneten Überwachung des Fernmeldeverkehrs anzuwenden sind, ist hier nicht zu entscheiden.

2. Aus den oben dargelegten Gründen ist es entgegen der Ansicht der Revision auch nicht zu beanstanden, daß die Strafkammer den Antrag der Staatsanwaltschaft auf Vernehmung der Frau S. und Anhörung zweier Schriftsachverständiger abgelehnt hat.

Jugendgerichtsgesetz

§ 8 JGG

(1) Erziehungsmaßregeln und Zuchtmittel, ebenso mehrere Erziehungsmaßregeln oder mehrere Zuchtmittel können nebeneinander angeordnet werden. Mit der Anordnung von Hilfe zur Erziehung nach § 12 Nr. 2 darf Jugendarrest nicht verbunden werden.

(2) Der Richter kann neben Jugendstrafe nur Weisungen und Auflagen erteilen und die Erziehungsbeistandschaft anordnen. Steht der Jugendliche unter Bewährungsaufsicht, so ruht eine gleichzeitig bestehende Erziehungsbeistandschaft bis zum Ablauf der Bewährungszeit.

(3) Der Richter kann neben Erziehungsmaßregeln, Zuchtmitteln und Jugendstrafe auf die nach diesem Gesetz zulässigen Nebenstrafen und Nebenfolgen erkennen.

Erfolgreiche Rügen

1. Jugendarrest neben Aussetzung einer Jugendstrafe unzulässig (BGH Beschl. v. 9. 1. 1963 – 4 StR 443/62).

Erfolgreiche Rügen

1. **Jugendarrest neben Aussetzung einer Jugendstrafe unzulässig.**

JGG §§ 8 II, 13 II Nr. 3, 27 – BGH Beschl. v. 9. 1. 1963 – 4 StR 443/62 OLG Düsseldorf (= BGHSt. 18, 207)

Die Revision rügt, daß das Jugendgericht gegen den Angeklagten die Verhängung einer Jugendstrafe ausgesetzt und gleichzeitig auf Jugendarrest erkannt hat.

Sachverhalt: Das Jugendschöffengericht hat den Angeklagten der Nötigung zur Unzucht schuldig gesprochen, die Entscheidung über die Verhängung einer Jugendstrafe nach § 27 JGG ausgesetzt und gleichzeitig auf Jugendarrest erkannt.

Das Oberlandesgericht in Düsseldorf erachtet die Revision für begründet, sieht sich jedoch an seiner Entscheidung durch das Urteil des Kammergerichts vom 6. 2. 1961 (NJW 1961, 1175 Nr. 18) gehindert. Hier ist ausgesprochen, daß neben der Entscheidung gemäß § 27 JGG die Verhängung von Jugendarrest zulässig sei, da eine solche Koppelung insbesondere weder gegen den Grundsatz der Einspurigkeit noch gegen das Verbot der Doppelbestrafung verstoße.

Das Oberlandesgericht hat die Sache dem Bundesgerichtshof zur Entscheidung der Rechtsfrage vorgelegt, ob § 8 Abs. 2 Satz 2 JGG die gleichzeitige Verhängung von Jugendarrest neben einer Entscheidung nach § 27 JGG ausschließe. – Das Rechtsmittel hatte Erfolg.

Gründe: Der Senat stimmt der Meinung des vorlegenden Gerichts zu.

Das Kammergericht ist der Auffassung, daß nach der Vorschrift des § 8 Abs. 2 Satz 2 JGG nur die gleichzeitige Verhängung mehrerer freiheitsentziehender Maßnahmen verboten sei. Da aber durch die Entscheidung nach § 27 JGG eine Freiheitsentziehung zunächst nicht herbeigeführt werde, bleibe der Freiheitsentzug auch dann „einspurig", wenn gleichzeitig auf Jugendarrest erkannt werde. Daß im Nachverfahren nach § 30 JGG eine Jugendstrafe verhängt werden könne, sei hierbei ohne Bedeutung. Eine gleichzeitige Verhängung im Sinne des § 8 Abs. 2 Satz 2 JGG liege jedenfalls nicht vor.

Ob dieser Auslegung zu folgen ist, hängt vom Sinn und Zweck der genannten Vorschrift ab. § 8 JGG läßt grundsätzlich eine Koppelung von Erziehungsmaßregeln in größerem Umfang zu. Der Grund hierfür liegt darin, daß der Richter durch sinnvolle Verbindung verschiedener Maßnahmen die erzieherisch höchstmögliche Wirkung anstreben soll. Er kann auf diese Weise sühnende und erzieherische Maßnahmen miteinander verbinden und dadurch allen im Jugendstrafrecht zu verfolgenden Zielen Genüge tun. Da jedoch die Koppelung bestimmter Maßnahmen sinnwidrig oder aus Erziehungsgründen unzweckmäßig ist, hat das Gesetz einige zwingende Ausnahmen angeordnet. Hierzu gehört das Verbot der Verbindung von Jugendstrafe und Jugendarrest. Hiermit hat das Gesetz den Grundsatz der sog. „Einspurigkeit" des Freiheitsentzuges verwirklicht.

Der innere Grund für diese Bestimmung liegt darin, daß Jugendarrest und Jugendstrafe ihrem Sinn und ihrer Zielsetzung nach verschiedenen Aufgaben dienen sollen. Sie sind daher auch an das Vorliegen verschiedener Voraussetzungen geknüpft.

Der Jugendarrest ist seinem Wesen nach als ein Ahndungsmittel eigener Art ausgestaltet. Er enthält in sich sowohl Elemente der Strafe als auch der Erziehungsmaßregel. Er ist ein kurzfristiger Freiheitsentzug mit sühnendem und erzieherischem Charakter. Soweit er Elemente der Strafe enthält, soll er Ausgleich für begangenes Unrecht sein und durch seine Einflußnahme auf den Jugendlichen auch der Besserung dienen, ferner vermöge seines harten Vollzugs abschreckend wirken. Von der Jugendstrafe, die den Täter entsühnen und in die Gesellschaft wieder einordnen soll, unterscheidet er sich dadurch, daß er eine „mehr schreckhaft empfundene harte Zurechtweisung sein soll, die wohl eine ernste Mahnung, in der Regel aber keine volle Sühne für das begangene Unrecht darstellt." Seine Zwecksetzung ist daher von der Jugendstrafe verschieden und vor allem weniger weitreichend. Soweit es sich um das Ziel der Erziehung handelt, soll dieses durch einen kurzen und harten Zugriff, der das Ehrgefühl anspricht und für die Zukunft eine eindringliche Warnung ist, erreicht werden. Im Gegensatz zur Strafe ist er also nicht auf die Durchführung eines umfassenden Erziehungsprozesses zugeschnitten. Er soll durch seine Einmaligkeit und seine Kürze wirken und durch diesen eindringlichen und fühlbaren Ordnungsruf den Jugendlichen davor schützen, auf dem erstmalig eingeschlagenen Weg fortzufahren. Eine längere Freiheitsentziehung würde gerade diese erzieherischen Wirkungen nicht erreichen können. Der Erziehungszweck soll hier gerade durch eine länger dauernde, umfassende Einwirkung auf den Täter erreicht werden. Dies gilt für die Jugendstrafe insbesondere dann, wenn die Entscheidung über deren Verhängung gemäß § 27 JGG ausgesetzt wird. Denn die Aussetzung gemäß dieser Vorschrift ist nur zulässig, wenn die Möglichkeit besteht, daß in der Straftat schädliche Neigungen von einem Umfang hervorgetreten sind, daß eine Jugendstrafe erforderlich ist. Die Jugendstrafe, die wegen der Schwere der Schuld ausgesprochen werden muß (§ 17 JGG), scheidet für die Aussetzung gemäß § 27 JGG aus (vgl. Richtlinien zu § 27 JGG Nr. 1). Mithin kommt die gesamte Gelegenheits- und Konfliktskriminalität als Anwendungsgebiet für die Verhängung der Jugendstrafe wegen schädlicher Neigungen nicht in Betracht. Diese kann vielmehr regelmäßig nur bei Tätern mit schweren Anlage- oder Entwicklungsschäden verhängt werden, deren Beseitigung in einem länger dauernden Strafvollzug versucht werden soll. Im Gegensatz hierzu kommt der Jugendarrest vor allem in Betracht für Verfehlungen aus Unachtsamkeit, jugendliche in Kraftgefühl oder Übermut, aus typisch jugendlichen Neigungen und jugendlichem Vorwärtsstreben, jugendlicher Trotzhaltung, jugendlicher Abenteuerlust, mangelnder Selbständigkeit sowie bei Gelegenheits- und Augenblicksverfehlungen, die sich aus einer plötzlich auftretenden Situation ergeben, ohne daß der Täter sonst zu kriminellem Verhalten neigt. Die Anwendungsbereiche der beiden Maßnahmen schließen einander somit aus. Darauf beruht das Koppelungsverbot des § 8 Abs. 2 Satz 2 JGG.

Hiernach kann es nicht der Sinn dieser Vorschrift sein, daß sie nur die gleichzeitige Verhängung beider Freiheitsentziehungen verbietet, wie das Kammergericht und Grethlein (NJW 1957, 1462 ff.) meinen. Der Sinn kann vielmehr nur darin liegen, daß auf einen Täter wegen derselben Tat nicht beide Maßnahmen zur Anwendung kommen sollen. Diese Folge würde aber eintreten, wenn der Richter bei der Entscheidung gemäß § 27 JGG neben der Aussetzung Jugendarrest verhängen und sodann auf Grund des § 30 JGG zur Anordnung der Jugendstrafe gelangen würde. Die gegenteilige Ansicht würde ferner zur Folge haben, daß der Jugendarrest vollzogen würde, obwohl seine Voraussetzungen nicht festgestellt sind. Denn die Entscheidung nach § 27 JGG setzt gerade voraus, daß der Richter in der Hauptverhandlung nicht feststellen kann, ob schädliche Neigungen vorliegen oder nicht, also nicht entscheiden kann, ob die Verhängung einer Jugendstrafe oder möglicherweise des Jugendarrestes in Betracht kommt. Eine so einschneidende Maßnahme, wie sie eine Freiheitsentziehung ist, auf die Gefahr hin anzuordnen, daß sich nachträglich herausstellt, ihre im Gesetz geforderten Voraussetzungen seien nicht gegeben, ist untragbar.

Allerdings hat der hier vertretene Standpunkt zur Folge, daß der Richter bei seiner Entscheidung nach § 30 JGG, wenn schädliche Neigungen nicht festzustellen sind, auch kein ihm geeignet erscheinendes Erziehungs- oder Zuchtmittel verhängen kann. Die abschließende Entscheidung gemäß § 30 JGG kann nur dahin lauten, eine Jugendstrafe auszusprechen oder die Tilgung des Schuldspruchs anzuordnen. Eine weitere Möglichkeit der Verfahrensbeendigung ist im Gesetz nicht vorgesehen. Wie die Entstehungsgeschichte ergibt, hatte der Regierungsentwurf in § 13 Abs. 2 dem Richter noch weitere Möglichkeiten an die Hand geben wollen. Dies ist aber bei den Beratungen ausdrücklich abgelehnt worden (BT Drucks. I. Wahlperiode Nr. 3264 S. 4; 6. Kurzprotokoll des Unterausschusses JGG vom 22. 1. 1963 S. 4). So kann es eintreten, daß in Fällen, in denen noch eine nachdrückliche erzieherische Einwirkung auf den Jugendlichen erforderlich ist, diese unterbleiben muß. Das entspricht aber offensichtlich dem Willen des Gesetzgebers; denn sonst hätte er dem Richter die Möglichkeit gegeben, nicht nur die Entscheidung über die Jugendstrafe, sondern gleichzeitig die über die Verhängung von Jugendarrest auszusetzen. Eine solche Regelung jedoch würde dem Sinn des Jugendarrests zuwiderlaufen, weil dann die besonders abschreckende „Sofortwirkung" verlorengehen würde, die eine der wichtigsten Aufgaben des Jugendarrestes bildet.

Es würde auch dem Zweck des Jugendarrestes nicht entsprechen, wenn dadurch etwa erreicht werden sollte, daß die Jugendlichen nachdrücklich am eigenen Leib zu spüren bekämen, daß es Ernst geworden sei, und hierdurch Energielose und Gleichgültige Hemmungen bekämen, wodurch die Aussichten auf einen erfolgreichen Ablauf der Bewährungszeit bis zur Entscheidung über die Notwendigkeit einer Jugendstrafe wesentlich erhöht werden könnte.

Gerade die Aufgabe, die Aussichten für einen erfolgreichen Ablauf einer Bewährungsfrist zu erhöhen, hat der Gesetzgeber dem Jugendarrest im Falle des § 13 JGG – der Jugendarrest nach § 11 Abs. 2 JGG kommt hier nicht in Betracht – nicht zugewiesen. Das ergibt sich daraus, daß der Richter, wenn er auf Jugendstrafe erkannt, aber Strafaussetzung gewährt hat (§ 20 JGG), Jugendarrest nicht anordnen darf, um auf die Führung des Jugendlichen während der Bewährungsfrist wirksam einzuwirken. Denn dieses Verfahren würde ohne jeden Zweifel eine gleichzeitige Verhängung von Jugendstrafe und Jugendarrest sein, die, wie einmütig anerkannt ist, nach dem klaren Wortlaut des § 8 JGG verboten ist.

Grethlein hält diese Regelung nicht für angemessen und tritt insoweit für eine Änderung des Gesetzes ein. Zur Zeit muß aber jedenfalls von dem geltenden Recht ausgegangen werden, das für den Fall der Aussetzung einer verhängten Jugendstrafe den Jugendarrest als Unterstützungsmittel für einen erfolgreichen Ablauf der Bewährungsfrist nicht vorgesehen, also diese Aufgabe dem Jugendarrest nicht zugewiesen hat. Es würde hierzu in Widerspruch stehen, wenn der Aussetzung der Verhängung der Jugendstrafe gemäß § 27 JGG dem Jugendarrest eine solche Aufgabe übertragen würde.

Für die Überwachung und erzieherische Beeinflussung des Jugendlichen während der im Falle des § 27 JGG bestimmten Bewährungszeit hat das Gesetz Bewährungsaufsicht, Bewährungshilfe und Auflagen vorgesehen, die auch nachdrückliche Einschränkungen der Lebensführung des Jugendlichen mit sich bringen können und unter Umständen wirksamer sein können als der Jugendarrest.

Auch der allgemeine Zweck des Jugendarrestes, der Vermeidung von Bestrafungen zu dienen, rechtfertigt eine Anwendung im Falle des § 27 JGG nicht. Alle im Jugendgerichtsgesetz vorgesehenen Mittel, Erziehungsmaßnahmen, Zuchtmittel und Strafen sollen der künftigen Vermeidung von Strafen dienen. Würde dieser allgemeine Zweck die Anordnung des Jugendarrestes in einem Fall der vorliegenden Art rechtfertigen, so müßte folgerichtig jede Koppelung von Erziehungsmaßnahmen, Zuchtmitteln und Strafen zulässig sein. Tatsächlich sollen zwar alle diese Mittel jenes Ziel anstreben, jedoch jeweils nur auf einem bestimmten Weg und in einem bestimmten Anwendungsgebiet, weil sie nur in diesem Bereich hierfür tauglich erscheinen.

Auch der vom Kammergericht weiter für seine Ansicht angeführte Grund, daß die Freiheitsentziehung während des Jugendarrestes eine günstige Gelegenheit für die Feststellung biete, ob schädliche Neigungen vorliegen oder nicht, wird dieser Maßnahme nicht gerecht. Der Jugendarrest ist für diese Aufgabe ebenfalls nicht bestimmt und auch wenig geeignet. Das Gesetz hat hierfür in § 29 JGG ausdrücklich die Bewährungsaufsicht vorgesehen.

§ 27 JGG

Kann nach Erschöpfung der Ermittlungsmöglichkeiten nicht mit Sicherheit beurteilt werden, ob in der Straftat eines Jugendlichen schädliche Neigungen von einem Umfang hervorgetreten sind, daß eine Jugendstrafe erforderlich ist, so kann der Richter die Schuld des Jugendlichen feststellen, die Entscheidung über die Verhängung der Jugendstrafe aber für eine von ihm zu bestimmende Bewährungszeit aussetzen.

Erfolgreiche Rügen

1. Neben Aussetzung nach § 27 JGG keine Fürsorgeerziehung zulässig (BGH Urt. v. 17. 5. 1988 – 5 StR 153/88).

2. Amnestie geht vor Schuldfeststellung (BGH Urt. v. 13. 3. 1956 – 2 StR 472/55).

Erfolgreiche Rügen

1. Neben Aussetzung nach § 27 JGG keine Fürsorgeerziehung zulässig.

JGG §§ 8 II, 27, 30 – BGH Urt. v. 17. 5. 1988 – 5 StR 153/88 LG Oldenburg (= BGHSt. 35, 288)

Die Revision der Staatsanwaltschaft rügt, daß das Landgericht neben der Entscheidung, die Verhängung von Jugendstrafe zur Bewährung auszusetzen, Fürsorgeerziehung angeordnet hat.

Sachverhalt: Das Landgericht hat den zur Tatzeit fast 15 Jahre alten Angeklagten des gemeinschaftlichen Raubes mit Todesfolge schuldig gesprochen, die Entscheidung über die

Verhängung der Jugendstrafe zur Bewährung ausgesetzt und die Fürsorgeerziehung angeordnet. – Das Rechtsmittel hatte Erfolg.

Gründe: Die Anordnung dieser Erziehungsmaßregel war neben der Entscheidung nach § 27 JGG nicht zulässig. Die Aussetzung der Verhängung der Jugendstrafe soll dem Jugendlichen die Chance geben, durch sein Verhalten in der Bewährungszeit zu zeigen, daß die bei ihm vorhandenen und festgestellten schädlichen Neigungen nicht den Umfang haben, der die Verhängung einer Jugendstrafe erfordert. Diese Chance kann der Jugendliche regelmäßig nur nutzen, wenn er sich in Freiheit bewähren kann (vgl. OLG Frankfurt NJW 1955, 603). Von diesen Gedanken geht auch das Gesetz aus. Denn es gibt dem Jugendrichter nach § 29 JGG nur die Möglichkeit, neben der Aussetzung der Verhängung der Jugendstrafe den Jugendlichen für die Dauer der Bewährungszeit der Aufsicht und Leitung eines Bewährungshelfers zu unterstellen sowie ihm Weisungen zu geben und Auflagen zu erteilen.

Diese Maßnahmen können nur sinnvoll bei einem in Freiheit befindlichen Jugendlichen angewendet werden. Eine Kopplung mit anderen Erziehungsmaßregeln und Zuchtmitteln ist nach § 8 Abs. 2 JGG ausgeschlossen. Wie der Bundesgerichtshof bereits entschieden hat, ist diese Vorschrift nicht dahin zu verstehen, daß sie nur die gleichzeitige Verhängung von Jugendstrafe und anderen nicht ausdrücklich im Gesetz zur Verbindung zugelassenen Maßnahmen verbietet. Vielmehr will sie verhindern, daß auf einen Täter wegen derselben Tat solche nicht zugelassenen Maßnahmen neben der Verhängung einer Jugendstrafe angewendet werden (BGHSt. 18, 207, 210 [BGH Beschl. v. 9. 1. 1963 – 4 StR 443/62; vgl. § 8 JGG erfolgreiche Rügen]). Die Entscheidung nach § 27 JGG kann von der ihr folgenden Entscheidung nach § 30 JGG nicht getrennt werden. Der Jugendrichter muß bei seiner Entscheidung nach § 30 JGG die Möglichkeit haben, frei darüber zu befinden, ob er nach der Bewährungszeit auf eine Jugendstrafe erkennen oder den Schuldspruch tilgen will. Diese Möglichkeit wird ihm genommen, wenn mit der Aussetzung der Verhängung der Jugendstrafe gleichzeitig die Fürsorgeerziehung angeordnet wird. Denn die Anordnung dieser Erziehungsmaßregel schließt auch die nachträgliche Verhängung der Jugendstrafe nach § 8 Abs. 2 JGG aus, weil sie als freiheitsentziehende Maßnahme weiter fortbesteht. Der nach § 30 JGG entscheidende Jugendrichter kann die Fürsorgeerziehung nicht gleichzeitig mit der Verhängung der Jugendstrafe aufheben, weil dafür nach §§ 12 JGG, 75 Abs. 4 JWG allein der Vormundschaftsrichter zuständig ist.

Dieser Rechtsfehler führt zur Aufhebung des gesamten Rechtsfolgenausspruchs. Auch die Entscheidung über die Aussetzung der Verhängung der Jugendstrafe kann von ihm beeinflußt sein.

2. Amnestie geht vor Schuldfeststellung.

JGG § 27; StPO § 358 II; StFrG 1954 – BGH Urt. v. 13. 3. 1956 – 2 StR 472/55 LG Osnabrück (= BGHSt. 9, 104)

Die Revision rügt, daß das Gericht das Vorliegen einer Straffreiheit nach einem Amnestiegesetz nicht vorrangig geprüft hat.

Sachverhalt: Gegen den Angeklagten, der im Juli 1951, also im Alter von 20 Jahren, an einem damals zehnjährigen Mädchen ein Sittlichkeitsverbrechen begangen hat, hat das Landgericht gemäß § 27 JGG die Entscheidung über die Verhängung einer Jugendstrafe für eine Bewährungsfrist von zwei Jahren ausgesetzt und ihn für diese Zeit unter Bewährungsaufsicht gestellt. – Das Rechtsmittel hatte Erfolg.

Gründe: Auf seine Revision muß diese Verurteilung aufgehoben werden, weil das Landgericht nicht geprüft hat, ob das Straffreiheitsgesetz 1954 zur Einstellung des Verfahrens führt. Diese Prüfung muß in *erster* Reihe vorgenommen werden, da das Straffreiheitsgesetz, wo es Anwendung findet, ein Verfahrenshindernis begründet, das jede dem Fortgang des Verfahrens dienende richterliche Tätigkeit verbietet. Auch eine Schuldfeststellung ohne Strafausspruch, wie sie § 27 JGG vorsieht, ist dann ausgeschlossen. Dieser Vorrang des Straffreiheitsgesetzes ergibt sich aus den allgemeinen Grundsätzen über die Bedeutung und Wirkung eines Verfahrenshindernisses (BGHSt. 3, 134, 136 [BGH Urt. v. 11. 6. 1952 – 3 StR 233/51; vgl. § 12 StPO erfolgreiche Rügen]). Er muß gewahrt bleiben, obwohl das zur Folge hat, daß nach Prüfung der Voraussetzungen des Straffreiheitsgesetzes für eine Anwendung des § 27 JGG jedenfalls dann kein Raum mehr ist, wenn, wie hier, nur die Straffreiheitsgrenze des § 2 StFrG in Betracht kommt. Denn § 27 JGG geht davon aus, daß nicht mit Sicherheit beurteilt werden kann, ob in der Straftat schädliche Neigungen hervorgetreten sind, die eine Jugendstrafe erforderlich machen. Demgegenüber *muß* der Richter nach § 2 StFrG entscheiden, ob und welche Strafe der Täter verwirkt haben würde. Kommt er hierbei zu dem Ergebnis, daß die Tat des Angeklagten eine Jugendstrafe von mehr als 3 Monaten erfordere, kann er nicht mehr bezweifeln, daß überhaupt eine Jugendstrafe notwendig ist. Der Vorrang des Straffreiheitsgesetzes ergibt sich im übrigen auch aus § 15 Abs. 2 des Gesetzes. Dort ist bestimmt, daß die für die Bewährungszeit angeordneten Bewährungsauflagen als selbständige Erziehungsmaßregeln oder Zuchtmittel bestehen bleiben, wenn ein Verfahren, in dem ein Schuldspruch nach § 27 JGG vorliegt, niederzuschlagen ist. Das bedeutet, daß die Frage der Niederschlagung sofort zu prüfen ist, also nicht erst bei einer Entscheidung nach § 30 JGG (nachträgliche Verhängung der Jugendstrafe wegen schlechter Führung).

Im vorliegenden Falle ist die Mindeststrafe, die der Tatrichter hätte verhängen können, 3 Monate Jugendstrafe, da die Tat vor der Geltung des Jugendgerichtsgesetzes begangen wurde (§ 116 Abs. 1 Satz 2). Das ist zugleich die Straffreiheitsgrenze nach § 2 StFrG. Daß der Tatrichter diese Mindeststrafe bei Prüfung der Straffreiheitsvoraussetzungen möglicherweise für ausreichend erachtet hätte, läßt sich nicht ausschließen. Das Urteil muß also aufgehoben werden, weil das Landgericht die Anwendbarkeit des Straffreiheitsgesetzes nicht geprüft hat.

Für das weitere Verfahren bleibt die Feststellung aufrechterhalten, daß der Angeklagte die Tat, deretwegen er noch zur Verantwortung gezogen wird, begangen hat und daß er für sie verantwortlich ist. Die Strafkammer hat erneut zu befinden, ob nach der Entwicklung des Angeklagten, wie sie für das Jahr 1951 festgestellt werden kann, auf ihn Jugend- oder Erwachsenenstrafrecht anzuwenden ist und ob seine Zurechnungsfähigkeit damals nach § 51 Abs. 2 StGB erheblich vermindert war.

Sollte die Strafkammer in der neuen Verhandlung wiederum Jugendstrafrecht anwenden und zu dem Ergebnis kommen, daß für die Tat des Angeklagten eine Jugendstrafe von nicht mehr als 3 Monaten in Betracht kommt, so ist das Verfahren nach § 2 StFrG einzustellen. Hält dagegen die Strafkammer eine höhere Strafe für erforderlich, so ist das Verfahren fortzusetzen mit der bereits erörterten Folge, daß die Anwendung des § 27 JGG nunmehr ausgeschlossen ist. Vielmehr muß alsdann auf eine Jugendstrafe erkannt werden. Insoweit sind jedoch dem Tatrichter durch das Verbot der Schlechterstellung nach § 358 Abs. 2 StPO Beschränkungen auferlegt. Eine Entscheidung nach § 27 JGG bedeutet, daß der Täter jedenfalls zunächst keiner Freiheitsentziehung unterworfen ist und, sofern er sich bewährt, eine solche auch nicht zu befürchten braucht. Dieser Rechtszustand ist dem Angeklagten durch § 358 Abs. 2 StPO gewährleistet. Infolgedessen muß der Tatrichter auf die von ihm zu verhängende Jugendstrafe diejenigen Vorschriften anwenden, die diesem Rechtszustand am nächsten kommen, jedenfalls eine Schlechterstellung des Angeklagten verhindern. Das bedeutet, daß die Strafaussetzung zur Bewährung nach § 20 JGG zwingend geboten ist, ohne daß noch eine Prüfung ihrer Voraussetzungen möglich wäre. Zugleich ergibt sich daraus das noch zulässige Höchstmaß der Jugendstrafe (1 Jahr) und das Höchstmaß der Bewährungszeit (2 Jahre).

Entscheidet sich die Strafkammer dagegen, abweichend von der bisherigen Beurteilung, für die Anwendung des allgemeinen Strafrechts, so ist ebenfalls zunächst die Frage der Straffreiheit zu prüfen. Denn die Tat kann an sich bei Anwendung der §§ 51 Abs. 2, 44 StGB mit weniger als 3 Monaten Gefängnis bestraft werden. Wird Straffreiheit verneint, so ist auch hier das Verbot der Schlechterstellung zu beachten. Das bedeutet, daß ebenfalls ohne weitere Prüfung die Strafe zur Bewährung nach § 23 StGB auszusetzen ist.

§ 31 JGG

(1) Auch wenn ein Jugendlicher mehrere Straftaten begangen hat, setzt der Richter nur einheitlich Erziehungsmaßregeln, Zuchtmittel oder eine Jugendstrafe fest. Soweit es dieses Gesetz zuläßt (§ 8), können ungleichartige Erziehungsmaßregeln und Zuchtmittel nebeneinander angeordnet oder Maßnahmen mit der Strafe verbunden werden. Die gesetzlichen Höchstgrenzen des Jugendarrestes und der Jugendstrafe dürfen nicht überschritten werden.

(2) Ist gegen den Jugendlichen wegen eines Teils der Straftaten bereits rechtskräftig die Schuld festgestellt oder eine Erziehungsmaßregel, ein Zuchtmittel oder eine Jugendstrafe festgesetzt worden, aber noch nicht vollständig ausgeführt, verbüßt oder sonst erledigt, so wird unter Einbeziehung des Urteils in gleicher Weise nur einheitlich auf Maßnahmen oder Jugendstrafe erkannt. Die Anrechnung bereits verbüßten Jugendarrestes steht im Ermessen des Richters, wenn er auf Jugendstrafe erkennt.

(3) Ist es aus erzieherischen Gründen zweckmäßig, so kann der Richter davon absehen, schon abgeurteilte Straftaten in die neue Entscheidung einzubeziehen. Dabei kann er Erziehungsmaßregeln und Zuchtmittel für erledigt erklären, wenn er auf Jugendstrafe erkennt.

Erfolgreiche Rügen

1. Keine Einbeziehung schon abgeurteilter Straftaten, wenn es unter Mißachtung der davon ausgehenden Warnfunktion erneut zu Straftaten kommt (BGH Urt. v. 14. 12. 1999 – 1 StR 471/99).

2. Einbeziehung früherer Urteile nach Erledigung der Rechtsfolgen unzulässig (BGH Beschl. v. 14. 11. 1996 – 1 StR 598/96).

3. Ablehnung der Einbeziehung früherer Verurteilung nur zulässig, wenn diese zusammen mit der bereits rechtskräftig verhängten Strafe erforderlich ist, um auf den Angeklagten erzieherisch einzuwirken (BGH Beschl. v. 12. 7. 1995 – 2 StR 60/95).

4. Höhere Jugendstrafe als 10 Jahre durch Nichteinbeziehung früherer Verurteilung nur zulässig, wenn Gründe vorliegen, die unter dem Gesichtspunkt des Erziehungszwecks von ganz besonderem Gewicht sind und die Verfolgung dieses Zwecks über einen Zeitraum von 10 Jahren hinaus als notwendig erscheinen lassen (BGH Urt. v. 5. 3. 1985 – 1 StR 31/85).

5. Das Gericht, das eine frühere Jugendstrafe in sein Urteil einbezieht, ist an die damalige Entscheidung, die Untersuchungshaft nicht anzurechnen, nicht gebunden (BGH Beschl. v. 23. 8. 1974 – 2 StR 298/74).

6. Bei Verurteilung zu der nach § 18 I JGG zulässigen Höchststrafe ist die Einbeziehung einer früheren Verurteilung zu unbestimmter Jugendstrafe unter den Voraussetzungen des § 31 II JGG stets geboten und für eine Anwendung des § 31 III JGG kein Raum (BGH Urt. v. 13. 12. 1967 – 2 StR 548/67).

7. Auch der bereits verbüßte Teil einer früheren Jugendstrafe muß in die neue Strafe einbezogen werden (BGH Urt. v. 13. 12. 1961 – 2 StR 548/61).

Erfolglose Rügen

1. Frühere Verurteilung, die sich auf die Verhängung einer Nebenstrafe oder Nebenfolge oder einer Maßregel der Besserung und Sicherung beschränkt hat, kann einbezogen werden (BGH Urt. v. 9. 12. 1992 – 3 StR 434/92).

2. Die Bildung einer Gesamtstrafe aus einer Jugendstrafe und einer Freiheitsstrafe des allgemeinen Strafrechts ist bei getrennter Aburteilung unzulässig (BGH Urt. v. 10. 10. 1978 – 4 StR 444/78).

Erfolgreiche Rügen

1. Keine Einbeziehung schon abgeurteilter Straftaten, wenn es unter Mißachtung der davon ausgehenden Warnfunktion erneut zu Straftaten kommt.

JGG § 31 – BGH Urt. v. 14. 12. 1999 – 1 StR 471/99 LG München I (= NStZ 2000, 263)

Die Revision der Staatsanwaltschaft rügt, die Jugendkammer habe in den Urteilsgründen nicht hinreichend dargelegt, weshalb sie nicht von der Möglichkeit des § 31 III 1 JGG Gebrauch gemacht hat, eine weitere Jugendstrafe zu verhängen.

Sachverhalt: Das Landgericht hat den Angeklagten wegen Mordes zu einer Jugendstrafe von 6 Jahren und 10 Monaten verurteilt. Die in Kroatien erlittene Auslieferungshaft hat es im Verhältnis 1:1 auf die verhängte Strafe angerechnet.

Nach den Feststellungen tötete der Angeklagte im Oktober 1993 sein ihm bis dahin völlig unbekanntes Opfer mit mehreren Messerstichen. Er hatte sich nach einem Streit abreagieren und irgendein Menschenleben vernichten wollen. Der Angeklagte war zur Tatzeit 18 Jahre und 6 Monate alt und damit Heranwachsender. Die Jugendkammer hat angenommen, der Angeklagte habe die Tat aus Mordlust und sonstigen niedrigen Beweggründen begangen. Sie hat, sachverständig beraten, auf den Angeklagten Jugendstrafrecht angewendet (§§ 1 II, 105 I Nr. 1, III JGG).

Das Landgericht ist zu der erkannten Jugendstrafe gelangt, indem es von der nach seiner Auffassung an sich zu verhängenden Einheitsstrafe von 10 Jahren Jugendstrafe im Wege des Härteausgleichs den Vollzug von 3 Jahren und 2 Monaten aus dem Urteil des Landgerichts vom 11. 7. 1995 abgezogen hat, die der Angeklagte in Vollstreckung einer an sich einzubeziehenden früheren Verurteilung verbüßt hat.

Dem lag folgendes zugrunde: Der Angeklagte war durch Urteil des Jugendschöffengerichts M. vom 20. 1. 1992 wegen gemeinschaftlich begangener versuchter räuberischer Erpressung, wegen räuberischer Erpressung, wegen gemeinschaftlichen Raubes in 3 Fällen sowie weiterer Delikte zu einer Jugendstrafe von 1 Jahr und 6 Monaten verurteilt worden. Er war nach Verbüßung von mehr als zwei Dritteln zur Bewährung entlassen worden. Wegen weiterer von August bis Dezember 1993 begangener Taten des versuchten Totschlags, des Diebstahls in 3 Fällen, der räuberischen Erpressung, der gefährlichen Körperverletzung in 2 Fällen und der vorsätzlichen Körperverletzung war der Angeklagte durch die Jugendkammer des Landgerichts unter Einbeziehung des Urteils des Jugendschöffengerichts M. vom 20. 1. 1992 zu einer einheitlichen Jugendstrafe von 5 Jahren verurteilt worden. Von dieser Jugendstrafe verbüßte der Angeklagte 3 Jahre und 2 Monate. Aufgrund des Bescheids der Stadt München vom 1. 9. 1993 war er am 24. 1. 1996 nach Slowenien abgeschoben worden. Von der weiteren Vollstreckung der Jugendstrafe wurde gem. § 456a StPO abgesehen. Es verblieb ein Strafrest von ca. 1 Jahr und 10 Monaten.

Wegen der hier abzuurteilenden Tat war gegen den Angeklagten erst im November 1997 ein Haftbefehl wegen Mordes erlassen worden. Er wurde in Kroatien festgenommen und befand sich dort in Auslieferungshaft. Mit Bescheid des Justizministeriums Kroatien vom

10. 2. 1998 wurde die Auslieferung zur Führung des Strafverfahrens wegen Mordes entsprechend dem Haftbefehl bewilligt. Die Auslieferung erstreckte sich nicht auf die früheren Taten aus dem Urteil vom 11. 7. 1995. Das Landgericht ist davon ausgegangen, bezüglich dieses Strafrestes bestehe ein Vollstreckungshindernis i.S. des § 456a I StPO, so daß dieser Teil der früheren Jugendstrafe beim Härteausgleich außer Betracht geblieben ist. – Das Rechtsmittel hatte Erfolg.

Gründe: ...

a) Das Landgericht war der Auffassung, die frühere, nicht vollständig vollstreckte Jugendstrafe aus dem Urteil vom 11. 7. 1995 und die wegen Mordes zu verhängende Strafe seien an sich auf eine Einheitsjugendstrafe von 10 Jahren zurückzuführen (§ 31 II JGG). Da die Bildung einer Einheitsjugendstrafe wegen des im Auslieferungsverfahren geltenden Spezialitätsgrundsatzes nicht möglich war und der Angeklagte dadurch nicht schlechter gestellt werden sollte, hat es von der fiktiven Einheitsjugendstrafe die bisher vollstreckten 3 Jahre und 2 Monate abgezogen. Dabei hat die Jugendkammer die Ausnahmevorschrift des § 31 III 1 JGG nicht hinreichend bedacht.

Allerdings hat die Jugendkammer die Vorschrift geprüft, nach der es erzieherische Gründe gebieten können, durch die Bildung von 2 nebeneinander stehenden Jugendstrafen die Höchststrafe von 10 Jahren Jugendstrafe im Ergebnis zu überschreiten. Nach der Rechtsprechung des BGH kommt der Ausnahmetatbestand des § 31 III JGG dann in Betracht, wenn es nach einem ersten Urteil unter Mißachtung der davon ausgehenden Warnfunktion erneut zu Straftaten kommt. Dem Angeklagten soll durch die Bildung zweier selbständiger Jugendstrafen das Ausmaß seiner erneuten Rechtsgutsverletzung eindringlich nahegebracht und er soll nicht in dem Glauben bestärkt werden, er habe „freie Hand" für die Begehung weiterer Straftaten (BGHSt. 36, 37, 43 [BGH Urt. v. 6. 12. 1988 – 1 StR 620/88; vgl. § 105 JGG erfolglose Rügen]; BGH NStZ 1995, 595 [BGH Beschl. v. 12. 7. 1995 – 2 StR 60/95; vgl. § 31 JGG erfolgreiche Rügen]).

Das LG hat bei der Prüfung des § 31 III 1 JGG gemeint, eine solche Ausnahmesituation habe nicht vorgelegen, weil es vor dem Tatzeitpunkt des Mordes keine Verurteilung des Angeklagten mit entsprechender Warnfunktion gegeben habe, da die Verurteilung zu 5 Jahren Jugendstrafe erst am 11. 7. 1995 erfolgt sei. Jedoch war der Angeklagte bereits einmal am 20. 1. 1992 zu einer ersten, später einbezogenen Jugendstrafe verurteilt worden.

Darüber hinaus tragen die Feststellungen nicht, bei dem Angeklagten sei „eine gewisse Nachreifung im positiven Sinne" erfolgt, so daß besondere erzieherische Gründe für 2 voneinander unabhängige Jugendstrafen nicht ersichtlich seien. Ob wohl die Jugendkammer feststellt, die abzuurteilende Tat zeige „ein äußerst bedenkliches Bild charakterlicher Fehlhaltung und tiefverwurzelter Anlage- und Erziehungsmängel des Angeklagten, der noch in hohem Maße erziehungsbedürftig erscheint", kommt sie zu dem Ergebnis, bei dem inzwischen 24 Jahre alten Angeklagten könne der Erziehungsgedanke nur noch geringe Bedeutung haben. Das Landgericht stützt sich dabei auf den Sachverständigen Professor Dr. N. Dieser hatte jedoch den Angeklagten zuletzt im Oktober 1994 untersucht. Bei der damaligen Begutachtung hatte er beim Angeklagten eine ausgeprägte Persönlichkeitsstörung mit dissozialen und emotional instabilen Persönlichkeitszügen diagnostiziert. Eine erneute Untersuchung in diesem Verfahren hat der Angeklagte abgelehnt; er war nur zu einem kurzen Gespräch über sein jetziges Befinden bereit. Auch in der Hauptverhandlung hat er Angaben verweigert. Da der Jugendkammer über die Lebensverhältnisse des Angeklagten nach seiner Abschiebung nichts bekannt geworden ist, kann sie jedenfalls allein aufgrund der in den Urteilsgründen mitgeteilten Ausführungen des Sachverständigen nicht den Schluß ziehen, „daß eine gewisse Nachreifung im positiven Sinne erfolgt ist".

Diesen für die Ausübung des Ermessens nach § 31 III JGG wichtigen Punkt hat die Jugendkammer nicht vollständig geprüft, möglicherweise, weil sie bereits die Bewertung der

Ausnahmesituation fehlerhaft vorgenommen hat. Das Landgericht hätte angesichts der bisher festgestellten ausgeprägten Persönlichkeitsstörung vertieft prüfen müssen, aufgrund welcher Umstände eine Veränderung des Persönlichkeitsbildes des Angeklagten mit Nachreifung möglich gewesen sein soll. Dazu hätte es mit Hilfe des Sachverständigen die möglichen Entwicklungsschritte eingehender erörtern und die Ergebnisse im einzelnen darlegen müssen. Jedenfalls reicht die bisherige Tatsachengrundlage nicht aus.

2. Einbeziehung früherer Urteile nach Erledigung der Rechtsfolgen unzulässig.

JGG § 31 II – BGH Beschl. v. 14. 11. 1996 – 1 StR 598/96 LG Bayreuth (= BGHSt. 42, 299 = NJW 1997, 472 = StV 1998, 344 = NStZ 1998, 355)

Die Revision rügt u.a., daß das Gericht eine Sperrfrist für die Wiedererteilung der Fahrerlaubnis aus einer eingezogenen früheren Verurteilung erneut angeordnet hat, obwohl die Sperrfrist bereits abgelaufen war.

Sachverhalt: Das Landgericht hat den zur Tatzeit jugendlichen Angeklagten unter Einbeziehung zweier früherer Verurteilungen zu einer Jugendstrafe bei gleichzeitigem Entzug der Fahrerlaubnis und Anordnung einer dreimonatigen Sperrfrist für deren Wiedererteilung verurteilt.

Der Entscheidung über die Entziehung der Fahrerlaubnis und die zugleich ausgesprochene Sperrfrist von drei Monaten für deren Wiedererteilung liegt ausschließlich der Fall 3 des einbezogenen Urteils des Jugendschöffengerichts vom 21. 11. 1995 zugrunde. Das Amtsgericht hatte in seinem am Tag der Verkündung rechtskräftig gewordenen Urteil eine Sperrfrist für die Erteilung der Fahrerlaubnis bis zum 20. 5. 1996 festgesetzt, die mithin im Zeitpunkt der landgerichtlichen Entscheidung (1. 7. 1996) bereits abgelaufen war. Das Landgericht hat dazu ausgeführt, die im einbezogenen Urteil „angeordnete Maßregel gemäß §§ 69, 69a StGB" sei „aus den in diesem Urteil angeführten Gründen erneut anzuordnen" gewesen, wobei die Sperrfrist „analog § 69a Abs. 4 StGB auf drei Monate zu verkürzen" gewesen sei. – Das Rechtsmittel hatte Erfolg.

Gründe: Diese Entscheidung hält rechtlicher Nachprüfung nicht stand. Das Landgericht durfte, da die vom Jugendschöffengericht verhängte Sperrfrist bereits abgelaufen war und die neu abgeurteilten Taten nach Auffassung des Landgerichts keinen Anlaß für eine weitere Sperrfrist gaben, weder eine neue Sperre verhängen noch die bereits erledigte Sperrfrist verlängern. Zwar durchbricht § 31 Abs. 2 JGG die Rechtskraft des Rechtsfolgenausspruchs der einzubeziehenden Entscheidung. Der zur Verhängung einer einheitlichen Rechtsfolge berufene Richter muß diese daher vollständig neu und losgelöst vom früheren Rechtsfolgenausspruch bestimmen (BGHSt. 37, 34, 39 [BGH Urt. v. 2. 5. 1990 – 2 StR 64/90; vgl. § 32 JGG erfolglose Rügen]; BGHR JGG § 31 Abs. 2 Einbeziehung 1, 5, 7). Das gilt auch für die Maßregel nach § 69a StGB.

Jedoch hat jede Einbeziehung früher verhängter Rechtsfolgen zur Voraussetzung, daß diese noch nicht vollständig ausgeführt, vollstreckt oder sonst erledigt sind. Trifft dies nur auf einzelne Rechtsfolgen zu, so werden nur diese nicht erledigten von der Einbeziehung erfaßt, auch wenn sich die Einbeziehung auf das gesamte frühere Urteil erstreckt. In diesen Fällen soll der neue Tatrichter deshalb der Klarstellung wegen aussprechen, welche der früher verhängten Rechtsfolgen sich bereits erledigt haben. Entsprechend hat der Senat den Urteilsausspruch ergänzt.

3. Ablehnung der Einbeziehung früherer Verurteilung nur zulässig, wenn diese zusammen mit der bereits rechtskräftig verhängten Strafe erforderlich ist, um auf den Angeklagten erzieherisch einzuwirken.

JGG § 31 III – BGH Beschl. v. 12. 7. 1995 – 2 StR 60/95 LG Aachen (= StV 1996, 273 = NStZ 1995, 595)

Die Revision rügt, das Gericht habe es zu Unrecht unterlassen, eine frühere Verurteilung des Angeklagten zu einer Jugendstrafe von 10 Jahren auf die nunmehr verhängte Strafe anzurechnen.

Sachverhalt: Das Landgericht hat den Angeklagten wegen Gefangenenmeuterei in Tateinheit mit gefährlicher Körperverletzung und versuchtem Raub zu einer Jugendstrafe von 4 Jahren und 6 Monaten verurteilt. Gegenstand der Verurteilung ist ein Ausbruchsversuch aus der JVA H. am 6. 2. 1993, bei dem 2 Beamte der JVA erheblich verletzt wurden.

Die Jugendkammer hat eine Einbeziehung des Urteils des Landgerichts Wuppertal vom 19. 7. 1993, durch das der Angeklagte wegen Mordes und schweren Raubes, begangen am 24. 10. 1992, zu einer Jugendstrafe von 10 Jahren verurteilt worden war, gemäß § 31 III 1 JGG abgelehnt. – Das Rechtsmittel hatte Erfolg.

Gründe: ... § 31 II JGG sieht unabhängig von der zeitlichen Reihenfolge einzelner Straftaten grundsätzlich eine Einbeziehung bereits rechtskräftiger Entscheidungen, solange sie noch nicht vollständig ausgeführt, verbüßt oder sonst erledigt sind, in ein neues Urteil und die Verhängung einer einheitlichen Maßnahme für alle Taten vor. Von der Einbeziehung der früheren Verurteilung darf nur abgesehen werden, wenn dies aus erzieherischen Gründen zweckmäßig ist (§ 31 III 1 JGG). Von dieser Möglichkeit kann auch dann Gebrauch gemacht werden, wenn rechnerisch die Summe der in den verschiedenen Verfahren verhängten Jugendstrafen die gesetzliche Höchstgrenze der §§ 16, 18 I, 105 III JGG übersteigt. Voraussetzung ist jedoch, daß Gründe vorliegen, die unter dem Gesichtspunkt der Erziehung von besonderem Gewicht sind und zur Verfolgung dieses Zweckes über die üblichen Strafzumessungsgesichtspunkte hinaus das Nebeneinander zweier Jugendstrafen notwendig erscheinen lassen (BGHSt. 36, 37, 42 f. [BGH Urt. v. 6. 12. 1988 – 1 StR 620/88; vgl. § 105 JGG erfolglose Rügen]).

Zwar ist die Entscheidung über die Anwendung des § 31 III 1 JGG jeweils für den Einzelfall zu treffen (BGHSt. 22, 21, 23; 36, 42) und steht im pflichtgemäßen Ermessen des Tatrichters (BGHSt. 36, 44; BGH NStZ 1985, 410 [BGH Urt. v. 5. 3. 1985 – 1 StR 31/85; vgl. § 31 JGG erfolgreiche Rügen]), doch sind die Ausführungen der Jugendkammer hierzu nicht rechtsfehlerfrei.

Die von ihr angeführten gegen eine Einbeziehung sprechenden Gründe beziehen sich nämlich überwiegend darauf, daß ein schon zur Höchststrafe verurteilter Täter erneut eine schwerwiegende Straftat begeht. Der Angeklagte hat die abzuurteilende Tat aber begangen, bevor er wegen Mordes und schweren Raubes zu einer Jugendstrafe von 10 Jahren verurteilt wurde. Zwar darf die Anwendung von § 31 III 1 JGG nicht auf Fälle beschränkt werden, in denen die erneute Straftat erst begangen wird, nachdem eine rechtskräftige Verurteilung zur Höchststrafe erfolgt ist. Auch schwerwiegende Straftaten während des Vollzugs der U-Haft, die wegen der später mit der Höchststrafe geahndeten Tat angeordnet ist oder, wie hier, während der Verbüßung von anderweitiger Strafhaft können erzieherische Reaktionen in Gestalt neuer auf Freiheitsentzug lautender Urteile erfordern. Es kann geboten sein, dem Angeklagten das Ausmaß seiner erneuten Rechtsgutverletzung eindringlich nahezubringen und ihn nicht in dem Glauben zu bestärken, er habe nunmehr „freie Hand" für die Begehung weiterer Straftaten (vgl. KGJR 1981). Im Tatzeitpunkt, in dem die Strafe für die Vortat noch nicht feststand, waren derartige Überlegungen des Angeklagten aber gegenstandslos.

Dazu kommt folgendes: Der Anwendung von § 31 III 1 JGG steht zwar nicht entgegen, daß eine Aburteilung der Taten des Angeklagten in einem Verfahren möglich gewesen wäre (BGH Urt. v. 25. 10. 1960 – 1 StR 406/60). Das Landgericht hätte aber bei der Erörterung der Frage, ob erzieherische Gründe gegen eine Einbeziehung sprechen, auch bedenken müssen, daß bei einer Beurteilung der Taten nach Erwachsenenstrafrecht die Bildung einer Gesamtfreiheitsstrafe mit der Folge, daß die Höchststrafen des § 38 StGB nicht überschritten werden durften (vgl. § 54 II 2 StGB), zwingend vorgeschrieben gewesen wäre (§ 55 StGB). Das legte die Prüfung nahe, ob sich eine unterschiedliche Verfahrensweise im Verhältnis zu Erwachsenen nicht erzieherisch nachteilig auswirken kann.

Die Ablehnung der Anwendung von § 31 II JGG kann deshalb keinen Bestand haben.

Die Strafzumessungserwägungen für die jetzt abgeurteilte Tat werden ebenfalls den Besonderheiten des § 31 III 1 JGG nicht gerecht.

Auch wenn gegen den Angeklagten 2 voneinander unabhängige Jugendstrafen verhängt werden dürfen, so ist doch zu prüfen, welche erzieherische Wirkung insgesamt von beiden Strafen ausgeht. Es muß zu seiner Erziehung zweckmäßig sein, ihn mehr als 10 Jahre verbüßen zu lassen. Dies ist einer der wesentlichen Gesichtspunkte für die Bemessung der neuen Jugendstrafe. Nur die Strafe darf noch verhängt werden, die zusammen mit der bereits rechtskräftig verhängten erforderlich ist, um auf den Angeklagten erzieherisch einzuwirken. Dem Gedanken der Schuldschwere (vgl. BGHSt. 15, 224[1]; BGHRJGG § 17 II Strafzwecke 1) kann in diesem Zusammenhang nur geringe Bedeutung zukommen, es darf keine angesichts der Schuldschwere unangemessen hohe Strafe verhängt werden. Bei Bemessung der neuen Jugendstrafe muß deshalb der Gesichtspunkt der Erziehung ganz im Vordergrund stehen (BGHSt. 36, 43, 44; BGH NStZ 1985, 410), Schuldausgleich und Sühne müssen hier weitgehend in den Hintergrund treten, die neue Strafe darf sich nicht als eine „Aufstockung" der bisher verhängten Strafe darstellen.

Die Ausführungen der Jugendkammer lassen nicht erkennen, daß sie diese Besonderheiten bei der Strafzumessung beachtet hat.

4. Höhere Jugendstrafe als 10 Jahre durch Nichteinbeziehung früherer Verurteilung nur zulässig, wenn Gründe vorliegen, die unter dem Gesichtspunkt des Erziehungszwecks von ganz besonderem Gewicht sind und die Verfolgung dieses Zwecks über einen Zeitraum von 10 Jahren hinaus als notwendig erscheinen lassen.

JGG § 31 III 1 – BGH Urt. v. 5. 3. 1985 – 1 StR 31/85 LG Tübingen (= NStZ 1985, 410)

Die Revision rügt, daß die Jugendkammer zu Unrecht gemäß § 31 III 1 JGG i.V. mit § 105 JGG davon abgesehen hat, ein Urteil des Jugendschöffengerichts in ihre Entscheidung einzubeziehen.

Sachverhalt: Das Landgericht hat den Angeklagten wegen gemeinschaftlich begangenen versuchten Mordes in zwei rechtlich zusammentreffenden Fällen zur Jugendstrafe von 10 Jahren verurteilt. Es hat „aus erzieherischen Gründen" davon abgesehen, das Urteil des Amtsgerichts Hechingen vom 12. 6. 1979 (auf Grund dieses Urteils ist noch 1 Jahr Ju-

---

1 BGH Urt. v. 11. 11. 1960 – 4 StR 387/60: „Für die Frage, ob und in welcher Höhe die ‚reine Schuldstrafe' nach § 17 Abs. 2 JGG verhängt werden soll, ist in erster Linie das Wohl des Jugendlichen maßgebend. Von entscheidender Bedeutung sind daher die charakterliche Haltung und das gesamte Persönlichkeitsbild des Täters. Nach ihnen ist zu beurteilen, ob die Verhängung der Jugendstrafe erforderlich ist. Der äußere Unrechtsgehalt hat demgegenüber keine selbständige Bedeutung. Er ist im wesentlichen für die Frage heranzuziehen, welche Schlüsse er auf die Persönlichkeit des Täters und seine Schuld zuläßt. Gesichtspunkte des Schutzes der Allgemeinheit haben demgegenüber zurückzutreten."

gendstrafe zu vollstrecken) in seine Entscheidung einzubeziehen. – Das Rechtsmittel hatte Erfolg.

Gründe: ...

II.

Soweit die Sachrüge dem Schuldspruch gilt, ist sie offensichtlich unbegründet. Sie hat jedoch Erfolg, soweit sich die Revision dagegen wendet, daß die Jugendkammer gemäß § 31 III 1 JGG i. V. mit § 105 I JGG davon abgesehen hat, das Urteil des Jugendschöffengerichts Hechingen vom 12. 6. 1979 in ihre Entscheidung einzubeziehen.

1. Begeht ein Jugendlicher, der rechtskräftig zu Jugendstrafe verurteilt worden ist, vor vollständiger Verbüßung oder sonstiger Erledigung eine neue Straftat, so tritt die spätere Verurteilung grundsätzlich nicht wie im allg. Strafrecht neben die frühere. Vielmehr schreibt § 31 III JGG vor, daß unter Einbeziehung des früheren Urteils einheitlich auf Jugendstrafe zu erkennen ist.

Ausnahmsweise „kann" das Gericht von der Einbeziehung der früheren Verurteilung absehen, wenn dies „aus erzieherischen Gründen zweckmäßig" ist (§ 31 III 1 JGG). Diese Regelung ist Ausfluß des Gedankens der Reaktionsbeweglichkeit. Sind die genannten Voraussetzungen erfüllt, so steht die Entscheidung im pflichtgemäßen, durch rationale Erwägungen gebundenen Ermessen des Tatrichters.

2. Im vorliegenden Fall führt das Absehen von der Einbeziehung dazu, daß die Summe der in diesem Verfahren verhängten und des noch nicht verbüßten Restes der im früheren Verfahren ausgesprochenen Jugendstrafe das in § 105 III JGG für eine einheitliche Jugendstrafe bestimmte Höchstmaß von 10 Jahren übersteigt.

a) Ob ein solches Übersteigen zulässig ist, hat der BGH bisher offengelassen (vgl. BGHSt. 22, 21 [24]; BGH, Beschl. v. 21. 10. 1980 – 5 StR 586/80, bei Holtz, MDR 1981, 101). Nach Meinung des KG (JR 1981, 306 [307, 308]) können zwei Verurteilungen zu Jugendstrafe auch dann nebeneinander bestehen, wenn der Täter zum gesetzlichen Höchstmaß verurteilt worden ist und danach eine neue Straftat begangen hat; denn die Verurteilung zu einer langjährigen Jugendstrafe könne kein Freibrief sein für die Begehung weiterer Taten während der Haft. Die Frage wird im Schrifttum unterschiedlich beurteilt. Nach der einen Auffassung (Frisch, NJW 1959, 1669, 1670) stellt das gesetzliche Höchstmaß einer einheitlichen Jugendstrafe eine absolute Grenze dar; diese hindere das Gericht, durch Absehen von der Einbeziehung auf Jugendstrafe von insgesamt längerer Dauer zu erkennen. Brunner (JGG, 7. Aufl., § 31 Rdnr. 23) teilt – für den Regelfall – diese Ansicht mit der Erwägung, es sei „fast niemals erzieherisch zweckmäßig", die vom Gesetzgeber sorgsam unter Beachtung erzieherischer Gesichtspunkte festgelegten Höchstgrenzen zu überschreiten. Die Gegenmeinung hält es in bestimmten Fällen „aus Rechtsgründen" für geboten oder doch im Einzelfall aus „wichtigen Erziehungsgründen" für zulässig, daß mehrere Jugendstrafen in ihrer Kumulation das Höchstmaß überschreiten.

b) Eine Entscheidung dieser Frage ist nicht erforderlich. Selbst wenn man annimmt, das Gesetz gestatte das Absehen von der Einbeziehung einer schon abgeurteilten Straftat aus vom Erziehungszweck bestimmten Gründen auch dann, wenn das Absehen eine Kumulation von Jugendstrafen bewirkt, die 10 Jahre übersteigt, bestehen in dieser Sache gegen die Anwendung der Vorschrift des § 31 III 1 JGG durchgreifende Bedenken.

aa) Der Gesichtspunkt, daß im Einzelfall schon das Absehen von der Einbeziehung erzieherischen Einfluß haben kann, spielt keine oder doch keine wesentliche Rolle, wenn die Verurteilung zum gesetzlichen Höchstmaß der Jugendstrafe auf eine Verurteilung zu Jugendstrafe von unbestimmter oder von nur geringer Dauer folgt (KG, JR 1981, 306, 308). Diese Erwägung gilt auch hier. Die am 12. 6. 1979 ausgesprochene Jugendstrafe von unbestimmter Dauer ist in eine bestimmte Jugendstrafe von 2 Jahren, 6 Monaten und 15 Tagen umgewandelt worden. Der Angeklagte hat sie bis auf einen Rest von 1 Jahr, dessen

Vollstreckung zur Bewährung ausgesetzt worden ist, verbüßt. Auch im Falle der Einbeziehung der am 12. 6. 1979 abgeurteilten Straftaten kommt es zu einer Strafverschärfung in einem Ausmaß (und zu einer so langen Vollzugsdauer), daß der erzieherische Einfluß allein des Absehens von der Einbeziehung außer Betracht bleiben kann.

bb) Aus den Vorschriften der §§ 18 I 2, 31 I 3, 105 III JGG ergibt sich, daß der Gesetzgeber auch bei schwersten Straftaten die Möglichkeit der erzieherischen Einwirkung im Strafvollzug auf 10 Jahre begrenzt hat. Wird § 31 III 1 JGG als eine Vorschrift angesehen, die ein Durchbrechen der gesetzlichen Regelung gestattet, dann müssen für die Zulässigkeit der Durchbrechung Gründe verlangt werden, die unter dem Gesichtspunkt des Erziehungszwecks von ganz besonderem Gewicht sind und die Verfolgung dieses Zwecks aus diesen Gründen über einen Zeitraum von 10 Jahren hinaus als notwendig erscheinen lassen.

c) Der sich aus dieser Gesetzesauslegung ergebenden Darlegungslast ist das Tatgericht nicht nachgekommen.

Die Jugendkammer hebt vor allem darauf ab, daß die bisher ausgesprochenen Verurteilungen einschließlich der Vollstreckung eines erheblichen Teils der früher verhängten Jugendstrafe den Angeklagten nicht zu beeindrucken vermochten. Zu seinen Ungunsten berücksichtigt sie den Umstand, daß er die neue Tat „innerhalb zweier laufender Bewährungszeiten" beging. Hierbei handelt es sich um allg. Strafzumessungserwägungen, die unter dem Aspekt, ob Erziehungsgründe von besonderem Gewicht das Absehen von der Einbeziehung des früheren Urteils gestatten, nicht den Ausschlag geben können (vgl. BGHSt. 22, 21 [23]). ...

5. Das Gericht, das eine frühere Jugendstrafe in sein Urteil einbezieht, ist an die damalige Entscheidung, die Untersuchungshaft nicht anzurechnen, nicht gebunden.

JGG § 31 II – BGH Beschl. v. 23. 8. 1974 – 2 StR 298/74 LG Frankfurt/Main (= BGHSt. 25, 355)

Die Revision rügt, das Landgericht habe die Anrechnung einer in einem früheren – einbezogenen – Verfahren erlittenen Untersuchungshaft zu Unrecht abgelehnt.

Sachverhalt: Der Angeklagte ist wegen verschiedener Straftaten unter Einbeziehung des Urteils des Jugendschöffengerichts Frankfurt am Main vom 29. 8. 1972 zu einer Jugendstrafe von fünf Jahren verurteilt worden. Hierauf hat das Landgericht die im vorliegenden Verfahren, nicht aber auch die in jener früheren Sache erlittene Untersuchungshaft angerechnet. Die Jugendkammer ist im Anschluß an Grethlein/Brunner, Komm. z. JGG § 31 Anm. 4b, der Meinung, sie sei an die Entscheidung des Jugendschöffengerichts gebunden, das die Anrechnung der Untersuchungshaft auf den damals verhängten Dauerarrest abgelehnt hatte. – Das Rechtsmittel hatte Erfolg.

Gründe: Grethlein/Brunner stützen ihre Ansicht auf den Gesichtspunkt der Rechtskraft. Dabei wird von ihnen aber verkannt, daß mit der Entscheidung nach § 31 Abs. 2 JGG das einbezogene Urteil im Strafausspruch seine Wirkung verliert, weil der nunmehr zur Verhängung einer einheitlichen Maßnahme oder Jugendstrafe aufgerufene Richter diese selbständig und losgelöst von dem Strafausspruch der einzubeziehenden Entscheidung zu bestimmen hat (BGH, Urt. v. 28. 7. 1965 – 2 StR 172/65). Da die Frage der Anrechnung der Untersuchungshaft mit zu diesem Ausspruch gehört, gilt auch insoweit nichts anderes. Die Gründe des angefochtenen Urteils lassen deutlich erkennen, daß die Jugendkammer die im früheren Verfahren erlittene Untersuchungshaft angerechnet hätte, wenn sie nicht davon ausgegangen wäre, daß dem jene Ansicht entgegenstehen würde. Unter diesen Umständen hat der Senat den Ausspruch über die Anrechnung auch dieser Untersuchungshaft selbst nachgeholt.

6. Bei Verurteilung zu der nach § 18 I JGG zulässigen Höchststrafe ist die Einbeziehung einer früheren Verurteilung zu unbestimmter Jugendstrafe unter den Voraussetzungen des § 31 II JGG stets geboten und für eine Anwendung des § 31 III JGG kein Raum.

JGG § 31 III – BGH Urt. v. 13. 12. 1967 – 2 StR 548/67 LG Darmstadt (= BGHSt. 22, 21)

Die Revision rügt die Verletzung sachlichen Rechts.

Sachverhalt: Die Angeklagten waren Mitglieder einer Diebesbande von Jugendlichen, die von Juli bis Dezember 1965 in Darmstadt und Umgebung ihr Unwesen trieb. Die Jugendkammer hat sie wegen der zahlreichen verübten und versuchten einfachen und schweren Diebstähle zu Jugendstrafen verurteilt, und zwar L. zu vier und A. zu fünf Jahren. Eine rechtskräftige Verurteilung des A. zu unbestimmter Jugendstrafe von mindestens einem Jahre und höchstens drei Jahren wegen schon früher aufgeklärter Diebstähle, die das Jugendschöffengericht am 6. 10. 1965 ausgesprochen hatte, ist daneben bestehen geblieben. – Das Rechtsmittel hatte Erfolg.

Gründe:

I.

... Durchgreifende Bedenken bestehen jedoch dagegen, daß die Jugendkammer davon abgesehen hat, das frühere Urteil des Jugendschöffengerichts in die Verurteilung einzubeziehen, obwohl die sachlichen Voraussetzungen des § 31 Abs. 2 JGG gegeben waren. Zur Begründung dieser Entscheidung beruft sich die Jugendkammer in allgemeiner Form auf die Vorschrift des § 31 Abs. 3 JGG, die ein Absehen von der Einbeziehung der schon abgeurteilten Straftaten zuläßt, wenn es aus erzieherischen Gründen zweckmäßig ist. Sie hält das Bestehenlassen der früheren Bestrafung auch deshalb für angebracht, weil der Angeklagte sonst ungerechtfertigt besser gestellt werde als seine geringer belasteten Mitangeklagten.

Keiner der beiden Gesichtspunkte kann die Entscheidung tragen. Der Hinweis auf eine angeblich ungerechtfertigte Besserstellung des Angeklagten liegt außerhalb des durch § 31 Abs. 3 JGG abgesteckten Rahmens, in dem es ausschließlich um die erzieherische Einwirkung auf die Person des einzelnen Jugendlichen geht, über dessen Verfehlungen zu urteilen ist. Die auf eine Wiederholung des Gesetzeswortlauts beschränkte Anführung des § 31 Abs. 3 JGG könnte nur dann ausreichen, wenn die erzieherischen Gründe so klar zu Tage lägen, daß ihre nähere Bezeichnung und Darlegung überflüssig erschiene.

Indessen sind solche Gründe im gegebenen Fall nicht erkennbar und bei rechter Betrachtung des Strafensystems des JGG sogar gänzlich auszuschließen, weil für eine Jugendstrafe von unbestimmter Dauer neben der absoluten Höchststrafe, die hier fünf Jahre beträgt (§ 18 Abs. 1 JGG), kein Raum sein kann. Das Gesetz läßt die unbestimmte Strafe nur bis zu einem Höchstmaß von vier Jahren zu und knüpft sie außerdem an die Voraussetzung, daß sich noch nicht voraussehen läßt, welche bestimmte Strafdauer innerhalb einer darunter liegenden Zeitspanne erforderlich ist, um den Jugendlichen durch den Strafvollzug zu einem rechtschaffenen Lebenswandel zu erziehen (§ 19 JGG). Diese Entscheidungsgrundlagen entfallen vollständig, wenn der Richter in dem nachfolgenden weiteren Strafverfahren zu dem Ergebnis gelangt, daß für die nun zusätzlich festgestellten Straftaten eine unbestimmte Strafe nicht mehr in Betracht kommt, weil eine Jugendstrafe von mehr als vier Jahren oder gar die absolute Höchststrafe geboten ist. In einem solchen Fall muß die spätere bestimmte die frühere unbestimmte Strafe bei der gebotenen einheitlichen Betrachtung verdrängen. Denn die Vollstreckung der längeren bestimmten Strafe, sollte sie nun vorgezogen oder angeschlossen werden, schließt es zwangsläufig aus, den Vollzug einer innerhalb des Rahmens der erkannten unbestimmten Strafe liegenden niedrigeren Strafe noch genügen zu lassen und damit dem Sinn und Zweck des Instituts der unbestimmten Strafe gerecht zu werden.

Die Jugendkammer hätte deshalb den Ausspruch der gesetzlichen Höchststrafe mit der Einbeziehung des früheren, auf eine unbestimmte Jugendstrafe lautenden Urteils des Jugendschöffengerichts verbinden müssen. Das holt der Senat in Abänderung des angefochtenen Urteils nach. Die Frage, ob ein Nebeneinander von zwei Jugendstrafen, deren Gesamtdauer die gesetzliche Höchststrafe übersteigt, überhaupt zulässig sein kann und mindestens in gewissen Ausnahmefällen durch die Vorschrift des § 31 Abs. 3 JGG ermöglicht wird, weil sonst dem Angeklagten u.U. ein Freibrief für weitere Straftaten gegeben wäre, läßt er offen. ...

7. Auch der bereits verbüßte Teil einer früheren Jugendstrafe muß in die neue Strafe einbezogen werden.

JGG § 31 II – BGH Urt. v. 13. 12. 1961 – 2 StR 548/61 LG Duisburg (= BGHSt. 16, 335)

Die Revision rügt die Verletzung materiellen Rechts.

Sachverhalt: Der Angeklagte ist nach den Urteilsfeststellungen wie folgt rechtskräftig verurteilt: 1. am 30. 6. 1958 wegen Sachhehlerei zu drei Wochen Jugendarrest, 2. am 29. 1. 1959 wegen gemeinschaftlichen schweren Raubes und anderer Straftaten unter Einbeziehung der drei Wochen Jugendarrest zu drei Jahren Jugendstrafe, die er bis auf eine zur Bewährung ausgesetzte Reststrafe von 11 Monaten bis zum 4. 6. 1960 verbüßte, 3. am 27. 3. 1961 wegen verschiedener schwerer Diebstähle unter Einbeziehung des aus dem Urteil vom 29. 1. 1959 noch zu verbüßenden Strafrestes zu Jugendstrafe von unbestimmter Dauer – Mindeststrafe 1 Jahr und 6 Monate, Höchststrafe 3 Jahre und 6 Monate –.

Die Jugendkammer hat den Angeklagten wegen Totschlags zu fünf Jahren Jugendstrafe verurteilt unter Einbeziehung der durch Urteil des Jugendschöffengerichts in D.-H. vom 27. 3. 1961 gegen ihn verhängten Jugendstrafe von unbestimmter Dauer – Mindestmaß 1 Jahr 6 Monate, Höchstmaß 3 Jahre 6 Monate –, in welche wiederum der aus dem Urteil der Jugendkammer vom 29. 1. 1959 noch zu verbüßende Strafrest einbezogen ist. – Das Rechtsmittel hatte Erfolg.

Gründe: Der Strafausspruch kann keinen Bestand haben, da er nicht der Vorschrift des § 31 Abs. 2 JGG entspricht.

Da auch der Jugendarrest infolge der Einbeziehung in das Urteil vom 29. 1. 1959 noch nicht vollständig verbüßt war und die Voraussetzungen des § 31 Abs. 3 JGG ersichtlich nicht vorlagen, hatte die Jugendkammer alle drei Urteile in ihre Entscheidung einzubeziehen. Dadurch wurden zwar die rechtskräftigen Schuldsprüche nicht berührt; im übrigen mußte aber nunmehr die Jugendstrafe für sämtliche Straftaten einheitlich zugemessen werden, mit der Folge, daß die früher ausgesprochenen Unrechtsfolgen mit ursprünglicher Wirkung beseitigt wurden. Diese von der Jugendkammer nach dem Einheitsprinzip zu bildende Jugendstrafe stellte also eine neue Unrechtsfolge dar und hätte deshalb neben der Bezeichnung sämtlicher einbezogenen Urteile in voller Höhe in den Urteilsspruch aufgenommen werden müssen. Tatsächlich erfaßt der Urteilsspruch jedoch die Unrechtsfolge, die sich an den neu ergangenen und die früheren Schuldsprüche knüpft, nur unvollständig; denn die Jugendkammer hat nur die durch das Urteil vom 27. 3. 1961 unter Einbeziehung des aus dem Urteil vom 29. 1. 1959 noch zu verbüßenden Strafrestes verhängte Jugendstrafe einbezogen, den bereits verbüßten Teil der früheren Strafe also von vornherein außer Betracht gelassen, anstatt ihn erst auf die insgesamt verwirkte Einheitsstrafe in Anrechnung zu bringen. Dadurch fehlt es an einem verbindlichen Ausspruch über die Folgen der nach § 31 Abs. 2 JGG einheitlich zu bewertenden Straftaten. Daß bereits der Ausspruch des Urteils vom 27. 3. 1961 fehlerhaft war, durfte die Jugendkammer nicht hindern, ihrerseits dem Gesetz entsprechend zu verfahren. Der Strafausspruch hätte deshalb dahin lauten müssen, daß der Angeklagte unter Einbeziehung der Urteile vom 30. 6. 1958, 29. 1. 1959 und 27. 3. 1961 zu einer Jugendstrafe von ... verurteilt wird und daß auf diese

Strafe die auf Grund des Urteils vom 29. 1. 1959 verbüßte Jugendstrafe anzurechnen ist. Einer Wiederholung der früheren Schuldsprüche bedurfte es dabei nicht.

Soweit der 4. Strafsenat im Urteil vom 24. 1. 1952 – 4 StR 862/51 – die Auffassung vertreten hat, daß es zulässig sei, im Urteilstenor nur die noch zu verbüßende Einheitsstrafe auszusprechen, hat er auf Anfrage mitgeteilt, daß er an ihr nicht festhalte.

Der Senat kann den Urteilsspruch nicht von sich aus richtigstellen. Aus den Urteilsgründen ergibt sich zwar, daß der Angeklagte aus dem Urteil vom 29. 1. 1959 bereits zwei Jahre und einen Monat Jugendstrafe verbüßt hat. Es bestehen jedoch Bedenken, ob die Jugendkammer die Einheitsstrafe im übrigen zutreffend gebildet hat. Sie begnügt sich nämlich mit der bloßen Mitteilung der früheren Urteilssprüche und dem kurzen Hinweis, daß die am 27. 3. 1961 erkannte Strafe in die jetzt zu verhängende Jugendstrafe einzubeziehen sei. Über die früheren Taten selbst enthält das Urteil dagegen nichts. Das läßt darauf schließen, daß die Jugendkammer nicht, wie es erforderlich gewesen wäre, die Gesamtheit der Straftaten einheitlich gewertet, sondern lediglich die früher erkannte Einheitsstrafe rechnerisch berücksichtigt hat. Dieser Schluß liegt um so näher, als die Jugendkammer entgegen dem Wortlaut des Gesetzes nur von der Einbeziehung dieser Strafe und nicht von der Einbeziehung der früheren Urteile spricht.

Für die neue Entscheidung sei noch darauf hingewiesen, daß § 358 Abs. 2 StPO nur verbietet, auf eine Jugendstrafe von mehr als sieben Jahren und einem Monat zu erkennen. Der Sinn des angefochtenen Urteils geht dahin, daß der Angeklagte noch fünf Jahre Jugendstrafe zu verbüßen haben sollte. Es bedeutet daher keine Schlechterstellung, wenn auf eine Strafe erkannt wird, bei der sich nach Abzug der aus dem Urteil vom 29. 1. 1959 bereits verbüßten und daher anzurechnenden zwei Jahre ein Monat Jugendstrafe ein noch zu vollstreckender Strafrest von fünf Jahren ergibt.

Erfolglose Rügen

1. Frühere Verurteilung, die sich auf die Verhängung einer Nebenstrafe oder Nebenfolge oder einer Maßregel der Besserung und Sicherung beschränkt hat, kann einbezogen werden.

JGG § 31 II S. 1 – BGH Urt. v. 9. 12. 1992 – 3 StR 434/92 LG Lübeck (= BGHSt. 39, 92 = StV 1993, 533)

Die Revision rügt die Verletzung sachlichen Rechts.

Sachverhalt: Das Landgericht hat den zur Tatzeit 18 Jahre und elf Monate alten Angeklagten unter Einbeziehung eines Urteils des Jugendschöffengerichts K. zu einer Jugendstrafe von sieben Jahren und sechs Monaten verurteilt und seine Unterbringung in einem psychiatrischen Krankenhaus angeordnet. – Das Rechtsmittel war erfolglos.

Gründe: Der näheren Erörterung bedarf allein die Frage, ob die Jugendkammer das Urteil des Jugendschöffengerichts K. einbeziehen durfte. Mit jenem Urteil ist der Angeklagte wegen im Alter von 16 Jahren begangener Straftaten der Vergewaltigung, der versuchten Vergewaltigung und sexuellen Nötigung jeweils in Tateinheit mit sexuellem Mißbrauch von Kindern schuldig gesprochen und seine Unterbringung in einem psychiatrischen Krankenhaus angeordnet worden. Die Vollstreckung der Maßregel wurde zur Bewährung ausgesetzt. Von der Verhängung einer Jugendstrafe hatte das Jugendschöffengericht gemäß § 5 Abs. 3 JGG abgesehen.

Das Landgericht war nicht gehindert, das Urteil des Jugendschöffengerichts K. in seine Entscheidung einzubeziehen. Es hat den Angeklagten nach materiellem Jugendstrafrecht verurteilt, weil dieser zur Tatzeit einem Jugendlichen gleichstand. Nach der auf diesen Fall anzuwendenden Vorschrift des § 31 Abs. 2 Satz 1 JGG sind frühere, nicht erledigte

Entscheidungen einzubeziehen, sofern durch sie rechtskräftig die Schuld festgestellt oder eine Erziehungsmaßregel, ein Zuchtmittel oder eine Jugendstrafe festgesetzt worden ist.

Der Senat ist der Ansicht, daß jedenfalls dann, wenn eine frühere Verurteilung gemäß § 5 Abs. 3 JGG lediglich deshalb von der Verhängung einer Jugendstrafe oder von Zuchtmitteln abgesehen hat, weil die zugleich angeordnete Unterbringung in einem psychiatrischen Krankenhaus oder einer Entziehungsanstalt eine weitere Ahndung entbehrlich macht, diese gemäß § 31 Abs. 2 Satz 1 JGG in die neue Entscheidung einbezogen werden kann.

Für diese Auslegung spricht zunächst der Gesetzeswortlaut. Nach § 31 Abs. 2 Satz 1 JGG wird ein früheres Urteil einbezogen, wenn es rechtskräftig die Schuld festgestellt oder eine Erziehungsmaßregel, ein Zuchtmittel oder eine Jugendstrafe festgesetzt hat. Eine auf § 5 Abs. 3 JGG gestützte alleinige Anordnung der Unterbringung gemäß § 63 StGB oder § 64 StGB setzt, wie die zugleich mögliche Ahndung der Straftat durch Zuchtmittel und Jugendstrafe zeigt, einen Schuldspruch voraus. Zwar ist § 31 Abs. 2 Satz 1 JGG bzw. dessen Vorgängervorschrift § 14 a.F. JGG um die Alternative, daß gegen den Jugendlichen „bereits rechtskräftig die Schuld festgestellt" worden ist, im wesentlichen mit Blick auf die mit der 1953 erfolgten Änderung des Reichsjugendgerichtsgesetzes neu geschaffene selbständige Schuldfeststellung des § 27 JGG ergänzt worden (vgl. BRDrucks. 50/52 S. 43). Diese Ergänzung bringt jedoch zugleich den gesetzgeberischen Willen zum Ausdruck, alle schuldhaft begangenen Straftaten eines Jugendlichen in das in § 31 JGG verankerte Einheitsprinzip der jugendrechtlichen Sanktionen einzubeziehen, ohne Rücksicht darauf, ob überhaupt Rechtsfolgen verhängt werden (vgl. zu § 27 JGG BGHSt. 31, 255, 256[1]). Dieser Ansicht ist ersichtlich auch die Literaturmeinung, die sich auf den Wortlaut des Gesetzes beruft und hieraus folgert, daß frühere Urteile, die sich auf die Verhängung einer Nebenstrafe, Nebenfolge oder Maßregel der Besserung und Sicherung beschränkt haben, nicht unter § 31 Abs. 2 Satz 1 JGG fallen. Danach sollen solche Entscheidungen aus dem Anwendungsbereich des § 31 Abs. 2 Satz 1 JGG ausgeschieden werden, die ohne Schuldspruch oder losgelöst von einem solchen, etwa in einem selbständigen Verfahren, ergangen sind. Daß die Ausführungen dieser Autoren in einem solchen – engen – Sinn zu verstehen sind, belegen die angeführten Beispiele: Freispruch wegen Verbotsirrtums, aber Anordnung der Unbrauchbarmachung nach § 41 a.F. StGB (= § 74d n.F. StGB), Freispruch wegen Altersunreife, aber Entziehung der Fahrerlaubnis, Einziehung von Sachen in einem objektiven Verfahren. Eine alleinige, auf § 5 Abs. 3 JGG gestützte und auf einem Schuldspruch beruhende Maßregelanordnung wird in diesem Zusammenhang nicht erwähnt.

Soweit über die genannte Meinung hinausgehend die Auffassung vertreten wird, auch solche Urteile kämen nicht für eine Einbeziehung nach § 31 Abs. 2 JGG in Betracht, aus denen – unerledigt – nur noch Nebenfolgen und Maßregeln „übrig geblieben sind", vermag der Senat dem jedenfalls für den Fall nicht zu folgen, daß hierdurch auch Urteile ausgeschieden werden sollen, deren Rechtsfolgenausspruch auf § 5 Abs. 3 JGG beruht.

Eine solche Auslegung entspricht der Bedeutung des hier maßgeblichen § 5 Abs. 3 JGG und dem Sinn des § 31 JGG. § 5 JGG regelt allgemein die Rechtsfolgen einer Jugendstraftat. Als solche kommen nach § 5 Abs. 3, § 7 JGG auch eine Unterbringung in einem psychiatrischen Krankenhaus oder einer Entziehungsanstalt in Betracht, wenngleich nach allgemei-

---

[1] BGH Urt. v. 24. 2. 1983 – 1 StR 821/82: „Das Landgericht war nicht gehindert, das Urteil des Amtsgerichts O. gemäß § 31 Abs. 2 Satz 1 JGG einzubeziehen; die Meinung, daß eine Einbeziehung nur dann in Betracht komme, wenn das einbeziehende Gericht und das den Schuldspruch nach § 27 JGG aussprechende Gericht identisch sind, findet im Wortlaut des § 31 Abs. 2 Satz 1 JGG keine Stütze. Die Vorschrift geht vielmehr ohne Einschränkung davon aus, daß eine Schuldfeststellung nach § 27 JGG in eine später zu bildende Einheitsjugendstrafe einbezogen werden kann, ohne daß vorher das formelle Nachverfahren nach § 30 Abs. 1, § 62 Abs. 1 JGG durchgeführt wird."

ner Meinung in Rechtsprechung und Rechtslehre dem das Jugendstrafverfahren beherrschenden Erziehungsgedanken Rechnung getragen werden muß und deshalb besonders sorgfältig und eingehend zu prüfen ist, ob die Maßregel geboten ist oder ob weniger einschneidende Maßnahmen ausreichen. Liegen aber die gesetzlichen Voraussetzungen für eine Maßregel nach § 63 StGB oder § 64 StGB vor, so sieht das Gesetz deren Anwendung, wie im Erwachsenenstrafrecht, zwingend vor (BGHSt. 37, 373, 374[1]; vgl. auch BGHSt. 26, 67, 68[2]). Bei schuldhaft begangenen Straftaten eröffnet § 5 Abs. 3 JGG die Möglichkeit, von der an sich erforderlichen Verhängung von Zuchtmitteln oder Jugendstrafe abzusehen, wenn diese durch die Unterbringung als zusätzliche erzieherische Maßnahmen entbehrlich werden. Im Erwachsenenstrafrecht ist die Anordnung der Unterbringung eines vermindert Schuldfähigen in der Regel nur neben einer zu verhängenden Strafe möglich. Die Regelung des § 5 Abs. 3 JGG schafft somit eine Voraussetzung, die Kumulation oder Zweispurigkeit von Sanktionen, wie sie im allgemeinen Strafrecht vorgesehen sind, zu vermeiden, und ermöglicht es, dem Gedanken der Einspurigkeit freiheitsentziehender Maßnahmen im Jugendstrafrecht Rechnung zu tragen. Gerade diese Ausgestaltung weist § 5 Abs. 3 JGG als eine spezifisch jugendstrafrechtliche Vorschrift aus. Würde ein früheres Urteil, das gemäß § 5 Abs. 3 JGG nur eine Unterbringung nach § 64 StGB oder § 63 StGB angeordnet hat, allein deshalb von der Einbeziehung nach § 31 Abs. 2 Satz 1 JGG ausgeschlossen, weil nicht zugleich auch auf ein Zuchtmittel oder eine Jugendstrafe erkannt worden ist, würde dies dem Grundgedanken des Jugendgerichtsgesetzes zuwiderlaufen, mehrere Strafen oder Maßnahmen nicht nebeneinander bestehen zu lassen und zu vollstrecken. Zudem wäre es bei fehlender Einbeziehungsmöglichkeit ausgeschlossen, daß der Jugendrichter des späteren Verfahrens – der die Straftaten der einzubeziehenden Verurteilung in ihrer Gesamtheit neu zu bewerten, ihre Rechtsfolgen neu zu bemessen, insbesondere die gesetzlichen Voraussetzungen der Unterbringung erneut zu prüfen hat – eine auf § 5 Abs. 3 JGG gestützte Maßregelanordnung überprüft und neu entscheidet, ob eine Maßregel allein oder neben Zuchtmitteln oder Jugendstrafe erforderlich ist oder ob sie entfallen kann.

2. Die Bildung einer Gesamtstrafe aus einer Jugendstrafe und einer Freiheitsstrafe des allgemeinen Strafrechts ist bei getrennter Aburteilung unzulässig.

JGG § 31 – BGH Urt. v. 10. 10. 1978 – 4 StR 444/78 (= MDR 1976, 106)

Die Revision rügt, das Gericht habe es zu Unrecht unterlassen, aus einer Freiheitsstrafe nach allgemeinem Strafrecht und einer Jugendstrafe eine Gesamtstrafe zu bilden.

Sachverhalt: Der Angeklagte wurde zu einer Freiheitsstrafe verurteilt. Das Gericht hat davon abgesehen, aus dieser und einer Jugendstrafe eine Gesamtstrafe zu bilden, obwohl die zeitlichen Voraussetzungen vorlagen. – Das Rechtsmittel war erfolglos.

---

1 BGH Urt. v. 25. 4. 1991 – 4 StR 89/81: „Zwar sieht § 7 JGG allgemein vor, daß in einem Strafverfahren gegen einen Jugendlichen eine derartige Unterbringung angeordnet werden kann. Auch ist die Vorschrift so zu verstehen, daß die Unterbringung – wie gegenüber Erwachsenen – angeordnet werden muß, wenn die gesetzlichen Voraussetzungen gegeben sind, die Anordnung also nicht etwa in das Ermessen des Gerichts gestellt ist. Die Formulierung des Gesetzes will insoweit nur klarstellen, daß ausschließlich die in der Bestimmung genannten Maßregeln angeordnet werden dürfen."

2 BGH Urt. v. 29. 1. 1975 – 2 StR 579/74: „Der Senat tritt demgegenüber der vor allem von Dallinger/Lackner (JGG 2. Aufl. § 3 Rdn. 34, § 7 Rdn. 4) vertretenen Ansicht bei, daß beim Zusammentreffen entwicklungsbedingter und krankhafter Störungen, die einerseits die Nichtverantwortlichkeit nach § 3 JGG, andererseits einen geistigen Zustand im Sinne des § 51 Abs. 2 StGB (jetzt § 21 StGB) begründen, Maßnahmen in beiden Richtungen möglich werden und das Jugendgericht die Unterbringung in einem psychiatrischen Krankenhaus anordnen muß, falls die besonderen Voraussetzungen des § 42b StGB (jetzt § 63 StGB) gegeben sind."

Gründe: Die Bildung einer Gesamtstrafe aus einer Jugendstrafe und einer Freiheitsstrafe des allgemeinen Strafrechts ist bei getrennter Aburteilung unzulässig (BGHSt. 10, 100, 103 [BGH Urt. v. 29. 2. 1956 – 2 StR 25/56; vgl. § 338 Nr. 4 StPO erfolgreiche Rügen]). Dies ergibt sich daraus, daß diese Strafen ihrem Wesen nach völlig verschiedene Strafübel sind und das Gesetz für den Fall ihres Zusammentreffens keine Umwandlung zugelassen hat. Die Einbeziehung einer Jugendstrafe in eine Gesamtstrafe würde ferner dem Grundgedanken des § 92 Abs. 2 JGG widersprechen, der den Vollzug einer Jugendstrafe als Gefängnisstrafe nur dann zuläßt, wenn der Verurteilte sich wegen seiner Persönlichkeit oder seines Alters nicht für den Jugendstrafvollzug eignet. Aus denselben Überlegungen hat der Senat auch eine entsprechende Anwendung des § 32 JGG auf Fälle der vorliegenden Art, in denen der Täter zu einer Freiheitsstrafe wegen einer Straftat verurteilt wurde, die er als Erwachsener, aber vor seiner früheren rechtskräftigen Verurteilung zu Jugendstrafe begangen hat, für unzulässig gehalten (BGHSt. 14, 287, 290 [BGH Urt. v. 6. 5. 1960 – 4 StR 107/60; vgl. § 32 JGG erfolgreiche Rügen]). An sich muß der Strafrichter bei der Strafzumessung in einem solchen Fall für die Erwachsenenstraftat mildernd berücksichtigen, daß die unverkürzte Vollziehung der beiden ihrem Wesen nach verschiedenen, in ihrer Wirkung aber einander nahekommenden Strafübel eine durch die Schwere der Straftaten nicht gerechtfertigte Härte bedeutet, die sonst bei Anwendung des § 55 StGB ausgeglichen werden könnte und müßte.

Der Senat schloß insoweit jedoch eine Benachteiligung aus, weil die Jugendstrafe zur Bewährung ausgesetzt und ein Widerruf aus Rechtsgründen (§ 56f Abs. 1 Nr. 1 StGB) ausgeschlossen war.

§ 32 JGG

Für mehrere Straftaten, die gleichzeitig abgeurteilt werden und auf die teils Jugendstrafrecht und teils allgemeines Strafrecht anzuwenden wäre, gilt einheitlich das Jugendstrafrecht, wenn das Schwergewicht bei den Straftaten liegt, die nach Jugendstrafrecht zu beurteilen wären. Ist dies nicht der Fall, so ist einheitlich das allgemeine Strafrecht anzuwenden.

Erfolgreiche Rügen

1. Gesamtstrafe aus einer Jugendstrafe und einer Freiheitsstrafe des allgemeinen Strafrechts ist bei getrennter Aburteilung unzulässig (BGH Urt. v. 12. 10. 1989 – 4 StR 445/89).

2. Keine Gesamtfreiheitsstrafe, wenn der Angeklagte zunächst zu einer Jugendstrafe und dann zu einer Strafe nach allgemeinem Strafrecht verurteilt wird (BGH Urt. v. 6. 8. 1986 – 3 StR 281/86).

3. Gleichzeitige Verurteilung zu Jugend- und Erwachsenenstrafe ist unzulässig (BGH Urt. v. 17. 7. 1979 – 1 StR 298/79).

4. Härteausgleich erforderlich, wenn keine Gesamtstrafe aus Freiheitsstrafe nach allgemeinem Strafrecht und Jugendstrafe zulässig (BGH Urt. v. 6. 5. 1960 – 4 StR 107/60).

Erfolglose Rügen

1. Verurteilung als Erwachsener kann in Einheitsjugendstrafe einbezogen werden (BGH Urt. v. 2. 5. 1990 – 2 StR 64/90).

2. Auch bei fortgesetzter Tat gilt für mehrere Straftaten, die gleichzeitig abgeurteilt werden und auf die teils Jugendstrafrecht und teils allgemeines Strafrecht anzuwenden wäre, einheitlich entweder das Jugendstrafrecht oder das allgemeine Strafrecht (BGH Urt. v. 19. 10. 1987 – 3 StR 93/88).

3. Ist eine nach dem 21. Lebensjahr begangene Straftat nur die Folge und ein Ausfluß der früheren Taten, so kann daraus geschlossen werden, daß das Schwergewicht bei diesen liegt (BGH Urt. v. 8. 1. 1986 – 3 StR 457/85).

Erfolgreiche Rügen

1. Gesamtstrafe aus einer Jugendstrafe und einer Freiheitsstrafe des allgemeinen Strafrechts ist bei getrennter Aburteilung unzulässig (Fortführung von BGHSt. 14, 287).

JGG § 32 – BGH Urt. v. 12. 10. 1989 – 4 StR 445/89 LG Dortmund (= BGHSt. 36, 270)

Die Revision rügt die Verletzung sachlichen Rechts.

Sachverhalt: Das Landgericht hat den Angeklagten wegen schweren Raubes in Tateinheit mit gefährlicher Körperverletzung und Freiheitsberaubung sowie wegen Diebstahls zu einer Gesamtfreiheitsstrafe von fünf Jahren und sechs Monaten verurteilt.

Das Landgericht hat für den schweren Raub in Tateinheit mit gefährlicher Körperverletzung und mit Freiheitsberaubung eine Einzelstrafe von sechs Jahren und sechs Monaten und für den Diebstahl eine Einzelstrafe von neun Monaten Freiheitsstrafe verhängt. Es führt dann in den Urteilsgründen aus: „Die in dem Beschluß vom 14. 3. 1989 gebildete Einheitsjugendstrafe von drei Jahren und neun Monaten (gebildet aus den Strafen aus den Urteilen des Amtsgerichts D. vom 27. 2. 1985, 27. 3. 1987 und 4. 8. 1988) wäre, hätte es sich um eine Freiheitsstrafe gehandelt, gemäß § 55 StGB gesamtstrafenfähig gewesen. Da die Bildung einer Gesamtstrafe mit einer früheren Jugendstrafe nicht möglich ist und dem Angeklagten dieser Umstand nicht zum Nachteil gereichen darf, ist dem in Form einer deutlichen Strafmilderung Rechnung zu tragen. Unter Berücksichtigung dieses Umstandes und nochmaliger Gesamtabwägung hat die Kammer auf eine Gesamtfreiheitsstrafe von fünf Jahren und sechs Monaten erkannt". – Das Rechtsmittel hatte Erfolg.

Gründe: Das steht in Widerspruch zu § 54 Abs. 1 Satz 2 StGB. Danach muß eine Gesamtstrafe durch Erhöhung der verwirkten höchsten Einzelstrafe (Einsatzstrafe) gebildet werden; sie darf nicht niedriger ausfallen als eine der in sie einbezogenen Einzelstrafen (vgl. auch BGHSt. 27, 359, 361, 363). Somit hätte die Gesamtstrafe (in Verbindung mit § 39 StGB) mindestens sechs Jahre und sieben Monate betragen müssen.

Das Landgericht hat von einer derartigen Gesamtstrafe deswegen abgesehen, weil der Angeklagte noch eine Jugendstrafe von drei Jahren und neun Monaten zu verbüßen hat und sich deshalb insgesamt zu verbüßende Strafen von über zehn Jahren ergeben würden.

a) Die hier vorliegende Problematik würde entfallen, wenn es zulässig wäre, aus einer rechtskräftig verhängten Jugendstrafe und einer für eine vor der Verurteilung zu dieser Jugendstrafe als Erwachsener begangene Straftat ausgesprochenen Freiheitsstrafe eine einheitliche Strafe – sei es eine Einheitsjugendstrafe, sei es eine Gesamtstrafe nach § 55 StGB – zu bilden. Eine solche „Gesamtstrafenbildung" wird in analoger Anwendung des § 32 JGG in der Literatur teilweise befürwortet, auch in der Rechtsprechung ist diese Ansicht gelegentlich vertreten worden (OLG Koblenz GA 1954, 281 zu § 66 JGG; LG Osnabrück MDR 1980, 957 zur Bildung einer einheitlichen Geldbuße aus einer Geldbuße nach Jugend- und einer Geldstrafe nach Erwachsenenstrafrecht; AG – Jugendschöffengericht – Hannover bei Böhm NStZ 1981, 253). Demgegenüber hat der Bundesgerichtshof die Zulässigkeit einer derartigen Zusammenfassung von Jugend- und Freiheitsstrafen bisher verneint (BGHSt. 10, 100, 103 [BGH Urt. v. 29. 2. 1956 – 2 StR 25/56; vgl. § 338 Nr. 4 StPO erfolgreiche Rügen]; 14, 287 [BGH Urt. v. 6. 5. 1960 – 4 StR 107/60; vgl. § 32 JGG erfolgreiche Rügen]; 27, 295, 296 [BGH Urt. v. 13. 10. 1977 – 4 StR 451/77; vgl. § 105 JGG erfolgreiche Rügen]; BGH, Urteile vom 10. 10. 1978 – 4 StR 444/78 – bei Holtz MDR 1979, 106 [vgl. § 31 JGG erfolglose Rügen], und vom 21. 11. 1978 – 1 StR 546/78 – bei Holtz MDR 1979, 281[1]; ebenso OLG Schleswig NStZ 1987, 225). Er hat dies aus der wesensmäßigen Verschiedenheit von Jugend- und Erwachsenenstrafe hergeleitet. Im Urteil vom 6. 8. 1986 (3 StR 281/86 [vgl. § 32 JGG erfolgreiche Rügen]) hat der 3. Strafsenat allerdings offen gelassen, ob § 32 JGG analog anzuwenden sei, wenn – wie hier – die zeitlichen Voraussetzungen einer Gesamtstrafenbildung nach § 55 StGB vorliegen. Der 1. Strafsenat hat jedoch auch für diesen Fall erst kürzlich die Zulässigkeit der Zusammenziehung von Jugend- und Erwachsenenstrafe verneint (BGHR JGG § 32 Aburteilung, getrennte 2[2]).

Auch der erkennende Senat hält daran fest, daß in diesem Fall eine analoge Anwendung des § 32 JGG ausgeschlossen ist. Es kann dabei dahinstehen, ob Jugend- und Freiheitsstrafe „ihrem Wesen nach völlig verschiedene Strafübel sind", wie in den früheren Entscheidungen des Bundesgerichtshofs angenommen worden ist (vgl. demgegenüber BGHSt. 29, 269, 272 [BGH Urt. v. 7. 5. 1980 – 2 StR 10/80; vgl. § 358 StPO erfolgreiche Rügen], wo darauf hingewiesen wird, daß im Vollzug zwischen den beiden Strafmitteln nach der Bewertung des Gesetzgebers kein Unterschied besteht). Eine entsprechende Anwendung der Vorschrift käme (von allen zur Rechtsähnlichkeit beider Fälle vorgebrachten Argumenten abgesehen) überhaupt nur in Betracht, wenn insoweit eine „planwidrige Unvollständigkeit" des Gesetzes festzustellen wäre. Das ist aber nicht der Fall, da jedenfalls der Gesetzgeber des JGG 1953 eine Verbindung von Jugend- und Erwachsenenstrafe ausdrücklich abgelehnt hatte. Aus der Einfügung des § 105 Abs. 2 JGG durch das EGStGB vom 2. März 1974 läßt sich nicht herleiten, der Gesetzgeber habe damit seine Entscheidung von 1953 korrigiert: Wäre allgemein die Bildung einer einheitlichen Strafe aus Jugendstrafe und Erwachsenenstrafe zulässig, so verstünde sich § 105 Abs. 2 JGG, der verhindern soll, daß in seinem Anwendungsfall Strafen aus den verschiedenen Strafrechtsordnungen nebeneinander bestehen und vollstreckt werden, von selbst. Gerade daraus, daß der Gesetzgeber in § 105 Abs. 2 JGG nur für den Fall der neuen Verurteilung wegen einer Heranwachsendentat die Möglichkeit der Einbeziehung auch einer nach Erwachsenenstrafrecht verhängten Strafe gestattet, läßt sich ein Umkehrschluß dahin ziehen, daß abgesehen von diesem Ausnahmefall die Bildung einer einheitlichen Jugendstrafe aus Jugend- und Erwachsenenstrafen nicht zulässig ist. Eine „planwidrige Gesetzeslücke" kann daher nicht angenommen werden.

Im übrigen ist die Sachlage in § 105 Abs. 2 JGG gegenüber dem hier vorliegenden Fall durchaus unterschiedlich: Dort hat sich in einer neuen Verhandlung herausgestellt, daß der Angeklagte entgegen der Annahme im zuerst ergangenen Urteil doch noch einem Ju-

---

1 „... entschied der BGH, daß die Bildung einer Gesamtstrafe aus einer Jugendstrafe und einer Freiheitsstrafe des allgemeinen Strafrechts bei getrennter Aburteilung auch dann unzulässig ist, wenn der Täter die Tat als Heranwachsender vor seiner früheren rechtskräftigen Verurteilung zu Jugendstrafe begangen hat. und nach allgemeinem Strafrecht verurteilt wird."
2 „Keinen rechtlichen Bedenken begegnet dagegen, daß die Strafkammer im Fall des Angeklagten 1. keine Gesamtstrafe aus der in diesem Verfahren verhängten Strafe und der durch Urteil des Amtsgerichts München vom 4. 2. 1988 festgesetzten Jugendstrafe gebildet hat. Die zeitlichen Voraussetzungen für die Bildung einer Gesamtstrafe sind zwar gegeben; jedoch kommt die Zusammenziehung von Jugend- und Erwachsenenstrafe im Hinblick auf die Sonderregelungen des JGG in den §§ 32, 105 Abs. 2 nicht in Betracht. Die Voraussetzungen dieser Vorschriften liegen nicht vor. Ihre entsprechende Anwendung scheidet für die hier vorliegende Konstellation – Verhängung einer Jugendstrafe gegen einen Heranwachsenden in einem früheren Verfahren, Verhängung einer Freiheitsstrafe gegen den nunmehr erwachsenen Täter in einem späteren Verfahren – nach der ständigen Rechtsprechung des Bundesgerichtshofs aus. An dieser Rechtsprechung hat sich durch die Entscheidung BGH NStZ 1981, 355, die einen Fall nach § 105 Abs. 2 JGG zum Gegenstand hatte, nichts geändert." (BGH, Beschl. v. 10. 11. 1988 – 1 StR 498/88).

gendlichen gleichzusetzen ist, so daß eine Korrektur der ursprünglich getroffenen Entscheidung notwendig erscheint (vgl. BGH NStZ 1987, 24 [BGH Urt. v. 6. 8. 1986 – 3 StR 281/86; vgl. § 32 JGG erfolgreiche Rügen]). Hier ist der Angeklagte aber zutreffend als Heranwachsender nach Jugendstrafrecht und als Erwachsener nach Erwachsenenstrafrecht verurteilt worden. Es leuchtet nicht ohne weiteres ein, daß er nur wegen einer noch nicht (vollständig) erledigten Verurteilung zu Jugendstrafe nun gegenüber anderen erwachsenen Straftätern in der Art begünstigt werden sollte, daß wegen einer Erwachsenenstraftat nachträglich eine jugendstrafrechtliche Sanktion verhängt werden kann.

Von den dargelegten rechtsmethodischen Bedenken abgesehen, würde die Zulassung der Bildung einer einheitlichen Strafe aus Jugendstrafe und Freiheitsstrafe aber auch so sehr in das durch das Gerichtsverfassungsgesetz, das Jugendgerichtsgesetz, das Strafgesetzbuch und die Strafprozeßordnung geschaffene System eingreifen, daß eine solche tiefgreifende Änderung im Wege richterlicher Rechtsfortbildung nicht mehr zulässig erscheint, zumal der Gesetzgeber in Kenntnis der Problematik von einer Regelung abgesehen hat.

Die Einbeziehung einer rechtskräftig erkannten Jugendstrafe in eine nach § 55 StGB gebildete Gesamtstrafe erscheint schlechthin ausgeschlossen. Eine Einheitsjugendstrafe von – wie hier – drei Jahren und neun Monaten kann nicht einfach in eine gleich hohe Freiheitsstrafe umgewandelt werden, denn das verstieße gegen das Verbot der Schlechterstellung (BGHSt. 29, 269). Für die der Verurteilung zu einer Einheitsjugendstrafe zugrunde liegenden Straftaten könnten auch nicht nachträglich Einzelstrafen nach Erwachsenenstrafrecht verhängt werden, da ein solcher Vorgang über die in § 55 StGB dem zweiten Richter eingeräumten Befugnisse hinausgehen und ebenfalls zu einer Verschlechterung des gegen den Angeklagten zuerst ergangenen Urteils führen würde. Schließlich erscheint es – auch wegen § 88 Abs. 2 JGG und wegen § 92 Abs. 2 JGG (vgl. BGH bei Holtz MDR 1979, 106) – ohnehin nicht angängig, den Angeklagten statt der vom zuerst entscheidenden Richter für erforderlich gehaltenen Jugendstrafe eine Freiheitsstrafe verbüßen zu lassen. Auch eine Umwandlung der Jugendstrafe in eine entsprechend niedrigere Freiheitsstrafe (vgl. BGHSt. 29, 269, 274) ist im Verfahren nach § 55 StGB ausgeschlossen. Die Bildung einer Gesamtstrafe entsprechend § 55 StGB kommt demnach nicht in Betracht; sie bedürfte, um zulässig zu sein, vielmehr einer ins einzelne gehenden gesetzlichen Regelung.

Diese Schwierigkeiten ergeben sich bei der nachträglichen Einbeziehung einer Freiheitsstrafe nach Erwachsenenstrafrecht in eine Einheitsjugendstrafe zwar nicht. Bedenklich – und mit § 32 Satz 2 JGG nicht vereinbar – wäre es allerdings, die Zusammenfassung von Jugend- und Erwachsenenstrafe nur dann zuzulassen, wenn das Ergebnis die Verhängung einer einheitlichen Jugendstrafe wäre, im umgekehrten Fall jedoch nicht. Im übrigen würden sich hierbei verfahrensrechtliche Ungereimtheiten ergeben. Nach geltender Rechtslage sind dann, wenn die Anwendung von Jugendstrafrecht in Frage kommt, grundsätzlich die Jugendgerichte zuständig (§ 103 Abs. 2 Satz 1 JGG). Lediglich im Ausnahmefall des § 103 Abs. 2 Satz 2 JGG kann einmal ein Erwachsenengericht in die Lage kommen, Jugendstrafrecht anwenden zu müssen. Das ist aber darauf zurückzuführen, daß es (auch) gegen einen Jugendlichen oder einen Heranwachsenden verhandelt. Hier würde aber ein Erwachsenengericht Jugendstrafe verhängen, obwohl es nur ein gegen einen Erwachsenen gerichtetes Strafverfahren durchführt. Auch dies zeigt, daß für eine solche tiefgreifende Besonderheit eine Entscheidung des Gesetzgebers unverzichtbar ist. Nach alledem hat das Landgericht hier zu Recht von der Bildung einer einheitlichen Strafe abgesehen.

b) Wie der Senat schon mehrfach betont hat, kann es eine durch die Schwere der Straftaten nicht gerechtfertigte Härte darstellen, wenn gegen den Angeklagten sowohl eine Jugend- als auch eine in ihrer Wirkung dieser gleichstehende Freiheitsstrafe deshalb unverkürzt vollzogen werden soll, weil eine gleichzeitige Aburteilung nach § 32 JGG nicht stattgefunden hat (BGHSt. 14, 287, 290; BGH bei Holtz MDR 1979, 106). Er hat daher stets gefordert, eine solche Härte bei der Strafzumessung zu berücksichtigen und auszugleichen, wobei er es aber in der Entscheidung BGHSt. 14, 287, 190 f. für ausreichend erachtet hat, dieses bei der Bildung der Gesamtstrafe nach § 53 Abs. 1 StGB zu tun (in der bei Holtz MDR 1979, 106 mitgeteilten Entscheidung hatte sich keine Benachteiligung ergeben).

Das schließt jedoch nicht aus, im Einzelfall anders zu verfahren, wenn sich die Benachteiligung des Angeklagten bei der Gesamtstrafenbildung unter Beachtung des § 54 Abs. 1 Satz 2 StGB nicht ausgleichen läßt. Das Landgericht ist der rechtlich nicht zu beanstandenden Auffassung, daß die nach § 53 Abs. 1, § 54 Abs. 2 Satz 2 StGB zu bildende Mindestgesamtstrafe wegen der Höhe der wegen Raubes in Tateinheit mit gefährlicher Körperverletzung und mit Freiheitsberaubung verhängten Einzelstrafe immer noch erheblich zu hoch ist, um die durch die getrennte Aburteilung von Jugend- und Erwachsenentat entstandene Benachteiligung des Angeklagten auszugleichen. Daher kann der Härteausgleich nicht erst bei der Gesamtstrafenbildung, sondern muß bereits bei der Festsetzung der Einzelstrafen erfolgen. So zu verfahren ist geboten, wenn dem nunmehr erwachsenen Straftäter nur eine Straftat zur Last liegt. Diese Vorgehensweise empfiehlt sich darüber hinaus ganz allgemein, wenn der Straftäter mehrere Taten als Erwachsener begangen hat und deswegen gegen ihn gemäß § 53 Abs. 1 StGB eine Gesamtstrafe zu verhängen ist.

Der Senat hat bereits in seiner Entscheidung BGHSt. 31, 102[1], in der es allerdings um den Härteausgleich für eine wegen vollständiger Vollstreckung nicht mehr in eine Gesamtstrafe einzubeziehende Geldstrafe ging, darauf hingewiesen, daß auch die Milderung einer Einzelstrafe in Betracht komme, wenn anders ein Härteausgleich nicht (mehr) möglich sei (S. 104 a.E.). Er hat es dort aber andererseits für zulässig angesehen, zum Zwecke des Härteausgleichs erforderlichenfalls auch die Untergrenze des § 54 Abs. 1 Satz 1 StGB zu unterschreiten, wenn nämlich nur auf diese Weise ein angemessener Härteausgleich erreicht werden könne. Ob daran auch für den Fall festzuhalten ist, in dem ein angemessener Ausgleich durch Minderung der Einzelstrafen möglich wäre, bedarf hier keiner abschließenden Entscheidung. Jedenfalls im vorliegenden Fall, in dem es nicht um die Gesamtstrafenbildung aus verhältnismäßig geringfügigen, einen zahlungsfähigen Angeklagten betreffenden Geldstrafen, sondern um den Härteausgleich bei nebeneinander zu vollstreckenden Jugend- und Freiheitsstrafen geht, kann der Härteausgleich nicht nur durch Herabsetzung der Gesamtstrafe, sondern hat bei der Festsetzung der Einzelstrafen zu erfolgen. Würden nämlich eine Einzelstrafe (etwa die neunmonatige Strafe wegen Diebstahls) und die Gesamtstrafe später wegen erfolgreicher Teilanfechtung oder teilweise erfolgreicher Wiederaufnahme entfallen, so würde die andere Einzelstrafe in voller Höhe bestehenbleiben (im Beispielsfall die Strafe von sechs Jahren und sechs Monaten wegen Raubes) und ein Härteausgleich wäre nicht mehr gegeben. Dieselbe Schwierigkeit würde auftreten, wenn die Gesamtstrafe später aufgelöst und beide Einzelstrafen oder eine von ihnen in eine andere Gesamtstrafe einbezogen werden müßten. Dann müßte bei der neu zu bildenden Gesamtstrafe ein weiterer Härteausgleich vorgenommen werden bzw. wäre bei einer allein bestehenbleibenden Einzelstrafe (etwa der wegen Raubes) ein Härteausgleich nicht mehr möglich. Das Landgericht hat daher hier die beiden Einzelstrafen und die Gesamtstrafe unter Berücksichtigung der Tatsache, daß der Angeklagte zusätzlich eine Jugendstrafe von drei Jahren und neun Monaten zu verbüßen hat, neu zuzumessen. Es wird dabei zu erwägen haben, welche Gesamtstrafe angemessen wäre, falls der Angeklagte alle ihm (im jugendgerichtlichen und im jetzigen Verfahren) zur Last gelegten Straftaten als Erwachsener begangen hätte. Aus den Urteilsgründen muß sich deutlich und für das Revisionsgericht nachvollziehbar ergeben, warum der Angeklagte neben der gegen ihn verhängten Jugendstrafe Freiheitsstrafen in der erkannten Höhe verbüßen soll.

---

1 BGH Urt. v. 29. 7. 1982 – 4 StR 75/82: „Kann eine Strafe, weil sie bereits vollstreckt ist, nicht mehr in eine Gesamtstrafe einbezogen werden, so kann die darin liegende Härte erforderlichenfalls dadurch ausgeglichen werden, daß bei der Gesamtstrafenbildung die Untergrenze des § 54 Abs. 1 Satz 1 StGB unterschritten wird."

Wegen des Verbots der Schlechterstellung (§ 358 Abs. 2 StPO) darf der neu entscheidende Tatrichter keine über fünf Jahre und sechs Monate liegende Gesamtstrafe und daher für die Raubtat keine über fünf Jahre und fünf Monate liegende Einzelstrafe verhängen.

2. Keine Gesamtfreiheitsstrafe, wenn der Angeklagte zunächst zu einer Jugendstrafe und dann zu einer Strafe nach allgemeinem Strafrecht verurteilt wird.

JGG § 32 – BGH Urt. v. 6. 8. 1986 – 3 StR 281/86 LG Wuppertal (= NStZ 1987, 24 = BGHR JGG § 32 Aburteilung, getrennte 1)

Die Revision rügt, das Gericht habe zu Unrecht eine Gesamtsfreiheitsstrafe aus einer früheren Verurteilung zu Jugendstrafe und der von ihm verhängten Strafe nach allgemeinem Strafrecht gebildet.

Sachverhalt: Das Landgericht hat den Angeklagten wegen Diebstahls mit Waffen, versuchter räuberischer Erpressung und räuberischen Diebstahls in Tateinheit mit Widerstand gegen Vollstreckungsbeamte unter Einbeziehung eines Urteils des Amtsgerichts Essen vom 29. 3. 1984, durch das gegen den Angeklagten eine Jugendstrafe von 1 Jahr und 3 Monaten verhängt worden war, zu einer „Gesamtfreiheitsstrafe" von 4 Jahren und 6 Monaten verurteilt. – Das Rechtsmittel hatte Erfolg.

Gründe: ...
4. Rechtsfehlerhaft ist ferner die Einbeziehung des Urteils des Amtsgerichts Essen vom 29. 3. 1984, durch das der Angeklagte zu einer bisher nicht voll verbüßten Jugendstrafe von 1 Jahr und 3 Monaten verurteilt worden ist.

Die Taten, die diesem Verfahren zugrunde lagen, hat der Angeklagte als Heranwachsender in der Zeit vom 6. 8. 1983 bis 26. 1. 1984 begangen, während die nunmehr durch das Landgericht abgeurteilten Taten nach der früheren Verurteilung und in einer Zeit liegen, in der der Angeklagte bereits Erwachsener war (zwischen 14. und 17. 5. 1985).

In einem solchen Fall sind rechtliche Möglichkeiten für eine „Einbeziehung" der Jugendstrafe in die Freiheitsstrafe nicht gegeben.

Die Voraussetzungen des § 105 II i.V. mit § 31 II 1 JGG liegen nicht vor. Danach kann einheitlich nach Jugendstrafrecht verfahren werden, wenn ein Heranwachsender zuerst nach Erwachsenenstrafrecht rechtskräftig verurteilt worden ist und anschließend auf eine Tat, die er wiederum als Heranwachsender begangen hat, Jugendstrafrecht angewendet wird. Ein solcher Fall liegt aber nicht vor, da bei den vorliegend abzuurteilenden Taten der Angeklagte bereits Erwachsener war.

Eine direkte Anwendung von § 32 JGG scheidet aus, da es an der erforderlichen gemeinsamen Aburteilung der Straftaten fehlt (vgl. dazu BGH, JR 1980, 262; BGHSt. 27, 295 [296] [BGH Urt. v. 13. 10. 1977 – 4 StR 451/77; vgl. § 105 JGG erfolgreiche Rügen]).

Auch eine entsprechende Anwendung von § 32 JGG kommt hier nicht in Betracht. Die Rechtsprechung des BGH hat es bisher immer abgelehnt, auf eine einheitliche Strafe zu erkennen, wenn ein Angeklagter zunächst zu einer Jugendstrafe, später dann zu einer Freiheitsstrafe verurteilt worden war (vgl. BGHSt. 14, 287 [BGH Urt. v. 6. 5. 1960 – 4 StR 107/60; vgl. § 32 JGG erfolgreiche Rügen]; BGH, bei Holtz, MDR 1979, 106 [BGH Urt. v. 10. 10. 1978 – 4 StR 444/78; vgl. § 31 JGG erfolglose Rügen] für den Fall einer späteren Verurteilung wegen einer als Erwachsener begangenen Straftat; bei Holtz, MDR 1979, 281[1] für den Fall zweier Verurteilungen wegen Straftaten, die der Angeklagte als Heran-

---

[1] „... entschied der BGH, daß die Bildung einer Gesamtstrafe aus einer Jugendstrafe und einer Freiheitsstrafe des allgemeinen Strafrechts bei getrennter Aburteilung auch dann unzulässig ist, wenn der Täter die Tat als Heranwachsender vor seiner früheren rechtskräftigen Verurteilung zu Jugendstrafe begangen hat. und nach allgemeinem Strafrecht verurteilt wird." (BGH Urt. v. 21. 11. 1978 – 1 StR 546/78).

wachsender begangen hatte). Sie ist dabei davon ausgegangen, daß es sich bei § 32 JGG um eine Ausnahmevorschrift für den Fall gemeinsamer Aburteilung handelt. Abgestellt hat sie (BGHSt. 14, 287 [289]) auf den Wortlaut des § 32 JGG und auf den Willen des Gesetzgebers, der die Anwendung der Vorschrift auf den Fall gleichzeitiger Aburteilung beschränkt hat, um kriminalpolitisch unerwünschte Vorteile für einen Täter zu vermeiden, der auch noch als Erwachsener eine Straftat begangen hat.

Die Entscheidung des BGH, NStZ 1981, 355 (BGH Urt. v. 21. 10. 1980 – 1 StR 451/80; vgl. § 105 JGG erfolglose Rügen) besagt zu dieser Frage nichts anderes. Dort waren die Voraussetzungen des § 105 II i.V. mit § 31 II JGG gegeben. Diese Regelung ermöglicht in Fällen, in denen ein Heranwachsender nach allgemeinem Strafrecht abgeurteilt worden war und eine neue Verurteilung wegen einer Heranwachsendentat zur Anwendung von Jugendstrafrecht führt, die Bildung einer Einheitsstrafe nach Jugendstrafrecht (§ 31 II JGG). Der Gesetzgeber läßt damit eine nachträgliche Korrektur einer früheren Reifebeurteilung des Täters zu, die nicht zu der – nunmehr für richtig gehaltenen – Anwendung des § 105 I JGG geführt hatte. Mit dieser gesetzlichen Regelung zielt der Gesetzgeber in erster Linie darauf ab, einer späteren, dem Angeklagten günstigeren Beurteilung seiner (Un-)Reife Rechnung zu tragen. Ob sich aus dieser Gesetzesänderung Argumente für eine – von der Rechtsprechung des BGH bisher abgelehnte – analoge Anwendung des § 32 JGG auf Fälle nicht gleichzeitiger Aburteilung einer Erwachsenentat herleiten lassen, kann offenbleiben (vgl. dazu LG Osnabrück, MDR 1980, 957). Eine solche könnte allenfalls für Fälle in Betracht gezogen werden, in denen die zeitlichen Voraussetzungen einer Gesamtstrafenbildung nach § 55 StGB vorliegen. Das ist aber hier nicht der Fall. Denn die jetzt abgeurteilten Taten sind nach der früheren Verurteilung begangen worden. ...

3. Gleichzeitige Verurteilung zu Jugend- und Erwachsenenstrafe ist unzulässig.

JGG § 32; StPO § 237 – BGH Urt. v. 17. 7. 1979 – 1 StR 298/79 LG Traunstein (= BGHSt. 29, 67 = NJW 1979, 2572)

Die Revision rügt, daß das Berufungsgericht den Angeklagten gleichzeitig zu einer Jugendstrafe und einer Erwachsenenstrafe verurteilt hat.

Sachverhalt: Die Jugendkammer hat gegen den Angeklagten zwei Strafen verhängt. In der Berufungssache hat sie ihn zur Jugendstrafe von acht Monaten verurteilt, in der damit verbundenen erstinstanzlichen Sache hat sie auf eine Gesamtstrafe von drei Jahren vier Monaten erkannt. – Das Rechtsmittel hatte Erfolg.

Gründe: Der Rechtsfolgenausspruch kann nicht bestehen bleiben, weil das Landgericht die Voraussetzungen des § 32 JGG verkannt hat.

Die gleichzeitige Verurteilung teils zu Jugend- und teils zu Erwachsenenstrafe verstößt gegen § 32 JGG. Nach dieser Vorschrift ist es nicht statthaft, bei gleichzeitiger Aburteilung von Taten, auf die teils Jugendstrafrecht, teils allgemeines Strafrecht anzuwenden wäre, sowohl auf Jugendstrafe als auch auf Erwachsenenstrafe zu erkennen (BGH, Beschl. vom 6. 5. 1975 – 1 StR 119/75; BGH, Urteile v. 23. 3. 1977 – 2 StR 8/77 – und v. 13. 10. 1977 – 4 StR 451/77 [BGHSt. 27, 295; vgl. § 105 JGG erfolgreiche Rügen]). Vielmehr ist entsprechend dem Schwergewicht der Taten entweder nur Jugendstrafrecht oder nur Erwachsenenstrafrecht anzuwenden.

Ein Fall gleichzeitiger Aburteilung ist hier gegeben. Die Berufungs- und die erstinstanzliche Sache waren durch Beschluß des Landgerichts vom 13. 12. 1978 gemäß § 237 StPO miteinander verbunden. Die Hauptverhandlung fand in beiden Strafsachen statt. Die Tatsache, daß der Schuldspruch in der Berufungssache bereits rechtskräftig war, ändert an der Wirkung des § 32 JGG nichts, weil die Vorschrift den Rechtsfolgenausspruch betrifft (vgl. § 31 Abs. 2 JGG). Auch der Umstand, daß Gegenstand des gemeinsamen Verfahrens eine

Berufungs- und eine erstinstanzliche Sache waren, ist in diesem Zusammenhang bedeutungslos. Die Grundsätze, die der Bundesgerichtshof insoweit zu § 53 StGB entwickelt hat (BGH, Beschl. v. 21. 11. 1978 – 1 StR 497/78), gelten auch für den Bereich des § 32 JGG. Die Entscheidung BGHSt. 14, 287 betrifft die nachträgliche Bildung einer Gesamtstrafe nach § 55 StGB.

4. Härteausgleich erforderlich, wenn keine Gesamtstrafe aus Freiheitsstrafe nach allgemeinem Strafrecht und Jugendstrafe zulässig (Beachte: Seit dem Einführungsgesetz zum StGB v. 2. 3. 1974 kann für zur Tatzeit Heranwachsende eine Einheitsjugendstrafe auch unter Einbeziehung einer rechtskräftigen Verurteilung nach Erwachsenenstrafrecht gebildet werden [BGH Urt. v. 21. 10. 1980 – 1 StR 451/80; vgl. § 105 StPO erfolglose Rügen]).

JGG § 32; StGB § 79 – BGH Urt. v. 6. 5. 1960 – 4 StR 107/60 LG Essen (= BGHSt. 14, 287 = MDR 1960, 773)

Die Revision rügt, das Gericht habe es zu Unrecht unterlassen, strafmildernd zu berücksichtigen, daß bei der Verurteilung des Angeklagten keine Gesamtfreiheitsstrafe aus Jugendstrafe und Erwachsenenstrafe gebildet werden durfte.

Sachverhalt: Der Angeklagte ist wegen mehrerer schwerer und einfacher Diebstähle und Diebstahlsversuche zu einer Gesamtgefängnisstrafe verurteilt worden. Der Angeklagte hat die Straftaten in der Zeit vom 10. 11. 1958 bis zum 30. 1. 1959 – nach Eintritt der Volljährigkeit – begangen. Am 8. 9. 1959 wurde er u.a. wegen schweren Diebstahls unter Einbeziehung einer früher erkannten Jugendstrafe von 10 Monaten zu einer Jugendstrafe von zwei Jahren verurteilt, die er zur Zeit des Erlasses des angefochtenen Urteils noch nicht verbüßt hatte. Das Landgericht – Jugendkammer – hat die Jugendstrafe jedoch nicht gemäß § 79 StGB in die Gesamtstrafe einbezogen, weil das nicht zulässig sei. – Das Rechtsmittel hatte Erfolg.

Gründe: Die Ansicht der Strafkammer entspricht der Rechtsprechung des Bundesgerichtshofs, nach der die Bildung einer Gesamtstrafe aus Jugendstrafe und Freiheitsstrafe des allgemeinen Strafrechts ausgeschlossen ist, weil diese Strafen ihrem Wesen nach völlig verschiedene Strafübel sind und das Gesetz keine Umwandlung für den Fall ihres Zusammentreffens zugelassen hat (vgl. BGHSt. 10, 100, 103 [BGH Urt. v. 29. 2. 1956 – 2 StR 25/56; vgl. § 338 Nr. 4 StPO erfolgreiche Rügen]). Die Einbeziehung einer Jugendstrafe in eine Gesamtstrafe würde auch dem Grundgedanken des § 92 Abs. 2 JGG widersprechen, der den Vollzug einer Jugendstrafe als Gefängnisstrafe nur dann zuläßt, wenn der Verurteilte sich wegen seiner Persönlichkeit oder seines Alters nicht für den Jugendstrafvollzug eignet.

Damit ist aber die Straffrage noch nicht erschöpft. Vielmehr bedarf es noch der Prüfung, ob etwa § 32 JGG sinngemäß anzuwenden ist oder der mit der Häufung der Freiheitsstrafen verbundenen unverhältnismäßigen Verschärfung der Strafwirkung in anderer Weise abzuhelfen ist.

Die Verhängung einer Einheitsstrafe für Straftaten, auf die teils Jugendstrafrecht, teils allgemeines Strafrecht anzuwenden wäre, kommt nach dem Wortlaut des § 32 JGG nur bei gleichzeitiger Aburteilung dieser Straftaten in Betracht, wenn also Jugend- und Erwachsenenstraftaten in einer Verhandlung abgeurteilt werden.

Diese gegenüber dem Jugendgerichtsgesetz 1943 geschaffene gesetzliche Einschränkung beruht auf der Erwägung des Gesetzgebers, daß „kein durchschlagendes Bedürfnis für einen einheitlichen Vollzug gegeben sei, wenn ein Täter als Erwachsener eine Straftat begeht, die nach geltendem Recht nur deshalb zur Bildung einer Einheitsstrafe führt, weil noch frühere Jugendverfehlungen unerledigt sind. Hier könnten sich für das Rechtsgefühl kaum erträgliche Vorteile für den Verurteilten sowohl in der Strafzumessung als auch in der Hintanhaltung von Rückfallvoraussetzungen ergeben, die kriminalpolitisch unerwünscht sind" (vgl. Bericht des Rechtsausschusses des BT vom 5. Juni 1953 bei Dallinger/Lackner JGG § 32 Anm. 1). Gleichwohl wird im Schrifttum überwiegend die Meinung vertreten, § 32 JGG müsse wenigstens sinngemäß angewendet werden, wenn die zusammentreffenden Strafen, falls sie ein und derselben Strafrechtsordnung angehörten (entweder der Jugend- oder der allgemeinen Strafrechtsordnung), zu einer Gesamtreaktion nach § 31 Abs. 2 JGG oder nach § 79 StGB führen würden. Denn es widerspreche der Gerechtigkeit, wenn dem Täter in einem solchen Fall der unverkürzte Vollzug aller Einzelstrafen zugemutet werde, bloß weil es keine Brücke zwischen den beiden Strafrechtsordnungen gebe. Auch der erkennende Senat hat in seiner oben erwähnten Entscheidung vom 7. 7. 1956 eine sinngemäße Anwendung des § 32 JGG für möglich gehalten, allerdings nur für den Fall, daß eine sowohl Jugend- als auch Erwachsenenstraftaten desselben Täters aburteilende Erkenntnis von diesem nur teilweise bezüglich einer dieser Taten angefochten wird, weil alsdann infolge des teilweisen Verzichts des Verurteilten auf Rechtsmitteleinlegung eine außergewöhnliche Verfahrenslage entstanden sei, aus der er keine Nachteile erleiden dürfe. Dagegen hat der 2. Strafsenat in der angeführten Entscheidung BGHSt. 10, 100, 103 beiläufig bemerkt, daß die Anwendbarkeit des § 32 JGG entfalle, wenn es im Laufe des Rechtsmittelverfahrens nach allgemeinen Grundsätzen, besonders infolge der Beschränkbarkeit der Rechtsmittel, zu einer getrennten Aburteilung der einzelnen Straftaten komme.

Der erkennende Senat hält die sinngemäße Anwendung des § 32 JGG für unzulässig, wenn der Angeklagte nach Eintritt der Volljährigkeit wieder straffällig geworden ist; denn dem steht nicht nur der Gesetzeswortlaut, sondern auch der oben erörterte, in dem schriftlichen Bericht des Rechtsausschusses niedergelegte Wille des Gesetzgebers entgegen. Dieser hat die einheitliche Anwendung von Jugend- und Erwachsenenstrafrecht auf Straftaten desselben Täters aus verschiedenen Alters- und Reifestufen mit Vorbedacht auf den Fall ihrer gleichzeitigen Aburteilung beschränkt, weil er gerade verhindern wollte, daß ein solcher Täter, der auch noch als Erwachsener eine Straftat begangen hat, kriminalpolitisch unerwünschte Vorteile erlange. Der unabhängig vom Willen des Täters eingetretene Umstand, daß die Jugendverfehlung erst nach dem Eintritt seiner Volljährigkeit und nach der Begehung der Erwachsenenstraftat abgeurteilt worden ist, kann nicht dazu führen, daß auf die Erwachsenentat entgegen dem erklärten Willen des Gesetzgebers noch Jugendstrafrecht angewendet wird, weil etwa die frühere Jugendverfehlung als schwerer im Sinne von § 32 JGG angesehen wird.

Das verpflichtet den Tatrichter jedoch dazu, bei der Strafzumessung für die Erwachsenenstraftat mildernd zu berücksichtigen, daß die unverkürzte Vollziehung der beiden ihrem Wesen nach zwar verschiedenen, in ihrer Wirkung als Freiheitsentziehung aber einander sehr nahe kommenden Strafübel eine durch die Schwere der Erwachsenenstraftat nicht begründete Härte bedeuten würde, die sonst, beim Vorliegen der Voraussetzungen des § 79 StGB, kraft Gesetzes durch Strafminderung ausgeglichen werden müßte.

Die Strafzumessungsgründe lassen nicht erkennen, daß der Tatrichter diesem Gedanken bei der Bemessung der Gesamtgefängnisstrafe Rechnung getragen hat. Das Urteil muß deshalb im Gesamtausspruch aufgehoben und die Sache insoweit an das Landgericht zurückverwiesen werden.

Erfolglose Rügen

1. Verurteilung als Erwachsener kann in Einheitsjugendstrafe einbezogen werden.

JGG §§ 31, 32, 105 I u. II – BGH Urt. v. 2. 5. 1990 – 2 StR 64/90 LG Marburg (= BGHSt. 37, 34 = NStZ 1991, 184 = JR 1990, 481)

Die Revision der Staatsanwaltschaft rügt, die Jugendkammer habe ein Urteil wegen einer Straftat, die der Angeklagte als Erwachsener begangen hatte, nicht einbeziehen dürfen.

Sachverhalt: Die Jugendkammer hat den Angeklagten zu einer Jugendstrafe von einem Jahr und sechs Monaten verurteilt. Sie hat ein Urteil des Landgerichts Gießen einbezogen, mit dem gegen den Angeklagten wegen einer Straftat, welche er als Erwachsener begangen hatte, eine Freiheitsstrafe von zwei Jahren und sechs Monaten verhängt worden war. – Das Rechtsmittel war erfolglos.

Gründe: Der Angeklagte, der einige Taten des vorliegenden Verfahrens als Heranwachsender und andere als Erwachsener beging, war bereits wegen einer einzelnen nach Vollendung des 21. Lebensjahres begangenen Straftat vom Landgericht Gießen rechtskräftig zu Freiheitsstrafe verurteilt worden.

Die Staatsanwaltschaft ist der Auffassung, die Einbeziehung einer Verurteilung nach Erwachsenenstrafrecht in eine solche nach Jugendstrafrecht sei nur zulässig, wenn beide Verurteilungen Taten eines Heranwachsenden betreffen; in einem Falle, in dem das Urteil wegen einer im Erwachsenenalter begangenen Straftat ergangen ist, sei seine Einbeziehung bei einer späteren Verurteilung nach Jugendstrafrecht nicht zulässig. Dieser Ansicht kann nicht gefolgt werden.

1. Die Verhängung einer Einheitsjugendstrafe unter Einbeziehung eines auf Freiheitsstrafe lautenden Urteils ist auch dann zulässig, wenn das einzubeziehende Urteil nur wegen einer Straftat ergangen ist, die der Angeklagte als Erwachsener begangen hat, und eine Gesamtbetrachtung dieser Tat mit den abzuurteilenden Taten, die der Angeklagte teils als Heranwachsender, teils als Erwachsener begangen hat, nach den Grundsätzen des § 32 JGG die Anwendung von Jugendstrafrecht gebietet.

Für die von der Staatsanwaltschaft geforderte Einschränkung gibt es keine ausreichenden Gründe.

Die Möglichkeit einer späteren Einbeziehung eines nach allgemeinem Strafrecht ergangenen Urteils in eine Verurteilung nach Jugendstrafrecht regelt § 105 Abs. 2 JGG. Hier wird § 31 Abs. 2 Satz 1 und Abs. 3 JGG für anwendbar erklärt, „wenn der Heranwachsende wegen eines Teils der Straftaten bereits rechtskräftig nach allgemeinem Strafrecht verurteilt worden ist."

a) Dem Wortlaut von § 105 Abs. 2 JGG läßt sich nicht entnehmen, daß nur dann nachträglich eine Einheitsstrafe gebildet werden darf, wenn der Angeklagte alle Taten als Heranwachsender begangen hat. Insbesondere kann aus der Verwendung des Begriffs „Heranwachsender" eine solche Einschränkung nicht abgeleitet werden. Mit dem Wort „Heranwachsender" nimmt § 105 Abs. 2 JGG auf den gleichen, bereits in Absatz 1 dieser Vorschrift genannten Begriff eines Heranwachsenden Bezug. § 105 Abs. 1 JGG erfaßt nach seinem eindeutigen Wortlaut aber auch Fälle, in denen der Täter nur eine von mehreren abzuurteilenden Taten als Heranwachsender und andere als Erwachsener begangen hat. In diesen Fällen ist die Anwendung von Jugendstrafrecht auf den in § 105 Abs. 1 JGG bezeichneten „Heranwachsenden" gemäß § 32 JGG, auf den ausdrücklich Bezug genommen wird, dann geboten, wenn das Schwergewicht bei den Straftaten liegt, die nach Jugendstrafrecht zu beurteilen sind (vgl. BGH, Urt. v. 29. 1. 1954 – 1 StR 623/53; BGH StV 1986, 305 [BGH Urt. v. 8. 1. 1986 – 3 StR 457/85; vgl. § 32 JGG erfolgreiche Rügen]; 1989, 308 [BGH Urt. v. 19. 10. 1987 – 3 StR 93/88; vgl. § 32 JGG erfolglose Rügen]). Liegt das

Schwergewicht nicht bei diesen Taten, so wird der Heranwachsende gemäß § 105 Abs. 1 in Verbindung mit § 32 JGG nach allgemeinem Strafrecht verurteilt. Mit den in § 105 Abs. 2 JGG genannten Straftaten, derentwegen der (nunmehr wegen einer Heranwachsendentat angeklagte) Täter bereits rechtskräftig „nach allgemeinem Strafrecht" verurteilt worden ist, müssen – ebenso wie in § 105 Abs. 1 in Verbindung mit § 32 JGG – auch solche Taten gemeint sein, die der Angeklagte als Erwachsener begangen hat. Denn den genannten Begriffen kann innerhalb derselben Vorschrift nicht unterschiedliche Bedeutung zuerkannt werden.

b) Die Gesetzesformulierung des § 105 Abs. 2 JGG „§ 31 Abs. 2 Satz 1, Abs. 3 ist auch dann anzuwenden" darf allerdings nicht so verstanden werden, daß ein nach allgemeinem Strafrecht ergangenes Urteil – abgesehen von Fällen des § 31 Abs. 3 JGG – automatisch in jedem Fall einzubeziehen ist, wenn wegen der neu abzuurteilenden Tat Jugendstrafrecht angewendet wird. Das gilt unabhängig davon, ob die rechtskräftige Verurteilung nach allgemeinem Strafrecht wegen einer Tat (oder mehrerer Taten) im Heranwachsenden- oder Erwachsenenalter erfolgte. Der Einbeziehung hat – anders als bei Anwendung von § 31 JGG nach rechtskräftiger Verhängung von Jugendstrafe – auch eine Neubeurteilung der früher abgeurteilten Tat(en) hinsichtlich der Frage vorauszugehen, ob aufgrund neuer Erkenntnisse für sie Jugendstrafrecht anwendbar ist. Diese Neubeurteilung muß aufgrund einer Gesamtbewertung der bereits abgeurteilten und der neu angeklagten Tat(en) erfolgen. § 105 Abs. 2 JGG hat die Möglichkeit zu einer „gleichzeitigen Aburteilung" und einheitlichen Bewertung verschiedener Taten und damit eine Erweiterung des Anwendungsbereichs von § 32 JGG geschaffen (vgl. auch BGH NJW 1978, 384 [BGH v. 13. 10. 1977 – 4 StR 451/77; vgl. § 105 JGG erfolgreiche Rügen]).

Müßte der neu entscheidende Tatrichter die nach allgemeinem Strafrecht erfolgte rechtskräftige Verurteilung – abgesehen von Fällen des § 31 Abs. 3 JGG – automatisch einbeziehen oder dürfte er die Anwendung von Jugendstrafrecht für die bereits abgeurteilten und die neuen Taten nur gesondert prüfen, so wäre eine sachgerechte, dem Erziehungszweck dienende Entscheidung nicht möglich. Ein solches Vorgehen widerspräche auch dem Grundgedanken des § 32 JGG.

c) Für den weiteren Anwendungsbereich der Vorschrift spricht auch die Entstehungsgeschichte des Gesetzes. § 105 Abs. 2 JGG wurde durch das Einführungsgesetz zum StGB vom 2. 3. 1974 eingefügt, weil es dem das Jugendgerichtsgesetz beherrschenden Erziehungsgedanken widerspricht, Strafen und Maßnahmen aus verschiedenen Strafrechtsordnungen nebeneinander bestehen zu lassen und auch zu vollstrecken. Wendet der Richter trotz vorangegangener Verurteilung nach allgemeinem Strafrecht nunmehr Jugendstrafrecht an, so geschieht dies aufgrund genauerer Persönlichkeitserforschung (vgl. Begründung zum Entwurf eines EGStGB BTDrucks. 7/550 S. 332, 333).

Die von der Staatsanwaltschaft angestrebte Einengung des Anwendungsbereichs von § 105 Abs. 2 JGG würde diesem vom Gesetzgeber verfolgten Ziel entgegenstehen. Wird bereits der „genaueren Persönlichkeitserforschung" des später entscheidenden Jugendgerichts der Vorrang vor der Beurteilung des früheren Jugendrichters eingeräumt, dann muß die spätere jugendrichterliche Beurteilung um so eher maßgeblich sein, wenn ein Landgericht über eine einzelne Tat nach allgemeinem Strafrecht entschieden hat, ohne die zur Anwendung von Jugendstrafrecht führenden Gesichtspunkte überhaupt berücksichtigen zu können, obgleich die abgeurteilte Handlung lediglich Teil einer Reihe von Taten ist, die ihre Wurzeln und ihr Schwergewicht in entwicklungsbedingten Problemen des Heranwachsenden haben, durch sie geprägt und deswegen insgesamt nach Jugendstrafrecht zu beurteilen sind.

2. Entscheidungen anderer Senate des Bundesgerichtshofs stehen der Anwendung von § 105 Abs. 2 JGG auf den vorliegenden Fall nicht entgegen. Soweit Strafsenate des Bundesgerichtshofs die nachträgliche Bildung einer Gesamtstrafe oder einer Einheitsjugendstrafe bisher abgelehnt haben, lagen den Entscheidungen jeweils Fälle zugrunde, in denen

im anhängigen Verfahren eine Erwachsenentat abzuurteilen und schon deswegen § 105 Abs. 2 JGG nicht anwendbar war (vgl. BGHR JGG § 32 Aburteilung, getrennte 1 [BGH Urt. v. 6. 8. 1986 – 3 StR 281/86; vgl. § 32 JGG erfolgreiche Rügen] und 3 [BGHSt. 36, 294 = BGH Urt. v. 31. 10. 1989 – 1 StR 501/89; vgl. § 260 StPO erfolgreiche Rügen]; BGHSt. 36, 270 [BGH Urt. v. 12. 10. 1989 – 4 StR 445/89; vgl. § 32 JGG erfolgreiche Rügen]). Soweit in früheren Entscheidungen der Anwendungsbereich von § 105 Abs. 2 JGG dahin umschrieben wurde, daß der Angeklagte auch die frühere Tat als Heranwachsender begangen haben müsse, waren die Ausführungen nicht entscheidungserheblich und setzten sich mit den hier aufgezeigten Gesichtspunkten nicht auseinander.

Die Gründe, die in den genannten Fällen, auf die § 105 Abs. 2 JGG nicht anwendbar ist, gegen eine nachträgliche Einbeziehung einer Freiheitsstrafe in eine Einheitsjugendstrafe (durch analoge Anwendung von § 32 JGG) geltend gemacht wurden, sind für den vorliegenden Fall nicht bedeutsam.

a) Dem neu entscheidenden Tatrichter wird in § 105 Abs. 2 JGG ausdrücklich die Befugnis eingeräumt, eine andere, bereits rechtskräftig abgeschlossene Sache im Zusammenhang mit den zu ihm angeklagten Taten im Rechtsfolgenausspruch unabhängig von dem früheren Urteil zu bewerten.

b) Eine „Zusammenfassung" von Jugendstrafe und Freiheitsstrafe, gegen die wegen der Verschiedenheit der Strafarten Bedenken bestehen können, findet bei § 105 Abs. 2 JGG nicht statt.

c) Diese Vorschrift läßt vielmehr flexible, sowohl den Erziehungsgedanken als auch das Schuldausgleichsprinzip beachtende Entscheidungen zu. So bietet die Anwendbarkeit von § 31 Abs. 3 JGG dem Jugendrichter die Möglichkeit, Freiheitsstrafe neben einer Jugendstrafe bestehen zu lassen, wenn dies sachlich geboten ist.

Kommt der Jugendrichter zu dem Ergebnis, daß wegen des Schwergewichts der Taten die Anwendung von Erwachsenenstrafrecht erforderlich ist, dann kann er unter den Voraussetzungen des § 55 StGB die nach Erwachsenenstrafrecht erkannte Strafe in eine Gesamtfreiheitsstrafe einbeziehen.

3. Das Landgericht hat auch zu Recht die Höhe der Jugendstrafe unabhängig von der bisher verhängten Freiheitsstrafe bestimmt.

Mit einer Entscheidung nach § 105 Abs. 2 in Verbindung mit § 31 Abs. 2 JGG verliert das einbezogene Urteil im Strafausspruch seine Wirkung; der nunmehr zur Verhängung einer einheitlichen Jugendstrafe aufgerufene Richter hat diese selbständig und losgelöst von dem Strafausspruch der einbezogenen Entscheidung zu bestimmen (vgl. BGH, Urt. v. 28. 7. 1965 – 2 StR 172/65; BGHSt. 25, 355[1], jeweils zu § 31 JGG).

2. Auch bei fortgesetzter Tat gilt für mehrere Straftaten, die gleichzeitig abgeurteilt werden und auf die teils Jugendstrafrecht und teils allgemeines Strafrecht anzuwenden wäre, einheitlich entweder das Jugendstrafrecht oder das allgemeine Strafrecht.

JGG § 32 – BGH Urt. v. 19. 10. 1987 – 3 StR 93/88 LG Lübeck (= StV 1989, 308)

Die Revision rügt, daß das Gericht einheitlich allgemeines Strafrecht gegen den Angeklagten angewendet hat, obwohl der Verurteilung eine fortgesetzte Handlung zugrunde lag, deren Teilakte der Angeklagte sowohl als Erwachsener als auch als Heranwachsender, der einem Jugendlichen gleichzustellen war, begangen hat.

---

1 BGH Beschl. v. 23. 8. 1974 – 2 StR 298/74: „Im Fall des § 31 Abs. 2 JGG ist über die Anrechnung der Untersuchungshaft, die in der dem einbezogenen Urteil zugrunde liegenden Sache vollzogen wurde, auch dann neu zu entscheiden, wenn die Anrechnung in dem früheren Verfahren abgelehnt worden ist."

Sachverhalt: Die Teilakte der fortgesetzten Handlung hat der Angeklagte nach der rechtskräftigen Verurteilung vom 19. 1. 1987, und zwar teils vor dem 14. 2. 1987 als Heranwachsender, teils nachher als Erwachsener, begangen. Die Handlungen vor dem 14. 2. 1987 wären bei getrennter Aburteilung nach Jugendstrafrecht zu ahnden, weil der Angeklagte damals einem Jugendlichen gleichgestanden haben kann. Das Landgericht hat daher zu Recht geprüft, bei welchen Teilakten das Schwergewicht liegt und deshalb nach allgemeinem Strafrecht verurteilt. – Das Rechtsmittel war erfolglos.

Gründe: Entgegen der Ansicht des GBA und des Beschwerdeführers ist die Entscheidung des Landgerichts, nach § 32 JGG Erwachsenenstrafrecht anzuwenden, aus Rechtsgründen nicht zu beanstanden. Nach § 32 JGG gilt für mehrere Straftaten, die gleichzeitig abgeurteilt werden und auf die teils Jugendstrafrecht und teils allgemeines Strafrecht anzuwenden wäre, einheitlich das Jugendstrafrecht, wenn das Schwergewicht bei den Straftaten liegt, die nach Jugendstrafrecht zu beurteilen wären; ist dies nicht der Fall, so ist einheitlich das allgemeine Strafrecht anzuwenden. § 32 JGG bezieht sich zwar seinem Wortlaut nach nur auf Fälle der Tatmehrheit. Seinem Sinn nach erfaßt er aber auch eine sich über die Altersgrenze erstreckende fortgesetzte Tat (BGHSt. 6, 6[1]). Ein solcher Fall liegt hier vor. ...

Das Landgericht hat daher zu Recht geprüft, bei welchen Teilakten das Schwergewicht liegt. Diese Beurteilung ist im wesentlichen Tatfrage, die der Tatrichter nach seinem pflichtgemäßen Ermessen zu entscheiden hat und daher der Nachprüfung des Revisionsgerichts grundsätzlich entzogen ist (BGH NStZ 1986, 219 [BGH Urt. v. 8. 1. 1986 – 3 StR 457/85; vgl. § 32 JGG erfolglose Rügen]; BGH, Urt. v. 14. 8. 1985 – 3 StR 216/85; Beschl. v. 6. 5. 1975 – 1 StR 119/75).

Die Strafkammer hat rechtsfehlerfrei das Schwergewicht bei der Einfuhr großer Mengen Btm aus dem Ausland gesehen. Als der Angeklagte sich hierzu entschloß, war er bereits 21 Jahre alt. Die vor dem 21. Lebensjahr begangenen Handlungen betrafen lediglich den Erwerb zum Eigenkonsum und fallen für den Unrechtsgehalt der abgeurteilten Fortsetzungstat nicht ins Gewicht. Es beschwert den Angeklagten daher nicht, daß insoweit keine Mindestmengen festgestellt sind.

3. Ist eine nach dem 21. Lebensjahr begangene Straftat nur die Folge und ein Ausfluß der früheren Taten, so kann daraus geschlossen werden, daß das Schwergewicht bei diesen liegt.

JGG § 32 – BGH Urt. v. 8. 1. 1986 – 3 StR 457/85 LG Mönchengladbach (= StV 1986, 305 = NStZ 1986, 219)

Die Revision rügt, daß der Angeklagte wegen eines Mordes, den er als Erwachsener begangen hat, nicht nach allgemeinem Strafrecht verurteilt worden ist.

Sachverhalt: Das Landgericht hat den Angeklagten wegen Mordes in vier Fällen, wegen schweren Raubes in Tateinheit mit gefährlicher Körperverletzung und wegen gefährlicher Körperverletzung unter Einbeziehung des Urteils des Jugendschöffengerichts Krefeld vom 23. 5. 1980 zu einer Jugendstrafe von 10 Jahren verurteilt. Außerdem hat es seine Unterbringung in einem psychiatrischen Krankenhaus angeordnet. Vom Vorwurf eines weiteren in Tateinheit mit schwerem Raub begangenen Mordes hat das Landgericht den Angeklagten freigesprochen, weil es nicht ausschließen konnte, daß er, der wenige Tage vor der Tat das 14. Lebensjahr vollendet hatte, zur Tatzeit nicht reif genug war, das Unrecht einzusehen.

---

1 BGH Urt. v. 24. 3. 1954 – 6 StR 84/54: „§ 32 JGG ist auch auf eine fortgesetzte Tat anzuwenden, deren Einzelhandlungen teils vor Erreichung der Altersgrenze und teils nachher verwirklicht worden sind."

Von den zur Verurteilung gekommenen Straftaten hat der Angeklagte den Mord zum Nachteil R. als Jugendlicher im Alter von 17 Jahren und vier Taten als Heranwachsender begangen, und zwar den Raub in Tateinheit mit gefährlicher Körperverletzung zum Nachteil Re. im Alter von 18 Jahren, die Morde an L. und P. im Alter von 19 Jahren und die gefährliche Körperverletzung zum Nachteil N. im Alter von 20 Jahren. Zur Zeit dieser Taten stand der Angeklagte nach Auffassung der Jugendkammer nach seiner sittlichen und geistigen Entwicklung noch einem Jugendlichen gleich; sie hat daher insoweit gemäß § 105 I Nr. 1 JGG Jugendstrafrecht angewandt. Im Zeitpunkt des Mordes an F. war der Angeklagte 22 Jahre alt, so daß auf diese Straftat, wenn sie allein zur Aburteilung angestanden hätte, allgemeines Strafrecht anzuwenden gewesen wäre. Nach § 32 JGG hat das Tatgericht seiner Beurteilung jedoch einheitlich Jugendstrafrecht zugrunde gelegt, weil das Schwergewicht bei den nach Jugendstrafrecht abzuurteilenden Taten liege. – Das Rechtsmittel war erfolglos.

Gründe: Nach § 32 S. 1 JGG gilt für mehrere Straftaten, die gleichzeitig abgeurteilt werden und auf die – bei getrennter Aburteilung – teils Jugendstrafrecht und teils allgemeines Strafrecht anzuwenden wäre, einheitlich das Jugendstrafrecht, wenn das Schwergewicht bei den Straftaten liegt, die nach Jugendstrafrecht zu beurteilen wären. Nach dem eindeutigen Wortlaut des Gesetzes wird hierbei nicht nach der Art der abzuurteilenden Taten unterschieden. Bei Vorliegen der genannten Voraussetzungen gilt die Regelung entgegen der Auffassung der Revision für alle Straftaten, auch für Mordtaten (vgl. BGH, JR 1954, 271).

Wo bei mehreren in verschiedenen Alters- und Reifestufen begangenen Taten das Schwergewicht liegt, ist im wesentlichen Tatfrage, die der Tatrichter nach seinem pflichtgemäßen Ermessen zu entscheiden hat (BGH, RdJ 1956, 93; Beschl. v. 6. 5. 1975 – 1 StR 119/75). Bei der Abwägung darf nicht allein auf die Zahl der Tathandlungen und auf ihren Unrechtsgehalt abgestellt werden. Es kommt dabei vor allem auf die Ermittlung der Tatwurzeln und die Persönlichkeitsentwicklung des Angeklagten an. Ist eine nach dem 21. Lebensjahr begangene Straftat nur die Folge und ein Ausfluß der früheren Taten, so kann daraus geschlossen werden, daß das Schwergewicht bei diesen liegt (BGHSt. 6, 6 [7][1]; BGH, Beschl. v. 6. 5. 1975 – 1 StR 119/75 und v. 30. 5. 1979 – 3 StR 159/79; OLG Düsseldorf, JR 1983, 479, 480). Es sind aber auch Fälle denkbar, bei denen schon der Umstand, daß bei getrennter Aburteilung für die vom Angeklagten als Erwachsener begangene Tat lebenslange Freiheitsstrafe verwirkt wäre, dazu führt, nach § 32 JGG einheitlich das allgemeine Strafrecht anzuwenden.

Die Jugendkammer hat bei der vernommenen Abwägung nicht darauf abgestellt, daß der Angeklagte fünf Taten als Jugendlicher und Heranwachsender und nur eine als Erwachsener begangen hat. Sie hat ihre Entscheidung vielmehr darauf gestützt, daß die Tatwurzeln im sozialen Werdegang, den der wegen Geistesschwäche entmündigte Angeklagte in seiner Jugend durchlaufen hat, liegen. Sie hat ferner darauf abgehoben, daß die abzuurteilenden Straftaten, auch soweit der Angeklagte als Erwachsener einen Mord begangen hat, „in einer Kontinuität" stehen, „die ihren Ausgang in der Jugend des Angeklagten genommen und zu einer Anhäufung von Taten gerade in der Zeit gefunden hat, zu der der Angeklagte

---

1 BGH Urt. v. 24. 3. 1954 – 6 StR 84/54: „§ 32 JGG will verhindern, daß Erwachsenen- und Jugendstrafrecht bei gleichzeitiger Aburteilung nebeneinander angewandt wird. Hat sich der Jugendliche vor und nach Vollendung des 18. Lebensjahres (der Heranwachsende vor und nach Vollendung des 21. Lebensjahres) strafbar gemacht, so darf nur auf eine der beiden Strafrechtsordnungen zurückgegriffen werden. Die Entscheidung hängt insoweit davon ab, bei welchen Taten das Schwergewicht liegt. Dabei wird es auf den Unrechtsgehalt sowohl nach der äußeren wie der inneren Tatseite ankommen. Insbesondere wird regelmäßig die Ermittlung der Tatwurzeln unerläßlich sein. Sind die späteren Taten nur die Folge und ein Ausfluß der früheren, so könnte daraus geschlossen werden, daß das Schwergewicht bei dieser liegt."

noch einem Jugendlichen gleichstand"; die vom Angeklagten als Erwachsener begangene Tat erscheine nur als Fortsetzung der früheren Taten. Diese von den Feststellungen getragenen Ausführungen lassen einen Rechtsfehler nicht erkennen.

§ 38 JGG

(1) Die Jugendgerichtshilfe wird von den Jugendämtern im Zusammenwirken mit den Vereinigungen für Jugendhilfe ausgeübt.

(2) Die Vertreter der Jugendgerichtshilfe bringen die erzieherischen, sozialen und fürsorgerischen Gesichtspunkte im Verfahren vor den Jugendgerichten zur Geltung. Sie unterstützen zu diesem Zweck die beteiligten Behörden durch Erforschung der Persönlichkeit, der Entwicklung und der Umwelt des Beschuldigten und äußern sich zu den Maßnahmen, die zu ergreifen sind. In Haftsachen berichten sie beschleunigt über das Ergebnis ihrer Nachforschungen. In die Hauptverhandlung soll der Vertreter der Jugendgerichtshilfe entsandt werden, der die Nachforschungen angestellt hat. Soweit nicht ein Bewährungshelfer dazu berufen ist, wachen sie darüber, daß der Jugendliche Weisungen und Auflagen nachkommt. Erhebliche Zuwiderhandlungen teilen sie dem Richter mit. Im Fall der Unterstellung nach § 10 Absatz 1 Satz 3 Nr. 5 üben sie die Betreuung und Aufsicht aus, wenn der Richter nicht eine andere Person damit betraut. Während der Bewährungszeit arbeiten sie eng mit dem Bewährungshelfer zusammen. Während des Vollzugs bleiben sie mit dem Jugendlichen in Verbindung und nehmen sich seiner Wiedereingliederung in die Gemeinschaft an.

(3) Im gesamten Verfahren gegen einen Jugendlichen ist die Jugendgerichtshilfe heranzuziehen. Dies soll so früh wie möglich geschehen. Vor der Erteilung von Weisungen (§ 10) sind die Vertreter der Jugendgerichtshilfe stets zu hören; kommt eine Betreuungsweisung in Betracht, sollen sie sich auch dazu äußern, wer als Betreuungshelfer bestellt werden soll.

Erfolgreiche Rügen

1. Unterbliebene Einschaltung der Jugendgerichtshilfe führt zur Urteilsaufhebung (BGH Beschl. v. 29. 6. 2000 – 1 StR 123/00).

2. Das Gericht darf nicht ohne den erkrankten Vertreter der Jugendgerichtshilfe, der in der Hauptverhandlung erschienen ist und seine weitere Teilnahme für geboten hält, weiter verhandeln (BGH Beschl. v. 21. 2. 1989 – 1 StR 27/89).

3. Unterlassene Benachrichtigung der Jugendgerichtshilfe von Ort und Zeit der Hauptverhandlung führt zur Urteilsaufhebung (BGH Beschl. v. 1. 12. 1987 – 4 StR 482/87).

4. Auch bei ausländischen und zum Zeitpunkt der Hauptverhandlung erwachsenen Angeklagten muß die Jugendgerichtshilfe herangezogen werden, wenn sie zur Tatzeit noch nicht erwachsen waren (BGH Beschl. v. 17. 2. 1982 – 3 StR 484/81).

5. Da die Hinzuziehung der Jugendgerichtshilfe zwingend vorgeschrieben ist, kann der Verteidiger des Angeklagten auch nicht wirksam auf ihre Mitwirkung verzichten (BGH Beschl. v. 30. 9. 1981 – 2 StR 534/81).

6. Jugendgerichtshilfe muß herangezogen werden, wenn Angeklagter zur Tatzeit Heranwachsender war (BGH Urt. v. 12. 10. 1954 – 5 StR 335/54).

Erfolglose Rügen

1. Nichterscheinen der benachrichtigten Jugendgerichtshilfe führt vorbehaltlich Aufklärungspflichtverstoßes nicht zur Urteilsaufhebung (BGH Urt. v. 13. 9. 1977 – 1 StR 451/77).

Erfolgreiche Rügen

1. Unterbliebene Einschaltung der Jugendgerichtshilfe führt zur Urteilsaufhebung.
JGG § 38 III – BGH Beschl. v. 29. 6. 2000 – 1 StR 123/00 LG Ulm (= StV 2001, 172)
Die Revision rügt, daß die Jugendgerichtshilfe nicht vom Hauptverhandlungstermin unterrichtet worden ist.

Sachverhalt: Der Angeklagte war zur Tatzeit 20 Jahre und 7 Monate alt.
Versehentlich war entgegen einer entsprechenden Verfügung des Vorsitzenden nicht die Jugendgerichtshilfe, sondern die von der Staatsanwaltschaft hinsichtlich des Angeklagten ebenso wie hinsichtlich der erwachsenen Mitangeklagten bereits im Ermittlungsverfahren eingeschaltete Gerichtshilfe vom Hauptverhandlungstermin unterrichtet worden. Dieser Mangel wurde auch im Laufe der sich über sieben Hauptverhandlungstage mehr als einen Monat hinziehenden Hauptverhandlung nicht behoben. – Das Rechtsmittel hatte Erfolg.

Gründe: Der Beitrag der Jugendgerichtshilfe soll es ermöglichen, ein möglichst vollständiges Bild von der Persönlichkeit, der Entwicklung und der Umwelt des Täters zu erlangen, § 38 Abs. 2 JGG. Dies hat nicht nur für die Frage Bedeutung, ob gegen den Angeklagten Jugend- oder – was hier aus den von der Jugendkammer genannten Gründen (u.a. war der Angeklagte zur Tatzeit schon verheiratet und betrieb selbständig eine Gaststätte) näher liegt – Erwachsenenstrafrecht anzuwenden ist. Der Vertreter der Jugendgerichtshilfe ist darüber hinaus dazu berufen, u.a. bei der Aufklärung im persönlichen Umfeld des Angeklagten gewonnene Tatsachen vorzutragen, die auch bei der Anwendung von Erwachsenenstrafrecht für die Strafzumessung von Bedeutung sind. Es kann daher nicht ausgeschlossen werden, daß bei Beteiligung der Jugendgerichtshilfe Gesichtspunkte zutage getreten wären, die sich bei der Bemessung der Strafe zu Gunsten des Angeklagten ausgewirkt hätten (vgl. BGHSt. 27, 250, 251 [BGH Urt. v. 13. 9. 1977 – 1 StR 451/77; vgl. § 38 JGG erfolglose Rügen]; BGH StV 1982, 336, 337 [BGH Beschl. v. 17. 2. 1982 – 3 StR 484/81; vgl. § 38 JGG erfolgreiche Rügen]; BGHR JGG § 50 Abs. 3 Heranziehung 1 [BGH Beschl. v. 1. 12. 1987 – 4 StR 482/87; vgl. § 38 JGG erfolgreiche Rügen]). Dabei ist zu beachten, daß die Strafzumessungserwägungen um so umfassender sein müssen, wenn die Freiheitsstrafe – wie hier – lediglich knapp über zwei Jahre beträgt und daher eine Strafaussetzung zur Bewährung nicht mehr in Betracht kommt (BGH StV 1992, 462, 463).

Die (versehentlich) erfolgte Benachrichtigung der Gerichtshilfe führt zu keiner anderen Beurteilung, da sie eine andere Aufgabe hat als die Jugendgerichtshilfe. Die (hier der Staatsanwaltschaft angeschlossene) Gerichtshilfe (vgl. §§ 160 Abs. 3 S. 2, 463 d StPO) unterscheidet sich von der den Jugendämtern übertragenen (§ 38 Abs. 1 JGG) Jugendgerichtshilfe dadurch, daß sie primär Rechtshilfe und erst sekundär Sozialhilfe ist.

Ein Ausnahmefall, bei dem ein Beruhen des Urteils auf diesem Verfahrensverstoß ausgeschlossen werden kann (vgl. BGH, Beschl. v. 15. 6. 1999 – 1 StR 271/99), liegt hier nicht vor. In dem Fall, welcher der Entscheidung des Senats v. 15. 6. 1999 zugrunde lag, hatte ein im Zeitpunkt der Hauptverhandlung bereits 28 Jahre alter Angeklagter im Alter von über 20 Jahren einige Diebstähle und zwei Jahre später ein „gründlich vorgeplantes" Sprengstoffverbrechen begangen und sich in der Folge für sechs Jahre ins Ausland abgesetzt. Derartige oder damit vergleichbare Besonderheiten fehlen hier.

Ob die Nichtanhörung der Jugendgerichtshilfe vorliegend darüber hinaus auch einen Verstoß gegen die Aufklärungspflicht gem. § 244 Abs. 2 StPO darstellt (vgl. BGHSt. 27, 250, 252), kann dahingestellt bleiben.

2. Das Gericht darf nicht ohne den erkrankten Vertreter der Jugendgerichtshilfe, der in der Hauptverhandlung erschienen ist und seine weitere Teilnahme für geboten hält, weiter verhandeln.

JGG § 38 III – BGH Beschl. v. 21. 2. 1989 – 1 StR 27/89 LG Tübingen (= StV 1989, 308)

Die auf den Strafausspruch beschränkte Revision rügt, das Landgericht habe, obgleich der erkrankte Vertreter der Jugendgerichtshilfe nicht mehr habe teilnehmen können, die Verhandlung fortgesetzt und das Urteil verkündet.

Sachverhalt: Der Vertreter der Jugendgerichtshilfe hat auch am ersten der beiden Sitzungstage an der Sitzung teilgenommen. Er konnte aber am zweiten Sitzungstag wegen Krankheit nicht mehr erscheinen; auch ein Vertreter stand nicht zur Verfügung. Das Gericht hat die Verhandlung ohne ihn zu Ende geführt. – Das Rechtsmittel hatte Erfolg.

Gründe: In der Rspr. des BGH ist anerkannt, daß das Tatgericht in der Regel seine Aufklärungspflicht verletzt, wenn es entgegen § 38 Abs. 3, § 50 Abs. 3 JGG einen Vertreter der Jugendgerichtshilfe nicht heranzieht (BGHSt. 27, 250, 251 [BGH Urt. v. 13. 9. 1977 – 1 StR 451/77; vgl. § 38 JGG erfolglose Rügen]). Das ist hier freilich nicht versäumt worden. Der Vertreter der Jugendgerichtshilfe hat auch am ersten der beiden Sitzungstage, dem 30. 5. 1988, an der Sitzung teilgenommen. Er konnte aber am zweiten Sitzungstag, dem 1. 7. 1988, wegen Krankheit nicht mehr erscheinen; auch ein Vertreter stand nicht zur Verfügung.

Aus diesem Ablauf ergibt sich zunächst, daß der Vertreter der Jugendgerichtshilfe seine Teilnahme für geboten hielt; deshalb liegt es hier anders als in dem Fall, daß der Vertreter der Jugendgerichtshilfe nach Erhalt der Terminsnachricht nicht zur Verhandlung erscheint und damit zunächst davon ausgegangen werden kann, daß er für eine Beteiligung am Verfahren keinen Anlaß sieht (vgl. BGHSt. 27, 250, 252). Ist der Vertreter der Jugendgerichtshilfe durch Krankheit an einer weiteren Teilnahme und an der Abgabe seiner Stellungnahme gehindert, besteht für das Gericht kein Anlaß zu der Annahme, er halte seine Teilnahme nicht mehr für geboten, und es sei von ihm ein jedenfalls für die Wahl der Rechtsfolge und für die Bemessung der Strafe bedeutsamer Beitrag nicht mehr zu erwarten (vgl. BGHSt. 6, 354, 356 [BGH Urt. v. 12. 10. 1954 – 5 StR 335/54; vgl. § 38 JGG erfolgreiche Rügen]; 27, 250, 251). Wird die Verhandlung dennoch ohne ihn zu Ende geführt, liegt es jedenfalls im Ergebnis nicht anders als im Falle der unterbliebenen Ladung.

Besonderheiten des zu entscheidenden Falles, die eine andere Beurteilung rechtfertigen könnten, sind nicht ersichtlich. Den zur Tatzeit 17 Jahre alten Angeklagten hatte der Tod seiner Mutter im März 1986 hart getroffen; er hatte daraufhin den Besuch des Gymnasiums in der Türkei abgebrochen und sich schließlich im Oktober 1986 zu seinem in der Bundesrepublik Deutschland lebenden Vater begeben. Bei diesem Lebensweg kann ein sachdienlicher Beitrag des Vertreters der Jugendgerichtshilfe nicht ausgeschlossen werden.

Der GBA stellt in seiner Antragsschrift die Zulässigkeit der Rüge deshalb in Frage, weil der Beschwerdeführer den schriftlichen Bericht des Jugendamts nicht mitgeteilt hat; darauf könnte es jedoch nur ankommen, wenn die JGH trotz ordnungsgemäßer Ladung und ungehindert durch Krankheit von einer Teilnahme an der Hauptverhandlung abgesehen hätte.

3. Unterlassene Benachrichtigung der Jugendgerichtshilfe von Ort und Zeit der Hauptverhandlung führt zur Urteilsaufhebung.

JGG § 38 III – BGH Beschl. v. 1. 12. 1987 – 4 StR 482/87 (= BGHR JGG § 50 Abs. 3 Heranziehung 1)

Die Revision rügt, das Gericht habe es versäumt, dem Vertreter der für den Angeklagten zuständigen Jugendgerichtshilfe Ort und Zeit der Hauptverhandlung mitzuteilen.

Sachverhalt: Die Jugendkammer hat es, wie die dienstliche Äußerung des Vorsitzenden der Jugendkammer bestätigt, entgegen § 50 Abs. 3 Satz 1 JGG versäumt, dem Vertreter der für den Angeklagten zuständigen Jugendgerichtshilfe Ort und Zeit der Hauptverhandlung mitzuteilen. Statt dessen hat sich der für den Mitangeklagten zuständige Vertreter eines anderen Kreisjugendamtes aufgrund des Ergebnisses der Hauptverhandlung auch kurz zu dem Angeklagten geäußert. – Das Rechtsmittel hatte Erfolg.

Gründe: Daß sich der für den Mitangeklagten F. zuständige Vertreter eines anderen Kreisjugendamtes aufgrund des Ergebnisses der Hauptverhandlung auch kurz zu dem Angeklagten O. geäußert hat, vermag die Verletzung der gemäß § 109 Abs. 1 Satz 1, § 50 Abs. 3 JGG zwingenden Vorschrift (vgl. BGH NStZ 1982, 257 [BGH Beschl. v. 17. 2. 1982 – 3 StR 484/81; vgl. § 38 JGG erfolgreiche Rügen]) – entgegen der Ansicht des Generalbundesanwalts – nicht auszugleichen. Die Heranziehung der Jugendgerichtshilfe zur Hauptverhandlung hat vor allem den Zweck, zur Gewinnung eines möglichst vollständigen Bildes von der Persönlichkeit des Täters, seiner Entwicklung und seiner Umwelt (BGHSt. 27, 250, 251 [BGH Urt. v. 13. 9. 1977 – 1 StR 451/77; vgl. § 38 JGG erfolglose Rügen]) Gesichtspunkte beizutragen und auf Umstände aufmerksam zu machen, die ohne die Zuziehung der Jugendgerichtshilfe in der Hauptverhandlung möglicherweise gar nicht zur Sprache gekommen wären. Da nicht auszuschließen ist, daß bei einer Beteiligung der zuständigen Jugendgerichtshilfe Gesichtspunkte zutage getreten wären, die sich bei der Entscheidung über die Anwendung von Jugendstrafrecht und auch bei der Bemessung der Strafe zugunsten des Angeklagten hätten auswirken können, war der Strafausspruch gegen den Angeklagten O. aufzuheben.

4. Auch bei ausländischen und zum Zeitpunkt der Hauptverhandlung erwachsenen Angeklagten muß die Jugendgerichtshilfe herangezogen werden, wenn sie zur Tatzeit noch nicht erwachsen waren.

JGG § 38 – BGH Beschl. v. 17. 2. 1982 – 3 StR 484/81 LG Mönchengladbach (= StV 1982, 336 = NStZ 1982, 257)

Die Revisionen rügen, das Landgericht habe es unterlassen, die Jugendgerichtshilfe heranzuziehen und vom Hauptverhandlungstermin zu unterrichten.

Sachverhalt: Der Angeklagte M. war am Tattage, dem 31. 10. 1980, 20 Jahre und sieben Monate alt.

Der zur Tatzeit 18 Jahre und elf Monate alte Angeklagte P. war italienischer Staatsangehöriger. Das Gericht hat die Jugendgerichtshilfe bei keinem der Angeklagten herangezogen. – Das Rechtsmittel hatte Erfolg.

Gründe:

a) Der Angeklagte M. war am Tattage, dem 31. 10. 1980, 20 Jahre und sieben Monate alt. Das Landgericht hätte daher gemäß §§ 107, 38 und §§ 109 Abs. 1, 50 Abs. 3 JGG die Jugendgerichtshilfe beteiligen müssen. Dieser Verfahrensverstoß kann mit der Revision geltend gemacht werden (BGHSt. 27, 250, 251 [BGH Urt. v. 13. 9. 1977 – 1 StR 451/77; vgl. § 38 JGG erfolglose Rügen]; BGH StV 1982, 27 [BGH Beschl. v. 30. 9. 1981 – 2 StR 534/81; vgl. § 38 JGG erfolgreiche Rügen]; BGH, Beschl. v. 17. 5. 1977 – 1 StR 224/77, Beschl. v.

26. 2. 1980 – 1 StR 6/80, Beschl. v. 21. 5. 1980 – 3 StR 136/80). Die Verpflichtung, die Jugendgerichtshilfe heranzuziehen, entfiel weder dadurch, daß der Angeklagte zur Zeit der Hauptverhandlung bereits Erwachsener war (BGHSt. 6, 354 ff. [BGH Urt. v. 12. 10. 1954 – 5 StR 335/54; vgl. § 38 JGG erfolgreiche Rügen]), noch dadurch, daß er Ausländer ist (vgl. BGH, Beschl. v. 18. 4. 1979 – 2 StR 84/79). Auch der Umstand, daß er bei der Festnahme in der Bundesrepublik ohne festen Wohnsitz war, rechtfertigt nicht die Annahme, daß die deutsche Jugendgerichtshilfe sich nicht zu seiner Persönlichkeit, Entwicklung und Umwelt (vgl. § 538 Abs. 2 JGG) hätte äußern können. Der Angeklagte hatte sich bereits 1969 mit seinen Eltern in der Bundesrepublik aufgehalten. Während seines zweiten Aufenthalts in der Bundesrepublik seit 1979 hatte er hier acht Monate lang eine feste Arbeitsstelle gehabt, so daß Anknüpfungspunkte für weitere Ermittlungen der deutschen Jugendgerichtshilfe möglich erscheinen. Es kann daher nicht ausgeschlossen werden, daß bei Beteiligung der Jugendgerichtshilfe Gesichtspunkte zutage getreten wären, die sich bei der Entscheidung, ob gegen den – nach Erwachsenenstrafrecht verurteilten – Angeklagten Jugendstrafrecht anzuwenden gewesen wäre, und auch bei der Bemessung der Strafe zu seinen Gunsten hätten auswirken können.

b) Der zur Tatzeit 18 Jahre und elf Monate alte italienische Angeklagte P. ist zu einer Jugendstrafe von fünf Jahren verurteilt worden. Es kann nicht ausgeschlossen werden, daß bei Beteiligung der deutschen Jugendgerichtshilfe eine mildere Strafe verhängt worden wäre. P. war zwar als „Tourist" ohne festen Wohnsitz in der Bundesrepublik unterwegs, als er festgenommen wurde. Aber auch bei ihm erscheinen Ansatzpunkte für Ermittlungen der Jugendgerichtshilfe möglich, weil er bereits 1975 und 1979 in der Bundesrepublik gearbeitet hatte und Onkel und Tanten von ihm hier wohnen.

5. Da die Hinzuziehung der Jugendgerichtshilfe zwingend vorgeschrieben ist, kann der Verteidiger des Angeklagten auch nicht wirksam auf ihre Mitwirkung verzichten.

JGG § 38 – BGH Beschl. v. 30. 9. 1981 – 2 StR 534/81 LG Bonn (= StV 1982, 27)

Die Revision rügt, daß der Vertreter der Jugendgerichtshilfe nicht vom Termin der mündlichen Verhandlung unterrichtet worden ist und auch nicht erschienen war.

Der Sachverhalt ergibt sich aus dem Revisionsvorbringen. – Das Rechtsmittel hatte Erfolg.

Gründe: Hierin liegt ein Verstoß gegen § 50 Abs. 3, § 109 Abs. 1 Satz 1 i.V.m. § 38, 107 JGG, auf dem der Strafausspruch beruhen kann (vgl. BGH, Beschl. v. 14. 7. 1977 – 4 StR 226/77).

Der genannte Verfahrensfehler ist nicht etwa deswegen unbeachtlich, weil – wie der Vorsitzende der Jugendkammer erklärt hat – der schriftliche Bericht der Jugendgerichtshilfe vom 21. 7. 1980 mit dem Angeklagten erörtert wurde und der Verteidiger eine Zuziehung des Stadtjugendamtes nicht für erforderlich hielt.

Der schriftliche Bericht der Jugendgerichtshilfe betraf ein anderes bereits abgeschlossenes Verfahren vor dem Amtsgericht und enthielt zudem nur eine vorläufige Stellungnahme.

Da die Hinzuziehung der Jugendgerichtshilfe zwingend vorgeschrieben ist (BGHSt. 6, 357 [BGH Urt. v. 12. 10. 1954 – 5 StR 335/54; vgl. § 38 JGG erfolgreiche Rügen]), konnte der Verteidiger des Angeklagten auch nicht wirksam auf ihre Mitwirkung verzichten.

6. Jugendgerichtshilfe muß herangezogen werden, wenn Angeklagter zur Tatzeit Heranwachsender war.

JGG §§ 38 III S. 1, 107 – BGH Urt. v. 12. 10. 1954 – 5 StR 335/54 LG Braunschweig (= BGHSt. 6, 354)

Die Revision rügt, daß in dem Verfahren gegen den Angeklagten, der zur Tatzeit Heranwachsender war, die Jugendgerichtshilfe nicht herangezogen worden ist.

Sachverhalt: Der Angeklagte war durch Urteil des Schwurgerichts in B. vom 4. 6. 1953 zusammen mit einem Mittäter wegen gemeinschaftlichen Mordes in Tateinheit mit versuchtem besonders schweren Raube zu lebenslangem Zuchthaus und zum Verlust der bürgerlichen Ehrenrechte auf Lebenszeit verurteilt worden. Auf die Revision des Angeklagten hatte der Senat durch Urteil vom 12. 1. 1954 das Urteil des Schwurgerichts, soweit es den Angeklagten betrifft, im Strafausspruch mit den Feststellungen hierzu aufgehoben und die Sache insoweit zur neuen Verhandlung und Entscheidung an die Jugendkammer des Landgerichts in B. zurückverwiesen. Grund der Aufhebung war, daß der am 25. 2. 1930 geborene Angeklagte zur Tatzeit (16. 2. 1951) noch Heranwachsender im Sinne des § 1 Abs. 2 des am 1. 10. 1953 in Kraft getretenen Jugendgerichtsgesetzes vom 4. 8. 1953 (JGG) war und daher der Tatrichter noch prüfen mußte, ob die Voraussetzungen für die Anwendung des Jugendstrafrechts nach § 105 JGG gegeben sind oder ob er die Strafe nach § 106 JGG mildern wollte. Die Jugendkammer hat den Angeklagten nunmehr erneut wegen des gemeinschaftlichen Mordes in Tateinheit mit versuchtem besonders schwerem Raube zu lebenslangem Zuchthaus und zum Verlust der bürgerlichen Ehrenrechte auf Lebenszeit verurteilt. – Das Rechtsmittel hatte Erfolg.

Gründe: Nach § 38 Abs. 3 Satz 1 JGG ist im gesamten Verfahren gegen einen Jugendlichen die Jugendgerichtshilfe heranzuziehen. Diese Vorschrift wird ergänzt durch die §§ 43, 38 Abs. 2, 50 Abs. 3 JGG, die bestimmen, daß nach Einleitung des Verfahrens, so bald wie möglich, die Lebens- und Familienverhältnisse, der Werdegang, das bisherige Verhalten des Beschuldigten und alle übrigen Umstände ermittelt werden sollen, die zur Beurteilung seiner seelischen, geistigen und charakterlichen Eigenart dienen können, daß es Aufgabe der Jugendgerichtshilfe ist, die beteiligten Behörden, insbesondere die Jugendgerichte, durch Erforschung der Persönlichkeit, der Entwicklung und der Umwelt des Beschuldigten zu unterstützen, daß dem Vertreter der Jugendgerichtshilfe Ort und Zeit der Hauptverhandlung mitzuteilen sind und daß er in der Hauptverhandlung auf Verlangen das Wort erhält.

Dasselbe gilt gemäß §§ 107, 109 JGG für Heranwachsende.

Zu Recht sieht die Revision eine Verletzung dieser Bestimmungen darin, daß die Jugendkammer die Jugendgerichtshilfe hier nicht herangezogen hat. Die Jugendkammer hat von der Zuziehung der Jugendgerichtshilfe abgesehen, weil sie der Auffassung war, daß es dieser Zuziehung nur bedürfe, wenn der Täter noch zur Zeit des Verfahrens Heranwachsender ist. Diese Auffassung ist rechtsirrig. Sie findet weder im Wortlaut der angezogenen Bestimmungen noch in deren Sinn und Zweck eine Stütze.

Nach § 38 Abs. 3 Satz 1 in Verbindung mit § 107 JGG ist die Jugendgerichtshilfe im gesamten „Verfahren gegen einen Heranwachsenden" heranzuziehen. Unter einem „Verfahren gegen einen Heranwachsenden" versteht das Gesetz aber nicht ein Verfahren gegen einen Beschuldigten, der zur Zeit des Verfahrens Heranwachsender ist, sondern das Verfahren gegen einen Beschuldigten, der im Zeitpunkte der ihm zur Last gelegten Verfehlung Heranwachsender war. Das ergeben klar die §§ 107, 33 Abs. 1, 108 JGG, die die Anwendung der Vorschriften über die Jugendgerichtsverfassung und die Zuständigkeit der Jugendgerichte nicht von dem Alter des Beschuldigten zur Zeit des Verfahrens, sondern allein davon abhängig machen, daß Gegenstand des Verfahrens „Verfehlungen" Heranwachsender sind.

Die Auffassung der Jugendkammer verkennt auch Sinn und Zweck der vom Gesetz vorgeschriebenen Zuziehung der Jugendgerichtshilfe. Sie soll, wie die §§ 107, 38 Abs. 2 Satz 2 JGG ergeben, dazu beitragen, dem Gericht ein möglichst vollständiges Bild von „der Persönlichkeit, der Entwicklung und der Umwelt" des Heranwachsenden zu verschaffen. Das ist zunächst für die Entscheidung darüber von Bedeutung, ob die Voraussetzungen des § 105 JGG gegeben und demgemäß die für einen Jugendlichen geltenden sachlichrechtlichen Vorschriften der §§ 4 bis 32 JGG anzuwenden sind. § 105 JGG läßt aber allein die Zeit der Tat entscheiden. Daß der Richter ein möglichst vollständiges Bild von der Persönlichkeit, der Entwicklung und der Umwelt des Täters gewinnt, ist außerdem für die Beantwortung der Frage von Bedeutung, ob er von den in § 106 JGG vorgesehenen Strafmilderungsmöglichkeiten für Heranwachsende Gebrauch machen will. Auch insoweit kommt es, wenn auch nicht ausschließlich, auf den Zeitpunkt der Tat an. Der Zweck, den die §§ 107, 38 Abs. 3 Satz 1 JGG verfolgen, besteht hiernach unabhängig davon, ob der Beschuldigte noch zur Zeit des Verfahrens Heranwachsender ist. Entscheidend ist nur, ob er es zur Tatzeit war. Die durch die §§ 107, 38 Abs. 3 Satz 1 JGG vorgeschriebene Zuziehung der Jugendgerichtshilfe auf die Fälle zu beschränken, in denen der Beschuldigte noch zur Zeit des Verfahrens Heranwachsender ist, würde bedeuten, daß jener Zweck des Gesetzes nur unvollständig erreicht würde. Außerdem würde in diesem Falle bei Beschuldigten, die zur Tatzeit der Vollendung des 21. Lebensjahrs nahe sind, die durch die §§ 107, 38 Abs. 3 Satz 1 JGG bestimmte Aufklärung von dem mehr oder minder großen zeitlichen Abstand zwischen Tat und Einleitung des Ermittlungsverfahrens und von der mehr oder minder schnellen Durchführung des Verfahrens abhängen. Beides ist nicht angängig.

Die Jugendkammer hat von der Zuziehung der Jugendgerichtshilfe auch aus der Erwägung abgesehen, daß die Zuziehung zur Beantwortung der Frage, ob der Angeklagte zur Tatzeit seiner Entwicklung nach noch einem Jugendlichen gleichzuachten war, weder erforderlich noch geeignet sei, weil nach dem Jugendgerichtsgesetz, das zur Zeit der Ermittlungen und der Aburteilung (gemeint ist offenbar das Urteil des Schwurgerichts vom 4. Juni 1953) galt, eine Mitwirkung der Jugendbehörden nicht vorgesehen gewesen sei und auch nicht stattgefunden habe. Auch das ist rechtsirrig.

Die §§ 107, 38 Abs. 3 Satz 1 JGG sind Verfahrensvorschriften. Ob die Jugendkammer sie anzuwenden hatte, entscheidet sich allein nach dem Zeitpunkt der Hauptverhandlung vor ihr. Zu dieser Zeit galten die angeführten Bestimmungen. Ob es schon zur Zeit „der Ermittlungen und der – ersten – Aburteilung" entsprechende Bestimmungen gab, ist rechtlich unerheblich. Die §§ 107, 38 Abs. 3 Satz 1 JGG schreiben aber zwingend vor, daß die Jugendgerichtshilfe herangezogen wird. Es ist dem Richter daher nicht gestattet, von der Zuziehung abzusehen, weil er sie zur Beantwortung der zu entscheidenden Fragen für nicht erforderlich und ungeeignet hält.

Das Urteil kann auf der Verletzung der §§ 107, 38 Abs. 3 Satz 1 JGG beruhen. Es muß daher aufgehoben werden.

Erfolglose Rügen

1. Nichterscheinen der benachrichtigten Jugendgerichtshilfe in der Hauptverhandlung führt vorbehaltlich Aufklärungspflichtverstoßes nicht zur Urteilsaufhebung.

JGG 1975 § 38 II u. III – BGH Urt. v. 13. 9. 1977 – 1 StR 451/77 LG München II (= BGHSt. 27, 250)

Die Revision rügt, die Jugendgerichtshilfe sei am Verfahren nicht beteiligt gewesen. Auf dem darin liegenden Verstoß gegen die zwingende Vorschrift des § 38 III JGG beruhe das Urteil. Denn es sei fraglich, ob ohne die Heranziehung der Jugendgerichtshilfe die Gesichtspunkte, die § 38 II Satz 1 JGG nenne, entsprechend ihrer Bedeutung zur Geltung gebracht und Persönlichkeit, Entwicklung und Umwelt eines Beschuldigten gemäß § 38 II Satz 2 JGG erforscht werden können. In dem Unterlassen der Heranziehung der Jugendgerichtshilfe liege auch eine Verletzung der Aufklärungspflicht (§ 244 II StPO).

Sachverhalt: Das zuständige Jugendamt hat einen Abdruck der Anklageschrift erhalten. Es ist von Ort und Zeit der Hauptverhandlung benachrichtigt worden. – Das Rechtsmittel war erfolglos.

Gründe:

a) Die Rechtslage stellt sich wie folgt dar:

Auch in einem Verfahren, das die Verfehlungen eines Heranwachsenden zum Gegenstand hat, muß die Jugendgerichtshilfe herangezogen werden (§§ 107, 38 Abs. 3 JGG), wenn nicht die Heranziehung nach § 104 Abs. 3 i.V.m. § 112 Satz 1 JGG unterbleiben kann. Dem Vertreter der Jugendgerichtshilfe sind Ort und Zeit der Hauptverhandlung mitzuteilen (§ 109 Abs. 1 Satz 1, § 50 Abs. 3 JGG). Der Beitrag, den die Jugendgerichtshilfe nach § 38 Abs. 2 Satz 1 und Satz 2 JGG zur Gewinnung eines möglichst vollständigen Bildes von der Persönlichkeit, der Entwicklung und der Umwelt des Täters erbringen soll, kann insbesondere für die Entscheidung von Bedeutung sein, ob Jugendstrafrecht anzuwenden ist (§ 105 Abs. 1 JGG). Er kann auch für die Wahl der Rechtsfolge und die Bemessung der Strafe Bedeutung erlangen (BGHSt. 6, 354, 356 [BGH Urt. v. 12. 10. 1954 – 5 StR 335/54; vgl. § 38 JGG erfolgreiche Rügen]; BGH bei Dallinger MDR 1956, 146[1]; BGH, Urt. v. 13. 5. 1960 – 4 StR 93/60, wiedergegeben bei Herlan GA 1961, 358 und vom 24. 9. 1963 – 5 StR 338/63). Infolgedessen verletzt das Tatgericht in der Regel seine Aufklärungspflicht, wenn es die Jugendgerichtshilfe nicht heranzieht. Auf dem Verstoß gegen § 38 Abs. 3, § 50 Abs. 3 (i.V.m. §§ 107, 109 Abs. 1 Satz 1) JGG und gegen § 244 Abs. 2 StPO kann der Strafausspruch beruhen (BGH bei Dallinger MDR a.a.O.; BGH, Urt. v. 13. 5. 1960 – 4 StR 93/60, wiedergegeben bei Herlan GA).

b) Aus dieser Rechtslage folgt nicht, daß die Verfahrensrüge des Angeklagten durchgreift. Denn es kann keine Rede davon sein, daß die Heranziehung der Jugendgerichtshilfe unterblieben ist. Das Jugendamt wurde durch die Anklageschrift von der in Betracht kommenden Ermittlungs- und Berichtsaufgabe unterrichtet. Es konnte ihr im Laufe der Hauptverhandlung auf Grund der Terminsnachricht genügen, wenn es für seine Beteiligung am Verfahren einen Anlaß sah. In einem solchen Falle, in dem das Erfordernis der Heranziehung (wenigstens oder auch) durch Beachtung der Vorschrift des § 50 Abs. 3 Satz 1 JGG erfüllt worden ist, kommt lediglich ein Verstoß gegen § 244 Abs. 2 StPO nach allgemeinen Grundsätzen in Betracht, also unter der Voraussetzung, daß konkrete, greifbare Anhaltspunkte die Annahme nahelegen, die Jugendgerichtshilfe habe von einem Bericht und von einer Teilnahme an der Hauptverhandlung abgesehen, obgleich sie Erkenntnisse habe oder gewinnen könnte, die für den Ausspruch über die Rechtsfolgen der Tat von Bedeutung sind. Da gegen den Angeklagten Jugendstrafrecht angewendet wurde und § 17 Abs. 2 JGG die Verhängung von Jugendstrafe gebot, ging es unter dem Gesichtspunkt weiterer Aufklärung lediglich um die Frage, ob die Jugendgerichtshilfe (möglicherweise) in der Lage

---

1 „Die für die Schuldfrage maßgebende, die Verantwortlichkeit eines Jugendlichen abweichend vom allgemeinen Strafrecht regelnde Vorschrift des § 3 JGG ist in Verfahren gegen Heranwachsende nicht anwendbar (§ 105 Abs. 1 JGG). Daraus ergibt sich, daß sich die Verantwortlichkeit eines Heranwachsenden nach allgemeinem Strafrecht bestimmt. Anzuwenden sind nach § 105 JGG gegebenenfalls nur die §§ 4 bis 32 JGG, also diejenigen Vorschriften, in denen die Maßnahmen aufgeführt sind, welche gegen einen Jugendlichen angeordnet werden können, der in strafrechtlicher Verantwortlichkeit eine Straftat begangen hat. § 105 JGG kann daher zu keiner vom allgemeinen Strafrecht abweichenden Beurteilung der Schuldfrage führen. Infolgedessen konnte hier die Heranziehung der Jugendgerichtshilfe allein für die Frage der Anwendung des Jugendstrafrechts oder des allgemeinen Strafrechts sowie der jeweils zu treffenden Maßnahmen, so auch der Bemessung der Strafe von Bedeutung sein." (BGH Urt. v. 26. 10. 1955 – 6 StR 87/55).

ist, trotz eingehender Erforschung der Persönlichkeit des Angeklagten, seiner Entwicklung und seiner Umwelt durch die Jugendkammer einen sachdienlichen, zugunsten des Angeklagten ins Gewicht fallenden Beitrag zur Bemessung der Strafe zu leisten. Konkrete greifbare Anhaltspunkte für eine solche Möglichkeit hat die Revision nicht vorgetragen. Ihre Rüge scheitert deshalb schon am Mangel der umfassenden Darlegung der Rügetatsachen.

§ 43 JGG

(1) Nach Einleitung des Verfahrens sollen so bald wie möglich die Lebens- und Familienverhältnisse, der Werdegang, das bisherige Verhalten des Beschuldigten und alle übrigen Umstände ermittelt werden, die zur Beurteilung seiner seelischen, geistigen und charakterlichen Eigenart dienen können. Die Erziehungsberechtigten und der gesetzliche Vertreter, die Schule und der Ausbildende sollen, soweit möglich, gehört werden. Die Anhörung der Schule oder des Ausbildenden unterbleiben, wenn der Jugendliche davon unerwünschte Nachteile, namentlich den Verlust seines Ausbildungs- oder Arbeitsplatzes, zu besorgen hätte. § 38 Absatz 3 ist zu beachten.

(2) Soweit erforderlich, ist eine Untersuchung des Beschuldigten, namentlich zur Feststellung seines Entwicklungsstandes oder anderer für das Verfahren wesentlicher Eigenschaften, herbeizuführen. Nach Möglichkeit soll ein zur Untersuchung von Jugendlichen befähigter Sachverständiger mit der Durchführung der Anordnung beauftragt werden.

Erfolglose Rügen

1. Verstoß gegen Ermittlungspflicht im Vorverfahren nur bei Aufklärungspflichtverletzung revisibel (BGH Urt. v. 5. 10. 1954 – 2 StR 194/54).

Erfolglose Rügen

1. Verstoß gegen Ermittlungspflicht im Vorverfahren nur bei Aufklärungspflichtverletzung revisibel.

JGG § 43; StPO § 244 II – BGH Urt. v. 5. 10. 1954 – 2 StR 194/54 LG Düsseldorf (= BGHSt. 6, 326 = NJW 1954, 1855)

Die Revision rügt, daß die Strafkammer die Voraussetzungen des § 105 JGG (Jugendverfehlung oder Entwicklungsstörung) nur auf Grund des in der Hauptverhandlung gewonnenen Eindrucks erörtert und keine Ermittlungen nach § 43 JGG angestellt habe.

Sachverhalt: Das Landgericht hat die Angeklagte zu Gefängnis verurteilt. Sie ist eine „Heranwachsende" im Sinne des Jugendgerichtsgesetzes. Die Strafkammer hat ausgeführt, die Hauptverhandlung habe keine Anhaltspunkte dafür ergeben, daß die Angeklagte zur Zeit der Taten noch einer Jugendlichen gleichgestanden habe oder daß es sich um eine Jugendverfehlung handele. Ihre Jugend ist bei der Strafzumessung mildernd berücksichtigt worden. – Das Rechtsmittel war erfolglos.

Gründe: Die in § 104 Abs. 1 JGG genannten Vorschriften (also auch § 43 JGG) sind jedoch nur insoweit anzuwenden, als sie nach dem für die Heranwachsenden geltenden Recht nicht ausgeschlossen sind. § 43 JGG ist für Verfahren gegen Heranwachsende nicht ausgeschlossen (§ 109 JGG). Nach § 43 JGG sind dann schon im Vorverfahren eingehende Ermittlungen über die Persönlichkeit und den Werdegang des Beschuldigten anzustellen.

Diese Bestimmung ist im vorliegenden Verfahren nicht beachtet worden, doch führt das nicht zur Aufhebung des Urteils.

Die Revision kann nur darauf gestützt werden, daß das Urteil auf einer Verletzung des Gesetzes beruhe (§ 337 StPO). Das Urteil beruht auf der Hauptverhandlung und nicht auf dem Vorverfahren. Für das Hauptverfahren ist der Eröffnungsbeschluß alleinige Grundlage des weiteren Verfahrens und das Gesetz stellt dem Angeklagten für das Hauptverfahren ausreichende Verteidigungsbehelfe zur Verfügung. Mängel des Vorverfahrens können deshalb mit der Revision nicht gerügt werden. Das ist ständige Rechtsprechung des Reichsgerichts, weil auf Fehlern des Ermittlungsverfahrens, einer gerichtlichen Voruntersuchung oder der Anklage das Urteil nicht beruht (RGSt 2, 33; 55, 225). Die Ermittlungen nach § 43 JGG waren Aufgabe der Staatsanwaltschaft und nicht des erkennenden Gerichts. Auf fehlerhafte Verfahrenshandlungen der Staatsanwaltschaft kann die Revision ebenfalls nicht gestützt werden, weil auch darauf das Urteil nicht beruht.

Die Rüge der Verletzung des § 43 JGG greift ferner auch deshalb nicht durch, weil § 43 nur eine Soll-Vorschrift ist. Nach ständiger Rechtsprechung ist die Nichtbeachtung einer Soll-Vorschrift für sich allein keine die Revision begründende Rechtsverletzung (RGSt 62, 182; 64, 133). Es kann dahingestellt bleiben, ob der Rechtsprechung in dieser Allgemeinheit zuzustimmen ist und ob Soll-Vorschriften nicht mindestens Richtlinien für das pflichtmäßige Ermessen des Richters oder für seine Aufklärungspflicht bilden (so auch der 5. Strafsenat in 5 StR 569/53 vom 19. 1. 1954 [vgl. § 246a StPO erfolgreiche Rügen] für die Soll-Vorschrift des § 246a Satz 2 StPO). Denn auch unter diesem Gesichtspunkt greift die Revisionsrüge im vorliegenden Fall nicht durch, wie bei Erörterung der Aufklärungsrüge dargelegt wird.

Nach Auffassung des Senats hat § 43 JGG für die Hauptverhandlung gegen Jugendliche und Heranwachsende nur die Bedeutung, daß das Gericht innerhalb seiner Aufklärungspflicht (§ 244 Abs. 2 StPO) prüfen muß, ob die daselbst vorgesehenen Beweiserhebungen zur Erforschung des Persönlichkeitsbildes des Beschuldigten und für eine gerechte Urteilsfindung erforderlich sind. Die Verletzung des § 43 JGG kann also nur im Zusammenhang mit einer Verletzung der allgemeinen Aufklärungspflicht einen Aufhebungsgrund im Revisionsverfahren bilden.

Die Revision rügt auch die Verletzung der Aufklärungspflicht. Diese Pflicht wird zwar regelmäßig verletzt sein, wenn bei Jugendlichen überhaupt keine der in § 43 JGG angeordneten Ermittlungen vorgenommen sind (vgl. auch BGH 4 StR 276/54 vom 29. 7. 1954). Im vorliegenden Fall hat aber die Strafkammer auch, wenn man den § 43 JGG berücksichtigt, diese Pflicht nicht verletzt. Sie hat berücksichtigt, daß die Angeklagte bei Beginn der Straftat neunzehn und am Schluß der Taten zwanzig Jahre alt, seit drei Jahren verheiratet war, eine ordentliche Ehe führte und eine gesicherte Lebensgrundlage hatte. Die Erkenntnis des Unrechts bot bei der Art der Taten keine Schwierigkeiten und stellte keine besonderen Anforderungen an die sittliche und geistige Entwicklung der Angeklagten. Bei ihrem Alter und ihrer wirtschaftlichen Lage konnte die Strafkammer auch auf Grund der Hauptverhandlung beurteilen, ob die Angeklagte reif genug war, das Unrecht der Tat einzusehen und nach dieser Einsicht zu handeln. Da die durch einen Anwalt vertretene Angeklagte in der Hauptverhandlung keine weiteren Beweisanträge stellte, brauchte sich auch dem Gericht bei dieser Sachlage nicht die Notwendigkeit aufzudrängen, von Amts wegen weitere Beweise zu erheben.

§ 47a JGG

Ein Jugendgericht darf sich nach Eröffnung des Hauptverfahrens nicht für unzuständig erklären, weil die Sache vor ein für allgemeine Strafsachen zuständiges Gericht gleicher oder niedrigerer Ordnung gehöre. § 103 Abs. 2 Satz 2, 3 bleibt unberührt.

Erfolgreiche Rügen

1. Zurückverweisung an allgemeine Strafkammer zulässig, wenn sich bei Verfahren gegen Jugendliche und Erwachsene das weitere Verfahren nur noch gegen den Erwachsenen richtet (BGH Urt. v. 28. 4. 1988 – 4 StR 33/88).

Erfolgreiche Rügen

1. Zurückverweisung an allgemeine Strafkammer zulässig, wenn sich bei Verfahren gegen Jugendliche und Erwachsene das weitere Verfahren nur noch gegen den Erwachsenen richtet.

JGG § 47a; StPO § 354 II u. III – BGH Urt. v. 28. 4. 1988 – 4 StR 33/88 LG Hannover (= BGHSt. 35, 267 = StV 1989, 295)

Das Revisionsvorbringen und der Sachverhalt sind nicht bekannt. – Das Rechtsmittel hatte Erfolg.

Gründe: Der Senat verweist die Sache zur neuen Verhandlung und Entscheidung an eine allgemeine Strafkammer und nicht an eine Jugendkammer zurück.

Zwar hat der Bundesgerichtshof bisher in ständiger Rechtsprechung (vgl. etwa die Beschlüsse vom 16. 10. 1981 – 2 StR 408/81 = NJW 1982, 1237 und vom 25. 3. 1982 – 4 StR 81/82, sowie das Urteil vom 23. 5. 1984 – 3 StR 117/84 = StV 1984, 409, 410) angenommen, die Zurückverweisung müsse auch dann an eine Jugendkammer erfolgen, wenn sich das Verfahren nur noch gegen einen Erwachsenen richte, wobei zur Begründung auf § 47a JGG verwiesen wird. Daran hält der Senat jedoch nicht mehr fest.

Diese Rechtsprechung ist – soweit ersichtlich – durch den Beschluß des Bundesgerichtshofs vom 16. 10. 1981 – 2 StR 408/81 – begründet worden. Diese Entscheidung beruft sich zur Begründung ihrer Ansicht auf den Beschluß des 5. Strafsenats vom 22. 1. 1980 (nicht 1981) – 5 StR 12/80. Dort bestand jedoch eine andere Verfahrenslage, weil auch noch nach der Zurückverweisung ein Heranwachsender am Verfahren beteiligt und deshalb die Jugendkammer zuständig war.

Auch die Entscheidung BGHSt. 30, 260, 262 (BGH Urt. v. 4. 11. 1981 – 2 StR 242/81; vgl. § 338 Nr. 4 StPO erfolgreiche Rügen), auf die in der Folgezeit – neben der Entscheidung vom 16. 10. 1981 – zur Begründung zumeist Bezug genommen wurde (z.B. BGH StV 1984, 409, 410), betrifft einen anderen Fall. Dort war ausdrücklich die Verfahrensrüge erhoben worden, daß die Sache vor der allgemeinen statt – wie nach § 103 Abs. 2 JGG erforderlich – vor der Jugendkammer verhandelt worden sei. Die Rüge erwies sich als begründet; deswegen wurde das Verfahren an die Jugendkammer zurückverwiesen.

Hier hat die Hauptverhandlung vor der zuständigen Jugendkammer stattgefunden, und es stellt sich nunmehr die Frage, welches Gericht für die nach Zurückverweisung erforderliche erneute Hauptverhandlung, die lediglich noch einen Erwachsenen betrifft, zuständig ist. In diesem Fall ist eine Zurückverweisung an die Jugendkammer nicht notwendig; § 47a Satz 1 JGG erklärt nur, daß ein Jugendgericht sich nach Eröffnung des Hauptverfahrens nicht für unzuständig erklären dürfte, weil die Sache vor ein für allgemeine Strafsachen zuständiges Gericht gleicher oder niedrigerer Ordnung gehöre. Für die vom Bundesgerichtshof als Revisionsgericht zu treffende Entscheidung besagt diese Bestimmung hingegen nichts. In der Revisionsinstanz gibt es keine Jugendgerichte. Die Beantwortung der Frage, wie das Revisionsgericht im Falle einer Zurückverweisung zu entscheiden hat, kann sich daher nicht nach den Vorschriften des Jugendgerichtsgesetzes, sondern muß sich nach den Bestimmungen der Strafprozeßordnung richten.

Nach § 354 Abs. 2 StPO ist die Sache an eine andere Kammer des Gerichts oder an ein anderes Gericht gleicher Ordnung zurückzuverweisen. Die Jugendkammer ist gegenüber der allgemeinen Strafkammer grundsätzlich kein höherrangiges Gericht (BGHSt. 18, 79, 82 [BGH Beschl. v. 5. 10. 1962 – GSSt 1/62; vgl. § 338 Nr. 4 StPO erfolglose Rügen]). § 209a StPO stellt sie nur im Sinne der § 4 Abs. 2, §§ 209, 210 Abs. 2 StPO höheren Gerichten gleich.

Darüber hinaus eröffnet aber § 354 Abs. 3 StPO dem Revisionsgericht sogar die Befugnis, auch an ein Gericht niederer Ordnung zurückzuverweisen, wenn die noch in Frage kommende strafbare Handlung zu dessen Zuständigkeit gehört. Damit ist für das Revisionsgericht eine Entscheidungsmöglichkeit gegeben, die der Tatrichter (nach Eröffnung des Hauptverfahrens) gemäß § 269 StPO nicht hat. Dasselbe folgt aus § 355 StPO: Hiernach kann das Revisionsgericht an ein örtlich oder sachlich zuständiges Gericht verweisen, während für den Tatrichter eine Verweisung wegen örtlicher Unzuständigkeit ausgeschlossen ist (BGHSt. 16, 391, 392[1]) und wegen sachlicher Unzuständigkeit nur an ein höheres Gericht verwiesen werden darf (§ 269 StPO). Daraus ergibt sich, daß die für den Tatrichter bestehenden Vorschriften nicht auf die Entscheidungsbefugnis des Revisionsgerichts übertragen werden können. Das hat seinen Grund darin, daß es nicht mehr auf die vergangene, sondern für das weitere Verfahren auf die gegenwärtige Rechtslage ankommt (vgl. BGH Beschl. v. 6. 6. 1977 – 3 StR 160/77 – bei Holtz MDR 1977, 810, 811 und Urt. vom 1. 2. 1984 – 2 StR 623/83 – bei Holtz MDR 1984, 444). So hat der Bundesgerichtshof auch im umgekehrten Fall (Beendigung des Verfahrens gegen den erwachsenen, Weiterführung gegen den jugendlichen Angeklagten) die Sache von der allgemeinen Strafkammer an die Jugendkammer zurückverwiesen (BGHSt. 21, 288, 291 [BGH Urt. v. 8. 8. 1967 – 1 StR 279/67; vgl. § 258 StPO erfolgreiche Rügen]). An dieser Rechtslage hat sich durch § 47a JGG nichts geändert. Die Erwägungen, die der Regelung des § 47a JGG zugrunde liegen (vgl. BGHSt. 30, 260, 262), treffen für die beim Revisionsgericht bestehende Verfahrenslage nicht zu.

Die anderen Strafsenate des Bundesgerichtshofs haben auf Anfrage erklärt, daß sie an Entscheidungen, die dieser Auffassung entgegenstehen, nicht festhalten.

---

1 BGH Beschl. v. 20. 12. 1961 – 2 ARs 158/61: „Dem Strafprozeß ist im Bereiche der örtlichen Zuständigkeit die Verweisung des Verfahrens von einem Gericht an ein anderes Gericht fremd. Er sieht, abgesehen von der Abgabe des Verfahrens nach § 42 Abs. 3 JGG, nur eine Übertragung durch das gemeinschaftliche obere Gericht nach § 12 Abs. 2 StPO an ein anderes zuständiges Gericht vor. Das Gesetz gestattet aber dem gemeinschaftlichen oberen Gericht nicht allgemein, eines von mehreren zuständigen Gerichten als das zur Untersuchung und Entscheidung berufene Gericht zu bestimmen. Es macht die Befugnis vielmehr von der Voraussetzung des § 12 Abs. 1 StPO abhängig, daß von mehreren nach den §§ 7–11 StPO zuständigen Gerichten eines die Untersuchung bereits eröffnet hat (RGSt 45, 174; BGHSt. 10, 391). Das Verfahren kann demnach nur einem Gericht übertragen werden, das bereits bei Eröffnung des Hauptverfahrens zuständig gewesen wäre."

§ 49 JGG

(1) Im Verfahren vor dem Jugendrichter werden Zeugen nur vereidigt, wenn es der Richter wegen der ausschlaggebenden Bedeutung der Aussage oder zur Herbeiführung einer wahren Aussage für notwendig hält. Von der Vereidigung von Sachverständigen kann der Jugendrichter in jedem Falle absehen.

(2) Sind in dem Verfahren auch Heranwachsende oder Erwachsene angeklagt, so ist Absatz 1 nicht anzuwenden.

Erfolgreiche Rügen

1. Lockerung des Eideszwangs gilt nur für Jugendrichter (BGH Urt. v. 12. 7. 1955 – 2 StR 188/55).

Erfolgreiche Rügen

1. Lockerung des Eideszwangs gilt nur für Jugendrichter.

JGG § 49 – BGH Urt. v. 12. 7. 1955 – 2 StR 188/55 LG Bonn (= BGHSt. 8, 78)

Die Revision rügt, daß die Jugendkammer 13 Zeugen gem. § 49 JGG unvereidigt gelassen hat.

Der Sachverhalt ergibt sich aus der Revisionsbegründung. – Das Rechtsmittel hatte Erfolg.

Gründe: Das war fehlerhaft. Nach § 49 JGG braucht der Richter Zeugen nur zu vereidigen, wenn er das wegen der ausschlaggebenden Bedeutung der Aussage oder zur Herbeiführung einer wahren Aussage für notwendig hält. Die Bestimmung gilt aber nach ihrem Wortlaut nur für den „Jugendrichter". Jugendrichter ist der Amtsrichter als Einzelrichter (§ 33 Abs. 2 JGG). Das Gesetz verwendet als allgemeinen Begriff für alle in Jugendsachen tätigen Gerichte den Ausdruck „Jugendgerichte" und nicht „Jugendrichter". Jugendgerichte sind der Jugendrichter, das Jugendschöffengericht und die Jugendkammer. Die Jugendkammer ist zwar ein Jugendgericht, aber nach dem klaren Sprachgebrauch des Gesetzes für das Verfahrensrecht nicht „der Jugendrichter" (vgl. §§ 33 ff. JGG). § 49 JGG gilt daher nicht für Verfahren vor der Jugendkammer; denn nur in Verfahren vor dem Jugendrichter kann man eine derartige Lockerung des Eideszwanges hinnehmen.

Das Urteil muß aus diesem Grunde aufgehoben werden, da nicht auszuschließen ist, daß es auf diesem Fehler beruht.

§ 51 JGG

(1) Der Vorsitzende soll den Angeklagten für die Dauer solcher Erörterungen von der Verhandlung ausschließen, aus denen Nachteile für die Erziehung entstehen können. Er hat ihn von dem, was in seiner Abwesenheit verhandelt worden ist, zu unterrichten, soweit es für seine Verteidigung erforderlich ist.

(2) Der Vorsitzende soll auch Angehörige, den Erziehungsberechtigten und den gesetzlichen Vertreter des Angeklagten von der Verhandlung ausschließen, soweit gegen ihre Anwesenheit Bedenken bestehen.

Erfolglose Rügen

1. Ausschluß des jugendlichen Angeklagten gem. § 51 JGG kann auch die Verhandlung über die Vereidigung und Entlassung von Zeugen umfassen (BGH Urt. v. 15. 11. 2001 – 4 StR 215/01).

Erfolglose Rügen

1. Ausschluß des jugendlichen Angeklagten gem. § 51 JGG kann auch die Verhandlung über die Vereidigung und Entlassung von Zeugen umfassen.

JGG § 51 I – BGH Urt. v. 15. 11. 2001 – 4 StR 215/01 LG Neubrandenburg (= NStZ 2002, 216)

Die Revision rügt, die Verhandlungen über die Vereidigung und Entlassung zweier Zeugen seien zu Unrecht in Abwesenheit des Angeklagten erfolgt.

Sachverhalt: Zur Revisionsbegründung wird vorgetragen, der – zur Tatzeit 15jährige – Angeklagte sei auf Anordnung des Vorsitzenden für die Dauer der Vernehmung der Zeugen Edith und Fritz H., für die Dauer des Berichts der Jugendgerichtshilfe sowie für die Dauer der Erstattung des psychologischen Gutachtens von der Hauptverhandlung ausgeschlossen worden, weil „insbesondere Ereignisse aus der Kindheit des Angeklagten (hätten) erörtert werden müssen, deren Erörterung in seiner Anwesenheit ihm schwer hätten schaden können." Sodann sei in seiner Abwesenheit die Zeugin Edith H. vernommen worden, auf deren Vereidigung im Anschluß an die Vernehmung „allseits verzichtet" worden sei. Der Vorsitzende habe verfügt, daß die Zeugin gem. § 61 Nr. 2 StPO unvereidigt bleibe und sie „im allseitigen Einverständnis" entlassen. Entsprechend sei bei der abschließenden Vernehmung des Zeugen Fritz H. verfahren worden. – Das Rechtsmittel war erfolglos.

Gründe: ... Die Verfahrensrüge, mit der die Revision den absoluten Revisionsgrund des § 338 Nr. 5 StPO geltend macht und beanstandet, die Verhandlungen über die Vereidigung und Entlassung der Zeugen Edith und Fritz H. seien zu Unrecht in Abwesenheit des Angeklagten erfolgt, greift nicht durch. Die Rüge genügt nicht den Anforderungen des § 344 II 2 StPO, da die Revision die den Mangel begründenden Tatsachen nicht so vollständig und genau angegeben hat, daß das Revisionsgericht allein auf Grund der Begründungsschrift prüfen kann, ob ein Verfahrensfehler vorliegt, wenn die behaupteten Tatsachen bewiesen werden (vgl. BGHSt. 29, 203 [BGH Urt. v. 6. 2. 1980 – 2 StR 729/79; vgl. § 338 Nr. 7 StPO erfolglose Rügen]; BGH NStZ 1995, 462 [BGH Beschl. v. 9. 3. 1995 – 4 StR 77/95; vgl. § 136a StPO erfolglose Rügen]).

Die Revision meint, der Angeklagte sei „rechtsfehlerfrei gem. § 247 S. 3 StPO" für die Dauer der Vernehmung dieser Zeugen von der Hauptverhandlung ausgeschlossen worden; er hätte jedoch jeweils zur Verhandlung über die Vereidigung und Entlassung der Zeugen hinzugezogen werden müssen.

2. Die Darstellung des prozessualen Geschehens ist unvollständig, da in ihr zum einen nicht mitgeteilt wird, daß der Ausschluß u.a. „für die Dauer der Vernehmung der Eltern des Angeklagten" erfolgen sollte. Zum anderen ist die Begründung für den Ausschluß verkürzt wiedergegeben. Wie sich aus dem im Rahmen der Gegenerklärung der Staatsanwaltschaft mitgeteilten Protokoll ergibt, ist der Angeklagte ausgeschlossen worden, weil insbesondere Ereignisse aus der Kindheit des Angeklagten erörtert werden müssen, deren Erörterung in Anwesenheit des Angeklagten diesem schwer schaden kann. Es geht insbesondere um Fakten aus der Zeit vor der Adoption, die dem Angeklagten unbekannt sind."

Der vollständigen Wiedergabe der Ausschlußentscheidung bedurfte es hier deshalb, weil die den Ausschluß rechtfertigende Norm im Protokoll nicht vermerkt ist, die Rechtsgrundlage daher aus der Form der Entscheidung – Anordnung des Vorsitzenden oder Gerichtsbeschluß –, insbesondere aber aus ihrem Inhalt hergeleitet werden muß. Da sich das Verfahren gegen einen Jugendlichen richtete, kam entgegen der Auffassung der Revision als Rechtsgrundlage nicht nur § 247 StPO, sondern auch § 51 I 1 JGG in Betracht, der im Verfahren gegen Jugendliche neben die gem. §§ 1, 2 JGG anwendbaren Regelungen des § 247 StPO tritt. Gerade die von der Verteidigung nicht mitgeteilten Umstände, daß es sich bei den vernommenen Zeugen um die Adoptiveltern des Angeklagten handelt und daß bei deren Vernehmung unbekannte Fakten aus der Zeit vor der Adoption zur Sprache kommen würden, weisen neben dem Umstand, daß die Entfernung des Angeklagten nicht auf einen Gerichtsbeschluß, sondern auf eine Anordnung des Vorsitzenden zurückging, eindeutig darauf hin, daß der Anschluß gem. § 51 I JGG aus erzieherischen Gründen erfolgte.

Welche Norm die Rechtsgrundlage für eine vorübergehende Entfernung des Angeklagten bildet, ist für die Frage, ob auch die Verhandlung über die Vereidigung unter Ausschluß des Angeklagten erfolgen darf, von Bedeutung. So gehören nach ständiger Rechtsprechung die Verhandlung und Entscheidung über die Vereidigung eines Zeugen schon deshalb nicht zur „Vernehmung" i.S. des § 247 S. 1 und 2 StPO, weil dies mit dem eindeutigen Wortlaut der Vorschrift nicht vereinbar wäre (BGHSt. 26, 218 219 [BGH Urt. v. 21. 10. 1975 – 5 StR 431/75; vgl. § 338 Nr. 5 StPO erfolgreiche Rügen]). § 51 JGG stellt jedoch nicht auf den Begriff der Vernehmung, sondern auf den weiten Begriff der „Erörterung" ab, der nicht nur die Beweisverhandlung erfasst, sondern auch Ausführungen sämtlicher Prozeßbeteiligter einschließlich der Schlussvorträge. Da auch bei der Verhandlung über die Vereidigung Umstände zutage treten können, deren Kenntnis sich für den Angeklagten erzieherisch nachteilig auswirken – etwa die strafrechtliche Verstrickung eines dem Angeklagten nahestehenden Zeugen in die verfahrensgegenständliche Tat betreffen oder ein dem Angeklagten unbekanntes Adoptionsverhältnis offenlegen – besteht nach dem Gesetzeszweck kein Anlaß, diese Vorgänge generell vom Anwendungsbereich des § 51 JGG auszunehmen.

Wie sich u.a. aus § 51 I 2 JGG ergibt, der eine gegenüber § 247 S. 4 StPO eingeschränkte Unterrichtungspflicht normiert, nimmt der Gesetzgeber im Interesse eines auch an erzieherischen Gesichtspunkten ausgerichteten Jugendstrafverfahrens eine Einschränkung von Verteidigungsrechten des Angeklagten grundsätzlich in Kauf. Dass Verteidigungsrechte des Angeklagten bei einer Einbeziehung der Verhandlung und Entscheidung über die Vereidigung in den Anwendungsbereich des § 51 I JGG in einem Maße beeinträchtigt würden, das zu dem gesetzgeberischen Zweck dieser Vorschrift außer Verhältnis stünde, ist nicht ersichtlich.

Ebensowenig besteht Veranlassung, die Verhandlung über die Entlassung, einen ebenfalls mit der Vernehmung eines Zeugen in engem Zusammenhang stehenden Vorgang, vom Anwendungsbereich des § 51 I JGG grundsätzlich auszunehmen. Für die Wortlautschranke gilt das oben Gesagte. Auch gebietet, wie bereits vom 3. und 5. Strafsenat – insoweit allerdings nicht tragend – ausgeführt, die Sicherung des Fragerechts nicht die Anwesenheit des Angeklagten während der Verhandlung und Entscheidung über die Entlassung eines Zeugen (vgl. BGHR StPO § 247 Abwesenheit 18, 20, 23). Vielmehr genügt es zur Sicherung der Verteidigungsrechte des Angeklagten, das Gericht, das den Zeugen während der Abwesenheit des Angeklagten entlassen hat, obwohl der Angeklagte noch weitere Fragen hat, zu verpflichten, den Zeugen wieder herbeizuschaffen, ohne den Angeklagten auf die Stellung eines Beweisantrages zu verweisen (BGHR a.a.O. 18 und 20). Im vorliegenden Fall war eine Beeinträchtigung des Angeklagten in seinen Verteidigungsrechten schon deshalb auszuschließen, weil – was die Revision ebenfalls nicht vorträgt – seine als Zeugen entlassenen Eltern als Erziehungsberechtigte nach § 67 JGG berechtigt waren, weiter an der Hauptverhandlung teilzunehmen und von diesem Recht ausweislich des Hauptverhandlungsprotokolls auch Gebrauch gemacht haben. Sie standen dem Angeklagten daher für weitere Fragen zur Verfügung. ...

§ 52a JGG

(1) Hat der Angeklagte aus Anlaß einer Tat, die Gegenstand des Verfahrens ist oder gewesen ist, Untersuchungshaft oder eine andere Freiheitsentziehung erlitten, so wird sie auf die Jugendstrafe angerechnet. Der Richter kann jedoch anordnen, daß die Anrechnung ganz oder zum Teil unterbleibt, wenn sie im Hinblick auf das Verhalten des Angeklagten nach der Tat oder aus erzieherischen Gründen nicht gerechtfertigt ist. Erzieherische Gründe liegen namentlich vor, wenn bei Anrechnung der Freiheitsentziehung die noch erforderliche erzieherische Einwirkung auf den Angeklagten nicht gewährleistet ist.

Erfolgreiche Rügen

1. Nichtanrechnung der U-Haft aus erzieherischen Gründen bei positiver Sozialprognose bedarf eingehender Begründung (BGH Urt. v. 21. 10. 1997 – 1 StR 438/97).

2. Die Nichtanrechnung der Untersuchungshaft ist kein zulässiges Sanktionsmittel für unbotmäßiges Verhalten in der Jugendvollzugsanstalt (BGH Beschl. v. 14. 12. 1995 – 1 StR 532/95).

3. Schlechtes Benehmen in U-Haft kein Grund für Nichtanrechnung (BGH Urt. v. 21. 6. 1990 – 4 StR 122/90).

Erfolgreiche Rügen

1. Nichtanrechnung der U-Haft aus erzieherischen Gründen bei positiver Sozialprognose bedarf eingehender Begründung.

JGG § 52a I 2 – BGH Urt. v. 21. 10. 1997 – 1 StR 438/97 LG München 1 (= NStZ 1999, 34)

Die Revision der Staatsanwaltschaft rügt die Verletzung materiellen Rechts. Sie wendet sich mit Einzelausführungen gegen die Höhe der verhängten Strafe und die gewährte Strafaussetzung mit dem Einwand, das Landgericht habe von einer Anrechnung der U-Haft deshalb abgesehen, weil aus erzieherischen Gründen tatsächlich eine höhere Strafe angemessen gewesen wäre.

Sachverhalt: Das Landgericht hat den Angeklagten wegen versuchten Totschlags zur Jugendstrafe von 2 Jahren verurteilt, die Vollstreckung der Strafe zur Bewährung ausgesetzt und angeordnet, daß die erlittene U-Haft auf die Strafe nicht angerechnet werde. – Das Rechtsmittel hatte zu Gunsten des Angeklagten Erfolg.

Gründe:

1. Soweit sich die Staatsanwaltschaft mit Einzelausführungen gegen die Höhe der verhängten Strafe und die gewährte Strafaussetzung wendet, bedarf es näherer Erörterung lediglich hinsichtlich des Einwandes, das Landgericht habe von einer Anrechnung der U-Haft deshalb abgesehen, weil aus erzieherischen Gründen tatsächlich eine höhere Strafe angemessen und angeboten wäre.

Insoweit weist das Urteil jedoch keinen Rechtsfehler zum Vorteil des Angeklagten auf. Die Wendung, die erlittene U-Haft sei aus erzieherischen Gründen nicht auf die verhängte Jugendstrafe angerechnet worden „und zwar auch aus dem Grund, daß eine Jugendstrafe trotz Schwere der Schuld in einer Höhe festgesetzt werden kann, die zur Bewährung ausgesetzt werden kann", ist zwar nicht unmißverständlich. Doch wollte das Landgericht ersichtlich damit nicht zum Ausdruck bringen, es ordne die Nichtanrechnung der U-Haft an, damit eine zur Bewährung auszusetzende Strafe verhängt werden könne. Gemeint ist vielmehr, daß eine Strafe in der verhängten Höhe schuldangemessen sei und Strafaussetzung zur Bewährung gewährt werden könne, für den Fall des – vom Landgericht allerdings nicht erwarteten – Widerrufs der Strafaussetzung die verbleibende Restdauer der Jugendstrafe bei Anrechnung der U-Haft aber zu gering zur erzieherischen Einwirkung auf den Angeklagten wäre. Eine solche Erwägung beschwert die Staatsanwaltschaft jedoch nicht.

2. Dagegen hält die Nichtanrechnung der U-Haft der rechtlichen Nachprüfung nicht stand. Das LG hat die Nichtanrechnung auf erzieherische Gründe gestützt; bei Anrechnung der U-Haft sei die verbleibende Restdauer der Vollstreckung bei einem Widerruf der Strafaussetzung für dann etwa erforderliche erzieherische Maßnahmen zu gering (§ 52a 15. 2, Alt. 2 JGG).

Diese Ausführungen genügen angesichts der Darlegung des LG zu der allgemein als sehr gut angesehenen Prognose nicht. Im Falle des Widerrufs der Strafaussetzung hätte der Angeklagte nach derzeitigem Urteil 24 Monate Jugendstrafe zu verbüßen, bei voller Anrechnung der U-Haft wären es noch knapp 14 Monate.

Es hätte deswegen dargetan werden müssen, warum trotz der positiven Entwicklung dem im Jugendstrafrecht vorrangigen Erziehungsgedanken nur durch eine zu verbüßende Haftstrafe von 24 Monaten hinreichend Rechnung getragen werden kann.

Auch ist die zusätzliche Verbüßung von mehr als 10 Monaten U-Haft neben der verhängten Strafe im Falle des Widerrufs der Strafaussetzung nicht in Einklang zu bringen mit den Darlegungen des Landgerichts zur Strafhöhe, wonach in der Gesamtschau aller Umstände und im Hinblick auf die Erziehungsbedürftigkeit und die Schwere der Schuld des Angeklagten eine Jugendstrafe von 2 Jahren als erforderlich, aber auch ausreichend erachtet wurde (vgl. BGHR JGG § 52a Anrechnung 2).

Letztlich läuft die vom Landgericht gewählte Ahndungskombination auf eine gespaltene Strafe hinaus; das ist nicht zulässig. Sollte es wegen neuer Straftaten zum Widerruf der Strafaussetzung kommen, ist es Sache des neuen Tatrichters, einem dann möglicherweise entstehenden erhöhten Erziehungs- oder Ahndungsbedarf Rechnung zu tragen.

Da nach den getroffenen Feststellungen eine andere Entscheidung nicht in Frage kommt, hat der Senat selbst erkannt, daß die U-Haft auf die Strafe anzurechnen ist.

2. Die Nichtanrechnung der Untersuchungshaft ist kein zulässiges Sanktionsmittel für unbotmäßiges Verhalten in der Jugendvollzugsanstalt.

JGG § 52a – BGH Beschl. v. 14. 12. 1995 – 1 StR 532/95 LG Mannheim (= StV 1996, 274)

Die Revision rügt, das Landgericht habe zu Unrecht angeordnet, die von dem Angeklagten in einem einbezogenen Verfahren erlittene Untersuchungshaft nicht auf die Strafe anzurechnen.

Sachverhalt: Der Angeklagte wurde wegen Verstößen gegen das BtMG unter Einbeziehung eines Urteils des Amtsgerichts Mannheim zu einer Jugendstrafe verurteilt. Zugleich wurde angeordnet, daß die in dem einbezogenen Verfahren verbüßte Untersuchungshaft nicht angerechnet wird. – Das Rechtsmittel hatte Erfolg.

Gründe: Hierzu hat der GBA ausgeführt:

„Die Nichtanrechnung der im Verfahren 7 Ls 133/94 des Amtsgerichts Mannheim erlittenen Untersuchungshaft kann dagegen nicht bestehen bleiben.

a) Allerdings war die Jugendkammer nicht deswegen gehindert, eine Entscheidung nach § 52a Abs. 1 S. 2 JGG zu treffen, weil über die Frage der Anrechnung der Untersuchungshaft bereits in dem rechtskräftigen, aber gemäß § 31 Abs. 2 JGG einzubeziehenden Urteil des Amtsgerichts Mannheim vom 8. 3. 1995 entschieden worden war. Denn die Einbeziehung nach § 31 Abs. 2 JGG erfaßt anders als die nach § 55 Abs. 1 StGB nicht lediglich die früher verhängten Sanktionen, sondern das einzubeziehende Urteil insgesamt mit der Folge, daß die in dieser Entscheidung ausgesprochenen Rechtsfolgen entfallen, als wären sie nie ergangen (BGH, Beschl. v. 26. 4. 1995 – 3 StR 159/95). Da die Frage der Anrechnung der Untersuchungshaft zu diesen Rechtsfolgen gehört, hatte der Tatrichter auch hierüber neu zu befinden (vgl. BGHSt. 25, 355 [BGH Beschl. v. 23. 8. 1974 – 2 StR 298/74; vgl. § 31 JGG erfolgreiche Rügen]).

b) Die Revision weist jedoch mit Recht darauf hin, daß die Nichtanrechnung der Untersuchungshaft ‚aus erzieherischen Gründen' (§ 52a Abs. 1 S. 2 2. Alt. JGG) grundsätzlich nur in den Fällen in Betracht kommt, in denen bei deren Anrechnung aus zeitlichen Gründen eine ausreichende erzieherische Wirkung durch die Vollstreckung der Jugendstrafe nicht mehr gewährleistet ist (BGHSt. 37, 75, 78 [BGH Urt. v. 21. 6. 1990 – 4 StR 122/90; vgl. § 52a JGG erfolgreiche Rügen]; vgl. auch BGHR JGG § 52a Anrechnung 2).

Der Tatrichter hat diesen Gesichtspunkt nicht geprüft, sondern in Bezug auf das frühere Verhalten des Angeklagten in der JugendVA folgendes ausgeführt: ‚Dem noch jugendlichen Angeklagten muß mit aller Deutlichkeit zum Bewußtsein gebracht werden, daß die Nichtbefolgung von Anordnungen für ihn äußerst nachhaltige Konsequenzen hat'. Die Jugendkammer hat damit die Nichtanrechnung der Untersuchungshaft als eine Art Sanktionsmittel eingesetzt, um dem beharrlichen Sichentziehen jeglichen Einflußnahme durch die Leitung der JugendVA sowie der Verweigerung des Schulbesuchs und der Arbeitsleistung zu begegnen. Das entspricht jedoch nicht dem Sinn der Regelung des § 52 a Abs. 1 S. 2 JGG. Daß das Landgericht die Höhe der Jugendstrafe nicht so bemessen hat, daß auch bei Anrechnung der erlittenen – etwas mehr als fünf Monate dauernden – Untersuchungshaft die erforderliche erzieherische Wirkung auf den Angeklagten noch erreicht werden kann, ist nicht erkennbar. Jedenfalls kann – angesichts der vom Tatrichter gezogenen ‚Konsequenzen' – aus der Darlegung der Erziehungsdefizite allein nicht darauf geschlossen werden, die festgesetzte Jugendstrafe genüge ohne Anrechnung der Untersuchungshaft nicht, um dem Erziehungsgedanken gerecht zu werden.

Da eine solche Umdeutung somit nicht in Betracht kommt, anderweitige Feststellungen aber nicht auszuschließen sind, ist die Anordnung der Nichtanrechnung der Untersuchungshaft aufzuheben."

Dem stimmt der Senat zu.

3. Schlechtes Benehmen in U-Haft kein Grund für Nichtanrechnung.

JGG § 52a I – BGH Urt. v. 21. 6. 1990 – 4 StR 122/90 LG Saarbrücken (= BGHSt. 37, 75 = StV 1990, 507 = NStZ 1990, 540 = BGHR JGG § 52a Anrechnung 1)

Die Revision rügt, die Nichtanrechnung der Untersuchungshaft mit der Begründung, gegen den Angeklagten seien während der Untersuchungshaft unter anderem fünf Disziplinarmaßnahmen verhängt worden, weil er einen Ausbruchsversuch unternommen, ein Waschbecken aus dem Fenster geworfen und mehrfach Anordnungen der Vollzugsbediensteten keine Folge geleistet habe. Von den verhängten Hausstrafen habe er sich nicht beeindrucken lassen; eine erzieherische Wirkung sei nicht festzustellen. Er widersetze sich jeder Maßnahme, die auf Schulung, Berufsausbildung oder Arbeit gerichtet ist. Während der Untersuchungshaft sei keinerlei positive Entwicklung zu erkennen gewesen.

Sachverhalt: Das Landgericht hat den Angeklagten zu Jugendstrafe verurteilt. Es hat daneben angeordnet, daß die vom Angeklagten in vorliegendem Verfahren erlittene Untersuchungshaft nicht auf die Strafe angerechnet wird. – Das Rechtsmittel hatte Erfolg.

Gründe: Die Ansicht des Landgerichts, daß im Hinblick auf diese von ihm festgestellten Umstände die Anrechnung der Untersuchungshaft nicht gerechtfertigt sei, hält rechtlicher Überprüfung nicht stand.

a) § 52a JGG wurde durch das Einführungsgesetz zum Strafgesetzbuch vom 2. März 1974 in das Jugendgerichtsgesetz eingefügt. In Anlehnung an § 51 Abs. 1 Satz 1 StGB ordnet die Bestimmung die grundsätzliche Anrechnung von Untersuchungshaft oder anderer Freiheitsentziehung an, die der Angeklagte aus Anlaß einer Tat erlitten hat, die Gegenstand des Verfahrens ist oder gewesen ist (§ 52a Abs. 1 Satz 1 JGG). Jedoch soll nach § 52a Abs. 1 Satz 2 JGG die Anrechnung unterbleiben können, wenn sie im Hinblick auf das Verhalten des Angeklagten nach der Tat (1. Alt.) oder aus erzieherischen Gründen (2. Alt.) nicht gerechtfertigt ist.

Was unter „Verhalten des Angeklagten nach der Tat" im einzelnen zu verstehen ist, läßt der Gesetzeswortlaut offen. Die Gesetzesmaterialien (Begründung zum Gesetzentwurf der Bundesregierung, BTDrucks. 7/550 S. 330) ergeben jedoch, daß § 52a Abs. 1 Satz 2 JGG insoweit bewußt dem § 51 Abs. 1 Satz 2 StGB nachgebildet wurde, damit die Auslegung, die diese Vorschrift durch die Rechtsprechung gefunden hat, zur inhaltlichen Bestimmung des § 52a JGG herangezogen werden kann.

Zu § 60 Abs. 1 Satz 2 a.F. StGB, der im Wortlaut dem heutigen § 51 Abs. 1 Satz 2 StGB entsprach, hat der Senat bereits in seinem Urteil vom 23. 7. 1970 (BGHSt. 23, 307[1]) ausgeführt, daß Umstände, die die Tat selbst betreffen, wie Art und Schwere der Verfehlung oder ein unrecht- und schulderhöhendes nachträgliches Verhalten, die Versagung der Anrechnung nicht rechtfertigen könnten, sondern nur ein nach der Tat vom Angeklagten im Verfahren gezeigtes Verhalten, das die Anrechnung ganz oder zum Teil als ungerechtfertigt erscheinen lasse. In Betracht komme dabei jedes Verhalten des Angeklagten, das nicht seiner Verteidigung diene und entweder gerade darauf abziele, die (angeordnete) Untersuchungshaft zu verlängern, um sich durch deren spätere Anrechnung ungerechtfertigte Vorteile bei der Strafvollstreckung zu verschaffen, oder den Zweck verfolge, das Verfahren aus anderen Gründen böswillig zu verschleppen (vgl. auch BGHR StGB § 51 Abs. 1 Satz 2 Prozeßverhalten 1). Eine Auslegung des § 52a Abs. 1 Satz 2 erste Alternative JGG unter Heranziehung des Erziehungsgedankens, und damit eine Vermengung der in § 52a Abs. 1 Satz 2 JGG genannten möglichen beiden Gründe für die Nichtanrechnung, ist abzulehnen. Sie ist auch nicht deswegen geboten, weil für das gesamte Jugendstrafrecht der Erziehungsgedanke Vorrang hat. Zwar wird der Erziehungsgedanke auch für den Vollzug der Untersuchungshaft in § 93 Abs. 2 JGG besonders betont. Dennoch bleibt auch im Jugendgerichtsgesetz die Sicherung der Durchführung des Verfahrens der alleinige Zweck der (möglichst erzieherisch auszugestaltenden) Untersuchungshaft. Dies bedeutet, daß zwar eine bereits durch die Untersuchungshaft beim Angeklagten eingetretene erzieherische Wirkung die Festsetzung einer niedrigeren Jugendstrafe rechtfertigen kann (vgl. § 18 Abs. 2 JGG), nicht jedoch, daß das Ausbleiben einer solchen Wirkung zur Nichtanrechnung der Untersuchungshaft auf die verhängte Jugendstrafe führen darf. Vielmehr ist die Jugendstrafe so zu bemessen, daß sie auch bei Anrechnung der erlittenen Untersuchungshaft ihre erzieherische Wirkung noch entfalten kann.

Eine Nichtanrechnung der Untersuchungshaft kommt daher „aus erzieherischen Gründen" grundsätzlich nur in den Fällen in Betracht, in denen bei deren Anrechnung aus zeitlichen Gründen eine ausreichende erzieherische Wirkung durch die Vollstreckung der Jugendstrafe nicht mehr gewährleistet ist. Dies ist jedoch gerade die Fallgestaltung, die der Gesetzgeber mit Einführung des § 52a Abs. 1 Satz 2 zweite Alternative und Satz 3 JGG vor allem regeln wollte (vgl. Begründung zum Gesetzentwurf der Bundesregierung a.a.O.). Sie kann daher nicht auch noch von § 52a Abs. 1 Satz 2 erste Alternative JGG erfaßt sein.

---

1 BGH Urt. v. 23. 7. 1970 – 4 StR 241/70: „Fluchtvorbereitungen oder ein Fluchtversuch können eine Versagung der Anrechnung von Untersuchungshaft nur rechtfertigen, wenn und insoweit sie zu einer Verschleppung des Verfahrens geführt haben."

b) Mit diesen Grundsätzen ist die vom Landgericht angeordnete Nichtanrechnung der vom Angeklagten erlittenen Untersuchungshaft nicht vereinbar.

Bedenklich ist bereits, daß das Landgericht nicht klar zwischen den beiden Versagungsgründen des § 52a Abs. 1 Satz 2 JGG unterschieden hat. Zwar stützt es seine Entscheidung ausdrücklich auf § 52 a Abs. 1 Satz 2 erste Alternative JGG. Aus der Begründung ergibt sich jedoch, daß für das Landgericht ersichtlich auch erzieherische Gründe maßgebend waren, die Nichtanrechnung somit auch auf § 52a Abs. 1 Satz 2 zweite Alternative JGG gestützt werden sollte. Die getroffenen Feststellungen rechtfertigen jedoch die Versagung der Anrechnung der Untersuchungshaft nach keiner der beiden Alternativen des § 52a Abs. 1 Satz 2 JGG: Es sind keinerlei Anhaltspunkte dafür ersichtlich, daß das Verhalten des Angeklagten in der Untersuchungshaft zu einer Verschleppung des Verfahrens und damit zu einer Ausdehnung der Untersuchungshaft geführt hat. Auch der Fluchtversuch des Angeklagten hätte zur Nichtanrechnung der Untersuchungshaft nur dann führen können, wenn er tatsächlich eine Verfahrensverzögerung bewirkt hätte (BGHSt. 23, 307, 308).

Ebenso ist nicht erkennbar, daß das Landgericht die Höhe der Jugendstrafe nicht so bemessen hat, daß auch bei Anrechnung der erlittenen – wohl sechsmonatigen – Untersuchungshaft die erforderliche erzieherische Wirkung auf den Angeklagten noch erreicht werden kann.

Da insoweit weitere Feststellungen nicht zu erwarten sind, hat der Senat selbst entschieden, daß die Nichtanrechnung der Untersuchungshaft in Wegfall kommt (§ 354 Abs. 1 StPO; vgl. BGH NJW 1978, 1636).

§ 55 JGG

(1) Eine Entscheidung, in der lediglich Erziehungsmaßregeln oder Zuchtmittel angeordnet oder die Auswahl und Anordnung von Erziehungsmaßregeln dem Familien- oder Vormundschaftsrichter überlassen sind, kann nicht wegen des Umfangs der Maßnahmen und nicht deshalb angefochten werden, weil andere oder weitere Erziehungsmaßregeln oder Zuchtmittel hätten angeordnet werden sollen oder weil die Auswahl und Anordnung der Erziehungsmaßregeln dem Familien- oder Vormundschaftsrichter überlassen worden sind. Diese Vorschrift gilt nicht, wenn der Richter angeordnet hat, Hilfe zur Erziehung nach § 12 Nr. 2 in Anspruch zu nehmen.

(2) Wer eine zulässige Berufung eingelegt hat, kann gegen das Berufungsurteil nicht mehr Revision einlegen. Hat der Angeklagte, der Erziehungsberechtigte oder der gesetzliche Vertreter eine zulässige Berufung eingelegt, so steht gegen das Berufungsurteil keinem von ihnen das Rechtsmittel der Revision zu.

(3) Der Erziehungsberechtigte oder der gesetzliche Vertreter kann das von ihm eingelegte Rechtsmittel nur mit Zustimmung des Angeklagten zurücknehmen.

Erfolgreiche Rügen

1. Im Jugendstrafverfahren kann ein Angeklagter gegen das auf die Berufung der Staatsanwaltschaft ergangene Urteil auch dann Revision einlegen, wenn er die von ihm gegen das erstinstanzliche Urteil eingelegte Berufung vor Ablauf der Revisionsbegründungsfrist zurückgenommen hat (BGH Beschl. v. 19. 3. 1974 – 5 StR 12/74).

Erfolglose Rügen

1. Revision eines nach Jugendrecht verurteilten Heranwachsenden gegen Verwerfungsurteil im Berufungsverfahren unzulässig (BGH Beschl. v. 14. 5. 1981 – 4 StR 694/80).

Erfolgreiche Rügen

1. **Im Jugendstrafverfahren kann ein Angeklagter gegen das auf die Berufung der Staatsanwaltschaft ergangene Urteil auch dann noch Revision einlegen, wenn er die von ihm gegen das erstinstanzliche Urteil eingelegte Berufung vor Ablauf der Revisionsbegründungsfrist zurückgenommen hat.**

JGG § 55 II – BGH Beschl. v. 19. 3. 1974 – 5 StR 12/74 OLG Hamburg (= BGHSt. 25, 321 = NJW 1974, 1148)

Revision von Amts wegen.

Sachverhalt: Der am 1. 4. 1951 geborene Angeklagte war am 21. 11. 1972 vom Jugendschöffengericht als Heranwachsender (§ 1 Abs. 2 JGG) zu einer Jugendstrafe zur Bewährung verurteilt worden. Gegen dieses Urteil hatten die Staatsanwaltschaft (zuungunsten des Angeklagten) am 24. 11. 1972 und der Angeklagte durch seinen Verteidiger, einen Rechtsanwalt, am 27. 11. 1972 Rechtsmittel eingelegt, die jeweils von beiden Beschwerdeführern als „Berufung" bezeichnet worden waren. Mit Schriftsatz vom 4. 12. 1972, beim Gericht eingegangen am 6. 12. 1972, teilte der Verteidiger mit, er „nehme auf ausdrücklichen Wunsch des Angeklagten die Berufung zurück".

Auf die Berufung der Staatsanwaltschaft hat die Jugendkammer des Landgerichts den Angeklagten nun am 20. 2. 1973 zu einer Jugendstrafe verurteilt und die Vollstreckung der Strafe nicht zur Bewährung ausgesetzt. Gegen dieses Urteil hat der Angeklagte durch seinen Verteidiger form- und fristgerecht Revision eingelegt und diese auch vorschriftsmäßig begründet.

Das Hanseatische Oberlandesgericht zu Hamburg „möchte die Revision des Angeklagten verwerfen, weil nach § 55 Abs. 2 JGG derjenige, der eine zulässige Berufung eingelegt hat, gegen das Berufungsurteil nicht mehr Revision einlegen" könne. Das vorlegende Oberlandesgericht „sieht sich an einer solchen Entscheidung aber durch den Beschluß des Bayerischen Obersten Landesgerichts – 1 St 46/71 – v. 5. 5. 1971 (BayObLGSt 1971, 72 = MDR 1971, 948) in Verbindung mit der von ihm angeführten Rechtsprechung des Bundesgerichtshofs (BGHSt. 13, 388 [BGH Beschl. v. 10. 7. 1959 – 2 ARs 86/59; vgl. § 312 StPO erfolgreiche Rügen] und 17, 44 [BGH Urt. v. 22. 1. 1962 – 5 StR 442/61; vgl. § 312 StPO erfolgreiche Rügen]) gehindert". Es hat deshalb die Sache dem Bundesgerichtshof zur Entscheidung über die Frage vorgelegt, „ob im Jugendstrafverfahren ein Angeklagter gegen das auf die Berufung der Staatsanwaltschaft ergangene Urteil Revision einlegen kann, wenn er die von ihm gegen das erstinstanzliche Urteil eingelegte Berufung vor Ablauf der Frist zurückgenommen hatte, in der eine gegen das Urteil eingelegte Revision hätte begründet werden können".

Das vorlegende Oberlandesgericht stützt sich auf folgende Begründung: „Der Senat vermag dem Bayerischen Obersten Landesgericht nicht in der Auffassung zu folgen, daß das von dem Verteidiger, einem Rechtsanwalt, eingelegte und zurückgenommene Rechtsmittel, das jeweils ausdrücklich als Berufung bezeichnet wurde, im Sinne des § 55 Abs. 2 JGG deshalb nicht als Berufung gelten solle, weil die Revisionsbegründungsfrist noch nicht verstrichen war und somit noch der Übergang zur Revision möglich gewesen wäre. Tatsächlich ist ein solcher Übergang gerade nicht erfolgt. Dieser wäre im übrigen nach der Ansicht des Senats (entgegen BGHSt. 13, 388) eben doch ein Übergang von einem Rechtsmittel zu einem anderen und nicht nur die endgültige Wahl des gewünschten Rechtsmittels gewesen. Denn nach den Erfahrungen im Bereich des Hanseatischen Oberlandesgerichts will ein Rechtsanwalt, der „Berufung" einlegt, in aller Regel auch eine Rechtsmittelerklärung mit diesem bestimmten Inhalt abgeben. Vorliegend ist die eingelegte Berufung als Berufung zurückgenommen worden. Daher erscheint es dem Senat trotz der Ausführungen des Bundesgerichtshofs und des Bayerischen Obersten Landesgerichts nicht verständlich und nicht geboten, diese Berufung in eine unbestimmte Anfechtung und damit im Ergebnis in eine Revision umzudeuten, wodurch dann allerdings die Zulässigkeit der (späteren) Revision gegen das Urteil vom 20. 2. 1973 erreicht würde.

Nach der Ansicht des Senats konnte der Angeklagte keine Revision mehr einlegen, weil er eine zulässige Berufung eingelegt hatte. Nur diese Auffassung wird dem Zweck der nach § 55 Abs. 2 JGG eingeschränkten Anfechtungsmöglichkeiten im Jugendstrafverfahren gerecht. Außerdem hat der Angeklagte durch die Zurücknahme der Berufung gar keinen Nachteil erlitten: Seine Verteidigung ist dadurch nicht eingeschränkt worden, und jedes Rechtsmittel der Staatsanwaltschaft hat die Wirkung, daß die angefochtene Entscheidung auch zugunsten des Beschuldigten abgeändert oder aufgehoben werden kann (§ 301 StPO). Es besteht daher auch gar kein Bedürfnis, in einem Falle wie hier abweichend von § 55 Abs. 2 JGG noch die Revision zuzulassen". ... – Das Rechtsmittel hatte Erfolg.

Gründe: In der Sache ist dem Standpunkt des Bayerischen Obersten Landesgerichts beizutreten. Die gegenteilige Meinung des vorlegenden Oberlandesgerichts ist schon im Ansatz verfehlt. Sie widerspricht insoweit den in gefestigter Rechtsprechung des Bundesgerichtshofs entwickelten Grundsätzen, wonach die ursprünglich gewählte Bezeichnung des Rechtsmittels zumindest in der Regel nicht daran hindert, das Rechtsmittel vor Ablauf der Frist des § 345 Abs. 1 StPO endgültig zur „Berufung" oder zur „Revision" zu bestimmen (vgl. BGHSt. 5, 338 [BGH Beschl. v. 20. 11. 1953 – 1 StR 279/53; vgl. § 335 StPO erfolgreiche Rügen]; 13, 388; 17, 44). An diesen Grundsätzen ist uneingeschränkt festzuhalten. Das vom vorlegenden Oberlandesgericht ins Feld geführte Argument, nach den Erfahrungen in seinem Bereich wolle ein Rechtsanwalt, der „Berufung" einlege, in aller Regel auch eine Rechtsmittelerklärung mit diesem bestimmten Inhalt abgeben, schlägt nicht durch. In der Entscheidung des Senats vom 22. 1. 1962 wird ausdrücklich darauf hingewiesen, daß im Zweifel zugunsten des Beschwerdeführers davon auszugehen ist, er habe bei Einlegung des Rechtsmittels noch keine endgültige Wahl getroffen (BGHSt. 17, 48). Auch die im Vorlegungsbeschluß wiedergegebenen – übrigens nicht näher konkretisierten – Erfahrungen lassen solchen Zweifeln Raum. Denn sie besagen nur, daß „in aller Regel" mit der Bezeichnung auch eine endgültige Wahl des Rechtsmittels getroffen werde. Auch im übrigen sind keine Gründe zu erkennen, die zur Aufgabe der dargelegten Rechtsprechung des Bundesgerichtshofs Anlaß geben könnten. Geht man aber von ihr aus, so ergibt sich, wie die zitierte Entscheidung des Bayerischen Obersten Landesgerichts überzeugend darlegt, unter den in der Vorlegungsfrage umschriebenen Voraussetzungen die Zulässigkeit der Revision als logische Folge. Auch das vorlegende Oberlandesgericht verkennt das ersichtlich nicht. Der allgemein gültige Grundsatz, daß auf jedes Rechtsmittel der Staatsanwaltschaft die angefochtene Entscheidung auch zugunsten des Angeklagten aufgehoben oder abgeändert werden kann, besagt in diesem Zusammenhang nichts.

Dem stimmt der Senat zu.

Erfolglose Rügen

1. Revision eines nach Jugendrecht verurteilten Heranwachsenden gegen Verwerfungsurteil im Berufungsverfahren unzulässig.

JGG § 55 II Satz 1, § 109 II; StPO § 329 I – BGH Beschl. v. 14. 5. 1981 – 4 StR 694/80 OLG Hamm (= BGHSt. 30, 98 = NJW 1981, 2422)

Die Revision des Angeklagten richtet sich gegen ein Berufungsurteil der Jugendkammer, mit dem die Berufung gegen ein Urteil des Jugendschöffengerichts wegen Abwesenheit verworfen worden ist.

Sachverhalt: Der zur Tatzeit 18 Jahre alte Angeklagte wurde vom Amtsgericht – Jugendschöffengericht – wegen räuberischer Erpressung zu einem Jahr Jugendstrafe verurteilt. Gegen dieses Urteil legte er fristgerecht Berufung ein, erschien aber zu dem vom Landgericht anberaumten Hauptverhandlungstermin nicht. Seine Berufung wurde daraufhin gemäß § 329 Abs. 1 StPO verworfen; ein Wiedereinsetzungsgesuch wurde rechtskräftig abgelehnt.

Die form- und fristgerecht eingelegte Revision des Angeklagten beabsichtigt das Oberlandesgericht Hamm nach § 55 Abs. 2 Satz 1 JGG als unzulässig zu verwerfen. An einer solchen Entscheidung sieht es sich jedoch durch das Urteil des Oberlandesgerichts Celle vom 13. 2. 1979 (JR 1980, 37) gehindert. Dieses Gericht vertritt die Meinung, daß § 55 Abs. 2 Satz 1 i.V.m. § 109 Abs. 2 Satz 1 JGG der Zulässigkeit der Revision in einem Verfahren gegen Heranwachsende dann nicht entgegenstehe, wenn die Berufung wegen Ausbleibens des Angeklagten nach § 329 Abs. 1 StPO verworfen worden sei und somit nicht zu einer Sachprüfung des erstinstanzlichen Urteils und nicht zu einer Überprüfung der Anwendung von Jugendstrafrecht durch das Berufungsgericht geführt habe. Das Oberlandesgericht Hamm hat daher dem Bundesgerichtshof folgende Rechtsfrage zur Entscheidung vorgelegt:

„Kann ein Angeklagter, der gemäß § 105 JGG mit einer Jugendstrafe belegt worden ist und der dagegen eine zulässige Berufung eingelegt hat, gegen das Berufungsurteil wegen §§ 55 Abs. 2, 109 Abs. 2 JGG auch dann keine Revision mehr einlegen, wenn die Strafkammer die Berufung wegen Ausbleibens des Angeklagten nach § 329 StPO verworfen hat?" – Das Rechtsmittel war erfolglos.

Gründe: Der Senat teilt in Übereinstimmung mit dem Generalbundesanwalt die Auffassung des vorlegenden Gerichts.

1. Nach § 55 Abs. 2 Satz 1 JGG kann im Jugendstrafverfahren ein Angeklagter nicht mehr Revision einlegen, wenn er eine zulässige Berufung eingelegt hat. Eine Revision ist danach schon dann nicht mehr statthaft, wenn durch die Einlegung einer zulässigen Berufung die Möglichkeit einer erneuten Sachentscheidung eröffnet war; das Gesetz stellt auf die Einlegung der Berufung, nicht auf deren Durchführung ab. Diese Voraussetzungen treffen auch bei einer Verwerfung der Berufung durch ein Urteil nach § 329 Abs. 1 StPO zu. Es handelt sich insoweit nicht etwa um die Verwerfung eines unzulässigen Rechtsmittels, das nicht zu einer neuen Sachentscheidung hätte führen können. Vielmehr wäre in dem Verfahren, das Gegenstand einer Entscheidung nach § 329 Abs. 1 StPO geworden ist, eine Sachprüfung möglich gewesen und hätte auch erfolgen sollen. Sie wurde allein durch das Verhalten des Angeklagten verhindert. Durch sein Nichterscheinen zu dem auf sein zulässiges Rechtsmittel hin anberaumten Hauptverhandlungstermin hat er die Folge des § 329 Abs. 1 Satz 1 StPO bewußt oder durch Nachlässigkeit selbst ausgelöst (vgl. BGHSt. 27, 236, 239 [BGH Beschl. v. 10. 8. 1977 – 3 StR 240/77; vgl. § 329 StPO erfolglose Rügen]). Da mithin ein Urteil nach § 329 Abs. 1 StPO eine „zulässige" Berufung voraussetzt – im Fall ihrer Unzulässigkeit hätte die Entscheidung nach § 319 Abs. 1, § 322 StPO Vorrang –,

ist nach dem eindeutigen Wortlaut des § 55 Abs. 2 Satz 1 JGG nach einer Berufungsverwerfung gemäß § 329 Abs. 1 StPO in einem Jugendgerichtsverfahren eine Revision des Berufungsführers nicht mehr statthaft.

2. Die Rechtsmitteleinschränkung des § 55 JGG gilt nach § 109 Abs. 2 Satz 1 JGG für einen Heranwachsenden dann, wenn gegen ihn Jugendstrafrecht angewendet worden ist. § 109 Abs. 2 Satz 1 JGG fordert seinem Wortlaut nach nicht, daß die Anwendung von Jugendstrafrecht erst in einer zweiten Instanz zu überprüfen ist, ehe die sich daraus ergebenden Folgen (hier die Rechtsmitteleinschränkung nach § 55 JGG) wirksam werden können. Es genügt hierfür vielmehr, daß das Gericht erster Instanz Jugendstrafrecht angewendet hat. Im übrigen steht auch einem Heranwachsenden, der in erster Instanz nach Erwachsenenrecht verurteilt worden ist und gegen den in der Berufungsinstanz auf sein Rechtsmittel hin erstmals Jugendstrafrecht angewendet wird, nach übereinstimmender Ansicht in Rechtsprechung und Lehre gemäß § 55 Abs. 2 Satz 1 i.V.m. § 109 Abs. 2 Satz 1 JGG kein Rechtsmittel mehr zu. Folgerichtig gilt etwas anderes nur, wenn in zweiter Instanz erstmals Erwachsenenstrafrecht Anwendung findet, weil § 109 Abs. 2 JGG die Anwendung von Jugendstrafrecht zur Voraussetzung hat und diese dann entfallen ist.

Im vorliegenden Verfahren hat das Amtsgericht in erster Instanz Jugendstrafrecht angewendet. Durch die Verwerfung der Berufung nach § 329 Abs. 1 StPO hat sich daran nichts geändert, es ist vielmehr bei dieser Entscheidung über die Anwendung von Jugendstrafrecht geblieben. Nach dem Wortlaut des § 109 Abs. 2 Satz 1 JGG sind damit die Voraussetzungen für eine Rechtsmitteleinschränkung gemäß § 55 JGG erfüllt.

3. Zwar kommt es bei der Auslegung einer Bestimmung nicht allein auf ihren Wortlaut an, sondern entscheidend auf ihren Sinn und Zweck (BGHSt. 27, 236, 238). Entgegen der Ansicht des Oberlandesgerichts Celle entsprechen sich hier jedoch Wortlaut und Gesetzeszweck.

a) Die Rechtsmitteleinschränkung durch § 55 Abs. 2 Satz 1 JGG ist 1953 in das Jugendgerichtsgesetz eingefügt worden. Sie soll vor allem der aus Erziehungsgründen notwendigen Beschleunigung und Verkürzung der Jugendstrafverfahren dienen (vgl. Richtlinien zu § 55 Nr. 1). In der amtlichen Begründung des Entwurfs eines Gesetzes zur Änderung des Reichsjugendgerichtsgesetzes ist dazu ausgeführt: „Im Jugendstrafverfahren besteht ein besonders dringendes Bedürfnis, schnell zu einer rechtskräftigen Entscheidung zu gelangen. Die Strafe hat nur dann die notwendige erzieherische Wirkung, wenn sie der Tat sobald wie möglich folgt. Jede unnötige Verzögerung des Verfahrens verursacht eine Abschwächung der Strafwirkungen" (BTDrucks. I/3264 S. 46). Der Gesichtspunkt einer Beschleunigung der Jugendgerichtsverfahren wird auch in dem Bericht des Rechtsausschusses des Bundestages besonders betont: „Ganz abgesehen von dem das Strafrecht beherrschenden Grundsatz, daß zwischen Tat und Sühne ein zeitlicher Zusammenhang bestehen muß, spielt im Jugendstrafrecht aus Erziehungsgründen die Notwendigkeit möglichster Beschleunigung und Verkürzung der Jugendstrafverfahren eine entscheidende Rolle. Alle im JGG vorgesehenen Maßnahmen haben nämlich die erforderliche erzieherische Wirkung in der Regel nur, wenn sie noch in unmittelbarem Zusammenhang mit der Tat angeordnet werden" (BTDrucks. I/4437 S. 9).

b) Das trifft auch für die Rechtsmitteleinschränkung bei Heranwachsenden im Fall des § 109 Abs. 2 Satz 1 JGG zu. Diese Vorschrift unterwirft die Heranwachsenden, auf die Jugendstrafrecht angewendet worden ist, denselben Rechtsmitteleinschränkungen wie Jugendliche. Es entspricht vor allem dem Grundsatz des Jugendgerichtsgesetzes, daß es zur Erzielung bestmöglicher erzieherischer Wirkungen bei Sanktionen des Jugendstrafrechts notwendig ist, das Verfahren zu beschleunigen. Die Anordnung solcher Sanktionen gegen einen Heranwachsenden ist demgemäß nur dann sinnvoll, wenn auch sein Verfahren entsprechend beschleunigt wird.

Verhängt – wie im vorliegenden Fall – ein Jugendschöffengericht gegen einen Heranwachsenden eine Jugendstrafe, entspricht es danach Sinn und Zweck der vom Jugendgerichtsgesetz – im Interesse der Wirksamkeit der auf Erziehung ausgerichteten Sanktionen – erstrebten Verfahrensbeschleunigung, daß die Anwendung von Jugendstrafrecht i.S. des § 109 Abs. 2 Satz 1 JGG auch dazu führt, daß der Heranwachsende hinsichtlich seiner Rechtsmittelmöglichkeiten wie ein Jugendlicher behandelt wird. Eine Berufungsverwerfung gemäß § 329 Abs. 1 StPO muß deshalb in solchen Fällen aus denselben Gründen wie bei einem Jugendlichen zum Ausschluß der Revision führen.

c) Die vom Oberlandesgericht Celle (JR 1980, 37, 38) insoweit geltend gemachten Bedenken einer Verkürzung rechtsstaatlicher Sicherungen vermögen nicht zu überzeugen. Einem Jugendlichen sowie einem ihm gleichgestellten Heranwachsenden eröffnet § 55 Abs. 2 Satz 1 JGG den Zugang zu einer erneuten Sachprüfung in der Berufungsinstanz. Wie bei dem Anspruch auf rechtliches Gehör kommt es jedoch dabei nur darauf an, daß die Gelegenheit zur Ausübung des Rechts geboten wird. Es ist nicht erforderlich, daß die angebotene Möglichkeit auch tatsächlich genutzt wird. Da § 329 Abs. 1 StPO nur dann eingreift, wenn der Angeklagte in der Hauptverhandlung über seine Berufung „nicht genügend entschuldigt" ausbleibt, ist klargestellt, daß es nur dann nicht zu einer erneuten Sachprüfung kommen soll, wenn der Angeklagte die Möglichkeit dazu schuldhaft nicht nutzt. Rechtsstaatliche Grundsätze werden durch diese Regelung nicht in Frage gestellt. Der Heranwachsende, der – bewußt oder aus Nachlässigkeit – die Berufungshauptverhandlung versäumt, verhindert vielmehr selbst eine wiederholte Sachprüfung (BGHSt. 27, 236, 239).

Soweit den Heranwachsenden kein Verschulden an der Versäumung der Hauptverhandlung trifft, bieten die erweiterten Möglichkeiten zur Wiedereinsetzung in den vorigen Stand gemäß §§ 44, 45 i.V.m. § 329 Abs. 3 StPO ausreichende rechtsstaatliche Garantien. Daß bei Wiedereinsetzungsanträgen im Rahmen des § 329 Abs. 3 StPO Einschränkungen hinsichtlich solcher Umstände gemacht werden, die das Berufungsgericht bereits als unzureichende Entschuldigung gewürdigt hat, kann nicht dazu führen, die Revision entgegen der klaren gesetzlichen Regelung des § 55 JGG doch zuzulassen. Zum einen können solche Umstände im Zusammenhang mit neuen Tatsachen zur Begründung des Wiedereinsetzungsantrages herangezogen werden, zum anderen weist das vorlegende Oberlandesgericht zu Recht darauf hin, daß es in Fällen eines Ausschlusses der Revision gemäß § 55 Abs. 2 Satz 1 JGG näher liegt, eine Erweiterung der Überprüfungsmöglichkeiten von Entschuldigungsgründen im Wiedereinsetzungsverfahren zu erörtern als allgemein die Revision zuzulassen. Die Gefahr, daß im Wiedereinsetzungsverfahren und im Revisionsverfahren von verschiedenen Gerichten dasselbe geprüft wird (OLG Düsseldorf NJW 1962, 2022), besteht insoweit jedenfalls nicht.

d) Letztlich entspricht es heutigen rechtspolitischen Vorstellungen, nicht mehr Rechtsmittelmöglichkeiten zu eröffnen als aus rechtsstaatlichen Gründen unbedingt geboten ist. Bestehende gesetzliche Rechtsmitteleinschränkungen sollten deshalb nicht ohne zwingende Gründe durch die Rechtsprechung beseitigt werden.

§ 74 JGG

Im Verfahren gegen einen Jugendlichen kann davon abgesehen werden, dem Angeklagten die Kosten und Auslagen aufzuerlegen.

Erfolglose Rügen

1. Verurteilter Jugendlicher muß seine notwendigen Auslagen immer selbst tragen (BGH Beschl. v. 15. 11. 1988 – 4 StR 528/88).

Erfolglose Rügen

1. Verurteilter Jugendlicher muß seine notwendigen Auslagen immer selbst tragen.

JGG § 74; StPO §§ 464, 465 I – BGH Beschl. v. 15. 11. 1988 – 4 StR 528/88 LG Frankenthal (=BGHSt. 36, 27 = NStZ 1989, 239)

Der Beschwerdeführer wendet sich mit der sofortigen Beschwerde gegen die Kostenentscheidung des mit der Revision angefochtenen Urteils des Landgerichts. Diese Kostenentscheidung lautet: „Es wird davon abgesehen, dem Angeklagten Kosten und Auslagen aufzuerlegen. Seine notwendigen Auslagen trägt er selbst."

Der Sachverhalt ergibt sich aus der Beschwerdebegründung. – Das Rechtsmittel war erfolglos.

Gründe: Da dem Angeklagten Kosten und Auslagen nicht auferlegt worden sind, er also insoweit nicht beschwert ist, kann sich die – vom Beschwerdeführer nicht weiter begründete – Beschwerde nur dagegen richten, daß der Angeklagte seine notwendigen Auslagen selbst tragen muß.

Die sofortige Beschwerde ist gemäß § 464 Abs. 3 StPO zulässig; sie ist jedoch nicht begründet, da es an einer gesetzlichen Grundlage dafür fehlt, den verurteilten Angeklagten – auch soweit er Jugendlicher oder Heranwachsender ist – von der Tragung seiner (notwendigen) Auslagen freizustellen.

a) Zwar wird in der Rechtsprechung (z.B. OLG Frankfurt NStZ 1984, 138; OLG Oldenburg bei Böhm NStZ 1984, 447; LG Münster NStZ 1983, 138) und der Literatur die Auffassung vertreten, auch die notwendigen Auslagen des Angeklagten könnten nach § 74 JGG der Staatskasse auferlegt werden. Diese Ansicht ist jedoch mit der gesetzlichen Regelung nicht vereinbar (so auch u.a. KG JR 1983, 37; OLG München NStZ 1984, 138; LG Frankfurt RPfleger 1977, 64). Gemäß § 2 JGG gelten die allgemeinen Vorschriften auch im jugendgerichtlichen Verfahren, soweit im Jugendgerichtsgesetz nichts anderes bestimmt ist. Nach § 465 Abs. 1 Satz 1 StPO hat der Angeklagte die Kosten des Verfahrens insoweit zu tragen, als sie durch das Verfahren wegen einer Tat entstanden sind, wegen deren er verurteilt (oder eine Maßregel der Besserung und Sicherung gegen ihn angeordnet) worden ist. Von dieser Vorschrift macht § 74 JGG eine Ausnahme, indem er bestimmt, daß im Verfahren gegen einen Jugendlichen – und gemäß § 109 Abs. 2 Satz 1 JGG auch im Verfahren gegen einen Heranwachsenden – davon abgesehen werden kann, dem Angeklagten Kosten und Auslagen aufzuerlegen.

Eine Kostenvorschrift, nach der es gestattet wäre, den Angeklagten auch im Fall seiner Verurteilung von der Tragung seiner notwendigen Auslagen zu befreien, kennt die Strafprozeßordnung (abgesehen von den besonderen Auslagen nach § 465 Abs. 2 StPO) nicht. Es ist daher nicht nur überflüssig, sondern sogar unrichtig, wenn dem Angeklagten im Falle seiner Verurteilung neben den Kosten des Verfahrens auch „seine notwendigen Auslagen" auferlegt werden (BGHR StPO § 260 Abs. 4 Satz 1 Tatbezeichnung 3); denn der verurteilte Angeklagte muß seine (notwendigen und nicht notwendigen) Auslagen ohne Rücksicht darauf tragen, ob sie ihm im Urteil auferlegt werden oder nicht. Da es somit keine gesetzliche Vorschrift gibt, wonach dem verurteilten Angeklagten seine notwendigen Auslagen aufzuerlegen sind, kann davon auch nicht „abgesehen werden". Wenn also das Jugendgerichtsgesetz die Möglichkeit eröffnen wollte, entgegen der Regelung der Strafprozeßordnung auch bei voller Verurteilung des Angeklagten diesen von der Tragung seiner notwendigen Auslagen freizustellen, so hätte es eine dementsprechende Vorschrift schaffen müssen. Eine solche Bestimmung gibt es jedoch nicht. § 74 JGG kann schon deswegen nicht dahin verstanden werden, weil es dann an einer Bestimmung mangeln würde, wer die notwendigen Auslagen an Stelle des Angeklagten zu tragen hätte; hier einfach die

Staatskasse an dessen Stelle treten zu lassen, überschreitet die Grenzen zulässiger Gesetzesauslegung. Im übrigen wäre eine solche Auslegung auch nur schwerlich mit dem Wortlaut des § 74 JGG zu vereinbaren, da die Entlastung von Auslagen etwas gänzlich anderes als die Belastung damit ist (LG Frankfurt Jur. Büro 1977, 522, 523).

b) Angesichts dieser eindeutigen Gesetzeslage können Erwägungen des Inhalts, dem „dem gesamten Jugendstrafrecht innewohnenden Erziehungszweck" könne es entsprechen, der Staatskasse auch die notwendigen Auslagen des jugendlichen Angeklagten aufzuerlegen (OLG Frankfurt NStZ 1984, 138), nicht zu einem anderen Ergebnis führen. Es ist aber auch durchaus zweifelhaft, ob es aus erzieherischen Gründen gerechtfertigt sein kann, den verurteilten Angeklagten „von selbst gewählten Auslagen zu entschulden" (OLG München NStZ 1984, 138). Da das Gesetz diese Möglichkeit aber ohnehin nicht vorsieht, kommt es hierauf nicht an. Wenn der Gesetzgeber eine solche Entscheidungsbefugnis für notwendig halten sollte, müßte er eine gesetzliche Regelung hierfür schaffen. Ob dies empfehlenswert wäre, erscheint jedoch fraglich; denn ein mittelloser Angeklagter kann im Fall der notwendigen Verteidigung ohnehin die Beiordnung des Anwalts seines Vertrauens als Pflichtverteidiger beantragen (§ 142 Abs. 1 Satz 2 StPO); bei Anwendung des § 74 JGG wird er mit dessen Kosten nicht belastet.

c) Da es somit dem Gesetz entspricht, daß der (voll) verurteilte jugendliche Angeklagte seine (notwendigen) Auslagen selbst trägt, bedarf es ebensowenig wie beim erwachsenen Angeklagten eines Ausspruchs hierüber im Urteil. Die sofortige Beschwerde des Angeklagten gegen diese „Entscheidung" des Landgerichts hat daher keinen Erfolg.

§ 105 JGG

(1) Begeht ein Heranwachsender eine Verfehlung, die nach den allgemeinen Vorschriften mit Strafe bedroht ist, so wendet der Richter die für einen Jugendlichen geltenden Vorschriften der §§ 4 bis 8, 9 Nr. 1, §§ 10, 11 und 13 bis 32 entsprechend an, wenn

1. die Gesamtwürdigung der Persönlichkeit des Täters bei Berücksichtigung auch der Umweltbedingungen ergibt, daß er zur Zeit der Tat nach seiner sittlichen und geistigen Entwicklung noch einem Jugendlichen gleichstand, oder

2. es sich nach der Art, den Umständen oder den Beweggründen der Tat um eine Jugendverfehlung handelt.

(2) § 31 Absatz 2 Satz 1, Absatz 3 ist auch dann anzuwenden, wenn der Heranwachsende wegen eines Teils der Straftaten bereits rechtskräftig nach allgemeinem Strafrecht verurteilt worden ist.

(3) Das Höchstmaß der Jugendstrafe für Heranwachsende beträgt zehn Jahre.

Erfolgreiche Rügen

1. Keine Einbeziehung rechtskräftiger Verurteilungen nach Erwachsenenstrafrecht möglich, wenn einbeziehender Verurteilung Tat eines Jugendlichen zugrunde liegt (BGH Urt. v. 13. 10. 1977 – 4 StR 451/77).

Erfolglose Rügen

1. Die Vereinbarung über die Anwendung von Jugendstrafrecht ist unzulässig, weil zwingend vorgeschriebene Rechtsfolgen einer Vereinbarung nicht zugänglich sind (BGH Beschl. v. 15. 3. 2001 – 3 StR 61/01).

2. Höchststrafe kann durch Nichteinbeziehung überschritten werden (BGH Urt. v. 6. 12. 1988 – 1 StR 620/88).

3. Nach §§ 105 II, 31 III JGG kann für Heranwachsende auch mit einer rechtskräftigen Verurteilung nach Erwachsenenstrafrecht eine Einheitsjugendstrafe gebildet werden (BGH Urt. v. 21. 10. 1980 – 1 StR 451/80).

Erfolgreiche Rügen

1. Keine Einbeziehung rechtskräftiger Verurteilungen nach Erwachsenenstrafrecht möglich, wenn einbeziehender Verurteilung Tat eines Jugendlichen zugrunde liegt.
JGG § 105 II – BGH Urt. v. 13. 10. 1977 – 4 StR 451/77 LG Kaiserslautern (= BGHSt. 27, 295 = NJW 1978, 374)

Die Revision rügt die Verletzung sachlichen Rechts.

Sachverhalt: Das Landgericht hat den Angeklagten wegen fortgesetzten Diebstahls unter Einbeziehung der Verurteilung durch das Jugendschöffengericht Kaiserslautern vom 25. 10. 1974 und der Verurteilung durch das Amtsgericht Zweibrücken vom 16. 7. 1976 zu einer einheitlichen Jugendstrafe verurteilt.

Mit dem Urteil des Amtsgerichts Zweibrücken vom 16. 7. 1976 ist der Angeklagte wegen Fahnenflucht, die er als Heranwachsender begangen hatte, zu einem Strafarrest von vier Monaten, also nach Erwachsenenstrafrecht, verurteilt worden. Die Vollstreckung ist auf die Dauer von zwei Jahren zur Bewährung ausgesetzt worden. Die Jugendkammer hat dieses Urteil einbezogen, um den Angeklagten „einer einheitlichen Strafvollstreckung zuführen zu können". Die jetzt abgeurteilten Diebstahlstaten liegen zeitlich vor der Fahnenflucht; der Angeklagte hat sie im jugendlichen Alter begangen. – Das Rechtsmittel hatte Erfolg.

Gründe: Die Einbeziehung des Urteils vom 16. 7. 1976 ist rechtlich nicht möglich. Es liegen weder die Voraussetzungen des § 32 noch des § 105 Abs. 2 JGG vor. § 32 JGG beschränkt die einheitliche Anwendung von Jugend- und Erwachsenenstrafrecht auf Straftaten desselben Täters in verschiedenen Alters- und Reifestufen auf den Fall ihrer gleichzeitigen Aburteilung. Der Umstand, daß die Jugendverfehlung erst nach dem Eintritt der Volljährigkeit und nach der Begehung der Erwachsenenstraftat abgeurteilt wird, kann nicht dazu führen, daß auf die Erwachsenentat entgegen dem erklärten Willen des Gesetzgebers noch Jugendstrafrecht angewendet wird, weil etwa die frühere Jugendverfehlung als schwerer im Sinne des § 32 JGG angesehen werden muß (BGHSt. 14, 287 [BGH Urt. v. 6. 5. 1960 – 4 StR 107/60; vgl. § 32 JGG erfolgreiche Rügen]).

Mit der Einfügung des § 105 Abs. 2 JGG durch das EGStGB vom 2. 3. 1974 ist nun zwar die Möglichkeit geschaffen worden, abweichend von § 32 JGG auch bei nicht gleichzeitiger Aburteilung gegenüber Heranwachsenden, bei denen Jugendstrafrecht angewendet wird, einheitlich Jugendstrafe oder Maßnahmen nach dem Jugendgerichtsgesetz festzusetzen, wenn der Heranwachsende vorher bereits rechtskräftig nach allgemeinem Strafrecht verurteilt worden und die Strafe noch nicht vollständig erledigt ist.

Diese Vorschrift trifft aber nur die Fälle, in denen der Richter eine Wahlmöglichkeit hat, bei einem Heranwachsenden Jugend- oder Erwachsenenstrafrecht anzuwenden. Im vorliegenden Falle dagegen konnte der Tatrichter nur eine Jugendstrafe verhängen, weil er eine Tat abzuurteilen hatte, die der Angeklagte als Jugendlicher begangen hatte.

Bei der Einfügung des § 105 Abs. 2 JGG ging der Gesetzgeber davon aus, daß, wenn der Richter trotz vorangegangener Verurteilung nach allgemeinem Strafrecht nunmehr Jugendstrafe anwendet, er dazu aufgrund genauerer Persönlichkeitserforschung kommt. Wenn aber die Voraussetzungen des § 105 Abs. 1 JGG festgestellt werden, so sprechen die

4359

gleichen Gründe, die zur Einführung des § 31 JGG geführt haben, dafür, die frühere Verurteilung nach allgemeinem Strafrecht in das nach Jugendstrafrecht zu erlassende Urteil mit einzubeziehen. Strafen und Maßnahmen aus den verschiedenen Strafrechtsordnungen nebeneinander stehen zu lassen und auch zu vollstrecken, widerspräche dem das JGG beherrschenden Erziehungsgedanken (BT-Drucks. 7/550 – Entwurf eines Einführungsgesetzes zum Strafgesetzbuch, S. 331/32). Dieser Gedanke trifft hier nicht zu. Die Einbeziehung des Urteils des Amtsgerichts Zweibrücken vom 16. 7. 1976 ist daher nicht möglich.

Aus demselben Grund muß auch die Einbeziehung des Urteils des Jugendschöffengerichts Kaiserslautern vom 10. 9. 1976, durch das der Angeklagte zu einer Gesamtfreiheitsstrafe verurteilt worden war, unterbleiben. Die vom Tatrichter dafür angeführte Begründung ist allerdings unzutreffend. Der Antrag auf Wiederaufnahme des Verfahrens, durch den die Vollstreckung des Urteils nicht gehemmt wird (§ 360 Abs. 1 StPO), würde die Einbeziehung nicht hindern.

Erfolglose Rügen

1. Die Vereinbarung über die Anwendung von Jugendstrafrecht ist unzulässig, weil zwingend vorgeschriebene Rechtsfolgen einer Vereinbarung nicht zugänglich sind.

JGG § 105 I – BGH Beschl. v. 15. 3. 2001 – 3 StR 61/01 LG Hildesheim (= NJW 2001, 2642 = NStZ 2001, 555)

Die Revision rügt, daß die Jugendstrafe von vier Jahren unangemessen hoch sei angesichts der ursprünglich für 33 bzw. 42 Taten „vereinbarten" Strafe von zwei Jahren und sechs Monaten bzw. zwei Jahren und acht Monaten. Bei einem um acht – im Schuldumfang jeweils verhältnismäßig geringe – Taten erweiterten Schuldspruch könne die Strafe nicht um die Hälfte erhöht werden.

Sachverhalt: Nachdem die Staatsanwaltschaft ursprünglich nur 33 Taten (darunter alle 26 Fälle des § 29a I Nr. 2 BtMG) angeklagt hatte, fand zwischen dem Verteidiger, dem damaligen Vorsitzenden der Strafkammer, dem Berichterstatter und einem Staatsanwalt ein Gespräch statt, in dem „Einverständnis" darüber erzielt wurde, daß das Landgericht bei einer geständigen Einlassung eine Freiheitsstrafe von nicht mehr als zwei Jahren und sechs Monaten verhängen könnte. Als die Staatsanwaltschaft wenige Tage später weitere neun Taten anklagte, erzielte der Verteidiger mit dem – nach Wechsel im Kammervorsitz – neuen Vorsitzenden der Strafkammer fernmündlich eine „Übereinkunft", daß bei einer auch insoweit geständigen Einlassung des Angeklagten eine Freiheitsstrafe von zwei Jahren und acht Monaten nicht überschritten werde. „Mit dem Ziel, gemäß den bisherigen Vereinbarungen eine zügige Bearbeitung des Falls zu erreichen", wurde sodann ein „Hauptverhandlungstermin abgehalten". Drei Wochen vor diesem Termin hatte die Staatsanwaltschaft aber weitere 60 Fälle des Handeltreibens mit Betäubungsmitteln angeklagt. Im Hinblick auf diese Situation regte das Gericht „eine Einigung dahin gehend an, daß von einer maximalen Obergrenze von drei Jahren und sechs Monaten oder drei Jahren und acht Monaten unter Einbezug des Urteils des Amtsgerichts Hildesheim ausgegangen werden könne". Durch dieses Urteil war der Angeklagte wegen unerlaubten Besitzes von Betäubungsmitteln und wegen Widerstands zu einer Gesamtfreiheitsstrafe von fünf Monaten verurteilt worden. Diese „Einigung" scheiterte daran, daß der Angeklagte die ihm zuletzt zur Last gelegten Taten bestritt. Daraufhin wurde die Verhandlung vertagt. Nachdem auch in einem Termin zur Verkündung des erweiterten Haftbefehls „keine Einigung gefunden" wurde, „traf sich die Verteidigung erneut mit dem erkennenden Gericht" zu folgender „Absprache": Der Angekl. gesteht die Vorwürfe aus den beiden ersten Anklagen (42 Taten) und wird unter Anwendung von Jugendstrafrecht unter Einbeziehung der Vorstrafe zu einer Jugendstrafe von maximal zwei Jahren und acht Monaten verurteilt; sollte eine Verurteilung wegen der Vorwürfe aus der dritten Anklage erfolgen, würde ebenfalls Jugendrecht zur Anwendung gebracht, eine Grenze für die dann zu verhängende Jugendstrafe bestünde aber nicht. In der sodann anberaumten Hauptverhandlung gestand der Angeklagte nur die Vorwürfe aus den beiden ersten Anklagen. In weiteren acht Fällen kam das LG zur Verurteilung, hinsichtlich der übrigen 52 Fälle aus der dritten Anklage wurde das Verfahren nach § 154 II StPO eingestellt. Die Richtigkeit dieses Revisionsvortrags ist von zwei an dem Geschehen beteiligten Richtern und einem Staatsanwalt in dienstlichen Erklärungen bestätigt worden. – Das Rechtsmittel war erfolglos.

Gründe:

a) Allgemein gibt die geschilderte Verfahrensweise dem Senat Veranlassung zu dem Hinweis, daß es dem Gericht verboten ist, sich auf einen „Vergleich" im Gewande eines Urteils, auf einen „Handel mit der Gerechtigkeit" einzulassen (BVerfG, NStZ 1987, 419 [BVerfG Beschl. v. 27. 1. 1987 – 2 BvR 1133/86; vgl. § 236a StPO erfolglose Rügen]). Dies ist Grundlage der ständigen Rechtsprechung des BGH zur Verständigung im Strafverfahren (vgl. BGHSt. 43, 195 [198 f.] [BGH Urt. v. 28. 8. 1997 – 4 StR 240/97; vgl. GVG § 169 erfolgreiche Rügen]).

b) Die für eine Verurteilung wegen 42 Taten „vereinbarte Strafe" ist schon deshalb kein geeigneter Gesichtspunkt zur Überprüfung der tatsächlich erkannten Strafe, weil das Verfahren den Mindestbedingungen, die der BGH für Verständigungen im Strafverfahren aufgestellt hat (BGHSt. 43, 195), widerspricht. Danach muß eine Verständigung unter Mitwirkung aller Verfahrensbeteiligten in öffentlicher Hauptverhandlung stattfinden. Nicht zulässig ist insbesondere eine Absprache ohne Beteiligung des Angeklagten selbst oder auch unter Ausschluß der Schöffen. Das Ergebnis der Absprache ist – da es sich um einen wesentlichen Verfahrensvorgang handelt – im Protokoll über die Hauptverhandlung festzuhalten (BGHSt. 43, 195 [206]; BGHSt. 45, 227 [BGH Beschl. v. 19. 10. 1999 – 4 StR 86/99; vgl. § 44 StPO erfolgreiche Rügen]). Diese Verfahrensanforderungen sind nicht eingehalten. Aus dem Geschehen kann der Angeklagte deshalb nichts für sich herleiten (vgl. auch BVerfG, StV 2000, 3; BGH, NStZ 2000, 495 [BGH Beschl. v. 12. 4. 2000 – 1 StR 623/99; vgl. § 261 StPO erfolglose Rügen]).

c) Der Senat hat darüber hinaus auch Zweifel daran, daß eine Verständigung – wenn sie in dem rechtlich zulässigen Verfahren getroffen würde – mit diesem Inhalt rechtlich zulässig wäre. Unzulässig ist zumindest die Vereinbarung über die Anwendung von Jugendstrafrecht. Zwingend vorgeschriebene Rechtsfolgen sind einer Vereinbarung nicht zugänglich. Nach § 105 I JGG ist bei Verfehlungen Heranwachsender grundsätzlich Erwachsenenstrafrecht anzuwenden; liegen indes die Tatbestände von § 105 I Nr. 1 oder 2 JGG vor, so kommt zwingend Jugendstrafrecht zur Anwendung. Der Tatrichter, der sich einen persönlichen Eindruck vom Angeklagten verschaffen kann, hat dabei einen erheblichen Beurteilungsspielraum (BGHSt. 36, 37 [38] [BGH Urt. v. 6. 12. 1988 – 1 StR 620/88; vgl. § 105 JGG erfolglose Rügen]; BGH, StV 1991, 424); es ist indes nicht ersichtlich, welchen Einfluss die Abgabe eines Geständnisses auf die Beurteilung haben könnte, ob der Angeklagte noch einem Jugendlichen gleichstand oder ob es sich um eine Jugendverfehlung gehandelt hat.

Der Zusage einer Strafobergrenze für eine Jugendstrafe stehen zumindest Bedenken entgegen. Die Jugendstrafe muß nach § 18 II JGG so bemessen werden, daß die erforderliche erzieherische Einwirkung auf den Angeklagten möglich ist. Es erscheint zweifelhaft, ob ein Geständnis auf Grund einer Absprache dazu führen kann, das Erziehungsbedürfnis als deutlich gemildert anzusehen mit der Folge, daß deshalb eine geringere Jugendstrafe verhängt werden kann. Insoweit ist die Situation nicht mit der des erwachsenen Straftäters und der Auswirkung seines im Rahmen einer Verständigung abgelegten Geständnisses (BGHSt. 43, 195 [209]) zu vergleichen.

2. Höchststrafe kann durch Nichteinbeziehung überschritten werden.

JGG §§ 105 III, 31 III Satz 1 – BGH Urt. v. 6. 12. 1988 – 1 StR 620/88 LG Karlsruhe (= BGHSt. 36, 37 = NJW 1989, 1490 = NStZ 1989, 574)

Die auf den Rechtsfolgeausspruch beschränkte Revision der Staatsanwaltschaft rügt die Verletzung materiellen Rechts.

Sachverhalt: Die Jugendkammer hat die Angeklagten je wegen Mordes zu zehn Jahren Jugendstrafe verurteilt. Das Landgericht hat beim Angeklagten H. aus erzieherischen Gründen davon abgesehen, in die Verurteilung zu zehn Jahren Jugendstrafe wegen gemeinschaftlichen Mordes ein früheres Urteil (ein Jahr vier Monate Jugendstrafe wegen zahlreicher Diebstähle u.a., wovon ein Jahr noch nicht verbüßt ist) einzubeziehen. – Das Rechtsmittel war erfolglos.

Gründe:

a) Begeht ein Jugendlicher, der rechtskräftig zu Jugendstrafe verurteilt worden ist, vor vollständiger Verbüßung oder sonstiger Erledigung eine neue Straftat, so tritt die spätere Verurteilung grundsätzlich nicht neben die frühere. Vielmehr schreibt § 31 Abs. 2 Satz 1 JGG vor, daß unter Einbeziehung des bereits rechtskräftigen Erkenntnisses einheitlich auf Jugendstrafe zu erkennen ist.

Das Gericht kann jedoch von der Einbeziehung der früheren Verurteilung absehen, wenn dies „aus erzieherischen Gründen zweckmäßig" ist (§ 31 Abs. 3 Satz 1 JGG).

b) Die Verfahrensweise des Landgerichts führt im vorliegenden Fall dazu, daß die Jugendstrafen in ihrer Kumulation die Höchststrafe des § 105 Abs. 3 JGG überschreiten. Es ist umstritten, ob in einem solchen Fall § 31 Abs. 3 Satz 1 JGG überhaupt anwendbar bleibt. Nach der einen Auffassung gibt § 105 Abs. 3 JGG insgesamt die Höchstgrenze an. Andere teilen diese Meinung für den Regelfall mit der Erwägung, es sei „fast niemals erzieherisch zweckmäßig", die vom Gesetzgeber festgelegten Höchstgrenzen zu überschreiten, halten das in Ausnahmefällen aus „wichtigen Erziehungsgründen" aber für zulässig. Das Kammergericht (JR 1981, 306 ff.) billigt das mit der Erwägung, die vorherige Verurteilung zur Höchststrafe könne kein Freibrief sein zur späteren Begehung weiterer Taten.

Der Bundesgerichtshof hat die Frage der Zulässigkeit dieser Verfahrensweise bisher offengelassen (BGHSt. 22, 21, 24; BGH, Beschl. v. 21. 10. 1980 – 5 StR 586/80 – bei Holtz MDR 1981, 101; BGH NStZ 1985, 410).

c) Der Senat ist der Auffassung, daß in Ausnahmefällen neben der gesetzlichen Höchststrafe eine Jugendstrafe gemäß § 31 Abs. 3 Satz 1 JGG bestehen bleiben kann. Beim Widerstreit zweier gesetzlicher Prinzipien des Jugendgerichtsgesetzes – hier Begrenzung der Jugendstrafe (§ 105 Abs. 3 JGG), dort Absehen von der üblichen Einheitsstrafe aus erzieherischen Gründen (§ 31 Abs. 3 Satz 1 JGG) – kann nicht von vornherein generell gesagt werden, die eine Maxime habe grundsätzlich Vorrang vor der anderen. Im Vordergrund steht der Erziehungsgedanke als Basis aller Regelungen des Jugendstrafrechts. Diesem Gedanken trägt § 31 Abs. 3 JGG für den Einzelfall Rechnung – maßgebend ist der konkrete Täter (vgl. BGHSt. 22, 21, 23). Andererseits ist zu bedenken, daß sich aus den Vorschriften in § 18 Abs. 1 Satz 2, § 31 Abs. 1 Satz 3, § 105 Abs. 3 JGG zu ergeben scheint, der Gesetzgeber habe auch bei schwersten Straftaten die Möglichkeit der erzieherischen Einwirkung im Strafvollzug auf zehn Jahre begrenzt. Nähere Betrachtung zeigt aber einen grundlegenden Unterschied zu der hier zu beurteilenden Verfahrenslage auf. Während in jenen Vorschriften bestimmt wird, welche Höchstgrenzen der Richter bei der Entscheidung über das Reaktionsmittel auf die in einem bestimmten Verfahren zu beurteilenden Straftaten zu beachten hat, regelt § 31 JGG in seinen Absätzen 2 und 3 den Fall, daß im Augenblick der Entscheidung bereits ein rechtskräftiges, noch nicht erledigtes Erkenntnis wegen früherer Straftaten gegen den Täter vorliegt. Auch insoweit soll es nach § 31 Abs. 2 Satz 1

JGG („in gleicher Weise") bei der Regel des Absatzes 1 verbleiben, wonach unter Beachtung der Höchstgrenzen einheitlich über alle Straftaten zu entscheiden ist. Erzieherische Gründe können aber nach Abs. 3 ein Ausklammern des früheren Urteils rechtfertigen. Dabei ist bemerkenswert, daß die in Abs. 1 Satz 3 trotz der Regelungen in § 18 Abs. 1 Satz 1 und 2, § 105 Abs. 3 JGG für erforderlich gehaltene ausdrückliche Bindung an die Höchstgrenzen des Jugendarrestes und der Jugendstrafe in der einen besonderen Fall betreffenden Vorschrift des § 31 Abs. 3 JGG nicht wiederkehrt. Aus alledem schließt der Senat, daß die Höchstgrenzen hier nicht gelten sollen. Dieser Schluß erscheint auch sinnvoll schon im Hinblick darauf, daß zwischen der früheren Strafe und der Höchstgrenze im Einzelfall ein zu geringer oder gar kein Spielraum liegen könnte, so daß bei absoluter Geltung der Höchstgrenze eine angemessene Reaktion auf die neue Tat nicht mehr möglich wäre. Ein solcher Fall liegt zwar hier nicht vor. Das Gesetz bietet aber keinen Anhalt dafür, die nach der Systematik der Vorschriften als zulässig erkannte Überschreitung des Höchstmaßes durch Kumulierung zweier Strafen auf die Fälle zu beschränken, in denen die frühere Strafe den Rahmen bereits (weitgehend) ausgeschöpft hat. Die möglichen Unterschiede in der Fallgestaltung haben vielmehr bei der Prüfung der Frage Berücksichtigung zu finden, ob erzieherische Gründe das Absehen von der Einbeziehung der früheren Taten rechtfertigen.

Um § 31 Abs. 3 JGG im Einzelfall anwenden zu können, müssen Gründe vorliegen, die unter dem Gesichtspunkt der Erziehung von ganz besonderem Gewicht sind (so schon BGH NStZ 1985, 410 [BGH Urt. v. 5. 3. 1985 – 1 StR 31/85; vgl. § 31 JGG erfolgreiche Rügen] für den Fall der Zulässigkeit des Durchbrechens der Vorschrift des § 105 Abs. 3 JGG) und zur Verfolgung dieses Zweckes über die üblichen Strafzumessungsgesichtspunkte hinaus das Nebeneinander zweier Jugendstrafen notwendig erscheinen lassen. Sind die Voraussetzungen erfüllt, so steht die Entscheidung im pflichtgemäßen, durch rationale Erwägungen gebundenen Ermessen des Tatrichters (BGH a.a.O.).

d) Das Landgericht ist zu dem Ergebnis gekommen, es sei im vorliegenden Fall nicht nur zweckmäßig, sondern aus erzieherischen Gründen geboten, vom Grundsatz des § 31 Abs. 2 JGG abzuweichen. Unter Beachtung der oben dargelegten Anforderungen hat es die bisher erst kurzfristige Verbüßung und den Umstand, daß die neue Tat während einer Bewährungszeit begangen wurde, noch nicht als die verlangten besonderen Erziehungsgründe angesehen. Hinzu kommt, daß es dem Angeklagten durch Einstellung des Verfahrens wegen weiterer schwer krimineller Gewalttaten und Beiseitelassen der früheren Verurteilung das Gewicht des Mordes, „der in seiner Furchtbarkeit kaum seinesgleichen findet", vor Augen stellen wollte. Die Einbeziehung minder schwerer Straftaten werde dem Angeklagten die Bedeutung der Mordtat nicht ausreichend bewußt machen, zumal er trotz Geständnisses bereits in der Hauptverhandlung zur Verharmlosung geneigt habe. Dieser Tendenz konnte nach Überzeugung der Jugendkammer nur begegnet werden, wenn der Angeklagte sieht, daß er allein wegen der Mordtat die Höchststrafe erhält. Das ist aus Rechtsgründen nicht zu beanstanden.

3. Nach §§ 105 II, 31 III JGG kann für Heranwachsende auch mit einer rechtskräftigen Verurteilung nach Erwachsenenstrafrecht eine Einheitsjugendstrafe gebildet werden.

JGG § 105 – BGH Urt. v. 21. 10. 1980 – 1 StR 451/80 (= NStZ 1981, 355)

Die Revision rügt die Verletzung sachlichen Rechts.

Sachverhalt: Das Landgericht hat den Angeklagten u.a. wegen einer räuberischen Erpressung zu einer Jugendstrafe von 6 Jahren verurteilt. Diese Strafe wurde unter Einbeziehung einer vorherigen rechtskräftigen Verurteilung nach Erwachsenenstrafrecht von 5 Monaten gebildet. – Das Rechtsmittel war erfolglos.

Gründe: ...

d) Schließlich ist auch die Einbeziehung der gegen den Angeklagten durch Urteil des Amtsgerichts Neu-Ulm – Zweigstelle Illertissen – vom 8. 11. 1978 verhängten Freiheitsstrafe von fünf Monaten in die jetzt gebildete Einheitsjugendstrafe von sechs Jahren nicht zu beanstanden. Nach §§ 105 II, 31 III JGG kann auch mit einer rechtskräftigen Verurteilung nach Erwachsenenstrafrecht eine Einheitsjugendstrafe gebildet werden. § 105 JGG ist insoweit durch das Einführungsgesetz zum StGB (v. 2. 3. 1974, BGBl. I, 469, 529) durch Einführung einer entsprechenden Regelung ergänzt worden, da es dem das JGG beherrschenden Erziehungsgedanken widerspräche, Strafen und Maßnahmen aus den verschiedenen Strafrechtsordnungen nebeneinander bestehen zu lassen und auch zu vollstrecken (Begr. zum Entw. eines EGStGB, BT-Dr 7/550, S. 332). Die frühere Rechtsprechung des BGH zu dieser Frage (BGHSt. 14, 287; Urt. v. 25. 7. 1972 – 1 StR 252/72) ist damit überholt.

§ 106 JGG

(1) Ist wegen der Straftat eines Heranwachsenden das allgemeine Strafrecht anzuwenden, so kann der Richter an Stelle von lebenslanger Freiheitsstrafe auf eine Freiheitsstrafe von zehn bis zu fünfzehn Jahren erkennen.

(2) Sicherungsverwahrung darf der Richter nicht anordnen. Er kann anordnen, daß der Verlust der Fähigkeit, öffentliche Ämter zu bekleiden und Rechte aus öffentlichen Wahlen zu erlangen (§ 45 Absatz 1 des Strafgesetzbuches), nicht eintritt.

Erfolgreiche Rügen

1. Mögliche Strafaussetzung zur Bewährung keine Strafzumessungserwägung (BGH Beschl. v. 22. 12. 1982 – 3 StR 437/82).

Erfolgreiche Rügen

1. Mögliche Strafaussetzung zur Bewährung keine Strafzumessungserwägung.

JGG § 106 I; StGB § 57a – BGH Beschl. v. 22. 12. 1982 – 3 StR 437/82 LG Mosbach (= BGHSt. 31, 189)

Die Revision rügt die Verletzung materiellen Rechts.

Sachverhalt: Die Jugendkammer hat die Angeklagten des Mordes in Tateinheit mit schwerem Raub schuldig gesprochen. Sie hat den Angeklagten K. zu fünfzehn Jahren, den Angeklagten S. zu lebenslanger Freiheitsstrafe verurteilt.

Von der nach § 106 Abs. 1 JGG gegebenen Möglichkeit, an Stelle von lebenslanger Freiheitsstrafe auf eine Freiheitsstrafe von zehn bis zu fünfzehn Jahren zu erkennen, hat das Landgericht bei dem Angeklagten S. keinen Gebrauch gemacht. Es ist zwar der Meinung, daß eine Wiedereingliederung dieses Angeklagten – im Falle seiner Entlassung nach Verbüßung einer zeitlich begrenzten Strafe – möglich sei. Demgegenüber verdienten jedoch der Schutz der Allgemeinheit und der Sühnezweck der Strafe wegen der gegen den Angeklagten sprechenden erschwerenden Umstände das Übergewicht. Solche Umstände sieht die Jugendkammer sowohl in der Tat als auch im Verhalten des Angeklagten nach der Tat. Schließlich – und möglicherweise ausschlaggebend – zieht die Jugendkammer für ihre Entscheidung gegen die Anwendung des § 106 JGG die Erwägung mit heran, daß der

Angeklagte nach § 57a StGB „die Chance einer vorzeitigen Entlassung nach 15 Jahren besitzt und zwingend gesetzlich die Prüfung dieser Chance vorgeschrieben ist". § 57a StGB habe es noch nicht gegeben, als § 106 JGG geschaffen worden sei. Er müsse heute bei der Abwägung zwischen Wiedereingliederungsmöglichkeit und Schutz- und Sühnezweck der Strafe berücksichtigt werden. – Das Rechtsmittel hatte Erfolg.

Gründe: Dieser Erwägung kann der Senat nicht folgen. ...

§ 106 JGG stellt für die Gruppe der altersgemäß gereiften Heranwachsenden in Fällen schwerster Kriminalität, in denen das Erwachsenenstrafrecht die lebenslange Freiheitsstrafe vorsieht, einen besonderen Strafrahmen zur Verfügung. Darin liegt die rechtliche Anerkennung der Erfahrungstatsache, daß es zwischen der Gruppe der Jugendlichen und der ihnen durch § 105 JGG gleichgestellten entwicklungsgehemmten Heranwachsenden einerseits, die im Höchstmaß mit zehn Jahren Jugendstrafe bestraft werden können, und den Erwachsenen, gegen welche die lebenslange Freiheitsstrafe verhängt werden darf und, wenn das Gesetz es vorsieht, verhängt werden muß, eine dritte Gruppe von Straftätern gibt, die sich in einem für die Strafzumessung wesentlichen Punkt von beiden genannten Gruppen unterscheiden. Heranwachsende dieser Gruppe, die altersgemäß entwickelt und daher grundsätzlich den Reaktionsmitteln des allgemeinen Strafrechts unterworfen sind, können trotzdem in der Regel nicht als in ihrer Entwicklung bereits abgeschlossen angesehen werden. Bei ihnen wäre es, da noch Hoffnung auf eine Entwicklung zur vollen Eingliederung in die Gesellschaft besteht, nicht gerechtfertigt, in allen nach dem allgemeinen Strafrecht vorgesehenen Fällen die lebenslange Freiheitsstrafe zu verhängen (vgl. die Begründung zu § 20a des Entwurfs eines Gesetzes zur Änderung des RJGG, BTDrucks. 1/3264; BGHSt. 7, 353, 355). Ihnen soll deshalb die Wiedereingliederung in die Gesellschaft durch „Sonderregelungen zur Milderung der Rechtsfolgen" ermöglicht werden. Auf diese Weise wird der schroffe Unterschied in den Rechtsfolgen, der durch die Entscheidung des Gerichts über die Anwendung des Jugendstrafrechts oder des Erwachsenenstrafrechts (§ 105 JGG) in den Fällen schwerster Kriminalität sonst bewirkt würde, zugunsten einer stärkeren Berücksichtigung des Resozialisierungsgedankens vermindert.

Der Zweck der gesetzlichen Regelung macht es erforderlich, bei der nach pflichtgemäßem Ermessen des Tatrichters zu treffenden Entscheidung über die Anwendung des § 106 JGG die Frage in den Vordergrund zu stellen, ob eine spätere Wiedereingliederung des Täters erwartet werden kann. Das hat der Bundesgerichtshof schon in dem auch vom Landgericht herangezogenen Urteil vom 8. 6. 1955 (BGHSt. 7, 353, 355[1]) ausgesprochen. In einer jüngeren Entscheidung des 4. Strafsenats (bei Holtz MDR 1977, 283) hat er hervorgehoben, daß

---

1 BGH Urt. v. 8. 6. 1955 – 3 StR 163/55: „Ebenso steht es mit den Erwägungen des Landgerichts zur Kannmilderung der Erwachsenenstrafe nach § 106 JGG. Dieser Vorschrift liegt die Erfahrung zugrunde, daß die Entwicklung eines Heranwachsenden im allgemeinen noch nicht als so hoffnungslos angesehen werden kann, daß die Verhängung lebenslangen Zuchthauses in allen nach dem allgemeinen Strafrecht vorgesehenen Fällen gerechtfertigt wäre (so die Amtliche Begründung zum § 20a des Entwurfs eines Gesetzes zur Änderung des RJGG). Den Angehörigen dieser Altersgruppe soll daher in geeigneten Fällen durch Verhängung einer zwar noch immer schweren, aber doch zeitlich kürzeren Strafe die spätere Wiedereingliederung noch ermöglicht werden. In welchen Fällen das ohne Schaden für die Allgemeinheit und ohne Nachteil für den Sühnezweck der Strafe geschehen kann, hat das erkennende Gericht nach pflichtgebundenem Ermessen zu entscheiden. Dabei muß die Frage im Vordergrund stehen, ob eine spätere Wiedereingliederung des Verurteilten erwartet werden kann, soweit sie sich beurteilen läßt. Der Richter ist jedoch keineswegs gehindert, sondern im Gegenteil verpflichtet, die Art und Schwere der Tat und die andern anerkannten Strafzwecke, vor allem den der Sühne, auch bei dieser Entscheidung gebührend zu berücksichtigen. Ein uneingeschränkter Vorrang des Gedankens der Wiedereingliederung auch und gerade von schwersten Straftätern unter Vernachlässigung der wesentlichen Strafzwecke ist dem Gesetz nicht zu entnehmen und von ihm nicht angestrebt. Ein solcher würde das allgemeine Bedürfnis nach gerechter Sühne schwerster Verbrechen unangemessen beeinträchtigen."

der Sühnezweck der Strafe bei der gebotenen Abwägung nicht überbewertet werden dürfe. An dieser Rechtsprechung, die den Zukunftschancen des noch jungen, wenn auch nach Erwachsenenrecht zu verurteilenden Täters besonderes Gewicht auch bei schwerer Schuld zuweist, hält der Senat fest. Ihre Grundlage hat sich mit der Einführung des § 57a StGB durch das Zwanzigste Strafrechtsänderungsgesetz (20. StRÄndG) vom 8. 12. 1981 (BGBl. I 1329) nicht geändert.

Die neue Vorschrift sieht vor, daß das Gericht die Vollstreckung des Restes einer lebenslangen Freiheitsstrafe nach Verbüßung von fünfzehn Jahren unter bestimmten Voraussetzungen mit fünfjähriger Bewährungsfrist aussetzt. Damit ist die vor ihrer Einführung einzige Möglichkeit, einen zu lebenslanger Strafe Verurteilten nach Wegfall seiner Gefährlichkeit für die Allgemeinheit doch noch einer Resozialisierung zuzuführen, nämlich die Begnadigung, durch ein rechtsförmiges gerichtliches Verfahren ergänzt worden. Dieses Verfahren ist eher geeignet als das in den Händen vieler nichtrichterlicher Instanzen liegende Begnadigungsverfahren, eine einheitlichen Beurteilungskriterien unterworfene Aussetzungspraxis herbeizuführen. Es war nicht die Absicht des Gesetzgebers, auf diese Weise der lebenslangen Freiheitsstrafe eine andere Qualität zu verleihen. Nach der Begründung zum Regierungsentwurf eines Siebzehnten Strafrechtsänderungsgesetzes (BTDrucks. 8/3218 S. 5) sollte der Anwendungsbereich der Vorschrift auf diejenige Personengruppe beschränkt bleiben, die ohnehin nach der damaligen Gnadenpraxis mit ihrer vorzeitigen bedingten Entlassung rechnen konnte. Diese Intention hat zwar eine gewisse Änderung dadurch erfahren, daß der in jenem Entwurf enthaltene Hinderungsgrund des Gebots der Verteidigung der Rechtsordnung vom Gesetzgeber nicht übernommen worden ist, nachdem er schon in dem von den Fraktionen der SPD und FDP eingebrachten Entwurf eines Neunzehnten Strafrechtsänderungsgesetzes (BTDrucks. 9/22), der einen Gesetzesbeschluß aus der vorigen Wahlperiode aufgriff, nicht mehr enthalten war. Die darin liegende Erleichterung der bedingten Entlassung hat aber nicht dazu geführt, daß die lebenslange Freiheitsstrafe mit einer Entlassungsautomatik nach fünfzehn Jahren Verbüßungsdauer gekoppelt worden wäre. Vielmehr verbleibt es selbst bei Wegfall der Gefährlichkeit des Verurteilten in Fällen besonderer Schuldschwere bei der Vollstreckung über die Dauer von fünfzehn Jahren hinaus.

Schon dieser Inhalt der Neuregelung verbietet es, mit dem Landgericht bei der Prüfung, ob gegen einen Heranwachsenden in Anwendung des § 106 JGG von der Verhängung der lebenslangen Freiheitsstrafe abgesehen werden kann, dem Gesichtspunkt der Wiedereingliederung ein geringeres Gewicht als bisher beizulegen. § 57a StGB hat vielmehr bei der gebotenen Abwägung zwischen dem von Schuldschwere und Sühnebedürfnis beeinflußten Allgemeininteresse und dem Wiedereingliederungsinteresse des jungen, wenn auch schwer schuldig gewordenen Straftäters außer Betracht zu bleiben. Das folgt auch in anderer Hinsicht aus der unterschiedlichen Funktion der beiden Vorschriften. Sie dienen zwar beide, worauf das Landgericht ersichtlich abstellen wollte, letztlich der gerechten Bemessung des von dem Straftäter verwirkten Strafübels. Während aber § 106 JGG diesem Ziel bereits im Stadium der Strafzumessung durch das erkennende Gericht dient, kommen die Prüfungskriterien des § 57a StGB erst zu einem Zeitpunkt zum Tragen, in dem der Täter bereits die lange Spanne von fünfzehn Jahren Freiheitsstrafe verbüßt hat. Dem Täter, dem § 106 JGG zugute kommt, kann auch bei Verhängung des danach möglichen Höchstmaßes von fünfzehn Jahren Freiheitsstrafe bereits nach zehn Jahren unter den gegenüber § 57a Abs. 1 StGB weniger strengen Voraussetzungen des § 57 Abs. 1 StGB – in besonderen Fällen sogar schon nach sieben Jahren und sechs Monaten (§ 57 Abs. 2 StGB) – Strafaussetzung gewährt werden. Er weiß schon bei Beginn des Vollzuges, daß er spätestens nach fünfzehn Jahren die Freiheit wiedererlangen wird, und steht deshalb den Resozialisierungshilfen, die ihm angeboten werden, von vornherein aufgeschlossener gegenüber als derjenige, der, zu lebenslanger Strafe verurteilt, lediglich die ungewisse Hoffnung hegen kann, zu diesem Zeitpunkt entlassen zu werden, wobei ihn die vorgeschriebene Bewährungszeit von fünf Jahren mit der Möglichkeit des Widerrufs der Strafaussetzung zusätzlich belastet.

Das alles macht es unmöglich, die in § 57a StGB angelegten späteren Chancen des Verurteilten schon bei der Entscheidung nach § 106 JGG ohne eine Veränderung des Sinnes dieser Vorschrift zu berücksichtigen. Ähnlich, wie es unzulässig ist, die schuldangemessene zeitige Freiheitsstrafe zu unterschreiten, um eine Strafaussetzung zu ermöglichen (BGHSt. 29, 319[1]) oder weil daneben eine Maßregel der Besserung und Sicherung angeordnet wird (BGHSt. 24, 132[2]), ist es nicht erlaubt, den Heranwachsenden bei der Entscheidung nach § 106 JGG auf die Chancen aus § 57a StGB, also auf Kriterien zu verweisen, die außerhalb der von der Rechtsprechung erarbeiteten Anwendungsmaßstäbe für jene Vorschrift liegen.

Eine weitere Überlegung bestätigt dieses Ergebnis. Die Einführung des § 57a StGB diente, auch wenn sie die Qualität der lebenslangen Freiheitsstrafe unangetastet ließ, der rechtlichen Verfestigung des von der Verfassung gebotenen Anspruchs des Verurteilten auf Gewährung einer Chance, die Freiheit schließlich wiederzugewinnen (vgl. BVerfGE 45, 187). Der auf der Achtung der Menschenwürde auch des schwer Gestrauchelten beruhenden Zielrichtung der gesetzlichen Neuregelung würde die vom Landgericht vorgenommene geänderte Auslegung des § 106 JGG zuwiderlaufen. Diese Vorschrift, die den Belangen des noch im Reifungsprozeß stehenden jungen Straftäters und damit ebenfalls seiner Menschenwürde Rechnung tragen will, indem sie es ermöglicht, ihm nur die Strafe zuzumessen, die nach seiner Tat und seiner Persönlichkeit unbedingt geboten ist, würde in ihrem Anwendungsbereich eingeschränkt werden. Gerade die Einführung des § 57a StGB, die für den zu lebenslanger Freiheitsstrafe Verurteilten auf andere Weise eine ähnliche Zielrichtung verfolgt, würde bewirken, daß die Zahl der gegen Heranwachsende verhängten lebenslangen Freiheitsstrafen verhältnismäßig anstiege.

3. Der nach alledem aufgedeckte Rechtsfehler, dem die Jugendkammer erlegen ist, zwingt auch zur Aufhebung der gegen den Angeklagten K. erkannten Strafe. Zwar ist diesem Angeklagten gegenüber von § 106 JGG Gebrauch gemacht worden. Der Senat kann jedoch nicht ausschließen, daß seine Strafe geringer ausgefallen wäre, wenn die Jugendkammer von einer rechtlich zutreffenden Auslegung des § 106 JGG ausgegangen wäre.

---

[1] BGH Urt. v. 17. 9. 1980 – 2 StR 335/80: „Das Bestreben, dem Angeklagten Strafaussetzung zur Bewährung zu bewilligen, darf nicht dazu führen, daß die schuldangemessene Strafe unterschritten wird."
[2] BGH Urt. v. 27. 10. 1970 – 1 StR 423/70: „Die Anordnung einer Maßregel darf nicht zur Unterschreitung der schuldangemessenen Strafe führen."

Konvention zum Schutze der Menschenrechte und Grundfreiheiten

Artikel 6

(1) Jede Person hat ein Recht darauf, daß über Streitigkeiten in bezug auf ihre zivilrechtlichen Ansprüche und Verpflichtungen oder über eine gegen sie erhobene strafrechtliche Anklage von einem unabhängigen und unparteiischen, auf Gesetz beruhenden Gericht in einem fairen Verfahren, öffentlich und innerhalb angemessener Frist verhandelt wird. Das Urteil muß öffentlich verkündet werden. Presse und Öffentlichkeit können jedoch während des ganzen oder eines Teiles des Verfahrens ausgeschlossen werden, wenn dies im Interesse der Moral, der öffentlichen Ordnung oder der nationalen Sicherheit in einer demokratischen Gesellschaft liegt, wenn die Interessen von Jugendlichen oder der Schutz des Privatlebens der Prozeßparteien es verlangen oder – soweit das Gericht es für unbedingt erforderlich hält – wenn unter besonderen Umständen eine öffentliche Verhandlung die Interessen der Rechtspflege beeinträchtigen würde.

(2) Jede Person, die einer Straftat angeklagt ist, gilt bis zum gesetzlichen Beweis ihrer Schuld als unschuldig.

(3) Jede angeklagte Person hat mindestens folgende Rechte:

a) innerhalb möglichst kurzer Frist in einer ihr verständlichen Sprache in allen Einzelheiten über Art und Grund der gegen sie erhobenen Beschuldigung unterrichtet zu werden;

b) ausreichende Zeit und Gelegenheit zur Vorbereitung ihrer Verteidigung zu haben;

c) sich selbst zu verteidigen, sich durch einen Verteidiger ihrer Wahl verteidigen zu lassen oder, falls ihr die Mittel zur Bezahlung fehlen, unentgeltlich den Beistand eines Verteidigers zu erhalten, wenn dies im Interesse der Rechtspflege erforderlich ist;

d) Fragen an Belastungszeugen zu stellen oder stellen zu lassen und die Ladung und Vernehmung von Entlastungszeugen unter denselben Bedingungen zu erwirken, wie sie für Belastungszeugen gelten;

e) unentgeltliche Unterstützung durch einen Dolmetscher zu erhalten, wenn sie die Verhandlungssprache des Gerichts nicht versteht oder spricht.

Erfolgreiche Rügen

1. Geht die qualitative Steigerung der Verstrickung des Täters mit einer Einwirkung durch die VP einher, die von einiger Erheblichkeit ist (Tatprovokation), so liegt ein Fall der unzulässigen Tatprovokation vor (BGH Urt. v. 30. 5. 2001 – 1 StR 42/01).

2. In ganz außergewöhnlichen Sonderfällen ist eine Verletzung von Art. 6 I S. 1 MRK als Verfahrenshindernis vom Tatrichter zu beachten und vom Revisionsgericht von Amts wegen zu berücksichtigen (BGH Urt. v. 25. 10. 2000 – 2 StR 232/00).

3. Einsatz eines Lockspitzels ist kein Verfahrenshindernis, muß aber bei der Strafzumessung berücksichtigt werden (BGH Urt. v. 18. 11. 1999 – 1 StR 221/99).

4. Gericht muß sich ernsthaft bemühen, dem Recht des Angeklagten, sich in einem Strafverfahren von einem Rechtsanwalt seines Vertrauens verteidigen zu lassen, soweit wie möglich Geltung zu verschaffen (BGH Beschl. v. 6. 7. 1999 – 1 StR 142/99).

5. Bei Verletzung des Beschleunigungsgebotes muß das Gericht im Urteil Art und Ausmaß der Verzögerung feststellen und das Maß der Kompensation durch Vergleich der an sich verwirkten

mit der tatsächlich verhängten Strafe ausdrücklich und konkret bestimmen (BGH Beschl. v. 21. 12. 1998 – 3 StR 561/98).

6. Bei einem Verstoß gegen das Beschleunigungsgebot ist das Ausmaß der vorgenommenen Herabsetzung der Strafe kenntlich zu machen (BGH Beschl. v. 16. 10. 1997 – 4 StR 468/97).

7. Einstellung des Verfahrens, wenn unter Berücksichtigung einer neuen Hauptverhandlung Verfahrensdauer von 15–16 Jahren zu erwarten ist und Verfahrensverzögerungen von 2 Jahren im Ermittlungsverfahren vorliegen (BGH Beschl. v. 26. 6. 1996 – 3 StR 199/95).

8. Ermittlungsmaßnahmen in Form von Lockspitzeleinsatz nur gegen Personen zulässig, gegen die schon ein Verdacht i.S.d. § 160 I StPO besteht, entsprechende Straftaten zu planen oder darin verwickelt zu sein (BGH Beschl. v. 16. 3. 1995 – 4 StR 111/95).

9. Ein Verstoß gegen das Beschleunigungsverbot nach Erlaß des Urteils ist vom Revisionsgericht von Amts wegen zu berücksichtigen (BGH Urt. v. 21. 12. 1994 – 2 StR 415/94).

10. Bei offensichtlicher Verfahrensverzögerung muß das Gericht die Verzögerung feststellen und bei der Strafzumessung berücksichtigen, wobei das Ausmaß dieser Berücksichtigung näher zu bestimmen ist (BGH Urt. v. 6. 9. 1994 – 5 StR 228/94).

11. Fragenkatalog der Verteidigung an anonyme polizeiliche Vertrauenspersonen ist zulässig (BGH Beschl. v. 5. 2. 1993 – 2 StR 525/92).

12. Verfahrensverzögernde Sachbehandlung durch Staatsanwaltschaft und Gericht (BGH Beschl. v. 26. 5. 1992 – 1 StR 131/92).

13. Bei der unverschuldeten Verfahrensverzögerung handelt es sich um einen besonderen Strafmilderungsgrund, der neben dem des Zeitablaufs zwischen Tat und Aburteilung bestehen kann und als solcher eigenständig zu berücksichtigen und in den Urteilsgründen zu erörtern ist (BGH Beschl. v. 6. 9. 1988 – 1 StR 473/88).

14. Im Rahmen der Strafzumessung muß eine der Vorschrift des Artikels 6 I S. 1 EMRK zuwiderlaufende Verfahrensverzögerung zugunsten des Angeklagten berücksichtigt werden (BGH Beschl. v. 20. 1. 1987 – 1 StR 679/86).

15. Überlange Verfahrensdauer kein Grund zur Verwarnung mit Strafvorbehalt ohne Vorliegen der dafür vorgesehenen gesetzlichen Voraussetzungen (BGH Urt. v. 12. 10. 1977 – 3 StR 287/77).

Erfolglose Rügen

1. Art. 6 III lit. e MRK räumt dem der Gerichtssprache nicht mächtigen Angeklagten (Beschuldigten) unabhängig von seiner finanziellen Lage für das gesamte Strafverfahren und damit auch für vorbereitende Gespräche mit einem Verteidiger einen Anspruch auf unentgeltliche Zuziehung eines Dolmetschers ein, auch wenn kein Fall der notwendigen Verteidigung i.S.d. § 140 StPO oder des Art. 6 III lit. c MRK gegeben ist (BGH Beschl. v. 26. 10. 2000 – 3 StR 6/00).

2. Gericht muß alle Verfahrensbeteiligten davon unterrichten, wenn während der Hauptverhandlung Urkunden oder andere Beweismittel, deren Erheblichkeit nicht ausgeschlossen ist, auch ohne seine Veranlassung zu den Akten gelangen (BGH Urt. v. 21. 9. 2000 – 1 StR 634/99).

3. Verfahrensverlängerung durch Urteilsaufhebung und Zurückverweisung begründet regelmäßig keine rechtsstaatswidrige Verfahrensverzögerung, auch dann nicht, wenn dies zum zweiten Mal erforderlich ist (BGH Beschl. v. 19. 7. 2000 – 3 StR 259/00).

4. Auch wenn Kompensation wegen überlanger Verfahrensdauer erforderlich ist, muß der neue Tatrichter über die an sich verwirkte Strafe so entscheiden, als ob das (aufgehobene) frühere tatrichterliche Urteil nicht in der Welt wäre (BGH Urt. v. 10. 11. 1999 – 3 StR 361/99).

5. Die Verletzung des Beschleunigungsgebotes nach Art. 6 II MRK ist im Revisionsverfahren grundsätzlich nur auf Grund einer entsprechenden Verfahrensrüge zu prüfen (BGH Beschl. v. 4. 1. 1999 – 3 StR 597/98).

6. Rüge, durch das Verfahren sei das Beschleunigungsgebot verletzt und die Verfahrensverzögerung im Urteil nicht berücksichtigt worden, erfordert Darlegung der diesen Verfahrensverstoß belegenden Tatsachen (BGH Beschl. v. 28. 8. 1998 – 3 StR 142/98).

7. Bei der Rüge der Verletzung des Beschleunigungsgebots nach Art. 6 I S. 1 MRK handelt es sich um eine Verfahrensrüge, zu deren Begründung die die Verfahrensverzögerung belegenden Tatsachen darzulegen sind (BGH Beschl. v. 11. 3. 1998 – 3 StR 43/98).

8. Bei Zusagen zur Strafhöhe außerhalb der Hauptverhandlung ist äußerste Vorsicht geboten (BGH Beschl. v. 13. 5. 1997 – 1 StR 12/97).

9. Angaben verdeckter Ermittler, die dem Angeklagten zwar nicht namentlich, aber persönlich bekannt waren, dürfen als Begründung für eine Verurteilung verwendet werden (BVerfG Beschl. v. 11. 4. 1991 – 2 BvR 196/91).

10. Art. 6 III MRK verbietet nicht die Vernehmung von Verhörspersonen verdeckt ermittelnder Polizeizeugen (BGH Urt. v. 20. 11. 1990 – 1 StR 562/90).

11. 13 Jahre Verfahrensdauer kein Verfahrenshindernis (BGH Urt. v. 1. 12. 1982 – 2 StR 210/82).

12. Überlange Verfahrensdauer kein Verfahrenshindernis, aber bei der Strafzumessung zu berücksichtigen (BGH Urt. v. 3. 2. 1982 – 2 StR 374/81).

13. Die überlange Verfahrensdauer ist kein Verfahrenshindernis (BGH Urt. v. 10. 11. 1971 – 2 StR 492/71)

Erfolgreiche Rügen

1. Geht die qualitative Steigerung der Verstrickung des Täters mit einer Einwirkung durch die VP einher, die von einiger Erheblichkeit ist (Tatprovokation), so liegt ein Fall der unzulässigen Tatprovokation vor.

MRK Art. 6 I 1 – BGH Urt. v. 30. 5. 2001 – 1 StR 42/01 LG Augsburg (= NJW 2001, 2981 = StV 2001, 492 = NStZ 2001, 553)

Die Revision rügt, der Angeklagte sei von einer durch die Polizei geführten VP in unzulässiger Weise zum Handeltreiben mit Heroin provoziert worden. Den darin liegenden Verstoß gegen das Recht auf ein faires Verfahren i.S. des Art. 6 I 1 EMRK habe das Landgericht ausdrücklich feststellen und bei der Strafzumessung weiter gehend als geschehen berücksichtigen müssen.

Sachverhalt: Der Angeklagte lernte in einem Lokal durch einen Bekannten eine so genannte Vertrauensperson (im Folgenden: VP) der Polizei kennen. Diese gab zu verstehen, daß sie Haschisch konsumiere. Während eines Toilettenaufenthalts der VP folgte ihr der Angeklagte und bot ihr Haschisch an. Die VP ging auf das Angebot ein und es kam zu einem Verkauf von etwa 70 g (4,5 g THC) zum Preise von 700 DM. Bei einem weiteren Treffen – an diesem Tage wurde auch ein weiteres Haschischgeschäft zwischen beiden abgewickelt (22,55 g bei 1,4 g THC) – äußerte nun die VP gegenüber dem Angeklagten, sie sei stark am Erwerb von Heroin guter Qualität interessiert. Der Angeklagte – gegen den nicht der Verdacht bestand, Heroingeschäfte vorgenommen zu haben oder solche vornehmen zu wollen, antwortete zunächst abwehrend sinngemäß, daß solche Geschäfte gefährlich seien. Zwei Tage darauf, als die VP über vermeintliche Bezugsprobleme klagte, versuchte er indessen telefonisch Kontakt zu dem Heroinhändler B. herzustellen. Im weiteren Verlauf gelang ihm dies und er arrangierte ein Treffen der VP mit B., an dem er teilnahm. Es kam dann zu drei Geschäften: Zunächst erfolgte eine Probelieferung von 5,52 g Heroingemisch mit einem HHCL-Anteil von 1,15 g zum Preis von 400 DM, sodann eine weitere Lieferung von 89,05 g Heroingemisch (HHCL-Anteil = 7,64 g) zum Preis von 7000 DM; schließlich bestellte die VP 500 g Heroingemisch, die der Angeklagte als lieferbar erklärt hatte, nachdem die VP zunächst 1,2 kg Heroin und 800 g Kokain hatte ordern wollen. Bei den Geschäften war der Angeklagte nach telefonischer Verabredung in den Pkw der VP gestiegen; dann hatten beide B. an einem anderen Ort aufgenommen. Die Verhandlungen mit der VP wickelte im Wesentlichen der Angeklagte ab, da B. kaum Deutsch sprach. Der Angeklagte sollte für die Geschäfte sowohl von der VP als auch von B. eine Provision erhalten. Die Strafkammer ist auf der Grundlage der Einlassung des Angeklagten davon ausgegangen, die VP habe ihn unter Darstellung einer Gefahr für Leib und Leben – weil er seine angeblichen Abnehmer nicht mehr mit qualitativ gutem Heroin habe beliefern können – „angebettelt", Heroin zu besorgen und eine Provision in Aussicht gestellt. Nachdem der Angeklagte den Kontakt zu B. hergestellt hätte und mit der Sache nichts mehr habe zu tun haben wollen, sei er von der VP zum weiteren Mitmachen „gedrängt" worden, weil er als Dolmetscher gebraucht werde. Bei der Übergabe des zuletzt bestellten Heroins an die VP wurden der Angeklagte und B. festgenommen. Im Blick auf die Einlassung des Angeklagten, das Haschisch wie auch das Heroin hätten jeweils einem auf einmal beschafften Gesamtvorrat entstammt, hat die Strafkammer für das Handeltreiben mit Haschisch sowie mit Heroin jeweils eine Bewertungseinheit angenommen.

Die Strafkammer hat einen Verstoß gegen den Grundsatz des fairen Verfahrens i.S. des Art. 6 I 1 EMRK verneint. Zwar habe gegen den Angeklagten vor dem Einsatz der VP kein Verdacht dahin bestanden, daß er gerade Heroingeschäfte vornehmen wolle. Auch könne letztlich nicht ausgeschlossen werden, daß der Angeklagte durch die VP zum Handeltreiben mit Heroin provoziert worden sei. Eine „eventuelle Provokation" sei dem Staat aber nicht zuzurechnen, da jedenfalls das von dem Wissen und der Kenntnis der Polizei umfasste Verhalten der VP keine Tatprovokation darstelle. Dennoch hat die Strafkammer bei der Strafzumessung wegen der Veranlassung des Handeltreibens mit Heroin die an sich festzusetzende Einzelfreiheitsstrafe um fünf Monate verringert.

Das Landgericht hat den Angeklagten wegen unerlaubten Handeltreibens mit Betäubungsmitteln (Haschisch) sowie wegen unerlaubten Handeltreibens mit Betäubungsmitteln in nicht geringer Menge (Heroin) zu einer Gesamtfreiheitsstrafe verurteilt. – Das Rechtsmittel hatte Erfolg.

Gründe: ...

II.

Die Revision hat Erfolg, soweit sie den Strafausspruch im Falle B II der Urteilsgründe angreift (Heroingeschäfte). Die Begründung, mit der das Landgericht das Recht des Angeklagten auf ein faires Verfahren i.S. des Art. 6 I 1 EMRK als nicht verletzt erachtet, hält rechtlicher Nachprüfung nicht stand. Das Vorgehen der VP der Polizei, durch welches der Angeklagte zum Handeltreiben gerade mit Heroin veranlaßt wurde und das dem Staat hier entgegen der Auffassung des Landgerichts zuzurechnen ist, erweist sich möglicherweise als unzulässige und damit konventionswidrige Tatprovokation. Der Senat läßt offen, ob die Revision nur mit einer Verfahrensrüge oder auch mit der Sachrüge geltend machen kann, das Landgericht habe zu Unrecht einen Konventionsverstoß verneint. Er kann alle insoweit maßgeblichen Umstände sowohl dem Vortrag der Revision zur Verfahrensrüge als auch dem angefochtenen Urteil entnehmen.

1. Der Senat hat in seinem Urteil vom 18. 11. 1999 – 1 StR 221/99 (BGHSt. 45, 321 [vgl. Art. 6 MRK erfolgreiche Rügen]) in Anwendung des Grundsatzes des fairen Verfahrens (gem. Art. 6 I 1 EMRK) und im Blick auf dessen Auslegung durch den EGMR (EGMR, NStZ 1999, 47 = EuGRZ 1999, 660 = StV 1999, 127) für den Fall eines konventionswidrigen Lockspitzeleinsatzes entschieden, daß ein solcher Verstoß in den Urteilsgründen festzustellen und bei Festsetzung der Rechtsfolgen – genau bemessen – zu kompensieren ist. Eine Konventionsverletzung liegt nach der genannten Senatsentscheidung vor, wenn eine unverdächtige und zunächst nicht tatgeneigte Person durch die von einem Amtsträger geführte VP in einer dem Staat zuzurechnenden Weise zu einer Straftat verleitet wird und dies zu einem Strafverfahren führt (BGHSt. 45, 321 [Leitsatz u. S. 335]).

Der Senat hat diesen Maßstab weiter dahin konkretisiert, daß eine Tatprovokation nicht schon dann vorliegt, wenn eine VP einen Dritten ohne sonstige Einwirkung lediglich darauf anspricht, ob dieser Betäubungsmittel beschaffen könne. Ebenso liegt keine Provokation vor, wenn die VP nur die offen erkennbare Bereitschaft zur Begehung oder Fortsetzung von Straftaten ausnutzt. Dagegen ist die VP als tatprovozierender Lockspitzel tätig, wenn sie über das bloße „Mitmachen" hinaus in die Richtung auf eine Weckung der Tatbereitschaft oder eine Intensivierung der Tatplanung mit einiger Erheblichkeit stimulierend auf den Täter einwirkt (BGHSt. 45, 321 [338]). Erreicht die Intensität der Einwirkung durch den polizeilichen Lockspitzel das Maß einer Tatprovokation, so ist diese nur zulässig, wenn die VP (bzw. ein verdeckter Ermittler) gegen eine Person eingesetzt wird, die in einem den §§ 152 II, 160 StPO vergleichbaren Grad verdächtig ist, an einer bereits begangenen Straftat beteiligt gewesen zu sein oder zu einer zukünftigen Straftat bereit zu sein; hierfür müssen also zureichende tatsächliche Anhaltspunkte vorliegen. Dies gilt unabhängig davon, ob der VP-Einsatz ursprünglich (bis zur Tatprovokation) der präventiven Gefahrenabwehr diente oder von Anfang an repressiven Charakter hatte. Die Rechtmäßigkeit des Lockspitzeleinsatzes ist selbst im Falle einer „Gemengelage" einheitlich an den Regelungen der Strafprozeßordnung zu messen (BGHSt. 45, 321 [337]).

Eine unzulässige Tatprovokation ist dem Staat im Blick auf die Gewährleistung des fairen Verfahrens dann zuzurechnen, wenn diese Provokation mit Wissen eines für die Anleitung der VP verantwortlichen Amtsträgers geschieht oder dieser sie jedenfalls hätte unterbinden können. Erteilt die Polizei einen Auftrag an eine VP, hat sie die Möglichkeit und die Pflicht, diese Person zu überwachen. Eine Ausnahme von der sich daraus ergebenden Zurechnung kann nur dann gelten, wenn die Polizei mit einem Fehlverhalten der VP nicht rechnen konnte (BGHSt. 45, 321).

2. Daraus ergibt sich für den vorliegenden Fall zunächst, daß die Bewertung des Landgerichts, das Verhalten der VP sei hier dem Staat nicht zuzurechnen, von Rechts wegen keinen Bestand haben kann. Dem Zusammenhang der Urteilsgründe kann der Senat entnehmen, daß die VP eng geführt wurde und deren Treffen mit dem Angeklagten und B. überwacht wurden. Das Verhalten der VP bewegte sich im Wesentlichen auf der Linie des ihr erteilten Auftrags.

3. Die rechtsfehlerhafte Verneinung einer Zurechnung des Verhaltens der VP würde allerdings eine Verwerfung der Revision nicht hindern, wenn sich aus den Feststellungen des Landgerichts im Übrigen ohne weiteres ergäbe, daß hier keine unzulässige Tatprovokation vorlag. Das ist indessen nicht der Fall.

a) Das Landgericht geht selbst davon aus, daß die VP den Angeklagten zum Handeltreiben gerade mit Heroin in größer werdenden Mengen provoziert hat. Auf der Grundlage des vom Landgericht angenommenen Sachverhalts liegt eine Tatprovokation nahe. Das Urteil geht davon aus, daß die VP den Angeklagten unter Hinweis auf eine vermeintliche eigene Leibes- und Lebensgefahr um Heroin „anbettelte", ihm etwas „vorjammerte" und nach dem Zustandebringen des Kontakts zu dem Heroinhändler B. „bedrängte", sich als Dolmetscher weiter am Handeltreiben mit Heroin zu beteiligen. Darin kann eine Einwirkung von einiger Erheblichkeit liegen, die letztlich zu einer Intensivierung der Tatplanung im Sinne einer Provokation führte. Allerdings ist bei einer solchen Bewertung auch zu bedenken, daß es zwischen der Stärke des bestehenden Tatverdachts und dem Maß der für die Annahme einer Tatprovokation erheblichen Einwirkung eines polizeilichen Lockspitzels eine Wechselwirkung geben kann. Je stärker der Verdacht, desto nachhaltiger wird auch die Stimulierung zur Tat sein dürfen, bevor die Schwelle der Tatprovokation erreicht wird.

b) Die Tatprovokation, von der das Landgericht ausgeht, kann hier unzulässig gewesen sein, weil der Angeklagte bis dahin lediglich des Handeltreibens mit Haschisch verdächtig war. In dem Verleiten zum Handeltreiben mit Heroin lag eine erhebliche Steigerung des

Unrechtsgehalts der Tat. Zwar steht insoweit grundsätzlich ein und derselbe Tatbestand in Rede (unerlaubtes Handeltreiben mit Betäubungsmitteln). Die provozierte Tat erhält aber durch Art und Menge des Rauschgifts ein besonderes Gepräge. Der Unrechtsgehalt ist von erheblich größerem Gewicht, wenn ein des Handeltreibens mit so genannten weichen Drogen Verdächtiger zum Handeltreiben mit so genannten harten Drogen in großer Menge veranlaßt wird („Quantensprung"). Wird jemand auf solche Weise gleichsam unter staatlicher Verantwortung weiter in die Kriminalität gedrängt, so liegt darin dann eine Verletzung des Grundsatzes des fairen Verfahrens, wenn das im Rahmen einer Tatprovokation angesonnene Drogengeschäft nach Art und Menge der Drogen nicht mehr in einem angemessenen, deliktsspezifischen Verhältnis zu dem jeweils individuell gegen den Provozierten bestehenden Tatverdacht steht. Die Qualität des Tatverdachts, der sich im Verlaufe des Einsatzes der VP hinsichtlich Intensität und Unrechtscharakter auch verändern kann, begrenzt so den Unrechtsgehalt derjenigen Tat, zu der der Verdächtige in zulässiger Weise provoziert werden darf.

Diese Begrenzung rechtfertigt sich letztlich daraus, daß es nicht Aufgabe einer dem Fairnessgrundsatz verpflichteten staatlichen Strafrechtspflege sein darf, einen Unverdächtigen durch Provokation in die Täterschaft zu treiben oder einen zwar Tatverdächtigen, der die ihm angesonnene Tat aber ablehnt, zu einer solchen zu provozieren oder zur Begehung einer im Unrechtsgehalt gegenüber der Tatverdachtslage erheblich gesteigerten Tat zu verleiten. Die Zulässigkeit einer Tatprovokation wurzelt in dem Auftrag des rechtsstaatlichen Gemeinwesens, erhebliche Straftaten wirksam aufzuklären (vgl. BVerfGE 29, 183 [194] = NJW 1970, 2205; BVerfGE 77, 65 [76] [BVerfG Urt. v. 1. 10. 1987 – 2 BvR 1434/86; vgl. § 94 StPO erfolglose Rügen]; weiter zum Einsatz einer VP BVerfGE 57, 250 [284]; BVerfG, NJW 1987, 1874 [1875]; NStZ 1991, 445 [BVerfG Beschl. v. 11. 4. 1991 – 2 BvR 196/91; vgl. MRK Art. 6 erfolglose Rügen]; StV 1995, 169 [171]). Die kriminalistische Erfahrung zeigt, daß solche Aufklärung namentlich auf dem Felde des unerlaubten Handeltreibens mit Betäubungsmitteln, das durch Abschottung der verschiedenen Handelsebenen und durch konspiratives Vorgehen gekennzeichnet ist, oft nur durch verdeckte Ermittlungen erreicht werden kann und nur so eine beweiskräftige Überführung der Täter möglich ist. Auf der Grundlage dieser Gegebenheiten kann es dem Staat nicht verwehrt sein, auch zum Mittel der Tatprovokation zu greifen, weil anderenfalls ein weites Kriminalitätsfeld – gerade das des Handeltreibens mit Drogen in großem Stile – weit gehend unaufgeklärt bliebe und sich kriminelle Strukturen weit gehend unbehelligt entwickeln könnten.

Das Mittel der Tatprovokation muß sich aber auch im Einzelfall noch mit dem Ziel der Aufklärung schwer wiegender Straftaten rechtfertigen lassen. Wird – über den bestehenden Tatverdacht hinausgehend – eine Steigerung der Verstrickung des Tatverdächtigen in qualitativ deutlich höheres Unrecht mit dem Mittel einer Provokation bewirkt, diese also durch die bestehende Verdachtslage nicht mehr getragen, so steht das nicht mehr im Einklang mit dem generellen Auftrag der dem Grundsatz des fairen Verfahrens (Art. 6 I 1 EMRK) verpflichteten Strafrechtspflege. Das schließt eine bloße Nachfrage, ob der Tatverdächtige sich auf ein erheblich unrechtsgesteigertes Drogengeschäft einläßt, oder ein schlichtes Mitwirken der VP an einem solchermaßen gesteigerten Unrecht nicht aus, wenn dadurch die Schwelle zur Provokation nicht überschritten wird.

Bei der Beurteilung der Unrechtsqualität des gegen den Provozierten bestehenden Tatverdachts – die ihrerseits die Zulässigkeit der Tatprovokation begrenzt – können neben den tatsächlichen Umständen, die den Anfangsverdacht begründen, auch die deliktsspezifischen Gegebenheiten mit in Betracht gezogen werden: Cannabisverbraucher beziehen Haschisch oft bei Drogenhändlern, die auch mit so genannten harten Drogen handeln (so genannte Einheitlichkeit des Drogenmarkts, vgl. BVerfGE 90, 145 [181] = NJW 1994, 1577). Es entspricht auch nach der Erfahrung des Senats gängiger Praxis beim unerlaubten Handeltreiben mit Betäubungsmitteln, nach neu geknüpften Lieferbeziehungen zunächst so genannte Vertrauenskäufe über kleinere Mengen zu tätigen, deren auch strafrechtliches Risiko aus Sicht der Täter zunächst noch nicht allzu hoch ist. Schließlich ist zu bedenken, daß Rauschgifthändler oft über gute Kontakte und „Geschäftsbeziehungen" zu anderen Drogenhändlern verfügen, die hinsichtlich Art und Menge des zu beschaffenden Rauschgifts leistungsfähiger sind; sie vermögen solche Beziehungen dann ohne weiteres zu nutzen und sind dazu auch bereit, um daraus eigenen Gewinn zu ziehen.

Ist jemand unter diesen Umständen „nur" des Handeltreibens mit Haschisch verdächtig, so erweist sich ein aufklärungsorientiertes Aufgreifen einer vorhandenen Tatbereitschaft im Sinne einer Veranlassung zu einem Heroingeschäft nicht schon deshalb als Tatprovokation, weil ein individueller Verdacht in diesem Sinne bis dahin nicht manifest geworden ist. Es kommt dann vielmehr darauf an, ob sich der Täter auf die ihm angesonnene Intensivierung der Tatplanung ohne weiteres einläßt, sich also geneigt zeigt, auch die Tat mit dem höheren Unrechtsgehalt zu begehen und an ihr mitzuwirken. Geht die qualitative Steigerung der Verstrickung des Täters indessen mit einer Einwirkung durch die VP einher, die von einiger Erheblichkeit ist (Tatprovokation), so liegt ein Fall der unzulässigen Tatprovokation vor. Nur in diesem Falle kann ein Konventionsverstoß angenommen werden, dem entsprechend Rechnung zu tragen ist (nach den Maßstäben von BGHSt. 45, 321). In allen anderen Fällen erweist sich die Tatveranlassung durch eine polizeilich geführte VP als Umstand, der bei der konkreten Strafzumessung zu Gunsten des Täters berücksichtigt werden kann.

c) Das Landgericht wird die Sache nach Maßgabe dieser Grundsätze erneut zu prüfen haben. Dabei wird es zu versuchen haben, hinsichtlich des Maßes der Einwirkung der VP auf den Angeklagten sowie des Gewichts und der Qualität des Tatverdachts gegen diesen Feststellungen zu treffen. Gegebenenfalls ist eine Konventionsverletzung ausdrücklich festzustellen und ein genau bemessener Abschlag bei der Bemessung der Einzelstrafe für den in Rede stehenden Fall B II der Urteilsgründe vorzunehmen. Der Senat vermag nicht auszuschließen, daß dieser Abschlag anders ausfallen könnte, falls das Landgericht zu dem Ergebnis käme, daß hier ein Verstoß gegen den Grundsatz des fairen Verfahrens vorliegt.

4. Der in Rede stehende Rechtsfehler kann sich allein auf die für die Heroingeschäfte (Fälle B II der Urteilsgründe) und die für diese zugemessene Einzelstrafe sowie auf die Gesamtstrafe auswirken. Die Einzelstrafe für den Fall B I der Urteilsgründe (Haschischgeschäfte) und der Schuldspruch, der einen sachlich-rechtlichen Mangel nicht erkennen läßt, können hingegen bestehen bleiben.

2. In ganz außergewöhnlichen Sonderfällen ist eine Verletzung von Art. 6 I S. 1 MRK als Verfahrenshindernis vom Tatrichter zu beachten und vom Revisionsgericht von Amts wegen zu berücksichtigen.

MRK Art. 6 I 1 – BGH Urt. v. 25. 10. 2000 – 2 StR 232/00 LG Köln (= StV 2001, 89 = NStZ 2001, 270)

Die Revision der Staatsanwaltschaft rügt, das Landgericht habe das Verfahren gegen den Angeklagten zu Unrecht durch Prozeßurteil wegen überlanger Verfahrensdauer eingestellt, obwohl die Voraussetzungen hierfür nicht vorgelegen hätten.

Sachverhalt: Dem Angeklagten wird zur Last gelegt, als Alleingesellschafter und Vorstand der D.-AG den Verkauf einer Vielzahl von Eigentumswohnungen in Wohnanlagen des sozialen Wohnungsbaus im so genannten „Erwerbermodell" zwischen privaten Anlegern und mehreren von ihm beherrschten Gesellschaften, die die Immobilien zuvor angekauft hatten, betrügerisch vermittelt zu haben. Dabei sollen die Anleger zum einen durch eine den – überhöhten – Kaufpreis der minderwertigen, zumeist sanierungsbedürftigen Wohnungen weit übersteigende Gesamtfinanzierung, weiterhin durch das In-Aussicht-stellen von – angesichts der Einkommens- und Vermögenslage der Erwerber zumeist unrealistisch hohen – Steuerersparnissen, insbesondere aber durch eine von den jeweiligen Vermittlern mündlich gegebene Zusage zum Kauf veranlaßt worden sein, die erworbene Eigentumswohnung könne nach zwei Jahren zum Bruttofinanzierungspreis – der in Einzelfällen bei über 150% des Kaufpreises lag – an die D.-AG „zurückgegeben" werden. Der Angeklagte soll als Alleinvorstand der D.-AG dieses Vertriebsmodell etwa im Jahre 1983 entwickelt und über seine beherrschende Rolle in drei zum E.-Konzern gehörenden Vermittlungs- und Finanzierungsgesellschaften sowie in zwei weiteren, als Treuhänder eingeschalteten Gesellschaften in der Weise umgesetzt haben, daß er in Besprechungen und Schulungen die nach Art einer Vertriebspyramide organisierten Vertriebsmitarbeiter der zum E.-Konzern gehörenden Gesellschaften unmittelbar oder mittelbar anwies, die Wohnungen insbesondere auch mit dem Rückkaufs-Argument anzubieten. Durch diese in Täuschungsabsicht abgegebene – und unter Hinweis auf die Steuerschädlichkeit nur mündlich erklärte und nicht beurkundete – Zusage sollen zwischen Oktober 1984 und November 1986 eine Vielzahl von Anlegern getäuscht und zum Kauf von Eigentumswohnungen zu überhöhten Preisen bewogen worden sein. Die Wohnungen sollen später entgegen der Zusage jedoch nur in Einzelfällen – bei Abschluß neuer Verträge – zurückgenommen, teilweise auch in Immobilienfonds eingebracht worden sein; ganz überwiegend sollen die Immobilien nach Ablauf einer vereinbarten Mietgarantie für die Erwerber nur weit unter dem Einstandspreis verwertbar oder auf dem freien Markt gar nicht mehr verkäuflich gewesen sein. Hierdurch sei den Erwerbern jeweils ein Schaden in Höhe des Minderwerts der Wohnung entstanden.

Strafanzeigen gegen den Angeklagten und andere am Vertrieb der Wohnungen beteiligte Personen gingen ab November 1986 bei verschiedenen Staatsanwaltschaften im Bundesgebiet ein. Der Angeklagte erhielt durch Ladung vom 19. 2. 1987 zur polizeilichen Vernehmung erstmals Kenntnis von den gegen ihn gerichteten Ermittlungen. Am 24. 5. 1988 verband die Staatsanwaltschaft Köln insgesamt acht an sie abgegebene und eigene Ermittlungsverfahren; im August 1988 und Februar 1989 wurden weitere Verfahren hinzuverbunden. In der Folgezeit zog die Staatsanwaltschaft eine Vielzahl von Urkunden bei, insbesondere Handelsregister- und Grundbuchauszüge. Im Oktober 1988 ergingen Durchsuchungs- und Beschlagnahmebeschlüsse gegen den Angeklagten, vier weitere Mitbeschuldigte sowie gegen die von ihnen geführten Gesellschaften; die Durchsuchungen sowie die Beschlagnahme umfangreicher Unterlagen hinsichtlich 34 von der D.-AG vermittelter Wohnungsanlagen – die Wohnung des Angeklagten wurde erst fünf Monate später durchsucht – erfolgten im Februar 1989. Am 19. 12. 1988 leitete die Staatsanwaltschaft die Akten der Kriminalpolizei Köln mit dem Auftrag zu, die notwendigen Ermittlungen durchzuführen.

Am 9. 2. 1989 ergingen auf Antrag der Staatsanwaltschaft weitere Durchsuchungs- und Beschlagnahmebeschlüsse gegen eine weitere vom Angeklagten beherrschte Treuhand-Gesellschaft sowie gegen eine Vielzahl von Banken im gesamten Bundesgebiet, in der Folgezeit auch gegen eine Vielzahl von Vermittlern. Eine Auswertung der Durchsuchungen sowie einer mittels Fragebogen bei zahlreichen Anlegern durchgeführten Zeugenbefragung legte die Polizei im Februar 1990 von Am 5. 10. 1990 wurden die Ermittlungen auf eine weitere in die Gesamtabwicklung eingeschaltete Gesellschaft ausgedehnt. Es ergingen in der Folge weitere Durchsuchungs- und Beschlagnahmebeschlüsse gegen verschiedene Gesellschaften und deren Mitarbeiter, unter anderem erneut gegen den Angeklagten und die von ihm geführte D.-AG; die Durchsuchungen wurden bis 6. 12. 1990 vollzogen. Zwischen dem 11. 12. 1990 und dem 14. 11. 1991 wurden sechs Mitarbeiter und Geschäftsführer von in das Vertriebssystem eingebundenen Gesellschaften vernommen; vermutlich im Frühjahr 1992 führte die Polizei darüber hinaus Befragungen von Vertriebsrepräsentanten durch. Am 27. 8. 1992 sandte die Kriminalpolizei Köln die Akten mit einem umfangreichen Schlussvermerk an die Staatsanwaltschaft zurück.

Eine Verfahrensförderung erfolgte dort – bis auf die Anforderung von Beiakten – zunächst nicht. Im November 1993 wurde der frühere Mitbeschuldigte G., der Geschäftsführer einer der eingeschalteten Gesellschaften, von der Staatsanwaltschaft vernommen; es wurde mit ihm eine mögliche Verfahrenseinstellung nach § 153a StPO erörtert. Ein weiteres Gespräch über eine Verfahrenseinstellung fand mit dem früheren Mitbeschuldigten D. im Januar 1994 statt. Bei einer am 15. 12. 1993 mit dem Verteidiger des Angeklagten geführten Besprechung über eine mögliche Verfahrenseinstellung wurde keine Einigkeit über die Höhe einer möglichen Geldzahlungsauflage erzielt. Am 7. 6. 1994 stellte die Staatsanwaltschaft das Verfahren gegen G. gegen Zahlung eines Geldbetrags von 240 000 DM und das Verfahren gegen D. gegen Zahlung eines Geldbetrags von 150 000 DM ein. Alle Verfahren gegen Bankmitarbeiter wurden nach § 170 II StPO eingestellt, ebenso die Verfahren gegen Mitarbeiter einer eingeschalteten Treuhand-Gesellschaft sowie gegen alle Vertriebsrepräsentanten. Die Verfahren gegen die Erwerber der Immobilien wegen Steuerdelikten wurden nach § 153 I StPO eingestellt, das Verfahren gegen Mitarbeiter einer weiteren Treuhand-Gesellschaft abgetrennt, das Verfahren gegen die Verantwortlichen zweier weiterer Gesellschaften nach § 170 II StPO eingestellt. Die Tatvorwürfe gegen den Angeklagten als Vorstand einer Verwaltungsgesellschaft (V-AG) wurden nach § 154 I StPO ausgeschieden.

Am 1. 8. 1994 erhob die Staatsanwaltschaft Anklage zur Wirtschaftsstrafkammer des Landgerichts Köln wegen 74 selbstständiger Fälle des Betrugs „bzw." des Betrugsversuchs im besonders schweren Fall in der Zeit zwischen September 1984 und November 1986, begangen jeweils in Mittäterschaft mit den früheren Mitbeschuldigten G. und D. Nur pauschal aufgeführt sind daneben weitere 256 Fälle, in denen bereits zum Zeitpunkt der Anklageerhebung die (absolute) Verjährung nach § 78c III 2 i.V. mit § 78 III Nr. 4 StGB eingetreten war Die Anklage im Fall 9a (letzter Tatzeitpunkt) wurde am 14. 9. 1994 zurückgenommen. Anregungen der Kammervorsitzenden, die Täuschungshandlung und den jeweiligen Vermögensschaden darzulegen, trat die Staatsanwaltschaft am 14. 9. 1994 entgegen. Die Verteidigung beantragte am 17. 10. 1994, im Zwischenverfahren Beweis zum Fehlen eines Vermögensschadens durch Einholung von Sachverständigen-Gutachten zu erheben.

Am 21. 11. 1994 erging – ohne weitere Beweiserhebung – Eröffnungsbeschluß. Die Eröffnung des Hauptverfahrens wurde in einem Fall (Fall 11a) wegen inzwischen eingetretener Verjährung, in fünf Fällen mangels hinreichenden Tatverdachts abgelehnt; in sieben Fällen bejahte die Kammer hinreichenden Tatverdacht nur wegen versuchten Betrugs. Zur Frage der Verjährung führte der Eröffnungsbeschluß aus, es komme entgegen der Auffassung der Staatsanwaltschaft für die Beendigung der Taten und damit für den Beginn der Verjährungsfrist nicht auf den Abschluß der notariellen Kauf- oder Treuhandverträge, sondern auf den Zeitpunkt der Kaufpreiszahlung an. Diesen Zeitpunkt habe die Kammer in neun Fällen den Akten entnehmen können; in den übrigen Fällen sei es hinreichend wahrscheinlich, daß die Taten nicht verjährt seien. Eine Bescheidung des von der Verteidigung im Zwischenverfahren gestellten Beweisantrags erfolgte nicht. In einem Beschluß vom 22. 2. 1995, mit welchem ein Antrag der Verteidigung auf Nachholung des rechtlichen Gehörs zurückgewiesen wurde, ist hierzu ausgeführt, es habe der Beweiserhebung „zur Beurteilung des für die Eröffnung des Hauptverfahrens erforderlichen dringenden Tatverdachts nicht bedurft"; davon abgesehen, hätte die Beweiserhebung „dazu geführt, daß die Verjährung hinsichtlich weiterer Fälle nicht rechtzeitig durch den Eröffnungsbeschluß zum Ruhen gebracht worden wäre. Dem hatte die Kammer auch unter Berücksichtigung und Abwägung der Interessen des Angeklagten an der beantragten Beweiserhebung durch rechtzeitigen Erlaß des Eröffnungsbeschlusses entgegenzuwirken."

Im Folgenden wurde – unter Verfügung der Wiedervorlage zum 1. 6., 1. 9. und 1. 12. 1995 sowie zum 1. 3. 1996 – jeweils in der Akte vermerkt, eine Terminierung sei wegen vorrangiger Haftsachen nicht möglich. Mit Beschluß vom 13. 6. 1996 ordnete das Landgericht die Erstellung von 69 Wertgutachten durch sieben Sachverständige zur Ermittlung des

Verkehrswerts der Wohnungen an; die Gutachten gingen bis zum 19. 3. 1997 ein. Unter dem 21. 3., 21. 8. und 21. 11. 1997, 20. 2., 6. 5. und 24. 6. 1998 vermerkte der Vorsitzende der Wirtschaftsstrafkammer jeweils, eine Förderung des Verfahrens sei wegen anderweitiger Verhandlungen in Haftsachen nicht möglich. Am 27. 7. 1998 beantragte der Verteidiger des Angeklagten, das Verfahren wegen überlanger Verfahrensdauer einzustellen, hilfsweise eine Verfahrenseinstellung nach § 153a StPO. Bis zum Dezember 1998 folgten Verhandlungen zwischen Staatsanwaltschaft und Verteidigung über eine mögliche Verfahrenseinstellung gegen die Auflage einer Geldzahlung. Am 3. 12. 1998 vermerkte der Vorsitzende in der Akte, die Kammer halte eine Einstellung nach § 153a StPO für sachgerecht, eine Einigung zwischen Staatsanwaltschaft und Verteidigung sei jedoch nicht erzielt worden. Am 11. 12. 1998 wurde die Hauptverhandlung auf (vorerst) 126 Sitzungstage vom 13. 1. bis 29. 12. 1999 terminiert.

Die Kammer verhandelte vom 13. 1. 1999 bis zum 30. 9. 1999 an insgesamt 44 Verhandlungstagen; es wurden 48 Zeugen und zwei Sachverständige vernommen. Im Laufe der Hauptverhandlung (29., 30., 31. Verhandlungstag) wurde erneut die Möglichkeit einer Einstellung nach § 153a StPO erörtert, eine Einigung konnte nicht erzielt werden. Am 34. Verhandlungstag (9. 7. 1999) stellt das Landgericht das Verfahren hinsichtlich aller Anklagepunkte bis auf 16 nach § 154 II StPO vorläufig ein. Am 44. Verhandlungstag wurden diese eingestellten Fälle wieder einbezogen; am 45. Verhandlungstag erging das Einstellungsurteil.

Das Landgericht hat das Verfahren gegen den Angeklagten wegen Betrugs in 60 Fällen und versuchten Betrugs in sieben Fällen durch Prozeßurteil eingestellt, weil einer Fortsetzung des Verfahrens eine rechtsstaatswidrige überlange Verfahrensdauer entgegenstehe. Die Revision der Staatsanwaltschaft war erfolgreich und führte zur Aufhebung des Einstellungsurteils und zur Zurückverweisung an eine Wirtschaftsstrafkammer des Landgerichts Bonn.

In dem Urteil vom 4. 10. 1999 hat das Landgericht ausgeführt, eine kurzfristige Beendigung des Verfahrens durch Sachurteil sei nicht möglich; nach dem Stand der Beweisaufnahme seien noch eine Vielzahl weiterer Zeugen sowie weitere Sachverständige zu vernehmen. Die Verfahrensverzögerungen im Bereich der Justiz seien auf andauernde, strukturelle Umstände zurückzuführen; eine Hilfsstrafkammer habe wegen der Personalknappheit beim Landgericht Köln nicht gebildet werden können. Die bisherige Beweisaufnahme habe ergeben, „daß eine möglicherweise festzustellende Schuld des Angeklagten jedenfalls nicht übermäßig groß ist". Die Schuld des Angeklagten sei, „sollte eine solche überhaupt feststellbar sein, jedenfalls gering"; sie „würde sich ... jedenfalls geringer darstellen, als dies in der Anklageschrift zum Ausdruck kommt". Dabei sei insbesondere zu berücksichtigen, daß die Erwerber der Wohnungen die angestrebten Steuervorteile tatsächlich erlangt haben. Es sei nicht ausgeschlossen, daß vor November 2001 – Eintritt der absoluten Verjährung des letzten Falles – ein Sachurteil nicht ergehen könne. In noch hinnehmbarer Zeit werde weder ein Sachurteil noch ein Abschluß des Verfahrens durch Einstellung nach § 153a oder § 153 StPO möglich sein. Unter Berücksichtigung aller Umstände des Falles habe zwar zu Beginn der Hauptverhandlung ein Verstoß gegen Art. 6 I MRK noch nicht vorgelegen; die Fortsetzung der Hauptverhandlung sei jedoch mit rechtsstaatlichen Anforderungen nicht mehr vereinbar. – Das Rechtsmittel hatte Erfolg.

Gründe: ...

II.

Ein Verfahrenshindernis läßt sich nicht abschließend feststellen.

1. Ein Verfahrenshindernis ergibt sich hier nicht aus dem Eintritt der Verfolgungsverjährung.

a) Das Landgericht hat im Eröffnungsbeschluß vom 21. 11. 1994 die auch von der Anklage vertretene Auffassung zu Grunde gelegt, es handele sich bei den dem Angeklagten vorgeworfenen Handlungen um selbstständige Taten mit jeweils einzeln zu bestimmendem Verjährungsbeginn. Auch wenn dies zuträfe, so war bei Erlaß des Eröffnungsbeschlusses die – absolute –Verjährungsfrist hinsichtlich derjenigen Fälle nicht abgelaufen, in welchen die vollständige Kaufpreiszahlung durch den jeweiligen Erwerber der Immobilie nach dem 20. 11. 1984 erfolgte, denn die Tatbeendigung tritt im Fall des § 263 StGB erst mit Erlangung des (letzten) Vermögensvorteils ein; erst zu diesem Zeitpunkt begann daher die Verjährungsfrist zu laufen (§ 78a StGB). Die hier nach § 78 III Nr. 4, § 263 I a.E. StGB geltende regelmäßige Verjährungsfrist von fünf Jahren ist durch die Bekanntgabe der Einleitung des Ermittlungsverfahrens, die mehrfachen Durchsuchungs- und Beschlagnahmeanordnungen sowie die Anklageerhebung wirksam unterbrochen worden.

b) Nach § 78b III StGB läuft die Verjährung nach Erlaß eines Urteils im ersten Rechtszug nicht vor dem rechtskräftigen Abschluß des Verfahrens ab. Die Wirkung der Ablaufhemmung, die nach § 78c III 3 StGB auch für den Eintritt der „absoluten" Verjährung nach § 78c III 2 StGB gilt, tritt auch durch ein auf Einstellung lautendes Prozeßurteil unabhängig von dessen sachlicher Richtigkeit ein (BGHSt. 32, 209 [210] = NJW 1984, 988). Auch auf Mängel der Anklage oder des Eröffnungsbeschlusses kommt es – im Rahmen der Reichweite des § 264 StPO – für den Eintritt der Ablaufhemmung grundsätzlich nicht an (vgl. BGH, NJW 1994, 808 [809]; BGH, NStZ-RR 1997, 167). Das gilt auch für ein Urteil, das die Einstellung des Verfahrens auf die Annahme eines aus Art. 6 I 1 MRK in Verbindung mit dem Rechtsstaatsprinzip abgeleiteten Verfahrenshindernisses stützt. Auch ein solches Urteil wird vom Wortlaut des § 78 b III StGB erfasst; eine Differenzierung nach den das Einstellungsurteil tragenden Gründen ist dem Gesetz nicht zu entnehmen und wäre mit dem gerade im Verjährungsrecht geltenden Gebot klarer, einfacher Regelungen unvereinbar.

c) Der Eröffnungsbeschluß vom 21. 11. 1994 hatte entgegen der Auffassung der Verteidigung die Wirkung des § 78b IV 1 StGB, wonach die Eröffnung des Hauptverfahrens vor dem Landgericht in Fällen des § 78 III Nr. 4 StGB – hier § 263 III StGB a. E-L ein Ruhen der Verjährung für einen Zeitraum von höchstens 5 Jahren bewirkt. Diese Hinausschiebung des Eintritts der Verjährung auf einen Zeitpunkt bis zu 15 Jahre nach Tatbeendigung, falls zum Zeitpunkt des Eröffnungsbeschlusses die absolute Verjährung noch nicht eingetreten war, ist von Verfassungs wegen nicht zu beanstanden (BVerfG, NJW 1995, 1145) und entspricht einem dringenden praktischen Bedürfnis in Fällen besonders aufwendiger Hauptverhandlungen (vgl. BT-Dr 12/3832, S. 44 ff.). Ob die verjährungsverlängernde Wirkung des Eröffnungsbeschlusses dann ausscheidet, wenn er in willkürlicher Weise ergangen ist, kann offen bleiben; es liegt dafür hier kein Anhaltspunkt vor.

Ein solcher ergibt sich auch nicht daraus, daß das Landgericht den Eröffnungsbeschluß angesichts des drohenden Ablaufs der (absoluten) Verjährungsfrist am 21. 11. 1994 erließ, ohne den vom Verteidiger des Angeklagten im Zwischenverfahren gestellten Beweisantrag zur Ermittlung eines möglichen Schadenseintritts zu bescheiden, die beantragte Beweiserhebung durch Sachverständigengutachten jedoch – ohne daß das Verfahren zwischenzeitlich eine Förderung erfahren hatte – am 22. 4. 1996 anordnete. Dies mag, namentlich im Hinblick darauf, daß das Landgericht schon nach Eingang der Anklageschrift im August 1994 die Staatsanwaltschaft ersucht hatte, konkretisierend zur Frage des Eintritts eines Vermögensschadens Stellung zu nehmen, zu einer weiteren vermeidbaren Verfahrensverzögerung geführt haben; gleichwohl wird die Wirksamkeit des Eröffnungsbeschlusses davon nicht berührt. Das Landgericht hat im Eröffnungsbeschluß einen hinreichenden (im Beschluß missverständlich: „dringenden") Tatverdacht im Umfang der zugelassenen Anklage bejaht und dies mit vertretbaren Erwägungen über den Nichteintritt der Verjährung in den Fällen begründet, in welchen sich der Zeitpunkt der Tatbeendigung weder aus der Anklage noch aus den Verfahrensakten ergab. Dass das Landgericht in einem weiteren, auf einen Antrag des Verteidigers nach § 33a StPO ergangenen Beschluß vom 22. 2. 1995 ausgeführt hat, daß die Kammer durch rechtzeitigen Erlaß des Eröffnungsbeschlusses der Gefahr des Eintritts der absoluten Verjährung entgegenzuwirken „hatte", gibt keinen Hinweis auf eine sachwidrige Behandlung, da Maßnahmen, welche einzig dem Ziel dienen, den Eintritt der Verjährung zu verhindern, auch im übrigen grundsätzlich zulässig sind.

2. Der Senat kann nicht abschließend prüfen, ob sich hier aus der Verletzung des Beschleunigungsgebots ein zur Einstellung zwingendes Verfahrenshindernis ergibt.

a) Ein Verfahrenshindernis wird durch solche Umstände begründet, die es ausschließen, daß über einen Prozeßgegenstand mit dem Ziel einer Sachentscheidung verhandelt werden darf (BGHSt. 32, 345 [350] [BGH Urt. v. 23. 5. 1984 – 1 StR 148/84; vgl. § 260 StPO erfolgreiche Rügen]; BGHSt. 36, 294 [295] [BGH Urt. v. 31. 10. 1989 – 1 StR 501/89; vgl. § 260 StPO erfolgreiche Rügen]; BGHSt. 41, 72 [75] [BGH Urt. v. 10. 3. 1995 – 5 StR 434/94; vgl. § 136a StPO erfolglose Rügen]). Sie müssen so schwer wiegen, daß von ihrem Vorhandensein oder Nichtvorhandensein die Zulässigkeit des gesamten Verfahrens abhängig gemacht werden muß (BGHSt. 35, 137 [140] [BGH Urt. v. 9. 10. 1987 – 3 StR 104/87; vgl. § 260 StPO erfolgreiche Rügen]). Nach ständiger Rechtsprechung des BGH führt die Verletzung des Beschleunigungsgebots grundsätzlich nicht zu einem solchen Verfahrenshindernis (BGHSt. 21, 81[1] = NJW 1966, 2023; BGHSt. 24, 239 [BGH Urt. v. 10. 11. 1971 – 2 StR 492/71; vgl. Art. 6 MRK erfolglose Rügen]; BGHSt. 27, 274 [BGH Urt. v. 12. 10. 1977 – 3 StR 287/77; vgl. Art. 6 MRK erfolgreiche Rügen]; BGHSt. 35, 137 [140]; BGH, NJW 1995, 737; BGH, NJW 1996, 2739; wistra 1993, 340; BGH, wistra 1997, 347; BGH, NStZ 1990, 94 [BGH Beschl. v. 3. 11. 1989 – 2 StR 646/88; vgl. § 153 StPO erfolgreiche Rügen]; BGH, NStZ 1996, 506 [BGH Beschl. v. 26. 6. 1996 – 3 StR 199/95; vgl. Art. 6 MRK erfolgreiche Rügen]; BGH, StV 1992, 452 [453] [BGH Beschl. v. 26. 5. 1992 – 1 StR 131/92; vgl. Art. 6 MRK erfolgreiche Rügen]; BGH, NStZ-RR 1998, 108 [BGH Beschl. v. 16. 10. 1997 – 4 StR 468/97; vgl. MRK Art. 6 erfolgreiche Rügen]). Dies hat seinen Grund darin, daß die Tatsache und das Gewicht des Verstoßes nur in einer Gesamtabwägung und mit Blick auf die dem Verfahren zu Grunde liegende Beschuldigung und das Maß des Verschuldens bestimmt werden können; diese Feststellung entzieht sich einer allein formellen Betrachtung. Das BVerfG hat im Beschluß vom 24. 11. 1983 (NJW 1984, 967) darauf hingewiesen, die Auffassung, aus einer Verletzung des Beschleunigungsgebots könne in keinem Fall ein Verfahrenshindernis hergeleitet werden, begegne verfassungsrechtlichen Bedenken. Zugleich hat es klargestellt, daß ein unmittelbar aus dem Rechtsstaatsgebot des Grundgesetzes abzuleitendes Verfahrenshindernis allein dann in Betracht komme, wenn in extrem gelagerten Fällen, in welchen das Ausmaß der Verfahrensverzögerung besonders schwer wiegt und die Dauer des Verfahrens zudem mit besonderen Belastungen für den Beschuldigten einhergegangen ist, das Strafverfahrensrecht keine Möglichkeit zur Verfahrensbeendigung, z.B. durch Anwendung des § 153 StPO, zur Verfügung stellt. Im Beschluß vom 19. 4. 1993 (NJW 1993, 3254 ff.; vgl. auch BVerfG, NJW 1995, 1277 [1278]) hat das BVerfG ausgeführt, eine rechtsstaatswidrige Verfahrensverzögerung müsse sich, da die Strafe verhältnismäßig sein und in einem gerechten Verhältnis zu dem Verschulden des Täters stehen müsse, bei der Strafzumessung auswirken, wenn sie nicht im Extrembereich zur Einstellung oder zum Vorliegen eines Verfahrenshindernisses führe.

Der BGH hat in BGHSt. 35, 137 im Fall eines Verstoßes gegen Art. 6 I 1 MRK auf Grund einer willkürlichen, „außergewöhnlichen und beispiellosen Verzögerung" der Aktenvorlage nach § 347 StPO ein „Zurückverweisungsverbot" angenommen, das Verfahren abgebrochen und durch Urteil eingestellt. Dem lag die Besonderheit zu Grunde, daß der Schuldspruch in dem außerordentlich umfangreichen und komplexen Verfahren von den tatsächlichen Feststellungen des Erstgerichts nicht getragen wurde, so daß das Urteil ins-

---

[1] BGH Urt. v. 12. 7. 1966 – 1 StR 199/66: „Eine Verletzung des Rechts des Angeklagten auf alsbaldige und schnelle Verhandlung hat nicht ohne weiteres die Unzulässigkeit des Strafverfahrens zur Folge."

gesamt hätte aufgehoben und die Sache zu neuer Verhandlung hätte zurückverwiesen werden müssen. Der BGH ist in der genannten Entscheidung auf der Grundlage der tatrichterlichen – wenngleich unzureichenden – Feststellungen davon ausgegangen, daß eine neue Verhandlung auch zum Schuldspruch voraussichtlich erst nach Jahren zu einem Abschluß des Verfahrens führen und daher den Verstoß gegen Art. 6 I 1 MRK weiter vertiefen würde; eine Einstellung des Verfahrens nach § 153 StPO kam wegen Verweigerung der Zustimmung durch die Staatsanwaltschaft nicht in Betracht.

Entsprechend haben verschiedene Oberlandesgerichte einen Abbruch des Verfahrens aus rechtsstaatlichen Gründen für unabweisbar gehalten, wenn einer außergewöhnlichen, vom Beschuldigten nicht zu vertretenden und auf Versäumnisse der Justiz zurückzuführenden Verfahrensverzögerung, die den Beschuldigten unter Abwägung der Gesamtumstände des Einzelfalls, namentlich des Tatvorwurfs, des festgestellten oder voraussichtlich feststellbaren Schuldumfangs sowie möglicher Belastungen durch das Verfahren, in unverhältnismäßiger Weise belastet, im Rahmen einer Sachentscheidung keinesfalls mehr hinreichend Rechnung getragen werden kann (vgl. etwa OLG Zweibrücken, NStZ 1989, 134 und OLG Zweibrücken, NStZ 1995, 49; OLG Düsseldorf NStZ 1993, 450; vgl. auch BGH, StV 1995, 130 [131]). Ob das bei einer solchen Sachlage bestehende Verfolgungsverbot als stets von Amts wegen zu beachtendes Verfahrenshindernis zu verstehen ist (so etwa OLG Koblenz, NJW 1994, 1887; OLG Zweibrücken, NStZ 1989, 134; LG Düsseldorf NStZ 1988, 427; LG Bad Kreuznach, NJW 1993, 1725), hat der BGH bislang offen gelassen (BGHSt. 35, 137 [143] = NJW 1988, 2188 = NStZ 1988, 233; vgl. auch BGH, NJW 1996, 2739; BGH, wistra 1993, 340; BGH, wistra 1994, 21; BGH, Beschl. v. 16. 8. 1996 – 1 StR 745/95 [in BGHSt. 42, 219 = NJW 1996, 3220 nicht abgedr.]). In der Literatur ist die Frage umstritten; überwiegend wird die Annahme eines Verfahrenshindernisses auch in Extremfällen abgelehnt.

Der Senat ist der Ansicht, daß das in ganz außergewöhnlichen Sonderfällen aus der Verletzung von Art. 6 I 1 MRK in Verbindung mit dem Rechtsstaatsgrundsatz folgende Verbot einer weiteren Strafverfolgung als Verfahrenshindernis zu behandeln und vom Tatrichter zu beachten ist; vom Revisionsgericht ist sein Vorliegen in diesen Fällen von Amts wegen zu berücksichtigen. Dem stehen weder der Zusammenhang mit dem materiell-rechtlichen Schuldgrundsatz noch das Erfordernis entgegen, das Vorliegen des Hindernisses auf Grund einer umfassenden Gesamtwürdigung des Sachverhalts zu prüfen. Deren Notwendigkeit kann sich im Einzelfall auch bei der Prüfung anderer Verfahrensvoraussetzungen ergeben, etwa der des Vorliegens eines besonderen öffentlichen Interesses an der Strafverfolgung, des Nichteintritts der Verfolgungsverjährung oder des Eingreifens eines Straffreiheitsgesetzes. Im Hinblick auf die Bedeutung des in Art. 6 I 1 MRK kodifizierten Menschenrechts auf eine rechtsstaatliche Behandlung und Entscheidung über die erhobene strafrechtliche Anklage innerhalb angemessener Frist kann ein Verstoß hiergegen, wenn seine Kompensation im Rahmen einer Sachentscheidung nicht mehr in Betracht kommt, für die Zulässigkeit des weiteren Verfahrens keine geringeren Folgen haben als der Verjährungseintritt, der einer Sachentscheidung sogar unabhängig von der konkreten Tatschuld entgegensteht. Der Gesichtspunkt, daß Verfahrenshindernisse in der Regel – wenngleich nicht stets – an objektiv feststellbare Tatsachen anknüpfen und nicht Ergebnis wertender Abwägungen sind, tritt demgegenüber dann zurück, wenn feststeht, daß für eine solche Abwägung auf Grund des Gewichts des Verstoßes kein Raum bleibt. In diesem Fall würde eine Fortsetzung des Verfahrens allein zur Vertiefung des Grundrechtsverstoßes führen; dem steht das Rechtsstaatsprinzip entgegen.

b) Der Senat kann hier auf der Grundlage der Urteilsfeststellungen und des ihm zugänglichen Akteninhalts feststellen, daß ein Verstoß gegen Art. 6 I 1 MRK auf Grund einer vom Angeklagten nicht zu vertretenden überlangen Verfahrensdauer vorliegt: Das Verfahren dauert seit der erstmaligen Bekanntgabe an den Angeklagten bereits 13 1/2 Jahre an. Bis zum Schlussbericht der Kriminalpolizei vergingen mehr als fünf Jahre, in denen die Ermittlungen mehrfach ausgedehnt wurden, aber jedenfalls seit Ende 1988 offenbar wenig substantiellen Erkenntnisgewinn brachten. Erst im Dezember 1990 erfolgte die erste Vernehmung eines Tatbeteiligten; Vernehmungen der Vertriebsmitarbeiter, durch welche die täuschenden Zusagen unmittelbar an die Geschädigten weitergegeben worden sein sollen, sind erst im Frühjahr 1992 durchgeführt worden. Zwischen dem Eingang des Schlussberichts der Kriminalpolizei vom 27. 8. 1992 und der Erhebung der Anklage am 27. 7. 1994, die im Wesentlichen den Inhalt des Schlussberichts wiedergibt, vergingen zwei Jahre, in denen fast ausschließlich Verhandlungen mit verschiedenen Beschuldigten über Verfahrenseinstellungen geführt wurden. Zwischen dem Erlaß des Eröffnungsbeschlusses am 21. 11. 1994 und der Terminierung der Hauptverhandlung am 11. 12. 1998 sind weitere vier Jahre vergangen, in denen außer der Einholung von Sachverständigengutachten zwischen April 1996 und März 1997 eine Verfahrensförderung nicht festzustellen ist. Eine durch das Verhalten des Angeklagten verursachte Verzögerung des Verfahrens liegt nicht vor; die Verzögerungen sind vielmehr, soweit dies dem Schreiben des Präsidenten des Landgerichts Köln vom 30. 8. 1999 an den Vorsitzenden der Wirtschaftsstrafkammer und dem Inhalt der Verfahrensakte entnommen werden kann, jedenfalls seit Eingang der Anklageschrift allein auf organisatorische Gründe im Bereich der Justiz zurückzuführen.

Auch wenn die Feststellung einer rechtsstaatswidrigen Verfahrensverzögerung jedenfalls dann nicht allein auf den insgesamt abgelaufenen Zeitraum gestützt werden kann, wenn dem Verfahren ein komplexer Sachverhalt zu Grunde liegt, dessen Beurteilung umfangreiche und aufwendige Ermittlungen erforderlich macht (vgl. BVerfG, NJW 1984, 967; BVerfG, NJW 1993, 3254 [3255]; BGH, wistra 1993, 340; BGHR MRK Art. 6 Abs. 1 Verfahrensverzögerung 5[1], 6, 8, 9), so ist doch hier angesichts des Umstands, daß die Grenze der absoluten Verjährung inzwischen um mehr als drei Jahre überschritten wäre und das Verfahren seit Anklageerhebung mindestens fünf Jahre lang aus allein im Bereich der Justiz liegenden Gründen nicht gefördert wurde, ein Verstoß gegen Art. 6 I 1 MRK gegeben. Entgegen der Auffassung des Landgerichts lag dieser auch bereits zu Beginn der Hauptverhandlung vor; die Annahme, er sei erst nach Beginn der Hauptverhandlung, die an durchschnittlich zwei Tagen pro Woche stattfand, oder gerade durch diese eingetreten, trifft nicht zu.

c) Das Landgericht hat den Abbruch der Hauptverhandlung auf die rechtliche Erwägung gestützt, die Feststellung eines Verstoßes gegen Art. 6 I 1 MRK vor demjenigen Zeitpunkt, in welchem eine verfahrensabschließende Sachentscheidung ergehen kann, führe jedenfalls dann zwangsläufig zum Eintritt eines Verfahrenshindernisses, wenn die weitere Dauer des Verfahrens nicht absehbar ist, weil eine bewußte Vertiefung der Rechtsverletzung durch Fortsetzung der Hauptverhandlung – allein mit Blick auf eine spätere Kompensation bei der Rechtsfolgenentscheidung – ihrerseits mit rechtsstaatlichen Grundsätzen nicht vereinbar wäre. Die Urteilsausführungen hierzu setzen im Ergebnis die Feststellung des Verstoßes mit der Notwendigkeit des Verfahrensabbruchs gleich; das ergibt sich auch aus der Annahme des Landgerichts, bis zum Beginn der Hauptverhandlung habe ein Verstoß gegen Art. 6 I 1 MRK noch nicht vorgelegen. Diese Auffassung ist nicht zutreffend. Die Feststellung eines gravierenden Verfahrensverstoßes führt auch in sonstigen Fäl-

---

1 „Das Landgericht hat rechtlich zutreffend die Einstellung des Verfahrens nach Art. 6 Abs. 1 Satz 1 MRK abgelehnt. Es liegt zwar eine durch keinen sachlichen Grund gerechtfertigte übermäßige Verfahrensdauer vor, die ersichtlich allein den beteiligten Justizbehörden zuzurechnen ist. Über einen Zeitraum von zwölf Jahren ist nahezu keine verfahrensfordernde Maßnahme ergriffen worden. Spätestens seit dem Tode des Zeugen H. im Februar 1983 hat einer Durchführung der Hauptverhandlung nichts im Wege gestanden. Gleichwohl führt dieser Verstoß gegen das Beschleunigungsgebot nach der ständigen Rechtsprechung des Bundesgerichtshofs jedenfalls dann nicht zur Annahme eines Verfahrenshindernisses, wenn die überlange Verfahrensdauer bei den Rechtsfolgen angemessen berücksichtigt wird, wie es das Landgericht hier getan hat."
(BGH, Beschl. v. 4. 6. 1991 – 5 StR 192/91).

len – etwa bei unzulässiger Tatprovokation durch polizeiliche V-Leute, bei Verstößen gegen § 136a StPO oder gegen das rechtsstaatliche Gebot des „fair trial" – nicht zur Undurchführbarkeit des Verfahrens. Auch der EGMR hat bei einer Verletzung des Art. 6 I 1 MRK nicht etwa einen Abbruch des Verfahrens gefordert, sondern eine Verpflichtung des Mitgliedstaates festgestellt, die Rechtsverletzung in Anwendung des nationalen Rechts in angemessener Weise zu kompensieren (vgl. FGMR, EuGRZ 1983, 371). Dem entspricht der auch in BGHSt. 35, 137 [140 ff.] hervorgehobene Grundsatz, daß weder die Feststellung eines Verstoßes gegen Art. 6 I 1 MRK noch die Entscheidung darüber, in welcher Weise sich dieser Verstoß auf das Verfahrensergebnis auswirken muß, unabhängig von den Umständen des Einzelfalles, namentlich auch vom Maß der Schuld des Angeklagten möglich ist. Ob ein festgestellter Verstoß so gewichtig ist, daß eine Kompensation im Rahmen einer Sachentscheidung nicht mehr in Betracht kommt, und er daher der Weiterführung des Verfahrens insgesamt entgegensteht, kann regelmäßig nicht ohne tatsächliche Feststellungen zur Tatschuld des Angeklagten beurteilt werden.

Das Landgericht hat hierzu, wie die Revision zutreffend hervorhebt, keine für das Revisionsgericht nachprüfbaren Feststellungen getroffen.

Ergebnisse der mehr als 40 Verhandlungstage umfassenden Beweisaufnahme sind in den Urteilsgründen nicht mitgeteilt; diese erschöpfen sich vielmehr in einer Darstellung der Verfahrensgeschichte sowie rechtlichen Ausführungen zum Vorliegen einer rechtsstaatswidrigen Verfahrensverzögerung. Das Urteil enthält auch keine Feststellungen darüber, aus welchen Gründen es dem Landgericht nicht möglich war festzustellen, ob die Tatbestandsvoraussetzungen des Betrugs vorliegen. Die Ausführungen des Landgerichts zum Verschulden des Angeklagten, dieses sei „nicht übermäßig groß", „jedenfalls gering"; eine Verfahrenseinstellung nach § 153a StPO gegen Zahlung eines Geldbetrags von mindestens 1,5 Mio. DM, wie es die Staatsanwaltschaft gefordert habe, werde „der bisher durchgeführten Beweisaufnahme in keiner Weise gerecht", finden in den Urteilsfeststellungen keine Grundlage; der Senat kann auf Grund des Fehlens tatsächlicher Feststellungen die rechtliche Bewertung durch das Landgericht nicht überprüfen.

Dies gilt gleichermaßen für die nur lückenhaft mitgeteilten Verfahrenstatsachen. Die Urteilsgründe geben keinen Aufschluß darüber, auf Grundlage welcher bisherigen Beweisergebnisse das Landgericht zu der Ansicht gelangt ist, eine Sachentscheidung sei „unter Umständen" nicht vor dem Ende des Jahres 2001 möglich. Insoweit wird nur pauschal erwähnt, es sei noch „eine Vielzahl von weiteren Zeugen, die zum Teil im Ausland aufhältig sind, und weitere Sachverständige zu hören"; hinsichtlich sieben Fällen sei die Erstellung eines neuen Sachverständigengutachtens erforderlich (ebenda). Hieraus ergibt sich nicht mit einer vom Revisionsgericht überprüfbaren Deutlichkeit, welche tatsächlichen Hindernisse hier die vom Landgericht prognostizierte weitere Verfahrensdauer von mehr als zwei Jahren begründen könnten.

Indem das Landgericht sich in dem angefochtenen Urteil weitgehend auf die Ausführung rechtlicher Wertungen beschränkt, von der Mitteilung der diesen zu Grunde liegenden tatsächlichen Feststellungen jedoch absieht, entzieht es dem Revisionsgericht zugleich die Grundlage für eine rechtliche Überprüfung. Dem Senat ist es – anders, als dies der Entscheidung BGHSt. 35, 137 zu Grunde lag – auf Grund des gänzlichen Fehlens tatsächlicher Feststellungen nicht möglich zu beurteilen, ob die Umstände des Einzelfalls angesichts der überlangen Verfahrensdauer und des vom Angeklagten nicht zu vertretenden Verstoßes gegen das Beschleunigungsgebot hier einen Extremfall begründen, in welchem der Verstoß weder durch eine Berücksichtigung im Rahmen der Strafzumessung – gegebenenfalls unter Anwendung von § 59 StGB – noch etwa durch Einstellung nach § 153a oder § 153 StPO hinreichend ausgeglichen werden kann.

Der rechtsfehlerhafte Verzicht auf nachprüfbare Tatsachenfeststellungen muß daher zur Aufhebung des Urteils führen. Die Prüfung auf Grund des dem Senat auch ohne Verfahrensrüge zugänglichen Akteninhalts erlaubt hier zwar die Feststellung eines Verstoßes gegen Art. 6 I 1 MRK, nicht aber eine Entscheidung, ob unter Berücksichtigung aller Umstände des Falles, insbesondere auch des dem Angeklagten zuzurechnenden Schuldumfangs, eine Verfahrenseinstellung in Fortentwicklung der Grundsätze in BGHSt. 35, 137 erfolgen muß. Tatrichterliche Feststellungen zum Schuldumfang kann das Revisionsgericht nicht selbst treffen; der Tatrichter hat sie, wenn er den Eintritt eines Verfahrenshindernisses wegen überlanger Verfahrensdauer bejaht, im Einstellungsurteil ebenso wie die Verfahrenstatsachen und die der Prognose über die voraussichtliche weitere Verfahrensdauer zu Grunde liegenden Tatsachen in nachprüfbarer Weise darzulegen. Andernfalls bestünde die Gefahr, daß sich das Tatgericht insbesondere bei schwierigen und umfangreichen Verfahren durch nicht begründete und daher auch nicht überprüfbare Prozeßentscheidungen der Aufgabe entheben könnte, auch solche Verfahren bei straffer Verfahrensführung und angemessener Beschränkung des Prozeßstoffs in vertretbarer Zeit einer Sachentscheidung zuzuführen. Nach dem Akteninhalt kommt vorliegend bei der gebotenen zügigen Sachbehandlung eine Berücksichtigung des Verstoßes im Rahmen einer Rechtsfolgeentscheidung durchaus noch in Betracht.

III.
Der Senat hat im Hinblick auf die der Sache nicht förderliche Auseinandersetzung zwischen Landgericht und Staatsanwaltschaft über die Verantwortung für die eingetretenen Verfahrensverzögerungen von der Möglichkeit des § 354 III StPO Gebrauch gemacht, die Sache an die Wirtschaftsstrafkammer eines anderen Gerichts zurückzuverweisen. Für das weitere Verfahren weist der Senat auf Folgendes hin:

1. Bei dem hier in Betracht kommenden so genannten „unechten Erfüllungsbetrug" kommt es für die Feststellung eines tatbestandlichen Vermögensschadens auf den Zeitpunkt des Vertragsschlusses an, der auf Grund der täuschenden Erklärung erschlichen worden ist. Soweit das Landgericht – eher kursorisch – in den Urteilsgründen erwähnt hat, die Käufer der Eigentumswohnungen hätten die von ihnen erstrebten Steuervorteile tatsächlich erhalten, wird zu berücksichtigen sein, in welchem Umfang diese steuerlichen Vorteile auf Grund der Rückveräußerungsabsicht der Käufer und der damit fehlenden Gewinnerzielungsabsicht von vornherein nur auf Grund einer Straftat nach § 370 AO erzielt werden konnten und der Rückerstattungspflicht unterlagen.

2. Der neue Tatrichter wird schon im Hinblick auf die inzwischen vorliegende gravierende Verfahrensverzögerung den Verfahrensstoff sinnvoll zu beschränken und die Beweiserhebung auf solche Tatsachen zu konzentrieren haben, die eine Beurteilung des Schuldumfangs ermöglichen. Ob diese Feststellungen zur gegebenen Zeit eine Verfahrenseinstellung nach § 153a oder § 153 StPO, gegebenenfalls auch eine Sachentscheidung nach § 59 StGB nahe legen und rechtfertigen, werden der neue Tatrichter sowie die Staatsanwaltschaft zu beachten haben.

3. Einsatz eines Lockspitzels ist kein Verfahrenshindernis, muß aber bei der Strafzumessung berücksichtigt werden.

MRK Art. 6 I S. 1 – BGH Urt. v. 18. 11. 1999 – 1 StR 221/99 LG München I (= BGHSt. 45, 321 = NJW 2000, 1123 = StV 2000, 57 = NStZ 2000, 269)

Die Revision rügt, das Gericht habe den Lockspitzeleinsatz gegen den Angeklagten nicht hinreichend zu dessen Gunsten gewürdigt.

Sachverhalt: Das Landgericht hat den Angeklagten wegen unerlaubten Handeltreibens mit Btm in nicht geringer Menge zu einer Freiheitsstrafe verurteilt. Es hat festgestellt:

Im Juli 1997 sprach eine Vertrauensperson der Polizei (VP) den Angeklagten, einen italienischen Staatsangehörigen, in einer Versicherungsangelegenheit an. Im Verlauf des Gesprächs fragte die VP – ein Landsmann des Angeklagten –"ob dieser jemanden kenne, der 1 kg Kokain besorgen könnte. Der Angeklagte erklärte, er mache keine solchen Geschäfte und verfüge auch nicht über entsprechende Kontakte. In den folgenden Wochen erfolgten zwei weitere Anfragen durch die VP. Diese stellte dem Angeklagten dabei einen Gewinn in Höhe von etwa 5000 DM in Aussicht. Der Angeklagte lehnte jeweils erneut ab. Erst nach einer vierten Anfrage sagte der Angeklagte zu, er werde sich umhören.

Der Angeklagte sprach einen ihm als Drogenkonsumenten bekannten „E." an, der ihn an einen gemeinsamen Bekannten, den Mitangeklagten I. verwies. Dieser hielt es für möglich, daß ein weiterer Landsmann, der Mitangeklagte C., von dem er laufend Kokain zum Eigenkonsum bezog, über eine ausreichende Quelle verfügt. I. ließ sich vom Angeklagten die VP vorstellen. Diese gab zu verstehen, daß hinter ihr ein finanzkräftiger Käufer stehe, der bereit sei, über 100 000 DM für 1 kg Kokain zu bezahlen. I. sagte zu, sich um einen Lieferanten zu bemühen.

Der Angeklagte blieb als Mittelsmann zur VP eingeschaltet. Der Mitangeklagte I. wandte sich an den Mitangeklagten C., der bei seinem Lieferanten nachfragte. Dieser war bereit, 1 kg Kokain für 60 000 DM zu verkaufen. Bei dem in Aussicht gestellten Kaufpreis von 100 000 DM erwarteten der Angeklagte und die beiden Mitangeklagten einen Gewinn in Höhe von 40 000 DM, den sie mit der VP teilen wollten. Die Beteiligten verständigten sich, daß das Geschäft im Oktober 1997 abgewickelt werden sollte. Zwischen dem Angeklagten I. und der VP gab es hinsichtlich des Übergabeortes des Rauschgifts und der Zahlungsweise mehrere Gespräche, in denen I. als Wortführer auftrat und der Angeklagte assistierte. Bei der Übergabe von rund einem kg Kokain an den von der VP herangeführten polizeilichen Scheinaufkäufer und nach Erhalt des Kaufpreises wurden die drei Angeklagten festgenommen.

Der VP-Führer, ein Beamter des Bayerischen LKA, hatte der VP im Frühsommer/Sommer 1997 die Vertraulichkeitszusage erteilt und die VP belehrt, „keinen anzustiften". Er wurde ab Juli 1997 von der VP über die Geschehnisse informiert: „Anfangs seien keine Namen genannt worden und alles sei ziemlich vage gewesen."

Das Landgericht hat sich davon überzeugt, daß die Initiative zu dem Drogengeschäft allein von der VP ausgegangen ist und der Angeklagte sich erst nach dem vierten Versuch bereit gefunden hat, sich daran zu beteiligen. Die Strafkammer hat angenommen, es habe nicht den geringsten Anhaltspunkt dafür gegeben, daß der Angeklagte andere Beschaffungsmöglichkeiten gehabt habe als „die schrittweise und relativ zeitaufwendige Herstellung von Kontakten zu Lieferanten" von Rauschgift über die Mitangeklagten. Die Strafkammer hat den Tatbestand des unerlaubten Handeltreibens mit Btm in nicht geringer Menge als erfüllt angesehen. Bei der Strafzumessung hat sie aufgrund einer Gesamtwürdigung das Vorliegen eines minder schweren Falles abgelehnt, aber zugunsten des Angeklagten dessen Geständnis und das im wesentlichen straffreie Vorleben berücksichtigt. Von „ganz erheblichem Gewicht war auch die nachhaltige, vom Angeklagten in der Anfangsphase in keiner Weise geförderte Tatprovokation durch einen Lockspitzel". – Das Rechtsmittel hatte zum Rechtsfolgenausspruch Erfolg.

Gründe:

I.

Der Senat hat geprüft, ob das Landgericht dem Umstand, daß der Angeklagte durch eine VP zu der Straftat verleitet worden ist, hinreichend Rechnung getragen hat. Danach liegt kein Verfahrenshindernis vor. Der Schuldspruch ist rechtsfehlerfrei.

Dagegen kann der Rechtsfolgenausspruch keinen Bestand haben. Nach den Feststellungen ist der Angeklagte zu der abgeurteilten Straftat durch eine unzulässige, dem Staat zuzurechnende Tatprovokation verleitet worden, was einen Verstoß gegen den Grundsatz des fairen Verfahrens gem. Art. 6 Abs. 1 S. 1 der Europäischen Menschenrechtskonvention

(MRK) darstellt. Diesen Verstoß hätte das Landgericht in den Urteilsgründen aussprechen und bei der Festsetzung der Rechtsfolgen angemessen kompensieren müssen. Ob dies vom Revisionsgericht bereits auf die Sachrüge oder nur auf die Verfahrensrüge hin zu überprüfen ist, kann hier dahingestellt bleiben, da die Revision umfassend auch zum Verfahrensgeschehen vorgetragen hat.

II.

Der BGH war mit der Frage der Tatprovokation bereits mehrfach befaßt:

1. Der Einsatz von V-Personen (VP) und verdeckt ermittelnden Polizeibeamten (VE) ist zur Bekämpfung besonders gefährlicher und schwer aufklärbarer Kriminalität, zu der insbes. auch der Rauschgifthandel gehört, grundsätzlich zulässig. Dies gilt auch dann, wenn diese Personen als Lockspitzel tätig werden (vgl. BGHSt. - GS - 32, 115, 121 f. [BGH Beschl. v. 17. 10. 1983 - GSSt 1/83; vgl. § 251 StPO erfolgreiche Rügen]; 32, 345, 346 [BGH Urt. v. 23. 5. 1984 - 1 StR 148/84; vgl. § 260 StPO erfolgreiche Rügen]; 40, 211, 215 [BGH Urt. v. 21. 7. 1994 - 1 StR 83/94; vgl. §§ 100a, 252 StPO erfolglose Rügen]; 41, 42, 43 [BGH Urt. v. 22. 2. 1995 - 3 StR 552/94; vgl. § 100a StPO erfolglose Rügen]; BVerfGE 57, 250, 284 [BVerfG Beschl. v. 26. 5. 1981 - 2 BvR 215/81; vgl. § 251 StPO erfolglose Rügen]; BVerfG [3. Kammer des Zweiten Senats] NJW 1987, 1874, 1875 und StV 1995, 169, 171; zuletzt BGH NJW 1998, 767, dazu BVerfG Beschl. v. 29. 4. 1998 - 2 BvR 174/98 - Nichtannahmebeschluß ohne Gründe).

2. Früher war die Auffassung der Strafsenate über die Rechtsfolgen bei Überschreitung der Grenzen zulässigen Lockspitzeleinsatzes uneinheitlich. Der 2. Strafsenat hatte ursprünglich die Ansicht vertreten, eine Überschreitung der Grenzen führe zur Verwirkung des staatlichen Strafanspruchs und begründe ein Verfahrenshindernis. Ein vom 2. Strafsenat angestrengtes Vorlageverfahren vor dem Großen Senat für Strafsachen gem. § 137 GVG wurde wegen Fehlens der Vorlagevoraussetzungen letztlich nicht entschieden, weil der 2. Strafsenat im Verlauf des Vorlageverfahrens seine Auffassung aufgegeben hatte (BGHSt. 33, 356, 358 1). Zwischenzeitlich hatte der 1. Strafsenat nämlich in seinem grundlegenden Urteil v. 23. 5. 1984 - 1 StR 148/84 - entschieden, daß auch eine solche Einwirkung kein Verfahrenshindernis bewirke, sondern im Rahmen der Strafzumessung zu beachten sei (BGHSt. 32, 345).

In dieser Entscheidung hat der Senat betont, daß tatprovozierendes Verhalten von V-Personen nur innerhalb der durch das Rechtsstaatsprinzip gesetzten Grenzen hinzunehmen sei. Die Grenzen zulässiger Tatprovokation seien dann überschritten, wenn eine Gesamtwürdigung ergebe, daß das tatprovozierende Verhalten des polizeilichen Lockspitzels ein solches Gewicht erlangt habe, daß demgegenüber der eigene Beitrag des Täters in den Hintergrund trete. In dem seinerzeit zu entscheidenden Fall hatte der Senat eine Überschreitung dieser Grenzen schon aus tatsächlichen Gründen nicht festgestellt. Dafür hatte er es als maßgeblich angesehen, daß sich die Einwirkung auf den dortigen Angeklagten auf ständig wiederholte verlockende Angebote beschränkte, der Angeklagte von Anfang an nicht ablehnend reagierte, sondern ständig wachsendes Interesse zeigte und sich mehrmals mit dem Lockspitzel außerhalb seines Heimatlandes traf. Die Beschaffung der Rauschgiftmenge, insbes. die Vorfinanzierung des Kaufs, blieb allein Sache des damaligen Angeklagten. Er blieb stets Herr seiner Entscheidungen. Dem Gesichtspunkt, daß er bis dahin unbescholten war, hatte der Senat angesichts seiner erheblichen nicht fremdgesteuerten Aktivitäten keine entscheidende Bedeutung zugemessen (BGHSt. a.a.O.).

Der Senat hat über den zu entscheidenden Fall hinaus ausgesprochen, selbst eine Überschreitung der Grenzen zulässigen Lockspitzeleinsatzes führe nicht zu einem Verfahrenshindernis eigener Amt „wegen Verwirkung des staatlichen Strafanspruchs" aufgrund widersprüchlichen Verhaltens (BGHSt. a.a.O.) und auch nicht zu einem Beweisverbot (BGHSt. a.a.O. 355). Er hat vielmehr jede Einwirkung des Lockspitzels auf den Täter als wesentlichen Strafmilderungsgrund angesehen (Strafzumessungslösung). Der dem Tatrichter zur Verfügung stehende Spielraum reiche – gemessen an der Nachhaltigkeit der Einwirkung – von der Verneinung eines besonders schweren Falles trotz Vorliegens eines oder mehrerer Regelbeispiele über die Annahme eines minder schweren Falls bis zur Einstellung des Verfahrens nach den §§ 153, 153a StPO bei Vergehen. Der Senat hat weiter darauf hingewiesen, daß bei Verbrechen „regelmäßig ein Zurückgehen auf die gesetzliche Mindeststrafe unter Ausnutzung der auch hier im allgemeinen eröffneten Möglichkeit einer Verwarnung mit Strafvorbehalt ausreichen" würde (BGHSt. a.a.O.).

Dieser Rspr. i.S. einer Strafzumessungslösung sind der 2., 4. und 5. Strafsenat des BGH gefolgt (Beschl. v. 8. 11. 1985 – 2 StR 446/85 = NJW 1986, 1764; Beschl. v. 16. 3. 1995 – 4 StR 111/95 [vgl. Art. 6 MRK erfolgreiche Rügen]; Beschl. v. 20. 5. 1999 – 4 StR 201/99 = NStZ 1999, 501 = StV 1999, 631; Beschl. v. 13. 10. 1994 – 5 StR 529/94 = BGHR StGB § 46 Abs. 1 V-Mann 12 = StV 1995, 131; vgl. auch BGHSt. 33, 283 [BGH Urt. v. 23. 7. 1985 – 5 StR 166/85; vgl. § 260 StPO erfolglose Rügen] und 356, 362).

Dabei wurden in neueren Entscheidungen Lockspitzel-Einsätze bereits dann als rechtswidrig angesehen, wenn zum Zeitpunkt des Tätigwerdens des Lockspitzels kein Tatverdacht i.S.d. §§ 152, 160 StPO gegen den Betroffenen bestand (Beschl. v. 29. 8. 1989 – 1 StR 453/89 [vgl. § 98 StPO erfolglose Rügen] = BGHR StGB § 46 Abs. 1 V-Mann 6; Beschl. v. 13. 10. 1994 – 5 StR 529/94 = StV 1995, 131; Beschl. v. 16. 3. 1995 – 4 StR 111/95). Dieser Umstand wurde als schuldunabhängiger Strafmilderungsgrund angesehen, da der spätere Beschuldigte im Interesse der Kriminalitätsbekämpfung zu strafbarem Verhalten verleitet wurde, ohne daß die gesetzlichen Voraussetzungen für ein Einschreiten gegen ihn vorlagen.

III.

Der Senat hält bei konventionswidrigem Lockspitzeleinsatz die Strafzumessungslösung für geeignet, den im Einzelfall erforderlichen Ausgleich für den Konventionsverstoß zu schaffen.

1. Der EGMR hat in seinem Urteil v. 9. 6. 1998 in der Sache Teixeira de Castro gegen Portugal in einem durch Polizeibeamte provozierten Rauschgiftgeschäft und in der Verurteilung des Beschwerdeführers zu einer Freiheitsstrafe wegen Rauschgifthandels einen Verstoß gegen das durch Art. 6 Abs. 1 MRK geschützte faire Verfahren gesehen (Rechtssache 44/1997/828/1034; der in englischer und französischer Sprache vorliegende Originaltext ist im Internet abrufbar unter http://www.dhcoum.coe.fr.; nichtamtliche Teilübersetzungen in StV 1999, 127 und in NStZ 1999, 47; eine vollständige aus dem Französischen stammende nichtamtliche deutsche Übersetzung des Sprachendienstes des Bundesministeriums der Justiz liegt den Verfahrensbeteiligten vor; sie ist zur Veröffentlichung vorgesehen in EuGRZ 1999, 660). Der EGMR ist zu dem Schluß gekommen, „daß die Tätigkeiten der beiden Polizeibeamten über die eines verdeckten Ermittelns hinausgegangen sind, weil sie zu einer Straftat angestiftet haben und weil nichts dafür spricht, daß diese ohne ihr Eingreifen begangen worden wäre. Dieses Eingreifen sowie seine Verwertung in dem streitigen Strafverfahren haben bewirkt, daß der Beschwerdeführer ab initio und endgültig kein faires Verfahren hatte." Daher liegt eine Verletzung von Art. 6 Abs. 1 MRK vor (Nr. 39 der Urteilsgründe). Für die in diesem Verfahren erlittene Freiheitsentziehung von drei Jahren hat dem EGMR das beklagte Land Portugal verurteilt, eine Entschädigung für materielle und immaterielle Schäden in Höhe von 10 Mio. Escudos, rund 975 000 DM, zu zahlen.

Der Entscheidung des EGMR lag folgendem Sachverhalt zugrunde:

Zwei Zivilbeamte der portugiesischen Polizei wandten sich als angebliche Rauschgiftaufkäufer an eine Person, die verdächtigt wurde, in geringem Umfang mit Drogen zu handeln. Trotz eindringlicher Nachfragen konnte die Person keine Haschischlieferanten benennen. Die Beamten erklärten daraufhin, sie seien nunmehr interessiert, Heroin zu kaufen. Der Angesprochene antwortete, dem Beschwerdeführer, dessen Anschrift er nicht kannte, sei jemand, der derartiges finden könne. Gemeinsam suchte man sodann nach Ermittlung der Wohnanschrift den Beschwerdeführer auf. Die Beamten erklärten dort, sie wollten für umgerechnet knapp 2000 DM 20 g Heroin kaufen.

Der Beschwerdeführer willigte ein. Er fuhr zu einem Mittelsmann, der von einem Lieferanten 20 g Heroingemisch besorgte, welches der Beschwerdeführer den Polizeibeamten übergab. Der Beschwerdeführer wurde festgenommen und u.a. aufgrund der Aussagen der beiden Polizeibeamten wegen des Rauschgiftgeschäfts zu 6 Jahren Freiheitsstrafe verurteilt.

Zur Prüfung der Frage, ob die Aktivitäten der beiden Polizeibeamten über die zulässigen Grenzen hinausgegangen sind, hat der EGMR folgende Umstände zugrunde gelegt: Es sei unklar geblieben, ob vor der Tatprovokation gegenüber dem nicht vorbestraften Bf. ein Tatverdacht bestanden habe. Jedenfalls habe es keinen Beweis gegeben, daß der Angeklagte zur Begehung von Straftaten bereit gewesen sei. Die Beamten seien vor dem Einsatz nicht besonders vereidigt worden. Ihr Einsatz sei weder richterlich angeordnet noch richterlich überwacht gewesen. Auch ein Ermittlungsverfahren sei gegen den Bf. zuvor nicht eingeleitet worden. Die Straftat sei daher aufgrund der Einflußnahme durch die Polizei, die nicht nur „passiv ermittelt" habe, begangen worden und die Verurteilung sei im wesentlichen auf der Grundlage der Aussagen der beiden verdeckt ermittelnden Polizeibeamten erfolgt.

2. Diese Auslegung der MRK durch den EGMR ist zu berücksichtigen.

a) Es entspricht den Grundregeln des Verfahrens vor dem EGMR, daß sich seine Entscheidung darauf beschränkt zu erklären, daß das Gerichtsurteil einer Vertragspartei der MRK in Widerspruch mit den Verpflichtungen aus dieser Konvention steht. Gestatten die innerstaatlichen Gesetze der Vertragspartei nur eine unvollkommene Wiedergutmachung für die Folgen der Entscheidung, so hat der EGMR nach Art. 50 MRK (aufgrund der am 1. 11. 1998 in Kraft getretenen Änderung der Konvention durch das Protokoll Nr. 11 [BGBl. II 1995 S. 578] nunmehr Art. 41 MRK) der verletzten Partei eine gerechte Entschädigung zuzubilligen. Dem EGMR obliegt es somit nicht, nationale Regeln für die Zulässigkeit von Beweismitteln aufzustellen. Der Gerichtshof betont dementsprechend, die Zulässigkeit von Beweismitteln werde in erster Linie durch die Bestimmungen des innerstaatlichen Rechts geregelt und es sei grundsätzlich Sache der nationalen Gerichte, die von ihnen zusammengetragenen Beweise zu würdigen. Die Aufgabe des Gerichtshofs bestehe darin festzustellen, ob das Verfahren in seiner Gesamtheit einschließlich der Darstellung der Beweismittel fair gewesen sei (Nr. 34 der Urteilsgründe, auch EGMR StV 1992, 499, 500 Nr. 43 – Lüdi gegen Schweiz).

b) Die MRK, die nach Art. II des Zustimmungsgesetzes v. 7. 8. 1952 Bestandteil des deutschen Rechts geworden ist und dabei im Rang eines (einfachen) Bundesgesetzes steht (BVerfGE 74, 358, 370), ist als Auslegungshilfe bei der Anwendung nationalen Rechts zu berücksichtigen. Nach der Rspr. des BVerfG ist bei den in einem Strafverfahren angewendeten Gesetzen stets zu prüfen, ob die Anwendung und Auslegung im Einklang mit den völkerrechtlichen Verpflichtungen der Bundesrepublik Deutschland steht, „denn es ist nicht anzunehmen, daß der Gesetzgeber, sofern er dies nicht klar bekundet hat, von völkerrechtlichen Verpflichtungen der Bundesrepublik Deutschland abweichen oder die Verletzung solcher Verpflichtungen ermöglichen will" (BVerfGE a.a.O.).

c) Ungeachtet einiger Besonderheiten des vom EGMR beurteilten Sachverhaltes sind die Ausführungen des Gerichtshofs auch in Fällen der vorliegenden Art einschlägig.

aa) In dem vom EGMR beurteilten Sachverhalt hatten die Polizeibeamten durch einen Dritten den Hinweis erhalten, daß der Bf. jemand sei, „der solchen Stoff finden könnte". Der Beschwerdeführer war dann tatsächlich bereits nach der ersten Anfrage in der Lage, noch in derselben Nacht Heroin herbeizuschaffen. Es lagen aber „keine Beweise für die

These der (portugiesischen) Regierung vor, nach der der Beschwerdeführer der Begehung von Straftaten bereits zugeneigt war". Es sei unklar, ob „die zuständigen Behörden vernünftige Gründe für die Annahme hatten, daß der Beschwerdeführer Drogenhändler sei"; er weise „im Gegenteil keine Vorstrafe auf" und gegen ihn sei zuvor auch kein Ermittlungsverfahren eingeleitet worden.

Im vorliegenden Verfahren gab es nach den Feststellungen vor der Tatprovokation keine Hinweise, daß der Angeklagte mit Rauschgift handelt. Ein Ermittlungsverfahren war auch gegen ihn zuvor nicht eingeleitet worden. Er erklärte auf die erste Anfrage der VP seine ausdrückliche Ablehnung und war erst einen Monat später nach der vierten Ansprache einverstanden, „sich umzuhören".

Der Bf. Teixeira de Castro beschaffte selbst Heroin, er erhielt dieses gegen Zahlung einer Geldsumme von einer dritten Person ausgehändigt und übergab es eigenhändig den Polizeibeamten. Nach den Feststellungen des Landgerichts hat der Angeklagte das Kokain dagegen nicht selbst beschafft. Das Rauschgift stammte von einem ihm nicht bekannten Händler. Er hat sich, „nachdem die vom Lockspitzel ausgegangene und mehrfach abgelehnte Initiative doch noch ihre Wirkung entfaltet hatte, lang anhaltend und konsequent für die Realisierung der Transaktion eingesetzt".

bb) Es besteht kein entscheidungserheblicher Unterschied zwischen den (verdeckt ermittelnden) portugiesischen Polizeibeamten, deren Tatprovokation vom EGMR beurteilt worden ist, und der im Fall des Angeklagten eingesetzten VP. Eine VP gehört – anders als ein Verdeckter Ermittler – nicht der Polizei an.

Vertrauensperson ist nach der Gemeinsamen Bekanntmachung der Bayerischen Staatsministerien der Justiz und des Innern (BayJMBl 1986, 33 sowie 1994, 87), „eine Person, die, ohne einer Strafverfolgungsbehörde anzugehören, bereit ist, diese bei der Aufklärung von Straftaten auf längere Zeit vertraulich zu unterstützen, und deren Identität grundsätzlich geheimgehalten wird". Die Vorschriften der StPO zum Einsatz Verdeckter Ermittler (§§ 110a bis 110e) sind auf VP, deren Einsatz auf die Generalklauseln der §§ 161, 163 StPO gestützt wird, nicht entsprechend anwendbar (BGHSt. 41, 42, 44).

In tatsächlicher Hinsicht entspricht die dem Staat zuzurechnende Tätigkeit der VP der vom EGMR beurteilten Einwirkung durch die Verdeckten Ermittler aus Portugal. Die hier bei der Tatprovokation eingesetzte VP war bereits zuvor für die Polizei als Lockspitzel tätig. Der VP-Führer hatte Kontakt zu ihr. Er hätte mithin zumindest vor der entscheidenden vierten Anfrage beim bisher unbescholtenen Angeklagten das Vorliegen eines Tatverdachtes bewerten und die Tatausführung unterbinden können. Die Tatprovokation erfolgte auch nicht aus „privaten" Motiven (z.B. Rache) der VP. Es liegt kein Exzeßverhalten lediglich „bei Gelegenheit" seiner staatlich geförderten Tätigkeit vor. Diese hält sich vielmehr im Rahmen dessen, was üblicherweise auch mittels Einsatzes von VP zur Erfüllung der hoheitlichen Aufgabe der Verbrechensbekämpfung praktiziert wird.

Dem Urteil des EGMR läßt sich dazu entnehmen, daß der Gerichtshof den Einsatz besonders verpflichteter (zuvor vereidigter) Polizeibeamter für weniger bedenklich hält (EGMR a.a.O. unter Nr. 37). Der BGH hat ausgesprochen, bei einem VE bestehe eine wesentlich größere Gewähr für die Zuverlässigkeit als bei sonstigen Informanten (BGH StV 1991, 100, 101 [BGH Urt. v. 20. 11. 1990 – 1 StR 562/90; vgl. Art. 6 MRK erfolglose Rügen]; differenzierend BGHSt. 41, 42, 46). Dies ist bei der Beurteilung der Rechtmäßigkeit des Einsatzes der dienstrechtlich nicht eingebundenen Vertrauenspersonen in besonderem Maße zu beachten.

cc) Auch der Umstand, daß die Verurteilung des Angeklagten – anders als im Fall des EGMR – nicht im wesentlichen aufgrund der Aussage des V-Mannes (die die Strafkammer für unglaubhaft hielt), sondern im wesentlichen aufgrund der abgelegten Geständnisse und der Aussage des polizeilichen Scheinaufkäufers erfolgte, rechtfertigt keine von dem

Urteil des EGMR abweichende Beurteilung der Tatprovokation. Die vom EGMR angestrebte Beschränkung dem Zulässigkeit polizeilicher Tatprovokation (EGMR a.a.O. unter Nr. 36) könnte nicht erreicht werden, wenn darauf abgestellt würde, ob die VP das wichtigste Beweismittel ist. In vielen Fällen sind die Angaben dem VP zur Überführung des Provozierten nicht notwendig, weil häufig Polizeibeamte die Rauschgiftübergabe beobachten, so daß es für die Beweiswürdigung häufig nicht einmal mehr entscheidend darauf ankommt, ob der Angeklagte später – bedingt durch die erlangten Ermittlungsergebnisse – ein Geständnis ablegt. Dem entspricht auch das Urteil des EGMR v. 25. 6. 1992 in der Sache Lüdi gegen die Schweiz (StV 1992, 499), bei dem der EGMR ausreichen ließ, daß die Angaben der VP „bei der Feststellung der Tatsachen, die zu der Verurteilung führten, eine Rolle spielten"; das Geständnis habe der dortige Angeklagte jedenfalls erst nach Vorhalt der von der VP vorgenommenen Telefonüberwachung abgelegt.

3. Die Entscheidung des EGMR v. 9. 6. 1998, der Beschwerdeführer habe kein faires Verfahren gehabt und deshalb sei eine gerechte Entschädigung für die erlittene Freiheitsentziehung festzusetzen, verlangt nicht, daß ein Strafverfahren, das durch die Tatprovokation polizeilicher Lockspitzel zustande gekommen ist, wegen des Vorliegens eines Verfahrenshindernisses von Anfang an nicht durchgeführt werden darf.

a) Die Feststellung des EGMR, die Tätigkeiten der beiden Polizeibeamten sowie die Verwertung der Aussagen in dem streitigen Strafverfahren hätten bewirkt, daß der Beschwerdeführer „ab initio kein faires Verfahren" gehabt habe (Nr. 39 der Gründe), könnte allerdings darauf hindeuten, daß der Gerichtshof davon ausgeht, daß gegen den Beschwerdeführer ein Strafverfahren nicht hätte durchgeführt werden dürfen. Er knüpft dabei insbes. an einen durchaus abgrenzbaren Umstand an, nämlich die Frage, ob der Bf. vor der Tatprovokation bereits in Verdacht stand.

An anderer Stelle könnte dem Urteil des EGMR entnommen werden, daß für die Frage, ob ein Verstoß gegen das faire Verfahren vorliegt, eine umfassende Gesamtabwägung (einschließlich der Berücksichtigung der Höhe der verhängten Strafe) erforderlich ist. So wird unter Nr. 34 der Entscheidungsgründe darauf abgestellt, ob „das Verfahren in seiner Gesamtheit" fair war. Erst „im Lichte all dieser (zuvor unter Nr. 33–38 angeführten) Erwägungen" kommt der Gerichtshof unter besonderer Berücksichtigung des Lockspitzel-Einsatzes „sowie seiner Verwertung in dem streitigen Strafverfahren" zu dem Schluß, daß eine Verletzung des Art. 6 MRK vorliegt (Nr. 39).

Der EGMR hat mehrfach betont, daß sich die konkrete Ausgestaltung der Grundprinzipien der MRK nach nationalem Recht richtet (EGMR StV 1990, 481, 482; StV 1992, 499, 500 Nr. 43; ÖJZ 1996, 715, 716; StV 1997, 617, 619 Nr. 50; StV 1999, 127, 128 Nr. 34 = NStZ 1999, 47, 48). Deshalb ist im Urteil der EGMR vom 9. 6. 1998 letztlich offengeblieben, ob allein schon die unzulässige Tatprovokation den Verstoß gegen den Grundsatz des fairen Verfahrens darstellt oder ob erst die Tatprovokation zusammen mit dem späteren Strafverfahren (insbes. die „ziemlich hohe Strafe") konventionswidrig war.

b) Die Anerkennung eines Verfahrenshindernisses käme nach deutschem Recht nur in Betracht, wenn der Tatrichter der Tatprovokation nicht bei der Strafzumessung, durch Absehen von Strafe oder sonst durch Anwendung und Auslegung des Straf- und Strafverfahrensrechts in angemessener Weise Rechnung tragen könnte (so auch BGHSt. 35, 137, 140 [BGH Urt. v. 9. 12. 1987 – 3 StR 104/87; vgl. § 260 StPO erfolglose Rügen] zur Verletzung des Beschleunigungsgebots des Art. 6 MRK).

Neben den in BGHSt. 32, 345, 350 ff. genannten Gründen sprechen noch folgende Erwägungen dagegen, für das deutsche Verfahrensrecht in einer unzulässigen Tatprovokation ein Verfahrenshindernis zu sehen:

Die unterschiedslose Behandlung aller Fälle einer dem Staat zuzurechnenden Tatprovokation des zuvor Unverdächtigen wird den großen Unterschieden insbes. hinsichtlich des

Umfanges des späteren schuldhaften Verhaltens der Provozierten nicht gerecht. Wird etwa zufällig ein bislang unverdächtiger Rauschgifthändler von einer VP darauf angesprochen, ob er irgendwelche Drogen beschaffen könne, und entfaltet der so Angesprochene daraufhin eigenständig umfangreiche Aktivitäten, die zur Einfuhr großer Mengen besonders gefährlicher Btm führen, wäre es aus Gerechtigkeitsgründen unangemessen, ein Verfahrenshindernis anzunehmen. Ebenso kann es im Hinblick auf die Intensität der anfänglichen Verdachtslage, hinsichtlich der Hartnäckigkeit der Tatprovokation und der Zurechenbarkeit des Handelns Privater (VP oder bloßer Informant) als staatliches Handeln Grenzfälle und bezüglich der Schuld des Provozierten weit auseinanderliegende Fallgestaltungen geben, die eine Differenzierung erfordern. Die Anerkennung eines Verfahrenshindernisses wäre gleichbedeutend mit der Hinnahme von Entscheidungen nach dem Prinzip „Alles oder Nichts", das die erforderliche Abwägung der vielgestaltigen Abstufungen durchschneiden würde (so bereits BGHSt. 24, 239, 241 [BGH Urt. v. 10. 11. 1971 – 2 StR 492/71; vgl. Art. 6 MRK erfolglose Rügen] zur Verletzung des Beschleunigungsgebots nach Amt. 6 MRK).

Dabei ist auch der Schutz zunächst unbeteiligter Dritter zu beachten. Insoweit ist sowohl an Dritte zu denken, die der Provozierte (ohne insofern eine Anweisung der VP zu befolgen) als Gehilfen oder Mittäter in seine Tat verstrickt, als auch an die Verletzung von Individualrechtsgütern (etwa das Eigentum Unbeteiligter bei einem provozierten Einbruchsdiebstahl oder gar Leib und Leben).

Zudem ist für das deutsche Recht der systematische Gesichtspunkt zu bedenken, daß selbst der massive Verstoß gegen § 136 a StPO, eine schwere Verletzung des Fairnessgebotes, nach ausdrücklicher gesetzlicher Regelung lediglich ein Beweisverwertungsverbot und kein Verfahrenshindernis begründet (BGHSt. 38, 214, 222 [BGH Beschl. v. 27. 2. 1992 – 5 StR 190/91; vgl. § 136 StPO erfolgreiche Rügen]). Selbst bei Grundrechtsverletzungen hat der BGH ein Verfahrenshindernis abgelehnt (BGHSt. 19, 73, 278 zur Verletzung des durch Art. 10 GG geschützten Brief- und Postgeheimnisses; BGHSt. 43, 53, 56 [BGH Urt. v. 22. 4. 1997 – 1 StR 701/96; vgl. § 338 Nr. 4 StPO erfolglose Rügen] zur willkürlichen Annahme der Zuständigkeit durch das Tatgericht unter Verstoß gegen Art. 101 Abs. 1 S. 2 GG [= StV 1998, 1]).

4. Die Entscheidung des EGMR führt auch nicht dazu, daß nach deutschem Recht für alle Beweismittel, die aufgrund unzulässiger staatlicher Tatprovokation erhoben und verwertet worden sind, ein Beweisverbot bestehen muß.

Zwar könnte der Wortlaut des Urteils auf eine solche Lösung hindeuten. So ist dort unter Nr. 34 von der „Zulässigkeit von Beweismitteln" die Rede, unter Nr. 35 wird ausgeführt, „die Verwertung solcher Aussagen durch das Gericht" werfe Probleme auf und unter Nr. 36 wird bemerkt, das öffentliche Interesse könne nicht „den Gebrauch von Beweismitteln" rechtfertigen, die als Ergebnis polizeilicher Provokation gewonnen worden seien. Diese Ausführungen sind jedoch nicht zwingend als Hinweis auf ein Beweisverwertungsverbot zu verstehen. Der EGMR will mit seinen Entscheidungen – wie oben dargestellt – nicht in die nationalen Regeln für die Zulässigkeit von Beweismitteln eingreifen. Der Gerichtshof betont dementsprechend, die Zulässigkeit von Beweismitteln werde in erster Linie durch die Bestimmungen des innerstaatlichen Rechts geregelt, und es sei grundsätzlich Sache der nationalen Gerichte, die konkrete Ausgestaltung der Grundprinzipien der MRK nach nationalem Recht zu gewährleisten.

Die Annahme eines Beweisverbots scheidet nach den Prinzipien des deutschen Verfahrensrechts – wie der Senat bereits in seiner Entscheidung BGHSt. 32, 345, 355 dargelegt hat – als Lösung aus. Einem Beweisverbot kann nur die jeweils einzelne unzulässige Ermittlungshandlung (nur ein einzelnes Beweisthema oder Beweismittel) unterliegen und nicht die Beweisaufnahme über die provozierte Tat insgesamt. Hinzu kommt, daß die Annahme eines Beweisverbotes zu erheblichen Schwierigkeiten bei der Bestimmung seiner

Reichweite führen würde. Dies gilt namentlich für die Fragen, wie weit das Beweisverbot bei verschiedenen Tatbeteiligten reichen würde, wie sich in diesen Fällen mögliche Beweiserhebungsverbote zu Beweisverwertungsverboten verhalten würden, ob eine Fernwirkung eines Verfahrensverstoßes auf spätere Beweiserhebungen bestünde und ob der Zweifelssatz anwendbar wäre.

5. Wird eine unverdächtige und zunächst nicht tatgeneigte Person durch die von einem Amtsträger geführte VP in einer dem Staat zuzurechnenden Weise zu einer Straftat verleitet und führt dies zu einem Strafverfahren, liegt darin ein Verstoß gegen den Grundsatz des fairen Verfahrens gem. Art. 6 Abs. 1 S. 1 MRK. Dieser Verstoß ist in den Urteilsgründen festzustellen. Er ist bei der Festsetzung der Rechtsfolgen zu kompensieren. Das Maß der Kompensation für das konventionswidrige Handeln ist gesondert zum Ausdruck zu bringen.

a) Zur Feststellung der Konventionswidrigkeit bei einem durch einen Amtsträger veranlaßten Lockspitzeleinsatz ist auf das Handeln staatlicher Organe abzustellen. Anderenfalls würden die dem Schutz des Staates anvertrauten Rechtsgüter und das von ihm zu gewährleistende faire Verfahren letztlich zur Disposition eines Privaten gestellt. Die unzulässige Tatprovokation ist dem Staat im Blick auf die Gewährleistung des fairen Verfahrens indessen dann zuzurechnen, wenn diese Provokation mit Wissen eines für die Anleitung der VP verantwortlichen Amtsträgers geschieht oder dieser sie jedenfalls hätte unterbinden können. Erteilt die Polizei einen Auftrag an eine VP, hat sie die Möglichkeit und die Pflicht, diese Person zu überwachen. Eine Ausnahme von der sich daraus ergebenden Zurechnung kann nur dann gelten, wenn die Polizei mit einem Fehlverhalten der VP nicht rechnen konnte.

b) Allerdings ist nicht jede Tatprovokation durch eine VP unzulässig:

aa) Dem Einsatz einer VP liegt die von der Rspr. anerkannte Zielsetzung zugrunde, kriminelle Strukturen aufzudecken, ein latentes Kriminalitätspotential zu zerschlagen oder die Fortsetzung von Dauerstraftaten zu verhindern (BGHSt. 32, 115, 122). Soweit es bei der Tätigkeit einer VP um reine Informationsbeschaffung ohne konkreten Tatverdacht geht, hat der Einsatz eine gefahrenabwehrende, präventive Zwecksetzung. Ihre Tätigkeit kann jedoch auch bis zur Mitwirkung an Straftaten, sogar bis zur Initiierung von solchen gehen. In diesem Fall wird die VP zum agent provocateur. Die Bejahung der Zulässigkeit einer solchen Tatprovokation durch eine VP findet mit ihre Grundlage in Erwägungen über die Gefährlichkeit der zu verlockenden Personen und den Bedürfnissen, von ihnen ausgehende künftige Straftaten zu unterbinden.

bb) Die Tatprovokation ist jedoch nur zulässig, wenn die VP (bzw. der VE) gegen eine Person eingesetzt wird, die in einem den §§ 152 Abs. 2, 160 StPO vergleichbaren Grad verdächtig ist, an einer bereits begangenen Straftat beteiligt gewesen zu sein oder zu einer zukünftigen Straftat bereit zu sein; hierfür müssen also zureichende tatsächliche Anhaltspunkte vorliegen. Dies gilt unabhängig davon, ob der VP-Einsatz ursprünglich (bis zur Tatprovokation) der präventiven Gefahrenabwehr diente oder von Anfang an repressiven Charakter hatte. Die Rechtmäßigkeit des Lockspitzeleinsatzes ist selbst im Fall einer „Gemengelage" einheitlich an den Regelungen der StPO zu messen.

Die Problematik des Einsatzes einer VP als Lockspitzel ist – trotz präventiver Rechtfertigungselemente – allein unter Rückgriff auf straf- und strafverfahrensrechtliche Rechtsgrundlagen und Lösungsmöglichkeiten zu behandeln. Eine polizeirechtliche Beurteilung ist nicht mehr möglich, weil es sich um einen Einsatz eines Lockspitzels gegen eine bestimmte Person zur Aufklärung und Aburteilung einer Straftat mit strafverfahrensrechtlichen Mitteln handelt (BGHSt. 41, 64, 68 [BGH Urt. v. 7. 3. 1995 – 1 StR 685/94; vgl. §§ 110a, 110b StPO erfolglose Rügen]). Bei der gezielten Provokation einer (polizeilich kontrollierten) Straftat handelt es sich um eine Maßnahme, die nicht mehr der Gefahrenabwehr dient. Sie ist darauf gerichtet, potentielle Straftäter bei einer Straftat zu ergreifen und der Strafverfolgung zuzuführen. Das Ziel des V-Mann-Einsatzes ist also von vornherein repressiver Natur). Dem steht nicht entgegen, daß im Bereich der Betäubungsmittelkriminalität die Tatprovokation auch dem Zweck dient, Rauschgift vom illegalen Markt abzuschöpfen. Die Tatprovokation nimmt in Kauf, daß sich die Gefahr, der das Strafgesetz entgegenwirken will, in einer (kontrollierten) Straftat durch bestimmte Personen konkretisiert; sie ist eine Maßnahme der Strafverfolgung, deren Rechtmäßigkeit gerade auch dann anhand der Strafprozeßordnung zu bestimmen ist, wenn deren Regelungen enger sind als die des Polizeirechts. Der repressive Charakter der Tatprovokation zeigt sich u.a. auch daran, daß weitgehende Einigkeit darüber besteht, die Staatsanwaltschaft bei der Entscheidung für einen Lockspitzeleinsatz frühzeitig zu beteiligen.

Diesem Ergebnis widersprechen die (landesrechtlichen) Vorschriften zur präventiven Gefahrenabwehr in den Polizeigesetzen nicht. Die verdeckte Datenerhebung durch den gezielten Einsatz von VP ist nur dann zugelassen, wenn eine konkrete Gefahr vorliegt. Ein Lockspitzeleinsatz „auf gut Glück" gegenüber Unverdächtigen wäre mithin auch nach dem Polizeirecht nicht erlaubt.

cc) Nach diesem Maßstab liegt noch keine Tatprovokation vor, wenn eine VP einen Dritten ohne sonstige Einwirkung lediglich darauf anspricht, ob dieser Btm beschaffen könne. Ebenso liegt keine Provokation vor, wenn die VP nur die offen erkennbare Bereitschaft zur Begehung oder Fortsetzung von Straftaten ausnutzt. Dagegen ist die VP als die Tat provozierender Lockspitzel tätig, wenn sie über das bloße „Mitmachen" hinaus in die Richtung auf eine Weckung der Tatbereitschaft oder eine Intensivierung der Tatplanung mit einiger Erheblichkeit stimulierend auf den Täter einwirkt.

Zur Überprüfung der Feststellung, ob ein zulässiger Lockspitzeleinsatz oder eine konventionswidrige Tatprovokation vorliegt, wird es sich empfehlen, daß die Staatsanwaltschaft bereits im Ermittlungsverfahren dafür Sorge trägt, daß die tatsächlichen Voraussetzungen des Tatverdachts zeitnah in den Ermittlungsakten dokumentiert werden. Der Hinweis „der Dienststelle wurde bekannt" genügt nicht.

c) Der Senat hält es – wie in den Fällen rechtsstaatswidriger Verfahrensverzögerung – für geboten, bei unzulässiger staatlicher Tatprovokation den Verstoß gegen Art. 6 Abs. 1 MRK im Urteil ausdrücklich auszusprechen (BGH StV 1994, 653 [BGH Urt. v. 6. 9. 1994 – 5 StR 228/94; vgl. Art. 6 MRK erfolgreiche Rügen]; BVerfG [2. Kammer des Zweiten Senats] NJW 1995, 1277).

d) Der Konventionsverstoß erfordert „eine gerechte Entschädigung" (vgl. Art. 41 MRK sowie den Aufopferungsanspruch nach Art. 74, 75 der Einleitung zum Preußischen Allgemeinen Landrecht von 1794). Diese erfolgt durch die Anerkennung eines besonderen, gewichtigen und schuldunabhängigen Strafmilderungsgrundes, der zur Unterschreitung der sonst schuld-angemessenen Strafe führt (vgl. BGH StV 1995, 131). Das Ausmaß der dadurch bedingten Strafmilderung bedarf – ebenso wie in den Fällen unangemessener Verfahrensverzögerung – exakter Bestimmung in den Urteilsgründen (vgl. BVerfG [2. Kammer des Zweiten Senats] NStZ 1997, 591; BGH StV 1997, 451; BGH NStZ 1999, 181 [BGH Beschl. v. 21. 12. 1998 – 3 StR 561/98; vgl. Art. 6 MRK erfolgreiche Rügen]).

e) Auf diese Weise wird die Verurteilung der Bundesrepublik Deutschland wegen einer Verletzung der MRK vermieden (vgl. BGHR StGB § 46 Abs. 2 Verfahrensverzögerung 3).

Unter Beachtung der vorgenannten Grundsätze genügt die Strafzumessungslösung den Vorgaben des EGMR. Der EGMR hat verlangt, daß zur Beschränkung des Einsatzes von Lockspitzeln „Sicherheitsvorkehrungen" getroffen werden (Wird ausgeführt ...).

4. Gericht muß sich ernsthaft bemühen, dem Recht des Angeklagten, sich in einem Strafverfahren von einem Rechtsanwalt seines Vertrauens verteidigen zu lassen, soweit wie möglich Geltung zu verschaffen.

MRK Art. 6 IIIc – BGH Beschl. v. 6. 7. 1999 – 1 StR 142/99 LG Konstanz (= StV 1999, 524 = NStZ 1999, 527)

Die Revision rügt, daß das Gericht gegen den Angeklagten, dem ein Pflichtverteidiger beigeordnet war, in Abwesenheit des Wahlverteidigers verhandelt hat, ohne sich ernsthaft darum zu bemühen, dessen Wunsch nach Terminsverlegung wegen Kollision mit anderen Verfahren nachzukommen.

Sachverhalt: Dem Angeklagten war am 5. 11. 1998 ein Pflichtverteidiger bestellt worden. Mit diesem hatte der Kammervorsitzende als Hauptverhandlungstermine den 13. und 14. 1. 1999 abgesprochen. Nachdem sich am 24. 11. 1998 ein Wahlverteidiger gemeldet hatte, erhielt dieser am 3. 12. 1998 die Ladung zu den genannten Terminen. Mit Schriftsatz vom selben Tag beantragte er, die Termine aufzuheben, da er an ihnen wegen im einzelnen bezeichneter anderer Gerichtstermine nicht teilnehmen könne, und bat um Durchführung der Hauptverhandlung im Februar 1999 und entsprechende Terminabsprache. Diesen Antrag lehnte der Vors. der Strafkammer im wesentlichen mit der Begründung ab, „eine Terminsverlegung würde ... für den Kammerbetrieb erhebliche Schwierigkeiten bereiten, weil die Kammer ... vorübergehend nur mit der Arbeitskraft eines Berichterstatters besetzt ist". Schriftsätze des Wahlverteidigers v. 9. 12. 1998 und 7. 2. 1999, in denen dieser erneut – im ausdrücklich erklärten Einverständnis des in Untersuchungshaft befindlichen Angeklagten – eine Terminsverlegung beantragte, blieben ebenfalls ohne Erfolg. Die Hauptversammlung fand an den vorgesehenen Tagen lediglich im Beisein des Pflichtverteidigers statt. – Das Rechtsmittel hatte Erfolg.

Gründe: Diese Verfahrensweise war rechtsfehlerhaft. Sie verletzte den Angeklagten in seinem Recht auf wirksame Verteidigung (Art. 6 Abs. 3c MRK) und verstieß gegen den Grundsatz des fairen Verfahrens. Allerdings ist die Terminierung grundsätzlich Sache des Vorsitzenden und steht in dessen pflichtgemäßem Ermessen. Nicht jede Verhinderung eines gewählten Verteidigers kann zur Folge haben, daß eine Hauptverhandlung gegen den Angeklagten nicht durchgeführt werden kann (BGH NStZ 1998, 311, 312 [BGH Beschl. v. 18. 12. 1997 – 1 StR 483/97; vgl. § 142 StPO erfolglose Rügen]). Jedoch muß seitens des Gerichts – u.U. auch durch Absprache mit anderen Gerichten – ernsthaft versucht werden, dem Recht des Angeklagten, sich in einem Strafverfahren von einem Rechtsanwalt seines Vertrauens verteidigen zu lassen, soweit wie möglich Geltung zu verschaffen (vgl. BGH StV 1992, 53 [BGH Beschl. v. 6. 11. 1991 – 4 StR 515/91; vgl. § 338 Nr. 8 StPO erfolgreiche Rügen]). Es ist nicht ersichtlich, daß hier ein derartiger Versuch erfolgt ist. Dazu hätte – zumal bei einer auf lediglich zwei Sitzungstagen angesetzten Hauptverhandlung – schon deshalb Anlaß bestanden, weil die erbetene Terminsverschiebung zeitlich nicht erheblich ins Gewicht gefallen wäre und der Wahlverteidiger „zahlreiche Tage" im Februar als Ausweichtermin angeboten hatte. An dem Verfahrensverstoß ändert im übrigen der Umstand nichts, daß die Bestellung des Pflichtverteidigers nicht gem. § 143 StPO aufgehoben wurde.

Der Fehler führt zur Aufhebung des Urteils, weil nicht davon ausgegangen werden kann, daß die Aufgaben des Wahlverteidigers nach dem Willen des Angeklagten vom bestellten Verteidiger, mit dem der Angeklagte in der Hauptverhandlung „kein einziges Wort" gesprochen hat, mit übernommen worden sind, und weil sich nicht ausschließen läßt, daß die Hauptverhandlung in Anwesenheit des Wahlverteidigers zu einem für den Angeklagten günstigeren Ergebnis geführt hätte (vgl. BGHSt. 36, 259, 262 [BGH Urt. v. 9. 10. 1989 – 2 StR 352/89; vgl. § 218 StPO erfolgreiche Rügen]).

5. Bei Verletzung des Beschleunigungsgebotes muß das Gericht im Urteil Art und Ausmaß der Verzögerung feststellen und das Maß der Kompensation durch Vergleich der an sich verwirkten mit der tatsächlich verhängten Strafe ausdrücklich und konkret bestimmen.

MRK Art. 6 I 1 – BGH Beschl. v. 21. 12. 1998 – 3 StR 561/98 LG Itzehoe (= NStZ 1999, 181 = StV 1999, 206)

Die Revision rügt, daß die Strafkammer trotz dazu drängender Umstände die Feststellung, ob entgegen Art. 6 I 1 EMRK das Verfahren verzögert worden ist, unterlassen hat.

Sachverhalt: Seit Verkündung des ersten tatrichterlichen Urteils vom 25. 8. 1992 und dem angefochtenen Urteil vom 27. 5. 1998 sind nahezu sechs Jahre vergangen. Zwischen der in dieser Sache erfolgten zweiten Aufhebungsentscheidung des Senats vom 9. 10. 1996 und dem angefochtenen Urteil sind eineinhalb Jahre vergangen, obwohl nur die Gesamtstrafe neu festgesetzt werden mußte, wofür nur eine Hauptverhandlungsdauer von 2 1/4 Stunden aufgewandt werden mußte. – Das Rechtsmittel hatte Erfolg.

Gründe: ... Kommt es in einem Strafverfahren zu einem außergewöhnlich langen Abstand zwischen Tat und Urteil oder einer sehr langen Dauer des Verfahrens, so hat der Tatrichter grundsätzlich drei unterschiedliche Strafmilderungsgründe zu bedenken:

Zum einen kann bereits der lange zeitliche Abstand zwischen Tat und Urteil zu einem wesentlichen Strafmilderungsgesichtspunkt führen, ohne daß es insoweit auf die Dauer des Verfahrens selbst ankäme (vgl. BGHR StGB § 46 II Verfahrensverzögerung 6).

Zum zweiten kann unabhängig von diesem Strafmilderungsgrund des langen Zeitablaufs einer überdurchschnittlich langen Verfahrensdauer eine eigenständige strafmildernde Bedeutung zukommen, bei der insbesondere die mit dem Verfahren selbst verbundenen Belastungen des Angeklagten zu berücksichtigen sind. Dieser Strafmilderungsgrund kann auch dann gegeben sein, wenn die außergewöhnlich lange Verfahrensdauer sachliche Gründe hatte und nicht von den Strafverfolgungsorganen zu vertreten ist.

Zum dritten kann das Verfahren aber auch Anlaß zur Prüfung bieten, ob das in Art. 6 I 1 EMRK garantierte Recht des Angeklagten auf gerichtliche Entscheidung in angemessener Zeit verletzt ist. Die für eine mögliche Verletzung des Beschleunigungsgebotes maßgeblichen Umstände kann sich der Tatrichter als gerichtskundige Tatsachen im Wege des Freibeweises verschaffen (BGHR StGB § 46 II Verfahrensverzögerung 11). Er hat sodann nach der Rechtsprechung des BVerfG, der auch der BGH gefolgt ist, im Urteil Art und Ausmaß der Verzögerung festzustellen und in einem zweiten Schritt das Maß der Kompensation durch Vergleich der an sich verwirkten mit der tatsächlich verhängten Strafe ausdrücklich und konkret zu bestimmen (BVerfG, NStZ 1997, 591; BGHR StGB § 46 II Verfahrensverzögerung 7, 12).

Die Strafkammer hat die beiden erstgenannten Strafmilderungsgründe des langen Zeitablaufs und der Verfahrensdauer – wenn auch bedenklich pauschal – berücksichtigt, dagegen hat sie nicht aufgeklärt, ob darüber hinaus das Verfahren aus Gründen, die den Strafverfolgungsorganen anzulasten sind, verzögert worden ist. Die Umstände, insbesondere die auffällige Dauer von bisher nahezu sechs Jahren seit Verkündung des ersten tatrichterlichen Urteils vom 25. 8. 1992 und der lange Abstand zwischen der zweiten Aufhebungsentscheidung des Senats vom 9. 10. 1996 und dem angefochtenen Urteil vom 27. 5. 1998, mit dem lediglich die Gesamtstrafe neu festgesetzt werden mußte, wofür nur eine Hauptverhandlungsdauer von 2 1/4 Stunden aufgewandt werden mußte, haben dazu gedrängt.

Eine eigene Sachentscheidung ist dem Senat verwehrt. Er macht jedoch von der Möglichkeit des § 354 II 1 StPO Gebrauch und verweist die Sache an das Landgericht zu neuer Verhandlung und Entscheidung zurück.

6. Bei einem Verstoß gegen das Beschleunigungsgebot ist das Ausmaß der vorgenommenen Herabsetzung der Strafe kenntlich zu machen.

MKR Art. 6 – BGH Beschl. v. 16. 10. 1997 – 4 StR 468/97 LG Saarbrücken (= NStZ-RR 1998, 108)

Die Revision rügt, daß das Gericht bei dem vorliegenden Verstoß gegen das Beschleunigungsgebot das Ausmaß der vorgenommenen Herabsetzung der Strafe nicht kenntlich gemacht hat.

Sachverhalt: Die Strafanzeige wegen Vergewaltigung wurde am 5. 4. 1992 erstattet. Die Anklage wurde am 12. 10. 1995 fertiggestellt. Die Verurteilung erfolgte 5 1/2 Jahre nach Anzeigeerstattung. – Das Rechtsmittel hatte Erfolg.

Gründe:

1. Die vom Landgericht festgesetzte Freiheitsstrafe kann deswegen keinen Bestand haben, weil den Ausführungen zum Strafausspruch nicht zu entnehmen ist, welche Gründe zu der überaus langen Verfahrensdauer geführt haben. Zu solcher Erörterung bestand hier Anlaß, da zwischen der Anzeigenerstattung am 5. 4. 1992 und der Fertigstellung der Anklage am 12. 10. 1995 eine ungewöhnlich lange Zeit verstrichen ist. Dies legt eine vom Angeklagten nicht zu vertretende Verfahrensverzögerung nahe.

Zwar hat die Strafkammer im Rahmen der Strafzumessung ausdrücklich „zugunsten des Angeklagten den beträchtlichen Zeitablauf von mehr als 5 1/2 Jahren zwischen Tat und Verurteilung" gewertet. Dies reicht indessen nicht aus, um dem Rechtsstaatsgebot und den Anforderungen aus Art. 6 MRK zu genügen, denn eine rechtsstaatswidrige Verfahrensverzögerung stellt einen neben dem Zeitablauf gesondert zu beachtenden, wesentlichen Strafmilderungsgrund dar (BGH, NStZ 1986, 217 [218]; BGHR StGB § 46 II Verfahrensverzögerung 3 [BGH Beschl. v. 6. 9. 1988 – 1 StR 473/88; vgl. Art. 6 MRK erfolgreiche Rügen], 5 und 6). Zudem ist bei einem Verstoß gegen das Beschleunigungsgebot das Ausmaß der vorgenommenen Herabsetzung der Strafe kenntlich zu machen (BVerfG, NStZ 1997, 591; BVerfG, NJW 1993, 3254; BVerfG, NJW 1995, 1277; BGHR StGB § 46 II Verfahrensverzögerung 7, 11; BGH, Beschl. v. 16. 7. 1997 – 2 StR 286/97). ...

7. Einstellung des Verfahrens, wenn unter Berücksichtigung einer neuen Hauptverhandlung Verfahrensdauer von 15–16 Jahren zu erwarten ist und Verfahrensverzögerungen von 2 Jahren im Ermittlungsverfahren vorliegen.

MRK Art. 6 I 1 – BGH Beschl. v. 26. 6. 1996 – 3 StR 199/95 LG Düsseldorf (= NStZ 1996, 506)

Die Revisionen rügen die Verletzung formellen und materiellen Rechts und vor allem die überlange Verfahrensdauer als Verstoß gegen Art. 6 MRK.

Sachverhalt: Die Angeklagten haben als Geschäftsführer oder als faktische Geschäftsführer der Gesellschaften der sogenannten F.-Gruppe, einem bedeutenden Anbieter von Bauherrenmodellen im Düsseldorfer Raum, in der Zeit vom 1. 1. 1982 bis zum Zusammenbruch der Unternehmen Ende März 1993 Privatentnahmen getätigt und wirtschaftlich nicht veranlaßte Darlehen an ihnen gehörende ausländische Gesellschaften gewährt und durch diese Handlungen, soweit sie in den Zeitraum bis 30. 9. 1982 fallen, vorsätzlich den Eintritt der Zahlungsunfähigkeit der Gesellschaften zum 1. 10. 1982 gem. § 283 II i.V. mit § 283 1 Nr. 1 StGB herbeigeführt und, soweit sie nach dem 1. 10. 1982 erfolgten, Vermögensbestandteile bei eingetretener Zahlungsunfähigkeit gem. § 283 I Nr. 1 StGB beiseite geschafft. Wegen Bankrotts in drei Fällen hat das Landgericht den Angeklagten R. zu einer Gesamtfreiheitsstrafe von drei Jahren und acht Monaten und den Angeklagten V. zu einer Gesamtfreiheitsstrafe von zwei Jahren und acht Monaten verurteilt. – Die Rechtsmittel hatten Erfolg.

Gründe: Verfahrenshindernisse bestehen nicht. Die Anklage und der Eröffnungsbeschluß enthalten zwar keine Spezifizierung der einzelnen Bankrotthandlungen, doch genügen sie insgesamt noch den Anforderungen der Rechtsprechung an eine wirksame Verfahrensgrundlage in Verfahren, die vor der Entscheidung des Großen Senats für Strafsachen vom 3. 5. 1994 zur fortgesetzten Handlung (BGHSt. 40, 138 = NJW 1994, 1663) eröffnet worden sind (vgl. BGHR StPO § 200 Abs. 1 Satz 1 Tat 9).

Ein Verfahrenshindernis ergibt sich auch nicht aus der langen Dauer des Verfahrens und den dabei aufgetretenen Verzögerungen, denen, wie unten näher dargelegt wird, durch die im Strafverfahrensrecht vorgesehene Einstellung nach § 153 II StPO in angemessener Weise Rechnung getragen werden kann (vgl. BGHSt. 35, 137 [142] [BGH Urt. v. 9. 12. 1987 – 3 StR 104/87; vgl. § 260 StPO erfolgreiche Rügen]).

Die Einstellung des Verfahrens nach § 153 II StPO ist gerechtfertigt, weil infolge der überlangen Verfahrensdauer, der Verletzung des Beschleunigungsgebots und der erheblichen Belastung der Angeklagten durch das bisherige Verfahren die Schuld im jetzigen Zeitpunkt als gering im Sinne dieser Vorschrift anzusehen ist und ein öffentliches Interesse an der weiteren Verfolgung nicht mehr besteht.

Der Senat hat hierbei davon auszugehen, daß das Urteil des Landgerichts keinen Bestand hat und die Sache in vollem Umfang aufgehoben und zu neuer Verhandlung und Entscheidung an eine andere Strafkammer des Landgerichts zurückverwiesen werden müßte. Wie der Generalbundesanwalt in seinem Terminsantrag zutreffend im einzelnen ausgeführt hat, sind die Feststellungen der Strafkammer zur Ursächlichkeit der Handlungen der Angeklagten für den Zusammenbruch der Unternehmen, zum Eintritt der Zahlungsunfähigkeit und insbesondere zur subjektiven Tatseite unzureichend. In einer neuerlichen Hauptverhandlung wären ausreichende Feststellungen hierzu voraussichtlich nur mit Hilfe eines Sachverständigengutachtens eines Wirtschaftsprüfers möglich. Da ein solches Gutachten bislang von Seiten des Gerichts nicht eingeholt worden ist und seine Erstellung in Anbetracht des außerordentlichen Umfangs des Verfahrens und der Verflechtung der Gesellschaften der F.-Gruppe mit den Auslandsgesellschaften der Angeklagten bei dem lange Zeit zurückliegenden Tatgeschehen erhebliche Zeit in Anspruch nehmen würde, könnte eine neuerliche Hauptverhandlung voraussichtlich nicht vor Ablauf von zwei bis drei Jahren abgeschlossen werden.

Die Tatzeit erstreckte sich bis Ende März 1983. Am 11. 4. 1983 haben die Angeklagten Selbstanzeige erstattet. Der zuständige Wirtschaftsreferent der Staatsanwaltschaft – der einzige seiner Behörde – hatte zunächst einige Ermittlungen vorgenommen und konnte ab 21. 10. 1983 das Verfahren wegen Erkrankung und vorrangiger Bearbeitung von Haftsachen nicht weiterbearbeiten. Weder die örtliche Kriminalpolizei noch das Landeskriminalamt konnten infolge Personalmangels einen Sachbearbeiter abstellen. Erst am 20. 8. 1985, also nach einem Verfahrensstillstand von 22 Monaten, hat das Bundeskriminalamt die Ermittlungen aufgenommen und am 10. 3. 1988 abgeschlossen. Die Anklage vom 28. 12. 1989 wurde mit Beschluß vom 11. 12. 1991 zugelassen. Die Hauptverhandlung hat sich vom 24. 6. 1992 in 150 Sitzungstagen bis zum 28. 7. 1994 erstreckt. Die Angeklagten haben sich jeweils für mehr als ein Jahr in Untersuchungshaft befunden. Auch in der Folgezeit wurden die Angeklagten durch die Auflagen und Weisungen der Haftverschonungsbeschlüsse belastet, beim Angeklagten R. dauerten diese Beeinträchtigungen bis zum heutigen Tage fort.

Auch wenn der außergewöhnliche Umfang dieses Verfahrens eine erhebliche Dauer für die Bearbeitung in den einzelnen Verfahrensabschnitten bedingt, daß eine die Rechte der Angeklagten aus Art. 6 I 1 EMRK verletzende Verfahrensverzögerung für den Stillstand der Ermittlungen vom 21. 10. 1983 bis zum 20. 8. 1985 festgestellt werden[1].

---

1 „Quellentext unverständlich."

Hierbei handelt es sich nicht mehr um einen lediglich vorübergehenden Personalengpaß, sondern um einen andauernden Zustand struktureller Art, der organisatorische Maßnahmen der Strafverfolgungsbehörden erfordert hätte (vgl. BGH, StV 1992, 452 [BGH Beschl. v. 26. 3. 1992 – 1 StR 131/92; vgl. Art. 6 MRK erfolgreiche Rügen]; EGMR, NJW 1984, 2749 [2750]). Die Gesamtdauer des Verfahrens würde sich unter Berücksichtigung einer weiteren Hauptverhandlung auf voraussichtlich 15 bis 16 Jahre belaufen, ohne daß die Möglichkeit eines weiteren Revisionsverfahrens berücksichtigt ist. Diese Umstände und die erheblichen Belastungen der Angeklagten durch die Strafverfolgungsmaßnahmen, insbesondere die Verbüßung von jeweils mehr als einem Jahr Untersuchungshaft und die Beeinträchtigung durch die nachfolgenden Haftverschonungsbeschlüsse, für die eine Entschädigung nach dem Strafentschädigungsgesetz nicht gewährt wird, und zu der die erheblichen finanziellen Belastungen durch die Pflicht der Angeklagten, ihre notwendigen Auslagen selbst zu tragen, hinzukommt, rechtfertigt es, im jetzigen Zeitpunkt die Schuld der Angeklagten als gering anzusehen und ein öffentliches Interesse an der weiteren Strafverfolgung zu verneinen.

Eine Entschädigung der Angeklagten für die erlittenen Strafverfolgungsmaßnahmen entspricht unter den gegebenen Umständen nicht der Billigkeit, § 3 StrEG. Ebenso ist nach § 467 IV StPO davon abzusehen, die notwendigen Auslagen der Angeklagten der Staatskasse aufzuerlegen. Mit dieser Entscheidung zur Entschädigungspflicht und zur Tragung der eigenen Auslagen haben sich die Angeklagten einverstanden erklärt.

8. Ermittlungsmaßnahmen in Form von Lockspitzeleinsatz nur gegen Personen zulässig, gegen die schon ein Verdacht i.S.d. § 160 I StPO besteht, entsprechende Straftaten zu planen oder darin verwickelt zu sein.

MRK Art. 6 – BGH Beschl. v. 16. 3. 1995 – 4 StR 111/95 LG Bielefeld (= NStZ 1995, 506)

Die Revisionen rügen, daß das Gericht nicht genügend berücksichtigt hat, daß die Angeklagten durch unzulässige Einwirkung der von der Polizei eingesetzten Lockspitzel zu der Tat erst angestiftet worden sind.

Sachverhalt: Der Angeklagte B. war aufgrund seiner Spielleidenschaft erheblich verschuldet. In Kenntnis dieses Umstandes machte ihm „K.", ein – wovon die Strafkammer ausgeht – V-Mann der Polizei, im September 1993 den Vorschlag, durch Rauschgiftgeschäfte viel Geld zu verdienen und damit seine Schulden zu begleichen. B. lehnte das zunächst ab, ließ sich aber aufgrund wiederholter Anrufe und ständiger Nachfragen des „K." schließlich zur Beteiligung an Rauschgiftgeschäften überreden. „K." „zerstreute (auch) seine Bedenken", als B. nach Kenntnisnahme von der Verhaftung zweier Heroinlieferanten Anfang Oktober 1993 nicht weiter an Rauschgiftgeschäften mitwirken wollte. Er machte den Angeklagten mit „Th." und „T." bekannt, die – der eine als Verdeckter Ermittler, der andere als V-Mann der Polizei – von den Ermittlungsbehörden eingesetzt worden waren, „um als Aufkäufer von größeren Mengen Heroin aufzutreten und auf diese Weise an größere Drogenhändler heranzukommen und diese zu überführen". „Th." „verlange" von dem Angeklagten, Heroinlieferanten zu besorgen, die 7 bis 8 kg Heroin zu 40 000 DM pro kg liefern könnten. Dem Angeklagten wurden 10 000 DM als Provision in Aussicht gestellt. Weil der Angeklagte zunächst keinen Heroinlieferanten fand, ihm dies aber mit Blick auf die Scheinaufkäufer „unangenehm" war, fragte er schließlich „K." um Rat, der ihn an einen Y. verwies. Dieser wollte dem Angeklagten jedoch kein Heroin verkaufen. Darauf drohten „Th." und „T." ihm, er müsse für den Zinsverlust i.H. von ca. 20 000 DM wegen eines von ihnen für das Heroingeschäft von der Bank abgehobenen Geldbetrages aufkommen. „T." drohte ihm zudem an, „ihm seinen Pkw zur Begleichung der vermeintlichen Zinsschulden wegzunehmen". Daraufhin wandte sich der Angeklagte B. an den Angeklagten A., der ebenfalls erhebliche Spielschulden hatte. B. stellte ihm in

Aussicht, durch Beteiligung an Rauschgiftgeschäften diese Schulden abtragen zu können. Gleichzeitig erklärte er ihm, daß seine Käufer ihn unter Druck setzten. „Weil der Angeklagte A. dem Angeklagten B. freundschaftlich verbunden war und ihm helfen wollte, erklärte er sich bereit, nach einem Heroinlieferanten Ausschau zu halten". A. gelang es im November 1993, G. „aufzutreiben", der durch Vermittlung beider Angeklagter mit „Th." und „T." die Lieferung von 7 kg Heroin zu 45 000 DM pro kg vereinbarte. Die fest zugesagte Lieferung blieb schließlich aus, weil G. „Th." mißtraute (1. Fall). Der Angeklagte B. und die Scheinaufkäufer hielten aber weiterhin Kontakt miteinander. Bei einem Treffen im Dezember 1993 „zeigte T. dem Angeklagten eine Pistole und drohte diesem mit dem Tode, falls er keinen Heroinlieferanten finden würde". Bei einem weiteren Treffen Mitte Januar 1994 erklärte „T." dem „Angeklagten" durch dessen zögerliches Verhalten habe er Ärger mit „Th." bekommen. Er drohte B., daß er dessen Familie in die Luft sprengen würde, und schlug ihm auch ins Gesicht. Aufgrund der ständigen Nachfrage des „Th." wandte sich B. wieder an den Angeklagten A., „ob dieser noch Heroinlieferanten wisse". Beide fuhren daraufhin nach Rotterdam zu einem Ar., der sich nach weiteren Gesprächen bereit erklärte, 8 kg Heroin zum Preis von 400 000 DM nach Deutschland zu liefern. „Th." erklärte sich gegenüber dem Angeklagten B. bereit, das Heroin zu den genannten Bedingungen zu übernehmen. Zu direktem Kontakt der Scheinaufkäufer mit Ar. kam es nicht. Die Verhandlungen führte B. Bei der Lieferung des Heroins (7,952 kg; Wirkstoffgehalt 28%) wurden die Angeklagten am 19. 4. 1994 festgenommen (2. Fall).

Die Strafkammer hat in beiden Fällen bei beiden Angeklagten das Vorliegen minder schwerer Fälle des § 29a II BtMG „trotz des Umstandes, daß die Angeklagten geständig sind und nicht bzw. nur geringfügig vorbestraft sind" sowie „auch unter Berücksichtigung der Vergünstigung des § 31 BtMG und – teilweise – des § 21 StGB" im Hinblick auf „die große Menge Rauschgift, die im 1. Fall geliefert werden sollte und im 2. Fall geliefert wurde", verneint; im 1. Fall hat sie gegen die Angeklagten auf eine Einzelfreiheitsstrafe von jeweils 2 Jahren und im 2. Fall gegen den Angeklagten B. auf eine solche von 3 Jahren und gegen den Angeklagten A. von 2 Jahren und 9 Monaten erkannt. – Die Rechtsmittel hatte Erfolg.

Gründe: ...

3. ... Dies hält rechtlicher Nachprüfung nicht stand. Die Strafrahmenwahl und die Strafzumessung im engeren Sinne werden dem Umstand nicht gerecht, daß der Angeklagte B. nach den getroffenen Feststellungen durch unzulässige Einwirkung von der Polizei eingesetzter Lockspitzel zum Objekt staatlichen Handelns herabgewürdigt worden ist (vgl. BGH StV 1995, 131). Das führt hier auch zur Aufhebung der gegen den Angeklagten A. erkannten Strafen. ...

c) Die Strafkammer hat zugunsten des Angeklagten B. gewertet, daß er „von polizeilichen V-Männern zu der Tat gebracht wurde". Damit hat sie jedoch der Art der von den V-Personen ausgehenden Tatprovokation nicht genügend Rechnung getragen. Zwar ist der Einsatz von Lockspitzeln und verdeckt ermittelnden Polizeibeamten zur Bekämpfung besonders gefährlicher und schwer aufklärbarer Kriminalität, zu der auch der Rauschgifthandel gehört, notwendig und zulässig. Jedoch kann tatprovozierendes Verhalten nur innerhalb der durch das Rechtsstaatsprinzip gezogenen Grenzen hingenommen werden (BGHSt. 32, 345, 346 [BGH Urt. v. 23. 5. 1984 – 1 StR 148/84; vgl. § 260 StPO erfolgreiche Rügen]; BGH NStZ 1994, 335 = StV 1994, 368). Daraus ist herzuleiten, daß diese Ermittlungsmaßnahmen nur gegen Personen eingesetzt werden dürfen, gegen die schon ein Verdacht i.S. des § 160 I StPO besteht, entsprechende Straftaten zu planen oder darin verwickelt zu sein (BGHR StGB § 461 V-Mann 6). Daran hat sich auch durch die gesetzliche Regelung des Einsatzes von Verdeckten Ermittlern in den durch das Gesetz zur Bekämpfung des illegalen Rauschgifthandels und anderer Erscheinungsformen der Organisierten Kriminalität (OrgKG) vom 15. 7. 1992 (BGBl. I, 1302) eingefügten Vorschriften der §§ 110a bis 110e

StPO nichts geändert. Die Nichtbeachtung zulässiger staatlicher Tatprovokation hindert zwar nicht die Verfolgung und Bestrafung des angestifteten Täters (BGHSt. 32, 345; 33, 283). Doch liegt darin regelmäßig ein gewichtiger schuldunabhängiger Strafmilderungsgrund (st. Rspr.; BGHR a.a.O.; BGH StV 1994, 368, 369).

Daß die Strafkammer dies bedacht hat, kann dem Urteil nicht entnommen werden. Zu einer ausdrücklichen Erörterung bestand hier aber Anlaß, weil das Urteil keinen Hinweis darauf enthält, daß gegen den Angeklagten B. irgendein Verdacht des illegalen Umgangs mit Betäubungsmitteln bestand, als „K." auf ihn einwirkte, sich an Rauschgiftgeschäften zu beteiligen. Dieser Umstand war für die Strafzumessung auch von bestimmender Bedeutung (§ 267 III 1 StPO). Dem läßt sich nicht entgegenhalten, daß polizeiliche Lockspitzel auch eingesetzt werden dürfen, wenn es – wie hier – darum geht, Hintermänner von Rauschgiftgeschäften und Lieferquellen ausfindig zu machen oder größere Mengen von Rauschgift aus dem Verkehr zu ziehen. Jedenfalls ist das Unrecht solcher Taten milder zu beurteilen, in die der Angeklagte über das zu seiner Überführung gebotene Maß hinaus verwickelt worden ist (BGHR BtMG § 29 Strafzumessung 1). Nimmt dies die Rechtsprechung aber bereits bei auch zuvor schon tatverdächtigen Tätern an, so gilt dies in Fällen der Verstrickung unbescholtener Personen erst recht. Dabei kann nach der Rechtsprechung des BGH schon aus diesen Gründen die Unterschreitung der sonst schuldangemessenen Strafe und deshalb auch die Annahme eines minder schweren Falles geboten sein (BGH NStZ 1994, 289 = StV 1994, 169). Daß sich das Urteil damit nicht auseinandersetzt, ist ein Rechtsfehler, auf dem die Strafaussprüche gegen den Angeklagten B. beruhen.

d) Im übrigen hat die Strafkammer auch der besonderen Intensität des Vorgehens der Verdeckten Ermittler und V-Personen gegenüber dem Angeklagten B. nicht dadurch hinreichend Rechnung getragen, daß sie pauschal strafmildernd berücksichtigt hat, er sei „von polizeilichen V-Männern zu der Tat gebracht" worden (vgl. Senatsbeschl. v. 12. 1. 1995 – 4 StR 757/94). Denn „Th." und „T." haben dem nicht von vornherein tatbereiten Angeklagten nicht nur den entscheidenden Anstoß zu den Taten gegeben. Vielmehr haben sie in besonders hartnäckiger und verwerflicher Weise auf ihn eingewirkt, Heroinlieferanten ausfindig zu machen, indem sie, nachdem er sich schließlich hatte überreden lassen, durch Androhung erheblicher wirtschaftlicher Nachteile sowie später durch massive gegen ihn selbst und seine nächsten Angehörigen gerichtete persönliche Bedrohungen die Fortsetzung seiner Tätigkeit erreichten. Dabei hätte die Strafkammer bedenken müssen, daß die Androhung, ihn für den angeblichen Zinsverlust in Anspruch zu nehmen und ihm sogar seinen Pkw wegzunehmen, falls er keinen Heroinlieferanten beibrächte, ebenso wie die nachfolgende Drohung des „T.", ihn beziehungsweise seine Familie umzubringen, nach §§ 240, 241 StGB strafbare Handlungen darstellten. Daß der „Agent provocateur" sich bei der Tatprovokation des Mittels einer strafbaren Handlung bedient, darf aber bei der Strafzumessung nicht unberücksichtigt bleiben (BGH StV 1991, 460).

e) Soweit die Strafkammer demgegenüber straferschwerend im wesentlichen auf die große Menge, die die Rauschgiftgeschäfte betrafen, abstellt, ist dies zwar für sich gesehen nicht zu beanstanden. Das Landgericht hat aber nicht erkennbar bedacht, daß sich die Bedeutung dieses Umstandes maßgeblich dadurch verringert, daß der Einsatz der V-Personen gerade darauf angelegt war, an „große" Drogenhändler heranzukommen, und zudem „Th." von dem Angeklagten ausdrücklich „verlangt" hatte, die Lieferung von 7 bis 8 kg Heroin zu vermitteln (vgl. BGHR BtMG § 29 Strafzumessung 15, 16; BGH StV 1994, 368, 369). ...

9. Ein Verstoß gegen das Beschleunigungsverbot nach Erlaß des Urteils ist vom Revisionsgericht von Amts wegen zu berücksichtigen.

MRK Art. 6 I – BGH Urt. v. 21. 12. 1994 – 2 StR 415/94 (= NStZ 1995, 335)

Das Revisionsvorbringen ist nicht gekannt.

Sachverhalt: Die Akten wurden dem BGH erst 2 Jahre und 3 Monate nach Urteilserlaß vorgelegt. – Das Rechtsmittel hatte Erfolg.

Gründe: ... Das Verfahren ist damit seit der Verkündung des angefochtenen Urteils in einer gegen Art. 6 I 1 MRK verstoßenden Weise weiter verzögert worden (vgl. auch BGHSt. 35, 137 [BGH Urt. v. 9. 12. 1987 – 3 StR 104/87; vgl. § 260 StPO erfolgreiche Rügen]; BGH Urt. v. 6. 9. 1994 – 5 StR 228/94 [vgl. Art. 6 MRK erfolgreiche Rügen]; und Beschl. v. 11. 10. 1994 – 5 StR 546/94).

a) Diesen Umstand muß der Senat auf die zulässige Revision eines Angeklagten von Amts wegen berücksichtigen (§ 354a StPO entsprechend). Der Angeklagte selbst kann ihn nicht rügen, weil er sich erst nach dem Ablauf der Frist zur Begründung des Rechtsmittels verwirklicht hat. Unberücksichtigt bleiben darf er nicht, weil die Europäische Menschenrechtskonvention zwingendes Recht darstellt und ihren Geltungsanspruch nicht auf die Zeit bis zum Urteilserlaß begrenzt. Die hiernach notwendige Anpassung des Revisionsrechts an die Gebote der MRK führt zu einer von einer Rüge unabhängigen Prüfungspflicht des Revisionsgerichts. Das Revisionsgericht ist zur Wahrnehmung dieser Aufgabe in der Lage, weil es das Datum der angefochtenen Entscheidung ohnehin zur Kenntnis nimmt. Es kann die Erfüllung der Aufgabe auch nicht auf Fälle beschränken, in denen das Urteil oder der Rechtsfolgenausspruch aus anderen Gründen – eventuell nur gegen einen von mehreren Beschwerdeführern – aufgehoben werden muß.

b) Der seit der Verkündung des angefochtenen Urteils verstrichene Zeitraum ist hier unangemessen lang. Der Senat braucht nicht zu untersuchen, auf welchen Gründen die Verzögerung im einzelnen beruht; es genügt die Feststellung, daß diese Gründe im Bereich der Justiz liegen und die Ermittlungen des Senats keine Umstände ergeben haben, welche der Verzögerung ihre Bedeutung nehmen. Arbeitsüberlastung eines Staatsanwalts ist im vorliegenden Zusammenhang rechtlich unerheblich (BGH Beschl. v. 21. 7. 1994 – 1 StR 396/94).

2. Die Verletzung des Beschleunigungsgebotes ist ausdrücklich festzustellen und bei der Strafzumessung zugunsten des Angeklagten zu berücksichtigen (BGHR StGB § 46 II, Verfahrensverzögerung 3 [BGH Beschl. v. 6. 9. 1988 – 1 StR 473/88; vgl. Art. 6 MRK erfolgreiche Rügen], 5, 6, 7). Im vorliegenden Falle hat jedoch der neue Tatrichter im Hinblick auf die außerordentliche Milde der verhängten Einzelstrafen die Möglichkeit, dem Verstoß gegen Art. 6 MRK bei der Bemessung der gegen die Angeklagten G. und B. festzusetzenden Gesamtstrafe ausreichend zu berücksichtigen. Das rechtfertigt es, bei diesen Angeklagten von einer weitergehenden Urteilsaufhebung abzusehen.

10. Bei offensichtlicher Verfahrensverzögerung muß das Gericht die Verzögerung feststellen und bei der Strafzumessung berücksichtigen, wobei das Ausmaß dieser Berücksichtigung näher zu bestimmen ist.

MRK Art. 6 – BGH Urt. v. 6. 9. 1994 – 5 StR 228/94 LG Bremen (= StV 1994, 653)

Die auf das Strafmaß beschränkte Revision rügt, daß das Gericht bei der Strafzumessung zum Nachteil des Angeklagten nicht berücksichtigt hat, daß die späte Aburteilung auf Verfahrensverzögerungen zurückzuführen ist, die der Angeklagte nicht zu vertreten hat.

Sachverhalt: Das Strafverfahren betrifft Betrugstaten aus den Jahren (Ende) 1985 bis (Mitte) 1987. Der Eröffnungsbeschluß wurde erst Mitte 1993 erlassen.

Das Landgericht hat den Angeklagten wegen Betruges in 32 Fällen unter Einbeziehung einer Vorverurteilung von 2 J. Freiheitsstrafe zu der Gesamtfreiheitsstrafe von 4 J. und 6 Mo. und wegen Betruges in zwölf Fällen zu einer weiteren Gesamtfreiheitsstrafe von 2 J. und 9 Mo. verurteilt. – Das Rechtsmittel hatte Erfolg.

Gründe:

1. Das angefochtene Urteil läßt nicht erkennen, ob und inwieweit sich der Umstand bei der Strafzumessung ausgewirkt hat, daß das Strafverfahren, das Betrugstaten aus den Jahren (Ende) 1985 bis (Mitte) 1987 betrifft, erst Mitte 1993 zum Eröffnungsbeschluß gelangt ist. Darauf weist die Verteidigung zutreffend hin. Das Landgericht hat zwar bei der Strafzumessung mildernd berücksichtigt, daß die „hier abzuurteilenden Betrügereien schon mindestens sechs Jahre zurückliegen"; dies belaste den Angeklagten auch deshalb „im Übermaß", weil ihn wegen seiner „Voralterung" nach längerer Strafvollstreckung eine erneute nicht unerhebliche Strafverbüßung besonders hart treffe. Die Frage, ob die späte Aburteilung auf Verfahrensverzögerungen zurückzuführen ist, die der Angeklagte nicht zu vertreten hat, hat das Landgericht dagegen nicht erörtert.

Darin liegt ein Versäumnis, weil eine solche Verzögerung nahe liegt – die Anklage ist erst im Jahre 1990 erhoben und die Hauptverhandlung erst im Jahre 1993 durchgeführt worden –" die sich, wenn sie feststeht, auf die Strafzumessung mildernd auswirken muß (BVerfG Kammer NJW 1993, 3254; EGMR EuGRZ 1983, 371; BGH NStZ 1988, 552; 1993, 235; StV 1992, 452; BGHR StGB § 46 II Verfahrensverzögerung 7; BGH, Beschl. v. 16. 2. 1994 – 5 StR 578/93 und v. 21. 2. 1994 – 1 StR 396/94). Es genügt nicht, daß dem Zeitablauf zwischen Tat und Aburteilung Rechnung getragen und diesem strafmildernde Wirkung beigemessen wird.

2. Regelmäßig ist es in Fällen dieser Art erforderlich, die Verzögerung festzustellen und die Verzögerung bei der Strafzumessung zu berücksichtigen, wobei das Ausmaß dieser Berücksichtigung näher zu bestimmen ist (BVerfG Kammer NJW 1993, 3254 sowie Beschl. v. 14. 2. 1994 – 2 BvR 1072/94). Der Senat kann bei Strafen, die für Betrugstaten von nicht außergewöhnlicher Schwere zu einer Verbüßungszeit von insgesamt sieben Jahren und drei Monaten führen – anders als in der Sache 5 StR 748/93, die dem Beschluß der zweiten Kammer des 2. Senats des BVerfG vom 14. 2. 1994 (2 BvR 1072/94) zugrunde liegt –, nicht ausschließen, daß geringere Strafen verhängt worden wären, wenn eine rechtsstaatswidrige Verfahrensverzögerung festgestellt und ihr Ausmaß berücksichtigt worden wäre.

11. Fragenkatalog der Verteidigung an anonyme polizeiliche Vertrauenspersonen ist zulässig.

MRK Art. 6 IIId; StPO §§ 239 ff. – BGH Beschl. v. 5. 2. 1993 – 2 StR 525/92 LG Frankfurt/M. (= StV 1993, 171 = NStZ 1993, 292)

Die Revision rügt, das Gericht habe einen Antrag des Angeklagten, den beiden anonymen polizeilichen Vertrauenspersonen, deren Wahrnehmungen durch Zeugen vom Hörensagen in die Hauptverhandlung eingeführt worden waren, einen vorbereiteten Fragenkatalog zur Beantwortung vorzulegen, zu Unrecht zurückgewiesen.

Der Sachverhalt ergibt sich aus dem Revisionsvorbringen. – Das Rechtsmittel hatte Erfolg.

Gründe:

1. In der Verfahrensweise des Landgerichts liegt ein Verstoß gegen Art. 6 IIId MRK, weil dem Angeklagten das dort garantierte Recht, Fragen an Belastungszeugen zu stellen oder stellen zu lassen, verweigert wurde.

a) Die polizeilichen Vertrauenspersonen waren Zeugen i.S. von Art. 6 IIId MRK, auch wenn sie ihre Angaben nicht in der Hauptverhandlung machten (EGMR StV 1992, 499 f.; vgl. auch EGMR StV 1990, 481 ff.; 1991, 193).

b) Wenn das Landgericht ihr Wissen in die Hauptverhandlung einführen und bei seiner Überzeugungsbildung verwerten wollte, dann mußte es bei der Beweiserhebung die Vorschriften der Strafprozeßordnung und der MRK beachten. Sowohl die Strafprozeßordnung als auch die MRK gewährt dem Angeklagten das Recht, die Zeugen zu befragen. Durch die Entscheidung des Hessischen Ministers des Innern, die Anonymität der Vertrauenspersonen zu wahren, war zwar eine unmittelbare Vernehmung in öffentlicher Verhandlung mit der Möglichkeit, die Zeugen gemäß §§ 239 ff. StPO direkt zu befragen, ausgeschlossen. Die genannte Entscheidung hatte aber nur den Zweck, persönliche Eigenarten, Merkmale und Daten der Vertrauenspersonen, die zu ihrer Enttarnung führen könnten, gegenüber den Verfahrensbeteiligten geheimzuhalten. Deshalb war das Gericht verpflichtet, die Beweisaufnahme unter Beachtung der Belange der Vertrauenspersonen in einer Form durchzuführen, die dem im Gesetz grundsätzlich vorgesehenen Verfahren am nächsten kam (vgl. BGH Urt. v. 5. 5. 1983 – 2 StR 797/82 [vgl. § 223 StPO erfolgreiche Rügen]). Wie sich aus Art. 6 IIId MRK herleiten läßt, ist in den Fällen der Sperrung eines Zeugen die Vorlegung von Fragen, welche dieser in geeigneter Form zu beantworten hat, ein zulässiges Mittel der Wahrheitsfindung. Es ist der unmittelbaren Vernehmung der Beweisperson in der Hauptverhandlung zwar weder in förmlicher Hinsicht noch nach seinem Beweiswert gleich zu achten. Unter den gegebenen Umständen ist es aber ein Verfahren, welches einer solchen Vernehmung am nächsten kommt. Soweit eine Beantwortung vorgelegter Fragen nicht zur Enttarnung führen konnte, war das Gericht deshalb nicht befugt, dem Angeklagten oder seinem Verteidiger diese Befragung generell zu untersagen. Eine Ablehnung des Beweisbegehrens setzte vielmehr einen rechtfertigenden Grund voraus.

c) In welchem Umfang das schriftliche Fragerecht besteht, ob es nur nach der Regelung des § 241 oder des § 245 StPO beschränkbar ist, ob das Gericht nach den Grundsätzen verfahren darf, die für die Ablehnung von Beweisanträgen gelten, und ob das Recht sich grundsätzlich in der Befugnis einer einmaligen Befragung erschöpft, muß hier nicht entschieden werden.

Denn in keinem Falle durfte das Landgericht Fragen, mit denen die Glaubwürdigkeit der Zeugen überprüft werden sollte, zurückweisen, weil es sich selbst ein Bild von der Glaubwürdigkeit machen könne.

Auch soweit Fragen nicht zugelassen wurden, weil sie für die Entscheidung unerheblich seien, ist ihre Zurückweisung zu beanstanden. Bei Anwendung der Grundsätze der § 241 StPO kommt eine Zurückweisung mit dieser Begründung grundsätzlich nicht in Betracht (StV 1984, 60 [BGH Beschl. v. 27. 9. 1983 – 1 StR 569/83; vgl. § 241 StPO erfolgreiche Rügen]; 87, 239 [BGH Urt. v. 7. 11. 1986 – 2 StR 499/86; vgl. § 241 StPO erfolglose Rügen]). Da das Landgericht nicht dargelegt hat, warum es die Fragen für unerheblich hält – die Unerheblichkeit auch nicht offensichtlich ist – kann ihre Zurückweisung auch bei Anwendung der Grundsätze des § 244 III 2 StPO rechtlicher Überprüfung nicht standhalten. ...

12. Verfahrensverzögernde Sachbehandlung durch Staatsanwaltschaft und Gericht.

MRK Art. 6 III; StPO §§ 154a, 265 IV, 244 II – BGH Beschl. v. 26. 5. 1992 – 1 StR 131/92 LG Nürnberg-Fürth (= StV 1992, 452)

Die Revision rügt, das Gericht habe pflichtwidrig die Aufklärung einer verfahrensverzögernden Sachbehandlung durch Staatsanwaltschaft und Landgericht unterlassen.

Sachverhalt: Dem Angeklagten wurde der Tatvorwurf am 27. 6. 1984 bekanntgemacht. Bis zur Hauptverhandlung vor dem Landgericht vergingen etwa sieben Jahre. Die Anklageschrift ging am 31. 8. 1989 beim Landgericht Nürnberg-Fürth ein, woraufhin die Zustellung der Anklage mit einer Stellungnahmefrist von zwei Monaten verfügt wurde. Erst am 23. 1. 1991 erging der Eröffnungsbeschluß, durch den die Anklage unverändert zur Hauptverhandlung zugelassen wurde. – Das Rechtsmittel hatte Erfolg.

Gründe:

1. Zur Aufhebung des gesamten Strafausspruchs führt schon eine zulässig angebrachte Verfahrensrüge. Hierzu hat der GBA dargelegt:

„Die Rüge, das Gericht habe pflichtwidrig die Aufklärung einer verfahrensverzögernden Sachbehandlung durch Staatsanwaltschaft und Landgericht unterlassen, hat Erfolg (§ 244 Abs. 2 StPO).

a) Die Beanstandung, eine unzureichende Sachbehandlung sei nicht ausreichend zu Gunsten des Angeklagten berücksichtigt worden, kann im Wege der Aufklärungsrüge geltend gemacht werden (vgl. BGH, Urt. v. 29. 1. 1992 – 2 StR 427/91).

b) Die Aufklärungsrüge greift durch.

Das Landgericht hätte durch die von der Revision näher bezeichneten Beweiserhebungen die Verfahrensverzögerung weiter aufklären müssen.

Nach der st. Rspr. des BGH muß im Rahmen der Strafzumessung eine der Vorschrift des Art. 6 Abs. 1 S. 1 EMRK zuwiderlaufende Verfahrensverzögerung zu Gunsten des Angeklagten berücksichtigt werden. Es handelt sich bei einer der Vorschrift des Art. 6 Abs. 1 EMRK zuwiderlaufenden Verfahrensverzögerung um einen besonderen Strafmilderungsgrund, der neben dem strafmildernden Gesichtspunkt des Zeitablaufs zwischen Tat und Aburteilung bestehen kann und als solcher eigenständig zu berücksichtigen und in den Urteilsgründen zu erörtern ist (st. Rspr.; vgl. nur BGHR StGB § 46 Abs. 2 Verfahrensverzögerung 3 [BGH Beschl. v. 6. 9. 1988 – 1 StR 473/88; vgl. nachfolgend] = StV 1987, 243 u. 3 = StV 1988, 487). Die Revision beanstandet mit Recht, daß dies hier nicht geschehen ist.

Das Landgericht hat zwar strafmildernd berücksichtigt, daß vom Beginn der Straftaten im Jahr 1982 bis zur Hauptverhandlung neun Jahre verstrichen sind, ohne daß den Angeklagten hieran ein Verschulden trifft, und daß die bereits begonnene Hauptverhandlung wegen Erkrankung eines Mitglieds des erkennenden Gerichts ausgesetzt werden mußte. Es hat jedoch nicht geprüft, ob das in Art. 6 Abs. 1 EMRK garantierte Recht des Angeklagten auf gerichtliche Entscheidung innerhalb angemessener Frist verletzt worden ist. Eine solche Rechtsverletzung drängt sich hier auf. Dabei kommt es nicht auf die Beendigung der Tat, sondern auf den Beginn des Verfahrens i.S.v. Art. 6 Abs. 1 EMRK an, d.h. auf die Bekanntgabe des Schuldvorwurfs gegenüber dem Betroffenen (vgl. BGHR MRK Art. 6 Abs. 1 S. 1 Verfahrensverzögerung 3 [BGH Beschl. v. 6. 9. 1988 – 1 StR 473/88; vgl. nachfolgend]).

Dem Angeklagten war spätestens seit seiner Beschuldigtenvernehmung durch die Polizeiinspektion D. am 27. 6. 1984 der Tatvorwurf bekannt. Bis zur Hauptverhandlung vor dem Landgericht vergingen etwa sieben Jahre. Nach der Verfügung des sachbearbeitenden Staatsanwalts vom 22. 10. 1986, in der er bei einem Steueramtsrat der Behörde um eine kurze gutachterliche Stellungnahme bat, blieben die Akten mehr als zwei Jahre unbearbeitet liegen. Erst am 6. 9. 1988 fragte der Dezernent der Staatsanwaltschaft bei dem betreffenden Steueramtsrat an, bis zu welchem Zeitpunkt mit dem Abschluß des Gutachtens zu rechnen sei. Er erhielt am 31. 10. 1988 die Antwort, daß zur Erstellung weitere drei Monate benötigt würden. Tatsächlich lag dieses Gutachten dann am 5. 6. 1989 vor. Die Anklageschrift ging am 31. 8. 1989 beim Landgericht Nürnberg-Fürth ein, woraufhin die Zustellung der Anklage mit einer Stellungnahmefrist von zwei Monaten verfügt wurde. Erst am 23. 1. 1991 erging der Eröffnungsbeschluß, durch den die Anklage unverändert zur Hauptverhandlung zugelassen wurde, wobei in der Zwischenzeit lediglich dem Verteidiger des Angeklagten Akteneinsicht gewährt und der Mitangeklagten Renate K. ein Pflichtverteidiger bestellt worden war. Zwar führt ein vorübergehender Engpaß in der Arbeits- und Verhandlungskapazität der Strafverfolgungsorgane nicht zu einem Verstoß gegen Art. 6 Abs. 1 Satz 1 EMRK (vgl. EGMR NJW 1984, 2749, 2750). Angesichts der Gesamtumstände hegt jedoch im vorliegenden Fall die Annahme einer unvertretbaren Verfahrensverzögerung nahe.

Dem tritt der Senat bei. Auf diesem Rechtsfehler beruht der gesamte Strafausspruch schon deswegen, weil die Tatrichter die hier eingetretene Verletzung der Rechte des Angeklagten aus Art. 6 Abs. 1 MRK, wie es geboten gewesen wäre (vgl. BGHR MRK Art. 6 Abs. 1 Satz 1 Verfahrensverzögerung 3), als solche im Rahmen der Strafzumessung nicht ausdrücklich festgestellt und erkennbar kompensiert haben.

2. In der dargelegten Nichterörterung einer Verletzung der Rechte des Angeklagten aus Art. 6 Abs. 1 Satz 1 MRK liegt zugleich ein sachlich rechtlicher Mangel des Urteils im Bereich der Strafzumessung.

Ergibt sich wie hier aus dem angefochtenen Urteil die Besorgnis, daß das in Art. 6 Abs. 1 S. 1 MRK garantierte Recht des Angeklagten auf gerichtliche Entscheidung innerhalb angemessener Frist verletzt worden ist, muß das Revisionsgericht auf die Sachbeschwerde eingreifen. Ebenso wie der Tatrichter ist es gem. Art. 20 Abs. 3 GG darauf verpflichtet, die konventionsgarantierten Rechte zu beachten und ihnen Geltung zu verschaffen, indem es dafür sorgt, daß der Tatrichter der Konventionsverletzung im Rahmen der Strafzumessung in der gebotenen Art und Weise (vgl. BGHR StGB § 46 Abs. 2 und MRK Art. 6 Abs. 1 Satz 1, jeweils Verfahrensverzögerung 3) Rechnung trägt. Das führt hier zur Aufhebung des gesamten Strafausspruchs.

3. Der neue Tatrichter wird bei der Strafzumessung zu beachten haben, daß auch die Verfahrensdauer in der Zeit zwischen dem aufgehobenen Urteil und seiner Entscheidung unangemessen i.S.d. Art. 6 Abs. 1 S. 1 MRK ist, weil der Angeklagte diese neuerliche Verfahrensverzögerung nicht verschuldet hat (BGHR StGB § 46 Abs. 2 Verfahrensverzögerung 1; BGH, Urt. v. 29. 10. 1991 – 1 StR 513/91).

13. Bei der unverschuldeten Verfahrensverzögerung handelt es sich um einen besonderen Strafmilderungsgrund, der neben dem des Zeitablaufs zwischen Tat und Aburteilung bestehen kann und als solcher eigenständig zu berücksichtigen und in den Urteilsgründen zu erörtern ist.

MRK Art. 6 I S. 1 – BGH Beschl. v. 6. 9. 1988 – 1 StR 473/88 (BGHR MRK Art. 6 Abs. 1 Satz 1 Verfahrensverzögerung 3 = BGHR StGB § 46 Abs. 2 Verfahrensverzögerung 3)

Die Revision rügt die Verletzung sachlichen Rechts und weist darauf hin, daß das Gericht ausweislich der Urteilsgründe nicht geprüft hat, ob das in Art. 6 I EMRK garantierte Recht des Angeklagten auf gerichtliche Entscheidung innerhalb angemessener Frist verletzt worden ist.

Sachverhalt: Zwischen der Beendigung der Taten und ihrer Aburteilung sind beinahe sechs Jahre vergangen. – Das Rechtsmittel hatte Erfolg.

Gründe: Die Strafzumessungsgründe gehen nicht darauf ein, daß zwischen der Beendigung der Taten und ihrer Aburteilung nahezu sechs Jahre verstrichen sind. Es ist nichts dafür ersichtlich, daß es der Angeklagte war, der das Verfahren verzögert hat. Den Urteilsgründen ist auch nichts dafür zu entnehmen, daß der Angeklagte in der Zwischenzeit überhaupt – geschweige denn vergleichbare – Straftaten begangen hat. Nach der ständigen Rechtsprechung des Bundesgerichtshofs erfordert in derartigen Fällen bereits der Zeitraum, der zwischen Tat und Urteil verstrichen ist, strafmildernde Berücksichtigung (BGH NStZ 1986, 217, 218), und die Urteilsgründe dürfen über diesen Strafmilderungsgrund nicht hinweggehen (BGH NStZ 1983, 167 Nr. 2[1]; BGH wistra 1988, 224); ihr Schweigen legt nahe, daß der Tatrichter diesen Strafmilderungsgrund übersehen, ihm jedenfalls keine bestimmende Bedeutung im Sinne des § 267 Abs. 3 Satz 1 StPO beigemessen hat. Der Senat kann – mögen auch die verhängten Strafen milde erscheinen – nicht ausschließen, daß sich der Rechtsfehler zum Nachteil des Angeklagten ausgewirkt hat. Schon deshalb konnte der Strafausspruch insgesamt nicht bestehen bleiben.

Mit Recht weist die Revision auch darauf hin, daß der Tatrichter ausweislich der Urteilsgründe nicht geprüft hat, ob das in Art. 6 Abs. 1 EMRK garantierte Recht des Angeklagten auf gerichtliche Entscheidung innerhalb angemessener Frist verletzt worden ist. Es ist zu besorgen, daß hier eine derartige Rechtsverletzung vorliegt. Der neue Tatrichter wird diese Prüfung nachzuholen und hierbei zu beachten haben, daß nach der ständigen Rechtsprechung des Bundesgerichtshofs im Rahmen der Strafzumessung eine der Vorschrift des Art. 6 Abs. 1 EMRK zuwiderlaufende Verfahrensverzögerung zu Gunsten des Angeklagten berücksichtigt werden muß (BGHR StGB § 46 Abs. 2 Verfahrensverzögerung 1; BGH NJW 1988, 2188, 2189). Es handelt sich um einen besonderen Strafmilderungsgrund, der neben dem unter 1. bereits erörterten strafmildernden Gesichtspunkt des Zeitablaufs zwischen Tat und Aburteilung bestehen kann (vgl. BGH NStZ 1986, 217, 218) und als solcher eigenständig zu berücksichtigen und in den Urteilsgründen zu erörtern ist. Er unterscheidet sich von jenem vor allem in den Voraussetzungen und in der Zielrichtung: So kommt es nicht auf die Beendigung der Tat, sondern auf den Beginn des Verfahrens im Sinne des Art. 6 Abs. 1 EMRK an, d.h. auf die Bekanntgabe des Schuldvorwurfs an den Betroffenen (vgl. BGH NStZ 1982, 291 [BGH Urt. v. 3. 2. 1982 – 2 StR 374/81; vgl. Art. 6 MRK erfolglose Rügen]). Andererseits endet das Verfahren im Sinne des Art. 6 Abs. 1 EMRK nicht schon mit der (ersten) Aburteilung, sondern erst mit der rechtskräftigen Festsetzung der Strafe (BGHR a.a.O.). Die Angemessenheit der so errechneten Verfahrensdauer beurteilt sich nach den besonderen Erfordernissen des Art. 6 Abs. 1 EMRK in der Auslegung durch den Europäischen Gerichtshof für Menschenrechte. Der Zweck dieses besonderen Strafmilderungsgrundes besteht vor allem darin, eine Verurteilung der Bundesrepublik Deutschland wegen einer Verletzung des Beschleunigungsgebotes des Art. 6 Abs. 1 EMRK durch die Konventionsorgane dadurch überflüssig zu machen, daß die zuständigen deutschen Gerichte eine eingetretene Verletzung des Art. 6 Abs. 1 EMRK von sich aus feststellen und mit den Mitteln des innerstaatlichen Rechts – vor allem im Rahmen der Strafzumessung – kompensieren.

14. Im Rahmen der Strafzumessung muß eine der Vorschrift des Artikels 6 I S. 1 EMRK zuwiderlaufende Verfahrensverzögerung zugunsten des Angeklagten berücksichtigt werden.

MRK Art. 6 I 1 – BGH Beschl. v. 20. 1. 1987 – 1 StR 687/86 (BGHR MRK Art. 6 Abs. 1 Satz 1 Verfahrensverzögerung 1)

Die Revision rügt, daß im Rahmen der Strafzumessung eine der Vorschrift des Artikels 6 I S. 1 EMRK zuwiderlaufende Verfahrensverzögerung zugunsten des Angeklagten nicht berücksichtigt worden ist.

---

1 „Die Strafzumessungsgründe gehen nicht darauf ein, daß zwischen Beendigung der Taten und ihrer Aburteilung nahezu 6 Jahre verstrichen sind. Es ist nicht ersichtlich, daß es der Angeklagte war, der das Verfahren verzögert hat. Den Urteilsgründen ist auch nichts dafür zu entnehmen, daß der in Freiheit befindliche Angeklagte in der Zwischenzeit überhaupt – geschweige denn vergleichbare – Straftaten begangen hat. Unter diesen Umständen durften die Urteilsgründe über den Zeitablauf zwischen Beendigung der Taten und ihrer Aburteilung bei der Strafzumessung nicht hinweggehen." (BGH Beschl. v. 30. 11. 1982 – 5 StR 749/82).

Sachverhalt: Die Tat, um deren Ahndung es noch geht, hat der Angeklagte im Jahre 1981 begangen. Sie wies keine besonderen tatsächlichen oder rechtlichen Schwierigkeiten auf. – Das Rechtsmittel hatte Erfolg.

Gründe: Nach der ständigen Rechtsprechung des Bundesgerichtshofs muß im Rahmen der Strafzumessung eine der Vorschrift des Artikels 6 Abs. 1 Satz 1 EMRK zuwiderlaufende Verfahrensverzögerung zu Gunsten des Angeklagten berücksichtigt werden (BGH NStZ 1982, 291, 292 [BGH Urt. v. 3. 2. 1982 – 2 StR 374/81; vgl. Art. 6 MRK erfolglose Rügen]; BGH NStZ 1983, 167[1]).

Im vorliegenden Verfahren ist das in Artikel 6 Abs. 1 Satz 1 EMRK garantierte Recht des Angeklagten auf gerichtliche Entscheidung innerhalb angemessener Frist verletzt worden.

Die Tat, um deren Ahndung es noch geht, hat der Angeklagte im Jahre 1981 begangen. Sie wies keine besonderen tatsächlichen oder rechtlichen Schwierigkeiten auf, die eine mehrjährige Verfahrensdauer rechtfertigen könnten. Für die Verfahrensverzögerung ist der schon im Ermittlungsverfahren geständig gewesene Angeklagte nicht verantwortlich. Das hätte bei der Bemessung der Einzelstrafe angemessen strafmildernd berücksichtigt werden müssen.

Die Bildung der Gesamtstrafe weist denselben Rechtsfehler auf. Zwar sind die Schuldsprüche hinsichtlich der weiteren vier Diebstahlstaten (Fälle 111, 3, 4 und 5 der Gründe des Urteils des Landgerichts Deggendorf vom 23. 1. 1985) und die in diesen Fällen verhängten Einzelstrafen bereits rechtskräftig, seitdem der Senat insoweit die Revision des Angeklagten durch den Beschluß vom 19. 9. 1985 (1 StR 254/85) verworfen hat. Doch auch für diesen Teil ist das Verfahren im Sinne des Artikels 6 Abs. 1 Satz 1 EMRK erst dann abgeschlossen, wenn die Gesamtstrafe gemäß § 54 StGB rechtskräftig gebildet ist (vgl. EuGH in EuGRZ 1983, 371, 380 – Fall Eckle). Die Verletzung des Beschleunigungsgebotes mußte auch bei der Zumessung der Gesamtstrafe zugunsten des Angeklagten gewertet werden. Das ist nicht geschehen.

Der neue Tatrichter wird bei der Zumessung der Einzelstrafe und der Gesamtstrafe dem besonderen Strafmilderungsgrund, der aus der Verletzung des Artikels 6 Abs. 1 Satz 1 EMRK folgt, angemessen Rechnung tragen müssen und dabei zu beachten haben, daß auch die Verfahrensdauer bis zu seiner Entscheidung weiterhin unangemessen im Sinne des Artikels 6 Abs. 1 Satz 1 EMRK ist, weil der Angeklagte auch diese neuerliche Verfahrensverzögerung nicht verschuldet hat.

15. Überlange Verfahrensdauer kein Grund zur Verwarnung mit Strafvorbehalt ohne Vorliegen der dafür vorgesehenen gesetzlichen Voraussetzungen (im Anschluß an BGHSt. 24, 239 [BGH Urt. v. 10. 11. 1971 – 2 StR 492/71; vgl. Art. 6 MRK erfolglose Rügen]).

MRK Art. 6 – BGH Urt. v. 12. 10. 1977 – 3 StR 287/77 LG Mönchengladbach (= BGHSt. 27, 274 = NJW 1978, 503)

Die Revision der Staatsanwaltschaft rügt mit der Sachrüge, daß die Strafkammer von der gesetzlichen Möglichkeit einer Verwarnung mit Strafvorbehalt Gebrauch gemacht hat, obgleich deren Voraussetzungen (§ 59 StGB) nicht vorliegen.

---

1 „Die Strafzumessungsgründe gehen nicht darauf ein, daß zwischen Beendigung der Taten und ihrer Aburteilung nahezu 6 Jahre verstrichen sind. Es ist nicht ersichtlich, daß es der Angeklagte war, der das Verfahren verzögert hat. Den Urteilsgründen ist auch nichts dafür zu entnehmen, daß der in Freiheit befindliche Angeklagte in der Zwischenzeit überhaupt – geschweige denn vergleichbare – Straftaten begangen hat. Unter diesen Umständen durften die Urteilsgründe über den Zeitablauf zwischen Beendigung der Taten und ihrer Aburteilung bei der Strafzumessung nicht hinweggehen." (BGH Beschl. v. 30. 11. 1982 – 5 StR 749/82).

Sachverhalt: Die Strafkammer ist der Auffassung, das Verfahren habe, obgleich die Schuld des Angeklagten „an sich nicht als gering zu bezeichnen" sei, nach § 153a StPO im Hinblick auf die unangemessen lange Dauer des Verfahrens eingestellt werden müssen. Der durch die Verfahrensdauer bedingte Leidensdruck habe bei dem Angeklagten zu einer so großen psychischen Belastung geführt, daß sein gesetzlicher Anspruch auf ein faires Verfahren (Art. 6 MRK) ernstlich verletzt sei. Da die Staatsanwaltschaft einer Verfahrenseinstellung nach § 153a StPO nicht zugestimmt hat, meint das Landgericht, „aus unverzichtbaren rechtsstaatlichen Gründen" von der Verwarnung mit Strafvorbehalt nach § 59 StGB Gebrauch machen zu müssen, „auch wenn besondere Umstände in der Tat im Sinne von § 59 Abs. 1 Nr. 2 StGB nicht ohne weiteres zu bejahen" seien. Dabei glaubt die Strafkammer, sich auf die Grundsätze der in BGHSt. 24, 239 abgedruckten Entscheidung des Bundesgerichtshofs stützen zu können. – Das Rechtsmittel hatte Erfolg.

Gründe: Dem kann aus Rechtsgründen nicht gefolgt werden. Die gesetzlichen Voraussetzungen des § 59 Abs. 1 Nr. 2 StGB für eine Verwarnung mit Strafvorbehalt liegen nicht vor. Das hat auch die Strafkammer ersichtlich nicht verkannt. Soweit sie dennoch glaubt, die Anwendbarkeit der Vorschrift aus den Grundsätzen der Entscheidung BGHSt. 24, 239 herleiten zu können, irrt sie. Der Bundesgerichtshof hat es dort ausdrücklich abgelehnt, aus einer Verletzung des Anspruchs des Angeklagten auf Anhörung und Entscheidung innerhalb angemessener Frist (Art. 6 Abs. 1 Satz 1 MRK) ein Verfahrenshindernis herzuleiten. Wohl hat er in diesem Zusammenhang darauf hingewiesen, das geeignete Mittel, einer solchen Verletzung Rechnung zu tragen, sei eine Berücksichtigung dieses Umstands bei der Strafzumessung. Der Entscheidung ist jedoch eindeutig zu entnehmen, daß ein solcher „Ausgleich" nur innerhalb des dem Richter vom Gesetz belassenen Spielraums erfolgen kann und daß es weder erforderlich noch zulässig ist, den gesetzlich vorgegebenen Rahmen zu sprengen und vom Gesetz aufgestellte Rechtsfolgenvoraussetzungen zu ignorieren. Auch der Hinweis auf die Möglichkeit einer Verfahrenseinstellung nach § 153 StPO in dieser Entscheidung ist so zu verstehen, daß sie nur in Betracht kommt, wenn deren gesetzliche Voraussetzungen erfüllt sind; allerdings kann eine schwerwiegende Verfahrensverzögerung das öffentliche Interesse an der Verfolgung mindern, auch kann sie insbesondere bei der Ausübung des Ermessens, ob das Verfahren einzustellen sei, Berücksichtigung finden.

Dementsprechend kann im Rahmen des § 59 StGB eine überlange Verfahrensdauer wohl bei der Entscheidung der Frage ins Gewicht fallen, ob die Verteidigung der Rechtsordnung die Verurteilung zu Strafe noch gebietet (Abs. 1 Satz 1 Nr. 3); auch kann sie wegen ihrer Wirkung auf den Angeklagten unter Umständen für die Täterprognose (Abs. 1 Satz 1 Nr. 1) von Bedeutung sein. Dagegen darf ihre Berücksichtigung nicht dazu führen, die gesetzliche Voraussetzung besonderer Umstände in der Tat (§ 59 Abs. 1 Satz 1 Nr. 2 StGB) beiseite zu schieben und damit den gesetzlich vorgegebenen Rahmen, innerhalb dessen eine Verwarnung mit Strafvorbehalt allein ausgesprochen werden kann, zu sprengen. Hierzu besteht auch keinerlei Anlaß.

Im Zuge der Strafrechtsreform hat der Gesetzgeber ein äußerst differenziertes Rechtsfolgensystem geschaffen und hat dabei die einzelnen Abstufungen staatlicher Reaktion auf strafbares Verhalten an entsprechend differenzierende gesetzliche Kriterien gebunden. Innerhalb dieser abgestuften Rechtsfolgenbestimmungen kann auch eine den Angeklagten psychisch belastende Verfahrensverzögerung ausreichend berücksichtigt werden. Eine Nichtbeachtung der gesetzlichen Voraussetzungen, an welche besondere Rechtsfolgevorschriften wie die §§ 59 und 60 StGB anknüpfen, würde dagegen auf eine Mißachtung des Willens des Gesetzgebers hinauslaufen. Dieser gibt dem Richter zwar einen weitgefächerten Katalog von Möglichkeiten der Rechtsfolgenbestimmung an die Hand; im Interesse der Rechtssicherheit und zur einheitlichen Durchsetzung seiner kriminalpolitischen Ziele hat er jedoch gleichzeitig die Voraussetzungen bestimmt, deren Erfüllung erst die konkrete Anordnung der Rechtsfolge ermöglichen.

Erfolglose Rügen

1. Art. 6 III lit. e MRK räumt dem der Gerichtssprache nicht mächtigen Angeklagten (Beschuldigten) unabhängig von seiner finanziellen Lage für das gesamte Strafverfahren und damit auch für vorbereitende Gespräche mit einem Verteidiger einen Anspruch auf unentgeltliche Zuziehung eines Dolmetschers ein, auch wenn kein Fall der notwendigen Verteidigung i.S.d. § 140 StPO oder des Art. 6 III lit. c MRK gegeben ist.

MRK Art. 6 III lit. c, e – BGH Beschl. v. 26. 10. 2000 – 3 StR 6/00 OLG Oldenburg (= BGHSt. 46, 187 = NJW 2001, 309 = StV 2001, 1)

Die Revisionen rügen die Verletzung formellen und materiellen Rechts. Namentlich machen sie mit der Verfahrensrüge den absoluten Revisionsgrund des § 338 Nr. 5 StPO geltend, weil den Angeklagten unter Verstoß gegen § 68 Nr. 1 JGG, § 140 II 1 StPO bzw. Art. 6 III lit. c MRK kein Verteidiger beigeordnet worden sei.

Sachverhalt: Das Amtsgericht hat die Angeklagten – der deutschen Sprache nicht mächtige, von Sozialhilfe in der Form von Warengutscheinen und Taschengeld lebende Asylbewerber – wegen „je eines gemeinschaftlichen Diebstahls und darüber hinaus zweier einzeln begangener Diebstähle" jeweils zu einem Dauerarrest von zwei Wochen verurteilt. Mit ihren Revisionen rügen die Angeklagten übereinstimmend die Verletzung formellen und materiellen Rechts. Namentlich machen sie mit der Verfahrensrüge den absoluten Revisionsgrund des § 338 Nr. 5 StPO geltend, weil ihnen unter Verstoß gegen § 68 Nr. 1 JGG, § 140 II 1 StPO bzw. Art. 6 III lit. c MRK kein Verteidiger beigeordnet worden sei. Das zur Entscheidung über die Revision berufene OLG möchte die Rechtsmittel verwerfen. Insbesondere hält es die Rüge der Angeklagten für unbegründet, ihnen hätte allein schon deswegen ein Pflichtverteidiger beigeordnet werden müssen, weil sie die deutsche Sprache nicht beherrschen. Hieran sieht sich das OLG Oldenburg jedoch durch den Beschluß des BayObLG vom 20. 12. 1989 (StV 1990, 103) gehindert. Dieses hat dort entschieden, daß einem Angeklagten, der die deutsche Sprache nicht beherrscht, unabhängig von der Bedeutung des strafrechtlichen Vorwurfs jedenfalls dann ein Pflichtverteidiger beigeordnet werden muß, wenn er mittellos ist und daher die Kosten für einen Dolmetscher, ohne den er sich mit einem Wahlverteidiger nicht hinreichend verständigen könnte, nicht aufzubringen vermag.

Das OLG Oldenburg hat die Sache deshalb gem. § 121 II GVG zur Entscheidung folgender Rechtsfrage vorgelegt: Ist einem Angeklagten, der die deutsche Sprache nicht beherrscht, unabhängig von der Bedeutung des strafrechtlichen Vorwurfs jedenfalls dann ein Pflichtverteidiger beizuordnen, wenn er mittellos ist und daher die Kosten für einen Dolmetscher nicht aufzubringen vermag? Der BGH entschied wie aus den Leitsätzen ersichtlich. – Das Rechtsmittel war erfolglos.

Gründe: ...

II.

Die Vorlage ist zulässig. Das OLG Oldenburg kann die Revisionen der Angeklagten nicht wie beabsichtigt verwerfen, ohne von den die Entscheidung tragenden Erwägungen des genannten Beschlusses des BayObLG abzuweichen. Seine Auffassung, die aufgeworfene Rechtsfrage sei entscheidungserheblich, weil die Revisionen der Angeklagten aus anderen Gründen weder mit der Sach- noch mit der Verfahrensrüge Erfolg haben könnten, ist rechtlich vertretbar. Sie ist daher bei der Prüfung der Vorlegungsvoraussetzungen durch den Senat zu Grunde zu legen (vgl. BGHSt. 22, 94 [100] [BGH Beschl. v. 21. 2. 1968 – 2 StR 360/67; vgl. § 338 Nr. 1 StPO erfolglose Rügen]; BGHSt. 33, 183 [186] [BGH Beschl. v. 19. 4. 1985 – 2 StR 317/84; vgl. § 316 StPO erfolglose Rügen]; BGHSt. 34, 101 [103 ff.] = NJW 1987, 1152 = NStZ 1987, 178).

1. Dies gilt insbesondere für die Ansicht des vorlegenden Gerichts, den jugendlichen, strafrechtlich noch nicht in Erscheinung getretenen Angeklagten habe wegen der denkbaren straf- und ausländerrechtlichen Rechtsfolgen, die im Hinblick auf die vorgeworfenen Taten in Betracht kamen, ein Pflichtverteidiger nicht schon unter dem Aspekt der Schwere der Tat i.S. des § 140 III StPO beigeordnet werden müssen.

Ebenso ist seine Auffassung rechtlich vertretbar, daß weder wegen der Taten an sich (Ladendiebstähle) noch wegen der Beweislage (weit gehende Geständigkeit der Angeklagten; ein Zeuge zu vernehmen) oder wegen Besonderheiten des Verfahrens (gleichzeitige Verhandlung gegen zwei Angeklagte; Hinzuverbindung eines weiteren Verfahrens gegen den Angeklagten A. in der Hauptverhandlung unter Verzicht auf sämtliche Fristen) die Schwierigkeit der Sach- oder Rechtslage die Beiordnung von Verteidigern gebot. Bestehen beim Angeklagten sprachbedingte Verständigungsschwierigkeiten, so kann dies zwar dazu führen, daß die Bestellung eines Verteidigers unter dem Gesichtspunkt der Schwierigkeit der Sach- oder Rechtslage eher geboten sein kann, als dies sonst der Fall ist (BVerfGE 64, 135 [150] = NJW 1983, 2762 = NStZ 1983, 466). Ausnahmslos trifft dies indessen nicht zu.

2. Die vom vorlegenden Gericht dem Senat zur Entscheidung unterbreitete Rechtsfrage ist auf die besondere Fallgestaltung beschränkt, daß die des Deutschen nicht mächtigen Angeklagten nicht über die finanziellen Mittel verfügen, um die Kosten für einen Dolmetscher (gemeint: zur Verständigung mit einem Wahlverteidiger außerhalb der Hauptverhandlung) aufzubringen. Hierauf kommt es für die Entscheidung des OLG jedoch nur dann an, wenn nicht – unabhängig von der Tatschwere und der Schwierigkeit der Sach- oder Rechtslage allein schon die Sprachunkundigkeit eines Angeklagten stets seine Fähigkeit, sich selbst gegen den Tatvorwurf zu verteidigen, ausschließt (§ 140 II 3 Alt. 3 StPO) und es daher in einem derartigen Fall, wenn ein Wahlverteidiger nicht mandatiert wurde, unabhängig von den finanziellen Verhältnissen des Angeklagten stets zur Beiordnung eines Pflichtverteidigers kommen muß. Auch dies hat das vorlegende Gericht indessen in vertretbarer Weise verneint.

Seine Auffassung, die Schwierigkeiten, die sich einem sprachunkundigen Angeklagten im Strafverfahren stellen, könnten im Einzelfall allein schon durch die Teilnahme eines Dolmetschers an der Hauptverhandlung ausgeglichen werden, und ein derartiger Fall sei in vorliegender Sache gegeben, ist nachvollziehbar. Denn insbesondere im Bereich der Kleinkriminalität sind etwa bei geständigem Angeklagten oder einfacher Beweislage ohne weiteres Fallkonstellationen denkbar, in denen den Verteidigungsbedürfnissen des sprachunkundigen Angeklagten allein schon durch die Übersetzungsleistungen eines Dolmetschers in der Hauptverhandlung in vollem Umfang genügt werden kann.

Die Ansicht des vorlegenden Gerichts weicht in diesem Punkt daher auch nicht von der Rechtsprechung der übrigen Obergerichte ab. Denn soweit dort nicht die finanzielle Unfähigkeit des Angeklagten, einen für die Verständigung mit einem (Wahl-)Verteidiger außerhalb der Hauptverhandlung notwendigen Dolmetscher zu entlohnen, als allein entscheidender Umstand für die Notwendigkeit der Beiordnung eines Pflichtverteidigers angesehen wurde (vgl. KG, StV 1985, 184 [185]; StV 1986, 239; anders aber NStZ 1990, 402; OLG Zweibrücken, StV 1988, 379; BayObLG, StV 1990, 103), waren stets weitere Umstände neben den Verständigungsschwierigkeiten des Angeklagten maßgeblich dafür, daß im Einzelfall die Bestellung eines Pflichtverteidigers nach § 140 II 1 StPO als geboten angesehen wurde.

3. Die Vorlegungsfrage bedarf der Präzisierung. Während die Sprachunkundigkeit des Angeklagten nach Ansicht des vorlegenden Gerichts für sich allein die Notwendigkeit der Beiordnung eines Pflichtverteidigers nicht zu begründen vermag, fordert sie nach Auffassung des BayObLG, wie sich aus dem Gesamtzusammenhang seiner Entscheidung ergibt, unabhängig von den sonstigen Umständen des Einzelfalls stets die Bestellung eines Verteidigers. Es kommt daher auf die Maßgeblichkeit oder Unmaßgeblichkeit der Bedeutung

des strafrechtlichen Vorwurfs nicht an. Aus diesem Grund formuliert der Senat die zu beantwortende Frage wie folgt: Ist einem Angeklagten allein deswegen ein Pflichtverteidiger beizuordnen, weil er die deutsche Sprache nicht beherrscht und wegen seiner Mittellosigkeit die Kosten für einen Dolmetscher nicht aufzubringen vermag?

III.
Diese Frage ist zu verneinen.

1. Wie bereits dargelegt, beruhen die unterschiedlichen Rechtsmeinungen des BayObLG und des vorlegenden Gerichts im Kern nicht auf einer abweichenden Auslegung der in § 140 II 1 StPO normierten tatbestandlichen Voraussetzungen einer notwendigen Verteidigung. Aus den Gründen des Beschlusses des BayObLG vom 20. 12. 1989 (StV 1990, 103) und insbesondere der dort als Beleg zitierten Entscheidung des KG (StV 1985, 184; aufgegeben durch KG, NStZ 1990, 402) ergibt sich vielmehr, daß das BayObLG unabhängig von den in § 140 II 1 StPO umschriebenen Voraussetzungen die Bestellung eines Pflichtverteidigers in analoger Anwendung dieser Vorschrift für geboten erachtete, um dem dortigen Angeklagten ein faires, rechtsstaatliches Verfahren zu gewährleisten. Dem liegt ersichtlich die Auffassung zu Grunde, daß das durch Art. 6 III lit. e EMRK gewährleistete Recht eines der Gerichtssprache nicht kundigen Angeklagten, die unentgeltliche Beiziehung eines Dolmetschers zu verlangen, auch für vorbereitende Gespräche mit einem Wahlverteidiger gelte; da aber das deutsche Kostenrecht lediglich für den gerichtlich bestellten Anwalt über §§ 97 II 1 und 2, 126 BRAGO die Erstattung der notwendigen Auslagen ermögliche, die für die erforderliche Zuziehung eines Dolmetschers zu Gesprächen zwischen dem Verteidiger und dem Angeklagten außerhalb der Hauptverhandlung anfallen, sei die Bestellung eines Verteidigers geboten, um dem Angeklagten die durch Art. 6 III lit. e EMRK garantierte Unentgeltlichkeit auch dieser Dolmetschertätigkeit zu sichern.

Demgegenüber ist das vorlegende Gericht der Ansicht, daß der Anspruch des sprachunkundigen Angeklagten auf unentgeltliche Zuziehung eines Dolmetschers zu vorbereitenden Gesprächen mit einem Verteidiger nicht weiter gehe als sein Anspruch auf Beiordnung eines Pflichtverteidigers. Sei eine solche nach § 140 StPO nicht geboten und damit auch nicht i.S. des Art. 6 III lit. c EMRK im Interesse der Rechtspflege erforderlich, bedürfe es der unentgeltlichen Zurverfügungstellung eines Dolmetschers für vorbereitende Gespräche mit einem Verteidiger auch dann nicht, wenn der Angeklagte mittellos sei (so auch OLG Düsseldorf, NJW 1989, 677 = StV 1992, 363; OLG Hamm, NStZ 1990, 143 [144]; StV 1995, 64 [65]; OLG Köln, NJW 1991, 2223 [2224]; OLG Koblenz, MDR 1994, 1137).

2. Entgegen der Auffassung des vorlegenden Gerichts räumt Art. 6 III lit. e EMRK dem der Gerichtssprache nicht mächtigen Angeklagten (Beschuldigten) unabhängig von seiner finanziellen Lage für das gesamte Strafverfahren und damit auch für vorbereitende Gespräche mit einem Verteidiger einen Anspruch auf unentgeltliche Zuziehung eines Dolmetschers ein, auch wenn kein Fall der notwendigen Verteidigung i.S. des § 140 StPO oder des Art. 6 III lit. c EMRK gegeben ist (a); indessen ist es zur Gewährleistung der Unentgeltlichkeit nicht erforderlich, dem Angeklagten einen Pflichtverteidiger beizuordnen (b).

a) Der EGMR hat in seinem Urteil vom 23. 10. 1978 (NJW 1979, 1091) nicht nur festgestellt, daß das in Art. 6 III lit. e EMRK gewährleistete Recht auf unentgeltliche Beiziehung eines Dolmetschers für jedermann, der die Verhandlungssprache des Gerichts nicht spricht oder versteht, den Anspruch auf unentgeltlichen Beistand eines Dolmetschers einschließt, ohne daß im Nachhinein Zahlung der dadurch verursachten Kosten von ihm verlangt werden darf. Er hat darüber hinaus auch dargelegt, daß sich dieser Anspruch nicht nur auf den in der Hauptverhandlung tätigen Dolmetscher beziehe, sondern für das gesamte Verfahren gelte und sicherstelle, daß dem sprachunkundigen Angeklagten sämtliche Schriftstücke und mündliche Erklärungen in dem gegen ihn geführten Verfahren übersetzt werden, auf deren Verständnis er angewiesen ist, um ein faires Verfahren zu haben (NJW 1979, 1091 [1092]).

Den vom Gerichtshof aufgestellten Grundsätzen ist der allgemeine Gedanke zu entnehmen, daß nach den Maßstäben der EMRK der Anspruch des der Gerichtssprache nicht kundigen Angeklagten auf ein faires, rechtsstaatliches Verfahren es gebietet, ihm nicht nur alle ihm gegenüber vorgenommenen, maßgeblichen schriftlichen und mündlichen Verfahrensakte kostenlos in einer ihm verständlichen Sprache bekannt zu geben, sondern es ihm auch zu ermöglichen, alle von ihm in Ausübung seiner strafprozessualen Rechte abgegebenen mündlichen und schriftlichen Erklärungen unentgeltlich in die Gerichtssprache übertragen zu lassen, soweit dies zur Wahrnehmung dieser Rechte erforderlich ist. Dies folgt aus dem Zweck des Art. 6 III lit. e EMRK, zur Gewährleistung eines fairen Verfahrens i.S. des Art. 6 I EMRK alle Nachteile auszuschließen, denen ein Angeklagter, der die Gerichtssprache nicht versteht oder sich nicht in ihr ausdrücken kann, im Vergleich zu einem dieser Sprache kundigen Angeklagten ausgesetzt ist (s. auch Art. 14 EMRK, Art. 3 III GG). Er hat daher auch keine Kosten zu tragen, die auf einen der Gerichtssprache mächtigen Angeklagten nicht zukommen können; denn diese Mehrbelastung würde nicht nur zu einer Ungleichbehandlung bei der staatlichen Rechtsgewährung führen, sondern wäre auch geeignet, das Verteidigungsverhalten des sprachunkundigen Angeklagten im Hinblick auf eventuelle Kostenfolgen nachteilig zu beeinträchtigen (EKMR, NJW 1978, 477).

Danach hat der sprachunkundige Angeklagte gem. Art. 6 III lit. e EMRK Anspruch darauf, daß alle seine schriftlichen und mündlichen Verfahrenserklärungen, die strafprozessual vorgesehen sind, für ihn unentgeltlich in die Gerichtssprache übersetzt werden, insbesondere wenn das nationale Recht, wie etwa § 184 GVG, die Wirksamkeit der Erklärung davon abhängig macht, daß sie in der Gerichtssprache abgegeben wird (vgl. dazu BGHSt. 30, 182 [BGH Beschl. v. 14. 7. 1981 – 1 StR 815/80; vgl. § 184 GVG erfolglose Rügen]). Verfahrenserklärungen des Angeklagten sind nach deutschem Strafprozeßrecht aber nicht nur im Rahmen mündlicher Vernehmungen und Verhandlungen vorgesehen, für die schon vom Gericht oder den Ermittlungsbehörden ein Dolmetscher zuzuziehen ist, wenn der Angeklagte die deutsche Sprache nicht beherrscht (§ 185 I 1 GVG). Vielmehr hat der Beschuldigte auch außerhalb mündlicher Verhandlungen oder sonstiger Termine das Recht, aus eigenem Entschluß schriftlich und mündlich verfahrensrelevante Erklärungen abzugeben. So hat er nach Zustellung der Anklage die Möglichkeit, die Vornahme einzelner Beweiserhebungen zu beantragen oder Einwendungen gegen die Eröffnung des Hauptverfahrens vorzubringen (§ 201 I StPO). Er kann bereits vor der Hauptverhandlung Beweisanträge stellen (§ 219 I 1 StPO). Wird er verurteilt, hat er die Befugnis, schriftlich oder zu Protokoll der Geschäftsstelle Berufung einzulegen (§ 314 I StPO), und kann das Rechtsmittel auch begründen (§ 317 StPO). Ähnliches gilt für das Rechtsmittel der Revision mit der Einschränkung, daß die Revisionsbegründung von ihm nur zu Protokoll der Geschäftsstelle begründet werden kann, wenn er insoweit keinen Rechtsanwalt zuzieht (§§ 341 I, 344 I, 345 II StPO). Für all diese gesetzlich vorgesehenen Erklärungen garantiert Art. 6 III lit. e EMRK die unentgeltliche Übertragung in die Gerichtssprache, wenn der Beschuldigte diese nicht beherrscht.

Zu den strafprozessualen Rechten des Angeklagten zählt insbesondere seine Befugnis, sich in jeder Verfahrenslage des Beistands eines Verteidigers zu bedienen (§ 137 I 1 StPO, Art. 6 III lit. c EMRK). Ein des Deutschen nicht mächtiger Angeklagter kann dieses Recht in effektiver Weise nur wahrnehmen, wenn ihm eine Verständigung mit dem Verteidiger möglich ist. Abgesehen von dem besonderen Fall, daß der Verteidiger die Muttersprache des Angeklagten beherrscht, ist hierzu die Zuziehung eines Dolmetschers erforderlich. Mit den hierfür anfallenden Kosten darf der Angeklagte gem. Art. 6 III lit. e EMRK ebenfalls nicht belastet werden. Denn auch das Gespräch zwischen Angeklagtem und Verteidiger zur Vorbereitung der Verteidigung besteht aus Erklärungen, die im Rahmen des Strafverfahrens abgegeben werden. Soweit demgegenüber die Ansicht vertreten wird, Art. 6 III lit. e EMRK beschränke die Unentgeltlichkeit der Dolmetscherleistung auf „Prozeßhandlungen des Beschuldigten oder gegenüber dem Beschuldigten" (Wolf, StV 1992, 364 [367]) oder auf die (durch Ermittlungsbehörden oder Gerichte) angeordnete Anwesenheit eines Dolmetschers (etwa OLG Düsseldorf, NJW 1980, 2655; NStZ 1986, 128; LG Berlin, AnwBl. 1980, 30), wird dies weder der Stellung des Angeklagten als Verfahrenssubjekt noch der des mit der Verteidigung beauftragten Rechtsanwalts als unabhängigem Organ der Rechtspflege (§ 1 BRAO) gerecht. Ebenso wenig wie dem Beschuldigten für Termine bei der Staatsanwaltschaft Dolmetscherkosten überbürdet werden dürfen (vgl. die Regelungen in § 464c StPO und Nr. 9005 Kostenverzeichnis zum GKG), darf er mit den Kosten belastet werden, die für die notwendige Zuziehung eines Dolmetschers zu Gesprächen mit dem Verteidiger anfallen, und zwar unabhängig von seiner finanziellen Lage (EKMR, NJW 1978, 477).

b) Zur umfassenden Gewährleistung des Anspruchs des der Gerichtssprache nicht kundigen Angeklagten aus Art. 6 III lit. e EMRK ist es nicht erforderlich, ihm einen Pflichtverteidiger zu bestellen. Die Auffassung, die Beiordnung sei notwendig, weil nach §§ 97 II 1 und 2, 126 BRAGO eine Erstattung der Dolmetscherkosten nur für Gespräche zwischen Angeklagtem und Pflichtverteidiger gesetzlich vorgesehen sei, greift zu kurz. Sie vermag schon nicht zu erklären, wie der sprachunkundige Angeklagte von den Kosten freigestellt werden soll, die für die Übersetzung solcher Verfahrenserklärungen anfallen, die er unabhängig von der Zuziehung eines Verteidigers außerhalb mündlicher Verhandlungen oder sonstiger anberaumter Termine eigenständig abgeben kann (s. oben), und müßte daher insoweit einen Konventionsverstoß in Kauf nehmen, solange der Gesetzgeber nicht eingreift.

Sie übersieht aber auch den Gesichtspunkt der Einheitlichkeit der Rechtsordnung. Die EMRK steht innerstaatlich im Rang eines einfachen Bundesgesetzes. Wenn sie in Art. 6 III lit. e dem Angeklagten die unentgeltliche Zuziehung eines Dolmetschers in dem dargestellten Umfang garantiert, kann die Erfüllung dieser Garantie nicht davon abhängen, daß daneben im anderweitigen Bundesrecht einfachgesetzliche kostenrechtliche Bestimmungen vorhanden sind, die die Freistellung des Angeklagten von den Dolmetscherkosten oder deren Erstattung ausdrücklich regeln. Vielmehr ist der entsprechende Anspruch des Angeklagten direkt aus Art. 6 III lit. e EMRK abzuleiten und durch eine konventionskonforme – ergänzende – Auslegung der bestehenden Kostennormen auszufüllen. Denn es ist nicht anzunehmen, daß der Gesetzgeber, sofern er dies nicht klar bekundet hat, von völkerrechtlichen Verpflichtungen der Bundesrepublik Deutschland abweichen oder die Verletzung solcher Verpflichtungen ermöglichen will (BVerfGE 74, 358 [370] = NJW 1987, 2427 = NStZ 1987, 421).

Wie die Lücken des Kostenrechts bis zu einem Tätigwerden des Gesetzgebers im Einzelnen auszufüllen sind, braucht der Senat für die Beantwortung der Vorlegungsfrage nicht zu entscheiden. In Betracht kommt etwa die entsprechende Anwendung des § 2 IV GKG (so KG, NStZ 1990, 402 [4041], der §§ 3, 17 ZSEG (vgl. OLG Köln, StraFo 1999, 69 [70]), aber auch des § 126 BRAGO, um die Kostenfreistellung bzw. -erstattung auf die erforderlichen Kosten zu beschränken.

Nach alledem ist es weder genügend noch erforderlich, auf eine innerstaatliche Kostenvorschrift zurückzugreifen, die für den besonderen Fall der Pflichtverteidigung die Erstattung von Dolmetscherkosten ausschließlich für Verteidigergespräche ermöglicht, und, um deren tatbestandlichen Voraussetzungen zu genügen, einen Pflichtverteidiger zu bestellen, obwohl ein Fall notwendiger Verteidigung nicht vorliegt.

2. Gericht muß alle Verfahrensbeteiligten davon unterrichten, wenn während der Hauptverhandlung Urkunden oder andere Beweismittel, deren Erheblichkeit nicht ausgeschlossen ist, auch ohne seine Veranlassung zu den Akten gelangen.

MRK Art. 6 – BGH Urt. v. 21. 9. 2000 – 1 StR 634/99 LG Memmingen (= StV 2001, 4)

Die Revision rügt, das Gericht habe das Gebot des fairen Verfahrens verletzt, weil die Verteidiger nicht auf einen während der Hauptverhandlung zu den Akten gelangten Brief des Mitangeklagten hingewiesen wurden.

Der Sachverhalt ergibt sich aus dem Revisionsvorbringen. – Das Rechtsmittel war erfolglos.

Gründe: Dem Tatgericht, das während, aber außerhalb der Hauptverhandlung verfahrensbezogene Ermittlungen anstellt, erwächst aus dem Gebot der Verfahrensfairneß (Art. 6 MRK i.V.m. § 147 StPO) die Pflicht, dem Angeklagten, der Verteidigung und der Staatsanwaltschaft durch eine entsprechende Unterrichtung Gelegenheit zu geben, sich Kenntnis von den Ergebnissen dieser Ermittlungen zu verschaffen. Der Pflicht zur Erteilung eines solchen Hinweises ist das Tatgericht auch dann nicht enthoben, wenn es die Ergebnisse der Ermittlungen selbst für nicht entscheidungserheblich erachtet; denn es muß den übrigen Verfahrensbeteiligten überlassen bleiben, selbst zu beurteilen, ob es sich um relevante Umstände handelt (BGHSt. 36, 305, 308 ff. [BGH Urt. v. 29. 11. 1989 – 2 StR 264/89; vgl. § 147 StPO erfolgreiche Rügen], vgl. auch BGH, Beschl. v. 17. 11. 1999 – 1 StR 290/99, insoweit nicht abgedr. in NStZ 2000, 216). Entsprechendes muß auch gelten, wenn während der Hauptverhandlung Urkunden oder andere Beweismittel, deren Erheblichkeit nicht ausgeschlossen ist, ohne Veranlassung durch das Gericht zu den Akten gelangen. Ansonsten wären die Verfahrensbeteiligten bei mehrmonatigen Hauptverhandlungen zu hunderten von Nachfragen gezwungen, die (auch) den gerichtlichen Geschäftsbetrieb unnötig belasten würden.

Hier kann jedoch ein Beruhen des Urteils auf diesem Verfahrensfehler (vgl. BGHSt. 42, 71, 73 [BGH Urt. v. 7. 3. 1996 – 1 StR 688/95; vgl. § 147 StPO erfolglose Rügen]) ausgeschlossen werden. Der fragliche Brief war ausweislich der eingeholten dienstlichen Äußerungen nicht Gegenstand der Beratung; ihm wurde von den Tatrichtern keine Relevanz beigemessen. Ein „überlegenes Wissen" erwuchs der Strafkammer aus dem Schriftstück nicht. Der Brief ist eines von mehreren Schreiben des Mitangeklagten an den Vorsitzenden. Er enthält Ausführungen des Mitangeklagten über dessen persönliche Situation und seine Gefühle während der Hauptverhandlung sowie die Zusammenfassung von Zeugenaussagen; eine geschlossene Darstellung des Tatgeschehens enthält er dagegen nicht. Entgegen der Ansicht der Revision beinhaltet die kurze Passage über den angeblichen Tatbeteiligten Go. auch keinen Widerspruch zur Einlassung des Mitangeklagten, der für die Glaubhaftigkeitsbeurteilung erheblich sein könnte. In der Hauptverhandlung berichtete der Mitangeklagte von dem geplanten Tatbeitrag des Go., der nicht mit dem tatsächlichen Tatbeitrag, von dem in dem Brief die Rede ist, identisch sein muß. Für die Glaubhaftigkeit der Einlassung des Mitangeklagten, deren zentrale Bedeutung offensichtlich war, enthält die angeführte Passage daher keine Anhaltspunkte, zumal die Strafkammer aufgrund rechtsfehlerfreier Beweiswürdigung zu dem Ergebnis gekommen ist, daß der Mitangeklagte den Go. lediglich „hinzuerfunden" hat.

Aus diesen Gründen ist auch nicht ersichtlich, daß die Verteidigung bei Kenntnis dieses Briefes weitere Verteidigungsbemühungen hätte entfalten können.

3. Verfahrensverlängerung durch Urteilsaufhebung und Zurückverweisung begründet regelmäßig keine rechtsstaatswidrige Verfahrensverzögerung, auch dann nicht, wenn dies zum zweiten Mal erforderlich ist.

MRK Art. 6 I 1 – BGH Beschl. v. 19. 7. 2000 – 3 StR 259/00 LG Osnabrück (= NStZ 2001, 106)

Die Revision rügt die Verletzung materiellen Rechts und dort insbesondere, daß der vom Gericht gewährte Strafnachlass von 2 Monaten für die von der Strafkammer angenommene Verletzung des Beschleunigungsgebots nach Art. 6 I 1 MRK zu gering ausgefallen sei.

Sachverhalt: Das Landgericht Osnabrück hat den Angeklagten im nunmehr dritten Durchgang wegen Unterschlagung in Tateinheit mit Betrug (Tatzeit Mai 1994) unter Einbeziehung einer Freiheitsstrafe von 1 Jahr und 4 Monaten aus dem Urteil des Amtsgerichts Münster vom 22. 8. 1995 zu einer Gesamtfreiheitsstrafe von 2 Jahren und 6 Monaten verurteilt. Das erste – am 9. 7. 1998 ergangene – Urteil wurde vom Senat mit Beschluß vom 13. 1. 1999 im Strafausspruch aufgehoben. Bereits am 18. 3. 1999 verurteilte das Landgericht Osnabrück den Angeklagten wiederum zu einer Gesamtfreiheitsstrafe von 2 Jahren und 6 Monaten, wobei es die Einsatzstrafe erneut auf 2 Jahre festsetzte. Da die Kammer keine eigenen Feststellungen zu den persönlichen Verhältnissen des Angeklagten getroffen, sondern insoweit auf die Feststellungen des im Strafausspruch aufgehobenen ersten Urteils verwiesen und diese wörtlich eingerückt hatte, hat der Senat mit Beschluß vom 25. 6. 1999 den Strafausspruch erneut aufgehoben. Die Kammer hat nunmehr eine Einsatzstrafe von 2 Jahren und 2 Monaten für tat- und schuldangemessen erachtet, diese aber im Hinblick auf eine von ihr angenommene, von der Justiz zu verantwortende Verfahrensverzögerung von 2 Jahren und 2 Monaten auf 2 Jahre ermäßigt. – Das Rechtsmittel war erfolglos.

Gründe: Die Strafzumessung weist keinen Rechtsfehler zum Nachteil des Angeklagten auf. Insbesondere dringt die Rüge, daß der Strafnachlass von 2 Monaten für die von der Strafkammer angenommene Verletzung des Beschleunigungsgebots nach Art. 6 I 1 MRK zu gering ausgefallen sei, bereits deswegen nicht durch, weil die Verfahrensdauer insgesamt nicht unangemessen war und daher eine solche Verletzung tatsächlich nicht vorgelegen hat.

Ein Verstoß gegen Art. 6 I 1 MRK kommt nur bei einer rechtsstaatswidrigen Verfahrensverzögerung in Betracht (vgl. BVerfG NJW 1995, 1277; BGHR StGB § 46 II Verfahrensverzögerung 7, 11, 12). Allein die Verfahrensverlängerung, die dadurch entsteht, daß auf Revision des Angeklagten ein Urteil aufgehoben und die Sache zur erneuten Verhandlung und Entscheidung zurückverwiesen wird, begründet regelmäßig keine rechtsstaatswidrige Verfahrensverzögerung, auch dann nicht, wenn dies zum zweiten Mal erforderlich ist. Ein derartiger Verfahrensgang ist Ausfluss einer rechtsstaatlichen Ausgestaltung des Rechtsmittelsystems. Sollte den Entscheidungen des 2. Strafsenats vom 13. 1. 1995 (2 StR 717/94) und des 5. Strafsenats vom 24. 7. 1991 (BGHR StGB § 46 II Verfahrensverzögerung 5) eine gegenteilige Annahme zu Grunde liegen, würde der Senat dieser nicht beitreten können. Auf mögliche Divergenzen kommt es hier jedoch nicht an, weil eine Verletzung des Art. 6 I 1 MRK schon deshalb nicht vorliegt, weil die angemessene Verfahrensdauer insgesamt noch nicht überschritten wurde (BGH NStZ 1999, 313). Diese begann im Januar 1997, als der Angeklagte – wie sich dem Gesamtzusammenhang der Urteilsgründe entnehmen läßt – von der Beschuldigung in Kenntnis gesetzt wurde, und endet mit dem rechtskräftigen Abschluß des Verfahrens. Auch unter Berücksichtigung des Umstandes, daß der Schulspruch schon auf Grund des Beschlusses des Senats vom 13. 1. 1999 in Rechtskraft erwachsen ist, hält der Senat eine Verfahrensdauer von 3 Jahren und 6 Monaten im Hinblick auf das beträchtliche Gewicht des Tatvorwurfs und den Umstand, daß das Verfahren auch in der Folgezeit zügig weiterbetrieben wurde, für noch angemessen. ...

4. Auch wenn Kompensation wegen überlanger Verfahrensdauer erforderlich ist, muß der neue Tatrichter über die an sich verwirkte Strafe so entscheiden, als ob das (aufgehobene) frühere tatrichterliche Urteil nicht in der Welt wäre.

MRK Art. 6 I 1; StPO § 358 II – BGH Urt. v. 10. 11. 1999 – 3 StR 361/99 LG Kiel (= NJW 2000, 748)

Die Revision rügt die Verletzung materiellen Rechts.

Sachverhalt: Das Landgericht Kiel hat den Angeklagten im nunmehr vierten Durchgang mit Urteil vom 6. 5. 1999 wegen sexuellen Mißbrauchs eines Kindes in sieben Fällen und wegen sexuellen Mißbrauchs einer Schutzbefohlenen in drei Fällen zu einer Gesamtfreiheitsstrafe von zwei Jahren und sechs Monaten verurteilt. Nach den Feststellungen hatte der Angeklagte seine am 22. 11. 1968 geborene, eheliche Tochter C. ab deren sechsten Lebensjahr in der Zeit von etwa 1974 bis zum Sommer 1986 fortlaufend sexuell missbraucht. Nachdem diese am 6. 6. 1990 Strafanzeige erstattet hatte, wurde der Angeklagte vom LG Itzehoe erstmals am 25. 8. 1992 wegen fortgesetzten sexuellen Mißbrauchs in 460 Fällen zu einer Freiheitsstrafe von drei Jahren und sechs Monaten verurteilt. Diese Entscheidung wurde vom Senat mit Beschluß vom 16. 5. 1994 im Hinblick auf den Wegfall der fortgesetzten Handlung (BGHSt. 40, 138 = NJW 1994, 1663 NStZ 1994, 383) aufgehoben. Nach der Durchführung von Nachermittlungen und Erhebung einer Nachtragsanklage wurde der Angeklagte im zweiten Durchgang vom Landgericht Itzehoe mit Urteil vom 14. 2. 1996 wegen sexuellen Mißbrauchs eines Kindes in Tateinheit mit sexuellem Mißbrauch einer Schutzbefohlenen in sieben Fällen und wegen sexuellem Mißbrauch einer Schutzbefohlenen in weiteren neun Fällen zu einer Gesamtfreiheitsstrafe von wiederum drei Jahren und sechs Monaten verurteilt. Auf die Revision des Angeklagten hat der Senat mit Urteil vom 9. 10. 1996 im Hinblick auf die teilweise eingetretene Verjährung des Tatbestands des Mißbrauchs von Schutzbefohlenen das Verfahren in sechs Fällen eingestellt und das Urteil dahin abgeändert, daß der Angeklagte wegen sexuellen Mißbrauchs eines Kindes in sieben Fällen und wegen sexuellen Mißbrauchs einer Schutzbefohlenen in drei Fällen verurteilt ist, die Einzelstrafen in den verbleibenden Fällen bestätigt und die Sache zur Bildung einer neuen Gesamtstrafe zurückverwiesen.

Weil diese erst durch Urteil des Landgerichts Itzehoe vom 27. 5. 1998 in Höhe von drei Jahren und drei Monaten Gesamtfreiheitsstrafe gebildet worden ist, ohne daß eine Verletzung des Beschleunigungsgebots nach Art. 6 I 1 MRK berücksichtigt worden wäre, hatte der Senat auf die neuerliche Revision des Angeklagten dieses Urteil mit Beschluß vom 21. 12. 1998 wiederum aufgehoben und an das Landgericht Kiel zurückverwiesen. Dieses hat eine an sich – ohne Verletzung des Beschleunigungsgebots – verwirkte Gesamtfreiheitsstrafe von drei Jahren und sechs Monaten für angemessen gehalten, sie jedoch im Hinblick auf die Verletzung des Art. 6 II MRK um ein Jahr auf zwei Jahre und sechs Monate ermäßigt. – Das Rechtsmittel war erfolglos.

Gründe: Das angefochtene Urteil hat Bestand, da die Gesamtstrafenbildung keinen Rechtsfehler aufweist. Die Strafkammer hat unter Beachtung der Rechtsprechung des BVerfG zu Art. 6 I 1 MRK (vgl. BVerfG, NStZ 1997, 591), der auch der BGH gefolgt ist (BGHR StGB § 46 Abs. 2 Verfahrensverzögerung 7, 12; BGH, NStZ 1999, 181 [BGH Beschl. v. 21. 12. 1998 – 3 StR 561/98; vgl. MRK Art. 6 erfolgreiche Rügen]), Art und Ausmaß der Verzögerung festgestellt und sodann das Maß der Kompensation durch eine Ermäßigung der an sich verwirkten Gesamtfreiheitsstrafe von drei Jahren und sechs Monaten um ein Jahr auf zwei Jahre und sechs Monate konkret bestimmt. Hierbei hat das Landgericht den Verfahrensgang im Einzelnen untersucht und ist ohne Rechtsfehler zum Ergebnis gekommen, daß sich eine Verfahrensverzögerung von etwa zehn Wochen durch verspätete Terminierung nach der Verfahrensaussetzung am 14. 3. 1995 und von zwei Jahren und drei Monaten durch die verzögerte Anberaumung einer Hauptverhandlung zur

Bildung der Gesamtstrafe nach der zweiten Aufhebung des Senats vom 9. 10. 1996, insgesamt also von zwei Jahren und sechs Monaten, ergibt. Die Revisionsbegründung macht demgegenüber nicht geltend, daß auch in weiteren Verfahrensabschnitten das Beschleunigungsgebot verletzt worden wäre; hierzu wäre im Übrigen die Erhebung einer Verfahrensrüge erforderlich gewesen (vgl. BGHR StGB § 46 Abs. 2 Verfahrensverzögerung 12; BGH, NStZ 1999, 313 [BGH Beschl. v. 4. 1. 1999 – 3 StR 597/98; vgl. MRK Art. 6 erfolglose Rügen]).

Es ist aus Rechtsgründen auch nicht zu beanstanden, daß die Strafkammer bei der konkreten Bestimmung der Kompensation von einer an sich verwirkten Gesamtfreiheitsstrafe von drei Jahren und sechs Monaten ausgegangen ist, die über der Gesamtstrafe der vorausgehenden Verurteilung vom 27. 5. 1998 von drei Jahren und drei Monaten liegt, die nach dem Verschlechterungsverbot des § 358 II StPO nicht überschritten werden darf. Die Vorschrift des § 358 II StPO verbietet nur, daß das angefochtene Urteil in Art und Höhe der Rechtsfolgen zum Nachteil des Angeklagten geändert wird. Denn der Angeklagte soll bei seiner Entscheidung darüber, ob er von einem ihm zustehenden Rechtsmittel Gebrauch machen will, nicht durch die Besorgnis beeinträchtigt werden, es könne ihm durch die Einlegung eines Rechtsmittels ein Nachteil in Gestalt härterer Bestrafung entstehen (st. Rspr., vgl. BGHSt. 7, 86 [BGH Urt. v. 7. 1. 1955 – 5 StR 638/54; vgl. § 358 StPO erfolglose Rügen]; BGHSt. 27, 176 [BGH Beschl. v. 4. 5. 1977 – 2 StR 9/77; vgl. § 358 StPO erfolglose Rügen]; BGHSt. 29, 269 [BGH Urt. v. 7. 5. 1980 – 2 StR 10/80; vgl. § 358 StPO erfolgreiche Rügen]). Darin erschöpft sich grundsätzlich die Bedeutung dieser Rechtsvorschrift; sie hat insbesondere nicht zur Folge, daß die Auffassungen und Wertungen, die der angefochtenen, aber aufgehobenen Entscheidung zu Art und Höhe der Rechtsfolge zugrunde lagen, den neuen Tatrichter in irgendeiner Form binden. Dieser hat vielmehr grundsätzlich über Art und Höhe der Strafe so zu entscheiden, als ob das (aufgehobene) frühere tatrichterliche Urteil nicht in der Welt wäre (BGHSt. 7, 86). Hierbei hat er nach seinem eigenen pflichtgemäßen Ermessen die Einordnung der Tat innerhalb des Strafrahmens vorzunehmen und ist lediglich im Ergebnis an die durch § 358 II StPO gezogene Obergrenze gebunden. Hiernach war die Strafkammer nicht gehindert, als an sich verwirkte Strafe zur Bestimmung des Ausmaßes der Kompensation von einer Gesamtstrafe von drei Jahren und sechs Monaten auszugehen.

Diese Auffassung liegt auch dem Beschluß des Senats vom 29. 10. 1997 – 3 StR 282/97 – zugrunde. Dort hatte der frühere Tatrichter eine Freiheitsstrafe von zwei Jahren und sechs Monaten verhängt, während der neue Tatrichter bei der gebotenen Berücksichtigung der Verletzung des Beschleunigungsgebots eine an sich verwirkte Strafe von „mehreren Jahren" auf zwei Jahre ermäßigt hat. Dies hat der Senat gebilligt, wobei er davon ausgegangen ist, daß die an sich verwirkte Strafe mindestens vier Jahre Freiheitsstrafe betragen hätte. Das BVerfG hat die dagegen gerichtete Verfassungsbeschwerde nicht zur Entscheidung angenommen (Beschl. v. 20. 7. 1998 – 2 BvR 235 7/97).

Die dargelegten rechtlichen Erwägungen, wonach aufgehobene und nicht mehr existente Bewertungen eines früheren Tatrichters den neuen Tatrichter nicht binden können und somit das Maß der Kompensation unabhängig von früheren Strafzumessungsvorgängen bestimmt werden kann, werden durch eine weitere Überlegung bestätigt. Gerade in den nicht seltenen Fällen, in denen der frühere Tatrichter die Verletzung des Beschleunigungsgebotes nach Art. 6 I 1 MRK nicht ausreichend berücksichtigt hatte, sondern sich mit der allgemeinen strafmildernden Berücksichtigung der langen Verfahrensdauer begnügt hatte und deshalb im Hinblick auf die Rechtsprechung des BVerfG eine Aufhebung des Strafausspruchs zu erfolgen hat, ist dem neuen Tatrichter eine Beurteilung, in welchem Umfang in der bisherigen Strafhöhe die dem Art. 6 I 1 MRK zugrunde liegenden Gesichtspunkte bereits berücksichtigt sind, nicht möglich. Denn die Strafmilderungsgründe der langen Verfahrensdauer und der Verletzung des Beschleunigungsgebots überschneiden sich. Damit steht weiter in Einklang, daß nach der Rechtsprechung das Verschlechterungsverbot bei einer Reduzierung des Schuldspruchs, etwa dem Wegfall einer Tat und der dafür verhängten Einzelstrafe, nicht gebietet, die vom früheren Tatrichter (unter Einschluß der weggefallenen Einzelstrafe) für angemessen gehaltene Gesamtstrafe zu ermäßigen; es ist ihm vielmehr aus Rechtsgründen nicht verwehrt, die gleiche Gesamtstrafe erneut zu verhängen (BGHSt. 7, 86). Allerdings weist der Senat darauf hin, daß die Verhängung einer gleich hohen oder nur unwesentlich ermäßigten Strafe dann einer besonderen Begründung bedarf, wenn die Verletzung des Beschleunigungsgebots bei der früheren Straffestsetzung nicht oder nur in geringem Umfang berücksichtigt worden war oder erst nach der vorausgegangenen tatrichterlichen Entscheidung eingetreten ist.

Die Höhe der Strafmaßreduzierung um ein Jahr Freiheitsstrafe für eine festgestellte Verzögerung des Verfahrens von etwa zwei Jahren und sechs Monaten ist aus Rechtsgründen ebenso wenig zu beanstanden, wie die Höhe der schließlich verhängten Gesamtfreiheitsstrafe von zwei Jahren und sechs Monaten. Auch unter zusätzlicher Berücksichtigung des langen zeitlichen Abstands zwischen Tat und Urteil und der sonstigen, nicht auf einer Verzögerung i.S. des Art. 6 I 1 MRK beruhenden Verfahrensdauer kann die verhängte Strafe im Hinblick auf die Schwere der Taten und die erheblichen Folgen für das missbrauchte Kind nicht als schlechthin nicht mehr schuldangemessen bezeichnet werden. Gerade dem langen zeitlichen Abstand zwischen Tat und Urteil kommt bei solchen Mißbrauchsfällen nur eine eingeschränkte Bedeutung zu. Kindliche Opfer, insbesondere wenn sie vom im gleichen Familienverband lebenden eigenen Vater missbraucht werden, finden häufig erst im Erwachsenenalter die Kraft zu einer Aufarbeitung des Geschehens mit Hilfe einer Strafanzeige. So verhielt es sich auch hier. Dem entspricht, daß der Gesetzgeber mit der durch das 30. StrÄndG eingeführten Regelung des § 78b I Nr. 1 StGB das Ruhen der Verjährung bei Straftaten nach §§ 176 bis 179 StGB bis zur Vollendung des 18. Lebensjahres des Opfers angeordnet und damit zu erkennen gegeben hat, daß er solche Delikte auch noch nach längerem zeitlichen Abstand für verfolgungswürdig erachtet.

5. Die Verletzung des Beschleunigungsgebotes nach Art. 6 II MRK ist im Revisionsverfahren grundsätzlich nur auf Grund einer entsprechenden Verfahrensrüge zu prüfen.

MRK Art. 6 I S. 1 – BGH Beschl. v. 4. 1. 1999 – 3 StR 597/98 LG Duisburg (= NStZ 1999, 313)

Die Revisionen rügen die Verletzung sachlichen Rechts.

Sachverhalt: Zwischen dem Ende der Tatserie im Oktober 1995 und dem rechtskräftigen Abschluß des Verfahrens mit diesem Beschluß liegen 3 Jahre und 3 Monate. Den Angeklagten waren 7 schwere Straftaten mit wechselnder Beteiligung mit einem Gesamtschaden von über 900 000 DM vorgeworfen worden. – Das Rechtsmittel war erfolglos.

Gründe: Die Strafkammer hat bei der Strafzumessung zwar „die relativ lange Verfahrensdauer infolge verzögerter Anklageerhebung" berücksichtigt, ohne jedoch entsprechend den Anforderungen der Rechtsprechung (BVerfG NStZ 1997, 591) das konkrete Ausmaß der Herabsetzung der Strafe zu bestimmen, doch gefährdet dies letztlich den Bestand des Urteils nicht. Die Verletzung des Beschleunigungsgebotes nach Art. 6 I 1 MRK ist im Revisionsverfahren grundsätzlich nur auf Grund einer entsprechenden Verfahrensrüge zu prüfen (BGHR StGB § 46 II Verfahrensverzögerung 12; BGH Beschl. v. 28. 8. 1998 – 3 StR 142/98). Eine solche ist vom Angeklagten G. nicht und vom Angeklagten P. nicht entsprechend der Form des § 344 II 2 StPO erhoben worden. Letztere enthält lediglich Angaben zur Dauer des Ermittlungsverfahrens, nicht aber zu Art und Ausmaß einer von den Strafverfolgungsbehörden zu verantwortenden Verzögerung. Es wird nicht mitgeteilt, wann das Verfahren anklagereif gewesen war, so daß das Ausmaß eines möglichen Verstoßes durch verzögerte Anklageerhebung vom Revisionsgericht nicht beurteilt werden kann.

Auf die Sachrüge kann eine solche Prüfung ebenfalls nicht erfolgen, weil in den Urteilsgründen lediglich pauschal und unsubstantiiert von einer „verzögerten Anklageerhebung" die Rede ist. Dies würde allein einen Verstoß gegen Art. 6 II MRK noch nicht belegen. Danach hat ein Angeklagter das Recht auf eine Behandlung seiner Sache innerhalb angemessener Frist; diese beginnt, wenn der Beschuldigte von den Ermittlungen in Kenntnis gesetzt wird, und endet mit rechtskräftigem Abschluß. Für die Angemessenheit ist dabei auf die gesamte Dauer von Beginn bis zum Ende der Frist abzustellen und es sind Schwere und Art des Tatvorwurfs, Umfang und Schwierigkeit des Verfahrens, Art und Weise der Ermittlungen neben dem eigenen Verhalten des Beschuldigten zu berücksichtigen (BVerfG NJW 1992, 2472). Eine gewisse Untätigkeit während eines bestimmten Verfahrensabschnittes führt daher nicht ohne weiteres zu einem Verstoß gegen Art. 6 I 1 MRK, sofern die angemessene Frist insgesamt nicht überschritten wird. Zur Beurteilung dieser Frage wäre die Angabe der konkreten Dauer der Untätigkeit erforderlich, die den Urteilsgründen ebensowenig wie der Zeitpunkt der Inkenntnissetzung des Beschuldigten zu entnehmen ist. Da insgesamt zwischen dem Ende der Tatserie im Oktober 1995 und dem rechtskräftigen Abschluß des Verfahrens mit diesem Beschluß eine Gesamtdauer von lediglich 3 Jahren und 3 Monaten gegeben ist, liegt eine Unangemessenheit der Frist bei 7 schweren Straftaten mit wechselnder Beteiligung mit einem Gesamtschaden von über 900 000 DM trotz der Geständnisse der Angeklagten eher fern.

6. Rüge, durch das Verfahren sei das Beschleunigungsgebot verletzt und die Verfahrensverzögerung im Urteil nicht berücksichtigt worden, erfordert Darlegung der diesen Verfahrensverstoß belegenden Tatsachen.

MRK Art. 6 I 1 – BGH Beschl. v. 28. 8. 1998 – 3 StR 142/98 LG Kiel (= NStZ 1999, 95)

Die Revision rügt, die Strafkammer habe zwar die Freiheitsstrafe von an sich 4 Jahren auf 3 Jahre ermäßigt, weil entgegen dem Beschleunigungsgebot das Verfahren „einige Zeit" nicht gefördert worden sei. Damit sei Art und Ausmaß der Verfahrensverzögerung nicht ausreichend festgestellt.

Der Sachverhalt ist nicht bekannt. – Das Rechtsmittel war erfolglos.

Gründe: Die Rüge der Verletzung des Art. 6 I 1 MRK ist nicht zulässig erhoben, jedenfalls aber unbegründet.

Will ein Beschwerdeführer rügen, daß durch das Verfahren das Beschleunigungsgebot des Art. 6 I 1 MRK verletzt und die Verfahrensverzögerung im Urteil nicht berücksichtigt worden ist, so hat er die diesen Verfahrensverstoß belegenden Tatsachen gemäß § 344 II 2 StPO in der Revisionsbegründung darzulegen, um dem Revisionsgericht eine entsprechende Nachprüfung zu ermöglichen (St. Rspr. des Senats; vgl. BGH StV 1998, 377 [BGH Beschl. v. 11. 3. 1998 – 3 StR 43/98; vgl. MRK Art. 6 erfolglose Rügen]; StV 1997, 409; vgl. andererseits BGH StV 1998, 376 f.). Entsprechendes muß auch dann gelten, wenn der Beschwerdeführer wie hier rügt, daß das Urteil zwar vom Vorliegen einer Verfahrensverzögerung pauschal ausgegangen ist, aber Art, Ausmaß und Umstände dieser Verzögerung nicht festgestellt hat. Da in der Revisionsbegründung hierzu Darlegungen fehlen, die dem Senat die Prüfung ermöglichen, ob eine Verletzung des Art. 6 I 1 tatsächlich gegeben ist, ist die Rüge unzulässig erhoben.

Doch kommt es hierauf letztlich nicht an. Denn selbst wenn man die Erhebung der Sachrüge genügen lassen würde, erweist sich die Rüge als unbegründet. In diesem Falle würde die unzureichende Feststellung der Verfahrensverzögerung nach Art, Ausmaß und Umständen an sich dazu führen, das Urteil insoweit aufzuheben und die Sache zurückzuverweisen. Da hier jedoch zwischen Tatzeit und erstinstanzlichem Urteil bereits ein Zeitraum von über 10 Jahren verstrichen ist und ohne Berücksichtigung des Ruhens der Verjährung nach § 78b IV StGB bereits die absolute Verjährung nach § 78c III 2 StGB eingetreten wäre, erscheint es unvertretbar, die Sache zur Nachholung der Feststellungen zurückzuverweisen und so eine weitere Verfahrensverzögerung zu bewirken. Vielmehr ist der Senat gehalten, die erforderlichen Feststellungen selbst zu treffen (vgl. zur eigenen Sachentscheidung zur Vermeidung weiterer Verfahrensverzögerung BGHR StPO § 354 I Strafausspruch 4, 8).

Eine Überprüfung des Verfahrensgangs ergibt, daß lediglich für die Zeit zwischen Erhebung der Anklage am 9. 11. 1994 und der Eröffnung des Hauptverfahrens mit Beschluß vom 1. 11. 1996 eine fehlende Förderung des Verfahrens in Betracht kommt. ...

7. Bei der Rüge der Verletzung des Beschleunigungsgebots nach Art. 6 I S. 1 MRK handelt es sich um eine Verfahrensrüge, zu deren Begründung die die Verfahrensverzögerung belegenden Tatsachen darzulegen sind.

MRK Art. 6 – BGH Beschl. v. 11. 3. 1998 – 3 StR 43/98 LG Duisburg (= StV 1998, 376)

Die Revision rügt eine Verletzung des Beschleunigungsverbots.

Der Sachverhalt ergibt sich aus den Gründen. – Das Rechtsmittel war erfolglos.

Gründe: Soweit in dem Sachvortrag der Revision zur Begründung des Einstellungsantrags eine Rüge der Verletzung des Beschleunigungsgebots nach Art. 6 Abs. 1 S. 1 MRK gesehen werden könnte, würde es sich um eine Verfahrensrüge handeln, zu deren Begründung die die Verfahrensverzögerung belegenden Tatsachen gem. § 344 Abs. 2 S. 2 StPO darzulegen gewesen wären (BGHR StPO § 344 II S. 2 Beschleunigungsgebot 1; BGH, Beschl. v. 25. 2. 1994 – 3 StR 530/93). Dem genügt die Revisionsbegründung nicht. Da eine Verfahrensverzögerung für den Zeitraum nach Aussetzung der ersten Hauptverhandlung am 18. 2. 1994 und dem Beginn der zweiten Hauptverhandlung am 12. 9. 1995 geltend gemacht wird, hätte der Gang des Verfahrens in diesem Zeitraum, insbes. des Vorlegungsverfahrens nach § 139c StPO, das Anlaß zu der Aussetzung gegeben hatte, dargelegt werden müssen, um eine revisionsrechtliche Prüfung zu ermöglichen. Es wird jedoch nicht einmal der Zeitpunkt der Entscheidung des OLG Düsseldorf mitgeteilt. Daß die Staatsanwaltschaft einen Antrag auf Ausschließung eines Verteidigers nach § 138a StPO gestellt hatte, den das Gericht nach § 138c StPO dem OLG vorlegen mußte und der sich dann als unbegründet erwiesen hatte, vermag eine Verfahrensverzögerung nicht zu belegen. Im übrigen fehlt es insoweit an einer Mitteilung des Antrags der Staatsanwaltschaft und der Entscheidung des OLG.

8. Bei Zusagen zur Strafhöhe außerhalb der Hauptverhandlung ist äußerste Vorsicht geboten.

MRK Art. 6 I – BGH Beschl. v. 13. 5. 1997 – 1 StR 12/97 LG Weiden (= NStZ 1997, 561)

Die Revision rügt, der Vorsitzende der Strafkammer habe sich nicht an eine Zusage zur Strafhöhe im Falle eines Geständnisses gehalten.

Sachverhalt: Der Angeklagte war als Krankengymnast in einem Heilpädagogischen Zentrum tätig. Die Strafkammer hat ihn wegen sexueller Nötigung, Vergewaltigung u.a., zum Nachteil von hochgradig geistig, teilweise zusätzlich auch körperlich behinderten Patientinnen zu einer Gesamtfreiheitsstrafe von 6 Jahren verurteilt.

Vor der Hauptverhandlung kam es zu einem Gespräch zwischen dem Verteidiger Rechtsanwalt Dr. R. und dem Vorsitzenden, entweder telefonisch (so eine im Rahmen der Revisionsbegründung vorgelegte Erklärung von Dr. R.) oder im Dienstzimmer des Vorsitzenden (so eine dienstliche Erklärung des Vorsitzenden). In diesem Gespräch erklärte der Vorsitzende (ausweislich seiner insoweit mit der Erklärung von Dr. R. übereinstimmenden dienstlichen Erklärung), „daß ein Geständnis, das den Opfern Zeugenaussagen in einer

Hauptverhandlung erspart, bei der Strafzumessung sehr gewichtig bewertet wird mit der Folge, daß bei einem Schuldspruch die zu verhängende Freiheitsstrafe in der Regel nur halb so hoch ausfällt".

Der weitere Inhalt des Gesprächs ist unklar.

Rechtsanwalt Dr. R. erklärt, der Vorsitzende habe sinngemäß gesagt, „er gehe von einer erforderlichen Strafe von 8 Jahren aus, die sich im Falle eines Geständnisses demgemäß auf 4 Jahre reduziere". Dies sei, so die Revision, zumindest so zu verstehen gewesen, daß damit eine Größenordnung beschrieben wurde, die allenfalls geringfügig überschritten werden könnte. Der Vorsitzende erklärt demgegenüber, er habe zwar auf entsprechende Nachfragen dargelegt, seine Ausführungen würden eben bedeuten, daß „statt 8 Jahren nur 4 Jahre herauskommen", er habe aber zugleich betont, dies beinhalte „keine Angabe über den Ausgang des Verfahrens, sondern (sei) lediglich die beispielhafte Verdeutlichung der Kammerrechtsprechung".

In der Hauptverhandlung erklärte der Vorsitzende nach Verlesung der Anklageschrift, es sei üblich, „daß ein Angeklagter, der voll geständig sei, etwa mit der Hälfte der sonst zu verhängenden Strafe zu rechnen habe." Im Hinblick auf das vorausgegangene Gespräch wurde dies dem Angeklagten in einer nachfolgenden Verhandlungspause von seinen Verteidigern dahin erläutert, daß er im Falle eines Geständnisses mit einer Freiheitsstrafe von 4 Jahren zu rechnen habe, andernfalls mit einer Freiheitsstrafe von 8 Jahren. Daraufhin legte der Angeklagte, der die ihm zur Last gelegten Taten zuvor nicht eingeräumt hatte, ein Geständnis ab.

Während der sich über mehrere Tage hinziehenden Hauptverhandlung erklärte der Verteidiger Rechtsanwalt B. in einem Rundfunkinterview, dem Angeklagten sei vom Gericht eine 4jährige Freiheitsstrafe angekündigt worden. Daraufhin stellte der Vorsitzende in der Hauptverhandlung fest, daß eine solche Erklärung nicht abgegeben worden sei. Zu dieser Erklärung äußerte sich die Verteidigung in der Hauptverhandlung nicht. – Das Rechtsmittel war erfolglos.

Gründe: Aus alledem ergibt sich kein den Angeklagten benachteiligender Verfahrensverstoß.

a) Gegen die Verwertung des Geständnisses bestehen keine rechtlichen Bedenken (vgl. BGH StV 1992, 50, 51 [BGHSt. 38, 102 = BGH Urt. v. 30. 10. 1991 – 2 StR 200/91; vgl. § 33 StPO erfolgreiche Rügen]; NStZ 1994, 196 [BGH Beschl. v. 19. 10. 1993 – 1 StR 662/93; vgl. § 261 StPO erfolglose Rügen]). Daß die Erklärungen des Vorsitzenden vor oder in der Hauptverhandlung die Voraussetzungen des § 136a StPO erfüllen würden, wird auch von der Revision nicht behauptet.

b) Im übrigen ist zwischen den Erörterungen vor der Hauptverhandlung und den Erklärungen des Vorsitzenden in der Hauptverhandlung zu unterscheiden.

(1) Der BGH hat wiederholt auf Bedenken hingewiesen, die sich dadurch ergeben können, daß das nach vorläufiger Bewertung bei einem bestimmten Ablauf der Hauptverhandlung ins Auge gefaßte Verfahrensergebnis vorab außerhalb prozeßförmigen Geschehens erörtert wird (vgl. BGH NStZ a.a.O.; NJW 1996, 1796, 3018).

Das vorläufige Ergebnis zur konkreten Höhe der Strafe, das nach Auffassung der Revision bei dem Gespräch zwischen dem Vorsitzenden und dem Verteidiger vor der Hauptverhandlung erzielt worden sein soll, wurde auch in der Hauptverhandlung nicht erörtert (vgl. demgegenüber BGHSt. 38, 102, 105 [BGH Urt. v. 30. 10. 1991 – 2 StR 200/91; vgl. § 33 StPO erfolgreiche Rügen]). Soweit die Revision jetzt beanstandet, die bei diesem Gespräch zugesagte Strafhöhe sei überschritten worden, ist der Vortrag schon nicht bewiesen, weil die dienstliche Äußerung des Vorsitzenden der Behauptung der Revision entgegensteht (vgl. BGH NStZ a.a.O.).

Selbst wenn man aber davon ausginge, der Angeklagte habe auf Grund der Informationen seiner Verteidiger darauf vertraut, der Vorsitzende könne in einem außerhalb der Hauptverhandlung mit dem Verteidiger geführten Zwiegespräch (vgl. demgegenüber BGHSt. 37, 298, 303 f. [BGH Urt. v. 23. 1. 1991 – 3 StR 365/90; vgl. § 338 Nr. 3 StPO erfolgreiche Rügen]) die Höhe der Strafe verbindlich festlegen, so wäre dieser Vertrauenstatbestand jedenfalls nach dem entsprechenden Hinweis der Vorsitzenden in der Hauptverhandlung wieder entfallen (vgl. BGH StV a.a.O.).

Dementsprechend war offenbar auch eine Stellungnahme der Verteidigung in der Hauptverhandlung nach der Erklärung des Vorsitzenden unterblieben.

(2) Die Revision meint weiter, jedenfalls sei insoweit ein Vertrauenstatbestand verletzt worden, als die Höhe der verhängten Gesamtfreiheitsstrafe von 6 Jahren belege, daß die nicht widerrufene Zusage, die Strafe würde bei einem Geständnis nur halb so hoch wie sonst ausfallen, nicht eingehalten sei. Eine Gesamtfreiheitsstrafe von 12 Jahren hätte auch gegen einen erst aufgrund einer Beweisaufnahme überführten (schweigenden oder leugnenden) Angeklagten nicht verhängt werden können. Damit kann die Revision nicht gehört werden.

Es kann dahinstehen, ob die „Zusage", die Strafe falle unter bestimmten Umständen nur halb so hoch wie sonst aus, ohne Hinweis auf die konkrete Höhe der sonst zu verhängenden Strafe überhaupt geeignet ist, einen Vertrauenstatbestand zu schaffen.

Angesichts der zahlreichen und – zumal unter Zugrundelegung der von der Strafkammer vorgenommenen rechtlichen Bewertung schwerwiegenden Taten wäre bei Fehlen eines Geständnisses angesichts der sonstigen, von der Strafkammer rechtsfehlerfrei angestellten Strafzumessungserwägungen auch eine Freiheitsstrafe von 12 Jahren jedenfalls nicht schlechterdings unvertretbar und daher revisionsrechtlich nicht zu beanstanden gewesen.

9. Angaben verdeckter Ermittler, die dem Angeklagten zwar nicht namentlich, aber persönlich bekannt waren, dürfen als Begründung für eine Verurteilung verwendet werden.

MRK Art. 6 I; GG Art. 2 Abs. 1 – BVerfG Beschl. v. 11. 4. 1991 – 2 BvR 196/91 (= StV 1991, 449)

Die Verfassungsbeschwerde rügt eine Verletzung seines Rechts auf ein faires, rechtsstaatliches Strafverfahren geltend. Das Landgericht sei verpflichtet gewesen, dem Beschwerdeführer die unmittelbare Befragung der als Be- und Entlastungszeugen in Betracht kommenden verdeckten Ermittler zu ermöglichen. Als Erkenntnismittel dürften mehr oder minder unbeteiligte Zeugen nicht verwendet werden.

Sachverhalt: Der Beschwerdeführer wurde wegen unerlaubter Einfuhr von Btm in nicht geringer Menge in Tateinheit mit unerlaubtem Handeltreiben mit Btm zu einer Freiheitsstrafe verurteilt.

Der Beschwerdeführer hatte am 6. 9. 1989 rund 100 g Kokain und am 14. 12. 1989 rund 650 g Kokain von Belgien aus nach Stuttgart verbracht. Der Beschwerdeführer, der für die erste Lieferung 8000 DM erhalten hatte, war bei der Übergabe der rund 650 g Kokain, für die er 59 000 DM verlangt hatte, festgenommen worden. Seine Überführung war im Zusammenwirken belgischer und deutscher Strafverfolgungsorgane durch den Einsatz als verdeckte Ermittler tätiger belgischer und deutscher Polizeibeamter erfolgt.

Der Beschwerdeführer hatte in der gerichtlichen Hauptverhandlung das äußere Tatgeschehen im wesentlichen eingeräumt, dabei jedoch geltend gemacht, er habe das Kokain nur in untergeordneter Funktion als Transporteur nach Stuttgart verbracht, ohne daß ihm ein Anteil an dem Erlös zugefallen sei. Ein deutscher und ein belgischer Polizeibeamter machten vor der Strafkammer als Zeugen vom Hörensagen Angaben, die ihnen die als verdeckte

Ermittler tätigen deutschen und belgischen Polizeibeamten über das Tatgeschehen mitgeteilt hatten. Der in der Hauptverhandlung vernommene belgische Polizeibeamte, der zu den beiden Treffs jeweils von Belgien nach Stuttgart gereist war, hatte zudem die Vorgänge selbst aus der Nähe beobachten können. Nach dem Ergebnis der Beweisaufnahme gelangte die Strafkammer zu der Überzeugung, daß der Beschwerdeführer auf eigene Veranlassung und zu seinem eigenen Gewinn tätig geworden war.

Die von dem Beschwerdeführer dagegen eingelegte Revision verwarf der BGH. Er gelangte insbesondere zu der Auffassung, daß die Verfahrensweise des Landgerichts nicht gegen Art. 6 Abs. 3 Buchst. d EMRK und den fair-trial-Grundsatz (Art. 6 Abs. 1 EMRK) verstoße. – Die Verfassungsbeschwerde war erfolglos.

Gründe: ...
II.
Die angegriffenen Entscheidungen verletzen den Beschwerdeführer nicht in seinem Recht auf ein faires, rechtsstaatliches Strafverfahren (Art. 2 Abs. 1 GG).

1. Zur Bekämpfung besonders gefährlicher Kriminalität, wie etwa der Bandenkriminalität und des Rauschgifthandels, können die Strafverfolgungsorgane, wenn sie ihrem Auftrag der rechtsstaatlich gebotenen Verfolgung von Straftaten überhaupt gerecht werden wollen, ohne den Einsatz sogenannter V-Leute nicht auskommen, deren Identität auch noch nach dem Einsatz gewahrt werden muß (vgl. BVerfGE 57, 250 [284] [BVerfG Beschl. v. 26. 5. 1981 – 2 BvR 215/81; vgl. § 251 StPO erfolglose Rügen]). Hier wurden die Angaben der verdeckten Ermittler durch Polizeibeamte als Zeugen vom Hörensagen in die Hauptverhandlung eingeführt. Der Zeuge vom Hörensagen ist – als eine Form des mittelbaren Beweises – ein nach der StPO zulässiges Beweismittel, dessen Heranziehung und Bewertung nach den §§ 244 Abs. 2, 261 StPO zu beurteilen ist. Die nur begrenzte Zuverlässigkeit des Zeugnisses vom Hörensagen stellt besondere Anforderungen an die Beweiswürdigung. Der Beweiswert von Bekundungen, die auf einen nicht näher bekannten Gewährsmann zurückgehen, ist besonders kritisch zu überprüfen. Die Angaben des Gewährsmannes genügen regelmäßig nicht, wenn sie nicht durch andere, nach der Überzeugung des Fachgerichts wichtige Gesichtspunkte bestätigt werden; das Gericht muß sich der Grenzen seiner Überzeugungsbildung stets bewußt sein, sie wahren und dies in den Urteilsgründen zum Ausdruck bringen. Derartige Vorkehrungen genügen – im Zusammenwirken mit den sonstigen rechtsstaatlichen Erfordernissen – grundsätzlich den an ein faires Verfahren zu stellenden Anforderungen. Der in aller Schärfe gehandhabte Grundsatz der freien Beweiswürdigung ist – auch im Blick auf das Prinzip „Im Zweifel für den Angeklagten" – regelmäßig ausreichend, um die besonderen Gefahren der beweisrechtlichen Lage aufzufangen; ein Beweisverbot, das den Willen und die Fähigkeit der Gerichte in Zweifel zöge, den genannten Grundsätzen der Beweiswürdigung den zutreffenden Stellenwert einzuräumen, ist von Verfassungs wegen regelmäßig nicht geboten (vgl. BVerfGE 57, 250 [292 f.]).

2. Die Vernehmung der Zeugen vom Hörensagen war daran gemessen nicht rechtsstaatswidrig. Der Beschwerdeführer hatte hier die beiden Einfahren des Kokains in der festgestellten Menge eingestanden. Wenngleich sich der Beschwerdeführer darauf berief, in nur untergeordneter Funktion als Transporteur des Kokains tätig gewesen zu sein, so räumte er mit seiner in der gerichtlichen Hauptverhandlung gemachten Aussage doch die wesentlichen Teile des äußeren Handlungsablaufs ein. Die einschränkende Darstellung hielt das Strafgericht auch deshalb für unglaubwürdig, weil der Beschwerdeführer im Ermittlungsverfahren zunächst eine Tatbeteiligung gänzlich abgestritten hatte und die in der gerichtlichen Hauptverhandlung bekundeten Äußerungen, soweit er seine Tatbeteiligung abzuschwächen suchte, Ungereimtheiten erkennen ließen. In Verbindung mit den Aussagen der in der Hauptverhandlung vernommenen Polizeibeamten, die über die Bekundungen der verdeckten Ermittler berichteten, gelangte die Strafkammer zu der Überzeugung, daß der Beschwerdeführer als zentrale Tatgestalt das Kokain gewinnbringend abzugeben ge-

sucht hatte. Dabei ist von Bedeutung, daß einer der vernommenen Polizeibeamten zu den beiden Verkaufstreffs jeweils von Belgien nach Stuttgart angereist war und die Vorgänge aus der Nähe hatte beobachten können. Da der Beschwerdeführer durch sein Teilgeständnis und der belgische Polizeibeamte durch die von ihm bekundeten eigenen Wahrnehmungen in erheblichem Maße eine Aufklärung des Sachverhalts bewirkt hatten, konnte das Landgericht seine Feststellungen ergänzend auf die durch die Polizeibeamten als mittelbare Zeugen eingeführten Angaben der verdeckten Ermittler stützen.

Die verdeckten Ermittler waren dem Beschwerdeführer zwar nicht namentlich, jedoch persönlich bekannt. Somit hätte der Beschwerdeführer auf Anhaltspunkte, die auf eine voreingenommene oder feindselige Gesinnung dieser Personen hindeuten konnten, in der Hauptverhandlung hinweisen und damit ihre Glaubwürdigkeit in Frage stellen können. Der Beschwerdeführer hätte, auch soweit es das eigentliche Tatgeschehen betrifft, durch entsprechende Anträge auf eine ergänzende Befragung der verdeckten Ermittler durch die als Zeugen vernommenen Polizeibeamten dringen können (vgl. BVerfGE 57, 250 [274]). Die in der Hauptverhandlung vernommenen Polizeibeamten berichteten nicht über Angaben anonymer Personen, sondern über Wahrnehmungen ihnen persönlich bekannter, als verdeckte Ermittler eingesetzter Polizeibeamter. Da die Verurteilung des Beschwerdeführers nicht auf anonymen Quellen beruht, begegnet die Verfahrensweise auch unter Berücksichtigung der Entscheidung des Europäischen Gerichtshofs für Menschenrechte vom 20. 11. 1989 (vgl. StV 1990, S. 481) keinen rechtsstaatlichen Bedenken.

10. Art. 6 III MRK verbietet nicht die Vernehmung von Verhörspersonen verdeckt ermittelnder Polizeizeugen.

MRK Art. 6; StPO § 261 – BGH Urt. v. 20. 11. 1990 – 1 StR 562/90 LG Stuttgart (= StV 1991, 100 = NStZ 1991, 194)

Die Revision rügt, die Strafkammer habe sich nicht um die Vernehmung von drei unmittelbar mit ihm in Kontakt getretenen Zeugen bemüht, sondern sich mit der Anhörung der polizeilichen Verhörspersonen begnügt.

Sachverhalt: Nach den Feststellungen des Landgerichts erklärte sich der Angeklagte gegenüber einem verdeckten Ermittler der belgischen Polizei, bei der er seit längerer Zeit im Verdacht des Kokainhandels stand, bereit, Kokain nach Stuttgart zu liefern. Die belgische Gendarmerie nahm daraufhin mit dem LKA Baden-Württemberg Verbindung auf. Es wurde vereinbart, daß ein Mitarbeiter dieser Behörde gegenüber dem Angeklagten als Scheinaufkäufer auftreten solle. Nach Verhandlungen mit „Sascha", dem verdeckten Ermittler der belgischen Polizei, verbrachte der Angeklagte bei zwei Gelegenheiten zusammen etwa 750 g Kokain nach Deutschland, die er dem Scheinaufkäufer „Winfried" jeweils in Anwesenheit von „Sascha" übergab. Nach der zweiten Übergabe, bei der noch ein „Sozius" von „Winfried" zugegen war, wurde der Angeklagte festgenommen.

Der Angeklagte, der die Einfuhr des Kokains nach Deutschland einräumt, hat in der Hauptverhandlung behauptet, er sei lediglich als Transporteur des Rauschgifts tätig gewesen, woher der Stoff komme, wisse er nicht. „Sascha" habe ihm zunächst von sich aus ein Falschgeldgeschäft vorgeschlagen und ihn schließlich mit dem Transport von Kokain beauftragt, das ihm eines Tages in einer Tüte mit schriftlichen Anweisungen in das Auto geworfen worden sei. Das Geld hierfür habe nach der Lieferung „Sascha" eingesteckt; er selbst habe nichts bekommen.

Diese Einlassung sieht das Landgericht nach Anhörung des Leiters der verdeckten Ermittlung bei der Gendarmerie in Brüssel und des Dezernatsleiters der operativen Ermittlungsgruppe und des Sachbearbeiters bei dem LKA Stuttgart als widerlegt an. – Das Rechtsmittel war erfolglos.

Gründe: Die Verfahrensweise des Landgerichts ist nicht zu beanstanden.

1. Soweit die Revision als Aufklärungsmangel geltend macht, bei einer Vernehmung der drei anonymen Polizeibeamten unter Einsatz optischer und akustischer Verfremdungsmaßnahmen hätte sich die Richtigkeit der Einlassung des Angeklagten ergeben, bestehen schon Bedenken gegen die Zulässigkeit der Rüge, da die Revision nicht vorträgt, daß die verdeckten Ermittler zur Vernehmung unter diesen Umständen von ihrer obersten Dienstbehörde „freigegeben" worden wären. Jedenfalls liegt bei der gegebenen Beweislage kein Aufklärungsversäumnis darin, daß sich die Strafkammer mit der Vernehmung der Verhörspersonen begnügt hat. Entgegen der Meinung der Revision handelt es sich bei ihnen nicht lediglich um mittelbare Zeugen. Vor allem der Zeuge De R. von der belgischen Gendarmerie hat aus eigenem Wissen ausgesagt, er sei von seinem Mitarbeiter „Sascha" über die Kontakte mit dem Angeklagten stets auf dem laufenden gehalten worden; zu den Verkaufstreffs in Stuttgart sei er zusammen mit „Sascha" selbst angereist und habe die Vorgänge bei der Übergabe des Rauschgifts aus der Nähe beobachtet. Die Strafkammer brauchte sich daher nicht gedrängt sehen, auf eine Vernehmung der verdeckten Ermittler hinzuwirken, zumal die Aussichten auf deren „Freigabe" gering waren. Eine Vernehmung der anonymen Polizeibeamten hinter einer spanischen Wand unter Einsatz einer Stimmverzerrung, wie sie die Revision im Auge hat, wäre aus Rechtsgründen nicht möglich gewesen (BGHSt. [GS] 32, 115, 124 [BGH Beschl. v. 17. 10. 1983 – GSSt 1/83; vgl. § 251 StPO erfolgreiche Rügen]). Bei der Vernehmung eines Zeugen gestattet das Gesetz im Rahmen des § 68 StPO lediglich die Geheimhaltung der Personalien (vgl. Senatsurteil vom 5. 4. 1990 = BGHSt. 37, 1 [1 StR 68/90; vgl. § 222 StPO erfolgreiche Rügen, § 246 StPO erfolglose Rügen]).

2. In der Verfahrensweise der Strafkammer liegt auch kein Verstoß gegen Art. 6 Abs. 3d MRK, der dem Angeklagten das Recht garantiert, Fragen an die Belastungszeugen zu stellen oder stellen zu lassen. Der BGH hat in st. Rspr. die Vernehmung von Verhörsbeamten über Angaben anonymer Gewährsleute als zulässig angesehen (BGHSt. 17, 382 [BGH Urt. v. 1. 8. 1962 – 3 StR 28/62; vgl. § 261 StPO erfolglose Rügen]; 33, 178 [BGH Urt. v. 16. 4. 1985 – 5 StR 718/84; vgl. §§ 96, 261 StPO erfolglose Rügen]; BGH NStZ 1982, 433 [BGH Beschl. v. 29. 6. 1982 – 5 StR 125/82; vgl. § 261 StPO erfolgreiche Rügen]; BGHR StPO § 261 Zeuge 2 [BGH Beschl. v. 11. 11. 1987 – 2 StR 575/87; vgl. § 261 StPO erfolgreiche Rügen]) und darin keine Verletzung von Art. 6 MRK erblickt (BGHSt. 17, 382, 388; vgl. auch BGH NStZ 1985, 376, 377 [BGH Urt. v. 23. 1. 1985 – 1 StR 722/84; vgl. § 168c StPO erfolglose Rügen]).

Daran hat sich durch das Urteil des Europäischen Gerichtshofes für Menschenrechte (EGMR) vom 20. 11. 1989 im Fall Kostovski (StV 1990, 481) nichts geändert.

Art. 6 Abs. 3d MRK kann nicht betroffen sein, weil der Angeklagte nicht behauptet, von den dort garantierten Rechten abgeschnitten worden zu sein.

a) Das gilt zunächst für das Recht, Fragen an die Belastungszeugen zu stellen oder stellen zu lassen. Belastungszeugen waren im vorliegenden Fall die Verhörspersonen (vgl. BGHSt. 17, 382). In bezug auf sie macht die Revision nicht geltend, daß die Strafkammer dem Angeklagten das Fragerecht genommen habe. Ebensowenig trägt die Revision vor, es sei dem Angeklagten vom Tatgericht verwehrt worden, an die verdeckten Ermittler Fragen stellen zu lassen. Es kann daher dahingestellt bleiben, ob es sich bei den verdeckten Ermittlern – etwa im Unterschied zu den anonymen Informanten in dem vom EGMR entschiedenen Fall – überhaupt um Zeugen i.S.d. Art. 6 Abs. 3d MRK gehandelt hat.

b) Art. 6 Abs. 3d MRK garantiert dem Angeklagten ferner das Recht, die Ladung und Vernehmung von Entlastungszeugen unter denselben Bedingungen wie die der Belastungszeugen zu erwirken. Als Entlastungszeugen kamen hier die verdeckten Ermittler der Polizei in Betracht. Aber auch in bezug auf sie behauptet die Revision nicht, daß dem Angeklagten dieses Recht versagt worden sei. Sie trägt nicht vor, daß der Angeklagte in der

Hauptverhandlung einen Antrag auf Vernehmung der anonymen Polizeibeamten gestellt und die Strafkammer diesen Antrag abgelehnt hätte. Der vergebliche Versuch, die Ladung und Vernehmung von Entlastungszeugen zu erwirken, wäre aber Voraussetzung für eine Verletzung des in Art. 6 Abs. 3d MRK gewährten Rechts.

3. Die Verfahrensweise des Landgerichts kann – als Ganzes betrachtet – auch nicht unter dem Gesichtspunkt des fair-trial-Grundsatzes (Art. 6 Abs. 1 MRK) beanstandet werden.

In der vorerwähnten Entscheidung vom 20. 11. 1989 hat der EGMR zwar ausgeführt, grundsätzlich müßten alle Beweise in Gegenwart des Angeklagten in öffentlicher Verhandlung in Blickrichtung auf eine kontradiktorische Argumentation erhoben werden. Damit hat er jedoch die Verwertung von anonymen Zeugenaussagen nicht allgemein für unzulässig gehalten, sondern nur dann, wenn die Verteidigungsrechte des Angeklagten nicht gewahrt werden. In der Regel verlangen diese Rechte nach Auffassung des EGMR, daß der Angeklagte eine angemessene und geeignete Gelegenheit erhält, die Glaubwürdigkeit eines gegen ihn aussagenden Zeugen überhaupt in Frage zu stellen und ihn zu befragen. Diese Rechte sah der EGMR aufgrund der besonderen Umstände des Falles als nicht gewahrt an, unter anderem weil der Untersuchungsrichter nur eine der beiden anonymen Personen, deren Identität er nicht kannte, vernommen hatte, obwohl das Gericht der Verurteilung auch die polizeilichen Berichte über die Angaben des anderen Informanten zugrunde gelegt hatte, die Vernehmung in Abwesenheit der Staatsanwaltschaft, des Angeklagten und des Verteidigers stattgefunden hatte und das Ausmaß der Fragen, die der Verteidiger an die anonymen Personen über den Untersuchungsrichter stellen durfte, beschränkt war.

Dem hier zu entscheidenden Fall liegt dagegen ein anderer Sachverhalt zugrunde. Im Gegensatz zu dem vom EGMR entschiedenen Fall waren die Informanten hier Polizeibeamte, die als verdeckte Ermittler ihr unmittelbares Wissen von den Tatvorgängen in dienstlicher Eigenschaft und in dienstlichem Auftrag gewonnen hatten. Bei ihnen besteht schon allgemein eine wesentlich größere Gewähr für die Zuverlässigkeit ihrer Angaben als bei sonstigen Informanten. Die Gefahr, daß der Angeklagte das Opfer ungerechtfertigter Verdächtigungen oder persönlicher Feindschaft wird, ist bei dieser Sachlage im wesentlichen ausgeschaltet. Diese Gefahr war hier weiter dadurch verringert, daß Behörden verschiedener Länder mit Hilfe verdeckter Ermittler zusammenwirkten. Die verdeckten Ermittler waren überdies in ständiger Absprache mit ihren Dienststellen tätig und unterrichteten diese laufend über die maßgeblichen Vorgänge. Der als Zeuge vernommene Leiter der belgischen verdeckten Ermittlung war, wie bemerkt, sogar zu den Verkaufstreffs in Stuttgart zusammen mit dem Ermittler seiner Behörde eingereist und hat die Vorgänge „aus der Nähe beobachten können".

Bei dieser Sachlage kann keine Rede davon sein, daß die Rechte der Verteidigung durch die Vernehmung der Verhörspersonen in unangemessener Weise beschränkt worden sind. Abgesehen von dem allgemeinen Hinweis auf die fehlende Möglichkeit zur Überprüfung der Glaubwürdigkeit der verdeckten Ermittler legt auch die Revision nicht dar, welche rechtlich zulässigen Maßnahmen hier konkret in Betracht gekommen wären.

11. 13 Jahre Verfahrensdauer kein Verfahrenshindernis.

MRK Art. 6 I 1 – BGH Urt. v. 1. 12. 1982 – 2 StR 210/82 LG Köln (= NStZ 1983, 135)

Die Revision rügt, das Verfahren müsse eingestellt werden, weil es zum Zeitpunkt des Urteils bereits 13 Jahre angedauert habe.

Der Sachverhalt ergibt sich aus dem Revisionsvorbringen. – Das Rechtsmittel war erfolglos.

Gründe: ... Ferner vermag der Senat nicht die Auffassung des Beschwerdeführers zu teilen, das Verfahren müsse eingestellt werden, weil es im Urteilszeitpunkt bereits fast 13 Jahre angedauert habe und somit gegen das Gebot der Verfahrensbeschleunigung verstoßen worden sei.

Zwar ist davon auszugehen, daß der Angeklagte in seinem Recht auf Entscheidung innerhalb angemessener Frist (Art. 6 I 1 MRK) verletzt worden ist. Dies hat das Landgericht nicht verkannt. Wie der Senat bereits wiederholt entschieden hat, erwächst aber aus einem solchen Verstoß kein Verfahrenshindernis (BGHSt. 24, 239 f. [BGH Urt. v. 10. 11. 1971 – 2 StR 492/71; vgl. MRK Art. 6 erfolglose Rügen]; BGH Urt. v. 18. 2. 1976 – 2 StR 566/75 und v. 3. 2. 1982 – 2 StR 374/81 [vgl. MRK Art. 6 erfolglose Rügen], NStZ 1982, 291). Jene Vorschrift enthält keine dahin gehende Regelung. Vor allem ist der Begriff des Verfahrenshindernisses durch die Anknüpfung an bestimmte Tatsachen charakterisiert. Bei einer Vernachlässigung des Beschleunigungsgebots fehlt diese Bestimmtheit, da es nach Art. 6 I 1 MRK – anders als im Falle der sog. absoluten Verjährungsfrist (§ 78c III 2 StGB) – nicht auf die Dauer des Verfahrens schlechthin, sondern auf die Angemessenheit oder Unangemessenheit der Verzögerung ankommt. Insoweit bedarf es einer wertenden Betrachtung, bei der insbesondere die Schwere des Tatvorwurfs, der Umfang der Sache und die bei den Ermittlungen auftretenden Schwierigkeiten zu berücksichtigen sind.

Der Ansicht des erkennenden Senats haben sich die anderen Senate des BGH angeschlossen (u.a. BGH, Urt. v. 24. 2. 1977 – 1 StR 554/76; Beschl. v. 25. 10. 1977 – 5 StR 616/77; Urt. v. 24. 11. 1977 – 4 StR 459/77).

12. Überlange Verfahrensdauer kein Verfahrenshindernis, aber bei der Strafzumessung zu berücksichtigen.

MRK Art. 6 I 1 – BGH Urt. v. 3. 2. 1982 – 2 StR 374/81 LG Köln (= NStZ 1982, 291 = StV 1982, 339)

Die Revision rügt, das Verfahren hätte wegen überlanger Verfahrensdauer eingestellt werden müssen.

Sachverhalt: Nach den Feststellungen des Landgerichts gaben die Angeklagten Dr. Karl Heinrich B. und Ki. – zusammen mit Dr. Fritz B. und dem Mitangeklagten Kü. – am 19. 10. 1962 bei den Gepäckaufbewahrungsstellen der Bahnhöfe von Verona und Trient Behältnisse mit Sprengsätzen und Zeitzündervorrichtungen auf. Diese Sprengladungen explodierten. Dabei wurde ein Mensch getötet; mehrere Personen erlitten Verletzungen. Auch entstand erheblicher Sachschaden. Der von den Angeklagten am selben Tage an einer Schule in Bozen abgelegte Sprengsatz wurde dagegen rechtzeitig entdeckt.

Am 27. 4. 1963 verübten die Angeklagten Dr. G. und Kü. zusammen mit Dr. Fritz B. und einer vierten Person in gleicher Weise Sprengstoffanschläge auf die Bahnhöfe von Genua und Mailand sowie auf zwei Tankstellen in Cesano Maderno und Como. Die Sprengladungen in Mailand und Cesano Maderno kamen zur Explosion. In Mailand wurden sieben Personen verletzt. Im übrigen entstand erheblicher Sachschaden. Die Sprengsätze in Genua und Como explodierten nicht.

Das gegen die Angeklagten Dr. B. und Dr. G. gerichtete Verfahren begann, soweit es sich auf die abgeurteilten Taten bezog, bereits im April und Oktober 1964. Der Angeklagte Dr. Karl Heinrich B. wurde am 15. 6. 1966 unter Bekanntgabe des Schuldvorwurfs zur staatsanwaltlichen Vernehmung geladen. Spätestens die Verhaftung der beiden Angeklagten am 20. 7. 1966 setzte die angemessene Frist in Lauf. Bis zur Anklageerhebung am 4. 9. 1976 waren über 10 Jahre, bis zum Erlaß des Urteils am 29. 5. 1980 mehr als 13 Jahre und 10 Monate verstrichen.

Das Landgericht hat die Angeklagten des vollendeten und versuchten Herbeiführens einer Sprengstoffexplosion in mehreren Fällen schuldig gesprochen und zu mehrjährigen Freiheitsstrafen verurteilt. – Das Rechtsmittel war erfolglos.

Gründe: ... Diese Zeitspanne überschreitet – auch bei Berücksichtigung der Besonderheiten des vorliegenden Falles – die angemessene Verfahrensdauer bei weitem. Dabei wird nicht verkannt, daß der Prozeß schwerwiegende Vorwürfe zum Gegenstand hatte, ein außerordentlich umfangreicher Prozeßstoff zu bewältigen war und die Schwierigkeit der Ermittlung – auch angesichts der internationalen Verflechtung des Falles – ein überdurchschnittliches Ausmaß erreichte, zumal wichtige Beweismittel aus dem Ausland beschafft werden mußten. Daß solche Umstände für die Angemessenheit der Frist von maßgeblicher Bedeutung sind, steht außer Frage.

Andererseits ist das Verfahren aber zumindest in der Zeit zwischen den erfolglos gebliebenen Versuchen, den – späteren – Mitangeklagten K. in der DDR vernehmen zu lassen (April 1968) und dessen Abschiebung in die Bundesrepublik Deutschland (Dez. 1974), tatsächlich nicht betrieben worden; die Ermittlungen waren, wie die Staatsanwaltschaft in ihrer Abschlußverfügung vom 25. 8. 1976 vermerkt hat, „auf einem toten Punkt angelangt". Einzuräumen ist freilich, daß die Staatsanwaltschaft dies nicht zu vertreten hat, weil sie – nachdem der Mitangeklagte Dr. Fritz B. ins Ausland geflohen war und der Mitangeklagte Kü. wegen seiner langjährigen Haft in der DDR nicht zur Verfügung stand – keine Möglichkeit mehr besaß, das Verfahren in sinnvoller Weise zu fördern. Dies ändert jedoch nichts daran, daß es gegen Art. 6 MRK verstieß, das Verfahren ohne förmlichen Abschluß mehr als 6 1/2 Jahre ruhen zu lassen. Als deutlich geworden war, daß mit einer weiteren Sachaufklärung in absehbarer Zeit nicht zu rechnen sei, hätte eine verfahrensabschließende Entscheidung – sei es in Form der Anklageerhebung, sei es durch Verfahrenseinstellung – ergehen müssen (§ 170 StPO). Eine andere Beurteilung käme nur dann in Betracht, wenn der mehrjährige Verfahrensstillstand auf das Verhalten der Angeklagten Dr. Karl Heinrich B. und Dr. G. zurückgeführt werden müßte. Dafür fehlt indes jeder Anhaltspunkt. Die lang andauernde Unmöglichkeit weiterer Fortschritte bei der Sachverhaltsermittlung, vor allem bedingt durch die Abwesenheit des späteren Mitangeklagten Kü., ist kein Umstand, der in den Verantwortungsbereich der anderen Angeklagten fiele; er kann dem Anspruch der beiden Angeklagten auf Verfahrensbeendigung binnen angemessener Frist nicht entgegengehalten werden.

Sind demzufolge die Angeklagten Dr. Karl Heinrich B. und Dr. G. durch den über 6 1/4 Jahre währenden Verfahrensstillstand zwischen April 1968 und Dezember 1974 in ihrem Recht auf Entscheidung binnen angemessener Frist (Art. 6 I 1 MRK) verletzt, so folgt daraus jedoch nicht, daß eine Verfahrenseinstellung geboten wäre.

Der Senat hat entschieden, daß aus Art. 6 MKR kein Verfahrenshindernis hergeleitet werden kann (BGHSt. 24, 239 [BGH Urt. v. 10. 11. 1971 – 2 StR 492/71; vgl. Art. 6 MRK erfolglose Rügen]; ebenso: BGH, Urt. v. 18. 2. 1976 – 2 StR 566/75). Dem stehe schon entgegen, daß diese Bestimmung selbst keine Folgen für den Fall ihrer Verletzung vorschreibe. Das Mittel des Verfahrenshindernisses sei seiner Natur nach gänzlich ungeeignet, als gerechter Ausgleich für Benachteiligungen durch überlange Verfahrensdauer zu dienen. Ein Verfahrenshindernis könne immer nur dort eingreifen, wo es an eine bestimmte, für das Verfahren im ganzen erhebliche Tatsache angeknüpft werde. Überdies komme es nicht auf die Verfahrensverzögerung als solche, sondern nur auf deren Angemessenheit oder Unangemessenheit, also ein Werturteil an, für das die Abwägung zahlreicher personen- und sachbezogener Umstände – wie etwa Schwere der Tat und Schwierigkeit der Ermittlung – maßgebend sei. Eine dem Beschleunigungsgebot zuwiderlaufende Verfahrensverzögerung könne und müsse dagegen im Rahmen der Strafzumessung berücksichtigt werden.

An dieser Rechtsprechung ist festzuhalten. Ihr haben sich die anderen Senate des BGH angeschlossen (vgl. BGH, Urt. v. 24. 2. 1977 – 1 StR 554/76; Beschl. v. 25. 10. 1977 – 5 StR 616/77; Urt. v. 24. 11. 1977 – 4 StR 459/77).

13. Die überlange Verfahrensdauer ist kein Verfahrenshindernis.
MRK Art. 6 – BGH Urt. v. 10. 11. 1971 – 2 StR 492/71 LG Mainz (= BGHSt. 24, 239 = NJW 1972, 1243)

Die Revision rügt, das Verfahren hätte eingestellt werden müssen, weil es zu lange gedauert hat.

Der Sachverhalt ist nicht bekannt. – Das Rechtsmittel war erfolglos.

Gründe: Zuzugeben ist der Revision allerdings, daß die ungewöhnlich lange Dauer des Verfahrens zu einem wesentlichen Teil auf unzulängliche Förderung durch die für seinen Fortgang verantwortlichen Organe zurückgeführt werden muß. Indessen kann der in einer vom Beschwerdeführer angeführten Entscheidung des Landgerichts in Frankfurt/Main (JZ 1971, 234) vertretenen Auffassung, Verstöße gegen das in Art. 6 MRK ausgesprochene Beschleunigungsgebot bewirkten das Entstehen eines Verfahrenshindernisses, nicht gefolgt werden.

Dieser Annahme steht schon entgegen, daß Art. 6 MRK im Gegensatz zu Art. 5 MRK selbst keine Folgen vorschreibt. Außerdem ist mit dem Beschleunigungsgebot dem deutschen Strafverfahrensrecht keine zusätzliche Regelung eingefügt, sondern nur ein Grundsatz bestätigt, welcher bereits vorher und unabhängig hiervon kraft des Rechtsstaatsprinzips (Art. 20 GG) Gültigkeit hatte. Das bedeutet freilich nicht, daß es sich hier um eine Rechtspflicht der Organe der Strafverfolgung handelte, deren Verletzung ganz ohne Folgen zu bleiben hätte. Jedoch ist das Mittel des Verfahrenshindernisses seiner Natur nach gänzlich ungeeignet, als gerechter Ausgleich gegenüber Benachteiligungen dieser Art zu dienen. Es kann immer nur dort eingreifen, wo in sinnvoller Weise an eine bestimmte, für das Verfahren im ganzen uneingeschränkt rechtserhebliche Tatsache angeknüpft werden kann, wie dies etwa beim Ablauf einer Frist, beim Vorliegen einer förmlichen konstitutiven Erklärung und bei der Zugehörigkeit zu einer Körperschaft der Fall ist. Eine Vernachlässigung des Beschleunigungsgebots ist jedoch für sich keine Tatsache, welche in diesem Sinne der Eigenart des Prozeßhindernisses gemäß sein könnte. Überdies kommt es nicht auf die Verfahrensverzögerung schlechthin, sondern nur auf die Angemessenheit oder die Unangemessenheit der Verzögerung an, also auf ein Werturteil, für das die Abwägung zahlreicher personen- oder sachbezogener Umstände wie Schwere der Tat, Schwierigkeit der Ermittlung, Empfindlichkeit des Betroffenen erheblich wäre.

Zudem kann die Interessenlage des betroffenen Beschuldigten nicht außer Betracht bleiben. Nur der Unschuldige, dem der nicht nachweisbar Schuldige gleichsteht, empfindet unangemessene Verzögerung des Verfahrens immer als Belastung, da es ihm darauf ankommt, sobald wie möglich von dem kränkenden Vorwurf befreit zu sein. Aber gerade ihm ist nicht mit der die Dinge im Ungewissen belassenden Verfahrenseinstellung, sondern nur mit dem Freispruch gedient. Es wäre eine abwegige Folgerung aus dem Rechtsstaatsprinzip, wenn nur dem, der in den Genuß eines zügig abgewickelten Verfahrens gelangt, die Genugtuung des Freispruchs zuteil werden könnte.

Indessen zeigt sich die Untauglichkeit eines aus unangemessener Verzögerung gewonnenen Verfahrenshindernisses auch auf der Seite des schuldigen Betroffenen. Hier ist von vornherein die Besonderheit zu verzeichnen, daß Verfahrensverzögerungen nicht unter allen Umständen den Beschuldigten belasten, sondern daß er sie häufig sogar erstrebt oder doch gern hinnimmt, weil damit seine Aussicht wachsen kann, eine günstigere Beweislage zu gewinnen, in den Genuß einer Gesetzesänderung, einer Amnestie oder einer Verfolgungsverjährung zu gelangen, zum mindesten aber den Zeitablauf als begünstigenden Faktor bei der Strafzumessung auf seiner Seite zu haben. Es kann ihm aus solchen Gründen durchaus erwünscht sein, den Abschluß des Verfahrens immer weiter hinausgeschoben zu sehen. Daß in derartigen Fällen ein Abbruch des Verfahrens als Folge der Verschleppung fehl am Platze wäre, liegt auf der Hand. Faßt man aber die Fälle ins Auge, in denen die unangemessene Verfahrensdauer für den Beschuldigten zu einer sachlichen oder psychischen Belastung führt und er demzufolge seinen Anspruch aus Art. 6 MRK selbst als ernstlich verletzt ansieht, so bleibt auch hier die Verfahrenseinstellung ein unbrauchbares Mittel des Ausgleichs. Denn die Entscheidung für oder gegen sie ist gleichbedeutend mit einem Alles oder Nichts und durchschneidet damit willkürlich die Abstufungen, die sich bei der Abwägung der für die Frage der Angemessenheit in Betracht kommenden Gesichtspunkte ergeben.

Erkennt man an, daß zu diesen Gesichtspunkten die persönliche Belastbarkeit des Beschuldigten gehört, so stößt man hier überdies auf die besondere Schwierigkeit, daß bei zwei mit demselben sachlichen Vorwurf belasteten Personen in gleicher Verfahrenslage dieser Gesichtspunkt den Ausschlag dafür geben könnte, daß dem einen weiterhin der Prozeß gemacht wird, während der andere in den Genuß vollständiger Verschonung gelangt – ein sicher untragbares Ergebnis. Will man dem Maß der Schuld oder Tatbeteiligung Bedeutung beimessen, so kommen Gesichtspunkte zur Geltung, die ohne abschließende Hauptverhandlung nur auf der Grundlage eines mehr oder weniger erheblichen Verdachts, also im Widerstreit zu der das Verfahren bis zu seinem Abschluß durch das Sachurteil beherrschenden Unschuldsvermutung, gewonnen werden könnten. Damit würde aber Rechtsstaatwidriges in Erwägungen einfließen, die gerade zur Begründung einer im Sinne der Bewährung des Rechtsstaats gedachten Rechtsfolge dienen sollen.

Nach alledem ist nicht Verfahrenseinstellung, sondern Berücksichtigung bei der Strafzumessung das geeignete Mittel, mit dem einer Verletzung des Anspruchs des schuldigen Angeklagten auf schleunige Abwicklung des Strafverfahrens Rechnung zu tragen ist. Erst im Augenblick des Sachurteils stehen Schuldmaß und Schuldumfang fest, um als sichere Kriterien für die Frage der Zumutbarkeit von Verzögerungen herangezogen werden zu können. Desgleichen kann keine Verletzung des Gleichheitsgrundsatzes darin liegen, daß die unterschiedliche psychische oder körperliche Empfänglichkeit für aus Verfahrensverzögerungen erwachsene Belastungen bei der Bemessung der Strafe Beachtung findet. Alles in allem können die graduellen Unterschiede und Abstufungen, die sich bei der Bewertung der Verzögerung ergeben, volle Beachtung finden. Es besteht kein Zwang zum Entweder – Oder.

Der Spielraum, den das Gesetz gewährt, reicht aus, um unangemessenen Verzögerungen des Verfahrens auf dem Wege über die Strafzumessung Rechnung zu tragen. Das kann in den vom Gesetz vorgesehenen Fällen (z.B. §§ 139, 158, 173, 311b, 316a StGB) bis zum völligen Absehen von Strafe gehen. Bei Vergehen kann das Verfahren nach § 153 StPO eingestellt werden. Bei Verbrechen wird regelmäßig die Möglichkeit des Zurückgehens auf die gesetzliche Mindeststrafe ausreichend sein. Besonders schwere Verstöße der Strafverfolgungsorgane gegen die Pflicht zur schleunigen Durchführung von Verfahren, mögen sie nun aus dem Versagen bestimmter Amtspersonen oder aus der Unzulänglichkeit der Hilfsmittel zu erklären sein, sind überdies immer legitime Grundlage eines ausgleichenden Gnadenerweises.

Nur auf diesem Wege könnte auch der absoluten Verjährung nach § 78c Abs. 2 StGB in der Fassung des am 1. 10. 1973 in Kraft tretenden 2. Strafrechtsreformgesetzes (BGBl. 1969 I 717) im voraus Rechnung getragen werden. Schon jetzt aus dieser künftigen Vorschrift eine Unzulässigkeit des Verfahrens abzuleiten, wäre abwegig.

Die Entscheidung des 1. Strafsenats in BGHSt. 21, 81[1] steht dem hier gewonnenen Ergebnis nicht entgegen. Sie stimmt vielmehr in ihrer grundsätzlichen Linie mit dem oben Aus-

---

[1] BGH Urt. v. 12. 7. 1966 – 1 StR 199/66: „Eine Verletzung des Rechts des Angeklagten auf alsbaldige und schnelle Verhandlung hat nicht ohne weiteres die Unzulässigkeit des Strafverfahrens zur Folge."

geführten überein. Wenn sie bei der beiläufigen Erörterung der Folgen eines Verstoßes gegen den Beschleunigungsgrundsatz nach Art. 6 MRK die Verneinung einer daraus abgeleiteten Unzuverlässigkeit des Verfahrens durch die Worte „nicht ohne weiteres" einschränkte, so sollte damit nur die vorgreifliche Beantwortung einer für die Entscheidung unerheblichen Frage vermieden, nicht aber die Möglichkeit der Entstehung eines Verfahrenshindernisses im Grundsatz bejaht werden.

gefertigt, mögen Weg und Ziel der bei uns im Promotion des letzten Jahre Vorgänger sein, zu den diesbezüglichen Arbeiten in der DDR. Die Verfasser können sich dabei durchaus, ja es ist wünschenswert, auch die Worte nicht bloße weiterer ergänzende, sowie auch andere fachgerechte Beantwortung eher für die Einschätzung unschädlichen bleiben Sein und Sportzugehörigkeit der Inhaltung einer feinen recomendijueso sein toimeren können.

Fundstellenverzeichnis*

Datum	Gericht	Aktenzeichen	Fundstellen	Abdruck bei §(§) + = erfolgreiche Rüge – = erfolglose Rüge	Druckanmerkung
12. 2. 1880	RG	I. 217/80	RGSt 1, 207	52 –	abgedruckt als Fußnote bei 29. 10. 1991 – 1 StR 334/90
5. 7. 1880	RG	I. 1771/80	RGSt 2, 192	52 +	abgedruckt als Fußnote bei 14. 10. 1959 – 2 StR 249/59
1. 11. 1881	RG	I. 2453/81	RGSt 5, 143	252 +	abgedruckt als Fußnote bei 15. 1. 1952 – 1 StR 341/51
9. 5. 1882	RG	II. 989/82	RGSt 6, 279	60 +	
7. 12. 1882	RG	I. 2876/82	RGSt 7, 331	60 +	abgedruckt als Fußnote bei 9. 1. 1957 – 4 StR 523/56
24. 9. 1883	RG	III. 2203/83	RGSt 9, 69	258 +	abgedruckt als Fußnote bei 8. 8. 1967 – 1 StR 279/67
2. 5. 1884	RG	Rep. 941/84	RGSt 10, 375	252 +	
3. 7. 1884	RG	III. 1523/84	RGSt 11, 29	60 +	abgedruckt als Fußnote bei 7. 6. 1951 – 3 StR 299/51
5. 1. 1885	RG	III. 3048/84	RGSt 11, 391	251 +	abgedruckt als Fußnote bei 5. 6. 1951 – 1 StR 129/51
24. 3. 1885	RG	IV. 547/85	RGSt 12, 122	60 +	abgedruckt als Fußnote bei 11. 12. 1951 – 1 StR 493/51
17. 4. 1885	RG	IV. 656/85	RGSt 12, 143	52 –	abgedruckt als Fußnote bei 29. 10. 1991 – 1 StR 334/90
24. 6. 1885	RG	IV. 1405/85	RGSt 12, 335	244 III S. 2 Var. 6 +	abgedruckt als Fußnote bei 3. 8. 1966 – 2 StR 242/66
19. 11. 1885	RG	II. 2844/85	RGSt 13, 151	244 III S. 2 Var. 6 +	abgedruckt als Fußnote bei 3. 8. 1966 – 2 StR 242/66
31. 3. 1887	RG	III. 631/87	RGSt 15, 409	251 +	abgedruckt als Fußnote bei 5. 6. 1951 – 1 StR 129/51
15. 11. 1887	RG	II. 2410/87	RGSt 16, 327/332	244 III S. 2 Var. 1 –	abgedruckt als Fußnote bei 14. 7. 1954 – 6 StR 180/54
1. 5. 1888	RG	II. 894/88	RGSt 17, 315	244 III S. 2 Var. 6 +; 244 III S. 2 Var. 6 –	abgedruckt als Fußnote bei 3. 8. 1966 – 2 StR 242/66 u. 10. 4. 1953 – 1 StR 145/53
5. 11. 1889	RG	IV. 2087/89	RGSt 20, 60	60 +	abgedruckt als Fußnote bei 25. 10. 1968 – 4 StR 412/68
5. 12. 1889	RG	I. 2980/89	RGSt 20, 163	61 +; 60 +	abgedruckt als Fußnote bei 23. 1. 1951 – 1 StR 35/50 u. 24. 11. 1964 – 1 StR 439/64
17. 1. 1890	RG	IV. 3339/89	RGSt 20, 186	55 –	abgedruckt als Fußnote bei 27. 2. 1951 – 1 StR 14/51
24. 1. 1890	RG	Rep. 3337/89	RGSt 20, 206	244 III S. 2 Var. 6 +	abgedruckt als Fußnote bei 3. 8. 1966 – 2 StR 242/66
9. 7. 1891	RG	I. 1889/91	RGSt 22, 99	60 –; 244 III–VI –	abgedruckt als Fußnote bei 28. 11. 1997 – 3 StR 114/97
13. 6. 1892	RG	III. [gg. H]	GA 40 (1892), 158	34 –	abgedruckt als Fußnote bei 13. 12. 1960 – 1 StR 389/60
21. 4. 1893	RG	II. 814/93	RGSt 24, 130	60 +	abgedruckt als Fußnote bei 11. 12. 1951 – 1 StR 493/51
25. 9. 1893	RG	III. 2597/93	RGSt 24, 250	44 –	abgedruckt als Fußnote bei 21. 2. 1951 – 1 StR 5/51
16. 2. 1894	RG	II. 4751/93	RGSt 25, 125	256 –	abgedruckt als Fußnote bei 4. 4. 1951 – 1 StR 54/51
3. 7. 1894	RG	IV. 2081/94	RGSt 26, 32	256 –	abgedruckt als Fußnote bei 4. 4. 1951 – 1 StR 54/51
31. 1. 1895	RG	III. 4689/94	RGSt 27, 95/97	244 III–VI –	abgedruckt als Fußnote bei 6. 7. 1993 – 5 StR 279/93

* Diese Sammlung berücksichtigt Entscheidungen bis einschließlich 31. 1. 2002.

Fundstellenverzeichnis

Datum	Gericht	Aktenzeichen	Fundstellen	Abdruck bei §(§) + = erfolgreiche Rüge – = erfolglose Rüge	Druckanmerkung
7. 2. 1895	RG	I. 39/95	RGSt 27, 3	260 –	abgedruckt als Fußnote bei 24. 7. 1990 – 5 StR 221/89
13. 12. 1895	RG	IV. 4723/95	RGSt 28, 111	60 –	abgedruckt als Fußnote bei 22. 12. 1955 – 1 StR 381/55
11. 2. 1896	RG	Rep. 4531/96	RGSt 29, 236	22 –	abgedruckt als Fußnote bei 7. 12. 1993 – 5 StR 171/93
19. 1. 1897	RG	II. 102/97	RGSt 29, 351	52 +; 252 +; 81c +	abgedruckt als Fußnote bei 14. 10. 1959 – 2 StR 249/59
28. 4. 1898	RG	III. 1371/98	RGSt 31, 135	251 –; 244 II –	abgedruckt als Fußnote bei 8. 12. 1953 – 5 StR 264/53 u. 9. 12. 1960 – 4 StR 443/60
8./15. 5. 1899	RG	I. 1479/98	RGSt 32, 157	52 +	
6. 7. 1900	RG	II. 2102/00	RGSt 33, 350	52 –	abgedruckt als Fußnote bei 12. 2. 1974 – 1 StR 535/73
9. 10. 1900	RG	II. 3579/00	RGSt 33, 393	60 +	abgedruckt als Fußnote bei 25. 10. 1968 – 4 StR 412/68
18. 10. 1901	RG	IV. 3094/01	RGSt 34, 396	251 –; 244 II –	abgedruckt als Fußnote bei 21. 7. 1971 – 2 StR 199/71 u. 9. 12. 1960 – 4 StR 443/60
15. 5. 1902	RG	I. 1725/02	RGSt 35, 247	252 +	abgedruckt als Fußnote bei 20. 3. 1990 – 1 StR 693/89
21. 11. 1902	RG	IV. 5241/02	RGSt 35, 433	258 +	abgedruckt als Fußnote bei 28. 2. 1956 – 5 StR 609/55
10. 7. 1903	RG	IV. 3144/03	RG DR 1903 Nr. 2524	258 +	abgedruckt als Fußnote bei 9. 1. 1953 – 1 StR 623/52
12. 9. 1903	RG	Feriensenat 4085/03	RG DR 1903 Nr. 2526	251 +	abgedruckt als Fußnote bei 8. 3. 1968 – 4 StR 615/67
31. 5. 1907	RG	V. 241/07	RGSt 40, 189	251 +	abgedruckt als Fußnote bei 5. 6. 1951 – 1 StR 129/51
14. 2. 1908	RG	V. V988/07	RGSt 41, 108	2 –	abgedruckt als Fußnote bei 27. 4. 1989 – 1 StR 632/88
2. 4. 1908	RG	I. 140/08	RGSt 41, 216	251 –	abgedruckt als Fußnote bei 21. 6. 1956 – 3 StR 158/56
9. 10. 1908	RG	V. 455/08	RGSt 42, 1	244 III S. 1 –	abgedruckt als Fußnote bei 24. 5. 1955 – 2 StR 6/55
1. 12. 1908	RG	V. 750/08	RGSt 42, 85	260 +; 260 +; 260 –	abgedruckt als Fußnote bei 14. 7. 1971 – 3 StR 73/71 u. 29. 11. 1963 – 4 StR 352/36 u. 24. 7. 1990 – 5 StR 221/89
16. 3. 1909	RG	II. 1232/08	RGSt 42, 248	60 +	abgedruckt als Fußnote bei 7. 6. 1951 – 3 StR 299/51
1. 9. 1909	RG	III. 856/08	RGSt 42, 133	3 +	abgedruckt als Fußnote bei 25. 8. 1987 – 1 StR 493/51
27. 10. 1909	RG	II. 2997/03	GA 51, 49	60 +	abgedruckt als Fußnote bei 11. 12. 1951 – 1 StR 493/51
13. 12. 1910	RG	IV. 1193/10	RGSt 44, 172	60 +	abgedruckt als Fußnote bei 9. 1. 1957 – 4 StR 523/56
7. 1. 1911	RG	II. 950/10	RGSt 44, 255	60 +	abgedruckt als Fußnote bei 25. 10. 1968 – 4 StR 412/68
5. 11. 1912	RG	V. 1249/12	JW 1913, 163	244 III S. 2 Var. 3 +	
28. 11. 1911	RG	V. 1111/11	GA 59 (1912), 454	34 –	abgedruckt als Fußnote bei 13. 12. 1960 – 1 StR 389/60
14. 12. 1911	RG	I. 1075/11	DR 1912 Nr. 348	69 +	abgedruckt als Fußnote bei 8. 1. 1940 – II 844/39
30. 3. 1912	RG	I. 178/12	RGSt 46, 50	251 +	abgedruckt als Fußnote bei 5. 6. 1951 – 1 StR 129/51
6. 12. 1912	RG	II. 445/12	RGSt 46, 383/386	244 III S. 2 Var. 5 –	abgedruckt als Fußnote bei 30. 10. 1959 – 1 StR 432/59
18. 3. 1913	RG	V. 738/12	RGSt 47, 100/105	244 III S. 2 Var. 3 –	abgedruckt als Fußnote bei 17. 9. 1982 – 2 StR 139/82

Datum	Gericht	Aktenzeichen	Fundstellen	Abdruck bei §(§) + = erfolgreiche Rüge – = erfolglose Rüge	Druckanmerkung
3. 6. 1913	RG	II. 87/13	RGSt 47, 195	52 +	abgedruckt als Fußnote bei 23. 1. 1963 – 2 StR 534/62
8. 7. 1913	RG	IV. 524/13	RGSt 47, 286	52 –	abgedruckt als Fußnote bei 27. 1. 1956 – 2 StR 446/55
28. 1. 1914	RG	II. 281/14	RGSt 48, 119	2 –	abgedruckt als Fußnote bei 27. 4. 1989 – 1 StR 632/88
16. 5. 1914	RG	V. 507/14	RGSt 48, 269	55 –	abgedruckt als Fußnote bei 21. 1. 1958 – GSSt 4/57 u. 27. 2. 1951 – 1 StR 14/51
26. 1. 1917	RG	IV. 818/16	RGSt 51, 3	244 III S. 2 Var. 7 +	abgedruckt als Fußnote bei 26. 1. 1982 – 1 StR 802/81
30. 9. 1918	RG	III. 313/18	RGSt 53, 106	251 –	abgedruckt als Fußnote bei 21. 6. 1956 – 3 StR 158/56
2. 7. 1919	RG	V. 634/17	RGSt 54, 110	258 +	abgedruckt als Fußnote bei 28. 2. 1956 – 5 StR 609/55
4. 7. 1919	RG	IV. 44/19	RGSt 53, 286	44 +	abgedruckt als Fußnote bei 21. 12. 1972 – 1 StR 267/72
3. 11. 1919	RG	I. 418/19	RGSt 54, 39	53 +; 56 +	abgedruckt als Fußnote bei 20. 7. 1990 – StB 10/90 u. 30. 5. 1972 – 4 StR 180/72
9. 4. 1920	RG	IV. 1174/19	RGSt 54, 297	57 –; 253 –	abgedruckt als Fußnote bei 23. 9. 1952 – 1 StR 750/51
5. 7. 1920	RG	III. 473/20	RGSt 55, 1	244 II –	abgedruckt als Fußnote bei 9. 12. 1960 – 4 StR 443/60
21. 12. 1920	RG	II. 1214/20	RGSt 55, 129/131	244 III–VI –	abgedruckt als Fußnote bei 20. 1. 1959 – 1 StR 518/58
14. 1. 1921	RG	IV. 1575/20	RGSt 55, 223	254 – u. 338 Nr. 6 –	abgedruckt als Fußnote bei 6. 10. 1976 – 3 StR 291/76
8. 2. 1921	RG	IV. 1201/20	RGSt 55, 233	60 +; 60 –; 244 III–VI –	abgedruckt als Fußnote bei 23. 4. 1953 – 4 StR 635/52 u. 28. 11. 1997 – 3 StR 114/97
13. 5. 1921	RG	IV. 238/21	RGSt 56, 94	59 +	abgedruckt als Fußnote bei 29. 3. 1955 – 2 StR 406/54
14. 1. 1922	RG	3 D 1292/21	JW 1922, 1031	60 +	abgedruckt als Fußnote bei 20. 9. 1955 – 5 StR 183/55
3. 2. 1922	RG	IV. 1473/21	RGSt 56, 427	52 –	abgedruckt als Fußnote bei 27. 1. 1956 – 2 StR 446/55
7. 2. 1922	RG	4 D 1385/21	JW 1923, 689	244 III S. 2 Var. 6 –	abgedruckt als Fußnote bei 10. 4. 1953 – 1 StR 145/53
11. 2. 1922	RG	I. 812/21	RGSt 57, 53	44 +	abgedruckt als Fußnote bei 21. 12. 1972 – 1 StR 267/72
23. 3. 1922	RG	VI. 1778/21	RGSt 57, 29	70 –	abgedruckt als Fußnote bei 14. 5. 1968 – 1 StR 552/67
3. 4. 1922	RG	II. 129.130/22	RGSt 57, 44	61 –	abgedruckt als Fußnote bei 18. 5. 1951 – 1 StR 173/51
12. 5. 1922	RG	I. 1628/21	RGSt 57, 63	53 –; 252 –; 53 +	abgedruckt als Fußnote bei 20. 11. 1962 – 5 StR 426/62 u. 7. 5. 1996 – 4 StR 737/95 u. 28. 10. 1960 – 4 StR 375/60
20. 10. 1922	RG	IV. 758/22	RGSt 57, 83	44 –	abgedruckt als Fußnote bei 21. 2. 1951 – 1 StR 5/51
8. 12. 1922	RG	I. 878/22	RGSt 57, 165	244 VI –	abgedruckt als Fußnote bei 16. 6. 1983 – 2 StR 837/82
5. 1. 1923	RG	IV. 559/22	RGSt 57, 186	60 +	abgedruckt als Fußnote bei 7. 6. 1951 – 3 StR 299/51
18. 11. 1924	RG	I. 856/24	RGSt 58, 378/380	244 IV –	abgedruckt als Fußnote bei 14. 6. 1960 – 1 StR 73/60
13. 3. 1925	RG	I. 46/25	RGSt 59, 144	57 –; 253 –	abgedruckt als Fußnote bei 23. 9. 1952 – 1 StR 750/51
2. 4. 1925	RG	II. 150/25	RGSt 59, 166	60 +	abgedruckt als Fußnote bei 11. 12. 1951 – 1 StR 493/51
10. 11. 1925	RG	I. 513/25	RGSt 59, 409	23 –	abgedruckt als Fußnote bei 26. 1. 1971 – 2 BvR 443/69
13. 11. 1925	RG	I. 512/25	RGSt 59, 419	44 –	abgedruckt als Fußnote bei 17. 1. 1962 – 4 StR 392/61

Fundstellenverzeichnis

Datum	Gericht	Aktenzeichen	Fundstellen	Abdruck bei §(§) + = erfolgreiche Rüge – = erfolglose Rüge	Druckanmerkung
16. 11. 1925	RG	II. 419/25	RGSt 59, 420	244 III S. 2 Var. 6 +	abgedruckt als Fußnote bei 3. 8. 1966 – 2 StR 242/66
29. 6. 1926	RG	I. 367/26	RGSt 60, 297	244 III S. 2 Var. 1 –	abgedruckt als Fußnote bei 14. 7. 1954 – 6 StR 180/54
8. 11. 1926	RG	III. 577/26	RGSt 61, 9	57 –; 253 –	abgedruckt als Fußnote bei 23. 9. 1952 – 1 StR 750/51
6. 12. 1926	RG	II. 920/26	RGSt 61, 72	68a –; 254 –	abgedruckt als Fußnote bei 2. 10. 1951 – 1 StR 421/51
3. 6. 1927	RG	I. 499/27	RGSt 61, 317	258 +	abgedruckt als Fußnote bei 9. 1. 1953 – 1 StR 623/52
28. 6. 1927	RG	1 D 395/27	JW 1927, 2706	244 VI –	abgedruckt als Fußnote bei 16. 6. 1983 – 2 StR 837/82
7. 7. 1927	RG	II. 536/27	RGSt 61, 359	244 III S. 2 Var. 7 +	abgedruckt als Fußnote bei 13. 10. 1953 – 1 StR 102/53
27. 9. 1927	RG	II. 198/28	RGSt 62, 259	252 +	abgedruckt als Fußnote bei 3. 2. 1955 – 4 StR 582/54
28. 2. 1925	RG	I. 83/28	JW 1928, 2718	44 –	abgedruckt als Fußnote bei 21. 2. 1951 – 1 StR 5/51
30. 4. 1928	RG	II. 1144/27	RGSt 62, 147	69 –; 69 +	abgedruckt als Fußnote bei 16. 12. 1952 – 1 StR 575/52 u. 8. 1. 1940 – II 844/39
1. 10. 1928	RG	II. 206/28	RGSt 62, 262	260 +	abgedruckt als Fußnote bei 24. 9. 1954 – 2 StR 598/53
21. 11. 1929	RG	III. 996/29	RGSt 63, 329/331	244 IV –; 244 III S. 2 Var. 2 –	abgedruckt als Fußnote bei 14. 6. 1960 – 1 StR 73/60 u. 23. 8. 1963 – 2 StR 266/63
28. 11. 1929	RG	III. 883/29	JW 1930, 760	258 +	abgedruckt als Fußnote bei 9. 1. 1953 – 1 StR 623/52
10. 1. 1930	RG	1 D 1297/29	RG JW 1930, 926	244 III S. 2 Var. 2 –	abgedruckt als Fußnote bei 23. 8. 1963 – 2 StR 266/63
30. 1. 1930	RG	II. 655/29	RGSt 63, 408/411 f.	244 III S. 2 Var. 7 +; 244 VI +	abgedruckt als Fußnote bei 13. 10. 1953 – 1 StR 102/53 u. 19. 6. 1952 – 3 StR 40/52
18. 2. 1930	RG	I. 146/30	RGSt 64, 14	35a –	abgedruckt als Fußnote bei 29. 11. 1983 – 4 StR 681/83
16. 5. 1930	RG	I. 1266/29	RGSt 64, 160	244 IV +	abgedruckt als Fußnote bei 11. 11. 1959 – 2 StR 471/59
17. 6. 1930	RG	1 D 617/30	JW 1931, 2817	60 +; 60 +	abgedruckt als Fußnote bei 25. 10. 1968 – 4 StR 412/68 u. 24. 11. 1964 – 1 StR 439/64
12. 9. 1930	RG	Feriensenat I 950/30	RGSt 64, 296	60 +	abgedruckt als Fußnote bei 10. 1. 1968 – 5 StR 375/68
16. 10. 1930	RG	II. 536/30	RGSt 64, 377	60 +	abgedruckt als Fußnote bei 9. 1. 1957 – 4 StR 523/56
6. 11. 1930	RG	II. 859/30	RGSt 64, 432	244 III S. 2 Var. 6 +	abgedruckt als Fußnote bei 3. 8. 1966 – 2 StR 242/66
8. 12. 1930	RG	II. 827/13	RGSt 65, 40	23 –	abgedruckt als Fußnote bei 26. 1. 1971 – 2 BvR 443/69
9. 12. 1930	RG	1 D 1200/30	JW 1931, 1815	244 III S. 2 Var. 7 +	
13. 1. 1931	RG	1 D 1245/30	JW 1931, 1610 f.	244 VI –	abgedruckt als Fußnote bei 16. 6. 1983 – 2 StR 837/82
2. 2. 1931	RG	2 D 684/30	JW 1931, 949	244 IV +	abgedruckt als Fußnote bei 21. 4. 1987 – 1 StR 77/87
3. 2. 1931	RG	I. 1235/30	JW 1931, 950	258 +	abgedruckt als Fußnote bei 9. 1. 1953 – 1 StR 623/52
12. 2. 1931	RG	II. 986/30	RGSt 65, 150	260 +	abgedruckt als Fußnote bei 24. 9. 1954 – 2 StR 598/53
24. 3. 1931	RG	1 D 21/31	JW 1931, 2818	244 III S. 2 Var. 6 –	abgedruckt als Fußnote bei 10. 4. 1953 – 1 StR 145/53
14. 4. 1931	RG	1 D 242/31	JW 1931, 2495 Nr. 22	244 III S. 2 Var. 7 +	abgedruckt als Fußnote bei 26. 1. 1982 – 1 StR 802/81
20. 4. 1931	RG	3 D 186/31	JW 1931, 2813	244 III S. 2 Var. 3 –	abgedruckt als Fußnote bei 17. 9. 1982 – 2 StR 139/82
27. 10. 1932	RG	II. 1072/32	HRR 1933 Nr. 262	252 +	abgedruckt als Fußnote bei 3. 2. 1955 – 4 StR 582/54

Fundstellenverzeichnis

Datum	Gericht	Aktenzeichen	Fundstellen	Abdruck bei §(§) + = erfolgreiche Rüge − = erfolglose Rüge	Druckanmerkung
18. 5.1933	RG	II. 427/33	JW 1933, 1591 Nr. 12	258 +	abgedruckt als Fußnote bei 8. 8.1967 − 1 StR 279/67
9.10.1933	RG	II. 391/33	RGSt 67, 315	55 −	abgedruckt als Fußnote bei 15. 1.1957 − 5 StR 390/56
23.10.1933	RG	II. 474/33	RGSt 67, 417	264 +	
17.11.1933	RG	I. 793/36	RGSt 71, 21	53 −	abgedruckt als Fußnote bei 12. 1.1956 − 3 StR 195/55
26. 2.1934	RG	3 D 1483/33	RGSt 68, 88/89	244 III S. 2 Var. 6 +	abgedruckt als Fußnote bei 3. 8.1966 − 2 StR 242/66
19. 2.1935	RG	IV. 4723/95	RGSt 28, 111	60 −	abgedruckt als Fußnote bei 22.12.1955 − 1 StR 381/55
4. 3.1935	RG	III. 1289/34	JW 1935, 1636	44 −	abgedruckt als Fußnote bei 21. 2.1951 − 1 StR 5/51
26. 6.1935	RG	VI. 14/35	JW 1935, 2979	252 +	abgedruckt als Fußnote bei 25. 3.1980 − 5 StR 36/80
			RGSt 68, 327	§ 246a	
9. 7.1935	RG	IV. 631/35	RGSt 69, 263	60 −	abgedruckt als Fußnote bei 21. 4.1986 − 2 StR 731/85
24. 3.1936	RG	1 D 980/35	RGSt 70, 193	260 −	abgedruckt als Fußnote bei 13.10.1959 − 1 StR 57/59
7. 4.1936	RG	I. 1033/35	RGSt 70, 186	44 +	abgedruckt als Fußnote bei 21.12.1972 − 1 StR 267/72
17.11.1936	RG	I. 793/36	RGSt 71, 21	53 −	abgedruckt als Fußnote bei 12. 1.1956 − 3 StR 195/55
5. 4.1937	RG	VI.Zivilsenat B 5/37	JW 1937, 1663	53 −	abgedruckt als Fußnote bei 8. 1.1987 − 1 StR 381/86
11. 4.1938	RG	3 D 219/38	RGSt 72, 155	62 −	abgedruckt als Fußnote bei 3. 6.1961 − 1 StR 155/61
23. 5.1938	RG	2 D 232/38	RGSt 72, 219	60 +; 60 −	abgedruckt als Fußnote bei 23. 4.1953 − 4 StR 635/52 u. 15.10.1985 − 1 StR 338/85
16. 6.1938	RG	2 D 172/38	RGSt 72, 250	74 +	abgedruckt als Fußnote bei 20. 7.1965 − 5 StR 241/65
24.10.1938	RG	2 D 538/38	HRR 1939 Nr. 294	260 +	abgedruckt als Fußnote bei 24. 9.1954 − 2 StR 598/53
2. 3.1939	RG	5 D 972/38	RGSt 73, 121/122f.	244 II −	abgedruckt als Fußnote bei 23.10.1990 − 1 StR 414/90
31. 3.1939	RG	4 D 188/39	HRR 1939 Nr. 817	244 III S. 2 Var. 7 +	abgedruckt als Fußnote bei 11. 7.1984 − 2 StR 320/84
			RGSt 71, 377	6 −	
8. 1.1940	RG	II. 844/39	RGSt 74, 35	69 +	
2. 4.1940	RG	IV. 151/40	RGSt 74, 139	338 Nr. 4 −, 338 Nr. 5 +	abgedruckt als Fußnote bei 2.10.1951 − 1 StR 434/51
23. 5.1940	RG	3 D 247/40	RGSt 74, 206	260 +	abgedruckt als Fußnote bei 24. 5.1954 − 2 StR 598/53
13. 3.1941	RG	2 D 408/40	RGSt 75, 165/68	244 VI +	abgedruckt als Fußnote bei 10. 5.1983 − 5 StR 221/83
16.10.1941	RG	2 D 419/41	HRR 1942 Nr. 466	63 +	abgedruckt als Fußnote bei 27. 1.1951 − 1 StR 14/51
5.10.1942	RG	3 D 449/42	DR 1943, 84 Nr. 23	244 III S. 2 Var. 2 −	abgedruckt als Fußnote bei 23. 8.1963 − 2 StR 266/63
30. 9.1943	RG	II. 155/43	RGSt 77, 203	60 −	abgedruckt als Fußnote bei 24. 9.1953 − 3 StR 228/53
21.11.1950	BGH	3 StR 16/50	NJW 1951, 120 f.	244 VI −	abgedruckt als Fußnote bei 21.10.1994 − 2 StR 328/94
28.11.1950	BGH	2 StR 50/50	BGHSt. 1, 4	GVG 185 −	
9. 1.1951	BGH	4 StR 42/50	NJW 1951, 206	260 +; 258 −	abgedruckt als Fußnote bei 29.11.1963 − 4 StR 352/63 u. 15.11.1968 − 4 StR 190/68
23. 1.1951	BGH	1 StR 35/50	BGHSt. 1, 8; NJW 1951, 411; MDR 1951, 242	61 +	

4437

Fundstellenverzeichnis

Datum	Gericht	Aktenzeichen	Fundstellen	Abdruck bei §(§) + = erfolgreiche Rüge − = erfolglose Rüge	Druckanmerkung
23. 1. 1951	BGH	1 StR 37/50	BGHSt. 1, 29; LM Nr. 1 zu § 244 Abs. 3 StPO	244 III S. 2 Var. 6 −	
30. 1. 1951	BGH	1 StR 28/50	MDR 1951, 275 b. Dallbeiger	244 VI −	abgedruckt als Fußnote bei 24. 9. 1990 − 4 StR 384/90
9. 2. 1951	BGH	4 StR 49/50	NJW 1951, 325	267 −	
9. 2. 1951	BGH	2 StR 5/51	NJW 1951, 325	61 −	
9. 2. 1951	BGH	3 StR 48/50	BGHSt. 1, 34; NJW 1951, 323	338 Nr. 3 +	
13. 2. 1951	BGH	1 StR 47/50	NJW 1951, 283	244 II −	
21. 2. 1951	BGH	1 StR 5/51	BGHSt. 1, 44	44 −	
27. 2. 1951	BGH	1 StR 14/51	BGHSt. 1, 39; NJW 1951, 368; JR 1951, 349; JZ 1951, 275; MDR 1951, 309	55 −	
6. 3. 1951	BGH	2 StR 20/51	LM StPO Nr. 3 zu § 61 Nr. 3	61 −	abgedruckt als Fußnote bei 8. 5. 1951 − 1 StR 113/51
6. 3. 1951	BGH	1 StR 68/50	BGHSt. 1, 51	219 +	
4. 4. 1951	BGH	1 StR 54/51	BGHSt. 1, 94	256 −	
5. 4. 1951	BGH	4 StR 113/50	BGHSt. 1, 103	250 −	
6. 4. 1951	BGH	2 StR 84/51	LM Nr. 2 zu § 244 Abs. 3 StPO	244 III−VI +	abgedruckt als Fußnote bei 31. 3. 1989 − 3 StR 486/88 u. 19. 12. 1986 − 2 StR 324/86
10. 4. 1951	BGH	1 StR 88/51	BGHSt. 1, 105	267 −	
4. 5. 1951	BGH	4 StR 216/51	BGHSt. 1, 137; NJW 1961, 573	244 III S. 2 Var. 7 +	
8. 5. 1951	BGH	1 StR 168/51	BGHSt. 2, 250; NJW 1951, 726	265 −	
8. 5. 1951	BGH	1 StR 113/51	BGHSt. 1, 216; NJW 1951, 810	61 −	
18. 5. 1951	BGH	1 StR 173/51	BGHSt. 1, 175; NJW 1951, 671; JZ 1951, 660	61 −	
31. 5. 1951	BGH	3 StR 106/51	BGHSt. 1, 259	274 −; 247 −	
5. 6. 1951	BGH	1 StR 129/51	BGHSt. 1, 219	251 +	
7. 6. 1951	BGH	3 StR 299/51	BGHSt. 1, 360	60 +	
7. 6. 1951	BGH	4 StR 29/51	BGHSt. 1, 284	222 −; 224 −	
12. 6. 1951	BGH	1 StR 102/51	BGHSt. 1, 231	260 +	abgedruckt als Fußnote bei 9. 1. 1990 − 5 StR 601/89
26. 6. 1951	BGH	1 StR 238/51	BGHSt. 1, 269	251 +	
5. 7. 1951	BGH	4 StR 281/51	BGHSt. 1, 286; JZ 1951, 725	219 −	
10. 7. 1951	BGH	2 StR 278/51	BGHSt. 1, 265	338 Nr. 1 +	
13. 7. 1951	BGH	2 StR 299/51	BGHSt. 1, 274	338 Nr. 1 −	
26. 7. 1951	BGH	2 StR 251/51	BGHSt. 1, 298	338 Nr. 2 −	
30. 8. 1951	BGH	3 StR 494/51	BGHSt. 1, 342	267 −	
25. 9. 1951	BGH	1 StR 390/51	BGHSt. 1, 322; JZ 1952, 43	338 Nr. 8 −	
25. 9. 1951	BGH	1 StR 464/51	BGHSt. 1, 334; NJW 1952, 153	338 Nr 6 +	
27. 9. 1951	BGH	3 StR 596/51	BGHSt. 2, 85; NJW 1952, 434; MDR 1952, 244	265 +	
2. 10. 1951	BGH	1 StR 421/51	BGHSt. 1, 337	68a −; 254 −	
2. 10. 1951	BGH	1 StR 434/51	BGHSt. 1, 346; NJW 1952, 192; MDR 1952, 117	338 Nr. 4 −; 338 Nr. 5 −	
4. 10. 1951	BGH	3 StR 160/51	NJW 1952, 74	62 −	abgedruckt als Fußnote bei 3. 6. 1961 − 1 StR 155/61
4. 10. 1951	BGH	3 StR 552/51	MDR 1952, 18 b. Dallbeiger	244 III−VI +	abgedruckt als Fußnote bei 21. 6. 1995 − 2 StR 67/95
4. 10. 1951	BGH	4 StR 500/51	LM StPO § 302 Abs. 2	302 −	abgedruckt bei 25. 1. 1952 − 2 StR 3/52 u. 25. 1. 1952 − 2 StR 3/52
12. 10. 1951	BGH	2 StR 393/51	NJW 1952, 151	62 −	abgedruckt als Fußnote bei 3. 6. 1961 − 1 StR 155/61
18. 10. 1951	BGH	3 StR 736/51	NJW 1952, 556	252 −	abgedruckt als Fußnote bei 2. 4. 1958 − 2 StR 96/58

Fundstellenverzeichnis

Datum	Gericht	Aktenzeichen	Fundstellen	Abdruck bei §(§) + = erfolgreiche Rüge − = erfolglose Rüge	Druckanmerkung
18. 10. 1951	BGH	3 StR 513/51	BGHSt. 2, 77	345 +	
30. 10. 1951	BGH	1 StR 67/51	BGHSt. 1, 373; NJW 1952, 153	252 +	
30. 10. 1951	BGH	1 StR 393/51	BGHSt. 1, 376; NJW 1962, 152	136a −	
30. 10. 1951	BGH	1 StR 363/51	BGHSt. 1, 387; NJW 1952, 152	136a −	
6. 11. 1951	BGH	1 StR 466/51	LM StPO § 268	268 −	
23. 11. 1951	BGH	2 StR 491/51	BGHSt. 2, 14; NJW 1952, 354	338 Nr. 1 −	
4. 12. 1951	BGH	1 StR 594/51	NJW 1952, 354	28 −	
4. 12. 1951	BGH	1 StR 530/51	BGHSt. 2, 25	78 −	
5. 12. 1951	BGH	4 StR 946/51	NJW 1952, 273	302 −	
6. 12. 1951	BGH	3 StR 961/51	bisher nicht veröffentlicht	207 −	abgedruckt als Fußnote bei 18. 5. 1980 − 1 StR 213/79
11. 12. 1951	BGH	1 StR 493/51	NJW 1952, 273	60 +	
12. 12. 1951	BGH	3 StR 691/51	BGHSt. 2, 63	335 +	
13. 12. 1951	BGH	3 StR 683/51	BGHSt. 2, 71; NJW 1952, 395	338 Nr. 1 +	
19. 12. 1951	BGH	3 StR 575/51	BGHSt. 2, 125; NJW 1952, 432	274 +	
21. 12. 1951	BGH	2 StR 480/51	BGHSt. 2, 56; NJW 1952, 153	338 Nr. 6 +	
15. 1. 1952	BGH	1 StR 341/51	BGHSt. 2, 99; NJW 1952, 356	252 +	
22. 1. 1952	BGH	1 StR 800/51	BGHSt. 2, 110; NJW 1952, 556	252 +	
25. 1. 1952	BGH	2 StR 3/52	BGHSt. 2, 41	302 −	
29. 1. 1952	BGH	1 StR 545/51	bisher nicht veröffentlicht	249 −	
12. 2. 1952	BGH	1 StR 658/51	LM StGB § 211	265 +	abgedruckt als Fußnote bei 27. 5. 1952 − 1 StR 160/52
14. 2. 1952	BGH	5 StR 13/52	bisher nicht veröffentlicht	244 II +	
21. 2. 1952	BGH	4 StR 933/51	bisher nicht veröffentlicht	207 −; 265 −	abgedruckt als Fußnote in 15. 10. 1979 − AnwSt (R) 3/79 u. 8. 2. 1961 − 2 StR 622/60
29. 2. 1952	BGH	1 StR 631/51	BGHSt. 2, 163; NJW 1952, 554	244 IV +	
29. 2. 1952	BGH	2 StR 112/50	BGHSt. 2, 168	344 −	
1. 4. 1952	BGH	2 StR 13/52	BGHSt. 2, 248; NJW 1952, 675	267 −	
1. 4. 1952	BGH	2 StR 754/51	BGHSt. 2, 269; NJW 1952, 673	261 −	
17. 4. 1952	BGH	4 StR 210/51	bisher nicht veröffentlicht	338 Nr. 6 −	
17. 4. 1952	BGH	4 StR 1032/51	bisher nicht veröffentlicht	261 −	abgedruckt als Fußnote bei 28. 7. 1967 − 4 StR 243/67
22. 4. 1952	BGH	1 StR 96/52	BGHSt. 2, 284; NJW 1952, 714	241 +	
22. 4. 1952	BGH	1 StR 622/51	BGHSt. 2, 300	338 Nr. 5 −	
6. 5. 1952	BGH	1 StR 784/51	NJW 1952, 797	268 −	
8. 5. 1952	BGH	3 StR 1199/51	BGHSt. 2, 351	261 +	
20. 5. 1952	BGH	1 StR 76/52	bisher nicht veröffentlicht	217 −	abgedruckt als Fußnote bei 18. 5. 1971 − 3 StR 10/71
23. 5. 1952	BGH	2 StR 20/52	BGHSt. 3, 210	403 +	
27. 5. 1952	BGH	1 StR 160/52	BGHSt. 2, 371; NJW 1952, 899	265 +	
29. 5. 1952	BGH	5 StR 419/52	LM StPO Nr. 2 zu § 68 a	60 +	abgedruckt als Fußnote bei 17. 5. 2000 − 2 StR 460/99
10. 6. 1952	BGH	1 StR 827/51	BGHSt. 3, 13	410 +	
11. 6. 1952	BGH	3 StR 233/51	BGHSt. 3, 134; NJW 1952, 1148	12 −	
13. 6. 1952	BGH	2 StR 259/52	BGHSt. 3, 52; NJW 1952, 1064	244 IV −	
19. 6. 1952	BGH	3 StR 40/52	bisher nicht vollständig veröffentlicht	244 VI +	MDR 1952, 659 b. Dallbeiger
24. 6. 1952	BGH	1 StR 130/52	BGHSt. 3, 27; NJW 1952, 899	244 IV +	

Fundstellenverzeichnis

Datum	Gericht	Aktenzeichen	Fundstellen	Abdruck bei §(§) + = erfolgreiche Rüge – = erfolglose Rüge	Druckanmerkung
26. 6. 1952	BGH	2 StR 56/52	BGHSt. 3, 30; NJW 1952, 983	265 +	
26. 6. 1952	BGH	5 StR 382/52	BGHSt. 3, 73	158 +	
4. 7. 1952	BGH	2 StR 213/52	BGHSt. 3, 46	302 –	
8. 7. 1952	BGH	2 StR 269/52	bisher nicht ver- öffentlicht	250 +	
10. 7. 1952	BGH	5 StR 324/52	NJW 1952, 1102	60 +	
8. 8. 1952	BGH	1 StR 334/52	NJW 1952, 1149	22 +	
12. 8. 1952	BGH	4 StR 219/51	NJW 1952, 1146	60 +	auch abgedruckt als Fuß- note bei BGHSt. 43, 321 u. 1. 12. 1993 – 2 StR 443/93
15. 8. 1952	BGH	3 StR 267/52	BGHSt. 3, 149	52 +	
21. 8. 1952	BGH	5 StR 79/52	NJW 1952, 1426	251 –	
4. 9. 1952	BGH	5 StR 525/52	NJW 1952, 1385	265 +	
12. 9. 1952	BGH	1 StR 349/52	BGHSt. 3, 175	338 Nr. 1 +	
18. 9. 1952	BGH	3 StR 374/52	BGHSt. 3, 169; NJW 1952, 1343	244 IV –	
18. 9. 1952	BGH	5 StR 314/52	bisher nicht ver- öffentlicht	61 –	
23. 9. 1952	BGH	1 StR 750/51	BGHSt. 3, 199; NJW 1953, 192	57 –; 253 –	
30. 9. 1952	BGH	2 StR 675/51	BGHSt. 3, 179; NJW 1952, 1306	267 +	
2. 10. 1952	BGH	3 StR 83/52	BGHSt. 3, 187; NJW 1952, 1306; JZ 1953, 44	338 Nr. 5 +	
2. 10. 1952	BGH	3 StR 488/52	BGHSt. 3, 206	251 –	
2. 10. 1952	BGH	3 StR 389/52	BGHSt. 3, 218	267 +	
2. 10. 1952	BGH	5 StR 623/52	BGHSt. 3, 229	61 –	
14. 10. 1952	BGH	2 StR 306/52	BGHSt. 3, 213; NJW 1952, 1386	244 VI +	
21. 10. 1952	BGH	1 StR 287/52	NJW 1953, 35; JZ 1953, 121	69 +	
23. 10. 1952	BGH	5 StR 480/52	BGHSt. 3, 245; NJW 1954, 730	268 –	
6. 11. 1952	BGH	3 StR 1114/51	NJW 1953, 155	268 +	
11. 11. 1952	BGH	1 StR 465/52	BGHSt. 3, 281; NJW 1953, 115	253 –	
11. 11. 1952	BGH	1 StR 484/52	BGHSt. 3, 285; NJW 1953, 114	338 Nr. 5 –	
9. 12. 1952	BGH	1 StR 518/52	BGHSt. 3, 327	338 Nr. 8 +	
11. 12. 1952	BGH	3 StR 69/52	BGHSt. 3, 377	261 –	
16. 12. 1952	BGH	1 StR 575/52	NJW 1953, 231	69 –	
16. 12. 1952	BGH	1 StR 528/52	BGHSt. 3, 344	338 Nr. 6 –	
18. 12. 1952	BGH	4 StR 700/52	NJW 1953, 273	2 –	abgedruckt als Fußnote bei 27. 4. 1989 – 1 StR 632/88
6. 1. 1953	BGH	2 StR 162/52	BGHSt. 3, 353; NJW 1953, 353; JZ 1953, 243	338 Nr. 1 +	
9. 1. 1953	BGH	1 StR 623/52	BGHSt. 3, 368; NJW 1953, 673; JZ 1953, 186; MDR 1953, 247	258 +	
9. 1. 1953	BGH	1 StR 620/52	BGHSt. 3, 384; NJW 1953, 515	247 –	
20. 1. 1953	BGH	1 StR 626/52	BGHSt. 3, 386; NJW 1953, 712	338 Nr. 6 –	
5. 3. 1953	BGH	5 StR 290/52	MDR 1954, 400	251 –	abgedruckt als Fußnote bei 26. 5. 1981 – 2 BvR 215/81
5. 3. 1953	BGH	5 StR 676/52	NJW 1953, 836	237 –	
15. 3. 1953	BGH	5 StR 17/53	NJW 1953, 1402	60 +	abgedruckt als Fußnote bei 25. 10. 1968 – 4 StR 412/ 68
10. 4. 1953	BGH	1 StR 145/53	NJW 1953, 1314	244 III S. 2 Var. 6 –	
23. 4. 1953	BGH	5 StR 69/53	bisher nicht voll- ständig veröf- fentlicht	55 –	MDR 1953, 402 b. Dallbei- ger
23. 4. 1953	BGH	4 StR 635/52	BGHSt. 4, 130; NJW 1953, 915; MDR 1953, 436	60 +	

Fundstellenverzeichnis

Datum	Gericht	Aktenzeichen	Fundstellen	Abdruck bei §(§) + = erfolgreiche Rüge − = erfolglose Rüge	Druckanmerkung
23. 4. 1953	BGH	4 StR 667/52	BGHSt. 4, 155; NJW 1953, 1234	250 +	
28. 4. 1953	BGH	5 StR 136/53	BGHSt. 4, 191; NJW 1953, 1115; JZ 1953, 670	338 Nr. 1 −	
30. 4. 1953	BGH	3 StR 364/52	BGHSt. 4, 221	338 Nr. 6 −	abgedruckt als Fußnote bei 24. 9. 1953 − 3 StR 228/53
30. 4. 1953	BGH	3 StR 12/53	BGHSt. 4, 140; NJW 1953, 996	67 +	
30. 4. 1953	BGH	4 StR 90/53	BGHSt. 4, 157	358 +	
7. 5. 1953	BGH	5 StR 934/52	BGHSt. 5, 290; NJW 1953, 1114	136a +	
7. 5. 1953	BGH	5 StR 340/52	BGHSt. 4, 202; NJW 1953, 1273; JR 1953, 347	61 −	
8. 5. 1953	BGH	2 StR 690/52	BGHSt. 4, 205; NJW 1953, 1233	149 +	
13. 5. 1953	BGH	5 StR 640/52	BGHSt. 4, 207	GVG 121 +	
15. 5. 1953	BGH	5 StR 17/53	BGHSt. 4, 255; NJW 1953, 1402	60 +	
19. 5. 1953	BGH	2 StR 445/52	BGHSt. 4, 208	338 Nr. 3 −	
19. 5. 1953	BGH	1 StR 116/53	bisher nicht veröffentlicht	338 Nr. 5 −	
20. 5. 1953	BGH	4 ARs 30/53	BGHSt. 4, 152	4 +	abgedruckt als Fußnote bei 18. 1. 1990 − 4 StR 616/89
21. 5. 1953	BGH	3 StR 9/53	GA 1954, 152	261 +	
21. 5. 1953	BGH	3 StR 564/52	bisher nicht veröffentlicht	233 −	abgedruckt als Fußnote bei 30. 1. 1959 − 1 StR 510/58
22. 5. 1953	BGH	2 StR 539/52	BGHSt. 4, 279; NJW 1953, 1442; JZ 1953, 674	338 Nr. 6 +	
28. 5. 1953	BGH	4 StR 148/53	BGHSt. 4, 217; NJW 1953, 1193; MDR 1953, 567	63 +	
16. 6. 1953	BGH	1 StR 508/52	BGHSt. 5, 5; NJW 1953, 1926	268 −	
16. 6. 1953	BGH	1 StR 809/52	BGHSt. 5, 34; NJW 1954, 83	261+	
18. 6. 1953	BGH	5 StR 184/53	LM Nr. 9 zu § 244 Abs. 3 StPO	244 III S. 2 Var. 5 +	abgedruckt als Fußnote bei 15. 12. 1981 − 1 StR 733/81
19. 6. 1953	BGH	2 StR 145/53	bisher nicht veröffentlicht	410 +	abgedruckt als Fußnote bei 16. 5. 1973 − 2 StR 497/72
25. 6. 1953	BGH	4 StR 108/53	NJW 1953, 1522	251 +; 244 III S. 2 Var. 5 +; 244 III S. 2 Var. 5 +	abgedruckt als Fußnote bei 6. 5. 1997 − 4 StR 169/97 u. 30. 10. 1981 − 3 StR 334/81 u. 29. 10. 1980 − 3 StR 335/80
9. 7. 1953	BGH	5 StR 282/53	BGHSt. 4, 264; NJW 1953, 1358	338 Nr. 3 +	
9. 7. 1953	BGH	5 StR 127/53	bisher nicht veröffentlicht	338 Nr. 3 −	abgedruckt als Fußnote bei 10. 11. 1967 − 4 StR 512/66
10. 9. 1953	BGH	1 StR 310/53	bisher nicht veröffentlicht	53 −	
17. 9. 1953	BGH	4 StR 791/52	BGHSt. 4, 325	81+	
22. 9. 1953	BGH	5 StR 331/53	BGHSt. 4, 340	267 +	
24. 9. 1953	BGH	3 StR 228/53	BGHSt. 4, 368; NJW 1953, 1925	60 −	
29. 9. 1953	BGH	2 StR 246/52	bisher nicht veröffentlicht	237 −	
8. 10. 1953	BGH	5 StR 245/53	BGHSt. 4, 364; NJW 1953, 1925	274 +; 338 Nr. 5 +	
8. 10. 1953	BGH	5 StR 249/53	NJW 1953, 1801	338 Nr. 1 −	
13. 10. 1953	BGH	1 StR 102/53	bisher nicht veröffentlicht	244 III S. 2 Var. 7 +	
22. 10. 1953	BGH	1 StR 66/53	BGHSt. 5, 153	338 Nr. 3 −	
23. 10. 1953	BGH	2 StR 188/53	bisher nicht veröffentlicht	338 Nr. 2 −	abgedruckt als Fußnote bei 16. 10. 1980 − StB 29, 30, 31/80

Fundstellenverzeichnis

Datum	Gericht	Aktenzeichen	Fundstellen	Abdruck bei §(§) + = erfolgreiche Rüge – = erfolglose Rüge	Druckanmerkung
3. 11. 1953	BGH	1 StR 438/53	bisher nicht veröffentlicht	217 –	abgedruckt als Fußnote bei 18. 5. 1971 – 3 StR 10/71
3. 11. 1953	BGH	5 StR 333/53	BGHSt. 5, 73; NJW 1954, 82	338 Nr. 1 +	
5. 11. 1953	BGH	3 StR 504/53	BGHSt. 5, 168	244 IV –	
10. 11. 1953	BGH	5 StR 445/53	BGHSt. 5, 75; NJW 1954, 281	338 Nr. 6 +	
10. 11. 1953	BGH	1 StR 324/53	BGHSt. 5, 85; NJW 1954, 203; JZ 1954, 357	61 +	
12. 11. 1953	BGH	3 StR 435/53	BGHSt. 5, 183	296 +	
17. 11. 1953	BGH	5 StR 266/53	NJW 1954, 204	252 –	abgedruckt als Fußnote bei 14. 3. 1967 – 5 StR 540/66
20. 11. 1953	BGH	2 StR 467/53	BGHSt. 5, 132; NJW 1954, 323	81c –	
20. 11. 1953	BGH	1 StR 279/53	BGHSt. 5, 338; NJW 1954, 765	335 +	
8. 12. 1953	BGH	5 StR 252/53	BGHSt. 5, 143; NJW 1954, 283	267 –	
8. 12. 1953	BGH	5 StR 264/53	BGHSt. 5, 214	251 –	
10. 12. 1953	BGH	3 StR 620/53	BGHSt. 5, 267	296 –	abgedruckt als Fußnote bei 24. 11. 1961 – 1 StR 140/61
10. 12. 1953	BGH	4 StR 435/53	LM § 42 m StGB, § 111a StPO	250 +	abgedruckt als Fußnote bei 7. 6. 1956 – 3 StR 136/56
15. 12. 1953	BGH	5 StR 294/53	BGHSt. 5, 225; NJW 1954, 1009	207 –	
18. 12. 1953	BVerfG	1 BvR 230/51	BVerfGE 3, 248	410 –	
5. 1. 1954	BGH	1 StR 476/53	BGHSt. 5, 261	250 +	
12. 1. 1954	BGH	5 StR 668/53	BGHSt. 5, 278; NJW 1954, 361	249 –	
14. 1. 1954	BGH	3 StR 642/53	BGHSt. 5, 381	2 –	abgedruckt als Fußnote bei 27. 4. 1989 – 1 StR 632/88
15. 1. 1954	BGH	5 StR 703/53	NJW 1954, 360	200 +	
19. 1. 1954	BGH	5 StR 569/53	MDR 1954, 310	246a –	
21. 1. 1954	BGH	5 StR 825/52	bisher nicht veröffentlicht	338 Nr. 1 +; 338 Nr. 3 –	abgedruckt als Fußnote bei 12. 12. 1962 – 3 StR 495/62 u. 13. 2. 1973 – 1 StR 541/72
26. 1. 1954	BGH	5 StR 357/53	bisher nicht veröffentlicht	260 –	abgedruckt als Fußnote bei 24. 7. 1990 – 5 StR 221/89
29. 1. 1954	BGH	1 StR 329/53	BGHSt. 5, 294; NJW 1954, 650	274 –	
2. 2. 1954	BGH	1 StR 613/53	bisher nicht veröffentlicht	241 –	abgedruckt als Fußnote bei 29. 9. 1959 – 1 StR 375/59
16. 2. 1954	BGH	1 StR 578/53	BGHSt. 5, 332; NJW 1954, 649	136a +	
18. 2. 1954	BGH	3 StR 824/53	BGHSt. 5, 350	260 +	
23. 2. 1954	BGH	1 StR 674/53	bisher nicht veröffentlicht	274 –	abgedruckt als Fußnote bei 10. 4. 1962 – 1 StR 125/62
5. 3. 1954	BGH	5 StR 661/53	BGHSt. 5, 354; NJW 1954, 932	338 Nr. 1 –	
18. 3. 1954	BGH	3 StR 87/53	BGHSt. 6, 70; NJW 1954, 1336	261+	
24. 3. 1954	BGH	6 StR 87/54	bisher nicht veröffentlicht	338 Nr. 4 –	abgedruckt als Fußnote bei 22. 12. 1959 – 3 StR 40/59
26. 3. 1954	BGH	5 StR 28/54	VRS 6, 354/355	244 III–VI –; 244 III S. 1 –	abgedruckt als Fußnote bei 17. 2. 1987 – 5 StR 552/86 u. 18. 9. 1990 – 5 StR 184/90
6. 4. 1954	BGH	5 StR 89/54	BGHSt. 6, 117	Archiv	
7. 4. 1954	BGH	6 StR 22/54	bisher nicht veröffentlicht	338 Nr. 4 –	abgedruckt als Fußnote bei 22. 12. 1959 – 3 StR 40/59
8. 4. 1954	BGH	3 StR 725/53	BGHSt. 6, 279; NJW 1954, 1496	254 +	
8. 4. 1954	BGH	4 StR 866/53	bisher nicht veröffentlicht	245 –	
9. 4. 1954	BGH	2 StR 601/53	bisher nicht veröffentlicht	33 –	
23. 4. 1954	BGH	5 StR 68/54	GA 1954, 222	251 +	abgedruckt als Fußnote bei 8. 3. 1968 – 4 StR 615/67

Datum	Gericht	Aktenzeichen	Fundstellen	Abdruck bei §(§) + = erfolgreiche Rüge − = erfolglose Rüge	Druckanmerkung
5. 5. 1954	BGH	1 StR 25/54	BGHSt. 6, 122	410 −	
7. 5. 1954	BGH	2 StR 27/54	BGHSt. 6, 128; NJW 1954, 1336	244 III−VI −	
18. 5. 1954	BGH	5 StR 653/53	BGHSt. 6, 141; NJW 1954, 1497	249 +	
15. 6. 1954	BGH	1 StR 697/53	NJW 1954, 1655 Nr. 1	60 +	abgedruckt als Fußnote bei 17. 9. 1963 − 1 StR 300/63
25. 6. 1954	BGH	2 StR 269/53	bisher nicht veröffentlicht	338 Nr. 5 −	
30. 6. 1954	BGH	6 StR 172/54	BGHSt. 6, 209; NJW 1954, 1415	250 −	
13. 7. 1954	BGH	1 StR 736/53	LM UnedMetG § 18	261 −	abgedruckt als Fußnote bei 5. 2. 1963 − 1 StR 265/62
14. 7. 1954	BGH	6 StR 180/54	BGHSt. 6, 292; NJW 1954, 1656	244 III S. 2 Var. 1 −	
15. 7. 1954	BGH	2 StR 199/54	BGHSt. 6, 289	245 +	
11. 8. 1954	BVerfG	2 BvK 2/54	BVerfGE 4, 31	43 +	abgedruckt als Fußnote bei 30. 8. 1969 − 3 StR 195/89
12. 8. 1954	BGH	4 StR 268/54	bisher nicht veröffentlicht	250 −	
9. 9. 1954	BGH	4 StR 223/54	GA 1954, 374	251 +	abgedruckt als Fußnote bei 5. 12. 1984 − 2 StR 526/84
24. 9. 1954	BGH	2 StR 598/53	BGHSt. 6, 304	260 +	
28. 9. 1954	BGH	1 StR 247/54	bisher nicht veröffentlicht	338 Nr. 1 −	abgedruckt als Fußnote bei 22. 11. 1957 − 4 StR 497/57
28. 9. 1954	BGH	5 StR 275/53	BGHSt. 7, 23; NJW 1955, 152; JZ 1955, 170	338 Nr. 1 +	
5. 10. 1954	BGH	2 StR 194/54	BGHSt. 6, 326; NJW 1954, 1855	JGG 43 −	
12. 10. 1954	BGH	5 StR 335/54	BGHSt. 6, 354	JGG 38 +	
19. 10. 1954	BGH	2 StR 651/53	BGHSt. 6, 382; NJW 1955, 31	60 −	
26. 10. 1954	BGH	2 StR 558/53	BGHSt. 6, 375	260 +	
28. 10. 1954	BGH	3 StR 466/54	BGHSt. 7, 15	251 −	
2. 11. 1954	BGH	5 StR 492/54	BGHSt. 7, 26; NJW 1955, 273; JZ 1955, 219; MDR 1955, 180; JR 1955, 104	338 Nr. 4 +	
3. 11. 1954	BGH	6 StR 236/54	BGHSt. 7, 6; NJW 1955, 112	261 −	
16. 11. 1954	BGH	5 StR 299/54	BGHSt. 7, 69	338 Nr. 5 +	
23. 11. 1954	BGH	5 StR 301/54	BGHSt. 7, 73; NJW 1955, 191; MDR 1955, 244	254 +	
30. 11. 1954	BGH	5 StR 280/54	BGHSt. 7, 75; NJW 1955, 510	267 +	
7. 12. 1954	BGH	2 StR 402/54	BGHSt. 7, 44; NJW 1955, 152	338 Nr. 1 −	
7. 12. 1954	BGH	5 StR 514/54	bisher nicht veröffentlicht	44 −	abgedruckt als Fußnote bei 17. 1. 1962 − 4 StR 392/61
8. 12. 1954	BGH	6 StR 272/54	BGHSt. 7, 64	211 +	
14. 12. 1954	BGH	5 StR 416/54	BGHSt. 7, 82; NJW 1955, 599	244 IV −	
7. 1. 1955	BGH	5 StR 638/54	BGHSt. 7, 86; NJW 1955, 600	358 −	
11. 1. 1955	BGH	1 StR 302/54	LM §§ 26, 74b, 171a f GVG; §§ 48, 109 JGG	267 −	abgedruckt als Fußnote bei 14. 6. 1955 − 2 StR 136/55
18. 1. 1955	BGH	5 StR 499/54	BGHSt. 7, 153; NJW 1955, 639	296 −	
27. 1. 1955	BGH	3 StR 591/54	bisher nicht vollständig veröffentlicht	338 Nr. 3 +	MDR 1955, 270 (Auszüge)
27. 1. 1955	BGH	4 StR 594/54	BGHSt. 7, 101	344 +	
1. 2. 1955	BGH	5 StR 678/54	BGHSt. 7, 162; NJW 1955, 641	344 −	

Fundstellenverzeichnis

Datum	Gericht	Aktenzeichen	Fundstellen	Abdruck bei §(§) + = erfolgreiche Rüge − = erfolglose Rüge	Druckanmerkung
2. 2. 1955	BGH	4 StR 14/55	bisher nicht veröffentlicht	44 +	abgedruckt als Fußnote bei 21. 12. 1972 – 1 StR 267/72
3. 2. 1955	BGH	4 StR 582/54	BGHSt. 7, 194; NJW 1955, 721	252 +	
8. 2. 1955	BGH	2 StR 301/54	LM StPO § 267 StGB § 74	267 −	abgedruckt als Fußnote bei 14. 6. 1955 – 2 StR 136/55
8. 2. 1955	BGH	5 StR 561/54	BGHSt. 7, 205	338 Nr. 1 +	
24. 2. 1955	BGH	3 StR 543/54	BGHSt. 7, 218; NJW 1955, 759	338 Nr. 6 +	
1. 3. 1955	BGH	5 StR 53/55	BGHSt. 7, 256	260 +	abgedruckt als Fußnote bei 9. 1. 1990 – 5 StR 601/89
8. 3. 1955	BGH	5 StR 49/55	BGHSt. 7, 238; NJW 1955, 840; MDR 1955, 362	261+	
29. 3. 1955	BGH	2 StR 406/54	BGHSt. 7, 281; NJW 1955, 957	59 +	
31. 3. 1955	BGH	4 StR 68/55	BGHSt. 7, 283	264 +	
5. 4. 1955	BGH	2 StR 457/54	JZ 1955, 386	247 −	
22. 4. 1955	BGH	5 StR 35/55	BGHSt. 7, 363; NJW 1955, 1688	267 −	
26. 4. 1955	BGH	5 StR 86/55	BGHSt. 8, 113; NJW 1955, 1642	244 IV −	
28. 4. 1955	BGH	4 StR 96/55	GA 1955, 269 ff.	244 IV +	abgedruckt als Fußnote bei 30. 7. 1999 – 1 StR 618/98
24. 5. 1955	BGH	2 StR 6/55	BGHSt. 7, 330; NJW 1955, 1239	244 III S. 1 −	
24. 5. 1955	BGH	5 StR 155/55	bisher nicht veröffentlicht	217 −	abgedruckt als Fußnote bei 12. 3. 1963 – 1 StR 36/63
26. 5. 1955	BGH	4 StR 136/55	bisher nicht veröffentlicht	258 +	abgedruckt als Fußnote bei 13. 4. 1999 – 4 StR 117/99
26. 5. 1955	BGH	3 StR 514/55	MDR 1955, 755	4 +; 3 −	abgedruckt als Fußnote bei 18. 1. 1990 – 4 StR 616/89 u. 19. 1. 1988 – 4 StR 647/87
8. 6. 1955	BGH	3 StR 173/55	bisher nicht veröffentlicht	201 −	abgedruckt als Fußnote bei 3. 12. 1981 – 4 StR 564/81
10. 6. 1955	BGH	1 StR 199/55	bisher nicht veröffentlicht	207 −; 265 +	abgedruckt als Fußnote in 15. 10. 1979 – AnwSt (R) 3/79 u. 8. 5. 1980 – 4 StR 172/80
14. 6. 1955	BGH	2 StR 136/55	BGHSt. 7, 359; NJW 1955, 1159	267 −	
21. 6. 1955	BGH	5 StR 177/55	BGHSt. 8, 17; NJW 1955, 1447	338 Nr. 1 −	
23. 6. 1955	BGH	4 StR 186/55	bisher nicht veröffentlicht	251 +	
28. 6. 1955	BGH	5 StR 646/54	BGHSt. 8, 92; NJW 1955, 1600	265 +	
5. 7. 1955	BGH	5 StR 52/55	bisher nicht veröffentlicht	136a −	
5. 7. 1955	BGH	2 StR 159/55	BGHSt. 8, 76; NJW 1955, 1407	81 −	
5. 7. 1955	BGH	1 StR 195/55	BGHSt. 8, 130; NJW 1955, 1644	244 IV −	
8. 7. 1955	BGH	5 StR 233/55	BGHSt. 8, 144; NJW 55, 1765	81 +	
8. 7. 1955	BGH	5 StR 43/55	BGHSt. 8, 41; NJW 1955, 1367	268 −	
12. 7. 1955	BGH	5 StR 109/55	bisher nicht veröffentlicht	74 +	abgedruckt als Fußnote bei 11. 1. 1963 – 3 StR 52/62
12. 7. 1955	BGH	2 StR 188/55	BGHSt. 8, 78	JGG 49 +	
4. 8. 1955	BGH	2 StR 250/55	BGHSt. 8, 105; NJW 1955, 1526	35a +	
20. 9. 1955	BGH	5 StR 183/55	BGHSt. 8, 155; NJW 1955, 1765	60 −	
29. 9. 1955	BGH	4 StR 247/55	bisher nicht veröffentlicht	265 −	abgedruckt als Fußnote bei 30. 6. 1987 – 1 StR 242/87
29. 9. 1955	BGH	3 StR 463/54	BGHSt. 8, 159	338 Nr. 1 −	

Fundstellenverzeichnis

Datum	Gericht	Aktenzeichen	Fundstellen	Abdruck bei §(§) + = erfolgreiche Rüge – = erfolglose Rüge	Druckanmerkung
11. 10. 1955	BGH	6 StR 289/54	BGHSt. 8, 174; NJW 1955, 1846; JZ 1956, 32	345 +	
13. 10. 1955	BGH	3 StR 322/55	BGHSt. 8, 177; NJW 1955, 1890	244 V S. 1 +	
13. 10. 1955	BGH	4 StR 346/55	LM Nr. 3 zu § 135 GVG	3 –	abgedruckt als Fußnote bei 19. 1. 1988 – 4 StR 647/87
20. 10. 1955	BGH	4 StR 286/55	BGHSt. 8, 250	338 Nr. 1 –	
20. 10. 1955	BGH	4 StR 326/55	BGHSt. 8, 252	338 Nr. 1 +	
1. 11. 1955	BGH	5 StR 186/55	BGHSt. 9, 24; NJW 1956, 557	251 +	
1. 11. 1955	BGH	5 StR 329/55	BGHSt. 8, 226; NJW 1956, 271	74 +	
4. 11. 1955	BGH	2 StR 304/55	MDR 1956, 146	6 –	abgedruckt als Fußnote bei 21. 3. 1967 – 1 StR 60/67
11. 11. 1955	BGH	1 StR 409/55	BGHSt. 8, 269; JZ 1956, 417	260 +	
18. 11. 1955	BGH	5 StR 420/55	MDR 1956, 272 b. Dallbeiger	244 III S. 2 Var. 1 +	abgedruckt als Fußnote bei 15. 10. 1981 – 4 StR 538/81
1. 12. 1955	BGH	3 StR 419/55	BGHSt. 9, 1; NJW 1956, 273	246a +	
9. 12. 1955	BGH	2 StR 348/55	BGHSt. 8, 283; NJW 1956, 354	243 +	
15. 12. 1955	BGH	4 StR 342/55	BGHSt. 8, 349	338 Nr. 4 +	
22. 12. 1955	BGH	1 StR 381/55	BGHSt. 9, 71; NJW 1956, 879	60 –	
10. 1. 1956	BGH	6 StR 11/55	BGHSt. 9, 10; NJW 1956, 600	410 –	
12. 1. 1956	BGH	3 StR 626/54	BGHSt. 9, 203; NJW 1956, 1362	338 Nr. 1 –	
12. 1. 1956	BGH	3 StR 195/55	BGHSt. 9, 59; NJW 1956, 599	53 –	
24. 1. 1956	BGH	1 StR 568/55	BGHSt. 9, 34; NJW 1956, 680	55 –	
27. 1. 1956	BGH	2 StR 446/55	BGHSt. 9, 37	52 –	
28. 2. 1956	BGH	5 StR 609/55	BGHSt. 9, 77	258 +	
29. 2. 1956	BGH	2 StR 25/56	BGHSt. 10, 100; NJW 1956, 680	338 Nr. 4 +	
13. 3. 1956	BGH	2 StR 472/55	BGHSt. 9, 104	JGG 27 +	
20. 3. 1956	BVerfG	1 BvR 479/55	BVerfGE 4, 412	338 Nr. 1+	
12. 4. 1956	BGH	4 StR 56/56	VRS 11 (1956), 436	274 –	
13. 4. 1956	BGH	2 StR 93/56	BGHSt. 9, 190	GG Art. 103 +	
19. 4. 1956	BGH	4 StR 92/56	GA 1956, 384/ 385	244 III S. 2 Var. 4 +	abgedruckt als Fußnote bei 22. 4. 1993 – 1 StR 123/93 und 11. 11. 1981 – 2 StR 596/81
13. 5. 1956	BGH	2 StR 472/55	BGHSt. 9, 104	JGG 27 +	
17. 5. 1956	BGH	4 StR 36/56	BGHSt. 9, 230; NJW 1956, 1367	251 +	
23. 5. 1956	BGH	6 StR 14/56	BGHSt. 9, 280	GVG 169 +	
25. 5. 1956	BGH	2 StR 96/56	BGHSt. 9, 193; NJW 1956, 1246	338 Nr. 2 –	
1. 6. 1956	BGH	2 StR 27/56	BGHSt. 9, 195	52 +	
4. 6. 1956	BGH	2 StR 22/56	BGHSt. 9, 233; NJW 1956, 1246	338 Nr. 2 –	
5. 6. 1956	BGH	5 StR 116/56	bisher nicht ver- öffentlicht	70 –	
7. 6. 1956	BGH	3 StR 136/56	BGHSt. 9, 292; NJW 1956, 1526	250 +	
21. 6. 1956	BGH	3 StR 158/56	BGHSt. 9, 297	251 –	
21. 6. 1956	BGH	3 StR 158/56	BGHSt. 9, 356	234 +	
29. 6. 1956	BGH	2 StR 252/56	BGHSt. 9, 243; NJW 1956, 1366	338 Nr. 5 +	
12. 7. 1956	BGH	4 StR 236/56	BGHSt. 10, 77	252 +	
18. 7. 1956	BGH	6 StR 28/56	BGHSt. 9, 324	264 –	
21. 7. 1956	BGH	3 StR 158/56	BGHSt. 9, 297	251 –	
26. 7. 1956	BGH	4 StR 217/56	VRS 11 (1956), 438	61 –	
20. 9. 1956	BGH	4 StR 287/56	BGHSt. 9, 356	234 –	

Fundstellenverzeichnis

Datum	Gericht	Aktenzeichen	Fundstellen	Abdruck bei §(§) + = erfolgreiche Rüge – = erfolglose Rüge	Druckanmerkung
27. 9. 1956	BGH	3 StR 217/56	BGHSt. 9, 362; NJW 1956, 1807	70 +	
4. 10. 1956	BGH	4 StR 294/56	BGHSt. 9, 367; NJW 1957, 33	338 Nr. 4 –	
8. 10. 1956	BVerfG	1 BvR 205/56	BVerfGE 6, 7	296 –	
18. 10. 1956	BGH	4 StR 278/56	BGHSt. 10, 8	53 –	abgedruckt als Fußnote bei 13. 11. 1997 – 4 StR 404/97
19. 11. 1956	BGH	2 StR 493/56	BGHSt. 10, 116; NJW 1957, 589	244 IV +	
27. 11. 1956	BGH	5 StR 450/56	bisher nicht veröffentlicht	273 –	abgedruckt als Fußnote bei 26. 10. 1965 – 5 StR 405/65
13. 12. 1956	BGH	4 StR 489/56	NJW 1957, 271	231 –	
19. 12. 1956	BGH	4 StR 524/56	BGHSt. 10, 71	343 +	
8. 1. 1957	BGH	5 StR 370/56	MDR 1957, 268 b. Dallbeiger	244 VI +	abgedruckt als Fußnote bei 10. 5. 1983 – 5 StR 221/83
8. 1. 1957	BGH	5 StR 378/56	BGHSt. 10, 64; NJW 1957, 389	338 Nr. 4 –	
9. 1. 1957	BGH	4 StR 523/56	BGHSt. 10, 65; NJW 1957, 431	60 +	
10. 1. 1957	BGH	2 StR 575/56	BGHSt. 10, 74; NJW 1957, 511	338 Nr. 4 +	
15. 1. 1957	BGH	5 StR 390/56	BGHSt. 10, 104; NJW 1957, 551	55 –	
23. 1. 1957	BGH	2 StR 600/56	BGHSt. 10, 119; NJW 1957, 599	338 Nr. 6 –	
7. 2. 1957	BGH	4 StR 453/56	BGHSt. 10, 109	62 +	
8. 2. 1957	BGH	1 StR 375/56	BGHSt. 10, 202; NJW 1957, 811; JZ 1957, 515; MDR 1957, 433	GVG 169 –; 338 Nr. 8 –	
9. 2. 1957	BGH	2 StR 508/56	BGHSt. 10, 208; NJW 1957, 1039	261 –	
20. 2. 1957	BGH	2 StR 34/57	BGHSt. 10, 145; NJW 1957, 789; JZ 1957, 587; JR 1957, 302	274 +	
21. 2. 1957	BGH	4 StR 582/56	BGHSt. 10, 186; NJW 1957, 918	251 –	
26. 2. 1957	BGH	5 StR 411/56	BGHSt. 10, 137; JR 1957, 384	200 +	
20. 3. 1957	BGH	2 StR 583/56	BGHSt. 10, 174	298 +	
4. 4. 1957	BGH	4 StR 82/57	BGHSt. 10, 179; NJW 1957, 800	338 Nr. 1 +	
11. 4. 1957	BGH	4 StR 482/56	BGHSt. 10, 265	244 III S. 2 Var. 2 –	
3. 5. 1957	BGH	5 StR 52/57	BGHSt. 10, 245; NJW 1957, 1040	302 –	
8. 5. 1957	BGH	2 StR 174/57	BGHSt. 10, 252	338 Nr. 1 +	
14. 5. 1957	BGH	5 StR 145/57	BGHSt. 10, 278; NJW 1957, 1244; JZ 1958, 93	207 –	
26. 6. 1957	BGH	2 StR 242/57	BGHSt. 10, 320	302 –	abgedruckt als Fußnote bei 27. 10. 1992 – 5 StR 517/92
26. 6. 1957	BGH	2 StR 182/57	BGHSt. 10, 304; NJW 1957, 1325; JZ 1957, 673	338 Nr. 5 +	
28. 6. 1957	BGH	1 StR 179/57	NJW 1957, 1326	247 –	
2. 7. 1957	BGH	5 StR 107/57	BGHSt. 10, 342	243 +	
10. 7. 1957	BGH	4 StR 5/57	BGHSt. 10, 358	60 –	
18. 7. 1957	BGH	6 StR 28/56	BGHSt. 9, 324	264 –	
30. 8. 1957	BGH	4 StR 227/57	BGHSt. 10, 372	61 –	
24. 9. 1957	BGH	1 StR 532/56	BGHSt. 10, 384	338 Nr. 1 +	
1. 10. 1957	BVerfG	1 BvR 92/57	BVerfGE 7, 109	308 +	
8. 10. 1957	BGH	1 StR 318/57	BGHSt. 11, 18	357 +	
8. 10. 1957	BGH	5 StR 449/57	MDR 1958, 14	60 +	abgedruckt als Fußnote bei 10. 1. 1968 – 5 StR 375/68 u. BGHSt. 20, 98
9. 10. 1957	BGH	2 StR 373/57	MDR 1958, 141	60 +	abgedruckt als Fußnote bei 17. 9. 1963 – 1 StR 300/63

Fundstellenverzeichnis

Datum	Gericht	Aktenzeichen	Fundstellen	Abdruck bei §(§) + = erfolgreiche Rüge − = erfolglose Rüge	Druckanmerkung
10. 10. 1957	BGH	4 StR 393/57	BGHSt. 11, 97; NJW 1958, 268	252 +	
10. 10. 1957	BGH	4 StR 21/57	BGHSt. 11, 20	261 +	abgedruckt als Fußnote bei 16. 2. 1984 – 1 StR 44/84
23. 10. 1957	BGH	3 StR 37/57	BGHSt. 11, 29; NJW 1957, 1866	261 +	
24. 10. 1957	BGH	4 StR 320/57	BGHSt. 11, 159; NJW 1958, 559	261+	
5. 11. 1957	BGH	1 StR 254/57	BGHSt. 11, 54; NJW 1958, 32; JZ 1958, 218	338 Nr. 1 +	
22. 11. 1957	BGH	5 StR 477/57	BGHSt. 11, 74; NJW 1958, 31	261 −	
22. 11. 1957	BGH	4 StR 497/57	BGHSt. 11, 106; NJW 1958, 429; MDR 1958, 253	338 Nr. 1 −	
6. 12. 1957	BGH	5 StR 536/57	BGHSt. 11, 88; NJW 1958, 350; JZ 1958, 284	265 +	
10. 1. 1958	BGH	5 StR 487/57	BGHSt. 11, 130	338 Nr. 4 +	
21. 1. 1958	BGH	GSSt 4/57	BGHSt. 11, 213; NJW 1958, 557; JZ 1958, 620; MDR 1958, 353	55 −	
21. 1. 1958	BGH	1 StR 236/57	BGHSt. 11, 152; NJW 1958, 509	233 −	
11. 2. 1958	BGH	1 StR 6/58	BGHSt. 11, 206; NJW 1958, 557	244 VI −	
12. 2. 1958	BGH	4 StR 189/57	BGHSt. 11, 273	296 −	abgedruckt als Fußnote bei 14. 11. 1961 – 1 StR 140/61
13. 2. 1958	BVerfG	1 BvR 56/57	BVerfGE 7, 275	347 +	
4. 3. 1958	BGH	5 StR 7/58	BGHSt. 11, 211	136a +	
2. 4. 1958	BGH	2 StR 96/58	BGHSt. 11, 338; NJW 1958, 919	252 −	
29. 4. 1958	BGH	1 StR 68/58	BGHSt. 11, 319; NJW 1958, 1050	358 +	
13. 5. 1958	BGH	1 StR 185/58	MDR 1958, 741 b. Dallbeiger	244 III–VI +	MDR 1978, 626 b. Holtz; abgedruckt als Fußnote bei 21. 6. 1995 – 2 StR 67/95
11. 6. 1958	BGH	2 StR 210/58	GA 1959, 17	260 +	abgedruckt als Fußnote bei 9. 1. 1990 – 5 StR 601/89
19. 6. 1958	BGH	4 StR 725/57	NJW 1958, 1736	265 +	
26. 6. 1958	BGH	4 StR 145/58	BGHSt. 11, 393	206a +	
10. 7. 1958	BGH	4 StR 183/58	VRS 15, 268	244 II −	
10. 7. 1958	BGH	4 StR 211/58	BGHSt. 12, 18; NJW 1958, 1596	244 IV −	
5. 8. 1958	BGH	5 StR 160/58	BGHSt. 12, 33; NJW 1958, 1692	338 Nr. 1 +	
11. 9. 1958	BGH	4 StR 236/58	VRS 15, 338	244 −	
16. 9. 1958	BGH	5 StR 304/58	NJW 1958, 1789	244 III S. 2 Var. 6 +; 244 III S. 2 Var. 5 + 244 III S. 2 Var. 6 +	abgedruckt als Fußnote bei 3. 8. 1966 – 2 StR 242/66 u. 7. 5. 1986 – 2 StR 583/85 u. 27. 5. 1982 – 4 StR 34/82
17. 9. 1958	BGH	4 StR 135/58	VRS 15, 445	244 II −	
1. 10. 1958	BGH	2 StR 251/58	BGHSt. 13, 143; NJW 1959, 1740	358 −	
10. 10. 1958	BGH	5 StR 377/58	GA 1959, 305	244 III S. 1 −	abgedruckt als Fußnote bei 9. 7. 1998 – 4 StR 521/97
21. 10. 1958	BGH	5 StR 431/58	BGHSt. 12, 92	251 +	
21. 10. 1958	BGH	5 StR 412/58	BGHSt. 12, 113	338 Nr. 1 +	
28. 10. 1958	BGH	5 StR 419/58	BGHSt. 12, 94	358 +	
11. 11. 1958	BGH	1 StR 532/58	BGHSt. 12, 104	338 Nr. 1 −	
11. 11. 1958	BGH	4 StR 236/58	VRS 15, 338	244 II −	
12. 11. 1958	BVerfG	2 BvL4, 26, 40/56	BVerfGE 8, 274	81b +	abgedruckt als Fußnote bei 9. 4. 1986 – 3 StR 551/85
13. 11. 1958	BGH	4 StR 368/58	NJW 1959, 396	244 III S. 2 Var. 1 +; 244 III S. 2 Var. 7 +	abgedruckt als Fußnote bei 15. 10. 1981 – 4 StR 538/81 u. 26. 1. 1982 – 1 StR 802/81

Fundstellenverzeichnis

Datum	Gericht	Aktenzeichen	Fundstellen	Abdruck bei §(§) + = erfolgreiche Rüge – = erfolglose Rüge	Druckanmerkung
13. 11. 1958	BGH	4 StR 386/58	StV 1981, 635 b. Schwenn	244 III–VI +	abgedruckt als Fußnote bei 19. 12. 1986 – 2 StR 324/86
17. 11. 1958	BGH	2 StR 188/58	BGHSt. 13, 73; NJW 1959, 1449	261 +	
28. 11. 1958	BGH	1 StR 398/58	BGHSt. 12, 159; NJW 1960, 1396; JZ 1960, 378; MDR 1960, 599	338 Nr. 1 –	
2. 12. 1958	BGH	1 StR 375/58	BGHSt. 12, 197	GVG 36 –	
3. 12. 1958	BVerfG	1 BvR 488/57	BVerfGE 9, 3	24 –	abgedruckt als Fußnote bei BVerfG 27. 3. 2000 – 2 BvR 434/00
4. 12. 1958	BGH	4 StR 408/58	BGHSt. 12, 270; NJW 1959, 733	274 –	
8. 12. 1958	BGH	GSSt 3/58	BGHSt. 12, 235; NJW 59, 445	81c +	
16. 12. 1958	BVerfG	1 BvR 449/55	BVerfGE 9, 36; NJW 1959, 571	140 –	
18. 12. 1958	BGH	4 StR 399/58	BGHSt. 12, 311; NJW 1959, 780	261 –	
7. 1. 1959	BGH	2 StR 550/58	BGHSt. 12, 317	345 +	
16. 1. 1959	BGH	4 StR 468/58	BGHSt. 12, 332; NJW 1959, 899	136a –	
20. 1. 1959	BGH	1 StR 518/58	BGHSt. 12, 287/290 f.	244 III–VI –	abgedruckt als Fußnote bei 28. 11. 1997 – 3 StR 114/97
21. 1. 1959	BVerfG	1 BvR 644/58	BVerfGE 9, 123	308 +	
23. 1. 1959	BGH	4 StR 428/58	BGHSt. 12, 335; NJW 1959, 894	357 +	
30. 1. 1959	BGH	1 StR 510/58	BGHSt. 12, 367	233 –	
3. 2. 1959	BGH	1 StR 644/58	BGHSt. 12, 374; NJW 1959, 899	267 –	
13. 2. 1959	BGH	4 StR 446/58	BGHSt. 12, 402; NJW 1959, 1093	338 Nr. 1 –	
13. 2. 1959	BGH	4 StR 470/58	BGHSt. 13, 1; NJW 1959, 828	250 +	
3. 3. 1959	BGH	5 StR 4/59	BGHSt. 13, 41; NJW 1959, 950	358 +	
11. 3. 1959	BGH	2 StR 58/59	BGHSt. 13, 44	154 –	
19. 3. 1959	BVerfG	1 BvR 295/58	BVerfGE 9, 223; NJW 1959, 871	GVG 24 –	
20. 3. 1959	BGH	4 StR 416/58	BGHSt. 13, 53; NJW 1959, 1093; NJW 1959, 950	258 –	
24. 3. 1959	BGH	5 StR 27/59	BGHSt. 13, 60; NJW 1959, 1142	136a +	
14. 4. 1959	BVerfG	1 BvR 109/58	BVerfGE 9, 261	308 +	
5. 5. 1959	BGH	5 StR 61/59	BGHSt. 13, 121	338 Nr. 8 –	abgedruckt als Fußnote bei 30. 10. 1959 – 1 StR 418/59
5. 5. 1959	BGH	5 StR 92/59	BGHSt. 13, 123	GG Art. 103 +	
13. 5. 1959	BGH	4 StR 122/59	BGHSt. 13, 128	206a +	
13. 5. 1959	BGH	4 StR 439/58	BGHSt. 13, 157; NJW 1959, 1694; MDR 1959, 940	338 Nr. 4 +	
3. 6. 1959	BVerfG	1 BvR 150/59	BVerfGE 9, 303	308 +	
10. 7. 1959	BGH	2 ARs 86/59	BGHSt. 13, 186	2 –	abgedruckt als Fußnote bei 27. 4. 1989 – 1 StR 632/88
22. 7. 1959	BGH	4 StR 250/59	NJW 1959, 2315	244 IV +; 244 III S. 2 Var. 4 +; 244 IV +	abgedruckt als Fußnote bei 21. 5. 1969 – 4 StR 446/68 u. 13. 7. 1984 – 1 StR 351/84 u. 5. 9. 1996 – 1 StR 416/96
18. 9. 1959	BGH	4 StR 208/59	BGHSt. 13, 250; NJW 1959, 2222	250 –	
29. 9. 1959	BGH	1 StR 375/59	BGHSt. 13, 252; NJW 1959, 2075; MDR 1960, 64	241 +	
13. 10. 1959	BGH	1 StR 57/59	BGHSt. 13, 268; NJW 1959, 2272	260 –	

Fundstellenverzeichnis

Datum	Gericht	Aktenzeichen	Fundstellen	Abdruck bei §(§) + = erfolgreiche Rüge – = erfolglose Rüge	Druckanmerkung
14. 10. 1959	BGH	2 StR 249/59	BGHSt. 13, 394; NJW 1960, 584	52 +; 252 +	
14. 10. 1959	BGH	2 StR 291/59	BGHSt. 14, 5	358 +	
30. 10. 1959	BGH	1 StR 418/59	BGHSt. 13, 337; NJW 1960, 253	338 Nr. 8 –	
30. 10. 1959	BGH	1 StR 432/59	BGHSt. 13, 300; NJW 1960, 54; MDR 1960, 154	244 III S. 2 Var. 5 –	
3. 11. 1959	BGH	1 StR 425/59	BGHSt. 13, 320; NJW 1960, 110	265 +	
4. 11. 1959	BGH	2 StR 421/59	BGHSt. 14, 219; NJW 1960, 301	338 Nr. 2 +	
6. 11. 1959	BGH	4 StR 376/59	BGHSt. 14, 11; NJW 1960, 542	338 Nr. 1 –	
10. 11. 1959	BGH	1 StR 488/59	BGHSt. 13, 326	244 II +	
11. 11. 1959	BGH	2 StR 471/59	BGHSt. 14, 21; NJW 1960, 586	244 IV +	
19. 11. 1959	BGH	2 StR 357/59	BGHSt. 13, 306	354 –	
9. 12. 1959	BGH	2 StR 265/59	BGHSt. 13, 358	338 Nr. 3 +	
11. 12. 1959	BGH	4 StR 321/59	BGHSt. 14, 64; NJW 1960, 545	338 Nr. 4 +	
21. 12. 1959	BGH	2 StR 519/59	BGHSt. 13, 366	GVG 186 –	
22. 12. 1959	BGH	3 StR 40/59	BGHSt. 13, 378; NJW 1960, 493	338 Nr. 4 –	
15. 1. 1960	BGH	1 StR 627/59	BGHSt. 13, 388; NJW 1960, 494	312 +	
28. 1. 1960	BVerfG	1 BvR 145, 746/58	BVerfGE 10, 274	345 +	
2. 3. 1960	BGH	2 StR 44/60	BGHSt. 14, 159; NJW 1960, 1396	52 +	
4. 3. 1960	BGH	4 StR 31/60	BGHSt. 14, 162	261 +	
1. 4. 1960	BGH	4 StR 36/60	BGHSt. 14, 189; NJW 1960, 1941	136a –	
29. 4. 1960	BGH	1 StR 114/60	BGHSt. 14, 233; NJW 1960, 1310	314 +	
2. 5. 1960	BGH	GSSt 3/59	BGHSt. 14, 321	338 Nr. 1 –	
3. 5. 1960	BGH	1 StR 155/60	BGHSt. 14, 265; NJW 1960, 1358	338 Nr. 5 –	
6. 5. 1960	BGH	4 StR 107/60	BGHSt. 14, 287; MDR 1960, 773	JGG 32 +	
25. 5. 1960	BGH	4 StR 193/60	BGHSt. 14, 306; 1960, 1774	345–	
31. 5. 1960	BGH	5 StR 168/60	BGHSt. 14, 310; NJW 1960, 1630	261 +	
3. 6. 1960	BGH	4 StR 146/60	VRS 19, 132	246 +	
10. 6. 1960	BGH	2 StR 132/60	BGHSt. 14, 330; NJW 1960, 1775	44 +	
14. 6. 1960	BGH	1 StR 73/60	BGHSt. 14, 339; NJW 1960, 1582	253 –; 244 IV –	
14. 6. 1960	BGH	1 StR 683/59	BGHSt. 14, 358; NJW 1960, 1580	244 III S. 1 –	
15. 6. 1960	BGH	4 StR 20/60	BGHSt. 14, 374	62 +	
15. 7. 1960	BGH	4 StR 542/59	BGHSt. 15, 40	23 –	
25. 7. 1960	BGH	3 StR 25/60	BGHSt. 14, 391	467 +	
10. 8. 1960	BGH	2 StR 307/60	BGHSt. 15, 107	338 Nr. 1 +	
12. 8. 1960	BGH	4 StR 48/60	NJW 1960, 2156	252 –; 244 III–VI +	abgedruckt als Fußnote bei 23. 9. 1999 – 4 StR 189/99 u. 21. 6. 1995 – 2 StR 67/95
17. 8. 1960	BGH	2 StR 237/60	BGHSt. 15, 116; NJW 1960, 2109	338 Nr. 1 +	
23. 9. 1960	BGH	3 StR 29/60	BGHSt. 15, 161; NJW 1960, 2349	244 III S. 2 Var. 2 –	
28. 9. 1960	BGH	2 StR 429/60	BGHSt. 15, 194; NJW 1961, 132	338 Nr. 5 –	
7. 10. 1960	BGH	4 StR 342/60	BGHSt. 15, 187	136a +	
7. 10. 1960	BGH	4 StR 360/60	NJW 1961, 280	244 V S. 1 +	abgedruckt als Fußnote bei 31. 5. 1994 – 5 StR 154/94
28. 10. 1960	BGH	4 StR 375/60	BGHSt. 15, 200; NJW 1961, 279	53 +	

Fundstellenverzeichnis

Datum	Gericht	Aktenzeichen	Fundstellen	Abdruck bei §(§) + = erfolgreiche Rüge – = erfolglose Rüge	Druckanmerkung
9. 11. 1960	BGH	4 StR 407/60	BGHSt. 15, 203; NJW 1961, 228; JZ 1961, 390; MDR 1961, 250	346 +	
23. 11. 1960	BGH	4 StR 265/60	BGHSt. 15, 287; NJW 1961, 567	329 –	
2. 12. 1960	BGH	4 StR 433/60	BGHSt. 15, 263; NJW 1961, 419	338 Nr. 5 –	
9. 12. 1960	BGH	4 StR 443/60	GA 1961, 315	244 II –	
13. 12. 1960	BGH	5 StR 341/60	GA 1962, 149	GVG 74 +	
13. 12. 1960	BGH	1 StR 389/60	BGHSt. 15, 253; NJW 1961, 327	34 –; 250 –	
20. 12. 1960	BGH	1 StR 481/60	BGHSt. 15, 274; NJW 1961, 518	264 –	
24. 1. 1961	BGH	1 StR 132/60	BGHSt. 15, 306; NJW 1961, 740	338 Nr. 5 +	
3. 2. 1961	BGH	4 StR 424/60	BGHSt. 15, 390	338 Nr. 1 –	
6. 2. 1961	BGH	AnwSt (R) 3/60	BGHSt. 15, 372; NJW 1961, 931	338 Nr. 2 –	
8. 2. 1961	BGH	2 StR 625/60	BGHSt. 15, 347; NJW 1961, 789	261 –	
8. 2. 1961	BGH	2 StR 622/60	BGHSt. 16, 47; NJW 1961, 1222	265 –	
1. 3. 1961	BGH	2 StR 629/60	GA 1961, 277	261 +	
3. 3. 1961	BGH	4 StR 548/60	BGHSt. 15, 384	338 Nr. 3 –	
17. 4. 1961	BGH	4 StR 191/61	NJW 1961, 2069	244 III S. 2 Var. 7 +	abgedruckt als Fußnote bei 26. 1. 1982 – 1 StR 802/81
25. 4. 1961	BGH	1 StR 618/60	BGHSt. 16, 63; NJW 1961, 1413	338 Nr. 1 +	
2. 5. 1961	BGH	5 StR 579/60	BGHSt. 16, 67; NJW 1961, 1221; JR 1961, 429	240 +	
19. 5. 1961	BGH	1 StR 521/60	BGHSt. 16, 73	207 –	
3. 6. 1961	BGH	1 StR 155/61	BGHSt. 16, 99	62 –	
13. 6. 1961	BGH	1 StR 179/61	BGHSt. 16, 111; NJW 1961, 1781	GVG 169 +	
16. 6. 1961	BGH	1 StR 95/61	BGHSt. 16, 115; NJW 1961, 1684; MDR 1961, 952	346 –	
28. 6. 1961	BGH	2 StR 194/61	BGHSt. 16, 204; NJW 1961, 2070	261 +	
28. 6. 1961	BGH	2 StR 154/61	BGHSt. 16, 164; NJW 1961, 1979; JR 1962, 108	136a –	
28. 6. 1961	BGH	2 StR 83/61	BGHSt. 16, 200	264 +	
14. 7. 1961	BGH	4 StR 191/61	NJW 1961, 2069	74 +	auch abgedruckt als Fuß- note bei 26. 1. 1982 – 1 StR 802/81
26. 7. 1961	BGH	2 StR 575/60	BGHSt. 16, 178; NJW 1961, 1980	338 Nr. 5 –	
26. 7. 1961	BGH	2 StR 190/61	BGHSt. 16, 184	267 –	
15. 9. 1961	BGH	4 StR 310/61	VRS 21, 356	244 II –	
25. 9. 1961	BGH	AnwSt (R) 4/61	BGHSt. 16, 237	BRAO 113 +	
10. 11. 1961	BGH	4 StR 407/61	BGHSt. 16, 389; NJW 1962, 451; MDR 1962, 233	216 –	
14. 11. 1961	BGH	5 StR 445/61	GA 1963, 18/19	244 IV +	abgedruckt als Fußnote bei 30. 7. 1999 – 1 StR 618/98
17. 11. 1961	BGH	4 StR 292/61	BGHSt. 16, 351; NJW 1962, 355	267 –	
20. 11. 1961	BGH	2 StR 395/61	BGHSt. 16, 306; NJW 1962, 165	274 –	
24. 11. 1961	BGH	1 StR 140/61	BGHSt. 16, 374; NJW 1962, 404	296 –	
28. 11. 1961	BGH	1 StR 432/61	NJW 1962, 260	58 –	
5. 12. 1961	BGH	5 StR 519/61	GA 1962, 370	60 +; 60 –, 244 III–VI –	abgedruckt als Fußnote bei 18. 9. 1990 – 5 StR 396/90 u. 28. 11. 1997 – 3 StR 114/97
6. 12. 1961	BGH	2 StR 485/60	BGHSt. 17, 14; NJW 1962, 598	302 –	

Datum	Gericht	Aktenzeichen	Fundstellen	Abdruck bei §(§) + = erfolgreiche Rüge – = erfolglose Rüge	Druckanmerkung
6. 12. 1961	BGH	2 StR 466/61	GA 1963, 19	231 –	
12. 12. 1961	BGH	3 StR 35/61	BGHSt. 17, 28; NJW 1962, 500	22 –; 245 –	
13. 12. 1961	BGH	2 StR 548/61	BGHSt. 16, 335	JGG 31 +	
13. 12. 1961	BGH	2 StR 539/61	GA 1962, 147	52 +	
17. 1. 1962	BGH	4 StR 392/61	BGHSt. 17, 94; NJW 1962, 818	44 –	
22. 1. 1962	BGH	5 StR 442/61	BGHSt. 17, 44; NJW 1962, 820	312 +	
9. 2. 1962	BGH	4 StR 519/61	BGHSt. 17, 143	267 –	
13. 2. 1962	BVerfG	2 BvR 173/60	BVerfGE 14, 8	385 +	
16. 2. 1962	BGH	4 StR 517/61	BGHSt. 17, 145	267 –	
6. 3. 1962	BGH	1 StR 554/61	BGHSt. 17, 176; NJW 1962, 1167	338 Nr. 1 +	
3. 4. 1962	BGH	1 StR 75/62	BGHSt. 17, 186; NJW 1962, 1117	60 –	
3. 4. 1962	BGH	5 StR 580/61	BGHSt. 17, 188	329 +	
10. 4. 1962	BGH	1 StR 22/62	BGHSt. 17, 201; NJW 1962, 1260	338 Nr. 6 +	
10. 4. 1962	BGH	1 StR 125/62	BGHSt. 17, 220; NJW 1962, 1308	274 –	
13. 4. 1962	BGH	3 StR 6/62	BGHSt. 17, 245; NJW 1962, 1259	252 +	
17. 4. 1962	BGH	1 StR 132/62	BGHSt. 17, 210	267 –	
2. 5. 1962	BGH	2 StR 132/62	BGHSt. 17, 324; NJW 1962, 1875	252 –	
14. 5. 1962	BGH	5 StR 51/62	BGHSt. 17, 253	354 –	
22. 5. 1962	BGH	1 StR 156/62	BGHSt. 17, 248; NJW 1962, 1451; JZ 1963, 35	61 –	
3. 7. 1962	BVerfG	2 BVR 628/60	BVerfGE 14, 156	338 Nr. 1 +	
3. 7. 1962	BGH	3 StR 22/61	BGHSt. 17, 337; NJW 1962, 1873	251 –	
3. 7. 1962	BGH	1 StR 157/62	BGHSt. 17, 351; NJW 1962, 1832	244 II +	
4. 7. 1962	BGH	4 StR 68/62	BGHSt. 17, 354	267 –	
13. 7. 1962	BGH	4 StR 70/62	BGHSt. 17, 364; NJW 1962, 1972	136a +	
20. 7. 1962	BGH	4 StR 194/62	BGHSt. 18, 1	260 +	
1. 8. 1962	BGH	3 StR 28/62	BGHSt. 17, 382; NJW 1962, 1867; StV 1985, 268	261 –	
1. 8. 1962	BGH	3 StR 34/62	BGHSt. 17, 388; NJW 1962, 1925	261 +	
1. 8. 1962	BGH	4 StR 122/62	BGHSt. 17, 391	329 +	
7. 9. 1962	BGH	4 StR 229/62	NJW 1962, 2212	338 Nr. 1 –	
7. 9. 1962	BGH	4 StR 266/62	BGHSt. 18, 66; NJW 1963, 212	265 –	
25. 9. 1962	BGH	1 StR 368/62	BGHSt. 18, 21; NJW 1962, 2262	44 –	
28. 9. 1962	BGH	4 StR 301/62	BGHSt. 18, 51; NJW 1962, 2361	338 Nr. 1 +	
5. 10. 1962	BGH	GSSt 1/62	BGHSt. 18, 79; NJW 1963, 60	338 Nr. 4 –	
12. 10. 1962	BGH	4 StR 332/62	BGHSt. 18, 84; NJW 1963, 259	258 –	
16. 10. 1962	BGH	5 StR 276/62	BGHSt. 18, 56; NJW 1962, 2360	265 –	
26. 10. 1962	BGH	4 StR 318/62	BGHSt. 18, 107; NJW 1963, 401	261 –	
20. 11. 1962	BGH	1 StR 422/62	BGHSt. 18, 141	410 –	
20. 11. 1962	BGH	5 StR 426/62	BGHSt. 18, 146; NJW 1963, 723	53 – u. 252 –	
4. 12. 1962	BGH	1 StR 425/62	BGHSt. 18, 162; NJW 1963, 1260	338 Nr. 1 –	
11. 12. 1962	BGH	5 StR 503/62	BGHSt. 18, 165	GVG 193 +	
12. 12. 1962	BGH	2 StR 495/62	BGHSt. 18, 200; NJW 1963, 964	338 Nr. 3 –	
20. 12. 1962	BGH	2 ARs 81/62	BGHSt. 18, 173	4 +	abgedruckt als Fußnote bei 18. 1. 1990 – 4 StR 616/89
21. 12. 1962	BGH	4 StR 224/62	BGHSt. 18, 176	338 Nr. 1 –	

Fundstellenverzeichnis

Datum	Gericht	Aktenzeichen	Fundstellen	Abdruck bei §(§) + = erfolgreiche Rüge – = erfolglose Rüge	Druckanmerkung
9. 1. 1963	BGH	4 StR 443/62	BGHSt. 18, 207	JGG 8 +	
10. 1. 1963	BGH	3 StR 22/62	NJW 1963, 598; GA 1964, 177	261 +	
11. 1. 1963	BGH	3 StR 52/62	BGHSt. 18, 214; NJW 1963, 821	74 +	
15. 1. 1963	BGH	5 StR 528/62	BGHSt. 18, 179; JR 1963, 307	338 Nr. 6 +	
18. 1. 1963	BGH	4 StR 385/62	BGHSt. 18, 225	211 +	
23. 1. 1963	BGH	2 StR 534/62	BGHSt. 18, 227; NJW 1963, 870	52 +	
29. 1. 1963	BGH	1 StR 516/62	BGHSt. 18, 231	473 –	
1. 2. 1963	BGH	4 StR 465/62	VRS 24, 369	244 II –	
5. 2. 1963	BGH	1 StR 265/62	BGHSt. 18, 238; NJW 1963, 869; MDR 1963, 514	261 –	
12. 2. 1963	BGH	1 StR 561/62	BGHSt. 18, 257; NJW 1963, 963	302 +	
19. 2. 1963	BGH	1 StR 318/62	BGHSt. 18, 274; NJW 1963, 1209; JR 1963, 605	261 +	
12. 3. 1963	BGH	1 StR 36/63	NJW 1963, 1114	217 –	
12. 3. 1963	BGH	1 StR 54/63	BGHSt. 18, 288; NJW 1963, 1115	265 +	
13. 3. 1963	BGH	2 StR 570/62	BGHSt. 18, 290	270 –	
20. 3. 1963	BGH	2 StR 577/62	BGHSt. 18, 349; NJW 1963, 1511; JZ 1963, 766	338 Nr. 1 –	
18. 4. 1963	BVerfG	2 BvR 253/63	BVerfGE 17, 197	308 +	
23. 4. 1963	BGH	5 StR 601/62	BGHSt. 18, 331; NJW 1963, 1463	GVG 192 +	
7. 5. 1963	BGH	1 StR 70/63	BGHSt. 18, 374; NJW 1963, 1683	244 IV +	
9. 5. 1963	BGH	3 StR 19/63	BGHSt. 18, 339	359 –	
11. 5. 1963	BVerfG	2 BvR 259/63	BVerfGE 19, 38	23 +	abgedruckt als Fußnote bei 27. 1. 1971 – 2 BvR 507, 511/69
14. 5. 1963	BGH	1 StR 120/63	BGHSt. 18, 347; NJW 1963, 1318	245 –	
15. 5. 1963	BGH	2 ARs 66/63	BGHSt. 18, 381; NJW 1963, 1747; JZ 1963, 714; MDR 1963, 943	260 –	
21. 5. 1963	BGH	1 StR 131/63	NJW 1964, 459	265 +	
21. 5. 1963	BGH	2 StR 84/63	BGHSt. 18, 386; NJW 1963, 1882	338 Nr. 1 +	
29. 5. 1963	BGH	StB 5/63	BGHSt. 18, 369; NJW 63, 1462	147 –	
10. 6. 1963	BVerfG	1 BvR 790/58	BVerfGE 16, 194	81a +	
11. 6. 1963	BVerfG	1 BvR 156/63	BVerfGE 16, 214	338 Nr. 8 +	
11. 6. 1963	BGH	1 StR 501/62	BGHSt. 19, 24; NJW 1963, 1788	244 II +	
19. 6. 1963	BGH	2 StR 179/63	BGHSt. 19, 93; NJW 1963, 2084	243 +	
2. 7. 1963	BGH	5 StR 217/63	BGHSt. 18, 396	218 –	
16. 7. 1963	BGH	1 StR 118/63	BGHSt. 19, 33	261 +	
25. 7. 1963	BVerfG	1 BvR 542/62	BVerfGE 17, 108	81a +	
9. 8. 1963	BGH	4 StR 188/63	BGHSt. 19, 85	52 –	
13. 8. 1963	BGH	2 ARs 172/63	BGHSt. 19, 177	2 –; 4 +; 3 –	abgedruckt als Fußnote bei 27. 4. 1989 – 1 StR 632/88 u. 18. 1. 1990 – 4 StR 616/ 89 u. 19. 1. 1988 – 4 StR 647/87
23. 8. 1963	BGH	2 StR 266/63	GA 1964, 77	244 III S. 2 Var. 2 –	
3. 9. 1963	BGH	5 StR 306/63	BGHSt. 19, 88; NJW 1963, 2238	265 –	
17. 9. 1963	BGH	1 StR 301/63	BGHSt. 19, 101; NJW 1963, 2236	302 –	
17. 9. 1963	BGH	1 StR 300/63	BGHSt. 19, 107; NJW 1963, 2238	60 +	
24. 9. 1963	BGH	5 StR 330/63	StV 1982, 158	261 +	

Fundstellenverzeichnis

Datum	Gericht	Aktenzeichen	Fundstellen	Abdruck bei §(§) + = erfolgreiche Rüge – = erfolglose Rüge	Druckanmerkung
8. 10. 1963	BGH	1 StR 553/62	BGHSt. 19, 141; NJW 1964, 308	265 –	
22. 10. 1963	BGH	1 StR 374/63	BGHSt. 19, 116; NJW 1964, 167	338 Nr. 1 +	
5. 11. 1963	BGH	5 StR 445/63	BGHSt. 19, 144; NJW 1964, 261	338 Nr. 5 +	
14. 11. 1963	BGH	III. ZR 19/63	BGHZ 40, 289	53 +	abgedruckt als Fußnote bei 28. 10. 1992 – 3 StR 367/92
26. 11. 1963	BVerfG	2 BvR 677/62	BVerfGE 17, 188	308 +	
29. 11. 1963	BGH	4 StR 352/63	BGHSt. 19, 156; NJW 1964, 308	260 +	
11. 12. 1963	BGH	2 StR 416/63	GA 1965, 209 f.	244 III S. 2 Var. 5 –; 244 III S. 2 Var. 5 –	abgedruckt als Fußnote bei 6. 11. 1991 – 2 StR 342/91 u. 6. 11. 1991 – 2 StR 342/91
18. 12. 1963	BVerfG	2 BvR 253/63	BVerfGE 17, 197	308 +	
21. 1. 1964	BGH	1 StR 531/63	MDR 1964, 522	338 Nr. 1 +	
4. 2. 1964	BGH	1 StR 510/63	BGHSt. 19, 193	261 –	
21. 2. 1964	BGH	4 StR 519/63	BGHSt. 19, 325; NJW 1964, 1139	249 +	
25. 2. 1964	BVerfG	2 BvR 215/63	BVerfGE 17, 262	308 +	
3. 3. 1964	BGH	5 StR 54/64	BGHSt. 19, 258; NJW 1964, 1035	140 –	
24. 3. 1964	BVerfG	2 BvR 42, 83, 89/63	BVerfGE 17, 294; NJW 1964, 1020; JZ 1965, 57	338 Nr. 1 +	
24. 3. 1964	BGH	3 StR 60/63	BGHSt. 19, 273; NJW 1964, 1234	344 –	
2. 6. 1964	BVerfG	2 BvR 498/62	BVerfGE 18, 65; NJW 1964, 1667	338 Nr. 1 +	
23. 6. 1964	BGH	1 StR 1/64	BGHSt. 19, 354	251 –	
3. 7. 1964	BGH	4 StR 186/64	VRS 27, 192	244 II –	
14. 7. 1964	BGH	1 StR 216/64	BGHSt. 19, 382; NJW 1964, 1866	338 Nr. 1 +	
22. 7. 1964	BGH	2 StR 247/64	BGHSt. 19, 367	244 IV +	
28. 7. 1964	BVerfG	2 BvR 201/64	BVerfGE 18, 155	345 +	
4. 8. 1964	BGH	3 StB 12/63	BGHSt. 19, 374	97 –	
14. 8. 1964	BGH	4 StR 240/64	NJW 1964, 2213	244 II –	abgedruckt als Fußnote bei 23. 10. 1990 – 1 StR 414/90
25. 8. 1964	BGH	5 StR 240/64	NJW 1964, 2118	244 III S. 2 Var. 6 +; 244 III S. 2 Var. 6 –	abgedruckt als Fußnote bei 3. 8. 1966 – 2 StR 242/66 u. 27. 5. 1982 – 4 StR 34/82
29. 9. 1964	BGH	1 StR 280/64	BGHSt. 20, 37; NJW 1965, 2432	338 Nr. 1 +	
13. 10. 1964	BGH	1 StR 312/64	BGHSt. 20, 61; NJW 1965, 58	338 Nr. 1 +	
27. 10. 1964	BGH	1 StR 358/64	BGHSt. 20, 77	354a –	
6. 11. 1964	BGH	6 STE 1/64	BGHSt. 20, 100	267 +	
17. 11. 1964	BGH	1 StR 442/64	BGHSt. 20, 95	338 Nr. 5 +	
24. 11. 1964	BGH	1 StR 439/64	BGHSt. 20, 98; NJW 1965, 115	60 +	
1. 12. 1964	BGH	3 StR 35/64	BGHSt. 20, 116; NJW 1965, 453	354a –	
5. 1. 1965	BGH	1 StR 506/64	NJW 1965, 875	338 Nr. 1 –	
3. 2. 1965	BVerfG	2 BvR 166/64	BVerfGE 18, 344; NJW 1965, 1219	338 Nr. 1 –	
12. 2. 1965	BGH	IV ZR 231/63	BGHZ 43, 148	44 +	abgedruckt als Fußnote bei 30. 5. 2000 – 1 StR 103/00
16. 2. 1965	BGH	1 StR 4/65	BGHSt. 20, 160; NJW 1965, 874; JZ 1965, 649	249 +	
16. 2. 1965	BGH	3 StR 50/64	BGHSt. 20, 164	78 –	
23. 3. 1965	BGH	1 StR 549/65	BGHSt. 20, 189	96 –	
30. 3. 1965	BVerfG	2 BvR 341/60	BVerfGE 18, 423	338 Nr. 1 –	
30. 3. 1965	BFH	VII 333/64	HFR 1965, 381	AO 22 –	
2. 4. 1965	BGH	4 StR 119/65	BGHSt. 20, 205	244 +	
5. 5. 1965	BGH	2 StR 66/65	BGHSt. 20, 219	237 –	

4453

Fundstellenverzeichnis

Datum	Gericht	Aktenzeichen	Fundstellen	Abdruck bei §(§) + = erfolgreiche Rüge − = erfolglose Rüge	Druckanmerkung
7. 5. 1965	BGH	2 StR 92/65	BGHSt. 20, 222; NJW 1965, 1492	74 +	
25. 5. 1965	BGH	5 StR 207/65	JR 1965, 348	258 +	
15. 6. 1965	BGH	5 StR 38/65	GA 1966, 213; MDR 1966, 200	245 +	
25. 6. 1965	BGH	4 StR 309/65	NJW 1965, 2164	265 +	
29. 6. 1965	BGH	5 StR 223/65	MDR 1970, 560 b. Dallbeiger	244 III S. 2 Var. 2 +	abgedruckt als Fußnote bei 18. 1. 1983 – 3 StR 415/82
6. 7. 1965	BGH	5 StR 229/65	BGHSt. 20, 234; NJW 1965, 1870	52 −; 81c −	
7. 7. 1965	BGH	2 StR 210/65	BGHSt. 20, 252	22 −	abgedruckt als Fußnote bei 27. 8. 1991 – 1 StR 438/91
20. 7. 1965	BGH	5 StR 241/65	BGHSt. 20, 245; NJW 1965, 2071	74 +	
4. 8. 1965	BGH	2 StR 282/65	BGHSt. 20, 264; NJW 1965, 2016	267 +	
31. 8. 1965	BGH	5 StR 245/65	BGHSt. 20, 384; NJW 1966, 115; MDR 1966, 161	252 +	
14. 9. 1965	BGH	5 StR 307/65	BGHSt. 20, 268; NJW 1965, 2262	136a +	
1. 10. 1965	BGH	4 StR 351/65	BGHSt. 20, 273	258 +	
5. 10. 1965	BVerfG	2 BvR 84/65	BVerfGE 19, 142	GG Art. 103	
6. 10. 1965	BGH	2 StR 560/64	BGHSt. 20, 309; NJW 1963, 359	GVG 40 −	
26. 10. 1965	BGH	5 StR 405/65	NJW 1966, 63; MDR 1966, 164; JR 1966, 305	273 −	
26. 10. 1965	BGH	5 StR 515/65	BGHSt. 20, 281; JR 1966, 269	261+	
1. 12. 1965	BGH	2 StR 434/65	BGHSt. 20, 296	338 Nr. 1 −	
3. 12. 1965	BGH	4 StR 573/65	BGHSt. 20, 298; NJW 1966, 209	261 −	
15. 12. 1965	BVerfG	1 BvR 513/65	BVerfGE 19, 342	94 +	abgedruckt als Fußnote bei 31. 1. 1973 – 2 BvR 454/71
17. 12. 1965	BGH	1 StR 300/65	BGHSt. 21, 1; NJW 1966, 676	265 −	
2. 2. 1966	BGH	2 StR 471/65	BGHSt. 21, 12; NJW 1966, 742	244 II +	
8. 2. 1966	BGH	5 StR 513/65	MDR 1966, 384	251 −	abgedruckt als Fußnote bei 16. 3. 1977 – 3 StR 327/76
14. 2. 1966	BGH	AnwSt (R) 7/65	NJW 1966, 1084	BRAO 101 +	
16. 2. 1966	BGH	2 StR 489/65	BGHSt. 21, 38; NJW 1966, 989	244 III S. 2 Var. 7 +	
18. 2. 1966	BGH	4 StR 637/65	BGHSt. 21, 40	338 Nr. 1 −	
23. 2. 1966	BGH	2 StR 15/66	BGHSt. 21, 62; NJW 1966, 1873	244 IV −	
25. 2. 1966	BGH	4 StR 4/66	VRS 30, 351	244 II −	
7. 6. 1966	BGH	1 StR 130/66	NJW 1966, 1524	244 III S. 2 Var. 5 +	abgedruckt als Fußnote bei 7. 5. 1986 – 2 StR 583/85
10. 6. 1966	BGH	4 StR 72/66	BGHSt. 21, 72; NJW 1966, 1570	338 Nr. 6 −	
11. 7. 1966	BGH	4 StR 1/66	BGHSt. 21, 108	338 Nr. 1 −	
13. 7. 1966	BGH	2 StR 157/66	BGHSt. 21, 85; NJW 1966, 2321	338 Nr. 5 −	
3. 8. 1966	BGH	2 StR 242/66	BGHSt. 21, 118; NJW 1966, 2174	244 III S. 2 Var. 6 +	
5. 8. 1966	BVerfG	1 BvR 586/62, 610/63, 512/64	BVerfGE 20, 162	53 −	abgedruckt als Fußnote bei 20. 11. 1989 – II BGs 355/89
9. 9. 1966	BGH	4 StR 261/66	BGHSt. 21, 142; NJW 1967, 62	338 Nr. 2 −	
23. 9. 1966	BGH	5 StR 360/66	BGHSt. 21, 147; MDR 1967, 230	60 +	
4. 10. 1966	BGH	1 StR 441/66	NJW 1967, 61	267 −	
4. 10. 1966	BGH	1 StR 282/66	BGHSt. 21, 174; NJW 1967, 637	338 Nr. 1 −	
7. 10. 1966	BGH	1 StR 305/66	BGHSt. 21, 149; NJW 1967, 213	261 +	
18. 10. 1966	BGH	5 StR 477/66	NJW 1967, 404; GA 1967, 371	140 −; 247 −	

Datum	Gericht	Aktenzeichen	Fundstellen	Abdruck bei §(§) + = erfolgreiche Rüge − = erfolglose Rüge	Druckanmerkung
25. 10. 1966	BVerfG	2 BvR 291, 656/64	BVerfGE 20, 336	354 −	
2. 12. 1966	BGH	4 StR 201/66	BGHSt. 21, 180; NJW 1967, 580	338 Nr. 5 −	
21. 12. 1966	BGH	4 StR 458/66	VRS 32, 205	244 II −	
10. 1. 1967	BGH	5 StR 576/66	MDR 1970, 560 b. Dallbeiger	244 III S. 2 Var. 2 +	abgedruckt als Fußnote bei 18. 1. 1983 − 3 StR 415/82
22. 2. 1967	BGH	2 StR 2/67	BGHSt. 21, 227; NJW 1967, 1520	79 −	
14. 3. 1967	BGH	5 StR 540/66	BGHSt. 21, 218; NJW 1967, 1094; JR 1967, 467	252 −	
21. 3. 1967	BGH	1 StR 60/67	BGHSt. 21, 229	6 −	
25. 4. 1967	BFH	VII 151/67	NJW 1967, 2228; BB 1967, 1927	RAO 22 +	
2. 5. 1967	BGH	1 StR 119/67	GA 1968, 19	244 III S. 2 Var. 6 +	abgedruckt als Fußnote bei 27. 5. 1982 − 4 StR 34/82
26. 5. 1967	BGH	2 StR 129/67	BGHSt. 21, 256	331 −	
6. 6. 1967	BGH	5 StR 147/67	BGHSt. 21, 242; NJW 1967, 62	329 +	
9. 6. 1967	BGH	4 StR 166/67	GA 1969, 280	261 −	
14. 6. 1967	BGH	2 StR 230/67	BGHSt. 21, 260; NJW 1967, 1868	338 Nr. 1 −	
15. 6. 1967	BGH	1 StR 516/66	BGHSt. 21, 250; NJW 1967, 1622	338 Nr. 1 −	
21. 6. 1967	BGH	2 StR 290/67	GA 1969, 281	302 −	
19. 7. 1967	BVerfG	2 BvR 489/66	BVerfGE 22, 254	23 +	abgedruckt als Fußnote bei 27. 1. 1971 − 2 BvR 507, 511/69
28. 7. 1967	BGH	4 StR 243/67	BGHSt. 21, 285; NJW 1967, 2020	261 −	
8. 8. 1967	BGH	1 StR 279/67	BGHSt. 21, 288; NJW 1967, 2070; MDR 1967, 941	258 +	
19. 9. 1967	BGH	5 StR 456/67	BGHSt. 21, 303	52 +	
3. 10. 1967	BGH	1 StR 355/67	BGHSt. 21, 326; NJW 1968, 116	154a −	
18. 10. 1967	BGH	2 StR 477/67	BGHSt. 21, 332; NJW 1968, 167	338 Nr. 5 +	
10. 11. 1967	BGH	4 StR 512/66	BGHSt. 21, 334; NJW 1968, 710; VRS 34, 200	68a −; 338 Nr. 3 −; 338 Nr. 4 −	
6. 12. 1967	BGH	2 StR 616/67	BGHSt. 22, 18; NJW 1968, 806	247 −; 338 Nr. 5 −	
13. 12. 1967	BGH	2 StR 548/67	BGHSt. 22, 21; NJW 1968, 457	338 Nr. 6 −; JGG 31 +	
13. 12. 1967	BGH	2 StR 544/67	BGHSt. 22, 26; NJW 1968, 997	261 +	
20. 12. 1967	BGH	4 StR 485/67	BGHSt. 22, 29; NJW 1968, 512	265 +	
5. 1. 1968	BGH	4 StR 425/67	BGHSt. 22, 35; NJW 1968, 559	251 −	
12. 1. 1968	BGH	4 StR 549/67	VRS 34, 344	244 II −	
30. 1. 1968	BGH	1 StR 319/67	BGHSt. 22, 48	338 Nr. 4 −	
13. 2. 1968	BGH	5 StR 706/67	BGHSt. 22, 83; NJW 1968, 804	GVG 169 +	
21. 2. 1968	BGH	3 StR 16/68	NJW 1968, 2298	246a +	
21. 2. 1968	BGH	2 StR 360/67	BGHSt. 22, 94; NJW 1968, 1242	338 Nr. 1 −	
22. 2. 1968	BVerfG	2 BvR 27/68	DRiZ 1968, 141	22 −	abgedruckt als Fußnote bei BGH 27. 8. 1991 − 1 StR 438/91
8. 3. 1968	BGH	4 StR 615/67	BGHSt. 22, 118; NJW 1968, 1485	251 +	
12. 3. 1968	BGH	5 StR 115/68	BGHSt. 22, 105	154a −	
2. 4. 1968	BGH	5 StR 153/68	BGHSt. 22, 113; NJW 1968, 1246; JZ 1968, 395 ; MDR 1968, 600	261 +	
30. 4. 1968	BGH	1 StR 625/67	BGHSt. 22, 129; NJW 1968, 1388	136 +	

Fundstellenverzeichnis

Datum	Gericht	Aktenzeichen	Fundstellen	Abdruck bei §(§) + = erfolgreiche Rüge – = erfolglose Rüge	Druckanmerkung
30. 4. 1968	BGH	1 StR 87/68	BGHSt. 22, 122; NJW 1968, 1436	GVG 36 –	
3. 5. 1968	BGH	4 StR 661/67	VRS 35, 207	244 IV +	
8. 5. 1968	BGH	4 StR 326/67	BGHSt. 22, 124; NJW 1968, 1339; MDR 1968, 683	244 III S. 2 Var. 6 +	
14. 5. 1968	BVerfG	2 BvR 544/63	BVerfGE 23, 288		abgedruckt als Fußnote bei 24. 2. 1988 – 3 StR 476/87
14. 5. 1968	BGH	1 StR 552/67	GA 1968, 305; JR 1969, 148	70 –	
29. 5. 1968	BGH	3 StR 72/68	BGHSt. 22, 169; NJW 1968, 1684	338 Nr. 1 –	
25. 6. 1968	BVerfG	1 BvR 599, 677/67	BVerfGE 24, 56	30 +	abgedruckt als Fußnote bei BVerfG 8. 6. 1993 – 1 BvR 878/90
25. 6. 1968	BGH	5 StR 191/68	BGHSt. 22, 185; NJW 1968, 1730	4 +	
30. 6. 1968	BGH	1 StR 77/68	BGHSt. 22, 221; NJW 1968, 2019	37 +, 345 +	
9. 7. 1968	BGH	5 StR 317/68	JR 1969, 305	251 +	abgedruckt als Fußnote bei 17. 10. 1983 – GSSt 1/83
16. 7. 1968	BGH	1 StR 133/68	BGHSt. 22, 209; NJW 1968, 1974	338 Nr. 1 –	
17. 7. 1968	BGH	3 StR 117/68	BGHSt. 22, 213; NJW 1968, 2253; JZ 1969, 347	346 +	
30. 7. 1968	BGH	2 StR 136/68	BGHSt. 22, 219; NJW 1968, 2018	252 +	
30. 7. 1968	BGH	1 StR 77/68	BGHSt. 22, 221; NJW 1968, 2019	37 +	
30. 8. 1968	BGH	4 StR 335/68	BGHSt. 22, 232; NJW 1968, 2378	12 +	
6. 9. 1968	BGH	4 StR 339/68	JZ 1969, 437	81 –	
10. 9. 1968	BGH	1 StR 235/68	BGHSt. 22, 237; NJW 1968, 2388	338 Nr. 1 –	
1. 10. 1968	BGH	5 StR 375/68	GA 1969, 348	60 +	
15. 10. 1968	BGH	2 ARs 291/68	BGHSt. 22, 250	4 +	abgedruckt als Fußnote bei 18. 1. 1990 – 4 StR 616/89
25. 10. 1968	BGH	4 StR 412/68	BGHSt. 22, 266; NJW 1969, 61	60 +	
30. 10. 1968	BGH	4 StR 281/68	BGHSt. 22, 268; NJW 1969, 196	250 –	
8. 11. 1968	BGH	4 StR 222/68	NJW 1969, 281	244 III S. 2 Var. 6 +	
13. 12. 1968	BGH	4 StR 466/68	GA 1969, 281	231 +	
15. 11. 1968	BGH	4 StR 190/68	BGHSt. 22, 278; NJW 1969, 473; MDR 1969, 323	258 –	
18. 12. 1968	BGH	2 StR 322/68	BGHSt. 22, 289; NJW 1969, 703	338 Nr. 5 –	
18. 12. 1968	BGH	3 StR 297/68	BGHSt. 22, 297; NJW 1969, 756	338 Nr. 6 –	
10. 1. 1969	BGH	5 StR 682/68	GA 1970, 25	338 Nr. 4 +	abgedruckt als Fußnote bei 21. 4. 1994 – 4 StR 136/94
17. 1. 1969	BGH	2 StR 533/68	BGHSt. 22, 311; NJW 1969, 669	251 +	
5. 3. 1969	BGH	4 StR 610/68	BGHSt. 22, 336	265 +	abgedruckt als Fußnote bei 8. 5. 1980 – 4 StR 172/80
12. 3. 1969	BGH	2 StR 33/69	BGHSt. 22, 347; NJW 1969, 1219	244 III S. 2 Var. 3 +	
2. 4. 1969	BGH	4 StR 600/68	VRS 37 (1969), 28	261 –	
13. 5. 1969	BGH	2 StR 616/68	BGHSt. 23, 1	80 +	
14. 5. 1969	BVerfG	2 BvR 613/67	BVerfGE 26, 37	GG 103 +	
14. 5. 1969	BGH	4 StR 85/69	BGHSt. 22, 372	254 –	
21. 5. 1969	BGH	4 StR 446/68	BGHSt. 23, 8; NJW 1969, 2293	244 IV +	
23. 5. 1969	BGH	4 StR 585/68	BGHSt. 22, 385	94 –	
10. 6. 1969	BGH	1 StR 85/69	BGHSt. 23, 16	52 –	
2. 7. 1969	BGH	4 StR 226/69	BGHSt. 23, 82; NJW 1969, 2107; JZ 1970, 34	338 Nr. 6 –	

Datum	Gericht	Aktenzeichen	Fundstellen	Abdruck bei §(§) + = erfolgreiche Rüge – = erfolglose Rüge	Druckanmerkung
9. 7. 1969	BVerfG	2 BvR 753/68	BVerfGE 26, 315	44 +	abgedruckt als Fußnote bei 21. 12. 1972 – 1 StR 267/72
30. 7. 1969	BGH	4 StR 237/69	BGHSt. 23, 95; NJW 1969, 2246	265 +	
6. 8. 1969	BGH	4 StR 126/69	NJW 1970, 1242/1243	244 IV +	abgedruckt als Fußnote bei 30. 7. 1999 – 1 StR 618/98
13. 8. 1969	BGH	1 StR 124/69	BGHSt. 23, 102; NJW 1969, 2057	33a –	
15. 9. 1969	BGH	AnwSt (B) 2/69	BGHSt. 23, 115; NJW 1970, 105	271 –	
15. 10. 1969	BGH	4 StR 260/69	VRS 38, 58	244 III S. 2 Var. 5 +; 244 II S. 2 Var. 6 +	abgedruckt als Fußnote bei 7. 5. 1986 – 2 StR 583/85 u. 27. 5. 1982 – 4 StR 34/82
27. 10. 1969	BGH	2 StR 636/68	BGHSt. 23, 123; NJW 1970, 63	GVG 169 –	
4. 11. 1969	BGH	1 StR 359/69	NJW 1970, 205	400 +	
18. 11. 1969	BGH	4 StR 66/69	BGHSt. 23, 156	261 –	
21. 11. 1969	BGH	3 StR 249/68	BGHSt. 23, 176; NJW 1970, 523	338 Nr. 6 –; 244 IV –	
26. 11. 1969	BGH	4 StR 458/69	VRS (1970), 104	261 –	
16. 12. 1969	BGH	5 StR 468/69	BGHSt. 23, 200; NJW 1970, 478; JR 1970, 268	338 Nr. 3 +	
13. 1. 1970	BGH	4 StR 438/69	BGHSt. 23, 213	261 –	
27. 1. 1970	BGH	1 StR 591/69	BGHSt. 23, 221; NJW 1970, 766	52 +	
5. 2. 1970	BGH	4 StR 272/68	BGHSt. 23, 224; NJW 1970, 767; JR 1970, 309	229 –	
24. 2. 1970	BGH	1 StR 557/69	NJW 1970, 904	266 –	
10. 3. 1970	BGH	5 StR 61/70	MDR 1970, 560 b. Dallbeiger	244 III S. 2 Var. 2 +	abgedruckt als Fußnote bei 18. 1. 1983 – 3 StR 415/82
7. 4. 1970	BGH	5 StR 308/69	MDR 1970, 899 b. Dallbeiger	244 III S. 2 Var. 5 +	abgedruckt als Fußnote bei 15. 12. 1981 – 1 StR 733/81
14. 4. 1970	BVerfG	1 BvR 33/68	BVerfGE 28, 151	296 –	
14. 4. 1970	BGH	5 StR 627/69	BGHSt. 23, 244; NJW 1970, 1197	338 Nr. 8 +	
26. 5. 1970	BGH	1 StR 132/70	BGHSt. 23, 265; NJW 1970, 1558; JR 1970, 467	338 Nr. 3 –	
4. 6. 1970	BGH	4 StR 80/70	BGHSt. 23, 270; NJW 1984, 808	264 –	abgedruckt als Fußnote bei 25. 11. 1980 – 1 StR 508/80
16. 6. 1970	BGH	5 StR 602/69	BGHSt. 23, 277	303 +	
16. 6. 1970	BGH	1 StR 27/70	BGHSt. 23, 311; NJW 1970, 1981	244 IV –	
18. 6. 1970	BGH	4 StR 141/70	BGHSt. 23, 283	260 +	abgedruckt als Fußnote bei 30. 10. 1986 – 4 StR 368/86
22. 7. 1970	BGH	3 StR 237/69	BGHSt. 23, 304	207 –	
29. 9. 1970	BGH	5 StR 234/70	BGHSt. 23, 329	99 +	
6. 10. 1970	BGH	5 StR 199/70	BGHSt. 23, 331	329 –	
22. 1. 1971	BGH	3 StR 3/70	BGHSt. 24, 72; NJW 1971, 715	338 Nr. 6 –	
25. 1. 1971	BGH	AnwSt (R) 7/70	BGHSt. 24, 81	BRAO 113 –	
26. 1. 1971	BVerfG	2 BvR 443/69	BVerfGE 30, 149	23 –	
27. 1. 1971	BVerfG	2 BvR 507, 511/69	BVerfGE 30, 165	23 +	
17. 3. 1971	BGH	3 StR 189/70	BGHSt. 24, 125; NJW 1971, 1097	81a –	
18. 5. 1971	BGH	3 StR 10/71	BGHSt. 24, 143; NJW 1971, 1278	217 –	
27. 5. 1971	BGH	4 StR 81/71	VRS 41, 93	53 +	abgedruckt als Fußnote bei 7. 3. 1996 – 4 StR 737/95
9. 6. 1971	BVerfG	2 BvR 114, 127/71	BVerfGE 31, 181	338 Nr. 1 +	
16. 6. 1971	BGH	4 StR 450/70	VRS 41, 203	23 –	abgedruckt als Fußnote bei 18. 5. 1994 – 3 StR 628/93

Fundstellenverzeichnis

Datum	Gericht	Aktenzeichen	Fundstellen	Abdruck bei §(§) + = erfolgreiche Rüge − = erfolglose Rüge	Druckanmerkung
1. 7. 1971	BGH	1 StR 362/70	GA 1972, 272	244 III S. 2 Var. 7 −	
14. 7. 1971	BVerfG	2 BvR 357/71	BVerfGE 31, 295	23 +	
14. 7. 1971	BGH	3 StR 73/71	BGHSt. 24, 170; NJW 1971, 2082	260 +	
21. 7. 1971	BGH	2 StR 199/71	BGHSt. 24, 183; NJW 1971, 1948	251 −	
22. 7. 1971	BGH	4 StR 184/71	BGHSt. 24, 185	264 −	
16. 9. 1971	BGH	1 StR 284/71	BGHSt. 24, 208; NJW 1971, 2272	357 +	
25. 10. 1971	BGH	2 StR 238/71	BGHSt. 24, 257; NJW 1972, 545	338 Nr. 5 +	
10. 11. 1971	BGH	2 StR 492/71	BGHSt. 24, 239; NJW 1972, 1243	MRK Art. 6 −	
30. 11. 1971	BGH	1 StR 485/71	BGHSt. 24, 268; NJW 1972, 454	267 +	
17. 12. 1971	BGH	2 StR 522/71	BGHSt. 24, 274; NJW 1972, 548	267 +	
5. 1. 1972	BGH	2 StR 376/71	BGHSt. 24, 280; NJW 1972, 695	245 +	
8. 3. 1972	BVerfG	2 BvR 28/71	BVerfGE 32, 373	97 +	
13. 4. 1972	BGH	4 StR 71/72	BGHSt. 24, 329; NJW 1972, 1144; JZ 1972, 59; MDR 1973, 159	338 Nr. 6 +	
27. 4. 1972	BGH	4 StR 149/72	BGHSt. 24, 336; NJW 1972, 1288	338 Nr. 3 −	
3. 5. 1972	BGH	3 StR 49/72	GA 1973, 111	200 +	
30. 5. 1972	BGH	4 StR 180/72	NJW 1972, 1334	56 +	
13. 6. 1972	BGH	1 StR 658/71	GA 1974, 61	267 +	
19. 7. 1972	BGH	3 StR 66/72	BGHSt. 24, 378	BZRG 49 +	
16. 8. 1972	BGH	2 StR 98/72	BGHSt. 25, 4; NJW 1972, 2006	338 Nr. 5 +	
25. 10. 1972	BGH	2 StR 422/72	BGHSt. 25, 38; NJW 1973, 107	358 +	
25. 10. 1972	BGH	2 StR 313/72	MDR 1973, 191	60 −; 244 III−VI −	abgedruckt als Fußnote bei 28. 11. 1997 − 3 StR 114/97
15. 11. 1972	BGH	2 ARs 300/72	BGHSt. 25, 51; NJW 1973, 204	4 +; 3 −	abgedruckt als Fußnote bei 18. 1. 1990 − 4 StR 616/89 u. 19. 1. 1988 − 4 StR 647/87
16. 11. 1972	BGH	1 StR 418/72	BGHSt. 25, 54; NJW 1973, 205; JZ 1974, 586	338 Nr. 1 +	
28. 11. 1972	BGH	1 StR 334/72	MDR 1973, 372 b. Dallbeiger	244 II −	abgedruckt als Fußnote bei 12. 10. 1999 − 1 StR 109/99
6. 12. 1972	BGH	2 StR 499/72	BGHSt. 25, 64	BZRG 49 −	
21. 12. 1972	BGH	1 StR 267/72	BGHSt. 25, 89; NJW 1973, 521	44 +	
10. 1. 1973	BGH	2 StR 451/72	BGHSt. 25, 100; MDR 1973, 424	BZRG 49 +	
30. 1. 1973	BGH	1 StR 560/72	NJW 1973, 522	230 +	
31. 1. 1973	BVerfG	2 BvR 454/71	BVerfGE 34, 238	94 +; 81b +	
13. 2. 1973	BGH	1 StR 541/72	BGHSt. 25, 122; NJW 1973, 860; JR 1974, 73	338 Nr. 1 +	
13. 2. 1973	BGH	5 StR 577/72	MDR 1973, 371	241 +	
27. 2. 1973	BGH	1 StR 14/73	NJW 1973, 1138	44 −; 45 −	abgedruckt als Fußnote bei 17. 1. 1995 − 1 StR 814/94 u. 13. 5. 1997 − 1 StR 142/97
27. 3. 1973	BGH	1 StR 55/73	BGHSt. 25, 163; NJW 1973, 1291	338 Nr. 1 +	
28. 3. 1973	BGH	3 StR 385/72	BGHSt. 25, 168; NJW 1973, 1289	97 −	
5. 4. 1973	BGH	2 StR 427/70	MDR 1974, 369 b. Dallbeiger	244 II −	abgedruckt als Fußnote bei 5. 9. 1989 − 1 StR 291/89
10. 4. 1973	BGH	1 StR 523/72	BGHSt. 25, 174; NJW 1973, 1193	338 Nr. 1 −	
11. 4. 1973	BGH	2 StR 42/73	BGHSt. 25, 176	251 −	

Fundstellenverzeichnis

Datum	Gericht	Aktenzeichen	Fundstellen	Abdruck bei §(§) + = erfolgreiche Rüge – = erfolglose Rüge	Druckanmerkung
16. 5. 1973	BGH	2 StR 497/72	BGHSt. 25, 187; NJW 1974, 66	410 +	
3. 7. 1973	BGH	5 StR 166/73	BGHSt. 25, 207; NJW 1973, 1805; JZ 1974, 340	245 –	
12. 7. 1973	BGH	3 StR 153/73	NJW 1973, 1514	345 –	
17. 7. 1973	BGH	1 StR 61/73	NJW 1973, 1985	265 –	
18. 7. 1973	BGH	3 StR 94/73	MDR 1973, 902	52 +	
2. 10. 1973	BGH	1 StR 217/73	MDR 1974, 54	2 –	
9. 10. 1973	BGH	1 StR 327/73	NJW 1974, 155	GVG 43 –	
9. 10. 1973	BGH	5 StR 505/73	BGHSt. 25, 234	302 –	
24. 10. 1973	BGH	2 StR 613/72	BGHSt. 25, 239; NJW 1974, 109	338 Nr. 1 +	
30. 10. 1973	BGH	5 StR 496/73	BGHSt. 25, 242	260 +	
6. 12. 1973	BGH	4 StR 554/73	BGHSt. 25, 257	GVG 45 –	
22. 1. 1974	BGH	1 StR 586/73	BGHSt. 25, 272; NJW 1974, 655; JR 1974, 478	345 +	
29. 1. 1974	BGH	1 StR 533/73	NJW 1974, 870	GVG 21 e –	
12. 2. 1974	BGH	1 StR 535/73	NJW 1974, 758	52 –	
13. 2. 1974	BGH	2 StR 552/73	BGHSt. 25, 285; NJW 1974, 869; JZ 1974, 298; MDR 1974, 502	261 +	
20. 2. 1974	BGH	2 StR 448/73	BGHSt. 25, 287; NJW 1974, 1005	265 +	
21. 2. 1974	BGH	4 StR 12/74	VRS 47, 19/20	244 III S. 2 Var. 4 +	abgedruckt als Fußnote bei 15. 6. 1984 – 5 StR 359/84
19. 3. 1974	BGH	5 StR 12/74	BGHSt. 25, 321; NJW 1974, 1148	JGG 55 +	
24. 4. 1974	BGH	2 StR 69/74	BGHSt. 25, 309	270 –	
9. 5. 1974	BGH	4 StR 102/74	BGHSt. 25, 317; NJW 1974, 1290	338 Nr. 5 –	
14. 5. 1974	BGH	1 StR 366/73	BGHSt. 25, 325; NJW 1974, 1570	243 +	
28. 5. 1974	BGH	4 StR 37/74	NJW 1974, 1572	GVG 21 f –	
28. 5. 1974	BGH	4 StR 633/73	BGHSt. 25, 333; NJW 1974, 1518	268 +	
2. 7. 1974	BVerfG	2 BvR 32/74	BVerfGE 38, 35	45 +	
10. 7. 1974	BGH	3 StR 6/73	MDR 1975, 24	238 –	
23. 8. 1974	BGH	2 StR 298/74	BGHSt. 25, 355	JGG 31 +	
28. 8. 1974	BGH	2 StR 99/74	BGHSt. 25, 357	224 +	
29. 8. 1974	BGH	4 StR 171/74	BGHSt. 25, 365	261 +	
8. 10. 1974	BVerfG	2 BvR 747–753/73	BVerfGE 38, 105		abgedruckt als Fußnote bei 6. 7. 1983 – 2 StR 222/83
24. 10. 1974	BGH	4 StR 453/74	BGHSt. 25, 388; NJW 1975, 176	154a –	
21. 2. 1975	BGH	1 StR 107/74	BGHSt. 26, 84; NJW 1975, 885	338 Nr. 5 –	
25. 2. 1975	BGH	1 StR 558/74	BGHSt. 26, 92; NJW 1975, 1177; VRS 48 (1975), 362	338 Nr. 7 –	
26. 2. 1975	BGH	2 StR 681/74	BGHSt. 26, 94; NJW 1975, 1038; JZ 1975, 331; MDR 1975, 501	354a –	
15. 4. 1975	BGH	1 StR 388/74	BGHSt. 26, 106; NJW 1975, 1236	328 +	
15. 4. 1975	BGH	5 StR 508/74	MDR 1975, 725	25 –	abgedruckt als Fußnote bei 22. 10. 1992 – 1 StR 575/92
6. 5. 1975	BGH	5 StR 139/75	BGHSt. 26, 126	44 –	abgedruckt als Fußnote bei 11. 12. 1981 – 2 StR 221/81
13. 5. 1975	BGH	1 StR 138/75	NJW 1975, 1424	GVG 21 e –	
14. 5. 1975	BGH	3 StR 113/75	MDR 1976, 17 b. Dallbeiger	244 IV +	abgedruckt als Fußnote bei 30. 7. 1999 – 1 StR 618/98
15. 5. 1975	BGH	4 StR 51/75	BGHSt. 26, 140	341 –	
10. 6. 1975	BVerfG	2 BvR 1074/74	BVerfGE 40, 45	44 +	abgedruckt als Fußnote bei 7. 4. 1976 – 2 BvR 728/75

Fundstellenverzeichnis

Datum	Gericht	Aktenzeichen	Fundstellen	Abdruck bei §(§) + = erfolgreiche Rüge – = erfolglose Rüge	Druckanmerkung
10. 6. 1975	BGH	1 StR 165/75	GA 1975, 333	136a –	
30. 7. 1975	BGH	3 StR 27/28/75	GA 1976, 141	GVG 77 –	
25. 8. 1975	BGH	2 StR 309/75	BGHSt. 26, 191; NJW 1975, 2304	2 +	
25. 9. 1975	BGH	1 StR 199/75	NJW 1976, 60	GVG 21 e –	
14. 10. 1975	BGH	1 StR 108/75	BGHSt. 26, 206; NJW 1976, 432	GVG 40 –	
21. 10. 1975	BGH	5 StR 431/75	BGHSt. 26, 218; NJW 1976, 199	338 Nr. 5 +	
22. 10. 1975	BGH	1 StE 1/74	BGHSt. 26, 228; NJW 1976, 116	331a –	
2. 12. 1975	BGH	1 StR 701/75	BGHSt. 26, 247; NJW 1976, 431; JR 1976, 342; MDR 1976, 329	338 Nr. 7 +	
16. 12. 1975	BVerfG	2 BvR 854/75	BVerfGE 41, 23	44 +	
16. 12. 1975	BGH	1 StR 755/75	NStZ 1981, 99	154 –	
19. 12. 1975	BGH	2 StR 480/73	GA 1976, 218	251 –	
21. 1. 1976	BVerfG	2 BvR 941/75	BVerfGE 41, 246	231a –	
3. 2. 1976	BGH	1 StR 694/75	BGHSt. 26, 271; NJW 1976, 720	237 +	
11. 2. 1976	BVerfG	2 BvR 849/75	BVerfGE 41, 332; NJW 1976, 1537	45 –	
11. 2. 1976	BVerfG	2 BvR 652/75	BVerfGE 41, 323	43 +	
17. 2. 1976	BGH	1 StR 863/75	BGHSt. 26, 281; NJW 1976, 812	168a –	
19. 2. 1976	BGH	2 StR 585/73	BGHSt. 26, 284; NJW 1976, 1512	264 –	
25. 2. 1976	BGH	3 StR 511/75	NJW 1976, 1108	247 +	
15. 3. 1976	BGH	AnwSt (R) 4/75	BGHSt. 26, 298	100a –	
23. 3. 1976	BGH	1 StR 9/76	GA 1976, 368	243 –	
30. 3. 1976	BGH	1 StR 30/76	BGHSt. 26, 319	338 Nr. 5 +	
7. 4. 1976	BVerfG	2 BvR 728/75	BVerfGE 42, 120; NJW 1976, 1021	44 +	
7. 4. 1976	BGH	2 StR 640/75	BGHSt. 26, 324	GVG 192 –	
29. 4. 1976	BGH	4 StR 117/76	MDR 1976, 815 b. Dallbeiger	244 III S. 2 Var. 1 +	abgedruckt als Fußnote bei 15. 10. 1981 – 4 StR 538/81
4. 5. 1976	BGH	5 StR 180/75	MDR 1976, 815 b. Dallbeiger	244 III S. 2 Var. 4 +	
11. 5. 1976	BVerfG	2 BvR 1027/75	BVerfGE 42, 172	175 +	
11. 5. 1976	BGH	1 StR 166/76	BGHSt. 26, 332; NJW 1976, 1546; JR 1977, 257	168c –; 251 +	
12. 5. 1976	BGH	3 StR 100/76	BGHSt. 26, 335; NJW 1976, 1414	146 +	
25. 5. 1976	BGH	3 StR 481/75	MDR 1976, 814	36 +; 60 Nr. 2 +	abgedruckt als Fußnote bei 18. 12. 1985 – 2 StR 619/85
26. 5. 1976	BVerfG	2 BvR 294/76	BVerfGE 42, 212	102 +	
29. 6. 1976	BVerfG	2 BvR 948/75	BVerfGE 42, 237	GVG 121 +	
30. 6. 1976	BGH	2 StR 44/76	BGHSt. 26, 367; NJW 1976, 1902	146 –	
30. 6. 1976	BGH	2 ARs 169/76	BGHSt. 26, 374	2 –	abgedruckt als Fußnote bei 27. 4. 1989 – 1 StR 632/88
20. 7. 1976	BGH	1 StR 327/76	MDR 1977, 63; JZ 1976, 790	265 +	
5. 8. 1976	BGH	5 StR 314/76	BGHSt. 26, 382; NJW 1976, 1029	338 Nr. 1 +	
7. 9. 1976	BGH	1 StR 511/76	BGHSt. 26, 393; NJW 1976, 2357; JR 1977, 299	338 Nr. 1 +	
6. 10. 1976	BGH	3 StR 291/76	BGHSt. 27, 13; NJW 1977, 157	254 –; 338 Nr. 6 –	
13. 10. 1976	BGH	3 StR 100/76	BGHSt. 27, 22; NJW 1977, 115	146 –	
26. 10. 1976	BGH	1 StR 337/76	GA 1977, 111	260 –	abgedruckt als Fußnote bei 10. 6. 1999 – 4 StR 87/98
28. 10. 1976	BVerfG	2 BvR 23/76	BVerfGE 43, 79	146 +	
9. 11. 1976	BVerfG	2 BvR 719/75	BVerfGE 43, 95	44 +	

Fundstellenverzeichnis

Datum	Gericht	Aktenzeichen	Fundstellen	Abdruck bei §(§) + = erfolgreiche Rüge – = erfolglose Rüge	Druckanmerkung
30. 11. 1976	BGH	1 StR 319/76	BGHSt. 27, 70; NJW 1977, 442	344 +	
16. 12. 1976	BGH	4 StR 614/76	BGHSt. 27, 80; NJW 1977, 541; MDR 1977, 330	345 +	
21. 12. 1976	BGH	1 StR 236/76	NJW 1977, 964	346 –	
5. 1. 1977	BGH	3 StR 433/76 (L)	BGHSt. 27, 96; NJW 1977, 1829	338 Nr. 3 –	
12. 1. 1977	BGH	2 StR 662/76	BGHSt. 27, 99	270 +	
26. 1. 1977	BGH	2 StR 613/76	BGHSt. 27, 105; NJW 1977, 965	338 Nr. 1 –	
26. 1. 1977	BGH	2 StR 650/76	BGHSt. 27, 108; NJW 1977, 816	BZRG 49 +	
2. 2. 1977	BGH	2 StR 307/76	BGHSt. 27, 115; NJW 1977, 1729	264 +	
9. 2. 1977	BGH	3 StR 382/76	BGHSt. 27, 117; NJW 1977, 964	338 Nr. 6 –	
10. 2. 1977	BGH	4 StR 663/76	MDR 1977, 637 b. Holtz	244 IV +	abgedruckt als Fußnote bei 13. 3. 1985 – 3 StR 8/85
16. 2. 1977	BGH	3 StR 500/76	BGHSt. 27, 124; NJW 1977, 910	137 –	
3. 3. 1977	BGH	2 StR 390/76	BGHSt. 27, 135; NJW 1977, 1545; JR 1978, 117	100a –; 250 –	
16. 3. 1977	BGH	3 StR 327/76	BGHSt. 27, 139; NJW 1977, 1161	251 –	
30. 3. 1977	BGH	3 StR 78/77	BGHSt. 27, 166; NJW 1977, 1498	246a +	
4. 5. 1977	BGH	3 StR 93/77	NStZ 1991, 348	338 Nr. 3 +	
4. 5. 1977	BGH	2 StR 9/77	BGHSt. 27, 176; NJW 1977, 1544	358 –	
17. 5. 1977	BGH	4 StR 102/77	BGHSt. 27, 187; NJW 1977, 1643	338 Nr. 6 +	
7. 6. 1977	BGH	5 StR 224/77	BGHSt. 27, 209; NJW 1977, 1696	338 Nr. 1 –	
21. 6. 1977	BVerfG	1 BvL 14/76	BVerfGE 45, 187	GG Art. 1 I	
21. 6. 1977	BVerfG	2 BvR 70, 361/75	BVerfGE 45, 272	146 –	
21. 6. 1977	BVerfG	2 BvR 804/76	BVerfGE 45, 354	146 –	
22. 6. 1977	BGH	3 StR 139/77	BGHSt. 27, 216; NJW 1977, 1888	338 Nr. 5 –	
30. 6. 1977	BGH	4 StR 198/77	NJW 1977, 1928	231 +	
2. 8. 1977	BGH	1 StR 130/77	MDR 1978, 626 b. Holtz	244 III–VI +	abgedruckt als Fußnote bei 21. 6. 1995 – 2 StR 67/95
3. 8. 1977	BGH	2 StR 318/77	BGHSt. 27, 231; NJW 1977, 2365; JZ 1977, 726; MDR 1977, 1029	252 +	
8. 8. 1977	OLG Celle	3 Ss 172/77	NdsRpfl 1977, 252	286 +	
10. 8. 1977	BGH	3 StR 240/77	BGHSt. 27, 236; NJW 1977, 2237	329 –	
9. 9. 1977	BGH	4 StR 230/77	NJW 1978, 113	244 II –; 244 III S. 2 Var. 5 –	abgedruckt als Fußnote bei 14. 3. 1985 – 1 StR 775/84 u. 22. 4. 1983 – 3 StR 420/82
13. 9. 1977	BGH	1 StR 451/77	BGHSt. 27, 250	JGG 38 –	
14. 9. 1977	BGH	3 StR 278/77	MDR 1978, 111	201 +	
23. 9. 1977	BGH	1 BJs 80/77	BGHSt. 27, 260	81b +	abgedruckt als Fußnote bei 9. 4. 1986 – 3 StR 551/85
12. 10. 1977	BGH	2 StR 410/77	BGHSt. 410/77	265 +	abgedruckt als Fußnote bei 2. 2. 1990 – 3 StR 480/89
12. 10. 1977	BGH	3 StR 287/77	BGHSt. 27, 274; NJW 1978, 503	MRK Art. 6 +	
13. 10. 1977	BGH	4 StR 451/77	BGHSt. 27, 295; NJW 1978, 384	JGG 105 +	
19. 10. 1977	BVerfG	2 BvR 462/77	BVerfGE 46, 202	140 +	
15. 11. 1977	BGH	5 StR 519/77	MDR 1978, 281 b. Holtz	244 III S. 2 Var. 4 +	abgedruckt als Fußnote bei 22. 4. 1993 – 1 StR 123/93
13. 12. 1977	BGH	5 StR 725/77	DAR 1978, 155 b. Spiegel	244 III S. 2 Var. 2 +	abgedruckt als Fußnote bei 12. 8. 1986 – 5 StR 204/86

Fundstellenverzeichnis

Datum	Gericht	Aktenzeichen	Fundstellen	Abdruck bei §(§) + = erfolgreiche Rüge – = erfolglose Rüge	Druckanmerkung
10. 1. 1978	BGH	2 StR 654/77	BGHSt. 27, 334; NJW 1978, 1169; MDR 1978, 416	338 Nr. 7 +	
17. 1. 1978	BGH	5 StR 554/77	BGHSt. 27, 339; NJW 1978, 955	254 +	
31. 1. 1978	BGH	5 StR 534/77	BGHSt. 27, 344; NJW 1978, 1196; MDR 1978, 418	338 Nr. 1 +	
21. 2. 1978	BGH	1 StR 624/77	NJW 1978, 1207	244 IV –	abgedruckt als Fußnote bei 4. 3. 1993 – 2 StR 503/92
22. 2. 1978	BGH	2 StR 334/77	BGHSt. 27, 355; NJW 1978, 1590	100a +	
21. 3. 1978	BGH	1 StR 499/77	MDR 1978, 626 b. Holtz	244 III–VI –	abgedruckt als Fußnote bei 21. 6. 1995 – 2 StR 67/95
7. 4. 1978	BVerfG	2 BvR 202/78	BVerfGE 48, 118	GVG 176 –	
11. 4. 1978	BGH	1 StR 576/77	NJW 1978, 1594	GVG 74 +	
12. 4. 1978	BGH	3 StR 58/78	BGHSt. 27, 397; NJW 1978, 1444	338 Nr. 1 –	
8. 5. 1978	BGH	AnwSt (R) 3/78	BGHSt. 28, 35; NJW 1978, 2403	BRAO 134 –	
21. 6. 1978	BGH	3 StR 81/78 (S)	BGHSt. 28, 61; NJW 1978, 2162	338 Nr. 1 +	
11. 7. 1978	BGH	1 StR 232/78	BGHSt. 28, 69	410 –	
1. 8. 1978	BGH	5 StR 418/78	MDR 1978, 988 b. Holtz	244 IV –; 244 VI +	abgedruckt als Fußnote bei 20. 6. 1985 – 1 StR 682/84 u. 11. 11. 1981 – 2 StR 596/81
30. 8. 1978	BGH	2 StR 323/78	BGHSt. 28, 119; NJW 1979, 54	GG Art. 103 +	
30. 8. 1978	BGH	3 StR 255/78	BGHSt. 28, 122	100a –	
19. 9. 1978	BGH	5 StR 515/78	GA 1979, 144	252 +	abgedruckt als Fußnote bei 20. 3. 1990 – 1 StR 693/89
3. 10. 1978	BGH	1 StR 285/78	NJW 1979, 276; JR 1979, 434	247 –	
10. 10. 1978	BGH	4 StR 444/78	MDR 1979, 106	JGG 31 –	abgedruckt als Fußnote bei 31. 10. 1989 – 1 StR 501/89
11. 11. 1978	BGH	4 StR 668/78	NJW 1979, 1668	258 –	
13. 11. 1978	BGH	AnwSt (R) 14/78	BGHSt. 28, 178	BRAO 118 –	
13. 11. 1978	BGH	AnwSt (R) 17/77	BGHSt. 28, 183; NJW 1979, 2256	BRAO 101 –	
14. 11. 1978	BGH	1 StR 448/78	BGHSt. 28, 194; NJW 1979, 663; MDR 1979, 320	338 Nr. 7 +	
15. 11. 1978	BGH	2 StR 456/78	BGHSt. 28, 196; NJW 1979, 663; MDR 1979, 320	265 +	
28. 12. 1978	BGH	BJs 92/75 StB 235/78	BGHSt. 28, 240; NJW 1979, 1212	53 –	
16. 1. 1979	BGH	1 StR 575/78	BGHSt. 28, 262; NJW 1979, 2160	338 Nr. 2 –	
17. 1. 1979	BGH	3 StR 402/78	GA 1979, 223	154 e –	
17. 1. 1979	BGH	3 StR 430/78	BGHSt. 28, 266; NJW 1979, 1835	338 Nr. 1 –	
17. 1. 1979	BGH	3 StR 450/78	NStZ 1981, 96 bei Pfeiffer	244 II –	abgedruckt als Fußnote bei 7. 5. 1988 – 2 StR 22/88
23. 1. 1979	BGH	5 StR 748/78	BGHSt. 28, 272; NJW 1979, 1310	61 +	
1. 2. 1979	BGH	4 StR 657/78	BGHSt. 28, 290; NJW 1979, 1052	338 Nr. 1 +	
21. 2. 1979	BGH	2 StR 749/78	BGHSt. 28, 310; NJW 1979, 1513	261 +	
6. 3. 1979	BGH	1 StR 747/78	BGHSt. 28, 338; NJW 1979, 1720	BZRG 49 +	
7. 3. 1979	BGH	3 StR 466/78	GA 1980, 68	GVG 48 +	
7. 3. 1979	BGH	3 StR 39/79 (S)	BGHSt. 28, 341; NJW 1979, 2622	338 Nr. 6 –	
8. 3. 1979	BGH	4 StR 634/78	NJW 1979, 1722	252 +	
21. 3. 1979	BGH	2 StR 453/78	MDR 1979, 638	275 –	

Datum	Gericht	Aktenzeichen	Fundstellen	Abdruck bei §(§) + = erfolgreiche Rüge – = erfolglose Rüge	Druckanmerkung
22. 3. 1979	BGH	4 StR 691/78	NJW 1979, 1788	244 III S. 2 Var. 5 +; 244 VI +; 244 III S. 2 Var. 5 –; 244 III S. 2 Var. 5 +	abgedruckt als Fußnote bei 15. 12. 1981 – 1 StR 733/81 u. 10. 5. 1983 – 5 StR 221/83 u. 6. 12. 1989 – 1 StR 559/89 u. 19. 12. 1984 – 2 StR 644/84
11. 4. 1979	BGH	2 StR 306/78	BGHSt. 28, 384; NJW 1979, 2319	329 –	
2. 5. 1979	BGH	2 StR 99/79	BGHSt. 29, 1; NJW 1980, 1056	168c –	
22. 5. 1979	BGH	5 StR 145/79	MDR 1979, 807	244 III–VI +	
7. 6. 1979	BGH	4 StR 441/78	BGHSt. 29, 18; NJW 1979, 2318; JR 1980, 168	261 –	
12. 6. 1979	BGH	1 StR 135/79	NStZ 1981, 298	22 –	abgedruckt als Fußnote bei 27. 8. 1991 – 1 StR 438/91
19. 6. 1979	BVerfG	2 BvR 1060/78	BVerfGE 51, 324; NJW 1979, 2349	206a +	
20. 6. 1979	BGH	2 StR 63/79	BGHSt. 29, 23; NJW 1980, 67	100a –	
3. 7. 1979	BGH	1 StR 137/79		252 –; 52 +	MDR 1979, 952; abgedruckt als Fußnote bei 29. 6. 1983 – 2 StR 150/83 u. 4. 11. 1986 – 1 StR 498/86
5. 7. 1979	BGH	4 StR 272/79	BGHSt. 29, 43; NJW 1980, 298	338 Nr. 7 –	
11. 7. 1979	BGH	3 StR 165/79	NJW 1980, 249	338 Nr. 6 –	
12. 7. 1979	BGH	4 StR 291/79	NJW 1980, 794	261 +	
12. 7. 1979	BGH	3 StR 229/79	NStZ 1981, 96 b. Pfeiffer	244 III S. 2 Var. 5 –	abgedruckt als Fußnote bei 22. 4. 1983 – 3 StR 420/82
17. 7. 1979	BGH	1 StR 298/79	BGHSt. 29, 67; NJW 1979, 2572	JGG 32 +	
15. 8. 1979	BGH	2 StR 465/79	BGHSt. 29, 94; NJW 1979, 2483	206a +	
25. 9. 1979	BGH	1 StR 702/78	NJW 1980, 845	22 –	
3. 10. 1979	BGH	3 StR 327/79 (S)	GA 1980, 108	200 +	
3. 10. 1979	BGH	3 StR 264/79 (S)	BGHSt. 29, 99	338 Nr. 8 –	abgedruckt als Fußnote bei 7. 11. 1991 – 4 StR 252/91
10. 10. 1979	BGH	3 StR 281/79 (S)	BGHSt. 29, 109; NJW 1980, 464	251 +, 261 +, 110a +	
15. 10. 1979	BGH	AnwSt (R) 3/79	BGHSt. 29, 124; NJW 1980, 897	207 –	
17. 10. 1979	BGH	3 StR 401/79		274 –	abgedruckt als Fußnote bei 20. 4. 1982 – 1 StR 833/81
7. 11. 1979	BGH	3 StR 16/79	NJW 1980, 651	256 +	
13. 11. 1979	BGH	5 StR 713/79	StV 1981, 57; NStZ 1981, 95	247 +	
22. 11. 1979	BGH	4 StR 513/79	NStZ 1981, 296 (P)	244 II +	abgedruckt als Fußnote bei 29. 12. 1989 – 4 StR 630/89
28. 11. 1979	BGH	3 StR 405/79	NJW 1980, 846	54 +	abgedruckt als Fußnote bei 11. 9. 1980 – 4 StR 16/80
28. 11. 1979	BGH	3 StR 405/79	JR 1981, 122	222b –	
4. 12. 1979	BGH	5 StR 571/79	GA 1980, 255	16 –	
4. 12. 1979	BGH	5 StR 337/79	BGHSt. 29, 144; NJW 1980, 1175	338 Nr. 1 +	
7. 12. 1979	BGH	3 StR 299/79 (S)	BGHSt. 29, 149; NJW 1980, 1533; NStZ 1981, 96	338 Nr. 8 +	auch abgedruckt als Fußnote bei BGHSt. 32, 10
13. 12. 1979	BGH	4 StR 562/79	GA 1980, 220	209 –	
13. 12. 1979	BGH	4 StR 632/79	BGHSt. 29, 162; NJW 1980, 951	338 Nr. 1 –	
18. 12. 1979	BGH	5 StR 697/79	NJW 1980, 1007	338 Nr. 7 –	
31. 12. 1979	BGH	2 StR 705/79	NJW 1980, 950	331 +	
8. 1. 1980	BGH	5 StR 716/79	GA 1980, 355; MDR 1980, 456 b. Holtz; StV 1981, 5	244 VI +; 244 III S. 2 Var. 5 +	abgedruckt als Fußnote bei 10. 5. 1983 – 5 StR 221/83 u. 19. 12. 1984 – 2 StR 644/84
29. 1. 1980	BGH	1 StR 773/79	StV 1981, 4; MDR 1980, 456	52 +	

Fundstellenverzeichnis

Datum	Gericht	Aktenzeichen	Fundstellen	Abdruck bei §(§) + = erfolgreiche Rüge − = erfolglose Rüge	Druckanmerkung
6. 2. 1980	BGH	2 StR 729/79	BGHSt. 29, 203; NJW 1980, 1292; JR 1980, 520	338 Nr. 7 −	
13. 2. 1980	BGH	3 StR 57/80 (S)	BGHSt. 29, 216; NJW 1980, 1586	270 +	
26. 2. 1980	BGH	4 StR 700/79	VRS 58 (1980), 374	261 −	
5. 3. 1980	BGH	2 StR 657/79	GA 1980, 256	60 −	
10. 3. 1980	BGH	3 StR 55/80	BGHSt. 18, 218	260 −	abgedruckt als Fußnote bei 9. 12. 1983 − 2 StR 452/83
18. 3. 1980	BGH	1 StR 213/79	BGHSt. 29, 224; NJW 1980, 1858	207 −	
25. 3. 1980	BGH	5 StR 36/80	BGHSt. 29, 230; NJW 1980, 1533; JR 1981, 125	252 +	
15. 4. 1980	BGH	5 StR 193/80	MDR 1980, 631 b. Holtz	244 III S. 2 Var. 7 +	abgedruckt als Fußnote bei 26. 1. 1982 − 1 StR 802/81
15. 4. 1980	BGH	1 StR 107/80	NJW 1980, 1761	264 +	
18. 4. 1980	BGH	2 StR 731/79	BGHSt. 29, 244	G 10 § 7 −	
23. 4. 1980	BGH	3 StR 434/79 (S)	BGHSt. 29, 258; NJW 1981, 61; NStZ 1982, 188	338 Nr. 6 −	
30. 4. 1980	BGH	2 StR 104/80	GA 1981, 36	206a +	
6. 5. 1980	BGH	5 StR 142/80	NStZ 1982, 188/189 b. Pfeiffer	244 IV +	abgedruckt als Fußnote bei 30. 7. 1999 − 1 StR 618/98
7. 5. 1980	BGH	2 StR 10/80	BGHSt. 29, 269; NJW 1980, 1967	358 +	
8. 5. 1980	BGH	4 StR 172/80	BGHSt. 29, 274; NJW 1980, 2479	265 +	
13. 5. 1980	BVerfG	2 BvR 705/97	BVerfGE 54, 140	258 +	
13. 5. 1980	BGH	1 StR 169/80	MDR 1980, 815	GVG 16 −	
28. 5. 1980	BGH	3 StR 155/80 (L)	NJW 1980, 2088	GVG 174 +	
10. 6. 1980	BGH	5 StR 464/79	BGHSt. 29, 283; NJW 1980, 2369; NStZ 1981, 31; StV 1981, 6; JR 1981, 122	338 Nr. 1 −	
11. 6. 1980	BGH	3 StR 9/80	BGHSt. 29, 288	264 −	
2. 7. 1980	BGH	3 StR 204/80	NStZ 1981, 33	261 +	
8. 7. 1980	BGH	5 StR 686/79	BGHSt. 29, 305	411 −	
10. 7. 1980	BGH	4 StR 303/80	NJW 1980, 2423	267 +	
16. 7. 1980	BGH	2 StR 135/80	MDR 1980, 986 f. b. Holtz	244 III S. 2 Var. 7 +	abgedruckt als Fußnote bei 26. 1. 1982 − 1 StR 802/81 u. 24. 3. 1982 − 2 StR 132/82
23. 7. 1980	BGH	2 StR 317/80	NStZ 1981, 100	154 +	
31. 7. 1980	BGH	2 StR 343/80	MDR 1980, 987 b. Holtz	244 III−VI +	abgedruckt als Fußnote bei 19. 12. 1986 − 2 StR 324/86
25. 8. 1980	BGH	3 StR 155/80	NJW 1980, 2088	251 +	abgedruckt als Fußnote bei 5. 11. 1982 − 2 StR 250/82
11. 9. 1980	BGH	4 StR 16/80	NStZ 1981, 70	54 +	
1. 10. 1980	BGH	2 StR 220/80	StV 1981, 3	338 Nr. 6 +	
8. 10. 1980	BGH	3 StR 390/80	MDR 1981, 102	265 +	abgedruckt als Fußnote bei 15. 5. 1984 − 1 StR 269/84
8. 10. 1980	BGH	3 StR 273/80	StV 1981, 3	338 Nr. 6 +	
14. 10. 1980	BGH	5 StR 206/80	NStZ 1981, 71	241 +	
14. 10. 1980	BGH	5 StR 277/80	StV 1982, 457	243 +	
16. 10. 1980	BGH	StB 29, 30, 31/80	BGHSt. 29, 351; NJW 1981, 133; JR 1981, 377	338 Nr. 2 −	
21. 10. 1980	BGH	1 StR 451/80	NStZ 1981, 355	JGG 105 −	
22. 10. 1980	BGH	2 StR 612/80	MDR 1981, 157; JR 1981, 432	261 +	
28. 10. 1980	BGH	1 StR 235/80	NStZ 1981, 110	44 +	
29. 10. 1980	BGH	3 StR 335/80	BGHSt. 29, 390; NJW 1981, 355; StV 1981, 58; NStZ 1981, 111; JR 1981, 150	244 III S. 2 Var. 5 +	
1. 11. 1980	BGH	2 StR 522/80	StV 1981, 55	261 +	

Datum	Gericht	Aktenzeichen	Fundstellen	Abdruck bei §(§) + = erfolgreiche Rüge – = erfolglose Rüge	Druckanmerkung
4. 11. 1980	BGH	5 StR 508/80	NStZ 1981, 71	238 +	
5. 11. 1980	BGH	2 StR 488/80	StV 1981, 56	274 –	
6. 11. 1980	BGH	4 StR 156/80	StV 1981, 55	74 +	
6. 11. 1980	BGH	4 StR 593/80	DAR 1981, 199 b. Spiegel	244 III S. 2 Var. 2 +	abgedruckt als Fußnote bei 5. 8. 1993 – 4 StR 427/93
7. 11. 1980	BGH	2 StR 522/80	StV 1981, 55	261 +	
11. 11. 1980	BGH	1 StR 527/80	NStZ 1981, 190	265 –	
11. 11. 1980	BGH	4 StR 16/80	NStZ 1981, 70	54 +	
11. 11. 1980	BGH	1 StR 506/80	bisher unveröffentlicht	GVG 40 –	
25. 11. 1980	BGH	1 StR 508/80	StV 1981, 127	264 +	
25. 11. 1980	BGH	5 StR 356/80	NJW 1981, 354	154a +	
26. 11. 1980	BGH	2 StR 597/80	GA 1981, 320	338 Nr. 6 +	
26. 11. 1980	BGH	2 StR 689/80	StV 1981, 77; MDR 1981, 269	6a +	
27. 11. 1980	BGH	2 StR 631/80	StV 1981, 236	154 +	
2. 12. 1980	BGH	1 StR 441/80	StV 1981, 117	52 +; 52 –	abgedruckt als Fußnote bei 4. 11. 1986 – 1 StR 498/86 u. 29. 10. 1991 – 1 StR 334/90
4. 12. 1980	BGH	1 StR 570/80	StV 1981, 113	261 +	
10. 12. 1980	BGH	3 StR 410/80	BGHSt. 30, 10; NJW 1981, 694; NStZ 1981, 231	249 –	
11. 12. 1980	BGH	4 StR 588/80	NJW 1981, 770; StV 1981, 109	244 III S. 2 Var. 5 +	
11. 12. 1980	BGH	4 StR 503/80	GA 1981, 321	6a –	abgedruckt als Fußnote bei 21. 3. 1985 – 1 StR 417/84
17. 12. 1980	BGH	2 StR 622/80	StV 1981, 114	261 +	
13. 1. 1981	BVerfG	1 BvR 116/77	BVerfGE 56, 37	136 +	
20. 1. 1981	BGH	5 StR 562/80	GA 1981, 382	GVG 54 –	
20. 1. 1981	BGH	1 StR 672/80	NStZ 1981, 309	244 III S. 2 Var. 2 +	abgedruckt als Fußnote bei 12. 8. 1986 – 5 StR 204/86
22. 1. 1981	BGH	4 StR 97/80	NStZ 1981, 311	338 Nr. 6 –	
23. 1. 1981	BGH	3 StR 467/80	NStZ 1981, 270	251 +; 251 –	abgedruckt als Fußnote bei 5. 12. 1984 – 2 StR 526/84 u. 14. 11. 1984 – 3 StR 418/84
26. 1. 1981	BGH	4 StR 2/81	StV 1981, 164	251 +	
27. 1. 1981	BGH	5 StR 143/80	StV 1981, 163	25 –	
28. 1. 1981	BGH	3 StR 483/80	NStZ 1981, 146	251 +	
2. 2. 1981	BGH	3 StR 411/80	NJW 1981, 1502	231 –	
3. 2. 1981	BGH	5 StR 706/80	StV 1981, 117; NStZ 1981, 190	146 +	
5. 2. 1981	BGH	4 StR 13/81	StV 1981, 170	345 +	
5. 2. 1981	BGH	1 StR 603/80	StV 1981, 165	244 II +	abgedruckt als Fußnote bei 29. 5. 1991 – 2 StR 68/91
6. 2. 1981	BGH	2 StR 370/80	NJW 1981, 1626; StV 1981, 392	260 –	
12. 2. 1981	BGH	4 StR 714/80	MDR 1981, 455 b. Holtz	244 II –; 244 II +	abgedruckt als Fußnote bei 14. 3. 1985 – 1 StR 775/84 u. 24. 3. 1988 – 4 StR 18/88
17. 2. 1981	BGH	5 StR 21/81	BGHSt. 30, 34; NJW 1981, 1052; StV 1981, 111	244 III S. 2 Var. 5 +	
18. 2. 1981	BGH	3 StR 269/80	NStZ 1981, 447	207 –	
3. 3. 1981	BGH	5 StR 28/81	StV 1981, 221	258 +	
10. 3. 1981	BGH	1 StR 808/80	StV 1981, 220; NStZ 1981, 271	251 +	
11. 3. 1981	BGH	2 StR 715/80	StV 1981, 236	154 +	
12. 3. 1981	BGH	1 StR 598/80	NStZ 1981, 271; StV 1981, 330	261 +	
17. 3. 1981	BGH	2 StR 793/81	NStZ 1982, 342	261 +	
17. 3. 1981	BGH	1 StR 113/81	StV 1981, 269	69 +	
25. 3. 1981	BGH	3 StR 61/81	StV 1981, 276	136a –	
25. 3. 1981	BGH	3 StR 61/81	StV 1981, 276	260 +	abgedruckt als Fußnote bei 23. 5. 1984 – 1 StR 148/84
26. 3. 1981	BGH	4 StR 76/81	NStZ 1981, 268	60 –	abgedruckt als Fußnote bei 21. 4. 1986 – 2 StR 731/85

Fundstellenverzeichnis

Datum	Gericht	Aktenzeichen	Fundstellen	Abdruck bei §(§) + = erfolgreiche Rüge – = erfolglose Rüge	Druckanmerkung
26. 3. 1981	BGH	1 StR 206/80	BGHSt. 30, 64; NJW 1981, 1627	314 +	
1. 4. 1981	BGH	2 StR 791/80	BGHSt. 30, 74; NJW 1981, 1568; StV 1981, 270	338 Nr. 5 +	
8. 4. 1981	BGH	3 StR 88/81	NStZ 1983, 210	243 –	
10. 4. 1981	BGH	3 StR 236/80	StV 1981, 393	231 +	
29. 4. 1981	BGH	5 StR 172/81	StV 1981, 330	244 III–VI +	abgedruckt als Fußnote bei 31. 3. 1989 – 3 StR 486/88
5. 5. 1981	BGH	5 StR 233/81	NStZ 1981, 309	244 III S. 2 Var. 2 +	abgedruckt als Fußnote bei 18. 1. 1983 – 3 StR 415/82
8. 5. 1981	BGH	3 StR 163/81	StV 1981, 329	60 +	
14. 5. 1981	BGH	1 StR 160/81	NStZ 1981, 311	246 +	
14. 5. 1981	BGH	4 StR 694/80	BGHSt. 30, 98; NJW 1981, 2422	JGG 55 –	
26. 5. 1981	BVerfG	2 BvR 215/81	BVerfGE 57, 250; NJW 1981, 1719; NStZ 1981, 354; StV 1981, 381	251 –	
26. 5. 1981	BGH	1 StR 48/81	BGHSt. 30, 131; NJW 1981, 2267; StV 1981, 500; NStZ 1981, 361	338 Nr. 8 –	
27. 5. 1981	BGH	3 StR 141/81	NStZ 1981, 401	267 +	
1. 6. 1981	BGH	3 StR 173/81	BGHSt. 30, 147; NJW 1981, 2422; NStZ 1981, 389; JZ 1981, 675; MDR 1981, 769	154a +	
2. 6. 1981	BGH	5 StR 175/81	BGHSt. 30, 149; NJW 1981, 2073; StV 1981, 396; NStZ 1981, 399	GVG 54 +	
3. 6. 1981	BGH	2 StR 170/81	NStZ 1981, 400	244 IV –	
9. 6. 1981	BGH	4 StR 263/81	NStZ 1981, 448	207 +	
11. 6. 1981	BGH	1 StR 303/81	StV 1981, 393	345 –	
23. 6. 1981	BGH	5 StR 268/81	StV 1982, 60	GVG 52 –	
23. 6. 1981	BGH	5 StR 164/81	StV 1981, 601	244 III S. 2 Var. 5 –; 244 III S. 2 Var. 5 –; 244 III S. 2 Var. 5 +	abgedruckt als Fußnote bei 6. 11. 1991 – 2 StR 342/91 u. 6. 11. 1991 – 2 StR 342/ 91 u. 19. 12. 1984 – 2 StR 644/84
23. 6. 1981	BGH	5 StR 234/81	NStZ 1981, 401	244 III S. 2 Var. 2 +	abgedruckt als Fußnote bei 10. 11. 1992 – 5 StR 474/ 92
26. 6. 1981	BGH	3 StR 83/81	BGHSt. 30, 165; JR 1982, 255	264 +	
26. 6. 1981	BGH	3 StR 162/81	StV 1981, 510	338 Nr. 5 +	
14. 7. 1981	BGH	1 StR 385/81	NStZ 1981, 401	245 +	
14. 7. 1981	BGH	1 StR 815/80	BGHSt. 30, 182; NJW 1982, 532; StV 1981, 533; NStZ 1981, 487	GVG 184 –	
14. 7. 1981	BGH	5 StR 343/81	NStZ 1983, 210 b. Pfeiffer/Mie- bach	244 III–VI +	abgedruckt als Fußnote bei 31. 3. 1989 – 3 StR 486/88
21. 7. 1981	BGH	1 StR 219/81	StV 1981, 535	395 +	
31. 7. 1981	BGH	2 StR 343/80	GA 1981, 228 f.	244 III–VI –	
11. 8. 1981	BGH	5 StR 309/81	BGHSt. 30, 187; NJW 1981, 2311; NStZ 1981, 447	338 Nr. 4 –	
12. 8. 1981	BGH	3 StR 249/81	NStZ 1981, 449	338 Nr. 5 +	
19. 8. 1981	BGH	3 StR 226/81	BGHSt. 30, 193; StV 1981, 594; NStZ 1981, 477	338 Nr. 6 +	
2. 9. 1981	BGH	3 StR 225/81	StV 1981, 602	244 III S. 2 Var. 5 +	abgedruckt als Fußnote bei 19. 12. 1984 – 2 StR 644/ 84
2. 9. 1981	BGH	3 StR 314/81	NStZ 1981, 488	261 +	
9. 9. 1981	BGH	3 StR 290/81	BGHSt. 30, 197; NStZ 1982, 40	154 +	

Datum	Gericht	Aktenzeichen	Fundstellen	Abdruck bei §(§) + = erfolgreiche Rüge – = erfolglose Rüge	Druckanmerkung
9. 9.1981	BGH	2 StR 406/81	StV 1981, 596; NStZ 1982, 42	338 Nr. 5 +	
11. 9.1981	BGH	2 StR 519/81	NStZ 1981, 487; StV 1982, 2	244 III S. 2 Var. 6 +	abgedruckt als Fußnote bei 24. 4. 1990 – 5 StR 123/90
17. 9.1981	BGH	4 StR 496/81	StV 1982, 4	268 +	
18. 9.1981	BGH	2 StR 370/81	BGHSt. 30, 212; NJW 1982, 59; StV 1981, 595; NStZ 1982, 169	338 Nr. 6 –	
30. 9.1981	BGH	2 StR 534/81	StV 1982, 27	JGG 38 +	
6. 10. 1981	BGH	1 StR 332/81	NStZ 1982, 40	96 +	
8. 10. 1981	BGH	3 StR 449/81; 3 StR 450/81	NStZ 1982, 158	241 –	
13. 10. 1981	BGH	1 StR 561/81	NStZ 1982, 42	338 Nr. 8 –	abgedruckt als Fußnote bei 27. 11. 1984 – 1 StR 635/84
13. 10. 1981	BGH	1 StR 471/81	BGHSt. 30, 225; NJW 1982, 589	267 –	
13. 10. 1981	BGH	5 StR 433/81	NStZ 1982, 78	60 +; 60 –; 244 III–VI –	abgedruckt als Fußnote bei 18. 3. 1998 – 5 StR 710/97 u. 28. 11. 1997 – 3 StR 114/97
15. 10. 1981	BGH	4 StR 538/81	StV 1982, 55	244 III S. 2 Var. 1 +	
20. 10. 1981	BGH	5 StR 564/81	NStZ 1982, 41	338 Nr. 1 +	
21. 10. 1981	BGH	2 StR 294/81	NStZ 1982, 127	60 +	
23. 10. 1981	BGH	2 StR 263/81	BGHSt. 30, 244; NJW 1982, 294	GVG 49 +	
27. 10. 1981	BGH	5 StR 570/81	NStZ 1982, 41	244 III S. 2 Var. 6 +	
27. 10. 1981	BGH	1 StR 496/81	NStZ 82, 79	256 –	
30. 10. 1981	BGH	3 StR 334/81	StV 1982, 55	244 III S. 2 Var. 5 +	
3. 11. 1981	BGH	5 StR 587/81	StV 1982, 59	256 +	
3. 11. 1981	BGH	1 StR 711/81	StV 1982, 51; NStZ 1982, 78	22 Nr. 4 +	
3. 11. 1981	BGH	5 StR 566/81	BGHSt. 30, 255; NJW 1982, 293; StV 1982, 6	GVG 52 +	
4. 11. 1981	BGH	2 StR 318/81	NStZ 1982, 80	338 Nr. 7 +	
4. 11. 1981	BGH	2 StR 242/81	BGHSt. 30, 260; NJW 1982, 454; NStZ 1982, 119; StV 1982, 122	338 Nr. 4 +	
11. 11. 1981	BGH	2 StR 596/81	StV 1982, 101	244 VI +	
11. 11. 1981	BGH	3 StR 372/81	NStZ 1982, 79	267 –	
13. 11. 1981	BGH	2 StR 242/81	StV 1982, 53; NStZ 1982, 126	206a +	
13. 11. 1981	BGH	3 StR 376/81	StV 1982, 102	244 III S. 2 Var. 4 +	
1. 12. 1981	BGH	1 StR 499/81	StV 1982, 59	261 +	
1. 12. 1981	BGH	1 StR 393/81	BGHSt. 30, 268; NJW 1982, 1404; NStZ 1982, 295	338 Nr. 1 –	
2. 12. 1981	BGH	2 StR 492/81	NStZ 1982, 126	244 III S. 2 Var. 2 +	abgedruckt als Fußnote bei 8. 2. 2000 – 4 StR 592/99
3. 12. 1981	BGH	4 StR 564/81	NStZ 1982, 125	201 –	
8. 12. 1981	BGH	5 StR 504/81	StV 1982, 155	338 Nr. 5 –	
9. 12. 1981	BGH	3 StR 368/81 (S)	BGHSt. 30, 298; NJW 1982, 948; NStZ 1982, 254; StV 1982, 106	338 Nr. 6 –	
11. 12. 1981	BGH	2 StR 221/81	BGHSt. 30, 309; NJW 1982, 1544; NStZ 1982, 212; MDR 1982, 241	44 –	
14. 12. 1981	BGH	AnwSt (R) 20/81	BGHSt. 30, 312	BRAO 113 +	
15. 12. 1981	BGH	5 StR 712/81	StV 1982, 155	244 III–VI +	abgedruckt als Fußnote bei 31. 3. 1989 – 3 StR 486/88
15. 12. 1981	BGH	1 StR 724/81	NJW 1982, 1057; StV 1982, 100; MDR 1982, 338	243 –	
15. 12. 1981	BGH	1 StR 733/81	NJW 1982, 2738; NStZ 1982, 171; StV 1982, 208	244 III S. 2 Var. 5 +	

Fundstellenverzeichnis

Datum	Gericht	Aktenzeichen	Fundstellen	Abdruck bei §(§) + = erfolgreiche Rüge – = erfolglose Rüge	Druckanmerkung
			NStZ 1982, 171	251 –	MDR 1982, 338; abgedruckt als Fußnote bei 24. 8. 1983 – 3 StR 136/83
22. 12. 1981	BGH	5 StR 662/81	NStZ 1982, 126; StV 1982, 209	244 III S. 2 Var. 4 –	
22. 12. 1981	BGH	5 StR 540/81	BGHSt. 30, 317; NJW 1982, 455; NStZ 1982, 125	100a +	
23. 12. 1981	BGH	2 StR 742/81	StV 1982, 151; NStZ 1982, 156	206a +	
5. 1. 1982	BGH	5 StR 706/81	NStZ 1982, 169	338 Nr. 6 +	
5. 1. 1982	BGH	5 StR 267/81	BGHSt. 30, 332; NJW 1982, 947; StV 1982, 151	60 –	
8. 1. 1982	BGH	2 StR 751/80	BGHSt. 30, 335; NJW 1982, 1110; StV 1982, 213	345 +	
12. 1. 1982	BGH	5 StR 745/81	StV 1982, 158	338 Nr. 6 +	abgedruckt als Fußnote bei 29. 3. 1983 – 1 StR 50/83
14. 1. 1982	BGH	1 StR 809/81	NStZ 1982, 170; StV 1982, 204; GA 1982, 448	68a +	
14. 1. 1982	BGH	4 StR 642/81	BGHSt. 30, 340; NJW 1982, 1295	353 –	
15. 1. 1982	BGH	2 StR 153/81	BGHSt. 30, 347; NJW 1982, 1238	60 –	
19. 1. 1982	BGH	5 StR 640/81	StV 1982, 99	338 Nr. 3 +	
19. 1. 1982	BGH	1 StR 755/81	StV 1982, 206	96 +	
26. 1. 1982	BGH	1 StR 802/81	StV 1982, 209	244 III S. 2 Var. 7 +	
3. 2. 1982	BGH	2 StR 374/81	NStZ 1982, 291; StV 1982, 339	MRK Art. 6 –	auch abgedruckt als Fußnote bei 27. 5. 1982 – 4 StR 34/82
3. 2. 1982	BGH	2 StR 634/81	BGHSt. 30, 371; NJW 1982, 1470	338 Nr. 1 –	
3. 2. 1982	BGH	2 StR 500/81	StV 1982, 207	251 – ; 244 III S. 2 Var. 5 +	abgedruckt als Fußnote bei 24. 8. 1983 – 3 StR 136/83 u. 19. 12. 1984 – 2 StR 644/84
5. 2. 1982	BGH	3 StR 33/82	StV 1982, 356; NStZ 1983, 355 b. Pfeiffer/Miebach	231 +	
5. 2. 1982	BGH	3 StR 22/82	StV 1982, 153	338 Nr. 5 +	
9. 2. 1982	BGH	1 StR 849/81	NStZ 1982, 213	244 III S. 2 Var. 2 +	abgedruckt als Fußnote bei 18. 1. 1983 – 3 StR 415/82 (S)
9. 2. 1982	BGH	1 StR 815/81	StV 1982, 213	345 –	
9. 2. 1982	BGH	1 StR 720/81	StV 1982, 251	60 –	
16. 2. 1982	BGH	5 StR 688/81	NStZ 1982, 212	251 – ; 244 III S. 2 Var. 5 +	StV 1982, 507; abgedruckt als Fußnote bei 24. 8. 1983 – 3 StR 136/83 u. 19. 12. 1984 – 2 StR 644/84
17. 2. 1982	BGH	3 StR 484/81	NStZ 1982, 257; StV 1982, 336	JGG 38 +	
18. 2. 1982	BGH	2 StR 798/81	BGHSt. 30, 383; NJW 1982, 1602; NStZ 1982, 341	244 III S. 2 Var. 7 +	
24. 2. 1982	BGH	3 StR 444/81	StV 1983, 267	261 –	
2. 3. 1982	BGH	1 StR 55/82	StV 1982, 251	60 –	
3. 3. 1982	BGH	2 StR 32/82	BGHSt. 31, 3; NJW 1982, 1655	338 Nr. 1 –	
5. 3. 1982	BGH	2 StR 640/81	StV 1982, 252; NStZ 1983, 355	338 Nr. 5 +	
9. 3. 1982	BGH	5 StR 130/82	StV 1982, 342	60 +	
9. 3. 1982	BGH	5 StR 717/81	StV 1982, 257	338 Nr. 1 +	
9. 3. 1982	BGH	1 StR 817/81	BGHSt. 31, 7; NJW 1982, 1470; NStZ 1983, 36	345 +	
16. 3. 1982	BGH	5 StR 21/82	StV 1982, 358	338 Nr. 1 +	

Fundstellenverzeichnis

Datum	Gericht	Aktenzeichen	Fundstellen	Abdruck bei §(§) + = erfolgreiche Rüge – = erfolglose Rüge	Druckanmerkung
16. 3. 1982	BGH	1 StR 115/82	NStZ 1982, 256; StV 1982, 252	247 +	
17. 3. 1982	BGH	2 StR 793/81	NStZ 1982, 342	261 +	
17. 3. 1982	BGH	2 StR 414/81	StV 1982, 203; NStZ 1982, 294	13 +	
18. 3. 1982	BGH	4 StR 565/81	NJW 1982, 1601	60 –; 60 –	StV 1982, 342, abgedruckt als Fußnote bei 21. 4. 1986 – 2 StR 731/85 u. 15. 10. 1985 – 1 StR 338/85
23. 3. 1982	BGH	1 StR 674/81	NStZ 1982, 296	244 III–VI –	
24. 3. 1982	BGH	2 StR 105/82	BGHSt. 31, 15; NJW 1982, 1712; StV 1982, 355	338 Nr. 3 +	
24. 3. 1982	BGH	2 StR 132/82	StV 1982, 356	244 III S. 2 Var. 7 +	
25. 3. 1982	BGH	VII ZR 60/81	BGHZ 83, 293	25 –	abgedruckt als Fußnote bei 18. 12. 1990 – 5 StR 448/90
20. 4. 1982	BGH	1 StR 833/81	BGHSt. 31, 39; NJW 1982, 2739; StV 1982, 357; NStZ 1982, 392	274 –	
29. 4. 1982	BGH	4 StR 174/82	NStZ 1983, 30	BZRG 49 +	
5. 5. 1982	BGH	2 StR 40/82	NStZ 1982, 341	244 III S. 2 Var. 5 +	
11. 5. 1982	BGH	5 StR 92/82	NStZ 1982, 342	251 +	
13. 5. 1982	BGH	3 StR 142/82	NStZ 1982, 389	338 Nr. 6 +	
13. 5. 1982	BGH	3 StR 129/82	BGHSt. 31, 63	331 +	
21. 5. 1982	BGH	2 StR 248/82	NJW 1983, 126; NStZ 1982, 389	52 +	abgedruckt als Fußnote bei 4. 11. 1986 – 1 StR 498/86
27. 5. 1982	BGH	4 StR 34/82	NStZ 1982, 391	244 III S. 2 Var. 6 +	
27. 5. 1982	BGH	4 StR 128/82	NStZ 1983, 34; StV 1982, 408	265 +	
3. 6. 1982	BGH	1 StR 184/82	NStZ 1982, 432	252 +	abgedruckt als Fußnote bei 29. 6. 1989 – 4 StR 201/89 u. 16. 1. 1990 – 1 StR 676/89
15. 6. 1982	BGH	5 StR 369/82	StV 1983, 4	338 Nr. 5 +	
22. 6. 1982	BGH	1 StR 249/81	NStZ 1982, 476	338 Nr. 6 –; Nr. 7 –	
24. 6. 1982	BGH	4 StR 183/82	NStZ 1982, 478	261 +	
24. 6. 1982	BGH	4 StR 300/82	NStZ 1982, 432; StV 1983, 6	238 –	
29. 6. 1982	BGH	5 StR 125/82	NStZ 1982, 433; MDR 1982, 971; StV 1982, 509	261 +	
30. 6. 1982	BGH	2 StR 260/82	StV 1982, 457	26 –; 222 –	
27. 7. 1982	BGH	1 StR 360/82	NStZ 1982, 431	243 +	
29. 7. 1982	BGH	4 StR 385/82	StV 1982, 510	358 +	
29. 7. 1982	BGH	4 StR 75/82	BGHSt. 31, 102	260 +	abgedruckt als Fußnote bei 31. 10. 1989 – 1 StR 501/89
3. 8. 1982	BGH	1 StR 371/82	NStZ 1982, 478; NJW 1987, 2882	261 +	
19. 8. 1982	BGH	1 StR 595/81	BGHSt. 31, 109	302 –	abgedruckt als Fußnote bei 6. 5. 1999 – 4 StR 79/99
20. 8. 1982	BGH	2 StR 231/82	MDR 1983, 92	52 +	
20. 8. 1982	BGH	2 StR 278/82	NStZ 1983, 20	154 +	
7. 9. 1982	BGH	1 StR 249/82	StV 1982, 55; NStZ 1982, 519	338 Nr. 7 +	
8. 9. 1982	BGH	3 StR 241/82	NStZ 1982, 517	154a –	
9. 9. 1982	BGH	4 StR 433/82	StV 1983, 8	261 +	
15. 9. 1982	BGH	2 StR 29/82	NStZ 1982, 518	243 +	
17. 9. 1982	BGH	5 StR 584/82	StV 1982, 557	256 +	abgedruckt als Fußnote bei 11. 7. 1996 – 1 StR 392/96
17. 9. 1982	BGH	2 StR 139/82	NJW 1983, 126	244 III S. 2 Var. 3 –	
17. 9. 1982	BGH	5 StR 604/82	NStZ 1982, 517	GVG 189 +	
24. 9. 1982	BGH	2 StR 528/82	NJW 1983, 528	244 III S. 2 Var. 5 +	
27. 9. 1982	BVerfG	2 BvR 1199/82	NStZ 1983, 84	81b –	
28. 9. 1982	BGH	1 StR 425/82	NStZ 1983, 34	44 +	
5. 10. 1982	BGH	1 StR 174/82	NStZ 1983, 34	231c +	
12. 10. 1982	BGH	1 StR 219/82	NJW 1983, 404	244 IV –	abgedruckt als Fußnote bei 20. 6. 1985 – 1 StR 682/84

Fundstellenverzeichnis

Datum	Gericht	Aktenzeichen	Fundstellen	Abdruck bei §(§) + = erfolgreiche Rüge – = erfolglose Rüge	Druckanmerkung
13. 10. 1982	BGH	3 StR 236/82	StV 1983, 2	207 +	
14. 10. 1982	BGH	1 StR 619/82	NStZ 1983, 34	244 II –	abgedruckt als Fußnote bei 23. 10. 1990 – 1 StR 414/90 u. 14. 3. 1985 – 1 StR 775/84
14. 10. 1982	BGH	3 StR 348/82	StV 1983, 90	244 II +	
14. 10. 1982	BGH	4 StR 546/82	StV 1983, 8	261 +	
15. 10. 1982	BGH	5 StR 466/82	NJW 1983, 527	244 III S. 2 Var. 5 –	
19. 10. 1982	BGH	5 StR 408/82	NStZ 1983, 135	338 Nr. 5 +	
19. 10. 1982	BGH	5 StR 670/82	NStZ 1983, 36	230 +	
20. 10. 1982	BGH	2 StR 43/82	NStZ 1983, 85	97 –	
20. 10. 1982	BGH	2 StR 263/82	StV 1983, 3	247 +; 338 Nr. 5 +	
2. 11. 1982	BGH	5 StR 622/82	BGHSt. 31, 139; NJW 1983, 186	267 –	
3. 11. 1982	BGH	2 StR 434/82	BGHSt. 31, 140; NJW 1983, 1006; StV 1983, 51; JZ 1983, 354	251 +	
5. 11. 1982	BGH	2 StR 250/82	BGHSt. 31, 148; NJW 1983, 1005; NStZ 1983, 228	251 +	
9. 11. 1982	BGH	5 StR 471/82	BGHSt. 31, 157; NJW 1983, 185	GVG 47 +	
11. 11. 1982	BGH	1 StR 489/81	NStZ 1983, 181	251 –	
16. 11. 1982	BGH	4 StR 644/82	NStZ 1983, 174	264 +	
24. 11. 1982	BGH	3 StR 116/82	BGHSt. 31, 161; StV 1983, 89; NStZ 1983, 132	44 +; 345 +	
25. 11. 1982	BGH	4 StR 564/82	NStZ 1983, 133	261 +	
1. 12. 1982	BGH	2 StR 210/82	NStZ 1983, 135	338 Nr. 3 –; MRK Art. 6 –	
16. 12. 1982	BGH	4 StR 644/82	NStZ 1983, 174	264 +	
16. 12. 1982	BGH	4 StR 630/82	StV 1983, 90; NStZ 1983, 180	244 III S. 2 Var. 5 +	
17. 12. 1982	BGH	2 StR 635/82	NStZ 1983, 181	247 +	
17. 12. 1982	BGH	2 StR 459/82	StV 1983, 138; MDR 1983, 281	60 Nr. 2 +	abgedruckt als Fußnote bei 24. 7. 1996 – 3 StR 609/95
21. 12. 1982	BGH	5 StR 361/82	NStZ 1983, 134	261 +	
21. 12. 1982	BGH	2 StR 323/82	NStZ 1983, 182; StV 1983, 92	261 +	
22. 12. 1982	BGH	3 StR 437/82	BGHSt. 31, 189	JGG 106 +	
11. 1. 1983	BGH	1 StR 788/82	NStZ 1983, 281	302 –	
12. 1. 1983	BVerfG	2 BvR 964/82	BVerfGE 63, 77; NJW 1983, 1900; NStZ 1983, 324	23 +	
18. 1. 1983	BGH	1 StR 757/82	BGHSt. 31, 212; NJW 1983, 1745	338 Nr. 7 –	
18. 1. 1983	BGH	3 StR 415/82 (S)	StV 1983, 266; NStZ 1983, 277	244 III S. 2 Var. 2 –	
18. 1. 1983	BGH	5 StR 818/82	NStZ 1983, 276	244 III S. 2 Var. 5 –	
25. 1. 1983	BGH	5 StR 782/82	NStZ 1983, 228	338 Nr. 8 +	
26. 1. 1983	BGH	3 StR 431/82	NStZ 1983, 281	145 +	
2. 2. 1983	BGH	2 StR 576/82	BGHSt. 31, 236; NJW 1983, 1864	338 Nr. 5 +	
3. 2. 1983	BGH	1 StR 823/82	NStZ 1983, 277	261 –	
9. 2. 1983	BGH	3 StR 475/82	StV 1983, 319	251 –	
16. 2. 1983	BGH	2 StR 437/82	StV 1983, 185	244 III–VI +	
25. 2. 1983	BGH	3 StR 512/82	StV 1983, 318	207 +	
16. 3. 1983	BGH	2 StR 543/82	BGHSt. 31, 290	251 +	
16. 3. 1983	BGH	2 StR 775/82	BGHSt. 31, 296; NJW 1983, 1569; StV 1983, 229; JZ 1984, 385; MDR 1983, 683	100a +	
16. 3. 1983	BGH	2 StR 826/82	BGHSt. 31, 302; NJW 1983, 1504	261 –	

Datum	Gericht	Aktenzeichen	Fundstellen	Abdruck bei §(§) + = erfolgreiche Rüge – = erfolglose Rüge	Druckanmerkung
17. 3. 1983	BGH	4 StR 640/82	BGHSt. 31, 304; NJW 1983, 1570; StV 1983, 230; NStZ 1983, 466; JZ 1984, 386; MDR 1983, 590	100a +	
22. 3. 1983	BGH	1 StR 846/82	StV 1983, 232; NStZ 1983, 325	251 –	
23. 3. 1983	BGH	2 StR 370/83	StV 1984, 4	206a +	
29. 3. 1983	BGH	1 StR 50/83	NJW 1983, 1865; StV 1983, 267; NStZ 1983, 422	261 –	
30. 3. 1983	BGH	4 StR 122/83	NStZ 1983, 324; StV 1983, 268	338 Nr. 6 +	
30. 3. 1983	BGH	2 StR 173/82	NStZ 1983, 375	140 +	abgedruckt als Fußnote bei 21. 6. 1995 – 2 StR 67/95
12. 4. 1983	BGH	5 StR 162/83	NStZ 1983, 469; StV 1984, 104	258 +	
13. 4. 1983	BGH	2 StR 676/82	NStZ 1983, 376	244 III S. 2 Var. 7 –	
15. 4. 1983	BGH	2 StR 78/83	StV 1983, 404	267 +	
22. 4. 1983	BGH	3 StR 420/82	BGHSt. 31, 323; NJW 1983, 2335	244 III S. 2 Var. 5 –; 338 Nr. 5 –; GVG 74c –	
29. 4. 1983	BGH	2 StR 709/82	BGHSt. 31, 358; NJW 1983, 2711; StV 1983, 313; MDR 1983, 681	338 Nr. 2 +	
3. 5. 1983	BGH	4 StR 210/83	NStZ 1983, 424	265 +	
5. 5. 1983	BGH	2 StR 797/82	StV 1983, 355; NStZ 1983, 421; MDR 1983, 796	223 +; 224 +	
10. 5. 1983	BGH	5 StR 221/83	StV 1983, 319; NStZ 1983, 422	244 VI +	
11. 5. 1983	BGH	2 StR 238/83	StV 1983, 321	261 +	
31. 5. 1983	BGH	5 StR 247/83	NStZ 1983, 468	244 III S. 2 Var. 5 +	abgedruckt als Fußnote bei 7. 5. 1986 – 2 StR 583/85
7. 6. 1983	BGH	4 StR 9/83	BGHSt. 31, 389; NJW 1983, 2952; NStZ 1984, 84	338 Nr. 1 –	
14. 6. 1983	BGH	1 StR 82/83	NStZ 1983, 569	265 –	
16. 6. 1983	BGH	2 StR 4/83	MDR 1983, 987	251 –	abgedruckt als Fußnote bei 14. 11. 1984 – 3 StR 418/84
16. 6. 1983	BGH	2 StR 837/82	BGHSt. 32, 10; NJW 1983, 2396; StV 1983, 442; NStZ 1984, 372	100a –; 244 VI –	
23. 6. 1983	BGH	1 StR 351/83	NJW 1984, 1974	302 –	
28. 6. 1983	BGH	1 StR 44/83	GA 1983, 564	60 +	abgedruckt als Fußnote bei 19. 4. 1993 – 5 StR 602/92
29. 6. 1983	BGH	2 StR 855/82	NJW 1984, 136	251 +	
29. 6. 1983	BGH	2 StR 150/83	BGHSt. 32, 25; NJW 1984, 621; StV 1984, 22	252 –	
30. 6. 1983	BGH	4 StR 351/83	StV 1983, 402; NStZ 1984, 41	338 Nr. 5 +	
1. 7. 1983	BGH	1 StR 138/83	BGHSt. 32, 32; NJW 1984, 1973; NStZ 1983, 565; JZ 1984, 45	338 Nr. 5 +	
6. 7. 1983	BGH	2 StR 222/83	BGHSt. 32, 44; NJW 1984, 2228; StV 1983, 357; NStZ 1983, 567; JR 1984, 171	244 III S. 2 Var. 7 +	
8. 7. 1983	BGH	3 StR 207/83	NStZ 1984, 212	2 –	abgedruckt als Fußnote bei 27. 4. 1989 – 1 StR 632/88
12. 7. 1983	BGH	1 StR 174/83	NJW 1984, 65; StV 1983, 354; NStZ 1983, 516	96 +	
17. 7. 1983	BGH	4 StR 355/83	StV 1983, 403	265 +	

Fundstellenverzeichnis

Datum	Gericht	Aktenzeichen	Fundstellen	Abdruck bei §(§) + = erfolgreiche Rüge – = erfolglose Rüge	Druckanmerkung
19. 7. 1983	BGH	1 StR 365/83	StV 1983, 441	244 III S. 2 Var. 7 +	abgedruckt als Fußnote bei 4. 12. 1987 – 2 StR 529/87
2. 8. 1983	BGH	5 StR 152/83	StV 1983, 403	261 +	
2. 8. 1983	BGH	5 StR 484/83	NStZ 1983, 516	60 +; 60 –; 244 III–VI –	abgedruckt als Fußnote bei 9. 2. 1994 – 5 StR 20/94 u. 22. 5. 1992 – 2 StR 207/92 u. 28. 11. 1997 – 3 StR 114/97
4. 8. 1983	BGH	1 StR 341/83	NStZ 1983, 568	244 VI +	
9. 8. 1983	BGH	5 StR 319/83	NStZ 1984, 135	264 +	
24. 8. 1983	BGH	3 StR 176/83 (S)	NStZ 1984, 42	244 III S. 2 Var. 5 +	abgedruckt als Fußnote bei 7. 5. 1986 – 2 StR 583/85
24. 8. 1983	BGH	3 StR 136/83	BGHSt. 32, 68; NJW 1984, 2772; StV 1984, 1	251 –	
28. 8. 1983	BGH	5 StR 429/83	NStZ 1983, 569	251 +	
31. 8. 1983	BGH	2 StR 103/83	StV 1983, 496	251 +	
31. 8. 1983	BGH	2 StR 465/83	StV 1984, 5; NStZ 1984, 213	244 III S. 2 Var. 5 +; 251 +	
15. 9. 1983	BGH	4 StR 535/83	BGHSt. 32, 84; NJW 1984, 1364; NStZ 1984, 129	154a –	
20. 9. 1983	BGH	5 StR 189/83	NStZ 1984, 89	GVG 45 +	
21. 9. 1983	BGH	2 StR 242/81	NStZ 1984, 78	260 +	abgedruckt als Fußnote bei 23. 5. 1984 – 1 StR 148/84
21. 9. 1983	BGH	2 StR 370/83	NStZ 1984, 78	260 +	abgedruckt als Fußnote bei 23. 5. 1984 – 1 StR 148/84
23. 9. 1983	BGH	2 StR 151/83	MDR 1984, 92 b. Holtz	244 III S. 2 Var. 3 +	abgedruckt als Fußnote bei 18. 10. 1988 – 1 StR 410/88
27. 9. 1983	BGH	1 StR 569/83	StV 1984, 60	241 +	
4. 10. 1983	BGH	5 StR 421/83	StV 1983, 444	251 +	
5. 10. 1983	BGH	2 StR 298/83	BGHSt. 32, 100; NJW 1984, 501; NStZ 1984, 89	338 Nr. 5 –	
7. 10. 1983	BGH	3 StR 358/83	NStZ 1984, 89	273 –	
17. 10. 1983	BGH	GS St 1/83	BGHSt. 32, 115; NJW 1984, 247; NStZ 1984, 36; StV 1983, 490	251 +	
18. 10. 1983	BVerfG	2 BvR 462/82	BVerfGE 65, 171; NJW 1984, 113	140 +	
18. 10. 1983	BGH	1 StR 449/83	NStZ 1984, 134	251 –	
25. 10. 1983	BGH	5 StR 736/82	NStZ 1984, 128; StV 1984, 141	16 –	
26. 10. 1983	BGH	3 StR 251/83	BGHSt. 32, 140; NJW 1984, 1829; StV 1984, 54; NStZ 1984, 377	261 +	
8. 11. 1983	BGH	5 StR 673/83	StV 1984, 61; NStZ 1984, 210 bei Pfeiffer/Miebach	244 III–VI –; 244 VI +	abgedruckt als Fußnote bei 28. 11. 1997 – 3 StR 114/97 u. 6. 7. 1993 – 5 StR 279/93 u. 8. 10. 1986 – 2 StR 432/86
15. 11. 1983	BGH	1 StR 553/83	NStZ 1984, 134; MDR 1984, 278	246a –; GVG 169 –	
15. 11. 1983	BGH	5 StR 657/83	StV 1984, 63; NStZ 1984, 133	200 +	
17. 11. 1983	BGH	4 StR 375/83	NStZ 1984, 180	261 –	
29. 11. 1983	BGH	4 StR 681/83	StV 1984, 145; NStZ 1984, 181	35a –	
30. 11. 1983	BGH	3 StR 370/83	StV 1984, 142	256 +	abgedruckt als Fußnote bei 11. 7. 1996 – 1 StR 392/96
30. 11. 1983	BGH	3 StR 319/83	StV 1984, 102	247 +	
6. 12. 1983	BGH	5 StR 677/83	StV 1985, 311	244 III–VI +	
8. 12. 1983	BGH	1 StR 598/83	StV 1984, 102; wistra 1984, 113	231c +	
9. 12. 1983	BGH	2 StR 739/83	StV 1984, 146	GVG 174 +	
9. 12. 1983	BGH	3 StR 323/83	NStZ 1984, 179	251 +	
9. 12. 1983	BGH	2 StR 490/83	NStZ 1984, 230; StV 1984, 144	338 Nr. 3 –	abgedruckt als Fußnote bei 7. 3. 2001 – 1 StR 2/01

Fundstellenverzeichnis

Datum	Gericht	Aktenzeichen	Fundstellen	Abdruck bei §(§) + = erfolgreiche Rüge − = erfolglose Rüge	Druckanmerkung
9. 12. 1983	BGH	2 StR 452/83	NJW 1984, 1907; StV 1984, 99; MDR 1984, 335	260 −; 338 Nr. 3 +	
13. 12. 1983	BGH	5 StR 857/83	StV 1984, 102	247 +	
20. 12. 1983	BGH	5 StR 634/83	StV 1984, 58	260 +	abgedruckt als Fußnote bei 23. 5. 1994 − 1 StR 148/84
21. 12. 1983	BGH	3 StR 437/83	StV 1984, 232	244 IV +	abgedruckt als Fußnote bei 26. 4. 2000 − 3 StR 152/00
21. 12. 1983	BGH	2 StR 495/83	NStZ 1984, 181	338 Nr. 1 −	
21. 12. 1983	BGH	2 StR 578/83	BGHSt. 32, 215; NJW 1984, 808	264 +	
3. 1. 1984	BGH	5 StR 936/83	StV 1984, 104; NStZ 1984, 376	258 +	
10. 1. 1984	BGH	1 StR 812/83	NStZ 1984, 142	244 III 2 Var. 7 +	abgedruckt als Fußnote bei 7. 11. 2000 − 1 StR 303/00
10. 1. 1984	BGH	5 StR 732/83	NStZ 1984, 176	53 +	abgedruckt als Fußnote bei 20. 7. 1990 − StB 10/90
17. 1. 1984	BGH	5 StR 970/83	StV 1984, 186	231 +	
17. 1. 1984	BGH	5 StR 755/83	NStZ 1984, 328	GVG 189 −	
18. 1. 1984	BGH	2 StR 360/83	NStZ 1984, 329	244 II −	
19. 1. 1984	BGH	4 StR 730/83	NStZ 1985, 14	244 III S. 2 Var. 4 +	abgedruckt als Fußnote bei 9. 3. 1999 − 1 StR 693/98
19. 1. 1984	BGH	4 StR 730/83	StV 1984, 454	257 −	
19. 1. 1984	BGH	4 StR 742/83	StV 1984, 190	265 +	
20. 1. 1984	BGH	3 StR 487/83	NStZ 1984, 231	256 +	
1. 2. 1984	BGH	2 StR 353/83	StV 1984, 455	244 III S. 2 Var. 5 −	
14. 2. 1984	BGH	5 StR 895/83	StV 1984, 233	261 +	
15. 2. 1984	BGH	2 StR 704/83	StV 1984, 231	244 II +	
16. 2. 1984	BGH	1 StR 44/84	StV 1984, 241	261 +	
22. 2. 1984	BGH	3 StR 530/83	BGHSt. 32, 270; NJW 1984, 1245; StV 1984, 185	338 Nr. 5 +	
27. 2. 1984	BGH	3 StR 396/83	BGHSt. 32, 275; NJW 1984, 2049	GVG 20 +	
28. 2. 1984	BGH	5 StR 1000/83	NStZ 1984, 274; StV 1984, 192	GVG 49 +	
2. 3. 1984	BGH	2 StR 102/84	StV 1984, 364	154 +	
6. 3. 1984	BGH	5 StR 997/83	StV 1984, 326	231 −	
8. 3. 1984	BGH	2 StR 829/83	StV 1984, 368; NStZ 1984, 422	265 +	
9. 3. 1984	BGH	2 StR 860/83	StV 1984, 274; NStZ 1984, 378	338 Nr. 7 +	
13. 3. 1984	BGH	3 StR 82/84	StV 1984, 325	231 +	
14. 3. 1984	BVerfG	2 BvR 249/84	NStZ 1984, 370	338 Nr. 1 −	
21. 3. 1984	BGH	2 StR 700/83	NStZ 1984, 375	251 +	
21. 3. 1984	BGH	2 StR 634/83	StV 1984, 318; NStZ 1984, 371	338 Nr. 3 +	
28. 3. 1984	BGH	3 StR 95/84	BGHSt. 32, 326; NJW 1984, 2480	345 −	
29. 3. 1984	BGH	4 StR 154/84	NStZ 1984, 371; StV 1984, 319	59 +	
29. 3. 1984	BGH	4 StR 781/83	NJW 1985, 76	53 −	abgedruckt als Fußnote bei 13. 11. 1997 − 4 StR 404/97
30. 3. 1984	BGH	2 StR 132/84	StV 1984, 318	52 +	
3. 4. 1984	BGH	5 StR 172/84	NStZ 1984, 329	35a +	
3. 4. 1984	BGH	5 StR 986/83	NStZ 1984, 327	338 Nr. 5 +	
5. 4. 1984	BFH	IV R 255/83		AO 393 −	
12. 4. 1984	BGH	4 StR 160/84	StV 1984, 368	265 +	
17. 4. 1984	BGH	5 StR 227/84	StV 1984, 275	338 Nr. 7 +	
18. 4. 1984	BGH	2 StR 103/84	NStZ 1984, 467	244 IV +	abgedruckt als Fußnote bei 13. 3. 1985 − 3 StR 8/85
25. 4. 1984	BGH	3 StR 121/84	NStZ 1984, 418	44 +	
15. 5. 1984	BGH	5 StR 283/84	NStZ 1984, 520	207 +	
15. 5. 1984	BGH	1 StR 269/84	StV 1984, 367	265 +	
17. 5. 1984	BGH	4 StR 139/84	BGHSt. 32, 342; NJW 1984, 2050	251 −	
23. 5. 1984	BGH	1 StR 148/84	BGHSt. 32, 345; NJW 1984, 2300; StV 1984, 321; NStZ 1985, 131	260 +	

Fundstellenverzeichnis

Datum	Gericht	Aktenzeichen	Fundstellen	Abdruck bei §(§) + = erfolgreiche Rüge – = erfolglose Rüge	Druckanmerkung
30. 5. 1984	BGH	2 StR 233/84	NStZ 1984, 464	52 –	
15. 6. 1984	BGH	5 StR 359/84	NStZ 1984, 564	244 III S. 2 Var. 4 +	
19. 6. 1984	BGH	1 StR 344/84	NStZ 1984, 521	243 +	
25. 6. 1984	BGH	AnwSt (R) 17/83	NStZ 1984, 521	258 +	abgedruckt als Fußnote bei 13. 5. 1993 – 4 StR 169/93
26. 6. 1984	BGH	1 StR 188/84	NJW 1984, 2172; JR 1985, 127	261 +; 266 +	
28. 6. 1984	BGH	4 StR 243/84	NStZ 1984, 470	338 Nr. 6 –	
28. 6. 1984	BGH	4 StR 243/84	StV 1984, 405	52 –	abgedruckt als Fußnote bei 29. 10. 1991 – 1 StR 334/90
4. 7. 1984	BGH	3 StR 101/84	NStZ 1984, 522	338 Nr. 6 –	
11. 7. 1984	BGH	2 StR 177/84	StV 1984, 495	261 +	
11. 7. 1984	BGH	2 StR 320/84	NStZ 1984, 564	244 III S. 2 Var. 7 +	
13. 7. 1984	BGH	1 StR 351/84	StV 1984, 495	244 III S. 2 Var. 4 +	
17. 7. 1984	BGH	5 StR 449/84	NStZ 1984, 520	338 Nr. 5 +	
24. 7. 1984	BGH	5 StR 478/84	NStZ 1985, 206	256 +	abgedruckt als Fußnote bei 11. 7. 1996 – 1 StR 392/96
2. 8. 1984	BGH	4 StR 120/83	NStZ 1984, 563; StV 1985, 273	345 –	
9. 8. 1984	BGH	4 StR 381/84	StV 1984, 406	206a –	
14. 8. 1984	BGH	4 StR 474/84	NStZ 1984, 565	244 V S. 1 +	
24. 8. 1984	BGH	5 StR 552/84	NStZ 1985, 37	338 Nr. 6 +	
29. 8. 1984	BGH	2 StR 363/84	StV 1984, 453	52 +	
5. 9. 1984	BGH	2 StR 347/84	StV 1984, 449; NStZ 1985, 36	338 Nr. 3 +	
21. 9. 1984	BGH	2 StR 327/84	BGHSt. 33, 41; NJW 1984, 2839; JR 1985, 80	338 Nr. 1 +	
2. 10. 1984	BGH	1 StR 477/84	StV 1985, 48	244 III S. 2 Var. 5 +	
3. 10. 1984	BGH	2 StR 450/84	StV 1985, 222	223 +	
3. 10. 1984	BGH	2 StR 166/84	BGHSt. 33, 44; NJW 1985, 443	345 –	
4. 10. 1984	BGH	4 StR 429/84	StV 1985, 2; NStZ 1984, 205	338 Nr. 3 +	
16. 10. 1984	BGH	5 StR 643/84	NStZ 1985, 87	338 Nr. 8 +	
24. 10. 1984	BGH	3 StR 315/84	NStZ 1985, 126	262 –	
5. 11. 1984	BGH	AnwSt (R) 11/84	BGHSt. 33, 59; NJW 1985, 1089	BRAO 118 –	
8. 11. 1984	BGH	1 StR 657/84	NJW 1985, 1478; NStZ 1985, 136	247 –	
14. 11. 1984	BGH	3 StR 418/84	BGHSt. 33, 70; NJW 1985, 986	251 –	
27. 11. 1984	BGH	1 StR 701/84	NStZ 1985, 184	275 +; 338 Nr. 7 +	
4. 12. 1984	BGH	1 StR 430/84	NStZ 1985, 183; NJW 1985, 638	60 –	
5. 12. 1984	BGH	2 StR 526/84	BGHSt. 33, 83; NJW 1985, 984; StV 1985, 45	251 +	
17. 12. 1984	BGH	4 StR 718/84	NStZ 1985, 181	44 –	
18. 12. 1984	BGH	1 StR 765/84	NStZ 1985, 184	244 II +	
19. 12. 1984	BGH	2 StR 438/84	BGHSt. 33, 99; NJW 1985, 1848; StV 1985, 402	338 Nr. 6 –	
19. 12. 1984	BGH	2 StR 644/84	StV 1985, 134	244 III S. 2 Var. 5 +	
15. 1. 1985	BGH	1 StR 707/84	NStZ 1985, 325; StV 1985, 134	265 +	
15. 1. 1985	BGH	1 StR 680/84	BGHSt. 33, 119; NJW 1985, 1175	338 Nr. 5 –	
15. 1. 1985	BGH	5 StR 759/84	StV 1985, 133; NStZ 1985, 230	206a +	
16. 1. 1985	BGH	2 StR 661/84	StV 1985, 133	218 +	
16. 1. 1985	BGH	2 StR 590/84	BGHSt. 33, 122; StV 1985, 182	GG Art. 103 +	
16. 1. 1985	BGH	2 StR 771/84	StV 1985, 133; NStZ 1985, 229	218 +	
16. 1. 1985	BGH	2 StR 717/84	BGHSt. 33, 126; NJW 1985, 926; StV 1985, 90	338 Nr. 1 –	
22. 1. 1985	BGH	5 StR 786/84	NStZ 1985, 230	258 +	
23. 1. 1985	BGH	1 StR 722/84	NStZ 1985, 376	168c –	

Fundstellenverzeichnis

Datum	Gericht	Aktenzeichen	Fundstellen	Abdruck bei §(§) + = erfolgreiche Rüge − = erfolglose Rüge	Druckanmerkung
1. 2. 1985	BGH	2 StR 482/84	NStZ 1985, 361	206a −	
13. 2. 1985	BGH	1 StR 709/84	NJW 1985, 1479	154 −	
14. 2. 1985	BGH	4 StR 731/84	StV 1985, 355; NStZ 1985, 493	238 −	
19. 2. 1985	BGH	5 StR 36/85	NStZ 1985, 495	260 +	abgedruckt als Fußnote bei 9. 1. 1990 − 5 StR 601/89
20. 2. 1985	BGH	2 StR 561/84	BGHSt. 33, 148; StV 1985, 265; NStZ 1985, 372	53 +; 97 +	
20. 2. 1985	BGH	2 StR 746/84	StV 1985, 401	261 +	
21. 2. 1985	BGH	1 StR 812/84	NStZ 1985, 376	244 IV +	
21. 2. 1985	BGH	1 StR 7/85	StV 1985, 354; NStZ 1985, 375; JZ 1985, 692	338 Nr. 5 +	
21. 2. 1985	BGH	1 StR 15/85	StV 1985, 276; NStZ 1985, 375	244 III S. 2 Var. 5 −	
4. 3. 1985	BGH	AnwSt (R) 22/84	BGHSt. 33, 155	BRAO 118 +	
5. 3. 1985	BGH	1 StR 31/85	NStZ 1985, 410	JGG 31 +	
13. 3. 1985	BGH	3 StR 8/85	NStZ 1985, 421	244 IV +	
13. 3. 1985	BGH	3 StR 15/85	StV 1985, 356	261 +	
14. 3. 1985	BGH	1 StR 775/84	NStZ 1985, 324	244 II −	
20. 3. 1985	BGH	2 StR 596/84	NStZ 1985, 361	206a −	
21. 3. 1985	BGH	1 StR 417/84	NStZ 1985, 464	6a −; 207 −; 258 −	
26. 3. 1985	BGH	5 StR 198/85	StV 1985, 357; StV 1985, 357	6a +	
4. 4. 1985	BGH	5 StR 193/85	BGHSt. 33, 167; NJW 1985, 1720; NStZ 1985, 324	266 +	
16. 4. 1985	BGH	5 StR 718/84	BGHSt. 33, 178; NJW 1985, 1789; StV 1985, 268	261 −; 96 −;	
19. 4. 1985	BGH	2 StR 317/84	BGHSt. 33, 183; NJW 1985, 2960; NStZ 1985, 563	316 −	
2. 5. 1985	BGH	4 StR 84/85	NStZ 1985, 561	243 −	
2. 5. 1985	BGH	4 StR 142/85	NStZ 1985, 420	244 IV +	
3. 5. 1985	BGH	2 StR 824/84	NStZ 1985, 466	96 −; 244 III–VI −	
8. 5. 1985	BGH	3 StR 100/85	NStZ 1985, 419	52 −	abgedruckt als Fußnote bei 23. 7. 1986 − 3 StR 164/86
9. 5. 1985	BGH	1 StR 63/85	BGHSt. 33, 217; NJW 1986, 390; NStZ 1985, 468; StV 1986, 185	228 −; 261 −	
14. 5. 1985	BGH	1 StR 196/85	NJW 1985, 2488	265 +	
21. 5. 1985	BGH	1 StR 175/85	NStZ 1985, 455	274 −	
29. 5. 1985	BGH	2 StR 804/84	NStZ 1985, 466	244 II +	
30. 5. 1985	BGH	4 StR 187/85	NStZ 1985, 464	260 −	
30. 5. 1985	BGH	4 StR 214/85	NStZ 1985, 492	44 −	abgedruckt als Fußnote bei 12. 4. 1989 − 4 StR 71/89
11. 6. 1985	BGH	1 StR 828/84	NStZ 1985, 514	GVG 45 −	
12. 6. 1985	BGH	3 StR 35/85	BGHSt. 33, 234; NJW 1985, 2840; NStZ 1986, 36	338 Nr. 1 −	
19. 6. 1985	BGH	2 StR 197/85; 98/85	BGHSt. 33, 261; NJW 1985, 2840; NStZ 1986, 83	338 Nr. 1 −	
20. 6. 1985	BGH	1 StR 682/84	NStZ 1985, 515	244 IV −	
21. 6. 1985	BGH	2 StR 290/85	StV 1985, 489; NStZ 1985, 494 bei Pfeiffer/Miebach	244 IV −	abgedruckt als Fußnote bei 15. 3. 1988 − 1 StR 8/88
26. 6. 1985	BGH	3 StR 98/85	NStZ 1985, 516	244 III S. 2 Var. 2 −	abgedruckt als Fußnote bei 30. 6. 1987 − 1 StR 242/87
26. 6. 1985	BGH	3 StR 145/85	NStZ 1985, 514; NJW 1986, 78	140 +	
4. 7. 1985	BGH	4 StR 349/85	StV 1985, 401	261 +	
9. 7. 1985	BGH	1 StR 216/85	NJW 1986, 200; NStZ 1986, 179	338 Nr. 6 −	
11. 7. 1985	BGH	4 StR 274/85	NStZ 1985, 515	154a +	
16. 7. 1985	BGH	5 StR 409/85	StV 1985, 397	168c +	
23. 7. 1985	BGH	5 StR 374/85	StV 1986, 236	261 +	

Fundstellenverzeichnis

Datum	Gericht	Aktenzeichen	Fundstellen	Abdruck bei §(§) + = erfolgreiche Rüge − = erfolglose Rüge	Druckanmerkung
23. 7. 1985	BGH	5 StR 166/85	BGHSt. 33, 283; NJW 1985, 2838; StV 1985, 398; NStZ 1985, 517	260 −	
13. 8. 1985	BGH	1 StR 330/85	BGHSt. 33, 290; NJW 1986, 1356; StV 1985, 446	GVG 36 −	
22. 8. 1985	BGH	4 StR 398/85	BGHSt. 33, 303; NJW 1986, 144; JR 1986, 260	338 Nr. 1 −	
17. 9. 1985	BGH	2 StR 351/85	StV 1985, 488	244 II +	abgedruckt als Fußnote bei 19. 12. 1986 − 2 StR 519/86
25. 9. 1985	BGH	3 StR 335/85	NStZ 1986, 133	247 +	
1. 10. 1985	BGH	1 StR 469/85	NStZ 1986, 39	243 +	
3. 10. 1985	BGH	1 StR 392/85	NJW 1986, 267; StV 1986, 46; NStZ 1986, 133	247 +	
9. 10. 1985	BGH	3 StR 473/84	wistra 1986, 72; StV 1986, 287	140 +	
15. 10. 1985	BGH	1 StR 338/85	NStZ 1986, 130; NJW 1986, 266	60 −	
16. 10. 1985	BGH	2 StR 563/84	NStZ 1986, 181; StV 1986, 282	244 III S. 2 Var. 6 +	abgedruckt als Fußnote bei 24. 4. 1990 − 5 StR 123/90
5. 11. 1985	BGH	2 StR 279/85	BGHSt. 33, 347; NJW 1986, 1183; StV 1986, 1; NStZ 1986, 323	100a −	
26. 11. 1985	BGH	5 StR 360/85	NStZ 1986, 83	GVG 36 −	
27. 11. 1985	BGH	3 StR 438/85	BGHSt. 33, 389; NJW 1986, 1555	250 −	
4. 12. 1985	BGH	2 StR 848/84	NJW 1986, 1999; StV 1986, 137	224 −	
18. 12. 1985	BGH	2 StR 619/85	NStZ 1986, 230	36 + u. 60 +	
7. 1. 1986	BGH	1 StR 571/85	NStZ 1986, 325	251 +	
8. 1. 1986	BGH	3 StR 457/85	NStZ 1986, 219; StV 1986, 305	JGG 32 −	
13. 1. 1986	BGH	3 StR 486/85	StV 1986, 285	244 II +	abgedruckt als Fußnote bei 29. 3. 1990 − 4 StR 84/90
14. 1. 1986	BGH	1 StR 589/85	NStZ 1986, 277	302 −	
15. 1. 1986	BGH	2 StR 630/85	StV 1986, 281	338 Nr. 3 −	
22. 1. 1986	BGH	3 StR 474/85	StV 1987, 378	261 +	
28. 1. 1986	BGH	5 StR 840/85	StV 1986, 376	GVG 174 +	
28. 1. 1986	BGH	1 StR 646/85	NStZ 1986, 275	200 +	
31. 1. 1986	BGH	2 StR 726/85	NStZ 1986, 276	207 +	
4. 2. 1986	BGH	1 StR 643/85	BGHSt. 34, 11; NJW 1986, 1820	268 −	
5. 2. 1986	BGH	2 StR 653/85	StV 1987, 1	24 −	
5. 2. 1986	BGH	3 StR 477/85	BGHSt. 34, 15; NJW 1986, 1766	261 +	
19. 2. 1986	BGH	2 StR 602/85	NStZ 1987, 17	244 III S. 2 Var. 5 −	
20. 2. 1986	BGH	4 StR 684/85	MDR 1986, 625; NStZ 1987, 18	261 +	
20. 2. 1986	BGH	4 StR 709/85	NStZ 1986, 323	59 −	
25. 2. 1986	BGH	5 StR 731/85	StV 1986, 285; NStZ 1986, 372	258 +	
6. 3. 1986	BGH	4 StR 587/85	NJW 1986, 1884; StV 1986, 236	GVG 21 e +	
11. 3. 1986	BGH	5 StR 67/86	StV 1986, 418	247 +	
18. 3. 1986	BGH	5 StR 74/86	NStZ 1986, 325; StV 1986, 286	261 +	
18. 3. 1986	BGH	1 StR 51/86	NStZ 1986, 371	244 III S. 2 Var. 6 −	abgedruckt als Fußnote bei 15. 2. 1990 − 4 StR 658/89
25. 3. 1986	BGH	2 StR 87/86	NStZ 1986, 422	231 +	
25. 3. 1986	BGH	2 StR 115/86	NStZ 1986, 373	261 +	
25. 3. 1986	BGH	1 StR 14/86	NStZ 1986, 374	243 +	
9. 4. 1986	BGH	3 StR 551/85	BGHSt. 34, 39; NJW 1986, 2261	81a +; 100a +; 136a −	
16. 4. 1986	OLG Stuttgart	2 Ss 772/86	Wistra 1986, 191	AO 393 +	

Fundstellenverzeichnis

Datum	Gericht	Aktenzeichen	Fundstellen	Abdruck bei §(§) + = erfolgreiche Rüge – = erfolglose Rüge	Druckanmerkung
21. 4. 1986	BGH	2 StR 731/85	BGHSt. 34, 68; NJW 1986, 2121; NStZ 1986, 421	60 –	
22. 4. 1986	BGH	4 StR 161/86	NStZ 1986, 372	244 III S. 2 Var. 6 +	abgedruckt als Fußnote bei 24. 4. 1990 – 5 StR 123/90
25. 4. 1986	BGH	2 StR 86/86	NStZ 1987, 17	247 +	
7. 5. 1986	BGH	2 StR 583/85	StV 1986, 418	244 III S. 2 Var. 5 +	
7. 5. 1986	BGH	2 StR 215/86	StV 1986, 420; NStZ 1986, 470	258 +	
14. 5. 1986	BGH	2 StR 854/84	StV 1986, 369; NStZ 1986, 518	229 +	
14. 5. 1986	BGH	2 StR 854/84	StV 1986, 369; NStZ 1986, 518	338 Nr. 3 +	
3. 6. 1986	BGH	1 StR 187/86	StV 1986, 515	261 +	
3. 6. 1986	BGH	5 StR 208/86	StV 1986, 465	338 Nr. 5 +	
5. 6. 1986	BGH	4 StR 238/86	NStZ 1986, 564	13 +	
10. 6. 1986	BGH	5 StR 254/86	BGHR StPO § 244 Abs. 6 Beweisantrag 1	244 III–VI +	
11. 6. 1986	BGH	3 StR 10/86	NStZ 1986, 519; BGHR StPO § 244 Abs. 3 Satz 2 Prozeßverschleppung 1	244 III S. 2 Var. 6 –; 244 V S. 1 –	
12. 6. 1986	BGH	4 StR 210/86	StV 1986, 421	261 +	
24. 6. 1986	BGH	5 StR 114/86	BGHSt. 34, 121; NJW 1986, 2585	GVG 77 –	
27. 6. 1986	BGH	2 StR 312/86	StV 1986, 421	261 +	
2. 7. 1986	BGH	2 StR 285/86	NStZ 1986, 564	275 –	
3. 7. 1986	BGH	4 StR 182/86	StV 1986, 515; BGHR StPO § 55 Abs. 1 Auskunftsverweigerung 2	55 –	
3. 7. 1986	BGH	2 StR 98/86	StV 1987, 238; BGHR StPO § 261 Indizien 1	261+	
16. 7. 1986	BGH	2 StR 281/86	NStZ 1987, 36; BGHR StPO § 258 Abs. 3 Wiedereintritt 1	258 +	
23. 7. 1986	BGH	2 StR 370/86	BGHR StPO § 252 Verwertungsverbot 1	252 +	abgedruckt als Fußnote bei 29. 5. 1996 – 3 StR 157/96
23. 7. 1986	BGH	3 StR 164/86	BGHSt. 34, 138; StV 1986, 513; NStZ 1987, 83	52 –	
28. 7. 1986	BGH	3 StR 61/86	BGHR StPO § 251 Abs. 1 Nr. 2 Auslandsvernehmung 1	60 Nr. 2 +	abgedruckt als Fußnote bei 24. 7. 1996 – 3 StR 609/95
6. 8. 1986	BGH	3 StR 234/86	BGHR StPO § 244 Abs. 3 Satz 2 Wahrunterstellung 1	244 III S. 2 Var. 7 +	abgedruckt als Fußnote bei 14. 9. 1994 – 4 StR 451/94
6. 8. 1986	BGH	3 StR 243/86	BGHR StPO § 247 Satz 2 Begründungserfordernis 1; StV 1987, 5; NStZ 1987, 84	247 –	
6. 8. 1986	BGH	3 StR 281/86	BGHR JGG § 32 Aburteilung, getrennte 1; NStZ 1987, 24	JGG 32 +	
12. 8. 1986	BGH	5 StR 204/86	BGHR StPO § 244 Abs. 3 Satz 2 Bedeutungslosigkeit 1; StV 1987, 45	244 III S. 2 Var. 2 +	
12. 8. 1986	BGH	1 StR 420/86	NStZ 1986, 564	247 +	

4477

Fundstellenverzeichnis

Datum	Gericht	Aktenzeichen	Fundstellen	Abdruck bei §(§) + = erfolgreiche Rüge – = erfolglose Rüge	Druckanmerkung
26. 8. 1986	BGH	5 StR 415/86	BGHR GVG § 45 Abs. 2 Satz 4 Reihenfolge 1	GVG 45 +	
27. 8. 1986	BGH	3 StR 223/86	BGHSt. 34, 154; NJW 1987, 965; StV 1987, 3; NStZ 1987, 35	229 –	
27. 8. 1986	BGH	3 StR 254/86	StV 1987, 4	244 V S. 1 +	
4. 9. 1986	BGH	1 StR 461/86	BGHR StPO § 302 Abs. 1 Satz 1 Rechtsmittelverzicht 1	302 –	
11. 9. 1986	BGH	1 StR 472/86	NStZ 1987, 34	338 Nr. 8 +	
12. 9. 1986	BGH	2 StR 455/86	NStZ 1987, 84	63 +	
17. 9. 1986	BGH	2 StR 353/86	BGHR StPO § 261 Beweiswürdigung, unzureichende 1	261 +	
18. 9. 1986	BGH	4 StR 461/86	BGHSt. 34, 159; NJW 1987, 1211; NStZ 1987, 33	328 +	
8. 10. 1986	BGH	2 StR 432/86	StV 1987, 236	244 VI +	
23. 10. 1986	BGH	4 StR 596/86	StV 1987, 51	261 +	
28. 10. 1986	BGH	1 StR 507/86	NStZ 1987, 132; StV 1987, 139	6a –; 168c –	
28. 10. 1986	BGH	1 StR 605/86	BGHR StPO § 244 Abs. 3 Satz 2 Unerreichbarkeit 1	244 III S. 2 Var. 5 –	abgedruckt als Fußnote bei 4. 8. 1992 – 1 StR 246/92
30. 10. 1986	BGH	4 StR 368/86	BGHSt. 34, 204; NJW 1987, 1212; NStZ 1987, 183	260 +	
30. 10. 1986	BGH	4 StR 499/86	BGHSt. 34, 209; NJW 1987, 660; NStZ 1987, 127	261 –	
4. 11. 1986	BGH	1 StR 498/86	BGHSt. 34, 215; NJW 1987, 1033; StV 1987, 89; NStZ 1987, 286	52 +	
7. 11. 1986	BGH	2 StR 499/86	StV 1987, 239	241 –	
14. 11. 1986	BGH	2 StR 577/86	BGHR StPO § 60 Nr. 2 Teilvereidigung 1	60 –	abgedruckt als Fußnote bei 12. 7. 1995 – 3 StR 366/93
21. 11. 1986	BGH	3 StR 540/86	BGHR StPO § 246a Sicherungsverwahrung 1	246a +	
21. 11. 1986	BGH	2 StR 473/86	StV 1987, 188; BGHR StPO § 261 Aussageverhalten 2	261 +	
26. 11. 1986	BGH	3 StR 390/86	BGHSt. 34, 231; NJW 1987, 1652; StV 1987, 233; JR 1988, 80	168c –	
27. 11. 1986	BGH	4 StR 654/86	StV 1987, 91	244 II +	abgedruckt als Fußnote bei 29. 5. 1991 – 2 StR 68/91
27. 11. 1986	BGH	4 StR 536/86	BGHSt. 34, 236; NJW 1987, 1220; StV 1987, 91; NStZ 1987, 335	338 Nr. 1 +	
2. 12. 1986	BGH	1 StR 433/86	NJW 1987, 1220; NStZ 1987, 181; JR 1987, 389	200 –	
5. 12. 1986	BGH	2 StR 301/86	BGHR StPO § 244 Abs. 4 Satz 1 Glaubwürdigkeitsgutachten 1; NStZ 1987, 182	244 IV –	

Fundstellenverzeichnis

Datum	Gericht	Aktenzeichen	Fundstellen	Abdruck bei §(§) + = erfolgreiche Rüge – = erfolglose Rüge	Druckanmerkung
10. 12. 1986	BGH	3 StR 500/86	BGHR StPO § 261 Beweis- würdigung 2	261 –	
11. 12. 1986	BGH	1 StR 574/86	BGHR StPO § 244 Abs. 3 Satz 1 Unzuläs- sigkeit 1	244 III S. 1 –	
15. 12. 1986	BGH	StbStR 5/86	BGHSt. 34, 248; NJW 1987, 2752	207 +	
17. 12. 1986	BGH	2 StR 554/86	BGHR StPO § 265 Abs. 4 Hinweispflicht 2	265 –	
19. 12. 1986	BGH	2 StR 324/86	BGHR StPO § 244 Abs. 6 Be- weisantrag 2; StV 1987, 141; NStZ 1987, 181	244 III–VI +	
19. 12. 1986	BGH	2 StR 588/86	StV 1987, 138	260 –	
19. 12. 1986	BGH	2 StR 519/86	BGHR StPO § 231 Abs. 2 Ab- wesenheit, ei- genmächtige 2; StV 1987, 189	231 +; 244 II +	
6. 1. 1987	BGH	5 StR 573/86	BGHR GVG § 174 Abs. 1 Satz 3 Begrün- dung 1	GVG 174 +	
8. 1. 1987	BGH	1 StR 381/86	BGHSt. 34, 250; NJW 1987, 1562; StV 1987, 371; NStZ 1987, 469	53 –	
9. 1. 1987	BGH	3 StR 601/86	NStZ 1987, 239	207 +	
15. 1. 1987	BGH	1 StR 678/86	NStZ 1987, 335; BGHR StPO § 247 Abwesen- heit 1	247 +	
20. 1. 1987	BGH	1 StR 687/86	BGHR MRK Art. 6 Abs. 1 Satz 1 Verfah- rensverzögerung 1	MRK Art. 6 +	
21. 1. 1987	BGH	2 StR 656/86	BGHR StPO § 261 Überzeu- gungsbildung 2	261 +	
21. 1. 1987	BGH	3 StR 602/86	StV 1987, 189	244 III S. 2 Var. 2 +	
27. 1. 1987	BVerfG	2 BvR 1133/86	wistra 1987, 134; NStZ 1987, 419	136a –	
27. 1. 1987	BGH	1 StR 703/86	BGHR StPO § 261 Aussage- verhalten 4; StV 1987, 377	261 +	
6. 2. 1987	BGH	2 StR 630/86	BGHR StPO § 261 Aussage- verhalten 5	261 +	
17. 2. 1987	BGH	5 StR 14/87	BGHR GVG § 174 Abs. 1 Satz 3 Begrün- dung 3	GVG 174 +	
17. 2. 1987	BGH	5 StR 552/86	BGHR StPO § 244 Abs. 6 Be- weisantrag 3; StV 1989, 465	244 VI –	
20. 2. 1987	BGH	2 StR 40/87	NStZ 1988, 190; BGHR StPO § 252 Verwer- tungsverbot 2; MDR 1987, 625	252 +	
25. 2. 1987	BGH	3 StR 552/86	BGHR StPO § 267 Abs. 1 Satz 1 Bezugnah- me 1	267 –	

Fundstellenverzeichnis

Datum	Gericht	Aktenzeichen	Fundstellen	Abdruck bei §(§) + = erfolgreiche Rüge − = erfolglose Rüge	Druckanmerkung
5. 3. 1987	BGH	4 StR 26/87	NStZ 1987, 336	345 −	
17. 3. 1987	BGH	1 StR 15/87	NStE Nr. 2 zu § 176 GVG	GVG 176 −	
24. 3. 1987	OLG Hamburg	2 Ss 134/86	Wistra 1987, 189	Ao 397 +	
31. 3. 1987	BGH	1 StR 94/87	StV 1987, 284; BGHR StPO § 258 Abs. 3 Wiedereintritt 2	258 +	
2. 4. 1987	BGH	3 StR 390/86	BGHSt. 34, 231; NJW 1987, 1652; StV 1987, 233; JR 1988, 80	251 −	
2. 4. 1987	BGH	4 StR 46/87	BGHSt. 34, 324; NJW 1987, 2027; StV 1987, 281; NStZ 1987, 373; MDR 1987, 689; JR 1987, 477	261 −	
3. 4. 1987	BGH	2 StR 49/87	NStZ 1987, 518; StV 1987, 284	96 +	
8. 4. 1987	BGH	2 StR 134/87	BGHR StPO § 261 Indizien 2	261 +	
8. 4. 1987	BGH	3 StR 7/87	NStZ 1987, 374	59 +	
8. 4. 1987	BGH	3 StR 91/87	BGHR StPO § 265 Abs. 1 Hinweispflicht 1	265 +	
8. 4. 1987	BGH	3 StR 11/87	BGHSt. 34, 334	251 +	
15. 4. 1987	BGH	2 StR 697/86	BGHSt. 34, 352; NJW 1987, 3088; StV 1988, 186	244 III S. 1 +	
21. 4. 1987	BGH	1 StR 81/87	BGHR StPO § 231 Abs. 2 Abwesenheit, eigenmächtige 3; NStZ 1988, 421	231 −	
21. 4. 1987	BGH	1 StR 77/87	BGHSt. 34, 355; NJW 1987, 2593; StV 1987, 330; NStZ 1988, 85	244 IV −	
22. 4. 1987	BGH	3 StR 141/87	BGHR StPO § 261 Beweiswürdigung 1	261 +	
28. 4. 1987	BGH	5 StR 666/86	BGHSt. 34, 362; NJW 1987, 2525; StV 1987, 283; NStZ 1989, 33; JR 1988, 426; JZ 1987, 936	136a −	
29. 4. 1987	BGH	2 StR 62/87	BGHR StPO § 261 Tatsachenalternativität 1	261 +	
30. 4. 1987	BGH	4 StR 164/87	BGHR StPO § 261 Beweiswürdigung, unzureichende 6	261 +	
30. 4. 1987	BGH	4 StR 30/87	BGHSt. 34, 365; NJW 1987, 2425; StV 1987, 329; NStZ 1988, 233; BGHR StPO § 136a Abs. 3 Aussage 1	136a −	
13. 5. 1987	BGH	2 StR 170/87	BGHSt. 34, 371; NJW 1987, 2824; StV 1987, 513; NStZ 1987, 422	37 −	

Datum	Gericht	Aktenzeichen	Fundstellen	Abdruck bei §(§) + = erfolgreiche Rüge − = erfolglose Rüge	Druckanmerkung
19. 5. 1987	BGH	1 StR 199/87	BGHR StPO § 267 Abs. 1 Satz 1 Beweisergebnis 3	267 +	
19. 5. 1987	BGH	1 StR 159/87	BGHR StPO § 267 Abs. 1 Satz 1 Sachdarstellung 1	267 +	
29. 5. 1987	BGH	3 StR 242/86	BGHSt. 34, 379; NJW 1987, 1397	338 Nr. 1 −	
29. 5. 1987	BGH	3 StR 242/86	BGHR StPO § 244 Abs. 6 Ermittlungsantrag 1	244 III−VI +	abgedruckt als Fußnote bei 31. 3. 1989 − 3 StR 486/88
9. 6. 1987	BGH	1 StR 236/87	NJW 1987, 3210; StV 1987, 477; NStZ 1987, 472	260 +	
10. 6. 1987	BGH	2 StR 242/87	NJW 1988, 429; NStZ 1987, 471	247 +	
11. 6. 1987	BGH	4 StR 31/87	StV 1987, 434	267 +	
11. 6. 1987	BGH	4 StR 207/87	BGHR StPO § 244 Abs. 4 Satz 1 Sachkunde 1	244 II +	abgedruckt als Fußnote bei 7. 1. 1997 − 4 StR 605/96
25. 6. 1987	BGH	1 StR 305/87	NStZ 1987, 519; BGHR StPO § 247 Abwesenheit 2	247 +	
26. 6. 1987	BGH	2 StR 255/87	NStZ 1988, 18 b. Pfeiffer/Miebach	244 II −; 244 III−VI +	abgedruckt als Fußnote bei 7. 8. 1990 − 1 StR 263/90 u. 21. 6. 1995 − 2 StR 67/95
29. 6. 1987	BGH	3 StR 285/87	BGHR GVG § 189 Beeidigung 1	GVG 189 +	
30. 6. 1987	BGH	1 StR 242/87	NJW 1988, 501; BGHR StPO § 265 Abs. 2 Hinweispflicht 1; BGHR StPO § 244 Abs. 3 Satz 2 Bedeutungslosigkeit 2	265 −; 244 III S. 2 Var. 2 −	
7. 7. 1987	BGH	4 StR 304/87	MDR 1987, 981	249 +	
7. 7. 1987	BGH	4 StR 313/87	BGHR StPO § 261 Vermutung 2	261 +	
9. 7. 1987	BGH	4 StR 223/87	BGHSt. 34, 397; NJW 1987, 2384; StV 1987, 421; JR 1988, 469; MDR 1987, 952	261 −	
24. 7. 1987	BGH	3 StR 36/87	BGHSt. 35, 14; NJW 1988, 1800	GG Art 103 +	
29. 7. 1987	BGH	2 StR 70/87	BGHR StPO § 261 Identifizierung 4	81b −	abgedruckt als Fußnote bei 16. 9. 1992 − 3 StR 413/92
6. 8. 1987	BGH	4 StR 319/87	BGHSt. 35, 28; NJW 1988, 82	338 Nr. 2 +	
6. 8. 1987	BGH	4 StR 333/87	BGHSt. 35, 32; NJW 1988, 82; BGHR StPO § 110 Abs. 2 Verwertungsverbot 1	100a −	
11. 8. 1987	BGH	5 StR 162/87	BGHR StPO § 261 Inbegriff der Verhandlung 5	261 +	
19. 8. 1987	BGH	2 StR 160/87	StV 1987, 514; NStZ 1988, 36	222a +; GVG 21 e +	

Fundstellenverzeichnis

Datum	Gericht	Aktenzeichen	Fundstellen	Abdruck bei §(§) + = erfolgreiche Rüge – = erfolglose Rüge	Druckanmerkung
25. 8. 1987	BGH	1 StR 357/87	NJW 1988, 150; StV 1987, 513; NStZ 1987, 569	3 +	
25. 8. 1987	BGH	4 StR 210/87	BGHR StPO § 244 Abs. 6 Beweisantrag 4	244 III–VI –	
2. 9. 1987	BGH	2 StR 420/87	NStZ 1987, 568	GVG 189 –	
9. 9. 1987	BGH	3 StR 233/87	BGHSt. 35, 55; NJW 1988, 1922	338 Nr. 1 –	
18. 9. 1987	BGH	2 StR 430/87	StV 1988, 372	302 –	
18. 9. 1987	BGH	3 StR 398/87	StV 1988, 45	243 +	
18. 9. 1987	BGH	2 StR 341/87	BGHR StPO § 261 Überzeugungsbildung 5; NStZ 1988, 37	244 II +	
18. 9. 1987	BGH	2 StR 350/87	BGHR StPO § 244 Abs. 3 Satz 2 Hinweispflicht 1	244 III S. 2 Var. 2 +; 244 III S. 2 Var. 2 +	abgedruckt als Fußnote bei 15. 12. 1992 – 5 StR 394/92 u. 12. 11. 1991 – 4 StR 374/91
22. 9. 1987	BGH	1 StR 324/87	StV 1988, 91; BGHR StPO § 250 Satz 1 Unmittelbarkeit 1	250 –	
22. 9. 1987	BGH	5 StR 378/87	BGHR StPO § 265 Abs. 4 Hinweispflicht 3	265 +	
23. 9. 1987	BVerfG	2 BvR 814/87	NJW 1988, 477; NStZ 1988, 34	25 II –	
29. 9. 1987	BGH	4 StR 376/87	BGHSt. 35, 60; NJW 1988, 1742	264 –	
1. 10. 1987	BVerfG	2 BvR 1434/86	BVerfGE 77, 65; NJW 1988, 329; MDR 1988, 200; JZ 1987, 1118	94 –	
6. 10. 1987	BGH	1 StR 455/87	BGHR StPO § 244 Abs. 5 Augenschein 2; NStZ 1988, 88	244 V S. 1 –	
7. 10. 1987	BGH	3 StR 427/87	BGHR StPO § 400 Abs. 1 Zulässigkeit 1	400 –	
15. 10. 1987	BGH	2 StR 459/87	BGHR StPO § 267 Abs. 3 Satz 1 Strafzumessung 6	267 +	
16. 10. 1987	BGH	2 StR 258/87	BGHSt. 35, 80; NJW 1988, 837; JZ 1988, 258	264 +	
19. 10. 1987	BGH	3 StR 93/88	StV 1989, 308	JGG 32 –	
20. 10. 1987	BGH	5 StR 550/87	StV 1987, 513	63 +	
21. 10. 1987	BGH	2 StR 519/87	StV 1988, 52	244 II –	abgedruckt als Fußnote bei 23. 10. 1990 – 1 StR 414/90
21. 10. 1987	BGH	2 StR 245/87	NStZ 1988, 88	358 +	
28. 10. 1987	BGH	2 StR 545/87	StV 1988, 45	96 +	
30. 10. 1987	BGH	3 StR 414/87	NStZ 1988, 211; wistra 1988, 70	136a +	
3. 11. 1987	BGH	5 StR 555/87	BGHR StPO § 302 Abs. 1 Satz 1 Rechtsmittelverzicht 3	302 –	
3. 11. 1987	BGH	5 StR 579/87	BGHSt. 35, 82; NJW 1988, 2187; NStZ 1988, 563	244 III S. 2 Var. 5 +; 251 +	
4. 11. 1987	BFH	II R 102/85	BFHE 151, 324; WPg 1988, 209	AO 393 +	
11. 11. 1987	BGH	2 StR 575/87	BGHR StPO § 261 Zeuge 2	261 +	
17. 11. 1987	BGH	5 StR 547/87	BGHR StPO § 59 Satz 1 Sachverständiger 1	59 –	abgedruckt als Fußnote bei 28. 9. 1994 – 3 StR 332/94

Datum	Gericht	Aktenzeichen	Fundstellen	Abdruck bei §(§) + = erfolgreiche Rüge − = erfolglose Rüge	Druckanmerkung
20. 11. 1987	BGH	3 StR 493/87	NStZ 1988, 236	270 +	
24. 11. 1987	BGH	4 StR 586/87	BGHR StPO § 147 Abs. 1 Verfahrensakten 1	147 +	
27. 11. 1987	BGH	2 StR 591/87	BGHR GVG § 174 Abs. 1 Satz 3 Begründung 3	GVG 174 +	
27. 11. 1987	BGH	1 StR 635/84	NStZ 1985, 229	244 III–VI −	
1. 12. 1987	BGH	1 StR 589/87	StV 1988, 185	53 −	abgedruckt als Fußnote bei 13. 11. 1997 – 4 StR 404/97
1. 12. 1987	BGH	4 StR 482/87	BGHR JGG § 50 Abs. 3 Heranziehung 1	JGG 38 +	
1. 12. 1987	BGH	5 StR 458/87	BGHR StPO § 265 Abs. 1 Hinweispflicht 3	265 +	
4. 12. 1987	BGH	2 StR 529/87	BGHR StPO § 244 Abs. 3 Satz 2 Wahrunterstellung 5; StV 1988, 91	244 III S. 2 Var. 7 +	
4. 12. 1987	BGH	2 StR 563/87	BGHR StPO § 267 Abs. 1 Satz 1 Beweisergebnis 4	267 +	BGHR StPO § 244 Abs. 3 Satz 2 Wahrunterstellung 6; auch abgedruckt als Fußnote bei 18. 10. 1988 – 1 StR 410/88
8. 12. 1987	BGH	4 StR 621/87 (K)	BGHR StPO § 154 Abs. 2 Hinweispflicht 1	154 +	
8. 12. 1987	BGH	5 StR 561/87	StV 1988, 93	258+	
9. 12. 1987	BGH	3 StR 104/87	BGHSt. 35, 137; NJW 1988, 2188; NStZ 1988, 233	260 +	
15. 12. 1987	BGH	5 StR 649/87	StV 1988, 89	52 +	
16. 12. 1987	BGH	2 StR 495/87	BGHR StPO § 261 Zeuge 3; StV 1988, 511	261 +	
17. 12. 1987	BGH	4 StR 614/87	NStZ 1988, 190; BGHR GVG § 171b Abs. 1 Augenschein 1	338 Nr. 6 −	
17. 12. 1987	BGH	4 StR 580/87	BGHR StPO § 338 Nr. 1 Richter, blinder 3	338 Nr. 1 +	
17. 12. 1987	BGH	4 StR 440/87	BGHSt. 35, 164; NJW 1988, 1333; StV 1988, 191; NStZ 1988, 374	338 Nr. 1 +	
18. 12. 1987	BGH	2 StR 633/87	BGHR StPO § 261 Aussageverhalten 7; StV 1988, 239	261 +	
7. 1. 1988	BGH	4 StR 669/87	BGHR StPO § 261 Abs. 1 Teilfreispruch 4	260 +	
8. 1. 1988	BGH	2 StR 551/87	NStZ 1988, 236; StV 1988, 190; MDR 1988, 425; BGHR StPO § 261 Überzeugungsbildung 7	261 +	
19. 1. 1988	BGH	4 StR 647/87	BGHSt. 35, 195; NJW 1988, 2808; StV 1988, 185; NStZ 1988, 323; JR 1988, 325	3 −	
19. 1. 1988	BGH	1 StR 577/87	BGHSt. 35, 190; NJW 1988, 3164	338 Nr. 1 +	

Fundstellenverzeichnis

Datum	Gericht	Aktenzeichen	Fundstellen	Abdruck bei §(§) + = erfolgreiche Rüge – = erfolglose Rüge	Druckanmerkung
22. 1. 1988	BGH	3 StR 561/87	StV 1988, 185; BGHR StPO § 231 Abs. 2 Abwesenheit, eigenmächtige 4	338 Nr. 5 +	
26. 1. 1988	BGH	5 StR 1/88	StV 1988, 193	338 Nr. 7 +	
27. 1. 1988	BGH	3 StR 61/87	BGHR StPO § 244 Abs. 3 Satz 2 Ungeeignetheit 3	244 III S. 2 Var. 4 +	abgedruckt als Fußnote bei 13. 3. 1997 – 4 StR 45/97
10. 2. 1988	BGH	3 StR 556/87	NStZ 1989, 221	400 –	
17. 2. 1988	BGH	2 StR 624/87	BGHR StPO § 244 Abs. 6 Beweisantrag 5; StV 1988, 185; NStZ 1988, 324	244 III–VI +	
24. 2. 1988	BGH	3 StR 430/87	NStE Nr. 45 zu § 261 StPO	238 –	
24. 2. 1988	BGH	3 StR 476/87	BGHSt. 35, 216; NJW 1988, 3105; StV 1988, 233	244 III S. 2 Var. 5 –	
25. 2. 1988	BGH	4 StR 73/88	StV 1988, 371	261 +	
26. 2. 1988	BGH	4 StR 51/88	NStZ 1988, 283	251 +	
1. 3. 1988	BGH	1 StR 701/87	NStZ 1988, 371	16 +	
1. 3. 1988	BGH	5 StR 67/88	BGHR StPO § 244 Abs. 3 Satz 2 Bedeutungslosigkeit 6	244 III S. 2 Var. 2 +; 244 III S. 2 Var. 2 +; 244 III–VI +	abgedruckt als Fußnote bei 12. 6. 1997 – 5 StR 58/97 u. 5. 8. 1993 – 4 StR 427/93 u. 21. 3. 1989 – 5 StR 120/88
2. 3. 1988	BGH	2 StR 522/87	StV 1988, 325; BGHR StPO § 60 Nr. 2 Vereidigung 1	60 –	
8. 3. 1988	BGH	1 StR 14/88	BGHR StPO § 265 Abs. 4 Hinweispflicht 5	265 –	
9. 3. 1988	BGH	3 StR 567/87	StV 1988, 281; NStZ 1988, 372	338 Nr. 3 +	
15. 3. 1988	BGH	1 StR 8/88	BGHR StPO § 244 Abs. 4 S. 1 Sachkunde 1; NJW 1989, 176; StV 1989, 331; NStZ 1988, 373	244 IV –	
17. 3. 1988	BGH	1 StR 361/87	BGHSt. 35, 238; NJW 1988, 3161; StV 1988, 468; NStZ 1989, 35; JZ 1989, 347; MDR 1989, 85	344 –	
22. 3. 1988	BGH	4 StR 35/88	NStZ 1988, 325	338 Nr. 1 +	
24. 3. 1988	BGH	4 StR 18/88	BGHR StPO § 244 Abs. 2 Sachverständiger 3	244 II –	
29. 3. 1988	BGH	1 StR 66/88	StV 1988, 370	231c +	
30. 3. 1988	BGH	2 StR 83/88	BGHR StPO § 60 Nr. 2 Strafvereitelung, versuchte 3	60 –	
30. 3. 1988	BGH	3 StR 78/88	StV 1988, 329	265 +	
12. 4. 1988	BGH	5 StR 94/88	BGHSt. 35, 259; NJW 1988, 3215; StV 1988, 240; NStZ 1988, 512	338 Nr. 7 +	
27. 4. 1988	BGH	3 StR 499/87	NStZ 1989, 15	252 +	abgedruckt als Fußnote bei 20. 3. 1990 – 1 StR 693/89
27. 4. 1988	BGH	3 StR 499/87	NStZ 1988, 419; BGHR StPO § 136a Abs. 2 Täuschung 2	136a –	

Fundstellenverzeichnis

Datum	Gericht	Aktenzeichen	Fundstellen	Abdruck bei §(§) + = erfolgreiche Rüge − = erfolglose Rüge	Druckanmerkung
28. 4. 1988	BGH	4 StR 33/88	BGHSt. 35, 267; StV 1989, 295	JGG 47a +	
2. 5. 1988	BGH	2 StR 46/88	BGHR StPO § 302 Abs. 1 Satz 1 Rechtsmittelverzicht 4	302 −	
3. 5. 1988	BGH	1 StR 181/88	BGHR StPO § 261 Inbegriff der Verhandlung 10	261 +	
9. 5. 1988	BGH	3 StR 161/88	BGHR StPO § 302 Abs. 1 Satz 1 Rechtsmittelverzicht 5	302 −	
10. 5. 1988	BGH	1 StR 80/88	BGHR StPO § 275 Abs. 1 Satz 5 Eingangsvermerk 1	275 −	
11. 5. 1988	BGH	3 StR 89/88	NStZ 1988, 469; JR 1989, 254; BGHR StPO § 247 Abwesenheit 3	247 +	
11. 5. 1988	BGH	3 StR 566/87	NJW 1989, 465; StV 1988, 417; BGHR StPO § 338 Nr. 6 Zuhörer 1	338 Nr. 3 −; GVG 169 −	
11. 5. 1988	BGH	3 StR 563/87	StV 1990, 435	100a −	
17. 5. 1988	BGH	5 StR 153/88	BGHSt. 35, 288	JGG 27 +	
18. 5. 1988	BGH	2 StR 151/88	BGHR StPO § 338 Nr. 5 Angeklagter 10	338 Nr. 5 −	
18. 5. 1988	BGH	2 StR 22/88	StV 1988, 469; BGHR StPO 142 Abs. 1 Auswahl 2; BGHR StPO § 244 Abs. 6 Beweisantrag 6; BGHR StPO 338 Nr. 5 Verteidiger 1; NStZ 1988, 420	142 −; 244 II −; 256 −; 338 Nr. 5 −	
18. 5. 1988	BGH	2 StR 22/88	BGHR StPO § 244 Abs. 2 Zeugenvernehmung 4	244 II −	abgedruckt als Fußnote bei 15. 9. 1998 − 5 StR 145/98
18. 5. 1988	BGH	2 StR 166/88	BGHR StPO § 267 Abs. 3 Satz 1 Strafzumessung 7	267 +	
30. 5. 1988	BGH	1 StR 218/88	BGHR StPO § 302 Abs. 1 Satz 1 Rechtsmittelverzicht 6	302 −	
7. 6. 1988	BGH	1 StR 172/88	NStZ 1988, 470	260 −	
10. 6. 1988	BGH	2 StR 195/88	BGHR StPO § 244 Abs. 3 Satz 2 Bedeutungslosigkeit 7	244 III S. 2 Var. 2 +	abgedruckt als Fußnote bei 10. 11. 1992 − 5 StR 474/92
20. 6. 1988	BGH	3 StR 182/88	BGHR StPO § 258 Abs. 3 Wiedereintritt 4; StV 1987, 284	258 +	
20. 6. 1988	BGH	3 StR 183/88	BGHR StPO § 264 Abs. 1 Strafklageverbrauch 1	264 −	
22. 6. 1988	BGH	3 StR 222/88	StV 1988, 472	61 +	
29. 6. 1988	BGH	2 StR 200/88	StV 1989, 140	244 VI +	
30. 6. 1988	BGH	1 StR 309/88	StV 1989, 192	338 Nr. 5 +	

Fundstellenverzeichnis

Datum	Gericht	Aktenzeichen	Fundstellen	Abdruck bei §(§) + = erfolgreiche Rüge – = erfolglose Rüge	Druckanmerkung
30. 6. 1988	BGH	1 StR 150/88	BGHR StPO § 52 Abs. 3 Satz 1 Belehrung 2	52 –	
30. 6. 1988	BGH	1 StR 162/88	BGHR StPO § 44 Verfahrensrüge 2	44 +	abgedruckt als Fußnote bei 12. 3. 1996 – 1 StR 710/95
1. 7. 1988	BGH	2 StR 67/88	StV 1990, 7	244 III S. 2 Var. 7 +	
6. 7. 1988	BGH	2 StR 315/88	BGHR StPO § 244 Abs. 3 Satz 2 Ungeeignetheit 4; NStZ 1989, 219 b. Miebach; StV 1989, 238	244 III S. 2 Var. 4 +	
6. 7. 1988	BGH	2 StR 315/88	BGHR StPO § 244 Abs. 3 Satz 2 Wahrunterstellung 10; MDR 1988, 981	244 III S. 2 Var. 7 +; 244 III S. 2 Var. 7 +	abgedruckt als Fußnote bei 1. 7. 1988 – 2 StR 67/88 u. 4. 6. 1996 – 4 StR 242/96
18. 7. 1988	BGH	2 StR 311/88	BGHR StPO § 265 Abs. 4 Hinweispflicht 5	265 –	
27. 7. 1988	BGH	3 StR 139/88	BGHSt. 35, 305	261 –	
3. 8. 1988	BGH	2 StR 360/88	BGHR StPO § 244 Abs. 3 Satz 2 Prozeßverschleppung; NStZ 1989, 36; StV 1989, 234; NStE Nr. 55 zu § 244 StPO	244 III S. 2 Var. 6 –	
9. 8. 1988	BGH	4 StR 222/88	StV 1988, 417; NStZ 1988, 510	338 Nr. 3 +	
9. 8. 1988	BGH	4 StR 342/88	BGHR StPO § 404 Abs. 1 Antragstellung 1	404 +	
9. 8. 1988	BGH	5 StR 295/88	BGHR StPO § 338 Nr. 7 Fristüberschreitung 1	338 Nr. 7 +	
11. 8. 1988	BGH	4 StR 217/88	BGHSt. 35, 318; StV 1989, 49	264 –	
23. 8. 1988	BGH	1 StR 136/88	StV 1989, 49	410 +	
23. 8. 1988	BGH	5 StR 211/88	BGHR StPO § 81c Abs. 3 Untersuchungsverweigerungsrecht 1	81c +	
24. 8. 1988	BGH	3 StR 129/88	BGHSt. 35, 328; NJW 1989, 842; StV 1988, 468; NStZ 1989, 35; JZ 1989, 347; MDR 1989, 85	136a –	
31. 8. 1988	BGH	4 StR 401/88	NStZ 1988, 566	400 –	
6. 9. 1988	BGH	1 StR 473/88	BGHR MRK Art. 6 Abs. 1 Satz 1 Verfahrensverzögerung 3	MRK Art. 6 +	
6. 9. 1988	BGH	1 StR 522/88	NStZ 1989, 84	63 +	
6. 9. 1988	BGH	5 StR 389/88	BGHR StPO § 60 Nr. 2 Strafvereitelung, versuchte 4	60 +	abgedruckt als Fußnote bei 9. 2. 1994 – 5 StR 21/94
7. 9. 1988	BGH	2 StR 390/88	BGHR StPO § 261 Inbegriff der Verhandlung 11	261 +	
20. 9. 1988	BGH	5 StR 405/88	StV 1988, 514	261 +	

Fundstellenverzeichnis

Datum	Gericht	Aktenzeichen	Fundstellen	Abdruck bei §(§) + = erfolgreiche Rüge − = erfolglose Rüge	Druckanmerkung
21. 9. 1988	BGH	2 StR 457/88	BGHR StPO § 261 Inbegriff der Verhandlung 12	261 +	
21. 9. 1988	BGH	2 StR 437/88	StV 1989, 5; BGHR StPO § 275 Abs. 2 Satz 1 Unterschrift 2	275 +	
23. 9. 1988	BGH	2 StR 409/88	NStZ 1989, 282	168c +	
27. 9. 1988	BGH	1 StR 187/88	BGHR StPO § 136a Abs. 1 Zwang 2	136a −	
5. 10. 1988	BGH	2 StR 250/88	BGHSt. 35, 366; NJW 1989, 1681	338 Nr. 1 −	
6. 10. 1988	BGH	4 StR 460/88	NStZ 1989, 17; BGHR StGB § 21 BAK 15; NStE Nr. 41 zu § 21 StGB	244 II +	abgedruckt als Fußnote bei 29. 3. 1990 − 4 StR 84/90
11. 10. 1988	BVerfG	1 BvR 777/88	BVerfG 79, 1	24 −	abgedruckt als Fußnote bei BVerfG 27. 3. 2000 − 2 BvR 434/00
18. 10. 1988	BGH	1 StR 410/88	BGHR StPO § 244 Abs. 3 Satz 2 erwiesene Tatsache 1	244 III S. 2 Var. 3 +	
1. 11. 1988	BGH	5 StR 488/88	BGHR StPO § 44 Verfahrensrüge 3	44 −	
8. 11. 1988	BGH	5 StR 499/88	StV 1989, 102	244 II −	abgedruckt als Fußnote bei 23. 10. 1990 − 1 StR 414/90
8. 11. 1988	BGH	1 StR 544/88	StV 1989, 141	244 IV −	abgedruckt als Fußnote bei 30. 7. 1999 − 1 StR 618/98
10. 11. 1988	BGH	1 StR 498/88	BGHR JGG § 32 Aburteilung, getrennte 2	260 +	abgedruckt als Fußnote bei 31. 10. 1989 − 1 StR 501/89
15. 11. 1988	BGH	4 StR 528/88	BGHSt. 36, 27; NStZ 1989, 239	JGG 74 −	
22. 11. 1988	BGH	1 StR 559/88	StV 1989, 423; BGHR StPO § 261 Inbegriff der Verhandlung 15	261+	
23. 11. 1988	BGH	2 StR 619/88	StV 1989, 383	261 +	
2. 12. 1988	BGH	2 StR 599/88	NStZ 1989, 191	244 VI −	abgedruckt als Fußnote bei 3. 6. 1992 − 5 StR 175/92
2. 12. 1988	BGH	4 StR 543/88	BGHR StPO § 258 Abs. 3 Wiedereintritt 6	258 +	
6. 12. 1988	BGH	1 StR 620/88	BGHSt. 36, 37; NJW 1989, 1490; NStZ 1989, 574	JGG 105 −	
9. 12. 1988	BGH	3 StR 366/88	BGHR StPO § 338 Nr. 1 Richter, blinder 5	338 Nr. 1 +	
9. 12. 1988	BGH	2 StR 279/88	BGHSt. 36, 44	GG 103 −	
13. 12. 1988	BGH	5 StR 550/88	NStZ 1989, 128	59 +	
16. 12. 1988	BGH	4 StR 563/88	GA 1989, 232	338 Nr. 3 −	
21. 12. 1988	BGH	2 StR 377/88	NStZ 1990, 24	22 +	
22. 12. 1988	BGH	2 StR 685/88	BGHR StPO § 244 Abs. 3 Satz 2 Wahrunterstellung 13	244 III 2 Var. 7 +	abgedruckt als Fußnote bei 7. 11. 2000 − 1 StR 303/00
4. 1. 1989	BGH	3 StR 398/88	BGHR StPO § 26a Unzulässigkeit 2	26a −	

Fundstellenverzeichnis

Datum	Gericht	Aktenzeichen	Fundstellen	Abdruck bei §(§) + = erfolgreiche Rüge – = erfolglose Rüge	Druckanmerkung
4. 1. 1989	BGH	3 StR 415/88	BGHR StPO § 244 Abs. 3 Satz 2 Unerreichbarkeit 7; BGHR StPO § 244 Abs. 2 Auslandszeuge 2	244 III S. 2 Var. 5 –	
10. 1. 1989	BGH	1 StR 669/88	NStZ 1989, 237; StV 1989, 185	68 –	
17. 1. 1989	BGH	5 StR 624/88	BGHR StPO § 261 Aussageverhalten 9	261 +	
17. 1. 1989	BGH	4 StR 607/88	BGHR StPO § 244 Abs. 3 Satz 2 Wahrunterstellung 14	244 III S. 2 Var. 7 +	abgedruckt als Fußnote bei 18. 1. 1990 – 4 StR 688/89
18. 1. 1989	BGH	2 StR 583/88	NStZ 1989, 382	261 +	
20. 1. 1989	BGH	2 StR 564/88	BGHR StPO § 264 Abs. 1 Strafklageverbrauch 2	264 +	
24. 1. 1989	BGH	1 StR 676/88	BGHR StPO § 244 Abs. 3 Satz 2 Wahrunterstellung 12; BGHR StPO § 261 Beweiswürdigung, unzureichende 11	244 III 2 Var. 7 +; 244 III S. 2 Var. 7 +	abgedruckt als Fußnote bei 7. 11. 2000 – 1 StR 303/00 u. 8. 2. 1996 – 4 StR 776/95
24. 1. 1989	BGH	1 StR 683/88	BGHR StPO § 261 Beweiswürdigung 5; StV 1987, 189	261 +	
3. 2. 1989	BGH	2 StR 622/88	BGHR StPO § 244 Abs. 6 Beweisantrag 7; StV 1989, 237	244 III–VI +	
3. 2. 1989	BGH	2 StR 677/88	BGHR StPO § 244 Abs. 6 Beweisantrag 15	244 III S. 2 Var. 2 +	abgedruckt als Fußnote bei 10. 11. 1992 – 5 StR 474/92
7. 2. 1989	BGH	5 StR 541/88	StV 1989, 192	247 +	
16. 2. 1989	BGH	1 StR 24/89	StV 1990, 54	265 +	
17. 2. 1989	BGH	2 StR 402/88	BGHSt. 36, 119; NJW 1989, 1741; StV 1989, 289	GVG 169 –	
21. 2. 1989	BGH	1 StR 786/88	StV 1990, 10	GVG 174 –	
21. 2. 1989	BGH	1 StR 27/89	StV 1989, 308	JGG 38 +	
23. 2. 1989	BGH	4 StR 29/89	StV 1990, 9	338 Nr. 6 –	
28. 2. 1989	BGH	1 StR 32/89	StV 1989, 335; BGHR StPO § 261 Erfahrungssatz 5	261 +	
2. 3. 1989	BGH	2 StR 590/88	StV 1989, 383	261 +	
7. 3. 1989	BGH	1 StR 755/88	BGHR StPO § 261 Beweiswürdigung 6	261 –	
7. 3. 1989	BGH	5 StR 576/88	BGHSt. 36, 138; JR 1989, 479	GVG 45 –	
14. 3. 1989	BGH	4 StR 558/88	BGHSt. 36, 139		
14. 3. 1989	BGH	1 StR 19/89	BGHR StPO § 244 Abs. 2 Zeugenvernehmung 6; StV 1989, 423	244 II +	
14. 3. 1989	BGH	4 StR 558/88	BGHSt. 36, 139; NStZ 1989, 487	328 –	
16. 3. 1989	BGH	1 StR 608/88	StV 1989, 515	136a –	
21. 3. 1989	BGH	5 StR 120/88	StV 1989, 187	244 III–VI +	
21. 3. 1989	BGH	5 StR 57/89	NStZ 1989, 282	96 +	
21. 3. 1989	BGH	5 StR 622/89	StV 1990, 145	60 –	

Datum	Gericht	Aktenzeichen	Fundstellen	Abdruck bei §(§) + = erfolgreiche Rüge – = erfolglose Rüge	Druckanmerkung
21. 3. 1989	BGH	5 StR 120/88	NStZ 1989, 283; StV 1989, 187; BGHR StPO § 231 Abs. 2 Abwesenheit, eigenmächtige 5	231 +	
29. 3. 1988	BGH	1 StR 66/88	StV 1988, 370	231c +	
31. 3. 1989	BGH	2 StR 706/88	BGHSt. 36, 159; NJW 1989, 3291; NStZ 1989, 380	244 II +	
31. 3. 1989	BGH	3 StR 486/88	BGHR StPO § 244 Abs. 6 Beweisantrag 8; StV 1989, 287; NStZ 1989, 334	244 III–VI +	
11. 4. 1989	BGH	1 StR 782/88	NStZ 1989, 442	338 Nr. 6 –	
12. 4. 1989	BGH	3 StR 453/88	BGHSt. 36, 167; NJW 1989, 1760	261 +	
12. 4. 1989	BGH	4 StR 71/89	BGHR StPO § 44 Verfahrensrüge 4	44 –	
26. 4. 1989	BGH	3 StR 52/89	NJW 1989, 3294; BGHR StPO § 96 Informant 4	244 II +	
27. 4. 1989	BGH	1 StR 453/88	BGHSt. 36, 175; NJW 1989, 2403; NStZ 1989, 440	2 –	
2. 5. 1989	BGH	2 StR 155/89	StV 1989, 379	244 III–VI +	
2. 5. 1989	BGH	5 StR 154/89	BGHR StPO § 258 Abs. 3 letztes Wort 1	258 +	
3. 5. 1989	BGH	2 StR 735/88	StV 1990, 292	244 III S. 2 Var. 2 +	
3. 5. 1989	BGH	2 StR 44/89	BGHR StPO § 244 Abs. 6 Beweisantrag 10; StV 1989, 378	244 III–VI +	
12. 5. 1989	BGH	3 StR 24/89	NStZ 1989, 584	275 –	
1. 6. 1989	BGH	1 StR 170/89	BGHR StPO § 247 Satz 1 Begründungserfordernis 2	247 –	abgedruckt als Fußnote bei 21. 4. 1991 – 5 StR 715/98
6. 6. 1989	BGH	5 StR 99/89	NStZ 1989, 440	52 +	
7. 6. 1989	BGH	2 StR 66/89	BGHSt. 36, 210; NJW 1989, 2270; StV 1989, 336; NStZ 1989, 438	265 +	
20. 6. 1989	BGH	4 StR 82/89	BGHR StPO § 158 Abs. 2 Formerfordernis 2	158 +	
22. 6. 1989	BGH	1 StR 231/89	NStZ 1989, 484; StV 1990, 145; BGHR StPO § 52 Abs. 3 S. 1 Verletzung 3	52 –	
29. 6. 1989	BGH	4 StR 201/89	BGHSt. 36, 217; NJW 1989, 2762; StV 1989, 375; JZ 1990, 47	252 +, 81c +	
14. 7. 1989	BGH	2 StR 343/89	BGHR StPO § 247 Abwesenheit 6	247 +	abgedruckt als Fußnote bei 10. 4. 1997 – 4 StR 132/97
19. 7. 1989	BGH	2 StR 182/89	StV 1990, 99	261 +	
21. 7. 1989	BGH	2 StR 288/89	BGHR StPO § 344 Abs. 2 Satz 2 Beweisantragsrecht 1	244 III S. 2 Var. 6 –; 244 III S. 2 Var. 7 –	abgedruckt als Fußnote bei 22. 9. 1993 – 2 StR 170/93 u. 20. 10. 1993 – 2 StR 466/93
1. 8. 1989	BGH	1 StR 288/89	BGHR StPO § 267 Berichtigung 1	267 +	

Fundstellenverzeichnis

Datum	Gericht	Aktenzeichen	Fundstellen	Abdruck bei §(§) + = erfolgreiche Rüge – = erfolglose Rüge	Druckanmerkung
9. 8. 1989	BGH	2 StR 306/89	BGHR StPO § 247 Abwesenheit 7	247 +	
10. 8. 1989	BGH	4 StR 393/89	BGHR StPO § 261 Inbegriff der Verhandlung 19	261 +	
16. 8. 1989	BGH	2 StR 205/89	BGHR StPO § 267 Abs. 1 Satz 1 Beweisergebnis 5	267 +	
23. 8. 1989	BGH	5 StR 306/89	StV 1990, 6	251 +	abgedruckt als Fußnote bei 6. 9. 2000 – 1 StR 364/00
25. 8. 1989	BGH	3 StR 158/89	BGHR StPO § 344 Abs. 2 Satz 2 letztes Wort 1	258 –	
29. 8. 1989	BGH	1 StR 453/89	StV 1989, 518	96 +	
29. 8. 1989	BGH	5 StR 278/89	BGHR StPO § 244 Abs. 3 Satz 2 Ungeeignetheit 6; StV 1990, 7	244 III S. 2 Var. 4 +	
30. 8. 1989	BGH	3 StR 195/89	BGHSt. 36, 241; NJW 1990, 460; StV 1990, 193; NStZ 1990, 43	43 +	
5. 9. 1989	BGH	1 StR 291/89	NStZ 1990, 35	244 II –	
6. 9. 1989	BGH	3 StR 116/89	BGHR StPO § 244 Abs. 3 Satz 2 erwiesene Tatsache 2	244 III S. 2 Var. 3 +	
6. 9. 1989	BGH	3 StR 235/89	StV 1990, 52	247 +	
14. 9. 1989	BVerfG	2 BvR 1062/87	BVerfGE 80, 367; NJW 1990, 563; StV 1990, 1; NStZ 1990, 89; MDR 1990, 307; JZ 1990, 431	261 –	
26. 9. 1989	BGH	1 StR 299/89	BGHR StPO § 267 Abs. 5 Freispruch 2	267 +	
27. 9. 1989	BGH	3 StR 188/89	NStZ 1990, 43; StV 1990, 194	136 –	
3. 10. 1989	BGH	4 StR 394/89	StV 1990, 98; MDR 1990, 98; BGHR StPO § 244 Abs. 2 Wahrunterstellung 3	244 III S. 2 Var. 2 +; 244 III S. 2 Var. 7 +	abgedruckt als Fußnote bei 16. 3. 1990 – 2 StR 51/90 u. 4. 6. 1996 – 4 StR 242/96
3. 10. 1989	BGH	5 StR 352/89	StV 1990, 52	229 +	
6. 10. 1989	BGH	2 StR 429/89	StV 1990, 252	338 Nr. 6 +	
9. 10. 1989	BGH	2 StR 352/89	BGHSt. 36, 259; NJW 1990, 586; StV 1990, 51; NStZ 1990, 44	218 +	
10. 10. 1989	BGH	5 StR 240/89	NStZ 1990, 136	168c –	
12. 10. 1989	BGH	4 StR 445/89	BGHSt. 36, 270	JGG 32 +	
24. 10. 1989	BGH	4 StR 527/89	BGHR StPO § 244 Abs. 4 Satz 1 Glaubwürdigkeitsgutachten 2	244 IV +; 244 IV +; 244 IV +	abgedruckt als Fußnote bei 22. 6. 2001 – 5 StR 209/00 u. 29. 10. 1996 – 4 StR 508/96 u. 12. 11. 1993 – 2 StR 594/93
24. 10. 1989	BGH	5 StR 490/89	NStZ 1990, 226	59 –	
24. 10. 1989	BGH	5 StR 238–239/89	BGHSt. 36, 283; NStZ 1990, 38	AO 404 –	
26. 10. 1989	BGH	1 StR 594/89	BGHR StPO § 344 II S. 2 Aufklärungsrüge 3	244 II –	abgedruckt als Fußnote bei 15. 9. 1998 – 5 StR 145/98

Fundstellenverzeichnis

Datum	Gericht	Aktenzeichen	Fundstellen	Abdruck bei §(§) + = erfolgreiche Rüge − = erfolglose Rüge	Druckanmerkung
31. 10. 1989	BGH	1 StR 501/89	BGHSt. 36, 294; NJW 1990, 920; StV 1991, 4; NStZ 1990, 196; JR 1990, 523	260 +	
2. 11. 1989	BGH	1 StR 354/89	NStZ 1990, 138	338 Nr. 1 −	
3. 11. 1989	BGH	2 StR 646/88	NStZ 1990, 94; StV 1990, 97	153 +	
4. 11. 1989	BGH	3 StR 314/89	wistra 1990, 197	249 −	
8. 11. 1989	BGH	3 StR 249/89	BGHR StPO § 258 Abs. 3 Wiedereintritt 7	258 −	
9. 11. 1989	BGH	4 StR 520/89	NJW 1990, 1055	266 −	
17. 11. 1989	BGH	2 StR 418/89	StV 1992, 356	136a −	
20. 11. 1989	BGH	II BGs 355/89	BGHSt. 36, 298; NJW 1990, 525; NStZ 1990, 135	53 −	
24. 11. 1989	BGH	3 StR 266/89	BGHR StPO § 244 Abs. 6 Beweisantrag 13	244 III–VI −	
28. 11. 1989	BGH	5 StR 554/89	BGHR StPO § 268 Abs. 3 Verkündung 1	268 +	
29. 11. 1989	BGH	3 StR 328/89	NStZ 1990, 183; StV 1990, 200	261 +	
29. 11. 1989	BGH	2 StR 264/89	BGHSt. 36, 305; NJW 1990, 584; StV 1990, 49; NStZ 1990, 193; MDR 1990, 267	147 +	
6. 12. 1989	BGH	2 StR 309/89	StV 1990, 149	244 III S. 2 Var. 7 +	
6. 12. 1989	BGH	1 StR 559/89	BGHR StPO § 244 Abs. 3 Satz 2 Unerreichbarkeit 9; JZ 1990, 200	244 III S. 2 Var. 5 −	
6. 12. 1989	BGH	1 StR 559/89	StV 1990, 196; NJW 1990, 1124; NStZ 1990, 245	246 −	
12. 12. 1989	BGH	5 StR 495/89	StV 1990, 485	261 +	
13. 12. 1989	BGH	3 StR 370/89	NStZ 1990, 231; StV 1990, 248	267 +	
14. 12. 1989	BGH	4 StR 419/89	BGHSt. 36, 320; StV 1990, 149; NStZ 1990, 197	261 +	
15. 12. 1989	BGH	2 StR 167/89	BGHSt. 36, 328	261 +	
15. 12. 1989	BGH	2 StR 167/89	BGHSt. 36, 328; NJW 1990, 1426; StV 1990, 243; NStZ 1990, 186	136 +	
29. 12. 1989	BGH	4 StR 630/89	NStZ 1990, 244; StV 1990, 339	244 II +	
9. 1. 1990	BGH	5 StR 601/89	BGHSt. 36, 340; NStZ 1990, 240	260 +	
12. 1. 1990	BGH	3 StR 276/88	BGHR GVG § 48 Verhinderung 1	GVG 48 −	
16. 1. 1990	BGH	1 StR 676/89	BGHR StPO § 244 Abs. 3 Satz 2 Bedeutungslosigkeit 9; StV 1990, 246	244 III S. 2 Var. 2 +	
18. 1. 1990	BGH	4 StR 616/89	BGHSt. 36, 348; NJW 1990, 1490; StV 1990, 289; NStZ 1990, 242	4 +	
18. 1. 1990	BGH	4 StR 688/89	BGHR StPO § 244 Abs. 3 Satz 2 Wahrunterstellung 19; StV 1990, 293	244 III S. 2 Var. 7 +	
24. 1. 1990	BGH	2 StR 507/89	StV 1990, 193	60 +	

Fundstellenverzeichnis

Datum	Gericht	Aktenzeichen	Fundstellen	Abdruck bei §(§) + = erfolgreiche Rüge − = erfolglose Rüge	Druckanmerkung
26. 1. 1990	BGH	3 StR 428/89	StV 1990, 197; NStZ 1990, 244	246 −	
31. 1. 1990	BGH	2 StR 449/89	NJW 1991, 1373; StV 1990, 241; NStZ 1990, 289	338 Nr. 3 +	
2. 2. 1990	BGH	3 StR 480/89	StV 1990, 249; BGHR StPO § 265 Abs. 4 Hinweispflicht 8	265 +	
6. 2. 1990	BGH	2 StR 29/89	BGHSt. 36, 354; NJW 1990, 1740; StV 1991, 51	273 −	
9. 2. 1990	BGH	2 StR 638/89	StV 1990, 245	231 +	
14. 2. 1990	BGH	3 StR 362/89	StV 1991, 101	265 −	
14. 2. 1990	BGH	3 StR 426/89	BGHR StPO § 243 Abs. 4 Äußerung 1; StV 1990, 245	243 +	
15. 2. 1990	BGH	4 StR 658/89	NStZ 1990, 350; StV 1990, 391	244 III S. 2 Var. 6 −	
16. 2. 1990	BGH	4 StR 663/89	BGHR StPO § 44 Verfahrensrüge 5	44 −	
20. 2. 1990	BGH	1 StR 7/90	BGHR StPO § 244 Abs. 4 Satz 1 Sachkunde 4	244 IV −	
20. 2. 1990	BGH	5 StR 48/90	BGHSt. 36, 361; NJW 1990, 1675; NStZ 1990, 290	154 +	
27. 2. 1990	BGH	5 StR 56/90	StV 1990, 247; NStZ 1990, 291	258 +	
6. 3. 1990	BGH	5 StR 71/90	BGHR StPO § 241 Abs. 2 Zurückweisung 3; StV 1990, 199	241 +	
16. 3. 1990	BGH	3 StR 324/89	BGHR StPO § 346 Abs. 2 Antrag 1	346 −	
16. 3. 1990	BGH	2 StR 51/90	StV 1990, 291	244 III S. 2 Var. 2 +	
20. 3. 1990	BGH	4 StR 87/90	StV 1990, 340	BZRG 51 +	
20. 3. 1990	BGH	1 StR 693/89	BGHSt. 36, 384; NJW 1990, 1859; StV 1990, 242; NStZ 1990, 349; JZ 1990, 874; MDR 1990, 644	252 −	
21. 3. 1990	BGH	2 StR 59/90	BGHR StPO § 251 Abs. 2 Unerreichbarkeit 3	244 III S. 2 Var. 5 −	abgedruckt als Fußnote bei 3. 3. 1993 − 2 StR 328/92
21. 3. 1990	BGH	4 StR 29/90	StV 1990, 532	228 −	abgedruckt als Fußnote bei 10. 4. 1996 − 3 StR 557/95
27. 3. 1990	BGH	5 StR 119/90	StV 1990, 246	244 III S. 2 Var. 4 +	
27. 3. 1990	BGH	1 StR 13/90	BGHR StPO § 244 Abs. 3 Satz 2 Bedeutungslosigkeit 11; StV 1990, 340	244 III S. 2 Var. 2 +	
27. 3. 1990	BGH	1 StR 67/90	StV 1990, 533	261 +	
29. 3. 1990	BGH	4 StR 84/90	NStZ 1990, 384	244 II +	
5. 4. 1990	BGH	1 StR 129/90	StV 1990, 291	261 +	
5. 4. 1990	BGH	1 StR 68/90	BGHSt. 37, 1; NJW 1990, 1860; StV 1990, 294; NStZ 1990, 352; MDR 1990, 647	222 +; 246 −	
6. 4. 1990	BGH	2 StR 627/89	BGHR StPO § 261 Identifizierung 6	261 +	
10. 4. 1990	BGH	1 StR 75/90	StV 1990, 389	74 +	

Fundstellenverzeichnis

Datum	Gericht	Aktenzeichen	Fundstellen	Abdruck bei §(§) + = erfolgreiche Rüge − = erfolglose Rüge	Druckanmerkung
17. 4. 1990	BGH	2 StR 149/90	StV 1990, 337; NStZ 1990, 400; BGHR StPO § 241 Abs. 2 Zurückweisung 4	338 Nr. 8 +	
18. 4. 1990	BGH	3 StR 252/88	BGHSt. 37, 10; NJW 1990, 1924; StV 1990, 295; NStZ 1990, 399; JR 1991, 256	154 −	
24. 4. 1990	BGH	5 StR 123/90	StV 1990, 394	244 III S. 2 Var. 6 +	
24. 4. 1990	BGH	4 StR 159/90	BGHSt. 37, 15; NJW 1991, 239; StV 1990, 385	338 Nr. 4 +	
26. 4. 1990	BGH	4 StR 24/90	BGHSt. 37, 21; BGHR StPO § 267 Abs. 5 Freispruch 3	267 +	
30. 4. 1990	BGH	StB 8/90	BGHSt. 37, 30; NJW 1990, 1801; StV 1990, 297; NStZ 1990, 401	261 −	
2. 5. 1990	BGH	2 StR 64/90	BGHSt. 37, 34; NStZ 1991, 184; JR 1990, 481	JGG 32 −	
3. 5. 1990	BGH	4 StR 177/90	BGHR StPO § 4 Verbindung 3	4 +	
8. 5. 1990	BGH	3 StR 448/89	NStZ 1990, 501	261 +	
15. 5. 1990	BGH	5 StR 594/89	BGHR StPO § 244 Abs. 3 Satz 2 Bedeutungslosigkeit 12	244 III S. 2 Var. 2 +	abgedruckt als Fußnote bei 9. 4. 1991 − 4 StR 132/91
17. 5. 1990	BGH	1 StR 157/90	NStZ 1990, 449	265 +	
17. 5. 1990	BGH	4 StR 208/90	BGHR StPO § 267 Abs. 5 Freispruch 4	267 +	
22. 5. 1990	BGH	4 StR 210/90	BGHSt. 37, 42; NJW 1990, 2697; StV 1990, 386; NStZ 1990, 448	237 +	
28. 5. 1990	BGH	4 StR 221/90	BGHR StPO § 400 Abs. 1 Zulässigkeit 4	400 −	
28. 5. 1990	BGH	4 StR 200/90	NStZ 1991, 28	243 −	
29. 5. 1990	BGH	1 StR 168/90	StV 1990, 485	253 +	
29. 5. 1990	BGH	4 StR 118/90	StV 1990, 394; NStZ 1990, 447	261 +	
31. 5. 1990	BGH	4 StR 112/90	BGHSt. 37, 48; NJW 1990, 2633; StV 1990, 337; NStZ 1990, 446; MDR 1990, 839; BGHR StPO § 136a Abs. 1 Täuschung 4	136 −; 247 −	
20. 6. 1990	BGH	2 StR 38/90	BGHR StPO § 60 Nr. 2 Vereidigung 2	60 −	
21. 6. 1990	BGH	4 StR 122/90	BGHSt. 37, 75; BGHR JGG § 52a Anrechnung 1; StV 1990, 507; NStZ 1990, 540	JGG 52a +	
3. 7. 1990	BGH	1 StR 340/90	NJW 1990, 2328; StV 1990, 393	244 II +	abgedruckt als Fußnote bei 25. 4. 1991 − 4 StR 582/90
4. 7. 1990	BGH	3 StR 121/89	BGHSt. 37, 99; NJW 1990, 3030; StV 1990, 387; NStZ 1990, 502	338 Nr. 3 +	

Fundstellenverzeichnis

Datum	Gericht	Aktenzeichen	Fundstellen	Abdruck bei §(§) + = erfolgreiche Rüge – = erfolglose Rüge	Druckanmerkung
12. 7. 1990	BGH	4 StR 247/90	BGHSt. 37, 136; NJW 1990, 2479; NStZ 1990, 502	401 –	
13. 7. 1990	BGH	3 StR 228/90	NStZ 1990, 549; BGHR StPO § 52 Abs. 3 Satz 1 Verletzung 5	52 –	
20. 7. 1990	BGH	StB 10/90	BGHSt. 37, 138; StV 1990, 433; NStZ 1990, 601	53 +	
24. 7. 1990	BGH	5 StR 221/89	BGHSt. 37, 141; NJW 1991, 50; NStZ 1990, 550; JZ 1990, 1036; MDR 1990, 1030	260 –	
27. 7. 1990	BGH	2 StR 324/90	BGHR StPO § 261 Mitangeklagte 1; StV 1990, 534; NStZ 1990, 603	261 +	
27. 7. 1990	BGH	2 StR 110/90	StV 1991, 199	338 Nr. 6 +	
7. 8. 1990	BGH	1 StR 263/90	BGHR StPO § 244 Abs. 6 Beweisantrag 16; StV 1991, 2	244 II –	
8. 8. 1990	BGH	3 StR 153/90	StV 1990, 485	261 +	
21. 8. 1990	BGH	5 StR 145/90	BGHSt. 37, 157; NJW 1990, 2944; StV 1990, 434; NStZ 1990, 550; BGHR StPO § 81a Abs. 1 Satz 2 Blutprobenentnahme 1	81a –	
22. 8. 1990	BGH	3 StR 406/89	StV 1991, 99	244 III S. 1 –	
29. 8. 1990	BGH	3 StR 184/90	BGHSt. 37, 162; NJW 1991, 435; NStZ 1990, 602; StV 1991, 2	244 III–VI –	
30. 8. 1990	BGH	3 StR 459/87	BGHSt. 37, 168; NJW 1991, 1622; StV 1992, 3; NStZ 1991, 48; JR 1992, 34	245 –	
12. 9. 1990	BGH	2 StR 359/90	NJW 1991, 709; NStZ 1991, 49	345 +	
18. 9. 1990	BGH	5 StR 184/90	StV 1991, 405	244 III S. 1 –	
18. 9. 1990	BGH	5 StR 250/90	BGHR StPO § 61 Nr. 5 Nichtvereidigung 1	61 –	
18. 9. 1990	BGH	5 StR 396/90	NStZ 1991, 227; StV 1991, 197; BGHR StPO § 60 Nr. 2 Tatbeteiligung 3	60 +	
19. 9. 1990	BGH	5 StR 372/90	BGHR StPO § 247 Abwesenheit 9	247 +	abgedruckt als Fußnote bei 10. 4. 1997 – 4 StR 132/97
24. 9. 1990	BGH	4 StR 384/90	NStZ 1991, 47; StV 1991, 349	244 VI –	
25. 9. 1990	BGH	1 StR 483/90	BGHR StPO § 261 Zeuge 8	261 +	
25. 9. 1990	BGH	5 StR 401/90	BGHR StPO § 244 Abs. 4 Satz 1 Glaubwürdigkeitsgutachten 3; NStZ 1991, 47	244 III S. 1 +	
25. 9. 1990	BGH	4 StR 204/90	BGHR StPO § 302 Abs. 2 Rücknahme 2	302 –	

Fundstellenverzeichnis

Datum	Gericht	Aktenzeichen	Fundstellen	Abdruck bei §(§) + = erfolgreiche Rüge – = erfolglose Rüge	Druckanmerkung
28. 9. 1990	BGH	2 StR 289/90	StV 1991, 49; BGHR StPO § 25 Abs. 2 unverzüglich 1	338 Nr. 3 +	
10. 10. 1990	BGH	StB 14/90	BGHSt. 37, 204; NJW 1991, 435; StV 1991, 1; NStZ 1991, 94; MDR 1991, 70	147 +	
19. 10. 1990	BGH	1 StR 435/90	BGHR StPO § 244 Abs. 3 Satz 2 Unerreichbarkeit 11; NStZ 1991, 143	244 III S. 2 Var. 5 –	
23. 10. 1990	BGH	1 StR 414/90	StV 1991, 244	244 II –	
30. 10. 1990	BGH	5 StR 447/90	StV 1991, 50; NStZ 1991, 144	338 Nr. 3 +	
6. 11. 1990	BGH	1 StR 718/89	BGHR StPO § 241 Abs. 2 Zurückweisung 5; NStZ 1991, 228	241 –	
6. 11. 1990	BGH	1 StR 726/89	NStZ 1991, 143	338 Nr. 1 –	
8. 11. 1990	BGH	4 StR 457/90	NStZ 1991, 94	302 +	
9. 11. 1990	BGH	2 StR 491/90	StV 1991, 97	230 +	
14. 11. 1990	BGH	3 StR 310/90	NStZ 1991, 195; BGHR StPO § 265 Abs. 4 Hinweispflicht 9	267 –	
20. 11. 1990	BGH	1 StR 562/90	StV 1991, 100; NStZ 1991, 194	MRK Art. 6 –	
28. 11. 1990	BGH	2 StR 536/90	StV 1991, 245; BGHR StPO § 267 Abs. 1 Satz 1 Mindestfeststellungen 1	267 +	
28. 11. 1990	BGH	3 StR 170/90	BGHSt. 37, 245; NJW 1991, 1764; StV 1991, 146; NStZ 1991, 196	344 –; GVG 40 –	
30. 11. 1990	BGH	2 StR 237/90	NStZ 1991, 195; StV 1993, 397	338 Nr. 1 –	
30. 11. 1990	BGH	2 StR 44/90	BGHSt. 37, 249; NJW 1991, 1364; StV 1991, 97	338 Nr. 5 –	
13. 12. 1990	BGH	4 StR 519/90	BGHSt. 37, 260; NJW 1991, 1243; StV 1991, 198	404 +	
18. 12. 1990	BGH	4 StR 532/90	StV 1991, 198	406 +	
18. 12. 1990	BGH	5 StR 448/90	BGHSt. 37, 264; NJW 1991, 1900; MDR 1991, 263	25 –	
18. 12. 1990	BGH	1 StR 627/90	StV 1991, 148	251 –	
19. 12. 1990	BGH	2 StR 426/90	StV 1993, 398; BGHR GVG § 21e Nr. 2	GVG 21 e –	
3. 1. 1991	BGH	3 StR 377/90	BGHSt. 37, 287; NJW 1991, 1902; NStZ 1991, 296	345 +	
3. 1. 1991	BGH	1 StR 609/90	BGHR StPO § 60 Nr. 2 Tatbeteiligung 4	59 +	abgedruckt als Fußnote bei 6. 10. 1994 – 4 StR 480/94
8. 1. 1991	BGH	1 StR 683/90	StV 1991, 198	265 +	
15. 1. 1991	BGH	1 StR 603/90	StV 1991, 502	265 –	
15. 1. 1991	BGH	4 StR 539/90	BGHR StPO § 244 Abs. 3 Satz 2 Wahrunterstellung 22; NStZ 1992, 28 b. Kusch	244 III S. 2 Var. 7 +; 244 III S. 2 Var. 7 –	abgedruckt als Fußnote bei 4. 6. 1996 – 4 StR 242/96 u. 14. 9. 1994 – 4 StR 451/94
15. 1. 1991	BGH	5 StR 605/90	StV 1991, 147	231 +	

4495

Fundstellenverzeichnis

Datum	Gericht	Aktenzeichen	Fundstellen	Abdruck bei §(§) + = erfolgreiche Rüge – = erfolglose Rüge	Druckanmerkung
16. 1. 1991	BGH	3 StR 414/90	BGHR StPO § 344 Abs. 2 Satz 2 Vewertungsverbot 2	250 –	abgedruckt als Fußnote bei 28. 6. 1995 – 3 StR 99/95
22. 1. 1991	BGH	5 StR 498/90	StV 1991, 149; BGHR StPO § 265 Abs. 4 Hinweispflicht 12	265 +	
22. 1. 1991	BGH	1 StR 624/90	NStZ 1991, 295; StV 1991, 289	52 +	
23. 1. 1991	BGH	3 StR 415/90	StV 1991, 247; NStZ 1991, 297	338 Nr. 7 +	
23. 1. 1991	BGH	3 StR 365/90	BGHSt. 37, 298; NJW 1991, 1692; StV 1991, 194; NStZ 1991, 346; BGHR StPO § 24 Abs. 2 Befangenheit 4	338 Nr. 3 +	
25. 1. 1991	BGH	2 StR 409/90	NStZ 1991, 548	261 –	
31. 1. 1991	BGH	1 StR 652/90	NStZ 1992, 29	252 –	abgedruckt als Fußnote bei 20. 7. 1995 – 1StR 338/95
6. 2. 1991	BGH	4 StR 35/91	BGHR StPO § 338 Nr. 5 Angeklagter 18; NStZ 1991, 296	338 Nr. 5 +	
8. 2. 1991	BGH	3 StR 225/90	BGHR StPO § 231 Abs. 2 Abwesenheit, eigenmächtige 7	231 +	
12. 2. 1991	BGH	4 StR 506/90	BGHR StPO § 265 Abs. 4 Hinweispflicht 11	265 +	
15. 2. 1991	BGH	3 StR 422/90	BGHSt. 37, 324; NJW 1991, 1964; StV 1991, 246; NStZ 1991, 349	338 Nr. 1 +	
22. 2. 1991	BGH	3 StR 487/90	BGHR StPO § 274 Beweiskraft 8	274 +	
26. 2. 1991	BGH	1 StR 737/90	BGHR § 45 Abs. 2 Tatsachenvortrag 5	44 –	abgedruckt als Fußnote bei 31. 1. 1996 – 3 StR 455/95
27. 2. 1991	BGH	3 StR 449/90	NStZ 1991, 400	261 +	
14. 3. 1991	BGH	4 StR 16/91	BGHR StPO § 244 Abs. 2 Sachverständiger 10; StV 1991, 245	244 II +	
19. 3. 1991	BGH	1 StR 99/91	StV 1991, 500	244 III S. 2 Var. 2 +	
20. 3. 1991	BGH	2 StR 610/90	NStZ 1991, 596; StV 1991, 339	261 +	
9. 4. 1991	BGH	4 StR 132/91	BGHR StPO § 244 Abs. 3 Satz 2 Bedeutungslosigkeit 15; StV 1991, 408	244 III S. 2 Var. 2 +	
10. 4. 1991	BGH	3 StR 52/91	StV 1991, 410	267 +	
10. 4. 1991	BGH	3 StR 354/90	BGHR StPO § 302 Abs. 1 Satz 1 Rechtsmittelverzicht 8	302 –	
11. 4. 1991	BVerfG	2 BvR 196/91	StV 1991, 449	MRK Art. 6 –	
16. 4. 1991	BGH	5 StR 158/91	NStZ 1991, 398; StV 1991, 401	52 +	
17. 4. 1991	BGH	3 StR 107/91	StV 1991, 409	261 +	
18. 4. 1991	BGH	4 StR 181/91	StV 1991, 451	230 +	
24. 4. 1991	BGH	5 StR 10/91	StV 1991, 337	253 +	
24. 4. 1991	BGH	5 StR 79/91	HFR 1992, 142	AO 30 –	

Fundstellenverzeichnis

Datum	Gericht	Aktenzeichen	Fundstellen	Abdruck bei §(§) + = erfolgreiche Rüge – = erfolglose Rüge	Druckanmerkung
25. 4. 1991	BGH	3 StR 468/90	BGHR StPO § 200 Abs. 1 Satz 1 Tat 1	200 +	
25. 4. 1991	BGH	4 StR 582/90	StV 1991, 338; NStZ 1991, 399	244 II +	
3. 5. 1991	BGH	2 StR 455/90	BGHR StPO § 244 Abs. 3 Satz 2 Bedeu- tungslosigkeit 16	244 III–VI –	abgedruckt als Fußnote bei 6. 7. 1993 – 5 StR 279/93
3. 5. 1991	BGH	2 StR 455/90	BGHR StPO § 244 Abs. 6 Be- weisantrag 19	244 III S. 2 Var. 2 +	abgedruckt als Fußnote bei 10. 11. 1992 – 5 StR 474/92
3. 5. 1991	BGH	3 StR 112/91	StV 1991, 451; BGHR StPO § 261 Mitange- klagte 2	267 +	
3. 5. 1991	BGH	3 StR 483/90	NStZ 1991, 503	338 Nr. 4 –	
7. 5. 1991	BGH	1 StR 181/91	BGHR StPO § 302 Abs. 1 Satz 1 Rechts- mittelverzicht 9	302 –	
8. 5. 1991	BVerfG	2 BvR 1380/90	NStZ 1991, 499; StV 1991, 545	261 +	
14. 5. 1991	BGH	1 StR 699/90	NStZ 1992, 44; NJW 1991, 2651; StV 1991, 517	GG Art. 13 –	
22. 5. 1991	BGH	3 StR 103/91	NStZ 1991, 447	4 +	
22. 5. 1991	LG Hamm	3 Ss 1400/90		AO 393 –	
27. 5. 1991	BGH	AnwSt(B) 2/91	BGHSt. 37, 395; NJW 1991, 2780; NStZ 1991, 447	138a +	
29. 5. 1991	BVerfG	1 BvR 1383/90	NJW 1991, 2823	30 +	abgedruckt als Fußnote bei BVerfG 8. 6. 1993 – 1 BvR 878/90
29. 5. 1991	BGH	2 StR 68/91	NStZ 1991, 448; StV 1991, 500	244 II +	
4. 6. 1991	BGH	5 StR 122/91	BGHSt. 37, 397	244 IV –	abgedruckt als Fußnote bei 7. 7. 1999 – 1 StR 207/99
5. 6. 1991	BGH	StbSt (R) 13/88		AO 30 –	
13. 6. 1991	BGH	4 StR 105/91	BGHSt. 38, 4; StV 1992, 7	302 –	
18. 6. 1991	BGH	5 StR 584/90	BGHSt. 38, 7; StV 1991, 402; NStZ 1992, 343	53 –	
26. 6. 1991	BGH	2 StR 583/90	StV 1992, 54	338 Nr. 5 –	
3. 7. 1991	BGH	2 StR 132/91	NStZ 1991, 550	265 +	
3. 7. 1991	BGH	2 StR 45/91	BGHSt. 38, 14; NJW 1992, 252; NStZ 1991, 500; JZ 1992, 106	261 +	
4. 7. 1991	BGH	4 StR 233/91	BGHR StPO § 267 Abs. 5 Freispruch 7	267 +	
10. 7. 1991	BGH	3 StR 115/91	BGHR StPO § 244 Abs. 6 Be- weisantrag 20; NStZ 1991, 547	244 III–VI –	
17. 7. 1991	BGH	5 StR 225/91	BGHSt. 38, 37; NJW 1991, 3227	GG Art. 103 +	
17. 7. 1991	BGH	3 StR 4/91	NStZ 1991, 502	271 –	
30. 7. 1991	BGH	5 StR 250/91	BGHSt. 38, 47; NJW 1991, 3043; StV 1991, 452; NStZ 1992, 92; MDR 1992, 66	GVG 36 –	
13. 8. 1991	BGH	5 StR 263/91	StV 1991, 503; BGHR GVG § 42 Nr. 1	GVG 42 –	
20. 8. 1991	BGH	5 StR 354/91	StV 1991, 549	261 +	
22. 8. 1991	BGH	1 StR 473/91	StV 1992, 6	251 +	

Fundstellenverzeichnis

Datum	Gericht	Aktenzeichen	Fundstellen	Abdruck bei §(§) + = erfolgreiche Rüge – = erfolglose Rüge	Druckanmerkung
27. 8. 1991	BGH	1 StR 438/91	NStZ 1991, 595	22 –	
27. 8. 1991	BGH	1 StR 505/91	StV 1991, 457; NStZ 1991, 595	260 +	
3. 9. 1991	BVerfG	2 BvR 279/90	StV 1992, 49	94 +	
6. 9. 1991	BGH	2 StR 248/91	StV 1992, 2	244 II +	
13. 9. 1991	BGH	3 StR 338/91	StV 1992, 1; NStZ 1992, 49	273 +	
20. 9. 1991	BGH	2 StR 17/91	StV 1992, 6	261 +	
24. 9. 1991	BGH	1 StR 382/91	NStZ 1992, 49	267 +	
25. 9. 1991	BGH	2 StR 415/91	StV 1992, 6; NStZ 1992, 48	251 +	
27. 9. 1991	BGH	2 StR 146/91	StV 1991, 450	338 Nr. 3 +	
9. 10. 1991	BGH	3 StR 257/91	StV 1993, 287	264 +	
16. 10. 1991	BGH	2 StR 442/91	StV 1992, 148	261 +	
23. 10. 1991	BGH	5 StR 455/91	StV 1992, 98	261 +	
29. 10. 1991	BGH	1 StR 334/90	BGHSt. 38, 96; StV 1992, 51; NStZ 1992, 195; JZ 1992, 426	52 –	
30. 10. 1991	BGH	2 StR 200/91	BGHSt. 38, 102; StV 1992, 50; NStZ 1992, 139; MDR 1992, 392	33 +	
6. 11. 1991	BGH	2 StR 342/91	BGHR StPO § 244 Abs. 3 Satz 2 Uner- reichbarkeit 12; StV 1992, 216; NStZ 1992, 141	244 III S. 2 Var. 5 –	
6. 11. 1991	BGH	4 StR 515/91	StV 1992, 53; NJW 1992, 849; NStZ 1992, 247	338 Nr. 8 +	
7. 11. 1991	BGH	4 StR 252/91	BGHSt. 38, 111; NJW 1992, 1245; NStZ 1992, 140; JR 1993, 169	338 Nr. 8 –	
12. 11. 1991	BGH	4 StR 374/91	StV 1992, 147	244 III S. 2 Var. 2 +	
15. 11. 1991	BGH	2 StR 499/91	StV 1992, 97	261 +	
21. 11. 1991	BGH	1 StR 552/90	NStZ 1992, 292	142 –	
27. 11. 1991	BGH	3 StR 157/91	NStZ 1992, 602	267 +	
29. 11. 1991	BGH	2 StR 504/91	StV 1992, 149	261+	
3. 12. 1991	BGH	1 StR 456/91	NStZ 1992, 201; StV 1992, 406	142 –	
3. 12. 1991	BGH	1 StR 120/90	BGHSt. 38, 144; NJW 1992, 763; StV 1992, 106; NStZ 1992, 328; BGHR StPO § 24 Abs. 2 Befangen- heit 6	97 –	
10. 12. 1991	BGH	5 StR 536/91	NJW 1992, 1054	60 +	abgedruckt als Fußnote bei 9. 2. 1994 – 5 StR 20/94
10. 12. 1991	BGH	1 StR 621/91	BGHR StPO § 244 Abs. 4 Satz 1 Sachkun- de 5	244 IV –	abgedruckt als Fußnote bei 7. 7. 1999 – 1 StR 207/99
11. 12. 1991	BGH	2 StR 512/91	NStZ 1992, 247	252 –	
12. 12. 1991	BGH	4 StR 436/91	StV 1992, 98; NStZ 1992, 398	338 Nr. 7 –	
12. 12. 1991	BGH	4 StR 506/91	BGHSt. 38, 172; NJW 1992, 1775; StV 1992, 45; NStZ 1992, 342	338 Nr. 4 +	
16. 12. 1991	BVerfG	2 BvR 1342/91	NJW 1992, 2471; StV 1992, 209	22 –	
19. 12. 1991	BGH	1 StR 749/91	StV 1992, 501	338 Nr. 5 –	
7. 1. 1992	BGH	1 StR 704/91	BGHR StPO § 44 Verhinderung 11	44 –	abgedruckt als Fußnote bei 13. 1. 1997 – 4 StR 612/96
10. 1. 1992	BVerfG	2 BvR 347/91	NJW 1992, 2075	338 Nr. 1 –	
15. 1. 1992	BGH	2 StR 297/91	NStZ 1992, 249	265 –	
28. 1. 1992	BGH	5 StR 491/91	StV 1992, 259	261 +	

Fundstellenverzeichnis

Datum	Gericht	Aktenzeichen	Fundstellen	Abdruck bei §(§) + = erfolgreiche Rüge − = erfolglose Rüge	Druckanmerkung
28. 1. 1992	BGH	5 StR 3/92	StV 1992, 146	59 +	
4. 2. 1992	BGH	1 StR 787/91	StV 1992, 260	261 +	
5. 2. 1992	BGH	5 StR 677/91	StV 1992, 312	261 +	
5. 2. 1992	BGH	5 StR 673/91	StV 1992, 218; NStZ 1992, 248	246 +	
6. 2. 1992	BGH	4 StR 626/91	NStZ 1992, 397	237 +	
13. 2. 1992	BGH	4 StR 638/91	StV 1992, 145; NStZ 1992, 291	52 −	
14. 2. 1992	BGH	2 StR 254/91	StV 1992, 211; NStZ 1992, 290	338 Nr. 3 +	
14. 2. 1992	BGH	3 StR 433/91	NJW 1992, 1398	345 −	
21. 2. 1992	BGH	2 StR 46/92	StV 1992, 359	247 +	
25. 2. 1992	BGH	5 StR 483/91	NStZ 1992, 292; StV 1992, 406	142 +	
26. 2. 1992	BGH	3 StR 33/92	StV 1992, 555	267 +	
27. 2. 1992	BGH	4 StR 23/92	BGHSt. 38, 212; NJW 1992, 2104; StV 1992, 212; NStZ 1992, 342	338 Nr. 4 +	
27. 2. 1992	BGH	5 StR 190/91	BGHSt. 38, 214; NJW 1992, 1463; StV 1992, 212; NStZ 1992, 294	136 +	
4. 3. 1992	BGH	3 StR 460/91	StV 1992, 403; NStZ 1992, 394	251 +	
18. 3. 1992	BGH	3 StR 39/92	NStZ 1992, 346; StV 1992, 359	247 +	
19. 3. 1992	BGH	4 StR 50/92	StV 1992, 311; NStZ 1992, 346	246 −	
19. 3. 1992	BGH	4 StR 73/92	BGHSt. 38, 248; NJW 1992, 2241; StV 1992, 456; NStZ 1992, 393; JZ 1993, 270	338 Nr. 6 −	
20. 3. 1992	BGH	2 StR 627/91	StV 1993, 116	261 +	
24. 3. 1992	BGH	1 StR 124/92	BGHR StPO § 252 Verw.Verb. 6	168c −; 252 +; 338 Nr. 2 −; 252 −	abgedruckt als Fußnote bei 20. 2. 1997 − 4 StR 598/96 u. 8. 12. 1999 − 5 StR 32/ 99
25. 3. 1992	BGH	3 StR 519/91	BGHR StPO § 265 Abs. 1 Hinweispflicht 9	265 −	
31. 3. 1992	BGH	1 StR 7/92	BGHSt. 38, 260; NJW 1992, 2241; StV 1992, 455; NStZ 1992, 501; JZ 1992, 270	247 +	
1. 4. 1992	BGH	5 StR 457/91	BGHSt. 38, 263; StV 1992, 404	136 −	
7. 4. 1992	BGH	1 StR 117/92	NStZ 1992, 452	395 +	
8. 4. 1992	BGH	2 StR 240/91	BGHSt. 38, 271; NJW 1992, 2039; NStZ 1992, 396; StV 1993, 453	338 Nr. 5 −	
10. 4. 1992	BGH	3 StR 388/91	BGHR StPO § 244 Abs. 6 Be- weisantrag 21; NStZ 1992, 397	244 III−VI −	
14. 4. 1992	BGH	1 StR 68/92	StV 1992, 553	260 −	
15. 4. 1992	BGH	2 StR 574/91	NStZ 1992, 447	GVG 174 −	
16. 4. 1992	BGH	4 StR 109/92	StV 1992, 410	258 +	abgedruckt als Fußnote bei 27. 8. 1992 − 4 StR 314/92
12. 5. 1992	BGH	1 StR 29/92	StV 1992, 551	254 +	
14. 5. 1992	BGH	4 StR 202/92	StV 1992, 358; NStZ 1992, 503	140 +	
15. 5. 1992	BGH	3 StR 419/91	BGHSt. 38, 291; NJW 1992, 2903; StV 1992, 451; NStZ 1992, 502; MDR 1992, 888	136a +	

Fundstellenverzeichnis

Datum	Gericht	Aktenzeichen	Fundstellen	Abdruck bei §(§) + = erfolgreiche Rüge – = erfolglose Rüge	Druckanmerkung
19. 5. 1992	BGH	1 StR 173/92	BGHR StPO § 24 Abs. 2 – Schöffe 1	24	
19. 5. 1992	BVerfG	1 BvR 986/91	NJW 1992, 2877	30 +	abgedruckt als Fußnote bei 8. 6. 1993 – 1 BvR 878/90
21. 5. 1992	BGH	4 StR 81/92	NStZ 1992, 501	302 +	
22. 5. 1992	BGH	2 StR 207/92	StV 1992, 547	60 +	
26. 5. 1992	BGH	1 StR 131/92	StV 1992, 452	MRK Art. 6 +	
26. 5. 1992	BGH	5 StR 122/92	BGHSt. 38, 302; NJW 1992, 2304; StV 1992, 355; NStZ 1992, 448; MDR 1992, 392	261 +	
2. 6. 1992	BGH	1 StR 182/92	NJW 1992, 2840; StV 1992, 549	244 II –	
3. 6. 1992	BGH	5 StR 175/92	BGHR StPO § 244 Abs. 6 Entscheidung 2; StV 1992, 454	244 VI –	
12. 6. 1992	BGH	1 StR 275/92	StV 1993, 57	60 +	
16. 6. 1992	BGH	4 StR 91/92	BGHR StPO § 260 Abs. 1 Urteilstenor 4	260 –	abgedruckt als Fußnote bei 17. 3. 2000 – 2 StR 430/99
17. 6. 1992	BGH	1 StR 196/92	StV 1992, 548	251 +	
23. 6. 1992	BGH	5 StR 74/92	NJW 1992, 2838; NStZ 1992, 599	244 II –	
23. 6. 1992	BGH	1 StR 272/92	NStZ 1992, 553	207 +	
24. 6. 1992	BGH	StB 8/92	BGHSt. 38, 312	309	
25. 6. 1992	BGH	4 StR 265/92	NStZ 1992, 552; StV 1992, 553	260 +	
15. 7. 1992	BGH	2 StR 305/92	NStZ 1992, 555	341 –	
21. 7. 1992	BGH	5 StR 358/92	StV 1993, 287; BGHR StPO § 247 Satz 4 Unterrichtung 5	245 +	
31. 7. 1992	BGH	3 StR 200/92	StV 1992, 552; NStZ 1992, 601	260 –	
4. 8. 1992	BGH	1 StR 246/92	BGHR StPO § 244 Abs. 3 Satz 2 Unerreichbarkeit 13; NStZ 1993, 50	244 III S. 2 Var. 5 –	
12. 8. 1992	BGH	5 StR 234/92	StV 1992, 453; NStZ 1992, 550	229 +	
12. 8. 1992	BGH	5 StR 361/92	StV 1992, 550	247 +	
12. 8. 1992	BGH	5 StR 239/92	BGHSt. 38, 320; NJW 1992, 2976; StV 1992, 455; NStZ 1992, 554	261 +	
18. 8. 1992	BGH	5 StR 126/92	NStZ 1993, 51	274 +	
19. 8. 1992	BGH	5 StR 386/92	StV 1992, 557	338 Nr. 7 +	
27. 8. 1992	BGH	4 StR 314/92	StV 1992, 551	258 +	
9. 9. 1992	BGH	3 StR 364/92	NStZ 1993, 35	267 +	
15. 9. 1992	BGH	1 StR 442/92	StV 1993, 2	243 +	
16. 9. 1992	BGH	3 StR 413/92	NStZ 1993, 47	81b –	
9. 10. 1992	BGH	2 StR 374/92	StV 1993, 114	244 II +	
17. 10. 1992	BGH	5 StR 517/92	BGHSt. 38, 366; StV 1993, 396	302 –	
22. 10. 1992	BGH	4 StR 502/92	StV 1993, 567	244 IV –	abgedruckt als Fußnote bei 17. 11. 1999 – 3 StR 438/99
22. 10. 1992	BGH	1 StR 575/92	NStZ 1993, 141	25 –	
23. 10. 1992	BGH	5 StR 364/92	NStZ 1993, 96; StV 1993, 113	275 –	
27. 10. 1992	BGH	5 StR 517/92	StV 1993, 396	302 –	
28. 10. 1992	BGH	3 StR 367/92	BGHSt. 38, 369; NJW 1993, 803; StV 1993, 57	53 +	

Fundstellenverzeichnis

Datum	Gericht	Aktenzeichen	Fundstellen	Abdruck bei §(§) + = erfolgreiche Rüge − = erfolglose Rüge	Druckanmerkung
29. 10. 1992	BGH	4 StR 126/92	BGHSt. 38, 372; NJW 1993, 338; StV 1993, 1; NStZ 1993, 142; JR 1993, 332; JZ 1993, 425; MDR 1993, 257	136 +	
29. 10. 1992	BGH	4 StR 199/92	BGHSt. 38, 376; NJW 1993, 672; StV 1993, 61; NStZ 1993, 248; JZ 1993, 477; MDR 1993, 260	338 Nr. 1 +	
29. 10. 1992	BGH	4 StR 446/92	NStZ 1993, 144	251 +	
3. 11. 1992	BGH	5 StR 370/92	BGHSt. 39, 1; StV 1993, 9; NStZ 1993, 129	GG 103 −	
3. 11. 1992	BGH	5 StR 565/92	StV 1993, 117; NStZ 1993, 200	275 +	
10. 11. 1992	BGH	5 StR 474/92	BGHR StPO § 244 Abs. 6 Beweisantrag 24; StV 1993, 3	244 III S. 2 Var. 2 +	
17. 11. 1992	BGH	1 StR 752/92	StV 1993, 113; NStZ 1993, 248	96 +	
24. 11. 1992	BGH	1 StR 368/92	StV 1993, 179; NStZ 1993, 200	265 +	
24. 11. 1992	BGH	5 StR 500/92	BGHSt. 39, 49; StV 1993, 58; NStZ 1993, 199; MDR 1993, 165	244 IV +	
27. 11. 1992	BGH	3 StR 549/92	NStZ 1993, 198; StV 1993, 286	338 Nr. 5 +	
1. 12. 1992	BGH	5 StR 559/92	NStZ 1993, 228 b. Kusch	244 V S. 1 +	abgedruckt als Fußnote bei 31. 5. 1994 − 5 StR 154/94
1. 12. 1992	BGH	1 StR 633/92	StV 1993, 169; NStZ 1993, 245	79 +	
1. 12. 1992	BGH	5 StR 494/92	BGHSt. 39, 72; NStZ 1993, 198; StV 1993, 285	338 Nr. 5 −	
1. 12. 1992	BGH	1 StR 759/92	StV 1993, 232	223 +	
8. 12. 1992	BGH	1 StR 594/92	NJW 1993, 1607	209 −	
9. 12. 1992	BGH	5 StR 394/92	NStZ 1993, 245	44 +	
9. 12. 1992	BGH	3 StR 434/92	BGHSt. 39, 92; StV 1993, 533	JGG 31 −	
15. 12. 1992	BGH	1 StR 617/92	NStZ 1993, 295	244 III S. 2 Var. 4 −	
15. 12. 1992	BGH	5 StR 394/92	StV 1993, 173; NStZ 1993, 192	244 III S. 2 Var. 2 +	
16. 12. 1992	BGH	2 StR 440/92	StV 1993, 234	261 +	
21. 12. 1992	BGH	5 StR 523/92	StV 1993, 235	245 −	
7. 1. 1993	BGH	4 StR 588/92	StV 1993, 234	261 +	
7. 1. 1993	BGH	4 StR 607/92	StV 1993, 115	261 +	
13. 1. 1993	BGH	5 StR 650/92	BGHSt. 39, 110; NJW 1993, 1147; NStZ 1993, 247; StV 1993, 284	231a −	
13. 1. 1993	BGH	2 StR 640/92	wistra 1993, 228	44 +	abgedruckt als Fußnote bei 12. 3. 1996 − 1 StR 710/95
21. 1. 1993	BGH	4 StR 560/92	BGHSt. 39, 121; NJW 1993, 1084; StV 1993, 130; NStZ 1993, 235	260 +	
3. 2. 1993	BGH	2 StR 531/92	StV 1994, 526	261 +	
3. 2. 1993	BGH	5 StR 652/92	StV 1993, 343; NStZ 1993, 350	247 +	
5. 2. 1993	BGH	2 StR 525/92	StV 1993, 171; NStZ 1993, 292	MRK Art. 6 +	
10. 2. 1993	BGH	5 StR 550/92	BGHSt. 39, 141; NJW 1993, 1214; StV 1993, 170; NStZ 1993, 293	244 III S. 1 +	

Fundstellenverzeichnis

Datum	Gericht	Aktenzeichen	Fundstellen	Abdruck bei §(§) + = erfolgreiche Rüge – = erfolglose Rüge	Druckanmerkung
11. 2. 1993	BGH	1 StR 419/92	NStZ 1993, 294	252 –	
16. 2. 1993	BGH	5 StR 463/92	NJW 1993, 2125	136 –	
18. 2. 1993	BGH	1 StR 10/93	NStZ 1993, 350; StV 1993, 233	251 +	
26. 2. 1993	BGH	3 StR 23/93	StV 1993, 287	247 +	
1. 3. 1993	BGH	5 StR 698/92	StV 1993, 288; NStZ 1993, 400	338 Nr. 8 +	
3. 3. 1993	BGH	2 StR 328/92	NStZ 1993, 349	244 III S. 2 Var. 5 –	
4. 3. 1993	BGH	1 StR 895/92	StV 1993, 339	338 Nr. 3 +	
4. 3. 1993	BGH	2 StR 503/92	BGHR StPO § 244 Abs. 3 Satz 2 Ungeeignetheit 13; StV 1993, 340; NStZ 1993, 395	244 IV –; 245 –	
11. 3. 1993	BGH	4 StR 31/93	StV 1993, 459	261 +	
16. 3. 1993	BGH	1 StR 888/92	NStZ 1993, 395; StV 1993, 563	136 +	
16. 3. 1993	BGH	1 StR 829/92	NStZ 1993, 397	256 +	
24. 3. 1993	BGH	5 StR 164/93	StV 1993, 344	258 +	
31. 3. 1993	BGH	2 StR 6/93	StV 1993, 509	261 +	
31. 3. 1993	BGH	3 StR 92/93	NStZ 1993, 449	358 –	
6. 4. 1993	BGH	1 StR 152/93	BGHR StPO § 265 Abs. 2 Hinweispflicht 5	265 +	
16. 4. 1993	BGH	3 StR 14/93	NStZ 1993, 450; StV 1993, 460	338 Nr. 6 +	
19. 4. 1993	BGH	5 StR 602/92	BGHSt. 39, 199; NJW 1993, 1938; NStZ 1993, 445	60 +	
20. 4. 1993	BGH	5 StR 568/92	NStZ 1993, 500	33 –	
20. 4. 1993	BGH	1 StR 886/92	NStZ 1993, 447	244 III S. 2 Var. 7 –	
22. 4. 1993	BGH	4 StR 153/93	BGHSt. 39, 208; NJW 1993, 1999; StV 1993, 344; NStZ 1993, 448	344 –	
23. 4. 1993	BGH	3 StR 138/93	NStZ 1993, 501; StV 1994, 7	261 +	
27. 4. 1993	BGH	1 StR 123/93	StV 1993, 508	244 III S. 2 Var. 4 +	
3. 5. 1993	BGH	5 StR 180/93	BGHR StPO § 344 Abs. 2 Satz 2 Aufklärungsrüge 6	244 II –	abgedruckt als Fußnote bei 15. 9. 1998 – 5 StR 145/98
4. 5. 1993	BGH	1 StR 921/92	StV 1993, 339; NStZ 1993, 500	52 –	
4. 5. 1993	BGH	4 StR 207/93	NStZ 1993, 446	231 +	
11. 5. 1993	BGH	1 StR 896/92	StV 1993, 522	244 IV +	abgedruckt als Fußnote bei 5. 9. 1996 – 1 StR 416/96
12. 5. 1993	BGH	2 StR 191/93	NStZ 1993, 448; StV 1993, 459	338 Nr. 7 +	
13. 5. 1993	BGH	4 StR 169/93	NStZ 1993, 551	258 +	
19. 5. 1993	BGH	4 StR 237/93	StV 1993, 508; BGHR StPO § 267 Abs. 1 Satz 1 Mindestfeststellungen 3	267 +	
4. 6. 1993	BGH	2 StR 70/93	StV 1993, 395; BGHR StPO § 267 Abs. 1 Satz 1 Mindestfeststellungen 4	154 –	
8. 6. 1993	BVerfG	1 BvR 878/90	NJW 1993, 2229	30 +	
9. 6. 1993	BGH	3 StR 49/93	NJW 1993, 2819; StV 1993, 452	13 –	
23. 6. 1993	BGH	3 StR 89/93	BGHSt. 39, 239; NJW 1993, 2758; StV 1993, 507; NStZ 1994, 80	338 Nr. 2 –	

Fundstellenverzeichnis

Datum	Gericht	Aktenzeichen	Fundstellen	Abdruck bei §(§) + = erfolgreiche Rüge – = erfolglose Rüge	Druckanmerkung
6. 7. 1993	BGH	5 StR 279/93	BGHSt. 39, 251; NJW 1993, 2881; NStZ 1993, 550; StV 1993, 454	244 III–VI –	
7. 7. 1993	BGH	3 StR 336/92	BGHR StPO § 61 Nr. 3 Bedeutung 1	61 +	
7. 7. 1993	BGH	2 StR 17/93	NStZ 1994, 34	260 –	abgedruckt als Fußnote bei 11. 2. 1999 – 1 StR 686/98
16. 7. 1993	BGH	2 StR 333/92	StV 1993, 563	81c +	
5. 8. 1993	BGH	4 StR 427/93	StV 1993, 621	244 III S. 2 Var. 2 +	
6. 8. 1993	BGH	3 StR 277/93	NStZ 1993, 600	25 –	
6. 8. 1993	BGH	Stb StR 1/93	BGHSt. 39, 281; NJW 1994, 206; NStZ 1994, 90	275 –	
13. 8. 1993	BGH	2 StR 323/93	NStZ 1994, 47	345 –	
18. 8. 1993	BGH	2 StR 413/93	StV 1993, 566	140 +	
19. 8. 1993	BGH	4 StR 627/92	BGHSt. 39, 291; NJW 1993, 3081; NStZ 1993, 592	267 –	
24. 8. 1993	BGH	1 StR 380/93	BGHSt. 39, 305; NJW 1993, 3337; StV 1993, 623; NStZ 1994, 184	250 –	
26. 8. 1993	BGH	4 StR 364/93	BGHSt. 39, 310; NJW 1993, 3275; StV 1993, 564; NStZ 1993, 600; MDR 1993, 1224	142 +	
7. 9. 1993	BGH	5 StR 162/93	NStZ 1994, 46	275 –	
7. 9. 1993	BGH	4 StR 498/93	StV 1993, 622	244 III S. 2 Var. 2 +	
14. 9. 1993	BGH	5 StR 478/93	StV 1994, 116	265 +	
21. 9. 1993	BGH	4 StR 413/93	StV 1994, 6	267 +	
22. 9. 1993	BVerfG	2 BvR 1732/93	BVerfGE 89, 120	231a +	
22. 9. 1993	BGH	2 StR 170/93	NStZ 1994, 47	244 III S. 2 Var. 6 –	
22. 9. 1993	BGH	2 StR 367/93	StV 1994, 64	302 –	
29. 9. 1993	BGH	2 StR 355/93	StV 1994, 231; NStZ 1994, 95	246a +	
8. 10. 1993	BGH	2 StR 400/93	BGHSt. 39, 335; NJW 1994, 596; NStZ 1994, 292; StV 1994, 58	100a –	
12. 10. 1993	BGH	1 StR 475/93	BGHSt. 39, 349; NJW 1994, 333; StV 1994, 4; NStZ 1994, 95; JZ 1994, 686; MDR 1994, 192	136 –	
13. 10. 1993	BGH	5 StR 231/93	StV 1994, 5	229 +	
19. 10. 1993	BGH	1 StR 662/93	NJW 1994, 1293; StV 1994, 174; NStZ 1994, 196	261 –	
20. 10. 1993	BGH	5 StR 635/92	StV 1994, 57; NStZ 1994, 94	53 +	
21. 10. 1993	BGH	1 StR 635/93	BGHR StPO § 52 I 1, Verlobte 1	338 Nr. 2 –; 252 –	abgedruckt als Fußnote bei 8. 12. 1999 – 5 StR 32/99
22. 10. 1993	BGH	2 StR 466/93	NJW 1994, 1015; StV 1994, 5; NStZ 1994, 140	244 III S. 2 Var. 7 –	
22. 10. 1993	BGH	2 StR 459/93	StV 1994, 114	261 +	
22. 10. 1993	BGH	3 StR 337/93	StV 1994, 468	273 –	
3. 11. 1993	BGH	2 StR 434/93	StV 1994, 114	261 +	
11. 11. 1993	BGH	4 StR 584/93	StV 1994, 232; BGHR StPO § 265 Abs. 2 Hinweispflicht 6	265 +	
12. 11. 1993	BGH	2 StR 594/93	StV 1994, 173	244 IV +	

Fundstellenverzeichnis

Datum	Gericht	Aktenzeichen	Fundstellen	Abdruck bei §(§) + = erfolgreiche Rüge – = erfolglose Rüge	Druckanmerkung
15. 11. 1993	BGH	5 StR 639/93	BGHR StPO § 244 Abs. 3 Satz 2 Bedeutungslosigkeit 20; StV 1994, 62	136a –	
18. 11. 1993	BGH	1 StR 315/93	StV 1994, 172	244 VI +	
24. 11. 1993	BGH	3 StR 517/93	StV 1994, 358	267 +	
24. 11. 1993	BGH	3 StR 523/93	NStZ 1994, 194	35a +	
1. 12. 1993	BGH	2 StR 443/93	BGHR StPO § 60 Nr. 2 Vereidigung 3; NStZ 1994, 227	60 –	
1. 12. 1993	BGH	2 StR 488/93	NStZ 1994, 195	244 III S. 2 Var. 2 +	
7. 12. 1993	BGH	5 StR 171/93	NStZ 1994, 194; StV 1994, 225	22 –	
8. 12. 1993	BGH	3 StR 446/93	BGHSt. 40, 3; NJW 1994, 1294; StV 1994, 169; NStZ 1994, 247	344 –	
17. 12. 1993	BGH	2 StR 666/93	StV 1994, 175	267 +	
4. 1. 1994	BGH	1 StR 749/93	StV 1994, 169	110a +	
11. 1. 1994	BGH	5 StR 682/93	BGHSt. 40, 44; StV 1994, 226; NStZ 1994, 350	200 –	
12. 1. 1994	BGH	5 StR 620/93	StV 1994, 227; NStZ 1994, 250	244 II +	
18. 1. 1994	BGH	1 StR 745/93	BGHSt. 40, 60; NJW 1994, 1484; StV 1994, 229; NStZ 1994, 351	244 V S. 2 +	
25. 1. 1994	BGH	5 StR 508/93	NStZ 1994, 354; StV 1994, 471	338 Nr. 6 –	
26. 1. 1994	BGH	3 StR 629/93	StV 1994, 359	267 +	
9. 2. 1994	BGH	2 StR 21/94	StV 1994, 225	60 +	
9. 2. 1994	BGH	5 StR 20/94	StV 1994, 356	60 +	
17. 2. 1994	BGH	1 StR 723/93	StV 1994, 227	244 II +	
22. 2. 1994	BGH	1 StR 829/93	StV 1994, 358	249 +	
24. 2. 1994	BGH	4 StR 317/93	BGHSt. 40, 66; NJW 1994, 1807; StV 1994, 282; NStZ 1994, 295; MDR 1994, 497	261 +; 136a –	
27. 2. 1994	BGH	3 StR 225/94	StV 1994, 580	261 –	
22. 3. 1994	BGH	5 StR 8/94	BGHR StPO § 244 Abs. 5 Satz 2 Auslandszeuge 1; BGHR StPO § 244 Abs. 6 Entscheidung 3; StV 1994, 635	244 III S. 2 Var. 6 –	
22. 3. 1994	BGH	5 StR 95/94	BGHR StPO § 244 Abs. 5 Satz 2 Auslandszeuge 2	244 V S. 1 +; 244 V S. 2 –; 244 V S. 2 +	abgedruckt als Fußnote bei 31. 5. 1994 – 5 StR 154/94 u. 5. 9. 2000 – 1 StR 325/00 u. 11. 6. 1997 – 5 StR 254/97
22. 3. 1994	BGH	1 StR 100/94	StV 1994, 467	243 –	
23. 3. 1994	BGH	2 StR 67/94	StV 1994, 411; NStZ 1994, 388	74 +	
25. 3. 1994	BGH	3 StR 18/94	StV 1994, 361; NStZ 1994, 352; BGHR StPO § 267 Abs. 1 Satz 1 Mindestfeststellungen 5	267 +	
25. 3. 1994	BGH	2 StR 102/94	StV 1994, 358	245 +	
30. 3. 1994	BGH	2 StR 643/93	StV 1994, 413	252 +	
31. 3. 1994	BGH	1 StR 48/94	NStZ 1994, 354; StV 1994, 471	274 +	
6. 4. 1994	BGH	2 StR 76/94	StV 1994, 468	250 –	

Fundstellenverzeichnis

Datum	Gericht	Aktenzeichen	Fundstellen	Abdruck bei §(§) + = erfolgreiche Rüge – = erfolglose Rüge	Druckanmerkung
13. 4. 1994	BVerfG	2 BvR 2107/93	NJW 1994, 1856	44 +	abgedruckt als Fußnote bei 19. 10. 1999 – 4 StR 86/99
19. 4. 1994	BGH	5 StR 204/93	BGHSt. 40, 113; NStZ 1994, 388	GG Art. 103 –	
21. 4. 1994	BGH	4 StR 136/94	BGHSt. 40, 120; NJW 1994, 2396; StV 1994, 414; NStZ 1994, 399; JR 1995, 255; JZ 1995, 261	338 Nr. 4 +	
27. 4. 1994	BGH	3 StR 690/93	StV 1994, 415	338 Nr. 4 –	
9. 5. 1994	BGH	5 StR 354/93	BGHSt. 40, 169; NJW 1994, 3238	244 III S. 2 Var. 7 +	abgedruckt als Fußnote bei 16. 9. 1997 – 5 StR 440/97 u. 11. 6. 1997 – 5 StR 254/97
10. 5. 1994	BGH	5 StR 239/94	NStZ 1994, 502	267 –	
18. 5. 1994	BGH	3 StR 628/93	NStZ 1994, 447	23 –	
19. 5. 1994	BGH	1 StR 132/94	NStZ 1994, 447; BGHR StPO § 24 Abs. 2 Befangenheit 10	24 –	
31. 5. 1994	BGH	1 StR 86/94	NStZ 1995, 97; BGHR StPO § 244 Abs. 3 Satz 2 Ungeeignetheit 14	244 III S. 2 Var. 4 +	abgedruckt als Fußnote bei 13. 3. 1997 – 4 StR 45/97
31. 5. 1994	BGH	5 StR 154/94	StV 1994, 411; BGHR StPO § 244 Abs. 6 Beweisantrag 30	244 V S. 1 +	
31. 5. 1994	BGH	5 StR 557/93	NStZ 1995, 27; StV 1995, 175	231c –	
7. 6. 1994	BGH	1 StR 279/94	BGHR StPO § 244 Abs. 6 Hilfsbeweisantrag 6	244 VI –	
14. 6. 1994	BGH	1 StR 40/94	BGHSt. 40, 191; NJW 1994, 2733; StV 1994, 470; NStZ 1994, 489	338 Nr. 6 –	
14. 6. 1994	BGH	1 StR 190/94	NStZ 1994, 503	267 +	
22. 6. 1994	BGH	2 StR 216/94	MDR 1994, 1072	60 +	
22. 6. 1994	BGH	3 StR 646/93	StV 1994, 525	245 –	
22. 6. 1994	BGH	2 StR 180/94	NStZ 1994, 500	146 –	
28. 6. 1994	BVerfG	2 BvR 1235/94	NJW 1995, 317	400 –	
29. 6. 1994	BGH	2 StR 250/94	NStZ 1994, 555	267 +	
12. 7. 1994	BGH	4 StR 306/94	StV 1995, 176	258 +; 258 –	
21. 7. 1994	BGH	1 StR 83/94	BGHSt. 40, 211; NJW 1994, 2904; StV 1994, 521; NStZ 1994, 593; JZ 1995, 841; BGHR StPO § 344 Abs. 2 Satz 2 Telefonüberwachung 1	100a –; 252 –	
26. 7. 1994	BGH	5 StR 98/94	BGHSt. 40, 218; NJW 1994, 2703; StV 1994, 534; NStZ 1994, 537	338 Nr. 1 –	
27. 7. 1994	BGH	3 StR 225/94	StV 1994, 580	261 –	
10. 8. 1994	BGH	3 StR 53/94	wistra 1995, 70	338 Nr. 5 –	
23. 8. 1994	BGH	5 StR 447/94	StV 1994, 637; NStZ 1995, 47	250 +	
30. 8. 1994	BGH	5 StR 403/94	NStZ 1994, 591; StV 1993, 641	338 Nr. 6 +	
6. 9. 1994	BGH	5 StR 228/94	StV 1994, 653	MRK Art. 6 +	
7. 9. 1994	BGH	5 StR 478/94	BGHR StPO § 244 Abs. 5 Satz 2 Auslandszeuge 3	244 V S. 2 –; 244 V S. 2 +	abgedruckt als Fußnote bei 5. 9. 2000 – 1 StR 325/00 u. 11. 6. 1997 – 5 StR 254/97

Fundstellenverzeichnis

Datum	Gericht	Aktenzeichen	Fundstellen	Abdruck bei §(§) + = erfolgreiche Rüge – = erfolglose Rüge	Druckanmerkung
14. 9. 1994	BGH	4 StR 451/94	StV 1995, 5	244 III S. 2 Var. 7 +	
21. 9. 1994	BGH	5 StR 414/94	NStZ 1995, 176	244 IV –	abgedruckt als Fußnote bei 7. 7. 1999 – 1 StR 207/99
28. 9. 1994	BGH	3 StR 332/94	NStZ 1995, 44	59 –	
5. 10. 1994	BGH	2 StR 411/94	NStZ 1995, 204	261 +	
6. 10. 1994	BGH	4 StR 480/94	NStZ 1995, 244	59 +	
19. 10. 1994	BGH	2 StR 336/94	NStZ 1995, 247	265 –	
21. 10. 1994	BGH	2 StR 328/94	BGHSt. 40, 287; NJW 1995, 603; NStZ 1995, 144	244 VI –	
26. 10. 1994	BGH	2 StR 392/94	NStZ 1995, 143	256 +	
1. 11. 1994	BGH	5 StR 276/94	BGHR StPO § 244 Abs. 6 Beweisantrag 31	244 III–VI –	abgedruckt als Fußnote bei 28. 11. 1997 – 3 StR 114/97
3. 11. 1994	BGH	1 StR 436/94	NStZ 1995, 246	261 +	
9. 11. 1994	BGH	3 StR 436/94	NStZ 1995, 220	275 +	
15. 11. 1994	BGH	1 StR 461/94	BGHSt. 40, 336; NJW 1995, 1501; NStZ 1995, 198	52 –	
18. 11. 1994	BGH	2 StR 172/94	NStZ 1995, 204	296 +	
23. 11. 1994	BGH	2 StR 593/94	NStZ 1995, 143	240 –	
28. 11. 1994	BGH	5 StR 611/94	NStZ 1995, 143	338 Nr. 6 –	
29. 11. 1994	BGH	4 StR 648/94	NStZ 1995, 245; BGHR StPO § 200 Abs. 1 Satz 1 Tat 13	200 +	
2. 12. 1994	BGH	2 StR 394/94	NStZ 1995, 181	338 Nr. 6 +	
6. 12. 1994	BGH	5 StR 305/94	BGHSt. 40, 374; NJW 1995, 1166; StV 1995, 60; NStZ 1995, 203	261 –	
7. 12. 1994	BGH	5 StR 519/94	NStZ 1995, 298; StV 1995, 57	338 Nr. 8 +	
8. 12. 1994	BGH	4 StR 536/94	BGHR StPO § 244 Abs. 5 Satz 2 Auslandszeuge 5	244 V S. 2 +	abgedruckt als Fußnote bei 11. 6. 1997 – 5 StR 254/97
13. 12. 1994	BGH	1 StR 641/94	NStZ 1995, 200	243 –	
15. 12. 1994	BGH	1 StR 656/94	NJW 1995, 340	206a –	
16. 12. 1994	BGH	2 StR 461/94	NStZ 1995, 356	302 –	
21. 12. 1994	BGH	2 StR 415/94	NStZ 1995, 335	MRK Art. 6 +	
4. 1. 1995	BGH	3 StR 493/94	NStZ 1995, 248	431 –	
11. 1. 1995	BGH	4 StR 750/94	NStZ 1995, 300	267 +	
17. 1. 1995	BGH	1 StR 814/94	NStZ 1995, 352	44 –	
18. 1. 1995	BGH	2 StR 462/94	NStZ 1995, 353	158 –	
20. 1. 1995	BGH	3 StR 585/94	NStZ 1995, 351	12 +	
24. 1. 1995	BGH	5 StR 577/94	NStZ 1995, 353	136 –	
25. 1. 1995	BGH	3 StR 448/94	BGHSt. 40, 390; NJW 1996, 1221; StV 1995, 337; NStZ 1995, 297; MDR 1995, 513	200 +	
25. 1. 1995	BGH	2 StR 456/94	BGHSt. 40, 395; NJW 1995, 2367	345 –	
26. 1. 1995	BGH	1 StR 798/94	BGHSt. 41, 6; NJW 1995, 2424	357 –	
7. 2. 1995	BGH	1 StR 668/94	HRSt StPO § 403 Nr. 1	403 –	
8. 2. 1995	BGH	3 StR 586/94	NStZ 1995, 296	142 –	
8. 2. 1995	BGH	5 StR 434/94	BGHSt. 41, 16; NJW 1995, 1973; StV 1995, 421; NStZ 1995, 390	206a –	
13. 2. 1985	BGH	1 StR 709/84	NJW 1985, 1479	154 –	
14. 2. 1995	BGH	1 StR 725/94	NStZ-RR 1996, 10	265 –	
16. 2. 1995	BGH	4 StR 729/94	BGHSt. 41, 30; NStZ 1995, 510	100a –	

Fundstellenverzeichnis

Datum	Gericht	Aktenzeichen	Fundstellen	Abdruck bei §(§) + = erfolgreiche Rüge – = erfolglose Rüge	Druckanmerkung
16. 2. 1995	BGH	4 StR 733/94	BGHSt. 41, 36; NJW 1995, 2569; StV 1995, 225; NStZ 1995, 604	96 –	
22. 2. 1995	BGH	3 StR 552/94	BGHSt. 41, 42; NJW 1995, 2236; StV 1995, 228; NStZ 1995, 513	110a –	
2. 3. 1995	BGH	4 StR 764/94	StV 1995, 398 f.	244 IV +	abgedruckt als Fußnote bei 5. 9. 1996 – 1 StR 416/96
7. 3. 1995	BVerfG	2 BvR 1509/94	HRSt StPO § 81 Nr. 1	81 +	
7. 3. 1995	BGH	1 StR 685/94	BGHSt. 41, 64; NJW 1995, 2237; StV 1995, 281; NStZ 1995, 516	110a –; 110b +	
7. 3. 1995	BGH	1 StR 523/94	StV 1996, 81	261 +	
8. 3. 1995	BGH	5 StR 434/94	BGHSt. 41, 69; NStZ 1995, 393	137 –	
9. 3. 1995	BGH	4 StR 77/95	NJW 1995, 2047; StV 1995, 450; NStZ 1995, 462	136a –	
10. 3. 1995	BGH	5 StR 434/94	BGHSt. 41, 72; NStZ 1995, 394	136a –	
16. 3. 1995	BGH	4 StR 111/95	NStZ 1995, 506	MRK Art. 6 +	
23. 3. 1995	BGH	4 StR 641/94	HRSt StPO § 264 Nr. 2	264 +	
23. 3. 1995	BGH	4 StR 746/94	HRSt StPO § 261 Nr. 16	261 –	
30. 3. 1995	BGH	4 StR 33/95	BGHSt. 41, 119; NJW 1995, 2645; NStZ 1995, 462	GVG 193 +	
11. 4. 1995	BGH	1 StR 64/95	HRSt StPO § 264 Nr. 3	264 +	
25. 4. 1995	BGH	4 StR 173/95	NStZ 1996, 48	222b –	
26. 4. 1995	BGH	3 StR 600/94	NStZ 1995, 556; NJW 1995, 2568	44 +	
3. 5. 1995	BGH	2 StR 19/95	NStZ 1996, 47; StV 1996, 1	25 –	
5. 5. 1995	BGH	2 StR 183/95	NStZ 1996, 48	110b –	
10. 5. 1995	BGH	3 StR 145/95	BGHSt. 41, 145; NJW 1995, 3195; StV 1996, 135; NStZ 1996, 50	338 Nr. 6 –	
16. 5. 1995	BGH	4 StR 237/95	NStZ 1995, 558; StV 1995, 451	261 +	abgedruckt als Fußnote bei 30. 7. 1999 – 1 StR 618/98
17. 5. 1995	BGH	3 StR 45/95	NStZ 1996, 21	345 –	
30. 5. 1995	BGH	1 StR 23/95	StV 1996, 2	79 +	
7. 6. 1995	BGH	2 StR 206/95	NStZ 1995, 609	400 +	
14. 6. 1995	BGH	3 StR 545/94	StV 1996, 80	261 +	
21. 6. 1995	BGH	3 StR 215/95	NStZ 1996, 22	338 Nr. 7 +	
21. 6. 1995	BGH	2 StR 67/95	BGHR StPO § 244 Abs. 6 Be- weisantrag 32; StV 1995, 566 f.	244 III–VI +	
21. 6. 1995	BGH	2 StR 758/94	NStZ 1995, 605; NJW 1995, 2933	136a +	
22. 6. 1995	BGH	5 StR 173/95	NStZ 1995, 557	247 +	
27. 6. 1995	BGH	4 StR 264/95	StV 1996, 367	261 +	
28. 6. 1995	BGH	3 StR 99/95	NStZ 1995, 609	250 –	
29. 6. 1995	BGH	4 StR 72/95	NStZ 1995, 560	273 +	
5. 7. 1995	BGH	2 StR 137/95	BGHSt. 41, 153; NJW 1995, 2997; StV 1995, 510; NStZ 1995, 559	261 +	
12. 7. 1995	BGH	2 StR 60/95	NStZ 1995, 595; StV 1996, 273	JGG 31 +	
12. 7. 1995	BGH	3 StR 366/93	StV 1997, 114	60 –	
13. 7. 1995	BGH	4 StR 339/95	StV 1996, 6	267 +	
14. 7. 1995	BGH	5 StR 532/94	BGHSt. 41, 175; NJW 1996, 267	338 Nr. 1 –	

Fundstellenverzeichnis

Datum	Gericht	Aktenzeichen	Fundstellen	Abdruck bei §(§) + = erfolgreiche Rüge – = erfolglose Rüge	Druckanmerkung
18. 7. 1995	BGH	1 StR 320/95	NStZ 1995, 540	154a +	
19. 7. 1995	BVerfG	2 BvR 1142/93	NStZ 1995, 600	110a +	
20. 7. 1995	BGH	1 StR 338/95	StV 1995, 564; NStZ 1997, 296	252 –	
20. 7. 1995	BGH	1 StR 338/95	StV 1995, 564	244 IV +	abgedruckt als Fußnote bei 30. 7. 1999 – 1 StR 618/98
25. 7. 1995	BGH	1 StR 342/95	NStZ 1996, 49; StV 1996, 133	338 Nr. 6 –	
26. 7. 1995	BGH	2 StR 74/95	NStZ 1996, 47	4 +	
2. 8. 1995	BGH	2 StR 221/94	BGHSt. 41, 206; NJW 1995, 2930; StV 1997, 124; NStZ 1995, 590	74 +; 261 +	
3. 8. 1995	BGH	4 StR 416/65	StV 1995, 620; BGHR StPO § 269 Unzuständigkeit 4	GVG 74 +	
8. 8. 1995	BGH	1 StR 377/95	StV 1996, 2	24 –	
9. 8. 1995	BGH	1 StR 699/94	NStZ 1996, 202	302 –	
9. 8. 1995	BGH	1 StR 59/95	wistra 1995, 347	44 +	abgedruckt als Fußnote bei 12. 3. 1996 – 1 StR 710/95
23. 8. 1995	BGH	3 StR 163/95	NStZ 1996, 95; NJW 1996, 206; StV 1995, 563	252 +	
24. 8. 1995	BGH	4 StR 279/95	StV 1996, 5	266 +	
24. 8. 1995	BGH	4 StR 470/95	StV 1996, 134	GVG 174 +	
29. 8. 1995	BGH	1 StR 404/95	NStZ 1996, 99; StV 1996, 298	265 –	
29. 8. 1995	BGH	1 StR 404/95	BGHR StPO § 60 Nr. 2 Vereidigung 4	60 –	abgedruckt als Fußnote bei 7. 6. 2000 – 3 StR 559/99
4. 9. 1995	BGH	4 StR 480/95	StV 1996, 81	261 +	
5. 9. 1995	BGH	1 StR 456/95	StV 1995, 623; NStZ 1996, 351	338 Nr. 5 +	
15. 9. 1995	BGH	5 StR 642/94	StV 1996, 297	258 –	
18. 9. 1995	BVerfG	2 BvR 103/92	HRSt StPO § 81a Nr. 1	81a –	
22. 9. 1995	BGH	4 StR 278/95	HRSt StPO § 349 Nr. 1	349 –	
26. 9. 1995	BGH	1 StR 547/95	StV 1996, 82	265 +	
27. 9. 1995	BGH	4 StR 488/95	NStZ 1996, 96	250 +	
4. 10. 1995	BGH	2 StR 180/95	NStZ 1996, 97	244 II –	
5. 10. 1995	BGH	4 StR 330/95	NStZ 1996, 98	261 +	
10. 10. 1995	BGH	5 StR 409/95	StV 1996, 129	52 +	
10. 10. 1995	BGH	3 StR 467/95	NStZ 1996, 243	GVG 171b –	
18. 10. 1995	BGH	2 StR 470/95	BGHSt. 41, 288; NJW 1996, 1007; StV 1996, 83; NStZ 1996, 149	395 +	
24. 10. 1995	BGH	1 StR 474/95	BGHSt. 41, 303; NJW 1996, 406; StV 1997, 119; NStZ 1996, 97	37 +	
24. 10. 1995	BGH	1 StR 465/95	StV 1995, 131	261 –	
25. 10. 1995	BGH	2 StR 433/95	BGHSt. 41, 305; NJW 1996, 1293; StV 1996, 251; NStZ 1996, 197	353 –	
8. 11. 1995	BGH	2 StR 531/95	StV 1996, 196	252 +	
15. 11. 1995	BGH	2 StR 347/95	StV 1996, 132	261 +	
15. 11. 1995	BGH	3 StR 353/95	NStZ 1996, 149	345 –	
15. 11. 1995	BGH	1 StR 461/94	HRSt StPO § 81c Nr. 1	81c –	
22. 11. 1995	BGH	3 StR 284/95	NStZ 1996, 202; StV 1996, 135	338 Nr. 6 +	
23. 11. 1995	BGH	1 StR 296/95	NJW 1996, 1355; NStZ 1996, 323; StV 1996, 355	24 –	
24. 11. 1995	BGH	StB 84/95	BGHSt. 41, 363; NJW 1996, 532; StV 1996, 130	94 –	

Fundstellenverzeichnis

Datum	Gericht	Aktenzeichen	Fundstellen	Abdruck bei §(§) + = erfolgreiche Rüge – = erfolglose Rüge	Druckanmerkung
27. 11. 1995	BGH	1 StR 614/95	StV 1996, 130	74 –	
28. 11. 1995	BGH	5 StR 459/95	StV 1996, 251	261 +	
28. 11. 1995	BGH	5 StR 588/95	NStZ 1996, 244	338 Nr. 4 –	
29. 11. 1995	BGH	5 StR 531/95	StV 1996, 196; BGHR StPO § 252 Verwertungsverbot 13	252 +	
29. 11. 1995	BGH	5 StR 345/95	NStZ-RR 1996, 200	338 Nr. 3 –	
6. 12. 1995	BGH	3 StR 410/95	StV 1996, 195	252 +	
7. 12. 1995	BVerfG	2 BvR 1955/95	NJW 1996, 713	345 +	
14. 12. 1995	BGH	1 StR 532/95	StV 1996, 274	JGG 52a +	
14. 12. 1995	BGH	4 StR 370/95	NStZ 1996, 241	264 –	
15. 12. 1995	BGH	2 StR 501/95	StV 1996, 190; NStZ 1996, 294	200 +	
19. 12. 1995	BGH	1 StR 606/95	StV 1996, 194	252 +	
19. 12. 1995	BGH	4 StR 691/95	NStZ 1996, 295; StV 1996, 197	265 +	
19. 12. 1995	BGH	4 StR 170/95	BGHSt. 41, 376; NJW 1996, 1420; StV 1996, 413; NStZ 1996, 150	267 –	
20. 12. 1995	BGH	5 StR 412/95	NStZ 1996, 563	264 –	
20. 12. 1995	BGH	3 StR 371/95	BGHR StPO § 244 Abs. 3 Satz 2 Bedeutungslosigkeit 21	244 III–VI +	abgedruckt als Fußnote bei 30. 7. 1999 – 3 StR 272/99
20. 12. 1995	BGH	5 StR 445/95	NStZ 1996, 290; StV 1996, 360	136a +	
4. 1. 1996	BGH	4 StR 741/95	NStZ 1996, 297	302 –	
12. 1. 1996	BGH	5 StR 756/94	BGHSt. 42, 15; StV 1996, 187; NStZ 1996, 291	136 –	
12. 1. 1996	BGH	5 StR 756/94	BGHSt. 42, 15; StV 1996, 412	261 +	
18. 1. 1996	BGH	4 StR 711/95	StV 1996, 248	338 Nr. 8 –	
31. 1. 1996	BGH	2 StR 596/95	StV 1997, 170; NJW 1996, 1685; NStZ 1996, 400	245 –	
31. 1. 1996	BGH	2 StR 621/95	BGHSt. 42, 39; StV 1996, 247; NStZ 1996, 346	225a +	
31. 1. 1996	BGH	3 StR 455/95	NStZ-RR 1996, 201	44 –	
6. 2. 1996	BGH	1 StR 544/95	NStZ 1996, 450; NJW 1996, 2100; StV 1996, 241	110a –	
7. 2. 1996	BGH	5 StR 533/95	BGHR StPO § 267 Strafzumessung 16	267 +	
8. 2. 1996	BGH	4 StR 776/95	BGHR StPO § 244 Abs. 3 Satz 2 Wahrunterstellung 30	244 III S. 2 Var. 7 +	
8. 2. 1996	BGH	4 StR 776/95	NStZ 1996, 562	244 III–VI +	
20. 2. 1996	BGH	5 StR 679/95	BGHSt. 42, 46; NJW 1996, 1763; StV 1996, 354; NStZ 1996, 448	GVG 169 –	
22. 2. 1996	BGH	1 StR 23/96	NStZ-RR 1996, 337	338 Nr. 5 –	
27. 2. 1996	BGH	4 StR 6/96	NStZ 1996, 350	261 –	abgedruckt als Fußnote bei 4. 3. 1997 – 1 StR 778/96
27. 2. 1996	BVerfG	2 BvR 200/91	HRSt StPO § 81 Nr. 2; StV 1996, 353	81a –	
5. 3. 1996	BGH	4 StR 54/96	StV 1996, 366	261 +	
6. 3. 1996	BGH	2 StR 683/95	NStZ 1996, 353	345 –	
7. 3. 1996	BGH	1 StR 707/95	StV 1996, 362; NStZ 1997, 26	200 –	

Fundstellenverzeichnis

Datum	Gericht	Aktenzeichen	Fundstellen	Abdruck bei §(§) + = erfolgreiche Rüge – = erfolglose Rüge	Druckanmerkung
7. 3. 1996	BGH	1 StR 688/95	BGHSt. 42, 71; StV 1996, 577	147 –	
7. 3. 1996	BGH	4 StR 737/95	BGHSt. 42, 73; NJW 1996, 2435; StV 1996, 355; NStZ 1996, 348	53 +	
12. 3. 1996	BGH	1 StR 710/95	NStZ 1997, 45; StV 1997, 226	44 +	
18. 3. 1996	BGH	1 StR 113/96	StV 1998, 345	338 Nr. 4 –	
19. 3. 1996	BGH	1 StR 497/95	BGHSt. 42, 86; NJW 1996, 2239; StV 1997, 244; NStZ 1996, 595	251 –	
21. 3. 1996	BGH	4 StR 79/96	StV 1996, 365	267 +	
23. 3. 1996	BGH	1 StR 685/95	BGHSt. 42, 103; NJW 1996, 2518; StV 1996, 357	34 –	
27. 3. 1996	BGH	3 StR 518/95	BGHSt. 42, 107; StV 1996, 363; NStZ 1996, 349	261 +	
3. 4. 1996	BGH	2 StR 590/95	NStZ 1996, 507; NJW 1996, 2585; MDR 1996, 729	265 –	
3. 4. 1996	BGH	3 ARs 10/96	BGHR StPO § 4 Verbindung 10	4 –; 252 –	abgedruckt als Fußnote bei 8. 12. 1999 – 5 StR 32/99
10. 4. 1996	BGH	3 StR 557/95	NStZ 1996, 454	228 –	
17. 4. 1996	BGH	3 StR 34/96	NStZ 1996, 398	338 Nr. 6 –	
24. 4. 1996	BGH	3 StR 131/96	StV 1997, 63	261 +	
25. 4. 1996	BGH	5 StR 54/96	NStZ-RR 1996, 299	260 –	
25. 4. 1996	BGH	1 StR 6/96	NStZ-RR 1996, 233	44 –	
7. 5. 1996	BGH	5 StR 169/96	NStZ 1996, 610	246a –	
13. 5. 1996	BGH	GSSt 1/96	BGHSt. 42, 139; NJW 1996, 2940; StV 1996, 465; NStZ 1996, 502	136a –	
15. 5. 1996	BGH	1 StR 131/96	StV 1996, 581	244 III S. 1 –	abgedruckt als Fußnote bei 13. 11. 1997 – 1 StR 627/97
21. 5. 1996	BGH	1 StR 154/96	BGHSt. 42, 170; NJW 1996, 2242; StV 1996, 409; NStZ 1996, 452; MDR 1996, 840	136 –	
29. 5. 1996	BGH	3 StR 157/96	NStZ 1997, 95; StV 1996, 522	252 +	
4. 6. 1996	BGH	4 StR 242/96	NStZ-RR 1997, 8	244 III S. 2 Var. 7 +	
5. 6. 1996	BGH	2 StR 70/96	NStZ-RR 1997, 71	244 –	
14. 6. 1996	BGH	3 StR 199/96	NStZ 1996, 611	265 +	
20. 6. 1996	BGH	5 StR 48/96	NStZ 1997, 45	44 –	
20. 6. 1996	BGH	5 StR 602/95	NStZ 1996, 612	258 –	
21. 6. 1996	BGH	3 StR 88/96	NStZ-RR 1997, 8	345 –	
26. 6. 1996	BGH	3 StR 199/95	NStZ 1996, 506	MRK Art. 6 +	
2. 7. 1996	BGH	1 StR 314/96	BGHSt. 42, 175; NJW 1996, 267; StV 1996, 523; NStZ 1996, 608	338 Nr. 5 +	
11. 7. 1996	BGH	1 StR 392/96	NStZ 1997, 199	256 +	
17. 7. 1996	BGH	3 StR 248/96	StV 1997, 6	261 +	
17. 7. 1996	BGH	5 StR 121/96	BGHSt. 42, 191; NJW 1996, 3018; StV 1996, 521	338 Nr. 3 –	
24. 7. 1996	BGH	3 StR 609/95	NStZ 1996, 609; StV 1997, 397; BGHR StPO § 251 Abs. 1 Nr. 2 Auslands- vernehmung 6	60 +	
25. 7. 1996	BGH	4 StR 172/96	NJW 1996, 3019	229 +	

Fundstellenverzeichnis

Datum	Gericht	Aktenzeichen	Fundstellen	Abdruck bei §(§) + = erfolgreiche Rüge – = erfolglose Rüge	Druckanmerkung
25. 7. 1996	BGH	4 StR 193/96	StV 1997, 339	258 +	
30. 7. 1996	BGH	5 StR 199/96	NStZ 1997, 97	400 –	
30. 7. 1996	BGH	5 StR 288/95	BGHSt. 42, 205; NJW 1997, 204; StV 1996, 585; JR 1997, 430	328 –; 338 Nr. 4 –	
31. 7. 1996	BGH	5 StR 251/96	NStZ 1997, 49	406 g –	
20. 8. 1996	BGH	4 StR 373/96	BGHR StPO § 244 Abs. 3 Satz 2 Bedeutungslosigkeit 22; StV 1997, 338	244 III S. 2 Var. 2 +	
21. 8. 1996	BVerfG	2 BvR 1304/96	StV 1997, 1 ff.	244 V S. 2 –	abgedruckt als Fußnote bei 5. 9. 2000 – 1 StR 325/00
22. 8. 1996	BGH	5 StR 159/96	NStZ 1997, 147	254 –	
22. 8. 1996	BGH	5 StR 316/96	StV 1996, 648 f.	244 III 2 Var. 2 +; 244 V S. 2 +	abgedruckt als Fußnote bei 26. 1. 2000 – 3 StR 410/99 u. 11. 6. 1997 – 5 StR 254/97
5. 9. 1996	BGH	1 StR 416/96	StV 1997, 61; NStZ 1997, 199	244 IV +	
18. 9. 1996	BGH	3 StR 373/96	NStZ 1997, 148	302 –	
20. 9. 1996	BGH	2 StR 289/96	NStZ 1997, 145; StV 1997, 169	264 +	
24. 9. 1996	BGH	5 StR 441/96	StV 1997, 233	338 Nr. 2 –; 252 –	abgedruckt als Fußnote bei 8. 12. 1999 – 5 StR 32/99
25. 9. 1996	BGH	3 StR 245/96	NStZ-RR 1997, 166	260 –	
27. 9. 1996	BGH	2 StR 270/96	NStZ-RR 1997, 105	247 +	
2. 10. 1996	BGH	2 StR 332/96	NStZ 1997, 96; StV 1997, 291	261 +	
7. 10. 1996	BGH	5 StR 499/96	StV 1997, 292	261 +	
9. 10. 1996	BGH	3 StR 352/96	BGHR StPO § 244 Abs. 6 Entscheidung 6	244 III–VI –	
10. 10. 1996	BGH	5 StR 634/95	NStZ 1997, 198	243 –	
17. 10. 1996	BGH	4 StR 404/96	StV 1997, 59	222a –	
24. 10. 1996	BGH	5 StR 474/96	BGHR StPO § 26 Unzulässigkeit 7	26a –	abgedruckt als Fußnote bei 23. 2. 1999 – 4 StR 15/99
29. 10. 1996	BGH	4 StR 508/96	StV 1997, 60	244 IV +	
6. 11. 1996	BGH	2 StR 391/96	BGHSt. 42, 294; NJW 1997, 471; StV 1998, 323; NStZ 1998, 53	338 Nr. 6 –	
8. 11. 1996	BGH	2 StR 534/96	NStZ 1997, 337	261 +	
14. 11. 1996	BGH	1 StR 598/96	BGHSt. 42, 299; NJW 1997, 472; StV 1998, 344; NStZ 1998, 355	JGG 31 +	
4. 12. 1996	BGH	2 StR 430/96	StV 1997, 231	74 +	
12. 12. 1996	BGH	4 StR 499/96	NStZ 1997, 294	261 –	
7. 1. 1997	BGH	4 StR 605/96	NStZ 1997, 296	244 II +	
7. 1. 1997	BGH	1 StR 666/96	NStZ 1997, 251	136a –	
8. 1. 1997	BGH	5 StR 625/96	NStZ 1997, 295	231 +	
8. 1. 1997	BGH	3 StR 539/96	StV 1997, 282; NStZ 1997, 503	229 +	
13. 1. 1997	BGH	4 StR 612/96	BGHSt. 42, 365; NJW 1997, 1516; StV 1997, 225	44 +	
15. 1. 1997	BGH	StB 27/96	BGHSt. 42, 372; NJW 1997, 1018; StV 1997, 114; NStZ 1997, 195	GG Art. 13 –	
21. 1. 1997	BGH	1 StR 732/96	NStZ-RR 1997, 173	302 –	
21. 1. 1997	BGH	5 StR 592/96	StV 1997, 237	265 +	
21. 1. 1997	BGH	1 StR 732/96	NStZ-RR 97, 173	44 +; GVG 169 +	abgedruckt als Fußnote bei 19. 10. 1999 – 4 StR 86/99 u. 28. 8. 1997 – 4 StR 240/97

Fundstellenverzeichnis

Datum	Gericht	Aktenzeichen	Fundstellen	Abdruck bei §(§) + = erfolgreiche Rüge – = erfolglose Rüge	Druckanmerkung
23. 1. 1997	BGH	4 StR 526/96	NStZ-RR 1997, 172	261 +	
4. 2. 1997	BGH	5 StR 606/96	NStZ 1997, 296	244 II –	
5. 2. 1997	BGH	2 StR 551/96	NStZ 1997, 286	244 III S. 2 Var. 4 –	
6. 2. 1997	BGH	4 StR 672/96	NStZ 1997, 278; StV 1997, 299	244 IV –	abgedruckt als Fußnote bei 7. 7. 1999 – 1 StR 207/99
6. 2. 1997	BGH	1 StR 629/96	StV 1997, 237	265 +; 244 III S. 2 Var. 2 +	abgedruckt als Fußnote bei 8. 2. 2000 – 4 StR 592/99
6. 2. 1997	BGH	1 StR 527/96	StV 1997, 233; NStZ 1997, 448	110b –	
19. 2. 1997	BGH	5 StR 261/96	NStZ 1997, 355; StV 1998, 62	261 –	
20. 2. 1997	BGH	4 StR 598/96	BGHSt. 42, 391; NJW 1997, 1790; StV 1997, 234; NStZ 1997, 351	168c –; 252 +	
25. 2. 1997	BGH	1 StR 600/96	NStZ 1997, 401	142 –	
26. 2. 1997	BGH	3 StR 597/96	StV 1998, 324	206a +	
4. 3. 1997	BGH	1 StR 778/96	NStZ 1997, 355	261 –	
5. 3. 1997	BGH	3 StR 18/97	StV 1997, 402	338 Nr. 7 +	
12. 3. 1997	BGH	3 StR 627/96	BGHSt. 43, 15; NJW 1997, 2123; NStZ 1997, 402	400 –	
13. 3. 1997	BGH	1 StR 72/97	NStZ-RR 1997, 304; StV 1999, 195	256 –; 244 III S. 2 Var. 5 –	
13. 3. 1997	BGH	1 StR 793/96	BGHSt. 43, 16; NJW 1998, 550; StV 1997, 449; NStZ 1997, 559	338 Nr. 3 –	
13. 3. 1997	BGH	4 StR 455/96	BGHSt. 43, 22; NJW 1997, 1862		
13. 3. 1997	BGH	4 StR 45/97	NStZ-RR 1997, 304; StV 1997, 338	244 III S. 2 Var. 4 +	
26. 3. 1997	BGH	3 StR 421/96	BGHSt. 43, 36; NJW 1997, 1792; StV 1997, 450; NStZ 1997, 506	250 –	
2. 4. 1997	BGH	2 StR 53/97	NStZ 1997, 383	244 IV –	abgedruckt als Fußnote bei 7. 7. 1999 – 1 StR 207/99
9. 4. 1997	BGH	3 StR 2/97	NStZ 1997, 614; StV 1997, 337	136 –	
10. 4. 1997	BGH	4 StR 132/97	NStZ 1997, 402; StV 1997, 511	247 +	
22. 4. 1987	BGH	3 StR 141/87	BGHR StPO § 261 Beweiswürdigung 1	261 +	
22. 4. 1997	BGH	1 StR 701/96	BGHSt. 43, 53; NJW 1997, 2689; StV 1998, 1; JR 1997, 164; JZ 1998, 672	338 Nr. 4 –	
24. 4. 1997	BGH	1 StR 103/97	StV 1997, 401; BGHR StPO § 261 Überzeugungsbildung 28	261 +	
24. 4. 1997	BGH	1 StR 152/97	NStZ-RR 1997, 302	59 +	
24. 4. 1997	BGH	4 StR 23/97	BGHSt. 43, 62; NJW 1997, 2335; StV 1997, 507; NStZ 1997, 562	GVG 186 –	
28. 4. 1997	BGH	5 StR 629/96	NStZ-RR 1997, 302	244 III S. 2 Var. 4 +	
29. 4. 1997	BGH	1 StR 511/95	BGHSt. 43, 67; StV 1997, 460	244 IV –	abgedruckt als Fußnote bei 7. 7. 1999 – 1 StR 207/99
29. 4. 1997	BGH	1 StR 156/97	NStZ 1997, 450	244 II –	
6. 5. 1997	BGH	1 StR 169/97	StV 1999, 196	251 +	
13. 5. 1997	BGH	1 StR 12/97	NStZ 1997, 561	MRK Art. 6 –	
13. 5. 1997	BGH	1 StR 142/97	NStZ 1997, 560	45 –	

Fundstellenverzeichnis

Datum	Gericht	Aktenzeichen	Fundstellen	Abdruck bei §(§) + = erfolgreiche Rüge – = erfolglose Rüge	Druckanmerkung
13. 5. 1997	BGH	4 StR 191/97	StV 1997, 515	GVG 189 +	
15. 5. 1997	BGH	1 StR 233/96	BGHSt. 43, 96; NJW 1997, 3034; NStZ 1998, 29	GG Art. 103 –	
3. 6. 1997	BGH	1 StR 183/97	BGHSt. 43, 106; NJW 1997, 2828	244 III S. 2 Var. 2 +	
5. 6. 1997	BGH	2 StR 70/96	BGHR StPO § 344 Abs. 2 Satz 2 Aufklärungsrüge 8; NStZ-RR 1997, 71	244 II –	
11. 6. 1997	BGH	5 StR 254/97	BGHR StPO § 244 Abs. 5 Satz 2 Auslandszeuge 6; NStZ-RR 1998, 178	244 V S. 2 +	
11. 6. 1997	BGH	2 StR 191/97	NStZ-RR 1997, 305	302 –	
12. 6. 1997	BGH	5 StR 58/97	NJW 1997, 2762; StV 1997, 567; NStZ 1997, 503; BGHR StPO § 244 Abs. 3 Satz 2 Bedeutungslosigkeit 23	244 III S. 2 Var. 2 +	
17. 6. 1997	BGH	4 StR 243/97	NStZ 1997, 502	163a –	
18. 6. 1997	BGH	5 StR 93/97	NStZ 1997, 508	264 –	
18. 6. 1997	BGH	2 StR 140/97	StV 1997, 513	261 +	
19. 6. 1997	BGH	1 StR 248/97	NStZ-RR 1997, 331	244 IV –	
20. 6. 1997	BGH	2 StR 275/97	NJW 1997, 2691; StV 1997, 572; NStZ 1997, 611	302 –	
20. 6. 1997	BGH	2 StR 130/97	NStZ 1997, 609; StV 1999, 354	136 –	
25. 6. 1997	BGH	1 StR 221/97	NStZ 1997, 611	251 –	
26. 6. 1997	BGH	4 StR 180/97	StV 1997, 565	143 –	
3. 7. 1997	BGH	4 StR 266/97	NStZ-RR 1997, 371	400 –	
4. 7. 1997	BGH	3 StR 520/96	NStZ-RR 1998, 17	261 –	
8. 7. 1997	BGH	5 StR 279/97	NStZ-RR 1997, 331	244 III S. 2 Var. 4 –	
8. 7. 1997	BGH	4 StR 295/97	NStZ 1997, 610	245 +	
9. 7. 1997	BGH	5 StR 234/96	StV 1997, 512; NStZ 1998, 312	265 +	
17. 7. 1997	BGH	1 StR 781/96	BGHSt. 43, 153; NJW 1997, 3385; StV 1997, 564; NStZ 1998, 49	338 Nr. 8 +	
23. 7. 1997	BGH	3 StR 71/97	StV 1997, 622	244 III–VI –	
24. 7. 1997	BGH	1 StR 214/97	BGHSt. 43, 171; NJW 1997, 3180; StV 1997, 562; NStZ 1998, 93	245 +	
5. 8. 1997	BGH	5 StR 210/97	NStZ- RR 1997, 374	267 +	
12. 8. 1997	BGH	1 StR 449/97	NStZ 1998, 99	338 Nr. 7 +; 345 +	
20. 8. 1997	BGH	3 StR 357/97	StV 2000, 120	247 +	
21. 8. 1997	BGH	5 StR 312/97	NStZ 1998, 207	244 III S. 2 Var. 6 +	
28. 8. 1997	BGH	4 StR 240/97	BGHSt. 43, 195; NJW 1998, 86; StV 1997, 583; NStZ 1998, 31; JR 1998, 245	GVG 169 +	
2. 9. 1997	BGH	1 StR 500/97	NStZ-RR 1998, 15	258 +	
3. 9. 1997	BGH	5 StR 237/97	BGHSt. 43, 212; NJW 1997, 3182; StV 1997, 561	261 –	

Fundstellenverzeichnis

Datum	Gericht	Aktenzeichen	Fundstellen	Abdruck bei §(§) + = erfolgreiche Rüge – = erfolglose Rüge	Druckanmerkung
16. 9. 1997	BGH	5 StR 440/97	NStZ-RR 1998, 13	244 III S. 2 Var. 7 +	
16. 9. 1997	BGH	5 StR 491/97	NStZ 1998, 51	265 +	
18. 9. 1997	BGH	2 StR 350/87	NStZ 1988, 38	244 III S. 2 Var. 2 +	abgedruckt als Fußnote bei 20. 8. 1996 – 4 StR 373/96
23. 9. 1997	BGH	4 StR 454/97	NStZ-RR 1998, 109	44 +	
24. 9. 1997	BGH	2 StR 422/97	StV 1998, 331	247 +	
1. 10. 1997	BGH	2 StR 520/96	BGHSt. 43, 252; NJW 1998, 168; StV 1998, 620; NStZ 1998, 251	GG Art. 103 –	
2. 10. 1997	BGH	4 StR 412/97	StV 1998, 359	229 –	
15. 10. 1997	BVerfG	2 BvR 1211/97	StraFo 1998, 16	244 III S. 2 Var. 4 –	abgedruckt als Fußnote bei 17. 12. 1998 – 1 StR 156/98
16. 10. 1997	BGH	4 StR 468/97	NStZ-RR 1998, 108	MRK Art. 6 +	
21. 10. 1997	BGH	1 StR 538/97	StV 1999, 305	261 +	
21. 10. 1997	BGH	1 StR 578/97	NStZ 1998, 98; StV 1998, 248	244 IV –	
21. 10. 1997	BGH	1 StR 438/97	NStZ 1999, 34	JGG 52a +	
22. 10. 1997	BGH	2 StR 445/97	StV 1998, 173	100a –	
22. 10. 1997	BGH	5 StR 223/97	BGHSt. 43, 270; NJW 1998, 390; StV 1998, 4	338 Nr. 1 +	
23. 10. 1997	BGH	5 StR 317/97	BGHR StPO § 344 Abs. 2 Satz 2 Aufklärungsrüge 9; NStZ 1998, 97	244 III-VI –	
30. 10. 1997	BGH	4 StR 24/97	BGHSt. 43, 277; NJW 1998, 321	267 –	
4. 11. 1997	BGH	5 StR 423/97	StV 1998, 57; NStZ 1998, 93	22 +	
5. 11. 1997	BGH	3 StR 558/97	StV 1998, 362	261 +	
12. 11. 1997	BGH	3 StR 559/97	StV 1998, 472	261 +	
13. 11. 1997	BGH	1 StR 627/97	NStZ 1998, 209	244 III S. 1 –	
13. 11. 1997	BGH	4 StR 404/97	BGHSt. 43, 300; NJW 1998, 840; NStZ 1998, 471	53 –	
24. 11. 1997	OLG Braunschweig	Ss (S) 70/97	NStZ-RR 1998, 212	AO 386 +	
26. 11. 1997	BGH	5 StR 561/97	NStZ 1998, 209	338 Nr. 5 –	
28. 11. 1997	BGH	2 StR 257/97	NStZ 1998, 204	GVG 189 –	
28. 11. 1997	BGH	3 StR 114/97	BGHSt. 43, 321; NJW 1998, 1723	60 –; 244 III-VI –	
2. 12. 1997	BGH	4 StR 581/97	StV 1998, 342	244 IV –	abgedruckt als Fußnote bei 7. 7. 1999 – 1 StR 207/99
10. 12. 1997	BGH	3 StR 441/97	NStZ 1998, 267	338 Nr. 5 –	
10. 12. 1997	BGH	3 StR 250/97	BGHSt. 43, 360; NJW 1998, 1163; NStZ 1998, 264	261 –	
17. 12. 1997	BGH	2 StR 591/97	StV 1998, 250	261 +	
18. 12. 1997	BGH	1 StR 483/97	NStZ 1998, 311; StV 1998, 414	142 –	
7. 1. 1998	BGH	5 StR 528/97	StV 1998, 477	338 Nr. 7 –	
28. 1. 1998	BGH	3 StR 575/96	BGHSt. 44, 4; NJW 1998, 1234; NStZ 1998, 524	338 Nr. 2 –	
29. 1. 1998	BGH	1 StR 511/97	BGHSt. 44, 13; NJW 1998, 1237; StV 1998, 169; NStZ 1998, 629	100c –	
10. 2. 1998	BGH	4 StR 634/97	NStZ-RR 1999, 46	275 –	
12. 2. 1998	BGH	4 StR 428/97	BGHSt. 44, 34; NJW 1998, 2149; StV 1998, 372; NStZ 1998, 422	209 –	

Datum	Gericht	Aktenzeichen	Fundstellen	Abdruck bei §(§) + = erfolgreiche Rüge – = erfolglose Rüge	Druckanmerkung
12. 2. 1998	BGH	1 StR 588/97	BGHSt. 44, 26; NJW 1998, 2458; StV 1999, 463; NStZ 1998, 422	27 –	
25. 2. 1998	BGH	3 StR 362/97	BGHSt. 44, 43; NJW 1998, 2066; StV 1998, 322; NStZ 1998, 315	338 Nr. 6 –	
25. 2. 1998	BGH	3 StR 490/97	BGHSt. 44, 46; NJW 1998, 1963; StV 1998, 246; NStZ 1998, 309	97 +	
10. 3. 1998	BGH	1 StR 32/98	NStZ-RR 1999, 36	258 +	
11. 3. 1998	BGH	1 StR 52/98	NStZ 1998, 369	244 III S. 2 Var. 2 –	
11. 3. 1998	BGH	3 StR 43/98	StV 1998, 376	MRK Art. 6 –	
12. 3. 1998	BGH	4 StR 633/97	NJW 1998, 3654; StV 1999, 408	244 IV –	abgedruckt als Fußnote bei 7. 7. 1999 – 1 StR 207/99
12. 3. 1998	BGH	4 StR 578/97	StV 1999, 137	59 +	
13. 3. 1998	BGH	3 StR 67/98	StV 1998, 364	338 Nr. 6 –	
18. 3. 1998	BGH	2 StR 675/97	StV 1998, 359	229 –	
18. 3. 1998	BGH	5 StR 693/97	StV 1998, 247; NStZ 1998, 426	100a +	
18. 3. 1998	BGH	5 StR 710/97	StV 1999, 1; NStZ-RR 1998, 335	60 +	
24. 3. 1998	BGH	4 StR 663/97	NStZ 1998, 476	338 Nr. 5 +	
25. 3. 1998	BGH	2 StR 49/98	StV 1999, 307	261 +	
25. 3. 1998	BGH	3 StR 686/97	NJW 1998, 2229; BGHR StPO § 252 Verwer- tungsverbot 14	338 Nr. 2 –; 252 –	
31. 3. 1998	BGH	5 StR 13/98	StV 1998, 470	252 +	
1. 4. 1998	BGH	3 StR 22/98	StV 1998, 469	200 +	
7. 4. 1998	BVerfG	2 BvR 1827/97	NStZ 1998, 523	244 III S. 1 –; 244 III S. 2 Var. 5 –	abgedruckt als Fußnote bei 14. 10. 1998 – 3 StR 236/ 98 u. 17. 12. 1998 – 1 StR 156/98
8. 4. 1998	BGH	3 StR 643/97	NJW 1998, 2541; StV 2000, 238	247 –	
15. 4. 1998	BGH	3 StR 129/98	NStZ 1998, 528	261 +	
23. 4. 1998	BGH	4 StR 57/98	BGHSt. 44, 82; NJW 1998, 2296; StV 1998, 134; NStZ 1998, 584	149 –	
29. 4. 1998	BGH	2 StR 65/98	NStZ-RR 1998, 275	261 +	
5. 5. 1998	BGH	1 StR 140/98	NStZ 1998, 529	265 +	
7. 5. 1998	BGH	4 StR 88/98	NStZ-RR 1999, 45	261 +	
13. 5. 1998	BGH	3 StR 148/98	BGHSt. 44, 97; StV 1998, 584; NStZ 1998, 476	395 –	
27. 5. 1998	BGH	3 StR 31/98	BGHR StPO § 244 Abs. 5 Satz 2 Auslands- zeuge 8	244 V S. 2 –	
3. 6. 1998	BGH	3 StR 213/98	NStZ 1998, 258	247 –	
23. 6. 1998	BGH	5 StR 261/98	NStZ 1998, 586; StV 1999, 198	GVG 171a –	
24. 6. 1998	BGH	5 StR 120/98	NStZ 1998, 530	338 Nr. 8 +	
9. 7. 1998	BGH	4 StR 521/97	BGHSt. 44, 119; StV 1998, 81	244 III S. 1 –	
14. 7. 1998	BGH	4 StR 273/98	BGHSt. 44, 121	225a +	
15. 7. 1998	BGH	1 StR 234/98	NStZ 1999, 91	52 –	
21. 7. 1998	BGH	5 StR 302/97	BGHSt. 44, 129; StV 1998, 527	136a –	
24. 7. 1998	BGH	3 StR 78/98	BGHSt. 44, 138; StV 1998, 523; NStZ 1999, 145	100c +	

Fundstellenverzeichnis

Datum	Gericht	Aktenzeichen	Fundstellen	Abdruck bei §(§) + = erfolgreiche Rüge − = erfolglose Rüge	Druckanmerkung
29. 7. 1998	BGH	1 StR 94/98	BGHSt. 44, 153; NJW 1998, 3788; StV 1998, 580; NStZ 1999, 43	200 +; 261 +	
30. 7. 1998	BGH	5 StR 574/97	BGHSt. 44, 161; NJW 1999, 154; StV 1999, 1	338 Nr. 1 −	
4. 8. 1998	BGH	1 StR 79/98	StV 1999, 407	136a −	
11. 8. 1998	BGH	1 StR 306/98	StV 1999, 7	261 −	
14. 8. 1998	BGH	3 StR 258/98	NStZ 1998, 633	229 −	
19. 8. 1998	BGH	3 StR 290/98	NStZ 1999, 44; StV 2000, 238	247 +	
24. 8. 1998	BGH	4 StR 339/99	NStZ 1999, 629	338 Nr. 3 +	
26. 8. 1998	BGH	3 StR 201/98	NStZ 1998, 628	4 −	
26. 8. 1998	BGH	3 StR 256/98	NStZ 1999, 94	52 −	
28. 8. 1998	BGH	3 StR 142/98	NStZ 1999, 95	MRK Art. 6 −	
10. 9. 1998	BGH	1 StR 476/98	NStZ 1999, 45; StV 1999, 306	261 +	
15. 9. 1998	BGH	5 StR 145/98	StV 1998, 635	244 II −	
1. 10. 1998	BGH	4 StR 470/89	NStZ-RR 1999, 109	302 −	
12. 10. 1998	BGH	5 StR 333/98	StV 1999, 5	258 +	
13. 10. 1998	BGH	5 StR 392/98	NStZ-RR 1999, 260	258 +	
14. 10. 1998	BGH	3 StR 236/98	NJW 1999, 662; StV 1999, 4	244 III S. 1 −	
22. 10. 1998	BGH	3 StR 267/98	StV 1999, 137	267 +	
28. 10. 1998	BGH	5 StR 294/98	StV 1999, 154	275 −	
28. 10. 1998	BGH	2 StR 481/98	StV 2000, 239	247 +	
28. 10. 1998	BGH	5 StR 294/98	StV 1999, 194; NStZ 1999, 154	136 −	
28. 10. 1998	BGH	5 StR 500/98	NStZ RR 1999, 218; Wistra 1999, 385	AO 393 −	
29. 10. 1998	BGH	5 StR 459/98	NStZ 1999, 154	275 −	
3. 11. 1998	BGH	1 StR 331/98	NStZ-RR 1999, 80	247a −	
6. 11. 1998	BGH	3 StR 511/97	NStZ 1999, 372	GVG 174 −	
6. 11. 1998	BGH	2 StR 636/97	NStZ-RR 1999, 301	261 +	
11. 11. 1998	BGH	5 StR 325/98	NJW 1999, 800	345 −	
11. 11. 1998	BGH	3 StR 181/98	BGHSt. 44, 243; NJW 1999, 959; StV 1999, 185	100b −	
12. 11. 1998	BGH	4 StR 511/98	StV 1999, 136	261 +	
17. 11. 1998	BGH	4 StR 528/98	NStZ 1999, 259; StV 1999, 417	358 +	
17. 11. 1998	BGH	1 StR 450/98	BGHSt. 44, 256; NJW 1999, 802; StV 1999, 304	261 −	
18. 11. 1998	BGH	1 StR 525/98	StV 1999, 137	267 +	
25. 11. 1998	BGH	3 StR 334/98	NStZ 1999, 205	261 +	
25. 11. 1998	BGH	2 StR 496/98	NStZ-RR 1999, 108	261 +	
1. 12. 1998	BGH	4 StR 585/98	NStZ 1999, 371; StV 2000, 242	338 Nr. 6 +	
15. 12. 1998	BGH	1 StR 644/98	NStZ 1999, 312	395 −	
16. 12. 1998	BGH	2 StR 445/98	NStZ 1999, 208	267 −	
17. 12. 1998	BGH	1 StR 156/98	BGHSt. 44, 308; NJW 1999, 657; StV 1998, 74	244 III S. 2 Var. 4 −	
21. 12. 1998	BGH	3 StR 561/98	NStZ 1999, 181; StV 1999, 206	MRK Art. 6 +	
23. 12. 1998	BGH	3 StR 343/98	BGHSt. 44, 328; NJW 1999, 1644; StV 1999, 526; NStZ 1999, 367	338 Nr. 1 −	
4. 1. 1999	BGH	3 StR 597/98	NStZ 1999, 313	MRK Art. 6 −	
12. 1. 1999	BGH	4 StR 649/98	NStZ 1999, 364	302 −	
19. 1. 1999	BGH	4 StR 693/98	NStZ 1999, 258	302 −	
2. 2. 1999	BGH	1 StR 636/98	NStZ 1999, 371	GVG 171b −	

Datum	Gericht	Aktenzeichen	Fundstellen	Abdruck bei §(§) + = erfolgreiche Rüge – = erfolglose Rüge	Druckanmerkung
2. 2. 1999	BGH	3 StR 541/98	NStZ 1999, 257	258 –	
2. 2. 1999	BGH	1 StR 590/98	StV 2001, 98	244 III–VI –	
2. 2. 1999	BGH	5 StR 596/96	NStZ 1999, 250; StV 1999, 244	GG Art. 103 –	
11. 2. 1999	BGH	1 StR 686/98	BGHSt. 44, 350; NJW 1999, 1269; NStZ 1999, 241	260 –	
11. 2. 1999	BGH	4 StR 657/98	BGHSt. 44, 361; NJW 1999, 1724; StV 1998, 529; NStZ 1999, 365	338 Nr. 1 –	
23. 2. 1999	BGH	4 StR 15/99	NStZ 1999, 311	26a –	
3. 3. 1999	BGH	5 StR 566/98	StV 1999, 360; NStZ 1999, 419	261 +	
9. 3. 1999	BGH	1 StR 693/98	StV 1999, 303; NStZ 1999, 362	244 III S. 2 Var. 4 +	
10. 3. 1999	BGH	2 StR 613/98	StV 1999, 357; NStZ 1999, 417	168c +	
16. 3. 1999	BGH	4 StR 588/98	NStZ 1999, 426	258 +	
17. 3. 1999	BGH	3 StR 507/98	NStZ 1999, 418	331 –	
31. 3. 1999	BGH	5 StR 689/98	NStZ 1999, 423	261 +	
12. 4. 1999	BGH	AnwSt (R) 11/98	BGHSt. 45, 46; NJW 1999, 2288; NStZ 1999, 410	BRAO 118 +	
13. 4. 1999	BGH	1 StR 111/99	NStZ 1999, 470	60 –	
13. 4. 1999	BGH	1 StR 107/99	StV 1999, 359; NStZ 1999, 424	261 +	
13. 4. 1999	BGH	4 StR 117/99	StV 2000, 296; NStZ 1999, 473	258 +	
20. 4. 1999	BGH	5 StR 148/99	StV 1999, 470; NStZ 1999, 472	244 II +	
21. 4. 1999	BGH	5 StR 715/98	NStZ 1999, 419; StV 2000, 120	247 +	
21. 4. 1999	BGH	5 StR 714/98	BGHSt. 45, 51; NJW 1999, 2449; StV 1999, 412	302 +	
22. 4. 1999	BGH	4 StR 19/99	BGHSt. 45, 58; StV 1999, 524	270 –	
22. 4. 1999	BGH	1 StR 46/99	StV 1999, 353	265 +	
27. 4. 1999	BGH	4 StR 141/99	NStZ 1999, 474; StV 1999, 526	275 +	
27. 4. 1999	BGH	4 StR 125/99	NStZ 1999, 466	BZRG 46 –	
5. 5. 1999	BGH	3 StR 153/99	StV 2000, 6	200 +	
5. 5. 1999	BGH	1 StR 104/99	NStZ-RR 1999, 272	267 –	
6. 5. 1999	BGH	4 StR 79/99	NStZ 1999, 256	302 –	
11. 5. 1999	BGH	4 StR 10/99	NStZ 1999, 521; StV 1999, 635	229 +	
9. 6. 1999	BGH	1 StR 325/98	BGHSt. 45, 117; StV 2000, 244; NStZ 1999, 474	338 Nr. 6 –	
10. 6. 1999	BGH	4 StR 87/98	BGHSt. 45, 123; StV 1999, 478; NStZ 1999, 579	260 –	
22. 6. 1999	BGH	1 StR 193/99	NStZ-RR 2000, 38	274 –	
23. 6. 1999	BGH	3 StR 132/99	NStZ-RR 1999, 332	261 +	
23. 6. 1999	BGH	3 StR 212/99	NStZ 1999, 522; StV 1999, 363	247 +	
29. 6. 1999	BGH	5 StR 300/99	StV 2000, 243	338 Nr. 6 +	
6. 7. 1999	BGH	1 StR 142/99	StV 1999, 524; NStZ 1999, 527	MRK Art. 6 +	
7. 7. 1999	BGH	1 StR 262/99	NStZ 1999, 523	264 –	
7. 7. 1999	BGH	1 StR 207/99	BGHR StPO § 244 Abs. 4 Satz 2 Sachkunde 2; StV 2000, 118	244 IV –	
7. 7. 1999	BGH	1 StR 303/99	NStZ-RR 2000, 294	274 –	

Fundstellenverzeichnis

Datum	Gericht	Aktenzeichen	Fundstellen	Abdruck bei §(§) + = erfolgreiche Rüge – = erfolglose Rüge	Druckanmerkung
20. 7. 1999	BGH	1 StR 287/99	NStZ 2000, 49	274 –	
21. 7. 1999	BGH	3 StR 268/99	StV 1999, 585	274 –	abgedruckt als Fußnote bei 17. 7. 1991 – 3 Str 4/91
27. 7. 1999	BGH	4 StR 336/99	NStZ 1999, 578; StV 1999, 585	GVG 24 +	
28. 7. 1999	BGH	5 StR 325/99	StV 1999, 639	BZRG 51 +	
30. 7. 1999	BGH	3 StR 272/99	NStZ 1999, 578; StV 1999, 579	244 III–VI +	
30. 7. 1999	BGH	1 StR 618/98	BGHSt. 45, 164; NJW 1999, 2746; StV 1999, 473; NStZ 2000, 100	244 IV +	
12. 8. 1999	BGH	5 StR 269/99	StV 2000, 600	261 +	
12. 8. 1999	BGH	3 StR 277/99	StV 2000, 185	52 –	
18. 8. 1999	BGH	1 StR 186/99	StV 1999, 576; NStZ 1999, 632	74 +	
20. 8. 1999	BGH	1 StR 317/99	NStZ 2000, 45; StV 2000, 117	60 –	
24. 8. 1999	BGH	4 StR 339/99	StV 1999, 575; NStZ 1999, 629	338 Nr. 3 +	
15. 9. 1999	BVerfG	2 BvR 2360/95	StV 2000, 1; NStZ 2000, 96	81a –	
15. 9. 1999	BGH	1 StR 530/98	NStZ 2000, 48	265 –	
15. 9. 1999	BGH	1 StR 286/99	BGHSt. 45, 188; NJW 1999, 3788; StV 1999, 580	247a +	
15. 9. 1999	BGH	2 StR 373/99	StV 2000, 67	261 +	
16. 9. 1999	BGH	1 StR 393/99	StV 1999, 636	244 VI +	
21. 9. 1999	BGH	1 StR 389/99	StV 2000, 7; NStZ 2000, 47	249 +	
23. 9. 1999	BGH	4 StR 189/99	BGHSt. 45, 203; NJW 2000, 596	252 –	
29. 9. 1999	BGH	1 StR 460/99	StV 1999, 639; NStZ 2000, 50	338 Nr. 1 +	
29. 9. 1999	BGH	2 StR 218/99	NStZ 2000, 48	261 +	
8. 10. 1999	BGH	2 StR 463/99	StV 2000, 180	244 III–VI +	
12. 10. 1999	BGH	1 StR 109/99	NStZ 2000, 156	244 II –	
13. 10. 1999	BGH	3 StR 256/99	NStZ 2000, 215	344 –	
19. 10. 1999	BGH	5 StR 442/99	NStZ 2000, 156	244 II –	
19. 10. 1999	BGH	4 StR 86/99	BGHSt. 45, 227; NJW 2000, 526; NStZ 2000, 96	44 +	
21. 10. 1999	BGH	4 StR 376/99	NStZ 2000, 86	261 +	
26. 10. 1999	BGH	4 StR 459/99	StV 2000, 184; NStZ-RR 2000, 237	275 –	
27. 10. 1999	BGH	3 StR 241/99	NJW 2000, 1350; NStZ 2000, 106; StV 2000, 125	267 +	
28. 10. 1999	BGH	4 StR 370/99	StV 2000, 123; NStZ 2000, 217	261 +	
3. 11. 1999	BGH	3 StR 333/99	StV 2000, 240	247 +	
9. 11. 1999	BGH	5 StR 552/99	StV 2000, 243	338 Nr. 6 +	
10. 11. 1999	BGH	3 StR 361/99	NJW 2000, 748	MRK Art. 6 –	
17. 11. 1999	BGH	1 StR 290/99	NStZ 2000, 216	264 –	
17. 11. 1999	BGH	2 StR 313/99	BGHSt. 45, 312; StV 2000, 177; NJW 2000, 965	338 Nr. 3 +	
17. 11. 1999	BGH	3 StR 305/99	NStZ 2000, 215	246a +	
17. 11. 1999	BGH	3 StR 438/99	NStZ 2000, 214	244 IV –	
18. 11. 1999	BGH	1 StR 221/99	BGHSt. 45, 321; NJW 2000, 1123; StV 2000, 57; NStZ 2000, 269	MRK Art. 6 +	
24. 11. 1999	BGH	3 StR 390/99	NStZ 2000, 212; StV 2000, 402	145 –	
2. 12. 1999	BGH	4 StR 547/99	StV 2000, 295	244 III 2 Var. 2 +	
7. 12. 1999	BGH	1 StR 494/99	NStZ 2000, 214	243 +	
8. 12. 1999	BGH	3 StR 267/99	NJW 2000, 1580	338 Nr. 1 –	
8. 12. 1999	BGH	5 StR 32/99	BGHSt. 45, 342; NJW 2000, 1274	4 –; 252 –	

Fundstellenverzeichnis

Datum	Gericht	Aktenzeichen	Fundstellen	Abdruck bei §(§) + = erfolgreiche Rüge – = erfolglose Rüge	Druckanmerkung
9. 12. 1999	BGH	5 StR 312/99	BGHSt. 45, 354; NJW 2000, 1204; StV 2000, 121	261 +	
14. 12. 1999	BGH	1 StR 471/99	NStZ 2000, 263	JGG 31 +	
17. 12. 1999	BGH	2 StR 376/99	NStZ 2000, 442	207 –	
22. 12. 1999	BGH	3 StR 401/99	BGHSt. 45, 363; NJW 2000, 1426; StV 2000, 234	261 +	
5. 1. 2000	BGH	3 StR 473/99	NStZ 2000, 269	261 –	
10. 1. 2000	BGH	1 StR 638/99	NStZ 2000, 437	244 IV +	
11. 1. 2000	BGH	1 StR 633/99	StV 2001, 174	338 Nr. 4 –	
12. 1. 2000	BGH	5 StR 617/99	NStZ 2000, 216	271 –	
13. 1. 2000	BGH	4 StR 619/99	NStZ 2000, 441	302 –	
14. 1. 2000	BGH	3 StR 106/99	NStZ 2000, 325	344 –	
18. 1. 2000	BGH	1 StR 528/00	NStZ-RR 2001, 203	BZRG 51 +	
18. 1. 2000	BGH	1 StR 589/99	StV 2000, 236	252 +	
19. 1. 2000	BGH	3 StR 531/99	BGHSt. 45, 367; NJW 2000, 1962; StV 2000, 293; NStZ 2000, 386	261 +	
25. 1. 2000	BGH	4 StR 569/99	NStZ 2000, 388	406a –	
26. 1. 2000	BGH	3 StR 410/99	NStZ 2000, 267	244 III 2 Var. 2 +	
1. 2. 2000	BGH	4 StR 635/99	NStZ 2000, 326	44 –	
2. 2. 2000	BGH	2 StR 537/99	NJW 2000, 1350; StV 2000, 183	265 +	
8. 2. 2000	BGH	5 StR 310/99	NStZ-RR 2000, 171	261 +	
8. 2. 2000	BGH	4 StR 592/99	StV 2001, 96	244 III S. 2 Var. 2 +	
8. 2. 2000	BGH	5 StR 543/99	StV 2000, 240; NStZ 2000, 328	344 –	
10. 2. 2000	BGH	4 StR 616/99	BGHSt. 46, 1; NJW 2000, 1277; NStZ 2001, 49	252 –	
10. 2. 2000	BGH	4 StR 558/99	StV 2001, 258	127 +	
11. 2. 2000	BGH	3 StR 377/99	NJW 2000, 1661; NStZ 2000, 265; StV 2000, 649	96 –	
16. 2. 2000	BGH	1 StR 5/00	StV 2000, 235; NStZ 2000, 326	142 +	
16. 2. 2000	BGH	3 StR 28/00	StV 2000, 599	261 +	
22. 2. 2000	BGH	4 StR 446/99	StV 2001, 156	GVG 36 –	
25. 2. 2000	BGH	2 StR 514/99	StV 2001, 101	337 –	
29. 2. 2000	BGH	1 StR 33/00	NStZ 2000, 437; StV 2000, 652	244 III–VI +	
8. 3. 2000	BGH	1 StR 607/99	StV 2000, 237; NStZ 2000, 386	302 –	
17. 3. 2000	BGH	2 StR 430/99	NStZ 2000, 386	260 –	
21. 3. 2000	BGH	1 StR 609/99	StV 2000, 435; StV 2001, 172	4 +; 258 +	
23. 3. 2000	BGH	1 StR 657/99	BGHSt. 46, 73; StV 2000, 345; NStZ 2000, 385	247a –	
27. 3. 2000	BVerfG	2 BvR 434/00	NStZ 2000, 382	24 –	
28. 3. 2000	BGH	1 StR 637/99	NStZ 2000, 439; StV 2001, 548	244 II –	
29. 3. 2000	BGH	2 StR 71/00	NStZ 2000, 441	267 +	
30. 3. 2000	BGH	4 StR 80/00	NStZ 2000, 440; StV 2000, 653	338 Nr. 5 +	
5. 4. 2000	BGH	3 StR 58/00	NStZ-RR 2000, 304	267 +	
5. 4. 2000	BGH	5 StR 226/99	NStZ 2000, 427	249 –	
11. 4. 2000	BGH	1 StR 55/00	NStZ 2000, 436	261 –	
12. 4. 2000	BGH	1 StR 623/99	NStZ 2000, 495; StV 2000, 539	261 –	
19. 4. 2000	BGH	5 StR 20/00	StV 2001, 440	261 –	
26. 4. 2000	BGH	3 StR 152/00	StV 2001, 665	244 IV +	
2. 5. 2000	BGH	1 StR 62/00	NStZ 2000, 546; StV 2001, 219	274 –	
2. 5. 2000	BGH	1 StR 62/00	NStZ 2000, 546	60 –	
3. 5. 2000	BGH	1 StR 582/99	NStZ 2001, 45	244 IV –	

4519

Fundstellenverzeichnis

Datum	Gericht	Aktenzeichen	Fundstellen	Abdruck bei §(§) + = erfolgreiche Rüge – = erfolglose Rüge	Druckanmerkung
3. 5. 2000	BGH	1 StR 125/00	StV 2000, 598	261 +	
10. 5. 2000	BGH	1 StR 617/99	NStZ 2000, 498	341 +	
10. 5. 2000	BGH	1 StR 181/00	NStZ 2000, 496	261 +	
16. 5. 2000	BGH	1 StR 666/99	NStZ 2000, 544	74 –	
16. 5. 2000	BGH	1 StR 107/00	NStZ 2000, 548	200 +	
16. 5. 2000	BGH	4 StR 110/00	NStZ 2000, 553	GVG 184 –	
17. 5. 2000	BGH	2 StR 460/99	NStZ 2000, 494; StV 2001, 213	60 +	
17. 5. 2000	BGH	3 StR 161/00	NStZ 2000, 549; StV 2001, 439	261 +	
18. 5. 2000	BGH	4 StR 647/99	StV 2000, 345	247a –	
23. 5. 2000	BGH	1 StR 156/00	NStZ 2000, 496; StV 2001, 551	261 +	
23. 5. 2000	BGH	5 StR 142/00	NStZ 2000, 546; StV 2002, 4	261 +	
24. 5. 2000	BGH	1 StR 110/00	StV 2000, 542	302 –	
30. 5. 2000	BGH	1 StR 610/99	NStZ 2000, 551; StV 2001, 14	261 +	
30. 5. 2000	BGH	1 StR 103/00	NStZ 2000, 545	44 +	
30. 5. 2000	BGH	1 StR 183/00	StV 2001, 552	154 –	
6. 6. 2000	BGH	1 StR 212/00	NStZ 2000, 549; StV 2001, 548	238 –	
7. 6. 2000	BGH	5 StR 193/00	StV 2000, 155; NStZ-RR 2001, 244	GVG 76 +	
7. 6. 2000	BGH	1 StR 226/00	NStZ 2000, 553	258 +	
7. 6. 2000	BGH	3 StR 559/99	NStZ 2000, 547; StV 2001, 5	60 –	
7. 6. 2000	BGH	3 StR 84/00	StV 2000, 603; NStZ 2000, 607	261 +	
14. 6. 2000	BGH	3 StR 26/00	BGHSt. 46, 81; NJW 2000, 2830	231 –	
20. 6. 2000	BGH	4 StR 173/00	NStZ 2000, 550	261 +	
22. 6. 2000	BGH	5 StR 209/00	NStZ 2001, 105; StV 2001, 550	244 IV –	
29. 6. 2000	BGH	1 StR 123/00	StV 2001, 172	JGG 38 +	
29. 6. 2000	BGH	4 StR 190/00	NStZ 2000, 607	267 +	
30. 6. 2000	BGH	3 StR 141/00	NStZ 2000, 608	302 –	
6. 7. 2000	BGH	5 StR 613/99	NStZ 2000, 606; StV 2001, 386	229 –	
12. 7. 2000	BGH	3 StR 257/00	NStZ 2001, 104	302 –	
19. 7. 2000	BGH	5 StR 274/00	StV 2002, 3	52 +	
19. 7. 2000	BGH	3 StR 259/00	NStZ 2001, 106	MRK Art. 6 –	
19. 7. 2000	BGH	5 StR 258/00	NStZ-RR 2001, 18	60 –	
25. 7. 2000	BGH	1 StR 169/00	BGHSt. 46, 93; NJW 2000, 3505; StV 2000, 593; NStZ 2001, 212	141 +	
2. 8. 2000	BGH	3 StR 154/00	NStZ-RR 2001, 43; StV 2001, 97	244 III–VI +	
2. 8. 2000	BGH	3 StR 284/00	NStZ 2000, 665	302 –	
9. 8. 2000	BGH	3 StR 504/99	StV 2002, 116	338 Nr. 3 +	
10. 8. 2000	BGH	4 StR 304/00	NStZ 2001, 160	44 –	
15. 8. 2000	BGH	5 StR 223/00	StV 2001, 545	100a –	
17. 8. 2000	BGH	4 StR 245/00	BGHSt. 46, 130; NJW 2000, 3293	264 +	
30. 8. 2000	BGH	5 StR 268/00	NStZ 2001, 48	247 –	
30. 8. 2000	BGH	2 StR 85/00	StV 2000, 655; NStZ 2001, 161	261 +	
5. 9. 2000	BGH	1 StR 325/00	NJW 2001, 695; BGHR StPO § 244 Abs. 5 Satz 2 Auslandszeuge 9; StraFo 2001, 88; StV 2001, 93	244 V S. 2 –	
6. 9. 2000	BGH	2 StR 190/00	StV 2000, 655	261 +	
6. 9. 2000	BGH	1 StR 364/00	StV 2000, 654	251 +	
14. 9. 2000	BGH	4 StR 314/00	StV 2001, 100	337 –	
21. 9. 2000	BGH	1 StR 634/99	StV 2001, 4	MRK Art. 6 –	

Datum	Gericht	Aktenzeichen	Fundstellen	Abdruck bei §(§) + = erfolgreiche Rüge − = erfolglose Rüge	Druckanmerkung
21. 9. 2000	BGH	1 StR 257/00	BGHSt. 46, 142; NJW 2000, 3795; StV 2002, 9	247 +	
5. 10. 2000	BGH	3 StR 357/00	NStZ 2001, 106	260 −	
10. 10. 2000	BGH	1 StR 383/00	NStZ 2001, 261	247 −	
10. 10. 2000	BGH	5 StR 185/00	StV 2001, 95	244 III S. 2 Var. 2 +	
19. 10. 2000	BGH	1 StR 439/00	NStZ 2001, 161	261 +	
25. 10. 2000	BGH	5 StR 408/00	NJW 2001, 237; StV 2001, 3; NStZ 2001, 606	142 +	
25. 10. 2000	BGH	3 StR 483/99	NStZ 2001, 160	244 II +	
25. 10. 2000	BGH	2 StR 232/00	StV 2001, 89; NStZ 2001, 270	MRK Art. 6 +	
26. 10. 2000	BGH	3 StR 6/00	BGHSt. 46, 187; NJW 2001, 309; StV 2001, 1	140 −; MRK Art. 6 −	
3. 11. 2000	BGH	2 StR 354/00	BGHSt. 46, 189; NJW 2001, 528; StV 2002, 1	52 +	
3. 11. 2000	BGH	2 StR 274/00	BGHSt. 46, 187; NJW 2001, 692; StV 2001, 262	264 +	
7. 11. 2000	BGH	1 StR 303/00	wistra 2001, 150; NStZ-RR 2001, 261	244 III 2 Var. 7 +	
7. 11. 2000	BGH	5 StR 150/00	NStZ 2001, 163; StV 2002, 5	GVG 169 −	
8. 11. 2000	BGH	1 StR 427/00	NStZ 2001, 162	265 −	
8. 11. 2000	BGH	5 StR 387/00	NStZ-RR 2001, 260 b. Becker; StV 2001, 95 f.	244 III 2 Var. 2 +	
9. 11. 2000	BGH	1 StR 379/00	NStZ 2001, 220	302 −	
17. 11. 2000	BGH	3 StR 389/00	NStZ-RR 2001, 138; StV 2001, 262	338 Nr. 8 −	
21. 11. 2000	BGH	4 StR 354/00	BGHSt. 46, 204; NJW 2001, 838; StV 2001, 155; NStZ 2001, 219	275 −	
28. 11. 2000	BGH	5 StR 327/00	StV 2001, 436	244 II −	
6. 12. 2000	BGH	1 StR 488/00	NStZ 2001, 262	247 +	
6. 12. 2000	BGH	1 StR 500/00	NStZ 2001, 333	261 −	
8. 12. 2000	BFH	VIII B 71/00		AO 30 −	
13. 12. 2000	BGH	2 StR 56/00	BGHSt. 46, 230; NJW 2001, 1509	329 +	
22. 12. 2000	BGH	3 StR 378/00	BGHSt. 46, 238; NJW 2001, 1359; NStZ 2001, 265	GVG 120 −	
10. 1. 2001	BGH	2 StR 500/00	BGHSt. 46, 257; NJW 2001, 1435; StV 2001, 220; NStZ 2001, 439; BGHR StPO § 302 Abs. 1 Satz 1 Rechtsmittelverzicht 14	302 +	
16. 1. 2001	BGH	1 StR 523/00	StV 2001, 214	244 III S. 2 Var. 5 +; 96 +	
17. 1. 2001	BGH	2 StR 437/00	NStZ 2001, 491	261 +	
19. 1. 2001	BGH	2 StR 528/00	StV 2001, 387	265 −	
24. 1. 2001	BGH	3 StR 324/00	BGHSt. 46, 266; NJW 2001, 1658; NStZ 2001, 386; StV 2001, 216	100c −	
30. 1. 2001	BGH	4 StR 581/00	StV 2002, 235	264 +	
15. 2. 2001	BGH	3 StR 554/00	BGHR StPO § 244 Abs. 3 Satz 2 Unerreichbarkeit 20; StV 2001, 664 f.	244 III S. 2 Var. 5 −	

Fundstellenverzeichnis

Datum	Gericht	Aktenzeichen	Fundstellen	Abdruck bei §(§) + = erfolgreiche Rüge – = erfolglose Rüge	Druckanmerkung
21. 2. 2001	BGH	3 StR 244/00	StV 2002, 6	GVG 169 –	
28. 2. 2001	BGH	2 StR 458/00	BGHSt. 46, 307; NJW 2001, 2270; StV 2001, 495	264 +	
28. 2. 2001	BGH	3 StR 2/01	StV 2002, 353	247 +	
7. 3. 2001	BGH	1 StR 41/01	StV 2002, 183	266 +	
7. 3. 2001	BGH	1 StR 2/01	NJW 2001, 1956; wistra 2001, 310; StV 2001, 436	244 III S. 2 Var. 6 –	
15. 3. 2001	BGH	3 StR 61/01	NJW 2001, 2642; NStZ 2001, 555	JGG 105 –	
15. 3. 2001	BGH	5 StR 591/00	StV 2001, 435	241 +	
23. 3. 2001	BGH	2 StR 449/00	StV 2001, 667	261 +	
23. 3. 2001	BGH	2 StR 498/00	BGHSt. 36, 345; NJW 2001, 3277	416 +	
23. 3. 2001	BGH	2 StR 369/00	StV 2001, 554	261 –	
27. 3. 2001	BGH	4 StR 414/00	NJW 2001, 2109; StV 2001, 437	258 –	
4. 4. 2001	BGH	5 StR 604/00	StV 2001, 386	252 +	
11. 4. 2001	BGH	3 StR 534/00	StV 2001, 438	258 +	
18. 4. 2001	BGH	2 StR 492/00	NStZ 2001, 491	222b –	
25. 4. 2001	BGH	5 StR 53/01	StV 2001, 556	302 +	
26. 4. 2001	BGH	5 StR 587/00	BGHSt. 47, 8; NStZ 2001, 432	AO 393 +	
9. 5. 2001	BGH	2 StR 123/01	StV 2001, 666	261 +	
10. 5. 2001	BGH	3 StR 80/01	NStZ 2001, 551	136a –	
10. 5. 2001	BGH	1 StR 504/00	NJW 2001, 2984; StV 2001, 441	GVG 24 –	
22. 5. 2001	BGH	3 StR 130/01	StV 2002, 4	261 –	
30. 5. 2001	BGH	1 StR 42/01	NJW 2001, 2981; StV 2001, 492; NStZ 2001, 553	MRK Art. 6 +	
6. 6. 2001	BGH	2 StR 194/01	NStZ-RR 2001, 333	231 +	
6. 6. 2001	BGH	2 StR 136/01	NJW 2001, 3560	414 +	
11. 6. 2001	BGH	2 StR 223/01	StV 2001, 557; NStZ-RR 2001, 334	302 –	
26. 6. 2001	BGH	1 StR 197/01	StV 2001, 549; NStZ 2001, 656	54 +; 244 II +	
27. 6. 2001	BGH	3 StR 136/01	NStZ 2001, 609; StV 2001, 665	261 –	
27. 6. 2001	BGH	3 StR 29/01	NJW 2001, 3349; NStZ 2001, 552	149 –	
28. 6. 2001	BGH	1 StR 198/01	NJW 2001, 3793; NStZ 2001, 604; StV 2001, 604	97 –; 244 III–VI –	
11. 7. 2001	BGH	3 StR 462/01	NStZ-RR 2001, 333	24 –	
11. 7. 2001	BGH	3 StR 179/01	NStZ 2001, 610; NJW 2001, 3137; StV 2002, 410	397 –	
12. 7. 2001	BGH	4 StR 173/01	NStZ 2001, 604	52 +	
19. 7. 2001	BGH	4 StR 46/01	NStZ 2001, 608; StV 2002, 10	247 –	
2. 8. 2001	BGH	4 StR 290/01	NStZ-RR 2001, 372	24 +	
7. 8. 2001	BGH	4 StR 290/01	StV 2002, 115	338 Nr. 3 +	
8. 8. 2001	BGH	2 StR 504/00	NJW 2001, 3794	274 +	
9. 8. 2001	BGH	3 StR 253/01	NStZ-RR 2001, 372; StV 2002, 234	258 +	
10. 8. 2001	BGH	Ri St (R) 1/00	NJW 2002, 834	AO 393 –	
15. 8. 2001	BGH	3 StR 187/01	NStZ 2002, 46; StV 2002, 8	247 –	
15. 8. 2001	BGH	3 StR 225/01	NStZ 2002, 44; StV 2002, 8	247 +	
22. 8. 2001	BGH	1 StR 354/01	NStZ-RR 2002, 12	137 +	
22. 8. 2001	BGH	5 StR 431/00	NStZ 2001, 656	154 +	

Fundstellenverzeichnis

Datum	Gericht	Aktenzeichen	Fundstellen	Abdruck bei §(§) + = erfolgreiche Rüge – = erfolglose Rüge	Druckanmerkung
29. 8. 2001	BGH	2 StR 266/01	NJW 2002, 309; StV 2002, 120	250 –	
5. 9. 2001	BGH	3 StR 175/01	StraFo 2002, 15	244 IV +	
6. 9. 2001	BGH	3 StR 256/01	StV 2001, 336	218 +	
6. 9. 2001	BGH	3 StR 285/01	NStZ 2002, 47; StV 2002, 120	261 +	
12. 9. 2001	BGH	2 StR 172/01	NStZ 2002, 48	261 +	
20. 9. 2001	BVerfG	2 BvR 1349/01	StV 2001, 659	260 –	
25. 9. 2001	BVerfG	2 BvR 1152/01	NJW 2001, 3695; StV 2001, 601	142 +	
25. 9. 2001	BGH	1 StR 264/01	NStZ 2002, 46; StV 2002, 11	253 –	
26. 9. 2001	BGH	1 StR 147/01	NStZ 2002, 219	265 +	
26. 9. 2001	BGH	2 StR 340/01	NJW 2002, 526; NStZ 2002, 213; StV 2002, 349	269 –	
5. 10. 2001	BGH	2 StR 261/01	NStZ 2002, 105	264 +	
23. 10. 2001	BGH	1 StR 415/01	NStZ 2002, 161	261 +	
23. 10. 2001	BGH	4 StR 249/01	NStZ 2002, 219	274 +	
24. 10. 2001	BGH	1 StR 163/01	NStZ 2002, 160	258 –	
25. 10. 2001	BGH	1 StR 306/01	NStZ 2002, 106	GVG 169 –	
9. 11. 2001	BGH	3 StR 216/01	NStZ 2002, 215; StV 2002, 4	74 +	
15. 11. 2001	BGH	4 StR 215/01	NStZ 2002, 216	JGG 51 –	
20. 11. 2001	BGH	1 StR 470/01	NStZ-RR 2002, 110; StV 2002, 350	74 –	
22. 11. 2001	BGH	1 StR 471/01	NStZ 2002, 275; StV 2002, 296	GVG 185 +	
22. 11. 2001	BGH	1 StR 220/01	NJW 2002, 975; StV 2002, 117	136 –; 141 –	
26. 11. 2001	BGH	5 StR 54/01	NStZ-RR 2002, 77	60 –	
5. 12. 2001	BGH	1 StR 482/01	NStZ-RR 2002, 114	302 –	
6. 12. 2001	BGH	1 StR 468/01	NStZ 2002, 214	53 –	
13. 12. 2001	BGH	4 StR 506/01	StV 2002, 182	250 +	
18. 12. 2001	BGH	1 StR 268/01	NJW 2002, 692	395 –	
23. 1. 2002	BFH	XI 10, 11/01	BB 2002, 1033; PStR 2002, 120	AO 393 +	

Sachverzeichnis

Legende der Fundstellenangaben:
1. Zahl : Paragraph (ggfs. mit Buchstabe, Absatz, Satz, Nummer, Variante; bei Gesetzen außerhalb der StPO vorangestellt: Gesetz)
2. Zahl : Urteilsnummer
3. +/– : Rügeerfolg/-mißerfolg
4. , ... : weitere Urteilsnummer zum vorgenannten Paragraph
5. ; ... : weiterer Paragraph

Bsp.: 244 III S. 2 Var. 2 7 +, 5 –; 261 25 +, 57 +, 11 –; 338 Nr. 1 27 –; GVG 21e 1 +

Abgabe des Verfahrens (s. Übernahmebeschluß, Vorlage, Verweisungsbeschluß) zwischen gleichrangigen Spruchkörpern desselben Gerichts begründet keinen Eingriff in die sachliche Zuständigkeit 270 3 +; 338 Nr. 4 11 –
Abgeordneter, Zeugnisverweigerungsrecht (s. dort) 53 2 +
Abhören, in JVA-Besuchsraum 100c 1 +
– ~ in Vereinsbüro GG 13 1 –
Ablehnung eines Richters oder Schöffen (s. Richterablehnung) 24
– ~ eines Sachverständigen s. Sachverständigenablehnung
Abrechnungsstreifen, zulässiger Gegenstand des Urkundsbeweises 250 10 –
Abschreckung, Strafzweck der ~ 267 45 +, 13 –
Absehen von der Strafverfolgung, „Einstellung" eines bloßen Tatteils vor der Anklage durch Staatsanwaltschaft hindert nicht seine spätere Wiedereinbeziehung durch das Gericht 154a 2 –, 3 –
– Verfahrenshindernis eines anhängigen Straf- oder Disziplinarverfahrens lebt nach dessen Beendigung durch Erstattung neuer Anzeige allein nicht wieder auf 154e 1 –
– ~ gemäß § 45 JGG schließt Auskunftsverweigerungsrecht nicht aus 55 3 –
Absprachen im Strafverfahren s. Verständigung im Strafverfahren
Abwesenheit, Rüge vorschriftswidriger ~ 338 Nr. 5
– Rüge vorschriftswidriger ~ des Angeklagten infolge unzulässiger Entfernung erfordert keine Beanstandung in der Hauptverhandlung 338 Nr. 5 41 +
– Rüge vorschriftswidriger ~ des Angeklagten während ergänzender Befragung und Entlassung eines Zeugen erfordert Mitteilung des Inhalts dieser Befragung 344 1 –
– Rüge vorschriftswidriger ~ eines notwendigen Dolmetschers nur durch davon betroffenen Angeklagten erfolgreich zu erheben 338 Nr. 5 25 –
– Rüge vorschriftswidriger ~ eines notwendigen Dolmetschers während eines Verhandlungsteils erfordert Darlegung der Reichweite der sprachlichen Fertigkeiten des Angeklagten und des Gegenstands des in Rede stehenden Verhandlungsteils 338 Nr. 5 7 –
– Rüge vorschriftswidriger ~ eines Mitangeklagten nur als Aufklärungsrüge zulässig 338 Nr. 5 12 –
– Rüge vorschriftswidriger ~ erfordert Darlegung der betroffenen Verhandlungsteile 231 6 –
– Rüge vorschriftswidriger ~ des Verteidigers ist im Falle seiner eigenmächtigen Entfernung von der Urteilsverkündung verwirkt 338 Nr. 5 2 –
– Rügeerfolg eines Pflichtverteidigers wegen vorschriftswidriger ~ ist ohne Antragstellung auf Wiederholung der Prozeßhandlung bei Wiederkehr u.U. „schlechthin ausgeschlossen" 274 1 –
– Rügegebot vorschriftswidriger ~ 338 Nr. 5 15 –
– Vorschriftswidrige ~ bei Fortsetzung der Hauptverhandlung nach Vermerk der Anwesenheit aller notwendigen Beteiligten am Anfang des Hauptverhandlungsprotokolls nur bei Protokollierung ihrer Entfernung bewiesen 338 Nr. 5 4 –
– Vorschriftswidrige ~ des Angeklagten bei Abwesenheitsverhandlung trotz tatsächlich fehlender Eigenmächtigkeit seines Fernbleibens 338 Nr. 5 23 +, 35 +, 38 +
– Vorschriftswidrige ~ des Angeklagten bei Abwesenheitsverhandlung wegen Zweifeln an Verhandlungsfähigkeit außerhalb vorsätzlicher und schuldhafter Herbeiführung 338 Nr. 5 13 +
– Vorschriftswidrige ~ des Angeklagten bei der Beweisaufnahme 230 4 +; 231 8 +; 231c 2 +; 338 Nr. 5 2 +, 4 +, 5 +, 8 +, 17 +, 21 +, 23 +, 24 +, 26 +, 30 +, 33 +, 42 +, 16 –
– Vorschriftswidrige ~ des Angeklagten bei der Beweisaufnahme nicht zu rechtfertigen durch deren nachträgliche Wertung als kommissarische Beweisaufnahme 338 Nr. 5 17 +, 18 +
– Vorschriftswidrige ~ des Angeklagten bei Entfernung durch Beschluß ohne Begründung und infolgedessen verbleibender Zweifelhaftigkeit zugrundeliegender Erwägungen des Gerichts 338 Nr. 5 37 +, 23 –

[Abwesenheit]
- Vorschriftswidrige ~ des Angeklagten bei Entfernung ohne förmlichen Beschluß 338 Nr. 5 41 +, 43 +
- Vorschriftswidrige ~ des Angeklagten bei Entfernung wegen amtsärztlich bezeugter Gefahr des Nervenzusammenbruchs einer Zeugin im Falle des Zusammentreffens unbegründet 338 Nr. 5 16 –
- Vorschriftswidrige ~ des Angeklagten nach seiner Entfernung wegen zu befürchtender Unwahrheit oder gänzlicher berechtigter Verweigerung einer Zeugenaussage im Falle seiner Anwesenheit ist unbegründet 338 Nr. 5 17 –
- Vorschriftswidrige ~ des Angeklagten bei Entlassung von Zeugen oder Verhandlung hierüber 230 1 +; 231c 1 +; 247 5 +, 8 +, 9 +, 14 +, 23 +, 26 +, 30 +, 5 –; 338 Nr. 5 19 +; JGG 51 1 –
- Vorschriftswidrige ~ des Angeklagten bei Erklärung des Verzichts übriger Verfahrensbeteiligten auf eine Zeugenvernehmung 338 Nr. 5 4 +
- Vorschriftswidrige ~ des Angeklagten bei Ortsbesichtigung und ergänzender Zeugenbefragung 338 Nr. 5 2 +, 17 +, 21 +, 42 +
- Vorschriftswidrige ~ des Angeklagten bei Urteilsverkündung unbegründet 338 Nr. 5 21 –
- Vorschriftswidrige ~ des Angeklagten bei Vereidigung von Zeugen oder Verhandlung hierüber 230 1 +; 231c 1 +; 247 13 +, 23 +, 25 +, 31 +, 33 +, 34 +, 35 +, 36 +, 6 –, 8 –; 338 Nr. 5 1 +, 19 +, 25 +, 29 +; JGG 51 1 –
- Vorschriftswidrige ~ des Angeklagten bei Vorstrafenfeststellung unbegründet 338 Nr. 5 31 +, 14 –
- Vorschriftswidrige ~ des Angeklagten nach Selbstmordversuch in zurechnungsfähigem Zustand zur Verhinderung der Weiterführung der Verhandlung unbegründet 338 Nr. 5 35 +, 20 –
- Vorschriftswidrige ~ des Angeklagten nach selbstverschuldeter Versetzung in krankhafte seelische Erregung unbegründet 338 Nr. 5 26 –
- Vorschriftswidrige ~ des Angeklagten nicht heilbar durch seine nachträgliche Unterrichtung 338 Nr. 5 27 +
- Vorschriftswidrige ~ des Angeklagten trotz Beruhens auf einem Antrag des Verteidigers 338 Nr. 5 5 +
- Vorschriftswidrige ~ des Angeklagten während der Einlassung eines Mitangeklagten 338 Nr. 5 6 +
- Vorschriftswidrige ~ des Angeklagten während Vernehmung eines V-Mannes vor Entscheidung der obersten Dienstbehörde über dessen Aussagegenehmigung 338 Nr. 5 3 +, 16 +, 24 +
- Vorschriftswidrige ~ des Angeklagten während vorübergehender Verfahrenstrennung durch Abwesenheitsverhandlung über auch ihn berührende Vorwürfe 230 2 +; 231 11 +; 338 Nr. 5 11 +, 15 +, 22 +, 27 +, 32 +, 10 –, 11 –, 18 –
- Vorschriftswidrige ~ des Dolmetschers kann nur der davon betroffene Angeklagte erfolgreich rügen 338 Nr. 5 25 –
- Vorschriftswidrige ~ des Dolmetschers nur rügefähig unter Darlegung der Reichweite der sprachlichen Fertigkeiten des Angeklagten und des Gegenstands des in Rede stehenden Verhandlungsteils 338 Nr. 5 7 –
- Vorschriftswidrige ~ des Gerichts und des Sitzungsvertreters der Staatsanwaltschaft bei Übersetzung der mündlichen Urteilsgründe unbegründet 338 Nr. 5 3 –
- Vorschriftswidrige ~ des Staatsanwalts nach Vernehmung des Sitzungsstaatsanwalts als Zeugen 22 3 +, 1 –; 338 Nr. 5 20 +, 19 –, 22 –
- Vorschriftswidrige ~ des Urkundsbeamten der Geschäftsstelle bei bloßem Vortrag fehlender Prüfung für den mittleren Justizdienst und fehlenden Vorbereitungsdienstes nicht ordnungsgemäß erhoben 338 Nr. 5 13 –
- Vorschriftswidrige ~ des Urkundsbeamten der Geschäftsstelle bei Protokollführung durch Rechtsreferendar ohne Ermächtigung des Behördenleiters in Niedersachsen 338 Nr. 5 14 –
- Vorschriftswidrige ~ des Verteidigers bei fehlender Rechtfertigung durch Beurlaubungsbeschluß 338 Nr. 5 12 +
- Vorschriftswidrige ~ des Verteidigers bei notwendiger Verteidigung 338 Nr. 5 28 +, 34 +, 36 +, 39 +, 40 +, 1 –, 2 –, 9 –, 18 –, 24 –
- Vorschriftswidrige ~ des Verteidigers bei Vernehmung (des einzigen Verteidigers) als Zeugen unbegründet 338 Nr. 5 24 –
- Vorschriftswidrige ~ des Verteidigers infolge Weigerung zur Führung der Verteidigung 140 1 –, 2 +
- Vorschriftswidrige ~ des Verteidigers nicht mit mangelndem Vertrauensverhältnis zu begründen 338 Nr. 5 1 –, 9 –

Abwesenheitsbeweis s. Alibi

Abwesenheitsverhandlung, Ärztliches Attest eines Privatarztes über Verhandlungsunfähigkeit steht bei Fehlen jeglicher Angaben über Art und Dauer der Krankheit und Unterlassen möglichen unverzüglichen Vortrags hierzu einer ~ im Anwaltsgerichtsverfahren nicht entgegen BRAO 134 1 –
- Berufung der Staatsanwaltschaft gestattet bei unentschuldigtem Ausbleiben des Angeklagten unabhängig von zu erwartender Strafhöhe eine ~ 329 4 –
- Beschluß über ~ wegen selbstverschuldeter Verhandlungsunfähigkeit ist unverzüglich bekanntzugeben 231a 1 –
- Beschluß über Fortsetzung der Verhandlung in Abwesenheit gemäß § 231b StPO neben Beschluß der Entfernung des Angeklagten ge-

mäß § 177 GVG nicht erforderlich 338 Nr. 5 5 –
- Beweisaufnahme als wesentlicher Verfahrensteil gestattet grundsätzlich keine ~ 230 4 +; 231 8 +; 231c 2 +; 338 Nr. 5 2 +, 4 +, 5 +, 8 +, 17 +, 21 +, 23 +, 24 +, 26 +, 30 +, 33 +, 42 +, 16 –
- Eigenmächtiges Fernbleiben (s. dort) als Grund einer ~ setzt tatsächliche eigenmächtige Störung des Gangs der Rechtspflege durch Mißachtung der Anwesenheitspflicht des Angeklagten voraus 338 Nr. 5 23 +, 35 +, 38 +
- Einlassung des Mitangeklagten gestattet keine ~ 338 Nr. 5 6 +
- Entfernung des (selbstverschuldet) beschränkt verhandlungsfähigen Angeklagten auf Erklärung des Eintritts seiner Verhandlungsunfähigkeit durch ihn begleitenden Arzt gestattet keine ~ 338 Nr. 5 35 +
- Entlassung eines Zeugen sowie Verhandlung hierüber gestattet keine ~ 230 1 +; 231c 1 +; 247 5 +, 8 +, 9 +, 14 +, 23 +, 26 +, 30 +, 5 –; 338 Nr. 5 19 +; 344 1 –; JGG 51 1 –
- Ersatzzustellung des Urteils an im gleichen Haus wohnhaften Vermieter auch zulässig nach ~ 233 2 +
- Freiwilliger Abgang des Angeklagten ohne förmlichen Beschluß seiner Entfernung rechtfertigt keine ~ 230 3 +, 4 +; 247 1 +; 338 Nr. 5 7 +, 9 +
- Haft rechtfertigt keine ~ 231 2 +, 3 +, 15 +, 16 +; 338 Nr. 5 30 +
- Heilung fehlerhafter ~ nur durch Wiederholung des Verfahrensvorganges in Anwesenheit 338 Nr. 5 27 +
- Jugendgerichtsverfahren gestattet u.U. auch sich auf (Verhandlung über) Vereidigung und Entlassung von Zeugen erstreckende ~ JGG 51 1 –
- Rüge vorschriftswidriger ~ erfordert Darlegung der betroffenen Verhandlungsteile 231 6 –
- Rüge vorschriftswidriger ~ während ergänzender Befragung und Entlassung eines Zeugen erfordert Mitteilung des Inhalts dieser Befragung 344 1 –
- Selbstmordversuch des Angeklagten in zurechnungsfähigem Zustand zur Verhinderung der Weiterführung der Verhandlung gestattet ~ 338 Nr. 5 20 –
- Selbstverschuldete Verhandlungsunfähigkeit rechtfertigt ~ 231 a
- Unentschuldigtes Fernbleiben s. dort
- Vereidigung eines Zeugen sowie Verhandlung hierüber gestattet keine ~ 230 1 +; 231c 1 +; 247 13 +, 23 +, 25 +, 31 +, 33 +, 34 +, 35 +, 36 +, 6 –, 8 –; 338 Nr. 5 1 +, 19 +, 29 +; JGG 51 1 –
- Verhandlungsfähigkeitszweifel außerhalb vorsätzlicher und schuldhafter Herbeiführung durch den Angeklagten rechtfertigen keine ~ 338 Nr. 5 13 +

- Verlesung von Niederschriften bedarf keines Einverständnisses des Angeklagten im Falle der ~ 251 25 –
- Vernehmung eines V-Mannes vor Entscheidung der obersten Dienstbehörde über dessen Aussagegenehmigung gestattet keine ~ 338 Nr. 5 3 +, 16 +, 24 +
- Vernehmung von Mitangeklagten über Vorwürfe gegen den Angeklagten gestattet vorbehaltlich unentschuldigter Entfernung keine ~ 230 2 +; 338 Nr. 5 6 +, 11 +
- Verschlafen rechtfertigt keine ~ 231 4 +, 5 +; 338 Nr. 5 10 +
- Vertretungsvollmacht des Verteidigers berechtigt zur Verteidigung auch während einer ~ 234 1 +
- Verfahrenstrennung gestattet keine ~ über (auch) den Angeklagten des vorübergehend abgetrennten Verfahrens betreffende Vorwürfe 230 2 +; 231 11 +; 338 Nr. 5 11 +, 15 +, 22 +, 27 +, 32 +, 10 –, 11 –, 18 –
- ~ wegen selbstverschuldeter Verhandlungsunfähigkeit des Angeklagten erfährt ausreichenden Rechtsschutz durch sofortige Beschwerdemöglichkeit des Verteidigers 231a 1 –
- ~ wegen nur zeitweiliger selbstverschuldeter Verhandlungsunfähigkeit verfassungsgemäß 231a 2 –

„act of state-doctrine" steht gerichtlicher Nachprüfung der Wirksamkeit ausländischer Hoheitsakte bei Anwendung innerstaatlichen Rechts nicht entgegen GG 103 4 –, 5 –

Adhäsionsverfahren, Anerkenntnisurteil unzulässig im ~ 406 1 +
- Antragstellung vor dem Schlußantrag der Staatsanwaltschaft erforderlich 404 2 +
- bürgerlich-rechtlicher Ausspruch bleibt bei Änderung des Schuld- und Strafausspruches oder Urteilsaufhebung und Zurückverweisung bestehen 403 1 +
- Entschädigungsbemessung gebietet Berücksichtigung wirtschaftlicher Verhältnisse des Schädigers und des Verletzten nur bei dazu drängenden Feststellungen 403 1 –
- Entschädigungserörterung in der Hauptverhandlung geboten durch Anspruch auf rechtliches Gehör 404 1 +
- Revisionsantrag bzw. -begründung muß auch im ~ Rüge einer Verletzung formellen oder einer solchen sachlichen Rechts erkennen lassen 406a 1 +
- Vermögensansprüche ausschließlicher Zuständigkeit des Arbeitsgerichts sind unzulässiger Gegenstand im ~ 403 1 +

Adoptiveltern, Zeugnisverweigerungsrecht erfordert wirksamen Annahmevertrag 52 14 –

Affekt, Introspektionsfähigkeit während der Tat bei nicht auszuschließenden Erinnerungslücken keine ausreichende Begründung gegen geltend gemachten ~ 267 37 +

[Affekt]
- Planvolles Handeln hindert nicht Annahme erheblicher Verminderung des Hemmungsvermögens 261 155 +
- Sachverständigengutachten 244 II 4 +; 261 112 +, 155 +; 267 37 +
- Verminderte Schuldfähigkeit (s. dort) aufgrund ~s und Aufklärungspflicht 244 II 4 +

agent provocateur s. Lockspitzel

Akten, Beiziehungsantrag für ganze Prozeßakten ist nur Beweisermittlungsantrag Vor 244 III–VI 17 –; 338 Nr. 8 5 –
- Beiziehung von Krankenakten Vor 244 III–VI 5 –, 15 –
- Durchsuchung der ~ bei Einlaßkontrolle durch willkürfreie Ausübung der Ordnungsgewalt des Vorsitzenden in der Sitzung gerechtfertigt GVG 176 2 +
- Präsente Beweismittel werden an Gerichtsstelle befindliche ~ erst durch gerichtliche Kundgabe der Beweismittelqualität oder individualisierenden Beweisantrag 245 5 –, 7 –
- Rüge unterlassener Beiziehung von ~ erfordert Vortrag der aufzufindenden Beweistatsache und genaue Bezeichnung der einzelnen Aktenteile 244 II 19 –; 265 4 –
- Steuer-~ unterliegen auch bei mittelbarer Kenntnisnahme der Strafverfolgungsbehörden einem Verwertungsverbot außerhalb des Steuerstrafverfahrens AO 393 4 +, 1 –, 3 –

Akteneinsicht, ausschließlich für das Gericht („in camera-Verfahren") im Strafverfahren unzulässig 96 1 –
- ~ für Schöffen in Tonbandprotokolle einer Telefonüberwachung zum besseren Verständnis der Beweisaufnahme zulässig 250 2 –
- Spurenakten 338 Nr. 8 9 +, 5 –
- Unterbrechung der Hauptverhandlung zur Verwirklichung trotz rechtzeitigen Bemühens bislang nicht erhaltener ~ begründet im Versagungsfall unzulässige Beschränkung der Verteidigung 338 Nr. 8 8 +
- verfahrensfremde (Spuren-)Akten außerhalb der vom Gericht ohnehin hinzugezogenen Beiakten sind nicht umfaßt vom Recht auf ~ 338 Nr. 8 5 –
- Wiedereinsetzung zur Nachholung einzelner Verfahrensrügen zulässig bei trotz rechtzeitigen und fortdauernden Bemühens erst nach Ablauf der Revisionsbegründungsfrist gewährter ~ 44 5 +, 8 +, 2 –, 3 –, 5 –, 6 –
- Wiedereinsetzungsantrag wegen verwehrter Einsicht in bestimmte Aktenteile erfordert Zeitangabe späterer Kenntniserlangung und konkrete Darlegung deshalb unterlassener Verfahrensrügen 44 3 –

Akteneinsichtsrecht 147
- Ermittlungsmaßnahmen außerhalb laufender Hauptverhandlung erfordern Bekanntgabe der Ergebnisse vor der Urteilsverkündung 147 2 +; MRK 6 2 –

- umfaßt Akten über Vollzug der Untersuchungshaft 147 1 +
- umfaßt alle dem Gericht zum Zeitpunkt der Hauptverhandlung vorliegenden Akten 147 3 +
- Verweigerung der Akteneinsicht nur wegen Vertraulichkeitserbittens der aktenführenden Stelle verletzt das ~ 147 1 –
- Verweigerung der Akteneinsicht wegen Vermerks „Streng Geheim" verletzt das ~ 147 2 –

Aktenkenntnis, mangelnde ~ des geschäftsplanmäßigen Vertreters des Vorsitzenden begründet seine tatsächliche Verhinderung 338 Nr. 1 39 –

Aktenvermerk, Freibeweisliche Prüfung möglicher Zeugeneigenschaft einer Person und Unterrichtung der Verfahrensbeteiligten über deren Verneinung durch Verlesung entsprechenden ~s ohne Folgerungen für die Sachentscheidung ist zulässig 251 7 –
- Polizeilicher ~ über Aussagen eines (Mit-)Beschuldigten ist ohne dessen Auftrag nicht als nichtrichterliche Vernehmungsniederschrift oder als dessen Urkunde verlesbar 251 6 +
- Rüge unzulässiger Feststellung einer Indiztatsache anhand eines durch Aussage nicht bestätigten Zeugenvermerks erfordert Vortrag seines vollständigen Inhalts und der Art und Weise seiner Behandlung in der Hauptverhandlung 250 3 –
- Unverwertbarkeit vorgehaltenen ~s im Falle fehlender inhaltlicher Bestätigung 261 103 +, 42 –

Aktenwidrigkeit der Urteilsgründe, Rügezulässigkeit erfordert sich aus den Urteilsgründen selbst ergebende 244 II 3 –, 11 –, 14 –; 261 74 +, 76 +, 117 +, 146 +, 12 –, 13 –, 16 –

Alibi, allein führt nur bei Erwiesenheit zum Freispruch 261 182 +, 1 –, 32 –
- Aufklärungspflicht 244 II 2 +
- falsche ~angabe des Zeugen bei polizeilicher Vernehmung begründet Vereidigungsverbot 60 4 –
- keine Entkräftung durch Behauptung eines Datierungsirrtums eines Belastungszeugen 261 89 –
- keine Pflicht zur sofortigen Benennung von Entlastungszeugen gegenüber der Polizei 261 50 +, 145 +, 150 +
- Nichterscheinenwollenserklärung eines Auslandsalibizeugen begründet seine Unerreichbarkeit nur bei zutreffender Kenntnis von der Person des/der Angeklagten 244 III S. 2 Var. 5 1 +
- Prozeßverschleppungsabsicht bei vorwerfbar verzögert vorgebrachtem ~ 244 III S. 2 Var. 6
- Schluß auf Täterschaft unzulässig allein aufgrund von mißlungenem ~ 261 15 +, 62 +, 84 +, 133 +, 145 +, 182 +, 187 +, 32 –
- widerlegtes ~ allein unzureichend für Verurteilung 261 133 +, 145 +, 151 +, 32 –; 267 16 +

4528

– widerlegtes ~ gebietet Prüfung bloßer Absicht der Abwendung eines unbegründeten Verdachts 261 153 +
– widerlegtes ~ u.U. Indiz für die Täterschaft 261 30 +

Alkohol, Alkoholbedingte Ausfallserscheinungen zwingen zur Erörterung verminderter Schuldfähigkeit auch bei Blutalkoholkonzentration unter 2,0 ‰ 244 II 12 +
– BAK-Mittelwert ist ausreichende Mitteilung im Urteil 267 6 –
– Beschreibung „angeheitert" unzureichend für Beweisantrag Vor 244 III–VI 10 –
– Beschreibung „erheblich angetrunken" ausreichend für Beweisantrag Vor 244 III–VI 17 +
– Blutalkoholgehalt muß zumindest annähernd bestimmt werden 244 IV 5 +
– eigene Sachkunde des Tatrichters bei Kombination mit Medikamenten bedarf gesonderter Darlegung 244 IV 3 +
– Fahrprobe zum Beweis der Fahrtüchtigkeit bei Blutalkoholkonzentration von 1,5 ‰ bedeutungslos 244 III S. 2 Var. 2 5 –
– Sachverständigengutachten zum Beweis der Fahruntüchtigkeit bei Blutalkoholkonzentration von 1,8 ‰ nicht erforderlich 244 IV 19 –
– Sachverständigengutachten zur Schuldunfähigkeit und hinreichende Anknüpfungstatsachen 244 III S. 2 Var. 4 10 +
– Planvolles Handeln hindert nicht Annahme erheblicher Verminderung des Hemmungsvermögens 261 155 +
– Verminderte Schuldfähigkeit bedarf bei Feststellung besonderer alkoholbedingter Ausfallserscheinungen auch bei BAK-Werten unterhalb 2 ‰ eingehender Erörterung 244 II 12 +
– Wahrunterstellung „subjektiver Eindrücke" des die Blutprobe entnehmenden Arztes bei Sachverständigengutachten 244 III S. 2 Var. 7 3 –
– Würdigung des BAK-Höchstwertes 261 1 –
– Zeugenbeweis zum Nachweis erheblichen Alkoholgenusses mangels eindeutiger Feststellungen nicht bedeutungslos 244 III S. 2 Var. 2 21 +

Alkoholabhängigkeit, Sachverständigengutachten 244 III S. 2 Var. 1 1 +

Alleintäterschaft, Angeklagte/eröffnete ~ gestattet Verurteilung wegen Mittäterschaft nur nach Hinweis des Gerichts 265 12 +, 14 +, 21 +, 32 +, 34 +, 35 +, 52 +, 6 –
– Angeklagte/eröffnete ~ gestattet Verurteilung wegen mittelbarer Täterschaft nur nach Hinweis des Gerichts 265 32 +
– Angeklagte/eröffnete ~ gestattet Verurteilung wegen Anstiftung nur nach Hinweis des Gerichts 265 32 +
– Verurteilung wegen ~ in Abweichung von angeklagter/eröffneter Mittäterschaft nur zulässig nach Hinweis des Gerichts 265 24 +, 15 –

Allgemeiner Vertreter, kann Revisionsbegründung wirksam einreichen 137 1 +

Allgemeinkundigkeit, Einführung offenkundiger Tatsachen in die Hauptverhandlung 244 III S. 2 Var. 1 1 –; 261 119 +
– Geburtstag niederländischer Königin keine Tatsache von ~ 261 119 +
– Revisibilität tatrichterlicher Annahme von ~ 244 III S. 2 Var. 1 1 –; 261 190 +, 36 –

Altersermittlung des Angeklagten bei rechtsfehlerfreier Feststellung bindend für das Revisionsgericht 338 Nr. 4 1 –
– ~ erfolgt im Strengbeweisverfahren 244 VI 9 +

Alterskriminalität, Sachverständigengutachten (weiteres) 244 II 12 –

Amnestie, vorrangig zu prüfendes Verfahrenshindernis JGG 27 2 +

Amtsaufklärungspflicht s. Aufklärungspflicht, Aufklärungsrüge

Amtstracht, vorschriftswidrige rechtfertigt keine Zurücknahme der Pflichtverteidigerbestellung 338 Nr. 3 13 +

Amtsverschwiegenheit, ziviler Informanten besteht nur im Falle ihrer förmlichen Verpflichtung 54 2 +

Angehörige eines Mitbeschuldigten/-angeklagten dürfen durch Verfahrenstrennung als Zeugen gewonnen werden 52 5 +
– Hilfsperson zur Verständigung des Gerichts mit einem hörbehinderten Zeugen kann aufgrund der Aufklärungspflicht heranzuziehen und dessen ~ ein GVG 186 1 –
– Zeugnisverweigerung (auch nur anfängliche) eines weigerungsberechtigten ~n darf nicht zum Nachteil des Angeklagten gewürdigt werden 244 VI 9 +; 261 13 +, 111 +, 137 +, 138 +, 176 +, 183 +, 185 +, 205 +, 2 –, 26 –
– Zeugnisverweigerungsrecht (s. dort) 52

Angeklagter, Altersermittlung bei rechtsfehlerfreier Feststellung bindend für das Revisionsgericht 338 Nr. 4 1 –
– Altersermittlung erfolgt im Strengbeweisverfahren 244 VI 9 +
– Asylbewerber und zulässige Verwertung von Aussagen im Asylverfahren in Strafverfahren nach § 92 Abs. 2 Nr. 1 des Ausländergesetzes 136 4 +; 261 104 +
– ausgebliebener ~ und Verhandlung in Abwesenheit s. Abwesenheitsverhandlung
– Ausgelieferter ~ 206a 1 +, 7 +
– Aussagefreiheit (s. Schweigen des Angeklagten) unterliegt Hinweispflicht des Gerichts 243 9 +, 8 –
– Beamter als ~ kann im Falle einer seine Verteidigung gegen den Schuldvorwurf behindernden Beschränkung der erforderlichen Aussagegenehmigung Verfahrenshindernis geltend machen GG 103 6 +
– Beschränkt verhandlungsfähiger ~ darf sich auf Erklärung des Eintritts seiner Verhandlungsunfähigkeit durch ihn begleitenden

4529

[Angeklagter]
Arzt unter Verbot der Abwesenheitsverhandlung aus der Hauptverhandlung entfernen 338 Nr. 5 35 +
- Bestreiten des Angeklagten s. dort
- Gerichtssprache nicht mächtig ~ erfordert Übersetzung des Anklagesatzes in der Hauptverhandlung 243 2 +
- Gerichtssprache nicht mächtig ~ hat Anspruch auf unentgeltliche Dolmetscherzuziehung auch für vorbereitende Verteidigergespräche außerhalb notwendiger Verteidigung MRK 6 1 −
- Gerichtssprache teilweise mächtig ~ erlaubt zeitweilige Abwesenheit bestellten Dolmetschers in der Hauptverhandlung GVG 185 1 +
- Gerichtssprache teilweise mächtig ~ legt Umfang der Verhandlungsmitwirkung bestellten Dolmetschers in pflichtgemäßes Ermessen des Gerichts GVG 185 1 +
- Erklärungen mit subjektivem Verteidigungsbezug nicht verwertbar als strafbegründendes tatbestandsrelevantes Verhalten 261 107 +
- Erkrankter ~ und Unterbrechung der Hauptverhandlung 229 5 +, 2 −, 4 −
- Früherer ~ als Zeuge begründet durch Zeugnisverweigerung in der Hauptverhandlung Verwertungsverbot für seine Aussagen in gegen ihn selbst gerichteten Strafverfahren 252 18 +
- Früheres strafbares Verhalten ist zur Annahme gleichförmiger Serienstraftat nur indiziell verwertbar 261 105 +
- Gelegenheit zu zusammenhängender Äußerung ist einzuräumen vor Eintritt in die Beweisaufnahme 243 3 +
- Gespräche mit Zeugen und Wahrunterstellung 244 III S. 2 Var. 7 2 −
- Heranwachsender ~ zwingt zur Heranziehung der Jugendgerichtshilfe JGG 38 6 +
- Inhaftierter ~ ist nicht befreit von Verantwortung für Fristenwahrung 44 14 +, 4 −; 45 1 −; 341 1 −
- Inhaftierter ~ und Aushorchen durch Mitgefangene 136a 1 +, 10 −, 15 −
- Inhaftierter ~ versäumt Rechtsmittelfrist durch Übergabe des Rechtsmittelschreibens an die Justizvollzugsanstalt erst am letzten Tag der Frist zur Weiterleitung schuldhaft 341 1 −
- Jugendlicher ~ zwingt zur Heranziehung der Jugendgerichtshilfe JGG 38
- Kein Recht auf mehrmalige Prüfung der Beschuldigungen in tatsächlicher Hinsicht 261 46 −
- Keine Pflicht zur Unterstützung der Wahrheitsfindung durch Angabe entlastender Umstände 261 142 +
- Keine Pflicht zum Antritt bestimmter Entlastungsbeweise 261 1 +, 62 +, 142 +

- Kraftfahrzeughaltereigenschaft allein unzureichendes Indiz für Täterschaft 261 181 +
- Letztes Wort s. dort
- Leugnen der Tat gestattet Berücksichtigung zulässiger Schlüsse auf das Maß seiner persönlichen Schuld und seine Gefährlichkeit bei der Strafzumessung 267 23 −
- Leugnen der Tat und dadurch begründete Notwendigkeit einer Vernehmung jugendlicher Zeugen gestattet keine strafschärfende Verwertung 267 51 +
- Lügen kein zuverlässiges Indiz für Täterschaft 261 62 +, 145 +, 151 +
- Minderjähriger ~ kann trotz erklärten Rechtsmittelverzichts das vom gesetzlichen Vertreter betriebene und noch nicht entschiedene Rechtsmittel bei Eintritt der Volljährigkeit weiterführen 298 1 +
- Öffentlichkeitsausschluß gerechtfertigt bei Schutzdefizit öffentlicher Gewalt vor schwerwiegenden rechtswidrigen Angriffen im Falle wahrheitsgemäßer Aussage 251 29 +; 338 Nr. 6 33 −; GVG 169 4 +
- Recht auf gerichtliche Entscheidung binnen angemessener Zeit MRK 6 5 +, 6 +, 10 +, 11 −, 12 −, 13 −
- Rechtsmittelverzicht (nur) nach eingeräumter Gelegenheit zur Beratung mit Verteidiger gegen dessen Widerspruch wirksam 302 3 +, 6 +, 25 −, 39 −
- Revisionsbegründung unzulässig im Falle bloßer Beurkundung von Rechtsauffassungen und Verfahrensrügen des Angeklagten durch Verteidiger oder Urkundsbeamten der Geschäftsstelle 347 7 +, 2 −
- Revisionsbegründung zu Protokoll der Geschäftsstelle unterliegt Begrenzung durch personelle Möglichkeiten und Dienstzeiten 345 3 −
- Revisionseinlegung vor entsprechender Beauftragung des Verteidigers obliegt der Fristverantwortung des (inhaftierten) Angeklagten 44 4 −; 45 1 −
- Revisionsverzicht im Vertrauen auf den Ratschlag des Verteidigers begründet keine Wiedereinsetzung 44 1 −; 45 1 −
- Rüge einer Behinderung der Abgabe von Erklärungen gemäß § 257 StPO muß deren Inhalt mitteilen 257 1 −
- Rüge unterbliebenen Hinweises auf Aussagefreiheit des Angeklagten erfordert Vortrag einer Entstehung der Aussage infolge seines Glaubens an eine Aussagepflicht 243 9 +, 8 +
- Rüge unzulässiger Unterbrechung bei der Vernehmung erfordert Beanstandung in der Hauptverhandlung 243 1 −
- Schweigen des Angeklagten s. dort
- Sprachunkundiger mittelloser ~ hat Anspruch auf kostenfreie Zuziehung eines Dolmetschers auch für vorbereitende Gespräche mit seinem Verteidiger 140 1 −

- Stummer ~ darf Fragen des Gerichts mit Körperbewegungen beantworten GVG 186 2 –
- Überwachung von Gesprächen mit Beistand 149 2 –
- Unentschuldigtes Fernbleiben s. dort
- Urteilsgründe erfordern Darlegung des dem einzelnen gemachten Vorwurfs mehrerer ~ 267 7 +, 10 +, 29 +
- Vaterschaft und Sachverständigengutachten 261 202 +, 203 +
- Verlesung schriftlicher Erklärungen des Angeklagten im anhängigen Verfahren zu der gegen ihn erhobenen Beschuldigung auch nach Aussageverweigerung zulässig mittels Urkundenbeweis 250 1 +, 5 –
- Verlesung von Schriftsätzen des Verteidigers über Erklärungen des Angeklagten in dessen Gegenwart und ohne dessen Widerspruch erlaubt Verwertung dieser Erklärungen 250 4 –
- Vernehmung über Verhältnis zu Mitangeklagten darf gegen den Widerspruch des Angeklagten nicht erst nach der Beweisaufnahme erfolgen 243 8 +
- Vernehmung zur Sache darf gegen den Widerspruch des Angeklagten nicht erst nach der Beweisaufnahme erfolgen 243 8 +, 10 +
- Vernehmungsgestaltung nur bei Beanstandung in der Hauptverhandlung rügefähig 238 1 –
- Verschlafen rechtfertigt keine auf unentschuldigtes Fernbleiben gestützte Abwesenheitsverhandlung 231 4 +, 5 +; 338 Nr. 5 10 +
- Verständigung im Strafverfahren kennt keine Bindung der Staatsanwaltschaft an ihr vom Angeklagten nur unter Erweiterung angenommenes Angebot 302 3 +
- Verteidigung durch Vertrauensanwalt ist Gebot fairen Verfahrens 140 4 –; 142 1 +, 2 +; 338 Nr. 8 1 +, 2 +; MRK 6 4 +
- Verwertungsverbot nicht in die Hauptverhandlung eingeführter Ergebnisse aus Verfahren anderer ~ 261 154 +
- Vorbereitung der Verteidigung auf überraschende Tatsachen gebietet u.U. von Amts wegen die Aussetzung der Hauptverhandlung 265 51 +
- widerlegbare Einlassung darf Urteil nicht ungeprüft zugrunde gelegt werden 244 II 26 +
- Wiedererkennen des Angeklagten als Täter und Würdigung von Indizien 261 101 +, 173 +, 175 +, 180 +, 193 +, 14 –, 19 –
- Zustimmung des Angeklagten zur Einbeziehung einer Nachtragsanklage erfordert ausdrückliche und eindeutige Erklärung 266 4 +
- Zweifelssatz bei Prüfung der Tatbeteiligung mehrerer ~ 261 66 +, 83 +

Angina pectoris, Verhandlungsunfähigkeit möglich bei Herzerkrankung in Verbindung mit ~ 260 1 +

Anhängigkeit, gleichzeitige ~ derselben Strafsache vor zwei Gerichten im selben Rechtszug unzulässig GVG 121 2 +

Anhörung der Beteiligten 33
- Ausdrücklicher Aufforderung bedarf die ~ jedenfalls bei verteidigtem Angeklagten nicht 33 1 –
- Gelegenheit zur Äußerung bei Erkennbarkeit ausreichend 33 1 –, 2 –
- Mitteilung bedeutsamer Zwischenberatungsergebnisse des Gerichts zum Strafmaß bei Verständigung im Strafverfahren gebietet ~ 33 1 +; 265 23 +; GVG 169 4 –
- Nach der Entscheidung eingegangene Ausführungen zur allgemeinen Sachrüge gewähren keine nachträgliche ~ 33a 1 –
- Straferwartungsprognose für den Fall eines Geständnisses gibt Staatsanwaltschaft keinen Anspruch auf formelle ~ GVG 169 4 –
- Zusätzliche ~ gebietet neuen Beschluß über Ausschließung der Öffentlichkeit nach abgeschlossener Vernehmung 338 Nr. 6 4 +, 15 +; GVG 174 7 +, 2 –, 3 –

Anklage, Bundeszuständigkeit wird vom Bundesgerichtshof von Amts wegen überprüft GVG 120 1 –

Anklagerücknahme, Neuerhebung vor anderem Spruchkörper zur Umgehung abträglicher Auffassung des zuerst angerufenen Gerichts begründet Zuständigkeitsrüge wegen Entzugs des Gesetzlichen Richters 338 Nr. 1 49 –

Anklagesatz, Übersetzung in der Hauptverhandlung bei der Gerichtssprache nicht mächtigem Angeklagten geboten 243 2 +
- unterlassene Verlesung des ~es begründet in nicht ganz einfach gelagerten Fällen die Revision 243 1 +, 4 +, 5 +, 6 +, 7 +, 2 –, 4 –, 6 –, 7 –

Anklageschrift, Anforderungen an Konkretisierung und Individualisierung des Tatvorwurfs 200 2 +, 3 +, 5 +, 7 +, 14 +, 2 –
- Begehungsweise von mehreren gleichwertig strafbarkeitsbegründenden Umständen einer Vorschrift begründet Hinweispflicht des Gerichts bei beabsichtigter Abweichung von zugelassener ~ 265 5 +, 9 +, 11 +, 31 +, 37 +, 41 +, 42 +, 54 +, 18 –, 20 –
- Behinderung sachgerechter Verteidigung durch mangelhafte Konkretisierung der ~ (nur) auf entsprechende Verfahrensrüge zu prüfen 200 10 +, 1 –
- Ermittlungsergebnis der ~ darf Schöffen nicht zugänglich gemacht werden 200 3 –; 261 198 +, 11 –
- Fehlerhafte ~ gestattet keine auslegende Ergänzung des Gerichts mittels Rückgriff auf sonstigen Akteninhalt 264 5 +
- Fehlerhafter Eröffnungsbeschluß nicht unwirksam im Falle seiner Ergänzbarkeit durch die ~ 200 13 +; 207 7 –, 9 –; 264 5 +
- Lücken im Anklagesatz nur wesentlich bei mangels konkreten Sachverhaltsbezuges bestehender Unklarheit über Umfang der Schuld und Rechtskraft 200 10 +; 207 1 +, 2 –

[Anklageschrift]
- mangelhafte Darstellung des wesentlichen Ermittlungsergebnisses bewirkt noch keine Unwirksamkeit der ~ 200 6 +
- mangelnde Konkretisierung 200 2 +, 4 +, 7 +, 8 +, 9 +, 2 –
- Mordmerkmale unterliegen Hinweispflicht des Gerichts bei beabsichtigter Abweichung von zugelassener ~ 265 41 +, 42 +
- Nachholung der Mitteilung 201 1 –
- Rüge unterlassener Mitteilung erfordert vergeblichen Antrag in der Hauptverhandlung auf Aussetzung derselben und Nachholung der Mitteilung 201 1 –
- Tatort unterliegt Hinweispflicht des Gerichts bei beabsichtigter Abweichung von zugelassener ~ 265 11 –
- Tatvorwurf zweier Mißbrauchshandlungen „im Frühjahr 1998" hinreichend zeitlich eingegrenzt 200 1 +
- Tatzeit unterliegt Hinweispflicht des Gerichts bei beabsichtigter Abweichung von zugelassener ~ 265 8 +, 11 +, 19 +, 26 +, 27 +, 33 +, 45 +, 9 –, 14 –, 16 –
- ungenaue ~ erlaubt Konkretisierung von Tatort/-zeit und/oder Begehungsweise durch das Gericht nur nach vorherigem Hinweis 265 11 +
- ungenaue Fassung der ~ gebietet Gewährung rechtlichen Gehörs bei Erkennbarwerden der Konkretisierung 200 3 +
- unterlassene Zustellung der ~ gebietet auf Antrag Unterbrechung der Hauptverhandlung für mehr als zwei Stunden 201 1 +
- Unvollständigkeit zugelassener ~ kann Klarstellung durch protokollierungsbedürftigen Hinweis zur Ermöglichung sachgerechter Verteidigung gebieten 200 10 +
- unwirksame ~ mangels hinreichend genauer Bezeichnung der Straftat sowie Tatzeit und -ort ist Verfahrenshindernis 200 4 +, 8 +, 9 +
- Verlesung der ~ unter Kopfnicken/-schütteln des unbelehrten Angeklagten auf Veranlassung des Vorsitzenden bewirkt Verwertungsverbot für deshalb aufrechterhaltenes Geständnis 247 24 +
- Zulassung mangelhaften Anklagesatzes bewirkt mangelhaften Eröffnungsbeschluß 200 9 +, 12 +, 13 +; 207 9 –

Anklagevorwurf, Urteilsgründe müssen ~ individuell nach Ort, Zeit, Verantwortungsbereich und Begehungsweise aufzeigen 261 10 –

Anlagen, Urteilsgründe gestatten Bezugnahme auf dem Urteil selbst angeschlossene ~ 267 8 –

Anonymer Gewährsmann s. Informant

Anschuldigung, Beweiswürdigung (s. dort) nicht erwiesener gewichtiger ~ 261 59 +
- Rücknahme oder Widerlegung (von Teilen) der Aussage des einzigen Belastungszeugen verbietet Begründung einer Verurteilung mit dieser Aussage 261 37 +, 9 –; 267 8 +
- Rücknahme oder Widerlegung (von Teilen) ursprünglicher Belastungsaussagen ist als glaubwürdigkeitsrelevanter Umstand zu erörtern 261 37 +, 45 +, 172 +; 267 8 +, 32 +
- Rücknahme früherer Belastungsangaben gestattet keine Annahme von Aussagekonstanz 261 45 +
- Sexuelle ~ bedarf kritischer Würdigung bei bestehendem Sorgerechtsstreit 261 55 +, 58 +
- Sexuelle ~en insbesondere kindlicher Zeugen erfordern Würdigung ihrer Entstehungsgeschichte im Urteil 244 II 5 +; 244 IV 5 +; 261 14 +, 36 +, 41 +, 42 +, 55 +, 59 +, 65 +, 7 –

Anstiftung, Verurteilung in Abweichung von angeklagter/eröffneter Alleintäterschaft nur zulässig nach Hinweis des Gerichts 265 32 +
- Wahrunterstellung als Rechtstatsache 244 III S. 2 Var. 7 17 +

Anwaltliche Schweigepflicht s. Zeugnisverweigerungsrecht

Anwaltsgericht, Bezugnahme auf Tatfeststellungen eines Urteils im Straf- oder Bußgeldverfahren (nur) im Umfang ihrer Rechtskraft zulässig BRAO 118 1 +, 2 +, 1 –

Anwaltsgerichtshof, Besetzung eines Senates mit 9 anwaltlichen Beisitzern begründet vorschriftswidrige Überbesetzung BRAO 101 1 +, 1 –

Anwaltsgerichtsverfahren, Abwesenheitsverhandlung steht privatärztliches Attest über Verhandlungsunfähigkeit bei Fehlen jeglicher Angaben über Art und Dauer der Krankheit und Unterlassen möglichen unverzüglichen Vortrags hierzu nicht entgegen BRAO 134 1 –
- Bindung des Anwaltsgerichts an Urteilsfeststellungen in Straf- oder Bußgeldverfahren BRAO 118 1 +, 2 +, 1 –
- einheitliche Sachverhaltsbeurteilung auch eines sich aus mehreren Anschuldigungspunkten zusammensetzenden Sachverhalts im ~ 207 3 +; BRAO 113 1 +, 2 +, 1 –
- Strafbefehlsrechtskraft bewirkt keine Bindung des Anwaltsgerichts an getroffene Tatfeststellungen BRAO 118 1 +
- Teilfreispruch unzulässig im ~ 207 3 +; BRAO 113 1 +, 2 +, 1 –

Anwesenheitspflicht, Verzicht irrelevant außerhalb gesetzlicher Ausnahmen von der ~ 230 3 +, 4 +; 247 1 +, 38 +, 4 –; 274 6 +; 338 Nr. 5 5 +, 7 +, 9 +, 30 +

Anzeigeverhalten, von Polizeibeamten nicht durch Erfahrungssatz gesichert 261 38 –
- von Vergewaltigungsopfern nicht durch Erfahrungssatz gesichert 261 7 –

Arbeitnehmer, Benennung als Zeuge im Beweisantrag Vor 244 III–VI 11 –

Arzt, Befangenheit eines Sachverständigen wegen wahrheitswidrig behaupteter Rücksprache mit behandelndem ~ 74 4 +

- Beschlagnahmeverbot ärztlicher Karteikarten 97 2 +, 2 –
- Beschlagnahmeverbot ärztlicher Unterlagen gilt auch für Mitteilungen des Beschuldigten 53 2 –
- Beschränkt verhandlungsfähiger Angeklagter darf sich auf Erklärung des Eintritts seiner Verhandlungsunfähigkeit durch ihn begleitenden ~ unter Verbot der Abwesenheitsverhandlung aus der Hauptverhandlung entfernen 338 Nr. 5 35 +
- Krankenhausärztliches Gutachten bei Erstattung im Auftrag des Chefarztes und eigener Liquidation kein Behördengutachten 256 4 +
- Pflichtwidrigkeiten des Arztes bei fahrlässiger Tötung erfordern genaueste Wiedergabe in den Urteilsgründen 261 162 +
- Zeugnisverweigerung in der Hauptverhandlung begründet kein Verwertungsverbot für frühere richterliche Vernehmung 252 12 –
- Zeugnisverweigerungsrecht (s. auch dort) 53 1 +, 3 +, 5 +, 6 +, 1 –, 2 –; 252 12 –

Ärztliche Feststellungen, Einführung in die Hauptverhandlung 261 108 +

Ärztliche Schweigepflicht s. Zeugnisverweigerungsrecht

Ärztliches Attest, eines Privatarztes über Verhandlungsunfähigkeit steht bei Fehlen jeglicher Angaben über Art und Dauer der Krankheit und Unterlassen möglichen unverzüglichen Vortrags hierzu einer Abwesenheitsverhandlung im Anwaltsgerichtsverfahren nicht entgegen BRAO 134 1 –
- Rüge unzulässiger Verlesung erfordert im Falle möglicher Verlesung zwecks Entscheidung über Entfernung des Angeklagten Vortrag des Zwecks einer Beweisaufnahme über strafmaßrelevante Tatfolgen 256 1 –
- Verlesung auch bei Tateinheit mit Körperverletzung mit Todesfolge zum ausschließlichen Nachweis nicht schwerer Körperverletzung oder des sie betreffenden Schuldumfangs zulässig 250 7 –
- Verlesung außerhalb von Verfahren wegen (gefährlicher) leichter Körperverletzung kann Zeugenaussage des Arztes nicht ersetzen 250 6 +, 7 +
- Verlesung bei Tateinheit mit besonders schwerem sexuellen Kindesmißbrauch unzulässig 256 6 +
- Verlesung bei Tateinheit mit Raub unzulässig 256 5 +
- Verlesung und Verwertung zum Nachweis anderer Straftaten als nicht schwerer Körperverletzung unzulässig 256 1 +, 5 +, 6 +

Assessor, Notwendige Verteidigung gestattet keine Übertragung auf ~ 338 Nr. 5 28 +
- Strafkammerbesetzung mit zwei Assessoren entgegen § 29 DRiG begründet u.U. vorschriftswidrige Gerichtsbesetzung 338 Nr. 1 35 +, 48 –, 52 –

Asthenische Persönlichkeitsstörung 302 10 –

Audiovisuelle Zeugenvernehmung, Aufklärungspflicht erfordert nur bei zu erwartender besserer Sachaufklärung über Verlesung kommissarischer Vernehmungsniederschrift hinaus eine ~ 247a 1 –, 3 –
- Auslandszeuge kein unerreichbares Beweismittel bei bestehender Möglichkeit für ~ 247a 1 +
- Entfernung des Angeklagten hat Vorrang vor Rückgriff auf ~ 247 2 –, 3 –
- Freibeweisverfahren zulässig zur Ermittlung tatsächlicher und rechtshilferechtlicher Möglichkeit für ~ 247a 2 –
- ~ im Ermittlungsverfahren 141 1 +
- Verlesung von Niederschriften wird nicht gehindert durch Möglichkeit für ~ 247a 1 –

Aufklärungshilfe, fehlerhafte Zurückweisung eines Beweisantrages zur ~ 244 III S. 2 Var. 2 5 +

Aufklärungspflicht, Audiovisuelle Zeugenvernehmung anstelle Verlesung kommissarischer Vernehmungsniederschrift nur bei zu erwartender besserer Sachaufklärung geboten durch die ~ 247a 1 –, 3 –
- Augenschein und ~ s. dort
- Ausdehnung der Ermittlungen auf (eingestellte/nicht rechtskräftig abgeurteilte) Straftaten außerhalb von Anklage und Eröffnungsbeschluß u.U. geboten durch die ~ 261 28 –
- Auslandszeuge und ~ s. dort
- Aussagegenehmigung darf nicht als versagt vermutet werden im Widerspruch zur ~ 244 III S. 2 Var. 5 15 +; 261 178 +
- Begrenzung der ~ durch den Verhältnismäßigkeitsgrundsatz 244 V S. 2 1 –
- Bußgeldsachen unterliegen uneingeschränkter Geltung der ~ 261 168 +
- Freispruch wegen Unbeweisbarkeit des Vorsatzes erfordert vorherige Aufklärung des äußeren Tatgeschehens 261 95 +; 267 42 –
- Gegenüberstellungsantrag beurteilt sich nach Maßgabe der ~ 244 II 15 –
- Hilfsperson zur Verständigung des Gerichts mit einem hörbehinderten Zeugen kann aufgrund der ~ heranzuziehen und dessen Angehöriger sein GVG 186 1 –
- Hinwirkung auf Vernehmung eines V-Mannes in der Hauptverhandlung geboten durch die ~ 251 15 +
- Jugendgerichtshilfe ist im Jugendgerichtsverfahren heranzuziehen aus Gründen der ~ JGG 38 1 +, 1 –
- Jugendschöffenverfahren und ~ JGG 38 1 +, 1 –; JGG 43 1 –
- Nichtverlesung eines beweiserheblichen Schriftstücks komplexeren Umfangs verletzt die ~ 261 199 +, 200 +
- Notwehr und Ermittlung von Anhaltspunkten 244 II 22 +
- Persönliche Vernehmung trotz Einverständnis aller Beteiligten mit Verlesung der Ver-

[Aufklärungspflicht]
nehmungsniederschrift u.U. geboten durch die ~ 251 8 +
- Rüge der Verletzung der ~ s. Aufklärungsrüge
- Steuerstrafverfahren gestattet keine Ablehnung eines Beweisantrages auf Einholung einer Auskunft des Finanzamtes ohne Prüfung einer Auskunftsberechtigung gemäß § 30 IV AO AO 30 1 +, 2 –
- Verfahrenstrennung (s. dort) ist unzulässig bei entgegenstehender ~ 261 46 –
- Verlesung der Niederschrift polizeilicher Zeugenvernehmung mittels Urkundsbeweis bei fehlender Feststellbarkeit ihres Inhalts nach Vorhalt und Vernehmung der Verhörsperson geboten durch die ~ 253 1 +, 1 –
- Verlesung früherer Vernehmungsniederschriften eines Zeugen und ~ 244 II 18 +; 244 III S. 2 Var. 3 1 –
- Verminderte Schuldfähigkeit (s. dort) und ~ 244 II 4 +, 12 +
- Vernehmung (auch) des vom zugezogenen Sachverständigen rezitierten Hilfsgutachters u.U. geboten durch die ~ 250 9 –
- Verwendung des sachnächsten Beweismittels grundsätzlich geboten durch die ~ 251 15 +; 261 16 –
- Wahrheitserforschung und Ausschluß der Öffentlichkeit GVG 169 4 +

Aufklärungsrüge 244 II; Vor 244 III–VI 4 –, 13 –, 14 –; 244 III S. 1 1 –, 4 –; 244 III S. 2 Var. 2 20 +, 1 –; 244 III S. 2 Var. 5 15 +; 244 IV 9 –, 12 –, 18 –, 19 –, 20 –, 21 –; 244 V S. 1 2 +; 247a 1 +, 3 –; 265 4 –; 344 10 –; GVG 171a 1 –; GVG 171b 2 –
- Mangelnde Ermittlung und Berücksichtigung verfahrensverzögernder Sachbehandlung rügefähig durch ~ MRK 6 12 +
- Meßungenauigkeiten anerkannter amtlich zugelassener Geräte in standardisierten Verfahren nur revisibel mittels der ~ 267 3 –, 6 –
- Öffentlichkeitsausschlußentscheidung und ~ GVG 171a 1 –; GVG 171b 2 –
- Ortsbesichtigung (s. auch Augenschein) 244 V S. 1 2 +
- Privater „Lügendetektor-Test" unbeachtlich 244 III S. 1 1 –
- Prüfung aus Sicht des Revisionsgerichts 244 II 16 –
- Rüge der Ablehnung beantragten Öffentlichkeitsausschlusses erfordert Mitteilung unterlassener Angaben GVG 171a 1 –
- Rüge erfordert Darlegung der weiteren Erkenntnismöglichkeiten des Gerichts insbesondere durch Vortrag ungenutzter Beweismittel 244 II 28 –; 344 10 –
- Rüge erfordert Feststellbarkeit mangelnder Aufklärung mit den Mitteln des Revisionsrechts 244 II 9 –; 261 90 –
- Rüge fehlerhaft verkündeter Unerreichbarkeit des Beweismittels erfordert Wiedergabe der Auffassung des Gerichts 244 II 17 –
- Rüge unterlassener Anhörung eines Sachverständigen erfordert Angabe der zu seiner Vernehmung drängenden Tatsachen 244 II 25 –
- Rüge unterlassener Beiziehung von Akten erfordert Vortrag der aufzufindenden Beweistatsache und genaue Bezeichnung der einzelnen Aktenteile 244 II 19 –; 265 4 –
- Rüge unterlassener Vernehmung eines Zeugen erfordert Mitteilung bisheriger prozessualer Rolle und bereits erfolgter Vernehmungen sowie der dabei gemachten Angaben 244 II 5 –
- Rüge unzulässig bei fehlender „Konnexität" Vor 244 III–VI 4 –
- Rüge unzulässig bei Verschweigen nachteiliger Tatsachen 244 II 6 –
- Unterlassen bestimmter weiterer Fragen an Zeugen kann mit der Revision nicht geltend gemacht werden 244 II 22 –, 23 –
- Unterlassen sich aufdrängender Vorhalte ist revisibel durch die ~ 244 II 25 +
- Vernehmung sachfernerer anstatt sachnäherer Zeugen nur rügefähig durch begründete ~ 250 6 –
- Widerspruch zwischen Urteil und Niederschriften eines Prozeßbeteiligten ungeeignet zur Begründung der ~ 244 II 14 –
- Widerspruch zwischen vorbereitendem und mündlich erstattetem Sachverständigengutachten erfordert Aufklärung 244 II 13 +
- Widersprüchliche Bekundungen derselben Beweisperson erfordern Aufklärung 244 II 8 +, 9 +, 13 +, 17 +; 253 1 +
- Widersprüchliche Beurteilungen mehrerer sachverständiger Zeugen erfordern weitere Aufklärung 244 II 20 +

Augenschein 86; 244 III S. 2 Var. 3 2 –; 244 V S. 1; 250 8 –; 338 Nr. 5 41 +
- Ablehnungsfehler gestatten keine Heilung durch Nachschieben von Gründen im tatrichterlichen Urteil bei Beweisantrag auf ~ 244 V S. 1 3 +
- Abwesenheit des Angeklagten bei der Einnahme von ~ unzulässig 247 27 +, 29 +, 33 +, 37 +; 338 Nr. 5 2 +, 8 +, 17 +, 26 +, 30 +, 42 +
- Blinder Richter als Beisitzer eines Kollegialgerichts begründet vorschriftswidrige Gerichtsbesetzung bei überzeugungserheblicher Beweisaufnahme durch ~ 261 49 –; 338 Nr. 1 34 +, 7 –, 59 –, 61 –
- Einführung von eingenommenem ~ in die Hauptverhandlung 261 29 –
- Ermessensausübung ist an der Aufklärungspflicht zu messen 244 V S. 1 2 +, 3 +, 1 –
- Glaubwürdigkeit eines Zeugen irrelevant für Pflicht zur Einnahme von ~ 244 V S. 1 1 +, 4 +
- Kommissarische ~seinnahme und Einführung in die Hauptverhandlung 261 29 –
- Mittelbare Inaugenscheinnahme des Tatorts über vorhandene Lichtbilder und Zeugenaussagen 244 V S. 1 1 –

– Öffentlichkeitsausschluß für bestimmte Vernehmung gilt auch für mit dieser zusammenhängende (-n Beschluß über die) Einnahme von ~ 338 Nr. 6 13 –
– Protokollierungspflicht für eingenommenen ~ 274 1 +, 3 +
– Revisionsgericht nicht zur Ersetzung tatrichterlichen Ermessens bei der Überprüfung befugt 244 V S. 2 2 –
– Schriftstück kann als Fotografie Gegenstand der Beweisaufnahme in der Hauptverhandlung sein 244 V S. 1 2 –; 245 2 –
– Schriftstück muß bei beweiserheblichem Inhalt in der Hauptverhandlung verlesen werden 261 29 +
– Tonaufzeichnungen unterliegen der Beweiserhebung durch ~ 250 8 –; 261 110 +
– Tonbandaufnahme im Einverständnis des Beschuldigten von Geständnis bei polizeilicher Vernehmung darf zur Gedächtnisunterstützung des Angeklagten und vernommener Verhörsperson abgespielt und gemäß deren Bestätigung verwertet werden 253 2 –
– Veränderung der örtlichen Verhältnisse und Rekonstruktion 244 V S. 1 2 +
– Vorhaltsprotokollierung beweist keine Einnahme von ~ 274 1 +, 3 +
– Zeugenaussagen beigezogener ortskundiger Zeugen und Einführung in die Hauptverhandlung 261 29 –
– Zeugenbekundung für Beweisfragen nach erheblichen räumlichen Gegebenheiten unterlegenes Beweismittel 244 V S. 1 1 +, 1 –
Ausbleiben des Angeklagten, Abwesenheitsverhandlung bei ~ s. dort
– Unentschuldigtes ~ s. unentschuldigtes Fernbleiben
Auskunftspflicht, des Gemeinschuldners gestattet gegen seinen Willen keine Verwertung der Aussage im Strafverfahren 136 5 +
Auskunftsverweigerung des Angeklagten in anderem Strafverfahren gestattet keine ihm nachteilige Beweiswürdigung 261 80 +
– ~ eines in der Hauptverhandlung erschienenen und vernommenen Zeugen rechtfertigt keine Verlesung von Niederschriften über seine Vernehmung 251 23 +
– ~ eines Polizeibeamten gebietet Erörterung eines Zusammenhangs mit dem Tatvorwurf gegen den Angeklagten in der Beweiswürdigung 261 156 +
– ~ in der Hauptverhandlung begründet kein Verwertungsverbot für frühere richterliche Vernehmung 252 19 +
– Aussageverweigerung zugleich auskunfts- und zeugnisverweigerungsberechtigter Zeugen gestattet keine Verlesung von Niederschriften durch Wertung als bloße ~ 251 19 +
– Bedeutungslosigkeit der Beweistatsache darf nicht begründet werden mit vermutlicher ~ 244 III S. 2 Var. 2 1 +

– Verlesung von Niederschriften richterlicher Verhörsperson ist bei ausdrücklichem Verzicht auf deren Vernehmung und Einverständnis aller Verfahrensbeteiligten zulässig nach umfassender ~ 250 1 –
Auskunftsverweigerungsrecht 55; 247 15 +; 251 23 +; 252 19 +; 261 80 +, 156 +, 10 –
– Absehen von Verfolgung durch Staatsanwaltschaft gemäß § 45 JGG schließt ~ nicht aus 55 3 –
– Belehrungspflichtverstoß begründet kein Verwertungsverbot für Aussage 55 2 –; 252 19 +; 261 80 +
– Gefahr strafrechtlicher Verfolgung obliegt tatrichterlicher Beurteilung bei nur rechtlicher Überprüfbarkeit durch Revisionsgericht 55 1 –, 5 –
– Gefahr von Jugendarrest begründet ~ 55 4 –
– Glaubhaftmachung s. dort
– Rüge fehlerhafter Zubilligung eines ~s zulässig 55 1 –, 3 –
– Rüge unterlassener Belehrung über das ~ erfordert Beanstandung in der Hauptverhandlung 55 2 –
Auslagen, ~ der Hauptverhandlung nach Zurückverweisung trägt als Kosten des ersten Rechtszuges bei Verurteilung der Angeklagte 473 1 –
– Notwendige ~ muß verurteilter Jugendlicher selbst tragen JGG 74 1 –
Ausland, völkerrechtswidrige Festnahme durch deutsche Ermittler außerhalb deutschen Hoheitsgebietes und Verbringung in die Bundesrepublik begründet nur bei Geltendmachung völkerrechtlicher Rückführungsansprüche durch betroffenen Staat ein Verfahrenshindernis 260 13 –
Auslandszeuge (s. auch Unerreichbarkeit des Beweismittels) 244 III S. 2 Var. 4 3 –; 244 III S. 2 Var. 6 2 –; 244 V S. 2
– Ablehnung beantragter kommissarischer Vernehmung eines ~n wegen fehlender Gewinnbarkeit persönlichen Eindrucks nach vorbehaltloser Anordnung der Vernehmung begründet Besorgnis der Befangenheit 338 Nr. 3 19 –
– Ablehnung beantragter Vernehmung wegen Prozeßverschleppungsabsicht 244 III S. 2 Var. 6 2 –
– Ablehnung eines Beweisantrags bei bestehender audiovisueller Vernehmungsmöglichkeit revisibel 247a 1 +
– Ablehnungsbegründung hat urteilsbindende Wirkung 244 V S. 2 1 +
– Ablehnungsbegründung muß wesentliche Gesichtspunkte zumindest in ihrem tatsächlichen Kern verdeutlichen 244 V S. 2 2 +
– Aufklärungspflicht kann bei fehlendem zwischenstaatlichen Rechtshilfeverkehr u.U. Aufforderung zu schriftlicher Stellungnahme zwecks Verlesung gebieten 251 12 +

4535

[Auslandszeuge]
- Aufklärungspflichtumfang begrenzt durch Verhältnismäßigkeitsgrundsatz 244 V S. 2 1 –
- Beweisantizipationsgrundsätze zum Augenschein unanwendbar auf ~n 244 V S. 1 1 +
- Beweisvorauswürdigung nach Maßgabe der Aufklärungspflicht zulässig 244 V S. 2 1 +, 2 +, 1 –
- Entbehrliche Ladung eines ~n 244 III S. 2 Var. 5 4 –, 5 –, 6 –, 7 –, 8 –, 10 –, 12 –
- Ermessen des Tatrichters nicht ersetzbar im Zuge der Überprüfung durch Revisionsgericht 244 V S. 2 2 –
- Ermessensausübung ist an der Aufklärungspflicht zu messen 244 V S. 1 3 +, 1 –
- Freibeweisverfahren zur Klärung der Voraussetzungen des § 244 V S. 2 StPO zulässig 244 V S. 2 1 +
- Hindernis für Erscheinen bei vier- bis fünfwöchiger Verzögerung rechtfertigt in Schwurgerichtssachen keine Verlesung von Niederschriften 251 2 +
- Inhaftierter ~ und Rechtshilfe 244 III S. 2 Var. 5 4 –
- Kommissarische Vernehmungsmöglichkeit im Ausland verbietet Annahme der Unerreichbarkeit des Beweismittels 251 4 +
- Ladung im Rechtshilfeweg unter Hinweis auf Strafverfolgungsschutz geboten 244 III S. 2 Var. 5 5 +, 6 +, 8 +, 10 +, 12 +, 7 –, 10 –; 251 25 +
- Ladung unter Umgehung des diplomatischen Weges nicht geboten bei möglichem Vorwurf der Beeinträchtigung fremder Hoheitsrechte 244 III S. 2 Var. 5 6 –
- Mitteilung des Nichterscheinenwollens durch Alibizeugen begründet nur im Falle seiner zutreffenden Kenntnis von der Person des/der Angeklagten die Unerreichbarkeit des Beweismittels 244 III S. 2 Var. 5 1 +, 7 –
- Mitteilung des Nichterscheinenwollens durch den ~n ohne Begründung rechtfertigt keine Unerreichbarkeit des Beweismittels 244 III S. 2 Var. 5 5 +
- Politische Verfolgung des ~n begründet u.U. unzulässige Beweiserhebung 251 20 –
- Politische Verfolgung des ~n im Falle erneuter Vernehmung berechtigt zur Verlesung von Niederschriften über frühere Vernehmung 251 20 –
- Rechtshilfevertragslosigkeit mit dem Aufenthaltsstaat begründet allein keine Unerreichbarkeit des ~n 244 III S. 2 Var. 5 8 +
- Schweigen des ~n auf unzulässige direkte Ladung begründet nicht seine Unerreichbarkeit 244 III S. 2 Var. 5 6 +
- Verfahrensverzögerung durch Ladung im Rechtshilfeweg bzw. kommissarische Vernehmung begründet keine Unerreichbarkeit des Beweismittels 244 III S. 2 Var. 5 4 +

- Verwertungsverbot konsularischer Zeugenvernehmung bei fehlender Einführung in die Hauptverhandlung 261 114 +
Auslegung, Beweisantrag bedarf sinn- und zweckgerechter 244 III S. 2 Var. 2 16 +; 244 III S. 2 Var. 3 1 +, 2 +; 244 III S. 2 Var. 4 11 +; 244 III S. 2 Var. 7 5 +, 6 +, 7 +, 8 +, 12 +, 14 +, 16 +; 244 VI 4 +
- Entscheidungsbezeichnung gestattet ~ 260 12 +, 16 –
- Menschenrechtsfreundliche ~ bei Anwendung des Rechts der ehemaligen DDR GG 103 4 –, 5 –
- Rechtsmittelbezeichnung gestattet ~ 260 12 +, 16
- Rechtsmittelbezeichnung vor Ablauf der Rechtsmittelbegründungsfrist im Zweifel noch nicht endgültig gewählt 312 1 +, 2 +
- Rügebezeichnung gestattet ~ 261 74 +
Auslieferungsbewilligung, Verfahrenshindernis wegen fehlender Erstreckung der ~ 206a 1 +, 7 +
Auslieferungsrecht, Angeklagter kann für sich keine Rechte herleiten aus verletztem zwischenstaatlichen ~ 260 13 –
Auslieferungstat, Abseits der ~ gelegene Umstände sind im Rahmen diese betreffender Beweiswürdigung indiziell verwertbar 244 III S. 1 3 –
Auslieferungsverfahren, Grundsatz der Spezialität des ausliefernden Staates für Strafverfolgung vor der Übergabe begangener Handlungen außerhalb der Auslieferungstat 206a 1 +; 244 III S. 1 3 +
- Vereidigungsverbot gilt auch im ~ 60 18 –
Aussage gegen Aussage 244 II 1 +; 244 III S. 2 Var. 2 3 +; 261 1 +, 7 +, 14 +, 16 +, 18 +, 32 +, 34 +, 37 +, 42 +, 44 +, 46 +, 53 +, 59 +, 75 +, 86 +, 87 +, 93 +, 106 +, 123 +, 131 +, 142 +, 7 –, 9 –; 267 8 +, 18 +, 25 +
- Gesamtwürdigung aller für und gegen Täterschaft sprechenden Indizien erforderlich 261 1 +, 18 +, 32 +, 44 +, 46 +, 59 +, 75 +, 86 +, 9 –; 267 18 +, 25 +
- Unwahrheit eines Aussageteils und Glaubhaftigkeit 261 7 +, 16 +, 37 +, 106 +, 9 –
- Urteil muß Aussageentwicklung sowie etwaige Widersprüche und Übertreibungen mitteilen 261 93 +, 7 –
- Würdigung sich entscheidungserheblich widersprechender Einlassungen zweier Angeklagter 261 18 +, 86 +
Aussagebereitschaft, Hemmungen kindlicher Zeugen ermöglichen entsprechende Vernehmungsgestaltung bei weiterbestehender ~ 52 2 –
- ~ nach Belehrung in der Hauptverhandlung heilt Belehrungspflichtverstoß im Ermittlungsverfahren 52 3 –, 15 –
Aussagegenehmigung (s. auch Sperrerklärung) 54; 244 II 14 +, 15 +; Vor 244 III–VI 13 –; 244 III S. 2 Var. 5 2 +, 3 +, 14 +, 15 +, 16 +

- Bemühen des Gerichts erforderlich um Erhalt der ~ 54 1 +
- Beschränkung für angeklagten Beamten begründet nur bei Behinderung seiner Verteidigung gegen den Schuldvorwurf ein Verfahrenshindernis GG 103 6 –
- Offenbarung des Namens eines Denunzianten steht Steuergeheimnis bei Zustimmung des Steuerpflichtigen nicht entgegen und ist zum Schutz dessen allgemeinen Persönlichkeitsrechts u.U. geboten AO 30 1 +, 1 –
- Polizeibeamter des Landes bedarf vom Landesinnenminister zu erteilender ~ 96 8 +, 9 +, 2 –
- Staatsanwalt bedarf vom Justizministerium zu erteilender ~ 96 5 –
- städtische Sozialdienstmitarbeiter und ~ 54 1 +
- Versagung der ~ durch unzuständige Stelle ist revisibel 54 1 +; 96 5 +
- Versagungsvermutung im Widerspruch zur Aufklärungspflicht ist revisibel 244 III S. 2 Var. 5 15 +; 261 178 +

Aussagekonstanz bedarf revisionsgerichtlich überprüfbarer Darlegung 261 14 +
- ~ einer Zeugenaussage hat in der Regel höheren Beweiswert als Konstanz bloßen Bestreitens des Beschuldigten unter bloßer Beschuldigung eines früheren Mitangeklagten 261 6 +
- Divergierende Sachverhaltsschilderung des Verletzten und Annahme von ~ verstößt gegen Aufklärungspflicht 244 II 8 +
- Rücknahme früherer Belastungsangaben gestattet keine Annahme von ~ 261 45 +
- Sachverständigengutachten und Prüfung der ~ 244 IV 5 +

Aussagen, inhaltsverfälschende Wiedergabe und Beweiswürdigung revisibel bei Beleg durch Hauptverhandlungsprotokoll 261 76 +, 90 +, 91 +
- Rüge inhaltsverfälschender Wiedergabe verlesener Zeugen- ~ im Urteil erfordert deren wörtliche Mitteilung 344 3 –

Aussagetüchtigkeit, geisteskranker oder -schwacher Aussagepersonen ist zu erwägender Aspekt der Beweiswürdigung 261 53 –
- Medizinisches Sachverständigengutachten i.d.R. erforderlich zur Beurteilung der Auswirkung einer Erkrankung auf die ~ 244 IV 6 +, 7 +

Aussageverhalten, Aussage gegen Aussage gebietet Mitteilung des Aussageentwicklung sowie etwaiger Widersprüche und Übertreibungen 261 93 +, 7 –
- Bewertung des ~s bei förmlicher Zeugenaussage ist Bewertung einer Einlassung des Beschuldigten weitgehend angenähert 261 46 –
- Widersprüchliches ~ derselben Beweisperson 244 II 8 +, 9 +, 17 +; 261 58 +, 93 +, 173 +, 175 +, 8 –, 26 –, 42 –

- Widersprüchliches oder teilschweigendes ~ ermöglicht Schlußfolgerungen nur bei revisionsgerichtlich nachvollziehbarer Wiedergabe in der Beweiswürdigung 261 8 –

Aussageverweigerung (s. auch Auskunftsverweigerung; Schweigen des Angeklagten; Zeugnisverweigerung), Entfernung des Angeklagten erfordert unverzügliche Unterrichtung über in seiner Abwesenheit erfolgte ~ 247 15 +
- Entfernung des Angeklagten unzulässig wegen unberechtigter ~ 247 4 +
- Mögliche Beeinflussung einer ~ durch Irrtum erfordert weitere Aufklärung 244 II 23 +
- ~ zugleich auskunfts- und zeugnisverweigerungsberechtigter Zeugen gestattet keine auf bloße Auskunftsverweigerung gestützte Verlesung von Niederschriften 251 19 +

Aussageverweigerungsrecht (s. auch Auskunftsverweigerungsrecht; Schweigen des Angeklagten; Zeugnisverweigerungsrecht), Belehrung des Beschuldigten über ~ s. Beschuldigtenbelehrung
- Belehrung des Zeugen über ~ s. Zeugenbelehrung
- Belehrung vor bestimmter Frage u.U. geboten anstelle sachverhaltsübergreifender abstrakter Zeugenbelehrung 55 5 –
- Debilität und ~ 136 8 –
- Sachverständiger unterliegt keiner Pflicht zur Belehrung eines zur Beobachtung Untergebrachten über dessen ~ 81 1 –

Ausschluß der Öffentlichkeit (s. Öffentlichkeitsausschluß) GVG 169 ff.
- ~ eines Richters (s. Richterausschluß) 22; 23
- ~ eines Staatsanwalts wegen Zeugeneigenschaft in früherer Hauptverhandlung nicht vorgesehen 22 1 –
- ~ eines Verteidigers (s. dort) 138a

Außenprüfer, steuerstrafrechtlichen Sachverhalt darf neben der Steuerfahndung auch der ~ ermitteln AO 393 3 +

Aussetzung der Hauptverhandlung, Ablehnung beantragter Erkundigung über Wohnanschriften von Zeugen nur auf Ermessensfehlgebrauch überprüfbar 246 2 –, 4 –
- Antrag auf ~ bis zum Schluß der Beweisaufnahme möglich 246 2 –
- Antrag auf ~ kann schriftlich gestellt werden 217 1 –
- Antrag des Angeklagten auf ~ gegen den Willen des ausreichend vorbereiteten Verteidigers unbeachtlich 218 1 –
- Antragsablehnung nach letztem Wort gebietet dessen erneute Gewährung 258 14 +
- Antragsablehnung nur bei Beanstandung in der Hauptverhandlung revisibel 217 2 –; 246 4 –
- Berücksichtigungsgebot für Interessen des „Gegners" bei der Entscheidung über Antrag auf ~ 246 3 +

[Aussetzung der Hauptverhandlung]
- Erkundigung über Wahrnehmungsmöglichkeit spät benannter Unfallzeugen rechtfertigt Antrag auf ~ 246 3 +
- Erkundigung über Wohnanschriften rechtfertigt nur bei berechtigtem Interesse Antrag auf ~ 246 2 –, 3 –, 4 –
- Erkundigung über Wohnanschriften von Polizeizeugen rechtfertigt keinen Antrag auf ~ 246 2 –, 4 –
- Fehlerhafte Ablehnung einer ~ ist nur relativer Revisionsgrund 145 1 –
- Rüge einer Mitteilungspflichtverletzung gebietet Antrag auf ~ 246 4 –
- Rüge fehlerhafter Unterlassung einer ~ erfordert Vortrag unzulässiger Verteidigungsbeschränkung in wesentlichem Punkt sowie der im einzelnen behinderten Verteidigungshandlungen 228 1 –, 2 –; 265 4 –
- Verteidigerwechsel im Falle seiner Begründung und schwieriger Beweislage gebietet ~ 145 1 +, 1 –; 265 3 +, 44 +, 49 +, 4 –, 17 –; 338 Nr. 8 1 +, 3 +, 4 +, 5 +, 7 +, 8 +, 6 –
- Verwaltungsgerichtliche Anfechtung erteilter Sperrerklärung gebietet kein Abwarten dortiger Entscheidung durch ~ 96 3 –
- Vorbereitung der Verteidigung auf überraschende Tatsachen gebietet u.U. von Amts wegen die ~ 265 51 +

Aussetzung des Steuerstrafverfahrens, Ermessen des Gerichts über Gewährung bis zum rechtskräftigen Abschluß des Besteuerungsverfahrens möglicher ~ 262 1 –

Aussetzung der Strafe zur Bewährung s. Bewährung

Austausch von Beweismitteln 238 4 –; 244 III S. 2 Var. 3 1 –, 2 –
- Rüge unzulässigen Beweismittelaustauschs erfordert Beanstandung in der Hauptverhandlung 238 4 –

Auswärtige Strafkammer, Geschäftsverteilungsplan erfordert Bestimmung eines Vorsitzenden für ~ 338 Nr. 1 33 +
- Grundsätze der Gerichtsbesetzung für allgemeine Strafkammern gelten auch für ~ 338 Nr. 1 33 +, 54 +

Beamter, als Zeuge und Beweiswürdigung 261 156 +, 38 –, 47 –
- Berufung auf ordnungsgemäße Erfüllung der Dienstpflicht unterliegt freier richterlicher Beweiswürdigung 261 38 –
- Polizei-~ s. dort
- Sitzungspolizeilicher ~ s. Gerichtsbediensteter
- Vernehmungs-~ s. Verhörsperson

Beanstandungen, während der Urteilsverkündung stellen Unterbrechung zur Beschlußfassung in das Ermessen des Gerichts 238 5 –

Beanstandungsgebot in der Hauptverhandlung vor Rügezulässigkeit, Ablehnung eines Antrags auf Aussetzung der Hauptverhandlung unterliegt ~ 217 2 –; 246 4 –
- Aussageverwertung unter Verstoß gegen Pflicht zur Beschuldigtenbelehrung erfordert Widerspruch in der Hauptverhandlung zur Rügezulässigkeit 136 6 –, 8 –
- Beanstandungsrecht wegen Verwertung richterlicher Vernehmung unter Verstoß gegen die Benachrichtigungspflicht wird durch Berichtigung einen Mitbeschuldigten zu Unrecht belastender Angaben nicht verwirkt 168c 2 +
- Befragung des Zeugen durch den Vorsitzenden trotz als Ausübung des Zeugnisverweigerungsrechts angesehener Erklärung unterliegt ~ 52 2 –
- Belehrungspflichtverstoß bei Auskunftsverweigerungsrecht unterliegt ~ 55 2 –
- Benachrichtigungspflichtverletzung bei kommissarischer Vernehmung nur bei Widerspruch in der Hauptverhandlung gegen Verwertung revisibel 96 7 +; 168c 4 –, 5 –; 224 2 –; 251 26 –
- Benachrichtigungspflichtverstoß bei kommissarischer Vernehmung führt nach Widerspruch in der Hauptverhandlung zur Unverwertbarkeit der Aussage 224 2 –; 251 9 +, 22 +, 28 +, 33 +, 34 +
- Benachrichtigungspflichtverstoß bei richterlicher Vernehmung führt nach Widerspruch in der Hauptverhandlung zur Unverwertbarkeit der Aussage 168c 1 +, 2 +, 3 +, 4 –, 7 –
- Beweismittelaustausch durch das Gericht unterliegt ~ 238 4 –
- Entfernung von Zuhörern aus dem Sitzungssaal unterliegt ~ GVG 169 2 –
- Entlassung von Zeugen und Sachverständigen gegen den Willen des Angeklagten unterliegt ~ 238 3 –
- Fehlende Prüfung der Verstandesreife bei Belehrung minderjähriger Zeugen unterliegt ~ 52 1 –
- Fehlerhafte Gestaltung der Vernehmung des Angeklagten unterliegt ~ 238 1 –
- Mangelhafte Übersetzung durch unvereidigten Dolmetscher bei Kontrolle durch Angeklagten und weiteren Dolmetscher unterliegt ~ GVG 189 1 –
- Mitteilung des wesentlichen Inhalts eines Schriftstücks anstatt Selbstleseverfahren bei nicht beweiserheblichem Wortlaut nur nach Widerspruch revisibel 249 3 –
- Mitteilungspflichtverletzung unterliegt ~ 246 4 –
- Nichteinhaltung einer Zusage zum Rechtsfolgenausspruch unterliegt ~ 136a 13 –; MRK 6 8 –
- Nichtvereidigung eines Zeugen ohne gesetzliche Grundlage unterliegt ~ 238 2 –
- Nichtzulassung weiterer Fragen an einen Zeugen unterliegt ~ 338 Nr. 8 2 –

- Steuergeheimnisverletzung bei Vernehmung unterliegt ~ AO 30 3 –
- Unterbliebene Urteilszustellung unterliegt ~ 316 1 –
- Unterbrechung der Hauptverhandlung durch den Vorsitzenden anstelle des Gerichts unterliegt ~ 228 2 –
- Unzulässige Unterbrechung zusammenhängender Vernehmung des Angeklagten zur Sache unterliegt ~ 243 1 –
- Unzulässige Vernehmung einer Verhörsperson unterliegt ~ 163a 1 +
- Verbot schriftlicher Aufzeichnungen in einfachen Fällen unterliegt ~ 338 Nr. 8 8 –
- Vereidigungsentscheidung vorläufiger Art durch Vorsitzenden erhält endgültigen Charakter eines Beschlusses durch allseitig unterlassenes Verlangen nach Kammerentscheidung 61 9 –
- Verweigerte Entgegennahme später Beweisanträge durch den Vorsitzenden unterliegt ~ 246 2 +, 1 –

Beauftragter Richter, Beschäftigung nichtständiger Richter am Landgericht kein Verfassungsverstoß 338 Nr. 1 63 –
- Beauftragter Richter, Kommissarische Beweiserhebung s. dort

Bedeutungslosigkeit der Beweistatsache (s. auch Vorauswürdigung des Beweises) 244 III S. 2 Var. 2; 244 IV 12 +
- ~ für die Entscheidung meint Entscheidung über die Schuld- und Straffrage in Gestalt des Urteilspruchs 296 2 –
- Ablehnungsbegründung unterliegt revisionsgerichtlichem Nachvollziehbarkeitsgebot 244 III S. 2 Var. 2 4 +, 15 +, 22 +
- Ablehnungsbeschluß bereits muß maßgebliche Umstände angeben für verkündete ~ 244 III S. 2 Var. 2 17 +, 19 +, 22 +
- Ablehnungsbeschluß hat urteilsbindende Wirkung 244 III S. 2 Var. 2 3 +, 4 +, 8 +, 9 +, 10 +, 12 +, 14 +, 3 –
- Aufklärungspflicht begrenzt Annahme einer ~ 244 III S. 2 Var. 2 18 +, 20 +
- Beurteilung der Zeugenqualität bleibt Befragung in der Hauptverhandlung vorbehalten 244 III S. 2 Var. 2 1 +, 6 +
- Beweisanträge müssen sinnentsprechend erschöpft werden 244 III S. 2 Var. 2 16 +
- Erwägung des „Sich-nichts-Versprechens" von der Beweisaufnahme begründet keine ~ 244 III S. 2 Var. 2 11 +
- Erwartung fehlender Bestätigung der Tatsache begründet keine ~ 244 III S. 2 Var. 2 2 +
- Fahrprobe zum Beweis der Fahrtüchtigkeit bei Blutalkoholkonzentration von 1,5‰ bedeutungslos 244 III S. 2 Var. 2 5 –
- Hinweispflicht des Gerichts bei beabsichtigter Abweichung von verkündeter ~ 244 III S. 2 Var. 2 14 +
- Indiztatsachen und Bedeutungslosigkeit 244 III S. 2 Var. 2 2 –
- Indiztatsachen zur Glaubwürdigkeit von Zeugen nicht bedeutungslos 244 III S. 2 Var. 2 23 +
- Pflicht zur Angabe zugrundeliegender tatsächlicher Umstände bei tatrichterlichen Schlußfolgerungen 244 III S. 2 Var. 2 13 +, 17 +, 22 +
- Präsente Beweismittel nicht abzulehnen aufgrund einer ~ 245 4 +, 7 +
- Rechtskraft früherer Strafurteilsfeststellungen begründet bei Beweisanträgen zu deren Widerlegung keine ~ 244 III S. 2 Var. 2 7 +
- Stimmenvergleichsgutachten bei Eingeständnis der Sprechereigenschaft u.U. bedeutungslos 244 III S. 2 Var. 2 1 –
- vermutliche Auskunftsverweigerung begründet keine ~ 244 III S. 2 Var. 2 1 +
- Zeugenbeweis zum Nachweis erheblichen Alkoholgenusses mangels eindeutiger Feststellungen nicht bedeutungslos 244 III S. 2 Var. 2 21 +

Befangenheit, Besorgnis der ~ (s. auch Richterablehnung) 22 1 –, 2 –, 3 –; 23 1 –, 2 –, 3 –; 24 1 +, 1 –, 3 –, 5 –; 30 1 +; 261 31 +; 338 Nr. 3; GVG 45 3 –; GVG 169 4 –
- Ablehnung beantragter kommissarischer Vernehmung eines Auslandszeugen wegen fehlender Gewinnbarkeit persönlichen Eindrucks nur vorbehaltloser Anordnung der Vernehmung begründet Besorgnis der ~ 338 Nr. 3 19 +
- Ankündigung nachteiliger Folgen wegen gestellter Beweisanträge begründet Besorgnis der ~ 338 Nr. 3 14 +
- Auskunftsverweigerung zum Inhalt eines außerhalb der Hauptverhandlung geführten längeren Verfahrensgesprächs mit dem Sitzungsstaatsanwalt begründet Besorgnis der ~ 338 Nr. 3 18 +
- Ausschluß abgelehnter Richter für Entscheidung über vom Angeklagten vorgetragene neue Tatsachen nach Verwerfung eines Ablehnungsantrags wegen ~ 24 5 –; 338 Nr. 3 27 +
- Äußerung „Jetzt sind Sie dran. Ich glaube, Sie können jetzt die Hosen ‚runterlassen'" vor Abschluß der Beweisaufnahme begründet Besorgnis der ~ 338 Nr. 3 21 +
- Äußerung einer Rechtsmeinung begründet i.d.R. keine Besorgnis der ~ 338 Nr. 3 4 –
- Befangenheitsanzeige eines Richters erfordert förmliche Entscheidung vor Verhandlungsfortführung durch Vertreter 338 Nr. 1 22 +
- Befangenheitsanzeige eines Richters unterliegt Pflicht zur Kenntnisgabe an die Verfahrensbeteiligten zwecks Gewährung rechtlichen Gehörs 30 1 +
- Bezeichnung der Verfahrenslage des (Mit-)Angeklagten als „sehr schlimm und eindeutig" begründet für diesen und u.U. für Mitangeklagte Besorgnis der ~ 338 Nr. 3 15 +

4539

[Befangenheit]
- ~ eines Richters kein Grund für Ungültigkeit der Schöffenauslosung GVG 45 3 –
- ~ eines Sachverständigen s. Sachverständigenablehnung
- Einwirkung zur Rücknahme eines für nicht ablehnungsfähig erachteten Beweisantrages begründet Besorgnis der ~ 338 Nr. 3 17 +
- Entscheidung des Oberlandesgerichts nicht anfechtbar 338 Nr. 3 9 –
- Entscheidung nach individuell-objektivem Maßstab vom Standpunkt eines vernünftigen (verständigen/besonnenen) Angeklagten geboten 74 9 +; 338 Nr. 3 2 +, 4 +, 9 +, 10 +, 13 +, 14 +, 16 +, 21 +, 24 +, 29 +, 1 –, 8 –, 12 –
- Entscheidung über Ablehnungsgesuch mit vorschriftswidriger Gerichtsbesetzung allein führt nicht zur Begründetheit einer Befangenheitsrüge 338 Nr. 3 11 –, 13 –
- Erlaß eines Haftbefehls gegen bisher auf freiem Fuß befindliche Angeklagte mit den Worten „Das haben Sie nun davon" unter Verweis auf angeblichen Willen des Haftbefehlsaufhebung beantragenden Verteidigers eines inhaftierten Mitangeklagten begründet Besorgnis der ~ 338 Nr. 3 2 +
- Fehlerhafte Rechtsanwendung rechtfertigt grundsätzlich noch keine Besorgnis der ~ 23 1 –
- Formmangel der Zurückweisung eines Ablehnungsgesuchs allein führt nicht zur Begründetheit einer Befangenheitsrüge 338 Nr. 3 10 –
- Frage nach „dringend erforderlicher" Therapie der Geschädigten an nicht geständigen Mißbrauchsangeklagten begründet Besorgnis der ~ 338 Nr. 3 4 +
- Fragerechtsbeschneidung durch Verweisung des schweigenden Angeklagten auf Möglichkeit indirekter Befragung des Zeugen durch Verteidiger begründet Besorgnis der ~ 338 Nr. 3 16 +
- Gespanntes Verhältnis zwischen Vorsitzendem und Verteidigerin begründet für sich genommen keine Besorgnis der ~ 338 Nr. 3 6 –
- Geständniskenntnis der Schöffen nach infolge Verständigungsdissenses beschlossener Unverwertbarkeit begründet nicht die Besorgnis ihrer ~ 338 Nr. 3 2 –
- Hinweis auf strafschärfende Auswirkung fehlender Unrechtseinsicht an nicht geständigen Angeklagten begründet Besorgnis der ~ 24 1 +; 338 Nr. 3 1 –
- Kenntnis eines Berufsrichters von Vorgängen vorangegangener Verfahren begründet keine Besorgnis der ~ 338 Nr. 3 8 –, 12 –
- Kontaktaufnahme des Richters außerhalb der Hauptverhandlung zu Verfahrensbeteiligten zwecks Förderung des Verfahrens begründet keine Besorgnis der ~ 338 Nr. 3 5 –; GVG 169 4 –
- Kritik an Verteidiger wegen zulässiger Frage nach Sacherörterung mit Zeugen außerhalb der Hauptverhandlung begründet Besorgnis der ~ 338 Nr. 3 5 +
- Mißbilligung des Kontaktes zu Mitangeklagten begründet u.U. die Besorgnis der ~ 338 Nr. 3 7 +
- Mitgliedschaft eines wirtschaftlich und dem Ruf nach nicht selbst geschädigten Schöffen in 450 Personen umfassender Mitgliederversammlung einer durch die angeklagte Tat geschädigten juristischen Person nichtpersonalen Charakters begründet für den Angeklagten keine Besorgnis der ~ 338 Nr. 3 1 –
- Nachdrückliche Ermahnung an Wahrheitspflicht während der Vernehmung (nur) in den Grenzen gebotener Unvoreingenommenheit zulässig 57 1 –; 338 Nr. 3 19 +, 29 +
- Notwendige Feststellungen über Beteiligung des Angeklagten in abgetrenntem Verfahren gegen frühere Mitangeklagte rechtfertigen keine Besorgnis der 24 6 –
- Pflichtverteidigerentbindung aus sachfremden Erwägungen begründet Besorgnis der ~ 338 Nr. 3 12 +, 13 +
- Pressemitteilungen eines Richters begründen u.U. die Besorgnis der ~ 338 Nr. 3 28 +
- Rechtsbehelf der Gegenvorstellung gestattet keine Richterablehnung wegen Besorgnis der ~ 24 1 –; 25 2 –
- Rechtsgespräch als solches begründet keine Besorgnis der ~ GVG 169 4 –
- Richterliche Anregung an Staatsanwaltschaft zur Antragstellung auf Verwerfung der Revision kann Grundlage sein für Rüge einer ~ 24 2 –
- Rüge der ~ aller Richter aus Sicht des Angeklagten wegen Mitwirkung an einer dem Ablehnungsgesuch zugrundeliegenden Entscheidung ist zulässig 338 Nr. 3 25 –
- Rüge der ~ aufgrund von Unmutsäußerungen erfordert geschlossene konkrete Darlegung des Verhandlungsverlaufs und -inhalts bis zu deren Zeitpunkt 344 2 –
- Rüge unzulässiger Antragsablehnung erfordert geschlossene Wortlautmitteilung dienstlicher Äußerung über behauptete Besorgnis der ~ 24 4 –
- Sachliche Gerechtfertigkeit des Ablehnungsgrundes entscheidend für Besorgnis der ~ 338 Nr. 3 25 +, 7 –, 11 –, 13 –, 16 –
- Sachliche Gerechtfertigkeit des Ablehnungsgrundes nicht feststellungsbedürftig für Urteilsaufhebung wegen Annahme eines bedingten Revisionsgrundes und nicht auszuschließenden Beruhens des Urteils auf dem Fehler 338 Nr. 3 25 +, 10 –
- Schöffenäußerung über angeblich bereits äußerlich sichtbare Strafbarkeit begründet Besorgnis der ~ 338 Nr. 3 9 +
- Staatsanwalt unterliegt keiner Regelung der StPO wegen ~ 22 1 –, 2 –, 3 –

- Strafantrag gegen Angeklagten in Unterbrechung eines Befangenheitsantrages begründet u.U. Besorgnis der ~ 338 Nr. 3 6 +
- Strafmaßzusage begründet u.U. Besorgnis der ~ 338 Nr. 3 3 +
- Strafschärfungsankündigung wegen fehlender Unrechtseinsicht gegenüber nichtgeständigem Angeklagten vor Schluß der Beweisaufnahme begründet Besorgnis der ~ 24 1 +; 338 Nr. 3 1 +
- Ungünstige Entscheidung über Nebenklage oder vor Zurückverweisung rechtfertigt allein keine Besorgnis der ~ 23 1 –
- Ungünstige Entscheidung im Vorverfahren oder beim Eröffnungsbeschluß rechtfertigt allein keine Besorgnis der ~ 23 3 –
- Unmutsäußerungen 338 Nr. 3 14 +, 23 +, 3 –
- Unmutsäußerungen drastischer und volkstümlicher Art begründen allein keine Besorgnis der ~ 338 Nr. 3 3 –
- Vermutungen anstelle von Tatsachen begründen keine Besorgnis der ~ 24 3 –; 261 31 +
- Verständigung im Strafverfahren bedarf keiner Verbindlichkeit zur Annahme einer Besorgnis der ~ 338 Nr. 3 8 +
- Verständigung im Strafverfahren und ~ 24 3 –; 338 Nr. 3 3 +, 8 +, 11 +, 17 +, 18 +, 5 –
- Verständigung im Strafverfahren unter Umgehung von Verfahrensbeteiligten begründet u.U. Besorgnis der ~ 338 Nr. 3 8 +, 11 +
- Verständigung mit Mitangeklagtem 24 3 –
- Verstöße gegen fundamentale Grundsätze des geltenden Strafverfahrensrechts begründen die Besorgnis der ~ 338 Nr. 3 16 +
- Vier-Augen-Verfahrensgespräch von längerer Dauer mit nur einem von mehreren inhaftierten Angeklagten in dessen Zelle begründet für die anderen Besorgnis der ~ 338 Nr. 3 22 +
- Vorbefassung eines Berufsrichters mit anderen Verfahren gleichen Inhalts begründet keine ~ 338 Nr. 3 8 –, 12 –
- Vorbefassung zum Nachteil des Angeklagten rechtfertigt allein noch keine Besorgnis der ~ 23 1 –, 2 –, 3 –
- Vorwurf der Funktion eines vierten Verteidigers an Sitzungsvertreter der Staatsanwaltschaft begründet Besorgnis der ~ 338 Nr. 3 23 +
- Werturteile unzulässiger und dem Angeklagten abträglicher Art in den Urteilsgründen begründet für erneute Hauptverhandlung nach Zurückverweisung Besorgnis der ~ 338 Nr. 3 24 +
- Würdelose Ausdrucksweise gegenüber Zeugen begründet u.U. die Besorgnis der ~ 338 Nr. 3 19 +
- Zeugenbeeinflussung gegen beabsichtigte Ausübung eines Zeugnisverweigerungsrechts begründet Besorgnis der ~ 338 Nr. 3 29 +

Befangenheitsrüge 22 1 –, 2 –, 3 –; 23 1 –, 2 –, 3 –; 24 1 +, 1 –, 3 –, 5 –; 30 1 +; 261 31 +; 338 Nr. 3; GVG 45 3 –; GVG 169 4 –
- Revisionsgericht prüft angefochtene Begründung eines Ablehnungsbeschlusses nach Beschwerdegrundsätzen 338 Nr. 3 4 +, 29 +, 1 –, 7 –, 10 –, 13 –, 16 –
- ~ wegen Unmutsäußerungen erfordert geschlossene konkrete Darlegung des Verhandlungsverlaufs und -inhalts bis zu deren Zeitpunkt 344 2 –

Befundtatsachen eines Sachverständigengutachtens und Abgrenzung von Zusatztatsachen 250 9 –; 261 191 +
- Einführung von ~ in die Hauptverhandlung 261 5 +, 121 +, 191 +
- Vom Sachverständigen zur Erstattung des Gutachtens selbst erhobene ~ sind nach sachverständiger Beurteilung durch den Sachverständigen verwertbar 250 13 –

Begehungsweise, Abweichende Beurteilung gegenüber zugelassener Anklageschrift gebietet Hinweis des Gerichts 265 5 +, 9 +, 11 +, 31 +, 37 +, 41 +, 42 +, 54 +, 18 –, 20 –

Begründung 34
- Ablehnung von Beweisanträgen bedarf über Nennung von Paragraph oder Gesetzeswortlaut hinausgehende ~ 244 III S. 2 Var. 2 4 +; 244 III S. 2 Var. 5 1 +; 244 III S. 2 Var. 6 1 +
- Ablehnung von Beweisanträgen wegen Bedeutungslosigkeit der Beweistatsache erfordert Angabe hierfür maßgeblicher Umstände schon im Ablehnungsbeschluß 244 III S. 2 Var. 2 17 +, 19 +, 22 +
- Ablehnung von Beweisanträgen wegen Bedeutungslosigkeit der Beweistatsache erfordert revisionsgerichtlich nachvollziehbare ~ 244 III S. 2 Var. 2 4 +, 15 +, 22 +
- Bezugnahme auf eigenständige Dokumente bedarf Kenntlichmachung 34 1 –
- Durchsuchungsbeschluß bedarf der ~ 102 1 +
- Eindeutige ~ durch Gesetzeswortlaut zulässig für Öffentlichkeitsausschluß 338 Nr. 6 7 –, 14 –, 19 –, 23 –
- Entfernung des Angeklagten durch Beschluß ohne ~ und infolgedessen verbleibender Zweifelhaftigkeit zugrundeliegender Erwägungen des Gerichts vorschriftswidrig 338 Nr. 5 37 +, 23 –
- Entfernung des Angeklagten unterliegt Pflicht zur ~ 247 7 +, 22 +, 7 –; 274 6 +; 338 Nr. 5 37 +, 23 –
- Formelhafte oder sonst uneindeutige ~ ist revisibel 74 8 +; 241 5 +; 244 III S. 2 Var. 2 4 +; 244 III S. 2 Var. 5 1 +; 244 III S. 2 Var. 6 1 +; 247 7 +; 267 1 +, 44 +; 338 Nr. 3 10 –; 338 Nr. 6 7 –, 14 –, 18 –, 19 –, 23 –; 338 Nr. 8 7 +; GVG 169 4 +; GVG 174 1 +, 2 +, 3 +, 4 +, 5 +, 6 +
- Fragezurückweisung bedarf eines Beschlusses mit nachvollziehbarer ~ 241 1 +, 2 +, 5 +, 6 +, 7 +; 338 Nr. 8 7 +, 1 –

[Begründung]
- Nichtanrechnung von Untersuchungshaft auf Jugendstrafe aus erzieherischen Gründen bei positiver Sozialprognose bedarf eingehender ~ JGG 52a 1 +
- Öffentlichkeitsausschluß erfordert in öffentlicher Sitzung zu verkündenden und ebenso zu begründenden Beschluß 338 Nr. 6 1 +, 2 +, 3 +, 4 +, 6 +, 7 +, 10 +, 11 +, 12 +, 16 +, 19 +, 26 +, 27 +, 1 –, 7 –, 11 –, 14 –, 19 –, 23 –; GVG 174 1 +, 2 +, 3 +, 4 +, 5 +, 6 +, 7 +, 1 –, 2 –, 3 –
- Richterablehnung unzulässig mit völlig ungeeigneter ~ 26a 1 –, 2 –
- Vereidigungsabsehen bedarf auch im Privatklageverfahren der ~ 62 1 +
- Vereidigungsabsehen wegen unwesentlicher Bedeutung der Aussage auch unter Eid bedarf entsprechender aus dem Beschluß ersichtlicher ~ 61 5 +
- Vereidigungsanordnung bedarf keiner ~ 34 2 –; 60 21 –
- Vereidigungsverbotsannahme wegen Beteiligungsverdachts gebietet erkennbare Darlegung der Art des Verhältnisses des Zeugen zu der den Verdacht begründenden Tat im Nichtvereidigungsbeschluß 60 26 +
- Vereidigungsverbotsbedingter Nichtvereidigungsbeschluß durch Bezeichnung eines tragenden Grundes ausreichend begründet 60 21 –
- Verhinderungsvermerk ohne ~ gestattet Revisionsgericht Nachprüfung der Verhinderung auch in tatsächlicher Hinsicht im Freibeweisverfahren 338 Nr. 7 8 +, 18 +, 1 –
- Verlesung von Niederschriften erfordert Angabe den Verlesungsgrund rechtfertigender Tatsachen im Beschluß 251 3 +, 8 +, 11 +
- Wiedereinsetzung unzulässig zur Begründungsergänzung bereits erhobener Verfahrensrüge 44 7 –, 8 –, 12 –

Behinderung, eines Verfahrensbeteiligten durch motorische Schreibbeeinträchtigung kann nach pflichtgemäßem Ermessen des Gerichts durch Tonbandaufnahmen in der Hauptverhandlung begegnet werden 338 Nr. 8 4 –
- Hilfsperson zur Verständigung des Gerichts mit einem hörbehinderten Zeugen kann aufgrund der Aufklärungspflicht heranzuziehen sein GVG 186 1 –
- Stummer Angeklagter gestattet auch andere Arten der Verständigung als schriftliche oder durch Dolmetscher GVG 186 2 –

Behördengutachten, Begriff 251 8 +
- Ermittlungsvorgänge aus Anlaß des Verfahrens nicht verlesbar als ~ 256 2 +, 2 –, 3 –
- Inhaltliche Mitteilung anstelle Verlesung von ~ ist nach Maßgabe der Aufklärungspflicht zulässig 256 4 –
- Krankenhausärztliches Gutachten bei Erstattung im Auftrag des Chefarztes und eigener Liquidation kein ~ 256 4 +
- Polizeilicher Bericht/Vermerk aus Anlaß des Verfahrens nicht verlesbar als ~ 256 2 +, 2 –, 3 –
- Verlesung von ~ trotz gegebener Voraussetzungen des § 256 StPO unzulässig bei durch Aufklärungspflicht gebotener persönlicher Anhörung des Gutachters 256 3 +, 4 –

Behördenzeugnis, Verlesung unzulässig für die Grundlagen der Sachentscheidung im anhängigen Verfahren 256 2 –

Beiakten, verfahrensfremde (Spuren-)Akten außerhalb der vom Gericht ohnehin hinzugezogenen ~ sind nicht umfaßt vom Recht auf Akteneinsicht 338 Nr. 8 5 –

Beihilfe, Mittäterschaft nicht erkennbar durch Hinweis auf mögliche Verurteilung wegen ~ 265 29 +
- Verurteilung wegen ~ in Abweichung von angeklagter/eröffneter Mittäterschaft nur zulässig nach Hinweis des Gerichts 265 40 +, 15 –

Beistand, des Ehegatten 149 1 +, 1 –, 2 –
- Entfernung des ~es für Dauer einer Vernehmung unter den Voraussetzungen des § 247 S. 1 StPO zulässig 149 1 –
- Rüge unzulässiger Entfernung durch den Vorsitzenden erfordert Beanstandung in der Hauptverhandlung (obiter dictum) 149 1 –
- Sofortige Zulassung des ~es trotz Zeugeneigenschaft geboten 149 1 +
- Überwachungsfreiheit von Gesprächen mit inhaftiertem Angeklagten kann der ~ im Unterschied zum Verteidiger vor Schluß der Beweisaufnahme nicht verlangen 149 2 –

Beistandsrecht des Verletzten ist nicht Rechtsgrundlage für Hinzuziehung einer Hilfsperson zur Verständigung mit hörbehindertem Zeugen GVG 186 1 –

Bekanntgabe, Beweismitteleingang zu den Akten während der Hauptverhandlung auch ohne Veranlassung des Gerichts 147 2 +; MRK 6 2 –

Bekennerschreiben, an die Presse mit dem Ziel der Veröffentlichung an die Strafverfolgungsbehörden unterliegen keinem Beschlagnahmeverbot 94 1 –

Belehrung, des Beschuldigten s. Beschuldigtenbelehrung; Aussageverweigerungsrecht
- ~ des Zeugen s. Zeugenbelehrung

Benachrichtigungspflicht vor richterlichem Vernehmungstermin 168c
- ~ vor Vernehmung im Wege der Rechtshilfe richtet sich nach dem Recht des ersuchten Staates 251 2 –
- Jugendgerichtshilfe im Jugendgerichtsverfahren unterliegt der ~ JGG 38 3 –
- Rüge der Verletzung der ~ bei kommissarischer Vernehmung erfordert Widerspruch in der Hauptverhandlung gegen Verwertung des

Beweisergebnisses 96 7 +; 168c 4 –, 5 –; 224 2 –; 251 26 –
- Vernehmung im Wege ersuchter Rechtshilfe erfordert Verlangen des Gerichts nach rechtzeitiger Unterrichtung über Zeit und Ort ihrer Erledigung 251 9 +
- Verstoß gegen ~ bezüglich des Nebenklägers führt nicht zwangsläufig zur Aufhebung des Urteils 406g 1 –
- Verstoß gegen die ~ zu kommissarischer Vernehmung begründet nach Widerspruch gegen Verwertung in der Hauptverhandlung ein Verwertungsverbot 224 2 –; 251 9 +, 22 +, 28 +, 33 +, 34 +
- Vorhalt (s. dort) aus Niederschrift kommissarischer Vernehmung zulässig trotz Verstoßes gegen die ~ 251 4 –
- Vorhalt (s. dort) aus richterlicher Vernehmungsniederschrift zulässig trotz Verstoßes gegen die ~ 168c 3 –

Berufsgerichtsverfahren, Abwesenheitsverhandlung im Anwaltsgerichtsverfahren steht privatärztliches Attest über Verhandlungsunfähigkeit bei Fehlen jeglicher Angaben über Art und Dauer der Krankheit und Unterlassen möglichen unverzüglichen Vortrags hierzu nicht entgegen BRAO 134 1 –
- Anwaltsgerichtliche Maßnahmen gemäß § 114 BRAO unterliegen keiner Hinweispflicht des Gerichts 207 5 –
- Bindung des Anwaltsgerichts an Urteilsfeststellungen in Straf- oder Bußgeldverfahren BRAO 118 1 +, 2 +, 1 –
- Einheitliche Sachverhaltsbeurteilung auch eines sich aus mehreren Anschuldigungspunkten zusammensetzenden Sachverhalts im ~ 207 3 +; BRAO 113 1 +, 2 +, 1 –
- Kostentragungspflicht im ~ BRAO 113 1 –
- Rechtsmittelbeschränkung auf abgesonderter rechtlicher Betrachtung und Entscheidung zugänglichen Teil des Urteils auch im ~ zulässig BRAO 113 2 +
- Strafbefehlsrechtskraft bewirkt keine Bindung des Anwaltsgerichts an getroffene Tatfeststellungen BRAO 118 1 +
- Teileinstellung und Verbot des Teilfreispruchs einheitlicher Berufspflichtverletzung 207 3 +
- Teilfreispruch unzulässig im ~ 207 3 +; BRAO 113 1 +, 2 +, 1 –

Berufsverbot, Anordnung nur zulässig nach Hinweis des Gerichts 265 55 +

Berufung, Abwesenheitsverhandlung über staatsanwaltschaftliche ~ nach unentschuldigtem Ausbleiben des Angeklagten unabhängig von zu erwartender Strafhöhe zulässig 329 4 –
- ~ des Nebenklägers wegen unrichtiger Anwendung zur Nebenklage berechtigenden Gesetzes rechtfertigt auch Prüfung und Anwendung nicht zur Nebenklage berechtigender Gesetze 358 3 –
- Jugendgerichtsverfahren gestattet fristgerechte Revisionseinlegung nach Rücknahme zulässig eingelegter ~ JGG 55 1 +
- Jugendgerichtsverfahren verbietet Revisionseinlegung nach nichterscheinensbedingter Verwerfung zulässiger ~ JGG 55 1 +
- Nachtragsanklage unzulässig in der ~ 266 3 +
- Rechtsmittelbefugnis s. dort
- Revision gestattet im Zweifel bis zum Ablauf der Revisionsbegründungsfrist Übergang zur ~ 312 1 +, 2 +
- Rücknahme nach begonnener Berufungsverhandlung nicht ohne Zustimmung des Gegners möglich 303 1 +
- Rücknahme nach Verschmelzung mit erstinstanzlichem Verfahren nicht möglich 260 10 +; 302 4 +
- Rügegebot für genügende Entschuldigung des Ausbleibens eines Angeklagten zur Berufungsverhandlung gegen Verwerfung der ~ 329 5 +
- Übergang zur Sprungrevision innerhalb der Revisionsbegründungsfrist zulässig 335 1 +
- Übergangserklärung zur Sprungrevision nach gewählter ~ und Revisionsbegründung sind anzubringen beim Gericht der angefochtenen Entscheidung 345 6 –
- Überleitung in erstinstanzliches Verfahren gebietet Wahrung erstinstanzlicher Verfahrensvorschriften 328 1 +; 331 1 +
- Überleitung in erstinstanzliches Verfahren unzulässig bei lediglich in Betracht kommender (Gesamt-)Freiheitsstrafe von nicht mehr als 3 Jahren 237 1 +; 328 1 +; 338 Nr. 4 3 +
- Überleitungs-„Beschluß" zu erstinstanzlicher Verhandlung ist nur deklaratorischer Natur 6 1 –; 328 1 +
- Verschlechterungsverbot bindet Berufungsgericht bei Strafmaßberufung der Staatsanwaltschaft an Strafgewalt des erstinstanzlichen Gerichts 331 1 +
- Verschmelzung erstinstanzlich bei großer Strafkammer anhängigen Verfahrens zulässig mit bei kleiner Strafkammer des Gerichts anhängiger ~ 4 2 –
- Verschmelzung der ~ mit erstinstanzlichem Verfahren gebietet erstinstanzliche Verhandlung 4 4 +
- Verwerfung erfordert Zulässigkeit der ~ 329 1 +
- Verwerfung ohne vorherige Prüfung der Verfahrensvoraussetzungen unzulässig bei erhobener allgemeiner Sachrüge 329 1 +
- Verwerfung wegen unentschuldigten Ausbleibens des Angeklagten zur Berufungsverhandlung 329
- Verwerfung wegen unentschuldigten Ausbleibens des Angeklagten zu erneuter Berufungsverhandlung nach Zurückverweisung vor Verhandlung zur Sache zulässig 329 2 –
- Verwerfung wegen unentschuldigten Ausbleibens des Angeklagten nach (infolge Zu-

[Berufung]
rückweisung erneuter) Verhandlung zur Sache unzulässig 329 3 +, 2 –
– Verwerfung wegen unentschuldigten Ausbleibens des Angeklagten erfordert nur bei entsprechender Rüge vorherige besondere Prüfung genügender Entschuldigung 329 5 +
– Verwerfung wegen vorsätzlicher und schuldhafter Verhandlungsunfähigkeit des Angeklagten zulässig 329 3 –
Berufungsbeschränkung, auf (Einbeziehung) nur vermeintlich selbständige(r) Tat unbeachtlich 331 1 –
– ~ auf abgesonderter rechtlicher Betrachtung und Entscheidung zugänglichen Teil des Urteils auch im anwaltsgerichtlichen Verfahren zulässig BRAO 113 2 +
– ~ auf Strafausspruch unbeachtlich für von Amts wegen zu prüfende sachliche Zuständigkeit 328 1 +
Berufungseinlegung, fernmündliche zu Protokoll der Geschäftsstelle nicht zulässig 314 1 +
– Schriftform der ~ wird durch Telegramm gewahrt 314 2 +
Berufungsgericht, Bezugnahme auf Tatfeststellungen des erstinstanzlichen Urteils (nur) im Umfang ihrer Rechtskraft zulässig 267 2 +, 11 –
– Erstinstanzlich zuständiges ~ darf bei erkannter erstinstanzlicher Unzuständigkeit des Amtsgerichts ohne Verweisung zu erstinstanzlicher Verhandlung übergehen 6 1 –; 328 1 +
– Strafgewalt des ~s entspricht der des erstinstanzlichen Gerichts 331 1 +
– Verweisungsurteil ist revisibel 328 2 +
– Zurückverweisung zulässig bei fehlerhafter Verwerfung des Einspruchs gegen einen Strafbefehl 328 2 –
Berufungsurteil, Bewertung als erstinstanzliches Urteil nur bei Wahrung erstinstanzlicher Verfahrensvorschriften möglich 328 1 +; 331 1 +
Bescheidung von Beweisanträgen 244 II 24 +; Vor 244 III–VI 8 +; 244 III S. 2 Var. 6 2 –; 244 VI; 261 31 +
– Ablehnungsbeschluß hat urteilsbindende Wirkung 244 III S. 2 Var. 2 3 +, 4 +, 8 +, 9 +, 10 +, 12 +, 14 +, 3 –; 244 III S. 2 Var. 3 2 +; 244 V S. 2 1 +
– Anträge zu fortwirkenden Tatsachen nach §§ 154, 154a StPO eingestellter Taten unterliegen dem Gebot der ~ 244 VI 1 +; 261 28 –
– Aufgabe des gesamten Spruchkörpers 244 VI 2 +
– Ausdrückliche Verkündung einer Entscheidung geboten 244 VI 7 +
– Befugnis des Richters zur ~ bleibt erhalten im Falle seiner Benennung als Zeuge 244 VI 7 –

– Beruhen des Urteils auf fehlerhafter Antragsablehnung u.U. nur bei näherer Konkretisierung unterlassener „weitere[r] Beweisanträge" festzustellen 261 20 –
– Beweisanträge nach Urteilsberatung vor Urteilsverkündung unterliegen Pflicht zur ~ 246 2 +
– Entbehrlichkeit der ~ nach schlüssiger Erklärung mangelnder Aufrechterhaltung 244 VI 8 +, 3 –, 6 –; 261 31 +
– Fehlerhafte Ablehnung bei Nichtberuhen des Urteils unschädlich Vor 244 III–VI 16 –; 244 III S. 2 Var. 4 3 –
– Heilung fehlerhafter ~ durch Nachschieben von Ablehnungsgründen im tatrichterlichen Urteil nicht möglich 244 II 24 +; 244 V S. 1 3 +
– Hilfsbeweisanträge für den Fall eines bestimmten Urteilsspruches können im Urteil beschieden werden 244 VI 1 –, 2 –, 4 –, 6 –
– Hilfsbeweisanträge sind bei unmißverständlichem Bestehen auf Bekanntgabe der Entscheidung vor dem Urteil durch Gerichtsbeschluß in der Hauptverhandlung zu bescheiden 244 VI 3 +, 4 –
– Hinweis-/Antragspflicht der Verteidigung bei erkanntem Mißverständnis des Gerichts 244 VI 5 –
– Hinweispflicht des Gerichts bei erkanntem Mißverständnis der Verteidigung 244 V S. 1 1 +
– Mehrheit von Beweismitteln und Beweisbehauptungen erfordert jeweils einzelne ~ 244 VI 6 +
– Protokollvermerk über einverständlichen Schluß der Beweisaufnahme begründet keinen Verzicht auf ~ 244 VI 5 +
– Prüfung durch Kollegialgericht darf nicht im Sitzungssaal erfolgen vor der ~ Vor 244 III–VI 8 +
– Rüge der Nichtbescheidung oder Zurückweisung von Anträgen des Ermittlungsverfahrens erfordert deren Wiederholung in der Hauptverhandlung 74 1 –
– Rüge fehlerhafter Ablehnung erfordert Mitteilung des Beweisantrages und des Ablehnungsbeschlusses sowie die dessen Fehlerhaftigkeit ergebenden Tatsachen 244 VI 10 +; 244 III S. 2 Var. 6 6 –; 344 4 –
– Rüge fehlerhafter Behandlung des Beweisbegehrens Mitangeklagter bei Betroffenheit in eigenen Verteidigungsinteressen zulässig 244 VI 6 –
– Sachwidrige Einengung der Beweisbehauptung ist revisibel 244 II 1 –; 244 III S. 2 Var. 3 2 +; 244 III S. 2 Var. 7 5 +, 6 +, 7 +, 8 +; 244 IV 12 +; 244 VI 4 +
– Schlüssige Rücknahme des Beweiserhebungsbeschlusses gebietet Antragswiederholung 244 3 –, 6 –
– Strengbeweisgebot für schuldspruch- und doppelrelevante Beweistatsachen 244 VI 9 +

Sachverzeichnis

- Unterlassene ~ trotz Zusicherung späterer Bescheidung in der Hauptverhandlung bei schlüssiger Erklärung ihrer Erledigung unschädlich 219 1 –
- Verfehlung des Beweisthemas bei ~ ist revisibel 244 VI 4 +
- Verzicht auf ~ vorbehaltlich mangelnder Aufrechterhaltung ausgeschlossen 244 VI 8 +, 3 –, 6 –; 261 31 +
- Zeugenvernehmung als Verfahrensabschnitt umfasst keine Stellung im ~ 247 28 +

Beschlagnahme, Briefe und Sendungen im Einziehungsverfahren gegen Nichtbeschuldigte unterliegen nicht der ~ 99 1 +
- Führerscheinbeschlagnahme nach Trunkenheitsfahrt wegen „Gefahr im Verzug" bei Gefahr weiterer Trunkenheitsfahrt zulässig 94 3 –
- Gegenstände werden durch ~ noch nicht zu präsenten Beweismitteln 245 5 –
- Unzulässige ~ begründet kein Verfahrenshindernis 260 14 –
- Wegfall vorausgesetzten Teilnahmeverdachts berührt nicht Verwertbarkeit nach zulässiger ~ 97 3 –

Beschlagnahmeverbot, ärztlicher Karteikarten auch bei Praxisnachfolger 97 2 +
- ~ ärztlicher Unterlagen gilt auch für Mitteilungen des Beschuldigten 53 2 –
- Beschlagnahmeverbot, Begünstigungsverdacht beseitigt 97 4 –
- Briefe und Sendungen im Einziehungsverfahren gegen Nichtbeschuldigte unterliegen ~ 99 1 +
- Gegenstände im Gewahrsam Zeugnisverweigerungsberechtigter ohne bestehenden Teilnahmeverdacht unterliegen ~ 52 17 +
- Gleichberechtigter Mitgewahrsam von Tatverdächtigen beseitigt ~ 97 5 –
- Presseadressierte Bekennerschreiben mit dem Ziel der Veröffentlichung an die Strafverfolgungsbehörden unterliegen keinem ~ 94 1 –
- Pressematerialien aus eigener Recherche unterliegen keinem ~ 94 2 –
- Rüge des Verstoßes gegen ein ~ muß Ausführungen zum Nichtvorliegen der Voraussetzungen für einen Fortfall der Beschlagnahmefreiheit wegen Deliktsbezogenheit nach § 97 Abs. 2 Satz 3 StPO enthalten 344 6 –
- Verteidigerunterlagen unterliegen ~ 97 1 +, 1 –
- Verwertung beschlagnahmter Beweismittel eines Zeugnisverweigerungsberechtigten bedarf seiner Zustimmung nach entsprechender Belehrung 52 17 +; 97 2 –
- Verwertungsverbot ohne qualifizierten Teilnahmeverdacht beschlagnahmter Verteidigerunterlagen 97 1 –
- Verzichtbarkeit (nur) durch freiwillige Herausgabe nach Belehrung über Verwertungsverbot 52 17 +
- Wegfall des ~s im Falle der Zustimmung des zur Entbindung von der Schweigepflicht Berechtigten 97 2 –
- Wegfall des Teilnahmeverdachts berührt nicht Verwertbarkeit im Wege zulässiger Beschlagnahme gewonnener Beweismittel 97 3 –

Beschleunigungsgebot, Einstellung des Verfahrens bei willkürlichem und schwerwiegendem Verstoß gegen das ~ 260 8 +; MRK 6 7 +
- Mangelnde Ermittlung und Berücksichtigung verfahrensverzögernder Sachbehandlung rügefähig durch Aufklärungsrüge MRK 6 12 +
- Maß der Kompensation für überlange Verfahrensdauer bestimmt neuer Tatrichter ohne Bindung an frühere Strafzumessungserwägungen MRK 6 4 –
- Revisionsgericht prüft Verletzung grundsätzlich nur aufgrund entsprechender Verfahrensrüge MRK 6 5 –, 6 –
- Rüge einer Verletzung des ~s erfordert Darlegung der dem Verstoß zugrundeliegenden Tatsachen MRK 6 6 –, 7 –
- Überlange Verfahrensdauer nur in außergewöhnlichen Sonderfällen als Verfahrenshindernis von Amts wegen zu berücksichtigen MRK 6 2 +, 11 –, 12 –, 13 –
- Unverschuldete Verletzung des ~s ist besonderer Strafmilderungsgrund MRK 6 5 +, 6 +, 10 +, 13 +, 14 +, 12 –, 13 –
- Verfahrensverlängerung durch Urteilsaufhebung und Zurückverweisung verletzt regelmäßig nicht das ~ MRK 6 3 –
- Verletzung des ~s gebietet ausdrückliche Feststellung des Gerichts von Art und Ausmaß der Verzögerung und Erörterung ihrer Kompensation durch Vergleich an sich verwirkter mit tatsächlich verhängter Strafe im Urteil MRK 6 5 +, 6 +, 10 +, 13 +
- Verletzung des ~s rechtfertigt keine Verwarnung mit Strafvorbehalt jenseits ihrer Voraussetzungen MRK 6 15 +
- Verstoß gegen das ~ nach Urteilserlaß ist vom Revisionsgericht von Amts wegen zu berücksichtigen MRK 6 9 +

Beschluß, Aufhebung wegen Verletzung rechtlichen Gehörs erstreckt sich auf alle weiteren auf dem Beschluß beruhenden Entscheidungen unabhängig von weiteren Grundrechtsverstößen 308 5 +
- Bezeichnung des ~es als Urteil mangels Instanzbeendung aufgrund Entscheidungsinhalt und -gründen unmaßgeblich 260 12 +

Beschränkung der Strafverfolgung auf Erwachsenenstraftaten bei angeklagten Heranwachsendenstraftaten wahrt sachliche Zuständigkeit des allgemeinen Strafgerichts 338 Nr. 4 5 –, 7 –
- „Einstellung" eines bloßen Tatteils vor der Anklage durch Staatsanwaltschaft hindert nicht seine spätere Wiedereinbeziehung durch das Gericht 154a 2 –, 3 –

4545

[Beschränkung der Strafverfolgung]
- Strafklageverbrauch durch rechtskräftige gerichtliche Sachentscheidung erstreckt sich auf ausgeschiedene Tatteile 154a 4 –
- Wiedereinbeziehung nach ~ s. dort

Beschränkung der Verteidigung, Ablehnung von Beweisanträgen (als rechtsmißbräuchlich) ohne inhaltliche Prüfung begründet unzulässige ~ 338 Nr. 8 10 +
- Akteneinsicht bei bislang fehlender Gewährung trotz rechtzeitigen Bemühens begründet bei Ablehnung ihretwegen beantragter Unterbrechung der Hauptverhandlung unzulässige ~ 338 Nr. 8 8 +
- Akteneinsicht in Spurenakten 338 Nr. 8 9 +, 5 –
- Aussetzungsverweigerung bei begründetem Verteidigerwechsel und schwieriger Beweislage begründet unzulässige ~ 145 1 +, 1 –; 265 3 +, 44 +, 49 +, 4 –, 17 –; 338 Nr. 8 1 +, 3 +, 4 +, 5 +, 7 +, 8 +, 6 –
- Beweisantragsrechtsmißbrauch durch den Angeklagten gestattet Verweisung des Angeklagten auf Beweisantragstellung durch seinen Verteidiger 338 Nr. 8 3 –
- Fernseh-/Rundfunk-/Film-Tonaufnahmen des dennoch gehaltenen Schlußvortrages des Verteidigers nur relativer Revisionsgrund 338 Nr. 8 7 –
- Fragezurückweisung durch Beschluß ohne nachvollziehbare Begründung bewirkt unzulässige ~ 241 1 +, 2 +, 5 +, 6 +, 7 +; 338 Nr. 8 7 +, 1 –
- Fragezurückweisung zur Unehre gereichender Fragen trotz Unerläßlichkeit zur Glaubwürdigkeitsbeurteilung begründet unzulässige ~ 68a 1 +, 2 –; 338 Nr. 8 6 +, 1 –
- Geheimhaltung der Personalien eines unter seinem richtigen Namen geladenen Zeugen begründet unzulässige ~ 338 Nr. 8 11 +
- ~ in einem wesentlichen Punkt setzt Beruhen des Urteils auf der ~ voraus 338 Nr. 8 5 –
- Pflichtverteidigerentpflichtung zur Unzeit begründet unzulässige ~ 338 Nr. 8 13 +
- Rüge unzulässiger ~ **338 Nr. 8**
- Rüge unzulässiger ~ durch Verbot schriftlicher Aufzeichnungen in einfachen Fällen erfordert Beanstandung in der Hauptverhandlung 338 Nr. 8 8 –
- Rüge unzulässiger ~ erfordert Tatsachenvortrag zum Beruhen des Urteils auf der ~ 338 Nr. 8 5 –
- Rüge unzulässiger ~ wegen Nichtzulassens weiterer Fragen an einen Zeugen erfordert Beanstandung in der Hauptverhandlung 338 Nr. 8 2 –
- Tonbandaufnahmen einer Zeugenaussage zur Begegnung der Behinderung eines Verfahrensbeteiligten durch motorische Schreibbeeinträchtigung stehen im pflichtgemäßen Ermessen des Gerichts 338 Nr. 8 4 –
- Unterbrechungsdauer der Hauptverhandlung bei Verteidigerwechsel liegt im pflichtgemäßen Ermessen des Gerichts 338 Nr. 8 6 –
- Verbot schriftlicher Aufzeichnungen in einfachen Fällen nur nach Beanstandung in der Hauptverhandlung revisibel 338 Nr. 8 8 –
- Vertrauensanwalt als Verteidiger ist Gebot fairen Verfahrens 140 4 –; 142 1 +, 2 +; 338 Nr. 8 1 +, 2 +; MRK 6 4 +
- Zeugeneigenschaft des Verteidigers gestattet nicht seinen Ausschluß von weiterer Tätigkeit als Verteidiger im Verfahren 338 Nr. 8 12 +

Beschuldigtenbelehrung 136
- Beanstandungsgebot bei Verstoß gegen Pflicht zur ~ 136 6 –, 8 –, 9 –
- Fähigkeit zum Verständnis der ~ 136 1 +
- ~ im Ausland 136 10 –
- Ordnungsgemäßheit einer ~ ist im Freibeweisverfahren zu klären 136 3 –
- Rüge der Verletzung des Rechts zur Verteidigerkonsultation erfordert Darlegung der Umstände des Zustandekommens der Aussagebereitschaft 136 2 –
- Rüge unzulässiger Aussageverwertung unter Verstoß gegen das Belehrungsgebot erfordert Angabe von Inhalt und Umständen der Verwertung 136 9 –
- Rüge unzulässiger Aussageverwertung unter Verstoß gegen das Belehrungsgebot erfordert Widerspruch in der Hauptverhandlung gegen Verwertung und Zeitangabe seiner Erhebung 136 4 –, 6 –
- Übergang von Zeugenvernehmung zur Beschuldigtenvernehmung im Ermessen der Strafverfolgungsbehörden 136 11 –
- Unaufklärbare Zweifel über Ordnungsgemäßheit einer ~ führen zur Verwertbarkeit der Aussage 136 3 –
- Unterbleiben der ~ begründet Verwertungsverbot 136 3 +
- Unterbliebene ~ begründet bei Kenntnis der Aussagefreiheit kein Verwertungsverbot 136 1 –
- Verwertbarkeit der Aussage nicht abhängig von ihrer Protokollierung 136 7 –
- Verwertbarkeit der nach Äußerung des Wunsches nach einem Verteidiger ohne diesen gemachten Angaben 136 5 –
- Verwertbarkeit eines der Belehrung unprovoziert vorangegangenen Spontangeständnisses 136 12 –
- Verwertbarkeit eines vor nachgeholter Belehrung abgelegten Geständnisses im Falle seiner Wiederholung 136 6 +
- Verwertungsverbot nach Widerspruch wegen geistig bedingten Unverständnisses der ~ 136 8 –

Beschuldigter, Begriff i.S.d. § 52 StPO 52 11 –
- Gerichtssprache nicht mächtiger ~ hat Anspruch auf unentgeltliche Dolmetscherzuziehung auch für vorbereitende Verteidigerge-

spräche außerhalb notwendiger Verteidigung MRK 6 1 –
– Schriftverkehrsüberwachung bei Inhaftierung unterliegt ausschließlich der Aufsicht des Richters 74 9 +
– Verhalten nach der Tat s. Nachtatverhalten
– Verteidigungsunterlagen unterliegen Beschlagnahmeverbot 97 1 +, 1 –

Beschuldigung, Mitteilung der Einleitung eines Steuerstrafverfahrens muß für verjährungsunterbrechende Wirkung den Beschuldigten über zugrundeliegende Tatsachen „ins Bild" setzen AO 397 1 +

Beschwerde, Mitteilung staatsanwaltschaftlicher Beschwerde an Angeklagten zur Gegenerklärung vor ihm nachteiliger Entscheidung des Beschwerdegerichts geboten durch Anspruch auf rechtliches Gehör 308 3 +

Beschwerdegericht, Entscheidung gestattet keine dem Angeklagten nachteilige Zugrundelegung ihm nicht mitgeteilter Tatsachen und Beweisergebnisse 308 4 +
– Entscheidungsänderung zum Nachteil des Angeklagten gebietet vorherige Mitteilung an diesen zur Gegenerklärung 308 3 +

Besetzungseinwand, Darlegungspflicht für Vorschriftswidrigkeit ergebende Tatsachen beinhaltet Mitteilung eines (zugestellten) Überlastungsvermerks sowie der dienstlichen Äußerung des Vorsitzenden und der Stellungnahme des Präsidiums 338 Nr. 1 4 –, 6 –
– Form des ~s 338 Nr. 1 4 –, 6 –
– Nichterhebung des ~s wegen Einräumung unangemessen kurzen Prüfungszeitraums kein Verzicht 222a 1 +
– Rüge reduzierter Besetzung großer Strafkammer unter Verstoß gegen § 76 II GVG nur zulässig nach Antrag auf Unterbrechung der Hauptverhandlung zur Besetzungsprüfung oder erhobenem ~ 338 Nr. 1 2 –, 3 –
– Verhinderung eines Richters darf auch noch festgestellt werden nach erhobenem ~ 338 Nr. 1 23 –
– Zeitpunkt der Erhebung des ~s in der Hauptverhandlung mitteilungspflichtig für Besetzungsrüge 222b 3 –

Besetzungsrüge, Präklusion durch Unterlassen von Besetzungseinwand und Unterbrechungsverlangen zur Besetzungsprüfung vor Einlassung des Angeklagten 222a 1 –; 222b 2 –; 338 Nr. 1 17 –, 18 –
– Präklusion der ~ erfordert objektive Erkennbarkeit des Besetzungsfehlers 222b 2 –
– Präklusion der ~ ist verfassungsgemäß 338 Nr. 1 17 –, 18 –
– Rügezulässigkeit der ~ erfordert Darlegung die Vorschriftswidrigkeit begründender Tatsachen einschließlich Mitteilung eines (zugestellten) Überlastungsvermerks sowie der dienstlichen Äußerung des Vorsitzenden und der Stellungnahme des Präsidiums 338 Nr. 1 4 –, 6 –, 33 –, 36 –
– Rügezulässigkeit der ~ erfordert Mitteilung des Zeitpunkts der Erhebung des Besetzungseinwands in der Hauptverhandlung 222b 3 –
– Wiedereinsetzung wegen unzureichender Akteneinsicht zur Erhebung einer ~ unbegründet bei fehlendem Bemühen um Einsicht in Geschäftsverteilungsplan und Akten des Präsidiums 44 6 –

Besondere Bedeutung des Falles, einzelfallunabhängige Überantwortung ganzer Deliktsgruppen (z.B. Sexualstraftaten bestreitender Täter an Kindern) an das Landgericht unzulässig GVG 24 1 –
– Nachprüfungspflicht des Gerichts gem. § 209 I StPO GVG 24 2 –
– Notwendigkeit nochmaliger Vernehmung kindlicher Opfer von Sexualstraftaten bestreitender Täter allein rechtfertigt noch keine ~ GVG 24 1 –
– Revisionsgericht entscheidet über ~ aufgrund der objektiven Tatsachengrundlage zum Zeitpunkt der Eröffnungsentscheidung GVG 24 1 –
– Verfassungskonformität GVG 24 2 –
– Willkürliche Annahme bewirkt Entzug des Gesetzlichen Richters 209 3 –; 338 Nr. 4 10 –, 13 –, 14 –, 15 –; GVG 24 1 +, 1 –; GVG 74 1 +; GVG 120 1 –

Besorgnis der Befangenheit s. dort

Besteuerungsverfahren, Belehrungsunterbleiben entgegen § 393 I 4 AO begründet kein steuerrechtliches Verwertungsverbot AO 393 1 +
– Verwertungsverbot allgemeiner Art für unter Verletzung von Verfahrensvorschriften ermittelte Tatsachen gilt auch nicht im ~ AO 393 1 +
– Zwangsmitteleinsatz i.S.d. § 328 AO zur Erzwingung der Abgabe begangene Steuerstraftaten offenbarender Steuererklärungen ist unzulässig AO 393 2 +, 3 +

Bestreiten des Angeklagten, kein Erfahrungssatz für Teilgeständnis anstelle von pauschalem ~ 261 34 +
– Konstanz einer Zeugenaussage hat in der Regel höheren Beweiswert als die Konstanz bloßer Beschuldigung eines früheren Mitangeklagten bei bloßem ~ 261 6 +
– Später Alibibeweis ist nachteilsfrei zu würdigen nach pauschalem ~ 261 50 +, 145 +

Besuchsrecht, des Untersuchungshäftlings und zulässige Einschränkungen durch Anordnung des Vorsitzenden 149 2 –

Betäubungsmittel, Wirkstoffgehalt und Einführung in die Hauptverhandlung 261 5 +, 121 +
– Technische Meßungenauigkeiten anerkannter amtlich zugelassener Geräte in standardisierten Verfahren gebieten nur bei Veranlassung im Einzelfall Erörterung innerhalb der Urteilsgründe 267 3 –, 6 –

4547

Betreuer, Widerspruch gegen Vernehmung nur bei Aussageverweigerungsrecht des Betreuten beachtlich 247 4 +

Beurlaubung, des Angeklagten 338 Nr. 5 12 –
– ~ ~ unzulässig während Beweisaufnahme im Zusammenhang mit dem Tatvorwurf 231c 2 +
– ~ ~ unzulässig während Entscheidung über Vereidigung eines zuvor in seiner Gegenwart vernommenen Zeugen 231c 1 +
– ~ des notwendigen Verteidigers unzulässig während Schlußvorträgen der Verteidiger der Mitangeklagten 231c 3 +
– ~ des Verteidigers 338 Nr. 5 12 +
– Stillschweigende Verlängerung einer ~ nicht generell ausgeschlossen 231c 1 –

Bewährung, Beschlußverkündung nach § 268a StPO gehört nicht zur Urteilsverkündung 268 3 +
– Fürsorgeerziehung unzulässig neben Jugendstrafe auch im Falle der Aussetzung letzterer zur ~ JGG 27 1 +
– Jugendarrest unzulässig neben Aussetzung der Verhängung von Jugendstrafe zur ~ JGG 8 1 +
– Rechtsmittelbeschränkung hinsichtlich Feststellung besonderer Schuldschwere gemäß § 57a I 1 Nr. 2 StGB zulässig 344 5 –
– Rechtsmittelverzicht unwirksam bei unterlassener Einräumung einer Beratungsmöglichkeit des Angeklagten mit seinem Verteidiger über ausgesprochene unzulässige ~ 302 6 +
– Verurteilung zu lebenslanger anstelle zeitiger Freiheitsstrafe für Heranwachsende nicht zu rechtfertigen mit Möglichkeit späterer Strafaussetzung zur ~ JGG 106 1 +
– Widerruf der Strafaussetzung zur ~ unterliegt nicht den zeitlichen Grenzen des Widerrufs eines Straferlasses 302 1 +

Bewährungshelfer, Notwendige Verteidigung durch ~ unzulässig 338 Nr. 5 34 +

Bewährungsleistungen, Rüge fehlender Erörterung erbrachter ~ bei nachträglicher Gesamtstrafenbildung im Urteil nur zulässig als Aufklärungs-(Verfahrens-)Rüge 344 7 –

Bewährungsstrafe, Befangenheit eines Sachverständigen wegen Äußerung erhoffter Versagung einer ~ 74 6 +
– Rechtskräftige Bewährungsverurteilung durch Vertragsstaat des Schengener Durchführungsübereinkommens bewirkt Strafklageverbrauch 264 4 +

Beweisanregung s. Beweisermittlungsantrag

Beweisantizipation s. Vorauswürdigung des Beweises

Beweisantrag, Ablehnung beantragter kommissarischer Gewinnung persönlichen Eindrucks bedarf Erörterung seiner Verzichtbarkeit in der Beweiswürdigung 223 1 +
– Ablehnung beantragter kommissarischer Vernehmung eines Auslandszeugen wegen fehlender Gewinnbarkeit persönlichen Eindrucks nach vorbehaltloser Anordnung der Vernehmung begründet Besorgnis der Befangenheit 338 Nr. 3 19 +
– Ablehnung beurteilt sich aus Sicht des Revisionsgerichts Vor 244 III–VI 16 –; 244 IV 4 –
– Ablehnung von Beweisanträgen (als rechtsmissbräuchlich) ohne inhaltliche Prüfung begründet unzulässige Beschränkung der Verteidigung 338 Nr. 8 10 +
– Ablehnung vor der Hauptverhandlung 219 1 +, 1 –
– Ablehnung vor der Hauptverhandlung durch Wahrunterstellung nicht gestattet 219 1 +
– Ablehnungsgründe 244 III S. 1 bis 244 V S. 2
– Ankündigung nachteiliger Folgen wegen gestellter Beweisanträge begründet Besorgnis der Befangenheit 338 Nr. 3 14 +
– Antrag zur Verlesung schriftlicher Erklärung des Angeklagten ist kein ~ 244 II 2 –
– Antrag zur Widerlegung einer Sperrerklärung zugrundeliegender Annahmen ist nur bei erkennbarem Willen zu unmittelbarer Beeinflussung der tatsächlichen Grundlagen der Urteilsfindung ein ~ Vor 244 III–VI 13 –
– Antragstellung und Verhandlung hierüber einschließlich Beschlußfassung gestattet keine Entfernung des Angeklagten 248 28 +
– Augenschein s. dort
– Auslandszeuge s. dort
– Auslegungspflicht gemäß Sinn und Zweck 244 III S. 2 Var. 2 16 +; 244 III S. 2 Var. 3 1 +, 2 +; 244 III S. 2 Var. 4 11 +; 244 III S. 2 Var. 7 5 +, 6 +, 7 +, 8 +, 12 +, 14 +, 16 +; 244 VI 4 +
– Begriff und Abgrenzung zum Beweisermittlungsantrag 244 II 4 +, 2 –, 13 –, 15 –; Vor 244 III–VI; 244 III S. 1 2 +, 1 –, 3 –; 244 III S. 2 Var. 1 1 +; 244 III S. 2 Var. 2 13 +; 244 III S. 2 Var. 3 1 +; 244 III S. 2 Var. 4 1 +; 244 III S. 2 Var. 5 4 +, 10 +; 244 III S. 2 Var. 7 2 +
– Beiziehung von „Krankenunterlagen" Vor 244 III–VI 5 –
– Beiziehung von Akten erfordert Vortrag der aufzufindenden Beweistatsache und genaue Bezeichnung der einzelnen Aktenteile 244 II 19 –; Vor 244 III–VI 5 –, 15 –, 17 –; 265 4 –
– Benennung von Arbeitnehmern eines Unternehmens Vor 244 III–VI 11 –
– Bescheidung von Beweisanträgen s. dort
– Beweisziel ohne Nennung des Beweisgegenstandes unzureichend für ~ Vor 244 III–VI 7 –
– Einwirkung zur Rücknahme eines für nicht ablehnungsfähig erachteten Beweisantrages begründet Besorgnis der Befangenheit 338 Nr. 3 17 +
– Erwiesene Beweistatsache s. dort
– Fehlerhafte Ablehnung wird durch Nachschieben von Ablehnungsgründen im tatrichterlichen Urteil nicht geheilt 244 II 24 +; 244 V S. 1 3 +
– Folgen unterlassener Protokollierung 244 VI 11 +

- Individualisierung von Zeugen Vor 244 III–VI 8 +
- Irrtumsfreie Bestätigung der Beweistatsache anzunehmen Vor 244 III–VI 10 +
- Konkretisierung der Beweisbehauptung Vor 244 III–VI 1 +, 2 +, 3 –, 4 –, 7 –; 244 III S. 2 Var. 6 5 –; 244 III S. 2 Var. 7 2 +; 261 72 +
- Konkretisierungsmangel der Beweisbehauptung macht auch Aufklärungsrüge unzulässig Vor 244 III–VI 4 –
- Mißbrauch des ~srechts durch den Angeklagten gestattet Verweisung des Angeklagten auf Beweisantragstellung durch seinen Verteidiger 338 Nr. 8 3 –
- Mißbrauch des ~srechts nicht feststellbar ohne inhaltliche Antragsprüfung 338 Nr. 8 10 +
- Mißbräuchlicher ~ durch Aufrechterhaltung der Benennung eines Richters als Zeugen nach dienstlicher Erklärung fehlender Bekundungsmöglichkeit zur Beweistatsache 244 III S. 1 5 –, 8 –
- ~ nach Urteilsberatung vor Urteilsverkündung muß entgegengenommen werden 246 2 +
- Offenkundige Beweistatsache s. dort
- Protokollierungspflicht für Stellung und Rücknahme eines ~es 244 VI 8 +, 11 +, 6 –
- Prozeßverschleppungsabsicht s. dort
- Prüfung eines ~es durch Kollegialgericht darf nicht im Sitzungssaal erfolgen Vor 244 III–VI 8 +
- Rücknahme eines ~es protokollierungsbedürftig 244 VI 8 +, 6 –
- Rüge der Nichtbescheidung oder Zurückweisung von Anträgen des Ermittlungsverfahrens erfordert deren Wiederholung in der Hauptverhandlung 74 1 –
- Rüge durch Vorsitzenden verweigerter später Entgegennahme erfordert Beanstandung in der Hauptverhandlung 246 2 +, 1 –
- Rüge fehlerhafter Ablehnung erfordert Mitteilung des Beweisantrages und des Ablehnungsbeschlusses sowie der dessen Fehlerhaftigkeit ergebenden Tatsachen 244 VI 10 +; 244 III S. 2 Var. 6 6 –; 344 4 –
- Rüge fehlerhafter Behandlung des Antrags eines Mitangeklagten bei Betroffenheit des Angeklagten in eigenen Verteidigungsinteressen zulässig 244 VI 6 –
- Rüge fehlerhafter Behandlung eines den Angeklagten mitentlastenden Beweisbegehrens Mitangeklagter zulässig 244 VI 6 –
- Sachverständigengutachten s. dort
- „Scheinbeweisantrag" Vor 244 III–VI 8 –
- Schlagwortartiges oder in Wertung zusammengefaßtes Beweisbegehren gebietet Hinwirkung des Gerichts auf Darlegung und Substantiierung zugrundeliegender Tatsachen durch Befragung des Antragstellers Vor 244 III–VI 6 –

- Später ~ und Pflicht zur Entgegennahme 238 5 –; 246 1 +, 2 +
- Steuerstrafverfahren gestattet keine Ablehnung eines ~es auf Einholung einer Auskunft des Finanzamtes ohne Prüfung einer Auskunftsberechtigung gemäß § 30 IV AO AO 30 1 +, 2 –
- Terminierungsgefährdung rechtfertigt keine Rücknahme einer Pflichtverteidigerbestellung bei Beharren auf einem ~ 261 31 +
- Unerreichbarkeit des Beweismittels s. dort
- Ungeeignetheit des Beweismittels s. dort
- Unterbrechung der Urteilsverkündung mit Neubeginn verpflichtet zur Entgegennahme von zwischenzeitlichem ~ 246 1 +
- Unterbrechung der Urteilsverkündung zur Entgegennahme von ~ und Beschlußfassung steht im Ermessen des Gerichts 238 5 –
- Unzulässige Beweiserhebung s. dort
- Verfahrensfremde Zwecke führen zu unzulässigem ~ 244 III S. 1 5 –
- Verzicht auf ~ bzw. fehlende Aufrechterhaltung kann schlüssig erklärt werden 244 VI 8 +, 3 –, 6 –; 261 31 +
- Verzicht auf ~ ist protokollierungsbedürftig 244 VI 8 +, 6 –
- Vorauswürdigung des Beweises ist grundsätzlich unzulässig Vor 244 III–VI 10 +; 244 III S. 2 Var. 2 1 +, 6 +, 11 +; 244 III S. 2 Var. 4 2 +; 244 III S. 2 Var. 6 7 +; 244 V S. 1 1 +; 244 V S. 2 1 +, 1 –
- Wahrscheinlichkeitsbehauptung schließt Beweisantrag nicht aus Vor 244 III–VI 14 +
- Wahrunterstellung s. dort
- Weitere Vernehmung eines Zeugen Vor 244 III–VI 6 +, 1 –
- Werturteile zur näheren Konkretisierung einer Tatsachenbehauptung im ~ sind zulässig Vor 244 III–VI 17 +
- Wiederholungsgebot für ~ bei Aufrechterhaltung nach schlüssiger Rücknahme des Beweiserhebungsbeschlusses 244 3 –, 6 –
- Wille zur Beeinflussung der Urteilsfindung ist Voraussetzung für ~ Vor 244 III–VI 13 –
- Zeuge vom Hörensagen (s. auch dort) Vor 244 III–VI 4 +
- Zweifel am Erinnerungsvermögen eines Zeugen machen Antrag zu seiner Vernehmung nicht zum Beweisermittlungsantrag Vor 244 III–VI 12 +

Beweisanzeichen s. Indizien

Beweisaufnahme, Abwesenheit des Angeklagten bei der ~ nicht zu rechtfertigen durch deren nachträgliche Wertung als kommissarische ~ 338 Nr. 5 17 +, 18 +
- Abwesenheit des Sachverständigen bei der ~ und Unterrichtung über deren Ergebnis außerhalb der Hauptverhandlung nach Ermessen des Gerichts zulässig 78 2 –
- Abwesenheitsverhandlung während ~ als wesentlichem Verfahrensteil grundsätzlich nicht gestattet 230 4 +; 231 8 +; 231c 2 +; 338

4549

[Beweisaufnahme]
Nr. 5 2 +, 4 +, 5 +, 8 +, 17 +, 21 +, 23 +, 24 +, 26 +, 30 +, 33 +, 42 +, 16 –
- Aufzeichnungen und Tonbandaufnahmen als Gedächtnisstütze für die Urteilsberatung zulässiges Hilfsmittel bei der ~ 261 45 –, 49 –
- ~ außerhalb des Verfahrens gegen den Angeklagten unterliegt Verwertungsverbot 261 154 +
- Förmliche ~ während Entfernung des Angeklagten ist absoluter Revisionsgrund 247 3 +, 12 +, 17 +, 27 +, 28 +, 29 +, 32 +, 33 +, 37 +; 274 6 +
- Gelegenheit des Angeklagten zu zusammenhängender Äußerung ist einzuräumen vor Eintritt in die ~ 243 3 +
- ~ im Ausland begründet keine Pflicht des Gerichts zur Teilnahme 244 III S. 2 Var. 5 7 –, 10 –
- Öffentlichkeitsausschluß bedarf überzeugender besonderer Begründung für eine Erstreckung auf die ~ 338 Nr. 6 12 –; GVG 169 4 +
- Rechtskräftige Feststellungen unterliegen Verbot erneuter ~ 358 1 +; BRAO 118 1 +, 2 +, 1 –
- Rekonstruktion der ~ ist dem Revisionsgericht grundsätzlich versagt 244 II 7 +, 261 9 –, 12 –, 13 –, 36 –, 41 –
- Unmittelbarkeit der ~ s. Inbegriff der Hauptverhandlung
- ~ vor Vernehmung des Angeklagten zur Sache gegen seinen Widerspruch nicht zulässig 243 8 +, 10 +; 338 Nr. 3 26 +
- Wiedereintritt in die ~ nach letztem Wort gebietet dessen erneute Gewährung 258 7 +, 9 +, 11 +, 12 +, 18 +, 31 +
- Wiedereintritt in die ~ nach Urteilsberatung gebietet deren äußerlich erkennbare erneute Durchführung vor der Urteilsverkündung 260 3 +, 4 +, 1 –, 10 –
- Wiederholte ~ ohne Verfahrensförderung ist keine Fortsetzung der Hauptverhandlung 229 1 +

Beweisbehauptung „angeheitert" unzureichend für Beweisantrag Vor 244 III–VI 10 –
- ~ „auf's Geratewohl" Vor 244 III–VI 2 +, 9 +
- ~ „Belastung zu Unrecht" unzureichend für Beweisantrag Vor 244 III–VI 12 –
- ~ „entlastende Angaben" unzureichend für Beweisantrag Vor 244 III–VI 14 –
- ~ „erheblich angetrunken" ausreichend für Beweisantrag Vor 244 III–VI 17 +
- ~ „haltlose Vermutung" Vor 244 III–VI 9 +
- ~ „in 's Blaue hinein" Vor 244 III–VI 7 +, 2 –; 244 III S. 2 Var. 2 11 +
- ~ „Schwangerschaftspsychose" unzureichend für Beweisantrag Vor 244 III–VI 14 –
- ~ „Strafzumessungstatsachen" ohne weitere Konkretisierung unzureichend für Beweisantrag Vor 244 III–VI 9 –
- ~ „süchtig" unzureichend für Beweisantrag Vor 244 III–VI 10 –
- ~ „Trunksucht i.V.m. Epilepsie z. Zt. der Tat" ausreichend für Beweisantrag 244 III S. 2 Var. 1 1 +
- ~ „unglaubwürdig" unzureichend für Beweisantrag Vor 244 III–VI 10 –
- ~ „verhaltensgestört" unzureichend für Beweisantrag Vor 244 III–VI 10 –
- ~ einer Anwerbung durch polizeiliche Lockspitzel Vor 244 III–VI 11 +; 261 167 +
- ~ einer Personenidentität mit V-Mann Vor 244 III–VI 16 +
- Bedeutungslosigkeit der Beweistatsache s. dort
- Differenzierte Bescheidung erforderlich für jede einzelne in einem Beweisantrag enthaltene ~ 244 VI 6 +
- Ernstgemeinte Tatsachenbehauptung Vor 244 III–VI 7 +
- Falschaussageanweisungen Vor 244 III–VI 1 –
- Grundlagen einer ~ unterliegen keiner Pflicht zur ungefragten Benennung Vor 244 III–VI 15 +
- Konkretisierungsgebot für ~ Vor 244 III–VI 1 +, 2 +, 3 –, 4 –, 7 –; 244 III S. 2 Var. 6 5 –; 244 III S. 2 Var. 7 2 +; 261 72 +
- Negativtatsachen als Gegenstand einer ~ Vor 244 III–VI 3 +; 244 III S. 2 Var. 2 4 +; 244 S. 2 Var. 7 18 +
- Sachwidrige Einengung der ~ durch das Gericht revisibel 244 II 1 –; 244 III S. 2 Var. 3 2 +; 244 III S. 2 Var. 7 5 +, 6 +, 7 +, 8 +; 244 IV 12 +; 244 VI 4 +
- Schlagwortartige oder in Wertung zusammengefaßte ~ gebietet Hinwirkung des Tatrichters auf Darlegung und Substantiierung zugrundeliegender Tatsachen Vor 244 III–VI 6 –
- Schlußfolgerungen gebieten i.d.R. Mitteilung ihrer Tatsachengrundlage für eine Qualifizierung als ~ Vor 244 III–VI 9 +
- Schlußfolgerungen und Werturteile zur näheren Konkretisierung einer Tatsachenbehauptung zulässig Vor 244 III–VI 17 +
- Urlaub als Gegenstand einer ~ Vor 244 III–VI 5 +
- Vermutungen als Gegenstand einer ~ sind zulässig Vor 244 III–VI 9 +, 13 +, 8 –; 244 III S. 2 Var. 7 8 +
- Verwertung einer ~ als Einlassung des Angeklagten ist unzulässig 261 99 +, 6 –
- Wahrscheinlichkeitsbehauptung schließt Beweisantrag nicht aus Vor 244 III–VI 14 +

Beweiserbieten s. Beweisermittlungsantrag
Beweisergebnisse, Beschwerdeentscheidung gestattet keine dem Angeklagten nachteilige Zugrundelegung ihm nicht mitgeteilter ~ 308 4 +
- Niederschrift vorläufiger ~ durch Tatrichter verletzt nicht das Gebot seiner Überzeugungsbildung aus dem Inbegriff der Hauptverhandlung 261 49 –

- Verwertung von ~n ohne Möglichkeit vorheriger Äußerung der Beteiligten verletzt Anspruch auf rechtliches Gehör GG 103 5 +, 6 +

Beweiserhebung, Erklärungsrecht gemäß § 257 II StPO zu Inhalt und Ergebnis einzelner Beweiserhebungen begründet keine Hinweispflicht des Gerichts auf abweichende richterliche Überzeugung 261 12 –
- Förmliche ~ ohne Vermerk im Hauptverhandlungsprotokoll gilt als nicht erfolgt 274 3 +
- Inhalt und Ergebnis der einzelnen ~ bestimmt vorbehaltlich offener Rechtsgespräche die Urteilsberatung 261 12 –
- Mittelbare ~ s. dort
- Unzulässige ~ s. dort
- Unzumutbarkeit nutzloser ~ 244 II 4 –

Beweiserhebungsverbot s. Unzulässige Beweiserhebung

Beweisermittlungsantrag 244 II 2 –, 13 –, 15 –; Vor 244 III–VI 8 –, 9 –, 10 –, 12 –, 13 –, 14 –, 17 –; 244 III S. 1 1 –, 3 –; 244 III S. 2 Var. 7 2 +
- Zweifel am Erinnerungsvermögen eines Zeugen machen Antrag zu seiner Vernehmung nicht zum ~ Vor 244 III–VI 12 +; 244 III S. 2 Var. 4 7 +

Beweiskraft s. Hauptverhandlungsprotokoll; Protokollierungspflicht

Beweislage, Verbotene Vernehmungsmethode des Vortäuschens einer erdrückenden ~ 136a 11 –

Beweislast des Angeklagten ausgeschlossen 261 142 +
- Steuerstrafverfahren gestattet keine Heranziehung der ~regeln der Abgabenordnung als Ersatz für die Bildung der richterlichen Überzeugung durch freie Beweiswürdigung 267 7 +

Beweismittel, anwesende s. Präsente Beweismittel
- Aufklärungspflicht gebietet grundsätzlich Verwendung des sachnächsten der in Betracht kommenden ~ 261 16 –
- Austausch von ~n durch das Gericht 238 4 –; 244 III S. 2 Var. 3 1 –, 2 –
- Austausch von ~n durch das Gericht nur nach Beanstandung in der Hauptverhandlung revisibel 238 4 –
- Bekanntgabepflicht für während der Hauptverhandlung auch ohne Veranlassung des Gerichts zu den Akten gelangende ~ 147 2 +; MRK 6 2 –
- Dienstliche Äußerung ist im Bereich des Strengbeweises unzulässiges ~ 261 22 +
- Differenzierte Bescheidung erforderlich für jedes einzelne in einem Beweisantrag benannte ~ 244 VI 6 +
- Grundsatz der umfassenden Beweiswürdigung gebietet Verwertung aller in die Hauptverhandlung eingeführten ~ 261 178 +, 194 +
- Individualisierung von ~n Vor 244 III–VI 8 +

- Lügendetektor unzulässiges ~ 244 III S. 1 1 –
- Mittelbar erlangte ~ unterliegen Verwertungsverbot außerhalb von Katalogtaten 100a 1 +, 5 +, 6 +, 10 –; G10 7 1 –
- Präsente ~ s. dort
- Rüge mangelnder Erschöpfung bzw. Auswertung von ~n 244 II 16 +, 3 –, 7 –, 8 –, 10 –, 20 –, 21 –, 22 –, 23 –, 26 –, 27 –
- Unerreichbares ~ s. Unerreichbarkeit des Beweismittels
- Unzulässiges ~ s. Unzulässige Beweiserhebung
- Verfälschung von ~n durch einzelne Beteiligte begründet kein Verfahrenshindernis 260 12 –
- Verwertungsverbot und faires Verfahren 261 178 +
- Wahrscheinlichkeitsannahmen des Tatrichters sind nachrangig gegenüber Benutzung verfügbarer ~ 261 95 +, 105 +

Beweistatsachen s. auch Indizien, Indiztatsachen
- Bescheidungspflicht für Anträge zu fortwirkenden ~ von nach §§ 154, 154a StPO eingestellten Taten 244 VI 1 +; 261 28 –
- Erwiesene ~ s. dort
- Geschehensablauf darf nicht angenommen werden im Widerspruch zu als erwiesen erachteten ~ 261 188 +
- Schuldspruch- und doppelrelevante ~ unterliegen dem Strengbeweis 244 VI 9 +
- Ungeeignetheit eines Zeugen nicht zu begründen mit seiner Benennung zu inneren ~ 244 VI 6 –
- Urteilsbindende Wirkung des einen Beweisantrag ablehnenden Beschlusses 244 III S. 2 Var. 2 3 +, 4 +, 8 +, 9 +, 10 +, 12 +, 14 +, 3 –; 244 III S. 2 Var. 3 2 +
- Zweifelsatz unanwendbar für Annahme von als Ursache einer Rechtsfolge zugrundeliegenden ~ 261 188 +, 1–

Beweisvereitelung, Teilweise ~ eines sich einlassenden Angeklagten 261 157 +, 44 –
- Teilweise ~ eines weigerungsberechtigten Zeugen 261 157 +
- Willkürliche ~ durch staatliche Stellen rechtfertigt Verwertungsverbot 251 27 +, 5 –

Beweisverwertungsverbot s. Verwertungsverbot

Beweiswürdigung (s. auch Inbegriff der Hauptverhandlung; Richterliche Überzeugung) 244 III S. 2 Var. 7 1 +, 4 +, 9 +, 1 –; 244 VI 10 +; 261
- Abweichen des Tatrichters vom Ergebnis eines Sachverständigengutachtens 244 II 21 +; 244 III S. 2 Var. 7 3 –; 244 IV 4 +, 11 +, 14 –, 18 –; 261 10 +, 48 +, 78 +, 155 +, 174 +; 267 13 +, 35 +
- Alibi darf nicht durch Behauptung eines Datierungsirrtums eines Belastungszeugen entkräftet werden 261 89 +

4551

[Beweiswürdigung]
- Alibibeweis darf Schweigen des Angeklagten nachteilsfrei nachfolgen 261 150 +
- Alibibeweis des Angeklagten darf pauschalem Bestreiten nachteilsfrei nachfolgen 261 50 +, 145 +
- Alibimißlingen gestattet noch keinen Schluß auf Täterschaft 261 15 +, 62 +, 84 +, 133 +, 145 +, 182 +, 187 +, 32 –
- Allgemeine Anforderungen/Mängel der ~ 261 1 +, 33 +, 35 +, 142 +, 166 +, 5 –, 19 –, 27 –, 34 –
- Angaben anonymer Informanten (s. auch Informant) 261 11 +
- Angaben eines verstorbenen Belastungszeugen 261 89 +
- Angaben mit fraglichem Wahrheitsgehalt unterliegen Prüfungs- und Erörterungspflicht 261 2 +
- Angeklagter unterliegt keiner Pflicht zum Antritt bestimmter Entlastungsbeweise 261 1 +, 62 +
- Anklagevorwurf ist individuell nach Ort, Zeit, Verantwortungsbereich und Begehungsweise aufzuzeigen 261 10 –
- Aufgabe des Tatrichters 261 90 +, 91 +, 92 +, 27 –, 31 –, 32 –, 35 –, 37 –, 48 –, 50 –
- Auseinandersetzung mit allen wesentlichen für und gegen den Angeklagten sprechenden Umständen geboten 261 25 +, 27 +, 48 +, 117 +, 122 +, 131 +, 136 +, 173 +, 182 +
- Auseinandersetzung mit allen wesentlichen zur Beeinflussung des Beweisergebnisses geeigneten Gesichtspunkten erforderlich 261 173 +
- Auskunftsverweigerung des Angeklagten in anderem Strafverfahren gestattet keine ihm nachteilige ~ 261 80 +
- Auskunftsverweigerung eines Polizeibeamten gebietet Erörterung eines Zusammenhangs mit dem Tatvorwurf gegen den Angeklagten 261 156 +
- Auslieferungstat gestattet Verwertung abseits gelegener strafbarer Umstände als Indiz bei der ~ 244 III S. 1 3 +
- Aussage des Verletzten (s. dort) unterliegt detaillierter Wiedergabe- und Würdigungspflicht des ihr in wesentlichen Punkten nicht folgenden Tatrichters 267 17 +
- Aussage gegen Aussage gebietet Gesamtwürdigung aller für und gegen Täterschaft sprechenden Indizien 261 1 +, 18 +, 32 +, 44 +, 46 +, 59 +, 75 +, 86 +, 9 –; 267 18 +, 25 +
- Aussage gegen Aussage gebietet Mitteilung der Aussageentwicklung sowie etwaiger Widersprüche und Übertreibungen 261 93 +, 7 –
- Aussage inhaltlich verfälschende Wiedergabe und Würdigung bei Nachweis durch Hauptverhandlungsprotokoll revisibel 261 76 +, 90 +, 91 +
- Aussageabweichungen des Inhalts einer Zeugenaussage sind darstellungspflichtig im Rahmen der ~ 261 48 +
- Aussageänderung eines Zeugen zum Kerngeschehen begründet Glaubhaftigkeitszweifel 261 34 +
- Aussagebeeinflussung durch Psychotherapie nach der Methode des „begleiteten Wiedererlebens" erörterungsbedürftig 261 32 +
- Aussagebeeinträchtigung durch Korsakow-Syndrom erörterungsbedürftig 267 26 +
- Aussagekonstanz muß revisionsrechtlich überprüfbar dargelegt werden 261 14 +
- Aussagen von Asylbewerbern im Asylverfahren sind in Strafverfahren nach § 92 Abs. 2 Nr. 1 des Ausländergesetzes verwertbar 136 4 +; 261 104 +
- Aussagen von geisteskranken/-schwachen Aussagepersonen für Urteilsfindung nicht unverwertbar 261 53 –
- Aussagen von nicht in der Hauptverhandlung vernommenen Zeugen 261 118 +, 120 +, 146 +, 147 +, 152 +, 159 +, 161 +, 167 +, 47 –, 48 –
- Aussagerücknahme oder Widerlegung (von Teilen) der Aussage des einzigen Belastungszeugen verbietet Begründung einer Verurteilung mit dieser Aussage 261 37 +, 9 –; 267 8 +
- Aussagerücknahme oder Widerlegung (von Teilen) ursprünglicher Belastungsaussagen ist als glaubwürdigkeitsrelevanter Umstand zu erörtern 261 37 +, 45 +, 172 +; 267 8 +, 32 +
- Aussageteile teilweiser Unwahrheit erfordern darstellende und prüfende ~ 261 7 +, 16 +, 37 +, 85 +, 96 +, 98 +, 106 +, 9 –
- Aussageübereinstimmung bei möglicher Identität eines Zeugen mit anonymem Informanten zur Stützung der richterlichen Überzeugung unverwertbar 261 102 +
- Aussageübereinstimmung bezüglich länger zurückliegender Vorgänge 261 73 +
- Aussageverweigernder Mitangeklagter und ~ 261 10 –
- Außerachtlassen naheliegender Fallgestaltungen begründet fehlerhafte ~ 261 129 +, 135 +
- Bedenkzeitbitten des Angeklagten vor Äußerung zu Tatvorwürfen gestattet keinen Schluß auf Teilgeständnis 261 52 +
- Belastungstendenz (sog.) einer Zeugenaussage ist revisionsgerichtlich nachprüfbar darzustellen und zu würdigen 261 172 +
- Beweisantritt zu spätem Zeitpunkt gestattet nur bei Ausräumung unverfänglicher Erklärungsmöglichkeiten dem Angeklagten nachteilige ~ 261 1 +
- Beweisbehauptung nicht verwertbar als Einlassung des Angeklagten 261 99 +, 6 –
- Beweiskraftwegfall des Hauptverhandlungsprotokolls unterstellt Tatsache der freien (revisions-)richterlichen ~ 274 6 +, 1 –, 9 –

- Beweislast obliegt niemals dem Angeklagten 261 142 +
- Beweiswert einer Auskunftsperson beurteilt sich unabhängig von ihrer verfahrensrechtlichen Stellung 261 46 –
- Bezugnahme auf Vernehmungsprotokoll in den Urteilsgründen ohne inhaltliche Wiedergabe unzulässig 267 2 +
- Bindung der ~ an Denkgesetze und gesicherte Erfahrungssätze 261 34 +, 61 +, 166 +, 168 +, 171 +, 188 +, 7 –, 23 –, 36 –, 38 –, 40 +, 50 –
- Blutspurenbeweis erfordert auch Erörterung des Spurenalters 261 15 +
- DNA-Analyse besitzt nur indiziellen Beweiswert 261 79 +, 19 –
- DNA-Analyse ungeeignet zum Ausschluß des Angeklagten als Verursacher einer HIV-Infektion 261 4 –
- Eingestellte/nicht rechtskräftig abgeurteilte Straftaten sind nach Maßgabe der Aufklärungspflicht im Urteil verwertbar 261 28 –
- Einlassung des Angeklagten ist zu erörternder Gegenstand der ~ 261 38 +, 48 +, 165 +
- Einlassungen zweier Angeklagter mit entscheidungserheblichen Widersprüchen und ~ 261 18 +, 86 +
- Einlassungen zweier sich gegenseitig belastender Angeklagter und ~ 261 47 +
- Einverständnis mit der Tat und mangelnde Aufklärung/Würdigung des äußeren Tatgeschehens 261 95 +, 109 +, 122 +, 132 +, 140 +
- Erfahrungssatz eines Polizeibeamten über die Begründetheit seines Anzeigeverhaltens unterliegt freier ~ 261 38 –
- Erfahrungssatz für Anzeigeverhalten von Vergewaltigungsopfern nicht existent 261 7 –
- Erfahrungssatz für Unrichtigkeit in der Hauptverhandlung abgegebener abweichender Einlassung des Angeklagten nicht existent 261 171 +
- Erfahrungssatz für vor dem Einschlafen auftretende Ermüdungssymptome eines gesunden und zuvor ausgeruhten Menschen existent 261 40 –
- Erfahrungssatz für zu erwartendes Teilgeständnis anstelle pauschalen Bestreitens nicht existent 261 34 +
- Erfahrungssatz gegen mögliche Versetzung in zum Tötungsakt führende Wut durch der Wahrheit entsprechende Beleidigung nicht existent 261 171 +
- Erfahrungssätze unanwendbar zur Annahme eines mehrerer möglicher Tatmotive 261 171 +
- Erfahrungssätzliche Anwendung von „Erfahrungssätzen des täglichen Lebens" ohne nachvollziehbare Tatsachengrundlage ist unzulässig 261 81 +
- Erinnerungslücken eines Zeugen gebieten Differenzierung zwischen Wahrnehmungsfähigkeit und Merkfähigkeit 261 172 +

- Erklärungen des Angeklagten bei subjektivem Verteidigungsbezug nicht verwertbar als strafbegründendes tatbestandsrelevantes Verhalten 261 107 +
- Erörterungsmangel in der ~ 154 1 –; 223 1 +; 244 III S. 2 Var. 7 1 +, 4 +, 9 +, 1 –; 261 1 +, 3 +, 10 +, 13 +, 19 +, 24 +, 25 +, 34 +, 37 +, 48 +, 91 +, 117 +, 122 +, 142 +, 173 +, 180 +, 196 +, 17 –
- Faserspurengutachten und ~ 261 57 +, 71 +
- Fehlende ~ ist auf Sachrüge zu beachtender Mangel des Urteils 261 38 +; 267 28 +
- Feststellungen zur Schuld- und Straffrage nicht revisibel 261 41 –
- Freie ~ gestattet mögliche und nicht zwingende Schlußfolgerungen unabhängig von größerer oder überwiegender Wahrscheinlichkeit 261 166 +, 10 –, 27 –, 43 –, 50 +
- Freie ~ unterliegt nur Begrenzung durch Aufklärungspflicht und Beweisverbote des Verfahrensrechts 261 38 –
- Freispruch trotz erheblichen Tatverdachts erfordert Einbeziehung dem Angeklagten nachteiliger Umstände 261 19 +
- Früheres strafbares Verhalten des Angeklagten nur indiziell verwertbar zur Annahme gleichförmiger Serienstraftat 261 105 +
- Gesamtvorsatz bei Serienstraftaten erst nach Anfangszeit der Gewöhnung und Einübung anzunehmen 261 128 +
- Gesamtwürdigung aller für und gegen den Angeklagten sprechenden Umstände auch für Schätzung der Zahl der Taten und des jeweiligen Tatumfangs bei Serienstraftat erforderlich 261 27 +
- Geschlechtsneutralitätsgebot richterlicher Erwägungen in der ~ 261 170 +; 267 13 –
- Geschlechtsverkehr ohne Verletzung des Hymens nicht anzunehmen ohne gesonderte Auseinandersetzung in der ~ 261 196 +
- Geständnis ist im Falle seiner Aufrechterhaltung wegen vorangegangener Aufforderung des Vorsitzenden an unbelehrten Angeklagten zum Kopfnicken/-schütteln bei Verlesung der Anklageschrift unverwertbar in der ~ 247 24 +
- Geständniserklärung in nichtrichterlichem Vernehmungsprotokoll ist bei Schweigen des Angeklagten nur im Wege des Vorhalts gemäß Bestätigung vernommener Vernehmungsperson verwertbar in der ~ 254 4 –
- Geständnisvortäuschung in der Vorstellung nur so erreichbarer Haftverschonung anzunehmen entspricht denkgesetzlich zulässiger ~ 261 5 –
- Glaubhaftigkeit s. dort
- Glaubwürdigkeit(-sgutachten) s. dort
- Haarvergleichsgutachten und ~ 261 82 +
- Hilfsmittel bei der ~ in Form von Mitschriften der Beweisaufnahme als Gedächtnisstütze für die Urteilsberatung zulässig 261 45 –, 49 –

4553

[Beweiswürdigung]
- Hilfsmittel bei der ~ in Form von Tonbandaufnahmen der Beweisaufnahme zur Gedächtnisstütze bei der Urteilsberatung zulässig 261 45 –
- Hinzuziehung eines Verteidigers zu einer Speichelprobe unterliegt Verbot dem Angeklagten nachteiliger ~ 261 20 +
- Hochrechnung früheren strafbaren Verhaltens des Angeklagten als alleiniger Tatnachweis unzulässig 261 105 +
- Indizien und Häufung einzeln erklärbarer Fragwürdigkeiten 261 46 +, 59 +, 63 +, 109 +, 125 +, 132 +, 140 +
- Informant bei indirekter Befragung durch Verhörsperson 96 3 +, 1 –; 261 159 +, 167 +, 47 –, 48 –; MRK 6 9 –, 10 –
- Kraftfahrzeughaltereigenschaft allein unzureichendes Indiz für Täterschaft 261 181 +
- Lichtbild sichergestellter Rauschgiftmenge ist zur Widerlegung diesbezüglicher Urteilsfeststellungen unverwertbar 261 16 –
- Lückenhafte ~ und Ergänzung durch Erwägungen des Revisionsgerichts 261 17 –
- Lückenhaftigkeit der ~ 154 1 –; 223 1 +; 244 III S. 2 Var. 7 1 +, 4 +, 9 +, 1 –; 261 1 +, 3 +, 10 +, 13 +, 19 +, 24 +, 25 +, 34 +, 37 +, 48 +, 91 +, 117 +, 122 +, 142 +, 173 +, 180 +, 196 +, 17 –
- Lügen des Angeklagten kein zuverlässiges Indiz für Täterschaft 261 62 +, 145 +, 151 +
- Mängel der ~ zwingen zur Zurückverweisung bei Aufhebung eines Freispruchs durch das Revisionsgericht 261 92 +
- Mangelnde Erörterung dem Angeklagten nachteiliger Umstände begründet fehlerhafte ~ 261 10 +
- Mangelnde Erörterung der Gründe teilweiser Verfahrenseinstellung bei Beweisbedeutung für Glaubwürdigkeit einziger Belastungszeugin der Anklage revisibel 154 1 –
- Mangelnde Erörterung von Einstellungsgründen nach § 154 Abs. 2 StPO im Urteil begründet u.U. fehlerhafte ~ 154 1 –; 261 37 +, 46 +
- Mangelnde Zugrundelegung für glaubwürdig erachteter Zeugenaussagen im Urteil ist Erörterungsmangel der ~ 261 35 +
- Mehrheit möglicher Tatmotive gebietet genaue Prüfung anstelle einer nur auf allgemeine Erfahrungssätze gestützten Entscheidung 261 171 +
- Mehrheit möglicher Tatmotive und Zweifelssatz 261 4 +
- Mehrheit strafbarer Tatvarianten erfordert notfalls Feststellung nach dem Zweifelssatz 261 19 +, 130 +
- Mehrheit von Angeklagten und Zweifelssatz 261 66 +, 83 +
- Mehrheit von Indizien erfordert Gesamtwürdigung 261 2 +, 24 +, 27 +, 59 +, 109 +, 125 +, 132 +, 139 +, 163 +, 27 –
- Mehrheit von Zwischengliedern in der Beweisführung zwingt zu besonders kritischer ~ 261 147 +
- Mindestanforderungen im Rahmen der Urteilsgründe 261 72 +; 267 28 +
- Nachtatverhalten des/r Geschädigten und fehlerhafte ~ 261 122 +, 123 +
- Nichterweislichkeit einzelner Indiztatsache gebietet Einstellung der aufgrund unanwendbaren Zweifelsatzes entstehenden Ungewissheit in die Gesamtwürdigung 261 1 –
- Niederschrift eines Prozeßbeteiligten über Inhalt und Ergebnis der Beweisaufnahme ist zur Widerlegung diesbezüglicher Urteilsfeststellungen unverwertbar 244 II 14 –; 261 12 –, 13 –, 48 –
- non-liquet bei sich entgegenstehenden Berufungen auf Standesrecht und Dienstpflicht 261 20 –
- Offensichtliche Unglaubhaftigkeit erfordert keine Aussage wider besseres Wissen 62 1 –
- Persönliche Bekanntschaft des Zeugen mit dem Angeklagten begründet keine Unglaubhaftigkeit einer Zeugenaussage 261 151 +
- Phantombild und ~ 244 II 9 +
- Planvolles Handeln begründet keinen Ausschluß der Schuldunfähigkeit 261 155 +
- Prozeßverhalten rechtlicher Zulässigkeit unterliegt Verbot der Verwertung zum Nachteil des Angeklagten 261 1 +, 20 +, 143 +
- Radarfoto und ~ 261 37 –; 267 4 –
- Revisionsgericht nicht befugt zur Ersetzung tatrichterlicher ~ 261 92 +
- Revisionsgerichtliche Auffassung bindet neuen Tatrichter 261 12 +
- Revisionsgerichtliche Befugnisse 261 2 +, 92 +, 142 +, 144 +, 31 –, 35 –, 37 –, 39 –, 41 –, 48 –
- Sachverständigengutachten erfordert zur Verwertung die Nennung und Auseinandersetzung mit dort in Bezug genommenen „neuesten Untersuchungen" bzw. „Erkenntnissen neuerer Forschung" 261 33 +, 61 +
- Sachverständigengutachten gebietet revisionsgerichtlich nachprüfbare Darstellung und kritische Würdigung wissenschaftlicher Methoden von umstrittener/wenig erprobter/ nicht allgemein anerkannter Natur 244 II 6 +; 244 IV 5 +, 3 –; 261 40 +, 61 +; 267 4 +
- Sachverständigengutachten mit ungesicherter Tatsachengrundlage 261 33 +
- Sachverständigengutachten sind zu würdigen unter Bindung an gesicherte wissenschaftliche Erkenntnisse 261 61 +, 202 +, 4 –
- Sachverständigengutachten und Darstellungspflichten im Urteil 244 IV 18 –; 261 44 +, 53 +, 94 +, 174 +, 197 +, 201 +; 267 4 +, 13 +, 15 +, 30 +, 35 +, 37 +, 40 +, 6 –
- Schätzung des Schuldumfangs bei feststehender Serienstraftat 261 27 +, 43 +, 105 +, 18 –; 267 6 +

Sachverzeichnis

- Schluß auf bedingten Tötungsvorsatz erfordert Einbeziehung entgegenstehender Indizien 261 141 +
- Schluß auf bedingten Tötungsvorsatz und doppelte Anwendung des Zweifelssatzes 261 17 –
- Schlußfolgerung aus widersprüchlichem oder teilschweigendem Aussageverhalten erfordert dessen revisionsgerichtlich nachvollziehbare Wiedergabe in der ~ 261 8 –
- Schriftgutachten und ~ 261 168 +
- Schriftstück zur Straftatbegründung erfordert Wiedergabe in der ~ 261 192 +
- Schriftstücke und Revision wegen unzureichender ~ 261 74 +, 76 +, 146 +, 16 –, 37 –
- Schweigen (auch nur anfängliches oder eine mehrerer Taten betreffendes) des Angeklagten darf nicht zu seinem Nachteil verwertet werden 261 17 +, 52 +, 80 +, 99 +, 115 +, 116 +, 124 +, 134 +, 142 +, 145 +, 150 +, 157 +, 158 +, 160 +, 164 +, 186 +, 26 –, 44 –
- Schweigen der Urteilsgründe gestattet noch keinen Schluß auf unterlassene Würdigung von Verhandlungsergebnissen 261 43 –, 48 –; 267 24 –
- Schweigen des Angeklagten zu einer früheren Tat darf nicht zu seinem Nachteil gewürdigt werden 261 157 +
- Selbstbezichtigung des Angeklagten gegenüber dem Ehepartner ist erörterungsbedürftig 261 13 +
- Selbstbezichtigung eines Zeugen zur Erlangung von Vorteilen gemäß § 31 BtMG ist erörterungsbedürftig 261 87 +
- Selbstverstrickter Informant und ~ 261 10 –
- Serienstraftat erfordert u.U. Feststellung der Zahl der Einzelakte und Verteilung des Gesamtschadens nach dem Zweifelssatz 261 27 +, 128 +, 18 –
- Serienstraftat und zulässiges Unterlassen von Einzelaktfeststellungen aus prozeßökonomischen Gründen 261 18 –
- Sexualdelikte erfordern Würdigung der Entstehungsgeschichte insbesondere kindlicher Anschuldigung 244 II 5 +; 244 IV 5 +; 261 14 +, 36 +, 41 +, 42 +, 55 +, 59 +, 65 +, 7 –
- Sexuelle Anschuldigungen und Sorgerechtsverfahren 261 55 +, 58 +
- Sicherstellungsprotokoll über Rauschgiftmenge ist zur Widerlegung diesbezüglicher Urteilsfeststellungen unverwertbar 261 16 –
- Steuerstrafverfahren gestattet keine Heranziehung der Beweislastregeln der Abgabenordnung als Ersatz für die Bildung der richterlichen Überzeugung durch freie Beweiswürdigung 267 7 +
- Stimmenvergleich muß Grundsätzen der Wahlgegenüberstellung entsprechen 261 69 +
- Strangulationsspur und ~ 261 166 +
- Suggestive Einwirkungen auf kindliche Zeugen und ~ 261 46 +, 55 +, 65 +

- Tagebuchaufzeichnungen mit unmittelbarem Bezug zu konkreter schwerer Straftat unterliegen keinem Verwertungsverbot 249 5 +; 261 22 –, 25 –
- Tatfeststellungen (s. auch dort) gestatten Bezugnahme des neuen Tatrichters (nur) im Umfang ihrer Rechtskraft 267 2 +, 11 –; BRAO 118 1 +, 2 +, 1 –
- Tatmotive und ~ 261 4 +, 171 +
- ~ des Tatrichters ist nicht angreifbar im Wege ihrer Ersetzung durch eigene der Revisionsbegründung 261 27 –
- Tatsachengrundlage der ~ muß tragfähig und verstandesmäßig nachvollziehbar sein 261 26 +, 39 +, 49 +, 68 +, 81 +, 100 +, 144 +, 151 +, 177 +, 18 –
- Tatzeitangaben von Belastungszeugen unterliegen dem Zweifelssatz 261 89 +
- Teilgeständnis ist mitzuteilender Gegenstand der ~ 261 38 +
- Telefonüberwachung und Annahme verschlüsselter Bezeichnungen 261 88 +
- Umfassende ~ gebietet Verwertung aller in die Hauptverhandlung eingeführten Beweismittel 261 178 +, 194 +
- Uneidliche Aussage darf nicht als eidliche verwertet werden 59 1 +
- Unwahrheit eines Aussageteils begründet Darstellungs- und Prüfungspflicht 261 7 +, 16 +, 37 +, 50 +, 85 +, 106 +, 9 –
- Urkunde gebietet u.U. Heranziehung eines zugehörigen Schriftstücks zur ~ 261 117 +
- Urteil muß in sich selbst seine Erklärung und vollständige Begründung finden 261 192 +; 267 2 +, 29 +, 38 +
- Urteilsgründe gebieten mehr als bloße Wiedergabe des Ergebnisses der Beweisaufnahme 261 99 +
- Urteilsgründe gestatten keine bloße Aneinanderreihung erhobener Beweise oder Zeugenaussagen ohne Bezug zu den Einzelheiten der ~ 261 25 +; 267 28 +
- Verdeckter Ermittler und Verwertung von Erkenntnissen unter dem Gesichtspunkt des „hypothetischen Ersatzeingriffs" 261 16 –
- Verfassungsbeschwerde nur zulässig gegen willkürliche oder sonst unter Verletzung von Verfassungsrecht vorgenommene ~ 296 3 –
- Verlesene Entlastungsaussage gebietet Erörterung in der ~ 261 97 +
- Vermutungen unzureichende Grundlage einer ~ 261 26 +, 39 +, 60 +, 68 +, 81 +, 100 +, 144 +, 151 +, 177 +, 18 –
- Vernehmungsniederschriften früherer Mitbeschuldigter/-angeklagter unterliegen entsprechender ~ 251 21 –
- Verteidigeräußerung nur bei ausdrücklicher Billigung des Angeklagten/Verteidigers verwertbar als Einlassung des Angeklagten 261 99 +, 6 –

4555

[Beweiswürdigung]
- Verurteilung allein aufgrund von Angaben eines Mitangeklagten nicht ausgeschlossen 261 43 –
- Verurteilung aufgrund einzelner nur teilweise bestätigter Aussage des Verletzten gebietet umfassende Erörterung nicht nachzuweisender Tatvorwürfe 261 50 +
- Verurteilung im Wege des Ausschlusses anderer möglicher Täter erfordert besondere Vorsicht 261 143 +
- Verurteilung kann nicht gestützt werden auf für widerlegt erachtete Behauptungen des Angeklagten 267 16 +
- Verweigerung der Entbindung von der Schweigepflicht darf nicht zum Nachteil des Angeklagten gewürdigt werden 261 20 +, 21 +
- Verwertung früherer Zeugenaussage nach Ablehnung beantragter kommissarischer Gewinnung persönlichen Eindrucks erfordert Erörterung seiner Verzichtbarkeit in der ~ 223 1 +
- Verwertungsverbot s. dort
- Verzicht auf Entlastungsbeweis darf nicht zum Nachteil des Angeklagten gewürdigt werden 261 62 +
- Vorgehaltene Aussagen bei fehlender Bestätigung in der Hauptverhandlung nur nach förmlicher Verlesung verwertbar 253 1 +, 2 +, 3 –; 261 118 +, 120 +, 127 +, 152 +, 184 +, 195 +, 42 –, 48 –
- Vorstrafen nach Tilgungsfristablauf unterliegen Verwertungsverbot auch in der ~ BZRG 51 2 +, 3 +
- Wahlgegenüberstellung und ~ 244 II 9 +; 261 69 +, 169 +, 173 +, 193 +, 14 –
- Wahlgegenüberstellung bei fehlerhafter Durchführung als Einzelgegenüberstellung und ~ 261 69 +, 169 +
- Wahllichtbildvorlage und ~ 244 II 9 +; 261 49 +, 77 +, 173 +, 175 +, 193 +, 14 –
- Wahrunterstellte Tatsachen und Pflicht zur Miterwägung in der ~ 244 III S. 2 Var. 7 1 +, 4 +, 9 +, 1 –; 261 180 +
- Widerlegung bewußt wahrheitswidrigen Entlastungsvorbringens i.d.R. kein zuverlässiges Indiz für Täterschaft 261 62 +, 145 +
- Widerlegung der Einlassung des Angeklagten allein unzureichend für Verurteilung auf Grundlage anderer Sachverhaltsfeststellung 261 133 +; 267 16 +
- Widerlegung der Einlassung des Angeklagten gestattet allein keinen Schluß auf Täterschaft 261 15 +, 51 +, 145 +
- Widerlegung eines Alibis allein unzureichend für Verurteilung 261 133 +, 145 +, 151 +, 32 –; 267 16 +
- Widerlegung eines Alibis gebietet Prüfung bloßer Absicht der Abwendung eines unbegründeten Verdachts 261 153 +
- Widerlegung eines Alibis u.U. Indiz für die Täterschaft 261 30 +
- Widerruf von Sachdarstellungen und Glaubhaftigkeit 261 42 –
- Widersprüchliche ~ 261 7 +, 12 +, 18 +, 34 +, 35 +, 55 +, 58 +, 149 +
- Widersprüchliche ~ bei Teilfreispruch trotz als zweifelsfrei beschriebener Überzeugung von Glaubwürdigkeit eines den Gesamtvorwurf stützenden Belastungszeugen 261 149 +
- Widersprüchliche Beurteilungen mehrerer Sachverständigengutachten und ~ 261 48 +; 267 30 +
- Widersprüchliche Tatsachen führen bei dessen ungeachteter Vereinbarung das Gericht zu unklarer ~ 244 VI 10 +
- Widersprüchliches Aussageverhalten derselben Beweisperson und ~ 244 II 8 +, 9 +, 13 +, 17 +; 253 1 +; 261 58 +, 93 +, 173 +, 175 +, 8 –, 26 –, 42 –
- Wiedererkennen des Angeklagten als Täter und Würdigung von Indizien 261 101 +, 173 +, 175 +, 180 +, 193 +, 14 –, 19 –
- Wiederholtes Wiedererkennen des Angeklagten als Täter und Beweiswert 261 193 +, 14 –
- Wissenschaftliche Methoden von umstrittener/wenig erprobter/nicht allgemein anerkannter Natur sind revisionsgerichtlich nachprüfbar darzustellen und kritisch zu würdigen 244 II 6 +; 244 IV 5 +, 3 –; 261 40 +, 61 +; 267 4 +
- Zeuge vom Hörensagen bedarf besonders sorgfältiger und kritischer ~ 110a 1 +; 261 126 +, 159 +, 167 +, 10 –, 30 –, 31 –, 47 –; MRK 6 9 –
- Zeugenaussage im Ermittlungsverfahren ist bei Zeugnisverweigerung in der Hauptverhandlung und fehlender Erinnerung vernommener Verhörsperson unverwertbar 252 1 +, 10 +, 14 –
- Zeugnisverweigerung darf bei Berechtigung nicht zum Nachteil des Angeklagten gewürdigt werden 244 VI 9 +; 261 13 +, 111 +, 137 +, 138 +, 176 +, 179 +, 183 +, 185 +, 205 +, 2 –, 26 –
- Zweifelssatz anwendbar zwischen Tötungs- und Körperverletzungsvorsatz 261 24 –
- Zweifelssatz ist auf gesamte Beweissituation statt auf einzelne Beweiselemente anzuwenden 261 33 +, 1 –

Bezeichnung, eines Beschlusses als Urteil unmaßgeblich 260 12 +
- ~ eines Urteils als Beschluß unmaßgeblich 260 16 –
- Entscheidungsbezeichnung gestattet Auslegung 260 12 +, 16 –
- Rechtsmittelbezeichnung gestattet Auslegung 260 12 +, 16 –
- Rügebezeichnung gestattet Auslegung 261 74 +

Bezugnahme, auf „neueste Untersuchungen" bzw. „Erkenntnisse neuerer Forschung" eines Sachverständigengutachtens erfordert de-

ren Nennung und Erörterung in der Beweiswürdigung 261 33 +, 61 +
- ~ auf andere (rechtskräftige) Strafgerichtsentscheidungen anstelle selbständiger tatrichterlicher Prüfung des Vorliegens der Tatbestandsmerkmale grundsätzlich unzulässig 244 III S. 2 Var. 2 7 +; 261 192 +; 267 23 +
- ~ auf dem Urteil selbst angeschlossene Anlagen zulässig 267 8 –
- ~ auf Paragraph oder Gesetzeswortlaut genügt bei fehlender Eindeutigkeit nicht den Anforderungen an eine Begründungspflicht 74 8 +; 241 5 +; 244 III S. 2 Var. 2 4 +; 244 III S. 2 Var. 5 1 +; 244 III S. 2 Var. 6 1 +; 247 7 +; 267 1 +, 44 +; 338 Nr. 3 10 –; 338 Nr. 6 7 –, 14 –, 18 –, 19 –, 23 –; 338 Nr. 8 7 +; GVG 169 4 +; GVG 174 1 +, 2 +, 3 +, 4 +, 5 +, 6 +
- ~ auf polizeiliches Vernehmungsprotokoll in richterlicher Vernehmungsniederschrift ohne Wiedergabe zumindest des Kerns der Einlassung des Angeklagten zur Sache begründet Verlesungs- und Verwertungsverbot 254 3 +
- ~ auf Strafzumessungserwägungen eines anderen Urteils ist unzulässig 267 3 +, 9 +, 34 +
- ~ auf Tatfeststellungen durch neuen Tatrichter ist (nur) im Umfang eingetretener Rechtskraft zulässig 267 2 +, 11 –; BRAO 118 1 +, 2 +, 1 –
- ~ auf Tatfeststellungen eines in einem anderen Verfahren ergangenen Urteils ist unzulässig 267 23 +
- ~ auf Vernehmungsprotokoll/-niederschrift in den Urteilsgründen ohne inhaltliche Wiedergabe ist unzulässig 267 2 +
- ~ des Zeugen auf Niederschriften früherer Vernehmungen vor zusammenhängendem Bericht ist revisibel 69 1 +, 2 +, 3 +
- Eindeutige ~ auf Gesetzeswortlaut ausreichend als Begründung für Öffentlichkeitsausschluß 338 Nr. 6 7 –, 14 –, 19 –, 23 –
- Eindeutige ~ auf vorangegangenen Beschluß über Ausschluß der Öffentlichkeit ausreichend als Begründung für Öffentlichkeitsausschluß 338 Nr. 6 18 –; GVG 174 5 +, 6 +

Bindungswirkung, Tatfeststellungen der Urteile in Straf- oder Bußgeldverfahren entfalten ~ für das Anwaltsgerichtsverfahren BRAO 118 1 +, 2 +, 1 –
- Tatfeststellungen entfalten (nur) im Umfang ihrer Rechtskraft ~ für neuen Tatrichter 267 2 +, 11 –; BRAO 118 1 +, 2 +, 1 –
- Tatfeststellungen zur Schuld- und Straffrage entfalten ~ für das Revisionsgericht 261 41 –

Bipolare Störung, Schuldfähigkeitsminderung/-aufhebung wird nahegelegt durch schwere ~ 302 2 +

Blankogeständnis, unzureichende Grundlage für Eröffnungsbeschluß 200 13 +

Blutalkoholkonzentration, technische Meßungenauigkeiten anerkannter amtlich zugelassener Geräte in standardisierten Verfahren gebieten nur bei Veranlassung im Einzelfall Erörterung innerhalb der Urteilsgründe 267 3 –, 6 –
- Urteilsgründe erfordern nur Angabe des Mittelwertes der ~ 267 6 –

Blutgruppenbestimmung 244 IV 9 +; 261 202 +

Bluthochdruck, Verhandlungsunfähigkeit möglich bei Herzerkrankung in Verbindung mit ~ 260 1 +

Blutprobe, eines Ehemannes zur Überprüfung seiner Behauptung der Nichtehelichkeit eines Kindes und Würdigung bei Untersuchungsverweigerung 261 157 +
- Entnahme der ~ durch von Polizei irrtümlich für Arzt gehaltenen Medizinalassistenten führt allein nicht zur Unverwertbarkeit 81a 5 –
- Freiwillige Abgabe einer ~ zur DNA-Analyse schließt Berufung auf Fehlen richterlicher Anordnung aus 81a 2 –
- Vornahme einer DNA-Analyse außerhalb des Bereichs der Erbinformationen verfassungsrechtlich grundsätzlich unbedenklich nach richterlich angeordneter oder freiwillig abgegebener ~ 81a 2 –, 3 –, 4 –

Blutspur, Beweiswürdigung gebietet auch Erörterung des Alters einer ~ 261 15 +
- Identitätsgutachten bei ~ 244 IV 9 +

Botschafter, Bestimmtheit einer Abrede über die Funktion als Sonder-~ GVG 20 1 +
- Einzelabsprache mit dem Empfangsstaat ermöglicht Immunität für Sonder-~ GVG 20 1 +

Brechmittel, Verabreichung nicht grundsätzlich verfassungswidrig 81a 1 –

Brief-, Post- und Fernmeldegeheimnis, Rüge der Verletzung nur zulässig als Verfahrensrüge unter Vortrag der den Mangel begründenden Tatsachen 344 8 –
- Verwertbarkeit mittelbar erlangter Beweise nur bei Katalogtaten G10 7 1 –

Buchungsstreifen, zulässiger Gegenstand des Urkundsbeweises 250 10 –

Bundesgerichtshof, Revisionszuständigkeit bei gerügter Verletzung von Bundesrecht GVG 121 2 +
- ~ überprüft sachliche Zuständigkeit des Oberlandesgerichts von Amts wegen GVG 120 1 –

Bundeszentralregister, Vorstrafen s. dort

Bußgeldverfahren, Aufklärungspflicht und Zweifelsatz gelten uneingeschränkt im ~ 261 168 +
- Einspruchsrücknahme nach Hinweis des Gerichts auf Übergang zum Strafverfahren durch Würdigung der im Bußgeldbescheid bezeichneten Tat als Straftat unzulässig 411 1 –
- Letztes Wort des Angeklagten ist auch einzuräumen im ~ 258 29 +
- Rechtsbeschwerdebegründungsfrist im ~ beginnt mit Zustellung eines Wiedereinsetzungsbeschlusses neu zu laufen 345 5 +

DDR, Ruhen der Verjährung für Todesschüsse an innerdeutscher Grenze zur ehemaligen ~ GG 103 4 –
- Unrechtsbeurteilung nach menschenrechtsfreundlicher Auslegung und Anwendung des Rechts der ehemaligen ~ GG 103 4 –, 5 –
- Todesschüsse von ~-Grenzsoldaten an innerdeutscher Grenze unterliegen keinem Verfahrenshindernis durch die „act of state-doctrine" GG 103 5 –

Denunziant, Offenbarung des Namens eines ~en steht Steuergeheimnis bei Zustimmung des Steuerpflichtigen nicht entgegen und ist zum Schutz dessen allgemeinen Persönlichkeitsrechts u.U. geboten AO 30 1 +, 1 –

Depressive Episoden, Schuldfähigkeitsminderung/-aufhebung wird nahegelegt durch schwere ~ 302 2 +

Detektiv, Festnahme durch Kaufhaus-~ 127 1 +

Dienstliche Äußerung, Befangenheitsantrag gestattet u. U. keine Zurückweisung ohne zuvor eingeholte ~ 261 31 –
- Benennung eines Richters als Zeugen trotz dienstlicher Erklärung fehlender Bekundungsmöglichkeit zur Beweistatsache mißbraucht das Beweisantragsrecht 244 III S. 1 5 –, 8 –
- Revisionsgerichtliche Beweiserhebung mittels Einholung dienstlicher Äußerung zulässig 261 48 –
- Richterliche ~ verwertbar bei Schweigen des Hauptverhandlungsprotokolls 261 184 +; 274 2 –
- Rügezulässigkeit ungerechtfertigter Ablehnung eines Befangenheitsantrages erfordert geschlossene Mitteilung des Wortlauts dienstlicher Äußerung über behauptete Besorgnis der Befangenheit 24 4 –
- ~ ist unzulässiges Beweismittel im Bereich des Strengbeweises 261 22 +
- Urteilsabsetzungsfrist unterliegt revisionsgerichtlicher Feststellung der Fristwahrung anhand richterlichen Vermerks der Einlegung zu den Akten oder durch eingeholte ~ 275 8 –
- ~ einer Urkundsperson des Hauptverhandlungsprotokolls unter Abweichung von dessen Inhalt gestattet dessen freie Beweiswürdigung 338 Nr. 5 41 +

Dienstliches Wissen, über nicht rechtskräftig festgestellte Straftaten ist im Urteil wegen anderer Straftat nach Maßgabe der Aufklärungspflicht verwertbar 261 28 –

Dienstpflicht, Berufung auf ordnungsgemäße Erfüllung unterliegt freier richterlicher Beweiswürdigung 261 38 –
- non-liquet bei entgegenstehenden Berufungen auf Standesrecht und ~ 261 20 –

Dienstzeit einer Behörde, Fristberechnung unabhängig von ~ 43 2 +
- Öffentlichkeitszutritt zu Verhandlung in gerichtsfremdem Gebäude erfordert u.U. besondere Vorkehrungen des Gerichts mit Rücksicht auf eine unterschiedliche ~ 338 Nr. 6 17 +
- Revisionsbegründung zu Protokoll der Geschäftsstelle unterliegt Begrenzung durch personelle Möglichkeiten und ~ 345 3 –

DNA-Analyse, außerhalb des Bereichs der Erbinformationen nach richterlich angeordneter oder freiwillig abgegebener Blutprobe grundsätzlich verfassungsmäßig 81a 2 –, 3 –, 4 –
- Freiwillige Abgabe einer Blutprobe zur ~ schließt Berufung auf Fehlen deren richterlicher Anordnung aus 81a 2 –
- Indizieller Beweiswert der ~ macht Würdigung anderer Beweisumstände nicht überflüssig 261 79 +, 19 –
- Sachverständigengutachten und ~ 244 II 10 +; 244 IV 9 +, 6 –; 261 15 +, 57 +, 71 +, 79 +, 203 +, 4 –, 19 –

Dolmetscher, Anspruch des sprachunkundigen mittellosen Angeklagten auf kostenfreie Zuziehung auch für vorbereitende Gespräche mit seinem Verteidiger 140 1 –
- Anwesenheit des ~s während gesamter Hauptverhandlung bei der Gerichtssprache teilweise mächtigem Angeklagten nicht erforderlich GVG 185 1 +
- Fremdsprachiges außergerichtliches Schriftstück gebietet keine Hinzuziehung von vereidigtem ~ GVG 185 1 –
- Gebärdendolmetscher zur Glaubwürdigkeitsbeurteilung gehörloser erwachsener Zeugen grundsätzlich ausreichend 244 IV 2 –
- Hörbehinderter Zeuge gebietet u.U. Hinzuziehung einer Hilfsperson zur Verständigung mit Gericht GVG 186 1 –
- Mitwirkungsumfang des ~s nach Bestellung liegt bei der Gerichtssprache teilweise mächtigem Angeklagten im Ermessen des Gerichts GVG 185 1 +
- Rüge vorschriftswidriger Abwesenheit notwendigen ~s nur durch davon betroffenen Angeklagten erfolgreich zu erheben 338 Nr. 5 25 –
- Rüge vorschriftswidriger teilweiser Abwesenheit notwendigen ~s erfordert Darlegung der Reichweite der sprachlichen Fertigkeiten des Angeklagten und des Gegenstands des in Rede stehenden Verhandlungsteils 338 Nr. 5 7 –
- Unentgeltliche Zuziehung eines ~s kann ein der Gerichtssprache nicht mächtiger Angeklagter auch für vorbereitende Verteidigergespräche außerhalb notwendiger Verteidigung beanspruchen MRK 6 1 –
- Vereidigung des ~s im allgemeinen für „Übertragungen der betreffenden Art" ist vom Revisionsgericht nachprüfbar im Freibeweisverfahren 254 1 +; 274 7 –; GVG 189 2 –
- Vereidigung des ~s ist protokollierungspflichtig GVG 189 2 +

Sachverzeichnis

- Vereidigung oder Berufung auf geleisteten Eid des ~s ist zwingend geboten 254 1 +; GVG 189 1 +, 3 +
- Vereidigungsgebotsverstoß bezüglich ~ bewirkt Verlesungs- und Verwertungsverbot für richterliche Vernehmungsniederschrift 254 1 +
- Vereidigungsgebotsverstoß führt nicht zum Beruhen des Urteils bei Kontrolle und Nichtbeanstandung der Übersetzung durch Angeklagten und weiteren ~ GVG 189 1 –
- Vereidigungsgebotsverstoß führt nicht zum Beruhen des Urteils im Falle irrtümlicher Annahme erfolgter Vereidigung GVG 189 3 –
- Vereidigungsgebotsverstoß bezüglich ~ ist relativer Revisionsgrund GVG 189 1 –, 2 –, 3 –
- Verlesung der Übersetzung fremdsprachigen Schriftstücks bei Feststellung ihrer Herkunft und Richtigkeit zulässig ohne Zuziehung eines ~s 249 5 –
- Zuhilfenahme eines ~s durch Sachverständigen ist diesem freigestellt 244 IV 5 +

Doppelbestrafung, Verbot der ~ s. Strafklageverbrauch

Doppelrelevante Tatsachen, Alter des Angeklagten ist doppelrelevante Tatsache 244 VI 9 +
- Strengbeweisgebot gilt für ~ 244 VI 9 +; 338 Nr. 4 1 –
- Urteilsaufhebung im Strafausspruch nebst zugehörigen Feststellungen bewirkt Rechtskraft für den Schuldspruch betreffende und ~ 358 2 +
- Verschlechterungsverbot und ~ 358 2 +

Drogenmißbrauch, Erörterungsbedürftigkeit von exzessivem ~ 244 IV 1 +

Druck, Einwirkung auf Entschließungsfreiheit weigerungsberechtigter Zeugen durch Gericht unzulässig 52 7 +, 2 –, 10 –
- Letztes Wort gestattet keine Behinderung durch Androhung eines Wortentzuges für den Fall unwahrer Äußerung 258 32 +
- Verbotene Vernehmungsmethode 136a 6 +, 8 –

Durchsuchung, der Akten des Verteidigers bei Einlaßkontrolle durch willkürfreie Ausübung der Ordnungsgewalt des Vorsitzenden in der Sitzung gerechtfertigt GVG 176 2 –
- ~ der Person des Verteidigers bei Einlaßkontrolle durch willkürfreie Ausübung der Ordnungsgewalt des Vorsitzenden in der Sitzung gerechtfertigt GVG 176 2 –
- ~ der Person prozeßbeteiligter Richter oder Staatsanwälte aus sitzungspolizeilichen Gründen ist abwegig GVG 176 2 –
- ~ durch Steuerfahndung bewirkt bei Rechtswidrigkeit des zugrundeliegenden Beschlusses (erst) nach deren Feststellung durch ordentliches Gericht ein Verwertungsverbot für gewonnene Erkenntnisse im Besteuerungsverfahren AO 393 4 –

Durchsuchungsbeschluß, Begründungserfordernis für ~ 102 1 +
- Tatsächliche Angaben über aufzuklärende Straftat(en) und denkbaren Inhalt zu suchender Beweismittel erforderlich für ~ 94 1 +

Ehe, Zeugnisverweigerungsrecht besteht fort nach Auflösung/Nichtigerklärung der ~ 52 17 –

Eheähnliche Gemeinschaft, Ersatzzustellung an Lebensgefährten(/-in) ist unzulässig 37 2 +

Ehegatte, als Beistand des Angeklagten 149 1+, 1 –, 2 –

Ehrenamtliche Richter (s. auch Schöffen) brauchen Urteil in berufsgerichtlichen Verfahren nach dem Steuerberatungsgesetz wie in Strafsachen nicht zu unterschreiben 275 5 –
- ~ sind erkennbar mit einzubeziehen bei der Urteilsberatung 260 9 +

Ehrengerichtshof s. Anwaltsgerichtshof

Ehrengerichtsverfahren s. Berufsgerichtsverfahren

Eid, Erneute Vernehmung gestattet keine Berufung auf früheren ~ 67 1 +
- Nacheid in bezug auf vorangegangene Aussage gilt im deutschen Strafprozeßrecht 67 1 +
- Voreid im deutschen Strafprozeßrecht abgeschafft 60 3 –; 67 1 +

Eidesverweigerungsrecht, Belehrungspflicht über ~ gebietet gesonderte Belehrung neben derjenigen über ein Zeugnisverweigerungsrecht 63 4 +
- Belehrungspflichtverstoß hinsichtlich ~ kann die Revision begründen 52 1 +; 63 1 +, 2 +, 3 +, 4 +
- Rüge der Nebenklage wegen unterbliebener Belehrung über bestehendes ~ ist zulässig 52 1 +

Eigenmächtiges Fernbleiben, Absicht zum Boykott der Verhandlung nicht erforderlich für ~ 338 Nr. 5 8 –
- Abwesenheitsverhandlung (s. dort) nur gerechtfertigt bei tatsächlich eigenmächtiger Störung des Gangs der Rechtspflege durch Mißachtung der Anwesenheitspflicht des Angeklagten 338 Nr. 5 23 +, 35 +, 38 +, 8 –
- Angst vor drohendem Verlust des Arbeitsplatzes begründet kein ~ 231 10 +, 14 +
- Belehrung über Folgen des Ausbleibens nicht erforderlich für Ladung zum Fortsetzungstermin 231 1 –
- Belehrung unter Vermittlung des Eindrucks freigestellten Erscheinens begründet kein ~ 231 6 +
- Einverständnis des Gerichts mit Ausbleiben oder Entfernung verhindert ~ 231 7 +
- Entfernung des (selbstverschuldet) beschränkt verhandlungsfähigen Angeklagten auf Erklärung des Eintritts seiner Verhandlungsunfähigkeit durch ihn begleitenden Arzt ist nicht eigenmächtig 338 Nr. 5 35 +

4559

[Eigenmächtiges Fernbleiben]
- Feststellung eigenmächtigen Fernbleibens für jeden Termin gesondert erforderlich 231 9 +
- Feststellung ungenügender Entschuldigung durch Tatrichter kann vom Revisionsgericht nicht durch eigene Beweiserhebungen im Freibeweisverfahren ergänzt oder ersetzt werden 329 1 –
- Geh- oder Bewegungsunfähigkeit infolge von Schmerzen begründet kein ~ 338 Nr. 5 23 +
- Haft begründet kein ~ 231 2 +, 3 +, 15 +, 16 +; 338 Nr. 5 30 +
- Irrtum über Fortsetzungstermin begründet bei nachvollziehbarer Darlegung kein ~ 231 1 +, 13 +, 4 –
- Ladungswirksamkeit ist Voraussetzung für ~ 338 Nr. 5 17 +, 6 –
- Letztes Wort ist wiedererschienenem Angeklagten zu gewähren 258 16 +, 24 +
- Nachweis anstelle von Vermutungen des Gerichts erforderlich für ~ 231 12 +, 2 –
- Nachweis für ~ prüft Revisionsgericht selbständig nach eigenem Kenntnisstand im Freibeweisverfahren nach 231 7 +, 2 –; 329 1 –
- Rüge mangelnder Eigenmächtigkeit erfordert entsprechende Substantiierung 231 4 –
- Rügegebot unzutreffender Beurteilung genügender Entschuldigung im Berufungsverfahren 329 5 +
- Selbstmordversuch in zurechnungsfähigem Zustand zur Verhinderung der Weiterführung der Verhandlung begründet ~ 338 Nr. 5 20 –
- Selbstverschuldete Verhandlungsunfähigkeit nach Vernehmung zur Anklage betrifft ~ 231 5 –
- Selbstverschuldete Versetzung in krankhafte seelische Erregung begründet ~ 338 Nr. 5 26 –
- Verschlafen begründet kein ~ 231 4 +, 5 +; 338 Nr. 5 10 +
- Verteidiger verwirkt durch ~ von der Urteilsverkündung Rügerecht diesbezüglicher vorschriftswidriger Abwesenheit 338 Nr. 5 2 –
- Zahnbehandlung ohne Komplikationen vor dem Termin bei gerichtsärztlich festgestellter Verhandlungsfähigkeit kein Grund gegen ~ 231 3 –

Einbeziehung von Straftaten s. Gesamtstrafe; Strafeinbeziehung

Einbeziehung ausgeschiedener Tatteile s. Wiedereinbeziehung

Einbeziehungsbeschluß bei Nachtragsanklage erfordert schlüssige und eindeutige Willenserklärung des Gerichts zur Erstreckung der Hauptverhandlung auf die Nachtragsanklage 266 1 +, 2 +, 1 –
- Nachtragsanklage unterliegt bei fehlendem ~ von Amts wegen zu beachtendem Verfahrenshindernis 266 2 –

Einheitsjugendstrafe JGG 32 1 +, 1 –

Einlaßkontrolle, willkürfreie Ausübung der Ordnungsgewalt des Vorsitzenden in der Sitzung rechtfertigt Durchsuchung der Person und Akten des Verteidigers GVG 176 2 –
- Zutrittsverzögerung zum Sitzungssaal wegen angeordneter ~ gebietet Zuwarten mit Verhandlungsbeginn bis zum Eintreffen rechtzeitig erschienener Zuhörer 338 Nr. 6 5 +, 18 +, 21 –

Einlassung des Angeklagten, abweichende in der Hauptverhandlung unterliegt keinem Erfahrungssatz für Unrichtigkeit 261 171 +
- Aufforderung des Vorsitzenden an Angeklagten zum Kopfnicken/-schütteln bei Verlesung der Anklageschrift vor Belehrung bewirkt Unverwertbarkeit deshalb aufrechterhaltener geständiger ~ 247 24 +
- Aussageverhalten s. auch dort
- Bedenkzeitbitten vor Abgabe einer Einlassung gestattet keinen Schluß auf Teilgeständnis 261 52 +
- Beschränkte ~ auf bestimmten Sachverhalt gestattet u.U. dem Angeklagten nachteilige Würdigung eines Schweigens auf einzelne Fragen 261 157 +, 158 +, 44 –
- Beweisbehauptung nicht verwertbar als ~ 261 99 +, 6 –
- Beweiswürdigung gebietet Erörterung einer ~ 261 38 +, 48 +, 165 +
- Fürmöglichhalten einer Freiheitsstrafe bei Mehrheit möglicher Straftaten bedeutet keine Teil-~ 261 52 +
- Gegenständlichkeit einer ~ in der Hauptverhandlung vom Revisionsgericht freibeweislich ermittelbar 261 184 +
- ~ gegenüber Sachverständigem nach Belehrung ist bei Einführung in die Hauptverhandlung verwertbar 261 22 –, 25 –
- Geständnis s. dort
- Leugnen der Tat gestattet Berücksichtigung zulässiger Schlüsse auf das Maß seiner persönlichen Schuld und seine Gefährlichkeit bei der Strafzumessung 267 23 –
- Leugnen der Tat und dadurch begründete Notwendigkeit einer Vernehmung jugendlicher Zeugen gestattet keine strafschärfende Verwertung 267 51 +
- Nichtberücksichtigung einer (teilweisen) Einlassung begründet fehlerhafte Beweiswürdigung 261 165 +
- Öffentlichkeitsausschluß für Einlassung des Mitangeklagten zur Person bedarf erneuten Beschlusses für eine Weitergeltung auch während der ~ 338 Nr. 6 2 –
- Öffentlichkeitsausschluß für Vernehmung des Angeklagten zur Sache bedarf erneuten Beschlusses für eine Weitergeltung während nachfolgender Zeugenvernehmung 338 Nr. 6 8 +
- Protokollierungspflicht unabhängig von Anlaß und Zeitpunkt für jede ~ 261 23 +; 273 1 +, 2 +; 274 8 –

Sachverzeichnis

- Rekonstruktion des Inhalts der Einlassung in der Hauptverhandlung ist dem Revisionsgericht verwehrt 261 74 +, 76 +, 146 +, 184 +, 41 –
- Richterliche Überzeugung von der ~ anstelle bloßer Unwiderlegtheit erforderlich zur Stützung wesentlicher Tatfeststellungen für eine Verurteilung auf die ~ 261 130 +, 148 +
- Verteidigeräußerung nur bei ausdrücklicher Billigung des Angeklagten/Verteidigers verwertbar als ~ 261 99 +, 6 –
- Verteidigererklärung zur Sache für den Angeklagten in dessen Gegenwart begründet ~ 243 3 –
- Widerlegbare ~ erzeugt Prüfungspflicht des Gerichts 244 II 26 +; 261 163 +
- Widerlegung der ~ allein gestattet keinen Schluß auf Täterschaft 261 15 +, 51 +, 145 +
- Widerlegung der ~ allein unzureichend für Verurteilung auf Grundlage anderer Sachverhaltsfeststellung 261 133 +; 267 16 +
- ~ zur Sache ohne Rüge mangelnder Vorbereitungszeit wirkt als Verzicht auf Einhaltung der Ladungsfrist 217 1 –
- Zurückweisung der ~ erfordert nicht die Feststellung des Gegenteils 261 24 +

Einsatz technischer Mittel 100c; GG 13 1 –, 2 –
- Abhören in JVA-Besuchsraum 100c 1 +
- Global-Positioning-System GPS 100c 1 –
- Heimliche Stimmaufzeichnung außerhalb gesetzlicher Grundlage ohne Einverständnis des/r Dispositionsbefugten unverwertbar 81b 1 +; 244 III S. 1 7 –; 261 110 +
- Längerfristige Observation 100c 2 –; GG 13 2 –

Einspruch, Rücknahme im Bußgeldverfahren nur zulässig bis zum Hinweis des Gerichts auf Übergang zum Strafverfahren durch Würdigung der im Bußgeldbescheid bezeichneten Tat als Straftat 411 1 –
- Verspäteter ~ gebietet bei dennoch durchgeführter Hauptverhandlung und Verurteilung Aufhebung des Urteils durch das Rechtsmittelgericht und Verwerfung des Einspruchs als unzulässig 354 2 –
- ~ vor Zustellung zulässig gegen bereits erlassene Entscheidung 410 2 +

Einspruchsverwerfung, fehlerhafte im Strafbefehlsverfahren gestattet Zurückverweisung des Berufungsgerichts 328 2 –

Einstellung des Verfahrens (s. auch Absehen von der Strafverfolgung; Beschränkung der Strafverfolgung) 153 ff.
- Ablehnung im Schlußvortrag beantragter ~ und folgende Antragserweiterung nach Urteilsberatung gebietet deren äußerlich erkennbare erneute Durchführung 260 13 +
- Anklageschrift führt bei Unwirksamkeit zur ~ im Urteil 200 4 +, 8 +, 9 +
- ~ außerhalb der Hauptverhandlung wegen Verfahrenshindernisses gemäß § 206a StPO gilt auch im Revisionsverfahren und im Rechtsbeschwerdeverfahren nach dem OWiG 357 1 +
- Beschleunigungsgebot führt bei willkürlichem und schwerwiegendem Verstoß zur ~ 260 8 +; MRK 6 7 +
- Beschlußverkündung der ~ nach letztem Wort erfordert nicht dessen erneute Gewährung 258 27 +, 2 –
- Beschwerde gegen Beschluß der ~ nach § 154 II StPO unzulässig 154a 4 –
- ~ durch das Gericht bewirkt Verfahrenshindernis 154 2 +; 206a 6 +
- ~ durch Revisions- bzw. Rechtsbeschwerdegericht wegen Verfahrenshindernisses erstreckt sich auf Mitangeklagte auch bei Entscheidung durch Beschluß 357 1 +
- Erörterungsmangel durch fehlende Mitteilung der Gründe für eine ~ im Falle ihrer Beweisbedeutung für Glaubwürdigkeit einziger Belastungszeugin der Anklage 154 1 –
- Fehlende Überführung des Angeklagten nach Eröffnung des Hauptverfahrens gebietet Freispruch statt ~ 260 17 +, 17 –; 264 5 +
- Gering anzunehmende Schuld aufgrund Verfahrensbelastung und Schadenswiedergutmachung 153 1 +
- Letztes Wort ist nach anschließender Erörterung im Schlußvortrag beantragter Teileinstellung zur Sache erneut zu gewähren 258 18 +
- Letztes Wort ist nach anschließender Verkündung bereits beantragter Teileinstellung nicht erneut zu gewähren 258 2 –, 4 –, 6 –
- Lockspitzeleinsatz begründet kein Verfahrenshindernis 260 11 +, 11 –, 15 –; MRK 6 1 +, 3 +, 8 +
- Mitteilung der Gründe teilweiser ~ im Falle ihrer Beweisbedeutung für Glaubwürdigkeit einziger Belastungszeugin der Anklage geboten 154 1 –
- Öffentlichkeit der Verhandlung geboten bei Vornahme einer ~ GVG 171b 1 –
- Richterausschluß bewirkende Verletzteneigenschaft aufgrund erlittener Straftat wird durch Einstellung des diesbezüglichen Strafverfahrens nicht beseitigt 338 Nr. 2 3 –
- Rüge nicht aus den Urteilsgründen ersichtlicher Verletzung des Verwertungsverbots erfordert Verfahrensrüge unter Vortrag zugrundeliegender Tatsachen 154 2 –
- Sofortige Beschwerde der Staatsanwaltschaft ist Angeklagtem zur Gegenerklärung mitzuteilen vor Entscheidung des Beschwerdegerichts über eine ~ 308 1 +, 3 +
- Sperrwirkung entfaltet eine ~ nur im Falle den Mindesterfordernissen genügender Anklageschrift 154 1 +
- Teilrechtskraft des Urteils hindert nicht auf Verfahrenshindernis gestützte Gesamt-~ 260 18 +

4561

[Einstellung des Verfahrens]
- Ungewöhnlich lange Verfahrensdauer und ~ 153 1 +
- Unzuständigkeitserklärung wegen örtlicher Unzuständigkeit wirkt bei formeller Rechtskraft als ~ 260 15 +
- Verjährung von Taten rechtfertigt bei diesbezüglicher Teil-~ im Revisionsurteil regelmäßig keine Aufhebung der ihnen zugrundeliegenden Tatfeststellungen 353 1 +
- Verjährungsbedingte ~ gestattet mangels Beschwer des Angeklagten keine Revision zum Zwecke seines Freispruchs 260 6 –
- Verwertung von Erkenntnissen aus eingestellten Verfahren zum Nachteil des Angeklagten ist nur nach entsprechendem Hinweis des Gerichts zulässig 154 3 +, 4 +, 5 +, 6 +, 7 +, 9 +, 4 –, 5 –
- Verwertung von vorläufiger ~ betroffenen Handelns für andere abzuurteilende Tat als gesondert strafschärfend ist unzulässig 154 8 +, 5 –
- Verwertungsverbot für ausgeschiedenen Verfahrensstoff bei fehlendem Hinweis des Gerichts kommt im Falle einer ~ nach Schluß der Beweisaufnahme nicht in Betracht 154 4 –
- Vorstrafenverwertungsverbot erstreckt sich nicht auf eingestellte Taten BZRG 49 1 –
- Wiederaufnahme nach ~ erfordert keinen Antrag der Staatsanwaltschaft 154 6 –
- Wiedereinbeziehung nach vorläufiger ~ s. Wiedereinbeziehung
- Zusammentreffen eines nicht nachweisbaren schwereren Vorwurfs mit einem wegen Verfahrenshindernisses nicht verfolgbaren leichteren Vorwurf gebietet ~ 260 5 +
- Zuständigkeitsannahme sachlicher Zuständigkeit aus Willkür rechtfertigt keine ~ 338 Nr. 4 2 –
- Zuständigkeitsstreitigkeiten interner Art nach dem Geschäftsverteilungsplan begründen kein Verfahrenshindernis zur Rechtfertigung vorläufiger ~ 260 12 +
- Zustimmung oder rechtliches Gehör des Nebenklägers zu ~ nach § 153 II StPO nicht erforderlich 400 4 –

Einstweilige Unterbringung, kein Zeugnisverweigerungsrecht des behandelnden Arztes 53 1 –

Einverständnis, Fernseh-/Rundfunk-/Film-Tonaufnahmen der Verhandlung zur Veröffentlichung sind zwingend verboten GVG 169 2 +, 3 +
- Tatbestandsausschließendes ~ und mangelnde Aufklärung/Würdigung des äußeren Tatgeschehens 261 95 +, 109 +, 122 +, 132 +, 140 +

Einwand örtlicher Unzuständigkeit 16 1 +, 1 –, 2 –; 260 15 +
- ~ ist fristgerecht spätestens mit der Erklärung der Aussagebereitschaft in der erstinstanzlichen Hauptverhandlung zu erheben 16 1 –

Einziehung, Kosten bei Freispruch trägt die Staatskasse 467 1 +

Einziehungsbeteiligter, Rechtsmittelbefugnis ist abhängig von förmlicher Beteiligungsanordnung i.S.d. § 431 I 1 StPO 431 1 –

Empfangsbekenntnis, nachträgliche Ausstellung wirkt auf den Zeitpunkt des Empfangs des Urteils zurück 345 4 –
- Unrichtiges Datum durch Schreibfehler bei ~ ist gegenüber tatsächlichem Zugangsdatum irrelevant 345 4 +

Entbindung vom Schöffenamt, auf Antrag Dritter nicht ohne eigenverantwortliche Antragsprüfung und Entscheidung des Schöffen 338 Nr. 1 16 –
- ~ aus beruflichen Gründen nur ausnahmsweise möglich 338 Nr. 1 16 +, 17 +
- Fehlerhafte ~ nur im Willkürfall revisibel GVG 36 4 –; GVG 54 1 –
- Richterliche Ermessensentscheidung unverzichtbar 338 Nr. 1 16 +, 11 –; GVG 54 1 +
- Unwiderruflichkeit der Feststellung einer ~ durch zuständigen Richter 338 Nr. 1 21 –; GVG 54 1 +

Entbindung von der Erscheinenspflicht, Antrag des Verteidigers für den Angeklagten bedarf ausdrücklicher Ermächtigung 233 1 +

Entbindung von der Verschwiegenheitspflicht (s. dort), Beschlagnahmeverbot entfällt im Falle einer Zustimmung des zur ~ Berechtigten 97 2 –
- Einstweilige Unterbringung und Unterbringung zur Beobachtung gewähren behandelndem Arzt kein Zeugnisverweigerungsrecht trotz fehlender ~ 53 1 –
- Eigene Entscheidung des Zeugnisverweigerungsberechtigten erforderlich trotz ~ 53 6 +; 252 12 –
- Hilfsperson aus beruflichen Gründen Zeugnisverweigerungsberechtigter unterliegt grundsätzlich deren Entscheidung über das Zeugnisverweigerungsrecht 53 6 –
- Verweigerung einer ~ darf nicht zum Nachteil des Angeklagten gewürdigt werden 261 20 +, 13 +
- Widerruf der ~ bewirkt Verwertungsverbot bei fehlender Entscheidung über das wiederentstandene Zeugnisverweigerungsrecht 53 1 +
- Widerruf der ~ ist jederzeit möglich 53 1 +
- Wirkung einer ~ nur für nach Tat und Täter begrenztes einzelnes Gerichtsverfahren 53 3 +

Entfernung des Angeklagten, Audiovisuelle Zeugenvernehmung ist nachrangig gegenüber einer ~ 247 2 –, 3 –
- Augenscheinseinnahme ist unzulässig während einer ~ 247 27 +, 29 +, 33 +, 37 +; 338 Nr. 5 2 +, 8 +, 17 +, 26 +, 30 +, 42 +

- Aussageverweigerungsandrohung eines hierzu nicht Berechtigten für den Fall der Anwesenheit des Angeklagten gestattet keine ~ 247 4 +
- Befürchtung der Unwahrheit oder gänzlicher berechtigter Verweigerung einer Zeugenaussage im Falle der Anwesenheit des Angeklagten rechtfertigt die ~ 338 Nr. 5 17 –
- Begründungslosigkeit eines Beschlusses über die ~ ist jedenfalls bei infolgedessen verbleibender Zweifelhaftigkeit der zugrundeliegenden Erwägungen des Gerichts vorschriftswidrig 338 Nr. 5 37 +
- Begründungslosigkeit eines Beschlusses über die ~ ist nur bei Fehlen ihrer sachlichen Voraussetzungen absoluter Revisionsgrund 338 Nr. 5 23 –
- Begründungspflicht jeder ~ 247 7 +, 22 +, 7 –; 274 6 +; 338 Nr. 5 37 +, 23 –
- ~ bei der Vernehmung eines V-Mannes rechtfertigt keinen Ausschluß bei der Vernehmung seiner Verhörsperson 247 16 +
- ~ bei der Vernehmung eines V-Mannes vor Entscheidung der obersten Dienstbehörde über dessen Aussagegenehmigung ist vorschriftswidrig 338 Nr. 5 3 +, 16 +, 24 +
- Beruhen des Urteils auf Anordnung des Vorsitzenden anstelle Gerichtsbeschluß ausgeschlossen bei Vorliegen der sachlichen Gründe für die ~ 247 13 –
- Beruhen des Urteils auf fehlender Unterrichtung nicht ausgeschlossen durch Anwesenheit des Verteidigers während der ~ 247 20 +
- Beschluß über Fortsetzung der Verhandlung in Abwesenheit gemäß § 231b StPO neben Beschluß der ~ gemäß § 177 GVG nicht erforderlich 338 Nr. 5 5 –
- Beschlußgebot für eine ~ 230 3 +, 4 +; 247 1 +, 38 +, 4 –; 274 6 +; 338 Nr. 5 7 +, 9 +, 37 +, 41 +, 43 +
- Beschlußlose ~ begründet seine vorschriftswidrige Abwesenheit 338 Nr. 5 41 +, 43 +
- Beschlußverkündung einer ~ in Abwesenheit des Angeklagten ist unzulässig 247 11 +
- Beweisantragstellung und Verhandlung hierüber einschließlich Beschlußfassung gestattet keine ~ 247 28 +
- Beweisaufnahmedurchführung während einer ~ ist absoluter Revisionsgrund 247 3 +, 12 +, 17 +, 27 +, 28 +, 29 +, 32 +, 33 +, 37 +; 274 6 +
- Entlassung von Zeugen und Verhandlung hierüber gestattet keine ~ 247 5 +, 8 +, 9 +, 14 +, 26 +, 30 +, 5 –
- Freiwilliges Abtreten unzulässig ohne förmlichen Beschluß über die ~ 230 3 +, 4 +; 247 1 +, 38 +, 4 –; 274 6 +; 338 Nr. 5 7 +, 9 +, 30 +
- Heilung fehlerhafter ~ nur durch Wiederholung des Verfahrensvorganges in seiner Anwesenheit 338 Nr. 5 27 –
- Informatorische Befragung eines Zeugen über seine Bereitschaft zur Aussage in Gegenwart des Angeklagten gestattet beschlußlose ~ 247 1 –
- Jugendgerichtsverfahren und zeitweilige ~ JGG 51 1 –
- Kommissarische Vernehmung unterliegt mangels Anwesenheitspflicht nicht den Regeln über eine ~ 247 11 –
- Nervenzusammenbruchsgefahr einer Zeugin bei Zusammentreffen mit dem Angeklagten gemäß amtsärztlichem Zeugnis berechtigt zur ~ 338 Nr. 5 16 –
- Öffentlichkeitsausschluß für bestimmte Vernehmung darf nach für Beschluß der ~ für dieselbe in dessen Abwesenheit beschlossen werden 247 9 –
- Öffentlichkeitsausschluß für bestimmte Vernehmung gilt auch für mit dieser zusammenhängenden Beschluß über die ~ 338 Nr. 6 10 –, 12 –
- Rüge entgegengenommener Zeugnisverweigerung bei beschlußlos einverständlich abwesendem Angeklagten erfordert Vortrag von deren Vorgeschichte 247 4 –
- Rüge unzulässiger Zeugenentlassung in Abwesenheit des Angeklagten erfordert Vortrag unterlassener Fragen 247 5 –
- Rüge vorschriftswidriger ~ erfordert keine Beanstandung in der Hauptverhandlung 274 6 +; 338 Nr. 5 41 +
- Unentschuldigte ~ s. dort
- Unterrichtung des ausgeschlossenen Jugendlichen ist nur im Rahmen erforderlicher Verteidigung geboten JGG 51 1 –
- Unterrichtung des wiederanwesenden Angeklagten unverzüglich vor jeder weiteren Verfahrenshandlung geboten 247 2 +, 6 +, 10 +, 15 +, 18 +, 19 +, 21 +, 14 –; 338 Nr. 5 43 +
- Unterrichtung durch Verteidiger kann Beruhen des Urteils auf fehlender Unterrichtung durch Vorsitzenden ausschließen 247 12 –
- Unterrichtung nach Wiederzulassung u.U. aufgrund ungebührlichen Verhaltens unmöglich 247 12 –
- Unterrichtungsgebot schon bei Wiederanwesenheit infolge der Unterbrechung einer Zeugenvernehmung nach einer ~ 247 2 +, 6 +, 19 +
- Urkundenbeweisaufnahme unzulässig während einer ~ 247 3 +, 12 +, 17 +, 32 +
- Urteilsverkündung in Abwesenheit des Angeklagten liegt vor im Falle eigenmächtiger oder beschlossener ~ vor deren Ende 341 1 +
- Vereidigung in Abwesenheit des Angeklagten gerechtfertigt durch wegen bestehender Zeugengefährdung für die Vernehmung beschlossene ~ 247 6 –, 247 8 –
- Vereidigung von Zeugen und Verhandlung hierüber gestattet grundsätzlich keine ~ 247 13 +, 23 +, 25 +, 31 +, 33 +, 34 +, 35 +, 36 +, 6 –, 8 –
- Zeugenschutz gebührt Vorrang vor Verteidigungsinteressen des Angeklagten 247 3 –

[Entfernung des Angeklagten]
- Zeugnisverweigerungsandrohung eines hierzu Berechtigten für den Fall der Anwesenheit des Angeklagten rechtfertigt die ~ 247 10 –

Entfernung eines Zeugen in Anbetracht seiner späteren Zeugenvernehmung ist Maßnahme der Sachleitung i.S.d. § 238 II StPO GVG 169 2 –, 3 –

Entfernung eines Zuhörers, Freiwilliges Abtreten aus dem Sitzungssaal aufgrund Verständigung mit dem Vorsitzenden berührt nicht die Öffentlichkeit der Verhandlung GVG 169 6 –
- Rüge unzulässiger ~ aus dem Sitzungssaal erfordert Beanstandung in der Hauptverhandlung GVG 169 2 –
- ~ wegen Mitschreibens von Vorgängen in der Hauptverhandlung ist regelmäßig unzulässig GVG 176 1 –
- ~ wegen möglicher Zeugeneigenschaft unterliegt Beurteilungsspielraum des Vorsitzenden GVG 169 2 –, 3 –
- ~ zur Wahrung der Nichtöffentlichkeit eines gegen ihn gerichteten Ermittlungsverfahrens ist kein einen Gerichtsbeschluß erfordernder Öffentlichkeitsausschluß 338 Nr. 6 32 –

Entlassung von Zeugen und Sachverständigen, Abwesenheitsverhandlung unzulässig während (Verhandlung über) ~ 230 1 +; 231c 1 +; 247 5 +, 8 +, 9 +, 14 +, 23 +, 26 +, 30 +, 5 –; 338 Nr. 5 19 +; 344 1 –; JGG 51 1 –
- Jugendgerichtsverfahren gestattet u.U. Abwesenheitsverhandlung während Vereidigung und ~ JGG 51 1 –
- Öffentlichkeitsausschluß unzulässig während (Verhandlung über) ~ 338 Nr. 6 3 +
- Rüge der ~ gegen den Widerspruch des Angeklagten unterliegt Beanstandungsgebot in der Hauptverhandlung 238 3 –
- Rüge unzulässiger Entlassung eines Zeugen in Abwesenheit des Angeklagten erfordert Vortrag unterlassener Fragen 247 5 –

Entpflichtung des Verteidigers, Meinungsverschiedenheiten mit Angeklagtem über das grundlegende Verteidigungskonzept können unter Umständen das Vertrauensverhältnis beseitigen 142 3 –, 6 –
- Tatsachenvortrag zu behaupteter Störung des Vertrauensverhältnisses erforderlich für begründeten Antrag auf ~ 142 6 –

Entwicklungsstörungen 244 III S. 2 Var. 4 8 +
Entziehungsanstalt 246a 1 +
Epileptische Anfälle 244 II 11 +; 244 III S. 2 Var. 1 1 +; 261 155 +
Erfahrungssätze, Beweiswürdigung s. dort
Ergänzungsrichter, Bestellung erfolgt durch das Präsidium GVG 192 1 –
- Erneute Mitwirkung eines ~s im Wiederaufnahmeverfahren zulässig 23 2 –
- Urteilsberatung gestattet keine Anwesenheit eines ~s GVG 192 1 +

Ergänzungsschöffen, Eintritt eines ~ bedarf Entscheidung des Vorsitzenden über Verhinderung des Hauptschöffen 338 Nr. 1 11 –
- Verhinderung von ~ vor Sitzungsbeginn ist durch Heranziehung des nächstberufenen Hilfsschöffen nach Reihenfolge der Hilfsschöffenliste zulässig zu begegnen GVG 48 1 –
- Wegfall des Hauptschöffen begründet automatischen Eintritt eines zugezogenen ~ 338 Nr. 1 44 –

Ergänzungswahl, Schöffenwahl gebietet bei Ungültigkeit Nachholung durch ursprünglichen Schöffenwahlausschuß statt einer ~ 338 Nr. 1 15 –

Erinnerungsfähigkeit, Sachkunde des Tatrichters besteht nicht für Auswirkung von Alkohol und bestimmten Medikamenten auf die ~ 244 IV 3 +

Erinnerungslücken, Differenzierung zwischen Wahrnehmungs- und Merkfähigkeit geboten bei Würdigung von ~ 261 172 +

Erinnerungsverlust, Affekttypischer ~ und Unterscheidung von Schutzbehauptungen und Ergebnissen psychischer Verdrängung erfordert i.d.R. Sachverständigengutachten 244 II 4 +

Erkennungsdienstliche Maßnahmen 81 b
Erklärungsrecht, abweichende richterliche Überzeugung zu Inhalt und Ergebnis einzelner Beweiserhebungen begründet keine Hinweispflicht des Gerichts 261 12 –
- Protokollierungspflicht besteht nicht für Erklärungen des Angeklagten gemäß § 257 I StPO zu einzelnen Beweiserhebungen 273 1 –
- Rüge einer Behinderung der Abgabe von Erklärungen gemäß § 257 StPO muß deren Inhalt mitteilen 257 1 –

Ermittler, verdeckte s. dort
Ermittlungsmaßnahmen, außerhalb laufender Hauptverhandlung erfordern Bekanntgabe der Ergebnisse vor der Urteilsverkündung 147 2 +; MRK 6 2 –

Ermittlungszuständigkeit, der Finanzbehörde für Steuerstraftat besteht auch bei tateinheitlich begangener allgemeiner Straftat und erstreckt sich jedenfalls auf die prozessuale Tat i.S.d. § 264 StPO AO 386 1 +

Ermüdungssymptome, gesunder und zuvor ausgeruhter Menschen vor dem Einschlafen erfahrungssätzlich belegt 261 40 –

Eröffnung des Hauptverfahrens, Beschluß über die ~ s. Eröffnungsbeschluß
- Bundeszuständigkeit für ~ wird vom Bundesgerichtshof von Amts wegen überprüft GVG 120 1 –
- ~ durch kleine Strafkammer erfordert stets Beschlußfassung über diese Gerichtsbesetzung GVG 76 1 +
- Rechtmäßige ~ wirkt zuständigkeitsbegründend GVG 120 1 –

- Rechtskräftiger Ablehnungsbeschluß bewirkt Strafklageverbrauch auch bei ihm zugrundeliegender falscher Rechtsauffassung 211 1 –
- Sofortige Beschwerde gegen Nichteröffnungsbeschluß ist Angeklagtem zur Gegenerklärung mitzuteilen vor Entscheidung des Beschwerdegerichts über eine ~ 308 2 +, 4 +, 7 +
- Wiederaufnahme aufgrund nur vermeintlich fehlenden Strafantrages zulässig nach rechtskräftiger Ablehnung der ~ 211 2 –
- Zuständigkeit zur ~ s. dort

Eröffnungsbeschluß, Abweichender ~ muß gesetzliche Merkmale der strafbaren Handlung nur in Verbindung mit der Anklageschrift erkennen lassen 207 6 –
- Ausdrückliche Form (nur) entbehrlich bei erkennbarer Unterrichtung durch den Gang des Verfahrens 270 1 +
- Begehungsweise von mehreren gleichwertig strafbarkeitsbegründenden Umständen einer Vorschrift begründet Hinweispflicht des Gerichts bei beabsichtigter Abweichung vom ~ 265 5 +, 9 +, 11 +, 31 +, 37 +, 41 +, 42 +, 54 +, 18 –, 20 –
- Behinderung sachgerechter Verteidigung durch mangelhafte Konkretisierung der Tat im ~ (nur) auf entsprechende Verfahrensrüge zu prüfen 200 10 +, 1 –
- Fehlende Verlesung ist Revisionsgrund 243 12 +
- Fehlerhafter ~ bei Ergänzbarkeit durch Anklageschrift nicht unwirksam 200 13 +; 207 7 –, 9 –; 264 5 +
- Fehlerhafter ~ gestattet keine auslegende Ergänzung des Gerichts mittels Rückgriff auf sonstigen Akteninhalt 264 5 +
- Fehlerhafter ~ im berufsgerichtlichen Verfahren führt zur Einstellung 207 3 +
- Gerichtsbesetzungsfehler bewirkt noch keine Unwirksamkeit des ~es 207 2 –, 3 –, 8 –
- Hinweis des Gerichts auf Tatsache entschiedener Eröffnung enthält keine schlüssige Prüfung der Voraussetzungen des § 203 StPO 270 1 +
- Lücken im ~ nur wesentlich bei mangels konkreten Sachverhaltsbezuges bestehender Unklarheit über Umfang der Schuld und Rechtskraft 200 11 +, 12 +; 207 1 +, 2 –
- Mangelhafter Anklagesatz bewirkt durch Zulassung mangelhaften ~ 200 9 +, 12 +, 13 +; 207 9 –
- Mitwirkung eines ausgeschlossenen Richters führt nicht zu unwirksamem ~ 207 2 –; 338 Nr. 2 4 –
- Mitwirkung eines zu Unrecht abgelehnten Richters vor Erledigung des Ablehnungsgesuchs am ~ kann nicht dessen Unwirksamkeit begründen 338 Nr. 3 16 –
- Nachholung (nur) bis zum Ende der Hauptverhandlung erster Instanz zulässig 207 4 –; 266 3 +; 270 1 +
- Nicht genügend bestimmbare Tat nach Blankogeständnis führt zur Einstellung 200 13 +
- Rüge bloßer Fehlerhaftigkeit unzulässig 207 3 –
- Schlüssige und eindeutige protokollierte mündliche Willenserklärung der Anklagezulassung unter den Voraussetzungen des § 203 StPO durch das Gericht in der Hauptverhandlung erforderlich und ausreichend für ~ 207 1 –; 270 1 +
- Schriftformerfordernis 207 8 +, 1 –
- Tatort unterliegt Hinweispflicht des Gerichts bei beabsichtigter Abweichung vom ~ 265 11 +
- Tatzeit unterliegt Hinweispflicht des Gerichts bei beabsichtigter Abweichung von zugelassenem ~ 265 8 +, 11 +, 19 +, 26 +, 27 +, 33 +, 45 +, 9 –, 14 –, 16 –
- Übernahmebeschluß mangels schlüssiger und eindeutiger Willenserklärung der Anklagezulassung durch das Gericht kein Ersatz für ~ 207 5 –
- Unterschrift aller Richter erforderlich 200 14 +; 207 4 +, 6 +, 7 +, 8 +
- Verfahrensverbindung und schlüssiger ~ 207 2 –, 1 –; 270 1 +
- Verlesung des ~es unter Erstreckung auf beweiswürdigendes wesentliches Ergebnis der Ermittlungen verstößt gegen Unmittelbarkeits- und Mündlichkeitsgrundsatz 250 5 +
- Verweisungsbeschluß gem. § 270 StPO ohne Prüfung der Eröffnungsvoraussetzungen ersetzt keinen ~ 270 1 +
- Wirksamkeitsprüfung von Amts wegen unabhängig vom Revisionsvorbringen 200 1 –

Erörterungsmangel der Beweiswürdigung s. dort

Error in procedendo, bei Richterausschluß ist beachtlich 23 3 +
- Willkürfreier geringgewichtiger ~ ist ausgeschlossen bei Einwirkung durch außerhalb der Gerichte stehende Person oder Stelle oder durch von richterlicher Tätigkeit ausgeschlossener Person innerhalb der Gerichtsorganisation 338 Nr. 1 18 +, 24 +, 46 +, 53 –
- Willkürfreier geringgewichtiger ~ bewirkt keinen Entzug des Gesetzlichen Richters 338 Nr. 1 18 +, 24 +, 46 +, 19 –, 24 –, 53 –; GVG 21e 3 –; GVG 24 1 +, 1 –; GVG 36 4 –, 6 –; GVG 40 1 –, 3 –; GVG 42 1 –; GVG 43 1 –; GVG 48 1 +; GVG 54 1 –; GVG 77 1 –, 2 –

Erwachsenengericht s. Strafgericht

Erwiderungsrecht, Nebenkläger besitzt ~ i.S.d. § 258 II 2 StPO 397 1 –

Erwiesene Beweistatsache 244 III S. 2 Var. 3; 244 IV 12 +
- Alibi als alleinige Grundlage für Freispruch erfordert richterliche Überzeugung seines Nachweises als ~ 261 182 +, 1 –, 32 +
- Beweisbehauptung gestattet nur bei Auslegung nach Sinn und Zweck Annahme als ~ 244 III S. 2 Var. 3 1 +

[Erwiesene Beweistatsache]
- Sachverständigengutachten (weiteres) und Ablehnung unter Berufung auf ~ 244 IV 15 +
- Urteilsbindende Wirkung der Begründung des Ablehnungsbeschlusses 244 III S. 2 Var. 3 2 +
- Verbot unzulässiger Einengung der Beweisbehauptung 244 III S. 2 Var. 3 2 +
- Verfahrensverstoß erfordert richterliche Überzeugung von zugrundeliegenden Tatsachen als ~n 261 20 –, 49 –
- Widerlegungstatsache zur Entkräftung gegenteiliger Zeugenbekundung ist keine ~ 244 III S. 2 Var. 3 3 +

Erziehungsberechtigten, Letztes Wort ist neben dem jugendlichen Angeklagten selbst auch seinen ~ zu gewähren 258 3 +, 4 +, 6 +, 3 –

Exterritorialität, von Sonderbotschaftern nach Einzelabsprache mit dem Empfangsstaat GVG 20 1 +

Fahrerlaubnis, Entziehung nur zulässig nach Hinweis des Gerichts 265 47 +
- Sperre darf nur angeordnet werden nach Hinweis des Gerichts 265 15 +

Fahrlässigkeit, ärztliche Pflichtwidrigkeiten bei fahrlässiger Tötung erfordern genaueste Wiedergabe in den Urteilsgründen 261 162 +
- Mitverschulden bei ~staten u.U. zwingend zu erörtern 267 49 +

Fahruntüchtigkeit, bei Blutalkoholkonzentration von 1,8‰ kraft eigener Sachkunde des Tatrichters festzustellen 244 IV 19 –

Fahrverbot, Anordnung im Einspruchsverfahren bei fehlender Anordnung im Bußgeldbescheid nur zulässig nach Hinweis des Gerichts 265 38 +

Faires Verfahren, Blutprobenentnahme durch von Polizei irrtümlich für Arzt gehaltenen Medizinalassistenten führt allein nicht zur Unverwertbarkeit 81a 5 –
- Hinweispflicht des Gerichts bei erkanntem Mißverständnis der Verteidigung 244 V S. 1 1 +
- Nicht eingehaltene Nichtverfolgungszusage der Staatsanwaltschaft und ~ 154 3 –
- Unlauteres Prozeßverhalten einzelner Beteiligter begründet keinen Verstoß gegen ~ 260 12 –
- Verlesung von Niederschriften und ~ 251 27 +, 13 –
- Verständigung im Strafverfahren kennt keine Bindung der Staatsanwaltschaft an ihr vom Angeklagten nur unter Erweiterung angenommenes Angebot aufgrund seines Anspruchs auf ein ~ 302 3 +
- Verständigung im Strafverfahren und ~ 136a 16 –; 261 3 –; 302 3 +; GVG 169 1 +, 4 –
- Verstoß gegen ~ erfordert Berücksichtigung bei der Strafzumessung 154 3 +
- Verteidigung des Angeklagten durch Vertrauensanwalt ist geboten durch sein Recht auf ~ 140 4 –; 142 1 +, 2 +; 338 Nr. 8 1 +, 2 +; MRK 6 4 +
- Verwertungsverbot und ~ 261 178 +
- Waffengleichheit geschützt durch Recht auf ~ 260 14 –
- Wahrunterstellung und ~ 244 III S. 2 Var. 7 11 +
- Zeugen vom Hörensagen und ~ 110a 1 +; 251 13 –; MRK 6 9 –, 10 –

Falschaussage, Beschreibung „Anweisungen erteilt" unzureichend für Beweisantrag Vor 244 III–VI 1 –

Falschbelastung, Schlagwort unzureichend für Beweisantrag Vor 244 III–VI 12 –

Faserspur, Beweiswürdigung 261 57 +, 71 +

Fernmeldegeheimnis, Rüge der Verletzung nur zulässig als Verfahrensrüge unter Vortrag der den Mangel begründenden Tatsachen 344 8 –
- Verwertbarkeit mittelbar erlangter Beweise nur bei Katalogtaten G10 7 1 –

Fernseh-/Rundfunk-/Film-Tonaufnahmen des dennoch gehaltenen Schlußvortrages des Verteidigers nur relativer Revisionsgrund 338 Nr. 8 7 –
- ~ gegen den Willen des Betroffenen brauchen nicht geduldet zu werden 338 Nr. 8 7 –; GVG 169 9 –
- Genehmigung des Vorsitzenden unbeachtlich für während der Hauptverhandlung durchgeführte ~ GVG 169 2 +, 3 +
- Genehmigung von ~ ist als sitzungspolizeiliche Maßnahme nicht revisibel GVG 169 9 –
- Hauptverhandlung einschließlich Urteilsverkündung gestattet keine ~ GVG 169 2 +, 3 +
- Unzulässige ~ sind nur relativer Revisionsgrund 338 Nr. 8 7 –; GVG 169 5 –
- Verhandlungspause in Abwesenheit des Angeklagten gestattet ~ GVG 169 8 –

Fernwirkung von Beweiserhebungsverboten nur nach Einzelfallprüfung anstelle genereller ~ nach „fruit of the poisonous tree-doctrine" 100a 7 –; 136a 2 +, 6 –, 7 –; 261 21 –; G10 7 1 –

Fertigstellungsvermerk, Hauptverhandlungsprotokoll fertiggestellt mit Unterschriftsleistung zweiter Urkundsperson unabhängig von einem ~ 271 3 –

Fesselung, des Angeklagten zulässige Maßnahme des Vorsitzenden bei Gefahr unentschuldigter Entfernung 231 7 –

Festnahme, Tatfeststellungen bei ~ durch Kaufhausdetektiv unter Körperverletzung mit Todesfolge zu Reihenfolge und Intensität von Angriff und Abwehr zum Zeitpunkt der Festnahme erforderlich 127 1 +
- Verhältnismäßigkeitsgebot zum Festnahmezweck verbietet regelmäßig Fluchtverhinderung durch zu ernsthafter Gesundheitsbeschädigung oder unmittelbarer Lebensgefährdung führende Handlungen 127 1 +

Filmaufnahmen s. Fernseh-/Rundfunk-/Film-Tonaufnahmen

Finanzbehörden, Abgabe des Steuerstrafverfahrens an die Staatsanwaltschaft gemäß § 386 IV AO aus sachfremden Erwägungen ist revisibel AO 386 2 +
- Ermittlungszuständigkeit für Steuerstraftat besteht auch bei tateinheitlich begangener allgemeiner Straftat und erstreckt sich jedenfalls auf die prozessuale Tat i.S.d. § 264 StPO AO 386 1 +

Fluchtwegmessung, polizeilicher Bericht aus Anlaß des Verfahrens nicht verlesbar als Behördengutachten 256 2 +

Förderung des Verfahrens, Kontaktaufnahme des Richters zu Verfahrensbeteiligten außerhalb der Hauptverhandlung zulässig zur ~ 338 Nr. 3 5 –; GVG 169 4 –

Formelhafte Begründung, Begründungspflicht verbietet uneindeutige oder sonst ~ 74 8 +; 241 5 +; 244 III S. 2 Var. 2 4 +; 244 III S. 2 Var. 5 1 +; 244 III S. 2 Var. 6 1 +; 247 7 +; 267 1 +, 44 +; 338 Nr. 3 10 –; 338 Nr. 6 7 –, 14 –, 18 –, 19 –, 23 –; 338 Nr. 8 7 +; GVG 169 4 +; GVG 174 1 +, 2 +, 3 +, 4 +, 5 +, 6 +

Formulare, Unbedenklichkeit richterlich verwandter ~ 261 16 –

Fortsetzung der Hauptverhandlung, abweichende Pflichtverteidigerbestellung für einen Sitzungstermin begründet keine ~ 229 1 +
- Erkrankung des teilnahmewilligen Vertreters der Jugendgerichtshilfe im Jugendgerichtsverfahren verbietet eine ~ JGG 38 2 +
- Geschäftsjahrwechsel gestattet Beibehaltung der Gerichtsbesetzung bei ~ 338 Nr. 1 27 +, 55 +
- Ladung zur ~ formlos an Verteidiger zur Mitteilung an den Angeklagten zulässig 338 Nr. 5 6 –
- ~ ohne den Angeklagten nur zulässig im Falle seines unentschuldigten Fernbleibens 231 2 –
- Rüge einer Scheinverhandlung durch Verlesung nur einer Urkunde muß deren Wortlaut mitteilen 229 3 –
- Sachliche Verfahrensförderung ist Voraussetzung für die Eignung eines Termins zur ~ 229 1 +, 2 +, 4 +, 3 –
- Scheinverhandlung 229 1 +, 2 +, 4 +, 3 –
- Sonderbelehrung über Folgen des Ausbleibens zum Fortsetzungstermin nicht erforderlich 231 1 –
- Unterbrechungsfristablauf gehemmt durch Erkrankung des Angeklagten am Termin zur ~ 229 2 –
- Verhandlung über Folgen des Ausbleibens eines geladenen Zeugen für die Sachaufklärung ist ~ 229 1 –

Fortsetzungszusammenhang, Auflösung durch Verurteilung wegen einzelner selbständiger Taten erfordert Teilfreispruch bezüglich nicht erwiesener Einzelakte 260 7 +

Fotografien s. Lichtbilder

Fragen, Begriff nicht zur Sache gehörender ~ 241 3 +, 7 +

- Rüge unzulässiger Beschränkung der Verteidigung wegen Nichtzulassens weiterer ~ an einen Zeugen erfordert Beanstandung in der Hauptverhandlung 338 Nr. 8 2 –
- Rüge unzulässiger Zurückweisung erfordert Darlegung eigenen Interesses an der Frage 241 1 –
- Zurückweisung ausufernder ~ 241 3 –
- Zurückweisung von Fragen bedarf Beschlusses mit nachvollziehbarer Begründung 241 1 +, 2 +, 5 +, 6 +, 7 +; 338 Nr. 8 7 +, 1 –
- Zurückweisung wegen Bedeutungslosigkeit unzulässig 241 3 +, 2 –
- Zurückweisung wegen unbegründeter Wiederholung bereits beantworteter ~ 241 4 +
- Zurückweisung zur Unehre gereichender Fragen trotz Unerläßlichkeit zur Glaubwürdigkeitsbeurteilung begründet die Revision 68a 1 +, 2 –; 338 Nr. 8 6 +, 1 –

Fragerecht 240; 241
- Entlassung der Beweisperson beendet das ~ 244 III S. 2 Var. 2 4 –
- Kommissarische Vernehmung ohne Anwesenheitsrecht der Verteidigung erlaubt Einreichung eines Fragenkatalogs zur Ausübung 223 3 +; 224 1 +; MRK 6 11 +
- Verweigerung indirekte Befragung der amtsärztlich bezeugter Gefahr des Nervenzusammenbruchs einer Zeugin im Falle des Zusammentreffens mit dem Angeklagten zulässig 338 Nr. 5 16 –
- Zeitpunkt der Fortsetzung und Beendigung einmal begonnener Zeugenvernehmung bestimmt nur der Vorsitzende 240 1 +
- ~ zu Briefen zwischen den Angeklagten nicht abhängig von ihrer Überreichung an das Gericht 240 1 +

Freibeweisverfahren, Audiovisuelle Zeugenvernehmung gestattet Ermittlung ihrer tatsächlichen und rechtshilferechtlichen Möglichkeit im ~ 247a 2 –
- Beweisantrag auf Vernehmung eines Auslandszeugen gestattet Ermittlung der Ablehnungsvoraussetzungen im ~ 244 V S. 2 1 +
- Beweismitteluneignetheit gestattet in begrenztem Maß Prüfung im ~ 244 III S. 2 Var. 4 1 +
- Eigenmächtigkeit des Fernbleibens eines Angeklagten vom Revisionsgericht zu prüfen im ~ 231 7 +, 2 –
- Förmlichkeiten richterlicher Untersuchungshandlungen außerhalb der Hauptverhandlung sind vom Revisionsgericht nachprüfbar im ~ 254 1 +
- Gegenständlichkeit einer Aussage in der Hauptverhandlung vom Revisionsgericht ermittelbar im ~ 261 184 +
- Gegenständlichkeit gerichtskundiger Tatsachen in der Hauptverhandlung unterliegt dem ~ 273 2 –
- Ordnungsgemäßheit der Beschuldigtenbelehrung aufzuklären im ~ 136 3 –

4567

[Freibeweisverfahren]
- Revisionsgericht ist nicht berechtigt zur Ersetzung oder Ergänzung tatrichterlicher Feststellungen von Verfahrenstatsachen durch eigene Beweiserhebungen im ~ 329 1 –
- Revisionsgericht prüft im Urteil angenommene Verfahrenshindernisse von Amts wegen im ~ 154 1 –
- Richterablehnung gestattet dem Revisionsgericht Beweisermittlungen im ~ 338 Nr. 3 2 +
- Urteilsabsetzungsfrist unterliegt revisionsgerichtlicher Feststellung der Fristwahrung anhand richterlichen Vermerks der Einlegung zu den Akten oder durch Einholung dienstlicher Äußerung im ~ 275 8 –
- Verbotene Vernehmungsmethoden prüft das Revisionsgericht im ~ 136a 19 –
- Vereidigungsdurchführung bei Schweigen des Hauptverhandlungsprotokolls durch Revisionsgericht ermittelbar im ~ 274 2 –, 3 –
- Verhandlungsfähigkeit als Voraussetzung wirksamen Rechtsmittelverzichts ist zu prüfen im ~ 302 10 –, 18 –, 31 –, 36 –
- Verhinderung eines Richters an der Urteilsunterzeichnung bei fehlender Begründung des Verhinderungsvermerks vom Revisionsgericht auch in tatsächlicher Hinsicht nachprüfbar im ~ 338 Nr. 7 8 +, 18 +, 1 –
- Verjährungsvoraussetzungen vom Revisionsgericht ermittelbar im ~ AO 386 1 +
- Zeugeneigenschaft einer Person darf telefonisch im ~ geprüft und den Verfahrensbeteiligten bei Verneinung mittels Verlesung entsprechenden Aktenvermerks ohne Folgerungen für die Sachentscheidung zur Kenntnis gebracht werden 251 7 –

Freies Geleit, Hindernis für Erscheinen durch drohende Strafverfolgung nicht anzunehmen ohne Ladung unter Hinweis auf mögliches ~ 244 III S. 2 Var. 5 5 +, 6 +, 8 +, 10 +, 12 +, 7 –, 10 –; 251 25 +, 9 –

Freiheitsstrafe, Lebenslange ~ für Heranwachsende anstelle zeitiger ~ nicht zu rechtfertigen mit Möglichkeit späterer Strafaussetzung zur Bewährung JGG 106 1 +

Freispruch, Einstellung bei fehlender Überführung des Angeklagten nach Eröffnung des Hauptverfahrens unzulässig anstelle von gebotenem ~ 260 17 +, 17 –; 264 5 +
- Einstellung des Verfahrens wegen Verjährung rechtfertigt mangels Beschwer des Angeklagten keine Revision zwecks ~ 260 6 –
- Fortsetzungszusammenhang erfordert bei Auflösung durch Verurteilung wegen einzelner selbständiger Taten bezüglich nicht erwiesener Einzelakte Teil-~ 260 7 +
- Kosten bei ~ und Einziehung trägt die Staatskasse 467 1 +
- Revisionsgerichtliche Aufhebung eines ~s bei Mängeln der Beweiswürdigung zwingt zur Zurückverweisung 261 92 +

- Teil-~ im Berufsgerichtsverfahren unzulässig 207 3 +; BRAO 113 1 +, 2 +, 1 –
- Teil-~ trotz als zweifelsfrei beschriebener Überzeugung von der Glaubwürdigkeit eines den Gesamtvorwurf stützenden Belastungszeugen begründet fehlerhafte Beweiswürdigung 261 149 +
- Urteilsgründe müssen zunächst als erwiesen erachtete Belastungstatsachen geschlossen darstellen 261 94 +, 10 –; 267 7 +, 24 +, 29 +, 31 +
- Verfassungsbeschwerde des Beschuldigten gegen Grundrechtsverletzung durch Urteilsgründe zulässig auch bei ~ 296 1 –
- ~ vom Verdacht einer Straftat aus sachlichem Zuständigkeitsbereich höheren Gerichts kann nur durch dieses erfolgen GVG 74 3 +
- Vorsatzanklage zwingt zur Prüfung fahrlässiger Strafbarkeit vor ~ 264 15 +
- ~ wegen nicht erwiesener Schuld gestattet mangels Beschwer des Freigesprochenen keine Anfechtung durch Rechtsmittel 296 4 –
- ~ wegen Schuldunfähigkeit durch Freigesprochene(n) mangels Beschwer nicht anfechtbar durch Rechtsmittel 296 2 –
- ~ wegen Unbeweisbarkeit des Vorsatzes erfordert vorherige Aufklärung des äußeren Tatgeschehens 261 95 +; 267 42 +
- Wiedereinbeziehung vorläufig ausgeschiedener Tatteile ohne Antrag der Staatsanwaltschaft steht im revisiblen pflichtgemäßen Ermessen des Gerichts bei beabsichtigtem ~ 154a 1 +, 3 +, 4 –; 264 9 +
- Zusammentreffen eines nicht nachweisbaren schwereren Vorwurfs mit einem wegen Verfahrenshindernisses nicht verfolgbaren leichteren Vorwurf gebietet Einstellung statt ~ 260 5 +

Freiwilligen Gerichtsbarkeit, Zeugnisverweigerung in der Hauptverhandlung begründet Verwertungsverbot (nur) für gegenüber nichtrichterlichen Verhörspersonen gemachte Angaben in Verfahren der ~ 252 11 +

Fristberechnung, Dienstzeit einer Behörde unmaßgeblich für ~ 43 2 +
- Revisionsbegründungsfrist beginnt mit Beginn des Folgetages nach Ablauf der Einlegungsfrist 43 1 +
- Tilgungsfristbeginn bei nachträglicher Gesamtstrafe mit Zeitpunkt der ersten Entscheidung BZRG 51 1 +

„fruit of the poisonous tree-doctrine", Verwertungsverbot für unter Verletzung von Verfahrensvorschriften ermittelte Tatsachen nur nach Einzelfallprüfung anstelle genereller Fernwirkung von Beweiserhebungsverboten nach der ~ 100a 7 –; 136a 2 +, 6 –, 7 –; 261 21 –; G10 7 1 –; AO 393 1 +

Führerschein, Beschlagnahme nach Trunkenheitsfahrt wegen „Gefahr im Verzug" bei Gefahr weiterer Trunkenheitsfahrt zulässig 94 3 –

Fürsorgeerziehung, unzulässig neben Jugendstrafe auch im Falle der Aussetzung letzterer zur Bewährung JGG 27 1 +

Gebärdendolmetscher, Glaubwürdigkeitsbeurteilung gehörloser erwachsener Zeugen grundsätzlich ausreichend möglich mit Hilfe von ~ 244 IV 2 –

Gefährdung des Untersuchungserfolges, Benachrichtigung darf nicht unterbleiben wegen möglicher Gefährdung weiterer Untersuchungshandlungen aufgrund des bereits gewonnenen Vernehmungsergebnisses 168c 1 +
– Revisionsgerichtliche Prüfung einer ~ auf Ermessenüberschreitung des Tatrichters beschränkt 168c 1 +, 6 –

Gegenerklärung, Frist von zwei Wochen gilt nur bei Revisionsverwerfung durch Revisionsgericht als offensichtlich unbegründet 349 1 –
– Kenntnisgabe einer ~ an Revisionsführer vor der Entscheidung geboten durch Anspruch auf rechtliches Gehör 347 1 +

Gegenüberstellung, Aufklärungspflicht bestimmt Behandlung eines Antrags auf ~ 244 II 15 –
– Beweiswürdigung bei ~ 244 II 9 +; 261 69 +, 169 +, 173 +, 193 +, 14 –
– Beweiswürdigungsfehler bei als Einzelgegenüberstellung durchgeführter Wahl-~ 261 69 +, 169 +
– Videoaufnahmen zulässig zur Dokumentation einer ~ 81b 2 –
– Widersprüchliche Angaben eines Zeugen im Ermittlungsverfahren zur Identifizierung des Angeklagten erfordern erschöpfende Würdigung übriger Beweismittel 261 173 +
– Wiederholtes Wiedererkennen des Angeklagten als Täter und Beweiswert 261 193 +, 14 –

Gegenvorstellung, als außerordentlicher Rechtsbehelf gestattet keine Richterablehnung wegen Besorgnis der Befangenheit 24 1 –; 25 2 –

Geheimnisvermerk „Streng Geheim" bewirkt keine Beschränkung des Akteneinsichtsrechts 147 2 –

Geistesschwäche, Vereidigungsverbot wegen ~ greift nur ein bei ungenügender Vorstellung vom Wesen und von der Bedeutung des Eides 60 15 +

Geistige Erkrankung, Beurteilung der Auswirkung auf die Aussagetüchtigkeit erfordert psychiatrisches Gutachten 244 IV 7 +, 2 –

Geistlicher, Zeugnisverweigerungsrecht (s. auch dort) 53 4 +

Geldstrafe, Rechtsmittelbeschränkung auf Bemessung der Tagessatzhöhe einer ~ grundsätzlich wirksam 344 1 +

Gemeinderatsmitglieder, dürfen Mitglieder im Schöffenwahlausschuß sein GVG 40 2 –

Gemeindevertretung, Vorschlagsliste für Schöffen bedarf individueller Vorauswahl durch Gemeindevertretung zur Heranziehung erfahrener und urteilsfähiger Personen GVG 36 2 –

Generalbundesanwalt, Bundeszuständigkeit bei Eröffnung des Hauptverfahrens durch Oberlandesgericht wird vom Bundesgerichtshof von Amts wegen überprüft GVG 120 1 –

Generalprävention 267 45 +, 13 –

Generalstaatsanwalt, Beauftragung von Staatsanwälten gem. § 145 GVG verleiht ihnen auch Rechtsmittelbefugnis 296 1 +

Genomanalyse, Sachverständigengutachten 244 II 10 +; 244 IV 9 +, 6 –; 261 15 +, 57 +, 71 +, 79 +, 19 –

Gerechtigkeit, selbständige tatrichterliche Prüfung des Vorliegens der Tatbestandsmerkmale vorrangig gegenüber Rechtssicherheit durch Bezugnahme auf andere (rechtskräftige) Entscheidungen 244 III S. 2 Var. 2 7 +; 261 192 +; 267 23 +

Gericht, Errichtung und Aufhebung sowie Sitzverlegung bedarf eines Gesetzes 338 Nr. 14 +

Gerichtsakten, Antrag auf Beiziehung ganzer Akten nur Beweisermittlungsantrag Vor 244 III–VI 17 –; 338 Nr. 8 5 –
– ~ und Anlagen werden erst durch gerichtliche Kundgabe der Beweismittelqualität oder individualisierenden Beweisantrag präsente Beweismittel 245 5 –, 7 –

Gerichtsbedienstete, Rechtmäßigkeit der Durchführung sitzungspolizeilicher Anordnung des Vorsitzenden nicht Bestandteil deren verfassungsrechtlicher Überprüfung GVG 176 2 –
– Sitzungspolizeiliche Zwangsmaßnahmen gestatten keine Bestimmung ihres Umfangs durch ~ GVG 176 2 –

Gerichtsbesetzung, Abhängigkeit von Terminierung durch Vorsitzenden ist unzulässig 338 Nr. 1 1 +
– Änderung des Geschäftsverteilungsplans für einzelne Strafsachen begründet vorschriftswidrige ~ 338 Nr. 1 49 +, 4 –
– Auswärtige Strafkammer muß einen Vorsitzenden haben 338 Nr. 1 33 +
– Auswärtige Strafkammer unterliegt neben Besonderheiten des § 78 GVG allgemeinen Grundsätzen der ~ 338 Nr. 1 33 +, 54 +
– Befangenheitsanzeige eines Richters und Verhandlungsfortführung durch Vertreter ohne förmliche Entscheidung über die Selbstanzeige begründet vorschriftswidrige ~ 338 Nr. 1 22 +
– Beschäftigung nicht ständiger Richter am Landgericht kein Verfassungsverstoß 338 Nr. 1 63 –
– Bestimmung der Zuständigkeit in einem Spruchkörper oder der darin bestehenden Sitzgruppen muß generell im voraus nach objektiven Merkmalen erfolgen 338 Nr. 1 1 +

4569

[Gerichtsbesetzung]
- Blinder Richter als Beisitzer eines Kollegialgerichts ist tatrichterlichen Aufgaben außerhalb überzeugungserheblichen Augenscheinsbeweises voll gewachsen 261 49 –; 338 Nr. 1 34 +, 7 –, 59 –, 61 –
- Blinder Richter als Vorsitzender einer Jugendkammer begründet vorschriftswidrige ~ 338 Nr. 1 30 +
- Blinder Richter als Vorsitzender in erstinstanzlicher Hauptverhandlung begründet vorschriftswidrige ~ 338 Nr. 1 5 +, 8 +, 9 +, 10 +
- Einräumung unangemessen kurzen Zeitraums zur Prüfung der ~ ist revisibel 222a 1 +
- Einzelzuweisung von Richtern für bestimmte Strafsache im Geschäftsverteilungsplan begründet vorschriftswidrige ~ 338 Nr. 1 45 +, 47 +
- Ergänzungsschöffe tritt bei Wegfall des Hauptschöffen automatisch ein 338 Nr. 1 44 –
- Eröffnung des Hauptverfahrens durch kleine Strafkammer ohne entsprechende Beschlußfassung begründet Vorschriftswidrigkeit dieser ~ GVG 76 1 +
- Ersatz durch von Justizverwaltung zugewiesenen Hilfsrichter ohne Präsidialbeschluß seiner Verwendung begründet vorschriftswidrige ~ 338 Nr. 1 51 –
- Fortsetzung der Hauptverhandlung im neuen Geschäftsjahr gestattet Beibehaltung der ~ 338 Nr. 1 27 +, 55 –
- Geschäftsjahrüberschreitung durch Beginn einer Schwurgerichtshauptverhandlung am letzten Sitzungstag mit bloßer Vernehmung des Angeklagten zur Person begründet vorschriftswidrige ~ 338 Nr. 1 27 +
- Geschäftsverteilung innerhalb der Kammer nur bei willkürlicher oder sonst rechtsmißbräuchlicher Nichteinhaltung revisibel 338 Nr. 1 25 –, 36 –
- Geschäftsverteilung nach zeitlichem Eingang oder durch Einzelzuweisung anstelle gebotener allgemeiner Kriterien begründet vorschriftswidrige ~ 338 Nr. 1 38 +, 45 +, 47 +, 4 –, 19 –
- Geschäftsverteilungsanordnung durch (unzuständigen) Präsidenten wird (erst) wirksam bei entsprechendem Beschluß des Präsidiums 338 Nr. 1 35 –
- Geschäftsverteilungsübertragung an Präsidenten begründet vorschriftswidrige ~ 338 Nr. 1 51 +, 35 –, 50 –
- Hilfsrichterbesetzung einer Strafkammer mit zwei Assessoren entgegen § 29 DRiG begründet u.U. vorschriftswidrige ~ 338 Nr. 1 35 +, 48 –, 52 –, 56 –
- Hilfsschöffenheranziehung gebietet keine nachträgliche Prüfung der Rechtmäßigkeit vorangegangener Streichung des Hauptschöffen von der Schöffenliste 338 Nr. 1 54 –
- Hilfsschöffenheranziehung unter Verstoß gegen ausgeloste Reihenfolge der Hilfsschöffenliste begründet vorschriftswidrige ~ 338 Nr. 1 50 +, 26 –, 54 –
- Hilfsstrafkammer erhält durch Schöffenauslosung anstelle reihenfolgegemäßer Zuweisung aus Hilfsschöffenliste vorschriftswidrige ~ GVG 47 1 +
- Hilfsstrafkammervorsitzender muß kein Vorsitzender Richter sein 338 Nr. 1 20 –, 52 –
- Jugendkammer ohne vorherige Festlegung eigener Sitzungstage im Geschäftsverteilungsplan begründet vorschriftswidrige ~ 338 Nr. 1 39 –
- Gerichtsbesetzung, Mitteilung der 222a
- Mitwirkung aus Schöffenliste gestrichener Personen begründet vorschriftswidrige ~ GVG 52 1 +
- Präsidiumsentscheidung über interne Zuständigkeitszweifel nach dem Geschäftsverteilungsplan zulässig 260 12 +; GVG 21e 3 –
- Reduzierte ~ großer Strafkammer gemäß § 76 II GVG ist auch zu beschließen bei Zuständigkeitsbegründung durch Verweisung nach §§ 225a, 270 StPO 338 Nr. 1 2 –
- Reduzierte ~ großer Strafkammer gemäß § 76 II GVG ist nur im Willkürfalle revisibel 338 Nr. 1 3 –
- Rüge bloßer Nichteinhaltung gesetzmäßig aufgestellten Geschäftsverteilungsplans unzulässig 338 Nr. 1 51 +
- Rüge erfordert Darlegung die Vorschriftswidrigkeit begründender Tatsachen einschließlich Mitteilung eines (zugestellten) Überlastungsvermerks sowie der dienstlichen Äußerung des Vorsitzenden und der Stellungnahme des Präsidiums 338 Nr. 1 4 –, 6 –, 33 –, 36 –
- Rüge nicht statthaft bei Vortrag irriger oder bloßer objektiver Abweichung vom Geschäftsverteilungsplan GVG 21e 3 –
- Rüge reduzierter Besetzung großer Strafkammer unter Verstoß gegen § 76 II GVG nur zulässig nach Antrag auf Unterbrechung der Hauptverhandlung zur Besetzungsprüfung oder erhobenem Besetzungseinwand 338 Nr. 1 2 –, 3 –
- Rüge vorschriftswidriger ~ 221a 1 +, 1 –; 221b 2 –, 3 –; 338 Nr. 1; GVG 21e 3 –; GVG 45 1 –; GVG 54 1 –
- Rüge vorschriftswidriger Schöffenbesetzung erfordert Mitteilung des vorschriftsgemäß heranzuziehenden (Hilfs-)Schöffen GVG 45 1 –; GVG 54 1 –
- Rügepräklusion durch Unterlassen von Besetzungseinwand oder Unterbrechungsverlangen zur Besetzungsprüfung vor Einlassung des Angeklagten 222a 1 –; 222b 2 –; 338 Nr. 1 17 –, 18 –
- Rügepräklusion erfordert objektive Erkennbarkeit des Besetzungsfehlers 222b 2 –

- Rügepräklusion verfassungsgemäß 338 Nr. 1 17 –, 18 –
- Rügezulässigkeit erfordert Mitteilung des Zeitpunkts der Erhebung des Besetzungseinwands in der Hauptverhandlung 222b 3 –
- Schöffen außerordentlicher Sitzung müssen für den Tag ihres tatsächlichen Stattfindens ausgelost werden 338 Nr. 1 36 +
- Schöffen im neuen Geschäftsjahr nach unterbliebener Vereidigung bei ihrer ersten Dienstleistung in öffentlicher Sitzung begründen vorschriftswidrige ~ 338 Nr. 1 52 +
- Schöffenauslosung ohne Aushangsankündigung der öffentlichen Sitzung begründet vorschriftswidrige ~ GVG 45 2 +, 2 –
- Schöffenbesetzung gemäß Auslosung darf durch Geschäftsstelle nicht geändert werden 338 Nr. 1 2 +
- Schöffendienstentbindung an bestimmten Sitzungstagen nur im Willkürfalle revisibel GVG 36 4 –; GVG 54 1 –
- Schöffeneintritt eines Hauptschöffen für von der Schöffenliste gestrichenen Hauptschöffen begründet vorschriftswidrige ~ 338 Nr. 1 43 +
- Schöffenheranziehung aus Hilfsschöffenliste ohne vorangegangene Auslosung der Eintrittsreihenfolge begründet vorschriftswidrige ~ GVG 45 1 +; GVG 49 1 +
- Schöffenheranziehung aus Hilfsschöffenliste unter Verstoß gegen Umlaufprinzip begründet vorschriftswidrige ~ GVG 49 2 +
- Schöffenmitwirkung in zwei Strafkammern an einem Tag bei entsprechender Auslosung begründet keine vorschriftswidrige ~ 338 Nr. 1 40 –
- Schöffenmitwirkung trotz Entbindung von der Dienstleistung begründet vorschriftswidrige ~ GVG 54 1 –
- Schöffenvereidigung nach Beginn wesentlicher Teile der Hauptverhandlung gebietet deren Wiederholung zur Vermeidung vorschriftswidriger ~ 338 Nr. 1 60 –
- Schöffenvorschlagsliste mit fehlerhafter Personenanzahl (§ 36 Abs. 4 GVG) nicht revisibel GVG 36 5 –
- Schöffenwahl durch unvollständigen Schöffenwahlausschuß begründet vorschriftswidrige ~ 338 Nr. 1 24 +
- Schöffenwahl im Wege bloßer Billigung der Wahlergebnisse beauftragter Gremien durch Schöffenwahlausschuß begründet vorschriftswidrige ~ 338 Nr. 1 7 +
- Schöffenwahl ungültig nur bei besonders schwerwiegendem und bei verständiger Würdigung aller in Betracht kommenden Umstände offenkundigem Fehler 338 Nr. 1 24 –
- Schöffenwahlausschuß bei Zusammensetzung aufgrund willkürfreier Vorschriftenauslegung bewirkt keine vorschriftswidrige ~ GVG 40 1 –

- Schöffenwahlausschuß bestehend aus durch unzuständiges Verwaltungsorgan gewählten Vertrauenspersonen begründet vorschriftswidrige ~ 338 Nr. 1 26 +
- Terminierung durch ausgeschlossenen Richter begründet vorschriftswidrige ~ 338 Nr. 1 46 +
- Überbesetzung durch Befähigung eines Vorsitzenden zur Bildung dreier Spruchkörper mit jeweils verschiedenen Beisitzern begründet vorschriftswidrige ~ 338 Nr. 1 29 +
- Überbesetzung eines Spruchkörpers bei gleichzeitig möglichen zwei personenverschiedenen Sitzgruppen begründet vorschriftswidrige ~ 338 Nr. 1 28 +, 29 +, 32 +, 16 –, 42 –, 43 –; BRAO 101 1 +, 1 –
- Überbesetzung eines Spruchkörpers mit einem zusätzlichen ständigen Mitglied keine vorschriftswidrige ~ 338 Nr. 1 9 –
- Überbesetzung eines Spruchkörpers mit fünf Beisitzern bei tatsächlicher Geschäftsaufteilung auf zwei sachlich und personell völlig selbständige Strafkammern unter einem Vorsitzenden und einer Bezeichnung keine vorschriftswidrige ~ 338 Nr. 1 34 –
- Verfahrensfehler außerhalb des Einwirkungsbereichs der Gerichte nicht revisibel GVG 36 2 –, 4 –
- Verhinderung des Präsidenten kann dieser selbst feststellen 338 Nr. 1 37 –
- Verhinderung des Vorsitzenden nach begonnener Hauptverhandlung gebietet nicht zwingend Vertretung durch geschäftsplanmäßigen Vertreter 338 Nr. 1 38 –
- Verhinderung durch Kollisionsfall nach Zuteilung von Richtern an mehrere Spruchkörper erfordert Vorrangsbestimmung durch Ermessensentscheidung des Präsidenten bei fehlender Regelung im Geschäftsverteilungsplan 338 Nr. 1 21 +
- Verhinderung eines ordentlichen Vorsitzenden infolge ungewöhnlicher einmaliger Mehrbelastung durch ein Verfahren kann längeren Zeitraum erfordern 338 Nr. 1 15 +; GVG 21f 1 –
- Verhinderung eines Richters darf auch noch nach Erhebung des Besetzungseinwands festgestellt werden 338 Nr. 1 23 –
- Verhinderung eines Richters und ihre Aufhebung entscheidet Gerichtspräsident nach pflichtgemäßem Ermessen bei Unanfechtbarkeit zugrundeliegender Tatsachen 222b 1 –; 338 Nr. 1 6 +, 13 +, 21 +, 40 +, 41 +, 48 +, 12 –, 45 –, 47 –, 51 –; GVG 21e 1 –, 4 –
- Verhinderung eines Richters und ihre Aufhebung bedürfen bei Offensichtlichkeit keiner formellen Feststellung des Gerichtspräsidenten 338 Nr. 1 40 +, 12 –, 45 –
- Verhinderung eines Schöffen wird noch nicht begründet durch die Anhängigkeit der Prüfung seiner Streichung aus der Schöffenliste 338 Nr. 1 16 +, 29 –

4571

[Gerichtsbesetzung]
- Verhinderung eines Vorsitzenden in drei Vierteln der Hauptverhandlungen des Geschäftsjahres wegen Vorsitzes einer Schwurgerichtssache ist nicht nur vorübergehend 338 Nr. 1 23 +
- Verhinderung eines Vorsitzenden über fünf Monate kann als noch vorübergehend bezeichnet werden 338 Nr. 1 57 –
- Vertreter des Vorsitzenden gemäß Geschäftsverteilungsplan ist bei mangelnder Aktenkenntnis selbst verhindert aus tatsächlichen Gründen 338 Nr. 1 39 –
- Vertreterbestellung bestimmter Einzelpersonen für konkrete Hauptverhandlung grundsätzlich untersagt GVG 21e 1 +
- Vertreterkette aus zwanzig Richtern ausreichende Regelung im Geschäftsverteilungsplan GVG 21e 1 –
- Vertretung des Vorsitzenden durch nicht (tatsächlich) ständiges Kammermitglied begründet vorschriftswidrige ~ 338 Nr. 1 25 +, 9 –
- Vertretung des Vorsitzenden durch tatsächlich bloßen Urlaubsvertreter begründet vorschriftswidrige ~ 338 Nr. 1 25 +
- Vertretung kommt nicht in Betracht aufgrund Verhinderung durch Mitwirkung in Hauptverhandlung desselben Spruchkörpers 338 Nr. 1 32 +
- Vorsitz nach personellem Wechsel eines Richters in Übernahme ihm als unbenannter „Nachfolger" im Geschäftsverteilungsplan vor Amtsantritt zugeteilter Geschäfte begründet vorschriftswidrige ~ 338 Nr. 1 31 +, 41 –, 51 –
- Vorsitz ohne vorherige Festlegung im Geschäftsverteilungsplan („N.N.") außerhalb (der Dauer) üblicher Besetzungsverfahren begründet vorschriftswidrige ~ 338 Nr. 1 15 +, 31 +, 13 –, 49 –
- Vorsitzender ohne wesentlichen Einfluß auf den Geschäftsgang und die Rechtsprechung der Kammer infolge anderweitiger Belastung begründet vorschriftswidrige ~ 338 Nr. 1 53 +
- Vorwurf gezielter Manipulation der ~ muß ausdrücklich behauptet werden 222b 2 –
- Wechsel eines Kammermitglieds und Befugnis zur Änderung der Geschäftsverteilung wird auch begründet durch die Zuweisung eines Hilfsrichters 338 Nr. 1 31 –
- Wiedereinsetzung wegen unzureichender Akteneinsicht zur Erhebung einer Besetzungsrüge unbegründet bei fehlendem Bemühen um Einsicht in Geschäftsverteilungsplan und Akten des Präsidiums 44 6 –
- Willkürfreier geringgewichtiger Verfahrensirrtum/-fehler bewirkt keine vorschriftswidrige ~ 338 Nr. 1 18 +, 24 +, 46 +, 19 –, 24 –, 53 –; GVG 21e 3 +, 4 +, 1 –; GVG 36 4 –, 6 –; GVG 40 1 –, 3 –; GVG 42 1 –; GVG 43 1 –; GVG 48 1 +; GVG 54 1 –; GVG 77 1 –, 2 –
- Willkürfreier geringgewichtiger Verfahrensirrtum/-fehler ist ausgeschlossen bei Einwirkung durch außerhalb der Gerichte stehende Person oder Stelle oder durch von richterlicher Tätigkeit ausgeschlossener Person innerhalb der Gerichtsorganisation 338 Nr. 1 18 +, 24 +, 46 +, 53 –
- Zeitweilige Vertretung durch Bestellung eines zeitweiligen Vertreters ist auf Fälle vorübergehenden und unvorhersehbaren Bedarfs begrenzt 338 Nr. 1 23 +, 8 –, 28 –, 57 –; GVG 21e 1 +, 1 –; 21f 1 –
- Zufällige Abweichung vom Geschäftsverteilungsplan begründet keine vorschriftswidrige ~ 338 Nr. 1 19 –
- Zuständigkeit des Präsidiums gewahrt bei Umlaufverfahren für Anordnungen des Präsidenten zur Geschäftsverteilung 338 Nr. 1 50 –

Gerichtskundigkeit s. auch Allgemeinkundigkeit
- Beweisergebnisse aufgrund ausschließlich einzelfallbezogener komplexer Wahrnehmungen des Richters von erheblicher Bedeutung für die Überführung des Angeklagten sind ausgeschlossen von einer ~ 261 22 +
- Dienstliches Wissen über nicht rechtskräftig festgestellte Straftaten ist im Urteil wegen anderer Straftat nach Maßgabe der Aufklärungspflicht verwertbar 261 28 –
- Einführung offenkundiger Tatsachen in die Hauptverhandlung 244 III S. 2 Var. 1 1 –; 261 67 +, 119 +, 190 +
- Einschluß von Ergebnissen anderer Richter 244 III S. 2 Var. 1 1 –; 261 22 +
- Gegenständlichkeit gerichtskundiger Tatsachen in der Hauptverhandlung unterliegt dem Freibeweisverfahren 273 2 –
- Hinweispflicht des Gerichts bei möglicherweise beabsichtigter Zugrundelegung erheblicher Tatsachen als offenkundig 261 67 +, 190 +
- Protokollierungspflicht besteht nicht für Erörterung gerichtskundiger Tatsachen 273 2 –
- Überprüfung tatsächlichen Bestehens der ~ ist dem Revisionsgericht verwehrt 261 190 +, 36 –

Gerichtssprache, Fremdsprachige Prozeßerklärungen werden wirksam mit Eingang ihrer Übersetzung in die ~ GVG 184 1 –, 2 –

Gerichtsstand 7 ff.
- Örtliche Unzuständigkeit s. dort

Gerichtsstand des Zusammenhanges 3 2 +; 13
- Gerichte verschiedener Ordnung unterliegen keinem ~ 12 2 +; 13 1 +
- Rüge örtlicher Unzuständigkeit erfordert Mitteilung zuständigkeitsrelevanter Umstände einer nach Verkündung des angefochtenen Urteils abgetrennten Strafsache 13 1 –
- Voraussetzung verschiedener örtlich zuständiger Gerichte gleicher Ordnung 12 2 +; 13 1 +, 2 +; 338 Nr. 4 4+

Gerichtsstandsmehrheit, Eröffnung durch mehrere örtlich zuständige Gerichte ungleicher Ordnung gestattet Verfahrensverbindung nur durch gemeinschaftliches oberes Gericht 12 2 +
- Länderamnestie ist nur bei vorrangiger Zuständigkeit der Gerichte des amnestierenden Landes Verfahrenshindernis 12 3 +
- Vorrang des zuerst eröffnenden Gerichts 12 2 +
- Zuständigkeit des zuerst eröffnenden Gerichts (Prioritätsgrundsatz) ist nachrangig gegenüber noch möglicher erstinstanzlicher Aburteilung durch das sachlich ausschließlich zuständige höhere Gericht 2 1 –; 12 1 +

Gesamtstrafe, aus Jugend- und allgemeiner Freiheitsstrafe nur bei gleichzeitiger Aburteilung zulässig 260 6 +; JGG 31 2 –, JGG 32 1 +, 2 +
- Berufungsverhandlung bedarf wegen § 460 StPO keiner Überleitung in erstinstanzliches Verfahren zur Bildung einer ~ 260 10 +
- Erörterungsmangel einer Anrechnung erbrachter Bewährungsleistungen bei Bildung nachträglicher ~ im Urteil nur beachtlich auf erhobene Aufklärungs-(Verfahrens-)Rüge 344 7 –
- Nachträgliche ~nbildung durch Berufungsgericht gestattet bei lediglich in Betracht kommender Freiheitsstrafe von nicht mehr als 3 Jahren keine Überleitung in erstinstanzliches Verfahren 237 1 +; 328 1 +; 338 Nr. 4 3 +
- Neue ~ unterliegt sowohl hinsichtlich ihrer Bildung als auch derjenigen der Einzelstrafen dem Verschlechterungsverbot 358 3 +, 6 +, 7 +, 8 +
- Teilanfechtung einer ~ durch beschränkte Revision hindert notwendig Rechtskraft aller zur Bildung herangezogenen Einzelverurteilungen 260 16 +
- Tilgungsfristbeginn bei nachträglicher ~ mit Zeitpunkt der ersten Entscheidung BZRG 51 1 +
- Urteilsgründe erfordern gesonderte Begründung bei Bildung einer ~ 267 44 +
- Verhandlungsverbindung gestattet keine Bildung einer ~ 237 2 +
- Verschlechterungsverbot hindert neuen Tatrichter nicht an der Festsetzung der gleichen ~ MRK 6 4 –

Geschädigte(r) s. Verletzte(r)

Geschäftsjahr, Fortsetzung der Hauptverhandlung in gleicher Besetzung zulässig im neuen ~ 338 Nr. 1 27 +, 55 –
- Strafkammerbildung im laufenden ~ 338 Nr. 1 32 –; GVG 47 1 +
- Überschreitung des ~es durch Beginn einer Schwurgerichtshauptverhandlung am letzten Sitzungstag mit bloßer Vernehmung des Angeklagten zur Person begründet vorschriftswidrige Gerichtsbesetzung 338 Nr. 1 27 +

- Vereidigung der Schöffen gilt nur für das laufende ~ 338 Nr. 1 52 +

Geschäftslast, des Schwurgerichts rechtfertigt allein Ausnahme vom Konzentrationsgrundsatz auf eine Schwurgerichtskammer 338 Nr. 1 13 –; GVG 74 2 +
- Geschäftsverteilungsplan gestattet Bildung neuer Spruchkörper bei dauernd zunehmender ~ GVG 21e 2 –
- Hilfsstrafkammereinrichtung als Fall der Verhinderung zulässig bei Überlastung ordentlicher Kammer durch vorübergehenden und nicht mittels Zuteilung neuer Mitglieder oder Entlastung an andere ordentliche Strafkammer zu bewältigenden ~ 338 Nr. 1 1 –, 14 –, 20 –, 30 –, 52 –, 53 –
- Verhinderung eines ordentlichen Vorsitzenden infolge ungewöhnlicher einmaliger Mehrbelastung durch ein Verfahren kann längeren Zeitraum erfordern 338 Nr. 1 15 +; GVG 21f 1 –

Geschäftsräume, ohne Allgemeinzugänglichkeit unterliegen Grundrechtsschutz einer Wohnung GG 13 1 –

Geschäftsverteilung, Anordnung durch (unzuständigen) Präsidenten wird (erst) wirksam bei entsprechendem Beschluß des Präsidiums 338 Nr. 1 35 –
- Zuständigkeit des Präsidiums gestattet keine Ermächtigung des Präsidenten zur ~ 338 Nr. 1 51 +, 35 –, 50 –
- Zuständigkeit des Präsidiums gewahrt bei Umlaufverfahren für Anordnungen des Präsidenten zur ~ 338 Nr. 1 50 –

Geschäftsverteilungsplan, Änderung durch Einrichtung einer Hilfsstrafkammer wegen Überlastung ordentlicher Strafkammer unterliegt nur revisionsgerichtlicher Prüfung auf Willkür 338 Nr. 1 1 –, 14 –, 20 –
- Änderung des ~s durch nachträgliche Bildung neuen Spruchkörpers wegen andauernder Geschäftslastvermehrung zulässig GVG 21e 2 –
- Änderung des ~s durch Umverteilung bereits anhängiger noch nicht terminierter Haftsachen wegen Überlastung einer Strafkammer zulässig 338 Nr. 1 4 –, 22 –
- Änderung des ~s für einzelne Strafsachen begründet vorschriftswidrige Gerichtsbesetzung 338 Nr. 1 49 +, 4 –
- Änderung des ~s kann durch Weitergeltungsbeschluß zu Beginn des folgenden Geschäftsjahres aufrechterhalten werden gegen neue Änderungen im ~ 338 Nr. 1 22 –
- Auswahl des Ergänzungsrichters bedarf keiner Regelung im ~ GVG 192 1 –
- Auswärtige Strafkammer muß einen Vorsitzenden haben 338 Nr. 1 33 +
- Auswärtige Strafkammer unterliegt neben Besonderheiten des § 78 GVG allgemeinen Grundsätzen der Gerichtsbesetzung 338 Nr. 1 33 +, 54 +

4573

[Geschäftsverteilungsplan]
- Beschäftigung nichtständiger Richter am Landgericht kein Verfassungsverstoß 338 Nr. 1 63 –
- Eingriff in ~ durch Verhandlungsverbindung ist zulässig 237 2 –
- Einzelzuweisung von Richtern für bestimmte Strafsache ist unzulässig 338 Nr. 1 45 +, 47 +
- Geschäftsverteilungsanordnung durch (unzuständigen) Präsidenten wird (erst) wirksam bei entsprechendem Beschluß des Präsidiums 338 Nr. 1 35 –
- Gesetzwidriger ~ ist revisibel 338 Nr. 1 3 +, 51 +
- Grundsatz allgemeiner Kriterien verbietet Geschäftsverteilung nach zeitlichem Eingang oder durch Einzelzuweisung 338 Nr. 1 38 +, 45 +, 47 +, 4 –, 19 –
- Hilfsstrafkammereinrichtung willkürlich bei offen zutage liegender dauernder Mehrbelastung oder unrealistischer Prognose des Verfahrensabschlusses innerhalb des kommenden Geschäftsjahres 338 Nr. 1 14 –, 20 –
- Hilfsstrafkammervorsitz muß nicht mit Vorsitzendem Richter besetzt werden 338 Nr. 1 20 –, 52 –
- Interne Zuständigkeitsstreitigkeiten nach dem ~ entscheidet das Präsidium 260 12 +; GVG 21e 3 –
- Jugendkammer erfordert vorherige Festlegung eigener Sitzungstage im ~ 338 Nr. 1 39 +
- Kammerinterner ~ darf geändert werden bei Zuweisung eines Hilfsrichters 338 Nr. 1 31 +
- Kammerinterner ~ nur bei willkürlicher oder sonst rechtsmissbräuchlicher Nichteinhaltung revisibel 338 Nr. 1 25 –, 36 –
- Kollisionsfall nach Zuteilung von Richtern an mehrere Spruchkörper erfordert Vorrangsbestimmung durch Ermessenentscheidung des Präsidenten bei fehlender Regelung im ~ 338 Nr. 21 +
- Nachträgliche Änderung des ~s aus Gründen der Richterausbildung nicht gerechtfertigt 338 Nr. 1 19 +
- Nachträgliche Änderung des ~s ausschließlich aus Gründen der Geschäftsauslastung eines Richters oder Spruchkörpers oder infolge Wechsels oder dauernder Verhinderung einzelner Richter zulässig 338 Nr. 1 19 +
- Nichteinhaltung gesetzmäßig aufgestellten Geschäftsverteilungsplans nicht revisibel 338 Nr. 1 51 +
- Nichteinhaltung kammerinterner Geschäftsverteilung nur im Falle von Willkür oder Rechtsmißbrauch revisibel 338 Nr. 1 25 –, 36 –
- Richterausbildung allein noch kein Grund für nachträgliche Änderung des ~s 338 Nr. 1 19 +, 27 –
- Rollierende Zuständigkeitsregelung im ~ zulässig 338 Nr. 1 10 –
- Rüge nicht statthaft bei Vortrag irriger oder bloßer objektiver Abweichung vom ~ GVG 21e 3 –
- Schwurgericht unterliegt grundsätzlicher Konzentration auf eine Schwurgerichtskammer 338 Nr. 1 13 –; GVG 74 2 +
- Strafkammerbesetzung mit zwei Assessoren entgegen § 29 DRiG begründet u.U. vorschriftswidrige Gerichtsbesetzung 338 Nr. 1 35 +, 48 –, 52 –, 56 –
- Überbesetzung einer Strafkammer entscheidet sich nach der Zahl ihrer tatsächlichen ständigen Mitglieder 338 Nr. 1 9 –, 43 –
- Überbesetzung eines Spruchkörpers mit einem zusätzlichen ständigen Mitglied nicht vorschriftswidrig 338 Nr. 1 9 –
- Überbesetzung eines Spruchkörpers mit fünf Beisitzern bei tatsächlicher Geschäftsaufteilung auf zwei sachlich und personell völlig selbständige Strafkammern unter einem Vorsitzenden und einer Bezeichnung nicht vorschriftswidrig 338 Nr. 1 34 –
- Überbesetzung eines Spruchkörpers vorschriftswidrig bei gleichzeitig möglichen zwei personenverschiedenen Sitzgruppen vorschriftswidrig 338 Nr. 1 28 +, 29 +, 32 +, 16 –, 42 –, 43 –; BRAO 101 1 +, 1 –
- Verhinderung eines Richters über das ganze Geschäftsjahr ist zu berücksichtigen im ~ 338 Nr. 1 20 +
- Vertreterkette aus zwanzig Richtern ausreichende Regelung im ~ GVG 21e 1 –
- Vertreterregelung mit nicht ausreichendem Umfangs gebietet sachgerechte Änderung nach Maßgabe des § 21e GVG GVG 21e 1 +
- Vertretung des Vorsitzenden einer Strafkammer durch (tatsächlich) ständiges Kammermitglied geboten 338 Nr. 1 25 +, 9 –
- Vertretung durch Bestellung eines zeitweiligen Vertreters nur zulässig bei unvorhersehbar und vorübergehend unzureichendem ~ 338 Nr. 1 23 +, 8 –, 28 –, 57 –; GVG 21e 1 +, 1 –; 21f 1 –
- Vertretungsweise Geschäftsübernahme durch von Justizverwaltung zugewiesenen Hilfsrichter darf nicht unter Verzicht auf präsidiale Verwendungsbeschlüsse für das ganze Geschäftsjahr als von selbst eintretend bestimmt werden im ~ 338 Nr. 1 51 –
- Vorsitz einer Strafkammer bedarf außerhalb (der Dauer) üblicher Besetzungsverfahren zwingender Festlegung im ~ 338 Nr. 1 15 +, 31 +, 13 –, 49 –
- Vorsitzender darf keine drei Spruchkörper mit jeweils verschiedenen Beisitzern bilden können 338 Nr. 1 29 +; BRAO 101 1 +, 1 –
- Wechsel eines Vorsitzenden gestattet keine Geschäftszuteilung an unbenannten „Nachfolger" vor dessen Amtsantritt und präsidialer Beschlußfassung über seine Verwendung 338 Nr. 1 31 +, 41 –, 51 –

4574

– Willkürfreie Aufstellung des ~s durch fehlerhaft gewähltes Präsidium nicht revisibel GVG 36 4 –
– Wirtschaftsstrafkammer erlaubt ihren Schwerpunkt wahrende Zuteilung allgemeiner Strafsachen 338 Nr. 1 13 –; GVG 74c 1 –
– Wortlaut des ~s nachrangig gegenüber tatsächlicher Handhabung und vom Präsidium beigelegten Sinn 338 Nr. 1 43 –
– Zufällige Abweichung vom ~ begründet keine vorschriftswidrige Gerichtsbesetzung 338 Nr. 1 19 –
– Zuständigkeit des Präsidiums gewahrt bei Umlaufverfahren für Anordnungen des Präsidenten zur Geschäftsverteilung 338 Nr. 1 50 –
– Zuständigkeit des Präsidiums zur Geschäftsverteilung nicht übertragbar auf Präsidenten 338 Nr. 1 51 +, 35 –, 50 –
– Zuständigkeitsregelung des Gesetzes hat Vorrang vor ihr widersprechender Regelung im ~ 338 Nr. 1 3 +

Geschlechterneutralität, Beweiswürdigung gestattet keine richterliche Erwägung eines Verhaltens als „typisches Männerwerk" 261 170 +

Geschlechtsverkehr, DNA-Analyse besitzt nur indiziellen Beweiswert für ~ 261 79 +, 19 –
– ~ ohne Verletzung des Hymens nicht anzunehmen ohne gesonderte Auseinandersetzung in der Beweiswürdigung 261 196 +

Geschwindigkeitsmessung, technische Meßungenauigkeiten anerkannter amtlich zugelassener Geräte in standardisierten Verfahren gebieten nur bei Veranlassung im Einzelfall Erörterung innerhalb der Urteilsgründe 276 3 –, 6 –

Geschwindigkeitsüberschreitung, Tatfeststellung nur anhand Geständnisses zulässig 267 6 –

Gesetzesänderung, Berücksichtigung einer ~ i.S.d. § 2 StGB nur auf erhobene Sachrüge 354a 1 –
– Rechtskraft des Schuldspruchs hindert nicht Berücksichtigung eingetretener ~ i.S.d. § 2 StGB bei der Neubemessung der Strafe 354a 1 +
– Urteilsaufhebung durch Revisionsgericht wegen Gesetzesänderung gemäß § 354a StPO erstreckt sich nicht auf mitangeklagte Nichtrevidenten 354a 2 –

Gesetzeswortlaut, Begründung für Öffentlichkeitsausschluß zulässig durch eindeutige Bezugnahme auf maßgeblichen ~ 338 Nr. 6 7 –, 14 –, 19 –, 23 –
– Begründungspflicht verbietet uneindeutige oder formelhafte Begründung durch ~ 74 8 +; 241 5 +; 244 III S. 2 Var. 2 4 +; 244 III S. 2 Var. 5 1 +; 244 III S. 2 Var. 6 1 +; 247 7 +; 267 1 +, 44 +; 338 Nr. 3 10 –; 338 Nr. 6 7 –, 14 –, 18 –, 19 –, 23 –; GVG 169 4 +; GVG 174 1 +, 2 +, 3 +, 4 +, 5 +, 6 +

Gesetzlicher Richter, Anhängigkeit derselben Strafsache vor mehreren Gerichten im selben Rechtszug unzulässig GVG 121 2 +
– Hilfsschöffen ohne Auslosung ihrer Eintrittsreihenfolge verstoßen gegen den Grundsatz ~ GVG 45 1 +; GVG 49 1 +
– Schöffendienstentbindung an bestimmten Sitzungstagen nur im Willkürfall revisibel GVG 36 4 –; GVG 54 1 –
– Schöffenvorschlagsliste mit fehlerhafter Personenanzahl (§ 36 Abs. 4 GVG) nicht revisibel GVG 36 5 –
– Sinn der Vorschriften zum Grundsatz ~ GVG 36 4 –
– Terminierung ohne Rücksicht auf Verfügbarkeit der Hauptschöffen unschädlich GVG 16 1 –
– Verfahrensfehler außerhalb des Einwirkungsbereichs der Gerichte nicht revisibel GVG 36 2 –, 4 –, 5 –
– Vorrang des Grundsatzes ~ vor der Unanfechtbarkeit von Entscheidungen gemäß § 336 S. 2 StPO 338 Nr. 1 21 –; GVG 54 1 +; GVG 120 1 –
– Vorrang des Grundsatzes ~ vor Verweisungsverbot an Gericht niederer Ordnung gemäß § 269 StPO 270 1 –; GVG 120 1 –
– Willkürfreie Auslegung der Vorschriften zur Zusammensetzung des Schöffenwahlausschusses unschädlich GVG 40 1 –
– Willkürfreier geringgewichtiger Verfahrensirrtum/-fehler verletzt nicht den Grundsatz ~ 338 Nr. 1 18 +, 24 +, 46 +, 19 –, 24 –, 53 –; GVG 21e 3 –; GVG 24 1 +, 1 –; GVG 36 4 –, 6 –; GVG 40 1 –, 3 –; GVG 42 1 –; GVG 43 1 –; GVG 48 1 +; GVG 54 1 –; GVG 77 1 –, 2 –
– Willkürfreier geringgewichtiger Verfahrensirrtum/-fehler ist ausgeschlossen bei Einwirkung durch außerhalb der Gerichte stehende Person oder Stelle oder durch von richterlicher Tätigkeit ausgeschlossener Person innerhalb der Gerichtsorganisation 338 Nr. 1 18 +, 24 +, 46 +, 53 –
– Willkürliche Annahme sachlicher Zuständigkeit verletzt den Grundsatz des gesetzlichen Richters 6a 2 –; 209 1 –, 2 –, 3 –; 237 1 +; 270 1 –; 328 1 –; 338 Nr. 1 3 +; 338 Nr. 4 1 +, 2 +, 3 +, 4 +, 2 –, 3 –; GVG 21e 3 –; GVG 24 1 +, 1 –; GVG 74 1 +; GVG 120 1 –
– Willkürliche Erwägungen des Revisionsgerichts verletzen den Grundsatz ~ 261 92 +
– Willkürliche Nichtbeachtung richterlicher Vorlagepflicht verletzt den Grundsatz ~ GVG 121 1 +
– Willkürliche richterliche Nichtbeanstandung (§ 39 S. 2 GVG) fehlerhaft aufgestellter Vorschlagsliste für Schöffen (obiter dictum) GVG 36 1 –, 2 –

Gesetzlicher Vertreter, Angeklagter ~ kann keine wirksame Zustimmung zur Aussage seines zeugnisverweigerungsberechtigten Kindes im selben Verfahren erteilen 52 18 +

4575

[Gesetzlicher Vertreter]
- Belehrung ~ über Zeugnisverweigerungsrecht des Kindes geboten vor Entgegennahme ihrer Einwilligung zu dessen Aussage 52 13 +
- Belehrungspflichtverstoß unschädlich bei nachweislicher Kenntnis und auszuschließendem Gebrauchmachen von Untersuchungsverweigerungsrecht 81c 1 –
- Letztes Wort hat neben Angeklagten auch sein anwesender ~ 258 25 +, 30 +, 3 –
- Rechtsmittelbefugnis ~ besteht selbständig neben der des minderjährigen Beschuldigten bis zu dessen Volljährigkeit 298 1 +
- Wiedereinsetzung wegen unterlassener Benachrichtigung vom Verfahrensausgang bei ordnungsgemäßer Ladung nicht gerechtfertigt 44 10 –
- Zeugnisverweigerung des Kindes verbietet Nachholen einer Zustimmung seiner gesetzlichen Vertreter 52 15 +

Geständnis, Aufforderung des Vorsitzenden an Angeklagten zum Kopfnicken/-schütteln während der Verlesung der Anklageschrift vor der Belehrung bewirkt Verwertungsverbot für deshalb aufrechterhaltenes ~ 247 24 +
- Bedenkzeiterbitten des Angeklagten vor einer Äußerung zu den Tatvorwürfen gestattet keinen Schluß auf Teil-~ 261 52 +
- Belehrung über strafmildernde Wirkung eines ~ses ist keine Beeinträchtigung der Entschlußfreiheit 136a 20 –, 24 –
- Beschlagnahme von Verteidigungsunterlagen entgegen Verbot und dabei entdecktes schriftliches ~ begründet noch kein Verfahrenshindernis 260 14 –
- Beweisaufnahme über ~ gestattet Vorhalt nichtrichterlicher Protokolle über Beschuldigtenvernehmung des schweigenden Angeklagten durch Verlesung zur Gedächtnisunterstützung bei Vernehmung der Verhörsperson 254 4 –
- Beweisaufnahme über ein ~ durch Verlesung richterlicher Vernehmungsniederschrift ist im Falle deren bloßer Verweisung auf ein Polizeiprotokoll ohne Wiedergabe zumindest des Kerns der Einlassung des Angeklagten zur Sache mangels Eignung unzulässig 254 3 +
- Beweisaufnahme über ein ~ gestattet keine Verlesung richterlicher Niederschrift über Vernehmung früherer Mitbeschuldigter/-angeklagter 254 2 –
- Beweisaufnahme über ein ~ gestattet Verlesung richterlicher Niederschrift über Vernehmung eines Mitangeklagten 254 3 –
- Beweisgrundlage für ~ kann richterliche Vernehmungsniederschrift bei fehlender Erinnerung des vernommenen Richters nach Vorhalt nicht sein 261 195 +
- Beweisgrundlage für ~ können nichtrichterliche Vernehmungsprotokolle bei Bestreiten

oder Schweigen des Angeklagten in der Hauptverhandlung wegen Urkundenverwertungsverbots nicht sein 254 4 –; 261 195 +
- Blanko-~ unzureichende Grundlage für Eröffnungsbeschluß 200 13 +
- ~ durch Verteidigererklärung für den Angeklagten in dessen Gegenwart ist verwertbar 243 3 –
- ~ eines Zeugen bei möglicher falscher Selbstbezichtigung zur Erlangung von Vorteilen gemäß § 31 BtMG nur im Falle entsprechender Erörterung glaubwürdigkeitsbegründend 261 87 +
- Erfahrungssatz für anstelle pauschalen Bestreitens zu erwartendes Teil-~ besteht nicht 261 34 –
- Falsches ~ und denkbares Motiv nicht anders zu erlangender Haftverschonung 261 5 –
- ~ gegenüber dem Ehepartner gebietet Erörterung möglicher falscher Selbstbezichtigung in der Beweiswürdigung 261 13 +
- Hinweispflicht des Gerichts offengelassen für beabsichtigte Verurteilung zu Höchststrafe bei richterlich zugesagter Auswirkung von abgegebenem ~ 261 20 –
- Kenntnis der Schöffen nach infolge Verständigungsdissenses beschlossener Unverwertbarkeit eines ~ses begründet nicht die Besorgnis ihrer Befangenheit 338 Nr. 3 2 –
- Letztes Wort ist einzuräumen auch bei vorangegangenem ~ 258 5 +
- ~ ohne Pflichtverteidiger anläßlich unaufschiebbarer Tatrekonstruktion unter freiwilliger Mitwirkung des Angeklagten unterliegt keinem Verwertungsverbot 141 1 –
- Provokation eines ~ses durch Vortäuschung einer erdrückenden Beweislage ist verbotene Vernehmungsmethode 136a 11 –
- Spontanes und unprovoziertes ~ vor Belehrung verwertbar 136 12 –
- Straferwartungsprognose für den Fall eines ~ses gewährt keinen Anspruch auf formelles rechtliches Gehör GVG 169 4 –
- Teil-~ gebietet Wiedergabe seines Inhalts in der Beweiswürdigung 261 38 +
- Telefonisch provoziertes Geständnis bei fehlender Überwachungsanordnung unverwertbar 100a 3 +
- Tonbandaufnahme im Einverständnis des Beschuldigten von ~ bei polizeilicher Vernehmung darf zur Gedächtnisunterstützung des Angeklagten und vernommener Verhörsperson abgespielt und gemäß deren Bestätigung verwertet werden 253 2 –
- Verständigung im Strafverfahren steht bei ordnungsgemäßer Durchführung einer Verwertung von dabei abgegebenem ~ nicht entgegen 136a 16 –; MRK 6 8 –
- Verständigung im Strafverfahren und Höchststrafe trotz ~ 261 20 –
- Widerruf eines ~ses hindert nicht Wirksamkeit eines Rechtsmittelverzichts im Zuge ei-

ner Verständigung im Strafverfahren GVG 169 1 +
– Widerruf eines ~ses schließt seine Würdigung als glaubhaft nicht aus 261 42 –
– Wiederholung eines ~ses nach nachgeholter Belehrung gestattet Verwertung 136 6 +

Gesundheitsamt, Behördengutachten 256 4 –

Gewährsmann s. Informant, V-Mann

Glaubhaftigkeit s. auch Glaubhaftigkeitsgutachten
– Aussage wider besseres Wissen nicht Voraussetzung für Annahme offensichtlicher Un-~ 62 1 –
– Aussagebeeinflussung eines Zeugen durch Psychotherapie nach der Methode des „begleiteten Wiedererlebens" erörterungsbedürftig 261 32 +
– Aussageinhaltliche Abweichungen erlauben nicht ohne weiteres den Schluß auf fehlende ~ 261 48 +
– Belastungsaussage eines Kindes erfordert Erörterung möglicher Falschaussagemotive bei Prüfung der ~ 261 142 +
– Beweiswert einer Auskunftsperson beurteilt sich unabhängig von ihrer verfahrensrechtlichen Stellung 261 46 –
– ~ der Aussage eines Zeugen begründet nicht seine Glaubwürdigkeit 261 55 +
– ~ der Aussage eines Zeugen trotz fehlender Erinnerung 261 38 –
– ~ der/des Geschädigten nicht zu begründen durch ungeprüfte Übernahme diesbezüglicher Ansicht von Zeugen 261 126 +
– ~ eines Geständnisses trotz Widerruf 261 42 –
– Erinnerungslücken sind unter Differenzierung zwischen Wahrnehmungs- und Merkfähigkeit zu würdigen 261 172 +
– Mögliche falsche Selbstbezichtigung ist erörterungsbedürftig in der Beweiswürdigung 261 13 +, 87 +
– Persönliche Bekanntschaft eines Zeugen mit dem Angeklagten bewirkt nicht von vornherein Un-~ der Zeugenaussage 261 151 +
– Sexuelle Anschuldigungen bei Sorgerechtsstreit und ~ 261 55 +, 58 +
– Sexuelle Anschuldigungen insbesondere eines Kindes erfordern Würdigung ihrer Entstehungsgeschichte im Urteil 244 II 5 +; 244 IV 5 +; 261 14 +, 36 +, 41 +, 42 +, 55 +, 59 +, 65 +, 7 –
– Unwahrheit eines Aussageteils begründet Darstellungs- und Prüfungspflicht 261 7 +, 16 +, 37 +, 50 +, 85 +, 106 +, 9 –
– Vernünftige Zweifel an belastenden Angaben hindern Verurteilung 261 98 +, 109 +, 113 +, 123 +
– Widerruf von Sachdarstellungen und ~ 261 42 –

Glaubhaftigkeitsgutachten (s. auch Sachverständigengutachten) 244 IV 5 +, 1 –; 261 10 +

Glaubhaftmachung, Ablehnungsgrund bedarf der ~ 338 Nr. 3 9 +, 16 +, 25 +
– Anwaltliche Versicherung ist als Mittel der ~ einer Wiedereinsetzung nur ausreichend für Gegenstände eigener Wahrnehmung des Anwalts 345 4 +
– ~ durch „schlichte Erklärung" des Antragstellers im Wiedereinsetzungsverfahren reicht nicht ohne weiteres aus 45 1 +, 2 –
– Pflicht des Gerichts zum Einsatz von Mitteln zur ~ 56 1 +
– Verlöbnis und ~ 56 1 +
– Wiedereinsetzungsantrag gestattet bis zum rechtskräftigen Abschluß des Verfahrens der Wiedereinsetzung (s. dort) die Vornahme oder Ergänzung der ~ 44 11 +; 45 2 –
– Zeugnisverweigerungsgrund bedarf der ~ 56

Glaubwürdigkeit, Augenscheinsbeweisantrag darf nicht abgelehnt werden unter Berufung auf ~ des Zeugen 244 V S. 1 4 +
– Aussagebeeinflussung durch suggestive Einwirkungen auf kindliche Zeugen und Würdigung 261 46 –
– Aussagekonstanz muß revisionsrechtlich überprüfbar dargelegt werden 261 14 +
– Aussagekonstanz nicht anzunehmen bei Rücknahme früherer Belastungsangaben 261 45 +
– Aussagerücknahme oder Widerlegung (von Teilen) ursprünglicher Belastungsaussagen ist zu erörtern bei Prüfung der ~ 261 37 +, 45 +, 172 +; 267 8 +, 32 +
– Belastungstendenz (sog.) einer Zeugenaussage ist revisionsgerichtlich nachprüfbar darzustellen und zu würdigen 261 172 +
– Beurteilung der ~ eines den Gesamtvorwurf stützenden Belastungszeugen als zweifelsfrei bei Teilfreispruch begründet fehlerhafte Beweiswürdigung 261 149 +
– Beweiswert einer Auskunftsperson beurteilt sich unabhängig von ihrer verfahrensrechtlichen Stellung 261 46 –
– Eidliche Aussage darf bei fehlender Belehrung über bestehendes Eidesverweigerungsrecht (s. dort) nicht als eidlich verwertet werden zur Begründung der ~ 52 1 +
– Erinnerungslücken sind unter Differenzierung zwischen Wahrnehmungs- und Merkfähigkeit zu würdigen 261 172 +
– ~ gehörloser erwachsener Zeugen ist grundsätzlich ausreichend zu beurteilen bei Zuziehung eines Gebärdendolmetschers 244 IV 2 –
– Glaubhaftigkeit der Aussage eines Zeugen begründet nicht seine ~ 261 55 +
– Grundsatz richterlicher Beurteilung der ~ 244 IV 6 +, 8 +, 16 +, 7 –, 10 –, 12 –, 14 –, 17 –, 21 –; 245 3 +
– Häufung einzeln erklärbarer Fragwürdigkeiten und ~ 261 46 +, 59 +, 63 +, 109 +, 125 +, 132 +, 140 +

[Glaubwürdigkeit]
- Indiztatsachen und Erheblichkeit zur Beurteilung der ~ 244 III S. 2 Var. 2 23 +; 244 III S. 2 Var. 7 14 +
- Indiztatsachen und Wahrunterstellung 244 III S. 2 Var. 7 14 +
- Mögliche falsche Selbstbezichtigung zur Erlangung von Vorteilen gemäß § 31 BtMG erörterungsbedürftig 261 87 +
- Mögliche Identität eines Zeugen mit anonymem Informanten und Begründung einer ~ 261 102 +
- Nichterweislichkeit gewichtiger Anschuldigungen und Würdigung 261 59 +
- Schwierigkeit der Beurteilung rechtfertigt nicht ihr Unterlassen 261 194 +
- Unfallzeuge und ~ 246 3 +
- Unwahrheit eines Aussageteils ist gewichtiges Indiz für mangelnde ~ 261 96 +, 98 +
- Vereidigungsabsehen begründet keine Un-~ der Zeugenaussage 61 8 –
- Verstorbener Belastungszeuge und ~ 261 89 +
- Vorstrafen und Strafurteile eines Zeugen verlesbar im Falle der Notwendigkeit zur Beurteilung seiner ~ 68a 2 –
- Zurückweisung zur Unehre gereichender Fragen begründet die Revision bei Unerläßlichkeit zur Beurteilung der ~ 68a 1 +, 2 –; 338 Nr. 8 6 +, 1 –

Glaubwürdigkeitsgutachten (s. auch Sachverständigengutachten) 244 II 3 +, 11 +, 27 +; 244 III S. 1 2 +, 4 –; 244 IV 1 +, 2 +, 5 +, 7 +, 8 +, 10 +, 12 +, 14 +, 16 +, 18 +, 20 +, 21 +, 22 +, 7 –; 244 VI 4 –; 245 3 +; 252 12 +; 261 10 +, 15 –
- Alkohol-/Drogenabhängigkeit 244 III S. 1 2 +, 4 –; 244 IV 1 +, 7 +, 12 +; 244 VI 4 +
- Augenscheinseinnahme wird nicht entbehrlich durch ~ 244 V S. 1 1 +, 4 +
- Epileptiker 244 II 11 +
- Gehörloser erwachsener Zeuge erfordert zur Glaubwürdigkeitsbeurteilung bei Zuziehung von Gebärdendolmetscher grundsätzlich kein ~ 244 IV 2 –
- Grundsatz richterlicher Glaubwürdigkeitsbeurteilung 244 IV 6 +, 8 +, 16 +, 7 –, 10 –, 12 –, 14 –, 17 –, 21 –; 245 3 +
- Hysterische Neurose 261 63 +
- Jugendlicher Zeuge und ~ 244 II 20 +, 27 +; 244 IV 5 +, 10 +, 14 +, 20 +, 7 –; 261 15 –
- Kindlicher Zeuge und ~ 244 II 3 +, 27 +; 244 IV 2 +, 5 +, 20 +, 21 +, 22 +, 7 –, 12 –, 21 –; 261 15 –
- Sachverständiger als präsentes Beweismittel nicht abzulösen durch Hinweis auf eigene Sachkunde des Tatrichters 245 3 +
- Überlegenheit der Erkenntnismittel des Sachverständigen gegenüber denen des Gerichts in der Hauptverhandlung bei kindlichen und pubertären Zeugen 244 IV 20 +
- Verwertungsverbot für Aussagen zeugnis- und untersuchungsverweigerungsberechtigter Zeugen über Zusatztatsachen gegenüber Sachverständigen vor richterlicher Belehrung 52 6 +; 252 9 +, 12 +
- Widersprüchliche Beurteilungen mehrerer ~ 261 48 +
- Zeugnisverweigerung schließt ~ nicht aus 244 IV 18 +

Glaubwürdigkeitsuntersuchung, Unterbleiben gesonderter Belehrung über Untersuchungsverweigerungsrecht begründet Verwertungsverbot 52 20 +, 4 –; 252 6 +
- Untersuchungsverweigerungsrecht s. dort

Global-Positioning-System GPS 100c 1 –

Grenzübertritt, Listige Veranlassung zum ~ durch V-Mann begründet kein Verfahrenshindernis 260 11 –
- Völkerrechtswidrige Festnahme durch deutsche Ermittler außerhalb deutschen Hoheitsgebietes und Verbringung in die Bundesrepublik begründet nur bei Geltendmachung völkerrechtlicher Rückführungsansprüche durch betroffenen Staat ein Verfahrenshindernis 260 13 –

Grundrechtsverletzung, Revisionsgericht zur Prüfung von ~en berechtigt 209 1 –, 2 –, 3 –; 260 14 –; 261 184 +; 328 1 –; 338 Nr. 4 1 –, 2 –, 3 –; 338 Nr. 5 15 –; 344 8 –; GVG 21e 3 –; GVG 24 1 +
- Rüge der Verletzung einer Rechtsnorm mit Verfahrenscharakter nur zulässig als Verfahrensrüge unter Vortrag der den Mangel begründenden Tatsachen 344 8 –

Grundsatz der Unmittelbarkeit s. Unmittelbarkeitsgrundsatz
- ~ der Verhältnismäßigkeit s. Verhältnismäßigkeitsgrundsatz

Gutachtenverweigerungsrecht (s. Zeugnisverweigerungsrecht) 76

Haarvergleich, Sachverständigengutachten 244 IV 6 –; 261 82 +

Haft, Entscheidung/Erörterung nach Schlußvortrag vor Urteilsverkündung erfordert erneute Gewährung des letzten Wortes 258 1 +, 2 +, 11 +, 15 +, 23 +, 26 +
- Fristversäumnis durch Eigenverschulden nicht ausgeschlossen durch ~ 44 14 +, 4 –; 45 1 –; 341 1 –

Halbgeschwister, Zeugnisverweigerungsrecht besteht auch für ~ 52 8 +

Härteausgleich, bei Nichteinbeziehung einer Jugendstrafe JGG 32 1 +, 4 +

Hauptverhandlung, Aussetzung der s. dort
- Einheit der ~ gebietet Anwesenheit notwendigen Verteidigers während der gesamten Dauer der ~ 338 Nr. 5 39 +
- Förderung des Verfahrens erlaubt richterliche Kontaktaufnahme zu Verfahrensbeteiligten außerhalb der ~ 338 Nr. 3 5 –; GVG 169 4 –
- Formelle ~ umfaßt nicht Verhandlungspausen GVG 169 8 –
- Fortsetzung der ~ s. dort

- Inbegriff der ~ s. dort
- Kommissarische Vernehmung als solche nicht Teil der ~ 247 11 –
- Reihenfolgeänderung durch Beweisaufnahme vor Vernehmung des Angeklagten zur Sache nicht gegen seinen Widerspruch zulässig 243 8 +, 10 +; 338 Nr. 3 26 +
- Schluß der ~ erst mit Urteilsverkündung GVG 169 2 +, 3 +
- Schöffenvereidigung nach Beginn wesentlicher Teile der ~ gebietet deren Wiederholung 338 Nr. 1 60 –
- Unentschuldigtes Fernbleiben s. dort
- Unterbrechung der ~ s. dort
- Revisionsgerichtliche ~ und Vertretungsbefugnis des Verteidigers bei Abwesenheit des Angeklagten 137 1 –
- Wiedereintritt in die ~ s. dort

Hauptverhandlungsprotokoll, Abwesenheit notwendiger Beteiligter bei Fortsetzung der Hauptverhandlung ist nach Vermerk anfänglicher Anwesenheit aller notwendigen Beteiligten nur bei Protokollierung ihrer Entfernung bewiesen 338 Nr. 5 4 –
- Akteneinsichtsmöglichkeit erst nach Urteilszustellung trotz rechtzeitigen und fortdauernden Bemühens begründet Wiedereinsetzung zur Nachholung von Verfahrensrügen unter entsprechender Verlängerung der Revisionsbegründungsfrist 44 5 +
- Änderung des ~s durch eine Urkundsperson verbietet Urteilszustellung vor unterschriftlicher Zustimmung durch zweite Urkundsperson 345 3 +
- Antrag auf Niederschreibung und Verlesung einer Aussage begründet keinen Anspruch auf ihre wörtliche Aufnahme und Vorlesung aus dem ~ 273 4 –, 12 –
- Auslegungsfähigkeit des Vermerks über die Gewährung des Letzten Wortes 258 22 +, 12 –
- Auslegungsfähigkeit und -bedürftigkeit des ~s bei unrichtiger Protokollierung 244 VI 11 +, 261 3 +
- Berichtigung des ~s anhand stenographischer Urschrift oder Erklärungen über sie kann bereits erhobener Verfahrensrüge nicht den Boden entziehen 274 4 +
- Berichtigung des ~s entgegen bereits erhobener zulässiger Verfahrensrüge gebietet Annahme der dem Revisionsführer günstigeren ursprünglichen Fassung durch das Revisionsgericht 258 1 –; 268 1 –; 273 2 +; 274 4 +, 5 +, 7 +, 14 –
- Berichtigung des ~s nach Fertigstellung kann bereits eingegangener Revisionsbegründungsschrift nicht den Boden entziehen 274 5 +, 7 +
- Berichtigung offensichtlicher Namensverwechselung im ~ unbeschränkt zulässig 271 1 –
- Berichtigung des ~s vor Fertigstellung durch Unterschrift zweier Urkundspersonen ist auch entgegen bereits erhobener Verfahrensrüge zulässig 258 1 –
- Berichtigungsantrag ausschließlich zugunsten des Angeklagten bewirkt keine Einschränkung bestehender Änderungsbefugnis des Gerichts 274 14 –
- Beweiskraft des ~s erstreckt sich auf die Einlassung des Angeklagten 261 23 +; 273 1 +, 2 +; 274 8 –
- Beweiskraft des ~s für den Inhalt von Aussagen ist Beweiskraft der Urteilsgründe unterlegen 273 4 –
- Beweiskraft des ~s ist derjenigen richterlicher Vernehmungsniederschrift überlegen 168a 1 –; 254 1 +
- Beweiskraft des ~s weicht freier Beweiswürdigung nach Abrücken vom Inhalt des Protokolls durch dienstliche Erklärung einer der beiden Urkundspersonen 338 Nr. 5 41 +
- Beweiskraftwegfall gestattet Revisionsgericht freibeweisliche Ermittlung durch Einholung dienstlicher Äußerungen und anwaltlicher Versicherungen 274 6 +, 1 –, 2 –, 3 –, 4 –, 5 –, 7 –, 10 –
- Beweiskraftwegfall nur bei aus dem Protokoll selbst heraus offenbarer Mangelhaftigkeit 274 4 –, 7 –, 9 –
- Beweiskraftwegfall unterstellt Tatsache der freien (revisions-)richterlichen Beweiswürdigung 274 6 +, 1 –, 9 –
- Einheitliche Betrachtung des ~s geboten 274 10 –, 14 –
- Ergänzende Protokollierung von zuvor nicht enthaltenen Verfahrensumständen kann nicht die Grundlagen bereits erhobener Verfahrensrüge entziehen 274 14 –
- Erklärungen des Angeklagten zu einzelnen Beweiserhebungen gemäß § 257 I StPO sind nicht protokollierungspflichtig 273 1 –
- Ermittlungsrichterliche Vernehmungsniederschrift besitzt nicht die formelle Beweiskraft des ~s 168a 1 –; 254 1 +
- Fehlen/Verlust des ~s ist für sich kein Revisionsgrund 271 2 –
- Fertigstellung des ~s erfolgt durch Unterschriftsleistung zweiter Urkundsperson unabhängig von einem Fertigstellungsvermerk 271 3 –; 273 3 –
- Fertigstellung des ~s ist unabhängig von Lückenhaftigkeit oder Unrichtigkeit oder sonstigen formellen Mängeln 273 3 –; 345 3 –
- Inhaltsverfälschende Wiedergabe und Beweiswürdigung von Aussagen im Urteil revisibel bei Beleg durch das ~ 261 76 +, 90 +, 91 +
- Niederschrift einer Rechtsmittel(verzichts-)erklärung zu Protokoll der Geschäftsstelle ersetzbar durch Aufnahme in richterliches ~ 302 10 –
- Offensichtlich lückenhaftes ~ bewirkt Wegfall formeller Beweiskraft 274 5 –, 9 –
- Offensichtlich unklares ~ bewirkt Wegfall formeller Beweiskraft 274 3 –, 7 –

4579

[Hauptverhandlungsprotokoll]
- Offensichtlich widersprüchliches ~ bewirkt Wegfall formeller Beweiskraft 274 4 –, 5 –, 10 –
- Protokollierungspflicht s. dort
- Rüge eines Verfahrensverstoßes durch bestimmte Tatsachenbehauptung wird nicht zu unzulässiger Protokollrüge durch Hinweis auf das ~ 268 2 +; GVG 189 1 +
- Schweigen des ~s hindert nicht Verwertung dienstlicher Erklärungen der Richter 261 184 +; 274 2 –
- Unrichtigerklärung des ~s durch Urkundsperson nach Fertigstellung führt zum Wegfall der formellen Beweiskraft 274 6 +, 1 –
- Unterschriftsnachholung ist keine die Grundlage einer Verfahrensrüge entziehende Berichtigung 274 11 –
- Urteilsberichtigung unter unzulässiger Inhaltsänderung führt zur Maßgeblichkeit der Einträge im ~ 261 152 –
- Verfahrensrügen durch bloßen Hinweis auf das ~ ohne bestimmte Tatsachenbehauptung ist unzulässige Protokollrüge 268 2 +; 344 9 –; GVG 189 1 +
- Verlesung des ~s als richterliche Vernehmungsniederschrift zulässig 251 17 –
- Vernehmung des Angeklagten nach Sachabschnitten mit jeweils anschließender Beweisaufnahme gebietet entsprechende Aufgliederung im ~ 243 11 –

Hausrecht, Öffentlichkeit der Verhandlung nachrangig gegenüber ~ des Wohnungs-/Betriebsinhabers 338 Nr. 6 9 –

Heilung, Abwesenheitsverhandlung und Entfernung des Angeklagten bei fehlender Grundlage nur heilbar durch Wiederholung des Verfahrensvorganges in seiner Anwesenheit 338 Nr. 5 27 +
- ~ eines Verfahrensfehlers durch fehlerfreie Wiederholung des Verfahrensvorganges möglich 338 Nr. 5 27 +; 338 Nr. 6 15 –; GVG 169 1 –; GVG 171b 1 –
- Öffentlichkeitsverletzung heilbar durch Wiederholung der Prozeßhandlung nach Wiederherstellung der Öffentlichkeit 338 Nr. 6 15 –; GVG 169 1 –; GVG 171b 1 –

Heimliche Tonbandaufnahmen, außerhalb gesetzlicher Grundlage nur bei Einverständnis des/r Dispositionsbefugten verwertbar 81b 1 +; 244 III S. 1 7 –; 261 110 –
- Verwertbarkeit nur bei zwingendem Gebot durch überwiegende Interessen der Allgemeinheit und strenger Wahrung der Verhältnismäßigkeit 94 2 +
- ~ von Privatgesprächen des Angeklagten durch Gesprächsteilnehmer sind unzulässiges Beweismittel 244 III S. 1 7 –

Heranwachsender, Jugendgerichte einheitlich zuständig zur gemeinschaftlichen Aburteilung mehrerer teilweise als ~ und teilweise als Erwachsener begangener Straftaten eines Angeklagten 338 Nr. 4 10 +, 11 +, 12 +
- Öffentlichkeitsausschluß bedarf bei (auch) angeklagten Jugendtaten keines besonderen Beschlusses 338 Nr. 6 29 –
- Öffentlichkeitsausschluß im Interesse ~ gilt auch bei vorläufiger Einstellung mitangeklagter Jugendstraftaten fort 338 Nr. 6 3 –
- Öffentlichkeitsausschluß im Interesse ~ gilt für die Urteilsverkündung fort 338 Nr. 6 4 –
- Strafgericht bei auch angeklagten Heranwachsendenstraftaten nicht unzuständig im Falle entsprechender zulässiger Beschränkung der Strafverfolgung 338 Nr. 4 5 –, 7 –

Herzrhythmusstörungen, Verhandlungsunfähigkeit möglich 260 1 +

Herzschwäche, Operationsverweigerung bei möglicher Lebensgefahr oder Gefahr schweren Gesundheitsschadens begründet keine selbstverschuldete Verhandlungsunfähigkeit 231a 1 +; 260 8 –

Hilfsbeweisantrag, Ablehnung wegen Prozeßverschleppung darf nicht erst in den Urteilsgründen erfolgen 244 III S. 2 Var. 5 4 +; 244 III S. 2 Var. 6 1 +, 2 +, 6 +
- Bescheidung des ~es durch Gerichtsbeschluß in der Hauptverhandlung erforderlich bei unmißverständlichem Bestehen auf einer Bekanntgabe der Entscheidung vor dem Urteil 244 VI 3 +, 4 –
- Bescheidung in den Urteilsgründen zulässig bei für den Fall eines bestimmten Urteilsspruches gestelltem ~ 244 VI 1 –, 2 –, 4 –, 6 –
- Letztes Wort ist nach anschließender Stellungnahme der Staatsanwaltschaft und Erläuterungserbitten des Vorsitzenden zu einem im Schlußvortrag gestellten ~ erneut zu gewähren 258 12 +

Hilfsgutachten, Unmittelbare Verwertbarkeit einer vom zugezogenen Sachverständigen eigenverantwortlich gewürdigten Anknüpfung an ~ 250 9 –

Hilfsperson zur Verständigung des Gerichts mit einem hörbehinderten Zeugen kann dessen Angehöriger sein GVG 186 1 –

Hilfsrichter, Beschäftigung nichtständiger Richter am Landgericht kein Verfassungsverstoß 338 Nr. 1 63 –
- Eintritt eines durch Justizverwaltung zugewiesenen ~s ohne Präsidialbeschluß seiner Verwendung begründet vorschriftswidrige Gerichtsbesetzung 338 Nr. 1 51 –
- Gebot möglichst gleichmäßiger Verteilung verbietet u.U. Strafkammerbesetzung mit zwei Assessoren entgegen § 29 DRiG 338 Nr. 1 35 +, 48 –, 52 –, 56 –

Hilfsschöffen, Eintritt bei Wegfallen eines Schöffen unterliegt unwiderruflicher formeller Entscheidung nach Anhörung der Staatsanwaltschaft und des Schöffen 338 Nr. 1 16 +, 44 +; GVG 54 1 +

- Eintrittsreihenfolge im Zeitpunkt des Eingangs des Entbindungsantrages bei der Schöffengeschäftsstelle maßgeblich 338 Nr. 26 –; GVG 52 1 +; GVG 54 1 +
- Eintrittsreihenfolge unterliegt Auslosungsgebot GVG 45 1 +; GVG 49 1 +
- Eintrittsreihenfolgeverstoß begründet vorschriftswidrige Gerichtsbesetzung 338 Nr. 1 50 +, 26 –, 54 –
- Heranziehung von ~ erfordert keine nachträgliche Prüfung der Rechtmäßigkeit vorangegangener Streichung des Hauptschöffen von der Schöffenliste 338 Nr. 1 54 –
- Heranziehung von ~ unterliegt Umlaufprinzip für gesamte Wahlperiode GVG 45 1 –; GVG 49 2 +
- Rüge vorschriftswidriger Schöffenbesetzung gebietet Mitteilung des vorschriftsgemäß heranzuziehenden ~ GVG 45 1 –; GVG 54 1 –
- Strafkammer eines Landgerichts außerhalb eines oder mit mehreren Amtsgerichtsbezirken erfordert Wahl der ~ durch von der Landesjustizverwaltung bestimmten Schöffenwahlausschuß 338 Nr. 1 14 +

Hilfsschöffenliste, Reihenfolge der Zuweisung bestimmt sich nach Umlaufprinzip GVG 45 1 –; GVG 49 2 +
- Reihenfolge im Zeitpunkt des Eingangs des Entbindungsantrages bei der Schöffengeschäftsstelle maßgeblich 338 Nr. 26 –; GVG 52 1 +; GVG 54 1 +
- Reihenfolgeverstoß bei Hilfsschöffenheranziehung begründet vorschriftswidrige Gerichtsbesetzung 338 Nr. 1 50 +, 26 –, 54 –

Hilfsstrafkammer, Anordnung durch (unzuständigen) Präsidenten wird (erst) wirksam bei entsprechendem Beschluß des Präsidiums 338 Nr. 1 35 –
- Auflösung einer ~ bewirkt Ende der Mitgliedschaft aller ihr angehörigen Richter und des Amtes der für sie bestellten Schöffen 338 Nr. 1 32 –
- Grundsätze ordentlicher Strafkammern über Zulässigkeit der Verlegung von Sitzungstagen und Anberaumung außerordentlicher Sitzungen gelten auch für ~ 338 Nr. 1 5 –
- Schöffen für ~ sind vorrangig der zu entlastenden und nicht benötigenden ständigen Strafkammer zu entnehmen und im übrigen aus der Hilfsschöffenliste reihenfolgegemäß heranzuziehen 338 Nr. 1 5 –, 30 –; GVG 47 1 –
- Vorausgesetzte Überlastung ordentlicher Strafkammern als unbestimmter Rechtsbegriff wird vom Revisionsgericht nur auf Willkür geprüft bei Einrichtung einer ~ 338 Nr. 1 1 –, 14 –, 20 –
- Vorsitz einer ~ muß nicht mit Vorsitzendem Richter besetzt werden 338 Nr. 1 20 –, 52 –
- Willkürfreie Einrichtung einer ~ wegen Überlastung ordentlicher Kammer durch vorübergehenden und nicht mittels Zuteilung neuer Mitglieder oder Entlastung an andere ordentliche Strafkammer zu bewältigenden Geschäftsandrang ist (zulässiger) Fall der Verhinderung 338 Nr. 1 1 –, 14 –, 20 –, 30 –, 52 –, 53 –
- Willkürliche Bestandsdauer einer ~ bei offen zutage liegender dauernder Mehrbelastung oder unrealistischer Prognose des Verfahrensabschlusses innerhalb des kommenden Geschäftsjahres 338 Nr. 1 14 –, 20 –

Hilfstatsachen s. Indizien, Indiztatsachen

Hinweis des Gerichts auf strafschärfende Auswirkung fehlender Unrechtseinsicht an nicht geständigen Angeklagten begründet Besorgnis der Befangenheit 24 1 +; 338 Nr. 3 1 +
- Ausdrücklicher ~ (nur) entbehrlich bei erkennbarer Unterrichtung durch den Gang des Verfahrens 265 33 +, 39 +, 40 +, 12 –, 16 –, 19 –; 270 1 +
- Eröffnungsvoraussetzungen des § 203 StPO werden durch bloßen ~ auf Tatsache entschiedener Eröffnung nicht schlüssig als geprüft mitgeteilt 270 1 +
- ~ nach Schlußvortrag vor Urteilsverkündung erfordert erneute Gewährung des Letzten Wortes 258 10 +, 13 +
- ~ nach Urteilsberatung erfordert deren äußerlich erkennbare erneute Durchführung 260 13 +, 14 +, 7 –
- Nachtragsanklage bei beabsichtigter Verurteilung wegen nicht angeklagter Taten geboten anstelle von bloßem ~ 264 6 +
- Öffentlichkeit der Verhandlung geboten für Erteilung rechtlicher Hinweise 338 Nr. 6 6 –; GVG 171b 1 –
- Protokollierungspflicht des Hinweises als wesentliche Förmlichkeit 265 13 +, 26 +, 42 +, 54 +, 12 –, 19 –, 20 –

Hinweispflicht des Gerichts, Abweichen richterlicher Überzeugung von schriftlicher Erklärung gemäß § 257 II StPO zu Inhalt und Ergebnis einzelner Beweiserhebungen begründet keine ~ 261 12 –
- Alleintäterschaft gestattet Verurteilung in Abweichung von zugelassenem Anklagevorwurf der Mittäterschaft nur nach genügter ~ 265 24 +, 15 –
- Anstiftung gestattet Verurteilung in Abweichung von angeklagter/eröffneter Alleintäterschaft nur nach genügter ~ 265 32 +
- Anwaltsgerichtliche Maßnahmen gemäß § 114 BRAO unterliegen keiner ~ 207 5 –
- Aussagefreiheit des Angeklagten unterliegt der ~ 243 9 +, 8 –
- Aussetzung der Hauptverhandlung bei Nachtragsanklage unterliegt der ~ 266 2 –
- Bedeutungsgehalt einer Beweistatsache bei beabsichtigter Abweichung von angenommener Bedeutungslosigkeit begründet entsprechende ~ 244 III S. 2 Var. 2 14 –
- Begehungsweise unterliegt bei abweichender Beurteilung gegenüber zugelassener Anklage-

4581

[Hinweispflicht des Gerichts]
  schrift der ~ 265 5 +, 9 +, 11 +, 31 +, 37 +, 41 +, 42 +, 54 +, 18 –, 20 –
- Beihilfe gestattet Verurteilung in Abweichung von zugelassenem Anklagevorwurf der Mittäterschaft nur nach genügter ~ 265 40 +, 15 –
- Berufsverbot gestattet Anordnung nur nach genügter ~ 265 55 +
- Beruhen des Urteils bei Verstoß gegen die ~ 265 5 –, 7 –
- Hinweispflicht des Gerichts, Bewährungsstrafe unterliegt keiner ~ 265 21 –
- Beweismitteleingang zu den Akten während der Hauptverhandlung unterliegt auch ohne gerichtliche Veranlassung einer ~ 147 2 +; MRK 6 2 –
- Einspruchsrücknahme im Bußgeldverfahren nur zulässig bis zum Hinweis des Gerichts auf einen Übergang zum Strafverfahren durch Würdigung der im Bußgeldbescheid bezeichneten Tat als Straftat 411 1 –
- Einstellungsanregung des Gerichts und erfolgte Zustimmung der Staatsanwaltschaft gestatten Abweichung nur nach genügter ~ 265 4 +
- Einziehung unterliegt keiner ~ 265 22 –
- Erkanntes Mißverständnis der Verteidigung begründet ~ 244 V S. 1 1 +
- Fahrerlaubnisentziehung nur zulässig nach genügter ~ 265 47 +
- Fahrerlaubnissperre gestattet Anordnung nur nach genügter ~ 265 15 +
- Fahrverbotsanordnung im Einspruchsverfahren bei fehlender Anordnung im Bußgeldbescheid nur zulässig nach genügter ~ 265 38 +
- Feststellung überraschender Tatsachen ist revisibel 265 18 +, 39 +, 50 +, 51 +, 16 –
- Feststellungen in Bezug auf die tatbestandsmäßiger Handlung vorgelagerte Phase der Tatplanung und -vorbereitung unterliegen i.d.R. keiner ~ 265 2 –, 11 –
- Folgen möglichen prozessualen Verhaltens unterliegen bei verteidigtem Angeklagten keiner ~ 302 1 –
- Fortgesetzte Handlung gestattet(e) Verwertung nicht von zugelassener Anklage umfaßter Einzelakte nur nach genügter ~ 265 30 +
- Gerichtskundigkeit bei möglicherweise beabsichtigter Behandlung erheblicher Tatsachen als gerichtskundig unterliegt der ~ 261 67 +, 190 +
- Höchststrafeverurteilung bei richterlich zugesagter Auswirkung eines Geständnisses und ~ 261 20 –
- Mindestanforderung der Erkennbarmachung (allein oder i.V.m. Anklageschrift) sowohl des anzuwendenden Strafgesetzes als auch der seine Merkmale nach Auffassung des Gerichts erfüllenden Tatsachen 265 13 +, 16 +, 48 +, 53 +, 20 –
- Mittäterschaft durch Hinweis auf mögliche Verurteilung wegen Beihilfe nicht erkennbar 265 29 +
- Mittäterschaft gestattet Verurteilung in Abweichung von zugelassenem Anklagevorwurf der Alleintäterschaft nur nach genügter ~ 265 12 +, 14 +, 21 +, 32 +, 34 +, 35 +, 52 +, 6 –
- Mittelbare Täterschaft gestattet Verurteilung in Abweichung von zugelassenem Anklagevorwurf der Alleintäterschaft nur nach genügter ~ 265 32 +
- Mordmerkmale unterliegen bei beabsichtigter Abweichung von zugelassener Anklage der ~ 265 41 +, 42 +
- Nebenfolgen der tatbestandsmäßigen Handlung außerhalb des notwendigen Inhalts der Anklageschrift unterliegen keiner ~ 207 5 –
- Rechtsmittelverzicht des Angeklagten gebietet über Verdeutlichung aus richterlicher Sicht hinausgehende Aufklärung über Risiken und Tragweite durch Einräumung vorheriger Beratungsgelegenheit mit dem Verteidiger 302 3 +, 6 +, 25 –, 39 –
- Rüge der Tatzeitfeststellung in Abweichung von zugelassener Anklageschrift erfordert Vortrag fehlender Erörterung des neuen Zeitpunktes in der Hauptverhandlung 265 9 –
- Rüge unterbliebenen Hinweises auf Aussagefreiheit des Angeklagten erfordert Vortrag einer Entstehung der Aussage infolge seines Glaubens an eine Aussagepflicht 243 9 +, 8 –
- Sachlageveränderung kann auch durch Verfahrensvorgänge eintreten 145 1 +, 1 –; 265 3 +, 44 +, 49 +, 4 –, 17 –; 338 Nr. 8 1 +, 3 +, 4 +, 5 +, 7 +, 8 +, 6 –
- Schuldfähigkeitsbedingte Aufnahme des Strafverfahrens aus dem Sicherungsverfahren in fortbestehender Zuständigkeit unterliegt der ~ 338 Nr. 4 10 –
- Schuldfähigkeitsbeurteilung in Abweichung von zugelassener Anklageschrift unterliegt keiner ~ 265 13 –
- Serienstraftat bei nachträglicher Konkretisierung von Einzeltaten in der Hauptverhandlung erfordert Hinweis zur Gewährung rechtlichen Gehörs 200 3 +
- Sicherungsverwahrung gestattet Anordnung nur nach genügter ~ 265 13 +, 1 –
- Strafgesetz und seine Merkmale nach Auffassung des Gerichts erfüllende Tatsachen unterliegen bei Veränderung der ~ 265 13 +, 16 +, 48 +, 53 +
- Strafgewalterhöhung bei Übergang des Berufungsgerichts zu erstinstanzlicher Verhandlung unterliegt der ~ 6 1 –
- Strafmaßabweichung von im Zuge einer Verständigung in Aussicht gestellter Grenze ist nur nach vorherigem ausdrücklichen Hinweis zulässig 265 1 +, 23 +
- Tatmehrheitliche Verurteilung in Abweichung von zugelassenem Anklagevorwurf

der tateinheitlichen Begehung unterliegt der ~ 265 10 –
- Tatobjekt unterliegt bei abweichender Beurteilung gegenüber zugelassener Anklageschrift der ~ 265 22 +
- Tatortbeurteilung in Abweichung von zugelassener Anklageschrift unterliegt der ~ 265 11 +
- Tatsachen zur Begründung des veränderten rechtlichen Gesichtspunktes werden umfaßt von der ~ 265 13 +, 16 +, 48 +, 53 +
- Tatsächliche Urteilsgrundlagen unterliegen bei Veränderung der ~ 265 18 +, 39 +, 50 +, 51 +, 16 –
- Tatverhalten zur Vorwurfsbegründung unterliegt der ~ vor einer von der zugelassenen Anklageschrift abweichenden Umschreibung im Urteil 265 17 +
- Tatzeitbeurteilung in Abweichung von zugelassener Anklageschrift unterliegt der ~ 265 8 +, 11 +, 19 +, 26 +, 27 +, 33 +, 45 +, 9 –, 14 –, 16 –
- Totschlag fahrlässiger Begehungsweise gestattet Verurteilung in Abweichung von zugelassenem Anklagevorwurf einer Aussetzung mit Todesfolge nur nach genügter ~ 265 36 +
- Totschlag gestattet Verurteilung in Abweichung von zugelassener Anklage wegen Mordes nur nach genügter ~ 265 28 +
- Unterbringungsmöglichkeit unterliegt der ~ 265 20 +, 25 +, 43 +, 46 +, 8 –
- Unvollständigkeit zugelassener Anklageschrift kann Hinweis zur Ermöglichung sachgerechter Verteidigung gebieten 200 10 +
- Vereidigung begründet keine ~ auf dennoch erlangte Überzeugung von der Unglaubhaftigkeit der Aussage 60 9 –, 15 –
- Verstoß gegen die ~ ist relativer Revisionsgrund 265 5 –, 7 –
- Versuch gestattet Verurteilung in Abweichung von zugelassenem Anklagevorwurf wegen vollendeter Tat nur nach genügter ~ 265 23 +
- Verwertung beeidigter Aussage als uneidliche unterliegt der ~ 60 14 +, 23 +, 10 –, 15 –
- Verwertung nichtangeklagter Vorfälle zum Nachteil des Angeklagten in der Beweiswürdigung zum Schuldspruch nach Mitteilung ausschließlicher Verwertung zur Strafzumessung unterliegt der ~ 265 2 +
- Verwertung richterlicher Vernehmungsniederschrift als nichtrichterliche unterliegt der ~ 265 7 +
- Verwertung von Erkenntnissen aus eingestellten Verfahren unterliegt der ~ 154 3 +, 4 +, 5 +, 6 +, 7 +, 9 +, 4 –, 5 –
- Wahrunterstellungswiderruf bzw. Annahme der Unerheblichkeit nach Wahrunterstellung begründet eine ~ 244 III S. 2 Var. 7 11 +, 13 +, 15 +, 4 –
- Wiedereinbeziehende Verwertung ausgeschiedener Tatteile zum Nachteil des Angeklagten unterliegt der ~ 154a 4 +; 261 33 –; 265 6 +, 10 +, 3 –

Hinweispflicht der Verteidigung, Erkanntes Mißverständnis des Gerichts begründet Antrags- bzw. ~ 244 VI 5 –

Hirnatrophie 244 II 12 –

Hirnorganische Schädigung, Sachverständigengutachten und ~ 244 VI 4 +

Hirnorganische Störung 244 III S. 1 4 –

HIV-Infektion, DNA-Analyse ungeeignet zum Ausschluß des Angeklagten als Verursacher einer ~ 261 4 –

Hochrechnung, früheren strafbaren Verhaltens des Angeklagten als alleiniger Tatnachweis unzulässig 261 105 +

Hypothetischer Ersatzeingriff 100a 3 +; 261 16 –

Identifizierung, des Angeklagten als Täter und Würdigung von Indizien 261 101 +, 173 +, 175 +, 180 +, 193 +, 14 –, 19 –, 37 –; 267 4 –

Immunität, Sonderbotschafter und Immunitätsverleihung aufgrund Einzelabsprache mit dem Empfangsstaat GVG 20 1 +
- Umfang der ~saufhebung durch unbestimmte Genehmigung des Bundestages bestimmt Gericht unter Heranziehung entsprechender Verhandlungen des Bundestages und des staatsanwaltschaftlichen Genehmigungsersuchens 264 10 +
- Verfahrenshindernis 264 10 +
- Völkerrecht kennt keine allgemeine Regel der Erteilung von ~ ad personam ohne Rücksicht auf deren Funktion GVG 20 1 +

In camera-Verfahren, Unzulässigkeit ausschließlich gerichtlicher Akteneinsicht im Strafverfahren 96 1 –

In dubio pro reo s. Zweifelssatz

Inbegriff der Hauptverhandlung, Angaben eines gesperrten Informanten durch Vernehmung von Zeugen vom Hörensagen verwertbar 261 30 –; MRK 6 9 –, 10 –
- Ärztliche Feststellungen und ~ 261 108 +
- Aussagen des belehrten Beschuldigten/Angeklagten gegenüber einem Sachverständigen unterliegen bei Einführung in die Hauptverhandlung keinem Verwertungsverbot 261 22 –, 25 –
- Befundtatsachen eines Sachverständigengutachtens und ~ 261 5 +, 121 +, 191 +
- Eidliche Verwertung einer uneidlichen Aussage bewirkt Verstoß gegen das Gebot der Überzeugungsbildung aus dem ~ 59 1 +
- Einführung von Sachverständigengutachten 261 8 +
- Einlassung des Angeklagten nur im Falle der Protokollierung verwertbar 261 23 +
- Erkenntnisse aus Zuhörerbeobachtung nur bei Einführung in die Hauptverhandlung und Stellungnahmegelegenheit aller Verfahrensbeteiligten verwertbar 261 64 +, 107 +

[Inbegriff der Hauptverhandlung]
- Gegenständlichkeit einer Aussage in der Hauptverhandlung vom Revisionsgericht freibeweislich ermittelbar 261 184 +
- Gerichtskundige Tatsachen und Hinweispflicht des Gerichts 261 67 +, 190 +
- Hauptverhandlungsergebnisse abgetrennter Verfahren und ~ 231 11 +; 261 154 +
- Indizien ausgeschiedener Tatteile sind nur nach richterlichem Hinweis verwertbar 154a 4 +; 261 33 –; 265 6 +, 10 +, 3 –
- Kommissarisch erhobene Beweistatsachen und ~ 261 22 +, 114 +, 161 +, 29 –
- Kommissarische Augenscheinseinnahme und ~ 261 29 –
- Lichtbilder und ~ 274 1 +
- Niederschrift vorläufiger Beweisergebnisse und Urteilsformel durch Tatrichter während der Verhandlung begründet allein keinen Verstoß gegen Gebot der Überzeugungsbildung aus dem ~ 261 49 –
- Offenkundige Tatsachen und ~ 244 III S. 2 Var. 1 1 –; 261 67 +, 119 +, 190 +
- Persönlicher Eindruck eines beauftragten Richters und ~ 261 161 +
- Persönlicher Eindruck eines Zeugen und ~ 261 22 +, 161 +
- Revisionsurteil kann nicht Grundlage oder Ersatz für tatrichterliche Feststellungen bilden 261 1 –
- Rüge unzulässiger Feststellung einer Indiztatsache anhand eines durch Aussage nicht bestätigten Zeugenvermerks erfordert Vortrag seines vollständigen Inhalts und der Art und Weise seiner Behandlung in der Hauptverhandlung 250 3 –
- Schöffen dürfen durch Verlesung Kenntnis von Vorlagebeschluß gemäß § 209 II StPO erhalten 261 11 –
- Schöffen dürfen keine Kenntnis vom Ermittlungsergebnis der Anklageschrift erhalten 200 3 –; 261 198 +, 11 –
- Schöffen dürfen Tonbandprotokolle zum besseren Verständnis der Beweisaufnahme über Telefonüberwachung überlassen werden 250 2 –; 261 11 –
- Schriftstücke (s. auch dort und Verlesung von Niederschriften) und ~ 244 III S. 2 Var. 3 1 –; 244 V S. 1 2 –; 249 2 +, 3 +, 1 –, 4 –; 261 9 +, 29 +, 146 +, 199 +, 200 +; 274 3 +
- Schweigen der Urteilsgründe gestattet noch keinen Schluß auf unterlassene Würdigung von Verhandlungsergebnissen 261 43 –
- Verlesung von Niederschriften s. dort
- Verletzung des Anspruchs auf rechtliches Gehör durch jeden Verstoß gegen die Pflicht zur Überzeugungsbildung aus dem ~ 261 184 +
- Vernehmungsniederschrift und ~ 253 1 +, 2 +, 3 –; 261 118 +, 120 +, 127 +, 152 +, 184 +, 195 +, 42 –, 48 –
- Verständigung im Strafverfahren und ~ 261 3 –, 20 –; GVG 169 1 +
- Verwertungsverbot s. dort
- Vorhalt s. dort
- Zusatztatsachen eines Sachverständigengutachtens und ~ 52 2 +, 10 +; 59 1 –; 79 2 +; 250 3 +, 9 –, 11 –; 252 11 +, 13 +; 261 191 +

Indizien, ausgeschiedener Tatteile sind nur nach richterlichem Hinweis verwertbar 154a 4 +; 261 33 –; 265 6 +, 10 +, 3 –
- Bedeutungslosigkeit von ~ 244 III S. 2 Var. 2 2 –
- Erheblichkeit von ~ zur Beurteilung der Glaubwürdigkeit von Zeugen 244 III S. 2 Var. 2 23 +; 244 III S. 2 Var. 7 14 +
- Gesamtwürdigung erforderlich bei Mehrheit von ~ 261 2 +, 24 +, 27 +, 59 +, 109 +, 125 +, 132 +, 139 +, 163 +, 27 –, 34 –
- Geschehensablauf darf nicht angenommen werden im Widerspruch zu als erwiesen erachteten ~ 261 188 +
- Häufung einzeln erklärbarer Fragwürdigkeiten von ~ 261 46 +, 59 +, 63 +, 109 +, 125 +, 132 +, 140 +
- Kraftfahrzeughaltereigenschaft allein unzureichendes Indiz für Täterschaft 261 181 +
- Rüge unzulässiger Feststellung einer Indiztatsache anhand eines durch Aussage nicht bestätigten Zeugenvermerks erfordert Vortrag seines vollständigen Inhalts und der Art und Weise seiner Behandlung in der Hauptverhandlung 250 3 –
- Ungewissheit eines non-liquet ist in Gesamtwürdigung einzustellen 261 1 –
- Urteilsbindende Wirkung des einen Beweisantrag ablehnenden Beschlusses 244 III S. 2 Var. 2 3 +; 244 III S. 2 Var. 3 2 +
- Verurteilung aufgrund Gesamtwürdigung mehrerer Belastungs-~ 261 139 +, 34 –
- Verwertung von ~ nicht rechtskräftig abgeurteilter Straftaten im Urteil ist nach Maßgabe der Aufklärungspflicht zulässig 261 28 –
- Vorsatz s. dort
- Wiedererkennen des Angeklagten als Täter und Würdigung von ~ 261 101 +, 173 +, 175 +, 180 +, 193 +, 14 –, 19 –, 37 –
- Zweifelssatz unanwendbar zur Annahme von als Ursache einer Rechtsfolge zugrundeliegenden ~ 261 188 +, 1 –

Informant, Auskunftsanspruch des Gerichts über Name und Anschrift eines ~en gegenüber oberster Dienstbehörde ist begründet durch Wahrheitserforschungspflicht 96 1 +, 5 +, 6 +, 7 +, 8 +, 2 –; 244 II 1 +; 244 III S. 2 Var. 5 2 +, 14 +
- Aussagegenehmigung (s. auch dort und Sperrerklärung, V-Mann) 96 5 +; 244 II 14 +, 15 +; Vor 244 III–VI 13 –; 244 III S. 2 Var. 5 2 +, 3 +, 14 +, 15 +, 16 +; 251 15 +, 13 –
- Beweisantrag zur Behauptung der Anwerbung eines ~en durch polizeiliche Lockspitzel Vor 244 III–VI 11 +; 261 167 +
- Beweiswürdigung bei indirekter Befragung durch Verhörspersonen als Zeugen vom Hö-

rensagen (s. auch dort) 96 3 +, 1 –; 261 159 +, 167 +, 47 –, 48 –; MRK 6 9 –, 10 –
- Gesperrter ~ gestattet ersatzweise Vernehmung von Zeugen vom Hörensagen 261 30 –; MRK 6 9 –, 10 –
- Glaubwürdigkeitsprüfung erfordert revisionsgerichtlich nachprüfbare Bestätigung belastender Anschuldigungen durch andere Beweismittel 96 3 +, 1 –; 261 11 +, 56 +
- Identität eines ~en mit V-Mann und Beweisantrag Vor 244 III–VI 16 +
- Identitätskenntnis gebietet Namhaftmachung eines unter seinem richtigen Namen geladenen Zeugen auch gegenüber Angeklagtem und Verteidiger 338 Nr. 8 11 +
- Identitätsmöglichkeit eines Zeugen mit anonymem ~ und Glaubwürdigkeitsbegründung 261 102 +
- Offenbarung des Namens eines Denunzianten steht Steuergeheimnis bei Zustimmung des Steuerpflichtigen nicht entgegen und ist zum Schutz dessen allgemeinen Persönlichkeitsrechts u.U. geboten AO 30 1 +, 1 –
- Regelungen über den Verdeckten Ermittler gelten nicht für ~en 261 16 –
- Rolle und Verhalten eines V-Mannes im Urteil nur verwertbar nach vorheriger Erörterung in der Hauptverhandlung 261 67 +
- Selbstverstrickter ~ und Beweiswürdigung 261 10 –
- Unerreichbarkeit eines ~en nicht begründbar durch Vertraulichkeitszusage von Polizei bzw. Staatsanwaltschaft 96 1 +; 244 III S. 1 1 +; 244 III S. 2 Var. 5 2 +, 3 +; 251 12 +
- Vernehmung eines ~en unter optischer und akustischer Abschirmung 261 30 –
- Verschwiegenheitspflicht eines zivilen ~en nur bei förmlicher Verpflichtung 54 2 +

Informantenschutz der Presse 53 4 –, 5 –; 94 2 –

Instanz, Bezeichnung durch Gericht unmaßgeblich gegenüber verfahrensrechtlicher Situation zur Bewertung eines Verfahrens oder Urteils als eines erster oder zweiter ~ 328 1 +; 331 1 +; 338 Nr. 4 3 +
- Kein Recht des Beschuldigten auf zweite Tatsachen~ 261 46 –; GVG 24 2 –

Introspektionsfähigkeit, Affekt bei nicht auszuschließenden Erinnerungslücken unzureichend begründet durch bloßen Hinweis auf erhalten gebliebene ~ 267 37 +

Jeansfaltengutachten 261 40 +; 267 4 +

Journalist, Zeugnisverweigerungsrecht (s. auch dort) 53 4 –, 5 –; 94 2 –

Jugendarrest, Auskunftsverweigerungsrecht bei Gefahr von ~ begründet 55 4 –
- Jugendstrafe bei Aussetzung ihrer Verhängung zur Bewährung unzulässig neben ~ JGG 8 1 +

Jugendgerichte, Jugendkammerzuständigkeit für Berufung gegen Jugendrichterurteil auch bei Einlegung nur durch erwachsenen Mitangeklagten 338 Nr. 4 9 –
- Öffentlichkeitsausschluß im Interesse eines Heranwachsenden gilt auch bei vorläufiger Einstellung mitangeklagter Jugendstraftaten fort 338 Nr. 6 3 –
- Öffentlichkeitsausschluß im Interesse eines Heranwachsenden gilt für die Urteilsverkündung fort 338 Nr. 6 4 –
- Sachlich zuständig zur gemeinschaftlichen Aburteilung mehrerer teilweise als Heranwachsender und teilweise als Erwachsener begangener Straftaten eines Angeklagten sind einheitlich die ~ 338 Nr. 4 10 +, 11 +, 12 +
- Sachliche Zuständigkeit bei Verhandlung des allgemeinen Strafgerichts gegen Heranwachsenden nur bei Überschreitung der Strafgewalt von Amts wegen zu prüfen 6a 2 +; 338 Nr. 4 5 +, 7 +, 9 +, 4 –, 9 –, 11 –
- Strafgericht bei auch angeklagten Heranwachsendenstraftaten nicht unzuständig im Falle entsprechender zulässiger Beschränkung der Strafverfolgung 338 Nr. 4 5 –, 7 –
- Strafgerichte haben innerhalb derselben Strafgewalt dieselbe sachliche Zuständigkeit wie ~ 338 Nr. 4 11 –
- Zurückverweisung an ~ trotz nur noch anhängiger Erwachsenenstraftaten nach Verwerfung der Revision des jugendlichen Mitangeklagten zulässig 338 Nr. 4 6 –

Jugendgerichtshilfe, Benachrichtigungspflichtverletzung führt zur Urteilsaufhebung JGG 38 3 +
- Fortsetzung der Hauptverhandlung bei Erkrankung des teilnahmewilligen und erschienenen Vertreters der ~ unzulässig JGG 38 2 +
- Heranwachsendenalter des Angeklagten zur Tatzeit zwingt zur Heranziehung der ~ JGG 38 6 +
- Heranziehung der ~ im Jugendgerichtsverfahren zwingend auch für Ausländer oder Wohnsitzlose oder erst nach der Tatzeit Erwachsene JGG 38 4 +
- Nichterscheinen des Vertreters der ~ in der Hauptverhandlung trotz Benachrichtigung führt vorbehaltlich Aufklärungspflichtverstoßes nicht zur Urteilsaufhebung JGG 38 1 –
- Unterlassene Anhörung der ~ verletzt im Jugendgerichtsverfahren i.d.R. die Aufklärungspflicht JGG 38 1 +, 1 –
- Verzicht auf Heranziehung der ~ im Jugendgerichtsverfahren ausgeschlossen JGG 38 5 +

Jugendgerichtsverfahren, Ermittlungspflichtverstoß im Vorverfahren nur als Aufklärungspflichtverletzung revisibel JGG 43 1 –
- Kostentragungspflicht des verurteilten Jugendlichen JGG 74 1 –
- Vereidigungszwang nur vor dem Jugendrichter gelockert JGG 49 1 +

4585

Jugendkammer, Schwurgericht seit 1. StVRG v. 9.12.1974 ranggleich im Verhältnis zur ~ 2 1 +; 225a 2 +
– Sitzungstage einer ~ bedürfen vorheriger Festlegung im Geschäftsverteilungsplan 338 Nr. 1 39 +
– Vereidigungszwang nicht gelockert vor der ~ JGG 49 1 +
– Verweisungsbeschluß von ~ an allgemeine Strafkammer nach Eröffnung des Hauptverfahrens unzulässig 338 Nr. 4 5 +
– Zurückverweisung von ~ an allgemeine Strafkammer für nur verbleibendes Erwachsenenverfahren ist zulässig JGG 47a 1 +

Jugendlicher, als Zeuge s. dort
Jugendschöffen, Wahl obliegt Jugendhilfeausschuß 338 Nr. 1 18 +
Jugendstrafe, Einbeziehung s. dort
– Fürsorgeerziehung unzulässig neben (ausgesetzter) ~ JGG 27 1 +
– Gesamtstrafe von ~ und allgemeiner Freiheitsstrafe nur bei gleichzeitiger Aburteilung zulässig 260 6 +; JGG 31 2 –, JGG 32 1 +, 2 +
– Grundsatz der Einheits-~ JGG 32 1 +, 1 –
– Härteausgleich bei Nichteinbeziehung der ~ JGG 32 1 +, 4 +
– Jugendarrest unzulässig neben ausgesetzter ~ JGG 8 1 +
– Nichtanrechnung von Untersuchungshaft und unzulässige Begründung JGG 52a 1 +, 2 +, 3 +
– Unbotmäßiges Haftverhalten keine Begründung für Nichtanrechnung von Untersuchungshaft auf die ~ JGG 52a 2 +
– Unterlassen gleichzeitiger Aburteilung mehrerer Straftaten aus verschiedenen Altersstufen begründet für Verfolgung vor dem Urteil des Jugendgerichts begangener Erwachsenenstraftaten kein Verfahrenshindernis 260 6 +
– Unzulässigkeit gleichzeitiger Verurteilung zu teilweiser Erwachsenen- und ~ JGG 32 3 +

Jugendstrafrecht, Anwendbarkeit von ~ ist einer Verständigung im Strafverfahren nicht zugänglich JGG 105 1 –
– Widersprüchliche Beurteilungen des Entwicklungsstandes eines Jugendlichen zwingen zu weiterer Aufklärung der Voraussetzungen des § 105 JGG 244 II 20 +

Jugendstrafsachen, Öffentliche Verhandlung entgegen § 48 Abs. 1 JGG ist nicht revisibel 338 Nr. 6 26 –

Jugendstraftat, Schwergewicht einer nach dem 21. Lebensjahr begangenen bloßen Folgetat liegt bei der früheren ~ JGG 32 3 –
– Öffentlichkeitsausschluß gilt ohne besonderen Beschluß bei (auch) angeklagter ~ 338 Nr. 6 29 –, 31 –

Kaufhausdetektiv, Festnahme durch ~ 127 1 +
Kind, Abstammung und Sachverständigengutachten 261 202 +, 203 +
– ~ als Zeuge s. dort

Kinderzeichnungen, Diagnostische Fragwürdigkeit der Verwendung von ~ 261 59 +
Klageerzwingungsverfahren, Klageerzwingungsbeschluß ohne vorherige Anhörung verfassungswidrig 175 1 +
Kollegialgericht, Beweisantragsprüfung darf nicht im Sitzungssaal erfolgen Vor 244 III–VI 8 +
– Strafkammer s. dort
– Urteilsberatung s. dort

Kommissarische Beweiserhebung, Augenscheinseinnahme 261 29 –
– Verwertungsverbot für nicht in die Hauptverhandlung eingeführte durch ~ gewonnene Beweistatsachen 261 22 +, 114 +, 161 +, 29 –

Kommissarische Vernehmung, § 69 StPO gilt auch für ~ 69 1 –
– Ablehnung beantragter kommissarischer Gewinnung eines persönlichen Eindrucks vom Zeugen bedarf Erörterung seiner Verzichtbarkeit in der Beweiswürdigung 223 1 +
– Ausländische ~ durch deutschen Richter nach deutschem Prozeßrecht gebietet Beachtung des Vereidigungsverbots 60 3 +
– Ausländische ~ mittels Rechtshilfeersuchen unterliegt Zuständigkeits- und Verfahrensvorschriften des ersuchten Staates 60 3 +, 3 –; 251 2 –, 12 –, 15 –, 23 –
– Ausländische ~ vor konsularischer Vertretung 251 4 +, 19 +
– Belehrung über bestehendes Zeugnisverweigerungsrecht unverzichtbar für Verwertung der Niederschrift über eine ~ 251 5 +
– Benachrichtigungspflichtverstoß begründet nach Widerspruch gegen Verwertung in der Hauptverhandlung ein Verwertungsverbot für ~ 224 2 –; 251 9 +, 22 +, 28 +, 33 +, 34 +
– Beweisaufnahme in der Hauptverhandlung in Abwesenheit des Angeklagten und des Staatsanwaltes ist keine ~ 338 Nr. 5 17 +, 18 +
– Entfernung des Angeklagten nicht geregelt für ~ 247 11 –
– Fehlerhafte ~ in einem Verfahren begründet kein Verwertungsverbot in gesondertem Verfahren gegen anderen Angeklagten 224 1 –
– ~ ohne Anwesenheitsrecht der Verteidigung erlaubt Einreichung eines Fragenkatalogs zur Ausübung des Fragerechts 223 3 +; 224 1 +; MRK 6 11 +
– Persönlicher Eindruck des beauftragten Richters vom Zeugen nur bei Einführung in die Hauptverhandlung verwertbar 261 161 +
– Persönlicher Eindruck von Zeugen und Beweisantrag auf ~ 223 1 +; 244 III S. 2 Var. 5 7 –, 10 –, 13 –, 14 –; 247a 1 +; 338 Nr. 3 19 +
– Protokollvorlage an Verteidiger auch bei Abwesenheit trotz Benachrichtigung über ~ geboten 224 2 +
– Rüge einer Verletzung der Benachrichtigungspflicht erfordert Widerspruch in der Hauptverhandlung gegen Verwertung des Be-

weisergebnisses 96 7 +; 168c 4 –, 5 –; 224 2 –; 251 26 –
- Rüge unzulässiger V-Mann-Vernehmung in Abwesenheit des Angeklagten muß hierfür maßgebliche Gerichtsentscheidungen einschließlich in Bezug genommener Begründungen mitteilen 251 10 –
- Unerreichbarkeit eines Auslandszeugen nicht gegeben bei Möglichkeit für ausländische ~ 251 4 +
- Unerreichbarkeit eines Zeugen nicht begründbar mit entstehender Verfahrensverzögerung durch ~ 244 III S. 2 Var. 5 4 +
- Vereidigungsfeststellung durch Beschluß nach Verlesung richterlicher Vernehmungsniederschriften ist auch im Falle kommissarischer Vernehmung unverzichtbar 251 35 +
- Verwertungsverbot für ~ eines V-Mannes in Abwesenheit des Angeklagten und des Verteidigers im Falle der Durchführung gegen deren Widerspruch 251 15 +, 20 +, 21 +
- V-Mann und ~ 224 1 +; 251 15 +, 20 +; MRK 6 11 +
- Wiederholte ~ 223 2 +; 244 II 24 –

Konkursverwalter, Zeugnisverweigerungsrecht 53 7 –

Konnexität (sog.) zwischen Beweismittel und Beweisbehauptung Vor 244 III–VI 1 +, 2 +, 3 –, 4 –, 7 –; 244 III S. 2 Var. 6 5 –; 244 III S. 2 Var. 7 2 +; 261 72 +

Konsularische Vernehmung steht einer Vernehmung durch inländisches Gericht gleich 251 4 +

Konsularische Vertretung, Urteilszustellung mittels Übergabe durch konsularischen Vertreter 341 2 –

Körperliche Untersuchung, Befangenheit eines Sachverständigen durch nicht angeordnete und gegen den Willen des Angeklagten durchgeführte ~ 74 5 +
- Fehlende Belehrung über Untersuchungsverweigerungsrecht begründet Verwertungsverbot für Sachverständigengutachten über durchgeführte ~ 81c 1 +
- Zeugnisverweigerung in der Hauptverhandlung berührt nicht Verwertbarkeit nach Belehrung über Weigerungsrecht und Verzicht des Zeugen durchgeführter körperlicher Untersuchung 81c 2 –

Körperlicher Eingriff, Anordnung der Unterbringung zur Vorbereitung eines Gutachtens rechtfertigt keine körperlichen Eingriffe 81 2 +
- Blutprobenentnahme durch von Polizei irrtümlich für Arzt gehaltenen Medizinalassistenten führt allein nicht zur Unverwertbarkeit 81a 5 –
- Brechmittelverabreichung nicht grundsätzlich verfassungswidrig 81a 1 –
- Freiwillige Abgabe einer Blutprobe zur DNA-Analyse schließt Berufung auf Fehlen deren richterlicher Anordnung aus 81a 2 –

- ~ gegen den Willen des Beschuldigten zur Aufklärung schuldfähigkeitsentscheidender psychischer Besonderheiten bei schweren Straftaten nicht ausgeschlossen 81a 1 +, 2 +; 261 22 –
- Liquorentnahme gegen den Willen des Beschuldigten unterliegt strenger Verhältnismäßigkeitsprüfung und ist in Bagatellfällen unzulässig 81a 2 +
- Pneumoenzephalographie bei sachverständig befürchteter Hirnschädigung erfordert selbständige Würdigung der Schwere des Tatverdachts unter strengem Maßstab 81a 1 +

Korsakow-Syndrom, Aussagebeeinträchtigung erörterungsbedürftig 267 26 +

Kosten, der Einziehung bei Freispruch trägt die Staatskasse 467 1 +
- ~ der Hauptverhandlung nach Zurückverweisung trägt als ~ des ersten Rechtszuges bei Verurteilung der Angeklagte 473 1 –

Kostenentscheidung, sofortige Beschwerde ist Beschwerdegegner vor ihm nachteiliger Entscheidung zur Gegenerklärung mitzuteilen 308 3 +

Kostentragungspflicht, im berufsgerichtlichen Verfahren BRAO 113 1 –
- ~ im Jugendgerichtsverfahren JGG 74 1 –

Kraftfahrzeughaltereigenschaft des Angeklagten allein unzureichendes Indiz für Täterschaft 261 181 –

Krankenakten, Beiziehung mittels Beweisantrag Vor 244 III–VI 5 –, 15 –

Ladendetektiv, Festnahme durch ~ 127 1 +

Ladung im Rechtshilfeweg 244 III S. 2 Var. 5 5 –, 6 +, 12 +
- Falsche Gerichtsbezeichnung in der ~ 216 1 –
- Mehrere Verteidiger und ~ 218 1 +, 3 +
- Rechtsanwaltssozietät und ~ 218 1 +
- Sperrerklärung und Vertraulichkeitszusage berühren bei Kenntnis des Informanten nicht Pflicht zu seiner Vernehmung und ~ 96 2 +; 244 III S. 1 1 +
- Telefonische ~ zur Fortsetzung der Hauptverhandlung an den Verteidiger zur Mitteilung an den Angeklagten ist rechtswirksam 338 Nr. 5 6 –
- Unmittelbare ~ ohne Beauftragung des Gerichtsvollziehers bewirkt keine Präsenz des Beweismittels 245 5 +
- Verweigerung der Entgegennahme deutschsprachiger Ladungsersuchen durch ersuchten Staat trotz Übersetzung gestattet Verlesung von Niederschriften 251 6 –
- Vollmacht muß sich nach Eingang der Verteidigungsanzeige nicht bei den Akten befinden für Pflicht zur ~ 218 2 +
- ~ von (zwischenzeitlich) bekannt gewordenen V-Mann geht vor (weiterer) Verlesung von Niederschriften über seine Vernehmung 251 18 +

Ladungsfrist, Einlassung zur Sache ohne Antrag auf Aussetzung der Hauptverhandlung wirkt als Verzicht auf Einhaltung der ~ 217 1 –
– Nichteinhaltung der ~ nur bei Antrag auf Aussetzung und Beanstandung seiner Ablehnung revisibel 217 2 –; 218 3 +
Laienrichter s. Ehrenamtliche Richter; Schöffen
Länderamnestie, Verfahrenshindernis nur bei vorrangiger Zuständigkeit der Gerichte des amnestierenden Landes 12 3 +
Landeskriminalamt, unsubstantiierte Sperrerklärung 96 9 +
Langzeitobservation, Ergebnisse zeitweiliger verdeckter Videoüberwachung der Eingangstür eines Mehrfamilienhauses bei Wahrung der Verhältnismäßigkeit verwertbar GG 13 2 –
Laubhüttenfest GG 103 7 +
Lauschangriff GG 13 1 –
Leichenschau, Verbotene Vernehmungsmethoden und 136a 7 +
Letztes Wort, Ablehnung eines Aussetzungsantrages nach letztem Wort gebietet dessen erneute Gewährung 258 14 +
– Ausdrückliche Fragestellung nicht erforderlich bei dem Angeklagten allgemein verständlicher und erkennbarer Gewährung der Gelegenheit für ~ 258 8 +, 11 –
– Behinderung durch Androhung eines Wortentzuges für den Fall unwahrer Äußerung unzulässig 258 32 +
– Beruhen des Urteils auf Nichtgewährung des letzten Wortes erfordert mögliche Beeinträchtigung des Verteidigungsinteresses 258 10 +, 6 –, 8 –, 10 –
– Beweisaufnahme nach letztem Wort gebietet dessen erneute Gewährung 258 7 +, 9 +, 11 +, 12 +, 18 +, 31 +
– Beweiskraft des Hauptverhandlungsprotokolls für ~ 258 22 +, 9 –, 12 –
– Bußgeldverfahren erfordert Gewährung der Gelegenheit des Angeklagten für ~ 258 29 +
– Entfernung des Angeklagten wegen ungebührlichen Verhaltens befreit nicht von der Pflicht zur Gewährung der Gelegenheit für ~ 258 33 +
– Erörterung im Schlußvortrag beantragter Teileinstellung zur Sache nach letztem Wort gebietet dessen erneute Gewährung 258 18 +
– Erörterung von Vorgängen ohne Einfluß auf gerichtliche Entscheidung nach letztem Wort erfordert nicht dessen erneute Gewährung 258 21 +
– Erziehungsberechtigten muß bei Anwesenheit neben jugendlichem Angeklagten Gelegenheit für ~ gewährt werden 258 3 +, 4 +, 6 +, 3 –
– Fehlende Erteilung des letzten Wortes durch mangels Unterschrift zweier Urkundspersonen unfertiges Hauptverhandlungsprotokoll nicht nachweisbar 258 1 –

– Fernseh-/Rundfunk-/Film-Tonaufnahmen des letzten Wortes zur Veröffentlichung sind unzulässig GVG 169 3 +
– Gesetzlichem Vertreter muß bei Anwesenheit neben dem Angeklagten Gelegenheit gewährt werden für ~ 258 25 +, 30 +, 3 –
– Geständnis des Angeklagten erübrigt nicht Gewährung der Gelegenheit für ~ 258 5 +
– Gewährung allgemeiner Gelegenheit zu Ausführungen und Anträgen ersetzt nicht persönliche Erteilung der Gelegenheit für ~ 258 8 +, 22 +, 11 –
– Gewährung des letzten Wortes von Amts wegen erforderlich 258 3 +, 30 +
– Haftentscheidung/-erörterung nach Schlußvortrag vor Urteilsverkündung erfordert Gewährung der Gelegenheit für erneutes ~ 258 1 +, 2 +, 11 +, 15 +, 23 +, 26 +
– Hinweis des Gerichts nach Schlußvortrag vor Urteilsverkündung erfordert erneute Gewährung der Gelegenheit für ~ 258 10 +, 13 +
– Informatorische Befragung des Verteidigers durch Vorsitzenden zu vorgelegten Unterlagen nach letztem Wort gebietet dessen erneute Gewährung 258 21 +
– Meldeauflagebeschluß nach letztem Wort gebietet dessen erneute Gewährung 258 20 +
– Öffentlichkeit der Verhandlung umfaßt Hauptverhandlung einschließlich des letzten Wortes GVG 169 3 +
– Persönliche Erteilung für ~ erforderlich 258 8 +, 22 +, 11 –
– Protokollierungspflicht für ~ 258 17 +, 22 +, 9 –, 12 –
– Protokollvermerk „Die Angeklagten gaben weitere Erklärungen nicht ab" beweist keine Gewährung der Gelegenheit für ~ 258 22 +
– Rechtliches Gehör wird verletzt durch Versagung der Gelegenheit für Schlußvortrag und ~ 258 29 +
– Richterablehnung erst im Anschluß an ~ ist unzulässig 25 5 –
– Rüge der Nichtgewährung des letzten Wortes erfordert über Vortrag der Wiederaufnahme der Verhandlung hinausgehende Darlegung des weiteren Verfahrensganges 258 12 +, 5 –, 7 –
– Schweigen des Angeklagten erübrigt nicht Gewährung der Gelegenheit für ~ 258 5 +, 18 +
– Stillschweigende Gewährung des letzten Wortes nicht ausgeschlossen 258 8 +, 11 –
– Unentschuldigte Entfernung des Angeklagten befreit nach seinem Wiedererscheinen nicht von der Pflicht zur Gewährung der Gelegenheit für ~ 258 16 +, 24 +
– Verfahrenstrennung nach letztem Wort gebietet u.U. dessen erneute Gewährung 258 19 +
– Verkündung bereits beantragter Teileinstellung nach letztem Wort erfordert nicht dessen erneute Gewährung 258 2 –, 4 –, 6 –

- Verkündung beschlossener Verfahrenseinstellung nach letztem Wort erfordert nicht dessen erneute Gewährung 258 27 +, 2 –
- Verkündung eines Nichtzulassungsbeschlusses für erhobene Nachtragsanklage nach letztem Wort gebietet dessen erneute Gewährung 258 28 +
- Verlesung des letzten Wortes zulässig 258 34 +
- Verteidiger wird Gelegenheit für ~ durch Protokollvermerk des dem Angeklagten gewährten letzten Wortes bewiesen 258 9 –
- Wiedereintritt in die Verhandlung erfordert erneute Gewährung der Gelegenheit für ~ 258 1 +, 2 +, 7 +, 9 +, 10 +, 11 +, 12 +, 13 +, 14 +, 15 +, 18 +, 20 +, 21 +, 23 +, 28 +, 31 +

Lichtbild, Anordnung von ~-aufnahmen rechtfertigt notfalls ihre zwangsweise Durchführung 81b 1 –
- Augenscheinsbeweisgegenständlichkeit eines ~es nicht nachzuweisen durch lediglich protokollierten Vorhalt 274 1 +
- Einführung in die Hauptverhandlung 274 1 +
- ~ einer Urkunde als Gegenstand einer Inaugenscheinnahme in der Hauptverhandlung 244 V S. 1 2 –; 245 2 –
- Inaugenscheinnahme des Tatortes trotz Zeugenaussagen und vorhandener ~er 244 V S. 1 1 –
- Radarfoto und Beweiswürdigung 261 37 –; 267 4 –
- Schlußfolgerungen möglicher Art aus ~ sind nicht revisibel 261 36 –, 37 –
- ~ sichergestellter Rauschgiftmenge ist zur Widerlegung diesbezüglicher Urteilsfeststellungen unverwertbar 261 16 –
- Urteilsgründe erfordern Ausführungen zur Beweisqualität und Täteridentifizierung nur bei nicht eindeutigem ~ 267 4 –
- Urteilsgründe gestatten Bezugnahme gemäß § 267 I S. 3 StPO i.V.m. § 71 I OWiG auf bei der Akte befindliches ~ 267 4 –

Lichtbildvorlage, Beweiswürdigung 244 II 9 +; 261 49 +, 77 +, 173 +, 175 +, 193 +, 19 –; 267 4 –
- Widersprüchliche Angaben eines Zeugen im Ermittlungsverfahren zur Identifizierung des Angeklagten erfordern erschöpfende Würdigung übriger Beweismittel 261 173 +, 175 +, 19 –
- Wiederholtes Wiedererkennen des Angeklagten als Täter und Beweiswert 261 193 +, 14 –

Liquorentnahme, gegen den Willen des Beschuldigten unterliegt strenger Verhältnismäßigkeitsprüfung und ist in Bagatellfällen unzulässig 81a 2 +

Lockspitzel s. auch Informant
- Beweisantrag zur Behauptung der Anwerbung durch polizeiliche ~ Vor 244 III–VI 11 +; 261 167 +
- Einsatz polizeilicher ~ 60 13 +; 136a 17 –, 18 –; 206a 3 +, 4 +, 5 +, 3 –, 4 –, 5 –; Vor 244 III–VI 11 +; 260 11 +, 11 –, 15 –; 261 167 +; 264 17 +; MRK 6 1 +, 3 +, 8 +
- Einsatz von ~n nur zulässig gegen bereits der Planung oder Verwicklung in entsprechende Straftaten i.S.d. § 160 I StPO tatverdächtige Personen 264 17 +; MRK 6 8 +
- Tatprovokation durch ~ begründet kein Verfahrenshindernis 260 11 +, 11 –, 15 –; MRK 6 1 +, 3 +, 8 +
- Verbotene Vernehmungsmethoden durch polizeiliche ~ 136a 17 –, 18 –
- Vereidigungsverbot gilt nicht für ~ 60 13 +

Logik, Beweiswürdigung unterliegt Bindung an Denkgesetze und gesicherte Erfahrungssätze 261 34 +, 61 +, 166 +, 168 +, 171 +, 188 +, 7 –, 23 –, 36 –, 38 –, 40 –, 50 –

Lückenhaftigkeit, der Beweiswürdigung s. dort

Lügen, i.d.R. kein zuverlässiges Indiz für Täterschaft 261 62 +, 145 +, 151 +

Lügendetektor, ungeeignetes Beweismittel 244 III S. 2 Var. 4 1 –
- unzulässiges Beweismittel 244 III S. 1 1 –
- verbotene Vernehmungsmethode 136a 10 +

Manische Episoden, Schuldfähigkeitsminderung/-aufhebung wird nahegelegt durch schwere ~ 302 2 +

Maßregel, Einbeziehung in Jugendstrafe zulässig auch für zur Bewährung ausgesetzte selbständige Verurteilung zu einer ~ JGG 31 1 –

Medikamente, Eigene Sachkunde des Tatrichters für ~ bedarf gesonderter Darlegung 244 IV 3 +

Mehrfachverteidigung, Fragen im Interesse von Mitangeklagten sind noch keine unzulässige ~ 241 3 –
- Rechtsmittel ist bei unzulässiger ~ als unzulässig zu verwerfen (2. Strafsenat) 146 5 –
- Rechtsmitteleinlegung bei unzulässiger ~ ist wirksam bis zu einer Zurückweisung (1. und 3. Strafsenat) 146 3 +
- Rechtsmitteleinlegung und unzulässige ~ 137 2 +; 146 3 +, 5 –
- Revisionsbegründung unwirksam im Falle unzulässiger ~ 146 3 +, 5 –
- Rüge unzulässiger ~ ohne Darlegung konkreten Interessenwiderstreits ist erfolglos 146 4 –
- Sozietätsangehörige Rechtsanwälte sind befugt zur Verteidigung jeweils anderer Beschuldigter in einem Verfahren 146 2 +
- Sukzessive ~ ist zulässig 137 1 +; 146 1 –
- Tatvorwurfsverschiedenheit hat keinen Einfluß auf das Verbot der ~ 146 3 –
- Verbotgeltung im Bußgeldverfahren verfassungsgemäß 146 3 –
- Zustellung nur an einen Verteidiger genügt für Auslösung eines Fristbeginns bei ~ 37 1 –

Meldeauflage, Letztes Wort ist nach anschließendem Beschluß über Wegfall einer ~ erneut zu gewähren 258 20 +

4589

Meßungenauigkeiten anerkannter amtlich zugelassener Geräte in standardisierten Verfahren gebieten nur bei Veranlassung im Einzelfall Erörterung innerhalb der Urteilsgründe 267 3 –, 6 –

Minder schwerer Fall, Erörterungsbedürftigkeit infolge eines Antrags nach § 267 III S. 2 StPO oder aus sachlich-rechtlichen Gründen ist revisibel 267 5 +

Mindestfeststellungen, Gebot der Erkennbarkeit der von der Verurteilung erfaßten bestimmten Taten durch konkrete Bezeichnung nach Tatzeit und -ort sowie Anlaß ihrer Begehung 267 14 +, 19 +, 27 +, 2 –, 5 –

Mißverständnis der Verteidigung, Hinweispflicht des Gerichts bei erkanntem ~ 244 V S. 1 1 +

Mißverständnis des Gerichts, Hinweis-/Antragspflicht des Verteidigers bei erkanntem ~ 244 VI 5 –

Mitangeklagter, Aussageverweigernder ~ und Beweiswürdigung 261 10 –
– Befangenheitsbesorgnis nicht begründbar durch notwendige Feststellung über Beteiligung des Angeklagten in abgetrenntem Verfahren gegen frühere Mitangeklagte 24 6 –
– Befangenheitsbesorgnis wegen Verständigung (s. auch dort) 24 3 –
– Einlassung ~ gestattet keine Abwesenheit des Angeklagten 338 Nr. 5 6 +
– Gemeinsame Erklärungen zweier verteidigter Beschuldigter zu an beide gerichteten Fragen bei richterlichem Verhör gemäß § 254 StPO verlesbar und verwertbar 254 1 –
– Rüge vorschriftswidriger Abwesenheit ~ ist nur als Aufklärungsrüge zulässig 338 Nr. 5 12 –
– Unwahrheit eines Einlassungsteils ist gewichtiges Indiz für mangelnde Glaubwürdigkeit 261 98 +
– Urteilsaufhebung durch Revisionsgericht wegen Gesetzesänderung gemäß § 354a StPO erstreckt sich nicht auf mitangeklagte Nichtrevidenten 354a 2 –
– Verfahrenstrennung zulässig zur Gewinnung Angehöriger als Zeugen 52 5 –
– Verlesung richterlicher Vernehmungsniederschrift (s. dort) einer Vernehmung früherer ~ im Ermittlungsverfahren ist nach Verfahrenstrennung im Falle allseitigen Einverständnisses zulässig 251 21 –
– Vernehmung ~ als Zeugen ist weder eidlich noch uneidlich zulässig 60 28 +
– Vernehmung ~ in Abwesenheit des notwendigen Verteidigers des Angeklagten über auch letzteren betreffende Taten ist unzulässig 140 3 +
– Vernehmung ~ über Vorwürfe gegen den Angeklagten gestattet vorbehaltlich unentschuldigter Entfernung keine Abwesenheitsverhandlung 230 2 +; 338 Nr. 5 6 +, 11 +

– Verurteilung allein aufgrund von Angaben eines Mitangeklagten ist nicht ausgeschlossen 261 43 –
– Zeugnisverweigerung in der Hauptverhandlung wirkt bei untrennbaren strafrechtlichen Vorwürfen auch zugunsten ~ 252 23 –
– Zeugnisverweigerungsrecht besteht nicht im Verhältnis ~ zueinander 52 22 +
– Zeugnisverweigerungsrecht des Angehörigen eines früheren Mitangeklagten bleibt bis zu dessen Freispruch auch nach Verfahrenstrennung bestehen 52 8 +, 14 +, 5 –

Mitbeschuldigter, Begriff i.S.d. § 251 StPO 251 21 –
– Früherer ~ als Zeuge begründet durch Zeugnisverweigerung in der Hauptverhandlung Verwertungsverbot auch für bei richterlicher Vernehmung im Ermittlungsverfahren gemachte Aussagen 252 4 +, 18 +
– Verfahrenstrennung zulässig zur Gewinnung Angehöriger als Zeugen 52 5 –
– Verlesung richterlicher Vernehmungsniederschrift (s. dort) einer Vernehmung früherer ~ im Ermittlungsverfahren ist nach Verfahrenstrennung im Falle allseitigen Einverständnisses zulässig 251 21 –
– Verteidigung ~ durch sozietätsangehörige Rechtsanwälte ist zulässig 146 2 +
– Zeugnisverweigerungsrecht des Angehörigen eines förmlich Beschuldigten/Angeklagten besteht einheitlich auch gegenüber anderem/n zu irgendeinem Verfahrenszeitpunkt durch Verfahrensverbindung förmlich Mitbeschuldigten 52 8 +, 9 +, 12 +, 11 –, 13 –
– Zeugnisverweigerungsrecht des Angehörigen eines früheren Mitbeschuldigten bleibt bis zu dessen Freispruch auch nach Verfahrenstrennung bestehen 52 8 +, 14 +, 5 –

Mithören, einverständliches von privaten Telefonaten zwischen Zeugen und Verdächtigen durch Polizei 100a 6 –

Mitschriften der Beweisaufnahme als Gedächtnisstütze für die Urteilsberatung zulässig 261 45 –, 49 –
– ~ eines Polizeibeamten über Aussagen eines (Mit-)Beschuldigten sind ohne dessen Auftrag nicht als nichtrichterliche Vernehmungsniederschrift oder als dessen Urkunde verlesbar 251 6 –
– ~ von Vorgängen in der Hauptverhandlung durch stenographierende Angestellte des Verteidigers zulässig 338 Nr. 6 21 +
– ~ von Vorgängen in der Hauptverhandlung durch Zuhörer grundsätzlich zulässig 338 Nr. 6 13 –
– ~ von Zuhörern über Vorgänge in der Hauptverhandlung zur Mitteilung an noch zu vernehmende Zeugen unzulässig GVG 176 1 –

Mittäterschaft, Angeklagte/eröffnete ~ gestattet Verurteilung wegen Alleintäterschaft nur nach Hinweis des Gerichts 265 24 +, 15 –

Sachverzeichnis

- Angeklagte/eröffnete ~ gestattet Verurteilung wegen Beihilfe nur nach Hinweis des Gerichts 265 40 +, 15 –
- Verurteilung wegen ~ in Abweichung von angeklagter/eröffneter Alleintäterschaft nur zulässig nach Hinweis des Gerichts 265 12 +, 14 +, 21 +, 32 +, 34 +, 35 +, 52 +, 6 –
- Hinweis auf mögliche Verurteilung wegen Beihilfe begründet keine Erkennbarkeit einer Verurteilung wegen ~ 265 29 +

Mitteilungspflicht, Rüge der Verletzung erfordert Antrag auf Aussetzung der Hauptverhandlung und Beanstandung seiner Ablehnung 246 4 –

Mittelbare Beweiserhebung, Grundsatz freier Beweiswürdigung gilt auch für eine ~ 261 166 +
- Inaugenscheinnahme des Tatorts über Lichtbilder und Zeugenvernehmung kann ausreichen 244 V S. 1 1 –
- Schriftstücke und Einführung durch Zeugenvernehmung über ihren Inhalt u.U. zulässige ~ 244 III S. 2 Var. 3 1 –
- Verlesung von Niederschriften über Tonbandaufnahmen einer Telefonüberwachung 250 8 –
- Zeuge vom Hörensagen s. dort

Mittelbare Täterschaft, Verurteilung in Abweichung von angeklagter/eröffneter Alleintäterschaft nur zulässig nach Hinweis des Gerichts 265 32 +

Mittelsperson zur Verständigung des Gerichts mit einem hörbehinderten Zeugen kann dessen Angehöriger sein GVG 186 1 –

Mitverschulden, Urteilsgründe bei Fahrlässigkeitstaten gebieten u.U. zwingende Erörterung von ~ 267 49 +

Mitwirkungspflicht, im Besteuerungsverfahren AO 393 1 +

Mündliche Verhandlung i.S.d. § 338 Nr. 6 StPO meint die Hauptverhandlung GVG 169 1 –

Mündlichkeitsgrundsatz, Anknüpfung an Hilfsgutachten bei eigenverantwortlicher Würdigung durch zugezogenen Sachverständigen ist ohne Verstoß gegen den ~ unmittelbar verwertbar 250 9 –
- Eröffnungsbeschlußverlesung unter Erstreckung auf beweiswürdigendes wesentliches Ergebnis der Ermittlungen verstößt gegen Unmittelbarkeits- und ~ 250 5 +
- Vorhalt und ~ 253 3 –, 4 –

Nachholung des Eröffnungsbeschlusses (nur) bis zum Ende der Hauptverhandlung erster Instanz statthaft 207 4 –; 266 3 +; 270 1 +
- ~ der Mitteilung der Anklageschrift 201 1 –
- ~ der Vereidigung 69 1 –; 251 1 +, 35 +
- ~ einer unwirksamen Schöffenwahl obliegt ursprünglichem Schöffenwahlausschuß 338 Nr. 1 15 –

- ~ von Verfahrensrügen bei Wiedereinsetzung 44 5 +, 8 +, 2 –, 3 –, 5 –, 6 –
- Zustimmung des gesetzlichen Vertreters gestattet bei Zeugnisverweigerung des Kindes keine ~ 52 15 +

Nachschieben von Gründen im tatrichterlichen Urteil heilt nicht fehlerhafte Bescheidung von Beweisanträgen 244 II 24 +; 244 V S. 1 3 +

Nachtatverhalten, des/r Geschädigten und fehlerhafte Würdigung 261 122 +, 123 +
- Nichtanrechnung von Untersuchungshaft auf Jugendstrafe nicht begründbar durch ~ JGG 52a 2 +, 3 +
- Strafschärfende Berücksichtigung eines ~s zulässig 267 16 –

Nachtragsanklage, Aussetzung der Hauptverhandlung unterliegt der Hinweispflicht des Gerichts bei ~ 266 2 –
- Berufungsverfahren gestattet keine ~ 266 3 +
- Beweisergebnisse aus zuvor abgetrenntem Verfahrensteil sind auch bei ~ nur nach Wiederholung der Beweisaufnahme verwertbar 261 154 –
- Einbeziehung einer ~ zulässig bis zum Ende der Hauptverhandlung erster Instanz 266 3 +
- Einbeziehungsbeschluß erfordert schlüssige und eindeutige Willenserklärung des Gerichts zur Erstreckung der Hauptverhandlung auf die ~ 266 1 +, 2 +, 1 –
- Fehlen des Einbeziehungsbeschlusses bildet von Amts wegen zu beachtendes Verfahrenshindernis 266 2 –
- Fehlen des Einbeziehungsbeschlusses nur relativer Revisionsgrund 266 2 –
- Hinweis des Gerichts unzureichend bei beabsichtigter Verurteilung wegen nicht angeklagter Taten 264 6 +
- Letztes Wort ist nach anschließender Verkündung eines Nichtzulassungsbeschlusses für ~ erneut zu gewähren 258 28 +
- Protokollierungspflicht der Einbeziehung einer ~ 266 1 +, 2 +
- Zustimmung des Angeklagten zur Einbeziehung einer ~ erfordert ausdrückliche und eindeutige Erklärung 266 4 +
- Zustimmungseinholung zu bereits von zugelassener Anklage erfaßtem Sachverhalt verpflichtet zu seiner Behandlung als Gegenstand ordnungsgemäßer ~ 266 2 –

Namensverwechslung, offensichtliche im Hauptverhandlungsprotokoll ist unbeschränkt berichtigungsfähig 271 1 –

Namhaftmachung, Geheimhaltung der Personalien eines unter seinem richtigen Namen geladenen Zeugen vor Angeklagtem und Verteidiger begründet unzulässige Beschränkung der Verteidigung 338 Nr. 8 11 +
- Gesonderte ~ von in der Anklageschrift genannten und nach späterer Aussetzung wiederholt erschienenen Sachverständigen nicht erforderlich 222 2 –

4591

[Namhaftmachung]
- Rügezulässigkeit eines Verstoßes gegen die Pflicht zur ~ erfordert Antrag auf Aussetzung und Beanstandung seiner Ablehnung in der Hauptverhandlung 222 1 –, 3 –

Ne bis in idem s. Strafklageverbrauch

Nebenbeteiligter, Rechtsmittelbefugnis ist abhängig von förmlicher Beteiligungsanordnung i.S.d. § 431 I 1 StPO 431 1 –

Nebenfolgen, Hinweispflicht des Gerichts erstreckt sich nicht auf außerhalb des notwendigen Inhalts der Anklageschrift liegende ~ der Strafe 207 5 –
- Verschlechterungsverbot gilt auch für ~ der Strafe 358 10 +

Nebenklage, Befugnis zur Erhebung der ~ geht beim Tod des Opfers einer Körperverletzung nicht auf dessen Angehörige über 395 3 –
- Befugnis zur Erhebung der ~ infolge Verletzung durch Nebenklagedelikt erfordert nicht dessen ausdrückliche tatbestandliche Nennung in der Anklageschrift 395 3 +
- Benachrichtigungspflichtverletzung hinsichtlich des Nebenklägers führt nicht zwangsläufig zur Aufhebung des Urteils 406g 1 –
- Berufung der ~ wegen unrichtiger Anwendung zur ~ berechtigenden Gesetzes rechtfertigt auch Prüfung und Anwendung nicht zur ~ berechtigender Gesetze 358 3 –
- Eidesverweigerungsrecht (s. dort) und unterlassene Belehrung kann auch die ~ zulässig rügen 52 1 +
- Erwiderungsrecht i.S.d. § 258 II 2 StPO besitzt auch der Nebenkläger 397 1 –
- Gesetzwidrige (Nicht-)Zulassung eines Nebenklägers ist nur relativer Revisionsgrund 400 3 –
- Jugendstrafsache steht bei Verfahrensverbindung mit Strafsache gegen Erwachsene einer ~ gegen letztere nicht entgegen 395 1 –
- Rechtliches Gehör oder Zustimmung der ~ zur Einstellung des Verfahrens nach § 153 II StPO ist nicht erforderlich 400 4 –
- Rechtsmittelbefugnis des Nebenklägers besteht nicht zur Verhängung anderer Rechtsfolge der Tat 400 1 –, 5 –
- Rechtsmittelbefugnis des Nebenklägers erstreckt sich nur auf Freisprüche vom Vorwurf der Verwirklichung von Nebenklagedelikten 395 3 +; 400 2 +, 2 –, 6 –, 7 –, 8 –
- Rechtsmittelbefugnis des Nebenklägers steht Gesetzeseinheit des Nebenklagedelikts mit einem Offizialdelikt nicht entgegen 400 2 +, 2 –
- Revision der ~ zugunsten des Angeklagten unzulässig 401 1 –
- Revisionsantrag der ~ erfordert erkennbare Bestimmung des Anfechtungsziels eines Schuldspruchs in Bezug auf Verwirklichung von Nebenklagedelikten 400 6 –, 7 –, 8 –

- Revisionsbegründung des Nebenklägers nur mittels von Rechtsanwalt unterzeichneter Schrift und nicht zu Protokoll der Geschäftsstelle zulässig 345 8 –
- Revisionsbeschränkung der ~ auf Unterbringung ist wirksam 400 1 +
- Richterablehnungsgesuch auch für ~ nur bis zum Beginn der Vernehmung des Angeklagten zur Sache möglich 338 Nr. 3 15 –
- Richterablehnungsgesuch der ~ gestattet Zurechnung verspäteter Einreichung durch bevollmächtigten Vertreter an den Nebenkläger 25 4 –
- Sicherungsverfahren gestattet ~ 395 1 –, 2 –
- Sofortige Beschwerde der ~ gegen Nichteröffnungsbeschluß ist dem Angeklagten vor der Entscheidung des Beschwerdegerichts zur Gegenerklärung mitzuteilen 308 2 +
- Strafantrag ist keine Voraussetzung für Zulassung der ~ 395 2 +
- Strafmaßrevision der ~ ist unzulässig 400 8 –
- Vereidigungsverzicht nicht zulässig ohne Zustimmung anwesender Vertreter der ~ 61 3 +
- Wiedereinsetzungsanspruch bei Fristversäumnis durch Rechtsanwaltsverschulden steht dem Nebenkläger nicht zu 44 9 –

Negativer Zuständigkeitsstreit 260 16 –; 270 1 –

Negativtatsachen, Beweisantrag zu ~ Vor 244 III–VI 3 +; 244 III S. 2 Var. 2 4 +; 244 III S. 2 Var. 7 18 +

Neurose, Hysterische ~ und Glaubwürdigkeitsgutachten 261 63 +

Nichteröffnungsbeschluß, Rechtskräftiger ~ bewirkt Strafklageverbrauch auch bei ihm zugrundeliegender falscher Rechtsauffassung 211 1 +
- Sofortige Beschwerde der Staatsanwaltschaft oder Nebenklage gegen ~ ist dem Angeklagten vor ihm nachteiliger Entscheidung zur Gegenerklärung mitzuteilen 308 2 +, 4 +, 7 +

Nichterweislichkeit der Schuld, Freigesprochene(r) mangels Beschwer nicht rechtsmittelbefugt gegen Freispruch wegen ~ 296 4 –

Niederschrift, eines Beamten unterliegt freier richterlicher Beweiswürdigung auch bei „getreulicher" Anfertigung 261 38 –
- ~ eines Prozeßbeteiligten über Inhalt und Ergebnis der Beweisaufnahme ist zur Widerlegung diesbezüglicher Urteilsfeststellungen unverwertbar 244 II 14 –; 261 12 –, 13 –, 48 –
- Mitschriften s. dort
- Sitzungs-~ s. Hauptverhandlungsprotokoll
- Vernehmungs-~ s. dort
- ~ vorläufiger Beweisergebnisse und Urteilsformel durch Tatrichter während der Schlußvorträge begründet noch keinen Verstoß gegen das Gebot der Überzeugungsbildung aus dem Inbegriff der Hauptverhandlung 261 49 –

non-lieu-Entscheidung des französischen Rechts begründet kein Verfahrenshindernis 260 3 –

Notwehr, Aufklärungspflicht gebietet Ermittlung von Anhaltspunkten für ~ 244 II 22 +
Notwendige Verteidigung (s. auch Pflichtverteidiger, -bestellung) 140
– Beurlaubung des notwendigen Verteidigers während Schlußvortrag des Verteidigers eines Mitangeklagten unzulässig 231c 3 +
– ~ durch Assessor unzulässig 338 Nr. 5 28 +
– ~ durch Bewährungshelfer unzulässig 338 Nr. 5 34 +
– Einheit der Hauptverhandlung gebietet Anwesenheit des Pflichtverteidigers während ihrer gesamten Dauer 338 Nr. 5 39 +
– Ermittlungsrichterliche Vernehmung des Hauptbelastungszeugen unter Ausschluß des Beschuldigten gebietet Bestellung eines Verteidigers im Falle gegebener Voraussetzungen für ~ 141 1 +
– Revisionshauptverhandlung in Abwesenheit des bestellten Verteidigers unzulässig 140 5 +, 7 +
– Sachliche Zuständigkeit wird nicht unmittelbar berührt durch ~ 328 1 –
– Sprachunkundiger und mittelloser Angeklagter hat keinen Anspruch auf Pflichtverteidiger 140 1 –
– Vernehmung des Angeklagten zur Person erfordert Anwesenheit des Pflichtverteidigers 140 6 +
– Vernehmung des einzigen Pflichtverteidigers als Zeugen erfordert zwischenzeitliche Ersatzbeiordnung 140 4 +, 2 –
– Vernehmung des Mitangeklagten in Abwesenheit des Pflichtverteidigers des Angeklagten über auch letzteren betreffende Taten unzulässig 140 3 +
– Weigerung des Verteidigers zur Führung der Verteidigung erfordert Ersatzbeiordnung oder Aussetzung der Hauptverhandlung 140 1 +, 2 +

Oberlandesgericht, mangelnde Eröffnungszuständigkeit revisibel GVG 120 1 –
– Willkürliche Nichtbeachtung der Vorlagepflicht durch ~ entzieht Gesetzlichen Richter GVG 121 1 –
Observation, längerfristige 100c 2 –; GG 13 2 –
Observationsbericht, der Polizei ist kein Behördenzeugnis 256 3 –
Offenkundige Beweistatsache 244 III S. 2 Var. 1; 261 67 +, 119 +; GG 103 6 +
– Einführung in die Hauptverhandlung 244 III S. 2 Var. 1 1 –; 261 119 –
– Hinweispflicht des Gerichts auf Bewertung einer Tatsache als ~ 261 67 +, 190 +
Offenkundigkeit s. Allgemeinkundigkeit, Gerichtskundigkeit
Öffentlichkeit der Verhandlung, Begründungsmangel für Ausschluß der Öffentlichkeit verletzt die ~ GVG 174 1 +, 2 +, 3 +, 4 +, 5 +, 6 +
– Einstellung von Verfahren(-steilen) ist vorzunehmen in der ~ GVG 171b 1 –
– Einzelpersonen sind umfaßt vom Grundsatz der ~ 338 Nr. 6 13 +, 20 +, 21 +, 32 –
– Entfernung aus dem Sitzungssaal durch freiwilliges Abtreten aufgrund Verständigung mit dem Vorsitzenden berührt nicht die ~ GVG 169 6 –
– Entfernung von (in der Hauptverhandlung) benannten Zeugen aus dem Sitzungssaal verstößt nicht gegen den Grundsatz der ~ GVG 169 2 –, 3 –
– Erlaubnis von Fernseh-/Rundfunk-/Film-Tonaufnahmen ist als sitzungspolizeiliche Maßnahme nicht revisibel GVG 169 9 –
– Fernseh-/Rundfunk-/Film-Tonaufnahmen der Verhandlung zwecks Veröffentlichung sind zwingend verboten GVG 169 2 +, 3 +
– Fernseh-/Rundfunk-/Film-Tonaufnahmen gegen den Willen des Betroffenen unzulässig GVG 169 9 –
– Hauptverhandlung einschließlich Schlußvorträge und letztem Wort des Angeklagten sowie Urteilsverkündung unterliegen der ~ GVG 169 2 +, 3 +, 9 –
– Hausrecht des Wohnungs-/Betriebsinhabers hat Vorrang vor der ~ 338 Nr. 6 9 –
– Heilung einer Verletzung der ~ durch Wiederholung der Prozeßhandlung nach Wiederherstellung der Öffentlichkeit möglich 338 Nr. 6 15 –; GVG 169 1 –; GVG 171b 1 –
– Hinweispflicht des Gerichts ist nachzukommen in der ~ 338 Nr. 6 6 –; GVG 171b 1 –
– ~ in gerichtsfremdem Gebäude erfordert u.U. besondere Vorkehrungen des Gerichts mit Rücksicht auf eine unterschiedliche Dienstzeit 338 Nr. 6 17 +
– ~ in gerichtsfremdem Gebäude wird durch Vorkehrungen zur Ermöglichung unschwerer Kenntnisverschaffung vom Tagungsort gewahrt 338 Nr. 6 16 –, 17 –, 20 –
– ~ in Jugendstrafsachen entgegen § 48 Abs. 1 JGG ist nicht revisibel 338 Nr. 6 26 –
– Organisatorische Maßnahmen sind befreit von der ~ GVG 169 1 –; GVG 171b 1 –
– Protokollierungspflicht für (Wiederherstellung der) ~ 274 2 +, 9 –; 338 Nr. 6 3 +, 6 +, 16 +, 19 +
– Richterablehnung ist befreit vom Prinzip der ~ 338 Nr. 6 5 –; GVG 169 1 –
– Rüge nur begründet im Falle gesetzwidriger Beschränkung der ~ 338 Nr. 6 26 –, 27 –
– Rüge unzulässiger Überschreitung beschlossenen Öffentlichkeitsausschlusses erfordert Vortrag der unter Verletzung der Öffentlichkeit vorgenommenen Erörterungen und ihres fehlenden Zusammenhanges mit dem Gegenstand des Ausschlusses 338 Nr. 6 2 –, 12 –
– Schöffenwahl unterliegt Ankündigungspflicht durch Aushang GVG 45 2 +, 2 –
– Terminsankündigungen sind befreit vom Geltungsbereich der ~ 247 1 –; GVG 169 1 –, 7 –

[Öffentlichkeit der Verhandlung]
- ~ umfaßt ausschließlich die unmittelbare Öffentlichkeit im Gerichtssaal GVG 169 3 +, 8 –, 9 –
- Unterrichtung der Allgemeinheit durch das Gericht über gehörige Prüfung der Voraussetzungen von Zwischenentscheidungen ausreichend 338 Nr. 6 10 –
- Verhandlungspausen werden nicht umfaßt von der ~ GVG 169 8 –
- Verständigung im Strafverfahren gebietet Offenlegung des wesentlichen Inhalts und Ergebnisses außerhalb geführter Vorgespräche in der ~ GVG 169 1 +
- Wiederherstellung für außerhalb der Hauptverhandlung vornehmbare Handlungen nicht erforderlich GVG 169 1 –; GVG 171b 1 –
- Zugangsbeschränkung durch unnötige Ausweitung der Verhandlung in engem Einzelzimmer eines Krankenhauses revisibel 338 Nr. 6 24 +
- Zugangskontrollen zur Aufrechterhaltung der Sicherheit im Gerichtsgebäude verletzen nicht die ~ 338 Nr. 6 22 –, 24 –
- Zutrittsverwehrung durch zeitweilig verschlossene Tür zum Sitzungssaal nur bei Zurechenbarkeit zum Vorsitzenden Revisionsgrund 338 Nr. 6 8 –
- **Öffentlichkeitsausschluß**, ablehnende Entscheidung im Falle einer Ermessensreduzierung auf Null revisibel GVG 171a 1 –; GVG 171b 2 –
- ablehnende Entscheidung nicht revisibel durch (bloße) Behauptung anderenfalls erfolgten Unterbleibens einer Zeugnisverweigerung GVG 171b 2 –
- Ausschließungsgrund durch eindeutige Bezugnahme auf Gesetzeswortlaut ausreichend verkündet 338 Nr. 6 7 –, 14 –, 19 –, 23 –
- Ausschließungsgrund trotz Offenkundigkeit förmlich bekanntzugeben GVG 174 2 –
- Ausschließungsverhandlung in nicht öffentlicher Sitzung auf Antrag eines Beteiligten zwingend GVG 174 1 –
- Begründung durch „bisheriges Verhalten des Angeklagten" unzureichend GVG 169 4 +
- Begründung auf eindeutige Bezugnahme auf vorangegangenen Ausschließungsbeschluß zulässig 338 Nr. 6 18 –; GVG 174 5 +, 6 +
- Begründung mangelnden Schutzes öffentlicher Gewalt vor schwerwiegenden rechtswidrigen Angriffen für den Fall wahrheitsgemäßer Aussage rechtfertigt einen ~ GVG 169 4 +
- Begründung mit formelhafter Befürchtung der Zurückhaltung wahrheitsgemäßer Aussagen des Angeklagten unzureichend GVG 169 4 +
- Begründungspflicht durch in öffentlicher Sitzung zu verkündenden und ebenso zu begründenden Beschluß 338 Nr. 6 1 +, 2 +, 3 +, 4 +, 6 +, 7 +, 10 +, 11 +, 12 +, 16 +, 19 +, 26 +, 27 +, 1 –, 7 –, 11 –, 14 –, 19 –, 23 –; GVG 174 1 +, 2 +, 3 +, 4 +, 5 +, 6 +, 7 +, 1 –, 2 –, 3 –
- Begründungspflicht entfällt bei offensichtlichem Ausschließungsgrund 338 Nr. 6 1 +, 16 +, 1 –
- Beschluß über ~ in Abwesenheit des Angeklagten ist zulässig nach einer für dieselbe Vernehmung beschlossenen Entfernung des Angeklagten 247 9 –
- Beschluß nach Antrag eines Beteiligten auf Ausschließungsverhandlung in nicht öffentlicher Sitzung verzichtbar GVG 174 1 –
- Entfernung eines Zuhörers aus dem Sitzungssaal zur Wahrung der Nichtöffentlichkeit eines gegen ihn gerichteten Ermittlungsverfahrens ist kein einen Gerichtsbeschluß erfordernder ~ 338 Nr. 6 32 –
- Entlassung eines Zeugen sowie Verhandlung hierüber gestattet keinen ~ 338 Nr. 6 3 +
- Freiwilliges Verlassen des Sitzungssaals auf Bitten des Vorsitzenden ohne gesetzliche Grundlage ist revisibel 338 Nr. 6 7 +
- ~ für bestimmte Vernehmung(en) oder Teile davon gilt (nur) bis zu deren Beendigung 338 Nr. 6 2 +, 4 +, 8 +, 9 +, 15 +, 23 +, 7 –; GVG 174 7 +, 2 –, 3 –
- ~ für die Beweisaufnahme bedarf überzeugender besonderer Begründung 338 Nr. 6 12 –; GVG 169 4 +
- ~ für bestimmte Vernehmung gilt auch für mit dieser zusammenhängenden Beschluß über die Entfernung des Angeklagten 338 Nr. 6 10 –, 12 –
- ~ für bestimmte Vernehmung gilt auch für mit dieser zusammenhängende (-n Beschluß über die) Einnahme von Augenschein 338 Nr. 6 13 –
- Gefährdung der öffentlichen Ordnung ist durch die Befürchtung der Unwahrheit oder gänzlich berechtigter Verweigerung einer Zeugenaussage in öffentlicher Verhandlung allein nicht zu begründen 338 Nr. 6 14 +, 33 –
- Gefährdung der öffentlichen Ordnung und des Lebens eines V-Mannes bedarf bei zugesicherter anonymer und optisch und akustisch abgeschirmter Vernehmung besonderer Begründung für einen ~ 338 Nr. 6 11 +
- Gefährdung der Sittlichkeit erfordert über Begründung durch Angabe des Gesetzeswortlauts keine Angabe der zugrundeliegenden tatsächlichen Umstände 338 Nr. 6 14 –
- Gefährdung der Sittlichkeit und Verletzung schutzwürdiger Interessen stehen als Gründe für ~ mit unterschiedlicher Schutzfunktion selbständig nebeneinander 338 Nr. 6 11 –
- Gefährdung schutzwürdiger Interessen erfordert über Begründung durch Angabe des Gesetzeswortlauts keine Angabe der zugrundeliegenden tatsächlichen Umstände 338 Nr. 6 19 –

- Heilung von fehlerhaftem ~ durch Wiederholung der Prozeßhandlung nach Wiederherstellung der Öffentlichkeit möglich 338 Nr. 6 15 –; GVG 169 1 –; GVG 171b 1 –
- Heranwachsende unterliegen Fortgeltung von in ihrem Interesse beschlossenem ~ auch bei vorläufiger Einstellung mitangeklagter Jugendstraftaten 338 Nr. 6 3 –
- Heranwachsende unterliegen Fortgeltung von in ihrem Interesse beschlossenem ~ für die Urteilsverkündung 338 Nr. 6 4 –
- Heranwachsender unterliegt bei Anklage (auch) wegen Jugendtaten automatischem ~ 338 Nr. 6 29 –
- ~ hindert nicht Erledigung außerhalb der Hauptverhandlung vornehmbarer Handlungen GVG 169 1 –; GVG 171b 1 –
- Hinweis des Gerichts gestattet keinen ~ 338 Nr. 6 6 –; GVG 171b 1 –
- Irrtümlicher ~ ist kein Revisionsgrund 338 Nr. 6 8 –, 28 –, 30 –
- Kindliche Zeugen und ~ 338 Nr. 6 14 +, 10 –, 23 –
- Protokollierungspflicht für ~ 274 2 +, 9 –; 338 Nr. 6 3 +, 6 +, 16 +, 19 +
- Rechtsanspruch auf ~ besteht nicht 338 Nr. 6 27 –
- Rüge unzulässigen ~es 338 Nr. 6
- Rüge unzulässigen ~es nur begründet im Falle gesetzwidriger Beschränkung der Öffentlichkeit 338 Nr. 6 26 –, 27 –
- Rüge unzulässiger Ablehnung beantragten ~es erfordert Mitteilung deswegen unterbliebener Erkenntnisse GVG 171a 1 –; GVG 171b 2 –
- Rüge unzulässiger Überschreitung beschlossenen Umfangs erfordert Vortrag der unter Verletzung der Öffentlichkeit vorgenommenen Erörterungen und ihres fehlenden Zusammenhanges mit dem Gegenstand des Ausschlusses 338 Nr. 6 2 –, 12 –
- Schließung der Sitzungssaaltür für eng begrenzten Zeitraum zur Aufrechterhaltung der Ordnung gegen mögliche Störungen zulässig 338 Nr. 6 25 –, 34 –
- Schutzdefizit öffentlicher Gewalt vor schwerwiegenden rechtswidrigen Angriffen bei wahrheitsgemäßer Aussage rechtfertigt ~ 251 29 +; 338 Nr. 6 14 +, 33 –; GVG 169 4 +
- Unanfechtbarkeit der Entscheidung über den ~ GVG 171a 1 –; GVG 171b 2 –
- Unbegrenzter ~ bei absehbarer durchgängiger Erörterung von Umständen aus dem persönlichen Lebensbereich von Verfahrensbeteiligten oder Zeugen zulässig 338 Nr. 6 12 –; GVG 169 4 +
- Unterbrechung der Verhandlung erfordert keine neue Entscheidung über den ~ 338 Nr. 6 7 –; GVG 174 3 –
- Unzulässige Überschreitung pflichtgemäßen Ermessens durch Verweisung aller Angehörigen (der Berufsgruppe) eines für störend empfundenen Zuhörers revisibel 338 Nr. 6 22 +
- Unzulässiger ~ von Einzelpersonen ist revisibel 338 Nr. 6 13 +, 20 +, 21 +, 32 –
- Unzulässiger ~ wegen Mitschreibens von Vorgängen in der Hauptverhandlung 338 Nr. 6 13 +, 21 +
- Urteil gestattet während Verkündung der Urteilsformel schlechthin keinen ~ 338 Nr. 6 25 +
- Urteil gestattet für Verkündung der Urteilsgründe nur aufgrund besonderen Beschlusses und nach der Beweisaufnahme einen ~ 338 Nr. 6 25 +
- Weiterer ~ nach abgeschlossener Vernehmung erfordert gesonderte Bekanntgabe des hierfür maßgeblichen Ausschließungsgrundes 338 Nr. 6 2 +, 8 +, 10 +, 7 –; GVG 174 7 +, 2 –, 3 –
- Zugangsbeschränkung durch unnötige Ausweitung der Verhandlung in engem Einzelzimmer eines Krankenhauses revisibel 338 Nr. 6 24 +
- Zugangsbeschränkung durch zeitweilig verschlossene Tür zum Sitzungssaal nur bei Zurechenbarkeit zum Vorsitzenden Revisionsgrund 338 Nr. 6 8 –
- Zugangskontrollen zur Aufrechterhaltung der Sicherheit im Gerichtsgebäude bedeuten keinen unzulässigen ~ 338 Nr. 6 22 –, 24 –
- Zusätzliche Anhörung eines Zeugen bei sofortiger Rücknahme seiner Entlassung und Fortbestand der maßgeblichen Interessenlage umfaßt von beschlossenem ~ GVG 174 2 –
- Zutrittsverwehrung durch zeitweilig verschlossene Tür zum Sitzungssaal nur bei Zurechenbarkeit zum Vorsitzenden Revisionsgrund 338 Nr. 6 8 –, 30 –
- Zutrittsverzögerung zum Sitzungssaal wegen angeordneter Einlaßkontrolle gebietet Zuwarten mit Verhandlungsbeginn bis zum Eintreffen rechtzeitig erschienener Zuhörer 338 Nr. 6 5 +, 18 +, 21 –

Opferschutz, Ziel der Ersparung erneuter Aussage in zweiter Instanz allein rechtfertigt noch keine Annahme besonderer Bedeutung des Falles GVG 24 1 –

Ordnung in der Sitzung, Einlaßkontrolle und Durchsuchung der Person des Verteidigers bei Willkürfreiheit gerechtfertigt durch Befugnis zur ~ GVG 176 2 –
- Mitschreiben von Vorgängen in der Hauptverhandlung durch Zuhörer zur Mitteilung an noch zu vernehmende Zeugen unzulässig GVG 176 1 –
- Saalverweisung eines Zuhörers wegen Mitschreibens von Vorgängen in der Hauptverhandlung regelmäßig unzulässig GVG 176 1 –
- Zwangsmaßnahmen müssen nach verhältnismäßigem Umfang durch Wortlaut der

Sachverzeichnis

[Ordnung in der Sitzung]
Ordnungsverfügung hinreichend bestimmt sein GVG 176 2 –
Ordnungsverfügung, des Vorsitzenden muß verhältnismäßen Umfang von Zwangsmaßnahmen selbst festlegen GVG 176 2 –
– ~ des Vorsitzenden und Durchführung durch Gerichtsbedienstete werden in getrennten Verfahrenswegen auf Recht-/Verfassungsmäßigkeit überprüft GVG 176 2 –
Ordnungswidrigkeitsverfahren, Aufklärungspflicht und Zweifelssatz gelten uneingeschränkt im ~ 261 168 +
– Einspruchsrücknahme nach Hinweis des Gerichts auf Übergang zum Strafverfahren durch Würdigung der im Bußgeldbescheid bezeichneten Tat als Straftat unzulässig 411 1 –
– Rechtsbeschwerdebegründungsfrist beginnt mit Zustellung eines Wiedereinsetzungsbeschlusses neu zu laufen 345 5 +
Organisatorische Maßnahmen, sind befreit vom Öffentlichkeitsprinzip GVG 169 1 –; GVG 171b 1 –
Örtliche Unzuständigkeit, absoluter Revisionsgrund 3 2 +; 338 Nr. 4 8 +
– Einwand fristgerecht spätestens mit der Erklärung der Aussagebereitschaft in der erstinstanzlichen Hauptverhandlung zu erheben 16 1 –
– Einwand örtlicher Unzuständigkeit 16 1 +, 1 –, 2 –; 260 15 +
– Rüge örtlicher Unzuständigkeit erfordert Mitteilung rechtzeitig erhobenen Einwands örtlicher Unzuständigkeit in der Hauptverhandlung 16 2 –; 338 Nr. 4 1 –
– Rüge örtlicher Unzuständigkeit erfordert Mitteilung zuständigkeitsrelevanter Umstände einer nach Verkündung des angefochtenen Urteils abgetrennten Strafsache 13 1 –
– Sperrwirkung entfaltet formell rechtskräftige Unzuständigkeitserklärung nur in deren Rahmen 260 15 +
– Sperrwirkung wird durch Unzuständigkeitserklärung nur begründet bei umfassender Prüfung 16 1 +
– Unzuständigkeitserklärung wirkt bei formeller Rechtskraft als Verfahrenshindernis 260 15 +
Örtliche Verhältnisse, Beweismittel 244 V S. 1 1 +
– Rekonstruktion bei zwischenzeitlicher Veränderung 244 V S. 1 2 +
Ortsbesichtigung s. auch Augenschein
– ~ in Abwesenheit des Angeklagten begründet seine vorschriftswidrige Abwesenheit 338 Nr. 5 2 +, 17 +, 21 +, 30 +, 42 +

Paragraph, Begründung für Öffentlichkeitsausschluß durch eindeutige Bezugnahme auf maßgeblichen ~ zulässig 338 Nr. 6 7 –, 14 –, 19 –, 23 –

– Begründungpflicht verbietet uneindeutige oder formelhafte Begründung durch ~ 74 8 +; 241 5 +; 244 III S. 2 Var. 2 4 +; 244 III S. 2 Var. 5 1 +; 244 III S. 2 Var. 6 1 +; 247 7 +; 267 1 +, 44 +; 338 Nr. 3 10 –; 338 Nr. 6 7 –, 14 –, 18 –, 19 –, 23 –; GVG 169 4 +; GVG 174 1 +, 2 +, 3 +, 4 +, 5 +, 6 +
Perpetuatio fori, Grundsatz der ~ GVG 120 1 –
Personalien, Umfang der Angabepflicht 68 1 –
– Zeugenschutz durch Verzicht auf Angabe von ~ 68 1 –; 251 27 +, 5 –
Persönliche Beziehungen, eines Zeugen zum Angeklagten begründen weder Ungeeignetheit des Beweismittels noch Unglaubhaftigkeit der Zeugenaussage 261 151 +
Pfarrer, Zeugnisverweigerungsrecht (s. auch dort) 53 4 +
Pflichtverteidiger s. auch Notwendige Verteidigung
– Amtstrachtsverstoß rechtfertig keine Zurücknahme der Bestellung zum ~ 338 Nr. 3 13 +
– Anwesenheit während gesamter Hauptverhandlung geboten durch Einheit der Hauptverhandlung 338 Nr. 5 39 +
– Auswahl eines Vertrauensanwalts ist Gebot fairen Verfahrens 140 4 –; 142 1 +, 2 +; 338 Nr. 8 1 +, 2 +; MRK 6 4 +
– Befugnisse des ~s sind nicht übertragbar durch Untervollmacht 345 5 –, 12 –, 13 –
– Entbindungsantrag ohne Tatsachenvortrag zu behaupteter Störung des Vertrauensverhältnisses unbegründet 142 6 –
– Entpflichtung zur Unzeit begründet unzulässige Beschränkung der Verteidigung 338 Nr. 8 13 +
– Meinungsverschiedenheiten mit Angeklagtem über das grundlegende Verteidigungskonzept können unter Umständen das Vertrauensverhältnis beseitigen 142 3 –, 6 –
– Rügeerfolg wegen vorschriftswidriger Abwesenheit ist ohne Antragstellung auf Wiederholung der Prozeßhandlung bei Wiederkehr u.U. „schlechthin ausgeschlossen" 274 1 –
– Störung des Vertrauensverhältnisses verbietet Bestellung zum ~ 142 3 +, 3 –; 143 1 –
– Vernehmung des einzigen ~s als Zeugen erfordert zwischenzeitliche Ersatzbeiordnung 140 4 +, 2 –
– Vertreter des Geschädigten unzulässig als ~ 142 5 +
– Vorbereitung gebietet aus Gründen der Fürsorgepflicht des Gerichts u.U. zwingend eine Unterbrechung der Hauptverhandlung 145 1 +
– Wechsel des ~s im Falle der Begründetheit und schwieriger Beweislage gebietet Aussetzung der Hauptverhandlung 145 1 +, 1 –; 265 3 +, 44 +, 49 +, 4 –, 17 –; 338 Nr. 8 1 +, 3 +, 4 +, 5 +, 7 +, 8 +, 6 –

- Zurücknahme der Bestellung zum ~ nicht gerechtfertigt durch terminierungsgefährdendes Beharren auf einem Beweisantrag 261 31 +

Pflichtverteidigerbestellung, Abweichende ~ für einen Sitzungstermin keine Fortsetzung der Hauptverhandlung 229 1 +
- Anhörung des Beschuldigten im Unterlassensfalle für sich kein Revisionsgrund 142 1 –, 2 –, 4 –
- ~ des Wahlverteidigers nach Mandatsentzug ist möglich 142 5 –
- ~ im Ermittlungsverfahren im Falle gegebener Voraussetzungen geboten bei richterlicher Vernehmung des Hauptbelastungszeugen unter Ausschluß des Beschuldigten 141 1 +
- Revisionsverfahren erfordert gesonderte ~ 140 3 –
- Rücknahme der ~ 143 1 +; 338 Nr. 3 12 +, 13 +; 338 Nr. 5 40 +
- Rücknahme der ~ allein aufgrund nicht mehr erachteter Notwendigkeit bei unveränderten Umständen bewirkt vorschriftswidrige Abwesenheit 338 Nr. 5 40 +
- Rücknahme aufgrund gestörten Vertrauensverhältnisses u.U. geboten 142 4 +, 3 –; 143 1 –
- Rücknahme aus sachfremden Erwägungen begründet Besorgnis der Befangenheit 338 Nr. 3 12 +, 13 +
- Rüge fehlerhafter (Rücknahme einer) ~ ohne Beanstandung in der Hauptverhandlung zulässig 142 4 +, 3 –, 6 –
- Störung des Vertrauensverhältnisses verbietet ~ 142 3 +, 3 –; 143 1 –
- Überprüfung durch Revisionsgericht ohne Beanstandung der ~ in der Hauptverhandlung gewährleistet 142 4 +, 3 –, 6 –
- Vertreter des Geschädigten darf nicht zum Pflichtverteidiger bestellt werden 142 5 +

Phantombild, Beweiswürdigung 244 II 9 +

Plädoyer s. Schlußvortrag

Pneumoenzephalographie, Selbständige Würdigung der Schwere des Tatverdachts unter strengem Maßstab erforderlich für Anordnung eines Ausschlusses sachverständig befürchteter Hirnschädigung mittels ~ 81a 1 +

Politische Verfolgung begründet u.U. unzulässige Beweiserhebung 251 20 –
- ~ im Falle erneuter Vernehmung berechtigt zur Verlesung von Niederschriften über frühere Vernehmung 251 20 –

Polizeibeamte, Aussagegenehmigung des Landesinnenministers erforderlich für landesbedienstete ~ 96 8 +, 9 +, 2 –
- ~r als Beweismittel für bestehende Straßenverbindung ist u.U. austauschbar durch Straßenkarte 244 III S. 2 Var. 3 2 –
- Auskunftsverweigerung eines ~n erfordert Prüfung eines Zusammenhangs mit dem Tatvorwurf gegen den Angeklagten 261 156 +
- Spontanäußerungen ungefragter Art gegenüber ~n unterliegen bei Zeugnisverweigerung in der Hauptverhandlung keinem Verwertungsverbot 252 14 –
- Wohnanschrift eines Polizeizeugen nicht von verfahrensrechtlicher Bedeutung 246 2 –, 4 –

Polizeiliche Lockspitzel 60 13 +; 136a 17 –, 18 –; 206a 3 +, 4 +, 5 +, 3 –, 4 –, 5 –; Vor 244 III–VI 11 +; 260 11 +, 11 –, 15 –; 261 167 +; 264 17 +; MRK 6 1 +, 3 +, 8 +
- Beweisantrag zur Behauptung einer Anwerbung durch ~ Vor 244 III–VI 11 +; 261 167 +
- Tatprovokation durch ~ begründet kein Verfahrenshindernis 260 11 +, 11 –, 15 –; MRK 6 1 +, 3 +, 8 +
- Verbotene Vernehmungsmethoden durch ~ 136a 17 –, 18 –
- Vereidigungsverbot gilt nicht für ~ 60 13 +
- Zulässigkeit des Einsatzes polizeilicher Lockspitzel nur gegeben gegen bereits der Planung oder Verwicklung in entsprechende Straftaten i.S.d. § 160 I StPO tatverdächtige Personen 264 17 +; MRK 6 8 +

Polizeiliche Unfallskizze, Beweismittel 244 II 21 –

Polizeiliche Vertraulichkeitszusage, Unerreichbarkeit des Beweismittels, nicht zu begründen durch ~ 96 1 +; 244 III S. 1 1 +; 244 III S. 2 Var. 5 2 +; 251 12 +

Polizeilicher Observationsbericht ist kein Behördenzeugnis 256 3 –

Polizeiliches Vernehmungsprotokoll, Aufklärungspflicht gebietet förmliche Verlesung des Protokolls polizeilicher Zeugenvernehmung bei fehlender Feststellbarkeit des Vernehmungsinhalts nach Vorhalt und Vernehmung der Verhörsperson 253 1 +, 1 –
- Unterzeichnung durch den Vernommenen nicht erforderlich für Verlesbarkeit 251 24 –
- Verlesung als Bestandteil richterlicher Vernehmungsniederschrift zur Beweisaufnahme über Geständnis ist nur zulässig bei zweifelsfrei dargelegter Erklärung des Angeklagten über die Fortgeltung seiner früheren Aussagen 254 3 +, 4 +
- Verlesung bei Vernehmung einer Verhörsperson zur Beweisaufnahme über früheres Geständnis des schweigenden Angeklagten ist zur Gedächtnisunterstützung zulässig 254 4 –
- Verlesung einer ohne Wiedergabe zumindest des Kerns der Einlassung des Angeklagten zur Sache bloß auf ~ verweisenden richterlichen Vernehmungsniederschrift zur Beweisaufnahme über ein Geständnis ist unzulässig 254 3 +
- Verlesungs- und Verwertungsverbot für ~ mittels Urkundenbeweis bei Schweigen des Angeklagten 250 2 +; 254 4 –

Polygraf s. Lügendetektor

Sachverzeichnis

Postbeschlagnahme, Briefe und Sendungen im Einziehungsverfahren gegen Nichtbeschuldigte unterliegen keiner ~ 99 1 +

Postgeheimnis, Rüge der Verletzung nur zulässig als Verfahrensrüge unter Vortrag der den Mangel begründenden Tatsachen 344 8 –
- Verwertbarkeit mittelbar erlangter Beweise nur bei Katalogtaten G10 7 1 –

Praktikant, ist Teilnahme bei der Urteilsberatung untersagt GVG 193 1 +

Präsente Beweismittel, Akten an Gerichtsstelle werden erst durch gerichtliche Kundgabe der Beweismittelqualität oder individualisierenden Beweisantrag ~ 245 5 –, 7 –
- Bedeutungslosigkeit der Beweistatsache gestattet keine Ablehnung einer beantragten Beweiserhebung durch ~ 245 4 +, 7 +
- Beruhen des Urteils auf fehlerhafter Ablehnung einer Beweiserhebung durch ~ erforderlich für Begründetheit entsprechender Rüge 245 1 –, 4 –
- Beweiserhebungspflicht bei Nichteingreifen gesetzlicher Ablehnungsgründe für ~ 245 2 +, 6 +
- Erwiesenheit des Gegenteils der Beweistatsache rechtfertigt keine Ablehnung beantragter Beweiserhebung durch ~ 245 8 +
- Fotokopien einer Urkunde sind für Existenz und Inhalt ihres Originals nicht ~ 244 V S. 1 2 –; 245 2 –
- Ladung durch den Gerichtsvollzieher ist erforderlich für im Rechtssinne ~ 245 5 +
- Rüge fehlerhafter Nichtvernehmung geladener Zeugen erfordert Vortrag ihrer Ladung durch das Gericht und ihres Erscheinens 245 4 –
- Rüge fehlerhafter Nichtverwendung von präsenten Beweismitteln erfordert keinen Vortrag der Erheblichkeit der Beweiserhebung 245 7 +, 1 –
- Sachverständige als ~ können nicht abgelehnt werden durch Hinweis auf eigene Sachkunde des Gerichts 245 3 +
- Sachverständigen als ~ ist Vorbereitung während laufender Hauptverhandlung nur bis zur Grenze der Verfahrensverzögerung zu gestatten 245 1 +, 3 –
- Unzulässige Beweiserhebung s. dort
- Urkunden an Gerichtsstelle werden erst durch gerichtliche Kundgabe der Beweismittelqualität oder individualisierenden Beweisantrag ~ 245 9 –

Präsidium, Auswärtige Strafkammer muß einen Vorsitzenden haben 338 Nr. 1 33 +
- Auswärtige Strafkammer unterliegt neben Besonderheiten des § 78 GVG allgemeinen Grundsätzen der Gerichtsbesetzung 338 Nr. 1 33 +, 54 +
- Beschäftigung nichtständiger Richter am Landgericht kein Verfassungsverstoß 338 Nr. 1 63 –
- Ergänzungsrichter werden bestellt durch das ~ GVG 192 1 –
- Fehlerhafte Wahl des ~s ist nur im Willkürfalle revisibel GVG 36 4 –
- Geschäftsverteilung der Wirtschaftsstrafkammer erlaubt Schwerpunkt wahrende Zuteilung allgemeiner Strafsachen 338 Nr. 1 13 –; GVG 74c 1 –
- Geschäftsverteilung des Schwurgerichts unterliegt grundsätzlicher Konzentration auf eine Schwurgerichtskammer 338 Nr. 1 13 –; GVG 74 2 –
- Geschäftsverteilung gebietet Berücksichtigung dauernder teilweiser Verhinderung eines Richters über das ganze Geschäftsjahr infolge Hochschullehrertätigkeit 338 Nr. 1 20 –
- Geschäftsverteilung gestattet keine den Vorsitzenden zur Bildung dreier Spruchkörper mit jeweils verschiedenen Beisitzern befähigende Überbesetzung 338 Nr. 1 29 +; BRAO 101 1 +, 1 –
- Geschäftsverteilung gestattet keine gleichzeitig zwei personenverschiedene Sitzgruppen ermöglichende Überbesetzung eines Spruchkörpers 338 Nr. 1 28 +, 29 +, 32 +, 16 –, 42 –, 43 –; BRAO 101 1 +, 1 –
- Geschäftsverteilung gestattet Überbesetzung eines Spruchkörpers mit fünf Beisitzern bei tatsächlicher Geschäftsaufteilung auf zwei sachlich und personell völlig selbständige Strafkammern unter einem Vorsitzenden und einer Bezeichnung 338 Nr. 1 34 –
- Geschäftsverteilung gestattet Überbesetzung eines Spruchkörpers mit einem zusätzlichen ständigen Mitglied 338 Nr. 1 9 –
- Geschäftsverteilung mit Zuteilung von Richtern an mehrere Spruchkörper erfordert im Kollisionsfall bei fehlender Regelung im Geschäftsverteilungsplan Vorrangsbestimmung durch Ermessensentscheidung des Präsidenten 338 Nr. 1 21 +
- Geschäftsverteilung nach zeitlichem Eingang oder durch Einzelzuweisung anstelle gebotener allgemeiner Kriterien begründet vorschriftswidrige Gerichtsbesetzung 338 Nr. 1 38 +, 45 +, 47 +, 4 –, 19 –
- Geschäftsverteilungsanordnung durch (unzuständigen) Präsidenten wird (erst) wirksam bei entsprechendem Beschluß durch das ~ 338 Nr. 1 35 –
- Geschäftsverteilungsplan s. dort
- Hilfsrichterbesetzung einer Strafkammer mit zwei Assessoren entgegen § 29 DRiG begründet u.U. vorschriftswidrige Gerichtsbesetzung 338 Nr. 1 35 +, 48 –, 52 –, 56 –
- Hilfsstrafkammereinrichtung willkürlich bei offen zutage liegender dauernder Mehrbelastung oder unrealistischer Prognose des Verfahrensabschlusses innerhalb des kommenden Geschäftsjahres 338 Nr. 1 14 –, 20 –

4598

Sachverzeichnis

- Hilfsstrafkammervorsitz muß nicht mit Vorsitzendem Richter besetzt werden 338 Nr. 1 20 –, 52 –
- Landgerichtspräsident darf keine gesonderte Schöffenwahl für einzelne Strafkammer vornehmen GVG 77 2 –
- Landgerichtspräsident darf keine getrennte Schöffenwahl für kleine und große Strafkammern vornehmen GVG 77 2 –
- Landgerichtspräsident muß auswärtige Strafkammer beim Amtsgericht bei Verteilung der Zahl der Hauptschöffen mitberücksichtigen GVG 77 1 –
- Richterausbildung allein noch kein Grund für nachträgliche Änderung des Geschäftsverteilungsplans 338 Nr. 1 19 +, 27 –
- Verhinderung eines Richters und ihre Aufhebung bedürfen bei Offensichtlichkeit keiner formellen Feststellung des Gerichtspräsidenten 338 Nr. 1 40 +, 12 –, 45 –
- Verhinderung eines Richters und ihre Aufhebung entscheidet Gerichtspräsident nach pflichtgemäßem Ermessen bei Unanfechtbarkeit zugrundeliegender Tatsachen 222b 1 –; 338 Nr. 1 6 +, 13 +, 21 +, 40 +, 41 +, 48 +, 12 –, 45 –, 47 –, 51 –; GVG 21e 1 –, 4 –
- Vertreterbestellung eines zeitweiligen Vertreters nur zulässig bei unvorhersehbar und vorübergehend unzureichendem Geschäftsverteilungsplan 338 Nr. 1 23 +, 8 –, 28 –, 57 –; GVG 21e 1 +, 1 –; 21f 1 –
- Zuständigkeit für Entscheidung interner Zuständigkeitsstreitigkeiten nach dem Geschäftsverteilungsplan 260 12 +; GVG 21e 3 –
- Zuständigkeit gewahrt bei Umlaufverfahren für Anordnungen des Präsidenten zur Geschäftsverteilung 338 Nr. 1 50 –
- Zuständigkeitsübertragung der Geschäftsverteilung an Präsidenten begründet vorschriftswidrige Gerichtsbesetzung 338 Nr. 1 51 +, 35 –, 50 –
- Presse, Informantenschutz 53 4 –, 5 –; 94 2 –
- Pressematerialien, Beschlagnahmeverbot erstreckt sich nicht auf selbstrecherchierte ~ 94 2 –
- Prioritätsgrundsatz, Zuständigkeit des zuerst eröffnenden Gerichts ist nachrangig gegenüber noch möglicher erstinstanzlicher Aburteilung durch das sachlich ausschließlich zuständige höhere Gericht 2 1 –; 12 1 +
- Privatgespräch, heimliche Tonbandaufnahmen durch Gesprächsteilnehmer unterliegen als unzulässiges Beweismittel Verwertungsverbot 244 III S. 1 7 –
- Privatgutachten, Befangenheit eines Sachverständigen wegen in derselben Sache erstellter ~ 74 7 –
- Privatkläger, Anhörung zum Wiedereinsetzungsantrag des Privatbeklagten geboten vor Entscheidung über die Wiedereinsetzung 385 1 +

- Privatklageverfahren, Vereidigung wegen ausschlaggebender Bedeutung einer Aussage kommt im Falle ihrer nach vorläufiger richterlicher Würdigung angenommenen Unrichtigkeit nicht in Betracht 62 1 –
- Vereidigungsabsehen bedarf auch im ~ der Begründung 62 1 +, 2 +
- Privatsphäre, unantastbarer Kernbereich der ~ 261 22 –
- Protokoll, Hauptverhandlungs-~ s. dort
- Sicherstellungs-~ s. dort
- Vernehmungs-~ s. Vernehmungsniederschrift
- Protokollberichtigung s. Hauptverhandlungsprotokoll
- Protokollierungspflicht, Antrag auf Niederschreibung und Verlesung einer Aussage begründet keinen Anspruch auf ihre wörtliche Aufnahme und Vorlesung aus dem Hauptverhandlungsprotokoll 273 4 –, 12 –
- Anwesenheit eines Sachverständigen unterliegt keiner ~ 274 6 –
- Augenscheineinnahme unterliegt der ~ 274 1 +, 3 +
- Beweisantrag unterliegt der ~ 244 VI 8 +, 11 +, 6 –
- Einbeziehung einer Nachtragsanklage unterliegt der ~ 266 1 +, 2 +
- Einlassung des Angeklagten unterliegt unabhängig von ihrem Anlaß und Zeitpunkt der ~ 261 23 +; 273 1 +, 2 +; 274 8 –
- Folgen eines Verstoßes gegen die ~ bei Beweisantrag 244 VI 11 +
- Hinweis des Gerichts unterliegt der ~ 200 10 +; 265 13 +, 26 +, 42 +, 54 +, 12 –, 19 –, 20 –
- Letztes Wort unterliegt der ~ 258 17 +, 22 +, 9 –, 12 –
- Öffentlichkeit der Verhandlung sowie Öffentlichkeitsausschluß und -wiederherstellung unterliegen jeweils der ~ 274 2 +, 9 –; 338 Nr. 6 3 +, 6 +, 16 +, 19 +
- Rücknahme eines Beweisantrags unterliegt der ~ 244 VI 8 +, 6 –
- Selbstleseverfahren unterliegt hinsichtlich Anordnung und ordnungsgemäßer Durchführung der ~ 249 1 –
- ~ umfaßt nicht alle entscheidungsrelevanten Tatsachen 273 2 –
- Urkundenbeweis unterliegt der ~ 274 3 +
- Urteilsberatung unterliegt keiner ~ 274 13 –
- Vereidigung von Dolmetschern unterliegt der ~ GVG 189 2 +
- Vereidigungsabsehen unterliegt ~ des hierfür maßgeblichen Grundes 62 2 +
- Vernehmung des Angeklagten nach Sachabschnitten mit jeweils anschließender Beweisaufnahme unterliegt entsprechender ~ 243 11 +
- Verzicht auf gestellten Beweisantrag unterliegt der ~ 244 VI 8 +, 6 –

4599

Protokollrüge, bestimmte Tatsachenbehauptung eines Verfahrensverstoßes wird durch Hinweis auf Hauptverhandlungsprotokoll nicht zu unzulässiger ~ 268 2 +; GVG 189 1 +
- Verfahrensrüge durch bloßen Hinweis auf das Hauptverhandlungsprotokoll ohne bestimmte Tatsachenbehauptung eines Verfahrensfehlers ist unzulässige ~ 268 2 +; 344 9 –; GVG 189 1 +

Prozeßakten, Antrag auf Beiziehung ganzer Akten nur Beweisermittlungsantrag Vor 244 III– VI 17 –; 338 Nr. 8 5 –

Prozeßerklärung, in fremder Sprache wird wirksam mit Eingang der Übersetzung bei Gericht GVG 184 1 –, 2 –

Prozeßhandlung, Einverständniserklärung zur Verlesung von Niederschriften ist unanfechtbare ~ 251 1 –
- Irrtum rechtfertigt nicht die Unwirksamkeit vorgenommener ~ 302 21 –, 27 –, 30 –
- Rechtsmittelrücknahmeerklärung ist grundsätzlich unanfechtbare ~ 302 1 +, 26 –, 41 –
- Rechtsmittelverzichtserklärung ist grundsätzlich unanfechtbare ~ 302 2 +, 3 +, 15 –, 30 –, 33 –, 38 –
- Wiederholung einer ~ in der Hauptverhandlung unter Vermeidung vorherigen Verfahrensfehlers bewirkt dessen Heilung 338 Nr. 5 27 +; 338 Nr. 6 15 –; GVG 169 1 –; GVG 171b 1 –

Prozeßhindernis s. Verfahrenshindernis

Prozeßleitungsbefugnis, Entscheidung vorläufiger Art durch Vorsitzenden über Vereidigung erhält endgültigen Charakter eines Beschlusses durch allseitig unterlassenes Verlangen nach Kammerentscheidung 61 9 –

Prozeßökonomie, bei Serienstraftat können Einzelaktfeststellungen u.U. unterlassen werden aus Gründen der ~ 261 18 –
- Verständigung im Strafverfahren s. dort

Prozessuale Gemeinsamkeit, Zeugnisverweigerungsrecht eines Angehörigen früherer Mitbeschuldigter/-angeklagter erfordert durch förmliche Verfahrensverbindung nachgewiesene ~ 52 8 +, 9 +, 12 +, 11 –, 13 –

Prozessuale Tat, Anklageschriftliche Erwähnung einer Handlung zum besseren Gesamtverständnis begründet noch keine Verknüpfung mit anderer Handlung durch einheitliche ~ 264 7 +
- Begriff umfaßt (nur) den von der zugelassenen Anklage betroffenen geschichtlich einheitlichen Lebensvorgang des behaupteten strafbaren Verhaltens 264 7 +, 12 +, 16 +, 2 –, 7 –
- Einfuhr verschiedener Gegenstände im selben Fahrzeug beim selben Grenzübertritt bildet in der Regel eine ~ 410 1 +
- Falsche Versicherung an Eides Statt und Steuerhinterziehung als dieselbe ~ GG 103 1 +
- Fortgesetzte Handlung und ~ 264 18 +
- Handeltreiben und Wiederbeschaffung gestohlenen Rauschgifts nicht dieselbe ~ GG 103 2 +
- Lohnsteuerhinterziehung und Vorenthaltung von Arbeitnehmeranteilen nicht dieselbe ~ GG 103 2 +
- Selbständigkeit prozessualer Tat ist bei Einbeziehung in früheres Strafverfahren kein Hindernis für Strafklageverbrauch GG 103 3 –
- Strafklageverbrauch s. dort
- Tateinheit im materiellrechtlichen Sinn genügt stets den Voraussetzungen der Tatidentität i.S.d. § 264 StPO 264 3 +, 8 +, 9 +, 13 +, 14 +, 1 –, 3 –, 8 –, 9 –
- Tatmehrheit im materiellrechtlichen Sinn braucht kein Hindernis zu sein für einheitliche ~ 264 1 +, 16 +, 3 –
- Unrechtsgehalt prozessualer Tat ist unabhängig vom Verfolgungswillen der Staatsanwaltschaft voll auszuschöpfen 264 16 +, 19 +
- Verfahrenstrennung unzulässig für einheitliche ~ 264 1 +

Prozeßverhalten, Unlauteres ~ einzelner Beteiligter begründet kein Verfahrenshindernis 260 12 –
- Widersprüchliches ~ verdient keinen Rechtsschutz 337 1 –, 2 –; 338 Nr. 3 19 +
- Zulässiges ~ unterliegt Verbot einer Verwertung zum Nachteil des Angeklagten 261 1 +, 20 +, 143 +

Prozeßverschleppungsabsicht 244 III S. 1 5 –, 8 –; 244 III S. 2 Var. 5 4 +; **244 III S. 2 Var. 6**; 338 Nr. 8 10 +
- Ablehnung eines Beweisantrags wegen ~ umfasst Ablehnung beantragter Vernehmung eines Auslandszeugen gemäß § 244 V S. 2 StPO 244 III S. 2 Var. 6 2 –
- Ablehnung von Beweisanträgen (als rechtsmissbräuchlich) ohne inhaltliche Prüfung begründet unzulässige Beschränkung der Verteidigung 338 Nr. 8 10 +
- Alibibehauptung zu spätem Verfahrenszeitpunkt gestattet (nur) bei vorwerfbarer Verzögerung Ablehnung wegen ~ 244 III S. 2 Var. 6 4 –, 6 –, 7 –
- Antragstellungsmöglichkeit zu früherer Zeit allein unzureichend für Annahme von ~ 244 III S. 2 Var. 6 1 +, 3 +, 4 +
- Aufklärungspflicht hat Vorrang 244 III S. 2 Var. 6 7 +
- Begründungsanforderungen 244 III S. 2 Var. 6 8 –
- Bewußtsein der antragstellenden Person maßgeblich für ~ 244 III S. 2 Var. 6 5 +, 1 –, 7 –
- Bewußtsein mangelnder Sachdienlichkeit bedarf gesonderter Darlegung 244 III S. 2 Var. 6 3 +
- Fehlende Darlegung der Konnexität auf wiederholte Nachfrage 244 III S. 2 Var. 6 5 –
- Formelhafte Begründung unzulässig 244 III S. 2 Var. 6 1 +

- Hilfsbeweisanträge unterliegen Verbot einer Ablehnung in den Urteilsgründen wegen ~ 244 III S. 2 Var. 5 4 +; 244 III S. 2 Var. 6 1 +, 2 +, 6 +
- Richterliche Überzeugung vom Gegenteil der Beweistatsache unzureichend für Annahme von ~ 244 III S. 2 Var. 6 1 +
- Richterliche Überzeugung von der Ergebnislosigkeit der Beweiserhebung erforderlich für Annahme von ~ 244 III S. 2 Var. 6 7 +
- Rüge fehlerhafter Ablehnung erfordert Mitteilung des Beweisantrages und des Ablehnungsbeschlusses sowie einer für die Beurteilung maßgeblichen Vorgeschichte 244 III S. 2 Var. 6 3 –, 6 –
- Verteidiger und Zueigenmachen einer Verschleppungsabsicht des Angeklagten 244 III S. 2 Var. 6 1 –
- Vorauswürdigung des Beweises eingeschränkt zulässig bei Antragsablehnung wegen ~ 244 III S. 2 Var. 6 7 +

Prozeßvoraussetzungen, Amtsermittlung in jeder Verfahrenslage 206a 9 +, 10 +; 260 16 +; 346 1 +, 3 –
- Urteilsaufhebung wegen Fehlens von ~ erstreckt sich regelmäßig auf die Tatfeststellungen 353 1 +

Psychische Erkrankung, eigene Sachkunde des Tatrichters besteht nicht für schwere ~ 244 IV 4 +, 7 +, 2 –

Psychische Störungen, Klassifikationssysteme und Sachverständigengutachten 244 IV 3 –

Psychopharmaka, Erörterungsbedürftigkeit verabreichter ~ 244 IV 1 +

Psychose, Bipolare Störungen (Zyklothymie) und Schuldfähigkeit 302 2 +
- Depressive Episoden und Schuldfähigkeit 302 2 +
- Manische Episoden und Schuldfähigkeit 302 2 +
- Paranoid-halluzinatorische ~ und Sachverständigengutachten 244 IV 1 +

Psychotherapie, Methode des „begleiteten Wiedererlebens" erfordert Würdigung möglicher Aussagebeeinflussung 261 32 +

Puppen, Diagnostische Fragwürdigkeit der Verwendung sog. anatomisch korrekter ~ 261 59 +

Radarfoto, Beweiswürdigung bei möglichen Schlußfolgerungen des Tatrichters nicht revisibel 261 37 –; 267 4 +

Raumgespräche, im Rahmen genehmigter Telefonüberwachung unterliegen Verwertungsverbot 100a 4 +

Räumliche Gegebenheiten, Beweismittel für ~ 244 V S. 1 1 +

Rechtlicher Hinweis s. Hinweispflicht des Gerichts

Rechtliches Gehör, Adhäsionsverfahren erfordert Erörterung der Entschädigung mit dem Angeklagten in der Hauptverhandlung 404 1 +
- Anklageschrift von ungenauer Fassung gebietet bei Erkennbarwerden der Konkretisierung ~ 200 3 +
- Befangenheitsanzeige eines Richters unterliegt Pflicht zur Kenntnisgabe an die Verfahrensbeteiligten 30 1 +
- Einstellung des Verfahrens nach § 153 II StPO erfordert kein ~ des Nebenklägers 400 4 –
- Klageerzwingungsbeschluß ohne vorherige Anhörung ist verfassungswidrig 175 1 +
- Letztes Wort ist geschützt durch Anspruch auf ~ 258 29 +
- Mitteilung bedeutsamer Zwischenberatungsergebnisse des Gerichts zum Strafmaß bei Verständigung im Strafverfahren gebietet für alle Verfahrensbeteiligten ~ 33 1 +; 265 23 +; GVG 169 4 –
- Nichtverlesung beweiserheblicher Schriftstücke komplexeren Umfangs verstößt gegen Anspruch auf ~ 261 199 +
- Religiöser Feiertag gebietet u.U. anderweitige Terminierung zur Wahrnehmung des Anspruchs auf ~ GG 103 7 +
- Revisionsgegenerklärung der Staatsanwaltschaft zur Revisionsschrift des Angeklagten ist diesem vor der Entscheidung des Revisionsgerichts zur Kenntnis zu bringen 347 1 +
- Revisionsgericht berechtigt zur Überprüfung einer Verletzung des Anspruchs des Angeklagten auf ~ 261 184 +
- Schlußvortrag geschützt durch Anspruch auf ~ 258 29 +
- Sofortige Beschwerde der Staatsanwaltschaft ist Angeklagtem vor ihm nachteiliger Entscheidung zur Gegenerklärung mitzuteilen 308 1 +, 3 +
- Straferwartungsprognose für den Fall eines Geständnisses gibt keinen Anspruch auf formelles ~ GVG 169 4 –
- Verletzung des rechtlichen Gehörs im Zuge eines Gerichtsbeschlusses bewirkt dessen Aufhebung und die aller auf ihm beruhenden Entscheidungen auch ohne weitere Grundrechtsverletzungen 308 5 +
- Verstoß gegen Pflicht zur Überzeugungsbildung aus dem Inbegriff der Hauptverhandlung verletzt Anspruch auf ~ 261 184 +
- Wiedereinsetzungsantrag des Privatbeklagten erfordert ~ des Privatklägers 385 1 +
- Zugrundelegung von Tatsachen und Beweisergebnissen ohne Möglichkeit vorheriger Äußerung der Beteiligten verletzt Anspruch auf ~ GG 103 5 +, 6 +

Rechtsanwalt, Vernehmung durch ~ unterliegt nach Zeugnisverweigerung in der Hauptverhandlung einem Verwertungsverbot 252 1 –
- Zeugnisverweigerungsrecht (s. auch dort) des ~s 53 2 +, 3 –, 6 –, 7 –

Rechtsbehelf, Gegenvorstellung als außerordentlicher ~ gestattet keine Richterablehnung wegen Besorgnis der Befangenheit 24 1 –; 25 2 –

Rechtsbeistand, Revisionsbegründung allein durch ~ auch im Falle seiner Mitgliedschaft in der Rechtsanwaltskammer unzulässig 345 11 –

Rechtsbeschwerde, Wiedereinsetzungsbeschluß bewirkt mit Zustellung neuen Beginn der Begründungsfrist für ~ 345 5 +

Rechtsbeschwerdeentscheidung, Erstreckung auf Mitangeklagte gilt auch bei Einstellung des Verfahrens durch Beschluß wegen Verfahrenshindernisses 357 1 +

Rechtsbeschwerdeverfahren, Einstellung des Verfahrens außerhalb der Hauptverhandlung gemäß § 206a StPO gilt auch im ~ nach dem OWiG 357 1 +

Rechtsfolgen, Verständigung im Strafverfahren nicht möglich über zwingend vorgeschriebene ~ JGG 105 1 –

Rechtsfolgenkompetenz s. Strafgewalt

Rechtsgespräch s. Verständigung im Strafverfahren

Rechtshängigkeit, Anderweitige Anhängigkeit gebietet Zurückverweisung statt Einstellung durch das Revisionsgericht bei noch möglicher erstinstanzlicher Aburteilung durch das sachlich ausschließlich zuständige höhere Gericht 12 1 +
– Anderweitige Anhängigkeit gestattet Verfahrensverbindung zwecks noch möglicher erstinstanzlicher Aburteilung durch das sachlich ausschließlich zuständige höhere Gericht 2 1 –
– Gleichzeitige ~ derselben Strafsache an zwei Gerichten im selben Rechtszug unzulässig GVG 121 2 –

Rechtshilfe, Audiovisuelle Zeugenvernehmung im Rahmen des vertragslosen Rechtshilfeverkehrs möglich 247a 1 +
– Aufklärungspflicht gebietet bei fehlender zwischenstaatlicher ~ u.U. Aufforderung an Auslandszeugen zu schriftlicher Stellungnahme zwecks Verlesung 251 12 +
– Belehrung über Zeugnisverweigerungsrecht erforderlich für Verwertbarkeit einer Vernehmung im Wege der ~ 251 5 +
– Benachrichtigungspflicht für Vernehmungstermin im Wege ersuchter ~ erfordert Verlangen des Gerichts nach rechtzeitiger Unterrichtung über Zeit und Ort ihrer Erledigung 251 9 +
– Kommissarische Beweiserhebung s. dort
– Ladung eines Auslandszeugen im Wege der ~ muß unter Hinweis auf Strafverfolgungsschutz erfolgen 244 III S. 2 Var. 5 5 +, 6 +, 8 +, 10 +, 12 +, 7 –, 10 –; 251 25 –
– Recht des ersuchten Staates maßgeblich für Erledigung von Ersuchen um ~ 60 3 +, 3 –; 251 2 –, 12 –, 15 –, 23 –

– Überstellung inhaftierter Auslandszeugen 244 III S. 2 Var. 5 4 –
– Urteilszustellung im Wege der ~ 341 2 –
– Verfahrensverzögerung durch Ladung im -weg bzw. kommissarische Vernehmung begründet keine Unerreichbarkeit des Beweismittels 244 III S. 2 Var. 5 4 +
– Verlesung von Niederschriften staatsanwaltschaftlicher ~vernehmungen im Ausland als richterliche Vernehmungsniederschriften ist bei vergleichbarer Funktion und Rechtsstaatlichkeit zulässig 251 12 –, 23 –
– Vertragslosigkeit mit dem Aufenthaltsstaat begründet allein keine Unerreichbarkeit eines Auslandszeugen 244 III S. 2 Var. 5 8 +
– Verweigerung von ~ auf Dauer durch ausländischen Staat gestattet auch ohne ~verfahren Annahme einer Unerreichbarkeit des Beweismittels 244 III S. 2 Var. 5 12 –
– Verweigerung von ~ begründet Verwertungsverbot für nur zu Informationszwecken überlassene ausländische Vernehmungsniederschriften 251 10 –
– Verweigerung der Entgegennahme deutschsprachiger Ladungsersuchen durch ersuchten Staat trotz Übersetzung gestattet Verlesung von Niederschriften 251 6 –

Rechtskraft, Bindung des neuen Tatrichters an in ~ erwachsene Tatfeststellungen 353 2 +; 358 1 +, 2 +
– ~ des Schuldspruchs bewirkt Unzulässigkeit von Beweisanträgen zum Nachweis der Schuldunfähigkeit 244 III S. 1 2 –, 3 –, 6 –
– ~ des Schuldspruchs schränkt Neubemessung der Strafe nicht ein 354a 1 +
– Eintritt der ~ erfolgt unabhängig von ihrer Bemerkung durch Gericht oder Staatsanwaltschaft 260 16 –
– Gesamtstrafe erwächst auch bei Teilanfechtung durch beschränkte Revision nur einheitlich hinsichtlich aller zur Bildung herangezogenen Einzelverurteilungen in ~ 260 16 +
– Tatfeststellungen früherer rechtskräftiger Strafurteile befreien Tatrichter nicht von selbständiger Prüfung des Vorliegens der Tatbestandsmerkmale 244 III S. 2 Var. 2 7 –
– Tatfeststellungen gestatten Bezugnahme des neuen Tatrichters (nur) im Umfang ihrer ~ 267 2 +, 11 –; BRAO 118 1 +, 2 +, 1 –
– Teil~ des Urteils hindert nicht auf Verfahrenshindernis gestützte Einstellung des gesamten Verfahrens 260 18 +
– Urteilsabsetzungsfrist erfährt keine Verlängerung durch (irrtümliche Annahme der) ~ des Urteils 338 Nr. 7 11 +

Rechtsmissbrauch, Beweisantragstellung und ~ 244 III S. 1 5 –, 8 –; 338 Nr. 8 10 +, 3 –

Rechtsmittel, Berufung s. dort
– Beschwerde s. dort
– Einlegung des ~s zu Protokoll der Geschäftsstelle ersetzbar durch Aufnahme der Erklä-

rung in richterliches Hauptverhandlungsprotokoll 302 10 –
- Freispruch wegen nicht erwiesener Schuld mangels Beschwer des Freigesprochenen nicht anfechtbar durch ~ 296 4 –
- Freispruch wegen Schuldunfähigkeit mangels Beschwer des Freigesprochenen nicht anfechtbar durch ~ 296 2 –
- Mehrfachverteidigung (s. dort) und Wirksamkeit des ~s 137 1 +, 2 +; 146 3 +, 5 –
- Revision s. dort
- Sofortige Beschwerde s. dort
- Verfassungsbeschwerdezulässigkeit bedingt vorherige Erschöpfung der ~ 24 2 –; 81a 1 –, 2 –
- ~wahlentscheidung ist im Zweifel vor Ablauf der Rechtsmittelbegründungsfrist nicht getroffen 312 1 +, 2 +; 335 2 +; 345 6 –
- ~wahlunterlassen bis zum Ablauf der Rechtsmittelbegründungsfrist führt zur Behandlung des ~s als Berufung 335 2 +; 345 6 –

Rechtsmittelbefugnis 296 ff.
- Beschwer durch Entscheidung über die Schuld- und Straffrage in Gestalt des Urteilsspruchs ist Voraussetzung einer ~ 296 2 –
- ~ eines Neben-(Einziehungs-/Verfalls-)beteiligten ist abhängig von förmlicher Beteiligungsanordnung i.S.d. § 431 I 1 StPO 431 1 –
- Gesetzlicher Vertreter des minderjährigen Beschuldigten ist bis zu dessen Volljährigkeit (selbständig) rechtsmittelbefugt 298 1 +
- Minderjähriger erhält nach erklärtem Rechtsmittelverzicht für noch nicht entschiedenes Rechtsmittel seines gesetzlichen Vertreters bei Eintritt der Volljährigkeit dessen ~ 298 1 +
- Staatsanwaltschaftliche ~ wird mittels Beauftragung durch Generalstaatsanwalt gem. § 145 I GVG auch Beamten einer zuvor örtlich unzuständigen Staatsanwaltschaft verliehen 296 1 +
- Unterbringungsablehnung beschwert den Angeklagten nicht 302 24 –; 337 1 –

Rechtsmittelbelehrung 35a
- Erfordernis fristgerechten Rechtsmitteleingangs bei Gericht zur Fristwahrung muß klar erkennbar werden durch die ~ 35a 2 +
- Unterbleiben der ~ berührt nicht den Lauf der Revisionsfrist 35a 2 –
- Unterbleiben der ~ wegen Verzichts des Angeklagten hindert nicht wirksamen Rechtsmittelverzicht 35a 2 –; 302 1 –, 12 –, 14 –, 25 –
- Unvollständige oder durch nachträgliche unrichtige Zuschriften des Gerichts verwirrende ~ rechtfertigt Wiedereinsetzung wegen unverschuldeter Fristversäumung 35a 1 +
- Unvollständige ~ wegen Unterbrechung des Richters durch Rechtsmittelverzichtserklärung steht deren Wirksamkeit nicht entgegen 302 1 –, 12 –

Rechtsmittelbeschränkung auf abgesonderter rechtlicher Betrachtung und Entscheidung zugänglichen Teil des Urteils auch im anwaltsgerichtlichen Verfahren zulässig BRAO 113 2 +
- ~ bedeutet weder Teilrücknahme noch Teilverzicht 302 22 –, 23 –, 24 –
- ~ gestattet Erweiterung nur bis zum Ablauf der Einlegungsfrist 302 22 –, 23 –, 24 –, 42 –
- Schuldschwerefeststellung gemäß § 57a I 1 Nr. 2 StGB zulässiger Gegenstand einer ~ 344 5 –
- Sicherungsverwahrungsanordnung zulässiger Gegenstand einer ~ 344 2 +
- Tagessatzhöhe einer Geldstrafe grundsätzlich zulässiger Gegenstand einer ~ 344 1 +
- Unbeachtlichkeit einer ~ auf den Strafausspruch für die Prüfung der Verfahrensvoraussetzungen 302 2 +; 328 1 +
- Unbeachtlichkeit einer ~ auf den Strafausspruch für die von Amts wegen zu prüfende sachliche Zuständigkeit 328 1 +
- Zulässigkeit und Wirksamkeit einer ~ erfordert Bezug auf losgelöst vom übrigen Urteilsinhalt selbständiger Prüfung und Beurteilung zugänglichen Teil der in der Urteilsformel enthaltenen Entscheidung 344 1 +; BRAO 113 2 +

Rechtsmittelbezeichnung, Auslegung gebietet vor Ablauf der Rechtsmittelbegründungsfrist im Zweifel Annahme noch nicht endgültig gewählter ~ 312 1 +, 2 +
- Auslegung der ~ ist zulässig 260 12 +, 16 –
- Irrige ~ im Wiedereinsetzungsantrag ist unschädlich 44 10 –

Rechtsmitteleinlegung, Bedingungsfeindlichkeit der ~ 296 2 +
- Fernmündliche ~ zu Protokoll der Geschäftsstelle nicht zulässig 314 1 +
- Fremdsprachige ~ nur wirksam bei Eingang der Übersetzung bei Gericht innerhalb der Rechtsmittelfrist GVG 184 2 –
- Mehrfachverteidigung führt bis zu einer Zurückweisung nicht zur Unwirksamkeit der ~ (1. und 3. Strafsenat) 146 3 +
- Mehrfachverteidigung führt zur Verwerfung des Rechtsmittels als unzulässig (2. Strafsenat) 146 5 –
- ~ zugunsten des Beschuldigten durch Staatsanwaltschaft kann sich nur aus dem Gesamtinhalt der Einlegung und Begründung bildenden Willenserklärung an das Gericht und nicht aus außerhalb dieser liegenden Umständen ergeben 302 43 –

Rechtsmittelerklärung, Änderung im Zweifel bis zum Ablauf der Rechtsmittelbegründungsfrist möglich 312 1 +, 2 +

Rechtsmittelfrist, Aktenübersendung aufgrund bloßer Verfügung der Geschäftsstelle setzt ~ nicht in Gang 36 1 +

Sachverzeichnis

[Rechtsmittelfrist]
- Beginn der ~ bei unrichtigem Empfangsbekenntnis infolge Schreibfehlers mit tatsächlichem Zugang der Entscheidung 345 4 +
- Dienstzeit einer Behörde unmaßgeblich für Berechnung der ~ 43 2 +
- Fremdsprachige Rechtsmittelschrift bedarf Übersetzung innerhalb der ~ GVG 184 2 –
- Wiedereinsetzung in die ~ ist bei Unvollständigkeit zugestellter Urteilsausfertigung und auch nach dem Hauptverhandlungsprotokoll verbleibendem Informationsdefizit begründet 345 6 +, 1 –

Rechtsmittelkosten, Kosten einer Hauptverhandlung nach Zurückverweisung sind keine ~ 473 1 –

Rechtsmittelrücknahme, Befugnis des Wahlverteidigers erlischt bei Wechsel zum Pflichtverteidiger mit Niederlegung des Wahlmandats 302 5 +
- Berufung gestattet nach begonnener Berufungsverhandlung ohne Zustimmung des Gegners keine ~ 303 1 +
- Berufung gestattet nach Verschmelzung mit erstinstanzlichem Verfahren keine ~ 260 10 +; 302 4 +
- Beschränkte Rechtsmitteleinlegung bedeutet keine teilweise ~ 302 22 –, 23 –, 24 –
- Bestrittene Wirksamkeit einer ~ gebietet i.d.R. feststellende Klärung durch Entscheidung des Rechtsmittelgerichts 302 5 –, 26 –
- Erklärte ~ ist als Prozeßhandlung grundsätzlich unwiderruflich und unanfechtbar 302 1 +, 26 –, 41 –
- Ermächtigung zur ~ bedarf keiner bestimmten Form 302 5 –, 28 –, 44 –
- Fremdsprachige Erklärung der ~ wird wirksam mit Eingang der Übersetzung bei Gericht GVG 184 1 –
- Irrtum rechtfertigt keine Unwirksamkeit erklärter ~ 302 21 –, 27 –
- Pflichtverteidiger ist bei fehlendem Widerruf erteilter Ermächtigung auch gegenüber zusätzlich hinzugezogenem Wahlverteidiger befähigt zu wirksamer ~ 302 6 –, 19 –, 20 –
- Pflichtverteidiger kann auch wegen Rechtsmittelverzichts unzulässige Revision des Angeklagten in dessen telefonischen Auftrag vor der Entscheidung des Revisionsgerichts wirksam zurücknehmen 302 5 –
- Staatsanwaltschaftliche Rechtsmitteleinlegung zugunsten des Angeklagten mit Folge der Erforderlichkeit seiner Zustimmung zur ~ kann sich nur aus dem Gesamtinhalt der die Einlegung und Begründung bildenden Willenserklärung an das Gericht und nicht aus außerhalb dieser liegenden Umständen ergeben 302 43 –
- Unzulässige Art und Weise des Zustandekommens bei Veranlassung der ~ durch (irrtümlich) objektiv unrichtige richterliche Auskunft 302 1 +

- Unzulässige Willensbeeinflussung zur ~ ist bei entgegenstehender dienstlicher Erklärung nicht bewiesen 302 32 –
- Unterbevollmächtigter Verteidiger kann Verantwortung für nicht selbst verfaßte ~ übernehmen 345 2 +

Rechtsmittelverwerfung, Antrag auf Entscheidung des Rechtsmittelgerichts über ~ des Gerichts der angefochtenen Entscheidung ist bei diesem anzubringen 346 1 –, 2 –

Rechtsmittelverzicht, Bedenkzeiterbitten des Verteidigers zur Beratung mit dem Angeklagten ist nachzukommen vor richterlicher Entgegennahme von ~ 302 6 +
- Beschränkte Rechtsmitteleinlegung bedeutet keines teilweisen ~ 302 22 –, 23 –, 24 –
- Einlegungsfrist braucht noch nicht zu laufen begonnen haben für wirksamen ~ 302 37 –
- Enttäuschte Erwartungen begründen keine Unwirksamkeit von erklärtem ~ 302 1 –, 3 –, 7 –, 16 –, 21 –
- Erklärter ~ ist als Prozeßhandlung grundsätzlich unwiderruflich und unanfechtbar 302 2 +, 3 +, 15 –, 30 –, 33 –, 38 –
- Form des ~s richtet sich nach der Form der Rechtsmitteleinlegung 302 10 –
- Fremdsprachige Erklärung der Annahme des Urteils nach übersetzter Rechtsmittelbelehrung kann wirksamen ~ begründen 302 9 –
- Geständniswiderruf hindert nicht die Wirksamkeit eines erklärten ~s GVG 169 1 +
- Irrtum begründet keine Unwirksamkeit eines erklärten ~s 302 30 –, 33 –, 38 –
- ~ Minderjähriger für von gesetzlichem Vertreter weiterbetriebenes und noch nicht entschiedenes Rechtsmittel steht einer Übernahme nach Eintritt der Volljährigkeit nicht entgegen 298 1 +
- Protokollierung und Verlesung erklärten ~s erforderlich für erhöhte Beweiskraft des § 274 StPO 302 6 +, 10 –, 11 –, 15 –, 29 –
- Protokollierung schriftlich niedergelegten ~s durch Urkundsbeamten nach Schluß der Verhandlung und Genehmigung des Angeklagten begründet wirksamen ~ 302 35 –
- Protokollierung und Verlesung sind keine Wirksamkeitsvoraussetzung für erklärten ~ 302 29 –
- Rechtsmittelbelehrung ist keine Wirksamkeitsvoraussetzung für erklärten ~ 35a 2 –; 302 1 –, 12 –, 14 –, 25 –
- Überredung durch Verteidiger ist kein Grund zur Anfechtung von erklärtem ~ 302 26 –
- Unwirksamkeit eines ~s möglich aufgrund unzulässiger Willensbeeinflussung oder schwerer Willensmängel sowie bei unzulässiger Art und Weise des Zustandekommens 302 3 +
- Unzulässigkeit eines ~s vor der Urteilsverkündung 44 2 +; 261 3 –; GVG 169 1 +
- Unzulässige Art und Weise des Zustandekommens eines ~s bei Veranlassung durch

(irrtümlich) objektiv unrichtige richterliche Auskunft 302 2 +
- Unzulässige Art und Weise des Zustandekommens eines ~s bei Nichteinräumung vorheriger Beratungsgelegenheit des Angeklagten mit seinem Verteidiger 302 3 +, 6 +, 25 –, 39 –
- Unzulässige Willensbeeinflussung aufgrund unzulässiger Verknüpfung mit Strafhöhezusage führt zur Unwirksamkeit von erklärtem ~ 44 2 +
- Unzulässige Willensbeeinflussung aufgrund unzuständigerweise abgegebener nicht einhaltbarer Zusage des Gerichts führt zur Unwirksamkeit von erklärtem ~ 44 6 +; 302 16 –
- Unzulässige Willensbeeinflussung durch Drohung liegt nicht in staatsanwaltschaftlicher Rechtsmittelankündigung für den Fall der Weigerung des Angeklagten zur Erklärung von ~ 302 34 –
- Unzulässige Willensbeeinflussung zum ~ kann auch mit nach § 136a StPO nicht verbotenen Mitteln geschehen 302 39 –, 40 +
- Unzulässige Willensbeeinflussung zum ~ kann nicht auf nachträgliche Kenntnisnahme der schriftlichen Urteilsgründe gestützt werden 302 16 –
- Unzulässige Willensbeeinflussung liegt nicht vor bei durch unrichtige Verteidigerauskunft veranlaßtem ~ 302 12 –
- Verhandlungsfähigkeit gemäß ärztlicher Begutachtung rechtfertigt Annahme subjektiver Erkennbarkeit der Bedeutung von erklärtem ~ 302 36 –
- Verhandlungsfähigkeit gestattet keine Berufung auf Unwirksamkeit einer in „Erregung über Höhe der Strafe" oder „in der ersten Schockwirkung" abgegebenen Erklärung des ~s 302 17 –
- Verhandlungsfähigkeit bei der Erklärung eines ~s nach der Hauptverhandlung wird nicht ausgeschlossen durch eine Psychose zur Tatzeit 302 11 –, 13 –
- Verhandlungsfähigkeit ist im Freibeweisverfahren zu klärende Voraussetzung für wirksamen ~ 302 10 –, 18 –, 31 –, 36 –
- Verhandlungsfähigkeit trotz asthenischer Persönlichkeitsstörung 302 10 –
- Verhandlungsunfähigkeit gestattet keine Feststellung nach dem Zweifelssatz 302 31 +, 36 –
- Verständigung im Strafverfahren als solche berührt auch bei unzulässiger Absprache nicht die Wirksamkeit von erklärtem ~ 302 2 –, 8 –, 14 –
- Verständigung im Strafverfahren erlaubt nur Inaussichtstellen anstelle vorheriger verbindlicher Zusage von ~ 44 2 +; 261 3 –; GVG 169 1 +
- Verteidiger bedarf ausdrücklicher besonderer Ermächtigung zu wirksamer Erklärung von ~ 302 4 –, 5 –

Rechtsnorm, Verfahrenscharakter und sachlich-rechtlicher Charakter einer ~ 344 8 –
Rechtsschutzbedürfnis, Widersprüchliches Prozeßverhalten verdient keinen Rechtsschutz 337 1 –, 2 –
Rechtssicherheit, rechtskräftiges Strafurteil erübrigt mangels Feststellungswirkung nicht die selbständige tatrichterliche Prüfung des Vorliegens der Tatbestandsmerkmale 244 III S. 2 Var. 2 7 +; 261 192 +; 267 23 +
Rechtstatsachen, Verwertbarkeit bedingt durch Mitteilung des konkret zugrundeliegenden Geschehensablaufs behaupteter ~ 261 72 +
- Wahrunterstellung von ~ 244 III S. 2 Var. 7 17 +
Rechtszug, Mehrfache Anhängigkeit ein- und derselben Strafsache unzulässig in ein- und demselben ~ GVG 121 2 +
Referendar, Protokollführung durch ~ ohne Ermächtigung des Behördenleiters in Niedersachsen unzulässig 338 Nr. 5 14 +
- Vernehmung eines ~s über Aussage eines Zeugnisverweigernden bei früherer richterlicher Vernehmung unzulässig 252 20 +
reformatio in peius s. Verschlechterungsverbot
Registerauskunft, Ungerechtfertigte Verlesung einer ~ über mehrere Verhandlungstermine keine Fortsetzung der Hauptverhandlung 229 4 +
Rekonstruktion, der Beweisaufnahme ist dem Revisionsgericht grundsätzlich versagt 244 II 7 +, 261 9 –, 12 –, 13 –, 36 –, 41 –
- ~ des äußeren Ablaufs der Hauptverhandlung durch Revisionsgericht dem Freibeweis zugänglich 261 184 +; 274 2 +
- ~ des Inhalts einer Verständigung außerhalb der Hauptverhandlung ist dem Revisionsgericht verwehrt 261 20 –
- ~ des Inhalts von Aussagen in der Hauptverhandlung ist dem Revisionsgericht verwehrt 261 74 +, 76 +, 146 +, 184 +, 13 –, 39 –, 41 –
- ~ veränderter örtlicher Verhältnisse beim Augenscheinsbeweis 244 V S. 1 2 +
Resozialisierung, Vorstrafenverwertungsverbot besteht im Interesse der ~ BZRG 49 5 +
Revision, Einstellung des Verfahrens außerhalb der Hauptverhandlung gemäß § 206a StPO gilt auch im Verfahren der ~ 357 1 +
- Rechtsmittelbefugnis s. dort
- Sachrüge s. dort
- Übergang von ~ zur Berufung ist im Zweifel bis zum Ablauf der Revisionsbegründungsfrist möglich 312 1 +, 2 +
- Verfahrensrüge s. dort
- Verweisungsurteil des Berufungsgerichts unterliegt der ~ 328 2 +
Revisionsanträge, durch Telegramm sind wirksam angebracht 345 11 +
Revisionsbegründung, Beweiswürdigung des Gerichts nicht angreifbar im Wege ihrer Ersetzung durch eigene der ~ 261 27 –

4605

[Revisionsbegründung]
- ~ durch vom Generalstaatsanwalt gem. § 145 I GVG beauftragten Staatsanwalt ist wirksam 296 1 +
- ~ durch Telegramm ist wirksam 345 11 +
- Einreichung der ~ durch allgemeinen Vertreter wirksam 137 1 +
- ~ mehrerer Verteidiger gestattet Darlegung von Verfahrensrügen in gemeinsamem Schriftsatz bei zweifelsfreier Verantwortungsübernahme eines jeden Verteidigers für den Inhalt gegenüber seinem Mandanten 345 1 +
- Mehrfachverteidigung i.S.d. § 146 StPO führt zur Unwirksamkeit der ~ 146 3 +, 5 –
- Nebenkläger ist ~ zu Protokoll der Geschäftsstelle verwehrt 345 8 –
- Rechtsbeistand allein auch im Falle seiner Mitgliedschaft in der Rechtsanwaltskammer nicht befugt zur ~ 345 11 –
- Verantwortung des Urkundsbeamten für ~ des Angeklagten zu Protokoll der Geschäftsstelle darf nicht ohne vorherigen Hinweis an den Angeklagten abgelehnt werden 345 9 +, 2 –
- Verantwortung des Urkundsbeamten für ~ des Angeklagten zu Protokoll der Geschäftsstelle nicht gewahrt bei distanzierter bloßer Beurkundung von Rechtsauffassungen und Verfahrensrügen des Angeklagten 345 2 –
- Verantwortung des Verteidigers nicht gewahrt bei distanzierter bloßer Beurkundung von Rechtsauffassungen und Verfahrensrügen des Angeklagten 345 7 +, 9 –, 10 –, 14 –
- Wiedereinsetzungsantrag unterliegt keiner Prüfung der besonderen Formerfordernisse der ~ 44 4 +
- ~ zu Protokoll der Geschäftsstelle unterliegt Begrenzung durch personelle Möglichkeiten und Dienstzeiten 345 3 –

Revisionsbegründungsfrist, Beginn der ~ mit Beginn des Folgetages nach Ablauf der Einlegungsfrist 43 1 +
- Bewußtes Verstreichenlassen der ~ gestattet grundsätzlich keine Wiedereinsetzung 44 3 +, 7 +, 1 –; 45 1 –
- Fremdsprachige Revisionsschrift wahrt nur bei rechtzeitigem Eingang ihrer Übersetzung die ~ GVG 184 2 –
- Urteilsberichtigung führt bei Unzulässigkeit nicht zu einer Verlängerung der ~ 267 7 –
- Urteilszustellung nicht unwirksam bei Mängeln des Urteils selbst 275 1 –, 7 –; 345 1 –, 7 –
- Verstreichenlassen der ~ durch Verteidiger gewährt hieran schuldlosem Angeklagten Recht zur Wiedereinsetzung 44 1 +, 3 +, 7 +, 14 +, 15 +, 1 –, 4 –; 45 1 –
- Wiedereinsetzung in die ~ bei Unvollständigkeit zugestellter Urteilsausfertigung und auch nach dem Hauptverhandlungsprotokoll verbleibendem Informationsdefizit begründet 345 6 +, 1 –
- Wiedereinsetzung in die ~ für verspätet eingegangene Hauptschrift wird nicht ausgeschlossen durch rechtzeitig eingegangene Ergänzungsschrift 44 15 +
- Wiedereinsetzung in die ~ nach Zurückweisung der Revision wegen unzulässiger Mehrfachverteidigung gestattet Nachholung der Revisionsbegründung innerhalb der ~ anstelle der Wochenfrist 146 3 +
- Wiedereinsetzung in die ~ zum Nachholen von Verfahrensrügen unzulässig bei bereits in anderer Weise frist- und formgerecht eingelegter Revision 44 8 +, 9 +, 10 +, 15 +, 3 –, 6 –, 7 –, 8 –, 12 –
- Wiedereinsetzung in die ~ zur Nachholung einzelner Verfahrensrügen zulässig bei Akteneinsichtsgewährung erst nach Fristablauf trotz rechtzeitigen und fortdauernden Bemühens 44 5 +, 8 +, 2 –, 3 –, 5 –, 6 –
- Wiedereinsetzung in die ~ zur Nachholung von Verfahrensrügen bei Akteneinsichtsmöglichkeit in Hauptverhandlungsprotokoll erst nach Urteilszustellung trotz rechtzeitigen und fortdauernden Bemühens begründet unter entsprechender Verlängerung der ~ 44 5 +
- Wiedereinsetzungsantrag zulässig bis zu einer Entscheidung des Revisionsgerichts in der Sache 44 14 +, 11 –
- Wiedereinsetzungsbeschluß bewirkt mit Zustellung neuen Beginn der ~ 345 5 +

Revisionsbegründungsschrift, Fremdsprachige ~ nur wirksam bei Eingang der Übersetzung bei Gericht innerhalb der Revisionsbegründungsfrist GVG 184 2 –
- Gegenerklärung der Staatsanwaltschaft zur ~ des Angeklagten ist diesem vor der Entscheidung des Revisionsgerichts zur Kenntnis zu bringen 347 1 +
- Protokollberichtigung des fertiggestellten Hauptverhandlungsprotokolls bewirkt keinen Entzug der Grundlage bereits eingegangener ~ 274 5 +, 7 +
- Staatsanwaltschaftliche ~ bedarf keiner Unterschrift 345 12 +
- Unterschrift der ~ bedarf zumindest andeutungsweiser Erkennbarkeit des ursprünglichen Buchstabenschriftbildes für namensvertraute Dritte durch charakteristische Merkmale 345 10 +
- Unterschriftsmangel der ~ gestattet Wiedereinsetzung bei im übrigen frist- und formgerecht eingelegter Revision 44 9 +

Revisionsbeschränkung, auf Strafausspruch bewirkt keinen Ausschluß revisionsrechtlicher Prüfung der Frage erheblicher Verminderung der Schuldfähigkeit 302 2 +; 328 1 +
- ~ auf Strafausspruch ist unbeachtlich für die Prüfung der Verfahrensvoraussetzungen 302 2 +; 328 1 +

- ~ bedeutet weder Teilrücknahme noch Teilverzicht 302 22 –, 23 –, 24 –
- Teilanfechtung einer Gesamtstrafe hindert notwendig die Rechtskraft aller zur Bildung herangezogenen Einzelverurteilungen 260 16 +
- Unterbringung zulässiger Gegenstand wirksamer ~ des Nebenklägers 400 1 +

Revisionseinlegung, Bedingungsfeindlichkeit der ~ 296 2 +
- Beschränkte ~ gestattet Erweiterung nur bis zum Ablauf der Einlegungsfrist 302 22 –, 23 –, 24 –, 42 –
- ~ durch vom Generalstaatsanwalt gem. § 145 I GVG beauftragten Staatsanwalt ist wirksam 296 1 +
- Jugendgerichtsverfahren gestattet nach Zurücknahme zulässig eingelegter Berufung fristgerechte ~ JGG 55 1 +
- Jugendgerichtsverfahren verbietet nach Verwerfung zulässig eingelegter Berufung wegen Nichterscheinens eine ~ JGG 55 1 –
- Mehrfachverteidigung führt bis zu einer Zurückweisung nicht zur Unwirksamkeit der Rechtsmitteleinlegung (1. und 3. Strafsenat) 146 3 +
- Mehrfachverteidigung führt zur Verwerfung des Rechtsmittels als unzulässig (2. Strafsenat) 146 5 –
- Übergangserklärung zur Sprungrevision nach gewählter Berufung sowie Revisionsbegründung sind anzubringen beim Gericht der angefochtenen Entscheidung 345 6 –
- Verwerfungskompetenz des Tatgerichts 137 1 +
- „Vorsorgliche" ~ ist u.U. unzulässig bedingt 296 2 +
- ~ zugunsten des Angeklagten durch Staatsanwaltschaft kann sich nur aus dem Gesamtinhalt der Einlegung und Begründung bildenden Willenserklärung an das Gericht und nicht aus außerhalb dieser liegenden Umständen ergeben 302 43 –

Revisionseinlegungsfrist, Lauf der ~ ist unabhängig von einer Rechtsmittelbelehrung 35a 2 –
- Urteilsverkündung in Abwesenheit des Angeklagten liegt auch vor im Falle seiner Entfernung vor dem Ende der Urteilsverkündung 341 1 +
- Wiedereinsetzung in die ~ unbegründet bei schuldhafter Fristversäumung eines inhaftierten Angeklagten durch Übergabe des Rechtsmittelschreibens an die Justizvollzugsanstalt erst am letzten Tag der Frist zur Weiterleitung 341 1 –

Revisionserstreckung auf Mitverurteilte s. Urteilsaufhebung

Revisionsgegenerklärung, der Staatsanwaltschaft zur Revisionsschrift des Angeklagten ist diesem vor der Entscheidung des Revisionsgerichts zur Kenntnis zu bringen 347 1 +

- Frist von zwei Wochen gilt nur bei Revisionsverwerfung durch Revisionsgericht als offensichtlich unbegründet 349 1 –

Revisionsgericht, Aufklärungsrüge wird vom ~ geprüft aus seiner Sicht 244 II 16 –
- Augenscheinsüberprüfung gestattet keine Ersetzung tatrichterlichen Ermessens durch das ~ 244 V S. 2 2 –
- Auslandszeuge gestattet bei Prüfung der Antragsbescheidung keine Ersetzung tatrichterlichen Ermessens durch das ~ 244 V S. 2 2 –
- Aussageinhalte in der Hauptverhandlung sind nicht rekonstruierbar durch das ~ 261 74 +, 76 +, 146 +, 184 +, 13 –, 39 –, 41 –
- Berichtigung des Urteils ist im Falle ihrer Unzulässigkeit nicht bindend für das ~ 267 22 +, 7 –; 268 3 –
- Besondere Bedeutung des Falles ist vom ~ nachzuprüfen aufgrund der objektiven Tatsachengrundlage zum Zeitpunkt der Eröffnungsentscheidung GVG 24 1 –
- Beweisantragsablehnung beurteilt sich aus Sicht des ~s Vor 244 III–VI 16 –; 244 IV 4 –
- Beweisaufnahmerekonstruktion ist grundsätzlich ausgeschlossen 244 II 7 +; 261 9 –, 12 –, 13 –, 36 –, 41 –; 267 9 –
- Beweiserhebung durch ~ mittels Einholung dienstlicher Äußerung zulässig 261 48 –
- Bindung des ~s an rechtsfehlerfrei festgestellte doppelrelevante Tatsachen 338 Nr. 4 1 –
- Bindung des ~s an tatrichterliche Feststellungen von Verfahrenstatsachen 329 1 –
- Bindung des ~s an tatrichterliche Feststellungen zur Schuld- und Straffrage 261 37 –, 41 –; 267 9 –
- Eigene Sachentscheidung des ~s 261 92 +
- Einlassungsinhalt in der Hauptverhandlung ist vom ~ nicht rekonstruierbar 261 74 +, 76 +, 146 +, 184 +, 41 –
- Freispruchaufhebung wegen tatrichterlichen Beweiswürdigungsmängeln zwingt zur Zurückverweisung 261 92 +
- Gegenständlichkeit einer Aussage/Einlassung in der Hauptverhandlung ist vom ~ freibeweislich ermittelbar 261 184 +
- Gerichtskundigkeitsüberprüfung durch das ~ auf tatsächliches Bestehen ist ausgeschlossen 261 190 +, 36 –
- Protokollberichtigung des Hauptverhandlungsprotokolls entgegen bereits erhobener zulässiger Verfahrensrüge gebietet Annahme der dem Revisionsführer günstigeren ursprünglichen Fassung durch das ~ 258 1 –; 268 1 –; 273 2 +; 274 4 +, 5 +, 7 +, 14 –
- Rechtliches Gehör ist vom ~ auf Verletzung überprüfbar 261 184 +
- Richterliche Überzeugung des Tatrichters nicht zu ersetzen durch eigene Beweiswürdigung des ~s 261 90 +, 91 +, 92 +, 27 –, 31 –, 32 –, 35 –, 37 –, 48 –, 50 –

4607

[Revisionsgericht]
- Schlußfolgerungen des Tatrichters auf bloßer Verdachtsgrundlage entfalten keine Bindung für das ~ 261 144 +, 177 +, 27 -, 36 -, 50 -
- Urteilsaufhebung s. dort
- Verfassungsrechtsverstoß darf geprüft werden durch das ~ 209 1 -, 2 -, 3 -; 260 14 -; 261 184 +; 328 1 -; 338 Nr. 4 1 -, 2 -, 3 -; 338 Nr. 5 15 -; 344 8 -; GVG 21e 3 -; GVG 24 1 +
- Verständigung außerhalb der Hauptverhandlung ist durch das ~ inhaltlich nicht rekonstruierbar 261 20 -
- Willkürliche Erwägungen des ~ bewirken Entzug des Gesetzlichen Richters 261 92 +
- Willkürliche Annahme sachlicher Zuständigkeit ist auf zulässig eingelegtes Rechtsmittel und entsprechenden Tatsachenvortrag vorab von Amts wegen zu prüfen durch das ~ GVG 74 1 +, 3 +
- Zuständigkeitsprüfung durch das ~ erfolgt aufgrund objektiver Tatsachengrundlage zum Zeitpunkt der Eröffnungsentscheidung GVG 24 1 -

Revisionshauptverhandlung in Abwesenheit des bestellten Verteidigers ist unzulässig 140 5 +, 7 +
- Pflichtverteidigerbestellung gesondert erforderlich für die ~ 140 3 -

Revisionsrücknahme, Fremdsprachige Erklärung der ~ wird wirksam mit Eingang der Übersetzung bei Gericht GVG 184 1 -

Revisionsurteil, Tatrichterliche Feststellungen finden keine Grundlage oder Ersatz in ~ 261 51 -
- Teileinstellung des Verfahrens wegen Verjährung von Taten im ~ rechtfertigt regelmäßig keine Aufhebung der diesen zugrundeliegenden Tatfeststellungen 353 1 +
- Urteilsaufhebung s. dort
- vor Zustellung des angefochtenen Urteils ist verfassungswidrig 345 8 +
- Zurückverweisungswahlrecht des Revisionsgerichts zwischen iudex a quo und iudex tertius nach § 354 II 2 StPO a.F. verfassungsgemäß 354 1 -
- Zurückverweisung zur Feststellung besonderer Schuldschwere ist ausgeschlossen durch Verschlechterungsverbot (s. auch dort) 358 1 -

Revisionsverwerfung, Antrag auf Entscheidung des Revisionsgerichts über ~ des Gerichts der angefochtenen Entscheidung ist bei diesem anzubringen 346 1 -, 2 -
- ~ ohne vorherige Prüfung der Verfahrensvoraussetzungen ist unzulässig bei erhobener allgemeiner Sachrüge 329 2 +

Richter, Ablehnung eines ~s s. Richterablehnung
- ~ auf Probe kann ohne Verfassungsverstoß am Landgericht beschäftigt werden 338 Nr. 1 63 -
- ~ auf Probe ist durch Verwendung bei der Staatsanwaltschaft rechtlich nicht an Urteilsunterschrift verhindert 338 Nr. 7 6 +
- Ausgeschlossener ~ bewirkt durch Terminierung vorschriftswidrige Gerichtsbesetzung 338 Nr. 1 46 +
- Ausschluß eines ~s vom Verfahren s. Richterausschluß
- Beauftragter ~ kann ohne Verfassungsverstoß am Landgericht beschäftigt werden 338 Nr. 1 63 -
- Befangener ~ kann gültige Schöffenauslosung vornehmen GVG 45 3 -
- Benennung eines ~s als Zeugen hindert nicht seine Entscheidungsbefugnis über Beweisantrag 244 VI 7 -
- Benennung eines ~s als Zeugen in Kenntnis dienstlicher Erklärung fehlender Bekundungsmöglichkeit zur Beweistatsache ist rechtsmißbräuchlich 244 III S. 1 5 -, 8 -
- Berichterstatter des Finanzgerichts als Amtsträger des Steuergeheimnisses gegenüber anderen Senatsmitgliedern AO 30 1 -
- Blinder ~ als Beisitzer eines Kollegialgerichts ist tatrichterlichen Aufgaben außerhalb überzeugungserheblichen Augenscheinsbeweises voll gewachsen 261 49 -; 338 Nr. 1 34 +, 7 -, 59 -, 61 -
- Blinder ~ als Vorsitzender einer Berufungsstrafkammer kein Verfassungsverstoß 338 Nr. 1 7 -
- Blinder ~ als Vorsitzender einer Jugendkammer begründet vorschriftswidrige Gerichtsbesetzung 338 Nr. 1 30 +
- Blinder ~ als Vorsitzender in erstinstanzlicher Hauptverhandlung begründet vorschriftswidrige Gerichtsbesetzung 338 Nr. 1 5 +, 8 +, 9 +, 10 +
- Dienstliche Wahrnehmungen und Äußerungen eines ~s im anhängigen Verfahren begründen keine zum Richterausschluß führende Zeugeneigenschaft 338 Nr. 2 1 -, 2 -, 3 -
- Durchsuchung eines ~s aus sitzungspolizeilichen Gründen ist abwegig GVG 176 2 -
- Ehrenamtliche ~ (s. auch Schöffen) brauchen Urteil in berufsgerichtlichen Verfahren nach dem Steuerberatungsgesetz wie in Strafsachen nicht zu unterschreiben 275 5 -
- Ehrenamtliche ~ sind erkennbar mit einzubeziehen bei der Urteilsberatung 260 9 +
- Einzelzuweisung für bestimmte Strafsache im Geschäftsverteilungsplan begründet vorschriftswidrige Gerichtsbesetzung 338 Nr. 1 45 +, 47 +
- Ergänzungsrichter s. dort
- Erkrankung s. Verhinderung
- Ersatz eines ~s durch von Justizverwaltung zugewiesenen Hilfsrichter ohne Präsidialbeschluß seiner Verwendung begründet vorschriftswidrige Gerichtsbesetzung 338 Nr. 1 51 -

- Gesetzlicher ~ s. dort
- Hochschullehrertätigkeit als dauernde teilweise Verhinderung zu berücksichtigen im Geschäftsverteilungsplan 338 Nr. 1 20 +
- Kontaktaufnahme des ~s zu Verfahrensbeteiligten außerhalb der Hauptverhandlung zur Verfahrensförderung zulässig 338 Nr. 3 5 –; GVG 169 4 –
- Ladung des ~ als Zeuge ohne folgende Vernehmung begründet keinen Richterausschluß 338 Nr. 2 3 +, 2 –
- Ladung und Erscheinen des ~s als Zeugen vor eigener Kammer begründet Verhinderung an der Vorsitzausübung 338 Nr. 1 58 –
- Laienrichter s. Ehrenamtliche Richter; Schöffen
- Neuer Tatrichter bestimmt Strafe ohne Bindung an frühere Strafzumessungserwägungen MRK 6 4 –
- Neuer Tatrichter darf auf Tatfeststellungen (s. auch dort) (nur) im Umfang ihrer Rechtskraft Bezug nehmen 267 2 +, 11 –; BRAO 118 1 +, 2 +, 2 –
- Neuer Tatrichter ist an Schuldspruchbestätigung durch Revisionsgericht gegen Schuldunfähigkeit gebunden 264 20 +
- Neuer Tatrichter ist auch an nach dem Zweifelssatz getroffenen Tatfeststellungen im Umfang eingetretener Rechtskraft gebunden 358 2 +
- Neuer Tatrichter ist bei Prüfung eines Vereidigungsverbots an Beteiligungsverdachtsannahme der Vorinstanz nicht gebunden 60 16 –
- Neuer Tatrichter ist gebunden an in Rechtskraft erwachsene Tatfeststellungen 353 2 +; 358 1 +, 2 +
- Neuer Tatrichter und Verschlechterungsverbot s. Verschlechterungsverbot
- Nichtständiger ~ kann ohne Verfassungsverstoß am Landgericht beschäftigt werden 338 Nr. 1 63 –
- Sachkunde s. dort
- Schlafender ~ 261 49 –; 338 Nr. 1 62 –
- Unaufmerksamkeitseindruck oder kurze Unaufmerksamkeit begründet noch keinen Verfahrensverstoß 261 49 –; 338 Nr. 1 46 –, 62 –
- Unzuständiger ~ kann gültige Schöffenauslosung vornehmen GVG 45 3 –
- Verhinderung des Berichterstatters erfordert notfalls Urteilsabfassung durch den Vorsitzenden innerhalb der Urteilsabsetzungsfrist 275 7 +; 338 Nr. 7 9 –, 20 +
- Verhinderung des geschäftsplanmäßigen Vertreters des Vorsitzenden aus tatsächlichen Gründen wegen mangelnder Aktenkenntnis 338 Nr. 1 39 –
- Verhinderung eines ~s darf auch noch nach Erhebung des Besetzungseinwands festgestellt werden 338 Nr. 1 23 –
- Verhinderung eines ~s nach begonnener Hauptverhandlung gebietet nicht zwingend Vertretung durch geschäftsplanmäßigen Vertreter 338 Nr. 1 38 –
- Verhinderung eines ~s über das ganze Geschäftsjahr ist zu berücksichtigen im Geschäftsverteilungsplan 338 Nr. 1 20 +
- Verhinderung eines ~s und ihre Aufhebung bedürfen bei Offensichtlichkeit keiner formellen Feststellung des Gerichtspräsidenten 338 Nr. 1 40 +, 12 –, 45 –
- Verhinderung eines ~s und ihre Aufhebung entscheidet Gerichtspräsident nach pflichtgemäßem Ermessen bei Unanfechtbarkeit zugrundeliegender Tatsachen 222b 1 –; 338 Nr. 1 6 +, 13 +, 21 +, 40 +, 41 +, 48 +, 12 –, 45 –, 47 –, 51 –; GVG 21e 1 –, 4 –
- Verhinderung eines ~s wegen Tätigkeit in anderem Spruchkörper bedarf keiner ausdrücklichen Feststellung des Präsidenten 338 Nr. 1 45 –
- Verhinderung eines ordentlichen Vorsitzenden infolge ungewöhnlicher einmaliger Mehrbelastung durch ein Verfahren kann längeren Zeitraum erfordern 338 Nr. 1 15 +; GVG 21f 1 –
- Vertreterkette aus zwanzig ~n ist ausreichende Regelung im Geschäftsverteilungsplan GVG 21e 1 –
- Vertretung des Vorsitzenden einer Strafkammer planmäßig nur durch (tatsächlich) ständiges Kammermitglied zulässig 338 Nr. 1 25 +, 9 –
- Vertretung durch Bestellung eines zeitweiligen Vertreters ist auf Fälle vorübergehenden und unvorhersehbaren Bedarfs begrenzt 338 Nr. 1 23 +, 8 –, 28 –, 57 –; GVG 21e 1 +, 1 –; 21f 1 –
- Vertretung kommt nicht in Betracht bei Verhinderung durch Mitwirkung in Hauptverhandlung desselben Spruchkörpers 338 Nr. 1 32 +
- Vorsitzender einer Strafkammer und Verhinderung wegen Vorsitzes einer Schwurgerichtssache 338 Nr. 1 23 +
- Vorsitzender ohne wesentlichen Einfluß auf den Geschäftsgang und die Rechtsprechung der Kammer infolge anderweitiger Belastung begründet vorschriftswidrige Gerichtsbesetzung 338 Nr. 1 53 +
- Wechsel eines Kammermitglieds und Befugnis zur Änderung der Geschäftsverteilung wird auch begründet durch die Zuweisung eines Hilfsrichters 338 Nr. 1 31 –
- Wechsel eines Vorsitzenden gestattet keine Geschäftszuteilung an unbenannten „Nachfolger" vor dessen Amtsantritt und präsidialer Beschlußfassung über seine Verwendung 338 Nr. 1 31 +, 41 –, 51 –
- Zuteilung eines ~s an mehrere Spruchkörper gebietet im Kollisionsfall bei fehlender Regelung im Geschäftsverteilungsplan Ermessensentscheidung des Präsidenten über Vorrang 338 Nr. 21 +

Richterablehnung 24
- ~ aller einzelnen an zugrundeliegender Entscheidung beteiligten Richter ist zulässig 338 Nr. 3 25 +
- Anfechtung der Verwerfung oder Zurückweisung eines Ablehnungsgesuchs gegen erkennenden Richter nur zusammen mit dem Urteil möglich 338 Nr. 3 20 +, 15 –
- Antrag vor Beginn der Hauptverhandlung nach Eröffnung des Hauptverfahrens ist zulässig und revisibel 338 Nr. 3 20 +
- Antragstellung durch Verteidiger bei Abwesenheit des Angeklagten in der Revisionshauptverhandlung möglich 137 1 –
- Befangenheit s. dort
- Befangenheitsanzeige eines Richters erfordert förmliche Entscheidung vor Verhandlungsfortführung durch Vertreter 338 Nr. 1 22 +
- Befangenheitsanzeige eines Richters ist Verfahrensbeteiligten zwecks Gewährung rechtlichen Gehörs zur Kenntnis zu geben 30 1 +
- Entscheidung des Oberlandesgerichts über ~ ist nicht anfechtbar 338 Nr. 3 9 –
- Entscheidung über Ablehnungsgesuch mit vorschriftswidriger Gerichtsbesetzung allein führt nicht zur Begründetheit einer Befangenheitsrüge 338 Nr. 3 11 –, 13 –
- ~ „erkennender" Richter betrifft Tätigkeit im gesamten Hauptverfahren 338 Nr. 3 20 +
- Erledigung des Ablehnungsgesuchs gegen erkennenden Richter tritt mit Verwerfungsbzw. Zurückweisungsbeschluß ein 338 Nr. 3 15 –
- Erneute ~ desselben Richters unter neuem Tatsachenvortrag begründet Verhinderung an der Entscheidung über das erneute Ablehnungsgesuch 338 Nr. 3 27 +
- Formmangel der Zurückweisung eines Ablehnungsgesuchs allein führt nicht zur Begründetheit einer Befangenheitsrüge 338 Nr. 3 10 –
- Freibeweisverfahren anwendbar bei revisionsgerichtlicher Überprüfung einer ~ 338 Nr. 3 2 +
- Gebot einheitlicher Bescheidung umfassenden Ablehnungsgesuchs 27 1 –
- Glaubhaftmachung des Ablehnungsgrundes 338 Nr. 3 9 +, 16 +, 25 +
- Mitwirkung eines zu Unrecht abgelehnten Richters am Eröffnungsbeschluß vor Erledigung des Ablehnungsgesuchs begründet nicht die Revision 338 Nr. 3 16 –
- Öffentlichkeitsgrundsatz gilt nicht für das Verfahren über ~ 338 Nr. 6 5 –; GVG 169 1 –
- Rüge der Befangenheit aufgrund von Unmutsäußerungen erfordert geschlossene konkrete Darlegung des Verhandlungsverlaufs und -inhalts bis zu deren Zeitpunkt 344 2 –
- Sachliche Gerechtfertigtheit des Ablehnungsgrundes nicht feststellungsbedürftig für Urteilsaufhebung wegen Annahme eines bedingten Revisionsgrundes und nicht auszuschließenden Beruhens des Urteils auf dem Fehler 338 Nr. 3 25 +, 10 –
- Sachliche Gerechtfertigtheit des Ablehnungsgrundes entscheidend für Besorgnis der Befangenheit 338 Nr. 3 25 +, 7 –, 11 –, 13 –, 16 –
- Unanfechtbarkeit einer Entscheidung des Beschwerdegerichts über die ~ 28 1 +
- Unterbliebene dienstliche Äußerung zur Frage der ~ ist revisibel 26 1 +; 30 1 +; 261 31 +
- Unverzügliche ~ auch für Nebenkläger nur bis zum Beginn der Vernehmung des Angeklagten zur Sache möglich 338 Nr. 3 15 –
- Unverzügliche ~ außerhalb der Hauptverhandlung ist schriftlich oder zu Protokoll der Geschäftsstelle geboten 25 1 –, 3 –, 6 –
- Unverzügliche ~ beinhaltet Gelegenheit zu vorheriger Beratung mit dem Verteidiger 338 Nr. 3 6 +, 18 +
- Unverzügliche ~ beinhaltet gewisse Zeit zum Überlegen und zum Abfassen des Gesuchs 338 Nr. 3 3 +, 10 +
- Unverzügliche ~ bis zum Beginn einer nachgeholten Vernehmung des Angeklagten zur Sache möglich 338 Nr. 3 26 +
- Unverzügliche ~ erfordert bei Stützung auf Gesamtschau von Verhaltensweisen während mehrtägiger Hauptverhandlung keine Antragstellung am ersten Verhandlungstag 338 Nr. 3 14 –
- Unverzügliche ~ gestattet durch Sachlage begründete Verzögerungen 338 Nr. 3 3 +, 6 +, 10 +, 14 +, 18 +
- Unverzüglichkeit der ~ bei Abfassung nach 1 Woche und Einreichung nach 8 Tagen seit Kenntnis der Umstände nicht gegeben 25 3 –
- Unverzüglichkeit der ~ nach Erlaß der Abschlußentscheidung nicht gegeben 25 2 –
- Unverzüglichkeit der ~ nach letztem Wort des Angeklagten nicht gegeben 25 5 –
- Unzulässigkeit der ~ bei völlig ungeeigneter Begründung 26a 1 –, 2 –
- Verkündung eines Verwerfungsbeschlusses darf unter Mitwirkung zu Unrecht abgelehnter Richter erfolgen 338 Nr. 3 11 –, 14 –
- Verspätung einer ~ durch bevollmächtigten Vertreter der Nebenklage ist dem Nebenkläger zuzurechnen 25 4 –
- Verwerfungsbeschluß wird gegenüber zu Unrecht abgelehnten Richtern vor seiner Bekanntmachung bzw. Verkündung wirksam 338 Nr. 3 11 –, 14 –
- Zeitpunkt der ~ 25
- Zurückweisung eines Ablehnungsantrags ohne Einholung dienstlicher Erklärung u.U. rechtsfehlerhaft 261 31 +

Richterausbildung allein noch kein Grund für nachträgliche Änderung des Geschäftsverteilungsplans 338 Nr. 1 19 +, 27 +

Richterausschluß 22; 23
- ~ abgelehnter Richter für Entscheidung über vom Angeklagten vorgetragene neue Tatsa-

chen nach Verwerfung eines Befangenheitsantrags 24 5 –; 338 Nr. 3 27 +
- Benennung eines Richters als Zeuge begründet noch keinen ~ 244 VI 7 –
- Mitwirkung als Richter im Strafverfahren begründet für Berufsgerichtsverfahren keinen ~ 338 Nr. 2 7 –
- Mitwirkung als Richter in erneut erforderlicher Hauptverhandlung nach Zurückverweisung durch Revisionsgericht unterliegt keinem ~ 22 2 –; 338 Nr. 2 6 –
- Mitwirkung durch Anordnung einzelner Beweiserhebungen oder als Untersuchungsrichter im Ermittlungsverfahren begründet keinen ~ 338 Nr. 2 8 –
- Mitwirkung eines ausgeschlossenen Richters am Eröffnungsbeschluß begründet nicht dessen Unwirksamkeit 207 2 –; 338 Nr. 2 4 –
- Rüge unzulässigen ~es 338 Nr. 2
- Sachgleichheit bedeutet keine Tatidentität 338 Nr. 2 2 +, 2 –, 3 –, 5 –, 9 –
- Sachstandsanfrage im Strafverfahren als Beamter der Staatsanwaltschaft begründet ~ 22 4 +
- Tätigkeit als Staatsanwalt in zur nachträglichen Gesamtstrafenbildung einbezogener Strafsache begründet keinen ~ 338 Nr. 2 5 –
- Tätigkeit in der Sache als Staatsanwalt begründet ~ 22 4 +, 5 +; 338 Nr. 2 5 –, 9 –
- Unterzeichnung als Vertreter eines Beamten der Staatsanwaltschaft begründet ~ 22 5 +
- Verdachtsschein einer Parteilichkeit soll durch § 22 Nr. 4 StPO vermieden werden 338 Nr. 2 9 –
- Verletzteneigenschaft 22 2 +, 4 –; 338 Nr. 2 3 +, 10 –
- Verletzteneigenschaft aufgrund erlittener Straftat wird durch Einstellung des diesbezüglichen Strafverfahrens nicht beseitigt 338 Nr. 2 3 +
- Verletzteneigenschaft setzt unmittelbare persönliche Betroffenheit voraus 22 4 –
- Verletzter infolge eigenen Strafantrags gegen den Angeklagten wegen empfundener Kollektivbeleidigung unterliegt ~ 22 2 +
- Verletzter ist Prokurist einer geschädigten Firma auch nicht im Falle seiner Gewinnbeteiligung 338 Nr. 2 10 –
- Verwandtschaft/Schwägerschaft mit Verletztem begründet ~ 22 2 +
- ~ vom Wiederaufnahmeverfahren wegen Mitwirkung als Ergänzungsrichter unbegründet 23 2 –
- ~ vom Wiederaufnahmeverfahren wegen Mitwirkung am Eröffnungsbeschluß unbegründet 23 2 –
- ~ vom Wiederaufnahmeverfahren wegen Mitwirkung an angefochtener Entscheidung 23 1 –, 2 +, 3 +, 2 –
- ~ wegen Mitwirkung an angefochtener Entscheidung 23

- Zeugeneigenschaft eines Richters durch Anhörung als eigene Erkenntnisquelle (vom Hörensagen) auch außerhalb förmlicher Vernehmung möglich 22 1 +
- Zeugeneigenschaft in der Sache auch durch Vernehmung in anderem Verfahren möglich 338 Nr. 2 2 +
- Zeugeneigenschaft in der Sache begründet ~ 22 1 +; 338 Nr. 2 2 +, 2 –, 3 –
- Zeugeneigenschaft wird nicht begründet durch dienstliche Wahrnehmungen und Äußerungen eines Richters im anhängigen Verfahren 338 Nr. 2 1 –, 2 –, 3 –
- Zeugeneigenschaft wird nicht begründet durch Ladung als Zeuge ohne folgende Vernehmung 338 Nr. 2 3 +, 2 –

Richterliche Genehmigung von Fernseh-/Rundfunk-/Film-Tonaufnahmen ist als sitzungspolizeiliche Maßnahme nicht revisibel GVG 169 9 –
- ~ von veröffentlichungsbestimmten Fernseh-/Rundfunk-/Film-Tonaufnahmen der Hauptverhandlung ist unbeachtlich GVG 169 2 +, 3 +

Richterliche Überzeugung 261 28 +, 35 +, 44 +, 49 +, 54 +, 61 +, 92 +, 95 +, 105 +, 109 +, 113 +, 123 +, 129 +, 130 +, 135 +, 139 +, 141 +, 146 +, 148 +, 151 +, 162 +, 168 +, 173 +, 188 +, 189 +, 192 +, 197 +, 201 +, 202 +, 203 +, 204 +
- Absehen von Vereidigung mangels wesentlicher Bedeutung der Aussage verbietet ihre Heranziehung als wesentliche Stützung für die ~ 61 1 +
- Abweichende ~ gegenüber Erklärungen gemäß § 257 II StPO zu Inhalt und Ergebnis einzelner Beweiserhebungen unterliegt keiner Hinweispflicht des Gerichts 261 12 –
- Alibi allein ermöglicht Freispruch nur bei Erwiesenheit 261 182 +, 1 –, 32 –
- Anforderungen an ~ und Revisibilität 261 49 +, 10 –, 34 –, 50 –
- Aussageübereinstimmung bei möglicher Identität eines Zeugen mit anonymem Informanten unverwertbar zur Stützung für die ~ 261 102 –
- Benutzung verfügbarer Beweismittel hat Vorrang vor der Annahme von Wahrscheinlichkeiten 261 95 +, 105 +
- Bildung der richterlichen Überzeugung erfordert Auseinandersetzung mit allen wesentlichen zur Beeinflussung des Beweisergebnisses geeigneten Gesichtspunkten 261 173 +
- Einlassung des Angeklagten ist ohne entsprechende ~ ungeeignet als Grundlage wesentlicher Tatfeststellungen für eine Verurteilung 261 130 +, 148 +
- Fahrlässigkeit und ~ 261 162 +
- Falschwiedergabe verlesener Niederschrift oder Urkunde überschreitet die Grenzen für freie ~ 261 146 +, 12 –

[Richterliche Überzeugung]
- Freispruch (s. auch dort) wegen Unbeweisbarkeit des Vorsatzes erfordert vorherige Aufklärung des äußeren Tatgeschehens 261 95 +; 267 42 +
- Frühere Zeugenangaben eignen sich nur bei Darlegung des in der Hauptverhandlung zu ihnen eingenommenen Standpunktes zur Begründung für die ~ 253 2 +
- Geschehensablauf darf nicht angenommen werden im Widerspruch zu als erwiesen erachteten Tatsachen 261 188 +
- „Hohe Wahrscheinlichkeit" der Täterschaft des Angeklagten beläßt „vernünftige Zweifel" gegen eine Verurteilung 261 168 +
- Maßgeblichkeit eigener und nicht irgend möglicher Zweifel 261 204 +
- Sachverständigengutachten und Selbständigkeit des Urteils 244 IV 18 –; 261 44 +, 53 +, 94 +, 174 +, 197 +, 201 +; 267 4 +, 13 +, 15 +, 30 +, 35 +, 37 +, 40 +, 6 –
- Schätzungen des Finanzamts im (rechtskräftigen) Steuerveranlagungsverfahren ersetzen nicht die ~ 261 52 –
- Schlußfolgerungen auf bloßer Verdachtsgrundlage entfalten keine Bindung für das Revisionsgericht 261 144 +, 177 +, 27 –, 36 –, 50 –
- Schlußfolgerungen möglicher Art aus Lichtbild/Radarfoto nicht revisibel 261 36 –, 37 –
- Schlußfolgerungen naheliegender Art sind zu ziehen für die ~ 261 135 +
- Selbständige tatrichterliche Prüfung des Vorliegens der Tatbestandsmerkmale geboten anstelle einer Bezugnahme auf andere (rechtskräftige) Entscheidungen 244 III S. 2 Var. 2 7 +; 261 192 +; 267 23 +
- Serienstraftat erfordert hinsichtlich Begehung jeder einzelnen individuellen Straftat die ~ 261 43 +, 54 +, 18 –; 267 6 +
- Steuerstrafverfahren gestattet keine Heranziehung der Beweislastregeln der Abgabenordnung als Ersatz für durch freie Beweiswürdigung zu gewinnende ~ 267 7 +
- Tatgerichtliche ~ ist nicht zu ersetzen durch eigene Beweiswürdigung des Revisionsgerichts 261 90 +, 91 +, 92 +, 27 –, 31 –, 32 –, 35 –, 37 –, 48 –, 50 –
- Überspannte Anforderungen an die ~ sind auf die Sachrüge zu beanstandender Rechtsfehler 261 28 +, 35 +, 10 –, 27 –, 34 –
- Verfahrensverstoß erfordert Nachweis zugrundeliegender Tatsachen ohne Rückgriff auf Zweifelssatz 261 20 –, 49 –
- Verurteilung aufgrund Einlassung des Angeklagten erfordert mehr als deren Unwiderlegtheit 261 130 +, 148 +, 151 +
- Verurteilung aufgrund Gesamtwürdigung mehrerer Belastungsindizien 261 139 +, 34 –
- Verurteilung kann nicht gestützt werden auf für widerlegt erachtete Behauptungen des Angeklagten 267 16 +
- Verurteilung wird gehindert durch „vernünftige Zweifel" 261 98 +, 109 +, 113 +, 123 +, 135 +, 168 +, 204 +, 23 –
- ~ von Inhalt und Ergebnis einzelner Beweiserhebungen ist vorbehaltlich offener Rechtsgespräche Sache der Urteilsberatung 261 12 –
- ~ von Tatfeststellungen erfordert vernünftige Zweifel ausschließendes Maß an Sicherheit 261 135 +
- Vorsatz und ~ 261 95 +, 129 +, 141 +, 17 –, 50 –; 267 42 +
- Wahlfeststellung und ~ 261 130 +, 148 +
- Wissenschaftliche Erkenntnisse und ~ 261 61 +, 202 +, 4 –, 36 –
- Zusatztatsachen der Aussage belehrter Zeugen gegenüber Sachverständigen sind nach Zeugnisverweigerung unverwertbar zur Begründung für die ~ vom Tatgeschehen 52 2 +, 10 +; 250 3 +, 11 –; 252 11 +, 13 +, 21 –; 261 191 +
- Zweifel an bestimmten Feststellungen oder Folgerungen des Sachverständigen 261 203 +
- Zweifel ohne realen Anknüpfungspunkt sind kein Hindernis für die ~ 261 28 +, 23 –
- Zweifelssatz s. dort

Richterliche Vernehmung, Beanstandungsrecht wegen Verwertung unter Verstoß gegen Benachrichtigungspflicht wird durch Berichtigung einen Mitbeschuldigten zu Unrecht belastender Angaben nicht verwirkt 168c 2 +
- Benachrichtigung darf nicht unterbleiben wegen möglicher Gefährdung weiterer Untersuchungshandlungen aufgrund des bereits gewonnenen Vernehmungsergebnisses 168c 1 +
- Benachrichtigungspflicht besteht für ~ 168c 3 +, 6 –
- Benachrichtigungspflichtverstoß begründet nach Widerspruch gegen Verwertung in der Hauptverhandlung ein Verwertungsverbot 168c 1 +, 2 +, 3 +, 4 –, 7 –
- Benachrichtigungspflichtverstoß bei kommissarischer Auslandsvernehmung führt nur bei Widerspruch in der Hauptverhandlung zu Verwertungsverbot 168c 4 –, 5 –; 224 2 –; 251 26 –
- Benachrichtigungspflichtverstoß verbietet auch Vernehmung des Ermittlungsrichters gegen den Widerspruch des Angeklagten/Verteidigers 168c 3 +, 1 –, 3 –
- ~ eines Mitbeschuldigten gewährt kein Anwesenheitsrecht des Beschuldigten 168c 1 –
- Förmlichkeiten richterlicher Untersuchungshandlungen außerhalb der Hauptverhandlung sind vom Revisionsgericht nachprüfbar im Freibeweisverfahren 254 1 +
- Gefährdung des Untersuchungserfolges trotz fehlender Aktenkundigmachung nicht ausgeschlossen 168c 2 –
- Gefährdung des Untersuchungserfolges wird vom Revisionsgericht nur auf Ermessensfehler des Tatrichters überprüft 168c 1 +, 6 –

– ~ nach richterlicher Belehrung unterliegt bei Zeugnisverweigerung in der Hauptverhandlung keinem Verwertungsverbot 252 15 +, 25 +, 27 +, 2 –, 4 –, 10 –, 12 –, 14 –
– Staatsanwaltschaftliche Rechtshilfevernehmung im Ausland ist bei vergleichbarer Funktion und Rechtsstaatlichkeit zu behandeln wie eine ~ 251 12 –, 23 –
– Vorhalt (s. dort) aus unter Verstoß gegen Benachrichtigungspflicht zustande gekommener Vernehmungsniederschrift ist zulässig 168c 3 –
– Zeugnisverweigerung in der Hauptverhandlung gestattet Vernehmung ausschließlich des Richters über Aussage bei früherer richterlicher Vernehmung 252 20 +, 8 –
– **Richterliche Vernehmungsniederschrift**, Auskunftsverweigerung in der Hauptverhandlung bewirkt kein Verwertungsverbot für frühere ~ 252 19 +
– Ausländische ~ unterliegt Verwertungsverbot bei bloßer Überlassung zu Informationszwecken und Rechtshilfeverweigerung 251 10 +
– ~ des Ermittlungsrichters besitzt nicht die formelle Beweiskraft des Hauptverhandlungsprotokolls 168a 1 –; 254 1 +
– Gemeinsame Erklärungen zweier verteidigter Beschuldigter zu an beide gerichteten Fragen bei richterlicher Vernehmung sind gemäß § 254 StPO verlesbar und verwertbar 254 1 –
– Hauptverhandlungsprotokoll früherer Hauptverhandlung ist verlesbar als ~ 251 17 –
– Mangelhafte ~ muß nicht als nichtrichterliche verlesen und verwertet werden 251 3 –; 265 7 +
– Vereidigungsfeststellung durch Beschluß von Amts wegen erforderlich nach Verlesung richterlicher Vernehmungsniederschrift 251 1 +, 35 +
– Vereidigungsgebotsverstoß bezüglich Dolmetscher bewirkt Verlesungs- und Verwertungsverbot für ~ 254 1 +
– Vereidigungsgebotsverstoß bezüglich Protokollführer bewirkt Verlesungs- und Verwertungsverbot für ~ 254 1 +
– Verlesung richterlicher Vernehmungsniederschrift der Vernehmung eines erreichbaren weigerungsberechtigten Zeugen ist ohne seine erneute Befragung im Falle auszuschließenden Gebrauchmachens vom Zeugnisverweigerungsrecht zulässig 252 5 –
– Verlesung richterlicher Vernehmungsniederschrift nach umfassender Auskunftsverweigerung ist bei ausdrücklichem Verzicht auf Vernehmung der Verhörsperson und Einverständnis aller Verfahrensbeteiligten zulässig 250 1 –
– Verlesung richterlicher Vernehmungsniederschrift der Vernehmung früherer Mitbeschuldigter/-angeklagter zur Beweisaufnahme über ein Geständnis ist unzulässig 254 2 –

– Verlesung richterlicher Vernehmungsniederschrift zur Beweisaufnahme über ein Geständnis des/der im selben Verfahren Mitangeklagten ist zulässig 254 2 –, 3 –
– Verlesung richterlicher Vernehmungsniederschrift zur Beweisaufnahme über ein Geständnis ist unzulässig im Falle ihrer bloßen Verweisung auf ein polizeiliches Vernehmungsprotokoll ohne Wiedergabe zumindest des Kerns der Einlassung des Angeklagten zur Sache 254 3 +
– Verlesung von Niederschriften i. allg. s. dort
– Verwertung richterlicher Vernehmungsniederschrift als nichtrichterliche bedingt vorherigen Hinweis des Gerichts 265 7 +
– Vorhalt (s. dort) nichtrichterlicher Vernehmungsniederschrift bei Vernehmung der Verhörsperson zur Beweisaufnahme über ein Geständnis des schweigenden Angeklagten wird durch § 254 StPO nicht ausgeschlossen 254 4 –
– Vorhalt (s. dort) richterlicher Vernehmungsniederschrift zur Gedächtnisstütze bei Vernehmung richterlicher Verhörsperson nach Zeugnisverweigerung in der Hauptverhandlung ist unter Verbot des Urkundsbeweises zulässig 252 14 –
– Vorlage richterlicher Vernehmungsniederschrift an Verteidiger erforderlich auch im Falle seiner Abwesenheit bei kommissarischer Vernehmung trotz Benachrichtigung 224 2 +
– Wesentlicher Mangel bewirkt Verlesungs- und Verwertungsverbot für ~ 254 1 +, 2 +, 3 +
– Zeugnisverweigerung früherer Mitbeschuldigter in der Hauptverhandlung bewirkt Verwertungsverbot für ~ über ihre früheren Aussagen 252 4 –, 18 +
Rollierendes System, Geschäftsverteilungsplan gestattet Zuständigkeitsregelung durch ~ 338 Nr. 1 10 –
Rücknahme, der Anklage nach Verfahrenseinstellung durch das Gericht beseitigt nicht Verfahrenshindernis 154 2 +
– ~ der Revision durch fremdsprachige Prozeßerklärung wird wirksam mit Eingang der Übersetzung bei Gericht GVG 184 1 –
– ~ der Pflichtverteidigerbestellung s. dort
– Rechtsmittel-~ s. dort
Rüge, Sachrüge s. dort
– Verfahrensrüge s. dort
Rügebezeichnung, Erkennbarkeit rechtlicher Bedeutung nach Sinn und Zweck des Vorbringens heilt fehlerhafte ~ 261 74 +
Rundfunkaufnahmen s. Fernseh-/Rundfunk-/Film-Tonaufnahmen

Sachaufklärung, Pflicht zu umfassender ~ s. Aufklärungspflicht, Aufklärungsrüge

4613

Sachen, Durchsuchung mitgeführter ~ bei Einlaßkontrolle bei willkürfreier Ausübung der Ordnungsgewalt des Vorsitzenden in der Sitzung ist gerechtfertigt GVG 176 2 –
Sachkunde des Tatrichters, Abweichen vom Ergebnis eines Sachverständigengutachtens erfordert revisionsgerichtlich nachprüfbare Darlegung genügender eigener ~ 261 155 +, 174 +
- Alkoholauswirkungen in Kombination mit Medikamenten auf die Erinnerungsfähigkeit nur zu beurteilen bei gesonderter Darlegung der eigenen ~ 244 IV 3 +
- Aufklärung durch (weiteres) Sachverständigengutachten schon erforderlich bei geringen Zweifeln an eigener ~ 244 IV 14 +
- Darlegung eigener ~ in revisionsgerichtlich nachprüfbarer Weise erforderlich 244 IV 1 +, 10 –; 244 VI 9 +
- Erkrankung erlaubt i.d.R. keine Beurteilung ihrer Auswirkung auf die Aussagetüchtigkeit kraft eigener ~ 244 IV 6 +
- Fahruntüchtigkeit bei Blutalkoholkonzentration von 1,8‰ zu beurteilen kraft eigener ~ 244 IV 19 –
- Geistige Erkrankung nicht umfaßt von eigener ~ 244 IV 7 +, 2 –
- Hauptverhandlung gebietet keine Erörterung der eigenen ~ 244 IV 4 –
- Jugendkammer besitzt gerade zur Beurteilung der Glaubwürdigkeit jugendlicher und kindlicher Zeugen besondere ~ 261 15 –
- Jugendlicher Zeuge und ~ 244 II 20 +, 27 +; 244 IV 5 +, 10 +, 14 +, 20 +, 7 –; 261 15 –
- Kindlicher Zeuge und ~ 244 II 3 +, 27 +; 244 IV 2 +, 5 +, 20 +, 21 +, 22 +, 7 –, 12 –, 21 –; 261 15 –
- Sachkunde des Spruchkörpers entspricht ~ 244 IV 16 –
- Sachverständiger als präsentes Beweismittel darf nicht abgelehnt werden durch Hinweis auf eigene ~ 245 3 +
- Schwere psychische Erkrankung nicht umfasst von eigener ~ 244 IV 4 +
- Wechseljahre einer Zeugin hindern nicht Glaubwürdigkeitsbeurteilung ihrer Aussage über geschlechtliche Erlebnisse kraft eigener ~ 244 IV 17 –

Sachleitung, Beanstandungsgebot s. dort
Sachliche Zuständigkeit, Anklageneuerhebung vor anderem Spruchkörper nach Rücknahme vor Eröffnungsbeschluß zur Umgehung abträglicher Auffassung des zuerst angerufenen Gerichts begründet Zuständigkeitsrüge wegen Entzugs des Gesetzlichen Richters 338 Nr. 1 49 –
- Berufungsgericht behält bei Verbindung seines Verfahrens mit erstinstanzlichem Verfahren gemäß § 237 StPO seine ~ 3 1 –; 338 Nr. 4 4 –
- Beschränkung der Strafverfolgung auf angeklagte Erwachsenenstraftaten durch allgemeines Strafgericht ist zulässig und zuständigkeitswahrend 338 Nr. 4 5 –, 7 –
- ~ der Wirtschaftsstrafkammer nur bei Willkür revisibel 6a 2 –
- ~ des Jugendgerichts bei Verhandlung des allgemeinen Strafgerichts gegen Heranwachsenden nur bei Überschreitung der Strafgewalt von Amts wegen zu prüfen 6a 2 +; 338 Nr. 4 5 +, 7 +, 9 +, 4 –, 9 –, 11 –
- ~ des Jugendgerichts kann auch durch erwachsenen Mitangeklagten gerügt werden 6a 1 +
- ~ des Schwurgerichts unterliegt grundsätzlicher Konzentration auf eine Schwurgerichtskammer 338 Nr. 1 13 –; GVG 74 2 +
- ~ eines Gerichts höherer Ordnung infolge Verweisungsbeschlusses nach Eröffnung der Hauptverhandlung bleibt auch nach Verfahrenstrennung erhalten 269 1 –
- ~ eines Gerichts niederer Ordnung bei fehlerhafter Annahme oberlandesgerichtlicher Eröffnungszuständigkeit ist revisibel GVG 120 1 –
- ~ eines Gerichts niederer Ordnung bei willkürlicher Annahme besonderer Bedeutung des Falles ist revisibel 209 3 –; 338 Nr. 4 10 –, 13 –, 14 –, 15 –; GVG 24 1 +, 1 –; GVG 74 1 +; GVG 120 1 –
- Eröffnung des Hauptverfahrens in rechtmäßiger Weise begründet die ~ GVG 120 1 –
- Feststellung der Unzuständigkeit in der Hauptverhandlung bewirkt zwischen gleichrangigen Spruchkörpern desselben Gerichts Verfahrensübergang auf das zuständige Gericht ohne förmlichen Abgabe- oder Übernahmebeschluß 270 3 +
- Geschäftsverteilungsplan darf keine von gesetzlicher Regelung abweichende ~ begründen 338 Nr. 1 3 +
- Jugendgerichte einheitlich zuständig zur gemeinschaftlichen Aburteilung mehrerer teilweise als Heranwachsender und teilweise als Erwachsener begangener Straftaten eines Angeklagten 338 Nr. 4 10 +, 11 +, 12 +
- Jugendgerichte und Strafgerichte haben innerhalb derselben Strafgewalt dieselbe ~ 338 Nr. 4 11 –
- Jugendkammer besitzt für Berufung gegen Jugendrichterurteil auch bei Einlegung nur durch erwachsenen Mitangeklagten die ~ 338 Nr. 4 9 –
- Jugendkammer seit 1. StVRG v. 9.12.1974 ranggleich im Verhältnis zum Schwurgericht 2 1 +; 225a 2 +
- Mangelnde Eröffnungszuständigkeit des Oberlandesgerichts gebietet Verweisung an Gericht der Landesjustiz auch nach Eröffnung des Hauptverfahrens GVG 120 1 –
- Negativer Zuständigkeitsstreit gestattet Zuständigkeitsbestimmung durch den Bundesgerichtshof 260 16 –

- Notwendige Verteidigung hat keinen unmittelbaren Einfluß auf die ~ 328 1 –
- Oberlandesgericht behält nach Verbindung eines Berufungsverfahrens mit erstinstanzlichem Verfahren gemäß § 237 StPO seine Revisionszuständigkeit 3 1 –; 338 Nr. 4 4 +
- Oberlandesgerichtliche ~ wird vom Bundesgerichtshof von Amts wegen überprüft GVG 120 1 –
- Prüfung von Amts wegen als Prozeßvoraussetzung in jeder Lage des Verfahrens unterliegt Einschränkungen 6a 2 –; 209 1 –, 2 –, 3 –; 237 1 +; 270 1 –, 2 –; 328 1 –; 338 Nr. 1 3 +; 338 Nr. 4 1 +, 2 +, 3 +, 4 +, 7 +, 9 +, 12 +, 2 –, 3 –, 11 –, 12 –; GVG 21e 3 –; GVG 24 1 +, 1 –; GVG 74 1 +; GVG 120 1 –
- Rechtsmittelbeschränkung auf Strafausspruch ist unbeachtlich für von Amts wegen zu prüfende ~ 328 1 +
- Revisionsgericht entscheidet über ~ aufgrund objektiver Tatsachengrundlage zum Zeitpunkt der Eröffnungsentscheidung GVG 24 1 –
- Rüge sachlicher Unzuständigkeit 338 Nr. 4
- Rüge sachlicher Unzuständigkeit erfordert keinen Unzuständigkeitseinwand 338 Nr. 4 5 +
- Rüge sachlicher Unzuständigkeit ist nur bei Zuständigkeitsüberschreitung des Vorderrichters im Zeitpunkt der Verurteilung begründet 338 Nr. 4 10 –, 13 –, 14 –, 15 –
- Rügeentscheidend ist ~ des Gerichts bei Urteilserlaß 6a 1 –; 338 Nr. 4 13 –, 15 –
- Schwurgericht ist ranggleich zur Strafkammer 270 3 +
- Schwurgericht ist seit 1. StVRG v. 9. 12. 1974 ranggleich im Verhältnis zur Jugendkammer 2 1 +; 225a 2 +
- Staatsschutzkammer und allgemeine Strafkammer haben dieselbe ~ 338 Nr. 4 12 –
- Strafgericht bei auch angeklagten Heranwachsendenstraftaten nicht unzuständig im Falle entsprechender Beschränkung der Strafverfolgung 338 Nr. 4 5 –, 7 –
- Strafkammer ist ranggleich zum Schwurgericht 270 3 +
- Tatverdacht einer Straftat aus sachlichem Zuständigkeitsbereich eines Gerichts höherer Ordnung kann nur durch dieses entschieden werden GVG 74 3 –
- Verfahrensabgabe/-übernahme zwischen gleichrangigen Spruchkörpern desselben Gerichts begründet keinen Eingriff in die ~ 270 3 +; 338 Nr. 4 11 –
- Verfahrensverbindung bei Gerichten verschiedener Ordnung durch gemeinschaftliches oberes Gericht ändert die ~ 13 1 +
- Verfassungskonformität zuständigkeitsbegründender Normen ist von Amts wegen zu prüfen GVG 24 2 –
- Verhandlungsverbindung gemäß § 237 StPO begründet keine neue ~ 3 1 –; 338 Nr. 1 3 +; 338 Nr. 4 4 +
- Vernehmung zur Sache nachfolgende Umstände begründen keine Änderung für bisherige ~ 338 Nr. 4 8 –
- Verschmelzungsbegründete Zuständigkeit des Gerichts höherer Ordnung gemäß § 5 StPO gilt nur bei bestehendem Zusammenhang von Strafsachen 3 1 –
- Verweisungsbeschluß an höherrangiges Gericht außerhalb der Hauptverhandlung begründet mangels Bindungswirkung ohne förmlichen Übernahmebeschluß keine neue ~ 270 2 –, 3 –
- Vorlage an Landgericht allein zum Zweck der Überleitung dort anhängigen Berufungsverfahrens in erstinstanzliches Verfahren unzulässig 237 1 +; 328 1 +; 338 Nr. 4 3 +, 4 +
- Wahlzuständigkeitssystem ist verfassungsgemäß 338 Nr. 4 14 –
- ~ wegen besonderer Bedeutung des Falles s. Besondere Bedeutung des Falles
- Wiederaufnahmeverfahren unterliegt Zuständigkeit eines anderen Gerichts gleicher Ordnung 338 Nr. 4 6 +; 359 1 +
- Willkürliche Annahme sachlicher Zuständigkeit ist auf zulässig eingelegtes Rechtsmittel und entsprechenden Tatsachenvortrag von Amts wegen zu prüfen 237 1 +; 209 1 –; 270 1 –, 2 –; 328 1 –; 338 Nr. 4 1 +, 3 +, 12 +; GVG 74 1 +, 3 +; GVG 120 1 –
- Willkürliche Annahme sachlicher Zuständigkeit durch erstinstanzliches Gericht ist jedenfalls bei Revision gegen Berufungsurteil nur auf Verfahrensrüge zu beachten (5. Strafsenat) 338 Nr. 4 3 –
- Willkürliche Annahme sachlicher Zuständigkeit ist revisibel 6a 2 –; 209 1 –, 2 –, 3 –; 237 1 +; 270 1 –; 328 1 –; 338 Nr. 1 3 +; 338 Nr. 4 1 +, 2 +, 3 +, 4 +, 2 –, 3 –; GVG 21e 3 –; GVG 24 1 +, 1 –; GVG 74 1 +; GVG 120 1 –
- Willkürliche Annahme sachlicher Zuständigkeit ist nur auf Verfahrensrüge zu beachten (1. Strafsenat) 209 2 –; 338 Nr. 4 2 –
- Wirtschaftsstrafkammer erlaubt schwerpunktwahrende Geschäftszuteilung allgemeiner Strafsachen 338 Nr. 1 13 –; GVG 74c 1 –

Sachrüge, Berücksichtigung eines über den Urteilsinhalt hinausgehenden ergänzenden Vorbringens der Revision nicht möglich bei erhobener ~ 261 9 –; 344 7 –
- Berufungsverwerfung ohne vorherige Prüfung der Verfahrensvoraussetzungen unzulässig bei erhobener allgemeiner ~ 329 1 +
- Brief- und Postgeheimnisverletzung nur zu prüfen auf erhobene Verfahrensrüge unter Vortrag der den Mangel begründenden Tatsachen 344 8 –

Sachverzeichnis

[Sachrüge]
- Erörterungsmangel einer Anrechnung erbrachter Bewährungsleistungen bei nachträglicher Gesamtstrafenbildung im Urteil nur beachtlich auf erhobene Aufklärungs-(Verfahrens-)Rüge 344 7 –
- Gesetzesänderung i.S.d. § 2 StGB nur zu berücksichtigen auf erhobene ~ 354a 1 –
- Revisionsverwerfung ohne vorherige Prüfung der Verfahrensvoraussetzungen unzulässig bei erhobener allgemeiner ~ 329 2 +
- Verfahrensvoraussetzungen und -hindernisse sind zu prüfen aufgrund allgemeiner ~ 329 1 +, 2 +
- Vorstrafenverwertungsverbot auf erhobene ~ von Amts wegen zu prüfen BZRG 49 4 +
- Willkürliche Annahme sachlicher Zuständigkeit durch erstinstanzliches Gericht jedenfalls bei Revision gegen Berufungsurteil nur auf Verfahrensrüge zu beachten (5. Strafsenat) 338 Nr. 4 3 –
- Willkürliche Annahme sachlicher Zuständigkeit nur auf entsprechende Verfahrensrüge zu beachten (1. Strafsenat) 209 2 –; 338 Nr. 4 2 –
- Zuständigkeit des Jugendgerichts bei Verhandlung des allgemeinen Strafgerichts gegen Heranwachsenden nur auf Verfahrensrüge zu prüfen 338 Nr. 4 4 –, 11 –

Sachverständigenablehnung 74
- Befangenheit wegen Äußerung erhoffter Versagung einer Bewährungsstrafe 74 6 +
- Befangenheit wegen eigenmächtiger Überwachung des Schriftverkehrs des Inhaftierten 74 9 +
- Befangenheit wegen Kritikinitiative zur Abänderung dem Angeklagten günstiger Entscheidung 74 3 +
- Befangenheit wegen nicht angeordneter körperlicher Untersuchung gegen den Willen des Angeklagten 74 5 +
- Befangenheit wegen vorangegangener bezahlter Tätigkeit für Versicherung in derselben Sache 74 1 +
- Befangenheit wegen vorangegangener Tätigkeit in vollzugspolizeilichem Auftrag oder als Hilfsbeamter der Staatsanwaltschaft 74 8 +
- Befangenheit wegen wahrheitswidrig behaupteter Rücksprache des Sachverständigen mit behandelndem Arzt 74 4 +
- Befangenheitsgrund muß sich aus dem Verfahren selbst ergeben 74 2 +
- Doppeltätigkeit als Therapeut und Glaubwürdigkeitsgutachter kann im Einzelfall Befangenheit begründen 74 3 –
- Fehlerhafte Auffassung des Sachverständigen von zugrunde zu legenden Aussagen bei Aussagekonstanzanalyse begründet nicht seine Befangenheit 74 2 –
- Interessenkonflikt 74 1 +, 8 +
- Mangelnde Sachkunde begründet keinen Befangenheitsantrag 74 1 –
- Revisionsgerichtliche Überprüfbarkeit einer ~ unter Bindung an tatrichterliche Tatsachenfeststellungen 74 4 +, 5 +, 10 +
- Rüge der Nichtbescheidung oder Zurückweisung von Anträgen auf ~ im Ermittlungsverfahren erfordert deren Wiederholung in der Hauptverhandlung 74 1 –
- Privatgutachtereigenschaft in derselben Sache und ~ 74 7 –
- Zeitpunkt der ~ 74 1 –
- Zeugeneigenschaft bleibt zulässig nach erfolgreicher ~ 74 4 –

Sachverständigenbeweis, Zeugenbeweis für außerhalb sachkundlicher Beurteilung ermittelte Wahrnehmungen einer Person durch Unmittelbarkeitsgrundsatz geboten anstelle von ~ 250 4 +, 7 +

Sachverständigeneigenschaft, Beamte des Landesamtes für Verfassungsschutz können Sachverständige sein 78 1 –

Sachverständigengutachten (s. auch Glaubwürdigkeitsgutachten) 244 II 3 +, 4 +, 6 +, 9 +, 11 +, 13 +, 20 +, 21 +, 27 +, 4 –, 12 –, 18 –, 21 –, 25 –, 27 –; Vor 244 III-VI 3 +, 14 +; 244 III S. 1 2 +, 3 +, 4 –; 244 III S. 2 Var. 1 1 +; 244 III S. 2 Var. 4 3 +, 5 +, 6 +, 8 +, 9 +, 10 +; 244 IV; 244 VI 4 +, 4 –; 245 1 +, 2 +, 3 +, 5 +; 261 5 +, 10 +, 15 +, 33 +, 48 +, 53 +, 57 +, 61 +, 71 +, 78 +, 79 +, 94 +, 112 +, 121 +, 131 +, 155 +, 164 +, 166 +, 168 +, 174 +, 191 +, 197 +, 202 +, 203 +, 4 –, 15 –, 19 –, 22 –, 25 –
- Abschließende Beurteilung von Glaubwürdigkeit und Wahrheitsgehalt eines ~s ist dem Tatrichter vorbehalten 244 IV 14 –
- Abstammung eines Kindes und ~ 261 202 +, 203 +
- Abweichen des Tatrichters vom Ergebnis des ~s gebietet Wiedergabe dessen maßgeblicher Darlegungen und revisionsgerichtlich nachprüfbare Begründung der Gegenansicht unter Auseinandersetzung mit ihnen 244 II 21 +; 244 III S. 2 Var. 7 3 –; 244 IV 4 +, 11 +, 14 –, 18 –; 261 10 +, 48 +, 78 +, 155 +, 174 +; 267 13 +, 35 +
- Affekt und ~ 244 II 4 +; 261 112 +, 155 +; 267 37 +
- Alterskriminalität und weiteres ~ 244 II 12 –
- Anknüpfung an Hilfsgutachten unmittelbar verwertbar bei eigenverantwortlicher Würdigung durch das vom zugezogenen Sachverständigen erstattete ~ 250 9 –
- Anknüpfungstatsachen in zureichendem Maß sind notwendig für ~ 244 III S. 2 Var. 4 3 +, 10 +, 5 –, 15 –, 20 –
- Anknüpfungstatsachen sind bei fehlender Berücksichtigung dem Gutachter zur Einbeziehung in das ~ mitzuteilen 244 II 21 +; 244 IV 11 +
- Anthropologisch-erbkundliches ~ 261 203 +
- Anthropologisch-morphologisches ~ 244 II 4 –; 244 III S. 2 Var. 4 3 +; 261 94 +; 267 4 +

- Auditiv-linguistisches ~ 81b 1 +; 244 III S. 2 Var. 2 1 –
- Aufklärungsrüge wegen unterlassener Anhörung eines Sachverständigen erfordert Angabe der zu seiner Vernehmung drängenden Tatsachen 244 II 25 –
- Auftrag und Fachrichtung sowie Zusammenfassung der Begutachtung sind nachvollziehbar darzustellen bei der Würdigung von ~ 261 53 +
- Aussagen des richterlich belehrten Beschuldigten/Angeklagten gegenüber dem Sachverständigen sind nach Einführung in die Hauptverhandlung verwertbar 261 22 –, 25 –
- Aussagepsychologisches ~ 244 IV 5 +, 6 +, 1 –
- Auswirkung einer Erkrankung auf Aussagetüchtigkeit i.d.R. nur zu beurteilen durch medizinisches ~ 244 IV 6 +, 7 +
- Auswirkung einer geistigen Erkrankung auf die Aussagetüchtigkeit nur zu beurteilen durch psychiatrisches ~ 244 IV 7 +
- Befundtatsachen nach sachverständiger Beurteilung auch bei eigener Erhebung des Sachverständigen verwertbar 250 13 –
- Befundtatsachen und Abgrenzung von Zusatztatsachen 250 9 –; 261 191 +
- Befundtatsachen und Einführung in die Hauptverhandlung 261 5 +, 121 +, 191 +
- Befundtatsachen und Schlußfolgerungen sind nachvollziehbar darzustellen bei Würdigung von ~ 261 53 +, 94 +, 174 +, 197 +; 267 4 +
- Behördengutachten und Abgrenzung zum ~ 251 8 +
- Beobachtungen Dritter nicht in die Hauptverhandlung einführbar durch ~ 79 2 +
- Beschwerdeentscheidung gestattet keine dem Angeklagten nachteilige Zugrundelegung ihm nicht mitgeteilter ~ 308 4 +
- Beweisantrag auf umfassende Vernehmung sachverständiger Zeugen unterliegt Verbot unzulässiger Verengung 244 IV 12 +
- Beweiswürdigung von ~ erfordert Nennung und Auseinandersetzung mit in Bezug genommenen „neuesten Untersuchungen" bzw. „Erkenntnissen neuerer Forschung" 261 33 +, 61 +
- Beweiswürdigung von ~ unterliegt Bindung an gesicherte wissenschaftliche Erkenntnisse 261 61 +, 202 +, 4 –
- Beweiswürdigung von ~ 244 IV 18 –; 261 5 +, 15 +, 33 +, 44 +, 48 +, 53 +, 57 +, 61 +, 71 +, 78 +, 79 +, 94 +, 112 +, 121 +, 131 +, 155 +, 164 +, 166 +, 168 +, 174 +, 197 +, 202 +, 203 +; 267 4 +
- Blutgruppengutachten 244 IV 9 +; 261 202 +, 203 +
- Blutgruppensachverständiger zum Ausschluß einer Blutspurverursachung ebenso kompetent wie DNA-Sachverständiger 244 IV 9 +; 261, 203
- Chemisches ~ 244 IV 9 –

- Darstellungspflichten im Urteil 244 IV 18 –; 261 44 +, 53 +, 94 +, 174 +, 197 +, 201 +; 267 4 +, 13 +, 15 +, 30 +, 35 +, 37 +, 40 +, 6 –
- DNA-Analyse 244 II 10 +; 244 IV 9 +, 6 –; 261 15 +, 57 +, 71 +, 79 +, 203 +, 4 –, 19 –
- Dolmetscherzuziehung durch Sachverständigen in eigener Verantwortung zulässig 244 IV 5 –
- Erbkundliches ~ 261 203 +
- Erwiesenheit des Gegenteils der Beweistatsache rechtfertigt nur Ablehnung weiterer ~ 244 IV 15 +
- Erwiesenheit des Gegenteils der Beweistatsache rechtfertigt keine Ablehnung beantragter Vernehmung präsenter Sachverständiger 245 8 +
- Fachrichtung des zuzuziehenden Sachverständigen obliegt pflichtgemäßem Ermessen des Tatrichters 244 IV 9 –
- Fahruntüchtigkeit bei Blutalkoholkonzentration von 1,8‰ kraft eigener Sachkunde des Tatrichters festzustellen 244 IV 19 –
- Faserspuren und Beweiswürdigung 261 57 +, 71 +
- Genomanalytisches ~ 244 II 10 +; 244 IV 9 +, 6 –; 261 15 +, 57 +, 71 +, 79 +, 203 +, 4 –, 19 –
- Genomanalytisches ~ und Verhältnis zum Blutgruppen- 244 IV 9 +; 261 203 +
- Gerichtsmedizinisches ~ 244 II 16 +, 18 –; 244 III S. 2 Var. 2 13 +; 244 III S. 2 Var. 7 3 –; 244 IV 9 +; 244 VI 9 +
- Glaubhaftigkeitsgutachten 244 IV 5 +, 1 –; 261 10 +
- Glaubwürdigkeitsgutachten s. dort
- Haarvergleichsgutachten 244 IV 6 –; 261 82 +
- Inhaftierter Angeklagter hat Anspruch auf seine Exploration sachgerecht ermöglichende Besuchsregelung 245 1 +
- Jugendpsychiatrisches ~ 244 IV 14 +
- Jugendpsychologisches ~ 244 II 20 +, 27 +; 244 IV 2 +
- Jugendpsychologisches ~ findet in der Hauptverhandlung keine ausreichende Grundlage 244 II 27 +; 244 IV 20 +
- Kindliche und pubertäre Zeugen sind durch Erkenntnismittel des Sachverständigen geeigneter zu beurteilen als durch diejenigen des Gerichts in der Hauptverhandlung 244 IV 20 +, 21 +
- Kompetenzüberschneidungen verschiedener Fachrichtungen und weiteres ~ 244 IV 9 –
- Kriminalsoziologisches ~ anstelle von beantragtem ergänzenden psychiatrischen ~ 219 1 –
- Landgerichtsärzte in Bayern genügen den Anforderungen an nervenfachärztliche Sachverständige 244 IV 13 –
- Mängel des Erstgutachtens von wissenschaftlich begründeter Art erfordern Auseinandersetzung des Gerichts 244 IV 5 +; 261 112 +

4617

[Sachverständigengutachten]
- Medizinisches ~ 244 II 11 +; 244 III S. 1 4 –; 244 III S. 2 Var. 4 9 +, 10 +; 244 IV 6 +, 7 +, 20 +, 9 –, 19 –; 244 VI 4 +
- Methode der Untersuchung und Erhebungsumfang sind frei 244 IV 5 +, 1 –, 3 –
- Methode unzuverlässiger Art bewirkt völlig ungeeignetes ~ 244 IV 11 –
- Methoden umstrittener/wenig erprobter/ nicht allgemein anerkannter Art sind revisionsgerichtlich nachprüfbar darzustellen und kritisch zu würdigen 244 II 6 +; 244 IV 5 +, 3 –; 261 40 +, 61 +; 267 4 +
- Mindestanforderungen wissenschaftlicher Art an ~ 244 IV 5 +
- Negativtatsachen können durch ~ unter Beweis gestellt werden Vor 244 III–VI 3 +; 244 IV 9 +
- Prüfung der Geeignetheit der Untersuchungsmethode 244 IV 6 –
- Psychiater kompetent auch für psychologische Folgen von Schilddrüsenunterfunktion und leichter Hirnatrophie 244 II 12 –
- Psychiatrisches ~ 244 II 4 +; 244 III S. 1 2 +, 4 –; 244 III S. 2 Var. 1 1 +; 244 III S. 2 Var. 4 5 +; 244 IV 4 +, 6 +, 7 +, 8 +, 20 +, 3 –; 244 VI 4 +; 245 1 +; 261 78 +; 267 30 +
- Psychoanalytisches ~ 244 IV 3 –
- Psychologisches ~ 244 III S. 2 Var. 4 8 +; 244 IV 5 +, 8 +, 10 +, 20 +, 22 +; 267 30 +
- Psychologisches ~ zur Beurteilung der Schuldfähigkeit eines Angeklagten bei nicht krankhaften Zuständen nicht überlegen gegenüber psychiatrischem ~ 244 IV 9 –
- Sachkunde des Sachverständigen unterliegt der Beurteilung des Tatrichters 244 IV 5 +
- Sachkunde des Tatrichters s. dort
- Sachkundemangel des Erstgutachters bei fehlender Anwendung der in der Rechtsprechung gebilligten Beurteilungskriterien begründet Revision 261 112 +
- Schlußfolgerungen des Sachverständigen von nur wahrscheinlicher Natur bewirken keine völlige Ungeeignetheit von ~ 244 III S. 2 Var. 4 9 –
- Schriftgutachten 244 IV 19 +; 261 168 +
- Schriftgutachten und Beweiswürdigung 261 168 +
- Schriftvergleichung und weiteres ~ 244 IV 19 +
- Schweigen des bestreitenden Angeklagten gegenüber dem Sachverständigen ist unverwertbar 261 164 +
- Selbständigkeit des Urteils gegenüber dem ~ 244 IV 18 –; 261 44 +, 53 +, 94 +, 174 +, 197 +, 201 +; 267 4 +, 13 +, 15 +, 30 +, 35 +, 37 +, 40 +, 6 –
- Serologisches ~ 244 II 10 +; 261 71 +
- Spontanäußerungen ungefragter Art gegenüber dem Sachverständigen sind auch nach Zeugnisverweigerung in der Hauptverhandlung verwertbar 252 9 –

- Spurengutachten 244 II 10 +; 244 IV 9 +, 6 –; 261 15 +, 57 +, 71 +, 79 +, 131 +, 166 +
- Stimmenvergleichsgutachten 81b 1 +; 244 III S. 2 Var. 2 1 –
- Subjektiver Eindruck des eine Blutprobe entnehmenden Arztes und Wahrunterstellung 244 III S. 2 Var. 7 3 –
- Textilkundliches ~ und Beweiswürdigung 261 40 +, 57 +, 71 +; 267 4 +
- Transparenz und Nachvollziehbarkeit von ~ geboten 244 IV 5 +, 1 –
- Triebanomalien und sexualwissenschaftliches ~ 244 IV 13 +
- Ungeeignetheit eines ~s 244 III S. 2 Var. 4 3 +, 6 +, 9 +, 6 –, 11 –, 15 –
- Ungesicherte Tatsachengrundlage eines ~s 261 33 +
- Unterbringung (s. auch dort) zur Vorbereitung eines Gutachtens ist kein überlegenes Forschungsmittel gegenüber Erkenntnismitteln eines Gerichtspsychiaters 81 2 +
- Unterbringungserwarten des Gerichts erfordert zur Aufklärung u.U. über § 246a StPO hinaus weiteres ~ 244 IV 17 +
- Untersuchungsverweigerung und ~ 81 1 +; 244 III S. 1 2 +, 4 –; 244 III S. 2 Var. 4 5 +; 244 IV 18 +; 246a 2 +
- Unzuverlässige Untersuchungsmethode bewirkt völlig ungeeignetes ~ 244 IV 11 –
- Vaterschaftsfeststellung durch ~ 261 202 +, 203 +
- Verhaltensstörungen und ~ 244 III S. 2 Var. 4 5 +
- Verlesung eines ~s im Einverständnis aller Beteiligten ist ohne dieses dokumentierenden Gerichtsbeschluß unzulässig 251 8 +
- Wahrnehmungen durch Sachverständigen außerhalb der sachkundlichen Beurteilung befragter Personen unterliegen als Zusatztatsachen dem unmittelbaren Zeugenbeweis 250 4 +, 7 +
- Wahrnehmungen durch Sachverständigen bei früherer gutachterlicher Tätigkeit sind keine dem Zeugenbeweis unterliegenden Zusatztatsachen 59 1 –
- Wahrscheinlichkeitsurteil ausreichend für Beweismittelgeeignetheit von ~ Vor 244 III–VI 14 +; 244 III S. 2 Var. 4 3 +, 6 +, 9 +
- Wahrscheinlichkeitsurteil und richterliche Überzeugung 261 168 +, 4 –
- Weiteres ~ 81 2 +; 244 II 12 –, 18 –; 244 IV 4 +, 5 +, 8 +, 9 +, 12 +, 13 +, 14 +, 17 +, 19 +, 22 +, 1 –, 3 –, 5 –, 9 –, 13 –, 18 –, 20 –; 261 112 +
- Weiteres ~ und Aufklärungspflicht 244 IV 20 –
- Widerspruch zwischen vorbereitendem und mündlich erstattetem ~ gebietet Aufklärung 244 II 13 +
- Widersprüchliche Beurteilungen mehrerer ~ 261 48 +; 267 30 +

- Widersprüchliche Feststellungen mehrerer ~ 244 II 9 +
- Wörtliche Verwertung von nicht in die Hauptverhandlung eingeführten ~ ist unzulässig 261 8 +
- Zeugnisverweigerung (s. auch dort) schließt Glaubwürdigkeitsbegutachtung nicht aus 244 IV 18 +
- Zusatztatsachen eines ~s erfordern zur Verwertung gesonderte Einführung in die Hauptverhandlung 52 2 +, 10 +; 59 1 –; 79 2 +; 250 3 +, 9 –, 11 –; 252 11 +, 13 +; 261 191 +
- Zusatztatsachen und Abgrenzung von Befundtatsachen 250 9 –; 261 191 +
- Zusatztatsachen unterliegen bei gutachterlicher Einführung in die Hauptverhandlung nach Zeugnisverweigerung einem Verwertungsverbot 52 2 +, 10 +; 250 3 +, 11 –; 252 11 +, 13 +, 21 –; 261 191 +
- Zusatztatsachenaussagen zeugnis- und untersuchungsverweigerungsberechtigter Zeugen gegenüber dem Sachverständigen vor richterlicher Belehrung unterliegen einem Verwertungsverbot 52 6 +; 252 9 +, 12 +
- Zweifel an bestimmten Feststellungen oder Folgerungen des Sachverständigen 261 203 +
- Zweifel an Sachkunde des Sachverständigen 244 IV 8 –

Sachverständiger Zeuge, Beweisantrag auf umfassende Vernehmung ~n unterliegt Verbot unzulässiger Verengung 244 IV 12 +
- Widersprüchliche Beurteilungen mehrerer ~n zwingen zu weiterer Aufklärung 244 II 20 +

Sachverständiger, Abwesenheit während der Beweisaufnahme und Unterrichtung über deren Ergebnis außerhalb der Hauptverhandlung nach Ermessen des Gerichts zulässig 78 2 –
- ~ als Zeuge gebietet entsprechende Vereidigung 59 2 –
- Anwesenheit ~ ist nicht protokollierungspflichtig 274 6 –
- Auswahl von Fachrichtung und Person des Sachverständigen steht im pflichtgemäßen Ermessen des Gerichts 244 III S. 2 Var. 4 8 +
- Befangenheit eines Sachverständigen s. Sachverständigenablehnung
- Rüge einer Entlassung des Sachverständigen gegen den Widerspruch des Angeklagten erfordert deren Beanstandung in der Hauptverhandlung 238 3 –
- Namhaftmachung in der Anklageschrift genannter und nach späterer Aussetzung wiederholt erschienener ~ nicht gesondert erforderlich 222 2 –
- Nichtvereidigung eines Sachverständigen begründet auch ohne Beanstandung in der Hauptverhandlung die Revision 79 1 +, 1 –
- Rekonstruktion des Inhalts von Aussagen eines Sachverständigen in der Hauptverhandlung ist dem Revisionsgericht verwehrt 261 39 –, 41 –

- Teilnahmeverlangen eines Sachverständigen an gesamter Beweisaufnahme ist nachzukommen 244 IV 16 +
- Übersetzer wird vernommen als ~ GVG 185 1 –
- Verbotene Vernehmungsmethoden durch Sachverständigen führen zu Verwertungsverbot 136a 9 +
- Vernehmung ~ über entgegengenommene Aussagen weigerungsberechtigter Zeugen ist für die Dauer der Ungewißheit der Ausübung des Zeugnisverweigerungsrechts in der Hauptverhandlung unzulässig 252 8 +
- Zeugeneigenschaft bleibt nach erfolgreicher Ablehnung als ~ zulässig 74 4 –

Sadistische Deviation, Sachverständigengutachten 261 78 +

Schadenswiedergutmachung, gering anzunehmende Schuld aufgrund Verfahrensbelastung und ~ 153 1 +

Scheinaufkäufer, Abgrenzung zum Verdeckten Ermittler 261 16 –

Scheinverhandlung 229 1 –, 2 +, 4 +, 3 –

Schengener Durchführungsübereinkommen, Strafklageverbrauch auch bei rechtskräftiger Bewährungsverurteilung durch ausländischen Vertragsstaat 264 4 –
- Strafklageverbrauch bei rechtskräftiger Verurteilung durch ausländischen Vertragsstaat tritt stets ein bei auch dort begangener Tat 264 2 +, 4 +

Schilddrüsenunterfunktion, Sachverständigengutachten 244 II 12 –

Schizophrenie, eigene Sachkunde des Tatrichters besteht nicht für beginnende ~ 244 IV 4 +

Schlußerklärung s. Letztes Wort

Schlußvortrag, des Verteidigers eines Mitangeklagten gestattet keine Beurlaubung des notwendigen Verteidigers 231c 2 +
- Fernseh-/Rundfunk-/Film-Tonaufnahmen des dennoch gehaltenen ~es des Verteidigers sind nur relativer Revisionsgrund 338 Nr. 8 7 –
- Fernseh-/Rundfunk-/Film-Tonaufnahmen zur Veröffentlichung sind unzulässig während des ~s 338 Nr. 8 7 –; GVG 169 3 +
- Letztes Wort ist erneut zu gewähren nach Stellungnahme der Staatsanwaltschaft und Erläuterungsbitten des Vorsitzenden zu einem im ~ gestellten Hilfsbeweisantrag 258 12 +
- Niederschrift vorläufiger Urteilsformel zulässig während ~ 261 49 –
- Öffentlichkeit der Verhandlung umfaßt Hauptverhandlung einschließlich ~ GVG 169 3 +, 9 –
- Rechtliches Gehör wird verletzt durch Versagung der Gelegenheit für den ~ 258 29 +
- Wiedereintritt in die Verhandlung nimmt vorangegangenen Ausführungen die rechtli-

[Schlußvortrag]
che Bedeutung als ~ 258 7 +, 9 +, 10 +, 11 +, 28 +
- Zensur von Gefangenenbriefen i.d.R. zulässig während des ~es 338 Nr. 1 46 –

Schöffen, Außerordentlicher Sitzungstag gebietet Heranziehung der für den Tag des tatsächlichen Stattfindens ausgelosten ~ 338 Nr. 1 36 +
- Eintritt eines Hauptschöffen für von der Schöffenliste gestrichenen Hauptschöffen begründet vorschriftswidrige Gerichtsbesetzung 338 Nr. 1 43 +
- Einzelbetrachtungsgebot für Wahl jedes ~ GVG 42 1 –
- Entbindung vom Schöffenamt auf Antrag Dritter nicht ohne eigenverantwortliche Antragsprüfung und Entscheidung des ~ 338 Nr. 1 16 +
- Entbindung vom Schöffenamt aus beruflichen Gründen nur ausnahmsweise möglich 338 Nr. 1 16 +, 17 +
- Entbindung vom Schöffenamt unterliegt unverzichtbarer richterlicher Ermessensentscheidung 338 Nr. 1 16 +, 11 –; GVG 54 1 +
- Entbindung von der Dienstleistung an bestimmten Sitzungstagen ist nur im Willkürfalle revisibel GVG 36 4 –; GVG 54 1 –
- Entbindungsfeststellung durch zuständigen Richter ist unwiderruflich 338 Nr. 1 21 –; GVG 54 1 +
- Ergänzungsschöffe tritt bei Wegfall des Hauptschöffen automatisch ein 338 Nr. 1 44 –
- Schöffen, Ergänzungsschöffeneintritt bedarf Entscheidung des Vorsitzenden über Verhinderung des Haupt-~ 338 Nr. 1 11 –
- Ergänzungsschöffenverhinderung vor Sitzungsbeginn ist durch Heranziehung des nächstberufenen Hilfsschöffen nach Reihenfolge der Hilfsschöffenliste zulässig zu begegnen GVG 48 1 –
- Erkrankung eines ~ s. Verhinderung
- Fähigkeit zum Schöffenamt wird durch Wohnsitzwechsel innerhalb des Landgerichtsbezirks nicht berührt GVG 52 1 –
- Fortsetzung der Hauptverhandlung im neuen Geschäftsjahr gestattet Beibehaltung der ~ 338 Nr. 1 27 +, 55 –
- Hilfs-~ s. dort
- Hilfsstrafkammer erhält ~ vorrangig von der zu entlastenden und sie nicht benötigenden ständigen Strafkammer und im übrigen durch reihenfolgegemäße Heranziehung aus der Hilfsschöffenliste 338 Nr. 1 5 –, 30 –; GVG 47 1 +
- Hilfsstrafkammerauflösung bewirkt Ende der Mitgliedschaft aller ihr angehörigen Richter und des Amtes der für sie bestellten ~ 338 Nr. 1 32 –
- Kenntniserlangung der ~ von Vorlagebeschluß gemäß § 209 II StPO durch Verlesung ist zulässig 261 11 –
- Kenntnisgabe des Ermittlungsergebnisses der Anklageschrift an ~ ist unzulässig 200 3 –; 261 198 +, 11 –
- Mitwirkung desselben ~ in zwei Strafkammern an einem Tag ist bei entsprechender Auslosung nicht vorschriftswidrig 338 Nr. 1 40 –
- Rüge fehlender Schöffeneigenschaft ist nur nach erhobenem Besetzungseinwand zulässig 338 Nr. 1 17 –
- Rüge vorschriftswidriger Schöffenbesetzung gebietet Mitteilung des vorschriftsgemäß heranzuziehenden ~ GVG 45 1 –; GVG 54 1 –
- Streichung eines ~ von der (Hilfs-)Schöffenliste (s. auch dort) unterliegt unwiderruflicher richterlicher Entscheidung GVG 52 1 +; GVG 54 1 +
- Terminierung ohne Rücksicht auf Verfügbarkeit der Hauptschöffen bewirkt keinen Entzug des Gesetzlichen Richters GVG 16 1 –
- Tonbandprotokolle dürfen ~ zum besseren Verständnis einer Beweisaufnahme über Telefonüberwachung überlassen werden 250 2 –; 261 11 –
- Übernahme freier Sitzungstage zwischen ordentlichen Strafkammern berechtigt nicht zur Übernahme der ~ 338 Nr. 1 40 –
- Unaufmerksamkeitseindruck oder kurze Unaufmerksamkeit begründet noch keinen Verfahrensverstoß 338 Nr. 1 62 –
- Urteile in berufsgerichtlichen Verfahren nach dem Steuerberatungsgesetz wie in Strafsachen bedürfen keiner Unterschrift der ~ 275 5 –
- Vereidigung von ~ gilt nur für das laufende Geschäftsjahr 338 Nr. 1 52 +
- Vereidigung von ~ nach Beginn wesentlicher Teile der Hauptverhandlung gebietet deren Wiederholung 338 Nr. 1 60 –
- Verhinderung aus beruflichen Gründen nur ausnahmsweise gerechtfertigt 338 Nr. 1 16 +, 17 +
- Verhinderung unterliegt unverzichtbarer richterlicher Ermessensentscheidung 338 Nr. 1 16 +, 11 –; GVG 54 1 +
- Verteilung der Zahl der Hauptschöffen gebietet Mitberücksichtigung auswärtiger Strafkammer beim Amtsgericht GVG 77 1 –
- Wahl von ~ gesondert für einzelne Strafkammer ist unzulässig GVG 77 2 –
- Wahl von ~ getrennt nach kleinen und großen Strafkammern unzulässig GVG 77 2 –
- Wegfall des Hauptschöffen braucht bei Hilfsschöffenheranziehung nicht nachträglich überprüft zu werden 338 Nr. 1 54 –
- Wegfallen unterliegt unwiderruflicher formeller Entscheidung nach Anhörung der Staatsanwaltschaft und des ~ 338 Nr. 1 16 +, 44 +; GVG 54 1 +

Sachverzeichnis

- ~ zusätzlicher ordentlicher Strafkammer sind aus Hilfsschöffenliste auszulosen 338 Nr. 1 32 –; GVG 47 1 +

Schöffenamt, Fortsetzung der Hauptverhandlung im neuen Geschäftsjahr verlängert das ~ 338 Nr. 1 27 +, 55 –
- Unfähigkeit zum ~ begründet bei Ermittlungsverfahren wegen Körperverletzung im Amt 338 Nr. 2 1 +
- Unfähigkeit zum ~ braucht bei Hilfsschöffenheranziehung nicht nachträglich überprüft zu werden 338 Nr. 1 54 –
- Unfähigkeit zum ~ unterliegt unwiderruflicher formeller Entscheidung nach Anhörung der Staatsanwaltschaft und des Schöffen 338 Nr. 1 16 +, 44 +; GVG 54 1 +
- Ungeeignetheit für das ~ unterliegt unwiderruflicher formeller Entscheidung nach Anhörung der Staatsanwaltschaft und des Schöffen 338 Nr. 1 16 +, 44 +; GVG 54 1 +
- Ungeeignetheit zum ~ braucht bei Hilfsschöffenheranziehung nicht nachträglich überprüft zu werden 338 Nr. 1 54 –

Schöffenauslosung, Anfechtbarkeit nur „justizförmiger" Verwaltungstätigkeit GVG 45 3 –
- Ankündigungsgebot mittels Aushang für öffentliche Sitzung zur ~ GVG 45 2 +, 2 –
- ~ der Hauptschöffen erfolgt geschäftsjährlich GVG 45 1 –
- ~ der Hilfsschöffen erfolgt einmalig für gesamte Wahlperiode GVG 45 1 –
- ~ durch befangenen Richter ist nicht revisibel GVG 45 3 –
- ~ durch unzuständigen Richter ist nicht revisibel GVG 45 3 –
- Geschäftsstelle nicht befugt zur Änderung der Schöffenbesetzung nach ihrer Festlegung durch ~ 338 Nr. 12 +
- Losziehung ist unanfechtbarer Formalakt GVG 45 3 –
- Nachträgliche ~ geboten bei Bildung ordentlicher Strafkammer im laufenden Geschäftsjahr 338 Nr. 1 32 –; GVG 47 1 +
- Schöffenwahl nicht ersetzbar durch ~ 338 Nr. 1 11 +
- Unterlassen der Auslosung der Eintrittsreihenfolge von Hilfsschöffen begründet vorschriftswidrige Gerichtsbesetzung GVG 45 1 +; GVG 49 1 +
- Zufallsprinzip maßgebend für Rechtmäßigkeit einer ~ GVG 45 3 –

Schöffeneigenschaft, Rüge fehlender ~ ist nur nach erhobenem Besetzungseinwand zulässig 338 Nr. 1 17 –

Schöffenliste, Hilfs-~ s. dort
- Streichung von der ~ braucht bei Hilfsschöffenheranziehung nicht nachträglich auf Rechtmäßigkeit geprüft zu werden 338 Nr. 1 54 –
- Streichung eines Hauptschöffen und Eintritt eines Hauptschöffen statt des heranzuziehenden Hilfsschöffen begründet vorschriftswidrige Gerichtsbesetzung 338 Nr. 1 43 +
- Streichung umfaßt Haupt- und Hilfs-~ GVG 52 1 +
- Streichung wegfallender Schöffen von der ~ unterliegt unwiderruflicher formeller Entscheidung nach Anhörung der Staatsanwaltschaft und des Schöffen 338 Nr. 1 16 +, 44 +; GVG 54 1 +
- Streichungsanordnung ist nach Eingang bei der Schöffengeschäftsstelle unwiderruflich GVG 52 1 +; GVG 54 1 +
- Streichungsgrund der Unfähigkeit zum Schöffenamt bei Wohnsitzwechsel innerhalb Landgerichtsbezirk nicht berührt GVG 52 1 –
- Verhinderung eines Schöffen wird noch nicht begründet durch die Anhängigkeit der Prüfung seiner Streichung aus der ~ 338 Nr. 1 16 +, 29 –

Schöffenvorschlagsliste, Aufgliederung nach politischen Gesichtspunkten ohne Willkürverstoß zulässig GVG 36 6 –
- Auflegung der ~ für eine Woche mit vier Werktagen noch ausreichend GVG 36 1 –
- Erfordernis willkürfreier Prüfung durch Vorsitzenden des Schöffenwahlausschusses GVG 36 1 –, 2 –, 4 –
- Fehlende Aufstellung der ~ ist bei willkürfreier Schöffenwahl nicht revisibel GVG 36 4 –
- Individuelle Vorauswahl durch Gemeindevertretung geboten zur Heranziehung erfahrener und urteilsfähiger Personen GVG 36 2 –
- Jugendschöffen werden gewählt aus der Vorschlagsliste des Jugendhilfeausschusses 338 Nr. 1 18 +
- Personenanzahl (§ 36 Abs. 4 GVG) ist vom Vorsitzenden des Schöffenwahlausschusses nicht zu prüfen GVG 36 5 –
- Wahl von Personen außerhalb der ~ ist ungültig GVG 42 1 –
- Willkürliche Nichtbeanstandung (§ 39 S. 2 GVG) legt Entziehung des Gesetzlichen Richters nahe GVG 36 1 –, 2 –

Schöffenwahl, Billigung der Wahlergebnisse beauftragter Gremien statt eigener Wahlentscheidung des Schöffenwahlausschusses begründet vorschriftswidrige Gerichtsbesetzung 338 Nr. 1 7 +
- durch unvollständigen Schöffenwahlausschuß begründet vorschriftswidrige Gerichtsbesetzung 338 Nr. 1 24 +
- Einzelbetrachtungsgebot für jede einzelne ~ GVG 42 1 –
- Ergänzungswahl nicht statthaft zur Behebung der Ungültigkeit einer ~ 338 Nr. 1 15 –
- Jugendschöffen sind zu wählen durch Jugendhilfeausschuß 338 Nr. 1 18 +
- Nachholung unwirksamer ~ obliegt ursprünglichem Schöffenwahlausschuß 338 Nr. 1 15 –

4621

[Schöffenwahl]
- Personen mit Wohnsitz am Sitz des Amtsgerichts oder „in dessen nächster Umgebung" sind keine Mitglieder von Gemeinden außerhalb des Amtsgerichtsbezirks 338 Nr. 1 14 +
- Rüge vollzogener Schöffenauslosung statt gebotener ~ ist ohne vorherigen Besetzungseinwand präkludiert 338 Nr. 1 17 –
- Schöffenauslosung ersetzt nicht ~ 338 Nr. 1 11 +
- Schöffenwahlausschuß wird erst durch vollzählige Wahl der Vertrauenspersonen befähigt zu wirksamer ~ 338 Nr. 1 24 +
- Schöffenwahlausschuß ohne Bestimmung seines Vorsitzes im Geschäftsverteilungsplan berührt nicht die Gültigkeit der ~ 338 Nr. 1 24 –
- Strafkammer eines Landgerichts außerhalb eines oder mit mehreren Amtsgerichtsbezirken erfordert Hilfsschöffenwahl durch von der Landesjustizverwaltung bestimmten Schöffenwahlausschuß 338 Nr. 1 14 +
- Ungültige Vertrauenspersonenwahl zum Schöffenwahlausschuß durch unzuständiges Verwaltungsorgan begründet vorschriftswidrige Gerichtsbesetzung 338 Nr. 1 26 +
- Ungültigkeit der Wahl nicht auf der Schöffenvorschlagsliste aufgeführter Personen GVG 42 1 –
- Ungültigkeit der ~ nur bei besonders schwerwiegendem und bei verständiger Würdigung aller in Betracht kommenden Umstände offenkundigem Fehler 338 Nr. 1 24 –
- Unwirksame ~ gebietet Nachholung durch ursprünglichen Schöffenwahlausschuß 338 Nr. 1 15 –
- Unzulässigkeit einer für kleine und große Strafkammern getrennten ~ GVG 77 2 –
- Unzulässigkeit einer gesondert für einzelne Strafkammer vorgenommenen ~ GVG 77 2 –
- Vereinbarung eines Auszählungsmodus zulässig bei individueller Erkennbarkeit zu wählender Personen GVG 36 3 –
- Willkürfreie Auslegung der Vorschriften zur Zusammensetzung des Schöffenwahlausschusses berührt nicht die Gültigkeit der ~ GVG 40 1 –
- Willkürfreie ~ trotz fehlender Vorschlagsliste einer Gemeinde des Bezirks nicht revisibel GVG 36 4 –
- Willkürfreier geringgewichtiger Verfahrensirrtum/-fehler bewirkt keine Ungültigkeit der ~ 338 Nr. 1 24 +; GVG 24 1 +, 1 –; GVG 36 4 –, 6 –; GVG 40 1 –, 3 –; GVG 42 1 –; GVG 77 1 –, 2 –

Schöffenwahlausschuß, Beschlußfähigkeit setzt vollständige Wahl der Vertrauenspersonen voraus 338 Nr. 1 24 +
- Billigung der Wahlergebnisse beauftragter Gremien statt eigenständiger Wahlentscheidung begründet vorschriftswidrige Gerichtsbesetzung 338 Nr. 1 7 +
- Gemeinderatsmitglieder sind zulässige Mitglieder im ~ GVG 40 2 –
- Jugendschöffenwahl obliegt Jugendhilfeausschuß 338 Nr. 1 18 +
- Landgericht außerhalb eines oder mit mehreren Amtsgerichtsbezirken erfordert Hilfsschöffenwahl durch von der Landesjustizverwaltung bestimmten ~ 338 Nr. 1 14 +
- Nachholung unwirksamer Schöffenwahl obliegt ursprünglichem ~ 338 Nr. 1 15 –
- Vertrauensperson darf der sie wählenden Körperschaft angehören GVG 40 2 –
- Vertrauensperson darf durch zu Dringlichkeitsentscheidungen ermächtigten Ausschuß kommunaler Körperschaft gewählt werden GVG 40 4 –
- Vertrauensperson gestattet Vertreterbestellung durch von Landesregierung hierzu ermächtigten Verwaltungsbeamten GVG 36 6 –
- Vertrauenspersonen müssen vollzählig gewählt sein für Wirksamkeit der Schöffenwahl 338 Nr. 1 24 +
- Vertrauenspersonenwahl durch unzuständiges Verwaltungsorgan begründet vorschriftswidrige Gerichtsbesetzung 338 Nr. 1 26 +
- Vorsitzregelungsmangel für ~ im Geschäftsverteilungsplan berührt nicht die Gültigkeit der Schöffenwahl 338 Nr. 1 24 –

Schöffenzahl, Überschreitung der ~ nur bei willkürlicher Ermessensausübung revisibel GVG 43 1 –

Schreibversehen, Urteilsberichtigung zulässig zur Korrektur offensichtlicher ~ 267 33 +, 19 –, 22 –; 268 5 +, 4 –, 5 –

Schrift, Sachverständigengutachten 244 IV 19 +; 261 168 +

Schriftformerfordernis, Telegramm genügt ~ 314 2 +

Schriftsatz, Verantwortungsübernahme für nicht selbst verfaßten ~ durch unterbevollmächtigten Verteidiger wirksam 345 2 +

Schriftstück, an Gerichtsstelle wird erst durch gerichtliche Kundgabe der Beweismittelqualität oder individualisierenden Beweisantrag präsentes Beweismittel 245 9 –
- Beweiserhebliches und komplexes ~ unterliegt Verlesungsgebot im Wege des Urkundsbeweises 249 2 +, 3 +, 1 –, 4 –; 261 9 +, 29 +, 199 +, 200 +
- Bezugnahme der Urteilsgründe unzulässig auf außerhalb ihrer selbst liegende Erkenntnisquelle oder ~ 267 2 +
- Einführung eines ~s in die Hauptverhandlung 244 III S. 2 Var. 3 1 –; 244 V S. 1 2 –; 249 2 +, 3 +, 1 –, 4 –; 261 9 +, 29 +, 146 +, 199 +, 200 +; 274 3 +
- Falschwiedergabe verlesener Urkunde überschreitet die Grenzen freier richterlicher Überzeugung 261 146 +, 12 –
- Fotokopie einer Urkunde ist kein präsentes Beweismittel für Existenz und Inhalt ihres Originals 244 V S. 1 2 –; 245 2 –

- Fremdsprachiges außergerichtliches ~ gebietet keine Hinzuziehung eines vereidigten Dolmetschers GVG 185 1 –
- Fremdsprachiges ~ kann in Form der Übersetzung bei Feststellung ihrer Herkunft und Richtigkeit ohne Zuziehung eines Dolmetschers verlesen werden 249 5 –
- Nicht förmlich verlesenes/verlesbares ~ ist nur verwertbar im Rahmen der Bestätigung seines Inhalts in der Hauptverhandlung nach Vorhalt 249 1 –; 253 2 +, 3 –, 4 –; 261 103 +, 127 +, 42 –
- Parlamentarisches ~ unterliegt entsprechender Anwendung des § 96 StPO 96 4 –
- Privates ~ mit unmittelbarem Bezug zu konkreter schwerer Straftat unterliegt keinem Verwertungsverbot 261 22 –, 25 –
- Rüge unzulässiger Verwertung in der Hauptverhandlung in Augenschein genommener ~e erfordert Vortrag fehlender Erörterung 249 2 –
- Rüge unzulässiger Verwertung unverlesener beweiserheblicher ~e erfordert keinen Vortrag ihrer unterlassenen Einführung im Wege des Vorhalts 249 3 +
- Selbstleseverfahren ist bei fehlendem Widerspruch und nicht beweiserheblichem Wortlaut eines ~s ersetzbar durch Mitteilung seines wesentlichen Inhalts 249 3 –
- Selbstleseverfahren erfordert Protokollierung von Anordnung und ordnungsgemäßer Durchführung 249 1 +
- Straftatbegründendes ~ erfordert Wiedergabe in der Beweiswürdigung 261 192 +
- Unmittelbarkeitsgrundsatz gilt nur für Wahrnehmungen einer Person enthaltendes ~ 250 12 –
- Unterlassene Würdigung von einer Urkunde zugehörigem ~ ist revisibel 261 117 +
- Unzureichende Würdigung von verlesenem ~ ist revisibel 261 74 +, 76 +, 146 +, 16 –, 37 –
- Vernehmung eines Zeugen über den Inhalt eines ~s kann ausreichen 244 III S. 2 Var. 3 1 –
- Verwertungsverbot wörtlicher Wiedergabe von unverlesenen komplexen beweiserheblichen ~en 249 2 +, 3 +, 1 –, 4 –; 261 9 +, 29 +, 199 +, 200 +
- Zeugnisverweigerung in der Hauptverhandlung begründet Verwertungsverbot auch für vom Zeugen als Bestandteil früherer Aussage überreichtes ~ 252 3 +, 7 +, 17 +

Schuld, gering anzunehmende ~ aufgrund Verfahrensbelastung und Schadenswiedergutmachung 153 1 +

Schuldfähigkeit, Abweichende Beurteilung der ~ gegenüber zugelassener Anklageschrift begründet keine Hinweispflicht des Gerichts 265 13 –
- Bipolare Störungen (Zyklothymie) schweren Grades legen Verminderung oder Ausschluß der ~ nahe 302 2 +
- Depressive Episoden schweren Grades legen Verminderung oder Ausschluß der ~ nahe 302 2 +
- Körperlicher Eingriff gegen den Willen des Beschuldigten bei schweren Straftaten nicht ausgeschlossen bei entscheidender Bedeutung zur Ermittlung der ~ 81a 1 +, 2 +; 261 22 –
- Manische Episoden schweren Grades legen Verminderung oder Ausschluß der ~ nahe 302 2 +
- Prüfung der medizinisch-psychiatrischen Anknüpfungspunkte erfolgt in tatrichterlicher Verantwortung 244 IV 3 –
- Revisionsbeschränkung auf Strafausspruch bewirkt keinen Ausschluß revisionsgerichtlicher Prüfung der Frage erheblicher Verminderung der ~ 302 2 +; 328 1 +
- Verminderte ~ bedarf bei Feststellung besonderer alkoholbedingter Ausfallerscheinungen auch bei BAK-Werten unterhalb 2‰ eingehender Erörterung 244 II 12 +

Schuldfeststellung im Wege der Hochrechnung ist als alleiniger Tatnachweis unzulässig 261 105 +

Schuldschwere, Rechtsmittelbeschränkung auf Feststellung besonderer ~ gemäß § 57a I 1 Nr. 2 StGB ist zulässig 344 5 –
- Urteilsformel bereits gebietet Feststellung besonderer ~ 260 2 +, 4 –
- Verschlechterungsverbot verbietet Zurückverweisung zur Feststellung besonderer ~ 358 1 –

Schuldspruch, Beweisanträge zur Schuldunfähigkeit unzulässig nach rechtskräftigem ~ 244 III S. 1 2 –, 3 –, 6 –
- Urteilsaufhebung erfolgt nur im Strafausspruch bei denkgesetzlich ausgeschlossenem Einfluß eines absoluten Revisionsgrundes auf den ~ 140 6 +; 338 Nr. 5 15 +; 338 Nr. 6 17 +, 6 –

Schuldumfang, Schätzung bei feststehender Serienstraftat 261 27 +, 43 +, 105 +, 18 –; 267 6 +
- Serienstraftat gestattet u.U. Unterlassung von Einzelaktfeststellungen aus prozeßökonomischen Gründen 261 18 –

Schuldunfähigkeit, Beweisanträge unzulässig nach Rechtskraft des Schuldspruchs 244 III S. 1 2 –, 3 –, 6 –
- Freispruch wegen ~ begründet mangels Beschwer keine Rechtsmittelbefugnis 296 2 –
- Planvolles Handeln begründet keinen Ausschluß der Zurechnungsunfähigkeit 261 155 +
- Rechtskräftige Schuldspruchbestätigung durch Revisionsgericht bindet neuen Tatrichter 264 20 +
- Sachverständigengutachten und zureichende Anknüpfungstatsachen bei Alkoholgenuß 244 III S. 2 Var. 4 10 +

[Schuldunfähigkeit]
- Sachverständigengutachten wegen „Trunksucht i.V.m. Epilepsie z. Zt. der Tat" 244 III S. 2 Var. 1 1 +
- Sachverständigengutachten zum Blutalkoholgehalt und „subjektiver Eindruck" des die Blutprobe entnehmenden Arztes 244 III S. 2 Var. 7 3 –
- Widersprüchliche Beurteilungen durch psychiatrisches und psychologisches Gutachten gebieten ausführliche Erörterung in den Urteilsgründen bei Entscheidung für eines von ihnen 267 30 +
- Würdigung des BAK-Höchstwertes 261 1 –

Schutzbehauptungen 244 II 4 +

Schwägerschaft, Zeugnisverweigerungsrecht wegen ~ besteht nach Auflösung/Nichtigerklärung der Ehe fort 52 17 –

Schwangerschaftspsychose, Beweisantrag erfordert Konkretisierung behaupteter ~ Vor 244 III–VI 14 –

Schweigen des Angeklagten, Alibibeweis zu spätem Zeitpunkt ist nachteilsfrei zu würdigen nach vorangegangenem ~ 261 150 +
- ~ aufgrund religiösen Feiertagsgebotes ist keine Wahrnehmung rechtlichen Gehörs GG 103 7 +
- Bedenkzeiterbitten vor Äußerung zu Tatvorwürfen gestattet keinen Schluß auf Teilgeständnis 261 52 +
- Fehlerhafte Annahme durch Nichtberücksichtigung einer (Teil-)Einlassung begründet fehlerhafte Beweiswürdigung 261 165 +
- ~ gegenüber dem Sachverständigen über die subjektive Befindlichkeit bei der (bestrittenen) Tatbegehung darf nicht nachteilig gewürdigt werden 261 164 +
- Kraftfahrzeughaltereigenschaft allein unzureichendes Indiz für Täterschaft 261 181 +
- Letztes Wort ist auch dem schweigenden Angeklagten einzuräumen 258 5 +, 18 +
- Nachteilige Verwertung von (auch nur anfänglichem oder eine von mehreren Taten betreffendem) ~ ist unzulässig 261 17 +, 52 +, 80 +, 99 +, 115 +, 116 +, 124 +, 134 +, 142 +, 145 +, 150 +, 157 +, 158 +, 160 +, 164 +, 186 +, 26 –, 44 –
- Nachteilige Würdigung unterlassener Angabe von Entlastungstatsachen widerspricht Recht zum ~ 261 142 +
- Polizeiliches Vernehmungsprotokoll darf zur Gedächtnisunterstützung bei Vernehmung der Verhörsperson zur Beweisaufnahme über früheres Geständnis des schweigenden Angeklagten verlesen werden 254 4 –
- Polizeiprotokoll über Beschuldigtenvernehmung unterliegt Verlesungs- und Verwertungsverbot im Wege des Urkundsbeweises bei ~ 250 2 +; 254 4 –
- Verteidigeräußerungen brechen nur bei ausdrücklicher Billigung des Angeklagten/Verteidigers in verwertbarer Weise ein ~ 261 99 +, 6 –
- ~ zu Beginn des Ermittlungsverfahrens gestattet keine dem Angeklagten nachteilige Verwertung 261 116 +, 160 +
- ~ zu einer früheren Tat darf nicht zum Nachteil des Angeklagten gewürdigt werden 261 158 +
- ~ zu einzelnen Fragen bei Einlassung zu bestimmtem Sachverhalt gestattet u.U. dem Angeklagten nachteilige Beweiswürdigung 261 157 +, 158 +, 44 –

Schweigepflicht, Entbindung von der ~ s. dort

Schweigerecht des Angeklagten, Aufforderung des Vorsitzenden an unbelehrten Angeklagten zum Kopfnicken/-schütteln bei Verlesung der Anklageschrift bewirkt Verwertungsverbot für deshalb aufrechterhaltenes Geständnis 247 24 +

Schweigerecht eines Zeugen s. Auskunftsverweigerungsrecht; Zeugnisverweigerungsrecht

Schwurgericht, Jugendkammer seit 1. StVRG v. 9.12.1974 ranggleich im Verhältnis zum ~ 2 1 +; 225a 2 +
- Konzentrationsgrundsatz auf möglichst eine Schwurgerichtskammer 338 Nr. 1 13 –; GVG 74 2 +
- Strafkammer ranggleich zum ~ 270 3 +
- Verhinderung des Vorsitzenden einer Strafkammer wegen Vorsitzes beim ~ 338 Nr. 1 23 +
- Zuständigkeit des ~s im Wiederaufnahmeverfahren wegen Entscheidung eines Gerichts gleicher Ordnung ist revisibel 338 Nr. 4 6 +

Seelsorger, Zeugnisverweigerungsrecht (s. auch dort) 53 4 +

Selbstbezichtigung, Beweiswürdigung erfordert Ausschluß möglicher falscher 261 13 +, 87 +
- ~ des Gemeinschuldners gestattet gegen seinen Willen keine Verwertung der Aussage im Strafverfahren 136 5 +

Selbstladungsrecht 38; 220; 245 1 +

Selbstleseverfahren ist bei fehlendem Widerspruch und nicht beweiserheblichem Wortlaut eines Schriftstücks ersetzbar durch Mitteilung seines wesentlichen Inhalts 249 3 –
- Protokollierungspflicht für Anordnung und ordnungsgemäße Durchführung 249 1 +

Selbstmordversuch, Beschränkt verhandlungsfähiger Angeklagter nach ~ darf sich auf Erklärung des Eintritts seiner Verhandlungsunfähigkeit durch ihn begleitenden Arzt unter Verbot der Abwesenheitsverhandlung aus der Hauptverhandlung entfernen 338 Nr. 5 35 +

Selbstmordversuch in zurechnungsfähigem Zustand zur Verhinderung der Weiterführung der Verhandlung begründet eigenmächtiges Fernbleiben 338 Nr. 5 20 +

Senat, Überbesetzung bei gleichzeitig möglichen zwei personenverschiedenen Sitzgrup-

pen ist unzulässig 338 Nr. 1 28 +, 29 +, 32 +, 16 −, 42 −, 43 −; BRAO 101 1 +, 1 −
- Überbesetzung mit einem zusätzlichen ständigen Mitglied nicht vorschriftswidrig 338 Nr. 1 9 −
- Überbesetzung mit fünf Beisitzern bei tatsächlicher Geschäftsaufteilung auf zwei sachlich und personell völlig selbständige Senate unter einem Vorsitzenden und einer Bezeichnung nicht vorschriftswidrig 338 Nr. 1 34 −

Serienstraftat, Einzelaktfeststellungen können u.U. aus prozeßökonomischen Gründen unterlassen werden 261 18 −
- Früheres strafbares Verhalten nur indiziell verwertbar zur Annahme gleichförmiger ~ 261 105 +
- Gesamtvorsatz ist erst nach Anfangszeit der Gewöhnung und Einübung anzunehmen 261 128 +
- Hinweispflicht des Gerichts zur Gewährung rechtlichen Gehörs bei nachträglicher Konkretisierung von Einzeltaten in der Hauptverhandlung 200 3 +
- Konkretisierungsanforderungen bei ~ 200 3 +, 7 +, 8 +, 12 +, 1 −, 2 −; 264 8 +
- Richterliche Überzeugung für jede einzelne individuelle Straftat erforderlich 261 43 +, 54 +, 18 −; 267 6 +
- Schätzung des Schuldumfangs bei feststehender ~ 261 27 +, 43 +, 105 +, 18 −; 267 6 +
- Urteilsgründe gebieten regelmäßig Darstellung rechtlicher Beurteilung in nachvollziehbarer Weise für jede einzelne Tat und für jeden mehrerer der Beteiligung an einer ~ Angeklagter 267 10 +
- Zweifelssatzfeststellung der Zahl der Einzelakte und Verteilung des Gesamtschadens 261 27 +, 128 +, 18 −

Serologisches Sachverständigengutachten 244 II 10 +; 261 71 +
Sicherstellungsprotokoll über sichergestellte Rauschgiftmenge ist zur Widerlegung diesbezüglicher Urteilsfeststellungen unverwertbar 261 16 −
Sicherung, Strafzumessung gestattet keine Verurteilung zu Haftstrafe unter Überschreitung schuldangemessenen Strafmaßes als Ersatz für gebotene Unterbringung 267 45 +
Sicherungsverfahren, Abgrenzung zum Strafverfahren 338 Nr. 4 6 +
- Antragsschrift ist Prozeßvoraussetzung im ~ 414 1 +
- Antrag noch im Beschwerdeverfahren nach Ablehnung der Eröffnung des Hauptverfahrens zulässig 414 1 +
- Nebenklage zulässig auch im ~ 395 1 −, 2 −
- Schuldfähigkeitsbedingte Aufnahme des Strafverfahrens in fortbestehender Zuständigkeit gebietet Hinweis des Gerichts 338 Nr. 4 10 +
- Unzulässigkeit der Überleitung eines Strafverfahrens in ein ~ 416 1 +

- Verfahrenshindernis ist zuerst eröffnetes ~ für ein Strafverfahren gegen dieselbe Person wegen derselben Tat 4 5 +
- Verschlechterungsverbot gilt für Strafverfahren nach Übergang aus dem ~ 358 9 +

Sicherungsverwahrung, Anordnung nur zulässig nach Hinweis des Gerichts 265 13 +, 1 −
- Rechtsmittelbeschränkung auf Anordnung der ~ ist zulässig 344 2 +
- Sachverständigengutachten erforderlich vor möglicher Anordnung der ~ 246a 2 +, 3 +, 2 −
- Verschlechterungsverbot gestattet keine Anordnung der ~ im neuen Urteil anstelle ursprünglich vorgesehener Unterbringung 358 5 +
- Vorbehaltsanordnung der ~ nunmehr gemäß § 66a StGB i.V.m § 275a StPO zulässig 260 19 +

Sitzung, Öffentlichkeit der ~ s. dort
- Ordnung in der ~ s. dort
- Sitzungstag s. dort
- Termin(ierung) der ~ s. dort
- Unerreichbarkeit des Beweismittels nicht zu begründen mit Verhinderung eines Zeugen am Tag der ~ 244 III S. 2 Var. 5 9 +
- Verlegte ~ gebietet primär Heranziehung der für den jeweiligen ordentlichen Sitzungstag ausgelosten Schöffen 338 Nr. 1 2 +, 5 −; GVG 47 1 +; GVG 48 1 +
- Vorverlegte ~ einer Hilfsstrafkammer erhält Schöffen bei dortiger Nichtbenötigung von zu entlastender ständiger Strafkammer und im übrigen durch reihenfolgegemäße Heranziehung aus der Hilfsschöffenliste 338 Nr. 1 5 −; GVG 47 1 +

Sitzungspolizei s. Ordnung in der Sitzung
Sitzungsprotokoll s. Hauptverhandlungsprotokoll
Sitzungssaal, Entfernung des Angeklagten bzw. von Zuhörern aus dem ~ s. jeweils dort
- Ordnung im ~ s. Ordnung in der Sitzung
- Zutrittsverzögerung zum ~ wegen angeordneter Einlaßkontrolle gebietet Zuwarten mit Verhandlungsbeginn bis zum Eintreffen rechtzeitig erschienener Zuhörer 338 Nr. 6 5 +, 18 +, 21 +

Sitzungstag, Außerordentlicher ~ gebietet Heranziehung der für den Tag seines tatsächlichen Stattfindens ausgelosten Schöffen 338 Nr. 1 36 +
- Außerordentlicher ~ ist unzulässig bei möglicher Rück- (1.) bzw. Vorverlegung (2.) des unmittelbar zeitlich vorangehenden bzw. folgenden Sitzungstages 338 Nr. 1 2 +, 5 −
- Außerordentlicher ~ ist nur zulässig als zusätzlicher neben und nicht anstelle ordentlicher Sitzung 338 Nr. 1 4 +, 37 +, 42 +, 5 −; GVG 47 1 +; GVG 48 1 +
- Freier ~ beurteilt sich allein nach der Geschäftslage im Zeitpunkt der Terminierung 338 Nr. 1 2 +, 5 −

4625

[Sitzungstag]
- Geschäftsjahrüberschreitung durch Beginn einer Schwurgerichtshauptverhandlung am letzten ~ mit bloßer Vernehmung des Angeklagten zur Person begründet vorschriftswidrige Gerichtsbesetzung 338 Nr. 1 27 +
- Jugendkammer ohne vorherige Festlegung eigener ~e im Geschäftsverteilungsplan begründet vorschriftswidrige Gerichtsbesetzung 338 Nr. 1 39 +
- Ordentlicher zur Verfügung stehender ~ verbietet außerordentliche Sitzung 338 Nr. 1 4 +, 37 +, 42 +, 5 –; GVG 47 1 +; GVG 48 1 +
- Übernahme freier ~e zwischen ordentlichen Strafkammern berechtigt nicht zur Übernahme der Schöffen 338 Nr. 1 40 –
- Übernahme von ~n aufgelöster Hilfsstrafkammer durch während des Geschäftsjahres neu gebildete ordentliche Strafkammer berührt nicht Notwendigkeit nachträglicher Schöffenauslosung 338 Nr. 1 32 –

Sofortige Beschwerde gegen Abwesenheitsverhandlung wegen selbstverschuldeter Verhandlungsunfähigkeit des Angeklagten durch Beschwerdemöglichkeit des Verteidigers ausreichend gewährleistet 231a 1 –
- ~ gegen Einstellungsbeschluß wegen Verfahrenshindernis 308 1 +
- ~ gegen Entscheidungen im Wiederaufnahmeverfahren 308 6 +
- ~ gegen Kostenentscheidung 308 3 +
- ~ gegen Nichteröffnungsbeschluß 308 2 +, 4 +, 7 +
- ~ gegen Strafbefehlsablehnung 308 5 +
- ~ gegen Verteidigerausschluß 138a 1 +
- Mitteilung staatsanwaltschaftlicher Beschwerde an Angeklagten zur Gegenerklärung vor diesem nachteiliger Entscheidung des Beschwerdegerichts ist geboten durch Anspruch auf rechtliches Gehör 308 1 +, 3 +

Sorgerechtsstreit, Glaubhaftigkeitsprüfung sexueller Anschuldigungen bei ~ 261 55 +, 58 +

Sozialdienstmitarbeiter, Aussagegenehmigung für städtische ~ 54 1 +

Sperma-/Scheidensekretspur 244 II 10 +; 261 79 +, 131 +, 19 –

Sperrerklärung (s. auch Unerreichbarkeit des Beweismittels) 96; 244 II 1 +, 15 +; Vor 244 III–VI 13 –; 244 III S. 1 1 +; 244 III S. 2 Var. 5 2 +, 14 +, 16 +; 251 15 +, 27 +, 29 +, 5 –, 13 –; 261 30 –
- Angaben eines gesperrten Informanten sind durch Vernehmung von Verhörspersonen als Zeugen vom Hörensagen verwertbar 261 30 –; MRK 6 9 –, 10 –
- Antrag zur Widerlegung der einer ~ zugrundeliegenden Annahmen ohne Willen zur Beeinflussung der Urteilsfindung ist kein Beweisantrag Vor 244 III–VI 13 –
- Aussetzung der Hauptverhandlung zwecks Abwartens verwaltungsgerichtlicher Entscheidung über angefochtene ~ ist nicht geboten 96 3 –
- Begründungsmangel einer ~ gebietet Erhebung einer Gegenvorstellung des Gerichts 96 4 +
- Beweiserhebung zulässig und geboten bei Kenntnis der Identität des Zeugen trotz polizeilicher oder staatsanwaltschaftlicher Vertraulichkeitszusage und ~ 96 2 +; 244 III S. 1 1 +
- Erklärung einer ~ durch eine der obersten Dienstbehörde nachgeordneten Behörde rechtfertigt keine Annahme der Unerreichbarkeit des Beweismittels 96 1 +, 5 +, 6 +, 7 +, 8 +, 2 –; 244 II 1 +; 244 III S. 2 Var. 5 2 +, 14 +
- Erklärung einer ~ durch oberste Dienstbehörde nach Erlaß des Urteils beseitigt nicht Verfahrensmangel einer trotz ihres Fehlens außerhalb der Hauptverhandlung und in Abwesenheit der Angeklagten und ihrer Verteidiger erfolgten Vernehmung eines Informanten der Polizei 96 7 +
- Fehlerhafte Annahme einer ~ ist revisibel 244 II 15 +; 244 III S. 2 Var. 5 15 +, 16 +; 261 178 +
- Kenntnis der Identität des Zeugen gebietet Bemühen des Gerichts um seine Ladung und Vernehmung trotz ~ 96 2 +; 244 III S. 1 1 +
- Parlamentarische Schriftstücke unterliegen entsprechender Anwendung des § 96 StPO 96 4 –
- Polizeibeamte des Landes unterliegen Zuständigkeit des Landesinnenministers für eine ~ 96 8 +, 9 +, 2 –
- Rüge unzulässiger Entscheidung gegen „offene" Vernehmung eines V-Manns muß entsprechende ministerielle Stellungnahmen mitteilen 251 8 –
- Unsubstantiierte ~ erfordert weitere Bemühungen des Gerichts zur Beibringung eines Zeugen 96 4 +, 9 +; 244 III S. 2 Var. 5 16 +; 251 15 +; 261 178 +
- Unzuständigkeit einer der obersten Dienstbehörde nachgeordneten Behörde 96 1 +, 5 +; 244 II 1 +; 244 III S. 2 Var. 5 2 +, 14 +
- Verlesung von Niederschriften anstelle Vernehmung eines V-Mannes unzulässig bei unzureichend begründeter ~ 251 12 +
- Vernehmung außerhalb üblicher prozessualer Formen nur zu rechtfertigen durch Bedingungen der obersten Dienstbehörde in deren ~ 96 7 +
- Vertraulichkeitsbitten der aktenführenden Stelle bewirkt kein Verwertungsverbot 147 1 –
- Vertraulichkeitszusage der Polizei oder Staatsanwaltschaft begründet keine Unerreichbarkeit des Beweismittels 96 1 +; 244 III S. 1 1 +; 244 III S. 2 Var. 5 2 +, 3 +; 251 12 +
- Verweigerung ladungsfähiger Anschrift eines Zeugen wegen nachvollziehbarer Lebensge-

fahr bei wahrheitsgemäßer Aussage berechtigt zur Verlesung von Niederschriften 251 5 –
- Würdigung des Beweiswerts eines Informanten bei indirekter Befragung infolge einer ~ 96 3 +, 1 –; 261 159 +, 167 +, 47 –, 48 –; MRK 6 9 –, 10 –

Sperrwirkung, Örtliche Unzuständigkeit bei formell rechtskräftiger Unzuständigkeitserklärung begründet in deren Rahmen ~ 260 15 +
- Örtliche Unzuständigkeit entfaltet nur bei umfassender Prüfung ~ 16 1 +
- Verfahrenseinstellung entfaltet nur im Falle den Mindesterfordernissen genügender Anklageschrift ~ 154 1 +

Spezialprävention 267 45 +

Spontanäußerungen, Abgrenzung zur Vernehmung 252 14 +
- Verwertungsverbot wegen Zeugnisverweigerung in der Hauptverhandlung erstreckt sich nicht auf richterlicher Belehrung vorausgegangene ungefragte ~ 252 11 +, 14 +, 1 –, 9 –

Spontangeständnis, Unprovoziertes ~ vor Belehrung ist verwertbar 136 12 –

Spruchkörper, Überbesetzung bei gleichzeitig möglichen zwei personenverschiedenen Sitzgruppen ist unzulässig 338 Nr. 1 28 +, 29 +, 32 +, 16 –, 42 –, 43 –; BRAO 101 1 +, 1 –
- Überbesetzung eines ~s mit einem zusätzlichen ständigen Mitglied ist nicht vorschriftswidrig 338 Nr. 1 9 –
- Überbesetzung eines ~s mit fünf Beisitzern ist bei tatsächlicher Geschäftsaufteilung auf zwei sachlich und personell völlig selbständige Strafkammern unter einem Vorsitzenden und einer Bezeichnung nicht vorschriftswidrig 338 Nr. 1 34 –

Sprungrevision, Berufung gestattet innerhalb der Revisionsbegründungsfrist den Übergang zur ~ 335 1 +

Spur, Blut-~ 261 15 +
- Faser-~ 261 57 +, 71 +
- Haar-~ 244 IV 6 –; 261 82 +
- Sperma-/Scheidensekret-~ 244 II 10 +; 261 79 +, 131 +, 19 –
- Strangulations-~ 261 166 +
- Textilien 261 57 +, 71 +
- Textilienfotografien 261 40 +; 267 4 +

Spurenakten, Akteneinsicht 338 Nr. 8 9 +, 5 –

Spurengutachten 244 II 10 +; 244 IV 6 –; 261 15 +, 57 +, 71 +, 79 +, 131 +, 166 +

Staatlicher Strafanspruch, unlauteres Prozeßverhalten einzelner Bediensteter begründet kein Verfahrenshindernis 260 12 –

Staatsanwalt, Ablehnung wegen Befangenheit findet keine Grundlage in StPO 22 1 –, 2 –, 3 –
- Aussagegenehmigung für ~ ist beim Justizministerium einzuholen 96 5 +
- Durchsuchung eines ~s aus sitzungspolizeilichen Gründen ist abwegig GVG 176 2 –
- Schlußvortrag eines als Zeugen vernommenen ~s unterliegt Verbot der Würdigung eigener Aussage 22 3 +, 1 –; 338 Nr. 5 20 +, 19 –, 22 –

Staatsanwaltschaft, Anklage beim Landgericht wegen besonderer Bedeutung des Falles bei willkürlicher Annahme revisibel 209 3 –; 338 Nr. 4 10 –, 13 –, 14 –, 15 –; GVG 24 1 +, 1 –; GVG 74 1 +; GVG 120 1 –
- Rechtsmittelbefugt sind auch die vom Generalstaatsanwalt gem. § 145 I GVG beauftragten Beamten zuvor örtlich unzuständiger ~ 296 1 +

Staatsschutzkammer, Prüfung der sachlichen Zuständigkeit der ~ durch Revisionsgericht erfolgt nur auf erhobene Verfahrensrüge 338 Nr. 4 12 –

Standesrecht, non-liquet bei entgegenstehenden Berufungen auf Dienstpflicht und ~ 261 20 –

Stenographisches Protokoll, Berichtigung des Hauptverhandlungsprotokolls nach Übertragungsfehler aus stenographischem Protokoll kann bereits erhobener Verfahrensrüge nicht den Boden entziehen 274 4 +

Steuerakten, Kenntnisse der Strafverfolgungsbehörden aus den ~ unterliegen außerhalb von Steuerstrafverfahren einem Verwertungsverbot AO 393 4 +, 1 –, 3 –

Steuerfahndung AO 393 3 +, 2 –, 4 –
- Durchsuchung durch ~ bewirkt bei Rechtswidrigkeit des zugrundeliegenden Beschlusses (erst) nach deren Feststellung durch ordentliches Gericht ein Verwertungsverbot für gewonnene Erkenntnisse im Besteuerungsverfahren AO 393 4 –

Steuergeheimnis, Offenbarung des Namens eines Informanten bei Zustimmung des Steuerpflichtigen zulässig und zum Schutz dessen allgemeinen Persönlichkeitsrechts u.U. geboten AO 30 1 +, 1 –
- Offenbarung einer Auskunft des Finanzamts über die Ordnungsmäßigkeit der für einen anderen geführten Bücher kann ohne dessen Zustimmung nicht verlangt werden AO 30 4 –
- Offenbarung rechtfertigendes zwingendes öffentliches Interesse besteht nur bei Eintritt schwerer Nachteile für das allgemeine Wohl im Falle der Nichtverwertung AO 393 4 +, 1 –
- Offenbarung rechtfertigendes zwingendes öffentliches Interesse wegen Verfolgung schwerwiegender Wirtschaftsstraftaten wird durch Aufnahme des dem Vorwurf zugrundeliegenden Tatbestandes in den Katalog des § 74c GVG noch nicht begründet AO 393 4 +
- Offenbarungsrechtfertigung durch zwingendes öffentliches Interesse ist nachrangig gegenüber einer Zustimmung des Steuerpflichtigen AO 30 1 +

[Steuergeheimnis]
- Rüge einer Vernehmung unter Verletzung des ~ses erfordert Darlegung eines bei nachweislich eingeräumter Gelegenheit zur Stellungnahme gegen die Vernehmung erhobenen Widerspruchs in der Hauptverhandlung AO 30 3 –
- Verletzung des ~ses gegen den Willen des Steuerpflichtigen kommt nicht in Betracht AO 30 1 +
- Verwertungsverbot für unter Verletzung des ~ses erhaltene Informationen AO 30 1 –

Steuerhinterziehung AO 386 1 +; AO 393 2 +

Steuerpflichtigenbelehrung, Unterbleiben der ~ entgegen § 393 I 4 AO begründet kein steuerrechtliches Verwertungsverbot AO 393 1 +

Steuerstrafverfahren, Abgabe des Steuerstrafverfahrens durch Finanzbehörde an die Staatsanwaltschaft gemäß § 386 IV AO aus sachfremden Erwägungen ist revisibel AO 386 2 +
- Aussetzung gemäß § 396 I AO während Besteuerungsverfahrens steht im pflichtgemäßen Ermessen des Gerichts 262 1 –
- Beweisantrag auf Einholung einer Auskunft des Finanzamtes darf nicht abgelehnt werden ohne Prüfung einer Auskunftsberechtigung gemäß § 30 IV AO AO 30 1 +, 2 –
- Beweislastregeln der Abgabenordnung ersetzen keine Bildung der richterlichen Überzeugung durch freie Beweiswürdigung 267 7 +
- Erklärungspflicht für Umsatzsteuerjahreserklärung ist vom Einschreiten der Steuerbehörden an für die Dauer eines ~s wegen Abgabe unrichtiger Umsatzsteuervoranmeldungen suspendiert AO 393 2 +, 2 –
- Ermittlungsbefugnis des Außenprüfers erstreckt sich auf steuerstrafrechtlichen Sachverhalt AO 393 3 +
- Ermittlungsbefugnis des Zollfahndungsamts im Auftrag der Staatsanwaltschaft besteht auch für mit der Steuerstraftat tateinheitlich zusammentreffende allgemeine Straftaten AO 404 1 –
- Lohnsteuerhinterziehung und Vorenthaltung von Arbeitnehmeranteilen bilden nicht dieselbe prozessuale Tat GG 103 2 +
- Schätzung von Besteuerungsgrundlagen ist zulässig im ~ 261 27 +
- Schätzungen können die richterliche Überzeugung von der Schuld des Angeklagten nicht ersetzen 261 52 –
- Steuerhinterziehung und falsche Versicherung an Eides Statt als dieselbe prozessuale Tat GG 103 1 +
- Verjährungsunterbrechende Wirkung hat nur eine den Beschuldigten über zugrundeliegende Tatsachen „ins Bild" setzende Mitteilung der Einleitung eines ~s AO 397 1 +
- Verwaltungsrechtlicher transactie-Vergleich nach belgischem Recht bewirkt keinen Verbrauch der Strafklage gegen beteiligte Firma als juristische Person GG 103 1 –
- Verwertungsverbot für durch Strafverfolgungsbehörden (mittelbar) erlangte Kenntnisse aus den Steuerakten außerhalb von ~ AO 393 4 +, 1 –, 3 –

Stimmaufzeichnung, Heimliche ~ außerhalb gesetzlicher Grundlage ist ohne Einverständnis des/r Dispositionsbefugten unverwertbar 81b 1 +; 244 III S. 1 7 –; 261 110 +

Stimmvergleich, Beweiswürdigung eines ~s erfolgt nach Grundsätzen zur Wahlgegenüberstellung 261 69 +
- Sachverständigengutachten für ~ 81b 1 +; 244 III S. 2 Var. 2 1 –

Strafantrag, Formerfordernis 158 1 +, 1 –
- ~ im Revisionsverfahren 158 2 +
- Nebenklagezulassung erfordert keinen ~ des Nebenklägers 395 2 +
- Nur vermeintlich fehlender ~ gestattet Wiederaufnahme nach rechtskräftiger Ablehnung der Eröffnung des Hauptverfahrens 211 2 –
- Vermißtenmeldung bedeutet noch keinen ~ 158 1 +

Strafaussetzung zur Bewährung s. dort

Strafausspruch, Auch fehlerhafter ~ unterliegt dem Verschlechterungsverbot 358 2 –
- Geringerer ~ im Urteilstenor als in den Urteilsgründen unterliegt dem Verschlechterungsverbot 268 1 –, 5 –
- Hilfsweiser ~ für den Fall einer Zugrundelegung anderer tatsächlicher Voraussetzungen oder rechtlicher Tatbestände ist nicht zulässig 267 20 –
- Rüge eines geringeren ~s im Urteilstenor als in den Urteilsgründen ist unzulässig 268 1 –
- Urteilsaufhebung erfolgt nur im ~ bei denkgesetzlich ausgeschlossenem Einfluß eines absoluten Revisionsgrundes auf den Schuldspruch 140 6 +; 338 Nr. 5 15 +; 338 Nr. 6 17 +, 6 –
- Urteilsaufhebung im ~ nebst zugehörigen Feststellungen bewirkt Rechtskraft für den Schuldspruch betreffende und doppelrelevante Tatsachen 358 2 +

Strafbefehl, Einspruch vor Zustellung zulässig gegen bereits erlassenen ~ 410 2 +
- Fehlerhafte Verwerfung eines Einspruchs gegen ~ gestattet Zurückverweisung des Berufungsgerichts 328 2 –
- Rechtskraft eines ~ bleibt auch nach Einführung des § 153a StPO beschränkt 410 1 –
- Rechtskraft eines ~ gestattet erneute Verfolgung derselben Tat unter bisher nicht berücksichtigtem strafbarkeitserhöhenden rechtlichen Gesichtspunkt 410 1 +, 3 +, 1 –, 2 –, 3 –, 4 –, 5 –
- Rechtskraft eines ~ hindert nicht Verfolgung wegen Eintritts straferhöhender Tatfolgen nach seinem Erlaß 410 3 +, 2 –

- Rechtskraft eines ~ hindert nicht Verfolgung wegen Hinzutretens weiterer selbständiger Handlung nach seinem Erlaß 410 3 –
- Rechtskraft eines ~ hindert nicht Verfolgung wegen Hinzutretens außerhalb der Zuständigkeit des Amtsgerichts liegender Taten nach seinem Erlaß 410 3 –
- Rechtskräftiger ~ bewirkt keine Bindung des Anwaltsgerichts an darin getroffene Tatfeststellungen BRAO 118 1 +
- Sofortige Beschwerde gegen Beschluß der Ablehnung eines ~s ist Angeklagtem vor Entscheidung des Beschwerdegerichts zur Gegenerklärung mitzuteilen 308 5 +

Strafe, Einbeziehung von ~ s. Strafeinbeziehung
- Gesamtstrafe s. dort
- Höchstjugendstrafe bildet kein Verfahrenshindernis für Verfolgung von Straftaten Erwachsener 260 6 +
- Höchststrafe trotz richterlich zugesagter Auswirkung eines Geständnisses und Hinweispflicht des Gerichts 261 20 –
- Jugendstrafe s. dort
- Neubemessung der ~ unterliegt keiner Einschränkung durch eingetretene Rechtskraft des Schuldspruchs 354a 1 +
- Neue Freiheitsstrafe statt ursprünglicher Jugendstrafe verstößt gegen das Verschlechterungsverbot 358 4 +
- Neue Gesamtstrafe unterliegt sowohl hinsichtlich ihrer Bildung als auch derjenigen der Einzelstrafen dem Verschlechterungsverbot 358 3 +, 6 +, 7 +, 8 +
- Neue ~ unter Beibehaltung des Strafmaßes trotz Wegfalls einzelner Taten in der Rechtsmittelinstanz verstößt nicht gegen das Verschlechterungsverbot 358 4 –
- Rechtsmittelbeschränkung auf Bemessung der Tagessatzhöhe einer Geldstrafe grundsätzlich wirksam 344 1 +
- Sicherungsverfahren hindert wegen Verschlechterungsverbot in anschließendem Strafverfahren die Verhängung von ~ 358 9 +
- Strafschärfungsankündigung wegen fehlender Unrechtseinsicht gegenüber nichtgeständigem Angeklagten vor Schluß der Beweisaufnahme begründet Besorgnis der Befangenheit 24 1 +; 338 Nr. 3 1 +

Strafeinbeziehung, Absehen von ~ bei Folge mehr als zehnjähriger Jugendstrafe nur aus erzieherischen Gründen von ganz besonderem Gewicht zulässig JGG 31 4 +; JGG 105 2 –
- ~ von allgemeiner Freiheitsstrafe in Gesamtstrafe mit Jugendstrafe nur bei gleichzeitiger Aburteilung zulässig 260 6 +; JGG 31 2 –; JGG 32 1 +, 2 +
- ~ von Freiheitsstrafe in Einheitsjugendstrafe zulässig JGG 32 1 –; JGG 105 1 –
- ~ von früherer Jugendstrafe berechtigt zu Neuentscheidung über Anrechnung damaliger Untersuchungshaft JGG 31 5 +
- ~ von früherer Jugendstrafe muß sich auf bereits verbüßten Teil erstrecken JGG 31 7 +
- ~ von früherer Jugendstrafe unbestimmter oder geringer Dauer bei Verurteilung zu Höchstjugendstrafe stets geboten JGG 31 6 +
- ~ von früheren Urteilen nach Erledigung ihrer Rechtsfolgen unzulässig JGG 31 2 +
- ~ von rechtskräftigen Verurteilungen nach Erwachsenenstrafrecht in Jugendstrafe (nur) bei zur Tatzeit Heranwachsenden möglich JGG 105 1 +, 3 –
- ~ von selbständiger Maßregelverurteilung zur Bewährung in Jugendstrafe zulässig JGG 31 1 –
- Höchstjugendstrafe kann in Ausnahmefällen überschritten werden durch Absehen von ~ JGG 105 2 –
- Jugendstrafe gebietet u.U. aus erzieherischen Gründen Absehen von ihrer ~ JGG 31 1 +, 3 +, 4 +, 6 +; JGG 105 2 –
- Wiederaufnahmeantrag hindert nicht ~ vollständig vollstreckter Strafe JGG 105 1 +

Straffreiheitsgesetz 260 17 +, 17 –
- ~ ist vorrangig zu prüfendes Verfahrenshindernis JGG 27 2 +

Strafgefangener, Aussage eines Strafgefangenen im strafvollzugsrechtlichen Disziplinarverfahren ist gegen seinen Willen im Strafverfahren nicht verwertbar 136 4 –

Strafgericht, Abtrennung von Jugendstraftaten eines erwachsenen Angeklagten und Übergabe an Jugendgericht ist zulässig 2 2 –
- Jugendgerichte haben innerhalb derselben Strafgewalt dieselbe sachliche Zuständigkeit wie allgemeine ~e 338 Nr. 4 11 –
- Unzuständigkeit des allgemeinen ~s bei Verhandlung gegen Heranwachsenden ist nur auf Verfahrensrüge zu prüfen 338 Nr. 4 4 –, 11 –

Strafgewalt, Berufungsgericht darf nicht wegen zu geringer ~ in erstinstanzliches Verfahren überleiten bei lediglich in Betracht kommender Freiheitsstrafe von unter 3 Jahren 237 1 +; 328 1 +; 338 Nr. 4 3 +
- Berufungsgericht hat keine höhere ~ als erstinstanzliches Gericht 331 1 +
- Hinweispflicht des zu erstinstanzlicher Verhandlung übergehenden Berufungsgerichts auf erhöhte ~ 6 1 –
- Verweisungsbeschluß an Gericht höherer Ordnung grundsätzlich erst zulässig bei feststehendem Schuldspruch und verfestigter Erwartung mangelnder ~ 270 1 –

Strafkammer, Auswärtige ~ beim Amtsgericht muß bei Verteilung der Zahl der Hauptschöffen mitberücksichtigt werden GVG 77 1 –
- Auswärtige ~ muß einen Vorsitzenden haben 338 Nr. 1 33 +
- Auswärtige ~ unterliegt bis auf die Besonderheiten des § 78 GVG allgemeinen Grundsätzen der Gerichtsbesetzung 338 Nr. 1 33 +, 54 +

[Strafkammer]
- Beschäftigung nichtständiger Richter am Landgericht ist kein Verfassungsverstoß 338 Nr. 1 63 –
- Beweisantragsprüfung einer ~ darf nicht im Sitzungssaal erfolgen Vor 244 III–VI 8 +
- Bildung ordentlicher ~ im laufenden Geschäftsjahr gebietet nachträgliche Auslosung der Schöffen 338 Nr. 1 32 –; GVG 47 1 +
- Entscheidungen des Vorsitzenden bei Entscheidungszuständigkeit der ~ sind nur außerhalb bestehenden Ermessens und unbestimmter Rechtsbegriffe unschädlich 338 Nr. 1 16 +
- Geschäftslastzunahme auf Dauer ermöglicht Änderung des Geschäftsverteilungsplans zur Bildung neuer ~ GVG 21e 2 –
- Geschäftsverteilung innerhalb der ~ ist nur bei willkürlicher oder sonst rechtsmißbräuchlicher Nichteinhaltung revisibel 338 Nr. 1 25 –, 36 –
- Hilfsrichterbesetzung einer ~ mit zwei Assessoren entgegen § 29 DRiG begründet u.U. vorschriftswidrige Gerichtsbesetzung 338 Nr. 1 35 +, 48 –, 52 –, 56 –
- Hilfsschöffen eines Landgerichts außerhalb eines oder mit mehreren Amtsgerichtsbezirken sind zu wählen durch von der Landesjustizverwaltung bestimmten Schöffenwahlausschuß 338 Nr. 1 14 +
- Hilfsstrafkammer erhält vorrangig nicht benötigte Schöffen zu entlastender ständiger ~ und im übrigen durch Heranziehung nach Reihenfolge der Hilfsschöffenliste 338 Nr. 1 5 –, 30 –; GVG 47 1 +
- Hilfsstrafkammereinrichtung ist willkürlich bei offen zutage liegender dauernder Mehrbelastung oder unrealistischer Prognose des Verfahrensabschlusses innerhalb des kommenden Geschäftsjahres 338 Nr. 1 14 –, 20 –
- Hilfsstrafkammervorsitz muß nicht mit Vorsitzendem Richter besetzt werden 338 Nr. 1 20 –, 52 –
- Interne Zuständigkeitsstreitigkeiten nach dem Geschäftsverteilungsplan zwischen ~n entscheidet das Präsidium 260 12 +; GVG 21e 3 –
- Kleine ~ bedarf zur Eröffnung des Hauptverfahrens in vorschriftsgemäßer Gerichtsbesetzung entsprechenden Besetzungsbeschlusses GVG 76 1 +
- Mitgliedschaft in ~ oder nur vorübergehende Vertretung entscheidet sich nach tatsächlicher Handhabung und dem vom Präsidium beigelegten Sinn des Geschäftsverteilungsplans vorrangig vor dessen Wortlaut 338 Nr. 1 25 +, 9 –, 43 –
- Reduzierte Besetzung großer ~ gemäß § 76 II GVG ist auch zu beschließen bei Zuständigkeitsbegründung durch Verweisung nach §§ 225a, 270 StPO 338 Nr. 1 2 –
- Reduzierte Besetzung großer ~ gemäß § 76 II GVG ist nur im Willkürfalle revisibel 338 Nr. 1 3 –
- Rüge reduzierter Besetzung großer ~ unter Verstoß gegen § 76 II GVG ist nur zulässig nach Antrag auf Unterbrechung der Hauptverhandlung zur Besetzungsprüfung oder erhobenem Besetzungseinwand 338 Nr. 1 2 –, 3 –
- Schöffenwahl unzulässig im Falle einer Trennung für kleine und große ~n GVG 77 2 –
- Schöffenwahl unzulässig für einzelne ~ GVG 77 2 –
- Schöffenwegfall beim Landgericht unterliegt Prüfung und Entscheidung der gesamten ~ 338 Nr. 1 16 +
- Schwurgericht ranggleich zur ~ 270 3 +
- Schwurgericht unterliegt grundsätzlichem Konzentrationsgrundsatz auf eine ~ 338 Nr. 1 13 –; GVG 74 2 +
- Sitzungstagübernahme zwischen ordentlichen ~n berechtigt nicht zur Übernahme der Schöffen 338 Nr. 1 40 –
- Staatsschutzkammer hat dieselbe sachliche Zuständigkeit wie allgemeine ~ 338 Nr. 4 12 –
- Überbesetzung einer ~ ist bei gleichzeitig möglichen zwei personenverschiedenen Sitzgruppen unzulässig 338 Nr. 1 28 +, 29 +, 32 +, 16 –, 42 –, 43 –
- Überbesetzung einer ~ entscheidet sich nach der Zahl ihrer tatsächlich ständigen Mitglieder 338 Nr. 1 9 –, 43 –
- Überbesetzung einer ~ mit einem zusätzlichen ständigen Mitglied nicht vorschriftswidrig 338 Nr. 1 9 –
- Überbesetzung einer ~ mit fünf Beisitzern ist bei tatsächlicher Geschäftsaufteilung auf zwei sachlich und personell völlig selbständige ~n unter einem Vorsitzenden und einer Bezeichnung nicht vorschriftswidrig 338 Nr. 1 34 –
- Überlastung als unbestimmter Rechtsbegriff unterliegt nur revisionsgerichtlicher Prüfung auf Willkür bei Einrichtung einer Hilfs-~ 338 Nr. 1 1 –, 14 –, 20 –
- Überlastung ordentlicher ~ durch vorübergehenden und nicht mittels Zuteilung neuer Mitglieder oder Entlastung an andere ordentliche ~ zu bewältigenden Geschäftsandrang berechtigt als Fall der Verhinderung zur Einrichtung einer Hilfs-~ 338 Nr. 1 1 –, 14 –, 20 –, 30 –, 52 –, 53 –
- Überlastung einer ~ rechtfertigt Änderung des Geschäftsverteilungsplans durch Umverteilung bereits anhängiger noch nicht terminierter Haftsachen 338 Nr. 1 4 –, 22 –
- Vertretung durch Bestellung eines zeitweiligen Vertreters ist auf Fälle vorübergehenden und unvorhersehbaren Bedarfs begrenzt 338 Nr. 1 23 +, 8 –, 28 –, 57 –; GVG 21e 1 +, 1 –; 21f 1 –

- Vertretung im Vorsitz einer ~ ist planmäßig nur durch (tatsächlich) ständiges Kammermitglied zulässig 338 Nr. 1 25 +, 9 –
- Vorsitz einer ~ bedarf außerhalb (der Dauer) üblicher Besetzungsverfahren zwingender Festlegung im Geschäftsverteilungsplan 338 Nr. 1 15 +, 31 +, 13 –, 49 –
- Vorsitzender einer ~ und Verhinderung wegen Vorsitzes einer Schwurgerichtssache 338 Nr. 1 23 +
- Wechsel eines Mitglieds der ~ und Befugnis zur Änderung der Geschäftsverteilung wird auch begründet durch die Zuweisung eines Hilfsrichters 338 Nr. 1 31 –
- Wechsel des Vorsitzenden einer ~ gestattet keine Geschäftszuteilung an unbenannten „Nachfolger" vor dessen Amtsantritt und präsidialer Beschlußfassung über seine Verwendung 338 Nr. 1 31 +, 41 –, 51 –
- Wirtschaftsstrafkammer erlaubt ihren Schwerpunkt wahrende Geschäftszuteilung allgemeiner Strafsachen 338 Nr. 1 13 –; GVG 74c 1 –
- Zusätzliche ~ erhält Schöffen durch Auslosung aus der Hilfsschöffenliste 338 Nr. 1 32 –; GVG 47 1 +

Strafklageverbrauch 264 2 +, 3 +, 4 +, 8 +, 10 +, 11 +, 14 +, 1 –, 3 –, 6 –, 7 –, 8 –, 9 –; 410 1 +; GG 103 1 +, 2 +, 3 +, 4 +, 8 +, 1 –, 2 –, 3 –
- Abgeschlossenes Strafverfahren ist Voraussetzung für Eintritt von ~ GG 103 4 +
- Berücksichtigung eines ~s erfolgt von Amts wegen in jeder Verfahrenslage GG 103 8 +
- Erwachsenenstraftaten im Vorfeld eines Jugendgerichtsurteils unterliegen bei Unterlassen gleichzeitiger Aburteilung mehrerer Straftaten aus verschiedenen Altersstufen keinem ~ 260 6 +
- Fortgesetzte Handlung und ~ 264 10 +, 11 +, 6 –; 410 4 –; GG 103 3 +
- Prozessuale Tat s. dort
- Rechtskräftige Ablehnung der Eröffnung des Hauptverfahrens bewirkt auch bei ihr zugrundeliegender falscher Rechtsauffassung den ~ 211 1 –
- Rechtskräftige gerichtliche Sachentscheidung bewirkt auch für ausgeschiedene Tatteile den ~ 154a 4 –
- Sachentscheidung allein ermöglicht den ~ 260 15 +
- Schengener Durchführungsübereinkommen bewirkt bei rechtskräftiger Verurteilung durch ausländischen Vertragsstaat für auch dort begangene Tat stets den ~ 264 2 +, 4 +
- Schengener Durchführungsübereinkommen bewirkt auch bei rechtskräftiger Bewährungsverurteilung durch ausländischen Vertragsstaat den ~ 264 4 +
- Selbständigkeit prozessualer Tat bildet bei Einbeziehung in früheres Strafverfahren kein Hindernis für den ~ GG 103 3 –
- Strafbefehlsrechtskraft bleibt auch nach Einführung des § 153a StPO beschränkt 410 1 –
- Strafbefehlsrechtskraft steht erneuter Verfolgung derselben Tat unter bisher nicht berücksichtigtem strafbarkeitserhöhenden rechtlichen Gesichtspunkt nicht entgegen 410 1 +, 3 +, 1 –, 2 –, 3 –, 4 –, 5 –
- Zweifelssatz anwendbar zur Feststellung der Voraussetzungen für möglichen ~ 264 3 +

Strafmaß, Geständnis und Verständigung im Strafverfahren bewahrt nicht vor Verurteilung zum Höchst-~ 261 20 –
- Verständigung im Strafverfahren erlaubt nur Zusage von Strafobergrenzen 44 2 +; 261 3 –, 20 –; GVG 169 1 +
- Verständigung im Strafverfahren gebietet Hinweis des Gerichts vor einer Abweichung von der in Aussicht gestellten Grenze des ~es 265 1 +, 23 +
- Zusage des ~es begründet u.U. Besorgnis der Befangenheit 338 Nr. 3 3 +

Strafmilderungsgrund, Unverschuldete Verletzung des Beschleunigungsgebotes ist besonderer ~ MRK 6 5 +, 6 +, 10 +, 13 +, 14 +, 12 –, 13 –

Strafnebenfolgen, Hinweispflicht des Gerichts erstreckt sich nicht auf außerhalb des notwendigen Inhalts der Anklageschrift liegende ~ 207 5 –
- Verschlechterungsverbot gilt auch für ~ 358 10 –

Strafsache, Mehrfache Anhängigkeit einer ~ im selben Rechtszug ist unzulässig GVG 121 2 +

Straftat s. Tat

Strafurteil, Verlesung eines zur Beurteilung der Glaubwürdigkeit eines Zeugen notwendigen ~s ist zulässig 68a 2 –

Strafverfahren, Befangenheit eines Berufsrichters nicht zu besorgen wegen dessen Kenntnis vorangegangener ~ 338 Nr. 3 8 –, 12 –
- Befangenheit eines Sachverständigen nur zu rechtfertigen mit Vorkommnissen aus demselben ~ 74 2 +
- Jugend-~ s. dort
- Steuer-~ s. dort
- Verständigung im ~ s. dort
- Zeugnisverweigerung in der Hauptverhandlung begründet Verwertungsverbot für Aussagen früherer Angeklagter in gegen sie selbst gerichteten ~ 252 18 –

Strafverfolgung, Absehen von der ~ s. dort
- Beschränkung der ~ s. dort

Strafverfolgungsgefahr, zur Begründung des Auskunftsverweigerungsrechts obliegt tatrichterlicher Beurteilung bei nur rechtlicher Überprüfbarkeit durch Revisionsgericht 55 1 –, 5 –

Strafverfolgungskompetenz, Verteilung der ~ zwischen Bund und Ländern ist zwingend zu beachten GVG 120 1 –

Strafverfolgungsschutz, Auslandszeuge ist zu laden unter Hinweis auf möglichen ~ 244 III S. 2 Var. 5 5 +, 6 +, 8 +, 10 +, 12 +, 7 –, 10 –; 251 25 +

Strafvollstreckung, Zusage des seine Zuständigkeit überschreitenden Gerichts führt als unzulässige Willensbeeinflussung zur Unwirksamkeit erklärten Rechtsmittelverzichts 44 6 +

Strafzumessung, Ausschließliche Erörterung strafmildernder Umstände bei der ~ ist unzureichend 267 50 +
– Eingestellten Taten zugrundeliegendes Verhalten darf für die abzuurteilende Tat nicht gesondert strafschärfend verwertet werden 154 8 +, 5 –
– Faires Verfahren gebietet bei Verstoß Berücksichtigung bei der ~ 154 3 –
– Leugnen des Angeklagten gestattet Berücksichtigung zulässiger Schlüsse auf das Maß seiner persönlichen Schuld und seine Gefährlichkeit bei der ~ 267 23 –
– Leugnen des Angeklagten und dadurch begründete Notwendigkeit einer Vernehmung jugendlicher Zeugen gestattet keine strafschärfende Verwertung 267 51 +
– Minder schwerer Fall bei Erörterungsbedürftigkeit infolge eines Antrags nach § 267 III S. 2 StPO oder aus sachlich-rechtlichen Gründen ist revisibel 267 5 +
– Neuer Tatrichter ist gebunden an in Rechtskraft erwachsene Tatfeststellungen 353 2 +
– Neuer Tatrichter unterliegt bei der ~ keiner Einschränkung durch eingetretene Rechtskraft des Schuldspruchs 354a 1 +
– Strafmildernde Berücksichtigung von die Strafbarkeit nicht berührenden Verfahrensfehlern ist nicht geboten 267 15 –
– Strafschärfende Berücksichtigung des Nachtatverhaltens des Angeklagten ist zulässig 267 16 –
– Strafschärfende Verwertung der Tatfeststellungen verjährter Taten trotz diesbezüglicher Teileinstellung des Verfahrens im Revisionsurteil ist zulässig 353 1 +
– Strafschärfende Verwertung getilgter Vorstrafen ist unzulässig BZRG 49 5 +; BZRG 51 1 +, 2 +
– Unterbringung ist nicht zu ersetzen durch Verurteilung zu Haftstrafe unter Überschreitung schuldangemessener ~ 267 45 +
– Versuch der Straftat begründet keine zwingende Strafmilderung 267 17 –
– Verwertung nichtangeklagter Vorfälle zum Nachteil des Angeklagten in der Beweiswürdigung zum Schuldspruch unterliegt bei vorangegangener Mitteilung ausschließlicher Verwertung zur ~ der Hinweispflicht des Gerichts 265 2 +

Strafzumessungserwägungen, Bezugnahme der Urteilsgründe auf in anderem Urteil enthaltene ~ ist unzulässig 267 3 +, 9 +, 34 +

– Geschlechtsneutralitätsgebot generalpräventiver ~ 267 13 –
– Vorstrafen mit Bedeutung für die aktuelle Sanktionsfindung erfordern im Urteil Mitteilung der zugrundeliegenden Sachverhalte und ~ 267 9 +, 36 +

Strafzumessungstatsachen, Beweisantrag erfordert Konkretisierung von ~ Vor 244 III–VI 9 –

Strafzwecke 267 45 +, 13 –

Strangulationsspur, Beweiswürdigung 261 166 +

Straßenverbindung, Polizeibeamter als Beweismittel u.U. austauschbar durch Straßenkarte für Nachweis bestehender ~ 244 III S. 2 Var. 3 2 –

Strengbeweisverfahren, Altersermittlung des Angeklagten erfolgt im ~ 244 VI 9 +
– Dienstliche Äußerungen sind unzulässiges Beweismittel im ~ 261 22 +
– Schuldspruch- und doppelrelevante Beweistatsachen sind festzustellen im ~ 244 VI 9 +

Subsidiarität der Verfassungsbeschwerde 24 2 –; 81a 1 –, 2 –

Substantiierung, Beweisantrag mit schlagwortartigem oder in Wertung zusammengefaßtem Beweisbegehren gebietet Hinwirkung des Tatrichters auf Darlegung und ~ der zugrundeliegenden Tatsachen Vor 244 III–VI 6 –

Sucht, Angaben des Patienten zu seinem Suchtverhalten mit strafprozessualen Mitteln nicht erzwingbar 53 3 +
– Beweisantrag erfordert Konkretisierung behaupteter ~ Vor 244 III–VI 10 –

Tablettenmissbrauch, Beurteilung der Auswirkung auf die Aussagetüchtigkeit erfordert medizinisches Sachverständigengutachten 244 IV 7 +
– Zureichende Anknüpfungstatsachen für Sachverständigengutachten bei ~ 244 IV 5 –

Tagebuchaufzeichnungen, Unmittelbarer Bezug zu konkreter schwerer Straftat bewirkt Ausnahme vom Verwertungsverbot für ~ 249 5 +; 261 22 –, 25 –
– Unzulässige Beweiserhebung über ~ 249 5 +
– Weitere Vernehmung einer Zeugin aus Gründen der Aufklärungspflicht nach Bekanntwerden ihrer ~ 244 II 5 +

Tagessatz, Höhe des Tagessatzes einer Geldstrafe grundsätzlich wirksamer Gegenstand einer Rechtsmittelbeschränkung 344 1 +

Tat, Aufklärungspflicht gebietet u.U. Ausdehnung der Ermittlungen auf (eingestellte/nicht rechtskräftig abgeurteilte) Straftaten außerhalb von Anklage und Eröffnungsbeschluß 261 28 –
– Ausgeschiedene Teile der ~ sind nur nach Hinweis des Gerichts verwertbar 154a 4 +; 261 33 –; 265 6 +, 10 +, 3 –
– Mehrere in verschiedenen Altersstufen begangene ~en und Ermessensentscheidung des

Tatrichters über jugendstrafrechtlichen Schwerpunkt JGG 32 3 –
- Jugendstraftat s. dort
- Prozessuale ~ i.S.d. § 264 StPO als Gegenstand der Untersuchung s. Prozessuale Tat
- Tat, Serienstraf-~ s. dort
- Umstände nicht rechtskräftig abgeurteilter ~en sind nach Maßgabe der Aufklärungspflicht im Urteil verwertbar 261 28 –
- Verhalten nach der ~ s. Nachtatverhalten
- Wiedereinbeziehung einer ~ s. dort

Tatbestand, Mehrheit verwirklichter Tatbestände erfordert die Verteidigung im einzelnen ermöglichende und für das Revisionsgericht nachvollziehbare konkrete Mitteilung der Einzelhandlungen nach Ort und Zeit sowie Begehungsweise 267 12 +, 22 +

Tatbestandsmerkmale, Gebot selbständiger tatrichterlicher Prüfung des Vorliegens der ~ 244 III S. 2 Var. 2 7 +; 261 192 +; 267 23 +

Tatbestandsvariante, Abweichende Beurteilung gegenüber zugelassener Anklageschrift gebietet Hinweis des Gerichts 265 5 +, 9 +, 11 +, 31 +, 37 +, 41 +, 42 +, 54 +, 18 –, 20 +

Tateinheit, Berufungsbeschränkung auf (Einbeziehung) nur vermeintlich selbständige(r) Tat unbeachtlich 331 1 +

Täterschaft, Hinweispflicht des Gerichts bei beabsichtigter Verurteilung in Abweichung von der angeklagten/eröffneten Form der ~ 265 12 +, 14 +, 21 +, 24 +, 29 +, 32 +, 34 +, 35 +, 40 +, 52 +, 6 –, 15 –
- Hinweis auf mögliche Verurteilung wegen Beihilfe begründet keine Erkennbarkeit einer Verurteilung wegen Mittäterschaft 265 29 +

Tatfeststellungen, Abweichende Zeugenbekundungen vor und in der Hauptverhandlung von den ~ erfordern Mitteilung der einzelnen Punkte von Aussagekonstanz bzw. -widersprüchlichkeit/-ungenauigkeit und ihrer Bewertung als wesentlich zum Kernbereich des Geschehens oder unwesentlich zum Randgeschehen innerhalb der Urteilsgründe 267 21 +
- Ärztliche Pflichtwidrigkeiten bei fahrlässiger Tötung erfordern genaueste Wiedergabe in den Urteilsgründen 261 162 +
- Bezugnahme der Urteilsgründe auf ~ eines in einem anderen Verfahren ergangenen Urteils ist unzulässig 267 23 +
- Bezugnahme des neuen Tatrichters zulässig (nur) im Umfang eingetretener Rechtskraft der ~ 267 2 +, 11 –; BRAO 118 1 +, 1 –
- Bindung des Anwaltsgerichts an ~ eines Urteils im Straf- und Bußgeldverfahren gilt nicht für solche in rechtskräftigem Strafbefehl BRAO 118 1 +
- Bindung des Revisionsgerichts an alle Feststellungen zur Schuld- und Straffrage 261 41 +
- Ergänzende eigene ~ sind dem Revisionsgericht grundsätzlich verwehrt 261 37 –

- Festnahme unter Körperverletzung mit Todesfolge gebietet ~ zu Reihenfolge und Intensität von Angriff und Abwehr zum Zeitpunkt der Festnahme 127 1 +
- Gebot hinreichender Konkretisierung der ~ 200 1 +; 261 43 +, 54 +, 68 +, 70 +, 162 +, 18 –
- Geschwindigkeitsüberschreitung ist auch anhand eines Geständnisses feststellbar 267 6 –
- Gesetzeswortlautwiederholung oder Umschreibung mit gleichbedeutendem Wort oder allgemeiner Redewendung ist unzureichend für die ~ 267 1 +, 10 –
- Neuer Tatrichter ist gebunden an in Rechtskraft erwachsene ~ 353 2 +; 358 1 +, 2 +
- Rechtskräftige ~ unterliegen Verbot erneuter Beweisaufnahme 358 1 +; BRAO 118 1 +, 2 +, 1 –
- Revisionsurteil kann nicht Grundlage oder Ersatz für tatrichterliche ~ sein 261 51 –
- Richterliche Überzeugung (s. auch dort) von ~ erfordert vernünftige Zweifel ausschließendes Maß an Sicherheit 261 135 –
- Richterlicher Überzeugungsmangel hinsichtlich Einlassung des Angeklagten verbietet Stützung wesentlicher ~ für eine Verurteilung auf diese 261 130 +, 148 +
- Schuldspruchbestätigung bindet neuen Tatrichter gegen Annahme einer Schuldunfähigkeit 264 20 +
- Urteilsaufhebung wegen Fehlens von Prozeßvoraussetzungen erstreckt sich regelmäßig auf die ~ 353 1 +
- Urteilsgründe gebieten Feststellung des eigentlichen Tatgeschehens 267 28 +, 39 +
- Verfahrensverbindung/-trennung zusammenhängender Strafsachen bestimmt sich nach den Anklage und Eröffnungsbeschluß zugrundeliegenden tatsächlichen Annahmen anstelle der in der Hauptverhandlung getroffenen ~ 261 46 +
- Verjährung von Taten rechtfertigt regelmäßig keine Aufhebung der diesen zugrundeliegenden ~ bei verjährungsbedingter Teileinstellung im Revisionsurteil 353 1 +
- Wiederaufnahmeverfahren wegen Verfassungswidrigkeit der dem Urteil zugrundeliegenden Norm gemäß § 79 I BVerfGG gestattet Aufrechterhaltung der ~ zum Schuldspruch 359 1 –
- Zeitraum „von Ende 1997 bis zum Morgen des 02. 04. 1998" hinreichende Konkretisierung des Anklagevorwurfs zweier Mißbrauchshandlungen „im Frühjahr 1998" 200 1 +
- Zweifelssatzanwendung bei Mehrheit strafbarer Tatvarianten 261 19 +, 130 +
- Zweifelssatzanwendung bei Serienstraftat 261 27 +, 128 +, 18 –
- Zweifelssatzbegründete ~ sind im Umfang eingetretener Rechtskraft bindend für neuen Tatrichter 358 2 +

4633

Tatfolgen, Nach Erlaß rechtskräftigen Strafbefehls eingetretene ~ unterliegen keinem Strafklageverbrauch 410 3 +, 2 –
Tatgericht, Neues ~ darf auf Tatfeststellungen (nur) im Umfang ihrer Rechtskraft Bezug nehmen 267 2 +, 11 –; BRAO 118 1 +, 2 +, 1 –
– Neues ~ ist an in Rechtskraft erwachsene Tatfeststellungen gebunden 353 2 +; 358 1 +, 2 +
– Neues ~ ist an Schuldspruchbestätigung durch Revisionsgericht gegen Schuldunfähigkeit gebunden 264 20 +
– Neues ~ ist an Tatfeststellungen verjährter Taten nach Zurückverweisung trotz diesbezüglicher Teileinstellung des Verfahrens im Revisionsurteil gebunden 353 1 +
– Neues ~ ist auch an nach dem Zweifelssatz getroffene Tatfeststellungen im Umfang eingetretener Rechtskraft gebunden 358 2 +
– Neues ~ ist bei Prüfung eines Vereidigungsverbots an Beteiligungsverdachtsannahme der Vorinstanz nicht gebunden 60 16 –
– Neues ~ und Verschlechterungsverbot s. dort
Tatgeschehen, Urteilsgründe gebieten Feststellungen zum eigentlichen ~ 267 28 +, 39 +
Tatidentität i.S.d. § 264 StPO s. Prozessuale Tat
Tatmehrheit, Verurteilung in Abweichung von angeklagtem/eröffnetem Vorwurf tateinheitlicher Begehung nur zulässig nach Hinweis des Gerichts 265 10 –
Tatmotiv, Beweiswürdigung gestattet keine nur auf allgemeine Erfahrungssätze gestützte Annahme eines mehrerer möglicher ~e 261 171 +
– Zweifelssatz gebietet Annahme des dem Angeklagten günstigsten ~s als Leitmotiv mehrerer ausdrücklich festgestellter ~e 261 4 +
Tatobjekt, Abweichende Beurteilung gegenüber zugelassener Anklageschrift gebietet Hinweis des Gerichts 265 22 +
Tatort, Abweichende Beurteilung gegenüber zugelassener Anklageschrift gebietet Hinweis des Gerichts 265 11 +
Tatplanung, Hinweispflicht des Gerichts besteht i.d.R. nicht für Feststellungen in bezug auf die tatbestandsmäßiger Handlung vorgelagerte Phase der ~ 265 2 –, 11 –
Tatprovokation durch Lockspitzel begründet kein Verfahrenshindernis 260 11 +, 11 –, 15 –; MRK 6 1 +, 3 +, 8 +
– ~ durch verdeckten Ermittler 110a 2 +; MRK 6 8 +
– Listige Veranlassung zum Grenzübertritt durch V-Mann begründet kein Verfahrenshindernis 260 11 –
– Unzulässige ~ liegt vor im Falle mit Einwirkung durch Vertrauensperson der Polizei von einiger Erheblichkeit einhergehender qualitativer Steigerung der Verstrickung des Täters MRK 6 1 +

Tatsachen, Beschwerdeentscheidung gestattet keine dem Angeklagten nachteilige Zugrundelegung ihm nicht mitgeteilter (Beweis-) ~ 308 4 +
– Besorgnis der Befangenheit nur zu begründen durch ~ 24 3 –; 261 31 +
– Beweis-~ s. dort
– Hilfs-~ s. Indizien
– Überraschende Feststellung von ~ ist revisibel 265 18 +, 39 +, 50 +, 51 +, 16 –
– Überraschende ~ gebieten u.U. von Amts wegen die Aussetzung der Hauptverhandlung zur Vorbereitung der Verteidigung 265 51 +
– Urteilsbegründende ~ unterliegen bei Veränderung der Hinweispflicht des Gerichts 265 18 +, 39 +, 50 +, 51 +, 16 –
– Zugrundelegung von ~ ohne Möglichkeit vorheriger Äußerung der Beteiligten verletzt Anspruch auf rechtliches Gehör GG 103 5 +, 6 +
Tatsachenalternativität, Richterliche Überzeugung und ~ 261 130 +, 148 +
Tatsachenbehauptung, Beweisantrag s. Beweisbehauptung
– ~ eines Verfahrensverstoßes wird durch Hinweis auf Hauptverhandlungsprotokoll nicht zu unzulässiger Protokollrüge 268 2 +; GVG 189 1 +
Tatsachenfeststellung s. Tatfeststellungen, Indizien
Tatsacheninstanz, Irrtum über weitere Instanz ist bei vorsätzlicher Zurückhaltung von Verteidigungsvorbringen nicht geschützt 216 1 +
Tatsachenvortrag, Verfahrensrüge unzulässig bei unvollständigem ~ entgegen bestehender Darlegungspflicht 13 1 –; 244 II 6 –; 338 Nr. 1 4 –; 344 1 –, 2 –, 3 –, 4 –, 6 –, 7 –
Tatvarianten, Zweifelssatz bestimmt notfalls Feststellung einer mehrerer strafbarer ~ 261 19 +, 130 +
Tatverhalten, Abweichende Umschreibung des vorwurfsbegründenden ~s im Urteil gegenüber zugelassener Anklageschrift ist nur nach Hinweis des Gerichts zulässig 265 17 +
Tatvorbereitung, Hinweispflicht des Gerichts besteht i.d.R. nicht für Feststellungen in Bezug auf die tatbestandsmäßiger Handlung vorgelagerte Phase der Tatplanung und ~ 265 2 –, 11 –
Tatzeit, Abweichende Beurteilung gegenüber zugelassener Anklageschrift gebietet Hinweis des Gerichts 265 8 +, 11 +, 19 +, 26 +, 27 +, 33 +, 45 +, 9 –, 14 –, 16 –
– Angaben von Belastungszeugen zur ~ unterliegen der Würdigung nach dem Zweifelssatz 261 89 +
– Ergänzung fehlerhafter Anklageschrift mittels Rückgriff des Gerichts auf sonstigen Akteninhalt ist unzulässig 264 5 +
– Rüge der Feststellung der ~ in Abweichung von zugelassener Anklageschrift erfordert

Vortrag fehlender Erörterung des neuen Zeitpunktes in der Hauptverhandlung 265 9 –
Teilanfechtung s. Rechtsmittelbeschränkung
Telefonüberwachung 100a; 100b
- Annahme verschlüsselter Bezeichnungen bei ~ 244 II 19 +; 261 88 +
- ~ ausländischer/konsularischer Räumlichkeiten und Völkerrechtsschutz 261 21 –
- Aussagespezifische Betrachtung und Begrenzung des Verwertungsverbots 100a 7 –
- Beurteilungsspielraum für Anordnung der ~ 100a 3 –
- ~ Dritter und Verwertungsverbot 100a 1 –, 8 –, 9 –, 10 –, 12 –
- Einverständliches polizeiliches Mithören privater Telefonate zwischen Zeugen und Verdächtigen ist nicht rechtswidrig 100a 6 –
- Fristbeginn 100b 1 –
- Geständnis aufgrund telefonischer Provokation ist bei fehlender Überwachungsanordnung unverwertbar 100a 3 +
- ~ im Berufsgerichtsverfahren 100a 12 –
- Niederschrift über ~ ist im Urkundenbeweis verwertbar 100a 11 –
- Raumgespräche im Rahmen genehmigter ~ unterliegen Verwertungsverbot 100a 4 +
- Rüge unzulässiger ~ erfordert Mitteilung des Überwachungsbeschlusses im Wortlaut 100a 4 –
- Tonbandprotokolle einer ~ dürfen Schöffen zum besseren Verständnis der Beweisaufnahme überlassen werden 250 2 –; 261 11 –
- Tonbandprotokolle einer ~ sind im Urkundenbeweis verwertbar 250 8 –
- Übersetzung fremdsprachiger Telefongespräche 244 II 19 +
- Unverwertbarkeit einer nach Vorhalt inhaltlich und sprachlich nicht wiederzugebenden nicht förmlich verlesenen Niederschrift über Tonbandaufnahmen einer ~ 261 127 +
- Unzulässigkeit der ~ eines Verteidigeranschlusses 100a 2 +, 5 –
- Unzulässigkeit einer ~ von Gesprächen mit dem Anschluß eines selbst keiner Katalogtat beschuldigten Verteidigers 100a 2 +
- Verwertbarkeit mittelbar erlangter Beweise aus ~ nur für Katalogtaten G10 7 1 –
- Verwertung unter dem Gesichtspunkt des „hypothetischen Ersatzeingriffs" unzulässig bei fehlender Anordnung der ~ 100a 3 +
- Verwertungsverbot der Erkenntnisse aus ~ für Nichtkatalogtaten 100a 1 +, 5 +, 6 +, 10 –; G10 7 1 –
- Vorhalte aus ~ nur bei Katalogtat zulässig 100a 6 +
- ~ während der Hauptverhandlung gebietet Bekanntgabe der Ergebnisse vor der Urteilsverkündung 147 2 +
Telekommunikationsgeheimnis, Rüge der Verletzung des Fernmeldegeheimnis nur zulässig als Verfahrensrüge unter Vortrag von den Mangel begründenden Tatsachen 344 8 –

Termin (s. auch Sitzung[-stag]), Ankündigung von ~en ist befreit vom Öffentlichkeitsprinzip 247 1 –; GVG 169 1 –, 7 –
- Benachrichtigungspflicht (s. dort) vor Vernehmungs-~ 168 c; 224
- ~ zur Fortsetzung der Hauptverhandlung s. dort
Terminierung, Absprache der ~ nur mit Pflichtverteidiger ohne Rücksicht auf Wahlverteidiger verletzt Recht des Angeklagten auf Vertrauensanwalt und faires Verfahren MRK 6 4 +
- ~ durch ausgeschlossenen Richter begründet vorschriftswidrige Gerichtsbesetzung 338 Nr. 1 46 +
- Gerichtsbesetzung gestattet keine Abhängigkeit von der ~ 338 Nr. 1 1 +
- ~ ohne Rücksicht auf Verfügbarkeit der Hauptschöffen verstößt nicht gegen Gebot des Gesetzlichen Richters GVG 16 1 –
- Religiöser Feiertag gebietet u.U. anderweitige ~ zur Wahrnehmung des Anspruchs auf rechtliches Gehör GG 103 7 +
Tilgungsfrist, Ablauf der ~ begründet Verwertungsverbot für Verurteilung BZRG 49 1 +, 3 +, 4 +, 5 +, 1 –; BZRG 51 1 +, 2 +, 3 +; GVG 121 1 +
- Ablauf der ~ vor Ende der Hauptverhandlung in der Tatsacheninstanz und nicht zum Zeitpunkt der neuen Tat maßgeblich BZRG 49 1 +; BZRG 51 2 +
- Beginn der ~ bei nachträglicher Gesamtstrafe mit Zeitpunkt der ersten Entscheidung BZRG 51 1 –
- Verlängerung der ~ gemäß § 46 III BZRG für Verurteilungen bemißt sich nach der Dauer der verhängten und nicht der verbüßten Freiheits- oder Jugendstrafe BZRG 46 1 –
- Verwertungsverbot wegen Ablaufs der ~ erstreckt sich nicht auf eingestellte Taten BZRG 49 1 –
- Verwertungsverbot wegen Ablaufs der ~ ist auf erhobene Sachrüge von Amts wegen zu prüfen BZRG 49 4 +
Tod, Stromtodbestimmung 244 II 6 +
Todesschüsse von DDR-Grenzsoldaten an innerdeutscher Grenze unterliegen keinem Verfahrenshindernis durch „act of state-doctrine" GG 103 5 –
Tonaufnahmen gegen den Willen des Betroffenen brauchen nicht geduldet zu werden 338 Nr. 8 7 –; GVG 169 9 –
- Genehmigung von ~ ist als sitzungspolizeiliche Maßnahme nicht revisibel GVG 169 9 –
- Genehmigungsunfähigkeit veröffentlichungsbestimmter Tonaufnahmen für Dauer der Verhandlung GVG 169 2 +, 3 +
- Hauptverhandlung einschließlich Urteilsverkündung gestattet keine veröffentlichungsbestimmten ~ GVG 169 2 +, 3 +
- Unzulässige ~ sind nur relativer Revisionsgrund 338 Nr. 8 7 –; GVG 169 5 –

4635

[Tonaufnahmen]
- Verhandlungspause in Abwesenheit des Angeklagten gestattet veröffentlichungsbestimmte ~ GVG 169 8 –

Tonaufzeichnungen, Einführung in die Hauptverhandlung 250 8 –; 261 110 +

Tonbandaufnahmen der Beweisaufnahme sind als Gedächtnisstütze für die Urteilsberatung zulässig 261 45 –
- Einverständliche ~ von Geständnis des Beschuldigten bei polizeilicher Vernehmung dürfen zur Gedächtnisunterstützung des Angeklagten und vernommener Verhörsperson abgespielt und gemäß deren Bestätigung verwertet werden 253 2 –
- Heimliche ~ außerhalb gesetzlicher Grundlage bedürfen zur Verwertung eines Einverständnisses des/r Dispositionsbefugten 81b 1 +; 244 III S. 1 7 –; 261 110 +
- Heimliche ~ sind nur bei zwingendem Gebot durch überwiegende Interessen der Allgemeinheit und strenger Wahrung der Verhältnismäßigkeit verwertbar 94 2 +
- Heimliche ~ von Privatgesprächen des Angeklagten durch Gesprächsteilnehmer unterliegen als unzulässiges Beweismittel einem Verwertungsverbot 244 III S. 1 7 –
- ~ in der Hauptverhandlung zur Begegnung der Behinderung eines motorisch schreibbeeinträchtigten Verfahrensbeteiligten stehen im pflichtgemäßen Ermessen des Gerichts 338 Nr. 8 4 –
- ~ völkerrechtswidrig durchgeführter Telefonüberwachung im Ausland unterliegen grundsätzlich einem Verwertungsverbot 261 21 –

Tonbandprotokolle über Telefonüberwachung sind im Urkundenbeweis verwertbar 250 8 –
- ~ über Telefonüberwachung dürfen Schöffen zum besseren Verständnis der Beweisaufnahme überlassen werden 250 2 –; 261 11 –
- Unverwertbarkeit nach Vorhalt inhaltlich und sprachlich nicht wiederzugebender nicht förmlich verlesener ~ 261 127 +

transactie-Vergleich nach belgischem Recht bewirkt keinen Verbrauch der Strafklage gegen beteiligte Firma als juristische Person GG 103 1 –

Trennung des Verfahrens s. Verfahrenstrennung

Überbesetzung einer Strafkammer entscheidet sich nach der Zahl ihrer tatsächlich ständigen Mitglieder 338 Nr. 1 9 –, 43 –
- Spruchkörper mit einem zusätzlichen ständigen Mitglied begründet keine vorschriftswidrige ~ 338 Nr. 1 9 –
- Spruchkörper mit fünf Beisitzern bei tatsächlicher Geschäftsaufteilung auf zwei sachlich und personell völlig selbständige Strafkammern unter einem Vorsitzenden und einer Bezeichnung begründet keine vorschriftswidrige ~ 338 Nr. 1 34 –

- Spruchkörper unterliegt Verbot gleichzeitig zwei personenverschiedene Sitzgruppen ermöglichender ~ 338 Nr. 1 28 +, 29 +, 32 +, 16 –, 42 –, 43 –; BRAO 101 1 +, 1 –
- Vorsitzender darf keine drei Spruchkörper mit jeweils verschiedenen Beisitzern bilden können 338 Nr. 1 29 +; BRAO 101 1 +, 1 –

Überlange Verfahrensdauer s. Beschleunigungsgebot

Überlastung einer Strafkammer gestattet Änderung des Geschäftsverteilungsplans durch Umverteilung bereits anhängiger noch nicht terminierter Haftsachen 338 Nr. 1 4 –, 22 –
- ~ einer Strafkammer unterliegt nur revisionsgerichtlicher Prüfung auf Willkür bei Einrichtung einer Hilfsstrafkammer 338 Nr. 1 1 –, 14 –, 20 –

Übermüdung, Verbotene Vernehmungsmethode 136a 4 +, 8 +

Übernahmebeschluß eines gleich- oder niederrangigen Gerichts ist nach Eröffnung des Hauptverfahrens unstatthaft 225a 2 +
- Eröffnungsbeschluß ist mangels schlüssiger und eindeutiger Willenserklärung der Anklagezulassung durch das Gericht nicht ersetzbar durch ~ 207 5 +
- ~ ist nicht ersetzbar durch unverlesenen Verweisungsbeschluß außerhalb einer Hauptverhandlung 225a 1 +

Übersetzer muß weder Dolmetscher noch vereidigt sein GVG 185 1 –
- Vernehmung als Sachverständiger GVG 185 1 –

Übersetzung, Beruhen des Urteils auf unterlassener Dolmetschervereidigung ist ausgeschlossen bei Kontrolle und Nichtbeanstandung durch Angeklagten und weiteren Dolmetscher GVG 189 1 –
- Fremdsprachige Prozeßerklärungen werden wirksam mit Eingang der ~ GVG 184 1 –, 2 –
- Fremdsprachige Schriftstücke erfordern bei Verwertung durch Vorhalt nach zutreffender inhaltlicher Bekanntgabe an die Prozeßbeteiligten keine ~ 249 1 –
- Verlesung der ~ fremdsprachigen Schriftstücks ist bei Feststellung ihrer Herkunft und Richtigkeit ohne Zuziehung eines Dolmetschers zulässig 249 5 –
- Fremdsprachige Telefongespräche bei Telefonüberwachung und ~ 244 II 19 +

Überzeugung des Tatrichters s. Richterliche Überzeugung

Umlaufprinzip, Hilfsschöffenliste gebietet reihenfolgegemäße Zuweisung nach dem ~ GVG 45 1 –; GVG 49 2 +

Unanfechtbarkeit richterlicher Entbindung vom Schöffenamt 338 Nr. 1 21 –; GVG 54 1 +
- ~ richterlicher Streichung eines Schöffen von der (Hilfs-)Schöffenliste GVG 52 1 +; GVG 54 1 +

– ~ von Entscheidungen hindert nicht Revisibilität ihres unzulässigen Widerrufs GVG 54 1 +
– ~ von Entscheidungen nachrangig gegenüber grundrechtlichem Anspruch auf Gesetzlichen Richter GVG 54 1 +; GVG 120 1 +

Unehre, Unerläßlichkeit von Fragen zur Glaubwürdigkeitsbeurteilung begründet die Revision im Falle ihrer Zurückweisung wegen Gereichung zur ~ 68a 1 +, 1 –; 338 Nr. 8 6 +, 1 –

Unentschuldigte Entfernung, Fesselung des Angeklagten zulässige Maßnahme des Vorsitzenden bei Gefahr für ~ 231 7 –

Unerreichbarkeit des Beweismittels (s. auch Auslandszeuge, Aussagegenehmigung, Sperrerklärung) 96 1 +; 244 II 1 +, 15 +, 17 –; Vor 244 III–VI 7 +, 13 –; 244 III S. 1 2 +; 244 III S. 2 Var. 5; 244 VI 7 +, 8 +; 247a 1 +, 1 –, 2 –, 3 –; 261 31 +, 178 +, 194 +
– Abwesenheit während eines Wochenendes begründet keine ~ 244 III S. 2 Var. 5 7 +
– Allgemeine Voraussetzungen einer ~ 244 III S. 2 Var. 5, 10 –
– Audiovisuelle Vernehmungsmöglichkeit für Auslandszeugen verbietet Ablehnung des Beweisantrags wegen ~ 247a 1 +
– Aufklärungsrüge erfordert Wiedergabe der Auffassung des Gerichts bei verkündeter ~ 244 II 17 –
– Ausländische Beweisaufnahme begründet keine Teilnahmepflicht des Gerichts 244 III S. 2 Var. 5 7 –, 10 –
– Aussagegenehmigung (s. auch dort) und unzulässige Vermutung ihrer Versagung im Widerspruch zur Aufklärungspflicht 244 III S. 2 Var. 5 15 +; 261 178 +
– Erklärung des Nichterscheinenwollens eines Auslandszeugen für Alibi begründet nur bei zutreffender Kenntnis von der Person des/der Angeklagten die ~ 244 III S. 2 Var. 5 1 +, 7 –
– Fehlende Meldung des mit der Ermittlung einer Zeugenanschrift Beauftragten bei Gericht begründet noch keine ~ 251 7 +
– Gesundheitsbedingte Reiseunfähigkeit für „die kommenden Wochen" begründet keine ~ 244 III S. 2 Var. 5 11 +
– Inhaftierter Auslandszeuge und ~ 244 III S. 2 Var. 5 4 –
– Kommissarische Vernehmungsmöglichkeit durch Rechtshilferichter und dennoch anzunehmende ~ 244 III S. 2 Var. 5 7 –, 10 –, 13 –, 14 –
– Kommissarische Vernehmungsmöglichkeit verbietet grundsätzlich Annahme der ~ 251 4 +
– Ladung ist bei Aussichts-/Zwecklosigkeit ihres Versuches nicht erforderlich für Annahme der ~ 244 III S. 2 Var. 5 2 –, 4 –, 5 –, 6 –, 8 –, 10 –, 12 –
– Ladung unter Umgehung des diplomatischen Weges ist nicht geboten vor Annahme einer ~ 244 III S. 2 Var. 5 6 –, 12 –

– Ladungsmißlingen allein begründet noch keine ~ 261 31 +
– Mitteilung des Nichterscheinenwollens ohne Begründung rechtfertigt keine ~ 244 III S. 2 Var. 5 5 +
– Rechtshilfevertragslosigkeit mit dem Aufenthaltsstaat begründet allein keine ~ 244 III S. 2 Var. 5 8 +
– Rechtshilfeverweigerung auf Dauer durch ausländischen Staat gestattet Annahme der ~ auch ohne Rechtshilfeverfahren 244 III S. 2 Var. 5 12 –
– Rüge fehlerhafter Annahme einer ~ erfordert Mitteilung des Beweisantrages und des Ablehnungsbeschlusses nebst etwaiger dort ungenannter weiterer entscheidungserheblicher Bemühungen des Gerichts zur Beibringung des Zeugen 244 III S. 2 Var. 5 1 –, 3 –, 9 –, 11 –
– Scheitern polizeilicher Hausermittlungen begründet noch keine ~ 244 VI 8 +
– Schweigen auf unzulässige direkte Ladung begründet keine ~ 244 III S. 2 Var. 5 6 +
– Sperrerklärung (s. auch dort) von mangelnder Substantiierung erfordert weitere Bemühungen des Gerichts zur Beibringung des Zeugen 244 III S. 2 Var. 5 16 +; 261 178 +
– Sperrerklärung einer der obersten Dienstbehörde nachgeordneten Behörde begründet keine ~ 96 1 +, 5 +, 6 +, 7 +, 8 +, 2 –; 244 II 1 +; 244 III S. 2 Var. 5 2 +, 14 +
– Unterbrechungs- bzw. Aussetzungsnotwendigkeit der Hauptverhandlung zwecks Aufenthaltsnachforschung begründet keine ~ 244 III S. 2 Var. 5 13 +
– Verfahrensverzögerung durch Ladung eines Auslandszeugen im Rechtshilfeweg bzw. kommissarische Vernehmung begründet keine ~ 244 III S. 2 Var. 5 4 +
– Verhinderung des Zeugen am Terminstag begründet keine ~ 244 III S. 2 Var. 5 9 +
– Vertraulichkeitszusage der Polizei oder Staatsanwaltschaft begründet keine ~ 244 III S. 1 1 +; 244 III S. 2 Var. 5 2 +; 251 12 +

Unerreichbarkeit eines Richters/Schöffen s. Verhinderung

Unfähigkeit zum Schöffenamt braucht bei Hilfsschöffenheranziehung nicht nachträglich überprüft zu werden 338 Nr. 1 54 –
– Ermittlungsverfahren wegen Körperverletzung im Amt begründet ~ 338 Nr. 2 1 +
– ~ unterliegt unwiderruflicher formeller Entscheidung nach Anhörung der Staatsanwaltschaft und des Schöffen 338 Nr. 1 16 +, 44 +; GVG 54 1 +

Ungebührliches Verhalten, Letztes Wort des Angeklagten darf nicht versagt werden unter Berufung auf vorangegangenes ~ 258 33 +
– Unterrichtung nach Wiederzulassung des entfernten Angeklagten u.U. unmöglich durch ~ 247 12 –

Ungeeignetheit des Beweismittels 244 II 10 +, 4 –; 244 III S. 2 Var. 4; 244 III S. 2 Var. 5 10 –; 244 IV 6 –, 11 –, 15 –; 244 VI 6 +, 9 +; 261 151 +
- Benennung eines Zeugen für innere Tatsachen begründet keine ~ 244 VI 6 +
- Beruhen des Urteils auf fehlerhafter Antragsablehnung 244 III S. 2 Var. 4 3 –
- Freibeweis begrenzt zulässig zur Prüfung völliger ~ 244 III S. 2 Var. 4 1 +
- Kommissarische Vernehmung und mangels zureichender Gewinnbarkeit persönlichen Eindrucks vom Zeugen begründete ~ 223 1 +; 244 III S. 2 Var. 5 7 –, 10 –, 13 –, 14 –; 247a 1 +; 338 Nr. 3 19 +
- Lebensfremdheit der Wahrnehmung einer behaupteten Tatsache rechtfertigt u.U. Annahme völliger ~ 244 III S. 2 Var. 4 2 –
- Lügendetektor (Polygraf) ist ungeeignetes Beweismittel 244 III S. 2 Var. 4 1 –
- Persönliche Beziehungen eines Zeugen zum Angeklagten begründen keine ~ 261 151 +
- Revisionsurteil zum Nachweis der Richtigkeit tatrichterlicher Feststellungen schlechthin ungeeignet 261 51 –
- Sachverständigengutachten mit unausgereifter Untersuchungsmethode begründet die ~ 244 IV 11 –
- Sachverständigenschlußfolgerungen untersten Wahrscheinlichkeitsgrades begründen keine ~ 244 III S. 2 Var. 4 3 +, 6 +, 9 +
- Unabhängigkeit der ~ vom bisherigen Beweisergebnis 244 III S. 2 Var. 4 4 +
- Untersuchungsverweigerung gegen psychiatrisch-psychologisches Sachverständigengutachten unterstellt dieses bei vorhandenen anderen Erkenntnisquellen nicht der ~ 244 III S. 2 Var. 4 5 +
- Vorauswürdigende Annahme der Nichtbestätigung einer Beweistatsache begründet keine ~ 244 III S. 2 Var. 4 2 +
- Vorauswürdigung des Beweises begrenzt zulässig bei Prüfung völliger ~ 244 III S. 2 Var. 4 1 +
- Zeuge für länger zurückliegende Vorgänge und ~ 244 III S. 2 Var. 4 7 +, 4 –; 244 VI 9 +
- Zeuge vom Hörensagen ist grundsätzlich geeignetes Beweismittel Vor 244 III–VI 4 +
- Zeugnisverweigerungserklärung in Kenntnis der Tragweite des Zeugnisverweigerungsrechts begründet völlige ~ 244 III S. 2 Var. 4 5 –

Ungeeignetheit zum Schöffenamt braucht bei Hilfsschöffenheranziehung nicht nachträglich überprüft zu werden 338 Nr. 1 54 –
- ~ unterliegt unwiderruflicher formeller Entscheidung nach Anhörung der Staatsanwaltschaft und des Schöffen 338 Nr. 1 16 +, 44 +; GVG 54 1 +

Unglaubwürdigkeit, Beweisantrag erfordert Konkretisierung behaupteter ~ Vor 244 III–VI 10 –

Unmittelbarkeitsgrundsatz, Befundtatsachen nach sachverständiger Beurteilung sind auch im Falle eigener Erhebung durch den Sachverständigen verwertbar 250 13 –
- Eröffnungsbeschlußverlesung unter Erstreckung auf beweiswürdigendes wesentliches Ergebnis der Ermittlungen verstößt gegen Mündlichkeits- und ~ 250 5 +
- Rüge der Vernehmung eines sachferneren anstelle eines sachnäheren Zeugen nur zulässig als Rüge eines Verstoßes gegen die Aufklärungspflicht oder die Grundsätze der Beweiswürdigung 250 6 –
- Rüge unzulässiger Entscheidung gegen „offene" Vernehmung eines V-Manns muß entsprechende ministerielle Stellungnahmen mitteilen 251 8 –
- Rüge unzulässiger Feststellung einer Indiztatsache anhand eines durch Aussage nicht bestätigten Zeugenvermerks erfordert Vortrag seines vollständigen Inhalts und der Art und Weise seiner Behandlung in der Hauptverhandlung 250 3 –
- Schriftstück über Wahrnehmungen einer Person unterliegt dem ~ 250 12 –
- Schriftstück über willentliche Äußerungen einer Person unterliegt dem Urkundsbeweis 250 12 –
- Unmittelbarkeit der Beweisaufnahme s. Inbegriff der Hauptverhandlung; Mittelbare Beweiserhebung
- Verlesung ärztlicher Atteste kann Zeugenaussage des Arztes außerhalb von Verfahren wegen (gefährlicher) leichter Körperverletzung nicht ersetzen 250 6 +, 7 –
- Verlesung ärztlicher Bescheinigung auch bei Tateinheit mit Körperverletzung mit Todesfolge zum ausschließlichen Nachweis nicht schwerer Körperverletzung oder des sie betreffenden Schuldumfangs zulässig 250 7 –
- Verlesung von Niederschriften s. dort
- Verstoß gegen den ~ 250
- Verwertbarkeit in Gegenwart des Angeklagten ohne seinen Widerspruch verlesener eigener Angaben aus Verteidigerschriftsatz 250 4 –
- Vorhalt und ~ 253 3 –
- Wahrnehmungen durch Sachverständigen außerhalb sachkundlicher Beurteilung befragter Personen unterliegen als Zusatztatsachen dem Zeugenbeweis 250 4 +, 7 +

Unschuldsvermutung, Verwertung von Indizien nicht rechtskräftig abgeurteilter Straftaten im Urteil nach Maßgabe der Aufklärungspflicht verstößt nicht gegen die ~ 261 28 –

Unterbrechung der Hauptverhandlung, Akteneinsicht bei bislang fehlender Gewährung trotz rechtzeitigen Bemühens begründet Antrag auf ~ 338 Nr. 8 8 +
- Beschlußfassung über dreißigtägige ~ außerhalb der Hauptverhandlung möglich 229 5 –

- Beschlußverkündung über Fortsetzung an anderem Tag ist keine Fortsetzung der Hauptverhandlung 229 1 +
- Dauer einer ~ bei Verteidigerwechsel liegt im pflichtgemäßen Ermessen des Gerichts 338 Nr. 8 6 –
- Dreißigtägige ~ kann auch nach Ablauf der Zehntagefrist beschlossen werden 229 5 –
- ~ durch den Vorsitzenden anstelle des Gerichts ist nur nach Beanstandung in der Hauptverhandlung revisibel 228 2 –
- Frist s. Unterbrechungsfrist
- Fürsorgepflicht des Gerichts gebietet zur Vorbereitung der Verteidigung u.U. zwingend eine ~ 145 1 +
- Öffentlichkeitsausschluß erfordert keine neue Entscheidung bei einer ~ 338 Nr. 6 7 –; GVG 174 3 –
- Richterablehnungsgesuch unverzüglich schriftlich oder zu Protokoll der Geschäftsstelle einzureichen bei einwöchiger ~ 25 3 –, 6 –
- Rüge fehlerhafter unterlassener ~ erfordert Vortrag unzulässiger Verteidigungsbeschränkung in wesentlichem Punkt sowie der im einzelnen behinderten Verteidigungshandlungen 228 1 –, 2 –; 265 4 –
- Unstatthaftigkeit einer ~ bei Erkrankung anderer Verfahrensbeteiligter als des Angeklagten 229 3 +
- Unstatthaftigkeit einer ~ bei nur noch ausstehender Urteilsverkündung 268 2 +
- Verfahrensabschnitt einer Vernehmung wird nicht unterbrochen durch eine ~ 338 Nr. 6 7 –; GVG 174 3 –
- Verstoß gegen Gebot zur ~ ist nur relativer Revisionsgrund 229 6 +, 6 –
- ~ zur Vorbereitung der Verteidigung bei unterlassener Anklagezustellung muß länger als zwei Stunden dauern 201 1 +

Unterbrechungsfrist, Ablauf der ~ wird gehemmt durch Erkrankung des Angeklagten am Tage des Fortsetzungstermins 229 2 –
- Ablauf der ~ wird nicht gehemmt durch vor Fristablauf beendete zwischenzeitliche Erkrankung des Angeklagten 229 5 +, 4 –
- Beruhen des Urteils ist Regelfall bei Überschreitung der ~ 229 6 +, 6 –
- Erkrankung des Angeklagten 229 5 +, 2 –, 4 –
- ~ ist nicht disponibel 229 7 +
- Unzulässige Umgehung der ~ ist revisibel 229 1 +, 2 +, 4 +

Unterbringung zur Vorbereitung eines Gutachtens, Anordnung einstweiliger Unterbringung erübrigt u.U. ausdrückliche Anordnung einer ~ 53 1 –
- Belehrung des Untergebrachten über sein Aussageverweigerungsrecht obliegt nicht dem Sachverständigen 81 1 –
- ~ ist kein überlegenes Forschungsmittel gegenüber Erkenntnismitteln eines Gerichtspsychiaters 81 2 –
- Körperliche Eingriffe sind nicht genehmigt durch die Anordnung der ~ 81 2 +
- Unerläßlichkeit zur Beurteilung der Verhandlungsfähigkeit erforderlich für Anordnung einer ~ 81 1 +
- Zeugnisverweigerungsrecht des behandelnden Arztes besteht nicht bei ~ 53 1 –

Unterbringung, Ablehnung einer ~sanordnung beschwert den Angeklagten nicht 302 24 –; 337 1 –
- Beobachtung und -befragung durch Sachverständigen während der Hauptverhandlung ist keine ausreichende Untersuchung wegen möglicher Anordnung der ~ 246a 1 +, 5 +, 6 +
- Haftstrafeverurteilung unter Überschreitung der Schuldangemessenheit kein Ersatz für gebotene ~ 267 45 +
- Hinweispflicht des Gerichts besteht vor möglicher ~ 265 20 +, 25 +, 43 +, 46 +, 8 –
- Sachverständigengutachten erfordert Anhörung eines bestellten Betreuers 246a 1 –
- Sachverständigengutachten erfordert Kenntnis des gesamten entscheidungserheblichen Sachverhalts 246a 4 +
- Sachverständigengutachten im Vorverfahren ist nicht erzwingbar 246a 2 –
- Sachverständigengutachten jedenfalls als Gebot der Aufklärungspflicht i.d.R. unentbehrlich 246a 7 +
- Sachverständigengutachten trotz Untersuchungsverweigerung vor möglicher Anordnung der ~ 246a 2 +
- Untersuchungsumfang bei ~ 246a 4 +, 5 +, 6 +
- Verschlechterungsverbot gestattet keine Anordnung der Sicherungsverwahrung im neuen Urteil statt ursprünglicher ~ 358 5 +

Unternehmen, Benennung von Arbeitnehmern als Zeugen Vor 244 III–VI 11 –

Unterrichtung der ausgeschlossenen Jugendlichen ist nur im Rahmen erforderlicher Verteidigung geboten JGG 51 1 –
- ~ des wiederanwesenden Angeklagten ist unverzüglich vor jeder weiteren Verfahrenshandlung geboten 247 2 +, 6 +, 10 +, 15 +, 18 +, 19 +, 21 +, 14 –; 338 Nr. 5 43 +
- ~ durch Verteidiger kann Beruhen des Urteils auf fehlender Unterrichtung durch Vorsitzenden ausschließen 247 12 –
- ~ ist schon bei Wiederanwesenheit des Angeklagten infolge der Unterbrechung einer Zeugenvernehmung nach seiner Entfernung geboten 247 2 +, 6 +, 19 +
- ~ nach Wiederzulassung kann u.U. aufgrund ungebührlichen Verhaltens unmöglich sein 247 12 –

Unterschrift der Revisionsbegründung bedarf zumindest andeutungsweiser Erkennbarkeit des ursprünglichen Buchstabenschriftbildes für namensvertraute Dritte durch charakteristische Merkmale 345 10 +

4639

Unterschriftsmangel, Wiedereinsetzung zulässig bei im übrigen frist- und formgerecht eingelegter Revisionsbegründung 44 9 +

Untersuchungshaft, Anrechnung von ~ bei Jugendstrafe ist im Falle ihrer Einbeziehung neu zu entscheiden JGG 31 5 +
- ~ darf Vorbereitung von Sachverständigengutachten nicht behindern 245 1 +
- Nichtanrechnung von ~ auf Jugendstrafe aus erzieherischen Gründen bei positiver Sozialprognose bedarf eingehender Begründung JGG 52a 1 +
- Nichtanrechnung von ~ darf nicht durch unbotmäßiges Haftverhalten begründet werden JGG 52a 2 +, 3 +

Untersuchungsverweigerung, Blutprobe eines Ehemannes zur Überprüfung seiner Behauptung der Nichtehelichkeit eines Kindes und Würdigung bei ~ 261 157 +
- ~ des Zeugen gestattet i.d.R. Ablehnung eines Beweisantrags auf Durchführung einer Untersuchung nach § 81c StPO als unzulässig 81 1 +; 244 III S. 1 2 +, 4 −
- Sachverständigengutachten trotz ~ 81 1 +; 244 III S. 1 2 +, 4 −; 244 III S. 2 Var. 4 5 +; 244 IV 18 +; 246a 2 +

Untersuchungsverweigerungsrecht, Belehrung über neben Zeugnisverweigerungsrecht bestehendes ~ ist gesondert erforderlich 52 20 +, 4 −; 81c 1 +; 252 6 +
- Belehrungspflicht der Staatsanwaltschaft über bei von ihr angeordneter körperlicher Untersuchung bestehendes ~ 81c 1 +
- Belehrungspflichtverstoß unschädlich bei nachweislicher Kenntnis des Berechtigten und auszuschließendem Gebrauchmachen von seinem ~ 52 4 −; 81c 1 −
- Exploration durch Sachverständige gebietet vorherige Zeugenbelehrung über ~ 52 6 +; 81c 2 +; 252 8 +, 9 +
- Mangelnde Verstandesreife des zu untersuchenden Kindes gebietet Belehrung und Entschließung nur des gesetzlichen Vertreters über das ~ 52 4 −; 81c 1 −
- Verwertungsverbot für richterlicher Belehrung vorausgegangene Zusatztatsachenaussagen gegenüber Sachverständigen von Zeugen mit ~ 52 6 +; 252 9 +, 12 +
- Verwertungsverbot für Sachverständigengutachten über körperliche Untersuchung im Falle ihrer Durchführung ohne Belehrung über bestehendes ~ 81c 1 +
- Verzicht belehrter Zeugen über ~ vor körperlicher Untersuchung gestattet Verwertung der Ergebnisse trotz Zeugnisverweigerung in der Hauptverhandlung 81c 2 −

Unzulässige Beweiserhebung 244 II 14 −, 24 −; Vor 244 III–VI 5 +, 17 +; 244 III S. 1; 244 III S. 2 Var. 4 1 −; 244 IV 14 +, 19 +; 244 VI 1 −; 245 6 +; 252 1 −, 20 −
- Auslieferungstat gestattet im Rahmen ihrer Beweiswürdigung eine indizielle Verwertung abseits gelegener strafbarer Umstände 244 III S. 1 3 +
- Beweisantrag zu rechtskräftigen Feststellungen begründet ~ 244 III S. 1 2 −, 3 −, 6 −
- Beweisantrag zu verfahrensfremden Zwecken begründet ~ 244 III S. 1 5 −
- Dienstliche Äußerung im Bereich des Strengbeweises begründet ~ 261 22 +
- Erwägungen anderer Gerichte in anderen Sachen können nicht Gegenstand eines Beweisantrags sein 245 6 −
- Fehlende Möglichkeit eines Beitrags zur Wahrheitsfindung begründet ~ 245 8 −
- Heimliche Tonbandaufnahmen privater Gespräche des Angeklagten durch Gesprächsteilnehmer unterliegen Verwertungsverbot 244 III S. 1 7 −
- Lügendetektor (Polygraf) begründet ~ 244 III S. 1 1 −
- Politische Verfolgung begründet u.U. ~ 251 20 −
- Tagebuchaufzeichnungen und ~ 249 5 +
- Untersuchungsverweigerung gegen psychiatrisches Sachverständigengutachten begründet i.d.R. ~ 244 III S. 1 2 +, 4 −
- Verlesung richterlicher Vernehmungsniederschrift zur Beweisaufnahme über ein Geständnis ist im Falle ihrer bloßen Verweisung auf ein Polizeiprotokoll ohne Wiedergabe zumindest des Kerns der Einlassung des Angeklagten zur Sache mangels Eignung eine ~ 254 3 +
- Verlesung zu Beweiszwecken erstellter schriftlicher Erklärung eines Zeugen im Urkundenbeweis zur Ergänzung oder Widerlegung seiner Vernehmungsaussage in der Hauptverhandlung ist keine ~ 249 4 +
- Vertraulichkeitszusage durch Polizei oder Staatsanwaltschaft und Sperrerklärung bewirken allein keine ~ 244 III S. 1 1 +
- Verwertungsverbot für unter Verletzung von Verfahrensvorschriften ermittelte Tatsachen nur nach Einzelfallprüfung anstelle genereller Fernwirkung von Beweiserhebungsverboten nach „fruit of the poisonous tree-doctrine" 100a 7 −; 136a 2 +, 6 −, 7 −; 261 21 −; G10 7 1 −; AO 393 1 +
- Völkerrechtswidrig erlangte Erkenntnisse unterliegen grundsätzlich einem Verwertungsverbot 261 21 −

Unzuständigkeitseinwand, Rüge örtlicher (s. dort) Unzuständigkeit erfordert bis zum Beginn der Vernehmung des Angeklagten zur Sache erhobenen ~ 338 Nr. 4 1 +
- Rüge sachlicher (s. dort) Unzuständigkeit erfordert keinen ~ 338 Nr. 4 5 +

Urkunde s. Schriftstück

Urkundsbeamte, Referendar ist Protokollführung in Niedersachsen ohne Ermächtigung des Behördenleiters nicht gestattet 338 Nr. 5 14 +

- Revisionsbegründung der Nebenklage zu Protokoll der Geschäftsstelle ist unzulässig 345 8 –
- Revisionsbegründung des Angeklagten zu Protokoll der Geschäftsstelle unterliegt Hinweispflicht im Umfang fehlender Verantwortungsübernahme des ~n 345 9 +, 2 –
- Rüge vorschriftswidriger Abwesenheit des ~n wegen unzureichender Ausbildung erfordert Darlegung des Nichtbeschreitens möglicher Ausbildungswege 338 Nr. 5 13 –
- Vereidigungsgebotsverstoß bewirkt Verlesungs- und Verwertungsverbot für richterliche Vernehmungsniederschrift 254 2 +
- Vernehmung des ~n über Aussage eines in der Hauptverhandlung Zeugnisverweigernden bei früherer richterlicher Vernehmung ist unzulässig 252 8 –

Urkundsbeweis, Abrechnungs-/Buchungsstreifen ist zulässiger Gegenstand eines ~es 250 10 –
- Abwesenheit des Angeklagten bei Erhebung des ~es ist vorschriftswidrig 247 3 +, 12 +, 17 +, 32 +; 338 Nr. 5 33 +
- Aufklärungspflicht gebietet bei fehlender Feststellbarkeit des Inhalts polizeilicher Zeugenvernehmung nach Vorhalt und Vernehmung der Verhörsperson förmliche Verlesung der Vernehmungsniederschrift zur Gedächtnisunterstützung durch ~ 253 1 +, 1 –
- Niederschrift über Tonbandaufzeichnungen einer Telefonüberwachung ist verwertbar im Wege des ~es 250 8 –
- Polizeiliche Vernehmungsniederschrift unterliegt bei schweigendem Angeklagten Verlesungs- und Verwertungsverbot im Wege des ~es 250 2 +; 254 4 –
- Rüge unzulässiger Verwertung in der Hauptverhandlung in Augenschein genommener Schriftstücke erfordert Vortrag ihrer fehlenden Erörterung 249 2 –
- Rüge unzulässiger Verwertung in verlesenem Schriftsatz des Verteidigers wiedergegebener Angaben des Angeklagten muß dessen Verhalten vortragen 250 4 –
- Rüge unzulässiger Verwertung unverlesener beweiserheblicher Schriftstücke erfordert keinen Vortrag ihrer unterlassenen Einführung im Wege des Vorhalts 249 3 +
- Schriftstück über willentliche Äußerungen einer Person unterliegt dem ~ 250 12 –
- Selbstleseverfahren ist bei fehlendem Widerspruch und nicht beweiserheblichem Wortlaut eines Schriftstücks ersetzbar durch Mitteilung dessen wesentlichen Inhalts 249 3 –
- Selbstleseverfahren erfordert Protokollierung von Anordnung und ordnungsgemäßer Durchführung 249 1 +
- Übersetzung fremdsprachigen Schriftstücks kann bei Feststellung ihrer Herkunft und Richtigkeit ohne Zuziehung eines Dolmetschers verlesen werden 249 5 –

- Verlesung schriftlicher Erklärungen des Angeklagten im anhängigen Verfahren zu der gegen ihn erhobenen Beschuldigung mittels ~ ist auch nach Aussageverweigerung zulässig 250 1 +, 5 –
- Verlesung von Niederschriften des Verteidigers über Erklärungen des Angeklagten ist unzulässig im Wege des ~es 250 1 +, 4 –, 5 –
- Verlesung zu Beweiszwecken erstellter schriftlicher Erklärung eines Zeugen im Wege des ~es zur Ergänzung oder Widerlegung seiner Vernehmungsaussage in der Hauptverhandlung ist zulässig 249 4 +
- Vernehmung über Inhalt eines Schriftstücks (s. auch dort) erübrigt u.U. den ~ 244 III S. 2 Var. 3 1 –
- Zeugnisverweigerung in der Hauptverhandlung begründet auch für vom Zeugen als Bestandteil früherer Aussage überreichte Schriftstücke ein Verwertungsverbot im Wege des ~es 252 3 +, 7 +, 17 +
- Zeugnisverweigerung in der Hauptverhandlung verbietet Verwertung früherer richterlicher Vernehmungsniederschrift im Wege des ~es 252 14 –

Urlaub, Beweisantrag Vor 244 III–VI 5 +
- Glaubhaftmachung bei Wiedereinsetzungsantrag 45 2 –
- Vertretung (s. dort) des Vorsitzenden durch bloßen ~svertreter als tatsächlich nicht ständiges Kammermitglied begründet vorschriftswidrige Gerichtsbesetzung 338 Nr. 1 25 +

Urteil, Beschluß mangels Instanzbeendung aufgrund Entscheidungsinhalt und -gründen trotz Bezeichnung als ~ 260 12 +
- Beweisgründe und Beweiswürdigung sind unverzichtbarer Bestandteil des ~s 261 38 +; 267 28 +
- Bezeichnung eines ~s als Beschluß bei Instanzbeendung aufgrund Entscheidungsinhalt und -gründen ist unmaßgeblich 260 16 –
- Endgültige Fassung des ~s ist zu den Akten zu bringen innerhalb der Urteilsabsetzungsfrist (s. auch dort) 275 4 +
- Fehler des ~s in Rubrum und Darstellung der persönlichen Verhältnisse führen nicht zur Unwirksamkeit der Urteilszustellung 261 38 +
- Instanzbezeichnung durch Gericht ist unmaßgeblich gegenüber tatsächlicher verfahrensrechtlicher Situation 328 1 +; 331 1 +; 338 Nr. 4 3 +
- Mängel des ~s selbst bewirken keine Unwirksamkeit der Urteilszustellung 275 1 –, 7 –; 345 1 –, 7 –
- Rechtskräftiges strafgerichtliches ~ erübrigt mangels Feststellungswirkung nicht die selbständige tatrichterliche Prüfung des Vorliegens der Tatbestandsmerkmale 244 III S. 2 Var. 2 7 +; 261 192 +; 267 23 +

[Urteil]
- Revisionsgerichtliches ~ kann nicht Grundlage oder Ersatz für tatrichterliche Feststellungen bilden 261 51 –
- Selbständigkeit des ~s gegenüber dem Sachverständigengutachten 244 IV 18 –; 261 44 +, 53 +, 94 +, 174 +, 197 +, 201 +; 267 4 +, 13 +, 15 +, 30 +, 35 +, 37 +, 40 +, 6 –
- Teilrechtskraft des ~s hindert nicht auf Verfahrenshindernis gestützte Einstellung des gesamten Verfahrens 260 18 +
- Urteilsunterschrift (s. dort) mindestens eines Berufsrichters bei im übrigen angebrachten Verhinderungsvermerken ist erforderlich für vollständiges ~ 275 5 +; 338 Nr. 7 13 +, 20 +
- Unvollständigkeit zugestellter Ausfertigung des ~s begründet bei auch nach dem Hauptverhandlungsprotokoll verbleibendem Informationsdefizit die Unwirksamkeit der Urteilszustellung 345 6 +, 1 –
- Verlesung schriftlicher Urteilsformel ist erforderlich für ein ~ im Rechtssinne 268 2 –
- Verweisendes ~ des Berufungsgerichts ist revisibel 328 2 +
- Verwertung als Urkunde gebietet Verlesung von früherem ~ 249 6 +
- Willkürliche Erwägungen im ~ unterliegen verfassungsgerichtlicher Überprüfung 261 92 +

Urteilsabsetzungsfrist 275
- Arbeitsüberlastung durch regelmäßige Verhandlungstermine rechtfertigt keine Überschreitung der ~ 338 Nr. 7 7 +
- Betriebsausflugsteilnahme eines Richters als Grund für Verhinderungsvermerk vertretbar 338 Nr. 7 1 –
- Feststellung der Fristwahrung durch Revisionsgericht anhand richterlichen Vermerks der Einlegung zu den Akten ebenso zulässig wie durch Einholung dienstlicher Äußerung im Freibeweisverfahren 275 8 –
- Fristberechnung 338 Nr. 7 2 +, 10 +; 345 1 +
- Fristverstoß nicht rückwirkend heilbar durch Vermerk nachträglicher Billigung der Urteilsgründe 275 3 +, 1 –; 338 Nr. 7 13 +, 18 +, 19 +
- Fünfmonatshöchstfrist „alsbald" nachträglich abzufassender Urteile des Zivil- und Verwaltungsrechts gilt nicht im Straf- und Ordnungswidrigkeitenrecht 275 4 –
- Irrtum über Hauptverhandlungsdauer rechtfertigt keine Überschreitung der ~ 338 Nr. 7 3 +
- Krankheit verpflichtet zur Urteilsabsetzung unverzüglich nach eingetretener Genesung 338 Nr. 7 4 +, 15 +
- Krankheitsbedingte voraussehbare Unfähigkeit des Berichterstatters zur Einhaltung der ~ begründet Verpflichtung des Vorsitzenden zur Beauftragung eines anderen Richters mit der Fertigstellung des Urteils 338 Nr. 7 16 +
- Rechtskraft des Urteils oder ihre irrtümliche Annahme rechtfertigt keine Überschreitung der ~ 338 Nr. 7 11 +
- Rüge überschrittener ~ auch für Staatsanwaltschaft zulässig 275 6 +, 338 Nr. 7 12 +
- Rüge überschrittener ~ muß Tag der Verkündung des Urteils und Tag seiner Abgabe zu den Akten vortragen 338 Nr. 7 3 –
- Rüge ungerechtfertigten Verhinderungsvermerks bedarf substantiierten und schlüssigen Vortrags seines Beruhens auf willkürlichen Erwägungen 275 3 –, 6 –; 338 Nr. 7 1 –
- Rüge vorschriftswidriger Überschreitung der ~ 338 Nr. 7
- Staatsanwaltschaftliche Verwendung eines Richters auf Probe begründet keine rechtliche Verhinderung an der Einhaltung der ~ 338 Nr. 7 6 +
- Überschreitung der ~ in geringstem Umfang begründet bei Nichtvorliegen einer Verhinderung i.S.d. § 275 I 4 StPO die Revision 338 Nr. 7 1 +
- Unabwendbarer Umstand ist das unerwartete Auftreten starker Schmerzen auch bei schon bestehender Behinderung 275 9 –
- Unabwendbarer Umstand ist nicht das Andauern einer seit mehr als einer Woche vor Fristablauf bekannten Erkrankung 275 2 +
- Unabwendbarer Umstand von fehlender Voraussehbarkeit im Einzelfall allein rechtfertigt Überschreitung der ~ 275 2 +, 6 –, 9 –; 338 Nr. 7 1 +, 7 +, 9 +, 11 +, 20 +
- Urlaubsbedingte Verhinderung des Berichterstatters nach Urteilsdiktat rechtfertigt nur im Falle der Notwendigkeit einer nochmaligen Beratung und Abstimmung eine Überschreitung der ~ 338 Nr. 7 20 +
- Urteil (s. dort) ist in endgültiger Fassung zu den Akten zu bringen innerhalb der ~ 275 4 +
- Urteilsunterschriften (s. dort) der Berufsrichter oder Verhinderungsvermerk sind anzubringen innerhalb der ~ 275 1 +, 3 +, 5 +, 1 –; 338 Nr. 7 7 +, 18 +, 19 +
- Verhinderung des Berichterstatters erfordert notfalls Urteilsabfassung durch den Vorsitzenden innerhalb der ~ 275 2 +; 338 Nr. 7 9 +, 20 +
- Verhinderung kann nur durch an der Hauptverhandlung beteiligtes Mitglied des Spruchkörpers festgestellt werden 338 Nr. 7 5 +
- Verhinderungsvermerk als Ersatz berufsrichterlicher Urteilsunterschrift muß angebracht sein vor Ablauf der ~ 275 1 +, 3 +, 5 +, 1 –; 338 Nr. 7 18 +, 19 +
- Verhinderungsvermerk für am Urteil unbeteiligten Richter ist unschädlich 275 2 –
- Verhinderungsvermerk nicht willkürlich begründet bei Versetzung des Richters an anderen Dienstort 275 3 –, 6 –
- Verlust der Urschrift des Urteils kann Fristüberschreitung nur bei Eintritt vor Ablauf der ~ rechtfertigen 338 Nr. 7 17 +

- Versetzung des Richters an anderes Gericht begründet keine rechtliche Verhinderung an der Einhaltung der ~ 338 Nr. 7 2 –
- Zuleitung der unterschriebenen handschriftlichen Urschrift des Urteils zur Geschäftsstelle innerhalb der ~ reicht aus 338 Nr. 7 7 +, 4 –

Urteilsaufhebung, Einspruchsverwerfung und ~ durch das Rechtsmittelgericht geboten bei trotz verspäteten Einspruchs durchgeführter Hauptverhandlung und Verurteilung 354 2 –
- Erstreckung der ~ auf Mitangeklagte gilt auch bei Einstellung des Verfahrens wegen Verfahrenshindernisses durch Beschluß statt durch Urteil 357 1 +
- Erstreckung der ~ auf Mitangeklagte setzt ihre Verurteilung wegen der „nämlichen Tat" voraus 357 2 –
- Erstreckung der ~ auf Mittäter geboten bei ~ wegen Verurteilung eines tatsächlichen Teilnehmers als Mittäter 357 3 +
- Erstreckung der ~ auf Verkehrsunfallbeteiligten 357 2 +
- Erstreckung der ~ bei nachträglicher Nichtigkeitserklärung durch BVerfG gilt nicht für mitangeklagte Nichtrevidenten 357 1 –
- Erstreckung einer ~ wegen Gesetzesänderung gemäß § 354a StPO gilt nicht für mitangeklagte Nichtrevidenten 354a 2 –
- ~ im Strafausspruch allein hat zu erfolgen bei denkgesetzlich ausgeschlossenem Beruhen des Schuldspruchs auf absolutem Revisionsgrund 140 6 +; 338 Nr. 5 15 +; 338 Nr. 6 17 +, 6 –
- ~ im Strafausspruch gebietet neue Feststellung der persönlichen Verhältnisse des Angeklagten durch Tatgericht 267 43 +
- ~ im Strafausspruch nebst zugehörigen Feststellungen bewirkt Rechtskraft den Schuldspruch betreffender und doppelrelevanter Tatsachen 358 2 +
- Verschlechterungsverbot (s. dort) gilt auch bei ~ zugunsten des Angeklagten nach zu seinen Ungunsten eingelegter Revision der Staatsanwaltschaft 358 7 +
- ~ wegen Fehlens von Prozeßvoraussetzungen erstreckt sich regelmäßig auf die Tatfeststellungen 353 1 +

Urteilsberatung, Dauer der ~ ist nicht revisibel 260 9 –
- Ehrenamtliche Richter sind bei der ~ erkennbar mit einzubeziehen 260 9 +
- Einzelrichter und ~ 261 49 –
- Ergänzungsrichter sind ausgeschlossen von der ~ GVG 192 1 +
- Hinweis des Gerichts nach ~ erfordert deren äußerlich erkennbare erneute Durchführung 260 13 +, 14 +, 7 –
- ~ im Sitzungssaal durch kurze äußerlich erkennbare Verständigung ist nur bei raschest möglicher Entscheidung einfacher Fragen zulässig 260 13 +, 7 –

- Praktikanten sind ausgeschlossen von der ~ GVG 193 1 +
- Protokollierungspflicht besteht nicht für die Tatsache erfolgter ~ 274 13 –
- Referendar als Verteidiger ist keine Teilnahme an der ~ gestattet GVG 193 2 +
- Tonbandaufnahmen der Beweisaufnahme als Gedächtnisstütze für die ~ sind zulässig 261 45 –
- Wiedereintritt (s. dort) in die Hauptverhandlung nach Urteilsberatung gebietet äußerlich erkennbare erneute Durchführung der ~ vor der Urteilsverkündung 260 3 +, 4 +, 13 +, 14 +, 1 –, 10 –; 261 49 –

Urteilsberichtigung, Abweichung des verkündeten Ergebnisses der Beratung von dem wirklich beschlossenen begründet Statthaftigkeit einer ~ 268 5 +
- Revisionsbegründungsfrist erfährt keine Verlängerung durch unzulässige ~ 267 7 –
- Revisionsgericht ist nicht gebunden an unzulässige ~ 267 22 +, 7 –; 268 3 –
- Rüge geringeren Strafausspruchs im Urteilstenor als in den Urteilsgründen unzulässig 268 1 –
- Sachliche Feststellungen müssen durch Fehler unberührt bleiben für Zulässigkeit nachträglicher ~ 267 22 +, 47 +; 268 3 –
- Sachliche ~ ist nachträglich nicht statthaft 267 33 +, 47 +, 19 –, 22 –; 268 5 +, 3 –
- Schreibversehen offensichtlicher Art gestatten nachträgliche ~ 267 33 +, 19 –, 22 –; 268 5 +, 4 –, 5 –
- Statthaftigkeit einer ~ nur gegeben bei für alle Beteiligten offenkundigen und aus sich selbst heraus erkennbaren Unstimmigkeiten ohne sachliche Berührung zu den als erwiesen erachteten Tatsachen 267 33 +, 47 +, 19 –, 22 –; 268 5 +, 3 –
- Unterschrift aller Berufsrichter grundsätzlich auch erforderlich für eine ~ 275 10 –
- Unterschrift oder Verhinderungsvermerk sind unzugänglicher Gegenstand einer ~ 275 3 +, 1 –; 338 Nr. 7 13 +, 18 +, 19 +
- Unzulässige Inhaltsänderung bei der ~ ist revisibel 261 152 +
- Urteilsverkündung vor Abschluß vollständiger Verkündung auch der Urteilsgründe bedeutet keine ~ 268 5 +
- Urteilsformel ist bei geringerem Strafausspruch als in den Urteilsgründen aufgrund des Verschlechterungsverbots maßgeblich 268 1 –, 5 –
- Urteilsformel darf bei offenkundigem unlösbaren Widerspruch zu den nachweislich zur richtigen Sache mündlich mitgeteilten Urteilsgründen berichtigend an diese angepaßt werden 268 4 +
- Urteilsformel unterliegt grundsätzlichem Verbot sachlicher Änderung durch ~ 268 4 +, 3 –
- Zählfehler offensichtlicher Art gestatten eine ~ 260 2 –

4643

Urteilsfeststellungen (s. auch Tatfeststellungen)
- Beweisaufnahmeinhalt und -ergebnis ist unangreifbar durch diesbezügliche eigene Niederschriften von Prozeßbeteiligten 244 II 14 –; 261 12 –, 13 –, 48 –
- Bindung des Anwaltsgerichts an ~ im Straf- und Bußgeldverfahren gilt nicht für rechtskräftigen Strafbefehl BRAO 118 1 +
- Bindung des Revisionsgerichts an alle Feststellungen zur Schuld- und Straffrage 261 41 –
- Frühere rechtskräftige ~ dürfen vom Tatrichter nicht ungeprüft übernommen werden 244 III S. 2 Var. 2 7 +
- Überraschende ~ sind revisibel 265 18 +, 39 +, 50 +, 51 +, 16 –

Urteilsfindung, Gegenstand der ~ sind auch im Anwaltsgerichtsverfahren nur die mit den im Eröffnungsbeschluß in Verbindung mit der Anschuldigungsschrift angegebenen eine Tat im Sinne des § 264 StPO bildenden Vorfälle BRAO 113 1 –

Urteilsformel, Feststellung besonderer Schuldschwere erfolgt bereits in der ~ 260 2 +, 4 –
- Geringerer Strafausspruch in der ~ als in den Urteilsgründen ist aufgrund des Verschlechterungsverbots maßgeblich 268 1 –, 5 –
- Maßgeblichkeit des Hauptverhandlungsprotokolls in Zweifelsfällen 261 38 +
- Niederschrift vorläufiger ~ während der Verhandlung begründet allein noch keinen Verstoß gegen Pflicht zur Überzeugungsbildung aus dem Inbegriff der Verhandlung 261 49 –
- Offenkundiger unlösbarer Widerspruch der ~ zu den nachweislich zur richtigen Sache mündlich mitgeteilten Urteilsgründen berechtigt zu entsprechender Anpassung der ~ 268 4 –
- Öffentlichkeitsausschluß bei Verkündung der ~ ist schlechthin unzulässig 338 Nr. 6 25 +
- Unvollständigkeit der ~ in zugestellter Urteilsausfertigung begründet bei auch nach dem Hauptverhandlungsprotokoll verbleibendem Informationsdefizit die Unwirksamkeit der Urteilszustellung (s. dort) 345 6 +, 1 –
- Urteilsberichtigung gestattet grundsätzlich keine sachliche Veränderung der ~ 268 4 +, 3 –

Urteilsgegenstand, Teilbarkeit des ~s ist Voraussetzung wirksamer Rechtsmittelbeschränkung 344 1 +; BRAO 113 2 +

Urteilsgründe (s. auch Tatfeststellungen) 267
- Angeklagtenmehrheit erfordert Darlegung des dem einzelnen Angeklagten gemachten Vorwurfs 267 7 +, 10 +, 29 +
- Anklagevorwurf ist individuell nach Ort, Zeit, Verantwortungsbereich und Begehungsweise aufzuzeigen 261 10 –

- Aufgehobene ~ dürfen in neuer Hauptverhandlung verlesen werden 243 9 –
- Aussagerücknahme oder Widerlegung (von Teilen) der Aussage des einzigen Belastungszeugen verbietet Begründung einer Verurteilung mit dieser Aussage 261 37 +, 9 –; 267 8 +
- Aussagerücknahme oder Widerlegung (von Teilen) ursprünglicher Belastungsaussagen ist als glaubwürdigkeitsrelevanter Umstand zu erörtern 261 37 +, 45 +, 172 +; 267 8 +, 32 +
- Äußerer Geschehensablauf bedarf revisionsgerichtlich auf Rechtsfehler nachprüfbarer Würdigung innerhalb der ~ 267 41 +
- Bekanntgabe der ~ an Beschwerdeführer ist Voraussetzung für Beginn der Einlegungsfrist einer Verfassungsbeschwerde im Falle des § 93 I S. 3 BVerfGG auch ohne Antrag auf Erteilung der Entscheidung in vollständiger Form bei behaupteter Beschwer durch die ~ 296 1 –
- Beweiswürdigung s. dort
- Beweiswürdigungsgebot gestattet keine bloße Wiedergabe des Ergebnisses der Beweisaufnahme innerhalb der ~ 261 99 +
- Beweiswürdigungsgebot verbietet bloße Aneinanderreihung erhobener Beweise ohne Bezug zu den Einzelheiten der Beweiswürdigung innerhalb der ~ 261 25 +; 267 28 +
- Bezugnahme auf dem Urteil selbst angeschlossene Anlagen zulässig 267 8 –
- Bezugnahme auf Strafzumessungserwägungen eines anderen Urteils ist unzulässig 267 3 +, 9 +, 34 +
- Bezugnahme auf Tatfeststellungen eines in einem anderen Verfahren ergangenen Urteils ist unzulässig 267 23 +
- Bezugnahme auf Vernehmungsprotokoll/-niederschrift ohne inhaltliche Wiedergabe ist unzulässig 267 2 +
- Bezugnahme des neuen Tatrichters auf Tatfeststellungen ist (nur) zulässig im Umfang ihrer Rechtskraft 267 2 +, 11 –; BRAO 118 1 +, 2 +, 1 –
- Bezugnahme gemäß § 267 I S. 3 StPO i.V.m. § 71 I OWiG auf bei der Akte befindliches Lichtbild ist zulässig 267 4 –
- Bezugnahme auf Schriftstücke oder Erkenntnisquellen außerhalb der ~ ist unzulässig 267 2 +
- Dokumentation aller in der Hauptverhandlung erhobenen Beweise ist kein Erfordernis der schriftlichen ~ 267 1 –, 6 –
- Feststellungen (s. Tatfeststellungen; Urteilsfeststellungen) im Wege der Wiederholung des Gesetzeswortlauts oder Umschreibung mit gleichbedeutendem Wort oder allgemeiner Redewendung sind unzureichend für die ~ 267 1 +, 10 –
- Fortgesetzte Handlung (ehemalige) und ~ 267 20 +

- Freispruch (s. dort) erfordert zunächst geschlossene Darstellung als erwiesen erachteter Belastungstatsachen 261 94 +, 10 –; 267 7 +, 24 +, 29 +, 31 +
- Gesamtstrafe (s. dort) bedarf gesonderter Begründung ihrer Bildung innerhalb der ~ 267 44 +
- Geschädigtenaussage unterliegt detaillierter Wiedergabe- und Würdigungspflicht des ihr in wesentlichen Punkten nicht folgenden Tatrichters innerhalb der ~ 267 17 +
- Hochrechnungen früheren strafbaren Verhaltens unzureichend zur Annahme einer Serienstraftat 261 105 +; 267 6 +
- Minder schwerer Fall ist bei Erörterungsbedürftigkeit infolge eines Antrags nach § 267 III S. 2 StPO oder aus sachlich-rechtlichen Gründen revisibel 267 5 +
- Mindestanforderungen an die ~ 261 72 +; 267 28 +
- Mindestfeststellungen erfordern Erkennbarkeit der von der Verurteilung erfaßten bestimmten Taten durch konkrete Bezeichnung nach Tatzeit und -ort sowie Anlaß ihrer Begehung 267 14 +, 19 +, 27 +, 2 –, 5 –
- Mitverschulden bei Fahrlässigkeitstaten ist u.U. zwingend zu erörtern 267 49 +
- Mündlich verkündeten ~n kommt gegenüber den schriftlich verfaßten keine Bedeutung zu 268 2 –
- Nachschieben von Gründen im tatrichterlichen Urteil heilt nicht fehlerhafte Bescheidung von Beweisanträgen 244 II 24 +; 244 V S. 1 3 +
- Öffentlichkeitsausschluß bei Verkündung der ~ nur aufgrund besonderen Beschlusses nach der Beweisaufnahme zulässig 338 Nr. 6 25 +
- Persönliche Verhältnisse des Angeklagten bedürfen nach Urteilsaufhebung im Strafausspruch neuer Feststellung durch Tatrichter 267 43 +
- Persönliche Verhältnisse des Angeklagten sind im Falle fehlender Erörterung als sachlich-rechtlicher Mangel revisibel 267 11 +
- Rüge einer Aktenwidrigkeit der ~ ist nur zulässig im Falle deren Erweisung allein anhand der ~ 244 II 3 –, 11 –, 14 –; 261 74 +, 76 +, 117 +, 146 +, 12 –, 13 –, 16 –
- Sachverständigengutachten gebietet bei Abweichen des Tatrichters vom Ergebnis Wiedergabe maßgeblicher Darlegungen und revisionsgerichtlich nachprüfbare Begründung der Gegenansicht unter Auseinandersetzung mit ihnen 244 II 21 +; 244 III S. 2 Var. 7 3 –; 244 IV 4 +, 11 +, 14 –, 18 –; 261 10 +, 48 +, 78 +, 155 +, 174 +; 267 13 +
- Sachverständigengutachten und Darstellungspflichten für die ~ 244 IV 18 –; 261 44 +, 53 +, 94 +, 174 +, 197 +, 201 +; 267 4 +, 13 +, 15 +, 30 +, 35 +, 37 +, 40 +, 6 –

- Schätzungen des Schuldumfangs bei feststehender Serienstraftat 261 27 +, 43 +, 105 +, 18 –; 267 6 +
- Schuldunfähigkeitsbeurteilung gebietet ausführliche Erörterung sich widersprechender psychiatrischer und psychologischer Gutachten bei Entscheidung für eines von ihnen 267 30 +
- Schweigen der ~ gestattet noch keinen Schluß auf unterlassene Würdigung von Verhandlungsergebnissen 261 43 –, 48 –; 267 24 –
- Serienstraftatverurteilung mehrerer Angeklagter erfordert regelmäßig Darstellung rechtlicher Beurteilung in nachvollziehbarer Weise für jede einzelne Tat und für jeden Angeklagten 267 10 +
- Steuerstrafverfahren gestattet keine Heranziehung der Beweislastregeln der Abgabenordnung als Ersatz für die Bildung der richterlichen Überzeugung durch freie Beweiswürdigung 267 7 +
- Strafzumessung s. dort
- Tabellarische Aufzählungen von Tatzeiten und -orten sowie Beteiligten genügt nicht den Anforderungen an aus sich heraus verständliche ~ 267 38 +
- Tatbestandsmehrheit verwirklichter Straftaten erfordert die Verteidigung im einzelnen ermöglichende und für das Revisionsgericht nachvollziehbare konkrete Mitteilung der Einzelhandlungen nach Ort und Zeit sowie Begehungsweise 267 12 +, 22 +
- Tatfeststellungen (s. dort) des eigentlichen Tatgeschehens sind notwendiger Bestandteil der ~ 267 28 +, 39 +
- Technische Meßungenauigkeiten anerkannter amtlich zugelassener Geräte in standardisierten Verfahren gebieten nur bei Veranlassung im Einzelfall Erörterung innerhalb der ~ 267 3 –, 6 –
- Übersetzung mündlicher ~ gebietet keine Anwesenheit des Gerichts und der Staatsanwaltschaft 338 Nr. 5 3 –
- Unvollständige mündliche Eröffnung der ~ ist nicht revisibel 268 2 –
- Urteilsformel darf bei offenkundigem unlösbaren Widerspruch zu den nachwendlich zur richtigen Sache mündlich mitgeteilten ~n berichtigend an diese angepaßt werden 268 4 +
- Verfassungsbeschwerde (auch) des freigesprochenen Beschuldigten zulässig gegen Grundrechtsverletzung durch ~ 296 1 –
- Vollständige Begründung und Erklärung des Urteils muß sich aus ihm selbst ergeben 261 192 +; 267 2 +, 29 +, 38 +
- Vollständige Bekanntgabe und Abschluß der Urteilsverkündung nachgewiesen durch Aufnahme des Strafausspruchs (samt Nebenstrafe und Nebenfolge) in das Hauptverhandlungsprotokoll 268 5 +

4645

[Urteilsgründe]
- Vorsatz unterliegt Gebot der Feststellung innerhalb der ~ 267 21 –
- Vorsatzwürdigung bedarf regelmäßig vorheriger Feststellung des äußeren Tatbestandes 261 95 +; 267 42 +
- Vorstrafen werden durch Kopie der Computerausdrucke aus dem Bundeszentralregister ohne Auswahl der Strafzumessungserheblichkeit unzureichend dargestellt 267 11 +
- Vorstrafen mit Bedeutung für die aktuelle Sanktionsfindung erfordern Mitteilung der zugrundeliegenden Sachverhalte und Strafzumessungserwägungen 267 9 +, 36 +
- Wahlfeststellung (s. dort) bei verschiedenartigen Tatvorwürfen erfordert rechtsethische und psychologische Vergleichbarkeit der Straftatbestände 267 46 +, 48 +, 14 –, 18 –
- Widerlegte Behauptungen der Einlassung des Angeklagten können nicht Grundlage für Verurteilung sein 267 16 +
- Widerspruch der ~ zu den Angaben des Hauptverhandlungsprotokolls über die wesentlichen Ergebnisse der Vernehmungen ist nicht revisibel 267 12 –
- Zeugenaussage erfordert bei von den Feststellungen abweichenden Bekundungen vor und in der Hauptverhandlung Mitteilung der einzelnen Punkte der Aussagekonstanz bzw. -widersprüchlichkeit/-ungenauigkeit und ihrer Bewertung als wesentlich zum Kernbereich des Geschehens oder unwesentlich zum Randgeschehen innerhalb der ~ 267 21 +
- Zeugenaussagebeeinträchtigung durch Korsakow-Syndrom ist erörterungsbedürftig 267 26 +
- Zeugenaussagen gestatten keine bloße Aneinanderreihung ohne Bezug zu den Einzelheiten der Beweiswürdigung innerhalb der ~ 261 25 +; 267 28 +
- Zusätze oder Berichtigungen der ~ bedürfen grundsätzlich der Unterschrift aller Berufsrichter 275 10 –

Urteilsgrundlagen, Tatsächliche ~ unterliegen bei Veränderung der Hinweispflicht des Gerichts 265 18 +, 39 +, 50 +, 51 +, 16 –

Urteilstenor s. Urteilsformel

Urteilsunterschrift, Abweichende Meinung des Richters macht seine ~ weder entbehrlich noch unwirksam 338 Nr. 7 5 –
- ~ aller Berufsrichter grundsätzlich auch erforderlich für Urteilsberichtigung oder Zusätze zu den Urteilsgründen 275 10 –
- ~ der Berufsrichter oder Verhinderungsvermerk sind anzubringen innerhalb der Urteilsabsetzungsfrist (s. dort) 275 1 +, 3 +, 5 +, 1 –; 338 Nr. 7 7 +, 18 +, 19 +
- ehrenamtlicher Richter ist im berufsgerichtlichen Verfahren nach dem Steuerberatungsgesetz ebensowenig wie in Strafsachen erforderlich 275 5 –
- ~ mindestens eines Berufsrichters bei im übrigen angebrachten Verhinderungsvermerken erforderlich 275 5 +; 338 Nr. 7 13 +, 20 +
- ~en müssen einen dem Beratungsergebnis entsprechend verfaßten und dem Unterschreibenden zur Gänze bekannten Text decken 338 Nr. 7 14 +, 19 +
- Mangel der ~ nicht heilbar durch nachträgliche Zustimmung und Nachholung nach Ablauf der Urteilsabsetzungsfrist (s. dort) 275 3 +, 1 –; 338 Nr. 7 13 +, 18 +, 19 +

Urteilsverkündung, Abschluß mit Nachweis vollständiger Bekanntgabe der Urteilsgründe durch Aufnahme des Strafausspruchs (samt Nebenstrafe und Nebenfolge) in das Hauptverhandlungsprotokoll 268 5 +
- Abwesenheit des Angeklagten während der ~ ist zulässig 338 Nr. 5 21 –
- Bewährungsbeschlußverkündung nach § 268a StPO gehört nicht zur ~ 268 3 +
- Fristverstoß führt zur Urteilsaufhebung 268 1 +
- Hauptverhandlung schließt erst mit der ~ GVG 169 2 +, 3 +
- Heranwachsende unterliegen Fortgeltung in ihrem Interesse beschlossenen Öffentlichkeitsausschlusses für die ~ 338 Nr. 6 4 –
- ~ in Abwesenheit des Angeklagten liegt auch vor im Falle seiner Entfernung vor dem Ende der ~ 341 1 +
- Öffentlichkeit der Verhandlung umfaßt die Hauptverhandlung einschließlich der ~ GVG 169 2 +
- Rechtsmittelverzicht vor der ~ ist unzulässig 44 2 +; 261 3 –; GVG 169 1 +
- Unterbrechung mit Neubeginn der ~ verpflichtet zur Entgegennahme zwischenzeitlicher Beweisanträge 246 1 +
- Unterbrechung zur Entgegennahme von Beweisanträgen steht im Ermessen des Gerichts 238 5 –
- Verlesung schriftlicher Urteilsformel ist Voraussetzung für wirksames Urteil im Rechtssinne 268 2 –

Urteilszustellung, Änderung des Hauptverhandlungsprotokolls durch die Urkundsperson verbietet ~ vor unterschriftlicher Zustimmung durch zweite Urkundsperson 345 3 +
- Ersatzzustellung an im gleichen Haus wohnhaften Vermieter auch zulässig nach Abwesenheitsverhandlung 233 2 +
- Fehler in Rubrum und Darstellung der persönlichen Verhältnisse führen nicht zur Unwirksamkeit der ~ 261 38 +
- Mängel des Urteils selbst bewirken keine Unwirksamkeit der ~ 275 1 –, 7 –; 345 1 –, 7 –
- Rüge unterbliebener Zustellung des erstinstanzlichen Urteils erfordert Beanstandung in der Berufungshauptverhandlung 316 1 –

- Übergabe beglaubigter Abschrift des Urteils anstelle einer Ausfertigung reicht aus für wirksame ~ 341 2 –
- Übergabe durch konsularischen Vertreter an dessen Amtssitz begründet wirksame ~ 341 2 –
- Unvollständigkeit der Urteilsausfertigung begründet bei auch nach dem Hauptverhandlungsprotokoll verbleibendem Informationsdefizit Unwirksamkeit der ~ 345 6 +, 1 –
- ~ vor Fertigstellung des Hauptverhandlungsprotokolls ist wirkungslos 345 3 +

Vaterschaft, Sachverständigengutachten 261 202 +, 203 +
Veränderung des rechtlichen Gesichtspunkts, Hinweispflicht des Gerichts s. dort
Verbindung von Verfahren s. Verfahrensverbindung
Verbotene Vernehmungsmethoden 136 a
- Aushorchen durch Mitgefangene 136a 1 +, 10 –, 14 –, 15 –
- Belehrung über strafmildernde Wirkung eines Geständnisses ist keine Beeinträchtigung der Entschlußfreiheit 136a 20 –, 24 –
- Beschuldigtenaussage auf Vorhalt ist trotz ihr zugrundeliegender irriger Annahme eines Verwertungsverbots verwertbar 136a 3 –
- Dolmetscheraussage über durch Polizei veranlaßtes Telefonat mit dem Beschuldigten ist verwertbar 136a 4 –
- Druck 136a 6 +, 8 –
- ~ durch Sachverständigen 136a 9 +
- Freibeweisverfahren anwendbar für revisionsgerichtliche Prüfung auf ~ 136a 19 –
- Geständnis im Rahmen ordnungsgemäßer Verständigung im Strafverfahren ist verwertbar 136a 16 –; MRK 6 8 –
- Leichenschau 136a 7 +
- Lügendetektor 136a 10 +
- Nächtliche Vernehmung 136a 21 –, 25 –
- Polizeiliche Lockspitzel und ~ 136a 17 –, 18 –
- Rechtswidrigkeit einer Untersuchungshaft begründet kein Verwertungsverbot für dortige Aussagen bei nachweislich fehlendem Zweck einer Beeinflussung durch ~ 136a 3 +, 8 –
- Rüge der Fortwirkung einer Täuschung auf nachfolgende Aussagen setzt entsprechenden Vortrag voraus 136a 6 –, 7 –, 12 –
- Rüge der Nichteinhaltung einer Zusage zum Rechtsfolgenausspruch setzt Beanstandung in der Hauptverhandlung voraus 136a 13 –; MRK 6 8 –
- Täuschung 136a 2 +, 4 –, 9 –, 11 –
- Übermüdung 136a 4 +, 8 +
- Versprechen gesetzlich nicht vorgesehener Vorteile 136a 5 +, 2 –, 23 –
- Verwertungsverbot gilt nicht für prozeßordnungsgemäß zustande gekommene Folgeaussagen 136a 1 –
- Zweifelssatz gilt nicht für Nachweis unzulässigen Zwanges 136a 22 –

Verdeckter Ermittler (s. auch Informant) 110a 2 +, 1 –; 110b 1 –, 2 –, 3 –; 261 16 –; MRK 6 8 +
- Abgrenzung zur Vertrauensperson 261 16 –
- Begriff und Abgrenzung 261 16 –
- Eilgenehmigung der Staatsanwaltschaft wird bei Ausbleiben richterlicher Genehmigung nicht von vornherein unwirksam 110b 1 +
- Tatprovokation durch Lockspitzeleinsatz ~ nur zulässig gegen bereits der Planung oder Verwicklung in entsprechende Straftaten i.S.d. § 160 I StPO tatverdächtige Personen 110a 2 +; 264 17 +; MRK 6 8 +
- Verwertung von Erkenntnissen ~ durch Vernehmung von Verhörspersonen (s. dort) als Zeugen vom Hörensagen (s. dort) zulässig MRK 6 9 –, 10 –
- Verwertung von Erkenntnissen ~ unter dem Gesichtspunkt des „hypothetischen Ersatzeingriffs" 261 16 –
- Zustimmungsbeschluß zum Einsatz ~ darf unter Verwendung von Formularen ergehen 261 16 –

Vereidigung 59
- Abnahme des Eides erfordert Befähigung zum Richteramt 251 31 +
- Absehen von ~ begründet keine Unglaubwürdigkeit der Zeugenaussage 61 8 –
- Absehen von ~ bei jugendlichem Zeugen 61 6 –, 7 –
- Absehen von ~ bei Vorliegen mehrerer Gründe gestattet Beschränkung auf einen Grund für Nicht-~ 61 1 –
- Absehen von ~ beim Verletzten 61 4 +, 2 –, 3 –, 4 –, 5 –
- Absehen von ~ mangels wesentlicher Bedeutung der Aussage verbietet wesentliche Stützung der richterlichen Überzeugung auf dieselbe 61 1 –
- Absehen von ~ nur nach pflichtgemäßem Ermessen 60 20 –; 61 4 –, 7 –
- Absehen von ~ unterliegt auch im Privatklageverfahren der Begründungspflicht 62 1 +, 2 +
- Absehen von ~ wegen unwesentlicher Bedeutung der Aussage 61 1 +, 5 +, 10 –; 62 1 –
- Absehen von ~ wegen unwesentlicher Bedeutung der Aussage auch unter Eid erfordert Darlegung entsprechender Begründung im Beschluß 61 5 +
- Absehen von ~ wegen Verzichts ohne Zustimmung des anwesenden Nebenklägers ist unzulässig 61 3 +
- Abwesenheitsverhandlung unzulässig während (Verhandlung über) ~ 230 1 +; 231c 1 +; 247 13 +, 23 +, 25 +, 31 +, 33 +, 34 +, 35 +, 36 +, 6 –, 8 –; 338 Nr. 5 1 +, 19 +, 29 +; JGG 51 1 –
- Anordnung der ~ bedarf keiner Begründung 34 2 –; 60 21 –

4647

[Vereidigung]
- Ausschlaggebende Bedeutung einer Aussage im Privatklageverfahren kommt im Falle ihrer nach vorläufiger richterlicher Würdigung angenommenen Unrichtigkeit nicht in Betracht 62 1 –
- Beruhen des Urteils auf fehlerhaft unterlassener ~ ist im Falle ihrer irrtümlichen Annahme ausgeschlossen GVG 189 3 –
- Beschluß über Feststellung einer ~ ist nach Verlesung richterlicher Vernehmungsniederschriften auch bei kommissarischer Vernehmung unverzichtbar 251 35 +
- Beschluß über Feststellung einer ~ ist von Amts wegen erforderlich nach Verlesung richterlicher Vernehmungsniederschriften 251 1 +, 35 +
- Beschluß über Nichtvereidigung wird durch Bezeichnung eines tragenden Grundes ausreichend begründet 60 21 –
- Beschluß unverzichtbar bei Absehen von ~ 61 2 +, 4 –
- Eidesverweigerungsrecht s. dort
- Eidliche Verwertung einer uneidlichen Aussage bewirkt Verstoß gegen das Gebot der Überzeugungsbildung aus dem Inbegriff der Hauptverhandlung 59 1 +
- Entfernung des Angeklagten (s. dort) bei Vernehmung eines gefährdeten Zeugen rechtfertigt auch seine Abwesenheit bei dessen ~ 247 6 –, 247 8 –
- Entscheidung über ~ erfolgt von Amts wegen 61 2 +, 4 –, 9 –
- Entscheidung vorläufiger Art durch Vorsitzenden erhält endgültigen Charakter eines Beschlusses durch allseitig unterlassenes Verlangen nach Kammerentscheidung 61 9 –
- Hinweis des Gerichts auf trotz ~ erlangte Überzeugung von der Unglaubhaftigkeit der Aussage nicht erforderlich 60 9 –, 15 –
- Nacheid in Bezug auf vorangegangene Aussage gilt im deutschen Strafprozeßrecht 67 1 +
- Nachholung der ~ 69 1 –; 251 1 +, 35 +
- Privatklageverfahren entbindet nicht von der Begründungspflicht im Falle des Absehens von ~ 62 1 +, 2 +
- Protokollierung des Grundes erforderlich bei Absehen von ~ 62 2 +
- Revisionsgericht bei schweigendem Hauptverhandlungsprotokoll befugt zu freibeweislicher Klärung der Frage erfolgter ~ 274 2 –, 3 –
- Rüge der Nichtvereidigung eines Sachverständigen bedarf keiner Beanstandung in der Hauptverhandlung 79 1 +, 1 –
- Rüge gesetzwidriger Anordnung der Nichtvereidigung eines Zeugen erfordert deren Beanstandung in der Hauptverhandlung 238 2 –
- Rüge unterbliebener Entscheidung des Vorsitzenden bei Beleg durch Hauptverhandlungsprotokoll ohne Beanstandung in der Hauptverhandlung zulässig 59 2 +, 4 +, 5 +, 6 +, 7 +, 8 +; 61 2 +; 238 1 +, 2 –
- Rüge fehlerhaften Absehens von ~ wegen unwesentlicher Bedeutung der Aussage ist nur im Falle der Beimessung wesentlicher Bedeutung im Urteil erfolgreich 61 10 –
- Sachverständigenwahrnehmungen bei früherer gutachterlicher Tätigkeit sind keine dem Zeugenbeweis unterliegenden Zusatztatsachen 59 1 –
- Sachverständiger als Zeuge gebietet entsprechende ~ 59 2 –
- Schöffenvereidigung gilt nur für das laufende Geschäftsjahr 338 Nr. 1 52 +
- Schöffenvereidigung nach Beginn wesentlicher Teile der Hauptverhandlung gebietet deren Wiederholung 338 Nr. 1 60 –
- Teilvereidigung darf nur in ihrem Rahmen verwertet werden 59 1 +
- Teilvereidigung eines der Tatbeteiligung verdächtigen Zeugen nur zulässig bei Betroffenheit mehrerer selbständiger Handlungen eines trennbaren Gesamtgeschehens durch die Aussage und Vorliegen der Voraussetzungen des § 60 Nr. 2 StPO nur hinsichtlich einer dieser Handlungen 60 8 +, 8 –
- Unterbliebene ~ eines Sachverständigen und mangelndes Beruhen des Urteils 59 2 –
- Vereidigungsverbot s. dort
- Verletztenbegriff 61 4 +, 2 –, 3 –, 5 –
- Verletzte sind auch Gefährdete einer Gefährdungstat 61 3 –
- Verletzte sind auch Gesellschafter der GmbH eines der Untreue beschuldigten Geschäftsführers 61 5 –
- Verletzte sind auch nach Angaben des Angeklagten Teilnahmeverdächtige 61 2 –
- Verzicht auf ~ ohne Zustimmung des anwesenden Nebenklägers ist unzulässig 61 3 +
- ~ von Dolmetschern bei fehlender Berufung auf geleisteten Eid zwingend geboten 254 1 +; GVG 189 1 +, 3 +
- ~ von Dolmetschern bei Verfahrensverstoß nur relativer Revisionsgrund GVG 189 1 –, 2 –
- ~ von Dolmetschern für „Übertragungen der betreffenden Art" vom Revisionsgericht nachprüfbar im Freibeweisverfahren 254 1 +; 274 7 –; GVG 189 2 –
- ~ von Dolmetschern ist protokollierungspflichtig GVG 189 2 +
- ~ von Dolmetschern und fehlendes Beruhen des Urteils auf Vereidigungsgebotsverstoß bei Kontrolle und Nichtbeanstandung der Übersetzung durch Angeklagten und weiteren Dolmetscher GVG 189 1 –
- ~ von Hilfspersonen zur Verständigung steht im Ermessen des Gerichts GVG 186 1 –
- ~ von Übersetzern steht im Ermessen des Gerichts GVG 185 1 –
- Voreid ist im deutschen Strafprozeßrecht abgeschafft 60 3 –; 67 1 +
- Wegfallen ursprünglichen Nichtvereidigungsgrundes vor der Urteilsberatung infolge

der Aussage gebietet Neuentscheidung über die ~ 59 3 +, 9 +
Vereidigungsverbot 60
- Auslieferungsverfahren gebietet Beachtung von bestehendem ~ 60 18 –
- Begünstigung im Falle der Selbstbegünstigung begründet selbst bei damit einhergehender Fremdbegünstigung kein ~ 60 23 –
- Begünstigung(-sverdacht) umfaßt nicht die zu vereidigende Aussage selbst 60 14 +, 27 +
- Begünstigungsverdacht im Sinne einer Mitwirkung in derselben Richtung wie der Beschuldigte ist bei irrtümlicher Vorstellung einer in ihrem Wesensgehalt von der wirklichen Tat völlig verschiedenen Vortat unbegründet 60 25 –
- Begünstigungsverdacht umfaßt nur vor der Hauptverhandlung vorgenommene Begünstigungshandlung 60 14 +, 27 +
- Beruhen des Urteils auf fehlerhaft angenommenem ~ ist möglich 60 10 +
- Beschluß über Nichtvereidigung wird durch Bezeichnung eines tragenden Grundes ausreichend begründet 60 21 +
- Beteiligte im Strafverfahren gegen den Begünstiger sind auch der Begünstigte sowie seine Mittäter und Gehilfen 60 22 +
- Beteiligung an eingestellter Tat begründet ~ 60 5 –, 11 –
- Beteiligung an früherer strafbarer Handlung begründet im Verfahren wegen einer diese Handlung betreffenden Falschaussage des Angeklagten als Zeuge in einem Zivilrechtsstreit ein ~ 60 24 –
- Beteiligung der Dirne begründet im Verfahren gegen ihren Zuhälter ein ~ 60 19 –
- Beteiligung durch Vornahme des Bestechungsaktes nach § 333 StGB in einem Strafverfahren gegen einen bestochenen Beamten begründet ein ~ 60 16 +
- Beteiligung durch vorwerfbare mögliche Beeinflussung des Geschehens begründet im Verfahren wegen fahrlässiger Verkehrsverstöße ein ~ 60 20 +
- Beteiligung einer Zeugin infolge der an ihr vorgenommenen Abtreibung begründet im diesbezüglichen Strafverfahren ein ~ 60 23 +
- Beteiligung(-sverdacht) begründet ~ 60 6 +, 7 +, 8 +, 9 +, 10 +, 11 +, 12 +, 16 +, 17 +, 19 +, 20 +, 22 +, 23 +, 24 +, 25 +, 26 +, 2 –, 5 –, 6 –, 7 –, 10 –, 11 –, 16 –, 20 –, 22 –
- Beteiligung(-sverdacht) umfaßt verschiedene Beihilfehandlungen zur selben Haupttat 60 17 +
- Beteiligungsbegriff umfaßt über die Teilnahmeformen der §§ 25 ff. StGB hinaus jede strafbare (fahrlässige) Mitwirkung in derselben Richtung wie der Angeklagte an dem abzuurteilenden Vorgang ohne Rücksicht auf ihre Verfolgbarkeit 60 8 +, 12 +, 17 +, 20 +, 25 +, 2 –, 7 –, 24 –, 25 –

- Beteiligungsverdacht begründet auch bei wegen Verjährungseintritts fehlender Strafverfolgungsmöglichkeit ein ~ 60 24 +
- Beteiligungsverdacht entscheidet sich nach der Lage des Zeugen zum Zeitpunkt seiner Vernehmung 60 22 +
- Beteiligungsverdacht gebietet erkennbare Darlegung der Art des Verhältnisses des Zeugen zu der den Verdacht begründenden Tat im Nichtvereidigungsbeschluß 60 26 +
- Beteiligungsverdacht gegen Tochter des Angeklagten bei Vollzug des Beischlafes gegen ihren Willen ist unbegründet 60 6 –
- Beteiligungsverdacht unterfällt auch eine unterlassene Hilfeleistung 60 8 +
- Beteiligungsverdacht unterfällt auch Verdacht der Nichtanzeige geplanter Straftaten des Angeklagten durch den Zeugen 60 1 +, 2 –
- Beteiligungsverdachtsannahme der Vorinstanz entfaltet keine Bindung für neuen Tatrichter nach Zurückverweisung 60 16 –
- Beteiligungsverdachtsannahme wegen DDR-Spionagestraftaten nicht gehindert durch Verfolgungsbeschränkung für hauptamtliche Mitarbeiter des DDR-Geheimdienstes 60 7 –
- Beteiligungsverdachtsgründe gegen einen Zeugen entscheidet Gericht nach pflichtgemäßem Ermessen endgültig zum Zeitpunkt der Urteilsberatung 60 17 –, 19 –
- Beteiligungsverdachtswegfall während der Hauptverhandlung beseitigt ~ 60 21 +
- Beteiligungsversuch begründet auch im Falle freiwilligen Rücktritts ein ~ 60 9 +
- Eidliche Aussage gestattet Verwertung als uneidlich nur nach genügter Hinweispflicht des Gerichts in der Hauptverhandlung 60 14 +, 23 +, 10 –, 15 –
- Entscheidung nach pflichtgemäßem Ermessen ist endgültig zum Zeitpunkt der Urteilsberatung zu treffen 60 17 –, 20 –
- Fehlerhafte Annahme eines ~s kann zur Urteilsaufhebung führen 60 10 +
- Geistesschwäche begründet nur bei ungenügender Vorstellung vom Wesen und von der Bedeutung des Eides ein ~ 60 15 +
- Kommissarische Vernehmung im Ausland durch deutschen Richter nach deutschem Prozeßrecht gebietet Beachtung des ~s 60 3 +
- Lockspitzel unterliegen keinem ~ 60 13 +
- Mitangeklagte nach Verfahrenstrennung unterliegen ~ 60 4 +
- Mitangeklagter darf weder eidlich noch uneidlich als Zeuge vernommen werden 60 28 +
- Strafvereitelung(-sverdacht) umfaßt nicht die zu vereidigende Aussage selbst 60 14 +
- Strafvereitelung(-sversuch) kann auch in einer in derselben Hauptverhandlung früher erstatteten Falschaussage zu sehen sein 60 14 –
- Strafvereitelungsverdacht infolge falscher Alibiangabe des Zeugen bei polizeilicher Vernehmung begründet ~ 60 4 –, 12 –

4649

[Vereidigungsverbot]
- Strafvereitelungsverdacht umfaßt nur vor der Hauptverhandlung vorgenommene Strafvereitelungshandlung 60 14 +
- Strafvereitelungsversuch begründet ~ 60 2 +, 5 +, 9 –, 12 –, 13 –, 14 –, 15 –, 19 –
- Strafvereitelungsversuch begründet auch im Falle freiwilligen Rücktritts selbst bei Richtigstellung vor der Hauptverhandlung ein ~ 60 2 +, 4 –
- Strafvereitelungsversuch wird nicht begründet durch bloße Zusicherung einer falschen Aussage 60 19 –
- Teilvereidigung eines der Tatbeteiligung verdächtigen Zeugen nur zulässig bei Betroffenheit mehrerer selbständiger Handlungen eines trennbaren Gesamtgeschehens durch die Aussage und Vorliegen der Voraussetzungen des § 60 Nr. 2 StPO nur hinsichtlich einer dieser Handlungen 60 8 +, 8 –
- Unkenntnis des Gerichts über die das Verbot begründenden Umstände steht ~ nicht entgegen 60 15 +, 18 +
- Verstoß gegen ein ~ begründet grundsätzlich kein von Amts wegen zu beachtendes Verfahrenshindernis 60 18 –
- Verstoß gegen ein ~ durch ausländischen Richter verbietet nur Verwertung der Aussage als eidliche 60 3 –
- Verstoß gegen ein ~ ist nur relativer Revisionsgrund 60 10 +, 1 –, 2 –, 4 –, 9 –, 10 –, 12 –, 13 –

Vereidigungsvermerk, Mehrdeutiger ~ ist vom Revisionsgericht nachprüfbar im Freibeweisverfahren 254 1 +; 274 7 –; GVG 189 2 –

Vereinsbüro ohne Allgemeinzugänglichkeit unterliegt Grundrechtsschutz einer Wohnung GG 13 1 –

Verfahren, Einstellung des Verfahrens s. dort
- Instanzbezeichnung durch Gericht unmaßgeblich gegenüber tatsächlicher verfahrensrechtlicher Situation 328 1 +; 331 1 +; 338 Nr. 4 3 +

Verfahrensabgabe/-übernahme, zwischen gleichrangigen Spruchkörpern desselben Gerichts begründet keinen Eingriff in die sachliche Zuständigkeit 270 3 +; 338 Nr. 4 11 –

Verfahrensakten, Akteneinsichtsrecht (s. dort) erstreckt sich auf alle dem Gericht zum Zeitpunkt der Hauptverhandlung vorliegenden ~ 147 3 +

Verfahrensbelastung, Gering anzunehmende Schuld aufgrund Schadenswiedergutmachung und ~ 153 1 +

Verfahrenseinstellung s. Einstellung des Verfahrens

Verfahrensfehler, Heilung durch fehlerfreie Wiederholung des Verfahrensvorganges 338 Nr. 5 27 +; 338 Nr. 6 15 –; GVG 169 1 –; GVG 171b 1 –

- Strafzumessung gebietet keine strafmildernde Berücksichtigung von die Strafbarkeit nicht berührendem ~ 267 15 –

Verfahrensfremde Zwecke, Mißbrauch des Beweisantragsrechts für ~ 244 III S. 1 5 –, 8 –

Verfahrenshindernis, „act of state-doctrine" begründet für Verfolgung der Todesschüsse von DDR-Grenzsoldaten an innerdeutscher Grenze kein ~ GG 103 5 –
- „act of state-doctrine" steht gerichtlicher Nachprüfung der Wirksamkeit ausländischer Hoheitsakte bei Anwendung innerstaatlichen Rechts nicht entgegen GG 103 4 –, 5 –
- Amnestie ist vorrangig zu prüfendes ~ JGG 27 2 +
- Amtsermittlung in jeder Verfahrenslage 206a 9 +, 10 +; 260 16 +; 346 1 +, 3 –
- Anderweitige Rechtshängigkeit ist von Amts wegen zu beachtendes ~ 2 1 –; 12 1 +
- ~ anhängigen Straf- oder Disziplinarverfahrens lebt nach dessen Beendigung durch Erstattung neuer Anzeige allein nicht wieder auf 154e 1 +
- Anklageschrift bei Unwirksamkeit mangels hinreichend genauer Bezeichnung der Straftat sowie Tatzeit und -ort bewirkt ~ 200 4 +, 8 +, 9 +
- Aussagegenehmigung für angeklagten Beamten begründet nur im Falle einer seine Verteidigung gegen den Schuldvorwurf behindernden Beschränkung ein ~ GG 103 6 –
- Berufungsverwerfung bei erhobener allgemeiner Sachrüge ohne vorherige Prüfung der Verfahrensvoraussetzungen unzulässig 329 1 +
- Beschlagnahmeverbotsverstoß begründet kein ~ 260 14 –
- Beweismittelverfälschung durch einzelne Beteiligte begründet kein ~ 260 12 –
- Brief- und Postgeheimnisverletzung begründet kein ~ 344 8 –
- Einbeziehungsbeschluß bei Nachtragsanklage begründet im Falle seines Fehlens von Amts wegen zu beachtendes ~ 266 2 +
- Einstellung des Verfahrens außerhalb der Hauptverhandlung gemäß § 206a StPO gilt auch im Revisionsverfahren und im Rechtsbeschwerdeverfahren nach dem OWiG 357 1 +
- Einstellung des Verfahrens (s. dort) durch das Gericht bewirkt ~ 154 2 +; 206a 6 +
- Einstellung des Verfahrens geboten bei Zusammentreffen eines nicht nachweisbaren schwereren Vorwurfs mit einem wegen ~ses nicht verfolgbaren leichteren Vorwurf 260 5 +
- Fehlende Erstreckung der Auslieferungsbewilligung auf die angeklagte Tat begründet ~ 206a 1 +, 7 +
- Fehlende Möglichkeit unmittelbarer Zeugenvernehmung begründet kein ~ 206a 2 +
- Früher eröffnetes zweier verschiedener Verfahren gegen dieselbe Person wegen derselben Tat bildet ~ 4 5 +

- Höchstjugendstrafe bildet für Verfolgung von Straftaten Erwachsener kein ~ 260 6 +
- Immunität 264 10 +
- Länderamnestie ist nur bei vorrangiger Zuständigkeit der Gerichte des amnestierenden Landes ~ 12 3 +
- Listige Veranlassung zum Grenzübertritt durch V-Mann begründet kein ~ 260 11 –
- Nichtverfolgungszusage durch Staatsanwaltschaft bewirkt kein ~ 154 3 –
- Non-lieu-Entscheidung des französischen Rechts begründet kein ~ 260 3 –
- Revisionsgericht prüft im Urteil angenommenes ~ von Amts wegen 154 1 +
- Revisionsgericht prüft nach Urteilserlaß eingetretenes ~ von Amts wegen auch bei fehlerhafter Revisionsbegründung 346 1 +
- Revisionsgericht prüft vom Tatrichter übersehenes ~ nur bei frist- und formgerecht begründeter Revision von Amts wegen 346 1 +, 3 –
- Revisionsverwerfung ohne vorherige Prüfung der Verfahrensvoraussetzungen ist bei erhobener allgemeiner Sachrüge unzulässig 329 2 +
- Sofortige Beschwerde der Staatsanwaltschaft gegen Einstellungsbeschluß ist Angeklagtem zur Gegenerklärung mitzuteilen vor Entscheidung des Beschwerdegerichts gegen von ihm geltend gemachtes ~ 308 1 +
- Strafklageverbrauch s. dort
- Tatprovokation durch Lockspitzel begründet kein ~ 260 11 +, 11 –, 15 –; MRK 6 1 +, 3 +, 8 +
- Überlange Verfahrensdauer ist nur in außergewöhnlichen Sonderfällen als ~ von Amts wegen zu berücksichtigen MRK 6 2 +, 11 –, 12 –, 13 –
- Unlauteres Prozeßverhalten einzelner Beteiligter begründet kein ~ 260 12 –
- Unterlassen gleichzeitiger Aburteilung mehrerer Straftaten aus verschiedenen Altersstufen begründet für Verfolgung vor dem Urteil des Jugendgerichts begangener Erwachsenenstraftaten kein ~ 260 6 +
- Unzuständigkeitserklärung wegen örtlicher Unzuständigkeit wirkt bei formeller Rechtskraft als ~ 260 15 +
- Urteilsschelte der Öffentlichkeit begründet kein ~ 206a 2 –
- Vereidigungsverbotsverstoß begründet grundsätzlich kein von Amts wegen zu beachtendes ~ 60 18 –
- Verhandlungsunfähigkeit des Angeklagten begründet ~ 206a 8 +; 260 1 +; 338 Nr. 5 13 +; 416 1 +
- Verjährung begründet ~ 206a 10 +
- Verjährungseinstellung rechtfertigt mangels Beschwer des Angeklagten keine Revision zum Zwecke seines Freispruchs 260 6 –
- Völkerrechtswidrige Festnahme und durch deutsche Ermittler außerhalb deutschen Hoheitsgebietes und Verbringung in die Bundesrepublik begründet nur bei Geltendmachung völkerrechtlicher Rückführungsansprüche durch betroffenen Staat ein ~ 260 13 –
- Vorschriftswidrige Abwesenheit nicht von Amts wegen zu prüfen als ~ 338 Nr. 5 15 –
- Willkürliche Annahme sachlicher Zuständigkeit begründet kein ~ 338 Nr. 4 2 –
- Zuständigkeitsstreitigkeiten interner Art nach dem Geschäftsverteilungsplan rechtfertigen keine vorläufige Einstellung des Verfahrens wegen ~ 260 12 +

Verfahrensirrtum bei Richterausschluß ist beachtlich 23 3 +
- Gesetzlicher Richter wird nicht entzogen durch willkürfreien geringgewichtigen ~ 338 Nr. 1 18 +, 24 +, 46 +, 19 –, 24 –, 53 –; GVG 21e 3 –; GVG 24 1 +, 1 –; GVG 36 4 –, 6 –; GVG 40 1 –, 3 –; GVG 42 1 –; GVG 43 1 –; GVG 48 1 +; GVG 54 1 –; GVG 77 1 –, 2 –
- Unbemerkter Vereidigungsmangel bewirkt fehlendes Beruhen des Urteils auf dem Fehler GVG 189 3 –
- Willkürfreier geringgewichtiger ~ ist ausgeschlossen bei Einwirkung durch außerhalb der Gerichte stehende Person oder Stelle oder durch von richterlicher Tätigkeit ausgeschlossener Person innerhalb der Gerichtsorganisation 338 Nr. 1 18 +, 24 +, 46 +, 53 –

Verfahrensrüge s. auch Rüge
- Nachweisgebot für einer ~ zugrundeliegende Tatsachen bei Unanwendbarkeit des Zweifelssatzes 261 20 –
- Protokollrüge durch bloßen Hinweis auf das Hauptverhandlungsprotokoll ohne bestimmte Tatsachenbehauptung eines Verfahrensfehlers ist unzulässig 268 2 +; 344 9 –; GVG 189 1 +
- Sachliche Zuständigkeit der Staatsschutzkammer vom Revisionsgericht nur zu prüfen auf erhobene ~ 338 Nr. 4 12 –
- Sachliche Zuständigkeit des Jugendgerichts bei Verhandlung des allgemeinen Strafgerichts gegen Heranwachsenden vom Revisionsgericht nur zu prüfen auf erhobene ~ 338 Nr. 4 4 –, 11 –
- Unzulässigkeit einer ~ bei unvollständigem Tatsachenvortrag entgegen bestehender Darlegungspflicht 13 1 –; 244 II 6 –; 338 Nr. 1 4 –; 344 1 –, 2 –, 3 –, 4 –, 6 –, 7 –
- Willkürliche Annahme sachlicher Zuständigkeit durch erstinstanzliches Gericht jedenfalls bei Revision gegen Berufungsurteil nur (5. Strafsenat) beachtlich auf ~ 338 Nr. 4 3 –
- Willkürliche Annahme sachlicher Zuständigkeit nur (1. Strafsenat) beachtlich auf erhobene ~ 209 2 –; 338 Nr. 4 2 –

Verfahrenstrennung 2
- Abwesenheitsverhandlung über auch den Angeklagten eines vorübergehend abgetrennten Verfahrens betreffende Vorwürfe begrün-

[Verfahrenstrennung]
det seine vorschriftswidrige Abwesenheit 230 2 +; 231 11 +; 338 Nr. 5 11 +, 15 +, 22 +, 27 +, 32 +, 10 –, 11 –, 18 –
– ~ einer prozessual einheitlichen Tat ist unzulässig 264 1 +
– Jugendstraftaten eines erwachsenen Angeklagten darf das allgemeine Strafgericht abtrennen 2 2 –
– Letztes Wort u.U. erneut zu gewähren bei anschließender ~ 258 19 +
– Sachliche Zuständigkeit eines Gerichts höherer Ordnung infolge Verweisungsbeschlusses nach Eröffnung der Hauptverhandlung bleibt erhalten auch nach ~ 269 1 –
– Unzulässigkeit einer ~ bei entgegenstehender Aufklärungspflicht des Gerichts 261 46 –
– Verwertbarkeit der Hauptverhandlungsergebnisse abgetrennter Verfahren ist bedingt durch ihre Einführung nach der ~ 231 11 +; 261 154 +
– Zeugengewinnung der Angehörigen Mitschuldigter/-angeklagter durch ~ ist zulässig 52 5 –
– Zeugnisverweigerungsrecht eines Angehörigen eines früheren Mitbeschuldigten/-angeklagten besteht bis zu dessen Freispruch auch nach ~ fort 52 8 +, 14 +, 5 –
– Zusammenhang besteht sich nach den Anklage und Eröffnungsbeschluß zugrundeliegenden tatsächlichen Annahmen anstelle der in der Hauptverhandlung getroffenen Feststellungen 261 46 –
Verfahrensverbindung 2; 4
– Anderweitige Anhängigkeit gestattet ~ zu noch möglicher erstinstanzlicher Aburteilung durch das sachlich ausschließlich zuständige höhere Gericht 2 1 –
– Berufungsverfahren und erstinstanzliches Verfahren gestatten keine ~ im Falle lediglich in Betracht kommender (Gesamt-)Freiheitsstrafe von nicht mehr als 3 Jahren 237 1 +; 328 1 +; 338 Nr. 4 3 +
– Betroffenheit sachlicher Zuständigkeit gestattet ~ nur durch Entscheidung des gemeinschaftlichen oberen Gerichts 4 1 +
– ~ einer Jugendstrafsache mit einer Strafsache gegen Erwachsene steht der Erhebung einer Nebenklage gegen letztere nicht entgegen 395 1 +
– ~ eines Strafverfahrens mit einem objektiven Sicherungsverfahren ist unzulässig 4 5 –
– ~ eines Verfahrens wegen Falschaussage mit dem Verfahren ihrer Tatbegehung während dessen laufender Hauptverhandlung ist zulässig 4 1 –
– Eröffnungsbeschluß u.U. schlüssig durch ~ möglich 207 2 +, 1 –
– Gerichte verschiedener Ordnung gestatten ~ nur durch gemeinschaftliches oberes Gericht und nur vor Erlaß eines Urteils 12 2 +; 13 1 +

– Verbindungsbeschluß beseitigt anderweitige Rechtshängigkeit 2 1 –; 4 1 +, 2 –
– Verhandlungsverbindung (s. dort) gemäß § 237 StPO begründet keine neue sachliche Zuständigkeit 3 1 –; 338 Nr. 1 3 +; 338 Nr. 4 4 +
– Verschmelzende ~ 2; 4
– Verschmelzung erstinstanzlich bei großer Strafkammer anhängigen Verfahrens mit bei kleiner Strafkammer des Gerichts anhängigen Berufungsverfahren zulässig 4 2 –
– Verschmelzung von Berufung mit erstinstanzlichem Verfahren gebietet erstinstanzliche Verhandlung 4 4 +
– ~ vor Eröffnung des Hauptverfahrens ist unzulässig 4 2 +, 3 +
– Willkürliche ~ ist revisibel 237 1 +; 338 Nr. 1 3 +; 338 Nr. 4 3 +, 4 +
– Zeugnisverweigerungsrecht eines Angehörigen früherer Mitbeschuldigter/-angeklagter erfordert Nachweis prozessualer Gemeinsamkeit durch zu irgendeinem Verfahrenszeitpunkt erfolgte förmliche ~ 52 8 +, 9 +, 12 +, 11 –, 13 –
– ~ zulässig nur durch Gerichte gleicher Ordnung innerhalb desselben Gerichtsbezirks 4 3 +
– Zusammenhang von Strafsachen beurteilt sich nach den Anklage und Eröffnungsbeschluß zugrundeliegenden tatsächlichen Annahmen anstelle der in der Hauptverhandlung getroffenen Feststellungen 261 46 –
Verfahrensverstoß, Tatsachenbehauptung wird durch Hinweis auf Hauptverhandlungsprotokoll nicht zu unzulässiger Protokollrüge 268 2 +; GVG 189 1 +
– Rüge eines ~ unterliegt Nachweisgebot zugrundeliegender Tatsachen bei Unanwendbarkeit des Zweifelssatzes 261 20 –, 49 –
Verfahrensverzögerung, Beschleunigungsgebot s. dort
– ~ durch Ladung eines Auslandszeugen im Rechtshilfeweg bzw. kommissarische Vernehmung begründet keine Unerreichbarkeit des Beweismittels 244 III S. 2 Var. 5 4 +
– Hauptverhandlungsverlängerung um zwei bis drei Sitzungstage zur Ermöglichung des Erscheinens eines weit entfernten bedeutsamen Zeugen ist zu erwägen vor der Verlesung von Niederschriften 251 16 +
– Prozeßverschleppungsabsicht s. dort
– Überlange Verfahrensdauer s. Beschleunigungsgebot
– Vier- bis fünfwöchige ~ durch Verhinderung eines Auslandszeugen rechtfertigt in Schwurgerichtssachen keine Verlesung von Niederschriften 251 2 +
Verfahrensvoraussetzungen, Fehlen von ~ s. Verfahrenshindernis
Verfallsbeteiligter, Rechtsmittelbefugnis ist abhängig von förmlicher Beteiligungsanordnung i.S.d. § 431 I 1 StPO 431 1 –

Verfassungsbeschwerde, Beweiswürdigung nur bei Willkürlichkeit oder sonstiger Verletzung von Verfassungsrecht zulässiger Gegenstand einer ~ 296 3 –
– Einlegungsfrist im Falle des § 93 I S. 3 BVerfGG beginnt auch ohne Antrag auf Erteilung der Entscheidung in vollständiger Form bei Beschwer durch Urteilsgründe erst mit deren Bekanntgabe 296 1 –
– Rechtliches Gehör des Angeklagten vor ihm nachteiliger Entscheidung des Beschwerdegerichts ist selbständig einklagbar 308 3 +
– Rechtsmittelerschöpfung erforderlich aufgrund Subsidiarität der ~ 24 2 –; 81a 1 –, 2 –
– Rechtsschutzbedürfnis des Freigesprochenen bei behaupteter Grundrechtsverletzung durch Urteilsgründe gegeben 296 1 –

Verfassungsrecht, Revisionsgericht prüfungsberechtigt auch für Verstöße gegen ~ 209 1 –, 2 –, 3 –; 260 14 –; 261 184 +; 328 1 –; 338 Nr. 4 1 –, 2 –, 3 –; 338 Nr. 5 15 –; 344 8 –; GVG 21e 3 –; GVG 24 1 +

Verfolgungsbeschränkung s. Beschränkung der Strafverfolgung

Verhaltensgestörtheit, Beweisantrag erfordert Konkretisierung behaupteter ~ Vor 244 III–VI 10 –

Verhaltensstörungen, Sachverständigengutachten 244 III S. 2 Var. 4 5 –

Verhältnismäßigkeitsgrundsatz, Aufklärungspflicht wird begrenzt durch den ~ 244 V S. 2 1 –

Verhandlungsfähigkeit (s. auch Verhandlungsunfähigkeit), Beschränkt verhandlungsfähiger Angeklagter darf sich auf Erklärung des Eintritts seiner Verhandlungsunfähigkeit durch ihn begleitenden Arzt unter Verbot der Abwesenheitsverhandlung aus der Hauptverhandlung entfernen 338 Nr. 5 35 +
– ~ gemäß ärztlicher Begutachtung rechtfertigt Annahme subjektiver Erkennbarkeit der Bedeutung von erklärtem Rechtsmittelverzicht 302 36 –
– ~ gestattet keine Berufung auf Unwirksamkeit einer in „Erregung über Höhe der Strafe" oder „in der ersten Schockwirkung" abgegebenen Erklärung des Rechtsmittelverzichts 302 17 –
– ~ bei der Erklärung eines Rechtsmittels nach der Hauptverhandlung wird nicht ausgeschlossen durch eine Psychose zur Tatzeit 302 11 –, 13 –
– ~ ist im Freibeweisverfahren zu klärende Voraussetzung für wirksamen Rechtsmittelverzicht 302 10 –, 18 –, 31 –, 36 –
– ~ trotz asthenischer Persönlichkeitsstörung 302 10 –

Verhandlungsleitung des Vorsitzenden ist aufgrund bestehenden Beurteilungsspielraums nur im Willkürfalle revisibel GVG 169 2 –, 3 –
– Fragerecht s. dort

– Zeitpunkt der Fortsetzung und Beendigung einmal begonnener Zeugenvernehmung bestimmt allein der Vorsitzende 240 1 –

Verhandlungspausen sind nicht Bestandteil formeller Hauptverhandlung GVG 169 8 –

Verhandlungsunfähigkeit (s. auch Verhandlungsfähigkeit) des Angeklagten begründet Verfahrenshindernis 206a 8 +; 260 1 +; 338 Nr. 5 13 +; 416 1 +
– Beschluß über Abwesenheitsverhandlung wegen selbstverschuldeter ~ ist unverzüglich bekanntzugeben 231a 1 –
– Eintritt dauernder ~ nach Eröffnung des Hauptverfahrens gestattet als Verfahrenshindernis keine Überleitung des Strafverfahrens in ein Sicherungsverfahren 416 1 +
– ~ im Revisionsverfahren ist nur bis zum Ablauf der Rechtsmittelfrist beachtlich 206a 1 –
– Maßstab für ~ liegt erheblich unterhalb an Sicherheit grenzender Wahrscheinlichkeit einer Lebens- oder Gesundheitsgefährdung des Angeklagten 260 1 +
– Operationsverweigerung bei möglicher Lebensgefahr oder Gefahr schweren Gesundheitsschadens begründet keine selbstverschuldete ~ 231a 1 +; 260 8 –
– Privatärztliches Attest über ~ steht bei Fehlen jeglicher Angaben über Art und Dauer der Krankheit und Unterlassen möglichen unverzüglichen Vortrags hierzu einer Abwesenheitsverhandlung im Anwaltsgerichtsverfahren nicht entgegen BRAO 134 1 –
– Selbstverschuldete ~ nach Vernehmung zur Anklage betrifft unentschuldigtes Fernbleiben 231 5 –
– Sofortige Beschwerdemöglichkeit des Verteidigers ausreichender Rechtsschutz gegen Abwesenheitsverhandlung wegen selbstverschuldeter ~ des Angeklagten 231a 1 –
– Vorsätzliche und schuldhafte ~ des Angeklagten gestattet Berufungsverwerfung 329 3 –
– Zeitweilige selbstverschuldete ~ rechtfertigt Abwesenheitsverhandlung 231a 2 –, 3 –
– Zeitweilig verhandlungsfähiger Angeklagter darf sich auf Erklärung des Eintritts seiner Verhandlungsunfähigkeit durch ihn begleitenden Arzt unter Verbot der Abwesenheitsverhandlung aus der Hauptverhandlung entfernen 338 Nr. 5 35 +
– Verhandlungsunfähigkeit, Zweifelssatz ist unanwendbar zur Feststellung der ~ 302 31 +, 36 –

Verhandlungsverbindung, Berufungsverfahren und erstinstanzliches Verfahren gestatten bei lediglich in Betracht kommender (Gesamt-)Freiheitsstrafe von nicht mehr als 3 Jahren keine ~ 237 1 +; 328 1 +; 338 Nr. 4 3 +
– Eingriff in den Geschäftsverteilungsplan bei ~ ist gerechtfertigt 237 2 –
– Ermessensentscheidung des Tatrichters über ~ ist nur bei willkürlicher Ermessensausübung revisibel 237 3 –

[Verhandlungsverbindung]
- Gesamtstrafenbildung ist nicht zulässig bei ~ 237 2 +
- Instanzübergreifende ~ von Verfahren erster und zweiter Instanz 237 1 +, 3 +; 338 Nr. 4 3 +, 4 +
- ~ von Verfahren verschiedener Strafkammern eines Gerichts ist möglich 237 3 +, 2 –
- ~ während der Hauptverhandlung ist zulässig 237 3 –
- Zurückverwiesenes Verfahren gestattet ~ mit anhängigem Verfahren 237 1 –

Verhinderung, des Berichterstatters i. S. d. § 275 II S. 2 StPO erfordert notfalls Urteilsabfassung durch den Vorsitzenden innerhalb der Urteilsabsetzungsfrist 275 2 +; 338 Nr. 7 9 –, 6 +
- ~ des Präsidenten kann dieser selbst feststellen 338 Nr. 1 37 –
- ~ einer Vertrauensperson des Schöffenwahlausschusses ist zulässig durch Bestellung von Vertretern zu begegnen GVG 36 6 –
- ~ eines abgelehnten Richters an der Entscheidung über erneutes Ablehnungsgesuch unter neuem Tatsachenvortrag 338 Nr. 3 27 +
- ~ eines Ergänzungsschöffen vor Sitzungsbeginn ist durch Heranziehung des nächstberufenen Hilfsschöffen nach Reihenfolge der Hilfsschöffenliste zulässig zu begegnen GVG 48 1 –
- ~ eines Hilfsschöffen an der Spitze der Hilfsschöffenliste ist Voraussetzung für Heranziehung des an zweiter Stelle stehenden 338 Nr. 1 50 +, 26 –, 54 –
- ~ eines Hilfsschöffen an der Spitze der Hilfsschöffenliste im Zeitpunkt des Eingangs des Entbindungsantrages bei der Schöffengeschäftsstelle maßgeblich 338 Nr. 26 –; GVG 52 1 +; GVG 54 1 +
- ~ eines im Geschäftsverteilungsplan nicht festgelegten Vorsitzenden ist wegen Verstoßes gegen das Gebot revisionsgerichtlicher Überprüfbarkeit grundsätzlich revisibel 338 Nr. 1 15 +, 31 +, 13 –, 49 –
- ~ eines Richters bei Ladung und Erscheinen als Zeuge vor eigener Kammer ist begründet 338 Nr. 1 58 –
- ~ eines Richters darf auch noch nach Erhebung des Besetzungseinwands festgestellt werden 338 Nr. 1 23 –
- ~ eines Richters durch Kollisionsfall nach Zuteilung an mehrere Spruchkörper erfordert Vorrangsbestimmung durch Ermessensentscheidung des Präsidenten bei fehlender Regelung im Geschäftsverteilungsplan 338 Nr. 21 +
- ~ eines Richters gebietet zwingend Eintritt des Ergänzungsrichters 229 7 +
- ~ eines Richters i. S. d. § 275 II S. 2 StPO unterliegt vom Revisionsgericht nur auf Willkür überprüfbarer Ermessensentscheidung des Vorsitzenden 275 3 –, 6 –; 338 Nr. 7 1 –
- ~ eines Richters in drei Vierteln der Hauptverhandlungen des Geschäftsjahres wegen Vorsitzes einer Schwurgerichtssache ist nicht nur vorübergehend 338 Nr. 1 23 –
- ~ eines Richters über das ganze Geschäftsjahr ist zu berücksichtigen im Geschäftsverteilungsplan 338 Nr. 1 20 +
- ~ eines Richters und ihre Aufhebung bedürfen bei Offensichtlichkeit keiner formellen Feststellung des Gerichtspräsidenten 338 Nr. 1 40 +, 12 –, 45 –
- ~ eines Richters und ihre Aufhebung entscheidet Gerichtspräsident nach pflichtgemäßem Ermessen bei Unanfechtbarkeit zugrundeliegender Tatsachen 222b 1 –; 338 Nr. 1 6 +, 13 +, 21 +, 40 +, 41 +, 48 +, 12 –, 45 –, 47 –, 51 –; GVG 21e 1 –, 4 –
- ~ eines Richters wegen Tätigkeit in anderem Spruchkörper bedarf keiner ausdrücklichen Feststellung des Präsidenten 338 Nr. 1 45 –
- ~ eines Schöffen aus beruflichen Gründen ist nur ausnahmsweise gerechtfertigt 338 Nr. 1 16 +, 17 +
- ~ eines Schöffen nach Feststellung durch zuständigen Richter unwiderruflich 338 Nr. 1 21 –; GVG 54 1 +
- ~ eines Schöffen unterliegt unverzichtbarer richterlicher Ermessensentscheidung 338 Nr. 1 16 +, 11 –; GVG 54 1 +
- ~ eines Schöffen wird noch nicht begründet durch die Anhängigkeit der Prüfung seiner Streichung aus der Schöffenliste 338 Nr. 1 16 +, 29 –
- ~ eines Vorsitzenden infolge ungewöhnlicher einmaliger Mehrbelastung durch ein Verfahren kann längeren Zeitraum erfordern 338 Nr. 1 15 +; GVG 21f 1 –
- ~ eines Vorsitzenden nach begonnener Hauptverhandlung gebietet nicht zwingend Vertretung durch geschäftsplanmäßigen Vertreter 338 Nr. 1 38 –
- ~ eines Vorsitzenden über fünf Monate kann als noch vorübergehend bezeichnet werden 338 Nr. 1 57 –
- Mangelnde Aktenkenntnis des geschäftsplanmäßigen Vertreters des Vorsitzenden begründet tatsächliche ~ 338 Nr. 1 39 –
- Mitwirkung in Hauptverhandlung desselben Spruchkörpers ist kein Fall vertretungsbegründender ~ 338 Nr. 1 32 +
- Überlastung ordentlicher Kammer durch vorübergehenden und nicht mittels Zuteilung neuer Mitglieder oder Entlastung an andere ordentliche Strafkammer zu bewältigenden Geschäftsandrang ist zur Einrichtung einer Hilfsstrafkammer berechtigender Fall der ~ 338 Nr. 1 1 –, 14 –, 20 –, 30 –, 52 –, 53 –
- Versetzung des Richters an anderen Dienstort rechtfertigt willkürfreie Annahme seiner tatsächlichen ~ 275 3 –, 6 –
- Vorübergehende und unvorhersehbare ~ ist Voraussetzung für die Bestellung eines zeit-

weiligen Vertreters 338 Nr. 1 23 +, 8 –, 28 –, 57 –; GVG 21e 1 +, 1 –; 21f 1 –

Verhinderungsvermerk, Anbringung eines ~s ist nur durch an der Hauptverhandlung beteiligtes Mitglied des Spruchkörpers zulässig 338 Nr. 7 5 +
– Anbringung eines ~s zur Ersetzung der Urteilsunterschrift muß innerhalb der Urteilsabsetzungsfrist erfolgen 275 1 +, 3 +, 5 +, 1 –; 338 Nr. 7 18 +, 19 +
– Arbeitsüberlastung durch regelmäßige Verhandlungstermine rechtfertigt keinen ~ 338 Nr. 7 7 +
– Begründungsmangel bei Ersetzung der Urteilsunterschrift durch ~ gestattet Revisionsgericht Nachprüfung der Verhinderung auch in tatsächlicher Hinsicht im Freibeweisverfahren 338 Nr. 7 8 +, 18 +, 1 –
– Betriebsausflugsteilnahme eines Richters ist als Grund für ~ vertretbar 338 Nr. 7 1 –
– Ermessensentscheidung des Vorsitzenden ist vom Revisionsgericht nur auf Willkür überprüfbar 275 3 –, 6 –; 338 Nr. 7 1 –
– Irrtümlicher ~ für am Urteil unbeteiligten Richter ist unschädlich 275 2 –
– Krankheitsbedingte voraussehbare Unfähigkeit des Berichterstatters zur Einhaltung der Urteilsabsetzungsfrist begründet Verpflichtung des Vorsitzenden zur Beauftragung eines anderen Richters mit der Fertigstellung des Urteils 338 Nr. 7 16 +
– Staatsanwaltschaftliche Verwendung eines Richters auf Probe begründet keine rechtliche Verhinderung an der Urteilsunterzeichnung 338 Nr. 7 6 +
– Urteilsunterschrift mindestens eines Berufsrichters unverzichtbar 275 5 +; 338 Nr. 7 13 +, 20 +
– Versetzung des Richters an anderen Dienstort ist kein willkürlicher Grund für ~ 275 3 –, 6 –
– Versetzung des Richters an anderes Gericht begründet keine rechtliche Verhinderung an der Urteilsunterzeichnung 338 Nr. 7 2 –

Verhörsperson, Aufklärungspflicht gebietet förmliche Verlesung des Protokolls polizeilicher Zeugenvernehmung bei fehlender Feststellbarkeit des Vernehmungsinhalts nach Vorhalt und Vernehmung der ~ 253 1 +, 1 –
– Ermittlungsrichter unterliegt Vernehmungsverbot nach Benachrichtigungspflichtverstoß bei richterlicher Vernehmung und Widerspruch des Angeklagten/Verteidigers 168c 3 +, 1 +, 3 –
– Fehlende Erinnerung der ~ an entgegengenommene Aussage begründet Verwertungsverbot für deren Niederschrift nach Zeugnisverweigerung in der Hauptverhandlung 252 1 +, 10 +, 14 –
– Gerichtsassessor als ~ 252 14 –
– Nichtrichterliche ~ darf über Aussagen eines Zeugnisverweigernden bei früherer richterlicher Vernehmung nicht vernommen werden 252 20 +, 8 –
– Nichtrichterlicher ~ darf ihr Protokoll über die Vernehmung des Beschuldigten zur Beweisaufnahme über früheres Geständnis des schweigenden Angeklagten zur Gedächtnisunterstützung durch Verlesung vorgehalten werden 254 4 –
– Polizeibeamter als ~ 247 16 +; 252 2 +, 14 +, 11 –; 254 4 –
– Richter als ~ 252 1 –, 4 +, 10 +, 15 +, 16 +, 18 +, 19 +, 25 +, 27 +, 2 –, 4 –, 12 –
– Richter darf bei Auskunftsverweigerung in der Hauptverhandlung über entgegengenommene Aussagen vernommen werden 252 19 +
– Richter darf nach Zeugnisverweigerung in der Hauptverhandlung (nur) nach Feststellung früherer richterlicher Belehrung und (nur) über dieser nachfolgende Aussagen vernommen werden 252 15 +, 25 +, 27 +, 2 –, 4 –, 10 –, 12 –, 14 –
– Richter darf nach Zeugnisverweigerung in der Hauptverhandlung aufgrund nach dem Ermittlungsverfahren entstandenen Verweigerungsrechts nicht über seinerzeitige Aussagen vernommen werden 252 16 +, 2 –
– Richter darf nach Zeugnisverweigerung in der Hauptverhandlung durch frühere Mitbeschuldigte nicht über im Ermittlungsverfahren entgegengenommene Aussagen vernommen werden 252 4 +, 18 +
– Richterlicher ~ darf bei ihrer Vernehmung nach Zeugnisverweigerung in der Hauptverhandlung die richterliche Vernehmungsniederschrift zur Gedächtnisstütze unter Verbot des Urkundsbeweises vorgehalten werden 252 14 –
– Rüge unzulässiger Vernehmung einer ~ erfordert Mitteilung ihrer Beanstandung in der Hauptverhandlung 163a 1 +
– Verlesung richterlicher Vernehmungsniederschrift nach umfassender Auskunftsverweigerung ist bei Einverständnis aller Verfahrensbeteiligten und ausdrücklichem Verzicht auf Vernehmung der ~ zulässig 250 1 –
– Vernehmung der ~ zur Einführung früherer Aussage des Zeugen ist unzulässig vor dessen abzuwartender Zeugnisverweigerung in der Hauptverhandlung 252 2 +, 8 +, 9 +, 24 +
– Vernehmungsgrundsätze bei ~en 96 3 +, 1 –; 261 159 +, 167 +, 47 –, 48 –; MRK 6 9 –, 10 –
– Zivilrichter als ~ 252 13 –

Verjährung als auch prozeßrechtlicher Strafaufhebungsgrund erlaubt entsprechende Anwendung zuungunsten des Angeklagten GG 103 4 –
– Amtsermittlung in jeder Verfahrenslage 206a 9 +, 10 +; 260 16 +; 346 1 +, 3 –
– Freibeweisverfahren zulässig zur Ermittlung der Voraussetzungen einer ~ durch das Revisionsgericht AO 386 1 +

4655

[Verjährung]
- Revision gegen Einstellung durch Urteil wegen ~ zum Zwecke des Freispruchs des Angeklagten ist mangels Beschwer unzulässig 260 6 –
- Revisionsgericht prüft nach Urteilserlass eingetretene ~ von Amts wegen auch bei fehlerhafter Revisionsbegründung 346 1 +
- Revisionsgericht prüft vom Tatrichter übersehene ~ nur bei frist- und formgerecht begründeter Revision von Amts wegen 346 1 +, 3 –
- Ruhen der ~ für Todesschüsse an innerdeutscher Grenze zur ehemaligen DDR GG 103 4 –
- Scheinmaßnahmen sind nicht geeignet zur Unterbrechung der ~ 357 2 +
- Tatfeststellungen verjährter Taten unterliegen bei Teileinstellung des Verfahrens wegen ~ im Revisionsurteil regelmäßig keiner Aufhebung 353 1 +
- Unterbrechung der ~ durch steuerstrafrechtliche Ermittlungsmaßnahmen des Zollfahndungsamts im Auftrag der Staatsanwaltschaft wirkt auch für tateinheitlich zusammentreffende allgemeine Straftaten AO 404 1 –
- Unterbrechung der ~ durch Ermittlungen der Finanzbehörde im Steuerstrafverfahren wirksam AO 386 1 +
- Unterbrechung der ~ durch richterliche Handlungen gegen Angeklagten wirkt auch für ausgeschiedene Tatteile bzw. Gesetzesverletzungen 154a 3 –
- Unterbrechungswirkung im Steuerstrafverfahren hat nur eine den Beschuldigten über zugrundeliegende Tatsachen „ins Bild" setzende Mitteilung der Verfahrenseinleitung AO 397 1 –
- Vereidigungsverbot wegen Beteiligungsverdachts besteht fort auch bei wegen Eintritts der ~ fehlender Strafverfolgungsmöglichkeit 60 24 +
- Zweifelssatz anwendbar zur Feststellung einer ~ 261 189 +

Verlesung von Niederschriften, Aktenvermerk über freibeweislich durchgeführte verneinte Prüfung der Zeugeneigenschaft einer Person darf ohne Folgerungen für die Sachentscheidung zur Unterrichtung der Verfahrensbeteiligten verlesen werden 251 7 –
- Aufklärungspflicht und ~ 244 II 18 +; 244 III S. 2 Var. 3 1 –
- Auskunftsverweigerung eines in der Hauptverhandlung erschienenen und vernommenen Zeugen rechtfertigt keine ~ 251 23 +
- ~ ausländischer Richter ist im Falle bloßer Überlassung zu Informationszwecken und Rechtshilfeverweigerung im übrigen unzulässig und unverwertbar 251 10 +
- ~ ausländischer Richter nach kommissarischer Vernehmung ohne Belehrung über bestehendes Zeugnisverweigerungsrecht ist unzulässig und unverwertbar 251 5 +
- Aussageverweigerung zugleich auskunfts- und zeugnisverweigerungsberechtigter Zeugen gestattet keine auf bloße Auskunftsverweigerung gestützte ~ 251 19 –
- Benachrichtigung ist keine Voraussetzung für ~ über Vernehmungen im Vorverfahren 251 36 +
- Begründungspflicht gebietet Angabe den Verlesungsgrund rechtfertigender Tatsachen im Beschluß über eine ~ 251 3 +, 8 +, 11 +
- ~ der kommissarischen Vernehmung eines V-Mannes nach deren Durchführung in Abwesenheit des Angeklagten und des Verteidigers gegen deren Widerspruch ist unzulässig und unverwertbar 251 15 +, 20 +, 21 +
- ~ der Vernehmung früherer Mitbeschuldigter/-angeklagter nach Verfahrenstrennung ist im Falle allseitigen Einverständnisses zulässig 251 21 –
- ~ des Verteidigers über Erklärungen des Angeklagten im Wege des Urkundsbeweises ist unzulässig 250 1 +, 4 –, 5 –
- ~ des Verteidigers über Erklärungen des Angeklagten in dessen Gegenwart und ohne dessen Widerspruch erlaubt Verwertung dieser Erklärungen 250 4 –
- ~ eines Arztes außerhalb von Verfahren wegen nicht schwerer Körperverletzung kann seine Vernehmung als Zeuge nicht ersetzen 250 6 +, 7 –
- ~ eines Arztes zum Nachweis nicht schwerer Körperverletzung ist bei Tateinheit mit besonders schwerem sexuellen Kindesmißbrauch unzulässig 256 6 +
- ~ eines Arztes zum Nachweis nicht schwerer Körperverletzung ist bei Tateinheit mit Raub unzulässig 256 5 +
- ~ eines Arztes zum Nachweis anderer Straftaten als nicht schwerer Körperverletzung ist unzulässig 256 1 +, 5 +, 6 +
- ~ eines V-Mannes anstelle seiner Vernehmung in der Hauptverhandlung ist bei unzureichend begründeter Sperrerklärung unzulässig 251 12 +
- Einverständnis aller Beteiligten erübrigt nicht zusammenhängenden Bericht des Zeugen vor einer ~ 69 1 +
- Einverständnis aller Beteiligten rechtfertigt ohne dies dokumentierenden Gerichtsbeschluß keine ~ 251 8 +, 11 –
- Einverständnis des abwesenden Angeklagten ist im Falle erklärten Einverständnisses des Verteidigers nicht erforderlich zur ~ 251 25 –
- Einverständnis kann stillschweigend erteilt werden 251 11 –
- Einverständnis ist unanfechtbar 251 1 –
- Faires Verfahren und ~ 251 27 +, 13 –
- Fehlende Meldung mit der Ermittlung einer Zeugenanschrift Beauftragter bei Gericht rechtfertigt noch keine ~ 251 7 +

- ~ gemeinsamer Erklärungen zweier verteidigter Beschuldigter zu an beide gerichteten Fragen bei richterlichem Verhör gemäß § 254 StPO ist zulässig und verwertbar 254 1 –
- Hauptverhandlungsprotokoll früherer Hauptverhandlung ist verlesbar als richterliche Vernehmungsniederschrift 251 17 –
- Hauptverhandlungsverlängerung um zwei bis drei Sitzungstage zur Ermöglichung des Erscheinens eines weit entfernten bedeutsamen Zeugen ist zu erwägen vor einer ~ 251 16 +
- Hindernis der Verweigerung einer Entgegennahme deutschsprachiger Ladungsersuchen durch ersuchten Staat trotz Übersetzung gestattet eine ~ 251 6 –
- Hindernis für Erscheinen durch drohende Strafverfolgung ist nicht anzunehmen ohne Ladung unter Hinweis auf mögliches freies Geleit 251 25 +, 9 –
- Hindernis für Erscheinen durch fehlende Bereitschaft des Zeugen darf grundsätzlich erst nach Ergebnislosigkeit intensiver Bemühungen des Gerichts angenommen werden 251 13 +, 14 +, 17 +, 30 +
- Hindernis für Erscheinen durch politische Verfolgung im Falle erneuter Vernehmung berechtigt bezüglich der früheren zur ~ 251 20 –
- Hindernis für Erscheinen durch Zeugensperrung mittels unsubstantiierter behördlicher Erklärung rechtfertigt ohne weitere Bemühungen des Gerichts zur Beibringung des Zeugen keine ~ 251 27 +, 29 +
- Hindernis für Erscheinen eines Auslandszeugen mit Folge vier- bis fünfwöchiger Verzögerung rechtfertigt in Schwurgerichtssachen keine ~ 251 2 +
- Hindernis für Erscheinen eines Zeugen wird nicht beseitigt durch Möglichkeit seiner audiovisuellen Vernehmung 247a 1 –
- Hindernis für Erscheinen eines Zeugen muß im Zeitpunkt geplanter Vernehmung noch bestehen 250 8 +
- Inhaltliche Mitteilung anstelle Verlesung ist nach Maßgabe der Aufklärungspflicht zulässig 256 4 –
- Krankheit eines in der Hauptverhandlung erschienenen Zeugen kann zur ~ berechtigen 251 22 –
- Ladung eines (zwischenzeitlich) bekannt gewordenen V-Mannes geht vor (weiterer) ~ 251 18 +
- Mangelhafte richterliche Vernehmungsniederschrift muß nicht als nichtrichterliche verlesen und verwertet werden 251 3 –; 265 7 +
- ~ nichtrichterlicher Vernehmungen des Zeugen ist nach seiner Zeugnisverweigerung in der Hauptverhandlung unzulässig 252 23 +
- Polizeiliches Vernehmungsprotokoll unterliegt Verlesungs- und Verwertungsverbot durch Urkundenbeweis bei schweigendem Angeklagten 250 2 +; 254 4 –
- Polizeilicher Aktenvermerk über Aussagen eines (Mit-)Beschuldigten ist ohne dessen Auftrag nicht als nichtrichterliche Vernehmungsniederschrift oder als dessen Urkunde verlesbar 251 6 +
- ~ polizeilicher Vernehmungen setzt keine Unterzeichnung durch den Vernommenen voraus 251 24 –
- ~ richterlicher Vernehmungen s. Richterliche Vernehmungsniederschrift
- Rüge inhaltsverfälschender Wiedergabe verlesener Zeugenaussage(n) im Urteil erfordert deren wörtliche Mitteilung 344 3 –
- Rüge unzulässiger Verlesung eines ärztlichen Attests erfordert im Falle möglicher Verlesung zwecks Entscheidung über Entfernung des Angeklagten Vortrag des Zwecks einer Beweisaufnahme über strafmaßrelevante Tatfolgen 256 1 –
- Rüge unzulässiger ~ bedarf bei nicht im ausdrücklich ersuchten Einverständnis erfolgter ~ keiner Beanstandung in der Hauptverhandlung 251 2 +
- Rüge unzulässiger Entscheidung gegen „offene" Vernehmung eines V-Manns muß entsprechende ministerielle Stellungnahmen mitteilen 251 8 –
- Rüge unzulässiger Feststellung einer Indiztatsache anhand eines durch Aussage nicht bestätigten Zeugenvermerks erfordert Vortrag seines vollständigen Inhalts und der Art und Weise seiner Behandlung in der Hauptverhandlung 250 3 –
- ~ staatsanwaltschaftlicher Rechtshilfevernehmungen im Ausland als richterliche ist bei vergleichbarer Funktion und Rechtsstaatlichkeit zulässig 251 12 –, 23 –
- Verfassungsgemäßheit gesetzlich zulässiger ~ 251 13 –
- Verstorbener Zeuge berechtigt trotz unterlassener Belehrung über bestehendes Zeugnisverweigerungsrecht zur ~ 251 18 –
- Verstorbener Zeuge berechtigt zur Verlesung polizeilicher neben vorhandenen richterlichen Vernehmungsniederschriften 251 19 –
- Verweigerung ladungsfähiger Anschrift eines Zeugen wegen nachvollziehbarer Lebensgefahr bei wahrheitsgemäßer Aussage berechtigt zur ~ 251 5 –
- Vorhalt (s. dort) aus kommissarischer Vernehmungsniederschrift zulässig trotz Benachrichtigungspflichtverstoß und Unzulässigkeit der ~ 251 4 –
- Vorhalt (s. dort) von nicht verlesenen/verlesbaren Aussagen anderer Zeugen ist zulässig 253 4 –
- Widersprüche zu früherer Aussage und ~ 253 1 +, 4 +
- Zeugensperrung mittels unsubstantiierter behördlicher Erklärung rechtfertigt ohne wei-

4657

Sachverzeichnis

[Verlesung von Niederschriften]
tere Bemühungen des Gerichts zur Beibringung des Zeugen keine ~ 251 27 +, 29 +
- Zeugnisverweigerung (s. dort) in der Hauptverhandlung und nachfolgende ~ 252
- Zeugnisverweigerung (s. dort) in der Hauptverhandlung begründet bei fehlender Erinnerung vernommener Verhörsperson an frühere Aussage Verwertungsverbot für deren Niederschrift 252 1 +, 10 +, 14 –
- ~ zeugnisverweigerungsberechtigter Personen nicht ermittelbaren Aufenthalts ist zulässig 251 14 –, 16 –
- Zumutbarkeit des Erscheinens bei geringer Entfernung zum Gericht wird durch Urlaub nicht ausgeschlossen 251 26 +
- Zumutbarkeit des Erscheinens ist bei weiter Entfernung und Flugverkehrsmöglichkeit nicht von vornherein ausgeschlossen 251 24 +, 32 +
- Zumutbarkeit des Erscheinens durch Verbüßung kurzfristiger Freiheitsstrafe in den USA nicht von vornherein ausgeschlossen 251 24 +
- Zusammenhängender Bericht des Zeugen unverzichtbar vor frühere Vernehmungen betreffender ~ 69 1 +, 2 +, 3 +
- ~ zur Gedächtnisunterstützung bei Vernehmung nichtrichterlicher Verhörsperson über ihre Beschuldigtenvernehmung im Rahmen der Beweisaufnahme über früheres Geständnis des schweigenden Angeklagten im Wege des Vorhalts ist zulässig 254 4 –
- ~ zur Gedächtnisunterstützung bei Vernehmung richterlicher Verhörsperson nach Zeugnisverweigerung in der Hauptverhandlung gestattet Vorhalt richterlicher Vernehmungsniederschrift unter Verbot des Urkundsbeweises 252 14 –
- ~ zur Gedächtnisunterstützung durch förmliche Verlesung des Protokolls polizeilicher Zeugenvernehmung ist bei fehlender Feststellbarkeit ihres Inhalts nach Vorhalt und Vernehmung der Verhörsperson durch die Aufklärungspflicht geboten 253 1 +, 1 –
- ~ zur Gedächtnisunterstützung gestattet auch bei nicht ausdrücklich erklärten Erinnerungslücken des Zeugen den Vorhalt der früheren Aussage 253 3 –

Verlesung von Schriftstücken, Fortsetzung der Verhandlung ist nicht zu bewirken durch sachlich nicht gebotene Teil-~ 229 2 +, 4 +, 3 –

Verletzte(r), Aussage des ~n unterliegt detaillierter Wiedergabe- und Würdigungspflicht des ihr in wesentlichen Punkten nicht folgenden Tatrichters 267 17 +
- Aussagekonstanzannahme beim ~n trotz divergierender Sachverhaltsschilderung verstößt gegen die Aufklärungspflicht 244 II 8 +

- Anzeigeverhalten von Vergewaltigungsopfern ist nicht durch Erfahrungssatz gesichert 261 7 –
- Begriff des ~n 61 4 +, 2 –, 3 –, 5 –
- Beistandsrecht des ~n ist nicht Rechtsgrundlage für Hinzuziehung einer Hilfsperson zur Verständigung mit einem hörbehinderten Zeugen GVG 186 1 –
- Gefährdete einer Gefährdungstat sind ~ 61 3 –
- Gesellschafter der GmbH eines der Untreue beschuldigten Geschäftsführers sind ~ 61 5 –
- Glaubhaftigkeit des ~n ist nicht zu begründen durch ungeprüfte Übernahme diesbezüglicher Ansicht von Zeugen 261 126 +
- Nach Angaben des Angeklagten Teilnahmeverdächtige sind ~ 61 2 –
- Nachtatverhalten des ~n und fehlerhafte Würdigung 261 122 +, 123 +
- Sexuelle Anschuldigungen insbesondere kindlicher ~ erfordern Würdigung ihrer Entstehungsgeschichte im Urteil 244 II 5 +; 244 IV 5 +; 261 14 +, 36 +, 41 +, 42 +, 55 +, 59 +, 65 +, 7 –
- Vereidigung (s. dort) gestattet Absehen beim ~n nach pflichtgemäßem Ermessen des Gerichts 61 4 +, 2 –, 3 –, 4 –, 5 –

Verlöbnis, Glaubhaftmachung 56 1 +

Verlobte, Eidesverweigerungsrecht (s. dort) des/r ~n und unterlassene Belehrung kann auch die Nebenklage zulässig rügen 52 1 +
- Zeugnisverweigerungsrecht (s. dort) 52

Verminderte Schuldfähigkeit (s. dort), Affektbedingte ~ und Aufklärungspflicht 244 II 4 +
- ~ bedarf bei Feststellung besonderer alkoholbedingter Ausfallerscheinungen auch bei BAK-Werten unterhalb 2‰ eingehender Erörterung 244 II 12 +
- Bipolare Störungen (Zyklothymie) schweren Grades legen ausgeschlossene oder ~ nahe 302 2 +
- Depressive Episoden schweren Grades legen ausgeschlossene oder ~ nahe 302 2 +
- Manische Episoden schweren Grades legen ausgeschlossene oder ~ nahe 302 2 +

Vermißtenmeldung, Strafantrag wird durch bloße ~ nicht begründet 158 1 +

Vermutungen, Besorgnis der Befangenheit ist nicht zu begründen mit ~ 24 3 –; 261 31 +
- Beweisantrag darf auch auf ~ gestützt werden Vor 244 III–VI 9 +, 13 +, 8 –
- Beweiswürdigung in den Urteilsgründen bedarf tragfähiger und verstandesmäßig einsehbarer Tatsachengrundlage anstelle von ~ 261 26 +, 39 +, 60 +, 68 +, 81 +, 100 +, 144 +, 151 +, 177 +, 18 –

Vernehmung, Beweisantrag auf umfassende ~ sachverständiger Zeugen unterliegt Verbot unzulässiger Verengung 244 IV 12 +
- ~ des Angeklagten nach Sachabschnitten mit jeweils anschließender Beweisaufnahme erfordert entsprechende Protokollierung 243 11 +

- ~ des Angeklagten über Verhältnis zu Mitangeklagten darf gegen seinen Widerspruch nicht erst nach der Beweisaufnahme erfolgen 243 8 +
- ~ des Angeklagten zur Person am letzten Sitzungstag des Geschäftsjahres zur Erstreckung der Gerichtsbesetzung des Schwurgerichts auf das folgende begründet deren Vorschriftswidrigkeit 338 Nr. 1 27 +
- ~ des Angeklagten zur Person bei notwendiger Verteidigung erfordert Anwesenheit des Pflichtverteidigers 140 6 +
- ~ des Angeklagten zur Person erfordert nicht Entgegennahme entsprechender Erklärungen am ersten Verhandlungstag 243 5 –
- ~ des Angeklagten zur Sache darf gegen seinen Widerspruch nicht erst nach der Beweisaufnahme erfolgen 243 8 +, 10 +; 338 Nr. 3 26 +
- ~ eines Informanten (s. dort) außerhalb üblicher prozessualer Formen ist nur aufgrund entsprechender Bedingungen einer Sperrerklärung der obersten Dienstbehörde zulässig 96 7 +
- ~ eines Zeugen (s. dort) oder Sachverständigen (s. dort) s. Zeugenvernehmung
- Erneute ~ 52 11 +; 244 II 5 +, 13 –; Vor 244 III–VI 6 +, 2 –; 244 III S. 2 Var. 2 5 +, 4 –; 261 68 +; 338 Nr. 6 4 +, 15 +; GVG 24 1 –; GVG 174 7 +, 2 –, 3 –
- Erneute Anhörung gebietet neuen Beschluß über Ausschließung der Öffentlichkeit nach abgeschlossener ~ 338 Nr. 6 4 +, 15 +; GVG 174 7 +, 2 –, 3 –
- Erneute ~ eines entlassenen Zeugen erfordert erneute Zeugenbelehrung 52 11 +
- Erneute ~ gestattet keine Berufung auf früheren Eid 67 1 +
- Kommissarische ~ s. dort
- Öffentlichkeitsausschluß für bestimmte ~(en) oder Teile davon gilt (nur) bis zu deren Beendigung 338 Nr. 6 2 +, 4 +, 8 +, 9 +, 15 +, 23 +, 7 –; GVG 174 7 +, 2 –, 3 –
- Öffentlichkeitsausschluß für bestimmte ~ darf nach beschlossener Entfernung des Angeklagten für dieselbe ~ in dessen Abwesenheit beschlossen werden 247 9 –
- Öffentlichkeitsausschluß für bestimmte ~ gilt auch für mit dieser zusammenhängenden Beschluß über die Entfernung des Angeklagten 338 Nr. 6 10 –, 12 –
- Öffentlichkeitsausschluß für bestimmte ~ gilt auch für mit dieser zusammenhängende (-n Beschluß über die) Einnahme von Augenschein 338 Nr. 6 13 –
- Richterliche ~(-sniederschrift) s. dort
- Rüge fehlerhafter Gestaltung der ~ des Angeklagten erfordert Beanstandung in der Hauptverhandlung 238 1 –
- Rüge unzulässiger Unterbrechung zusammenhängender Vernehmung des Angeklagten zur Sache erfordert Beanstandung in der Hauptverhandlung 243 1 –

- Spontanäußerung u~, 14 +
- Übersetzer wird nach ~geln vernommen GV~
- Unterbrechung der Ve~ keine neue Entscheid~ lichkeit begonnener un~ schlossener ~ 338 Nr. 6 ~
- Unterbrechung einer ~ g~ tung eines nach Entfern~ den Angeklagten 247 2 +,
- Urkundenbeweis kann d~ halt eines Schriftstücks (s. ~ rensfehlerfrei erübrigt werd~ Var. 3 1 –
- Zeugenvernehmung s. dort

Vernehmungsmethoden, Verbo~

Vernehmungsniederschrift, Aus~ terliegt Verwertungsverbot bei ~ lassung zu Informationszwecke~ Rechtshilfeverweigerung 251 10~
- Aussageverwertung und Glaubw~ beurteilung sind unverzichtbar b~ ner ~ 261 194 +
- ~ eines Prozeßbeteiligten ist zur W~ von Urteilsfeststellungen über Inh~ gebnis der Beweisaufnahme unverw~ 244 II 14 –; 261 12 –, 13 –, 48 +
- Einführung von ~en in die Hauptverhan~ lung 253 1 +, 2 +, 3 –; 261 118 +, 120 +, 127 +, 152 +, 184 +, 195 +, 42 –, 48 –
- Falschwiedergabe verlesener ~ überschreitet die Grenzen freier richterlicher Überzeugung 261 146 +, 12 –
- Fehlen von Angaben zur Person bewirkt noch keine Unverwertbarkeit nichtrichterlicher ~ 251 12 +
- Mängel richterlicher ~ zwingen nicht zu ihrer Verlesung und Verwertung als nichtrichterliche ~ 251 3 –; 265 7 +
- Richterliche ~ (s. dort) ist bei fehlender Erinnerung des vernommenen Richters nach Vorhalt ungeeignet als Beweisgrundlage für Geständnis des Angeklagten 261 195 +
- Urteilsgründe gestatten keine Bezugnahme auf in ihnen nicht inhaltlich wiedergegebene ~ 267 2 +
- Verlesung (s. dort) von ~en und Aufklärungspflicht 244 II 18 +; 244 III S. 2 Var. 3 1 –
- Zeugnisverweigerung (s. dort) in der Hauptverhandlung bewirkt Unverwertbarkeit nichtrichterlicher ~ 252 23 +

Vernehmungsprotokoll, Polizeiliches/Staatsanwaltschaftliches ~ s. Polizeiliches Vernehmungsprotokoll

Vernehmungstermin, Benachrichtigungspflicht (s. dort) vor ~ 168c; 224

Verschlechterungsverbot, Berufungsgericht ist bei Strafmaßberufung der Staatsanwaltschaft an Strafgewalt des erstinstanzlichen Gerichts gebunden 331 1 +
- Doppelrelevante Tatsachen und ~ 358 2 +

4659

Sachverzeichnis

[Verschlechterungsverbot]
- Fehlerhafter ...spruch unterliegt dem ~ ...dung und ~ 264 11 –
- 358 2 –, ...ugendstrafe verstößt gegen
- Fortgese...
- Freiheit...ausspruch in der Urteilsfor- das ... Urteilsgründen unterliegt
- G..., 5 –
- ...ie (s. dort) unterliegt sowohl hin- ...rer Bildung als auch der derjeni- ...grundeliegender Einzelstrafen ...8 3 +, 6 +, 7 +, 8 +
- ...lageberufung wegen unrichtiger An- ...ng zur Nebenklage berechtigenden ...zes gestattet Verurteilung in Anwen- ... nicht zur Nebenklage berechtigender ...setze 358 3 –
- ...cherungsverfahren begründet für anschlie- ...endes Strafverfahren ein ~ 358 9 +
- ...trafnebenfolgen (s. dort) unterliegen wie die Strafe (s. dort) selbst dem ~ 358 10 +
- Straffestsetzung gleicher Gesamtstrafe durch neuen Tatrichter wird nicht ausgeschlossen durch das ~ MRK 6 4 –
- Strafmaßbeibehaltung nach Wegfall einzelner Taten in der Rechtsmittelinstanz verstößt nicht gegen das ~ 358 4 –
- Unterbringung gestattet an ihrer Stelle keine Anordnung der Sicherungsverwahrung im neuen Urteil 358 5 +
- Zugunsten des Angeklagten aufgehobenes Urteil nach zu seinen Ungunsten eingelegter Revision der Staatsanwaltschaft unterliegt dem ~ 358 7 +
- Zurückverweisung zur Feststellung besonderer Schuldschwere ist ausgeschlossen durch das ~ 358 1 –

Verschmelzung von Verfahren 3 1 –; 4 4 +, 2 –
- Rechtsmittelrücknahme eingelegter Berufung nach verschmelzender Verfahrensverbindung (s. dort) mit erstinstanzlichem Verfahren ist unzulässig 260 10 +; 302 4 +

Verschwiegenheitspflicht, Abgeordneter (s. Zeugnisverweigerungsrecht) 53 2 +
- Arzt (s. Zeugnisverweigerungsrecht) 53 1 +, 3 +, 5 +, 6 +, 1 –, 2 –; 252 12 –
- Berufsbedingte ~ setzt Anvertrauung in beruflicher Eigenschaft voraus 53 3 +, 4 +, 5 +, 2 –, 3 –, 4 –
- Entbindung (s. dort) von der ~ beseitigt diese grundsätzlich nur für nach Tat und Täter begrenztes einzelnes Gerichtsverfahren 53 3 +
- Geistlicher 53 4 +
- Hilfsperson aus beruflichen Gründen Zeugnisverweigerungsberechtigter unterliegt grundsätzlich deren Entscheidung über das Zeugnisverweigerungsrecht 53 6 –
- Journalist 53 4 –, 5 –; 94 2 –
- Konkursverwalter 53 7 –
- Rechtsanwalt (s. Zeugnisverweigerungsrecht) 53 2 +, 3 –, 6 –, 7 –
- Verstoß gegen die ~ durch belehrten Zeugnisverweigerungsberechtigten begründet kein Verwertungsverbot 53 6 –
- Verteidiger (s. Zeugnisverweigerungsrecht) 53 3 –
- Widerruf der Entbindung (s. dort) von der ~ begründet bei fehlender Entscheidung über das wiederentstandene Zeugnisverweigerungsrecht ein Verwertungsverbot 53 1 +
- Zivile Informanten unterliegen nur im Falle ihrer förmlichen Verpflichtung einer Amts-~ 54 2 +

Versicherung, Befangenheit eines Sachverständigen wegen vorangegangener bezahlter Tätigkeit in derselben Sache für eine ~ 74 1 +

Verständigung im Strafverfahren, Abgrenzung zum bloßen Rechtsgespräch erfordert Schaffung eines hervorgehobenen besonderen Vertrauenstatbestandes seitens des Gerichts durch Mitteilung des Ergebnisses einer Zwischenberatung GVG 169 4 –
- Angebotsannahme nur unter Erweiterung bedeutet Ablehnung des fortan nicht mehr verbindlichen Angebotes und Nichtzustandekommen einer ~ 302 3 +
- Auskunftsverweigerung zum Inhalt eines außerhalb der Hauptverhandlung geführten längeren Verfahrensgesprächs mit dem Sitzungsstaatsanwalt begründet Besorgnis der Befangenheit 338 Nr. 3 18 +
- Befangenheit im Zuge einer ~ 24 3 –; 338 Nr. 3 3 +, 8 +, 11 +, 17 +, 18 +, 5 –
- Einwirkung zur Rücknahme eines für nicht ablehnungsfähig erachteten Beweisantrages begründet Besorgnis der Befangenheit 338 Nr. 3 17 +
- Faires Verfahren und ~ 136a 16 –; 261 3 –; 302 3 +; GVG 169 1 +, 4 –
- Fehlgeschlagene ~ aufgrund Mißverständnisses infolge Abweichens von zu beachtenden Verfahrensgrundsätzen 44 2 +; 261 20 –; 338 Nr. 3 2 –; GVG 169 1 +, 4 –; MRK Art. 6 8 –
- Kontaktaufnahme des Richters außerhalb der Hauptverhandlung zu Verfahrensbeteiligten zwecks Förderung des Verfahrens ist zulässig 338 Nr. 3 5 –; GVG 169 4 –
- Mitteilung bedeutsamer Zwischenberatungsergebnisse des Gerichts zum Strafmaß erfordert Gewährung rechtlichen Gehörs für alle Verfahrensbeteiligten 33 1 +; 265 23 +; GVG 169 4 –
- Nichtbeteiligung eines Mitangeklagten bewirkt keinen Ausschluß einer ~ 261 3 –
- Öffentlichkeit der Verhandlung gebietet Offenlegung des wesentlichen Inhalts und Ergebnisses außerhalb geführter Vorgespräche zu einer ~ GVG 169 1 +
- Rechtsanwendung von Jugendstrafrecht und andere zwingende Rechtsfolgen nicht vereinbar durch eine ~ JGG 105 1 –
- Rechtsgespräch als solches begründet keine Besorgnis der Befangenheit GVG 169 4 –

Sachverzeichnis

- Rechtsmittelverzicht darf nur in Aussicht gestellt und nicht verbindlich zugesagt werden 44 2 +; 261 3 –; GVG 169 1 +
- Rechtsmittelverzichtserklärung nicht unwirksam allein wegen vorangegangener (unzulässiger) ~ 302 2 –, 8 –, 14 –
- Rekonstruktion des Inhalts einer Verständigung außerhalb der Hauptverhandlung ist dem Revisionsgericht verwehrt 261 20 –
- Rüge der Nichteinhaltung einer Zusage zum Rechtsfolgenausspruch setzt Beanstandung in der Hauptverhandlung voraus 136a 13 –; MRK 6 8 –
- Sachwidrige Verknüpfung von „Leistung" und „Gegenleistung" 244 VI 1 –; GVG 169 4 –
- Straferwartungsprognose für den Fall eines Geständnisses gibt keinen Anspruch auf formelle Gewährung rechtlichen Gehörs GVG 169 4 –
- Strafmaß erlaubt nur Zusage von Strafobergrenzen anstelle bestimmter Strafen 44 2 +; 261 3 –, 20 –; GVG 169 1 +
- Strafmaßabweichung von in Aussicht gestellter Grenze ist nur nach vorherigem ausdrücklichen Hinweis zulässig 265 1 +, 23 +
- Versprechen gesetzlich nicht vorgesehener Vorteile ist unzulässig GVG 169 1 +
- Zulässigkeit einer ~ 136a 16 –; GVG 169 1 +, 4 –

Versuch, Strafzumessung gebietet keine zwingende Strafmilderung im Falle des ~s der Straftat 267 17 –
- Verurteilung wegen vollendeter Tat in Abweichung von zugelassenem Anklagevorwurf ist nur zulässig nach Hinweis des Gerichts 265 23 –

Vertagungsantrag (s. Aussetzung der Hauptverhandlung) bei unterlassener Zustellung der Anklageschrift 201 1 +

Verteidiger, Allgemeiner Vertreter des ~s kann Revisionsbegründungsschrift wirksam einreichen 137 1 +
- Anwaltliche Versicherung des ~s zur Glaubhaftmachung eines Wiedereinsetzungsantrages (s. dort) ist nur ausreichend für Gegenstände eigener Wahrnehmung des Anwalts 345 4 –
- Anwesenheit eines zweiten ~s ist keine wesentliche Förmlichkeit 274 1 –
- Äußerungen des ~s sind nur bei ausdrücklicher Billigung verwertbar als Einlassung des Angeklagten 250 1 +; 261 99 +, 6 –
- Ausschluß eines ~s außerhalb von Straftaten nach § 129a StGB setzt erhöhten Beteiligungsverdacht voraus 138a 1 +
- Benennung des ~s als Zeugen berechtigt nicht zu seinem Ausschluß von weiterer Tätigkeit als ~ im Verfahren 338 Nr. 8 12 +
- Behinderung des ~s durch motorische Schreibbeeinträchtigung kann nach pflichtgemäßem Ermessen des Gerichts durch Tonbandaufnahmen in der Hauptverhandlung begegnet werden 338 Nr. 8 4 –
- Beschlagnahmeverbot von Verteidigerunterlagen 97 1 +, 1 –
- Beurlaubung des ~s 338 Nr. 5 12 +
- Bewußtes Verstreichenlassen der Revisionsbegründungsfrist gestattet grundsätzlich keine Wiedereinsetzung 44 3 +, 7 +, 1 –; 45 1 –
- Durchsuchung der Person und Akten bei Einlasskontrolle kann durch willkürfreie Ausübung der Ordnungsgewalt des Vorsitzenden in der Sitzung gerechtfertigt sein GVG 176 2 –
- Faires Verfahren gebietet ernsthafte Bemühungen des Gerichts zur Durchsetzung des Rechts des Angeklagten auf einen ~ seines Vertrauens 140 4 –; 142 1 +, 2 +; 338 Nr. 8 1 +, 2 +; MRK 6 4 +
- Hinweis auf Hauptverhandlungsprotokoll macht bestimmte Tatsachenbehauptung eines Verfahrensverstoßes nicht zu unzulässiger Protokollrüge 268 2 +; GVG 189 1 +
- Hinzuziehung anwaltlichen Beistands zu einer Speichelprobe darf nicht zum Nachteil des Angeklagten gewürdigt werden 261 20 +
- Letztes Wort ist nach anschließender informatorischer Befragung des ~s durch den Vorsitzenden zu vorgelegten Unterlagen erneut zu gewähren 258 21 +
- Letztes Wort wird durch Protokollvermerk letzten Wortes des Angeklagten bewiesen 258 9 –
- Mitschreiben von Vorgängen in der Hauptverhandlung durch stenographierende Angestellte des ~s ist zulässig 338 Nr. 6 21 +
- Notwendiger ~ s. Pflichtverteidiger
- Protokollierungsantrag auf Niederschreibung und Verlesung einer Aussage begründet keinen Anspruch auf ihre wörtliche Aufnahme und Vorlesung aus dem Hauptverhandlungsprotokoll 273 4 –, 12 –
- Rechtsmittelrücknahme durch hierzu ermächtigten Pflichtverteidiger ist bei fehlendem Widerruf der Ermächtigung auch wirksam gegenüber zusätzlich hinzugezogenem Wahl-~ 302 6 –, 19 –, 20 –
- Rechtsmittelverzicht des Angeklagten ist nur wirksam nach Einräumung der Beratungsmöglichkeit mit seinem ~ 302 3 –, 6 +, 25 –, 39 –
- Revisionseinlegung vor entsprechender Beauftragung obliegt der Fristverantwortung des (inhaftierten) Angeklagten 44 4 –; 45 1 –
- Rüge einer Verletzung des Rechts zur Konsultation eines ~s erfordert Darlegung der Umstände des Zustandekommens der Aussagebereitschaft 136 2 –
- Rüge unzulässiger Verwertung in verlesenem Schriftsatz des Verteidigers wiedergegebener Angaben des Angeklagten muß dessen Verhalten vortragen 250 4 –

4661

[Verteidiger]
- Unterbevollmächtigter ~ kann Verantwortung für nicht selbst verfaßte Rechtsmittelschrift übernehmen 345 2 +
- Urteilsberatung gestattet keine Teilnahme eines verteidigenden Referendars GVG 193 2 +
- Verlesung von Niederschriften des ~s über Erklärungen des Angeklagten im Wege des Urkundsbeweises ist unzulässig 250 1 +, 4 –, 5 –
- Vernehmung (des einzigen Verteidigers) als Zeuge begründet keine vorschriftswidrige Abwesenheit 338 Nr. 5 24 –
- Vertretungsbefugnis des ~s bei Abwesenheit des Angeklagten in der Revisionshauptverhandlung 137 1 –
- Verwehrung des Rechts auf Konsultation eines ~s begründet Verwertungsverbot 136 2 +
- Vollmacht einschließlich Befugnis zur Rechtsmittelrücknahme erlischt bei Wechsel des Wahlverteidigers zum Pflichtverteidiger mit Niederlegung des Wahlmandats 302 5 +
- Wechsel des ~s im Falle der Begründung und schwieriger Beweislage gebietet Aussetzung der Hauptverhandlung 145 1 +, 1 –; 265 3 +, 44 +, 49 +, 4 –, 17 –; 338 Nr. 8 1 +, 3 +, 4 +, 5 +, 7 +, 8 +, 6 –
- Zeugenvernehmung durch den ~ unterliegt nach berechtigter Zeugnisverweigerung in der Hauptverhandlung einem Verwertungsverbot 252 1 –
- Zeugnisverweigerungsrecht (s. dort) 53
Verteidigerunterlagen, Kenntnis der Ermittlungsbehörden von ~ nach unzulässiger Beschlagnahme begründet kein Verfahrenshindernis 260 14 –
Verteidigung, Antrags- bzw. Hinweispflicht der ~ bei erkanntem Mißverständnis des Gerichts 244 VI 5 +
- Beschränkung der ~ s. dort
- Bestreiten der Legitimität des staatlichen Strafanspruchs ist zulässige ~ 261 107 +
- ~ durch einen Vertrauensanwalt des Angeklagten ist Gebot fairen Verfahrens 140 4 –; 142 1 +, 2 +; 338 Nr. 8 1 +, 2 +; MRK 6 4 +
- Gemeinschaftliche ~ s. Mehrfachverteidigung
- Pflichtverteidiger(-bestellung) s. dort
- Verwertungsverbot zulässigen Prozeßverhaltens zum Nachteil des Angeklagten 261 1 +, 20 +, 143 +
- Vorbereitung der ~ erfordert bei begründetem Verteidigerwechsel und schwieriger Beweislage zwingend eine Aussetzung der Hauptverhandlung 145 1 +, 1 –; 265 3 +, 44 +, 49 +, 4 –, 17 –; 338 Nr. 8 1 +, 3 +, 4 +, 5 +, 7 +, 8 +, 6 –
- Vorbereitung der ~ auf überraschende Tatsachen gebietet u.U. von Amts wegen die Aussetzung der Hauptverhandlung 265 51 +

Verteidigungsvorbringen, Vorsätzliches Zurückhalten von ~ in erster Tatsacheninstanz stellt Irrtum über Vorhandensein weiterer Instanz schutzlos 216 1 –
Vertrauensanwalt, Faires Verfahren gebietet ernsthafte Bemühungen des Gerichts zur Durchsetzung des Rechts des Angeklagten auf Verteidigung durch seinen ~ 140 4 –; 142 1 +, 2 +; 338 Nr. 8 1 +, 2 +; MRK 6 4 +
Vertrauensperson der Polizei (s. Informant, V-Mann) 96 1 +, 2 +; 110a 3 –; 247 16 +; 252 7 –; 261 16 –; 338 Nr. 8 11 +; MRK 6 1 +, 3 +
- Abgrenzung zum Verdeckten Ermittler 261 16 –
- Unzulässige Tatprovokation liegt vor bei mit Einwirkung der ~ von einiger Erheblichkeit einhergehender qualitativer Steigerung der Verstrickung des Täters MRK 6 1 +
Vertrauensperson des Schöffenwahlausschusses s. dort
Vertrauensschutz im Strafverfahren s. Faires Verfahren
Vertraulichkeitserbitten der aktenführenden Stelle bewirkt weder Verwertungsverbot noch Beschränkung des Akteneinsichtsrechts 147 1 –
Vertraulichkeitszusage, Unerreichbarkeit des Beweismittels ist nicht zu begründen durch polizeiliche oder staatsanwaltschaftliche ~ 96 1 +; 244 III S. 1 1 +; 244 III S. 2 Var. 5 2 +, 3 +; 251 12 +
Vertretung, der unteren Verwaltungsbezirke i.S.d. § 40 Abs. 3 S. 2 GVG umfaßt kommunalrechtlich zu Dringlichkeitsentscheidungen ermächtigten Ausschuß GVG 40 4 –
- Ergänzungsrichterteilnahme im Verfahren ist kein Fall der in § 21e Abs. 1 GVG geregelten ~ GVG 192 1 –
- ~ in der Gerichtsbesetzung bei Vertreterkette aus zwanzig Richtern ist ausreichend für Geschäftsverteilungsplan GVG 21e 1 –
- ~ in der Gerichtsbesetzung gestattet grundsätzlich keine Bestellung bestimmter Einzelpersonen für konkrete Hauptverhandlung GVG 21e 1 +
- Mitgliedschaft in einer Strafkammer oder nur vorübergehende Vertretung entscheidet sich nach tatsächlicher Handhabung und vom Präsidium beigelegten Sinn des Geschäftsverteilungsplans vorrangig vor dessen Wortlaut 338 Nr. 1 25 +, 9 –, 43 –
- Verhinderung (s. dort) durch Mitwirkung in Hauptverhandlung desselben Spruchkörpers ist kein Fall der ~ 338 Nr. 1 32 +
- ~ von Vertrauenspersonen ist durch hierzu von Landesregierung ermächtigten Verwaltungsbeamten bestimmbar GVG 36 6 –
- Vorsitz einer Strafkammer gestattet planmäßige ~ nur durch (tatsächlich) ständiges Kammermitglied 338 Nr. 1 25 +, 9 –
- Zeitweilige ~ durch Bestellung eines zeitweiligen Vertreters ist auf Fälle vorübergehenden

und unvorhersehbaren Bedarfs begrenzt 338 Nr. 1 23 +, 8 –, 28 –, 57 –; GVG 21e 1 +, 1 –; GVG 21f 1 –
Verurteilung, Ablauf der Tilgungsfrist (s. dort) begründet Verwertungsverbot für ~ BZRG 49 1 +, 3 +, 4 +, 5 +, 1 –; BZRG 51 1 +, 2 +, 3 +; GVG 121 1 +
– Darstellung von ~en in den Urteilsgründen durch bloße Kopie der Computerausdrucke aus dem Bundeszentralregister ohne Auswahl der Strafzumessungserheblichkeit ist unzureichend 267 11 +
– Einziehung ist keine ~ i.S.d. § 465 StPO 467 1 +
– Feststellung früherer ~en des Angeklagten in seiner Abwesenheit ist zulässig 338 Nr. 5 31 +, 14 –
– Urteilsgründe gebieten Mitteilung der zugrundeliegenden Sachverhalte und Strafzumessungserwägungen von für die aktuelle Sanktionsfindung bedeutsamen ~en 267 9 +, 36 +
– Verlesung von ~en über mehrere Verhandlungstermine ohne rechtfertigenden Grund ist keine Fortsetzung der Hauptverhandlung 229 4 +
– Wahldeutige ~ bei verschiedenartigen Tatvorwürfen erfordert rechtsethische und psychologische Vergleichbarkeit der Straftatbestände 267 46 +, 48 +, 14 –, 18 –
– ~ wegen Verdachts einer Straftat aus sachlichem Zuständigkeitsbereich höherer Gerichts kann nur durch dieses erfolgen GVG 74 3 +
– Widerlegte Behauptungen der Einlassung des Angeklagten können nicht Grundlage sein für eine ~ 267 16 +
Verwaltungsrechtlicher Vergleich, transactie-Vereinbarung belgischen Rechts bewirkt keinen Verbrauch der Strafklage gegen beteiligte Firma als juristische Person GG 103 1 –
Verwaltungstätigkeit, Revisibilität nur justizförmiger ~ GVG 45 3 –
Verwarnung mit Strafvorbehalt ist jenseits ihrer Voraussetzungen nicht zu rechtfertigen durch überlange Verfahrensdauer MRK 6 15 +
– Verwertungsverbot für ~ nach Ablauf der Tilgungsfrist BZRG 49 2 +
Verweisungsbeschluß an Gericht der Landesjustiz ist bei rechtswidriger Annahme bundesgerichtlicher Eröffnungszuständigkeit auch nach Eröffnung des Hauptverfahrens geboten GVG 120 1 –
– ~ an Gericht gleicher oder niedrigerer Ordnung ist nach Eröffnung der Hauptverhandlung nicht statthaft 225a 2 +; 270 3 +; 338 Nr. 4 5 +; GVG 120 1 –
– ~ an Gericht höherer Ordnung außerhalb der Hauptverhandlung bedarf mangels Bindungswirkung förmlichen Übernahmebeschlusses für Wechsel sachlicher Zuständigkeit 270 2 –, 3 –

– ~ an Gericht höherer Ordnung gem. § 270 StPO ist vor der Hauptverhandlung nicht statthaft 225a 1 +
– ~ an Gericht höherer Ordnung ist grundsätzlich erst bei feststehendem Schuldspruch und verfestigter Erwartung mangelnder Strafgewalt zulässig 270 1 –
– Berufungsgericht bedarf für Übergang zu erstinstanzlicher Verhandlung bei erkannter erstinstanzlicher Unzuständigkeit des Amtsgerichts keines ~es 6 1 –; 328 1 +
– Bindungswirkung hat (nur) der nach Beginn der Hauptverhandlung innerhalb dieser willkürfrei erlassene ~ 270 2 +, 1 –, 2 –, 3 –
– Bindungswirkung erzeugt nur eine Verweisung vom rangniederen zum ranghöheren Gericht 270 3 +, 1 –
– Eröffnungsbeschluß ist nicht ersetzbar durch ohne Prüfung der Eröffnungsvoraussetzungen erlassenen ~ 270 1 +
– Fehlerhafter ~ nach § 270 I StPO beschwert den Angeklagten 270 1 +
– Fehlerhafter willkürfreier ~ wirkt bindend 270 2 +, 1 –
– Sachliche Zuständigkeit eines Gerichts höherer Ordnung infolge ~es nach Eröffnung der Hauptverhandlung bleibt auch nach Verfahrenstrennung erhalten 269 1 –
– Transportwirkung erzeugt auch ein willkürlicher ~ 270 1 –
– Unzuständigkeitsfeststellung in der Hauptverhandlung bewirkt zwischen gleichrangigen Spruchkörpern desselben Gerichts Verfahrensübergang auf das zuständige Gericht ohne förmlichen Übernahme- oder ~ 270 3 +
– ~ von Jugendkammer an allgemeine Strafkammer nach Eröffnung des Hauptverfahrens ist unzulässig 338 Nr. 4 5 +
– Willkürlicher ~ erzeugt dennoch Transportwirkung 270 1 –
– Willkürlicher ~ gestattet nicht bindende Weiterverweisung 270 1 –
Verweisungsurteil, Berufungsgerichtliches ~ ist revisibel 328 2 +
Verwerfung, Verfahrensvoraussetzungen sind bei erhobener Sachrüge (s. dort) zu prüfen vor einer ~ des Rechtsmittels (s. dort) 329 1 +, 2 +
Verwertungsverbot, Aktenvermerk nach Vorhalt ist bei fehlender Bestätigung seines Inhalts ohne förmliche Verlesung unverwertbar 261 103 +, 42 –
– Ärztliches Attest darf nicht zum Nachweis anderer Straftaten als nicht schwerer Körperverletzung verlesen und verwertet werden 256 1 +, 5 +, 6 +
– ~ ärztlicher Feststellungen bei fehlender Einführung in die Hauptverhandlung 261 108 +
– ~ ausgeschiedenen Verfahrensstoffs bei fehlendem Hinweis des Gerichts 154 3 +, 4 +, 5 +, 6 +, 7 +, 9 +, 4 –, 5 –

[Verwertungsverbot]
- ~ ausgeschiedenen Verfahrensstoffs bei fehlendem Hinweis des Gerichts kommt im Falle einer Einstellung des Verfahrens nach Schluss der Beweisaufnahme nicht in Betracht 154 4 –
- Auskunftsverweigerung des Angeklagten in einem anderen/abgetrennten Strafverfahren ist nicht zu seinem Nachteil verwertbar 261 80 +
- Auskunftsverweigerung in der Hauptverhandlung begründet für frühere richterliche Vernehmung kein ~ 252 19 +
- Auskunftsverweigerungsrecht bewirkt bei unterlassener Belehrung kein ~ 55 2 –; 252 19 +; 261 80 +
- Aussage des sich im Insolvenzverfahren selbst bezichtigenden Gemeinschuldners unterliegt ~ im Strafverfahren 136 5 +
- Aussage eines Strafgefangenen im strafvollzugsrechtlichen Disziplinarverfahren unterliegt ~ im Strafverfahren 136 4 –
- Aussage eines zeugnisverweigerungsberechtigten Kindes mit mangelnder Verstandesreife hinsichtlich des Zeugnisverweigerungsrechts unterliegt bei Fehlen der (Einholung der) Entschließung des gesetzlichen Vertreters einem ~ 52 19 +, 16 –
- Aussage eines zeugnisverweigerungsberechtigten Kindes unterliegt mangels Belehrung des gesetzlichen Vertreters einem ~ 52 13 +
- Aussagen des belehrten Beschuldigten/Angeklagten gegenüber einem Sachverständigen unterliegen bei Einführung in die Hauptverhandlung keinem ~ 261 22 –, 25 +
- Aussage des Beschuldigten auf Vorhalt ist trotz ihr zugrundeliegender irriger Annahme eines ~s verwertbar 136a 3 –
- Aussagen eines Asylbewerbers im Asylverfahren unterliegen in Strafverfahren nach § 92 Abs. 2 Nr. 1 des Ausländergesetzes keinem ~ 136 4 +; 261 104 +
- Aussagen ortskundiger Zeugen anläßlich kommissarischer Einnahme eines Augenscheins sind bei Einführung in die Hauptverhandlung verwertbar 261 29 –
- Befundtatsachen eines Sachverständigengutachtens unterliegen bei fehlender Einführung in die Hauptverhandlung einem ~ 261 5 +, 121 +, 191 +
- Belehrungspflichtverstoß begründet bei nachweislicher Kenntnis des Berechtigten und auszuschließendem Gebrauchmachen von seinem Zeugnis-/Untersuchungsverweigerungsrecht kein ~ 52 4 –, 8 –, 9 –; 81c 1 –
- Belehrungspflichtverstoß hinsichtlich Beschuldigtenbelehrung begründet ein ~ 136 3 +
- Belehrungspflichtverstoß hinsichtlich Zeugnisverweigerungsrecht begründet unabhängig von einer Kenntnis des Gerichts von den diesem zugrundeliegenden Tatsachen ein ~ 52 3 +; 251 5 +
- Belehrungspflichtverstoß infolge geistig bedingten Unverständnisses der Beschuldigtenbelehrung bewirkt nach entsprechendem Widerspruch ein ~ 136 8 –
- Belehrungsunterbleiben entgegen § 393 I 4 AO begründet kein steuerrechtliches ~ AO 393 1 +
- Benachrichtigungspflichtverstoß bei kommissarischer Vernehmung begründet nach Widerspruch gegen Verwertung in der Hauptverhandlung ein ~ 224 2 –; 251 9 +, 22 +, 28 +, 33 +, 34 +
- Benachrichtigungspflichtverstoß bei richterlicher Vernehmung begründet nach Widerspruch gegen Verwertung in der Hauptverhandlung ein ~ 168c 1 +, 2 +, 3 +, 4 –, 7 –
- Benachrichtigungspflichtverstoß bei richterlicher Vernehmung verbietet auch Vernehmung des Ermittlungsrichters gegen den Widerspruch des Angeklagten/Verteidigers 168c 3 +, 1 –, 3 –
- ~ beschlagnahmter Beweismittel eines Zeugnisverweigerungsberechtigten mangels entsprechender Belehrung und Zustimmung 52 17 +; 97 2 –
- ~ beschlagnahmter Unterlagen eines Zeugnisverweigerungsberechtigten ohne bestehenden Teilnahmeverdacht 52 17 +
- Beweisbehauptungen sind unverwertbar als Einlassung des Angeklagten 261 99 +, 6 –
- ~ beweiserheblichen Inhalts nicht in der Hauptverhandlung verlesener Schriftstücke 261 9 +, 29 +, 199 +, 200 +
- Beweisvereitelung durch staatliche Stellen aus Willkür rechtfertigt Annahme eines ~s 251 27 +, 5 –
- Eingestellte/nicht rechtskräftig abgeurteilte Straftaten sind nach Maßgabe der Aufklärungspflicht im Urteil verwertbar 261 28 –
- Einlassung des Angeklagten unterliegt bei fehlender Protokollierung einem ~ 261 23 +
- Einlassungen des Angeklagten mit Verteidigungsbezug aus seiner Sicht sind unverwertbar als strafbegründendes tatbestandsrelevantes Verhalten 261 107 +
- Einzelfallprüfung eines ~s für unter Verletzung von Verfahrensvorschriften ermittelte Tatsachen maßgeblich anstelle genereller Fernwirkung von Beweiserhebungsverboten nach „fruit of the poisonous tree-doctrine" 100a 7 –; 136a 2 +, 6 –, 7 –; 261 21 –; G10 7 1 –; AO 393 1 +
- Erkenntnisse aus der Zuhörerbeobachtung unterliegen bei fehlender Einführung in die Hauptverhandlung einem ~ 261 64 +, 107 +
- Erkenntnisse aus Maßnahmen eines „hypothetischen Ersatzeingriffs" unterliegen keinem ~ 261 16 –
- Faires Verfahren und ~ 261 178 +
- Geständnis ist im Falle seiner Aufrechterhaltung wegen vorangegangener Aufforderung

Sachverzeichnis

- des Vorsitzenden an unbelehrten Angeklagten zum Kopfnicken/-schütteln bei Verlesung der Anklageschrift unverwertbar 247 24 +
- Geständnis ohne Pflichtverteidiger anläßlich unaufschiebbarer Tatrekonstruktion unter freiwilliger Mitwirkung des Angeklagten unterliegt keinem ~ 141 1 –
- Geständnis unterliegt im Falle seiner Wiederholung nach nachgeholter Belehrung keinem ~ 136 6 +
- Geständniserklärung aus verlesenem nichtrichterlichen Vernehmungsprotokoll unterliegt bei Schweigen des Angeklagten einem ~ 254 4 –
- Glaubwürdigkeitsuntersuchung unterliegt mangels gesonderter Belehrung über bestehendes Untersuchungsverweigerungsrecht einem ~ 52 20 +, 4 –; 252 6 +
- Hauptverhandlungsergebnisse abgetrennter Verfahren unterliegen bei fehlender Einführung in die Hauptverhandlung einem ~ 231 11 +; 261 154 +
- Heimliche Tonbandaufnahmen von Privatgesprächen des Angeklagten durch Gesprächsteilnehmer unterliegen als unzulässiges Beweismittel einem ~ 244 III S. 1 7 –
- ~ heimlicher Tonbandaufnahmen außerhalb gesetzlicher Grundlage ohne Einverständnis des/r Dispositionsbefugten 81b 1 +; 244 III S. 1 7 –; 261 110 +
- Informantenangaben eines gesperrten Informanten sind durch Vernehmung von Zeugen vom Hörensagen verwertbar 261 30 –; MRK 6 9 –, 10 –
- Kommissarisch erhobene Beweistatsachen unterliegen bei fehlender Einführung in die Hauptverhandlung einem ~ 261 22 +, 114 +, 161 +, 29 –
- Kommissarische Vernehmung eines V-Mannes in Abwesenheit des Angeklagten und des Verteidigers unterliegt im Falle der Durchführung gegen deren Widerspruch einem ~ 251 15 +, 20 +, 21 +
- Körperliche Untersuchung nach Verzicht auf Weigerungsrecht hierüber belehrter Zeugen unterliegt nach Zeugnisverweigerung in der Hauptverhandlung keinem ~ 81c 2 –
- Lichtbild sichergestellter Rauschgiftmenge ist zur Widerlegung diesbezüglicher Urteilsfeststellungen unverwertbar 261 16 –
- Niederschrift ausländischer Vernehmung unterliegt bei bloßer Überlassung zu Informationszwecken und Rechtshilfeverweigerung einem ~ 251 10 +
- Niederschrift kommissarischer Vernehmung unterliegt bei unterlassener Belehrung über bestehendes Zeugnisverweigerungsrecht einem ~ 251 5 +
- Niederschriften eines Prozeßbeteiligten über Inhalt und Ergebnis der Beweisaufnahme sind zur Widerlegung diesbezüglicher Urteilsfeststellungen unverwertbar 244 II 14 –; 261 12 –, 13 –, 48 –
- Offenkundige Tatsachen unterliegen bei fehlender Einführung in die Hauptverhandlung einem ~ 244 III S. 2 Var. 1 1 –; 261 67 +, 119 +, 190 +
- Polizeilicher Aktenvermerk über Aussagen eines (Mit-)Beschuldigten ohne dessen Auftrag darf nicht als dessen Erklärung verwertet werden 251 6 +
- Private Schriftstücke (s. dort) mit unmittelbarem Bezug zu konkreter schwerer Straftat unterliegen keinem ~ 249 5 +; 261 22 –, 25 –
- Protokoll nichtrichterlicher Vernehmung ist bei Verlesung als Bestandteil richterlicher Vernehmungsniederschrift zur Beweisaufnahme über Geständnis ohne zweifelsfrei dargelegte Erklärung des Angeklagten über die Fortgeltung seiner früheren Aussagen unverwertbar 254 3 +, 4 +
- Protokoll nichtrichterlicher Vernehmung über ein Geständnis des in der Hauptverhandlung bestreitenden Angeklagten unterliegt einem ~ 261 195 +
- Protokoll nichtrichterlicher Vernehmung unterliegt nach Zeugnisverweigerung in der Hauptverhandlung umfassendem ~ 252 23 +
- Protokoll nichtrichterlicher Vernehmung unterliegt Verlesungs- und ~ durch Urkundenbeweis bei schweigendem Angeklagten 250 2 +; 254 4 –
- Prozeßverhalten zulässiger Art gestattet keine dem Angeklagten nachteilige Verwertung 261 1 +, 20 +, 143 +
- Rechtsanwaltliche Vernehmung eines Zeugen unterliegt nach Zeugnisverweigerung in der Hauptverhandlung einem ~ 252 1 –
- Rechtstatsachen sind ohne Mitteilung des konkret zugrundeliegenden Geschehensablaufs unverwertbar 261 72 –
- Richterliche Vernehmung nach richterlicher Belehrung unterliegt nach Zeugnisverweigerung in der Hauptverhandlung keinem ~ 252 15 +, 25 +, 27 +, 2 –, 4 –, 10 –, 12 –, 14 –
- Richterliche Vernehmungsniederschrift unterliegt bei fehlender Dolmetschervereidigung einem Verlesungs- und ~ 254 1 +
- Richterliche Vernehmungsniederschrift unterliegt bei fehlender Vereidigung des Protokollführers einem Verlesungs- und ~ 254 2 +
- Rüge der Fortwirkung einer Täuschung auf nachfolgende Aussagen setzt entsprechenden Vortrag voraus 136a 2 +, 6 –, 7 –
- Rüge unzulässiger Verwertung früherer Aussage nicht in der Hauptverhandlung vernommener Zeugen erfordert Beantwortung der Frage vorangegangener richterlicher Belehrung 252 6 +
- Sachverständigengutachten ist bei fehlender Einführung in die Hauptverhandlung unverwertbar 261 8 +

4665

[Verwertungsverbot]
- Schweigen des Angeklagten darf nicht zu seinem Nachteil verwertet werden 261 17 +, 52 +, 80 +, 99 +, 115 +, 116 +, 124 +, 134 +, 142 +, 145 +, 150 +, 157 +, 158 +, 160 +, 164 +, 186 +, 26 –, 44 –
- Schweigen des Angeklagten gegenüber dem Sachverständigen darf nicht zu seinem Nachteil verwertet werden 261 164 +
- Sicherstellungsprotokoll über Rauschgiftmenge ist zur Widerlegung diesbezüglicher Urteilsfeststellungen unverwertbar 261 16 –
- Steuerakten unterliegen auch bei mittelbarer Kenntnisnahme der Strafverfolgungsbehörden einem ~ außerhalb des Steuerstrafverfahrens AO 393 4 +, 1 –, 3 –
- Steuergeheimnisverletzung führt zu ~ für hierdurch erlangte Informationen AO 30 1 –
- Tagebuchaufzeichnungen unterliegen nur bei unmittelbarem Bezug zu konkreter schwerer Straftat keinem ~ 249 5 +; 261 22 –, 25 –
- Tatteile nach Ausscheidung ohne Hinweis auf ihre Wiedereinbeziehung unterliegen einem ~ 154a 4 +; 261 33 –; 265 6 +, 10 +, 3 –
- Telefonüberwachung bei Nichtkatalogtat unterliegt ~ 100a 1 +, 5 +, 6 +, 10 –; G10 7 1 –
- Telefonüberwachung gegen Dritte unterliegt ~ 100a 1 –, 8 –, 9 –, 10 –, 12 –
- Tonbandprotokolle überwachter Telefongespräche bei fehlender inhaltlicher und sprachlicher Wiedergabefähigkeit nach Vorhalt unterliegen ohne förmliche Verlesung einem ~ 261 127 +
- ~ uneidlicher Aussagen als eidliche 59 1 +
- ~ ungenannter „Erkenntnisse neuerer Forschung" bzw. „neuester Untersuchungen" eines Sachverständigengutachtens 261 33 +, 61 +
- ~ unverlesenen früheren Urteils als Urkunde 249 6 +
- ~ unverlesener komplexer beweiserheblicher Schriftstücke mittels wörtlicher Wiedergabe im Urteil 249 2 +, 3 +, 1 –, 4 –; 261 9 +, 29 +, 199 +, 200 +
- Vernehmungsniederschrift ist bei fehlender Bestätigung ihres Inhalts nach Vorhalt ohne förmliche Verlesung unverwertbar 253 2 +, 3 –; 261 118 +, 120 +, 127 +, 152 +, 184 +, 195 +, 42 –, 48 –
- Verschwiegenheitspflichtverstoß durch belehrten Zeugnisverweigerungsberechtigten begründet kein ~ 53 6 –
- Verteidigeräußerungen sind ohne ausdrückliche Billigung als Einlassung des Angeklagten unverwertbar 261 99 +, 6 –
- Verteidigerunterlagen unterliegen bei Beschlagnahme ohne qualifizierten Teilnahmeverdacht einem ~ 97 1 –
- Vertraulichkeitserbitten der aktenführenden Stelle bewirkt noch kein ~ 147 1 –
- Verwarnung mit Strafvorbehalt unterliegt nach Ablauf der Tilgungsfrist einem ~ BZRG 49 2 +
- Verwehrung des Rechts auf Verteidigerkonsultation begründet ~ 136 2 +
- V–Mann-Rolle und -Verhalten unterliegen bei fehlender Erörterung in der Hauptverhandlung einem ~ 261 67 +
- Völkerrechtswidrig erlangte Erkenntnisse unterliegen grundsätzlich einem ~ 261 21 –
- Vorstrafen sind nach Ablauf der Tilgungsfrist verwertbar im Umfang eines Verzichts auf das ~ BZRG 49 3 +
- Vorstrafen unterliegen nach Ablauf der Tilgungsfrist einem ~ BZRG 49 1 +, 3 +, 4 +, 5 +, 1 –; BZRG 51 1 +, 2 +, 3 +; GVG 121 1 +
- Vorstrafen-~ erstreckt sich nicht auf eingestellte Taten BZRG 49 1 –
- Widerruf der Entbindung von der Verschwiegenheitspflicht bewirkt bei fehlender Entscheidung über das wiederentstandene Zeugnisverweigerungsrecht ein ~ 53 1 +
- Verwertungsverbot, Zeugenangaben beim Vormundschaftsgericht vor richterlicher Belehrung über bestehendes Zeugnisverweigerungsrecht unterliegen einem ~ 252 4 –
- Zeugnisverweigerung begründet für Aussage des vor der Exploration richterlich belehrten Zeugen gegenüber Sachverständigen kein ~ 252 21 +
- Zeugnisverweigerung in der Hauptverhandlung begründet auch für frühere Angaben gegenüber nichtrichterlichen Verhörspersonen im Zivilprozeß oder in Verfahren der Freiwilligen Gerichtsbarkeit ein ~ 252 11 +
- Zeugnisverweigerung in der Hauptverhandlung begründet auch für vom Zeugen als Bestandteil früherer Aussage überreichte Schriftstücke ein ~ 252 3 +, 7 +, 17 +
- Zeugnisverweigerung in der Hauptverhandlung begründet bei fehlender Erinnerung vernommener Verhörsperson an frühere Aussage für deren Niederschrift ein ~ 252 1 +, 10 +, 14 –
- Zeugnisverweigerung in der Hauptverhandlung begründet bei untrennbaren strafrechtlichen Vorwürfen auch zugunsten des Mitangeklagten ein ~ 252 23 +
- Zeugnisverweigerung in der Hauptverhandlung begründet bei Zustimmung zur Verwertung nichtrichterlicher Aussage kein ~ 252 3 –
- Zeugnisverweigerung in der Hauptverhandlung begründet für Aussage gegenüber V-Leuten kein ~ 252 7 –
- Zeugnisverweigerung in der Hauptverhandlung begründet für Aussage gegenüber Zeugen außerhalb jeder Vernehmung kein ~ 252 26 +, 1 –, 7 –
- Zeugnisverweigerung in der Hauptverhandlung begründet für frühere nur nach nicht-

Sachverzeichnis

richterlicher Belehrung durchgeführte Vernehmung ein ~ 252 11 –
- Zeugnisverweigerung in der Hauptverhandlung begründet nach bewußt wahrheitswidriger Verneinung weigerungsrechtsbegründender Tatsachen bei früherer richterlicher Belehrung kein ~ 252 10 –
- Zeugnisverweigerung in der Hauptverhandlung begründet auch bei Einverständnis der Beteiligten die Entstehung eines ~s 252 5 +, 22 +
- Zeugnisverweigerung in der Hauptverhandlung durch Arzt begründet für frühere richterliche Vernehmung kein ~ 252 12 –
- Zeugnisverweigerung in der Hauptverhandlung durch frühere Angeklagte begründet für ihre Aussagen in gegen sie selbst gerichteten Strafverfahren ein ~ 252 18 +
- Zeugnisverweigerung in der Hauptverhandlung durch frühere Mitbeschuldigte begründet für Aussagen im Ermittlungsverfahren auch bei richterlicher Vernehmung ein ~ 252 4 +, 18 +
- Zeugnisverweigerung in der Hauptverhandlung vor dies bezweckender Eheschließung begründet für frühere Aussagen kein ~ 252 2 –
- Zeugnisverweigerung ist im Falle berechtigter Rechtsausübung nicht zum Nachteil des Angeklagten verwertbar 244 VI 9 +; 261 13 +, 111 +, 137 +, 138 +, 176 +, 179 +, 183 +, 185 +, 205 +, 2 –, 26 –
- Zusatztatsachen eines Sachverständigengutachtens ohne gesonderte Einführung in die Hauptverhandlung unterliegen einem ~ 52 2 +, 10 +; 59 1 –; 79 2 +; 250 3 +, 9 –, 11 –; 252 11 +, 13 +; 261 191 +
- Zusatztatsachen unterliegen bei gutachterlicher Einführung in die Hauptverhandlung nach Zeugnisverweigerung einem ~ 52 2 +, 10 +; 250 3 +, 11 –; 252 11 +, 13 +, 21 –; 261 191 +
- Zusatztatsachenaussagen zeugnis- und untersuchungsverweigerungsberechtigter Zeugen gegenüber Sachverständigen vor richterlicher Belehrung unterliegen einem ~ 52 6 +; 252 9 +, 12 +

Verwirkung des Rügerechts vorschriftswidriger Abwesenheit des Verteidigers im Falle seiner eigenmächtigen Entfernung von der Urteilsverkündung 338 Nr. 5 2 –

Verzicht, auf Angabe von Personalien zwecks Zeugenschutz 68 1 –; 251 27 +, 5 –
- ~ auf Anwesenheitspflicht ist außerhalb gesetzlicher Ausnahmen unbeachtlich 230 3 +, 4 +; 247 1 +, 38 +, 4 –; 274 6 +; 338 Nr. 5 5 +, 7 +, 9 +, 30 +
- ~ auf Bescheidung von Beweisanträgen ist nicht zu begründen durch einverständlichen Protokollvermerk über Schluß der Beweisaufnahme 244 VI 5 +

- ~ auf Beschlagnahmeverbot (nur) durch freiwillige Herausgabe nach Belehrung über Verwertungsverbot möglich 52 17 +
- ~ auf Beweisantrag bzw. fehlende Aufrechterhaltung kann schlüssig erklärt werden 244 VI 8 +, 3 –, 6 –; 261 31 +
- ~ auf Einhaltung der Ladungsfrist durch Einlassung zur Sache ohne Antrag auf Aussetzung der Hauptverhandlung 217 1 –
- ~ auf Entlastungsbeweis darf nicht zum Nachteil des Angeklagten gewürdigt werden 261 62 +
- ~ auf gestellte Beweisanträge ist protokollierungspflichtig 244 VI 8 +, 6 –
- ~ auf Rechtsmittel s. Rechtsmittelverzicht
- ~ auf Untersuchungsverweigerungsrecht hierüber belehrter Zeugen gestattet Verwertung durchgeführter körperlicher Untersuchung nach Zeugnisverweigerung in der Hauptverhandlung 81c 2 –
- ~ auf Vereidigung ist ohne Zustimmung des anwesenden Nebenklägers unzulässig 61 3 +
- ~ auf Vernehmung richterlicher Verhörsperson und Einverständnis aller Verfahrensbeteiligten gestattet Verlesung richterlicher Vernehmungsniederschrift nach umfassender Auskunftsverweigerung in der Hauptverhandlung 250 1 –
- ~ auf Vorstrafenverwertungsverbot gestattet Verwertung in entsprechendem Umfang BZRG 49 3 +
- ~ auf Zeugenvernehmung durch übrige Verfahrensbeteiligte gestattet Vernehmung in Abwesenheit des Angeklagten 338 Nr. 5 4 +
- ~ auf zeugnisverweigerungsbedingtes Verwertungsverbot nichtrichterlicher Aussagen durch Zustimmung zu ihrer Verwertung ist zulässig 252 3 –
- Nichterhebung des Besetzungseinwands wegen Einräumung unangemessen kurzen Prüfungszeitraums ist kein ~ 222a 1 +

Videoaufnahmen, Gegenüberstellung gestattet Dokumentation durch Anfertigung von ~ 81b 2 –

Videokonferenz s. Audiovisuelle Zeugenvernehmung

Videoprints (s. auch Lichtbild), Einführung in die Hauptverhandlung 274 1 +

V-Leute (s. Informant, V-Mann) 96 1 +, 2 +; 110a 3 –; 247 16 +; 252 7 –; 338 Nr. 8 11 +; MRK 6 1 +, 3 +, 9 –

V-Mann, Aufklärungspflicht gebietet Hinwirkung des Gerichts auf Vernehmung des ~s in der Hauptverhandlung 251 15 +
- Identitätskenntnis gebietet Bemühen des Gerichts um Ladung und Vernehmung trotz Sperrerklärung 96 2 +; 244 III S. 1 1 +
- Identitätskenntnis gebietet Namhaftmachung eines unter seinem richtigen Namen geladenen Zeugen auch gegenüber Angeklagtem und Verteidiger 338 Nr. 8 11 +

4667

[V-Mann]
- Identitätskenntnis gebietet Vernehmung bei auch nur entfernter Möglichkeit anderer Sachverhaltsbeurteilung durch weitere Aufklärung 96 3 +
- Kommissarische Vernehmung eines ~s erfordert Beachtung eines Fragenkatalogs der ausgeschlossenen Verteidigung ohne dessen vorherige Erörterung in der Hauptverhandlung 224 1 +; MRK 6 11 +
- Kommissarische Vernehmung ohne Anwesenheitsrecht der Verteidigung gestattet Einreichung eines Fragenkatalogs zur Ausübung des Fragerechts 224 1 +; MRK 6 11 +
- Listige Veranlassung zum Grenzübertritt durch ~ begründet kein Verfahrenshindernis 260 11 –
- Rüge unzulässiger Entscheidung gegen „offene" Vernehmung eines ~s muß entsprechende ministerielle Stellungnahmen mitteilen 251 8 –
- Rüge unzulässiger Vernehmung eines ~s in Abwesenheit des Angeklagten muß hierfür maßgebliche Gerichtsentscheidungen einschließlich in Bezug genommener Begründungen mitteilen 251 10 –
- Unerreichbarkeit eines ~s als Zeuge wird nicht begründet durch polizeiliche Vertraulichkeitszusage 251 12 +
- Verlesung von Niederschriften anstelle Vernehmung des ~s ist im Falle unzureichend begründeter Sperrerklärung unzulässig 251 12 +
- Vernehmung eines ~s außerhalb üblicher prozessualer Formen ist nur zu rechtfertigen durch Bedingungen einer Sperrerklärung (s. dort) der obersten Dienstbehörde 96 7 +
- Vernehmung eines ~s in Abwesenheit des Angeklagten vor der Entscheidung der obersten Dienstbehörde über eine Aussagegenehmigung ist vorschriftswidrig 338 Nr. 5 3 +, 16 +, 24 +
- Vernehmung eines ~s unter optischer Abschirmung in der Hauptverhandlung hat Vorrang vor einer Verlesung von Niederschriften 251 20 +
- Verwertungsverbot kommissarischer Vernehmung eines ~ s im Falle ihrer Durchführung in Abwesenheit des Angeklagten und des Verteidigers gegen deren Widerspruch 251 15 +, 20 +, 21 +
- Zeugnisverweigerung in der Hauptverhandlung begründet kein Verwertungsverbot für frühere Aussage gegenüber einem ~ 252 7 –

Völkerrecht, Angeklagter kann für sich keine Rechte herleiten aus verletztem ~ 260 13 –
- Gewohnheitsrechtliche Immunität von Sonderbotschaftern nach Einzelabsprache mit dem Empfangsstaat GVG 20 1 +
- ~swidrigkeit der Beweiserhebung begründet grundsätzlich Verwertungsverbot erlangter Erkenntnisse 261 21 –

Vollmacht, Befugnisse des Pflichtverteidigers sind nicht übertragbar durch Unter-~ 345 5 –, 12 –, 13 –
- ~ des Verteidigers zur Vertretung berechtigt auch zur Verteidigung des abwesenden Angeklagten 234 1 +
- ~ des Wahlverteidigers bei Wechsel zum Pflichtverteidiger erlischt mit Niederlegung des Wahlmandats 302 5 +
- Entbindung des Angeklagten von der Erscheinenspflicht kann Verteidiger nur beantragen kraft ausdrücklicher ~ 233 1 +
- Ladungspflicht nach Eingang der Verteidigungsanzeige ist unabhängig vom Vorliegen einer ~ 218 2 +
- Rechtsmittelverzicht des Verteidigers bedarf besonderer ausdrücklicher Ermächtigung 302 4 –, 5 –
- Unterbevollmächtigter Verteidiger kann Verantwortung für nicht selbst verfaßten Schriftsatz übernehmen 345 2 +
- Zustellungsbevollmächtigung erfordert schriftliche Vollmacht bei den Akten oder Beurkundung mündlicher Vollmacht in der Hauptverhandlung 37 1 +

Vorauswürdigung des Beweises, Auslandszeuge gestattet zur Prüfung der Ablehnungsvoraussetzungen nach Maßgabe der Aufklärungspflicht eine ~ 244 V S. 2 1 +, 2 +, 1 –
- Grundsätzliches Verbot der ~ Vor 244 III–VI 10 +; 244 III S. 2 Var. 2 1 +, 6 +, 11 +; 244 III S. 2 Var. 4 2 +; 244 III S. 2 Var. 6 7 +; 244 V S. 1 1 +; 244 V S. 2 1 +, 1 –; 251 7 –
- Prozeßverschleppungsabsicht darf geprüft werden unter begrenzter ~ 244 III S. 2 Var. 6 7 +
- Ungeeignetheit des Beweismittels darf geprüft werden unter begrenzter ~ 244 III S. 2 Var. 4 1 +

Vorbereitung der Verteidigung, Aussetzung der Hauptverhandlung zur ~ ist zwingend geboten bei begründetem Verteidigerwechsel und schwieriger Beweislage 145 1 +, 1 –; 265 3 +, 44 +, 49 +, 4 –, 17 –; 338 Nr. 8 1 +, 3 +, 4 +, 5 +, 7 +, 8 +, 6 –
- Fürsorgepflicht des Gerichts gebietet u.U. zwingend eine Unterbrechung der Hauptverhandlung zur ~ 145 1 +
- Überraschende Tatsachen gebieten u.U. von Amts wegen die Aussetzung der Hauptverhandlung zur ~ 265 51 +

Vorhalt, Augenscheinsbeweisgegenständlichkeit ist nicht nachzuweisen durch lediglich protokollierten ~ 274 1 +, 3 +
- ~ aus Niederschrift kommissarischer Vernehmung ist zulässig trotz Verstoßes gegen die Benachrichtigungspflicht 251 4 –
- ~ aus Telefonüberwachung ist nur bei Katalogtat zulässig 100a 6 +
- ~ aus richterlicher Vernehmungsniederschrift ist zulässig trotz Verstoßes gegen die Benachrichtigungspflicht 168c 3 –

- Beweiserhebliche komplexe Schriftstücke gebieten förmliche Verlesung anstelle von bloßem ~ 249 2 +, 3 +, 1 –, 4 –; 261 9 +, 29 +, 199 +, 200 +
- Erinnerungslücken eines Zeugen gestatten auch ohne seine ausdrückliche Erklärung Verlesung früherer Aussage zur Gedächtnisunterstützung durch ~ 253 3 –
- Nicht förmlich verlesenes/verlesbares Schriftstück ist (nur) verwertbar gemäß Bestätigung seines Inhalts in der Hauptverhandlung nach ~ 249 1 –; 253 2 +, 3 –, 4 –; 261 103 +, 127 +, 42 –
- Nicht verlesene/verlesbare Vernehmungsniederschriften anderer Zeugen gestatten ~ 253 4 –
- Nichtrichterliche Vernehmungsniederschrift ist nach Zeugnisverweigerung in der Hauptverhandlung auch nicht verwertbar durch ~ 252 23 +
- Polizeiliches Vernehmungsprotokoll gestattet Verlesung zur Gedächtnisunterstützung durch ~ bei Vernehmung der Verhörsperson zur Beweisaufnahme über früheres Geständnis des schweigenden Angeklagten 254 4 –
- Richterliche Vernehmungsniederschrift gestattet Verlesung zur Gedächtnisunterstützung durch ~ bei Vernehmung richterlicher Verhörsperson nach Zeugnisverweigerung in der Hauptverhandlung 252 14 –
- Tonbandaufnahmen im Einverständnis des Beschuldigten von Geständnis bei polizeilicher Vernehmung dürfen zur Gedächtnisunterstützung des Angeklagten und vernommener Verhörsperson abgespielt und gemäß deren Bestätigung verwertet werden 253 2 –
- Übersetzung fremdsprachiger Schriftstücke ist nicht erforderlich nach zutreffender inhaltlicher Bekanntgabe an die Prozeßbeteiligten und Verwertung durch ~ 249 1 –

Vorlage, an Gericht höherer Ordnung vor der Hauptverhandlung 225a 1 +
- ~ an gleich- oder niederrangiges Gericht nach Eröffnung des Hauptverfahrens ist unstatthaft 225a 2 +
- ~ an Landgericht allein zum Zweck der Überleitung dort anhängigen Berufungsverfahrens in erstinstanzliches Verfahren unzulässig 237 1 +; 328 1 +; 338 Nr. 4 3 +, 4 +

Vorlagebeschluß gemäß § 209 II StPO darf zur Kenntnis der Schöffen gelangen 261 11 –

Vorlagepflicht, Willkürliche Nichtbeachtung der ~ entzieht Gesetzlichen Richter GVG 121 1 +

Vormundschaftsgericht, Zeugnisverweigerung in der Hauptverhandlung begründet Verwertungsverbot für richterlicher Belehrung vorausgegangene Angaben vor dem ~ 252 4 –

Vorsatz, Aufklärung des äußeren Tatgeschehens ist Voraussetzung für Annahme von unbeweisbarem ~ 261 95 +; 267 42 +

- Außerachtlassen naheliegender Fallgestaltungen begründet fehlerhafte Beweiswürdigung 261 129 +, 135 +
- Bedingter ~ erfordert Einbeziehung entgegenstehender Indizien bei Bildung der richterlichen Überzeugung 261 141 +
- Erfahrungssatz gegen mögliche Versetzung in zum Tötungsakt führende Wut durch der Wahrheit entsprechende Beleidigung ist nicht existent 261 171 +
- Fahrlässigkeitsstrafbarkeit ist zu prüfen vor Freispruch von Anklagevorwurf des ~es 264 15 +
- Gesamt-~ bei Serienstraftaten erst nach Anfangszeit der Gewöhnung und Einübung anzunehmen 261 128 +
- Planvolles Handeln begründet keinen Ausschluß der Zurechnungsunfähigkeit 261 155 +
- Richterliche Überzeugung und ~ 261 95 +, 129 +, 141 +, 17 –, 50 –; 267 42 +
- Schweigen des Angeklagten gegenüber dem Sachverständigen über die subjektive Befindlichkeit bei der (bestrittenen) Tatbegehung darf nicht zu seinem Nachteil gewürdigt werden 261 164 +
- Urteilsgründe müssen Feststellungen enthalten zum ~ 267 21 –
- Zweifelssatz anwendbar zwischen Tötungs- und Körperverletzungs-~ 261 24 –
- Zweifelssatz in doppelter Anwendung und bedingter Tötungs-~ 261 17 –

Vorschriften, Beruhen des Urteils auf eventuellen Mängeln der Liste angewendeter ~ ist ausgeschlossen 260 5 –

Vorstrafen, Darstellung in den Urteilsgründen durch bloße Kopie der Computerausdrucke aus dem Bundeszentralregister ohne Auswahl der Strafzumessungserheblichkeit ist unzureichend 267 11 +
- Feststellung von ~ des Angeklagten in seiner Abwesenheit ist zulässig 338 Nr. 5 31 +, 14 –
- ~ nach Ablauf der Tilgungsfrist (s. dort) sind verwertbar im Umfang eines Verzichts auf das Verwertungsverbot BZRG 49 3 +
- Tilgungsfristablauf begründet Verwertungsverbot für ~ BZRG 49 1 +, 3 +, 5 +, 1 –; BZRG 51 1 +, 2 +, 3 +; GVG 121 1 +
- Urteilsgründe gebieten Mitteilung der zugrundeliegenden Sachverhalte und Strafzumessungserwägungen von für die aktuelle Sanktionsfindung bedeutsamen ~ 267 9 +, 36 +
- Verlesung von Strafurteilen zur Beurteilung der Glaubwürdigkeit notwendiger ~ eines Zeugen ist zulässig 68a 2 –
- Verlesung von ~ über mehrere Verhandlungstermine ohne rechtfertigenden Grund ist keine Fortsetzung der Hauptverhandlung 229 4 +
- Verwertungsverbot ist auf erhobene Sachrüge von Amts wegen zu prüfen BZRG 49 4 +

4669

[Vorstrafen]
- Verwertungsverbot erstreckt sich nicht auf eingestellte Taten BZRG 49 1 –
Vorteilsversprechen gesetzlich nicht vorgesehener Vorteile bei Verständigung im Strafverfahren ist unzulässig GVG 169 1 +
- ~ gesetzlich nicht vorgesehener Vorteile ist verbotene Vernehmungsmethode 136a 5 +, 2 –, 23 –

Waffengleichheit, Faires Verfahren umfaßt ~ 260 14 –
Wahldeutige Verurteilung, Verschiedenartige Tatvorwürfe erfordern rechtsethische und psychologische Vergleichbarkeit der Straftatbestände für zulässige ~ 267 46 +, 48 +, 14 –, 18 –
- Richterliche Überzeugung und Wahlfeststellung 261 130 +, 148 +
Wahlgegenüberstellung s. Gegenüberstellung
Wahllichtbildvorlage s. Lichtbildvorlage
Wahlzuständigkeit, Verfassungsgemäßheit des Systems der ~ 338 Nr. 4 14 –
Wahrheitserforschung von Amts wegen s. Aufklärungspflicht, Aufklärungsrüge
- Unerläßlichkeit zur Unehre gereichender Fragen im Falle ihrer Notwendigkeit zur ~ 68a 1 +, 1 –; 338 Nr. 8 6 +, 1 –
Wahrscheinlichkeit, Benutzung verfügbarer Beweismittel hat Vorrang vor der Annahme von ~en 261 95 +, 105 +
- Beweisantrag wird durch ~sbehauptung nicht ausgeschlossen Vor 244 III–VI 14 +
- Freie Beweiswürdigung gestattet mögliche und nicht zwingende Schlußfolgerungen unabhängig von größerer oder überwiegender ~ 261 166 +, 10 –, 27 –, 43 –, 50 –
- „Hohe ~" der Täterschaft des Angeklagten beläßt „vernünftige Zweifel" gegen eine Verurteilung 261 168 +
- ~surteil eines Sachverständigen ist ausreichend für die Beweismittelgeeignetheit von Sachverständigengutachten Vor 244 III–VI 14 +; 244 III S. 2 Var. 4 3 +, 6 +, 9 +
- ~surteil eines Sachverständigen und richterliche Überzeugung 261 168 +, 4 –
Wahrunterstellung 219 1 +; 244 II 1 –, 10 –; 244 III S. 2 Var. 2 20 +; 244 III S. 2 Var. 3 3 +; 244 III S. 2 Var. 7; 261 180 +
- Ablehnung von Beweisanträgen durch ~ ist vor der Hauptverhandlung nicht gestattet 219 1 +
- Abweichen der Urteilsfeststellungen von der ~ ist revisibel 244 III S. 2 Var. 7 2 +, 11 +, 15 +
- Aufklärungspflicht hat Vorrang vor einer ~ 244 III S. 2 Var. 2 20 +; 244 III S. 2 Var. 7 3 +, 7 +, 14 +, 4 –
- Bedeutsamkeit der Beweistatsache ist Voraussetzung für ihre ~ 219 1 +; 244 III S. 2 Var. 7 4 –

- Bedeutungslosigkeitsannahme zuvor wahrunterstellter Tatsache gebietet Hinweis des Gerichts vor der Urteilsverkündung 244 III S. 2 Var. 7 11 +, 13 +, 15 +, 4 –
- Begleitumstände und Zweifelssatz bei ~ 244 III S. 2 Var. 7 14 +
- Begründungsanforderungen bei Ablehnung von Beweisanträgen durch ~ 244 III S. 2 Var. 7 4 +
- Beweiswürdigung gebietet Miterwägung wahrunterstellter Tatsachen 244 III S. 2 Var. 7 1 +, 4 +, 9 +, 1 –; 261 180 +
- Darlegung einer ~ im Urteil muß revisionsgerichtliche Überprüfbarkeit ermöglichen 244 III S. 2 Var. 7 4 +
- Einengung der Beweisbehauptung ist revisibel 244 III S. 2 Var. 3 2 +; 244 III S. 2 Var. 7 5 +, 6 +, 7 +, 8 +, 10 +, 12 +, 14 +, 16 +, 2 –
- ~ einer „Abstimmung" von Zeugenaussagen 244 III S. 2 Var. 7 16 +
- ~ einer „Anstiftung" 244 III S. 2 Var. 7 17 +
- ~ eines Beweisermittlungsantrages begründet Gebot der Vereinbarkeit mit den Urteilsfeststellungen 244 III S. 2 Var. 7 2 +
- ~ eines „subjektiven Eindrucks" des behandelnden Arztes und Sachverständigengutachten 244 III S. 2 Var. 7 3 –
- Hinweispflicht des Gerichts bei Widerruf oder nachträglicher Annahme der Bedeutungslosigkeit verkündeter ~ 244 III S. 2 Var. 7 11 +, 13 +, 15 +, 4 –
- ~ von Gesprächen zwischen Zeugen und Angeklagten und ~ 244 III S. 2 Var. 7 2 –
- ~ von Indiztatsachen bei Glaubwürdigkeitsbeurteilung 244 III S. 2 Var. 7 14 +
- ~ von Negativwahrnehmungen 244 III S. 2 Var. 7 18 +
- ~ von Rechtstatsachen 244 III S. 2 Var. 7 17 +
- Revision der Staatsanwaltschaft zum Nachteil des Angeklagten kann nicht gestützt werden auf unzulässige ~ 244 III S. 2 Var. 7 10 +
- Rüge der Nichteinhaltung einer ~ erfordert vollständigen Vortrag der weiteren Befassung/Nichtbefassung des Gerichts mit dem abgelehnten Beweisantrag 244 III S. 2 Var. 7 1 –
- Widerruf einer ~gebietet Hinweis des Gerichts vor der Urteilsverkündung 244 III S. 2 Var. 7 11 +, 13 +, 15 +, 4 –
Wechsel eines Vorsitzenden gestattet keine Geschäftszuteilung an unbenannten „Nachfolger" vor dessen Amtsantritt und präsidialer Beschlußfassung über seine Verwendung 338 Nr. 1 31 +, 41 –, 51 –
Wesentliche Förmlichkeit, Anwesenheit des Sachverständigen ist keine ~ 274 6 –
- Wesentliche Förmlichkeit, Anwesenheit eines zweiten Verteidigers ist keine ~ 274 1 –
- Augenscheinseinnahme ist ~ 274 1 +
- Beweisantrag(-srücknahme/-sverzicht) ist ~ 244 VI 8 +, 11 +, 6 –

- Einbeziehung einer Nachtragsanklage ist ~ 266 1 +, 2 +
- Einlassung des Angeklagten ist ~ 261 23 +; 273 1 +, 2 +; 274 8 –
- Erklärungen des Angeklagten zu einzelnen Beweiserhebungen gemäß § 257 I StPO sind nicht protokollierungspflichtig als ~ 273 1 –
- Erscheinen eines Zeugen in der Hauptverhandlung ist keine ~ 245 6 +
- Hinweis des Gerichts ist ~ 265 13 +, 26 +, 42 +, 54 +, 12 –, 19 –, 20 –
- Hinweis zur Ermöglichung sachgerechter Verteidigung wegen Unvollständigkeit zugelassener Anklageschrift ist ~ 200 10 +
- Öffentlichkeit der Verhandlung sowie Öffentlichkeitsausschluß und -wiederherstellung bilden jeweils eine ~ 274 2 +, 9 –; 338 Nr. 6 3 +, 6 +, 16 +, 19 +
- Urkundsbeweisaufnahme ist ~ 274 3 +
- Urteilsberatung ist keine ~ 274 13 –
- Vereidigung von Dolmetschern ist ~ GVG 189 2 +
- Verlesung von Urkunden ist ~ 247 3 +

Wesentliches Ergebnis der Ermittlungen, Einsichtnahme der Schöffen in ~ der Anklageschrift ist untersagt 200 3 –; 261 198 +, 11 –
- Ergänzung fehlerhaften Eröffnungsbeschlusses durch ~ 200 13 +; 207 9 –; 264 5 +
- Verlesung des Eröffnungsbeschlusses verstößt gegen Unmittelbarkeits- und Mündlichkeitsgrundsatz im Falle der Erstreckung auf beweiswürdigendes ~ 250 5 +

Widerruf der Entbindung (s. dort) von der Verschwiegenheitspflicht (s. dort) bewirkt Verwertungsverbot bei fehlender Entscheidung über das wiederentstandene Zeugnisverweigerungsrecht 53 1 +
- ~ eines Geständnisses (s. dort) hindert nicht Wirksamkeit eines Rechtsmittelverzichts im Zuge einer Verständigung im Strafverfahren GVG 169 1 +
- ~ eines Geständnisses schließt seine Würdigung als glaubhaft nicht aus 261 42 –
- ~ einer Strafaussetzung zur Bewährung (s. dort) unterliegt nicht den zeitlichen Grenzen des ~s eines Straferlasses 302 1 +
- ~ einer Wahrunterstellung bzw. anschließende Annahme der Unerheblichkeit wahrunterstellter Tatsache unterliegt der Hinweispflicht des Gerichts 244 III S. 2 Var. 7 11 +, 13 +, 15 +, 4 –
- Rücknahme oder Widerlegung (von Teilen) der Aussage des einzigen Belastungszeugen verbietet Begründung einer Verurteilung mit dieser Aussage 261 37 +, 9 –; 267 8 +
- Rücknahme oder Widerlegung (von Teilen) ursprünglicher Belastungsaussagen ist als glaubwürdigkeitsrelevanter Umstand zu erörtern 261 37 +, 45 +, 172 +; 267 8 +, 32 +
- Rücknahme früherer Belastungsangaben gestattet keine Annahme von Aussagekonstanz 261 45 +

- ~ von Sachdarstellungen und Glaubhaftigkeit 261 42 –
- Unzulässiger ~ einer unanfechtbaren Entscheidung ist revisibel GVG 54 1 +

Widersprüchliches Prozeßverhalten, Rechtsschutzbedürfnis entfällt durch ~ 337 1 –, 2 –

Widersprüchlichkeit des Aussageverhaltens s. dort
- ~ der Beweiswürdigung s. dort

Wiederaufnahme, Anordnung der ~ nach gerichtlicher Verfahrenseinstellung kann nur durch dasselbe Gericht erfolgen 154 2 +; 206a 6 +
- ~ eines vorläufig eingestellten Verfahrens bedarf keines Antrags der Staatsanwaltschaft 154 6 –

Wiederaufnahmeverfahren, Antrag auf Wiederaufnahme hindert nicht Strafeinbeziehung einer nicht vollständig vollstreckten Strafe JGG 105 1 +
- Beschlagnahmeverbot für Verteidigerunterlagen gilt auch im ~ 97 1 –
- Frühere Mitwirkung als Ergänzungsrichter oder beim Eröffnungsbeschluß bewirkt keinen Ausschluß vom ~ 23 2 –
- Richterausschluß im ~ wegen Mitwirkung an angefochtener Entscheidung 23 1 +, 2 +, 3 +, 2 –
- Sofortige Beschwerde ist Beschwerdegegner vor Entscheidung des Beschwerdegerichts zur Gegenerklärung mitzuteilen 308 6 +
- Umfang der Verhandlung und Entscheidung im ~ wird begrenzt durch den Wiederaufnahmebeschluß 359 1 –
- ~ wegen Verfassungswidrigkeit dem Urteil zugrundeliegender Norm gemäß § 79 I BVerfGG gestattet Aufrechterhaltung der Tatfeststellungen zum Schuldspruch 359 1 –
- Zulässigkeitsbeschränkung gemäß § 363 StPO gilt nicht im ~ wegen Verfassungswidrigkeit der dem Urteil zugrundeliegender Norm gemäß § 79 I BVerfGG 359 1 –
- Zuständigkeit eines anderen Gerichts gleicher Ordnung für Entscheidungen im ~ 338 Nr. 4 6 +; 359 1 –

Wiedereinbeziehung ausgeschiedener Tatteile bedarf weder Antrag der Staatsanwaltschaft noch Nachtragsanklage 154a 1 +, 4 –
- Bedingter Antrag der Staatsanwaltschaft auf ~ für den Fall des Freispruchs oder einer bestimmten Strafhöhe ist zulässig 154a 5 +
- ~ durch das Gericht nach fehlerhafter „Einstellung" eines bloßen Tatteils vor der Anklage durch Staatsanwaltschaft ist zulässig 154a 2 –, 3 –
- Fehlerhafte Unterlassung einer ~ ist unschädlich im Falle auszuschließenden Einflusses auf das Strafmaß 154a 1 –
- Ermessen des Gerichts über ~ vorläufig ausgeschiedener Tatteile bei Freispruchsabsicht und fehlendem Antrag der Staatsanwaltschaft ist revisibel 154a 1 +, 3 +, 4 –; 264 9 +

[Wiedereinbeziehung]
- Hinweispflicht des Gerichts vor dem Angeklagten nachteiliger Verwertung ausgeschiedener Tatteile bei beabsichtigter ~ 154a 4 +; 261 33 –; 265 6 +, 10 +, 3 –
- ~ ohne Antrag der Staatsanwaltschaft steht im Ermessen des Gerichts 154a 4 –
- Rüge unzulässigen Unterbleibens einer ~ erfordert Mitteilung des Wortlauts in Bezug genommener staatsanwaltschaftlicher Verfügung und Schilderung des Verfahrensablaufs im einzelnen nebst näherer Erläuterung freigesprochener Fälle 264 4 –
- Tatidentität i.S.d. § 264 StPO ist Voraussetzung wirksamer ~ 154a 2 +
- Verjährungsunterbrechung durch richterliche Handlungen gegen Angeklagten wirkt auch für ausgeschiedene Tatteile bzw. Gesetzesverletzungen 154a 3 –
- ~ von Amts wegen 154a 1 +, 2 +, 3 +, 3 –, 4 –; 264 9 –

Wiedereinsetzung 44, 45
- Anforderungen bei ~ 44 11 +
- Antrag auf ~ wegen Akteneinsichtsverwehrung für bestimmte Aktenteile gebietet Zeitangabe späterer Kenntniserlangung und konkrete Darlegung deshalb unterlassener Verfahrensrügen 44 3 –
- Besetzungsrüge gestattet bei fehlendem Bemühen um Einsicht in Geschäftsverteilungsplan und Akten des Präsidiums keine auf unzureichende Akteneinsicht gestützte ~ 44 6 –
- Bewußtes Verstreichenlassen der Revisionsbegründungsfrist gestattet grundsätzlich keine ~ 44 3 +, 7 +, 1 –; 45 1 –
- Ergänzung der Begründung bereits erhobener Verfahrensrüge im Wege der ~ ist unzulässig 44 7 –, 8 –, 12 –
- Fehlstempelung bei Posteingangskontrolle durch gut ausgebildetes und sorgfältig überwachtes Büropersonal begründet kein Organisationsverschulden 44 1 +
- Fristüberwachung durch gut ausgebildetes und sorgfältig überwachtes Büropersonal ist in einfachen Fällen zulässig 44 1 +
- Glaubhaftmachung eines Antrags auf ~ durch „schlichte Erklärung" des Antragstellers reicht nicht ohne weiteres aus 45 1 +, 2 –
- Glaubhaftmachung eines Antrags auf ~ durch Anwaltliche Versicherung ist nur ausreichend für Gegenstände eigener Wahrnehmung des Anwalts 345 4 –
- Glaubhaftmachung eines Antrags auf ~ ist möglich und ergänzbar bis zum rechtskräftigen Abschluß des Verfahrens der ~ 44 11 +; 45 2 –
- Haft des Angeklagten schließt eigenes Verschulden nicht aus 44 14 +, 4 –; 45 1 –; 341 1 –
- Irrige Rechtsmittelbezeichnung im Antrag auf ~ ist unschädlich 44 10 –
- Mangelnde Sprachkenntnisse eines Ausländers begründen kein Verschulden i.S.d. § 44 StPO 44 12 +
- Nachholen einzelner Verfahrensrügen im Wege der ~ ist im Falle trotz rechtzeitigen und fortdauernden Bemühens erst nach Ablauf der Revisionsbegründungsfrist gewährter Akteneinsicht zulässig 44 5 +, 8 +, 2 –, 3 –, 5 –, 6 –
- Nachholen von Verfahrensrügen im Wege der ~ ist im Falle bereits in anderer Weise frist- und formgerecht eingelegter Revision unzulässig 44 8 +, 9 +, 10 +, 15 +, 3 –, 6 –, 7 –, 8 –, 12 –
- Nebenkläger hat bei Fristversäumnis durch Rechtsanwaltsverschulden keinen Anspruch auf ~ 44 9 –
- Privatklageverfahren gebietet Anhörung des Privatklägers vor Entscheidung über Antrag des Privatbeklagten auf ~ 385 1 +
- Rechtsmittelbelehrung in unvollständiger oder durch nachträgliche unrichtige Zuschriften des Gerichts verwirrender Form rechtfertigt bei hierauf beruhendem Fristversäumnis die ~ 35a 1 +
- Rechtsmitteleinlegung eines inhaftierten Angeklagten durch Übergabe des Rechtsmittelschreibens an die Justizvollzugsanstalt erst am letzten Tag der Frist zur Weiterleitung begründet keine ~ 341 1 –
- Rechtsmittelverzicht im Falle unzulässiger Verknüpfung mit in Aussicht gestellter Strafe kann ~ begründen 44 2 +
- Revisionsbegründung nach Zurückweisung wegen unzulässiger Mehrfachverteidigung ist nachholbar innerhalb der Revisionsbegründungsfrist anstelle der Wochenfrist 146 3 +
- Revisionsbegründung und ~ für verspätet eingegangene Hauptschrift bei rechtzeitig eingegangener Ergänzungsschrift 44 15 +
- Revisionsbegründung unterliegt keiner Prüfung ihrer besonderen Formerfordernisse im Verfahren der ~ 44 4 +
- Revisionsbegründungsfrist beginnt mit der Zustellung des Beschlusses der ~ erneut zu laufen 345 5 +
- Revisionseinlegung vor entsprechender Beauftragung des Verteidigers obliegt der Fristverantwortung des (inhaftierten) Angeklagten 44 4 –; 45 1 –
- Revisionsverzicht des Angeklagten im Vertrauen auf den Ratschlag des Verteidigers begründet keine ~ 44 1 –; 45 1 –
- Unterlassene Benachrichtigung ordnungsgemäß geladenen gesetzlichen Vertreters vom Verfahrensausgang rechtfertigt keine ~ 44 10 –
- Unterschriftsmangel im übrigen frist- und formgerecht eingelegter Revisionsbegründung gestattet die ~ 44 9 +

- Unzulässigkeit einer ~ bei fehlendem schlüssigen Tatsachenvortrag gegen Verschulden an der Fristversäumung 345 4 –
- Unzulässigkeit einer ~ bei fehlender Mitteilung des Zeitpunkts des Hinderniswegfalls 345 4 –
- Urlaub und Glaubhaftmachung bei Antrag auf ~ 45 2 –
- Verstreichenlassen der Revisionsbegründungsfrist durch Verteidiger gewährt hieran schuldlosem Angeklagten Recht zur ~ 44 1 +, 3 +, 7 +, 14 +, 15 +, 1 –, 4 –; 45 1 –
- Verzögerte Postbeförderung begründet ~ 44 10 +, 13 +, 15 +
- Zulässigkeit der ~ bis zu einer Entscheidung des Revisionsgerichts in der Sache 44 14 +, 11 –
- Zustellung nur an einen von mehreren Verteidigern kann Grund sein für ~ 37 1 –

Wiedereintritt in die Hauptverhandlung, Ablehnung eines Aussetzungsantrages nach letztem Wort begründet ~ 258 14 +
- Ablehnung im Schlußvortrag beantragter Einstellung und folgende Antragserweiterung nach Urteilsberatung begründet ~ 260 13 +
- Beweisaufnahme nach letztem Wort begründet ~ 258 7 +, 9 +, 11 +, 12 +, 18 +, 31 +
- Beweisaufnahme nach Urteilsberatung gebietet deren äußerlich erkennbare erneute Durchführung vor der Urteilsverkündung 260 3 +, 4 +, 1 –, 10 –
- Erörterung im Schlußvortrag beantragter Teileinstellung zu Sache nach letztem Wort begründet ~ 258 18 +
- Haftentscheidung/-erörterung nach letztem Wort begründet ~ 258 1 +, 2 +, 11 +, 15 +, 23 +, 26 +
- Hinweis des Gerichts nach letztem Wort begründet ~ 258 10 +, 13 +
- Hinweis des Gerichts nach Urteilsberatung begründet ~ 260 13 +, 4 +, 7 –
- Informatorische Befragung durch Vorsitzenden zu vorgelegten Unterlagen nach letztem Wort begründet ~ 258 21 +
- Meldeauflagebeschluß nach letztem Wort begründet ~ 258 20 +
- ~ nach der Urteilsberatung gebietet deren äußerlich erkennbare erneute Durchführung vor der Urteilsverkündung 260 3 +, 4 +, 13 +, 14 +, 1 –, 10 –; 261 49 –
- Verkündung eines Nichtzulassungsbeschlusses für erhobene Nachtragsanklage begründet ~ 258 28 +

Wiedererkennen des Angeklagten als Täter und Würdigung von Indizien 261 101 +, 173 +, 175 +, 180 +, 193 +, 14 –, 19 –, 37 –

Wiederholung, Fehlerfreie ~ eines Verfahrensvorgangs heilt Verfahrensfehler 338 Nr. 5 27 +; 338 Nr. 6 15 –; GVG 169 1 –; GVG 171b 1 –

Willkür, allgemeines Willkürverbot 328 1 –

Wirtschaftsstrafkammer, Geschäftsverteilung erlaubt Schwerpunkt wahrende Zuteilung allgemeiner Strafsachen 338 Nr. 1 13 –; GVG 74c 1 –
- Sachliche Zuständigkeit der ~ nur bei Willkür revisibel 6a 2 –
- Unzuständigkeitsrüge 6a 1 –, 2 –

Wohnort, Geheimhaltung bei Vernehmung des Zeugen zur Person steht im Ermessen des Gerichts 68 1 –

Wohnsitzwechsel, eines Schöffen innerhalb Landgerichtsbezirk berührt nicht Fähigkeit zum Schöffenamt GVG 52 1 –

Wohnung, Vereinsbüro ohne Allgemeinzugänglichkeit unterliegt Grundrechtsschutz einer Wohnung GG 13 1 –

Wortentzug, Letztes Wort gestattet keine Behinderung durch Androhung eines ~s für den Fall unwahrer Äußerung 258 32 +

Zählfehler, Urteilsberichtigung gestattet zur Behebung offensichtlicher ~ 260 2 –

Zahnbehandlung, vor dem Termin und unentschuldigtes Fernbleiben 231 3 –

Zeuge vom Hörensagen, Angaben eines gesperrten Informanten verwertbar durch Vernehmung seiner Verhörperson als ~ 261 30 –; MRK 6 9 –, 10 –
- Antrag auf Vernehmung ist Beweisantrag Vor 244 III–VI 4 +
- Aufklärungspflichtverletzung durch unterlassene Anhörung von Entlastungszeugen bei Beschuldigung durch selbstverstrickten Zeugen vom Hörensagen 244 II 7 +
- Erfordernis besonders sorgfältiger und kritischer Beweiswürdigung 110a 1 +; 261 126 +, 159 +, 167 +, 10 –, 30 –, 31 –, 47 –; MRK 6 9 –
- Faires Verfahren und ~ 251 13 –

Zeuge, Anonymer ~ und Bewertung von Aussagen von Verhörpersonen als Zeugen vom Hörensagen (s. auch dort) 96 3 +, 1 –; 261 159 +, 167 +, 47 –, 48 –; MRK 6 9 –, 10 –
- Aufklärungspflichtverletzung durch unterlassene Anhörung eines Entlastungszeugen 244 II 7 +
- Ausländischer ~ s. Auslandszeuge
- Aussagebeeinträchtigung durch Korsakow-Syndrom erörterungsbedürftig 267 26 +
- Benennung von Arbeitnehmern eines Unternehmens als ~n Vor 244 III–VI 11 –
- Benennung eines ~n zu inneren Beweistatsachen begründet nicht seine Ungeeignetheit 244 VI 6 +
- Beteiligung bereits vernommener ~n an der Vernehmung darf der Vorsitzende zulassen 58 1 –
- Beweis für länger zurückliegende Vorgänge und Ungeeignetheit des Beweismittels 244 III S. 2 Var. 4 7 +, 4 –; 244 VI 9 +
- Beweis für Negativwahrnehmung und Wahrunterstellung 244 III S. 2 Var. 7 18 +

[Zeuge]
- Beweisantrag auf kommissarische Vernehmung des ~n und persönlicher Eindruck 223 1 +; 244 III S. 2 Var. 5 7 –, 10 –, 13 –, 14 –; 247a 1 +; 338 Nr. 3 19 +
- Beweisantrag auf Vernehmung eines ~n erfordert Darlegung des Wahrnehmungsanlasses Vor 244 III–VI 1 +, 2 +, 3 –, 4 –, 7 –; 244 III S. 2 Var. 6 5 –; 244 III S. 2 Var. 7 2 +; 261 72 +
- Beweisantrag erfordert Konkretisierung behaupteter „entlastender Angaben" Vor 244 III–VI 14 –
- Beweisantrag und Individualisierung des ~n Vor 244 III–VI 8 +
- Beweisantragsbescheidung gebietet Annahme irrtumsfreier Bestätigung der behaupteten Beweistatsache Vor 244 III–VI 10 +
- Eignung für Vernehmung durch den Rechtshilferichter 223 1 +; 244 III S. 2 Var. 5 7 –, 10 –, 13 –, 14 –; 247 1 +
- Entfernung eines ~n aus dem Sitzungssaal durch freiwilliges Abtreten aufgrund Verständigung mit dem Vorsitzenden berührt nicht die Öffentlichkeit der Verhandlung GVG 169 6 –
- Entfernung eines ~n aus dem Sitzungssaal wird gerechtfertigt durch Gebot der Vernehmung in Abwesenheit später zu vernehmender Zeugen GVG 169 2 –, 3 –
- Entfernung eines Zuhörers aus dem Sitzungssaal wegen möglicher Zeugeneigenschaft unterliegt Beurteilungsspielraum des Vorsitzenden GVG 169 2 –, 3 –
- Entlassung eines ~n gegen den Widerspruch des Angeklagten ist nur im Falle ihrer Beanstandung in der Hauptverhandlung revisibel 238 3 –
- Entlassung eines ~n und Verhandlung hierüber gestattet keine Abwesenheitsverhandlung 230 1 +; 231c 1 +; 247 5 +, 8 +, 9 +, 14 +, 23 +, 26 +, 30 +, 5 –; 338 Nr. 5 19 +; 344 1 –; JGG 51 1 –
- Entlassung eines ~n und Verhandlung hierüber gestattet keinen Öffentlichkeitsausschluß 338 Nr. 6 3 +
- Erinnerungslücken eines ~n gestatten auch ohne ausdrückliche Erklärung des Zeugen Vorhalt früherer Aussage zur Gedächtnisunterstützung 253 3 –
- Freibeweisliche Prüfung möglicher Zeugeneigenschaft einer Person und Unterrichtung der Verfahrensbeteiligten über deren Verneinung durch Verlesung entsprechenden Aktenvermerks ohne Folgerungen für die Sachentscheidung ist zulässig 251 7 –
- Frühere Angaben eines ~n eignen sich nur bei Darlegung seines in der Hauptverhandlung zu ihnen eingenommenen Standpunktes zur Begründung der richterlichen Überzeugung 253 2 +

- Geheimhaltung des Wohnorts bei Vernehmung zur Person steht im Ermessen des Gerichts 68 1 –
- Glaubhaftigkeit s. dort
- Glaubwürdigkeit s. dort
- Hörbehinderter ~ gebietet u.U. Hinzuziehung einer Hilfsperson zur Verständigung mit Gericht bei der Vernehmung GVG 186 1 –
- Identität eines ~n mit anonymem Informanten und Glaubwürdigkeitsbegründung 261 102 +
- Jugendlicher ~ und Absehen von Vereidigung 61 6 –, 7 –
- Jugendlicher ~ und Glaubwürdigkeitsgutachten 244 II 20 +, 27 +; 244 IV 5 +, 10 +, 14 +, 20 +, 7 –; 261 15 –
- Kindlicher ~ mit Hemmungen bei weiterbestehender Aussagebereitschaft ermöglicht entsprechende Gestaltung der Vernehmung 52 2 –
- Kindlicher ~ und Glaubwürdigkeitsgutachten 244 II 3 +, 27 +; 244 IV 2 +, 5 +, 20 +, 21 +, 22 +, 7 –, 12 –, 21 –; 261 15 –
- Kindlicher ~ und Öffentlichkeitsausschluß 338 Nr. 6 14 +, 10 –, 23 –
- Kindliches Opfer von Sexualstraftaten und nochmalige Vernehmung GVG 24 1 –
- Krankheit eines in der Hauptverhandlung erschienenen Zeugen kann zur Verlesung von Niederschriften berechtigen 251 22 –
- Ladungsversuch bei Aussichts-/Zwecklosigkeit ist nicht erforderlich 244 III S. 2 Var. 5 2 –, 4 –, 5 –, 6 –, 8 –, 10 –, 12 –
- Lebensgefährdung eines ~n bei wahrheitsgemäßer Aussage berechtigt bei nachvollziehbarer Darlegung zur Verlesung von Niederschriften 251 5 –
- Mangelnde Verstandesreife eines ~n und fehlende (Einholung der) Entschließung des gesetzlichen Vertreters über Zeugnisverweigerungsrecht bewirkt Verwertungsverbot für Aussage 52 19 +, 16 –
- Minderjähriger ~ bedarf von Zustimmung gesetzlichen Vertreters unabhängiger eigener Belehrung über Zeugnisverweigerungsrecht 52 5 +, 16 +, 18 +; 252 15 +
- Mitangeklagter darf weder eidlich noch uneidlich vernommen werden als ~ 60 28 +
- Mitschriften über Vorgänge in der Hauptverhandlung dürfen nicht zur Kenntnis noch zu vernehmender ~n gelangen GVG 176 1 –
- Namhaftmachung der ~n und Sachverständigen 222
- Nervenzusammenbruchsgefahr bei Zusammentreffen mit dem Angeklagten gemäß amtsärztlichem Zeugnis berechtigt zur Entfernung des Angeklagten und seiner Verweisung auf indirekte Befragung 338 Nr. 5 16 –
- Öffentlichkeitsausschluß gerechtfertigt bei Schutzdefizit öffentlicher Gewalt vor schwerwiegenden rechtswidrigen Angriffen

Sachverzeichnis

im Falle wahrheitsgemäßer Aussage des ~n 251 29 +; 338 Nr. 6 14 +, 33 –; GVG 169 4 +
- Ortskundiger ~ und kommissarische Augenscheinseinnahme 261 29 –
- Persönliche Bekanntschaft des ~n mit dem Angeklagten bewirkt nicht von vornherein Unglaubhaftigkeit der Zeugenaussage 261 151 +
- Persönlicher Eindruck kommissarischer Verhörsperson vom ~n ist nur nach Einführung in die Hauptverhandlung verwertbar 261 114 +, 161 +
- Politische Verfolgung des ~n im Falle erneuter Vernehmung berechtigt zur Verlesung von Niederschriften über seine frühere Vernehmung 251 20 –
- Politische Verfolgung des ~n begründet u.U. unzulässige Beweiserhebung 251 20 –
- Polizeibeamter als ~ und Auskunftsverweigerung 261 156 +
- Rekonstruktion des Inhalts von Aussagen in der Hauptverhandlung ist dem Revisionsgericht verwehrt 261 74 +, 76 +, 146 +, 184 +, 13 –, 39 –, 41 +
- Richter als ~ in der Sache 22 1 +; 244 III S. 1 5 –, 8 –; 244 VI 7 –; 338 Nr. 1 58 –; 338 Nr. 2 2 +, 2 –, 3 –
- Richter als geladener Zeuge ist am Vorsitz verhindert 338 Nr. 1 58 –
- Rüge eines Verstoßes gegen die Pflicht zur Namhaftmachung des ~n erfordert Antrag auf Aussetzung und Beanstandung seiner Ablehnung in der Hauptverhandlung 222 1 –, 3 –
- Rüge unzulässiger Entlassung des ~n in Abwesenheit des Angeklagten erfordert Vortrag unterlassener Fragen 247 5 –
- Sachverständiger ~ s. dort
- Sachverständiger darf nach erfolgreicher Ablehnung als ~ vernommen werden 74 4 –
- Staatsanwalt als ~ darf eigene Aussage im Schlußvortrag nicht würdigen 22 3 +, 1 –; 338 Nr. 5 20 +, 19 –, 22 –
- Unerreichbarkeit s. Unerreichbarkeit des Beweismittels
- Unfallzeuge bedarf hinreichender Wahrnehmungsmöglichkeit für seine Glaubwürdigkeit 246 3 –
- Ungeeignetheit eines ~n als Beweismittel bei endgültiger Ausübung eines Zeugnisverweigerungsrechts in Kenntnis von dessen Tragweite 244 III S. 2 Var. 4 5 –
- Unterlassen bestimmter weiterer Fragen an ~n kann mit der Revision nicht geltend gemacht werden 244 II 22 –, 23 –
- Unterlassen sich aufdrängender Vorhalte an ~n ist revisibel 244 II 25 +
- Unterlegenheit des ~n als Beweismittel für Beweisfragen nach erheblichen räumlichen Gegebenheiten 244 V S. 1 1 +
- Untersuchungsverweigerung(-srecht) s. dort

- Vereidigung eines ~n und Verhandlung hierüber gestattet keine Abwesenheitsverhandlung 230 1 +; 231c 1 +; 247 13 +, 23 +, 25 +, 31 +, 33 +, 34 +, 35 +, 36 +, 6 –, 8 –; 338 Nr. 5 1 +, 19 +, 29 +; JGG 51 1 –
- Verhörsperson als ~ und Vernehmungsgrundsätze 96 3 +, 1 –; 261 159 +, 167 +, 47 –, 48 –; MRK 6 9 –, 10 –
- Verlesung zu Beweiszwecken erstellter schriftlicher Erklärung eines ~n durch Urkundenbeweis zur Ergänzung oder Widerlegung seiner Vernehmungsaussage in der Hauptverhandlung ist zulässig 249 4 +
- Verletzte(r) s. dort
- Vernehmung s. dort u. Zeugenvernehmung
- Vernehmungsniederschrift s. dort
- Verstorbener ~ berechtigt zur Verlesung polizeilicher neben vorhandenen richterlichen Vernehmungsniederschriften 251 19 –
- Verstorbener ~ berechtigt zur Verlesung von Niederschriften früherer Vernehmungen trotz unterlassener Belehrung über bestehendes Zeugnisverweigerungsrecht 251 18 –
- Verstorbener ~ und Würdigung belastender Aussagen 261 89 +
- Vertraulichkeitszusage der Polizei oder Staatsanwaltschaft begründet keine Unzulässigkeit oder Unerreichbarkeit des Beweismittels 96 1 +; 244 III S. 1 1 +; 251 12 +
- Vorstrafen und Strafurteile eines ~n dürfen im Falle ihrer Notwendigkeit zur Glaubwürdigkeitsbeurteilung verlesen werden 68a 2 –
- Wechseljahre eines ~n erfordern kein Glaubwürdigkeitsgutachten 244 IV 17 –
- Wohnanschrift von Polizeizeugen ist nicht von verfahrensrechtlicher Bedeutung 246 2 –, 4 –
- Zeugnisverweigerung(-srecht) s. dort
- Zumutbarkeit des Erscheinens bei geringer Entfernung zum Gericht wird durch Urlaub nicht ausgeschlossen 251 26 +
- Zumutbarkeit des Erscheinens ist bei weiter Entfernung und Flugverkehrsmöglichkeit nicht von vornherein ausgeschlossen 251 24 +, 32 +
- Zumutbarkeit des Erscheinens ist im Falle der Verbüßung kurzfristiger Freiheitsstrafe in den USA nicht von vornherein ausgeschlossen 251 24 +
- Zuverlässigkeit der Beobachtung des ~n unterliegt freier richterlicher Beweiswürdigung 261 38 –
- Zweifel am Erinnerungsvermögen eines ~n machen Antrag zu seiner Vernehmung nicht zum Beweisermittlungsantrag Vor 244 III–VI 12 +; 244 III S. 2 Var. 4 7 +

Zeugenaussage, Absprache der ~ vor der Hauptverhandlung mit dem Angeklagten begründet Vereidigungsverbot wegen Begünstigungs-/Strafvereitelungsverdachts 60 14 +
- Abstimmung der ~ und Wahrunterstellung 244 III S. 2 Var. 7 16 +

[Zeugenaussage]
- Abweichungen der Bekundungen vor und in der Hauptverhandlung von den Feststellungen erfordern Mitteilung der einzelnen Punkte von Aussagekonstanz bzw. -widersprüchlichkeit/-ungenauigkeit und ihrer Bewertung als wesentlich zum Kernbereich des Geschehens oder unwesentlich zum Randgeschehen innerhalb der Urteilsgründe 267 21 +
- Änderung der ~ zum Kerngeschehen begründet Glaubhaftigkeitszweifel 261 34 +
- ~ außerhalb der Hauptverhandlung vernommener Zeugen und Beweiswürdigung 261 118 +, 120 +, 146 +, 147 +, 152 +, 159 +, 161 +, 167 +, 47 –, 48 –
- ~ Beamter und Beweiswürdigung 261 156 +, 38 –, 47 –
- Belastende ~n gebieten Mitteilung und Erörterung in der Beweiswürdigung 261 38 +
- Beurteilung der Aussagequalität bleibt der Befragung des Zeugen in der Hauptverhandlung vorbehalten 244 III S. 2 Var. 2 1 +, 6 +
- Bewertung des Aussageverhaltens (s. dort) bei förmlicher ~ ist der Bewertung einer Einlassung des Beschuldigten weitgehend angenähert 261 46 –
- Erinnerungslücken sind unter Differenzierung zwischen Wahrnehmungs- und Merkfähigkeit zu würdigen 261 172 +
- Gegenständlichkeit einer ~ in der Hauptverhandlung ist vom Revisionsgericht freibeweislich ermittelbar 261 184 +
- Geisteskrankheit oder -schwäche steht Verwertung der ~ für die Urteilsfindung nicht entgegen 261 53 –
- Glaubhaftigkeit der ~ s. dort
- Glaubwürdigkeit der ~ s. dort
- Inhaltlich verfälschende Wiedergabe und Würdigung einer ~ im Urteil ist bei Nachweis durch das Hauptverhandlungsprotokoll revisibel 261 76 +, 90 +, 91 +
- Kindliche ~ und mögliches Motiv für Falschaussage 261 142 +
- Kindliche ~ und Würdigung suggestiver Einwirkungen 261 46 +, 55 +, 65 +
- Rücknahme oder Widerlegung (von Teilen) der Aussage des einzigen Belastungszeugen verbietet Begründung einer Verurteilung mit dieser Aussage 261 37 +, 9 –; 267 8 +
- Rücknahme oder Widerlegung (von Teilen) ursprünglicher Belastungsaussagen ist als glaubwürdigkeitsrelevanter Umstand zu erörtern 261 37 +, 45 +, 172 +; 267 8 +, 32 +
- Rüge inhaltsverfälschender Wiedergabe verlesener ~(n) im Urteil erfordert deren wörtliche Mitteilung 344 3 –
- Übereinstimmende Bekundungen länger zurückliegender Vorgänge und Beweiswürdigung 261 73 –
- Uneidliche ~ darf nicht als eidliche verwertet werden 59 1 +

- Unwahrheit eines Aussageteils gebietet Darstellung und Prüfung in der Beweiswürdigung 261 7 +, 16 +, 37 +, 50 +, 85 +, 106 +, 9 –
- Unwahrheit eines Aussageteils ist gewichtiges Indiz für mangelnde Glaubwürdigkeit 261 96 +
- Verlesene Entlastungsaussage bedarf der Erörterung in der Beweiswürdigung 261 97 +
- Verlesung (s. dort) früherer Vernehmungsniederschriften (s. dort) und Aufklärungspflicht 244 II 18 +; 244 III S. 2 Var. 3 1 –
- Wahrunterstellung (s. dort) von ~n 244 III S. 2 Var. 7 5 +
- Wahrunterstellung früherer Gespräche mit dem Beschuldigten/Angeklagten 244 III S. 2 Var. 7 2 –
- Widersprüchliche Angaben und Aufklärungspflicht 244 II 8 +, 9 +, 13 +, 17 +; 253 1 +
- Widersprüchliche Angaben und Beweiswürdigung 261 58 +, 93 +, 173 +, 175 +, 8 –, 26 –, 42 –
- Widersprüchliche Beurteilungen mehrerer sachverständiger Zeugen zwingen zu weiterer Aufklärung 244 II 20 +
- Wiedererkennen des Angeklagten als Täter und Würdigung von Indizien 261 101 +, 173 +, 175 +, 180 +, 193 +, 14 –, 19 –
- Wiederholtes Wiedererkennen des Angeklagten als Täter und Beweiswert 261 193 +, 14 –

Zeugenbelehrung 57
- Auskunftsverweigerungsrecht unterliegt Pflicht zur ~ 55 2 –, 5 –, 6 –
- Aussageverweigerungsrecht kann Belehrung vor bestimmter Frage gebieten anstelle sachverhaltsübergreifender abstrakter ~ 55 5 –
- Belehrungspflicht ist nicht übertragbar auf Dritte 52 6 +, 21 +; 81c 1 +; 252 9 +
- Belehrungspflichtverstoß ist unschädlich bei nachweislicher Kenntnis des Berechtigten und auszuschließendem Gebrauchmachen von seinem Zeugnis-/Untersuchungsverweigerungsrecht 52 4 –, 8 –, 9 –; 81c 1 –
- Belehrungspflichtverstoß und auszuschließendes Beruhen des Urteils auf dem Fehler im Falle nur entlastender Angaben eines Belastungszeugen 52 12 –
- Bewußt wahrheitswidrige Verneinung weigerungsrechtsbegründender Tatsachen berührt nicht die Wirksamkeit der ~ 252 10 –
- Eidesverweigerungsrecht (s. dort) unterliegt gesonderter Belehrungspflicht 63 4 +
- Erneute Vernehmung (s. dort) eines entlassenen Zeugen erfordert erneute ~ 52 11 +
- Exploration durch Sachverständige gebietet vorherige ~ 52 6 +; 81c 2 +; 252 8 +, 9 +
- Gleichzeitige ~ über Zeugnis- und Auskunftsverweigerungsrecht begründet keine unzulässige Einwirkung auf Entschließungsfreiheit durch das Gericht 52 10 –
- Irrtümliche ~ über nicht bestehendes Zeugnisverweigerungsrecht und Zeugnisverweige-

Sachverzeichnis

rung begründet die Revision 52 4 +, 12 +, 23 +
- Kommissarische Vernehmung (s. dort) enthebt nicht von der Pflicht zur ~ 251 5 +
- Mangelnde Verstandesreife des zu untersuchenden Kindes gebietet Belehrung und Entschließung nur des gesetzlichen Vertreters über bestehendes Untersuchungsverweigerungsrecht (s. dort) des Kindes 52 4 –; 81c 1 –
- Mangelnde Verstandesreife eines Kindes enthebt nicht von der Belehrungspflicht über dessen auch im Falle einer Zustimmung des gesetzlichen Vertreters bestehendes Zeugnisverweigerungsrecht 52 16 +
- Minderjährige erfordern unabhängig von einer Zustimmung des gesetzlichen Vertreters eine persönliche ~ 52 5 +, 16 +, 18 +; 252 15 +
- Nachdrückliche Ermahnung an Wahrheitspflicht während der Vernehmung ist (nur) in den Grenzen gebotener Unvoreingenommenheit zulässig 57 1 –; 338 Nr. 3 19 +, 29 +
- Richterliche ~ über ein Zeugnisverweigerungsrecht ist geboten 52 6 +, 21 +; 252 9 +
- Rüge einer ~ und Entgegennahme einer Zeugnisverweigerung bei beschlußlos einverständlich abwesendem Angeklagten erfordert Vortrag von deren Vorgeschichte 247 4 +
- Rüge eines Belehrungspflichtverstoßes bei Auskunftsverweigerungsrecht erfordert Beanstandung in der Hauptverhandlung 55 2 –
- Tod des Zeugen berechtigt zur Verlesung von Niederschriften früherer Vernehmungen trotz Verstoßes gegen die Belehrungspflicht 251 18 –
- Unkenntnis des Gerichts von den einem Weigerungsrecht zugrundeliegenden Tatsachen enthebt nicht der Pflicht zur ~ 52 3 +; 251 5 +
- Untersuchungsverweigerungsrecht bei staatsanwaltschaftlich angeordneter körperlicher Untersuchung gebietet staatsanwaltschaftliche ~ 81c 1 +
- Untersuchungsverweigerungsrecht neben Zeugnisverweigerungsrecht bedarf gesonderter ~ 52 20 +, 4 –; 81c 1 +; 252 6 +
- Verstoß gegen die Pflicht zur ~ begründet Verwertungsverbot unabhängig von einer Kenntnis des Gerichts von den ein Weigerungsrecht begründenden Tatsachen 52 3 +; 251 5 +
- Verstoß im Ermittlungsverfahren gegen die Pflicht zur ~ wird geheilt durch Zustimmung zur Aussage nach Belehrung in der Hauptverhandlung 52 3 –, 15 –
- Verwertung beschlagnahmter Beweismittel eines Zeugnisverweigerungsberechtigten bedarf seiner Zustimmung nach entsprechender ~ 52 17 +; 97 2 –

Zeugenbeweis, Wahrnehmungen durch Sachverständigen außerhalb sachkundlicher Beurteilung befragter Personen unterliegen als Zusatztatsachen dem unmittelbaren ~ 250 4 +, 7 +

Zeugenschutz, Entfernung des Angeklagten zwecks ~ 247 3 –
- Öffentlichkeitsausschluß ist gerechtfertigt bei Schutzdefizit öffentlicher Gewalt vor schwerwiegenden rechtswidrigen Angriffen im Falle wahrheitsgemäßer Aussage 251 29 +; 338 Nr. 6 14 +, 33 –; GVG 169 4 +
- Optische Abschirmung des Zeugen in der Hauptverhandlung 251 20 +
- Verzicht auf Angabe von Personalien 68 1 –; 251 27 +, 5 –
- Vorübergehende Verlegung der Hauptverhandlung an anderen Ort 251 29 +

Zeugenvernehmung 58
- § 58 StPO ist nur Ordnungsvorschrift 58 1 –
- § 69 StPO ist zwingende Verfahrensvorschrift 69 1 +, 2 +, 3 +, 1 –
- § 69 StPO gilt auch bei kommissarischer ~ 69 1 –
- Audiovisuelle ~ s. dort
- Benachrichtigungspflicht vor richterlicher ~ 168c 3 +, 6 –
- Berichtsteil im Zusammenhang muß dem Verhör des Zeugen vorausgehen 69 1 +, 2 +, 3 +
- Beteiligung bereits vernommener Zeugen aus dem Zuhörerraum ist zulässig 58 1 –
- ~ durch beauftragten oder ersuchten Richter s. Kommissarische Vernehmung
- ~ eines Arztes außerhalb von Verfahren wegen nicht schwerer Körperverletzung ist nicht zu ersetzen durch Verlesung ärztlichen Attests 250 6 +, 7 +
- Entfernung später zu vernehmender Zeugen aus dem Sitzungssaal ist durch das Gebot ihrer Abwesenheit bei der ~ gerechtfertigt GVG 169 2 +, 3 –
- Hemmungen kindlicher Zeugen ermöglichen entsprechende Gestaltung der ~ 52 2 –
- Kommissarische Vernehmung s. dort
- Richterliche ~ s. Richterliche Vernehmung
- Rüge der ~ sachfernerer anstatt sachnäherer Zeugen nur durch Aufklärungsrüge (s. dort) zulässig 250 6 –
- Übergang von der ~ zur Beschuldigtenvernehmung steht im Ermessen der Strafverfolgungsbehörden 136 11 –
- Verfahrensabschnitt einer ~ umfaßt nicht die Einstellung von Verfahren(-steilen) GVG 171b 1 –
- Verfahrensabschnitt einer ~ umfaßt nicht die Stellung von Beweisanträgen und die Verhandlung hierüber einschließlich der Beschlußfassung 248 28 +
- Verzicht durch übrige Verfahrensbeteiligte auf ~ gestattet keine Abwesenheit des Angeklagten 338 Nr. 5 4 –
- Videokonferenz durch audiovisuelle ~ s. Audiovisuelle Zeugenvernehmung

4677

[Zeugenvernehmung]
- ~ zur Person stellt Geheimhaltung des Wohnorts in das Ermessen des Gerichts 68 1 –
- Zusammenhängender Bericht des Zeugen ist unverzichtbar vor einer Verlesung von Niederschriften seiner früheren Vernehmungen 69 1 +, 2 +, 3 +

Zeugnisverweigerung, Befürchtung der Unwahrheit oder gänzlicher berechtigter Verweigerung einer Zeugenaussage infolge der Anwesenheit des Angeklagten rechtfertigt dessen Entfernung 338 Nr. 5 17 –
- Befürchtung der Unwahrheit oder gänzlicher berechtigter Verweigerung einer Zeugenaussage allein rechtfertigt keinen Öffentlichkeitsausschluß 338 Nr. 6 14 +, 33 –
- Glaubwürdigkeitsbegutachtung wird nicht ausgeschlossen durch eine ~ 244 IV 18 +
- Mögliche Beeinflussung einer ~ durch Irrtum erfordert weitere Aufklärung 244 II 23 +
- Öffentlichkeitsausschlußablehnung ist nicht revisibel durch die (bloße) Behauptung anderenfalls erfolgten Unterbleibens einer ~ GVG 171b 2 –
- Rüge einer Belehrung und Entgegennahme einer ~ bei beschlußlos einverständlich abwesendem Angeklagten erfordert Vortrag der Vorgeschichte der ~ 247 4 –
- Sachverständigen gegenüber getätigte Aussagen vor der Exploration richterlich belehrter Zeugen sind verwertbar nach ~ 252 21 +
- Unberechtigte ~ aufgrund irrtümlicher Belehrung über nicht bestehendes Zeugnisverweigerungsrecht begründet die Revision 52 4 +, 12 +, 23 +
- Verlesung von Niederschriften nach ~ 252

Zeugnisverweigerung in der Hauptverhandlung, Angaben beim Vormundschaftsgericht vor richterlicher Belehrung unterliegen einem Verwertungsverbot nach einer ~ 252 4 –
- Angaben im Zivilprozeß oder in Verfahren der Freiwilligen Gerichtsbarkeit gegenüber nichtrichterlichen Verhörspersonen unterliegen Verwertungsverbot nach einer ~ 252 11 +, 13 –
- Aussagen früherer Angeklagter in gegen sie selbst gerichteten Strafverfahren unterliegen einem Verwertungsverbot nach einer ~ 252 18 +
- Aussagen früherer Mitbeschuldigter im Ermittlungsverfahren unterliegen auch im Falle ihrer richterlichen Vernehmung einem Verwertungsverbot nach einer ~ 252 4 +, 18 +
- Aussagen gegenüber Zeugen außerhalb jeder Vernehmung sind verwertbar nach einer ~ 252 26 +, 1 –, 7 –
- Bewußt wahrheitswidrige Verneinung weigerungsrechtsbegründender Tatsachen bei früherer richterlicher Belehrung läßt nach ~ kein Verwertungsverbot entstehen 252 10 –
- Einverständnis der Beteiligten berührt nicht Entstehen des Verwertungsverbots durch eine ~ 252 5 +, 22 +
- Frühere nach nichtrichterlicher Belehrung durchgeführte Vernehmung unterliegt einem Verwertungsverbot nach einer ~ 252 11 –
- Frühere richterliche Vernehmung unterliegt auch bei ~ durch Arzt keinem Verwertungsverbot 252 12 –
- Körperliche Untersuchung nach Belehrung über Weigerungsrecht und Verzicht des Zeugen auf dieses ist verwertbar nach einer ~ 81c 2 –
- Nichtrichterliche Vernehmungsniederschrift unterliegt einem umfassenden Verwertungsverbot nach einer ~ 252 23 +
- Niederschrift früherer Aussage unterliegt bei fehlender Erinnerung vernommener Verhörsperson an die Aussage einem Verwertungsverbot nach einer ~ 252 1 +, 10 +, 14 –
- Rechtsanwaltliche Vernehmung unterliegt einem Verwertungsverbot nach einer ~ 252 1 –
- Rüge unzulässiger Verwertung früherer Aussage nicht in der Hauptverhandlung vernommener Zeugen erfordert Beantwortung der Frage einer vorangegangenen richterlichen Belehrung 252 6 –
- Schriftstücke im Falle ihrer Überreichung als Bestandteil früherer Aussage unterliegen einem Verwertungsverbot nach einer ~ 252 3 +, 7 +, 17 +
- Spontanäußerungen ungefragter Art vor richterlicher Belehrung unterliegen keinem Verwertungsverbot nach einer ~ 252 11 +, 14 +, 1 –, 9 –
- V-Leuten gegenüber getätigte Aussagen sind verwertbar nach einer ~ 252 7 –
- Vernehmung ausschließlich des Richters über Aussage bei früherer richterlicher Vernehmung ist zulässig nach einer ~ 252 20 +, 8 –
- Vernehmung der Verhörsperson zur Einführung früherer Aussage des Zeugen ist unzulässig vor dessen abzuwartender ~ 252 2 +, 8 +, 9 +, 24 +
- Vernehmung richterlicher Verhörsperson über Aussagen im Ermittlungsverfahren ist bei ~ aufgrund eines nach dem Ermittlungsverfahren entstandenen Verweigerungsrechts unzulässig 252 16 +, 2 –
- Vernehmung nichtrichterlicher Verhörsperson ist (nur) nach Feststellung früherer richterlicher Belehrung und (nur) über dieser nachfolgende Aussagen zulässig nach einer ~ 252 15 +, 25 +, 27 +, 2 –, 4 –, 10 –, 12 –, 14 –
- ~ vor dies bezweckender Eheschließung begründet kein Verwertungsverbot für frühere Aussagen 252 2 –
- Vorhalt früherer richterlicher Vernehmungsniederschrift bei Vernehmung richterlicher

Verhörsperson ist unter Verbot des Urkundsbeweises zulässig nach einer ~ 252 14 –
- ~ wirkt bei untrennbaren strafrechtlichen Vorwürfen auch zugunsten Mitangeklagter 252 23 +
- Zusatztatsachen eines Sachverständigengutachtens im Falle gutachterlicher Einführung in die Hauptverhandlung unterliegen einem Verwertungsverbot nach einer ~ 52 2 +, 10 +; 250 3 +, 11 –; 252 11 +, 13 +, 21 –; 261 191 +
- Zustimmung zur Verwertung nichtrichterlicher Aussage wird nicht ausgeschlossen durch eine ~ 252 3 –

Zeugnisverweigerungsrecht aus persönlichen Gründen 52
- Abgeordneter 53 2 +
- Adoptiveltern ohne wirksamen Annahmevertrag besitzen kein ~ 52 14 –
- Angehöriger eines früheren Mitbeschuldigten/-angeklagten behält auch nach Verfahrenstrennung bis zu dessen Freispruch sein ~ 52 8 +, 14 +, 5 –
- Angehörige früherer Mitbeschuldigter/-angeklagter bedürfen für ~ den Nachweis prozessualer Gemeinsamkeit durch zu irgendeinem Verfahrenszeitpunkt erfolgte förmliche Verfahrensverbindung 52 8 +, 9 +, 12 +, 11 –, 13 –
- Angeklagter hat keinen verfahrensrechtlichen Anspruch auf Inanspruchnahme des ~s durch den Zeugen 53 1 +, 6 +, 6 –, 7 –
- Arzt 53 1 +, 3 +, 5 +, 6 +, 1 –, 2 –; 252 12 –
- Arzt besitzt unabhängig von ärztlicher Behandlung bestehendes ~ 261 21 +
- Arzt ist trotz Entbindung von ärztlicher Schweigepflicht aufzufordern zu eigener Entscheidung über sein ~ 53 6 +; 252 12 –
- Arzt und seine Hilfspersonen haben auch für Identifizierung des Patienten ermöglichende Begleitumstände ein ~ 53 5 +
- Arzt und seine Hilfspersonen haben auch in Bezug auf einen nicht im Arzt-Patienten-Verhältnis stehenden Mitangeklagten bezüglich desselben Beweisthemas ein ~ 53 5 +
- ~ aus beruflichen Gründen 53
- ~ aus beruflichen Gründen bedarf Anvertrauung in beruflicher Eigenschaft 53 3 +, 4 +, 5 +, 2 –, 3 –, 4 –
- ~ aus beruflichen Gründen erfordert Vortrag entsprechenden Zusammenhangs 53 2 +
- Ausübung (auch nur anfängliche) des ~s durch weigerungsberechtigten Zeugen darf nicht zum Nachteil des Angeklagten gewürdigt werden 244 VI 9 +; 261 13 +, 111 +, 137 +, 138 +, 176 +, 179 +, 183 +, 185 +, 205 +, 2 –, 26 –
- Auszuschließendes Gebrauchmachen vom ~ gestattet Verlesung von Niederschriften früherer richterlicher Vernehmungen erreichbarer Zeugen ohne deren erneute Befragung 252 5 –
- Beeinflussung des Zeugen gegen die beabsichtigte Ausübung eines Zeugnisverweigerungsrechts begründet die Besorgnis der Befangenheit 338 Nr. 3 29 +
- Befragung des Zeugen durch den Vorsitzenden trotz als Ausübung des Zeugnisverweigerungsrechts angesehener Erklärung ist nur im Falle der Beanstandung in der Hauptverhandlung revisibel 52 2 –
- Belehrungspflicht des Vorsitzenden über ~ ist nicht übertragbar auf Dritte 52 6 +, 21 +; 252 9 –
- Beschlagnahmeverbot bei ~ s. dort
- Beweisvereitelung und Würdigung 261 157 +
- Ehe begründet auch nach ihrer Auflösung/Nichtigerklärung ein ~ 52 17 –
- Einstweilige Unterbringung gewährt behandelndem Arzt kein ~ 53 1 –
- Einwirkung auf die Entschließungsfreiheit weigerungsberechtigter Zeugen durch das Gericht ist unzulässig 52 7 +, 2 –, 10 –
- Entstehung des ~s erst nach dem Ermittlungsverfahren verbietet bei Ausübung auch die Vernehmung einer richterlichen Verhörsperson über seinerzeitige Aussagen 252 16 +, 2 –
- Erlöschen des ~s bei Tod des (Mit-)Beschuldigten/Angeklagten 52 6 –
- Erlöschen des ~s nach Freispruch des (Mit-)Beschuldigten/Angeklagten 52 5 –
- Erlöschen des ~s nach rechtskräftiger Verurteilung des (Mit-)Beschuldigten/Angeklagten 52 6 –, 7 –
- Geistlicher 53 4 +
- Glaubhaftmachung s. dort
- Halbgeschwister besitzen ein ~ 52 8 +
- Hilfsperson aus beruflichen Gründen Zeugnisverweigerungsberechtigter unterliegt grundsätzlich deren Entscheidung über das ~ 53 6 –
- Informantenschutz 53 4 –, 5 –; 94 2 –
- Irrtümliche Belehrung und Zeugnisverweigerung begründet die Revision bei nicht bestehendem ~ 52 4 +, 12 +, 23 +
- Journalist 53 4 –, 5 –; 94 2 –
- Konkursverwalter 53 7 –
- Mangelnde Verstandesreife des Zeugen und fehlende (Einholung der) Entschließung des gesetzlichen Vertreters bewirkt Verwertungsverbot für Aussage 52 19 +, 16 –
- Mangelnde Verstandesreife eines Kindes enthebt nicht von der Belehrungspflicht über dessen auch im Falle einer Zustimmung des gesetzlichen Vertreters bestehendes ~ 52 16 +
- ~ Minderjähriger besteht unabhängig von einer Zustimmung gesetzlichen Vertreters 52 5 +, 16 +, 18 +; 252 15 +
- Mitangeklagte haben im Verhältnis zueinander kein ~ 52 22 +
- Zeugnisverweigerungsrecht, Rechtsanwalt 53 2 +, 3 –, 6 –, 7 –

4679

[Zeugnisverweigerungsrecht]
- Rüge fehlender Prüfung der Verstandesreife bei Belehrung minderjähriger Zeugen erfordert Beanstandung in der Hauptverhandlung 52 1 –
- Schwägerschaft begründet auch nach Auflösung/Nichtigerklärung der Ehe ein ~ 52 17 –
- Tod des Zeugen berechtigt zur Verlesung von Niederschriften früherer Vernehmungen trotz unterlassener Belehrung über bestehendes ~ 251 18 –
- Ungeeignetheit des Zeugen als Beweismittel bei endgültiger berechtigter Ausübung eines ~ in Kenntnis von dessen Tragweite 244 III S. 2 Var. 4 5 –
- Ungewißheit über das Gebrauchmachen von einem bestehenden ~ in der Hauptverhandlung verbietet Einführung früherer Aussagen durch Vernehmung von Verhörspersonen oder Verlesung von Niederschriften 252 2 +, 8 +, 9 +, 24 +, 5 –
- Zeugnisverweigerungsrecht, Ungewissheit über das Gebrauchmachen von einem bestehenden ~ in der Hauptverhandlung verbietet Vernehmung eines Sachverständigen über frühere Aussagen 252 8 +
- Unterbringung zur Vorbereitung eines Gutachtens gewährt dem behandelnden Arzt kein ~ 53 1 –
- Untersuchungsverweigerungsrecht erfordert gesonderte Belehrung neben derjenigen über das ~ 52 20 +, 4 –; 81c 1 +; 252 6 +
- Verlesung von Niederschriften über frühere Vernehmungen weigerungsberechtigter Zeugen nicht ermittelbaren Aufenthalts ist zulässig 251 14 –, 16 –
- Verschwiegenheitspflicht wird durch Entbindungserklärung grundsätzlich nur für nach Tat und Täter begrenztes einzelnes Gerichtsverfahren beseitigt 53 3 +
- Verschwiegenheitspflichtverstoß durch belehrten Zeugnisverweigerungsberechtigten begründet kein Verwertungsverbot 53 6 –
- Verteidiger 53
- Verteidiger haben bei nachweislicher eigener Tatbeteiligung für betroffene Umstände kein ~ 53 3 –
- Verwertungsverbot durch fehlende Belehrung des gesetzlichen Vertreters über des Kindes ~ 52 13 +
- Verwertungsverbot für richterlicher Belehrung vorausgegangene Zusatztatsachenaussagen weigerungsberechtigter Zeugen gegenüber Sachverständigen 52 6 +; 252 9 +, 12 +
- Widerruf der Entbindung von der Verschwiegenheitspflicht bewirkt Verwertungsverbot bei fehlender Entscheidung über das wiederentstandene ~ 53 1 –
- Zustimmung eines angeklagten gesetzlichen Vertreters zur Aussage seines zeugnisverweigerungsberechtigten Kindes im selben Verfahren ist unwirksam 52 18 +

Zivilprozeß, Zeugnisverweigerung in der Hauptverhandlung begründet Verwertungsverbot (nur) für gegenüber nichtrichterlichen Verhörspersonen gemachte Angaben in Verfahren der Freiwilligen Gerichtsbarkeit oder im ~ 252 11 +, 13 –
Zollbehörden, Beschlagnahme gestellter Briefe und Sendungen Nichtbeschuldigter zur Weiterleitung an die Staatsanwaltschaft ist unzulässig 99 1 +
Zollfahndungsamt, Steuerstrafrechtliche Ermittlungsmaßnahmen im Auftrag der Staatsanwaltschaft wirken auch für tateinheitlich zusammentreffende allgemeine Straftaten verjährungsunterbrechend AO 404 1 –
Zu den Akten bringen, Begriffsbestimmung 338 Nr. 7 7 +, 4 –
Zuhörer, Entfernung eines ~s aus dem Sitzungssaal durch freiwilliges Abtreten aufgrund Verständigung mit dem Vorsitzenden berührt nicht die Öffentlichkeit der Verhandlung GVG 169 6 –
- Beteiligung bereits vernommener Zeugen an der Vernehmung darf der Vorsitzende zulassen 58 1 –
- Entfernung aller Angehörigen (der Berufsgruppe) eines für störend empfundenen ~s aus dem Sitzungssaal ist als Überschreitung pflichtgemäßen Ermessens der Sitzungspolizeigewalt des Vorsitzenden revisibel 338 Nr. 6 22 +
- Entfernung eines ~s aus dem Sitzungssaal ist nur bei Beanstandung in der Hauptverhandlung revisibel GVG 169 2 –
- Entfernung eines ~s aus dem Sitzungssaal wegen möglicher Zeugeneigenschaft unterliegt Beurteilungsspielraum des Vorsitzenden GVG 169 2 –, 3 –
- Entfernung eines ~s aus dem Sitzungssaal zur Wahrung der Nichtöffentlichkeit eines gegen den ~ gerichteten Ermittlungsverfahrens ist kein einen Gerichtsbeschluß erfordernder Öffentlichkeitsausschluß 338 Nr. 6 32 –
- Mitschreiben von Vorgängen in der Hauptverhandlung durch ~ ist grundsätzlich zulässig 338 Nr. 6 13 +
- Mitschreiben von Vorgängen in der Hauptverhandlung zur Mitteilung an noch zu vernehmende Zeugen unzulässig GVG 176 1 –
Zusage, ~ der Vertraulichkeit begründet weder Unerreichbarkeit noch Unzulässigkeit des Beweismittels 147 1 –; 244 III S. 1 1 +; 244 III S. 2 Var. 5 2 +, 3 +
- Nichtverfolgungszusage durch Staatsanwaltschaft bewirkt kein Verfahrenshindernis 154 3 –
- Rechtsfolgenausspruch gestattet vor dem Urteil keine verbindliche ~ 136a 13 –; 261 3 –, 20 –; 302 32 –; 338 Nr. 3 3 +; GVG 169 1 +
- Rechtsmittelverzicht gestattet vor dem Urteil keine verbindliche ~ 261 3 –; GVG 169 1 +

Zusammenhang von Strafsachen 3
- Begriff der Beteiligung 3 1 +
- Beurteilung nach den Anklage und Eröffnungsbeschluß zugrundeliegenden tatsächlichen Annahmen anstelle der in der Hauptverhandlung getroffenen Feststellungen 261 46 –
- Maßgeblichkeit der Zuständigkeit des Gerichts höherer Ordnung gemäß § 5 StPO nur bei bestehendem ~ 3 1 –

Zusatztatsachen, ~ eines Sachverständigengutachtens erfordern gesonderte Einführung in die Hauptverhandlung 52 2 +, 10 +; 59 1 –; 79 2 +; 250 3 +, 9 –, 11 –; 252 11 +, 13 +; 261 191 +
- ~ eines Sachverständigengutachtens und Abgrenzung von Befundtatsachen 250 9 –; 261 191 +
- Verwertungsverbot für richterlicher Belehrung vorausgegangene Aussagen von Zeugnis- und Untersuchungsverweigerungsberechtigten gegenüber Sachverständigen zu ~ 52 6 +; 252 9 +, 12 +
- Wahrnehmungen des Sachverständigen bei früherer gutachterlicher Tätigkeit sind keine dem Zeugenbeweis unterliegenden ~ 59 1 –
- Zeugnisverweigerung bewirkt Verwertungsverbot für gutachterlich in die Hauptverhandlung eingeführte ~ 52 2 +, 10 +; 250 3 +, 11 –; 252 11 +, 21 –; 261 191 +

Zuständigkeit, Örtliche ~ s. Gerichtsstand; Örtliche Unzuständigkeit
- Sachliche ~ s. dort

Zuständigkeitsrüge 338 Nr. 4
- Anklageneuerhebung vor anderem Spruchkörper nach Rücknahme vor Eröffnungsbeschluß zur Umgehung abträglicher Auffassung des zuerst angerufenen Gerichts begründet eine ~ 338 Nr. 1 49 –
- ~ örtlicher Unzuständigkeit erfordert Mitteilung rechtzeitig erhobenen Einwands örtlicher Unzuständigkeit in der Hauptverhandlung 16 2 –; 338 Nr. 4 1 +
- ~ örtlicher Unzuständigkeit erfordert Mitteilung zuständigkeitsrelevanter Umstände einer nach Verkündung des angefochtenen Urteils abgetrennten Strafsache 13 1 –
- ~ sachlicher Unzuständigkeit erfordert keinen Unzuständigkeitseinwand 338 Nr. 4 5 –
- ~ sachlicher Unzuständigkeit ist nur bei Zuständigkeitsüberschreitung des Vorderrichters im Zeitpunkt der Verurteilung begründet 338 Nr. 4 10 –, 13 –, 14 –, 15 –
- Rügeentscheidend ist ~ des Gerichts bei Urteilserlaß 6a 1 –; 338 Nr. 4 13 –, 15 –

Zuständigkeitsstreit, Interne ~igkeiten nach dem Geschäftsverteilungsplan entscheidet das Präsidium 260 12 +; GVG 21e 3 –
- Interner ~ über Bearbeitungszuständigkeit nach dem Geschäftsverteilungsplan begründet kein Verfahrenshindernis zur Rechtfertigung vorläufiger Einstellung des Verfahrens 260 12 –

- Negativer ~ 260 16 –; 270 1 –
- Sachliche Zuständigkeit gestattet Bestimmung durch den Bundesgerichtshof bei negativem ~ 260 16 –

Zustellung, ~ des Urteils s. Urteilszustellung
- Eheähnliche Gemeinschaft und ~ 37 2 +
- Ersatzzustellung an Lebensgefährtin/-en eheähnlicher Gemeinschaft ist unzulässig 37 2 +
- Fristberechnung bestimmt sich nach der letzten einer an mehrere Empfangsberechtigte bewirkten ~ 37 3 +, 1 –
- Mehrfachverteidigung erfordert zur Auslösung eines Fristbeginns nur an einen Verteidiger bewirkte ~ 37 1 –
- Rechtsschein wirksamer Zustellungsbevollmächtigung durch fehlerhafte förmliche ~ 37 1 +
- Übergabe durch konsularischen Vertreter an dessen Amtssitz begründet wirksame ~ 341 2 –
- Verfahren bei ~en 37

Zustellungsbevollmächtigung, Schriftliche Vollmacht bei den Akten oder Beurkundung mündlicher Vollmacht in der Hauptverhandlung erforderlich für ~ 37 1 +

Zwangsmaßnahmen, Hinreichende Bestimmtheit und verhältnisgemäßer Umfang durch Wortlaut der Ordnungsverfügung ist geboten GVG 176 2 –

Zwangsmittel, Besteuerungsverfahren gestattet keinen ~einsatz i.S.d. § 328 AO zur Erzwingung der Abgabe begangene Steuerstraftaten offenbarender Steuererklärungen AO 393 2 +, 3 +

Zweifelssatz, Anwendung zwischen Tötungs- und Körperverletzungsvorsatz zulässig 261 24 –
- Anwendung in Bußgeldsachen uneingeschränkt zulässig 261 168 +
- Anwendung auf gesamte Beweissituation statt auf einzelne Beweiselemente geboten 261 33 +, 1 –
- Anwendung auf Strafausschließungs-, Strafaufhebungs- oder Strafmilderungsgründe sowie Verjährung zulässig 261 189 +
- ~ begründet keine Pflicht zur Hinnahme nicht unmittelbar widerlegbarer Angaben des Angeklagten 261 24 +
- Berücksichtigung rein theoretischer Zweifel bei Bildung der richterlichen Überzeugung nicht gefordert 261 23 –
- Doppelte Anwendung des ~es und bedingter Tötungsvorsatz 261 17 –
- Fortgesetzte Handlung gestattet keine Feststellung eines Gesamtvorsatzes mittels Anwendung des ~es 264 5 –
- Mehrheit ausdrücklich festgestellter Tatmotive gebieten Annahme des dem Angeklagten günstigsten als leitend 261 4 +
- Mehrheit strafbarer Tatvarianten erfordert notfalls Feststellung nach dem ~ 261 19 +, 130 +

4681

[Zweifelssatz]
- Serienstraftat und Feststellung der Zahl der Einzelakte sowie Verteilung des Gesamtschadens nach dem ~ 261 27 +, 128 +, 18 –
- Tatbeteiligung bei Mehrheit von Angeklagten und ~ 261 66 +, 83 +
- Tatfeststellungen nach dem ~ sind im Umfang eingetretener Rechtskraft bindend für neuen Tatrichter 358 2 +
- Tatzeitangaben von Belastungszeugen unterliegen der Würdigung nach dem ~ 261 89 +
- Unanwendbarkeit für Nachweis unzulässigen Zwanges als verbotener Vernehmungsmethode 136a 22 –
- Unanwendbarkeit zum Nachweis zugrundeliegender Tatsachen eines Verfahrensverstoßes 261 20 –
- Unanwendbarkeit zur Annahme eines Alibis 261 182 +, 1 –, 32 –
- Unanwendbarkeit zur Annahme von als Ursache einer Rechtsfolge zugrundeliegenden Tatsachen 261 188 +, 1 –
- Unanwendbarkeit zur Feststellung der Verhandlungsunfähigkeit als Ausschlußgrund wirksamen Rechtsmittelverzichts 302 31 –, 36 –
- Wahrunterstellung und ~ 244 III S. 2 Var. 7 8 +, 14 +

Zwischenberatung, Mitteilung bedeutsamer Ergebnisse zum Strafmaß bei Verständigung im Strafverfahren erfordert Gewährung rechtlichen Gehörs für alle Verfahrensbeteiligten 33 1 +; 265 23 +; GVG 169 4 –

Zyklothymie (bipolare Störung), Schuldfähigkeitsminderung/-aufhebung wird nahegelegt durch schwere ~ 302 2 +

Bitte beachten Sie
die nachfolgenden Verlagsanzeigen

Cramer, P./Cramer, S. (Hrsg.)

Anwalts-Handbuch Strafrecht

Herausgegeben von Prof. Dr. Dr. h.c. *Peter Cramer* und RA Dr. *Steffen Cramer*, bearbeitet von Dipl.-Chem. Dr. *Peter van Bebber*, RAin Dr. *Michaela Bürgle*, RAin *Esther Caspary*, RA Dr. *Steffen Cramer*, Priv.-Doz. Dr. *Klaus-Stephan von Danwitz*, RA *Rainer Endriß*, Prof. Dr. *Helmut Janker*, LL.M. RA Dr. *Daniel Krause*, RA Dr. *Wilhelm Krekeler*, RA Dr. *Hans-Michael Mache*, RA Dr. *Klaus Malek*, RAin *Bettina Mernitz*, RAin *Kerstin Oetjen*, RA Dr. *Panos Pananis*, Ri am AG Dr. *Carsten Paul*, RA Dr. *Joachim Schmitt*, Erster Direktor im BKA *Leo Schuster*, RA Prof. Dr. *Günter Tondorf*. 2002, 1601 S., gbd. 129,– €. ISBN 3-504-18024-2

Erfolgreiche Strafverteidigung muss auf mehr basieren als auf profunder Kenntnis von Rechtsprechung und Kommentarliteratur. Das Anwalts-Handbuch orientiert sich deshalb strikt am strafrechtlichen Mandat. Ausgehend von dem, was dem Beschuldigten vorgeworfen wird, entwickelt das Werk das für den Strafverteidiger erforderliche Instrumentarium. Aus dem jeweiligen Tatbestand heraus erschließt der Titel die prozessualen und materiellrechtlichen Einfallstore, die sich dem Verteidiger bieten. Hierbei vermittelt es nicht nur die Rechtslage, sondern geht auch auf taktische Überlegungen ein, um die Interessen des Mandanten besser, einfacher, sicherer oder schneller durchzusetzen. Checklisten verhindern, dass wichtige Aspekte, gleich ob tatsächlicher oder rechtlicher Art, übersehen werden. Herausgehobene Hinweise, Beispiele und Tipps sorgen dafür, dass der Leser in kürzester Zeit das findet, was er für eine überzeugende Verteidigung benötigt.

Verlag Dr. Otto Schmidt · Köln

Hans Dahs

Handbuch des Strafverteidigers

Von RA Prof. Dr. *Hans Dahs*. 6., völlig neu bearbeitete und erweiterte Auflage 1999. 834 Seiten Lexikonformat, gbd., 99,– €. ISBN 3-504-16554-5

Dahs zeigt dem engagierten Verteidiger, wie er aus jeder Prozesssituation für seinen Mandanten das Beste herausholt. Über 30 Jahre Erfahrung in der Strafverteidigung sind in diesem Handbuch-Klassiker zu einem wertvollen Ratgeber verdichtet, der Ihnen in jedem Verfahrensstadium die Antworten auf alle Fragen zur richtigen Strategie und Taktik gibt. Am besten gleich bestellen. Denn Dahs muss sein.

Verlag Dr. Otto Schmidt · Köln

Kohlmann
Steuerstrafrecht

mit Ordnungswidrigkeitenrecht und Verfahrensrecht. Kommentar zu den §§ 369–412 AO 1977. Von Prof. Dr. *Günter Kohlmann*. Loseblattausgabe. 7. Auflage, in 2 Ordnern, 139,– €. ISBN 3-504-25950-7

Der Praxiskommentar vom renommierten Praktiker. Für jeden Steuerberater und jeden Rechtsanwalt, der seinen Mandanten auch schon im Vorfeld eines Fahndungseingriffs sachgerecht beraten muss. Lebendig und verständlich die Darstellung. Klar und systematisch die Gliederung. Anschaulich die Erläuterungen und Fallbeispiele. Seit Jahrzehnten der Klassiker für jeden Praktiker. Und als Loseblattwerk immer aktuell.

Verlag Dr. Otto Schmidt · Köln

Steuerrecht

Birkenstock, Verfahrensrügen im Strafprozess

- Hinweise und Anregungen: _____
  _____
  _____
  _____
  _____

- Auf Seite _____ Gesetz _____ § _____ Zeile _____ von oben/unten
  muss es statt _____
  _____
  _____

richtig heißen: _____
  _____
  _____

Birkenstock, Verfahrensrügen im Strafprozess

- Hinweise und Anregungen: _____
  _____
  _____
  _____
  _____

- Auf Seite _____ Gesetz _____ § _____ Zeile _____ von oben/unten
  muss es statt _____
  _____
  _____

richtig heißen: _____
  _____
  _____

Absender:

_____

_____

_____

So können Sie uns auch erreichen:
lektorat@otto-schmidt.de

<u>Wichtig:</u> Bitte immer den Titel
des Werks angeben!

Antwortkarte

Verlag Dr. Otto Schmidt KG
– Lektorat –
Unter den Ulmen 96-98

50968 Köln

Absender:

_____

_____

_____

So können Sie uns auch erreichen:
lektorat@otto-schmidt.de

<u>Wichtig:</u> Bitte immer den Titel
des Werks angeben!

Antwortkarte

Verlag Dr. Otto Schmidt KG
– Lektorat –
Unter den Ulmen 96-98

50968 Köln